工商行政管理史料

（上卷）

工商行政管理史料编写组　编

中国工商出版社

责任编辑　李富民　李稳定　傅伟光　邵克强
　　　　　袁　泉　权燕子　王　琳　张欣然
封面设计　欣　然

图书在版编目(CIP)数据

工商行政管理史料(上下卷)/工商行政管理史料编写组编 .－北京：中国工商出版社，2008.5

ISBN 978-7-80215-247-2

Ⅰ.工…　Ⅱ.工…　Ⅲ.工商行政管理－史料－世界－前841～2002
Ⅳ.F203.9-091

中国版本图书馆CIP数据核字(2008)第054716号

书名/工商行政管理史料(上下卷)
编者/工商行政管理史料编写组

出版·发行/中国工商出版社
经销/新华书店
印刷/北京雅昌彩色印刷有限公司
开本/880毫米×1230毫米　1/16　**印张**/147　**字数**/4500千字
版本/2008年5月第1版　　2008年5月第1次印刷

社址/北京市丰台区花乡育芳园东里23号(100070)
电话/(010)63730074，83670785　**电子邮箱**/zggscbs@263.net

书号：ISBN 978-7-80215-247-2/F·629
定价(上下卷)：680.00元

出 版 说 明

《工商行政管理史料》共400余万字，分上、下两卷，5个部分，18编，汇集了起自公元前841年，讫于公元1966年各个历史阶段有关工商行政管理方面的文献、典章、政策、法规等资料，并收录了建国以来工商行政管理机构演变和大事记，为目前我国有关工商行政管理唯一的较为系统和完整的历史资料汇编。以历史时期划分，本书分为古代、近代、现代、当代4个历史阶段；本书篇章结构则分为中国古代、近代的工商管理(公元前841年至公元1911年)，中华民国时期的工商管理(1911年至1949年)，中国共产党领导下的革命政权的工商管理(1921年至1949年)，建国以来的工商行政管理(1949年至1966年)，建国以来工商行政管理机构演变和大事记(1949年至2002年)5个部分。

国家工商行政管理总局历来注重史料的收集整理工作。1983年曾专门成立了国家工商行政管理局收集整理工商行政管理史料小组，由各省、市、自治区工商局抽调人员，深入当地图书馆、革命博物馆、档案馆，从浩如烟海的史料中查找相关资料，先后用了5年时间，完成了资料选取及整理、编辑、审阅的系统工程，由我社陆续出版了十卷本《工商行政管理史料》。2006年4月，我社提出重新编纂出版《工商行政管理史料》的建议，得到了总局领导的批准和大力支持。经过一年多时间的辛勤努力，终于完成了这项艰巨的工程。书稿完后，总局有关领导在百忙中抽出时间亲自审阅了书稿，提出了很多宝贵的修改意见，使得书稿的结构更加科学严谨，文字表述更加合理顺畅。

《工商行政管理史料》上卷部分，收录了古代、近代、现代即自公元前841年至公元1949年间有关工商管理的资料。其中资料一律引用原文并标明出处，涉及古文典籍，则释文显义，择要注解。该部分内容系在以上十卷本史料基础上，重新进行校勘、修订、补充和完善而成，旨在留存和传承这一当年得之不易的文化成果，使其在尘封过后，焕发出历久弥新的光彩。

《工商行政管理史料》下卷部分，收录了当代即新中国建立以来主要是1949年-1966年间有关工商行政管理的资料。首先，以我社1952年创刊的《工商情况通报》、《工商行政通报》(即现今《工商行政管理》半月刊的前身)300余期内容为蓝本，从中进行筛选和编纂，构成了该部分史料的主干；同时，从各大图书馆、档案馆查阅、调取了大量的资料，予以校勘、佐证和充实。为了便于读者使用和查阅，我们根据史学界公认的历史分期和不同阶段历史任务、历史特点和重大事件，将这些史料按照编、章、节的结构体例，进行了整理、归纳、编排。“文革”期间，工商行政管理机构被撤并，绝大部分职能也被取消，资料的搜集、整理很困难，只好暂缺。对于改革开放以来新的历史时期的有关资料，考虑到易于搜集、查找，则在《建国以来工商行政管理机构演变和大事记》一部分中，大致勾勒了这一时期工商行政管理发展概况与历史脉络。

借古喻今，以史为鉴。随着我国改革开放的深入和社会主义市场经济的发展，工商行政管理部门作为国家市场监督管理和行政执法部门，正在发挥着越来越重要的作用。在这种新形势下，系统地搜集、整理我国各历史时代的工商行政管理史料，对于编修我国工商行政管理发展史，研究我国工商行政管理的历史地位和作用，为今后的工商行政管理工作提供借鉴和参考，以及构建工商行政管理文化体系，均有着十分重要的意义。同时，其具有的重要学术价值和历史价值，也是对我国民族传统文化典籍整理和研究的贡献。正因如此，本书被新闻出版总署列为国家“十一五”重点图书项目。

史料的收集、编纂是一项艰巨的工程。在总局领导的支持下，我们为此专门成立了课题组，组长由齐成华社长担任，副组长由刘宏伟副社长担任，成员有总局人事教育司副司长张靖，我社图书年鉴编辑部李富民、傅伟光，发行部张文锐等。现在，《工商行政管理史料》终于顺利出版，课题组的同志们甚感欣慰。由于时间仓促及编纂水平所限，书中遗漏和错误在所难免，敬请读者谅解并指正，以待于修订完善。

在《工商行政管理史料》出版之际，特向当年为本书资料收集整理做出重大贡献的北京市工商局、河北省工商局、山西省工商局、江苏省工商局、浙江省工商局、安徽省工商局、山东省工商局、湖北省工商局、湖南省工商局、广东省工商局、广西自治区工商局、重庆节工商局、沈阳市工商局、哈尔滨市工商局、广州市工商局、湖北省黄冈地区工商局等单位表示由衷的感谢，对当年所有参加编写人员致以崇高的敬意!

本书选用的部分珍贵历史图片由江西省工商局、上海市工商局及上海市个人收藏家左旭初先生提供，特此表示感谢!

二〇〇八年四月

1904年（光绪30年），满清政府颁布我国第一部商标法规，由上海、天津两地海关挂号办理商标注册

商標局通告 第一號

爲通告事查商標法第四條所規定六個月限期截止時日續經展限至十六年十二月三十一日爲止曾經通行在案現在業已滿限疊據中外各商先後以時局不靖道途梗阻等情來局呈請續予展限本局爲保護商權起見未便過拂輿情茲再依據商標法第十一條之規定呈准實業部將商標法第四條規定之期限再予續展至民國十七年六月三十日爲止查此次再展期限原爲體恤商艱從權辦理期滿後即不再展所有華洋各商使用商標在商標法施行前五年以上者務於期限內一律迅速來局呈請註冊愼毋再自延悞致貽後悔除通行外特此通告

▲ 20世纪20年代，中华民国北洋政府实业部商标局《商标局通告》第一号

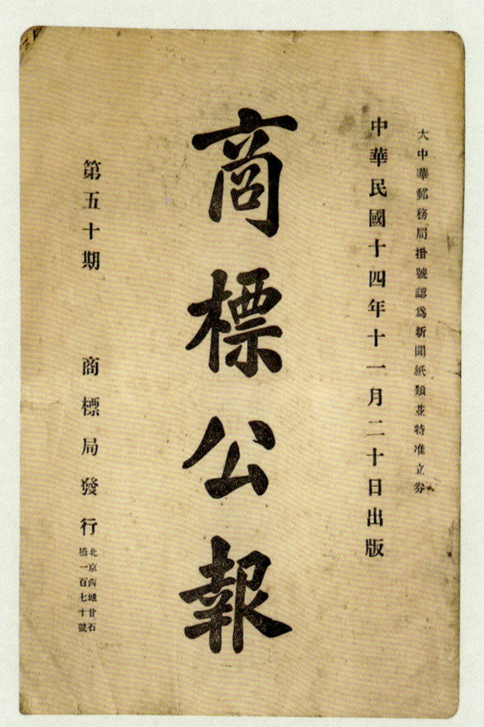

1925年11月20日，中华民国北洋政府农商部商标局《商标公报》

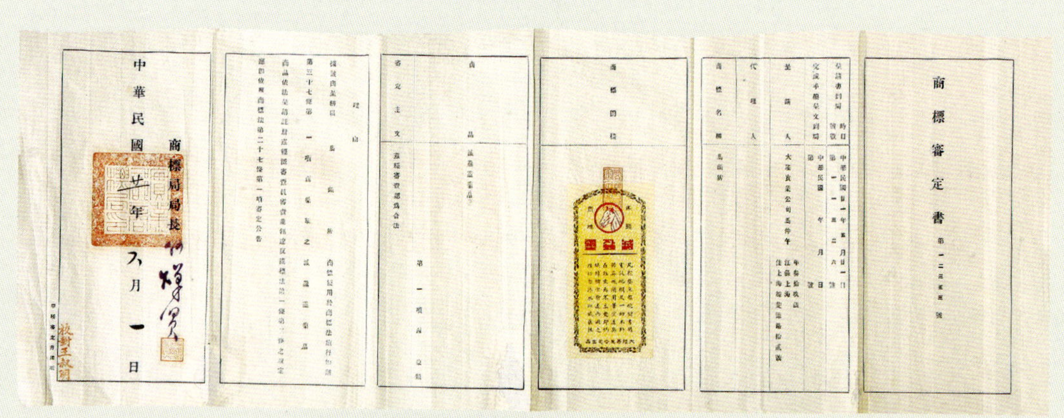
商標審定書

中華民國 年 月 日

商標局局長

▲ 1932年6月1日，中华民国国民政府实业部商标局《商标审定书》

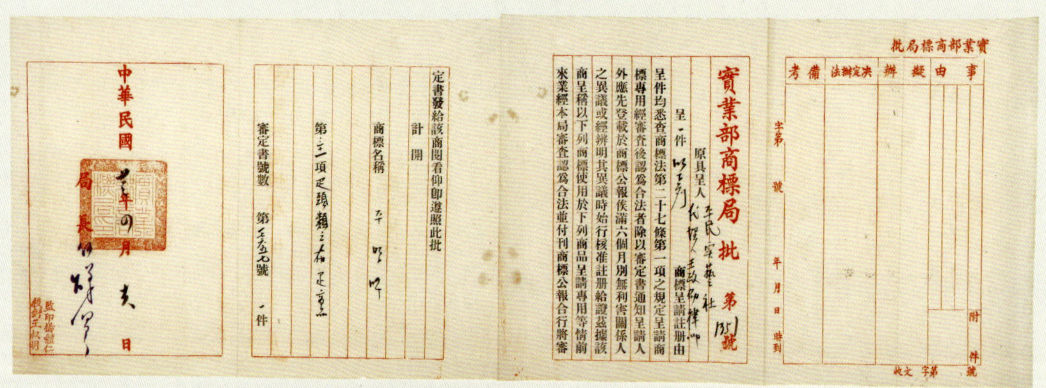
實業部商標局批

事由	擬辦	決定辦法	備考

字第 號

年 月 日 時到

附件

收文 字第 號

實業部商標局批 第 號

原具呈人

商標呈請註冊由

呈一件

呈件均悉查商標法第二十七條第一項之規定呈請商標專用經審查後認為合法者除以審定書通知呈請人外應先登載於商標公報俟滿六個月別無利害關係人之異議或經辨明其異議時始行核准註冊給證茲據該商呈稱以下列商標使用於下列商品呈請專用等情前來業經本局審查認為合法並付刊商標公報合行將審定書發給該商閱看仰即遵照此批

計開

商標名稱

第 項

審定書號數 第 號

一件

中華民國 年 月 日

局長

▲ 1934年4月18日，中华民国国民政府实业部商标局《商标审定书》

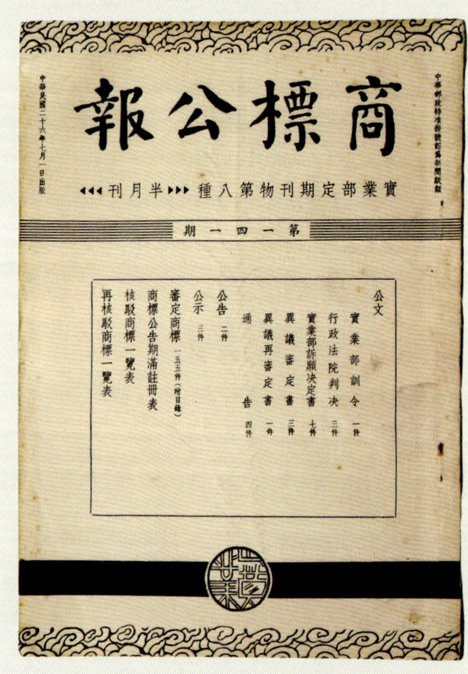
中華民國二十六年七月一日出版

商標公報

實業部定期刊物第八種 半月刊

中華郵政特准掛號認為新聞紙類

第一四一期

公文
實業部訓令 一件
行政法院判決 三件
實業部訴願決定書 十件
異議審定書 三件
異議再審定書 一件
通告 四件
公告 二件
公示 三件
審定商標 一五五件（附目錄）
商標公告期滿註冊表
核駁商標一覽表
再核駁商標一覽表

◀ 1937年7月1日，中华民国国民政府实业部商标局《商标公报》

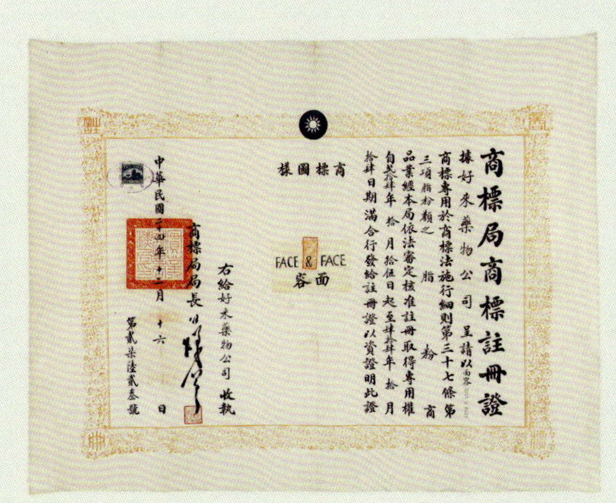

商標局商標註冊證

據好來藥物公司呈請以面容
商標專用於商標法施行細則第三十七條第
三項脂粉類之脂粉商
品業經本局依法審定核准註冊取得專用權
自貳拾肆年拾月拾伍日起至肆拾肆年拾月
拾肆日期滿合行發給註冊證以資證明此證

商標圖樣

FACE & FACE
面容

右給好來藥物公司收執

商標局局長

中華民國二十四年十二月十六日

第貳柒陸貳叁號

1935年12月16日，中华民国国民政府商标局颁发的《商标注册证》▶

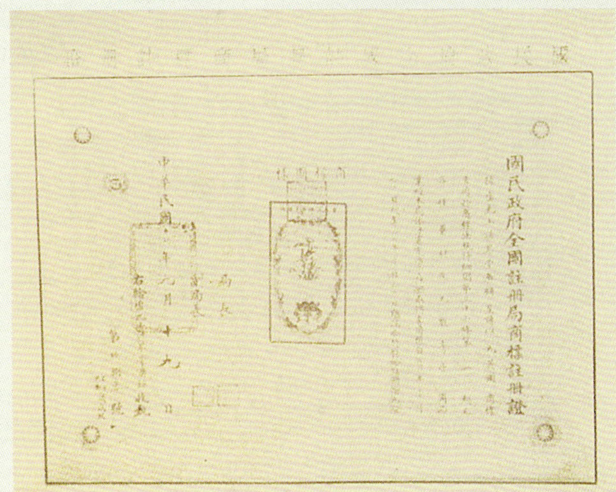

國民政府全國註冊局商標註冊證

◀ 中华民国国民政府全国注册局颁发的《商标注册证》

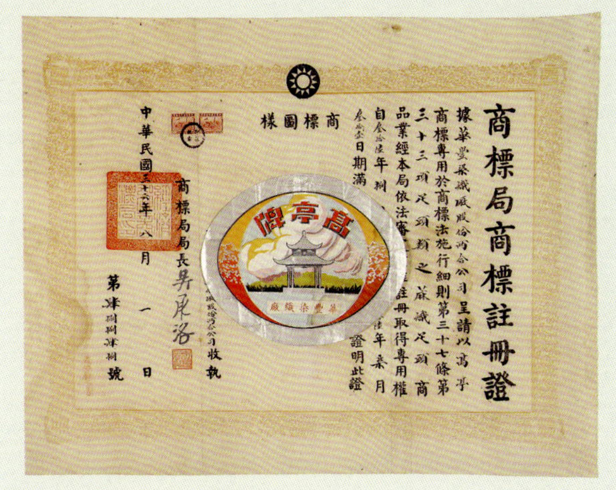

商標局商標註冊證

據華豐染織廠股份有限公司呈請以高亭
商標專用於商標法施行細則第三十七條第
三十三項尺頭類之蔴織尺頭商
品業經本局依法審
自叁拾陸年 年柒月
日期滿
證明此證

商標圖樣

右給華豐染織廠股份有限公司收執

商標局局長

中華民國三十六年八月一日

第肆捌捌肆捌號

1947年8月1日，中华民国国民政府商标局颁发的《商标注册证》▶

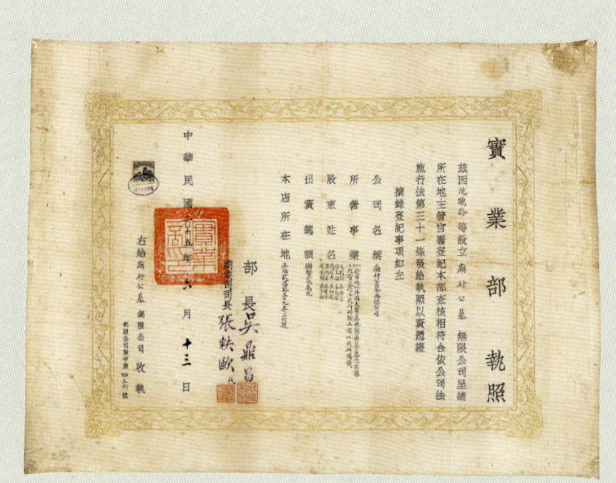
實業部執照

茲因……等設立……無限公司呈請所在地主管官署登記本部查核相符合依公司法施行法第三十一條發給執照以資憑證

摘錄登記事項如左

公司名稱

所營事業

股東姓名

出資總額

本店所在地

部長吳鼎昌

商業司司長張軼歐

中華民國二十五年六月十三日

右給……無限公司收執

◀ 1936年6月13日，中华民国国民政府实业部颁发的《执照》

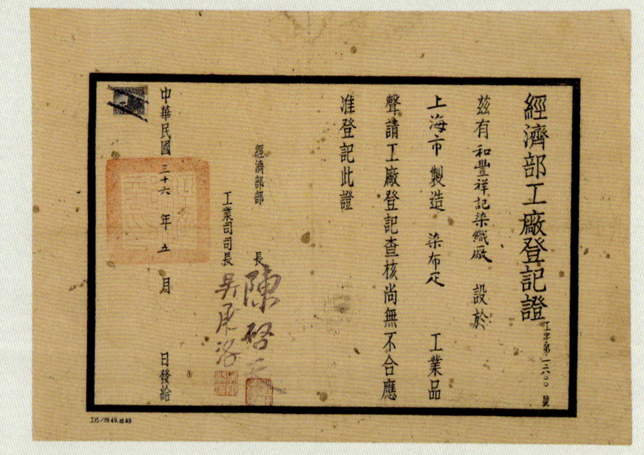
經濟部工廠登記證　工字第一三六〇〇號

茲有和豐祥記染織廠設於上海市製造染布疋工業品聲請工廠登記查核尚無不合應准登記此證

經濟部部長陳啓天

工業司司長吳承洛

中華民國三十六年五月　日發給

1947年5月，中华民国国民政府经济部颁发的《工厂登记证》▶

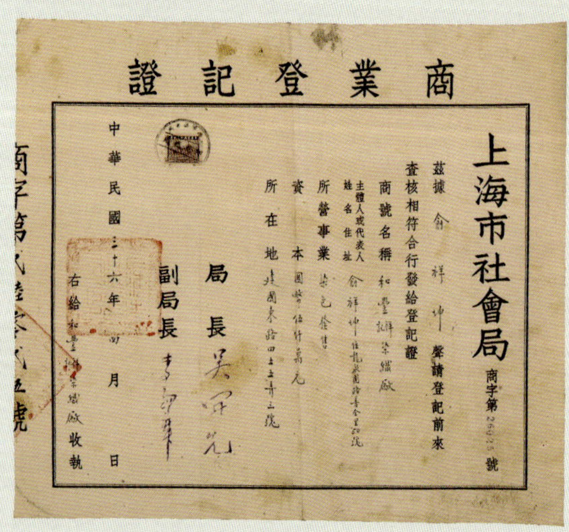
商業登記證

上海市社會局　商字第　號

茲據俞祥坤聲請登記前來查核相符合行發給登記證

商號名稱　和豐祥記染織廠

主體人或代表人姓名住址　俞祥坤

所營事業

資本　國幣

所在地

局長吳開先

副局長

中華民國三十六年四月　日

右給和豐祥記染織廠收執

◀ 1947年4月，中华民国国民政府上海市社会局颁发的《商业登记证》

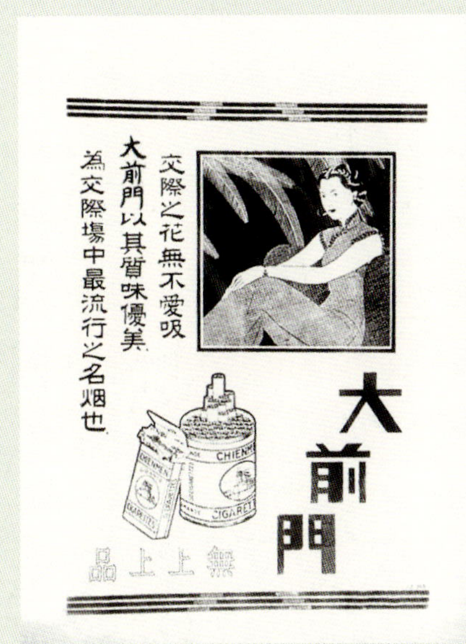

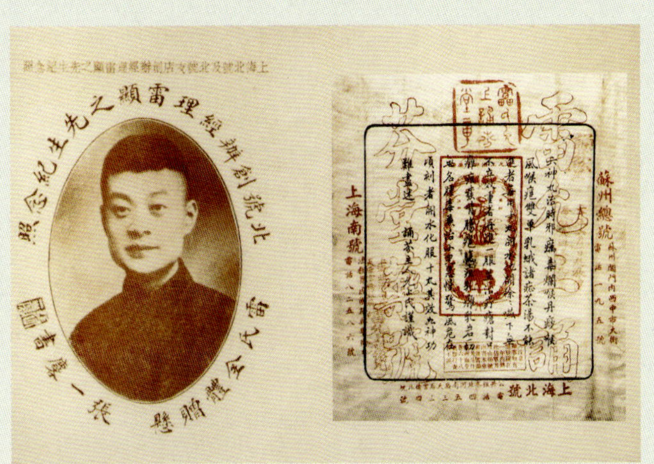

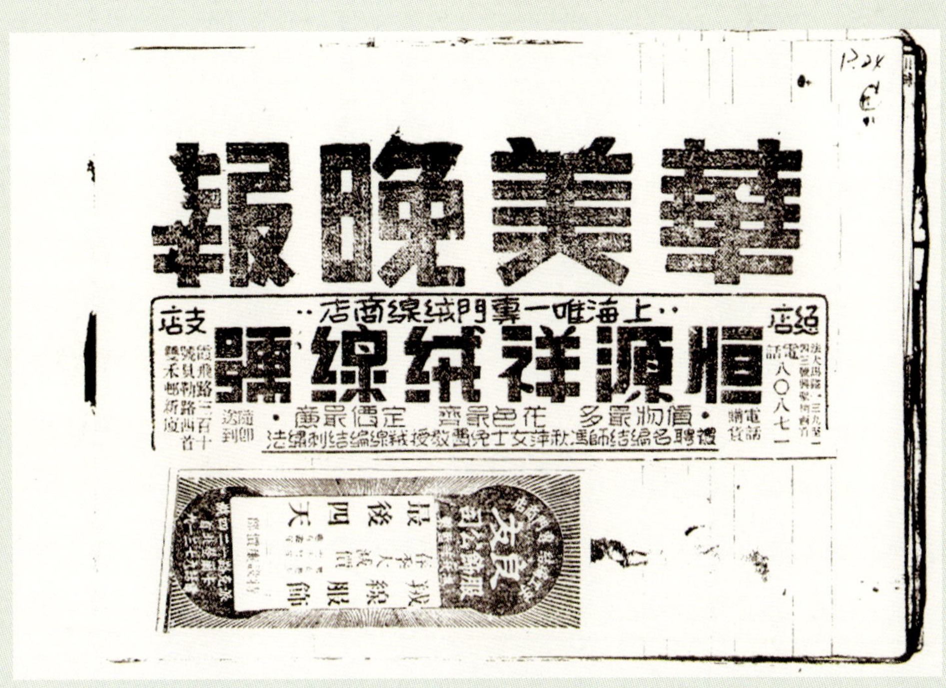

▲ 中华民国时期的工商企业宣传广告

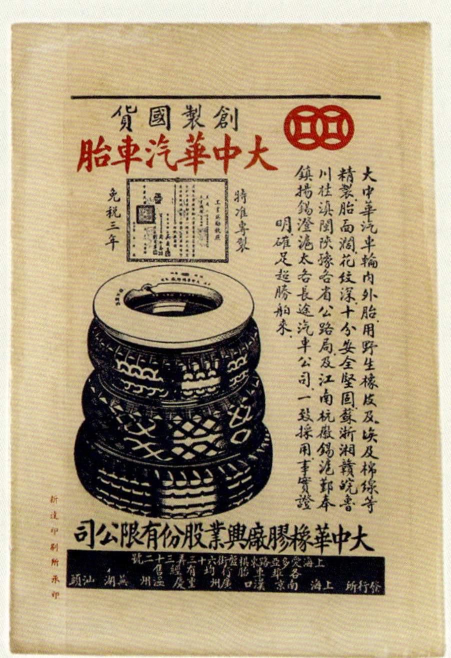

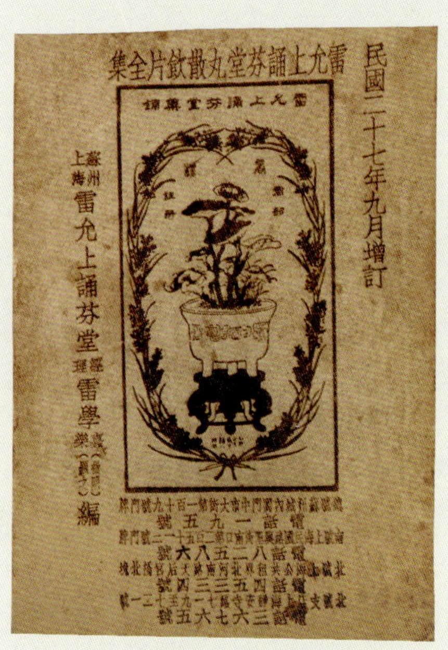

▲ 中华民国时期的企业产品样本、服务公约

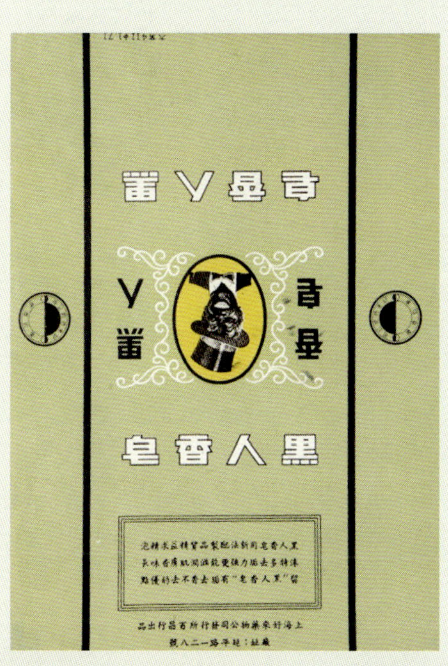

▲ 中华民国时期的部分企业商标图样

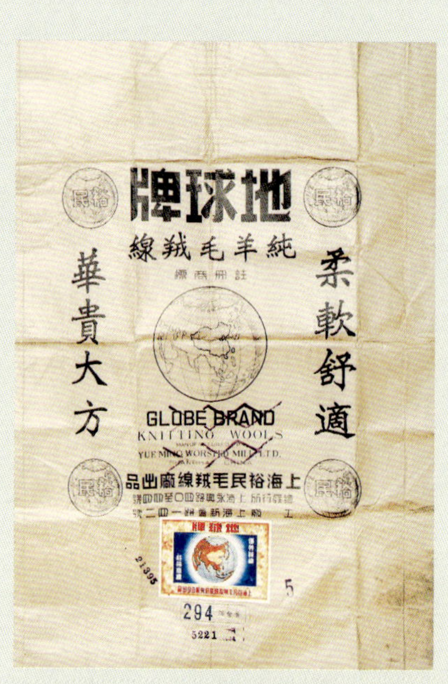

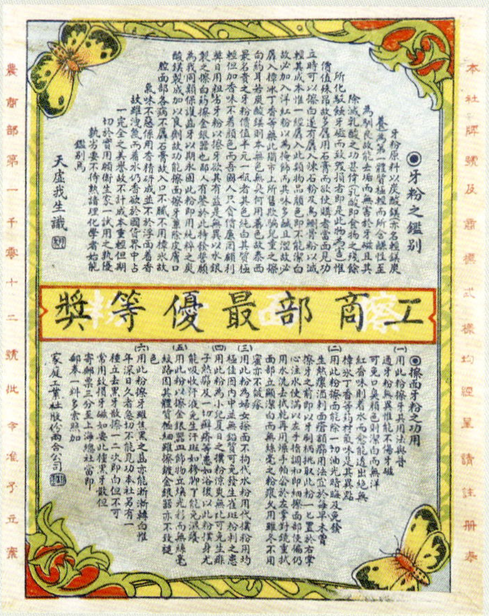

▲ 中华民国时期的部分企业商标图样

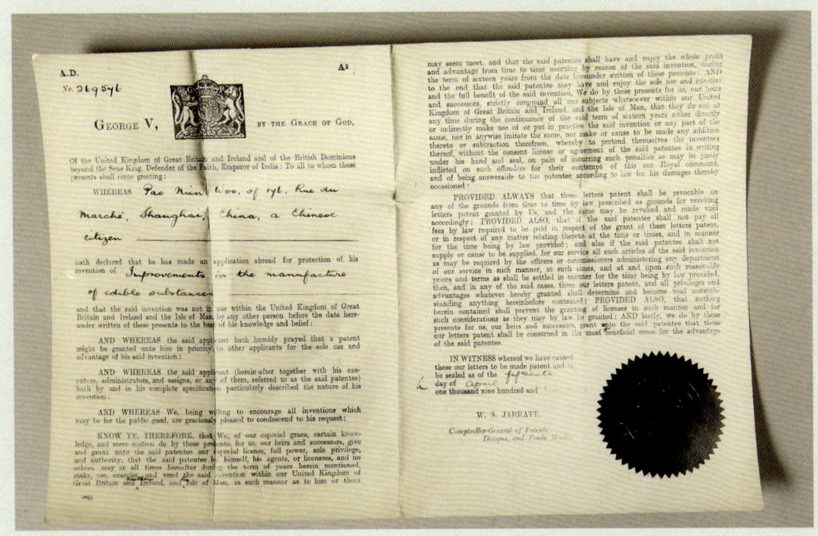

A.D. A2

No. 269546

GEORGE V, BY THE GRACE OF GOD,

Of the United Kingdom of Great Britain and Ireland and of the British Dominions beyond the Seas King, Defender of the Faith, Emperor of India: To all to whom these presents shall come greeting:

WHEREAS Pao Nien Woo, of 176, Rue du Marché, Shanghai, China, a Chinese citizen

hath declared that he has made an application abroad for protection of his invention of Improvements in the manufacture of edible substances

and that the said invention was not in use within the United Kingdom of Great Britain and Ireland and the Isle of Man, by any other person before the date hereunder written of these presents to the best of his knowledge and belief:

AND WHEREAS the said applicant hath humbly prayed that a patent might be granted unto him in priority to other applicants for the sole use and advantage of his said invention:

AND WHEREAS the said applicant (herein-after together with his executors, administrators, and assigns, or any of them, referred to as the said patentee) hath by and in his complete specification particularly described the nature of his invention:

AND WHEREAS We, being willing to encourage all inventions which may be for the public good, are graciously pleased to condescend to his request:

KNOW YE, THEREFORE, that We, of our especial grace, certain knowledge, and mere motion do by these presents, for us, our heirs and successors, give and grant unto the said patentee our especial license, full power, sole privilege, and authority, that the said patentee by himself, his agents, or licensees, and no others, may at all times hereafter during the term of years herein mentioned, make, use, exercise, and vend the said invention within our United Kingdom of Great Britain and Ireland, and Isle of Man, in such manner as to him or them may seem meet, and that the said patentee shall have and enjoy the whole profit and advantage from time to time accruing by reason of the said invention, during the term of sixteen years from the date hereunder written of these presents: AND to the end that the said patentee may have and enjoy the sole use and exercise and the full benefit of the said invention, We do by these presents for us, our heirs and successors, strictly command all our subjects whatsoever within our United Kingdom of Great Britain and Ireland, and the Isle of Man, that they do not at any time during the continuance of the said term of sixteen years either directly or indirectly make use of or put in practice the said invention or any part of the same, nor in anywise imitate the same, nor make or cause to be made any addition thereto or subtraction therefrom, whereby to pretend themselves the inventors thereof, without the consent license or agreement of the said patentee in writing under his hand and seal, on pain of incurring such penalties as may be justly inflicted on such offenders for their contempt of this our Royal command, and of being answerable to the patentee according to law for his damages thereby occasioned:

PROVIDED ALWAYS that these letters patent shall be revocable on any of the grounds from time to time by law prescribed as grounds for revoking letters patent granted by Us, and the same may be revoked and made void accordingly: PROVIDED ALSO, that if the said patentee shall not pay all fees by law required to be paid in respect of the grant of these letters patent, or in respect of any matter relating thereto at the time or times, and in manner for the time being by law provided; and also if the said patentee shall not supply or cause to be supplied, for our service all such articles of the said invention as may be required by the officers or commissioners administering any department of our service in such manner, at such times, and at and upon such reasonable prices and terms as shall be settled in manner for the time being by law provided, then, and in any of the said cases, these our letters patent, and all privileges and advantages whatever hereby granted shall determine and become void notwithstanding anything hereinbefore contained: PROVIDED ALSO, that nothing herein contained shall prevent the granting of licenses in such manner and for such considerations as they may by law be granted: AND lastly, we do by these presents for us, our heirs and successors, grant unto the said patentee that these our letters patent shall be construed in the most beneficial sense for the advantage of the said patentee.

IN WITNESS whereof we have caused these our letters to be made patent and to be sealed as of the fifteenth day of April one thousand nine hundred and

W. S. JARRATT,

Comptroller-General of Patents, Designs, and Trade Marks.

▲ 中华民国时期的部分企业商标及包装图样

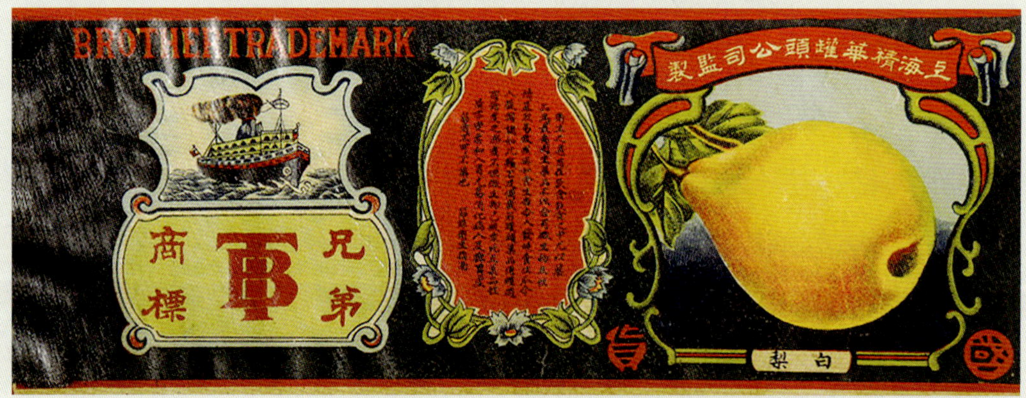

▲ 中华民国时期的部分企业商标图样

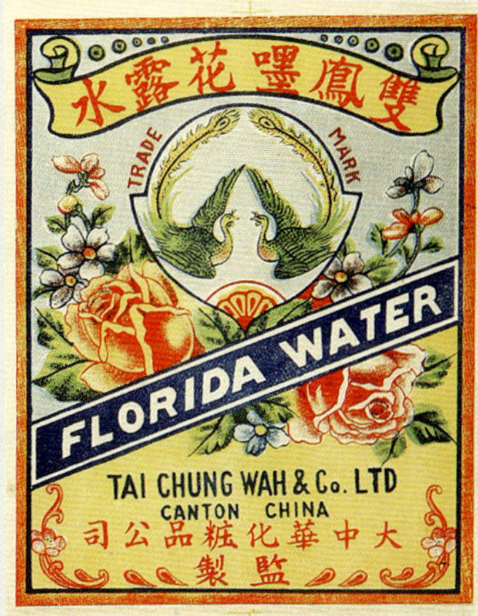

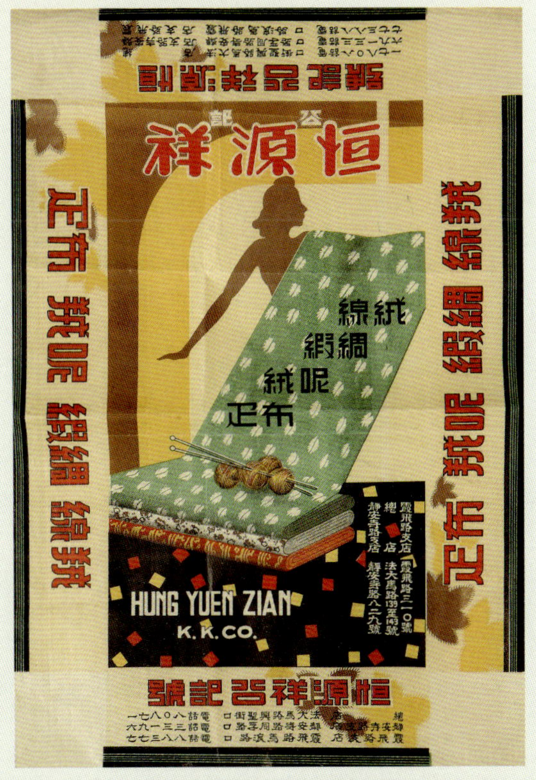

▲ 中华民国时期的部分企业商标图样

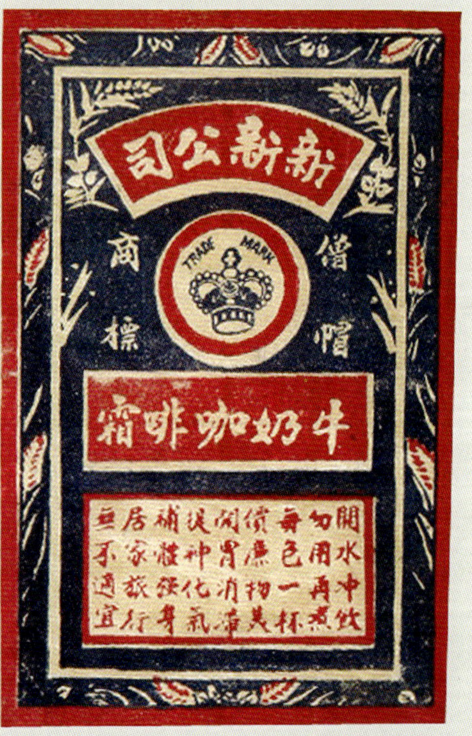

▲ 中华民国时期的部分企业商标图样

总目录

上 卷

下　卷

上卷目录

第一部分　中国古代、近代的工商管理
(公元前841年～1911年)

第一编　鸦片战争前的工商管理(公元前841年～1840年)

第二编 鸦片战争后清政府的工商管理(1840 年 ~ 1911 年)

第二部分 中华民国时期的工商管理（1911 年～1949 年）

第四编 中华民国——北洋军阀政府时期的工商管理（1911 年～1927 年）

第五编　中华民国——国民政府时期的工商管理(1928年～1949年)

第三部分　中国共产党领导下的革命政权时期的工商管理(1921 年 ~ 1949 年)

第六编　第一次国内革命战争时期的工商管理(1921 年 ~ 1927 年)

第七编　中华苏维埃共和国的工商管理(1928年～1934年)

第八编　陕甘宁边区的工商管理(1935年～1949年)

第九编 晋冀鲁豫地区革命根据地的工商管理(1937年~1949年)

第十编 苏浙皖鄂豫抗日民主政府的工商管理(1937年~1945年)

第十一编 东北解放区的工商管理(1945年~1949年)

第一部分　中国古代、近代的工商管理

（公元前 841 年～1911 年）

第一编　鸦片战争前的工商管理

（公元前841年～1840年）

概　　述

本编《鸦片战争前的工商管理》收集的是公元前841年到公元1840年这段历史时期的工商行政管理史料。我们将其分为市场的起源和先秦市场的管理;先秦经济政策及工商业的政治地位;两汉经济政策和市场管理法规;隋唐经济兴盛时期的市政和工商管理;宋元商品经济繁荣和坊市制度的变革;明清时期工商管理法规六章,章下设节,内容涉及:市场的起源,交换的演变,管理机关和官吏,商品标志,契约管理,广告起源,工商登记等工商行政管理的渊源。摘引了秦律、唐律、明律、大清律等古代法规中有关工商管理的法规,及历代《食货志》中有关工商管理的政策和管理措施,以窥古代国家政权运用行政管理手段,干预经济活动,为统治阶级利益服务的历史,为工商行政管理系统和有关单位探索工商行政管理的规律性提供资料。

本编史料原源,均以中华书局出版的二十四史点校本和各朝之典章律志为据,也录用了经、子、类书的有关部分并酌录别史之记载。在选录时,保留有少数重文章节,其意在于互为参证,有利百家争鸣。如“日中为市”,究起于何时,诸说不一。一般史者均采用《周易·系辞下》,本书同时也录用了《史纲评要·三皇五帝纪》的有关记载,是重复一例。

本编引用的史料,均摘录原文,注明出处,以存真相。而我国的历史,源远流长,史料极其丰富。为此,对浩如烟海的典籍,只能举例选收,淘汰取舍,择其要举,分类归纳,前后经贯通,互成一体。典籍史料原文,有的隐晦难懂。为探本索源,释文显义,我们择要作了注解。谋求言简意明,以轻读者之负。

在摘录删节之时,有的文义不连贯,则酌录前文字句,附加于本文之前或断句之中,以括孤标之,使词意贯通,文能成节。对其原文个别错字、脱落字除直接改正外,多以方框和括弧区别之。原文中的繁体字、异体字、通假字,已经汉字简化的,一律改用现代简化字体。

第一章　市场的起源和先秦的市场管理

第一节　市之起源

一、日中为市

庖牺氏没①,神农氏作②。……日中为市③,致天下之民④,聚天下之货⑤,交易而退⑥,各得其所⑦。

(《周易正义·系辞下》)

【注解】

①庖牺氏:传说中原始社会部落首领,旧称三皇之一。古书作太昊伏羲氏。　没:去世。

②神农氏:传说中原始社会部落首领,旧称三皇之一。古书作炎帝神农氏。　作:兴起。

③日中:太阳正中。中午。　为市:举行集市贸易。

④致:招引。　天下:指国家管辖范围之地域。　民:百姓。

⑤聚:积聚。　货:财物。

⑥交易:买卖。　退:还。这里指返回。

⑦得:取得。　所:所需要之物品。

帝始命列廛于国①。日中为市,致天下之民,聚天下之货,令其交易所得②。

(《史纲评要·三皇五帝纪》)

【注解】

①帝:指炎帝神农氏。　列廛:设立市肆。　国:指国都所在地。

②令其:使其。

燧人氏作结绳之政①,立传教之台②。为日中之市,兴交易之道③。人情以遂④,故又谓之燧皇⑤。

(《史纲评要·三皇五帝纪》)

【注解】

①燧人氏:传说中古代用人工取火的发明者。　燧:取火之工具。　结绳:用绳打结记事,大事大结,小事小结。

②传教:传布政教。　台:古官署名。掌政教之事。

③道:通"导"。先导,疏导。

④遂:顺意。

⑤皇:皇帝。

古之立国家者①,开本末之途②,通有无之用③。市朝以一其求④,致士民⑤,聚万货⑥,农商工师⑦,各得所欲⑧,交易而退。

(《盐铁论·本议》)

【注解】

①立国家者:古代诸侯称国,大夫称家。立国家者,指国家的统治者。

②开:开辟。　本:指农业。　末:指工商业。　途:途径。

③通:沟通。　用:作用。

④市朝:众民会合集市为朝。　一:统一。　求:需要。统一解决各自需要的东西。

⑤致:招引。

⑥万货:指各类之物货。

⑦师:众也。

⑧欲:想要。

二、以有易无

古之为市也,以其所有①,易其所无者②。有司者治之耳③,有贱丈夫焉④。必求垄断而登之⑤,以左右望而罔市利⑥,人皆以为贱,故从而征之⑦。征商自此贱丈夫始矣⑧。

(《孟子译注·公孙丑下》)

【注解】

①以:用。　其:表示占有。相当"他的"。

②易:换取。　无:没有。

③有司:古者设官分职,事各有专司,故称有司。这里专指市司。　治:管理,疏理。

④贱丈夫:地位低下之人。商为末,故贱也。

⑤垄断:古时指高而不相连属的墩子,今解为把持市场,独占市利。　登:登高,指站在土墩上。

⑥望:观察,了解行情。　罔:欺骗,虚妄。

⑦贱:卑贱,地位低下。　从:随从。

⑧征商:征收商税。

负任担荷①,服牛辂马②,以周四方③。料多少,计贵贱④,以其所有,易其所无,买贱粥贵⑤。

(《国语·齐语》)

【注解】

①负任担荷:负:背驮。任:抱。担:挑。荷:扛。

②服牛辂马:用牛车和马车从事贩运。

③周:遍及。 四方:东南西北四方。泛指各地。

④料:预料。分析估计。 贵贱:价格高低。

⑤买贱:以低价买进无人购买之物货。 粥贵:以高价卖出人们急需之紧缺物资。粥:通"鬻",卖。

易关市①,来商旅②,纳货贿③,以便民事④。以有易无,各得所需,四方来集,远乡皆至⑤,则财不匮⑥,上无乏用⑦,百事乃遂。

(《礼记·月令》)

【注解】

①关市:设在边疆关口要道的互市。

②商旅:贩运行商。

③纳:收进。 贿:财物。

④民事:民间贸易。

⑤至:到达。

⑥匮:缺乏。

⑦上:指君主。 乏:缺少。

氓之蚩蚩①,抱布贸丝②。匪来贸丝③,来即我谋④。

(《诗经选释·卫风·氓》)

【注解】

①氓(音萌 méng):郊野之民。 蚩蚩(音斥 chì):无知之貌。

②布:葛麻织品总称。

③匪(音非 fēi):不是。

④谋:谋划、商量。

我既买汝五〔夫效〕父①,用匹马束丝②。

(《中国史稿》第一册插图《曶鼎》铭文)

【注解】

①郭沫若释"奴隶的价格很便宜,五名奴隶才抵"匹马束丝",即一匹马加一束丝,可见奴隶的地位是何等的低下了"。

②匹马:一匹马。 束丝:一捆丝。

以粟易械器者①,不为厉陶冶②,陶冶亦以械器易粟者,岂为厉农夫哉③?且许子何不为陶冶④,舍皆取诸其宫中而用之⑤?何为纷纷然与百工交易⑥?何许子之不惮烦⑦。

(《孟子译注·滕文公上》)

【注解】

①粟:谷子。 械器:器物。

②厉:损害。 陶冶:烧制陶器和冶炼钢铁。

③岂:难道。 农夫:农民中的自耕农。

④许子:姓许名行,战国时农家,楚国人。

⑤舍:什么。 宫中:家中。

⑥纷纷然:忙忙碌碌的样子。 百工:手工业的总称:《论语·子张》"百工居肆,以成其事"。

⑦惮烦:怕麻烦。

散其邑粟与财物①,以市虎豹之皮②。

(《管子集校·揆度》)

【注解】

①散:分散。这里解作"用"。 邑:小城市。即大夫封地。

②市:交换。 虎豹:动物名。猫科。虎大而豹小。 皮:皮毛。

古者市朝①而无刀币②。各以其所有易所无,抱布贸丝而矣。

(《盐铁论·错币》)

【注解】

①市朝:指人众会集之处。这里指集市。《史记·索隐》"市之行列,有如朝列,因言市朝耳"。

②刀币:古代铜币。形状似刀,故名刀币。

三、市井贸易

使四民各居其职①。处工就官府②,处商就市井③,处农就田野④。令夫士,群萃而州处⑤,……令夫商,群萃而州处,察其四时而监乡之资⑥,以知其市之价⑦,负任担荷。……少而习焉,其心安焉⑧,不见异物而迁焉⑨。夫是故商之子恒为商⑩。

(《国语·齐语》)

【注解】

①四民:古时称"士农工商"为四民。《春秋谷梁传》成公元年:"古者立国家,百官具,农工皆有职,以事上。古者有四民,有士民,有农民,有工民,有商民"。

②处:处所。 官府:指官府手工业。《国语·晋语》"工商食官"。

③市井:集市。

④田野:郊外。

⑤令:使。夫(音扶 fú):那些。 萃:聚集。 州:古代民之组织,二千五百家为一州。这里指民集居之处。

⑥察:考察。 四时:指"春夏秋冬"四时,又称"四季"。 监:监视。 资:物货。

⑦价:价格。

⑧少:开始。 习:熟悉,通晓。 安:安定。

⑨异物:别的事物。 迁:改变。

⑩夫:(音扶 fú)这是。 故:因为。 恒:永久。

(古者)八家九顷二十亩①,中为一井②。因井为市③,交易而退,故称市井。

(《春秋左传集解·井田记注》)

【注解】

①顷:量词。百亩为顷。 亩:量词。百步(古时六尺为步)为亩。周时一亩,合今市亩 0.214 亩。

②一井：一百亩。井田制将土地田划为九块，每块百亩，共田九百亩。其中八百亩为八家私田，共耕一百亩为公田。其中又划出二十亩为民之庐舍和市井。

③因井为市：以井田为市。《公羊解诂》云："因井田而为市"。

致乃市井之人①。……古者相聚汲水②，有物便卖，因成市③，故云市井。

（《史记·聂政列传》）

【注解】

①致：到此。　乃：就是。　市井之人：物货买卖之人。

②相聚：聚集相会。　汲：取水。

③因成市：因此形成市井。

周公曰①：……辟关修道②，五里有郊③，十里有井④，二十里有舍⑤。远旅来至⑥，关人易资⑦。舍有委⑧，市有五均⑨，早暮如一⑩。

（《逸周书集训校释·大聚》）

【注解】

①周公：姬姓，周武王之弟，名旦，亦称叔旦。西周初期政治家。

②辟关：开辟交通要道、设立关市。

③郊：都城五里之外称郊。

④井：供行人饮用水井。寓有市井之意。

⑤舍：馆舍：供行人住宿。

⑥远旅：远方旅客。

⑦关人：指守关之吏胥。　易资：交换物货。

⑧委：委积。储物之库。

⑨五均：官名。管理市场之官吏。

⑩暮：原文为"莫"，通暮，太阳落西之时天将黑。　如一：指一样价格。

凡国野之道①，十里有庐，庐有饮食②。三十里有宿，宿有路室，路室有委③。五十里有市，市有候馆，候馆有积④。

（《周礼·地官·遗人》）

【注解】

①国野之道：都邑之郊外道路。

②庐：房屋。这里指住人旅店。　饮食：饮：喝的水；食：吃的东西。饮食，这里指伙食。

③宿：住宿。　室：房屋。路室：即住人之旅店。　委：委积。储存物货之仓库。

④市：集市。　候馆：接待客商的货栈。　积：委积。储存物货之仓库。少曰委，多曰积。

四、市场设置

凡建国，佐后立市①。设其次，置其叙②。正其肆，陈其货贿③。出其度量淳制④。

（《周礼·地官·内宰》）

【注解】

①建国：建立国都。　佐后：还要在宫城的后边。　立市：设立市肆。

②次：市肆的公署。　叙：市肆的地界。

③正：中间。　肆：买卖场所、店铺。　陈：陈列。

④出：规定。　淳制：统一制订标准。

匠人营国①，方九里②，旁三门③。国中九经九纬④，经涂九轨⑤。左祖右社⑥，面朝后市⑦。市朝一夫，夏后氏世室⑧。

（《周礼·冬官·考工记》）

【注解】

①匠人：指营建工人。　营国：修建国都。

②方：纵横。

③旁：指国都城之四旁。四旁即四方。

④国中：都城之中。　九经九纬：九条纵横的街道。

⑤经涂（通塗）：直路。　九轨：九：泛指多数。轨：车子两轮之间的距离，古代有定制，其广度为古制八尺。意即干道。

⑥左祖：左边是祖庙。　右社：右边是社稷坛。

⑦面朝：前面是朝廷。　后市：后面是集市。

⑧夏后氏：部落名。相传禹是其领袖，后其子启建立我国第一个朝代，即夏朝（公元前21～前16世纪）。　世室：指夏后氏之宫室。

百乘之国①。中而立市②，东西南北，度五十里③。

（《管子集校·揆度》）

【注解】

①百乘：古代兵制。诸侯国之大小强弱，以兵车计算。大者万乘，中者千乘，小者百乘（四马牵车为一乘）。

②中：国都之中。

③度（音夺）：量长度距离。这里指纵横距离各五十里长。

立市必四方①，若造井之制②，故曰市井。

（《管子集校·小匡注》）

【注解】

①立市：设立集市。　必四方：必须方便四方之民。

②若：像。　造井之制：井有九口之式，中有一口，立市必在中口。

方六里命之曰暴①，五暴命之曰部②，五部命之曰聚③，聚者有市，无市则民乏④。

（《管子集校·乘马》）

【注解】

①命：取名。　暴（音薄）：稀少，古时按区域划分的一种社会组织。

②部：部落。古时的一种社会组织。

③聚：村落，即居民点。古时的一种社会组织。

④乏：缺少。这里指无市则物货买卖不方便，而民则贫困。

第二节　周朝王制和治市之政

一、司市官制

司市[①]：下大夫二人[②]，上士四人，中士八人，下士十有六人[③]，府四人[④]，史八人[⑤]，胥十有二人[⑥]，徒百有二十人[⑦]。

质人[⑧]：中士二人，下士四人，府二人，史四人，胥二人，徒二十人。

廛人[⑨]：中士二人，下士四人，府二人，史四人，胥二人，徒二十人。

胥师[⑩]：二十肆则一人，皆二史。

贾师[⑪]：二十肆则一人，皆二史。

司虣[⑫]：十肆则一人。

司稽[⑬]：五肆则一人。

胥：二肆则一人。

肆长[⑭]：每肆则一人。

（《周礼·地官·司市》）

【注解】

①司市：地官的属官。主管市场的治教政刑，量度禁令。

②大夫：司市属官。古代统治阶层，在君之下有卿、大夫、士三级。一般为任官职者之称。大夫又分上大夫、下大夫。

③士：司市属官。高明有才智之人称士。士又分上、中、下三等，加上下大夫，共为五等。

④府：司市属官。具体掌管财货之事。

⑤史：掌记事之官吏。

⑥胥：司市所属之小官吏。

⑦徒：在司市府署服劳役之人。

⑧质人：司市属官。主评定物价质剂之事。

⑨廛人：司市属官。主税赋之事。

⑩胥师：司市属官。掌市场管理货物交易之事。

⑪贾（音古 gǔ）师：司市属官。掌通货贿平物价之事。

⑫司虣（通暴）：司市属官。负责维持治安和社会秩序，禁止暴乱。

⑬司稽：司市属官。掌巡市监察犯禁之事。

⑭肆长：司市属官。掌检校一肆之事。

二、司市之职

司市，掌市之治教政刑量度禁令[①]。以次叙分地而经市[②]；以陈肆辨物而平市[③]；以政令禁物靡而均市[④]；以商贾阜货而行布[⑤]；以量度成贾而征侯[⑥]；以质剂结信而止讼[⑦]；以贾民禁伪而除诈[⑧]；以刑罚禁虣而去盗[⑨]；以泉府同货而敛赊[⑩]。

（《周礼·地官·司市》）

【注解】

①掌：主管。　治、教、政、刑、量、度、禁、令：此为司市之八事，《周礼·地官》刘氏注曰："治，谓正万民交易之法；教，谓使三市（大市、朝市、夕市）信义不欺；政，谓平百物轻重之价；刑，谓制盗贼奸伪之民；量，谓执五量（龠、合、升、斗、斛）以定谷米之平；度，谓谨五度（分、寸、尺、丈、引）以定布帛之制；禁，谓坏法乱俗之物不卖于市；令，谓宣教立政之事必宪于民"。

②次：市司办公处所。　叙：划分市肆地域。　经市：分类陈列，物各有处，不相混杂。

③辨物：以物别类，区分好坏。　平市：物各类聚，无混淆之患，以利选择。

④物靡：奢侈之物。　均市：使物无二样，人无异好。　贾（音古 gǔ）：商人。

⑤阜：丰盛。　行布：布权百物而通有无，谓之行布。

⑥量度：量多少，度长短。计量标准之词。　成贾（通价）：以物之成色好坏定价。　征侯：招引商贾买卖。

⑦质剂：人物以质，合约为剂。　结信：缔结合约，遵守信誉。　止讼：市无争讼，使无纠纷。

⑧贾（音古 gǔ）民：商人。　禁伪：使真伪分明，无相杂乱。　除诈：使民知物情伪，以防欺诈。

⑨虣：暴虐，凶猛。　去盗：以刑罚除去贪盗之徒。

⑩泉府：官名，掌财货之事。　同货：统一管理财货。　敛：收购。《周礼·地官》王昭禹曰："凡市之不售与货之滞于民用者，则以其价买之"谓之敛。　赊：赊贷。《周礼·地官·泉府》"以其价买之物，楬而书之，以待不时而买者"谓之赊。

三、司市属官

质人，掌成市之货贿[①]。人民，牛、马、兵、器、珍异[②]。凡卖侯者质剂焉[③]，大市以质，小市以剂[④]。掌稽市之书契[⑤]。同其度量，壹其淳制[⑥]，巡而攷之[⑦]，犯禁者，举而罚之[⑧]。凡治质剂者，国中一旬，郊二旬，野三旬，都三月[⑨]，邦国期内听[⑩]，期外不听。

（《周礼·地官·质人》）

【注解】

①成市：平市之政。即治理市政。

②人民：奴隶。　珍异：珍贵而奇异之物品。

③卖侯者：买卖之人。　质剂：质，指保证的人或物；剂，古代买卖时用的契券。意即买卖双方订立的契约，有人保质押。

④大市：买卖牛、马、人民为大市，契券用长券曰质。要有保证的人或物。　小市：买卖兵器，珍异之物为小市。契券用短券曰剂。

⑤稽市：攷察市情。　书契：市物之券。

⑥同：相同，齐一。　壹（通一）：一致。　淳（通准）制：标准。

⑦巡：巡视。　攷（通考）：考核。

⑧举：没收。

⑨都：指邦国之都邑。

⑩邦国：诸侯国。　听：断决案情。古代办案有五听，成为判断是非曲直的重要手段。所谓听：辞听，注意说话，是否公正；色听，观察脸色，是否正常；气听，注意呼吸，是否气喘急促；耳听，注意听觉，是否迟钝耳背；目听，观其视线，是否眼光明亮。

廛人，掌敛市絘布①、总布②、质布③、罚布④、廛布⑤，而入于泉府⑥。凡屠者，敛其皮角筋骨入于玉府⑦。凡珍异之有滞有者，敛而入于膳府⑧。

（《周礼·地官·廛人》）

【注解】

①敛：征收。　絘（音次 cì）布：以布肆之次第收税。《周礼·地官·廛人》郑玄注："布，泉也。絘布，列肆之税布"。

②总布：工商物货之总税。

③质布：质人敛质剂之布。即交易契约税。

④罚布：罚市禁之布。即罚款。《周礼·地官·司市》王昭禹曰："方货入市，胥师、贾师各居其次，辨物经市，其间有作诈伪者，罚之以布"。

⑤廛布：廛人敛诸物邸舍之布。即租税。

⑥泉府：官署名。掌收购上市滞销物货和借贷收息之事。

⑦屠者：宰杀牛羊猪犬之人。俗称屠户。　玉府：掌王府之金玉、玩好等宝物之库。

⑧膳府：掌贮藏宫廷食物之库。

胥师，各掌其次之政令，而平其货贿①，宪刑禁焉②。察其诈伪饰行③，侯者而诛罚之④。听其小治小讼而断之⑤。

（《周礼·地官·胥师》）

【注解】

①平其货贿：治理物货，无混淆之乱。

②宪刑：布告禁令刑法。

③饰行：欺诈伪卖行为。

④诛：杀刑。

⑤小治小讼：治理次内之讼事。　断：决断，处治。

贾师，各掌其次之货贿之治①。辨其物而均平之②，展其成而奠其贾③，然后令市④。凡天患⑤，禁贵侯者，使有恒贾⑥。四时之珍异，亦如之⑦。

（《周礼·地官·贾师》）

【注解】

①次：市司公署，这里指一次所辖之市集。　治：管理。

②均平：指均市和平市之事。见司市之职注②③。

③展其成：辨物货成色好坏。　奠其贾（通价）：评定物货之价。

④令市：使其市卖。

⑤天患：自然灾害。

⑥恒贾（通价）：价格稳定不变。

⑦如：如同。按照。

肆长，各掌其肆之政令①。陈其货贿，名相近者，相远也②，实相近者，相尔也③，而平正之④。敛其总布，掌其戒禁⑤。

（《周礼·地官·肆长》）

【注解】

①肆：市场。这里指一肆所辖之市集。

②名相近：物之近似。　相远也：指质价相差很大。应分类陈列，勿使杂乱。

③实相近：同一类之物货。　相尔也：相近之货物，可以同肆陈列，以利挑选。　尔：近也。

④平：公平。　正：纠正。

⑤戒：告戒。

泉府，掌以市之征布，敛市之不售货之滞于民用者，以其贾买之①。物楬而书之②，以待不时而买者，买者各从其抵③。都、鄙从其主④，国人，郊人从其有司，然后予之⑤。凡赊者，祭祀无过旬日⑥，丧纪无过三月⑦。凡民之贷者⑧，其有司辨而受之⑨，以国服为之息⑩。

（《周礼·地官·泉府》）

【注解】

①敛市：收购。　滞：次销。　以其贾（通价）：用市价。

②物楬：用木牌悬写的物品广告。　书之：写在木牌上面。

③待：等待。　不时：急需要的时候。　抵：货栈、店铺。

④主：主帅。这里指都、鄙之大夫。

⑤有司：市司主管部门。　予（通与）：给与。

⑥赊：购物之时不付价款谓之赊欠。　祭祀：祭神和祀祖。无过：不得超过。

⑦丧纪：死亡的道德伦理。

⑧贷：借入。

⑨辨（音办 bàn）：办理。　受：给与。

⑩国服：交纳国税。　息：利息。

司虣掌宪市之禁令①。禁其斗嚣者，与其虣乱者②，出入相陵犯者③，以属游饮食于市者④。若不可禁，则搏而戮之⑤。

（《周礼·地官·司虣》）

【注解】

①宪市：市场法令。宪：法令，公布。

②斗嚣：殴斗喧闹，捣乱市场。

③陵：本义是大山。而古汉字与"凌"通用。相陵：互相侵犯。

④游饮食于市者：指不从事生产劳动之人。

⑤搏：捉拏。　戮：杀之。

司稽，掌巡市而察其犯禁者①，与其不物者而搏之②。掌执市之盗贼以徇③，且刑之④。胥，各掌其所治之政⑤，执鞭度而巡其前⑥，掌其坐，作出入之禁令⑦，袭其不正者⑧。凡有罪者，挞戮而罚之⑨。

（《周礼·地官·司稽》）

【注解】

①巡市：巡回观察市场。　犯禁：违犯市场禁令。

②不物者：指不合法度之违禁物品和市物之人。

③执市：执行市之禁令。　以徇：给以示众警告。

④且刑之：给以刑罚处理。

⑤治：管理。　政：政令。

⑥鞭度：无刃之兵器。系鞘于上为鞭，鞭长刻尺寸于上为度。争门出入则以鞭威之，争长短则以度齐之。

⑦坐：守卫。引申为常驻。掌其坐：长期坚守关门。　作：充任，掌握。

⑧袭：不备而攻。这里作打击释。　不正者：指不正大光明之人。

⑨挞：以鞭棍责打犯禁之人。

市刑①，小刑宪罚②；中刑徇罚③；大刑朴罚④。其附于刑者⑤，归于士⑥。国君过市，则刑人赦⑦；夫人过市，罚一幕⑧；世子过市，罚一帟⑨；命夫过市，罚一盖⑩；命妇过市，罚一帷⑪。

（《周礼·地官·司市》）

【注解】

①市刑：市场管理之法规和刑罚。

②小刑：轻微处罚。　宪罚：悬法警告犯禁之人。

③中刑：一般处罚。　徇罚：以鞭笞警告犯禁之人。

④大刑：加重处罚。　朴罚：以警棍责打犯禁之人。

⑤附于刑者：指市刑外有犯五刑者。周官之有五刑者。一曰野刑，二曰军刑，三曰乡刑，四曰官刑，五曰国刑（市刑即属国刑）。

⑥归于士：由士师治刑。士：官名。指士师，司寇属官。主管刑狱之官吏。

⑦国君：国王。　过市：进入市场。　刑人：指掌握刑法之官吏。即士师。

⑧夫人：指诸侯士大夫之妻。　幕：帆篷顶盖。

⑨世子：国王、诸侯之长子。　帟（音亦 yì）：小帐幕，为幄中坐上承尘之用。

⑩命夫：卿大夫和士。　盖：车用帐篷。

⑪命妇：受有封号之妇女。　帷：围在四周的幕布，没有顶子。

司门①：掌授管键②，以启闭国门③。讥出入不物者④，正其货贿⑤。凡物犯禁者举之。

（《周礼·地官·司门》）

【注解】

①司门：地官属官。守卫京都之城门，稽查走私之事。

②管：门锁之钥匙。　键：锁之簧。

③启：开门。　闭：关门。

④不物者：指不合法度之违禁物品和经营之人。　讥：询问，检查。

⑤正（通征）：征收物货之税。

司关①：掌国货之节②，以联门、市③。司货贿之出入者，掌其治禁④，与其征廛⑤。凡货不出于关者⑥，举其货，罚其人。凡所达货贿者，则以节传出之⑦。

（《周礼·地官·司关》）

【注解】

①司关：地官属官。主稽物货出入关门和税赋之事。

②节：玺节。盖有官印之物货凭证。又称“货节”。

③以联门、市：指关卡联结都城之门市可通行。

④治禁：管理禁止犯禁物货之出入。

⑤征廛：征收物货税。

⑥货不出入关者：谓物货不经关门出入者，今谓之“走私”。

⑦达：到达。　以节传出之：凭有官印之货节出入之。

达天下之六节，山国用虎节①，土国用人节②，泽国用龙节③，皆以金为之。道路用旌节④，门关用符节⑤，都鄙用管节⑥，皆以竹为之。

（《周礼·秋官·小行人》）

【注解】

①山国：山地之侯国。　虎节：以虎形状为节。

②土国：平原地区之侯国。　人节：以人形状为节。

③泽国：江湖沼泽之侯国。　龙节：以龙之形状为节。

④金：指铜铁为金。　旌节：以旗帜标志为节。

⑤门关：都城之门和交通要道之关卡。　符节：在节上填写进出门关事由，合二而一，验符放行。

⑥管节：以竹节元形之状为节。北京中国通史馆藏之鄂君启铜节载明运输情况。形状即为管节。

四、市场管理

凡治市之货贿，六畜、珍异①。亡者使有②，利者使阜③，害者使亡④，靡者使微⑤。凡通货贿⑥，以玺节出入之⑦。

（《周礼·地官·司市》）

【注解】

①六畜：指马、牛、羊、鸡、犬（狗）、豕（猪）六类可食之动物。

②亡（音无 wú）：没有。

③利：有利。　阜：物多。

④害：指各类违禁有害之物货。

⑤靡：奢侈。　微：少量。

⑥通：物货畅通。

⑦玺节：即符节。节必盖有官印方能生效。玺：《说文》“玺，王者印也”。

凡会同师役①，市司帅贾师而从②，治其市政③，掌其卖儥之事④。

（《周礼·地官·司市》）

【注解】

①会同：联合。　师役：为军旅服务之“军市”。

②帅:率领。　贾师:掌货贿平物价之官吏。　从:同往。
③市政:管理市场之事。
④儥(音育 yù):卖也。

凡入市,则胥执鞭度守门,市之群吏①,平肆,展成,奠价。上旌于思次以令市②。市师莅焉③,而听大治大讼④。胥师,贾师莅于介次⑤,而听小治小讼⑥。

(《周礼·地官·司市》)

【注解】

①群吏:指市司所属之官吏。
②上旌:挂旗。使其望而知其当市也。　思次:市肆之公署。令市:开集。
③市师:市官。　莅:来到。
④大治大讼:办理思次之重大纠纷。
⑤介次:思次之分支公署。
⑥小治小讼:办理介次范围内的纠纷。

大市①,日昃而市②,百族为主③;朝市④,朝时而市,商贾为主⑤;夕市⑥,夕时而市,贩夫贩妇为主⑦。

(《周礼·地官·司市》)

【注解】

①大市:人多集旺。
②日昃而市:即“日中为市”《周易·系辞下》。昃:太阳过午西斜谓之昃。
③百族:百姓。
④朝市:早集。俗称露水之集。
⑤商贾(音古 gǔ):从事贩卖之商人。
⑥夕市:日落时之市。
⑦贩夫贩妇:从事肩挑贩卖之男女小贩,朝买夕卖。

凡万民之期于市者①,辟布者②,量度者③,刑戮者④,各于其地之叙⑤。凡得货贿,六畜者,亦如之。三日而举之。

(《周礼·地官·司市》)

【注解】

①万民:百姓。　期于市:约会于市。
②辟布:罚款。辟:法也。布:钱也。
③量度:量刑之法度。
④刑戮:依法治以死刑。
⑤各于其地:都有指定的地方。

五、市伪之禁

凡市伪饰之禁①。在民者十有二②;在商者十有二;在贾者十有二③;在工者十有二。

王昭禹曰:周官司市,所谓在民,在商,在贾,在工者十有二,乃此类也。凡此之类,其数有二十四:在工不得作④;在民不得畜⑤;在商不得资⑥;在贾不得鬻⑦。别而言之,故各有十二。盖圭璧一⑧,金璋二⑨,命服三⑩,命车四⑪,宗庙之器五⑫,戎器六⑬,用器七⑭,兵车八⑮,奸色九⑯,锦纹十⑰,珠十一⑱,玉十二⑲,凡此在工不得作也。牺牲一⑳,布二㉑,帛三㉒,衣服四㉓,饮五㉔,食六㉕,五谷七㉖,果实八,木九,禽十,兽十一,鱼鳖十二,凡此在民不得畜也。

(《周礼·地官·司市》)

【注解】

①市:卖也。　伪饰:不合规格之物品和禁止出卖之赝品。
②民:百姓。　十有二:即十二之数。
③贾(音古 gǔ):从事贩卖。贾,本节下同):运货贩卖为商,囤积营利为贾。俗语云:行商坐贾。
④不得作:不准制作。
⑤畜(通蓄):储存,蓄养。
⑥资:囤积。
⑦粥(音育 yù):通“鬻”,卖也。
⑧圭璧:古时诸侯朝聘或在祭祀时手执之玉器。其形上尖下方,圭长有七寸和九寸之分。
⑨金璋:以金镂铸刻装饰而成之礼器。似圭而上端斜削一角。其制大小、厚薄、长短因事而异。
⑩命服:古时帝王按等级赐给公侯、卿大夫、士之制服。
⑪命车:古时帝王赐给公卿所乘之饰车。《周礼·考工记》引《殷传》“未命为士者,不得乘饰车”。
⑫宗庙之器:祭天祀祖之祭器。
⑬戎器:铠甲(打仗穿的护身衣)和兵器。
⑭用器:帝王宫室使用之金银制品和玉雕之器具。
⑮兵车:打仗用的战车。
⑯奸色:即间色。古者以绿、红、紫、碧、黄为五方间色。
⑰锦纹:有花纹之丝织品。
⑱珠:珍珠宝贝。
⑲玉:玉器。
⑳牺牲:祭天祀祖用的六畜。色纯为牺,体全为牲。
㉑布:古时以麻葛为原料的织品。
㉒帛:丝织品总称。
㉓衣服:泛指供人穿着的衣服。衣:古时一般专指上服。服:丧服。按丧礼规定之服制穿戴以哀悼死者。
㉔饮:喝的饮料。
㉕食:吃的食物。
㉖五谷:指黍、稷、菽、麦、稻五谷。

凡执禁以齐众①,不赦过②。有金璧圭璋,不鬻于市③;宗庙之器,不鬻于市;牺牲,不鬻于市;戎器,不鬻于市;用器不中度④,不鬻于市;兵车不中度,不鬻于市;布帛精粗不中数⑤,幅广狭不中量⑥,不鬻于市；奸色乱正色[7]，不鬻于市；锦纹珠玉成器[8]，不鬻于市；饮食，不鬻于市；五谷不时[9]，果实未熟，不鬻于市；木不中伐[10]，不鬻于市；禽、兽、鱼、鳖不中杀[11]，不鬻于市。关执禁以讥[12]，禁异服，识异言[13]。

（《礼记·王制》）

【注解】

①齐众：向百姓发布统一禁令。

②不赦过：不宽贷放过。

③不鬻于市：不准入市出卖。

④不中度：不合规格标准和制度的规定。中（音众 zhòng。本节下同）：符合。

⑤布帛精粗不中数：指布帛质地粗糙、厚薄不均，经纬数量不足。

⑥幅广狭：布帛之宽窄长短。　不中量：度量不够。

⑦正色：古者以青、赤、黄、白、黑为五方正色。

⑧成器：指原材料经过加工制造成为有型能用之器物。

⑨不时：指收获季节未到。

⑩不中伐：树木幼小，不合用材规格的不能砍伐。

⑪不中杀：水产鱼类幼小，不能捕杀。

⑫关：指关市胥吏。　讥：询问，检查。

⑬异服：穿奇怪服装。　异言：操其他民族语言。　异言异服意指外国之人。

第三节　先秦市政诸法之兴

一、物勒工名

国有六职[1]，百工与居焉[2]。……审曲面执以饬五材[3]，以办民器谓之百工。通四方之珍异以资之，谓之商旅。……知者创物[4]，巧者述之[5]，守之世谓之工[6]。百工之事皆圣人之作也[7]。烁金以为刃[8]，凝土以为器[9]，作车以行陆[10]，作舟以行水[11]，此皆圣人之所作也。天有时[12]，地有气[13]，材有美[14]，工有巧，合此四者，然后可以为良[15]。材美，工巧，然而不良，则不时，不得地气也[16]。

（《周礼·冬官·考工记》）

【注解】

①六职：指官府的治、教、礼、政、刑、事六种职务。这里指王公、士大夫、百工、商旅、农夫、妇功六种职别。

②与（音于 yú）：语气词。这里作必须解。　居：指百工所处之地位。

③审：审察。引申为观察。　曲面：弯曲不直的方面。　饬：整治曲面。　五材：五种物质。郑玄注：“此五材，金、木、皮、玉、土”。

④知（音智 zhì）：聪明人。　创物：制作器物。

⑤巧者：指能工巧匠。巧：技巧。　述之：记述。引申为传授。

⑥守：坚守。　世：世代相传。

⑦圣人：有才能智慧之人。

⑧烁金：熔化金属。　刃：泛指刀。

⑨凝土：凝聚。将有液体的土料结成固体的土坯——陶器。

⑩陆：大陆、陆地。

⑪舟：舟船。　行水：行走水路。

⑫天有时：时间。又指“春夏秋冬”四时。

⑬气：气温。

⑭材：原材料。　美：好的。

⑮良：良好。

⑯不时：没有掌握季节。　不得地气：没有掌握好气温变化。

是月也[1]，命工师效功[2]，陈祭器，案度程[3]，毋或作为淫巧[4]，以荡上心[5]。必功致为上[6]。物勒工名[7]，以考其诚[8]。功有不当[9]，必行其罪，以穷其情[10]。

（《礼记·月令》）

【注解】

①是月：这个月。

②命：命令。　工师：主管百工之官。　效功：考核功效。稽察百工造作之器。

③度：制度。　程：古度量名。又为容量。

④毋或：有没有。　淫巧：过度之奇巧。

⑤荡：煽动。　上心：指帝王之心。

⑥功致：尽力做到。　上：最好。

⑦勒：刻也。　工名：工匠姓名。

⑧考：考核。　诚：真诚，诚恳。

⑨功：坚固。技巧。　不当：不合适。

⑩穷：深究。　情：情况。引申为原因。

唯器与名[1]，不可以假人[2]，君之所司也[3]。名以出信，信以守器[4]，器以藏礼，礼以行义[5]，义以生利，利以平民[6]，政之大节也[7]。若以假人，与人政也，政亡[8]。则国家从之[9]，弗可止也已[10]。

（《春秋左传集解·成公二年》）

【注解】

①器：物品。　名：名牌物品。又指工匠之姓名。

②假人：伪饰之人。这里指欺骗人。

③君：国君。　司：管理。

④出信：讲信誉。　守器：坚守器之质量。

⑤藏礼：包含礼义。　行义：行使道义。

⑥生利：发生利益。　平民：平定民心。

⑦政：治国之道。　大节：大事、大纲。

⑧政亡：失去道义的信誉。

⑨国家从之：国家随之而亡。

⑩弗可止也：不能禁止。

二、关市之赋

以九赋敛财贿[1]。一曰邦中之赋[2]；二曰四郊之赋[③];三曰邦甸之赋[④];四曰家削之赋[⑤];五曰邦县之赋[⑥];六曰邦都之赋[⑦];七曰关市之赋[⑧];八曰山泽之赋[⑨];九曰弊余之赋[⑩]。

(《周礼·天官·大宰》)

【注解】

①九赋:九种税。　敛财贿:征收实物。

②邦中:诸侯国都城之中。

③四郊:国都之外称郊。近郊五十里,远郊去国百里。

④邦甸:古时郊外称甸。离国百里之外,二百里之内为甸。

⑤家削:周大夫采地与公邑土地交错相间,离国二百里外三百里内之大夫采地。为别于公邑,称为家削。

⑥邦县:小都。离国三百里外四百里内,为卿大夫采邑。

⑦邦都:大都称疆。离国四百里外之王公诸侯采邑。

⑧关市之赋:工商业税。

⑨山泽之赋:土特产(如森林,木材,矿物,水产等)税。

⑩弊余之赋:物之残余。似后来"回残"。即物之使用后,贱价卖出。所赋之税。

凡任地[①]。国宅无征[②],园廛二十一[③],近郊十一[④],远郊二十而三[⑤],甸、削、县、都,皆无过十二[⑥],唯其漆林之征二十而五[⑦]。凡宅不毛者[⑧],有里布[⑨];凡田不耕者,出屋粟[⑩];凡民无职事者[⑪],出夫家之征[⑫],以时征其赋。

(《周礼·地官·载师》)

【注解】

①任地:分配土地,治理田亩。

②国宅:指官府之公署。　宅:住所。

③园廛:园圃。树果蓏实之属。　二十一:税征率,即二十分之一。

④近郊:离国五十里为近郊。　十一:税征率,即十分之一。周税轻近而重远。

⑤远郊:离国五十里之外百里之内。　二十而三:税征率,即二十分之三。

⑥无过十二:指税征率不超过十分之二。

⑦唯:只有。　漆林之征:土特产税之征收。漆林:木名,漆树。

⑧毛:指地面所生草木。　宅:指宅田。

⑨里布:地税。即罚款。布:钱也。

⑩屋粟:按住宅出粮。即实物税。

⑪职事:职业。

⑫夫家之征:按人头户头服徭役。

三、度量衡制初兴

舜摄行天子之政[①],以观天命[②]。……同律[③],度[④]、量[⑤]、衡[⑥]。

(《史记·五帝本纪》)

【注解】

①舜:传说中父系氏族社会后期部落联盟领袖,姚姓,有虞氏,名重华。史称虞舜。　摄行:辅佐。

②观:显示。　天命:天子之意志。

③同:齐一。　律:法律。

④度:齐物长短之标准。度者以子谷秬黍中者为一分,十分为寸,十寸为尺,十尺为丈,十丈为引,五度审(清楚)矣。

⑤量:平物多少之标准。量者以子谷秬黍中者一千二百实为一龠,二龠为一合,十合为一升,十升为一斗,十斗为一斛,五量嘉(最好)矣。

⑥衡:秤物轻重之标准。权衡者,以子谷秬黍中者一千二百实为一龠,重十二铢,二十四铢为一两,十六两为一斤,三十斤为一钧,四钧为一石,而五权谨(重慎)矣。

仲春之月[①],……日夜分[②],则同度量,钧衡石[③],角斗甬[④],正权概[⑤]。……仲秋之月[⑥],日夜分,则同度量,平权衡[⑦],正钧石,角斗甬[⑧]。

(《礼记·月令》)

【注解】

①仲春:每年农历二月为仲春月。为二月之别名。

②日夜分:指日夜时间长短各半。寓意气候之温湿度变化比较稳定,有利于衡检。分:又指"春分"气节。

③钧(通均):均衡。引申为"统一"。

④角(音决 jué):较量,比较。引申为"检校"。

⑤正:校正。　权:秤砣。　概:平斗斛之刮板。

⑥仲秋:每年农历八月为仲秋月。气温适中、变化不大,适合度量衡检查。秋:亦指"秋分"节气。

⑦平:平衡。亦为纠正。

⑧甬:古量器。即斛甬。

齐旧四量,豆、区、釜、锺[①]。四升为豆[②],各自其四[③],以登于釜[④]。釜十则锺[⑤]。陈氏[⑥]三量[⑦],皆登一焉[⑧],锺乃大矣[⑨]。以家量贷[⑩],而以公量收之[⑪]。山木如市[⑫],弗加于山[⑬]。鱼盐蜃蛤[⑭],弗加于海,民参其力,二入于公,而衣食其一[⑮]。公聚朽蠹[⑯],而三老冻馁[⑰]。国之诸市,屦贱踊贵[⑱]。民人痛疾,而或燠休之[⑲]。

(《春秋左传集解·昭公三年》)

【注解】

①齐:古国名,在今山东省东北一带。　四量:四种量器。即豆、区(音欧 ōu)、釜、锺分为四等。

②四升为豆:四升为一豆。升:合今公制为 178 毫升。

③各自其四:即各以四进。四豆为区,每区一斗六升;四区为釜,每釜为六斗四升。

④登:增加。

⑤釜十则锺:十釜为一锺。每锺为六斛四斗。

⑥陈氏:指陈国。齐桓公十四年(公元前 672 年)陈历公的儿子陈完(即田敬仲。古时陈、田一姓),因陈国内乱,逃往齐国,后来取代了齐国。

⑦三量:三种量器。即豆、区、釜为三等。

⑧皆登一焉:都比齐量增加了一个单位。即五升为豆,五豆为

区，五区为釜。

⑨锺乃大矣：锺量更大。陈氏之区为二斗，釜则八斗，再十进为锺。

⑩家量：陈国之量器标准。

⑪公量：齐国之量器标准。

⑫山木如市：山里之木材运往市卖。

⑬弗加于山：指价格。以山地价不加贵而卖。弗：不。

⑭蜃：大蛤。　蛤：蛤蜊。

⑮民参其力：民之利一分为三，二分入公，自食其一。参：古代汉语中之"三"字均写作为"参"。力：指劳动收入。

⑯公聚：指国家贮粮。　朽：腐坏变质。　蠹：蛀虫。这里指虫食鼠咬。

⑰三老：指上寿百岁，中寿九十岁，下寿八十岁的三种老人。冻馁：寒冷饥饿。

⑱屦贱踊贵：用麻葛编织的鞋子便宜。受刖刑人穿的鞋子贵。

⑲燠休(音郁许、yù、xǔ)：安慰的一种悲怨声音。

四、货币兴，农工商交易之路通

农工商交易之通路①，而龟、贝、刀、布之币兴焉②。所从来久远，自高辛氏之前尚矣③。靡得而记云④。故书道唐虞之际⑤，诗述殷周之世⑥，安宁则长庠序⑦，先本绌末⑧。以礼义防于利⑨，事变多故⑩，而亦反是⑪。

（《史记·平准书》）

【注解】

①通：指物货畅通。

②龟：以龟之甲板为币。　贝：以海贝为币。　刀：刀币。是我国最早的金属货币。　布：古铜钱。布是"鎛"的转音，古汉语用布。　兴：兴起，开始。

③来：来历。历史。　久远：很远很远。　尚：超过。

④靡：没有。　记：记载。

⑤书：指《尚书》。亦称《书经》。儒家经典著作之一。传为孔子选编而成。叙述尧舜、唐陶、虞夏之事。

⑥诗：指《诗经》。儒家经典著作之一。中国最早的诗歌总集。叙述商、周两个朝代之事迹。

⑦安宁：安定。　长：长久。　庠序：学校。

⑧先本绌末：即重农轻商。本指农业，末指商业。

⑨礼：礼制。礼制是规定社会行为之法则规范，仪式之总称。

义：道义。道义是指思想行为符合一定之礼制。防于利：是指防止一种损人利己之行为。　利：利益。

⑩事变多故：事物变化原因很多。

⑪亦：也。　反是：反复。

虞、夏、商之币①，金为三品②。或黄、或白、或赤、或钱③，或布、或刀、或龟贝。周制④，以商通货，以贾易物⑤。太公又立九府圜法⑥，黄金方寸而重一斤⑦。钱园函方⑧，轻重以铢⑨。布帛广二尺二寸为幅，长四丈为匹。故货宝于金⑩，利于刀，流于泉⑪，布于布，米于帛。

（《通典·食货·钱币上》）

【注解】

①虞：传说中氏族社会后期的部落联盟领袖有虞氏。即舜帝。史称虞舜。　夏：夏后氏。　商：商朝。

②金：金属之物。　三品：三个等级。

③黄：黄金。　白：白银。　赤：红铜。　钱：铁钱。

④周制：周朝制度。

⑤贾(音古 gǔ)：从事贩卖)：商人。

⑥太公：周朝辅臣吕尚的称号。　九府：即太府、王府、内府、外府、泉府、天府、职内、职币、职金等九府，均为掌财货之府署。　圜(通园)法：钱法。

⑦方寸：立方寸。

⑧钱园函方：钱之外形圆而内函四方。

⑨铢：重量单位。

⑩宝：宝贝。　于：等于，像。

⑪泉：通"钱"。金属货币。

先王各用其重①。珠玉为上币，黄金为中币，刀布为下币②。令疾则黄金重③，令徐则黄金轻④。先王权度其号令之疾徐⑤，高下其中币⑥，而制上下之用⑦。

（《管子集校·地数篇》）

【注解】

①先王：指古代帝王。　用：采用。　重：侧重。

②刀布：即金属的刀形货币。

③令疾：使其迅速。

④令徐：使其缓慢。

⑤权度：衡量。比较。　号令：发布命令。

⑥高下：指黄金之轻重。

⑦而制上下之用：以用中币(黄金)之轻重价值，来制约上币(珠玉)和下币(刀布)之轻重价值。

第二章　先秦经济政策及工商业的政治地位

第一节　先秦的经济政策

一、官山海盐铁之利

桓公曰[①]:吾何以为国[②]?管子对曰[③]:唯官山海耳[④]。桓公曰:何谓官山海[⑤]?管子对曰:海王之国[⑥],谨正盐策[⑦]。桓公曰:何谓正盐策?管子对曰:十口之家,十人食盐,百口之家,百人食盐。终月[⑧],大男食盐五升少半[⑨];大女食盐三升少半,吾子食盐二升少半[⑩],此其大历也[⑪]。

(《管子集校·海王》)

【注解】

①桓公:齐国君(公元前? ~前643年),姓姜,名小白,齐襄公之弟。

②何以:怎么。　为国:治理国家。

③管子:(公元前730~前645年),字夷吾,春秋时齐国人。政治家和改革家,提倡官营山海。相齐桓公使之成为春秋时代第一位霸主。

④官山海:国家经营盐和铁。

⑤何谓:什么是。

⑥海王之国:指应利用丰富海洋资源而兴利旺国。

⑦谨:注意。　正盐策:正确制定适合官营食盐的政策。

⑧终月:整一月。

⑨大男:指成年男子(大女:指成年妇女)。　五升少半:五升多一点。

⑩吾子:我的儿子。这里指小男小女。

⑪大历:大概。

今铁官之数曰[①]:一女必有一针、一刀,若立其事[②];耕者必有一耒、一耜、一铫[③],若立其事;行服连轺、辇者[④],必有一斤、一锯、一锥、一凿[⑤],若立其事。不尔而成其事者[⑥],天下无有[⑦]。

(《管子集校·海王》)

【注解】

①铁官:管理经营冶铁之官吏。　数曰:多次说。

②女:妇女。　针:缝衣针。　若立其事:指才能完成缝衣,做鞋之事。

③耕者:指农夫耕田。　耒:农具,木耙。　耜:农具,犁头。　铫:农具,大锄。

④行服:从事制造车辆的木匠。　轺:小马车。　辇:大马车。

⑤斤:斧子。　凿(音坐 zuò):木工打眼之工具。

⑥不尔:指没有针、刀、耒、耜、斤、凿等。

⑦天下:指社会上。

晋人谋去故绛[①],诸大夫皆曰:必居郇、瑕之地[②],沃饶而近盐[③],国利乐君,不可失也。……夫山、泽、林、盐,国之宝也[④]。

(《史记·货殖列传》)

【注解】

①晋:古国名。在今山西、河北南部和陕西中部等地。　故绛:春秋时晋地,在今山西翼城东。后景公迁新田,也叫绛。故称晋地为"故绛"。

②郇:古地名。在今山西临猗。　瑕:春秋晋邑,在今山西临猗西南。

③沃饶:指肥沃富足之地。　近盐:多产盐。

④国之宝也:指森林、矿藏、水产等丰富之土特产,是国家收入的重要来源。

夫盐,食肴之将[①]。……铁,田农之本[②]。……非编户齐民所能家作[③],必仰于市[④],虽贵数倍,不得不买。

(《汉书·食货志》)

【注解】

①肴(通馐):做熟的鱼肉称肴。　将:主将。这里解作"主要配料"。

②本:制造农具的根本原料是铁。

③编户齐民:指编入户籍之平民。　家作:指私人生产。

④必仰于市:必须依靠市场。

二、关市讥而不征

方六里名之曰社[①],有邑焉[②],名之曰央[③]。亦关市之赋,黄金百镒为一篋[④],其货一谷笼为十篋[⑤],其商苟在市者三十人[⑥]。其正月[⑦],十二月,黄金一镒,命之曰正分[⑧]。春曰书比[⑨];夏曰月程[⑩];秋曰大稽[⑪],与民数得亡[⑫]。

(《管子集校·乘马》)

【注解】

①社:古代地区单位之一。"社"是君民活动区域名称。

②邑：小都市。后来指县城所在地。

③央：中央。社中邑之名称。

④镒：重量单位。有二十两和二十四两之说。　一箧：指征税数之起点和单位。箧：小箱子。

⑤谷笼：盛谷之筐。指货物数量单位。

⑥苟：如果。　市者：指商人。

⑦正（音征 zhēng）：指每年开始的一月为正月。

⑧正分：指征税率。

⑨书比：公布税率。

⑩月程：核实统计征税之进行程度。

⑪大稽：检查九个月税赋执行情况。

⑫得亡：总计税赋收入多少。

市廛而不征[①]，法而不廛[②]，则天下之商，皆悦而愿藏于其市矣[③]；关讥而不征，则天下之旅，皆悦而愿出于其路矣[④]；耕者助而不税[⑤]，则天下之农，皆悦愿耕于其野矣[⑥]；廛无夫里之布[⑦]，则天下之民，皆悦而愿为之氓矣。

（《孟子译注·公孙丑上》）

【注解】

①市廛：商肆集中之处。　征：征税。

②廛：市物之邸舍。　法而不廛：规定税舍，不税其物。

③悦：高兴。　藏：储存。

④讥：询问、检查。　旅：指商旅，即商贩、流动的商人。　出：行走。通过。

⑤助：借助。力役。

⑥野：郊外。这里指田地。

⑦廛：居民之住屋。　夫里之布：即里布，指地税。

王者之法等赋，政事，财万物[①]，所以养万民也[②]。田野什一[③]，关市讥而不征，山林泽梁以时禁发而不税[④]。相地而衰政[⑤]，里道之远近而致贡[⑥]。通流财物粟米[⑦]，无有滞留[⑧]，使相归移也[⑨]，四海之内若一家[⑩]。故近者不隐其能[⑪]，远者不疾其劳[⑫]。

（《荀子简释·王制》）

【注解】

①王者：君王。　法：治理国家。　等赋：税赋有等。　政事：民事。　财：成也。引申为"制造"。

②养：供给。

③田野什一：田地税取十分之一的税率。

④山：矿产。　林：木材。　泽：河海湖泊之水产。　梁：山地物产。　以时禁发：按时禁闭和开发。

⑤相地：看当时地方情况。　衰政：调整政策。

⑥贡：赋税之一种。即实物税。向百姓索取当地之珍异物品为贡物。

⑦通流：疏通流通渠道。

⑧滞留：在某一地积压。

⑨归（音馈 kuì，赠送）移：互相交流移动。

⑩四海：泛指中国各地。四海即东西南北之水陆地域。

⑪不隐：不保留。　能：能力。

⑫不疾：不厌恶。　劳：奔走劳苦。

三、交换要等价

从许子之道[①]，则市贾不二[②]，国中无伪[③]，虽使五尺之童适市，莫之或欺[④]。布帛长短同，则贾相若[⑤]；麻、缕、丝、絮轻重同，则贾相若；五谷多寡同[⑥]，则贾相若；履大小同[⑦]，则贾相若。

（孟子）曰，夫物之不齐[⑧]，物之情也[⑨]，或相倍蓰[⑩]，或相什佰，或相千万[⑪]。子比而同之[⑫]，是乱天下也[⑬]。巨屦小屦同贾[⑭]，人岂为之哉[⑮]？从许子之道，相率而为伪也[⑯]。恶能治国家[⑰]。

（《孟子译注·滕文公上》）

【注解】

①从：顺从。　许子：即许行。战国时农家。楚国人。主张居民同耕的学说。道：道理，办法。

②贾（通价）：价格。

③国中：都城之中。　无伪：没有虚假欺诈行为。

④五尺之童：小孩子。　适市：到市中去。　莫之或欺：没有人欺骗他。

⑤相若：相等，一样。

⑥寡：少。

⑦履：鞋子。

⑧物之不齐：指物货质量、规格不一样。

⑨物之情：指物的规律性。

⑩倍蓰：一倍到五倍。蓰：五倍。

⑪什佰、千万：均指倍数。

⑫子：指许子。　比而同之：比成一样。

⑬乱天下：捣乱社会经济秩序。

⑭巨屦：质地粗糙的鞋。　小屦：质量细致的鞋。

⑮岂：怎么。　为之：去做。生产。

⑯相率：互相引导别人。

⑰恶（音乌 niāo）：怎么。

是时，李悝为魏文侯[①]作尽地力之教[②]。曰：籴甚贵伤民[③]，甚贱伤农。民伤即离散[④]，农伤则国贫[⑤]。故甚贵与甚贱，其伤一也。善为国者[⑥]，使民无伤，而农益劝[⑦]。

（《汉书·食货志》）

【注解】

①李悝（音奎 kuī）：（公元前 455 年～前 395 年），战国时法家。曾任魏文侯相，主持变法。　魏文侯：（公元前？～前 396 年），魏国之首创者。名斯。公元前 445～前 396 年在位。

②尽地力之教：教导百姓要积极挖掘土地潜力，扩大面积，增加生产。

③籴：买进。　甚贵：特别贵。　伤民：损害商民。民：指商民。

④离散：逃亡。

⑤国贫:国家收入减少。贫:贫穷。

⑥善为国者:会治理国家的人。

⑦益劝:鼓励农民去做有益的事。劝:鼓励。

四、商业的兴盛及其地位

故待农而食之①,虞而出之②,工而成之,商而通之。此宁有政教发征期会哉③?人各任其能,竭其力④,以得所欲。故物贱之征贵⑤,贵之征贱,各劝其业⑥,乐其事⑦,若水之趋下⑧,日夜无休时⑨,不召而自来,不求而民出之⑩。

(《史记·货殖列传》)

【注解】

①待农:依靠农夫。 而食之:供给粮食。

②虞:虞人,掌山林川泽之官。 出:指生产出土特产品,供应市场。

③发征期会:号召定期集会。

④任:负责。 竭:尽力。

⑤物贱:价低。 征贵:预兆一定会贵。征:兆征。

⑥各劝其业:鼓励各业。

⑦乐其事:乐意自己的事业。

⑧趋下:向下。

⑨无休时:没有停止。

⑩不召:不需号召。 不求:不需请求。 民:指前述农工商诸人。 出之:生产出来。

夫用贫求富①,农不如工,工不如商,刺绣文不如倚市门②,此言末业③,贫者之资也④。通都大邑,酤一岁千酿⑤,醯酱千瓨⑥,浆千甔⑦,屠牛羊彘千皮⑧,贩谷粜千锺⑨,薪稾千车,船长千丈⑩,木千章⑪,竹竿万丈,其轺车百乘,牛车千辆,木器髤者千枚⑫,铜器千钧,素木铁器若卮茜千石⑬,马蹄躈千⑭,牛千足,羊彘千双,僮手千指⑮,筋角丹沙千斤⑯,其帛絮细布千钧,文采千匹⑰,榻布皮革千石⑱,漆千斗,蘖曲盐豉千答⑲,鲐鮆千斤⑳,鲰千石㉑,鲍千钧㉒,枣栗千石者三之㉓,狐鼦裘千皮㉔,羔羊裘千石㉕,旃席千具㉖,佗果菜千锺㉗,子贷金钱千贯㉘,节驵会㉙,贪贾三之㉚,廉贾五之㉛,此亦比千乘之家㉜。其大率也㉝。

(《史记·货殖列传》)

【注解】

①用贫求富:以贫穷发展为富户。

②刺绣文:泛指工匠之事。 倚市门:在街市做买卖。

③末业:商业和手工艺人。

④资:凭借。

⑤酤:卖。 酿:煮酒。

⑥醯(音希 xī):醋。 瓨(通缸):储酱醋的缸。

⑦浆:有酸味的饮料,可代酒。 甔(音郸 dān):瓶子。

⑧屠:屠宰,杀牛羊之人。 彘(音制 zhì):猪。

⑨粜:卖出。 锺:计量单位。

⑩船长千丈:共有船只的合计长度。

⑪章:大木材。

⑫髤(音休 xiū):涂了漆的家具。

⑬素木:未涂漆之家具。 卮(通栀):植物名,果实叫栀子,可做黄色染料。 茜(音欠 qiàn):茜草,根红色,可做染料。

⑭蹄:马的脚甲壳。 躈(音窍 qiào):马的肛门。

⑮僮:指奴隶。 手千指:一人十指,百人千指,即一百个奴隶。

⑯丹沙(通砂):亦名辰砂。俗称朱砂。古代道家炼药用朱砂,称为灵丹妙药。

⑰文采:有彩色的丝织品。

⑱榻布:粗布。

⑲蘖(音聂 niè)曲:酿酒用的酵母。 豉(音齿 chǐ):用黄豆制作的一种调味原料,俗名豆豉。 答:瓦制的容器。每答可容一斗六升。

⑳鲐:河豚鱼。 鮆(音剂 jì):刀鱼。

㉑鲰:小鱼。

㉒鲍:咸鱼。

㉓千石者三之:即三个一千石。共为三千石。

㉔裘:皮张。

㉕羔羊:小羊。

㉖旃(音沾 zhān):毡毯。 席:草席。

㉗佗:同它。

㉘子:子金,即利息。 贷金:放债。 贯:钱串子,千钱为一串。

㉙节:掌握、管理。 驵(音脏 zāng)会(通侩):马市中间介绍人。

㉚贪贾(音价 jià):指囤积居奇,抬高物价。 三之:指十分之三的利润。

㉛廉贾:用低价抛售商品,薄利多销。 五之:指十分之五的利润。这些货物销得快,获取利润就比贪贾多一些。

㉜千乘之家:指大富豪之家。商贾达到上述标准,就是大商人。

㉝大率:大概。

子产曰①:昔我先君桓公,与商人,皆出自周②,庸次比耦③,以艾杀此地④,斩之蓬蒿藜藿⑤,而共处之。世有盟誓⑥,以相信也⑦,曰:尔无我叛⑧,我无强贾⑨,毋或匄夺⑩,尔有利市宝贿⑪,我勿与知⑫,恃此质誓⑬,故能相保⑭,以至如今。

(《春秋左传集解·昭公十六年》)

【注解】

①子产(公元前~前522年),即公孙侨。春秋时政治家。郑国贵族之子。名侨,字子产,一字子美。

②周:指周朝。

③庸次:轮流,顺次。这里指更递相代。 比耦:并列成双。

④艾(通刈。音义 yì)杀:割削。收割。

⑤蓬蒿:俗称茼蒿。茎叶可作苏菜。又指草名。蓬:即飞蓬,枯后根断,遇风飞旋,故名飞蓬。蒿:有青蒿,白蒿之分,乱草。 藜

藿:指粗劣之饭菜。藜:似藿而表赤。藿:豆叶。

⑥盟誓:指居民缔结誓言和盟约。盟者,“杀牲歃血,誓于神也”《礼记·孔颖达疏注》。

⑦相信:互相信赖。

⑧尔:第二人称,指商人。 我叛:叛变我。

⑨我:君主自称。 强贾(音古 gǔ):不以权势欺压商人。

⑩毋(通无):不要。 匄(通丐)夺:剥夺。

⑪利市宝贿:有利于市场需要之物货。

⑫我勿与知:我不去检查禁止你。

⑬恃:依靠。 质誓:盟约。

⑭相保:互相生存,共同保护。

三十三年春①,秦师过周北门②,左右免胄而下③,超乘者三百乘④。……及滑⑤,郑商人弦高将市于周⑥,遇之。以乘韦先,牛十二犒师⑦。曰:寡君闻君子将步师出于敝邑⑧,敢犒从者,不腆敝邑⑨,为从者之淹⑩,居则具一日之积⑪,行则备一夕之卫⑫。且使遽告于郑⑬。郑穆公使视客馆⑭,则束载、厉兵、秣马矣⑮。……孟明曰⑯:郑有备矣,不可冀也⑰。攻之不克,围之不继⑱,吾其还也。

(《春秋左传集解·僖公三十三年》)

【注解】

①三十三年春:秦穆公三十三年春天(公元前627年)。

②秦师:秦国军队。 周:古国名,在今河南省洛阳市西。

③左右:指左右之武士。 免胄而下:脱去头盔下车。

④超乘:一跃而登车,以示勇强。

⑤滑:古国名。在今河南省偃师县南。

⑥郑:古国名。在今河南省新郑一带。 弦高:郑国商人。 市于周:到周国去做生意。

⑦以乘韦先:用四张熟牛皮作先行礼物。乘:古时兵车四马为一乘。这里以乘代四。韦:熟牛皮。 犒师:慰劳秦军。

⑧寡君:指郑国君。 君子:对人相亲爱的称呼。 步师:行军。 出于敝邑:经过敝国。

⑨腆(音添 tiǎn):富厚。

⑩淹:留。

⑪居:留住在郑地。 一日之积:可供一日之粮秣。

⑫行:行动。 备:准备。 卫:保卫。

⑬遽告:用驿车报告郑国君去了。

⑭郑穆公:郑国第九个君主(公元前627年~前606年在位)。 使视:派人察看。 客馆:秦国戍郑之使馆。

⑮束载:捆束行装。 厉兵:磨砺兵器。 秣马:用刍秣喂饱了马作好内应的一切准备。

⑯孟明:秦之武臣。百里奚之子,姓百,名视,字孟明。

⑰不可冀也:不能有随便进入郑地的希望。

⑱不克(尅):不能战胜。 不继:不能继续围攻下去。

白圭①乐观时变②,故人弃我取,人取我与③。夫岁熟取谷④,予之丝漆⑤;茧出取帛絮⑥,予之之食⑦。

(《史记·货殖列传》)

【注解】

①白圭:大商人。战国魏文侯时人。善经商。

②乐观时变:善于观察市场变化。

③人弃:别人不要。 与:给予。卖也。

④岁熟:指谷子成熟上市。

⑤予之丝漆:卖出丝和漆。

⑥茧:蚕茧。 帛絮:丝织品总称。

⑦食:粮食。

通财货①,相美恶②,辨贵贱③,君子不如贾人④。

(《荀子简释·儒效》)

【注解】

①通财货:经商。

②相美恶:认别物货好坏。

③辨贵贱:分别物货是否适销对路、价格高低贵贱。

④君子:泛指道德高尚之人。这里指贵族做官之人。 贾(音古 gǔ):商人。

子曰①:……赐不受命②,而货殖焉③,亿则屡中④。

(《论语译注·先进》)

【注解】

①子曰:指孔子说。孔子:姓孔名丘,字仲尼。鲁国陬邑(今山东曲阜东南)人。春秋时的思想家、政治家、教育家。

②赐:即子贡。姓端木,名赐,字子贡。 不受命:不听教导。命:命令。

③货殖:经营商业。

④亿:预料。 屡中(音众 zhòng):每次都看准了。

第二节 重本轻末的政策

一、禁奸贾“文巧”

凡国之为急者①,必先禁末作文巧②。末作文巧禁则民无所游食③。民无所游食则必事农④,民事农则田垦⑤,田垦则粟多,粟多则国富。……今为末作奇巧者,一日作而五日食⑥;农夫终岁之作⑦,不足以自食也⑧,然则民舍本事而事末作⑨。舍本事而事末作,则田荒而国贫矣。

(《管子集校·治国》)

【注解】

①国:治国。 急者:首先要解决的问题。

②末作:指工商业。末:商业。作:泛指手工业。这里指小手工艺技之人。　文巧:文:文过饰非;巧:虚浮不实,指工商业者投机取巧,谋取亨利。

③民无所游食:没有不从事生产之人。

④事农:从事农业生产。

⑤田垦:耕种田地。

⑥一日作而五日食:一天的收入够五天之生活。

⑦终岁之作:整年劳动。

⑧不足以自食:不够自己的生活所需。

⑨舍本事:放弃农业。　事末作:从事工商业。

夫明王治国之政[①],使其商工游食之民少而名卑[②],以寡舍本务而趋末作[③]。今世近习之诸行[④],则官爵可买[⑤]。官爵可买,则商工不卑矣。奸贾财货得用于市[⑥],则商人不少矣。聚敛倍农而致尊过耕战之士[⑦],则耿介之士寡而高价之民多矣[⑧]。

其商之民,修治苦窳之器[⑨],聚弗靡之财[⑩],蓄积待时而侔农夫之利[⑪]。……邦之蠹也[⑫]。人主不除此五蠹之民[⑬],不养耿介之士,则海内虽有破亡之国,削灭之朝,亦勿怪矣[⑭]。

(《韩非子集解·五蠹》)

【注解】

①明王:英明君王。　政:政治,大道。

②游食之民:不从事生产之人。　少:数量少。　名卑:名誉地位低下。

③寡:少。　舍本务:放弃农业生产。

④今世近习之诸行:近来有钱人请求买官鬻爵。今世:当今社会。近习:指近来的习惯。行:行为。

⑤官爵可买:官职和爵位可以用钱买。

⑥奸贾(音古 gǔ):从事贩卖):奸商。　得用于市:通过市场进行买卖活动。

⑦聚敛倍农:敛的财和物超过农民数倍。　致尊:地位高尚。过耕战之士:指商人超过农民士宦之人。

⑧耿介之士寡:正直之人少。　高价之民多:贪财之人多。

⑨修治:制造。　苦窳之器:粗糙之陶器。

⑩弗靡:奢侈淫靡。

⑪蓄积待时:囤积居奇,待高价之时。　侔(通牟)农夫之利:剥削农民之利益。

⑫邦:国家。　蠹:蛀虫。

⑬人主:国家之主。　五蠹之民:指学者(儒家)、带剑者(侠客)、言谈者(纵横家)、患御者(奸宦门阀党人)、末作者(商工之人)等五种人。

⑭海内:泛指国家。　亦勿怪矣:并不奇怪。

二、重农抑商之策

皇帝之功[①],勤劳本事[②]。上农除末[③],黔首是富[④]。普天之下,抟心揖志[⑤]。器械一量[⑥],同书文字。

(《史记·秦始皇本纪》)

【注解】

①皇帝:指秦始皇帝。姓嬴,名政。公元前 221 ~ 前 210 年在位。　功:功劳。

②勤劳:努力。　本事:发展农桑事业。

③上农:尊重农业。　除末:打击工商业。

④黔首:指平民。

⑤抟(古专字):专心。　揖(通一):一致。

⑥器械:用器和车辆。　一量:统一度量标准规格。

行贾,丈夫贱行也,而雍乐成以饶[①]。贩脂,辱处也,而雍伯千金[②]。卖浆,小业也,而张氏千万[③]。洒削,薄技也,而邵氏鼎食[④]。胃脯,简微耳,浊氏连骑[⑤]。马医,浅方耳,张里击锺[⑥]。此皆诚壹之所致[⑦]。

(《史记·货殖列传》)

【注解】

①行贾(音古 gǔ):商人。　丈夫贱行也:指贪图私利,行为卑鄙的人。　雍:地名。在今陕西一带。　乐成:乐于成功,共享成果。　饶:富裕。

②贩脂:卖油商贩。　辱处:下贱的勾当。　雍(《汉书》作翁)伯:人名。

③卖浆:卖饮料小贩。　小业:小商人。

④洒削:磨刀业。削:刀。　薄技:简单技术。　鼎食:列鼎而食。古代贵族吃饭排场。

⑤胃脯:肚肉店。　简微:小行业。　连骑:车马相连。《史记·货殖列传》曰:子贡"结驷连骑"。指豪富。

⑥马医:兽医。　浅方:医术简单之方士。　击锺:鸣钟佐食。古代贵族吃饭的一种仪式。

⑦诚壹(通一):心志专一不杂。

第三节　秦统一中国之经济律令

一、关市律

七科谪[①]:吏有罪一[②],亡命二[③],赘婿三[④],贾人四[⑤],故有市籍五[⑥],父母有市籍六,大父母有市籍七。

(《史记·大宛传·张晏》)

【注解】

①七科谪:秦时徭役法,有七条律文规定。

②吏有罪:政府官员犯法。

③亡命:逃亡外地之人。

④赘婿:贫民之子典给富家为质,名曰"赘子",过期不赎,则终身为奴。又男到女家,亦称"赘婿",指地位低贱之人。赘:音坠 zhuì。

⑤贾(音古 gǔ)人:商人。

⑥故:过去。　市籍:指从事工商业人之户口。

徙天下豪富于咸阳十二万户[①]。

发诸尝逋亡人、赘婿、贾人略取陆梁地[②],为桂林、象郡[③]、南海[④],以谪遣戍[⑤]。

(《史记·秦始皇本纪》)

【注解】

①徙:迁移。　豪富:豪强富户。　咸阳:在今陕西西安市东北二十公里。

②发:遣派。　尝逋亡人:指曾逃亡在外地之人。尝:曾经。逋:逃亡。　略取:略夺。　陆梁地:指我国南方五岭以南之山地。

③象郡:在今广西西部,越南中北部地区。

④南海:在今广东潞江,大罗山以南,珠江三角洲及绥江流域以东地区。

⑤谪戍:受贬谪之人,戍守边防。

戮力本业[①],耕织致粟帛多者复其身[②]。事末利[③],及怠而贫者,举以收为孥[④]。

(《史记·商君列传》)

【注解】

①戮力:努力。　本业:农桑事业。

②复其身:免除本身之徭役。

③事末利:从事工商末业。

④怠:懒惰。　举以收为孥:即全部没收为孥。举:全、皆。孥:奴隶。

农之用力最苦[①],而盈利少[②],不如商贾技巧之人[③]。苟能令商贾技巧之人无繁[④]。……不农之征必多[⑤],市利之租必重[⑥]。

(《商君书注译·内外篇》)

【注解】

①农:指农夫。　用力:劳动。　苦:辛苦。

②盈利少:收入少。

③技巧之人:指手工艺之人。

④苟能:怎么能。　无繁:不能多发展。

⑤不农:不事农业生产。　征必多:必须多征税。

⑥市利:指从事工商业牟利。　租必重:租税加重征收。

贵酒肉之价,重其租,令十倍其朴[①],……重关市之赋,则农恶商[②]。商有疑惰之心[③],农恶商,商疑惰,则草必垦矣[④]。……废逆旅,则奸伪躁心[⑤],私交疑农之民不行[⑥],逆旅之民无所于食则必农[⑦],农则草必垦矣。

(《商君书注译·垦令》)

【注解】

①朴:成本。

②恶(音务 wù)商:不喜欢经商。

③疑惰:怀疑,懒惰。

④则草必垦矣:必须薅草耕地,务农生产。

⑤逆旅:私开旅店。　躁心:不安心。

⑥私交疑农之民不行:原来不行耕作的商人不贩行了。交:交易。疑:不相信。行:流动。

⑦无所于食:没有粮食。

城旦舂出徭者[①],毋敢之市及留舍外[②],当行市者回[③],勿行。城旦舂毁折瓦器、铁器、木器,为大车折鞣[④],辄治(笞)之[⑤]。值一钱,治十[⑥],值廿钱以上,孰治之,出其器[⑦]。弗辄治,吏主者负其半[⑧]。

(《睡虎地秦墓竹简·司空律》)

【注解】

①城旦舂:是一种重的劳役刑罚。《汉书·惠帝纪》注:城旦者,旦起行治城舂者,妇女,不予作徭,但舂作米。　出徭者:服劳役之人。

②毋敢之市:不敢入市。　舍外:指停留在舍之围墙以外。

③行市:路过市。　回:转来。

④毁折:损坏。　车折鞣:车之外轮。

⑤辄治:立即惩罚。

⑥值一钱:指损坏器物之价值一钱。　治十:责打十鞭。

⑦孰治之:除用惩罚。　出其器:赔偿器物之损失。

⑧弗:不。　吏主:主管狱官。　负其半:负有一半赔偿的责任。

二、均工律

廿六年[①],皇帝尽并兼天下诸侯[②]。黔首大安[③],立国号为皇帝[④]。乃诏丞相状、绾[⑤],法度量,则不一[⑥],歉疑者皆明一之[⑦]。

一法度,衡石丈尺[⑧]。

(《史记·秦始皇本纪》)

【注解】

①廿(音念 niàn)六年:秦始皇二十六年(公元前221年)。

②并兼天下:统一六国(秦、魏、韩、赵、楚、田齐)。

③大安:安定。

④皇帝:秦始皇立国之后,群臣上尊号曰:古有泰皇最贵,王为泰皇。王曰:去泰著"皇",采上古"帝"位号,曰"皇帝"。

⑤诏:皇帝命令。　状:秦丞相隗状。　绾(音晚 wǎn):秦丞相王绾。

⑥法度量:以法律形式统一度量标准。　则不一:纠正不统一的度量标准。

⑦歉疑者:凡是标准不一的。　皆明一之:都要明确规定统一起来。

⑧法度:指统一的标准。

销锋镝〔以〕为金人十二[①],以弱天下之人[②],立于宫门，坐高三丈[③]。铭其后曰[④]：皇帝二十六年，初兼天下[⑤]，改诸侯为郡县[⑥]，一法律，同度量。

（《三辅黄图校正·秦宫》）

【注解】

①销锋镝：销毁兵器。　金人：以铜铁铸造金人。

②弱：削弱。　天下之人：指各国诸侯。

③坐高：从基础到顶端之高。

④铭：雕刻在器物上、碑碣等上的文字。

⑤兼：统一。

⑥郡县：地方行政单位。

衡石不正，十六两以上[①]，赀官啬夫一甲[②]。不盈十六两到八两赀一盾[③]。黄金衡(累)不正半铢[④]以上赀各一盾。

（《睡虎地秦墓竹简·效律》）

【注解】

①不正：误差。　十六两以上：一斤大于一两以上。

②赀：罚钱。　啬夫，乡官。掌管诉讼和税赋。　一甲：一领铠甲。

③不盈：不足。　盾：盾牌。古时用来打仗护身，挡住敌人刀箭之兵器。

④衡：秤。　不正半铢：误差五累。秦时十黍为一累，十累为一铢。

十八年逄卿大夫众来聘[①]。冬十二月乙酉。大良造鞅爰积十六尊为壹升[②]。

（《简明中国历史图册》第四册《商鞅升铭文》）

【注解】

①十八年：秦孝文王十八年(公元前232年)。　逄(通率)：带领。　聘：诸侯之间互派使节问候。

②大良造：爵位名。相当丞相。　鞅：指商鞅。　爰积：方升容积。　尊(通寸)：方升容积十六又五分之一立方寸为一升。一升合今0.2公升，一尺合今0.23公尺。

集小都、乡、邑聚为县[①]，置令丞[②]。凡三十一县。为田，开阡陌封疆而赋税平[③]。平斗桶，权衡，丈尺[④]。

（《史记·商君列传》）

【注解】

①集：合并。　小都、乡、邑聚：指人民集居的地方。　县：行政单位名称。

②置令丞：秦汉时大县置令，小县置丞。又县令为正，丞为辅。

③开阡陌：决裂田界。又指田地间小路。　封疆：划分地界。赋税平：赋税合理。

④平：齐一。统一标准。

三、金布律

秦并天下，币为(二)等[①]。黄金以镒为名[②]，为上币。铜钱识曰半两[③]，重如其文，为下币。而珠、玉、龟贝、银、锡之属为器饰宝藏[④]，不为币[⑤]。

（《史记·平准书》）

【注解】

①币：货币。　二等：黄金为上币，铜钱为下币。

②镒：重量单位，二十四两为镒。

③识(音志 zhì)：标记。　半两：重量十二铢为半两。二十四铢为一两。

④器饰：珠玉可为器之装饰品。　宝藏：珠宝金银等宝贝收藏不用。

⑤不为币：不作货币流通使用。

十一钱当一布[①]。……布袤八尺，幅广二尺五寸[②]。

（《睡虎地秦墓竹简·秦律问答》）

【注解】

①十一钱：一百一十个钱。　当一布：相当一十四布。

②袤(音冒 mào)：纵长度。　幅广：横宽度。

第三章　两汉经济政策和市政管理法规

第一节　令贱商之法

一、贱商诸禁

天下已平，高祖乃令贾人[①]，不得衣丝乘车[②]。重租税以困辱之[③]。孝惠[④]，高后时[⑤]，为天下初定，复弛商贾之律[⑥]。然市井之子孙，亦不得仕宦为吏[⑦]。

(《史记·平准书》)

【注解】

①高祖：西汉开国皇帝刘邦庙号。公元前206～前195年在位。

②衣丝：穿丝织品缝制之衣。　乘车：不准乘坐饰车。

③困辱之：在经济上予以打击。困：贫困。辱：压抑，使其屈从。

④孝惠：汉高祖之子刘盈。刘盈死后加谥号"孝惠"。公元前194～前188年在位。

⑤高后：汉高祖皇后。姓吕，名雉。又称吕后，惠帝死后，临朝称制，封诸吕为王，掌握实权。公元前187～前180年在位。

⑥弛：放松。

⑦市井之子孙：指有市籍之子孙。　不得仕宦为吏：不准做官。

高祖初定天下[①]，禁贾人衣锦绮[②]，操兵[③]、乘马，可谓之政本也[④]。

(《读通鉴论·汉高帝》)

【注解】

①初定天下：开始建立国家。

②衣锦绮：穿有彩色花纹的丝织衣服。

③操兵：掌握兵器。

④政本：治国安邦的根本。

贵廉洁[①]，贱贪污[②]，赘婿及吏坐藏者[③]，皆禁锢不得为吏[④]。

(《汉书·贡禹传》)

【注解】

①贵：尊重。　廉洁：清白。贪污的对称。

②贱：鄙视。　污：污秽，不干净。

③藏(通赃)：以不正当途径获得的财物称赃物。又为隐藏财物。

④禁锢：禁止自由活动。

(汉高祖）八年春三月令[①]，贾人毋得衣锦绣、绮、縠、絺、紵、罽[②]，操兵、乘（车）骑马。

(《汉书·高帝纪》)

【注解】

①八年：公元前199年。　令：命令，诏书。

②毋得：不得。　锦绣：绣有花纹的丝绸衣服。　縠（音胡hú）：有绉的纱。　絺：以葛纤维织成的细布。　紵：以苧麻织的布。　罽（音计jì）：毛织呢绒布。

贾人有市籍者及其家属[①]，皆（无）得籍名田[②]，以便农[③]。敢犯令，没入田僮[④]。

(《史记·平准书》)

【注解】

①市籍：商人户籍。

②名田：以市籍名而占有田产。

③以便农：有利于发展农业生产。

④犯令：违反法令者。　没入：没收。　田僮：种田奴隶。

贾人皆不得名田，为吏[①]。犯者以律论[②]。诸名田[③]。畜奴婢过品[④]，皆没入县官[⑤]。

(《汉书·哀帝纪》)

【注解】

①为吏：做官。

②以律论：按法律治罪。

③诸名田：指允许官吏、豪强占有的田产。

④畜：畜养，这里指占有。　过品：超过等级规定的数额。

⑤县官：官府。

孝景二年诏曰[①]：有市籍不得为（仕）宦[②]。

(《西汉会要·选举下》)

【注解】

①孝景二年：（公元前155年）汉景帝刘启年号。孝景：景帝谥号。

②仕宦：官吏。

元帝时[①]，贡禹奏请[②]：欲令近臣自诸曹[③]，侍中以上家[④]，亡得私贩卖[⑤]，与民争利。犯者辄免官削爵[⑥]，不得仕宦。

（《汉书·贡禹传》）

【注解】

①元帝：西汉元皇帝文奭（音市 shì）。公元前 48～前 33 年在位。

②贡禹：（公元前 124～前 44 年）西汉大臣。琅玡（今山东诸城）人。历任谏议大夫、御史大夫。　奏：向皇帝陈述意见。

③近臣：指经常接近皇帝的臣子。　诸曹：指中央一级的各官署。

④侍中：官名。列侯以下至郎中的加官。即侍从皇帝左右，出入宫廷的官员。

⑤亡（通无）：不。

⑥辄：立即。　削爵：取消爵位。爵是皇帝封予有功之臣的一种荣誉等级。爵有公、侯、伯、子、男五等。

汉高帝都长安[①]，徙齐诸田[②]，楚昭、屈、景及诸功臣于长陵[③]。后世世徙吏千石高赀富人及豪杰兼并之家于诸陵[④]。强本弱末[⑤]，以制天下[⑥]。

（《三辅黄图校正·秦汉风俗》）

【注解】

①都长安：指皇帝建都所在地长安（在今陕西西安市）。

②徙：迁移。　齐：古国名，在山东一带。　田：姓氏。

③楚：古国名。楚国，在今湖南、湖北一带。　昭、屈、景：是春秋时楚国王族三姓。　长陵：汉高祖刘邦陵园。

④后世：后来。　世徙：历代迁移。　吏千石：薪俸千石以上官吏。　高赀：有财富之人。　豪杰兼并之家：指既有权势，又有财产之人。　诸陵：刘氏历代皇帝的陵园。

⑤强本：强化农业。　弱末：削弱商业。

⑥以制天下：以强本弱末的政策来治理国家。

二、锄豪强并兼之徒

告缗令[①]：武帝伐四夷[②]，国用不足，故税民田宅，船乘，畜产，奴婢等，皆平作钱数[③]。每千钱一算出一等[④]，贾人倍之。若隐不税，有告之，半与告人，余半入官[⑤]。谓缗出此令，用锄筑豪强兼并、富商大贾之家也[⑥]。

（《史记·张汤传》）

【注解】

①告缗令：西汉政府于元鼎三年（公元前 114 年）颁布“告缗令”。此令指检举揭发隐匿财产，逃避税赋者，并对检举揭发者予以奖励。缗：铜钱。

②四夷：指我国四方边疆少数民族。

③平作钱数：指将应有的财产累计起来，计算纳税。

④算：即税赋额。　一等：即一千钱纳税二百为一等。

⑤隐：隐瞒。　告：检举。　半与告人：奖励检举人一半钱。

⑥锄：锄去，去掉。　筑：防止。

杨可告缗偏天下[①]，中家以上大抵皆遇告[②]。……乃分遣御史廷尉、正监分曹往[③]。即治郡国缗钱，得民财物以亿计，奴婢以千万数，田，大县数百顷，小县百余顷，宅亦如之[④]。于是商贾中家以上大率破[⑤]，民偷甘食好衣[⑥]，不事畜藏之产业[⑦]。

（《汉书·食货志》）

【注解】

①杨可：人名。掌管西汉财政工作。

②中家：有钱的中等富户。　遇告：被告。

③分遣：分别派遣使者。　御史：官名。掌管纠察。　廷尉：官名。掌管刑狱。　正监：监督执行。　分曹往：分别办理。

④宅：指房屋财产。

⑤大率：大部分。　破：破产。

⑥偷：暗地。　甘食好衣：吃好的饮食，穿好的衣服。

⑦不事畜藏：不从事积蓄储存。

三、倍算赋、重租税

令法律贱商人[①]，商人已富贵矣；尊农夫[②]，农夫已贫矣。故俗之所贵，主之所贱也[③]。吏之所卑，法之所尊也[④]，上下相反，好恶乖迕，而欲国富法立[⑤]，不可得也。

（《汉书·食货志》）

【注解】

①贱：贬低、压抑。

②农夫：农民。

③俗：庸俗。这里指商业。　主：主要的根本是农业。

④卑：卑贱。下也。　尊：敬重。上也。

⑤好恶（音务 wù）：喜好与厌恶。　乖迕：不协调。　法立：立法。

高祖乃令贾人不得衣丝乘车，重租税以困辱之[①]，……什伍而税一[②]，量吏禄，度官用[③]，以赋于民[④]。而山川园地，市肆租税之入，自天子以至封君汤沐邑[⑤]，皆各为私奉养[⑥]，不领于天子之经费。……后十三岁[⑦]，孝景二年，令民半出田租，三十而税一也[⑧]。

（《汉书·食货志》）

【注解】

①高祖：西汉皇帝刘邦之庙号。　困辱：限制压抑。

②什伍而税一：即十五分之一的税率。

③吏禄：官吏之薪俸。　官用：政府的费用开支。

④以赋于民：出自百姓。

⑤封君：指各诸侯王公。　汤沐邑：指在封地以内征收赋税。

⑥为私奉养：收入作私用。

⑦后十三岁：指汉文帝前元十二年（公元前 168 年）以后的十三年时间。

⑧孝景：汉景帝刘启谥号。公元前 156～前 141 年在位。

武帝元狩四年[①]，初算缗钱[②]。……异时算轺车，贾人缗钱皆有差[③]，请算如故。诸贾人末作贳贷买卖[④]，居邑稽诸物，及商以取利者[⑤]，虽无市籍，各以其物自占[⑥]，率缗钱二千为一算[⑦]，诸作有租及铸[⑧]，率缗钱四千为一算，……贾人轺车二算，船五丈以上一算[⑨]，匿不自占，占不悉[⑩]，戍边一岁，没入缗钱[⑪]。有能告者，以其半畀之[⑫]。

（《汉书·食货志》）

【注解】

①元狩四年：公元前119年。元狩：汉武帝年号。

②算：计算。这里解作征收税率的单位。　缗：用绳索穿铜钱一串。一串即一千文铜钱为一缗。

③异时：不同的时候。　差：指等级。

④贳（音世 shì）贷：赊贷。放债借钱。

⑤稽：监督检查。

⑥无市籍：不是商人。　占：占有。私有。

⑦率：占有。　为一算：应征二百元的税。

⑧作：手工作坊。　铸：指冶炼铸钱。

⑨船五丈：指数条船共计长度。

⑩匿不自占：隐蔽私有财产不报。　占不悉：私有财产没有全报出来。悉：详尽，全都。

⑪戍边：驻守边疆。

⑫畀（音币 bì）：奖励。

第二节　五均六管诸法

一、五均六管

天子取诸侯之土以立五均[①]。则市无二贾[②]，四民常均[③]，强者不得困弱[④]，富者不得要贫[⑤]，则公家有余，恩及小民矣[⑥]。

（《汉书·食货志》）

【注解】

①天子：指皇帝。　诸侯之土：诸侯之领地。　五均：管理市场之公署。

②贾（通价）：价格。

③四民：指士农工商四民。　常均：负担合理。

④困弱：欺侮弱者。

⑤要贫：要挟贫穷。要，音“邀 yāo”。

⑥公家：国家。　恩：恩惠。

《周礼》有赊贷[①]，《乐语》有五均[②]。传记各有管焉[③]。今开赊贷，张五均[④]，设诸管者，所以齐众庶[⑤]，抑并兼也[⑥]。遂于长安及五都市立五均官[⑦]。更名长安东西市令及洛阳、邯郸、临淄、宛、成都市长，皆为五均司市师[⑧]。东市称京，西市称畿，洛阳称中，余四都各用东、西、南、北为称。皆置交易丞五人，钱府丞一人[⑨]。

（《汉书·食货志》）

【注解】

①周礼：儒家经典著作之一。西汉末年刘歆搜集周王室和战国时代的典章制度和经济制度，汇集成书。

②乐语：即《礼记》，又称《乐经》。为六经之一。

③传记：记载历史事迹的史书。

④张：实行。

⑤齐：整顿。　众庶：指工商之民。

⑥抑并兼：限制豪强富户并兼土地。

⑦遂于：终于。　五均官：管理市场物价之官吏。

⑧市令、市长、市师：均为管理市场的官吏名。

⑨交易丞：官名。职掌市场交易物价事。　钱府丞：官名。职掌赋税和赊贷。

羲和置命士督五均六管[①]，郡有数人。……夫盐，食肴之将[②]；酒，百药之长，嘉会之好[③]；铁，田农之本；名山大泽，饶衍之藏[④]；五均赊贷，百姓所取平，仰以给澹[⑤]；铁布铜冶[⑥]，通行有无，备民用也。此六者，非编户齐民所能家作[⑦]，必仰于市，虽贵数倍，不得不买。豪民富贾[⑧]，即要贫弱，先圣知然也[⑨]，故管之。每一管为设科条防禁[⑩]，犯者罪至死。

（《汉书·食货志》）

【注解】

①羲（音西 xī）和：官名。王莽新朝改大司农为羲和。职掌租税、钱谷、盐铁之事。　命士：羲和属官。职掌五均六管之事。　六管：酤酒、卖盐、铁器、铜钱、管理矿物、征收税赋六事。

②食肴：煮熟鱼肉。

③百药：泛指中药材和加工炮制之丸散膏丹。　长（音掌 zhǎng）：指药用主要原料。　嘉会：盛大的宴会。

④饶衍：富足。

⑤仰：希望。　澹：富足。

⑥布：货币。　铁布：刀布。

⑦编户：户籍。　齐民：平民。

⑧豪民：指没有政治权势而家富于财，欺凌百姓的地方势力。

⑨先圣：指古代能通情达理之人。　知然：明白。

⑩科条：法律条文。　防禁：禁止。

（王莽）初设六管之令，命县官酤酒[①]、卖盐、铁器、铸钱，诸采取名山大泽[②]，物者税之[③]。又令市官收贱卖贵，赊贷予民[④]，收息百月三[⑤]。

（《汉书·王莽传》）

【注解】

①县官：指县之官署。

②采：采伐，开采。

③物者税之：土产之税。

④予（通与）：给与。

⑤息百月三：每月百分之三的利息。

诸司市常以四时中月①，实定所掌，为物上、中、下之贾②，各自用为其市平，毋拘它所③。众民买卖五谷、布、帛、丝、緜之物，周于民用而不售者④，均官有以考检厥实⑤，用其本贾取之，毋令折钱⑥。万物昂贵，过平一钱⑦，则以平贾卖与民⑧，其贾低贱减平者⑨，听民自相与市，以防贵庾者⑩。

（《汉书·食货志》）

【注解】

①四时中月：每季有三个月。中月指中间一个月。春季指二月为中月。夏季五月为中月。余类推。四时：春夏秋冬。

②实定：核定。 上、中、下之贾（通价）：指价格等级。

③市平：指按等级作为平定物价的标准。

④緜（通棉）：丝绵。 周：周转。

⑤均官：即五均官。 考检厥实：调查核实。

⑥本贾：指成本价格。 毋令折钱：不使赔钱。

⑦过平一钱：高于标准价一钱。

⑧平贾：指上、中、下之标准价。

⑨贾低贱减平者：价格低于标准价的。

⑩听：允许。 自相与市：允许自己市卖。 贵庾：囤积起来。庾：仓库。

二、均输平准

往者郡国诸侯，各以其物贡输①，往来烦难，物多苦恶②，或不偿其费③。故郡国置输官④，以相给运，而便远方之贡，故曰均输⑤。开委府于京（师）以笼货物⑥。贱即买，贵即卖。是以县官不失实⑦，商贾无所贸利，故曰平准⑧。平准则民不失职⑨，均输则民齐劳逸⑩。故平准均输，所以平万物而便百姓⑪，非开利孔为民罪梯者也⑫。

（《盐铁论·本议》）

【注解】

①贡输：向宫廷进贡物品的运输。

②苦恶：痛恨。

③不偿其费：物的变卖值不够运费的支出。

④输官：指掌管运输物品的官员。

⑤均输：官名。掌平衡各地物货，调剂运输之职。

⑥委府：仓库。 笼：囤积。

⑦不失实：不受损失。

⑧平准：官名。掌物资买卖，平抑市价。

⑨失职：失：丧失。职：赋税、贡品。本句指及时交税。

⑩民齐劳逸：负担合理。

⑪平万物：平衡各类物货。 便：便利。

⑫非开利孔：不是为了牟利赚钱。 罪梯：指逐步走上犯罪道路。

谓诸①：当所输于官者，皆令输其土地所饶②，平其所在时价③。官更于他处卖之④，输者既便，而官有利。

（《史记·平准书》）

【注解】

①谓诸：对诸侯讲。

②土地所饶：指本地的丰富土特产品。

③时价：当时之市价。

④更：变更。引申为运往外地。

令边郡皆筑仓①，以谷物贱时增其贾而籴②，以利农。谷贵时减其贾而粜③，名曰常平仓④。

（《汉书·食货志》）

【注解】

①边郡：边疆之郡府。 筑仓：修建仓库。

②籴（音涤 dí）：买进粮食。

③粜（音跳 tiào）：卖出粮食。

④常平仓：仓库名。掌储粮籴、粜、平价之事，故曰常平仓。

桑弘羊为治粟都尉①，领大农②，尽代仅管天下盐铁③。弘羊以诸官各自市相争④，物以故腾跃⑤，而天下赋输或不偿其僦费⑥。乃请置大农部臣数十人⑦，分部主郡国，各置均输、盐铁官。令远方各以其物。如异时商贾所转贩者为赋，而相灌输⑧。置平准于京师，都受天下委输⑨，召工官治车诸器⑩，皆仰给大农⑪、大农诸官尽笼天下之货物，贵则卖之，贱则买之。如此，富商大贾亡所牟大利⑫，则反本⑬，而万物不得腾跃。故抑天下之物，名曰平准。

（《汉书·食货志》）

【注解】

①桑弘羊：（公元前152年～前80年）西汉政治家。洛阳人，出身商人家庭。官治粟都尉，领大司农。 治粟都尉：官名。管财政、盐铁之事。

②大农：即大司农。属官有“太仓，均输平准，都内，籍田，五令丞，管诸官，铁市两长丞”（《汉书·百官公卿表》）。

③仅：人名。姓孔，名仅。西汉南阳（今河南洛阳）人，大铁商。汉武帝时任大农丞，领盐铁事。

④自市：指地方官各自出卖盐铁。

⑤腾跃：跳跃。这里指物价猛涨。

⑥赋输：指贡赋物货运输。 僦费：运费。

⑦部臣：指大司农属官。

⑧灌输：各地物货之转运。

⑨委输：指委府储积物货之转运。

⑩工官：官名。管理手工之官吏。 治车：制造车辆。

⑪仰给：供给。

⑫亡（通无）：失去。

⑬反本：亏本。

三、专盐铁之利

今意总一盐铁[①]，非独为利入也[②]。将以建本抑末[③]，离朋党[④]，禁徭侈[⑤]，绝并兼之路也。

（《盐铁论·复古》）

【注解】

①意：目的。 总一：统一。

②独：专为。 利入：利润收入。

③建本抑末：发展农桑事业，限制工商末业。

④离朋党：分裂豪强富户集团的势力。

⑤禁徭侈：禁止豪华浪费的一切东西。

盐铁之利，所以佐百姓之急[①]，奉军旅之费[②]，务蓄积以备乏绝[③]。所给甚众[④]，有益于国，无害于民。

（《盐铁论·非鞅》）

【注解】

①利：利益。这里指经营盐铁既有利国家又有利于人民。 佐：帮助。解决。

②奉：供给。 费：经费。

③务：致力。 乏绝：缺少财物。

④所给：供给。 众：多。广。

山海，天地之藏[①]，宜属少府[②]。陛下弗私[③]，以属大农佐赋[④]。愿募民自给费[⑤]，故官器作粥盐[⑥]，官与牢盆[⑦]。

（《汉书·食货志》）

【注解】

①山海：指盐铁矿产，水产资源。 天地之藏：自然财富。

②宜：应该。 少府：官署名。职掌山海池泽收入和工匠制造皇室宫廷用器之事。属于皇帝私府。

③陛下：对皇帝的尊称。 弗（音伏 fú）私：不应由少府收入。少府收入归帝室收入。

④佐赋：增加财赋收支之不足。

⑤募民：招引民人。 自给费：自筹经费。

⑥官器：由官府供给生产工具。 粥盐：卖盐。古时生产销售在一块，这里指生产煮盐。

⑦牢盆：煮盐的大铁锅。

名山大泽、盐、铁、钱、布、帛、五均赊贷管在县官[①]。唯酒酤独未管。酒者，天之美禄[②]，帝所以颐养天下[③]。享祀祈福，扶衰养疾，百礼之会[④]，非酒不行。……令官作酒，以二千五百石为一均。率开一垆以卖，售五十酿为准[⑤]。一酿用粗米二斛[⑥]、曲一斛[⑦]，得成酒六斛六斗，各以其市，月朔米曲三斛[⑧]，并计其贾而参分之[⑨]，以其一为酒一斛之平。除米曲作本贾，计其利而什分之[⑩]，以其七入官，其三及糟截灰炭，给工器薪樵之费[⑪]。

（《汉书·食货志》）

【注解】

①县官：地方官。

②美禄：最好饮料。

③颐养天下：治理国家。

④扶衰养疾：强身治病。 百礼之会：各种礼节性的会宴。

⑤率：大致。 垆：置放酒缸的土台子。这里指酒店。 一酿：一次。

⑥粗米：杂粮。

⑦曲：煮酒发酵用的辅料。

⑧月朔：每月一日。

⑨计其贾（通价）：计算价格成本。 参（通三）分之：指计算成本方法。将煮酒之原料、曲子、酒利作为三份。

⑩其一为酒：酒利为一份。 其利而什分之：指另一份纯利作为十。十分之七交官府，十分之三作为酿酒费用开支。

⑪截（音载 zǎi）：腊酱。

四、令民铸钱

汉兴，以为秦钱重难用[①]，更令民铸荚钱[②]。……孝文五年[③]，为钱益多而轻[④]。乃更令铸四铢钱，其文为半两[⑤]。除盗铸钱令[⑥]。使民放铸[⑦]。

（《汉书·食货志》）

【注解】

①汉兴：西汉朝的建立。 秦：秦朝。

②更：改变。 荚钱：小而薄，又名“三铢钱”。

③孝文五年：公元前175年。孝文：汉文帝刘恒谥号。

④轻：指币值低。

⑤半两：实重应为十二铢。而孝文更令钱只有四铢，名实不符。

⑥除：废除。 盗铸：指民私自铸钱。

⑦放：开放。引申为“允许”。

王莽居摄[①]，变汉制。以周钱有子母相权[②]。于是更造大钱，径寸二分，重十二铢，文曰“大钱五十”。……与五铢钱凡四品并行③。

（《汉书·食货志》）

【注解】

①王莽：姓王，名莽，字巨君。他姑母是汉元帝皇后，他女儿是汉平帝皇后。他是新汉王朝建立者，公元8～23年在位。摄：辅佐。

②周：西周。　子母相权：重大为母，轻小为子。相权：轻重保持一定比例。

③四品：四个等级。即大钱圆形，当五十；契刀形如刀，长二寸，当五百；错刀以黄金错其文曰：“一刀值五千”；五铢钱共为四等。　并行：同时使用。

莽即真①，以为书“刘”字有金刀②，乃罢错刀，契刀及五铢钱③。而更作金、银、龟、贝、钱、布之品，名曰“宝货”④。……凡宝货五物⑤六名⑥二十八品⑦。

（《汉书·食货志》）

【注解】

①莽即真（音正 zhèng）：王莽正式做皇帝。

②刘：指西汉皇帝姓氏。金刀：用黄金铸刻在刀形的货币上称金刀。

③错刀：即金刀。　契刀：铜币名称。刀上有“契刀五百”四字，值五铢钱五百。

④宝货：是货币的总称。

⑤五物：指钱货、金银货、色货、贝货、币货等五货为五物。

⑥六名：金、银、色、贝、布、钱货为六名。

⑦二十八品：钱货六品（小、么、幼、中、壮、大共六泉）；黄金一品：黄金一斤值万钱；银货二品（普通银、朱提银）；色货四品（子、候、公、元共四色货）；贝货五品（贝、小、么、壮、大共五贝货）；布货十品（小、么、幼、厚、差、中、壮、弟、次、大共十布货）。以上共计二十八品。

第三节　市场管理诸法

一、立坊市旗楼

长安市有九①，各方二百六十六步②。六市在道西，三市在道东。凡四里为一市，致九州之人在突门③。夹横桥大道④，市楼皆重屋⑤。又曰，旗亭楼，在杜门大道南⑥。

（《三辅黄图校正·长安九市》）

【注解】

①长安：在今陕西西安市。秦汉之都城。　市有九：东市，西市、柳市、直市、高市、交门市、孝里市、交道亭市等九市。《三辅黄图校正》注。

②各方：平方面积。

③九州：泛指长安以外之各地。　突门：指城下的小门。

④横（音光 guāng）桥：长安城西第一门曰横门，门外有桥，曰横桥。

⑤市楼：又曰旗亭，市署办公的地方。　重屋：两层楼房。

⑥旗亭楼：即市楼。楼顶立旗，以示开集之标志。　杜门：长安城南之东一门。

徒观其城郭之制①，则旁开三门②。参涂夷庭③，方轨十二④，街衢相经⑤，廛里端直，甍宇齐平⑥。……郭开九市⑦，通阛带阓⑧，旗亭五重，俯察百遂⑨。

（《三辅黄图校正·长安九市》引《张衡·西京赋》）

【注解】

①城郭：城之内墙为城，城外加筑一墙为郭。

②旁：指城之四方。

③参涂（通三涂）：三条道路。　夷庭：平坦路直。

④方轨：通往四旁道路。

⑤街衢：四通八达的大街小巷。　相经：相通。指大街小巷联结干道。

⑥廛里：店铺的门面。　甍宇：屋顶的高低。

⑦郭开九市：长安城内外设立九个市场。

⑧阛：坊市之围墙。　阓：坊市之垣门。古之市筑垣与民宅隔开，不得与民混杂居住。

⑨俯察：在楼上俯察下边。　百遂：指大小的街道市场。

（长安）有柳市、东市、西市①。当市楼有令署②，以察商贾货财买卖贸易之事③。三辅都尉掌之④。……直市在富平津西南二十五里⑤，即秦文公造⑥，物无二价，故以直市为名。

（《三辅黄图校正·长安九市》）

【注解】

①柳市：在今长安昆明湖南。子夏居柳市。　东市：在今长安路东。晁错朝服斩于东市。　西市：在今长安路西。近醴泉坊。

②令署：市令办公地方。

③察：监督管理。

④三辅：京畿（长安）之地域分京兆尹，左冯翎，右扶风，合称三辅。　都尉：官名。西汉置左、右内史及都尉，称三辅都尉。左内史治长陵以北，右扶风治长安以东，都尉治渭城以西。

⑤直市：因物无二价，故名“直市”。　富平津：即孟津。在今河南孟津县东北，孟县西南。

⑥秦文公：公元前765～前715年在位，春秋时诸侯王。造：建立。指直市在秦文公时就建立了。

元始四年①，起明堂②，辟雍③。长安城南、北为会市④。但列槐市数百行为队，无墙屋，诸生朔望会此市[5]，各持其郡所出货物及经书传记，笙磬器物[6]（相）与卖买，雍容揖让[7]，或论议槐下。

（《三辅黄图校正·明堂》）

【注解】

①元始四年：公元四年。元始：汉平帝刘衎年号。

②明堂：皇帝宣明政教的宫殿，称明堂。汉明堂离长安南七里。凡朝会、祭祀庆偿选士、养老、教学等大典，均在此举行。

③辟雍：汉在京师设立的太学。辟雍之名，取自该宫殿建筑在四面有水，圆如璧的台基上。

④会市：指太学生、官员来明堂、辟雍进行朝会活动时的一种集市。会散无市。

⑤诸生：指太学生员。

⑥持：带来。　笙磬：乐器。

⑦雍容：和蔼，大方。　揖让：宾主相见，应有之礼节。这里指读书人赶集市，要讲礼貌。

建武五年[1]，河西[2]大将军[3]窦融[4]，请奋署议曹椽[5]，守姑臧长[6]。八年，赐爵关内侯[7]，时天下扰乱，唯河西独安，而姑臧称为富邑，通货羌胡[8]，市日四合[9]。每居县者，不盈数月辄致丰积[10]。

（《后汉书·孔奋传》）

【注解】

①建武五年：公元二十九年。建武：东汉光帝年号。

②河西：今在甘肃、青海两省以西，即河西走廊与湟水流域之间。

③大将军：官名。最高一级将军的称号。职掌统兵征战之权。

④窦融：（公元前16～公元62年）东汉扶风平陵（今陕西咸阳西北）人。字周公，官至大将军。

⑤奋：人名。姓孔，名奋。　署：暂任。　曹椽：分管某一方面的主要官吏。

⑥姑臧：古县名。西汉置县，在今甘肃武威县。

⑦赐爵：封爵是对有功之臣的荣誉称号。　关内侯：是侯爵。侯爵是等级，有公、侯、伯、子、男五等爵位。

⑧羌胡：我国西部民族的统称。东晋时曾建立后秦。羌胡即匈奴。

⑨市日四合：每日有四次集市交易的会合。即朝市、午市、夕市、夜市。

⑩不盈：不满。这里指“不到”。　辄致丰积：很快使物资丰富起来。

夜籴[1]。俗说市买者，当清旦而行[2]，日中交易所有，夕时便罢。今乃夜籴，明其痴呆不足[3]。

（《太平御览·风俗通》）

【注解】

①夜籴：指夜间买粮，即夜市。

②市买：市场买卖。　清旦而行：早上进行。

③痴呆：神智不清。这里指夜市不方便交易活动。

黄初三年[1]，（文帝）车驾至宛[2]，以市不丰乐[3]，发怒收俊[4]。车驾南行，未到宛，有诏百官[5]，不得干予郡县[6]。及车驾到，而宛令不解诏诣，闭市门[7]。帝闻之忿然曰[8]：吾是寇邪[9]，乃收宛令及太守杨俊[10]。

（《三国志·魏志·杨俊传》）

【注解】

①黄初三年：公元222年。黄初：三国魏文帝曹丕年号。

②车驾：借代词。指皇帝。　宛：在今河南南阳市。

③丰乐：丰富繁华。

④俊：人名。姓杨名俊。宛郡太守。

⑤有诏：有命令。

⑥干予：干扰。

⑦宛令：宛市令丞。　不解诏诣：不理解命令的指导意思。闭市门：关闭集市。

⑧忿（通愤）然：气忿。

⑨吾：文帝自称。　寇：贼人。　邪：疑问语气词，同“吗”。

⑩太守：郡一级行政长官。政府首领兼管军事。

青龙中[1]，司马宣王[2]在长安立军市[3]，而军中吏士多侵侮县民[4]，斐以白宣王[5]。宣王乃发怒召军市侯[6]，便于斐前仗一百[7]。

（《三国志·魏志·仓慈传》）

【注解】

①青龙：魏明帝曹睿年号（公元233～237年）。

②司马宣王：司马是姓，魏明帝封司马懿为宣王。

③军市：随军旅服务之集市。

④侵侮：侵犯欺侮。

⑤斐：人名。姓颜名斐。魏都京兆尹太守。　白：告知。

⑥军市侯：管理军市之官吏。

⑦仗：用木制的刑具责打犯人曰仗。

璋为人粗猛[1]，禁令肃然[2]，好立功业，所领兵马不过数千，而其所在常如万人。征伐止顿[3]，便立军市，他军所无，皆仰取足[4]。

（《三国志·吴志·潘璋传》）

【注解】

①璋：人名。姓潘名璋，吴国领兵将官。　粗猛：鲁莽。

②肃然：认真。

③征伐：出兵打仗。　止顿：战争稍一停止。

④皆仰：指依靠军市。　取足：弥补军费开支不足。

（赤乌八年）八月[1]大赦。遣校尉陈勋将屯田及作士三万人[2]，凿句容中道[3]，自小其至云阳西城[4]，通会市[5]作邸阁[6]。

（《三国·吴志·孙权传》）

【注解】

①赤乌八年：公元245年。赤乌：吴大帝孙权年号。

②校尉：军官名。位仅次于将军。　陈勋：东汉时军事将领。　屯田：军垦农田。　作士：应役劳动之人。

③句容：汉置县，在今江苏省西南部。

④小其：地名。在今江苏句容县东南。　云阳：在今丹阳县西南。

⑤会市：指会稽郡。秦始皇二十五年（公元前222年）于原吴、越地置。治所去吴县（今江苏苏州市）。西汉时扩大，相当今江苏省长江以南，茅山以东，浙江省大部及福建全省。

⑥邸阁：货栈馆舍。

二、设衡立准

山海有禁而民不顷[①]，贵贱有平而不疑[②]，县官设衡立准[③]，人从所欲[④]，虽使五尺童子适市[⑤]，莫之能欺[⑥]。

（《盐铁论·禁耕》）

【注解】

①不顷：不相倾轧。这里指不破坏山海之禁。

②平：公平。　不疑：不相惑乱。

③设衡：设立有公平秤。　立准：公布市场管理准则。

④所欲；想买卖什么就买卖什么。

⑤适市：到市场去。

⑥莫之能欺：没有人欺诈。

王莽时，铸钱多奸巧，乃署伦督铸钱椽[①]，领长安市[②]。伦平铨衡[③]，正斗斛，市无阿枉[④]，百姓悦服[⑤]。

（《后汉书·第五伦传》）

【注解】

①署：任命。　伦：人名：姓第五，名伦。东汉京兆尹，长安县人，官至太守。　督铸：监督铸钱。　椽：主管官吏。

②领长安市：长安市令。

③平铨衡：校正衡器。

④阿枉：不正派作风。

⑤悦（音曰 yuē）：喜欢。

度长短者不失毫厘[①]，量多少者不失圭撮[②]，权轻重者不失黍累[③]。……度者，分、寸、尺、丈、引也。所以度长短也。职在内官，廷尉掌之[④]；量者，龠、合、升、斗、斛也。所以量多少也。职在太仓、大司农掌之[⑤]；权者，铢、两、斤、钧、石也。所以秤物平施，知轻重也。职在大行，鸿胪掌之[⑥]。

（《汉书·律历志》）

【注解】

①度：尺寸。量长短之标准。　毫：细小。似兔之毫毛。　厘：计量单位。十毫为一厘。汉牙尺度合今公尺为23.3厘米。

②量：斗斛。量物多少之标准。　圭：一升的十分之一。即六十四黎为一圭。　撮：指千分之一为一撮。西汉一升合今公升188.6毫升。

③权：秤。称轻重之标准。　黍累：黍，黏黄米，又称小米。十黍为累，十累为铢，二十四铢为两，十六两为斤，三十斤为钧，一百二十斤为石。西汉一斤，合公制250～264.5克。

④内官：官名。即内史庭尉。掌民政法度之官。

⑤太仓：储粮之国库。太仓有太仓令，大司农属官。

⑥平施：有秤才能施行公平交易。　大行：即大行人。司寇属官，掌礼仪，修法则、同度量之职。　鸿胪：即大行人，为九卿之一。

三、犯市之禁

富商大贾，财累万金[①]，而不佐国家之急[②]，黎民重困[③]。于是天子与公卿议[④]，更造币以澹用[⑤]，而摧浮淫并兼之徒[⑥]。

（《史记·平准书》）

【注解】

①贾（音古 gǔ）：商人。　累：积累。

②不佐：不帮助。　急：需要。

③黎民：平民。　重困：困难很大。

④天子：指汉武帝。　公卿：三公九卿。中央之官制。汉时三公指丞相、太尉、御史大夫。九卿指太常、郎中令、卫尉、太仆、廷尉、典客、宗正、治粟内史、少府。

⑤澹用：有富足的经济以供国用。

⑥摧：摧垮，打击。　浮淫：指过分地欺骗邪恶行为。

欲防民盗铸乃禁[①]，不得挟铜炭[②]。……盗铸钱者，不可禁[③]，乃重其法，一家铸钱，五家坐之[④]，没入为奴婢[⑤]。

（《汉书·王莽传》）

【注解】

①欲：要。　盗铸：民间铸钱。

②挟：占有。　铜炭：铸钱之主要原料。

③不可禁：禁止不住。

④坐：犯法。

⑤没入：没收财物和妻室为奴。

民犯铸钱，……其男子槛车[①]，儿女子步[②]。以铁锁锒铛其颈[③]，传诣钟官[④]，以十数万[⑤]。到者则易其夫妇[⑥]，愁苦死者什六七[⑦]。

（《汉书·王莽传》）

【注解】

①槛车：囚车。

②子步：继父母罪一同步行。晋杜予注："子者，继父之辞"(《春秋立传集解》)。

③铁锁：铁链。似今之脚镣手铐。　锒铛：铁链声音。

④传诣：送到。　钟官：官名。掌铸钱之官吏。

⑤以十数万：有十多万人。

⑥易：互换。

⑦愁苦：怨恨。

自造白金[①]，五铢钱[②]，后五岁，而赦吏民之坐盗铸金钱[③]，死者数十万人。其不发觉相杀者[④]，不可胜计。赦自出者百余万人。然不能半自出，天下大氐，无虑皆铸金钱矣[⑤]。……（于是）令天下非三官钱不得行。诸郡国前所铸钱，皆废销之[⑥]，其铜输入三官[⑦]。而民之铸钱亦少，计其费不能相当[⑧]，唯真工大奸乃盗为之[⑨]。

(《汉书·食货志》)

【注解】

①白金:货币之一种。即银币。等级有三。一品重八两,圆形,龙文,值三千;二品重六两,方形,马文,值五百;三品重四两。椭圆形。龟文,值三百。

②五铢钱:古铜币名。始于汉武帝元狩五年铸造。钱重五铢,上有篆文"五铢"二字,故名。

③赦:免罪。

④相杀:自杀。

⑤大氐:大概。　虑:扣扰。

⑥废销:销毁。

⑦三官:即均输令,钟官令,办铜令,合称三官。

⑧计其费:成本计算。　相当:相等。

⑨真工:指工匠。　大奸:大量铸造坏钱。

敢私铸铁器粥盐者[①],钛左趾[②],没入其器物[③]。

(《汉书·食货志》)

【注解】

①粥:卖也。这里指生产盐。

②钛(音代 dài)左趾:古刑罚之一。用铁钳左脚,类似脚镣。

③器物:指铸铁粥盐之生产工具。

强者规田以千数[①],弱者曾无立锥之居[②]。又置奴婢之市[③],与牛马同阑[④]。制于民臣[⑤],颛断其命[⑥]。

(《汉书·王莽传》)

【注解】

①强者:指豪强大贾并兼之徒。　规田:古代田制之一。《礼记·王制》孔颖达疏:"九夫为规,四规而当一井"。

②弱者:贫民。　立锥之居:谓锥尖很小无地竖放。

③奴婢之市:买卖奴隶的交易市场。

④阑:圈牛用的木栅子。

⑤民臣:地方官吏。

⑥颛(通专)断:武断。

今更名[①],天下田曰王田[②],奴婢曰私属[③],皆不得买卖[④]。

(《汉书·食货志》)

【注解】

①更名:改名。

②天下田:指私人占有之田。　王田:指国家所有之田。

③私属:奴隶名。

④皆:都。

四、商业标志

费长房,汝南人也[①]。曾为市椽[②]。市中有老翁卖药,悬一壶于肆头[③]。及罢市[④],辄跳入壶中[⑤],市人莫见之[⑥],唯长房于楼上观之,异焉[⑦]。

(《后汉书·方术·费长房传》)

【注解】

①费长房:东汉方士。曾任市官。　汝南:在今河南省上蔡县西南。

②市椽:市令。

③悬壶:悬挂一种治病卖药的标志。类似象形广告。　肆头:店门口。

④罢市:散集。

⑤辄:立即。

⑥莫见之:都不能看见。

⑦异焉:奇怪。

君使服之于内,而禁之于外[①]。尤悬牛首于门[②]而卖马脯于内也[③]。

(《汉书·艺文志·晏子》)

【注解】

①君使:中医药术语。即君臣佐使。用药起主治作用的为君,起辅佐作用的为臣,治疗兼症和起制药作用的为佐,引药直达病所者为使。　服:吃药。　内:内服药。　外:外敷药。指涂皮肤患处之药。

②尤:如同。　悬牛首:卖肉店之标志。将牛头悬挂在门口,以示卖肉。

③马脯:干马肉。此句指挂牛首而卖马肉的欺诈行为。

五、券约文契

(僮约[①]:)蜀郡王子渊[②],以事到湔[③]。止寡妇杨惠舍[④]。惠有夫时奴名便了[⑤],子渊倩奴行酤酒[⑥]。便了拽大杖上夫冢岭颠曰[⑦]:大夫买便了时,但要守家[⑧],不要为他人男子酤酒[⑨]。子渊大怒曰:奴宁欲卖耶[⑩]?惠曰:奴大忤人[⑪],人无欲者[⑫]。子渊即决卖券云云[⑬]。奴复曰:欲使,皆上券[⑭],不上券便不为也[15]。子渊曰:诺[16]。

券文曰:神爵三年正月十五日[17],资中男子王子渊[18],从成都安至里女子杨惠[19],买亡夫时户下髯奴便了[20],决卖万五千[21]。奴从百役使[22],不得有二言[23]。……

(《上古三代秦汉三国六朝文·僮约》)

【注解】

①僮约:买卖奴隶的契约。即合同。

②蜀郡:古蜀国名,在今四川省。 王子渊:西汉辞赋家。姓王,名褒,字子渊,蜀郡资中人。

③以事:有事。 湔:指湔水。上游为汶川。岷江支流,下游为沱江。

④止:到。 寡妇:妇女死了丈夫称寡妇。 杨惠:寡妇名。舍:家中。

⑤便了:奴隶名字。

⑥倩奴:使用奴隶。

⑦拽大杖:撑手拐棍。 夫:即大夫。指杨惠之丈夫。 冢岭颠:坟墓上面。

⑧大夫:指杨惠丈夫。 守家:从事家务劳动。

⑨他人:指其他人。这里指王子渊。

⑩宁欲:宁愿。 耶:语助词,同"吗"。

⑪忤:违反。欺侮。

⑫无欲:不要。

⑬决卖:绝卖,卖绝。 券云云:指契约条文。

⑭欲使:指使用服役之事。 皆上券:都要写在契约的条文上。

⑮便:即便了。 不为:不去做。

⑯诺:可以。

⑰神爵三年:公元前59年。神爵:汉宣帝刘询年号。 正(音真zhēn)月:指一月。

⑱资中:县名。四川省中部,今为资中县。

⑲从:由、自。 成都:在今四川省成都市。 安至里:成都地方的一个基层单位。

⑳髯奴:年老奴隶。

㉑决卖万五千:全部卖价一万五千钱。

㉒百役使:什么事都要做。

㉓不得有二言:不得有异议。

樊宏,字靡卿,南阳湖阳人①。好货殖②,其经营产业,赀至巨万③。而赈澹宗族④,恩加乡间⑤,县中称美,惟为三老⑥。年八十余岁终⑦。其素假贷人间数百万⑧,遗令焚削文契⑨。债家闻者,皆惭,争往偿之⑩。

(《后汉书·樊宏传》)

【注解】

①樊宏:大商人。 南阳:在今河南省南阳市。 湖阳:在今河南唐河县西南湖阳镇。

②货殖:经商。

③赀:资财。

④赈澹:赊贷救济。

⑤乡间:指乡里和坊市的左邻右舍。

⑥县中:泛指乡里。 三老:指八十、九十、百岁三种老人。另指乡官亦称三老。如西汉规定年五十以上,有修行,能帅众为善者,置为三老。

⑦终:指人死了。

⑧其素:平时。

⑨遗令:遗嘱。 焚削文契:烧毁或减少文契。

⑩债家:借钱人。

第四节 对外贸易之法

一、通丝绸之路

景帝复与匈奴和亲①,通关市,给遗单于②,遣翁主如故约③。武帝即位,明和亲约束④,厚遇通关市,饶给之⑤。匈奴自单于以下皆亲汉,往来长城下。……然匈奴贪⑥,尚乐关市,耆汉财物⑦,汉亦通关市不绝,以中之⑧。

(《汉书·匈奴传》)

【注解】

①景帝:西汉皇帝刘启谥号。公元前156~前141年在位。匈奴:我国北部的一个民族。 和亲:古代以联姻方式达到民族团结和好的目的。

②给遗:供给物资。 单于:匈奴君长之称号。

③翁主:汉代诸亲王之女称翁主。后来称郡主。 故约:以联姻为由缔结和约。

④明:明确。

⑤厚遇:给最多最好的待遇。 饶:富足。

⑥贪:贪财。爱财。

⑦乐:乐意。愿意。 耆:喜爱。

⑧以中(音众zhòng)之:达到目的。中:射中。

自武帝初通西域①。……其旁国少锥刀②,贵黄金彩缯③,可以易谷食,宜给足④,不乏⑤。

(《汉书·西域传》)

【注解】

①武帝:西汉皇帝刘彻谥号。 西域:西汉时指玉门关以西地区的总称。包括亚洲中、西部,印度洋半岛,欧洲东部和非洲北部都在内。

②旁国:泛指西域的一些国家。 少锥刀:缺乏金属工具。

③彩缯:彩色的丝织品。

④给足:满足西域供给。

⑤不乏:不缺少。

骞身所至者①,大宛②,大月氏③,大夏④,康居⑤,而传闻其旁大国五六⑥,具为天子言其地形所有⑦。骞曰:臣在大夏时,见邛竹杖⑧,蜀布⑨。问安得此⑩?大夏国人曰:"吾贾人往市之身毒国⑪,身毒国在大夏东南可数千里。"……然闻其西可千余里,有乘象国⑫,名滇越⑬。而蜀贾间出物者或至焉⑭。

于是汉以求大夏道[⑮],始通滇国。

(《汉书·张骞传》)

【注解】

①骞:(公元? ~114年)人名。姓张名骞。汉中成固(今陕西成固县人)。西汉时的杰出外交家。

②大宛:古西域国名,在今中亚细亚费尔干盆地,王治贵山域。

③大月(音肉 ròu)氏(音知 zhī):古族名。在今新疆西部伊黎河流域。

④大夏:古西域国名。在今阿富汗境内。

⑤康居:古西域国名。在今巴尔格什湖和咸海之间。

⑥其旁大国:其他还有些大的国家。

⑦所有:指该国所有之物货。

⑧邛(音穹 qióng):地名。在今四川昌东地方,以邛山为名。邛山产竹。 竹杖:手杖,竹棍。

⑨蜀布:四川葛布。

⑩安得此:怎么有此物呢?

⑪身毒:是今印度国的译音。

⑫乘象国:辖境约在今广西西部,广东西南和贵州南一带。

⑬滇:古国名。今云南省简称滇。 越:古代我国南部和东南部各民族的统称。也称"百越"。辖境今广东、广西地域。

⑭间出物者:指私自贩运物货出口之人。

⑮以求:寻求。

二、凭符传通关市

汉使马邑下人[①]聂翁壹[②],奸阑出物[③]与匈奴交,阳为卖马邑城[④],以诱单于。单于信之,而贪马邑财物,乃以十万骑[⑤]入武丹塞[⑥]。

(《史记·匈奴列传》)

【注解】

①汉使:西汉统治集团指使。 马邑:古县名。在今山西朔县。

②聂翁壹:人名。姓聂名壹。翁是对老人的尊称。

③奸(音干 gān)阑出物:指私自偷运物货出口。阑:擅自出入。

④阳为卖马:伪装卖马。

⑤十万骑:即十万匹马。

⑥武丹塞:古地名。西汉置,在今山西左云。东汉废。

吏民出入(关)[①],持布钱[②],以副符传[③]。不持者[④],厨传勿舍[⑤],关津苛留[⑥]。

(《汉书·王莽传》)

【注解】

①吏:官名。 民:商贾。

②持布钱:指随带货物和钱。布:布帛。泛指物货。

③副:符合。 符传:物货出境贩运之凭证。

④不持者:指没有随带符传之人。

⑤厨:食堂。指过路的饭店。 传:指驿馆。 勿舍:不准接待食宿。

⑥关津:指关隘津渡要塞之处。 苛留:严格检查,不准轻易放行。

第四章 隋唐经济兴盛时期的市政和工商管理

第一节 隋唐的坊市制度

一、市 署

(大中)五年八月[①],州县职员令[②],大都督府市令一人[③],掌市内交易,禁察非为[④]。通判市事丞一人[⑤],掌判市事。佐一人,史一人,师三人[⑥],掌分行检察[⑦],州县市令,各准此[⑧]。其月敕中县,户满三千户以上[⑨],置市令一人,史二人。其不满三千户以上者,并不得置市官。若要路须置[⑩],旧来交易繁者,听依千户法置[⑪]。

(《唐会要·关市》)

【注解】

①大中五年:公元851年。大中:唐宣宗李忱年号。

②职员:官吏。

③大都督府:官署名。地方一级军政长官之公署。 市令:管理市场之官员。

④非为:不遵守禁令法规的行为。

⑤通判市事丞:官名。具体掌握市事之官。

⑥佐、史、师:均为市令属官。

⑦分行检察:按职责分工管理某一项市事。

⑧准此:照此办理。

⑨其月:指八月。 敕:皇帝诏书。

⑩要路:指交通要道有集市之地。

⑪繁:兴盛。 听依:按照。

两京诸市署[①],令一人,丞二人,掌财货交易,度量器物,辨其真伪轻重[②]。市肆皆建标筑土为候[③],禁権固及参市自殖者[④]。凡市,日中击鼓三百以会众[⑤],日入前七刻击钲三百而散[⑥]。

(《新唐书·百官志》)

【注解】

①两京:指唐长安之西京和洛阳之东京为两京。 市署:市令办公处所。

②辨:分辨,区分。 轻重:指物之畅滞、好坏。

③建标:树立标记,多用布帘为旗悬挂杆上为标。 筑土:堆土石为商台,以树标记。 候:箭靶。这里指集市之标记,以示集市之中心点。

④権固:垄断市场。 参(通三)市:指第三者进入市场捣乱秩序。

⑤会众:指赶集人都进入市场交易。

⑥钲:古代一种铜质的打击乐器。又名"丁宁"。形似钟而狭长,有柄可执,击之而鸣。

景龙元年十月敕[①],诸非州县之所[②],不得置市,其市当以午时击鼓三百下而众大会,日入前击钲三百下而散。其州县领务少处[③],不欲设钲鼓,听之。车驾行幸处[④],即于顿侧立[⑤]。市官差一人,权检校市事[⑥]。其两京市诸行[⑦],自有正铺者[⑧],不得于铺前更造偏铺[⑨],各听用寻常一样。偏厢诸行[⑩],以滥物交易者,没官[⑪]。诸在市及人众中相惊动[⑫],令扰乱者杖八十。

(《唐会要·关市》)

【注解】

①景龙元年:公元707年。景龙:唐中宗李显年号。

②诸非州县之所:不是州县所在地。

③领务:管辖。

④行幸:指帝王所到之地。

⑤顿:停止。 侧立:侧着身子站着。

⑥检校:检查。

⑦诸行(音杭 háng):各个行业。隋唐时是我国商业发展的兴盛时期,行业分工很细、很多。当时长安就有212行,洛阳有120行。

⑧正铺:店铺。

⑨更造:变换另设。 偏铺:指在店铺前面摆摊设点。

⑩偏厢:指偏远之小街巷。

⑪滥物:不合规格、质量的物品。

⑫诸:若有人。 相惊动:相互扰乱市场秩序。

户部属官[①],金部郎中[②],掌天下库藏出纳,权衡度量之数,两京市、互市、和市[③]、宫市交易之事。

(《新唐书·百官志》)

【注解】

①户部:官署名。为六部之一。掌全国土地、户籍、赋税、财政收支等事。

②金部郎中:官名,户部尚书属官。掌全国库藏钱帛、出纳账籍的审核及度量衡政令和市肆交易之事。

③和市:官营商业。又称和买。官府以平价购买为名,实为掠夺民财的一种变相赋税。

二、坊　市

坊市者①，谓京城及诸州县等坊市②。其廨院或垣、或篱，辄越过者③各杖七十④。……其坊正市令⑤，非时开闭坊市门者⑥，亦同城主之法，州镇城门各徒一年⑦。自县城下，悉与越罪同。

（《唐律疏议·卫禁疏议》）

【注解】

①坊市：用围墙或篱笆围的市肆。

②京城：长安；唐朝之都城，今西安市。

③廨院：官府所居之处。　垣：土筑围墙。　篱：用竹和木条编成的墙。　越：超越围墙范围。

④杖：古刑罚，用棍打人。又叫"法杖"。责打犯人的脊背与腿。杖刑分为五等，由杖六十到杖一百止，每等加十。

⑤坊正：掌管场市之官吏。

⑥非时：不按时。

⑦城主：指州县城之主要官吏。　徒：古刑罚。徒即劳役。强迫犯人带钳或枷劳动。徒刑分为五等，由一年至三年，每等加半年。

宝历二年十月①，京兆尹刘西楚奏②：……今后每阴雨五日，即令坊市闭北门，以禳诸阴③。晴三日，便令尽开，使启闭有常④，永为定制。

（《唐会要·关市》）

【注解】

①宝历二年：公元826年。宝历：唐敬宗李湛年号。

②京兆尹：官名，京城之最高的行政长官。职同郡太守。刘西楚：人名，唐敬宗时府尹。

③禳：以祭祀祷告，消除灾祸的一种迷信活动。

④启：开。　常：常规。制度。

三、宫　市

贞元十四年八月①。……时屡有中官于京城市肆②，强买人间率用直百钱物③。买人数千钱物仍索脚价④及进奉门户⑤，谓之宫市⑥。

（《唐会要·关市》）

【注解】

①贞元十四年：公元798年。贞元：唐德宗李适年号。

②屡：经常。　中官：禁中官，指内侍太监。

③率：经常、一贯。

④索：强要。　脚价：脚力钱。

⑤进奉门户：向守卫宫门之人进贡财物。

⑥宫市：宫廷采买供物。

贞元以后，京都多中官，市物于廛肆①，谓之宫市。不持文牒②，口含敕命③，皆以监估④，不中⑤衣服、绢帛，杂红紫之物，倍高其估⑥，尺寸裂，以酬价⑦。市之经商，皆匿名深居⑧，陈列廛闭⑨，唯粗弱苦窳⑩，市后又强驱于禁中⑪，倾车乘罄⑫，辇驴已而⑬。

（《唐会要·关市》）

【注解】

①市物：在市肆卖物货。

②文牒：文书。

③敕命：皇帝的命令。

④监：官名。指太监。　估：价格。

⑤不中（音众 zhòng）：不合规格。

⑥倍高其估：比质量好的物货价格高很多倍。

⑦尺寸裂：不够尺寸的布帛。　以酬价：用规定的价格给钱。

⑧匿名：隐匿名姓。　深居：偏僻的地方居住。

⑨廛闭：店铺关门停业。

⑩粗弱苦窳：大小不均，质量粗劣。

⑪驱：驱赶。　禁中：宫中。宫中门户有禁，非宦官侍卫者不得进入，故曰禁中。

⑫倾车：整车倒出来。　罄：尽。这里指全部倒完了。

⑬辇：车子。这句指留下车子和驴罢了。

卖炭翁，伐薪烧炭南山中①，满面尘灰烟火色②，两鬓苍苍十指黑③。卖炭得钱何所营④？身上衣裳口中食。可怜身上衣正单⑤，心忧炭贱愿天寒⑥。夜来城外一尺雪，晓驾炭车碾冰辙⑦。牛困人饥日已高，市南门外泥中歇⑧。两骑翩翩来是谁⑨，黄衣使者白衫儿⑩。手把文书口称敕，回车叱牛牵向北⑪。一车炭重千余斤，宫使驱将惜不得⑫。半匹红纱一丈绫，系向牛头充炭值⑬。

（《白居易诗集·卖炭翁》）

【注解】

①翁：对老者尊称。　伐薪：采伐薪樵。

②烟火色：指卖炭翁肤色为黑红颜色。

③两鬓：脸两旁近耳之头发。　苍苍：灰白色。

④何所营：买什么呢？

⑤单：单薄。

⑥贱：不值钱。　愿天寒：希望天寒冷。

⑦碾冰辙：车轮在冰地上行走。

⑧歇：休息。

⑨翩翩：敏捷轻快。

⑩黄衣使者：指宫使。即宦官太监。　白衫儿：随宫使之差人。

⑪叱牛：驱赶牛走。

⑫惜不得：舍不得。

⑬系：悬挂。　充炭值：作为付给之炭价。

贞观元年十月敕①，五品以上（官吏）②，不得入市③。

（《唐会要·关市》）

【注解】

①贞观元年:公元627年。贞观:唐太宗李世民年号。

②五品:唐代官职等级。共分有一至九品。五品是郡守府尹以上官。

③入市:进入市肆。

贞元二十一年二月敕文[①],应掾宫市[②],并书正文帖,依时估价[③],买卖不得侵扰百姓[④]。

(《唐会要·关市》)

【注解】

①贞元二十一年:公元804年。

②应掾宫市:指宫市的主要官吏应该治好宫市。

③帖:文书、公告。　依时估价:按时定价。

④侵扰:损害。

四、集　市

由命士以上[①],不入于市,周礼有焉。乃今观之,盖因也[②]。元和三年[③],沅南不雨[④],自季春至〔于〕六月[⑤],毛泽将尽[⑥]。郡守有志于民,诚信而雩[⑦],偏山川方社[⑧],又不雨。隧迁市于城门之逵[⑨],余得自丽谯而俯焉[⑩]。

(《刘梦得文集·观市》)

【注解】

①命士以上:指卿、大夫、士等官吏。命士:古时士为天子所封。故称"命士"。

②因:沿袭。

③元和三年:公元808年。元和:唐宪宗李纯年号。

④沅:地名,沅州。在今湖南黔阳西南。

⑤季春:农历三月。

⑥毛泽:指草泽田野。　将尽:指田禾草木都将枯死。

⑦雩(音于yú):古代求雨而举行的祭祀。

⑧方社:祭四方土地之神。

⑨逵(音葵kuí):四道八达的大路。

⑩丽谯:高楼。这里指城门门楼。　俯:俯观:从上往下看。

肇下令之日[①],布市籍者咸至[②],夹轨道而分次焉。其左右前后,班间错跱[③],如在阛阓之制[④]。其列区牓榻价[⑤],名物参外夷之货[⑥]。马牛有纬,私属有闲[⑦]。在巾笥者[⑧],织文及素焉[⑨];在几阁者[⑩],彫彤及质焉[⑪];在筐莒者[⑫],白黑巨细焉。业于饔者列饔饎[⑬],陈饼饵而苾焉[⑭];而业于酒者举酒旗,涤盂而泽然[⑮];鼓刀之人设高俎[⑯],解豕羊而赫然[⑰],华实之毛[⑱],畋渔之生[⑲],交蜚走错[⑳],水陆群状[㉑]。

(《刘梦得文集·观市》)

【注解】

①肇(音兆zhào):开始。

②布市籍者:指在市籍的商人。　咸:都。

③夹轨道:道路两旁。　分次:分列次序。　班间错跱:指一排一排房屋相对而立。

④阛(音环huán):市区的墙。　阓:指市区之门。阛阓通称为"市区"。　制:式样。

⑤牓(通榜):牌子。　榻价:标明货物价钱。

⑥名物:指名称和物产。　参(音掺cān):参杂。　外夷:泛指外国。

⑦纬:束。指用绳拴住牲口。　私属:指奴隶。　闲:木栏。指关买卖奴隶的笼子。

⑧中笥(音皿mǐn):箱笼。

⑨织文:织有花纹的锦帛。　素:白色的生绢。

⑩几阁:搁几阁之板。

⑪彫彤(通雕):指漆雕红色的首饰之类的工艺品。　质:礼品。

⑫筐莒(音举jǔ):方形或圆形的盛物竹器。

⑬业于:从事于。　饔(音雍yōng):熟食。　饎(音炽chì):烹煮。

⑭饼饵:饼类的总称。　苾:香味。

⑮酒旗:也叫"酒帘",俗称"望子"。酒店的标志。　泽然:指洗涤盅碗明亮而有光泽。

⑯鼓刀:动刀作声,指宰杀牲畜。　高俎:指割肉所用砧板。

⑰解豕羊:杀猪杀羊。　赫然:指杀猪杀羊叫声和刀剁声惊人。

⑱华实之毛:华美厚实之皮毛。

⑲畋(音田tián):打猎。　生:指捉捕的鲜活鱼、兽。

⑳交蜚走错:飞禽走兽混杂陈列出售。蜚(通飞):指飞禽。走:指走兽。

㉑水陆群状:指水中的、陆上的东西,样样俱有。

伙名入隧而分[①],韫藏而待价者[②],负挈而求沽者[③],乘射其时者[④],奇盈以游者[⑤],坐贾颙颙[⑥],行贾遑遑[⑦],利心中惊,贪目不瞬[⑧]。于是质剂之曹[⑨],较固之伦[⑩],合彼此而腾跃之[⑪]。冒良苦之巧言[⑫],敦量衡于险手[⑬],抄忽之差[⑭],鼓舌伧伫[⑮],诋欺相高[⑯],诡态横出[⑰]。鼓嚣哗[⑱]坌烟埃[⑲],奋膻腥[⑳],叠巾履啮而合之[㉑],异致同归。鸡鸣而争赴,日中而骈阗[㉒],万足一心,恐人我先,交易而退。阳光西徂[㉓],幅员不移[㉔];径如初中[㉕],无求隙地[㉖];俱为守犬鸟[㉗],乌乐得腐余[㉘]。

(《刘梦得文集·观市》)

【注解】

①伙名:一伙一伙做各种生意之人。　入隧:走进市场的道路。

②韫(音运yùn)藏:收藏。　待价:等待高价出售。

③挈(音切qiè):用手提着。　沽:卖或买。

④乘射:乘时射利。寻求机会牟利。

⑤奇盈:巧夺牟利。　游:指在市场观察行情。

⑥坐贾(音古gǔ):坐商。　颙(音庸yōng):温顺的样子。指静待买主。

⑦行贾:行商。　遑遑:匆忙不安的样子,指走来走去寻求买

主。

⑧瞬(音舜 shùn);眨眼。

⑨质剂之曹:指为买卖双方居间说合书写契券的牙商。

⑩较固之伦:指讨价还价争执不休的人。

⑪腾跃:抬高物价。

⑫冒:假称。

⑬斁(音妒 dù)败坏。　险手:欺诈手法。

⑭抄:古量器名十撮为一抄。　忽:古代极小的长度单位名。称忽。十忽为一丝,十丝为一毫,十毫为一厘,十厘为一分。

⑮鼓舌:摇唇鼓舌。指花言巧语。伧伫:形容说话声音不清而宛转。

⑯诋欺:互相毁谤和欺诈。

⑰诡态:指诡秘而又狡诈的神态。

⑱嚣哗:喧哗、吵闹。

⑲坌烟埃:扬起尘土。坌(音笨 bèn):涌。

⑳奋:飞。　奋膻腥:指腥臭四溢。膻:(音山 shān)腥:羊肉腥味。

㉑叠巾:持手巾折叠。　履啮(音据 jù、聂 niè):鞋子相碰。意思是说用叠巾履啮等隐秘动作达成交易。

㉒骈阗(音便 pián、田 tián):聚集。

㉓阳光西徂:太阳已西,还未天黑。徂(音粗 cū):往,到。

㉔幅员:指集市之场地。

㉕径:道路。　初中:早朝后中午前的时间。

㉖隙:空隙。指空隙之地。

㉗守犬鸟:指卖食品摊头还有人在防犬鸟攫食。

㉘乌:何。　腐余:指残羹剩饭。

是日倚衡而阅之[①],三感其盈虚,相寻也速[②],故著于篇云。

(《刘梦得文集·观市》)

【注解】

①倚衡:靠在城楼上的栏杆边。　阅:观市。

②三感:三次有感。　盈虚:增减。引申为聚散。　相寻:连续。

五、夜　市

夜市千灯照碧云[①],高楼红袖客纷纷[②]。如今不似升平日[③],尤自笙歌彻晓闻[④]。

(《容斋随笔·夜看杨州市》)

【注解】

①夜市:黑夜燃灯交易的集市。　碧云:青白色。指灯火照耀辉煌。

②高楼:指茶、酒楼和歌舞戏楼。　红袖:指穿着盛装的达官贵人和穿红着绿的歌女。　纷纷:众多,杂乱。

③升平日:太平日子。

④笙:竹制乐器。　彻晓闻:通宵达旦能听到歌唱声和乐器声。

开成五年十二月[①],敕京夜市[②],宜令禁断[③]。

(《唐会要·关市》)

【注解】

①开成五年:公元840年。开成:唐文宗李昂年号。

②京:京城:指唐朝的首都长安(今西安市)。

③禁断:禁绝。唐坊市之制,不开放夜市,唯金吾在正月十五夜不禁。书述《西都杂记》:"西都京城街衢,有金吾晓暝传呼,以禁夜行,唯正月十五日夜,敕许金吾弛禁"。金吾:官名。掌京城戒备防卫之事。

城门坊门关闭后[①],即严禁通行,违者罚之犯夜[②]。

(《唐律疏议·杂律上·犯夜》)

【注解】

①坊门:指坊市之门。

②犯夜:违反夜行之禁令。唐规定夜禁在闭门鼓后到开门鼓之前为夜禁时间。有人行走,谓之犯夜。

六、互　市

初,炀帝置四方馆于建国门外[①],以待四方使者。……东方曰东夷使者[②],南方曰南蛮使者[③],西方曰西戎使者[④],北方曰北狄使者[⑤],各一人。掌其方国及互市事[⑥]。每使者署典护[⑦]、录事、叙职、叙仪、监府、监置,互市监及参军各一人。录事之纲纪[⑧],叙职掌其贵贱立功合叙者[⑨],叙仪掌大小次序[⑩],监府掌其贡献财货[⑪],监置掌安置其驼马船车,并纠察非为[⑫],互市监及副掌互市参军事出入交易事[⑬]。

(《隋书·百官志》)

【注解】

①炀帝:隋帝杨广谥号。　四方馆:接待外夷使者之宾馆。

②东夷:我国东方之各民族之统称,又泛指少数民族为四夷。

③南蛮:古代统治阶级对我国南方少数民族一种带有污蔑性的称呼。

④西戎:对我国西部民族的统称。

⑤北狄:我国北方的一个民族。历代统治阶级将"翟"写作"狄",有犬旁是一种污蔑性的呼唤。

⑥方国:指我国四方之邻国。

⑦典护:官名。掌管来往宾客之官吏。

⑧录事:官名。掌法制之事。　纲纪:法律、制度。

⑨叙职:官名。掌按规定等级次第授官职及按功绩之大小给予奖励,通称"叙"。

⑩叙仪:官名。掌职官之大小长幼行礼仪之事。

⑪监府:官名。掌番夷贡物之事。

⑫监置:官名。掌夷人食宿,驼马安置,并纠察不法行为。

⑬互市监:官名,掌互市交易之事。　副:指互市监副职。　参(通三)军:三军。

诸互市监各一人,丞一人。诸互市监掌诸番交易马、驼、驴、牛之事①。……置木契②,应与出物之司相合③。凡官私互市,物数有制④。凡缣帛之类⑤,长短宽狭,端匹、屯疾之差⑥。

(《旧唐书·职官三》)

【注解】

①诸番:指北方少数民族。　驼:骆驼。

②木契:木牌。木牌上面写有出物的数量、品名。木牌一分为二,司门与出物人各执一半,出关时验牌,符合放行。

③出物之司:指管理关卡出入之署府。

④物数有制:凡物货出入关卡,其数量,品名有限额,范围的规定。

⑤缣帛:丝织品总名称。

⑧端匹:整匹。屯疾(音利 lì):染色,是一种黑黄近绿的颜色。

司门郎①,掌天下诸门及往来之籍赋②,而审其政③。凡关二十有六。为上、中、下之差。京城四面关④,有驿道者为上关⑤,余有一道及四面无驿道者为中关⑥,他皆为下关⑦。

(《旧唐书·职官二注》)

【注解】

①司门郎:官名。掌门关物货出入税赋之事。

②籍赋:指商人之税赋。

③审其政:审查监督来往之人的政治目的。

④京城:指长安都城。　四面关:指京城之四方设立的关卡。

⑤驿道:设有驿馆并能行走车马之大路。驿:驿站,掌传递文书之事。　上关:一等关卡。

⑥余有一道:有路无驿馆之道路。　中关:二等关卡。

⑦他皆:其他道路都是。　下关;三等关卡。

缘边关塞①,以隔华夷②,其有越度此关塞者③,得徒二年。以马越度,准上条,减二等④,合徒一年。余畜又减二等⑤,杖九十。但以缘边关塞越罪故重⑥,若从关门私度人畜,各与余关罪同。若共化外番人,私相交易⑦,谓市买博易⑧,或取番人之物及将物与番人,计赃一匹⑨,徒两年半。三匹加一等,十五匹加役流⑩。

(《唐律疏议·越度边缘关塞疏议》)

【注解】

①缘边:边缘地区,指接近外夷之边疆地带。

②隔:阻挡。

⑤越度:超越关塞的界限。

④准上条;按照徒二年条律。　减二等:减刑一年(每等为半年)。

③余畜:指其他牲畜为驼、驴、牛、羊等。

⑥故重:严重。

⑦共化外番人:同夷人同共勾结。

⑧博易:买卖。博:换取。

⑨计赃:计算赃物一律折帛之正数论罪。

⑩役流:遣送边疆从事劳动的一种刑罚。

第二节　工商及市管之政

一、交易中之诸禁物

禁物者①,谓禁兵器及诸禁物,并私家不应有者,私将度关②,各计赃数,从坐赃科罪③。……擅兴律④,私有甲一领⑤,弩三张⑥,流二千里。矟一张⑦,徒一年半。私造者,各加一等⑧。假令私将矟度关⑨,平赃值绢三十匹⑩,即从坐赃科徒二年。不计矟为罪⑪,将甲一领度关⑫,从私有法,流二千里,即不计赃而断。

(《唐律疏议·卫禁·赉禁私物度关》)

【注解】

①禁物:政府规定禁止的物品。

⑤度关:偷运出关。

③坐赃:贪污罪。

④擅兴律:是处理擅自发兵,擅自兴造城池、堤防方面的法律。如擅自发兵十人以上徒一年,百人徒一年半,千人绞。

⑤甲:指铠甲。　一领:一件。

⑥弩:弓箭用的发射器。

⑦矟:兵器。

⑧各加一等:指流刑和徒刑各加一等,流刑二千里,加一等,流三千里。徒刑一年半,加一等,徒二年。

⑨令私:使自己牟私利。

⑩赃值:物货的价值。

⑪不计矟:不论兵器多少。

⑫将甲:将军大将穿的铠甲。

谓非弓箭、刀、盾①、短矛者,此五事,私家听有②。其旌旗,幡帜及仪仗③,并私家不得辄有④,违者从不应(有)为重⑤,杖八十。

(《唐律疏议·私有禁兵器疏议注》)

【注解】

①盾:矛的对称。打仗时挡对方兵器之用。

②听有:允许有。

③幡帜:古时仪仗用的一种旗帜。　仪仗:用于仪卫的兵杖。仗:刀矛兵器的总称。

④辄有:占有。

⑤为重:加重处罚。

依关市令①,锦、绫、罗、縠、绸、绵、绢、丝、布、牦牛尾、珍珠、金、银、铁并不得度西边②,北边诸关及边缘诸州兴易③。……禁约不合度关,已下过所④,

官司捉获者，其物没官。若已度关及越度，被人纠获⑤，三分其物，二分偿捉人，一分入官。

（《唐律疏议·卫禁·赍禁私物度关》）

【注解】

①关市令：有关关卡互市之管理法规命令。

②度：渡过。引申为“运往”。

③兴易：贸易。

④不合：不合禁约规定。　已下：已运出关丁。　过所：通过。

⑤纠：查获。

禁天下铸铜器①，销钱为佛像者②，以盗铸钱论③。太和三年诏④：佛像以铝锡，土木为之⑤。饰带以金银鍮石，乌钿、蓝铁⑥。唯鉴、磬钉、镮钮得用铜⑦。余皆禁之，盗铸者死。

（《新唐书·食货志》）

【注解】

①铸铜器：制造以铜为原料的器具。

②销钱：销毁铜钱。　佛像：菩萨。

③盗铸：私人铸造。

④太和三年：公元829年。太和：唐文宗李昂年号。

⑤为之：做佛像。之：代词，指菩萨。

⑥鍮（音偷 tōu）石：黄铜。　乌钿：以金银珠宝制成黑色的花朵式的装饰。　蓝铁：蓝晶石。玻璃光泽美观。

⑦鉴：以青铜作镜子。　磬：寺院中以铜铸之敲打乐器。　钉：固物之用的钉子。　镮钮：圆形门镮。

私鬻茶三犯①，皆三百斤，乃论死。长行群旅②，茶虽少皆死。雇载三犯至五百斤③；居舍侩保④，四犯至千斤者死。园户私鬻百斤以上⑤，杖脊。三犯加重徭⑥。……私商给自首之帖⑦，天下税茶增倍贞元⑧。

（《新唐书·食货志》）

【注解】

①私鬻：私自出卖。　三犯：违犯三次。

②长行群旅：长期结伙从事贩茶。

③雇载：雇请车船畜力输送。

④侩保：牙行经纪之人。

⑤园户：茶农。

⑧重徭；加重劳役。

⑦自首之帖：指自报私自鬻茶的告示。

⑧贞元：唐德宗李适年号（公元785～804年）。

私盐悬为历禁①。私鬻盐五石、市二石，亭户盗粜二石②，皆坐死。

（《新唐书·食货志》）

【注解】

①悬：悬榜。引申为“公布禁令”。

②鬻：卖。　市：买。　亭户：煮盐户。　粜：卖。

应犯盐人①，准贞元十九年②，太和四年以前敕条③，一石以上者，止于决脊杖二十④，征纳罚钱⑤。犯三石以上者，即是囊橐奸人⑥，背违法禁。……锢身牒送西北边⑦，诸州府效力⑧。

（《唐会要·盐铁》）

【注解】

①应犯盐人：有犯盐罪之人。

②贞元十九年：公元804年。

③太和四年：公元830年。　敕条：盐法条律。

④脊杖：古刑罚，用木棍打犯人之脊。

⑤征纳：征收税赋。　罚钱：罚款处理。

⑥囊橐：口袋。这里指奸人经营手段像口袋一样的垄断市利。

⑦锢身：指犯人颈项上带枷锁，不准其身自由活动。　牒送：移文遣送。

⑧效力：劳役。

贞元二年十二月①。……行榷酒之法②。……置官店酤酒③，如禁止私酤，过闻严酷④，一人违法，连累数家，闾里之间⑤，不觉咨怨⑥。宜从以后，如有人私酤酒及置私曲者⑦，但许罪止一身⑧。

（《唐会要·食货·榷酤》）

【注解】

①贞元二年：公元786年。

②榷酒：专营酒类。

③酤：卖酒。

④过闻严酷：听说过去管理很严，处理很重。

⑤闾里：古代居民组织。《周礼·地官》云：“五家为比，……五比为闾”。《礼记·杂记》引王度记云：“百户为里，里一尹”。闾里又指左邻右舍。

⑥咨怨：怨恨。

⑦置私曲者：私自制作酒曲。

⑧罪止一身：犯罪只处理一人。

二、禁止不合格手工业品上市

教作者①，传家技②。四季以令丞试之③，岁终以监试之④。皆物勒工名⑤。

（《新唐书·百官志》）

【注解】

①教作者：公告手工业匠人。作：作坊

②传家技：传授技艺。家：指有专门学识技能之人称为专家，行家，科学家。

③令丞：市、县令，长官。　试：考核。

④监：官署名；少府监。掌百工技巧之政令。

⑤物勒工名：物品器械刻记工匠姓名，以便监、令、丞考核质量。

造弓矢[①]，长刀，官为立样[②]，仍题工人姓名，然后听鬻之。以伪滥之物交易者[③]，没官。短狭不中量者，还主[④]。

（《唐六典。少府监》）

【注解】

①弓矢：兵器。即弓和箭。

②官为立样：官府统一规定标准和式样。

③伪滥：不合标准式样和仿造劣质赝品。

④不中(音众 zhòng)量：不合规格的物品。如绢匹短，不充四十尺，布端不满五十尺，幅阔狭窄，不充一尺八寸。

凡造器用之物，谓供公私用，及绢布绫绮之属。行滥[①]：谓器用之物不牢不真[②]。短狭：谓绢匹不充四十尺，布端五十尺，幅宽不充一尺八寸之属而卖，各杖六十[③]，其行滥之物没官，短狭之物还主[④]。……贩卖者亦如之。谓不自造作，转买而卖求利，得罪并同自造之者，市及州县官司知行滥情，各与造、卖者同罪，检察不觉者减二等[⑤]，官司知情及不觉，物主既别[⑥]，各须累而倍论[⑦]。其州县官司，不管市不坐[⑧]。

（《唐律疏议·杂律·器用绢布行滥》）

【注解】

①行滥：市卖不合规格质量和伪造仿冒物品。

②不牢：不牢固结实。　不真：不真作，质量低劣粗糙。

③狭：窄狭。　不充：不满。　端：长度。泛指倍丈为端。

④没官：由官署没收。　主：指物主。

⑤不觉：没有发觉。

⑧别：走了。

⑦累：累计，这里指知道情况又不去发觉行滥之人，反而跑掉了。要累计起来。　倍论：加倍处理。

⑧不管市：不掌市事之官吏。　坐：论罪。

三、平抑市场物价

广德二年正月[①]，第五琦奏[②]，每州常平仓[③]及使库司[④]，商量置本钱[⑤]，随当处米价时，贱则加价收籴，贵则减价粜卖。……常使谷价如一[⑥]，大丰不为之减，大俭不为之加[⑦]。

（《旧唐书·食货志》）

【注解】

①广德二年：公元764年。广德：唐代宗李豫年号。

②第五琦：人名。唐京兆尹，长安人。官至户部侍郎、判度支等职。

③常平仓：官府为调节粮价，备荒赈恤而设置的粮仓。

④使库司：官署名。管理仓库之府署。

⑤本钱：资本。这里指成本计算。

⑥如一：始终一价。

⑦大丰：丰收之年。

⑧大俭：灾荒之年。　加、减：指价格的涨落。

有果毅巡回[①]，平货物为三等之值[②]，十日为簿[③]。车驾行幸，则立市于顿侧。互市，有卫士五十人以察非常[④]。平准掌供宫市交易之事，丞为之二。凡百司不任用之物[⑤]，则以时出货[⑥]，其没官物亦如之[⑦]。

（《旧唐书·职官志》）

【注解】

①果毅：官名。即果毅都尉，为统府兵之官。　巡回：周旋巡视。

②平货物：鉴定货物好坏畅滞。　三等之值：三等价格。值：价值。

③簿：登记册。

④卫士：府兵轮番守卫京师、皇宫、陵寝之兵士。　非常：异乎寻常，指突如其来的事变。

⑤百司：泛指京师各官署。　不任用之物：不能使用的物品。

⑥以时出货：按时出卖。

⑦没官物：官府罚没之赃物。

赃，谓罪人所取之赃[①]，皆平其价值，准犯处[②]当时丝绢之价，依令每月旬别三等估[③]。

（《唐律疏议·名例·平赃者疏议》）

【注解】

①赃：以不正当的途径、手段获得的财物为赃。

②平其价：核定价格。　犯处：指发案之地。

③每月旬别：每个月分别按旬平价。　三等估，定为三个等级的价格出售。

诸司市评物价不平者[①]，计所贵贱坐赃论[②]。入已者，以盗论[③]。其为罪人平赃不实[④]，致罪有出入者[⑤]，以入人罪论[⑥]。

（《唐律疏议·杂律·司市评物价》）

【注解】

①评：评议、核定。　不平：不合理。

②计所贵贱：计算其总值多少。　坐赃：定为受财枉法之罪。

③入已：财物据为己有。　盗：抢窃别人之财物为盗。

④不实：不符合事实。

⑤罪有出入：犯罪情节有出入。

⑥入人罪：陷害别人之罪。

四、便换现钱

元和六年二月制[①]，公私交易，十贯钱以上[②]，即须兼用匹缎[③]，委度支盐铁使[④]及京兆尹，即作分数[5]。条依奏闻，茶商等公私便换现钱[6]，并须禁断。

（《旧唐书·食货志》）

【注解】

①元和六年：公元811年。元和：唐宪宗李纯年号。　制：规定、制度。

②贯：数量词。一千缗钱为一贯。　以上：表示数量的界钱。

③兼用匹缎：指钱和实物并用。缎：丝织品。

④度支盐铁使：官名。掌财政盐铁之官吏。

⑤作分数：规定现钱和实物的比例。

⑥便换：即"飞钱"。管理汇兑现钱的一种方式。客商不带现钱行走，由甲地开联票到乙地取钱。

（元和七年五月）请许令商人于户部[1]，度支，盐铁三司任[2]，便换现钱，一切依旧禁约[3]。……商人钱多留城中，逐时收贮[4]。积藏私室，无复流通[5]，伏请自今以后，更加禁约。从之。

（《唐会要·泉货》）

【注解】

①元和七年：公元812年。　户部：官署名。六部之一。职掌户籍、田亩、财政的中央机关。

②三司：指户部、度支、盐铁为三司。　任：责任。

③禁约：指有十贯钱的交易，兼用匹缎和兑换现钱的规定。

④逐时：随时。　贮：贮存。

⑤无复：不再。

商贾至京师，委钱诸道[1]，进奏院[2]及诸军[3]，诸使富家[4]，以轻装趋四方[5]，合券乃取之，号"飞钱"。

（《新唐书·食货志》）

【注解】

①委钱：储备之钱库。　道：行政区划名。唐在全国设十五道，置采访处置使。

②进奏院：官署名，指各藩镇在京城设办事处，除供州镇官员入京时食宿和投递章奏、文书等事外，并代储钱物，经营汇兑"飞钱"业务。

③军：唐于驻兵戍守之地，设置军。守捉、镇、戍等军事机构。

④诸使：军与守捉的将领称使。

⑤轻装：指减少笨重物品的随带。　趋四方：到四郊的远方去。

（开皇三年）[1]诏：四面诸关，各付百钱为样[2]。从外关来，勘样相似，然后得过，样不同者，即坏以铜入官[3]。

（《隋书·食货志》）

【注解】

①开皇三年：公元583年。开皇：隋文帝杨坚年号。

②样：官署颁发钱之式样。

③勘样：核对样式。　坏：指销毁坏钱。

置钱监[1]于洛、并、幽、益等诸州[2]。……敢有私盗铸（钱）者身死，家口籍没[3]。

（《唐会要·泉货》）

【注解】

①钱监：官署名。掌钱货流通铸造之官署。

②洛：地名。在今河南洛阳一带。　并：地名。在今山西太原一带。　幽：地名。在今河北北部和辽宁南部一带。　益：地名。在今四川省。

③籍没：指收为奴并没入其财产。

五、平校度量衡

校斛[1]、斗、秤、度，依关市令。每年八月，诣太府寺平校[2]。不在京者，诣所在州县平校，并印署，然后听用[3]。

（《唐律疏议·杂律·校斛斗秤度》）

【注解】

①校：校对、检查。

⑦诣：到。　太府寺：官署名。职掌太仓平准等职责。

③印署：印铸州县官校检之标记。

依令斛、斗、秤、度等，所司每年量校[1]印署充用。其私家自作，致有不平[2]，而在市执用[3]，笞五十。因有增减赃重者，计其所增减，准盗论。

（《唐律疏议·杂律·私作斛斗秤度》）

【注解】

①所司：指管度量衡机关太府寺。

②不平：不准。

③执用：使用。

开元九年敕格权[1]、衡、度量并脚杂令[2]。……京诸司及诸州[3]，各给秤、尺及五尺度、斗、升、合等样，皆铜为之[4]。

（《唐会要·太府寺》）

【注解】

①开元九年：公元721年。开元：唐玄宗李隆基年号。　敕格：诏颁标准。　权：秤砣。

②脚杂令：最基本的法令。

③诸司：指京师所置各府署。　诸州：指地方各州政府。

④样：标准、式样。　皆铜为之：都是铜制造的。

为铜斗、铁尺[1]，置之于肆，百姓便之[2]，上闻而嘉焉[3]，颁告天下[4]，以为常法[5]。

（《隋书·赵照传》）

【注解】

①铜斗、铁尺：均为官置标准量器。

②便：方便。

③上：指皇上。　嘉焉：称赞这个办法好。

④颁告：布告。

⑤常法：立为永久之法规。

六、券契管理

买奴隶、牛、马、驼、骡、驴等，依令开立市券①，两和市卖②，已过价讫③。若不立券④，过三日，买者笞三十，卖者减一等。若立券之后，有旧疾而买时不知⑤，立券后始知者，三日内听悔⑥。三日外无疾病，故相欺罔⑦。而欲悔者，市如法，违者笞四十。若有病欺，不受悔者，亦笞四十。令无私契之文⑧，不准私券之限⑨。

（《唐律疏议·杂律·买卖奴隶牛马券》）

【注解】

①市券：买卖契约。

②两和：双方协商。

③过价：付款。

④立券：订立契约。

⑤旧疾：原有疾病。

⑥听悔：允许解约。

⑦故：有意藉故。　欺罔：欺骗。

⑧令无私契：明令不准私订契约。

⑨限：限制。

买卖奴隶及牛、马之类，过价已讫，市司当时不及出券者①，一日笞三十。所由官司依公坐，节级得罪②，其挟私者③，以首纵论，一日加一等，罪止杖一百。

（《唐律疏议·杂律·买卖奴隶牛马券）

【注解】

①出券：指市司给予契约。

②节级：逐级。

③挟私：包庇私市。

诸负债违契不偿①，一匹以上违二十日，笞二十；二十日加一等②，罪止杖六十③。三十匹加二等④。百匹加三等⑤。各令备偿。……若更延日⑥及经恩不偿者⑦，皆依判断。及恩后之日⑧，科罪如初⑨。

（《唐律疏议·杂律·负债违契不偿》）

【注解】

①负债：赊、欠别人的款、物。　违契：违背契约条款的各项规定。这里指违约的偿还期限。　偿：归还。

②加一等：每等笞十。笞二十再加一等三十，加二等共笞四十。

③罪止杖六十：指最重的罚刑杖六十。

④三十匹加二等：这里指按物的数量量刑。前是按违约时间量刑（即二十日加二十日）。

⑤百匹：一百匹。

⑥更延日：改变延长偿还日期。

⑦经恩不偿：经过对方同意延期偿还。

⑧恩后：又超过债主之同意延期偿还的时间。

⑨科罪如初：仍按原律条定罪。

第三节　租税之法

一、赋役法

凡赋役之制有四①，一曰租，二曰调，三曰役，四曰杂徭②。课户每丁租粟二石③。其调随乡土所产④，绫、绢、絁各三丈⑤，布加五分之一。输绫绢絁绵三两，输布者麻三斤，皆书印焉⑥。凡丁岁役二旬。无事则收其庸⑦，每日三尺，有事而加役者，旬有五日，免其调。三旬则租调俱免⑧。

（《唐六典·尚书户部》）

【注解】

①赋：税赋。　役：力役。又称“庸”。

②租：田税　调：户税。　杂徭：劳役。

③课：征收。　丁：指十八岁以上成年男女为丁。

④乡土：各地方之土特产。

⑤絁（音师 shī）：粗绸子。

⑥絁（音它 tā）：丝缕计算单位。五丝为一絁。

⑥输：交纳。　书印：官给凭证，

⑦岁役：每年一次力役。　庸：力役。

⑧俱免：都免收。

二、两税法

（杨炎）①请作两税法②，以一其名。……户无主客③，以现居为簿④，人无丁中⑤，以贫富为差⑥。不居处而行商者⑦，在所郡县⑧，税三十之一，度所与居者均⑨，使无侥利⑩。居人之税⑪。秋夏两征之⑫。……夏税无过六月⑬，秋税无过十一月。……而以尚书、度支总统焉⑭。

（《旧唐书·杨炎传》）

【注解】

①杨炎：字公南，凤翔（今陕西宝鸡市中部）人，唐德宗时宰相。

②两税法：杨炎向德宗建议，改“户税”、“地税”名称合一为“两税法”。

③户无主客：不分本地主户和外地迁来的客户。

④簿：户口登记簿。

⑤丁中：唐时规定十一岁至十七岁男女为丁中。隋唐时按年岁大小课役。划分为黄、小、中、丁、老五等。男女三岁以下为黄，十岁以下为小，十七岁以下为中，十八岁以上为丁。丁从课役。六十岁为老，免役。　人无丁中：不分成年人和中年人。

⑥差：等级。

⑦不居处：无住址户籍。

⑧在所：在当地。

⑨度所：度即度支。度所指掌税赋之署所。　居者：指有市籍之主客户。

⑩侥利：较容易地获取利益。

⑪居人：有户籍之住户。

⑫两征：指夏、秋两次征收。

⑭无过：不超过。

⑮尚书：指户部尚书。　总统：统一管理财税收支之事。

诸道津要[①]都会之所[②]，皆置使[③]。阅商人财货，计钱[④]每贯税二十文。天下所出竹木茶漆皆什一税之。……出茶州县及茶山、商人，要路委所，由定三等时估[⑤]，每十税一。……自此，每岁得钱四十万贯。茶之有税，自此始也[⑥]。

（《唐会要·杂税》）

【注解】

①诸道津要：各交通要道、渡口。

②都会：泛指大城市。这里指京都包括州县都市在内的都会。

③使：指支度使。职掌税赋之事。

④阅：检查。　计钱：计算纳税金额。

⑤委所：指茶行、货栈。　三等时估：按物资质量，分别以上、中、下三个等级作价计征。

⑥得钱：指茶税收入。　始：开始。

三、课税法

市主人牙子[①]，各给印纸[②]，人有买卖，随自署记[③]，翌日合算之[④]。有自贸易，不用市牙子者，验其私簿，无私簿者，投状自集[⑥]。其有隐钱者没入[⑦]。二千杖六十。告者偿钱十千，出于其家[⑧]。

（《旧唐书·卢杞传》）

【注解】

①市主人：主持集市交易之人。　牙子：牙商。

②印纸：由市署统一印制之凭证。

③随自署记：随时要登记入簿。

④翌日：次日。　合算之：合计起来计算。

⑤私簿：私人账册。

⑥投状自集：自报交易额。

⑦隐钱：隐瞒交易额不报。

⑧告者：指检举人。　偿：奖励。

诸应输课税及入官之物[①]，而回避、诈匿不输[②]，或巧伪湿恶者[③]，计所阙准盗论[④]，主司知情与同罪[⑤]，不知情减四等。

（《唐律疏议·厩库·应输课税》）

【注解】

①入官之物：被没入官署之物。

②回避：逃避。　诈匿：隐蔽。

③巧伪：虚浮不实。　湿：掺潮使水。　恶：坏物。

④阙：损失。

⑤主司：指管理税赋之司署。

第五章　宋元商品经济繁荣和坊市制度的变革

第一节　坊市制度的变革

一、京都市肆

东华门外①，市井最盛②。盖禁中买卖在此③。……随索目下便有之④。其岁时果瓜苏茹新上市⑤，并茄瓠之类新出。每对可直三、五十千⑦。诸阁分争以贵价取之⑧。

（《东京梦华录·大内》）

【注解】

①东华门：指北宋宫城（即河南开封市北宋时之紫禁城）的东门。

②盛：繁华。

③禁中：住帝王之处所，门户有禁，非侍御者不得入，故曰禁中。

④索目：一眼看去。

⑤苏茹：苏菜总称。

⑥瓠（音互 hù）：一种葫芦。嫩时可吃，老时可作盛物之器。新出：刚上市的新鲜苏菜。

⑦每对：指新蟹一对。　千：千钱，即一贯缗钱。

⑧诸阁（通阁）：诸楼阁。　分争：互相争贵奢靡。争夺市场。

坊巷御街①。自宣得楼一直南去②，约阔二百步，两边乃御廊③，旧许市人买卖其间④。

（《东京梦华录·御街》）

【注解】

①御街：皇帝行幸驾驭车马行走的道路。

②宣得楼：宫城宣得门前的宣得楼。

③廊：屋檐下盖有顶棚的走道。

④市人：商人。

十字街南去姜行①高头街北去，从纱行至东华门街，晨辉门，宝箓宫直至酸枣门，最是铺席要闹②。……东去乃潘楼街，街南曰鹰店③，只下贩鹰鹘客，余皆珍珠、匹帛、香药铺席④。南通一巷，谓之界身⑤，并是金银采帛交易之所，屋子雄壮，门面广阔，望之森然⑥，每一交易，动即万千，骇人见闻⑦。

（《东京梦华录·东角楼街巷》）

【注解】

①姜：调味菜，可作药用。

②铺席：开设商店的地方。席：席位。　要闹：是重要的热闹市场。

③鹰店：卖鸟类的店铺。

④下：这里指"接待住宿"。　鹰鹘：鸟类动物。是一种凶猛禽鸟。　香药：一是某些动物生殖腺分泌物或病态分泌物，如麝香、灵猫香、海狸香和龙涎香等数种不多。另一种是芳香植物的花、叶、果实、种子、根茎、树皮等部分，或分泌物加工而成的香药。

⑤界身：指市场的地段，上界和下界的中间一段为界身，即中心市场的意思，又指界为"街"字的谐音，界身即街道的中心。

⑥森然：森严，很有气派。

⑦见闻：既看见又听到。

杭城之外①，城南、西、东、北各数十里，人烟生聚②，民物阜蕃③，市井坊陌④，铺席骈盛⑤，数日经行不尽⑥，各可比外路一州郡⑦，足见杭城繁盛矣⑧。

（吴自牧《梦粱录》卷十二）

【注解】

①杭城：南宋都城，称临安。在今杭州市。

②人烟：指住户。烟：指灶的烟囱，每一灶代表一户人家。　生聚：稠密。

③民物：民间买卖货物。　阜蕃：物货丰富、品种繁多。

④陌：坊市的街道。

⑤骈：并列。

⑥经行不尽：买卖不完。

⑦外路：外地。

⑧足见：可见。

天下州县，遂打量街道①，分擘沟渠②。虽是已出租税之地，但系侵占丈尺，并令别纳租钱③。若不承认④，则彻屋翦檐⑤，然后获免⑥。

（《续资治通鉴长篇》卷三七七）

【注解】

①打量：观察。

②擘（音播 bō）：分开。　沟渠：水道。

③别纳租钱：侵地钱。除占地应交之租税外，还要按占地多少补交侵地钱。

④若不承认：如果不承认交侵地钱。

⑤彻：撤除，毁坏。　翦：消灭，灭掉。　檐（音言 yán）：屋檐：指屋顶四边冒出部分。

⑥获免:就能获得免纳侵地钱。

二、弛宵禁令

太祖乾德三年四月十三日[①]诏开封府[②],令京城夜市[⑧],至三鼓以来[④],不得禁止。

(《宋会要辑稿·食货》)

【注解】

①太祖:宋朝开国皇帝赵匡胤庙号。 乾德三年:公元965年。乾德:宋太祖年号。

②开封府:即北宋之汴都。在今河南开封市。

③京城:指汴都。

④三鼓:半夜。

市井经纪之家[①],……夜市直至三更尽,才五更又复开张[②],如要闹去处,通晓不绝[③]。寻常四梢远静去处[④],夜市亦有燋酸豏[⑤],猪胰胡饼[⑥]。……灌肠[⑦],香糖、果子之类。冬月虽大风雪、阴雨、亦有夜市。

(《东京梦华录·马行街铺席》)

【注解】

①市井:指商铺。 经纪:指牙行。

②开张:开门营业。

③通晓:从晚上到次日早上称通晓。

④四梢:指市之郊区,或人烟稀少之冷静街巷。

⑤燋酸豏(音陷 xiàn):不知何物。欧阳修曰:俚俗昧于字法,转酸从食,豏从臽,不知何物也。饮食四方异宜,而名号亦随时俗,言语不同,至或传音,转失其本。

⑥猪胰:猪油。

⑦灌肠:香肠。

东街北曰潘楼酒店[①],其下每日五更市合[②]。……潘楼东去十字街,谓之土市子[③],又谓之竹竿市[④]。……每五更点灯博易[⑤],买卖衣物、图画、花环、领抹之类[⑥],至晓即散[⑦],谓之鬼子市[⑧]。

(《东京梦华录·东角楼街巷》)

【注解】

①潘楼酒店:以潘楼街取名为潘楼酒店。

②其下:指东街北以下的市场。 市合:买卖东西的人都入市了。

③土市子:土特产品市场。

④竹竿市:指卖竹竿的专业市场。

⑤博易:交易。

⑥领抹:束在肩上的一种领布。

⑦晓:天将明。

⑧鬼子市:寓言鬼是早晚出来活动,故称夜市为鬼子市。

自州桥南去[①],当街水饭[②],爊肉,干脯[③],玉楼前獾儿[④],野狐肉,脯鸡[⑤]。……直至龙津桥须脑子肉(店)止,谓之杂嚼,直至三更[⑥]。

(《东京梦华录·州桥夜市》)

【注解】

①州桥:汴京桥名。北宋画家张择端绘画《清明上河图》中,有段桥头集市即此州桥。

②水饭:鬻。

③爊(音凹 āo)肉:煮肉。 干脯:卤肉。

④獾儿:动物。名獾子。似猫,肉能食。

⑤脯鸡:卤鸡。

⑥须脑子;是熟食名还是店地名不解。 肉:指肉店。 杂嚼(音觉 jué):指小吃。

马行北去[①],乃小货行时楼[②]。大骨传药铺[③],直抵正街旧封丘门,行金紫医官茶铺[④]。……夜市比州桥又盛百倍,车马阗拥[⑥],不可驻足[⑥]。都人谓里头[⑦]。

(《东京梦华录·马行街北诸医铺》)

【注解】

①马行(音杭 háng):牲畜交易行栈。

②小货行:小杂货商贩。

③骨传:正骨医疗。

④金紫医官:即翰林医官。

⑤阗:大声。车马行驶时,发出的声音。 拥:拥挤。

⑥驻足:停步站立。

⑦都人:汴京的人。 里头:里面。指不能在此站立。

杭城大街,买卖昼夜不绝[①],夜交三、四鼓[②],游人始稀,五鼓钟鸣[③],卖早市又开店矣。

(吴自牧《梦粱录》卷十二)

【注解】

①昼:日间。 不绝:不停。

②交:交替。这里指"到"。

③钟鸣:打钟的声音。

三、庙会盛况

东京相国寺[①],乃瓦市也[②],僧房散处[⑦],而中庭两庑[④],可容万人。凡商旅交易,皆萃其中。四方趋京师[⑤],以货物求售[⑥],转售他物者[⑦],必由于此。

(《东京梦华录》注《燕翼贻谋录》)

【注解】

①东京:北宋都城汴京。在今河南开封市。 相国寺:庙名。北齐天官六年创建,原名建国寺,后屡毁重修,现相国寺系清乾隆时重修。

②瓦市：又名瓦子，指娱乐场所。取义"来时瓦合，去时瓦解"。

③僧房：和尚住房。　散处：庙内空地。

④庑：屋外廊檐上之棚。

⑤京师：国都。

⑥求售：行卖。

⑦转售：贩卖。

相国寺每月五次开放①，万姓交易②，大三门上③皆是飞禽猫犬之类，珍禽异兽④，无所不有⑤。第二、三门，皆动用什物⑥。……两廊皆诸寺师姑卖绣作⑦。……绦线之类⑧。殿后资圣门前，皆书籍玩好，图画、及诸路散任官员⑨土物、香药之类，后廊皆同者货术，传神之类⑩。

（《东京梦华录·相国寺内万姓交易》）

【注解】

①五次：指定期庙会每月开集五次。即朔（初一），望（十五日），晦（月终一日）和三、八日共五次。

②万姓：百姓。

③大三门：相国寺大门，门楼雄伟，上书有"大相国寺"四字。

④珍禽：贵重鸟类。　异兽：奇异怪兽。

⑤不有：没有。

⑥什物：生活日用什品。

⑦师姑：对尼姑尊称。

⑧绦线：用丝编织的长带子。

⑨散任官员：地方官吏。

⑩货术：玩弄方术之人。　传神：测字算命，卜卦抽签。

第二节　熙宁新政王安石变法

一、市易法

熙宁五年三月二十六日诏曰①：天下商旅，货物到京，多为兼并之家所困，往往折阅失业②。至于行铺稗贩③，亦为较固取利④，致多穷窘⑤。宜出内藏库钱帛⑥，选官于京师，置市易务⑦。商旅物货滞于民而不受者，官为收买，随抵当物力多少⑧，均分赊请⑨，立限纳钱出息⑩。

（《宋会要辑稿·食货志》）

【注解】

① 熙宁五年：公元1072年。熙宁：宋神宗赵顼年号。

②折阅：亏本。

③稗贩：小商贩。

④较固取利：垄断市场，牟取暴利。

⑤穷窘：贫困。

⑥内藏库：国库。

⑦市易务：又名市易司。职掌估定物价、赊货和采办上供物资。

⑧抵当：抵押。

⑨赊请：请求赊货款物。

⑩立限：订立契约必须规定期限。　纳钱：还钱。　出息：承认息金。即半年付息十分之一，全年加倍。

今榷货务①，自近岁以来，钱货实多余积②。而典领六官③，但拘常制④，不务以变易平均为事⑤。宜假钱别置常平市易司，择通财之官⑥，以任其责，仍求良贾为辅⑦，使审知市物之贵贱⑧。贱则少增价取之，令不致伤商⑨；贵则少损价出之⑩，令不致害民。出入不失其平⑪，因得取余息以给公上⑫，则市物不至于腾踊⑬，而开阖敛散之权⑭，不移于富民，商旅以通，黎民以遂⑮，国用足矣。

（（《续资治通鉴长编》卷二三一）

【注解】

①榷货务：管理货物专卖的公署。

②余积：积蓄储存。

③典领：主管官吏。

④拘常制：按常规办事。

⑤变易平均：变易：更改、改变。平均：平准、均输。

⑥假钱：借钱。　通财之官：会理财货之官吏。

⑦良贾（音古 gǔ）：善于经商之人。

⑧审知：明白道理。

⑨伤：损害。

⑩损价：降价。

⑪不失其平：不影响收支的平衡。

⑫公上：上交国库。

⑬市物：卖物。

⑭开阖：开始或停止。

⑮黎民：泛指百姓。朱熹曰：黎，黑也。黎民，黑发之人，尤秦言黔首也。又指九黎族之民。

在京置市易务，监官二员①，提举官一员②，勾当公事官一员③。以地产为抵④，官贷之钱，货之滞于民用者为平价以收之，一年出息二分，皆取其愿。……并于市易计值⑤，许召在京诸行铺牙人⑥，充本务行人、牙人⑦。内行人令供通已所有⑧，或借他产业金银充抵当，五人以上（充）一保⑨。遇有客人物货出卖不行⑩，愿卖人官者，许至务中投卖⑪，勾当、行人、牙人与客人平其价。据行人所要物数，先支官钱买之，如愿折搏官物者亦听⑫。

（《宋会要辑稿·食货志》）

【注解】

①监官：官名，市易务监官，掌市易监督检查之职。

②提举官：官名，主管专业事务之官吏，如提举常平官，提举市泊官等。

③勾当：官名，具体办某一事项的官员。

④地产：房屋土地财产。　抵：抵押。

⑤市易计值：经市易务交易计账。

⑥行（音杭 háng、行字下同）铺：指专业商店。

⑦务：指市易务。　行人：指经理业务之人。　牙人：经纪人。即为买卖双方说合交易并抽收佣金的居间商人。

⑧供：供给。　通：流通，交换。

⑨保：保人。

⑩不行：求售不出。

⑪投卖：卖给市易务。

⑫折搏：折（she）：如折本。折耗。搏：攫取、拾取。即亏本。

杂卖务①，旧曰市买司，太平兴国改今名②，掌货市百物。凡宫禁官物所需③，以时供纳④。杂卖场⑤，市易上界⑥，掌敛市不售货滞于民用者，贸易平价。市易下界⑦，掌飞钱给券⑧，以通官籴。都提举市易司掌提点贸易货物⑨。

（《宋东京考·外诸司》）

【注解】

①杂卖务：官署名，掌宫禁中供物采办之事。

②太平兴国：宋太宗赵匡胤年号。

③宫禁：指紫禁城内宫室。

④供纳：供应。

⑤杂卖场：官署名，掌敛市不售货滞于民用之物，以及平价，飞钱给券之职。

⑥上界：方位词，市肆之上段，即界首。

⑦下界：上界对称，即市肆之下段。上下界，有业务分工之不同。

⑧给券：制发凭证。

⑨提点：监督检查物货之吏员。

二、均输法

窃观先王之法，自王畿之内①，赋入租粗以百里为之差②，而畿外邦国各以所有为贡，又为通财移用之法以懋迁之③。……夫以义理天下之财④，则转输之劳逸，不可以不均；用度之多寡，不可以不通⑤；货贿之有无，不可以不制⑥，而轻重敛散之权，不可以无术也⑦。

（《四部丛刊·王临川文集》）

【注解】

①王畿：帝王京都。

②租：粗粮，粗布。　百里为之差：以百里之距离为纳租之等级。

③通财移用：转运物货，使其发挥应有的作用。　懋迁：贸易。

④义：合理的道德行为或道理。　理：经理或管理。

⑤用度：开支标准。　通：通盘计算。

⑥制：制定均输法。

⑦术：手段。指理财管理之艺术。

诸路上供①，岁有定额，丰年便道②，可以多致③而不敢以（取）赢，年俭物贵难于供（亿）而不敢不足。远方有倍蓰之输④，中都有半价之鬻。……而朝庭所用之物，多求于不产，责于非时⑤，富商大贾因乘公私之急，以擅轻重敛散之权⑥。

（《四部丛刊·王临川文集》）

【注解】

①上供：供给帝王之物。

②便道：指丰年价格便宜的道理——规律。

③多致：多供给一些。

④倍蓰：一至五倍。

⑤责：索取。　非时：指不是农产品收获季节。

⑥擅：操纵。　轻重：指市场之多少。

发运使①，实总六路之赋入②，而其职以制置茶、盐、矾、酒税为事。军储国用③，多所仰给④，宜假以钱货⑤，继其用不给⑥，使周知六路财赋之有，而移用之⑦。凡籴买税敛上供之物，皆得徙贵就贱⑧，用近易远。……稍收轻重、敛散之权⑨，归之公上⑩，而制其有无，以便转输。省劳费，去重敛，宽农民⑪，庶几国用可足，民财不匮矣。

（《四部丛刊·王临川文集》）

【注解】

①发运使：官名。掌均输敛赋之官吏。

②六路：宋初于京师置水陆发运使。后又置淮南、江、浙、荆湖发运使，掌东南六路漕运税赋之事。

③矾：明矾。无色透明晶体，有酸味，溶于水。　军储：储备军用。　国用：国家经费。

④仰给：供给。

⑤假：借贷。

⑥不给：不足用。

⑦移用：借用，或作调剂使用。

⑧徙贵就贱：徙：迁移。就贱：就，随也，如就地取材。意即税敛上供之物，贵则脱手，贱则留着。

⑨稍：逐渐。

⑩公上：上交国家。

⑪宽：优待。

⑫庶几：不要很长的时间。　匮：缺乏。

三、青苗法

今欲以常平①，广惠仓②，现在斛、斗③，遇贵量减市价粜，遇贱量增市价籴，其可以计会转运司④，用苗税及钱斛就便转易者，亦许兑换⑤。

（《宋会要辑稿·食货》）

【注解】

①常平：仓名，为调节粮食，备荒赈恤而设立的粮仓。青苗法即常平法。

②广惠仓：为公田收租储存，社会救济之用的粮仓。

③斛、斗：古量器名。这里指粮食的籴粜。

④计会：集中结算。

⑤苗税：青苗税。　兑换：以粮食折钱。

今通一路之有无①，贵发贱收②，以广蓄积③，平物价，使农人有以赴时趋事④，而兼并不得乘其急。凡此皆以为民，而公家无所利其入⑤，（是）亦先王散惠兴利⑥，以为耕敛补助⑦。裒多补寡⑧，而抑民豪夺之意也。

（《宋会要辑稿·食货》）

【注解】

①通：通畅。这里解作调剂。

②贵发：价高时卖出。　贱收：价低时收进。

③以广蓄积：以增加储备。

④赴时趋事：按季节去干农活。

⑤公家：指国家。

⑥散惠：广施恩惠。　兴利：做有利之事。

⑦耕敛：农业税收入。

⑧裒（音剖 pōu）多补寡：减少多的，补助少的。

旧制常平，广惠仓隶提刑司①缘今来创立新法②，合有兑换钱斛③，借转运司应付④，乃克济办⑤、乞委转运司提举⑥。仍令提点刑狱司依旧管辖，不得别（以）支用⑦。……欲委转运司及提举官，每州于通判募职官中选差一员主管。令通判点检⑧，在州及诸县钱谷，其广惠仓除留给老幼贫穷人外，余并用常平仓转移法⑨。

（《宋会要辑稿·食货》）

【注解】

①隶：归属。　提刑司：官署名。系提点刑狱司简称。职掌各州司法刑狱和监察，兼管农桑之事。

②缘：因为。　新法：指青苗法。

③合：符合。

④转运司：官署名，置官提举转运使，掌一路或数路财赋，转运漕粮，督察地方官吏之事，成为府州以上的官吏。

⑤乃克济办：定期协助办理。

⑥乞委：请求，委托。

⑦别（以）支用：另外使用。

⑧通判：官名。州一级官吏，掌监察各州官之职。　点检：检查。

⑨转移法：指常平仓以粮兑现，贷钱于民，立息以偿的办法。

第三节　建团行榷务交会之法

一、建团行

市肆谓之团行者①，盖因官府回卖②，而立此名。不以物之大小③，皆置为团行，虽医卜工役④，亦有差使，则与当行同也⑤。

（吴自牧《梦粱录·团行》）

【注解】

①团行（音杭 háng）：行会组织。宋代为加强其统治和敛役。聚散市之工商末业，分行业组织团行，作为官置商业之代理机构。商业之同行人，为抵制商旅竞争，也赞助成立团行。对不入团行者，不得市易，以利垄断其市。

②回卖：调剂，指以地产品易外物。

③不以物之大小：不以什么行业所经营的物货多少大小为限。

④工役：市卖劳役之人。

⑤差使：服役当差。　当行：亦名“鳞差”。宋代手工业者所服的徭役。官府工场除使用雇佣的募匠外，遇工作急需时，也役使当地民匠应差，叫当行。

不属行之人①，不得在街市买卖，……仰各自诣官投充行人②，纳免行钱③，方得在市卖易。不赴官自投行④，有罪。先者有偿⑤。

（《古今图书集成·食货典》郑侠《奏议跋》）

【注解】

①属行：入团行。

②投充行人：申报加入团行之人。

③纳免行钱：向官府供物，负担役使。后易以钱代物和役使，名曰纳免行钱。

④不赴官：不向官府申请。　自：私自。

⑤先者：事先向官府申请投行。

（熙宁）六年诏①，令在京市易务及开封府司录②，同评度诸行利病③，于是详定所请④，约诸行利入薄厚⑤，输免行钱以禄吏⑥，蠲其供官之物⑦。禁中所须，并下杂卖务⑧、置市司。……改提举在京市易务为都提举市易司⑨，诸州市易务皆隶焉⑩。

（《宋史·食货志》）

【注解】

①熙宁六年：公元1073年。熙宁：宋神宗赵顼年号。

②司录：主管某一行政司务之官吏。

③评度：评议衡量。　利病：好坏。

④详定:过细审定。　所请:指行户申请诸情况。

⑤约:约束,这里指作规定。　利入薄厚:利润收入多少。

⑥以禄吏:用于官吏之俸禄(供给)。

⑦蠲:免除。

⑧所须:必须需要的物货。　并下:统由。

⑨都提举市易司:官署名。指设在京都之市易司。统领全国市易务。

⑩皆隶焉:都归都提举市易司领导。

二、置榷务

宋榷茶之制①,择要会之地②,曰江陵府③;曰真州④;曰海州⑤;曰汉阳军⑥;曰无为军⑦;曰蕲州之蕲口⑧,为榷货务六⑨。……民之欲者售于官⑩。其给日用者,谓之食茶⑪,出境则给券⑫。

(《宋史·食货志》)

【注解】

①榷茶:中国历代政府对茶叶实行征税。管制、专卖的一条措施。

②要会:指大都市,茶叶的集散地。

③江陵府:地名。在今湖北省江陵县。

④真州:地名。在今江苏省仪征,六合县。

⑤海州:地名。在今江苏省连云港地区。

⑥汉阳军:地名。在今湖北省汉阳县,武汉市以西地区。军:地方行政区划名。有二种:一与府同级,隶属于路;一与县同级,隶属于府州。

⑦无为军:地名。在今安徽无为县。

⑧蕲州:地名,原在今湖北省蕲春漕河镇,南宋时移今之蕲州镇。　蕲口:地名,即今之蕲州镇。

⑨榷货务:官营专卖场所。

⑩民之欲者:指需要买茶之人。　售于官:必须在官营榷货场去买。

⑪日用者:每日消费的茶。　食茶:民之饮茶。

⑫券:茶由。即凭证。

至元六年置榷茶场使司掌之①。……十三年定长引、短引之法②,以三分取一③。私自平卖者,其罪与私盐同。

(《元史·食货·茶法》)

【注解】

①至元六年:公元1269年。至元:元世祖忽必烈年号。

②十三年:即至元十三年,公元1276年。　长引:引为运销茶盐凭证,上面填写运销人姓名、地点、数量、品名等项目。宋定每一长引250斤,短引25斤。元定长引100斤,短引90斤。明清不分长短引,每引180斤。

③三分取一:即三分之一的税率。

建隆三年①,始定官盐阑入法②。禁地贸易至三十斤③,鬻鹻盐至五十斤者乃坐死④。……鬻鹻及主吏资贩至百斤以上,蚕盐入城,市五斤以上,并黥面送阙下⑤。

(《宋史·食货志》)

【注解】

①建隆三年:公元960年。建隆:宋太祖赵匡胤年号。

②阑入法:即榷盐法

③禁地:禁止地方商民贸易。

④鹻(通硷):硷盐。

⑤主吏:主管食盐专卖之官吏。　资贩:支持商贩鬻盐。　蚕盐:养蚕专用之盐。　阙下:指京师。此句讲送京师充役。

太宗庚寅年①,始行盐法。每盐一引重四百斤,其价银一十两。……凡伪造盐引者皆斩。籍其家产②,付告人充偿③。犯私盐者徒二年、杖七十,止籍其财产之半,有首告者④,于所籍之内,以其半偿之。引盐各有郡邑⑤,犯界者私盐罪一等⑥,以其盐之半入官,半告偿者。

(《元史·食货·盐法》)

【注解】

①太宗:元朝皇帝窝阔台庙号。　庚寅年:元太宗二年。公元1230年。

②籍:没收。

③充偿:给予奖励。

④首告:第一人揭发。

⑤各有郡邑:各自都有规定引盐运销地域范围。

⑥犯界:超越引盐运销地界。

开宝三年二月①,先是禁商人私贩幽州矾②,犯者没入之。其后宣令③,私贩河东及幽州矾④一两以上,私煮矾三斤及盗官矾至十斤者弃市⑤。

(《续资治通鉴长编》卷八)

【注解】

①开宝三年:公元970年。开宝:宋太祖赵匡胤年号。

②幽州:古地名。在今河北省北部及辽宁等地。　矾:明矾。

③宣令:公布命令。

④河东:路名。在今山西省内长城以南地区。

⑤弃市:古刑法。指在闹市执行死刑,并将尸体暴露在街上。

太祖建隆二年四月诏①,应百姓私造曲十五斤者死②。酿酒入城市者三斗死③。不及者等第罪之④。买者减卖人罪之一半。

(《宋史·食货志》)

【注解】

①太祖:宋太祖赵匡胤庙号。　建隆二年:公元961年。

②应:对。

③入城市者:到城市卖酒之人。

④不及:不够。　等第:等级。

三、诸番互市

太平兴国①，始令镇易、雄、霸、沧州②，各置榷务③。禁香药、犀象④及茶与交易。……凡官鬻物如旧，而增缯帛、漆器，秔糯⑤，所入者⑥，有银钱、布、羊、马、驼⑦，岁获四十余万。……禁私市硫磺、焰硝⑧……甘石入他界⑨。

（《宋史·食货志》）

【注解】

①太平兴国：宋太宗赵匡义年号。

②镇：镇守，安定。　易：州地名。在今河北省易县。　雄：州地名。在今河北省雄县。　霸：州地名。在今河北省霸县。　沧：州地名。在今河北省沧州市。

③榷务：官署名，即榷货务，是对榷场，互市的专管机关，并规定有地点，品名，向官纳税，交牙钱，管理严格，兴废无常。

④犀：羚羊角。　象：象牙。

⑤秔（通粳）：稻谷。

⑥所入：指进口物资。

⑦驼：骆驼

⑧焰硝：制火药爆炸原料。

⑨甘石：即硝石。以石膏、芒硝、石盐伴生，可制炸药。

元昊反①，即诏陕西、河东②，绝其互市，废保安军榷场③。后又禁陕西边主兵官与属羌交易④。久之，元昊请臣⑤，数遣使求互市⑥。

（《宋史·食货志》）

【注解】

①元昊：人名。姓赵，名元昊。羌族人。西夏国王。于公元1038年称帝。

②河东：路地名。在今山西太原市。

③保安：地名。在今陕西省延安市。

④羌（音枪 qiāng）：我国西部的一个民族。

⑤请臣：请求归属为臣。

⑥遣使：派遣外交使官。

乾德四年①，置市舶司②于广州，后又于杭州、明州置司③，凡大食、古逻、阇婆、占城、勃泥、麻逸、三佛齐诸番④，并通货物，以金银、缗钱、铝锡、杂色帛、瓷器。市番药、犀、象、珊瑚、琥珀、珠琲、镔铁、鼊皮、瑇瑁、玛瑙……等物⑤。

（《宋史·食货志》）

【注解】

①乾德四年：公元966年。乾德：宋太祖赵匡胤年号。

②市舶司：官署名。置提举官。掌检查出海港船舶，征收商税，收购专卖商品和管理外商。

③杭：州地名。在今浙江省杭州市。　明：州地名。在今浙江省宁波市。　置司：设置市舶司。

④大食：波斯部族名称。即今之阿拉伯帝国。　古逻：古国名，今泰国。　阇婆：古国名。今印度尼西亚、爪哇岛及苏门答腊岛。　占城：古国名。今越南中南部。　勃律：古国名。在今克什米尔东北部巴尔提斯坦及吉尔吉特雅辛河流域。　麻逸：古国名。今印度尼西亚、苏门答腊国。　三佛齐：古国名。即宝利佛逝国，都城约在今之巨港。

⑤珊瑚：一种腔肠动物所分泌出来的石灰质的东西，形状像树枝。　琥珀：矿物名。黄褐色透明的化石。　珠琲：成串的珍珠。琲：贯也。珠十贯为一琲。　镔铁；精炼的铁。　鼊（音辟 pì）皮：水生动物，漫胡，颈下长满垂肉，无指爪，背壳有珠文，如玳瑁。　瑇（通玳）瑁：大海龟。　玛瑙：矿物名，具有不同颜色，呈带状分布的玉体。

太宗时①，置榷署于京师②，诏诸番香药、宝货③至广州、交趾④、两浙、泉州⑤。非出官库者，无得私相交易。其后乃诏，自今惟珠、贝、玳瑁、犀象、镔铁、鼊皮、珊瑚、玛瑙、乳香⑥禁榷外。他药官市之余，听市于民。……商人出海（与）外番国贩易者⑦，今并诣两浙市舶司，请给官券⑧，违者没入其宝货。

（《宋史·食货志》）

【注解】

①太宗：宋太祖弟赵匡义庙号。

②京师：即汴都，在今河南开封市。

③宝货：贵重物货，如珍珠、玛瑙、香药等。

④交趾：地名。在今越南北部和我国广西南流江口一带。

⑤两浙：地名。浙江东道和浙江西道简称。即今之浙江省。泉州：地名。在今福建省晋江县。

⑥乳香：小乔木。香料，可作药用，主治胸腹痛疼，痛经，跌打损伤，痈肿等病。

⑦番国：外国。

⑧官券：官署制发之证照。

太平兴国初，私与番人贸易者，计值满百钱以上论罪①。十五贯以上黥面、流海岛②。过此送阙下。淳化五年③，申其禁，至四贯以上徒一年，稍加至二十贯以上黥面，配本州为役兵④。……贾人由海道往外番⑤，令以物货，名数，并所诣之地，报所州召保⑥。毋得参带兵器或可造兵器及违禁之物⑦，官以给券。

（《宋史·食货志》）

【注解】

①计值：计算总金额。

②流：古刑法。将犯人迁到异地服役。　海岛：泛指东南沿海之岛屿。

③淳化五年：公元944年。淳化：宋太宗赵匡义年号。

④申其禁：重申禁令。　稍：以后。　配：宋刑法。发配某地劳役。同流刑。

⑤海道:水路。

⑥召保:请保人。

⑦毋(通无):不。　参带:挟带。

四、交会(纸币)之法

会子[①],交子之法[②],蓄有取于唐之飞钱[③]。……患蜀人铁钱垂[④],不便贸易,设质剂之法,一交一缗[⑤],以三年为一界而换之[⑥]。

(《宋史·食货志》)

【注解】

①会子,南宋有一种纸币,最初由商人发行,称为便、会子。性质雷同“便换”(飞钱)。后禁止私人印制,改由政府发行,票面印有机关名称、界数,面额有一贯,五百文,三百文,二百文数种。

②交子:宋初四川商人发行的一种纸币。同存款收据近似,可兑现,可流通。后禁私人印发,改由政府印制发行。

③蓄:蓄意。有意。

④患:考虑。顾虑。　蜀人:四川人。　垂:很重。

⑤质剂:质以物作抵押。剂以契约为凭证。　一交一缗:交子与钱一与一之比。

⑥一界:一次。

(仁宋天圣元年)[①]益川置交子务[②],以榷其出入、私造者禁之。……大观元年[③],诏改四川交子务为钱引务[④]。

(《宋史·食货志》)

【注解】

①仁宋:宋皇帝赵祯庙号。　天圣元年:公元1023年。天圣:仁宗年号。

②益州:古地名。在今四川一带。　交子务:官署名,负责办理交子印制发行兑换的机关。

③大观元年:公元1107年。大观:宋徽宗赵佶年号。

④钱引务:即交子务。钱引:代监钞之凭证。

唐之飞钱,宋之交会,金之交钞[①]。其法以物为母[②],钞为子,子母相权而行[③],即周官质剂之意也[④]。元初仿唐、宋、金之法[⑤],有行用钞。……伪造钞者处死。首告者尝钞五锭[⑥],仍以犯人家产给之。

(《元史·食货·钞法》)

【注解】

①金:朝代名。女贞族第一朝代,完颜阿骨打建立金朝(公元1115—1234年)。　交钞:纸币名。

②以物为母:以物质作钞本位,即有多少物,就发行多少钞。

③子母相权:指物与钞要平衡。只能物多于钞,但不能钞多于物。否则物价腾跃。相权:相等。

④周官:指《周礼》。西周时典章制度对质剂都作了具体规定。

⑤元:朝代名。蒙古族第一代君主成吉思汗建立的朝代(公元1271~1341年)。

⑥锭:计量单位。一锭银五两或十两。

第六章　明清时期工商管理法规

第一节　明清的工商市政管理

一、市司之政

洪武初①，命在京兵马司指挥领市司②。每三日一校勘街市度量权衡③，稽牙侩物价④，在外城门兵马（指挥）⑤，亦令兼领市司⑥。

（《明史·食货志》）

【注解】

①洪武：明太组朱元璋年号。

②京：京都。明朝初期都城，在今南京市。　兵马司指挥：官名。每城兵马司设正副指挥，掌坊巷、市肆有关治安交易之事。兵马司，官署名。明沿元制，设五城兵马司。清制同。

③校勘：勘察、校对。

④牙侩：亦称牙人。专为买卖双方说合交易，并从中抽取佣金的各色经纪人。

⑤外：指京城以外其他都市之城门兵马司。

⑥兼领：代管。

京师首善之区①，商贾云集②，正阳门大街两旁③，向存负贩人等④，列市贸易，势难查禁⑤，但勿许侵占轨辙⑥，以便车马往来，若步军统领⑦及督理街道衙门⑧，随时稽察，如沿街铺户及（牙）侩等，支棚露积⑨，致碍官街者⑩，即押令移徙，以利径途⑪。

（《大清会典·户部》）

【注解】

①京师：清朝廷所在地，今北京市。　首善：最好。

②云集：如云之集，极言人多。

③正阳门：在今北京市之前门。

④负贩：小商贩。

⑤势难：形势艰难。

⑥轨辙：指道路中间行车马之部位。

⑦步军统领：官名，为清提督九门巡捕五营步军统领的简称。掌京师正阳，崇文，宣武，长安，德胜，东直，西直，朝阳，阜成九门内外的守卫巡警等职，以亲信满族大臣兼任。又称九门提督。

⑧督理：监督管理。

⑨支棚：搭棚。　露积：在街道摆摊设点，堆存货物。

⑩致碍：防碍。

⑪押令：督促。　移徙：迁移别地。

都城市肆初开①，必盛张鼓乐②，户结彩缯③，……正阳门东西街招牌④，有高三丈余者，泥金杀粉⑤，或以斑竹镶之⑥。又或镂刻金牛、白羊、黑驴⑦，都以形象为标志。酒肆则横匾连楹⑧，其余或悬木罂⑨，或悬锡盏，缀以流苏⑩。

（《日下旧闻·风俗》）

【注解】

①都城：清皇宫所在地，今北京市。

②盛张鼓乐：鼓乐齐鸣，非常热闹。

③户结彩缯：家家户户用红绿绢布扎彩。

④招牌：商店的标志。

⑤泥金杀粉：黑牌金字，底刷白色的冰花。

⑥斑竹：有斑纹的竹子。亦名“湘妃竹”。　镶：镶嵌，这里指镶边。

⑦镂刻：雕刻。

⑧横匾：长方形的招牌。　楹：门前两边柱子。

⑨木罂：用木做的壶形幌子。

⑩缀：联结。　流苏：幌子下垂的穗子。

二、市集庙会

京师之市肆，有常集者①，东大市②、西大市是也③。有集期者④，逢五之土地庙⑤，四、五之白塔寺⑥，七、八之护国寺⑦，九、十之隆福寺⑧。谓之四大庙市⑨。皆以集期。

（《旧京琐记·市肆》）

【注解】

①常集：经常开集。

②东大市：在今北京市朝外大街。

③西大市：在今北京市阜外大街。

④集期：定期开集。

⑤逢五：即每月初五、十五、二十五日。　土地庙：庙名。约在今北京市宣武门外上斜街宣武医院地址。

⑥白塔寺：庙名，在今北京市阜成门内大街北边。

⑦护国寺：庙名。在今北京市西四北大街。

⑧隆福寺：庙名。在今北京市东四隆福寺街。

⑨庙市：以庙宇之隙地为市。

庙市者，以市于城西之都城隍庙①而名也，西自庙、东至刑部街止[2]，亘三里许[3]。其市肆大略与灯市同[4]，第每月以初一[5]、十五、二十五开市，较多灯市一日耳。今庙市以每岁[6]五月初一至初十日止，非系[7]每月三日矣。

（《宸垣识略·内城三》）

【注解】

①都：京都。　城隍庙：庙名，在今北京市复兴门内城防街。

②刑部街：街名。即城防街。

③亘：横长。

④灯市：买卖灯类的专业市场。

⑤第：次序。

⑥每岁：每年。

⑦非系：不是。

东小市[1]在半壁街南，隙地千余亩[2]，每日寅卯二时[3]，货物者交易于此[4]，惟估最多[5]。

（《宸垣识略·内城一》）

【注解】

①东小市：在今北京市崇文门外花市大街东小市口。

②隙地：空地。

③寅卯二时：早上天未明。

④货物者：卖物货之人。

⑤估（通沽）：卖酒商人。

灯市[1]，在东安门王府大街东[2]，崇文街之西[3]，亘二里许。南北两廛[4]，凡珠玉宝器，以逮日用微物[5]，无不具悉[6]。衢中列市[7]，棋置数行[8]，相对俱高[9]。……市自正月[10]初八日初起至十八日始置罢[11]，鬻灯在市西南[12]，有冰灯、细剪百彩[13]，浇水成之。

（《宸垣识略·内城三》）

【注解】

①灯市：卖灯类的专业市场。即今之北京市灯市口。

①王府大街：今北京市王府井大街。

③崇文街：今北京市崇文门内大街。

④廛：市场。

⑤逮日：每日。　微物：生活日用小商品。

⑥具悉：尽有。

⑦衢中：街道中间。

⑧棋置数行：排列数行。

⑨相对：并列对比。　俱高：都很高大。

⑩正（音真 zhēn）月：一月。亦称元月。

⑪置罢：灯市停止。

⑫鬻灯：卖灯。

⑬冰灯：冬天以水结冰而造灯之型。　细剪：精工雕刻。　百彩：装饰华丽。

顺承门[1]内大街骡马市、牛市、羊市。又有人市[2]，旗下妇女欲售者从焉[3]。

（《北游录·纪闻下》）

【注解】

①顺承门：在今北京市宣武门。明正统年间顺承门改为宣武门。

②人市：买卖奴隶的市场。

③旗下：不包括旗人的其他民族为旗下之人，受清旗人的统治和奴役。旗是清代满族建立的一种社会组织——八旗制度。初期具有军事、行政和生产的职能，平时生产，战时从征，八旗成员统称“旗人”，其他称“民人”，可以指为奴仆进行买卖。

旗下官兵[1]，须用奴仆[2]，除直隶各省[3]大小文武官员及驻防将军[4]，副都统[5]，不准买所属之民外，其余仍照旧买人。

（《清圣祖实录》卷一一三）

【注解】

①旗下官兵：指未列入八旗的官兵。

②奴仆：奴隶，仆人。

③直隶：中央直属省。

④驻防将军：官名，掌最高军事和行政长官。

⑤都统：官名。清代旗兵中的最高长官。

三、诸色牙行

凡城市乡村，诸色牙行[1]及船埠头[2]，并选有抵业人户充应[3]，官给印信文簿[4]，附写客商船户住籍[5]，姓名，路引[6]，字号，物货数目，每月赴官查照[7]。其来历，行货[8]若不由官选，私充者杖六十[9]，所得牙钱入官[10]，官牙埠头[11]容隐者笞五十[12]，名革去[13]。

（《明会典·刑部》《大清律例通考·户律·市廛》）

【注解】

①诸色：各种类。

②埠头：码头。

③抵业：抵偿之产业。　充应：充当。

④印信：官府所用之图章总称。包括印，关防，钤记等。　文簿：统一印制账簿、表册、凭证。

⑤附写：填写清楚。

⑥路引：运销物货证明。

⑦查照：检查证照。

⑧行货：卖货。

⑨官选：官府允许选择。　私充：私自代客商交易。

⑩牙钱：牙行佣金。

⑪官牙：领有印信文簿之牙行。

⑫容隐：隐瞒包庇。

⑬革去：取缔。

镇间（充行人役）[1]，士民公议[2]，设官斗二枚，官秤一枝,牲口经纪二人[3]。……充行人役[4],必镇民公议忠实之人[5],皆由雇充[6]。

(《道光陵县志·金石志》)

【注解】

①镇:集市。

②士民:绅士商民。

③经纪:牙人。充当买卖双方说合交易之人。

④充行(音杭 háng)人役:充当牙行服役效劳人员。

⑤忠实之徒:忠厚诚实可靠的人。

⑥雇充:雇请。

集场[1]多一牙户,即商民多一若累[2]。……额设牙帖[3],具由藩司衙门颁发[4],不许州县滥给。所以防增添之弊[5],不使贻累于商民[6]。

(《道光临邑县志·杂税》)

【注解】

①集场:集市。

②累:负担。

③额:定额,这里指控制牙户。 牙帖:牙行执照。

④藩司:官署官。布政使司。掌一省的民政财经之事。衙门:官署泛称。

⑤增添:增加。

⑥贻累:转嫁负担。

四、编审铺户

铺行之起[1],不知所始。盖铺居之民,各行不同,因以名之。因其里巷多少[2],编为排甲[3],而以所业所货注之籍[4],遇各衙门有典礼[5],则按籍给值役使[6],而互易之,其名曰"行户"[7]。或一排之中,一行之物,总以一人答应[8],岁终更践[9],名曰"当行"[10]。然实未有征银之例,后因各行不便,仍拟征行银[11]。

(《宛署杂记》卷五)

【注解】

①铺:店铺。 行(音杭 háng):同一类商业称行。

②里、巷:都市的小街道。

③排、甲:户籍编制单位。依次排列,十户为一甲。

④所业:归属为什么行业。 所货:经营什么商品。 注之籍:编入什么户籍。

⑤典礼:庆贺宴会活动。

⑥给值:交纳行钱。 役使:服劳役。

⑦行户:按行业负担役使和交纳免行钱。

⑧答应:承担任务。

⑨更践:更换。

⑩当行:主持负责某一行户的工作。

⑪征行银:按行业敛纳免行银两。

(嘉靖)二十七年[1],户部言:"京师召商纳货取直[2],富商规避[3],应役者皆贫弱下户[4],请核实编审"[5];……诸弊若除[6],商自乐赴,奚用编审[7]。帝虽纳其言[8],而仍编审如户部议。

(《明史·食货志》)

【注解】

①嘉靖二十七年:公元1549年。嘉靖:明世祖朱厚熜年号。

②纳货取直:采办上供诸物,按值取款。

③规避:设法避免。

④应役者:服役之人。 下户:小商小贩。

⑤编审:对编入市籍之行户进行审查。

⑥诸弊:各种陋规,如买物时价格不合理,收货不及时,拖欠货款,上下勒索等。

⑦奚用:哪还用。

⑧纳其言:采纳意见。

(嘉靖)四十年[1],令应天府[2]各色商人,清审编替[3],五年一次,立为定例,如遇该审年份,该部预先一年题请[4],不分军民之家,一体编审[5]。

(《明会典·户部·行铺》)

【注解】

①嘉靖四十年:公元1562年。

②应天府:今南京市。

③清审:清理审查。 编替:重新登记编户。

④题请:请示上级。

⑤一体:一律。全部。

万历七年[1],该审编科道题请[2],商贾来去无常,资本消长不一,更定五年清审一次[4]。

(《宛署杂记》卷十三)

【注解】

①万历七年:公元1579年。万历:明神宗朱翊钧年号。

②科道;主管审编铺行之官吏。

③消长(音掌 zhǎng)不一:减少或增加,变化很大。

④更定:改为。

世祖入关[1],有编置户口牌甲之令[2]。……各省驻防营内,商民贸易居住及官兵雇用人役,均另编牌册[3],报明理事厅查核[4]。……(商民)往来贸易,必取具行户邻左保结[5],报官给照[6]。

(《清史稿·食货志·户口》)

【注解】

①世祖:清帝爱新觉罗·福临庙号。 入关:清帝由盛京(今沈阳)迁都北京。

②牌甲:清代户口编制单位,即每户立一门牌,十户立一牌头,十牌立一甲长,十甲立一保正。

③牌册:户籍册。

④理事厅:官署名。处理政事之机关。

⑤邻左:左邻右舍。　保结:请保人具结负责。

⑥照:牌照。

乾隆三十七年①,停五年编审之例②。令各省督抚③,年终题报民数,谷数④,户部覆覈⑤,付之史馆而已⑥。

(《养吉斋余录》卷一)

【注解】

①乾隆三十七年:公元1772年。乾隆:清高宗弘历年号。

②例:贯例。规定。

③督抚:官名,总督一省或数省之军民要政。

④题报:上报。　民数:户籍数。　谷数:赋税数。

⑤覆覈:复核。

⑥史馆:官署名。修纂当代政令之机关。

五、领帖给照

商登籍于户曹①,趋而给引于南户曹②。又趋而受盐于运司③,又趋而至于行盐之地④。往来驰逐⑤,动经旬岁⑥,奸徒凭其翕张⑦,墨胥视为囊橐⑧。

(《四夷考》卷八)

【注解】

①登籍:登记户籍。　户曹:户部。

②引:指商业执照。　南户曹:南京户部。

③运司:官署名。全称为都转盐运使司。

④行盐:卖盐。

⑤驰逐:往来奔驰逐走。

⑥旬岁:尤言满一岁,即一年。旬:满也。

⑦翕(音系 xì):收缩。　张:扩张。

⑧墨胥:贪官污吏。墨吏者为不洁之官。

初太祖①令商人于产茶地买茶,纳钱请引②,引茶百斤,输钱二百③,不及引曰畸零④,别置由帖给之⑤,无由贴及茶引相离者⑥,人得告捕。……即为私茶。凡犯私茶者,与私盐同罪。私盐出境与关隘不讥者⑦,并论死罪。

(《明史·食货志》)

【注解】

①太祖:明太祖朱元璋庙号。

②请引:领照。

③输钱:纳税。

④不及引:不够一引,每引茶为百斤。　畸零:不足百斤。

⑤别置由帖:另行发给零茶执照。

⑥茶引相离:茶的品名数量和茶引上填写的品名数量不相符合。

⑦关隘不讥:关卡主司不检查询问。

(嘉靖上谕)销铁斤①,经由江海贩运者②,均应给予印照采买③,运回交销。无照不准采买,或照外多买④,运回不将印照交销,即行查究。

(《光绪兴宁县志》卷六)

【注解】

①铁斤:生铁(包括铁锅之类)。

②江海贩运者:海运出口商人。

③印照:商业执照。　采办:经营采购业务。

④照外:超越经营范围和数额。

(乾隆年间)设炉之时,令山主①,止允雇觅本地人夫②。毋得招集外来人氏③,勿使商贩渐生事端④。并将采砂捶炼人夫⑤,实在数目填明姓名,年貌⑥与经营执事⑦,协同保甲邻左户首⑧,出具甘结⑨,会同营员⑩,加具印结。详送存案,准其开采。

(《光绪兴宁县志》卷六)

【注解】

①山主:矿山主人。

②雇觅:雇请。　人夫:工匠力役之人。

③人氏:指工人。

④事端:事故。

⑤捶炼:开采矿石炼铁。

⑥年貌:年龄和相貌。

⑦执事:做一定事情。

⑧保甲:清代基层户口编制单位。　户首:户主。

⑨甘结:保证。

⑩营员:生产雇员。

给商照验①,……为给照遵守,以杜混冒事②。照得该地商盐,业经评定,认配归公③,按运销卖④。难容参差紊乱⑤,恐有不肖之商⑥,混将配数,私顶盗卖,致多讦讼⑦,有烦案情,合行给照遵守⑧。为此,照给商人,××收执⑨,查照后开本商名下,认配盐数,遵循掣配销卖⑩,嗣后如有顶替⑪,即将此照缴验⑫,禀请更换新照⑬。如无印照,即属盗卖。除不准更名外,定行查究不贷,至执照者。

(清乾隆二十九年盐驿道颁发给浙江黔县商人汪岫云《商照》。原件在北京中国通史馆)。

(《简明中国历史图册》第八册《商照》)

【注解】

①给商照验:颁发商人执照,予以监督。

②杜:杜绝。禁止。　混冒:混同假冒。

③业经:已经。　认配:批准供应。
④按:可以。
⑤参差:不整齐。　紊乱:混乱。
⑥不肖:不法。
⑦讦讼:揭发讼诉。
⑧合行:应该。
⑨收执:指商人收到商照后依照规定条款执行。
⑩掣配:掌握供应。
⑪嗣后:以后。　　顶替:转让或停办。
⑫缴验:交回商照。
⑬禀请:申请。

窑照[①]。……今处宛平县[②],将议开窑座[③],详请给照前来,合行颁发。为此,给照本商收执,照准后开,山场窑口[④]界地。自备工本,赴窑开采。一俟煤旺窑成[⑤],即照例报明领帖输税[⑥]。该窑户仍照前议,自行互相稽查,如有窑夫聚集滋事[⑦],即赴县呈明究处。倘有窑户凌虐窑夫[⑧],短扣工价等弊[⑨],许别窑户报县审明详究,若彼此容隐不报[⑩],别经发觉,即照知情不报例[⑪],加倍议罪。并即设立底簿[⑫],将每日雇募工人,姓氏,年貌,籍贯,逐日填注。按季送县查核,造册通报查考。其报开窑座,如开采之后,有闭歇停止者[⑬],亦即随时禀报本县,查验确实,详明停闭。倘该商有藐玩不遵者[⑭],一经察出,定行照例详革[⑮],究治不贷,须至照者。

(乾隆四十九年直隶布政司颁发给宛平县徐××《窑照》。原件在北京中国通史馆)。

(《简明中国历史图册》第八册《窑照》)

【注解】

①窑照:是开采煤矿的工业执照。
②宛平:古县名。今北京市丰台区属。
③窑座:窑的数字。
④窑口:指窑座。一个窑口即一窑座。
⑤煤旺:指开采有煤。
⑥领帖:领取窑业执照。
⑦窑夫:挖煤工人。　滋事:发生闹事。
⑧凌虐:虐待。
⑨短扣工价:少发工人工资。
⑩容隐:隐瞒包庇。
⑪例:指大清律例。
⑫底簿:登记簿。
⑬闭歇:窑窿塌闭歇业。
⑭藐玩:藐视法律。
⑮详革:警告或取缔。

六、权衡量器

凡斛、斗、秤、尺。司农司照依中书省[①],原降铁斗、铁升校定则样制造[②]。发直隶府、州及呈中书省转行省[③],各府正官、提调,依法制造校勘,付与各州、县仓库,收支行用[④]。其牙行、市铺之家[⑤],须要赴官印烙[⑥]:乡村人民所用斛、斗、秤、尺与官相同,许令行使[⑦]。

(《明会典·户部·权量》)

【注解】

①司农司:官署名。掌钱粮田赋之事。　中书省:官署名。掌国家政务之机关。
②降:上向下颁发。　铁斗,铁升:铁制的标准量器。　则样:照样。
③直隶府:明时中央直属北京府和应天府。　行省:官署名,设布政使。掌一省之政务,简称省。省建制自元朝起而治迄今,仍称省制。
④正官:知府,知县等首席官员。　行用:使用。
⑤市铺:商店。
⑥印烙:送官检查后,印火烙为标记。
⑦与官相同:指民间的度量权器也要按照统一标准制造,送官烙印,不得例外。

(康熙三十四年敕)[①],各地民间用斛,大小不一,升斗面侈[②],底狭[③],弊端易生[④]。……敕造铁斛、斗、升,颁行中外,划一定制[⑤]。

(《石渠余记·记铁斛铁斗》)

【注解】

①康熙三十四年:公元1695年。康熙:清圣祖玄烨的年号。
②民间:社会上。
③面侈:上口大。　　底狭:底子小。
④弊端:弊病。害处。
⑤划一:统一。

七、契约文书

乾隆三十八年[①]浙江布政使司告示云:

民间执业[②],全以契券为凭[③]。其契载银数或百十两或数千两,皆与现银无异[④]。是以民间议价立契之时,必一手交银,一手交契,从无将契券脱手付与他人收价之事[⑤]。……盖有契,斯有业,失契即失业也[⑥]。

(《治浙成规》卷一)

【注解】

①乾隆三十八年:公元1773年。
②执业:占有产业。
③凭:凭证。根据。
④无异:一样。
⑤从无:从来没有。　脱手:随便与人。
⑥盖有契:只要有契约。　斯有业:就有产业。

按发札、承札必写两纸[①],中写合同两字[②]。将出佃[③]、垦佃[④]、买佃[⑤]、招佃[⑥]据实注明,更将卖佃未卖佃、有工本无工本、有佃皮无佃皮据实注明,讼端自息[⑦]。

(《青田县志·风土志·争佃》)

【注解】

①发札:指卖方执约。札:契约也。 承札:指买方执约。

②合同:合而相同。即契约是也。

③出佃:已卖租于人仍自佃种,卖租不卖佃,亦间有卖佃而借种者。

④垦佃:山主招人垦田,发给工本,垦成山主报陞。未给工本者亦正不少。

⑤买佃:将钱给租主,谓之佃价;或钱交原佃,谓之买佃皮。

⑥招佃:已有熟田而招人耕种,亦名借佃。

⑦讼端:申诉纠纷事端。 息:没有。

立合约人×××,窃见财私从伴生[①],事在人为。是以两同商议[②],合本求利[③],凭中见□,各出本银若干,同心揭胆[④],营谋生意。所得利钱,每年面算明白,量分家用[⑤],仍留资本,以为渊源不竭之计[⑥],至于私己用度[⑦],各人自备,不得支动店银[⑧],混乱帐目,故特歃血定盟[⑨],务宜苦乐均受[⑩],不得匿私肥己[⑪]。如犯此议,神人共殛[⑫]。今欲有凭,立此合约,一样两纸,存后照用[⑬]。

(《士民便读通考·合约格式》)

【注解】

①窃:自称。 见财:求利。 伴生:合伙经营生意。

②两同:双方同意。

③合本:凑合资本。

④揭胆:公开胆见。

⑤量分:按股分红。

⑥渊源:源长水深。此作留有雄厚资本,继续生理。 不竭:不完。

⑦用度:开支费用。

⑧支动:领取。

⑨歃(音霎 shà)血:饮血酒。 定盟:订立盟约。

⑩均受:共同享受。

⑪匿私:隐藏私心。

⑫殛:诛杀。

⑬照用:照此契约条款执行。

某都×××人[①],今亲生男,立名×××。年登×岁[②]。为因家贫,日食无指[③],或因欠少官粮,情愿托中引到×宅[④],得酬劳银若干[⑤],立契之日,一并交足。本男即听从银主抚养成人[⑥],与伊婚娶[⑦],终身使用,朝夕务要勤谨[⑧],不敢躲闪懒惰[⑨]。如有此色[⑩],出自某支[⑪],当跟寻送还[⑫],倘有不虞[⑬],系自己命。本男的系亲生子,并无重叠来历不明等事[⑭]。今欲有凭,立文契,并本男手印为照[⑮]。

(《四民便目通考·人口买卖契约》)

【注解】

①都:都市。这里泛指某一地方。

②年登:年龄满足几岁。

③日食:每日生活。

④托中:请中人。 引:介绍。说合。

⑤酬劳银:身价银。

⑥银主:买主。

⑦伊:第三人代称。他。

⑧务:服务。劳动。 勤谨:勤快、谨慎。

⑨躲闪:偷懒。

⑩此色:指上述某些不遵守契约条款情况。

⑪某支:某些意外事端。

⑫跟寻送还:随时可以退还。

⑬不虞:不当。指意外之事。

⑭重叠:指麻烦复杂情节。如拐卖等。

⑮手印:以手指模盖印。

契文卖绝《条约五款》[①]:

(一)绝卖者,不用此契,止作戤当[②]。戤当者,若用此契,竟作绝卖。

(二)契不许请人代写,如买主一字不识,止许嫡亲兄弟子侄代写[③]。

(三)成交时,即投税该房[④],查明卖主户册,号下注明[⑤]某年月卖某人讫[⑥]。

(四)由帖不许借人押当[⑦],如违者,不准告照[⑧]。

(五)买产即便起业[⑨],不许旧主仍佃,以杜影骗[⑩]。

(《山阴县·谭元燿契约》)

【注解】

①卖绝:卖断。 条约五款:根据北京大学经济系陈振汉教授收藏乾隆十八年(公元1753年)十一月山阴县十三都六图谭元燿所填契纸抄录。

②戤(音盖 gài)当:抵押。

③嫡:同母兄弟子侄为嫡亲。

④投税:向官府纳税。

⑤号下:名下。

⑥讫:完毕。

⑦由帖:指经官府税契后的契约文书。

⑧告照:即告状。告照就是向官诉说契约借人押当的情况。

⑨起业:买主有权支配财产。

⑩影骗:仿冒欺骗。

第二节　市司律例法规

一、抬价罚则

凡诸物行人①,评估物价②或贵或贱,令价不平者③,计所增减之价④坐赃论。一两以下笞二十,罪止杖一百、徒三年。入己者,准窃论,免刺⑤。其为罪人估赃不实⑥,致罪有轻重者,以故出入人罪论⑦。受财者⑧,计赃以枉法⑨,从重论。

(《明律集解附例·户律·市廛》)

【注解】

①行人:商人。

②评估:评定。

③不平:不合理。

④增减之价:指抬高或降低价格之差额。

⑤刺:古刑法。刺面涂墨,又称墨刑。

⑥不实:不符合实际。

⑦出入人罪:包庇和诬陷别人之罪。出者,本有其罪,使之无罪。入者,本无其罪,使之有罪。

⑧受财者:受贿赂之人。

⑨枉法:违法。

二、欺行霸市罚则

凡买卖诸物,两不和同①,而把持行市②,专职其利,及贩鬻之徒,通同牙行③,共为奸计④。卖物以贱为贵,买物以贵为贱者杖八十。若见人有所买卖,在旁高下比价⑤,以相惑乱⑥,而取利者,笞四十。若已得利物,计赃重者准盗论,免刺。

(《明律集解附例·户律·市廛》)

【注解】

①和同:双方同意。

②把持行市:垄断市场。

③通同:共同私通。

④奸计:投机。

⑤高下比价:指抬价或压价抢购。

⑥惑乱:扰乱。

三、私造斛斗秤尺罚则

凡私造斛、斗、秤、尺不平,在市行使,及将官降①斛、斗、秤、尺作弊,增减者杖六十②,工匠同罪。若官降不如法者③,杖七十。提调官失于校勘者减一等④,知情与同罪。在市行使斛、斗、秤、尺虽平⑤,而不经官司校勘⑥印烙者,笞四十。若仓库官吏私自增减官降斛、斗、秤、尺,收支官物而不平者⑦,杖一百,以所增减物计赃重者,坐赃论。因而得物入己者,以监守自盗论⑧,工匠杖八十。监临官知而不举者⑨,与犯人同罪。失觉察者⑩,减三等,罪止杖一百。

(《明律集解附例·户律·市廛》)

【注解】

①官降:政府制定统一标准下发。

②作弊:有意投机。　增减:改大或改小。

③不如法:不合法定标准。

④提调官:官名。在非常设的机构中,负责处理内部事务的官员。

⑤平:指合标准。

⑥司:指主管衡器的公署。

⑦收支官物:收进、发出供官之物。

⑧监守自盗:盗窃自己经管之财物。

⑨监临官:指监察官吏,一般由巡抚充任。

⑩失觉察者:指不监督检查之官员。

四、器用布绢不如法罚则

凡民间造器用之物①,不牢固真实②,及绢布之属。纰薄短狭而卖者③,各笞五十,其物没官。

(《明律集解附例·户律·市廛》)

【注解】

①器用之物:各种器械用品。

②不牢固真实:质量不好又不耐用。

③纰薄:稀薄不厚实。

五、客店、铺户管理

凡客店每月置店簿一本①,在内赴兵马司②,在外赴有司署押讫③。逐日附写到店旅客商姓名、人数、起程月日④,各赴所司查照。凡在京各牙行,领帖开张⑤,照五年编审例,清查换帖。若有光棍⑥,顶冒朋充⑦,巧立名色⑧,霸开总行⑨,逼勒商人,不许别投⑩,拖欠客本,久占累商者同罪,枷号一个月⑪,发附近充军⑫。地方官通司徇纵者⑬,一并参处⑭。京城一切无帖铺户⑮,如有私分地界,不令旁人附近开张,及将地界议价若干,方许承顶⑯。至发卖酒斤等项货物,车户设立名牌⑰,独自霸揽,不令他人揽运⑱,违禁把持者,枷号两个月,杖一百。

(《大清律例通考·户律·市廛》)

【注解】

①客店：旅店。

②内：指京城以内。

③外：指各州县城市。　押讫：报到验证签字。

④附写：填写。

⑤领帖开张：领取营业执照才能开张营业。帖：执照。

⑥光棍：泛指流氓地痞。这里指光身汉无资财之人。

⑦顶冒：顶替冒充。　朋充：朋比为奸，结伙充当。

⑧名色：名目，指各种各样项目。

⑨霸：垄断。

⑩别投：另投他行。

⑪枷号：古刑罚。用两块木板，夹在犯人颈上一合。

⑫充军：古刑罚。即流刑。发往边远地区服役劳效。

⑬徇纵：暗地里支持。

⑭参处：参加处理。

⑮无帖铺户：没有执照的商铺。

⑯承顶：承认顶替。

⑰车户：以车运货物者。　名牌：巧立名目牌号。

⑱揽运：招揽、接待运货。

第三节　互市和番海贸易的管理

一、番商管理

市舶提举司[①]，掌海外诸番朝贡市易之事[②]，辨其使人、表文，勘合之真伪[③]。禁通番，征私货[④]，平交易，闲其出之，而慎馆彀之[⑤]。

（《明史·职官志》）

【注解】

①市舶提举司：官署名。掌番海贸易之机关。

②朝贡：向皇帝敬献珍贵物品。

③使人：外交使臣。　勘合：检查验照。

④征私货：没收走私物货。

⑤闲：防止。　馆彀：接待食宿。

茶马司[①]，洪武中立于川陕[②]，听西番纳马易茶[③]，赐金牌信符[④]、防诈伪。每三岁遣庭臣[⑤]召诸番合符交易。上马，茶一百二十斤，中马七十斤，下马五十斤。以私茶出者，罪死，虽勋戚无贷[⑥]，永乐中[⑦]、……乃命严边关茶禁，遣御史巡督[⑧]。

（《明史·兵志》）

【注解】

①茶马司：官署名。掌茶马互市之机关。

②川：今四川省简称。　陕：今陕西省简称。

③西番：指西域各番国。　纳马易茶：以马交换茶。

④金牌信符：指刻有文字的金属信牌。金牌分上下二号，上号存内府，下号赐诸番，牌上有篆文要约。上曰："皇帝圣旨"，左曰："合当差发"，右曰："不信者斩"。

⑤廷臣：朝廷官吏。

⑥勋戚：指皇亲国戚和有功之臣。　无贷：不宽恕。

⑦永乐：明成祖朱棣年号。

⑧御史：官名。茶马司御史，掌茶马互市之官吏。　巡督：巡视监督。

两广奸民[①]，私通番货，勾弓外夷[②]，与进贡者，混以图利。招诱之命，略买子女[③]，出没纵横[④]，民受其害，参议陈伯献请禁之[⑤]，其应供番夷，不依年分者[⑥]，亦行阻（回）。

（《明武宗实录》卷一四九）

【注解】

①两广：广东、广西两省简称。　奸民：奸商。

②外夷：外国人。

③略：掠夺。

④出没纵横：神出鬼没，到处乱跑。

⑤参议：官名。布政使下设左右参议，职领各道。

⑥不依年分：不遵守三年一供的规定。

右布政使[①]吴庭举[②]，巧辨兴利[③]，请立一切之法，抚按官[④]及户部，皆惑而从之[⑤]。……而应供番夷，皆以佛郎机故[⑥]，一概阻绝[⑦]，舶货不通矣。

（《明武宗实录》卷一四九）

【注解】

①右布政使：官名。明宣德年间设左右布政使，为一省之行政长官。

②吴庭举：人名。明正德时官广东省右布政使。

③巧辨：虚伪议论。

④抚：官名。即巡抚。总领一省军事、吏治、刑狱等事。　按：官名，即按察使，亦称巡按。中央派遣监察巡视各省，考核吏治之官。

⑤惑：蛊惑、煽动。

⑥佛郎机：明称葡萄牙人为佛郎机。

⑦阻绝：禁止。

向来西洋各国及尔国[①]，夷商赴天朝贸易[②]，悉于澳门互市[③]，历久相沿，亦非一日。天朝物产丰盈。无所不有，原[④]不借外夷货物[⑤]，以通有无。

（《清高宗实录》卷二百七十六）

【注解】

①向来：历来。　尔国：指英吉利王国。

②天朝：清王朝自称。

③澳门：广东省珠江口西侧，原属香山县（今名中山县）。

④原：从来。

⑤不借：不依靠。

今日要策[①]，首在封关[②]，无论何国夷船[③]，概不准其互市。……其头蚕④,湖丝⑤及绸绢缎尺,仍禁止如旧。……其他如谷麦豆、杂粮、金银、钢铁、铅锡、书籍等皆禁出口,对银两查禁尤严⑥。

(《道光朝筹办夷务始末》卷九)

【注解】

①要策:重要决策。

②封关:封闭海关。

③夷舶:外国船。

④头蚕:春蚕。

⑤湖丝:白丝,上等品。

⑥尤严:更严。

凡将马牛、军需铁货①、铜钱、缎匹、绸绢、丝绵和出外境货卖给下海②,杖一百。挑担驮载之人,减一等,物货船车并入官,于内以十分为率,三分付告人充偿③。若将人口军器出境及下海者绞。因而走泄事情④者斩(监候)⑤。其该拘束官司及把守之人,通同夹带⑥或知而故纵者与犯人同罪。失觉察者减二等,罪止杖一百,军兵又减一等。

(《大清律例通考·兵律·关津》)

【注解】

①军需:军用物资。

②下海:指从海上贩运走私。

③充偿:奖励。

④走泄:泄露秘密。

⑤斩(监候):对判死刑之人,暂时监禁,等候秋审,朝审复核。

⑥通同夹带:内外勾结走私。

凡外国差使臣人等,赴京朝贡官员及军民人等交易,止许光素①、纻丝、绢布、衣服等件。不许买黄、紫、黑皂大花,西番莲缎匹②,并不得收买史书及一应违禁兵器、焰硝、牛角、铜、铁等物。如有将违禁兵器等物,图利卖与进贡外国人者,比照私将兵器出境,因而走泄事情律,为首者枭首示众③。

(《大清律例通考·户律·市廛》)

【注解】

①光素:白色。

②黑皂:青黑色。 西番莲缎:丝织品名,莲花缎子。

③枭首:死刑之一,罪人杀死后将头悬挂起来示众。

二、初开海禁

(康熙二十四年)疆臣①请开海禁②,报可。于是,设榷关四③,在粤东④之澳门,福建之漳州府⑤,浙江之宁波府⑥,江南之云台山⑦。

(《中西纪事·互市档案》)

【注解】

①疆臣:驻边防之大臣。

②请开海禁:请示开放海上对外贸易的禁令。

③榷关:即海关。

④粤东:今广东省。

⑤漳州:府名。在今福建省漳浦县。

⑥宁波府:今宁波市。

⑦江南:古省名,指今之江苏、安徽二省地区。康熙六年分置江苏、安徽两省。 云台山:地名。在今江苏省连云港市。

本港商船①,在圣祖仁皇帝时②,止准往东洋③一带及安南一国④。若吕宋⑤、噶喇巴⑥等国皆在禁例。迨世宗宪皇帝⑦及我皇上⑧御宇以来⑨,中外一家,特开洋禁。海外诸番,无不沐浴膏泽⑩,不徒本港商船⑪,数十万众,仰邀利赖也⑫。

(《清续文献通考·四裔·噶喇巴》)

【注解】

①本港:指广东省之澳门港。

②圣祖:清康熙皇帝玄烨的庙号。 仁皇帝:康熙皇帝的谥号。

③东洋:太平洋。

④安南:今越南国。

⑤吕宋:今菲律宾吕宋岛。

⑥噶喇巴:今印度尼西亚爪哇岛。

⑦世宗:清雍正皇帝胤禛的庙号。 宪皇帝:清雍正皇帝谥号。

⑧我皇上:指清朝乾隆皇帝。

⑨御宇:指皇帝执政。

⑩膏泽:恩惠。

⑪不徒:不仅。

⑫仰邀利赖:希望,感谢给与利益。

各省将军①、督抚②、织造③、盐政④、关差⑤,毕献方物⑥,若一概停止,究于体制未协⑦,且无以申芹献之忱⑧。所有方物,仍照旧例呈进,粤海关监⑨送奉行知,准进朝珠⑩、钟表、镶嵌挂屏、盆景、花瓶、珐琅器皿、雕牙器皿、玻璃镜、日晷⑪、千里镜⑫、洋镜⑬。

(《粤海关志》卷二十五)

【注解】

①将军:官名。一省最高的军事行政长官。

②督抚:官名。系总督和巡抚合称。军政统管。

③织造:官名。即监督织造,隶属内务府,掌机房织造,管理机户、征税之事。

④盐政:指管理盐务生产、运销之政事。

⑤关差:指关津要塞所派遣之官吏。

⑥毕献方物:贡献各自的名贵特产和工艺饰品。

⑦体制:指国家的根本制度。 未协:不协调。

⑧芹献:菲薄贡物。

⑨粤海关监:官名。即海关监督,由广东省道台兼任。管理海

关、进出口物资和榷税之事。

⑩朝珠：文官五品、武官四品以上官员佩带之串珠。

⑪日晷：又名罗盘。装有指南针，辨方位和视太阳位置，指向的天干地支可定时间。

⑫千里镜：望远镜。

⑬洋镜：即照镜。

三、洋行制度

广东省所谓之十三行者出[①]，代市舶提举（司）盘验纳税[②]，是谓为十三行之权舆[③]。

（《广东十三行考》）

【注解】

①十三行（音杭 háng）：即洋行，又名洋货行。清政府在广州特设对外经易的商行。十三行起于明代。行数也不固定。一般有十个行业左右。十三行对官府负有承保和缴纳外洋船货税饷，规礼、传达官府政令，管理外洋商船人员等义务。也享有对外贸易特权，所有进出口物货，均须经洋行买卖。　出：还多。

②盘验：盘查检验。

③权舆：有权协同办事。

国朝[①]康熙二十四年[②]，设粤海关监督，以内务府员[③]出领其事[④]，……所至有贺兰[⑤]，英吉利[⑥]，瑞国[⑦]，琏国[④]，皆红毛也[⑨]；若佛郎西[⑩]，若吕宋，皆佛郎机也。岁以二十柁为率[⑪]，至则劳以酒牛[⑫]，牙行主之，曰十三行。皆重楼崇台[⑬]。船长曰大班、次曰二班，得居停十三行，余则守船；即明于怀远驿旁[⑭]，建房一百二十间，以居番人之遗制也[⑮]。

（《澳门纪略·官守篇》）

【注解】

①国朝：清王朝。

②康熙二十四年：公元 1686 年。

③内务府：官署名，清代专设为皇室管理事务的机关。

④领其事：管理十三行的一切事务。

⑤贺兰：即荷兰。欧洲西部的一个国家。

⑥英吉利：今英国。

⑦瑞国：今瑞典王国。

⑧琏国：今丹麦国。

⑨红毛：指棕色种人。

⑩佛郎西：即佛郎机。

⑪柁：船舵。控制船行方向的一种装置。这里攒柁，系数量代词，即一柁为一船。

⑫劳：慰劳，款待客人。　酒牛：酒肉。

⑬重楼：多层楼房。　崇台：高大台基。

⑭明：指明代。　怀远驿：在今广西三江丹州镇北。

⑮遗制：遗留下来的制度。

今欲整关务[①]，须察商情，欲除弊端，须专责任。惟有于各行商中，择其身家殷实[②]，居心公正者一、二人，饬令总理洋行事务[③]，率领众商，与夷人交易货物，务照时价[④]，一律公平办理，不许任意商下[⑤]，私相争揽。倘有阳奉阴违，总商据实禀究[⑥]。

（《粤海关志·查办关务情形》）

【注解】

①欲整关务：想要整顿海关事务。

②殷实：富裕有钱。

③总理：负责全面管理。　洋行：指十三行。

④务照：按照。

⑤商下：定盘子，达成协议。

⑥禀：报告。

四、防夷诸事

朕[①]闻外洋红毛夷[②]板船到广时，泊于黄埔地方[③]，起其所带炮位[④]，然后交易，俟交易事竣[⑤]，再行给还。至税之法、每船按梁头[⑥]征银二千两左右，再照则抽其货物之税[⑦]，此向例也[⑧]。

（《清朝文献通考·市籴》）

【注解】

①朕：皇帝自称朕。

②红毛夷：指荷兰人。

③黄埔：地名。今广州市东南外港，珠江北岸。

④炮位：大炮。

⑤事竣：事办完。

⑥梁头：承受重量的木条构件。这里用作数量词。即一梁头代表一条船。

⑦照则：照规定。

⑧向例：一惯例规。

夷商在省住冬[①]，应请永行禁止也[②]。……近来多有藉称[③]，货物未销，潜留省会[④]，难免勾结生事。请嗣后夷船到粤销货后[⑤]，令其依限回国[⑥]；即有行欠未清[⑦]，亦应在澳门居住，将货物交行代售，下年顺搭回国[⑧]。……若令该夷按年归国，将货交行商代售，其中不肖行商知其势难久待[⑨]，或有意掯留[⑩]，压滞[⑪]，在所不免。嗣后遇有此等情弊，一经告发，地方官应将奸商按律处治[⑫]，毋庸稍有宽贷[⑬]。

（《粤海关志》卷二十八）

【注解】

①省：指广东省。　住冬：住到冬天不走。

②永行禁止：永为禁止。

③藉（通借）称：借口。借理由。

④潜留：停留。　省会：省政府都会。

⑤嗣后：以后。

⑥依限：遵守期限。

⑦行(音杭 háng)欠:指洋行拖欠货款。
⑧顺搭:搭船。
⑨久待:长期等待。
⑩掯(音肯 kěn)留:强迫留难。
⑪压滞:压低一时难于出售货物。
⑫按律:按照法律。
⑬毋庸:不须要。

夷人到粤,宜令寓居行商管束稽查也[①]。……凡非洋行之家,概不许寓歇[②];其买卖货物,必令行商经手[③],方许交易。如有纵夷人出入,以至作奸犯法者[④],分别究拟。地方官不实力稽查[⑤],饬禁一并参处。

(《粤海关志》卷二十八)

【注解】
①寓居:寄居。　管束:约束管理。
②寓歇:留人住宿。
③经手:经过洋行牙人之手。
④作奸:进行投机。
⑤不实力:不认真。

借领外夷资本及雇倩汉人役使[①],并应查禁也。……内地倘敢故违,将借领之人[②],从重究拟。查向来夷商到粤贸易,只许将带来货物售卖,置买别货回国;其应禁止出洋之货,概不得私行贩运。……倘有违禁借贷勾结者,照交接外国借贷诓骗财物例问拟[③],所借之银,查追入官。至夷商所带番厮人等[④],足应役使,原不得雇内地民人[⑤]。

(《粤海关志》卷二十八)

【注解】
①倩:请人。　役使:使用劳动力。
②借领:借外人资本。
③诓(通诳)骗:欺骗。
④番厮:外夷仆人。
⑤原:根本。

外夷雇人传递信息之积弊,宜请永除也[①],夷商购买货物,分遣多人前往浙江等省,不时往觅千里马[②],往来操听货价低昂[③]。……所发牌单[④],公文尚未递到,该犯先已得信逃避。……皆由内地民人代为传赍信息[⑤],请永行禁止。……如有不遵禁约,仍前雇请往来,即将代为往觅及递送之人,一并严拏究治[⑥]。

(《粤海关志》卷二十八)

【注解】
①传递:传输送信。　信息:行情。　积弊:留下的坏事。
②千里马:会跑的良马。这里指传递信息之人。
③操听:探听、收集。　低昂:指价格的涨跌。
④牌单:指导物价行情的公文。
⑤传赍:传递信息。
⑥严拏:坚决捉拿。

夷船进泊处[①],应请配拨营员弹压稽查也[②]。夷舶进口之后,向系收泊黄埔地方[③],每船夷梢多至百余名[④],或二百名不等,均应防范[⑤]。……查夷船收泊,所带夷梢,为数众多,种类各别[⑥],性多暴悍[⑦],易于滋事行凶,而内地奸民昼户[⑧],复为勾引,均所不免。……应准其于督标[⑨]内拣派候补守备一员[⑩],专驻该处,督同守寨弁兵[⑪],实力防范稽查,……所拨弁兵,俟夷船进口派往,出口撤回,如有巡防疏懈或致生事[⑫],该管上司,即严行参处。

(《粤海关志》卷二十八)

【注解】
①泊处:船泊停靠的地方。
②营员:官兵。　弹压:镇守。
③收泊:停船。
④夷梢:外国船员。　梢:驾船之人。
⑤防范:防止。
⑥种类各别:指人类种族不同。
⑦暴悍:野蛮。
⑧昼户:水上居民,旧称昼户。
⑨督标:官名。相当团一级之军事长官。标:清末军队编制单位。一标约一团。
⑩候补守备:官名,协助补充绿营统兵之官。
⑪守寨:守卫海防。
⑫疏懈:粗心大意。

引用书目

《周易正义》 (唐)孔颖达正义
1983年世界书局《十三经注疏》缩印本

《史纲评要》 (明)李 贽评纂
1974年中华书局出版

《盐铁论》 (汉)桓 宽撰
1975年辽宁人民出版社出版

《孟子译注》 杨伯俊译注
1975年中华书局出版

《国语》 (春秋)左丘明撰
1978年上海古籍出版社出版

《礼记》 (元)陈澔集说
清光绪十九年江南书局重刻本

《诗经选释》 赵浩如释
1980年上海古籍出版社出版

《中国史稿》 郭沫若主编
1977年人民出版社出版

《管子集校》 (明)赵用贤集校
清光绪二年浙江书局出版

《春秋左传集解》 (晋)杜预集解
1978年上海人民出版社出版

《史记》 (西汉)司马迁撰
1975年中华书局出版

《逸周书集训校释》 (清)朱佐曾校释
湖北崇文书局刊本

《周礼》 (汉)郑康成注
清光绪二十二年新化三味堂刻本

《通典》 (唐)杜 佐撰
1935年商务印书馆《十通》本

《汉书》 (东汉)班 固撰
1975年中华书局校点本

《荀子简释》 梁启雄简释
1983年中华书局出版

《论语译注》 杨伯俊译注
1980年中华书局出版

《韩非子集解》 陈其献集解
1974年上海人民出版社出版

《商君书注译》 高 亨注译

	1974 年中华书局出版
《睡虎地秦墓竹简》	秦墓竹简整理小组编
	1977 年北京文物出版社出版
《三辅黄图校正》	陈　直校正
	1980 年陕西人民出版社出版
《简明中国历史图册》	中国历史博物馆编
	1979 年天津美术出社版出版
《读通鉴论》	(清)王夫之著
	1975 年中华书局出版
《西汉会要》	(南宋)徐天麟撰
	1976 年上海人民出版社出版
《后汉书》	(南朝)范　晔撰
	1973 年中华书局校点本
太平御览	(宋)李昉等辑
	1960 年中华书局出版
《三国志》	(晋)陈　寿撰
	1975 年中华书局校点本
《全上古三代秦汉三国六朝文》	(清)严可均校辑
	1958 年中华书局影印本
《唐会要》	(宋)王　溥撰
	1975 年中华书局出版
《新唐书》	(宋)欧阳修主撰
	1975 年中华书局校点本
《唐律疏议》	(唐)长孙无忌主撰
	清光绪二十一年广雅书局重刻本
《中国文学发展简史》	北大中文系编著
	1962 年中国青年出版社出版
《容斋随笔》	(南宋)洪迈撰
	1978 年上海古籍出版社出版
《隋书》	(唐)魏　徵撰
《旧唐书》	(后晋)刘　昫主撰
	1973 年中华书局校点本
《唐六典》	(唐)李林甫等注
	清光绪二十一年广雅书局重刻本
《东京梦华录》	(宋)孟元老撰
	1980 年中华书局出版
《梦粱录》	(宋)吴自牧著
	1980 年浙江人民出版社出版
《续资治通鉴长编》	(南宋)李　焘撰
	1979 年中华书局出版
《宋会要辑稿》	(清)徐　松辑
	1955 年中华书局影印本

《宋东京考》　(清)周城著

雍正九年六有堂刻本

《古今图书集成·食货典》　(清)蒋庭锡等辑

1934年上海中华书局影印本

《宋史》　(元)脱脱等撰

1976年中华书局校点本

《元史》　(明)宋濂等撰

1976年中华书局校点本

《明史》　(清)张廷玉等撰

1974年中华书局校点本

《大清通典》　(清)嵇璜等撰

清光绪二十七年图书集成局铅印本

《日下旧闻》　(清)朱彝尊纂

清康熙年间刻本

《宸垣识略》　(清)吴长元著

1964年北京人民出版社出版

《北游录》　(清)谈迁撰

1974年中华书局出版

《清实录》　(清)实录馆官修

1969年台北市华文书局影印本

《明会典》　(明)申时行撰

明万历年间重修刻本

《山东陵县志》　清道光年间刻本

《山东临邑县志》　清道光年间刻本

《宛署杂汜》　(明)沈 榜撰

1961年北京人民出版社出版

《清史稿》　(近人)赵尔巽主编

1977年中华书局校点本

《养吉斋余录》　(清)吴振棫著

《四夷考》　(明)叶向高撰

室颜堂秘籍刻本

《广东兴宁县志》　清光绪年间刻本

《石渠余记》　(清)王庆云著

清咸丰年间刻本

《治浙成规》　浙江省博物馆藏

清乾隆年间浙江布政使告示

《浙江青田县志》　清光绪年间刻本

《新刻微郡补士民便读通考》　(明)吕希绍辑

清初刻本

《释义经书士民便目杂字通考》　(明)黄性质撰

明崇祯年间刻本

《山阴谭元烊契约》　北大陈振汉教授抄藏

《清乾隆十八年山阴县谭元烊契约》

《明律集解附例》　(明)万历年官修
清光绪三十四年修订法律馆刻本

《大清律例通考》　(清)吴 玹纂
清光绪十二年吴重熹刻本

《明武宗实录》　(近人)王崇武校勘
1940年影印南京国学图书馆藏抄本

《筹办夷务始末》　(清)文 元主编
1979年中华书局校点本

《中西纪事》　(清)夏 燮著
清同治年间旧铅印本

《清续文献通考》　(清)嵇璜等撰
清光绪二十七年上海图书集成书局聚珍版校印

《粤海关志》　(清)梁廷枏著
1935年北京文殿阁排印本

《广东十三行考》　(近人)梁嘉彬著
上海商务印书馆出版

《澳门纪略》　(清)印光任纂
清道光年间刻本

《清朝文献通考》　(清)乾隆时官修
清光绪二十七年上海江左鸿室室斋刊印

第二编　鸦片战争后清政府的工商管理

（1840 年～1911 年）

概　述

在中华民族四千多年的历史长河中，清政府统治了266年，这个时期正是我国封建社会走向崩溃，逐步演变为半封建半殖民地社会的一个转折阶段。

清政府初，为保护自给自足的经济，维护其封建统治制度，坚守闭关政策。对工商管理政策，大部沿用明制，有关国计民生的盐、铁等产品的生产和交换，统得很死；对来华外商和外贸活动，限制极严。因此，商品经济的发展极为缓慢。

正当中国满清嘉庆、道光期间，世界上第一个资本主义国家英国，在世界各地寻找殖民地，用炮舰推销它们的商品，主要是贩卖鸦片，进行经济掠夺。在中国，由于清政府的腐败无能，鸦片战争后，与帝国主义列强签订了一系列丧权辱国的不平等条约，强加给中国的是：五口通商；割让香港；协定关税；迫使中国废除行商制度；外国侵略者支持他们所收罗和雇佣的奸细；外国人在中国不受中国法律的管束，开创了所谓"领事裁判权"制度；外国兵船可以自由进入中国领海以至内河航行，制造了所谓"租界"制度，等等。他们以特权奴役中国，从此中国由封建专制的国家沦为半封建半殖民地的国家。

晚清政府鉴于国力不振，外侮日深，以及外国商品生产发展之后，日臻富强，于是下诏变法，锐意维新，从事振兴实业，改革数千年传统的贱商政策，国家设农工商部，始创工商法规，鼓励民间经营工商业，提倡设立商人团体。虽然由于不平等条约的限制，工商管理法令未能完全贯彻执行，但这是一个重大的改革，是值得我们研究和借鉴的。本编着重收集、整理了鸦片战争后清政府工商管理方面的文献、法令、条例等史料，共分有工商管理机构、工商业户登记管理、市场管理、商标管理、工商辅导五章。

（一）

清光绪以前，政府未设管理工商业的专门机关，仅设官兼顾而已。清光绪二十九年（1903年）七月设立商部，实行"恤商政策"，重视商务，随即制订了一系列关于商事的单行法规。从那时起，相继颁行《公司注册试办章程》等法令条规。同时，也宣布了自由发展实业的合法，奖励资本家兴办企业。在"洋务运动"中，我国出现了所谓"官办"、"官商合办"、"官督商办"的近代工商业。民族工商业也有了一定的发展。因而工商管理的机构和法规，相应有了一定的变化和发展。

（二）

工商业户的登记管理，是封建社会统治者代表地主阶级利益，管理社会生产经营活动的行政手段。清政府对工商业户的登记管理，前期是沿用明代旧制。如盐铁实行"实榷"（注：专卖制）垄断；商人编入"市籍"，手工业者编入"匠籍"（注：市籍、匠籍即在户籍上注明商人、工匠，实行世袭，父亡子替）。在城市开业之铺行，都须到主管衙门登记备案，方准营业。对城乡集市设有"牙行"，是官署掌管市场和负责征税的商行，牙行的"牙商"开业，要报官署批准，领取"牙贴"（注：即执照）后始得营业。光绪二十九年（1903年）设立商部、工部，以后改为农工商部，专门管理工商业户和市场经济活动，拟定了一系列工商管理单行法规：《商人通例》、《公司律》、《公司注册试办章程》等。其中《公司注册试办章程》则是工商业户登记管理的第一部法规。通过对工商业户进行登记管理，以法规法令的形式给予合法经营地位加以保护；鼓励自由发展实业，并加以监督管理。

（三）

满清入关以后，深染汉族的传统，重农业而贱商卖，对于当时在发展之中的手工业、商业采取压制政策。清政府于苏州、南京、杭州等地设置管制织造的机关，控制当地纺织业中的手工业者、作坊主和商人。对于商业，设多种多样的商税。盐有盐课，酒有酒税，借禁榷之名义作重税之抽取。对于一般商人，营业有牙税，过关卡有关税，到市场做买卖有落地税。这三种税，在正额以外，还要遭受更多的勒索。种种征课，种种勒索，使正常的商业行为也难以进行，扩大市场更不可能。在这种条件下，大商人必须取得权势的庇护方能存在，如两淮盐商，广州十三行的行商和牙行都是具有亦商亦官的身份的。

鸦片战争前，唯一的对外口岸是广州港。给外国商人充当翻译和经济事务助手的人称“通事”和“买办”。他们是由中国的行商选派和作保，受行商控制，外国商人不能自由雇用。南京条约后出现了新的形势。条约规定外国人在中国港口可以和任何中国商人交易，因而也可以雇用买办为之经理买和卖的业务，这样的商人，形式上是独立的，实际上完全依附于外国资本。

清政府对契约合同的管理，采取“帖印花”的办法。《印花税则》十五条规定：“可用为凭证的须遵章帖用印花方为合例之凭证”，“不遵章帖用印花或不盖章划押，遇有讼案牵涉，官不为理。”就是说各种契约合同不照章帖用印花，为无效合同。

（四）

我国的商标管理始行于清朝后期。1840年（道光二十年）鸦片战争后，闭关锁国的局面被打破，殖民主义列强的经济势力蜂拥而入，先在不平等的通商条约中，强行订入保护外国商标的条款，继而直接控制我国的商标注册和管理。如1903年（光绪二十九年）中美商约第九款规定：“美国人民之商标，在中国反设立之注册局所，由中国官员查察后，缴约公道规费，并遵守所定公平章程，中国政府允禁冒用”。1904年（光绪三十年），清政府在帝国主义胁迫下，颁布了《商标注册试办章程》。这个章程，不但由当时担任我国海关总税务司的英国人赫德起草，而且是由帝国主义控制的海关来执行。章程第二十条还规定中国人和外国人之间发生的商标纠纷，要通过外国领事裁判权解决。可见，当时的商标法规是在帝国主义控制之下制定和执行的，是为帝国主义对中国的经济侵略服务的。但是，从立法的角度来看，这是我国商标管理立法上最早颁发的一个法规，为民国初年商标管理法规的制定，奠定了一定的基础。

（五）

清末在政府中增设了工商管理机构，又在民间设立商会，以联络众商，沟通商情，达到保商、兴商之目的。并创办实业学堂，兴办商学；设工艺局授徒传艺，培养人才，以振兴工商事业。后来，由于清政府覆灭，辅导工作未及全面推广。

第一章　工商管理机构

第一节　商部设立前的工商管理

一、设官兼顾

乾隆二年五月谕:"农桑为政治之本",又曰:"朕观天下之民,使皆尽力南亩,历观三朝,如出一辙。"至于工商,虽或设官兼顾,而素无专管机关,光绪三年设南洋大臣,九年设北洋大臣,兼管通商之事,此盖社会条件之特殊,而工商发展落后之明征也。

(王孝通:《中国商业史》)

二、以控制几种工商活动的习惯做法,代替管理

在很长时间内却逐渐形成了对几种工商活动进行控制的习惯作法。其作法是:开放牙行、典铺,必须向户部(注:清内阁吏、户、礼、兵、刑、工六部之一,相当于财政部)请帖(注:申请营业执照);运销盐、茶、硫磺,要凭政府制发的"引票"(注:通行证之类的证明文件);一般商号店铺的开设,虽不须经过政府的批准,但却要取得同业公认。而同业组织为求得官府保护,则要"禀官立案"。

(宣统三年湖南调查局编印,《湖南商事习惯报告书》第一编第一章)

三、外贸管理上,实行"行商"制度

清王朝在对外关系上,采取了严格限制外贸的政策,对外贸易管理上,实行"行商"制度。在广州地方官准垄断对外贸易的商人称行商,又称外洋商人或洋商,具有官商性质。行商所设商号称"外洋行"、"洋货行"、"洋行",统称"十三行"(行数时多时少,非固定十三家)。外商必须与行商打交道。康熙五十九年(1720年)行商为了控制内部竞争和限制行外散商,正式成立行会性组织,称公行。行商负责垄断进出口货物,保证向海关缴纳外商应付的进出口税款;传达政府令及管理外洋商船人员。公行成立后,曾统一负责外贸业务,是兼有商务和外交职能的半官方组织。公行有时撤销。后所起作用有变化,乾隆四十七年(1782年)恢复后,其活动主要限于征收行佣,用来供办官府差科和偿付倒闭行商所欠税饷、外商贷款。

(李浚源、任乃文等编:《中国商业史》,广播电视大学出版社出版)

第二节　商部成立后的管理与变化

一、加强领导,先后设立商政机关

清光绪二十九年(1903年)七月,清政府设立工部、商部,同年九月,又把工商两部合并,改为农工商部,分农部、工务、商务、庶务四司。商务司专管一切商政,统辖京内外,商务、学堂、公司、局、厂等职责。分别成立工艺局、商律馆、商标局、度量衡局等机关,专管工商企业和市场经济活动,职掌对工商企业的登记,商标注册的度量衡管理等工作。

(王孝通:《中国商业史》)

光绪三十二年(1906年)七月,统一厘定官制,改组部院各衙门,由户部改称度支部,后设的财政处并入。"光绪三十三年(1907年)五月改订省外官制,各省添设劝业道,掌管全省农工商业及各项交通事务,此为国内商政机关也。

(张德译编著《清代国家机关考略》,人民大学出版社)

二、各省劝业道机构设置和管理

1. 劝业道隶属关系,职掌任务、任用、考核和经费。

(1)各省按照奏定官制通则,设劝业道一员,秩正四品,归本省督抚统属,禀承农工商部、邮传部及本省督抚,管理全省农工商矿及各项交通事务。

(2)劝业道应就衔缺相当,及京外应升人员内遴选,曾充农工商矿及交通事务各差办理得宜,或提倡公司、局、厂确著成效,或曾在农工商部、邮传部供差、公事娴习、以及讲求实业交通诸政,素有心得者,方为合格。

(3)劝业道自到任之日起,每届三年作为俸满,届时各该省督抚将该道平日所办事宜,有无成效,详细咨明农工商部、邮传部,由两部会同查核与平日考验成绩是否相符,分别呈殿胪列奏闻。

(4)劝业道办公经费由本省督抚筹拨,并由农工商部、邮传部分别省份大小,事情繁简,每年酌给调查费二千两以内,以资津贴。调查费分两季发给,由该道按季详请农工商部、邮传部,按照定数拨给。

2. 劝业道成立公所,分设六科并酌定人员编制。

(1)劝业道应就所治地方,设立公所督牵所属各员,每日订时入所办事,公所分设六科如下:

一总务科　掌承办机要议订章程。考核属员,编存文牍收发经费统计报告,及实业交通学堂各事项。

二农务科　掌农田,屯垦森林渔业。树艺蚕桑及农会农事试验场各事项。

三工艺科　掌工艺制造,机器专利,改良土货,仿造洋货,工厂各事项。

四商务科　掌商业、商熏、赛会、保险及商会各事项。

五矿务科　掌调查矿产、查核探矿、开矿,聘请矿师及矿务公司各事项。

六邮传科　掌航业、铁路轮车电线,及测量沙线营治埠头厂坞,考查路线,稽核通运行车,并电话电车邮政各事项。

(2)每科设科长一员,副科长一员。其科员额缺,由劝业道酌量事各繁简定之,惟总务科、邮传科每科不得过四五员,其余每科不得过二三员。

(3)科长秩视六品,副科长秩视七品,科员秩视八品,均以中外高等中等实业,或路电等项学堂毕业之学生,及曾办实业,或交通事务,确有经验人员,由劝业道禀准督抚分别任用。但开办之初,得以不拘原官品级,酌量差委,仍将各该员履历申报督抚,分别咨明农工商部、邮传部备案。

3. 各厅州县设劝业员。

(1)各厅州县应按照奏定直省官制通则,劝业员一员,受劝业道及地方官之指挥监督,掌握该厅州县实业,及交通事宜。

劝业员得参用本地士绅,由各该地方官,采取舆论素孚廉能公正者。详请督抚照章考取委用。

(2)各厅州县每届年终,应将所办实业及本境交道情形,分门别类制成统计表册,申报劝业道查考。

(农工商部、邮传部《考核各省劝业道官制并分科办事细则》)

三、商部委派"商务议员"建立健全商会组织,促进商务开展

1. 商部选派"商务议员"的条件及审批程序。

(1)各省既设商务等局,应由该省督抚于候补道府中,择其公正廉明、熟诸商务者,出具切实考语,造送履历清册到部,由部加签委用,作为商务议员,以专责成。

(2)商务议员应从各该局之驻局总办派充,其领衔遥制者,毋庸廉充设。或该局并无总办,仅以提调驻局,管摄诸务者,该提调亦准充商务议员。

2. 商务议员职掌任务。

(1)商务议员遇有公事,准径进行申部听候办理,一面仍应详报本省督抚查核。

(2)商务议员有提倡考查之责,凡属农工路矿,应兴应革之事务,当悉心体察,随时报部,以祛壅蔽,而挽利权。

(3)商务议员既予以提倡之权,凡各省均应遍设商会。已办者极力推广。未办者迅速振兴,遵照商会章程,随时办理。至商会集议之时,各该议员应随时亲临,以期联络商情,祛除壅隔,惟不得任听从人吏役于会中,稍有需索,并不得遇事铺张,致滋靡费。

(4)遇出洋华商回华,如有被人讹诈及中途梗

塞者，由商务议员切实保护、迅为理直。如有扶同舞弊者，一经觉察，由本部严参。

3. 考核。

商务议员与本部有直接之关系，尤宜详稽功过，其有留心商政，考究详尽，见诸施行者，如果三年始终其事，由本部奏奖一次，如有敷衍塞责，漠不关心者，亦由本部奏明议处。

（《大清法规大全》卷七《实业部》）

第二章　工商业户的登记管理

第一节　清末工商业户登记管理特点

一、对工商业户进行登记管理，保护其合法经营地位

1.“凡现设立与嗣后设立之公司及局、厂、行号、铺店等，均可向商部注册。以享一体保护之利益”。未经注册者，不得沾公司律之利益。

（《公司律》，《大清法规大全》卷八第2页）

2.“以前各处商设票庄、银号、钱庄等各项贸易，凡有银行性质即宜遵守此项则例。其遵例注册者，度支部即优加保护”。

（《银行通行则例》，《度支部币制改革辑要》第37页－39页）

3.“现开行户有帖应换，及无帖应领……如逾期不领，勒令歇业”。

（咸丰六年奉院颁发《部定牙贴[①] 变通章程》）

二、改变过去贱商政策，鼓励自由发展实业

1.“集股两千万元以上者，拟准作为本部（注：农工商部）头等顾问官，加头品顶戴，并请仿宝星式样，特赐双龙金牌，准其子孙世袭本部四等顾问官，至三代为止；集股二千万元以下至二百万元者，分别给该部头等、二等、三等、四等顾问，加封头品、二品、三品、四品等顶戴；集资二百万元以下直至二十万元者，分别作为该部头等、二等、三等、四等、五等议员。加封五品、六品、七品顶戴。又规定“商人原有职衔，在所定等第之上，准其追加一等”。如果“商人集股若干，或本身已有职衔，不愿再加本部职衔者，准其其呈声请，移奖该商之胞兄弟及亲子侄，惟不得滥移远亲”。受奖商人还得到礼貌款待“既得有本部奖励职衔。自应优加礼貌。如在京外各处，有以事关商务，谒见督抚司道等官，自四等顾问以上，均按京卿仪注，头员以下均按部员仪注，行庭见礼，惟遇有招摇包揽不法各情，仍由地方按例核办”。

（《奖励华商公司章程》）

2.资本在二千万元以上者“赏”一等子爵，以下至一千万元以上者，分“赏”二、三等子爵，一二三等男爵。直到资本在三十万元以下，十万元以上者奖给五品衔。另有用奖牌、商勋、顶戴奖给商人投资、发明、创造等规定。

（《农工商部奏拟华商办理实业爵赏章程》，《大清法规大全·实业部》卷一第2页）

三、不平等条约中涉及工商管理方面的，突出地反映了丧权辱国

1.不平等条约中涉及工商管理方面的奴役条款。

中国丧失法律行使权。“合众国民人在中国与别国贸易之人因事争论者，应听两造双方查明各国所立条约办理，中国官员均不得过问”。

（《中美望厦条约》第二十五款，刘培华等编《帝国主义侵华简史》，1985年黄山书社出版，第58页）

中英商人“遇有交涉词讼……其英人如何科罪，由英议定章程、法律发给管事官照办”。

（中美《虎门条约》即五口通商章程，魏永理编《中国近代经济史纲》上册，1983年甘肃人民出版社

---

① 牙帖即牙行营业证书。牙行是我国旧时城乡市场中为买卖双方说合交易，并抽收佣金的商行，负有代官府监督商人纳税的责任。牙字是牙字讹变而来，牙即古互字。牙帖最初定有限额，由户部分配各省布政司（省行政长官。隶属总督、巡抚，管财赋、人事）核发。

出版,第114页)

英国商务委员干涉中国工商管理。"各商埠治理权,应归中国官督驻藏官办理。凡商务委员及地方官因意见难合,不能断定之事应请拉萨大使及印度政府核办。印度政府照会之意,应并行知照中国驻藏大臣"。

(《修订藏印通商章程》,《帝国主义侵华简史》第319页)

帝国主义列强可自由投资设厂。"日本臣民及在中国通商口岸城邑任便从事各类工艺制造","又得将各项机器任便装运进口,只交所订进口税"。

(《中日马关条约》第六款,王铁崖编《中外旧约汇编》第一册,第16页)

侵害中国主权涉及工商行政管理方面的。"废止公行[①]专利制度,许英人以"自由贸易之权"、"无论与何商交易,均听其便"。

(《南京条约》第五款,郑竹巽编著《中国商业史》,世界书局出版)

"在山东省内举办任何事业,如需用外国人员,或用外国料物,须先商德国厂商承办","如德商不愿承办此项工程及售卖物料",才能"任凭自便另办"。

(《中德胶澳租借条约》,《帝国主义侵华简史》第210页)

2.取消"公行"制后,帝国主义在中国设立洋行,向中国推销商品和掠夺原料进行经济侵略。同时帝国主义雇佣中国人作为洋行的代理人——买办,成为外商经济侵略的重要工具。

"1843年在上海设立的英美洋行已有十一家,到1854年外国在上海设立的洋行增加十倍,共达一百二十家"。

(黄苇编《上海开埠初期对外贸易研究》,第25页)

"十九世纪下半期(鸦片战后至1894年),买办[②]总人数已达一万余人,买办收入总数约在四亿两至五亿三千两"。

(《中国近代经济史纲》上册,第226页)

清政府后期(1902年~1911年)帝国主义列强对华以商品输出及掠夺原材料的贸易额,一年比一年大。

年 份	洋货进口	土货出品	共计价值
光绪28年(1902)	315,383,905	214,081,584	529,545,489
光绪29年(1903)	326,739,133	214,352,467	541,091,600
光绪30年(1904)	341,060,608	239,486,683	583,547,291
光绪31年(1905)	447,100,791	227,883,197	674,988,988
光绪32年(1906)	410,270,082	236,456,739	646,726,821
光绪33年(1907)	416,401,309	264,380,697	680,782,066
光绪34年(1908)	349,505,478	276,660,403	626,165,381
宣统1年(1909)	418,158,067	338,992,814	757,150,881
宣统2年(1910)	462,964,894	380,833,328	843,798,222
宣统3年(1911)	471,503,943	377,338,166	848,842,109

单位:银两

上表说明,中国洋货输入比原料输出额平均每年入超九千数百万两。

(王孝通《中国商业史》,第232页)

3.帝国主义在中国设厂、开采、筑铁路等特权,不受中国有关工商管理法令(如公司法、商人通例等)的约束。任意输出资本,任意兼并民族工业,残酷剥削华工,加深其经济侵略。

"据统计1895年至1913年间外资在中国设立的厂矿企业共约136家,这136家投资在十万元以上的外资工厂和全部开办的外资矿山(其中包括中外合办的厂矿企业40家)其全部资本额1亿零

① "公行"制度最初成立于康熙五十九年(1720年),为本国所组织。专为中外商人之经营进出口贸易者之介绍人,并为划定市价,又得政府承认,取得对外贸易的专利权。

② "买办"是外商在中国设立的洋行所雇用的中国人,他为外国侵略者所控制,成为外国资本主义向中国进行经济侵略的一个重要工具、随着帝国主义侵略的深入、转变为垄断中外贸易的洋行代理人。

319.3万元”。

（汪敬虞编《中国近代工业史料》第2辑，上册，科学出版社1957年出版，第3页）

“外国在华工业投资急剧增加，使弱小的民族工业变得更加薄弱，被外国资本挤垮，遭受毁灭性打击。仅纱厂一项，从1897年至1936年被兼并的二十二家。1901年上海裕晋纱厂，因积欠华俄道胜银行债额被迫出卖，改称协隆纱厂。1902年至1908年，日本资本先后采用“收买”、“合资”等手段，将上海兴泰、大纯、九城纱厂挤垮，变成日本纺纱工厂”。

（遇季伟等编：《列强在中国》，黑龙江人民出版社1982年版，第107页）

“烟草工业垄断势力更为惊人，1902年成立的英美烟草公司，在创立的十年中，工厂由一个扩大到四个，工人由百余人扩充到近万名，资本由10.5万元扩充到1100多万元，超过了当时中国所有烟厂资本总额的七倍”。

（《列强在中国》，第107页）

“机器制造业中以耶松船厂为例，在1900年合并了上海的另外两个船厂以后，资本由75万两增加到557万两，垄断了当时上海的整个造船工业”。

（《列强在中国》，第107页）

“外国在中国几个大垄断组织……煤矿工业中的开滦、福公司、抚顺、本溪湖、山东德华、井陉、临城等大型煤矿在1913年的总产量达600余万吨，其中开滦、抚顺两矿产量为最高，每矿采产量200多万吨。而当时中国全年煤产量都不过760多万吨，外国经营的却占百分之七十多”。

（《列强在中国》，第106页）

“1914年外国列强在中国直接和间接投资经营的铁路共计15条左右，直接投资额为2.92亿美元，给中国的铁路借款（间接投资）为1.925美元”。

（吴承明编《帝国主义在旧中国投资》，人民出版社，1955年版，第351页）

第二节　企业登记管理范围及登记项目

一、商业登记（包括公司、局、厂、行号、店铺）

“凡商人经营贸易，均可照律（注：公司律）载合资公司、合资有限公司、股份公司、股份有限公司此四项中认明何项，在本部（注：商部）呈报注册，无论现已设立与嗣后设立之公司、局、厂、行号、铺店，一经注册即可享一律保护之利益”。并规定登记项目：“凡公司呈报本部注册，所应声明各款如下：公司名号；公司作何贸易；公司有限无限；合资人数及姓名、住址、资本合若干；（注：指有限公司）；公司股份总共若干；每股银两或元若干；每股已交银若干；创办人及查察人姓名住址；公司总号设立地方如有分号一并列入，设立后布告股东及众人或登报或通信均便声明设立之年月日，营业之年月日，抄呈合同规条章程”。

（《公司注册试办章程》）

“商人独出资本所开之局、厂、行号、铺店……归入独资商业注册，不得用有限无限（公司）字样”。登记项目：“名号、作何贸易、开张年、月、日、营业有无限期，总号设立地方如有分号一并列入、出资人姓名住址、资本数目、总经理人姓名住址”。

（《大清法规大全》卷八第6页）

二、工矿企业登记

“凡禀请办矿，应用本部发给执照为凭，未经发照以前，不得举办，今将执照分为二等。一为控矿执照，一为开矿执照”。

（《大清法规大全》卷十四《矿务》第24页）

在《大清矿务正章》中又规定“勘（探）矿执照由农工商部预发，各省总局填给；开矿执照由农工商部核准填发，各省总局转给领照者。无论独办或数人合办或合股公司均可禀领”。

（《大清法规大全》卷十四《矿务》第8页）

“凡领勘矿执照之人须开明履历，并所拟覆勘之地址，及所拟探之矿质，详禀陈明。并须将拟勘之地，绘图贴说禀呈总局，听候总局行查，该地方官及矿务委员，俟其禀复核夺”。“凡已领勘矿执照于勘毕之后，拟禀请领开矿执照者，须遵定章，在矿务总局具禀，该具禀人无论独办或合办或公司将来历详细声明，独办或合办须将出资本者及诸经理人之履历开呈，若系公司须开呈各董事及领袖办事人履历，并开呈资本数目，用何法开采，所请矿地四至及界石并矿界若干，拟办何项矿质，均须一并声叙明晰，并应取其殷实行号保单银一万两，随禀呈送”。

（《大清矿务正章》）

三、金融企业登记

“凡欲创立银行者或独出资本或按公司办法合资集股……，呈由地方官查验，转报度支部核准注册，方可开办”。又规定“以前各处商设票庄、银号、钱庄等各项贸易，凡有银行性质，即宜遵守此项则例，其遵例注册者，度支部即优加保护，其未注册者统限三年均应一律注册，倘限满仍未注册者，不得再行经理汇兑存放一切官款”。并规定登记呈报事项：“一、行号招牌；二、设立本行分行地方；三、资本若干；四、或独资、或合名或合资应呈报姓名、籍贯、住址、员名。若系招股公司，除上开事项外，须将集股章程，及发起人办事人姓名、籍贯、员数、住址、并分别有限无限一律呈报”。

（《银行通行则例》，《度支部币制改革辑要》第37页～39页）

凡开设店铺，经营左列之事业，无论用何店名牌号总称之为银行，皆有遵守本则例义务。一、各种期票汇之贴现；二、短期折息；三、经理存款；四、放出款项；五、买卖生金生银；六、兑换银钱；七、代为收取公司银行商家所发票据；八、发行各种期票汇票；九、发行市内通用银钱票。

（《银行通行则例》第一条）

“现开行户有帖应换及元帖应领。均以见示之日起三个月为限，如逾期不换不领勒令歇业。”

（咸丰六年奉院颁发《部定牙帖变通劝捐章程》）

《农工商部签各省商务议员为各处当商注册应与钱业一律用无限字样文》中规定“现议定有当商典当呈请注册者。除抄录帖当原文备核外，仍与钱业一律以无限字样注册”。

（光绪三十三年六月签，《大清法规大全》卷八《实业部》第7页）

四、服务性行业登记（包括牙行、经纪、典当）

“现开行户有帖应换无帖应领。均以见示之日起三个月为限，如逾期不换不领勒令歇业。”

（咸丰六年奉院颁发《部定牙贴变通劝捐章程》）

第三节　企业登记条件及办理变更、歇业手续、登记收费

一、企业登记条件

1. 为商条件。“凡经营商务贸易买卖，贩运货物者均为商人”。“凡男自十六岁成丁后，方可为商（足十六岁）”。又规定“凡业商者，设上无父兄，或本商病废，而子弟幼弱尚未成丁，其妻或年届十六岁以上之女或守贞不字之女，能自主持贸易者均可为商”。

（《大清法规大全》卷九第1页《商人通例》）

2. 开设公司。“凡凑集资本共营贸易者名为公司。共分四种：一合资公司；一合资有限公司；一股份公司；一股份有限公司”。“凡设立公司赴商部注册者，务须将创办公司之合同规条章程等一概呈报商部存案”。设立合资公司，或合资有限公司规定必须“系二人或二人以上集资营业者；股份公司或股份有限公司必须“系七人或七人以上创办集资营业者”；但有限公司、或股份有限公司必须声明资本若干，以此为限。

（《公司律》）

3. 创设银行。“凡欲创立银行者……均预定资

本总额，取具殷实商号保结，呈由地方官查验，转报度支部”。并规定“开设银行须遵照本则例自定详细章程，呈报度支部”。

(《银行通行则例》)

4. 领取牙帖。领帖者，必须是“殷实良民，并生监职衔人等，取具邻佑切实互保各结，均准一体捐充”。如果“原领牙帖商人物故，其兄弟子孙许持原帖呈明捐换(接替)”。

(《部定牙帖变通劝捐章程》)

二、变更登记

工商企业登记核准之后，由于登记事项发生变化，必须办理企业变更登记。

1. 公司变更登记。“公司如欲增加股本，亦须照第一百十四条[①]，第一百十五条办理[②]并于决议后十五日内呈报商部。”

(《公司律》)

2. 银行变更登记。“凡银行或个人营业改为公司办法，或原系公司变为个人营业或变更其公司之制度，或欲与他公司合并等事，均应查照第二条[③]办理”变更。

(《银行通行则例》)

3.“牙帖”变更登记。“各牙行或由旧帖捐请移埠开设或捐请改业别行，部议无论改行移埠，总以旧帖为凭，……捐换新帖”。并规定“原牙帖商人物故，其兄弟子孙许持原帖呈明捐换”。

(《部定牙帖变通劝捐章程》)

三、歇业(停业)的注销手续

1. 公司歇业。“凡公司遇有后列各款情事者，即作为停闭：(一)经众股东照第一百十条会议例议决停闭；(二)股本亏蚀及半；(三)公司期满；(四)股东不及七人；(五)与他公司合并”。“公司停闭之时如众股东不克公举清理人，可呈请商部派人清理”。又规定“清理人将账目结算款项清还后，应开清册，招集众股东会议决定允准，方能了结”。

(《公司律》)

2. 银行歇业。“凡银行或因折阅或有别项事故情愿歇业者，应举定办理结账人，禀报地方官将存欠账目，计算清楚，照商律办理，地方官具录事由速报度支部查核，不得延迟，并一面由该行自行报禀度支部查核”。

(《银行通行则例》)

3. 牙行歇业。牙行商人“因事故歇业或无力承允者，即将原帖缴销，另募捐补”。

(《部定牙帖变通劝捐章程》)

4.开矿注销。“设使矿商欲将所领之地全行注销者，应即禀明矿务委员或经禀总局收禀，应即照禀注册备案。”

(《大清法规大全》第3096页《矿务附章》)

四、企业登记注册收费

1. 公司收费。“合资公司凡合资营业未声明股本若干者，应缴注册公司费悉如后列之等次：甲，凡公司注册声明合资人不过二十名者缴银五十元；乙，合资人逾二十名在一百名内者缴银一百元；丙，合资人数如过百名外每多五十名均加缴银十元依次递加；丁，凡合资人声明数无限者，即不论人数多寡缴银三百元；戊，凡注册报明人数后，如欲续加合资人数，每加五十名或不足五十名，均加缴银十元，帷连原缴之数统计不得过三百元”。股份公司凡股份营业者，应缴注册公司费悉如后列之等次：甲、公司注册声明股本不过一万元者缴银五十元；乙、股本过一万元外每多股本五千元或不足五千元，均加缴银十元以至二万五千元为率；丙、股本过二万五千元外，每多股本一万元或不足一万元，均加缴银元三元以至五十万元为率；丁、股本若过五十万元，每多股本一万元或不足一万元，均加缴银半元；戊、如报明股本若干，注册后续加股本，每加一万元或不足一万元，均照以上丙丁所列加缴银数，帷连原

① 《公司律》第一百十四条董事局创公司创办合同或公司章程更改、必须由众股东会议议决。

② 《公司律》第一百十五条：“众股东会议议决、必须股东在场者有股东全数之半、其所得股份、必须有股份全数之半、若不能如上所限、而在场股东以为事在可行者已居多数、可以暂时决议、公司将决议之事、登报并通知众股东限一月内重集会议从众决定。”

③ 《银行通行则例》第二条：“凡欲创立银行者或独出资本或按照公司办法合资集股、均须预定资本总额、取具殷实商号保结呈由地方官查验、转报度支部核准注册、方可开办。”

缴之数统计不得过三百元”。

(《公司注册办理章程》)

2. 牙行收费。牙行商人领帖捐数(捐款数)“为繁盛(地区)上行(上等)捐制钱一千串,中行(中等)五百串,下行(下等)二百串;偏僻上行捐制钱七百串,中行三百串,下行一百串。俱通足无底制钱交纳,捐纳多于额数者,分别请奖”。

(《部定牙帖变通劝捐章程》)

3. 店铺收费。“内城(京都城内)地面开设各项铺户,遵照新章缴纳营业照费按月累齐缴部”。“兹将三月份所收各铺户营业照费共计足银一百三十八两陆钱三分”。

(第一历史档案馆民政部档案108号,光绪三十二年民政部批示)

4. 办矿收费。矿政局公费:“(1)凡呈请勘矿经矿政局填给矿照者,每执照收公费银五十两;(2)凡补领执照暨请领队隧峒工程执照者。每执照一纸收公费银三十两;(3)凡请减少改正矿界经矿政局批准者,每纸收公费银二十两”。“以上各项公费均归矿政局经收,其开矿执照之费,应由该局照章代收全数解交农工部”。

(《大清法规大全》第3096页《矿务附章》)

第四节 监督管理和罚则

一、对企业的监督管理

1. 通过年报进行监督

(1)商人必须有账簿、档案。“商人贸易无论大小必须立有流水账簿,凡银钱货物出入,以及日用等项均宜逐日登记”。又规定“商人每年须将本年货物产业器具,以及人欠欠人款目盘查一次造册备存”。“商人所有一切账册,及关系贸易来往信件留存十年”。

(《商人通例》)

(2)公司年报的项目:“(一)公司出入总账;(二)公司本年贸易情形节略;(三)公司本身盈亏之数;(四)董事局拟派利息并拨作公积之数;(五)公司股本及所存产业货物,以至人欠欠人之数”。

(《公司律》)

(3)银行每半年须报财产目录……。“凡银行每半年须详造该行所有财产目录及出入对照表,呈送度支部查核,如有特别事故,应有度支部派员前往检查各项簿册凭单现款,并其经营生意之实在情况”。又规定“凡银行每年结账后,须造具出入对照表,详列出入款项总数登报声明或以他法布告,俾众周知”。

(《银行通行则例》)

2. 通过商会配合监督管理

“为商者必须呈报商部存案、或在该处左近商会呈明转报商部存案(如该处未设商会,即就近处各业公所(商业公所)呈明转报部存案”。

(《商人通例》)

“凡公司设立之处,业经举行商会者,须先将注册之呈由商会总董盖用图记呈寄到部,以凭核办,其未经设有商会之处,可暂由附近之商会或就地著名之商立公所加盖图记呈部核办”。

(《大清法规大全》卷九第2页《公司注册试办章程》)

商会应“按照本部(商部)后奏定公司条例,令商家先办注册一项,使就地各商家会内可分门别类编列成册,而后总协理与各会董随时便于按籍稽考,酌施切实保护之方,力行整顿提倡之法”。并规定“由本部(商部)厘定帐簿格式如下开三项,即颁行各商会妥慎印行,各商会并盖明图记于上,每季由会董发交各商家,俾如式登记。设有缪镐,即以此项帐簿为据。……(一)流水簿,照记每日出入各项;(二)收支月计簿,照记积日成月出入各项;(三)总清簿,照记总年来货之源,销货之数,往来之存欠,开支之数目,盈亏之实在,此为一行号之总册”。

(《商会简明章程》)

二、企业违反登记法规进行处罚规定

“公司创办人,董事查帐人总办或总司理人、司事人等有犯以下所列各款者,依其事之轻重罚以少

至五元多至五百元之数：

(一)不依期呈报商部注册；

(二)不将律定布告各事布告或布告不实；

(三)凡以上各条明定应交人查阅之件若无第六十条第六十一条(如附件公司律以下同)情事，不交查阅人阅查；

(四)阻止他人查问以上各条应当查问之事；

(五)未经注册先行开办；

(六)未经注册先发股票；

(七)不遵律设立股东姓名册或不依第五十五条开载或开载不实；

(八)股票不遵依第二十八条所定开载或开载不实；

(九)不遵第五十四条及第一百十条，将公司创办合同或记载众股东历次会议之事之册，或股东总单公司物业总帐、总结年报、盈亏总帐、公积帐、分息账、分存总号分号或以上各件开载不全，或开载不实；

(十)亏蚀至半不遵依第七十六条招集股东会议；

(十一)公司创办人有违第十七条，私自得有非分之利益。又规定"公司人等不论充当何职，如不遵以上第七十五条，将公司股本或公司各项银两移作他用者，除追缴移用之款外，并罚以少至一千元，多至五千元之数"。"董事总办或总司理人、司事人等，违背商律及公司章程被人控告商部，应视其事之轻重罚以少至五元，多至五十元之数。"

董事总办或总司理人、司事人等，有偷窃亏空公司款项，或冒骗他人财物者，除追缴及充公外，依其事之轻重监禁少之一月多至三年，或并罚以少至一千元多至一万元之数，若系职官并详参革职"。"如有违背以上条律(公司律)而未载明罚款者，即酌其轻重罚以少至五元多至五百元之数"。

(《公司律》)

"如该牙户不在帖示地方，而私在别处开张与原报地方不合者，照私充律问拟"，又规定原领牙帐商人病故，"如非嫡亲兄弟子孙不准更换，只能捐充，如有冒名顶充者，照私充律治罪。该商物其兄弟子嗣匿饰不报持原帖承充者，经人告发，官令退帐治罪"。"开栈者不准开秤取用，以杜避就。如有混称行栈并发行名目，及改行为栈，仍开秤取用者，均照私充例治罪"。对牙账商人"把持行市，拖欠客本，霸开总行并用强邀客货等情，各照定例分别究办"。

(《牙账变通劝捐章程》)

"银行如有遵守第五条[①]所定报告检查，及第六条[②]所定布告或虽受检查，而有隐匿或虽经报告布告，而其中有含混等弊，一经查出，由度支部酌量情节轻重，科以至少五两多至千两罚款"还规定："各省官办之行号，或官商合办之行号，统限如本则例奏定后六个月内报部注册，一切均应遵守本则例办理，如过期不注册者，科以至少五百两之罚款，每迟六个月罚款照加"。

(《银行通行则例》)

"凡禀领执照由诈术者，一经访查得实，应将所给执照立即收回，从严惩办"。

(《矿务正章》)

第五节　企业破产登记管理

一、呈报破产登记

1. 呈报破产应送的各项帐簿。"商人因贸易亏折，或遇意外之事不得已自愿破产者，应赴地方官及商会呈报，俟查明属实，然后将该商破产宣告于众"。又规定"若该商倒闭不自呈报破产，先由各债主查知，赴地主官呈报者，应先传该商到案，讯系属实，并无倒骗情弊者"仍按呈报破产办理。呈报破产时，应呈送各项账簿；"(一) 历年收支簿；(二)现存银钱簿；(三)现存货物簿；(四)现存产业簿；(五)现存家具簿；(六)"借放对数表"并将该企业"所有财产货物由地方官先行查封交商会代管"。对该商人"若有妥实保人具结，准该商在外听候传呼，但不得擅离住所，无保人者留在商会免其管押"。

(《大清法规大全》卷九第8页~11页《商部奏定破产律》以下同)

2. 选派专人，清理账目。

---

① 《银行通行则例》第五条。

② 《银行通行则例》第六条，详见本书第25页(3)"银行每半年须报财产目录……"细目。

“宣告破产后五日内,商会应于该商同业中遴选公正殷实者一人任董事之责,清理破产一切事务”。选定董事后“即可禀官启封,督同破产者将现存银钱货物产业家具及一切字据逐件点收。开具清单送呈地方官及商会存案后,即归该董经理”。董事并有权“检阅破产者与人往来函件”和“随时向破产者查阅”。又规定“董事经理事件完结后,须将办理情形具呈报明地方官核准结案,始可卸责”。

(《破产律》)

二、有心倒骗

1. 立案处理。“凡商人吞没资财,诡称亏折有心倒骗者,经债主控告或商会查知,报由地方官应先将现存财产货物查封,交商会代管一面缉捉该商管押审办,将倒骗情形出示布告”。“凡下列各项情况者以倒骗论:

(1)关于契纸账簿字据等类陷匿销毁或涂改伪造及虚捏者;(2)于倒闭前将财产货物寄顿他处,或诡托他人名下或虚立债主户名,或先向外欠折扣收账或串通他们出头冒认者;(3)为损害债主起见于倒闭前一月内将货物贱值售脱,或不惜重利图借款项,或滥出期票使用者;(4)平日用度奢侈逾恒,或滥向本号支取银款货物,或买空卖空冀图侥幸并无可望之款以致亏折者;(5)借债之时并无的款可望偿还或经营商业并无确实资本者;(6)已经呈报破产,故意延缓不将财产货物一切权利及放出债项在地方官或董事处悉行呈报,或不将财产货物除本人及家属需用之衣服外,悉行交出者;(7)已经呈报破产,私自清还一二债主,致各债主所得未能彼此平均者”。

(《破产律》)

2. 派人清查。“倒骗之案仍由商会选举董事办理一切事务”。“商人席卷巨资倒骗潜逃,并无账簿可查,地方官应即行文通缉,一面标封现存产业货物由商会举董邀集各债主眼同查点造具清册,并累齐各债主所呈单据开列户名欠数报官存案,先将所存产业货物估价变卖,通盘核定成数令各债主收领。俟该商缉获到案现再行追缴”。又规定:“凡有心倒骗之案,除将财产货物变价备抵外,酌量情节监二十日以上三年以下,或罚金五十元以上一千元以下。或监禁与罚金并科”。

(《破产律》)

三、销案手续

“倒闭之商如查明情节实有可原,且变产之数足敷各债至少十分之五,可准其免还余债,由商会移请地方官销案”。对于“倒骗之商如果知悔自首,将所欠之债按十成补缴清完,各债主许其自新,具呈商会声明俟商会议决后,移知地方官销案,免其治罪”。地方官据商会移请销案“即行出示晓谕,一面令商会登报布告,以两月为限,各债主果无异议,方准销案,仍由地方详由督抚咨报商部查核,并候年终汇咨刑户存案”。

(《破产律》)

第三章 市场管理

第一节 集市(圩)庙会

一、政府颁布的重要法令

从清朝入关以后，历顺治、康熙、雍正、乾隆四朝所有颁布关于商业之法令很多，现就整理所得，条列其重要者分列于次：

1. 贸易人参例，禁止各庄头人勒价强买，并止许于南京、扬州、济宁、临清四处开肆贸易，后来又定人参贸易只许去京师之内，不得去外省买卖。

2. 织造市卖绸缎布匹等物，务要宽长合式，精密堪用，如仍前短窄松薄，查案治罪。

3. 禁止诸王府商人旗下官员家人外省贸易。

4. 禁止满大臣霸占行市木场。

5. 严禁奸棍霸占船只关津。

6. 禁里摊之弊(当时招买军需，名为市易，实系里摊)。

7. 定文武官市买军需浮冒开销处分。

8. 定色衣下人及诸王、贝勒、贝子、公、大臣、家人霸占关津生理之罪。

9. 定浑河运木至天津贸易例。

10. 令估计采买物料皆依时价。

11. 革除私设牙行，凡贸易货物，设立牙行，例给官帖，使平准物价。

12. 定采买铜铝之例，由户部发银给商人采买铜铅规定四月交一半，九月全完，以资鼓铸之用。

13. 定疏通钱价应行应禁事例。

14. 禁私贩硫磺。

15. 禁各省采办贡物，短价累民之弊。

16. 申严商人居奇勒价之禁。

17. 严禁牙行侵吞客商资本之禁。

18. 定铅厂通商之例。

(郑竹巽编著：《中国商业史》第 183 ~ 184 页，世界书局)

二、各种集市庙会

1. 北京城各种市场：清朝在康、雍、乾的一百多年中，由于农业生产力恢复，地主经济的发展，各地的商业市场里也很快地出现了繁盛的情况。北京是元、明、清三朝的政治中心，同时也是经济中心。商业区域，如棋盘街四围列肆、长廊百货之集(吴长元著《宸垣识略》)。如庙市“东城隆福、西城护国二寺，百货俱陈目迷五色(王路著《藤阴杂记》)。如灯市口，南北两厘，珠玉宝器，以逮日微物无不悉具”(朱新《京师坊巷志》)。

2. 各种集市：枝巢子《旧京琐记》市肆条谓“京师之市肆有常集者，东大市西大市是也，有期集者，逢三之土地庙，四五之白塔寺，七八之护国寺，九、十之隆福寺，谓之四大庙市，皆以期集，这些庙市，皆每月开数市者”。

“宸垣识略谓：崇国寺……每月逢七八两日有庙市”“火神……每月逢四日”“大慈悲寺……每月逢五六日有庙市”。另外“都灶庙……每年八月初一、初二、初三庙市”。又“太平宫……每岁三月初一、初二、初三日庙市”。此乃是每年开一次者”。

“苏州玄妙观，上海城隍庙，南京夫子庙等常年开放者”。

“上海静安寺之浴佛节庙市，每年开放一次者。

淮阳之太昊庙会，徐海十二县七十二个庙会，属原始型之庙市”。

(王孝通著：《中国商业史》，第 190 页)

3. 草市和专业市场。“除了有固定规模的市以外，村镇有草市，在清朝草市特别发达，往往以十数中的单数、双数为定期，有的依干支轮流，三日一次，十日一次的旬市已经很少。每个县大概有几处草市，每市草市有十个至二十个村的农民去赶集，农产品、手工业品和日用品都在那里交换”。

“此外，还有一种特殊的市，例如直隶〈河北〉祁州(安国)的药市，在每年春天有二十天，冬有三十天，远至四川、两广、云南、贵州的药商都拿生药到这里来，北方的各城市的药商就在这儿进货”。

（吴杰编：《中国近代国民经济史》，第59、60页）

“清朝前期的农村市场，无论在数量上，还是在商品交易频繁的程度上，已大大超越明朝，就以鸦片战争前的乾、嘉、道与清初的顺、康、雍来比较，也有了较大的发展”。如广东集市（圩）增长情况：“所以防增添之弊不使帖累于商民也。”

（戴逸主编：《简明清史》，人民出版社，1982年版）

三、集市（圩）的管理

集市进行交易，必须经过中间人“评议市价”这种中间人，叫“经纪”或称“牙人”。牙人又有“官牙”“私牙”之分。“官牙”要通过向官府申请，发给牙账，方能充当。牙人在交易中，收取佣金，从中渔利。清初牙账由各州基衙门发给，账有定数，税有定额。长清县丰集等十集，共有布，花行账十张，牛驴行账五张。乐陵县花园等六集，年交牛驴税六十两七钱七分，牙杂银六十七两八钱七分。临邑县的集市，年交牛驴税银十五两八钱八分一厘。牙杂税银三两三钱八分一厘。许多地区地痞流氓和衙役勾结，任意滥发牙账，随便征收税银，商民深受其苦。雍正年间临邑集市的牙账“岁又增加”。本来集市上的“杂货小贩向来无借牙行者，今概行给账，而市井奸牙，遂借此把持，抽分利息。因此，集场多一牙户，即商民多一苦累，为了防止滥设牙行的弊端，清政府“额计牙账，俱由藩司衙门颁发不许州县滥给，所以防增添之弊不使帖累于商民也”。

一般来说，“官牙”只有在“官集”上才设立，而“义集”系无税集市，理应不准设置。但随交易的频繁，义集上出现了未经官府允许的“私牙”，为了抵制私牙的滥收税额，剥削商民，往往由集市自行设置牙行经纪。如陵县神头镇的四九小集，由“镇间士民公议，设官斗二枚，官秤一枝，牲口经纪二人”。至于“充行人役，必镇民公议忠实之人皆由雇充”。这样“既不领押帖完课税，自无从借口官例渔肉商民”。齐东县的九邑镇义集，也是自己“雇觅斗秤人役，在集应役，并不取集场分文。商民办税，十有余年，一方称便”。

（《简明清史》，第425页～426页）

第二节　牙　行

一、对牙行的管理

1. 抬份压份，使用非法度量衡者治罪。“诸

清代广东墟市数目增长表

		时　间	原有墟市数			时　间	增长后墟市数		
			市	墟	墟市合计		市	墟	墟市合计
广州府	南海县	乾隆六年	8	38	46	道光时	51	13	64
	番禺县	康熙二十五年	22	51	73	乾隆三十九年	22	60	82
	东莞县	雍正八年	12	37	49	嘉庆三年	25	58	83
	顺德县	康熙十三年	4	39	43	乾隆十五年	7	42	49
	香山县	康熙十二年	4	8	12	道光八年	21	12	33
	三水县	康熙十二年			10				30
	薪远县	康熙十一年	12	4	16	乾隆三年	15	4	19
	从化县	康熙元年			11	雍正八年			13
	薪安县	康熙二十七年	5	23	28	嘉庆二十四年	7	34	41
潮州府	潮阳县	康熙二十三年			5	乾隆二十八年			17
	揭阳县	康熙时			5	乾隆四十四年			26
	海澄县	康熙时			5	乾隆时			10
	惠来县	康熙时			2	乾隆时			11
	饶平县	康熙时			3	乾隆时			19
	大埔县	康熙时			3	乾隆时			20
	海阳县	康熙时			9	乾隆时			9
惠州府	博罗县	康熙二十七年			25	乾隆二十八年			31
	归善县	康熙时			13	乾隆四十八年			13
	龙川县	康熙时			无	乾隆二十七年			13
	海丰县	康熙时			18	嘉庆时			14
	陆丰县	康熙时			无	乾隆十年			13
	高要县	康熙时			28	道光时			39
	开平县	康熙时			10	道光时			26
	广宁县	康熙十四年			6	道光四年			15
罗定州	东安县	康熙二十六年			11	乾隆五年			17
南雄洲	阳山县	顺治十五年			8	乾隆十二年			41

此表根据清代广东各府州县地方志中列墟市数目制成。

物牙行人等评估物价以贵为贱，以贱为贵，令价不平，或斛、斗、秤、尺、砝码不由官司较勘印烙，任意私造增减，专取其利，以致两不和同，并用强邀截客货者，均许买卖之人控告，照把持行市例究治其罪”。

2. 侵吞欺饰，从中渔利者治罪。“各行贸易听买卖之人对面亲勘货物，讲定价值，估辨银色，行户酌量收取用钱，如有从中侵吞欺饰，不令三面授受及藉牙帖乱行揽握别样货物者，依把持行市例科罪”。

3. 欺行霸市，诓骗顾客者治罪。“牙行有私立行规，高抬时价扰累商民等弊，追帖治罪；拖欠客本者勒限追比。如非选有抵业人户、顶冒朋充、霸开总行、考立集主包头名色诓骗客货者，照例治罪”。

4. 歇业不报，冒名顶替者治罪。“商人承领牙帖后，因事故歇业及无力充当者，准赴该官衙门呈缴废帖，由该抚截角送部查销。如该商隐匿不缴、通同舞弊及请人冒名顶替，希图影射渔利者，照违制律科断”。

二、违章的处理

1. 私充牙人者，杖。所得牙钱入官。“律载诸色五行选有抵业人户充应官给印信文簿私充者，杖六十，所得牙钱入官，官牙容隐者，笞五十、名革去。”

2. 扰乱价格者，所增减之份，以坐赃论。“凡诸物牙行人评估物价或以贵为贱，以贱为贵令价不平者，计所增减之价坐赃论，一两以下笞二十罪止杖一百，徒三年，入已者，准窃盗论，免刺”。

3. 把特行市，欲骗顾客者，分重轻治罪。“凡买卖诸物两不和同，而把持行市，专取其利及贩之徒通同牙行共为妙计，卖己之物以贱为贵，买人之物以贵为贱者，杖八十。若见人有所买卖，在旁混以己物，高下比价以相惑乱而取利者虽情非把持、笞四十。若已得到利物计赃，重于杖八十笞四十者准窃盗论，免刺，赃轻者仍以本罪科断”。

4. 牙行因强载客货者，问罪。“各处客商，辏去处若牙行及无籍之徒因强邀截客货者不论有无诓赊货物问罪俱枷号一月，如有诓赊货物仍追比完足发落，若追比年久无从赔还累死客商者，发附近充军”。

5. 牙行的度量衡未经州县较勘，或私造者，杖。二匠日罪。“交易行使计物应遵部颁铁斛以二斗五升为一斛，以十升为一斗，戥以部颁砝码十分为一钱，秤以十大两为一斤，尺以部颁分口尺寸，以十寸为一尺，充行人户照式置备赴州县较勘验确于斛秤杆上官用烙印记，秤锤，牙人亦先铸成某州县较准字样同秤杆一齐送较，其戥尺秤砝码州县较勘各整记某州县较准字样，若有私造在市行使，及将官司之物作弊增减者，照例杖六十，工匠亦同罪，其在市行使斛斗秤尺虽平而不经官司较勘印烙者亦即系私造，照例笞四十”。

三、牙帖颁发机关的改进和陋规的裁革

“各衙门陋规，尽行裁革算入正款即与额征正项无殊，所有该商人捐输银两自应按照上中下三则核实征收。如有征多报少，及以上行为中行，中行为下行，朦混造报者，查明参处。并令各商将某为上行，某为中行，某为下行，据实呈报，即由该抚分晰名目，另造确实清册送部立案以备钩稽”。

“各行商人捐领新帖，系为军营兵饷缺乏急公报效之需。其从前各衙门陋规一概删除。如有不肖官吏及承办局员复问该商贾人等需索使费，许该商人等首告从严参处”。

（摘自湖北省牙帖）

第三节　公行、行商及夷馆

一、公行、行商的起源和管理

（一）公行之设立及其反复

“公行制度最初成立于康熙五十九年（1720年），为本国所组织，专为中外商人之经营进出口贸易者之介绍，并为划定市价。后又得政府承认，取得对外贸易的专利权。但得向官征银二十万两。行商人数约为十人至十三人，普通都被称为十三洋行。公行制度至此遂得发展至完成的程度。其时因清廷允准国外贸易的经营，只能限于广州一地，所以公行亦唯广州有之”。

“乾隆二十五年(1760 年)行商潘振成等九家呈请公行,专为欧西货税。嗣后洋行遂分外洋行,本港行福潮行三项名目,而外洋行商人乃不兼办暹罗等国及潮州福州诸货税。由是行商责成愈专,而政府课税办愈重。每一行倒闭,又须连累通行,自外洋与本港行、福潮行分办凡十年,行商倒闭破产不能完纳政府课税者续出,乾隆三十六年正月(1771 年),两广总督徇英商之请,下令将“公行”名目裁撤,众商只须分行各办”。

“乾隆四十年(1775 年)外洋行商人得总督及其他大吏之援助,企图重新组织公行,“此事为东印度公司所反对。然欧各国外商及公司以外之英国散商始终未与公司合作,其结果所反对毫无影响,而公行遂得再度复兴”。

(二)公行之性质及管理的行规

“公行的职务大约可以分为三项:其一,就是,凡外商在广州贸易行商之担保:并且凡要买进出口货,或卖出入口货,皆须向行商接洽,不得自行直接交易;因而市价也由行商规定。其二,就是,外国贸易之进出口税由行商支付,而行商则自外国贸易征从价税百分之三,作为代付进出税的取偿及公行的公款;至行商所负外商的债务,也有公行担保。其三,就是为政府和外商的中间人:凡政府命令及外商禀呈都必须由其手上呈下递,因而外商之是否遵守通商规则,政府也责成行商担任”。

(《中国商业史》,第 221 页)

《公行的行规》:“康熙五十九年(1720 年)由最著名各商在神前宰鸡喋血共同盟誓,举行隆重之仪典,并规定公同遵守之公行行规一十三条,内容为:

(1)华夷商民,同属食毛践土,应一体仰载皇仁,誓图报称。

(2)为使公私利益界划清楚起见,爰立行规,共相遵守。

(3)华夷商民一视同仁,倘夷商得买贱卖贵,则行商必须亏折,且恐发生鱼目混珠之弊,故各行商应与夷商相聚一堂,共同议价,其有单独行为者应受处罚。

(4)他处或他省商人来省与夷商交易时本行应与之协订货价。俾得卖价公道,有自行订定货价或暗中购入货物者罚。

(5)货价已经协议妥帖之后,货物应力求道地,有以劣货欺骗夷商者,应受处罚。

(6)为防止私贩起见,凡落货夷船时,均须填册,有故意规避或手续不清者,应受惩罚。

(7)手工业品如扇、漆器、刺绣、图画之类,得由普通商家任意经营贩卖之。

(8)瓷器有待特别鉴定者(按拟指古瓷),任何人得自行贩卖,但卖者无论盈亏,均须以卖价百分之三十纳交本行。

(9)绿茶净重应从实呈报,违者处罚。

(10)自夷船卸货及缔订装货合同时,均须先期交款,以后并须将余款交清,违者处罚。

(11)夷船欲专择某商交易时,该商得承受此船货物之一半,但其他一半须归本行同仁摊分之,有独揽全船之货物者处罚。

(12)行商中对于公行负责最重及担任经费最大者,许其在外洋贸易占一全股,次者占一个半股,其余则占一股之四分之一。

(13)头等行,即占一全股者,凡五、二等者五、三等六;新入公行者,应纳银一千两作为公共开支经费,并列入三等行内。

“据此,可知前此经营对外贸易各行商,于价格往往任意高下,于商业行为上则互相排挤,争揽贸易,于货物则以伪乱真,于外船货物出入口时不为填册及不交现款,于绿茶净重不从实呈报。他处或他省商人到粤贸易,复有贵买贱卖以争揽生意诸弊”。

(梁嘉彬著,《广东十三行考》第 77 页~82 页,国立编译馆出版)

(三)行商的起源

“行商在十八世纪中叶以前,尚多为小规模贸易商人,且多系原操船业,近则往来闽粤,远则海航吕宋瑞典,以贸易为生者。此至乾隆初年广东对外贸易,不分南洋欧州,一切纳饷诸务,俱由十三行行商办理。洋行共有二十家,会城另有八家海南行,而行商遂享外洋贸易之利。乾隆十年(1745 年),经总督策楞于二十余家洋行内选择殷实之人作为“保商”,至二十四年(1759 年)尚只有保商五家。乾隆二十五年(1760 年),同文行潘启等九家呈请设立公行专办欧西货税,谓之外洋行。别设本港行专管暹罗贡使及贸易纳税之事,又改设海南行为福潮行,输报本省潮州及福建民人诸货税。外洋,本港,及福建民人诸货税。外洋，本港，及福潮分办，广东十三行行商遂转入专对欧西诸国贸易之时期”。

(四)行商的职责和管理

“行商乃一团体，在支付能力方面言之，各商应连带担负对于外人债务及政府课税之责任；对于各国船只应纳之税额，因须负连带支付之责任，即船员水手之犯罪案件，亦须负责。”

“行商一面各依其私人之筹度及其情愿选择外船贸易，但一面又公共担任官吏与外商间之媒介，并须保证外人生命财产之安全。设政府课税有变更时，由行商通知外商。设外商因行商之一员破产而蒙受损失时，行商因须连带负责赔偿，可得缴收行用，行商须监视外人，使其服从禁令及八项通商条例。”

“行商须保护外人，不使外人在城市内迷惑失路及对本地人滋事。如夷馆区域发生火灾，行商应出动其存备防火之船只及其工役(消防队)以救护外人之生命财产。外人欲往澳门或由澳门来广，行商应代外人向政府请领通行证。”

“行商之地位最为重要。除已许他种商人（散商）得以贸易之商品外，其他一切商品俱由政府正式认定归其独占。所有外国船只俱必须行商中一人加以保证，外商并非限定将其货物单独与该保证之人（保商）交易，可以依其愿望卖与其他商人（按此中系有限制如象牙之类，外商可卖给专门象牙商店，但须行商加保），关于收买输出货物，亦完全同样。”

(五)对行商违反规定的处理

1.“法国商人在广州自康熙三十七年(1698 年)即设有常川驻粤经理人一员。但至雍正二年(1724 年)此项名目业已裁去。是年法大班抵粤向中国政府要求批准其已得权利，既触犯巡抚之怒，复因搜查船只与海关官员互哄，抚院遂令将法国船长及居停法国之行商 youngua 拘捕后，youngua 赔偿巨款始得释放”。

2.“乾隆四十二年(1777 年)三月革监倪文宏(行商)赊欠英国货一万一千余两，监追无着、谕令倪文宏发往伊犁永远安插以示惩儆”。

3.“乾隆四十五年(1780)行商颜时英张天球借欠英商银两，不将每年所得行用樽节归还，任令英人加利滚算，奉旨革去职衔，照交给外国诓骗财物例发往边境当差，从重改发伊犁，所有泰和(颜时英)裕源(张天球)两行资财房屋交地方官悉行查明估变，除扣缴应完饷钞外，俱付英人收领，其余银两著联名具保商人潘文岩等分作十年清还，嗣后不准违禁放债，如有犯者，即追银入官”。

4.“嘉庆二十一年(1816)英铅买办擅至城门投递禀帖，触总督之怒，将买办通事全行禁锢并加鞭挞。更将广利行卢茂官锁系公堂，以威压大班”。

(《广东十三行考》第 391 页、第 131 页 ~ 134 页)

二、夷馆(商馆)的管理

(一)夷馆之设立

“夷馆系夷人寓馆”之简称，当时在日本者名日商馆，为外人所自设，在中国者则曰夷馆，系十三行行商所划出行地一部分赁居外人，而变于约束者。夷馆全在于广州十三行，即今十三行马路路南。外人之至粤者，不得逾越十三行街范围(十三行街为东西路，两头俱有关栏，内中除夷馆洋行外，尚有无数小杂货店、钱店、故衣(刺绣)店之类，专为外人兑换银钱及购买零星物品而设，又有无数小街，将各夷馆隔离)”。

(二)外商在夷馆居住的规定

“外人抵埠后，即须径入居夷馆。盖乾隆以前，外人颇有自赁民房或就已倒闭之洋行加以改造纳租居住者；其后定制愈严，除赁居行商所建夷馆外，不准私赁民房。而一切行动，遂完全受行商约束矣。乾隆末年，始准外人每月三次往游隔海之陈家花园及海幢寺，以资舒展；其后陈家花园寺圮，至嘉庆二十一年(1816 年)，始改令往花棣及海幢寺两处，又外人在夷馆内不许私自添一房宇、一柱一石；在夷馆外不许私添一码头；违者动辄受政府及行商干涉。但其后，往往不遵约束，且有在馆内开旅馆者。其初外人谒见行商商谈之时间甚短，面递货单后，即便告退；其后行商且有与外商同居止者，又外人往谒行商，初亦只可走步，行商至夷馆，则必循例乘轿；道光十年(1830 年)，東裕行司事谢五为外人雇轿，竟被“革去职衔，照交结外国诓骗财物发边远充军例，从重改发伊犁，未及发遣而已瘐死狱中矣”。

“清政府对外商约束甚严，乾隆二十五年(1760

年)两广总督李侍尧奏准约束外商五事中规定:一、外商在省住冬,永行禁止;二、外人到粤,令寓居行商馆内,并由行商管束稽查;三、内地商人借领外商资本,及外商雇请汉人役使,并行查禁;四、外商雇人传递信息之积弊,永行禁止;五、外船收泊处所,酌拔营员弹压稽查。其后复对外商颁布下列九条禁例”。

1. 外洋战舰不得驶进虎门水道;2. 妇女不得携入夷馆,一切凶械火器亦不许携带来省;3. 公行不得负欠外商债务;4. 外人不得雇用汉人婢仆;5. 外人不得乘轿;6. 外人不得乘船游河;7. 外人不得申诉大府,事无大小有需申诉者亦必须行商转递;8. 在公行所有之夷馆内寓居之外人,须受行商管束,购买货物须经行商之手,尔后外人不得随时自由出入,以免与汉奸结交私贸;9. 通商期间过后,外商不得在省住冬,即在通商期间内,如货物购齐及已卖清,便须随同原船回国,否则(即间有因洋货一时难于变卖,未能收清原本,不得已留住粤东者)亦须前往澳门居住。

(《广东十三行考》,第 97 页 ~ 98 页)

第四节　对盐、铁的管理

一、盐的管理

1. 清初部发盐引(注:证明),凭证运盐,纳税。清承明弊,沿而未改,各省行盐,循用纲法,招商让窝,领引办课。引从部发,谓之部引。岁由各运司具文清领,于开征时由商人按引纳课,指定某场买盐,限期出场,其秤掣截角缴销等于续,悉沿明旧,凡各省沿海及有池井之地,均听民开辟,置场制盐,与商交易,定为“民制商收商运”,视其产之多寡,与其运之远近,以配引,而行于各岸,主行盐者谓之“运商”,主收盐者谓之场商”,则业之利,乃专擅于商矣,先是商人所认额引(注窝数)皆应照额运销,应缴引课,皆须按年缴完,如有引未运完,课未缴足者,即将该商引窝革退,别募殷实商人接充,所欠课款,着落该商家产追赔,原有出结各官,交部严加议处。其无力办运者,亦照例退引窝,另招新商,凡窝单均不准转租与人”。

(曾仰丰著,《中国盐政史》,商务印书馆 1936 年版,第 22 页)

2. 废引改票,只须按章纳税,就可领票运盐贩卖。“于淮北先行废引改票。其法:于场区适中地点,设局收税,无论何人,只须照章缴纳税课,即可领票运盐贩卖,规定每票一张,运盐十引,(注:清初每引约以二百斤为率)如请百引者,给票十张,至附近盐场则以百斤起票,其掣验等手续,略与引法相类,凡无票及越境者,仍以私论。厥后陆建瀛踵行于淮南,遂变引商为票商。其时于扬州设局,收纳课税,照淮北成例,每运盐十引,填票一张,以十张为一号,凡商贩请运自百引起至千引止,只须领票十张或百号,并不作为常额,所运盐斤,准在淮盐界内行销。盖票法主旨,在取消引窝,无论官绅商民,皆可承运,且在销界以内,无论何县,悉听转贩流通,所以革除专商岸之弊,票课即在场内收纳,已等于就场征税,特因票课较轻,虑有侵销,以及交通状况关系,故行盐大范围依旧限定,不能任其所之,为一种有限之自由贸易。自是论盐法者,成以改引行票,为救弊良策”。“票盐之利,愈于长商者何也”。长商受有管束,官吏因之侵渔,长商可如何,故有费而盐日贵;票盐随时认领,官史即欲需索,票商立许告发,故无费而盐场销,则减费即所以裕课,其利一。长商有费则盐价日贵;贵则不能敌私,而销路日壅;票商无费,则盐价日贱,贱则可以敌私,而销路日宽,则敌私即可以裕课,其利二。长商积疲已久,每致先盐后课,而课易拖欠;票商挟本而来,故皆先课后盐,而课无短绌,则免欠课之积弊,其利三。长商按利领运。必挟资巨万,而后可以承充;票商量力纳课,即为元多,而亦准其贩运,则广民间之生计,其利四。长商则把持官盐,迫人以不敢不食,故盐多搀私;票商则各自销售,恐人之或有不食,故盐皆洁白,则便各省之民食,其利五。长商价重,则人愿食私,而枭徒因之以多;票商价轻,则人愿食官,而私贩因之以戢,则化天下之寡民,其利六。今两淮改票,既有成效,则各省亦可仿照成案,量加变通”。

(曾仰丰著,《中国盐政史》,第 26 页)

二、铁的管理

清政府对铁的采冶和管理控制很严。“一方

面，由于铁器是生产和生活不可缺少的用具，清政府不能不在一定程度上允许铁的采冶和流通；另方面，清政府又非常害怕铁的广泛使用和自由流通将使被压迫人民容易得到斗争的武器。”因此清政府规定：

凡采铁冶铁地方、炉座的数目、产量、工场主以至矿工、铁工的姓名、履历均须详细报官发给执照。贩卖铁斤，某商在某处向某炉户买铁若干，运往何处何店，也要呈报给单，严禁无照的私铁。如乾隆年间，湖南官府命令：“设炉之时，令山主只许雇觅本地人夫，毋得招集外来人民，勿使商贩渐生事端，并将采砂捶炼人夫实在数目，填明姓名年貌，与经营执事协同保甲邻右户首，出具甘结，会同营员加具印结，详送存案，准其开采”。嘉庆的上谕中也说：“销铁斤经由江海贩运者，均应给与印照采买，运回交销。无照不准采买或照外多买，运回不将印照交销，即行查究。”“尤其是铁器运销海外，禁止更严，连已铸成的铁锅也不准出口，即使船上自用的锅壶炊具也改用铜锅，沙锅。船舶出洋，须经官府查明，发给“并无铁斤出海的证明”。

（《简明清史》第一册，第386页）

第五节　度量衡的沿革和管理

一、度量衡的沿革

“清代的度量衡制度，建朝初期，沿用明旧制，迄圣祖仁皇帝(康熙)躬亲累黍布算，而得今尺八寸一分恰合千二百黍之分，符乎天数之九九，于以定黄钟之律尺，而以纵累百黍天之尺为营造尺，凡升斗之容积，法马之轻重，皆以营造尺之寸为定之。然后同律度量衡之制，自汉以来懵乎无稽者至是始皭若画一矣”。即是说从康熙帝亲自制定度以营造尺寸为准，量衡均根据营造尺制定，漕斛为量之本，库平为衡之本，并制定铁模以兹划一，从此度量衡制度才算划一”。

（《度量权衡总说》，第12页）

“光绪三十四年(1908年)农工商部会同度支部会奏拟划一度量权衡制度，详拟推行章程奏称：一曰，恪遵祖制，以营造尺漕斛库平为制度之准则也，中国度量衡之制，始自虞书，详于汉志。其言度之数本于律，权量之数本于度，自晋迄明，罕通斯义，帷我圣祖仁皇帝稽古同天，前民利用以横累百黍之度为古律尺，纵累百黍之度为今营造尺，凡漕斛升斗之容积，库平法马之体积，皆以营造尺之寸法定之，然后律、度、量、衡四者乃真符爵典班书之精义，皆一贯以相通为列朝所未有，今工部营造尺之祖器，虽已无存，而御制律吕正义，今尺之图与仓场所存康熙时之铁斗，证其尺寸不爽毫厘，是成法确可据依，即旧贯无烦改作。此祖制之所以宜恪遵，即臣等所谓定一尊者也”。

“一曰兼采西制以实行画一各种度量衡之制度也。法国迈当之制，风靡一时，英俄日本等国皆已参行，然其本帮旧制仍多未改，况中国五千年来之习俗百姓日用而不知，何必更张，反滋纷扰，顾有以不改为便者。亦有以改为便者，如近日学堂工厂铁道建筑，多用英法之尺兼及英日之权器已遍于国中，观必求诸域外，何若以伐柯之则为塞漏之谋，以集合所长为统同之计，此西制之所以宜兼采也”。

“今就会典所载，拟增损者约有八端。一改量地之步弓为链尺，一依今库平之式改方镙为圆圈，改两尖齿为对针，一改法马为圆筒形，不用扁圆旧式。一改金银每方寸之比重，为纯水一立方寸之比重一于度制之内增勺合概，三种一勺合升斗均各增圆式，一种一于衡制之内，增商用天平及一毫、二毫、五毫、一厘、二厘、五厘之法马六种。凡此皆习用已于默化，而官司尚未有明文允宜纂入定章，垂为世守，此用旧制而不能不加损益之情形也”。

（度量权衡测一制度图说总表推行章程奏褶第7页）

二、对度量衡管理的措施

1. 专卖。“凡官民所用度量权衡之器，均当由本部设厂制造专卖，以免式样材料有参差不齐之弊，方可实行画一”。

2. 设立专门机构负责管理。“各直省设立度量权衡局一所，承督抚之命，督察各地方官专理度量权衡事宜。”“各省度量权衡局自奉到奏定新章之日起，限一个月内即行设立”。

3. 规定官、商民定期改用新制度量衡器。“凡官用之物自奉到部发用器后，限三个月内一律改用新器,如有一时不能改定者,当先与新器定一折算之比例,限二年内一律改从新器,将旧有名目一概作废。""商民所用之度量权衡照此定章本应均用官器,现拟饬售卖绸缎布帛之店业成衣木匠之人均领用新制之尺,卖买米谷豆麦之店均领用新制之斗斛,票号钱庄质肆均领用新制之法码。此数项应于第二十四条所定各省城各商埠,各府城各州县每处以三年改用官器之第一年内一律饬其先行领用,方可分年办理之纲领。"

4. 经营度量衡器者,应注册给照。"以贩卖或修理新度量权衡为业者,应由地方官呈请本部注册给照方可准行,其注册给照另订细章,总以简便易从不使小贩为难为主"。

5. 牙行改用新器。"各省领部帖开设之牙行,均当领用度量权衡新器,照各省藩司衙门或厘局所存之牙户册颁发。如有代客买卖之货,均当以新器确实折合旧器之多少申算之价值,如有故意淆混致商民不便者,查出严惩,并吊销部帖以后不准再充牙行"。

6. 办理新器之机关。规定协同监察检定机关是"实行商民改用新器之法,除京师由民政部顺天府外省由各将军督抚都统办事大臣、督军各地方官实力办理外,各省巡警局及各处商务总会均有帮同地方官督察检定度量权衡之责,各地方官并当以办理之,善否列入考成"。

(引自清光绪三十四年[1908年]"度量权衡画一制度图说总表推行章程奏折")

第六节　物价管理

一、对物价变化情况的掌握

1. 粮食米价腾贵

《上谕大学士等》曰:"今京城米价甚贵,朕闻小米一石须银一两二钱,麦子一石须银一两八钱,尔等与九卿会议,如何可以平价,江浙前两年无收,今年大熟,米价仍未平者,亦必有故"。李光地奏曰:今人口甚多,即如臣故乡福建一省,户口繁息较往年数倍,米价之贵,盖因人民繁庶之故"。上曰:"生齿虽繁,必今各得其所始善,今河南、山东、直隶之民,往边外开垦者多,大都京城之米,自口外来者甚多。口外米价虽极贵之时秤米一石,不过值银二钱,小米一石,不过值银三钱,京师亦常赖之"。

(康熙四十八年十一月庚寅,即1709年12月24日《圣祖实录》卷240页14下~15上)

《谕大学士九卿等》:"闻广东米价腾贵。每石卖至一两八九钱至二两不等,将军管源忠亦因米贵具折奏闻。朕轸念天下民生,无间远迩,虽边缴之外视之犹辇毂之旁也,粤地素号产米之区,从无价高至一两以上及二两者。兹米价骤增,小民必致艰食"。……

(康熙五十二年庚子,即1713年4月17日《圣祖实录》卷254页13上)

《谕总理事务王大臣》:"闻山西地方,粮价昂贵。如平阳、汾州、蒲州等府属,米麦价值,每石卖至二两之外,太原、潞安、泽州等府属亦一两五钱至一两九钱不等"。

(乾隆六年正月己未,即1736年3月16日《高宗实录》卷11页18下)

2. 豆类及杂粮价格上涨

《户部议覆》"直隶总督高斌奏称:'京城豆价日昂,原议以保安、宣化、万全三州县,存储屯豆,运京平粜,应及时运贮附近仓厂,分发八旗官局'。""得旨""依议速行"。

(乾隆九年三月庚辰,即公元1744年4月14日《高宗实录》卷221页1下~2上)

《谕军机大臣等》"山东兖州、济南、泰安一带,得雨均未沾足,际此青黄不接之时,闻各该处米麦杂粮价日渐增长,以粟米而论,每仓石市价自一两四、五钱至一两七、八钱不等,其余麦豆价值可以类推,虽各处减价平粜,价仍昂贵"。

(乾隆十二年五月癸巳,即1747年6月11日《高宗实录》卷200页4下)

直隶总督方承观奏:"今岁丰收倍于常年……。米价自八钱至一两不等,再八沟厅产米最广,每石不过七钱"。

(乾隆三十年十月辛未,即1765年12月11日《高宗实录》卷747页19下~20上)

3. 稻谷昂贵

《谕军机大臣等》:"德文等奏报奉天府属九州县,锦州府属四州县,五月份各色谷价清单一折,奉天府属稻谷价值自二两至三两八钱。锦州府属稻米价值,自三两三钱至三两八钱,其余别色谷价,亦多增长,盛京粮价本贱,今昂贵若此,旗民生计,不无拮据……究竟粮谷成灾与否,务必据实奏闻,不可稍有隐饰"。

(嘉庆八年七月壬寅,即 1803 年 8 月 26 日《仁宗实录》卷 116 页 21 上 ~ 22 下)

"近看李衡办事,甚属粗率……。又伊所开米价单内,保定府稻米每一仓石,价银二两六钱至二两七钱五分,称为价中,大名府稻米每一仓石,价银一两七钱五分至二两一钱四分。称为价贱,岂有如此米价,而尚得为中,尚得为贱乎"。

(乾隆三年五月甲戌,即 1738 年 7 月 9 日《高宗实录》卷 69 页 19 上 ~ 20 下)

4. 食盐价格太贵

"朕闻滇省盐价昂贵,每百斤自二两四、五钱起,竟有卖至四两以上者,边地百姓,物力艰难,僻壤夷民,更为穷苦,每因盐价太贵,有终于茹淡之事……查该省盐课,除正项外,有增添盈余一项,即行裁汰,务令盐价平减,纵使昂贵亦只可在三两,若裁去盈余之后,公用有不敷处可另行酌议请旨。"

(乾隆六年三月辛丑,即 1736 年 4 月 17 日《高宗实录》卷 14 页 10 上下)

二、对物价的管理

1. 对粮食、食盐等生活必需品的价格管理

①官府储备商品,如市价高涨时,平价和减价出售,以平抑市价。如在州县设常平仓积储米粮,如市场价涨影响民生,即开仓平粜。

②限价出销。

③令低价州县调运高价州县,平定价格。

④禁止囤积。

⑤调价收购,对某些商品收购价过低进行适当调高以利收购。

对某些州县地方官申请调高或调低价格,清帝尚能以较审慎的态度谕令各级官员反复调查核实始作定议。如水银价格问题比较突出。

2. 储存商品遇市价高涨时,平价抛出,以平抑市价

"扬郡米价骤贵,请以盐义仓积谷,拨发江都、某泉两县,于城外四厢设厂平粜,比照市价每石减银二钱"。

(乾隆七年七月癸丑,即 1742 年 8 月 29 日《高宗实录》卷 171 页 27 上下)

"山东各属缺雨,粮价渐增,似宜渐为变通,酌定减价粜卖,以便穷民。如价在八钱以上者,以七钱粜卖,七钱以上者,减去一钱,七钱以下者减去五分。在年谷顺成之秋,仍可照价买补,设稍不敷,准照例通触拨补。至亢旱价贵地方,如只存七粜三,恐不敷接济,应请不拘粜三成例,就各属仓储多寡,户口繁简酌定多粜以惠闾阎,价平之处仍照例粜三……"。

(乾隆八年四月癸丑,即 1743 年 5 月 23 日《高宗实录》卷 189 页 24 - 25 上下)

3. 调拨调济,缩小地区差价

"乾隆七年粤东广、肇、惠、潮等处,米价腾贵,督臣庆复酌拨广西省仓谷二十一万石,运东平粜,每石定价四钱,支该处于秋收后买补。嗣后桂林米价日增,每石至六、七、八钱不等,原议定价,不敷采买,请动司库银两增添买补等语。查谷价低昂,原视岁秋丰歉,如岁丰价减,即照定价买还仓,或实有不敷,应饬该司,随时酌量动项垫买,移明东省,照数补解还款。"得旨:"依议行。"

(乾隆九年七月戊子,即 1744 年 8 月 20 日《高宗实录》卷 220 页,18 上下)

《户部议复》:"陕西巡抚明德奏称该省驻防官员,岁支梗米,近来采买,价值浮冒,应照例复减……每石定为二两六钱,折色支给,从之"。

(乾隆二十九年五月甲寅,即 1764 年 6 月 2 日《高宗实录》卷 710 页,5 下 - 6 上)。

"山东各属粮价较昂,应等减粜,请将每石九钱至一两者减五分,自一两以上至一两一钱者减一钱;至二钱者减一钱五分;至三钱者,减二钱;其自一两三钱至五、六钱统以一两一钱为率。有需借口粮者,先尽米、麦、杂粮及社仓粮石出借,不敷再动常平"报闻。

（乾隆三十四年二月辛巳，即 1769 年 4 月 4 日《高宗实录》卷 829 页 24 上下）

4. 采取限价出售

“江省上年被灾，各州县应酌筹减粜，请将每石价一两七钱者减一钱；一两八钱至二两者减二钱；二两以外减三钱。”再淮安、扬州、通州各属常平仓储俱报缺，现通融咨商监政，俟监场开仓，准令民灶一体买食，离场较远州县，并请于监义仓内拨运协济。得旨：“如所议行。”

（乾隆三十四年二月辛巳，即 1760 年 4 月 4 日《高宗实录》卷 829 页 24 上下）

“湖北省额设常平仓谷五十余万石。近年粜派兼施，缺额谷五十余万石。续缺之谷，照市价销银六钱五分至七钱不等；赈缺之谷，每石到给五钱，现在粜缺买之谷止五万余石，而赈缺未买之谷，积至四十八万余石之多。查赈缺之谷，自乾隆七年，部定每石给银五钱，至今几及三十载，谷价情形不同，现饬买补赈缺各州县，每石不得逾五钱六分之数，其开销正项仍以五钱为率，此外应补银两，即以粜价余银一万余两，先行继补，如有不敷，准其于续收盈余，找拨清款，并请嗣后每逢平粜，计上年买补原价，于酌减之外，每石盈余银一钱，在小民买食，已比市价销减；而谷盈余较前更为殷实，不三、四年拨补渐清，仓储可以足额。”得旨：“嘉奖”。

（乾隆三十五年七月癸酉，即 1770 年 9 月 18 日《高宗实录》卷 865 页 29 上下）

“凤泗所属州县及凤阳等卫，上年被灾，现米每石价一两四、五钱不等，应酌量平粜。平价昂至一两四钱以上，每石减一钱：一两七钱上，减一钱五分；二两上，减二钱，麦豆每石减一钱，二谷抵一米，每石减五分，成熟州县需平粜者，照例米每石减五分，无需平粜，而仓储年远者，出陈易新，无庸减价，秋后买实还仓。报闻”。

（乾隆三十七年三月乙丑，即 1772 年 5 月 2 日《高宗实录》卷 905 页 36 上下）

5. 审核价格

“甘省土瘠民贫，仰赖官仓接济，现各属常平额储，所存无几，本年夏禾，统计六分至七、八分不等，市价尚平，请于司库借款，采买六十万石，以备来春借粜之用，其价请：大路冲途，上色粟米、小麦、豌豆，定每石二两。下色青稞、大豆，一两二钱。偏僻处，上色一两七钱，下色一两二钱，以杜捏饰冒销之弊”报闻。

（乾隆三十七年九月辛酉，即 1772 年 10 月 25 日《高宗实录》卷 917 页 27 下）

“本日李世杰奏到九月份粮价单内，其黑豆一项，市价自五钱起至八、九钱不等，价值尚称平减。日下京师黑豆，价值颇昂，较之豫省，计增至一倍有余。现将积存京仓豆石，发给官员等，以平市价……”。

（乾隆四十七年十一月乙未，即 1782 年 12 月 6 日《高宗实录》卷 1168 页 5 下）

6. 严禁囤积、私运居奇

谕内阁：“御史程邦宪奏五城米价腾贵、请申严例禁以平市价一折，京师五城地方，于本年七、八月以后，各项粮价加增，或因近京各州县被潦歉收。亦不应较前翔涌几至加倍，自因奸商囤积过多，高抬时价，各门疏于防范，即和行商贩运牟利居奇，不可不严申例禁。该御史奏称，崇文门外米市，即为奸商丛集之区，弊窦滋多，著步军统领，顺天府，五城严密查访，如有私贩出城及囤积逾例者，立即拿获，按律定拟……”。

（道光二年十一月庚寅，即 1823 年 1 月 1 日《宣宗实录》卷 45 页 11 下－12 上）

7. 核定鉴价

《谕军机大臣等》：“有人陈奏：江西、湖广各州县官盐价昂，每斤制钱六十六至七十余文，而私盐每斤不过三十余文……等语……如若所奏，官盐价昂几及私盐一倍有余……著陶谢等严饬各该地方文武官员弁，于新定章程，实力奉行。……并著照现在银价核定每盐一包，应值制钱若干，通行晓谕。不准逾越，俾盐价平减，官引畅销，以期盐务渐复旧规，将此各谕令知之”。

（道光十三年十一月乙亥，即 1833 年 12 月 19 日《宣宗实录》卷 245 页 13 上下）

8. 各种商品进行核价管理

《户部又议准贵州总督兼管巡抚张广泗疏称》：“省城官发水银价值，上年陆续加至四十八两，其时较市价尚平、商贩乐于争买，今市价既减，商贩渐少，请仍减银四两，以符原值，'从之'"。

（乾隆八年二月癸丑，即1743年3月24日《高宗实录》卷185页23上）

《户部议准署广西巡抚托庸疏称》："鼓铸青钱所需铜斤点锡等项，应遵题定之额搭配，所需耗铜，照依汤丹厂铜之例，每百斤补色八斤，复算加给，汇入各厂加耗项下动支。"在粤西客铜，俱从滇南贩来各商铜本需货，应照时价，每斤给银一钱三分，与原议收买余铜十三两原价相符，应照数动给。"从之"。

（乾隆十一年二月戊辰，即1746年3月23日《高宗实录卷》260页4上）

《谕军机大臣》等：永贵等奏称："喀什噶尔购马二百七十九匹，用银二千七百六十三两有奇，计每匹银十两以内"等语。伊犁、乌鲁木齐贸易哈萨克马匹甚多，嗣后各回城有需马之，俱著奏请调拨，于其购买马匹。

（乾隆二十八年五月丙寅，即1763年6月20日《高宗实录》卷686页17下）

《又谕军机大臣等》曰："宫兆麟奏请黔省库存水银，仍照方世隽原题，每百斤三十九两之价出售，无容加添一折，于事理尚未允协，据称：'水银发商承变，市价长落不齐，官价则必须一定，惟贱于市价，俾属贾有利可图，则易于销售'等语，固属近理，但黔省水银，部定原价系四十八两，方世隽因良卿具详有减价九两奏，总由良卿与高积串通一气，任意营私，其多减价值，实以便于高积之贩卖自肥，图得厚利，其中情弊显然，岂可能凭为官发定价？且该抚所称官价应贱于市价，亦不过令商贾等趁逐绳头，稍沾余润，即以现存市价而论，每百斤已较官价少至三两七钱，设将来市价复昂，相悬更不知凡几，是明予人以牟利之资，万一不肖官吏复踵高积复辙，亦岂能保其必无？待其再见而绳之以法，又何如慎于事前，使无流弊乎？……著传谕宫兆麟，另行详细查明，妥议速奏"。寻奏："嗣后水银发售，官价照市价减银五钱。"得旨："允行。"

（乾隆十五年闰五月丁已，即1770年7月4日《高宗实录》卷860页29下—20上）

第七节　契约(合同)的管理

一、各种契据账簿可用为凭证的均须遵章帖用印花的规定

凡人民之财产货物当授受买卖借贷之时所有各种契据账簿可用为凭证者均须遵章帖用印花方为合例之凭证。

二、各种契据账簿分为二类税额

1. 第一类二十二种。价值合制钱十千以上，帖印花二十文。

提货单、发货单、银钱收据、收存货件文契之凭证、租赁各种物料铺底生财之凭据、承顶各种铺底生财之凭据、租赁地址房屋之字据、抵押货物字据、预定买卖货物之单据、镖局包运货物银钱揽票、佃户承种地亩字据、当票、保险单、收存款项之凭据、公司股票、延聘人员雇用工匠之合同(每纸)。各项承揽物字据(每纸)、各项保单铺户所出各项货物凭票、支取银钱货物之凭据(每个每年)。各种贸易所用之账簿(每册每年)。

2. 第二种八类：汇票、期票、借款字据。田地房屋典押契据、铺户或公司议订合资营业合同。以上五种纸面银数不满一千两者帖花二十文，一万两以下帖印花一百文，一万两或一万两以上帖印花一千文至此为止不再加帖。

田地房屋买卖契据。除向例税契之外另帖印花照上五种帖法。析产字据。照立据时产业之市价估计二百两以下帖印花二十文、一千两以下帖印花一百文、一万两以下帖印花一千文、以上加一万两加帖一千文。承嗣字据，每纸帖印花一千文。

三、凡契据账簿应帖印花的具体做法的规定

凡契据应帖之印花责成立契据之人于授受前帖用加盖图章或画押于印花票与纸面骑缝之间，如原合同两造各缮一纸照章各帖印花盖章画押然后

交换收执。

四、凡应帖印花之件，不照章帖用印花或帖用之时不盖章画押，分别作出处罚的规定

凡声明应帖印花之件如立契据凭折人并不照章帖用印花或不盖章画押者应即退还责令照章办理倘任意收受遇有讼案牵涉官不办理。

凡应帖印花之账簿如不照章帖写盖章画押者遇有讼牵涉呈堂查验时不足为凭。

凡声明应帖印花之件，如不遵章帖用或帖用之时未曾盖章画押，讼经官查出按照偷漏数目加罚五十倍补帖印花，账簿则加罚百倍补帖印花，倘前项应帖印花盖章画押而所帖之票不足定数者照应补之数加罚三十倍补帖印花。

五、对帖用业经使用印花或伪造、改造花票者的惩罚规定

业经帖用之印花票不准揭下再帖，违者照偷贴之数加罚二百倍补帖印花票。

伪造或改造花票者照私铸制钱例从严惩办。

应帖印花之件如不遵章帖用遇讼经官自宜照第八条惩罚但不准人挟嫌告发地方官亦毋庸派人查验以免骚扰。

（以上均见《印花税则》）

第四章　商标管理

第一节　商标的作用和管理

一、商标的作用

"商人贸易之事,各有自定牌号以为标记,使购物者一见而知为某商之货。近来东西各国,无不重视商标互为保护,与制造专利之法,相辅而行。中国开埠通商垂数十年,而于商人牌号向无保护章程,此商牌号,有为彼商冒用者,真货牌号,有为伪货掺杂者,流弊滋多,遂不免隐受亏损。今臣部综绾商务,业将一切保商之政,次第举办,则保护商标一事,自应参考东西各国成例,明定章程,俾资遵守"。

(《商部奏拟订商标注册试办折》)

二、商标注册和管理的主管机关

商部设立注册局一所,专办注册事务,津、沪两关作为商标挂号分局,以便挂号者就近呈请。

三、商标的构成和禁用条款的规定

无论华、洋商欲专用商标者,须照此例注册。商标者,以特别显著之图形、文字、记号或三者具备,或制成一二是为商标之要领。

商标禁用条款。"不准注册之商标,如左所列:一有害秩序风俗并欺瞒世人者,二国家专用之印信字样(如国宝、各衙门关防钤印等类)及由国旗、军旗、勋章摹绘而成者,三他人已注商标,又距呈请前二年以上,已在中国公然使用之商标相同或相类似,而用于同种之商品者,四无著名之名类可认者。"

第二节　商标注册的呈请、审查和核准

一、商标注册的呈请

"凡呈请注册者,将呈纸送呈注册局,或由挂号分局转递亦可"。"呈纸内须附入说帖,说帖附商标式样三纸,务将商标式样之大概,及此项试办章程细目内所定之类别,与此项商标特定之商品记载明确,如由挂号分局转递,须将呈纸及说帖,添写副本各一通。"

1. 凡关商标所用之禀牍、说帖等,每一件作一通。将呈请人姓名住址及呈请之年月日均明白记载。禀牍说帖内之文字须用汉文,其有用外国文字者,亦须加译文。

2. 本章程细目,定有呈式,须照定式缮定。

3. 如请代理经手人来局呈请,须呈检委托之凭信。

4. 挂号分局收受呈纸时,将副本留存,其正本即申送注册局。

5. 注册收受呈纸时,即将呈纸上注写号数,当将号数知照呈请人。知照后如遇关系商标应行禀呈事件,禀牍内须将原注之号数列入,以便本局检查。

二、商标注册的审查和核准

第五条　"注册局收受呈纸,查无不合例处存留六个月,其间若无他人呈请,与此抵触者,即将此项商标注册"。

第六条　"如系同种之商品及相类似之商标呈请注册者,应将呈请最先之商标准其注册,若系同日同时呈请者,则均准注册"。

第十一条　“凡禀牍、说帖、商标式样不分明，不完备者，注册局可定一期限，令其订正完备，即行禀复”。

第十二条　“呈请注册者及有他项禀告者，如不照注册试办章程所定期限，或注册局随时指定之期限办理者，(以程途远近情形难易随时定限)其所请应无庸议”。

第十三条　“注册局于呈请之商标，查无不合例者，即为注册，并知照呈请之人。呈请人接到前项知照，即于注册局指定限期内，将注册费及商标印版，并前项知照原文，一并呈交本局，或挂号分局”。

第十四条　“注册局或挂号分局收到注册费及商标印版时，即在前项知照原文内，盖一收清图记交还呈请人。挂号分局如照前项一律收清，应速即申送注册局。商标印版须于每月底总申送注册局存留，以便刻入公报，挂号、注册各项公费于每月底总结申解注册局”。

第十五条　“呈请人照第十三条第二项所定办理，注册局即准其注册，将印照交付”。

第十六条　“商标之印版或用木或用金属。其版面长不得过四寸，阔不得过三寸，厚七分五”。

三、对被批驳的商标呈请复审的规定

第十四条　“注册局于请注之商标认为不合例者，应将缘由批明不准注册”。

第十五条　“有不服前条之批驳者，由批驳之日起，六个月内，许其据情呈请注册局，再行审查”。

四、商标公告

第十八条　“注册局将注册之商标及注册关系各事，刷印商标公报，布告于众”。

(商标注册试办章程)

五、商标呈请、注册费的规定

第二十三条　“凡呈请挂号、注册、给照等，无论华、洋商应缴各项公费，如下所列：一呈请挂号，每件关平银五两；一注册给发印照，每件关平银三十两；合用、转授注册，每件关平银二十两；一期满呈请展限并注册，每件关平银二十五两；一抄注册商标之文件，关平银二两(过百字者，每百加银五钱)；一到局阅册，每二刻钟关平银一两；一遗失补印照，关平银十两；一报明冒牌等事，每件关平银五两；一呈请再行审查关平银五两；一呈请注销关平银三十两；一留传后人请换证照，每件关平银五两”。

第三节　注册商标的续用展限、转授与合伙

一、注册商标的续用展限

1. 注册商标的有效期

第九条　“无论华、洋商商标专用年限，由本局注册之日起，以二十年为限，其已在外国注册之商标，照章来请注册者，则专用年限，即从其原注册之年限(但不得过二十年)”。

2. 注册商标的续用展限

第十条　“专用年限届满时，如欲续用此项商标者，如在期满之前六个月以内，准其呈请展限”。

第十条“商标呈请续用时，须将注册印照呈阅，若在外国已经允准续用者，须将原准续用者文凭抄呈”。

二、注册商标的转授与合伙

第十一条　“业已注册之商标主，如欲将该商标之专用权转授与他人，或须与他人合伙，须即时至注册局呈请注册”。

第二十条　“商标专用权由后人承用者，须将其证据呈送注册局，禀请改换注册印照”。

第二十一条　“注册试办章程第十一条所定已经注册之人，或欲转授他人，或与他人合伙，须于禀状上将授受人载明，连名签字，将注册印照及合同抄一清本，送呈注册局存查。其已在外国注册之商标，须将其本国政府印照抄呈，如有前项情事，将原册上添注后，复添注在印照背面，将印照交还呈请原人”。

第二十二条　“注册商标主之住址，或代理经手人偶有更换，须速即呈报”。

三、注册商标的注销

第十二条 “业已注册之商标，若与第八条内第一、第二、第四则有背者，注册局可将其原注之商标注销”。

第十三条 “业经注册之商标，如有与第六条，及第八条之第三违背，于此有利害相关之人，准其呈请注销，但注册已过三年者不在此例”。

第十九条 “注册局遇有注销商标者，或商标主不用其商标者，或停止其营业者，均速令其缴还印照”。

第四节 注册商标专用权问题

一、注册商标专用权的保护

第十九条 “有侵害商标之专用权者，准商标主控告，查明责令赔偿”。

二、对摹造他人注册商标行为的制裁

第二十一条 “如凡左列各条者，罚以一年之内以监禁及三百两以下之罚款，但须俟被告者控告，方可论罪。一意在使用同种之商品而摹造他人注册之商标，或将此贩卖者；二将商标摹造，而使用于同种之商品者，又知情贩赎其商品，或存积该物，意在贩卖者；三以摹改之商用为招牌，登入报章告白者；四知他人之容器(即箱匣瓶罐等类)包封等有注册商标，而以之使用同种之商品者，或知情贩卖其商品者；五明知可以侵害他人注册商标之物品，故意运进各口岸者”。

第二十二条 “如有以上各条情事，将其制成之商标，及制造商标之器具，均收没入官，其与商标不能分离之商品及容器，或招牌则毁坏之”。

三、审理商标纠纷案件中，侵害国家主权的条款

第三十条 “控告侵害商标者办法，如下所列，一如被告系外国人即由该地方官照会该管领事，会同审判；二如被告系中国人即由该领事照会该地方官会同审判；三如两造均系洋人或均系华人，遇有侵害商标事件，一经告发由各该管衙门照办，以示保护”。

第五节 商标局成立前已注册商标享受保护问题的规定

第二十五条 “本局未开办以前，照条约应得互保者，既在相当衙门呈报注册之商标，本局当认其已经呈请合例”。

第二十六条 “本局未开办以前，在外国已注册之商标，须于本局开办六个月以内，将此项商标呈请注册，本局当认此项商标为呈请之最先者”。

第二十七条 “本局未开办以前，其商标虽经各地方官出示保护，如本局开办六个月内，不照章来请注册者，即不得享保护之利益”。

第二十八条 “前三条情节于第五条所定之章程无关”。

第六节 商品分类的规定

第二十三条 呈请人照下开类别，将其使用商标之商品指定，如该商品之类别有不能指定者，由注册局为之指定。

一、化学品药剂含药物及医疗补助品，酸类盐类、亚尔加里类、胶、磷、胰子、酒精、食盐、石灰、硫磺、矿泉、各种之药材、卖药即丸散膏丹、绷带、棉纱、脱脂棉、海绵等均医家所用。

二、染料、颜料、涂料、蓝、蓝靛、柴根、绿青、洋靛、朱丹漆、假漆、油漆、靴墨等。

三、香料、饰客料、齿牙头发及皮肤磨洗料、香水、香油、发膏、线香、脂粉水、牙粉洗面粉等。

四、金属及已成之材料、生铁片、锻铁、钢铁、条铁、铁板、铁线、铜、铜板、铜线、净铅、融铅、锡、合金等。

五、金属制品、铸物、打物等。

六、利器及尖刃器、镰、锯、凿、锥、錾、釜钺、剃刀、针、钉等。

七、贵金属、宝玉类及其制品与象真品、金银、白金、紫铜、金钢石、珊瑚、玛瑙、水晶等。

八、建筑用又装饰矿物质及其他之物料，塞门德、粉墙灰、石料土、沥青等。

九、陶瓷器及土器料、陶器、磁器、土器、瓦炼瓦等。

十、景泰蓝（又名七宝烧）。

十一、玻璃及其制品、玻璃管、玻璃球等。

十二、各种之机械装置及其各部、汽机、汽罐、气机、水力机、织机、纺织机、印刷机等。

十三、农工器具、犁、锄、锹、箕、铁锤等。

十四、理化学医术测量教育上之器械器具及度量衡器（附眼镜及算术器类等属）。

十五、乐器。

十六、时辰仪及其附属品。

十七、船车类、人力车、自转车、船舶、铁路用车辆、车轮等。

十八、枪炮弹丸及爆发物等。

十九、烟草类。

二十、咖啡类。

二十一、牛乳及其制品、鲜乳、罐装牛乳、乳油等。

二十二、谷菜种子类（附五谷粉葛等属）、五谷、蔬菜、蕈、笋、农业及园艺用之种子类、麦粉葛等。

二十三、食料品及调味料、肉类、卵、罐头、食物、茶食、果实、面包、芥子、胡椒等。

二十四、蚕种、野蚕种及茧。

二十五、棉、麻、苎、羽毛、发及骨类。

二十六、生丝、绢丝、及野蚕丝类（附金丝银丝类等属）。

二十七、棉纱。

二十八、毛纱。

二十九、麻丝及第二十六类至二十八类不同之丝。

三十、绢布及其制品

三十一、棉布及其制品

三十二、毛布及其制品

三十三、麻布及其制品

三十四、凡与第三十类至三十三类不同之布织布及其制品。

三十五、丝类之编物组物等类。

三十六、被服类、帽子、手套、衣服。

三十七、酝造物及饮料、酱油、醋、葡萄酒、麦酒等。

三十八、砂糖蜜类、冰砂糖、白砂糖、蜂蜜等。

三十九、文房具、纸及其制品、笔墨砚、印泥、石笔、铅笔、纸、纸仿皮、油纸、账簿等。

四十、皮革及其制品（附各种之鞄箱包等属）。

四十一、燃料类、煤炭、焦炭、薪、木柴、烛心等。

四十二、写真及印刷物类、照片、书籍、新闻纸、图画等。

四十三、玩具及游戏具类、皮球、骨牌、偶像、台球具等。

四十四、甲、角、牙类之制品及其仿造品。

四十五、藁草及其制品、麦秆、席、绳、笠草帽辫等。

四十六、伞、杖、履物各种扇类。

四十七、灯火器及其各部、洋灯、烛台、提灯等。

四十八、刷子及假发。

四十九、木竹藤类及其制品（附木皮竹皮类等属）、木竹藤料、椅子、桌子、桶类等。

五十、树胶制品。

五十一、磷寸（即火柴）。

五十二、油蜡类。

五十三、肥料。

五十四、以上未列各商品，隶入此类。

（本章均引自《商标注册试办章程》）

第五章　工商辅导

第一节　创立商会

一、奏设商会的目的意义

1. 设立商会的目的。"商会者，所以通商情，保商利，有联络而无倾轧，有信义而无诈虞。各国之能孜孜讲求者，其商务之兴，如操左券。中国历来商务，素未讲求，不特官与商隔阂，即商与商亦不相闻问，不特彼业此业隔阂，即同业之商，亦不相闻问。计近数十年间开辟商埠至三十余处，各国群趋争利，而华商势涣力微，相形见绌，坐使利权旁落，寖成绝大漏卮。故论商务于今日，实与海禁未弛以前情事迥异。……现在体察情形，力除隔阂，必先使各商有整齐划一之规，而后臣部可以尽保护维护之力，则今日当务之急，非设立商会不为功。"并在《商部接见商会董事章程》中擅述设商会之必要，"中国通商以后，商务日废，说者咸为官商之情不通，而公家亦向未讲求保商之政，地睽势隔，措手何从。且商与商心意不齐，意气不合，往往同操一业，非但平时痛痒各不相关，或反而倾轧排挤，只图利己，不顾损人。若不亟行联络，设法保护，正恐商务之坏，不知伊于胡底。……爰思商何由保，必须先通情，情何由通，必须先联商会。商会者并非本部（商部）强令各商联合，不过使各商自相为会，而由本部提倡之保护之，使商与官息息相通，力除隔膜之弊"。

（《大清法规大全·实业部》卷七第7页《商部奏劝办商会酌拟简明章程折》）

2. 商会以"剔除内弊，考察外情"为己任。"夫商会之要义约有二端，一曰剔除内弊，一曰考察外情，中国商人积习，识见狭小，心志不齐，各怀其私，罔顾大局，即如丝茶两项，为出口货之大宗，往往以散商急思出脱，跌盘争售，而一二殷实巨商，亦为牵累，其他货物之作伪掺杂、卒至亏本者，难以枚举。有商会，则亟宜声明罚例，儆戒将来，此则剔除内弊之说也。中国地大物博，百货殷阗，特以制造未精，贩运不广，利为外溢，亟待挽回。即如玻璃、纸张、洋蜡、肥皂之类，凡洋货之适于民用者，皆华商力能仿造之货……，以广销路，有商会则应议设公司，藉备抵制，此则考察外情之说也"。

3. 各省各埠也要设立商会，"本部以保护商业，开通商情为一定之宗旨，惟商民散处各省，风尚不同，情形互异，本部势难周知其隐，巨细靡遗，自应提纲挈领，以总其成，至分条系目，则在各省各埠设立商会，以为众商之脉络也"。

（《商会简明章程折》）

二、商会的编制与指导

1. 在商务繁富之区设商务总会。"凡属商务繁富之区、不论是会垣、系城埠，宜设立总会，而于商务稍次之地设立分会，仍就省分隶于商务总会，如直隶之天津、山东之烟台、江苏之上海、湖北之汉口、四川之重庆、广东之广州、福建之厦门，均作为应设总会之处，其他各省由此类推"。

2. 商务总会和分会的设置与编制。"商务总会派总理一员、协理一员，分会则派总理一员，应由就地各会董会议，或另行会推，或留情续任，议决后禀呈本部（农工商部）察夺"，又规定"商会董事应由就地各商家公举为定。总会约自二十员以至五十员为率，分会约自十员以至三十员为率，就该处商务之繁简以定多寡之数，举定一月后，各无异言者，即由总理各会董联各禀明本部，以备稽查，至任满期限，及续举或续任等，悉如上条办理"。

（《商会简明章程》）

3. 劝业道对商会的指导。"各省原设农工商矿各局所应办事宜均为劝业道管理……至农会、商会等项该道有劝导稽查之责，并遵照农工商部奏定章程办理”。又规定“劝业道应就所治地方设立公所，督率所属各员每日订时入所办事，公所分设六科如下：……四，商务科：掌商业勋赛会保险及商会事项”。

（《直省劝业道职掌任用章程》）

三、商会的职责

1. 保商振商之责。“商会总理、协理有保商振商之责，故凡商人不能伸诉各事，该总协理宜体察属实，于该地方衙门代为秉公伸诉各事，如不得直，或权力有所不及，应即禀告本部核办”。

（《商会简明章程》）

2. 商人必须报商部核办的事项，由商会转报。“凡公司设立之处，业经举行商会者：须将注册之呈由商会总董盖用图记，呈寄到部（商部）以凭核办”。又在《商人通例》中规定“凡为商者……必须呈报商部存案，或在该处左近所设商会呈明转报商部存案”。

（《公司注册试办章程》）

3. 商会接到商人破产报告后，经调查属实，应当众宣告，遴选清理人。“商人因贸易亏折，或遇意外之事不得已自愿破产者，应赴地方官及商会呈报，俟查明属实然后将该商破产者，应赴地方官及商会呈报，俟查明属实然后将该商破产宣教于众”，又规定“宣告破产后五日内部会应于该商同业中遴选公正殷实一人任董事之责，清理破产一切事务”。

（《商部奏定破产律》）

第二节　设实业学堂和工艺局

一、设实业学堂

1. 奏设专业学堂。“查农工商务皆系臣部专职，而尤以制造实业，为切要之图。臣等伏念，泰西各国，殚精竭思，竟以商战角胜，日臻富强，而揆其致此之由，则一出于制造之学。中国不少聪明才智之士，只以风气未开，机器制造等事大率延用洋人，而中国人才益形乏绝，今欲振励，才能精求实业，应先从设立学堂下手。学堂之设，以考实用，能夺西人所长为主。实学之门凡十；曰、算学……”。又奏称“内开国计民生，莫要于农工商实业，兴办实业学堂，有百利而无一弊，最宜注重。另拟高等、中等农工商实业学堂章程及通则先后奏明”。

（《奏为筹办实业学堂谨陈大概情形恭折》）

2. 讲授课程。“此项学堂为培植人才，研究实业起见，应比照高等学堂程度分别测绘、理化，机器制造、矿业及商学各门，相间讲授，所有学生应由中等实业学生毕业生升入，方合程度”。

（《奏为筹办实业学堂谨将现办情形及选派监督教务长以资董率》）

3. 经费。“常年经费，目前既经学务大臣允拨银二万两，其不敷之款臣（指农工商部）等仍当设法办给，以期上副”。

（《奏筹办实业学堂谨将现办情形及选派监督教务长以资董率》）

二、工艺局

1. 设厂授徒。“振兴实业，鼓励商民，京师首善之区，尤宜鼓励维持，以期工艺繁兴，传为各省表率，自非由官设局厂先行推广研求不足，以示模型，而资观感，臣部（农工商部）曾奏请工艺局附近官地划拨，谨敷商务各科各厂之用”。

2. 分科教学。“拟分设织工、绣工、染工、木工、皮工、藤工、纸工、料工、铁工、画漆、图画、井工等十二种，招集工徒五百名，聘募工师分科传习。预计易学者一年即可观，难习者两年亦能收效。并附讲堂授以普通教育，设立成品陈列室，罗列货品，以资研究。设立考工楼，搜集中外新奇制造以备参考”。又规定“此项生徒学成以后，除由本局留用外，凡顺直各属所设工艺局，准其聘任传授，以振工业而广师资”。

（农工商部奏呈《工艺局扩充试办简章》）

第六章　相关法规

一、商人通例

第一条　凡经营商务贸易买卖贩运货物者均为商人

第二条　凡男子自十六岁成丁后方可为商(按年月计算足十六岁)

第三条　凡业商者设上与父兄或本商病废而子弟幼弱尚未成丁其妻或年为十六岁以上之女或守贞不字之女能自主持贸易者均可为商唯必须呈报商部存案或在该处左近所设商会呈明转报商部存案(如该处未设商会而就近赴各业公所呈明转报商部存案)

第四条　已嫁妇人必须有本夫允准字据悉照第三条办理呈报商部方可为商惟钱债轇轕亏折等事本夫不能辞其责

第五条　凡商人营业或用本人真名号或另立店号某记某堂名字样均听其便

第六条　商人贸易无论大小必须立流水账簿凡银钱货物出入以及日用等项均宜逐日登记

第七条　商人每年须将本所货物产业器具以及人欠欠人款目盘查一次造册备存

第八条　商人所有一切账册及关系贸易来往信件留存十年十年以后留否听便倘十年之内实有意外毁失情事应照第三条呈报商部存案例办理

第九条　无论何项商人何项公司何项铺店均须按照第六七条遵守无违

二、公司律

第一节　公司分类及创办呈报法

第一条　凡凑集资本共营贸易者名为公司共分四种 一合资公司 一合资有限公司 一股份公司 一股份有限公司

第二条　凡设立公司赴商部注册者务须将创办公司之合同规条章程一概呈报商部存案

第三条　公司名号后设者不得与先设者相同

第四条　合资公司系二人或二人以上集资营业公取一名号者

第五条　合资公司所办各事应公举出资者一人或二人经理以专责成

第六条　合资有限公司系二人或二人以上集资营业声明以所集资本为限者

第七条　设立合资有限公司集资各人应联名签押载明作何贸易每人出资若干某年某月某日起期限以几年为度限先期十五日将以上情形呈报商部注册方准开办

第八条　合资有限公司招牌及凡做贸易所出单票图记均须标明某某名号有限公司字样

第九条　合资有限公司如有亏蚀倒闭欠账等情查无隐匿银两讹骗诸弊只可将其合资银两之尽数并该公司产业变售还偿不得另向合资人追补

第十条　股份公司系七人或七人以上创办集资营业者

第十一条　股份公司创办人订立创办合同所应载明者如下

一公司名号　二公司所做贸易　三公司资本若干　四公司总共股份若干每股银数若干　五创办人每人所认股数　六公司总号设立地方如有分号一并列入　七公司设立后布告股东或众人之法或登报或通信均须声明　八创办人姓名住址

第十二条　设立股份公司者应将第十一条各项限先期十五日呈报商部注册方准开办

第十三条　股份有限公司系七人或七人以上创办集资营业声明资本若干以此为限者

第十四条　股份有限公司创办人应订立创办合同与第十一条同惟须声明有限字样

第十五条　股份有限公司招牌及凡做贸易所出单票图记亦均须标明某某名号有限公司字样

第十六条　股份公司不论有限无限如须招股必先刊发知单并登报告众人其知单及告白中所应声明者如下

一公司名号　二公司作何贸易及所作贸易大概情形　三公司设立地方　四创办人姓名住址　五公司总共股份若干每股银若干现招股若干及分期缴纳之数　六收取股银地方　七创办人有无别

得或他人应许利益　八创办人为所设公司先与他人订立有关银钱之合同之类

第十七条　凡创办公司之人不得私自有非分之利益隐匿以欺众股东倘有此项情弊一经查出除追缴所得原数外并按照第一百二十六条罚例办理以示惩警至其应得之利益先在众股东会议时声明允认者不在此例

第二十八条　公司招股已齐创办人应即定期招集各股东会议即由众股东公举一二人作为查察人查察股数是否召齐及公司各事是否妥协

第十九条　如股东查出公司创办人不遵照按第十六条声明各项办理及有他项弊窦者众股东可以解散不认

第二十条　如股东查明公司创办人确系遵照按第十六条声明各项办理亦无他项弊窦该公司应于十五日内呈报商部注册开办

第二十一条　公司呈报商部注册时所应声明者如下

一公司名号　二公司作何贸易　三公司总共股份若干　四每股银数若干　五公司设立后布告股东或众人之法或登报或通信均须声明　六公司总号设立地方如有分号一并列入　七公司设立之年月日　八公司营业期限之年月日如无限期亦须声明　九每股已交银若干　十创办人及查察人姓名住址

第二十二条　公司开办三月后限于一月内董事局须邀请众股东会议将开办各事宜详细陈说俾众股东知悉如有关紧要者即可请众股东酌夺

第二十三条　凡已设立与嗣后设立之公司及局厂行号铺店等均可向商部注册以享一体保护之利益

第二十四条　股份银数必须尽一不得参差

第二十五条　每股银数至少以五元为限惟可分期缴纳

第二十六条　每一股不得折为数份

第二十七条　公司必须遵照第二十一条声明各项办理方能刊发股票违者股票作废他人因此受亏者准控官向该公司索赔

第二十八条　公司股票必须董事签押加盖公司图记为凭依次编号并将下列各项叙明

一公司名号　二公司注册之年月日　三公司总共股份若干　四每股银数若干　五股银分期缴纳者应将每期所交数目详细载明　六附股人姓名住址

第二十九条　股份有限公司如有亏蚀倒闭欠账等情查无隐匿银两讹骗诸弊只可将其股份银两缴足并该公司产业变售还偿不得另向股东追补

第三十条　无论官办商办合办等各项公司及各局(凡经营商业者皆是)均应一体遵守商部定例办理

第三十一条　凡合资公司股份公司于呈报商部注册时未经声明有限字样应作无限公司论如遇亏蚀除将公司产业变售偿还外倘有不足应向合资人附股人追补

第三十二条　无限公司或铺户等欠账亏短可向股东铺东追偿并将自己名下产业变售封抵(详例账追欠各专条内)

第二节　股　份

第三十三条　附股人应照所认股数任其责成

第三十四条　附股人应在公司入股单上按式填写签押送交公司指定收单之处依期缴纳股银

第三十五条　附股人无论华商洋商一经附搭股份即应遵守该公司所定规条章程

第三十六条　附股人不能以公司所欠之款抵作股银

第三十七条　数人合购一股者应准以一人出名其应得权利即由出名人任领分给合购各人若有缴纳股银不能应期缴足者仍由各人分任其责

第三十八条　如无违背公司章程股票可以任便转卖惟承买之人应赴公司总号注册方能任准

第三十九条　公司不能买回及抵押所出股票

第四十条　附股人到期不缴股银创办人应通知该附股人限期半月逾半月不缴可将所认股数另召人接受

第四十一条　公司令各股东续缴股银应于十五日前通知逾期不缴再展现十五日仍不缴则失其股东之权利

第四十二条　股东于展限期内不续缴股银公司可将所认股数召人承买得价不足仍向原股东追缴

第四十三条　公司欲给红股应于创办时预行声明不得隐匿

第四十四条　附股人不论官职大小或署己名或以官阶署名与无职之附股人均只认为股东一律

看待其应得余利暨议决之权以及各项利益与他股东一体均沾无稍立异

第三节　股东权利各事宜

第四十五条　公司召集股东会议至少于十五日前通知并登报布告其知单及告白中应载明所议事项

第四十六条　公司董事局每年应召集众股东举行寻常会议至少以一次为度

第四十七条　举行寻常会议董事局应于十五日前将公司年报及总结送众股东查核

第四十八条　举行寻常会议时公司董事应对众股东宣读年报并由众股东查阅账目众股东如无异言即行列册作准决定分派利息并公举次年董事众股东有以账目为未明晰者可公举查察人一二名详细查核

第四十九条　公司遇有紧要事情董事局可随时召集众股东举行特别会议

第五十条　有股本共合全数十分之一之股东(或一人或多人不限人数)有事欲会议者可即知照董事局召集众股东举行特别会议惟必须将议会事项及缘由逐一声明如公司董事局不于十五日内照办该股东可禀由商部核准自行召集众股东会议

第五十一条　股东于所认股数到期不能缴纳者不能会议

第五十二条　众股东无论举行寻常及特别会议即将所议各事由书记列册凡议决之事一经主席签押作准后该公司董事人等必须遵行

第五十三条　众股东会议时如有议决之事董事或股东意为违背商律或公司章程者均准赴商部禀控核办惟须在一月以内呈告逾期不理至股东禀控必须将股票呈部为据

第五十四条　公司创办时所订合同及记载众股东历次会议时决议各事之册并股东总单须分存公司总号及分号俾众股东及公司债主可以随时前往查阅

第五十五条　公司总号应立股东姓名册册内所应载者如下

一股东姓名住址　二股东所有股数并其股票号数　三每股已缴银若干何时所缴　四股东购入股票之年月日

第五十六条　凡购买股票者一经公司注册即得为股东所有权利与创办时附股者无异其应用之责成亦与各股东一律承任如须续加股银亦应照缴

第五十七条　中国人设立公司外国人有附股者即作为允许遵守中国商律及公司条例

第五十八条　凡公司有股之人股票用己名者无论股本多少遇有事情准其赴公司查核账目

第五十九条　股东赴公司查核账目应先期三天函告该公司总办如无总办即总司理人俾可预备(公司股东不一其人司事有逐日应办之事任意查账未免难于应接致有掣肘误公等弊故应先行函订)

第六十条　公司往来书札及各项事件如股东欲赴公司查阅亦须先期三天函告公司总办或总司理人预备如所查之书札及各事于该公司较有关系或略有窒碍者总办或总司理人可请董事局酌夺如有应行秘密之书函不合宣布者亦不得交与股东阅看

第六十一条　如有股东以查核公司账目书札及各事为名实系借端窥觑虚实私自别图他项利益损碍公司大局者董事局应禁阻其查阅

第四节　董　事

第六十二条　公司已成初次召集众股东会议时由众股东公举董事数员名为董事局

第六十三条　公司董事至少三人至多不得过十三人惟必须举成单数为合例

第六十四条　董事局会议如有三人到场即可议决各事惟务须遵守会议条例

第六十五条　充董事者必须用本人姓名暨至少有该公司股份十股以上者

第六十六条　董事薪俸如创办合同未经载明者应由众股东会议酌定

第六十七条　各公司以董事局为纲领董事不必常川住公司内然无论大小应办应商各事宜总办或总司理人悉宜秉承于董事局

第六十八条　董事任事之期以一年为限期满即退最初一年应掣签定留三分之二以后按举轮替(如人数不能合三分之二者即取其相近之数)

第六十九条　董事期满如众股东以为胜任可于寻常会议时公众续任

第七十条　董事期满股东欲另举他人应于寻常会议两日前将拟举之人姓名通知公司总办或总司理人其愿充董事者亦可先向公司报名俟会议时

由众股东公举

第七十一条　董事如有事故不能满任董事局人数不敷可由董事局暂委一妥慎之股东代理俟众股东于寻常会议时再行公举充补

第七十二条　董事办事不妥或不孚众望众股东可于会议时决议即行开除

第七十三条　董事遇有以下各事即行退任　一倒账　二被控监禁　三患疯癫疾　四董事局会议时并未商明他董事接连三月不到

第七十四条　董事未经众股东会议允许不得做与该公司相同之贸易

第七十五条　公司股东及公司各项银两系专做创办合同内所载之事者不得移做他用

第七十六条　公司亏蚀股本至半应即召集众股东会议筹定办法

第七十七条　公司总办或总司理人司事人等均由董事局选派如有不胜任及舞弊者由董事局开除其薪水酬劳等项均由董事局酌定

第七十八条　公司寻常事件总办或总司理人司事人等照章办理其重大事件应由总办或总司理人请董事局会议议决后列册施行

第五节　查账人

第七十九条　公司设立后众股东初次会议时应公举查账人至少二名其酬劳由众股东酌定

第八十条　查账人任事之期以一年为限限满众股东于寻常会议时另行公举如众股东愿留者可以续任

第八十一条　董事不能兼任查账人

第八十二条　查账人不能兼任董事如经众股东举为董事即开去查账人之职

第八十三条　查账人因有事故不能满任董事局可以委人暂行代理股东于寻常会议时再行公举

第八十四条　查账人可以随时到公司查阅账目及一切簿册董事及总办人等不能阻止如有询问应即答复

第六节　董事会议

第八十五条　董事局会议至少必须三人到场方能开议

第八十六条　董事局会议应就董事中公推一人充主席一人充副主席

第八十七条　董事局会议主席董事主议主席不到由副主席代理副主席亦不到临时另举一人代理

第八十八条　董事局会议时所议之事有与董事一人之私事牵涉者董事应自行回避

第八十九条　董事局会议时每人有一议决之权所谓议决之权者指一人有决事之一权也假如有五人在场区共议一事则五人得有决事之五权

第九十条　董事局会议事件如有意见不同者总以从众为决断如董事在场共有五人有三人以为可行二人以为不可行所议之事即可从众照行即由书记注明记事册内主席签字作准

第九十一条　董事局会议时如在场董事连主席共有六人会议一事三人以为可行三人以为不可行则此议决之权相等主席董事可加一议决之权酌理以决定其事若议决之权不相等主席即不得加一议决之权

第九十二条　董事局会议时应就公司司事中选派一人充书记将所议决各事登记董事局会议记事册

第九十三条　书记将议决各事登记会议记事册候下次会议时对众董事宣读如无不合即由主席签押作准

第九十四条　董事局会议议决之事于下次会议时经主席签押其原来到场之董事若无异言即为默许

第九十五条　董事局每一星期须赴公司会议至少一次总办或总司理人可将应办各事向董事局请示如有紧要事件可请董事局随时至公司会议酌夺

第九十六条　董事局寻常会议数任须酌定如有紧要事件但有二人欲行会议者可即定期举行特别会议

第九十七条　董事局会议议决之事该公司总办及各司事人等必须遵行

第七节　众股东会议

第九十八条　股东寻常会议及特别会议以主席董事充主席亦可由股东另行公举

第九十九条　会议时股东有事请议即由请议之人建议并须一人赞议再由众人议决

第一百条　会议时有一股者得一议决之权如一人有十股者即有十议决之权依此类推惟公司可预订章程酌定一人十股以上议决之权之数如定十股为一议决之权或二十股为一议决之权依此类推

第一百一条　凡会议各事决议可否从众所言为定如彼此议决之权相等则主席可另加一议决之权惟必须照第九十第九十一两条办法一律办理

第一百二条　凡议决可否即由书记登记股东会议记事册由主席签字作准

第一百三条　公司有重大事件如增加股本及与他公司并合之类召集股东举行特别会议若议决准行限一月内复行会议一次以实其事议毕施行

第一百四条　股东会议时所议之事有与股东一人之私事牵涉者该股东仍可到场会议勿须回避

第一百五条　股东不能到场会议者可出具凭证派人代理代理人如非股东只能代行议决之权不能有所辩驳以申论其原因

第一百六条　股东派会议代理人所出凭证应于三日前送交公司总办或总司理人查核

第八节　账　目

第一百七条　董事局每年务须督率总办或总司理人等将公司账目详细结算造具年报每年至少一次

第一百八条　董事结账时应先由查账人详细查核一切账册如无不合查账人应于年结册上书明核对无讹字样并签押作据

第一百九条　公司年报所应载者如下

一公司出入总账　二公司本年贸易情形节略　三公司本年盈亏之数　四董事局拟派利息并拨作公积之数　五公司股本及所存产业货物以至人欠欠人之数

第一百十条　董事局造成年报应于十五日前由总号分号分送众股东查核并分存总号分号任凭众股东就阅

第一百十一条　公司结账必有盈余方能分派股息其无盈余者不得移本分派

第一百十二条　公司结账盈余至少须拨二十分之一作为公积至积至公司股本四分之一之数停止与否乃可听便

第九节　更改公司章程

第一百十三条　公司有权可以订立详细规条章程以补律载之不足惟不得与明订之条例有所违背

第一百十四条　董事局欲将公司创办合同或公司章程更改必须由众股东会议议决

第一百十五条　众股东会议议决必须股东在场者有股东全数之半其所得股份必须有股份全数之半若不能如上所限而在场股东以为事在可行者已居多数可以暂时决议公司事将决议之事登报并通知众股东限一月内重集会议从众决定

第一百十六条　公司如欲增加股本亦须照第一百十四条第一百十五条办理并于决议后十五日内呈报商部

第一百十七条　公司欲增加股本必须众股东将原定每股银数缴足之后方能举办

第一百十八条　公司增加股本其新股票因涨价所得之利应归公司

第一百十九条　公司增加股本其新股银数缴呈后董事应即召集众股东会议当众宣布会议时众股东有欲查核者可公举查核人一二名详细查明是否缴呈

第十节　停　闭

第一百二十条　凡公司遇有后列各情事即作为停闭

一经众股东照第一百十条会议例议决停闭　二股本亏蚀及半　三公司期满　四股东不及七人　五与他公司并合

第一百二十一条　公司停闭之时即以董事充清理人如董事不能胜任可由众股东会议公举所公举之清理人众股东亦可随时会议开除

第一百二十二条　公司停闭之时如众股东不克公举清理人可呈请商部派人清理

第一百二十三条　有公司股本全数十分之一之股东若以清理人办理不善可呈请商部派人接办

第一百二十四条　清理人将账目算结款项清还后应开具清册召集众股东会议决定允准方能了结

第一百二十五条　公司停闭后所有账簿、来往紧要信件必须留存十年十年限满留否听便

第十一节　罚　例

第一百二十六条　公司创办人董事查账人总

办或总司理人等有犯以下所列各款者依其事之轻重罚以少五元多至五百元之数

一不依期呈报商部注册 二不将律定布告各事布告或布告不实 三凡以上各条明定应交人查阅之件若无第六十条第六十一条情事不交查阅人阅查 四阻止他人查问以上各条应当查问之事 五未经注册先行开办 六未经注册先发股票 七不遵律设立股东姓名册或不依第五十五条开载或开载不实 八股票不遵依第二十八条所定开载或开载不实 九不遵第五十四条及第一百十条将公司创办合同或记载众股东历次会议之事之册或股东总单公司物业总账总结年报盈亏总账公积账分息账分存总号分号或以上各件开载不全或开载不实 十亏蚀至半不遵依第七十六条召集股东会议 十一公司创办人有违第十七条私自得有非分之利益

第一百二十七条 公司人等不论充当何职如不遵以上第七十五条将公司股本或公司各项银两移作他用者除追缴移用之款外并罚以至少一千元多至五千元之数

第一百二十八条 董事总办或总司理人司事人等违背商律及公司章程被人控告商部商部应视其事之轻重罚以至少五元多至五十元之数

第一百二十九条 董事总办或总司理人司事人等有偷窃亏空公司款项或冒骗他人财物者除追缴及充公外依其事之轻重监禁至少一月多至三年或并罚以至少一千元多至一万元之数若系职官并详参革职

第一百三十条 如有违背以上条律而未载明罚款者即酌其轻重罚以少至五元多至五百元之数

第一百三十一条 以上各条例奉旨批准颁行后自应永远遵守惟此案初定之本如于保护商人推广商务各事宜未能详尽例无专条者仍当随时酌增续行请旨核准颁行

三、商部奏定破产律

第一节 呈报破产

第一条 商人因贸易亏折或遇意外之事不得已自愿破产者应赴地方官及商会呈报俟查明属实然后将该商破产宣告于众

第二条 该商呈报时应声明破产缘由将各项账簿送呈地方官查阅应呈各项账簿如下

一历年收支簿(以十之内为限) 二现存银钱簿 三现存货物簿(注明价值) 四现存产业簿(田地房屋之类均应注明价值及单契上之户名现数) 五现存家具簿(贵重之物注明价值) 六借放对数表(欠人若干人欠若干并有无字据账折均须注明)

第三条 地方官收到各项账簿于逐页骑缝处分别盖印移交商会加盖图记备查

第四条 宣告破产后除该商必须之衣服家具外所有财产货物由地方官先行查封交商会代管

第五条 呈报破产后若有妥实保人具结准该商在外听候传唤但不得擅离处所无保人者留住商会免其管押

第六条 若该商倒闭不自呈报破产先由各债主查知赴地方官呈报者应先传该商到案讯系属实并无倒骗情弊仍照以上各条办理

第七条 公司呈报破产由董事及查账人具呈无论合资股份应将股东姓名住址并列附入

第八条 凡虽非商人有因债务牵累自愿破产者亦可呈明地方官请照本律办理

第二节 选举董事

第九条 宣告破产后五日内商会应于该商同业中遴选公正殷实者一人任董事之责清理破产一切事务

第十条 商会举定董事后该董事即可禀官启封督同破产者将现存银钱货物产业家具及一切字据逐件点收开具清单送呈地方官及商会存案后即归该董事经理

第十一条 破产者与人往来函件董事有检阅之权

第十二条 董事如遇账目不明之处可随时向破产者查问

第十三条 董事办理不善商会可随时另举更换前董事应将经手事件交代清楚由后董事书立收据报官存案

第十四条 董事经理财产货物及开支事内费用如有侵蚀浮冒等弊商会或各债主查明费据准其报官追缴

第十五条 董事经理事件完结时由各债主公议在摊还债款中酌提酬劳

第十六条 董事经理事件完结后须将办理情形具呈报明地方官核准结案始可卸责

第三节 债主会议

第十七条 凡宣告破产后由地方官出示谕会各债主开明所欠本息清单并所执字据送交商会核办宜视债主程途远近酌定期限商会应将以上情节登报布告

第十八条 商会应将各债主单据加盖图记后即制给收照为凭结案后所有单据或就涂销或应发还各债主应将收照缴由商会分别办理

第十九条 商会收到各债主单据并破产者各项账簿字据发交董事核对无误即定期知照各债主会议

第二十条 届期各债主到者未齐商会应再展期登报布告若展期已满尚有一二债主未到而所占债额不及四分之一董事即可邀同已到债主先行议决未到之债主只能听从公断不得别生异议

第二十一条 各债主议决之权以从多数为定如意见相同之债主占有债额四分之三亦可议决

第二十二条 各债主应会同董事公定平均成数一律收回不得擅取该商货物作抵并不得串通他人出头追讨

第二十三条 债主会议时呈报破产具结及列借券中之保人均应到场随同料理

第二十四条 债主会议时许破产者在场听议如有已损害之事准其申诉听凭公断

第四节 清算账目

第二十五条 债主单开数目或有不符应由董事调查债主账簿手折回单信件逐一核对并可邀集关于此事之经手人当场询问

第二十六条 未到期之债及各项期票自呈报破产之日起均准作为到期提前办理

第二十七条 该商与人卖买借放之事虽已订立契约尚未交货付银经呈报破产均应作废

第二十八条 债主如有互欠破产者之款除准其抵销外所余债额应于各债主一律办理

第二十九条 无论何项公司呈报破产除注册声明有限应照公司律第九条办理外如系无限或内有股东担负无限责任者将公司产业变偿尚有不足之数由董事会同公司总司理人算明每股应摊还之债数还清董事应掣予收照报由商会移知地方官立案即与该股东无涉

第三十条 公司内各股东偿债应由董事会同公司总司理人体察各股东情形应摊债额内如有股东借缴不足准其分别量缴收齐款项通盘扯定成数令各债主收回

第三十一条 自宣告破产之日起该商所欠债项均免算利息惟有照第三十五条办理时不在此例

第三十二条 抵押主宜报由董事查明抵押之物实在倒闭两月以前并无寄顿等弊方准抵押主将物实行管理及拆动变卖

第三十三条 抵押主宜将印契税单或所在字据呈验经商会签字地方官盖印后方准将抵押之物实行管理并听变卖如系产业即可过户毋庸另立绝卖凭据

第三十四条 抵押之物须经董事估计价值若逾于所欠之数除抵还本息外应将余款交董事归入财产项下摊还各债主抵押之物董事有赎回另售之权

第三十五条 抵押之物因逆料市价势必腾贵其数将逾所欠之外者各债主可商同董事知照抵押主展限三个月归董事待价变卖限满无论已未变卖或盈或亏仍有董事按月计息连同原本算还抵押主收回

第三十六条 抵押之物处及跌价或性质易于霉坏不能久囤经抵押主告知董事查明果无别项情节立即签字许其变卖如系标封货物亦准先行变价以免耗折

第三十七条 抵押之物如遇重叠典借项者其物提归董事变卖得价无论押之前后数之多寡合两家款目分出股份将所卖之价按股均分

第三十八条 商人出有向支期票使用若经受票人持票到向支之庄号签字承认如期付款后虽遇出票人破产受票人届期仍可向该庄号凭票支款倘此项期票未经向支之庄号签字若遇出票人破产该庄号可以不认此票

第三十九条 破产者放出之账经董事查核后开明各欠户数目清单送交地方官出示限各欠户于一月内赴商会复对明白仍按原立期限清还若欠户避匿不到或延误不交者由商会报官追缴

第四十条 帑项公款经手商家倒闭除归偿成数仍同各债主一律办理外地方官应查明情节如果事属有心应照倒骗律严加治罪

第四十一条 事内经费可由董事在破产者财产项下核实支用开单送交商会及各债主查核认可

后方准支销

第五节　处分财产

第四十二条　董事及各债主查明破产者实系情出无奈并无寄顿藏匿等弊应将现存财产货物公估变卖得价并追清人欠之款通盘核算定出平均成数摊还各债主收回即各具领状二纸送地方官及商会存案

第四十三条　他人寄存之财产货物应向董事告明查系属实方准原货主取回

第四十四条　呈报破产前半月内批买之货物未经付款原件尚未拆动者卖主可向董事告明系属实准将原货物取回

第四十五条　破产之商不得涉及其兄弟伯叔侄暨妻并代人经理之财产凡有财产照商会章程赴商会注册将契券呈验加盖图记或邀亲族见证签字方为有据

第四十六条　一家财产业经分析如在一年以前曾在商会呈报存案者破产时准由董事查明告知各债主可免其牵入破产案内议偿

第四十七条　破产者在他号附有资本应将股票合同交与董事归入财产项下备偿惟须凭董事向该号他股东商定办法各债主不得径向索欠

第四十八条　倒闭之商若将财产偿还各债后实系净绝无余并无寄顿藏匿情弊应由董事向各债主声明准于未摊分以前在财债项下酌提该商赡家之费约敷二年用度以示体恤

第六节　有心倒骗

第四十九条　凡商人吞没资财诡称亏折有心倒骗者经债主控告或商会查知报由地方官应先将现存财产货物查封交商会代管一面缉提该商管押审办将倒骗情形出示布告

第五十条　倒骗之案仍由商会选举董事办理一切事务

第五十一条　商人席卷巨资倒骗潜逃并无账簿可查地方官应即行文通缉一面标封现存产业货物由商会举董事邀集各债主眼同查点造具清册并汇齐各债主所呈单据开列户名欠数报官存案先将所存产业货物估价变卖通盘核定成数令各债主收领俟该商缉获到案再行追缴

第五十二条　凡有心倒骗之案除将财产货物变价备抵外酌量情节处监禁二十日以上三年以下或罚金五十元以上一千元以下或监禁与罚金并科

第五十三条　凡下列各项情形以倒骗论　一关于契纸账簿字据等类隐匿销毁或涂改伪造及虚捏者　二于倒闭前将财产货物寄顿他处或诡托他人名下或虚立债主户名或先向外欠折扣收账或串通他人出头冒认者　三为损害债主起见于倒闭前一月内将货物贱值售脱或不惜重利图借款项或滥出期票使用者　四平日用度奢侈逾恒或滥向本号支取银钱货物或买空卖空企图侥幸并无可望之款以致亏折者　五借债之时并无的款可望偿还或经营商业并无确实资本者　六即经呈报破产故意延缓不将财产货物一切权利及放出债项在地方官或董事处悉行呈报或不将财产货物除本人及家属需用之衣服外悉行交出者　七既经呈报破产私自清还一二债主致各债主所得未能彼此平均者

第五十四条　犯第五十三条一二三四等项者必待各债主告发经董事查有确实证据方可报官审办

第五十五条　在倒闭前两月以内该商将财产货物故意赠送与人或假托抵押债主或将未到之债提前偿还有确实证据者各债主可以不认由董事将前项追回归入财产项下办理

第五十六条　凡倒骗之商不得沾第五第四十八条之利益

第五十七条　犯第五十三条第二项之同谋勾串人应照为从于首犯罪上减一等科断

第五十八条　倒闭之商逃避无踪并无财产可偿致所欠之债毫无着落者令担保人照该借券内所保之数认赔若担保系二人以上具有分任之责但借券内并未担认款项及呈报破产后仅保该商人在外听候传讯者不在此限

第五十九条　担保人赔偿后如倒骗之商到案将所欠之债议偿了结者担保人收回赔偿之款

第六十条　借券中之担保人如与倒骗之商一并逃避者应照为从于首犯罪上减一等科断

第六十一条　商家使用庄款及批取货物之款其先有人特具信函或签名账簿愿作担保者如遇倒骗之商逃避应照列名借券中之担保人一体办理

第六十二条　商家专任伙友经理该伙如有侵蚀挪移及私行营业等弊以致亏折倒闭者除严提该伙到官审实照有心倒骗治罪外应将所有财产查封

归入该商财产项下备偿商会将该伙姓名及舞弊情节登报布告商家不得雇用

第七节 清偿展限

第六十三条 商家因市面紧迫一时周转不灵或因放出之账暂难收回致不能应期偿还债项者准其据实呈报商会邀集各债主会议酌予展限或另筹办法免致倒闭以尽维持之谊呈报展限应声明各款如下

一声明展限缘由 二呈送历年收支簿现存银钱货物产业家具各簿及借放对数表 三声明如何偿债之法订期何时并以何项作抵

第六十四条 债主会议展限议决之权照第二十一条办理

第六十五条 展期议决之日为始不得逾一年以外若到期仍不能清偿应即呈报破产

第八节 呈请销案

第六十六条 倒闭之商如查明情节实有可原且变产之数足敷各债至少十分之五可准其免还余债由商会移请地方官销案

第六十七条 倒骗之商如果知悔自首所欠之债按十成补缴清完各债主许其自新具呈商会声明俟商会议决后移知地方官销案免其治罪

第六十八条 地方官据商会移请销案即行出示晓谕一面令商会登报布告以两月为限各债主果无异议方准销案仍由地方官详由督抚咨报商部查核并候年终汇咨刑部存案

第九节 附 则

第六十九条 本律自奏准之日起三个月后为施行之期

四、商标注册试办章程

第一条 无论华洋商欲专用商标者须照此例注册 商标者以特别显著之图形文字记号或三者具备或制成一二是商标之要领

第二条 商部设立注册局一所专办注册事务津沪两关作为商标挂号分局以便挂号者就近呈请

第三条 凡呈请注册者呈纸送呈注册局或由挂号分局转递亦可

第四条 呈纸内须附入说帖说帖内附商标式样三纸务将商标式样之大概及此项试办章程细目内所定之类别与此项商标特定之商品记载明确如由挂号分局转递须将呈纸及说帖添写副本各一通

第五条 注册局收受呈纸查无不合例处存留六个月其间如无他人呈请与此抵触者即将此项商标注册

第六条 如系同种之商品及相类似之商标呈请注册者应将呈请最先之商标准其注册若系同日同时呈请者则均准注册

第七条 在外国业已注册之商标由其注册之日起限四个月以内将此商标呈请注册者可认其在外国原注册之时日

第八条 不准注册之商标如下所列

一有害秩序风俗并欺瞒世人者 二国家专用之印信字样(如国宝各衙门关防钤印等类)及由国旗军旗勋章摹绘而成者 三他人已注之商标又距呈请前二年以上已在中国公然使用之商标相同或相类似而用于同种之商品者 四无著名之名类可认者

第九条 无论华洋商商标专用年限由本局注册之日起以二十年为限其已在外国注册之商标照章来请注册者则专用年限即从其原注册之年限(但不得过二十年)

第十条 专用年限届满时如欲续用此项商标者如在满期之前六个月以内准其呈请展限

第十一条 业已注册之商标主如欲将该商标之专用权转授与他人或须与他人合伙须即时至注册局呈请注册

第十二条 业已注册之商标若与第八条内第一第二第四则有背者注册局可将其原注册之商标注销

第十三条 业经注册之商标如有与第六条及第八条之第三违背于此有害相关之人准其呈请注销但注册已过三年者不在此例

第十四条 注册局于请注之商标认为不合例者应将缘由批明不准注册

第十五条 有不服前条之批驳者由批驳之日起六个月以内许其据情呈请注册局再行审查

第十六条 凡商标呈请注册人或商标主不在中国者或距注册局所较远者必须择定妥友报明作

为经手代理人

第十七条　如有欲抄录商标档册或阅看档册者准其至注册局或挂号分局呈请距局较远者可由经手代理人呈请

第十八条　注册局将注册之商标及注册关系各事刷印商标公报布告于众

第十九条　有侵害商标之专用权者准商标主控告查明者责令赔偿

第二十条　控告侵害商标者办法如下所列

一如被告系外国人即由该地方官照会该管领事会同审判　二如被告系中国人即由该领事照会该地方官会同审判　三如两告均系洋人或均系华人遇有侵害商标事件一经告发由各该管衙门照办以示保护

第二十一条　如犯下列各条者罚以一年之内以监禁及三百两以下之罚款但须俟被害者控告方可论罪

一意在使用同种之商品而摹造他人注册之商标或将此贩卖者　二将商标摹造而使用于同种之商品者又知情贩卖其商品或存积该物意在贩卖者　三以摹造之商标用为招牌登入报章告白者　四知他人之容器(即箱匣瓶罐等类)包封等有注册商标而以之使用于同种之商品者或知情贩卖其商品者　五明知可以侵害他人注册商标之品物故意运进各口岸者

第二十二条　如有以上各条情事将其制成之商标及制造商标之器具均收没入官其与商标不能分离之商品或容器或招牌则毁坏之

第二十三条　凡呈请挂号注册给照等无论华洋商应缴各项公费如下所列

一呈请挂号每件关平银五两　一注册给发印照每件关平银三十两　一合用转授注册每件关平银二十两　一期满呈请展限并注册每件关平银二十五两　一抄录注册商标之文件关平银二两(过百字者每百字加银五钱)　一到局阅册每二刻钟关平银一两　一遗失请补印照关平银十两　一报明冒牌等事每件关平银五两　一呈请再经审查关平银五两　一呈请注销关平银三十两　一留传后人请换印照每件关平银五两

第二十四条　本章程自光绪三十年九月十五日起施行

第二十五条　本局未开办以前照条约应得互保者既在相当衙门呈报注册之商标本局当认其已经呈请合例

第二十六条　本局未开办以前在外国已注册之商标须于本局开办六个月以内将此项商标呈请注册本局当认此项商标为呈请之最先者

第二十七条　本局未开办以前其商标虽经各地方官出示保护如本局开办六个月内不照章来请注册者即不得享保护之利益

第二十八条　前三条情节于第五条所定之章程无关

以上作为试办章程其未尽各项俟商标例订成后再行酌量增补

第三编　太平天国的工商管理

（1851年～1864年）

概　述

太平天国革命运动是近代中国人民反帝反封建斗争史上的光辉篇章。历代农民战争都程度不同地提出过自己的政治经济要求，但从没有像太平天国这样的完整而有体系。太平天国不但依靠武装斗争建立了自己的政权，也建立了革命法制，健全经济立法，加强工商管理，充分地把行政权力、经济措施和法律手段结合起来，巩固和发展自己的政权。

一、圣库制度

圣库制度是太平天国建立的经济制度。金田起义时，参加起义者均将所有家产折卖归公，衣食由圣库供给。凡杀敌攻城所得的财物，亦尽缴归公，不得私藏。1853年3月19日（咸丰三年二月十日）太平军攻克江苏南京（金陵），建都后改称天京。太平天国的领导者把从金田起义以来军队中实行的一套制度推广开来，设总管全国财富的“天朝圣库”，规定从天王到士兵均不许私蓄财产，衣食器物全由圣库供给，人民群众的生活亦同。

圣库制度对保障部队供给、吸引贫苦农民参加革命和保证军事纪律等方面，都起过重大的积极作用，促进了革命事业的发展。定都天京后，把城市人民的经济生活也纳入圣库的供给范围，且一度要求“人无私财”的原则施于民间，这就违背了社会经济发展的客观规律，其消极作用便逐渐显示出来。因而到太平天国后期也就名存实亡了。

二、乡官制度

太平天国定都天京后，规定郡、县两级守土官（地方官）由中央政府任命；县以下各级行政单位均由民选乡官治理。

乡官的工作范围，按照《天朝田亩制度》规定，有八项：1分田；2.管理国库；3.发给费用；4.经办建筑；5.办理教育和履行宗教仪式；6.保举人才和奏贬所属；7.管理诉讼；8.统率乡兵，等等。但实际工作与规定大有出入。凡地方政务无不由乡官处理。在有些地方的经济活动和管理，也由乡官分担部分职责。如监督工商业户经营，管理市场秩序，扶植工商业，发放贷款，核发营业“凭”、“照”等。

作为基层政权的乡官制度，具有一定的民主精神，对发动群众、巩固政权起了很大作用。乡官制度的缺点，主要是乡官的成份比较复杂，有的地方充任乡官的是地主阶级分子，给太平天国的革命事业带来了较大的损害。

太平天国前期，在湖北、安徽、江西都推行了乡官制度。但史籍琐碎而又凌乱，很难勾画出它的基本面貌。而在苏州地区所保存下来的文物、资料相对丰富，为我们研究提供了条件。

三、食盐专卖和工商管理

食盐在太平天国前期是公私兼营，后期则实行专卖。在苏杭等地禁止民间私相贸易。在常熟“禁开张钱公正盐局，着各职领盐派卖民间”。绍兴“商人藏盐皆禁锢，据为已有，别立伪官，曰盐师帅”。湖州一带之盐务则悉归湖州乌镇之盐公堂管理，由莱天义、何培章主之。同时在产盐地还设立专职管理人员。实行食盐专卖，不仅保证了民食军需，也是太平天国一笔巨大的财政收入。太平军进入南京定都以后，即宣布“天京乃定鼎之地，安能妄作生理，潜通商贾？”随即将所有商贾的资本货物没收，归入国库，统一掌握，调拨分配。“凡物皆天父赐来，不须钱买。”一时天京城内任何形式的商业活动都被取消了。由于实际上行不通，不久就取消此项禁令，允许设立公营商业，禀佐天侯陈承熔给照到圣库领资本，设杂货、玉玩、绸缎、布匹、米油、茶点、海味各店，发给店凭，称天朝某店，不准私卖。这种商业仅存在几个月，又停止了。到1860年后，才出现了私商交易。至于天京城外，私营商业一直没有取缔，而且受到革命政权的保护，因而在城外形成几个商业区，即“买卖街”。天京以外的其他地区，在坚持部分公营性质的企业的同时，还大力鼓励发展私营工商业，准许商人自由贸易，鼓励商人从事国内外贸易，其他所辖境内，商人领取“商凭”，照旧自由贸易。这是适应社会经济发展趋势的。新政策贯彻后，许多城镇出现了百货流通、万商云集的繁荣景象。

太平天国制订了一些工商管理法规。重要规定都在商凭、执照上写明,主要有:一、要求工商业者在政治上与“清”方没有任何联系。二、不得囤积居奇,高抬物价。三、不得擅自歇业,有碍生产,有碍市场的正常活动。四、必须向太平天国政府照章纳税。五、一切外国商人,必须持有太平天国的凭照,必须听候各关卡查验,必须照规定纳税,不得贩卖鸦片。

太平天国后期,由于中外敌人的疯狂进攻,只能把主要精力集中在军事防御上。而战争中许多资料散失,我们在搜集整理太平天国时期的工商管理史料时,深深感到没有较为系统的完整记载,仅能从散见于各种史料的零星记载中,加以撷取和整理。

四、洪秀全和《天朝田庙制度》

洪秀全(1814 年 ~ 1864 年),广东花县人,生长于一个中农家庭,做过多年塾师,曾屡应科举不第。第一次鸦片战争失败后,外国侵略和清王朝的腐朽昏暗,引起了他日益强烈的痛恨,终于激使他放弃了科举功名的幻想,决心作统治阶级的叛逆。1843 年,他创立“拜上帝会”,开始在宗教形式的掩盖下,进行革命宣传和组织活动。1844 年,他偕冯云山到广西传教。1845 年 ~ 1846 年,他又先后写成了《原道救世歌》、《原道醒世训》、《原道觉世训》等著作。这三篇著作,借宗教的语言宣扬反抗封建压迫的思想,对发动农民起义曾经起过巨大的作用,并为后来制订《天朝田亩制度》奠立了初步的思想基础。

《天朝田亩制度》是太平天国在 1853 年定都南京后所颁布的一个施政纲领,它的内容涉及政治、经济、军事、文化各个方面,而其中心和基础则是土地制度问题。

《天朝田亩制度》提出了一个土地国有、按绝对平均主义原则分配土地和安排人们的物质生活、按耕织直接结合的小农自然经济组织社会生产的方案,希图靠这一方案来建立一个没有私有制和剥削的社会,实现“无处不均匀,无人不饱暖”的理想。这一方案体现了被剥削农民反对地主土地占有制的战斗精神和摆脱剥削与贫困的美好愿望,对动员广大农民进行反封建战斗起了很大的作用,在经济思想上也达到了历代单纯农民战争所能达到的最高水平。但是,《天朝田亩制度》所体现的“普遍的禁欲主义和粗鄙的平均主义”以及把农民小生产的落后地位理想化等观点,则是一种违反社会经济发展客观规律的空想。太平天国政权虽一再颁印这一文件,但始终未曾实行。

五、洪仁玕与《资政新篇》

洪仁玕(1822 年 ~ 1864 年),广东花县人,洪秀全的族弟,出身于中农家庭,早年屡应科举均遭失败,在农村当了多年塾师。洪秀全创立拜上帝会后,他是拜上帝会的最早参加者之一。

太平天国领导集团 1856 年发生内讧后,革命形势已经逆转;1857 年石达开被迫率军出走,革命队伍发生分裂;1859 年洪仁玕到达天京,即被洪秀全封为干王,受任总理朝政。他抱着扭转危机局面的目的,向洪秀全提出了一个改革太平天国内政的施政纲领——《资政新篇》,要求效法西方资本主义国家,发展资本主义经济和某些文化事业。由于太平天国内部不存在实施这一纲领的社会基础,《资政新篇》未能得到推行。

第一章　太平天国的圣库制度

第一节　圣库制度的源起与实施

一、圣库制度的源起

（一）无如时至今日，亦难言矣。世道乖漓，人心浇薄[1]，所爱所憎，一出于私。……世道人心至此，安得不相侵相夺相斗相杀而沦胥以亡[2]乎！

……盖实夫天下凡间，分言之别有万国，统言之则实一家。皇上帝，天下凡间大共之父也。近而中国是皇上帝主宰理化[3]，远而番国亦然；远而番国是皇上帝生养保佑，近而中国亦然。天下多男人，尽是兄弟之辈；天下多女子，尽是姊妹之群；何得存此疆彼界之私，何可起尔吞我并之念！

惟愿天下凡间兄弟姊妹，跳出邪谋之鬼门，循行上帝之真道，时凛天威，力遵天诫，相与淑身淑世[4]，相与正己正人，相与作中流之砥柱[5]，相与挽已倒之狂澜。行见天下一家，共享太平，几何乖漓浇薄之世，其不一旦变而为公平正直之世也！

（洪秀全《原道醒世训》，引自《中国哲学史资料选辑·近代之部》，中华书局版第51、52页）

（二）予想夫天下凡间，人民虽众，总为皇上帝所化所生，生于皇上帝，长亦皇上帝，一衣一食，并赖皇上帝。皇上帝天下凡间大共之父也；死生祸福，由其主宰，服食器用，皆其造成。……

（洪秀全《原道觉世训》，引自《中国近代史资料选辑》，三联书店版第111页）

（三）盖天下皆是天父上主皇上帝一大家，天下人人不受私，物物归上主，则主有所运用，天下大家处处平匀，人人饱暖矣。

（《天朝田亩制度》）

二、圣库制度的实施

（一）缴获归圣库诏[6]

各军各营众兵将，各宜为公莫为私，总要一条草，对紧天父天兄及朕也。继自今，其令众兵将，凡一切杀妖取城，所得金宝绸帛宝物等项，不得私藏，尽缴归天朝圣库，[7] 逆者议罪。

（《洪秀全选集》，中华书局版第45页）

（二）重申缴获归圣库诏[8]

通军大小兵将自今不得再私藏私带金宝，尽缴归天朝圣库。倘再私藏私带，一经察出，斩首示众。

（同上书，第49页）

（三）永安城内有东平里义仓，是清朝官府所立的，每年收谷几千担，太平军进城后，动用义仓粮谷解决粮食问题。

（《太平天国革命在广西调查资料汇编》[9]，第177页）

（四）据史料记载：在金田起义中，有三合会首领八人表示愿率部加入太平军，洪秀全即派拜

---

① “世道”二句：指社会风气越来越坏。乖，违背情理。漓，浇漓，与浇薄同意，不正派，不朴实。

② 沦胥以亡：就是一起灭亡。

③ 理化：管理、教化之意。

④ 淑身淑世：淑，善。淑身即独善其身，淑世即兼善天下。

⑤ 中流砥柱，独立而不为一切所动摇的意思。

⑥ 这是洪秀全于1851年10月1日在永安州发布的命令，当时太平军刚刚占领永安几天。永安，是太平军攻克的第一个城市。洪秀全为了维护太平天国的圣库制度，严格革命纪律，发布了这个命令。

⑦ 天朝圣库：太平天国的国库。太平军规定，不准将士把缴获的物资留归私有，都要上缴“圣库”，然后按规定分配。

⑧ 这道命令是洪秀全于1852年9月13日在湖南郴州向正在进攻长沙的太平军先锋部队发布的。

⑨ 原书编者按：姚莹在《中复堂选稿》卷三、卷四中亦说：“贼日出抢掠，积谷可三、四月之守。”又说：“抢割之后，仓廪甚丰……足敷今年（按：指咸丰二年，即1852年）正、二月之食。”可见太平军在永安州发动群众抢割地主秋禾和没收地主浮财的斗争，无疑是太平军当时解决军需给养问题的主要途径。

上帝会兄弟十六人分往这八支部队传播教理。十六人中有十五人恪守会规，各将所受赠金悉数缴纳圣库，独有一人私藏赠金而不报。此人以前曾以品行不端屡犯会规，本应受罚，至此又被证明私匿赠金，洪秀全等决定按律严办，将其斩首以警效尤。

（韩山文《太平天国起义记》（燕京图书馆本），第26页，转引自郭毅生著《太平天国经济制度》，中国社会科学版第33页）

（五）其掳入贼[1]中者，剥取衣服，搜括银钱，银满五两而不献贼者，即行斩首。

（曾国藩《讨粤匪檄》，引自《中国哲学史资料选辑·近代之部》第98页）

（六）凡私藏金银、剃刀[2]，即是变妖[3]，定斩不留。

（《贼情汇纂》卷八《伪律》，转引自郭毅生著《太平天国经济制度》第35页）

（七）私藏金一两、银五两[4]者皆有罪。

（张汝南《金陵省难记略》，转引自郭毅生著《太平天国经济制度》第36页）

（八）1850年金田团营时的圣库制度已经实行，到建都天京后，便在水西门灯笼巷内设立天朝圣库：以总管全国公有财富。圣库制度即天朝田亩制度中之国库制度，在这一制度下，首先要废除私有财产，所有太平军中大小兵将都不得私藏私带金银宝物，一律得缴归天朝圣库；否则，一经查出，斩首示众。不过，在事实上允许每人可以私有银五两，超出的才有罪。根据1853年冬天英国教士麦都思对一个太平军的访问说：

"关于全军不发饷事，我复问：'各军人自有私产者否？'则答'一概全无；如果查出某人藏有多过五两的款，即罪他不以此款归公而把他鞭笞了。所有财物一得到手即须缴入公库，而凡有私匿不报的都有背叛行为的嫌疑。''那么，公库里面一定有许多财物啦？''啊，十分富足，无数无量的银子，都留为实行这大事业的应用的。'又问，'如果人人不许有私财，他们自己想买点好东西吃时又怎办呢？'他说：'那是无需的，每一个伍卒的卒长都预备全体所需，放在桌上的时候，大家平等分享，即使最高级军官的盘碗也跟最低级的士兵一般。'"

（引自牟安世著《太平天国》，第173、174页）

（九）各教徒已感觉有联合一体共御公敌之必要。彼等已将田产屋宇变卖，易为现金，而将一切所有缴纳于公库。全体衣食俱由公款开支，一律平均。因有此均产制度，人数愈为加增，而人人亦准备随时可弃家集合。

（韩山文《太平天国起义记》（燕京图书馆本），第25页，转引自郭毅生著《太平天国经济制度》第32页）

（十）只令凡拜上帝者团聚一处，同食同穿，有不遵者即依例逐出。

（《洪仁玕自述》，《太平天国文书汇编》第551页）

第二节　定都天京后的圣库制度

一、圣库管理机构

太平天国无论军中或城乡都编立军伍。地方政权每一万三千余家设一军帅，下辖师帅、旅帅、卒长，最基层的组织单位领导称两司马。从每军到两司马按规定都设有圣库。在"天朝"则设"总圣库"主管财物。军中圣库据《贼情汇纂》记载：

"凡陆营、水营，除正职官外，亦设各典官，与伪朝所立大同而小异。……凡掳得银钱衣物及油米等项，则设典圣库、典买办、典圣粮、典油盐总之，亦正副二人，分司典守出纳。"[5]

又在《天朝田亩制度》中规定有：

"凡一军典分田二，典刑法二，典钱谷二，典入二，典出二，俱一正一副，即以师帅、旅帅兼摄。

---

① "贼"、"匪"系镇压太平天国革命的曾国藩对太平军的诬称。为尊重原始资料，仍从其用词，不作改动。

② 剃刀：藏剃刀意味着准备薙发降清。

③ 变妖：意即背叛太平天国。因为私藏金银是违背"为公莫为私"的原则的。

④ 根据这些记载证明：太平天国实行圣库制度，禁止个人蓄私财，但准许个人持有银五两以下的货币。五两银在清咸丰初年约合制钱十二千，也相当于清军绿营兵两个月的饷银，可以购米四石左右。

⑤ 《贼情汇纂》卷三，《伪军中官》。

……凡二十五家中设国库一,礼拜堂一,两司马居之。凡二十五家中所有婚娶弥月喜事俱用国库,但有限式,不得多用一钱。”[①]

可见每军皆设有“典圣库”的正副二典官。圣库亦称“国库”,在农村因以二十五家为一个生产和生活单位,故每“两司马”即规定设一国库,惟因《天朝田亩制度》没有施行,农村基层国库也没有设立。在军中和天京,则每军按例得设圣库。凡“典圣粮”等官“职同监军”[②]。

在太平天国定都天京后,在它的中央机构中设立“总圣库”、“总圣粮”,俱各正副、又正副官四员,“职同检点”[③]。其下分设各典官任其事。据载:太平天国首任的正副“总典圣库”为吴可亿与谭顺添。

据《金陵杂记》等书所载,太平天国的各级机构中还设有“典圣粮”、“典买办”、“典油盐”等官。“典圣粮”专司收纳和支放粮米,这是一个规模庞大、用人众多的机构;“典买办”专管绸缎布匹日用货物的采购与收支等事;“典油盐”则经理“油坊盐栈以及掳得油盐船只,并浇造油烛”[④] 等事。还有其他各种典官衙,如“宰夫衙”、“典茶心”、“典天茶”之类[⑤]。这些管理生活物资的采办、收支机构,虽名目各自不同,但都是圣库制度的具体设施。“库与兵粮皆自圣,几曾作圣但为狂”[⑥],反映出圣库制度包罗了太平天国的供给系统。

(引自郭毅生著《太平天国经济制度》第36、37、38页)

二、诸匠营与百工衙制度

诸匠营与百工衙都是太平天国的国营的从事集体生产的手工业机关,但在组织上和职掌上有所不同。组织上,诸匠营全依军制,各营统一指挥,由总制到两司马均与太平军编制相同;百工衙则不依军制,不设军、师、旅帅,有百人则设一卒长,分辖四两司马,二百人则设两卒长。职掌上,诸匠营专管工程或生产;百工衙则除它所典守主管的工作以外,还兼司收发。此外,诸匠营系“集中在天京”[⑦],而百工衙除设在天京以外,还在军队中设立,专理一军军需工业。

集中在天京的诸匠营至今可考的共有七种:有担任挖地道攻城工作的土营,有担任建筑工作的木营,有担任打造金银器皿工作的金匠营,有担任织缎工作的织营,有担任制造靴鞋工作的金靴营,有担任刺绣绘画工作的绣锦营,以及担任镌刻诏旨、书籍和印玺工作的镌刻营。

设立在天京的百工现在可考的计有九类三十九种[⑧]:第一类军事工业,有制枪炮的典炮衙,有制铜炮的铜炮衙,有制铅弹的铅码衙,有煎熬硝磺的典硝衙,有制火药的红粉衙,有制兵器铁器的典铁衙,有制战船的战船衙,有制弓箭的弓箭衙和制旗帜的旗帜衙等。第二类食品工业,有舂碾粮食的舂人衙,有宰割牲畜的宰夫衙,有制豆腐的豆腐衙,有制酱的酱人衙,有制醋的醋人衙,有制糕饼的茶心衙和制茶叶的天茶衙等。第三类服用工业。有织刻丝妆缎的典织衙(后改织营),有缝纫衣物的缝衣衙,有制冠帽的国帽衙,有制靴鞋的金靴衙(又有金靴营),有制梳篦的梳篦衙和制花粉装饰品的典妆衙等。第四类建筑工业,有建造房屋的典木衙和油漆房屋的油漆衙等。第五类交通工业,有制舆轿的整舆衙和造船只的金龙船衙等。第六类日用品工业,有制铜器的典铜衙有制竹器的典竹衙,有制石器的典石衙,有制洋伞的洋遮衙,有修理钟表的钟表衙和修理八音盒的风琴衙等。第七类印玺器饰货币工业,有铸印并熔金银为器的饰的典金衙(后改金匠营),有雕琢玉器的玉器衙和鼓铸钱币的铸钱衙等。第八类印刷工业,有雕刻木印和书籍的铸刻衙(后改铸刻营)和刷印书籍及告示的刷书衙等。第九类美术工业,有画壁画、旗、伞、轿衣的绣锦衙和办置装灯挂彩事宜的结彩衙等[⑨]。

三、女营、女绣锦营和牌尾馆

太平天国自金田起义以来,始终严男女之别,分立男营女营,不得授受相亲。太平军中,除天王

---

① 《太平天国印书》第九册,《天朝田亩制度》第1—2页。

② 《贼情汇纂》卷三,《伪职同监军分表》。

③ 同(3),《伪同职官总表》,《伪同职官分表》。

④ 《太平天国》第四册,第613—614页;《贼情汇纂》卷三。

⑤ 据《金陵省难纪略·贼伪官名》;《金陵杂记·伪典官名目》等。

⑥ 《金陵记事》,见《太平天国史料丛编简辑》第二册,第53页。

⑦ 《太平天国制度初探》,人民出版社1956年版,第145页。

⑧ 据罗尔纲:《太平天国史稿》增订本,中华书局1957年版,第125页。又百工在太平军中设置的比在天京的要少得多,计有典炮、典铅码、典硝、典红粉、典铁匠、典旗帜、典木匠、典竹匠、典绳索等九种,基本上限于军事工业一类。

⑨ 罗尔纲:《太平天国史稿》增订本,中华书局1957年版,第125—128页。

洪秀全、东王杨秀清、北王韦昌辉、翼王石达开、燕王秦日纲五人外,其余一切人员均不得夫妇团聚。占领天京后,立刻把城内人民分别男行、女行,男女分馆;男的除踊跃参军者以外,有手艺的多编入诸匠营和百工衙,年老体弱的则入牌尾馆,女的除编入女营以外,善女红者则入女绣锦营。

女营又名姊妹营,后称姊妹馆。女营按太平军军制编成,但亦有不尽相同的地方,"女营无师帅、旅帅,以两司马以管之,卒长领之,军帅统之,悉隶于监军、总制"①。女营按前后左右中和一至八数字分军,自前一至中八,共四十军。每军有总制、监军、军帅各一人,卒长二十五人,女兵二千五百人。以四十军计算,共有女兵十万人。太平天国把天京妇女编入女营后,接着就下令解放缠足,让她们放脚,"妇女皆去脚带"②;这样,编入女营的妇女就能担负较多的工作,如开挖壕沟,肩米负煤,割麦斫柴,荷砖运土等劳动,有时也同男子一样地去参加战斗或防守城市。

女绣锦营以一监军统绣工五十人,进行制造金彩冠服的工作。有乡锦监军一百六十人,统计在女绣锦营中的女工数为八千人。

牌尾馆在武昌时便曾设立,以收容老弱残废的男子;建都天京后,于东北两城设牌尾馆数十。每馆二十五人,最初多至七八千人,后来减至三千人,1854年春夏之交废止。牌尾馆又称老民馆或老民残废馆,他们的工作限于轻便劳动,残废者多守馆,老弱则扫街道,拾字纸。

在上述这些制度下,几乎把天京所有人民全都组织起来参加政府工作或进行生产劳动了,消灭了过去剥削阶级社会中不劳而获的现象和封建宗法制度。天京人民的私有财产虽被没收,但大家都"无分富贵贫贱,父子兄弟各有差事,量才夺(录)用,并不勉强,有功则赏,有罪则罚"③,"给与衣食,视同一体"④,"因材而使,断不苦人所难"⑤。正如刚刚建都天京时的招贤榜中所说:

"江南人才最多,英雄不少,或木匠,或瓦匠,或铜铁匠,或吹鼓手,你有那长,我便用你那长;你若无长,只可出出力的了。"⑥

对有技术的人一定用其所长,对一般没有技术的人也让其出力,使天京成为一个人人都有工作可做的生气勃勃、精神焕发的城市,"民众兴盛,闾阎各家,门户洞开,士庶冠服修洁,市井安恬,极有规矩约束。鸦片烟断绝,庙宇偶象毁罄荡尽,官与兵皆一体平等,无轻重异视"⑦。这是法国公使布尔布隆在1853年12月赴天京访问时所看到的情况;此外,在1854年5月美国专使麦克莲访问天京时,他的翻译裨治文叙述这个革命首都的情形说:

"任何地方都非常注意维持秩序,一切不规则的行为和违法乱纪都以在中国人中少见的速度被谴责和处罚着。所有的人都毫无例外地有他们被分配的相当职务,……我们所看见的一切的人都穿得很好,吃得很好,并且在各方面都被供应得很好。他们似乎都很满意,精神焕发,好象必定就要成功的样子。"⑧

他的另一随员曾用X.Y.Z.的笔名写了一篇关于天京的见闻,其中说道:

"城市本身是在严格的军法管理之下,……保持了最严格的纪律和完整的秩序。……吸烟不仅是被禁止的,并且禁令还是充分有效的。当然,鸦片的禁令仍然是被更加注意地在实施着。但槟榔可以自由使用。粮船从扬子江两岸附近的乡间带来了稻米的经常供给,并且看到了一些刚从湖北省来到的粮船。看到了大队妇女把稻米运进城中,稻米被包装在小口袋中,每一个女人都在肩上背一袋。"⑨

革命首都天京城以其严明的纪律生活,人民的革命精神,以及焕然一新的社会风气,赢得了差不多所有曾经访问过这个城市的外国人的赞美和敬佩;而这正是和当时在清朝政府统治区的暮气重重与贪污腐化,形成了一个鲜明的对比。

不过,在另一方面,我们根据以上太平天国在天京所实行的全部制度来看,其中一些是为了适应革命战争的急需而创设的,如男女分营,废除家庭制度等。当初建都天京的时候,把城中人民分为男行女行,亦"不过暂时分离,将来罪隶诛锄,仍然完聚"⑩;后因北伐军在前线失利,攻取北京与统一全

① 张德坚:《贼情汇纂》,见《太平天国》Ⅲ,第110页。

② 沈□曦:《金陵癸甲摭谈补》,见《太平天国》Ⅳ,第631页。

③ 上元锋镝余生:《金陵述略》,见《太平天国史料》,第503页。

④ 杨秀清:《诰谕南京人民》,见《太平天国史料》,第134页。

⑤ 涤浮道人:《金陵杂记》,见《太平天国》Ⅳ,第624页。

⑥ 赵烈文:《落花春雨巢日记》转引自罗尔纲:《太平天国史稿》增订本,中华书局1957年版,第237—238页。

⑦ 《佛兰西公使赴天京记》,见《太平天国史料》,第539页。

⑧ 白伦:《中国太平"叛"党志》,1862年英文版,第191—194页。

⑨ 白伦:《中国太平"叛"党志》,1862年英文版,第194—195。

⑩ 杨秀清:《诰谕南京人民》,见《太平天国史料》,第134页。案罪隶即直隶,太平天国以其为清朝都城所在省份,故改此名。

国的任务一时不能实现，这样一个违背人情的制度也就没有必要维持下去，必须加以改革。1855 年 3 月（乙荣五年正月，咸丰五年正月），太平天国在天京废除了隔离男女的制度，准许夫妻团聚。这一制度的废除，使天京的社会组织和生活都相应的起了变化。由于大多数女子回到家庭，女营和女绣绵营势必废止；由于家庭生活的需要，就会出现一些商店来供给日用杂货；因此，1855 年以后的天京情况就和前期有所不同了。

（引自牟安世著《太平天国》，上海人民出版社，第 175 ~ 179 页）

第三节　圣库制度的供给标准

一、太平天国的供给制度是近代史上一件有名而比较成功的制度。这个制度的产生有它的思想根源、社会背景和军事上原因，并非只是洪秀全等几个领袖主观上忽然想到的结果。太平天国在经济上、政治上的许多民主改革都渊源于上帝教的平等思想，上帝教主张政治、经济、民族、男女四大平等，反映到整个革命团体的生活上就表现为这个近于平等的供给制度。

（《太平天国制度初探》，人民出版社 1956 年版，第 47 页）

二、太平军既然以人无私财，一切缴获尽归圣库为原则，因此官兵皆无薪俸，衣食用度例由圣库、圣粮诸馆供给，所谓“其伪朝内各官一切衣食，皆向各典官衙取给，军中亦然”[①]，便是指此。天京等城中居民皆编为营馆，生活所需也按例支领。供给标准及实施情况，大致有以下几方面：

首先是粮、油、盐实行定量供应，肉食供应则有等差。史料记载说：“每二十五人每七日给米二百斤，油七斤，盐七斤而已，虽房劫极多，亦毫无加增”[②]。按这个标准，每人每天供给米一斤二两半，油盐各约四线，应该说是较为充足的。据清方了解的确切数字，截至 1853 年底，天京总典圣粮馆“共存谷一百二十七万石，米七十五万石，江宁群贼口粮每月约放米三十余万石，合计米谷足支四月。”[③]从这里可看出，粮食是按全城人数定量发放，统筹供给。”1854 年 5 月，天京因粮米告罄，始下“一概吃粥”之令，但在前线打仗的战士仍例外得加饭加肉。肉食的标准，据记载说：“伪官虽贵为王侯，并无常俸，惟食肉有制：伪天王日给肉十斤，以次递减，至总制半斤，以下无与焉。”[④] 这是说自总制官以上每天定量供给肉，而监军以下的官兵则不是每天供肉，但并不意味着不供给肉。从各种记载中可知，太平军中和各馆是按期分肉，一般是礼拜日向宰夫衙领肉[⑤]。节日供应更多些，如壬子二年在武昌过除夕，“每营贼给猪一头，钱数贯，为度岁之需，亦间有给牛羊者”[⑥]。平时，如果发放的“买菜钱”多，也用来购买猪鸡等肉食。所以在正常情况下，太平军中和天京各馆供给粮肉的标准并不算低。

其次，有买菜钱和礼拜钱的供给，其数额颇无定制。《贼情汇纂》《口粮》中说：“另有所谓买菜钱……难民曾述有卒长管百人，系某功勋统辖，亲见其卒长每月向伪功勋领取买菜钱，多至金一二两，银首饰数十两，其卒长悉数易钱买猪鸡以供众啖；又见伪禀奏中有伪旅帅具禀本管总制，求取买菜钱，批发银五两者。”这说明买菜钱的多少没有也不可能作统一的规定。从清方缴获的太平军文件中，有水营后二军军帅刘玱得请总制发给买菜钱的禀单一件，其中说：“小卑职衙内兄弟众多，日逐买菜，缺少钱文，意欲在后二典圣库请领大钱拾伍千肆百文，计统下兄弟一百七十余人，每名约得捌拾文之数，未敢多请。”[⑦] 后二军典圣库官职同监军，故军帅领买菜钱得向总制行文书方能领取。可见圣库的开支手续是严格的，同时也说明领买菜钱是合乎太平天国的供给规定的。

礼拜钱是在菜金之外发给官兵的津帖费。清方缴获这样一件禀单：

“（中四军卒长覃禀师帅陈谓）缘明天十九日房宿礼拜之辰，弟统下四两司马，共带兄弟壹百叁拾伍名。内牌面玖拾捌名，每名领钱贰拾壹文，共领钱贰千零伍拾捌文；牌尾兄弟叁拾柒名，每名领钱

① 《贼情汇纂》卷十，《口粮》。

② 《贼情汇纂》卷十，《口粮》、《仓库》。

③ 《贼情汇纂》卷十，《口粮》、《仓库》。

④ 《贼情汇纂》卷十，《口粮》、《仓库》。

⑤ 据《金陵省难记略》载，“宰夫衙是杀猪养鸡鸭供给各王者，各军领肉亦于此”；又《山曲寄人题壁》诗谓：“每逢七日群分肉，礼拜期原杀戮期。”又谓：“此日宰夫衙宰猪动以千计”（见《太平天国史料丛编简辑》第六册，第 389 页），可见各军各馆皆是定期供给肉食。

⑥ 陈徽言：《武昌记事》，见《太平天国》第四册，第 597 页。

⑦ 《贼情汇纂》卷七，《伪敬禀式》。

拾肆文，共领钱五百贰拾捌文，二共应领钱贰千伍百捌拾陆文。又两司马肆员，每员领俸钱叁拾伍文，共该钱壹百肆拾文，小弟俸钱拾文，统共实领礼拜钱贰千柒百玖拾陆文。理合具禀，恳求师帅善人发下，以便分与众兄弟同沾天恩，兼办供物”。[①]

按太平军没有薪俸，这里所称的“俸钱”，实际是发给的生活津帖费，计牌尾每人每日二文，牌面三文，两司马五文，卒长十文。由此推之，卒长以上的礼拜钱，也当按职级分别发给。又据记载说：在1853—1854年间，天京城中“每月发礼拜钱约二十万串……每二十五人每七日发米二百斤，钱一千二百五十文”[②]。从这个材料看，礼拜钱是每周发给，每人每天平均约为七文，较前引中四军卒长覃某所禀领之数为多。可能前者是在外地，而后者则是在天京而有所不同。

复次，在被服衣装方面，在天京是由相应的典官衙供应，各有定制[③]。在外地各军与职员也按制就地备办，其费用当是由所在圣库开支。

总的来看，太平天国定都天京前后，圣库制度在安排和保障供给方面起了很大的作用。按其规定，所发给每个成员的米粮油盐等是高于旧时平民与农村的生活标准，又定期供给肉食，加上买菜钱和礼拜钱，副食零用也堪称充足的。故谓：“贼知乡民苦饥，每以三餐鱼肉饭诱人，故日必三饭。”[④] 又谓：“蠢尔匹夫，一朝被掳，惊惶无措，不意竟获温饱，食未尝之食，衣未见之衣”，“鸡鸭鱼肉更纵其啖嚼，华美衣服任其穿着，贫民骤得如是享用，故其气自振。”[⑤] 太平军虽然不领薪俸，但圣库制度保证了他们的吃穿，而且官兵大致平等，所以士气是饱满的。

（引自郭毅生著《太平天国经济制度》第38～40页）

---

① 《贼情汇纂》卷七，《伪敬禀式》。
② 《贼情汇纂》卷十，《仓库》。
③ 《贼情汇纂》卷六，《伪服饰》。
④ 《贼情汇纂》卷九，《礼拜》。
⑤ 《贼情汇纂》卷十一，《新贼》。

第二章　太平天国基层政权的乡官制度

第一节　乡官制度的形成

一、凡一军:典分田二,典刑法二,典钱谷二,典入二,典出二,俱一正一副,即以师帅,旅帅兼摄。当其任者掌其事,不当其事者亦赞其事。凡一军一切生死黜陟等事,军帅详监军,监军详钦命总制,钦命总制次详将军、侍卫、指挥、检点、丞相,丞相禀军师,军师奏天王,天王降旨,军师遵行。功勋等臣世食天禄,其后来归从者,每军每家设一人为伍卒,有警则首领统之为兵,杀敌捕贼;无事则首领督之为农,耕田奉上。

(引自《天朝田亩制度》)

二、凡设军,每一万三千一百五十六家先设一军帅,次设军帅所统五师帅,次设师帅所统五旅帅,共二十五旅帅;次设二十五旅帅各所统五卒长,其一百二十五卒长;次设一百二十五卒长各所统四两司马,共五百两司马;次设五百两司马各所统五伍长,共二千五百伍长;次设二千五百伍长各所统四伍卒,共一万伍卒。通一军人数共一万三千一百五十六人。凡设军以后人家添多,添多五家另设一伍长,添多二十六家另设一两司马,添多一百零五家另设一卒长,添多五百二十六家另设一旅帅,添多二千六百三十一家另设一师帅,共添多一万三千一百五十六家另设一军帅,未设军帅前,其师帅以下官仍归旧军帅统属,既设军帅,则割归本军帅统属。

(引自《天朝田亩制度》)

三、兴乡官。公义者司其任,以理一乡民情曲直吉凶等事,乡兵听其铺调。

(引自《资政新篇》)

四、守土官乡官。伪总制,府一人主辖监军军帅。凡贼之狱讼钱粮,由军帅监军区划,而取成于总制民事之重,皆得决之,虽大辟不以上闻。

伪监军,每州县一人,其小县或竟属于总制。各军刑政由军帅议定,乃禀监军以达于总制,如我之直隶知州,而权较重,亚于伪总制焉。

伪军帅每军一人,凡辖一万二千五百家家籍一丁。所属师帅、旅帅、卒长、两司马,一如军中之制,亦分前后左右中一二以下诸军。其未置监军统之者,则以一人为总军帅,所职上给贡赋,下理民事,如我之州县,而权过之,得发民为兵。所辖为伍卒,有冲锋、勇敢之名,家备戎装,人执军械,尽万兵于农,令军帅兼文武之任也。

伪师帅、旅帅、卒长、两司马以次相承,皆如军制。惟军中师帅所率二千五百人,守土师帅则二千五百家。下至两司马皆同,所辖人多以倍数,而职不如军中之尊,军中卒长则得治乡官军帅。

初贼所破州县,未当设官据守。自窃占江宁,分兵攻陷各府州县,遂即其地分军,立军帅以下伪官,而统于监军,镇以总制。监军、总制,皆受命于伪朝为守土官。自军帅至两司马,为乡官,乡官者,以其乡人为之也。先必大彰伪谕,声以兵威,令各州县并造户册,即于乡里公举军帅旅帅等,议定书册并各户籍敛费,呈于伪国宗检点,申送江宁,是谓受降。其军帅假以令旗,得操微调之柄,催科理刑,皆专责成。自师帅至两司马,悉设公堂刑具,建三角旗,以旗长短为尊卑之分。军帅得备彩舆,舁以四夫,幡盖塞途,仪卫甚盛。最下两司马,亦有随从人护,系断乡里,炫耀宗族。贼兼许以子孙承袭,世传不替,而无耻之徒,不学之辈,为其所诱,妄希显荣,遂趋之如骛。其间谨饬之十,为众姓所共推,委曲维持志全乡里,亦多为所污,不能自脱。而土著生计,丝荣难隐,裹胁逃民,并得稽察,贼之牢笼人士,联络方域,计盖无谲于此者。至周礼军师以下诸官,本以卿大夫士出任军政,无事仍复其常,董师靖暴,一归司马未闻别树军旅之职。贼乃剽窃虚名,专责戎阵并创乡官,□州长党正之法,滥授兵柄,刑赏纷错,而无知者诧为法古,胡不一覆周礼之文耶?至六官之建,集其所掌,盗贼行径,诬蔑圣制,则又不待辩而自明也。

(中国近代史资料丛刊[二]《太平天国·贼情汇纂》卷三第108、109页)

五、守土官乡官表

郡总制	州县监军	乡军帅	乡师帅	乡旅帅	乡卒长	乡两司马
湖北黄州郡总制每府设一人以老贼充之统辖乡官	湖北新州监军安徽青阳县监军每州县设一人以老贼充之统辖乡官	安徽安庆郡总制东流县监军华阳镇乡前一军军帅每一军一人每一州县分三军五军等自军帅以下皆以本地人充之	湖北黄郡冈县监军团风乡前一军前营师帅	湖北黄州郡总制黄冈县军团风乡前一军前营前旅帅	湖北黄州郡总制黄冈县监军团风乡前一军前营前前一卒长	湖北黄州郡总制黄冈县监军团风乡前一军前营前前一卒长東两司马

（中国近代史资料丛刊[二]《太平天国·贼情汇纂》卷三第94页）

六、乡官的职责。初，太平军所下州县，辄委之而去，未尝设官以守。自定都天京，分兵攻克各地，始就其地分军，立军帅以下各官，统于监军，镇以总制。监军、总制皆受命于天朝，为守土官。自军帅至两司马为乡官，乡官者，由人民自举其乡人为之也。凡太平军初定一地，必先大张诰谕，命各州县编造户册，即于乡里公举军帅师帅等职，议定书册，并所辖地方户籍赋税呈于国宗检点，申送天京，所属各户均须一律改悬太平天国门牌，以便稽查。其军帅假以令旗，得操微调之权，催科理刑，皆专责成。自师帅至两司马悉设公堂刑具，建三角旗，以旗长短为尊卑之分，皆得断理乡曲。乡官既为本乡人，深知地方利病，故与利除弊易收实效。今述其职制于下：

（一）府　总制一人，主辖监军军帅。凡地方狱讼钱粮，由军帅监军区画而取成于总制。民事之重皆得决之，虽大辟不以上闻。

（二）州县　监军一人，其小县或竟属于总制。各军刑政由军帅议定，乃禀监军，以达于总制，如满清直隶知州而权较重，亚于总制。

（三）军　设军帅一人，凡辖一万二千五百家。家籍一丁，所属师帅、旅帅、卒长、两司马一如军中之制，亦分前、后、左、右、中一、二以下诸军。其未置监军统之者，则以一人为总军帅。所司上给贡赋，下理民事，如满清州县官而权较重，得发民为兵。所辖伍卒有冲锋勇敢之名，家备戎装，人执军械，其意盖寓兵于农，令军帅兼文武之任也。

（罗尔纲著《太平天国史稿》第134页）

七、……作为基层政权的乡官制度，是推行了的。在建都天京后，太平军每定一地，就命令州县编造户册，各就本乡推举军帅以下乡官，执行征调和政教任务。乡官由推举产生，是一项具有民主精神的措施。如安徽潜山县，就产生了六个军帅、十八个师帅、七十二个旅帅等。军以上是县，派监军治理；县以上是郡（府的改称），派总制主持，称为守土官。

（中国近代史丛书《太平天国革命》第35，36页，上海人民出版社1973年版）

八、守土官为郡总制、州县监军、乡军帅、乡师帅、乡旅帅、乡卒长、乡两司马，凡地方狱讼钱粮，由军帅、监军区画，而取成于总制，民事之重，皆得决之。

自都金陵，分兵攻克府、厅、州、县，遂即其地分军，立军帅以下各官，而统于监军，镇以总制，监军、总制受命于伪朝。自军帅至两司马为乡官，乡官者以乡人为之也。军帅兼理军民之政，师帅、旅帅、卒长、两司马以次相承，皆如军制。

（《清史稿》卷475，《洪秀全》第12868页，中华书局1977年版）

九、忠王李秀成命苏郡四乡百姓举官造册谆谕

真天命太平天国九门御林忠义宿卫军忠王李，为谆谕四乡百姓举官造册事：照得轸恤不深，则招安不力，而痌瘝既切，则绥辑弥殷。本藩前抵苏郡，查尔百姓当大兵云集之时，多有流亡失所之惨，每一念及，痛不可支。业已委令逢天安左同检在此镇抚，已经谆谕在案，谅尔等已共见共闻矣。

但不举官则民事无人办理，不造册则户口无从核查，何以为安抚之地乎？为此再行谆谕，仰尔百姓一体知悉：凡乡邻熟识之人，举为乡官，为理民务，其五家举一伍长，二十五家举一两司马，一百家举一卒长，五百家举一旅帅，二千五百家举一师帅，万二千五百家举一军帅。盖所举之人，必度其干事才能称职者充当其任。尔等一面开造民册，一面将

所举之人，令其概行来城，听候铺派。

兹并将册式粘后，限五日内照样造齐，呈送阊门外总局查核，以便给发门牌，则尔民得安堵之常，本藩亦慰抚绥之念。从此四方鸠聚，采菖无行野之伤；比户燕安，绵葛无在河之叹。倘敢违延，定行发兵问罪剿洗，以为抗违者戒。尔百姓其各懔遵，毋负本藩谆谆叮嘱之意可也。特此谆谕。

太平天国庚申十五年五月初七日

（《太平天国文书汇编》第122页）

十、太平天国的城、乡基层政权究竟在哪一个阶级手里，是一个原则问题。这就涉及到乡官的阶级成份，这是一个值得深入考察的问题。如前所说，在建立基层政权时，虽然有一些地主团练分子篡夺乡官职位，但总的说来，乡官大多由劳动人民担任。

（董蔡时著《太平天国在苏州》第80～85页，江苏人民出版社1981年版）

第二节　乡官的职责范围和任务

一、清查户口

乡官的第一步工作就是清查户口。太平天国于建都天京后，对于克复的地区，必先清查户口，编立门牌，借以安定秩序，并作为施政的基础。……

二、安辑难民

太平天国极重视安辑难民的工作，李秀成在自述中屡经提到，当时人也有记载，如《苏台麋鹿记》说，熊万荃会同诸乡官出齐门绕至阊门勘察地方，指定以山塘、虎丘的腹里湖田一带为难民居住营业之所，令乡官派人于城中鸣锣告众，而难民畏惧不敢出。“熊姓先自立馆于城外，预煮粥以待出城者。且云：‘出城住定每口给米五升，俾度四五日。于四五日内各谋生业，开出铺面。’”无资本者，可向政府请领，或认领货物，难民“仍畏惧不敢出”，“应者廖廖。迟数日，又于城中招各乡官申谕云：‘百姓出城……实是开放一条生路。而尔民胆怯性愚，不肯出去，岂均情愿饿死耶？务必再行申明劝谕，周遍详明为要。’嗣后出城者渐多，居然发出资本，开设各种铺户，于是由塘成集，各为买卖街。”《思痛记》说太平军在杭州以米谷散给贫民，并说“嗣因开仓，由仁、钱（按指仁和、钱塘两附郭邑）两伪监军派人凭归逆（按指归王邓光明）票来仓领米……并领谷下乡散种”。

三、征收赋税

田赋基本上归乡官经收，其有关工作如编造土地册籍也归乡官办理；杂捐中的一部分和有些地区的营业税、船钞都由乡官征收。

四、供应军需

太平军行军所至，偶有所需而未及准备者，多由乡官临时供应。《汇纂》《贼粮》篇《科派》章说：“行军所需各物皆悉取给于乡官，偶需锹锄千柄，或苇席千张，或划船百只，伪文一下，咄嗟立办。”

五、维持治安协助作战

乡官是基层行政人员，负有维持地方治安之责，……《花溪日记》说：“屿城贼尽吊嘉兴城，海盐、硖石所设馆子亦俱收去……惟（监军）章阿五仍领枪船百余，守住屿城。”“海宁孙贼会同各处军、师帅领小卒千余，猝捕盗于马桥之长浜等处，纵火焚巢穴，获盗二十余人，皆斩之，盗劫始息。先是二十五日夜，盗伤事主，剖腹死。事主家控讼，故有是举。”可为一种实际事例。海宁、海盐一带，依该书记载，虽未明言组织乡兵，但乡官也仍统有枪船之类的武装，所以有维持地方治安的能力。

同时，乡官也常常协助太平军作战，或参加其他军事活动如担任侦探之类。

六、管理诉讼

讼事归乡官审判。《汇纂》说：“（乡官）上给贡赋，下理民事。”“催科理刑，皆专责成，自师帅至两司马悉设公堂刑具”（卷三《伪官制》《伪守土官乡官》）。《花溪日记》说：“花溪、通元二局理讼事，办土匪，必每夜有审断事。”……《天朝田亩制度》规定，原归两司马审理，不能结束者，由上级乡官层层审理,上达于守土官,再由守土官上达于中央政府审结。在事实上则高级乡官也可审结,制度虽似粗放,却也说明乡官职权范围的广大。

此外,《越州纪略》还说绍兴设有盐师帅,专管食盐的供应业务,可说是一种专业乡官。

(1至6,均引自郦纯著《太平天国制度初探》第99—102页,中华书局1963年版)

七、开辟商业区,保护正当贸易

苏州太平军在安民的同时,着手建立城区的各级基层政权,苏州城娄门、葑门、齐门、盘门、胥门、阊门六城门各设乡官局,城中心元妙观附近地区另立一局,名为城心局,共计七局。城心局的负责人是“钱天春寿衣庄之老”钱姓。葑门乡官局由西十郎巷的吴心香负责。乡官局协助太平军办理如下事务:

开辟商业区,活跃市场。发赈济粮救济贫民,能救急于一时,不能从根本上解决他们的生活。同时,为了强化城市为军事堡垒,太平天国不许商人在城区经商,动员商人和贫苦人民迁移出城。事先,苏福省民政长官会同乡官到阊门外相度地方,规定阊门外上塘为行军道路,下塘为居民地区,塞断上下津桥渡口,在渡僧桥上设卡监督,不许军民错走,保障居民迁移出城的安全。为了协助区居民顺利迁移出城,沿途设立施粥站,免费供应出城居民。贫苦民人无力经商的,给予贷款,准许他们在阊门外山塘街到虎丘一带经商谋生。从阊门到虎丘一带,本来被清军烧成一片废墟,经过太平军和乡官等的短期努力,出现了买卖街,秩序良好,商业繁盛。

严禁太平军强买硬赊,保护正当贸易。7月6日,有乡下农船来城,“载有腌鱼及鲜鱼、肉,贼党争买,人丛中有取货而未偿价者,乡民诉于熊馆,立拿二贼枭示通贵桥,遂令统下李姓者监视交易”。

(董蔡时著《太平天国在苏州》第58—61页,江苏人民出版社1981年版)

八、发展农业生产

正因为乡官大多由劳动人民担任,苏州地区这块根据地内的各级农村基层政权才能比较有力地在政治上、经济上和军事上贯彻执行太平天国的政令,强有力地支援太平天国反对外国侵略者及其走狗清朝的革命战争。

乡官的职责繁重,任务艰巨,从军事、政治到征粮捐税,发展农业生产,无不一手经理。

疏浚河道,发展农业生产。太平天国政权一贯重视修建水利,发展农业生产。在太平天国前期,“督修河堤,以卫民田,故民不乏食”。在苏福省[①] 根据地内,李秀成非常重视发展农业生产。吴江监军钟志成命所属乡官组织民工,疏浚自夹浦桥到瓮金桥的河道,“计程五十里,各派地段,居停薪水,该地伪旅帅供给”。太平军初下苏州,李秀成严令禁止宰杀耕牛,“有宰食者,杀无赦”。李秀成还时常率领将领到苏州“胥、盘两门之外观看田稻”的长势。由于李秀成和乡官重视农业生产以及当地农民的努力,苏福省根据地内,特别是苏州地区,农业生产连年丰收,逃避用直的地主知识分子杨引传,在他所写的《野烟录》中一贯恶毒攻击革命,但是,当他写到农业生产情况时,不得不承认在太平天国统治下,“三时之务不废也”,故虽“设乡官以收粮,又立卡以收税,而民尚不甚病者,五谷丰而百货萃也”。

(同上书,第88~91页)

① 苏福省:1860年太平军二破江南大营,攻克苏州,李秀成遵照天王洪秀全的指示,建立苏福省,省会在苏州。

第三章　太平天国的工商管理政策

第一节　进军途中的工商管理

一、"士农工商各安业，纳款当差凛遵行，百般贸易俱可做，烟酒禁物莫私营"。

(《醒世文》,《太平天国印书》下册第666页)

二、"东王杨秀清，西王肖朝贵[①] 安抚四民诰谕"

"真天命太平天国禾乃师赎病主左辅正军师东王杨[②] 右弼又正军师西王肖为诰谕四民各安常业事，……

兹建王业，切诰苍生，速宜敬拜上帝，毁除邪神以奖天衷，以受天福，士农工商各力其业。自谕之后，尔等务宜安居桑梓，乐守常业，圣兵不犯秋毫，群黎毋容震慑，当旅市之不惊，念其苏之有望。……

太平天国癸好年[③] 五年初一日诰谕"

(《太平天国文书汇编》,第111页)

三、"正月廿八日，贼[④] 逼城下各门，拥土堵闭。贼又自南自北，绕城告人曰：'百姓勿惊，照常贸易'"。"其党每购什物，倍价与之。见有乞丐，辄掷钱数百文，百姓愈惑之。"

(清佚名撰《金陵被难记》,《太平天国》Ⅳ，第751页)

四、"要知衣食之原，安居之处，皆出自天父皇上帝[⑤]，莫大恩典。……诛灭妖魔如破竹，建都天京乐安康。……为民宜良，谨守天条[⑥]"，……各安常业，士农工商，时读天书，天道昭彰……民分以四，各居其艺，宜遵天诫，切勿放肆……。"

(《太平救世歌》,太平天国癸好三年新刻《太平天国印书》,第142~145页)

五、"即鸣锣于街曰：'东王有令(东王即军师杨秀清自称),尔百姓不必惊慌，各安各业。'并出伪示，不许其兄弟(贼称其兵曰兄弟)抢取财物，遂少定"。

(野渡子《金陵被陷记》,武汉图书馆藏《黄石师院学报》1984.2)

六、"关榷交易"

"贼之关榷所获寥寥，然贼之交易颇足资贼。盖掳得百货凡不济用者，或所掳过多者，皆于村镇屯积，命三五贼目招徕交易，较常价倍减。乡民始犹疑惧，既见靡他，遂趋利争赴，或以钱买，或以米豆互易，不数日，销售净尽，船载粮米，赍送贼巢矣。百货之中，尤以淮盐以湖北布棉为大宗，载江淮之盐运至兴国、蕲黄，买(按：应为卖)于民间，虏得湖北布匹、棉花复卖与安徽、江南百姓。物系掳来，全无资本，……。大都交易，多在已立乡官之处，若贼甫陷之地，亦恒招民交易……。"

(《贼情汇纂》卷十，《太平天国》Ⅲ，第277页)

七"真天命太平天国电师[⑦] 左军主将翼王石，为训谕县良民各安生业。勿受妖惑，……"

(《翼王石达开告安徽良民各安生业勿受妖惑训谕》,《太平天国文书汇编》第111页)

八、……"自谕之后，备宜安分守业，倘再摇动，那时天法无私……"

---

① 太平天国在广西桂平金田起义后，1852年冬在广西永安州(今蒙山县)封王建制，天王洪秀全下诏，封杨秀清为左辅正军师东王九千岁，肖朝贵为右弼又正军师西王八千岁，冯云山为前导副军师南王七千岁，韦昌辉为后护又副军师北王六千岁，石达开为左军主将翼王五千岁。

② 禾乃师赎病主，为东王杨秀清之独有衔名，按拜上帝教，东王为天父第四子特令下凡为世人赎病者。

③ 太平天国三年为甲子"癸丑"年，太平天国以"丑"为不吉，故改为"癸好"三年。

④ 清方记载称太平军为"贼"，为尊重原始资料，仍从其文内用词。

⑤ 太平天国崇奉天父上，皇上帝即烨，认为世界为天父皇上帝创建。

⑥ 天条：太平天国之拜上帝教有十款天条(又称十诫),为全军全国上下一律遵守者，太平天国专门颁行有天条书。各条都有具体规定，不许触犯。

⑦ 电师：太平天国前期五位主要王爵的官衔，按拜上帝教规定，东王杨秀清为圣神风，称风师，西王肖朝贵称雨师，南王冯云山称云师，北王韦昌辉称雷师，翼王石达开称电师。

(《燕王秦日纲命四民急崇真道毋受妖迷诲谕》,《太平天国文书汇编》第 115 页)

九、"指挥曾示":晓谕尔民,各安恒业。……正当耕种,秋有好收,速散团练,受福更深。安民之地,兄弟扰害,捆送来辕,天法重究。

(《殿左拾伍指挥曾示》,《太平天国文书汇编》第 116 页)

十、自谕之后,该尔四民不必惊惶畏惧,各安恒业,如常贸易,勿得再听妖言,致累杀身之祸。

(《殿右陆拾肆指挥[①] 赖劝四民从真向化晓谕》,太平天国乙荣伍年贰月二十七日谕,《太平天国文书汇编》第 17 页)

十一、元勋殿左贰拾柒检点赖裕新安民晓谕

真天命太平天国钦差大臣元勋殿左贰拾柒检点赖,为晓谕士民人等勿惊师旅,致失家业事:

(一)凡尔民一切贸易无容闭歇,免致采买无向,自迫其乱;务要照平买平卖,以应军民,不得格外高价过取,致失公平伤事,民定干究。

(二)凡官兵如见子民安业买卖,胆敢恃势抢民货物,不依平买给价者,民宜当即扭拿禀送,论罪处斩。

(三)凡官兵应于扎宿之处,无论乡村市邑,尔民等须将前屋让与官兵暂扎,后房仍给尔民安身。所有金银重物,各宜检收,勿庸乱行搬移,以致土匪窥伺,自取遗失。

(四)凡官兵如有毒心乱行打烂民间碗锅一切器用者,及有柴而仍拆烧民房板料者,并擅燃良民房屋者,民宜当即据实扭禀,论罪处斩。

(《太平天国文书汇编》第 229、210 页)

十二、癸好三年冬十二月春官正丞相[②] 胡以晃率军攻克庐州,即着人执令箭鸣锣传示:

"合肥兄弟们听着,士农工商,各执其业。愿拜降就拜降,不愿拜降就叫本馆大人放回,倘不放,就到丞相衙门去告。"

又:"见县桥口帖春官丞相告示:'士农工商各有生业,愿拜降就拜降,愿回家就回家'。听他这话很有转机,……"

(合肥周邦福《蒙难述钞》,《太平天国》Ⅴ第 70 页)

十三、1853 年西征军克荆门帖出告示:

"(太平军)秋毫无犯,公平交易,乡户人等,俱要开门,各依恒业。"

(《广元县探报》,《近代史资料》1955 年第三期)

十四、太平军攻克永安州县的当天,即出告示安民,宣称:我们是为了消灭反动派而来的,决不伤害老百姓。在家不要慌,不要跑,愿意拜会从军的,热烈欢迎;不愿意参加太平军的,只要不凑勇[③] 助妖[④],各安其业,一律给予保护。

(《金田起义》第 118 页,广西师范学院历史系《金田起义》编写组,广西人民出版社 1975 年版)

十五、太平军买卖公平,百年来一直为当地人民所颂扬。……太平军在南门外广场搭棚盖厂,专供军民交易之用。太平军一面把进城时缴获的……物资如谷米、衣物、日杂百货之类调拨入市,并且……猪、榨油,订价出售,同时又高价收购军用物资。太平军派人四出号召百姓、商人进城贸易,保证买卖公平。……群众很快消除顾虑,入城赶圩,有些农民和商人还冒着生命危险,翻山涉水,把食盐、弹药等急用物品,由"山僻间道暗为转运,"[⑤],卖给太平军。

(同上书,第 119 页)

十六、在乡村,太平军也严格执行买卖公平的纪律。宰杀群众的牲畜,进农民的菜园摘菜,都要按价给钱。莲花寨有个农民,挑两笼鸡到太平军营房出卖,太平军全部买下了。因为银钱不够,一时没有付清。第二天,太平军马上派人把钱送给卖鸡人。营潘村的李远泰,开了一间店铺,专做熬酒养猪生意。太平军杀了他的猪,给他钱,他不要。他说:"我有钱,送给你们吃吧!"但太平军还是照样给他钱,分文不少。

(同上书,第 119 ~ 120 页)

十七、太平军进永安城后,曾把没收地主的谷

① 指挥:太平天国的官阶,1860 年以前在王(兼军师)、侯之下,即为丞相、检点、指挥、将军、总制、监军各级,再下则为军帅、师帅、旅帅、卒长、两司马、伍长等职。

② 丞相:太平天国初期职官制度,王爵之下的为丞相,分天、地、春、夏、秋、冬六官。每官分设正、又正、副、又副各一人,共丞相二十四人。

③ 勇:即清朝官兵。如当时驻扎在水秀独守庙的官兵乃是张敬修率领的东勇。

④ 妖:太平天国根据上帝教的教义,泛指一切敌人为妖。也同时专指清朝的士兵、差役。佚名《金陵犯事》:"贼以官为妖头,以兵、役为妖"。

⑤ 咸丰朝《东华续录》卷十三。

米、猪肉拿出一部分在南门外卖给群众。他们在出卖的东西上面标明斤两，写上价钱，由百姓自择自取，自动把钱放在竹筒内，太平军并不派人在那里看守。他们这样做，用意是使大家到城里来做买卖。

——蒙山县文化馆梁其英述

我有个叔公叫彭七，是做杀猪生意的，胆子很大。"长毛"进州城那年，曾出告示叫人到城里做生意，保证买卖公平。我七叔公最先挑肉进城卖给"长毛"，得到赏钱。

——蒙山县永安公社彭于昌述

(《太平天国革命在广西调查资料汇编》五，《在永安州的斗争》第177页，广西通志馆编，广西人民出版社1962年版)

十八、1851年底，叛军迅速地节节胜利，即使北京官报亦停止记载官军的胜利而开始记载叛军的进展。一切设防城市都入于备战状态，欧洲人从驻内地的通信员处得到消息，说杭州、镇海、宁波等地都在备战了。在大城市里，有人出售叛乱的地形图，图上指出叛军所占领的所有区域和城市。……

叛军占领了这三座城[①]以后，即行安民，生命财产，秋毫无犯。天德出布告教他们安居，同时允许不承认其政权者可以随意退避到他们愿去的任何地方，而且可以携带财产。有许多和平的市民立刻乘此机会，带着最贵重的财产离去。

(《太平天国初期纪事》第52、53页，法国加勒利·伊，英国约·鄂克数佛译补，徐健竹译，上海古籍出版社1982年版)

十九、太平军进永安州，除了没收地主谷米钱财外，还割地主的田禾。做法大致是这样：先派人下乡传话，动员农民和太平军合作，实地查田，把地主的田和农民的自耕田分开，在地主的田中插上竹签，不论产量好丑，以丘作准，分为两半。太平军当众说明：一半是由我们(太平军)派人收割，一半归你们(佃户)自己收割，割得的稻谷，可以全部挑回家去，归你们所有，用不着再给田主交租了！我们收割的一半，就是田主的租谷，如果田主还向你们收租，尽可禀告，是要处罚他的。查田完毕，太平军立即派人下田割谷。太平军人多，割得快，收割完毕，还派人帮农民收割，农民非常高兴。

有几个"长毛军"从上龙回营房，在路上遇到两个农民送租谷给地主，太平军把他们阻拦了，叫他们不用向财主交租，同时告诉那两个送租的人说"我们连财主的谷米还要拿出来分给穷人呢！"

永安城内有东平里义仓，是清朝官府所立的，每年收谷几千担。太平军进城后，动用义仓粮谷解决粮食问题。

(《太平天国革命在广西调查资料汇编》五，《在永安州的斗争》第176、177页，广西壮族自治区通志馆编，广西人民出版社1962年版)

二十、缺名安民晓谕

兹者本爵随侍忠王，统领雄兵百万，扫尽杭城残妖，尔民毋庸惊恐，速即归梓，乘此时而回心向化也。士者复其士，农者复其农，工商者复其工商，各安其旧，无忘故业；公平交易，并无相欺。为此出示晓谕，以安民心。凡我兄弟，不得讹诈子民，即尔百姓，亦不得妄抗兵勇。倘有不化，定按天法究治。凛遵毋违，切切此谕。

(《太平天国文书汇编》第265页)

二十一、是时〔1855年〕武昌、南京属管之地，粤人出示安民，开科取士，禁买变服，按例征粮，农工商贾各安其业，俨然有王者风。

(李汝昭《镜山野史》，太平天国[三]页十，转引自《中国近代手工业史资料》第一卷第532页)

第二十二、臣闻贼之所至，专示假仁假义。其到汉口也，先使人安抚市肆令如常买卖，毋得关门；其买市扬也，照常市价，无有短少，市人安之。

(咸丰二年十二月十四日王茂阴《条陈军务事宜折》，《王侍郎奏议》卷二，页十九，同上书第532页)

第二节　定都天京后的工商管理政策

一、对手工业的管理——诸匠归营，百工归衙

(一)复立诸匠营及各典官，使被胁百工技

---

① 系指永安州、水窦、(也有写作"水秀"的)莫邨以及平乐县城。

艺,各有所归,各效其职役。凡军中所需,咄嗟立办。

((张德坚等:《贼情汇纂》卷四,转引自彭泽益编《中国近代手工业史资料》第一卷第518页,中华书局1962年版)

(二)诸匠营:水营、土营而外,又有木营,其卒皆木工;金匠营,其卒皆金银匠;织营,其卒皆织机匠;金靴营,其卒皆靴鞋匠;绣锦营,其卒皆男绣匠;镌刻营,其卒皆刻字匠,各营以指挥统之。其总制至两司马,亦如土营水营之制。贼中又设各典官,名目至繁,已详伪官制内。总之掳得诸色目人,则分送各匠营,及各典官处,谓之听使。各储其材,各利其器,凡有所需,无不如意。此等匠营暨典官所属散卒,随营奏技,却不役使打仗。

(张德坚等《贼情汇纂》卷五上,同上书,第518页)

(三)军中各典官,皆职同监军,所属人数,多寡不一。有百人则置一卒长,分辖四两司马,二百人则置两卒长,无军帅旅帅诸伪官,故各衙听使腰牌无前营后营字样。若系伪朝内伪王府典官,并无某军字样,则称典天舆衙、东锣衙诸名色。

(张德坚等《贼情汇纂》卷五下,同上书第519、520页)

(四)〔女官〕伪左辅正军师一人,右弼又正军师一人,前导副军师一人,后护又副军师一人,六官正副丞相各二人,殿前绣锦指挥二百四十人,绣锦将军二百人,绣锦总制一百二十人,绣锦监军一百六十人,以上至指挥主督制刺金彩冠服之工。

(张德坚等《贼情汇纂》卷五下,同上书第520页)

(五)洪秀全据金陵时之招贤榜有云:"江南人才最多,英雄不少,或木匠,或竹匠,或铜铁匠,吹鼓手,你有那长,我便用你那长;你若无长,只可出出力的了。"见赵惠夫《能静居随笔》。此白话告示也。无长而出出力,则充苦力矣。

(徐珂《雪窗闲笔》,《康居笔记江函》页九二,同上书第520页)

(六)天京城中设立的百工衙与诸匠营,是圣库物资的重要来源之一。太平天国进入南京这样的手工业大城市以后,如何组织百工各业的生产,是一个大问题。太平天国从永安建国开始,便将城中人民按太平军的组织编立军伍,分别男行女行。对有百工技艺的人,则另立营馆,设典官以主其事。最早设立的是土营,在壬子二年(1852年)5月便是用土营挖地道攻克全州城。以后,在军中设立各种管理军需生产的典官,如典炮、典铅码、典红粉(按:指火药)、典硝、典铁匠、典木匠、典竹匠、典绳索等官,职同监军。这些军中的典官,各统其属若干人,负责军需物资的生产、筹办和管理等事。太平军进入南京后,不仅把圣库供给制由军中扩大到整个城市居民,而且也本着"人无私财"的原则,禁止了私人工商业,把军中的典官制推广到社会,将百工各业归辖到各典官之下,分别组织和管理各项生产。据《贼情汇纂》统计,"伪天朝各典官"除专供天王者外,共有一百零二员,皆"职同指挥",品级是很高的。典官各立衙署、各司其职。罗尔纲同志考证天京所设的天朝百工衙,计有三十九种,就其性质可归纳为九类:

1.军事工业九种:如典炮衙主制枪炮,红粉衙主制造火药,典铁衙主制造兵器、铁器,战船衙主制造战船,……。

2.食品业七种:如舂人衙主舂碾粮食,宰夫衙主宰割牲畜,酱人衙主制酱醋作料,茶心衙主制糕点,还有主制造茶叶的天茶衙,磨制豆腐的豆腐衙等。

3.服用业七种:如主丝织妆缎的织锦衙,主刺绣的绣锦衙,主缝纫衣服的缝衣衙,主制造冠帽的国帽衙,主制造靴鞋的金靴衙,主制造梳篦的梳篦衙和主制造花粉装饰品的典妆衙等。

4.建筑业专有土营司其事,另又设典木衙和油漆衙,主建造房屋和油漆。

5.交通工具的制造则有整舆衙制造舆轿,金龙船衙主制造船只等机构。

6.日用手工业品的制造和修理有六种:如典铜衙主制造铜器,典竹衙主制造竹器,典石衙主制造石器,洋遮衙主制造雨伞和旱伞,还有钟表衙与风琴衙专司这两种修理业。

7.印玺器饰货币制业有三种:如典金衙主铸印与制金银器饰,玉器衙主雕琢玉器,铸钱衙主铸太平天国钱币。

8.印制业有二种:镌刻衙主雕刻木印和书籍,

刷书衙主印刷书籍与文告等。

9.其他,如结彩衙主饰灯结彩等事。

这是有记载可考的三十九种典官衙。当然,还有好些未见记载。仅从以上所列的种类中便可以看出,太平天国在天京将各行各业、军用民用的手工工业都分立衙署,设官管理起来。……

(转引自郭毅生著《太平天国经济制度》第48页,中国社会科学出版社1984版)

二、商业收归国有

(一)"天下农民米谷,商贾货本,皆天父所有,全应解归圣库,……"

(《贼情汇纂》卷十,《太平天国》Ⅲ第275页)

(二)内有傅百姓条例[①] 跪听称:不要钱漕,但百姓之田,皆系天王之田,每年所得米粒,全行归于天王收去。每月大口给米一担,小口减半,以作养生之资。所有少妇闺女,俱备天王选用。店铺买卖本利,皆系天王之本利。不许百姓使用,总归天王。如此魂得升天,不如此,即是邪心,即为妖魔,不得升天。其罪极大,云云。间有长发贼,传人齐集设坛讲道。令人静听,亦即仿佛此等言语。

(上元锋镝余生《金陵述略》505页,明清史料丛书第二种《太平天国史料》,国立北京大学文科研究所北京图书馆编辑、开明书店印行)

(三)"铺店照常买卖,秋毫不犯,但本利皆系天王之本利,总归天王,如此则魂得升天,不如此即是邪心,即为妖魔,魂不得升天,其罪极大云云"。

(野渡子《金陵贼略》,武汉图书馆藏、黄石师院学报,1984.2)

(四)"凡典圣[②] 库,圣粮 及各典官,如有藏匿盗卖等弊,即属反草[③] 变妖[④],即治以点天灯[⑤] 之罪"。……

(《贼情汇纂》卷八〔伪律诸条禁〕,《太平天国》Ⅲ第230页)

(五)"农不能自耕以纳赋,而谓皆天王之田,商不能自贾以取息,而谓货皆天王之货。"

(曾国藩《讨粤匪檄》)

(六)〔1861年3月间〕英上海领事馆翻译官(副领事)福礼赐(R.J.Forrest)报告说,天王新近诏禁城内商务,以天京不能允许商人叫闹,只可在城外买卖(按太平门外、汉西门外、聚宝门外,均有买卖街)。有各色银币,通用者为铜钱,清制钱仍流行。

〔同年5月间〕福礼赐自天京报告,南京城内商务由天买办("Tien mai Pwon"即Heavenly Compradore)独占。天买办同时为总圣粮。

(《中国近代手工业史资料》第一卷第541页)

三、放宽商业经营

(一)"贼开市"

"贼谓凡物皆天父赐来,不须钱买,其实掳掠之外,所无者仍须添购,物又渐乏,听人出城自买,于是逃者纷纷。乃令老贼出城买物,设肆于北门桥,转卖之各馆,人有愿为某业者禀佐天侯给照赴圣库领本,货利悉有限制。(在朝天宫开炉铸钱,轮廓大如洋钱,一面天国字,一面圣宝字,发与领本人持出城交易不能行)有杂货、玉玩、绸缎、布匹、米油、茶点、海味各店,其店皆有贼文凭,称天朝某店,不准私卖,间有自藏珠玉、玩物求售者,巡查没其物,责其人。酱人衙开酱园,男女均集,贼嫌混杂,分男

---

① 《百姓条例》,太平天国佚书。据罗尔纲先生及一些研究太平天国史的同志考证,此书是太平天国建都天京之后随即颁布的一个重要文件。原书今未发现,只能从某些文章的转述中略窥其内容。现存提及《百姓条例》的史料,共有三种。即:

一、咸丰三年五月廿三日清廷上谕所附《顺天府丞张锡庚奏呈难民所述贼情》。

二、上元锋镝余生所著《金陵述略》。

三、佚名《金陵被难记》。这三种史料之中,其他两种均未署名。只有《金陵述略》署名"上元锋镝余生"。作者为谁?当时上海出版的《华北先驱周报》1853年8月31日的一期,编者加按语说:"尽管是匿名的,士人仍皆知是前松江知府洪玉珩所作。"

三种史料,其内容大同小异。但有一点出入甚大,即前二种说:"每年每大口给米一石,小口减半。"而《金陵述略》则说:"每月大口给米一石,小口减半",虽一字之差,数量相差十二倍之多。经太平天国史专家们研究,认为《金陵述略》当是最早的原始记载,约写成于咸丰三年四月自天京逸出不久时。张锡庚据以入奏,但别有用心地以肆其诬蔑。《金陵被难记》则据后者写成。(参见郭毅生著:《太平天国经济制度》第253页"注1"),和史式:《太平天国词语汇释》(四川人民出版社一九八四年成都版)第179页《百姓条例》。

② 太平天国各物多加"圣"字,以示崇敬圣主之间,太平军士兵称圣兵,粮食称圣粮,仓库称圣库。

③ 反草:太平天国隐语,即变心。

④ 太平天国指清朝政府为妖魔,故凡一切太平天国视为反动的人物均称为妖魔。

⑤ 点天灯:太平天国极刑之一种。

店、女店。又有天朝鱼行,天朝朋[①]行,朋行是肉店,朋取蠲洁意,大约亦并用典月二字,许老人馆开茶肆。……”

(《金陵省难记略》,《太平天国》Ⅳ第717页)

(二)1853年法使布尔布隆到天京时记曰“城中货易虽疏,而民众兴盛”。

(《佛兰西大使赴天京记》金毓黻等编著,《太平天国史料》第539页)

(三)1854年美使麦莲到天京记为“城中既未看到商店,也无任何物品陈列求售,更不可能得到出租的船支,肩舆或马达了”。

(白伦《中国太平叛党志》,1862年英文版第195页)

(四)“天京城中皆长毛馆子,皆老兄弟有家室者,无复百姓也。街上惟有茶坊、酒肆及肉店、豆腐店,亦皆长毛所开。”

(沈梓《养拙轩日记》)

(五)“省城并各处掳来绸缎布匹洋广京苏货物,悉归伪总典买办掌管,分有正、副各一。其正目现踞状元境天锦油庄,状元境内一带铺面,皆归此贼;其余各街铺店货物,均搬运屯于该处。副贼分踞油市[②]伪总圣库间壁陈姓住宅,掳储货物亦多。

(涤浮道人《金陵杂记》,《太平天国》Ⅳ第614页)

(六)“逆匪等掳得南货、海菜、火腿、食物等类,堆集房屋数十间,豢养牲畜鹅鸭不计其数,保令伪宰夫经管。然食用浩繁,掳来难供饕餮,又有股匪罗大刚在瓜、镇一带为之购买,常时成船满载而来。贼馆在土街口[③]前”。

(同上书,第615页)

(七)“贼见茶叶铺封闭,邓派伪典天茶专管,各处掳来茶叶聚于一处,以便群贼随时取用,贼馆在宗老爷巷。”

(同上书,第615页)

(八)“贼于药材亦必掳掠,故城中大小药店,均为贼封闭,令伪内医专管,并有伪总药库。其药铺之伙,皆为掳胁,以供役使。其各处医生亦被掳胁,以备有病者即令诊视。医之中伪名亦极多,有称为伪国医者,有称为督医者,其余总称为内医。亦分伪朝内、军中,各置各处。此伪药库在红纸廊[④]大街。

(同上书,第616页)

(九)“贼由广西以至金陵,掳得马骡,设有伪典天马专管。胁掳各处百姓为其牧放,喂养并不如法,可喂米饭,不知用麸料,水草亦不调匀,故马匹多见羸瘦也,贼馆在小营一带。

(同上书,第616页)

(十)“贼见人逃走,皆由出城买物,又见买者之多,冀于此取利。乃立五市于北门桥,不准人出城买物,并不准在各街买物,悉归五市[⑤]。嗣因五市价踊贵,老长毛不便,又议罢”。

(《金陵癸甲纪事略》,《太平天国》Ⅳ第663页)

四、设买卖街允许自由贸易

(一)“作买卖”。“劝言商贾毋潜通,虏物殆尽势一穷,城外直如五都市,外小负贩时相从。(贼呼城外人为外小。)继因胁从多变妖,诛不胜诛逃自逃,城中设立五大行,自出买办奇货藏,兄弟姐妹买之卖,计一逐利充饥肠。……”

(《金陵癸甲新乐府》,《太平天国》Ⅳ第740页)

(二)开放商业,自由贸易,“对商人采取自由贸易”。

(《中国近代史》第三章第四节)

(三)“……商旅不许妄藏市,伪示有云,天京乃完鼎之地,能妄作生理,潜通商贾安城里无用人不争,出城与人互交易,依旧咸丰通宝行,……”

(《金陵癸甲新乐府》,《太平天国》Ⅳ第738页)

(四)“换人葠[⑥]”。“腰间白璧双、臂间金钏一,

① 朋:为太平天国新创之字。管理者为“典”“官”“月”为肉之意,创“朋”字为管理肉食曰朋。

② 油市:即今之水西门内昇州路。

③ 土街口:即今之邓府巷青石街一段。

④ 红纸廊,即今之建邺路省党校一段。

⑤ 五市:指粮、油布、柴、菜等市。

⑥ 葠:即参,此写买卖街交易情况。

……。狎客飘然持羽扇，袖出人蓡三百换；争来攫取不嫌贵，那问为真与为赝……。”

（《金陵城外新乐府》，《太平天国》Ⅳ第743页）

（五）“作买卖”。“民非民，兵非兵，行伍著其名，市井谋其生，买贱卖贵各垄断，纳污藏垢同蝇营[①]。土、著贸迁能跋涉，安用远人厚赀挟。纵令君子贾三倍，争似小人月三捷。”

（《金陵城外新乐府》（《太平天国》Ⅳ第745页）

（六）初，江宁贼设买卖街于上新河，大营[②]辄遣谍探贼情。

（上元李滨古余撰《中兴别记》卷十第164页，太平天国历史博物馆编《太平天国资料汇编》第二册上，中华书局版）

（七）〔咸丰四年九月十二日〕向荣遣军再毁贼太平门买卖街，捕斩奸贩。

（同上书，卷十六第277页）

（八）〔咸丰四年八月初四日〕是日李定泰、蒋锡光烧贼〔南京〕太平门外买卖街。

又访得太平门外有奸民贪利，于每日黎明，距一里之地，与贼贸易，因又密派守备李定泰、蒋锡光带兵五百名，于初六日寅刻驰往截击。先有肩挑及用小车载物与该逆互市者，……逐将该处买卖街焚毁，并拿获贸易数十人，分别惩处，择其与贼久通者，正法数人，悬首示众。

（引自彭泽益编《中国近代手工业史资料》第一卷第540～541页）

（九）“南门外西南驯象门[③]亦有贼营，……营外里许，即贼之买卖场，城中之贼逐日来此购买食物之所。”

（《金陵杂记》（《太平天国》Ⅳ第632页）

（十）“水西门外……贼营外观虽大，内中贼亦无多，出此贼营，可以径达江东门买卖场。”

（同上书，第634页）

（十一）“其栅栏门[④]、神策门[⑤]、太平门三处贼营外，皆有买卖场。”

（同上书，第634页）

（十二）“兹探得城北神策门外，逆匪招集奸民，于五更时分市卖各项食物，日出即行罢市。”

（《向荣奏稿》，《太平天国》Ⅶ第217页）

（十三）为了防务安全，天京当局不让商贩进城，但还要和商民交易，于是在天京城外设买卖街。这种买卖街的地点可考明的计有六处：

1. 城东太平门外。
2. 聚宝门外的南门大街。
3. 城西南驯象门外。
4. 城西江东门。
5. 栅栏门外。
6. 在城北神策门外。

（引自郭毅生著《太平天国经济制度》第267、268页，中国社会科学出版社1984年版）

（十四）“在苏州，将阊门外至虎丘地段的山塘街等处开辟为买卖街……大致贸易俱有倍利，故趋之如骛。”

“阊门外商肆鳞次栉比，市场繁荣，较前犹过之。”

（《苏台麋鹿记》，引自郭毅生著《太平天国经济制度》第269页）

（十五）〔苏州〕〔咸丰十年五月〕十七日……众安桥有乡民下船载韭苋等菜来卖，贼问价与钱，虽昂不减，乡民贪之。而城中正缺菜肴，都来买取，从此食物船日益集，众安桥成市焉。

十八日，……下乡船至，载有腌鱼及鲜鱼肉，贼党争买。人丛中有取货而未偿价者，乡民诉于熊馆，立拿二贼枭示通桥，……

（引自彭泽益编《中国近代手工业史资料》第一卷第542页）

（十六）苏州百货云屯，盛于未乱时倍蓰。

苏州人烟转盛，城市富民往来贸易，货物充斥，初不知其为乱世。

① 天京城外买卖街鱼龙混杂，清军亦混迹其间。
② 指向荣的江南大营。
③ 驯象门：即今赛虹桥南，原南京外廓之城门，有大驯象门及小驯象门。
④ 栅栏门：清代栅栏门在南京下关三汊河之南，又称石城关，非现在之栅栏门。
⑤ 神策门：即今南京中央门东之和平门。

（同上书，第 542 页）

（十七）我们很高兴的发现：乡下人已经不怕到苏州和昆山去做买卖，而叛军对一切东西都是照价付钱的。听说在昆山和叛军做生意特别好，以前和满清交易卖一文钱的东西，现在可以卖到三、四文。〔1860 年 8 月 16 日笃信致伦敦布道会戴德曼书——报告在苏州访问干王洪仁玕的经过。王崇武等：《太平天国史料译丛》，第 138 页〕

（同上书，第 542 页）

（十八）〔吴江同里镇〕市上热闹，生意繁盛，较平时数倍。……长发日日来镇，与店铺交易，习为常故。

〔咸丰十一年十二月下旬〕连日市上长发销货，五方杂处，昼夜肩摩接踵。

（同上书，第 542 页）

（十九）〔宜兴荆溪〕四处皆设厘卡，初只镇市，后设乡间，米盈石，布成匹，皆税之，人莫敢忤。市最盛者为大浦，左右设卡尤密，商贾云集，交易日数十万金，贼以为通省郡会，流贼亦不敢扰。难民依大浦者，化居皆得厚利，一人在市，余悉坐视，然薪桂米珠，久而食尽。〔吴景墙等：《光绪宜兴荆溪县新志》，卷五，咸丰同治间粤寇记〕

（同上书，第 542 页）

（二十）“太平军克镇江后，……罗大纲沿天京之例，将买卖街设在镇江西门外，生意十分兴旺，天京的物资供应也有赖此。”

（《镇江见闻录》，引自郭毅生著《太平天国经济制度》第 264 页）

（二十一）“有张绍良其人从常州城赴新安镇，……抵焦垫镇，市中极形热闹，……饮茗后即赴新安，玉镇，其热闹十倍于前。”

（阳湖张绍良《蒙难琐言》，引自郭毅生著《太平天国经济制度》第 271 页）

（二十二）“太平军在杭州设买卖街，其中以武林门市场最大，号称“十里长街”，百货俱陈。仁和张尔嘉等载丝十数车到买卖街销售，即日便成交，又将钱买鱼肉等物回馆。”

（张尔嘉《难中记》，引自郭毅生著《太平天国经济制度》第 269 页）

（二十三）“平湖……于北门外有福真寺，店铺颇多，贼称为买卖街，设立卡子，贼之市也。”

（顾琛《虎穴生还记》，引自郭毅生著《太平天国经济制度》第 269 页）

（二十四）〔乌程〕自苏城失守，东北商船南来，多由杨钱吴等溇交易，钱溇尤盛，庐舍增平时三之一，阛阓增四之三，一如镇市。

时〔同治元年六月间〕浙西各属，久经陷贼。贼伪称安民，随处粘示，乡民恃以无恐，市肆如常贸易。第各物腾贵，一粗粝需百钱。……

抵乌镇〔在吴兴县〕地方，乌近两省三府交界处，极大市肆，丝业所萃，虽为贼踞，而贸易若承平然。

（引自彭泽益编《中国近代手工业史资料》第 1 卷第 542、543 页）

（二十五）〔长兴〕其时〔同治二年五月后〕民贼贸易，都在鸿桥，始则傍岸结茅，继则砍桑为屋。凡开设行铺者，必用伪帖，必与人和局头目合伙，庶不为贼欺陵〔？凌〕。而每日所抽客商之厘捐，则概归人和局收取。他如西之篠浦，北之环城，后漾，近城之上莘桥，虽亦小有市面，然时聚时散，不若鸿桥之辐凑也。〔丁宝书等：《同治长兴县志》，卷三十一上，页二十四，引俭德斋随笔〕

（同上书，第 543 页）

（二十六）〔宁波〕据说在宁波的叛军表现得相当好，并且急欲恢复商业贸易。上海少数中国人惊讶于这种情形，已开始回宁波，可是有钱的大商人，对叛军的许诺仍然不相信。〔1862 年 1 月 23 日上海怡和洋行致香港总行的信，王崇武等：《太平天国史料译丛》，第 111——112 页〕

（同上书，第 543 页）

（二十七）“安徽省……三河镇是个军事要地，这里也设有买卖街。”

（《被掳记略》，引自郭毅生著《太平天国经济制度》第 269 页）

（二十八）“庐州的买卖街设在大兴集①”。

① 大兴集：距庐州城十余里。

(引自郭毅生著《太平天国经济制度》第 204 页)

五、扶植、保护和发展工商业

(一)自杨秀清“诰谕四民各安恒业”的文件发布后,各地太平军皆能遵照执行。1854 年西征军克荆门,帖出的告示说:“(太平军)秋毫无犯,公平交易,乡户人等俱要开门,各依恒业,”次年,“殿右陆拾肆指挥赖”颁布的告示中也表明:“自谕之后,该尔四民不必惊惶畏惧,各安恒业,如常贸易。”保护私人工商业已成为安民告示的重要内容。在太平天国前期,“令行禁止由东王而臂指自如”,各军将士和守土官皆奉命唯谨,故保护商民,使“各安恒业,如常贸易”,从各种实例来看是见诸于行的。

(引自郭毅生著《太平天国经济制度》第 258 页)

(二)“一般商店,大都照常营业,各领‘店凭’‘商凭’等,便得相当保护焉。”

(《太平天国典制通考》第 691 页)

(三)贼安民后,各乡镇多开张店铺,无论大小,每日俱要捐钱,惟城中店铺,皆贼所开张,不捐。

(陆筠著《海角续编》,见《漏网喁鱼集》第 126 页)

(四)长发开市颇盛,牌署天朝,掌柜者俱土人,亦辫红履朱,诩诩自得。

(龚又村:《自怡日记》卷二十,见《太平天国史料丛编简辑》第四册第 397 页)

(五)据教师回称:江宁城葺理完固,壁垒坚整。城墙高六七丈,濠广六七丈,深四五尺不等。中城贸易虽疏,而民众兴盛。闾阎各家,门户洞开。士庶冠服修洁,市井安恬,极有规矩约束。鸦片烟断绝。庙宇偶像,毁罄荡尽。官与兵皆一体平等,无轻重异视。……

(《法兰西公使赴天京记》,见《太平天国史料》第 539 页,明清史料从书第二种,开明书店印行)

(六)约在 1853 年冬,天京开始有公营商业。这年末,法兰西公使到天京,他记载说:“城中贸易虽疏,而民众兴盛。”可见天京已开设商店。又据《金陵省难记略》记载说:“(由于物资缺乏)乃令老贼出城买物,设肆于北门桥,转卖之各馆,有人愿为某业者,禀佐天侯给照,赴圣库领本,货利悉有限制。有杂货、玉玩、绸缎、布匹、米油、茶点、海味各店,其店皆有贼文凭,称天朝某店,不准私卖。间有自藏珠玉玩物求售者,巡查没其物,责其人,酱人衙开酱园,男女均集,贼嫌混杂,分男店女店。又有天朝鱼行,天朝腆行,腆行是肉店,腆取蠲洁意,大约亦并用典肉二字。许老人开茶肆。……聚饮者纷纷,贼恐生事,禁止。后不两月,各店俱歇。”①

这段记载给我们提供了天京开办公营商业的简要情况,即:

1、在天京的北门桥设立公营商场,由老兄弟出城采购物品进城,交给公营商场,然后由它分售。《金陵癸甲记事略》说:“乃立五市于北门桥,不准人出城买物,并不准在各衙买物,悉归五市。”② 可见北门桥商场分为“五市”或称“五大行”。各衙各店需要购物,均向“五市”购买,不得自行出城采购、销售。所以“五市”是太平天国官方设立的总商店,它的公营性质是勿庸置疑的。但它也含有垄断性,有诗谓:“城中设立五大行,自出买办奇货藏。兄弟姊妹买之卖,什一逐利充饥肠。”③ 这里说的“奇货藏”,就是指它的垄断性,所谓“什一逐利”,就是指各店的商业利润。

2、立“五市”于北门桥。并不是说天京城中只有“五市”可以做买卖,而是只准“五市”的采办人员出城购货,以免各馆人员借口出城买物而发生逃亡,也为杜绝奸细冒充采办人员混入城中。天京城内各街也开设各种商店,有卖鱼、肉、蔬菜、酱菜、茶点、杂货的店,也有绸布和古董玉玩店。这些店铺是经佐天侯陈承瑢颁发“店凭”(或称“执照”)得到批准而开设的。领取了执照后,再赴圣库领本钱,再从北门桥“五市”进货,然后开张营业。这种店肆可以是个人经营,也可以结伙开设,形式上是个体商户,但本钱、店房都是政

① 张汝南《金陵省难记略》“贼开市”条,见《太平天国》第四册,第 716 页。

② 谢介鹤《金陵癸甲纪事略》,见《太平天国》第四册,第 663 页。

③ 马寿龄《金陵癸甲新乐府》,“作买卖”条,见《太平天国》第四册,第 740 页。

府拨给的，利润也有限制。它的性质不同于私营商业，而是"五市"的支店或公营基层商店的性质。从"不准私卖"和巡查人员抓获私卖者"没其物，责其人"来看，天京城中没有私人商业，对商业的管理是严格的。

3、各商店的货源，按规定必须从"五大行"购进，不能自行出城到买卖街或外埠进货。这个限制原是出于城防安全的考虑，但要"五市"包揽天京偌大城市的货源显然是不可能的，必然供不应求。因此，"五市价踊贵，老长毛不便，又议罢"[①]。建议撤销"五市"的"老长毛"中，包括上述各商店负责人，他们提出自行外出开辟货源的要求，并以此解决物价问题。"五市"开办两个多月便歇业，显然和它不能解决供求予盾是分不开的。此后，各衙各商店恢复了自行出城购物进货，取销了"五市"这个不必要的统购转销的中间环节。

1855年初，天京恢复了家庭生活，在这种情况下，城中的商店更不可少。圣库不可能把家庭所需的一切都包下来，太平天国人员虽说领薪俸，但买菜钱、礼拜钱还是照旧发给，并准许个人有五两银以下的储存，这就为商品交易提供了条件。1859年有袁某从天京出来叙述说："金陵城内市廛如旧，无物不贵"[②]。据曾国荃书札说，他围困天京所得到的情报称：南京城内百物踊贵，斗米售价六七千钱[③]，可见天京城内仍然进行商业交易，只不过是由太平天国人员开设，而不是外间人入城开业罢了。李秀成在自述中说：1863年夏，当天京城生计困难之时，他曾主持发放银钱给城中贫民，使"各自领银，作些小买卖"[④]，这就证明天京城中的商业交易自前期到后期都是存在的。

（转引自郭毅生著《太平天国经济制度》第259、260、261页）

（七）"无锡各镇口热闹如城市，其东宁镇，太平军"与民贸易之所，商贾往来如织，小市遂为雄镇。"

（华翼纶《锡金团练始末证》，《太平天国资料》第122页）

（八）"苏州各镇未遭烽火者十之七八，且徙者多，人烟转盛，城市富民往来贸易，货财充斥，增设市廛，贼但抽租增税而已，初不知其乱世也。彼……常以事至荡口镇，目见其然也。"

（沈梓《避寇日记》卷三，《太平天国史料丛编简辑》四第191页）

（九）在苏福省的常州、常熟等郡县，太平天国也在城中开设商店。有一首诗记述常州的情况："不是长毛不入城，城中开店不相争，假留一点存仁处，不嗜杀人各幸生。"诗的注文说：近日常州有信，长毛并不杀人，非长毛不得入城。城中绅富或移居乡间，或移居他处，其房屋皆伪居，并未烧毁。城中各色店皆开，甚觉热闹，并不杀人。"这首诗和注文说出了很多实际情况，有助于我们明了当时历史的真实。

（引自郭毅生著《太平天国经济制度》第262页，中国社会科学出版社1984年版）

（十）常熟各村镇"乡农田家，市侩负贩，获稻纺织服贾获利，尽可度日。……狡猾之徒，往江北贩货，与贼贸易，得利极厚，又有技业手艺，自投入城，佣作呈献。又勒叫木工入城，修房造屋于城外，赁人开店生理。……"

（《近代史资料》1963年第一部，第102～103页）

（十一）"常熟县城中也是由太平天国人员设肆开店，城外各镇则由商民自行买卖。如白茆镇、徐陆泾、浒浦、梅里等镇，'生意极盛，河海各船稠密。'商店又须领凭完税，便可百货进出。"

（郭毅生著《太平天国经济制度》第271—272页，见《漏网喁鱼记》第57页，《太平天国史料专辑》第61页）

（十二）"吴江夹浦关，当新丝上市时节"，"停商船二百余号"。"日税数千两"。

吴江同里镇"五方杂处，昼夜肩摩踵接。"

（《吴江庚辛记事》，《近代史资料》1955年第一期第46、50页）

（十三）太湖西侧的宜兴县，各市镇皆有所发展，其中"市最盛者为大浦，……商贾云集，交易日数十万金，贼以为通省都会，流贼也不取扰"。

① 谢介鹤《金陵癸甲纪事略》，见《太平天国》第四册，第663页。

② 姚济《小沧桑记》卷上，见《太平天国》第六册，第462页。

③ 见《曾忠襄公书札》卷七，第27页；又卷八，第6页。

④ 《李秀成自述》（影印本）第59页。

(郭毅生著《太平天国经济制度》第272页,《宜兴荆溪县新志》卷五)

(十四)"荡口镇"商贾繁盛,百货堆积,似有升平气象"。

(《平贼纪略》)

(十五)"盛泽大行商沈枝珊支持太平军,积功官至荣殿荣殿[1] 吏部尚书,"他是太平军官员,又是商人,他"开设丝绸南货,以及珠宝、字画店,富累巨万。"

(《盛泽秆乘》沈枝珊条,《太平天国史料丛稿简辑》[2]第190、191页)

(十六)"乌镇之民务官莱天义何培章,经营私人商业尤多。"计具所开设者,有"天章"冶铁坊,……"又开五分押当及山货行等店。"

(《太平天国典制通考》第690页)

(十七)"贼船返旗自杭州,载货归来到处售"。

(《海角悲声》)

(十八)〔同治元年四月廿五日〕令熊某领千余贼来守〔嘉兴〕黄塘关口,统管海盐县,……熊乃分百余贼设馆通元镇,并出伪示安民,有"凡无力开店者许发本永不取民间分毫"等语。

(冯氏:《花溪日记》,《太平天国》[六]第703页,转引自彭泽益编《中国近代手工业史资料》第一卷第533页,中华书局1962年版)

(十九)"嘉兴盛川人马胜与官合伙,开设'天意'丝绸庄于濮镇,由官出本,马任司理,藉名假势以图利。"

(沈梓《养拙轩日记》,《太平天国典制通考》第690页)

(二十)"在长兴,凡开设行铺者,必用伪帖,必与人和局头目(……)合伙,庶不为贼欺凌。"

(《太平天国典制通考》第690页)

(二十一)"湖州双林镇的太平天国人员,经营与镇人合资者,招帖新书,必有天字,天茂花绵公行其最著者也。"

(《双林镇志》)

(二十二)"桐乡民务官府天义钟良相在屠甸镇自开钱庄"。

(《太平天国典制通考》第689页)

(二十三)"王店乡官与其他乡官合股'开典当于王店,四月为满,每千按月取息六分;三千以外,取息四分。'"

(同上书,第689页)

六、苏福省工商各业发展,市场繁荣

(一)忠王李秀成给苏郡四乡谆谕[2]

本藩恭逢天命,统师克复苏城。现下城池已克,急于拯济苍生。除经严禁兵士,不准下乡等情。为此剀切先谕,劝尔百姓安心。不必徘徊瞻望,毋庸胆怯心惊。照常归农乐业,适彼乐土居民。绅董可速出首,来城递册投诚。自无流离失所,永为天国良民。因有官兵来往,尔民导引须勤,军民各不相扰,各宜一体凛遵。

(《太平天国文书汇编》第121、122页)

(二)此时七、八月之间,以省近之民,亦有安好,亦有未安好,〔此〕外尚有难民,当即发粮发饷以救其寒,各门外百姓无本为业,亦计给其资,发去铜钱十余万串,难民每日施粥饭救人。苏州百姓应纳粮税,并未足收,田亩亦是听其造纳,并不深追,是以苏省百姓之念我也。

原注:〔一〕潘钟瑞《苏台麋鹿记》述李秀成克复苏州派左同检熊万荃办理救济苏州人民事说:"熊姓先自立馆于城外,预煮粥以待出城者,且云:'出城住定每口给米五升,俾度四、五日,于四、五日内,各谋生业,开出铺面,无资本者,具呈请领本钱,或呈明何业,认领何等货物,仍估定货价,于售卖后缴还七成,留三成,俾其永远藉以运转等语,……"

原注:〔二〕……由于苏南农民得了生机,生产便得到发展。加以太平天国又施行通商惠工的政策,于是当时苏南便繁盛起来。据记载,宜兴的大

① 吏部尚书:指太平天国嘉兴、盛泽一带守将荣王廖发寿殿下之吏部。

② 据《吴清卿太史日记》著录。

浦镇，滨临太湖，“商贾云集，交易日数十万金”(光绪《宜兴荆溪县新志》卷五)。无锡“各镇口热闹如城市”(据张乃修《如梦录》)。尤其是荡口镇“闹如赛会，杨树港一带，舟填不能再容”(据龚又村《自怡日记》清咸丰十一年八月初六日记)。商人“往来贸易，货财充斥，增设市廛”(据沈梓《避寇日记》清同治元年九月十八日记)。吴江同里镇“市上热闹，生意繁盛，较平时数倍”(据知非吴江庚辛纪事)。常熟“徐六泾港生意极盛，河海各船稠密”(据柯悟迟漏网喁鱼集)。而苏州更是“百货云屯”的商业中心(据王韬《弢园文录外编》卷六)。每天苏州城乡交流的盛况是：“船来日多，售亦日盛，乡民过午，满载而归，奚止利市三倍”(据潘钟瑞《苏台麋鹿记》)。外国商人到苏州来购买生丝停泊在角直镇的船只，也“帆樯云集”(据孟承译《哈唎太平天国外纪》第三章)。因为对外贸易增加，所以“自江、浙以达上海，帆樯林立，来去自如”(据王韬《上当事书》)。苏南一带繁荣的情况，据苏州人王韬说：“盛于未乱时倍蓰”(据王韬《上当事书》)，就是说远远超过清统治的时期。商业的繁荣，自然标志着农业、手工业生产的提高。当时苏南人民的生活得到改善了，所以苏州人民特在阊门外建立一座石牌坊，横题“民不能忘”四字来歌颂太平天国(据《沧浪钓徒劫余庋录》、潘钟瑞《苏台麋鹿记》、《倦圃野老庚癸纪略》)。

(罗尔纲著《李秀成自述原稿注》第222、223、224页，中华书局1982年版)

(三)常熟报恩牌坊碑序

……禾苗布帛，均出以时；士农工商，各安其业。平租佣之额赋，准课税之重轻。春树万家，喧起鱼盐之市，夜灯几点，摇来虾菜之船。信民物之殷阜，皆恩德之栽培。爰建绰楔，再泐碑文。军民颂德靡涯，黎庶歌功无尽。行见海色河声，齐入元音之奏；琴同镜月，同沾化雨之滋。食德饮和，还淳返朴，仰天恩之浩荡，用昭示乎万年。是为序。

(《太平天国》[二]第886、887页)

(四)苏省之民，又被陈坤书扰坏，后我回省，帖出为民之钱米，用去甚多，各铺户众家不能度日者具〈俱〉给本钱，田家未种，速令开耕。发本其用，苦种之家，无钱发粮。当三月之后，我在省时，斯民概安，仍言〈然〉照旧，发米贰万余担，发〈钱〉十万余千。发此钱米之后，百姓安居乐业，后丰足之时，各民愿仍将此本归还，我并不追问，其自肯还我也。

(罗尔纲著《李秀成自述原稿注》第276页)

(五)“忠王以苏(州)城所掳皆生意人，城中粮食浩繁，货物不给，财用均匮，故令各头子开店，如染坊、药材、粮食等项，所用染匠等皆从上海雇去，货物皆从上海运去，故苏城情形，上海纤悉。”

(沈梓《养拙轩日记》)

(六)“苏州叛军似已安定下来……，一些不幸的居民已经接受劝告，回到他们的家庭。类似商业贸易的活动，也开始有所发展，各种发售食品的商店到处可以看到，布匹，特别是外国织造的布匹，是大家热烈追求的货品，出售冬季服装的商店货源充沛，可以任意购买。……在苏州以及其他为叛军占领的城市，所有米店，过去都是专营的事业，但目前已有所改变，……现在已有私人开设的米店，以极为便宜的价格出售这类货品，总而言之，叛军似比以往任何时候都更兴旺。”

(《北华捷报》第五三九期，太平军在上海第168页)

(七)为了发展、繁荣商业，苏州地方政权容许商人自由贸易，颁发商凭，保护商人的合法贸易，在太平天国的保护、管理和轻税政策下，苏福省根据地内的商业出现了欣欣向荣的景象。

(董蔡时著《太平天国在苏州》第105页，江苏人民出版社，1981年版)

(八)城市贫苦人民没有资本经商的，可向苏福省地方当局请领本钱，“呈明何业认领何等货物，仍估定货价”，售卖之后，“缴还本钱七成，留三成”，俾便继续经商。这样，就把恢复商业和救济城市贫苦人民的工作结合起来了。

苏福省当局坚决保护商业，规定军民人等，一律公买、公卖，不许强取硬赊，违者严惩不贷，“各乡传播，船来日多，售亦日盛。乡民过午，满载而归，奚止利市三倍”。苏州阊门外出现买卖街凡三处，“虎丘为甚，食物俱全，……大致贸易俱有倍利，故趋之如骛”。在城区，由太平天国地方当局开设商店，“开市颇盛，牌署天朝。掌柜者俱土人，亦辫红履朱，诩诩自得”。常熟太平军还“开张渔行，招浒浦等港鲜鱼船，先付银子，到福山贸易，价格公道，各不欺心。从此渐无畏忌”。占领东山、西山后，太平军“装载水果无数，来各县乡村与民贩卖”。

（同上书，第105、106、107页）

（九）苏州地区各县革命地方当局，在建立各级农村基层政权后，责令乡镇上的商店开张营业。据吴江县黎里镇的塾师黄熙龄在日记中的记载，镇上有同福、泷泉、畅厅、雪馆、聚仙等茶馆，他常去“啜茗”，茶馆里有评弹演唱。镇上还有德泰米行、山货店、松庆酒店、谦吉腌货店、叙隆面店等。太平军水陆过境，纪律严明，镇上秩序安定。1862年5月，大量太平军路过吴江邻县秀水的濮院，据目击者沈梓说：太平军“兵马从桥东南埭来，刀枪旗帜照耀如白日，镇人于是丧胆奔避，幸有骑马领队者喝令不须逃得，于是少安。局中伪官出迎，知系前陡门卡上伪官粹天侯谭姓兵马也。于是谒见谭公，约兵马且止于外，不得进市，恐百姓惊惶也。既乃引至翔云观打馆子，谭竖旗于桥堍为界，……令其下曰：‘有敢过桥堍一步者斩’。其过陡门时，有□□□□□篮中豆腐干一块，即斩之以徇，以其首级带濮，悬诸翔云山门西首号令”。这些历史事实，不仅有力地说明了太平军维护商业的决心，还说明了太平军的纪律严明。

（同上书，第107页）

（十）太平天国一贯严禁吸食鸦片、水烟、旱烟，禁止开设出售如“纸马之类”迷信品的商店，如有开设鸦片烟铺或赌场的，一经发现，立即查抄。

（同上书，第107页）

（十一）在恢复商业的基础上，太平天国苏福省地方政权对商业加以保护、管理，“查店铺本钱”，责令商店老板向地方当局领取具有临时营业许可证性质的印照，然后掉换正式营业的商凭。印照或商凭上载明颁发年月、店名、经营人姓名以及商业政策，指出颁发商凭是为了“裕国课而利民生”，“从此百货流通，万商辐辏，将见家给人足，同历光天化日之中，攘往熙来，永昭一道同风之盛”。要求商人“一切货物务须公平交易，既不得奇货自居，亦不得高抬市价，如敢垄断渔利有害民生者，准尔铺户指明禀究”。另外，还有商凭上强调“凡是置办货物，尚下客商，尤须询明来踪去迹，不准容留匪类”。

开店的要领店凭，行商外出要领路凭。如果行商外出贩运货物，必须进入清朝统治地区的，要领剃头凭，容许剃发，“准两月一换，捐银再给”。路凭有乡卡、县卡、郡卡、省卡与金陵卡的区别，领到省卡，可以通行全省，领到金陵卡，可以通行于整个太平天国统治地区。颁发路凭、特别是颁发金陵卡、剃头凭等，容许商人到处贩运货物，有利于物资交流，这是打破清朝封锁，繁荣商业，发展农业生产的有力措施。

（同上书，第107、108页）

（十二）正因为太平天国采取了一系列措施，恢复、发展、繁荣商业，许多商人也转向太平天国革命，如掌握吴江县盛泽镇地方政权的盛泽丝商沈枝珊、苏州药商汪心耕等，他们在盛泽镇开设“天章机捐局”，凡是绉纱、绸缎、湖丝在镇经过，抽取佣钱三分，每匹绸缎上都须盖上“天章机捐局图记”才准销售。这样，就防止了奸商囤积居奇或操纵价格。同时，沈枝珊等还在镇上设立了“公估庄”，商人或农民等的银洋进出，须先到“公估庄”上鉴定真伪，然后盖印，每洋捐银七十文。鉴别真伪，银洋盖印，保护了正当商人和蚕农利益。

（同上书，第109页）

（十三）苏、杭地区盛产丝绸，……为了防止中外商人垄断生丝市场，太平军严格管理生丝的收购，紧邻盛泽的浙江南浔镇安民后，设立“丝捐局”，该镇西栅设有分卡征税，另设官丝行四家，西栅为庄恒庆（杏苑）、李恒鼎（萍波）、北栅为吴晋昌（铁江）、南栅为卜同昌（朱兰坡）。各丝行必须官丝行保结后才可开张营业。……

丝行每日买丝斤数、洋数，由太平军汤姓将领逐日查明登记。据英国怡和洋行上海支店负责人惠涛的报告，1860年9月，生丝贸易“非常畅旺”，其他各方面的贸易，比起清朝统治时代，也都“大有进展”。……所以，苏州、上海之间，商船往来不辍①。生丝、茶叶出口额的不断增加，一方面是太平军打乱了封建生产关系，削弱了封建势力，发展农业生

① 据《寅生日录》、《柳兆薰日记》载：苏州地区与上海之间有定期航船往返。自吴江县芦墟镇至上海的水路捷径为：“由赵田，走苏家港，行雪落漾，经金泽，走新姚蘅、老姚蘅、西岑、高许等处，至章练塘，直趋申江”。民间船只往来，太平军并不留难。自太湖之滨的横金至上海航船道路为：横金、蠡市、瓜泾桥、同里、周庄、石人庙、淀山湖、泖塔、章练塘、得胜卡、上场。蒋寅生数次往返，据《寅生日录》载，来往甚便，太平军仅在瓜泾桥设有卡子收税。

太平天国革命爆发前五年的出口总额

出口年份	茶	生丝
1845—1846 年	57,580,000 磅	18,600 包
1846—1847 年	53,360,000 磅	19,000 包
1847—1848 年	47,690,000 磅	21,377 包
1848—1849 年	47,240,000 磅	17,228 包
1849—1850 年	53,960,000 磅	16,134 包

注:上面的统计系议员赛克斯上校在其《1833 年至 1860 年英国对华贸易之进展》一书中摘录广州刊行的《中国之友报》所发表的数字,其中包括宁波以外各通商口岸自 1843 年至 1858 年的出口总额。

太平天国革命爆发后最初三年太平军向北方稳步前进时期的出口总额

出口年份	茶	生丝
1850—1851 年	64,020,000 磅	22,143 包
1851—1852 年	65,130,000 磅	23,040 包
1852—1853 年	72,900,000 磅	25,571 包

注:由此可见,革命并未妨碍贸易,贸易反而稳步地增加了。

太平军占领南京及许多丝茶产地时期的出口总额

出口年份	茶	生丝
1853—1854 年	77,210,000 磅	61,984 包
1854—1855 年	86,500,000 磅	51,486 包
1855—1856 年	91,930,000 磅	50,489 包
1856—1857 年	61,460,000 磅	74,215 包
1857—1858 年	76,740,000 磅	60,736 包

注:由此可见,虽然出口的丝茶大多来自或经过太平天国境内,但其数字仍有规则地增长不已,尤以丝的贸易最为明显。

太平军占领全部产丝地区和一半产茶地区前两年内的出口总额

出口年份	茶	生丝
1858—1859 年	65,789,792 磅	81,136 包
1859—1860 年	85,938,493 磅	69,137 包

注:上面的统计系录自《中国大陆贸易报》两月刊。

太平军占领全部产丝地区时期的出口总额

出口年份	茶	生丝
1860—1861 年	87,220,754 磅	88,754 包
1861—1862 年	107,351,649 磅	73,322 包
1862—1863 年	118,692,138 磅	83,264 包

注:1860 年 5 月太平军占领了产丝地区的主要城市苏州,不久以后即占领了这个有价值地区的全部。我们可以看到在 1860—1861 年即自 1860 年 6 月 1 日至 1861 年 5 月 31 日商业年度终了时,太平军不仅没有破坏丝的贸易,相反,他们使丝的出口增至 88,754 包,这是中国历年出口从未达到过的最高数字;在 1861—1862 年度中达到了 73,322 包,在 1862—1863 年度中,达到了 83,264 包。同时茶的出口,大部分来自他们所据有的地区,也从 1860 年的 66,000,000 磅激增至 1863 年的119,000,000磅。

太平军从产丝地区被驱走以后的出口总额

出口年份	茶	生丝
1863—1864 年	119,689,238 磅	46,863 包
1864—1865 年	121,236,870 磅	41,128 包

注:这些统计数字比任何历史和论据更有力地证明了究竟是谁破坏了太平天国以前的土地,太平军据有并治理有价值的产丝地区的时候,丝的生产和出口数目之大为以前所未有。可是英国把这些产地化为战场,并驱走了太平军以后,丝的供应就马上跌到太平军统治时期的半数了,并且次年还更为下降。

产的结果。同时,这和太平天国保护、管理、繁荣商业的政策是不可分割的。

(同上书,第110页)

(十四)伪苏福省文将帅李文炳、伪州府总制何信义等,为忠逆建白石坊于阊门,其文曰:蠲免钱粮,惠德汪洋,永乐其利,民不能忘。恭颂精忠军师忠义忠王荣千岁德政,苏州府长、元、吴三县各军绅耆士庶公立。

(谢绥之《燐血丛钞》卷三,第410页,见《太平天国史料专辑——中华文史论丛增刊》,上海古籍出版社1979年版)

(十五)中国出口的丝茶

太平军据有丝茶产地时期及其前后各时期的贸易概况(根据下面的数字可以判断太平军对于商业的影响)。(〔英〕呤唎著、王维周译《太平天国革命亲历记》下册第696、697、698页,上海古籍出版社1985年2月版)

七、准许与外国人通商,但不许干涉内政,不准输入鸦片

(一)"太平军对国际、国内贸易采取自由政策"。

(《中国近代史》第三章第四节)

(二)太平天国在独立自主和不承认不平等条约外交的基础上,表示在经济方面愿同外国贸易。1853年6月8日美国驻华专使马歇尔在其致国务院的报告中说,文翰在访问南京时"曾从天王的大臣接获正式文书,允许……对西方国家表示友好,并表示极愿建立最自由的贸易关系"[①]。1854年6月约翰·包令访问天京,派麦勒西致函交涉,太平天国以杨秀清的名义答复了英人所提出的31个问题,(实际上只有30个)并提出了50个问题,其第一条答文说:"一俟平定时,不惟英国通商,万国皆通商,天下之内兄弟也。立埠之事,俟后方定,害人之物(鸦片——引者)为禁。"[②] 这就是说,太平天国不会执行闭关自守的对外政策,而愿同外国建立贸易关系;但有关通商口岸等问题,要在革命成功之后再谈,并重申禁止鸦片输入。

(引自牟安世著《太平天国》第184、185页,上海人民出版社1964年版)

(三)"在整个生丝季节中,叛军对生丝的运输,很少加以干扰,而在某些地区,他们还急于扶植这种贸易,因为他们可以从这种贸易中得到一笔可观的税收"。

(《北华捷报》第六五三期,1863年1月31日,引自《太平军在上海》第472页)

(四)"怡和洋行转而同情太平军,是因为他们发现尽管自己被围困在上海,太平军却没有严重地阻碍生丝的通过,他们对有关太平军暴行的传说也不太相信,认为清军才是国家真正的压迫者和蹂躏者"。

(伯尔考维茨《中国通与英国外交部》第24页)

(五)"清朝官员有时制造和散布叛军接近的谣言,但叛军的出现对贸易并无重大的影响,外国财产在经过叛军占领区时,既未被扣留,也未受到损害。

(《北华捷报》1864年1月2日)

---

① 众院档案,第123号,转引自卿汝揖:《美国侵华史》第1卷,(三联书店1958年版第109页)。

② 转引自罗尔纲《太平天国史稿增订本》(中华书局1957年版,第211页)。

第四章　太平天国对城乡市场的管理

第一节　食盐专卖与金银管理

一、食盐专卖

（一）食盐在太平天国前期是公私兼营，后期则实行专卖。由于天浦、瓜州的失守。清军水师对江面的封锁，淮盐的来源被截断，苏浙食盐困难。为了防止商人对食盐操纵居奇，采取食盐公营专卖。据载：江办常熟县当局“禁止开张钱公正盐局，着各职（按：指各级乡官）领盐派卖民间”，该县人士钱华卿被委任开设盐栈，“兼理民务、盐务”。说明常熟食盐是由太平天国公营专卖。在浙江绍兴郡“商人藏盐皆有禁锢，据为己有，别立伪官，曰盐师帅董其事，亦名乡官”。可见绍兴郡设有专职的“盐师帅”管食盐专卖。今见殿前忠绫朝将周文嘉所属“户政书办理绍郡盐务阳”颁发的《纳户执照》一张，这执照写明“灶户章存义完纳壬戌拾贰年灶课银叁分伍厘”。这件文物也说明绍兴郡设有专管盐务的官员，而且对盐场灶户课税。浙江的湖州，“盐行则为贼所专利”。这些材料证明，太平天国后期在苏浙地区设官管理食盐，实行专卖，禁止盐商操纵市场，牟取暴利。

（郭毅生著《太平天国经济制度》第266页）

（二）……太平天国……管理食盐买卖，严格规定食盐价格，并由军、师帅负责销售，每斤十八文。

（董蔡时著《太平天国在苏州》第108页）

（三）民间食盐向由公堂发卖，以有盐课上供故也。贼至后，沿海私贩甚多，而贼亦有伪税，各海口设立盐行，每石抽钱数百文，且又强卖土人，按图分人口造册核数，有增无减，……

（佚名《避难纪略》第70页，见《太平天国史料专辑》，中华文史论丛增刊，上海古籍出版社1979年版）

（四）时钱福钟号华卿，避居东徐市，贼康天福钱桂仁数赉伪文招之，始入城。……后移其家眷进城，派往鹿苑开设盐栈，遂逼授伪职，兼理民务、盐务，仍办难民局事。

（陆筠《海角续编》第126、128页，见《漏网喁鱼集》）

（五）乌镇故有盐公堂在河西，湖州所设杭人周息塘识朗天义，劝之收盐税，立公堂于乌镇，以伪莱天福统辖盐政，凡杭、嘉、湖三府酱园用盐者，必于当堂纳税，每斤□□，杭人故业盐者多依之。……

（同上书，第194、195页）

（六）……有杭人周锡堂者，在新塍正兴盐店作伙，……往岁曾至禾城买盐，得识伪天义，贩盐大获其利。至今年正月怂恿长毛令理盐政，以敛财为务，贼深信之，令乌镇伪莱天燕何为盐官，而以周及故为盐公堂司事者四人为大司事，援据大清旧例，禁民间私贩私买，……

（沈梓著《避寇日记》，见《太平天国史料丛编简辑》第四册第141页，中华书局版）

二、由国家统一管理金、银

（一）辛开元年（1851年）秋闰八月，天王在永安下诏：“各军各营众兵将，各宜为公莫为私，总要一条草[①]，对紧天父天兄及朕也。继自今，其令众兵将，凡一切杀妖取城，所得金宝绸帛宝物等项，不得私藏，尽缴归天朝圣库，逆者议罪。钦此。”

（《天命诏旨书》，中国史学会主编《中国近代史资料丛刊》，《太平天国》一，第65页，上海人民出版社版）

（二）重申缴获归圣库诏[②]

① 一条草：天国以草为“心”，即“一条心”也。

② 这道命令是洪秀全于1852年9月13日在湖南彬州向正在进攻长沙的太平军先锋部队发布的。

通军大小兵将自今不得再私藏私带金宝，尽缴归天朝圣库。倘再私藏私带，一经察出，斩首示众。

（扬州师范学院中文系编《洪秀全选集》第49页，中华书局1976年版）

（三）……太平天国定都天京以后，在天京城中编立男营女营，对全体市民实行圣库供给制，不许私藏金银财物，并订为法律："凡私藏金银、剃刀，即是变妖，定斩不留。"所谓"变妖"，意即背叛太平天国。因为私藏金银是违背"为公莫为私"的原则，藏剃刀意味着准备薙发降清。这两者都属大罪，在"定斩不留"之列。

（郭毅生著《太平天国经济制度》第35页）

（四）贼开市……其店皆有贼文凭，称天朝某店，不准私卖。间有自藏珠玉玩物求售者，巡查没其物，责其人。……

（张汝南《金陵省难纪略》第716页，中国史学会主编《中国近代史资料丛刊》，《太平天国》四，上海人民出版社版）

第二节　市场管理中的禁令

一、严禁吸食、贩卖鸦片烟

（一）警醒军民戒鸦片烟诏①

天王诏旨云：朕诏天下军民人等知之，烟枪即铳枪，自打自受伤，多少英雄汉，弹死在高床。② 钦此。

（《太平天国文书汇编》第40页，中华书局1979年版）

（二）严禁违犯第七天条诏③

壬子正月二十七时在永安④

通军大小男女兵将千祈遵天条。兹今特诏令清胞、贵妹夫、山胞、正胞、达胞暨各军各头领，务宜时时严查军中有犯第七天条否？如有犯第七天条者，一经查出，立即严拿斩首示众，决无宽赦。众兵将千祈莫容忍包藏，致干天父皇上帝义怒，各宜醒醒。

（扬州师范学院中文系编《洪秀全选集》，中华书局版）

（三）国宗提督军务韦石革除污俗禁娼妓鸦片黄烟诲谕

真天命太平天国天朝国宗提督军务韦、石为诲谕官兵良民人等各宜革污俗以归正道事：……凡普天之下，有不合乎规条越乎礼义者，均我天朝所深恶而痛恨者也。……为此恺切诲谕：仰尔官兵良民一体知悉，凡有蛊惑人心败坏风俗者，列名于左：

1、……其有奸淫情事者，男女并坐。

2、娼妓最宜禁绝也。男有男行，女有女行，男习士农工商，女习针指中馈，一夫一妇，理所宜然。倘有习于邪行，官兵民人私行宿娼，不遵条规开娼者，合家剿洗，邻佑擒送者有赏，知情故纵者一体治罪，明知故犯者斩首不留。

3、洋烟、黄烟不可贩卖吸食也。洋烟为妖官贻害世人之物，吸食成瘾，病入膏肓，不可救药。黄烟有伤唇体，无补饥渴，且属妖魔恶习。倘有贩卖者斩，吸食者斩，知情不禀者一体治罪。

以上各款，尔等官兵人民俱要严为禁绝，不可故犯。倘有犯此者，一经察觉，定按天法究治。本国宗言出法随，决不姑宽。凛之慎之，毋违诲谕。

（《太平天国文书汇编》第89、90页，中华书局1979年版）

（四）"在前一年中，这项货物⑤ 的贸易受到了叛乱⑥ 的极大骚扰，他们的出现阻碍了本国商贩把鸦片运进内地，而由于联军⑦ 的前进并尽全力把这些掠夺者从内地市场赶出去，在本国商贩中恢复了信用，使贸易在比以前更广泛的规模上进行。"

（《北华捷报》1863年6月3日）

太平军占领浙江宁波后，禁止从宁波运鸦片到

---

① 据太平天国辛酉十一年原刻本洪仁玕《钦定军次实录》著录。原刻本藏本馆。

② 洪秀全戒吸鸦片烟诗四句，作于1849年。此为用诏书形式重新颁布，时间当在1853年，与《劝人戒鸦片烟诏》同时颁布。

③ 这是洪秀全于1852年2月27日在永安发布的命令。命令严禁太平军士犯第七天条——"不好奸邪淫乱"，不准"吹洋烟"，如有故违，一经查出，立即处以死刑。当时，太平军准备从永安突围，为整顿军纪，以利作战，故有此令。

④ 这时，太平天国已颁布了"天历"，从这篇起，题目下的年月日都是指"天历"。

⑤ 指鸦片。

⑥ 指太平天国农民运动。

⑦ 指发动第二次鸦片战争的英、法侵略军，即英法联军。

内地去,1862年2月英商怡和洋行的宁波分行报告,“一箱鸦片都没有卖得出去。”

(引自罗尔纲著《太平天国史稿》第99页)

二、严禁砍伐树木

(一)贼城内禁采樵,……。

(同上书,第700页)

(二)城中毋许伐树作薪,毋许抽彻空屋板柱,犯者枷杖,……凡犯禁无论男女,或锁或荷枷,令听使一人,声锣于前,一人执藤条于后,使罪人自喊,我犯某罪,兄弟姊妹,不要像我,如不喊,即与藤条,罪重者杀,轻者责释。

(同上书,第715页)

三、严禁宰杀耕牛

(一)洪秀全严禁杀耕牛。

(桂平县金田公社黄建邦述《太平天国革命在广西调查资料汇编》第204页,见广西通志报1962年编)

(二)忠逆下令曰:“牛用耕田,有宰食者杀无赦”,于各城门令人巡察,见贼众牵牛而入者,抽刀断鞅俾逸去。

(潘钟瑞《苏台麋鹿记》卷上,《太平天国》[五]第277页)

四、禁止出售“纸马”之类的迷信品

(一)城匪示禁鸦片及水旱烟,余如纸马一类,……

(龚又村《自怡日记》第369页,见《太平天国史料丛编简辑》第四册)

(二)摈废纸马,各店仍卖者坐罚,……

(同上书,第450页)

五、严禁酗酒,吸食水、旱烟和赌博

(一)太平天国一贯严禁吸食鸦片和水烟、旱烟,禁止开设出售如“纸马之类”迷信品的商店,如有开设鸦片烟铺或赌场的,一经发现,立即查抄。

(董蔡时著《太平天国在苏州》第107页)

(二)东王杨秀清通令朝内军中人等禁酒诰谕

真天命太平天国劝慰师圣神风禾乃师赎病主左辅正军师东王杨,为诰谕朝内军中大小官员兄弟姊妹人等知悉:照得酒之为物,最易乱人性情,一经沉酣,遂致改变本来面目,乘兴胡为,故我天父皇上帝最为深恶,降有圣旨,不准饮酒。是以前者我主天王仰体天心,特降诏旨,谕令朝内军中人等,一概不准饮酒,本军师久经诰谕,严禁在案。乃现在仍(有不遵)天诫之人沉湎于酒,醉后目无尊长,致生事端,殊属违玩,业将该饮酒之犯奏明天王,当奉诏旨:念该犯系属初犯,免死。重究严禁以后,如再有饮酒者,定即斩首不留。且闻得朝内军中嗜酒滋事者,甚属不少,此等行为,殊甚痛恨。为此再四诰谕朝内军中国宗、国亲、贵亲、候(侯)相大小各官员兄弟姊妹人等知悉,自谕之后,仍还有私自饮酒者,许该统下国使、将使、听使人等拿解送案,奏封丞相。如该统下人等畏怯不举,一经别人拿获,定将该国使、官使人等,共同治罪。总之天法至公,无论至亲爵位,有犯必究。尔等自当互相规劝。毋得涓滴沾唇;倘敢仍蹈前辙,一经有人拿获送案,除将吃酒人犯,遵旨斩首示众外,并将获犯之人奏封恩赏丞相,以奖其功。如知情不举,亦一体治罪,决不宽贷。尔等慎勿乘片时之兴,以致身首异处也。亟宜凛遵,毋违诰谕。

太平天国甲寅四年五月口日诰谕。

(《太平天国文书汇编》第88页、89页,中华书局版)

六、严禁妖书邪说买卖藏读

(一)禁妖书……搜得藏书论担挑,行过厕溷随手抛,抛之不及以火烧,烧之不及以水浇。读者斩,收者斩,买者卖者一同斩。……

(《太平天国》[四]第735页)

(二)凡一切孔孟诸子百家妖书邪说者尽行焚

除,皆不准买卖藏读也,否则问罪也。

《太平天国》[一]第313页)

第三节 设牙行和丝捐局管制商行

一、……前引《海角悲声》的《卖丝绸》称:“贼船返旗自杭州,载货归来到处售”,也说明太平天国后期从杭州买丝绸运到常熟出售,是公买公卖的官营贸易。太平天国当局在丝产区南浔镇设立官丝行四家:西栅为庄恒庆(杏苑)、李恒鼎(萍波),北栅为吴晋昌(铁江),南栅为卜同昌(朱兰坡),各丝行必须与官丝行结保后方可开张营业。这四家官丝行是公营的丝绸商店,从事收购和运销。

(引自郭毅生著《太平天国经济制度》第265页)

二、太平天国允许牙行经纪的存在,……1859年5月16日《安徽省文将帅张潮爵发给怀宁县榨户朱玉桂、朱物各榨坊照凭》中说:“各色牙行业已定有额课”等语,既称“各色”,牙行的存在当是普遍现象。桐乡还发现发给“高涌盛喜记烟叶行”的《牙帖》。……官牙是官府管制市场的工具,并承担征取捐税的职能。吴江盛泽镇上乡官开设“天章机捐局”、凡绉、纱、绸、缎、湖丝都要由“天章机捐局”抽取捐税,盖上“图记”,通过“天章机捐局”始准销售。这个“天章机捐局”实质上也相当于“官牙”。

本洛《太平天国与中国资本主义的产生》,(见茅家琦主编《太平天国史研究》第一集第16页,南京大学出版社1985年版)

第五章　太平天国对工商业的登记和管理

第一节　长江沿岸建立海关稽查中外商船

一、“自太平府以至武昌，贼匪分设为伪关太平、芜湖、安庆、九江、武穴、武昌共六处。每处派贼目一名，率群贼数十名踞守。贼目伪督关将军专查来往民船货载，索税并给伪单，所收银钱闻系在芜湖关搜得户、工各部则例仿照索取，有加增而无少减也。各伪关上下每隔二、三十里即设一卡，为伪大关，派小目在彼复查，有伪单者再索照单钱壹百文，无则照查收税。长江千余里，共设贼卡无数，是贼之防偷越较关榷更为严密也。”

（《太平天国》[四]第642页）

二、“自武昌至江宁，向设四关。贼于武昌、芜湖两关，因与官军相持，不暇榷税。其龙江关则专设提中关伪官一人，职同指挥。九江关则以伪九江郡总制陈作霖兼收关税。……尝询曾过贼关贾人曰，贼之抽税无一切章程则例，其报船料也，以船长一丈，抽税千钱；所载之货分粗货、细货，粗货船长一丈，抽税钱二千，细货倍之。……抽税之后，给伪船票一张，如遇贼党，竟可免虏劫。”

（《太平天国》[三]第276～277页）

三、“贼于安庆大星桥立榷关，因沙洲基地增筑丈余，四围甃以石，上建崇楼，以炮船十只环之，铁锁、木筏横截江滨，以阻民船。九江，芜湖均一例创设。”

（杜文澜《平定粤匪纪略》附记三）

四、设关目的是缉私，但实际上“中关”也处理与外人交往事宜。

（《太平天国》[四]第774页）

五、贼于城外各乡要路设立伪卡，每遇船只过，搜查有无货物完纳税，税过给以税票，在本境或过卡俱可照票另出钱百文，加用伪印，不必再完。

（《漏网喁鱼集》，《中国近代史笔记丛刊》第125、126页）

六、“首逆又设关卡三道，以防偷漏，其名为伪天朝提中关，提头关、提下关，每关正副伪职各一，中关职同指挥，头、下两关职同将军，并受中关统辖。中关设于仪凤门外鲜鱼巷口河下，头关设于上河夹江，下关设于七里洲河内。”

（《太平天国》[四]第637、638页）

七、“凡有英商之船在长江贸易者，只准在镇江、九江、汉口三处贸易，沿途不准私自起下货物，如违此例，由该关即将各该船、货均可入官。”

（《王铁崖《中外旧约章汇编》第一册第195页，三联书店1957年版）

八、海关系天朝为征集岁入所设，一并属于天父天兄天王也。本朝已有定章，不论何等船只通过，皆应纳税，不得偷漏，洋人在江上所雇之商船极众，如若每到一处海关，皆需停泊交税，势必费时宕日，贻误实多。为此特谕所有外国战舰，切望知之，所有于江上贸易之外国商船，如上水，则在天海关缴税，发放通行证，俾得继续行驶；如下水，则在宁江（芜湖——原注）海关缴税，同样发予通行征，以免再行滞扰。”

（《北华捷报》1861年12月7日）

九、“起义军已经在苏州建立了一个海关，并对所有运往上海的生丝等货物征税，属于英国人的空船须缴纳25两，我们知道对生丝每包征税6两，在缴税后可以得到一个红色护照，对此叛军总是尊重的。”

（《北华捷报》1860年9月15日）

第二节　登记资财和核发照、凭

一、城中修造改作，用水作、木及杂作者，俱令伪乡官雇之。城门上进出，皆于面上打一图记，以为识认，或向贼馆中取一伪凭，曰飞纸。

（佚名《避难纪略》第 65 页，见《太平天国史料专辑》，上海古籍出版社 1979 年版）

二、土人携家眷什物而避难者，恐途中被扰，向伪乡官取一伪凭，曰路凭。

（同上书，第 65 页）

三、土人不得剃发，而商贾中有往上海、通州、海门去者，不能不剃。至从上海、通州、海门归者，短发又不便，因有向贼中说明原故，而取伪凭为据者，曰剃头凭。

（同上书，第 65 页）

四、各乡镇店家必有伪凭方得开张，曰商凭。每张索钱数千文，小或数百文，上书某人开张某店者。贸易无利，俱加于货物上，所以各货倍昂。

（同上书，第 72 页）

五、昭文界近海一带，若东周市、老吴市、张市、小吴市、陆家市、横塘市、西周市等处，皆旱路便于水路，往来者悉乘车，向无车行。后贼中在该处往来，每会伪乡官雇车当伪差，于是设立车行，推车者须纳用钱于车行中，而车钱因之昂贵。

（同上书，第 73 页）

六、船只来往，亦必有伪凭，曰船凭，上书某人某船大小、装载担脚若干，海船亦然，每张大者数千文，小亦数百文，船钱亦因之昂贵。

（同上书，第 72、73 页）

七、〔咸丰十一年（1861 年）1 月〕店铺俱要店凭

报明资本若干，人伙若干，……船只捉领船凭，否则经关过卡，不能行走。

（柯悟迟著《漏网喁鱼集》第 52 页，中华书局 1959 年版）

八、〔咸丰十一年（1861 年）9 月〕逼领行店凭，必先报明存本若干，……

（同上书，第 55 页）

九、〔同治元年（1862 年）8 月〕着城乡各乡官，挨查店铺资本多寡，抽厘若干，生意大小，抽厘轻重，风雨不更，逐日收缴，……

（同上书，第 72 页）

十、“七月廿四日午后，来苏省长发逢天安刘统领八桨炮船八号，余船十余号，停泊市湖，帖示查核各铺户店本，给发商凭。”

（知非《吴江庚辛纪事》）

第三节　“凭”、“照”、“卡”

一、《奉令通商》旗

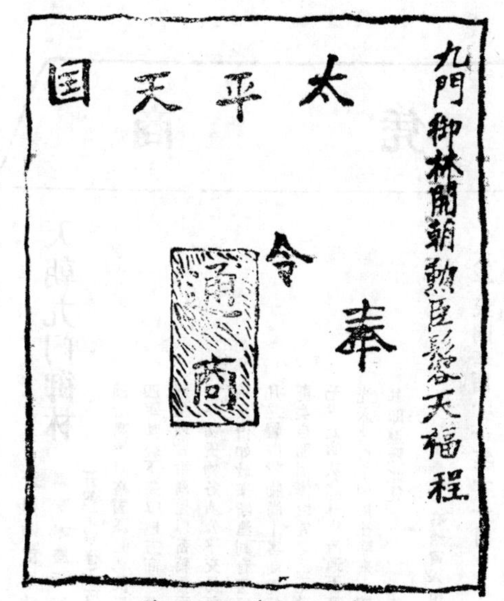

馨天福程颁《奉令通商》旗
（南京太平天国历史博物馆藏）
注：笔者依据郭毅生著《太平天国经济制度》P276 上的模式摹临，“通商”二字上的印鉴是原件的钤印章，无法再现。

“曾见有馨天初程所发量布旗一面，约二尺见方，上首横列“〈太平天国〉”四字，其下有直行“〈奉令通商〉”四字，〈令〉字另行抬头，“〈通商〉”二字在旗当中，上盖大印。各字皆有墨书，此随地临时制造之“〈通商旗〉”。

（《太平天国典制通考》第 677 页）

二、商凭

商凭

天朝九门御林　开朝勋臣殿前户部正地官陈
副掌率殿后军主将求天义陈
开朝王宗逢天安总理苏福省民务刘　为
颁给商凭以裕国课而利民生事今有金匮县左四营有
四军帅统下荡口地方商户黄兴和向系开张头绳花布
铺生理合给商凭以备稽查而垂永久仰黄兴和存执此
后一切货物务须公平交易既不得奇货自居亦不得高
抬市价如敢垄断渔利有害民生者准尔铺户指明禀究
凡是置办货物尚下客商尤须询明来踪去迹不准容留
匪类自贻后悔给凭之后无论大小贸易概须至公至正
无党无偏从此百货流通万商輻輳将见家给人足同历
光天化日之中擬往熙来永昭一道同风之盛岂不懿兴
其即遵照此凭
右给黄兴和头绳花布店准此
太平天国辛酉十一年十一月　初八　日给
金字第一百六十七　号

罗尔纲著《太平天国文物图释》第239页，三联书店版）

三、榨坊照凭

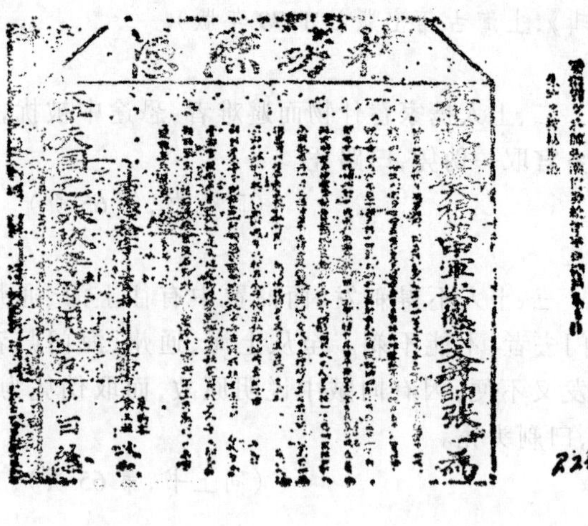

榨坊照凭

真忠报国启天福兼中军安徽省文将帅张　为
给发照凭以便生理事照得国家开创之初军需均宜充足面各色开行业已
定有额课惟油榨一款从未税及分文向因库帑丰盈姑从宽免兹者與图未
广采办维艰故不得不税取若干兴资接济今特议立章程每榨给凭一张大
榨一榨能出油二百余斤者则每日取税油四斤小榨能出油一百余斤者则
每日取税油二斤于民则所出无几于国则不无小补兹据怀宁县右营良民
朱物吝朱玉桂在蔡家街地方开设小油榨壹简每月该纳税油贰斤为此合
给照凭俾尔收执自给凭文后所有应纳税油照榨大小额数每月一并至捴
油盐衙过秤查收领取印挥以备查核至各榨坊于某月某日开榨必到捴油
盐衙禀明以便按月收税如私行开榨即照以漏税治罪至某月某日收榨亦
必到捴油盐衙禀明以便按月销号如私行收榨即照以漏税收税若未经领
凭私开油榨查出不惟口口坊充公口口该榨户人等拿问治罪一经领凭
以后倘有来往官兵在该榨坊中需索滋扰口口民会令该管乡官指名具禀
抑或捆送来桓定即从严究办决不始宽尔榨户人等须知今虽稍助军需不
惟得以乐业安居即于本来资本中亦断不至有亏损也各宜凛遵须至照凭
者　有凭裕字　贰拾　号给榨户　朱物吝　朱玉桂　收执
太平天国已未玖年　肆　月　初陆　日给

（见罗尔纲著《太平天国文物图释》第234页，三联书店版）

四、卡凭

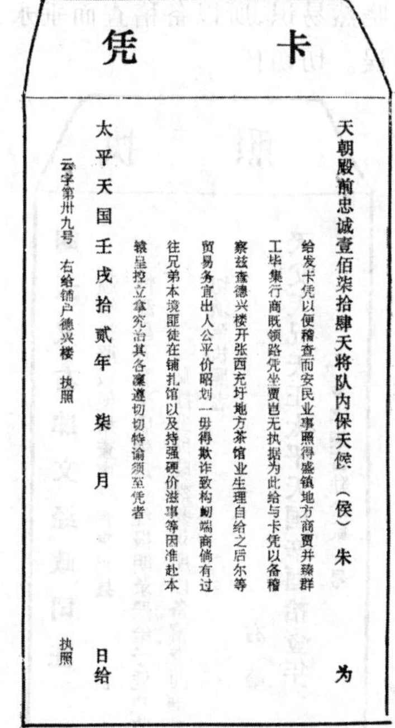

卡　凭

天朝殿前忠诚壹佰柒拾肆天将队内保天侯（侯）朱　　为

给发卡凭以便稽查而安民业事照得盛镇地方商贾并臻群

工毕集行商既领路凭坐贾岂无执据为此给与卡凭以备稽

察兹查德兴楼开张西充圩地方茶馆业生理自给之后尔等

贸易务宜出入公平价昭划一毋得欺诈致构衅端商倘有过

往兄弟本境匪徒在铺扎馆以及持强硬价滋事等因准赴本

辕呈控立拿究治其各凛遵切切特谕须至凭者

太平天国壬戌拾贰年　柒　月　　日给

云字第卅九号　右给铺户德兴楼　执照　　执照

（见罗尔纲著《太平天国文物图释》第 248 页，三联书店版）

五、印照

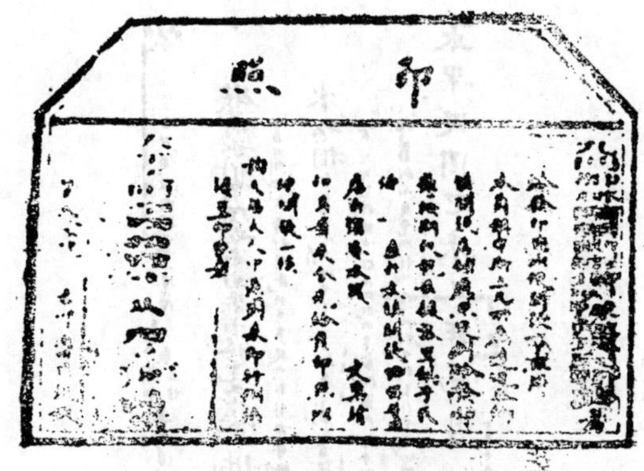

增天豫兼理民務驅得勝發給黎里鎮恒順醬園店印照

（採自郭若愚編：太平天國革命文物圖錄續編）

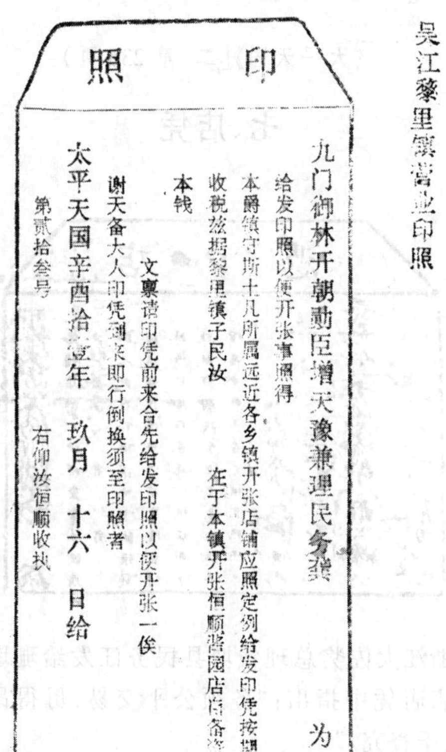

印　照

九门御林开朝勋臣增天豫兼理民务龚　　为

给发印照以便开张事照得

本爵镇守斯土凡所属远近各乡镇开张店铺应照定例给发印凭按期

收税兹据黎里镇子民汝　　在于本镇开张恒顺酱园店自备资

本钱

文禀请印凭前来合先给发印照以便开张一俟

谢天备大人印凭到来即行倒换须至印照者

太平天国辛酉拾壹年　玖月　十六　日给

第贰拾叁号　右仰汝恒顺收执

吴江黎里酱园营业印照

（《太平天国》[二]第 873 页）

六、油盐事务批

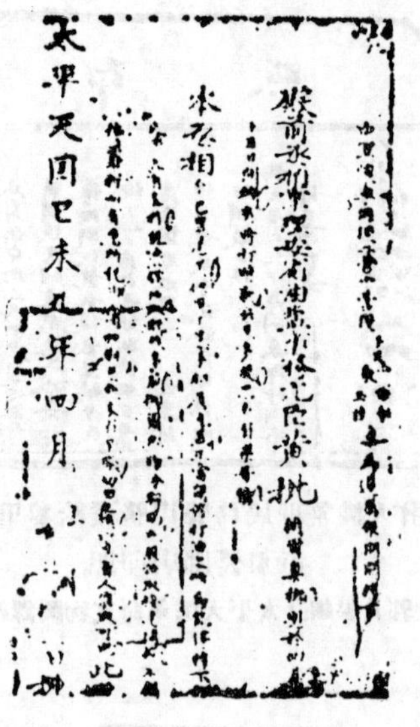

《太平天国》[二]第 235 页)

七、店凭

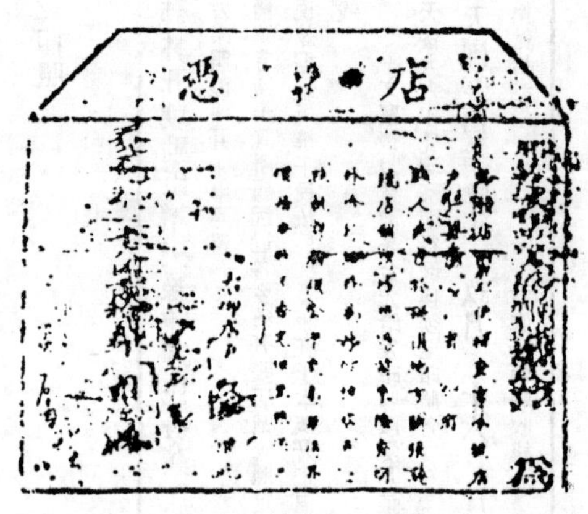

浙江大佐奖总理钱塘县民务汪发给珊墩恒兴腌腊店店凭中指出："务须公平交易，毋得昂价居奇，致干查究。"

(《太平天国》[二]第 249 页)

八、执照

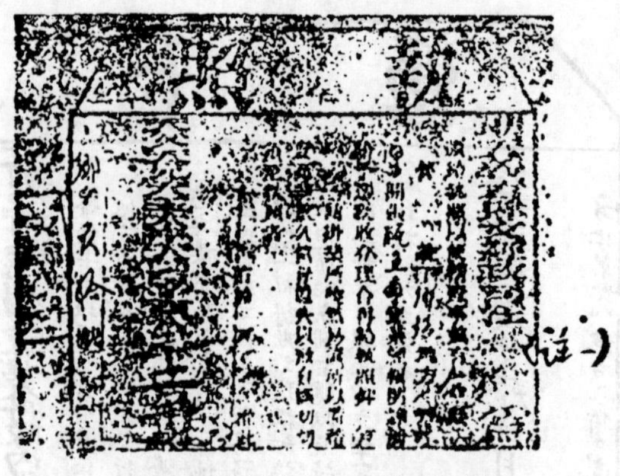

朗天义右肆文经政司汪① 发给嘉兴县张源昌腌鱼南货店执照中指出："张源昌开设腌鱼南货店，业经报明录册，给予凭执收存，理合再给照，仰该户帖挂业所，晓然易识，所以备稽查而垂永久，慎毋遗失，以致自误。切切！"

执照

朗天义右肆文经政司汪 为
颁给执照以便稽查事兹有嘉兴县 营 统下 地方业户
恒源昌开张米店生理业经报明录册给予凭执收存理合再给执照仰 户
贴挂业所晓然易识所以备稽查而垂永久慎毋遗失以致自误切
切须至执照者
右给 户 准此
天父天兄天王太平天国辛酉拾壹年 十一月 日给
乡字柒百陆拾贰号

(《太平天国》[二]第 875 页)

① 太平天国后期官制，主要将领下属有文经政司及武军政司等官职。

第六章　太平天国的政治经济纲领

一、天朝田亩制度

太平天国癸好三年(1853年)新镌

凡一军[①]典分田二,典刑法二,典钱谷二,典入二、典出二,俱一正一副,即以师帅、旅帅[②]兼摄。当其任者掌其事,不当其事者亦赞其事。凡一军一切生死黜陟等事,军帅详监军,监军详钦命总制,钦命总制次详将军、侍卫、指挥、检点、丞相,丞相禀军师,军师奏天王[③],天王降旨,军师遵行。功勋等臣世食天禄,其后来归从者,每军每家设一人为伍卒,有警则首领统之为兵,杀敌捕贼;无事则首领督之为农,耕田奉上[④]。

凡田分九等:其田一亩,早晚二季可出一千二百斤者为上上田;可出一千一百斤者为上中田;可出一千斤者为上下田;可出九百斤者为中上田;可出八百斤者为中中田;可出七百斤者为中下田;可出六百斤者为下上田;可出五百斤者为下中田;可出四百斤者为下下田。上上田一亩当上中田一亩一分,当上下田一亩二分,当中上田一亩三分五厘,当中中田一亩五分,当中下田一亩七分五厘,当下上田二亩,当下中田二亩四分,当下下田三亩。

凡分田照人口,不论男妇。算其家口多寡,人多则分多,人寡则分寡,杂以九等,如一家六人,分三人好田,分三人丑田,好丑各一半。凡天下田,天下人同耕,此处不足则迁彼处,彼处不足则迁此处。凡天下田,丰荒相通,此处荒,则移彼丰处以赈此荒处,彼处荒,则移此丰处以赈彼荒处,务使天下共享天父上主皇上帝大福,有田同耕,有饭同食,有衣同穿,有钱同使,无处不均匀,无人不饱暖也。

凡男妇每一人自十六岁以上,受田多逾十五岁以下一半,如十六岁以上分上上田一亩,则十五岁以下减其半,分上上田五分,又如十六岁以上分下下田三亩,则十五岁以下减其半,分下下田一亩五分。凡天下树墙下以桑,凡妇蚕绩缝衣裳。凡天下每家五母鸡,二母彘,无失其时。凡当收成时,两司马督伍长,除足其二十五家每人所食可接新谷外,余则归国库。凡麦豆苎麻布帛鸡犬各物及银钱亦然。盖天下皆是天父上主皇上帝一大家,天下人人不受私,物物归上主,则主有所运用,天下大家处处平匀,人人饱暖矣。此乃天父上主皇上帝特命太平真主救世旨意也。

但两司马存其钱谷数于簿,上其数于典钱谷及典出入。凡二十五家中设国库一,礼拜堂一,两司马居之。凡二十五家中所有婚娶弥月喜事俱用国库,但有限式,不得多用一钱。如一家有婚娶弥月事给钱一千,谷一百斤,通天下皆一式,总要用之有节,以备兵荒。凡天下婚烟不论财。凡二十五家中陶冶木石等匠,俱用伍长及伍卒为之。农隙治事。凡两司马办其二十五家婚娶吉喜等事,总是祭告天父上主皇上帝,一切旧时歪例尽除。其二十五家中童子俱日至礼拜堂,两司马教读旧遗诏圣书[⑤],新遗诏圣书[⑥]及真命诏旨书焉[⑦]。凡礼拜日,伍长各率男妇至礼拜堂,分别男行女行,讲听道理,颂赞祭奠天父上主皇上帝焉。

凡二十五家中力农者有赏,惰农者有罚。或各家有争讼,两造赴两司马,两司马听其曲直;不息,则两司马挈两造赴卒长,卒长听其曲直;不息,则卒长上其事于旅帅、师帅、典执法及军帅;军帅会同典执法判断之。既成狱辞,军帅又必上其事于监军,

---

① 太平天国的军队编制是以军为单位,他是依照《周礼》"五人为伍",五伍为两,四两为卒,五卒为旅,五旅为师,五师为军"。(军管五师,共计人数13125人。)

② 太平天国的军队编制,凡一军置军帅,军帅管五个师帅,师帅管五个旅帅,旅帅管五个卒长。以下卒长管四个两司马,两司马管五个伍长,伍长管四人。

③ 太平天国的军中官职,以总制为最高,依次为监军、军帅……。朝王官职丞相最高,依次为检点、指挥、将军。丞相以上是封爵。凡军平时由军帅统辖,出师由监军统辖。监军受总制节制。丞相、检点、指挥奉命出征,亦常统数军,总制以下都听指挥。平时一军中的生死黜陟,也要按照这个隶属关系层层上报,一直达到天王。

④ 原文为"尚",系"上"的避讳字。附录《太平天国的代用字、改字、隐语与方言》。

⑤ 《旧遗诏圣书》即基督教《圣经旧约》,又名《钦定旧遗诏圣书》。

⑥ 《新遗诏圣书》即基督教《圣经新约》,又名《钦定前遗诏圣书》。

⑦ 《真命诏旨书》,这书内收有天父、天兄下凡圣旨及天王诏旨。

监军次详总制、将军、侍卫、指挥、检点及丞相，丞相禀军师，军师奏天王。天王降旨，命军师、丞相、检点及典执法等直详核其事无出入，然后军师、丞相、检查及典执法等直启天王主断。天王乃降旨主断，或生或死，或予或夺，军师遵旨处决。

凡天下官民，总遵守十款天条[①]及遵命令尽忠报国者则为忠，由卑升至高，世其官；官或违犯十款天条及逆命令受贿弄弊者为奸，由高贬至卑，黜为农。民能遵条命及力农者则为贤为良，或举或赏；民或违条命及惰农者则为恶为顽，或诛或罚。

凡天下每岁一举，以补诸官之缺。举得其人，保举者受赏；举非其人，保举者受罚。其伍卒民有能遵守条命及力农者，两司马则列其行迹，注其姓名，并自己保举姓名于卒长；卒长细核其人于本百家中，果实，则详其人，并保举姓名于旅帅；旅帅细核其人于本五百家中，果实，则上其人，并保举姓名于师帅；师帅实核其人于本二千五百家中，果实，则上其人，并保举姓名于监军，监军详总制、总制次详将军、侍卫、指挥、检点、丞相，丞相禀军师，军师启天王。天王降旨，调选天下各军所举为某旗，或师帅，或旅帅，或卒长、两司马、伍长。凡滥保举人者，黜为农。

凡天下诸官三岁一升贬，以示天朝之公。凡滥保举人及滥奏贬人者，黜为农。当升贬年，各首领各保升奏贬其统属。卒长细核其所统两司马及伍长，某人果有贤迹，则列其贤迹，某人果有恶迹，则列其恶迹，详其人，并自己保升奏贬姓名于旅帅。至若其人无可保升并无可奏贬者，则姑置其人不保不奏也。旅帅细核其所统属卒长及各两司马、伍人，某人果有贤迹，则列其贤迹；某人果有恶迹，则列其恶迹，详其人，并自己保升奏贬姓名于师帅。师帅细核其所统属旅帅以下官，某人果有贤迹，则列其贤迹；某人果有恶迹，则列其恶迹，注其人，并自己保升奏贬姓名于军帅。军帅将师帅以下官所保升奏贬姓名并自己所保升奏贬某官姓名详于监军。监军并细核其所统军帅，某人果有贤迹，则列其贤迹；某人果有恶迹，则列其恶迹，注其人，并自己保升奏贬姓名，详钦命总制。钦命总制并细核其所统监军，某人果有贤迹，则列其贤迹；某人果有恶迹，则列其恶迹，注其人，并自己保升奏贬姓名，一同达于将帅、主将。将帅、主将达六部掌及军师，军师直启天王主断。天王乃降旨主断，超升各钦命总制所保升各监军其或升为钦命总制，或升为侍卫；谴谪各钦命总制所奏贬监军，或贬为军帅，或贬为师帅。超升各监军所保升各军帅，或升为监军，或升为侍卫；谴谪各监军所奏贬各军帅，或贬为师帅，或贬为旅帅、卒长。超升各军帅所保升各官，或升上一等，或升上二等，或升军帅；谴谪各军帅所奏贬各官，或贬下一等，或贬下二等，或贬为农。天王降旨，军师宣列王，列王宣掌率以下官一体遵行。监军以下官，俱是在上保升、奏贬在下，惟钦命总制一官，天王准其所统各监军保升奏贬钦命总制。天朝内丞相、检点、指挥、将军、侍卫诸官，天王亦准其上下互相保升奏贬，以剔上下相蒙之弊。至内外诸官若有大功大勋及大奸不法等事，天王准其上下不时保升奏贬，不必拘升贬之年。但凡在上保升奏贬在下，诬则黜为农；至凡在下保升奏贬在上，诬则加罪。凡保升奏贬所列贤迹恶迹，总要有凭据，方为实也。

凡设军，每一万三千一百五十六家先设一军帅，次设军帅所统五师帅，次设师帅所统五旅帅，共二十五旅帅；次设二十五旅帅各所统五卒长，共一百二十五卒长；次设一百二十五卒长各所统四两司马，共五百两司马；次设五百两司马各所统五伍长，共二千五百伍长；次设二千五百伍长各所统四伍卒，共一万伍卒。通一军人数共一万三千一百五十六人。凡设军以后人家添多，添多五家另设一伍长，添多二十六家另设一两司马，添多一百零五家另设一卒长，添多五百二十六家另设一旅帅，添多二千六百三十一家另设一师帅，共添多一万三千一百五十六家另设一军帅。未设军帅前，其师帅以下官仍归旧军帅统属，既设军帅，则割归本军帅统属。

凡内外诸官及民，每礼拜日听讲圣书，虔诚祭奠，礼拜颂赞天父上主皇上帝焉。每七七四十九礼拜日，师帅、旅帅、卒长更番至其所统属两司马礼拜堂讲圣书教化民，兼察其遵条命与违条命及勤惰。如第一七七四十九礼拜日，师帅至某两司马礼拜堂，第二七七四十九礼拜日，师帅又别

① 《十款天条》是上帝教的戒律，分十款，依照《摩西十诫》而制订。具体内容："崇拜皇上帝；不好拜邪神；不好妄题皇上帝之名；七日礼拜颂赞皇上帝恩德；孝顺父母；不好杀人害人；不好奸邪淫乱；不好偷窃劫抢；不好讲谎话；不好起贪心。平时作为太平天国军民的生活守则，战时则成为军事纪律。（转引自《太平天国词语汇释》第6页）"。

至某两司马礼拜堂，以次第轮，周而复始。旅帅、卒长亦然。

凡天下每一夫有妻子女约三四口或五六七八九口，则出一人为兵。其余鳏寡孤独废疾免役，皆颁国库以养。

凡天下诸官，每礼拜日依职份虔诚设牲馔奠祭礼拜，颂赞天父上主皇上帝，讲圣书，有敢怠慢者黜为农。钦此。

（原文引自赵清、易梦虹主编《中国近代经济思想资料选辑》上册第269～273页，中华书局1982年第1版，原刻本在英国伦敦不列颠博物馆东方部收藏）

二、资政新篇

钦命文衡正总裁开朝精忠军师干王洪制

旨准颁行太平天国己未九年（1859年）新镌

天国开朝精忠军师殿右军干王洪宣谕

照得治国必先立政，而为政必有取资。本军师恭膺圣命，总理朝纲，爰综致治大略，编成资政新篇一则，恭献圣鉴，已蒙旨准，并蒙圣照"此篇俾镌刻官遵刻颁行"。今已遵旨将原奏刊刻颁行，咸使闻知。

小弟仁玕跪在我真圣主万岁万岁万万岁陛下，奏为条陈款列，善铺国政[①]，以新民德，并跪请圣安事：缘小弟自粤来京，不避艰险，非图爵禄之荣，实欲备陈方策，以广圣闻，以报圣主知遇之恩也。夫事有常变，理有穷通，故事有今不可行而可豫定者，为后之福，有今可行而不可永定者，为后之祸。其理在于审时度势与本末强弱耳。然本末之强弱适均，视乎时势之变通为律，则自今而至后，自小而至大，自省而至国，自国而至万邦，亦无不可行矣。其要在于因时制宜，审势而行而已。兹谨将所见闻者，条陈于后，以广圣闻，以备圣裁，以资国政，庶有小补云尔。

昔周武有弟名旦[②]，作周礼[③]以肇八百之丌，高宗梦帝赉弼[④]，致殷商有中叶之盛，惟在乎设法用人之得其当耳。盖用人不当，适足以坏法，设法不当，适足以害人，可不慎哉！然于斯二者，并行不悖，必于立法之中，得乎权济。试推其要，约有三焉：一以风风之，一以法法之，一以刑刑之。三者之外，又在奉行者亲身以倡之，真心以践之，则上风下草，上行下效矣。否则法立弊生，人将效尤，不致作乱而不已，岂法不善欤？实奉行者毁之尔！

用人察失类

一禁朋党之弊。朝廷封官设将，乃以护国卫民，钦定此策是也，除奸保良者也。倘有结盟联党之事，是下有自固之术，私有倚恃之端，外为假公济私之举，内藏弱本强末之弊。为兵者行此，而为将之军法难行；为臣者行此，而为君之权谋下夺。良民虽欲深倚于君，无奈为所隔绝，是不可以不察也。倘欲真知其为朋奸者，每一人犯罪，必多人保护隐瞒，则宜潜消其党，勿露其形。或如唐太宗之责尉迟恭以汉高故事[⑤]，或如汉文之责吴不会而赐杖以愧之[⑥]，亦保全之一道也。若发泄而不能制，反遭其害，贻祸不浅矣。倘至兵强国富、俗厚风淳之日，又有朝发夕至之火船火车，又有新闻篇以泄奸谋，纵有一切诡弊，难逃太阳之照矣。

甚矣，习俗之迷人，贤者不免，况愚者乎！即至愚之辈，亦有好胜之心，必不服人所教。且观今世之江山，竟是谁家之天下？无如我中华之人，忘其身之为华，甘居鞑妖之下，不务实学，专事浮文，良可慨矣！请试言之：文士之短简长篇，无非空言假话；下僚之禀帖面陈，俱是谗谄赞誉；商贾指东说西，皆为奸贪诡谲；农民勤俭诚朴，目为愚妇愚夫；诸如杂教九流，将无作有；凡属妖头鬼卒，喉舌模糊。到处尽成荆棘，无往不是陷坑。倘得真心实力，众志成城，何难亲见太平景象，而成为千古英雄，复见新天、新地、新世界也夫！

风风类

钦定此策是也　夫所谓"以风风之"者，谓革之

---

① 铺是布置或安排的意思。

② 旦即周公旦，是周武王的弟弟。文王死，武王继承了王位，就以太公望为师，周公旦为辅。

③ 《周礼》，原称《周官》，因《尚书》里有周官篇名，怕相混，于是改名《周官经》称《周礼》。

④ 高宗梦帝赉弼：高宗是殷王武丁，"梦帝赉弼"，事见《史记殷本纪》。"赉弼"即赐予、辅助、匡正的意思。

⑤ 唐太宗是唐朝开国的君主。尉迟恭，尉迟姓，号敬德，隋末归唐，太宗重用之。事见《新唐书本传》。……

⑥ 吴，汉吴王刘濞。高帝之侄。孝文时他称疾不朝，失了藩臣礼，文帝不责他假装病，反而赐几杖给他。由此，吴王解除了顾虑，也打销了造反的念头。见《汉书·文帝纪》赞及《荆燕吴传》。"不会"就是不朝的意思。

而民不愿，兴之而民不从，其事多属人心蒙昧，习俗所蔽，难以急移者，不得已以风风之，自上化之也。如男子长指甲，女子喜缠脚，吉凶军宾，琐屑仪文，养鸟斗蟀，打鹌赛胜，戒箍手镯，金玉粉饰之类，皆小人骄奢之习。诸如此类，难以枚举。禁之不成广大之体，民亦未必凛遵，不禁又为败风之渐，惟在在上者以为可耻之行，见则鄙之忽之，遇则怒之挞之，民自厌而去之，是不刑而自化，不禁而自弭矣。倘民有美举，如医院、礼拜堂、学馆[①]、四民院[②]、四疾院[③] 等，主则亲临以隆其事，以奖其成，若无此举，则诏谕宣行，是厚风俗之法也。如毁谤谮妒等弊，皆由风俗未厚，见识未广，制法未精，是以人心虞拟不平而鸣矣。又如演戏斗剧，庵寺和尼，凡此等弊，则立牧司教导官，亲身教化之，怜悯之，义恕之，务去其心之惑，以拯其迷也。中地素以骄奢之习为宝，或诗画美艳，金玉精奇，非一无可取，第是宝之下者也。夫所谓上宝者，以天父上帝、天兄基督、圣神爷之风，三位一体[④] 为宝。一敬信间，声色不形，肃然有律，诚以此能格其邪心，宝其灵魂，化其愚蒙，宝其才德也。中宝者，以有用之物为宝，如火船、火车、钟镖[⑤]、电火表[⑥]、寒暑表、风雨表、日晷表、千里镜、量天尺[⑦]、连环枪[⑧]、天球、地球等物，皆有探造化之巧，足以广闻见之精，此正正堂堂之技，非妇儿掩饰之文，永古可行者也。

且夫谈世事足以闷人心，论九流足以惑众志，释聃尚虚无[⑨]，尤为诞妄之甚，儒教贵执中[⑩]，罔知人力之难，皆不如福音真道[⑪] 有公义之罚，又有慈悲之赦，二者兼行，在一基督身上担当之也。此理足以开人之蒙蔽以慰其心，又足以广人之智慧以善其行，人能深受其中之益，则理明欲去而万事理矣。非基督之弟徒，天父之肖子乎！究亦非人力所能强，必得上帝圣神感化而然也。上帝之名，永不必讳。天父之名，至大、至尊、至贵、至仁、至义、至能、至知、至诚、至足、至荣、至权，何碍一名字？若说正话，讲道理，虽千言万语亦是赞美，但不得妄称及发誓亵渎而已。若讳至数百年之久，则又无人识天父之名矣。况爷火华三字，乃犹太土音，译即“自有者”三字之意，包涵无所不知，无所不能，无所不在，自然而然，至公义，至慈悲之意也，上帝是实有，自天地万有而观，及基督降生而论，是实有也。盖上帝为爷，以示包涵万象；基督为子，以示显身，指点圣神上帝之风亦为子，则合父子一脉之至亲，盖子亦是由父身中出也，岂不是一体一脉哉！总之谓为上帝者，能形形，能象象，能天天，能地地，能始终万物，而自无始终，造化庶类，而自无造化，转运四时，而不为时所转，变通万方，而不为之所变。可以名指之曰“自有者”，即大主宰之天父上帝，救世主如一也。盖子由父出也，视子如父也。若讳此名，则此理不能彰矣。

法 法 类

钦定此策是也 所谓“以法法之”者，其事大关世道人心，如纲常伦纪，教养大典，则宜立法以为准焉。是下有所趋，庶不陷于僻矣。然其不陷于僻而登于道者，必又教法兼行。如设书信馆，以通各省郡县市镇公文，设新闻馆以收民心公议，及各省郡县货价低昂，事势常变。上览之，得以资治术；士览之。得以识变通，商农览之，得以通有无。昭法律，别善恶，励廉耻，表忠孝，皆借此以行其教也。教行则法著，法著则知恩，于以民相劝戒，才德日生，风俗日厚矣。此立法善而施法广，积时久而持法严，代有贤智以相维持，民自固结而不可解，天下永垂而不朽矣。然立法之人，必先经磨练，洞悉天人性情，熟谙各国风教，大小上下，源委重轻，无不了然于胸中者，然后推而出之，乃能稳惬人情也。若恐其久而有差，更当留一律以便随时损益小纪，彰明大纲也。盖律法者，无定而有定，有定而无定，如水之软，如铁之硬，实如人心之有定而无定，世事之无定而有定，此立法所以难也，此生弊所以易也。然则如何而后可以立法？盖法之质，在乎大纲，一定不易，法之文，在乎小纪，每多变迁。故小人坏法，

---

① 学馆：即私塾。

② 四民院：指鳏寡孤独院。

③ 四疾院：指跛盲聋哑院。

④ 三位一体：基督教谓上帝有三人格：即圣父、圣母、圣灵；三者位虽殊而本质上是融合为一的，故谓三位一体。

⑤ 钟镖：就是钟表。

⑥ 电火表：就是电表。

⑦ 量天尺：是当时天文学上测量天象的仪器之一种。

⑧ 连环枪：是当时资本主义国家中的新式武器，机关一动就可连发子弹数粒，以别于独子枪。

⑨ 释聃：释是释迦牟尼。印度佛教的创始人。佛教认为一切现实的存在，都是虚妄的。聃是老聃。《庄子·天下篇》说他：“建之以常无有，主之以太一；以濡弱谦下为表，以空虚不毁万物为实。”所以也说他是尚虚无。

⑩ 执中：守中正之道。《论语·尧曰》篇：“允执厥中”。

⑪ 福音真道：基督教徒认为耶稣教以拯救世人为目的，故凡耶稣所说及其弟子所传播的教义皆为福音。

常窥小者无备而掠为己有，常借大者之公以护掩己私。然此又在奉法执法行法之人有以主之，有以认真耳。至立法一则，阅下自可心领灵会，而法在其中矣。

又有柔远①人之法。凡外邦人技艺精巧，邦法宏深，宜先许其通商，但不得擅入旱地，恐百姓罕见多奇，致生别事，惟许牧司等，并教技艺之人入内，教导我民，但准其为国献策，不得毁谤国法也。

英吉利即俗称红毛邦，开邦一千年来未易他姓，于今称为最强之邦，由法善也。但其人多有智力，骄傲成性，不居人下。凡于往来言语文书，可称照会、交好、通和、亲爱等意，其余万方来朝、四夷宾服、及夷狄戎蛮鬼子，一切轻污之字皆不必说也。盖轻污字样，是口角取胜之事，不是经纶实际，且招祸也。即施于枕近之暹罗、交趾、日本、琉球之小邦，亦必不服。实因人类虽下，而志不愿下，即或愿下，亦势迫之耳，非忠诚献曝也。如必欲他归诚献曝，非权力所致之，必内修国政，外示信义，斯为得尔。此道实为高深广远也欤。现有理雅各、湛孖士、米士威大人、俾士、合信、觉士、滨先生、慕维廉、艾约瑟、韦律众先生与小弟相善也。

花旗邦即米利坚，礼义富足，以其为最。其力虽强，而不侵凌邻邦。有金银山，而招别邦人来采。别邦人有能者，册立为官，是其义也。邦长五年一任，限以俸禄。任满则养尊处优，各省再举。有事各省总目公议，呈明决断。取士、立官、补缺及议大事，则限月日，置一大柜在中廷，令凡官民有仁智者，写票公举，置于柜内，以多人举者为贤能也，以多议是者为公也。其邦之跛盲聋哑鳏寡孤独各有书院，教习各技、更有鳏寡孤独之亲友，甘心争为善事者，愿当众立约保养，国中无有乞丐之民，此是其礼仪，其富足也。现有罗孝、卑治文、花兰芷、高先生、晏先生、赞臣先生、寡先生与小弟相善也。

总论二邦，其始出于英吉利邦，后因开埠花旗，日以日盛。而英邦欲有以制之，遂不服其苛，因而战胜英邦，故另立邦法，两不统属焉。数百年来，各君其邦，各子其民，皆以天父上帝、耶稣基督立教，而花旗之信行较实，英邦之智强颇著。所以然者，因花旗富足，不待外求，可常守礼法也；英邦用繁，必须外助，故多逞才智也。

日耳曼邦内分十余邦，不相统属，亦无侵夺，信奉天父上帝、耶稣基督尤甚。其人有太古之风，故国不甚威，而德则独最也。亦有大船往各邦贸易，即各邦之君臣亦肯信任其人办事，因其人不苟于进退，最信皇上帝救世主，而不喜战斗，愿守本分也。现有黎力居、韦牧司、叶纳清、韩士伯，又有一位忘其名，与弟相善也。风雨标、寒暑针先出此邦之花兰溪，辨正教亦出此邦之路得也②。

瑞邦、丁邦、罗邦纯守耶稣基督之教，其发老少多白，中年多黄，相品幽雅，诚实宽广，有古人遗风焉。惟瑞国有一韩山明牧司，又名咸北者③，与弟相善。其人并妻子皆升天，各邦多羡其为人焉。爱弟独厚，其徒皆客家，多住新安县地也④。

佛兰西邦⑤亦是信上帝、耶稣基督之邦，但其教多务异迹奇行，而少有别，故其邦今似半强半美之邦。但各邦技艺多始于此，至今别邦虽精，而佛邦亦不在下。但其教尚奇异，品学逊焉，人不之重。惟与英为婚姻之邦，相助相善，而邦势亦强。与弟无相识者，因道不同也。

土耳其邦，东南即古之犹太邦也⑥，西北近俄罗斯。因此邦之人不信耶稣基督为救世主，仍执摩西律法，不知变通，故邦势不振。而于丙辰年为俄罗斯所侵，幸英、佛二邦相助，得免于祸。此邦为天兄降生圣地，将来必归基督。盖新遗诏书有云，“俟万邦归信后，而以色列知愧耻焉。”今犹太人因耶稣基督升天四十年后，遭上帝怒罚驱逐出外，凡信基督耶稣者亦逃出外邦，至今各邦皆有犹太人，以为之证据，亦天父之意也。即中邦而论，河南开封郡祥符县内⑦，多有犹太人及羊皮书⑧，写犹太字迹者不少，但其人自宋迄今，多历年所，亦徒行其礼，而不识其字，不知其实意焉。问其因何行此教，则答以望基督救世主降生，及凡各邦之犹太人亦如是，不信救世主之既生于一千八百五十九年之前也。

俄罗斯邦，其地最广，二倍于中邦。其教名天主教，虽信耶稣基督，而类于佛兰西之行也。百余年前亦未信天兄，屡为英、佛、罗、日耳曼等国所迫，故遣其长子伪装凡民到佛兰西邦学习邦法、火船技

① 柔远：使远地方的人安服。

② 路得即马丁路得，德国的宗教改革者，是耶稣教新教的创始人。新教是反对旧教而产生的，故亦名辨正教。

③ 韩山明牧司，北欧人，曾在我国广东传教。

④ 新安县即现在广东省宝安县。

⑤ 佛兰西即法兰西的旧译。

⑥ 犹太，亦称希伯来人。公元前953年，希伯来分裂后，建国于巴勒斯坦南部，后亡于罗马。

⑦ 祥符县即今之开封。

⑧ 羊皮书，犹太人常将犹太教义书于羊皮上。以期保存久远。

艺,数年回邦,无人知其为俄之长子也。及归邦之日,大兴政教,百余年来,声威日著,今亦为北方冠冕之邦也。

波斯邦在犹太之东南,其人拜上帝所造之一物,即太阳也。不食犬猪,亦信妖佛焉。今虽名为波斯人,其地实归于别邦,亦恬不为耻。其人只求富贵,不争荣华,故流落他方,随人转移,毫无贞节,一如今之中邦,从前受制满洲,恬不知怪。所以然者,各自为己,而少联络之法也。

埃及邦即麦西邦,在犹太西南方,有红海为界①。其地周岁无寒,而夏最炎热。有山名亚喇伯②,为万国最高大者,昔挪亚方舟③,即搁于此山也。四时有云笼罩,少见山巅。而埃民未曾见过雨雪,闻过雷声。其地少泉而多沙漠,但到春夏交际,山头云密布,飞瀑四奔流,农民于水将退之先,在水面布种下田,待尽退时,则苗既浡然兴之矣。所以然者,因山高接热,云气升腾,冻结于巅,四时不散,故雨不施于圹野,雷不奋于地中,冰常凝于高峰,雪无飘于热地也。今其人尊约瑟、摩西④为圣人,名回回教,盖天父上帝前现权能与二人,至今犹有遗风焉。

暹罗邦近与英邦通商,亦能仿造火船大船,往各邦采买,今亦变为富智之邦矣。

日本邦近与花旗邦通商,得有各项技艺以为法则,将来亦必出于巧焉。

马来邦⑤、秘鲁邦⑥、澳大利邦⑦、新嘉波⑧、天竺邦⑨、前西藏、后西藏、蒙古、满洲皆信佛教,拜偶像,故其邦多衰弱不振,而名不著焉。虽满洲前盗据中地蒙古之地,亦不敢直认为满洲固有之物,故不见称于各邦也。不过中国从前不能为东洋之冠冕,暂为失色,良可慨已!

以上略述各邦大势,足见纲常大典,教养大法,必先得贤人,创立大体,代有贤能继起而扩充其制,精巧其技,因时制宜,度势行法,必永远不替也。倘中邦人不自爱惜,自暴自弃,则鹬蚌相持,转为渔人之利,那时始悟兄弟不和外人欺,国人不和外邦欺,悔之晚矣。曷不乘此有为之日,奋为中地倡,以顶天父天兄纲常,太平一统江山万万年也!

钦定此策　杀绝妖魔行未迟　一、要自大至小,由上而下权归于一,内外适均而敷于众也。又由众下而达于上位,则上下情通,中无壅塞弄弊者,莫善于准卖新闻篇或暗柜也。法式见下。

此策是也　一、兴车马之利,以利便轻捷为妙。倘有能造如外邦火轮车,一日夜能行七八千里者,准自专其利,限满准他人仿做。若彼愿公于世,亦禀准遵行,免生别弊。先于二十一省通二十一条大路,以为全国之脉络,通则国家无病焉。通省者阔三丈,通郡者阔二丈五尺,通县及市镇者阔二丈,通大乡村者阔丈余。差役时领犯人修葺崩破之处。二十里立一书信馆,愿为者请饷而设,以为四方耳目之便,不致上下梗塞,君民不通也。信资计文书轻重,每二十里该钱若干而收。其书要在某处交递者,车上车下各先束成一捆,至即互相交讫,不能停车俄项。因用火用气用风之力大猛也,虽三四千里之遥,亦可朝发夕至,纵有小寇窃发,岂能漏网乎!

此策是也　一、兴舟楫之利,以坚固轻便捷巧为妙。或用火用气用力用风,任乎智者自创。首创至巧者,赏以自专其利,限满准他人仿做,若愿公于世,亦禀明发行。兹有火船气船,一日夜能行二千余里者,大商则搭客运货,国家则战守缉捕,皆不数日而成功,甚有裨于国焉。若天国兴此技,黄河可疏通其沙,而流入于海,江淮可通有无,而缓急相济,要隘可以防患,凶旱水溢可以救荒,国内可保无虞,外国可通和好,利莫大焉。

此策是也　一、兴银行。倘有百万家财者,先将家资契式禀报入库,然后准颁一百五十万银纸,刻以精细花草,盖以国印图章,或银货相易,或纸银相易,皆准每两取息三厘。或三四富民共请立,或一人请立,均无不可也。此举大利于商贾士民,出入便于携带,身有万金,而人不觉,沉于江河,则损于一己,而益于银行,财宝仍在也。即遇贼劫,亦难骤然拿去也。

此策是也　一、兴器皿技艺。有能造精奇利便者,准其自售,他人仿造,罪而罚之。即有法人而生巧者,准前造者收为己有,或招为徒焉。器小者赏五

---

① 红海:位于亚、非两洲之间。

② 亚喇伯:阿拉伯的旧译。

③ 挪亚方舟:据耶稣教的传说,上帝曾有一次用洪水灭世,惟挪亚一家人独存,后来又慢慢地发展出人类来,见《旧约》。

④ 约瑟、摩西:是古代回教的两位圣人,见基督教《圣经·旧约》。

⑤ 马来邦:位南亚马来半岛南部,旧英殖民地,1957年独立。

⑥ 秘鲁:南美洲西部的一个国家。

⑦ 澳大利邦:指澳大利亚洲,地处南半球,印度洋与太平洋之间。

⑧ 新嘉波:即新嘉坡,又译为星加坡。位于马来半岛南端,旧为英殖民地,1987年独立。

⑨ 天竺:印度的旧译。

年，大者赏十年，益民多者年数加多，无益之物，有责无赏。限满他人仿做。

此策是也　一、兴宝藏。凡金、银、铜、铁、锡、煤、盐、琥珀、蚌壳、琉璃、美石等货，有民探出者准其禀报，爵为总领，准其招民采取。总领获十之二，国库获十之二，采者获十之六焉。倘宝有丰歉，则采有多少，又当视所出如何，随时增减，不得匿有为无也。此为天财地宝，虽公共之物，究亦枕近者之福，小则准乡，大则准县，尤大者准省及省外之人来采也。有争斗抢夺他人之所先者，准总领及地方官严办，务须设法妥善焉。

此策是也　一、兴邮亭[①]以通朝廷文书，书信馆以通各色家信，新闻馆以报时事常变，物价低昂，只须实写，勿着一字浮文。倘有沉没书札银信及伪造新闻者，轻则罚，重则罪。邮亭由国而立，余准富民纳饷，禀明而设。或本处刊卖，则每日一篇，远者一礼拜一篇，越省则一月一卷，注明某处某人某月日刊刻，该钱若干，以便远近采买。

一、朝廷考察，若探未实者，注明"有某人来说，未知是否，俟后报明"字样，则不得责之也。

此策现不可行，恐招妖魔乘机反间，俟杀绝残妖后行，未迟也。

一、兴各省新闻官。其官有职无权，性品诚实不阿者。官职不受众官节制，亦不节制众官，即赏罚亦不准众官褒贬。专收十八省及万方新闻篇有招牌图记者，以资圣鉴，则奸者股栗存诚，忠者清心可表，于是一念之善，一念之恶，难逃人心公议矣。人岂有不善世岂有不平哉！

是　一、兴省郡县钱谷库，以司文武官员俸是值公费。立官司理，每月报销。除俸值外，有妄取民贿一文者议法。

是　一、兴市镇公司。立官严正，以司工商水陆关税，每礼拜呈缴省郡县库存贮，或市镇公务支用，有为己私抽者议法。

是　一、兴士民公会。富贵善义，仰体天父、天兄好生圣心者，听其甘心乐助，以拯困扶危，并教育等件。至施舍一则，不得白白妄施，以沽名誉，恐无贞节者一味望恩，不自食其力，是滋弊也。宜令作工，以受所值，惟废疾无所归者准白白受施。

是　一、兴医院以济疾苦，系富贵好善，仰体天父、天兄圣心者题缘而成其举。立医师，必考取数场然后聘用，不受谢金，公义者司其事。

是　一、兴乡官。公义者司其任，以理一乡民情曲直吉凶等事，乡兵听其铺调。

是　一、兴乡兵。大村多设，小村少设，日间管理各户，洒扫街渠，以免秽毒伤人，并拿打架攘窃及在旁证见之人到乡官处处决，妄证者同罪。夜于该管之地有失，惟守者是问。若力不足而呼救不及，不干守者之事。被伤者生则医，死则瘗，有妻子者议恤。

是　一、罪人不拿。若讯实同情者及之，无则善视抚慰之，以开其自新之路；若连累及之，是迫之使反也。

是　一、禁溺子女。不得已难养者，准无子之人抱为己子，不得作奴视之，或交育婴堂；溺者罪之。

一、外国有兴保人物之例，凡屋宇人命货物船等有防于水火者，先与保人议定，每年纳银若干，有失则保人赔其所值，无失则赢其所奉。若失命，则父母妻子有赖，失物则已不致尽亏。

一、外国有禁卖子为奴之例。家贫卖子，只顾眼前之便，不思子孙永为人奴，大辱祖考；后世或生贤智者不得为国之用，反为国之害矣。故准富者请人雇工，不得买奴，贻笑外邦。生女难养，准为女伺，长则出嫁从良也。

是　一、禁酒及一切生熟黄烟鸦片。先要禁为官者，渐次严禁在下。绝其栽植之源，遏其航来之路，或于外洋入口之烟，不准过关。走私者杀无赦。

是　一、禁庙宇寺观。既成者还其俗，焚其书，改其室为礼拜堂，借其资为医院等院。此为拯民出于迷昧之途，入于光明之国也。

是　一、禁演戏修斋建醮[②]。先化其心之惑，使伊所签助者，转助医院、四民院、学馆等，乃有益于民生实事。

是　一、革阴阳八煞之谬。名山利薮，多有金、银、铜、铁、锡、煤等宝，大有利于民生国用。今乃动言风煞，致珍宝埋没不能现用。请各自思之，风水益人乎？抑珍宝益人乎？数千年之疑团，牢而莫破，可不惜哉！

此策是也　一、除九流。惰民不务正业，专以异端诬民，伤风败俗，莫逾于此。准其归于正业，焚去一切惑民之说。若每日无三个时辰工夫者，即富贵亦是惰民，准父兄乡老擒送进诸绝域，以警颓风之渐也。诚以游手偷闲，所以长其心之淫欲，劳心劳力，

---

① 邮亭：即旧时的驿站，传送文书的交替处。

② 修斋建醮：礼佛、求福称修斋。建醮是道教中禳灾求福的一种宗教仪式。

所以增其量之所不能。此天父之罚始祖,使汗颜而食者,一则使自养身,一则免生罪念,亦为此故也。

是 一、屋宇之制,坚固高广任其财力自为,不得雕镂刻巧,并类王宫朝殿。宜就方正,勿得执信风水,不依众向,致街衢不直,即成者勿改,新造者可遵,再建重新者,亦可改直。

一、立丈量官。凡水患河路有害于民者,准其申请,大者发库助支,小者民自捐助,而屋宇规模,田亩裁度,俱出此官。受赃者准民控诉,革职罚罪。

是 一、兴跛盲聋哑院。有财者自携资斧,无财者善人乐助,请长教以鼓乐书数杂技,不致为废人也。

是 一、兴鳏寡孤独院。准仁人济施,生则教以诗书各法,死则怜而葬之。因此等穷民,操心危,虑患深,往多有用之辈,不可不以恩感之也。

是 一、禁私门请谒,以杜卖官鬻爵之弊。凡子臣弟友,各有分所当为,各有奉值,各有才德,各宜奋力上进,致令闻外著,岂可攀援以玷仕途!即推举者亦是为国荐贤,亦属分内之事,既得俸值,何可贪赃?审实革职,二罪俱罚。

一上所议,是"以法法之"之法,多是尊五美、屏四恶之法。诚能上下凛遵,则刑具可免矣。虽然,纵有速化,不鲜顽民,故又当立"以刑刑之"之刑。

刑刑类

钦定此策是也

一、善待轻犯。宜给以饮食号衣,使修街渠道路,练其一足,使二三相连,以差人执鞭刃掌管。轻者移别县,重者移郡移省,期满释回,一以重其廉耻,二以免生他患,庶回时改过自新,此恩威并济之法也。

爷令圣旨斩邪留正杀妖杀有罪不能免也

一、议第六天条曰"勿杀"。盖谓天父有赏罚于来生,人无生杀于今世。然天王为天父所命以主理世人,下有不法,上可无刑、是知遭刑者非人杀之,是彼自缚以求天父罚之耳。虽然,为人上者,不可不亲身教导之也。

爷诫勿杀是诫人不好谋害妄杀非谓天法之杀人也

一、议大罪宜死者,置一大架圈其颈,立其足。升至桅杆顶,则去其足下之板,以吊死焉。先彰其罪状并日期,则观者可以股栗自儆,又少符勿杀之圣诫焉。

一、《十款天条》治人心恶之未形者,制于萌念之始。诸凡国法治人身恶之既形者,制其滋蔓之多。必先教以天条,而后齐以国法,固非不教而杀矣,亦必有耻且格尔。

一、与番人并雄之法,如开店二间,我无租值,彼有租值,我工人少,彼工人多,我价平卖,彼价贵卖,是我受益而彼受亏,我可永盛,彼当即衰,彼将何以久居乎?况我已有自固之策,若不失信义二字足矣,何必拘拘不与人交接乎?是浅量者之所为也。虽然,亦必有一定章程,一定之礼法,方不致妄生别议。但前之中国不如是焉,毫无设法,修葺补理,以致全体闭塞,血脉不通,病其深矣。今之人心风俗,皆非古昔厚重之体,欲清其病源,既不可得,即欲峻补,其可得乎?此皆为邦大略,小弟于此类凡涉时势二字,极深思索。故于古所无者兴之,恶者禁之,是者损益之。大率法外辅之以法而入于德,刑外化之以德而省于刑也。因又揣知圣心图治大急,得策则行,小弟诚恐前后致有不符之迹,故恭录已所窥见之治法,为前古罕有者,汇成小卷,以资圣治,以广圣闻。恳自今而后,可断则断,不宜断者付小弟掌率六部等议定再献,不致自负其咎,皆所以重尊严之圣体也。或更立一无情面之谏议在侧,以辅圣聪不逮。诸凡可否,有宜于后,不宜于今者,恳留为圣鉴,准以时势二字惟行,则顶起天父、天兄纲常,太平一统江山万万年矣。

(原文引自《中国近代史资料丛刊》,《太平天国》[二]。原刻本上海市文物保管委员会收藏)

附录：

一、太平天国纪年简表

太平天国纪年		清代纪年		公元
元	辛开	咸丰元	辛亥	1851
2	壬子	2	壬子	1852
3	癸好	3	癸丑	1853
4	甲寅	4	甲寅	1854
5	乙荣	5	乙卯	1855
6	丙辰	6	丙辰	1856
7	丁巳	7	丁巳	1857
8	戊午	8	戊午	1858
9	己未	9	己未	1859
10	庚申	10	庚申	1860
11	辛酉	11	辛酉	1861
12	壬戌	同治元	壬戌	1862
13	癸开	2	癸亥	1863
14	甲子	3	甲子	1864
15	乙好	4	乙丑	1865
16	丙寅	5	丙寅	1866
17	丁荣	6	丁卯	1867
18	戊辰	7	戊辰	1868

注：太平天国十四年(1864年7月19日)天京失陷，一般即作为太平天国的结束，但太平军余部活动直到太平天国十八年(1868年8月16日)，以捻军在山东徒骇河失败作为太平天国的结束。

二、太平天国的代用字、改字、隐语与方言

我们研究太平天国的经籍，还得要注意一件事，就是其中常有代用字、改字，及隐语、方言。兹分条标释于下：

甲、代用字和改字

(一)皇上帝、耶稣、天王、圣、神等代用字

天：凡用以添字代。　圣：凡用以胜字、盛字代。　神：除上帝外，余以辰字代。

上：除上帝可用外，余以尚字代。老：除上帝外，余都以考字、迈字代。　华：凡用以花字代。

主：除上主皇上帝、救世主、真主幼主、疾病主、主将主宰的主可用，余都以司字专字柱字代。

基：凡用以居字代。　督：凡用以总字、统字代。

耶：凡用以乎字、也字代。　稣：凡用以以苏代。

君王：唯上帝、基督、洪秀全的父母、洪秀全及洪天贵福可称此君王二字，杨秀清、萧朝贵的儿子可称君子。凡用王姓可改汪，或改黄，或用石字代。

(二)避天王、天王父、天王子及各王名讳的代用字

火：凡用以烧、伙、夥、炎等字代。　洪：凡用以鸿、宏字代。　秀：凡用以绣、繡字代。

全：凡用以铨、诠等字代。　镜：洪秀全父名，凡用以鉴字代。　福：或用衣旁，或用复、複、馥等字代。

光明：唯洪秀全儿子光王、明王可用，其余若取名字，加水旁作洸、溯字样。　清：凡用以菁字代。

朝：凡用以潮字代。　贵：改用桂字。　云：凡用以芸字代。　山：凡用以珊字代。　正：凡用以政字代。　昌：凡用以琩、菖字代。　辉：凡用以晖字代。　达：凡用以闼字代。　开：凡用以偕、来字代。曾：凡用以永字代。〔贼情汇纂〕说洪秀全有一个儿子名曾，后死不复讳。

(三)年、月、日、地支、所改各字

年[改岁]　月[改期]　日：改旦。后因写年月日不能强记遵行，此三字渐废。　丑[改好]　卯[改荣]　亥[改开]

(四)其他

国：太平天国改作国，其余列邦及人地各名都以郭字代，如国名麦西国作麦西郭(见〔天情道理书〕)地名兴国州作兴国州(见忠王李秀成〔致赖文光谆谕〕封套)，人名曾国藩作曾郭藩。

魁：凡写瑰、魄、愧、魏等字都从人，写作⿰人斗、⿰厶人、⿰委人字样。　华人：宜称天人、华人、花人，不得仍称汉人。　鞑：加犬傍作獭字。　妖：此字指獭妖鬼类。有从獭妖及拜鬼的都叫他做妖崽。

师：先师、后师、军师可用此字，余用司帅、司长、司传、出司，不得泛用师字。　德：凡用以得字代。

荣：凡用以容字代。　祐：凡用以宥字代。　龙：凡用以隆字代。　温：凡用以吉字代。

高：凡用以交字代。　仙：凡用以先字代。

乙、隐语

高老[指上帝]　禾王[指洪秀全]　禾乃[指杨秀清]　小天堂[指天朝]　山山[即出字]　真草[即真心]　反草[即变心]　变妖[即反革命]　三更：意义同变妖　升天：死叫做升天　云中雪[即刀]　红粉[即火药]　长龙[即抬枪]

顺子[即短刀]　矛杆[即挑子]　招衣[即号衣]　先锋包：又名红粉包，即火药包　泥笼：称满清营盘

化关：就是臀部，打臀部叫作打化关，厕所叫作化关房　润化[即大便]　润泉[即小便]

丙、方言

咁：读如敢，作这样解。　困：读作困，作睡字解。　和傩：傩读如挪，作共同商量、双方同意、融洽无间解。　铺派：普通解释是作安排解，也可作支配解。装身：作收拾起程解。　桥水：作计谋解。顶颈：作不听教导，强词辩驳解。　崽：读如宰，作儿子解，故好孩子叫作娃崽。　铅码[枪炮子弹。]

(见罗尔纲著《太平天国现存经籍考》第55～57页)

引用书目

1.《太平天国文书汇编》,太平天国历史博物馆编,中华书局 1979 版

2.《太平天国文献史料集》,中国社会科学院近代史研究所近代史资料编辑室编,中国社会科学出版社 1982 年版

3.《中国哲学史资料选辑——近代之部·上》,中国科学院哲学研究所中国哲学史组编,中华书局 1959 年版

4.马克思、恩格斯、列宁、斯大林《论历史研究》,中华书局 1975 年版

5.《漏网喁鱼集》,(清)柯悟迟著,《近代史料笔记丛刊》,中华书局 1985 年版

6.《李秀成自述原稿注》,罗尔纲著,中华书局 1982 年版

7.《洪秀全选集》,扬州师范学院中文系编,中华书局 1976 年版

8.《太平天国革命在广西调查资料汇编》,广西壮族自治区通志馆编,广西人民出版社 1962 年版

9.《太平天国经济制度》,郭毅生著,中国社会科学出版社 1984 年版

10.《太平天国》,牟安世著,上海人民出版社版

11.《太平天国制度初探》,郦纯著,北京人民出版社 1956 年版

12.《太平天国革命》,《中国近代史丛书》,上海人民出版社 1973 年版

13.《太平天国》,《中国近代史资料丛刊》第二种,中国史学会编,上海神州国光社版

14.《太平天国史稿》,罗尔纲著,中华书局版

15.《太平天国史料丛编简辑》,太平天国历史博物馆编,中华书局版

16.《清史稿》,赵尔巽等撰,中华书局 1977 年版

17.《太平天国在苏州》,董蔡时著,江苏人民出版社 1981 年版

18.《中国近代手工业史资料》,彭泽益编,中华书局 1962 年版

19.《近代史资料》1955 年第一、三期,中国科学院近代史研究所编

20.《金陵被陷记》,野渡子著,武汉图书馆藏,《黄石师范学报》1984.2

21.《金田起义》,广西师范学院历史系《金田起义》编写组编,广西人民出版社 1975 年版

22.《太平天国初期纪事》,(法)加勒利(Callery)、伊心(Yvan)原著、(英)鄂克森佛(Oxenford,J)译补、徐健竹译,上海古籍出版社 1982 年版

23.《太平天国史料》,《明清史料丛书》第二种,北京大学文科研究所、北京图书馆编,开明书店印行

24.《太平天国资料汇编》第一、二(上下)册,太平天国历史博物馆编,中华书局 1979 年版

25.《太平天国资料通考》,简又文撰,香港简氏猛进书屋版

26.《太平天国资料》,中国科学院历史研究所第三所编辑,北京科学出版社版

27.《太平军在上海——〈北华捷报〉选译》,上海社会科学院历史研究所编译,上海人民出版社版

28.《太平天国史料专辑》,《中华文史论丛·增刊》上海古籍出版社 1979 年版

29.《太平天国革命亲历记》,(英)呤唎(Lindley)著、王维周译,上海古籍出版社 1978 年版

30.《中国通与英国外交部》,(英)伯尔考维茨(Pelcovits. N. A)著、江载华等译,商务印书馆 1959 年版

31.《北华捷报》1860、1863、1864 年

32.《太平天国诗歌选》,太平天国历史博物馆,上海人民出版社 1978 年版

33.《太平天国史研究》(第一集),茅家琦主编,南京大学出版社 1985 年版

34.《中外旧约章汇编》(第一册),王铁崖编,三联书店 1957 年版

35.《太平天国文物图释》,罗尔纲著,三联书店版

36.《太平天国史料考释集》,罗尔纲著,三联书店 1985 年版

37.《太平天国词语汇释》,史式编著,四川人民出版社 1984 年版

第二部分　中华民国时期的工商管理

（1911 年 ~ 1949 年）

第四编　中华民国——北洋军阀政府时期的工商管理

（1911 年 ~ 1927 年）

概　述

我国近代意义上的工商管理，开端于清末“预备立宪”时期，到北洋军阀政府时期，已经初具规模，略有基础。

我国自古重农抑商，故工商行政虽或设官管理，然素无专管机关。直至1903年，清政府初设商部。1906年，改组成立农工商部。至此，工商管理始纳入统一的专管机构。从1903年起，清政府先后颁行了《奖励公司章程》、《商会简明章程》、《商人通例》、《公司律》、《公司注册试办章程》、《商标注册试办章程》等有关工商管理的单项法规。上述单项法规的颁行改变了封建社会刑法民法不分、民法商法不分的局面，工商管理于是作为国家管理经济的一种行政手段而独立发挥作用。

1908年，清政府聘用日本人志甲田太郎，抄袭日本、德国的商法，起草了商律。1910年，清政府农工商部又根据各商会编的商会调查案修订成为《大清商律草案》。这个《草案》没有来得及颁行，清朝的封建统治就被推翻了。

1911年10月，资产阶级领导的辛亥革命推翻了清政府的封建统治，建立了中华民国，但随即被袁世凯窃取了辛亥革命的成果。南京临时政府仅存在了三个月的短暂时间，举措不暇，就被北洋军阀政府取代。北洋军阀对外投靠帝国主义，对内残酷镇压革命运动，相互混战不休，政府更迭不止。但是，为了维护其统治，打起“振兴实业”的旗号，以适合资产阶级的需要。

辛亥革命以后，南京临时政府设实业部。1912年北洋政府改实业部为工商部，1914年成立农商部。北洋军阀政府的农商部，集农、林、工、商、矿、运的发展和管理于一部。张謇、叶恭绰等人曾先后出任这个部的总长，极力倡导实业。各省陆续设立了实业厅或建设厅主管各项实业，办理工商业注册事宜。工商管理体制较之清末“预备立宪”时期，更进了一步。

在承袭清末“预备立宪”时期经济立法的基础上，北洋军阀政府从1914年起发布了许多单项的经济管理法规。主要有：《公司条例》、《公司注册规则》、《商人通例》、《商业注册规则》、《矿业条例》、《矿业注册条例》、《证券交易所法》、《公司保息条例》、《民业铁路法》、《权度法》、《权度营业特许法》、《工商同业公会规则》、《全国烟酒公卖暂行简章》，等等。

在商标注册方面，我国在光绪二十八年（1902年）已有组织商标局之动议，曾以上谕颁布商标条文，并委袁克定为商标局长，隶农工商部，但不久即以事故顿告消灭。嗣复以各国商人常因商标在中国发生诉讼，乃设商标备案组于农工商部，以一主事专托其事，于津沪两海关设商标挂号处，由海关职员兼任。北洋军阀政府完全沿用清末颁行的《商标注册试办章程》，采取海关挂号的方法。直到1922年4月，北洋军阀政府才制订《商标法》，5月3日公布。5月15日成立商标局，直隶农商部。1927年国民政府定都南京后，成立全国注册局内设商标注册课，办理商标注册事项。1928年12月21日，商标局再设专局，隶工商部，于上海设办事处，1929年全国商标行政由商标局统办。

北洋军阀政府1923年曾经聘用外国顾问爱·斯加拉起草商法，但是没有颁行。

对于摊贩的管理，现在未能找到完整的材料，从零星的文字记载来看，北京的小商小贩，自明清以来，由五城兵马司管理；清末“预备立宪”时期管理者是工巡局；民国初年是京师警察厅。

北洋军阀政府时期的经济立法和工商管理法规，同清末“预备立宪”时期一样，带有半封建半殖民地的社会特征。多数法规抄袭日、德等资本主义国家的商法，杂以中国的封建伦理观念。如《商人通例》第六条规定“年龄未满二十岁者及有夫之妇，得由法定代理人或其本夫之允许，自营商业，或于公司负担无限责任”。第七条又规定“年龄未满二十岁者及有夫之妇于营业上有不胜任之事迹时，法定代理人或其本夫仍得撤销限制之”。这种规定，根本不承认妇女同男子享有平等的权利。又如《商标法》第四十三条规定“依第三十九条至第四十二条所定关于商标之罚罚及赔偿损害，其审理及执行关于外国人民时，有条约特规定者，依现行条约办理”。当时所谓的条约，都是帝国主义列强强加给中国的不平等条约。所谓依现行条约办理，完全否定我国应当行使的主权。其甚者，商标注册项目和商标公告，大多数使用英文，外国商人可随意解释。商标局的实际大权，则操纵在外国顾问手中。另外，在这个时期的经济管理法规中，北洋军阀征税筹款、勒索工商业者，以及征用营业车辆运载兵员的有关条文，也是屡见不鲜的。

1914年到1919年第一次世界大战期间，我国的民族工商业的确有很大的发展，其主要原因是欧美各国不遑东顾。至于北洋军阀政府时期的经济政策和工商管理法规，在客观上所起的作用如何，是一个有待探讨的问题。

但是，不管如何，应当说，到北洋军阀政府时期，工商管理已经自成体系，立法初步完备。值得一提的是，广州的革命政府和后来的南京国民政府，在一个相当长的时期内，使用北洋军阀政府的工商管理法规和经济立法。国民政府财政部注册局1927年公布的各种注册规费，收费标准和北洋军阀政府都是相同的。1928年以后，南京国民政府才着手工商管理的立法。

第一章 工商管理体制

第一节 中央工商管理机构

一、清末农工商部官制和执掌分工

农工商部:农工商大臣、副大臣各一人,左、右丞,左、右参议各一人。农务、工务、商务、庶务四司:郎中十有二人(司各三人);员外郎十有六人(司各四人);主事十有八人(庶务六人,余各四人);一、二等艺师(一等正六品,二等正七品,奏补),艺士(一等正八品,二等正九品,咨补)各二人。

大臣掌主农工商政令,专司推演实业,以厚民生。副大臣贰之。

农务掌农桑,屯垦、树艺、畜牧并隶。通各省水利,汇核支销。

工务掌综事训工,制器尚象,并物占各省矿产,设法利导。

商务掌埠市治教,励民同货,修订专利保险约章,稽颁保护诉讼禁令。

庶务掌章奏文移,计会本部收支,籍纪员司迁补。

艺师、艺士掌治专门职业。

所辖农事试验厂、工艺局、劝工陈列所、化分矿质所、质量权衡局、商标局、商律馆,具遴专业者分治其事。

光绪二十四年,设矿务铁路总局。寻复设农工商总局,令大臣综之。寻省。二十九年,设商部,省铁路矿务局入之。置尚书、左右侍郎、左右丞、参议各一人,司务所司务二人。设保惠、平均、通艺、会计四司,置郎中、员外郎、主事各二人。其冬,复省工部入之。三十二年,更名农工商部。改平均司为农务(以户部农桑等事隶之);通艺司为工务(以铁道等事划归邮传部);保惠司为商务,增置郎中各一人,员外郎、主事各二人。并司务厅会计司为庶务,省司务二人,增郎中二人,主事四人。宣统三年,改尚书为大臣,侍郎为副大臣。

(《清史稿》志九十四·职官六)

二、民国初年修正工商部官制

民国元年(1912)八月八日公布

第一条 工商总长管理关于工商矿事务,监督所辖各官署。

第二条 工商部职员,除各部官制通则所定外,置职员如左。

技正,荐任。

技士,委任。

第三条 技正八人、技士十三人,承长官之命,掌技术事务。

第四条 工商部总务厅,除各部官制通则所定外,掌内外劝业会事务。

第五条 工商部置左列各司:

工务司。

商务司。

矿务司。

第六条 工务司掌事务如左:

1.关于工业提倡奖励事项。

2.关于国有工业事项。

3.关于工业团体事项。

4.关于工厂监督及检查事项。

5.关于工人保护事项。

6.关于工人教育事项。

7.关于工业品发明及特许事项。

8.关于工业调查及试验事项。

9.关于度量衡之制造、检查及推行事项。

10.其他关于工业一切事项。

第七条 商务司掌事务如左:

1.关于商业提倡奖励事项。

2.关于商业团体事项。

3.关于交易所核准及监督事项。

4.关于商品检查及商品陈列事项。

5.关于公司之核准注册及监督事项。

6.关于银行、保险、运送及其他商业监督事项。

7.关于商标登录事项。

8.关于通商贸易事项。

9.关于派遣驻外商务委员事项。

10.关于侨商事务。

11.其他关于商业一切事项。

第八条 矿务司掌事务如左:

1.关于矿业提倡奖励事项。

2.关于矿权特许及撤销事项。

3.关于矿区勘定事项。

4.关于矿业税事项。

5.关于矿业诉愿事项。

6.关于矿业监督事项。

7.关于矿业经营事项。

8.关于矿业警察事项。

9.关于矿业调查事项。

10.关于地质调查事项。

11.其他关于矿业一切事项。

第九条 工商部主事员额最多不得越五十人。

第十条 工商部参事、众事、主事定额,以部令定之。

第十一条 本法自公布日施行。

(《中华民国法令大全》
北京图书馆 582、661:1)

第二节 中央部属工商管理机构

一、农商部工商司分科办事细则

民国五年十月二十日 农商部训令一二九号

现在权度处及商标登录局筹备处、赛会处,业经呈准裁撤归并工商司办理,所有该司职掌,应照原定官制斟酌分记。兹将工商司分科办事规则开列于后,应由该司长即将各科事务分别整理,以专责成。

第一科:

(一)关于工商业保护、监督、奖励事项。

(二)关于商会及工商业团体事项。

(三)关于工商人保护及教育事项。

第二科:

(一)关于外国贸易事项。

(二)关于侨工商事项。

(三)关于工商业调查、编辑事项。

(四)关于工商之税务事项。

(五)关于出口货物检查事项。

(六)关于商埠事项。

第三科:

(一)关于官办工商业事项。

(二)关于权度之制造、检定、检查及推行事项。

(三)关于国内外赛会事项。

(四)关于商品陈列所、工业试验所事项。

(五)关于金融、运输事项。

(六)关于工厂之检查事项。

第四科:

(一)关于工厂、公司之核准立案,注册及监督事项。

(二)关于保险、交易所及其他特种经营业之核准及监督事项。

(三)关于工业品专卖、奖励事项。

(四)关于商标事项。

第五科:

(一)关于工商业之改良事项。

(二)关于工厂设计之审核事项。

(三)关于专卖、奖励之审核事项。

(四)关于工商品之试验、检查事项。

(五)关于工商技术之调查事项。

(《中华民国法令大全》
北京图书馆 582·661:1)

二、农商部暨附属各机关人员非实缺者任用办法

民国六年八月二十日公布

(一)凡曾在农工商专门学校或法政专门学校毕业,其资格合于文官高等考试令第三条之规定者留部。

(二)非以上各项学校毕业,所习科目为本部所需用者留部。

(三)非以上各项毕业,而于农工商业确能证明其成绩者留部。

(四)此外,虽有专门学校毕业之资格,而所习科目非本部所需用者,及非专门学校毕业者,均开去职务咨商国务院分发相当各官署任用。其原有知事资格,准以原资咨请分发。

(《中华民国法令大全》
北京图书馆　582·661:1)

三、实业厅暂行条例

民国六年九月六日公布　教令第十五号

第一条　各省实业厅直隶于农商部。置厅长一人,由大总统简任。秉承省长,执行全省实业行政事务,监督所属职员暨办理地方实业之各县知事。

第二条　实业厅分设各科,处理各项事务。

前项分科之多寡,视事务之繁简定之。但至多不得过四科。

第三条　各科置科长一人,由厅长委任。承厅长之命,管理一科事务。

第四条　各科置科员,每科不得逾四人,由厅长委任。承长官之命,助理各科事务。

第五条　实业厅置技术员四人至六人,由厅长委任。承长官之命,分掌技术事务。

第六条　实业厅委任科长、科员及技术员,均须呈报农商总长并省长查核备案。

第七条　实业厅为缮写文件,得酌用雇员。

第八条　实业厅处务细则暨各科员额分配、俸给数目,由厅长按照本省情形,详细拟定,呈请省长咨由农商总长核定。

第九条　本条例自公布日施行。

(《中华民国法令大全》三编
北京图书馆　528·661)

四、商标局暂行章程

第一条　商标局隶属于农商部,掌关于商标注册各项事务。

第二条　商标局置局长、会办、科长、科员等员,均由农商总长遴派部员兼任。

第三条　局长承农商总长之命,总理局务,指挥、监督所属职员。

第四条　会办辅助局长处理局务。局长有事故时代理其职务。

第五条　科长、科员承长官之命,分理各科事务。

第六条　商标局分左列各科:

第一科:掌关于商标审查及再审查事项。

第二科:掌关于商标评定及再评定事项。

第三科:掌关于商标注册及公布事项。

第四科:掌关于商标编辑、调查及公报事项。

第五科:掌关于前列各科以外之总务事项。

第七条　商标局应设审查员、评定员,得以科长、科员充之。

第八条　商标局为缮写文件及其他事务之必要,得置助理员及雇员。

第九条　商标局办事细则,得由局长酌拟,呈请农商总长核定之。

第十条　商标局应将所办事务每月呈报农商部查核。

第十一条　商标局每月应将上月之收入呈报农商部,并将支出计算书连同凭证、单据呈部禀送审计院。

第十二条　本章程自公布之日施行。

(《中华民国法令大全》
北京图书馆　582·661)

五、商标局组织一览表

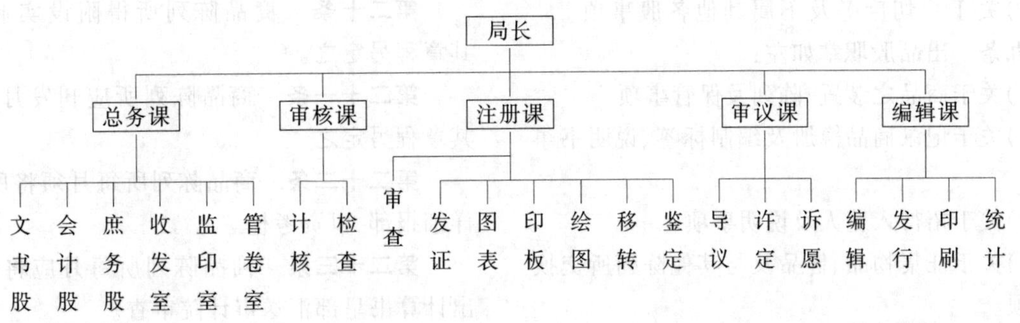

(《中国经济年鉴》)

六、改定商品陈列所章程

民国六年十一月二十三日
农商部令第二三八号

第一条 商品陈列所隶属于农商部,掌事务如左:

(一)关于全国重要商品之搜集及陈列事项。

(二)关于外国参考品之搜集及陈列事项。

(三)关于国内外商品状况之调查编译事项。

(四)关于商品改良之讲演事项。

第二条 商品陈列所置职员如左:

(一)所长。

(二)技术员。

(三)事务员。

前项职员得以部员兼充之。

第三条 所长一人,承农商总长之命,综理全所事务,监督所属职员。

第四条 技术员承所长之命分理技术事务。

第五条 事务员承所长之命分理文牍、会计及庶务。

第六条 技术员、事务员之员额,由所长酌拟,呈部核定。

第七条 商品陈列所分设左列三股:

(一)总务股。

(二)出品股。

(三)编查股。

第八条 总务股职掌如左:

(一)关于收发、撰拟文件,保管卷宗及典守关防事项。

(二)关于保管官有物及售品事项。

(三)关于收支款项及编制预算、决算事项。

(四)关于一切庶务及不属其他各股事项。

第九条 出品股职掌如左:

(一)关于商品之装置、陈列及保管事项。

(二)关于记录商品簿册及编制标签、说明书事项。

(三)关于招待入览人及说明事项。

(四)关于征集物品、售品及与其他陈列所交换商品事项。

(五)关于研究改良国货,增加输出品额数事项。

(六)关于训练看守生事项。

第十条 编查股职掌如左:

(一)关于调查中外工商业状况及重要物产事项。

(二)关于答复中外工商业者之咨询及其介绍事项。

(三)关于征集各国参考样本及各种印刷物事项。

(四)关于实业书报之编译事项。

(五)关于统计报告之编制事项。

(六)关于绘制标本及刊发其他印刷物事项。

第十一条 各股设股长一人,股员若干人,由所长派技术员或事务员充之。

第十二条 商品陈列所任用职员时,由所长呈部核准。

第十三条 商品陈列所因事务之必要,得置书记及看守生,其员额由所长酌拟,呈部核准。

第十四条 商品陈列所得设驻外调查员,但须呈部核准。

第十五条 商品陈列所得聘用顾问、评议员或通讯员,但均为名誉职。

第十六条 商品陈列所征集商品时,遵照征品规则办理。

第十七条 商品陈列所得派员赴国内各埠实地调查工商业状况,并得函托各省实业厅长、县知事及商会就近调查。

第十八条 商品陈列所调查国外工商业状况,得函请驻外各公使、领事或外埠华侨商会就近调查。其必须由所派员前往调查时,应先呈部核准。

第十九条 商品陈列所得附设商品改良会、实业讲演会及新式簿记讲习会,其章程另定之。

第二十条 商品陈列所得附设实业图书馆。其章程另定之。

第二十一条 商品陈列所应刊发月报、杂志。其章程另定之。

第二十二条 商品陈列所每月须将所办事务,详细报部,以资考核。

第二十三条 商品陈列所每月应将其上月支出计算书呈部汇送审计院审查。

第二十四条 商品陈列所每年须将出品目录编造一次,呈部备查。

第二十五条　商品陈列所办事细则另定之。

第二十六条　本章程自公布日施行。

（《中华民国法令大全》三编）

七、京师第一劝业场事务所章程

民国六年十一月二十三日公布
农商部令第二四八号

第一条　京师第一劝业场事务所隶属于农商部。

第二条　劝业场事务所置职员如左：

(一)所长。

(二)事务员。

前项职员得以部员兼充之。

第三条　所长承农商总长之命，管理全场事务，监督所属职员。

第四条　事务员承所长之命，分理全场事务。

第五条　劝业场事务所设文牍、会计、庶务、稽查各员，由事务员分任或兼任之。

前项职员之员额，由所长酌拟，呈部核定。

第六条　文牍员掌关于收发、撰拟文件，保管卷宗及编定统计报告事项。

第七条　会计员掌关于收支款项及编制预算、决算事项。

第八条　庶务员掌关于房摊之招租、退租、定租，管束夫役，购置物件及修缮事项。

第九条　稽查员掌关于取缔货品之粗制滥造，维持场内秩序，讲求场内卫生及调查各商号有无违背场章事项。

第十条　劝业场任用职员，由所长呈部核准。

第十一条　劝业场事务所每月将出租房屋间数、摊数、商号名称，造具表册报部。

第十二条　劝业场事务所所收房租、摊租、茶水每月收齐后连同清册如数解部。

第十三条　劝业场事务所每月应将其上月支出计算书连同凭证、单据呈部。汇送审计院审查。

第十四条　劝业场事务所对于商家承租房摊，另定规则及契约格式，呈准后颁布之。

第十五条　劝业场夫役规则另定之。

第十六条　本章程自公布日施行。

（《中华民国法令大全》三编）

第三节　振兴实业措施

一、农商部奖章规则

民国四年七月二日

第一条　凡创办经营各种实业或其必需之补助事业确著成效者，得依本规则之规定，由农商部给予奖章。前项规定，于办理实业行政之官吏成绩优异者，亦准用之。

第二条　奖章分四等，质用银，一、二两等略大、中圆、色绛、镌利用厚生金篆。外张四弧片，各半象限，长及半幅。青地，镶以绛、赭、黄、蓝，依此辨色，别以等第。各弧片间分络嘉禾双穗。章绶红色白缘。一如后列图式。

第三条　各等奖章，于合左列规定之一者，由农商部核定其相当等第，分别给予之。

一、建设工厂制造重要商品者，其资本金在五万元以上，营业继续满三年以上。

二、经营直接输出贸易者，其每年货价总额在十万元以上，营业继续满三年以上。

三、承垦大宗荒地依限或提前竣垦者，其竣垦亩数在三千亩以上。

四、发明或改良各种便利实用之工艺品者，视其种类有一二特色以上。

五、开采大宗矿产纯用本国资本者，其每年矿产税额在2000元以上。

六、从事公海渔业者，其汽船吨数在五十吨以上，帆船吨数在三十吨以上，营业继续满三年以上。

七、捐款或募款设立商品、农产、水产等陈列所，农事、林艺、畜牧等试验场，实业补习学校及其他与此相类之事业者，捐款在一千元以上，募款在五千元以上，事业继续满一年以上。

八、办理商会或农会固有之职务确有裨益农工商各界者，其经办满三年以上。

曾受奖章者晋给较高等第之奖章时，应将前得奖章缴换请领。

第四条　凡植棉、制糖、牧羊及渔轮护洋缉盗各奖励条例所称之奖章或褒章，均以本规则核给。

第五条　各种公司或商会、农会等法人及其他团体依第三条规定应得之奖章,均给予其创办人、代表人或经理人。不论自然人或法人、其他团体,凡依第三条第七款规定应得之奖章,均给予其出资人或经募人。其因遗命而捐助或捐助后身故者,得给予其继承人。

第六条 第三条第七款规定之捐款或募款如系动产、不动产,均折合银元计算。其分次捐助者,亦得并计之。

第七条 奖章之请给,由各该地方最高行政长官开具姓名、履历、成绩,并拟给等第,咨陈农商部核准给发。但农商部对于原拟等第认为不相符时,得核减之。

第八条 依前条规定核准给奖时,由农商部填给证明书,连同奖章分别咨行请给之各地方最高行政长官转饬给领。

凡奖章之给予,均由农商部呈请饬交政事堂铨叙局备案,并登政府公报示之。

第九条 凡核准给予奖章者,应按等第交纳公费如左:

一等奖章　　十元

二等奖章　　八元

三等奖章　　六元

四等奖章　　四元

前项规定之公费,于曾受奖章者晋给较高等第之奖章时,得将原交公费扣抵。

本条规定之公费,均应于核准公示后发给或领取时照数交纳。但外省各地方最高行政长官所收公费得按季汇解农商部。

第十条 奖章应于着礼服或制服时佩于上衣左襟。但遇有特殊情事时,亦得于便服上佩戴之。

第十一条 凡得奖章者,限于其本人得终身佩戴之。但有因刑事处分褫夺公权之宣告时,应于裁判确定后,将所得奖章及其证明书一并追交。

第十二条 本规则自呈奉核准公布日施行。

(《中华民国法令大全》补编)

二、奖励工艺品暂行章程

民国元年十二月十二日　工商部公布

第一条 本章程称工艺品者为发明或改良之制造品。

第二条 自己发明或改良之制造品,得向本部呈请专利。但左列各款之制造品不在奖励之列。

(一)饮食品。

(二)医药品。

(三)有紊乱秩序、妨害风俗之虞者。

(四)业有同样制品呈请在先者。

第三条 欲得奖励之工厂或制品人,添具制造说明书及图式模型,在京呈送工商部,在外呈由各该省之地方行政长官,转送工商部。

前项说明书中应详细记明制造方法、原料产地、成品价目,应用机件密封呈递,并由封面注明由考验专员开拆字样。

第四条 发明或改良之制造品,经工商部考验认为合格者,分别等差,给予奖励。其奖励之法如左:

(一)营业上之奖励,给予执照。许其制造品于五年以内得专卖之。

(二)名誉上之奖励,给予褒奖。

前项第一款年限,自给予执照之日起算。为第一项奖励时,工商部将其制造品名、奖励种类及制造工厂之名称或制品人之姓名商号,于公报公告之。

第五条 军事上应秘密之物品,工商部依主管官署之请求,得不予奖励,或予之而加以制限。其已受奖者亦得制限之或取消之。但应酌予相当之报酬。

第六条 领有执照之工厂或制品人,在专卖年限内,应受该管官署之检查。

执行前项检查者,应持有正式证明书。

第七条 受奖励权得让与之。

前项让与须呈报该管官署。

第八条 自发给执照之日起逾一年未开始营业或专卖年限内无故休业至一年者,其受奖励权应归取消。

第九条 专卖年限满期时,工商部应于公报公告之。

第十条 伪造他人已得本部奖励之发明、改良之物品在专卖年限以内者,处五等有期徒刑或二十元以上三百元以下之罚金。

前项之罪,告诉乃论。

第十一条 未经奖励之品而冒用奖励标识者,处五等以下之徒刑拘役,或五元以上百元以下之罚金。

第十二条 本章程自公布日施行。

第十三条 本章程于特许法施行时废止之。

(《中华民国法令大全》第一版)

三、公司保息条例

民国三年一月十三日　教令第五十一号

第一条　政府为发达实业起见，拨存公债票二千万元。作为保息基金，每年以其利息借助第二条列举之公司，为对于公司之股本而保其息。

第二条　被保息公司种类如左：

甲　棉织业　毛织业　制铁业

乙　制丝业　制茶业　制糖业

第三条　前条所列甲种公司，得按实收资本金额之六厘，乙种公司得按实收资本金额之五厘，呈请保息。

第四条　凡依据本条例得呈请保息者，以本国人民依本国法律新成立之公司为限。

第五条　凡公司资本实收额，甲种在七十万元以下，乙种在二十万元以下者，不得依据本条例呈请保息。

第六条　凡新成立之公司，自开机制造之日起，继续三年，为保息期间。

第七条　凡呈请保息公司，须详开左列事项，呈请该管民政长转请农商部核办：

1.章程。

2.营业种类。

3.资本定额及实收额。

4.每股银数。

5.发起人及办事人之姓名。

6.公司及工厂地点。

7.公司开始营业之年月日。

第八条　凡被保息公司，自领到第一次保息金后第六年起，每年按照所领保息金总额二十四分之一摊还。

第九条　保息款项之收支，由农商部委托中国银行经理。

第十条　被保息之公司，每年须将营业情况，经由民政长呈报农商部存核。

第十一条　农商部对于被保息之公司，得随时监察其业务之合法与否。有违法时，得纠正之。

第十二条　被保息公司非实有盈余时，不得于保息定率外分派官利。

第十三条　被保息公司依法律与他公司合并，其合成之公司，得承继关于保息之权利，并负其义务。

第十四条　被保息公司停止业务时，不得呈领保息金。

第十五条　被保息公司解散或破产时，农商部有先取特权。

第十六条　被保息公司如违背本条例之规定或农商部依本条例所发之命令，农商部得停止其保息。

第十七条　凡捏报事实诈取保息金者，除追交外，并处以1000元以上5000元以下之罚金。

第十八条　本条例自公布日施行。

（《中华民国法令大全》增补再版）

第二章　企业登记注册

第一节　公司法

一、公司条例

民国三年一月十三日　教令第五十二号
及九月二十一日教令第一二九号修正

第一章　总　纲

第一条　本条例所称公司,谓以商行为为业而设立之团体。

第二条　公司共分为四种:

1.无限公司。

2.两合公司。

3.股份有限公司。

4.股份两合公司。

第三条　凡公司均认为法人。

第四条　公司以其本店所在地为住所。

第五条　公司非在本店该管官厅注册后,不得着手于开业之准备。

第六条　公司之设立,非在本店该管官厅注册后,不得对抗第三者。

第七条　公司即经本店该管官厅注册后,满六个月尚未开业者,该管官厅得以职权,或因检察官之请求解散之。

第八条　公司有违背法令、妨害治安及紊乱价格之行为,该管官厅得以职权,或因检察官之请求解散之。

第二章　无限公司

第一节　设　立

第九条　凡二人或二人以上设立无限公司,应共同订立章程,署名签押。

第十条　无限公司所定章程,应载明左列各项:

1.商号。

2.公司所营事业。

3.股东之姓名、住址。

4.本店及支店所在地。

5.股东出资之种类及价值,或估价之标准。

第十一条　公司自章程签押后十五日内,应将左列各款,向本店及支店该管官厅注册:

1.前条第一至第三各款。

2.本店及支店。

3.设立之年月日。

4.定有存立年限或解散之事由者,其年限或事由。

5.定有代表公司股东者,其姓名。

6.股东出资之种类及以财产出资之价格。

第十二条　公司添设支店时,应于添设后十五日内照前条所开条款,向该管官厅注册,并于同期限内将添设支店事向本店及支店该管官厅注册。如在本店或支店核管官厅之同一区域内开设支店时,只须将添设本店事注册。

第十三条　公司本店或支店如有迁移时,只须将迁移事注册。

第十四条　公司注册各款如有变更时,应于变更后十五日内,向本店或支店该管官厅注册。

第十五条:(原稿缺)

第二节　公司内部之关系

第十六条　以债权抵作资本之股东到期而债款无着者,应自任清偿之责。遇有前项情事,除加算利息外,尚有损害,更应赔偿。

第十七条　公司分派盈亏,如别无预定之比例,以各股东出资之多少为准。

仅于盈余或亏损之一面定有分派之比例时,其所定比例,于盈亏两面均适用之。

第十八条　各股东不论出资多少,均有执行业务之权利,而负其事务。但章程定明股东中之一人,或数人执行业务时,不在此限。

第十九条　执行业务者,为股东之全体或其中数人时,公司业务之执行,均以其过半数取决。公司寻常事务,执行业务之股东,均得各自执行。但其余执行业务之股东，有一人述异议时，即应中止，以俟取决。

第二十条　经理人之选任及解任，虽有特定执行业务之股东亦补需全体股东过半数取决。

第二十一条　公司变更章程，及为公司事业范围外之行为，均应得全体股东之同意。

第二十二条　不执行业务之股东，亦得过问公司营业情形，稽查账簿、货物及信件。

第二十三条　执行业务之股东，非有特约，不得向公司索取报酬。

第二十四条　股东因执行业务，于急需费用代为垫付者，得向公司照数索偿，并计算垫付后利息。如系担任债款尚未到期者，亦得清给相当之担保。股东因执行业务受有损害，并非由自己过失者，得向公司请求赔偿。

第二十五条　公司章程定明专归某股东之一人或数人执行业务时，其人不得无故自行解职，及使之退职。遇有正当事由使之退职，除章程定明由多数取决外，应得全体股东之同意。

第二十六条　股东执行业务，应照章程及股东决议所定宗旨，妥慎经理。倘违背此义务，致公司蒙受损害者，应任赔偿之责。

第二十七条　股东代收公司银钱，不于相当之期日交纳，或股东于公司业务上应用款项，私自挪移时，应加算到期以后或挪用以后利息，一并追缴。倘有损害，更应赔偿。执行业务之股东，应公司之请求，应以执行业务之情形报告之。

第二十八条　股东非经他股东全体允许，不得为自己、为他人为本公司营业范围内之行为，及附入同类营业之他公司，为无限责任股东。

违背前项之规定时，公司得照股东过半数之决议，以其为自己所营之商业，视为为公司而为者。前项之权利，由其他股东中之一人，觉察之日十五日内，或自事成之日一年内不行使者，即得消灭。

第二十九条　股东非经他股东全体允许，不得将自己股份之全数或若干转让于他人。

第三节　公司对外之关系

第三十条　公司得依章程或各股东之同意，特定某股东代表行政事务，如果经特定者，各股东均有代表公司之权。

第三十一条　代表公司之股东，凡关于公司营业之业务，无论涉诉与否，均有办理之权限。

第三十二条　以章程或各股东之同意，所加于代表权之限制，不得对抗不知情之第三者。

第三十三条　代表公司之股东或经营人，因执行其业务而加害于他人之损害，除由本人过失外，公司应任赔偿之责。

第三十四条　代表公司之股东，如为自己或为他人，与本公司为买卖贷借其他法律行为，不得同时兼为本公司之代表。但向公司为清偿债务之行为时，不在此限。

第三十五条　公司所有财产不足抵补其亏欠各款时，股东应连带负清偿之责任。

第三十六条　公司成立后，而加入为股东者，于其未加入前，所有公司原亏各款，亦负责任。

第三十七条　非股东而有可以令人信其为股东之行为者，对于不知情之第三者，应于股东负同一之责任。

第三十八条　股东出资额之减少，不得以之对抗公司之债权者。但既以减少出资事，于公司本店及支店该管官厅注册后两年内，债权者并无异议时，不在此限。

第三十九条　公司如有历年亏欠，非经弥补后，实有盈余不得分派利益。

违背前项之规定而分派时，公司之债权者，得令其退还。

第四十条　公司之债务者，不得以其债与对于股东之债权彼此抵消。

第四十一条　各股东非于退股或公司解散后，不得按其自己之股份，请求分拆公司财产。

第四节　股东之退股

第四十二条　凡章程中未定公司存立年限，或定以某股东为终身为期者，各股东得于每届结财时退股，但应于六个月前，向各股东声明。遇有不得已之事权时，无论公司曾定存立年限与否，该股东亦得商请随时退股。

第四十三条　除前条规定外，各股东因左列各款而退股：

1.章程所预定之事由发生。

2.其余股东全体之同意。

3.死亡。

4.破产。

5.患疯癫。

6.除名。

第四十四条　股东之除名，以左列各款为限，由其余股东之同意行之，但非通知后，不得对抗该股东。

1.应出之资本不能照缴或屡催不缴者。

2.违背本条例第二十八条第一款之规定者。

3.执行业务或代表公司时,确有不正之行为者。

4.非执行业务之股东,干预公司业务,滥用公司牌号、图记、银钱、货物者。

5.不尽重要之义务者。

第四十五条 公司之商号中有列股之姓名者,当该股东退股时,得请其停止使用。

第四十六条 股东因退股与公司分拆财产,照实价核算。退股股东所出资,无论其种类如何,均得以银钱给还,退股时,如有尚未了结之事项,得促其了结后核算,盈亏照旧分派。公司与退股股东似有联系之事项,得由其余各股东照自已最利益之方法妥善了结。

第四十七条 凡以劳务或信用出资之股东退股时,亦得准用前条之规定。但章程中别有定明者,不在此限。

第四十八条 退股之股东应于本店该管官厅注册。未注册前所有公司债务,仍负连带无限之责任。此责任自注册后满二年消灭。转让其自已股份之股东,得他股东允许者亦同。

第五节 公司之解散

第四十九条 公司因左列各项而解散:

1.存立期满或定额所预定之事由发生。

2.所营事业已成功或不能成功。

3.股东全体之同意。

4.股东仅余一人。

5.与别公司合并。

6.破产。

7.官厅之命令。

第五十条 因前条第一款而当解散之公司,得以股东全体或二人以上之同意续办。其不愿续办之股东,即为退股。

第五十一条 公司除破产和合并外,应于解散后十五日内,向本店及分店该管官厅注册。

第五十二条 公司得以全体股东之同意,与他公司合并。

第五十三条 公司决议合并时,应于十五日内,造具财产目录及贷借对照表。公司应自决议十五日内,将合并办法、各债权者分别通知及介告,并限某期限内得述异议。但其所定期限,至少应在三个月以上。

第五十四条 公司非过前条所定之期限,及对于述异议之债权者照数偿还或给相当之担保,不得合并。

第五十五条 公司不如法通知或公告,或不念债权者之异议而合并时,不得对抗各债权者。

第五十六条 公司实行合并时,应于十五日内,向本店及分店该管官厅将合并后情形分别注册。

1.因合并而存续之公司,照变更例注册。

2.因合并而消灭之公司,照解散例注册。

3.因合并而另立之公司,照设立例注册。

第五十七条 因合并而消灭之公司,其权利、义务应归合并后存续,或另立之公司承受。

第五十八条 遇有不得已之事故,各股东得当请该管官厅将公司解散。

前项不得已之事故,其股东中有应任其责者,该管官厅得据他股东之呈请,免令解散,只有损公司之股东判予除名。判予除名之股东,其与公司财产之分拆,应照合作时公司财产之价核算。

第五十九条 凡解散之公司,在清算范围内,视为尚未解散者。

第六十条 公司解散之财产、除有股东过半数决议选定之股东或他人使任清算外,应由全体股东清算。

第六十一条 公司解散后之财产,由股东议定有处置方法时,应于解散后十五日内算结,造具财产目录及贷借对照表。其对于公司债权者之债务关系,准用本条例第五十三条第二款、第四十五条、第五十五条之规定。

第六十二条 股东死亡,关于清算事务,应由其继嗣行之。其继嗣有数人时,只能以一人行其权利。

第六十三条 因本条例第四十九条第四款、第七款而解散之公司,其清算人,得由该管官厅据利害关系人或检察官之呈请选派之。

第六十四条 股东所选用之清算人,得由股东过半数决议随时解任。

有必要事由时,该管官厅得据利害关系人或检察官之呈请,将清算人解任。

第六十五条 被选为清算人者,应于选任后十五日内,向本店及分店该管官厅将其姓名、住址注册。清算人之解任或更易,亦应于十五日内向本店及分店该管官厅注册。清算人由官厅选任及解任,应由官厅先期公布。

第六十六条 清算人之职务如左:

1.了结现任事务。

2.索取债权、清偿债务。

3.分派余存财产。

清算人因前项责任上所必须,无论涉诉与否,有执行一切事务之权限。

第六十七条 清算人有数人时,关于清算事务之执行,以其过半数决之。但对于第三者,各有代表之权限。

第六十八条 于清算人代理权加以限制,不得对抗不知情之第三人。

第六十九条 清算人就任后,应即检查公司财产之现时情形,造具财产目录及贷借对照表,送交各股东审查。清算人遇有股东询问时,应将清算情形据实报告。

第七十条 清算人应由官厅任选者,亦应遵守股东及其他利益关系人会同决议之条件,以行其职务。

第七十一条 清算人应于就任后两个月内,以至少三次之公告,限期催告各债权者,并声明逾期将其债权剔除。但其所定期限,应在三个月以上。催告期限未满,不得先于一部分债权人提款归还。清算人于明知其债权者,应分别通知,不得将其债权剔除。其过期始行报明之债权者,对于偿清他债务尚未分派之财产,得请求之。

第七十二条 公司现有财产,不足清偿其债务时,清算人得请股东出资,股东不能出资时,清算人应即呈请宣告破产,清算人交付其事务于破产管财人时,即为终了其任。

第七十三条 清算人非清偿公司之债务后,不得将公司财产分派于各股东。

第七十四条 余存财产分派之比例,以各股东所出资本之价额定之。

第七十五条 清算人于清算了结后,应造具账簿,送交各股东查阅。如满一个月并无异议,即视为各股东之承认,但清算人有情蔽时,不在此限。

第七十六条 清算了结后,清算人应即向本店及分店该管官厅注册。

第七十七条 已解散之公司,所有账簿并关于营业及清算之书信、契约,应自清算了结注册后,计满十年妥善保存。经手保存之人,以股东过半数定之。如有争议呈由该管官厅判决。保存之商业账本及一切书信、契据,凡利害关系人均得查阅。

第七十八条 公司之设立,因事经官厅批驳或被注销时,需照解散例清算。其清算人由该管官厅据利害关系人或检察官之呈请选派之。

第七十九条 股东之连带无限责任,自解散注册后满五年消灭。但依其他法律规定有五年以内消灭期间者,不在此限。解散注册后,满五年,如有尚未分派之余存财产,公司债权者,仍得向之索价。

第三章 两合公司

第八十条 两合公司,以无限责任股东与有限责任股东组织之。有限责任股东以额定出资为限,对于公司而负其责任。

第八十一条 两合公司除本章规定外,关于无限责任股东,准用前章之规定。

第八十二条 设立两合公司之章程,除记载本条例第十条所列各款外,应记载各股东之责任无限或有限。

第八十三条 两合公司,自定立章程后,应于十五日内向本店及分店该管官厅注册。除照本条例第十一条所列各款外,应将各股东之责任无限或有限注册。

第八十四条 有限责任股东仅得以银钱或别种财产为出资。

第八十五条 无限责任股东,章程中无特别定明时,均有执行业务之权利,而负其义务。

第八十六条 无限责任股东有数人时,其业务之执行以其过半数取决。

第八十七条 经理人之选任,难特定有执行业务之股东时,亦以无限责任股东过半数取决。

第八十八条 有限责任股东,得于每届结账时,索阅公司财产目录及贷借对照表,及检查公司之业务及其财产情形。有必要事故,该管官厅应得据有限责任股东之呈请,许其不论何时,检查公司之业务及其财产之情形。

第八十九条 有限责任股东非得无限责任股东全体之允许,不得以自己股份全数或若干转让于他人。

第九十条 有限责任股东,得为自己或他人为与本公司营业相同之商行,又得为他公司无限责任股东。

第九十一条 除章程或全体股东之同意特定

代表外,凡无限责任股东,均得各自代表公司。

第九十二条 有限责任股东不得执行公司业务及代表公司。

第九十三条 有限责任股东,如其行为有使人信其为无限责任股东时,对于不知情之第三者,与无限责任股东负同一之责任。

第九十四条 有限责任股东,虽患疯癫,不必因此退股。有限责任股东死亡时,其自己之股份,归其继嗣。

第九十五条 两合公司遇有无限责任股东或有限责任股东之全体退股时,不妨以无限责任股东全体之同意,改为无限公司。

第九十六条 两合公司改为无限公司时,应于十五日内,向本店及分店该管官厅将两合公司为解散之注册,无限公司为设立之注册。

第四章 股份有限公司

第一节 设 立

第九十七条 股份有限公司,应有七人以上为发起人。

第九十八条 发起人应定立章程,载明左列各款,署名签押。

1.商号。

2.公司所营事业。

3.股份总银数及每股银数。

4.本店及支店所在地。

5.公告之方法。

6.定明若干股数以上,方有被选董事之资格。

7.发起人姓名、住址。

前项第四款至第六款,若未载入章程中,得由创立会、股东会补足之。

第九十九条 左列各项非载明于章程者无效。

1.成立年限及解散之事由。

2.发行股票超过票面之银数。

3.发起人所当受之特别利益及姓名。

4.有以银钱外之财产作股银者,其姓名并其财产之种类、价目,及公司核给之股数。

5.应归公司开支之设立费用及发起人当受报酬之数。

第一百条 股份由发起人认足时,公司即从此成立。

第一百零一条 发起人认足股份总数时,应从速按股各缴四分之一以上之股银,并选任董事及监察人。其选任方法,以发起人决议权之过半数决之。

第一百零二条 董事被选后,应即呈报该管官厅选派检察员查验第一次股银是否缴足,并第九十九条第三至第五款所开各事是否正当。

第一百零三条 官厅得检察员报告后,查核发起人所当受特别之利益与其报酬及设立费用。如有冒滥,得裁减之。其银钱外抵作股银之财产,如有估价过高,得裁减所给股数,或责令补足,但其人亦得以银钱替换之。

第一百零四条 发起人不自认足之股份,应于公司成立前招募认足额。

第一百零五条 发起人应备有联单式之认股书,载明左列各款,凡认股者各填写所认股数,署名签押。

1.订立章程之年月日。

2.本条例第九十八、第九十九条所列各款。

3.发起人所认之股数。

4.第一次交纳之银数。

发行股票超过票面银数时,认股者需于认股书注明认缴之银数。

第一百零六条 认股者有各照所认股数缴纳股银之义务。

第一百零七条 各股票发行之定价,不得少于票面银数。第一次当交之股银不得少于票面银数之四分之一。

第一百零八条 股份总数招足时,发起人应速向各股东催取第一次当缴之股银,以超过票面银数发行股票时,其溢额应与第一次股银同时缴足。

第一百零九条 认股者延欠第一次当缴之股银时,发起人应通知其认股人限期照缴,并声明逾期不缴,失其所认股份之权利。但其期限至少应在一个月以上。

发起人已照前项办法通知认股人,仍不如期照缴,即失其权利。其所遗股份,另募他人接受。

因前两项情事,如有损害仍得向该认股者要求赔偿。

第一百一十条 第一次银数交齐后,发起人应速召集创立会。

第一百一十一条 创立会之召集及决议,准用第一百四十五条第一、二、三项;第一百四十七条第一、三项;第一百五十条第一、二款之规定。创立会应有认股者之过半数而有总股份过半数者到场,以其决议权之过半数决议一切事项。

第一百一十二条　发起人总报告设立各事于创立会。

第一百一十三条　创立会应选任董事及监察人。

第一百一十四条　董事及监察人应调查左列各项,报告于创立会。

1.股份总数已否招足。

2.各股东第一次当交之股银已否交足。

3.调查本条例第九十九条第三、四、五款所开各事是否正当。

董事和监察人如有由发起人中选出者,创立会得另选检察人,为前项之调查报告。

第一百一十五条　发起人所当受之特别利益与其报酬,及设立费用,如有冒滥,创立会得裁减之,其银钱外抵作股银之财产,如有付价过高者,创立会得裁减其股数,或责令补足,但其人亦得以银钱退换之。

第一百一十六条　有未认定之股份及已认定未交第一次股银者。当由发起人连带担任,其已认定而由原人撤销者,亦同。

第一百一十七条　照前两样办法,公司尚有损害之外,该发起人应负赔偿之责。

第一百一十八条　创立会于定款所列事项,得决议修改,并得于公司之设立决议废止。

第一百一十九条　公司股份,非由发起人认足者,其公司以创立会完结时成立。

第一百二十条　股份总数招足满一年,于第一次股银尚未全行交纳或已交纳而发起人于半年内尚不召集创立会认股者,得撤销其所认之股及索还已交纳之银数。

第一百二十一条　公司成立后,发起人应于十五日内将左列各项,向本店及支店该管官厅注册。

1.本条例第九十八条一、二、三、五款。

2.本店及支店。

3.设立之年月日。

4.各股已交之银数。

5.董事及监察人姓名、住址。

6.定有存立年限或解散事由者,其年限及事由。

7.定有开业以前分派利息者,其利息之定率。

第一百二十二条　公司成立后添设支店及本店或支店迁移他处,又设立时业经注册之各事中有变更时,准用本条例第十二条、第十三条、第十四条之规定。

第一百二十三条　公司自经设立注册后,认股者不得借口于受诈欺或被强迫,向公司将股份撤销。

第二节　股　份

第一百二十四条　股份公司之资本就分为多股。每股银数应一律平均,至少以五十两为限。但一次全缴者,不妨以二十元为一股。

第一百二十五条　公司得依章程发行优先股。

第一百二十六条　各股东之责任,以缴清其所原认或接受之股份银数为限。

股银应缴现款,不得向公司以别种债权作抵。

第一百二十七条　股份如系数人共有时,其共有者应定一人行使股东之权利。

股东共有者之各人,对于公司负连带清缴股银之义务。

第一百二十八条　公司非设立注册后,不得发行股票。

违背前项之规定而发行股票时,其股票无效。但不妨对于发给此股票者要求损害赔偿。

第一百二十九条　股票应载明股份编号及左列各款,由董事署名签押。

1.公司之商号。

2.设立注册之年月。

3.股份之总数及每股银数。

4.若有优先股者,其优先股之总银数及其应有之权利。

5.股份银数分批交纳者,其每次分缴之股银。

第一百三十条　公司之股份,除章程别有订明外,不待公司允许,可以转让于他人。但非设立注册后,不得转让及为转让之契约。

第一百三十一条　股份为记名式者,以之转让时,非将承受人之姓名、住址记载于股东名簿,并其姓名记载于股票,不得以其转让,对抗公司及其他第三者。

第一百三十二条　公司不得自将股份收买,及收作抵押。其因股东失权或抵偿债款而暂由公司收存者,即应定期公估出售。

第一百三十三条　公司非因减少资本,不得消除其股份。

第一百三十四条　公司每届收取股银,应先期至少一个月向各股东催告。

股银到期不缴者,公司得更酌定一个月以上之期限，催告该股东依限照缴，并声明逾期不缴当失其股东之权力。

第一百三十五条 股东于过期缴银，应加算到期以后之利息。倘章程上定有违约金办法，公司得据以向该股东索取。

第一百三十六条 公司已按第一百三十四条各项公告后，该股东仍不照缴者，即失其股东之权利。

第一百三十七条 失其权利之股东，其股份如系迭次转让者，所应缴之股银，公司得查照股东名簿催告各转让人，令于一个月内缴纳。

各转让人受前项之催告，其最先付入欠款者，取得其股份。

前项之转让人经过催告不照缴股银时，公司得以拍卖之方法转售其股份。

拍卖所得之银数有不足时，仍得向原股东及转让人追补。

第一百三十八条 前条所定转让人之责任，如已将其转让载于股东名簿后，过二年即行消灭。

第一百三十九条 股银非缴足后，不得因股东之请求发给无记名式之股票。

股票为无记名式者，其股东得不论何时请改为记名式。

第一百四十条 股东名簿应将所有各股份依次编号，并载明左列各款：

1.各股东股份之数及其股票之编号。

2.各股东之姓名、住址。

3.各股份已缴之银数及其年月日。

4.各股份取得之年月日。

若发行无记名式股票，数目及其编号并发行之年月日。

公司发行优先股时，应于编号下注明优先股。

第三节 股东会

第一百四十一条 股东会，每年至少一次，依公司每届结账后一定之时期召集之。

第一百四十二条 股东会除定期召集外，如有关于公司利害必要时，亦可临时召集。

第一百四十三条 股东会除由本条例或公司章程定明其他人员可以召集外，概由董事召集。

第一百四十四条 股东会之决议，除本条例或公司章程有特别定明外，以到场各股东议决权过半数行之。

第一百四十五条 公司各股东，每一股有一议决权，但一股东而有十一股以上者，其议决权之行使得以章程限制之。

股东如出具嘱托书托人到场代理决议者，其书应呈明公司存留为证。

股东于会议事项有特别之利害关系者，于其事项之议决，不得加入决议之数，并不得为他人代理而行使其议决权。

执有无记名式之股票者，非于会期五日前将其股票交存公司，不得到会决议。

第一百四十六条 有股份总数十分之一以上之股东，得将提议事项及其理由请求董事召集股东会。董事于前项之请求，十五日内不为召集之预备时，股东得呈由该管官厅之允许，自行召集。

第一百四十七条 公司召集股东会，应于一个月前通知各股东。

公司对于执有无记名式之股票者，当召集时，应于四十日前公告之。

通知及公告中应载明召集之宗旨及所应议决之事件。

第一百四十八条 股东会所有议决各事项，应清缮决议录，由议长签押。

决议录应列记会议日时，议长之姓名及决议之方法，并附有股东到会名簿。

第一百四十九条 定期会，查核每届公司董事所具簿册、监察人之报告，并决议分派盈余及利息。

第一百五十条 股东会之召集及决议违背法令及章程时，股东得呈控该管官厅注销之。其呈控由决议之日起算以一月内行之。

第一百五十一条 董事、监察人以外之股东，为注销会议之呈控时，必先缴存其股票。因由公司之请求，应更出相当之担保。

第四节 董事

第一百五十二条 董事被选任后，应将章程所定被选之合格之股票数，交由监察人存执。

第一百五十三条 董事被选任后应将章程所定被选合格之股票数交由监察人存执。

第一百五十四条 董事应得之报酬，如章程未经定明者，应由股东会议定。

第一百五十五条 董事任期不得过三年。任期满后不妨公举续任。

第一百五十六条 公司因正当理由不论何时得以股东会决议开除董事。如无正当理由而开除之，董事得向公司要求损害赔偿。

但董事无正当事由而告退，于公司有不利时，对于公司宜有负损害赔偿之责。

第一百五十七条　董事执行业务，除章程别有订明外，以其过半数决之。关于经理人之选任及解任亦同。

第一百五十八条　董事得各自代表公司。

本条例第二十八条、第三十一条、第三十二条、第三十三条之规定，于董事准用之。

第一百五十九条　董事应将章程及决议录备置于本店及支店，并应将股东名簿及公司债存根簿备置于本店。

前项所指之章程及簿册，股东及公司之债权者，准照本条例第二十二条之规定，得请求查阅。

第一百六十条　公司债存根簿记载左列各款：

1.公司债权者之姓名及住址。

2.公司债券之编号。

3.公司债之总数及每份之银数。

4.公司债之利率。

5.公司债之发行方法及期限。

6.公司债之发行之年月日。

7.各公司债取得之年月日。

8.如有发行无记名式之债券时，载明其数目、编号及发行之年月日。

第一百六十一条　公司亏折总资本至半数时，董事应即召集股东会报告。

公司财产显有不足抵偿债务时，董事应即呈请宣告破产。

第一百六十二条　董事得监察人之允许，得为自己或他人与本公司为商行为。

第一百六十三条　董事于公司业务，应遵守章程，妥慎经理。如违背此义务，致公司受损害时，对于公司应负赔偿之责。

董事如有违背法令或公司章程之行为，虽系由股东决议而行者，对于第三者不得免损害赔偿之责。但已于股东会陈述异议，或已通知其意见于监察人，不在此限。

第一百六十四条　股东会决议控告董事，或虽否决，而由总股份十分之一以上股东向监察人声明时，公司应自决议或申请之日起，尽一月内即行照议呈控。

申请呈控之股东，须缴存其股票，至讼事了结发还。

前项申请呈控之股东，因监察人之要求，应给相当之担保。讼事断结，公司如有失败，申请呈控之股东对于公司应负损害赔偿之责。

第一百六十五条　公司控告董事或被董事控告，均由监察人代表公司。但股东会亦得另选为公司诉讼之代表。

有总股份十分之一以上股东，对于董事有诉讼时，该股东得特指定代表人。

第五节　监察人

第一百六十六条　监察人由股东会就股东中选任之。

第一百六十七条　监察人应得之报酬，除由章程订明外，应由股东会议定。

第一百六十八条　监察人任期不得过一年，但任期满后不妨公举续任。

第一百六十九条　本条例第一百五十六条第一项之规定于监察人准用之。

第一百七十条　监察人不论何时得请求董事报告公司业务情形簿册、信件及财产。

第一百七十一条　复核董事造送股东会之各种簿册并报告其意见于股东会。

第一百七十二条　认为必须特开股东会时，得即召集。

前项之会议时，股东会得特选监察人。

第一百七十三条　监察人有二人以上时，得各自行其监察权。

第一百七十四条　监察人不得兼任公司董事及经理人。但董事有缺员一时不及选任者，得由董事及监察人公议，就监察人中派令执行董事之职务。

前项监察人于执行董事职务期满，非将经手账目得股东之承认后，不得复其监察人之本职。

以监察人暂代董事者，于本条例第二十八条之规定不适用之。

第一百七十五条　董事为自己或他人与本公司有交涉时，由监察人为公司之代表。

第一百七十六条　监察人有不尽职务时，对于公司及第三者不得免损害赔偿之责。

第一百七十七条　股东会决议控告监察人，或虽否决，而由股份十分之一以上股东向董事请求时，公司应由决议或请求后一月内呈控。

前项呈控之代表，股东请求时，亦得另行指定代表人。

请求呈控之股东，应缴存其股票，且因董事之请求,给相当之担保。讼事断结,公司如有失败,请求呈控之股东对于公司应负有损害赔偿之责。

第六节　公司之计算

第一百七十八条　董事应造具左列各项簿册,于定期会十五日前交监察人复核:

1.财产目录。

2.贷借对照表。

3.营业报告书。

4.损益计算书。

5.公积金及盈余、利息分派之议案。

第一百七十九条　董事所具各项簿册与监察人之报告书,于定期会前备置于公司本店。股东及公司之债权者得查阅前条各项簿册。

第一百八十条　董事应将各项簿册提出于股东会,请求承认。

第一百八十一条　公司各项簿册经股东会承认后,董事应将贷借对照表公告。

第一百八十二条　各项簿册经股东承认时,即视为公司对于董事及监察人已免其责任者。若以后查有情弊时,不在此限。

第一百八十三条　公司分派盈余时,应先提存二十分之一以上为公积金。以超过票面发行股票所得之溢价,亦入公积金。

公积金以达于资本四分之一为止。

第一百八十四条　公司非弥补损失,及照前条提存公积金后,不得以其盈余分派于股东。

第一百八十五条　违背前条之规定而分派时,公司债权者得令其退还。

第一百八十六条　公司开业之准备,如须自设立注册后二年以上始得完竣,经官厅许可者,公司得以章程定明开业前分派利息于股东。前项利息之定率,不得超过长年六厘。

第一百八十七条　盈余及利息之分派,以照章程缴入之股银数为准。但以章程另订优先股分派之方法者,不在此限。

第一百八十八条　有总股份十分之一以上之股东,得呈请该管官厅核准选派检查员,检查公司业务及财产之情形。

第一百八十九条　官厅得检查员报告但认为必要时,得令监察人召集股东会。

第七节　公司债

第一百九十条　公司非照本条例第一百九十九条第二项决议后,不得募集公司债。

第一百九十一条　公司债之总数不得逾于已缴之股份银数。

据最近之贷借对照表,公司财产若较短于缴之股银数时,公司债之总银数不得逾于现存财产之额。

第一百九十二条　公司债每份之银数不得少于二十元。

第一百九十三条　公司债偿还之银数预定为超过券面银数时,对于此次各公司债不得参差。

第一百九十四条　募集公司债时,董事应将左列各款公告之。

1.本条例第一百六十条第三款至第五款之事项。

2.公司之商号。

3.若前此已募集公司债者,其未偿还之数。

4.公司债发行之定价或其最低价目。

5.公司股本总数及已交入之股银总数。

6.据最近贷借对照表,公司现在财产之数。

第一百九十五条　公司债募足时,董事应向各应募者照其所认之数,请其缴足。

董事自收足各公司债银后,应将本条例第一百六十条第三款至第五款之事项,于十五日内向本店及支店该管官厅注册。

第一百九十六条　公司债之债券,应载明编号并本条例第一百九十四条第一款、第二款,由董事署名盖印。

第一百九十七条　以记名式公司债转让时,非将承受姓名、住址,记载公司债存根簿,并将其姓名记载于债券,不能以转让对抗公司其他第三者。

第一百九十八条　本条例第一百三十九条之规定,于公司债准用之。

第八节　变更章程

第一百九十九条　公司章程非有股东总会决议,不能变更。

前项之决议应由股东总数过半,且股份总数过半之股东到场,而以其决议权之过半数行之。若到场之股东不满定额时,得以到场各股东之决议权过半数议定草案,再向各股东通知其大要,若发有无记名式之股票者,并将其大要公告,于一月内召集第二次股东会。第二次之股东会,以到场各股东之决议权过半数决定草案之承认与否。

第二百条　公司非股银收齐后,不得遽意增加资本。

第二百零一条　公司增加资本时，得发行优先股。但应于章程上订明其优先股权利之种类。

第二百零二条　股东会之决议对于优先股东之权利有妨碍时，除股东会决议外，更须优先股东会之决议。优先股东会，准用股东会之规定。

第二百零三条　公司添招之新股，尽旧股东分认有余时，始得分售于他人。

第二百零四条　公司增加资本，其第一次股银收齐后，董事应即召集股东会报告关于募集新股之事项。

第二百零五条　监察人应调整左列各款，报告予股东会：

1.所招新股东是否认定。

2.各新股第一次应缴之款是否缴足。

3.有银钱以外之财产抵作股本时，对其财产所给股份之数是否正当。

为前项之调查及报告股东会，得选任检查人。

第二百零六条　于银钱外之财产抵充新股本有不当时，准用本条例第一百十五条第二项之规定。

第二百零七条　有未认定，或已认定未缴第一次股银，及已认定由原人撤销之股份，应由董事连带担任。

第二百零八条　照本条例第二百零四条，股东会终结后，应于十五日内向本店及支店该管官厅将左列各款注册：

1.增加股本之总数。

2.增加股本决议之年月日。

3.各新股已缴之银数。

4.发行优先股者，其股东之优先权。

未于本店该管官厅注册前，不得发行新股票，或为新股份之转让及为转让之预约。

第二百零九条　公司添招新股时发行之新股票应记载左列各款，由董事署名签押。

1.公司之商号。

2.增加股本时注册年月日。

3.增加股份总数及每股银数。

4.增加股份之编号，记载优先股之优先权利。

第二百一十条　第一百零六条至一百零九条，又第一百二十条、第一百二十三条、第一百二十八条之规定，添招新股时亦准用之。

第二百一十一条　股东会决议减少股本时，其减少之方法应于会议议决。

第二百一十二条　本条例第五十三条至第五十五条之规定。股份减少时准用之。

第九节　解　散

第二百一十三条　股份有限公司因左列各款而解散：

1.存立期满或定款预定之事由发生。

2.公司所营之事业成功或不能成功。

3.股东会之决议。

4.记名式之股东不满七人。

5.与他公司合并。

6.破产。

7.官厅之命令。

第二百一十四条　公司解散时，除破产外，董事应即通知各股东。但发行无记名式股票者，更应公告之。

第二百一十五条　公司解散时，除破产、合并外，应于十五日内向本店及支店该管官厅注册。

第二百一十六条　公司之解散，及与他公司合并，如由股东会之决议，其决议方法准用本条例第一百九十九条第二款之规定。

第二百一十七条　因合并而解散之公司，准用本条例第五十三条至第五十七条之规定。

第十节　清　算

第二百一十八条　公司之解散，除合并及破产外，以董事为清算人。但定款，或有定明，或股东会另选他人时，不在此限。

如无适当之清算人时，该管官厅得因利害关系人之呈请选任清算人。

第二百一十九条　清算人除系该管官厅选任者外，股东会得随时开除。

官厅选任清算人，因重要事由，得由监察人或总股份十分之一以上股东呈请官厅开除。

第二百二十条　清算人就任后，应即检查公司财产情形，造具财产目录及贷借对照表，送股东会复核。股东会得特选检查人调查前项簿册是否符合。清算人得股东会复核承认后，即将贷借对照表公告之。

第二百二十一条　股东会召集及决议之方法如违背法令及公司章程，清算人应请求该管官厅宣告其决议之无效。

第二百二十二条　清算人关于清算事务之范围，除本节特有规定外，其权利义务与董事同。

第二百二十三条　清算人对于债权者，限期催报,如过期始行报出,仅于公司清偿各债后,尚未分派于各股东之财产得指请偿还。

第二百二十四条 清算之费用,由公司之现存财产中尽先付给。

第二百二十五条 清还债务后余存之财产,应依照章程缴纳之股份总数为准,定一比例分给各股东。但公司发行优先股而别订明时,不在此限。

第二百二十六条 清算了结时,清算人应即造具清册。请求股东会承认。

股东会得另选检查人,检查前项清册是否正当。清册经股东会承认后,即视为公司对于清算人已免其责任者,但以后查有情弊时,不在此限。

第二百二十七条 解散之公司各项簿册及信件、契据应自清理了结注册后妥善保存十年。

保存此项簿册及信件、契据者,由清算人及其利害关系人呈请该管官厅指定之。

第二百二十八条 清算虽了结后,如查有可以分派之财产,经利害关系人之呈请由该管官厅派员重行清算。

第二百二十九条 本条例第五十九条、第六十五条、第六十六条、第六十八条、第七十一条、第七十二条第二项、第七十六条、第七十八条、第一百四十六条、第一百四十七条、第一百五十条、第一百五十一条、第一百六十三条第二项、第一百六十五条、第一百七十条、第一百七十一条之规定,于股份有限公司清算时准用之。

第五章 股份两合公司

第二百三十条 股份两合公司之股东至少一人负无限责任,其余各就所认股份照数缴款于公司。

第二百三十一条 股份两合公司于左列各事项准用两合公司之规定:

1.无限责任股东与公司之关系。

2.无限责任股东与第三者之关系。

3.无限责任股东之退股。

其余事项,本章特有规定者外,准用关于股份有限公司之规定。

第二百三十二条 设立此种公司,应由无限责任股东发起人订立章程,载明左列各款,署名签押:

1.本条例第九十八条第一、二、四、五各款。

2.股银之总数及每股银数。

3.无限责任股东之姓名、住址。

4.无限责任股东所认银钱外资本之种类,及价格或评价之标准。

第二百三十三条 无限责任股东应募集股份。

第二百三十四条 认股书应记载左列各款:

1.本条例第九十九条、第一百零五条所载之事项。

2.各无限责任股东所认之股数。

第二百三十五条 创立会应由股东中选任监察人。无限责任股东虽于出资外认有股份亦不得为监察人。

第二百三十六条 无限责任股东得于创立会及股东会陈述意见。虽于出资外认有股份亦不得加入决议之数。

第二百三十七条 监察人应调查股份是否认足及股东于银钱外出资本之种类、价格,报告于创立会。

第二百三十八条 公司以创立会完结时成立。成立后应将左列各款于十五日内向本店及支店该管官厅注册:

1.本条例第九十八条第一、第二、第三、第五各款,又第一百二十一条第二、第三、第四、第六、第七各款所载事项。

2.无限责任股东之姓名、住址。

3.无限责任股东所认银钱外之资本,其种类及价格,并其已缴之数。

4.特定有代表公司之无限责任股东者,其姓名、住址。

5.监察人之姓名、住址。

第二百三十九条 代表公司之无限责任股东,准用关于股份有限公司董事之规定,但本条例第一百五十二条、第一百五十三条、第一百五十四条、第一百五十五条、第一百五十六条之规定,不在此限。

第二百四十条 凡两合公司应须全体股东同意之事项,在股份两合公司,除股东会决议外,更应有无限责任股东之同意。

前项之决议,用第一百九十九条第二项之规定。

第二百四十一条 在两合公司为应解散之事由,此项公司亦准用之。

第二百四十二条 无限责任股东如全行退股,其股东准用第一百九十九条第二项所规定决议,改为股份有限公司。

在前项之时,股东会应将其组织股份有限公司所必要之事项，即行决议。在此会中，虽无限责任股东亦得按其所认股份之数而行其决议权。

第二百四十三条　公司之解散，除由合并或破产及官厅之命令外，应以无限责任股东之全体，或其所选任者，与股东会所选任者共同清算。但章程别有订明者，不在此限。

无限责任股东选任清算人时，以过半数决之。股东会所选任之清算人，须与无限责任股东，或其继嗣，或其选任者数相等。

第二百四十四条　无限责任股东，准用本条例第七十九条之规定。

第二百四十五条　清算人依第二百二十条第一项、第二百二十六条所定之各项簿册提出股东会承认外，应更得无限责任股东全体之承认。

第二百四十六条　无限责任股东无论何时得以过半数决议解其所选清算人之任。

第二百四十七条　公司变更组织，准用本条例第五十三条第二项及第五十四条之规定。

得债权者之承认后，应于十五日内向本店及支店该管官厅将股份两合公司为解散之注册；股份有限公司为设立之注册。

第六章　罚　则

第二百四十八条　公司执行业务之股东、发起人、董事、监察人及清算人，有左列各款情事，课以五元以上至五百元以下之罚金：

1.不照本条例定期呈报注册。

2.不照本条例所定期公告及通知，或公告、通知不实。

3.本条例所规定应许查阅之件，无正当理由延不交阅。

4.阻难本条例所定之调查。

5.违背本条例第五条之规定为开业之准备。

6.违背本条例第一百零五条第一项，又第二百三十四条之规定，不作认股书或于认股书之记载不尽不实。

7.违背本条例第一百二十八条第一项，及第二百零八条第二项之规定，发行股票。

8.违背本条例第一百二十九条、第一百九十六条、第二百零九条之规定，于股份公司债券之记载不尽不实。

9.每届结账，定期及接手清算之始，不即结算各项帐目。

10.公司定款股东会决议录、股东名簿、公司债簿及财产目录、贷借对照表、营业报告书、损益计算书、有关分派盈余利息与提存公积金之议案，不备置于本店及支店，又于以上各件之记载不尽不实。

11.违背本条例第一百六十一条第一项、第一百八十九条之规定，不召集股东会。

第二百四十九条　公司执行业务之股东、发起人、董事、监察人及清算人，有左列各款情事，课以十元以上至一千元以下之罚金：

1.对于官厅或股东之陈述不尽不实。

2.违背本条例第五十三条至第五十五条之规定，而与别公司合并及处置公司财产，或减少资本及变更组织。

3.阻难检查员之检查。

4.违背本条例第一百三十二条规定，将本公司股份收买或作抵押，及违背本条例第一百三十三条之规定，而将股份消除。

5.违背本条例第一百三十九条之规定，而发给无记名式股票。

6.违背本条例第七十二条第二项、第一百六十一条第二项之规定，不即呈请破产。

7.违背本条例第一百八十三条第一项之规定，提存公积金，或违背第一百八十四条之规定，分派盈余，或违背第一百八十六条之规定，为开业前利息之分派。

8.违背本条例第一百九十一条规定，而募集公司债。

9.违背本条例第七十一条之规定，催告期限内先于其债权者提款归还。

10.违背本条例第七十三条之规定分派公司财产。

第二百五十条　关于商人通例及商事条例别以教令定之。

第二百五十一条　本条例施行期以施行细则定之。

（《中华民国法令大全》增补再版）

二、公司条例施行细则

民国三年七月十九日　教令第一百〇四号

第一条　关于公司条例一切事项均适用公司条例，但法令有特别规定者，不在此限。

以营利事业为目的的组织之团体，除法令别有规定外，准用公司条例。

第二条 公司条例施行前成立之公司，除本细则有规定者外，自公司条例施行之日起，均适用公司条例。

第三条 公司条例施行后或施行前成立之公司，除以前二条之规定适用公司条例外，并适用商人通例。

第四条 公司条例施行前成立之公司，其创办时之章程、议据、合同、规约等，与公司条例创办章程中重要事项有违反或遗漏者，应自公司条例施行之日起一年内改正之。

第五条 公司条例施行前成立公司尚未注册者，应自公司条例施行之日起一年内一律注册，其曾依旧公司律注册，与公司条例所定创办时应注册之重要事项有违反或遗漏者，应自公司条例施行之日起一年内一律改正注册。

第六条 公司条例施行前成立之公司曾依旧公司律注册者，于公司条例施行前有支店之添设、本店或支店之转移、公司之解散或合并，及其他注册事项之变更等事发生时，应自公司条例施行之日起一年内注册。

第七条 公司条例施行前成立之公司，曾依旧公司律注册者，关于公司条例第七条之期间，自公司条例施行之日起计算。

第八条 公司条例所称该管官厅，在各省地方法院未遍设以前，暂以县知事署当之。

第九条 公司条例第二十八条之规定，自公司条例施行之日起六个月后实施。

第十条 公司条例第三十五条连带责任之规定，在公司条例施行前成立之公司，得自公司条例施行之日起一年后实施。

前项延长期内，如有退股或变更组织者，应依公司条例第二章第四节及第三章之规定办理。

第十一条 公司条例施行前依旧公司律立案尚未集股足额之公司，自公司条例施行之日起关于该公司之成立，应依公司条例所定之程序办理。

第十二条 依法令规定只许以中华民国人民组织之股份有限公司，及以中华民国人民组织为条件享有特别权利之股份有限公司，不得发行无记名股票。

违反前项规定之股票无效。仍以最后记名于股东名簿者之记名股票为有效。

第十三条 公司条例施行前成立之公司曾依旧公司律注册者，其每股金额，虽与公司条例第一百二十四条新规定之数不符亦为有效，但发行新股票时不在此限。

前项公司于创办时发行优先股票者，不因公司条例第二百零一条之规定失其效力。

第十四条 公司条例第一百三十六条、股东失权之规定，仅适用于依公司条例第四章之规定成立存续之公司。

第十五条 公司条例第二百四十八条第五款之规定于本细则之期间内不适用。

第十六条 公司条例施行前所选任之公司执行业务之股东，及股份有限公司之董事，违反本细则第五条、第六条之规定者，处以五元以下之罚金。违反第二十条之规定者，处以一百元以上二百元以下之罚金。

第十七条 除前列各条外，公司条例施行前成立之公司，关于公司条例之适用为本细则所未明定者，遇有疑议及争执时，由农商部核定。

第十八条 公司条例及本细则自民国三年九月一日同时施行。

（《中华民国法令大全》增补版）

第二节 商人通例

一、商人通例

民国三年三月二日北京政府公布
民国四年九月一日施行

〔注〕《商人通例》各章中，在《民法》所未规定者，如与《民法》不相抵触，并不违背党义，仍可援用。

第一章 商 人

第一条 本条例所称商人，为商业主体之人。

凡左列各种营业谓之商业：

1.买卖业。

2.赁贷业。

3.制造业或加工业。

4.供给电气、煤气或自来水业。

5.出版业。

6.印刷业。

7.银行业、兑换金钱业或贷金业。

8.担承信托业。

9.作业或劳务之承揽业。

10.设场屋以集客之业。

11.堆栈业。

12.保险业。

13.运送业。

14.承揽运送业。

15.牙行业。

16.居间业。

17.代理业。

第二条 除前条第二项所列各种外,凡有商业之规模、布置者,自经呈报该管官厅注册后,一律作为商人。

第三条 凡沿门或在道旁买卖物品之商人,或手工范围内之制造人,或加工人及其他小商人,不适用本条例商号商业注册、商业账簿各条例之规定。

第二章 商人能力

第四条 凡有独立订结契约、负担义务之能力者,均得为商人。

第五条 年龄未满二十岁者,及心神伤失,或耗弱人;聋人、哑人、盲人,及浪费人;诸无能力者,得由父母、祖父母遗嘱所指定,或亲族会议所选定之法定代理人,代营商业。

法定代理人为无能力者营商业时,应呈报注册。

法定代理人代理权,得由无能力者之亲族会议加以限制。但不得对抗不知情之第三者。

第六条 年龄未满二十岁者及有夫之妇,得由法定代理人或其本夫之允许,自营商业,或于公司负担无限责任。但应取其允许之凭证,并由本人及法定代理人或其本夫署名签押,呈报该管官厅注册。

第七条 年龄未满二十岁者及有夫之妇,于营业上有不胜任之事迹时,法定代理人或其本夫,仍得撤销限制之。

前项之撤销或限制,应呈报注册。但不得对抗不知情的第三人。

第三章 商业注册

第八条 本条例规定应注册之事项,由该商人各就其营业所在地该管官厅呈报注册。

第九条 凡应在本店该管官厅注册之事项,若本条例别无规定者,于支店该管官厅亦应注册。

第十条 业经注册之事项,该管官厅随即公告。

第十一条 凡应注册之事项,非经注册及公告之后,不得对抗第三者。既已经注册及公告,仍不得对抗因正当理由而实不知情的第三者。

第十二条 公告与注册事项不符时,应以注册簿所载为准。但非经更正公告后,不得对抗不知情之第三者。

第十三条 业经注册之事项,如有变更、消灭时,应随时呈报该管官厅注册。

第十四条 所营商业关于特许及许可者,呈报注册时,应查照专章办理。

第十五条 注册所详细办法,另以施行细则定之。

第四章 商 号

第十六条 商人得以其名或其他字样为商号。

第十七条 公司商号,应各视其种类,分别标明无限公司、两合公司、股份有限公司、股份两合公司等字样。

第十八条 凡非照公司办法,不得于商号中用公司或类似公司之字样,虽承受公司之营业。而非照公司方法续办者,亦同。

违背前项之规定者,处以五元以下之罚金。

第十九条 同一城镇、乡内,他人既注册之商号,不得仿用,以营同一之商业。

添设支店时,若支店之城镇、乡内现有他人已经注册之商号。其营业及商号均与自己本店相同者,该支店之商号,须照本店之商号附添字样以示区别。

第二十条 业经注册之商号,如有他人冒用或以类似之商号,为不正当之竞争者,该商人得呈请禁止其使用,并得请求损害赔偿。

第二十一条 凡转让商号,非为转让之注册,不得以之对抗第三者。

第二十二条 商号与营业一样转让,而当事者彼此并无特约时,则转让人在十年之间不得于同一城镇、乡内为同一之营业。

如定有不为同一营业之特约者,其特约之范围:关于区域,不得过本县管辖区域;关于期限不得过二十年。过此范围,其特约无效。

第二十三条 商人仅转让其营业者,于同业竞争之禁止,准用前条之规定。

第二十四条 业经注册之商号,如有变更或废止者,应随时呈报该管官厅注册。

第二十五条 商号变更或废止,而原注册之商人,并不呈报注册,得由利害关系人呈请该管官厅注销。

该管官厅受前项之呈报,应先催告原注册人酌定期限,俾得陈述异议。若限期内无异议,其注册即应销去。

第五章 商业账簿

第二十六条 商人应备置账簿,将日常交易及凡关于财产出入之各种事项,逐一明晰记载。但其日用款项,谨记其每月之总数。

零卖商得分现金、赊卖两种,按日记其总数。

第二十七条 商人于开始营业,及公司于设立注册时,又每届终结时,均应造具动产、不动产、债权债务,其余财产之目录,及贷借对照表,记载于特设之账簿。

前项之动产、不动产、债权及其余财产,于造具目录时,应附记现时之价格。时价高于原价时,其不能索取之债权应削除之。

第二十八条 凡商人之商业账簿,及与营业有关系之书信,应存留十年。

前项之期间,自商业账簿终结之日起算。

第六章 商业使用人及商业学徒

第二十九条 凡以属于商业主人以助其营业者,谓之商业使用人。

第三十条 凡商业使用人,分为三种如左:

1.经理人。

2.伙友。

3.劳务者。

第三十一条 凡经理人,由商业主人选任,使于营业所专理商业。

第三十二条 凡关于营业上之事务,无论涉讼与否,经理人有代商业主人办理之权限。

第三十三条 凡商业主人所加于经理人代理权之限制,不得对抗不知情的第三者。

第三十四条 凡经理人署名时,应于自己姓名上标明某商号经理人的字样。

第三十五条 凡经理人之代理权,不因商业主人之死亡而消灭。但委托契约终结时,不在此限。

第三十六条 凡经理人之选任,及其代理权之消灭,均由商业主人于十五日内,向该营业所该管官厅呈报注册。

营业种类、处所或时间加以限制。不得因此限制阻碍商业使用人事业之发达。

第五十四条 商业主人违反契约,或有不正当行为致商业使用人解约者,不适用前条之规定。

第五十五条 商业使用人与商业主人,约明其经手或介绍而成之商行为,应得报酬者,准用第六十九条之规定。

第五十六条 商业学徒之修业以契约定之。商业师应注意其本业之修习,使服其业务,又应与以通学之时间。

第五十七条 修业之期间,于契约未经明定者,依其本业之规定约或地方之习惯行之。

第五十八条 修业契约前,得定试验期间,其期间至多不得过三个月。

第五十九条 修业契约成立后,关于彼此之解约时,准用第五十条、第五十一条、第五十二条之规定。

第七章 代理商

第六十条 凡非商业使用人,而当时为某商人代理或介绍其营业范围内之商行为者,谓之代理商。

第六十一条 代理商人其所代理或介绍之事务,应妥慎保护本商人之利益

第六十二条 代理商于其所代理或介绍之事务,业经议定,应即通知本商人。

第六十三条 凡代理商未经本商人明示授以代理权者,只能为介绍行为。

第六十四条 凡代理商仅有介绍之权限者,若代本商人订结买卖契约,本商知之,并不随向对手人通知作废,即为本商人默认。

第六十五条 代为贩卖物品之代理商,遇有关于物品之瑕疵,或缺短及到期交付等事,有受对手人通知之权限。

第六十六条 代理商非有本商人允许,不得为自己或他人为与本商人营业相同之行为。并不得为同业公司无限责任股东。

违背前项之规定时,准用第三十八条第二项、

第三项之规定。

第六十七条　凡本商人与代理人之法律关系，除本条例规定外，得以契约定之。

第六十八条　代理商之报酬额，如无特约，应按其所办成之事务计算。其代理或介绍贩卖物品时，遇有报酬之争议，应俟货价交待后，照已交银数比例计算。

第六十九条　凡本商人之故意或过失中止其行为者，代理商仍得照索全数之报酬。

第七十条　凡经指明地域，承受代理或介绍之代理商，对于在其他地域虽未经手，由本商人自为或另委他人代为之行为，亦得请求报酬。但有特别契约者，不在此限。

第七十一条　应付之报酬，如无特约期间，应于每季结算一次，照数给付。

第七十二条　代理商、本商人所订之契约，未经明定期限者，彼此各得于两个月前预先声明，届时废约。

代理商与本商人除照原约解除外，关于彼此之解约，准用第五十条、第五十一条、第五十二条之规定。

第七十三条　代理商于其专为代理或介绍事件上所生之债权，得扣留代本商人执管之物件。但有别约声明者，不在此限。

（《中华民国法令大全》）

二、商人通例施行细则

民国三年七月十九日　教令第一百〇三号

第一条　关于商人一切事项，均适用通例。但有特别规定者不在此限。

第二条《商人通例》实行前所发生之事项，关于《商人通例》之适用，依本细则第五条以下各条之所定。

第三条　商人营业资本总额不满五百元者，以《商人通例》第三条之小商人论。

第四条《商人通例》所称该管官厅，在各省地方法院未遍设以前，暂以县知事当之。

第五条《商人通例》第五条第二项、第六条、第七条第二项之规定，于《商人通例》施行前所发生之事项亦适用之。

第六条《商人通例》施行所发生之事项，曾依旧例立案给示者与依《商人通例》注册者有同一之效力。

前项曾经立案给示之事项已变更或消灭时，《商人通例》施行后，仍应以《商人通例》注册。

第七条《商人通例》施行前业已行用之商号，违反《商人通例》第十八条第一项之规定者，自《商人通例》施行之日起三个月内，一律改正。

第八条《商人通例》施行前，曾依旧例立案给示专用之商号，与依《商人通例》第十九条、第二十条注册之商号，有同一之效力。

第九条《商人通例》施行前已行用之商号，不适用《商人通例》第十九条之规定。《商人通例》施行后为商号之注册者，对于《商人通例》施行前业已行用同一或类似之商号者，不得行使《商人通例》第二十条之权利。

第十条《商人通例》第二十二条第一项之规定，于《商人通例》施行前转让商号及营业，当事人彼此并无特约者，不适用之。

第十一条《商人通例》第二十八条之规定，于《商人通例》施行前所有之账簿、书信，亦适用之。

第十二条《商人通例》第三十八条之规定，自《商人通例》施行之日起六个月后实施。

第十三条　除前列各条外，《商人通例》施行前开始之商业，关于《商人通例》之适用为本细则所未明定者，遇有疑议及争执时，由农商部核定。

第十四条《商人通例》及本细则自民国三年九月一日同时施行。

（《中华民国法令大全》增补版）

第三节　商业登记注册

一、商业注册规则

民国三年七月十九日　教令第一〇五号

第一条　商业注册均暂以县知事署为注册所，由县知事管理之。

第二条　注册所自当事人禀请之日起，须于三日以内将注册事务办理完后，但有特别情事者得延长之。

第三条　注册事项之公告，须以注册后五日以内行之。

第四条　注册事项之公告，应于县知事署前及其他向例张贴示谕之处，揭示七日以上。

第五条 商人禀请注册时，应具有禀请书，依《商人通例》所定声叙事实，由禀请人署名盖章或签押，向各该县注册所禀请之。

第六条 注册所于商业注册之禀请有违反《商人通例》及本细则者，应令更正，始行注册，注册所于注册后，应发给注册执照。

注册所于处理商人注册事务有违反法令时，得由禀请人或利害关系人详具理由，禀请农商部核办。

第七条 凡商人于本店所在地，因商号之创设或承顶禀请注册者，应交注册规费银三元。因其他事项禀请注册者，每次应交注册规费银一元。

注册事项及附属文件，得由利害关系人向注册所查阅或抄录，但应交相当之规费。

前项查阅费，每次银三角；抄录费，每千字银二角。

第八条 《商业注册施行细则》由农商部规定之。

第九条 本规则与《商人通例》细则同日施行。

（《中华民国法令大全》增补再版，北京图书馆，582·661 民 8）

二、商业注册规则施行细则

民国三年八月十七日

第一章 通 则

第一条 各县注册所应备置左列各种注册簿：

1.商号注册簿。

2.经理人注册簿。

3.未满二十岁者营业注册簿。

4.有夫之妇营业注册簿。

5.法定代理人营业注册簿。

第二条 各种注册簿依后列第一号至第五号格式编订之。

各种注册簿须各附一简目簿，分别依照后列第六号格式，摘记户名，其注册簿之册数、页数及注册号数，以便检查。

第三条 凡应注册事项之注册，及其变更或消灭之注册，非有当事人禀请或官厅知照，不得为之。

第四条 注册事项之公告，以注册所名义为之。

第五条 注册所于册簿所注，不论何人，均准查阅。如照缴相当之公费，并得抄录。

注册之附属文件，于详确叙明利害关系之事由者，以与有关系人处为限，准予查阅。

有禀请抄录册簿所注者，除相当公费外，先缴呈邮费时，应抄寄之。

第六条 当事人于注册后，察觉其注册中有错误或遗漏，禀请更正时，应即更正之。

第七条 注册所于有禀请证明注册事项，并无变更或别无某事项注册者，应于其所禀请之事件，用印文证明，记其年月日，由注册官吏签名盖章，发给禀请人。

第八条 凡禀请注册者须具禀请书，载明左列事项，由禀请人或代理人签名盖章：

1.禀请人姓名、住址。

2.由代理人禀请者，其姓名、住址。

3.注册之要目及其事由。

4.年、月、日。

5.某县注册所。

凡由代理人禀请者，须加具代理委托书。

第九条 凡禀请注册者，除注册之必要事项外，须并填列应缴之注册费银数。

第十条 注册之禀请书，其他附属文件，应各视注册簿之种别，标明其册数、页数，依禀请先后，次第编号列存。

第十一条 注册之禀请书，其他附属文件，除因避事变外，不得拿出注册所，但注册之禀请书，其他附属文件，有官厅调取者，不在此限。

第二章 注册时禀请办法

第十二条 商号注册之禀请，除前第八条所列各款外，须载明其营业种类、商号，变更注册之禀请亦同。

第十三条 凡承顶已注册之商号，禀请注册者，须加具证明其资格之文件或转让之契约。

商号注册人之姓名、住址变更时，应禀请注册。

第十四条 商号废止或变更时，当事人应即禀请注册。

前项注册之禀请，由其继嗣或法定代理人为之者，须加具证明其资格之文件。

第十五条 依《商人通例》第二十五条第一项之规定，禀请注销商号者，须详确叙明其利害关系之事由。

注册所向原注册人之催告，所定期限，得于一月内酌定之。其无从通知者，须依注册公告之方法，为之公告。

第十六条　依《商人通例施行细则》第九条第一项规定，以与他人所已注册相同之商号，禀请注册者，须加具证明该商号于《商人通例》施行前业已行用之文件。

第十七条　未满二十岁者自营商业禀请注册时，须载明营业之种类，并加具已得法定代理人允许之证明书，或其法定代理人联名禀请之。

第十八条　有夫之妇自营商业禀请注册时，须载明营业之种类，并加具本夫允许之证明书，或与其本夫联名禀请之。

第十九条　凡有营商业之允许权者，撤销或限制其所允许时，应即禀请注册。

依前项规定为制限之注册，须于原注册所填载其禀请之事由。

第二十条　法定代理人为无能力者营商业禀请注册时，须加具足证明其资格，及已得亲族会同意之证明书。

第二十一条　营商业之未满二十岁者，因死亡而其注册事项消灭时，须由其父母或法定代理人禀请注册。

第二十二条　营商业之有夫之妇死亡，而其注册事项消灭时，须由本夫禀请注册。

第二十三条　为无能力者营商业之法定代理人因死亡而其注册事项消灭时，须由法定代理人之监督人禀请注册。

第二十四条　前三条注册之禀请，须加具足证明其注册事项消灭之文件。

第二十五条　经理人选任之注册，由商业主人禀请之。

公司为前项注册之禀请人时，由代表公司之股东，或股份有限公司之董事禀请之。

第二十六条　经理人选任注册之禀请，除前第八条所列各款外，须载明左列事项：

1.经理人之姓名、住址。

2.以数商号营数商业者，经理人所代理之商业及其所用之商号。

3.经理人设置地点。

公司为禀请人时，须并载明设立之年月日，并加具其选任之证明书。

第二十七条　经理人代理权消灭或解任之禀请注册，准用第二十五条之规定。

公司解任经理人禀请注册时，须加具其解任之证明书。

第三章　禀请后注册办法

第二十八条　注册官吏自受注册之禀请后，应即调查关于禀请之一切事项。

第二十九条　凡注册，须于注册簿相当各格内，分别填载注册事项及其年月日，并钤盖注册官吏名章。注册已了，中有某格并无事项可填者，须于其空格内抹以斜交朱线。但于留备日后有事应填之格，不在此限。

注册簿中，某格填载注册事项毕，仍于同格内留有空白者，须于空白处抹以斜交朱线。

于变更格内，注册时须于其左余空白划以纵断墨线。

第三十条　凡注册簿及禀请书、其他关于注册之文件，所载银钱、物品、年月日及编号等数目字，均须用壹、贰、叁、捌、玖、拾等字体。

有添注涂改者，须另记其字数，并钤名章。

第三十一条　关于注册所有一切文件收发之摘由、编登及各项重要文件之粘附、存卷，并于衔接处盖骑缝印等，均由注册官吏依照官厅成例办理。

第三十二条　变更之注册或注册之更正，须将已变更或更正之原册所注，用朱勾抹之。

第三十三条　凡因禁止营业之审判确定，由官厅知照，应为注册时其应注册事项，须于备考格内填注之。关于破产之一切事项，由受理之官厅知照，应为注册时其应注册事项，须于备考格内填注之，但无须公告。

第三十四条　凡因错误或遗漏为更正之注册，须于变更格内填之。

第三十五条　代理禀请人之姓名、住址，无须注册，于变更格内填注之。

第三十六条　同一当事人以数商号禀请注册时，须就各商号各别注册。

第三十七条　同一当事人以数经理人禀请注册时，须就各经理人分别注册。

第三十八条　凡注册人之营业所迁移于本管区以外时，须于消灭格内填注其原注之册即行结销。

前项规定，于本管区以内尚别有营业所者，不适用之。

第三十九条 凡原注之册结销时，须另于简目簿中备考格内，附记其事由，用朱勾抹之。商号变更或经理人等姓名变更之注册，须于简目簿中一并移改，另于原有简目之备考格内注明，并用朱勾抹之。

第四十条 注册时加具之重要文件另抄案者，应即据当事人之禀请发还之。

前项之发还，须于其副本附注原件发还验明无异字样，由注册官吏加盖名章。

第四章 附 则

第四十一条 本细则自公示之日施行。

（《中华民国法令大全》增补版）

第四节 公司登记注册

一、公司注册规则

民国三年七月十九日 教令一〇六号

第一条 公司禀请注册，应具禀请书，依公司条例所定，逐款填叙事实。股份有限公司由董事，其他各种公司由执行业务之股东署名盖章或签押，向各该县注册所禀请。

公司于设立时禀请注册，应并具营业概算书。

第二条 公司设立之注册，应由县知事于五日内详由道尹详请巡按使咨陈农商部。经核准后，发给执照为凭，并登政府公报公告之。

除公司设立注册外，其他一切事项之注册，均应由县知事署按月汇详道尹转详巡按使咨陈农商部备核。

第三条 公司于本店所在地禀请为设立之注册者，应依公司种类，并资本或股本总额，分别照缴注册费如左：

无限公司及两合公司：

五千元以下 五元
一万元以下 十元
三万元以下 十五元
五万元以下 二十元
十万元以下 二十五元
三十万元以下 三十元
一百万元以下 五十元
一百万元以上 一百元

股份有限公司及股份两合公司：

五千元以下 十元
一万元以下 十五元
三万元以下 二十元
五万元以下 二十五元
十万元以下 三十元
三十万元以下 五十元
一百万元以下 一百元
一百万元以上 二百元

因增加资本或股本禀请注册者，其注册费应依前项之规定，照增加后资本或股本总额计算，但设立时原缴银数得扣除之。

第四条 公司于前条规定以外之事项禀请注册者，一律缴注册费银三元。其解散之清算时禀请注册时，缴注册费一元。

第五条 关于公司注册事务，除本规则规定外，准用《商业注册规则》第一条至第四条、第六条，并第七条第二项、第三项之规定。

第六条 《公司注册规则施行细则》由农商部定之。

第七条 本规则与《公司条例施行细则》同日施行。

（《中华民国法令大全》增补版
北京图书馆，582·661，民[8]）

二、公司注册规则施行细则

民国三年八月十七日 农商部示

第一章 通 则

第一条 各县注册所，应备置左列各种注册簿：

1.无限公司注册簿。
2.两合公司注册簿。
3.股份有限公司注册簿。
4.股份两合公以司注册簿。

第二条 各种注册簿依后列第一号至第四号格式编定之。但编定两合公司注册簿，应于后列第二号格式之变更格以后，增订定式册页，以便另将各股东之姓名、出资、责任及其变更等事，详细填注。

各种注册簿须各附一简目簿，分别依照后列第五号格式摘记户名、其注册簿之册数、页数及注册号数，以便查检。

第三条　凡公司禀请注册者，须具禀请书，载明左列事项，由禀请之公司或其代理人签名盖章：

1.该公司之商号及本店、支店所在地。

2.由代理人禀请者，其姓名、住址。

3.注册之要旨及其事由。

4.年月日。

五、某县注册所。

凡由代理人禀请者，须加具代理之委嘱书。

第四条　凡公司禀请注册者，除注册之必要事项外，须填列应交之注册费银数，并依《公司注册规则》第三条所定，填列应交之注册费之定率。

第五条　《商业注册规则施行细则》第三条至第七条，及第十条、第十一条之规定，于公司之注册适用之。

第二章　注册时禀请办法

第六条　无限公司设立之注册，由全体股东禀请之。

前项禀请，须加具公司章程，若股东中有未满二十岁者，或有夫之妇时，须并加具其为股东已得有同意权者同意之证明书。

第七条　无限公司支店之设立，本店或支店之迁移，其他变更之注册，由代表之股东禀请之。

于其注册事项，除代表之股东外，更须股东之全体或某股东之同意者，须加具已得其同意之证明书。

依公司条例第五十八条第二项所定，有判示除名之股东，为变更之注册，须加具其判示之副本。

股东姓名、住址变更之注册，由代表之股东禀请之。

第八条　无限公司解散之注册，由全体股东或其继嗣禀请之。

前项禀请，应叙明解散之事由，若由继嗣禀请者，应加具足证明其资格之文件。

公司之设立经官厅批驳或注销作为解散者，准用前二项之规定。

公司因官厅命令解散者，注册所应接准该官厅知照为之注册。

第九条　无限公司因合并而解散之注册，由解散公司之全体股东禀请之。

前项禀请，应加具已照公司条例第五十三条第二项所定通知或公告；抑已照《公司条例》第五十四条所定偿还或给担保之证明书。

公司因合并而变更或设立者，准用前项及第六条之规定。

第十条　无限公司因各股东禀请而解散者，其注册由各股东禀请之。

前项禀请，应加具其判示之副本。

第十一条　第六条至第十条之规定，于两合公司之注册准用之。但在无限公司，应由全体股东禀请注册，于两合公司均由无限责任之全体股东禀请之。

无限责任股东全体退股因而解散之注册，由无限责任股东或其继嗣禀请之。

第十二条　股份有限公司设立之注册，由董事及监察人全体禀请之。

前项禀请应加具左列各种文件：

1.公司章程。

2.股东名簿。

3.股份由发起人认足者，足证明各发起人认股之书信。另募股东者，各股东之认股书。

4.董事及监察人或检查员，照公司条例第一百十四条所定调查之报告书，及其附属文件。

5.照公司条例第一百零三条所定检查员之报告，经官厅裁减者，其判示之副本。

6.发起人选为董事或监察人者，关于其选任之文件。

7.公司章程定为开业前得分派利息者，其核准之批示。

8.公司营业须先经批准立案者，其批准之印文或副本。

9.创立会决议录。

第十三条　支店之设立，本店或支店之迁移，其他变更之注册，由全体董事禀请之。

前项禀请，于其注册事项须经股东会议决议者，应加具其决议录。

第十四条　禀请公司资本增加之注册者，须加具左列各种文件：

1.旧股银均已交足之证明书。

2.新股东名簿及其认股书。

3.监察人或检查员照公司条例第二百零五条所定调查之报告书及其附属文件。

4.增资之股东会议决议录。

第十五条 禀请公司资本减少之注册者，须加具关于减资之股东会决议录。第九条第二项之规定，于禀请减少资本之注册者准用之。

第十六条 公司募集债之注册，须加具左列各种文件，由全体董事禀请之：

1.最近之贷借对照表。

2.募集案经合法公告之证明书。

3.各债款均已交足之证明书。

4.公司债根簿。

5.募债之股东会决议录。

第十七条 公司债款清偿或分还时，应即由董事禀请注册。

前项注册之禀请，须加具所还银数之证明书。

第十八条 禀请公司解散之注册者，须叙明解散之事由。其因合并或股东会决议而解散者，须加具股东会决议录。

第九条第二项之规定，于股份有限公司因合并而解散之禀请注册者准用之。

公司因官厅命令解散时，注册所应接准该官厅知照为之注册。

第十九条 股份有限公司因合并而变更禀请注册者，须叙明其事由，并加具第九条第二项、第十四条第三款、第四款之各种文件，及股份之折合与其认足之证明书。公司因合并而设立禀请注册者，须叙明其事由，并加具第九条第二项及第十二条第二项之各种文件。

第二十条 第十二条第一项之规定，于公司资本增加或减少，公司解散，及因合并而变更或设立之禀请注册，均准用之。

第二十一条 股份两合公司设立之注册，由无限责任股东、监察人之全体禀请之。

第六条第二项及第十二条第二项之规定，于前项注册之禀请准用之。

第二十二条 支店之设立，本店或支店之迁移，其他变更之注册，由代表公司之全体无限责任股东禀请之。

前项禀请，准用第七条第二项之规定，但有须经股东会决议者，应并加具股东会决议录。

无限责任股东或监察人姓名、住址变更之注册，由代表之无限责任股东禀请之。

第二十三条 第十四条、第十五条及第二十一条第一项之规定，于股份两合公司资本增加或减少之禀请注册准用之。公司债募集之注册，须加具第十六条之各种文件，由全体无限责任股东禀请之。

公司债清偿或分还之注册，须加具足证明其偿还之文件，由代表之无限责任股东禀请之。

第二十四条 第六条第二项、第十九条及第二十一条第一项之规定，于股份两合公司因合并而变更或设立之禀请注册准用之。

第二十五条 股份两合公司解散之注册，由全体无限责任股东或其继嗣及全体监察人禀请之。但无限责任股东全体退股因而解散之注册，仅由无限责任股东或其继嗣禀请之。

前项禀请，及因合并或股东会决议与无限责任股东同意而解散时注册之禀请，均应叙明解散之事由，及加具关于此事之股东会决议录。

第九条第二项之规定，于股份两合公司因合并或变更其组织而解散之禀请注册准用之。

公司因官厅命令解散者，注册所应接准该官厅知照为之注册。

第二十六条 股份两合公司变更为股份有限公司设立之注册，由设立之股份有限公司之董事及监察人之全体禀请之。

前项禀请，须叙明其事由，并加具公司章程、各股东认股书及关于变更公司组织之股东会决议录。

第二十七条 各种公司选任清算人注册之禀请，须加具其选任之证明书。

第二十八条 清算人解任或变更之注册，由现任之清算人禀请之。

前项禀请，须加具其解任或变更之证明书。

第二十九条 禀请清算了结之注册者，须加具清算各账已得承认之证明书。

第三章 禀请注册后办法

第三十条 凡照《公司条例》第十二条第一项、第十三条第一项、第五十六条及第九十六条之规定为该条例第十一条之注册者，须于备考格内附记其事由。

凡因禁止营业之审判确定，由官厅知照，应为注册时，其应注册事项，须于备考格内填注之。

关于破产之一切事项，由受理之官厅知照，应为注册时，其应注册事项，须于备考格内填注之，但无须公告。

第三十一条 公司债及资本或股本银之增加注册后，于各该事项后须注册时，须于变更格内填注之。

第三十二条　公司于迁移其本店或支店于本管区以外时，为迁移之注册后，其原注之册即行销结。

前项规定，于本区以内尚别有本店或其他支店者不适用之。

第三十三条　两合公司各股东姓名、住址、出资及责任之注册，须于注册簿增订之另页填注之。其原注册事项变更或消灭之注册，亦同。

第三十四条　公司之注册应自清算了结之注册后即行销结。

第三十五条　《商业注册规则施行细则》第二十八条至第三十二条、第三十四条、第三十五条、第三十九条第一项及第四十条之规定，于公司注册适用之。

第四章　附　则

第三十六条　依《公司条例施行细则》第五条、第六条所定之注册，于前列各章相当之规定，均适用之。

第三十七条　本细则自公布之日施行。

（《公司条例释义》）

第三章 市场管理

第一节 证券市场管理

一、证券交易所法

民国三年十二月二十九日 法律第二十四号

第一章 总 则

第一条 凡为便利买卖,平准市价而设之国债票、股份票、公司债票及其他有价证券交易之市场,称为证券交易所。

第二条 证券交易所,于商务繁盛之地,禀经农商部核准设立。

前项之核准,由农商部咨行财政部备案。

第三条 证券交易所,每地方以设立一所为限,其区划由农商部会同财政部定之。

第四条 证券交易所以设立后满十年为营业期间。但视地方商业情形,得准原定年期禀请农商部核准续展。

第二章 组织及设立

第五条 证券交易所以股份有限公司组织之。

第六条 证券交易所设立时,须拟定章程,禀请农商部核准。由农商部咨行财政部备案。

关于前项核准之规定,于证券交易所章程有变更时适用之。

第七条 证券交易所设立时,应交营业保证金于国库。

第八条 证券交易所限于其经纪人得参加买卖。

第三章 经纪人

第九条 中华民国商人,年龄在二十五岁以上,关于证券买卖或与证券买卖类似之营业,曾有经验者,由其证券交易所禀经农商部核准注册,得为其证券交易所之经纪人。

第十条 有左列各款情事之一者,不得为证券交易所之经纪人:

1.妇女。

2.受褫夺公权之处分者。

3.曾受破产之宣告,债务尚未清结者。

4.受禁治产及准禁治产之宣告者。

5.曾受证券交易所之除名处分者。

6.处四等有期徒刑以上之刑满期及赦免后未及一年者。

7.受刑律第一百八十一条、第二百二十六条、第十七章至第十九章,及第三百五十九条,及第三十二章至第三十五章,及第四百零三条、第四百零四条所规定之处分,期满或赦免后未及一年者。

第十一条 经纪人由农商部给予营业执照,应交纳执照规费。

前项之执照规费由农商部定之。

第十二条 经纪人应交存保证金于证券交易所。

第十三条 经纪人对于证券交易所应负由其买卖所生一切之责任。

第十四条 经纪人关于在其证券交易所有公定市价之证券,不得自为买卖。

第十五条 证券交易所对于经纪人,得照章程所定停止其营业,或课以五百元以下之过怠金,或禀经农商部核准,特予除名。

第四章 职 员

第十六条 证券交易所得置左列各职员。

1.理事长。

2.理事。

3.监察人。

证券交易所各职员之姓名,应禀报农商部核准。

由农商部咨行财政部备案。

第十七条 非中华民国人民及有第十条各款情事之一者,不得为证券交易所之职员。

第十八条　证券交易所之职员及其他雇员均不得在证券交易所为证券之买卖。

第五章　交　易

第十九条　证券交易所之买卖分为现期及定期二种。

第二十条　证券交易所得照章程所定令买卖两方各交证据金及追加证据金。

第二十一条　证券交易所于由买卖违约所发生之损害,应负赔偿之责。

前项赔偿金额及其他相当费用,证券交易所得向违约者追偿。

第二十二条　证券交易所对于不履行买卖契约者,得以其证据金、追加证据金及保证金充损害赔偿之用。

第二十三条　证券交易所对于证据金、追加证据金及保证金有处分之优先权。

第二十四条　证券交易所得照买卖约定价格向买卖两方抽收经手费。

第二十五条　证券交易所买卖证券之种类,须由交易所随时议定揭示。其未经证券交易所揭示准其买卖之证券,不得有公定市价。

前项揭示之证券,农商部认为不适当者,得令证券交易所取消之。

第二十六条　在证券交易所外,不得以与证券交易所定期买卖相同或类似之方法为证券之定期买卖。

第二十七条　证券交易所须依每种证券每日买卖之平均价格,议定现期买卖及定期买卖之公定市价揭示之。

第六章　监　督

第二十八条　证券交易所之行为,有违背法令或妨害公益,或扰乱公安时,农商部得为左列各款之处分:

1.解散证券交易所。

2.停止证券交易所营业。

3.停止或禁止证券交易所一部分营业。

4.撤销其决议或处分。

第二十九条　农商部认为必要时,得派临时视察员检查证券交易所之业务、账簿、财产,或其他一切物件,及经纪人之账簿。

视察员为前项之检查时,证券交易所有受其检查及答复质问之义务。

第三十条　农商部认为必要时,得令证券交易所改定章程。

第三十一条　证券交易所于营业期间内因故解散时,须禀报农商部,并由农商部咨行财政部备案。

第七章　罚　则

第三十二条　违反第十四条、第十八条、第二十六条之规定者,处五百元以下二十元以上之罚金。

第三十三条　伪造公定市价,或以不正当之方法扰乱市价者,处千元以下百元以上之罚金。其因而得财至千元以上者,处所得价额二倍以下、价额以上之罚金。

第八章　附　则

第三十四条　关于证券交易所之资本金额、营业保证金额、经纪人保证金额、证据金追加证据金额、公积金额及动支方法、经手费数额等,由农商部会同财政部订定,呈请大总统批准行之。

第三十五条　本法自公布日施行。

(《中华民国法令大全》增补再版)

二、证券交易所法施行细则

民国四年五月二十五日
教令第二十一号

第一条　证券交易所设立之区划,应由农商部会同财政部依证券交易所法第三条之规定订定后公示之。

第二条　欲设立证券交易所者,须由发起人开具左列各款,署名签押,连同证券交易所章程,在设所地禀由该管地方官署详请地方最高长官转达农商部核准,暂行立案。

1.各发起人之姓名、籍贯、住所。

2.各发起人之职业。

3.股本总额。

4.各发起人所认之股数。

5.股本银使用之概算。

6.设立理由。

7.该区划内关于证券交易之沿革及现状。

第三条 证券交易所章程，除依《公司条例》第九十八条、第九十九条所定外，应载明左列各款：

1.证券交易所设立之地点。

2.交易证券之种类。

3.关于职员选任及职务事项。

4.关于会议事项。

5.关于交易所及经纪人经手费事项。

6.关于经纪人之结会及其规询事项。

7.关于经纪人之保证金及其使用人事项。

8.关于经纪人之进退事项。

9.关于市场之开闭及休假日期事项。

10.关于证券或价银之交割及证据金额、追加证据金额事项。

11.关于公定市价事项。

12.关于账簿记载及经纪人之账簿事项。

13.关于款项出纳及决算事项。

14.关于银钱及证券之保管事项。

15.关于违约处分事项。

第四条 证券交易所之设立,经农商部批准暂行立案后,除由发起人认足股本总额,于公司条例第一百零二条所定检查事竣后,应由职员联名具禀请书,连同左列各款文件,禀由该管地方官署转达农商部正式批准设立,给予执照。

1.证券交易所章程。

2.发起人各自认定股数之证明书。

3.关于选择职员之文件。

4.检查员之报告书,如有为《公司条例》第一百零三条之裁减者,其决定之副本。

第六条 自暂行立案后,满一年,并不禀请批准设立者,其立案无效。

第七条 证券交易所发起人不自认足股份者,于招股足额,并开创立会终结后,应由职员联名具禀请书,连同左列各款文件,禀由该管地方官署转达农商部批准设立,给予执照。

1.证券交易所章程。

2.股东名簿及各股东认股书之副本。

3.《公司条例》第一百十四条规定之调查报告书,及其附属文件。

4.创立会决议录。

第八条 禀请批准设立时,应依证券交易所法第十六条之规定,添具职员之姓名,禀请核准立案。农商部为前项之核准时,得调查证券交易所职员之履历。

第九条 证券交易所发起及设立时之禀请书,应由该管地方官署加具意见书。

第十条 证券交易所定有开业日期后,应由职员在设所地禀由该管地方官署详请地方最高级长官转报农商部。

第十一条 证券交易所自批准设立后,满一年,尚未开业时,其设立之批准无效。

第十二条 证券交易所营业期满,拟照原定年期请展续办者,应于期满前一年内连同证券交易所章程禀请农商部核准,但至期满前三个月以内始行禀请者,不得受理。

第十三条 凡欲为证券交易所经纪人者,应填具志愿书,连同商事履历书,请由交易所转禀农商部核准注册。

证券交易所应于前项志愿书加具意见书。

第十四条 农商部核准为经纪人之注册时,应发给经纪人营业执照于具禀请之交易所。

证券交易所收到前项执照,应即通知本人,俟受取粘贴执照规费相当额数印花之请领书,并收纳经纪人保证金后,即行转给。

前项请领书由交易所转禀农商部。

第十五条 经纪人受前条第二项通知后,非于二十日内出具请领书及交纳保证金时,其执照无效。

第十六条 经纪人废业时,应禀报农商部,并交还执照。

第十七条 经纪人执照遗失,得声叙事由,经证券交易所证明,禀请补给。

经纪人变更姓名时,得依前项之规定,禀请换给执照。

第十八条 证券交易所应将所定经纪人所用账簿之种类、记载事项及其格式禀报农商部。

第十九条 证券交易所于经纪人之保证金许以国债票抵充时,其作抵之价格,须禀报农商部备核。

第二十条 证券交易所于其所有或受寄之银钱及有价证券,应订定保管方法,禀请农商部核准。

第二十一条 证券交易所采用转卖买回与约定买卖互相抵消之方法时,应于章程中订定详细办法。

第二十二条 证券交易所于证券之公定市价,

应由理事长、理事决定之。其决定方法，须于章程中定明。

第二十三条　证券交易所应编制左列各款报告，禀送农商部：

1.每日公定市价表。

2.每日买卖总数表。

3.每月证券市情衰旺报告表。

以上每月一次，须于次月十五日以前发送。

4.收支概算表。

以上须于议定后十五日发送。

5.每届结账时，依《公司条例》第一百七十八条造具之各项簿册。

6.每届结账时，现有之股东及经纪人与其使用人之姓名簿。

以上须于结账后二十日内发送。

第二十四条　证券交易所禀报农商部之文件，除法令别有规定，或有其他紧急情形者外，均应由该管地方官署转送。

该管地方官署于前项文件如有意见，得加具意见书。

第二十五条　经纪人禀报农商部之文件，均应由证券交易所转禀。

第二十六条　本细则自公布日施行。

（《中华民国法令大全》补编）

三、证券交易所法附属规则

第一条　证券交易所之股本银，须在十万元以上，如农商部查核证券交易所情形视为必要时，并得更令增加。

证券交易所非交股至半额以上，并有股银十万元以上，不得开业。

第二条　证券交易所之营业保证金，为其股本银数三分之一。

前项营业保证金须于开业以前，按照应交额数，以五成现金、五成政府公债票交存该地方或其附近地方经理国库之银行。

增加股本银时，照本条第一项比例加交之营业保证金，须依农商部所定之期限交足。

第三条　证券交易所之股份，非有股本银半额以上之交纳，不得转让与他人。

第四条　证券交易所向买卖两方抽收之经手费，视各种情形决定。总不逾买卖约定价值百分之五。

第五条　证券交易所动用《公司条例》第一百八十三条规定之公积金时，须禀经农商部核准。

第六条　经纪人应交存之保证金额，须在五百元以上，由该证券交易所酌拟数额定入公司章程，禀经农商部核定。

前项所定经纪人保证金，须交由证券交易所提存该地方或附近地方经理国库之银行。

第七条　交易所应于每日一定时间开闭现期买卖及定期买卖之市场。但得以公司章程规定休假时日。

第八条　交易所买卖契约之履行，自买卖约定之日起算，现期买卖，限七日以内，依买卖两方约定之日期。定期买卖，限两月以内，依交易所指定之日期。但政府公债票之买卖，得经农商部批准，不依月期。

第九条　交易所于定期买卖，得用左列各款方法：

1.定单位买卖。

2.竞争买卖。

3.约定期限内转卖或买回，依交易所账簿所记载，彼此抵消。

4.使买卖两方各交证据金。

交易所特经农商部批准，于现期买卖，亦得用前项第一、第二及第四款方法。

第十条　买卖两方应交之证据金额，须在约定买卖价额十分之一以上。由该证券交易所酌拟比例率，订入公司章程，禀经农商部核定。

时价变动逾原证据金半额时，所应交之追加证据金额，得以时价与约定买卖价之差额为限，由该证券交易所定入公司章程，禀经农商部核定。

第十一条　凡在交易所定结买卖契约时，应将买卖两方姓名、买卖证券之种类、数目、价值登载交易所账簿。

第十二条　证券买卖之交割，须于交易所职员到场时执行之。

第十三条　本规则自呈奉大总统批准之日施行。

注：引民国四年五月十五日农商部咨各省巡按使、都统、京兆尹证券交易所法附属规则文。

（《中华民国法令大全》补编）

第二节　铁路、公路、水路运输管理

一、中国铁路总公司条例

民国二年三月三十一日公布

第一条　铁路总公司系按照中华民国元年九月初九日大总统令组织，除政府所办已成未成及经签押或载在草约成案上应筑之路属交通部直接办理。暨政府已批准他公司承办之路仍归他公司办理外，所有全国各干线，总公司得全权筹办。但指定各干线时，须先协商政府，经其认可。

第二条　铁路总公司除依法律享有普通公司权利外，兼有左列各款之权：

（一）规定第一条所指各路线之权。

（二）承办第一条所指各路募借华洋股本债款之权。

（三）行使管理第一条所指各路之权。

（四）兼办附属于第一条所指各路所必要之事业之权。

（五）关于筹办第一条所指各路因建筑所必要领用官地及收买民地之权。

第三条　不属于第一条所指各路线，如政府或原办之公司愿授与总公司承办时，总公司得承办之，不属于第一条所指各路线，得由他公司按照政府定章承办。但不得与总公司所办各路线之利益有妨碍。

第四条　铁路总公司所办各路开筑及竣工行车时，应于规定兴办时报明政府立案，除有不得已事故经预先报明政府核准展期者外，如逾期不能举办，政府得另行筹办。

总公司所办各路，政府认为国防军事之必要，须提前建筑。经指定年限令总公司照限办理，而总公司不能依限办理时，政府亦得照前项办理。

第五条　铁路总公司所办之路，政府应尽保护及补助之责。

第六条　铁路总公司所办各路将来一律归为国有。其关于总公司承办年限及政府收回办法等项，总公司应遵照政府对于普通商办公司之规定办理。至现在及将来关于铁路及其附属之一切法令，除本条例特别规定外，总公司均应一律遵守。

第七条　铁路总公司借款招股，不论华洋股款，均应遵照国家法律办理，即同享国家法律保护之利益。其关于借款须由政府担保者，应先将所拟合同报明政府批准。至招股章程如有关外股者，并须报明政府核定。

无论何人，投资与铁路总公司，政府只认与总公司直接。

第八条　政府对于铁路总公司所办各路认为有军事必要情形时，应行收为军用或行使优先权。及寻常运载兵警、军需、移民、赈灾、通邮等事，应行免收或减收车价者，悉照普通商办铁路公司之规定一律办理。

第九条　铁路总公司所办各路各种价章，应随时报明政府立案。其一切运价之最高最低限度，政府得限制之。

第十条　铁路总公司不得将全部移让于他公司。如移让一部分之权利时，须先经政府许可。

第十一条　铁路总公司得依据本条例规定各项章程，但应报明政府立案。

第十二条　本条例如有重大窒碍时，得由政府协商总公司或由总公司陈请政府提议，经国会议决修正之。

第十三条　本条例自公布日施行。

（《中华民国法令大全》第一版）

二、民业铁路法

民国四年十一月十二日　法律第十号

第一条　民国人民集合资本依本法之规定建筑铁路者为民业铁路。

铁路公司之组织以股份有限公司为限。

第二条　设立铁路公司，须由创办人开具禀请书，署名签押，连同左列各款书类图说，禀请交通部暂行立案：

1. 建筑理由书。
2. 假定章程。
3. 路线预测图及说明书。
4. 行车动力之种类。
5. 建筑费用预计书。
6. 营业收支预计书。

7．股本总额。

8．创办人之姓名、籍贯、职业、住址。

第三条　交通部查核各款书类图说，认为有应行增减更易之处，得令创办人修改。

交通部于前条各款外，认为尚有应行审查之图册，得向创办人调取。

第四条　创办人须承受股本总额十分之二以上。

前项之承受股本，须于禀请暂时立案时提出确实之凭证，由交通部检验之。

前项之凭证有疑义时，交通部得委托地方行政长官或派员调查。

第五条　交通部查核创办人所禀各款，并检验股款凭证，认为适法时，应准暂行立案，并发给执照。

第六条　交通部因公益上之必要，得于暂准立案执照中附加条件。

创办人违反前项之条件时，暂准立案执照失其效力。

第七条　暂准立案执照中，得由交通部限定禀请正式立案期限。

已逾前项期限尚未禀请正式立案者，暂准立案执照失其效力。

但因不得已之事故，得于期限未满前声叙理由，禀请交通部核准展限。

前项展限之禀请，以一次为限。

第八条　创办人于暂准立案后，因有不得已之事由决议停办，应禀明交通部，并将暂准立案执照交还。

第九条　经交通部核准暂行立案之路线，非依本法之规定失其效力，或禀请停办者，他人不得禀请建筑。

第十条　经交通部暂准立案后，创办人认足股本总额者，该公司即为成立。如系招集股本，应依关于公司法令及本法之规定行之。招集股本时，须将暂准立案执照原文及禀请书，并第二条各款之书类图说公告之。

第十一条　股本总额招齐并已收足第一次股款后，创办人应依关于公司之法令，召集创立会议。

创立会议应选举董事及监察人。

第十二条　创办人认足股本总额者，及前条之规定招集创立会议完结后，应由公司开具禀请书并左列各款书类图说及暂准立案之誊本，禀请交通部正式立案：

1．公司章程。

2．路线实测图及说明书。

3．工程方法书及各项车辆图式说明书。

4．建筑费用预算书。

5．开工竣工时期及分段开工竣工时期。

6．认股总数及收款数目。

7．股东会议议事录。

8．董事及监察人之姓名、籍贯、职业、住所。

第十三条　交通部核查前条禀请书并附属书类图说，认为有应行增减更易之处，得令公司修改。

第十四条　交通部核查公司之禀请书并附属书类图说及认股交款，认为适法者，应准正式立案，并发给执照。

第十五条　铁路公司受领正式立案执照后，应依关于公司之法令注册，并禀报于路线经过地方及公司支店所在地之地方行政官署。

关于公司之法令定有注册期限者，其期日得由交通部核准正式立案之日起算。

第十六条　铁路公司股票，除依关于公司法令之规定记载各款外，并须记载正式立案之年月日。

第十七条　股东应交股款不得以金钱以外之物充抵。

第十八条　铁路公司收集股款，或一次或分期，具限正式立案后一年半以内，将原定总额收齐，如竣工期限过长或有特别情事必须宽限者，应禀请交通部核准。

第十九条　股款定为分期交纳者，非第一期股款交纳后；其一次交纳者，非先交保证金后，不得禀请正式立案。第一期股款及保证金不得少于股票面额四分之一。铁路公司收分期股款及保证金，应先发收款执据，俟股款收齐，换给股票。

第二十条　铁路公司收集股款，应确定期限。股东逾期不交者，依关于公司之法令办理。

第二十一条　铁路公司有增加资本之必要时，得依关于公司之法令添招新股，但须禀请交通部核准。

第二十二条　铁路公司正式立案后，已逾原定开工时期尚未开工者，交通部得撤销其立案。

但因天灾地变及其他不得已之事故不能如期开工，预行声叙理由禀请交通部核准者，不在此限。

第二十三条 铁路公司收用地亩，得依关于收用土地之法令办理。

第二十四条 关于官道、桥梁、河川、沟渠等工程之设施，应先禀请该管地方行政官署核准。

第二十五条 铁路横断通行官道，须筑天桥、隧道或栅门。其他应防危险必要之处所，须为相当之设备，或派人守望。

第二十六条 铁路横断河川有架桥筑墩之必要时，以不妨阻行船及流水为度。

河岸如有堤坝等建筑物，须维持其现状，并防止危险之发生。

第二十七条 铁路铺设时，若系单轨，除不得已情事外，须预留添设双轨地步。

第二十八条 轨间应宽一公尺四公寸三公分五公厘。但有特别情事经交通部核准者，不在此限。

第二十九条 建筑方法及车辆构造，应依交通部核定之工程方法及车辆图式说明书办理。但有特别情事必须变更者，得禀请交通部核准后行之。

第三十条 铁路公司每六个月，应将工程成绩及费用禀报交通部。

第三十一条 全路工程，应于原定期限内竣工。但因天灾地变及其他不得已之事故不能如期竣工者，得声叙理由，禀请交通部核准展限。

前项之展限不得逾原定期限之半。

第三十二条 铁路公司应置总工程师一人，主持全路工事。交通部认该工程师为不适任时，得令公司辞退。

前项之总工程师若聘用外国人，铁路公司须将合同底本禀请交通部核准后，方得缮正签字。

第三十三条 全路工程完竣，非经交通部派员履勘后，不得开车营业。路线造成一段，欲先行营业者亦同。

交通部依前项规定派员履勘工程，如认为违反法令或有危险之虞者，应令公司改筑。

第三十四条 铁路公司开车营业时，须开具左列各款，禀请交通部核准：

1. 车队开到时刻表。
2. 车队来往次数表。
3. 载客等级价目表。
4. 运货等级价目表。
5. 行车规则。

前项各款，交通部认为有应行增减更易之处，得令公司修改。

第三十五条 开车营业后运费有增减时，铁路公司应声叙理由，禀请交通部核准。

第三十六条 运费之定律及有增减时，应登载报纸或依其他适当之方法公告之。

第三十七条 因公益上之必要，交通部得令铁路公司核减运费。

第三十八条 铁路载运客货，除价章定明各费外，不得另索他费。但因特别情事经交通部核准者，不在此限。

第三十九条 铁路公司不得兼营他种业务，但因特别情事经交通部核准者，不在此限。

第四十条 国有铁路与民业铁路或二以上之民业铁路为联络运送或交互通车时，所有费用及运价，须以协议定之。若协议不能相合时，应禀请交通部决定。

第四十一条 关于减免运费及军事运输，得依关于国有铁路之法令办理。

第四十二条 铁路公司每届年末，应将营业情形及出入盈亏，准用国有铁路会计规则及各类表式，编造营业报告书，禀经交通部核定后，始得提出股东会议。

第四十三条 铁路公司因保护所运送之旅客及货物，并防止危险，得请求所在地方警察官署酌派巡警。

遇有紧急事故，铁路公司得请求所在地方警察官署添派巡警。但其费用由公司负担之。

第四十四条 铁路公司得依关于公司法令之规定募集公司债，但须禀请交通部核准。

前项公司债，非收足股本总额三分之二以上，不得募集。

第四十五条 交通部认为必要时，得派员至铁路公司监视左列各事：

1. 股东会议。
2. 股本存储及款项出入。
3. 工程及使用材料。
4. 行车及营业情形。

监视员认为必要时，得令铁路公司职员报告一切，并得检阅铁路公司文卷图书及账簿。

铁路公司不得拒绝前项之报告及检阅。

第四十六条　监视员视前条第一项各款有违反法令、妨碍公安之事实，得令铁路公司更改办法。公司不同意时，须禀请交通部核办。

第四十七条　铁路公司有遵行左列各款之义务：

1．置备各项簿册。

2．编制统计。

3．报告事故。

4．其他交通部临时命令事项。

第四十八条　运输上必要之设备，交通部认为不适当时，得命铁路改良或增设。

第四十九条　国有铁路或他公司之民业铁路欲接续铁路公司之铁路，或横断之而铺设铁路，及接近铁路公司之铁路或横断之而造设道路、桥梁、沟渠、运河者，铁路公司不得拒绝。

第五十条　民业铁路，不论平时战时，有供军用之义务。

第五十一条　铁路公司之铁路及其附属物，国家得买收之。

关于前项买收之年限及方法，得以教令定之。

第五十二条　铁路公司变更章程，非有股东总数三分之二且股份总数三分之二以上之股东到会，得其表决权四分之三以上之同意，不得议决。

第五十三条　铁路公司之解散，非有股东总数四分之三且股份总数四分之三以上之股东到会，得其表决权四分之三以上之同意，不得议决。

第五十四条　铁路公司决议变更章程及解散，非禀请交通部核准，不生效力。

第五十五条　公司欲为左列各事，须经股东会议议决，禀请交通部核准：

1.缩短及更改路线。

2.兼营目的以外之事业及承受他公司之股票。

3.铁路之借让及铁路营业之委托。

4.与他种公司及他铁路公司合并。

5.停办。

6.铁路之抵押。

7.铁路之售卖。但买主以有中华民国国籍者为限。

依第一项第三款受铁路之借让及营业之委托者，所有关于该路之一切责任，皆应负担之。

依第一项第四款之合并而成立之新公司，关于旧公司之权利义务，皆应承继。但有特别契约并禀请交通部核准者，不在此限。

第一项第六款之抵押，以建筑物及车辆材料为限。

第五十六条　铁路公司创办人，依本法受领暂准立案执照者，应交纳执照费五十元。

第五十七条　铁路公司依本法受领正式立案执照者，应交纳执照费一百元。

第五十八条　关于执照之程式及应行记载之要件，由交通部定之。

第五十九条　依本法之规定，铁路公司之资本、路线及其他事项有变更致与原领之执照所载事项不符时，须禀请交通部换给执照。

依前项之规定换给执照者，应交换照费二十五元。

第六十条　执照如有遗失或污损时，经创办人或铁路公司声叙事由，禀请交通部核准，得补给或换给，其应交之规费，准用前条第二项之规定。

依前项规定补给或换给执照之程序，由交通部定之。

第六十一条　铁路公司违背法令或不遵行交通部之命令，或于应经核准之事项不经核准，或禀报不实及有其他妨害公安、违反公益之情事时，交通部得酌量情形，为左列之处分：

1.解散公司。

2.特别监视。

3.命其改选董事。

4.命其更换职员。

第六十二条　依前条之规定解散公司者，除依关于公司法令办理外，对于该公司所有之铁路，应依左列之方法处分之：

1.国家收买。

2.竞卖。

业已开车营业之铁路，依前项第二款之规定竞卖尚未有买主以前，应由国家继续经营。

依前项规定，由国家暂行继续经营时，除有盈余当然属于国库之收入外，如有损失，应于竞卖所得价款中扣除之，而以其余交还铁路公司。

第六十三条　特别监视，由交通部派员监察铁路公司之修筑铁路及营业状况，并指挥督促其应行改良。恪遵法令等事项，其费用由铁路公司负担之。

监视期间及监视员之公费，由交通部定之。

第六十四条　依第六十一条规定解职之董事

及其他职员，于三年以内，不得再被选或再就职为铁路公司之职员。

第六十五条 未经暂准立案领有执照而设立公司，或未经正式立案领有执照而开工者，处创办人1000元以下50元以上罚金。

第六十六条 违背第三十二条之规定者，处董事1000元以下50元以上罚金。

第六十七条 违背第三十三条第一项之规定，擅行开车营业，或受第三十三条第二项交通部改筑之命令而不遵行者，处董事以五百元以下二十元以上罚金。

第六十八条 有左列各款情事之一者，处董事以三百元以下十元以上罚金：

1.违犯第四十五条第三项、第四十七条之规定者。

2.依本法应经交通部核准事项未经核准，私擅实施，或禀请核准时，有虚伪之情弊者。

3.对于交通部依本法之命令或处分不遵行者。

4.依本法应报告交通部之事项并不报告或为虚伪之报告者。

5.依本法应公告之事项并不公告或公告中有虚伪之情弊者。

第六十九条 关于个人或公司因农工矿业经营上之必要铺设专用铁路之规则，以教令定之。

第七十条 本法所定罚则，由交通部判定执行。

第七十一条 民业铁路创办人及铁路公司对于交通部之处分有不服时，得依诉愿法及行政诉讼法之规定，提起诉愿或行政诉讼。

第七十二条 本法自公布日施行。

第七十三条 本法施行前依民业铁路条例经交通部核准暂行立案或正式立案者，均不失其效力。其已经禀请尚未核准者，依本法之规定办理。

第七十四条 民业铁路条例施行前设立之铁路公司，尚未禀请立案者，自本法施行日起六个月以内，应依法之规定禀请立案。

第七十五条 铁路公司，除本法有规定者外，适用关于公司及铁路之一切法令。

（《中华民国法令大全》补编）

三、长途汽车公司条例

民国七年七月二十九日公布

交通部令第二二九号

第一条 中华民国人民集合资本设立汽车公司，应依左列各款，提出书类图说，呈请交通部核准立案：

（一）创办理由书。

（二）假定章程。

（三）实测路线图及说明书。

（四）车辆图式及电力之强度。

（五）创办费用概算书。

（六）营业收支概算书。

（七）股本总额。

（八）创办人之姓名、籍贯、职业、住所。

第二条 交通部查核前条各款书类图说，认为有应增减更易之处，得令创办人更改。

第三条 创办人须承受股本总额十分之二以上。

前项之承受股本，须于呈请立案时，提出确实之凭证，由交通部检验之。

前项之凭证有疑义时，交通部得委托地方行政长官或派员调查。

第四条 交通部查核创办人所呈各款，并检验股款凭证，认为适法时，应准立案，并发给执照。

第五条 交通部因公益上之必要，得于核准立案执照中附加条件。

创办人违反前项之条件时，核准立案执照失其效力。

第六条 核准立案执照中，得由交通部限定开业期限。

已逾前项期限不能开业者，核准立案执照失其效力。但因不得已之事故，得于期限未满前，声叙理由，呈请交通部核准，酌予展限。

第七条 公司于核准立案后，因有不得已之事由，决议停办，应呈明交通部，并将核准立案执照交还。

第八条 汽车公司受领立案执照后，应依关于公司之法令注册，并呈报于路线经过地方及公司所在地地方行政官署。

第九条 汽车公司因谋营业发达及旅客安全，得请求所在地或路线经过之地方行政官署予以相当之保护。

遇有紧急事故，汽车公司得请地方行政官署酌派军警保护。

第十条 公司汽车不论平时战时，有供军用之义务，其供军用时，应照客货票定价减半收价。其票式及乘车规则，由公司呈请地方长官核定之。

第十一条　关于路线经过地方购地建屋、平治道途、建筑桥梁、凿通山路等项工程，应先呈请地方行政官署核准，由地方官厅协助办理。

前项工程有应防止危险之处，须为相当之设备。

第十二条　关于工程及运输上必要之设备，交通部认为不适当时，得命汽车公司改良或增设之。

第十三条　汽车公司开业时，须开具左列各款，呈请交通部核准：

（一）汽车开到时刻表（自起点站至终点站）。

（二）汽车逐日来往次数表。

（三）载客价目表。

（四）运货价目表。

前项各款，交通部认为有应行增减更易之处，得令公司修改。

第十四条　汽车公司如有违背法令，或不遵行交通部之命令，或于应经核准之事项不经核准，及其他妨害公安违反公益之情事，经地方行政长官揭发时，交通部得酌量情形，处以相当之罚款，或停止其营业。其未开业以前，如有前项情事，交通部得撤销立案，追交执照，或处以罚金。

第十五条　汽车公司每六个月，应将营业状况呈报公司所在地地方行政官署，转报交通部查核。

第十六条　汽车公司依本条例立案给照时，每件应交纳执照费二十元。

第十七条　本条例自公布日施行。

（《中华民国法令大全》第三编）

四、长途汽车公司发给执照规则

民国七年八月九日公布　交通部令第二四五号

第一条　依长途汽车公司条例第四条之规定发给执照，应填注左列各款：

（一）公司名称。

（二）公司章程。

（三）实测路线图及说明书。

（四）车辆图式及电力之强度。

（五）创办费用概算书。

（六）营业收支概算书。

（七）股本总额及每股银数。

（八）创办人承认股数及与资本总额之比例。

（九）创办人之姓名、籍贯、职业、住所。

（十）董事及监察人之姓名、籍贯、职业、住所。

（十一）路线之起讫及经过地点。

（十二）里程。

（十三）开业期限。

（十四）曾否在中央何项官厅立案及其年月日。

（十五）曾否在地方何项官厅立案及其年月日。

（十六）本部准予立案之附加条件。

（十七）其他重要事项。

第二条　执照之格式依附表所定。

第三条　依长途汽车公司条例第十六条规定之执照费，应于呈请发给执照时交纳。

第四条　执照如有遗失或损毁时，应自行登报声明后，再行连同报纸呈部查核，另给执照。其执照费依长途汽车公司条例第十六条办理。

第五条　关于本规则第一条填注事项有变更时，经交通部核准后，应另换给执照。

第六条　关于公司之借让、合并，及依长途汽车公司营业规则第十九条之规定，由交通部另指定路线时，应另换给执照。

第七条　凡换给执照，应于请领随时交纳公费银五元，并将原领执照同时交销。

第八条　每领执照一张，应由公司备印花税票二元，于请领时随执照费一同交纳。

第九条　依长途汽车公司营业规则第二十条之规定，交通部派员调查营业时，应交验执照。

第十条　依长途汽车公司条例第五条、第六条失效力之执照，第七条公司停办应行交还之执照，又第十四条及长途汽车公司营业规则第十九条停止营业之执照，均由交通部公布注销，并勒令将执照交部。

第十一条　本规则施行前已成立之长途汽车公司，应照本规则呈请发给执照。

第十二条　长途汽车公司不依本规则请领或换领执照者，应依长途汽车公司条例第十四条之规定，由交通部酌量处罚。

第十三条　本规则自公布日施行。

附表：

长途汽车公司立案执照存根

计开

公司名称	线路之起讫及经过地点
公司章程	里程
实测路线图及说明书	本部准予立案之附加条件
车辆图式及电力之强度	开业期限
创办费用概算书	曾否在中央何项官厅立案及其年月日
营业收支概算	曾否在地方官厅立案及其年月日
股本总额及每股银数	其他重要事项
创办人承认股数及与资本总额之比例	备考
创办人之姓名籍贯职业住所	本执照发给年月日
董事及监事人姓名籍贯职业住所	

长途汽车公司立案执照

字第　　号

交通部为发给执照事据　　长途汽车公司创办人　　呈请开办自　　至

长途汽车悬准立案等情核与长途汽车公司条例相符应准予立案并发给执照

计开

公司名称	董事及监察人姓名籍贯职业住所
公司章程	线路之起讫及经过地点
实测路线图及说明书	里程
车辆图式及电力之强度	本部准予立案之附加条件
创办费用概算书	开业期限
营业收支概算书	曾否在中央何项官厅立案及其年月日
股本总额及每股银数	曾否在地方官厅立案及其年月日
创办人承认股数与资本总额之比例	其他重要事项
创办人之姓名籍贯职业住所	备考

交通总长

右给

中华民国　年　月　日

五、各省大小轮船公司注册给照章程

民国元年六月二十日公布

第一条　本章程专为中国各省大小轮船公司注册给照之规则，名曰大小轮船公司注册给照章程。

第二条　各省大小轮船公司，无论合资公司、合资有限公司、股份公司、股份有限公司，均应先将创立情形，妥拟办法，报由该管海关监督或商务总会及商船公会呈经本部核定后，准予注册，发给执照。其在本章程未颁布以前业经设立之公司，应一律补报注册领照。

第三条　凡公司经本部注册给照后，本部始认该公司成立。

第四条　凡公司领取执照，得享受本部保护之利益。

第五条　各公司创立时，应行妥拟办法，呈报本部之事项如左：

一、公司名称及种类。

二、公司合同。

三、公司一切详细章程。

四、行轮一切详细章程（轮船名称、成本、尺数、长广尺寸、吃水尺寸、机器马力、速率吨数、容客舱位、或租或购或借及各项客货运载办法、价目，均包括在内）。

五、公司总号设立地方，如有分号一并列入。

六、股份有限公司、股份无限公司之股票试样。

七、码头起讫处所及经过处所，并绘图列说。

八、航线图说。

九、开办之年月日及营业期限之年月日或无期限。

十、资本之总数若干。每股银数若干，每股已交银若干及分期交纳之数。

十一、创办人每人所认股数。

十二、创办人及经理人之姓名、籍贯、住址。

第六条　执照上所记载之事项如左：

一、公司名称及种类。

二、公司总号及分号设立地方。

三、轮船只数及名称。

四、航线。

五、码头起讫处所及经过处所。

六、注册之年月日。

七、开办之年月日及营业期限之年月日或无期限。

八、资本之总额及每股之银数。

九、创办人及经理人之姓名、籍贯、住址。

第七条　各公司领得本部执照后，将该执照持赴各海关验明，方准领取船牌，完纳船钞。各海关验无此项执照或验有不符，概不给发船牌，收纳船钞。此外关于理船厅一切章程，均仍照旧办理。

新设之公司，如船已购成，急待行驶，深恐静候部照，旷延时日，可呈请该管海关监督，先将公司及轮船名称电达本部，由部存案电复，准予该关给发暂行船牌。该公司随即按第五条内开各项呈报领照，呈关验明，换取永远船牌。倘所报事项经部驳斥不准，应由该关将已发船牌调销。

第八条　本部一面发给执照，一面将第五条各种事项行知该关监督，以期接洽。

第九条　各海关验明执照，应予该执照上盖用某海关于某年月日验讫字样，报部存查。

第十条　凡公司已有由本部注册给照在先者，其在后创立之公司不得沿用在先公司之名称，及袭用在先公司相类似之名称。

第十一条　各公司将来推广航线，增设码头，添置轮舶及更换经理人，须报明本部，换给执照。

第十二条　各公司将来如有转让、转售、转租，或并合于他公司等事，须报明本部，换给执照。

第十三条　关于前两项情事，如与创立时之办法有更改者，应详细妥拟报部候核。

第十四条　凡公司停闭，即将该执照交部注销。

第十五条　此项执照由该公司到部领取，或报由该管海关监督及商务总会、商船公会呈请具领。

第十六条　凡在本章程未颁布以前业经设立之公司，补行报部者，得适用本章程之规定。

第十七条　一人独出资本创立，或官办及官商合办之航业，得适用本章程之规定。唯一人独出资本者，其应报本部之事项，可删去每股银数一款。

第十八条　本部注册给照，现在不收费用，以资提倡。

第十九条　本章程专系注册给照办法，其一切普通办法，均应遵照商律报部办理。

第二十条　本章程如有未尽事宜，应由本部体察情形，随时酌改颁布。

（《中华民国法令大全》）

六、交通部变通轮船公司领照办法饬文

民国三年十二月二十四日

前据江汉关监督详称："迭奉部饬'管理轮船事项仍暂由关办'等因。所有轮船公司注册给照，应由职署连同船只注册给照一并分详候核。若公司注册由县知事详由道尹转详巡按使咨陈核办，而船只注册又由职署并详核办，手续分歧，辗转费时，似于鼓舞华轮，维持航业，转多扞格。清咨农商部查照前案，仍由职署并详办理。"等情，当经本部咨行农商部核复，"兹准复开公司注册，按照规则，应由县知事详转核办，意在登记县注册簿，以便保护。航轮公司注册程序自应一律。惟本部随后遇有此项公司批准注册，仍应随时咨行贵部存查。至轮船注册，本系贵部主持。如行轮航线果无窒碍，以应由贵部先予轮船注册，并批饬另行遵照公司注册规则办理。一面咨行本部知照。似此办法当无烦难窒碍之弊。"等因。前来，查轮船事业，向以交通便捷为要义。其系公司经营者，应禀请县知事详由道尹转详巡按使咨陈核办，颇需时日。近来各关监督请领船照之件，一经行查，农商部多以尚未详咨有案，本部因之搁置，自不免多所迟滞。亟应按照农商部此次咨称各节，酌予变通。嗣后，凡轮船公司请领船照，应由各关监督饬令遵照轮船注册给照章程第五条、第八条所载各款，分别开列，详由本部查核相符，即予先行注册给照，俾免稽延而便航业。至关于公司注册一节，应令各该公司按照公司注册办法，另详农商部候核，以符条例。除分行外，合亟饬知该监督查照遵办，并传谕各航商一体知参可也。

（《中华民国法令大全》补编）

第三节　矿业经营管理

一、矿业注册条例

民国三年五月三日　教令第五十六号

第一章　总　则

第一条　矿业注册由各该管矿务监督署长行之。

第二条　出名注册之人，为注册名义人。

注册名义人之姓名、住址及其资格等，应于注册时登记者为注册名义人之表示。

第三条　有注册权利之矿业权者、抵押权者及其关系人为注册权利者，有注册之义务之矿业权者及其关系人为注册义务者。

第四条　矿业注册之主要事项如左：

1.矿业权之设立、变更、移转、消灭及限制。

2.矿业权作抵押时，其抵押权之设立、消灭及限制。

第五条　左列事项为附记注册：

1.注册名义人表示之变更或更正。

2.合办企业权者之退伙或改定代表人。

3.抵押权之移转或变更。

第六条　关于同一矿业权注册后权利之顺序，除法令别有规定外，以注册之先后为准。

第七条　附记注册之顺序，依本注册之顺序，但附记注册间之顺序，仍以附已注册之先后为准。

第八条　矿业册分探矿册及采矿册二种。

矿区图应依注册号次编订成册。

对于合办矿业权者，应设合办人名册。

第二项之矿区图及第三项之合办人名册，同为矿业册之一部。

第九条　矿业权者、抵押权者，或其利害关系人，得呈请抄发矿业册或阅览矿业册及其附属文件。但须交纳定额之规费。

前项规费之定额，以农商部部令定之。

呈请邮寄矿业册之抄本者，除规费外，应另交邮费。

第十条　关于矿业之注册，应依左列各款交纳注册费：

1.探矿权之设立：

每一件银元一百元。

2.探矿权之变更：

增区或增减区，每一件银元四十五元

减区，每一件银元十元。

3.探矿权之移转：

因继承而移转者，每一件银元十元。

因继承以外之原因而移转者，每一件银元四十五元。

4.采矿权之设立：

创业注册，每一件银元二百元。

矿区合并,每一件银元五十元。

矿区分割,每一件银元五十元。

5.采矿权之变更:

矿区订正,每一件银元五十元。

增区或增减区,每一件银元一百元。

减区,每一件银元二十元。

6.采矿权之转移:

因继承而转移者,每一件银元二十元。

因继承以外之原因而移转者,每一件银元一百元。

7.抵押权之设立,债权金额的千分之六。

8.因矿业条例第四十七条第二款之承诺及协定而为抵押权设立之注册,每一件五元。

9.因顺序之变更而为抵押权之变更注册,每一件银元六十元。

10.抵押权之转移:

因继承而转移者,每一件银元五元。

11.合办矿业权者退伙,每一件银元五元。

12.除滞纳处分以外的矿权或抵押权处分之限制,债权金额千分之四

13.废业注册,每一件银元五元。

14.注册之更正、变更、注销,每一件银元一角。

第七款及第十二款之注册费如无一定之债权金额时,应依债权目的物之价格定注册费之标准。

第一款探矿权设立之注册及第四款采矿权设立创业注册所领矿区二方里以上者,应自二方里起算,每加一方里,探矿注册加费五十元,采矿注册加费一百元,所加不及一方里者亦以一方里论。

增区注册所增之区与原有矿区合计在二方里以上者,适用前项之规定。

第二章　注册程序

第一节　通　则

第十一条　关于矿业之注册,除法令别有规定外,非经呈请,或官署之命令或请求,不得为之。

依官署之命令或请求应行注册时,其注册程序,除法令别有规定外,准用呈请注册之规定。

第十二条　呈请注册,应由注册权利者及注册义务者,或其代理人为之。

前项之呈请,得以挂号邮信传送。

第十三条　因判决继承致发生注册事项时,得由注册权利者呈请注册。

第十四条　注册名义人表示之变更或更正,得由注册名义人呈请注册。

第十五条　左列各款应由官署证明注册原因,请求注册:

1.处分之限制。

2.因竞卖处分为矿业权之移转。

第十六条　矿业权之取消,或取消矿业权之取消之处分时,应由农商总长命令该管矿务监督署长注册。

第十七条　呈请注册者应提出左列文件:

1.呈文。

2.证明注册原因之文据。

3.注册原因须得第三者之允许或同意者,应附证明之文据。但其注册原因曾经司法官署之判决,或呈文内会同第三者署名盖印者,不在此限。

4.合办矿业之外国人,应附矿业条例第四条第三项之证明书。

5.由代理人呈请注册时,应附明代理权限之文据,但法人或合办矿业之代表人不在此限。

前项第四、五款之证明书,因他项事件业经提出于矿务监督署者,得免其再行提出。但矿务监督署长认为必要时,不在此限。

第十八条　呈文内应开具左列各款由呈请人署名盖印:

1.矿区所在地。

2.矿业权之注册号次。

3.呈请人之姓名、住址。

4.由代理人或代表人呈请注册时,其所代理或所代表者的姓名、住址。

5.注册原因及时日。

6.注册目的。

7.年月日。

第十九条　因左列各款呈请注册时,应附矿业执照:

1.矿区之合并、分割或订正。

2.矿业权之让与或抵押。

3.矿业权之继承。

第二十条　因左列各款呈请注册时,应附证明事实之文据:

1.呈请人为继承人时。

2.注册名义人之表示变更或更正时。

3.合办矿业权者因死亡而退伙时。

第二十一条　注册之顺序,以呈文收到先后为准。

第二十二条　左列各款之呈请无庸受理：

1.所呈事件不在管辖之内者。

2.所呈事件不在应行注册之列者。

3.当事人不具名，或不用挂号邮信递送者。

4.呈文不合程式者。

5.呈文所载矿业权或抵押权之表示与矿业注册相抵触者。

6.除第二十条第一款外，呈文所载注册义务者及合办矿业代表人之表示与矿业注册不符者。

7.呈文所载事项与证明注册原因文据不符者。

8.呈请时必要文件未备者。

9.违反第十九条之规定，不符矿业规定者。

10.不缴纳注册费者。

第二十三条　注册后查有错误或遗漏之处，应通知注册权利者及注册义务者。

关于矿业权表示之注册有错误或遗漏时，应于更正后通知之。

错误遗漏，除关于矿业权表示注册者外，凡呈请更正者，应依附记注册更正之。

前项注册更正之呈请，若有于注册上有利害关系之第三人时，应附第三者承诺文据，或足以对抗第三者之判决书。

第二十四条　呈请回复已注销之注册者，若有于注册上有利害关系之第三者时，应附第三者之承诺文据，或足以对抗第三者之判决书。

第二十五条　关于注册之呈文及其他文件，应正楷缮写，不得挖补。若有添注、涂改时，应于本文之末注明添注涂改之字数。关于银钱物品及年月日、号次等数字，应以壹贰叁拾等字记载。

第二节　关于矿业权注册之程序

第二十六条　矿业权之设立或变更之呈请已经核准者，矿务监督署长应于呈请人交纳注册费后为之注册。其因矿业权表示之变更或更正矿质名称注册者亦同。

第二十七条　合办矿业权者因死亡、破产或禁治产须退移时，得由注册权利者或注册义务者呈请注册。

第二十八条　依矿业条例第四十七条第二款之规定，为采矿权之设立或变更之注册时，应通知抵押权者。

前项抵押权者自受通知三十日以内，将抵押权之设立呈请注册。其抵押权之顺序，依抵押权者协定之顺序。

第三节　关于抵押权注册之程序

第二十九条　因矿业条例第四十七条第二款之承诺及协定为抵押权设立之注册者，得由注册权利者呈请之。

第三十条　抵押权设立之注册，应于呈请时抄附抵押原稿。

第三十一条　抵押权设立之注册，其债权若不以一定金额为担保之目的时，应于呈文内声明其债权之价格。

第三十二条　凡因债权一部之转让或代偿呈请为抵押权移转之注册者，应于呈文内声明转让或代偿之债权额。

第三十三条　呈请为抵押权之移转之注册时，应于呈文内声明抵押权是否与债权一并移转。

第三十四条　呈请为抵押权变更之注册，若有于注册上有利害关系之第三者时，应附第三者之承诺文据，或足以对抗第三者判决书。

第四节　关于注销注册之程序

第三十五条　矿业权因期满消灭者，应声明原因，呈请注销之注册。

第三十六条　矿业权因废业消灭者，得由注册权利者呈请为注销之注册。

第三十七条　因矿区之合并或分割为采矿权设立之注册。其合并或分割前之采矿权应行消灭时，应声明原因呈请为注销之注册。

第三十八条　关于有抵押权注册之采矿权，因废业为注销之注册者，应于注册时注明其矿业权在竞卖目的范围内仍继续存在。

抵押权者若不请求竞卖，或业已请求，复因他故取消时，应注明事由将矿业权继续存在字样注销。

除矿业条例第四十六条第二款、第六款之处分外，其抵押权注册之矿业权，因取消之处分有注销之命令时，准用前二项之规定。

第三十九条　抵押权因人之死亡致消灭时，得由注册权利者呈请为注销之注册。但须附足以证明死亡之事实证明书。

第四十条　注册权利者因不知注册义务者之踪迹，不能会同呈请为注销之注册时，得呈请矿务监督署长为公示催告。

前项之情事，若已有除权判决时，得由注册权利者呈请为注销之注册。但须附判决书。

第四十一条　除废业外，凡呈请注销注册，若有于注册上有利害关系之第三者时，应附第三者之承诺文据，或足以对抗第三者之判决书。

第四十二条　依第十五条之规定因竞卖处分，有矿业权移转注册之请求时，应将已注册之处分之限制注销。若有抵押权之注册，应一并注销。

第三章　异　议

第四十三条　凡以关于注册之处分为不当者，得于处分后三十日内拟具异议，经由矿务监督署长提出于农商总长。

第四十四条　异议不得新事实及新证据为凭据。

第四十五条　矿务监督署长认为异议不当时，应具意见书，随异议之呈文，呈报农商总长。其认为正当者，应为相当之处分意见。若已经注册者，应通知注册上之利害关系人，并将其意见随异议呈文呈报农商总长。

第四十六条　异议无停止执行之效力。

第四十七条　农商总长对于异议决定准驳后，应将决定书发交矿务监督署长，命其执行并通知注册上之利害关系人。

附　则

第四十八条　本条例自公布之日施行。

第四十九条　本条例施行前各地方官办商办或中外合办矿业，自本条例施行之日起六个月以内依本条例注册。

（《中华民国法令大全》增补再版）

二、矿业注册条例施行细则

民国三年五月六日　农商部令九十二号

第一章　簿　册

第一条　矿业册依第一号、第二号之程式分省县编制之。

前项矿业册事件之繁简，得于一县中分立数册，或合数县为一册。

凡一矿区跨数县者，应就其一县矿业册注册。

第二条　编制矿业册时，应将每册之页数于其册面标明之。每一矿区之注册，在探矿者以一页为限，在采矿者以两页为限。

前项之注册，如该页之全部或其一栏不敷记载时，应编制新矿业册，以同一注册号次接续记载。并于原册之注册号次旁，注明第一字样，于新册之注册号次旁，注明第二字样。

第三条　合办人名册依第三号及第四号之程式编制之。

前项合办人之名册，得合数县为一册。但其矿业册分县编制者，应附检目。

前条第二项之规定于合办人名册不敷记载时适用之。

第四条　矿区图应依注册号次编定之，并于各图记载注册号次及年月日。

第五条　注册收文簿依第五号之程式编制其号次，每年更换一次。

第六条　矿务监督对于注册事项，除矿业合办人名册及注册收文簿外，应置左列簿册：

1.通知簿。

2.矿业册抄览簿。

第七条　前条第一款之通知簿，记载通知事项，及其年月日，与通知令合盖钤印。

第八条　依《矿业注册条例》第九条之规定，呈请抄发矿业册或阅览矿业册及附属文件者，应于呈文中记载左列各款：

1.呈请人的姓名或名称及住址。

2.矿区所在地及注册号次，或足以表示矿区之事项。

3.呈请之目的。

4.年、月、日。

收受第七条之呈请时，应于矿业册抄览簿记载呈请事项，呈请人姓名或名称、收呈年月日、收呈号次，及抄发或阅览之年月日。

第九条　前条之呈请，应按照左列各款缴纳公费：

1.请发矿业册抄本者，每一页银元五角。

2.请发矿区图描本者，每矿区一方里银元二元五角。

3.请阅览矿册及附属文件者，每矿区每一小时银元二角五分。

第二章　注册程序

第十条　矿业册之注册号次栏记载探矿权或采矿权注册之次序。

表示栏记载关于矿业权之表示，及其变更消灭。并依《矿业注册条例》第三十五条或第三十九条之规定,所领矿区与他矿区相重复时,其矿业权之限制等事表示。号次栏记载表示栏内所载注册事项之次序。探矿册事项栏记载关于探矿权之设立、移转、处分之限制,并合办矿业权者之退伙等事。

采矿册甲种事项栏记载关于采矿权之设立,移转及处分之限制,并合办矿业权者退伙等事。

采矿册乙种事项栏记载关于抵押权之设立、变更、移转、消灭及处分限制等事。事项号次栏记载事项栏内所载注册事项之次序。

第十一条 注册时于表示栏有所记载,应注明收呈年月日,注册之目的,其他关于矿业权之表示各事项、及注册年月日。并于表示号次栏及表示栏划纵线以与余白分界。

于事项栏有所记载,应注明收呈年月日、收呈号次、注册权利者之姓名或名称、住址、注册原因,及其所记时日、注册之目的、其他关于应注册之权利各事项、及注册年月日。并于事项号次栏及事项栏划纵线以与余白分界。

第十二条 附记注册,应以本注册之号次记载于事项号次栏,并于其号次之左侧注明附记某号。

前项附记注册,应于本注册事项号次之左侧,记载附记注册之号次。

第十三条 矿业权设立或移转之注册,如注册权利者为多数时应将代表人之姓名或名称及住址,并其代表原因,记载于矿业册,另将合办矿业权者之姓名或名称及住址,并代表人之姓名或名称,记载于合办人名册。

前项合办人名册之记载,应注明注册号次及事项号次于备考栏。

第十四条 因合办矿业权者表示之变更、更正或退伙而注册时,应于合办人名册备考栏,记载注册原因及其事项号次,并将原注册之事项以朱线涂销之。

第十五条 于合办名册有所记载时,应于矿业册所载注册事项之末,记载合办人名册所载之号次。

第十六条 于合办人名册记载合办矿业权者之姓名或名称及住址时,应将合办人名栏最后之纵线延长于号次栏、代表人栏及备考栏内,以与余白分界。

第十七条 为变更或更正之注册时,应将被变更或更正之注册事项以朱线涂销之。

第十八条 矿业权之设立、变更或表示之变更,应于注册时,将矿区图编订之册数及页数记载于表示栏所载事项之末。

第十九条 注册完毕时,应另纸记载注册号次、收呈年月日、事项号次及注册年月日,粘存于证明注册原因文书之末,钤用署印,发还注册权利者。另以通知令记载注册号次、注册原因、注册目的、收呈年月日、事项号次,及注册年月日,盖用署印,发交注册义务者。

注册时无证明原因之文书者,应按前项之规定,以通知令发交注册权利者。但关于矿业权之设立、变更或表示之变更者,须添附矿业执照及矿区图。

前二项应行发交文件,如注册权利者或注册义务者于多数时,得发交其中之一人。

第二十条 矿业权因取消或废业而注销之注册时,应于表示栏记载其原因及年月日,即将该矿区之注册部分注销。

第二十一条 呈请回复已注销之注册时,其注册程序,应于注册号次栏记载新号次。注明前注册号次于其左侧,并于表示栏记载回复之原因,将其注销前注册事项重行注册。如注销者系注册事项之一部,应依附记注册记载其事项。

前项之规定,依职权解除取消处分之注册准用之。

第二十二条 依《矿业注册条例》第三十五条或第三十九条为矿业权设立或变更之注册时,应于表示栏记载其原因,并他矿业权之注册号次及其重复之关系。对于他矿业权所注册之表示栏,亦为同一之记载。

前项之情事,如其中一矿业权消灭时,应于有重复关系之他矿业权所注册之表示栏,记载其原因,并以朱线涂销其所消灭之注册事项。

第二十三条 以数采矿权为抵押权之目的,而就其中之一采矿权为抵押权设立之注册时,应于其采矿权所注册之乙种事项栏内,标明他采矿权之注册号次,及矿区所在地,并记载其同为抵押权目的之原因。

第二十四条 经前条之注册后,如其中一采矿权或抵押权为消灭之注册时,应于他采矿权所注册之乙种事项栏,附记其抵押权消灭原因,并以朱线涂销其所消灭之注册事项。

第二十五条 以属于数矿务监督署管辖之数

采矿权为抵押权之目的，如其中一采矿权或抵押权为消灭之注册时，矿务监督署长应将消灭之事由及注册年月日，通知各该矿务监督署长。

矿务监督署长受前项之通知时，准用第三十九条之规定，将其通知事项记载之。

第二十六条　关于数矿务监督署管辖之数矿区，因同一注册原因呈请为抵押权设立之注册时，应于最初呈请注册之矿务监督署，缴纳注册费之金额，挈取收据。

依前项之规定缴纳注册费者，应收费之矿务监督署长咨明各该管矿务监督署长。

呈请人向各该管矿务监督署呈请注册时，应呈验第一项之收据。

前三项之规定，因同一注册原因之矿业权或抵押权处分之限制咨请或函请注册时准用之。

第二十七条　凡注销注册按照注册条例注册后，应将所注销之注册事项以朱线涂销之。

第二十八条　因《矿业注册条例》第四十七条及第四十八条之竞卖，经他官厅咨请或函请为采矿权移转之注册时，除准用第三十三条之规定注册外，应更为移转之注册。

前项之情事，应于原注册之表示栏注明注册事项业经移入新注册缘由。

第二十九条　注册时，于矿业册或合办人名册之各栏记载既毕，应由注册官分别盖章。

附　则

第三十条　本细则自公布之日施行。

（《中华民国法令大全》）

三、审查矿商资格规则

第一条　各省财政厅收受请办矿业禀件，除按照矿业条例查明所请矿地是否合例，有无纠葛外，应切实查明矿商之籍贯、来历，及其资本是否充足实在，有无影射含混，详报农商部备查。

第二条　矿业条例第五条规定之代表人，应按照本规则附表程式，开具详细履历，取具且实保结二份，随文呈送。

第三条　矿商代表人履历书内，应由本人亲笔签名，并盖名章。以后一切禀件，均照此签名盖章。

前项代表人履历书后，应附合办矿业人简明履历，由各该本人亲笔签名，并盖名章。以后一切禀件，须由该合办矿业人等半数以上照样签名盖章。其余未签名者，由代表人亲笔注明各该本人未能签名盖章之理由。

前项代表人及合办人，均应署其素所习用之名。如用别号或改新名，须将其原名注明履历书内。倘经官厅察觉始声称改名者，应将禀请全案注销。

第四条　出具保结人应具左列各项资格之一：

1.商会会长、副会长。

2.资本在三万元以上，曾在农商部注册之公司或商店之董事代表人或总经理。

前项商会、公司或商店，以在矿商代表人生长地，或其现在营业地，或其矿地所在地之道区域内者为限。保结内除出具保结人亲笔签名，并盖名章外，须盖用其所属商会、公司或商店之图记。

第五条　履历书与保结，应用一纸联写。

第六条　履历书及保结查有虚伪时，依左列各款，分别判断：

1.发现在注册以前者，注销其禀请案。

2.发现在注册以后者，撤销其矿业权。

第七条　财政厅审查合格之履历书及保结，应由厅长及厅长指定之审查员一人签名盖章证明，于详请发照时，附送一份于农商部。

（附表程式略）

（《中华民国法令大全》补编）

四、农商部呈拟定审查矿商资格规则文（附批）

民国四年五月二十四日

为拟定审查矿商资格规则开具清折恭呈仰祈钧鉴事，窃查矿务条例施行以来，各省矿务日形发展，其中殷实商民热心办矿者，固不乏人。而来历不明，资本无着，只凭一纸空文，取得矿权，藉端转售，影射招摇者，亦复在所不免。迁流所及，影响甚巨。现时各省矿务即经设立专科，商民较前称便。禀请之案，必见增多，则审核之方，亦宜加密。查矿务条例，未经规定矿务资格。故历来矿务各署对禀请办矿之案，大抵就其程序加以审查，至其人资产是否殷实，来历是否可靠，率以例无考核明文，未经深查，矿案纠葛，多由于此。亟应厘定办法，以便遵循而资综核。兹拟定审查矿商资格规则共七条，事实求其详明,条理归诸简易,原始要终,期与现行矿务条例并行不悖。如蒙核准,当由本部通行遵照。所有拟定审查矿商资格原由,是否有当,敬乞钧鉴,训示遵行。

谨呈

批令:呈悉,所拟规则意在规定矿商资格,以示限制而杜纠葛,应准照办。即由该部通行遵照。规则存。

此批

(《中华民国法令大全》补编)

五、小矿业暂行条例

第一条 凡在《矿业条例》施行前禀准探采各矿,煤矿矿区不满二百七十亩,其他各矿矿区不满五十亩者,均称为小矿,适用本条例之规定。

第二条 前条小矿之矿权者,应于本条例公布后一年内赴该管财政厅禀请注册换照。

前项小矿执照,由农商部颁发各财政厅填印转发。

第三条 前条小矿矿照之有效期限自注册之日起算为三年。但得于期满前禀请展限。

第四条 小矿不得与外人合股或借用外国资本。

第五条 禀请换给小矿执照者,依左列各款交纳注册费:

甲　煤矿

1.不满五十亩者,二十元。

2.五十亩以上一百亩以下,四十元。

3.一百亩以上二百亩以下,六十元。

4.二百亩以上二百七十亩以下,八十元。

乙　其他各矿

1.不满二十亩者,二十元。

2.二十亩以上三十亩以下,四十元。

3.三十亩以上四十亩以下,六十元。

4.四十亩以上五十亩以下,八十元。

第六条 《矿业条例》第七十八条、第七十九条、第八十条、第八十一条、第八十二条、第八十三条之规定,于小矿均适用之。

第七条 小矿商由县知事查明品行端正为合格,不适用审查矿商资格之规定。

第八条 本条例自公布日施行。

(《中华民国法令大全》补编)

六、农商部呈拟定小矿业暂行条例文(附批)

民国四年七月十一日

为拟定《小矿业暂行条例》缮具清折恭呈仰祈钧鉴事。窃查《矿业条例》第十六条,内载有煤矿矿区以二百七十亩以上方十里以下,其他各矿以五十亩以上,五方里以下为限。等语。旋于三年四月间,经本部通饬各省,凡矿区面积不及条例所定最低限者,限于条例颁布后一年内自行扩充或合并,否则查明封禁在案。在本部立法之初,原欲限制零星小矿,组成大矿,以促矿业之进行。乃自《矿业条例》颁布以来,直隶、河南等省,纷纷以矿区限制过严为言。本部熟权缓急,又默察各省小矿情形,若不量予变通,实有窒碍难行之处。兹特拟定《小矿业暂行条例》八条,并附说明,期与《矿业条例》相辅而行。如蒙核准,即由本部通行遵照。所有拟定《小矿业暂行条例》缘由,是否有当,敬乞钧鉴训示遵行。谨呈。

批令:准如所拟办理,即由该部通行遵照。请折存。此批。

(《中华民国法令大全》补编)

七、延展小矿业暂行条例注册期限文

民国五年十月十七日　农商部呈准

本部所定《小矿业暂行条例》八条,曾于上年七月十一日呈准施行在案。查此项条例,原为体恤小矿商起见,故于矿业条例外,特定此变通办法,并于该条例第二条规定,凡于《矿业条例》施行前,取有小矿矿业权者,应于本条例公布后一年内,赴该管财政厅禀请注册换照。现在期限已满,所有小矿商,业经遵限办理者,固不乏人,而地处偏僻者,尚多未经注册换照。兹据山西矿务总局呈称:"晋省小矿商,多系资本微小,苦力经营,仅资糊口,是以自《小矿业暂行条例》颁布以来,呈请者殊属无几。恳请将该条例第二条所订注册期限延展一年。"等语。尚属实在情形,拟即准予展限一年,并通行各省财政厅一体遵照办理,以昭划一。此项暂行条例俟矿法修改完善,经国会议决公布后再行呈请废止。所有拟延展《小矿业暂行条例》注册期限缘由，是否有当，理合呈请鉴核示遵。

谨呈

（《中华民国法令大全》第三编）

第四节　权度、烟酒、印刷、典当、饮食等管理

一、权度营业特许法

民国四年一月六日公布　法律第二号

第一条　制造权度之营业，须禀报请农商部核准，发给特许执照。

贩卖或修理权度之营业，须禀请地方行政长官核准，发给特许执照，并转达农商部备案。

第二项之特许执照，由农商部颁发。

第二条　权度营业之特许，自发给特许执照之日起满十五年为期。

前项期满后，如愿继续营业者，须依第一条之规定办理。

第三条　受制造或修理权度营业之特许者，须依左列各款交纳保证金后，方得开始营业：

1.制造度器者，一百元。

2.制造量器者，一百元。

3.制造衡器者，二百元。

4.修理度量衡器，三十元。

第四条　兼营度量衡器制造业者，得以左列各款交纳保证金：

1.制造度器、量器及衡器者，三百元。

2.制造度器及衡器者，二百五十元。

3.制造量器及衡器者，二百五十元。

4.制造度器及量器者，一百五十元。

第五条　前两条之保证金，得以国债票及农商部认定之有价证券充之。

第六条　保证金应于第二条特许期满，或虽未届期满而自行停止营业时发还之，并附以每年三厘之利息。

前项之利息，以交纳现金者为限。

第七条　依本法或权度法之规定取消其营业之特许者，并没收其保证金。

第八条　受制造或修理权度营业之特许者，须备价承领标准器。

第九条　有左列各款情事之一者，不得受权度营业之特许：

1.受五等有期徒刑以上之刑，执行尚未终了者。

2.受破产之宣告者。

3.褫夺公权者。

4.依权度法第二十二条之规定，受刑法之宣告，自执行终了之日或免除执行之日起，尚未经过一年者。

5.依本法及权度法之规定，受权度营业特许之取消处分后，尚未经过一年者。

未成年者或禁治产者由法定代理人禀请权度营业特许者，其法定代理人有前项各款情事之一时，亦依前项之规定办理。

第十条　已受权度营业之特许者，有左列各款情事之一时，应取消其特许：

1.受四等有期徒刑以上之刑者。

2.有前条第二款或第三款之情事者。

3.依权度法第二十二条之规定受刑法之宣告者。

第十一条　无特许执照私营制造、贩卖或修理权度之业者，处以五百元以下之罚金。

第十二条　本法施行日期，以教令定之。

（《中华民国法令大全》增补再版）

二、全国烟酒公卖暂行简章

民国四年五月二十日　财政部呈准

第一条　政府整顿全国烟酒，规定公卖办法，以实行官督商销为宗旨。

第二条　全国烟酒公卖法未颁布以前，烟酒公卖事务，暂行按照本章程办理。

第三条　凡本国制销之烟酒，均应遵照本章程办理。

第四条　各省设烟酒公卖局，酌量烟酒产销情形，划分区域，设置分局，名曰某省第几区烟酒公卖分局。

第五条　公卖分局于所管区域内分别地点组织烟酒公卖分栈，招商承办，由局酌取押款，给予执照，经理公卖事务。

第六条　凡商民买卖烟酒，均应由公卖分栈代

为经理。

第七条 已设公卖局地方，应将原有之烟酒各项税厘、牌照税及地方公益捐等，暂由公卖局代收分拨。

第八条 公卖局应酌量商情给予公卖分栈以相当之经费。

第九条 公卖分局每月于所辖区域内先期规定烟酒公卖价格，陈报各该省局核定后，通告各分栈遵照施行。

第十条 烟酒销售，应由公卖局核计其成本利益及各税厘捐等项外，体察产销情形，酌量加收十分之一以上至十分之五，定为公卖价格，随时公布之。

第十一条 凡分栈发售烟酒，如有私自增减公卖价格者，应由公卖局处以相当之罚款。

第十二条 各省公卖局征收款项，就近交存各该省支金库。并按月列表报部，听候核拨。

第十三条 商民如私卖酒，当照另订稽察专章，从严惩罚。

第十四条 家酿自食者，经公卖局许可给照，每家每年以百斤为限，仍照章征收公卖费。无照者一律严禁。

第十五条 公卖局检查方法，以制定之印照、簿据、单票证明之，不另收费。印照上标明分量，由公卖局印制，发给公卖分栈，派员查验粘贴。

簿据、单票，由公卖局制定式样，发给公卖分栈遵用。

第十六条 各省原有之税厘，均暂照各省核定之数征收。

第十七条 凡商店贩卖烟类、酒类，均须于包裹及盛储器具上分别贴用公卖局印照，方准出售。以便稽察。有印照与货数不符者，应照专章罚办。

第十八条 凡在本省运销，经甲区公卖分局检定贴有印照者，如运至乙区时毋庸再贴。其运至他省销场，仍应由该处公卖局检定价格，加贴印照。

第十九条 稽察私销、私运等事项，各该地方官厅应帮同局员按照专章办理，同负责任。

第二十条 本章程施行细则由各省局体察地方情形详细规则，详请本部核定施行。

第二十一条 本章程如有未尽事宜，得随时修正呈准施行。

（《中华民国法令大全》补编）

三、管理印刷营业规则

民国八年十月二十五日公布　内务部呈准

第一条 凡以机械或印版及其他化学材料印刷中外文书、图画为营业者，依本规定管理之。

第二条 凡为印刷营业者，无论专业兼业，均应先行呈报，得该管警察官厅许可，给予执照后，方准营业。

本规则施行前已为印刷营业者，应依前项之规定，补行呈请给照。

第三条 已受警察官厅许可之印刷营业，关于其呈报之情况有变更，应随时另行呈请许可。

第四条 印刷营业者于承受委托印刷物时，应随时开具印刷物目录，呈送该管警察官厅。

警察官厅接到前项目录后，如认为有违犯出版法第十一条禁止出版之情形时，得调取其印刷物或原稿检查之。检查后，如确有违反出版法第十一条禁止出版之印刷物，应禁止其印刷。

第五条 违反本规则第二条、第三条之规定者，课该印刷所经理人五十元以下五元以上之罚金。至补行呈经该管警察官厅许可之日止，得停止其营业。

前项之规定，呈报不实者亦同。

第六条 违反本规则第四条之规定者，准用出版法第十五条、第十六条、第十七条办理。

第七条 关于本规则之施行细则，由各该地方警察官厅定之。

第八条 本规则自公布日施行。

（《中华民国法令大全》第三编）

四、广东省修正当按押章程

（一）当、按、押等店，如在省会及南海县属之佛山、石湾、九江，番禺县属之河南，顺德县属之大良、陈村及容奇、桂州、龙江、龙山，东莞县属之石龙，新会县属之江门、外海，香山县属之石岐、小榄，新宁县属之公益，三水县属之西南、芦苞，高要县属之广利，澄海县属之汕头，茂名县属之梅菉，曲江县属之韶关，琼山县属之海口等处繁盛区域开设者，当店岁交银二百元；按店岁交银四百元；押店岁交银六百元。此外无论在何处开设者，当店岁交银一百五十元；按店岁交银三百元;押店岁交银四百五十元。

该当、按、押店如系新开者,均照正饷加交一倍。唯押店新张费银六十九元四毫五仙。

(二)交到一年税饷,即行发给执照、告示各一张,俾资遵守。倘经期满,即作无效。

(三)当店断续期限准以三年为期;按店两年为期;押店以一年为期。过期不赎,准该店变卖还本。如期满民间清利转票,任听其便,不得稍阻。

(四)当、按、押店当入货物,每当本十元,每月准其取息三毫,多少照此推算,唯当、按等店岁饷略轻。当店每年冬季减息三个月,按店岁底减息一个月,均每当本十元,准其每月取息二毫,不得稍加情弊。如违,查究。

(五)该当、按、押店所交税项如年期已满,准其携带原照禀交新饷,换领执照。

(南京第二历史档案馆)

五、京师警察厅订定管理饮食物营业规则

第一条　凡以饮食物为营业者,本规则均适用之。所谓营业者,分类如左:

(一)饭庄、饭馆、酒铺,及零售饮食物者。

(二)大小旅馆之供人饮食馔者。

(三)摆列棚摊,售卖饮食物者。

(四)挑担售卖饮食物而游行无定者。

第二条　凡左列各项饮食物不准售卖:

(一)牛羊猪鸡鸭及其他禽兽等之病死或朽坏者。

(二)鱼虾及其他水族之陈腐者。

(三)各种瓜果蔬菜之坏烂或不熟者。

(四)浆酪饮料之陈腐及污秽不洁者。

(五)酒品之有毒质药料,如信石、鸽粪之类者。

(六)过宿之生熟食品,其颜色臭味皆恶者。

第三条　凡铺店之厨灶,不得接近便溺处所,致染秽气。

第四条　凡铺店之泔水桶及泄水处所,须勤加冲洗,不得污秽。

第五条　凡铺店之水缸,须每日洗刷一次。

第六条　凡饮食物,应备相当器具为之存贮,并许盖护纱罩、纱橱等物,以免污染尘土,招集蝇蚊。

第七条　凡铺店所用之刀勺锅盏及其他铁器,务须勤加拂拭,不得任其生锈。

第八条　凡铺店所用之瓦器瓷器等物,不得积有垢腻。其为竹木各器,尤宜清洁。

第九条　凡饮食物不得加以染色及含有毒质之颜料。

第十条　凡熟食物不得以铅质器具煮卖。

第十一条　凡饮食物用水防腐者,不得用泥污不洁之水。

第十二条　违反第二条之规定者,查明,按照违警罚法第四十七条课罚。

第十三条　违反第三条至第十一条之规定者,如经警察人员查见,得随时饬令改良。其有不遵者,仍照前条之例课罚。

第十四条　本规则自公布之日施行。

(《中华民国法令大全》三编)

六、京师铺底转移税章程

民国十年六月二十九日奉部令批准公布

第一条　本章程对于京师城乡内外凡有铺底商号,于铺底转移时适用之。

第二条　凡商号铺底转移时,新业主于契约成立后,须即呈报京师警察厅行查。俟厅批准后,再持铺底字据赴商会加盖证明戳记,于一个月内,即赴左右翼税务公署内铺底转移税处,呈验字据,照章报税。

第三条　铺底转移税税率,现定为值百税二。

第四条　新转移铺底之商号,于警察厅批准后,不依所规定一个月之期限内报税者,除应纳定率之税额外,得加课十分之一至十分之三之罚金。若逾半年以上者,得照应纳税额二倍至三倍处罚。

但实因特别障碍,不能在一月内交纳,曾经事前声明理由,呈由公署批准宽限者,不在此例。

第五条　交纳铺底税款时,如查有匿报倒底原价者,除另换税纸,改正执照,补交短纳税额外,并处以左列之罚金。

匿报原价十分之一以上至十分之三者,处罚应纳税额之二倍。

匿报原价十分之三以上至十分之四者,处罚应纳税额之三倍。

匿报原价十分之四以上至十分之五者,处罚应纳税额之四倍。

匿报原价十分之五以上者,处罚应纳税额之五倍,或由铺底转移税处依照所报价目收买,另行拍

卖之。

第六条 凡新转移铺底商号，至左右翼税务公署所设之铺底转移税处报税后，由本处发给执照一纸，呈由财政部加盖部印，以资证明。

第七条 新铺户报转移税时，必须呈报公署铺底转移税处呈请注册。注册费得分等差交纳。

铺底倒价在三百元以下者，交纳注册费国币二角。

五百元以下者，交纳注册费国币四角。

一千元以下者，交纳注册费国币六角。

由一千元起，铺底倒价每增一千元，即增纳注册费国币二角。

第八条 铺底税执照，应用三联单式，一联本处存根，一联执照交付纳税人收执，一联汇呈财政部存查。

第九条 凡有违犯本章程第四条、第五条者，经本公署铺底转移税处，按照所犯款目，算定罚款数目，得发罚款通知书，通知被罚人。

被罚人接到罚款通知书后，仍不依所定期限交纳罚款者，得由公署执行延纳处分，实行财产之扣押。

第十条 收税官署应将所收铺底税、注册费暨罚金各款，按月解交财政部，并应将所收上列各款暨存根、照据各数目，分别填具清册，呈报财政部备查。

第十一条 凡有违犯本章程第四条、第五条所规定各项者，如有人举发，经本公署查实后，得于所收罚款内提成奖励之。但所提成数不得过十分之三。

第十二条 本章程施行后，所有京师城乡内外商号新转移之铺底，并未遵章纳税，经本公署给予执照者，于诉讼时失其凭证之效力。

第十三条 凡商号无论新旧倒价铺底，其中如有建筑费在内，应即另行提出，照章报纳契税，不得笼统归入铺底报税，希图避重就轻。

第十四条 关于铺底转移课税事项，本章程规定如有不完备者，得随时增订呈请财政部修正之。

第十五条 本章程经财政部核准后，自公署公布之日施行。

附：铺底验照章程

第一条 凡本章程施行前京师城乡内外旧有铺底之商号，均须各持本铺铺底连套字据，先至商会呈验加盖证明戳记后，再行邀同铺保，亲赴左右翼税务公署内铺底转移税处，遵章验领铺底执照，以定权利。

前项验照期限，自民国十年九月一日起至十一月三十日止，以三个月为限。

第二条 查验旧有铺底，得分等差交纳执照费：

铺底倒价在一千元以下者 纳税一元

二千元以下者，纳税二元。

三千元以下者，纳税三元。

四千元以下者，纳税四元。

五千元以下者，纳税五元。

六千元以下者，纳税六元。

七千元以下者，纳税七元。

八千元以下者，纳税八元。

九千元以下者，纳税九元。

一万元以下者，纳税十元。

万元以上之铺底，交纳执照费均以十元为度，不得增加。

第三条 呈验铺底转移字据后，由本公署铺底转移税处发给执照一纸，以资证明。

第四条 验照各商铺，铺底倒价在一千元以下者，应交纳注册费国币二角。由一千零一元起，每增一千元，应增纳注册费国币二角。

第五条 旧有铺底之商号，逾限并未呈验者，一经查出，除令交纳验照费外，仍应照新税率值百抽二补税。

第六条 向无铺底之商号，亦须于民国十年十一月前具呈声明，俟经公署查验相符合，得批准免除纳税。

第七条 凡未经呈验之铺底字据，遇有诉讼事件始行发觉时，应俟判决确定后，即行呈验，其呈验时如已逾验照期限，除交纳验照费外，仍应照新税率值百抽二补税。其未满一年者，准照前项章程第四条规定处罚。其已满一年者，得由公署加重处罚，或没收其铺底权利，另行拍卖之。

前项漏税应得之处分，应归原有铺底之商号负其责任。

第八条 凡抵押借款之旧铺底白字据，应由债权人代为呈验。其验照费、注册费应归债务人负担。遇有前项漏税时，其应得罚金处分，应由债权人债务人各负其半。

第九条 本章程施行后，仍在验照期间，即十一月前，如遇有商号倒底，其旧铺底白字未经呈验者，新业主除照章交纳新税外，并须补交旧字据验照费、注册费。

第十条 收税官署应将所收验照费、注册费款按月解交财政部，并填具清册呈送备核。俟验照结算后，所有办事出力人员得择优呈请财政部核奖，以示鼓励。

第十一条 本章程如有未尽事宜，得随时增订，呈请财政部修正之。

第十二条 本章程经财政部核准后，自公署公布之日施行。

(《中华民国法令大全》第三编)

七、农商部咨各省巡按使、各都统、京兆尹公司条例所定利息股份等项请饬遵令变通办理文

民国四年十二月十三日

本年十二月十八日。本部具奏公司条例所定利息股份二层拟请变通办理一折。奉批令准如所拟变通办理，交政事堂饬法制局查照。此令。等因。饬遵到部。查公司条例所定利息股份二层，即经呈准变通办理。嗣后凡属公司自应一体遵照。又查近来各公司禀请注册章程内所定董事额数以及提存公积金往往与条例不符，批饬修改，需延时日，与商事行政贵求迅速之旨不无相悖。兹特分别解释，附录于后，请一并饬遵。相应恭录批令连同原呈咨行贵巡按使查照办理。

关于董事及公积金之解释：

一、股份有限公司董事数额，条例虽未明定，然依照第一百五十七条规定，有董事执行业务，以其过半数决之等语。是董事数额当然应为三人以上，并须定为奇数，方与条例相符。

二、股份有限公司之公积金，依照条例第一百八十三条规定，公司分派盈余时，应先提存二十分之一以上为公积金，是公司公积金不得少于盈余总额二十分之一，并须先提此项公积金，然后分派官息红利等项。

(《中华民国法令大全》补编)

第四章　商标注册

第一节　商标法

一、商标法

民国十二年五月三日公布

商标者何，即商人表彰自己商品的标识。凡商人售卖商品，一面要表明自己的商品精良，一面又要防止他人的假冒，于是使用一种显明的标识作为特别的表彰。此种表彰商品的标识就是商标。商人于其商品上使用一种商标，则对于购买之人既可增进其信用，而对于同业商人亦可以杜绝冒版之流弊，于商业前途关系甚巨。此商标之所以视为重要也。但商人使用商标必其可以排斥他人之使用。而后商标之效用乃全此种排斥他人使用的效力，谓之商标专用权。取得商标专用权者，即可以禁止他人使用同一之商标，设或商标专用权被人侵害时，国家必尽力为之保护商标专用权。如何取得就是注册。注册之程序如何，国家保护之方法如何，均须以法律规定之。规定此程序及方法之法律，谓之商标法。

第一条　凡因表彰自己所生产、制造、加工、拣选、批售或经纪之商品，欲专用商标者，须依本法呈请注册。

商标须用特别显著之文字、图形、记号或其联合式为之。商标须指定所施颜色。

第二条　左列各款之一，不得作为商标呈请注册：

1.相同或近似于中华民国国旗、国徽、国玺、军旗、官印及勋章者。

2.相同或近似于红十字章，或外国之国旗、军旗者。

3.有妨害风俗、秩序或可欺罔公众之虞者。

4.相同或近似于同一商品习惯上所通用之标章者。

5.相同或近似于世所共知他人之标章，使用于同一商品者。

6.相同或近似政府所给奖章及博览会、劝业会等所给奖牌、褒状者。但以自己所受奖者作为商标之一部分时，不在此限。

7.有他人之肖像、姓名、商号或法人及其他团体之名称者，但已得其承诺时不在此限。

8.相同或近似于他人注册商标失效后未满一年者，但其注册失效前已经有一年不使用时，不在此限。

第三条　二人以上于同一商品以相同或近似之商标，各别呈请注册时，应准实际最先使用者注册。其呈请前均未使用过，或孰先使用无从确实证明时，得准最先呈请者注册。其在同日呈请者，非经各呈请人协议妥洽让归一人专用时，概不注册。

第四条　本法施行前以善意继续使用五年以上之商标，于本法施行后六个月以内，依本法呈请注册时，不依第二条第五款及第三条规定之限制，准予注册。但商标局认为必要时，得令其将形式或使用之地位加以修改或限制。

第五条　同一商人于同一商品使用类似之商标，得作为联合商标呈请注册。

第六条　外国人民依关于商标互相保护之条约欲专用其商标时，得依本法呈请注册。

第七条　因商标注册之呈请所生之权利，得与其营业一并移转于他人。

承领前项之权利者，非呈经更换原呈请人之名义，不得以之对抗第三人。

第八条　凡在中华民国境内无住所或营业者，非委托在中华民国境内有住所或营业所者为代理人，不得为商标注册之呈请及其他程序，并不得主张商标专用权或关于商标之权利。

第九条　前条代理人之选任、更换或其代理权之变更、消灭，非呈经商标局核准注册，不得以之对抗第三人。

第十条　商标局于商标有关系之代理人，认为不适当者得令更换。代理人既令更换后，商标局得将其关于商标所代理之行为无效之理由。

第十一条　商标局于居住外国，及边远或交通不便之地者，以职权或据呈请，延展其对于商标局所应为程序之法定期间。

第十二条　凡为有关商标之呈请及其他程序者，延误法定或指定之期间时，其呈请及一切程序得作为无效。但认为确有事故窒碍时，不在此限。

第十三条　凡声明事由，呈请关于商标之证明图样之摹绘及书件之查阅或抄录者，商标局除认为须守秘密者以外，不得拒绝。

第十四条　商标自注册之日起，由注册人取得商标专用权。商标专用权以呈请注册所指定之商品为限。

第十五条　凡以普通使用之方法而表示自己之姓名、商号或其商品之名称、产地、品质、形状、功用等事者，不为商标专用权之效力所拘束。但自商标注册后，以恶意而使用同一之姓名、商号，不在此限。

第十六条　商标专用期间，自注册之日起以二十年为限。

依第六条所定以外国注册之商标呈请注册者，其专用期间以该注册国原定之期间为准，但不得逾二十年。

前二项之专用期间得依本法之规定呈请续展，但仍以二十年为限。

第十七条　商标专用权得与其营业一并移转于他人，并得随使用该商标之商品分析移转。但联合商标之商标权不得分析移转。

第十八条　商标专用权之移转，非经商标局核准注册，不得以之对抗第三人。其以商标专用权抵押时亦同。

第十九条　商标专用权除得由注册人随时呈请撤销外，凡在注册后有左列情事之一者，商标局得以其职权或据利害关系人之呈请撤销之：

1.于其注册商标自行变换或加附记以图影射使用者。

2.注册后并无正当事由迄未使用已满一年，或停止使用已满二年者。

3.商标权移转后已满一年，未经呈请注册者。但因继嗣之移转不在此限。

前项第二款之规定于联合商标仍使用其一者，及以兼在外国注册之商标，于注册国已使用或未停止使用者不适用之。

商标局为第一项规定所撤销之处分，应先于六十日以前示知商标专用权者或其代理人。

因受第一项所定撤销之处分，有不服者，得于六十日以内，依法提起诉愿于农商部。

第二十条　商标专用期间内，废止其营业时，商标专用权因之消灭。

第二十一条　商标专用或其专用期间续展之注册违背第一至第五条之规定者，经商标局评定作为无效。

第二十二条　商标局应备置商标簿册，注录商标专用权或关于商标之权利，及凡经核准注册之商标分别注录之于商标簿册并发给注册证。

第二十三条　商标局应刊行商标公告，登载注册商标及关于商标之必要事项。

第二十四条　商标专用或其专用期间续展之注册，应由呈请人于呈请时照缴规定之注册费。但经商标局核驳时应发还之。

第二十五条　呈请注册者应就各商品之类别，指定其所使用商标之商品。

前项商品之分类方法，另以施行细则定之。

第二十六条　商标局于有呈请商标专用权期间续展之注册时，由审查员审查之。审查后认为合法者，除以审定书通知呈请人外，应先登载于商标公报，俟满六个月别无利害关系人之异议或经辨明其异议时，始行核准。

第二十七条　商标呈请人对于核驳有不服者，自审定书送达之日起三十日以内，得具不服理由书呈请再审查。

对于再审查之审定有不服时，得依法诉愿于农商部。

第二十八条　左列事项得由利害关系人请求评定：

1.依第二十一条规定其注册应无效。

2.应认定商标专用权之范围者。

违背第一条或第二条一至第六款之规定，其注册应无效者，审查员得请求评定。

注册之商标违背第二条第七款、第八款，第三条至第五条规定者，自登载商标公报之日起已满三年时，概不得请求评定。

第二十九条　请求评定时，应呈请求书于商标局。凡关评定事项，各当事人所呈之书状，商标局应抄示对手，令依限具书互相答辩，并得发诘问书，令之陈述。

第三十条　评定以评定委员三人之合议，以其过半数决之。

评定委员由商标局长就各该事件指定之。

评定委员于该事件有利害关系或向曾参与者，应行回避。

第三十一条　评定得就书状评决之，但认为必要时，应指定日时，传集当事人口头辩论。关于评定之各当事人延误法定或指定之期间时，评定不因之中止。

第三十二条　关于评定事件，有利害关系者得于评定终结以前，呈请参加。其准驳应询问当事人，并由评定委员会合议决之。

参加人为关于评定之行为与其所辅助当事人之行为相抵触者无效。

第三十三条　对于评定之评决有不服时自评定书送达之日起三十日以内得请求再评定。其一切程序适用关于评定之规定。

第三十四条　对于再评定之评决有不服时，得于六十日以内依法提起诉愿于农商部。

对于前项诉愿之决定有不服时，以其决定违背法令为限，得依法提起行政诉讼。

第三十五条　关于商标事件经评定之评决确定后，无论何人不得就同一事实及同一证据请求为同一之评定。

第三十六条　关于商标专用权之事项有提出民事或刑事诉讼者，应俟评定之评决确定后，始得进行其诉讼程序。

第三十七条　凡非营利事业之商品有欲专用标章者，须依本法呈请注册。

前项之标章，准用关于商标之规定。

第三十八条　商标注册费及其他关系商标事件应缴之公费，其数额于施行细则定之。

第三十九条　犯左列各款之一者，处一年以下之徒刑或500元以下之罚金，并没收其物件。

1.使用他人注册商标于同一商品，或使用附有他人注册商标之容器、包装等于同一商品，或以此种商品交付或贩卖者。

2.意图令人使用于同一商品，而以他人注册商标或以附有他人注册商标之容器、包装等交付或贩卖者。

3.意图自行使用或令人使用于同一商品，而伪造或仿造他人之注册商标者。

4.以伪造或仿造之注册商标使用于同一商品，或意图令人使用同一商品，而以之交付或贩卖者。

5.以使用伪造、仿造商标之同一商品交付或贩卖者。

6.以使用与他人注册商标相同或近似之商标之商品，交付贩卖，或意图交付贩卖，而自外国输入者。

7.关于同一商品，以与他人注册商标相同或近似之商标，使用于营业所用之广告、招牌、单票，及其他交易字据者。

前项第一、第二款及第五、第六款交付或贩卖之罪，其意图交付或贩卖而持有之者，亦同。

第一项各款之罪，须被害人告诉乃论。

第四十条　犯左列各款之一者，处六个月以下徒刑，或200元以下之罚金。

1.以诈欺取得商标专用权者。

2.以未注册而冒称注册之商标使用于商品，或以此种商品交付贩卖，或意图交付贩卖而持有之者。

3.以未注册而冒称注册之商标表示于营业所用之广告、招牌、单票，及其他交易字据者。

第四十一条　依第三十九条应没收之物件，于判决前，经被害人之请求，得估计相当价值，宣告交付被害人。

被害人之损害额超过前项交付物之估价时，其不足之数仍得诉请赔偿。

第四十二条　证人、鉴定人及通译，对于商标局及其嘱托之行政或司法官署为虚伪之陈述者，处六个月徒刑或二百元以下罚金。

犯前项之罪者于该案之审定或评定以前自白者，得减轻其刑罚或免除之。

第四十三条　依第三十九条至第四十二条所定关于商标之罪罚及赔偿损害，其审理及执行关于外国人民时，有条约特规定者，依现行条约办理。

第四十四条　本法自公布之日施行。

二、商标法施行细则

民国十二年五月八日公布

第一条　凡以商标呈请注册者，每一商标，依本细则第三十六条所定商品之类别，缮具呈请书，并附呈商标图样五纸及商标印板一枚。但印板得于呈请后六十日内续呈。

第二条　指定商标所施颜色呈请注册者，应就其所指颜色附呈着色之图样。

第三条 商标图样应用坚韧光洁之纸料，以墨笔绘之，长及宽以新定营造尺计均不得过五寸(即十六公分)。

第四条 商标印板应用木板或金属细网板及其他活板宜于印刷者，长及宽，以新定营造尺计均不得过四寸(即十二公分八公厘)，厚不得过八分(即二公分五公厘六)。

第五条 商标局认为必要时，得令商标注册之呈请人另呈关于商标之说明书及续呈商标图样。

第六条 以商标法第二条第六款至第八款所定之商标呈请注册者，应证明依各该款规定得准注册之事实。

第七条 依商标法第三条之规定，呈请注册者，倘于呈请前业经使用时，应证明使用该商标之事实及其年月日。

第八条 依商标法第三条之规定，须经各呈请人协议者，商标局应指定相当期间，通知各呈请人议定呈报。

已逾前项期间尚未议定呈报时，视为未经妥洽者。

第九条 以与注册商标相似之商标作为联合商标呈请注册者，应附呈其注册商标之原注册证。

前项呈请之商标已经注册时，应于附呈之原注册证填列其注册号数，由商标局盖印发还。

第十条 依商标法第七条第二项承顶注册呈请之权利者，更换原呈请人名义时，应与原呈请人连署，并附呈其为合法承顶及移转该营业之证明的字据。

第十一条 依商标法第十条第一项令代理人更换时，应并通知该代理人。

第十二条 呈请商标专用期间续展之注册者，应于期满三个月前呈请，并附呈原注册证。

凡在商标专用期满前，虽已逾前项期限，仍得加缴另定之公费，为前项之呈请。

第十三条 以商标专用权之移转呈请注册者，应附呈系与其营业一并移转之证明字据。

第十四条 商标专用权因继嗣而移转呈请注册者，应附呈原注册证及其合法继嗣之证明字据。

第十五条 商标专用权因让与或其他事由而移转呈请注册者，应由关系人连署，并附呈原注册证及其移转之证明字据。

第十六条 以商标专用权之分析移转呈请注册者，应声明使用其移转商标之商品。

第十七条 以联合商标中一种商标专用权之移转呈请注册者，更应同时呈请他种商标专用权移转之注册。

第十八条 因废止营业撤销其商标专用权时，惟注册名义人得呈请之。

撤销其注册之一部分者，应声明业经废止其营业之商品。

第十九条 凡有关于商标注册或其他程序之各项书状，定有程式者，应各依其程式。

第二十条 凡由代理人为关于商标之呈请或其他程序者，应附呈其代理权之证明字据。但法人之经理或代表人以其法人名义为之者，不在此限。

第二十一条 凡由外国人为关于商标之呈请或其他程序者，应并呈国籍证明书，及在中国境内现有确实工商业营业所之证明书。如为外国法人应附呈其为法人之证明字据。

第二十二条 代理凭证或国籍证明书，及其他必须附呈之字据，原系外国文者，应用华文译呈。

凡以书状为关于商标之各项呈请，有对待人或关系人者，应添具副本。

第二十三条 关于商标之呈请或其他程序违背商标法令所定之程序及其程式，或不缴额定之公费，又所呈书状、图样、印板不明晰或不完备者，商标局得令订正补充或改换之。

第二十四条 本细则所规定之期间及依商标法或本细则所指定之期日与期间，商标局得以职权或据请求变更之。

请求日期与期间之变更，遇有对待人或关系人之事件，非经询据同意，或有显著之理由，不得核准。

第二十五条 依商标法第十二条声明窒碍者，应详载事实与其发生及消灭之年月日。

为前项声明时，应并补足其延误之程序。

第二十六条 凡呈请人或其代理人之姓名、商号、住所或印章有更换时，应从速呈报商标局，无住所者，更换其寓所或营业所时，或商标专用权者更换其印章时亦同。

姓名或印章之更换应附呈证明书。

第二十七条 关于商标之呈请所呈之书状或其他物件，应注明商标名称及呈请人姓名。已注册者，应并注明其商标号数。

第二十八条 书状或物件之呈递，均以商标局收到时日为准。

第二十九条 商标局之审定、评定及其他书件,应送达于呈请人及其关系人。

商标局无从送达之书件,均于公报公示之。自刊登公报日起满三十日,视为送达者。

商标局于代理人之选任未经注册者,所有书件之送达,以付邮之日为准。

第三十条 呈送关于商标之证据及物件,由呈送人预行声明请领者,应于该案确定后六十日以内领取。

第三十一条 凡由商标局抄给之书件,应由主管人员注明与原本无异字样,并加盖名章。

第三十二条 商标注册证,应依一定书式粘附商标图样,由商标局盖印发给。

第三十三条 商标注册证有遗失毁损时,商标专用权者得声叙事由,加以证明,呈请补给。

依前项规定补给注册证时,其旧注册证以公报宣示无效。

因商标无效之决定确定,或经裁决及其他事由销灭其商标专用权者,应令缴还商标注册证,并以公报宣示之。

第三十四条 关于商标之注册所应缴之注册费如下:

1.商标专用权之创设,或商标专用期间之续展,每件银四十元。

2.商标专用权之移转分甲乙两种。

甲.因于继嗣之移转,每件银十元。

乙.因于让与或其他事由之移转,每件银二十元。

3.注册各事项之变更或涂、销,每件银二元。

前项各款注册费,联合商标均减半数。

第三十五条 依商标法或其他法令,为关于商标之各项呈请所应缴之公费如下:

1.呈请商标之注册,每件银五元。

2.更换商标注册原呈请人之名义,每件银五元。

3.请求补给注册证,每件银三元。

4.呈请商标权专用期间续展之注册,每件银五元。

5.商标专用期满前已逾定限呈请展期之注册,每件银十元。

6.请求撤销他人商标之注册,每件银五元。

7.请求发给证明,每件银一元。

8.请求摹绘图样,每件银一元至二十元。

9.请求抄录书件,每百字银二角,不满百字亦同。

10.请求查阅书件,第件银二角。

11.请求再审查,每件银二元。

12.请求评定或再评定,每件银五元。

13.请求参加,每件银五元。

前项第一款、第二款及第四款之公费,联合商标均减半数。

第三十六条 商标注册之呈请人,应依下列各类指定使用其商标之商品,但其类别未能指定者,得由商标局指定之。

第一类:化学品药料、药品及医治用品,树脂、胶磷、石灰、矿泉,食盐(各种药材及丸散膏丹、绷带、海绵等均属之)。

第二类:颜料、油漆及涂染用料。

第三类:香料、香品及不属别类之化妆品。

第四类:胰皂。

第五类:不属别类之洗刷膏,沃料品(洗粉、牙粉、其他洗刷膏液等属之)。

第六类:不属别类之金属及其粗工品(金类之条索、板片、银、镍、汞及合金等均属之)。

第七类:不属别类之金属制品(熔铸、雕镂、打压、编缀之物均属之)。

第八类:钢锋利器(针、钉、刀、削等属之)。

第九类:贵金属或其仿造物、铅、镍及其制品,或雕镂品之不属别类者(合金、镀金品等属之)。

第十类:珠玉宝石类或其仿造物,及其制品或雕镂品之不属别类者。

第十一类:矿物类。

第十二类:石质或其仿造物,及其制品之不属别类者。

第十三类:灰泥土沙及三合土类(水门汀、石膏土、沥青、土砂、火山灰等属之)。

第十四类:陶器、瓷器、土瓷、砖、瓦类。

第十五类:玻璃及其制品与珐琅制品之不属别类者(搪瓷、景泰蓝等属之)。

第十六类:树胶及其制品。

第十七类:不属别类之机械,器具及其各附件(蒸汽机,发电机,风力,水力等机,缝纫机,印刷机,消火器等属之)。

第十八类:理化学、医术、测量、照相、教育等用之器械、器具及其各件(电信、电话机件,化学试验器械，外科用器械，留声机，眼镜，算数器类属之)。

第十九类:农工器具。

第二十类:运送用机械、器具及各件。

第二十一类:钟表与其附属品及其各件。

第二十二类:乐器。

第二十三类:军用火器、猎枪、花焰、爆竹以及其他炸裂物。

第二十四类:蚕种及茧。

第二十五类:棉、葛、麻、苎、羽毛类及其粗制品。

第二十六类:蚕丝。

第二十七类:棉纱。

第二十八类:毛纱。

第二十九类:麻纱及不属前三类之丝纱类。

第三十类:丝织品。

第三十一类:棉织品。

第三十二类:毛织品。

第三十三类:麻织品。

第三十四类:不属前四类之织品。

第三十五类:丝类中不属别类之编捻、绣品及绦带、须络。

第三十六类:冠服领袖巾纽及其他服浴品。

第三十七类:床榻及不属别类之室内装饰品。

第三十八类:各种酒品及曲酿。

第三十九类:冰汽果汁清暑饮料。

第四十类:酱油、酱及醋。

第四十一类:糖、蜜。

第四十二类:茶及咖啡。

第四十三类:干点及面包。

第四十四类:不入别类之食料、食品，熏、渍、腌、腊及罐装食品。

第四十五类:兽乳及其制品或其仿造品。

第四十六类:谷、蔬、果品、种子、谷粉、淀粉及其制品(曲种、葛粉、冻豆腐等属之)。

第四十七类:烟草。

第四十八类:烟具及袋物。

第四十九类:纸及其制品(邮筒、账册、纸捻等属之)。

第五十类:文具。

第五十一类:皮革及不入别类之制品(皮包类等属之)。

第五十二类:燃料。

第五十三类:火柴。

第五十四类:油蜡。

第五十五类:肥料。

第五十六类:竹木及竹木皮。

第五十七类:不入别类之竹、木、藤，竹、木皮等制品及其涂漆、藻绘品。

第五十八类:骨角、牙介类不入别类之制品及其仿造品。

第五十九类:草藁及其制品之不入别类者(绳、笠、席、草帽编等属之)。

第六十类:伞、扇、杖、履及其附属品。

第六十一类:灯及其各件。

第六十二类:刷子及鬃。

第六十三类:玩具及游戏具。

第六十四类:图画、照片、书籍、新闻杂志。

第六十五类:不列入别类之商品。

第三十七条　本细则自公布之日施行。

第二节　商标局布告、通告

一、商标局布告

民国十二年十一月十六日

为布告事:查自本年五月商标法法令公布施行。所有前清奏定之商标注册试办章程业经当然废止。依照现行商标法施行细则第三十四条及第三十五条规定，创设专用权每件银四十元，呈请注册每件银五元，较之前清试办章程第二十三条原定，注册给照每件关平银三十两，呈请挂号每件关平银五两，本已稍廉。且华洋各商如以前曾经遵照试办章程在津沪两海关挂号，并曾交纳公费关平银五两，取有海关收据为凭者，现将此项商标依法来局呈请注册时，并得仅交注册费四十元，而免其五元之呈请费。即以呈验海关收据抵充，藉免重收，而示公允。此项办法业经呈奉农商部核准，令行到局，内开:“呈悉。查该局所请，前经海关挂号，并曾交过关平银五两，取有收据为凭之商标注册，拟令仅交银四十元，而免其五元之呈请费，即以呈验海关收据抵充一节，应即照准。除由本部分咨外交部及税务处转饬遵办外，合行令仰遵照，此令。”等因，奉此，除应遵照办理外，合行布告周知，此告。

二、商标局通告中外各商

民国十三年三月十三日

为通告事:查本局自办理商标注册以来,中外商人来局呈请者为数颇多,兹为便利检阅起见,于商标外另编英文记录,以求完备。此后中外各商凡欲呈请商标注册者,希将商号名称、地址暨呈请人姓名、地址,通用英文字样明白开列,随文件附送来局,以便汇编,特此通告。

三、商标局布告

民国十四年六月二十四日

为布告事:查商标法第四条所定六个月限期截止时日,曾于民国十二年十一月及上年二月、六月暨十二月间,迭径呈奉农商部准予展限,并指定截至本年六月三十日止为限满之期。业经先后通行各在案,本局近又迭据外商声称,“各国商家在华使用商标者为数甚多,中国商标法颁布未久,商家远处海外,对于商标法第四条之意义,尚多不能明了。加以上年军兴,交通不无阻梗。现时各地商家纷纷询问注册事项。屈计续展期限又将届满,而呈请手续颇为繁重,非促所能从事。所有商标法第四条规定之期限,可否再予续展,以利进行。”等语,查现时商标法公布虽已两载,而各地商情或尚不无隔阂。加以军事甫告结束,交通未尽便利,邮寄迟滞,呈请延期。该商人等所称各节自属实情。本局为体恤商艰起见,拟再依据商标法第十一条之规定,将商标法第四条规定之期限,续展至民国十四年十二月三十一日为止,以利推区,而昭公允。此项办法业经呈奉农商部核准,令行到局。除由部分别咨行外交部税务处及各省区公署,并令行各实业厅暨东省特别区管理局转知华洋各商一体遵照外,合行布告周知,此布。

(《商标公报》第38期,1925年7月20日)

四、商标局公告

民国十四年十二月

查商标法第四条所定六个月限期,截止时日迭经展限至民国十四年十二月三十一日为止,并经通行在案。现迭据华洋各商呈请续予展限,兹再依据商标法第十一条之规定呈准农商部,将商标法第四条之期限,续展至民国十五年六月三十日为止。除通行外,特此公告。

第五章　督导工商团体

第一节　商　会

一、商会法

民国四年十二月十四日　法律第十一号

第一章　总　纲

第一条　本法所谓商会者，指总商会及商会而言。

第二条　总商会及商会均为法人。

第二章　组　织

第三条　各地方最高行政长官所在地及工商业总汇之各大商埠，得设立总商会。

第四条　各地方行政长官所在地或所属地工商业繁盛者，得设立商会。

同一行政区域有必须设置两商会者，或跨连两区域有必须特别设置商会者，经农商部认可后，亦得设立商会。

第五条　设立总商会时，须由该区域内有合会员资格者五十人以上发起，依左列各款详拟章程，经由地方最高行政长官咨陈农商部核准后，方得设立。

设立商会时，须由该区域内有合会员资格者三十人以上发起，依左列各款详拟章程，经由该地方行政长官详请地方最高行政长官咨陈农商部核准后，方得设立。

1.名称、区域及所在地。

2.关于会董额数及选举之规定。

3.关于职员权限及选任、解任之规定。

4.关于会议之规定。

5.关于会计之规定。

6.关于调处工商业者争议之规定。

第六条　总商会、商会会员不限人数。但以该区域内中华民国之男子具有左列资格之一者为限：

1.公司本店或支店之职员为公司之经理人者。

2.各业所举出之董事为各业之经理人者。

3.自己独立经营工商业或为工商业之经理人者。

第七条　有左列各款之情事之一者，虽合前条之资格，亦不得为总商会之会员：

1.剥夺公权者。

2.受破产之宣告尚未撤销者。

3.有精神病者。

第八条　总商会、商会之职员如左：

会长。

副会长。

会董。

第九条　总商会：会长一人，副会长一人，会董自三十人至六十人。商会：会长一人，副会长一人，会董自十五人至三十人。

第十条　总商会、商会得置特别会董，但不得逾会董全数五分之一。

第十一条　会长、副会长、会董、特别会董均为名誉职。

第十二条　总商会、商会应于各该会所在地设事务所。

总商会、商会于其区域内因有特别情形认为必要时，得设分事务所。

第十三条　凡设有商会分事务所者，该商会分事务所一切事务，即由该商会额定会董中住居或营业于该分事务所区域内者，作为分事务所董事执行之。

第十四条　依前条之规定，分事务所之董事有二人以上时，由该商会会董中公推一人为该分事务所董事长。

第十五条　总商会、商会事务所及分事务所得设办事职员。

第三章　职　务

第十六条　总商会、商会之职务如左：

1.筹议工商业改良事项。

2.关于工商业法规之制定、修改、废止,及与工商业有利害关系事项,得陈述其意见于中央行政长官。

3.关于工商业事项答复中央行政长官,或地方行政长官之调查或咨询。

4.调查工商业之状况及统计。

5.受工商业者之委托,调查工商业事项或证明其商品之产地及价格。

6.因赛会得征集工商物品。

7.因关系人之请求,调处工商业者之争议。

8.关于市面恐慌等事,有维持及请求地方行政长官维持之责任。

9.得设立商品陈列所、工商学校,或其他关于工商之公共事业,但须经农商部核准。

第十七条 总商会除前条各款外,并得办理左列事项:

1.因各商会之请求,得调处商会间之争议。

2.于中央行政长官或地方行政长官委托之事件,有必要时,得商同各商会处理之。

第四章 选举及任期

第十八条 会董由会员投票选举。会长、副会长由会董投票互选。

会长、副会长及会董选定后,须经由地方最高行政长官或地方行政长官报告农商部。

第十九条 特别会董由会董推选富有资历或工商业之学术、技艺、经验者充之。

推选特别会董后,应依前条第二项之规定办理。

第二十条 会员皆有选举权及被选举权,但有被选举权者之年龄,须在三十岁以上。

第二十一条 每选举时,一选举人有一选举权。

第二十二条 选举用记名投票法,由选举人自行之。

第二十三条 会长、副会长、会董,均以二年为一任期,其中途补充者,须按前任之任期接算。

第二十四条 会长、副会长及会董任期满后再被选者得连任。但以一次为限。

第二十五条 新选之职员任职,旧职员方得解职。

第五章 会 议

第二十六条 商会得开定期会议及特别会议。

第二十七条 定期会议分年会、职员会。年会每年一次。职员会每月二次以上。特别会议无定限。

第二十八条 左列各款事件,须有会员三分之二以上到会,得到会者三分之二以上同意,方得决议:

1.变更会章。

3.职员之退职、除名及停止被选举权。

3.清算人之选任及关于清算事项之决议。前项第一款之决议非经农商部核准,第三款之决议非经地方最高行政长官核准,不生效力。

第六章 解职及处罚

第二十九条 职员有左列各款情事之一者,得令解职:

1.因不得已事故经开会议决准其退职者。

2.遇有第七条所列情事之一者。

3.职员故意旷弃职务,经开会议决令其退职者。

职员有违背法令或妨害公安之行为确有证据者,农商部或地方最高行政长官得令其退职。

第三十条 职员有营私舞弊或为不正当行为,致妨害商会之名誉信用者,得由商会议决除名。

依前项规定受除名处分者,自除名之日起二年以内,停止商会职员之被选举权。

第七章 经 费

第三十一条 总商会、商会经费为左列二种:

1.事务所用费。

2.事业费。

前项事务所用费由会员负担之。

第三十二条 总商会、商会经费之预决算及其事业之成绩,每年须编辑报告刊布之。

第三十三条 总商会、商会除以前条之规定办理外,每年须将其事业之成绩报告农商部。农商部得调取总商会、商会之预算决算。

第八章 解散及清算

第三十四条 商会之解散须经会员四分之三以上到会及到会者三分之二以上之议决。

前项之议决,非经农商部核准,不生效力。

第三十五条 解散后之商会在清算期内,仍视为继续存在。

第三十六条　商会解散时，得依议决选任清算人。如选任后有缺员时更行补选。

第三十七条　清算人无可选任时，得由该地方行政长官或地方最高行政长官指定之。

第三十八条　清算人代表商会，有执行清算上一切事务之权。

第三十九条　清算人所定清算及处理财产之方法，须经商会议决。

若商会不议决或不能议决时，清算人得自行决定清算及处理财产之方法，但非经地方最高行政长官核准，不生效力。

第四十条　商会解散后若有未了之债务，应由会员分担之。

第九章　附　则

第四十一条　总商会、商会得联合组织全国商会联合会。

全国商会联合会得设事务所。

前二项之规定须经农商部核准行之。

第四十二条　本法施行前原有之各商务总会，除设立地点不在地方最高行政长官所在地或工商业总汇之大商埠者应经农商部之查核改组为商会外，其余得依本法继续办理。

第四十三条　本法施行前成立之商务分会或分所，及同一区域内原有数商会而合于第四条之规定者，自本法施行日起，得于六个月以内，依第五条、第十二条之程序，改组商会或分事务所，其余均即裁撤。

第四十四条　本法施行前成立之工务总会或分会，自本法施行日起，一律裁撤，但得于六个月以内依本法与同地商会合组。其地原无商会者，亦得依本法改组商会。

合组或改组时，均应依第五条之程序，经农商部核准。

第四十五条　本法施行细则以教令定之。

第四十六条　本法自公布日施行。

（《中华民国法令大全》补编）

二、商会法施行细则

民国五年二月一日　教令第八号

第一条　总商会与商会不得设立于同一地方行政区域。但在本法施行前成立有必须并设之特别情形，经农商部核准者，不在此限。

第二条　本法第四条第二项添设商会之认可，除在本法施行前成立者外，以距原有商会三十里以上商务同一繁盛，确有正当重要理由者为限。

第三条　全国商会联合会之组织及其权限，得以前经农商部核准之联合会章程办理。但其章程有变更时，须先经农商部核准。

第四条　已设公断处之总商会、商会，除依本法取消或改为分事务所者外，其依本法改组者，仍得附设公断处。但应俟改组成立后，另将公断处职员详具名册，经地方最高行政长官转请司法部及农商部核准。

附设公断处之总商会、商会，于本法第十六条第七款及第十七条第一款事项，均归公断处办理。

第五条　每届选举时，除依本法第二十一条及第二十二条规定外，应先期十五日以前通知各选举人，并请所在地地方最高行政长官或地方行政长官派员届时莅视，即日当众开票。

各当选人自受当选之通知后，逾十五日未有就任之声明时，得以票数次多者递补。

第六条　会长、副会长及会董等职员选定后，除详具姓名、年龄、籍贯、住地、商业行号，经由地方最高行政长官或地方行政长官转报农商部备案外，得即就职。但应于就职后将就职日期转报到部。其期满连任或中途补充者亦同。

第七条　本法第十五条办事职员，指依法选任职员以外之各项聘任员而言。

第八条　依本法第十二条第二项添设之分事务所，其组织及权限，由该总商会、商会全体会员半数议决之。

依本法第四十三条改设之分事务所，其组织及权限，由应改分事务所旧有团体与该商会协议决定之。

第九条　凡设有分事务所之总商会、商会，得就该会会董总名额中预行划定一名以上之名额，为该分事务所所在地应出当选人。

第十条　凡设有分事务所者，于分事务所与官署交涉事项及往来公文，均由各该总商会、商会行之。

第十一条　依本法第四十二条、第四十三条改组商会时，应先查明会员资格，就其确合本法第六条、第七条之规定者，认为新改组之商会会员。

第十二条　依本法第四十四条合组商会者，关于合组事项,应由原有商会调查工务总会或分会之会员中合于本法第六条、第七条之规定者,认为新合组之商会会员,协议行之。

依本法第四十四条改组商会时,适用前条之规定。

第十三条 总商会、全国商会联合会对于中央各部署及地方最高行政长官行文用禀,得用公函。

商会对于中央各部署及各地方自道尹以上各行政官署行文用禀,对于县知事行文得用公函。

总商会、商会及全国商会联合会自相行文均用公函。

第十四条 凡对于中央各部署行文,在总商会、全国商会联合会,除分报该管地方官署备案外,应经地方最高行政长官核转。在商会,应经地方行政长官详经地方最高行政长官核转。但有特别紧要情事时,不在此限。

第十五条 本法施行前原有旅外之中华商会、商务总分会,及其选任各职员等一切名称,应依本法分别改称为中华总商会、商会及会长、副会长、会董。

第十六条 旅外中华总商会、商会之成立,应依本法详拟会章,经该管或其附近之领事署转请农商部核准。

中华总商会、商会所在地附近并未设有领事者,其应经农商部核准事项,得禀请公使转行。

第十七条 旅外中华总商会行文各官署,除依第十三条第一项规定外,对于公使用禀,对于总领事以下得用公函。

中华商会行文各官署,除依第十三条第二项规定外,对于公使及总领事用禀,对于领事得用公函。

第十三条第三项规定,于旅外之中华总商会、商会亦适用之。

第十八条 总商会、全国商会联合会关防及商会钤记,均由农商部刊颁。其旧有关防、图记者,应并缴换给领,以归一律。

前项规定于旅外之中华总商会、商会适用之。

第十九条 本细则自公布日施行。

(《中华民国法令大全》补编)

三、商团组织大纲

民国六年三月 中华全国商会联合会呈经内务、陆军、农商各部联合批准

第一条 商会得依地方情形组织商团。

第二条 商团辅助军警维持市面,弹压乱匪。

第三条 组织商团时,应由商会会长拟具章程及操生名额。在军规则、课程表、商团名称、职员表,请由各该地方官转呈省长核准办理。由省长分咨内务、陆军、农商各部备案外,兼报明各该处军事长官备案。

第四条 商团职员如左:

商团团长一员。

商团副团长一员。

商团教练长一员。

商团总稽查一员,稽查员无定额。

商团庶务一员。

商团书记一员。

商团队长、排长(均照陆军编制)。

上列第三项之教练长,由商会会长同商团长聘请陆军出身,确具有军事学职者充任之。惟此项人员,应报由该管地方长官呈请省长转咨陆军部核准备案。

第五条 商团之在队操生,得照陆军步兵编制之。

第六条 团长由商会会董投票选举。其他各职员由团长商承商会会长遴选相当人员,由商会会长任用之。

第七条 总稽查、稽查由商会会董、会员中选任。

第八条 商团应受各地方长官监察。

第九条 商会会长有指挥监督商团之权。

第十条 商会董事监察商团筹划经费。

第十一条 商团之枪械,平时按照所编团额人数,请由该管地方长官呈请省长咨由内务、农商两部转咨陆军部核准,缴价给领。设因临时有紧急事实发生必须添置时,得由商会会长呈明详细情形,备价酌添领,以资保卫。

商团所有枪械应呈明地方长官烙印、编号,并于每年年终将枪械之种类、数目,及添置年月,详细列表,报由地方长官呈请省长分咨内务、陆军、农商各部,及该处军事长官,以备考核。

第十二条 商团之在队操生,以年满十六岁以上,三十五岁以下,品行纯正,确有商店职业者为限。

第十三条 商团在队操生之操防、勤务、学术课程由团长定之。

第十四条　商团在队操生以三学期为毕业，由商会会长给予文凭，呈报省长备案。

第十五条　商团之经费，由商会会董互选四人轮流管理之。

第十六条　工业繁盛之处，得设立工商团，本大纲适用之。

第十七条　本大纲自批准之日施行。

（南京第二历史档案馆）

第二节　工商同业公会

一、修正工商同业公会规则

民国七年四月二十七日公布
农商部令第四十五号

第一条　工商同业公会以维持同业公共利益，矫正营业上之弊害为宗旨。

第二条　工商同业公会之设立，以各地方重要各营业为限。其种类范围，由该处总商会、商会认定之。

凡属手工劳动及设场屋以集客之营业，不得依照本规则设立工商同业公会。

第三条　工商同业公会之设立，须由同业中三人以上之资望素孚者发起，并妥定规章，经该处总商会、商会查明，由地方长官呈候地方主管官厅或地方最高行政长官核准。并汇报农商部备案。

第四条　前项规章，应载明左列各款，经同一区域内四分之三以上同业者议决：

(一)名称及所在地。

(二)宗旨及办法。

(三)职员之选举方法及权限。

(四)关于会议之规程。

(五)关于同业入会及出会之规程。

(六)关于费用之筹集及收支方法。

(七)关于违背规章者处分之方法。

第五条　同一区域内之工商业者设立公会，以一会为限。

第六条　工商同业公会，不得以同业公会名义而为营利事业。

第七条　工商同业公会如有违背法令，逾越权限，或妨害公益时，地方主管官厅或最高行政长官得命解散，并报农商部备案。

第八条　工商同业公会之职员有违背规章之重大情事时，得由公会议决除名。

第九条　本规则施行前，原有关于工商业之团体，不论公所、行会或会馆等名称，均得照旧办理，但其现行章程规则，应呈由地方主管官厅或地方最高行政长官转报农商部备案。嗣后修改时亦同。

第十条　本规则自公布之日施行。

（《中华民国法令大全》第三编）

二、工商同业公会规则施行细则

民国七年四月二十七日公布
农商部令第四十四号

第一条　凡呈请设立工商同业公会时，须开具发起人之姓名、商号、年龄、住籍，陈明设立同业公会之必要理由，并将该区域内同业者之商号及经理人姓名表册，该处总商会、商会之证明文件，一并送核。

第二条　工商同业公会，得设立事务所。置总董一人，副董一人，董事十人至十五人，均为名誉职。

第三条　工商同业公会职员之选举及任期，得比照商会法第十八条及第二十条至第二十五条办理。工商同业公会之会议，得比照商会法第二十二条及第二十七条办理。

第四条　工商同业公会之办事情形，用费之筹集及收支决算，应于每年终汇报地方长官备案。

第五条　工商同业公会之图记，应遵内务部所定图章式样，长方各营造尺一寸五分，四边宽一分，文曰某地某业公会之章，于核准设立后，始得刊用之。

第六条:本细则自公布日施行。

（《中华民国法令大全》第三编）

第三节　商事公断处章程

商事公断处章程

民国二年一月二十八日公布

第一章　总　则

第一条　商事公断处应附设于各商会。

第二条　公断处对于商人间商事之争议，立于仲裁地位，以息讼和解为主旨。

第三条　公断处之评议场由各商会总理或协理酌量事之繁简分别设立。

第四条　公断处之经费，由各商会担任之。

第五条　公断处办事细则，由各商会拟定，报明各该地方长官核准后，转报司法部、工商部会核。

第二章　公断处之组织

第六条　公断处以左列职员组织之：

一、公断处长。

二、评议员。

三、调查员。

四、书记员。

第七条　各商会公断处应设公断处长一人。视事之繁简，得设评议员九人至二十人；调查员二人至六人；书记员二人至六人。

第八条　处长、评议员、调查员均为名誉职，但得酌赠三十元以内之酬金。书记员之薪金，由公断处各就地方情形酌量给与。

第三章　职员之选任及任期

第九条　评议员、调查员各于商会现任会员中互选之，以得票多数者当选。票数同者，抽签定之。互选适用连记投票法。

第十条　第九条之职员，于互选时，并须各照原额预选三分之一之候补人。

第十一条　处长于被选之评议员中互选之。

第十二条　书记员任用之规定，由评议长会同商务总理或协理酌定之。

第十三条　评议员、调查员之任期以二年为限。其续被选举者得连任，但连任不得逾二次。

第十四条　处长有事故不得到处，得以名次在前之评议员代理之。

第四章　公断处之权限

第十五条　公断处受理商事争议之案件，以左列各款为限：

一、于未起诉先由两造商人同意自行申请者。

二、于起诉后由法院委托调处者。

第十六条　已经起诉之案，无论出自商人申请或法院委托，在两造情愿息讼，对于法院均有撤回呈诉之权。

第十七条　评议员认为判断上必要之行为，而不得自为之者，得呈请管辖法院为之。

第十八条　评议员之判断，必须两造同意，方发生效力。

第十九条　两造对于评议员之公断，如不愿遵守，仍得起诉。

第二十条　评议员于公断后，两造均无异议，应为强制执行者，须呈请管辖法院为之宣告。

第二十一条　评议员对于理屈者，得酌征费用。其两造主张各有一部理由者，得使其平担费用。但不得逾系争物价额百分之二。

第二十二条　第二十一条费用之用途，评议员须向两造宣告，并须得其同意。

第二十三条　评议员得询问证人、鉴定人，但不得强制其出场或具结。

第二十四条　评议员判断前，须询问当事者，且于必要之时，或亲自或委托调查员调查争议之事实关系。

第二十五条　处长有处理处内一切事务之权。

第五章　公断程序

第二十六条　公断处接收两造诉书，须于三日内具通知书，嘱令两造于某日到场。其由法院委托者亦同。

第二十七条　公断之开始，必须两造到场，不得缺席之判决。

第二十八条　调查对于受委托调查之件，并自知其确实之证据者，应具报告书于受理之评议员。

第二十九条　处理商事争议时，以评议员三人或五人行之。

前项之评议员，各商会由处长于选员中抽签定之，临时公推一人为之长。

第三十条　公断之判决以投票行之。取决于多数。可否同数，评议长有决定之权。

第三十一条　处长认为签定评议员有回避之理由，得令其回避。

第三十二条　评议员对于签定事件，自认有应回避理由，得申请引避。

第三十三条　当事人对于签定评议员，认为有拒却理由者，得陈请拒却。

第三十四条　遇有应回避、引避或拒却时，处长应另行签定。

第三十五条　评议员理结后，须作成公断书，记载年月日，盖印署名，交付当事人。但既经起诉之件，并须呈送誊本于受诉法院。

第六章　职员之裁制

第三十六条　公断处之职员，确有渎职情事者，处长或商会总理，得按其情节令其退职或除其商会会员之名。

第三十七条　退职或除名之职员，当事人如因其渎职而受害，并得要求赔偿。要求赔偿须先向处长或商会总理行之。

第七章　附　则

第三十八条　自本章程实行后，以前各省所定之公断章程，概行废止。

第三十九条　章程之变更、废止，由司法部、工商部会商，以部令行之。

（《中华民国法令大全》）

第四节　北京旧商会

一、北京旧商会的组织概况和演变

解放以前北京市旧商会的组织，是随着政局的变化而变化的。早在旧商会产生以前，就出现了行会的组织，如刻字、成衣、瓦木作等行会约有三百多年的悠久历史。根据现在残存的碑文，可资稽考的，在清朝初期，就有颜料业、金业等行会。以后随着各行各业的发展，行会组织续有增加。从光绪年间的碑文上看，已经有金银号、钱业、汇兑庄、当行、绸缎、洋货、靴鞋、布行、煤油洋行、药行、酒行、首饰、古玩、玉器等十几个行业商会。

光绪三十二年(1906年)奉农工商部指示，在北京成立了京师商务总会。这是旧商会最早的组织。在此以前成立的行业商会就变为他的基层组织。当时的京师商务总会由恒裕金店执事冯麟霈为总理，交通银行执事袁鉴为协理。会内除设有坐办、理事、文牍、会计等机构办理日常工作外，并设有商事公断处，调解处理商事纠纷。

1914年到1928年间，改称京师总商会，总、协理改称为会长、副会长，取消坐办、理事，下设文牍主任及文牍、会计、庶务等科和商事公断处。并成立了采育、东坝、海淀三个地区性的事务所。此外，还成立过国货维持会、家庭工艺品所、工商调查处等。

1929蒋介石迁都南京以后，改称北平市商会，选出主席(相当会长)及常务委员、执行委员、监察委员等。下设两个办事机构：1.事务处。设秘书主任、秘书及文牍、庶务、会计、调查4科；2.商事公断处。设有处长、评议员、调查员等。除原有采育、东坝、海淀三个事务所外，又增设东安市场事务所。这时同业公会已增加到80个，单独会员《大企业公司》9个，当时本市的坐商约计在3万户左右。而加入会的不到1万户。虽经伪政权的社会、公安两局派员逐户命令各商户加入所属同业公会，但入会者仍然寥寥无几。

1937年日本统治时期，改称北平市总商会。会长是汉奸邹泉荪。他不择手段地卖国求荣，效劳侵略者。成立了采运社、经济恳谈会，并承包营业税等，严重地摧残着本市的民族工商业。这个时期，日寇对一些主要物资进行统制。商户在这种苟延残喘的局面下勉强维持，为了取得配给物资的资格，纷纷组织同业公会。当时新旧公会竟达150余单位。

抗战胜利后，在伪政权的指示下，首先整理市商会。于1946年3月改组为北平市商会。1947年9月又成立了工业会，将旧商会中工业行业，如机器制造、机制面粉及较大企业，共20余单位归工业会。直到解放后才重新改组整理。

旧商会从1906年开始成立，到1948年结束，共42年。在这段时间里，由于政局不断发生变化，旧商会的组织人事变动也很频繁。商会的变革有15次，历任会长的更换有11人。邹泉荪担任会长的时间最长，有10年之久，其次是孙学仕、冷家骥，各为6年。以上3人连续占据会长职位，把持会务达22年。之后，参加这个组织的行会，都是些历史悠久、资金雄厚、商誉赫赫的大型行会，如金银、当铺、米庄、绸缎、布业、鞋靴、颜料、糕点、古玩玉器等近20个行会。至于较小行会或还没有组织起行会的商户，是不吸收的，而且对于一些没有栏柜的手艺行业也是排挤的。如理发业根本就没有加入商会组织的资格。这就是旧商会封建性的强烈反映。

(按：理发业在旧社会被讥为低贱行业)。

二、北京旧商会组织年表

(1906年～1945年)

公元	名称	负责人			在伪政权及其他单位兼职	附设机构
		姓名	职务	代表企业		
1906年	京师商务总会	冯麟霈	总理	恒玉金店	四品衔知州	
(清末)		袁鉴	协理	交通银行	三品衔知州	
		丁浩	继袁鉴			
						商事公断处(民二成立)
1914年	京师总商会	冯麟霈	总理			采育、东坝、海淀事务所
(民初)		丁浩	协理			(原基础改组)
1916年	京师总商会	李青田	会长	宝恒金店		成立国货维持会
1917年	京师总商会	陈遇春	会长	德昌饭店		参加全国各界和平联合会
(军阀时代)		赵砚农	副会长	汇源银号		成立家庭工艺售品所
1918年	京师总商会	安厚斋	会长	宝华金店		
		金蕴卿	副会长	祥益绸缎庄		
1920年	京师总商会	王文典	会长	南洋烟草公司		
		陈佩衡	副会长	祥益绸缎庄		
1923年	京师总商会	孙学仕	会长	正明斋		成立工商调查处
		高保卿	副会长	太和酒店		
1925年	京师总商会	孙学仕	会长	正明斋		
		冷家骥	副会长	煤矿、米庄		

续

公元	名称	负责人				附设机构
		姓名	职务	代表企业	在伪政权及其他单位兼职	
		（冷连任常务董事六年，会长二届，以后成立主席团五人共同负责）				
1929年	北平特别市总商会	冷家骥	常务董事	米庄		
（国都南迁）		杨临斋	常务董事	临记洋行		
		白品三	常务董事	泰昌绸店		
		赵序臣	常务董事	米面庄		
		李文林	常务董事	致美楼饭庄		
1932年	北平市总商会	冷家骥	会长		农工银行襄理电车公司常务董事	
		下设常务董事四人				
1935年	北平市商会	邹泉荪	会长	公议局米庄		
		赵袭五	常务董事	天盛果庄		
		滕彤云	常务董事	裕长厚银号		
		崔耀亭	常务董事	德兴古玩铺		
		赵燕臣	常务董事	大北照相馆		
1938年	北京总商会	邹泉荪	会长	（连任十年）	华北政务委员会委员	成立采运社
（敌伪时代）			常务董事	（同上）		经济恳谈社
						包办营业税处
1945年	北平市商会整理委员会	杨绍业	召集人	义丰皮局		
（伪统治时代）		刘一峰	召集人	西鹤年堂		
		王佛容	整理委员	幸福木器行		
		柴碧岑	整理委员	敬记纸庄		
		刘仲霖	整理委员	福和祥绸缎店		
		赵文府	整理委员			

第五编　中华民国——国民政府时期的工商管理

（1928 年 ~ 1949 年）

概　述

《中华民国——国民政府时期的工商管理》，主要辑选了1928年至1949年中华民国中央政府公布实施的部分工商管理法规。这些法规，一方面反映了社会经济基础，一方面也反映了当时工商管理的基本状况。

民国期间，中国仍然处在半封建半殖民地社会，政治腐朽、战乱不断，经济发展畸形，民族工商业困难重重。帝国主义经济掠夺、军事入侵，有一大片国土沦为殖民地。日本侵略者在中国扶持着两个傀儡政权，使中国经济遭受极大破坏，中国人民灾难深重。

1928～1937年，国民政府奠都南京到抗日战争，是相对稳定时期。这期间，建立了工商管理体制，制定了各项经济法规。工商部1928年初建立，即以法令规章之制定，列为当务之急，延聘学术专家与商界闻望之人，会同该部人员组设工商法规讨论委员会，先后草订了多种重要法规。到1930年2月，两年左右时间，就公布各种经济法规109案。中华民国的主要法规，包括实业部、经济部等组织法，工业、商业、商标、公司注册、交易所、商会等工商管理法规，都是这个时期制订的。

1938～1949年，抗日战争发生后，以及第三次国内革命战争期间，国民党政府转入战时体制，推行战时经济政策。在工商管理上，突出了经济统制的特点。

本编选用了法规的一部分，原则上按现今工商行政管理范围编排采用的材料，以当时的中央政府的史料为主，同一法规选用最后的修正本。根据史料的具体情况，辑选全文或摘要的，标明公布实施日期。摘录材料注明出处。

本编除附件分八章。章节目，根据史料实况，能分则分。史料的时间，依原民国纪年。

（一）

1927年，南京国民政府成立，设工商部。1931年工商、农矿两部合并为实业部。1937年抗日战争发生，实行战时体制，改实业部为经济部。1938年所有中央经济机构全部并入经济部，内设农林、工业、商业及矿业等司，附属机构还有：资源委员会、全国度量衡局、商标局等。1940年至1941年经济部将农林及水利业务交给先后成立的农林部和水利部。1946年将资源委员会划出直隶行政院后，经济部下设工业、商业、电业、矿业、管制、国际贸易等司。1948年经济部又改为工商部。地方工商管理机构在省是建设厅或实业厅，直辖市（特别市）是社会局。一般县、市是县、市政府。

（二）

随着社会经济活动的发展，国民党政府陆续颁布了一系列关于加强登记管理的法规。1928年12月工商部颁布的《商业注册暂行规则》，登记事项和登记程序较之北洋军阀政府有充实和发展。1937年6月，公布施行第一个《营业登记法》二十九条，施行细则三十七条。1947年经济部重新拟订《商业登记法草案》七章六十三条，内容比原《商业登记法》更为详细具体。

我国抗战前之公司，系依照1931年7月1日施行之公司法及其施行细则规定组织，当时公司之种类计有无限公司、两合公司、股份有限公司、股份两合公司等四种。公司声请登记等手续，另订有公司登记规则。抗战期间，国家机关或地方机关与人民或其他团体或外国人合资组织公司者日多，此类公司情况特殊，于是1940年3月21日公布特种股份有限公司条例，以应当时需求。1942年5月间，订定特种股份有限公司条例实施办法。

原公司法施行十余年，因其条文缺乏伸缩性，对企业束缚过紧，不无窒碍之处；且在抗战期间，发生了政府与人民合组之公司，原公司法无此规定；纯粹外国公司亦付缺如；在抗战时期公布的有关公司的各种法规，名目繁多，因此有冶于一炉之必要，乃将原公司法加以修正，于1946年4月12日由国民政府公布施行。这个公司法对于公司组织分为5种，即：一、无限公司，二、两合公司，三、有限公司，四、股份有限公司，五、股份两合公司，此外，另订外国公司一章，订明有关外国公司的登记或认许等程序及手续。

1947年中各种公司经经济部核准设立登记者,计无限公司179家,两合公司18家,有限公司604家,股份有限公司1752家,股份两合公司2家,共2555家。其营业种类以经营国内外贸易一类者为最多,约540余家,次则为金融业约380余家,其次为运输业约290余家。公司所在地以上海市较多,重庆、天津、北京、青岛、汉口等市,浙江、江苏、四川等省次之,湖南、河南、陕西、山东、广东、福建、安徽等省又次之,其余各省仅有少数之公司。

1947年度外国公司核准认许者计387家,多设在上海、天津、厦门、汕头、广州、汉口等地,其国籍以属于英、美两国者占大多数。

合伙制在我国商业中亦甚普遍。所谓合伙乃指二人以上,互约出资,以经营共同事业,订有契约。合伙之习惯各地虽不相同,然大抵各合伙人中或系共同出资,或资本由某某担任,劳力由某某担任(即财产股、人股)。营利时,各合伙人按股均分,亏折时,各合伙人对于债务,亦按股分担无限责任。合伙的一切事务,除契约另有订定外,由合伙人共同执行。

(三)

民国时期的市场管理,主要是对交易所、牙行等进行的管理。抗日战争时,为配合全面持久作战,制定战时经济政策,对金融物价、重要物资加强统制。所谓统制即以政府的行政权力控制经济活动,使其有利于战争。

交易所主要是调节市场供需和促进企业之发展。抗战前夕,各地经核准设立之交易所:计有上海面粉交易所,上海华商证券交易所,上海金业交易所,上海华商纱布交易所,上海杂粮油米交易所,北平证券交易所,宁波棉业交易所,青岛市物品证券交易所,汉口市证券交易所,四明证券交易所,天津机制面粉交易所及重庆证券交易所等十数家。迨抗战开始后,上开各交易所,除重庆证券交易所,其余皆因各该地情势丕变,先后分别停业。1938年上海沦为“孤岛”时,沪上交易所曾有恢复营业之议,国民政府未予允许。当时后方的交易所(如重庆证券交易所)亦无形停顿。

抗日战争胜利后,上海工商业渐形恢复,为利导游资趋入生产途径,并使证券交易有合法之买卖,经经济部及财政部指派杜镛等为上海市证券交易市场筹备委员会委员,负责筹备交易所复业事宜,于1946年9月9日正式复业,并由经、财两部各派监理员一人,展开监理工作。

(四)

民国成立后,国内工商界渐知商标之重要,外商亦急欲为其商标取得法律保证,北洋军阀政府于中外各方敦促要求之下,于1923年5月商标法乃公布施行,商标局亦正式成立,隶属农商部,并将清政府海关挂号商标也接收核办。

国民政府在广东时,由大本营建设部、广东商务厅、实业厅、建设厅,先后办理商标注册,1925年9月12日并有修正商标条例公布。1927年国民政府奠都南京,成立全国注册局,办理公司、盐商、商标、矿业等注册事宜。1928年12月,全国注册局改组为商标局,隶属工商部。商标法于1930年5月6日国民政府公布,并明令1931年1月1日施行。工商部、实业部、经济部均先后领导过商标局。

自1928年至1947年上半年为止,商标局受理注册商标总数为48325件,其中新案注册39914件,北京、广州旧证重行登记8411件。注册商标本国籍26130件,占54%,外籍注册商标,英商6489件,占13.43%,德商5436件,占11.25%,美商4501件,占9.31%,日商3588件,占7.43%,瑞士商519件,占1.07%。其他如荷兰、意大利、瑞典、捷克、奥地利等。

(五)

民国期间的广告业,在大中城市有了一定的基础。当时有相当数量的广告经营单位,如报纸、书籍、杂志、电台以及专业性的广告社、广告公司和分散在各地的广告代理商等。此外广告的形式也多种多样,有邮政广告、交通广告、露天广告牌和店内广告等。当时政府对广告的管理却是有限的。全国仅有1936年10月内政部公布的《修正取缔树立广告办法》。根据这个办法,各地才陆续制定了一些地方性的广告管理法规,如重庆市政府于1942年9月公布的《重庆市管理广告规则》。当时,地方广告行业的领导机关是社会局,户外广告管理机关是公用局。广告管理的重点是户外广告,特别是户外广告中的社会广告,而经济广告并未作为管理的主要内容。

(六)

我国最早的工商团体,是由商人自动组织的。

如通商大邑之会馆，由一省一县旅外客商集合而成；也有按行业组织同业公所的；少数大都市，由于自然趋势，需要互相结合，而成立商会。

1809年清政府在各省设商务局，当时两江总督刘忠诚照会上海通商银行总董严信厚、丝业董事施则敬办理商务，议立商会。他们采取西商总会及各省商务局章程，定简章六条复命。主要内容是："明宗旨，通上下，联群情，陈利弊，定规则，追逋负"。1902年（光绪二十八年）正月十五日照章组成上海商业会议公所，设在上海南京路五昌里。这是按照政府章程组织的第一个工商业团体。

民国成立，工商部将章程重新整理，按当时各地组织商会的经验，参考日本商业会议所法，改订商会法案为六十条，在1914年公布，1915年农商部重行修正。1927年国民政府奠都南京，各商会有仍依旧法维持现状的，有改组委员制的，各省政府亦有另订单行条例付之实施的，商会法已无所适用。1929年工商部设立工商法规讨论委员会，拟具商会法四十四条。1938年又作了修正，并在工商业同业公会法的基础上，公布施行商业、工业、输出等业同业公会法规。

1941年3月27日经济部会同实业部公布《督导工商团体办法》共七条，详列督导人员的任务。为使督导工作取得经验，经济部于1943年曾派员分赴各重要地区执行督导工作。

1947年经督导依法成立的全国性商业团体有两个，即"中华民国银行商业同业公会全国联合会"、"中华民国钱业商业同业公会联合会"。

（七）

我国的东北（现为辽宁、吉林、黑龙江）自1931年"九·一八"事变起，到1945年9月3日日本帝国主义投降，共14年，沦为日本帝国主义的殖民地。日本帝国主义者经过策划，于1932年3月1日炮制出一个"满洲帝国"。这是一个傀儡政权。当时日本关东军司令庄繁毫不掩盖地说，"为了建设新政权必须做到，表面上由中国人统治，而实质上要掌握在我们手中。"日本帝国主义对东北的统治"是关东军司令部——满洲国政府——特殊会社三级执行体制。"他们先从组织上达到日满经济一体化的要求，紧接着就提出"中日经济提携、工业日本、农业中国"的殖民主义口号，从而达到霸占中国市场，掠夺中国丰富资源，奴役中国人民的目的。伪满洲国的成立及它的政治、经济活动，都是为日本帝国主义的统治和掠夺服务的。

伪满洲帝国用国家的名义制订了许多工商管理方面的法规。工商管理的职能，是分别由有关部门施行的。如凡欲经营重要产业（工业）、矿业者，统由产业部大臣许可；凡欲经营商业（会社）者，统由市辖所在区法院核准登记。现作为附录将涉及工商管理的16个单行法规摘编集纳，供研究这块殖民地的经济体制和工商行政管理工作参考。

第一章　工商管理体制

第一节　中央工商管理机构

一、1931 年成立实业部

1. 实业部管理全国实业行政事务。

2. 实业部对于各地方最高级行政长官执行本部主管事务有指示监督之责。

3. 实业部设置林垦署、总务司、农业司、工业司、商业司、渔业司、矿业司、劳工司。

4. 工业司掌管：

(1)关于国营化学、机械、冶炼以及其他工业之筹设及管理事项；

(2)关于民营化学、机械、冶炼及其他工业之奖励、保护、监督、改良及推广事项；

(3)关于制造品之征集、试验及检定事项；

(4)关于工业之专利及特许事项；

(5)关于国货之证明及奖励事项；

(6)关于工厂之登记及考核事项；

(7)关于工业技师之登记及考核事项；

(8)关于工业团体之登记及监督事项；

(9)关于工业标准事项；

(10)关于度量衡之制造、检定及推行事项；

(11)关于工业之调查及统计事项；

(12)关于其他工业事项。

5. 商业司掌管：

(1)关于国营商业之设计、管理事项；

(2)关于民营商业之奖励、保护、监督、改良及推广事项；

(3)关于商品陈列展览事项；

(4)关于商品检验事项；

(5)关于商号及商标登记事项；

(6)关于商业团体之登记及监督事项；

(7)关于商业金融及国际汇兑之调查及其调节之研究事项；

(8)关于交易所之登记及监督检查事项；

(9)关于保险公司及特种营业之核准登记及监督事项；

(10)关于会计师之登记及考核监督事项；

(11)关于调节物价及出品销场事项；

(12)关于商约、商税之研究事项；

(13)关于发展国际贸易事项；

(14)关于商埠、商港之经营事项；

(15)关于驻外商务官之指导、监督事项；

(16)关于商业之调查及统计事项；

(17)关于其他商业事项。

6. 矿业司掌管：

(1)关于国营矿业之筹设及管理事项；

(2)关于矿业之监督、保护及奖进事项：

(3)关于矿权之特许及撤销事项；

(4)关于矿业登记事项；

(5)关于矿区税之拟定及征收事项；

(6)关于矿业争议事项；

(7)关于矿务警察事项；

(8)关于矿业调查及统计事项；

(9)关于矿区勘定及矿质分析事项；

(10)关于矿业用地事项；

(11)关于地质调查事项；

(12)关于其他矿业事项。

(摘自《实业部组织法》民国二十年，1931 年 1 月 17 日)

二、1937 年成立经济部

1. 经济部管理全国经济行政事务。

2. 经济部对于各地方最高行政长官执行本部主管事务有指导监督之责。

3. 经济部设置总务司、管制司、矿业司、工业司、电业司、商业司、国际贸易司。

4. 管制司掌管：

(1)关于经济事业之配合事项；

(2)关于物品之管理统制事项；

(3)关于物资产销之救助事项；

(4)关于供应物资统筹分配事项；
(5)关于物价之调节及研究事项；
(6)关于操纵居奇之取缔事项；
(7)关于特定事业之督导及管制事项；
(8)关于各省市经济建设之指导监督事项；
(9)其他关于经济管制事项。

5. 矿业司掌管：
(1)关于国营矿业之筹建及管理事项；
(2)关于矿权之设定及撤销事项；
(3)关于矿业特许事项；
(4)关于矿业之保护奖进及监督事项；
(5)关于矿区税之征收事项；
(6)关于矿业争议之处理事项；
(7)关于矿业警察事项；
(8)关于矿业调查事项；
(9)关于矿区勘定及矿质分析事项；
(10)关于矿业用地事项；
(11)关于地质调查及矿冶研究事项；
(12)其他关于矿业事项。

6.工业司掌管：
(1)关于国营工业之统筹事项；
(2)关于民营工业之保护奖进监督事项；
(3)关于工厂登记及考核事项；
(4)关于制造品之征集试验及检定事项；
(5)关于工业之专利及特许事项；
(6)关于国货之证明及奖励事项；
(7)关于工业技师登记及考核事项；
(8)关于工业团体之登记及监督事项；
(9)关于工业标准事项；
(10)关于度量衡之制造检定及推行事项；
(11)关于工业之调查事项；
(12)其他关于工业事项。

7. 商业司掌管：
(1)关于国营商业之统筹事项；
(2)关于民营商业之保护奖进及监督事项；
(3)关于商业团体之登记及监督事项；
(4)关于公司之登记及认许事项；
(5)关于商业登记商标注册之监督事项；
(6)关于交易所保险业之许可登记及监督事项；
(7)关于特种营业之许可及管理事项；
(8)关于商业会计之指导事项；
(9)关于会计师之登记及监督事项；
(10)关于商品展览事项；
(11)关于国内商税之建议事项；
(12)关于商业调查事项；
(13)其他关于商业事项。

(摘自《经济部组织法》民国二十九年，1940年5月10日)

第二节 中央部属机构

一、实业部商标局

1. 商标局直隶于实业部，管理全国商标注册事务。

2. 商标局设：总务课掌理撰拟文稿、收发文书，会计庶务及其他不属于各课事项；审核课掌理商标呈请程序之审核事项；注册课掌理商标审查及注册事项；审议课掌理商标异议及评定事项；编辑课掌理商标公报等之编辑事项。

(摘自《实业部商标局组织条例》民国二十一年，1932年5月31日)

二、经济部商标局

1. 经济部商标局掌理全国商标注册事宜。

2. 商标局设：审核科掌商标呈请手续及审核事项；注册科掌商标注册事项；评议科掌商标异议及其评定事项；编辑科掌商标公告之编印及其他编译事项；总务科掌文书、出纳、庶务及不属其他科事项。

(摘自《经济部商标局组织条例》民国三十五年，1946年6月)

三、经济部工商辅导处

抗日战争胜利后，各地工商凋敝，百废待兴，时已接收的工厂有些发还者交民营。为了加强辅导，经济部决定成立工商辅导处，拟订组织条例。呈经国民政府将工商督导处改为工商辅导处。

1. 经济部为促进民营工矿电商事业之发展，于上海、广州、天津、沈阳、汉口、重庆、兰州设置工商辅导处。其设置先后及管辖区域，由经济部呈准行政院定之。

2. 工商辅导处之职掌：

(1)民营工矿电商业管理或技术之指导改良事项；

(2)民营工矿电商业创设规划之指导协助事项；

(3)输出输入贸易之指导辅助事项；

(4)辖区内生产事业之配合事项；

(5)辖区内工业器材、原料供应之筹划调剂事项；

(6)辖区内经济实况之调查报告事项；

(7)其他经济部交办事项。

(摘自《经济部工商辅导处组织条例》民国三十五年，1946年11月23日)

四、财政部花纱布管制局

按：抗日战争时期，国民政府为控制棉花、棉纱、棉布收购运销，设立农本局，隶属经济部。民国三十二年(1943)一月又将农本局移交财政部，改为花纱布管制局。抗日战争胜利后撤销。

1. 财政部为办理全国棉花、棉纱、棉布管制事宜及统销业务，设置花纱布管制局，直隶于财政部。

2. 花纱布管制局设棉产、纱布、财务、总务四处及人事、技术二室。

3. 棉产处职掌：

(1)关于棉花之统筹收购及配销事项；

(2)关于棉花市场之管制及取缔事项；

(3)关于棉花供需之调节及价格之核定事项；

(4)关于田赋征收棉花实物之经收事项；

(5)关于棉花生产之促进事项；

(6)关于棉花生产贷款之筹划及洽办事项；

(7)关于棉花之统筹运输及仓储事项；

(8)其他有关棉花增产、购销及管制事项。

4. 纱布处职掌：

(1)关于棉纱、棉布之统筹收购及配销事项；

(2)关于棉纱、棉布市场之管制及取缔事项；

(3)关于棉纱、棉布供需之调节及价格之核定事项；

(4)关于统税征收棉纱实物之经收事项；

(5)关于棉纱、棉布生产之促进及手工纺织推广事项；

(6)关于棉纱、棉布生产贷款之筹划及洽办事项；

(7)关于各公私经营业、纺织工厂业务之督导事项；

(8)关于棉纱、棉布之统筹运输及仓储事项；

(9)其他有关棉纱、棉布增产购销及管制事项。

(摘自《财政部花纱布管制局组织规程》民国三十二年，1943年4月27日)

第三节　战时经济管制机构

一、经济管制委员会

1. 行政院为推行安定经济各项措施，特设置经济管制委员会(简称委员会)。

2. 委员会职掌：

(1)关于物价管制之策划督导事项；

(2)关于取缔投机囤积非法经营之策划管制事项；

(3)关于调节物资供应节约消费之策划督导事项；

(4)关于金融管理之策划督导事项；

(5)关于经济行政及经济业务机关工作之联系督导事项；

(6)行政院院长交办事项；

(7)其他有关安定经济之策划督导事项。

3. "委员会"审议及建议事项，由行政院院长提请行政院会议决定之，其急要事项得由行政院院长先核定办理。

4. "委员会"对外不直接行文。

5. 行政院得于国内重要都市设置经济管制督导员[①]。常驻督导，由行政院院长提请总统特派之。

(摘自《行政院经济管制委员会组织规程》民国三十七年，1948年8月20日)

二、经济检查队

1.行政院为推行战时经济管制政策及检查违反管制法令行为，于各重要城市、据点设立经济检查队(简称经检队)，定名为行政院直辖某地经济检查队。

---

① 注：国民党政府公布：派驻重要都市经济管制督导员的有上海区督导员俞鸿钧，由蒋经国协助督导；天津区督导员张厉生，由王抗洲协助督导；广州区督导员京孜，由霍宝树协助督导。

2．经检队职掌：

(1)关于辅助推行物资、物价及金融管制政策事项；

(2)关于违反经济管制法令行为之检举及情报事项；

(3)关于违反经济管制法令案件之检查执行事项；

(4)其他有关经济检查事项。

（摘自《行政院经济检查大队组织规程》民国三十四年，1945年5月5日）

第二章　企业登记注册

第一节　注册条例

（摘自《注册条例》民国十六年，1927年11月19日）

第一条　凡在国民政府统治之下经营工商业者，均应依法呈请注册。

第二条　本条例注册事宜以国民政府注册局[①]主管之。

第三条　注册之种类如左：

1. 公司注册
2. 商号注册
3. 商标注册
4. 矿业注册

第四条　前条所举注册种类，除商号注册一项由局派员分赴该商号所在地限期办理外，余均直接向局呈请注册领取执照。但商号资本不满五百元者免予注册。

第五条　在民国十六年五月以前已经北京政府注册者，应自本条例公布日起三个月内向国民政府注册局补行注册，领取执照。

第六条　本条例公布以前，在省政府、市政府已经注册者，应自本条例公布日起三个月内向国民政府注册局换取执照。

第七条　本条例第三条所列举各种应行注册事项，在未经国民政府另定规则以前，暂适用各该旧制。

第八条　所有注册费均暂依旧制征收，惟关于商业注册之商号注册费另定之。

第九条　补行注册者，其应缴注册费，除商标依照旧制四分之一缴纳外，余均缴三分之一。

第十条　如有违背本条例不依限呈请注册者，准用旧制罚则之规定。

第十一条　所有注册事项均应比照注册费之额，附缴教育费三成。

第十二条　注册局组织章程及注册施行细则另定之。

第十三条　本条例自公布日施行。

第二节　商业登记注册

一、商业注册暂行规则

第一章　通　则

第一条　商业注册以市政府及县政府为注册所。

第二条　注册所自收受当事人呈请书之日起，除有特别情形外，应于五日内将注册事务办理完竣，发给证书，并须公告场所揭示三日以上。

注册所发给之证书应依照部颁三联单填发之。

注册所每月所发证书应于次月十日以前，连同应解注册费呈部换领执照转发呈请人。

第三条　注册所于当事人之呈请清查有违反法令者，应令更正，始行注册。

注册所处理注册事务违反法令时，得由呈请人或利害关系人详具理由，呈请工商部核办。

第四条　当事人于注册后觉察其注册事项有错误或遗漏时，得呈经注册所许可，请求更正。

第五条　凡应注册事项之注册及其变更或消灭之注册，非有当事人呈请或官厅知照不得为之。

第六条　凡呈请证明事项并无变更或别无某事项注册者，注册所得酌量情形核给证明书。

每件证明书应缴纳公费银半元。

第七条　凡呈请注册者应具呈请书，载明左列各款，由呈请人或其代理人签印：

1. 呈请人姓名住址。
2. 由代理人呈请者其姓名住址。

---

① 注：国民政府注册局于民国十七年（1928年）十二月撤销，公司注册由工商部接管。

3. 注册之目的及其事项。

4. 注册费及公费银数。

5. 注册所。

6. 年月日。

凡由代理人呈请者,应加具代理之委托书。

第八条 注册所应备具左列各种注册簿:

1. 商号注册。

2. 经理人注册簿。

3. 未满二十岁营业注册簿。

4. 法定代理人营业注册簿。

各种注册簿依后列第一号至第四号格式编订之,并应依第五号格式各附一简目簿。

第九条 注册簿及注册文件得由当事人或利害关系人声叙理由,请求注册所允许查阅或抄录,但每次以一商号之注册事项与有重要关系者为限。

第十条 注册簿除因避事变外,不得携出注册所,但注册之呈请书及附属文件由官厅调取者不在此限。

第十一条 商业注册应缴费额如左:

1. 商号创设之注册,每件应缴注册费十元。

2. 商号转让之注册,每件应缴注册费八元。

3. 经理人之注册,每件应缴注册费五元。

4. 未满二十岁者营业注册,每件应缴注册费五元。

5. 法定代理人营业注册,每件应缴注册费五元。

6. 其他事项之注册,每件应缴注册费二元。

本条所收各种注册费以四成留充注册办公费,其余六成报解工商部。

第十二条 查阅注册簿及注册文件,每次应缴查阅费银一元。如需抄录者,每千字应缴抄录费五角。

第二章 注册时呈请办法

第十三条 以商号本店或支店之设立为目的呈请注册者,除第七条所列各项外,呈请书中应载明之注册事项如左:

1. 商号。

2. 营业。

3. 本店及支店所在地。

4. 行用商号者之姓名住址。

以其他事项为目的呈请注册时,则以该事项所应详确叙明者为注册事项。

第十四条 呈请商号转让之注册者,应加具证明其资格之文件或转让之转约。商号注册人之姓名、住址变更时,应即呈请注册。

第十五条 商号变更或废止,当事人应即呈请注册。

前项呈请由继嗣或法定代理人为之者,应加具证明其资格之文件。

第十六条 商号变更或废止而原注册人并不呈报注册,得由利害关系人详确叙明其利害关系之事由呈请注册所注销。注册所向原注册人催告时,所定期限得就三日以上一个月以下酌定之。其无从通知者,应依注册公告之方法为之公告。

第十七条 添设支店时,若支店之城、镇、乡内现有他人已经注册相同之营业商号,呈请注册者应加具证明以前已行用之文件,并须照本店之商号附添字样,以示区别。

第十八条至第二十二条(略)

第三章 呈请后注册办法

第二十三条至第三十二条(略)

第四章 附 则

第三十三条至第三十五条(略)

(摘自《商业注册暂行规则》民国十七年,1928年12月10日)

二、商业登记法

第一条 商业登记除法律另有规定外,依本法之规定行之。

第二条 商业登记,由当事人向营业所在地之主管官署为之。前项官署在县为县政府,在市为市政府。

第三条 左列各种营业称为商业:

1. 买卖业。

2. 赁贷业。

3. 制造或加工业。

4. 印刷业。

5. 出版业。

6. 技术业。

7. 兑换金钱或贷金业。

8. 担承信托业。

9. 作业或劳务之承揽业。

10. 设场屋以集客之业。

11. 仓库业。

12. 典当业。

13. 运送业及承揽运送业。

14. 行纪业。

15. 居间业。

16. 代办业。

第四条　凡营业虽不属于前条列举之范围而依本法呈请登记者，亦视为商业。

第五条　凡沿门、沿路及临时买卖物品或营手工范围内之制造业，加工业及其他小规模营业者，不适用本法关于登记及商业账簿之规定。

第六条　限制行为能力人，经法定代理人之允许独立营业或无限责任股东者，应向主管官署声请登记。

法定代理人，如发现前项行为有不胜任情形撤销其允许或加以限制者，应将其事由声请主管官署登记。

第七条　法定代理人为无行为能力人或限制行为能力人经营商业者，应向主管官署申请登记。

第八条　经理人或代办商之选任，解任及其经理权或代办权消灭时，本人应于十五日内向营业所所在地之主管官署声请登记。

第九条　经营商业之合伙，应将合伙人之姓名、住所、出资之种类、数额，向主管官署声请登记。

合伙已依前项规定为登记，其约定出资而未登记为该合伙之合伙人者，视为隐名合伙人，适用民法关于隐名合伙人之规定。

第十条　登记事项有变更或消灭时，当事人应于十五日内为变更或消灭之登记。

第十一条　应于本店所在地登记之事项，于支店所在地亦应登记，但非证明在本店所在地已经登记后，不得为之。

第十二条　已登记之事项，登记官署应公告之。

第十三条　应登记之事项，非经登记及公告后，不得对抗善意第三人。应于支店所在地登记之事项，而未登记及公告者，前项规定于支店所为之行为适用之。

第十四条　公告与登记不符者，以登记为准。但非经更正公告后，不得对抗善意第三人。

第十五条　利害关系人得向登记官署请求查阅登记簿及其附属文件，并得声请交付证明登记事项无变更或该事项未经登记之证明书。

当事人或利害关系人得向登记官署请求交付登记簿及其附属文件之缮本或节本。

第十六条　商业应备日记账、分类账、损益计算书、财产目录及资产负债表，以齐整明了之方法，用通行文字，依商业性质或当地习惯记载之，自账簿封存之日起，保存日期间为十年。其关于商业上各种书信，应连缀成册，自停止连缀之日起保存期间亦同。

第十七条　商号得以本人姓名或其他名称充之，非经登记不得对抗善意第三人。商号以营业上用特别印章时，应声报其印鉴于登记官署。

第十八条　商号非依公司组织者，不得用公司字样；其承受公司商业而不照公司组织继续营业者亦同。

第十九条　已登记之商号其废止、变更或转让，非经登记，不得对抗善意第三人。

前项登记应于十五日内向该管登记官署为之。

第二十条　商号之废止及变更或转让，不向主管官署声请登记者，利害关系人得声请主管官署撤销其登记。

主管官署受前项之声请时，应定相当期间催告该商号当事人于期内声明异议，若逾期不为声明或声明理由不正当者，即撤销其登记。

第二十一条　在同一县市不得用他人已登记之商号名称为同一营业之登记。

添设支店于他人已登记同一商号之县市者，当声请登记时，应于其商号附记足以表示其支店之字样。

第二十二条　前条已登记之商号，如有其他人冒用或以类似之商号为不正当竞争者，该商号之当事人得请求停止其使用，如有损害并得请求赔偿。

于同一县市使用他人已登记之商号而营同一之业者，推定其为不正当竞争。

第二十三条　已登记之商号，本人死亡后由其继承人继承之，但应由继承人将其继承商号之事声请登记。

第二十四条　商号应与商业同时转让，但让与人与受让人订有特别契约者，不在此限。

第二十五条　仅受让他人之商号者，对让与人于转让前用该商号所负之债务，不负转让契约所定以外之责任。

第二十六条　违反第十八条之规定者，处五十元以下之罚锾。

第二十七条 违反第六条、第七条、第十条、第十一条、第十九条、第二十一条、第二十二条、第二十三条之规定者，处一百元以下之罚锾。

第二十八条 本法施行细则由经济部定之。

（摘自《商业登记法》民国二十六年，1937年6月28日）

三、商业登记法施行细则

第一条 本施行细则依《商业登记法》（以下称本法）第二十八条之规定制定之。

第二条 所营商业有依法令须经主管该事业之机关核准者，应于核准后声请登记，并呈核准之证件。

第三条 本法第二条之主管官署在隶属行政院之市为社会局。

第四条 主管官署得因特殊情形呈准上级机关或依上级机关之命令限制其商业非先经核准登记，不得创设、变更、转让或废业。

第五条 商业登记之声请，得委托合伙中之一人或代理人为之，但应附具委托书。

第六条 依本法第四条视为商业之营业。以不悖于公共秩序，善良风俗者为限。

第七条 本法第五条所称小规模营业，以资本不满三百元者为限。

第八条 商业登记期限，除本法规定者外，应于一月内为定。

第九条 商业登记之声请书，应载明左列各款，由当事人或代理人签名盖章：

1. 当事人姓名、住址，由代理人声请者其姓名、住址。
2. 登记之目的及其事项。
3. 登记费。
4. 登记机关（即主管官署）。
5. 年月日。

第十条 商业创设之登记。其登记事项如左：

1. 商号名称。
2. 营业。
3. 资本。
4. 独资或合伙。
5. 所在地。

支店创设之登记应叙明本店所在地，并附送本店登记证之正本或抄本。

第十一条 商业创设以外其他事项之登记，以该事项所应详确叙明者为登记事项。

第十二条 为本法第六条第一项之登记者，应加具法定处理人允许之证件。

第十三条 为本法第七条之登记者，应加具代理资格之证件。

第十四条 经理人或代办商之登记，除本细则第九条规定各款外，须载明商号名称、营业及营业所在地，选任时并须有所受权限之证明。

第十五条 合伙登记，除本法第九条第一项规定外，并附送合伙契约之正本或抄本，其变更时亦同。

前项登记与商业之创设或变更登记同时为之。

第十六条 代办商或合伙在本法施行前未经登记者，应于本细则施行后三个月内补行登记。

第十七条 为商号转让之登记者，应由让受双方联名声请，并附送转让契约正本或抄本。

第十八条 为商号继承之登记者，应加具证明继承之文件。

第十九条 前二条之登记，应附缴登记证；声请换发商业或商号变更时亦同。

第二十条 商业迁移于原登记官署之管辖区域以外时，应向原主管官署声请撤销登记，并向迁移区域之主管官署声请为商业创设之登记。

第二十一条 主管官署接受登记声请书后，应于一星期内将登记事项办理完竣，除依法公告外，其创设之登记发给登记证，其变更、转让、继承人之登记，换发登记证。

第二十二条 《商业登记法》第六条至第九条之登记，除依法公告外，以批行之。

第二十三条 商业登记之声请有违反法令者，主管官署应于饬令更正后，始行登记。

第二十四条 主管官署应依式备置左列各登记簿，记载登记事项：（登记簿式附后）

1. 商业登记簿。
2. 限制行为能力人登记簿。
3. 法定代理人登记簿。
4. 经理人或代办商登记簿。

第二十五条 主管官署应将营业登记案每月分别缮表二份呈报上级主管机关，并转报经济部备查。

第二十六条 主管官署对于同一当事人以数

商号声请登记,应就各商号分别登记。

第二十七条 当事人于登记后,确知其登记事项有错误或遗漏时,得呈请主管官署更正。

第二十八条 商业登记后废止其营业时,应缴还登记证,声请撤销登记。

第二十九条 主管官署对于撤销登记之声请,应注销其登记证,并公告之。

第三十条 凡因行政处分或法院判决禁止营业或破产者,经处分之官署或法院通知后,主管官署应撤销其登记。

第三十一条 商业创设之登记,应随文缴纳登记费,按其资本额每二千元一元计算,并缴登记证费五百元;其他事项之登记,每件缴登记费一百元,换发登记证者,应附缴登记证费五百元。

登记证遗失时,得叙明事实,声请补发,每件缴补发登记证费二百五十元。声请创设或换发或补发登记证时,应附缴法定印花税。

第三十二条 登记证由主管官署依部定格式自行印制(登记式附后)。

第三十三条 凡向主管官署请求查阅登记簿及附属文件,每次应缴纳查阅费法币百元。如需抄录者每千字应缴抄录费五十元。

第三十四条 他人登记前业经使用之商号,不受本法第二十一条、第二十二条之限制,但须有创设在前之证明。

第三十五条 主管官署办理商业登记有违反法令者,当事人得依法提起诉愿。

第三十六条 本法施行前依法令注册之商业,除依本细则第十六条应补行登记者外,有与依本法登记同一之效力。

(摘自《商业登记法施行细则》民国二十七年,1938年5月19日经济部公布;民国三十五年,1946年10月12日修正)

四、商业登记法草案

第一章 总 则

第一条 本法称商业,谓以营利为目的而经营之事业,但不包括技术性之专门职业。

第二条 本法称主管官署,在中央为经济部,在省为建设厅,在直辖市为社会局,在普通市为市政府,在县为县政府。

第三条 本法称商业负责人,在独资为商业主人,在合伙为合伙人或执行业务之合伙人,在他种组织之商业依各该法律之规定。经理人或请清算人在执行业务之范围内,亦为商业负责人。

第四条 商业登记除法律另有规定外,依本法之规定行之。

第五条 小规模商业得不适用本法规定。

前项小规模商业之范围,由中央主管官署酌察各省及直辖市区域内之经济情形,分别拟呈行政院核定公布之。

第六条 商业所营事业,依照法令须先经各该事业主管机关核准方得经营者,应于领得核准证件后,依照本法声请登记。

第七条 本法规定应行登记之事项,如不为登记或有变更或消灭而不为变更或撤销之登记者,商业不得以其事项对抗第三人。

第八条 商业对外文件,应标明其登记官署及所给登记证之字号。

第二章 登记事项及其变更与撤销

第九条 商业应于设立后十五日内报明下列各款事项,向其本店所在市县之主管官署声请为本店设立登记:

1.商业名称。

2.所营业务。

3.本店所在地。

4.独资或合伙。

5.资本总额。

6.商业主人或合伙人姓名、住所。

7.合伙商业各合伙人之出资种类及出资额。

8.商业主人或合伙人中有无行为能力人或限制行为能力人者,其事由、其营业权之限制及其法定代理人之姓名、住所。

9.合伙商业设有执行业务之合伙人者,其姓名。

10.设有经理人者,其姓名、住所及其经理权之限制。

11.约有代办商者,其姓名、住址及其代办权之限制。

12.设有商业上使用之特别印鉴者,其印鉴。

合伙商业已为前项之登记,其出资或约定出资而未登记为合伙人者,视为隐名合伙人。

第十条 商业设立分店,应于设立后十五日内报明下列各款事项，向该分店所在市县之主管官署声请为分店设立登记。

1.第九条所列各款事项(分店设于本店所在市县时免报)。

2.分店名称。

3.分店所营业务与本店所营业务有别者，其业务。

4.分店所在地。

5.分店资本与本店资本划分者，其资本额。

6.分店设置经理人者，其姓名、住所及其经理权之限制。

7.分店约有代办商者，其姓名、地址及其代办权之限制。

8.分店设有营业上使用之特别印鉴，其印鉴。

9.本店登记官署之名称及其所发登记证之字号(分店设于本店所在市县时免报)。

第十一条 限制行为能力人经其法定代理人之允许独立经营商业或为合伙人或无限责任股东者，应由其法定代理人向其商业所在市县之主管官署声请登记。

法定代理人如发觉其限制行为能力人对于前项行为有不胜任情形而撤销其允许或加增其限制时，应将其事由声请该管官署登记。

前二项登记，应与该商业本店或分店之设立或变更登记同时申请。

第十二条 商业对于第九条第一项第八款、第十款、第十一款、第十条第一项第六款、第七款营业权、经理权、代办权所加之限制，不得对抗善意第三人。

第十三条 第九条至第十一条各登记事项经登记后有变更或消灭时，应于变更或消灭后十五日内向原登记官署声请变更登记。

第十四条 已登记之商业主人或合伙人有继承情事时，应于继承人承受继承后十五日内，在独资应由其继承人，在合伙应由其他合伙人会同继承人，向登记官署声请变更登记。

第十五条 已登记之商业有转让情事时，应于转让后十五日内，由出让及受让双方之商业主人或全体合伙人向原登记官署声请为变更登记。

第十六条 已登记之商业本店或分店迁移于原所在市、县以外时，应于迁移后十五日内向原登记官署声请撤销登记，并向迁入市、县之主管官署声请为设立登记。

第十七条 已登记之商业歇业或解散时，应于歇业或解散后十五日内，向本店及分店原登记官署声请撤销登记。

已登记之商业分店歇业时，应于歇业后十五日内，向原登记官署声请分店撤销登记。

第十八条 商业本店或分店于设立登记后满六个月尚未开始营业，或开始营业后自行停止营业至一年以上时，原登记官署得依职权或据利害关系人之声请撤销其登记。

前项撤销登记由利害关系人声请者，该原登记官署应定一个月以上、两个月以下之时间，催告该商业负责人于期内申述理由；若逾期不申述理由，或申述之理由不充分者，该原登记官署即撤销其登记。

商业对于前二项所定期限得申述理由，向原登记官署声请展延，但不得逾一个月。

第十九条 已登记之商业，因受行政处分或法院判决禁止营业或受破产之宣告者，原登记官署经处分之官署或法院之通知后，应撤销其登记。

第三章 商业名称

第二十条 左列各款均不得作为商业名称声请登记：

1.相同于“中华民国”国名，国父姓名、别号，政府机关名称或法团名称者。

2.使用“中国”字样有亵渎之嫌者。

3.有妨害风俗、秩序或可欺罔公众之虞者。

4.相同于他人姓名未得其同意者。

5.相同或类似于世所共知之他人商业名称以经营同类之业务者。

6.相同于他人已注册之商标名称以经营使用该商标之商品业务者。

7.经营一地方之特殊产品，而仅以该地方及该特产品之名称为商业名称者。

第二十一条 商业在同一市、县不得使用相同或类似于他商业已登记之名称以经营同类之业务。

相同之名称冠以地名或形容字或非依本法规定加记者，视为类似。

第二十二条 使用相同或类似于他商业已登记之名称为不正当竞争者，不论是否在同一市、县，利害关系人得申请该管官署禁止其使用。如受有损害并得向法院提出请求赔偿之诉讼。

于同一市、县使用相同于他商业已登记之名称经营相同之业务，经该市、县主管官署或利害关系人通知而仍不予更改者，推定其为不正当竞争，使用类似于他商业已登记之名称经营相同之业务，经市、县主管官署通知，而仍不予更改者，亦同。

第二十三条　在本法施行前并在他商业设立登记前，在同一市、县继续使用相同或类似于该他商业已登记之名称以经营相同之业务已逾二年并未间断者，不受二十一条之限制，但应加记以示区别。

第二十四条　在本法施行前已设立之数商业，以相同或类似之名称，在本法施行后一年内，向同一市、县主管官署各别声请登记时，应准在该市、县内使用该名称在先且未间断者登记；其在呈请前均未使用或孰先使用无从证明时，得准最先声请者登记；其在同日声请者应令各声请人协议让由一商业使用，方准登记。前项个别声请登记之商业名称，如均已继续使用逾三年并未间断者，得均准其登记，但应各加记以示区别。

第二十五条　在本法施行后设立之数商业，以相同或类似之名称，向同一市、县主管官署各别声请登记时，应准声请在先者登记，其在同日声请者，准用前条第一项规定。

第二十六条　已依本法登记之商业改组为公司者，如其登记之名称在某一市、县继续使用并未间断，且自登记之日起算已逾十年者，得不受公司法第二十六条之限制，但就其名称应加记以示区别。其本公司或分公司非更改其名称，并不得迁至原所在之市、县以外。

第二十七条　商业有下列情形之一者，其名称之使用视为间断；

1. 自行停止营业逾半年者，自停业之日起视为间断。

2. 主管机关或法院禁止其营业者，自发出命令之日起视为间断。

3. 市、县主管官署撤销其登记者，自撤销之日起视为间断。

4. 已逾第六十一条所定期限而未声请登记者，自逾限之日起视为间断。

第二十八条　已登记之商业或公司设立分店或分公司于他市、县而在该市、县内有已经登记之他商业或公司以相同或类似之名称经营同类之业务者，除第二十六条规定外，应于其分店或分公司之名称上冠以其本店或本公司所在地之名称，并附记足以表示其为分店或分公司之字样。

第二十九条　商业于登记后变更其名称，而不依第十三条规定声请变更登记者，市、县主管官署得依职权或据利害关系人之声请，以命令撤销其原名称。

第三十条　商业名称不得与其营业分别转让。

第三十一条　商业以其主人或合伙人之姓名为名称者，转让时或该合伙人退伙时，该主人或合伙人或其继承人得请求停止其姓名之使用。

第四章　外国人经营之商业

第三十二条　外国人经营之商业，其本店设在中国境内者，如为独资，其商业主人应在中国境内有住所；如为合伙，其合伙人中至少应有一人在中国境内有住所。

第三十三条　本店不在中国境内之外国商业，在中国境内设立分店者，其商业主人或合伙人如均在中国境内无住所，应指定在中国境内有住所之人为其诉讼及非讼事件代理人。

前项代理人应于该分店声请设立登记时，报明其姓名、国籍及住所，并附呈其授权证书。

第三十四条　外国人在中国境内经营之商业，依照法令，其营业地区或某业务种类应先经主管机关特许者，应于领得特许证后，依照本法声请登记。

第三十五条　外国人在中国境内经营之商业声请登记时，其声请人应附呈其国籍证明书。如其诉讼或非讼事件代理人，经理人或代办商为外国人时，亦应于声请登记时附具其国籍证明书。

前项所称各外国人如为无国籍者，应附呈其在中国境内住所地户籍主管机关之证明书。

第三十六条　本章规定于外国人与中国人合伙经营之商业有下列情形之一者适用之：

1. 外国合伙人出资额超过合伙资本总额半数者。

2. 外国合伙人数超过中国合伙人数者。

3. 中国合伙人在中国境内无住所者。

第五章　登记程序及规费

第三十七条　商业本店之设立转让及撤销登记，应由商业主人或全体合伙人声请之；本店之变更登记、分店之设立、变更或撤销登记，除第十一条、第十四条及第十五条另有规定外，应由商业主人或合伙人或执行业务合伙人声请之。

第三十八条　外国人在中国境内所营商业，其本店之设立、转让或撤销登记,应由其商业主人或在中国境内有住所之全体合伙人声请之;其本店之变更登记或分店之设立、变更或撤销登记,应由商业主人或执行业务之合伙人或在中国境内有住所之合伙人声请之。

第三十九条 商业登记得由其商业主人或有声请义务之合伙人委托代理人声请之。

前项代理人之声请,应附呈商业主人或有声请义务之合伙人之委托书。

第四十条 商业依照第六条规定应先经核准者,声请设立登记时,应附呈其核准证件之正本或影本。

第四十一条 外国人在中国境内经营之商业,依照第三十四条规定应先经特许者,声请设立登记时,应附呈其特许证件之正本或影本。

第四十二条 商业主人之继承人或合伙人及继承人依照第十四条规定声请登记者,应附呈其继承事实之证件。

第四十三条 商业以合于第二十三条或第二十四条第二项规定之名称声请登记者,应附呈其名称继续使用在先已逾二年或三年之证件。

商业如符合于第二十六条规定之名称声请登记者,应附呈其名称继续使用并登记已满十年之证件。

第四十四条 外国人所呈文件如为外国文者,应附中文译本。

第四十五条 声请登记人于登记后发现其登记事项有错误或遗漏时,得于一个月内声请市、县主管官署更正之。

第四十六条 市、县主管官署应将登记或更正登记各事项于核准登记或更正登记后五日内公告之。

第四十七条 市、县主管官署对于已核准之本店或分店设立登记,应分别发给登记证。

前项本店或分店登记证格式由中央主管官署规定,并由各市、县主管官署依式自行制用。

第四十八条 商业声请变更登记致其原领登记证内之记载应行更改时,应缴销其原登记证,并请换发登记证。

登记证事项有更正时,准用前项规定。

第四十九条 商业声请撤销登记时,应撤缴其登记证。

第五十条 市、县主管官署依照第十八条至第十九条规定撤销商业登记者,应吊销其原给登记证。

第五十一条 市、县主管官署对于第十一条之登记及其他无须换给登记证之变更登记,以批行之。

第五十二条 商业声请登记,应照下列规定附缴登记费:

1.本店设立登记,其资本总额1‰。

2.分店设立登记。

甲、资本划分者,其资本额1‰。

乙、资本不划分者,每一分店国币1万元。

3.变更登记。

甲、增加资本者,其资本增加额1‰。

乙、不增加资本者,每次国币5000元。

4.撤销登记,国币5000元。

5.其他登记,每次国币5000元。

第五十三条 商业登记之应发给或换发登记证者,每证应纳证书费国币5000元,其遗失登记证声请补发者,亦同。

第五十四条 市、县主管官署应置备左列各项登记簿,将登记事项逐一记入:

1.商业本店登记簿;

2.商业分店登记簿;

3.限制行为能力人营业权登记簿。

前项登记簿格式由中央主管官署规定,并由各市、县主管官署依式自行制用。

第五十五条 商业利害关系人得向市、县主管官署请求查阅前条登记簿中关于该商业之登记事项及其附属文件,并得声请发给登记事项有无变更或某事项已未登记之证明书及附属文件之缮本或节本。

登记官署对于前项请求,非因正当事由不得拒绝。凡向登记官署请求查阅登记簿及附属文件者,每次应缴纳查阅费国币5000元;请求发给证明书者,每次应缴纳证明书费1万元;请求抄录者,每千字应缴抄录费1万元。

第五十六条 普通市、县主管官署应将商业登记案件至少每半年分别缮表二份,报请省市主管官署备查,并由省主管官署将其一份转报中央主管官署备查。

直辖市主管官署应将商业登记案件每月分别缮表,报请中央主管官署备查。

第六章 罚 则

第五十七条 使用相同或类似于他人已登记

之商业名称为不正当竞争者,处二年以下有期徒刑、拘役或科或并科 3000 元以下罚金。

第五十八条 商业负责人不遵照第九条、第十条及第六十一条各规定声请设立登记者,得各处 2000 元以下罚锾。声请逾规定期限者,得各处 500 元以下罚锾。

商业负责人对于前项设立登记经处罚后仍不声请者,该市、县主管官署得限期勒令声请,如再不遵办,得禁止其营业。

第五十九条 商业负责人不遵照第十三条至第十七条各规定声请变更或撤销登记者,得各处 1000 元以下罚锾。声请逾规定期限者,得各处 500 元以下罚锾。

第六十条 商业负责人违反第二十六条、第二十八条规定者,处 3000 元以下罚锾。

第七章 附 则

第六十一条 在本法施行前尚未登记之商业,应于本法施行后一年内,依照本法规定声请设立登记。

第六十二条 本法施行前已依原施行之商业登记法所为之登记与依本法所为之登记有同一效力。但原登记事项依照本法规定不符或有缺少者,应于本法施行后一年内声请变更登记。

(摘自《商业登记法草案》民国二十七年,1938 经济部修正公布)

第三节 工矿登记注册

一、矿业登记规则

第一章 总 则

第一条 本规则依矿业法施行细则第九十条之规定制定之。

第二条 矿业登记由省主管官署行之,但须呈报实业部。

第三条 矿业登记事项如左:

甲 矿业权事项

1. 国营矿业权之设定及变更。

2. 矿业权或小矿业权之设定、变更、移转、消灭、展限及回复。

3. 矿业权或小矿业权处分之限制及限制之消灭或拍卖。

乙 矿业权附属事项

1. 国营矿业组织公司及解散。

2. 国营矿业权出租及解租。

3. 合办人及合办人之退出、加入或继承。

4. 矿业权者或小矿业权者名称、住址之变更或更正及矿业合办代表之改定。

丙 矿业权抵押事项

1. 抵押权之设定、变更、转移及消灭。

2. 抵押权处分限制及限制之消灭。

3. 抵押权者名称、住址之变更或更正。

第四条 前条登记事项应由权利者或义务者出名或共同出名。

第五条 同一矿业权或小矿业权因变更、移转等事项有二次以上之登记时,以最后之登记为准。

第六条 同一矿业权或小矿业权有二次以上抵押之登记时,其权利之先后除有特别规定者外,以登记先后为准。

第七条 小矿业之登记除依本规则特别规定者外,从矿业登记之规定。

第二章 程 序

第八条 关于矿业之登记,非经呈请及官署之命令或通知不得为之。但左列各款之注销登记不在此限:

(一)矿业权期满未经呈请展限及展限期满者;

(二)因矿区合并或分割原矿业权当然消灭者;

(三)其他依本规则应注销登记者。

第九条 国营矿业权设定、变更、出租等事项之登记,由经济部令交为之;小矿业权因《矿业法》第六十四条之规定撤销其登记时,适用前项之规定。

第十条 左列各款之登记应于经济部核准后为之:

1. 矿业权之设定、变更、移转、展限及限内废业。

2. 矿业权之撤销及回复。

3. 以矿业权作抵押时,其抵押权之设定、变更及转移。

小矿业关于前项之登记,应于省主管官署核准后为之。

第十一条 左列各款之登记于各主管官署通知后为之:

1. 因滞纳税款或积欠公款其矿业权或抵押权

处分之限制及限制之消灭。

2. 因拍定矿业权呈请移转者。

第十二条 不属于应先核准或判决确定各事项之登记,以当事人之呈请为之。

第十三条 有左列情事之一者,依左列各款定其登记呈请人:

1. 改定矿业合办代表人,应由矿业合办人连署呈请。

2. 矿业合办人之加入、退出或继承,应与其他矿业合办人连署呈请。

3. 矿业合办人或抵押权者死亡时,继承其权利者,应与其他矿业合办人或矿业权者连署呈请。

4. 矿业合办人之权利或抵押权因人之死亡致消灭时,由其他矿业合办人或矿业权者呈请。

5. 抵押权处分之限制经判决确定后,得由债权者呈请。

6. 因矿业法第四十五条之承诺为抵押权之设定,得由原抵押权者呈请。

7. 合办之矿业,其矿业权之变更、移转、抵押及废弃,应由合办人连署呈请。

8. 矿业权之抵押权尚未为消灭之登记时,矿业权者欲于限内废业,应与抵押权者连署呈请。

9. 矿业权者债务清偿后,如抵押权者踪迹不明,不能共同呈请注销抵押登记时,得呈请省主管官署为有限期之公告;抵押权者如不依限共同呈请,得由矿业权者单独呈请。

10. 凡应共同呈请之登记有与前款相同之情事时,得单独呈请。

第十四条 登记呈请书应载明左列各款:

1. 请求登记之目的。

2. 请求登记之原因。

3. 矿区所在地矿质种类及核准日期等。

4. 关于抵押权者其债权之价格及抵押权之目的物等。

5. 曾经登记者,其原登记册号数。

6. 具呈人名称、住址。

7. 具呈年月日。

第十五条 呈请矿业登记者,应向省主管官署缴纳登记费五元。

第十六条 凡登记事项,依《矿业法》及《矿业法施行细则》应先由部填发或批注矿业执照者,呈请人应照左列各款缴纳执照费:

1. 探矿权之设定,一百元。

2. 探矿权之变更增区或增减区,增区五十元;减区十元。

3. 探矿权之移转。

因继承而移转,十元。

因让与或拍卖而移转,五十元。

4. 采矿权之设定。

创始设定,二百元。

因矿区合并而设定,五十元。

因矿区分割而设定,五十元。

5. 采矿权之变更。

增区或增减区,一百元。

减区,二十元。

更正矿质,五十元。

6. 采矿业之移转。

因继承而移转,二十元。

因让与或拍卖而移转,一百元。

7. 采矿权之展限,一百元。

8. 矿业合办人之加入及退出或继承,五元。

9. 矿业权者名称之变更,5元。

前项第一款及第四款之执照费额,以矿区面积六十公顷为限。超过六十公顷者,每三十公顷探矿加费五十元,采矿加费一百元;其超过之面积不满三十公顷者,以三十公顷计。

同项第二款、第五款之增区面积超过三十公顷时,其缴费标准亦同。

小矿业之执照费,照第一项各款减半缴纳,但小矿业权之设定每一公顷应缴费十元;不足一公顷者以一公顷计。

执照费,由省主管官署于查明原呈请案准予转呈时,通知原呈请人如数缴纳,随案解部。不予核准者,应发还之。

小矿业执照费由省主管官署核准登记时通知原呈请人如数缴纳,以半数解部。

第十七条 呈请登记之事项有左列情事之一时,应分照左列各款附具证明文件:

1. 应先核准而后登记者,其核准文件。

2. 出名登记人名称、住址之变更或更正,其证明事实之文件。

3. 抵押权因人之死亡而消灭,其证明事实之文件。

4. 矿业合办人因死亡而退出或继承,证明事实之文件。

5. 于登记上有利害关系之第三者时,应附具承诺字据或足以对抗之判决书。

6. 呈请人为代理人时，其委托书件。

第十八条　呈请登记者有左列各款情事之一时，应不受理：

1. 所指矿区不在管辖范围者。

2. 不在应行登记之列者。

3. 应先经核准而尚未核准者。

4. 无呈请人姓名或呈请人对于本案无请求登记之资格者。

第十九条　呈请登记者有左列情事之一时，应令补正：

1. 应连署而未连署者。

2. 与原案或原登记不符者。

3. 证明文件不完备者。

4. 不依照第十五条之规定缴纳登记费者。

第二十条　登记事项关系二省以上者，应向原受理之省主管官署呈请之。

前项受理之官署，应将一切关系文件及登记之结果，随时分咨关系者之主管官署。

第二十一条　登记事项关系二省以上之矿业权，应各别登记。

第二十二条　矿业权、抵押权同归一人时，应呈请为抵押权消灭之登记。

第二十三条　省主管官署对于登记事项，应于呈请书收到后十日内处理之。

第二十四条　登记后应抄录登记事项分别报部、并通知出名登记人及其利害关系人，有应发还之文件时并应附发。

第二十五条　登记后发现错误或遗漏时，应即补正，并通知出名登记人及其利害关系人；如出名登记人或利害关系人自行发现时，得呈请补正。

前项之呈请补正，如省主管官署认为有疑义，应转呈经济〔实业〕部核定。

第二十六条　利害关系人得呈请抄发登记事项，但呈请书内须载明其利害关系之事实，并依左列各款缴费：

1. 登记册及附属文件每五百字以内，国币5角。

2. 矿区图每张国币一元。

（摘自《矿业登记规则》民国二十年，1931年4月4日实业部公布）

二、工厂登记规则

第一条　凡中华民国境内之工厂，除军用外，具有左列各款之一者，均依本规则呈请登记：

1. 实收资本在一万元以上者。

2. 平时雇用工人在三十人以上者。

3. 用机械动力制造出品者。

第二条　工厂设立应于开工后一个月内，由工厂主体人或经理、厂长填具登记表一份，备文呈请经济部登记。设立分厂时，亦同。

第三条　凡以制造为业务具有工厂性质，不论是否用工厂名称，除依其他法规登记外，仍应为工厂之登记。

第四条　工厂经核准登记后，由经济部发给工厂登记证。前项登记证不收费用，由工厂依法自行购贴印花。

第五条　工厂登记后，如因故休业或原登记表内所载事项有变更时，应声叙原因，呈报经济部备案。

第六条　工厂登记后，如厂名更改，应依本规则第二条之规定，重新呈请登记。

第七条　核准登记之工厂，应于每营业年度终结后两个月内，编制上年度厂务报告表，呈报经济部备案。

第八条　本规则施行前已设立及已经地方政府登记各工厂，应于本规则施行后三个月内依第三条规定呈请登记。

第九条　工厂呈准经济部登记后及呈送厂务报告表时，应备文抄送原表二份，分别呈报所在地县政府备查，并转报省主管厅备查，在直隶行政院各市者，附表一份呈市社会局备查。其他应呈报经济部备案者，亦同。

第十条　工厂未经呈准登记者，不得享受政府之保息、补助贷款、国货证明及其他各项奖助。

第十一条　登记表、登记证及厂务报告表各式样由经济部定之。

（摘自《工厂登记规则》民国三十年，1941年3月25日）

第四节　公司登记规则

第一章　通　则

第一条　凡公司法及公司法施行法所规定应登记之事项，其程序依本规则之规定。

第二条 公司法所称主管官署在省为实业厅,在隶属行政院之市为社会局。

第三条 公司登记应由当事人具呈请书,连同本规则所定应备之文件各二份,向主管官署呈请之。由代理人呈请时,应加具代理人之委托书。

第四条 主管官署对于公司登记之呈请有违反法令或不合法令程式者,应令其改正,非核定合法后不得登记。

第五条 公司设立及设立支店之登记,须俟实业部发给执照后;增资减资之登记,须俟实业部换发执照后,方为确定。

第六条 主管官署对于公司设立、解散、增资、减资及设立支店之登记,应于核定后转呈实业部核办;其他事项之登记,每月汇报实业部一次。

第七条 当事人于登记后确知其登记事项有错误或遗漏时,得呈请更正。

第八条 凡请求证明登记事项并无变更或别无某事项登记者,主管官署得酌量情形核给证明书。

第九条 登记簿及登记文件,当事人或利害关系人得声叙理由请求查阅或抄录,但主管官厅认为必要时,得拒绝抄阅或限制其抄阅之范围。

第二章 规 费

第十条 公司设立之登记应依左列费率随文缴纳执照费。

甲、无限公司及两合公司

五千元以下,一百五十元;一万元以下,三百元;三万元以下,四百五十元;五万元以下,六百元;十万元以下,七百五十元;三十万元以下,九百元;五十万元以下,一千二百元;八十万元以下,一千五百元;一百万元以下,一千八百元;一百五十万元以下,二千二百五十元;二百万元以下,三千元;三百万元以下,三千七百五十元;四百万元以下,四千五百元。

四百万元以上,每多一百万元加收七百五十元;其不满一百万元者,亦按一百万元计算。

乙、股份有限公司及股份两合公司

五千元以下,三百元;一万元以下,六百元;三万元以下,九百元;五万元以下,二千二百元;十万元以下,一千五百元;三十万元以下,一千八百元;五十万元以下,二千二百五十元;八十万元以下,三千元;一百万元以下,三千七百五十元;一百五十万元以下,四千五百元;二百万元以下,六千元;三百万元以下,七千五百元;四百万元以下,九千元。

四百万元以上,每多一百万元加收一千五百元;其不满一百万元者,亦按一百万元计算。

第十一条 公司因增加资本呈请登记者,其执业费应以增加后之资本总额照前条之规定计算,但设立时原缴银数得扣除之。

第十二条 公司设立支店呈请登记者,每一支店应随文缴执照费一百元。

第十三条 本店不在中华民国境内之公司,在中华民国境内设立第一支店呈请登记时,应依左列费率随文缴纳执照费:

一、支店未划定资本者,按其本店资本总额之半折合国币依第十条规定费率缴纳之;

二、支店定有资本者,按其资本额依第十条规定费率缴纳之。

第十四条 本店不在中华民国境内之公司,在中华民国境内设立第一支店呈请登记后,添设支店呈请登记时,应依第十二条随文缴纳执照费,但其添设之支店另定资本者,依前条第二款之规定。

第十五条 本店不在中华民国境内之公司,在中华民国境内设立第一支店呈准注册后,其本店或支店因增加资本呈请登记时,适用第十一条之规定。

第十六条 本规则第十条至第十五条之执照费主管官署于转呈时应随文解部,但每件留办公费一百元,不另收登记费。

第十七条 遗失公司执照呈请补发者,应缴补发执照费二十元。

第十八条 凡依法应领执照者,应随文缴纳印花税费十元。

第十九条 凡公司除设立、增资以外之登记,每件应向主管官署缴纳登记费五十元。

第二十条 查阅登记簿及登记文件,每次应缴查阅费十元。如需抄录者,每千字应缴抄录费五元。

第二十一条 依第八条规定呈请核给证明书者,每件应缴证书费二十元。

第三章 呈请程序

第二十二条 无限公司设立、解散及因合并而变更之登记,由全体股东呈请之;其他各项登记,由代表公司之股东呈请之。

第二十三条 无限公司因设立呈请登记者,应加具公司章程、营业概算书。

股东中有未成年者,应附送法定代理人同意之证明书。

因合并而设立呈请登记者,应附送公司法第四十八条第二项规定之通知及公告或已依公司法第四十九条规定清偿或提供担保之证明书。

第二十四条 无限公司因解散呈请登记者,应叙明解散事由;其由继承人呈请者,应附送证明之文件。

因合并而解散者,准用前条第三项之规定。

第二十五条 无限公司呈请变更登记,应叙明变更事项;其因合并而变更者,并准用第二十三条第三项之规定。

第二十六条 无限公司登记事项如有应得全体股东或某股东之同意者,应附送同意之证明书。

第二十七条 本规则第二十二条至第二十六条之规定于两合公司准用之,但在无限公司应由全体股东呈请之登记,于两合公司均由全体无限责任股东呈请之。

第二十八条 股份有限公司设立、解散、增资、减资、募集公债及因合并而变更之登记,由全体董事、监察人呈请之。

其他事项由代表公司董事呈请之。

第二十九条 股份有限公司因设立呈请登记者,应加具下列各文件:

甲、发起人认足股份者

1. 公司章程。

2. 股东名簿。

3. 选任董事、监察人名单。

4. 公司法第九十一条规定主管官署之检查证书,经裁减者并其判示。

5. 营业概算书。

6. 公司法施行法第二十三条规定呈准备案之证明文件。

乙、发起人不自认足股份而另行招募足额者

1. 公司章程。

2. 股东名簿。

3. 公司法第一百零三条规定之董事、监察人或检查人调查报告书及其附属文件。

4. 创立会决议录。

5. 营业概算书。

6. 公司法施行法第二十三条规定呈准备案之证明文件。

公司法施行前已开始募股者,免附具公司法施行法第二十三条规定呈准备案之证明文件。

因合并而设立呈请登记者,并应加具第二十三条第三项规定之文件。

第三十条 股份有限公司因解散呈请登记者,应叙明解散事由;其因股东会之决议而解散者,应加具关于解散之股东会决议录;因合并而解散者,并准用第二十三条第三项之规定。

第三十一条 股份有限公司因增加资本呈请登记者,应加具下列各文件:

1. 修正之章程。

2. 关于增加资本之股东会决议录。

第三十二条 股份有限公司因减少资本呈请登记者,应加具下列各文件:

1. 修正之章程。

2. 关于减少资本之股东会决议录。

3. 减少资本后之股东名簿。

4. 本规则第二十三条第三项规定之文件。

第三十三条 股份有限公司因募集公司债呈请登记者,应具下列各文件:

1. 关于募集公司债之股东会决议录。

2. 最近之贷借对照表。

3. 募集公司业经合法公告之证明书。

4. 债款缴足之证明书。

5. 公司债存根簿抄本。

第三十四条 股份有限公司因清偿或分还公司债呈请登记者,应加具所还银数之证明书。

第三十五条 股份有限公司因改选董事、监察人呈请登记者,应加具选任之董事、监察人之名单。

第三十六条 股份有限公司因其他登记事项变更呈请登记者,应加具关于议决变更之股东会决议录。

第三十七条 股份有限公司因合并而变更呈请登记者,应加具第二十三条第三项之文件。

第三十八条 股份两合公司之设立、解散、增资、减资及因合并而变更之登记,由全体无限责任股东及全体监察人呈请之;其他事项之登记,由代表公司之无限责任股东呈请之。

第三十九条 股份两合公司设立登记,准用第二十三条第一项及第二十九条第一、第二项之规定。

第四十条 第三十一条至第三十七条各规定

于股份两合公司准用之。

第四十一条 股份两合公司变更为股份有限公司设立之登记,由设立之股份有限公司全体董事、监察人呈请之。

前项之呈请应叙明事由,并加具公司章程及关于变更公司组织之股东会决议录。

第四十二条 公司支店设立、解散、变更之登记,在无限公司、两合公司、股份两合公司,由代表公司之股东呈请之;在股份有限公司,由代表公司之董事呈请之。

其本店不在中华民国境内之公司,由第一支店之经理人呈请之。

前项所称之经理人非中华民国人民时,应由所在地该国领事出具国籍证明书。

第四十三条 本店不在中华民国境内之公司在中华民国境内设立第一支店时,其呈请书内所列事项应由所在地该国领事证明,并附具公司章程;惟添设立第二支店时不在此限。

第四章 附 则

第四十四条 实业部发给执照后,应登政府公告公布之。

第四十五条 本规则施行前已经呈请注册者,仍照公司注册暂行规则规定办理。

(摘自《公司登记规则》民国二十年,1931 年 6 月 30 日实业部公布;民国三十二年,1943 年 6 月 9 日经济部修正公布)

第五节 外商、外国公司登记注册

一、外国公司注册准驳的先决条件

案准中央政治会议咨开:"本日本会议第二三四次会议准孔委员祥熙提议称:'查外商在我国设立公司,不同本店、支店,均应依照我国法规呈请注册,方取得法人资格。惟查各国对于外国公司注册所取政策原各不同,有与本国人设立公司同一待遇者;亦有以相互认可为原则,先以对方国家允许己国公司在彼国注册为先决条件者;更有于相互认可以外另设其他种种限制者。就我国今日情形而论,对于各国公司之注册过于宽大,易启滥设之端固有未可;惟限制过严,事实上恐亦不无窒碍难行。似宜采取折中办法办理较为妥当。兹拟采用相互认可之原则,对于外国公司注册准驳,应以对方国家允我国公司在彼国注册为先决条件,于平等待遇之中稍加限制。是否有当,敬候公决。'等由。当经提出讨论,并经议决:'对于外国公司注册,除有法令限制者外,应依据相互原则,以对方国家允否我国同类公司在彼国注册为先决条件。'相应录案,咨请政府查照,令行政院转饬工商、外交、财政三部遵照办理,并令立法院知照。"

(摘自国民政府训令行政、司法两院关于"外国公司注册准驳以对方国家允否我国同类公司在彼国注册为先决条件"民国十九年,1930 年 7 月 5 日)

二、改进外商登记办法

查《公司登记规则》第四十三条规定本店不在中华民国境内之公司,在中华民国境内设立第一支店时,其呈请书所列事项,应由所在地该国领事证明。历经办理在案。惟各国公司登记法例未尽相同,登记事宜有完全由公司所在地地方政府主办而毋须经由中央政府办理者。其驻外领事对于地方政府所经办之登记事件出具证明,事实上或有困难之处。如美国公司登记系由各州政府自行订颁法令办理。又美国驻外领事对于美国公司呈请登记文件,无权出具任何证明,曾准美国驻华大使转据美国国际贸易协会向部陈明有案,亦有变通办理之必要。重庆为战时陪都所在,外商登记事件较多,为顺利推行起见,兹特变通规定;凡美商在我国境内设立支店呈请登记时,关于呈请书所载本店之名称、所在地、资本总额、设立年月日及执照号数等事项,准由该商本店所在地之州政府予以证明。该项证明文件,如因交通邮递困难未便呈送原本者,并准其摄制影片呈验。其他外商呈请支店登记,倘若不能取具领事证明时,应由该局斟酌情形量予变通办理,并将变通办理情形随时呈部备查。《公司登记规则》第四十二条第二款关于外商支店经理人之国籍,如不能取具领事所出之证明书,准以其他关于证明国籍之证件(如入境护照等)替代。至办理外商登记,贵能普遍切实。该局所定外商登记期限如已届满,仍可酌为宽展,以利推行。

（摘自民国三十三年，1944年7月25日经济部令重庆社会局）

三、对外商保险公司的管理

查外商保险公司现已陆续来华经营业务。本部为便于管理起见，特规定三项处理办法如下：

（一）外商保险公司战前在华设有分支机构，因战事停业现在请求复业者，限于文到三个月内依法呈部补行注册。逾期未遵办者，予以停业处分。

（二）外商保险公司战前在华未设有分支机构，仅用代理人名义办理保险业务现仍开业者，限于文到三个月内依法呈请登记领证。逾期未遵办者，勒令停止执行业务。

（三）外商保险公司在华签发保险单，一律以国币为限，不得签发外币保险单。

（摘自《外国保险公司管理办法》民国三十四年，1945年5月23日财政部致重庆市政府电令）

第六节　破产法规

一、破产法

第一章　总　则

第一条　债务人不能清偿债务者，依本法所规定和解或破产程序，清理其债务。

债务人停止支付者，推定其为不能清偿。

第二条　和解及破产事件，专属债务人或破产人所在地之地方法院管辖。债务人或破产人有营业所者，专属其主营业所所在地之地方法院管辖。主营业所在外国者，专属其在中国之主营业所所在地之地方法院管辖。

不能依前项规定定管辖法院者，由债务人或破产人主要财产所在地之地方法院管辖。

第三条　本法关于和解之债务人或破产人应负义务及应受处罚之规定，于左列各款之人亦适用之。

1. 无限公司或两合公司执行业务之股东。
2. 股份有限公司之董事。
3. 股份两合公司执行业务之股东。
4. 其他法人之董事或与董事地位相等之人。
5. 债务人或破产人之法定代理人、经理人或清算人。
6. 遗产受破产宣告时之继承人、遗产管理人或遗嘱执行人。

第四条　和解在外国成立或破产在外国宣告者，对于债务人或破产人在中国之财产不生效力。

第五条　关于和解或破产之程序，除本法有规定外，准用民事诉讼法规定。

第二章　和　解

第一节　法院之和解

第六条　债务人不能清偿债务者，在有破产声请前，得向法院声请和解。

已依第四十一条向商会请求和解，而和解不成立者，不得为前项之声请。

第七条　债务人声请和解时，应提出财产状况说明书及其债权人、债务人清册，并附具所拟与债权人和解之方案及提供履行其所拟清偿办法之担保。

第八条　法院认为必要时得传唤声请人，令其对于前条所规定之事项补充陈述，并得随时令其提出关系文件，或为其他必要之调查。

第九条　法院对于和解声请之许可或驳回，应自收到声请之日起七日内，以裁定为之。

前项裁定，不得抗告。

第十条　和解之声请，遇有左列情形之一时，应驳回之：

1. 声请不合第七条之规定，经限期令其补正而不补正者。
2. 声请人曾因和解或破产，依本法之规定而受有期徒刑之宣告者。
3. 声请人曾经法院认可和解或调协，而未能履行其条件者。
4. 声请人经法院传唤无正当理由而不到场，或到场而不为真实之陈述，或拒绝提出关系文件者。

第十一条　和解声请经许可后，法院应指定推事一人为监督人，并选任会计师或当地商会所推举之人员或其他适当之人一人或二人，为监督辅助人。

法院认为必要时，得令监督辅助人提供相当之担保。

监督辅助人之报酬，由法院定之，有优先受清偿之权。

第十二条 法院许可和解声请后,应即将左列事项公告之。

1. 许可和解声请之要旨。

2. 监督人之姓名、监督辅助人之姓名、住址及进行和解之地点。

三、申报债权之期间及债权人会议期日前项第三款申报债权之期间,应自许可和解声请之日起,为十日以上二个月以下。但声请人如有支店或代办商在远隔之地者,得酌量延长之。债权人会议期日,应在申报债权期间届满后七日以外一个月以内。对于已知之债权人及声请人,应另以通知书记明第一项各款所列事项送达之。

对于已知之债权人,应将声请人所提出和解方案之缮本,一并送达之。

第十三条 前条公告,应粘贴于法院牌示处,并登载于公报及新闻纸。如该法院管辖区域内无公报、新闻纸者,应并粘贴于商会或其他相当之处所。

第十四条 在和解程序进行中,债务人继续其业务,但应受监督人及监督辅助人之监督。与债务人业务有关之一切簿册、文件及财产,监督人及监督辅助人得加以检查。

债务人对于监督人及监督辅助人关于其业务之询问,有答复之义务。

第十五条 债务人声请和解后,其无债行为,不生效力。配偶间直系亲属间或同居亲属或家属间所成立之有债行为及债务人,以抵于市价一半之价格而处分其财产之行为,均视为无债行为。

第十六条 债务人声请和解后,其有债行为逾越通常管理行为或通常营业之范围者,对于债权人不生效力。

第十七条 和解声请经许可后,对于债务人不得开始或继续民事执行程序,但有担保或有优先权之债权者不在此限。

第十八条 监督辅助人之职务如左:

1. 监督债务人业务之管理,并制止债务人有损债权人利益之行为。

2. 保护债务人之流动资产及其业务上之收入,但管理业务及债务人维持家庭生活所必需之费用不在此限。

3. 完成债权人清册。

4. 调查债务人之业务、财产及其价格监督辅助人执行前项职务,应受监督人之指挥。

第十九条 债务人有左列情事之一者,监督人应即报告法院。

1. 隐匿簿册、文件或财产或虚报债务。

2. 拒绝答复监督人或监督辅助人之询问,或为虚伪之陈述。

3. 不受监督人或监督辅助人之制止,于业务之管理,有损债权人利益之行为。

第二十条 法院接到前条报告后,应即传讯债务人。如债务人无正当理由不到场,或关于其行为不能说明正当理由时,法院应即宣告债务人破产。

第二十一条 法院应以左列文书之原本或缮本备利害关系人阅览或抄录。

1. 关于声请和解之文件及和解方案。

2. 债务人之财产状况说明书及其债权人债务人清册。

3. 关于申报债权人之文书及债权表。

第二十二条 债权人会议,以监督人为主席。

监督辅助人应列席债权人会议。

第二十三条 债权人会议,债权人得委托代理人出席。

第二十四条 债务人应出席债权人会议,并答复监督人、监督辅助人或债权人之询问。

债务人经通知后无正当理由而不出席债权人会议时,主席应解散债权人会议,并向法院报告,由法院宣告债务人破产。

第二十五条 债权人会议时,监督人或监督辅助人应依据调查结果,报告债务人财产、业务之状况,并陈述对于债务人所提出和解方案之意见。

关于和解条件,应由债权人与债务人自由磋商,主席应力谋双方之妥协。

第二十六条 债权人会议时,对于债权人所主张之权利或数额,债务人或其他债权人得提出驳议。

对于前项争议,主席应即为裁定。

第二十七条 债权人会议为和解之决议时,应有出席债权人过半数之同意,而其所代表之债权额并应占无担保总债权额2/3以上。

第二十八条 和解经债权人会议否决时,主席应即宣告和解程序终结,并报告法院。

第二十九条 和解经债权人会议可决时,主席应即呈请法院,由法院为认可与否之裁定。前项裁定应即公告之,无须送达。

第三十条　债权人对于主席依第二十六条所为之裁定或对于债权人会议所通过之和解决议有不服时，应自裁定或决议之日起十日内，向法院提出异议。

第三十一条　法院对于前条异议为裁定前，得传唤债权人及债务人为必要之讯问，并得命监督人、监督辅助人到场陈述意见。

第三十二条　法院如认为债权人会议可决之和解条件公允，提供之担保相当者，应以裁定认可和解。

第三十三条　法院因债权人之异议，认为应增加债务人之负担时，经债务人之同意，应将所增负担列入于认可和解裁定书内。如债务人不同意时，法院应不认可和解。

第三十四条　对于认可和解之裁定，得为抗告。但以曾向法院提出异议或被拒绝参加和解之债权人为限。

前项裁定，虽经抗告，仍有执行效力。

对于不认可和解之裁定，不得抗告。

对于抗告法院之裁定，不得再抗告。

第三十五条　法院驳回和解之声请或不认可和解时，应依职权宣告债务人破产。

第三十六条　经认可之和解，除本法另有规定外，对于一切债权人其债权在和解声请许可前成立者，均为有效。

第三十七条　和解，不影响有担保或有优先权之债权人之权利。但经该债权人同意者，不在此限。

第三十八条　债权人对于债务人之保证人及其他共同债务人所有之权利，不因和解而受影响。

第三十九条　债务人对于债权人允许和解方案所未规定之额外利益者，其允许不生效力。

第四十条　在法院认可和解后，债务人尚未完全履行和解条件而受破产宣告时，债权人依和解条件已受清偿者，关于其在和解前原有债权之未清偿部分，仍加入破产程序。但于破产财团，应加算其已受清偿部分，以定其应受分配额。

前项债权人，应俟其他债权人所受之分配与自己已受清偿之程度成同一比例后，始得再受分配。

第二节　商人之和解

第四十一条　商人不能清偿债务者，在有破产声请前，得向当地商会请求和解，但以未经向法院声请者为限。

第四十二条　商会应就债务人簿册或以其他方法查明一切债权人，使其参加和解并出席债权人会议。

第四十三条　商会得委派商会会员、会计师或其他专门人员检查债务人之财产对簿册，监督债务人业务之管理。并制止债务人有损债权人利益之行为。

第四十四条　商会接到和解请求后，应从速召集债权人会议，自接到和解请求之日起，至迟不得逾二个月。

第四十五条　债权人会议，得推举代表一人至三人，会同商会所委派人员检查债务人之财产及簿册。

第四十六条　债务人有第十九条各款所列情事之一者，商会得终止和解。

第四十七条　和解经债权人会议可决时应订立书面契约，并由商会主席署名，加盖商会钤记。

第四十八条　债权人会议，得推举代表一人至三人，监督和解条件之执行。

第四十九条　（第七、十、十五、十六、十七、二十一、二十三、二十五、二十七、三十六、四十条）关于法院和解之规定，于商会之和解准用之。

第三节　和解及和解让步之撤销

第五十条　债权人于债权人会议时不赞同和解之条件，或于决议和解时未曾出席亦未委托代理人出席，而能证明和解偏重其他债权人之利益致有损本人之权利者，得自法院认可和解或商会主席签署和解契约之日起十日内声请法院撤销和解。

第五十一条　自法院认可和解或商会主席签署和解契约之日起一年内，如债权人证明债务人有虚报债务、隐匿财产或对于债权人中一人或数人允许额外利益之情事者，法院因债权人之声请得撤销和解。

第五十二条　债务人不履行和解条件时，经债权人过半数而其所代表之债权额占无担保总债权额三分二以上者之声请，法院应撤销和解。

依和解已受全部清偿之债权人，不算入前项声请之人数。

第一项总债权额之计算，应将已受清偿之债权额扣除之。

第五十三条　法院撤销和解或驳回和解撤销之声请，以裁定为之。对撤销和解之裁定，不得抗告。

对于驳回和解撤销声请之裁定，得为抗告。

第五十四条　法院撤销和解时，应以职权宣告债务人破产。

第五十五条 法院撤销经其认可之和解而宣告债务人破产时,以前之和解程序,得作为破产程序之一部。

第五十六条 债务人不依和解条件为清偿者,其未受清偿之债权人得撤销和解所定之让步。前项债权人,就其因和解让步之撤销而回复之债权额,非于债务人对于其他债权人完全履行和解条件后,不得行使其权利。

第三章 破 产

第一节 破产之宣告及效力

第五十七条 破产,对债务人不能清偿债务者,宣告之。

第五十八条 破产,除另有规定外,得因债权人或债务人之声请宣告之。

前项声请,纵在和解程序中亦得为之,但法院认为有和解之可能者,得驳回之。

第五十九条 遗产不敷清偿被继承人债务,而有左列情形之一者亦得宣告破产。

1. 无继承人时;

2. 继承人为限定继承或继承人全体抛弃继承;

3. 未抛弃继承之继承人、遗产管理人及遗嘱执行人,亦得为之。

第六十条 在民事诉讼程序或民事执行程序进行中,法院查悉债务人不能清偿债务时,得依职权宣告债务人破产。

第六十一条至第八十一条(略)

第二节 破产财团之构成及管理

第八十二条至第九十七条(略)

第三节 破产债权

第九十八条 对于破产人之债权,在破产宣告前成立者,为破产债权,但有别除权者,不在此限。

第九十九条 破产债权,非依破产程序,不得行使。

第一百条至第一百一十五条(略)

第四节 债权人会议

第一百一十六条 法院因破产管理人或监查人之声请或依职权召集债权人会议。

第一百一十七条 债权人会议,应由法院指派推举一人为主席。

第一百一十八条至第一百二十八条(略)

第五节 调 协

第一百二十九条 破产人于破产财团分配未认可前,得提出调协计划。

第一百三十条 调协计划,应载明左列事项。

1. 清偿之成数;

2. 清偿之期限;

3. 有可供之担保者,具担保。

第一百三十一条至第一百三十七条(略)

第六节 破产财团之分配及破产之终结

第一百三十八条至第一百四十九条(略)

第七节 复 权

第一百五十条和第一百五十一条(略)

第四章 罚 则

第一百五十二条至第一百五十九条(略)

(摘自《破产法》民国二十六年,1937年5月1日)

二、破产法施行法

第一条 破产法施行前不能清偿债务之事件已由法院或商会开始处理者,视其进行程度,依破产法规定之程序终结之,其已进行之部分,不失其效力。

第二条至第六条(略)

(摘自《破产法施行法》民国二十四年,1935年7月18日)

第三章 公司、合伙

第一节 公司法

第一章 定 义

第一条 本法所称公司，谓以营利为目的，依照本法组织登记成立之社团法人。

第二条 本法所称无限公司，为二人以上之股东所组织，对公司债务负连带无限清偿责任之公司。

第三条 本法所称两合公司，为一人以上之无限责任股东与一人以上之有限责任股东所组织，其无限责任股东对公司债务负连带无限清偿责任，有限责任股东就其出资额为限，对于公司负其责任之公司。

第四条 本法所称有限公司，为二人以上十人以下之股东所组织，就其出资额为限，对公司负其责任之公司。

第五条 本法所称股份有限公司，为五人以上之股东所组织，全部资本分为股份，股东就其所认股份对公司负其责任之公司。

第六条 本法所称股份两合公司，为一人以上之无限责任股东与五人以上之有限股份股东所组织，其无限责任股东对公司债务负连带无限清偿责任，有限股份股东就其所认股份对公司负其责任之公司。

第七条 本法所称外国公司，谓以营利为目的，依照外国法律或经外国政府特许组织登记，并经中国政府认许，在中国境内营业之公司。

第八条 本法所称本公司，为公司依法首先设立，以管辖全部组织之总事务；所称分公司，为受本公司管辖之分支机构。

第九条 本法所称公司负责人，在无限公司、两合公司为执行业务或代表公司之股东，在有限公司为执行业务之股东或董事，在股份有限公司为董事，在股份两合公司为无限责任股东。

公司之经理人或清算人、有限公司之监察人、股份有限公司之发起人、监察人或检查人、股份两合公司之监察人或检查人，在执行其职务之范围内，亦为公司之负责人。

第十条 本法所称连带责任，为各股东不同其出资或盈亏分数之比例，对公司债权人所负共同或单独清偿全部债务之责任。

第十一条 本法所称主管官署，在中央为经济部，在省为建设厅院，辖市为社会局。

第二章 通 则

第十二条 公司分为五种：

1. 无限公司。
2. 两合公司。
3. 有限公司。
4. 股份有限公司。
5. 股份两合公司。

公司之名称应标明其种类。

第十三条 公司以其本公司所在地为住所。

第十四条 公司非在中央主管官署登记后不得成立。

第十五条 公司设立登记后，如发现其设立登记或其登记事项有违反或虚伪情事时，经法院裁判后，通知中央主管官署撤销其登记。

公司负责人有前项情事时，得各科一千元以下之罚金，其情节重大者，得各科一年以下有期徒刑、拘役或二千元以下之罚金。

第十六条 公司设立登记后满六个月尚未开始营业者，或开始营业后自行停止营业至一年以上者，中央主管官署据地方主管官署呈请或利害关系人申请，得撤销其设立登记。

前项所定限期，如有正当事由，公司得呈请准予延展。

第十七条 公司设立分公司，应于设立后十五日内，呈由分公司所在地主管官署转呈中央主管官署申请登记。

第十八条 公司设立登记后，有应登记之事项而不登记，或已登记之事项有变更而不为变更之登记者,不得以其事项对抗他人。

第十九条 公司之解散,除破产外,应于接收解散命令或决议解散后十五日内,呈由地方主管官署转呈中央主管官署声请为解散之登记,并在本公司所在地公告之。

公司负责人违反前项声请登记期限之规定时,得各科五百元以下罚锾。

第二十条 公司不得为他公司之无限责任股东或合伙事业之合伙人,如为他公司之有限责任股东时,其所有投资总额不得超过本公司实收股本1/2,但投资于生产事业或以投资为专业者不在此限。

第二十一条 公司得为他公司之董事、监察人,但须指定自然人充其代表。

对于前项代表权所加之限制,不得对抗善意第三人。

第二十二条 公司不得经营其登记范围以外之业务。

第二十三条 公司除依其他法律或公司章程规定,以保证为业务者外,不得为任何保证人。

第二十四条 公司负责人违反第二十二条或第二十三条之规定时,得各科二千元以下之罚金,并赔偿公司因此所受之损害;其情节重大者并得撤销其登记。

第二十五条 公司之业务须经政府特许者,于领得特许证件后方得经营。

第二十六条 同类业务之公司,不问是否同一种类,是否同在一省市区域以内,不得使用相同或类似之名称。

第二十七条 凡未经设立登记,而以公司名称经营业务或为其他法律行为者,其行为负责人得各科1000元以下之罚金,并禁止其使用公司名称。

第二十八条 公司每届营业年度告终,应将营业报告书、资产负债表、财产目录、损益表于股东同意或股东会承认后,十五日内呈报主管官署查核。

公司负责人违反前项所定呈报期限时,得各科五百元以下罚锾,其对于表册有不实之记载者,得各科一千元以下之罚金。

第二十九条 主管官署为审核前条所定各项簿册,得令公司提出证明文件、单据、表册,但须保守秘密,并于查阅后发还。

第三十条 公司负责人对于公司业务之执行,如有违反法令致他人受有损害时,对他人应与公司连带负赔偿之责。

第三十一条 解散之公司,于清算范围内视为尚未解散。

第三章 无限公司

第一节 设立

第三十二条 无限公司之股东应有二人以上,其中半数须在国内有住所。

股东应以全体之同意订立章程,签名盖章置于本公司,并每人各执一份。

第三十三条 无限公司章程应载明左列各款事项:

1. 公司之名称。
2. 所营之事业。
3. 股东之姓名、住所。
4. 资本总额及各股东之出资额。
5. 各股东有以现金以外之财产为出资者,其种类、数量、价格或估价之标准。
6. 盈余及亏损分派之比例或标准。
7. 本公司分公司及其所在地。
8. 定有代表公司之股东者,其姓名。
9. 定有执行业务之股东者,其姓名。
10. 定有解散之事由,其事由。
11. 订立章程之年月日。

公司负责人不备置前项章程于本公司,或所备章程有不实之记载时,得各科一千元以下之罚金。

第三十四条 公司自章程订立后十五日内,应将前条所列各款事项,向中央主管官署声请为设立之登记。

公司负责人违反前项声请登记期限之规定时,得各科五百元以下之罚锾;声请登记时有不实之陈述者,得各科一年以下有期徒刑、拘役或二千元以下之罚金。

第二节 公司之内部关系

第三十五条至第四十九条(略)

第三节 公司之对外关系

第五十条至第五十八条(略)

第四节 退股

第五十九条至第六十四条(略)

第五节 公司之解散

第六十五条 公司因左列各款情事之一而解散:

1. 章程所定解散事由之发生。
2. 公司所营事业已成就或不能成就。

3. 股东全体之同意。

4. 股东仅余一人。

5. 与他公司合并。

6. 破产。

7. 解散之命令。

股东遇有必要时，得声请法院发前项第七款之命令。

第六十六条　公司得以全体股东之同意与他公司合并。

第六十七条　公司决议合并时，应即编造资产负债表及财产目录。公司为合并之决议后，应即向各债权人分别通知及公告，并指定三个月以上之期限。声明债权人得于期内提出异议。

公司负责人于资产负债表或财产目录为不实之记载时，得各科一千元以下之罚金。

第六十八条　公司不为前条之通知及公告，或对于其在指定之期限内提出异议之债权人不为清偿，或不提供相应之担保者，不得以其合并对抗债权人。

第六十九条　公司负责人违反前两条之规定而与其他公司合并时，得各科1000元以下之罚金。

第七十条　公司为合并时，应于实行后十五日内呈由地方主管官署转呈中央主管官署分别依左列各款声请登记：

1. 因合并而存续之公司为变更之登记。

2. 因合并而消灭之公司为解散之登记。

3. 因合并而另立之公司为设立之登记。

公司负责人违反前项声请登记期限之规定时，得各科五百元以下之罚锾。

第七十一条　因合并而消灭之公司，其权利、义务应由合并后存续或另立之公司承受。

第六节　清　算

第七十二条　公司解散后之财产，除经股东之决议定有清算人外，应由全体股东清算。

第七十三条　由股东全体清算时，股东中有死亡者清算事务由其继承人行之；继承人有数人时，应由继承人互推一人行之。

第七十四条　不能依第七十二条规定其清算人时，法院得因利害关系人之声请，选派清算人。

第七十五条　法院因利害关系人之声请认为必要时，得将清算人解任，但股东选任之清算人，亦得由股东过半数之同意将其解任。

第七十六条　清算人应于就任后十五日内，将其姓名、住所及就任日期向法院呈报。

清算人之解任，应由股东于十五日内向法院呈报。清算人由法院选派时，应公告之，解任时亦同。

公司负责人违反第一项或第二项呈报期限之规定时，得各科五百元以下之罚锾。

第七十七条　清算人之职务如左：

1. 了结现场。

2. 收取债权，清偿债务。

3. 分派盈余或亏损。

4. 分派剩余财产。

清算人因执行前项职务，有代表公司为一切行为之权。

第七十八条　清算人有数人时，关于清算事务之执行，以其过半数之同意定之，但对于第三人各有代表公司之权。

第七十九条　对于清算人之代表权所加限制，不得对抗善意第三人。

第八十条　清算人就任后，应即检查公司财产情形，造具资产负债表及财产目录，送交各股东查阅。

对前项所为之检查有妨碍行为者，或清算人对于资产负债表、财产目录有不实之记载时，得各科一千元以下之罚金。

清算人应于六个月内完结清算，不能于六个月完结清算时，清算人得申叙理由，声请法院展期。

清算人遇有股东询问时，应将清算情形随时答复。

第八十一条　清算人就任后，应以公告方法催告债权人报明债权，对于明知之债权人并应分别通知。

第八十二条　公司财产不足清偿其债务时，清算人应即声请宣告破产。

清算人移交其事务于破产管理人时，其职务即为终了。

清算人违反第一项规定，不即声请宣告破产者，得科一千元以下之罚金。

第八十三条　清算人非清偿公司之债务后，不得将公司财产分派于各股东。

清算人违反前项规定分派公司财产者，得科一千元以下之罚金。

第八十四条　剩余财产之分派，除章程另有订定外，依各股东分派盈余或亏损后净余出资之比例定之。

第八十五条 清算人应于清算完结后十五日内造具决算表册,送交各股东,请求其承认;如股东不于一个月内提出异议,即视为承认,但清算人有不正当之行为时,不在此限。

第八十六条 清算人应于清算完结后十五日内向法院呈报。

清算人违反前项呈报期限之规定时,得科五百元以下之罚锾。

第八十七条 公司之账簿、表册及关于营业与清算事务之文件,应自清算完结时起保存十年,其保存人以股东过半数之同意定之。

第八十八条 股东之连带无限责任,自解散登记后满五年而消灭。

第四章 两合公司

第八十九条 两合公司以无限责任股东与有限责任股东组织之。有限责任股东以出资额为限,对于公司负其责任。

第九十条 两合公司除本章规定外准用第三章之规定。

第九十一条至第一百零四条(略)

第五章 有限公司

第一百零五条 有限公司之股东,应有二人以上十人以下,其中半数须在国内有住所。

股东应以全体之同意订立章程,签名盖章,置于本公司并每人各执一份。

第一百零六条 各股东对于公司之责任,应以其出资额为限。

第一百零七条 公司资本总额应由各股东全部缴足,不得分期缴款或向外招募。

第一百零八条 有限公司章程应载明左列各款事项:

1. 公司之名称。
2. 所营之事业。
3. 股东之姓名、住所。
4. 资本总额及各股东之出资额。
5. 盈余及亏损分派之比例或标准。
6. 本公司、分公司及其所在地。
7. 定有执行业务之股东者,其姓名。
8. 定有解散之事由者,其事由。
9. 公司为公告之方法。
10. 订立章程之年月日。

公司负责人不备置前项章程于本公司,或所备章程有不实之记载时,得各科一千元以下之罚锾。

第一百零九条 公司自章程订立后十五日内,应将左列各款事项向主管官署申请为设立之登记:

一、前条所列各款,其选有董事、监察人者,其姓名;

二、缴足股款之证件;

三、以现金以外之财产抵缴股款者,其姓名及其财产之种类、数量、价格或估价之标准。

主管官署对于前项之呈请,应派员检查。

抵缴资本之财产如估价过高,主管官署得减少之。公司负责人违反第一项声请登记期限之规定时,得各科五百元以下罚款,声请登记时有不实之陈述者得各科一年以下有期徒刑、拘役或二千元以下之罚金。

第一百十条 公司得以章程订定,不问出资多寡,每一股东有一表决权,或按出资多寡比例分配表决权;其有股东会组织者,准用股份有限公司股东会之规定。政府或法人为公司股东时,准用第一百七十六条之规定。

第一百一十一条 公司应在本公司置备股东名簿,记载左列各款事项:

1. 各股东之出资额及其股单号数。
2. 各股东之姓名或名称、住所。
3. 缴纳股款之年月日。

公司负责人不备置前项股东名簿于本公司,或所备股东名簿有不实之记载时,得各科一千元以下之罚金。

第一百一十二条至第一百二十四条(略)

第一百二十五条 公司之解散及清算,其有执行业务之股东者准用无限公司解散及清算之规定,其选有董事者,准用股份有限公司解散及清算之规定。

第六章 股份有限公司

第一节 设 立

第一百二十六条 股份有限公司,应有五人以上为发起人,其中须半数以上在国内有住所。

第一百二十七条 发起人应以全体之同意订立章程,载明左列各款事项,签名盖章:

1. 公司之名称。
2. 所营之事业。
3. 股份之总额及每股金额。

4. 本公司、分公司及其所在地。

5. 公司为公告之方法。

6. 董事及监察人之人数及任期。

7. 订立章程之年月日。

第一百二十八条　左列各款事项,非经载明于章程者,不生效力。

1. 解散之事由。

2. 股票超过票面金额之发行。

3. 发起人所得受之特别利益及受益者之姓名。

前项发起人所得受之特别利益无定期或无确数者,股东会得修改或撤销之,但不得侵犯发起人既得之利益。

第一百二十九条　发起人认足股份总数时,应即按股缴足第一次股款,并选任董事及监察人。

前项选任方法以发起人表决权之过半数定之。

第一百三十条　董事、监察人于就任后,应即将左列各款事项呈报主管官署:

1. 实缴股款之数。

2. 以现金外之财产抵作股款者,其姓名及其财产之种类、数量、价格与公司核给之股数。

3. 应归公司负担之设立费用及发起人得受报酬之数额。

对于前项呈报,主管官署得派员检查,如对第一款有不实情事时,公司负责人得各科一年以下有期徒刑、拘役或二千元以下之罚金。

第一百三十一条　主管官署查核发起人所得受之特别利益、报酬或设立费用如有冒滥,得裁减之。

抵作股款之财产如估价过高者,主管官署得减少所给股数或责令补足。

第一百三十二条　发起人不认足股份者,应募足股份总数。

前项股份招募时,得依第一百五十六条之规定发行优先股。

第一百三十三条　发起人招募股份时,应先备具左列各款事项,呈请主管官署备案,方得开始招股:

1. 营业计划书。

2. 发起人姓名、经历及认股数目。

3. 招股章程。

4. 募股期限。

前项发起人所认股份总数,不得少于股本总额十分之一。各发起人所认股数应于招股章程中载明。

第一百三十四条　招股章程应载明左列各款事项:

1. 第一百二十七条及第一百二十八条所列各款事项。

2. 各发起人所认之股数。

3. 第一次应缴纳之股款。

4. 股份总额募足之期限及逾期未募足时,得由认股人撤销所认股份之声明。

5. 发行优先股者,其总额、每股金额,第一次应缴金额及第一百五十六条各款之规定。

第一百三十五条　发起人应备认股书,载明招股章程中所列各款事项,由认股人填写所认股数、金额及其住所,签名盖章。

以超过票面金额发行股票者,认股人应于认股书注明认缴之金额。

违反第一项之规定,不备认股书或所备认股书有不实之记载时,发起人得各科一千元以下之罚金。

第一百三十六条　认股人有照所填认股书缴纳股款之义务。

第一百三十七条　股票之发行价格,不得低于票面金额。

第一次缴纳之股款,不得少于票面金额二分之一。

第一百三十八条　股份总数募足时,发起人应即向各认股人催缴第一次股款。

以超过票面金额发行股票时,其溢额应与第一次股款同时缴纳。

第一百三十九条　认股人延欠第一次应缴之股款时,发起人应定一个月以上之期限,催告该认股人照缴,并声明逾期不缴失其权利。

发起人已为前项之催告,认股人不照缴者,即失其权利,所认股份另行募集。

前项情形如有损害,仍得向认股人请求赔偿。

第一百四十条　第一次股款缴足后,发起人应于二个月内召集创立会。

第一百四十一条　创立会之程序及决议,准用第一百七十三条至第一百七十八条、第一百八十条第一项、第三项及第一百八十一条之规定。

第一百四十二条　发起人应将关于设立之一切事项报告于创立会。发起人对前项报告有不实情事时,得各科一千元以下之罚金。

第一百四十三条 创立会应选任董事及监察人。

第一百四十四条 董事及监察人应调查左列各款事项报告于创立会。

1. 股份总数已否认足。

2. 各认款人第一次股款已否缴足。

3. 发起人所得受之报酬或特别利益、财产抵作股款核给之股数及公司负担之设立费用是否确当，董事及监察人如有由发起人中选出者，创立会得另选检查人为前项之调查报告。

发起人有妨碍调查之行为者，或董事、监察人或检查人报告不实者，得各科一千元以下之罚金。

第一百四十五条 发起人所得受之报酬或特别利益，公司所负担之设立费用如有冒滥，创立会得裁减之。

抵作股款之财产如估价过高者，创立会得减少其所给股数或责令补足。

第一百四十六条 未认之股份及已认而未缴第一次股款者，应由发起人连带认缴，其已认而经撤销者亦同。

第一百四十七条 因前二条情形公司受有损害者，得向发起人请求赔偿。

第一百四十八条 公司呈准招股后，因故停止招募时，其筹备费用由发起人连带负责。

第一百四十九条 创立会得修改章程或为公司不设立之决议。

第二百四十六条第二项之规定，于前项修改章程准用之；第二百六十四条之规定，于前项公司不设立之决议准用之。

第一百五十条 股份总数募足后逾三个月，而第一次股款尚未缴足，或已缴纳而发起人不于二个月内召集创立会者，认股人得撤销其所认之股。

第一百五十一条 股份全由发起人认足者，应于第一百三十条所定呈报后，股份非全由发起人认足者，应于创立会完结后十五日内，由董事将左列各款事项向主管官署声请登记：

1. 第一百二十七条各款所列事项。

2. 各股已缴之金额。

3. 发行优先股者，其总额、每股金额及各股已缴金额。

4. 董事及监察人之姓名、住所。

5. 定有解散事由者，其事由。

公司负责人违反前项声请登记期限之规定时，得各科五百元以下之罚锾；声请登记时有不实之陈述者，得各科一年以下有期徒刑、拘役或二千元以下之罚金。

第一百五十二条 公司经设立登记后，认股人不得将股份撤销。

第一百五十三条 股东对于公司之责任，以缴清其股份之金额为限。

在公司资本有亏损时，股东不得以其对于公司之债权抵缴其已认未缴之股款。

第一百五十四条 公司负责人对于公司在设立登记前所负债务，即在登记后亦负连带责任。

第二节 股　份

第一百五十五条 股份有限公司之资本应分为股份，每股金额应归一律。

前项股份之一部分，得为优先股。

第一百五十六条 公司发行优先股时，应就左列各款于章程中订定之：

1. 优先股分派股利之顺序、定额或定率。

2. 优先股分派公司剩余财产之顺序、定额或定率。

3. 优先股东行使表决权之顺序或限制。

4. 优先股权利、义务之其他必要事项。

第一百五十七条 股份有数人共有者，其共有人应推定一人行使股东之权利。

股份共有人对于公司负连带缴纳股款之义务。

第一百五十八条 公司非经设立登记后，不得发行股票。

违反前项规定发行股票者，其股票无效，但持票人得对于发行股票人请求损害赔偿。

前项发行股票人得科五百元以下之罚锾。

第一百五十九条 股票应编号载明左列各款事项，由董事三人以上签名盖章：

1. 公司之名称。

2. 设立登记之年月日。

3. 股数及每股金额。

4. 股款分期缴纳者，其每次分缴之金额。

5. 优先股票应标明优先股字样。

6. 股票发行之年月日。

记名股票须用股东本名。其为同一人所有者，应记载同一姓名；其用别号者应并表明其本名。股票为政府或法人所有者，记载政府或法人之名称，不得另立户名或仅载代表人姓名。

第一百六十条 公司之股份非于设立登记后

不得转让,发起人之股份非在公司设立登记一年后不得转让。

第一百六十一条　记名股票之转让,非将受让人之姓名、住所记载于公司股东名簿,并将受让人之姓名记载于股票,不得以其转让对抗公司及第三人。但股东常会开会前一个月内或股东临时开会前十五日内,不得转让之。

第一百六十二条　公司得发行无记名股票,但其股数不得超过股份总数二分之一。

第一百六十三条　公司不得自将股份收买或收为抵押,但于股东清算或受破产之宣告时,得按照市价收为抵偿其清算破产前结欠之债款,惟须于六个月内将此项股份售出。

公司负责人违反前项规定,收买或收为抵押或抬高价格抵偿逾期债款,或拟抵价格出售时,得各科一年以下有期徒刑、拘役或二千元以下之罚金。

第一百六十四条　公司非依减少资本之规定,不得销除其股份。公司负责人违反前项规定销除股份时,得各科一千元以下罚金。

第一百六十五条　公司每届收取股款,应于一个月前,向各股东分别催告。

股款届期不缴者,公司得再定一个月以上之期限,分别催告及公告,并声明逾期不缴者,丧失其股东之权利。

公司已为前项之催告及公告,股东仍不照缴者,即丧失其股东之权利。

公司负责人违反本条催告及公告期限之规定,得各科五百元以下之罚锾。

第一百六十六条　股东缴款迟延者,应加算利息,如章程定有违约金者,公司得请求违约金。

第一百六十七条　股东丧失其权利而其股份为受让者,公司得定一个月以上之期限,催告各转让人缴纳其应缴之股款。

转让人受前项催告最先缴纳股款者,取得其股份;逾期不缴者,公司得拍卖其股份。

拍卖所得之金额不敷应缴之股款时,公司仍得依次向原股东及转让人请求补偿。

第一百六十八条　前条所定转让人之责任,自其转让之事项登记股东名簿后,经过一年而消灭。

第一百六十九条　股款非缴足后,公司不得因股东之请求发给无记名股票。

股票为无记名式者,其股东得随时请求改为记名式。

公司负责人违反第一项规定发给无记名股票时,得各科一千元以下之罚金。

第一百七十条　股东名簿应编号、记载左列各款事项:

1. 各股东之姓名或名称、住所。

2. 各股东之股数及其股票号数。

3. 各股份已缴之股款及其缴纳之年月日。

4. 发给股票之年月日。

5. 发行无记名股票者,应记载其股数号数及发行之年月日。

6. 发行优先股者,并应注明"优先"字样。公司负责人不备置前项股东名簿于本公司,或所备股东名簿有不实之记载时,得各科一千元以下之罚金。

第三节　股东会

第一百七十一条　股东会分左列二种:

1. 股东常会每年至少召集一次。

2. 股东临时会于必要时召集之。

第一百七十二条　股东会由董事召集。

第一百七十三条　股东会之决议除本法另有规定外,应有代表股份总数过半数之股东出席。以出席股东表决权过半数之同意行之。

出席人不满前项定额时,得以出席人表决权过半数之同意为假决议,并将决议通知各股东;其发有无记名股票者,并应将假决议公告于一个月内再行召集股东会,其决议以出席股东表决权之过半数之同意行之。

第一百七十四条　公司各股东每股有一表决权,但一股东而有十一股以上者,公司得以章程限制其表决权。

第一百七十五条　股东得委托代理人出席股东会,但应出具委托书。前项代理人不限于公司之股东。

第一百七十六条　政府或法人为股东时,其代表人不限于一人,但其表决权之行使仍以其所持有之股份综合计算。

第一百七十七条　股东对于会议之事项有自身利害关系致有害于公司利益之处时,不得加入表决,亦不得代理他股东行使其表决权。

第一百七十八条　无记名股票之股东,非于股东会开会前五日将其股票交存公司,不得出席。

第一百七十九条　有股份总数二十分一以上之股东得以书面记明提议事项及其理由,请求董事召集股东临时会。

前项请求提出后十五日内,董事不为召集之通知时,股东得呈经地方主管官署许可自行召集。

第一百八十条 股东常会之召集于一个月前通知各股东,对于持有无记名股票者应于四十日前公告之。

临时股东会之召集应于十五日前通知各股东,对于持有无记名股票者应于二十日前公告之。

通知及公告中应载明召集事由,但股东应得之通知以在国内有住所者为限。

公司负责人违反第一项或前项通知期限或公告期限之规定时,得各科五百元以下之罚锾。

第一百八十一条 股东会之议决事项应作成决议录,由主席签名盖章。决议录并应记明会议之时日及场所、主席之姓名及决议之方法。

决议录应与出席股东之签名簿及代表出席委托书一并保存。

公司负责人违反前项规定不保存决议录与股东出席签名簿及代表出席委托书或有不实之记载时,得各科一千元以下之罚金。

第一百八十二条 股东会得查核董事造具之表册、监察人之报告并决议分派盈余及股利。

因为前项查核股东会得选任检查人。

对于前二项检查有妨碍之行为者,得科一千元以下之罚金。

第一百八十三条 股东会之召集或决议违反法令或章程时,股东得自决议之日起一个月内声请法院宣告其决议为无效。

第四节 董 事

第一百八十四条 公司设置董事至少三人,由股东会就股东中选任之。其中须半数以上在国内有住所。

第一百八十五条 政府或法人为公司股东时,其所得指定为董事之人数应按所认股额比例分配,以公司章程订定之。

前项董事得依其本身职务关系随时改派。

第一百八十六条 董事在任期中将其所有股份全数转让时当然解任。

第一百八十七条 董事之报酬未经章程订明者,应由股东会议定。

第一百八十八条 董事任期不得逾三年,但得连选连任。

第一百八十九条 董事得随时以股东会之决议将其解任,但定有任期者,如无正当理由而于任满前将其解任时,董事得向公司请求赔偿因此所受之损失。

第一百九十条 董事缺额达总数三分之一时,应即召集股东临时会补选之。

董事缺额未及补选而有必要时,得以原选次多数之被选人代行职务。

第一百九十一条 董事之执行业务除章程另有订定外,以其过半数之同意行之。关于经理人之选任及解任亦同。

第一百九十二条 董事在职权上须集体行动时,得组织董事会。

董事会之组织及开会决议方法以章程定之。

第一百九十三条 公司得依章程由董事互推一人为董事长,一人或数人为常务董事代表公司。

董事长及常务董事均须在国内有住所。

董事长须有中华民国国籍,公司不设董事长者,其代表公司之董事至少应有一人有中华民国国籍。

第四十八条、第五十一条及第五十二条之规定于前项董事长、常务董事或代表公司之董事准用之。

第一百九十四条 董事应将章程及历届股东会决议录、资产负债表、损益表备置于本公司及分公司,并将股东名簿及公司债存根备置于本公司。

前项章程及簿册,股东及公司之股权人得随时请求查阅。

公司负责人违反第一项规定不备置章程簿册等,所备章程簿册有不实之记载时,或违反前项规定无正当理由而拒绝查阅者,得各科一千元以下之罚金。

第一百九十五条 公司亏折资本达总额三分一时,董事应即召集股东会报告。

公司资产显有不足抵偿其所负债务时,董事应即声请宣告破产。

董事违反第一项或前项规定时,得各科1000元以下之罚金。

第一百九十六条 董事之执行业务应依照法令章程及股东会之决议,董事违反前项规定致公司受损害时对于公司负赔偿之责,但曾经表示异议之董事有记录或书面声明可证者免其责任。

第一百九十七条 股东会决议对于董事提起诉讼时,公司应自决议之日起一个月内提起之。

第一百九十八条 有股份总额数十分之一以

上之股东得为公司对董事提起诉讼。

前项情形法院因监察人之声请得命起诉之股东提供相当之担保。

如因败诉致公司受损害时，起诉之股东对于公司负赔偿之责。

第一百九十九条　公司与董事间诉讼除法律另有规定外，由监察人代表公司股东会亦得另选代表公司诉讼之人。

第五节　监察人

第二百条　公司监察人旧股东会就股东中选任之监察人中，至少须有一人在国内有住所。

第二百零一条　监察人之报酬未经章程订明者应由股东会议定。

第二百零二条　监察人任期一年，但得连选连任。

第二百零三条　第一百八十五条、第一百八十六条及第一百八十九条之规定于监察人准用之。

第二百零四条　监察人得随时调查公司财务状况，查核簿册文件并请求董事报告公司业务情形。

违反前项规定妨碍监察人检查行为者，得科一千元以下之罚金。

第二百零五条　监察人对于董事所造送关于股东会之各种表册应核对簿据调查实况报告意见于股东会。

监察人违反前项规定而为不实之报告时，得科1000元以下之罚金。

第二百零六条　监察人对于前二条所定事务得代表公司委托律师、会计师办理之，其费用由公司负担。

第二百零七条　监察人认为必要时得召集股东会。

第二百零八条　监察人各得单独行使监察权。

第二百零九条　监察人不得兼任公司董事及经理人。

第二百十条　董事为自己或他人与本公司有交涉时，由监察人为公司之代表。

第二百十一条　监察人因不尽监察职务致公司受有损害者，对于公司负赔偿之责。

第二百十二条　股东会决议对于监察人提起诉讼时，公司应自决议之日起一个月内提起之。

前项起诉之代表股东会得于董事外另行选派。

第二百十三条　有股份总数十分之一以上之股东，得为公司对监察人提起诉讼。

前项情形法院因董事之声请，得命起诉之股东提供相当之担保。

如因败诉致公司受损害时，起诉之股东对于公司负赔偿之责。

第六节　经理人

第二百十四条　公司得依章程规定设置总经理或经理。

第二百十五条　总经理或经理之选任及解任，董事过半数之同意定之。

第二百十六条　总经理或经理之报酬由董事过半数之同意定之。

第二百十七条　总经理或经理之职权除章程规定外并得依契约之订定。

第二百十八条　总经理或经理不得兼任他公司同等之职务，亦不得自营或为他人经营同类之业务。

第二百十九条　总经理或经理不得变更董事之决议或逾越其规定之权限。

第二百二十条　总经理或经理因违反法令章程或董事决议，致公司受损害时，对于公司负赔偿之责。

第二百二十一条　总经理或经理应签名于第二百二十六条所规定各项表册并负其责任。

第二百二十二条　公司依章程之规定得设副总经理或副经理一人或数人，以辅佐总经理或经理。

第二百二十三条　第二百一十五条至第二百二十一条之规定，于副总经理或副经理准用之。

第二百二十四条　公司不得以其所加于经理人职权之限制，对抗善意第三人。

第二百二十五条　公司于选任经理人后十五日内，应将左列各款事项呈报主管官署：

1. 经理人之姓名、住所。

2. 经理人是否股东或董事。

3. 经理人就职之年月日。

第七节　会　计

第二百二十六条　每营业年度终，董事应造具左列各项表册，于股东常会开会前三十日交监察人查核：

1. 营业报告书。

2. 资产负债表。

3. 财产目录。

4. 损益表。

5. 盈余分派之议案。

前项表册监察人得请求董事提前交付查核。

公司负责人对第一项所列表册有不实之记载时，得各科一千元以下之罚金。

第二百二十七条 董事所造具之各项表册与监察人之报告书，应于股东常会开会前十日备置于本公司。股东得随时查阅。前项股东得偕同其所委托之律师或会计师查阅。

第二百二十八条 董事应将其所造具之各项表册提出于股东会请求承认，经股东会承认后，董事应将资产负债表、损益表及盈余分派之决议分发各股东。

前项表册及决议，公司债权人得要求给予或抄录。

第二百二十九条 各项表册经股东会决议承认后，视为公司已解除董事及监督人之责任，但董事或监察人有不正当行为者不在此限。

第二百三十条 公司分派每一营业年度之盈余时，应先提出十分之一为公积金。但公积金已达资本总额时不在此限。

除前项公积金外，公司得以章程订定或股东会议决，另提特别公积金。

超过票面金额发行股票所得之溢价应全部作为公积金。

公司负责人违反第一项规定不提出公积金时，得各科一千元以下之罚金。

第二百三十一条 公司非弥补损失及依前条规定提出公积金后，不得分派股利。

公司无盈余时，不得分派股利，但公积金已超过资本总额时，或于有盈余年度所提存之公积金有超过该盈余十分之二数额者，公司为维持股票之价格得以其超过部分派充股利。公司负责人违反第一项或前项规定分派股利时，得各科一年以下有期徒刑、拘役或二千元以下之罚金。

第二百三十二条 违反前条规定分派股利时，公司之债权人得请求退还。

第二百三十三条 公司依其业务之性质自设立登记后，如需二年以上之准备始能开始营业者，经主管官署之许可，得以章程订明于开始营业前分派股利于股东。

第二百三十四条 股利之分派除章程另有订定外，以各股东已缴股款之比例为准。

第二百三十五条 有股份总数二十分之一以上之股东，得声请法院选派检查员检查公司业务账目及财产情形。

法院对于检查员报告认为必要时，得命监察人召集股东会。

对于检查员之检查有妨碍行为或者监察人不遵法院命令召集股东会者，得科一千元以下之罚金。

第八节 公司债

第二百三十六条 公司经董事决议后得募集公司债。但须将募集公司债之原因及事实报告股东会。

第二百三十七条 公司债之总额不得逾公司现有全部资产减去全部负债后之净额。

第二百三十八条 募集公司债时，董事应将左列各款事项呈报地方主管官署核转中央主管官署，经核准后并公告之：

1. 公司之名称。
2. 公司债之总额及债券每张之金额。
3. 公司债之利率。
4. 公司债偿还方法及期限。
5. 前已募集公司债者其未偿还之数额。
6. 公司债发行之价额或其最低价额。
7. 公司股本总额及已缴股款之总额。
8. 公司现存全部资产减去全部负债后之净额。
9. 呈请核准之主管官署与年月日及证明律师、会计师之姓名。
10. 如有担保发行者，其名称。

第二百三十九条 董事应备公司债应募书，载明前条各款事项，由应募人填写所认数额及其住所，签名盖章。

第二百四十条 公司债募足时，董事应向各应募人请求缴足其所认数额，董事自收足公司债款后，应于十五日内呈报主管官署。

第二百四十一条 公司债之债券应编号、载明发行之年月日及第二百三十八条第一项第一款至第四款之事项，由董事三人以上签名盖章。

公司负责人于公司债券内为不实之记载时，得各科一千元以下之罚金。

第二百四十二条 公司债存根簿应将所有债券依次编号，并载明左列各款事项：

1. 公司债债权人之姓名及住所。

2. 第二百三十八条第一项第二款至第四款之事项。

3. 公司债发行之年月日。

4. 各债券持有人取得债券之年月日。

5. 如有担保发行者其名称。

公司负责人于公司债存根簿内为不实之记载时得各科一千元以下之罚金。

第二百四十三条　公司募集公司债款后不用于所规定事项者，公司负责人得各科一年以下有期徒刑、拘役或二千元以下之罚金。如公司因此受有损害时对于公司并负赔偿责任。

第二百四十四条　以记名式之公司债转让时，非将受让人之姓名、住所记载于公司债存根簿并将其姓名记载于债券，不得以其转让对抗公司及第三人。

第二百四十五条　债券为无记名式者债权人得随时请求改为记名式。

第九节　变更章程

第二百四十六条　公司非经股东会决议不得变更章程。

前项股东会之决议有代表股份总数三分之二以上之股东出席，以出席股东表决权过半数之同意行之。

第二百四十七条　公司非收足股款后不得增加资本。

第二百四十八条　公司增加资本时得发行优先股。

第二百四十九条　公司发行之优先股得以盈余或添募新股所得之，股款收回之，但不得损害优先股东按照章程应有之权利。

第二百五十条　公司已发行优先股者，其章程之变更如有损害优先股东之权利时，除应经股东会依照第二百四十六条第二项规定之决议外，更应经优先股东会议之决议。

优先股东会准用关于股东会之规定。

第二百五十一条　公司添募新股时，应先尽旧股东按照原有股份之比例分认，比例分认不足时得由他股东分认或另行募集。

第二百五十二条　公司增加资本时，有以现金之外之财产抵作股款者，其人与其财产之种类、价格及公司核给之股数，应于决议增加资本时同时决议之。

第二百五十三条　公司添募新股时，董事应备置认股书，载明左列各款事项，由认股人填写所认股数金额及其住所，签名盖章：

1. 第一百二十七条第一款至第六款、第一百二十八条及第一百三十条第二款之事项。

2. 增加资本决议之年月日。

3. 增加资本之总额及每股金额。

4. 第一次缴纳之股款。

5. 发行优先股时，其总额、每股金额、第一次应缴之股款及第一百五十六条各款事项。

6. 同时发行数种优先股时，其种类及每种优先股之总额、每股金额、第一次应缴之款及第一百五十六条各款事项。

同时发行数种优先股者，认股人应于认股书填明其所认股份之种类及其数额。

第二百五十四条　公司增加资本，于第一次股款收足后，董事应即召集股东会，报告关于募集新股之事项。

第二百五十五条　监察人应检查左列各款事项，报告于股东会：

1. 所募新股已否认足。

2. 各新股第一次应缴之股款已否缴足。

3. 以现金外之财产抵作股款者，所核给股份之数是否确当。

为前项之调查及报告，股东会得另选检查人。

对于监察人之调查或检查人之检查有妨碍行为者，或监察人调查后对于股东会为不实之报告者，得各科一千元以下之罚金。

第二百五十六条　公司增加资本后股东会应即改选董事监察人。

第二百五十七条　第二百五十四条之股东会完结后，董事应于十五日内将左列各款事项向地方主管官署转呈中央主管官署声请登记：

1. 增加资本之总额。

2. 决议增加资本之年月日。

3. 各新股已缴之股款。

4. 发行优先股者，其优先股之种类，各种优先股之总额及每种每股之金额及其已缴之金额。

未经登记前，不得发行新股票或为新股份之转让。

公司负责人违反第一项登记期限之规定者，或违反前项规定未经登记而发行新股票时，得各科五百元以下之罚锾。增资登记时有不实之呈报者，得科一年以下有期徒刑、拘役或二千元以下之罚金。

第二百五十八条　公司添募新股所发行之新股票应编号、载明股数及左列各款事项，由董事三人以上签名盖章：

1. 公司之名称。

2. 增加资本登记之年月日。

3. 增加股份总数及每股金额。

4. 发行优先股者，优先股种类及各种优先股之总额及每股金额。

5. 增加股份之股款分期缴纳者，其每次分缴之金额及已缴之金额。

公司负责人对前项新股票为不实之记载时，得各科一千元以下之罚金。

第二百五十九条　第一百三十六条至第一百三十九条及第一百五十五条至第一百五十七条之规定于添募新股准用之。

第二百六十条　因减少资本换给新股时，公司应于减资登记后定六个月以上之期限，通告各股东换取，并声明逾期不换取者丧失其股东之权利。

股东于前项期限内不换取者，即丧失其股东之权利。公司得将其股份拍卖，以卖得之金额给还该股东。

公司负责人违反本条通告期限之规定时，得各科五百元以下之罚锾。

第二百六十一条　因减少资本而合并股份时，其不适于合并之股份之处理，准用前条第二项之规定。

第二百六十二条　第六十七条及第六十八条之规定于减少资本准用之。

第十节　解　散

第二百六十三条　股份有限公司因左列各款事由而解散：

1. 章程所定解散事由之发生。

2. 公司所营事业已成就或不能成就。

3. 股东会决议。

4. 有记名之股票之股东不满五人。

5. 与他公司合并。

6. 破产。

7. 解散之命令。

第二百六十四条　股东会对于公司解散或合并之决议，应有代表股份总数四分之三以上之股东出席，以出席股东表决权数过半数之同意行之。

第二百六十五条　公司解散时，除破产外，董事应即通知各股东，并应公告之。

第二百六十六条　因合并而解散之公司，准用第六十七条至第七十一条之规定。

第十一节　清　算

第二百六十七条　公司之解散，除合并及破产外，以董事为清算人，但章程另有订定或股东会另选清算人时不在此限。

不能依前项之规定定清算人时，法院得因利害关系人之声请，选派清算人。

第二百六十八条　清算人除由法院选派者外，得由股东会决议解任。

法院因监察人或有股份总数十分之一以上股东之声请，得将清算人解任。

第二百六十九条　清算人于执行清算事务之范围内，除本节有规定外，其权利义务与董事同。

第二百七十条　清算人之报酬，非由法院选派者，由股东会议定；其由法院选派者，由法院决定。

清算费用及清算人之报酬，由公司现存财产中尽先给付。

第二百七十一条　清算人就任后，应即检查公司财产情形，造具资产负债表及财产目录，提交股东会请求承认。违反前项规定有妨碍检查行为者，或清算人造具表册有不实之记载者，得各科一千元以下之罚金。

第二百七十二条　清算债务后剩余之财产，应按各股东所缴股款之数额比例分派；但公司发行优先股而章程中另有订定者，不在此限。

第二百七十三条　清算完结时，清算人应于十五日内，造具清算期内收支表、损益表，连同各项簿册提交股东会请求承认。

股东会得另选检查人检查前项簿册是否确当。簿册经股东会承认后，视为公司已解除清算人之责任，但清算人有不正当之行为者不在此限。违反第二项规定，对于检查有妨碍行为者，得科一千元以下之罚金。

第二百七十四条　公司之各项簿册及文件，应自清算完结登记后保存十年，其保存人由清算人及其他利害关系人声请法院指定之。

第二百七十五条　清算完结后，如有可以分派之财产，法院因利害关系人之声请，得选派清算人重新分派。

第二百七十六条　第七十六条、第七十七条、第七十九条至第八十三条及第八十六条之规定，于股份有限公司之清算准用之。

第七章　股份两合公司

第二百七十七条　股份两合公司之股东，至少应有一人负无限责任。

第二百七十八条　股份两合公司于左列各款事项，准用两合公司之规定：

1. 无限责任股东对内之关系。
2. 无限责任股东对外之关系。
3. 无限责任股东之退股。

其余事项除本章有规定外，准用关于股份有限公司之规定。

第二百七十九条　设立股份两合公司应由无限责任股东为发起人，订立章程，载明左列各款事项，签名盖章：

1. 第一百二十七条第一款至第五款之事由。
2. 无限责任股东之姓名、住所。
3. 无限责任股东股款有现金以外之出资，其财产之种类、数量及价格或估价之标准。公司负责人不备置前项公司章程于公司，或所备章程有不实之记载时，得各科一千元以下之罚金。

第二百八十条　无限责任股东，应负募集股份之责。

第二百八十一条　认股书应记载左列各款事项：

1. 第一百二十八条、第一百三十四条第一项第一、第三、第四、第五各款及第二百七十九条所载之事项；
2. 无限责任股东认有有限股份者，其股数。

公司负责人不备置前项认股书，或所备之认股书有不实之记载时，得各科一千元以下之罚金。

第二百八十二条　创立会应于股东中选任监察人。

无限责任股东不得为监察人。

第二百八十三条　无限责任股东得于创立会及股东会陈述意见，其有有限股份者就其有限股份有表决权。

第二百八十四条　监察人应调查第一百四十四条第一项及第二百七十九条第一项第三款所载事项，报告于创立会。

对于监察人之调查有妨碍行为者，或监察人对于股东会为不实之报告者，得各科一千元以下之罚金。

第二百八十五条　公司创立会完结后，应于十五日内将左列各款事项向主管官署声请登记：

1. 第一百二十七条第一款至第五款、第一百五十一条第一项第二款、第三款、第五款及第二百七十九条第二、第三各款所记载。
2. 定有代表公司之无限责任股东者，其姓名、住所。
3. 监察人之姓名、住所。

公司负责人违反前项声请登记期限之规定时，得各科五百元以下之罚锾。声请登记有不实之陈述者，得各科一年以下有期徒刑、拘役或二千元以下之罚金。

第二百八十六条　代表公司之无限责任股东除第一百八十四条至第一百九十条及第一百九十二条、第一百九十三条不适用外，准用关于股份有限公司董事之规定。

第二百八十七条　两合公司应经全体股东同意之事项，在股份两合公司，除股东会决议外，更应有无限责任股东之同意。

第二百八十八条　两合公司解散事由之规定，于股份两合公司准用之。

第二百八十九条　公司之解散，除因合并、破产及以命令解散外，应以无限责任股东之全体或其所选任之清算人，与股东会所选任之清算人共同清算，但章程另有订定者不在此限。

无限责任股东选任清算人时，以过半数之同意定之股东会所选任之清算人，应与无限责任股东或其所选任之清算人人数相等。

第二百九十条　清算人除依第二百七十一条及第二百七十三条之规定将各项簿册提交股东会请求承认外，并应请求无限责任股东全体之承认。

第八章　外国公司

第二百九十一条　外国公司之名称，除标明其种类外，并应标明其国籍。

第二百九十二条　外国公司非在其本国设立登记者，不得声请认许；非经认许给予认许证者，不得在中国境内营业或设立分公司。

第二百九十三条　外国公司有左列情事之一者，不予认许：

1. 其目的或业务违反中华民国法律、公共秩序或善良风俗者。
2. 其设分公司之地区限制外国人居住，或其业务限制外国人经营者。

3. 专为逃避其本国法律者，或利用第三国法律取得法人地位向中国请求认许，企图享受第三国人民权利者。

4. 第二百九十四条所列各款事项有虚伪情事者。

外国公司所属之国家对于中国公司不予认许者，得不予认许。

第二百九十四条 外国公司声请认许时，应报明左列各款事项：

1. 公司之名称、种类及其国籍。

2. 公司所营之事业及在中国境内所营之事业。

3. 股本总额及种类、每股金额及已缴金额。

4. 本公司所在地及中国境内设立分公司所在地。

5. 在本国设立登记之年月日。

6. 董事及其他公司负责人之姓名、国籍、住址。

7. 在中国境内指定之诉讼及非讼代理人之姓名、国籍、住址。

第二百九十五条 外国公司应于认许后，将章程及无限责任股东之名册备置于中国境内之分公司。

公司负责人违反前项规定，不备置章程及无限责任股东之名册于中国境内之分公司，或所备章程及无限责任股东之名册有不实之记载时，得各科一千元以下之罚金。

第二百九十六条 外国公司经认许后在中国境内设立分公司者，应于设立后十五日内呈由所在地主管官署转呈中央主管官署声请登记。

公司负责人违反前项声请登记期限之规定时，得科五百元以下之罚金。

第二百九十七条 外国公司经认许后，其法律上之权利义务及主管官署之管辖，除法律另有规定外，与中国公司同。

第二百九十八条 外国公司经认许后，得依法购置因其业务所需用之地产，但须先呈请地方主管官署转呈中央主管官署核准，并得依其本国法律准许中国公司享受同样权利为条件。

第二百九十九条 本法第十五条、第十六条、第十八条至第二十七条、第三十条及第三十一条，于外国公司准用之。

第三百条 外国公司经认许后无意在中国境内继续营业者，应缴销原认许证件，向主管官署声请撤回认许，但声请撤回以前所负之责任或债务，须履行完毕。

第三百零一条 有左列情事之一者，主管官署应撤销其认许：

1. 声请认许时所报事项或所缴文件经查明有虚伪情事者。

2. 其公司已解散者。

3. 其公司已受破产之宣告者。

前项撤销认许不得影响债权人之权利及公司之义务。

第三百零二条 外国公司不得在中国境内募股募债，但其股东私人买卖股份债券不在此限。

第三百零三条 外国公司经认许后，主管官署于必要时得查阅其有关营业之簿册文件。

第三百零四条 第二百九十四条第七款规定之代理人在更换或离境前外国公司应另指定代理人，呈请主管官署登记。

前项代理人之姓名、国籍、住址及其为公司收受诉讼或非诉讼事件通知之声明书，应于呈请登记时附具。

第三百零五条 外国公司因无意在中国境内经常营业，未经声明认许偶派其代表人在中国境内为法律行为时，得报明左列各款事项，声请中央主管官署备案：

1. 公司之名称、种类、国籍及其所在地。

2. 公司资本总额及在本国设立登记之年月日。

3. 公司所营之事业及其代表人在中国境内所为之法律行为。

4. 在中国境内指定之诉讼代理人之姓名、国籍、住址。

前项声请备案文件，应由其本国主管官署或其代表人法律行为所在地之领事官签名证明。

第九章 公司之登记及认许

第一节 通则

第三百零六条 公司之登记或认许，应由负责人具呈请书，连同本章所定应备文件二份，向中央主管官署呈请或呈由地方主管官署转呈中央主管官署核办，由代理人呈请时，应加具代理之委托书。

第三百零七条 主管官署对于公司登记之呈请认为有违反法令或不合法定程式者，应令其改正，非俟改正合法后不予登记。

第三百零八条 公司设立登记、分公司设立登记，外国公司认许及其分公司设立登记，应俟中央主管官署发给执照后，增资、减资之登记，应俟中央主管官署换发执照后，方为确定。

第三百零九条　地方主管官署对于公司设立、解散、增资，减资、设立分公司及外国公司认许、撤销认许、变更代表人及分公司之设立及变更之登记，应于收文后十日内转呈中央主管官署核办。其他事项之登记，每月汇报中央主管官署一次。

第三百一十条　公司登记，呈请人于登记后确知其登记事项有错误或遗漏时，得呈请更正。

第三百一十一条　凡请求证明登记事项并无变更或别无某事项登记者，中央或地方主管官署得酌量情形核给证明书。

第三百一十二条　登记簿或登记文件，负责人或利害关系人得声叙理由请求查阅或抄录，但主管官署认为必要时，得拒绝抄阅或限制其抄阅之范围。

第三百一十三条　中央主管官署发给或换发登记执照后，应登载政府公报公布之。

前项规定，于外国公司之认许准用之。

第三百一十四条　公司对外文件应标明其登记执照之号数。

第二节　规　费

第三百一十五条　公司设立之登记，应随文缴纳登记费，按其章程所定资本总额，每二千元按一元计算，并缴执照费五百元。

第三百一十六条　外国公司认许之登记，应随文缴纳登记费一千元，并缴执照费五百元。

第三百一十七条　公司因增加资本呈请登记者，其登记费按所增之数二千分之一缴纳，并缴执照费五百元。

第三百一十八条　公司或外国公司设立分公司呈请登记者，应随文缴执照费五百元。

第三百一十九条　遗失公司执照呈请补发者，应缴补发执照费二百五十元。

第三百二十条　凡依法应领执照者，应按印花税率随文缴纳印花税费。

第三百二十一条　凡公司除设立与增资登记及外国公司认许登记以外之登记，每件应向主管官署缴纳登记费二百五十元。

第三百二十二条　查阅登记簿及登记文件，每次应缴查阅费一百元；如须抄录者，每千字应缴抄录费五十元。

第三百二十三条　依第三百一十一条规定呈请核给证明书者，每件应缴证明书费一百元。

第三节　呈请程序

第三百二十四条　无限公司设立，解散及因合并而变更之登记，由全体股东呈请之；其他各项登记，由代表公司之股东呈请之。

第三百二十五条　无限公司因设立呈请登记者，应加具公司章程、营业概算书。

股东中有未成年者，应附送法定代理人同意之证明书。

因合并而设立呈请登记者，应附送本法第六十七条第二项规定之通知及公告，或已依本法第六十八条规定清偿或提供担保之证明文件。

第三百二十六条　无限公司因解散呈请登记者，应叙明解散事由；其由继承人呈请者，应附送其身份之证明文件。因合并而解散者，准用前条第三项之规定。

第三百二十七条　无限公司呈请变更登记，应叙明变更事项；其因合并而变更者，并准用第三百二十五条第三项之规定。

第三百二十八条　无限公司登记事项如有应得全体股东或某股东之同意者，应附送其同意证明书。

第三百二十九条　第三百二十四条至第三百二十八条之规定，于两合公司准用之，但在无限公司应由全体股东呈请之，登记两合公司由全体无限责任股东呈请之。

第三百三十条　有限公司设立、解散、增资及因合并而变更之登记，由全体执行业务之股东呈请之；其选有董事、监察人者，由半数以上之董事及至少监察人一人呈请之；其他事项由代表公司之股东或董事呈请之。

第三百三十一条　有限公司因设立呈请登记，应加具左列各项文件：

1. 公司章程。

2. 主管官署依照第一百零九条第二项规定验资核准之批示。

3. 营业概算书。

因合并而设立呈请登记者，并应加具第三百二十五条第三项规定之文件。

第三百三十二条　有限公司因解散呈请登记者，准用第三百三十八条之规定。

第三百三十三条　有限公司因增加资本呈请登记者，应加具左列各项文件：

1. 修正之章程。

2. 有股东会之组织者，其关于增加资本之决议录。

3. 主管官署依照第一百零九条第二项核准之批示。

4. 选有董事、监察人者，增资后之董事、监察人名单。

第三百三十四条 有限公司因修改章程另定执行业务之股东或改选董事、监察人呈请登记者，应加具修正章程或所选之董事、监察人名单。

第三百三十五条 第三百四十四条之规定，于有限公司准用之。第三百四十五条之规定，于有限公司之合并准用之。

第三百三十六条 股份有限公司设立、解散、增资、减资、募集公司债及因合并而变更之登记，由半数以上之董事及至少监察人一人呈请之；其他登记事项，由代表公司之董事呈请之。

第三百三十七条 股份有限公司因设立呈请登记，应加具左列各项文件：

甲、发起人认足股份者

1. 公司章程。

2. 股东名簿。

3. 选任董事、监察人名单。

4. 第一百三十条规定各件。

5. 营业概算书。

乙、发起人未认足股份而另行招募足额者

1. 公司章程。

2. 股东名簿。

3. 第一百三十三条规定呈请备案之批示。

4. 第一百四十四条规定之董事、监察人或检查人调查报告书及其附属文件。

5. 创立会决议书。

6. 营业概算书。

7. 因合并而设立呈请登记者，第三百二十五条第三项规定之文件。

第三百三十八条 股份有限公司因解散呈请登记者，应叙明解散事由，其因股东会之决议而解散者，应加具关于解散之股东会决议录；因合并而解散者，并准用第三百二十五条第三项之规定。

第三百三十九条 股份有限公司因增加资本呈请登记者，应加具左列各项文件：

1. 修正之章程。

2. 关于增加资本之股东会决议录。

3. 增加资本后之股东名簿。

4. 增加资本后之董事、监察人名单。

第三百四十条 股份有限公司因减少资本呈请登记者，应加具左列各项文件：

1. 修正之章程。

2. 关于减少资本之股东会决议录。

3. 减少资本后之股东名簿。

4. 第三百二十五条第三项规定之文件。

第三百四十一条 股份有限公司因募集公司债呈请登记者，应加具左列各项文件：

1. 关于募集公司债之董事决议录。

2. 最近之资产负债表。

3. 募集公司债业经呈准与合法公告之证明文件。

4. 债款缴足之证明书。

第三百四十二条 股份有限公司因清偿公司债之全部或一部分呈请登记者，应加具所还债数之证明书。

第三百四十三条 股份有限公司因改选董事、监察人呈请登记者，应加具选任之董事、监察人名单。

第三百四十四条 股份有限公司因其他登记事项变更呈请登记者，应加具关于决议变更之股东会或董事会决议录。

第三百四十五条 股份有限公司因合并而变更呈请登记者，应加具第三百二十五条第三项所规定之文件。

第三百四十六条 股份两合公司之设立、解散、增资、减资及因合并而变更之登记，由全体无限责任股东及半数以上监察人呈请之；其他事项之登记，由代表公司之无限责任股东呈请之。

第三百四十七条 股份两合公司设立登记，准用第三百二十五条及第三百三十七条第一、第二项之规定。

第三百四十八条 第三百三十九条至第三百四十五条各规定，于股份两合公司准用之。

第三百四十九条 公司设立分公司，应于设立后十五日内，将左列各款事项向所在地地方主管官署转呈中央主管官署声请登记：

1. 分公司名称。

2. 分公司所在地。

3. 分公司经理人姓名、籍贯、住所。

4. 本公司登记执照所载事项及执照号数。

第三百五十条　分公司之迁移、撤销，应于迁移或撤销后十五日内，向所在地主管官署转呈中央主管官署声请登记。

公司负责人违反前项声请登记期限之规定时，得各科五百元以下之罚锾。

第三百五十一条　分公司设立变更或撤销之登记，在无限公司、两合公司、股份两合公司，由代表公司之股东呈请之；在有限公司由执行业务之股东或代表公司之董事呈请之；在股份有限公司由代表公司之董事呈请之。

第三百五十二条　公司经理人之任免、调动，应于任免或调动后十五日内向主管官署声请登记。

公司负责人违反前项声请登记期限之规定时，得各科五百元以下之罚锾。

第三百五十三条　外国公司声请认许，由其本公司执行业务之股东或董事或其在中国之代表人或经理人或上列人员之代理人为之。

前项呈请人应呈送证明其国籍之证件及本公司之授权证书或委托证书。

第三百五十四条　外国公司呈请认许时，应加具左列各项文件：

1. 公司章程及其在本国登记证件之副本或影本，其无章程或登记证件者，其本国主管官署证明其为公司之文件。

2. 在其本国依特许而成立者，其本国主管官署特许文件之副本或影本。

3. 依中国法令其营业须经特许者，其特许证件之副本或影本。

4. 在中国营业之业务计划书。

5. 股东会或董事会对于请求认许之决议录。

6. 无限公司、两合公司、股份两合公司或其他类似公司之全体无限责任股东之姓名、国籍、住所及所认股份、已缴股款。

7. 董事、公司其他负责人及在中国境内指定代理人之名单。

8. 在中国境内指定代理人为公司收受诉讼或非讼事件通知之授权证书。

上述各件除第六款外，均须附具中文译本。

第三百五十五条　外国公司设立分公司或其他事项声请登记时，由在中国境内指定之代表人或分公司经理或其代理人呈请之。

第三百五十三条第二项规定，于前项呈请人准用之。

第三百五十六条　第三百四十九条规定，于领有认许证之外国公司设立分公司呈请登记时准用之。

第三百五十七条　公司及外国公司登记事项如有变更时，应于变更后十五日内向地方主管官署转呈中央主管官署声请为变更之登记。

第三百五十八条　公司解散后不向主管官署声请撤销登记者，或有第十六条情事时未经主管官署撤销其登记者，利害关系人得声请撤销其登记。

主管官署于前项声请时，应定三十日之期间催告公司负责人声明异议，若逾期不为声明或声明理由不充分者，即撤销其登记。

前二项规定于外国公司之认许准用之。

（摘自《公司法》民国三十五年，1946年4月12日国民政府公布施行）

第二节　公司法集解

一、公司之定义

（第一条，原第一、三条）

本条揭明了公司之定义，何者为公司，应于法文明定之，以免适用时滋生疑义，故本条揭明公司之定义，谓以营利为目的而设立之团体，依此定义，则公司须具有两种要件。

第一，要以营利为目的。公司亦社团之一，而社团中，有以公益为目的者，有以私益为目的者，又同属以私益为目的之社团，有以营利为目的者，有以营利以外之私益为目的者，公司之目的，专在于营利，故凡以公益为目的之团体，不得谓为公司。例如以慈善之目的，数人集资，开设工厂，使贫人入厂工作，所得利益，归诸贫人者，即非公司，以其目的不在于营利也。然则以私益为目的之团体，皆可谓为营利乎？此在学者有以私益即营利以外无所谓私益者，是又不然，营利虽属于私益，而私益不尽属于营利。营利之私益，乃自外部吸取者，故虽以私益为目的，而其私益不自外部吸取，即非营利，不得谓为公司。例如相互保险团体，由六人组成，一人有危险，则五人平均负担之，此亦私益，但非自外部吸取者，非公司也。又如消费组合，由多数组成一团体，具备消费物品，以供团体之需用，而期消费之减少，此亦私益，但非自外部吸取者，亦非公司也。由是观之，私益有营利非营利两种，营利乃积极的利益，即自外部吸取之利益，公司者，积极的以吸取外部利益为目的也。

第二，要系团体。团体者，多数人之集合体也，集合多数人，基本同一之目的而进行者，谓之团体，团体之目的，在于营利者，谓之公司。故公司以有多数人之集合为必要，若仅一人出资经营商业，虽其目的在于营利，然不得谓为公司，以其非集合体也。又虽系多数人之集合体，而其内部不依照公司组织者，亦不得谓为公司。例如数人出资经营商业，虽具有团体之雏形，而其内部，系依照商店组织者，仅可谓为合伙（参照民法债第二章），不能谓为公司，以其不照公司组织也。由是观之，公司以有多数人之集合为必要，尤以合于法定的组织为必要。

基上所述，公司之观念，可以明了。于此有应注意者，本法所认之公司，其范围较《公司条例》为广，条例第一条规定，本条例所称公司谓以商行为为业而设立之团体，是公司条例所认之公司，限于商行为为业者，即《商人通则》第一条规定之十七业。除此以外，则凡不以商行为为业者，如渔业、矿业、工业、农业、林业、牧业等营利团体，均非《条例》所认之公司，不过准用公司条例之规定而已。本法所认之公司，不限于以商行为为业，凡以营利为目的之团体，不问其为民事之团体，为商事之团体，概认其为公司，此为民商事业统一之结果。

公司为法人，法人者，法律上拟制之人格，谓可与自然人同视者也。认公司为法人，而后公司有权利能力，有行为能力，并得为诉讼主体，否则公司将不能保有财产订结契约，而于法益被侵害之场合，不能为诉讼主体，危险孰甚，此本法所以仿多数立法例而认公司为法人也。准法人之资格，依于登记而取得，在未依法登记以前，尚不能认为法人。……

二、公司之住所

公司以本公司（原法为“本店”）所在地为住所。（第十三条，原第七条）

住所者，生活之本据也。凡诉讼之审判籍，债务之履行地。均与住所有密切关系，故既认公司为法人，即不可不规定公司之住所，以适于实际上之便利。所谓本店者，乃对于支店而言，凡一公司成立，而于本店外有多数之支店时，究以何店为住所，不免发生疑问，故本条规定以其本店所在地为住所。

三、登记之效力

公司设立登记后，有应登记而不登记之事项，不得以其事项对抗他人。（第十八条，原九条）

应行登记之事项，以登记而发生效力，已登记之事项有变更，以变更登记而发生效力。故如公司设立登记后，有应登记之事项而不登记，不得以其事项对抗第三人。例如无限公司，已为设立之登记，其后指定股东某甲为公司之代表，未为指定代表之登记，设第三人与股东乙订立买卖契约，公司不得以股东某乙无代表权，主张买卖契约无效。又如，已经登记之事项，如有变动，不为变更之登记，亦不得以其事项对抗第三人，例如公司之名称，在设立登记时，已经登记者，为甲名称，其后改为乙名称，不为变更名称之登记，设第三人设立同种之公司，亦用乙名称，此际公司不得主张名称权，以禁止第三人之使用。所谓不得对抗乃绝对的而非相对的，详言之，不问第三人为善意，为恶意，公司均不得对抗之。

公司设立登记后满六个月尚未开始营业者，或开始营业后停止营业至一年以上者，中央主管官署据地方主管官署呈请或利害关系人申请，得撤销其设立登记。（第十六条，原第七条）

盖公司既经登记，延不开业，既妨交易之信用，兼害他人同种之营业，故斟酌情形，设六个月之期限，若经过期限仍不开业，主管官厅得将其登记撤销。所以必经中央主管官署者，盖以逾期不开始营业，与违法或虚伪情事不同，使工商部得斟酌于其间也，此为图企业之发展而设。

四、无限公司

（第三章，原第二章）

无限公司者，股东均负无限责任之公司也，详言之，公司财产不足清偿债务时，各股东均连带负清偿全部债务之责任也。此种公司信用最厚。就各股东连带负责任之点而言，表面上与合伙相似（我国合伙制度合伙员负连带责任，参照民法债编第二章）。其与合伙不同之点：（一）无限公司系法人组织，而合伙则否；（二）合伙之债务，除合伙员外，无债务主体，无限公司则除股东外，以公司为债务主体，且须公司财产不足清偿债务，股东始负责任。此其异也。

设立与成立不同，成立云者，公司完成社团法人之手续也。换言之，设立之手续已完，公司成为法人，始得谓为成立。若设立，则时间甚长，凡自着于筹备以后，完成法人以前，种种手续，均为设立之时间，各种公司，各有其特殊之性质，设立程序，各有不同。无限公司，亦有其特殊之设立之程序，故设本节。

五、无限公司之章程

（第三十三条，原第十三条）

本条规定无限公司章程内所必应记载之事项。公司之名称，即公司所用之商号，准依第二条第二项（指原法，新法为第十二条），名称中应标明公司之种类，即标明其为无限公司是也。……此为章程内必应记载事项，苟缺其一，则其章程即为速式，若其他事项载入与否，则任意而非必要也。至于公司之本店支店，及本店支店之所在地，亦需于章程内载明。……章程不置备于本店或章程内记载不实者，依法处置。

六、公司之内部关系和对外关系

（均无限公司章程第二节和第三节）

公司之内部关系，约举之可分四种：即（一）公司之组织，（二）股东对于公司之责任，（三）股东对于公司之权利，（四）各股东相互间之权利义务是也。内部关系与外关系相对立，有特殊规定之必要。

公司之对外关系，即代表关系，对于第三人之关系，对于公司债权人或债务人之关系也。对外关系尤为重要。

关于第三人。公司法第五十二条（原法第三十二条），公司对于股东代表权所加之限制，不得对抗善意第三人。

……例如限定某事有代表权，或限定某事无代表权，此种限制，虽不生绝对效力，未尝不生相对的效力。何谓相对效力，即代表公司之股东，违反代表权之限制，而与第三人为某种行为时，公司对于恶意之第三人，得以代表权曾受限制为理由对抗之，对于善意第三人，不得以代表权曾受限制为理由而对抗之也。所谓善意者，即不知代表权有限制之谓。此盖为保护善意第三人而设。

七、公司非弥补损失后不得分派盈余

（第五十七条，原第三十八条）

公司财产，为债权人之担保。既经历年亏损，则其担保额必因而减少，此后如有盈余，必先弥补历年亏损，以满足登记时之资本总额，然后得就其残余部分而分派之。在未弥补损失以前，不得就盈余而为分派，此亦保护债权人之利益，故设此分派盈余之限制也，违反此规定而分派盈余者，依法处罚。……

公司违反本条规定，不将盈余弥补损失（注包括前年度有损失未弥补，本年度有盈余，本年度虽有盈余，而公司财产之价格低落，即属损失），而遽行分派，故意损害债权人利益……盖以本条为禁止的规定，违反禁止者无效，在官厅固得令其将已经分派之盈余返还于公司，在债权人亦得请求将已经分派之盈余返还于公司。

八、公司得全体股东之同意，与他公司合并

（第六十六条，原第四十七条）

本条规定公司合并之要件，所谓合并者，或本公司并入他公司，或他公司并入本公司，或合并他公司与本公司而另成一公司，皆谓之合并。凡公司合并，必须全体股东之同意，始得为之，盖公司之设立解散，均须全体股东之同意，故其合并亦以同意为要件也。公司合并以同种组织为限，若异种公司，不得合并，此当然之解释。

九、清算

（均第六节）

公司解散时，以清算为原则，无限公司之解散，应依本节规定而为清算，自属当然之事。准在因合并而解散之场合，只须依第六十七条、第六十八条之程序，无清算之必要。在因破产而清算的场

合,须依破产法所定之程序,亦不适用本节之规定。故本节所定之清算程序,限于公司因合并破产以外之原因而解散者,方有其适用,其虽因合并破产以外之原因而解散,而公司财产不足清偿债务,因而宣告破产者,亦无适用本节规定之余地。

清算时,公司之地位若何,清算以何人行之,其产生之方式如何,以及清算人之职务权限,清算之时间,清算时及清算后应履行之程序,亦不可无详密之规定。

其第七十二条(原第五十三条):公司解散后之财产,除经股东之决议定有清算人外,应由全体股东清算。

实行清算之人,谓为清算人。清算人应由何人充任,不可不以明文定之。本法则以股东决议定有清算人者,从其决议,若股东未议定清算人时,则由全体股东共同为清算人,盖以全体股东清算为原则,而以全体股东议定清算人为例外也。惟在议定清算人之场合,被议定之人,不以股东为限,即股东以外之人,亦得使其清算也。

十、两合公司

(第四章,原第三章)

两合公司者,以无限责任股东与有限责任股东共同组织之公司也。关于无限责任股东,与无限公司同。而有有限责任股东,则为两合公司之特色。

两合公司之特质(第八十九条,原第七十条),其股东分为两部分,即一部分负无限责任,一部分负有限责任是也。有限责任股东,仅就其出资额对于公司负责,除照数提供资本外,该股东不负何等责任也。在无限责任股东,一面就其出资额对于公司负责任,一面就公司所欠债务对于债权人负责任,倘公司财产不能抵充债务时,该股东应连带负清偿之责。

两合公司之无限责任股东,与有限责任股东须有几人,本法不设明文。学者以为只须各有一人或一人以上便可成立。……

十一、股份有限公司

(第六章,原第四章)

股份有限公司者,组织公司之股东,其责任皆系特别有限者也。详言之,股份有限公司,以其资本析为股份,各股东仅就所认股份负责任,公司亦仅就其资本负责任者也。普通营业,皆有资本。而股份有限公司资本之观念,与他种公司微有不同,盖在他种公司,资本不足清偿债务时,尚有无限责任股东负其责任,而在股份有限公司,各股东之责任,以所出之资本为限,此以确定资本为基础,所以与他种公司之资本异其观念也。欲知股份有限公司之性质,须先知股东之性质。股东之特色:(一)为股份有限公司,以若干之股份为单位,股份以其单位为标准而出资,一特色也;(二)为以股份为标准而有其持分,其股份之持分,可以转让,二特色也。各种公司内部组织,以股份有限公司最为完备,而其对外信用,亦以股份有限公司最为薄弱。然我国现时设立者,以此种公司为最多,因此本法所规定者,亦以本章为最重要。

股份有限公司与其他公司性质不同,其设立程序亦因之有异。股份有限公司应有五人(原为七人)以上为发起人,其中须半数以上在国内有住所(第一二六条,原第八十七条、八十八条)。

股份有限公司发起之时,事务纷繁,需人较多,如订立章程,认缴股份,招募股份,催缴股本,召集创立会等事,均须发起人处理。若人数过少,非特不敷分配,抑且丛生弊窦,故本法定其发起人为七人以上,盖谓非有五人以上,不得发起组织股份有限公司也。

发起人之住所。股份有限公司之设立,系发起人为主动,故发起人之姓名、住址不可不记载于章程,以明责任。虽然,发起人姓名、住址,所以使其载明于章程者,原不过以明设立行为之责任,使认股人不致受欺。惟发起人之责任,至官署检查或创立会成立之后,即为终了,其时期殊觉有限,而公司章程,系行之久远,以此类暂时性质之事项,载明于章程中,实无意义之可言。征诸我国习惯,发起人姓名、住址,大都不载明于章程,而载明于招股简章,使认股之人,了然于发起人者之为何人,以较适宜。即谓招股简章非法定手续,而认股书内既已列有发起人姓名住址,则章程内似已无载明之必要。

十二、发行股票

(第一五八条,原第一一四条)

本条第一项规定发行股票之时期。股票者,所以证明其股份也。公司未经设立登记,即未成立,若许其骤然发行股票,必致损害他人利益,故必须使其于设立登记后始许发行。盖此时公司业已成立,自无损害他人利益之虞也。因此,未登记以前，股东之权利虽已存在，第一次股款虽已缴清，然尚未足证明其股份，必俟取得股票后，始得表示其股份之存在也。惟本条所谓设立之登记，系指实行登记而言，非指声请登记而言。……

又本条所谓股票，系指记名式股票而言，若无记名式股票，非俟股款缴足后不得发行。

本条第二项，规定未为设立登记前发行股票之制裁，及其赔偿责任。公司违背前项规定，于未登记时发行股票，其股票作为无效。而缴纳股款之人，不免因此而受损害，故许其向发给股票人要求赔偿。

违反规定发行股票者依法处罚。

十三、优先股

（第一五九条，原第一二六条）

发行优先股者，应于号数下注明优先字样。优先股者，谓比较普通股份有优越之权利也。优先股既得享受优越的权利，本法对于优先股之发行，又设有种种限制，则于股东名簿内，应于号数下注明优先字样，自属当然之事。

十四、董事

（第四节，原法同）

董事为公司之执行机关，即公司所藉以活动者也。法人无意思，以股东会之意思为意思，法人不能活动，藉董事以活动，股东会决定意思后，由董事依其意思以执行之。故董事者，执行公司事务之人也。董事任免之方法若何，任期若何，职务若何，权限若何，以及董事之权利义务及责任，均有明白规定之必要。

其第一八四条（原法第一三八条）规定，公司设置董事至少三人（原法定为五人），由股东会就股东中选任之，其中须半数以上在国内有住所。

董事由股东会选任。股份有限公司，如系共同设立，发起人有选任董事之权，如系募集设立，创立会有选任董事之权；此皆指公司未成立时而言。若公司既经成立，则选任董事，完全属于股东会之权限。盖因董事之得人与否，关系于公司者甚大，故选任之权，不可不属于股东会也。

董事由股东中选任。被选为董事者，必须为公司之股东，盖以非股东以充任董事，于公司营业之兴衰，与自己无利害关系，未必肯尽力从事也。惟股东必须有若干股数，方有被选为董事之资格。

董事人数。各国法律规定不一，有定为三人以上者，有定为五人以上者。我国公司条例，不设董事人数，一任章程定之。本法参照各国立法例，斟酌本国公司情形，定为至少三人（原法为五人），所以期集思广益而免专断之弊也。

十五、监察人

（第五节，原法同）

监察人为公司监督机关，所以监督董事业务之执行者也。股份有限公司之业务，既由董事执行，则董事有重大之权限，其业务之执行是否适当，有无违背章程决议案以及其他舞弊情事，在股东会既不能时时开会以监督之，自不可不特设监督机关，以监督董事业务之执行。并稽核公司之财政，此监察人之所由设也。监察人任免之方法若何，任期若何，职务若何，权限若何，以及监察人权利义务及责任，均有详细规定之必要。

公司监察人由股东会就股东中选任之（第二百条，原法第一五二条）。如系共同设立，发起人有选任监察人之权。如系募集设立，创立会有选任监察人之权。此皆指公司未成立时而言。若公司既经成立，则监察人之选任，完全属股东会之权限，盖因监察人之得人与否，关系于公司者甚大，故其选任之权，不可不使属于股东会也。被选为监察人者，必须为公司之股东，股东必须有若干股份，应选出监察人若干人，本法未有规定，得于章程内定之。

十六、公司债

（第八节，原第七节）

公司债者，谓依法律之规定，贷金于公司，由公司给予债券，盖即消费借贷上之金钱债务也。就其性质上言之，纯然为公司之债务，因之债权人对于公司，皆可请求原本及利息之偿还，与消费借贷债权人之权利无异。其所以不同者，仅在于发行债券之一点，盖消费借贷，并非必须给予债券，而在公司债，则以发行债券为必要也。

公司有金钱之需要，本可由股东决议增加资本，原无募债之必要。惟增加资本，必须变更章程，其手续异常繁重，为一时便利起见，故许其募集公司债，以充暂时之需要，而免种种繁重手续，且可借入低利之新债，以偿还高利之旧债，实际上尤为便益。此本法规定募集公司债之理由也。募集公司债，应遵守之程序，以有明文规定为宜。

十七、变更章程

（第九节，原第八节）

章程为公司基础的事项之规定，当订立之初，既出于郑重手续，自然不许轻易变更。然社会情形千变万化，营业方针亦因之不同，若章程一成不变，有时恐不适于用，且公司有因特种情形而增加资本者，亦有因特种情形而减少资本者，增减资本之结果，即与原来之章程不符，自然不能不许其变更，故本节就变更之原因，变更之程序，设详密之规定。

十八、股份有限公司之解散

股份有限公司之解散，与其他公司之解散程序不同。其第二六三条（原二〇一条）规定解散之原因分为七种，其大旨均与无限公司解散之原因同。惟股份有限公司股东甚多，事实上不能得全体股东之同意，故其应否解散，以股东会之决议定之。公司解散时，除破产外，董事应即通知各股东并应公告之（第二六五条，原二〇二条），公司解散之原因不可不使股东知晓，故本条规定董事有通知及公告之义务。因此董事对于执有记名式股票之股东，要无迟滞而发通知，若公司发行无记名股票者，实际上无从通知，即在各股东亦无从知晓，此时董事更不可不践公告之程序。此种通知及公告，皆所以使股东知其有解散之事由也。至若公司之解散，其原因系出于破产时，此际应由官署宣告之，毋庸由董事通知及公告，故在除外之列。

十九、股份有限公司之清算

（第十一节，原第十节）

公司解散后之清算程序，已在无限公司章第六节设有详密规定，此项规定，各种公司清算均可适用。惟股份有限公司系特有之性质，清算程序未必与其他公司尽同，除一般程序外，故就其特别程序而为规定。

关于清算人之规定（第二六七条，原二〇五条）。股份有限公司，以财产为惟一的信用基础，各股东无自由处分财产之权，故解散后，必须经过严格之清算手续。本条特定清算人之选任，原则上以董事充之，若章程内特别订有清算人时，则从章程之所定。若章程内虽不明定清算人，而股东会另有选定时，则以选定之人任清算之责，故凡章程内不明定，及股东不选定者，当然以董事为清算人，故均在除外之列。

以董事充清算人为原则，而以章程特定清算人或股东会选定清算人为例外。然苟无适当之清算人时，例如董事避匿，或章程特定之人已死亡，或股东会另选之人不愿就任，此外又无相当人才可以选任，此际得由法院选任之。惟法院选定清算人，必须基于利害关系人之声请。所谓利害关系人者，如公司之债权人债务人皆是也。

二十、股份两合公司

股份两合公司者，以无限责任股东及特别有限责任股东组织之公司也。其无限责任股东，与两合公司之无限责任股东同，其特别有限责任股东，与股份有限公司之股东同。合此两者组织之公司，谓之股份两合公司。此种公司，有谓注重无限责任股东者，有谓注重特别有限责任股东者，然考其性质，固两者并重，故本法对股份两合公司，一方面准用两合公司之规定，一方面又准用股份有限公司之规定，此两种所无者，始设特别之规定。

股份两合公司，乃以两合公司与股份有限公司混合而成一特种之公司，为公司中最良之制度。盖以股份有限公司，其股东均不负无限责任，债权人之担保，既嫌薄弱，因而公司之信用，亦未能十分巩固；且代表公司之董事，其责任亦属有限，与公司无特别之利害关系，亦难望其尽力从事，是对内对外均有缺点。而在两合公司，虽有一部分之股东担负无限责任，其信用力较强。然因股份不能自由转让，即不免有资金不融通之弊。惟股份两合公司，既有负担无限责任之股东，而其资本，又析为股份，可以自由转让与他人，是兼有二者之长，免二者之短。于一方则有充分信用之实业家，而于他方则又有专供资本不营业务之多数资本家。前者负无限责任而当营业之局，后者则单出资本，且其资本析为股份而有通融之便，俾各随其希望，而初无遗憾之存，藉以收促商业之实益，此股份两合公司所以为现时所盛行也。

其第二七七条（原二一五条）规定：股份两合公司之股东，至少应有一人负无限责任。本条明示股份两合公司之特质。

（摘自上海法学编译出版社《公司法集解》民国

二十六年,1937 年 1 月版)

第三节　合　伙

一、合　伙

667　称合伙者,谓二人以上互约出资以经营共同事业之契约。前项出资,得为金钱或他物,或以劳务代之。

668　各合伙人之出资及其他合伙财产,为合伙人全体之共有。

669　合伙人除有特别订定外,无于约定出资之外增加出资之义务,因损失而致资本减少者,合伙人无补充之义务。

670　合伙契约或其事业之种类,除契约另有订定者外,非经合伙人全体之同意,不得变更。

671　合伙之事务,除契约另有订定外,由合伙人全体共同执行之。

合伙之事务,如约定由合伙人中数人执行者,由该数人共同执行之。

合伙之通常事务,得由有执行权之各合伙人单独执行之。但其他有执行权之合伙人中任何一人,对于该合伙人之行为有异议时,应停止该事务之执行。

672　合伙人履行依合伙契约所负担之义务,应与处理自己事务,为同一注意。

673　一定之事务,如约定应由合伙人全体或一部分之过半数决定者,其有表决权之合伙人,无论其出资之多寡,推定每人仅有一表决权。

674　合伙人中之一人或数人,被委任执行合伙事务者,非有正当事由不得辞任,其他合伙人亦不得将其解任。

前项被委任人之解任,非经其他合伙人全体之同意不为之。

675　无执行合伙事务权利之合伙人,纵契约有反对之订定,仍得随时检查合伙之事务及其财产状况,并得查阅账簿。

676　合伙之决算及分配利益,除契约另有订定外,应于每届事务年度终为止。

677　分配损益之成数,未经约定者,按照各合伙人出资额之比例定之。

仅就利益或仅就损失所定之分配成数,视为损益共通之分配成数。

以劳务为出资之合伙人,除契约另有订定外,不受损失之分配。

678　合伙人因合伙事务所支出之费用,得请求偿还。

合伙人执行合伙事务,除契约另有订定外,不得请求报酬。

679　合伙人被委任执行合伙事务者,于依委任本旨,执行合伙事务之范围内,对于第三人,为他合伙人之代表。

680　第 **537** 条至第 **546** 条关于委托之规定,于合伙人之执行合伙事务准用之。

681　合伙财产不足清偿合伙之债务时,各合伙人对于不足之额,连带负其责任。

682　合伙人于合伙清算前,不得请求合伙财产之分析。

对于合伙负有债务者,不得以其对于任何合伙人之债权与其所负之债务抵销。

683　合伙人非经他合伙人全体之同意,不得将自己之股份转让于第三人,但转让于他合伙人者不在此限。

684　合伙人之债权人,于合伙存续期间内,就该合伙人对于合伙之权利,不得代位行使,但利益分配请求权不在此限。

685　合伙人之债权人,就该合伙人之股份,得声请扣押,但应于两个月通知合伙人。

前项通知,有为该合伙人声明退伙之效力。

686　合伙未定有存续期间,或经订明以合伙人中一人之终身为其存续期间者,各合伙人得声明退伙,但应于两个月前通知他合伙人。

前项退伙,不得于退伙有不利于合伙事务之时期为之。合伙纵订有存续期间,如合伙人有非可归责于自己之重大事由,仍得声明退伙。

687　除依前二条之规定得声明退伙外,合伙人因左列事项之一而退伙:

1. 合伙人死亡者,但契约订明其继承人得继承者不在此限。

2. 合伙人受破产或禁治产之宣告者。

3. 合伙人经开除者。

688　合伙人之开除,以有正当理由为限。

前项开除,应以他合伙人全体之同意为之,并应通知被开除之合伙人。

689　退伙人与他合伙人间之结算,以退伙时合伙财产之状况为准。

退伙人之股份，不问其出资之种类，得由合伙以金钱抵还之。

合伙事务，于退伙时尚未了结者，于了结后计算，并分配其损益。

690 合伙人退伙后，对于其退伙前合伙所负之债务仍应负责。

691 合伙成立后，非经合伙人全体之同意，不得允许他人加入合伙人。

加入为合伙者，对于其加入前合伙所负之债务，与他合伙人负同一之责任。

692 合伙因左列事项之一而解散：

1. 合伙存续期限届满者。
2. 合伙人全体同意解散者。
3. 合伙之目的事业已完成或不能完成者。

693 合伙所定期限届满后，合伙人仍继续其事务者，视为不定期限合伙契约。

694 合伙解散后，其清算由合伙人全体或其所选任之清算人为之。

前项清算人之选任，以合伙人全体之过半数决之。

695 数人为清算人时，关于清算之决议，应以过半数行之。

696 以合伙契约，选任合伙人中一人或数人为清算人者，适用第674条之规定。

697 合伙财产应先清偿合伙之债务，其债务未至清偿期或在诉讼中者，应将其清偿所必需之数额，由合伙中划出保留之。

依前项清偿债务或划出必需之数额后，其剩余财产应返还各合伙人之出资。

为清偿债务及返还合伙人之出资，应于必要限度内，将合伙财产变为金钱。

698 合伙财产不足返还各合伙人之出资者，按照各合伙人出资额之比例返还之。

699 合伙财产于清偿合伙债务及返还各合伙人出资后仍有剩余者，按各合伙人应受分配利益之成数分配之。

二、隐名合伙

700 称隐名合伙者，谓当事人约定，一方对于他方所经营之事业出资而分受其营业所生之利益及分担其所生损失之契约。

701 隐名合伙，除本节有规定者外，准用关于合伙之规定。

702 隐名合伙人之出资，其财产权移属于出名营业人。

703 隐名合伙人，仅于其出资之限度内，负分担损失之责任。

704 隐名合伙之事务，专由出名营业人执行之。

隐名合伙人就出名营业人所为之行为，对于第三人，不生权利义务之关系。

705 隐名合伙人如参与合伙事务之执行，或为参与执行之表示或知他人表示其参与执行而不否认者，纵有反对之约定，对于第三人，仍应负出名营业人之责任。

706 隐名合伙人，纵有反对之约定，仍得于每届事务年度终查阅合伙人之账簿，并检查其事务及财产之状况。

如有重大事由，法院因隐名合伙人之声请，得许其随时为前项之查阅及检查。

707 出名营业人，除契约另有订定外，应于每届事务年度终计算营业之损益，其应归隐名合伙人之利益，即支付之。应归隐名合伙人之利益而未支取者，除另有约定外，不得认为出资之增加。

708 除依第686条之规定得声明退伙外，隐名合伙契约因左列事项之一而终止：

1. 存续期限届满者。
2. 当事人同意者。
3. 目的事业已完成或不能完成者。
4. 出名营业人死亡或受禁治产之宣告者。
5. 出名营业人或隐名合伙人受破产之宣告者。
6. 营业之废止或转让者。

709 隐名合伙契约终止时，出名营业人应返还隐名合伙人之出资及给与其应得之利益，但出资因损失而减少者，仅返还其余存额。

（摘自《民法》第二编《债》第二章《各种之债》第十八节《合伙》民国十八年，1929年1月22日国民政府公布）

第四章　市场管理

第一节　专业市场

一、交易所监理员暂行规程

第一条　凡设有交易所地方，设置交易所监理员二人，财政部、经济部派充之。

第二条　监理员承财政、经济两部部长之命，依照《交易所法》及本规程之规定，执行交易所之监督检查事项。

第三条　监理员得随时检查交易所及经纪人关于营业一切簿据文件。

第四条　监理员得随时监察交易所及经纪人关于营业一切行为。

第五条　监理员认为必要时，得令交易所及经纪人编制营业概况及各种表册。

第六条　监理员如发觉交易所及经纪人关于营业之簿据文件及关于营业一切行为有虚伪及违法等情事，应即据实呈报财政部、经济部核办。

第七条　监理员对于交易所一切事项认为有应行纠正或取缔之必要，应随时呈请财政部、经济部核办。

第八条　监理员每月须将各交易所之营业情形、市场概况及各种关系表册书类，于次月10日以前呈报财政部、经济部查核。

第九条　监理员须将每月工作情形编成报告，于次月10日以前呈报财政部、经济部查核。

第十条　监理员及所属办事人员不得参加交易所买卖，违者以渎职论。

第十一条　监理员办公处设秘书二人，稽核四人至六人，办事员六人至八人，雇员八人至十二人。

（摘自《交易所监理员暂行规程》民国三十五年，1946年8月8日财政部、经济部公布）

二、交易所法

第一章　设　立

第一条　商业繁盛区域。得由商人呈请实业部核准设立买卖有价证券或买卖一种或同类数种物品之交易所。

第二条　买卖有价证券或买卖同种物品之交易所，每一区域以设立一所为限，其区域由实业部定之。

第三条　交易所以设立后满十年为其存立年限，但得视地方商业情形，于满期时呈请实业部核准续展之。

第四条　买卖有价证券或依标准物买卖货物之市场，均认为交易所，非依本法，不得设立。

第二章　组　织

第五条　交易所视地方商业情形及买卖物品种类，得用股份有限公司组织或同业会员组织。

第六条　股份有限公司组织之交易所，其为买卖者，以该所经纪人为限；同业会员组织之交易所，其为买卖者，以该所之会员为限。

第七条　交易所经实业部核准，得经营附带于该交易所之买卖业务。股份有限公司组织之交易所，除仓库业务外不得经营前项之业务。

第八条　交易所之章程应呈请实业部核准。

第三章　经纪人及会员

第九条　凡欲为交易所经纪人者，应由交易所呈请实业部核准注册。

第十条　非有中华民国国籍之人民或法人，不得为交易所之经纪人或会员。

中华民国人民有左列各款情事之一者，不得为交易所之经纪人或会员：

1. 无行为能力者。
2. 受破产之宣告者。
3. 褫夺公权尚未复权者。

4. 处一年以上之徒刑，在执行完毕或赦免后，未满五年者。

5. 依本法第四十六条至第五十三条之规定被处刑罚，在执行完毕或赦免后，未满五年者。

6. 在交易所受除名处分后，未满五年者。

第十一条 中华民国法人，非有左列各款条件之一者，不得为交易所之经纪人或会员：

1. 无限公司、两合公司或股份两合公司，其无限责任股东与执行业务之职员，全体为中华民国人民。

2. 股份有限公司，其股份额过半数，及议决权过半数，并其董事、监察人三分之二以上均为中华民国人民。

合伙组织之商号，准用前项第一款之规定。

第十二条 交易所经纪人或会员，发生第十条第一项及第二项所列各款情事之一者，即丧失其资格及注册之效力。

第十三条 有用不正当手段为经纪人或会员者，实业部得撤消其注册，或予除名，或令其退出交易所。

第十四条 经纪人经核定注册为交易所之职员时，其原有经纪人之注册，即丧失效力。

第十五条 经纪人或会员，不得用支店或其他任何名义，在其他有同样交易所之区域，承揽同样之买卖。

第十六条 无论何人，不得以代办介绍或传达交易所买卖之委托为营业，但经纪人或会员，经实业部核准者，不在此限。

第十七条 经纪人或会员，对于交易所应负由其买卖所生之一切责任。

第十八条 经纪人呈请注册时，应缴纳注册费。

前项注册费由实业部定之。

第十九条 经纪人或会员，应缴存保证金于交易所。

第二十条 交易所对于经纪人或会员，得照章程所定，停止其营业，或课以一千元以下之罚款，或予除名。

第二十一条 交易所得以章程规定经纪人或会员之资格，并定其名额。

经纪人或会员丧失前项资格时，即丧失其注册之效力。

会员组织之交易所，其会员额位，非得全体会员3/4同意，不得转让。

第二十二条 经纪人有歇业者，至在其交易所经手之买卖了结后两星期为止，视为尚未歇业。

经纪人或会员有死亡、解散、除名、退出交易所、撤消注册或注册失效者，在其交易所经手之买卖了结时为止，准用前项之规定。

前二项之规定如遇无人了结该经纪人或会员之买卖时，交易所得依章程委托他经纪人或会员了结之。

第四章 职 员

第二十三条 交易所之职员如左：

理事长一人。

理事二人以上。

监察人若干人。

交易所职员之任期为三年，由股东或会员中选任之，并应呈报实业部核准注册。

有第十条第一项及第二项所列各款情事之一者，不得为交易所职员。

凡对于经纪人供给资本分担赢亏者，或与经纪人之营业有特别利害关系者，均不得在该交易所为职员。

第二十四条 职员有前条末项之情事，或经核准注册为经纪人时，应即退职，理事长或理事经核准注册为其他交易所之理事长或理事时亦同。

实业部发觉职员有蒙请注册情事，或违背前条之规定而为职员，或认为职员有违背第二十六条第二项之规定时，得令其退职。

第二十五条 职员如有缺额，实业部认为必要时，得令交易所补选职员继任之。

第二十六条 股份有限公司组织之交易所，其职员或雇员均不得用任何名义，自行或委托他人在交易所为买卖。前项交易所之职员或雇员，均不得对于该交易所之经纪人供给资本分担赢亏，或与经纪人之营业有特别利害关系。

第二十七条 交易所应设评议会，评议交易所之重要事项。交易所除证券交易所外，应设鉴定员，鉴定交割物品之等级。

第五章 买 卖

第二十八条 交易所买卖之期限，有价证券不得逾三个月，棉花、棉纱、布、金银、杂粮、米、油类、皮革、丝、糖等不得逾六个月，其他物品不得逾实业部所定之期限。

第二十九条 证券交易所,不得为本所股票之买卖。

第三十条 关于交易所之买卖方法,另以实业部部令定之。

第三十一条 股份有限公司组织之交易所,应照章程所定,令买卖双方各缴本证据金,其金额与买卖登记价格之比例依左列之规定:

1.物品交易不得少于百分之十,但棉纱不得少于5%。

2.证券交易不得少于百分之八。

3.金业交易不得少于百分之五。

第三十二条 交易所对于不履行买卖契约者,得将证据金及保证金充损害赔偿之用。

第三十三条 股份有限公司组织之交易所,对于买卖违约所生之损害负赔偿之责,但得向违约者要求偿还其赔偿之金额及因违约所生一切之费用。

第三十四条 股份有限公司组织之交易所,依照前条规定负赔偿之责者,应缴存营业保证金于国库。

第三十五条 股份有限公司组织之交易所,得照买卖数额向买卖双方征收经手费,其费率应呈报实业部核准。

第三十六条 交易所对于证据金、保证金,有处分之优先权。

第三十七条 交易所买卖之委托人,如遇经纪人或会员违背委托契约时,关于因违背所生之债权,对于该经纪人或会员之保证金,除交易所之优先权外,较其他债权人有优先权。

第三十八条 经纪人或会员,对于受托者之买卖,非在其所属交易所内买进卖出或交割者,不得向委托者为同样或类似之计算方法。

前项买卖之成交单,应由交易所作成,发由双方经纪人或会员签字成交。

经纪人或会员违背第一项规定时,依第五十三条处罚。

第三十九条 交易所应决定公定市价,并公告之。

交易所应公告各经纪人或会员之买卖数额。

第四十条 无论何人不得在交易所以外,以差金买卖为目的设立类似交易所之市场而行买卖。

第四十一条 经纪人或会员,不得受公务员之委托,为买空卖空之交易。

第六章 监 督

第四十二条 交易所之行为,有违背法令、或妨害公益或扰乱公安时,实业部得执行左列之处分:

1. 解散交易所。

2. 停止交易所营业。

3. 停止或禁止交易所一部分营业。

4. 令职员退职。

5. 停止经纪人或会员之营业,或予除名。

第四十三条 实业部应派交易所监理员,检查交易所之业务簿据财产及其他物件,以及经纪人或会员之簿据,并注意市场价格变动之原因。

交易所职员、经纪人或会员,对于前项检查有提供物件、答复质问之义务。

监察院应随时派员调查交易所之一切状况,及主管官署所派人员执行职务情形。

第四十四条 实业部认为必要时,得令交易所修改章程,或停止、禁止、取消其决议案及处分。

第四十五条 交易所在存立年限内自行解散时,应呈报实业部核准。

第七章 罚 则

第四十六条 违背第二十六条之规定者,处一万元以下罚锾。

第四十七条 违背第十五条或第十六条之规定者,处五千元以下之罚锾。

第四十八条 违背第三十一条之规定者,处以应纳本证据金二倍以上十倍以下之罚锾。

第四十九条 违背第四十一条之规定者,经纪人或会员及公务员各处以买卖价格二倍以上十倍以下之罚锾,其涉及刑事者,依刑法处断。

第五十条 交易所之职员或鉴定员关于其职务有收受要求或约定贿赂者,处三年以下之徒刑,或1万元以下之罚金,因而为不正当之行为或不为相当之行为者,加重本刑二分之一。

前项收受之贿赂之全部或一部不能没收时,追缴其价额。

第五十一条 有左列各款行为之一者,处一年以下之徒刑,或三千元以下之罚金:

1. 对于交易所之职员或鉴定员给付赠予或约定贿赂者;

2. 伪造交易所之公定市价而公告之者;

3. 意图公告及散布而造作记载虚伪市价之文书或散布之者；

4. 未经核准注册而设立交易所者或违背第三十九条之规定者。

犯前项第一款之罪而自首者，得免除或减轻其刑罚。

第五十二条 意图变更交易所之市价而散布流言，或行使诡计，或施暴行，或加胁迫者，处二年以下徒刑，或六千元以下之罚金。

第五十三条 在交易所以外照交易所之市价专计赢亏空盘买卖者，处一年以下之徒刑或三千元以下之罚金。

第五十四条 经纪人或会员之同居亲属或雇员如违背第十六条之规定，应比照第四十七条处罚，该经纪人或会员亦不得藉口于非本人指使而免其处罚，其罚则与四十七条同。

第五十五条 本法之罚则如在法人，适用于为其行为之董事、理事、其他执行业务之职员。

第八章 附 则

第五十六条 交易所课税法另定之。

第五十七条 关于交易所之资本金额、营业保证金、公积金等，由实业部以部令定之。

第五十八条 本法施行时，现存之交易所如在同一区域内有同种营业者二所以上时，应自本法施行之时起三年以内合并。

不依前项规定合并者，统以本法施行后满三年为限，限满解散不得续展。

第五十九条 本法施行时，现在营业中之经纪人，按其营业种类认为已照本法取得交易所经纪人之核准。

（摘自《交易所法》民国十八年，1929 年 10 月 3 日公布；民国二十四年，1935 年 4 月 27 日修正公布）

三、交易所法施行细则

第一条 凡欲设立交易所之发起人，应具呈请书，呈请地方主管官署核转工商部核办。前项呈请书应记载左列事项：

1. 发起人姓名、籍贯、住址及其职业略历。

2. 股份有限公司组织之交易所，各发起人所认之股数；同业会员组织之交易所，各发起人之出资额。

3. 股本或出资之用途概算及收支预算。

4. 交易物品之种类及名称。

5. 交易所之区域。

6. 交易物品在该区域之集散状况及交易所买卖额之预算。

7. 营业或业务之概要。

第二条 股份有限公司组织之交易所，其发起人应在二十人以上。

第三条 股份有限公司组织之交易所，其资本应为国币二十万元以上。

第四条 股份有限公司组织之交易所，公积金之规定应为盈余五分之一，动用时应呈请工商部核准。

第五条 交易所法第三十四条之营业保证金为其资本总额三分之一，以通用货币为限。

第六条 股份有限公司组织之交易所，不得发行无记名股票，并不得以股票转让或抵押于非中华民国之人民或法人。违反前项规定者其转让为无效。

第七条 股份有限公司组织之交易所，关于设立登记之呈请，应依公司法以其附属法令各规定，连同营业细则，由全体职员呈经地方主管官署核转工商部核办。

第八条 同业会员组织之交易所，其发起人应占该区域同业总数之半数以上。

前项发起人均须在该区域继续营业三年以上并依法注册者，其已成立同业公会之地方由该公会证明之。

第九条 同业会员之资格准用前条第二项之规定。

第十条 同业会员组织之交易所发起人募足会员时，应于一个月内召集设立会，以会员半数以上之同意议定章程，并选任职员。前项选任之职员，应具设立登记呈请书，全体署名，连同左列文件呈经地方主管官署核转工商部核办：

1. 章程及业务细则。

2. 会员姓名或商号、营业种类及地址之详表，并其证明文件。

3. 记载各会员出资额及缴纳额之文件。

4. 设立会决议录。

第十一条 同业会员组织之交易所章程中应载明左列各款：

1. 目的。

2. 名称及区域。

3. 关于会员之出资事项。

4. 关于会员之加入退出事项。

5. 关于会计事项。

6. 关于会议事项。

7. 关于职员之职权、名额、任期及其进退事项。

8. 关于解散时余存财产之处分事项。

第十二条 自核准发起后满六个月不呈设立登记者,其发起之核准即失其效力,自设立登记后满一年不开始营业者,其设立之登记即失其效力。

第十三条 交易所营业期满拟请续展者,应于期满三个月前呈请工商部核办,但以合于交易所法第二条规定者为限。

前项续展期限每次至多不得逾十年。

第十四条 交易所章程及营业或业务细则有变更时,应呈请工商部核准。

第十五条 交易所之区域以市或特别市之行政区域为一区域。

第十六条 工商部对会员组织之交易所,应将左列事项公布之,其事项有变更时亦同:

1. 核准设立时,其目的、名称、区域、会员姓名及核准年月日。

2. 核准选任职员时,其姓名及核准年月日。

3. 核准续展办时,其年限及核准年月日。

4. 解散时,其年月日及清算人姓名。

5. 清算完结时,其年月日。

第十七条 凡欲为经纪人者,应填具愿书,连同商事履历书及其证明文件,请由所属之交易所加具意见书转呈工商部核办。经纪人系合伙组织时,须添具合伙者之姓名及出资数目、组织契约并代表者之履历书,系公司组织时,须添具公司章程,贷借对照表,财产目录,股东名簿及职员履历书。

经纪人有定额之交易所非缺额时,不得将第一项之愿书转呈。

第十八条 工商部核准经纪人之注册时,应将经纪人营业执照交所属之交易所,通知本人于二十日内填具请领书,转给之。仍将请领书呈缴工商部。

第十九条 经纪人遗失执照得声叙事由,经所属之交易所证明,呈请工商部补发执照。经纪人变更其姓名或名称时,得经所属之交易所证明,呈请工商部换给执照。

第二十条 经纪人营业执照费以工商部部令定之。

第二十一条 经纪人因死亡、解散、歇业、除名及其他事由失其经纪人之资格时,交易所应即声叙事由,连同执照呈缴工商部。

第二十二条 经纪人核准为其他交易所之经纪人时,其原有经纪人之核准即失其效力。

第二十三条 经纪人或会员之保证金及证据金,有无以有价证券代用及其证券之种类、代用之价格,应由交易所于每届结账时呈报工商部。

第二十四条 呈请核准选任职员时,应具履历书,但连任者不在此限。

第二十五条 交易所之买卖得用左列各方法:

1. 定单位买卖。

2. 竞争买卖。

3. 约定期限内转卖或买回,依交易所账簿所记载彼此抵销。

4. 就标准物订立买卖契约,以交易所规定货价等差中之同种物品代行交割。

交易所于期货买卖得采用前项第三款、第四款办法,现期买卖及期货买卖得采用前项第一款、第二款办法,但均事前呈经工商部核准。

第二十六条 交易所审定期货买卖之标准物时,应将其一份呈工商部,一份交经纪人或会员于营业所中保存之。交易所应将前项标准物保存至凭此买卖之交割日期经过后六个月为止。

第二十七条 交易所对于其所有或受寄之银钱及证券并其他财产,应拟定保管方法呈请工商部核准。

第二十八条 股份有限公司组织之交易所,其委托佣金率及受托契约准则,由交易所拟定,呈请工商部核准。其变更时亦同。

会员组织之交易所,其委托佣金率及受托契约准则,由会员拟定,请由所属之交易所加具意见书,转呈工商部核准。其变更时亦同。

第二十九条 经纪人在交易所买进卖出及交割之行为,其通知书非由所属之交易所盖章证明不生效力。

第三十条 交易所法第七条、第三十三条之事项,应由交易所于营业细则中规定之。

第三十一条 交易所应分别物品之种类及期限,以其成交之价格认为适当者平均之,定为公定市价。

交易所应将每日公定市价及其平均价格揭示于市场;但经工商部之核准,得不揭示公定市价之一部。

第三十二条 交易所应按日发布行市价表。

第三十三条 各经纪人或各会员所为之买卖种类或买卖额,应分别交割日期及买额、卖额揭示之。

工商部得令变更买卖额之揭示方法,或指定无需公示之买卖种类。

第三十四条 交易所选任评议员或鉴定员时,应开具左列事项连同履历书,呈报工商部:

1. 姓名、籍贯、职业略历。

2. 报酬。

3. 定有任期者,其期间评议员或鉴定员退职时,应呈报工商部。交易所不得选任买卖该项货物之经纪人或会员为评议员或鉴定员。

第三十五条 交易所应造具左列各表册呈报工商部:

1. 市价表。

2. 买卖总额表。

3. 每届结账时之财产目录、贷借对照表、损益计算书、营业报告书、及公积金与利益分配之议决案。

4. 每届结账时之股东姓名及其所有股数表。

5. 每届结账时之经纪人或会员表。

前项第一款及第二款之表册,现货买卖应于每月末日,其他买卖于每交割日造具之。

第一项第三款、第四款之规定,于同业会员组织之交易所不适用之,但须造具财产目录、贷借对照表、业务报告书。

第三十六条 遇有左列各事件,交易所应即呈报工商部:

1. 交易所知其经纪人或会员有交易所法第十二条、第十三条、第二十一条第二项、第三项之情事时。

2. 为交易所法第二十条、第三十八条第二项之处理。

3. 违约事件发生及实行其赔偿时。

4. 交易市场临时开市或停市时。

5. 开始中止或废止有价证券之买卖时。

6. 停止市场之集会,或禁止经纪人或会员之市场买卖时。

7. 行仲裁公断时。

8. 职员在任期中因死亡或其他事由退职时。

9. 交易所职员,经纪人或会员,于职务或业务上为诉讼之当事者及诉讼判决时。

10. 评议员、鉴定员、经纪人或会员因犯罪之嫌疑被起诉时。

11. 会员加入或退出时。

12. 经纪人或会员之公司,其营业资本或无限责任股东监察人及其他执行业务之职员有变更时。

13. 评议员及鉴定员就职或退职时。

14. 评议员会有所决议时。

工商部认为必要时,得于前项以外指定应行呈报之事项。

第三十七条 依交易所法第五十五条第一项合并之交易所,以合于交易所法第一条规定并无公司法第一百四十七条情事者为限。

第三十八条 交易所法施行前核准之交易所,其章程营业细则有与交易所法及本细则抵触者,应于交易所法施行后六个月内修正,呈请工商部核办。

第三十九条 交易所法施行前,交易所所有之买卖得照旧办理至该项买卖了结时为止。

(摘自《交易所法施行细则》民国十九年,1930年3月1日工商部公布)

四、非常时期管理牙业行纪办法

按牙行业务约有下列数种:1. 代客买卖,2. 代客收款,3. 重配土货市场,4. 设客商宿舍,5. 代办运送,6. 设立货栈等。但因资本之厚薄,业务有繁有简。

牙行种类,因各地出产而异。每一牙行大概只经营一种商品买卖。凡营某种商品买卖,即于招牌上标明,如上海之某某茶行,某某米行,某某鱼行等皆是。

牙行系仲买业,在上海、天津、汉口等通商大埠尚有一种介于外国商人与本国商人之间任仲买职务者,称经纪,亦称掮客或跑客。他们有附属于各商店,有独立营业,亦有为外国商行所雇用。大半略谙外语,熟了当地商情,故为外国商人和本国商人倚重,于商场中亦占重要地位。

各地牙行业务种类,1933年实业部行文各地方主管机关调查,以时间仓促,送到材料不全。当时以察、甘、宁、青材料代表西北。河北、北平代表东北。江西、南京代表中部。湖南、云南、广东代表西南。浙江、福建代表东南。全国牙行业务分类如下：

西北各地：米粟、粟行、杂粮、果行、牲畜、杂货、油、皮毛、石煤、烧房、油籽、酒、木料、集市牙行、斗牙、布匹、青果、斗秤、烟丝、麻、山货、炭、百货、过载。

东北各地(关外缺)：油米、干鲜果、鸡卵、猪羊肠、斗牙、木料、牛羊油、杂粮、芝麻、花子、牲畜、鱼、土布、杂秤、炭、棉花秤、茶、油、糖、粮食、纸、晒纸、白菜、牛、干鱼、烟叶、生姜、木、驴马、零木、竹树、柴草、八鲜、稍行、鸡鸭、芦席、糠、木炭、蛋、土果、猪、渔、春肥、香末、甘蔗、船、牛、鲜盐菜蔬、土酒、灰粪、山芋、花生、煤炭、圬菜、草圭串、砖瓦、斛行、过载、生丝。

西南各地：米、炭、籽花、竹木、皮毛骨角、水果、鲜鱼、姜蒜、葱薯、球纸表青、花粮灰、水碱、丝棉花、银鱼、虾仁、广货、茶、杂粮、辣椒、柴、猪羊、棓油、土窑粗货、油米、铁麻洋钉、块纸、油蜡、药材、干鱼、糖莲、皮棓耳荀、船、瓷器、砖瓦、色纸、皮纸、火纸、哔叽洋线、黄白丝、夏布、牛马、般、腊虫、土靛、海味、桐油、苡米、石膏、荸荠、瓜子、蜜糖、煤、石灰、水银、硃砂、绸缎、纱、棕、花生山油、谷布、豆、菜子、小粉、松香、玉片、碱水、花纱、矾石、扇、蛋、枧子、菇粉、篾簟、板片、酒、絮花、蚕茧、平码、莴笥、冻缘。

东南各地：猪、油、鱼鲞腌腊、水口油、柴炭、木板、柴草、酒、北货、铁、窑货、青叶、鲜茶、丝吐头、药材、杂牙、过塘、皮毛骨油、菜瓜、虾皮、纸、山货水果、蛋、秤、荸荠、鱼秧、荀腐皮、丝小秤、麻布、陆尘、鸡鸭山秤、花麻、石灰、石板、杂货、烟枯、田灰、桑叶、铁犁、蚶壳、杨梅、铜铁、青果、靛青、豆麦斗、木料、柏粉、碱、鲜箬、牲畜、漆、锅炉、簟、千张、土丝绢、钢铁、破布、丝、梗、香菰、盐、莳、蛎玉、八鲜、糠、酱渣、枣、海货、报税、西瓜、估衣、土布、茧、夏布、春花、报关、蕃茄、蜻子、蛏、菊、过载、苔、蔬、川广膏矾、绳网、竹帚、缸砂、油饼、新谷、纸箔、海运、代雇船只、笥、青菜。

非常时期管理牙业行纪办法

第一条　本办法所称牙业行纪，包括一切代客买卖、居间抽收佣金之牙行、牙纪及各业经纪行户。

第二条　凡设立牙行或充当牙纪，均须填具声请书(式样由主管官署定之)及取具保证，呈由主管官署核准，转请省政府(或直属市之市政府，后同)发给执照。

前项所称主管官署为县、市政府及直属市之财政局或社会局。凡牙业行纪营业年限，所营货品种类及每年最高营业额，由省政府核定，于执照内载明。

第三条　省政府得指定某业停发牙纪执照者，限令改领牙行执照。

第四条　牙行或牙纪所领执照，应使用本名或表明其本名，其为合伙组织者亦同。

第五条　牙行应于领照后一个月内办商业登记，并加入本业同业公会；牙纪应于领照后一个月内向本业同业公会登记其姓名、住址、开业日期及所领执照号码。

第六条　每一牙行及每一牙纪所营货品以一种为限。

所营货品如依非常时期法令指定管理时，牙行或牙纪同受管理法令之拘束。

第七条　牙业行纪应有固定营业场所(不得游行兜揽或露天营业)。迁移时，应呈请批注执照，但因迁移而变更行政管辖时，应重行申请领照。

第八条　牙业行纪所取佣金，最高额不得超过买卖额百分之三，于交易成立后，向卖方抽收之。

第九条　经完成登记程序之各商业公会，得呈由省政府转报经济部核准，设立牙行部，经营牙行业务，但佣金应较当地习惯少二分之一，并应将所得佣金专款存储，充作兴办事业基金。

前项牙行部，不得为类似交易所之业务。其应受管理事项，与其他牙业行纪同。

地方机关、团体，除商业同业公会外，概不得经营牙行业务。

第十条　牙行、牙纪及各商业同业公会所设立之牙行部应纳税款，悉照章办理。

第十一条　牙业行纪因违背法令或舞弊被罚停业者，其营业人不得再经营牙业业务，商业同业公会牙行部如有违背法令或舞弊情事，得按所犯轻重情形，予以有期间停业或《商业同业公会法》第四十四条第四款、第五款之处分。其为类似交易所之业务者，并得依《非常时期农矿工商管理条例》第三十一条处罚其负责人。

第十二条　各省政府应依本办法之规定，参酌地方习惯详定管理牙业行纪章则，报请财政部、经济部会核备案。其除本办法施行前已订有章则者，应依本办法修正报部备案。各省政府发给牙业行纪执照，应每三个月并列清单分报财政、经济两部备查。

第十三条　本办法呈奉行政院备案后公布施

行。

（摘自《非常时期管理牙业行纪办法》民国三十一年，1942年1月23日财政部，经济部公布）

五、菜市场管理规则

民国三十三年二月内政部公布

1. 菜市场之经营及管理悉依本规则之规定。

2. 菜市场应以市、县地方公营为原则。民营菜市场，除原有呈准地方政府经营外，不得增设。

3. 市、县政府应查酌当地人口之实际情形，举办公营菜市场。

前项菜市场之设置，在市应每区设菜市场至少一所，在县应每乡镇设菜市场至少一所。

4. 菜市场之名称，定为某市（县）某区（分镇）公（民）营市场；如有公营或民营菜市场数所，应分别列番号，如某市（县）某区（分镇）第某公营菜市场。

5. 公营菜市场之基地以尽量利用公地为原则，如无公地可利用时，得酌量情形租用之。

前项菜市场之面积，应比照使用区域人口之多寡定之。

6. 菜市场之地点，在城镇应择设于次要道路，不妨害市容为原则，在乡间以尽量利用荒地，不妨害耕地为原则。

7. 菜市场应依照标准图样兴建。

前项标准图，内政部另定之。

8. 公营菜市场之筹设，须召开区、乡镇务会议，推定五人至九人组织筹备会，选定适当场所，依照部定标准图样，拟定建筑经费预算与筹捐办法及征用菜市场使用费之标准暨支配办法，经各区、乡镇务会议通过后，抄同纪录，呈由市、县主管机关会转内政部备案。

9. 各公营菜市场设管理主任一人，由市（县）主管机关会同警察机关指派该区（乡镇）副区（乡镇）长充任，管理员一人或二人，由各区（乡镇）遴员报请市县主管机关核委，设征收员一人或二人及清洁夫若干人，由管理主任按照事实需要派充，报请各区（乡镇）公所转报主管机关备查。

10.公营菜市场管理员、夫，除管理主任酌支办公津贴外，其余均为有给职，其薪资由营业收支项下动支。民营菜市场管理人员薪资由业主支给。

11.各菜市场对于长期菜贩，依照位置及面积，双方议定月租或年租，对临时菜贩，得临时征收使用费。

前项征收办法得由县主管机关另定之。

12.凡属鸡、鸭、鱼、蛋、肉类、菜蔬等商贩，均应集中菜市场营业，由各菜市场登记管理。

13.各菜市场管理人员应将场内各种食品照核定或议定价格交易，倘有违背，即由管理人员劝告纠正，情节重大者，报请该管区镇公所转请主管机关以法惩处。

（摘自《菜市场管理规则》民国三十三年，1944年2月内政部公布）

第二节　取缔市场违法活动

一、取缔棉花掺水掺杂暂行条例

民国二十三年七月十日国民政府府令公布，同年十月一日施行。民国二十五年三月二十三日修正

第一条　本国棉花以含水分百分之十一、含杂质百分之零点五为法定标准。

第二条　本国棉花在市场买卖，以含水分12%，含杂质2%为最高限度。但各省因地理、气温之关系，所产棉花原含水分不多者，得以法定标准为最高限度。

第三条　本国棉花所含水分、杂质超最高限度者，禁止买卖。但黄花、红花、脚花及废花，原含杂质较多而不合整理者，不在此限。

第四条　意图不法利益，于棉花内掺水或掺杂者，处三年以下有期徒刑、拘役或并科一千元以下罚金。

第五条　纱厂、花行或其他棉商收买含有水分或杂质超过最高限度之棉花者，停止其使用或转卖，并得处一千元以下罚金；打包商、运输商等承接前项棉花而处理之者，得处一千元以下罚金。

第六条　纱厂购买棉花遇有所含水分超过法定标准者，应依其超过之量照价扣除。其不满法定标准者，应照价补偿。

第七条　纱厂购买棉花，遇有所含杂质超过法定标准者，其在百分之一点五以内，应依其超过量

照价扣除,逾百分之一点五者,加倍扣除。其不满法定标准者,应照价补偿。

第八条 棉花所含杂质以棉子、子棉、碎叶、铃片、棉枝、泥土六种为限。如有其他杂质,依第四条处罚之。

第九条 意图不法利益,将中棉种与美棉种混杂轧花,或以粗绒掺入细绒,或以黄花、红花、脚花或废花掺入白花者,处一千元以下罚金。

第十条 棉商经办或买卖之棉花,应在包外加盖厂名或行名及棉花名称之标记。违者停止其运销,并得处三百元以下罚金。

第十一条 棉商均应登记,其未遵章登记者,停止其营业或处三百元以下罚金。

第十二条 棉花掺水、掺杂,取缔机关有派员至棉业行、厂查验之权。

第十三条 主管或查验人员如有串通舞弊或故意挑剔留难情事,除应负刑事责任外,其因而损害营业人利益者,并应负赔偿之责。

第十四条 出口棉花依《商品检验法》办理之。

第十五条 本条例自公布日施行。

(摘自《取缔棉花掺水掺杂暂行条例》民国二十三年,1934年7月10日国民政府府令公布,民国二十五年,1936年3月23日修正)

二、取缔棉花掺水掺杂暂行条例施行细则

第一条 本细则依据《取缔棉花掺水掺杂暂行条例》之规定订定之。

第二条 实施《取缔棉花掺水掺杂暂行条例》(以下简称本条例)之机关为:

甲 实业部国产检验委员会棉花检验监理处(以下简称监理处)及其办事处。

乙 经实业部核准,由国产检验委员会棉花检验监理处会同关系省主管官署合办之棉花掺水掺杂取缔所(以下简称取缔所)及其分所。

第三条 纱厂、花行或其他棉商收买含有水分或杂质超过最高限度棉花之经办人,应依本条例第五条第一项一并处罚之。凡水分、杂质超过最高限度之棉花出卖或转运者,得依本条例第五条第一项之规定,停止其出卖或转运。

第四条 本条例第三条准予买卖之黄花、红花、脚花、废花,须有货主或其代理人事前声明,并在包上加盖黄花、红花、脚花、废花各字样,查明属实,准予运销。如于原含杂质外,故意掺入石粉或其他杂质,或次花用药品熏白或有其他朦混情事,仍按本条例第四条处罚之。

第五条 中棉种与美棉种在送轧前或上轧时混杂轧花,经取缔机关查获,应依本条例第九条处罚之。但在中美棉区毗连处,棉种原来混杂〔者〕不在此限。

第六条 中棉区轧美棉或美棉区轧中棉,或中美棉种原来混杂之棉花,应向取缔机关报明理由,并附缴混杂棉花之证明证据。如匿不声报,经查明确系意图不法利益,应依本条例第九条处罚之。

第七条 棉商或棉农如有违犯本条例第四、第五及第九、第十、第十一条之规定,经人向取缔机关告发或由取缔机关检得,查有确据者,得由该取缔机关封存物证,并派员向货主或其代理人所在地之警察局声请派警将该货主或其代理人拘局,转送或迳行送请司法机关依法办理。

第八条 违犯本条例第四、第五及第九、第十、第十一条之规定,应由监理处及其办事处暨取缔机关检举之,人民或团体不得假借名义借端索诈,并不得设立类似取缔机关。如有违犯者,由各该地方司法机关依法办理。

第九条 棉商或棉农藏有掺水或掺杂之器具,一经查获应由取缔机关予以扣留、销毁。

前项应予取缔之器具,其类别及名称,应由监理处及取缔所视各地实际情形酌量规定,并先期布告之。

第十条 依本细则第七条所送各该地方司法机关办理案件,得函请其将判决正本送各该取缔机关。

第十一条 依本细则第七条封存之棉花,须经各该取缔机关之核定,发还原货主或其代理人自行整理,并由取缔机关派员监督。俟经整理完毕,查验合格,方准买卖。

第十二条 取缔机关执行取缔职务,应在纱厂、轧厂、打包厂、花行、贩户及其他棉商暨运输处所。

经营棉花打包之机器打包厂,应由取缔机关派员驻厂查验之。

第十三条 本条例第六、第七两条规定棉花之买卖,其成交契约上除价格外,对于水分、杂质含有量应载明依本条例办理;如不载明契约或载明而不履行,或因扣价、补偿发生争执时,得声请公证机关

证明。关于公证机关及其办法另定之。

第十四条 棉花经原运输地取缔机关发给合格证书转运其他各地时，各地取缔机关应验证放行。但于必要时得酌量抽查。如查有中途掺水、掺杂确据或原取缔机关查验疏忽情事，应按照本细则第八条办理，或通知原取缔机关核办之。

第十五条 监理处及其办事处暨取缔所查验棉花，不收任何费用。

第十六条 取缔机关所在地之棉商登记，由各该机关办理，其他产棉各县之棉商登记及宣传事项，由各该县县政府负责办理之。

第十七条 产棉各区之县政府及警察局，应负责协助取缔机关关于本条例施行事项。

第十八条 各省棉花掺水掺杂取缔所查验棉花通则及办理棉商登记通则另定之。

第十九条 本细则自修正公布之日施行。

（摘自《取缔棉花掺水掺杂暂行条例施行细则》民国二十三年，1934年7月20日公布，同年11月10日修正，民国二十六年，1937年8月2日再修正）

三、经济检查机关查封物品处理暂行办法

（一）凡经济检察机关按照规定程序查封之物品，在侦察及审判期间，为供应市场及避免物资损耗起见，得依本方法处理之。

（二）凡经济检察机关所查封之物品，有下列情形之一者，行政院经济会议秘书处得按物品种类核送各专管机关或地方主管官署，依照平价收购配销之：

1.属于日用重要物品而数量较巨者。

2.物品之性质易于损耗者。

3.物品之性质为社会迫切需要者。

4.案情复杂、预计非两个月内所能裁决者。

（三）凡依本办法收购之物品，其收购价格之评定，以成本（包括各种缴用）加合法利润为原则，但不得高于查封时之市价。其查封时至收购时之利息（月息一分）及保险、栈租、缴用各费逐项核定计入之。

（四）凡依本办法配销之物品，得由专管机关或地方主管官署会同有关机关或当地商会及各该业同业公会议定配销办法，交由平价供应机关及合作社备价收购，依照评定销售价格应市销售。其在未设平价供应机关及合作社之地区，得商定适当商店或组织临时销售机构销售之。

（五）前项销售价格之评定，按收购价加必要开支及手续费计算之，其所加手续费最高不得超过收购价百分之三。

（六）凡依本办法销售之物品，如有套购情事，经查实后，视同黑市买卖行为，依《非常时期取缔日用重要物品囤积居奇办法》第十八条惩处之。

（七）凡依本办法收购之价款，除扣付查封时至收购时之栈租及保险缴用等费外，由专管机关或地方主管官署会同当地商会送国家银行暂行保管。

（八）前项由国家银行保管之价款，于本案裁决后，依照裁决处理。其应发还者，将价款连同利息一并发还；其应罚锾者，就应行发还款内扣应罚金额，依照规定处理之；其应没收者，就价款及利息总和，依照规定分配之。

（摘自《经济检查机关查封物品处理暂行办法》民国三十一年，1942年行政院公布）

四、管理食用植物油暂行办法

第一条 经济部日用必需品管理处管理之食用植物油为下列数种：

1. 菜油。

2. 麻油。

3. 花生油。

第二条 依本办法实施管理之区域为重庆市及其他经济部随时指定之地区。

第三条 在实施本办法之区域内制造、运销、批发及零售食用植物油之工厂、榨坊、公司、行号，除应依法办理公司登记、商业登记或工厂登记并加入同业公会外，应申请经济部日用必需品管理处核发营业许可证，方准营业。

第四条 在指定管理区域内，生产及运到之菜油，悉应报由经济部日用必需品管理处统筹配销，不得自由批售。

第五条 在指定管理区域内，麻油、花生油之批售、批购，应由买卖双方填具交易单一式三份，送请经济部日用必需品管理处登记加章，以二份发还买卖双方收执，为成交凭证，一份存处备查。

第六条 在实施管理区域内，食用植物油之批发、零售价格，除菜油应实施限价外，麻油、花生油应依议价办法，由油业同业公会议定价格，呈请经济部日用必需品管理处核定，并转报经济部备案。

第七条 食用植物油运入指定管理之区域,应于货到三日内填具运到报告书一或二份,送请经济部日用必需品管理处登记,以一份发还由货主执存。

第八条 在实施管理区域内,食用植物油运出数量已满一百市斤者,应先经经济部日用必需品管理处核准发给准运证,凭证报运。无准运证者,沿途关卡及检查所站得予扣留,报由经济部日用必需品管理处核办。

第九条 榨油厂坊及经营油业之运销商、批发商,悉应填具产、进、销、存月报表,于每月三日以前送请经济部日用必需品管理处查核。

第十条 凡食用植物油类之菜油零售商,每次进油,应先取样送请经济部日用必需品管理处检验站免费检验,是否纯洁。其经发觉或被检举不纯洁者,得由经济部日用必需品管理处向法院检举,依刑法第一百九十一条论处。

第十一条 凡菜油运销商、批发商及用户,均得自取油样。送请经济部日用必需品管理处指定之检验站免费代为检验。

第十二条 凡菜油经发觉曾掺杂者,应由经济部日用必需品管理处封存,另行规定价格,分配于食用以外之其他用途。

第十三条 凡违反本办法第四条、第七条、第八条、第九条规定之事项或超过第六条规定之议价者,由经济部日用必需品管理处按其情节,依照《行政执行法》予以处罚,或向法院检举依《非常时期农矿工商管理条例》惩处之。其构成囤积居奇行为者,概依《非常时期取缔日用重要物品囤积居奇办法》处理。

第十四条 凡违反本办法第五条之规定者,其交易为无效,并得视其情节轻重,予以暂时或永久之停业处分。

第十五条 凡违反第六条之规定交易超过限价者,其买卖双方得依照《妨碍国家总动员惩罚暂行条例》第五条规定处罚之。

(摘自《经济部日用必需品管理处管理食用植物油暂行办法》民国三十二年五月十二日经济部公布,民国三十五年一月十五日经济部废止)

五、经济检查规则

(一)经济检察除法令别有规定外,悉依本规则之规定办理。

(二)检察之范围如左:

1.违反国家总动员法之有关经济管制事项者。

2.各项经济管制法令规定管制之物资而有囤积居奇、投机、垄断、操纵之行为者。

3.有关经济管制之贪污舞弊者。

4.其他经政府临时指定、检察者。

(三)执行检察案件或查封货物,应先将当事人姓名、住址、违法概况或货物存放地点报经本会议核准后,协同公证人为之。但路程遥远之队部,如因情势急迫,得先予执行,于十二小时内补办报核手续。

(四)执行人员须穿着规定制服,佩带臂章及携带本会议制发之检察证,并于每次任务完毕后缴队部。

(五)查封货物,应会同公证人粘贴本会议印发之封条,交由公证人协同物主或第三者负责看管,取具其看管字据。

(六)查封货物,应将牌号、种类、名称、数量记入看管字据,如有霉滥、污损者,并应详加注明。

(七)执行检查案件或查封货物,应详细核对其关系账册,如一时无法核对时,得将账册带案送核。

(八)执行检查案件或查封货物,如须讯取当事人或关系人之供词时,应当场讯明。倘案情重大者,得将当事人或关系人带案。

(九)执行人员应于任务完毕时,立即书面报告其隶属队部,但一时不及办理者,得先以口头报告,事后补具书面报告。

(十)经济检察队部应于案件执行后二十四小时内备文将全案移送军法机关审理,一面报告本会议备查。

(十一)移报案件,应叙明当事人姓名、违法要点、破案日期及破案地点,并抄检关系证件。

(十二)案件经判决后,无论没收或发还货物,经济检察队部应于奉到本会议启封命令二十四小时内通知货主,并于一星期内点交清楚,取据报核。

(摘自《经济检查机关查封物品处理暂行办法》民国三十一年,1942年4月20日行政院公布)

六、惩治走私条例

第一条 私运政府管制物品及应税物品进口、出口者,处五年以下有期徒刑。

第二条 因私运物品进口、出口而有左列行为之一者,处七年以下有期徒刑:

1. 持械拒捕伤害人未致重伤者。

2. 公然聚众持械拒捕时在场助势者。

3. 公然聚众威胁缉私员警时在场助势者。

第三条 因私运物品进口、出口而有左列行为之一者,处死刑、无期徒刑,或十年以上有期徒刑:

1. 持械拒捕伤害人致死或重伤者。

2. 公然为首聚众持械拒捕者。

3. 公然为首聚众威胁缉私员警者。

第四条 明知为私运进口、出口物品而为之运送、销售或藏匿者,处二年以下有期徒刑或拘役。

第五条 稽征关员或铁路、公路、舟车、航空人员,明知为私运进口、出口物品而放行或为之运送、销售或藏匿者,处七年以上有期徒刑;因收受贿赂或其他不正利益放行或运送者,处无期徒刑或十年以上有期徒刑。

第六条 铁路、公路、舟车、航空人员发觉私运进口、出口物品而不通知稽征关员者,处三年以下有期徒刑或拘役,因强暴胁迫为之运送能通知而不通知者亦同。

第七条 私运物品进口、出口行为为本条例所未规定者,依《刑法》、《海关缉私条例》及其他关于取缔走私之法律办理。

第八条 本条例施行期间为一年。

(摘自《惩治走私条例》民国三十七年,1948年3月行政院公布)

第三节 物价管理

一、非常时期取缔日用重要物品囤积居奇办法

第一条 取缔日用重要物品囤积居奇除依法令别有规定外,依本办法之规定。

第二条 依本办法取缔囤积居奇之日用重要物品定为左列各类:

甲 粮食类:米谷、麦、面粉、高粱、粟、玉米、豆类;

乙 服用类:棉花、棉纱、棉布(各种本色棉布、各种漂白染色或印花棉布)、麻布(各种本色麻布、各种漂白染色或印花麻布)、皮革;

丙 燃料类:煤炭(煤块、煤末、煤球、焦煤、炭)、木炭;

丁 日用品类:食盐、纸张、皂碱、火柴、菜籽油、菜;

戊 其他经济部呈准指定者。

第三条 本办法所称囤积指左列各款:

1. 非经营商业之人或非经营本业之商人,大量购存前条所指定物品者。

2. 经营本业之商人购存前条所指定之物品而有居奇行为。

3. 代理介绍买卖并无真实买卖货主而化名购存前条所指定之物品者。

第四条 储存物品不应市销售而抬价超过合法利润,为居奇行为。

前项合法利润,由主管官署斟酌当地情形随时规定之。

第五条 本办法施行时,经济部应指定执行取缔之区域连同取缔物品之种类、名称一并公告,并行知执行取缔之主管官署。

第六条 依本办法执行取缔检查及处分之地方主管官署设有专管机关者外,在直隶行政院之市为社会局,在县、市为县、市政府。经济部于必要时,得派员或命令所属管理物资或平价供销机关,协同主管官署办理之。

第七条 主管官署应于经济部文到四日内,将第五条公告事项在辖境内公告通知,并分别周知当地商会及关系业同业公会。

第八条 非经营商业之人或非经营本业之商人,在主管官署公告前所囤积业经指定之物品,应报明主管官署,限期出售。

第九条 非经营本业之商人,在主管官署公告前所囤积业经指定之物品,应报明主管官署及所属之同业公会应市销售,其销售情形由同业公会随时考核、报告主管官署。

第十条 主管官署对于应行依限出销售或应市销售之物品,得规定其出售价格或令其运往指定地点出售。

第十一条 应行依限出售之物品,其所有人对于经营本业之商人或用户依照市价或政府规定价格请购买时,不得拒绝出售。前项物品之所有人,不得化名购买。

第十二条 应行依限出售之物品到期未能出售时，主管官署得代为出售或责令将物品交由所属同业公会销售，必要时，由管理物资或平价供销机关以公平价收买之。

第十三条 本办法施行后，经营本业之商人购进业经指定之物品，应每次向同业公会登记。其出售时，应向所属同业公会报告。

同业公会应将前项登记及报告，按月呈主管官署查核。

第十四条 同业公会对于会员或非会员之囤积居奇行为，应负纠正检查之责。

同业公会不执行本办法规定事项或对会员故为包庇者，应由主管官署依法处分。

第十五条 生产或购运本办法指定之物品之工厂、商号按月将产运数量及其成本报告同业公会转报主管官署备查。

第十六条 主管官署对于辖境内各项指定物品之购销储运情形，应随时派员调查，并得检查有关各业之买卖簿记、单据。同业公会于主管官署依前项执行检查时，应派负责人协助办理。

第十七条 有左列各款情事之一者，其囤积之物品得由主管官署没收，并得科以一千元以下之罚锾：

1. 不依本办法第八条、第九条呈报或报不实者。

2. 不遵行地方主管官署依照本办法第十条所颁布之命令者。

3. 违反本办法第十一条第二项之规定者。

4. 经营本业之商人于主管官署公告后，对于指定物品仍有囤积居奇行为者。

第十八条 有左列各款情事之一者，除由主管官署没收其囤积物品外，并向法院检举依非常时期农矿工商管理条例第三十一条惩治之：

1. 非经营商业之人或非经营本业之商人，于地方主管官署公告后，对于指定物品仍有囤积居奇行为者。

2. 囤积居奇或藏匿大量指定物品，分立户名或分散、迁移存放地点或妨碍地方主管官署执行检查而意图规避取缔者。

3. 对于应行依限出售之囤积物品，有黑市买卖、赌期予货及空头仓飞交易等行为者。

第十九条 地方主管官署为前两条之处分时，应报请省、市政府核准并转报经济部备查其没收之物品；另有法定用途者外，悉供给平价配销之用。

第二十条 凡确知有人违反本办法之规定者，准向主管官署据实密告。主管官署对于前项密告人应于举发案件处分确定后，给予奖金并为保守秘密。但密告人如有夹嫌诬告情事，应依法惩处之。

第二十一条 依本办法没收物品所得货款或罚锾，除提五成扩充当地办理平价之资金外，其余五成照下款分配给奖：

1. 藉密告或眼线人查获者，密告或眼线人给予百分之三十，查获机关给予百分之二十。

2. 非藉密告或眼线人查获，其奖金全部给予查获机关。

第二十二条 主管官署应将执行取缔情形按月呈报省、市政府转请经济部查核，省、市政府并得按其办理成绩，分别予以奖惩。

第二十三条 依本办法办理取缔检查及处分之人员，如有包庇、纵容或其他营私舞弊情事，查有实据者，依惩治贪污条例治罪从重论断。

第二十四条 公务员假借职务上之权利机会或方法，囤积本办法指定物品居奇营利者，除按本办法惩处外，比照刑法渎职罪从重论断。

第二十五条 地方主管官署及经济部授权执行取缔之管理物资及平价供销机关，得依本办法之规定，专就一种指定之物品另订实施章则，呈经省、市政府及经济部核准施行之。

（摘自《非常时期取缔日用重要物品囤积居奇办法》民国三十年，1941年2月国民政府公布）

二、取缔违反限价议价条例

第一条 本条例所称限价，系依“国家总动员法”第八条规定政府对国家总动员物资及民生日用品加以限制之价。所称议价，系依“国家总动员法”第八条规定国家总动员物资及民生日用必须品由各当地政府就民意机关、同业公会或其他人民团体组织物价评议会议定公平价格，经当地主管机关核定实施之价格。

实施限价议价之地区及物品种类，由政府以命令公布之。

第二条 本条例所称违反限价议价指左列情事而言：

1. 物品交易价格超过限价议价者。

2. 收取工资、运价超过限价议价者。

3. 将已经限价议价之货物变名、变质、变量出售者。

4. 出售物品不遵规定标明价格者。

5. 藏匿物资秘密高价出售者。

6. 其他不遵照限价议价之规定者。

第三条 前条所列各款由当地之地方主管机关取缔之，在院辖市为社会局，在县市为县市政府。

第四条 凡检举人检举第二条所列各款之违反限价议价案件，要有足资证明之物或其他文件。

第五条 关于限价议价有无违反情事，在设有警察机关之地由警察机关负责调查，未设警察机关之地由乡镇公所负责调查之。

第六条 违反限价议价者依左列规定予以处分：

一、超过限价案件除工资、运价之属于地方范围者，由该管县、市政府课超过限价数额十倍以下罚锾或七日以下拘留或罚役外，其他案件应送司法机关依法办理。

二、超过议价情节重大或成交货品与收受工资运价在五万元以上者，应送司法机关依法处理。

三、超过议价而成交货品或收受工资、运价不满五万元者，由该管县、市政府课出卖人超过议价数额十倍以下罚锾得并课七日以下拘留或罚役。

四、有本条例第二条第三款、第四款情事之一者，由该县、市政府课以超过限价议价数额十倍以下罚锾或七日以下拘留或罚役，其情节重大者，应送司法机关依法办理。

五、有本条例第二条第五款情事者，由该管市、县政府课以超过限价议价数额二十倍以下罚锾并课七日以下拘留或罚役，其情节重大者，应送司法机关依法办理。

六、有本条例第二条第六款情事者，由该管市、县政府课以1000元以下罚锾。

七、第一款至第六款情形于一年内再犯者，由该市、县政府加倍处罚并得予以三个月以下之停业处分。

第七条 依本条例处理之案件，院辖市政府每月册报国家总动员会议备查，市、县政府每月册报省政府转报国家总动员会议备案。

第八条 本条例所未规定事项适用《妨害国家总动员惩罚暂行条例》之规定。

第九条 办理违反限价议价案件人员如有包庇、徇纵其他营私舞弊情事者，依法从严处分。

（摘自《取缔违反限价议价条例》民国三十四年，1945年2月15日国民政府公布）

三、评议物价实施办法

按：该办法适用指定地区为：南京、上海、镇江、无锡、杭州、宁波、芜湖、安庆、广州、汕头、桂林、梧州、福州、厦门、南昌、九江、武汉、重庆、成都、康定、贵阳、昆明、长沙、西安、兰州、太原、开封、郑州、济南、青岛、天津、北平等地。

第一条 全国各重要地点有评议物价之必要者，由行政院分别令其设立物价评议会。

第二条 物价评议会之职掌如左：

甲 评议主要民生日用必需品之售价。

乙 协助检举违反议价之行为。

第三条 物价评议会设主任委员一人，在院辖市由主管局长兼任，在普通市或县，由主管局长或科长兼任，委员七人至十一人，由地方政府就当地参议会、商会、工会、工商同业公会及治安机关选聘之。

第四条 物价评议会设秘书一人，干事若干人，由地方政府调派职员兼任。

第五条 评议物价分为初议与复议。

第六条 初议由主管局、科派员与议价物品有关之同业公会代表会同议价后，报告物价评议会主任委员。主任委员认为适当或有迅速处理之必要时，得先行核定施行，再报告物价评议会。

第七条 复议于初议后，经物价评议会主任委员认为所议价格不当，或有委员三分之一以上请求时，召集物价评议会全体会员行之。

前项复议评定之物品价格，由物价评议会报请地方长官核定之。

第八条 应行议价之物品，以主要民生日用必需品为准（食盐除外）。其种类由地方政府体察当地情形指定公告之。

第九条 议价标准应按照物品成本，视当地各业向例，分别酌加利润成数。

第十条 物品成本之计算，除制造费或进货原价外，得包括利息（不得超过当地银钱业公议之放款利率）、捐税、运费、仓租、管理费、保险费、折耗等项在内。

第十一条 各种物品经评议核定之价格，由地方政府公告之，并分别报告该项物品之主管机关备查。

第十二条　出售议价物品之商店，须将核定价格标明于店门前或各该物品上。发售时不得超过核定之价格。

第十三条　物品成本发生剧烈变动，有评定新价之必要时，得重新议价。但未经议定核定前，不得加价。

第十四条　各地方政府对于与人民日常生活有关之营业，如旅馆、浴堂、理发之类，认为有议价之必要者，适用本办法之规定。

第十五条　违反核定之议价者，依取缔违反限价议价条例惩处之。

（摘自《评议物价实施办法》民国三十六年，1947年2月25日行政院呈奉国防最高委员会核准施行）

四、取缔违反限价议价条例实施办法

（一）全国各市、县均定为实施限价议价之地区。

（二）全国各地物品应由地方主管官署按民国三十七年八月十九日当地市场公开交易价格照兑换率折合金元后之交易价格为准。

各地方主管官署得视当地实际供需情形，指定若干种物品加以严格管制。

（三）关于与人民日常生活有关之营业，如水、电、煤气、旅馆、饮食店、浴室、理发、缝纫、洗染、运输、诊所、医院及电影戏院等类之价格，适用前条规定加以管制。

（四）依前二、三两项规定之物品及营业价格，如有特殊原因必须调整价格时，除法令别有规定者外，得由地方主管官署组织物价评议委员会依照《评议物价实施办法》有关之规定议定公平价格，报经当地主管机关核准，并呈报该管上级机关备案。

其在民国三十七年八月十九日前调整之价格如有过高者，得由地方主管官署依照前项规定，另行评议予以核减。

（五）自民国三十七年八月十九日起有左列情事之一者即以违反限价论：

1. 各地物品之交易价格及与人民日常生活有关之营业价格，未经地方上级机关核准而超过民国三十七年八月十九日依兑换率折合金元之价格者；

2. 自民国三十七年八月十九日起依兑换率折合金元价格之物品，有变名、变价、变量、改价出售及不遵规定标明、折合金元价格或秘密高价出售者；

3. 其他有违反限价议价之规定者。

（六）《取缔违反限价议价条例》第六条第二款、第三款改以金元五百元为划分标准。凡超过议价情节重大或成交货品与收受工资、运价在金元五百元以上者，依第二款处理，超过议价而成交货品或收受工资、运价不满五百元者，依第三款处理。

（七）依违反限价议价条例所处之罚金，除由司法机关依法办理者外，以五成充奖，余五成解交地方政府公库。

（八）执行取缔违反限价议价之地方主管官署，在院辖市及省会所在地，为社会局或社会处（会同治安警察机关办理），在县、市，为县、市政府。

（摘自《取缔违反限价议价条例实施办法》民国三十七年，1948年9月16日行政院公布）

五、取缔黄金投机买卖办法

（一）禁止黄金条块及金饰之买卖，违者没收充公。

（二）禁止以黄金代替通货，作为交易、收付之用，违者没收充公。

（三）禁止携带黄金条块出国境，违者没收充公。

旅客携带金饰出国境者，每人不得超过关秤2两以上，超过者没收充公。

（四）指定中央银行公告黄金价格。凡黄金持有人，得以所有之黄金向当地中央银行或其委托之银行兑换国币。

（五）淘采黄金，应由主管机关登记，予以保护，但其所产之黄金，应按照公告价格向中央银行兑换国币。

（六）工业及医疗需用之黄金，准向财政部申请核准，由中央银行按照公告价格售给之。

（七）除中央银行或其委托之银行得收兑黄金外，其他银行钱庄不得从事黄金之买卖，违者以投机操纵、扰乱金融论罪，除没收其黄金外，并处经理人五年以下之徒刑，吊销商业行、庄之营业执照。

（八）各种报章杂志，不得以任何方式登载公告价格以外之黄金行市。

（九）银楼业及首饰店金饰之处理，其办法另定之。

（摘自《取缔黄金投机买卖办法》民国三十六年，1937年2月行政院核准施行；民国三十七年，1948年8月行政院废止）

第五章 商标广告管理

第一节 商标注册管理

一、商标法

第一条 凡因表彰自己所生产、制造、加工、拣选、批售或经纪之商品欲专用商标者，应依本法呈请注册。

商标所用之文字、图形、记号或其联合式，应特别显著，并应指定名称及所施颜色。

商标所用之文字，包括读音在内。

第二条 左列各款，均不得作为商标呈请注册：

1. 相同或近似于中华民国国旗、国徽、国玺、军旗、官印、勋章或中国国民党党旗、党徽者。

2. 相同于总理遗像及姓名、别号者。

3. 相同或近似于红十字章或外国之国旗、军旗者。

4. 有妨害风俗秩序或可欺罔公众之虞者。

5. 相同或近似于同一商品习惯上通用之标章者。

6. 相同或近似于世所共知他人之标章使用于同一商品者。

7. 相同或近似于政府所给奖章及博览会、劝业会等所给奖牌、褒状者，但以自己所受奖者作为商标之一部分时，不在此限。

8. 有他人之肖像、姓名、商号或法人及其他团体之名称者，但已得其承诺时，不在此限。

9. 相同或近似于他人注册商标失效后，未满一年者；但其注册失效前，已有一年以上不使用时，不在此限。

第三条 二人以上于同一商品，以相同或近似之商标各别呈请注册时，应准在中华民国境内实际最先使用并用无中断者注册；其呈请前均未使用、或孰先使用无从确实证明时，得准最先呈请者。注册其在同日呈请者，非经各呈请人协议妥洽让归一人专用时，概不注册。

第四条 同一商人于同一商品使用类似之商标，以作联合商标为限，得呈请注册。

第五条 外国人民依关于商标互相保护之条约，欲专用其商标时，应依本法呈请注册。

第六条 因商标注册之呈请所生之权利得与其营业一并移转于他人。

承受前项之权利者，非呈经更换原呈请人之名义，不得以之对抗第三人。

第七条 凡在中华民国境内无住所或营业所者，非委托在中华民国境内有住所或营业所者为代理人，不得为商标注册之呈请及其他程序，并不得主张商标专用权或关于商标之权利。

前项代理人，除有特别委托之权限外，于本法及其他法令所定关于商标之一切程序及诉讼事务，均代表本人。

第八条 前条代理人之选任、更换或其代理权之变更消灭，非呈经商标局核准注册，不得以之对抗第三人。

第九条 商标局于商标有关系之代理人，认为不适当者，得令更换之，并得将其关于商标所代理之行为作为无效。

第十条 商标局于居住外国及边远或交通不便之地者，得依职权或据呈请延展其对于商标局所应为程序之法定期间。

第十一条 凡为有关商标之呈请及其他程序者，延误法定或指定之期间时，其呈请及一切程序得作为无效，但认为确有事故窒碍时，不在此限。

第十二条 凡声明事由呈请关于商标之证明、图样之描绘及书件之查阅或抄录者，商标局除认为须守秘密者以外，不得拒绝。

第十三条 商标自注册之日起，由注册人取得商标专用权。

商标专用权以呈准注册之图样及所指定之商品为限。

第十四条 凡以普通使用之方法而表示自己之姓名、商号或其商品之名称、产地、品质、形状、功用等事者，不为商标专用权之效力所拘束。

但自商标注册后，以恶意而使用同一之姓名、商号时，不在此限。

第十五条　商标专用期间自注册之日起，以二十年为限。

前项之专用期间得依本法之规定呈请续展，但每次仍以二十年为限。

第十六条　商标专用权得与其营业一并移转于他人并得随使用该商标之商品分析、移转。但联合商标之商标权，不得分析、移转。

第十七条　商标专用权之移转，非经商标局核准注册，不得以之对抗第三人；其以商标专用权为质权之标的物时，亦同：

第十八条　商标专用权除得由注册人随时呈请撤销外，凡在注册后有下列情事之一者，商标局得依职权或据利害关系人之呈请，撤销之：

1. 于其注册商标自行变换或加附记，以图影射而使用之者。

2. 注册后并无正当事由，迄未使用已满一年，或停止使用已满二年者。

3. 商标权移转后已满一年，未经呈请注册者。但因继承之移转不在此限。

前项第二款之规定于联合商标仍使用其一者，不适用之。

商标局为第一项所定撤销之处分，应于六十日以前通知商标专用权者或其代理人。

因受第一项所定撤销之处分有不服者，得于六十日以内，依法提起诉愿。

第十九条　商标专用期间内废止其营业时，商标专用权因之消灭。

第二十条　商标专用或其专用期间续展之注册，违背第一条至第四条之规定者，经商标局评定作为无效。

第二十一条　商标局应备置商标簿册，注录商标专用权或关于商标之权利及法令所定之一切事情。

凡经核准注册之商标，分别注录于商标簿册，并发给注册证。

第二十二条　商标局应刊行商标公报，登载注册商标及关于商标之必要事项。

第二十三条　注册事项遇有呈请变更或涂销时，经商标局核准后，应登载商标公报公告之。

第二十四条　商标专用或其专用期间续展之注册，应由呈请人于呈请时照缴规定之注册费。但经商标局核驳时，应发还之。

第二十五条　呈请注册者，应就各商品之类别，指定其所使用商标之商品。

前项商品之分类方法，于施行细则定之。

第二十六条　商标局于呈请专用之商标，经审查员审查后认为合法者，除以审定书通知呈请人外，应先登载于商标公报，候满六个月别无利害关系人之异议或经辩明异议时，始行注册。

呈请专用期间续展之商标，经审查合法者，应换发注册证，并登商标公报公告之。

审定商标自行变换或加附记以图影射而使用之者，商标局得依职权或据利害关系人之呈请撤销之。

第二十七条　商标呈请人对于核驳有不服者，自审定书送达之日起三十日内，得具不服理由书呈请再审查。

对于再审查之审定及审定商标，因受前条第三项所定撤销之处分有不服时，得于六十日以内，依法提起诉愿。

第二十八条　商标异议准用前条之规定。

经过异议之注册商标，于前条诉愿决定后，对手人不得就同一事实及同一证据请求评定。

第二十九条　下列事项得由利害关系人请求评定：

1.依第二十条规定其注册应无效者；

2.应认定商标专用权之范围者。

违背第一条或第二条第一款至第七款规定其注册应无效者，审查员得请求评定。

注册之商标违背第二条第八款、第九款及第三条、第四条规定者，自登载商标公报之日起已满三年时，概不得请求评定。

第三十条　请求评定时，应呈请求书于商标局。凡关评定事项，各当事人所呈之书状，商标局应抄示对手人，令依限具书互相答辩，并得发诘问书令之陈述。

第三十一条　评定依评定委员三人之合议，以其过半数决定。评定委员由商标局长就各该事件指定之。

评定委员于该事件有利害关系或向曾参与者，应行回避。

第三十二条　评定得就书状评决之。但认为必要时，应指定日时，传集当事人口头辩论。

关于评定之各当事人延误法定或指定之期间时，评定不因之中止。

第三十三条 关于评定事件有利害关系者，得于评定终结以前呈请参加。

其准驳应询问当事人，并由评定委员合议决定之。参加人为关于评定之行为与其所辅助当事人之行为相抵触者，无效。

第三十四条 对于评定之评决有不服时，自评定书送达之日起三十日以内，得请求再评定。其一切程序，适用关于评定之规定。

第三十五条 对于再评定之评决有不服时，得于六十日以内，依法提起诉愿。

第三十六条 关于商标事件经评定之评决确定后，无论何人不得就同一事实及同一证据请求为同一之评定。

第三十七条 关于商标专用权之事项，有提出民事或刑事诉讼者，应俟评定之评决确定后，始得进行其诉讼程序。

第三十八条 凡非营利事业之商品，有欲专用标章者，须依本法呈请注册。

前项之标章准用关于商标之规定。

第三十九条 商标注册费及其他关于商标事件应缴之公费，于施行细则定之。

第四十条 本法施行细则由经济部定之。

（摘自《商标法》民国十九年，1930年5月6日府令公布；民国二十九年，1940年10月19日修正）

二、商标法施行细则

第一条 凡以商标呈请注册者，每一商标应依本细则第三十七条各项所定商品之类别缮具呈请书，并附指定着色图样十纸及印板一枚。

前项图样如不使用着色者，即以墨色为准。

第二条 商标图样应用坚韧光洁之纸料为之。商标印板应用金属板或其他宜于印刷者，长及宽以公尺计，均不得过十三公分。

第三条 商标局认为必要时，得令商标注册之呈请人另呈关于商标之说明书与应附各件及添呈商标图样。

第四条 商标呈请注册时，指定之名称及所施颜色经核准后，不得变更。

第五条 以《商标法》第二条第七款至第九款所定之商标呈请注册者，应证明依各该款但书规定得准注册之事实。

第六条 以《商标法》第三条之规定呈请注册者，倘于呈请前业经使用时，应证明使用该商标之事实及其年月日。

第七条 依《商标法》第三条之规定须经各呈请人协议者，商标局应指定相当时间通知各呈请人议定呈报，已逾前项期间尚未议定呈报时，视为未经妥洽者。

第八条 依《商标法》第四条规定，以与注册商标相似之商标作为联合商标呈请注册者，应附呈其原注册证。

同一商人同时以两个以上类似之商标呈请注册者，应指定其一为正商标，以其余与之联合。

联合商标注册时，应将其注册号数填入于所联合之正商标注册证，由商标局盖印发还。

第九条 依《商标法》第六条第二项承受注册呈请之权利者，更换原呈请人名义时，应与原呈请人连署，并附呈其为合法承受及移转该营业之证明字据。

第十条 依《商标法》第九条，令代理人更换时，应并通知该代理人。

第十一条 凡呈准注册之商标，其图样及所指定之商品不得变更。审定商标适用前项之规定。

第十二条 呈请商标专用期间续展之注册者，应于期满六个月前呈请，并附呈原注册证及商标图样与印板。

凡在商标专用期满前，已逾前项期限未及呈请者，仍得加缴另定之公费，为前项之呈请。

第十三条 依《商标法》第十六条之规定，以商标专用权之移转呈请注册者，应附呈系与其营业一并移转之证明字据。

第十四条 商标专用权因继承而移转呈请注册者，应附呈原注册证及其合法继承之证明字据。

第十五条 商标专用权因让与或其他事由而移转呈请注册者，应由关系人连署，并附呈原注册证及移转之证明字据。

其以商标专用权为质权之标的物时，亦同。

前项注册证于核准后，注明移转或出质事项，发给呈请人。

第十六条 以商标专用权之分析、移转呈请注册者，应声明其移转部分使用之商品，并附呈原注册证。

前项商标移转呈请应由商标局于核准后，照原注册证号数另填注册证，加具符记发给呈请人。其所呈之原注册证应证明已移转之部分发还所有权者。

第十七条　以联合商标中一种商标专用权之移转呈请注册者，应同时呈请他种商标专用权移转之注册。其为质权之标的物时，亦同。

第十八条　因废止营业撤销其商标权时，惟注册名义人得呈请之。撤销其注册之一部分者，应声明业经废止其营业之商品。

第十九条　凡有关于商标注册或其他程序之各项书状定有程式者，应各依其程式。

第二十条　凡由代理人为关于商标之呈请或其他程序者，应附呈其代理权证明字据。但法人之经理或代表人，以其法人名义为之者，不在此限。

第二十一条　凡由外国人为关于商标之呈请或其他程序者，应并呈国籍证明书及在中国境内现有确实工商业营业所之证明书。如为外国法人，应附呈其为法人之证明字据。

第二十二条　代理凭证或国籍证明书及其他附呈之字据原系外国文者，应用华文译呈。

凡以书状为关于商标之各项呈请有对待人或关系人者，应添具副本。

第二十三条　关于商标呈请或其他程序违背商标法令所定之程序及其程式或不缴额定之公费，又所呈书状图样、印板不明晰或不完备者，商标局得令订正、补充或改换之。

第二十四条　本细则所规定之期间，及依《商标法》或本细则所指定之期日与期间，商标局得据请求变更之。

请求期日与期间之变更于有对待人或关系人之事件，非询据同意或有显著之理由，不得核准。

第二十五条　依《商标法》第十一条但书规定声明窒碍者，应详载事实与其发生及消灭之年月日。

为前项声明时，应并补足其延误之程序。

第二十六条　凡呈请人或其代理人之姓名、商号、住所或印章有更换时，应从速呈报商标局。无住所者更换其寓所或营业所时，亦同。

第二十七条　商标专用权者，为《商标法》第二十三条规定之呈请时，除缴额定之公费外，应具声请理由书，并附呈证明字据。

第二十八条　关于商标之呈请所呈之书状或其他物件，应注明商标名称及呈请人姓名、年龄、籍贯、住所。已注册者，应并注明其商标注册号数。

第二十九条　书状或物件之呈递，均以商标局收到时日为准。

第三十条　商标局之审定评定及其他书件，应送达于呈请人及其关系人。

商标局无从送达之书件均于公报公示之，自刊登公报之日起满三十日，视为已送达者。

第三十一条　呈送关于商标之证据及物件呈送人预行声明请领者，应于该案确定后六十日以内领取。

第三十二条　凡由商标局抄给之书件，应由主管人员注明“与原来无异”字样，并加盖名章。

第三十三条　商标注册证应依一定书式粘附商标图样，由商标局盖印发给。

第三十四条　商标注册证有遗失或毁损时，商标专用权者得声叙事由加具证明呈请补给，依前项规定补给注册证时，其旧注册证以公报宣示无效。

因商标无效之评定、确定或经裁决及其他事由消灭其商标专用权者，应令缴还商标注册证，并以公报宣示之。

第三十五条　关于商标之注册其应缴之注册费如下：

1. 商标专用权之创设或商标专用期间之续展，每件2万元。

2. 商标权之移转分甲、乙两种；

(甲)因于继承之移转，每件8000元；

(乙)因于让与或其他事由之移转，每件12000元；

3. 注册事项之变更或涂销，每件2000元。

前项各款注册费联合商标均适用之。

第三十六条　依《商标法》或其他法令为关于商标之各项呈请，所应缴之公费如下：

1. 呈请商标之注册，每件2000元。

2. 呈请商标移转之注册，每件2000元。

3. 更换商标呈请注册原呈请人之名义，每件2000元。

4. 请求补给注册证，每件2000元。

5. 呈请商标权专用期间续展之注册，每件2000元。

6. 商标专用期满前，已逾定限呈请展期之注册，每件4000元。

7. 对于审定公布他人之商标提出异议或请求异议再审查，每件8000元。

8. 请求评定或再评定，每件8000元。

9. 请求补发审定书，每件2000元。

10. 请求再审查，每件4000元。

11. 请求发给证书，每件2000元。

12. 请求描绘图样，每件400元至8000元。

13. 请求抄录书件，每100字200元，不满100字者亦同。

14. 请求查阅案件，每案800元。

15. 请求参加，每件4000元。

前项各款公费，联合商标均适用之。

第三十七条 商标注册之呈请人，应依下列各项所定商品类别指定使用其商标之商品，但其类别未能指定者，得由商标局指定之：

第一项 化学品药类及医治补助品：

化学品类，中药类，西药类，树脂胶类，矿泉、食盐类，医治补助品类及应属于本项之其他商品。

第二项 颜料染料漆油墨及涂料：

颜料、染料类，漆类，油墨类，涂料类及应属于本项之其他商品。

第三项 香料香品及不属别项之化妆品：

香水类，香油发膏类，润肤膏类，脂粉类，及应属于本项之其他商品。

第四项 胰皂：

香皂类，药皂类，粗皂类及应属于本项之其他商品。

第五项 不属别项之洗刷膏沃料品：

牙粉牙膏类，鞋粉鞋油类，洗刷用品类及应属于本项之其他商品。

第六项 不属别项之金属及其粗工品：

钢铁及其半制品类，铜及其半制品类，锡铅及其半制品类，铝锌及其半制品类，镍或其仿造物及其半制品类，及应属于本项之其他商品。

第七项 金属及合金之制品：

熔铸物类，雕镂物类，打压物类，编缀物类及应属于本项之其他商品。

第八项 钢锋利器：

针类，钉类，刀类，剪类及应属于本项之其他商品。

第九项 贵金属（白金金银）或其仿造物及其制品：

贵金属及其制品类，贵金属之仿造品类及应属于本项之其他商品。

第十项 珠玉、宝石或其仿造物及其制品之不属别项者：

金钢钻、珍珠、玉、珊瑚、水晶、玛瑙、宝石等及其仿造物类，金钢钻、珍珠、玉、珊瑚、水晶、玛瑙、宝石之制品及其仿造物之制品类。

第十一项 不入别项之矿物。

第十二项 石或其仿造物及其制品之不属别项者：

石及人造石类，石及人造石之制品类。

第十三项 水泥及土沙灰泥：

水泥类，土沥青类，石膏类，石灰土砂类及应属于本项之其他商品。

第十四项 陶器、瓷器、砖瓦：

瓷器类，陶器类，砖瓦类及应属于本项之其他商品。

第十五项 玻璃及不属他项之玻璃制品及珐琅制品：

玻璃及其制品类，搪瓷品类，景泰蓝类，料器类及应属于本项之其他商品。

第十六项 树胶及其制品之不属别项者。

第十七项 不属别项之机械器具及其各附件。

第十八项 理化学、医术、测量、照相、教育等用之器械、器具、计算器，眼镜及其附件：

物理试验用器具类，化学试验用器具类，其他教育用器具类，医术用器具类，测量用器具类，照相用器具类，度量衡器具类，计算器类，眼镜类及应属于本项之其他商品。

第十九项 农工器具：

农业器具，工业器具。

第二十项 运送用机械器具及其附件：

火车类，汽车类，自行车类，航空机类，船舶类，升降机类及应属于本项之其他商品。

第二十一项 钟表及其附件：

钟类，表类。

第二十二项 乐器留声机及其附件：

中乐器类，西乐器类，留声机类及应属于本项之其他商品。

第二十三项 军用火器、猎枪、花焰、爆竹及其他炸裂物：

军用火器类，猎枪类，焰花、爆竹类，炸裂品类及应属于本项之其他商品。

第二十四项 蚕种及茧类：

蚕种类，茧类。

第二十五项　棉葛麻苎羽毛类：

棉花类，苎麻葛类，毛羽类。

第二十六项　蚕丝：

丝类，丝棉类。

第二十七项　棉纱线：

棉纱类，棉线类。

第二十八项　毛纱线：

毛纱类，毛线类。

第二十九项　麻纱线及不属前三项之纱线类：

麻纱线类，人造丝纱线类，交撚纱线类，金银线类，及应属于本项之其他商品。

第三十项　丝织品：

匹头类，美术品类，毯类及应属于本项之其他商品。

第三十一项　棉织品：

匹头类，毛巾类，毯类及应属于本项之其他商品。

第三十二项　毛织品：

匹头类，毯类及应属于本项之其他商品。

第三十三项　麻织品：

匹头类，毯类及应属于本项之其他商品。

第三十四项　不属前四项之织品：

交织匹头类，交织美术品类，不透水织物类，毯类及应属于本项之其他商品。

第三十五项　不属别项之编捻绣品及的带须络：

绣品类，花边类，的带须络类，编捻绣工艺品类及应属于本项之其他商品。

第三十六项　冠服、领袖、靴鞋、巾纽及其他服御品：

冠帽类，衣服类，领袖类，领带类，手套类，袜子类，靴鞋类，手帕类，纽扣类及应属于本项之其他商品。

第三十七项　寝具及不属于他项之室内装置品：

床类，被褥枕垫类，帐帘类，地毯类及应属于本项之其他商品。

第三十八项　酒品及曲酿：

酒类，曲酿类及应属于本项之其他商品。

第三十九项　冰及清暑饮料：

冰类，冰淇淋类，汽水类，果汁类及应属于本项之其他商品。

第四十项　酱油酱醋及调味品：

酱油酱醋类，调味品类，及应属于本项之其他商品。

第四十一项　糖蜜：

糖类，蜜类。

第四十二项　茶叶咖啡及可可：

茶类，咖啡类，可可类及应属于本项之其他商品。

第四十三项　干糖果及面包：

饼干干点类，糖果类，面包类及应属于本项之其他商品。

第四十四项　不入别类之食料品类：

腌腊类，海味类，罐头肉食类及应属于本项之其他商品。

第四十五项　兽乳及其制品或其仿造品：

兽乳类，奶油类，代乳粉类及应属于本项之其他商品。

第四十六项　谷、蔬、果品、种子及其副品：

谷类，谷制粉类，面类，干鲜果类，蔬菜类，种子类，罐装果蔬类，淀粉类及应属于本项之其他商品。

第四十七项　烟草及其制品：

烟丝卷烟类，雪茄烟类及应属于本项之其他商品。

第四十八项　烟具。

第四十九项　纸及其制品：

纸类，纸制品类。

第五十项　文具：

笔类，墨类，打字机类，印字机类及应属于本项之其他商品。

第五十一项　皮革及其制品或仿造品之不入别项者：

皮类，革类，革制品类及应属于本项之其他商品。

第五十二项　固体燃料。

第五十三项　火柴。

第五十四项　油蜡及其制品之不入别项者：

矿物油类，植物油类，动物油类，蜡类，蜡烛类及应属于本项之其他商品。

第五十五项　肥料。

第五十六项　竹、木、藤及其制品之不入别项者：

竹及其制品类，木及其制品类，藤及其制品类。

第五十七项　漆器之不入别项者。

第五十八项　骨角牙介类之不入别项之制品

及其仿造品。

第五十九项　草蒿及其制品之不入别项者。

第六十项　伞、扇、杖及其附属品:

伞类,扇类,杖类及应属于本项之其他商品。

第六十一项　灯及其各件:

灯泡、灯罩类,手电筒类,鑫光灯类,煤油灯类及其应属于本项之其他商品。

第六十二项　刷梳及不属别项之头饰品:

刷子类,梳篦类,头饰品类及应属于本项之其他商品。

第六十三项　运动、游戏器具及玩具:

运动、游戏器具类,儿童玩具类及应属于本项之其他商品。

第六十四项　图画、照片、书籍、新闻杂志及其他印刷品:

图书照片类,电影片类,书籍类,新闻杂志类,票据类及应属于本项之其他商品。

第六十五项　冷热水瓶及其各件。

第六十六项　熏香料品:

熏香类,蚊香类及应属于本项之其他商品。

第六十七项　电气机械器具及其附件:

电气机械类,电炉电扇类,电池及蓄电器类,电线类及应属于本项之其他商品。

第六十八项　石棉及其制品。

第六十九项　不属他项之研磨料品。

第七十项　不入别项之商品。

第三十八条　依旧《商标法》所发生商标权其所使用之商品类别,仍从旧例。

第三十九条　《商标法》施行前呈请注册及其他关于商标法令之一切程序未经办结者,均依《商标法》及本细则办理。

(摘自《商标法施行细则》民国十九年,1930年12月30日实业部公布;民国二十一年,1932年10月19日,民国三十二年,1943年7月14日和民国三十六年,1947年1月8日均有修正公布)

三、商标注册须知

(一)凡呈请商标注册者,每一商标应缴商标图样十纸、印板一枚、注册费五十元、公费五元、印花税一元。印板须同时随文呈局,不得迟延另送。商标图样及印板长及宽以公尺计,不得过十三公分。若实用彩色图样尺寸过大者,应将该图样呈请备案,同时将所制印板另印墨色图样十张,随文呈局,以便粘贴于审定书及注册证上。

(二)商标呈请注册及其他一切程序之呈请书,须用正楷缮写,不得草率涂抹,以免错误。原系外国文者,应用华文译呈。

(三)凡外国人为关于商标之呈请或其他程序者,应并呈国籍证明书。如在中国境内无住所或营业所者,应委托中国境内有住所或营业所者为代理人,并附呈其代理权之证明字据。

(四)凡在中国有住所及营业所之中外商人,可直接来局呈请商标注册,不必委任代理人,以期迅速而免周折。如对于呈请手续不甚明了者,亦可委任代理人代为呈请。

(五)呈请商标注册者,如该商标于呈请前已经使用者,应于呈请书内据实声明使用之年月日(可用本局所订商标专用权创设呈请书乙种格式),并附呈证明字据或物件。

(六)呈请商标注册者,每一商标须缮呈请书一份,不得于一呈内列举数种商标,以清眉目。

呈请书式本局印有多种,可向本局领用,不另收费。

(七)每一呈文须贴印花税一角,由呈请人自行粘贴印销。每一注册证须贴印花税一元,当于呈请时将该项印花随文呈局,不得漏送,以免本局批令补缴,往返稽时。

(八)凡经本局核驳不准注册之商标,除所缴公费外,其各费及印花税费一概发还。

(九)凡经本局审查核驳之商标,如表示不服,请求再审查时,应缴再审查公费十元。

(十)凡以广东注册商标[①]呈请换证者,每一商标应附缴印花税一元,以备粘贴新证之用。

(十一)凡经核驳商标,如不愿请求再审查者,得更换商标,另案呈请注册。

(十二)本须知所有未列事项,均依照《商标法》及其施行细则所规定办理。

(摘自《商标注册须知》民国二十年,1931年2月实业部商标局制定)

四、仿造已注册之商标应以伪造论令

为令遵事:查意图欺骗他人而伪造已注册或未

① 指在广东时代国民政府注册的商标。

注册之商标者,处二年以下有期徒刑,并课三千元以下罚金,刑法第二百六十八条已明白规定。而仿造他人已注册之商标得以伪造论,亦经立法院解释有案。是无论伪造或仿造他人已注册之商标,均为法所严禁。乃查近来有不肖商民,故意曲解条文,以仿造无处刑之专条,竟敢仿造他人已注册商标意图射利者,实属侵犯他人权利,极应严行申诫,俾知仿造他人已注册之商标应以伪造论。嗣后如再有此种仿造他人已注册商标情事,政府为保护商标专用权计,自当执法以绳,毋得轻于尝试,致罹法网。

(摘自《仿造已注册之商标应以伪造论令》民国二十年,1931年7月19日实业部令)

第二节 广告管理

一、修正取缔树立广告办法

(一)关于取缔树立(包括粉刷、张贴及其他方法)广告,除其他法令另有规定外,应依照本办法办理。

(二)树立广告其长阔逾三尺以上者,须先将树立地点、式样、颜色、图画及文字呈请各该地方政府核准,领取许可证。

前项许可证每张得收手续费洋五角。

(三)领有树立广告许可证者,须赴树立处所之警察机关或保甲办公处呈验许可证,并须得树立广告处所地主之同意,方得树立。

每一广告须将许可证号数及核准机关载明于其上。

(四)凡高岗处所、公路、铁道、交通交叉地点、重要建筑附近及其他有碍风景或观瞻处所,不得树立广告。

(五)已经树立之广告遇有前项情节,于必要时,政府机关得勒令其迁移或拆除之。

(六)本办法施行前已经树立之广告,如将树立地点、式样、颜色、图画、文字变更及因损坏须加以修理或重立时,仍应依照本办法之规定办理。

(摘自《修正取缔树立广告办法》民国二十五年,1936年10月16日内政部拟定,并报经行政院修正公布)

二、重庆市管理广告规则

第一条 凡在本市区域内揭布广告,均须遵守本规则之规定。

第二条 凡为自己发展营业,利用各种文字、图画引人注意以广招徕者,均作为广告。

第三条 广告分左列五种:

1. 传单。
2. 普通广告。
3. 特许广告。
4. 游行广告。
5. 其他广告。

第四条 揭布广告之地点,以下列各场所为限:

1. 已经设立之普通广告场或临时广告场。
2. 曾经呈准自建之特许广告场。
3. 经市警察局指定揭布广告之公共墙壁。

第五条 凡商民设置广告,应向社会局申请审核,并缴纳广告管理费。如广告内容涉及专门性质者,社会局须征询有关主管局之意见。

第六条 凡广告文字或图画不得触犯下列各款之禁例:

1. 宣传反动、危害社会秩序、扰乱安宁者。
2. 蒙混欺骗损害他人利益者。
3. 挑拨恶感、离间合作精神者。
4. 诱惑、猥亵、伤害道德观念者。
5. 窃用他人商号、商标、版权者。
6. 其他经社会局审清认为不合者。

第七条 凡已期满之广告若系在墙壁上,应由原设置人洗刷尽净。

第八条 凡属营业之传单,须呈送社会局审核,加盖验讫记戳记,并缴纳广告管理费,方得散发。

第九条 凡设立特许广告场,应将设立地点、构造方法、揭布内容,分别绘制图说,呈经社会局核准,并缴纳广告管理费后,方得设立。其使用期限以三个月为一期。

第十条 特许广告场地点如遇有其他需要时,社会局得通知将该广告撤销或另指相当地点以便迁让。已缴之费,按日计算发还。其自行撤除者,不在此限。

第十一条 凡举行游行广告,须于三日前填具申请书，声叙游行人数、乐器件数、车辆、牲畜种类，检同广告式样，呈请社会局核准缴费后，方得游行。

前项游行人数，不得超过二十人。

第十二条 游行时间，规定每日上午八时起，下午六时止，并须遵守秩序，受沿途岗警之指挥，不得妨碍交通。

第十三条 游行广告领照后，如因气候关系或遇不可避免情事未能如期举行者，得呈请社会局声明展限一次，逾限即行作废。如再欲继续举行，仍应另行缴费。

第十四条 凡工厂、商店及其他营业者，如超出本身所在场所揭布各种招牌、旗帜，不得超过五市尺高度，至少须离地十市尺以上。违者由警察局随时矫正，必要时得径行撤除之。

第十五条 凡在剧院、游艺场、花园、餐馆、茶馆及其他公共场所门外揭布广告者，均应按照特许广告缴费。

第十六条 凡各影戏院影片内插入广告者，须先呈请经社会局核准，方得放映。

第十七条 凡设置广告，事前未经核准缴清管理费，擅自揭布或将内容私自变更及违反上列各条之规定者，由警察局按照情节轻重依左列规定分别处罚：

1. 二十元之下之罚锾。

2. 七日以下之拘留。

（摘自《重庆市管理广告规则》民国三十一年，1942年9月26日重庆市政府颁布）

第六章　督导工商团体

第一节　商　会

一、商会法

第一章　总　则

第一条　商会以图谋工商业及对外贸易之发展，增进工商业公共之福利为宗旨。

第二条　商会为法人。

第三条　商会之职务如下：

1. 筹议工商业之改良及发展事项。
2. 关于工商业之征询及通报事项。
3. 关于国际贸易之介绍及指导事项。
4. 关于工商业之调处及公断事项。
5. 关于工商业之证明事项。
6. 关于统计之调查编纂事项。
7. 得设办商品陈列所，工商业补习学校或其他关于工商业之公共事业，但须经该管官署之核准。
8. 遇有市面恐慌等事，有维持及请求地方政府维持之责任。
9. 办理合于第一条所揭宗旨之其他事项。

第四条　商会得就有关工商业之事项，建议中央或地方行政官署。

第二章　设　立

第五条　各隶属行政院之市各县及各市均得设立商会，即以各该市、县之区域为其区域，但繁盛之区镇亦得单独或联合设立商会，其分属同省或不同省两县市之区镇，得呈准实业部合并设立之。

第六条　商会之设立，须由该区域内工业、商业或输出业合计三个以上之同业公会发起之。无同业公会或同业公会不满三个时，得联合无同业公会之公司、行号共同发起，每满十家视同一公会，但旅外华商设立商会时不在此限。前项发起人应召集设立大会，依第七条规定订立章程，连同其他必须事项，呈请隶属行政院之市政府或呈由地方主管官署转呈省政府核准设立，并转报实业部备案。

第七条　商会章程应载明下列各款事项：

1. 名称、区域及事务所所在地。
2. 关于事业及其执行之规定。
3. 职员名额、权限及选任、解任之规定。
4. 关于会议之规定。
5. 关于经费及会计之规定。

第八条　商会应于本区域内设置事务所。

商会因有特殊情形，认为必要时，得经会员会议之议决设置分事务所。

分事务所之事务，即由该商会职员中住居或营业于分事务所区域内者执行之。

第三章　会　员

第九条　商会会员分下列二种：

1. 工业、商业、输出业各同业公会，均应加入该区域之商会，称公会会员，但工业或输出业同业公会以加入事务所所在地之商会为限。

2. 无同业公会之工业、商业、输出业各公司、行号，均得加入该区域之商会，称非公会会员。他区域之工厂所设售卖场所视同公司、行号。有同业公会之各业公司、行号，不得为商会非公会会员。

第十条　前条会员均得举派代表出席商会，称会员代表。会员代表以中华民国人民，年在二十岁以上者为限。

第十一条　公会会员之代表，由各该业同业公会就委员中举派之，至多不得逾五人。

非公会会员之代表，每公司、行号一人，由主体人或经理人充任之。

第十二条　有下列情事之一者，不得为会员代表：

1. 背叛国民政府经判决确定或在通缉中者。
2. 曾服公务而有贪污行为，经判决确定或在通缉中者。
3. 褫夺公权者。

4. 受破产之宣告尚未复权者。

5. 无行为能力者。

6. 吸食鸦片或其代用品者。

第十三条 会员代表之表决权、选举权比例，于其缴纳会费单位额，由其所派之代表单独或共同行使之，每一单位为一权。

公会会员代表之表决权、选举权，以其所缴会费比照单位计算权数。

会员代表因事不能出席会员大会时，得以书面委托他会员代表代理之。

第十四条 会员代表丧失国籍或发生第十二条所列各款情事之一者，原举派之会员应撤换之。

第十五条 会员代表有不正当行为，致妨害商会之名誉、信用者，得以会员大会之议决，通知原举派之会员撤换之。

前项撤换之会员代表，自撤换之日起，三年以内不得充任会员代表。

第四章 职 员

第十六条 商会之执行委员及监察委员，由会员大会就会员代表中选任之，其人数执行委员至多不得逾二十一人，监察委员至多不得逾十一人。

前项执行委员得互选常务委员，并就常务委员中选任一人为主席。

第十七条 执行委员及监察委员之任期均为四年，每二年改选半数，不得连任。

前项第一次改选之委员，于改选时，以抽签定之，但委员人数为奇数时留任者之人数得较改选者多一人。

第十八条 委员就任后，应于十五日内呈报隶属行政院之市政府，或呈由地方主管官署转呈省政府转报实业部备案。

第十九条 执行委员及监察委员均为名誉职。

第二十条 委员有下列各款情事之一者应即解任：

1. 会员代表资格丧失者。

2. 因不得已事故，经会员大会议决准其辞职者。

3. 旷废职务，经会员大会议决令其退职者。

4. 于职务上违背法令、舞弊或有其他重大之不正当行为，经会员大会议决，令其退职，或由实业部或地方最高行政官署令其退职者。

第二十一条 商会事务所及分事务所均得酌设办事员。

第五章 会 议

第二十二条 会员大会分定期会议及临时会议两种，均由执行委员会召集之。

第二十三条 前条之定期会议每年至少开会一次。

临时会议于执行委员会认为必要，或经会员代表十分之一以上之请求，或监察委员函请召集时，召集之。

第二十四条 召集会员大会应于十五日前通知之，但有第二十五条、第二十六条之情事或紧急事项召集临时会议时，不在此限。

第二十五条 会员大会之决议以会员代表表决权过半数之出席，出席权数过半数之同意行之，出席权数不满过半数者，得进行假决议，在三日内将其结果通告各代表，于一星期后二星期内重行召集会员大会，以出席权数过半数之同意，对假决议行其决议。

第二十六条 下列各款事项之决议，以会员代表表决权数三分之二以上之出席，出席权数三分之二以上之同意行之，出席权数不满三分之二者，得以出席权数三分之二以上之同意行假决议，在三日内将其结果通告各代表，于一星期后二星期内重行召集会员大会，以出席权数三分之二以上之同意对假决议行其决议：

1. 变更章程。

2. 会员或会员代表之处分。

3. 委员之解职。

4. 清算人之选任及关于清算事项之决议。

第二十七条 商会会员代表人数超过 300 人以上时，会员大会得就地域之便利，先期分开预备会，依各预备会会员代表表决权数比例，推选代表，召开代表大会行使会员大会之职权。

第二十八条 执行委员会每月至少开会一次，监察委员会每两个月至少开会一次。

第六章 经费及会计

第二十九条 商会经费分下列二种：

1. 事务费。

甲、公会会员以其公会所收入会费总额十分之一至十分之二于章程规定，由各公会负担之。

乙、非公会会员比例于其资本额缴纳之，资本额在一千元以下者，所纳会费额为一单位，逾一千元至二千元者，为一单位又二分之一，逾三千元至五千元者，为二单位，超过五千元者，每增五千元加一单位，其单位额由会员大会议决之。

2. 事业费。

由会员大会议决，经地方主管官署核准筹集之。

第三十条　非公会会员之公司、行号，依据法令登记资本额者，依其登记之额，其未登记资本额之行号及工厂所设之售卖场所，应将资本额报告所属之商会。

公司、行号设有支店加入不同区域之商会时，其资本额应于本店总额内自行分配，报告于本店及支店所属之各商会，其本店会费应按其报告之额减少之。

第三十一条　商会经费之预算、决算及其事业之成绩，每年须编辑报告刊布之，并呈报隶属行政院之市政府，或呈由地方主管官署转呈省政府转报实业部备案。

第七章　解散及清算

第三十二条　商会之解散须经会员代表表决权数四分之三以上之出席，出席权数三分之二以上之同意决议。前项决议非经实业部核准不生效力。

第三十三条　商会解散时，得依决议选任清算人，如选任后有缺员者更行补选清算人，不能选任时，得由系属法院指定之。

第三十四条　清算人有代表商会执行清算上一切事务之权。

清算人所定清算及处理财产之方法，须经会员大会之决议。会员大会不为前项之决议，或不能决议时，清算人得自行决定清算及处理财产之方法，但非经系属法院核准不生效力。

第三十五条　商会所有财产不足清偿债务时，其不足额应依照第二十九条第一款之规定比例分担之。

第八章　商会联合会

第三十六条　为图谋增进工商业公共之福利起见，同一省区域内之商会得联合组织全省商会联合会。各省商会联合会及隶属行政院之市商会，得联合组织中华民国商会联合会。

第三十七条　设立全省商会联合会，应有该省商会五分之一以上为发起人，得该省商会三分之二以上之同意订立章程呈请省政府核准，转报实业部备案。设立中华民国商会联合会，应有各省商会联合会及隶属行政院之市商会四分之一以上为发起人，得各省商会联合会及隶属行政院之市商会三分之二以上之同意订立章程，呈请实业部核准，转报国民政府备案。

第三十八条　全省商会联合会以全省各商会为其会员。中华民国商会联合会以各省商会联合会及隶属行政院之市商会为其会员。

第三十九条　商会联合会召集会员大会，应于二个月前通知之，但临时会得于一个月前通知。

第四十条　商会联合会除本章各规定外，准用本法第一章至第七章之规定。

第九章　附　则

第四十一条　旅外华商商会得准用本法各章之规定设立之。

第四十二条　本法施行前已成立之商会及商会联合会，应于本法施行后一年内依本法改组之。

（摘自《商会法》民国二十七年，1938 年 1 月 13 日国民政府修正公布）

二、商会法施行细则

第一条　本细则依商会法（以下简称本法）第四十三条制定之。

第二条　本法及本细则所称地方主管官署，在市为市政府，在县为县政府，在隶属行政院之市为社会局。

第三条　依本法第六条第一项发起商会时，发起人应呈明地方主管官署，如同时有两组以上发起，由地方主管官署核定之。

第四条　依本法第五条呈准经济部合并设立之区镇商会，于呈准后仍依本法各章规定，受事务所所在地地方主管官署之监督。

第五条　设立大会之召集，自呈明之日起至迟不得逾两个月，其日期于十五日前通知之。

第六条　发起人之责任终止于商会核准设立后委员就任之日，但发起时之费用得由商会公决追认。

第七条　本法所称非公会会员应以在本区域内曾经依法登记之公司、行号为准。

第八条　公会会员或非公会会员举派或撤换代表时，应以书面通知商会。

第九条　设立大会或改组或改选前，应根据本法第十条至第十二条及本细则第七条审查会员代表之资格，其撤换时亦同。

第十条　商会执行委员及监察委员由会员大会就代表中用无记名连举法选任之，以得票最多数者为当选。

前项选举时，县、区、镇商会由县政府，市商会由市政府，隶属行政院之市商会由社会局，全省商会联合会由建设厅，中华民国商会联合会由经济部派员莅场监督，并执行本法及本细则规定之抽签事项。

第十一条　商会得依章程于选举执行委员或监察委员时，另选候补委员，遇有缺额依次递补，其任期以补足前任任期为限。

前项候补委员数不得逾委员名额之半，未递补前不得列席会议。

第十二条　前两条当选委员及候补委员之名次，依得票多寡为序，票数相同时以抽签定之。

第十三条　商会设立或改组或改选，除依本法规定呈报各件外，应造具会员名册、当选委员（附候补）名册，县市区镇各五份，隶属行政院之市及全省商会联合会各四份，中华民国商会联合会各三份，呈由本细则第十条第二项之监选机关依次核转。

第十四条　本法第十八条委员就任之呈报，应详具姓名、年龄、籍贯、住址及公司、行号名称。

第十五条　商会依法改组或改选时，由现任职员负责办理，如届期不能完成即不得继续行使职权。

第十六条　执行委员会开会时，须有委员过半数之出席，出席委员过半数之同意方能决议可否，同数取决于主席。

第十七条　监察委员开会须有委员过半数之出席，临时互推一人为主席，以出席委员过半数之同意决议一切事项。

第十八条　执行委员、监察委员开会时，不得委托代表出席。

第十九条　执行委员会常务委员不得逾执行委员额之三分之一，用无记名连举法选出之，以得票最多数者为当选。

第二十条　主席之选任由执行委员会就当选之常务委员中用无记名单记法选出之，以得票满投票人之半数者为当选，若一次不能选出应就得票最多数之二人决选之。

第二十一条　常务委员有缺额由执行委员会补选之，其任期以补足前任任期为限。

第二十二条　主席及常务委员就任后，应于十五日内呈报地方主管官署转报经济部备案。

第二十三条　会员大会开会时，由常务委员组织主席团轮流主席。

第二十四条　本法第二十一条所称之办事员，指依法选任职员外之聘用或雇用者而言。

第二十五条　前条办事员得分科办事，其分科细则及办事员之名额、薪金，由执行委员拟定，会员大会议决。

第二十六条　依本法第八条第一项设置之分事务所，其组织及权限须经会员大会之议决。

第二十七条　遇有本法第二十七条各款情事之一时，商会应于决议后三日呈由地方主管官署转报经济部备案。

第二十八条　依本法第三十条应报告之资本额在设立大会前向发起人报告之。

增资或减资时，依本法第三十条之规定报告商会。

第二十九条　各商会对于官厅有所呈请时，均适用公文程式条例人民对于官厅公署之规定，但对于不相统属之官厅得用公函。商会、全省商会联合会、中华民国商会联合会，及各种同业公会彼此往来用函。

分事务所对于官厅之关涉事项，由所属之商会行之。

第三十条　商会核准备案后，由经济部刊发钤记，基本法施行前所发之钤记，除与本法及本细则抵触者应换领外，仍准照旧应用。前项钤记费国币二十元，请领时呈缴；换领者概免缴费。

第三十一条　本法第三十七条第一项所称之五分之一、三分之二，以全省之县市区镇商会合并计算。

第三十二条　全省商会联合会之事务所，不以省政府所在地为限。

第三十三条　中华民国商会联合会之事务所，得于全国商务最繁盛之区域设立之。

第三十四条　本细则第六条、第八条、第九条、第十一条、第十二条、第十四条至第二十五条、第二十七条及第三十条之规定，于全省商会联合会及中华民国商会联合会准用之。

第三十五条　旅外华商商会设立，呈由该管或附近领事馆核转经济部备案，其未设领事馆之处，附近复无领事馆者，得由该商商会直接呈报经济部或呈请侨务委员会核转。

（摘自《商会法施行细则》民国二十七年，1938年10月2日经济部公布）

第二节　商业同业公会

一、商业同业公会法

第一章　通　则

第一条　商业同业公会以维持增进其同业之公共利益及矫正弊害为宗旨。

第二条　凡重要商业之公司、行号在同一区域内有同业三家以上时，依本法组织商业同业公会。

前项重要商业之种类由经济部指定之。

第三条　两类以上之重要商业在同一区域内其公司、行号合计满三家时，得因必要呈准主管官署或依主管官署之命令合组商业同业公会。

依前项合组商业同业公会时，其会内各业不得单独组织商业同业公会。

第四条　依前二条成立之商业同业公会，得呈准主管官署或依主管官署之命令合并或划分之。

第五条　依前三条成立之商业同业分会在同一区域内以一会为限。

第六条　商业同业公会为法人。

第七条　商业同业分会之任务如左：

1. 关于会员商品之共同购入、保管、运输及其他必要之设施。

2. 关于会员营业之统制。

3. 关于会员营业之指导、研究、调查及统计。

兴办前项第一款事业时，应拟定计划书，经会员全体三分之二以上之同意，呈请县、市政府核准，其变更时亦同。第一项第二款之统制非经全体会员三分之二以上之同意，呈由主管官署核准，不得施行。但主管官署得因必要令其施行统制。

第八条　商业同业公会之区域，以县、市之行政区域为域区，但繁盛之区镇亦得设立商业同业公会，其分属同省或不同省两县市之区镇，得呈准经济部合并设立之。

第二章　设　立

第九条　商业同业公会之设立，应由发起之公司、行号造具当地同业公司、行号名册。拟定召集成立大会之日期、地点，呈由县、市政府公告之。

发起之公司、行号，得由县、市政府指定之。

第十条　发起人召集成立大会，应订立章程，选举职员，呈请主管官署核准登记。

前项章程之决议，须有该业公司、行号代表三分之二以上之出席；其合组之商业同业公会须有各该业公司、行号代表三分之二以上之出席。

第十一条　商业同业公会章程应载明左列各事项：

1. 名称。

2. 区域。

3. 事务所所在地。

4. 事业。

5. 职员名额及其选任、解任。

6. 限制会员资格者，其限制。

7. 会议。

8. 经费及会计。

9. 会员违章之违约金。

第三章　会　员

第十二条　同一区域之商业同业公司、行号，不论公营或民营，除关系国防之公营事业或法令规定之国家专营事业外，均应为商业同业公会会员。其兼营两类以上商业者，均应分别为各该业公会会员。两类以上商业合组商业同业公会时，其各该业之公司、行号均应为该商业同业公会会员。但在商业繁盛之市，其资本未满三百元或五百元，经会章定明限制入会者，不在此限。

前项会员均得派代表出席公会，称为会员代表。

工厂设有售卖场所者视同商业之公司、行号。

第一项商业繁盛之市，由经济部以命令定之。

第十三条　每一公司、行号之会员代表得派一人；其担负会费满五单位者得加派代表一人，以后每增十单位加派一人，但至多不得过七人，以经理人、主体人或店员为限。

第十四条 会员代表以有中华民国国籍，年在二十岁以上者为限。

第十五条 有左列情事之一者，不得为会员代表：

1. 背叛国民政府，经判决确定或在通缉中者。

2. 曾服公务而有贪污行为，经判决确定或在通缉中者。

3. 褫夺公权者。

4. 受破产之宣告尚未复权者。

5. 无行为能力者。

6. 吸食鸦片或其代用品者。

第十六条 会员代表丧失国籍或发生前条各款情事之一时，原派之会员应撤换之。

第十七条 会员代表均有表决权、选举权及被选举权。

会员代表因事不能出席会员大会时，得以书面委托他会员代表代理之。

第四章 职 员

第十八条 商业同业公会设执行委员，监察委员，均由会员大会就会员代表互选之。

其人数，执行委员至多不得逾十五人，监察委员至多不得逾七人。

前项执行委员得互选常务委员，并就常务委员中选任一人为主席。

第十九条 执行委员及监察委员之任期均为四年，每二年改选半数，不得连任。

依前项规定第一次应改选之委员，于选举时以抽签定之，但委员人数为奇数时，留任者之人数得较改选者多一人。

第二十条 执行委员及监察委员均为名誉职。

第二十一条 委员有左列各款情事之一者应即解任：

1. 会员代表资格丧失者。

2. 因不得已事故经会员大会议决准其辞职者。

3. 依本法第四十三条解职者。

第五章 会 议

第二十二条 会员大会分定期会议及临时会议两种，均由执行委员会召集之。

第二十三条 前条之定期会议每年至少开会一次。

临时会议于执行委员会认为必要，或经会员代表十分之一以上之请求，或监察委员会函请召集时，召集之。

第二十四条 召集会员大会应于十五日前通知之，但有第二十五条、第二十六条之情形，或因紧急事项召集临时会议者不在此限。

第二十五条 会员大会之决议以会员代表过半数之出席，出席代表之同意行之。出席代表不满过半数者，得行假决议，在三日内将其结果通告各代表，于一星期后二星期内重行召集会员大会，以出席代表过半数之同意对假决议行其决议。

第二十六条 左列各款事项之决议，以会员代表三分之二以上之出席，出席代表三分之二以上之同意行之，出席代表不满三分之二者，得以出席代表三分之二以上之同意行假决议，在三日内将其结果通告各代表，于一星期后二星期内重行召集会员大会，以出席三分之二以上之同意对假决议行其决议：

1. 变更章程。

2. 会员之处分。

3. 委员之解职。

4. 清算人之选任及关于清算事项之决议。

第二十七条 本法第七条第二、三两项规定事项之决议，会员代表非全体出席时，得依前条行假决议，并议定限期在三日内通告未出席之代表，依限以书面表示赞否，逾期不表示者，视为同意。

第二十八条 商业同业公会会员代表人数超过三百人以上时，会员大会得就地域之便利先期分开预备会；依各预备会会员代表人数比例推选代表，召开代表大会行使会员大会之职权。

第二十九条 执行委员会每月至少开会一次。监察委员会每两个月至少开会一次。

第六章 经费及会计

第三十条 商业同业公会之经费分左列二种：

1. 会费。因执行第七条第一项第二、三两款任务之费用属之。

2. 事业费。因兴办第七条第一项第一款事业之出资属之。

第三十一条 会员会费比例于其资本总额缴纳之，资本额在一千元以下者所纳会费额为一单位，逾一千元至三千元者为一单位又二分之一，逾三千元至五千元者为二单位，过五千元者每增五千元加一单位。但法令对于资本最低额有规定之商业，依其最低额为一单位，资本每增一最低额时加一单位。

前项会费单位额，由会员大会议决之。

执行本法第七条第一项第二款任务时，得因必要经会员大会之议决增加会费单位额。

第三十二条　一公司、行号因兼营他业同时，加入两公会以上者，其会费之负担，得依加入一公会时所应负担之最高数额平均分缴于各公会。

第三十三条　公司、行号依据法令登记资本额者，依其登记之额，其未登记资本额之行号及工厂所设之售卖场所应将资本额报告所属之商业同业公会。

公司、行号设有支店不在同一区域者，其资本额应于本店总额内自行分配，报告于本店所属之各公会，其本店会费应按其报告之额减少之。

第三十四条　事业费之分担每一会员至少一股。

会员分担事业费之最高额不得超过五十股，但因必要得经会员大会之决议增加之。

事业费总额及每股数额，应由会员大会决议，呈经主管官署核准。

第三十五条　会员之责任除会费外，对于第七条第一项第一款之事业以所担之股额为限，但得依兴办时之决议于担任股额外另负定额之保证责任。

第三十六条　商业同业公会之预算、决算，每年须编辑报告书，提出会员大会通过，呈报主管官署备案，并刊布之。

第三十七条　商业同业公会兴办第七条第一项第一款之事业，应另立预算、决算，并依前条之程序为之。

第三十八条　本法第七条第一项第一款之事业，得依本法第二十七条规定之程序，由会员大会决议停止。

事业停止后，属于所营事业之财产，应依法清算，其清算人得以该公会执行委员充任之。

第七章　清　算

第三十九条　商业同业公会解散时，得依决议选任清算人，如选任后有缺员者更行补选清算人。不能选任时由法院指定之。

第四十条　清算人有代表商业同业公会执行清算上一切事务之权。

清算人所定清算及处理财产之方法，须经会员大会之决议。

会员大会不为前项之决议或不能决议时，清算人得自行决定清算及处理财产之方法，但非经法院核准不生效力。

第四十一条　商业同业公会所有财产不足清偿债务时，除依本法第三十五条另有规定外，其不足额应按会员担负会费额比例分担之。

第八章　监　督

第四十二条　公司、行号不依本法加入商业同业公会或不缴纳会费或违反公会章程及决议者，得经执行委员会之决议，予以警告，警告无效时，得按其情节轻重，依本法第二十六条规定之程序为左列之处分：

1. 章程所定之违约金。
2. 有期间之停业。
3. 永久停业。

前项第二款、第三款之处分，非经主管官署之核准不得为之。

第四十三条　商业同业公会委员处理职务违背法令营私舞弊或有其他重大之不正当行为者，得依本法第二十六条规定之程序解除其职务，并通知其原派之会员撤换之。

第四十四条　商业同业公会有违反法令逾越权限或妨害公益情事者，主管官署得施以左列之处分：

1. 警告。
2. 撤销其决议。
3. 撤换其负责人员。
4. 停止其任务之一部或全部。
5. 解散。

县、市政府或省、市政府为前项第四款第五款之处分时，应经经济部核准。

第四十五条　主管官署为前条第一项第三款之处分时，得因情节重大饬令原派之公司、行号解除其职务，如为主体人时，得为有期间停止营业之处分。

第四十六条　县、市政府得派员检查商业同业公会之财产及簿册。

第四十七条　商业同业公会会员或公会间发生争执时，由主管官署处理之。

第九章 联合会

第四十八条 经济部得因必要令某种商业同业公会合组联合会。

第四十九条 联合会经费由各会员比例于其所收会费额分担之。

第五十条 联合会以公会为会员，每一会员得派代表一人，但依前条会员所纳会费在同会会费所纳最低额五倍以上者得加派一人。

第五十一条 联合会事务所所在地由会员大会呈准经济部定之，其迁移时亦同。

经济部得因必要指定或变更联合会事务所所在地。

第五十二条 联合会除本章各规定外，准用本法其他各章之规定。

第十章 罚 则

第五十三条 商业同业公会执行委员、监察委员及清算人有左列情事之一者，得科以500元以下之罚金：

1. 不为本法所定呈请核准或登记之程序者。
2. 为虚伪之呈报或隐匿其事实者。
3. 拒绝本法第四十六条之检查者。
4. 不遵行主管官署之命令者。
5. 不依法召集会员大会者。
6. 不按年刊布预算、决算者。
7. 以公会名义为本法所定任务以外之营利事业者。

第五十四条 前条之罚锾由法院以裁定行之。

对于前项裁定得于五日内向主管上级法院抗告。

对于抗告法院之裁定不得再行抗告。

法院得酌定期限命受罚人缴纳罚锾，逾限不缴纳者得强制执行之。

第五十五条 商业同业公会执行委员、监察委员及清算人在其职务上要求期约或收受贿赂或对此项人员行求期约或交付贿赂者，依刑法渎职罪章中关于贿赂罪之处断。

第十一章 附 则

第五十六条 本法施行后，凡经经济部指定之重要商业，应于指定之日起六个月内组织商业同业公会，其已设有公会者应于同期限内依法改组。

第五十七条 未经经济部指定之商业在同一区域内有同业七家以上者，得依本法第九条至第十一条之规定设立商业同业公会，但于本法第二条、第三条、第四条、第七条第一项第一款和第二款、第七条第二项及第三项、第九条第二项、第十二条第一项、第二十七条、第三十七条、第三十八条、第四十二条、第四十八条至第五十四条之规定，不适用之。

其在本法施行前已成立之公会亦同。

（摘自《商业同业公会》民国二十七年，1938年1月13日国民政府公布）

二、商业同业公会法施行细则

第一条 本细则依商业同业公会法（以下简称本法）第五十八条制定之。

第二条 本法及本细则属于县、市政府之职权，在隶属行政院之市由社会局行之。

第三条 依本法组织之商业同业公会，称某地某某商业同业公会。

第四条 本法第三条所称两类以上重要商业，以业务上有密切关连者为准，但当地有兼营之习惯者得从其习惯。

第五条 依本法第四条合并或划分时，应先依法清算再依法设立，但主管官署得命其同时为之。

第六条 商业同业公会依本法第七条第一项第一款举办之事业，主管官署得令其扩充或予限制。

第七条 本法第七条第三项统制之核准及命令，省、市、县政府均得为之，但须于事前依行政系统递转经济部核准，有主管该事业之官署者并须得其同意。

第八条 发起人所定成立大会召集日期，县、市政府不得变更之。

第九条 商业依法令有主管该事业之官署者，商业同业公会设立之核准由主管官署与主管该事业之官署会同行之，其合并划分解散及修改章程时亦同。

第十条 商业同业公会呈请设立登记时，须附送会员名册，会员代表名册，当选委员（附候补）名册，连同章程各四份，有主管该事业之官署者加具一份，由县、市政府依行政系统递转备案，改组或改选时亦同。但改选时，章程、会员及代表无变更者，仅送当选委员名册。前项名册及章程,在联合会应以二份迳呈经济部,一份呈事务所所在地之地方主管官署。

第十一条 成立大会或改组或改选前,应根据本法第十三条至第十五条审查会员代表之资格,其撤换时亦同。

第十二条 常务委员不满三人时不设主席。

第十三条 委员或主席就任后,应于十日内呈报县、市政府备查。

第十四条 商业同业公会核准登记后,由地方主管官署刊发图记,应缴图记费国币四元,依本法第五十六条改组时亦同。前项图记用篆文木质长方形长七公分五毫米,宽四公分五毫米,边宽五毫米,文曰某地某某商业同业公会。

联合会之图记,由经济部刊发,应缴图记费国币10元。

第十五条 商业同业公会于本区域内设置事务所。

第十六条 前条事务所得酌设办事员,并得分科办事,其办事规则及名额、薪金,由执行委员会拟定,会员大会议决。

第十七条 商业同业公会为本法第二十六条之决议时,应于五日内呈报县、市政府备案。

第十八条 会员大会议决或增加会费单位数额,应呈报主管官署备案。

依本法第三十五条但书议决保证责任定额时,准用前项之规定。

第十九条 事业费总额及每股金额有变更时,应于依法议决后附具财产目录、资产负债表,呈请主管官署核准。

前项变更如为减少总额及每股金额时,并准用公司法第四十八条第二项、第四十九条之规定。

第二十条 公司行号废业或受永久停业之处分者,所缴之事业费得于年度终了时请求退还。其计算方法准用公司法第四十四条之规定,但为会员时所负之保证责任,经过二年始得解除。

第二十一条 商业同业公会依本法第三十七条呈报预算、决算时,应附送财产目录、资产负债表、损益计算书及关于事业之报告。

第二十二条 修正商会法施行细则第四条、第六条、第八条、第十条至第十二条、第十五条至第二十一条、第二十三条、第二十八条、第二十九条第一项、第二项于商业同业公会准用之。

第二十三条 本细则第六条、第八条、第十一条至第十三条、第十五条至第十九条、第二十一条、第二十二条于联合会准用之。

第二十四条 本细则第四条至第七条、第十八条第二项、第十九至第二十一条于依本法第五十七条设立之商业同业公会不适用之。

(摘自《商业同业公会法施行细则》民国二十七年,1938年2月6日经济部公布)

第三节 工业同业公会

一、工业同业公会法

第一章 通 则

第一条 工业同业公会以谋工业之改良发展及校正同业之弊害为宗旨。

第二条 凡制造重要工业品之工厂,有同业两家以上时,应依本法组织工业同业公会。

前项重要工业之种类,由实业部指定之。

第三条 两类以上之重要工业得因必要呈准实业部或依实业部之命令合组工业同业公会。

依前项合组工业同业公会时,其会内各业不得单独组织工业同业公会。

第四条 工业同业公会为法人。

第五条 工业同业公会之任务如左:

1. 关于会员之设备、制品及原料材料之检查、取缔、事业经营上必要之统制。

2. 关于会员制品之共同加工或发售、原料、材料之共同购入或处理,仓库、运输之设备及其他与会员事业有关之共同设施。

3. 关于会员业务之指导、研究、调查及统计。

前项第一款之统制非经全体会员代表表决权三分之二以上之同意,呈请实业部核准后,不得实施。但实业部得因必要令其实施统制。

第一项第二款事业,应拟定计划书,经全体会员代表表决权三分之二以上之同意,呈请实业部核准或依实业部之命令兴办之,其变更时亦同。

第二章 设 立

第六条 工业同业公会之设立,应由发起之各工厂拟定区域，经其区域内同业工厂多数之同意，呈请实业部核准。

工厂不能依前项规定拟定区域发起时，实业部得指定区域及发起人。

不在指定或拟定区域内之工厂，实业部得令其加入某区域工业同业公会。

第七条 前条区域核准或指定后，发起人应定期召集同业工厂之代表开成立大会、订立章程、选举职员，连同会员名册，呈请实业部核准登记。

前项章程之决议，须有同业工厂代表三分之二以上之出席，其合组之工业同业公会，须有各该业工厂代表三分之二以上之出席。

第八条 已成立之工业同业公会得呈准实业部或依实业部之命令合并或划分。

第九条 依前三条成立之工业同业公会在同一区域内以一会为限。

第十条 工业同业公会章程应载明左列各事项：

1. 名称。
2. 区域。
3. 事务所所在地。
4. 事务。
5. 职员名额及其选任、解任。
6. 会议及其代表权之规定。
7. 经费及会计。
8. 会员违章之违约金。

第三章 会 员

第十一条 凡有机械动力之设备或平时雇用工人三十人以上之工厂，不论公营或民营，除关系国防之公营事业或法令规定之国家专营事业外，均为工业同业公会会员。兼营两类以上工业之工厂，应分别加入各该业工业同业公会为会员。两类工业合组工业同业公会时，其各该业之工厂均应为该工业同业公会会员。

前项会员均得派代表出席工业同业工会，称为会员代表。

第十二条 会员代表以工厂之经理人、主体人或工厂职员充任之，其人数依左列之规定：

1. 资本不满二万元者一人。
2. 二万以上不满十万元者二人。
3. 十万以上不满五十万元者三人。
4. 五十万以上不满二百五十万元者四人。
5. 二百五十万元以上者五人。

工厂设有分厂不在同一区域者，得将资本分别计算。

第十三条 会员代表以有中华民国国籍，年在20岁以上者为限。

第十四条 有左列情事之一者不得为会员代表：

1. 背叛国民政府，经判决确定或在通缉中者。
2. 曾服公务而有贪污行为，经判决确定或在通缉中者。
3. 褫夺公权者。
4. 受破产之宣告尚未复权者。
5. 无行为能力者。
6. 吸食鸦片或其代用品者。

第十五条 会员代表丧失国籍或发现前条各款情事之一时，原派之会员应撤换之。

第十六条 会员之表决权、选举权比例于其缴纳会费单位额由其所派之代表共同行使之，每一单位为一权。

会员代表因事不能出席会员大会时，得以书面委托他会员代表代理之。

第四章 职 员

第十七条 工业同业公会设执行委员、监察委员，均由会员大会就会员代表互选之。其人数，执行委员至多不得逾十五人，监察委员至多不得逾七人。

前项执行委员得互选常务委员，并就常务委员中选任一人为主席。

第十八条 执行委员及监察委员任期均为四年，每二年改选半数，得连任一次。

依前项规定第一次应改选之委员，于选举时以抽签定之，但委员人数为奇数时，留任者之人数得较改选者多一人。

第十九条 执行委员及监察委员均为名誉职。

第二十条 委员有左列各款情事之一者应即解任：

1. 会员代表资格丧失者。
2. 因不得已事故经会员大会议决准其辞职者。
3. 依本法第四十二条解职者。

第二十一条 工业同业公会执行本法第五条第一项第一款之任务得置检查员。检查员之资格及其任用方法，由实业部定之。

第二十二条　工业同业公会置检查员时,应拟定检查员服务规则,呈请实业部核准。

第五章　会　议

第二十三条　会员大会分定期会议及临时会议两种,均由执行委员会召集之。

第二十四条　前条之定期会议每年至少开会一次。

临时会议于执行委员会认为必要或经会员代表表决权数十分之一以上之请求或监察委员会函请召集时召集之。

第二十五条　召集会员大会应于十五日前通知之,但有本法第二十六条、第二十七条之情形或因紧要事项召集临时会议时不在此限。

第二十六条　会员大会之决议,以会员代表表决权数过半数之出席,出席权数过半数之同意行之,出席权数不满过半数者,得行假决议,在三日内将其结果通告各代表,于一星期后二星期内重行召集会员大会,以出席权数过半数之同意,对假决议行其决议。

第二十七条　左列各款事项之决议,以会员代表表决权数三分之二以上之出席,出席权数三分之二以上之同意行之,出席权数不满三分之二者,得以出席权数三分之二以上同意行假决议,在三日内将其结果通告各代表,于一星期后二星期内重行召集会员大会,以出席权数三分之二以上之同意,对假决议行其决议:

1. 变更章程。
2. 会员之处分。
3. 委员之解职。
4. 清算人之选任及关于清算事项之决议。

第二十八条　本法第五条第二、三两项规定事项之决议出席会员代表之表决权非全数时,得以前条行假决议,并议定限期在三日内通告未出席之代表,依限以所代表之权数用书面表示赞否,逾期不表示者视为同意。

第二十九条　执行委员会每两月至少开会一次。监察委员会每三月至少开会一次。

第六章　经费及会计

第三十条　工业同业公会之经费分左列二种:

1.会费。因执行本法第五条第一项第一、三两款任务之费用属之。

2.事业费。因与办本法第五条第一项第二款事业之出资属之。

第三十一条　会员会费比例于其资本额缴纳之,资本额不满二万元者所缴纳会费为一单位,二万元以上不满五万元者为二单位;五万元以上每满五万元加一单位。

前项会费单位额,由会员大会议决之。

执行本法第五条第一项第一款任务时,得因必要经会员大会之决议增加会费单位额。

第三十二条　一工厂因兼营两类以上工业加入两公会以上者,其会费之负担,得依加入一公会时所应负担之最高数额平均分缴于各公会。

第三十三条　事业费之负担每会员至少一股至多不得过五十股,但得因必要经会员大会决议变更其至多之限制。

事业费总额及每股数额,应由会员大会决议呈经实业部核准。

依本法第五条第三项由实业部令其兴办者,其事业费总额及分担方法得以部令定之。

第三十四条　会员之责任除会费外,其对于第五条第一项第二款之事业以所担之股额为限,但得依兴办时之决议于担任股额外另负定额之保证责任。

第三十五条　工业同业公会之预算、决算每年须编辑报告书,提出会员大会通过,呈报实业部备案,并刊布之。

第三十六条　工业同业公会兴办第五条第一项第二款之事业,应另立预算、决算,并依前条之程序为之。

第三十七条　本法第五条第一项第二款之事业,得依本法第二十八条规定之程序,由会员大会决议停止,但须呈经实业部核准。事业停止后,属于所营事业之财产,应依法清算。其清算人得以该公会执行委员充任之。

第七章　清　算

第三十八条　工业同业公会解散时,得依决议选任清算人。如选任后有缺员者,更行补选清算人,不能选任时,由法院指定之。

第三十九条　清算人有代表工业同业公会执行清算上一切事务之权。

清算人所定清算及处理财产之方法,须经会员大会之决议。

会员大会不为前项之决议或不能决议时,清算人得自行决定清算及处理财产之方法,但非经法院核准不生效力。

第四十条 工业同业公会所有财产不足清偿债务时,除本法第三十四条另有规定外,其不足额应按会员担任会费额比例分担之。

第八章 监 督

第四十一条 工厂不依本法加入工业同业公会或不缴会费或违反公会章程及决议者,得经执行委员会之议决,予以警告。警告无效时,得按其情节轻重,依本法第二十七条规定之程序,为左列之处分:

1. 章程所定之违约金。
2. 有期间之停业。
3. 永久停业。

前项第二款第三款之处分,非呈经实业部核准不得为之。

第四十二条 工业同业公会委员处理职务违背法令营私舞弊或有其他重大之不正当行为者,得依本法第二十七条规定之程序解除其职务,并通知其原派之会员撤换之。

第四十三条 工业同业公会有违背法令逾越权限或妨害公益情事者,实业部得施以左列之处分:

1. 警告。
2. 撤销其决议。
3. 撤换其负责人员。
4. 停止其任务之一部或全部。
5. 解散。

第四十四条 实业部为前条第三款之处分时,得因情节重大饬令原派之工厂解除其职务,如为主体人时,得为有期间停止营业之处分。

第四十五条 实业部得派员检查工业同业公会之财产及簿册。

第四十六条 工业同业公会受其会所所在地方主管官署之监督。

第四十七条 工业同业公会会员间或公会间发生争执时,由实业部处理之。

第九章 联合会

第四十八条 实业部得因必要令某种工业同业公会合组联合会。

第四十九条 联合会经费由各会员比例其所收会费分担之。

第五十条 联合会以公会为会员,每一会员得派代表一人,但依前条会员所纳会费在同会会员所纳最低额两倍以上者,得加派一人,以后每增两倍递加一人。

第五十一条 联合会事务所所在地,由会员大会呈准实业部定之,其迁移时亦同。实业部得因必要指定或变更联合会事务所所在地。

第五十二条 联合会除本章各规定外,准用本法其他各章之规定。

第十章 罚 则

第五十三条 工业同业公会执行委员、监察委员、清算人或检查员有左列情事之一者,得科以五百元以下之罚锾:

1. 不为本法所定呈请核准或声请登记之程序者。
2. 为虚伪之呈报或隐匿其事实者。
3. 拒绝本法第四十五条之检查者。
4. 不遵行监督官署之命令者。
5. 不依法召集会员大会者。
6. 不按年刊布预算、决算者。
7. 以公会名义为本法所定任务以外之营利事业者。

第五十四条 前条之罚锾由法院以裁定行之。

对于前项裁定得于五日内向该管上级法院抗告。

对于抗告法院之裁定不得再行抗告。

法院得酌定期限命受罚人缴纳罚锾,逾限不缴纳者得强制执行之。

第五十五条 工业同业公会执行委员、监察委员及清算人、检查员在其职务上要求期约或收受贿赂或对于此项人员行求期约或交付贿赂者,依刑法渎职罪章中关于贿赂罪之规定处断。

第十一章 附 则

第五十六条 本法施行后,凡经实业部指定之重要工业应于指定之日起六个月内组织工业同业公会。其已设有公会者,应于同期限内依法改组。

第五十七条 未经实业部指定之工业,得准用商业同业公会法第五十六条之规定依该法组织工业同业公会。

第五十八条　矿业同业公会适用本法之规定。

(摘自《工业同业公会法》民国二十七年，1938年1月13日国民政府公布)

二、工业同业公会法施行细则

第一条　本细则依工业同业公会法(以下简称本法)第五十九条制定之。

第二条　本法第三条所称两类以上之重要工业，以其出品在制造上或营业上有密切关连者为限。

第三条　工业同业公会之区域，视交通或其他情形，以便于实行任务为准，不以行政区域为范围。

第四条　依本法组织之工业同业公会，称为某某工业同业公会；有二个区域以上时，由经济部指定冠以第一区域、第二区域等名称。

第五条　发起工业同业公会之工厂，拟定区域呈请核准时，应造具本区域同业工厂名册，同业工厂名册、连同各工厂同意书及区域说明，一并呈送经济部。

第六条　工业同业公会事务所所在地，应与区域同时拟定，经多数同意后，呈请经济部核准，即于其地召集成立大会。前事务所所在地，经济部得指定或变更之。

第七条　发起人召开成立大会，在公会区域核准或指定后，不得逾两个月，必要时经济部得令其缩短之。

第八条　工业同业公会呈请核准登记时，除章程及会员名册外，应加具会员代表名册、当选委员(附候补)名册各二份；改组或改选时亦同，但改选时章程、会员及代表无变更者，仅送当选委员名册。

会员名册应载明厂名、厂址、组织(独资或合营或公司)、创办年月、资本总额、制品种类及经理人或主体人姓名。两类以上合组时，应分类编列。

会员代表名册应载明姓名、年龄、籍贯、住址、所代表之工厂及在厂所任职务。

第九条　工业同业公会核准登记后，应将前条各名册暨章程呈报事务所所在地地方主管官署备查；改组、改选及合并、划分、解散时亦同。

第十条　依本法第八条所称合并或划分，兼指种类或区域而言。

第十一条　依本法第八条合并或划分时，应先依法清算，再依法设立；但经济部得命其同时为之。

第十二条　工厂资本已登记者依其登记额，未登记者依其实收额，各自报告工业同业公会。其设有分厂，应分别计算，或兼营两类应平均分缴会费者，分别报告；增资、减资时亦同。

前项资本额之报告，在成立大会前由发起人为之。

第十三条　成立大会或改组或改选前，应根据本法第十二条至第十四条审查会员代表之资格。

第十四条　工业同业公会选举职员时，由经济部派员莅场监督，并执行抽签事项。

第十五条　常务委员不满三人时，不设主席。

第十六条　委员或主席就任后，应于十日内呈报经济部及事务所所在地地方主管官署备查。

第十七条　工业同业公会得酌设办事员，并得分科办事，其办事规则及名额、薪金，由执行委员会拟定，会员大会议决。

第十八条　工业同业公会为本法第二十七条之决议时，应于五日内呈报经济部及事务所所在地地方主管官署备案。

第十九条　会费单位数额或增加之决议，应呈报经济部备案。其依本法第三十四条但书议决保证责任定额亦同。

第二十条　事业费总额及每股金额有变更时，应于依法议决后，附其财产目录、资产负债表，呈请经济部核准。

前项变更，如为减少总额及每股金额时，并应用公司法第四十八条第二项、第四十九条之规定。

第二十一条　工厂废业或受永久停业之处分者，得于年度终了时，请求退还所缴之事业费。其计算方法，准用公司法第四十四条之规定，但为会员时所负之保证责任，经过二年始得解除。

第二十二条　工业同业公会依本法第三十六条呈报预算、决算时，应附送财产目录、资产负债表、损益计算书及关于事业之报告。

第二十三条　工业同业公会核准登记后，由经济部刊发图记。

第二十四条　修正商会法施行细则第六条、第八条、第十条第一项、第十一条、第十二条、第十六条至第二十一条、第二十三条、第二十九条第一项和第二项于工业同业公会准用之。

第二十五条　本细则第八条第一项和第三项、第九条、第十三条至第二十条、第二十二条至第二十四条于联合会准用之。

第二十六条　本法施行前成立之联合会,应于本法施行后自行结束,并呈报经济部。

(摘自《工业同业公会法施行细则》民国二十七年,1938年10月6日经济部公布)

第四节　商事公断

按:民国元年(1912),由河南省卫辉及四川成都、重庆各商会总会,先后要求政府,设立商事公断处,经司法部与工商部协议之后,遂制定商事公断处章程,已于民国二年(1913)一月公布施行。后复修订两次。又于民国三年(1914)九月司法、农商两部会订商事公断处办事细则,民国八年(1919)六月又复修正。现在各公断处处理商人间纷争,颇有成效,尤以北京公断处成绩最著。

一、商事公断处章程

第一章　总　则

第一条　商事公断处应附设于各商会。

第二条　公断处对商人间商事之争议立于仲裁地位,以息讼和解为主旨。

第三条　公断处之评议场,由各商会会长或副会长酌量事之繁简分别设立。

第四条　公断处之经费由各商会担任之。

第二章　公断处之组织

第五条　公断处以左列职员组织之:

1. 公断处长。
2. 评议员。
3. 调查员。
4. 书记员。

第六条　各商会公断处应设公断处长一人,视事之繁简得设评议员九人至二十人,调查员二人至六人,书记员二人至六人。

第七条　处长、评议员、调查员均为名誉职,但得酌增三十元以内之酬金。

书记员之薪金由公断处各地方情形酌量给与。

第三章　职员之选举及任期

第八条　评议员、调查员各于商会中互选之,以得票多数者当选,票数同者抽签定之。互选适用连记投票法。

第九条　第八条之职员于互选时并须各照原额预选三分之一之候补人。

第十条　处长于被选之评议员中互选之。

第十一条　书记员任用之规定由评议长会同商会会长或副会长酌定之。

第十二条　评议员、调查员之任期以二年为限,其续被选举者得连任,但连任不得逾二次。

第十三条　处长有事故不得到处,得以名次在前之评议员代理之。

第四章　公断处之权限

第十四条　公断处受理商事争议之案件,以左列各款为限:

1. 于未起诉先由两造商人同意自行声请者。
2. 于起诉后由法院委托调处者。

第十五条　已经起诉之案,无论出自商人声请或法院委托,在两造情愿息讼对于法院均有撤回陈诉之权。

第十六条　评议员认为判断上必要之行为而不得自为之者,得禀请管辖法院为之。

第十七条　评议员之判断必须两造同意方发生效力。

第十八条　两造对于评议员之公断如不愿遵守仍得起诉。

第十九条　评议员于公断后两造均无异议应为强制执行者,须禀请管辖法院为之宣告。

第二十条　评议员对理屈者得酌征费用,其两造主张各有一部分理由者,得使其平均负担费用,但不得逾系争物价额百分之二。

第二十一条　第二十条费用之用途,评议员须向两造宣告,并须得其同意。

第二十二条　评议员得询问证人、鉴定人,但不得强制其出场或具结。

第二十三条　评议员于判断前须询问当事者,且于必要之时或亲自或委托调查员调查争议之事实关系。

第二十四条　处长有处理处内一切事务之权。

第五章　公断程序

第二十五条　公断处接收两造诉书，须于三日内具通知书嘱令两造于某日到场，其由法院委任〔托〕者亦同。

第二十六条　公断之开始必须两造到场，不得有缺席之判决。

第二十七条　调查员对于受委托调查之件，并自知其确实之证据者，应具报告书于受理之评议员。

第二十八条　处理商事争议时以评议员三人或五人行之。前项之评议员各商会由处长于选员中抽签定之，临时公推一人为之长。

第二十九条　公断之判决以投票行之取决于多数可否，同数评议长有决定之权。

第三十条　处长认签定评议员有回避之理由得令其回避。

第三十一条　评议员对于签定事件自认有应回避理由得声请引避。

第三十二条　当事人对于签定评议员认为有拒却理由者得陈请拒却。

第三十三条　遇有应回避引避或拒却时处长应另行签定。

第三十四条　评议员理结后须作成公断书，记载年月日、盖印署名、交付当事人，但既经起诉之件，并须禀送誊本于受诉法院。

第六章　职员之制裁

第三十五条　公断处之职员有左列情形之一者，处长得命其退职：

1. 违背职守义务。
2. 行为不检或丧失职员信用。

处长有前项情形须退职时，由地方长官报部行之。

第三十六条　公断处之职员违背职守义务致当事人受损害时负赔偿之责。

第七章　附　则

第三十七条　自本章程施行后，从前各省所定之公断章程概行废止。

第三十八条　章程之变更、废止由司法部、农商部会商定之。

第三十九条　公断处办事细则由司法部、农商部另定之。

（摘自《商事公断处章程》民国三年，1914年11月19日农商部司法部修正公布）

二、商事公断处办事细则

第一章　总　则

第一条　公断处遵照农商司法部会订商事公断处章程，处理商人间商事之争议，其办事规程除依该章程外适用本细则之规定。

第二条　公断处附设于其所在地各商会，即以所在地地名冠首以为名称。

第三条　公断处对外公牍由处长署名负责，并钤用所在地商会之图记。

第四条　公断处经费由所在地各商会担任之，其出纳会计应受商会总理或协理之查核。

公断案内如有金钱措据、有价证券及供托赔偿等款项，应由处长送交商会妥为保管。

第五条　公断处评议事件得依据各该地方商习惯〔原文如此〕及条理行之，但不得与现行各法令中之强制规定相抵触。

第六条　公断处章程及本细则中所称管辖法院或法院，受诉法院各规定，在未设法院各地方，暂以兼理司法衙门当之。

第二章　公断处职员之选任

第七条　公断处职员之选任，除书记员、评议员长各依公断处章程第十一条，第二十八条第二项规定外，其余均适用连记投票法互选，以得票满总数之过半数者为当选。

当选票数同者，以年长之人列前，年龄同者抽签定之。

候补人之预选准照前二项之规定。

第八条　前条之选举若当选人不足额数时，应照章再选足额为止。

第九条　选举职员应由商会总理或协理预定期日召集现在商会会员举行之。

前项之召集应于十日前通告。

第十条　选举确定后由商会备具证书函请当选人收受任事，并将当选人姓名、年龄、籍贯、住址、职业及得票数目报明地方长官，详请本省最高行政长官咨部备案，其已设法院地方并应报明法院备案。

第十一条 当选职员非有正常理由不得辞职。

第十二条 处长因事故出缺时，应即改选。评议员、调查员因事故出缺时，以候补人依次递补。

补缺各员之任期以补足前任未满之期为度。

第十三条 公断处因投送文件通知当事人并服其他劳务得雇用杂役，其人数视事之繁简定之，亦得以商会雇役兼充。

第三章 公断处之权限

第十四条 公断处对于商事争议，非具备左列条件者不得受理：

1. 须为公断章程第十四条所列举者。
2. 须在该公断处所在地之商会范围以内。

第十五条 两造营业地点不在同一商会范围内者，遇有争议应由当事人合意指定愿受调停之公断处向其声请评议。

受理前项指请之公断处得嘱托其他公断处协助调查案情。

第十六条 声请公断事件属于左列各款者不得受理：

1. 于商事无关系者。
2. 关涉民刑事者。
3. 两造全无证人证物者。
4. 其发生由于非正当之营业者。
5. 既经抛弃权利者。
6. 未经当事人同意仅由一造声请者。

第十七条 法院委托调处之案如有属前条所列各款之一者，应仍禀请受诉法院核办。

第十八条 既经起诉之案当事人自愿移转公断时，应由两造共同禀请受诉法院批准，并将原诉状批词全文一并录送到处，方能受理。

第十九条 公断未结之案在外调停和息者，应由两造将和息情形各具愿书声请注销。如系已经起诉者，并由公断处取具两造愿书禀送受诉法院。

第二十条 公断案件理结时，得依公断处章程第二十条酌征费用，但当事人曾在商会注册负担常年会费之义务者，得照部定最高率减半征收。

第四章 公断处职员之权限报酬及制裁

第二十一条 处长依公断处章程第二十四条有处理处内一切事务之权，但除执行公断处其他重要事件应与所在地商会之总理或协理协商行之。

第二十二条 评议员之权限依公断处章程第十六条、第十九条至第二十三条各规定行之。

评议员之行为若违背公断主旨及逾越权限者其行为为无效。

第二十三条 评议员长除依公断处章程第二十九条规定外，其他职权与评议员同。

第二十四条 评议员、评议员长经鉴定或公推后，非有正当事由不得拒绝。

第二十五条 调查员受评议员之委托应就该案事件所称各节详查据实报告，若于所列范围外别有所得或另有所见者应附记于报告书以资参考。

第二十六条 调查事件若有应行会同该商业商董行之者，调查员应向处长声明知照商会函请会查。

第二十七条 调查员调查事件，公断处应给予证书，如遇不服调查及意外障碍，限于必要之情形，得就近请警察协助。

第二十八条 调查员履行职务不得有逾越受委托调查事件范围之外，并不得有强迫滋扰行为。

违背前项规定其调查为无效。

第二十九条 书记员分掌草拟稿件、收发文牍、保存案卷、临场记录并该公断处会计、庶务事宜。

第三十条 处长、评议员、调查员均为名誉职，但得公断处章程第七条所定之范围内酌增酬金。

调查员于履行职务时，并得实支旅费及必要费。

书记员之薪金由处长量事之繁简定之。

第三十一条 公断处各职员有应退职之事由或应负赔偿当事人损害之责任时，依公断处章程第三十五条、第三十六条行之。

第五章 公断程序

第三十二条 公断事件以声请先后为序，但遇有特别情形时得变更之。

第三十三条 凡商人声请公断者，其声请书应将争议事实简明叙述，并须记载左列各款：

1. 当事人姓名、年龄、籍贯、住址。
2. 其职业。
3. 其牌号及营业地点。
4. 证人若有鉴定人时并其鉴定人。
5. 账据之种类及其件数。

第三十四条 前条声请书应于投递时每件由

当事人购贴司法部所定诉讼印纸一角。若该声请事件经公断处核定不能受理者，由公断处主任员出具证明书交由当事人持向印纸发售处领回现金。

第三十五条　事件轻微须迅速完结者，得以言词声请公断。

第三十三条第一款至第五款所列各事宜前项声请亦应陈明之。

第三十六条　凡以书状声请事件应否受理，由处长核定后通告之。其以言词声请者应否受理，由处长候当事人之词毕即时决之。

前项声请若经处长决定受理时，须由当事人补具声请书，其购贴印纸准用第三十四条前段之规定。

第三十七条　既经受理之件应由处长先期鉴定三人或五人到处共同审查。

若该事件非预先询问或调查不能详明者，应由评议员依公断处章程第二十三条办理。

第三十八条　当事人对鉴定之评议员陈请拒却者，应先期声明理由不得临时托故陈请，但其事由若在公断临时发生或当事人临时始知悉者不在此限。

第三十九条　评议员有应行回避引避、拒却事由时，依公断处章程第三十条至第三十三条办理。

第四十条　调查员有应行回避引避、拒却事由时，准照公断处章程第三十条至第三十三条规定办理。

第四十一条　遇有调查员应回避或拒却时，处长或评议员另行委托其他之调查员接充之。

第四十二条　凡以言词声请公断者，应自声请之时起算，于三日以内完结之。其在评议中发现有不能速结之情形者，得酌量展期。

第四十三条　凡以书状声请公断者，定期评议后应于三日以内通知当事人及证人按照所定时刻到场，其由法院委托者亦同。

第四十四条　当事人如确有事故不能如期到场受公断者，应先期声明酌予展期，但展期不得逾三次，所展期间每次不得逾两星期。公断日期展至三次而当事人中仍有借故不到者，即将该事件撤销不理。其由法院委托调处之事件仍禀请受诉法院办理。

第四十五条　公断事件除当事人所举证人外，评议员有认为适当之证人时，得向处长声明临时延请。鉴定人之延请准用前项之规定。

第四十六条　评议员询问证人、鉴定人时，不得有强制威吓之行为。违背前项规定除询问作为无效外，证人、鉴定人并得声请处长加以制裁。

第四十七条　公断届期当事人应亲身到场说明事件原委，并自己主张之理由，但以有不得已之情形为限得委托代理人行之。

前项代理人若于该事件无解决之权或无演述能力者，彼造得声请评议员拒绝之。

第四十八条　公断之结果非并得两造同意时不生效力。

其不表同意之当事人仍得自由起诉。

第四十九条　公断之结果并得两造之同意时即为理结，两造亲自签押。

既经理结其公断即发生效力，此后非发现其公断根据事实有重大错误或有显然与该公断抵触之新证据时，不得再有异议。

第五十条　既经理结之件，如有关于赔偿缴纳各事宜，应由当事人觅具殷实信用之保人担负责任，其无适当之保人者，应禀请管辖法院宣告强制执行。

其财产货物如有关系行政范围者，应即据情分别禀请各官署查核施行。

第五十一条　评议场除有应秘密之事由外应公开之，但非商人或案外无关系者，非经特许不得旁听。

旁听人无发言之权。

第五十二条　调查该事件之调查员遇评议时得列席陈述意见，但断判时不得加入投票之数。

第五十三条　评议员询问理由，当事人及证人应依次陈述，不得搀越。

两造辩论须和平相向，不得恶声互詈，各待词毕，然后发言。违者评议员得制止之。

第五十四条　公断记录应由评议员连署负责。

第五十五条　评议未毕，当事人不得先行退出。

第五十六条　评议未能终结应续行判断者，由评议员长定期当场宣告。

第五十七条　公断处受理事件，每届三个月，应由处长造具清册分别已结未结详载左列各款，禀由各该省高等审判厅长报部一次：

1. 第三十三条第一款至第三款所载各事项。

2. 受理事件由当事人之声请或法院之委托，其由于当事人声请者，分别载明以言词声请或书状声请，其由法院委托者，应载明委托法院之名称。

3. 公断之结果。

4. 争议之原因。

5. 公断之根据及要旨。

6. 公断之效果。

7. 公断终结后有无强制执行。

8. 评议终结之年、月、日并评议事件之员名。

第六章　附　则

第五十八条　各省公断处未将办事细则报部核定者，即遵照本细则办理，无庸再为拟订。

第五十九条　各省公断处办事细则已经核准备案者，自本细则施行后一律作废。

（摘自《商事公断办事细则》民国八年，1919 年 6 月 7 日司法部、农商部修正公布）

第五节　督导工商团体办法

第一条　凡依商会法及商业同业公会法组织之工商团体，得由经济部、社会部会同派员赴各省、市、县担任督导工作。

第二条　督导人员赴各省、市、县工作时，应会同当地最高党部及主管官署行之，其依法令应由党部或主管官署执行之事项各从其行之。

第三条　督导人员之任务如下：

1. 关于工商团体之督促依法组织事项。

2. 关于工商团体工作之推动事项。

3. 关于各工商团体间之协助联系事项。

4. 关于工商团体行为应行纠正事项。

5. 关于工商法令之宣达事项。

6. 关于工商业情况及工商界人事之调查事项。

7. 其他有关工商团体事项。

执行前项各款任务所需资料及应注意事项，由经济部汇发督导人员参考。

第四条　督导人员不得受工商团体一切供应及设办公处所。

第五条　督导人员应将工作情形逐日详细填列工作日报表（表式另定之），每周汇报经济部、社会部备案。

第六条　本办法督导事项必要时得授权中华民国商会联合会办理。

（摘自《督导工商团体办法》民国三十年，1941 年 3 月 21 日社会部、经济部公布）

附：伪满洲帝国的工商管理
（1931年～1945年）

一、市场管理

中央批发市场法

康德元年十月二十五日公布
敕令第一三三号
同日施行
修正　康德四年八月敕令第二百四十六号
朕依组织法（第四十一条）经咨询参议府裁可中央批发市场法著即公布
国务总理、实业部大臣
副署

第一条　本法所称中央批发市场，系指地方公共团体或于特别情形以公益为目的之法人，为批发鱼类、肉类、鸟类、卵、蔬菜及果实起见，在经济部大臣所指定之区域内，依本法开设之市场而言。

中央批发市场如有特别情形，得不批发前项所载物品之一部，或批发其他之日用品。（康四、第二四六号本条中修正）

第二条　凡开设中央批发市场，应先具业务规程及关于事业计划之文书，呈请经济部大臣认可，其设置中央批发市场之分场时亦同。（康四、第二四六号本条中修正）

第三条　左列事项，应以业务规程定之：

1. 中央批发市场之经办品目。
2. 中央批发市场所收受之使用费、保管费及手续费。
3. 经营批发业者所收受之手续费。

第四条　业务规程或事业计划之变更，应呈请经济部大臣认可。（康四、第二四六号本条中修正）

第五条　经济部大臣认为有必要时，在予以依第二条规定认可之际，得对于其认可附加限制或条件。（康四、第二四六号本条中修正）

第六条　中央批发市场开设后，对于其经办品目在该指定区域内，不得在市场以外之处所为批发市场行为。

第七条　中央批发市场开设之际，对于其经办品目在该指定区域内，如有为中央批发市场类似业务之市场时，经济部大臣应命其闭歇。（康四、第二四六号本条中修正）

第八条　中央批发市场之开设者，对于依前条规定被命闭歇之市场开设者及经营批发业者，应补偿其损失。

依前项规定补偿之金额，依当事人之。协议定之协议不谐时，应呈请经济部大臣裁决。有不服经济部大臣裁决者，自受到裁决书之送达日起九十日内，得向法院出诉。（康四、第二四六号本条中修正）

第九条　凡拟在中央批发市场经营批发业者，应呈请经济部大臣许可。（康四、第二四六号本条中修正）

第十条　依前条之规定经营批发业者，应依命令所决定，对于开设者缴纳保证金。

第十一条　开设者以关于中央批发市场所收受之使用费、保管费及手续费为限，对于保证金有优先于其他之债权人之权利。前项之优先权优先于依第十二条规定之优先权。

第十二条　对于依第九条之规定经营批发业者，贩卖或委托贩卖者，以关于因贩卖或委托贩卖所生之债权为限，对于经营批发业者之保证金，有优先于其他之债权人之权利。

第十三条　关于中央批发市场之买卖，应依粜卖方法。但有业务规程所定之特别情形时，不在此限。

第十四条　在中央批发市场经营批发业者，应依命令所定，对于开设者报告买卖价格及交易额。

第十五条　在中央批发市场经营批发业者，在执行其业务之中央批发市场，对于自己所经办品目部类之物品，不得为经济业务。

第十六条　开设者得依业务规程所定，对于依第九条之规定经营批发业者，停止其业务，或课以千元以下之过怠金，或停止参加于买卖者之入场。

第十七条　经济部大臣认为有必要时，关于中央批发市场之构造、设备、业务规程之变更，业务或财产状况之报告及其他各项，得发事业监督上必要之命令或处分。（康四、第二四六号本条中修正）

第十八条 经济部大臣如开设者或经营批发业者违反本法，或根据本法所发之命令时，违反根据本法或命令所为之处分时，违反业务规程时，或认为有害公益之虞时，得为左列之处分：

1. 撤销依第二条规定之认可。
2. 停止中央批发市场业务。
3. 解任中央批发市场之重要职员。
4. 撤销经营批发业者之业务许可或停止其业务（康四、第二四六号本条中修正）。

第十九条 经济部大臣认为有必要时，得派员检查开设者或经营批发业者之业务、关系各项之帐簿、财产及其他物件。（康四、第二四六号本条中修正）

第二十条 中央批发市场之废止应呈报经济部大臣认可。（康四、第二四六号本条中修正）

第二十一条 经济部大臣得依命令所定，对于省长委任，依本法职权之一部分。（康四、第二四六号本条中修正）

第二十二条 有左列各款情形之一者，处以一年以下之有期徒刑或千元以下之罚金：

1. 违反第六条或第十五条之规定者。
2. 不服从依第七条规定之命令者。
3. 不为依第十四条规定之报告或为虚伪之报告者。

第二十三条 第一条之法人或依第九条规定经营批发业者，受依第十九条规定之检查时，拒绝、妨碍或规避职务之执行或检查之际对于该官吏之询问不为答辩或为虚伪之陈述者，处以千元以下之罚金。

第二十四条 违反第六条、第七条、第十四条或第十五条规定者，如系未成年人或禁治产人时，第二十二条之罚则适用于法定代理人，但关于营业与成年人有同一能力之未成年人不在此限。

第二十五条 使用人及其他从事人有违反第六条、第七条、第十四条或第十五条规定之行为时，除罚该行为人外并处罚其使用主。

第二十六条 法人之使用人及其他从业员如关于法人之业务有违反第六、七、十四、十五条规定之行为时，除罚该行为人外并处罚该法人之重要职员或执行业务之社员，法人之重要职员或执行业务之社员有前项之行为时，处罚该重要职员或社员。

第二十七条 有第二十五条及前条第一项之情形，如应受处罚之使用主、重要职员或社员证明其对于各该违反行为无法防止时，则不罚之。

附　　则

本法自公布日施行

附　　则

（康四、八月十二日敕令第二百四十六号）

本法自康德四年七月一日施行

（选自《六法全书》产业法第6页）

家畜交易市场法

康德二年十二月二十八日公布
敕　令　第　一　六　一　号
同　　日　　施　　行

朕依组织法（第四十一条）经咨询参议府裁可家畜交易市场法著即公布

国务总理、军政部
实业部蒙政部大臣
副　　　　署

第一条 本法所称家畜者系指马、骡、驴、牛、绵羊、山羊、豕及骆驼而言。

第二条 家畜交易市场（以下简称市场）非公共团体或以命令所定者不得开设。

第三条 欲开设市场者，应缮具业务规程及关于事业计划之文件，呈经监督官署许可。

欲变更业务规程或事业计划时，应呈经监督官署认可。

第四条 公共团体开设常设市场时，监督官署依其声请，呈经主管部大臣认可，得命令认为必要区域内私设市场之废场。

第五条 有前条情形公共团体对于被命废场之私设市场，开设者应补偿损失。

依前项之规定应补偿之金额依协议定之，如协议不谐应呈请监督官署之决定，对于其决定有不服者，自接受决定书之日起在九十日以内，得出诉于法院。

第六条 在市场非在其场内或附属处所之家畜，不得买卖或交换。

第七条 关于常设市场监督官署呈经主管部大臣认可所指定之区域内，除命令另有规定者外，对该市场所办理之家畜不得开设市场。

第八条 以家畜之买卖交换或其居间为业者,在市场附近之区域内当市场开场日及其前后之期间中,对于该市场所办理之家畜不得为买卖交换或其居间,但命令有规定者不在此限,前项之区域及期间由监督官署指定之。

第九条 市场开设者无正当事由不得拒绝其市场所办理之家畜入场或在场内之买卖或交换

第十条 公共团体在其开设市场之业务规程中,得设关于五十元以下过怠金之规定。

在市场为关于家畜买卖或交换之行为者,以不知业务规程不得免其责任。

第十一条 关于本场及其附属建设物之位置、构造及设备,市场内之交易方法,市场内居间业者及家畜宿业者之资格及营业、市场监督并对市场家畜传染病预防及其他家畜卫生所必要之事项以命令定之。

第十二条 监督官署认为有必要时,得派该管官吏临检市场或其附属处所检查市场开设者、居间业者或家畜宿业者之帐簿文件及其他物品,询问关系人,诊断在市场或其他附属处所之家畜或停止其移动。

第十三条 市场之休场或废场应经监督官署认可,市场开设许可之际,监督官署所指定之期间内,不开场时亦同。

第十四条 监督官署有左列情形时,得撤销市场开设之许可又停止或限制业务:

1. 市场开设者违反本法或根据本法所发之命令时。

2. 认为市场之开设有卫生上危害及其他有碍公益之虞时。

第十五条 未经许可而开设市场者,处六个月以下之有期徒刑或五百元以下之罚金。

第十六条 违反第三条第二项或第十三条者处一百元以下之罚金。

第十七条 违反第六条或第九条者,或不服从依第十四条规定之停止或限制处分者,处三百元以下之罚金。

第十八条 违反第八条者处三百元以下之罚金。

第十九条 意图犯前条之罪而依第八条第二项之规定,在监督官署所指定之区域及期间内,系留马、骡、驴或牛于家畜店或家畜宿者,处拘役或一百元以下之罚金。明知情形而使其系留马、骡、驴或牛之家畜店业者或家畜宿业者亦同。

第二十条 阻碍依第十二条规定之该管官吏执行职务或对其询问不为答辩或为虚伪之陈述者,或违反依该条规定之家畜移动停止命令者,处三百元以下之罚金。

第二十一条 使用人及其他从业员关于其使用主之业务有抵触本法或根据本法所发命令罚则之行为时,除罚该行为人外并罚其使用主。

第二十二条 家畜营业者如系关于营业未具有与成年人同一能力之未成年人或心神丧失人时,依本法或根据本法所发之命令,应适用之罚则对于其法定代理人适用之。

第二十三条 法人之使用人及其他从业员,关于法人之业务有抵触本法或根据本法所发命令罚则之行为时,除罚该行为人外,并罚执行业务之董事、监察人或社员,执行法人业务之董事、监察人或社员为前项行为时,罚该董事、监察人或社员。

第二十四条 有第二十一条或前条第一项情形,使用主或董事、监察人或社员证明无从防止该违反行为时,则不罚之。

第二十五条 本法所称监督官署者系指省长(北满特别区长官)或特别市长而言。对于特别市所开设之市场系指主管部大臣而言。

第二十六条 本法对于帝室、政府及地方行政官署所为之家畜买卖或交换不适用之。

附 则

本法自公布日起施行。

本法施行之际公共团体开设之本场即视为依本法业经许可者。

(选自《六法全书》产业法第7页)

煤油类专卖法

康德元年十一月十四日公布
敕 令 第 一 四 九 号
同 二 年 四 月 十 日 施 行

修正 康德四年六月敕令第一四一号、十二月第五〇七号

依组织法(第四十一条)经咨询参议府裁可煤油类专卖法著即公布

国务总理、财政部大臣
副 署

第一条 本法所称煤油类系指挥发油、灯油、轻油、重油、遍苏油并代用燃料油而言。

前项代用燃料油之范围以敕令定之。

第二条 煤油类为政府之专卖。

第三条 煤油类之制造、输入及输出非呈经政府许可者不得为之。

第四条 制造或输入之煤油类由政府收纳之，但命令之所定时不在此限。(康四、第五〇七号本条中修正)

第五条 政府对于收纳之煤油类交付相当之补偿金。(康四、第五〇七号本条中修正)

第六条 煤油类之销售使政府所指定之煤油类销售人为之，但政府限于供命令所定之用途时，得直接售与需用人，依前项但书之规定受煤油类之售与者，不得供该用途以外之用。(康四、第五〇七号本条中修正)

第七条 关于煤油类制造人、煤油类销售人及其他办理煤油类者有必要之事项，以命令定之。(康四、第五〇七号本条中追加)

第八条 政府认为有必要时，得对于煤油类销售人指定一定之数量，令其存储煤油类。(康四、第五〇七号本条中修正)

第九条 煤油类以外之矿物性油之制造、输入或输出，非呈经政府许可者不得为之。(康四、第五〇七号本条中修正)

第十条 政府认为有必要时，得对于办理煤油类或前条之油类者令其报告或改善设备及其他事项。(康四、第五〇七号本条中修正)

第十一条 该管官吏认为有必要时，得进入煤油类或第七条所载油类之制造所、存储所、销售商铺及其他处所检查煤油类、第九条所载油类、帐簿、文件及其他物件或行各项调查。(康四、第五〇七号本条中修正)

第十二条 已呈经第三条或第九条之许可者，或经指定为煤油类销售人者，违反本法或根据本法所发之命令时或违反根据本法或命令所为之处分时，政府得撤销其许可或指定或令其一定期间停止业务。(康四、第五〇七号本条中修正)

第十三条 依本法或根据本法所发之命令应缴纳之金钱，之征收准用国税征收法之规定。(康四、第五〇七号本条中追加)

第十四条 有左列各款情形之一者处以五千元以下之罚金：

1. 违反第三条之规定者。

2. 违反依第四条之规定不应政府之收纳者(康四、第五〇七号本条中修正)。

第十五条 违反第九条规定而为该条所定油类之制造输入或输出者，处以三千元以下之罚金。(康四、第五〇七号本条中修正)

第十六条 前二条之未遂罪罚之。

第十七条 有左列各款情形之一者处以二千元以下之罚金：

1. 违反第六条第二项之规定者。

2. 违反依第八条之政府存储命令者。(康四、第五〇七号本条中修正)

第十八条 有左列各款情形之一者处以五百元以下之罚金：

1. 违反第十条之命令或为虚伪之报告者。

2. 妨碍依第十一条之该管官吏执行职务者。(康四、第五〇七号本条中修正)

第十九条 第十四条至第十六条犯罪之煤油类及供或拟供犯罪用之物，属于犯人之所有与否，得没收之。不能没收其全部或一部时，则追缴其价格。(康四、第五〇七号本条中修正)

第二十条 关于本法或根据本法所发命令之犯罪，准用租税犯处罚之规定。(康四、第五〇七号本条中修正)

附则

本法施行日期由经济部大臣定之(以康德二年三月财政部令第五号自同年四月十日施行)

本法公布之际现以制造煤油类或第九条之油类为业者如于本法施行后一个月以内呈报政府时则视为依本法已受许可者

附则

(康德四年十二月二十八日 令第五〇七号)

本法自康德五年一月一日施行

(选自《六法全书》产业法第48页)

盐专卖法

康德三年十二月二十四日公布

敕　令　一　九　一　号

同 四 年 一 月 一 日 施 行

修正 康德四年六月敕令第一七〇号、十二月

第五〇八号

依组织法(第四十一条)经咨询参议府裁可盐专卖法著即公布

国务总理、财政部大臣

副　　　　署

第一条　盐为政府之专卖。

咸水视为盐。

第二条　盐非政府或受政府之许可者不得制造之。

盐之采取视为制造。

第三条　政府得限制盐制造人、之制造地域、制造期间或制造数量。

第四条　盐之制造,除因继承外,非经政府之许可不得承继之。

第五条　盐制造人有左列各款情形之一时,政府得撤销其许可:

1. 于政府所指定之期间内,盐田或工场之筑造尚未竣工或认为无竣工之能力时。

2. 继续休止盐制造一年以上时。

3. 违反本法或根据本法所发命令之规定,或违反根据本法或命令所为之处分时。

第六条　盐非政府或受政府之许可者不得输出或输入之。

第七条　制造或输入之盐由政府收纳之,但命令所定之盐不在此限。应收纳之盐应依命令之所定缴纳于政府。

第八条　政府对于收纳之盐交付相当之补偿金。

第九条　盐之销售使政府所指定之盐销售人为之。

关于盐之销售人之事项以命令定之。

第十条　政府得限制盐销售人之盐贩卖价格。

第十一条　于左列情形政府得将盐自行售与需要人:

1. 为输出或加工输出声请售与时。

2. 为腌藏鱼类声请售与时。

3. 为供命令所定之用途声请售与时。

4. 声请命令所定数量之售与时。

第十二条　依前条第一款至第三款之规定,已售与之盐非经政府之许可,不得转让于他人。

依前条第一款至第三款之规定，已售与之盐依前项之规定已受转让之盐，不得供该用途以外之用。(康四、第五〇八号本条中修正)

第十三条　非系政府售与之盐及违反前条规定而转让之盐,不得知情所有、持有、转让、受让或消费之,但合于第七条第一项但书规定之盐不在此限。

第十四条　政府对盐制造人、盐销售人或已受盐之输出或输入之许可者,得命施设之改善及其他监督上必要之事项。

第十五条　该管官吏得进入盐田、工场、商铺、存储所及其他认为有盐存在之处所,检查盐、器具、机械、账簿、文件及其他物件或询问关系人。

第十六条　政府关于盐之输送得定取缔上必要之事项。

第十七条　关于依本法或根据本法所发命令之规定,应缴款项之征收准用国税征收法之规定。

第十八条　违反第二条、第六条或第七条第二项之规定者,处五千元以下之罚金或科料。

前项之罪之未遂犯罚之。(康四、第五〇八号本条中修正)

第十九条　违反第十二条或第十三条之规定者处二千元以下之罚金或科料。(康四、第五〇八号本条中修正)

第二十条　系前二条犯罪之盐及供犯罪用或拟供犯罪用之物件,无论其属于何人之所有,均得没收之。如不能没收其全部或一部时,则追征其价额。

第二十一条　有左列各款情形之一者,处三百元以下之罚金或科料:

1. 违反根据第三条或第十条规定之限制者。

2. 违反根据第十四条规定之命令者。

3. 阻碍该管官吏之职务执行或对其询问不为答辩或为虚伪答辩者。(康四、第五〇八号本条中修正)

第二十二条　关于本法或根据本法所发命令之犯罪,准用租税犯处罚法之规定。(康四、第一七〇号、第五〇八号本条中修正)

附　则

第二十三条　本法自康德四年一月一日施行。

第二十四条　于本法施行前已受政府之许可以制造盐为业者,如依命令之所定呈报政府时,则视为已受本法第二条之许可者。

第二十五条　于本法施行前已受政府之许可以制造盐为业者,其于本法施行之际,现系其所有或持有者，则视为依本法之规定所制造者。

第二十六条 关于本法施行前已受政府之许可以贩卖盐为业者，其于本法施行之际，现所有或持有之盐，而于本法施行前尚未缴纳盐税者，适用第七条第二项之规定。

第二十七条 本法施行之际，现以贩卖盐为业者，得自本法施行日起三个月间，仍为依本法之盐销售人。

第二十八条 于本法施行前已缴盐税之盐或由政府售与之盐，视为依本法由政府售与之盐。

第二十九条 关于盐之从前法令中抵触本法者废止之，但关于属本法施行前之事项仍依从前之例。

附　则

（康德四年十二月二十八日　令第五〇八号）

本法自康德五年一月一日施行。

（选自《六法全书》产业法第46页）

火柴专卖法

康德三年十二月二十四日公布
敕令第一九二号
同四年二月十六日施行
修正　康德四年十二月敕令第五〇六号

朕依组织法（第四十一条）经咨询参议府裁可火柴专卖法著即公布

国务总理、财政部大臣
副署

第一条 火柴为政府之专卖。

第二条 火柴非政府或受政府之许可者不得制造、输入或输出之。

第三条 制造或输入之火柴由政府收纳之，但以命令规定者不在此限。

第四条 政府对于收纳之火柴交付相当之补偿金。

第五条 火柴之销售，使政府所指定之火柴销售人为之，但供命令所定之目的用者，得由政府自行售与需要人。

依前项但书之规定，受火柴之售与者不得供该目的以外之用。

第六条 关于火柴制造人、火柴销售人及其他办理火柴者之事项，以命令定之。（康四、第五〇六号本条中修正）

第七条 政府对于火柴制造人、火柴销售人或已受火柴之输入或输出之许可者，得命施设之改善及其他监督上必要之事项。

第八条 该管官吏得进入火柴之制造所、存储所、销售商铺及其他处所检查火柴、账簿、文件及其他物件或询问关系人。

第九条 受第二条之许可者，如有违反本法或根据本法所发之命令或根据本法或命令所为之处分时，政府得撤销其许可或命令其于一定期间内停止业务。

第十条 关于依本法或根据本法所发之命令，应缴款项之征收准用国税征收法之规定。

第十一条 有左列各款情形之一者处五千元以下之罚金或科料：（康四、第五〇六号本条中修正）

1. 违反第二条之规定为火柴之制造或输出者。

2. 违反第三条之规定不应政府之收纳者。

前项之罪之未遂犯罚之。

第十二条 有左列各款情形之一者处二千元以下之罚金或科料：

1. 违反第二条之规定为火柴之输出者。

2. 违反第五条第二项之规定者。（康四、第五〇六号本条中修正）

第十三条 系前二条犯罪之火柴及供犯罪用或拟供犯罪用之物件，无论其属于何人所有，均得没收之。如不能没收全部或一部时，则追征其价额。

第十四条 有左列各款情形之一者处三百元以下之罚金或科料：

1. 违反根据第七条规定之命令者。

2. 阻碍依第八条规定之该管官吏之职务执行或对其询问不为答辩或为虚伪之答辩者。（康四、第五〇六号本条中修正）

第十五条 关于本法或根据本法所发命令所定之犯罪，准用租税犯处罚法之规定。（康四、第五〇六号本条中修正）

附　则

第十六条 本法施行日期由财政部大臣定之。（以康德四年二月财政部令第七号自同年二月十六日施行）

第十七条 本法施行之际现以制造火柴为业

者，如于本法施行后一个月内呈报政府时，则视为依本法已受制造之许可者。

第十八条　本法施行之际，现系火柴制造人所有之火柴，则视为依本法所制造者。

第十九条　本法施行之际现以批发火柴为业者，得于本法施行后一个月内，仍为依本法之火柴销售人贩卖火柴。

附　则

(康德四年十二月二十八日敕令第五〇六号)

本法自康德五年一月一日施行。

(选自《六法全书》产业法第48页)

酒精专卖法

康德四年十二月十三日公布
敕　令　第　四　五　四　号
同　五　年　一　月　一　日　施　行

朕依组织法第三十六条经咨询参议府裁可酒精专卖法著即公布

国务总理、经济部大臣
副　　　　　　　　署

第一条　酒精由政府专卖。

第二条　本法所称酒精系指酒精成分九十以上之酒精而言。

本法称酒精成分谓依气尔阿鲁叩尔含有容量之百分率。

第三条　酒精非政府或受政府之许可者，不得制造、输入或输出。

第四条　凡制造或输入之酒精，均由政府收纳之，但命令所定者不在此限。

第五条　政府对于收纳之酒精交付相当之补偿金。

第六条　收纳前之酒精不得加工，但政府命令加工者不在此限。

第七条　酒精之销售使政府所指定之酒精销售人行之，但政府以供于命令所定之用途者为限，得直接售与需要人。

依前项但书之规定，受酒精之售与者，不得与其用途以外使用之。

第八条　关于酒精之制造人、酒精销售人及其他酒精之办理者之必要事项，以命令定之。

第九条　酒精成分九十未满之酒精，不得依新式蒸馏机制造之。

第十条　酒精成分九十未满之酒精而命令所定者，非受政府之许可不得输入之。

第十一条　政府对于酒精制造人、酒精销售人及其他酒精之办理者，得命令其为施设之改善及其他监督上必要之事项。

第十二条　该管官吏得进入酒精之制造所、存储所、销售商铺及其他处所检查酒精、原料、机械、器具、账簿、文件及其他物件，并得询问关系人。

第十三条　已受第三条、第七条或第十条之许可或指定者，如有违反本法或基于本法所发命令之规定或违反基于本法或命令所为之处分时，政府得取消其许可或指定，或于一定期间停止其业务。

第十四条　关于依本法或基于本法所发之命令，应缴纳款项之征收准用国税征收法之规定。

第十五条　有左列各款情形之一者处五千元以下之罚金：

1. 违反第三条之规定而为酒精之制造或输入者。

2. 违反第四条之规定不应政府之收纳者。

3. 违反第六条或第九条之规定者。

前项罪之未遂犯罚之。

第十六条　有左列各款情形之一者处二千元以下之罚金：

1. 违反第三条之规定而为酒精之输出者。

2. 违反第七条第二项或第十条之规定者。

第十七条　系前二条犯罪之酒精、第九条或第十条之酒精及供犯罪用或拟供犯罪用之物，不问其属于何人之所有，得没收之其全部或一部，不能没收时则追征其价额。

第十八条　有左列各款情形之一者处三百元以下之罚金：

1. 违反基于第十一条之规定所发命令者。

2. 阻碍该管官吏依第十二条之规定所执行之职务或对其询问不为答辩或为虚伪之答辩者。

第十九条　关于本法或基本法所发命令所定之犯罪，准用租税犯处罚法之规定。

附　则

第二十条　本法施行期日由经济部大臣定之(以康德四年十二月经济部令第八二号自同五年一月一日施行)。

第二十一条　本法施行之际,现依酒税法受有酒精或酒类之制造许可者,为酒精或酒类之制造已有新式蒸馏机之设备者,视为依本法已受有酒精制造之许可者。

第二十二条　本法施行之际,前条所定者所有之酒精现存于制造场者,视为依法制造者。

(选自《六法全书》产业法第50页)

二、工商企业管理

矿业法(摘要)

康德二年八月一日公布
敕令第八五号
同年九月一日施行

修正　康德四年八月敕令第二三九号

朕依组织法(第四十一条)经咨询参议府裁可矿业法著即公布

国务总理、实业部、蒙政部大臣
副　　　　　　　　　　署

第一章　总　则

第一条　本法所称矿业系指矿物之采掘及其附属事业而言。

第二条　本法所称矿物系指金矿、银矿、铂矿、铜矿、铅矿、锌矿、锡矿、铁矿、锑矿、铝矿、镍矿、钴矿、硫化铁矿、铬铁矿、锰矿、铋矿、重石矿、钼矿、汞矿、砒矿、磷矿、硫黄、笔铅、煤、煤油(包括与含油层有密接关系之可燃性天然瓦斯)、土沥青、油页岩、石灰石、白云石、苦土石、萤石、长石、火粘石、重晶石、硝石、石膏、珪石、滑石、石棉及云母而言。

第三条　未经采掘之矿物(包括矿滓及废矿)为国有。

第四条　非帝国人民或依帝国法令成立之法人不得为矿业权者,但产业部大臣而之特别许可者不在此限。(康四、第二三九号本条中修正)

第五条　在距市街地、铁道、轨道、道路、水道、运河、河湖、沼池、堤塘、庙宇社寺界内地、墓地、公园地及其他营造物或建筑物周围六十米以内之地面及地下,非经该管官吏之许可并所有人及利害关系人之承诺,不得采掘矿物。所有人及利害关系人无正当理由,不得拒绝前项之承诺。

第六条　矿区相重复时,矿业权者或租矿权者权利互受限制。

第七条　本条所规定之矿业权者或租矿权者之权利义务,与矿业权或租矿权同时移转,本法所规定之矿业权者或租矿权者之权利义务,视为与租矿权之设定或消灭同时移转与租矿权者或矿业权者。但因矿业权之消灭而消灭而租矿权消灭时,不在此限。

第八条　依本法规定所为之手续及其他行为,对于欲呈请矿业者、矿业呈请人、矿业权者、租矿权者、土地所有人及其他人及其他利害关系之继承人亦有其效力。

第九条　因国防或资源保全有必要时,得以命令指定地域或矿物限制矿业之呈请。

第十条　产业部大臣得依命令所定,将本法所定权限之一部委任于矿业监督署长或省长。(康四、第二三九号本条中修正)

第十一条(删除)(康四、第二三九号)

矿业登录令

康德二年八月一日公布
敕令第八七号
同年九月一日施行

修正　康德三年六月　令第九〇号、四年八月二五七号

朕经咨询参议府裁可矿业登录令著即公布

国务总理、实业部、蒙政部大臣
副　　　　　　　　　　署

第一章　总　则

第一条　关于矿业之登录由矿业监督署长为之。

第二条　关于同一矿业权或租矿权为登录时其权利次序除法令另有规定外,依登录之先后。

第三条　附记登录之次序依主登录之次序附

记登录间之次序依其先后。

第四条　已有假登录者正式登录之次序依假登录之次序。

第五条　(删除)(康四、第二五七号)

第二章　矿业原簿

第六条　关于矿业之登录,于矿业监督署所置之矿业原簿为之。

对于合办矿业权者及合办租矿权者,设矿业权合办人名簿及租矿权合办人名簿,对于矿区图,设矿区图编钉簿,同为矿业原簿之一部。

第七条　矿业原簿之全部或一部失灭时,主管部大臣得命令其回复必要之程序。

依前项规定为矿业原簿之回复时,矿业监督署长应将其登录之誊本或抄本发给登录名义人。

第八条　拟请发给矿业原簿之誊本或抄本或请求阅览矿业原簿或其附属文件者,应缴纳主管部大臣所定之规费。

拟请寄送矿业原簿之誊本或抄本者,除前项之规费外,应另缴邮票。

第三章　登录程序

第一节　通　则

第九条　登录除法令另有规定者外,非因声请或嘱托不得为之。

关于因声请之登录之规定,除法令另有规定者外,对于因嘱托之登录准用之。

第十条　登录应由登录权利人及登录义务人或其代理人亲到或以挂号信声请之。

第十一条　因判决或继承及其他一般承继之登录,得仅由登录权利人声请之。

第十二条　登录名义人之表示变更或更正之登录,得仅由登录名义人声请之。

第十三条　对于左列登录官署或公署应以嘱托书附具证明登录原因之文件嘱托之:

1. 处分限制之登录。

2. 因公卖处分之矿业权或租矿权之移转登录。

第十四条　矿业权已撤销时,或撤销处分已撤销时,主管部大臣应将其事通知矿业监督署长。

有前项之通知时,矿业监督署长应以职权为矿业消灭或回复之登录。

第十五条　对于租矿权者已禁止经营事业时,或撤销禁止处分时,主管部大臣应将其事通知矿业监督署长。

有前项之通知时,矿业监督署长应以职权为租矿消灭或回复之登录。

第十六条　声请登录应提出声请。

声请书应记载左列事项由声请人签名盖章:

1. 矿区所在地。

2. 矿业权之登录号数。

3. 声请人之姓名及住所。

4. 由代理人或代表人声请时其姓名及住所。

5. 登录原因及日期。

6. 登录标的。

7. 年　月　日。

对于依第三条第二项规定之租矿权或抵押权设定之声请,毋庸前项第二款之记载。对于第十七条第二项之声请,毋庸第一项第五款之记载。

第十七条　登录声请书应付具左列文件:

1. 证明登录原因之文件。

2. 对于登录原因需要第三人之许可、同意或承诺时证明之文件。

3. 有代理人或代理人声请登录时,证明其权限之文件。对于因抛弃矿业权或关于此之权利之登录涂销声请,毋庸提出前项第一款之文件。但在合办矿业或合办租矿有代表人声请时,应附具合办矿业权者或合办租矿权者之决议书或相当之文件。

证明登录原因之文件为有执行力之判决时,毋庸提出第一项第一款所载之文件。

在由国矿或合办矿业或合办租矿之代表人声请时,毋庸提出第一项第三款之文件。

第十八条　债权人依民法第二百四十二条及第二百四十三条之规定,代位债务人声请登录时,除前条第一项所载之文件外,应另附具证明其代位原因之文件,且于声请书除第十六条第一项所载事项外,并应记载债权人之姓名及住所并代位原因而签名盖章。

第十九条　有左列情形,声请人除声请书外应附具证明其事实之文件:

1. 声请人为登录权利人或登录义务人之继承人或其他一般承继人时。

2. 登录名义人声请其表示变更或更正之登录时。

3. 声请因死亡之合办矿业权者或合办租矿权者脱退之登录时。

第二十条　声请书应附具证明第三人之许可、

同意或承诺之文件时，得使该第三人在声请书上签名盖章以代该文件。

第二十一条　对于数宗矿业权声请抵押权设定之登录时，限于登录原因及登录标的同一者，得以同一声请书声请之。

前项之规定，对于嘱托租矿权之抵押权设定登录之声请，及矿业权、租矿权抵押之处分，限制登录并其处分限制涂销登录时准用之。(康四、第二五七号本条中修正)

第二十二条　矿业监督署长应依收文之顺序为登录。

第二十三条　有左列情形登录之声请不受理之：

1. 案件不属于管辖时。
2. 案件非应登录者时。
3. 声请违反第十条之规定时。
4. 声请书不合方式时。
5. 声请书所载矿业权、租矿权或抵押权之表示与矿业原簿不符时。
6. 除第十九条第一款之情形外，声请书所载登录义务人及合办矿业或合办租矿之代表人之表示与矿业原簿不符时，或声请人为登录名义人而其表示与矿业原簿不符时。
7. 声请书所载事项与证明登录原因之文件不符时。
8. 声请书未附具必要之文件时。
9. 未缴纳登录税时。

第二十四条　登录名义人表示之变更，或更正之登录，或合办矿业权者或合办租矿权者之脱退，或其代表人变更之登录，应依附记为之。

第二十五条　矿区所在地之行政区划或其名称已有变更时，矿业原簿所记载之行政区划或其名称当然视为已变更者。

有前项之变更时，矿业监督署长应以职权依附记为登录。

第二十六条　登录完毕后，对于其登录发现错误或遗漏时，应将其事通知于登录权利人及登录义务人，有第十八条之情形时，对于债权人亦应通知。

错误或遗漏如系关于矿业权表示之登录时，矿业监督署长应依附记为更正之登录，并将其事通知于登录权利人及登录义务人。

错误或遗漏如系关于矿业权表示登录以外之登录，而有登录更正之声请时，限于无登录上有利害关系之第三人时，或声请书附具有登录上有利害关系之第三人承诺书，或得以与此对抗之裁判誊本时，应依附记为更正之登录。

第二十七条　声请涂销登录之回复，如有登录上有利害关系之第三人时，声请书应附具其承诺书，或得以与此对抗之裁判誊本。

第二节　关于矿业权之登录程序

第二十八条　已决定矿业之呈请应许可者而已有登录税之缴纳时，矿业监督署长应以职权为矿业权设定或变更之登录，矿业权之表示变更依矿种名更正之，表示更正或矿区之订正时亦同。

第二十九条　因死亡、破产或禁治产之合办矿业权者脱退登录，得仅由登录权利人或登录义务人声请之。

第三十条　矿业监督署长依第二十八条之规定欲为因矿区合并、分割或分合之矿业权设定登录时，应将其事通知于抵押权人或租矿权者。

抵押权人或租矿权者应于接受前项所定通知之日起三十日以内声请抵押权或租矿权设定登录，有此情形，抵押权之次序则依协定之所定。

对前项之声请，应于对最后接受通知者之前项期间届满日之次日，与矿业权设定之登录同时为抵押权或租矿权之登录。

虽在期间届满前，如有抵押权人及租矿权者全体之声请时，应即为前项之程序。

第三十一条　根据矿业法第三十三条第四项规定之矿业权移转登录，得仅由租矿权者声请之。

前项之声请书应附具矿业监督署长之许可书。

第三十二条　矿业权移转登录之声请书，应附具证明登录权利者系合于矿业法第四条规定者之文件及证明完纳矿业税之文件。

第三十三条　矿业权处分限制之登录应依附记为之。

第三节　关于租矿权之登录程序

第三十四条　声请租矿权设定之登录时，应于声请书上载明租金，并如有租金交(付)之方法或交付日期或租矿权存续期间之规定时，亦应载明之。

第三十五条　依第三十条第二项规定之租矿权设定登录，得仅由登录权利人声请之。

第三十六条　租矿权设定或移转之登录声请书，应添具证明登录权利人合于矿业法第四十五条规定者之文件及证明完纳矿业税之文件。

第三十七条　第二十六条第三项之规定，对于租矿权存续期间更新登录及租矿权变更登录之声请准用之。

第三十八条　第二十九条之规定，对于因死亡、破产或禁治产之合办租矿权者脱退之登录声请准用之。

第三十九条　第三十三条之规定对于租矿权之处分限制准用之。

第四节　关于抵押权之登录程序

第四十条　声请抵押权设定之登录时，应于声请书上载明债权人、债务人及债权额，如登录原因内有偿清日期或关于利息之规定或债权附有条件时，亦应载明之。

第四十一条　声请因债权之一部让与或代位偿清之抵押权移转登录时，应于声请书上载明让与或代位偿清之标的债权额。

第四十二条　第三十五条之规定对于第三十条第二项所定抵押权设定登录之声请准用之。

第四十三条　第二十六条第三项之规定对于抵押权变更登录之声请准用之。

第四十四条　抵押权之移转及处分限制之登录，应依附记为之。

第五节　关于涂销之登录程序

第四十五条　因矿业权或关于此之权利之抛弃之登录涂销，得仅由登录权利人声请之。

第四十六条　因已为矿区之合并、分割或分合之矿业权设定登录，致其合并、分割或分合前之矿业权消灭时，矿业监督署长应以职权载明其原因为涂销之登录。

第四十七条　因已为根据矿业法第三十三条第四项规定之矿业权移转登录，致移转前之租矿权消灭时，矿业监督署长应以职权载明其原因为涂销之登录。

第四十八条　矿业监督署长关于有抵押权登录之矿业权已为因撤销或抛弃之涂销登录时，应同时载明在拍卖或租矿权之标的范围内，矿业权仍然存续之趣旨。但在依矿业法第三十条或第三十一条第一号规定之矿业权撤销时不在此限。

有矿业法第三十三条第二项或第四项之情形抵押权人不为拍卖之请求时，已有拍卖声请之登录而嘱托其涂销之登录时，租矿权者不为矿业权移转之声请已不许可时，矿业监督署长应以职权将其事登录后涂销关于前项存续之记载。

第四十九条　前条之规定除因期间届满之时外，对关于有抵押权登录之租矿权已为涂销之登录时准用之。

第五十条　因期间届满致租矿权消灭时，矿业监督署长应以职权载明其原因而为涂销之登录。

第五十一条　抵押权因死亡而消灭者，如声请书附具证明其死亡之文件时，得仅由登录权利人声请登录之涂销。

第五十二条　登录权利人因登录义务人踪迹不明，不能共为登录涂销之声请时，得依关于民事诉讼法令之规定，为公示催告之声请。

有前项情形如已有除权判决时，得于声请书附具其本仅由登录权利人声请登录之涂销。

有第一项情形，如声请书附具抵押权所担保债权人之证书及偿清之领收证书时，得仅由登录权利人声请关于抵押权与登录涂销。

第五十三条　第二十七条之规定除因矿业权或租矿权抛弃之时外，声请登录之涂销对于其涂销如有登录上利害关系之第三人时准用之。

声请因矿业权或租矿权抛弃之登录涂销，如有为登录或预告登录之第三人时，应于声请书附具其承诺书或得以与此对抗之裁判誊本。

第五十四条　依第十三条之规定，已有因公卖处分之矿业权或租矿权移转之登录嘱托时，矿业监督署长应以职权为涂销处分限制之登录，若有租矿权或抵押权之登录时，应涂销其登录。

第四章　假登录及预告登录

第五十五条　假登录于左列情形为之：

1. 矿业权之移转，租矿权之设定、移转或抵押权之设定、移转，变更或消灭之登录声请所必需程序上之条件未具备时。

2. 关于前款之事项欲保全请求权时。

第五十六条　假登录权利人得对于管辖假登录标的矿区所在地之区法院疏明登录原因，声请依假处分之假登录嘱托。（康三、第九〇号本项中修正）

有前项声请时，该管区法院应于嘱托书附具假处分命令之正本为假登录之嘱托。（康三、第九〇号本项中修正）

对于驳回依假处分之假登录声请之裁决，得为抗告。

对于前项之抗告准用关于民事诉讼之抗告规定。

第五十七条　假登录如有假登录义务人之承诺时，得于声请书附具其承诺书，仅由假登录权利人声请之。

第五十八条　假登录之涂销得由假登录名义人声请之。

声请书附具假登录名义人之承诺书或得以与此对抗之裁判誊本时，得由登录上利害关系人声请假登录之涂销。

第五十九条　预告登录左列情形为之：

1. 已有因登录原因无效或取消之登录涂销，或回复诉讼之提起时，但以得以登录原因之无效或取消而对抗善意之第三人时为限。

2. 依矿业法第八十七条之规定，对关于矿业权之呈请之许可有诉愿之提起时。

第六十条　受理前条第一款所载诉讼之法院，应于嘱托书附具诉状之誊本或抄本而为预告登录之嘱托。

受理前条第二款所载诉愿时，主管部大臣应将其事通知于矿业监督署长。

有前项通知时，矿业监督署长应以职权为预告登录。

第六十一条　驳回第五十九条第一款所载诉讼之裁判，或对于提起此诉讼者宣告败诉之裁判已确定时、已撤回诉讼时、已抛弃请求时，或对于请求之标的已有和解时，第一审法院应于嘱托书附具裁判誊本或抄本，或证明诉讼之撤回、请求之抛弃或和解之法院书记官之文件，而嘱托预告登录之涂销。

第六十二条　主管部大臣已驳回第五十九条第二款所载诉愿、否认请求或已有诉愿之撤回时，应将其事通知于矿业监督署长。

有前项之通知时，矿业监督署长应以职权为其预告登录之涂销。

第五章　异议及诉愿

第六十三条　关于登录之处分以为不当者得于其处分完了之日起三十日以内，向矿业监督署长声明异议。

对于异议之决定应以文件为之。

前项之决定应附具理由。

第六十四条　不服于异议之决定者向主管部大臣提起诉愿。

前项之诉愿自有前条第二项决定书之到达或公示之日起计算，经过六十日时不得提起之。

前条第二项及第三项之规定对于诉愿之裁决准用之。

附　则

本令自矿业法施行之日施行（康德二年九月一日施行）

附　则

（康德三年六月十五日　令第九〇号）

本令自法院组织法施行之日施行

附　则

（康德四年八月二十六日　令第二五七号）

本令自康德四年七月一日施行

（选自《六法全书》产业法第17～第21页）

重要产业统制法

康德四年五月一日公布

敕令第六六号

同年五月十日施行

朕依组织法（第四十一条）经咨询参议府裁可重要产业统制法著即公布

国务总理、实业部、蒙政部

军政部、财政部大臣

副署

第一条　欲经营重要产业者，应依命令所定，受主管部大臣许可。重要产业之种类以敕令定之。

第二条　经营重要产业者应以命令所定，于每事业年度，将事业计划书及事业报告书提出于主管部大臣。

第三条　主管部大臣得向经营重要产业者关于其业务，发公益上或统制上必要之命令。

第四条　主管部大臣认为特有必要时，得令经营重要产业者报告其业务或财产之状况，或派所属官吏检查其金库、帐簿及其他各种文书物件。

第五条　经营重要产业者于左列情形应以命令所定受主管部大臣许可：

1. 欲为统制协定或改废统制协定时。

2. 欲扩张或变更生产设备时。

3. 欲转让事业之全部或一部时。

4. 法人欲为合并时。

第六条　经营重要产业者于左列情形应即呈报主管部大臣：

1. 废止或休止事业之全部或一部时。

2. 法人解散时。

第七条　经营重要产业者违反本法、或根据本法所发之命令、或违反根据本法或命令所为之处分时，主管部大臣得撤销第一条之许可。

第八条　未受主管部大臣许可而经营重要产业者，处五千元以下之罚金。

第九条　经营重要产业者有左列各款情形之一时，处一千元以下之罚金：

1. 违反依第三条规定之主管部大臣命令时。

2. 违反第五条规定时。

第十条　不为依第四条规定所命之报告，或为虚伪之报告，或拒绝、妨碍或回避该条之检查者，处三百元以下之罚金。

第十一条　违反第二条或第六条之规定者，处一百元以下之罚金。

第十二条　使用人及其他从业员关于本人之业务有抵触本法罚则之行为时，除罚该行为人外并处罚本人。但本人如系心神丧失人或关于营业未具有与成年人同一能力之未成年人时，则处罚其法定代理人。

第十三条　法人之使用人及其他从业员关于法人之业务有抵触本法罚则之行为时，除罚该行为人外，并处罚执行业务之股东或职员。

执行法人业务之股东或职员有前项之行为时，处罚该股东或职员。

第十四条　于第十二条及前条第一项情形，如应受处罚之本人、法定代理人、股东或职员证明其对于各该违反行为无法防止时则不罚之。

附　则

本法自康德四年五月十日施行。

本法施行之际已受主管部大臣许可，现为营业者则视为依本法已受许可者。

本法施行之际未受主管部大臣许可，现为营业者应自本法施行之日起六十日以内，依本法为许可之声请。

已为前项之声请者，于受该许可以前仍得照旧营业。

（选自《六法全书》产业法第1页）

关于施行重要产业统制法之件

康德四年五月一日公布
敕　令　第　六　七　号
同　年　五　月　十　日　施　行

修正　康德四年六月　令第一四三号

朕经咨询参议府裁可关于施行重要产业统制法之件著即公布

国务总理、实业部、蒙政部
军事部　　财政部大臣
副　　　　　　　　署

第一条　依重要产业统制法第一条第二项规定之重要产业如左：

兵器制造业。

航空机制造业。

自动车制造业。

液体燃料（矿油及无水酒精）制造业。

铁、钢、铝、镁、铅、亚铅、金、银及铜之精炼业（除金及银之湿式精炼）。

炭矿业（除年产五吨未满者）。

毛织物制造业（除用手织机者）。

棉纱纺织业。

棉织物制造业（除用手织机者）。

麻制线业（年产五十吨以上者）。

麻纺织业（除用手织机者）。

制粉业（日产能力五百袋以上者）。

麦酒制造业。

制糖业。

烟草制造业（纸卷烟草年有一千万支以上之生产者）。

曹达制造业（除天然曹达精制业）。

肥料（硫酸、硝酸、过磷酸、石灰及石灰窒素）制造业。

巴尔普（制纸原料）制造业。

油房业（设有抽出式及压榨器十五台以上者）。

洋灰制造业。

火柴制造业。

第二条　重要产业统制法中所称主管部大臣者，关于兵器制造业及航空机制造业则为（实业部）大臣，（在蒙政部管内为蒙政部大臣）及治安部大臣；关于液体燃料制造业及火柴制造业则为（实业部）大臣（在蒙政部管内为蒙政部大臣）及经济部大臣;关于其他产业则为(实业部)大臣(在蒙政部管内为蒙政部大臣)。

第三条 (实业部)大臣(在蒙政部管内为蒙政部大臣)关于兵器制造业,依重要产业统制法第四条规定,欲征取报告或令为检查时,应预先与治安部大臣协议。

附 则

本令自重要产业统制法施行日施行(康德四年五月十日施行)

(选自《六法全书》产业法第1~第2页)

重要产业统制法施行规则

康德四年五月一日公布
实业部　　第二号
蒙政部令第十七号
军政部　第十二号
财政部　第二十一号
同年五月十日施行
产　第八号
修正　康德四年七月治令第三号
经　第二号

兹制定重要产业统制法施行规则如左

第一条 重要产业统制法第一条之许可,呈请书须记载左列事项:

1. 姓名或名称及营业所之位置。
2. 工场之位置。
3. 重要产业之种类。
4. 主要生产设备、生产能力及生产方法。
5. 所需资金及资金筹办之方法。
6. 一年间之生产、贩卖及使用原材料之预计额(按种类分别记其数量及价额)。
7. 原材料之取得方法。
8. 事业年度及收支概算。

前项之呈请书,如呈请人为法人之发起人时,须附具章程,为法人时则须附具章程、贷借对照表及财产目录。

第二条 经营重要产业者欲变更前条第一项第二款、第四款或第七款之事项时,须受主管部大臣许可。

第三条 受到重要产业统制法第一条之许可者,遇有左列情事时,须从速呈报主管部大臣:

1. 生产设备已完了时。
2. 已着手生产时。
3. 姓名或名称或营业所已变更时。
4. 发起人已设立法人时。

第四条 重要产业统制法第二条之事业计划书,须记载左列事项于每届事业年度开始前提出之:

1. 关于生产、贩卖、购买、调查、研究及其他施设计划。
2. 如为法人时其重要之资金计划。
3. 生产额、贩卖额、原材料之购买额及使用额(按种类分别记其数量及价额)。
4. 如有统制协定时其事业计划书与统制协定之关系。

第五条 重要产业统制法第二条之事业报告书,须记明前条第一款至第三款之事业计划实施经过。如经营重要产业者为法人时,并须附具贷借对照表及财产目录于每届事业年度经过后从速提出之。

第六条 应依重要产业统制法第五条第一款受许可之统制协定如左:

1. 关于生产之协定。
2. 关于贩卖之协定。
3. 关于购买原材料之协定。

第七条 重要产业统制法第五条第一款之许可呈请书,须记载产业之种类、协定事项及统制之组织,并附具协定书之抄本。

第八条 重要产业统制法第五条第二款之许可呈请书,须记明欲扩张或变更之生产设备及扩张或变更后之生产能力。

第九条 重要产业统制法第五条第三款之许可呈请书,须记明欲让渡之事业、其生产设备及生产能力,并由当事人连署而提出之。

前项之呈请书须附具让渡契约书之抄本。如受让人为法人时,并须附具章程、贷借对照表及财产目录。

受让人须备具书面记明因受让事业所需之资金及资金筹办之方法,并受让事业后之生产能力而提出之。

第十条 重要产业统制法第五条第四款之许可呈请书,如系因合并而欲新设立法人时,须由发起人提出之。其他时须由合并后应存续之法人代表人提出之。

前项之呈请书须附具合并契约书之抄本,如因合并而新设立法人时,并须附具章程。其他时并须附具章程、贷借对照表及财产目录。

第十一条　重要产业统制法第六条第一款之呈报书,须记载已休止或废止之事业,其生产设备及生产能力如系休止时,并须附记休止之期间。

第十二条　经营重要产业者之继承人欲继承被继承人之事业时,须于继承开始之日起三月以内附具证明其为继承人之书面呈请。重要产业统制法第一条之许可继承人有数人时,须由其中之一人呈请之,此时应附具其他继承人关于此之同意书。

前项之呈请得省略第一条第一项各款之记载事项。

继承人已为第一项之呈请时,在准驳决定以前得经营被继承人之事业。

第十三条　在左列产业时应向主管部大臣提出之书面除重要产业统制法第五条第一款之呈请书外,须经由主要营业所所在地之省长或特别市长提出之:

1. 毛织物制造业。
2. 棉丝纺织业。
3. 棉织物制造业。
4. 麻制线业。
5. 麻纺织业。
6. 制粉业。
7. 麦酒制造业。
8. 制糖业。
9. 烟草制造业。
10. 巴尔普制造业。
11. 油房业。

在左列产业时应向主管部大臣提出之书面除重要产业统制法第五条第一款之呈请书外,须经由矿业监督署长提出之:

1. 作为采掘矿物之附属事业而经营之矿油制造业。
2. 炭矿业。
3. 作为采掘矿物之附属事业而经营之铁、钢、铝、镁、铅、亚铅、金、银及铜之精炼业。
4. 作为采掘矿物之附属事业而经营之肥料制造业。

产　第八

康四治令第三号本条中修正

经　第二

附　则

本令自重要产业统制法施行日施行(康德四年五月十日施行)。

合于重要产业统制法附则第二项者,须自本令施行之日起六十日以内提出第四条之事业计划书。

欲依重要产业统制法附则第三项呈请许可者,须于许可呈请书上附具第四条之事业计划书。

附　则

康德四年七月十九日产业部第八号

治安部第三号、经济部第二号

本令自康德四年七月一日施行。

(选自《六法全书》产业法第2页)

商业登记法

康德四年十一月二十九日公布

敕　令　第　三　四　一　号

同　年　十　二　月　一　日　施　行

联依组织法第三十六条经咨询参议府裁可商业登记法著即公布

国务总理、司法部大臣

副　　　　　　署

第一章　通　则

第一条　就商业登记以声请登记人之营业所所在地之区法院为管辖登记处。

第二条　司法部大臣得以属于一登记处管辖之事务,使同一地方法院管辖区域内之地登记处处理。

第三条　登记处备置左列商业登记簿:

1. 商业登记簿。
2. 未成年人登记簿。
3. 法定代理人登记簿。
4. 经理人登记簿。
5. 株式会社登记簿。
6. 合名会社登记簿。
7. 合资会社登记簿。
8. 外国会社登记簿。

第四条　登记处备各商业登记簿之索引簿。

第五条　登记簿须由高等法院长将其枚数记载于表纸背面，并署职姓名盖职印，且于每页连缀处盖职印。

第六条　不论何人得缴纳手数料，请求阅览商业登记簿或请求交付其誊本或节本。

手数料外并得缴纳邮送费，请求送付登记簿之誊本或节本。就登记疏明有利害关系之人，得缴纳手数料以其有关系之部分为限，请求阅览登记簿之附属书类。

第七条　不论何人得缴纳手数料，请求证明登记事项无变更或无某事项之登记。

前条第二项之规定于前项情形准用之。

第八条　登记事项之公告，于政府公报及新闻纸上至少须为一回。

公告视为于揭载之最终之政府公报或新闻纸发行日之翌日为之者。

第九条　登记处须于每年十二月选定翌年揭载登记事项公告之新闻纸，以政府公报及新闻纸公告之。

揭载公告之新闻纸休刊或废刊者，须再选定他新闻纸以与前项同一之方法公告之。

第十条　登记处认为无为公告适当之新闻纸者，得以代新闻纸之公告，于七日间揭示于登记处之揭示场，而为公告。

第十一条　应登记之事项之登记，其变更或消灭之登记，除法律另有规定者外，非有当事人之声请不得为之。

第十二条　登记之声请须以书面为之。

声请书须记载左列事项并由声请人或其代理人署名盖章：

1. 声请人之姓名及住所。

2. 依代理人声请者其姓名及住所。

3. 登记之标的及事由。

4. 登记税额。

5.　年　月　日。

6. 登记处之表示。

依代理人声请者，须添附证其权限之书面。

第十三条　数人应共同声请而有因正当事由不能为声请之人者，仅由其他之人声请。

于前项情形须证明不能为声请之事由。

第十四条　声请需官署许可事项之登记者，须于声请书添附官厅之许可书或有其认证之誊本。

第十五条　就在本店及支店之所在地，应登记之事项在支店所在地声请其登记者，须于声请书添附证在本店所在地所为登记之书面，于此情形各本条所定之书类无须添附之。

第十六条　登记处于登记声请违反法律规定者，须以附理由之裁定却下之。

对于前项裁定得为即时抗告。

第十七条　当事人经登记后，发见其登记依本法其他之法律规定不可许可者，得向管辖登记处声请其抹消。

第十八条　当事人经登记发见其登记有错误或遗漏者，得向管辖登记处声请其更正。

第十九条　登记处于为登记后，发见其登记系法律上不可许可者，须对于为登记之人定不超过一月之期间通知，于其期间内不声明异议者，应抹消登记。

为登记之人之所在不明者，须以与登记事项之公告同一方法为公告，以代前项之通知。

第二十条　有异议之声明者，登记处须以附理由之裁定为其裁判，对于前项裁判得为即时抗告。

第二十一条　无异议之声明或却下异议之裁判经确定者，登记处须以职权抹消登记。

第二十二条　前三条之规定，就在本店及支店所在地应登记之事项之登记，于仅在本店所在地所为之登记适用之。

于前项情形，本店所在地之登记处抹消其登记者，须速将其旨通知于支店所在地之登记处。

支店所在地之登记处受前项通知者，须速抹消登记。

第二十三条　登记处于为登记后发见其登记有错误或遗漏者，须速通知为登记之人。

于前项情形错误或遗漏出于登记处之过误者，登记处须速得管辖地方法院长之许可，更正登记并将其旨通知于登记声请人。

第二十四条　商业登记簿之全部或一部灭失者，司法部大臣得命回复登记所必要之处分。

第二十五条　不动产登录法第十六条、第二十九条、第三十条、第三十二条、第三十三条、第六十八条及第一百十三条第一项之规定，于商业登记准用之。

第二十六条　就商业登记手续本法另无规定者，依非讼事件法之规定。

第二章　商号之登记

第二十七条　商号之登记于新京特别市、同市、同县或同旗内，非与为同一营业由他人已为之登记，得以显然区别者不得为之。

证明自商人通例施行前，使用与他人已登记之商号同一或类似之商号之人，得不拘前项之规定登记其商号。

第二十八条　商号登记之声请书须记载营业之种类，声请商号变更之登记者亦同。

商号登记之声请书并须记载营业所。

第二十九条　商号让渡之登记，因让受人之声请为之。

让受人将其商号与营业一并让受，而就因让渡人营业所生之债务，让受人声请不任清债之责之登记者，须于声请书记载其旨。

声请书须添附左列书类：

1. 证声请人将商号与营业一并让受或让渡人废止营业之书面。

2. 于第二项之情形证让受人就因让渡人营业所生债务不任清偿之责之特约之书面。

第三十条　有前条第二项登记之声请者，须于商号让渡之登记记载其旨。

第三十一条　除第二十九条之情形外，为商号登记之人之承继人，拟续用商号者，须添附证其资格之书面而声请其登记。

第三十二条　废止或变更商号者，当事人须声请其登记。

继承人为前项声请者，须于声请书添附证其资格之书面。

第三十三条　为商号登记之人变更姓名、住所或营业所者，须速声请其登记。

第三十四条　依商人通法第二十二条之规定，请求抹消商号登记之人，须就其登记疏明有利害关系。

第十九条至第二十一条之规定于有前项请求者准用之。

第三章　无能力人及法定代理人之登记

第三十五条　依商人通法第三条第一项规定之登记之声请书，须记载左列事项：

1. 未成年人出生之年月日。

2. 营业之种类。

声请书须添附证得法定代理人许可之书面，但法定代理人于声请书连署者不在此限。

第三十六条　法定代理人取消对于未成年人营业之许可者，须速声请依商人通法第三条第一项之规定所为登记之抹消。

第三十七条　法定代理人限制对于未成年人营业之许可者，须速声请其登记。

有前项登记之声请者，须于原登记记载其旨。

第三十八条　依商人通法第三条第二项规定之登记之声请书，须记载为法定代理人之资格及营业之种类，且添附证其资格及已得亲属会同意之书面。

第四章　经理人之登记

第三十九条　经理人选任之登记因营业主之声请为之。

会社系声请人者，前项登记因代表其会社之董事或社员之声请为之。

第四十条　选任经理人之登记之声请书，须记载左列事项：

1. 经理人之姓名及住所。

2. 声请人以数个商号为数种营业者经理人应代理之营业及其所用之商号。

3. 置经理人之场所。

4. 定数人之经理人共同行使代理权者关于其代理之规定。

会社系声请人者，须于声请书添附证选任经理人之书面。

第四十一条　第三十九条之规定，于声请经理人代理权之消灭并前条第一项第四款所揭事项及其变更消灭之登记者准用之。

会社系声请人者，须于声请书添附证前项所揭事项之书面。

第五章　会社之登记

第一节　总　则

第四十二条　依会社法第八条第一项或第二项之规定命会社解散之裁判经确定者，法院须向会社之本店及支店所在地之登记处嘱托其登记抗告，法院为裁判者亦同。

受前项嘱托者登记处须为其登记。

第二节　株式会社

第四十三条　株式会社设立之登记因总董事及总监查人之声请为之。

声请书须添附左列书类：

1. 定款。

2. 证承受株式之书面。

3. 株式要约证。

4. 董事及监查人或检查人之调查报告书及其附属书类。

5. 有会社法第二十条第二项之裁判者其裁判之誊本。

6. 关于保管缴纳金之银行之证明书。

7. 发起人选任董事及监查人者其关系书类。

8. 创立总会之议事录。

9. 就营会社目的之事业而需许可者证有其许可之书面。

第四十四条 资本之增加或减少、解散及因合并之变更、设立或社债承继之登记，因总董事及总监查人之声请为之。

第四十五条 董事或监查之姓名或住所变更之登记，因代表会社之董事之声请为之。

第四十六条 支店之设立、本店或支店之移转，其他变更之登记，因总董事之声请为之。

声请书于登记事项需株主总会之决议者，须添附其议事录。

会社法第二百三十条第一项登记之声请书，须添附转换请求书。

第四十七条 有株主总会决议事项之登记而其决议之取消或无效之确认之判决经确定者，受诉法院须向会社本店及支店所在地之登记处嘱托其登记。

第四十二条第二项之规定于登记处受前项嘱托者准用之。

前二项之规定，于创立总会决议之取消或无效之确认之判决经确定者准用之。

第四十八条 至欠缺法律或定款所定董事、监查人或清算人之员数而法院选任暂行董事、监查人或清算人之职务之人者，须向会社本店及支店所在地之登记处嘱托其登记。

第四十二条第二项之规定于登记处受前项嘱托者准用之。

第四十九条 法院依会社法第一百三十条第一项、第二项或会社法第一百三十二条之规定，停止董事、监查人或清算人之职务执行或选任代行之人或变更或取消其处分者，须向会社本店及支店所在地之登记处嘱托其登记。

第四十二条第二项之规定于登记处受前项嘱托者准用之。

第五十条 会社法第一百三十六条第二项之登记因总董事或总清算人之声请为之，其消灭之登记亦同。

会社法第一百三十六条第二项登记之声请书，须添附证会社法第一百三十六条第一项协议之书面。

第五十一条 社债之登记因总董事之声请为之。声请书须添附左列书类：

1. 最终之贷借对照表。

2. 证承受社债之书面。

3. 社债要约证。

4. 证各社债已有会社法第一百六十四条缴纳之书面。

5. 关于募集社债之株主总会之议事录。

第五十二条 关于社债之变更登记因代表会社之总董事之声请为之。

声请书须添附证变更事由之书面。

第五十三条 会社之资本增加登记之声请书，须添附左列书类：

1. 证承受株式之书面。

2. 株式要约证。

3. 依会社法第二百二十条或第二百二十一条规定之检查人或监查人之调查报告书及其附属书类。

4. 关于保管缴纳金之银行之证明书。

5. 决议资本增加之株主总会及依会社法第二百八十条规定之株主总会之议事录。

第五十四条 会社法第二百三十六条之登记因总董事之声请为之，声请书须添附社债之转换请求书。

第五十五条 会社之资本减少登记之声请书，须添附左列书类：

1. 决议资本减少之株主总会之议事录。

2. 证已为依会社法第二百四十六条第一项规定之公告及催告之书面。

3. 有依会社法第二百四十六条第二项规定之异议期间之伸长者证此之书面。

4. 有述异议之债权人者，证对此已为清偿或供担保之书面。

5. 有株式之合并者，证已为会社法第二百四十七条第一项所定之公告及通知之书面，如有会社法第二百四十九条之处分者，证此之书面。

第五十六条 受依会社法第二百五十二条(包含于会社法第二百七十六条、第三百二十七条及第三百五十五条所准用者)及会社法第二百五十八条之规定(包含于会社法第二百七十六条所准用者)之嘱托者,登记处须为其登记。

第五十七条 会社解散之登记之声请书,须记载解散之事由。

声请书于会社因株主总会之决议而解散者,须添附其总会之议事录。于因合并而解散者,须添附合并契约书。关于合并之株主总会之议事录及第五十五条第二款至第四款所揭之书面,因营业全部之让渡而解散者,添附证营业让渡之书面及关于营业让渡之株主总会之议事录。

第五十八条 会社法第二百八十二条第二项之登记因总清算人及总监查人之声请为之。

声请书须添附决议继续会社之株主总会议事录。

第五十九条 因合并之变更登记之声请书,须记载其事由并添附左列书类:

1. 合并契约书。

2. 关于合并之株主总会之议事录。

3. 第五十五条第二款至第五款所揭之书面。

4. 因合并而解散之会社不在登记处之管辖区域内者,其会社之登记簿誊本。

第六十条 因合并之设立登记之声请书,须记载其事由并附左列书类:

1. 定款。

2. 创立总会之议事录。

3. 前条第一款、第三款及第四款所揭之书面。

4. 证会社法第七条之设立委员资格之书面。

第六十一条 会社合并为无效之判决经确定者,受诉法院须向会社本店及支店所在地之登记处嘱托会社法第二百九十四条所定之登记。

第四十二条第二项之规定于登记受前项嘱托者准用之。

第六十二条 会社之设立中资本之增加或减少为无效之判决经确定者,受诉法院须向会社本店及支店所在地之登记处嘱托其登记。

第六十三条 清算人登记之声请,须添附证会社法第三百零三条第一项第二款及第三款所揭事项之书面。

除董事为清算人者外,声请书并须添附证其清算人资格之书面。

第六十四条 会社法第三百零三条第一项所揭事项变更之登记,因代表会社之清算人之声请为之。

声请书须添附证变更事由之书面。

第六十五条 清算结了登记之声请书,须添附证已有会社法第三百二十一条第一项所定承认之株主总会之议事录。

第三节 合名会社及合资会社

第六十六条 合名会社设立之登记因总社员之声请为之,声请书须添附定款,且社员中有未成年人或准禁治产人者,添附证其为社员经法定代理人同意之书面。

第六十七条 合名会社之支店设立、本店或支店之移转,其他变更之登记,因代表会社之总社员之声请为之。

前项声请书就其登记事项需总社员之同意或某社员之同意者,须添附证经其同意之书面,但由总社员声请者不在此限。

依会社法第三百八十条第三项规定之登记之声请书,须添附其判决之誊本。

社员之姓名或住所变更之登记,因代表会社之社员声请为之。

第六十八条 合名会社解散之登记,因总社员或其继承人声请为之,声请书须记载解散之事由,且由继承人声请者,须添附证其资格之书面。

因合并之解散登记之声请书,须添附左列书类:

1. 证已为依会社法第二百四十六条规定之公告及催告之书面,如有述异议之债权人者,证对此已为清偿或供担保之书面。

2. 与株式会社合并者其合并契约书。

第六十九条 合名会社继续之登记,因同意于会社之继续之总社员之声请为之。

依会社法第四百条之规定(包含于会社法第四百零三条第二项所准用者)继续会社者,须于声请书添附判决之誊本。

第七十条 因合名会社合并之变更登记因总社员之声请为之。声请书须添附左列书类:

1. 第六十八条第三项第一款所揭之书面。

2. 第五十九条第四款所揭之书面。

第七十一条 因合并之合名会社设立之登记因总社员之声请为之。声请书须记载其事由并添附左列书类:

1. 定款。

2. 前条第二项所揭之书类。

3. 证会社法第七条之设立委员资格之书面。

第七十二条 合名会社因社员之请求解散者，其解散之登记因各社员之声请为之。

声请书须添附判决之誊本。

第七十三条 第六十一条及第六十二条之规定于合名会社之合并之无效及设立之无效或取消之判决，经确定者准用之。

第七十四条 清算人登记之声请书，除业务执行社员为清算人者外，须添附证其清算人资格之书面。

第七十五条 第六十三条第一项及第六十四条之规定于合名会社准用之。

第七十六条 清算结了登记之声请书，须添附证已有会社法第四百十七条第一项所定承认之书面。

第七十七条 依会社法第四百三十九条第三项之规定(包含于会社法第四百四十条所准用者)，就合名会社应为之登记，因总社员之声请为之。

声请书须记载组织变更之事由并添附定款。

第七十八条 依会社法第三百九十七条之规定就合资会社应为之登记，因无限责任社员全员之声请为之。

声请书须记载组织变更之事由并添附定款。

于新加入有限责任社员者，须添附证其加入之书面。

第七十九条 第六十六条至第七十六条之规定于合资会社之登记准用之，但于合名会社因总社员之声请，应为之登记于合资会社，因其无限责任社员全员之声请为之。

因新加入有限责任社员之变更登记之声请书，须添附证其加入之书面。

第四节　外国会社

第八十条 外国会社始在满洲国设支店而声请其支店设置之登记者，须于声请书记载在满洲国之代表人姓名及住所，且添附左列书类：

1. 足认本店存在之书面。

2. 证为声请之会社代表人资格之书面。

3. 会社定款或足识别会社性质之书面。

前项所揭之书类，须为受外国会社本国管辖官厅或在满洲国领事之认证者。

第八十一条 除前条所定者外，支店设置之登记声请书，须记载在满洲国之代表人姓名及住所，且添附证已在满洲国设支店之登记之书面。

第八十二条 外国法人法第四条第三项之登记，因在满洲国之代表人之声请为之。

在满洲国之代表人变更登记之声请书，须添附证代表人资格之书面。

第八十条第二项之规定于前项书面准用之。

第八十三条 外国会社之登记除始设置支店者外，因在满洲国之代表人之声请为之。

在满洲国之代表人就在外国所生登记事项之变更声请，其登记者须依有会社本国管辖官厅或在满洲国领事人认证之书面证明变更之事实。

第八十四条 命外国会社支店闭锁之裁判经确定者，法院须向外国会社支店所在地之登记处嘱托其登记抗告，法院为裁判者亦同。

第四十二条第二项之规定于登记处受前项嘱托者准用之。

第八十五条 第四十二条第二项之规定于登记处就在满洲国之外国会社之财产全部受特别清算之开始，其终结或特别清算开始命令取消之登记嘱托者准用之。

附　则

第八十六条 本法自康德四年十二月一日施行。

第八十七条 康德二年敕令第一百五十二号商业登记法除关于股份两合公司之登记者外废止之。

第八十八条 变更股份两合公司之组织为株式会社者，就株式会社应为之登记因总董事及总监查人之声请为之。

声请书须记载组织变更之事由并添附定款，证承受株式之书面及关于组织变更之股东会之决议录。

第八十九条 第四十六条第一项及第六十七条第一项之规定(包含于第七十九条所准用者)，于依会社法施行法第十二条第一项规定之登记之声请准用之。

声请书须添附证应登记事项之书面。

第九十条 第六十一条之规定于会社法施行法第十六条所定之合并之无效确认之判决，经确定者准用之。

第九十一条 第五十二条第一项之规定于依会社法施行法第五十七条第一项规定之登记之声请准用之。

第八十九条第二项之规定于前项情形准用之。

第九十二条　第六十二条之规定于会社法施行法第六十七条所定之资本增加或减少之无效确认之判决经确定者准用之。

第九十三条　第七十七条之规定于依会社法施行法第七十一条之规定就合名会社应为之登记之声请准用之。

(选自《六法全书》登记法第30～第35页)

商业登记法施行规则

康德四年十一月三十日公布

司法部令第三一号

同年十二月一日施行

兹将商业登记法施行规则制定如左

第一章　通　则

第一条　登记处于登记簿、索引簿及收件账外应备左列之账簿：

1. 印鉴簿。
2. 印鉴簿索引簿。
3. 声请书类编订账。
4. 裁定原本编订账。
5. 抗告书类编订账。
6. 誊本节本证明书给与账。
7. 受领证存根簿。

前项第三款至第七款之账簿应于每一年为别册，但不妨为分册。

第二条　登记簿应因登记处之请求由高等法院长交付之。

登记处应予定于翌年中所必要账簿之册数及枚数。于每年十月中请求之。

预定外生账簿之必要者得临时为其请求。

第三条　商业登记簿应依附录第一号至第七号格式作制之。

外国会社登记簿之格式应依附录第五号至第七号。

第四条　商业登记簿应于新京特别市、市、县或旗每为别册。

第五条　商业登记簿之索引薄应依附录第八号格式作制之。

第六条　收件账应依附录第九号格式作制之。

第七条　依法律应盖章于登记声请书之人，应预先将其印鉴提出于登记处，为换印者亦同。但就登记声请为因委任代理之人不在此限。

第八条　印鉴应依附录第十号格式作制之。

第九条　声请书、嘱托书、通知书、许可书及因管辖转属受移送之登记簿誊本其他之附属书类，应记载其登记簿之册数及页数，依收件号数之顺序编于声请书类编订账。

依登记簿之种类以前项之编订账为分册者，应于其表纸记载应表示登记簿种类之文字。

第十条　登记簿之全部或一部已灭失者，登记官吏应速记载其事由、年月日及已灭失登记簿之册数，且预定回复登记期间呈报于高等法院长，但区法院分所之呈报应经由管辖区法院。

高等法院长受前项呈报者应为相当之调查后具呈于司法部大臣。

第十一条　登记处拟废毁关于登记之账簿或书类者，应作目录受高等法院院长之认可，但由区法院分所请认可者应经由管辖区法院。

第十二条　受理声请书者应以消印器消毁所粘贴之收入印纸。

第十三条　印鉴簿及印鉴簿索引簿应永远保存之。

收件账应十年间保存之。

裁定原本编订账及抗告书类编订账应十年间保存之。

誊本节本证明书给与簿、受领证存根簿应三年间保存之。

前三项账薄之保存期间自该年度之翌年起算之。

第十四条　请求阅览登记簿或其附属书类或交付登记簿之誊本或节本之人应提出声请书。

依代理人为请求者，应添附证其权限之书面。

第十五条　请求阅览登记簿或其附属书类者，应于声请书记载左列事项，由声请人署名盖章，但请求附属书类之阅览者应于声请书记载足以疏明利害关系之事由且添附足以疏明其关系之书面：

1. 登记簿之种类。
2. 欲阅览之登记事项。
3. 登记处之表示。
4. 年月日。

第十六条　登记簿之誊本或节本之交付声请书，应记载左列事项由声请人署名盖章：

1. 登记簿之种类。

2. 请求交付誊本或节本之登记事项。

3. 手数料之金额。

4. 登记处之表示。

5. 年月日

登记簿节本之交付声请书，亦应记载请求交付节本之部分。

第十七条 请求证明登记事项无变更或某事项无登记之人应提出声请书二通。

前项声请书应记载请求证明之事项及年月日，由声请人署名盖章。

登记官吏应于声请书之一通附证明文，记载年月日而署名盖章，且盖登记处之印交付于声请人。

第十八条 商业登记法第六条第二项及第七条第二项之邮送费应以邮票缴纳之。

第十九条 声请需官署许可事项之登记者，应于声请书记载官署许可书到达之年月日。

前项规定于依会社法第一百六十六条第四项或外国法人法第六条之规定声请，在外国所生事项之登记者准用之。

第二十条 登记官吏领受声请书者，应速调查关于声请之一切事项。

第二十一条 登记官吏受理声请书者，于收件账记载登记之标的，声请人之姓名、收件之年月日及收件号数，并于声请书应记载收件之年月日及收件号数。

第二十二条 声请书其他之书面，应记载之收件年月日、收件号数、登记簿之册数及页数，亦应记载于声请书其他书面之第一页。

第二十三条 声请书其他书面之受领证，应记载收件之年月日及收件号数。

第二十四条 登记官吏应依收件号数之顺序为登记。

第二十五条 为登记应于登记用纸中相当栏，记载登记事项及登记之年月日，并由登记官吏盖章。

登记用纸中某栏无记载登记事项而完了登记者，应于其空栏交叉朱线，但就为日后应有登记事项所设之栏不在此限。

登记用纸中某栏记载登记事项后，尚于同栏内生余白者，应于其余白交叉朱线。

于变更栏为登记者，应于其左侧划纵线而与余白分界。

第二十六条 为变更登记或登记之更正者，应以朱笔抹消变更或更正之登记之记载。

第二十七条 为抹消之登记者，应以朱笔抹消应抹消登记之记载，但因为抹消之登记而应闭锁登记用纸者不在此限。

第二十八条 闭锁登记用纸者，应以朱笔抹消登记号数。

第二十九条 更正之登记应于变更栏为之。

第三十条 登记用纸中某栏已满至无余白者，应于新用纸中登记号数之左侧记载系其号数之第二者，并记载编缀前用纸，之登记簿册数、页数及其系继续用纸，且于前用纸中登记号数之左侧记载第一之文字并编缀新用纸之登记簿册数、页数及继续于此之旨。

前用纸中他栏有余白者，就其栏应登记之事项仍应于其栏为登记。

前二项之规定于设第三以下之继续用纸者准用之。

第三十一条 登记之公告应以为登记之登记处之名为之。

第三十二条 交付登记簿之誊本、节本或证明书者，应于誊本节本证明书给与簿记载誊本、节本或证明书之区别，号数，交付之年月日、登记簿之种类及登记号数并声请人之姓名。

前项规定于以登记簿誊本移送他登记处者准用之。

第三十三条 商业登记簿之索引簿，应依商号或未成年人、法定代理人或经理人姓名之首字笔划之多寡予为区分之，于每登记用纸记载登记号数记载其登记簿之册数、页数及登记号数。

第三十四条 索引簿之备考栏就法定代理人之登记，应记载无能力人之姓名。就经理人之登记，应记载营业主之姓名或商号。就会社之登记，应记载本店或支店之区别。就外国会社之登记，应记载会社之种类。

前项之记载事项有变更者，应变更其记载。

第三十五条 为商号之变更或未成年人、法定代理人或经理人姓名变更之登记者，应于索引簿中另移载于相当区划，并于旧索引之备考栏记载移载于第几页之旨，并旧索引以朱笔抹消之。

第三十六条 闭锁登记用纸者，应于索引簿中备考栏记载其事由，以朱笔抹消其索引。

第三十七条 甲登记处管辖区域之一部转属于乙登记处管辖者，甲登记处应将属于其部分之登记簿或其誊本及附属书类或其誊本移送于乙登记处，但登记簿之誊本仅誊写现存之登记。

于前项情形应于甲登记处登记用纸中预备栏记载因管辖变更转出之旨及其年月日，并由登记官吏盖章闭锁其登记用纸。

第三十八条　依前条规定受移送登记簿誊本及附属书类或其誊本之乙登记处，应于登记簿移载其登记。

移载登记于登记簿者，应于登记用纸中登记号数栏按其登记簿之登记顺序记载号数，于其左侧记载前管辖登记处及前登记号数并于预备栏记载因管辖变更而移载之旨及其年月日，由登记官吏盖章。

第三十九条　商业登记法第十九条第一项之通知，应记载为登记之事件之表示及其登记系法律上不应许可之事由。

第四十条　依商业登记法第二十一条之规定为抹消之登记者，亦应记载其事由。

第四十一条　依商业登记法第二十三条第二项之规定为登记之更正者，亦应记载为许可之法院名称及许可年月日。

第四十二条　不动产登录法施行规则第六条、第十三条、第十四条、第二十二条、第二十三条第一项、第二十六条、第二十九条至第三十一条、第三十六条至第三十八条、第四十一条、第四十八条、第六十七条、第七十七条及第一百二十二条第一项之规定于商业登记准用之

第二章　商号、无能力人、法定代理人及经理人之登记

第四十三条　由同一人声请数个商号之登记者，应就各商号于各别之登记用纸为登记。

第四十四条　为商号登记之人之营业所移转于有商号效力之区域外者，应于登记用纸中消灭栏为其抹消之登记，并闭锁登记用纸。

第四十五条　前条规定于因新京特别市、市、县或旗之区域变更而商号登记之效力消灭者准用之。

第四十六条　有依商人通法第三条第一项之规定为登记，而其登记事项因未成年人之死亡消灭者，应由为其法定代理人之为登记之声请。

第四十七条　有依商人通法第三条第二项之规定为登记，而其登记事项因法定代理人之死亡消灭者，应由新法定代理人为登记之声请。

第四十八条　于前二条之情形应于声请书添附足证登记事项消灭之书面。

第四十九条　为登记之未成年人及法定代理人之营业所或置经理人之营业所移转于登记处管辖区域外者，应于登记用纸中消灭栏为抹消之登记，并闭锁登记用纸。

前项规定于登记处管辖区域内有他营业所者不适用之。

第五十条　声请数人经理人之登记者，应于各别之登记用纸为登记。

关于经理人共同代表之规定之登记于为经理人选任之登记者，应于登记用纸中预备栏为之。

第五十一条　关于经理人共同代表之规定之登记，应附记编缀他经理人之登记用纸之登记簿之册数及页数。

第三章　会社之登记

第五十二条　会社之商号无须登记于商号登记簿。

第五十三条　除会社设立者外，为会社法第三十六条第二项、第三百五十八条第一项或第四百二十六条第一项所定之登记者，应于登记用纸中预备栏记载其事由。

第五十四条　依商业登记法第五十六条规定之登记应于预备栏为之。

第五十五条　依商业登记法第五十八条或第六十九条规定之登记，应于预备栏为之解散之事由，其年月日及清算人之登记以朱笔抹消之。

第五十六条　有以会社之合并为无效之判决而为其变更之登记者，应记载其事由并为判决之法院之名称及判决确定之年月日并以朱笔抹消，因合并所为之登记。

有以会社之合并为无效之判决而为其回复登记者，应于预备栏记载其事由，并为判决之法院之名称及判决确定之年月日而为之。

于前项情形，应以朱笔抹消解散之事由及其年月日，并复活登记号数。

第五十七条　有以会社资本之增加或减少为无效之判决之登记，应于变更栏记载其事由，并为判决之法院之名称及判决确定之年月日，并以朱笔抹消其资本增加或减少之登记。

为前项登记者应复活因资本减少所抹消之登

记。

第五十八条 会社设立之无效或取消之登记，应于登记用纸中解散事由及年 月日栏为之，于此情形为其判决之法院之名称及判决确定之年月日亦应记载之。

第五十九条 会社将其本店移转于登记处管辖区域外而向新所在地之登记处声请登记者，应于声请书添附旧所在地之登记簿誊本。

前项规定于新所在地之登记处管辖区域内有支店者不适用之。

第六十条 会社因将其本店或支店移转于登记处之管辖区域外而为移转之登记者，应闭锁其登记用纸。

前项规定于登记处之管辖区域内有本店或支店者不适用之。

第六十一条 废止会社支店之登记，应于登记用纸中预备栏为之，并闭锁其登记用纸。

前条第二项规定于前项情形准用之。

第六十二条 有株主总会决议之取消或无效确认判决者，其登记应于登记用纸中变更栏为之，将为其判决之法院之名称及其判决确定之年月日亦记载之，有系抹消之登记者，应复活其登记。

为前项登记者应以朱笔抹消已决议事项之登记。

前二项之规定于有创立总会决议之取消或无效确认之判决之登记准用之。

第六十三条 代表会社之董事之登记、关于董事之共同代表规定之登记及关于董事与经理人共同代表规定之登记，于为会社设立之登记者，应登记用纸中董事之姓名及住所栏为之。

第六十四条 为因会社合并之社债承继之登记者，应于预备栏记载其事由。

第六十五条 为资本之增加、株金或社债之登记后，就同一事项更为登记者，应于变更栏为之。

第六十六条 关于会社社员之共同代表规定之登记及关于社员与经理人共同代表规定登记于为会社设立之登记者，应于登记用纸中代表社员之姓名栏为之。

第六十七条 第五十一条之规定于董事或关于会社社员与经理人之共同代表规定之登记准用之。

第六十八条 因合并或组织变更为解散之登记者，应闭锁其登记用纸。

第六十九条 应代表会社之清算人之登记及关于清算人之共同代表规定之登记于始为清算人选任之登记者，应于登记用纸中清算人之姓名及住所栏为之。

第七十条 法院解任清算人者其登记声请书应添附裁判之誊本。

第七十一条 为清算结了之登记者，应闭锁其登记用纸。

第七十二条 外国会社之登记应于与其会社同种会社之登记簿或最类似之会社登记簿为之。

应登记事项之名称不适合于某栏之表示者，应记载于最类似之栏后附记其名称。

第七十三条 外国会社在满洲国之代表人之姓名及住所于为支店设置之登记者，应于董事之姓名及住所栏或代表社员之姓名栏为之。

第七十四条 第五十九条之规定于外国会社将其支店移转于登记之管辖区域外者准用之。

第七十五条 外国会社支店之闭锁或废止之登记，应于预备栏为之，并闭锁其登记用纸。

附 则

第七十六条 本令自商业登记法施行之日施行。（康德四年十二月一日施行）

第七十七条 康德二年司法部令第八号商业登记处理规则，除关于股份两合公司之登记者外废止之。

第七十八条 依会社法施行法之规定于会社之登记应追加事项，而就从前之登记簿用纸中无相当栏之事项，应于变更栏为其登记。

第七十九条 外国法人法施行前为登记之外国会社，其在满洲国代表人之姓名及住所之登记，应于变更栏为之。

第八十条 依从前规定之登记簿誊本应以依从前规定之誊本用纸作成之。

格　式　略

（选自《六法全书》登记法第 36—第 39 页）

三、商标管理

商标法

大同二年九月二十一日公布

敕　令　第　七　七　号

同年十一月二十日施行

修正　康德元年三月　令第一一号、三年七月第一一三号、四年八月第二四一号

兹经咨询参议府制定商标法著即公布此令

国务总理、实业部〔总长〕

副　　　　署

第一章　总　则

第一条　凡因表彰营业上自己所生产、制造、加工、拣选、证明、经纪、或贩卖之商品欲专用商标者,得呈请商标注册。

呈请注册之商标须用文字、图形或记号并其联合式。

商标得限定所施颜色呈请注册。

第二条　左列各款不得作为商标呈请注册:

1. 相同或类似于元首肖像或纹章者。

2. 相同或类似于国旗、国徽、国玺、军旗或勋章、奖章、记章者。

3. 相同或类似于外国元首之肖像或纹章并国旗、国徽或军旗者。

4. 相同或类似于白地红十字之记章或红十字“日内瓦”十字之称号或文字者。

5. 有紊乱秩序或风俗之虞者。

6. 相同或类似于同种商品习惯上所通用之标章者。

7. 相同或类似于政府开办或经政府许可开办之博览会或外国政府所开办或许可之博览会,奖章牌或褒状者,作为其商标之一部分使用时不在此限。

8. 有他人之肖像、姓名、名称或商号者，但已得其承诺者不在此限。

9. 相同或类似于他人注册商标失效后未满一年而使用于同种之商品者,但他人之该商标其注册失效前已有一年以上不使用时,不在此限。

10. 有发生商品之误认或混同之虞者。

11. 相同或类似于他人之注册商标而使用于同种商品者。

第三条　同一商人于同种商品使用类似商标以作联合商标为限得呈请注册。

第四条　二人以上于同种商品以相同或类似之商标各列呈请注册时,限于最先使用者之呈请准其注册。前项情形均未使用,或二人以上均系同时使用或使用前后不明时限,于最先之呈请准其注册,其在同日有二人以上呈请者,由呈请人协议后注册,协议不谐时概不注册。

第五条　呈请商标注册人须遵照产业部大臣所定商品类别指定其使用之商品。但关于每一呈请得以指定之商品以同一类别内者为限。(康四、第二四一号本条中修正)

第六条　外国人欲专用商标者,得依本法呈请注册。

第七条　因商标注册之呈请所生之权利,以于其营业一并移转者为限,得移转之。

因商标注册之呈请所生之权利，若系共同呈请时，非经他方呈请人同意，不得让与自己之权利。

因呈请商标注册所生权利之受让，除继承情事外，非由受让人呈报变更名义，不发生效力。

第八条　凡在国内住所、居所或营业所皆无者，非委托在国内有住所、居所或营业所者为代理人，不得为商标注册之呈请及其他程序，并不得主张商标专用权或关于商标之权利。

第九条　关于商标之代理人选任或解任，须呈报商标局。

商标局长对于商标代理人认为不适当时，得命变更之。

第十条　商标局长认为有正当理由时，得以职权或依请求延展其对于商标局所应为程序之法定期间。

第十一条　凡为关于商标之呈请及其他程序者，对于其嗣后行为延误指定期间，或于注册之际怠纳应缴之注册费时，商标局长得置三月之展缓期间，将呈请及其他程序作为无效。

第十二条　凡明示事由，呈请关于商标之证明、图样之摹绘及文件之查阅或抄录者，商标局长应除认为须守秘密以外许可之。

第十三条　本法中期间之计算，除另有规定者外，准用民法之规定。

第十三条之二　特许发明法第二十三条之规定，关于商标准用之。(康二、第一一三号本条中追加)

第二章　商标专用权

第十四条　已受商标注册者，依第五条规定

对于所指定之商品，取得其商标专用权。

第十五条 凡以普通所使用之方法，表示自己之姓名、名称、商号，或该商品之普通名称、产地、品质、用途、形状、效用、制法、数量或价格等者，不为商标专用权之效力所拘束。但以恶意使用姓名、名称或商号者不在此限。

第十六条 商标专用权之存续期间，自注册之日起为二十年。

前次之专用权存续期间，得依呈请续展之。但呈请续展注册之商标，若有第二条第一款至第七款或第十款情形者，不在此限。

第十七条 商标专用权以与营业一并移转者为限，移转之。

商标专用权不得分拆移转之。

联合商标之商标专用权系共有者，各该共有人非经地方共有同意，不得移转其应有部分。

第十八条 商标专用权之移转,除继承外非经注册不生效力。

第十九条 商标专用权因营业之废止而消灭。

第二十条 商标注册之无效或撤销均依评定。

第二十一条 注册或为无效时,视为起初商标专用权即不存在。

注册撤销时,商标专用权自撤销之日起无效。

第三章 注 册

第二十二条 商标局应备置商标底册,注册商标专用权之设定、移转、变更、消灭及其他法令所定事项。

关于注册之规定,由产业部大臣定之。(康四、第二四一号本条中修正)

第二十三条 审定确定或再审查决定应准注册时,经商标局注册后发给注册证。

第二十四条 商标局应刊行商标公报,登载商标注册及关于商标之必要事项。

第二十五条 受商标之注册者,于其注册时应缴纳左列注册费:

1. 商标专用权设定之注册,每件五十元。

2. 商标专用权存续期间续展之注册,每件七十元。

3. 商标专用权移转之注册,因继承移转每件十元,因其他事由之移转每件二十元。

4. 注册事项之变更或涂销,每件一元。

已缴注册费概不发还。

第四章 审查及再审查

第二十六条 凡有呈请商标注册或商标专用权存续期间续展之注册时,由商标局长指定审查员,令其审查。

依前项规定之审查员,关于审查独立行使其职务。

第二十七条 审查员对于呈请之商标,认为与他人呈请之商标相抵触时,应向各呈请人发商标互相抵触之通知,指定期间令各呈请人提出关于商标使用时期辩明书,受理该辩明书时应送达于相对人,令其具呈答辩书。

第二十八条 审查员认为应核驳时,对于呈请人示知其核驳之理由,指定期间与以提出意见书之机会,但有前条情形时,不在此限。

第二十九条 审查时得调查证据。

调查证据时得用通译。

第三十条 调查证据之费用得令予先缴纳,关于审查为调查证据所需费用之负担,依职权以该案件之审定定之,在此种情形,斟酌其事由,亦得定其额数。

以审定只定调查证据费用之负担时,其金额据其请求由商标局长决定之。

第三十一条 审查以审定终了之。

审定应附理由。

第三十二条 受审定有不服者,自其审定送达之日起六十日以内,得对于商标局长请求再审查。

有再审之请求时,由商标局长审查之。

第二十六条第二项之规定,于前项情形准用之。

第三十三条 请求再审查时,应提出再审查请求书。

再审查请求书内应记述一定之声请及理由。

第三十四条 再审查时,即关于再审查请求人未经声请之理由,亦得审查。

第三十五条 第二十九条、第三十条及第四十七条之规定,于再审查亦准用之。

第三十六条 第二十八条之规定,对于核驳审定之再审查发现其审定与核驳相异之理由时,准用之。

第三十七条 于再审查驳斥审定时,得发回审查之决定。

依前项规定为决定时,其所为驳斥理由之事项关于该案件,拘束审查员。

第三十八条 再审查以决定终了之。

决定应附理由。

第三十九条 除本法规定者外,关于审查及再审查应送达之文件,及关于送达之规定,由产业部大臣定之。(康四、第二四一号本条中修正)

第四十条 于民事或刑事诉讼有必要时,法院得迄至其审定确定或再审查决定为止,停止其诉讼程序。

第五章 评 定

第四十一条 有左列各款之一者,应依评定撤销商标注册:

1. 商标专用权人无正当理由而自注册之日起一年间未使用其商标,或继续二年间已停止其使用者,但于联合商标至少尚使用其一者,不在此限;

2. 商标专用权人于该注册商标故意自行交换,或加附记,以致商品有误认混同之虞而使用者。

依前项第二款之规定被撤销注册者,自撤销之日起一年间,对于同种商品不得呈请相同或类似之商标注册。

第四十二条 有左列各款之一者,应依评定将商标注册作为无效:

1. 商标之注册违背第一条至第四条、前条第二项或第七十条之规定而注册者。

2. 商标之注册非因呈请注册所生之权利受让人为之者。

3. 商标之注册除有第四条情形外,非为最先使用人为之者,但依第七十条已受注册时不在此限。

商标专用权存续期间续展之注册,有左列各款之一者,应依评定作为无效:

1. 违背第十六条第三项但书之规定者。

2. 注册系非商标专用权者。

第四十三条 前二条所规定之撤销及无效之评定,限于利害关系人或审查员得请求之,但有前条第一项第二款第三款或第二项第二款之情形,或依有违背第二条第八款第九款第十一款、第三条、第四条之理由时,审查员不得请求无效之评定。

依前条规定为无效之评定,虽在商标专用权消灭后,仍遵照前项之规定得请求之。

第四十四条 第四十二条之规定之无效之评定,自注册之日起经过三年时不得请求之,但有同条第一项第三款情形,并违背第二条第一款至第七款、第十款或第四条规定之理由时,不在此限。

第四十五条 关于认定商标专用权之范围,利害关系人得请求评定。

第四十六条 请求评定时,应提出评定请求书。

评定请求书应记述一定之声请及理由。

第四十七条 评定请求书违背法令所定方式时,评定长应指定相当期间令其补正其缺欠,其不缴纳法定公费时亦同。

请求人不为缺欠补正时,评定长应以决定驳回评定请求书。

前项决定应附理由。

第四十八条 评定长受理评定请求书时,应以其副本送达于被请求人,指定期间令其提出答辩书。

关于评定对当事人所提出之文件,得令相对人提出答辩书,或对当事人发讯问书,令其提出意见书。

第四十九条 评定以评定员三人之合议,以过半数决之。

评定长以评定员中资深者充之。

第五十条 评定员关于各该评定案件,由商标局长指定之。

评定员如有障碍不应干预评定时,商标局长撤销其指定,另派评定员补充之。

第二十六条第二项规定,于评定员准用之。

第五十一条 评定除以声请或以职权评定长定为口头审理者外,以书状审理之。

口头审理公开之,但有妨害秩序或风俗之虞者,评定长得停止其公开。

口头审理得用通译。

第五十二条 第二十九条之规定,于评定准用之。

第五十三条 第三十条之规定,关于评定之费用准用之。

第五十四条 当事人虽于法定或指定期间内不为程序或临期不到时,评定长亦得进行其评定。

第五十五条 评定之请求,在其审理终结前得撤回之,但已提出答辩书后须得相对人之承诺。

第五十六条 评定时对于未经当事人声请或已撤回之理由亦得审理,此情形对于其理由应指定期间,与当事人以声明意见之机会。

第五十七条 案件适至评决时,评定长应对当事人通知审理终结。

评定长有必要时,依前项规定虽已通知审理终结后亦得声请或以职权再开审理。

第五十八条 评定除另有规定外,以评决终了之,评决应附理由。

第五十九条 第三十九条之规定,于评定准用之。

第六十条 关于注册商标之效力或认定商标专用权范围之评决,注册后无论何人均不得以同一事实请求再行评定。

第六十一条 于民事或刑事诉讼有必要时,法院得关于商标之注册迄至评决间,停止其诉讼程序。

第六十二条 审查及再审查调查证据之费用额之决定,并评定费用额之决定,关于强制执行与有执行力之债务名义有同一效力。

第六章 罚 则

第六十三条 有左列各款之一者,处以三年以下之有期徒刑或拘役,或3000元以下之罚金:

一、以相同或类似于他人注册商标之商标使用于同种商品者;

二、以前款商品交付贩卖或意图交付贩卖而输入或持有者;

三、意图以相同或类似于他人注册商标之商标,令使用于同种商品交付贩卖或意图交付贩卖而持有者;

四、意图以相同或类似于他人注册商标之商标使用或令使用于同种商品而输入者;

五、意图以相同或类似于他人注册商标之商标使用或令人使用于同种商品而伪造或仿造者;

六、意图伪造或仿造他人之注册商标或令人伪造或仿造而制造交付贩卖或持有其器具者;

七、关于同种之商品,以相同或类似于他人注册商标之商标使用于营业上所用之广告、招牌、单票或交易字据者。

第六十四条 有左列各款之一者,处以二年以下之有期徒刑或拘役,或二千元以下之罚金:

1. 以诈欺行为取得商标之注册或商标专用权存续期间续展之注册或意图取得者。

2. 以未经注册之商标,以令人误认为已注册之方法使用于商品者。

3. 以前款商品交付贩卖或意图交付贩卖而持有者。

4. 以未经注册之商标,以使人误认为已注册商标之方法使用于营业所用之广告、招牌、单票或交易字据者。

第六十五条 出具甘结之证人、鉴定人或通译,对于商标局为虚伪之陈述时,处以一年以下之有期徒刑或拘役。

犯前项之罪者,于该案之审定决定或评决以前自白时,得减轻或免除其刑罚。

第六十六条 商标局所传唤之证人、鉴定人或通译,无正当理由不应停唤或不尽其义务者,处以一百元以下之过怠金。

第六十七条 商标局关于调查证据,令其提出或揭示文件及其他物件时,无正当理由不遵服命令者,处以一百元以下过怠金。

第六十八条 于施行本法有必要之规定,由产业部大臣定之。(康四、第二四一号本条中修正)

附 则

第六十九条 本法自大同二年十一月二十日施行。

第七十条 大同元年三月一日以前依法令已经注册之商标,于本法施行之际仍有其效力者,自施行本法之日起一年以内呈请其注册时,得不拘第二条第十一款并第四条之规定注册之。

依前项规定之注册费,每件为四十元。

附 则

(康德三年七月一日敕令第一百十三号)
本令自公布日施行。

附 则

(康德四年八月十二日 令第二百四十一号)
本法自康德四年七月一日施行。

(选自《六法全书》产业法第22—25页)

商标注册令

大同二年十一月二十一日公布
实 业 部 令 第 九 号
同 年 十 一 月 二 十 日 施 行
兹制定商标注册令公布之此令

第一章 总 则

第一条 关于商标之注册,依左列事项为之:

一、商标专用权之设定、移转、变更或消灭；

二、注册之效力或商标专用权范围之评决。

第二条　预告注册，于左列情形为之：

一、因注册原因无效或因注册撤销之注册之涂销或有提起回复之诉讼时；

二、关于注册之效力或商标专用权之范围有请求评定时。

第三条　左列各项之注册，依附记为之：

1. 注册名义人之表示之变更或更正。

2. 一部涂销注册之回复。

3. 注册之更正。

第四条　注册之先后，应依次序号数。

附记注册之次序，依主注册之次序。附记注册间之次序，依其先后。

第五条　注册商标之图样及说明书，视为商标原簿之一部。使评决之原本为第一条第二款所载事项之注册时，其原本视为商标原簿之一部。

第六条　商标原簿之式样，并关于其记载程序，另定之。

第二章　注册程序

第一节　通　则

第七条　注册除有法令特别规定外，非依声请或嘱托不得为之。依嘱托之注册程序，除有法令特别规定外，准用关于声请之注册规定。

第八条　左列事项之注册，以职权为之：

1. 商标专用权之设定、注册之无效或不依放弃之商标专用权之消灭。

2. 商标专用权存续期间之续展。

3. 关于注册之效力或商标专用权范围之评决。

第九条　注册之声请，应由注册权利者及注册义务者为之，但声请书附有注册义务者之承诺书时，得仅由权利者为之。

第十条　依判决或继承或其他普通受让之注册之声请，得仅由注册权利者为之。

第十一条　注册名义人之表示之变更或更正注册之声请，得仅由注册名义人为之，于注册义务者不存在时之更正注册之声请亦同。

第十二条　由受理第二条第一款之诉讼之法院添具诉状誊本或抄本嘱托预告注册时，即为其预告注册。

有第二条第二款所载之请求时，以职权为其预告注册。

第十三条　注册之声请书，须每一件具一份，记载左列事项，由声请人记名盖章：

1. 注册号数。

2. 声请人之姓名、名称及住所、居所或营业所，并以代理人声请时其姓名、名称及住所或居所。

3. 声请人系外国人时，注明国籍。

4. 注册原因及日期。

5. 注册之目的。

6. 年、月、日。

第十四条　注册之声请书，应附呈左列文书：

1. 证明注册原因之文书。

2. 关于注册原因需第三者之同意时，其证明文书。

3. 声请人系外国人时，证明国籍之文书。

4. 声请人系外国法人时，证明其法人之文书。

5. 依代理人或代表人声请注册时，证明其权限之文书。

第十五条　以数件声请书声请注册时，前条各款所载文书仅系一份，则附呈一份其他呈请书，应记载其情节。

第十六条　有左列情形时，注册之声请驳回之：

1. 案件非应注册者。

2. 声请书之方式不适合者。

3. 除声请人系注册权利者或注册义务者之继承人或其他普通受让人时外，声请书所载注册义务者之表示与商标原簿不符者。

4. 声请人为注册名义人时，其表示与商标原簿不符者。

5. 声请书所载事项与证明注册原因之文书不符者。

6. 声请书未附呈必要文书者。

7. 未缴纳注册费者。

依前项规定之驳回，应附理由。

第十七条　行政区划或其名称有变更时，商标原簿所记载行政区划或其名称，视为已经变更者。

第十八条　注册完毕后，发现其注册有错误或遗漏时，应从速通知注册权利者及注册义务者或注册名义人。依前项规定之通知，于注册权利者、注册义务者或注册名义人系多数而无其代表人时，得通知其中一人以代表之。

第十九条　于前条情形，其注册之错误或遗漏仅系商标局之错时，应从速更正其注册并通知注册权利者及注册义务者或注册名义人。前条第二项之规定，于前项之情形亦准用之。

第二节　关于商标专用权之注册程序

第二十条　声请商标专用权移转之注册时，其声请书应附呈证明营业一并移转之文书。

第三节　关于涂销之注册程序

第二十一条　因放弃商标专用权涂销注册或因废止营业涂销商标专用权之注册，得仅由注册名义人声请之。因废止商标法第五条之规定所指定商品一部之营业为涂销注册之一部或因放弃商品之一部为涂销商标专用权注册之一部时，其注册声请书应记载系废止其营业之商品或所放弃之商品。

第二十二条　依第二条第一款有预告注册时驳回诉讼之裁判或对于起诉人宣告败诉之裁判确定时，或有撤回诉讼时，或有放弃请求时，或于请求之目的或和解时，由第一审法院添具裁判誊本或抄本或撤回起诉或放弃请求或证明和解之法院书记官之文书嘱托预告注册之涂销时，即为涂销其预告注册。因第二条第二款有预告注册情形而有驳回请求评定之决定时，有否认请求之评决时，或有撤回请求时，以职权涂销预告注册。

第三章　异　议

第二十三条　关于注册之处分为不当者，自其处分完毕之日起三十日以内，得对于商标局长声请异议。

异议之决定应附理由。

前项之决定不得不服。

附　　则

本令自大同二年十一月二十日施行之。

（选自《六法全书》产业法第26－27页）

四、合同（契约）管理

政府契约规则

大同二年七月十二日公布
敕　令　第　五　八　号
同　　日　　施　　行
修正　康德元年三月敕令第一一号

兹经咨询参议府制定政府契约规则著即公布此令

国务总理
副　　署

第一章　总　则

第一条　政府订立买卖、借贷、承揽及其他契约时，除法律或敕令另有规定者外，依照本规则所定办理。

第二条　官署长官或受其委任之官吏拟缔契约时，应缮具契约书，该书内须载明契约之标的物、履行期限、保证金额、违反契约时处分保证金办法、危险之担负及其他必要事项。

第三条　前条契约书内应由缮具该契约书之官吏署名盖章。

第四条　官署长官若有左列各款情形之一者，得省略第二条所规定之契约书之缮具：

1. 出卖物品若该承买人即时缴纳价款领出物品时。

2. 依据惯习具有足代替契约书之文件时。

第五条　凡与政府订立契约之人员，应将现款或国债证券缴纳契约金额百分之五以上之保证金。

依照指名竞争契约或随意契约而订立者或有前条第一款情形者，官署长官或受其委任之官吏得免除保证金之全部或一部。

第六条　凡与政府订立契约之人员不履行其义务时，除契约另有规定外，该保证金概归政府收得。

第七条　出卖属于政府之财产时，在其交出前或移转之注册或登记前，应令缴清价款。出租属于政府之财产时，其租金应令预先缴纳，但出租期间涉及长期者，得每年定期令缴纳之。

第八条　官署长官令人承揽工程或制造或购买物件时，其额逾千元者，竣工或完纳后，应使监督官吏或检查官吏或技术专员缮具调查笔录。

官署长官依据契约对工程或制造已完部分或物件已缴部分，在竣工或完纳以前拟支付价款之一部分时，应使检查官吏或技术专员缮具调查笔录。

非依据前各项之调查笔录不得支付。

第九条　拟行前条第二项之支付时，该支付金额关于工程或制造者不得超过对于已完部分之价款十分之九。关于物件之购买者,不得超过对于已缴部分之价款。

第十条 前二条之规定对于工程或制造以外之承揽契约全部或一部之履行拟行支付时,亦准用之。

第十一条 官署长官拟订涉及翌年度以后之契约时,必须提呈理由书、契约金额及明示计算基础之文件,经国务总理大臣许可。

第二章 普通竞争契约

第十二条 官署长官或受其委任之官吏拟订契约时,除另有规定者外,须依照普通竞争契约。

第十三条 官署长官或受其委任之官吏认为有左列各款之一者,限二年间得不令其参加普通竞争:

1. 当履行契约时故意令其工程制造或物件有粗笨之虞或关于物件品质数量有欺罔行为者。

2. 当竞争时以特谋竞增或竞减之目的串通舞弊者。

3. 妨害参加竞争或妨害得标人之契约订立或契约之履行者。

4. 检查监督之际妨害该职员执行职务者。

5. 无正当之理由不履行契约者。

6. 订立契约时将自经认为有前各款情形之一后尚未经过二年之人员用以为代理人、经理人、伙友或技术专员者。

第十四条 普通竞争除第二十四条所规定者外,概以投标方法行之。

第十五条 愿投标者应以现款或国债证券缴纳估价金额百分之五以上之保证金。

第十六条 得标人不订立契约时,保证金概归政府收得。

第十七条 依投标方法令行竞争时,自投标日期之前一日起算至少十日以前,应于政府公报上或投标处所之报纸上用告示或其他方法公告之,但遇应须急速者,得缩短其期间至五日为止。

第十八条 前条公告应记明左列事项:

1. 令行投标之事项。

2. 表示契约条项之处所。

3. 执行投标之处所及日时。

4. 投标之保证金额数。

第十九条 官署长官或受其委任之官吏,应决定令行投标事项之预定价额,将其预定价额记明严加封缄,当开标时置于开标处所。

第二十条 开标应于公告所示之处所及日时在投标人之前当面行之,但当开标时投标人之全部或一部不到场时,得使与投标无关系之官吏代为莅临,以行开标。

投标人一经投标之后,其所投之标不得行更换变更或撤销。

无参加普通竞争之资格者,所投之标或违反投标条件之标作为无效。

第二十一条 当开标时各投标人之投标价额无达至照第十九条所规定之预定价额之制限者时,即得使其再行投标。

第二十二条 二人以上投标人之投标价额如系与应为得标之价额同额者时,即以抽签其得标人。

照前项情形该投标人中有不到场者或不抽签者时,须令与开标或投标无关系之官吏代行其抽签。

第二十三条 无投标人或无得标人或得标人不订立契约拟再令行投标时,第十七条之期间得缩短至五日。

第二十四条 官署长官出卖动产时,因特别之事由认为有必要时,照本章之规定得令拍卖。

第三章 指名竞争契约

第二十五条 有左列情形者得依照指名竞争契约办理:

1. 凡以令行普通竞争契约认为有不利之特殊事由时。

2. 依照契约之性质或标的参加竞争者仅系少数无令行普通竞争契约之必要时。

3. 工程或制造之承揽或财产之购买其价额逾五千元时。

4. 承租物件其租金年额或总额不逾二千元时。

5. 系有第二十八条第七款以下之情形者时。

第二十六条 令行指名竞争时,务须指定五人以上之投标人。

有前项情形对于各投标人应将第十八条各款新规定之事项即行通知。

第二十七条 第十三条至第十六条及第十九条至第二十二条之规定,于指名竞争契约时准用之。

第四章　随意契约

第二十八条　有左列情形者得依照随意契约办理：

1. 凡以令行竞争认为有不利之特殊事由时。
2. 契约之性质或标的不许竞争时。
3. 因有紧迫之必要无暇令行竞争时。
4. 特有严守秘密之必要时。
5. 工程或制造之承揽其价额不逾三千元时或财产之购买不逾二千元时。
6. 承租物件其租金年额或总额不逾一千元时。
7. 出租物件其预定租金年额或总额不逾三百元时。
8. 出卖财产其预定价款不逾五百元时。
9. 令承揽劳力之供给时。
10. 令办理运送或行保管时。
11. 出卖农工场学校试验场监狱及其他相当处所所生产或制造之物品时。
12. 对于依照法律或敕令之规定得行无代价让与或无代价出租财产之人员出卖或出租时。
13. 有非常灾害之际将属于政府之建筑材料出卖罹灾人时。
14. 在外国订立契约时。
15. 由公法人公益法人产业合作社或因慈惠所设立教育所有接承买或承租物件时。
16. 将移住地内之土木事业交诸于该移住民之共同承揽时。
17. 因保护奖励学术或技艺出卖或出租其必要物件时。
18. 因保护奖励拓殖事业出卖或出租其必要物件或由生产者直接购买其所生产或制造之物件时。
19. 因供公用、公共用或公益事业直接对于公共团体或创业者出卖或出租必要物件时。
20. 将建造物、土地、林野或其孽息对于与上列有特别缘故者出卖或出租时。
21. 将经营事业上以他物难代替之物品购买或令制造或将土地建造物行租用时。
22. 依据法律或敕令之规定对于牙行业人委托贩卖或令其贩卖时。
23. 前各款以外之契约其金额不逾一千元时。

第二十九条　令行竞争而无投标人再令投标亦无得标人时，得依据随意契约办理。但除保证金及期限外，其最初投标时所定价额及其他条件不得变更。

第三十条　得标人不订立契约时，于其得标金额之限制内，得依据随意契约办理。但除期间外其最初投标时所定条件不得变更。

第三十一条　前二条情形限于得以划分计算预定价额或得标金额时，于该价额或金额限制内关于各项标的不妨划为数人分订契约。

第三十二条　倘拟依据随意契约办理时，务应征求二人以上之估价单。

第五章　杂　则

第三十三条　本规定中将国债证券缴纳保证金时，须按照其票面价额计算。

附　则

本规则自公布之日施行。

（选自《六法全书》组织法第21—第23页）

民法契约说明

伪满洲国除有《政府契约规则》外，还执行康德四年二月二十九日公布，同年十二月一日施行的《民法》中关于民间契约的规定。在“第二编债”的第一章通则部分“第一节债之发生”中第一款和“第二节债之标的”中第四款，都是契约条文的规定。因为该民法及契约的条文，同中华民国国民政府于民国十八年十一月二十二日公布，民国十九年五月五日施行的《民法》及契约条文基本相同。故此，不再选编。

五、经济检查

重要特产物检查法

康德四年九月十七日公布
敕令第二七三号
同五年一月一日施行

朕依组织法第三十六条　经咨询参议府裁可重要特产物检查法著即公布

国务总理、产业部大臣
副　　　　署

第一条　欲输出或移出重要特产物者，应依产业部大臣之所定受检查。

欲将重要特产物依铁道或船舶向国内运出者

亦与前项同前两项之，检查委任产业部大臣指定之检查机关行之。

第二条 重要特产物之种类、检查标准及检查手续费由产业部大臣定之。

第三条 重要特产物非合格于第一条之检查者不得输出之，但因特别事由受产业部大臣许可时不在此限。

第四条 检查机关应置检查员。

检查机关关于检查员之选任及解任应受产业部大臣认可。产业部大臣认为必要时得选任检查员。

检查机关应拟具关于检查员服务之规程，受产业部大臣认可，其变更时亦同。

第五条 检查机关应拟具检查规程及关于检查收支预算，受产业部大臣认可。其变更时亦同。

第六条 产业部大臣得对于检查机关就检查事项为检查，或征取报告，或命检查施行上必要之施设，或发其他监督上必要之命令，或为处分。

第七条 检查机关违反本法，或根据本法所发之命令，或根据本法或命令所为之处分时，产业部大臣得命停止其检查之全部或一部，或取消第一条之指定，或解任检查员。

第八条 该管官吏认为有违反本法或根据本法所发之命令者，时得进入其人之店铺、仓库、工场、其他场所检查物品、账簿、其他物件、询问关系人，或搜索可以证明其事实之物件或扣押之。

第九条 关于特产物之检查，检查机关所附之印文、记号或证票抹消、除却或隐蔽之重要特产物，关于第一条之适用视为未受检查者。

第十条 违反第一条第一项之规定输出或移出重要特产物，或违反第三条之规定输出重要特产物者，处五千元以下罚金。

前项罪之未遂犯罚之。

于前二项情形，犯人所有或所持之重要特产物，得没收之。如不能没收之全部或一部时，得追征其价额。

第十一条 无正当理由将关于重要特产物之检查机关所附印文、记号或证票抹消除却或隐蔽者，处一千元以下之罚金。

第十二条 无正当理由，阻碍依第八条规定之该管官吏之职务执行，或对于寻问不为答辩或为虚伪之答辩者，处三百元以下之罚金或科料。

第十三条 违反第一条第二项之规定运出重要特产物者，处一百元以下之罚金或科料。

第十四条 使用人、其他从业员关于本人之业务有合于第十条、第十二条或前条规定之行为时，除罚该行为人外并处罚本人。但本人如系心神丧失人或关于营业未具有与成年人同一能力之未成年人时，处罚其法定代理人。

第十五条 法人之使用人、其他从业员关于法人之业务有合于第十条、第十二条或第十三条规定之行为时，除罚该行为人外，并处罚执行业务之社员或职员。

执行法人业务之社员或职员有前项之行为时，罚其社员或职员。

第十六条 于第十四条及前条第一项之情形应受处罚之本人、法定代理人、社员或职员证明无法防止该违反行为时不罚之。

附 则

本法施行期日以敕令定之(以康德四年十二月敕令第四五七号自同五年一月一日施行)

(选自《六法全书》产业法第79页)

暴利取缔

康德五年四月十二日公布
经济部 第十九号
治安部命令第二十号
产业部第二十五号

第一条 以引起市价急剧变动牟取暴利为手段对左列物品进行或企图进行抢购而惜售者，处六个月以下徒刑或三百元以下之罚金、拘留或罚款：

米
小麦及小麦粉
燕　麦
高　粱
包　米
粟　(谷)
蓖麻子
饮食料品及调味料
嗜好品
饲　料
牲　畜
被服寝具类及其材料
麻制品

皮革及皮革制品

纸

药品及其他医用材料

汽车及其他运输工具

防寒具及其材料

木材及木炭

金属及建筑材料

第二条 对以牟取暴利为目的进行所谓的等价交换及看行情对前条所示的物品及其他日常生活必需品进行或企图进行贩卖者处以拘留或罚款。

对以牟取暴利为目的进行所谓的等价交换或以条件为手段出租房屋、房间、车马、其他运输工具或提供部分劳务的处罚同前项。

第三条 主管部大臣认为有必要严加管束时,应指定期限和物品公示标准价格,对出租房屋、车马及其他运输工具的等价交换又带有条件的处罚同前项。

第四条 警察官署认为有必要严加管束时,可对贩卖第一条揭示的物品及其他生活必需品者,指定其物品及销售方法,令其表示贩卖价格。

第五条 按前条规定令出示贩卖价格者,借口不出示或不按指定方法销售时,处以三十天以内拘留或三十元以下罚款。

第六条 主管部大臣认为有必要时,对经营第一条所示物品及其他生活必需品、出租房屋、车马及其他运输工具提供劳务者,应索取其有关贩卖价格、买卖数量、贮藏量、出租价格、工资的报告,派出有关官吏到其住所、营业室、店铺、仓库、工厂等有关场所检查金库账簿等诸类文书物件,讯问有关者,下达其他取缔暴利的必要命令。

有关人员执行前项职务时应携带其身份证。

第七条 按照前条第一项规定的命令,对不呈报或呈交虚伪报告,阻碍有关官员的检查,拒绝询问或进行虚伪答辩违反本条令者,处以三个月以下徒刑或百元以下罚金或拘留罚款。

第八条 雇用人员、其他从业员在业务上触犯本令罚则时,除该行为人应受罚外,本人也应受罚。如其本人为心神丧失者或不具有与成年人相同能力的未成年者,其法定代理人受罚。

第九条 法人的雇用人员、其他从业员在业务上触犯本令罚则时,除处罚该行为人外,也处罚执行业务的社员、职员。

执行法人事业的社员及职员有前项行为时,处罚其社员、职员。

第十条 在第八条及前条第一项的场合应受处罚的本人、法定代理人、社员、职员证明其确定无法防止该行为时,不予处罚其违法行为者。

附 则

本条令从公布之日起施行。

(选自《满洲经济关系法令集》第154页)

第三部分　中国共产党领导下的革命政权时期的工商管理

（1921 年 ~ 1949 年）

第六编　第一次国内革命战争时期的工商管理

（1921 年～1927 年）

概　述

1921年，中国共产党成立后，积极主张为各阶层人民谋利益，提出了规定最高限度的租额，取消田赋以外的苛捐杂税，谋求农产品和其它生活必需工业品的价格之均衡，严禁高利贷，制止预征钱粮，限制工作时间（八小时工作制），提倡兴办合作事业，保护私营工商业，取缔奸商垄断物价，等等。党在领导工人运动的同时，也开始领导农民运动。

第一次国内革命战争时期，广东是革命的策源地，湖南是全国农民运动的中心。农民运动的先驱者彭湃，在十月革命的影响下，接受了马克思列宁主义，在海丰向农民进行宣传教育，并发动组织了第一个农民协会，领导农民开展了减租减息的斗争。1924年1月，中国国民党第一次全国代表大会在广州召开。孙中山先生接受了共产党的主张，改组了国民党，提出了“联俄、联共、扶助农工”的三大政策，实现了国共第一次合作。新三民主义促使农民运动得以迅速发展。到1926年5月止，全省94个县中，成立县农会组织的23个，没成立县农会其下属成立了区乡农会组织的有40多个县；有组织的人数达到62.6万余人。农民协会运用自己的权力，发布了一系列维护人民群众利益的决议。其中重要的有减租减息、禁止米谷出口、废除苛捐杂税、反对囤积居奇和提倡兴办合作事业、兴办自由集市等。

在湖南、湖北、江西、福建等16个省区也兴起了农民运动。到1927年6月止全国加入农民协会的农民达915万余人。农民协会在领导农民进行减租减息、抗捐抗税的过程中遭受到地主阶级和反动民团的疯狂反对。蒋介石制造“中山舰事件”和抛出“整理党务案”后，农民运动受到摧残。

在农民运动蓬勃发展的同时，在五卅运动激励下，1925年6月广东举行了省港大罢工。这是一场反对英帝国主义的殖民统治，维护民族尊严和民族利益的政治大罢工。其斗争时间之长（历时1年零4个月），规模之大，经济封锁之久，在世界工运史上是少有的。罢工委员会为了全面有效地封锁香港、澳门、沙面，在经济领域的斗争中，制订了一系列工商行政管理措施、法规，如对货物进出口的管理办法，加强经济检察工作，开展以禁止粮食出口、仇货进口为主的缉私活动等。这次大罢工，使港英当局在经济上受到巨大损失，同时也给广东的买办资产阶级和不法商人以沉重打击。

1926年7月，湖南省革命政府成立。8月召开国民党湖南省第二次代表大会，大力支持农民运动。在此形势下，各县农民协会纷纷成立，区乡农协遍布全省农村各个角落，活动规模空前。农民协会成立后，第一件事情就是“阻禁平粜”。当时，湖南各地灾荒四起，乡村中普遍缺粮，粮价暴涨。于是随着农民协会势力的迅猛扩展，逐渐在全省范围内开展了一个声势颇大的阻禁平粜运动，用以解决民食问题。中国共产党湖南区委第六次代表大会就此发出了《农民最低限度之政治经济要求》的宣言，明确规定“乡村中应有管理粮食之组织，调查当地粮食生产及消费数目，以限制粮食出境”。许多地方的农民协会组成了专门机构——民食委员会。各级农民协会及其领导下的民食委员会，实际上行使了行政干预经济的职能，它的一些规定、告示，都具有一定的权威。当时的情形是：“谷米阻得水泄不通，谷价大减，囤积居奇绝迹”。马日事变后，农民协会陆续被摧毁，阻禁平粜中止。

第一次国内革命战争时期，农民协会和省港罢工委员会领导下的经济斗争是有成效的。国共两党进行合作而作出的一系列经济政策决议应当肯定。早期的工商管理，对以后各个革命时期的工商管理的发展，起了胚胎作用。

第一章　广东农村经济状况

第一节　在军阀、地主统治下，农民负担繁杂、沉重

一、农民经济负担概述

农民在经济上所受之痛苦最利害而且最共同的，第一是高利债。计债主放银通是加一九扣，九出十三归①。而利息之重，广东各县几乎完全是每月每两纳息三分。至在高要方面，竟每月每两纳利六分，雷州方面，每月每两纳利九分。尤惨的是父债子还，迫成累代破产。第二是当押店东之重利盘剥。计各县当押，通是每月每两三分。第三是一班买办阶级之居奇垄断。凡农民卖出之农产品，一经他们之手，必要低价，且必要大秤大斗；买入之消费品肥料农具，一经他们之手，必要高价，且必要减量低衡。最可惨的，又是高抬米价。第四是一切苛税杂捐及额外征收。除此之外，而雇农佃农，自耕农，尚各有特别的痛苦状况，分述如下：

1. 雇农方面。他们一年到头用了许多劳力，做了许多苦工，所得工资，至多不过一百元，至青年雇农及女雇工的工作，与成年雇农一样，所得工资则较成年要少。青年雇农有长年工作而一文工钱都没有的。

2. 佃农方面。佃农所纳的地租，至少是佃四主六(广宁、花县)。当批承时地主所要的押租额(批头)② 在广宁、花县方面每亩40元，在中山方面禾田每亩至少10元，桑田每亩至少20元。其批承契约内规定每造除纳租之外，尚要纳田信鸡、田信鸭、田信米、田信酒③。租多半是纳上期(以银代谷)，宝安、中山、东莞即是如此。若不纳上期，交租时要佃客不计工资将谷送交地主。批承立契时，佃客要设席请地主来饮食一餐(以上统称不平等条约)。至纳租时，地主又要用最大的斗或用最大的秤(广宁、海丰用斗，花县用秤)，去剥削佃户。当荒年失收，地主硬要完纳原定租额。此外还要随时加租，随时吊田。农民收入，不能填补支出。

佃农方面还有一件最痛苦的事，就是包农制④(二路地主)。这种包农制，在中山、顺德、东莞方面最厉害，尤以中山方面为甚，计在中山方面的包农制，由许多资本家组织许多公司，先由公司向地主方面包承田地，然后再由公司转批佃农，或佃农已先向地主方面批得田，公司又硬向佃农夺去，归他们手上转批。其租额若直接向地主承批，每亩一年只要12元；若直接向包制公司承批，则每亩一年纳16元(指禾田租额)。

3. 自耕农方面。虽自已有田可耕，但每年除纳正式田赋之外，还耀纳许多附加捐。如中山方面计有军费、北伐费、自治费、保安队费、游击队费，疯人口粮费、联团费、平民教养院费、民团费、庚子赔款费、保卫团费、自卫总局费、自卫分局费、更夫费、沙捐费、捕费、护看费、沙骨费、抄夫费、鸭埠费、果木费等，不下30种。而额外征收又有厘金⑤ 等等之多量朘削。各县尚有钱粮预征。在海丰、雷州方面竟预征到民国十九年。更有征收无地钱粮。在宝安方面无地钱粮与有地钱粮相等。

(摘自《农民问题丛刊第七种》，1926年9月

二、农村经济关系

1. 批田⑥ 关系

(1) 批约。田主批田给佃户。佃户须给田主批约，批约内容要写明：田段所在地，亩数，租额，取纳方法，附加费等项。并特别注重：①不论时年丰歉两不增减；②按约交租不得拖欠，如有拖欠，任由业主将猪牛什物及批头作抵；③如

---

① “九出十三归”：旧中国高利贷的一种。高利贷者每贷款一元，借款者只得九角。月息三分，一个月到期归还本利一元三角。

② “批头”：旧时农民为取得土地租佃权而支付的押租，是正租以外的一种剥削。

③ “田信鸡、田信鸭……”：是地主对农民正租之外的额外剥削，地主在租地给农民时，就规定农民要在农作物收获时或在每年年终时，送这些东西作“田信”。

④ “包农制”：亦称“包佃”。中国旧时土豪、富农将公地或大地主的土地承租后，提高租额转佃农民，从中分割部分地租的行为。

⑤ “厘金”：亦称“厘捐”或“厘金税”，旧中国的一种商业税。

⑥ “批田”：即租田。

有违约情弊，任由业主随时批与别佃，不得有匿税罢耕等情。

(2)批头及酒肉。批头每亩要10元至50元,每亩田并要一只鸡或牛猪肉,两瓶酒。这些东西立批时须送给田主,批头于脱耕时可照数发回。批约上并写明每年终每亩须送田信鸡或鸭一只:从前要田信鸭,后来要田信鸡,因鸡比鸭要贵些,要好吃些的原故,田信鸡的重量也要先定。

2. 收租关系

(1)交银。田租往年常大半交银,后来交银的很少。交银并不是在收割时交,要等到清明重阳时候谷价贵时交,要按时价交纳好多收点银。

(2)交谷。交谷的很多,交谷的时候,也要两种方法:①送宅交收。广宁方面,每季收获晒干后送到田主家里去过风,过风很厉害,有时好谷也要被除去。过风后按照田主的大斗(最大的加四,最小的加零五)量,量后还要送上仓。所以农民送租时往往要做大半天的工夫,并且做成了,田主并不给饭吃。最可恶的是田主认为谷子还有湿气,没有晒干,便用一足推倒,要再给他晒一天或半天。②不送上宅,由田主亲自带人来收。田主往往带许多人来,要由农民供给酒肉菜饭。这种供给是规定的田信鸡鸭之外,大概每石谷供给一斤米四两肉二两酒等东西,还有挑谷走时,往往要附带挑些番薯蔬菜走。

3. 借贷关系

农民借贷，大概在过年清账及清明扫墓插秧，老谷吃完的时候。在清明的前后，借贷的利息最高，大概都是借谷，定期六月，收割时归还，为时不过三月，在三月清明前后借谷1担，到六月收割时，要还1石5斗，实际还不止还1石5斗。譬如借谷时每1石谷值银4元，便在借约上写明要还4元的谷，照时价六月间每石谷要贱到2元6角钱，所以4元减去2元6角，还余1元4角，又可以换5斗谷，再加上利谷5斗，所以要还2石。有的在清明时候借1元3毫钱，六月收获时还1石谷子，实际计算起来，也同前那一种利息一样。

(摘自《农民问题丛刊第十八种》,1926年9月)

三、农民经济上所受的剥削

广东农民,大多数为佃农,其次为半自耕农及自耕农。现在他们所受的经济压迫之显然可见者:第一是田租,大多数5成以上归田主所得;第二是田亩捐,每亩田2毫至6毫,田主佃户各出一半,归民团所有,有时亦为商团所有;第三是军队苛捐,约在农产物价格3%~4%,或名目繁多,且征收不止一次,归驻防军所有,有时亦为土匪所有;第四是青苗债,每年青黄不接之际,农民向地主借钱还谷,大都借2元还1石谷,月息30%~50%;第五是临时借贷,农民需要用工具、肥料、种子及吃用等,向地主临时借钱谷,月息由3分至5分;第六是私当,农民意外急需时拿自己的东西向地主抵借,利息有以日计算者,农民呼之为“雷公劈”;第七是公当,月息3分,赎期半年或一年;第八是钱粮预征,政府因筹军费预征钱粮,地主亦有预收田租者。所以,他们的经济压迫,概括有四项,就是重租、苛捐、高利贷和钱粮预征。

(摘自《响导》第三集第一一二期,1925年4月)

四、连江口下柴船苛税调查

北江柴船之经过连江口者,动辄被抽种种苛税,名目繁多,非外人所能尽悉。北江柴商,已纷呈请政府撤销,兹特将苛抽数目名称录之如下:

1. 连江口缉私工商费征收13元5毫(每只计以下同)
2. 连江口民团费3元4毫
3. 连江口巡查费4元4毫
4. 连江口送帮茶费8毫
5. 大樟口民团费4毫
6. 黎洞查验费6毫
7. 大庙峡民团费4毫
8. 横石缉私卫商费9元6毫5
9. 横石民团费2次共2元4毫
10. 横石送帮茶(费)3元4毫
11. 黄洞民团费4次共5元2毫
12. 白鹤汛民团费1元2毫
13. 白庙送帮茶费1元2毫
14. 清远缉私卫商13元
15. 清远警察费1元8毫
16. 石角缉私卫商1元6毫
17. 大塘三军九师27团护航队8元6毫

18. 芦苞缉私卫商 8 元 4 毫
19. 芦苞过关 17 元 4 毫
20. 芦苞专利火船 38 元
21. 马房至河口民团费 6 次共 7 元 2 毫
22. 马口柴捐卡征收每船 30 元或 32 元不等
23. 河口过关费 22 元 2 毫
24. 河口检查公债票费 10 元
25. 河口警察费 6 毫
26. 河口海安公司费 1 元 8 毫
27. 河口至西南专利公司 4 元
28. 河口清沙费 6 毫
29. 西南缉私卫商费 9 元 1 毫 5
30. 西南洲尾出口费 18 元
31. 西南至省拖施费 100 元，以上计 31 处，共征收费 336 元 9 毫①。

轻船由省回连江口：

1. 省缉私卫商征 5 元
2. 省至西南押拖费 60 元
3. 西南洲尾入口费 4 毫
4. 西南缉私卫商费 6 元 2 毫 5 仙
5. 西南至河口专利公司 4 元 4 毫
6. 河口过关费 3 元 4 毫
7. 河口海安公司费 1 元 8 毫
8. 河口警察费 2 元 4 毫
9. 河口至马房各民团征 3 元 6 毫
10. 河口到芦苞专利公司火船费 36 元
11. 芦苞缉私卫商费 6 元 2 毫 5 仙
12. 芦苞过关费 6 毫
13. 大塘三军九师廿七团护航队征收 7 元 8 毫
14. 石角缉私卫商征 2 元
15. 山塘民团费 4 毫
16. 清远缉私卫商 9 元 5 毫 5
17. 白鹤汛民团 6 毫
18. 黄洞民团 3 次共 1 元 2 毫
19. 横石缉私卫商 9 元 1 毫 5
20. 大庙民团 4 毫
21. 黎洞民团 6 毫
22. 大漳口民团 4 毫
23. 连江口站军费 2 元
24. 连江口军费 1 元 4 毫，另各埠湾泊船只费征收 4 毫、6 毫、1 元不等，且有至数次者均未计入，以上计 24 处，共征 169 元 2 毫

（摘自《广东商民》第三期，1927 年 1 月 20 日）

第二节　农村经济萧条，民生艰难

一、海丰农民的经济地位

1. 自耕农的坠落

海丰一县人口约 40 余万人，约 7 万余户，其中 5.6 万户是属于农户，这些农民中的成分可分为以下几种：

(1)纯自耕农，约占 20%，

(2)半自耕农，约占 25%，

(3)佃农，约占 55%，

至于自耕农兼小地主及雇农极为少数，全县不足 500 人。

自耕农兼小地主其地位比较优越，而半自耕农之地位则次之，最苦者莫如大多数之佃农。

自耕农兼小地主及自耕农这两种农民本可以自给自足，自帝国资本主义侵入以来，中国的工商业不能发展，而一般手工业又被其打得粉骨碎尸，受帝国主义的海关政策束缚，物价日高一日，农村日趋荒废。况且帝国主义者勾结军阀连年战争，于是农村对于种种军费负担更是苦不堪言。苛捐杂税名目繁多，农民负担亦异常沉重，农村生活日陷困难，结果收入不敷支出，不得不变卖其土地以应付生活之恐慌，遂至零落变成佃户——逐渐无产阶级化。

廿年前自耕农有 10 户之乡村，最近只有 2、3 耳。

廿年前乡中有许多贡爷秀才读书穿 6 寸鞋斯文的人，现在不但没有人读书，连穿鞋的人都绝迹了。

2. 佃农之亏空

佃农向田主佃 1 石种田地(以中等为标准)，每年中等年况两造可收获得 27 石，除了一半还田主的租(纳租额自 50%至 75%)，所余 13 石 5 斗算为 1 年中的收入，每石价格值钱 6 元，计收入银 81 元，但是此项里头有一部血本尚未扣除：

① 原文数字计算有错。

(1)肥料每年两造30元，

(2)种子费约5元，

(3)农工具消耗费约5元，

以上合共40元，此外还有一件很重要的本银，是农民最易忘记的——或完全不知的，就是工钱。本来工钱的计算在农民的劳作的零碎状态和复杂状态中是很难用数字计算，但亦可以找出一个标准，大约每个身体强壮的农夫的劳动能力至多仅可以耕得八斗种子的耕地，而一个农民每年应用多些生活上必须的营养资料，才能持续八斗种子的田地的。那么就应该从一个农人的衣食住三方面求之。现在别的不说，单讲食每餐至少要用6个铜板，一天就要一角半钱了，以1年计就要54元了。合计上述肥料费等件共血本106元2毫半，再把来与收获所得81元相抵，不敷17元7角5分之多[①]。

(摘自《中国农民》第一集第一期，1926年1月1日)

二、惠阳经济调查

农民的生活概况：

他们生活非常艰苦，衣服不完，最好的如自耕农亦不过到了过新年的时候，做一件粗的土布衫撑持下面子。居住多属几百年遗下的颓墙破屋，还有编茅为屋的。至食料则以薯芋为主，每年逢时节或什么喜庆的事，或有三五，除7成给地主外，其余3成又已经花在买种子肥料用具去了，所以惠阳农民口头常有“不怕大水风飑，只怕薯芋无着”之谚，可见惠阳农民是耕而不得食者，

查普通佃农生活统计：

每家约5人最多能耕2石种的田，

每石种的肥料25元，

谷种10元，

犁耙、铁搭、禾镰、蓑衣、笠帽、箩筐 } 5元 以上各种农具虽非年年要买，但每年亦必须修理或添补。

牛租5元。　以上约支出45元。

每石种的租谷——纳给地主，中等田要2500斤。

每石种的田可收获3500斤。

每百斤谷值价4元。

每石种除纳租外可得谷1000斤，值银40元。

以上收入可得40元，出入相抵不敷5元。

(摘自《中国农民》，1926年3月1日)

三、广宁农民经济收支比较

广宁县在广东之西北，人口约40万，农民占80%。其中佃户占60%，半自耕农占30%，自耕农10%。大地主甚多。占人口多数之佃农，其生活极苦，其向地主所佃之田，每年每亩亏本约在6元以上，其收支比较如下表：

收入之部——在中等年况，每年每亩收获约10石，除纳7石5斗租谷于地主外，所余仅2石5斗，以现时每石3元计算，佃农每年每亩实得7元5角。

支出之部——种子费每年每亩约3元5角，肥料费约3元2角，农具消耗1元，工食约6元，共计13元7角，收支两抵，亏本6元2角。此外每亩尚须缴纳什么保卫团费、巡田费、田土业佃保证费、乡联团费等等约2、3元。至于父母妻子之扶养教育费及其他生活必须之种种杂用尚不在上列支出之部。

(摘自《响导》第三集第一百一十二期，1925年4月)

四、广东蚕业凋零状况

昨据广东全省改良蚕丝局之调查略谓：自民国十二年，广东丝价由2300元，低至1200元，农民生活已难支持。民国十四年(1925年)冬至十五年(1926年)春，丝价愈下，每担仅可值钱1000元，因之影响于蚕业甚巨，故农民受极大之痛苦。近查桑价每担仅可值2元，茧价每斤仅可值1元5角，以此为底价，则农民之损失不少。例如每亩桑基年租25元，肥料20元，摘桑及耕种人工约30元，则每亩桑基需用资本75元；每年收入桑约25担，约可得50元，桑枝约值银5元，总共收入为55元，比较须亏本约20元。育蚕者养一张8两蚕纸，须用桑22担，每担2元，计须44元，人工约15元，炭杂用10元，家私什物租银5元，则共需资本74元，收入约

① 原文计算有错。

可得干茧40斤，每斤价值1元5角，则为60元，蚕渣约值银5元，收入约共65元，比较亏本约在9元之谱，养蚕种又蒙极大之损失：头造蚕种，往年多值四五元或至10元，今则仅值三四角而已。农民多属苦力贫困，营业既已亏本，衣食断难维持，例如5口之家，每月约需40元。以此情形，衣食不足，因而不纳地租者有之，铤而走险迫为盗贼者有之，盗贼充塞，掳劫频仍，农民再受匪患，蚕业凋零更甚。各蚕桑地域，俱呈此凄凉惨淡之景，尤以顺德县属容奇桂洲为甚云。

（摘自《新农民》第二期，1926年3月30日）

五、海南岛经济简述

土地革命前，琼崖农民耕种的土地大约75%为地主阶级占有。地主阶级是采用封建手段来掠夺土地的，例如：豪绅官吏以廉（欠）债名义占领官地学田；以强力缴收侵占农民拥有的土地；或弹指农民新垦的田地为官田而没收之，尤其是军阀强迫农民承买官田，当后另一军阀又否认这一买卖关系的事，在军阀政权转移时最多。依其占地的方式可分为：(1)官田，例如军田、学田或其他交纳官租的田；(2)公田，例如祠堂田（即所谓公田或太公田），庙宇田或其他公共团体的田；(3)地主的田，佃农（户）租种地主的土地要付出押租（批头）或交付上期田租，按期被地主阶级剥削生产品的50%以上。再加上地主阶级大斗收租等，所以，农民耕种的收入亦不能养活自己，一小部分的土地为自耕农所有，自耕农亦同样受着地主阶级的政治代表者——军阀豪绅无限制的捐税重重剥削，而且多数自耕农的土地少，亦不能维持自己的生活，其可以勉强维持者有时还可以略有剩余的富裕中农，在军阀豪绅的封建剥削之下，亦有时感到不能维持自己生活的危险。以佣用工人为其主要经济特点的富农除一部分自己兼为豪绅或仍旧要出租田地的人以外，亦经常受军阀压迫剥削，特别是苛捐杂税的痛苦。

琼崖土地除大量集中在地主豪绅、反动官吏、奸商、富农等人的手中外，还有外国侵略者的魔爪也伸到琼岛上来，勾结反动政府，霸占民地，开设领馆、商店、学校、医院、教学，遍乃全岛都有帝国主义者的侵略足迹。

琼崖经济是建筑在农业基础上面，再则南洋的经济也和琼崖有很大关系。可是琼崖目下反动势力仍盘踞在城市圩场，农业的产品便堆积在乡村无法输出。南洋华工汇兑给乡村家属的钱，又多为城市敌人扣留。同时城市手工业的产品及日用商品，因为敌人侦探，亦不能流通到各乡村，所以琼崖目前无论城市乡村经济都发生之恐慌现象——乡村经济停顿，城市工人失业，小商店倒闭等等。

琼崖的大工业少乎其少，只有海口机器厂与制面厂机器的工业，其余规模比较大些的手工业是海口织布厂，以及琼山之龙塘盆砖厂（有五、六百工人集中），并有各县的砖瓦厂（每县砖瓦工人都有数百至千余，每厂都有百余工人集中），这些工业一方面制作简陋（如织布），不能抵制泊来品，以致销流停滞；另一方面苛捐杂税剥削厉害，不能进展，总之琼崖工业是非常冷淡。商业呢？琼崖经济南洋方面趋入增多，加与群众生活日趋向上，所以各地的市场都有业盛热，但军阀战争抽捐纳税，商场颇受打击。

总之，琼崖的经济，在农村方面，是落后的半封建式的农村经济；以小农经济为主，自耕农和佃户是琼崖农业经济的主体；耕牛、小农具是主要的生产工具，耕作粗糙，水肥不足，农产品产量较低。在黎苗聚居的山区，农民还是处在刀耕火种的年代。生活在深山密林里，一把钩刀，一把种，就是他们的传家宝，但也逃脱不了地主阶级重租高利的剥削。工业方面，机器生产的工厂极少，手工业生产是琼崖工业中心，工业生产不发达，在整个经济中不能起到主导作用。商品多靠外洋进货，引起岛民商业经营处于停滞及至衰落状态。外来资本垄断了全岛市场，形成了买办性的商业资本大肆掠劫小农经济，使琼崖经济处于落后、破产的境地。

（摘自《琼崖革命根据地财政经济税收史长编》二十七页）

第二章　农村经济政策及规定

第一节　中国共产党提出反帝反封建的政治纲领和经济政策

一、1924年中国共产党对于时局之主张

为全民族的解放，为被压迫的兵士、农民、工人、小商人及知识阶级的特殊利益，本党将向临时国民政府及国民会议提出目前最低限度的要求。同时本党认定拥护这些要求，是一切人民及其代表之责任，尤其是国民党之责任。

要求如下：

1. 废除一切不平等条约，第一重要是收回海关；改协定关税制为固定关税制，因为这是全民族对外的经济解放之惟一关键。

2.3.4(略)

5. 规定最高限度的租额，取消田赋正额以外的附加捐及陋规；谋农产品和他种生活必需的工业品价格之均衡；促成职业的组织(农民协会)及武装自卫的组织，这都是农民目前急迫的要求。

6. 八小时工作制。年、节、星期日及各纪念日之休假；最低限度的工资规定；废除包工制；工厂卫生改良；工人补习教育之设施；工人死伤保险法之规定；限制童工之年龄及工作时间；女工妊孕前后之优待。这都是目前工人最低限度的要求。

7. 限制都市房租加租及建设劳动平民之住屋。

8. 没收此次战争祸首的财产，赔偿东北东南战地人民之损失及救济北方水灾。

9. 各城市、乡镇之厘金、牙税[①] 及其他正杂捐税，在国库收入无多，而小本营商者则因之重感困苦，宜一切废止。

10. 废止盐税、米税以裕平民生计。

11. 增加海关进口税，整理国有企业之收入，征收遗产税，征收城市土地税。此等大宗税收，不但足以补偿废止旧税——厘金、牙税、盐税、米税、田赋附加税及其他各种正杂捐税——之损失，并可用为补助退伍兵士、失业贫农及扩大教育之经费。

(摘自《响导周报》第九十二期，1924年11月19日)

二、中国共产党、中国共产主义青年团宣言

我们号召民众一致团结，以实力帮助国民党和国民军，同时，必须要极明白的在一致反抗的中国民众及全世界工人和被压迫民族之前并指出下列的要求——这是中国民众奋斗的目的，这应该是国民党和国民军的目的；只有根据这些要求，民众才能完全积极的参加斗争去力争自己切身的利益，亦只有根据这些要求，指导者才有实在的民众力量做后盾，这些要求是：

1、2、3、4、(略)

5. 废除厘金及一切苛税杂捐。

6. 限定享有土地的最高额，大地主逾额之田地颁发给农民及无地农民，限定田租之最高额。

7. 工会之绝对自由，承认工人有同盟罢工之权，依生活程度，规定最低工资，制定保护劳动法。

8、9、10、(略)

(摘自《响导周报》一百二十一期，1925年7月)

三、北江办事处报告决议案

1. 政治方面：(略)

2. 经济方面：

(1)仁化有借钱还谷之重利制度，应请政府严行禁止。

(2)租田的批头田信鸡……等苛例，应设法完全取消。

(3)请政府规定最高限度之债利。

(4)调查荒地，请政府分给农民耕作。

(5)请政府迅将北江所属各县赌博一律禁绝。

---

① “牙税”，中国旧时牙行每年向政府所纳税银。连同领贴须纳的贴费，统称牙税。

(6)乐昌竟有财主不允借钱和谷与农民者,故应设法在各县设立农民银行。

(摘自《犁头》第四期,1926年3月5日)

四、东江各属行政会议纪略

三日电——本月通过商务提案五条:①请政府划度量衡;②建议减轻出口税,奖励土货,人民方面代收回海关权运动;③请政府限期收回土毫,禁绝私运铜币进口,限全市场毫票,均用省毫兑换。

注:这时东江行政委员为周恩来同志。

(摘自《政治周报》第九期,1926年4月26日)

五、1926年中国共产党对于时局的主张

……

在这些困苦斗争期间,各阶级的民众,必须有一共同政纲,为这一联合战线之共同斗争目标,这共同政纲最低限度者亦须如左:

1、2、3、4、5、6、7、8、9、(略)

10. 停止预征钱粮、征收陋规及一切苛税杂捐;

11、12、13、(略)

14. 颁布工会法,修改现时便于买办劣绅操纵的工会法、商会法;

15. 制定工人最低工资及农民最高税租额之法律;

16. 承认农民有自卫之武装;

17. 禁止勒种鸦片;

18. 限制重利盘剥及免除欠租;

……

(摘自《响导》第四集第一百六十三期,1926年7月12日)

六、中共琼崖地委关于保护私营工商业的政策

琼崖党对保护和发展根据地私营工商业是比较重视的。自土地革命以来,连续制定了好多保护工商业的政策。土地革命时期曾"用党的名义及苏维埃名义分别发表宣言,宣布对小商人之政纲,在苏维埃政府下,准许小商人营业,作坊小工厂开工,并取消一切苛捐杂税,废除厘金"。

(摘自《琼崖革命根据地财政经济税收长史编》之第三编第七章,1983年10月)

七、中国共产党第五次代表大会关于国民革命的农民政纲

1. 没收一切所谓公有的田产,以及祠堂、寺庙、教堂、学校、农业公司的土地,交诸耕种的农民。所没收的土地之管理,应付诸土地委员会。此种土地的管理形式,是否采用公有制度或分配于耕种者,皆由土地委员会决定之。

2.(1)无代价地没收地主租与农民的土地;经过土地委员会,将此等土地交诸耕种的农民。

(2)属于小地主的土地不没收。

(3)革命军长官现时已有的土地可不没收。

(4)革命军兵士之无土地者,于革命战争完终后,可领得土地耕种。

3. 耕种已没收之土地的农民,除缴纳累进的田税于政府外,不纳任何杂税。

未没收的土地之租率,应减至与累进的田税相当的程度。耕种未没收的土地之农民,只缴纳确定的田租,不纳任何杂税,并永久享有租佃权。

4. 取消地主绅士所有的一切政权及权利。建立农民的乡村自治政府,对农村中各被压迫阶级所组织之乡民会议负责。

5. 解除乡村中反动势力的武装。组织农民自卫军,保障乡村自治政府及革命的胜利。

6. 建立国家农业银行及农民的消费生产信用合作社,改良水利。

7. 取消重利债务的利息,限制重利盘剥,规定最高限度的利率。

(摘自《响导》第五集一百九十五期,1927年5月14日)

第二节　农民协会的经济决议案

一、农村合作运动决议案

我们农民大多数,既苦于土地的不足,复迫于粮食的缺乏,再加以资本家、地主、奸商的盘剥和榨

取,我们农民生活的困苦可知了。

我们要想解决这个困苦问题,绝不能倚赖于人,只有自己起来奋斗。解决困苦的方法,在根本改造目的尚未达到以前,我们对于目前的改革也是要的,合作运动就是改革目前农民生活状况的一种有效方法;所谓合作运动应即是农民间基于互助精神而组织的一种合作事业。其作用在于抵制资本家、地主、奸商的垄断和重利盘剥,按之农村现在的情况,我们认为,当急速组织者有下列三种:

1. 购买合作:现在我们乡村里的农民,凡日用所必须的衣食器具以及肥料种子等等物品,大都是个人向各地自行购买的;而各地商人因我们是零星购买之故,每每特别抬高价格,我们损失就不少了。我们为免除此种损失,应该于一村乡或一区域之中,集合数十家或数千百家,组织一个购买合作社。凡社内各家所需要的一切物品,都交由合作社直接向大市场或生产地购买,则所得货物自然较之个人自行购买者,质美而价廉了。

2. 贩卖合作:我们农民平常所余賸的农产品,每因数量不多,不能直接运往大市场贩卖,要经过贩卖商人之手。凡商人是以垄断渔利为目的,往往乘着我们需要紧急,不能久待善价而沽的时候,尽快垄断;要我们贱价出售,致使我们受莫大损失。我们为免除此种损失,应该大家联合起来组织一个贩卖合作社,凑集大家的余剩直接运往大市场去贩卖,那么贩卖商人就无从渔利而垄断了。

3. 借贷合作:生产既不能无资本,借贷是不能免的,但是我们没钱的时候,就要受资本家的重利盘剥;而有钱的时候,又无从安放生息。乡间虽有邀集亲友借贷的事业,例如做月会、年会等,唯是此种大半非生产的借贷。我们应该联合大家自己组织一个借贷合作银行,会员有钱可以放存银行收回相当利息,需用时又可以向银行借取。那么抵押土地、典当衣服、及地主重利盘剥等事,都可以避免了。

关于以上各种合作章程应由本会斟酌各地方情形详为订定,发交各县协会切实筹办。

(摘自《广东省农民协会第一次代表大会议决案及宣言》1925年5月)

二、关于减租减息废除苛捐杂税等经济问题决议案

1. 一般佃农的要求为佃租之减少,在广东已屡次发生减租运动,但口号必须切实而能行,并且要普遍,故主张分别依照向例纳税方法"减原租25%"。

2. 自耕农及小地主之苦痛,苛捐杂税之繁苛。故满足自耕农及小地主之要求,应提出"废除一切杂捐附加税(不论是全国的或地方的)及不法苛抽(如民团团费之类非政府机关征收者),另定统一的单一的所得税"。

3. 规定借贷利率,不得超过"二分",如违者以违法论罪。

4. 由国家设立农民银行,以最低的利息贷款与贫农。

5. 政府须扶助农村合作社之发展,禁止奸商垄断物价,囤积居奇。

6. 整顿水利,救济灾荒。

7. 统一度量衡。

8. 废除业佃间之不平等契约,如铁租、押租、上期租等;及种种苛例,如田信鸡、送租……等,由政府制定批耕条例,业主有不执行此项条例时,农民可向乡民公断处陈诉解决之。

9. 改良雇农经济地位及注意农村中之妇女与童工。

(摘自《广东农民运动报告》,1926年6月)

三、潮梅海陆丰第一次农民劳动童子团代表大会决议

1. 减租运动决议案

自从国民政府对于农民运动第二次宣言,已经承认农民有减轻田租之权利。至去年广东省农民协会扩大会议,又经通过最低限度总要求,减少田租25%。及后中国国民党中央联席会议,更接受省农会之请求,定为最近新政纲,并督促政府执行之。至于地主对一般佃农,自创种种之苛例,以剥削农民,为加租、自由吊田、铁租无减、大斗加收,批头上期租、田头鸡、田头鸭、田头钱、米酒菜等苛例也在取消之例。但是到了实现减租的时候,全靠农民本身的力量。现在应充实本身的力量,才能达到减租的胜利。

(1)扩大农会的组织,须使全县农民,尽量地加入农会,并在农会指导下,努力奋斗。

(2)切实将减租的理由,普遍宣传,不但是农友要有这种觉悟,对于各界,也要使他表示同情于我们。

(3)须严密自己的组织,以防止地主土豪劣绅之潜入,及种种破坏,同时武装自卫。

(4)绝对服从省农民协会的命令。

(5)须绝对反对地主土豪劣绅之个人,宗族,地方,色水①,命运,五大主义。

2. 请政府取消食盐专卖决议案

本大会听了食盐专卖报告之后,深以奸商凭藉专卖名义私设缉私队,以为剥削限制之武器,其任意垄断,提高价格由大洋每百斤2元增至4元2角或4元8角,比之未专卖之前,贵加倍半。去年当需盐腌制之农产品——萝卜大菜等——大宗收成之时,如揭阳潮阳等处奸商,便乘势高价限制,使农民无力购买贵盐或受限制而不得购买者甚多,以致该农产品任其腐烂遍地都有。奸商只图个人利益,不惜断绝农民生计,为害之烈甚于洪水猛兽。……本大会绝对拥护政府,对于有关国计民生之食盐专卖自应请求准予取消。并释放被奸商诬告,无辜在押之同志。至若盐政改善,亦属急切之图。我国因盐政积弊相沿,所有繁杂捐抽,只供奸商苛勒中饱,政府所收无几,人民痛苦加倍。推其原因,实系捐抽繁什而设盐警,因多设盐警而增给饷薪。得失相消,徒苦民众,若废除杂抽使之统一,纳繁变简、务符税收,盐警既可减少,积弊自能消除。国库以裕,民困斯甦,此诚政府根本之计也。

3. 取缔田主自由吊田决议案

自由吊田,为田主威吓农民强迫升租,以剥削农民的毒辣手段。自中央联席会议决议佃农减租25%以后,田主一方面欲反抗中央联席会议决议案,一方面欲分裂农民势力,破坏农会组织,便例行其自由吊田的毒辣手段,我农民在此种高压权威底下,备遭蹂躏,为从来所未有。田地为农民第二生命,田主可自由吊田无异农民生命失去保障。在我党政府扶植农工统治下,自不容此种田主剥削农民恶例存在。更不容田主藉此恶例以反抗中央联席会议决议案,而实行其反革命之阴谋。特郑重决议取缔田主自由吊田,以免破坏国民党纲及中央联席会议决议案。

4. 废除衙门陋规决议案

胥吏衙役,完全是社会之寄生虫,吮吸人民膏血而自肥,到今来还是习用前清遗毒之衙门陋规为工具。凡人民每一涉讼,便为贪污发财之机。若是打械杀人,则受敲诈更为利害。本来在民主时代,官吏不过是一种职业,人民年中缴纳巨款,为其养活,反受其欺,应请政府明令废除,惜甦民困,实现真正民主政治精神。

5. 清算乡村公款举办公益决议案

乡村公款,如征收出阁捐、新婚捐、新丁捐、户捐、牛捐……等,而尤其是以公尝为大宗。公尝包有田土山林池塘铺户之类,每年收入者多可达数万元。此原抽剥自乡人,应为乡人所公有,但从来皆为土豪劣绅所把持。此等土豪劣绅不是前清秀才举人或失意官僚,便是所谓民国毕业生之机器秀才或曾做过贪官污吏者,利用种种收学谷办教育名目,瓜分公款,白吃终身,视为私产。至乡村中要如何振兴水利,防止灾殃,救恤鳏寡孤独,疾病伤亡则彼等绝不闻问,我们现在认定此种公款应向清算,用以举办公益,福利人民。土豪劣绅如有凭借旧的威势,阴谋反抗者,我们须团结一起共图扑灭之。

6. 农工商学大联合决议案

全汕头市农工商学与妇女各界民众,在今日开欢迎潮梅海陆丰20余万有组织的农民代表及4万余劳动童子团代表大会当中,一致决议如下:

我潮梅海陆丰十七属农工商学妇女各界民众,始终团结一致,继续拥护国民政府,完成国民革命,以求全民族解放。在此国民革命过程中,目前并提出本身迫切的总要求,为共同奋斗之目标。据今日大会各界代表报告,各属人民所感受的痛苦,有如下七条:

(一)捐棍专卖食盐,提高价钱断绝民食。(二)衙役差吏,多设陋规,苛勒人民。(三)地痞土棍,勾结贪官污吏,大开什赌,贻毒妇孺。(四)逆党收买土匪,抢掠商旅。(五)苛税什捐,征收繁扰,而土豪劣绅,更私定民团捐及一切嫁人捐新婚捐新丁捐等,尤为苛酷……(下略)

(摘自《潮梅海陆丰农民劳动童子团第一次代表大会启事、发刊词和宣言》,1927年2月23日)

四、农童代表会决议补充

2月23日开幕之潮梅海陆丰第一次农民及劳动童子团代表大会,经于26日晚举行闭幕。到会者:农民代表212人,童子团代表253人,参加大会全体职员,及市党部代表李春涛、马庆川、王兆蕙、

① “色水”:是当地方言,泛指出风头,摆架子,讲阔气,招摇过市等行为。

省农会代表罗绮园，罢工委员会陈均平，汕头总工会陈振韬、杨石魂，商民协会肖师孟。农工商学会3日，计通过决议16项及宣言：1. 请政府取消食盐专卖。2. 拥护减租运动决议案。3. 反对劣绅土豪之（地方）、（宗族）、（个人）、（色水）、（命运）五大主义。4. 会务报告决议案。5. 农运报告决议案。6. 取销衙门陋规。7. 反对豪劣包办教育。8. 反对豪劣苛抽。9. 清算地方公款，创办公益事业。10. 禁止杂赌。11. 取消地主自由吊田。12. 拥护省农会决议案。13. 加入国民党。14. 拥护国民党中央及省联席会议议决案。15. 青年农民运动决议案。16. 农妇运动决议案。

（摘自《岭东民国日报》，1927年3月1日）

第三节 国民政府的农业政策

一、国民党第二次全国代表大会农民运动决议案

1.（略）

2. 经济的：

(1)严禁对于农民之高利贷。

(2)规定最高租额，及最低谷价。

(3)减少雇农作工时间，增加雇农工资。

(4)取消苛税杂捐，及额外征收，制止预征钱粮及取消无地钱粮。

(5)禁止包农制。

(6)从速设立农民银行，提倡农民合作事业。

(7)速行耕地整理，并整顿水利，改良农业，救济灾荒。

(8)调查官荒，分配于失业之贫农。

(9)取缔奸商垄断物价。

(10)改良青年雇农及女雇农待遇。

（摘自《中国农民》第一集，第二期，1926年1月）

二、省农工厅、土地厅、农民部、省农民协会联席会议决定①

10月15日会议决定：

1. 减轻佃农田租25%。

2. 统一土地税则，废除苛税。

3. 遇饥荒时，免付田租，禁止上期收租。

4. 改良水利。

5. 保护森林，并限期令各省重山荒山造成森林。

6. 改良乡村教育。

7. 设立省、县农民银行，以年利5%，借贷与农民。

8. 省公有之地，由省政府拨归农民银行作基金。

9. 荒地属省政府，应依定章分配与贫苦农民。

10. 禁止重利剥削，最高利率，年息不得超过20%。

11. 政府应帮助及发展垦殖事业。

12. 政府应帮助农民组织各种农民合作社。

13. 政府应设法救济荒灾，以及防止荒灾之发生。

14. 不得预征钱粮。

15. 政府应组织特项委员会，由农民协会参加，以考察农民对抗不正当租税及其他不平等条约。

16. 禁止租契及抵押条约等不平等条约。

17. 乡村成年人公举一委员会，处理乡村自治事宜。

18. 农民有设立农民协会之自由，及保障农民协会之权力。

19. 农民协会有组织农民自卫军之自由。

20. 禁止对农民武装袭击。

21. 禁止包佃制。

2月18日第三次会议议决：

一、二五减租实施办法十一条：

(1)二五减租自十六年1月起实行，但省政府通令减租后在十五年即已实行减租法者，田主不得借口退回。

(2)二五减租专为增进农民生活起见，如非亲自耕作者，不得照减；但每户耕作百亩以下之田地雇助理者，不在此限。

(3)凡承租他人所有之田亩，转佃与农民者，谓之包佃主，包佃主不得根据二五减租成案。要求减租，惟农民可向包佃主要求减租。

① 系指标题为编者所加(下同)。

(4)包佃主如自愿退耕时,介绍农民直交租于田主,仍照包佃主与田主订定之租值为标准。

(5)关于政府减租1/4之政策,请省党部通令各县党部普及宣传,各地方及团体均须团体助之。

(6)二五减租通令应责成各县长切实保护执行,并须将减租意义详细布告晓谕。

(7)二五减租是永久的普遍的,为增进农民生活而设;如遇灾荒时,得请求政府勘明分别减免。

(8)任何机关或团体不得借口农民二五减租,巧立名目,向农民抽拨所减租项,及抽收一切费用,以附政府减租卫农之本旨。

(9) 在省政府通令减租颁布后, 不得加租; 如批租日久, 田值增加, 期满换批, 理应加租, 经佃农同意者, 不在此限, 但仍应依照田值增加额为比例。

(10)如有诡词恐吓农民,避免减租者,以违反政府命令论罪。

(11)以上各项省政府认为应修改时,得修改或补充之。

4月8日第五次会议关于禁止上期收租及包佃制议决案

1. 禁止上期收租办法:

(1)从政府通令禁止上期收租日起,所有以前田主与佃农订立契约,关于收上期田租之规定,一概无效;应遵照本办法各条办理,自后永远不得收上期田租。

(2)禁止上期收租后,每年应交之田租,分上下两造收割时,或收割后交纳。如遇灾荒失收,经农民或农会请求政府减租或免租时,田主不得援照本项办法收租,须俟政府勘明分别核准减免,遵照办理。

(3)政府禁止上期收租后,当未规定农民保障法以前,应明令禁止田主借端易佃。

2. 禁止包佃制办法:

(1)佃户非亲自耕作,以批约关系向田主批领耕地,转批与佃农,其缴交租项由佃农交于包佃,由包佃主交于田主者谓之包佃。

(2)从政府通令禁止包佃制之日起,所有从前包佃主与田主双方所订之契约,及佃农与包佃主原订之契约,不论期满与否,一概无效。

(3)包佃主应将所批之田地交回田主,并介绍原耕之佃农依照向日包佃主所订之租值为标准,直接与田主另订承耕契约,但每户承契不得超过百亩以上。

(摘自《广东农民运动》,1927年4月)

第三章　农村市场的工商管理

第一节　组织商民协会

一、广东省商民部组织商民协会，出版《新商民》

(4)宣传方面，本部除派员指导组织商民协会外。……按期出版《新商民》……组织商民运动丛书编纂委员会，函聘本党同志担任编辑工作，于3月23日成立商民运动丛书编辑委员会，兹将编辑委员列下：

陈公博、刘中悟、黄鸣一、陈克文、陈孚木、肖汉宗、黄孟康、肖一平、甘乃光、陈曙风、肖楚女。

(摘自《商民运动》第一期，1926年9月1日)

二、关于组织商民协会之重要通告

为通告事，查商民协会之组织，其目的在团结商民，使之有完善之组织，以作商民本身之保障；尤在吸收商民中之革命分子，使之参加革命，以促国民革命之进行。惟其间不免有不良分子，或为帝国主义者所利用，或曾作反革命之行动，自未便任令加入，以杜流弊。故章程第一章第一条有现任之买办牧师及贪官污吏劣绅不准加入之规定；第二章第四条，更有会员不得勾结帝国主义军阀贪官污吏土豪劣绅之规定。其用意所在，无非欲使商民协会成为真正革命商民之集团。乃近查各地商民协会根据此旨以组织者固多，而违反此项规定，任由不良分子发起组织，或任由不良分子加入者亦属不少，以至影响所及，纠纷迭见，此不仅妨碍商民本身之团结，尤足使商民运动之前途发生危险。为此郑重通告，仰各级党部商民部及各级商民协会，嗣后对于各地商民协会之组织，务须审慎从事，勿令不良分子乘机加入；各级党部商民部负指导商民之责，尤须随时注意指导，以绝弊端。其有不依此项规定，滥行组织或任由不良分子加入者，一经查觉定即执行解散并将负责组织者严厉惩处，事关本党商民运动前途，仰各遵照勿违，是为至要。

(摘自《商民运动》第一期，1926年9月1日)

三、广东第一次全省商民协会代表大会之经过

表决重要议案一十五件：1. 拥护中国国民党第二次全国代表大会商民运动决议案；2. 拥护国民政府决议案；3. 援助省港罢工决议案；4. 农工商学兵大联合决议案；5. 请政府出师北伐决议案；6. 促成国民会议决议案；7. 拥护农工商兵学大联合决议案；8. 请求政府实行废除苛税杂捐决议案；9. 请政府禁绝烟赌决议案；10. 请政府划一度量衡决议案；11. 请政府饬令印花税处，对于处罚商民漏贴印花事须与商民协会共同办理决议案；12. 商民协会应收回旧商会开投倒闭商店之权利决议案；13. 本会及各地商民协会应倡办商业学校决议案；14. 本会及各地商民协会应创办新商民日报决议案；15. 各地商民协会会议决议案，并表决广东第一次全省商民协会代表大会宣言一件，在开会期间曾赴黄花岗公祭七十二烈士，赴东园慰问省港罢工工友。

(摘自《商民运动》第一期，1926年9月1日)

第二节　组织购买、贩卖合作社

一、购买合作社性质和效用

关于购买合作社的性质和效用。按购买合作社可分为两种：一种是生产材料或器械的购买合作社，简称为原料合作社。一种是消费品购买合作社，简称为消费合作社。这两种合作社在农民间大半都是合并经营，简称为购买合作社。按现在的经济组织，当我们购买物品时，购买额越大价格越贱，而物品的成色也越精良，购买额越小价格越贵，而品质也越粗劣。

像这种道理，是人人知道的，不必多说，然何以发生这种现象呢？则不外商人之渔利。而商人所以能渔利，就是因为他们大额购买小额贩卖，精良购买粗劣贩买（掺假），生产地购买消费（地）贩卖，我们看一看，现在商人有多少种。南方产茶的地方，种茶的农人不能直接卖给北方之消费者，乃卖给本地小茶贩，由小茶贩卖给大茶贩，由大茶贩卖给北方收庄客，由收庄客卖给北方大茶庄，由大茶庄卖给都市批发茶庄，由都市批发茶庄卖给地方批发茶庄，由地方批发茶庄再卖给地方零卖杂货店，然后才可卖给消费者。这七八层买卖中哪一层不要由经纪人或牙行经手？我们想一想，这十几层商人和牙行经纪，哪一层不吃不穿不养家小？而且他们除去吃穿养家以外都还要赚钱。不但赚钱，还要多赚钱，所以在茶的原产地不过百文一斤者，来到北方就得要一元以上。而且种种掺假作伪，费钱多而买不到好茶叶。这不过举一个例，其余一切物品、生产用品或消费用品，全是这样，然而我们若发明不出好方法来，单把商人除去，则北方人不能立刻得到茶吃。

现有一个好方法，和着商人一样，而把商人所赚的利益，全部归到购买者自己手里（若生产者方面再有贩卖合作社，则两方平分商人的利益）。这个方法是什么？就是购买合作社。

农家的生产用品，例如农具、肥料、种子、绳子，以及养茶者的茶具，养蚕者的蚕具等皆是；农家的消费用品，例如布匹、针线、灯油、油盐、蜡烛、纸笔等皆是。在小农人，自己没有余钱，差不多什么物品全是现用现买，而且是用多少买多少，只有买那不足用的。我们想一想，他们这种购买法，例如煤油每箱 40 斤价洋 3 元 5 角，要买 1 斤就得用大洋 1 角，小农人明知道少买是吃亏，然日用品不止煤油一种，如何能全买下许多储着呢？而且有的物品，只适于一时应用，不适于长期存储，例如豆粕、肥料、香油等是。豆粕 1 块价洋 2 元，10 块价洋 18 元，买 10 块固是合算，然小农人只有六七亩地，如何能使用这许多？放到明年使用，慢说没有钱力，就是有钱力，明年豆粕行市如何不敢定，而豆粕隔年，经虫蚀及其消耗，也是不适于用的。因此，小农人明知少买是损失，也只得忍受着。而且小农人住在乡间，距城镇远者数十里，往返必须一天的工夫，他们既是现用现买，则必隔不到数日就得往城镇、市上去一趟，就是正在农忙的时候，工价很贵，因为缺少油盐蜡烛，或是缺少一件农具叉耙扫帚等，也得派 1 个人费 1 天的功夫去城镇买，又得派精明强干很重要的人去，不然，就要受城镇奸商的欺诈，多费钱还不算，买盐都买不（咸）。我们想一想，在购买上小农人吃多少亏呀！若全村农人或多数农人组织一购买合作社，共同购入煤油，则每次不止 1 箱，共同购入豆粕，则每次不止 10 块，其价钱当然更可以低廉。然则由合作社再按市价或比市价稍低，依商人零卖的方法卖给社员，社员既可得到精良物品，价钱又可以均衡（不问买多买少），又可节俭许多劳动力用在生产事业上。到年底结账时，如有盈余，也是大家的。这岂不是最利益的办法么？

在购买合作社开始创办的时候，固然力量薄弱，不能推倒一切商业机关，等到各处购买合作社都发达以后，各县组织各县的联合社，各省组织各省的联合社，全国组织一个全国联合社，专管替各地方购买合作社批买货物。到那时候，则南方的特产物运到北方，北方的特产物运到南方，以后东西特产物之互相运送，甚至于同外国交易（英国批发消费合作社，自己有好些只大轮船），全用不着商人经手，全可以由联合社自己分配了。然就是在联合社尚未成立以前，至少也可减少几层商人渔利（这些小商人可以归农或归工而变为生产者）。购买合作社还有一种效用，就是对于售卖品自己加些功夫。例如买来生麻自己打成绳子，买来竹条自己束成扫帚，买来木料自己锯成木锨头等，然后再卖给社员，社员既可得到合适于自己使用之精良坚固物品，而合作社又可少被商人剥去一层利益。像这种加工，农人自己孤立的时候，绝对是办不到的。总而言之，合作社是全体社员自己的，处处要谋价格低廉而品质精良，以增加社员之利益，与商人正和购买者立于利害冲突之地位者大不相同。

（摘自《农民合作概论》第三章，《农民问题丛刊》第九种，1926 年 9 月）

二、贩卖合作社性质和效用

贩卖合作社以对于社员所生产之物品加工或不加工而共同贩卖之为目的。依此，则贩卖合作社所贩卖之物品必限于社员自己生产的，如不是社员的物品，或系社员贩来的物品，则不能委托合作社代为贩卖，因为合作社并不是商业的营利机关。这种合作社的性质和效用，可以分为下列数项说明。

1. 贩卖上的性质和效用。在现在经济组织下面,因种种的原因(商业机关的存在是最大的一个原因),使消费者购买时,购买额愈大价格越低廉,购买额越小价格越高贵。反之,在生产者贩卖时,贩卖额越大价格越高贵,贩卖额越小价格越低廉,这是人人都知道的。然无论那一国,小消费者和小生产者总占全国人口之最大多数,而以我国为尤甚,更以农民为最显著。因此,在消费者方面,就有组织购买合作社的必要。而在生产者方面,也就有组织贩卖合作社的必要(这两种合作社性质上并不反对,都是努力免去中间商人)。如前章所设茶叶的例子,商人运到北方1斤可以卖1元以上,而原生产者1斤不过只落得1百文或1角或几角钱。然若没有商人运转,则该生产者生产额既小,将无地可以销售。商人就利用这种现状从中抑勒居奇以博厚利。现在已经把自足的生产时代过去了。现在的生产,差不多全是交易的生产。所谓交易的生产就是自己生产的物品并不供自己应用,把他贩卖了再换(买)别的物品。在农业的生产,乃最富于自足生产之性质的,然现在也渐渐变为交易的生产了。例如北方农人,自己不常吃白面,而每年偏种许多麦子;自己吃不了许多鲜果蔬菜,而偏种许多果木树及蔬菜。他们所以生产这些物品的目的,也不外乎是“交易”。然我们想一想这些小农业生产者在交易场中要受到一些什么痛苦。小农人终身埋头在农村中,对于交易上的知识一点没有。到麦熟或秋收以后,把自己生产的粃豆麦米谷之类,少者三四斗,多者四五石或八九石,用驴驮或人担或车载,搬运到近者七八里、远者数十里的集市上。自己既不知道市场上的行情,及将来的趋势,全国或全世界的供给和需要;又对于自己产品之品质没有正确的认识;又以既远道而来运搬不易,人地不免于生疏。所以评价上评货物的品质上,不得不一任经纪牙行及商人愚弄。而商人和经纪牙行每天在一起起居,这里无私也就有弊了,大斗大秤大尺,评小价评恶质的就算了。像小农人这些吃亏,都是我们在集市上可以亲眼看见的。所以,为这些小农业生产者打算,他们惟有组织贩卖合作社,凑集许多小额生产物而为大额生产物,自己能直接运到大都市或海口或其他有利益的地方,能直接贩卖给消费者更好,就是不能,也可以免去几层小粮食贩子。生产额既大,价格自己也可以有决定权。由会员中举出精明强干的职员,既可观测物价将来的趋势,又不致于品质随种(经)纪牙行任意鉴定(合作社自己于职员外又可聘有经验合作社员或他人为检查员),以及大斗大秤等弊,都可免除。

2. 加工上的性质和效用,若把麦子磨面卖,把稻子、谷子辗成米卖,把豆子、芝麻制成油卖,把麻制成绳子卖,既可以增高相当价格,还可赚下许多副产物,麸子谷糠和稻谷粃之类。其余如把果物制成筐或包,草帽辫薰白,蚕茧制成丝,棉花弹成絮,鸡卵分析黄白,则皆可以增高相当价格。然这种加工,在小农业生产者是绝对办不到的。若由多数小农业者组织贩卖合作社,则可设置以上之设备,以供社员使用。然关于这一层,则属于生产合作社或利用合作社的范围,要待次章再说,现在单说不变更生产物之形体的加工。在贩卖上,品质相异之物品区别贩卖则价格高,混合贩卖则价格低。例如上等麦单独贩卖则价格高,上等麦若和下等麦混合贩卖,则其价格也就和下等麦差不多。在北方收获五谷,全是打场,顺风扬其谷粒以除去其糠,其在上风头之谷粒品质最好,其在下风间之谷粒品质则很坏,若分别贩卖,上风头者1石卖10元,下风头者1石卖9元,共卖19元。若混合贩卖,则每石也不过9元或9.1~9.2元,共同也难卖到18.5元。这个道理农家也都知道,但是农人因为生产物很少,不堪再分,分时又费工夫。而在商人,为其额太小,又要从中取利。所以农人虽然分别品质优劣,而商人也不肯承认。因此小农人就不肯区分了。因此,农业上也就不能改良进步。若有贩卖合作社,当聚集生产物时即区别优劣分为等级,不问生产额之大小,一律平等待遇,待聚集同品质者既多,无论直接对消费者贩卖还是对大商人贩卖,一定可以取得相当高的代价格。因此,买卖合作社对于生产物品质之效用进步上,也有很大的贡献。

3. 金融上的性质和效用,考各国贩卖合作社的先例,因经营方针及本地方之状况,固然也有单纯是代理贩卖并不融通金融的。然此乃最少数,现在差不多没有了。日本初办贩卖组合时曾有其例,差不多是例外的样子,而最大多数的则全是对于委托贩卖之社员融通金融。大小农业者,其经济都是很困难的,差不多其生产物尚未成熟,而其所负债务早已超过其生产物之价额了。因此,其生产物一旦成熟,如不能立刻卖出,则不能救济目前之急或不能预备次期的生产。而大多数的农业物,其成熟是一致的,到收获时一齐收获,而小产业者之需款也是一致的，到收获后一齐贩卖。所以每到秋收以后，粮食都堆聚在集市上，而买者寥寥。于是商人从中故意抑勒，价格焉有不暴落的。两三个月以后，集市上就渐渐见不到粮食了，就是有也全是小贩售卖，并不是农人，价格焉有不暴腾的。这种现象年年如此差不多已经成为定例了，农人焉有不知道的道理。然农人既知道秋收两三个月以后粮价一定渐渐腾贵，为什么他们不稍待几天再卖，而偏赶最贱的时候来卖呢？难道说他们都傻么？呆么？疯了么？不是不是，用钱急啊！逼迫的没有法啊！对于这种痛苦，有什么方法救济呢？就是由这些同感此种痛苦的人，结合一个团体，组织一个贩卖合作社，社员有生产品时，全委托合作社贩卖。社员在尚未贩卖以前需要款项时，可向合作社预支代价。不用说，社员对于其所预支的代价，像借款一样，要负担相当的利息。然到年底结账时，如合作社发生赢余，该社员仍可享受利益。然在独立的贩卖合作社，要想对于社员融通款项有时很困难，最好是兼营使用合作社业务，以谋周转圆活。

4.调节物价的性质，如前项所述，在没有贩卖合作社的时候，一到农产物收获期，市场上堆满了农产物，竞争贩卖，则物价必大跌落。以后又逐渐腾贵，至青黄不接时，市场上往往不见粮食，再加以奸商居奇，物价必大暴腾。这种现象，在一般生产者固是莫大之损失，而实在影响于社会全般生活的不安。因为一般人的收入，差不多都是一定的，物价不怕稍高些，只要没有变动，则预算容易适合，收支也容易相偿，生活自然因之稳固。如物价不定，忽涨忽落，在低落时，因为收入超过支出，最容易引起人之浪费奢侈，不然也要受减薪俸折劳银的影响，一旦物价暴腾，支出超过收入，则将不能维持其生计了。

在农产物之生产及消费，差不多是有一定限量的，除非生产物真不足用，若没有奸商抑勒居奇，价格上不会有绝大的变动。因为这种物品，一个人既不能多用，又不能不用，而这种物品之自体既不适于永久保存，又不像工厂可以随意停止生产，其所以价格有暴涨暴落的原因，全是因为一方小农人急卖，一方奸商抑勒居奇。若有贩卖合作社，生产者既得融通金融，其生产品自然不必急于出售，由合作社斟酌社会的需要，源源的贩卖其生产品，使一年之间，物价不致有大涨大落，生产者因此可以多增加收入，而社会一般人之生活，也因此可以安定。我国自古就讲平准，这真是平准的好办法了。这是贩卖合作社对于公益的贡献。至其他贩卖合作社每年可以开一次农物产品批评会，对于社员生产品优良者加以奖励，又常聘农业技术家开讲学会，以增进社员农业上的知识，又对于委托贩卖之物品行严格的检查，分别等级，对于太劣者不为贩卖等等，都是对于改良农业，发达农业上有绝大之贡献，而为各国所实行有效的。

（摘自《农民合作概论》第四章，《农民问题丛刊》第九种，1926年9月）

三、海丰人民集资办工农合作社

1924年以前，我在香港九龙组织染房工会。1924年间，我回广州，曾和彭湃同志在一起。我参加中华全国总工会的工作，广东工人运动的中心，全总设在广州，全总主席是苏兆征。刘宁一、李立三等也都在全总。就在这个时间，我参加了中国共产党，介绍人是李立三，宣誓时在全总的楼上，包罗廷将军也在场……

1925年10月初，第二次东征开始，东征军攻下惠州，赶走了杨坤如，以后节节胜利，于10月22日再次攻占海丰。我们回来后立即恢复农会，我参加了运输队，主要负责解粮。

农会恢复时十分热闹，会后，总工会派马作仁、周怀如、陈谦到公平区，成立二区特派员办事处。当时二区商会有12间青果行，都是资本家掌握的。这些资本家恨死工农会，在9月间农军撤退时，反动势力集结，对工农群众进行报复，抓了很多人。马、周、陈3位同志去时，农民还被禁在1间房里，工农会要去担保放出来，还不能发生效力，3人去后工作停顿，甚至月费也不交，青果行以泰隆号为首，极反动，原来工人已加薪，但都被截止，他们还垄断整个青果市场。无钱买有货，数日后才付钱，压价买入，高价卖出，大秤（20两秤）买入，小秤（16两）卖出。以后我去恢复二区的工作，要我去解决青果业的问题。当时工人失业已成个月，要恢复加薪，恢复日常交易，我向他们规定：青果行的旧欠要还清，旧数不还清不卖青果给他们，新数不能赚。当时区工会的会所十分零乱，我叫工会的工作人员立即通知晚上开会，我向工人说：“我们工人、农民的革命工作是否要停顿下来？如果要革命到底，大家就要把苦情报告上来。公平有王爷钟、国公蔡、皇帝黄,是公平最强横的大恶霸。现在又以泰隆俄为首,欺压青果行业的工人,剥削农民,必须团结起来和他斗争。”当晚开会还有茶点,陈谦、马作仁、周怀如等人对我说:“工会现在欠人家的债,哪有钱开茶会。”我说:“你们安心,钱自然有的。”在会上,有的工人提出要向青果行讲人情,我说:“干革命工作的向人家讲人情?革命工作就要斗争。”这晚的会议,决定在公平新厝另找时间召开群众大会,还决定凡来参加开会的有茶点吃,向四间茶楼定做100至150张席,我向大家说:钱由总工会开支。

这个大炮车出后,一定要打响。工会发动工人连夜在町上盖布棚,把桌椅摆满,还点上五六支大光灯,那一天开群众大会到了很多人,十分热闹。当时商会也设在新厝仔,会议就在商会前面召开。会议开始时,公平工人中30多个行业都有代表参加,12间青果行的140个工友和他们的执委也来参加,还叫他们把秤拿出来,每间青果行交3支,1支行秤,1支司码秤,1支公秤,总共几十支秤。那晚到会的除工人外,还有各机关团体,总之,一块灰町坐得满满的。

当天晚上约9点钟,我上台讲话。我说工会自成立以来,为了解决工人阶级的困难,做了不少工作,过去工人从天亮干到晚,没有休息的时间,现在,大部分地区已推广八小时制,对工人实行加薪,可是我们公平还有人抗拒执行工会的规定,我们工会领导工人按照章程办。工人及青果摊贩的旧债一律取消。凡因帮助解决困难互相周济的则由双方协商解决。青果行业自行交易以来,弊病很多,时至今天,还是昏天暗地,我今天宣布:“商人收青果欠账,对本行业工人工资欠账,一律要还清。”这个意见到会代表都通过了。我又问:“泰隆俄有何意见?”泰隆俄说:“青果摊旧账要还,新账让价求现,不交现款不卖。”他这个说法与工会的要求矛盾大,我说:“你们对不对?”但是反动的一定要打击,孙总理说过要拥护工农。工会章程已实行好久,你要公开抵抗,今天要将你扣留。这一下他们怕起来,钟俄的媳妇拜林道文同志为兄,她找林道文同志说情,道文同志说:“务立同志扣留钟俄一定是有事”。他的媳妇说:“没有那回事。”道文同志叫他找彭达伍,达伍听到这消息马上坐轿去公平,但他到会场时会已散。

泰隆的老板钟俄被扣留后,群众很欢喜,都说:“钟俄这回不会笑了,几间青果行都有大资本,他们想压倒小商贩,但是他们的资本都是小商贩替他们赚的,今天恩将仇报,实在不行。”我主张成立工农合作社,这个意见在大会上通过。这个合作社一成立起来,才知道力量大,工农合作社成立后第二天是公平圩日,我们向鉴堂借了一个地方,派了工人农民的代表到四个圩门把守,凡有青果上市都叫挑到鉴堂。那时有海丰、陆丰、紫金、五华、惠阳5个县的青果到公平上市,这一着要了12间青果行的命。但是一开业,由于上市量大,要五、六千光洋,一下子没有那么多的资本,我们连夜发动大家入股,还不能凑够资金,只得通过油车工会去借。公平有17间榨油作坊,作坊的头家听后亲自背银来,向我说:“林先生,我是××豆町(油坊)的。”我问:“你们是资本家,为何背银来”。答道:“一样的,一样的。”公平的咸鱼行也背银来。工农合作社办起来,对12间青果行狠狠地打击,他们的老板怕起来,分头到工会、农会、妇女会讲情,承认错误,答应按总工会制订的章程办,结果补发工人失业1个月的工资,开茶会2次算起来花5000多元,由12间行分摊开支。合作社不办,生意还是归他们做,这叫做杀猫教猴,泰隆号老板钟俄被禁了一个星期。

公平有3条虫:林阿棠,肖亚棠和黄亚棠,也不敢那么嚣张,那个皇帝黄,也被我们解决了,被解决(枪决)时六十多岁。

(摘自海丰县档案馆《林务立先生访问记》,1964年5月15日)

四、广宁组织消费合作社

1925年4月间,广宁县农民协会本着“为农民生活之改善”和“农民教育之普及”的目的,在具备条件的农运区各级农协中,协助这些区乡农协组织消费合作社;开办农民学堂(初级小学)作为示范。第二区农协消费社设于荷木咀圩;第五区农协和石咀乡农协消费社分别设于螺岗及石咀。这些消费合作社由农协会员以入股形式筹集资金举办,每人交股金1元,经营项目主要是油盐酱醋、针线、毛巾等日用食品和小杂货,因比商人店铺价廉实惠,深受农民欢迎。

(摘自《大革命时期的广宁县农民运动史实纪

要》。《广东文史资料》第三十辑一三四页,1981 年 7 月)

第三节　组织市场,管理物价

一、海丰市场物价调查

1926 年物价特别便宜,计大米每斤 4 角钱,糖每斤 9 个铜仙(每角 12 个铜仙),猪肉每斤 3 角,鸡与猪肉同价,糯米每斤 2.5 角。

物价便宜原因:

1. 从 1925 年起便实行了二五减租,农民收入较多,生活有了改善,生产积极性大大提高。

2. 连年雨水适宜,年头好。

3. 农民多靠农作物变价换回生产资料和生活资料,没有囤积抢购,另一方面农民生活虽有改善,但还没有普遍提高,购买力还不很高,物资供多于求。

4. 地主,殷富豪绅,当不敢追收欠债,农民在精神上、经济上都减少了威胁,买卖也较大胆。

(摘自海丰县档案馆《海丰县志资料》,1963 年 1 月)

二、乐会县的"销卖场"

1928 年至 1932 年间,琼崖特委,苏维埃政府,乐会县苏维埃政府,乐四区苏维埃政府,乡农会都驻在乐四区的上科一带,人们号称那里为"小莫斯科"。"小莫斯科"设有消费合作社。当时,军民要买牙膏、牙刷、面巾、烟丝、油盐,在"小莫斯科"的消费合作社有供应,社址在上科村。消费合作社还销售布匹、纸张。倾向革命同情共产党的商人,从万泉、加积、乐会等地贩货运进山来,转卖给消费合作社。军政人员吃肉、菜可到"销卖场"去买。群众经常挑椰子、蔬菜、农副产品在山寮、玉石坡这两块地方交易。"小莫斯科"的军民称这两块地方为"销卖场"。

消费合作社的兴办,销卖场的交易繁荣,调剂了"小莫斯科"军民之间的余缺,保证了穿、食、用的供应,暂时解决了根据地的困难。

(摘自《琼崖的"小莫斯科"》。《琼岛财税史料》第三期,1983 年 10 月)

三、海丰总农会兴办各类市场

1923 年 1 月 1 日,海丰成立总农会,讨论的问题是:"总农会成立后必须增会费,查蕃薯市,糖市,菜脯市,地豆市,牛圩菜市,米市,柴市,猪仔市,草市,通通是农民的出产,每一个市的权力皆绅士土豪或庙祝所掌握,计蕃薯市每年至少亦有 5 百元之收入,倘各市算起来,每年收入可得 3000~4000 元,可否将该各市的权移在我们手里?决议:我们欲握到市权,一定与绅士冲突,宜先与交涉,如绅士不肯将市权交出,我们就将蕃薯先移到别的地方,其余各市亦相机进行,并限 3 日内进行。进行的步骤,先由农会制出一杆公秤,由农会派人到蕃薯市去管理。绅士大加反对。农会即布告全县农民将蕃薯移到附近农会之处摆卖,绝对不准到原旧市摆卖,我们果得胜利,乃将该市收入,拨为农民医药房经费。"

(摘自《彭湃文集》(海丰农民运动),1981 年 10 月)

四、普宁农民集资办市场

普宁农民自从经过这次战争后,很想把新的市场建设完成,使县城里的生意永久冷淡下去。现拟筹备农民银行,很想省城派人去指导,他们筹备银行的计划为:每个农民至少拿 3 元交到农会去购买纸票,以后即通用此种纸票,共计发行 5 万元的纸票,可得到 5 万块现洋,可以拿一部分来办农民合作社,拿一部分办农民学校。

(摘自《广东农民运动报告》第十五节一二页,1926 年 1 月)

五、普宁农会在塔脚设立自由市

县农会未搬迁塔脚之前,乌犁塔脚就只有这个笔峰挺秀的乌犁塔和十几户人家(乌犁村和后坑村原在附近)以及一间联乡小学而已,自从 1926 年初春,县农会搬迁来后,那就大大不同了。每天区乡镇的农民兄弟个别或者是集体到来开会的,真是络绎不绝,塔脚这个小地方,已经渐渐地成为一个热闹的新兴市镇了。

农民本身的解放,经济斗争也是一件急不容缓的事情，以塔脚附近的乡村来说，是属于第一区的八乡范围，这个八乡在经济上的买卖，一向是操在洪阳附城镇的“百里桥圩”的。这个“百里桥圩”是“普宁方”大官僚、大地主的势力范围，专门剥削和掠夺八乡农民的经济生活的。八乡农民要摆脱封建经济的束缚，塔脚有迅速建设自己市场的必要，这在1926年上半年第一区区农会一次会员大会上，在陈魁亚同志的提议下，即决议在塔脚建设一个农民自己所有的自由市场——第一区农民消费合作社(是自由市的总名称)。

自由市在县农会的领导下，很快的把市区调查清楚、计划清楚，并成立自由市建设委员会，负责统一建筑街路宽敞、楼房二层、每间铺户一样大小的市场，按照建委会定出的价格，调签认买，经过半年时间的兴建，到1926年秋季第一期工程已经完成，计建成楼房20多间、市亭1个，市区的建筑是围绕乌犁塔的，市亭在塔的东面(塔后)，市区中心在塔的南面和东南面，计有中山路(塔的南边由县农民进入市内直街)、马克思路(市亭街)、列宁路(由中山路转入市亭街)等宽阔而清洁的街道，开市的一天是旧历10月晚冬前，市场开幕礼由陈魁亚同志主持，市场秩序由普宁农村第一小学童子军负责站岗，摆卖货物，按照规定地点进行交易，每条街路都挤满了人，一切货物没有抽收入物税，及“牙”、“佣”等剥削制度和各种陋规，真正是一个自自由由的自由市。从此八乡(塔脚东部及南部)和十三乡(塔脚北部)等农民有了自己的市场，公平合理，自由交易，真是普宁农民开天辟地第一次和第一个。

自由市圩日规定每月的一、四、七日，用来打击被封建势力所操纵的洪阳镇东门外的“百里桥”的圩日，实在的“百里桥圩”上市的人大部分是八乡的农民，如今八乡农民有自己塔脚自由市了，“百里桥圩”很快变成一个几乎无人赶集的废圩了。

(摘自普宁县志《普宁人民革命斗争史料》)

六、乌犁塔

乌犁塔。它是矗立在粤东人民的心里的。

在大革命的年代乌犁塔是一座革命的宝塔。

早在1925年，乌犁塔下曾经建立起全县第一个党支部，第一个农民协会，第一个农民赤卫队，第一个工农干部训练学校；这里曾经第一次出现列宁路、马克思路，第一次建立起农民自己的银行、农民的市场，发行农民自己钞票……这时候乌犁塔下翻天覆地，红透了半边天，它成为粤东老苏区一颗金光闪闪的红星。

(摘自《西南日报》，1960年4月8日)

七、自由市

指甲花开是粉红，　官绅豪劣如虎狼。
若唔团结来抵抗，　敲仔怎会出头天。
菊花开来颜色多，　敲仔生路一条无，
若唔联合来革命，　活活饿死见阎罗。

农协会组织起来的农村，到处传遍着革命的歌谣，附城区特别是八乡各农村活跃起来了，无论在黑夜、白天，在平原、在山谷都可听到群众那种控诉的、仇恨的、战斗的歌声，歌声又喊醒了久受压迫的农民群众，反抗的怒火在他们心头上燃烧，歌声吓疯了地主集团，阴谋威势，企图把农民再压服，矛盾日益尖锐，武装斗争开始了。

1926年1月14日(农历十一月廿七日)晨，太阳在东方的山头爬上几杆高了，它缓慢地驱散着寒冬的早晨，给人们带来冬日的温暖。城内街头巷尾有不少流氓恶棍在探头摇摆，东门街直至百里桥圩赶集的人群已是熙熙攘攘，城内通向八乡的大道上挑菜的、挑柑栽的、卖蕃薯的农民群众还在陆续而来，他们一到就在街路旁或圩上找个阳光的地方把担子歇下，并询问近旁的同伴，探问着今天的行情。

大街侧，一个粗眉大眼的青年农民挑着满筐子青菜，他挤过人群，歇下担子，黑里透红的大脸膛冒着汗珠，他索性把夹衣纽扣打开，半裸着胸部，那粗大的身段，叫人一看就感到他是一个刚坚的汉子。这时有两个颠头簸脑的流氓，满身喷着酒臭走来，人们都给他让开，他俩走到青年的面前，为首的那个翻着布满血丝的红眼，凶声凶气地对着卖菜的青年叫嚷着：“地税！地税！每担暂收2毫钱！”青年睁着大眼，楞了一下，充满气愤地回答：“什么地税，没听到过这名目。”流氓的眼色变得更凶了，伸出肮脏的手想抓青年的衣襟，口里吼着：“管他名目不名目，歇我们的街道，就得听我们管。”青年也火了，一手拿起扁担，一手把对方伸过来的手一拨，几乎把凶徒撞倒，那流氓暴跳着，拔出身上的短刀，想刺过来，青年顺手一扁担，那流氓便仰身倒下了。后边那个转身就跑，口里不住地叫喊：“来人啊！方雄哥被打啦！”那青年挤出人群，一溜烟不见了。流氓们很快地组织了几个人，拉起方雄，贼贼的眼睛不停地张望着百里桥头上的卖菜、卖柑栽的八乡农民。马后山农民丘越房一担青菜被抛满街，人被打伤，还被押入狱，光棍们还集团成群，朝百里桥头打过来，八乡集市的所有农民火了，有人大声地狂吼起来："打！打！打！跟他们见个输赢！"顿时，几百个手拿扁担、竹棍的农民，愤怒地在百里桥头摆开了阵势。这时"呯！呯！呯！"流氓们开枪了，农民们只得向大道退回八乡，被捕去好几人，流氓有的还穷追过来，有歧岗溪地方农民埋伏下来，捕掠了方廷意等3个追过来的流氓，押送区农会。

第二天，区农会领导干部本想向伪县衙干涉，可是清晨，城内在反动头子方十三的煽动下，诬八乡农民携禁为词，竟纠集数百武装，进住水龙寨，向八乡各村进攻，农民为了自卫，在区农会的领导下，和城里地主集团的武装斗开了。

全八乡的农民动了起来，他们只有少数的马腿、毛瑟，其余多数是尖串、耙头，但人多心齐，连七、八十岁须发遍白的老翁也出来擂鼓助战，成千的农民喊出仇恨的吼声，打退了城内地主武装无数次进攻，最后被农民们赶进城去，躲在巢里不敢出来了。

第三天，东征政治部派组织科长郭德昭，绥靖处派营长胡宗南等来城和解，双方战争方告结束。此次和解结果，方雄等几个起事流氓处理监禁，城内地主集团赔农民损失毫银1000元；医药费50元。这次斗争取得了胜利，农民更认识到组织起来的力量了，全八乡农民群众更把城内的地主集团恨透，决心不到城里赶集，所以在农会领导下，旧历十二月四日，开始在塔脚建立自由市。

新建起来的自由市，由附城几十乡的农民自愿投资开办，市容由简陋逐渐趋于新井，市内有中山路、马克思路、列宁街，交错成共字型街道，市上买卖公平合理，成为附城几十乡农民在产品交易上的集散地。从此，城内市街冷落萧条，变成死市，当时群众常唱着这样的歌仔来赞颂自己的市场：

塔脚自由市，　交通真便利，
货物如轮转，　童叟不相欺。
普宁臭奸商，　终日如坐禅，
货物生蛛网，　结得不见天。
青苔满街路，　行走愪愪颠，
输服不输服，　骂声臭奸商。

此时，城内以方十三为首的地主集团，更是积极备战，一面收买组织城内的流氓打手，组成数百的地主武装，大购枪械，并在城东癞哥寮、德安里、西门各建炮楼碉堡。另方面又笼络果陇庄大泉、杨美大猪老、径仔赖木昭、旱塘陈益斋集结成帮凶，矛盾的发展更尖锐了。

（摘自普宁县人民委员会修志会《第一次国内革命战争时期普宁人民的革命斗争史料》）

八、潮州斗文农贸市场的始末

1927年，国民党反动分子（当时称为白派）统治了浮洋市的农贸市场，广大农民进场交易屡受欺压。为了避免冲突，摆脱反动统治，斗文农会联合了井里、挑东、仙庭等村农会，于1927年3月19日（农历二月十六日）起在吕厝祠前设立了农贸市场，由农会委派会员许若才（已故）为市场负责人，由会员20左右人进行服务管理以及用木枪、竹槌做好保卫工作。

当时到这个市场赶集的有揭阳县大窖区的曾厝洋、白宫、浦尾以及本乡周围农民。进场交易的主要产品有地瓜、蔬菜、秧苗、三鸟及少量的稻谷大米等。由农会会员服务过秤，根据不同产品每吊收取1～2个铜镭的中人钱（即每过一秤，收铜币1～2枚）以补充农会的经费。

斗文农民协会的革命活动和农贸市场的设立，引起了国民党反动势力的恐惧，于同年4月22日（农历三月廿日）中午出动武力，强行烧毁农会会址吕厝祠及农贸市场。这样，斗文农贸市场的设立，仅持续了35天。

（摘自潮州市工商史料，1984年3月22日）

九、乐会四区销售市场

著名的"乐四区"销售市场和六连岭"红色操场"市场。1926年至1932年间，琼崖特委、乐会县苏维埃政府、乐四区苏维埃政府都设在乐四区。该区开辟的赤乡玉石坡，山察（寮）销售市场异常活跃。当时市场上有茅屋、瓦房共50余间，每天宰猪杀牛10数头；还设有布匹、百货店、饮食店等。连敌人严密封锁，很难运进根据地的纸张、食盐，在这里也均有出售。不仅万宁县农民从几十里远的地方挑花生、蕃薯等农副产品来交易，甚至在国民党统治下的加积市的"爱美"、"爱群"等大商号的店员也挑运货物秘密通过敌人的封锁线,到根据地销售。当时号称“小莫斯科”的上科村“销售场”集市也很活跃,各地倾向革命同情共产党的商人,从万泉、加积、乐会等地贩货运进山来,转卖给销费合作社。军政人员吃肉、菜可到“销售场去买”。

(摘自《琼崖岛财税史料》第四期《六连岭上现彩云》第二、三页,1983年10月)

十、万宁“红色操场”市场

1928年,万宁县苏维埃政府在其驻地——六连岭地区的茂山乡银村,开设了全县第一个“红色操场”市场。“红色操场”是苏维埃政府召开军民大会和训练农军的主要场所。市场在此开设,便沿用其名。“红色操场”市场每星期开市2天(上午上市,下午收市),实行买卖自由,公平合理的原则。上市的产品不征税收,吸引了当地很多农民和“客仔”(小商贩)。他们纷纷把肉类、鱼类、三鸟、瓜菜、挑到这里出卖;和乐、龙滚、万城,乐会等地一些同情和支持革命的中等商贩也随之涌来,在这设铺摆摊,经营副食品和油盐,并收购农副产品和土特产品;我苏维埃政府也在这里办了一间消费合作社,经营百货、日杂等商品,买卖东西,有货币交换,或以物易物,相当方便。为了方便农民和商贩摆卖东西,我们组织农军砍伐树木、山竹,在市场上搭起一些简易货棚;同时还开设几间简易旅店,照顾一些路途较远的客商住宿,对那些前来交易的客商,我们热情接待,鼓励他们多来做生意。因此,经商人数逐渐增加。市场日益繁荣。

(摘自《琼崖革命根据地财政经济税收史长编》第三编第八章,1983年10月)

第四节 打击地主囤积居奇、专卖勒索

一、陵水人民打击地主囤积居奇情况

我于1926年9月参加陵水县农民训练所受训,担任级长。1927年11月当县财粮委员会主任。1929年5月任中共陵水县委委员,中区区委书记。

抗粮斗争情况。陵水县的革命斗争是从抗粮斗争揭开序幕的。当时,全县稻田约5万多亩,地主占去多半,大部分农民成为“田仔”。他们除了缴交“押田金”,“牛脚金”和七、八成地租外,还要担负各种无偿劳役。1925年,陵水发生严重旱灾(史称乙丑饥荒),民不聊生,饿殍四野。大批奴仔像猪仔一样出卖,农民挣扎在死亡线上。可是,地主奸商却收买贿赂贪官污吏,大发灾难财。他们乘机垄断市场,大量囤积大米,提高米价,从中牟利。第二年秋收到冬收期间,地主奸商又勾结国民党县长邱海云,加重租税,并把大批粮食从新村港运往外地,昂价出售。他们这种不顾农民群众死活的行径,激起了陵水人民的公愤,在农会的领导下,农民组织起来到县政府向邱海云告状请愿,要求减轻农民租税,禁止粮食外运。邱海云不但置之不理,反而抓走我提蒙乡农会领导人谢是位。为了打击敌人的反动气焰,党组织和农会派我和副级长叶用祥带领农所学员,到盐灶、新村和各区乡,揭露奸商、土豪囤积居奇、外运粮食的罪行,宣传发动群众,组织起数以千计的黎汉族农民,手持标枪、弓箭、大刀和长矛,以农所学员为骨干,在党的领导下,举行了规模空前的游行示威。游行队伍举着邱海云的漫画像,装扮成邱海云贪赃丑态,高呼:“打倒贪官污吏邱海云!”“打倒土豪劣绅!”“一切权力归农会!”“严禁粮食外运!”的口号;同时紧卡关口,封车封船,截回了大量外运粮食。农民运动的来势如山洪暴发,势不可挡。邱海云被迫放出我农会领导人,并偕同反动民团头子曾三省等反动分子落荒而逃,退居北区贡举坡一带。这次抗粮斗争的胜利,初次显示了我党领导的陵水县农民革命力量的威力。

(摘自《琼崖革命根据地财政经济税收史资料通讯》第一期六八页,1983年3月)

二、琼山县的打没活动

土地革命时期,琼山县委和县苏维埃政府在冯白驹同志的领导下,全县的财经工作,统一由县经济委员会管理。当时县委的工作方针除了加快建立各区乡党的组织外,还组织了一支20多人的短枪队,配合经委进行武装打没活动。当时的行动口号是:“打倒国民党反动派”、“打倒土豪劣绅”、“打倒官僚资本”、“建立红色政权,反对白色恐怖。”活动的目标是:消灭国民党的反动武装和地方反动民团,没收官僚资本的财产,武装和壮大我工农红军

的力量。当时我党领导的武装力量，还处于发展阶段，打没活动主要是依靠我地下党员调查反动资本家、大官商、反动民团，给我经委提供情报，打没活动采取麻雀战术，有时集中，有时分散，神出鬼没地到处打击敌人。

1927年7月～8月间，我短枪队在县委书记冯白驹同志的亲自指派下，偷袭道崇，击毙奸商吴帮会及吴帮会的胞弟反动官商吴帮吉等人。冯白驹同志还亲自指派县经委主任冯安全带队由陈大新当向导化装攻打大致坡市，消灭了一批国民党反动武装，缴获了长短枪20余支，打没一间反动官僚开设在该市上的布匹店，击毙反动东家，把布匹分给群众，把2匹红布留给部队用。由于短枪队的打没活动，打没了大批枪支弹药和物资，武装自己又扩大队伍，壮大革命力量，使攻打敌人的战斗取得节节的胜利。当时，由咸来、道崇、三江、合群4个乡的农民自卫军合编的讨逆军在冯白驹同志的领导下改编为工农红军。县经委的工作也随着军事力量的发展而扩大活动范围，当时的经委委员冯安全同志亲自带短枪队在琼（琼山）文（文昌）交界的锦山市一带进行打没活动，缴获枪支弹药和物资支持部队，另一方面经委的工作是负责在地方上进行经济活动，解决党政军的吃饭问题、经费问题，由于县经委的活动大力支持了部队，1927年底，改编后的中路工农红军在冯白驹同志的领导下，又消灭了塔市和羊山地区的反动民团，同时指派党代表王学汤同志亲自指挥部队攻陷了大山乡的谭墨村、云龙乡的本内村等敌军据点，缴获了一批枪支弹药和物资（这次战斗短枪队的郭儒甫同志亲自参加），既壮大了革命力量，又扩大了琼山革命根据地。

（摘自《琼岛财税史料》第三期73页，1983年3月）

三、陵水农会向地主奸商征粮征税

征粮工作情况。凡是官田、公田的官租，一律统收归公。陵水的官田、公田是比较多的，主要分布在军府、山牛六、龙塘、沟仔和艾指等地。军府的公田是书院田，丰年收七百多八百担租（每担等于250市斤），歉年收600多担；山牛六的也是书院田，丰年350担，歉年300担左右；龙塘、沟仔、艾指的收100多担；其余几十担的非常多。每到收获季节，我们派人下去，由他们报上，按数缴交。凡是地主奸商的租谷，按1/3征收。如果有100担租谷的，我们就收他33担。每一个地主的粮食，我们都派监收员去检查监督，按时按数征收。如大地主张鸿犹的租谷有近1000担，我们收他二百多三百担；天德婆也有六、七百担，也收200多担；一些100多担的如进丰、琼元丰、琼昌盛、瑞金、徐则廷的都一样收他们1/3。全年总共收有近4000担谷。这些粮食，一部分用来支援群众，如生活困难的，被敌人火烧、抢劫的，我们视其实际情况补助给他们；一部分用于我们的革命队伍，剩余的按市价出卖，收入款用作我们的经费。征粮工作除了派人下去外，我们还设立万丛、大肚、坡村、黎亭弓、高量5个据点，拦阻官租。租谷进不了城，地主是恨得顿脚，反动派气得要命。1927年10月底，邱海云、曾三省和各区反动地主，以我没收官租为“罪名”，向国民党海南绥靖公署告状求援，请了200救兵，伙同地主民团1000多人，向我根据地5个据点同时进犯，我农军坚守抵抗，敌人攻势凶猛，万丛、坡村、高量等4个据点先后失守，只有黎亭据点未被打破。黎亭地处要冲，横截陵河上游和下游。我农家在黄家连、黄振士的指挥下，多次击退敌人的水陆进攻，打死打伤100余敌人。后来敌人调集四路兵力攻打，终因力量悬殊，弹药耗尽，鸡啼时突围撤走。敌人这次进犯，烧毁100多个村，所到之处，人民财产被抢劫一空，根据地人民损失惨重。县委及时把没收和征收的租谷分给受难群众，帮助群众重建家园。人民群众深受感动，他们把自己的命运同共产党紧紧地连在一起，主动把自己的儿女送进革命队伍，农军迅速发展到2800多人。武器也增多了，有弹枪、粉枪、荷兰枪、九节炮、长矛、阔口刀、单旋、沃门嘴、单逼、十三响、毛音瑟码等。捐献和税收工作情况在尚未夺取县城、建立苏维埃政府前，我们的经济收入是这样的：一方面是发动群众捐献。敌占区采取写信的方法，给一些深明大义的人，宣传革命道理，号召他们轻财重义，援助资金，支持革命。大部分的开明人士都肯解囊相助，也有少数对抗的。他们公开把我们送去的信撕掉，破坏捐献，对抗革命。在夺取县城后，我们枪决了2个极反动的资本家，使捐献活动正常开展。另一方面是征收税款。陵河是从七弓流下来的，我们在合口那里设关卡，拦住水路收税。比如从保亭、七弓上游运下的木料，一支收5角钱税；藤100斤收2元；沉香1斤收5角；益智100斤收2元；鹿茸1副收4元；老鹿角1

副收1元5角;鹿脚筋1副收8角;猕猴大的每只收2元;小的每只收1元至1元5角;猪仔大的(20~30斤)每只收2角;小的每只收1角。此外,还有从上游截下的商人的一船船谷子,我们按大小算,大箩(4斗,合100百市斤)收2角,小箩(2斗,合50市斤)收1角。也收从县城运到内山的货物税。如成衣成裤每套收3角;内衣内裤每套收1角5分;被面1条收8角;布匹每匹收1元至1元5角;棉纱1束收1角;红线丝线等小杂货双方议价酌情收税。我们收税时发给税票,税票是由县政权印发的,有票头存根。当时收税的货币主要是光洋和铜币,一般情况下,100个铜币等于1个光洋,3个铜钱等于1个铜币。

(摘自《琼崖革命根据地财政经济税收史资料通讯》第一期69页,1983年3月)

四、吴川县农民举行废除苛捐大运动

吴川县第五区农民,多以种蒜为业。其耕种普遍分为三造,早造种禾或薯,中晚两造俱种蒜。计种蒜1亩,可得蒜头4担,约值银40~50元,除成本外,每亩蒜得利数元至10元。故其入息甚微,其耕作至劳,其生活甚苦。近日,吴川县署在该区创设一高小学校,向农民抽收蒜头捐及蒜串捐,充作学款,并允准土豪李咏益,设立公司承办。查其承饷不过1000元,而征收捐税竟1万元之谱。农民饱受敲榨剥削,痛苦不堪言喻,多埋怨于苏县长藉兴学之名,而勾结土豪以巧设捐税,苦累贫农(其实此捐税系邓本殷时代逆县长所创设,苏县长照旧办法)。且该区农民,其每年下半年之生活费,全仗蒜头收入作维持。今复遭捐收,其无担负力量,更不待言。故须积极设法免废蒜头捐及蒜串捐,方能解除痛苦。3月15日,该区四十八乡农民遂联合派出代表500余人,扶老携幼,到梅菉省农会南路办事处、省党部南路特别委员会及第十一师政治部等处请愿,要求转致吴川县署取消蒜头苛捐……后南路办事处极力向县署疏通,农民筹策,其致苏县长一函,大意谓农民躬耕食力,茹苦含辛,加以盗贼猖獗民不聊生。近年幸得蒜头收入,始稍资度活。讵意今年吴川土豪李咏益,藉报效学费为名,新起蒜头捐税,及蒜串捐税,认饷包办,每100斤抽银5仙,又按蒜价每1元抽银9厘,均责令农民负担,并派人四出盘查,百般勒索,使农民不得自由售卖,买客亦势必裹足不前,且以此项捐税为学款,诚能造福农民子弟,则农民虽苦,犹可告慰。惟出钱办学者,为贫苦之农民,而就学者乃不劳而获之富家子弟,农民虽愚,心实不甘。今国民政府,以废除苛税杂捐,扶植农工为政策,望贵县长顾念政府体恤农民至意,克日将该蒜头捐取消云云。至于省党部南路特别委员会,与十一师政治部亦均有函致县署,大致与南路办事处函相同。今各方面对于农民多表同情,如农民请愿时梅菉市商人亦甚为帮忙,而各方予农民以实力之援助者亦颇不少。初苏县长复南路办事处函不肯取消,其理由一则说此案系前县长所办理有案,二则说为此抽收农民捐税以办学并不为奇,如取消之后则群起效尤,凡亚此捐者更不能行。继由南路办事处主任黄学增前往吴川县署,与苏县长交涉,始允取消蒜头捐;至蒜串捐,即每沽价1元,扣银9厘一节未见取消,仍在交涉中。该区农民,经此次之请愿,得取消蒜头捐,益明了团结力量之效用,相继起来组织农民协会,而吴川之农民运动,正得一发展之机会。

(摘自《犁头》第八期,1926年4月15日)

五、碧海红旗——盐墩盐民的抗税斗争

1926年春天,海南岛和全国各地一样,处处燃起了熊熊的革命火焰。这时候,县农民协会派谢育才、王天贵、陈聘等同志扛着红旗到处宣传:"废除苛捐杂税,打倒贪官污吏……"口号震天响,标语到处张贴。盐工们早已盼得这天的到来,只讨论了一个晚上,第二天一早,叶阳升就找来了一块木板,写着"万宁县第三区盐墩乡农民协会筹备会"的招牌,挂在学校门口。这时候,盐墩村可热闹啦,天一黑,青年男女便上了夜校。农会一成立,立即制订了初步的斗争方案,向盐务公司提出了六项要求:1.盐民晒盐煮盐起火停火自由,废除定时定量的煮盐制;2.不许盐警借查私之名而搜查民房,调戏妇女;3.盐民晚间行动自由,不得借口缉私而对他们横加干涉或殴打;4.缉私盐时应连盐和人一起抓住,不得向村中绅士勒款;5.叶氏祖祠交回农会办公,不得强占做盐务机关;6.盐务公司如果租用民房,要盐民自愿,并交租金。

六项要求一提出,初时,盐务机关的气焰收敛了一些,但好久没有看见农会有什么行动,气焰又嚣张起来。一天晚上,盐警又抓走了交不起税的盐

工叶才海。“这不得了,六项要求还没有接受反而把我们的人抓走了。”“好,他抓我们人,我们也抓他,把他送到县里,说他在村里乱抓人。”商议既定,大伙立即瞅机会抓来了盐警黄河清,并由盐工叶仕峰、叶茂如把盐警送到县署去。谁知一到县里,伪县署立即把盐警释放,反而把盐工叶仕峰、叶茂如监禁了。消息传来,盐警嗤笑地说:“哼!光脚人要和穿鞋人斗,我看快拿钱来赎人吧!”可盐工们并不怕,他们知道这次有了组织,和前两次的斗争不同了,这时候,县农会又派谢育才、符光东同志到盐墩村来,他们一来就向大伙说:“大伙不要怕,坚持斗争一定胜利。”盐工们也说:“有农民协会作后台,我们什么都不怕。”经过了大会、小会组织的讨论后,便决定全面罢工。并再提出四条:(一)释放被捕的同志;(二)赔偿罢工期的损失;(三)向被捕的同志及全体盐民道歉;(四)赶走盐警。初时,盐务公司并未重视,他们说:“你罢什么工,你不煮盐就没饭吃,支持不了1个月就要复工。”可是过了50天后,盐民还未复工,而且斗志昂扬,盐务公司开始焦急起来。要知道,1个月盐工损失不大,可是盐务公司则损失近8000元。连日来,琼崖国民日报也发表了评论及消息,支援盐民罢工;而它的上司也指责盐务公司不会办事,把事情越闹越大,他们开始软了。正在这时,龙滚等地区农民也支援来了,他们一队队挑着米、蕃薯,扛着红旗,口吹着号,喊着“打倒万恶盐务!罢工胜利万岁!坚决支援盐工罢工胜利!”声势如此浩荡,盐务公司人员一看来势不同,便趁盐工渡海欢迎支援的农民队伍时,偷偷地游过海峡逃跑了。几天后才敢回来,并派人和农会谈判。谈判结果:盐务公司全部接受十个条件,立即释放被捕的同志,赔偿了罢工期的损失;并由盐务公司理事在会上当众道歉。当他道歉时,场里发出阵阵嗤嗤的笑声。道歉以后,当场又把盐警赶走了。

不久,村里的党小组成立了,赤卫队,妇女会,儿童团也成立了,并用盐务公司的赔款,买了两支五排枪,打了40多支丫。从此,红旗飘荡天空,盐务公司也不敢为非作恶了。

(摘自《琼崖革命根据地财政经济税收史资料通讯》第一期78页,1983年3月)

六、揭阳农会要求取消食盐专卖

在农民代表大会前后,党领导广大群众开展了反对食盐专卖的斗争。当时国民党政府派了宋子文任财政部长,宋上任之后,便想在食盐问题上进一步剥削人民。他把食盐进行划区包商承销,地方这么广阔的潮梅十五县,每年只限销18万担,并增加食盐税收数倍。食盐由私商承包后,奸商即操纵抬高盐价。如澄海县,在没有由奸商承包前,食盐每100斤取价1元,包商后骤涨至每100斤4元以上。1926年冬,正当广大农村需盐腌制农作物时,唯利是图的奸商,更不顾农民死活囤积操纵,潮阳、揭阳各地因奸商抬高盐价,断绝盐源,结果使农民买不到盐,让萝卜、芥菜在园里烂掉,损失很大。揭阳县农会委员黄长谨等3人,因组织群众向政府请求取消食盐包商,被奸商和盐警勾结诬告而被扣押。因此,潮梅地委认为必须由各县农民协会组织群众,广泛地开展反对食盐专卖的斗争,得到广大群众的拥护支持。汕头的农工商学联合会响应农民协会的请求,一致要求政府取消食盐包商,决定发表食盐专卖利弊意见书。

国民党反动派已经日向右转,正积极准备其公开叛变革命,所以极力维护其封建官僚和大资产阶级利益,对广大人民的合理要求,置若罔闻,反对食盐包商这一斗争,虽没有收到预定效果,但人民的斗争并没有因为国民党反动派的拒绝和镇压破坏而停止。通过反对食盐包商的斗争,揭露了国民党反革命派官商勾结对广大农民进行剥削掠夺的阴谋,剥开了他们的真面目。

(摘自《汕头历史概要》第二章第六节)

七、顺德农民反对“桑花票”①

当时，农民摘桑叶要向古楼堡局领桑票，每亩4毫。摘桑花（即七、八造寒造的桑叶）要领桑花票，每造6毫。农民摘桑时要带备桑票证明，否则遇见民团巡查就被捆绑拘回古楼堡局罚款。这种无理的额外剥削，强迫农民负担。1925年，堡内各乡农民协会成立，共产党领导农民群众建立农民自卫军进行反抗剥削，取消桑票，桑花票，农民十分兴奋。

(摘自顺德县工商局上报工商资料[顺德古楼堡二十二乡的桑花事件],1984年3月)

① “桑花票”亦称“桑花费”,是反动地主强加给农民的额外负担。

八、五华农民截获粮船

1926年4月,正是春荒时节。五华的地主、商人还大量出口谷米,提高五华粮价,这是损害农民利益的。县农会写了报告给东江农会办事处,请准予禁止谷米出口,还未批准,地主已大量出口谷米了。河口农会便首先进行武装阻拦,扣留外运谷米船只,接着,安流、水寨的农会也派了近300人去拦阻。斗争开展起来了,我便率领县农民自卫军3个中队(200多人)到河口,宣布禁止谷米出口。反动县长胡淳从地主利益出发,向东江行署告我们状。同时,由于禁止谷米出口与梅县人有矛盾(因为他们的粮食要靠五华供给),因此引起梅县的工会也向上告我们。这是在我们幼稚的情况下,没有估计到的。专员公署打电报批评我们,说我们的农会代替行政职权。国民党还派了涂思宗团到河口,企图镇压我们,我率领农民自卫军与该团隔河对峙。涂思宗团长亲来找我,我曾与他一同东征,彼此认识,我向他说明情由,因此他按兵不动,同情农民。后来,我以国民党县党部常委的名义召开会议,县长胡淳也参加。我们提出:禁止谷米出口事,应由县长解决,具体办法由农会提出。这意见没争议便通过了。县长一听由他解决即拍手赞成,但他没有领悟到具体办法由农会提出的话中另有文字,结果他只做了农会办法的执行人。

当时扣留的船,共有400多艘,其中有些是龙川商人的,我们放过了,也解决了下游人民对我们的意见。凡是五华本县的,便没收;一部分供涂思宗团为军粮,一部分供县政府做经费。农会则得大部分粮食,后来就用这些粮食平卖给农民度荒。

(摘自古大存:《五华农会是怎样发展起来的》《广东文史资料》第32辑,1981年7月)

九、陆丰禁止粮食出口

彭会长(彭湃)感觉陆丰农民之痛苦,已达极端,非积极设法救援不可,遂于第二晚,与各机关代表,组织陆丰粮食救济委员会筹备会议,到会者,县署代表王直公、彭翌寰;中国国民党中央执行委员会农民部指导员彭湃;陆军军官学校特别区党支部代表吴振民;陆丰县农民协会代表庄曼禅、郑口;陆丰县党部代表黄振新、张威。公推王直公为临时主席,张威为临时书记。兹将其决议案列下:

1. 严禁运米出口。(1)绝对的禁止出口,以县为单位;(2)相对的禁止出口,以区为单位。

2. 调查富户积谷。令其即时开仓平粜。

3. 筹款购米来县。(1)地方公款"义仓";(2)募款,"每股5元"。(以上均完全通过。)彭湃提议成立粮食救济委员会,由下列各团体组织成立:陆丰县党部2人,陆丰县农民协会2人,陆丰县公署2人,新学生社陆丰公社1人。由委员会各委员中推县署代表彭翌寰为主任,农民协会代表庄曼禅为秘书。

(摘自海丰《陆安日刊》,1925年5月11日)

十、陆丰农会平粜粮食

农会还议决举办平粜和禁止米谷出口。彭湃同志在1925年5月来陆丰,鉴于贫苦农民受到地主和奸商操纵粮食,囤积居奇的痛苦,创意成立了陆丰粮食救济委员会,并亲自主持筹备会议,会议通过:"严禁米谷出口;调查富户积谷,令其即时平粜;设立地方仓,每股5元,购米来县。"上述措施获得贫农衷心拥护。因为他们家无隔宿之粮,米袋子被地主和奸商捏在手里,所以他们能够积极侦查地主和奸商偷米谷出口,清缴囤积居奇的粮食。大安石寨一个地方囤积70多石谷子顽抗平粜,大安区农民协会闻报后,立即派区农军到该乡配合贫苦农民把这家地主的积谷全部清缴出来。地方义仓平价出售大米,规定凭农会会员证购买,农会会员买到廉价的粮食,无不欢天喜地。但对于地主和囤积居奇的奸商,则是一种严重的经济打击。

由此可见,陆丰农民的经济斗争是胜利的,它是随着农民政治斗争的胜利而取得的,这种胜利使革命力量的发展获得了广大的源泉。

(摘自陆丰县党史《大革命时期陆丰农民协会实行减租、举办粮食平粜情况》,1962年5月)

第四章 农民协会实行阻禁平粜

第一节 各县镇纷纷组织农民协会

一、湖南益阳桃花江镇第三区第八十一乡农民协会议案录——平粜

本境谷价每石议价洋3元。谷无协会挥者,出境议罚全充。有私粜高价者,每石议罚谷2石。白日拿获者,每石提奖谷5斗。黑夜拿获者,完全提奖。卖主罚金不在此例。通过。

今春石灰船食米案,议每1000斤灰归食米1斗,凡出米之家,归协会打放行条施行。通过。

郭连辉私买符寿昌谷案,已(买)谷2石,议罚谷1石。通过。(……)

(1927年)阴历三月十一日,第二次开会,到会人数120名。

一、民食案:盘仓存谷2000(石),人数1700多,每口大人食3石,小口1石5斗。尚少食。

二、采办谷米。

三、谷米四庙流通。

运开发言:均匀平粜,满团流通。

德祥提议:组织极贫民粜零米,归有谷之家照协会凭证支配发粜。否认。

业友提议:归有谷之家借谷整米零粜,四庙分设零粜处,所有继续筹办津贴,向富户抽捐。全体通过。

符云海提议:零粜处主任符芳圃,通过。彭望梅、符茂祥,通过。味香,通过。德祥、树太,通过。友梅、钟芝田。

郭连辉粜寿昌谷之罚谷,今日最后议决寿昌系罚7斗,连辉罚30%。

(……)

三月十七日,全体会122名。

民食采办谷米:

胡九初提议:民食到赤塘求粜,有钱备钱,价3元。无钱向借。如汉寿风潮浸入,暂行聚积。通过。

符汉秋提议:民食本乡谷米尚少,暂不聚积。全体通过。

符德补提议:必要时聚积一区。

符必香提议:必要时向小康之家借款,采办维持民食。全体通过。

符业友提议:主张不出境,所有封仓谷须再查明。全体通过。

符冬生提议:向有谷之家借谷。通不过。

(摘自《湖南历史资料》,1981年第一辑,总第十三辑)

二、华容县阻禁平粜及民食委员会成立

成立民食维持会,禁止谷米出境。

……1924年~1925年连续2年大旱,粮食欠收,土豪和奸商纷纷将粮食运往外地赚大钱,县内粮价猛涨,给人民生活造成了很大的困难。为了解决民食问题,特成立了民食维持会,由县长王彬为主任,廖一贯、赵忠汉、刘承翰、蔡守正、蒋炳照为委员。在全县范围内,他们以农协出面,不准谷米出境,不准囤积居奇,不准高抬物价。万庚区农会执委长胡大明,严禁谷米去石首县境,并张贴布告云:“自布告之日起,如有偷运谷米下河至焦山河、调关(均石首集镇)者,一经查获,除没收谷米外,并对其人予以严惩”。1927年春在注市、北景港、梅市、鲇市、塔市、砖桥等边境集镇,亦贴有同样禁令,经常拿获偷运谷米的船只,没收货物,人处罚款、监禁。

在禁止偷运谷米同时,禁止高抬物价和囤积居奇,结果农会目的全达,谷米价大减,囤积者亦不敢放肆。民食问题大为解决。

(摘自《华容县农民运动史略》,1981年4月)

三、益阳平粜与民食维持会成立

通过此次全县性的大游行以后，农会的主要活动是打击地主、奸商的囤积粮食，操纵市场。全县普遍开展了平粜阻运运动，由农会议定粮价，限制谷米出境数量，以反对地主、奸商的闭粜阴谋和偷运活动。

……

……县委于1927年4月下旬，召开了一次县区乡领导骨干会议，……会后立即组织成立了民食维持会。把清算反霸时从地主、奸商、贪污分子手里夺回的粮食交该会酌情处理。同时因为益阳县在1926年滨湖一带遭受了严重水灾，灾区人民深受饥饿的威胁，断炊之户，举目皆是，虽然……开展了经济斗争与生产自救，但灾区人民的生产生活仍然存在一些困难。五月初，又组织群众开展了清仓斗争。在三里桥、铁铺岭、龙山港一带的地主、官绅、奸商的私营碓房里，查出粮食20余万斤，如数地分给了受灾人民，有的300斤，有的400斤，基本上解决了灾区人民的吃饭问题。

（摘自《益阳县农民运动史略》，1980年11月）

四、湘乡县农协阻禁平粜通告

通告特字第十号

为通告事，本令规定起条、发行条办法及规定租谷、息谷去留办法，使各乡协会办事一致，所有规定条件逐列于后右通告。

第六乡农民协会遵照办理

（一）凡运谷在本乡境内者只要起条，不再另要放行条。

（二）凡运出他乡者，4斗以内只要起条，不要放行条，4斗以外者，非要起发、放行二条，不准挑运。

（三）田租谷息确系伙食谷者，5斗以内全放行。10担以内去6留4，10担以外，去4留6。20担以外者，非经乡协会与地主订定平粜谷，不许挑运。非伙食谷者，无论田租谷，息谷完全存本乡发票，如有剩余报知区协会，集款采运。

（摘自《第一次国内革命战争时期湘乡县农民运动纪略》，1980年12月）

第二节　农民协会组织粮食平粜和合理调运

一、经济斗争上的一件大事

不准谷米出境，不准高抬谷价，不准囤积居奇。这是近月湖南农民经济斗争上一件大事。从去年10月至现在，贫农把地主富农的谷米阻止出境，并禁止高抬谷价和囤积居奇。结果，贫农的目的完全达到，谷米阻得水泄不通，谷价大减，囤积居奇的绝迹。

（摘自《湖南农民运动考察报告》《毛泽东选集》第一卷第26页）

二、湖南农民协会的粮食管理和支配

湖南虽然是个产米的区域，但因连年的兵灾、水灾，农民无饭可吃，都是吃薯、芋来过活（湖北、江西、福建、广东等省的佃农要用薯、芋做他们80%以上的日常食物，大多数的贫农则虽求薯、芋而不可得，而此中薯又比芋为更普遍的农民食品，因为芋要占用田亩，薯则可在山上栽种，或在秋收后栽在田间）。现在农民不愿照旧生活了。他们说："我们之不得谷食，是因地主将谷米运到外埠赚钱，本地谷米减少，因之价高，我们无力购买。我们既要饭吃，现在的方法就是阻禁，禁止谷米运出外埠。"农民用乡做单位，本乡内的谷米只许在该乡农民协会的范围内流通。要由本乡流通到他乡就要区农民协会的命令。要由本区流通到他区，就要有县农民协会的命令。由本县到他县或出省境，就要有省农民协会的命令。因此省农民协会特印有一种运谷米的护照，专备省内各县流通谷米及军米出省之用，并设专人管理这件事。军米出境虽有各军的护照，若没有省农民协会的护照是不能通行的。他们在各出口地方设有稽查，非常严密，若是米数与护照上的数目不符，就是他们阻止。长沙靖港地方有八军军官运米2000余石，被他们查出超过原额1倍以上。他们老实不客气地将超过的额数没收了，其余的军米仍旧放行。湘阴和丰垸地方也有八军军官偷运食米出口，据军官说有3000石军米的护照，实运了4160石，可是据农民的计数有6800余石，而护照又始终没有看见，农民也就老实不客气的全数没收了，包运谷米出口是军官发财的方法，因农民检查的严密，自然引起了一班军官的大怒。

农民支配食粮有他们自己的方法，欧战中为着食品支配的问题不知费了多少科学家、经济学家的心血，可是湖南赤脚草鞋的农民轻轻易易地解决了。《时事新报》记者所谓分配粮食的困难，湖南农民也轻轻易易地解决了。

他们的方法是：用乡做单位，在一乡内"团〔盘〕仓"——调查谷米的多少；更以一乡做单位调查人口，于是按照年龄的大小，分配食粮（老年、壮年、小儿每日各食米若干）。本乡内有余或不足，都报告区农民协会。因此省农民协会知道各县谷米多少的状况，而可以依照情况发护照到某县去采米。

他们对于一般赤贫的农民没有钱储存多量的谷米的，又另有办法。他们收集地主的谷米，办理平粜，以最低限度的价格粜与赤贫的农民，每家依照人口的多少，发一个粜米的执照。执照是用厚纸做的，分为许多方格，格内有日期，某日去粜米就将某日的方格剪去。因此人口以少报多的弊病，以一执照买米数次超过需要而以渔利的弊病都免除了。这种方法的使用，据我亲见的，湘潭县是使用得很好而绝无流弊的。这种方法若要统治阶级来执行，恐怕穷年累月还弄不清楚，而农民则毫不费力的办到了。1927年的秋收已过时数月了，可是反动后的湖南还在那里命令各县组织减租委员会，江苏、浙江等省还在那里讨论什么减租条例，就可证明统治阶级的昏庸、迟滞、毫无能力。

更有一事足以证明湖南农民组织的力量的，就是为第四方面军采办军米的事实。那时第四方面军在河南作战，缺少军米，由唐生智派遣兵站总监来湖南采米，当即由工、农两会、国民党省党部及省政府合组－经济委员会专办战时一切粮食之供给，并决定了一个集中粮食的条例。主要的办法就是将粮食以法令集中于农民协会之下，赋与农协以支配的全权。由省农协派员到各县采米，专向农民协会收集。定额原只25万石，可是不到一周的时间，各地来电报告米数已有17万余石了。醴陵一县更由农协发起"节食助军"，全县人民都食两餐，以所余的来供给军用。

长沙城内存米原不甚多，但是省农民协会与省总工会为接济前方军米起见，在省城谷仓内借用谷五万石，由总工会命令碾米工会昼夜加工碾做军米。

……

他们最普遍的就是谷米阻禁的问题，而执行也最精密，这一来，予豪绅资产阶级以经济上根本的打击。

（摘自直荀《湖南农民革命的追述》；《湖南历史资料》，1981年2辑）

三、湘潭县禁止米谷出境

南六都农协成立三乡，从事农运者，以今岁秋收歉薄，恐来年不接青黄，昨为维持民食起见，责成各甲团保登门造册，盘查仓谷，以人数多少，应吃谷几何，除供给本地人民度食外，倘有余粟，准其放行，但须取本地乡农协放行票，方可有效，又恐土豪劣绅、奸商市侩，乘此造册期内，故意将谷米卸河出境，已有令各暂行阻止，以杜奸弊云。

（摘自《湘潭公报》民国十五年［1926年］）

四、安乡县阻止谷米出境

土豪劣绅不仅高租重利尽情盘剥农民，而且将粮食囤积居奇，甚至不顾本地民众灾年春荒，将粮食出境谋利。农民运动兴起之后，农民协会设立了民食委员会，制定了民食章程，发动民众阻粮平粜，救灾度荒。1927年4月19日，梅景乡土豪劣绅刘国一、刘定一、刘江一弟兄，家有谷2000余担，贫民饥饿，升合不借，升合不卖，反而商同女婿团防局书记何护成，勾结团防局第四队袁队长，出动团兵数十名，强迫运谷出境，乡农协委员诸山闻讯，即率领数人前往阻止，刘氏弟兄不但不听，反而包围景乡农民协会，诬农民为土匪，鸣枪轰击，当场击毙农协委员诸山，击伤数人。当地农民协会一面阻粮出境，一面派员向县农协会报告，适逢全县工农代表大会开幕，各代表闻此惨耗，愤慨异常。由大会推派代表陈锡周、任俊杰及县党部代表熊珊前往调查，并举行大规模的追悼大会，督请县政府严办土豪及凶手。刘氏弟兄即被农会捕获。

此事发生后，各区乡农协设立哨卡，昼夜值勤，检查来往船只，严禁谷米出境。

(摘自《安乡县农民运动史略》,安乡县农调办宣,1980年11月)

五、临澧县农协封仓阻禁

封闭土豪仓库,阻禁地主偷运粮食出境。

观音巷第六农民协会把准备疏散粮食的土豪孙月池的粮仓封闭后,把粮食贷给那些缺粮的穷苦农友;叶家庙的大土豪劣绅叶柳池害怕农民封仓查库,偷偷地把2万多斤粮食转移到观音巷,准备用船只运往外土。观音区农民协会侦知后,便发动纠察队员和农协会员进行阻禁。叶柳池不甘心失败,令其押运粮食的伪军开枪弹压。这样一来,更加激起了纠察队员和农会会员的愤怒,与伪兵进行了英勇搏斗,终于把叶柳池及其爪牙打得狼狈逃窜,2万多斤粮食被全部截留下来,接济了当地的饥民。

(摘自《临澧县农民运动简史》,1980年10月)

六、安化县设卡查粮

不准谷米出境,不准抬高谷价。1927年上半年,大福坪浮山农协实行平粜,每石谷只准卖3元银洋,而土豪罗甫卿(又名章甫)却派人偷偷摸摸挑到大福坪街上卖6元1石。农会发觉后,即派会员彭生保、刘丙章到路上设卡,又拿获罗家稻谷2石。农会以这2石稻谷为证,发动农民1300多人,涌入罗家,找罗质问,算账。农民们在他家煮了4石米,杀了2头猪,欢欢喜喜吃了排家饭。从此,罗家不敢再挑谷米出境卖高价。

(摘自《安化县农民运动史略》,1981年2月)

七、平江县禁止土豪高价粜粮

减租减息、平粜阻禁。……长寿区农协会组织全区农民二五减租,平仓平粜。第五乡有个土豪方祝卿,有田租80多亩、铺1所,出佃庄屋3栋。……还将其储存的余谷100担由农会粜给缺粮的农民。

……1926年,献冲灶门洞土豪吴方典高价粜出粮食每担谷要光洋2块。后为了卡农民的脖子,在腊月廿四日,竟关闭粮仓不粜。农协会长谭蕴农带30几个会员到他家,没收了他的80担谷,交农会分给没有过年饭的农民。

(摘自《平江县农民运动史略》,1980年12月)

八、常德县破获假"军粮站"

实行平粜,阻禁粮食外运。粮食关系国计民生极大,若干年来,贪官污吏、土豪劣绅、买办奸商,在粮食上做了不少文章,而广大农民大多因粮食问题,搞得倾家荡产,甚至家破人亡。……1927年春,各级农协会成立后,首先在粮食上展开同豪劣的斗争,办平粜,阻禁粮食外运,规定每担谷价4块光洋,任何时候不能抬高粮价。

……德山巷口的著名土豪康善保,囤积最多,惟恐农民在粮食上造反,则暗地与驻扎在湖北襄樊而伪装北伐的夏斗寅部勾结起来,假部属采购军粮,从武汉放来轮船2艘,大帆船10多只,停泊在德山孤峰岭下,船上插有"采购军粮"的旗号,还有身穿军服,腰佩短枪的"押运员"护卫,颇为威风。他们一到德山,不找县府接洽,专与豪劣私议,在草坪设下所谓军粮采购站,从港二口、放羊坪、唐家大屋等处运转大批粮食上船。有些大土豪如李亨太、蒋万兴等,心领神会,也伪装开明,声称"多卖粮食支援北伐"。县农协会及时识破了他们的阴谋诡计,与县政府商议,立即颁发"阻禁粮食外运"的布告,并发动区乡农协会,对不法豪绅实行粮食封仓,对康善保私运的粮食扣留起来,交由农协保管,待北伐军来县府调粮时如数抵交。那些冒充采购军粮的军人,只得如实供认,灰溜溜地逃走。这样一来,地主豪绅……只得按规定价格,把粮食弄到市场销售。

(摘自《农民运动史略》,1980年10月)

九、宁乡平粜

平日地主靠以剥削和卡农民的是在粮食上做文章。农民最迫需要解决的也是粮食问题。所以1926年冬到1927年1、2、3月,农会主要的是解决民食问题。农协对富户用突然封仓量谷的办法,自卫军纠察队迅速搜查,勒令地主粜出存谷。农会在这一时期的粮食政策是实行存4粜6。凡地主所存粮食,一律由农会按存4成、粜6成的比例,由农会打条子到地主仓里出谷,价钱也由农会统一规定,不许地主高抬市价……

农会讲话算数,违者必罚。心田肖家冲地主闵十五不完成存谷平粜数目,竟于1926年春天运米到湘乡卖高价，被农协会员查获，立即戴高帽子游乡示警，并罚谷惩处。当闵十五游乡时，兰花屋场一个叫闵玉林的富裕户私下对人说："这是发颈脖子风"（意思是遭砍的）。有人检举到农协，农协罚了闵玉林10桌酒席，直至闵玉林赔礼道歉才了事。

高露区秀土乡贫农欧楚亮要求富户按存4粜6之比例，粜存谷给贫民。该区团防局长成学海即诬欧楚亮是土匪，将其押进团防局牢房。旋即绑送县。幸毛泽东来银田区调查农运情况，从当时由银田区委所召集之宁乡秀土乡党员徐达三谈话中听到宁乡只搞"二民主义"，不搞"三民主义"的反映，毛问何以叫"二民主义"，徐说，孙中山的民生主义宁乡并不实行，秀土乡欧楚亮只要粜存谷便被团防局解到县里关进了班房。毛立即指示同来之湖南省国民党监察委员戴述人（系中共党员）速去宁乡县参加正在召开的宁乡县国民党代表大会，批评他们的"二民主义"，并要银田区委书记成永清去靳水四乡组织农民游行示威去县城请愿。成永清组织了七八百农民在县城请愿3天，终于迫使县署将欧楚亮释放，并且赔礼道歉，鸣放鞭炮，披红挂彩，送欧回乡。

（摘自《宁乡农民运动史略》，1980年12月）

十、株洲平粜阻禁

1926年扮早禾时节，湘江河水猛涨，八叠乡土沿岸一带堤溃水淹，眼看到手的粮食，瞬间一片汪洋。农民正苦熬"青黄不接"，又接着遭此沉重打击，更是饥馑不堪。土豪奸商却乘机勾结，勒索农民。八叠乡土豪汪孝逵、邓声孝更是囤积谷米，卡价封仓，米价由7元一下子猛涨到12元，还在一天一个价地往上涨，并将谷米转运他地，另牟暴利，使得农民有钱无市，有口无粮。真是"7月望扮禾，望来水一河，谷米黄金贵，农民怎奈何"。

……大家公推汪先宗为头，组织"平粜委员会"，公议平价米7元1担！一般农户吃平价，次贫减1成，赤贫减5成。几百农民首先拥向宠角塘邓声孝家。邓声孝要尽了装蒜、陪笑、喊枪兵威胁等等花招。都被汪先宗等人一一识破驳倒。农民们启封开仓，"凭章出价，拿钱粜米"。首次斗争，旗开得胜。……平粜、阻禁等组织相应建立起来。谷米不外运，囤积走私按章受罚。一时，八叠乡轰轰烈烈，尽管汪孝逵等土豪劣绅暗地咬牙，怀恨在心，也只得将谷米按章平粜，不敢有半点不服行为。

……八叠乡因为平粜阻禁等农运搞得出色，被评为东一区"模范第一乡"。

（摘自《株洲农运史略》株洲市县农调办编印，1980年12月）

十一、湘阴县农协办平粜

办平粜，解决民食问题。……加上上年的大水灾，在湖区几乎颗粒无收。就是在城南、长仓一带丘陵地区，也因洪水冲洗，大大减产，这样，广大的贫苦农民面监着严重的粮荒威胁。为了解决困难，渡过灾荒，农会便运用自己的权力，大办民食。

当时，地主豪绅掌握了粮食，他们乘机外运，高价出售，从中牟取暴利。农会下令阻禁，违者不仅全部没收，而且还要严加惩罚。在阻禁的同时，农会又通令实行平粜。第五区农会规定在本区范围内，每担谷只准售价2元2角。可是这些规定，却遭到地主豪绅的抵制和破坏。大地主张道生（又名张运谦），有田910多亩，可收租2454担，他竟敢违反农会的禁令，以担谷3元6角的高价，外售17担。途经茶子坡时，被双江团、范家团的农会负责人范冬生、谢少安截获，经请示区农协以后，将这批谷子全部没收，并罚谷300担。然而张道生却拒不接受处罚，农会便组织400余人，到张家坐食，通宵达旦，并搬着他家的劈柴烧"龙头火"。……逼得他只好低头认罪，出谷300担。

显庆乡大义团农会，向地主豪绅派粮派款，救济贫民。土豪邵福田，有田460多亩，可收租960多担。此人奸狡已极，农会干部兰雪福、邵二喜统率农民70多人，打着大红旗，喊着口号，要他出谷150担，邵福田竭力顽抗。农民将他捆绑在土地庙的柱子上进行斗争，打竹板子，要加罚他银洋1000元，谷300担。土豪关祖湘、关祖庭、吴南庭，均可收租800担左右，各被农会罚款100元，谷100担，农会将这笔钱粮，根据不同的家庭情况，分发给贫苦农民，最苦的每人3元，次之2元，再次之1元，同时按情况好坏实行平粜。当时，该地每担谷价3元6角。农会就以3元1担卖给农民，最苦的农户则不要钱。钱粮均约定秋后偿还。农民领了钱，买了谷，高高兴兴地说："农会为我们办了好事"。

在湖区，农会活动开展得迟缓一些。但也把组织办平粜作为一件大事来抓，临资口农会控制了粮食,给每户发个折子,在泗洲寺的戏台上按平价粜米。

(摘自《湘阴县农民运动史略》,1925 年——1927 年)

十二、桃江县平粜方法

农会组织通过办平粜,给地主的经济打击也很有力。三十三乡在大土豪周春生、肖汉清家挑出500多石谷子,在700多人口的地域开设了2个平粜点。那个平粜点的名称叫"民食小组",专门维持农民的粮食。这个组织的人员首先摸出了供应对象,登记造册,实行定时、定点、定人、定量的"四定"供应办法,保证农民生活不出问题,从没收地主余粮、派购、阻止谷米出境、积谷以及挑运等方面解决粮食来源。第六乡儿童团阻止出境的粮食就有8万多斤,大大充实了平粜的粮食来源。四十五乡农协会勒令土豪将粮食价格降下来,当时每石谷价是6元左右,只准他们粜3元1石,降了一半。高桥农会在地主陈世贤、胡锡纯家以每石2元的低价一次派购了200多石谷子。104乡农会将地主贪污的积谷150石限期全部交了出来。……

摘自《桃江农民运动斗争史略》,1980 年 10 月)

十三、湘潭农协的经济斗争总结

湘潭农民生活既苦,故经济要求非常迫切。但其减租谷减米价增加工资种种斗争,起初只知单独的去行,不知以群众的力量去取,故每次失败。自得到农协的训练,始知欲达到不受经济之压迫,非巩固团体的力量不可。兹将经济斗争事实,简略的摘录于下:

1. 东三区一至五甲为民食问题与地主发生很大的冲突。10月5日该区委员长楚应询、都正罗庆生召集各法团开全区大会,议决各项如下:(一)米价零粜每升80文,减粜60文,平粜照市价每石米减洋1元,但在10元以内,不得超过10元;(二)开禁在存妥谷以后;(三)开粜在开禁之第二日;(四)粜米处每境设一平粜局。

2. 东三区敦化团积谷共计2000余石,以前操在1~2个土豪之手,收放借货,农民不能过问。一遇谷价高,则土豪私自卖出弄钱;一遇谷价低,则强迫农民多借。又该团地域甚长,积谷仓偏在一方,农民借谷送谷,均甚不便。又该团每年团防经费及平时差费、蔬米……等,本应出于殷实,而土豪等均出之于积谷,以致积谷年少1年。名为救贫,实以救富。农民感受此项痛苦,均向地方请愿,要求将谷分储2处,以便收取,由民众选举人经理,以维谷石。该区农协已会同地方解决如下:(1)将谷分储两处。(2)由民众公举妥人经理。(3)积谷不得移作他用。(四)公举审查员核算以前数目。

3. 第四区农协——城区,为肥料专卖致农民受很大痛苦,于是农民群起推倒专卖局,成立经售处,由农工商学举人办理。又成立监察经售处,不准高抬价格,不准掺水以妨害农民。第二区农协——东一区为米价高涨,民食维艰,区协会同地方甲团,根据地方情形,不留谷外,并规定米(价),设立平粜局。

4. 东〔四〕区土豪文李二姓私置大斛,专收租谷。每石比湘斛更大8升。弄得一班佃农生活日苦。第七区农协执委肖光海等为解除农民痛苦计,向该地主进攻,勒令取消大斛,统用湘斛。第六区农协——南二区农民对于减租减米价,起初不知以群众的力量去做,后加以切实的指导和训练,始知自动团结去干。有一班土豪劣绅因恼恨农民入会,即将谷米价格抬高,甚至闭粜。于是农协联合数乡,开联席会,公决平、减粜二等价格,再清查应吃减粜米者若干,然后推举代表,并就减粜向都团交涉,而都团竟置若罔闻。后农民协会召集各乡全体农民到都团家,要求设平粜局。都团恐惧,召集农民领袖及地绅依照议案执行。

(摘自《湘潭县农民运动报告》,1926 年 11 月《中国现代史资料选编》第四二七页)

第五章　省港大罢工期间的工商管理

(摘自《工人之路》特号118期,1925年10月20日)

第一节　关于审查仇货，封锁港澳的法规

一、广东工商审查仇货委员会章程

1. 本会定名为广东工商审查仇货委员会。

2. 本审查委员会以保障罢工,维持商业,双方兼顾为宗旨。

3. 本审查会地点于东园。

4. 本审查会根据取消特许证后之善后条例第六条,由工商两界组织。

5. 本委员会以在省工商两界各举出委员共16人组织之。

(1)罢工委员会举出8人

(2)总商会2人

(3)商联会2人

(4)市商会2人

(5)商民协会2人

各委员如不暇出席得派代表,但须该委员有亲笔书为证。

6. 在罢工期内如有违犯前经四商会罢工委员会宣布特许证取消后善后法原有七条之规定者,应由本审查会审查处置之。

7. 本审查会委员不设委员长,惟每开会时临时推举主席1人,其表决权主席不得加入。

8. 会期无定限,由罢工委员会随时召集之,但须于会期之前2日,通知集议。

9. 每次开会得委员双方过半数出席,即可开会。

10. 凡会议审查事件,以出席委员多数取决。

11. 遇有争议不能取决时，呈请商务厅核定之。

12. 本章程如有未尽事宜，委员得随时增改,由委员3人以上署名提出大会议决修正之。

二、会审处组织法则

第一条　会审处隶属于省港罢工委员会。

第二条　会审处设承审员5人,由省港罢工工人选充,计省占2人港占3人。

第三条　会审处各项员役由承审员酌量编配之,统以罢工工人为限。

第四条　会审处之设用以收受各方解来之人犯,为初级之审讯,按律分别事情轻重或转解特别法庭审判,或直接由本处判决。

第五条　会审处收受各方解来之人犯,应由本承审员署名签收,并将犯人原有之衣物等一概随同犯人点签收之。

第六条　会审处收受各方解来之人犯,应于24小时内审讯清楚定夺,如确属无辜者,应即释放,不得留难。

第七条　会审处应依据法制局制定经代表大会通过之法则定案不得越例从事。

第八条　会审处收受各方解来之人犯,无论何项机关非依合法手续不能取保及请求释放。

第九条　会审处讯案应秉公依法无枉无纵,不得擅用私刑及受贿舞弊,倘有上项事实被人告发或被查出,应由省港罢工委员会送交特别法庭查办之。

第十条　会审处每日应将经过审理案件情形,详细汇表呈报省港罢工委员会备案,以备查考并应函复所解来之机关。

第十一条　凡应解送特别法庭之人犯不得逗留过24小时。

第十二条　会审处判决人犯如不服判决时,得向特别法庭上诉。

第十三条　本法则如遇必要时得由省港罢工委员会并由代表大会通过,方为有效发交法制局改订之。

(摘自《工人之路》特号第142期,1925年11月15日)

三、省港罢工委员会会审处办案条例

应解送特别法庭之罪犯如下：

接济敌人粮食品物者；

包庇工人返工者；

未经准可而复工者；

侵吞公款者；

私卖禁章饭券者；

殴打职员者；

职者恃势凌人者；

栽赃诬告者；

私运人货往港澳沙面者；

私自捕拿押留人犯者；

滥用私刑者；

犯聚赌吸食洋烟2次以上者；

不论何种职员受贿舞弊者；

包庇接济敌人粮食品物者；

运动工人返工者；

侦探罢工消息报敌人者；

克扣工人粮食者；

受贿纵逃罪犯者；

恃众凌人者；

犯私自往港澳沙面者；

偷盗及私卖公物者；

包庇私运人货往港澳沙面者；

勒索钱财者；

故违公令者；

打架伤人者；

包庇聚赌吸食洋烟者；

缉获货物私自拍卖并放行者。

（摘自《工人之路》142期，1925年11月15日）

四、纠察队组织法（摘录）

第一章　总　纲

第一条　本纠察队直隶于“中华全国总工会省港罢工委员会”。

第二条　本纠察队之责任：

1. 维持秩序；
2. 截留粮食；
3. 严拿走狗；
4. 拘捕工贼；
5. 查缉仇货；
6. 封锁香港澳门沙面交通。

（摘自《工人之路》147期，1925年11月20日）

五、工商合组验货厂

特务处设立以来，本为审查货物，于商人颇称便利。现第68次省港罢工工人代表大会，议决将特务调查处取消，另组织工商合组之验货厂，在该厂未成立以前，特务处照旧行使职权云。

（摘自《工人之路》第194期，1926年1月7日）

六、工商检验货物处章程

1. 定名：工商检验货物处。

2. 宗旨：本处系为预防奸人破坏爱国运动及不法之徒借端骚扰，所以由省港罢工委员会暨四商会共同组织，凡所有进口货物概须先经过本处检验方得放行，或已被罢工会查缉队员扣留之货亦须交本处查验。

3. 地址：本处暂设西堤省澳轮船码头。

4. 组织：本处暂设检验员16人，由四商会派选8人；省港罢工委员会派选8人；共同组织之。

5. 监察：本处另设监察员8人，由省港罢工各工会轮流，每日选派8人（每工会1人）担任之。只任监察各检验员执行职务。

6. 职务：本处检验员之职务定于下：

（1）设理事4人，即由上列两部分之检验员中每部各选2人担任其职务。在保管印信发给凭证以及监督指挥一切事宜。

（2）设挂号员2人，由理事酌派担任。其职务专司各商号货到时即予挂号，并照货物挂号之先后，指定与验员按照号数查验，以免争端。

（3）所有检验员，其职务只担任查验货物之有无违例报告理事分别办理。

7. 办法：检验货物暂定三项办法：

（1）如经各检验员均认为无违犯工商条例之货物，每件应即发给凭证贴在货面，由货主起回，无论何人均不得再为留难。

（2）如检验员中尚有认为系违犯条例嫌疑之货物，则应抽出货样送交省港罢工委员会会审处审理；其余货物准先由货主照货价另立相当保证单具结领回，俟会审处判决。如货主不服时，得请提出工商审查仇货委员会再行处理。

(3)如查得确系仇货,或由港澳直来之非仇货,均须立即备函连货移送会审处照例处分之。

8. 时间:本处办公时间,暂定上午10时起至下午5时止,如遇有每别事项发生亦得由各理事通告延长。

9. 附则:本章程如有未妥之处,得由工商联席会议修改之。

(摘自《工人之路》第207期,1926年1月20日)

七、有货物入口者注意

罢工委员会与四商会合组工商检验货物处,业经成立,定于2月16日(即夏历正月初四日)开始检验;地点在省港澳轮船码头。所有入口货物俱归该处检验,如非属仇货及非由港澳沙面来者,验讫立即放行,并无收受费用;一经放行,水陆沿途不准留难阻滞。检验处俟罢工胜利之日,即行撤消。凡商人有货入口应具报验手续如下:1. 凡报验入口货物须列明货色数量、重量、价值、唛头①、何船载来、何埠起运。其格式依照报关单一样。如有货价单、报关底单及可以证明非违例之证据,亦要缴验。2. 报验单须盖该商店正式图章,注明街道门牌,有海关编号图章更妥。不得用伪名店章。3. 有无货报验,须先向挂号处将报单投递,由挂号处俟次编列号数送交检验处,按先后次序检验。4. 货经验妥准于放行时,由商人领取放行证,粘贴货面,每件1张,另加盖检验处骑缝印,无得遗漏。

(摘自《工人之路》第232期,1926年2月15日)

八、工商检验货物处公告

罢工会前为便利商人,增进工商联合感情起见,特组织工商检验货物处。现定于22日起开始检验,已发出公告云。为公告事,本月本日经已成立,现定于2月22日起,即夏历正月初十日,开始实行检验。仰各航业公司或轮船代理商号,自10日起如有轮船进口,应将花色纸预先抄送一份到本处,以便届时分别检验,庶免误会切切。工商检验货物处启。又市商会亦函告选出验货员,原函如下:径启者,敝会现举出陈铁香、李绍舒、蔡寿朋、李继文、杨公卫、褚泽生、黄协颐、毕栋朝、宋季缉、陈瑞芝、陈秀川、黄少春等12人为工商检验货物处检验员,除分别通知外,相应函达贵处查照,希为接洽是荷,此致工商检验货物处。

(摘自《工人之路》第239期,1926年2月22日)

九、工商检验货物之手续

帝国主义此次欲封锁广东,断绝广东人民粮食,乃借口纠察队检验货物问题,实则纠察队检验货物办法已经改由工商两界所组织之验货处检验,且由海关检验后始行检验,与海关毫无关系。而帝国主义明知我已组织工商检验处乃宣布停止检验,殊见其用心之阴毒也。兹录工商检验处致罢工会函件一则:径启者,本处检验货物系由工商两界组设,纯为检查入口货物起见,现定于阳历22日开始检验。所有本处检验手续先经海关验毕,然后从事检验,界限分明,两无相碍。合行亟请贵会查照,务将此旨转呈国民政府饬行文粤海关税务司知照,俾免误会,以便进行,至纫公谊。此致,省港罢工委员会,工商货物检验处。闻罢工委员会已将情形转呈政治委员会矣。

(摘自《工人之路》第241期,1926年2月24日)

十、检查仇货之办法

自罢工委员会与四商合组工商检验处改变检验方法以后,昨政治委员会亦来函罢工委员会,对于检验仇货亦同此意。兹录原函云:径启者,凡各种船只载运货物到通商港口,自港口界限之内至海关验货之时,由海关负责,不许货物走漏;纠察队在此时取严重监视态度,无庸检查。如欲检查,应在海关验货之后,除函粤海关监督外,即希查照严饬纠察队遵照。此致,省港罢工委员会政治委员会。

(摘自《工人之路》第242期,1926年2月25日)

十一、汕头会审会重新组建

汕头罢工委员会与会审委员会,因组织及条例上之关系,双方曾发生意见,会审暂时停止。但此次大罢工非为工人阶级减时加薪而罢工,乃为打倒帝

① “唛头”,英文的译音,用文字、图形和记号表明在货物包装上,以便识别一批货物,不同于另一批货物的标记。

国主义谋民族解放而罢工，故罢工封锁政策之进行，不可一时或息。昨中华全国总工会代表刘尔崧君抵汕，省党部潮梅特别委员会，与市党部执行委员会，特开联席会议，并请全国总工会代表在罢工委员会开联席会议，以谋各界联合战线之巩固，会议中罢工委员会提出对会审委员会之意见如下：

1. 会审委员会改为汕头国民外交后援会，审查货物委员会在后援会之下组织之。货物审查之后，交罢工委员会判决执行；如罢工委员会认为审查未妥，得提出复查。

2. 审查货物委员会组织之份子：罢工工人4人，总工会1人，总商会1人，商联会1人，农会1人，学联1人，共9人。

（摘自《广州国民日报》，1926年2月23日第七版）

十二、汕头工商审查货物委员会成立

汕头罢工，封锁香港澳门会审委员会，因组织不良，经汕头各界代表大会议决改组为："汕头工商审查货物委员会"。已志前报，兹汕头罢工会、市党部、总商会联会各依组织条例，派出代表于3月1日在国民外交后援会内开"汕头工商审查货物委员会"成立会，将以前会审委员会宣布取消，即日开始审查仇货，此后汕头工商之联合，必日益巩固也。

（摘自《工人之路》第264期）

十三、取消特许后之善后条例

中华全国总工会省港罢工委员会以前与商务厅、公安局、外交部共同发出入口货之特许证，原期一以便利贸易，一以保障罢工，迩者情形既有变更，此项特许证已经省港罢工工人代表大会通过准予取消，并经敝会等共同决议取消特许证后之善后条例六条，兹特公布之：

1. 从香港澳门来的，任何国货物，都不准来广东；从广东去的，无论任何国货物，都不准往香港及澳门。

2. 凡是英国船，及经过港澳之任何国船只，均不准来往广东内地起卸货物。

3. 凡不是英国货，不是英国船，及不经过香港及澳门的，均可自由起卸。

4. 广东界内只要不是英国货、英国船，均可自由贸易及往来。

5. 凡存在广州之货，只要不是英国货，而且不是英国人的，均可开仓发卖（如关于政府专卖者及违禁物品，不在此例）。

6. 此条例由四商会联合省港罢工委员会共同签字公布之，自公布之日起，直接用省港罢工委员会行使封锁职权，如有违背前条例者，即一律完全充公；凡违背条例者，先须经过工商两界所派代表所组织之审查委员会审查确实后，始执行充公。

以上条例，已经敝会等共同订约，自9月5日公布之日起，即发生效力。望我国商界同胞本共遵守奉行，以期共同达到打倒帝国主义之目的，有厚望焉，此布。近查轮船到粤卸货后出口时多有经泊香港载运货物到各埠者，此实与封锁政策大有妨碍。敝会等对于此层已于9月14日又增订善后条例一条，以救此弊，兹特公布俾众周知。

增加善后条例：

凡雇用轮船来省时，应由该雇主先与轮船公司订附条件，该船到粤卸货后，出口时不得经由香港澳门，并由该雇主报告商会及罢工委员会备案。倘该雇主违此条例应负其责，但出于该轮船违约时，即由工商团体宣布该公司轮船完全抵制，此条例定于10月1日施行。

（摘自《工人之路》87期，1925年9月19日）

十四、汕头罢工封锁香港澳门条例

1. 凡香港澳门来汕船只无论其为何国之船，均不准其货物起卸。搭客及行李准其上岸，仍须检查行李，惟不准任何人接济其粮食、煤炭、淡水。

2. 凡由汕头往香港澳门船只，无论其为何国之船，均不准载运货物搭客，并不准任何人接济其粮食、煤炭、淡水。

3. 凡由北方如厦门、上海、福州、台湾、天津等处来汕船只，准其客货起卸；但在汕头起卸客货者，再往香港澳门，经罢工2星期以上，再来汕头者，不准其货物起卸并接济其粮食、煤炭、淡水。

4. 凡汕头船只未到汕头，先经过香港澳门者，到汕头时，均不准其货物起卸。搭客及行李准其上岸，仍须检查；并不准任何人接济其粮食、煤炭、淡水。

5. 凡英国轮无论其由何处来汕及由汕头往何

处,均不准其货物搭客上落起卸,并不准任何人接济粮食、煤炭、淡水。

6. 除由广州、北海来汕头船只客货,不必检查外,其他无论为何国船只,由何处来汕头,限3点钟将行李检查清楚,然后检查货物。

7. 凡检查时,发现可疑货物,应即扣留,并发回收条,如2星期内物主无提条件向会审委员会声明异议,即没收拍卖。

8. 非英国货者,不得扣留,其他日用品物,每人各种准带2件(件者即指某物某种货之基本单位而言),食物准带1打以下;但一帮货中或一件行李中,其一部分为英国货者,只将一部分扣留,不能牵及其他货物及全件行李。

9. 凡中立国之绸缎呢绒布匹,如有中立国洋行商标者,虽无字头,不得扣留;如无洋行商标者,应先扣留存寄招商局货仓,听候会审委员会处断之,惟本国货物不在此限。至及人客由外港入口,自带已用之仇国洋绸洋缎呢绒布者,每种准带6码为限,不得多带。

10. 凡扣留之货物,如物主提出抗议时,会审处应即公开处断,处断人权简章另定之。

11. 处断时间:定为每日准定下午1时起至5时止,以扣留先后为处断先后次序;会审地点:在新马路罢工委员会。

12. 凡断定充公货物,在永平路罢工委员会保管拍卖局公开拍卖,所得价值,及每月轮船公司每次船只出口报效费,如何分配,均应公布,登报周知。

13. 凡往上海、新加坡、暹罗、安南搭客,均不准携米、麦、豆类出口,违者没收充公。如供船上伙食者,应先到罢工委员会报领放行单。其他货物,如海味、生果、蔬菜、瓷器、缸瓦、油酱、土布及搭客随带食物,均不限制。

(理由)

现为封锁香港及最容易与香港交通之澳门,其他不在封锁之列。米、麦、豆类,为潮梅不足之物,故应禁止出口;其他如海味、生果、蔬菜、瓷器、缸瓦、油酱、土布,为潮梅有余之物,运往安南、暹罗、新加坡、上海、厦门等地,亦为供给中国人之用。准出口则潮梅渔人、农人、工人出产之货有销路;不准出口则在暹罗、安南、新加坡等处之日本海味,日本瓷器、日本布匹当日益畅销。若禁止出口,于英国则无损,于日本为有益,于潮梅之渔人、农人、工人为有害也。

14. 凡有要事往香港澳门者,只准带被盖物服,不准携带食品及其他货物,并应具有2寸相片2张,殷实店铺担保,限15日回汕;若因疾病及其他事项,不能依期回到,准担保店至迟于期满之五日内,提信据到罢工委员会报请,再展限15日回汕,过期不回,则罚担保店500元之罚金,惟每人每年只准1次。

15. 凡非由香港澳门来汕头之船只或由汕头往香港澳门厦门以外各埠之船只,均准人自由前往接待客货上落,不必到罢工委员会报领凭证,但进口行李货物起岸,仍应照本条例第六条办理。

16. 凡往英法荷属经过香港,携有各该国殖民地字头者,须具2寸相片2张,报由罢工委员会交通部查明给照发行,如转往广州湾者,须具相片2张,及担保,惟不准带食品货物,以防接济香港。

17. 凡有香港字样之非仇货,不许台湾、福州、厦门及广东沿岸入口;如经广州、上海口转运者,准许入口。

18. 凡携带仇货入口者,除旅客所带货物不多只将货物扣留,旅客不予追究。若商人运仇货入口者,除将货物扣留充公外,仍应将物主扣留,处以所运货物3倍之罚金。

19. 以下十二项仍继续有效:

(1)非劣货由香港入口者,仅将该货没收而已。

(2)竹布架纱布为抽纱工作起见,准予入口。

(3)本国原料,经英国制造者,认为劣货。

(4)英国原料货,经中立国代售者,认为劣货。

(5)英国原料货,经本国制造者,认为劣货。

(6)中立国货经英国代售者,不许购买。

(7)敌地除香港澳门外,中国制造品准予入口。

(8)敌地除香港澳门外,中国种植品准予入口。

(9)敌货假别国之商标者,认为劣货。

(10)办潮海关事之英人,其伙食准予供给。

(11)无论中国界内,各埠仇货,不许来往。

(12)绸缎呢物布匹,经过丽华染坊改染者,一律认为劣货。

20.1200码80号练唛柴纱,准许入口。

21. 关于公用上所用之英国物品,而为别国所无者,准予入口,惟须经本会之许可。

22. 肥田料其种类不能别者,以前决议每担报效　元,现特将此项报效费取消,交会审委员会审查办理。

23. 联票问题无效,由外交后援会通函内地各县,不能再查,并通知纠察队免检查入内地货,不另处罚。

24. 本起岸劣货自行出首者,准将该原货配原船出口。

25. 凡出马屿之、小篷船,运载各货食品到沿海各县,而有常(海)关放行纸证明,及殷实店担保者,得由罢工委员会交通部给证放行。

26. 凡甜质罐头及冬笋、白菜、菱角等类罐头,准予往香港澳门以外各口岸。

27. 凡由外港入口洋货匹头,如无商标未明何货留存审查者,无论其入口若干匹,亦只留1匹,由该号将头尾盖印存查,其余匹数原本若干,准由该号具单担保领回。

28. 凡留存审查货物,如确是仇货,照章处罚;果非仇货,应即放行。倘双方未明何货不能解决者,应即将原货退回口埠。但审查未清楚以前,原货无经具单保领,不能发售。

29. 仰光白米由中立国船配来汕者,准予入口。

30. 本条例由公布宣告日施行,违背本条例者,罢工委员会纠察队有权拿送审查委员会处分。

(摘自《岑东民国日报》,1926年1月25日第六版)

十五、罢工委员会致报税行值理函

启者,自工商合作,组织工商检验货物处,以防仇货入口,以求本国经济之独立,成立以来,已经数月,办理尚属周密迅速,各商人均为遵守报验。但近日据报,竟有少数奸商,藐视工商条例,货物进口,并不报验,即自行销流,其中虽未必即尽私运仇货,而此风一长,恐将来流弊,将不堪设想。兹除转饬纠察队严密拿缉,以儆效尤外,用特函达台端,请烦转知贵行各号知照,嗣后如有商人请报税,应加着其货物验关后,即到工商检验处报验,由该处验证放行,如敢违抗,则一经查获,无论其是否仇货,一律执行充公,此致报税行值理。

(摘自《仁言报》,1926年4月20日第八版)

第二节 市场、物资管理办法

一、工商总务处改用新执照

工商检验货物处布告云:为布告事,照本处所发出之放行执照,原为经验货物之保障,其效力本极重要,惟前因事属草创,其执照之纸张印刷,未免简略,致有不肖之徒,假冒放行执照之事发生,虽经破获,将货物人犯扣留严办,仍恐有日久玩注之虑。兹为防杜流弊起见,特将放行执照,改用电板印刷,并加凹凸铜印,且纸张格式略为改良,以昭郑重,而免伪冒。此项执照,准于日间启用,除函报罢工会通饬所属纠察、侦察知照外,为此布告周知。此布

(摘自《工人之路》第365期,1926年7月2日)

二、上海转运广州之非英国货物准予放行的重要公函

径启者,查此次热烈罢工,原为反抗帝国主义之横暴,而促我国民革命之成功,所以数月以来严拒仇货进口,封锁港澳交通;一边仍力求本国之经济独立,劳心竭力,以期达此胜利之目的。幸我国界同胞深明大义,同秉热诚,一致进行。于是国货日见销流,金融渐次内充;各埠船舶直接来粤者,一时多至30余艘,为广州通商以来所未有。可见奏效之捷乃如响之应也。惟以前限制进口货物条例綦严,或未免有难我商界之处。兹除了绝对遵照工商合订善后条例办理外,特更定通融办法,以表工商合作情谊之优厚。1. 由上海直来之非英国货物,虽有香港字样,亦准予放行。2. 凡非英国货物仅经过或停留香港者,若转运至上海,再由上海雇附别船转运来广州有关单 儎纸可凭,亦准予放行。3. 至于由汕头、海南或广州湾沿海岸运来,有香港字样之任何国货物,则仍作破坏条例论,以杜取巧。上开三项办法,盖仍本经济独立之原旨,冀以促进沪粤之交通及商务也。除登记公布外,相应函达贵会,希即转知照办理,至纫公谊。

(摘自《工人之路》154期,1925年11月27日)

三、省港罢工委员会关于咸鱼运输办法的训令

为令遵事:查土咸鱼一项,关系沿海渔户生活及内地贫民食料,其影响民生问题,至为重大。但因多从沿海各地运入,不免时犯由港、澳运来之嫌疑;且亦确有少数奸人,不惜破坏罢工以图利,故意到香港采办,所以各地纠察为严密封锁计,乃时加以扣留或

节节检验。惟此项咸鱼,最难经时,若稍事停留,必致霉坏。此不独商人损失不堪,其影响贫民生活尤关重大。本会体念及此,殊深慊然,乃特定办法三条,以资补救。

1. 凡属土咸鱼,在沿海及内地准予自由贩运,但须受当地纠察迅速检验,以杜弊混。

2. 如由香港运入,则无论其系土制亦一律截缉。

3. 凡专运土咸鱼之船,不得兼载别货,但乡渡不在此例。

此项办法已经于第一百零五次罢工工人代表大会通过照办。兹除登报公布而俾商民人等一体周知外,合行令饬该会知照,仰即转饬各办事处各队长队员一体遵照。嗣后对于土咸鱼,如非证实其系由港运入者,不得留难,且检验手续亦务须迅捷,以免停滞霉坏之弊,而舒贫民生活,不得稍为违抗,致于未便。切切此令。

(摘自《工人之路》第 293 期,1926 年 4 月 17 日)

四、汕头禁止食品出口之办法

1. 由总商会外交后援会海员工会共同组织一交通部,为执行检查出口货机关,凡发出通过证,即日发即日用,期满作废。

2. 凡出口轮船木船,需用米豆粉及其他什粮食品,均须汕头罢工委员会交通部核准放行。

3. 凡出口轮船木船需用罐头一打以上,青菜鱼鲜类 100 斤以上,均需到交通部核准放行。

4. 以下各物,无论多少,概不准出口:生菜(即各种青菜)、耶菜、红菜头、洋葱、番茄、金笱、萝卜、罐头、青豆、鸡蛋、牛肉、鲜鱼、飞禽、走兽、肉类。

以上四项,已由列席会议之各团体各机关联名布告,又遵照广州省港各界封锁香港办法,取消特许证之善后条例,据定条例如下:

1. 从香港澳门来者,虽任何国货物,均不准到汕头,从汕出口者,无论何国货物,均不准往香港澳门。

2. 凡系英属船及经过港澳之任何国船,均不准来往汕头起卸货物。

3. 凡不是英国货不是英国船,及不经过香港澳门者,均可自由起卸。

4. 潮梅汕头各墟市,只要不是英国货英国船,均可自由贸易及往来。

5. 凡至汕头之货品只要不是英国货及英人所有者,均可开仓发卖,如关政府专卖及违禁品,不在此例。

(摘自《工人之路》第 198 期,1926 年 1 月 11 日)

五、罢工委员会禁止粮食出口着中山县及汕头埠海员工会严厉执行

经济绝交,以断绝粮食接济,最为帝国主义之致命伤。查香港自罢工后,鱼菜已绝市,牲口则仅足数日之用,将有断粮之患,港政府非常恐慌。但有一般甘为帝国主义之走狗者,时偷为运输接济。前对外协会亦曾函请胡省长严令禁止粮食出口,总工会香港罢工委员会亦日夜派纠察队在水陆严密侦缉。现又致函中山县海员工会支部,组织纠察队严行侦缉,并电致汕头埠海员工会支部云:“汕头海员工会:英国政府,怀抱帝国主义,不断地向我进攻,吾人为自卫起见,已联合沙面香港工人,一致罢工,并制止粮食运港,以反抗帝国主义者之进攻。汕头密通香港,关系甚重,务希贵会联络各工会暨各界同胞,一致奋斗,努力团结,组织纠察队,检查出口货物,禁止粮食果菜等物运往香港,免致斋粮助敌,中国前途,实利赖之。”

(摘自《工人之路》特号第八号,1925 年 7 月 1 日)

六、省港罢工工人代表大会设立粮食贩卖委员会

决议案如下:

1.(略)

2. 封锁粮食问题,因江门、石歧、容奇、深圳、河口、石龙、大鹏等处常有奸人运输粮食出口,接济帝国主义,非严行侦缉不可。决议组织武装纠察队并协同军警办理封锁事宜。

3. 设置粮食贩卖委员会问题,因连日拘获甚多奸人私运接济帝国主义之粮食,不能无机关管理,且有组织粮食贩卖委员会之必要。决议由香港举出 3 人,沙面举出 2 人组织之,发卖所得,提出 2 成,以 1 成充赏全体纠察队员,1 成充赏拘获粮食之纠察队员。

(摘自《工人之路》特号第九号,1925 年 7 月 2 日)

七、东莞县人民大会关于禁运粮食函罢工会

广东省政府据东莞县人民大会主席团,呈请禁绝私运粮食往港澳,昨致省港罢工委员会公函略云,现据东莞县人大会主席团呈称:窃东莞县党部为援助京沪反段运动解决地方一切问题,于本月28日召集全县人民大会,对于东莞各地奸商土豪,勾结官僚包运粮食,接济港澳问题,决议如下:帝国主义残酷手段宰割我们中国,最近居然向我国大施屠杀,凡有血气莫不悲愤,省港罢工工友实与帝国主义经济绝交,封锁港口绝其粮食,实足制其死命。间有冷血奸商,俭日包运粮食及人客落港,复从港转运仇货入口,而地方官吏视若无睹,显系有人从中包庇。当此反帝热烈时期,竟明目张胆包运粮食,甘为民贼,破坏罢工,应请严行查办,以期禁绝。案经一致通过,理合备文呈报钧府察核施行等情。当经省务会议议决函贵委员会办理,除批示外相应函达烦为查照办理。

摘自《工人之路》第197期,1926年1月10日

八、严禁土豪偷运粮食仇货

自省港大罢工后,实行封锁,间有土豪劣绅包运粮食接济帝国主义及销运仇货等事,前省港罢工委员会以惠阳县有上述情形,特函民政厅饬县禁止,兹得民政厅复函云:径启者,现准大函以惠阳县党部执行委员会电,土豪陈史云、陈焕邻等,包运粮食接济帝国主义,运销仇货,请令惠阳县严密查拘究办等由。查此事,迭据惠阳县党部执行委员会等来电,均经行县查明究办在案,准函前由,极应函复查照云云。观此则偷运事,将行绝迹矣。

(摘自《工人之路》第204期,1926年1月17日)

第三节　武装纠察与缉私

一、再派大队武装纠察到深圳逡巡

深圳地方自沙头角至南头绵亘百余里,均与香港新界相连,深圳一河便为交界之处。自罢工后即派纠察100余名到该处严密防守,并有铁甲车队一大队帮助逡巡,分别派到沙头角、莲塘、罗坊、中英黄背岭、福田、黄村、南头等处驻扎,对于检查粮食颇称得力。不料近日南头深圳地方,又发生冒军土豪劣绅等包运粮食之弊,有时更明目张胆,竟用数十武装冒军押运粮食落船,即纠察队见之亦不敢干涉,故即将情形报告总部,现总部特命大队长文佳,再派一大队及一小队前往,借增防守势力,更发给枪枝40杆,武装出巡,倘遇冒军或武装匪徒包运粮食,即迎头痛击。

(摘自《工人之路》78期,1925年9月10日

二、缉私轮游弋海面

现据纠察第四大队十六支队长探称:虎门一带河面时有奸徒私运粮食及货物等项,往来港澳接济敌人。查虎门一带滨临钜海,奸徒每用航运,而纠察队驻扎陆上,虽睹其攘往熙来,亦难遥制。思维截缉之方,非顾备轮船严密巡缉不可。经由总部委员长,准予雇备轮船一艘游弋海面以资巡缉,而杜汉奸。查该轮名棉贺,配足武装,常川驻扎游弋海面,严密巡缉。除督率队员认真办理外,并请虎门要塞司令暨沿海关卡一体知照,以免误会而收协助之效。

(摘自《工人之路》第104期,1925年10月6日)

三、国民政府已饬令前山军队帮助纠察

前山纠察队,前以地方辽阔兵力单薄,而卖国贼陈伯之徒又时时欲勾通土人希图作害。前经请国民政府请由军事委员会饬令湾仔等处防军,协同纠察队切实封锁严密防止私运粮食出口;现得国民政府复函,已由军事委员会饬令前山军队照办理,协同纠察,严密防止私运粮食矣。

(摘自《工人之路》106期,1925年10月8日)

四、宝安奸商之猖獗

罢工会昨据纠察队总队部呈称:现据第三大队长文佳齐电称:东园总队部转罢工委员会鉴,

据十一支队长罗光华急报：宝安城外南园乡奸商吴晃利等，组织公司，配备利械，包运粮食，开枪拒捕，掳禁队员陈木，缴械2杆。派张指挥交涉无效。该处农匪混合，摧残纠察，破坏罢工，部属愤激，乞转政府设法深究。呈卖等情，据此查该奸商吴晃利等竟敢组织公司，包运粮食，并混合农匪拒捕掳禁，实属猖獗已极。据电前情相应函请贵会查核，设法交涉，以维罢工等语。罢工会已函请省政府究办。

（摘自《工人之路》第110期，1925年10月12日）

五、组织淡水纠察办事处

近闻惠阳县淡水时有劣绅、奸商、土豪包运粮食接济敌方，实大有妨碍罢工进行。现罢工会除派纠察队出防该处查缉外，再饬职员聂平等3人，前往该处组织办事处，并有宣传队同往办理宣传事宜。

（摘自《工人之路》第192期，1926年1月5日）

六、前山纠察队封锁港口之决议

省港罢工委员会纠察队第五大队队副范俊岳于1月10日召集前山十八乡各代表及驻前山防军，将封锁港口事宜开大会议。是日到会者共26团体，代表共33人，即公举四十团第一营副丁永槐，纠察队第五大队副范俊岳，十八乡总代表张汝钧3人为主席团，讨论议决关于封锁香港条文：

1. 粮食入口问题，以铺店为单位，凡松柴、白米及鱼虾等物，商店及人民一律准于通过；凡由（港）澳运入生鱼烧酒等杂货，各种限制不得过30斤；人民限5斤，如遇有特别事故或婚嫁等，准由各团体及罢工工友等证明，亦可通过。

2. 凡由内地运出口之生猪、牛羊、鲜鱼、鸡鸭等物，一律不准通过等款项。昨具文呈报罢工会察核，查该队驻在前山能与民众一致合作，和衷共济，施行计划，收效更大。

（摘自《工人之路》219期，1926年2月1日）

七、巡洋舰在大铲湾截获走私的“金马舰”

大铲湾附近海面为通港澳往来之要道，时有不法军队在该处偷运私货。迨省港罢工风潮发生，更有凭借军队势力，走运私货及供给粮食与敌人，故海军局特严饬所属军舰，认真干涉偷走私运。前日（27），有海军局所属某巡洋舰发现有四等兵舰“金马”号，满载私货在海边行驶，乃立即放号着令停轮，随后检查，证据确实，即将该舰扣留，押返省城海军局究办云。

（摘自广州《现象报》，1926年3月2日）

第七编　中华苏维埃共和国的工商管理

（1928 年 ~ 1934 年）

概　述

第二次国内革命战争时期，中国共产党领导的工农红军，在国民党统治力量较为薄弱的农村及边远地区的城镇，建立了若干革命根据地，在极为艰苦的环境里开展了根据地的建设。

自1927年10月，井冈山根据地率先开辟，短短几年间，全国各地武装暴动达200余起，先后建立了海陆丰、湘鄂赣、湘赣、湘鄂西、湘鄂川黔、鄂豫皖、左右江、闽浙赣、琼崖、川陕、陕甘宁、苏北游击区、闽东游击区、东北抗日游击根据地、中央根据地等大小15块根据地。中央根据地以瑞金为中心，连结了散布在湖南、江西、福建等省边境的苏区，跨江西大部和湖南、福建、湖北、广东之一部。1931年11月，以中央根据地为中心，成立了中华苏维埃共和国。共和国在各苏区内普遍建立了工农政府，拥有300余县，最盛期人口达3000万。

中央根据地以山川、湖泊为依托，均属各省边界经济不发达地区，新式工业寥若晨星，手工业亦不甚发达，工业日常用品，几全仰给于大城市。商业落后，商品以圩场交易为主，惟农业尚可自给。农作物产量不高，因地广人稀，粮食生产尚有余蓄，这是后来红军能迅速壮大的重要支柱。

苏区经济建设受战争影响极大，在红军与白军拉据式地反复争夺中，苏区生产屡遭战火摧残。国民党军队对苏区的经济围困，影响根据地产品的流通，加重了农民的困难。苏区政府就是在如此条件下着手建设的，要使经济落后的苏区担负起保证战争需要的重担，不能不尽力发展生产。各项经济政策的制定与执行，都必须适应战争的需要，研究中华苏维埃共和国的工商管理史，必须面对这种具体情况。

苏维埃政府的工商业政策，有过3次大的反复。左倾路线每次实施的结果，都给苏区经济带来严重损害，但每次都被很快地纠正过来了。在建设苏区的实践中，逐步形成了一整套正确的工商业政策。

第一次左倾路线是瞿秋白的盲动主义。1927年11月8日瞿秋白主持召开了中国共产党中央临时政治局扩大会议。瞿秋白等同志认为，第一次国内革命战争失败后，民族资产阶级已成为绝对反革命势力。在决议中把民族资产阶级和帝国主义、封建势力等同看待，强调对小工厂主、店东采取严厉措施，加之根据地初创，红军部队没有军饷，红军每下一城，便没收工商业者的财产以充军饷，更加造成苏区的经济困难。盲动主义在苏区执行的结果，对城乡市场破坏极大。一切日常用品，无处购买，军民生活困难。更严重的是大量中小商人及群众"反水"，井冈山苏区最初曾发生过类似事件。

1928年7月，中国共产党第六次全国代表大会，对工作中的盲动主义和命令主义的错误进行了批判。指出过去一段时间内错误的经济政策破坏了经济，动摇了苏维埃政权。今后苏维埃区域要注意"保存商业的货物交易，战胜均产主义的倾向（如均分小商人，小手工业等财产）"，"应当有正当的经济政策"。1928年11月到1929年夏，各苏区全面纠正了盲动主义，制订了发展工商业的政策。

1930年上半年，李立三冒险主义开始在中央占据领导地位，一段时间内将各苏区制定的保护私营工商业政策指为右倾，强调"不只是要没收帝国主义的银行、企业、工厂，使民主革命彻底，而且要没收中国资产阶级的工厂、企业、银行，以铲除反革命的武器"，没收之风再起。1930年9月立三路线基本停止执行。

1931年1月，王明在中央占据领导地位，王明左倾错误对根据地影响最长、危害最大，主要表现在军事、土地政策。经济政策"左"的方面表现：

（1）过左的劳动法。第一次全国工农代表大会通过《中华苏维埃共和国劳动法》，提出了许多保护工人阶级利益而实际上违反工人阶级利益的条文。如过高要求的劳动条件、工资标准、福利待遇、八小时工作制等，使工厂主不堪忍受，逃往白区，对根据地私营工业摧残极大。

（2）过重的税率。在《暂行税则》以及后来《修正暂行税则》中，大大降低了起征点，对经济的恢复有一定影响。

1933年，苏区政府开始修正若干"左"的政策。1934年1月，在瑞金召开了第二次全国工农代表大会。毛泽东在会上做了报告与总结，全面阐述和总结了党在根据地经济建设方面的基本政策和基本经验，对公营、私营、合作社三种经济成分之间的关系作了概括并制定了对策。并指出：对私人经济，只要不出于政府法律范围，应当提倡和鼓励。

中华苏维埃共和国存在时间不长，但在管理、监督工商业经济活动和市场经济活动方面，也充分发挥了工商管理职能作用。中华苏维埃共和国的工商行政管理工作，最初由红军行使，后来主要由各苏维埃财政委员会掌管，其他如贸易、粮食等公营商业机构（政企合一形式），也代行部分职能。1931年11月，中央执行委员会第一次全体会议通过的《地方苏维埃政府的暂行组织条例》，要求各苏区设置国民经济部，工商管理职能由这个部承担。

第一章　工商管理的基本政策

第一节　苏维埃经济政策的任务和目的

一、民权革命的三大任务

(二)共产党在现时领导的革命,叫做民权革命,是要打倒三个反革命东西,第一个:打倒帝国主义,不许洋人在中国逞凶,中国归中国人管,不许洋人支配中国。第二个:打倒地主阶级,废止收租制度,田地平分予农民。第三个:打倒国民党政府,建立工农兵政府,这就是共产党在现时领导奋斗的三个大任务。

(三)提出这三个任务,你们不要吓倒了,岂但不要吓倒,应该十分欢迎。做到这三件事,是工农阶级的盼望,也是于你们有大益的。你们明白你们的地位么?你们是半殖民地的小资产阶级。帝国主义压迫中国,洋货不断地进口,中国工商业不能发展。你们想,打倒了帝国主义于你们的益处多大?半封建的地主阶级集中了多数田地在他们手里,重租重息,农民十分穷困,乡下人无钱到城市买货,城市工商业因此不能发展。打倒了地主阶级,取消了收租制度,农民得到了完全的收获,向城市买货的力量大大增加,你们想城市的生意不会大大发达么?国民党及其政府,是帝国主义的走狗,是地主阶级的代表,国民党及其政府被打倒了,帝国主义失去了走狗,地主阶级失去了代表,工农兵政府掌握了政权,民权革命(打倒帝国主义、打倒地主阶级的革命)就算有成功的希望了,你们不觉得这与你们有益处吗?

(共产党红军第四军军党部:《告商人及知识分子》,1929 年[即民国十八年])

二、苏维埃的中心任务是争取革命战争的胜利

因为苏维埃的中心任务是争取对于帝国主义、国民党的战争的胜利,同时目前的苏区,是些经济比较落后的区域,又处在敌人的经济封锁之下,所以苏维埃经济政策的原则是:进行一切可能的与必须的经济方面的建设,集中经济力量供给战争,同时极力改良民众的生活,巩固工农在经济方面的联合,保证无产阶级对于农民的领导,造就将来发展到社会主义建设的前提与优势。

苏维埃经济建设的中心是发展农业生产,发展工业生产,发展对外贸易,发展合作社运动。

(毛泽东《中华苏维埃共和国中央执行委员会与人民委员会对第二次全国苏维埃代表大会的报告》,1934 年 1 月 24 日)

三、苏维埃的三种经济形式

现在苏区国民经济的发展,是由国营事业、合作社事业与私人的事业,这三个方面同时进行的。国家经营的经济事业,在目前只限于可能的与必要的一些部分。这一方面现在不论在工业或在商业,均已经开始,他的前途自然是不可限量的。

苏维埃对于私人经济,只要不出于苏维埃法律范围之外,不但不加阻止,而且是提倡、奖励的。因为目前私人经济的发展,是苏维埃利益的需要。关于私人经济,不待说现时是绝对优势,并且在相当长的时间也必然还是他的优势。目前私人经济在苏区的发展,一般是采取着小资本的形式。

至于合作社事业,乃是在极快地迅速发展之中。据 1933 年 9 月江西福建两省里面 17 个县的统计,各种合作社共有 1423 个,股金 30.56 万元。因为经济建设大会的提倡,如瑞金兴国等县,在大会后 1 个多月的发展,即赶上大会前整个时期的数目。合作社的大规模发展,现在主要的是属于消费合作社与粮食合作社。其次则为生产合作社。至于信用合用社,还在刚开始的阶段上。合作社运动的发展,无疑将成为经济方面极大的力量,在与私人经济做斗争的长时期的过程中,将逐渐取得领导的与优越的地位,而使苏区经济造就发展到社会主义经济的条件。所以尽可能地发展国家企业与大

规模地发展合作社，应该是与奖励私人经济发展同时并进的。

（毛泽东《中华苏维埃共和国中央执行委员会与人民委员会对第二次全国苏维埃代表大会的报告》，1934 年 1 月 24 日）

四、苏区经济政策是发展商品生产

二、苏维埃区域一切经济政策目的应该是：(1)保证顺利地没收地主的土地与平均分配；(2)肃清一些封建的与封建社会的残余，并实行反对高利贷剥削的斗争；(3)在军事斗争的利益上巩固后方的组织。因此，一般的规律是：对于农民和城市小资产阶级商业自由的任何限制完全不能允许，没有物质条件和组织群众的相当准备，要想用革命的方式来实行社会主义，现在就将工业与手工业收归国有，这样的企图是不适宜的。每一种设施应该与革命斗争的迫切需要，城市与乡村的贫农、中农、小资产阶级的下层群众的利益有密切的联系。最主要的事实是，在中国甚至于最落后的地方，农民平均总要出卖他自己的生产品的 40%。在城市上购买 40%的需要品。再则，还有一个最主要的事实就是，在苏维埃区域的城市之中，亦是小的商品生产和中等的商品生产居大多数。

（毛泽东《中华苏维埃共和国中央执行委员会与人民委员会对第二次全国苏维埃代表大会的报告》，1934 年 1 月 24 日）

五、联合小资产阶级，战胜均产主义

六、保存商业的货物交易，战胜均产主义的倾向——均分小资产阶级财产的倾向（如均分小商人、小手工业者等的财产）。因为这种方法，可以加重经济破坏而动摇苏维埃政权者。可是要知道店东小资产阶级的怠工是可能的，应当加予兼防，应当有正当的经济政策。

七、对小资产阶级政策之正当可以使党不再受机会主义的威胁，过去的经验，使党应当战胜极左派的情绪和国民党式的命令主义，现在，却仍旧可以发生对于小资产阶级问题的不正确的倾向。

……对于乡村中的富农过于让步，甚至在店东小资产阶级关系上又要阻止工人及城市贫民的革命运动，以至于名为保存联合战线，而实际上失去领导权，使这些运动服从小资产阶级指导。

八、联合小资产阶级、富农反对一切反动势力，但是同时要知道领导劳动者反对一切的剥削者。

当工人店员的利益与城市店东小资产阶级剧烈冲突的时候，或者乡村贫农、中农与富农相冲突的时候，共产党永久应当站在劳动者的方面，而反对剥削者的阶级。

（《中国共产党第六次代表大会政治决议案》，1928 年 7 月 9 日）

（十一）对小资产阶级政策

1. 在反帝、反军阀、反豪绅、取消苛捐杂税，保护商店口号之下，可以取得小资产阶级的同情，因此，对城乡小商人绝对不要没收商店，焚烧账簿和废除账目。

（《中共闽西第一次代表大会之政治决议案》，1929 年 7 月）

（十二）对商业资产阶级政策

1. 这一阶级因为与华侨、洋行及土地有非常密切的关系，他必然成为一个反革命派，为巩固革命政权起见必然要剥夺他们的政权，而且没收他们的土地。

2. 对大小商店应采取一般的保护政策（即不没收）。对反动商人宁可杀人，罚款，不可没收商店，但压迫商人最厉害而为一般商人所深恶，没收后可以得到多数商人同情的，在宣传工作做好后才可以没收。这以上的政策都是最得小资产阶级对革命的一致或者中立的。

（《中共闽西第一次代表大会之政治决议案》，1929 年 7 月）

第二节　实行贸易自由政策

一、尽可能利用私人资本

（四）利用私人资本发展苏区经济……我们对于资本家，除无情地镇压他们一切反革命的企图外，还必须利用他们的资本和经验来发展苏维埃经济，流通赤白区的金融。

（《毛泽东选集》第四卷《目前形势和我们的任务》，1947年12月25日）

2. 正确执行国家经济政策，转变财政路线，纠正过去专向发展国家企业的倾向。要广泛地宣布工商业投资条例，以及出租矿产开采，尽量鼓励私人投资经营工商业，以开发国家的新的租税来源扩充财政收入………但是，如果不分阶级，胡乱没收商店（一方面捉了土豪只要钱而不敢严格判罪，另一方面没找到土豪，便连中农、商人也捉起来）。限制市价随便禁止出口（如过去无条件地严禁谷米出白区）等也同样要予以严格纠正，这些都是在经济财政上的自杀政策影响到革命战争发展的。

（湘赣省苏维埃执行委员会：《财政经济问题决议案》，1931年）

苏维埃政府的经济政策是密切关系到工人、劳苦群众的生活与苏维埃政府的战斗能力，苏维埃在目前阶段上，应该尽可能地利用私人资本发展苏区生产，活跃苏区经济，但是湘鄂赣凡是红军所到的地方，一切私人企业和商店均被没收，以致全湘鄂赣苏区已经没有一个私人雇请工人的工厂、店铺（代表团报告）。这种过"左"的立三路线的残余，其结果使工人失业，使商品不能流通。虽然敌人封锁并不严密，大批纸张也无商人运输出去，苏区现金缺乏，群众必需品不能购买进来，群众的生活与苏维埃的财政就陷于极端困难的情况之下，而不得不实行滥发纸币的自杀政策。湘鄂赣的工会必须用极大的努力来帮助苏维埃政府改变过去的经济政策，为整理苏维埃纸币与发展苏区生产而斗争，只要资本家不做反革命的活动，遵守苏维埃的法律（开始就是劳动法），应该允许私人资本的营业自由。某些工厂、作坊、矿山应尽可能地出租或出卖给私人来开办，尽可能地利用商人沟通赤白区域的商品流通。

（刘少奇《全总执行局给湘鄂赣省总信》，1933年9月28日）

二、苏维埃经济建设应当有适当的计划

工业的进行需要有适当的计划。在散漫的手工业基础上，全部的精密计划当然不可能。但是关于某些主要的事业，首先是国家经营和合作社经营的事业，相当精密的生产计划，却是完全必要的。确切地计算原料的生产，计算到敌区和我区的销场，是我们每一种国营工业和合作社工业从开始进行的时候就必须注意的。

（毛泽东《我们的经济政策》，1934年1月23日）

三、保护商人和贸易自由

（四）共产党对城市的政策是：取消苛捐杂税，保护商人贸易，在革命时候对商人酌量筹款供给军需，但不准派到小商人身上；城市反动分子（军阀的走狗、贪官污吏、国民党指导委员、工贼、农贼、学贼）的财物也要没收；乡村收租放息，为富不仁的土豪搬到城市住家的，他们的财物也要没收；至于普通商人及一般小资产阶级的财物，一般不没收。但普通商人及一般小资产阶级应该赞助工农革命，服从工农阶级的指导，齐心一致向打倒帝国主义、打倒地主阶级、打倒国民党政府三大任务上努力，不要三心二意，表面服从，心怀敌意。须知共产党领导的民权革命是一定成功的，而且很快要成功的。此时一不服从，就走入反革命一路，将来决无立足之地。

商人要使商业发展，只有赞助土地革命，增加农民的生产力和购买力！

商人要使商业发展，只有打倒帝国主义，断绝洋货来源！

商人要使商业发展，只有推翻国民党政府，维护工农兵政府！

商人只要赞助革命，共产党就不没收他们的财产，并保护他们营业自由！

（共产党红军第四军军党部《告商人及知识分子》，公历1929年[即民国十八年]）

（二）保护商人贸易自由，禁止强买强卖。

（五）船舶货物往来各地，政府予以保护，不许留难、损害，违者严办。

《永定县第二次工农兵代表大会决议案》，1930年2月

最近检查消费合作社，发生干涉商业自由贸易，如商人来买茶、卖盐、卖猪等，合作社竟发

生限制。这种现象，与苏维埃经济政策，是完全不相同的……必须实行以下几点：

1. 商人在遵守苏维埃的经济政策下,允许自由贸易。不得干涉其贸易自由。

(《闽北分区工农民主政府布告第十一号》,1934年8月28日)

第三节 取消奴役商人的贷款契约

一、废除高利贷

为保障工农劳苦群众的利益,除彻底肃清一切封建剥削,废除和禁止一切高利贷外,对于帮助各种生产事业的发展和便于工农群众的资金周转之借贷,不加干涉。

二、苏维埃的借贷利率

第三条 苏维埃借贷利率,最高者短期每月不超过1分2厘,长期周年不得超过1分,最短期利息以期终付给,长期利息每周年付给1次,或分季分给,一切利息都不得利上加利。

三、团体性质的借贷合同,须向政府登记

第四条 凡订立借贷合同须照以上之规定经双方同意,在合同上注明借贷数目、利率、用途和归还日期,以资遵守,如团体性质之合同须向政府报告请求登记。

(《中华苏维埃共和国临时中央政府〈关于借贷暂行条例的决议〉》,1931年11月)

四、取消奴役商人的贷款契约

二、取消过去一切口头的书面的奴役商人的贷款契约。取消农民与城市贫民的高利贷的各种债务,严禁预征或债的奴役。应以革命的法律严防并制止一切恢复奴役与高利贷关系的企图。城市与乡村贫民典当的一切物品,完全无代价地退还原主,当铺应交给苏维埃。

(《中华苏维埃共和国经济政策》,1931年12月1日)

五、吸收群众资金,发展生产与对外贸易

经济建设中资本问题的解决,主要是吸收群众资本,把他们组织在生产的消费的与信用的合作社之内,应该注意信用合作社的发展,使在打倒高利贷资本之后能够成为他的代替物。经过经济建设公债及银行招股存款等方式,把群众资本吸收到建设国家企业、发展对外贸易与帮助合作社事业等方面来,同样是要紧的办法,应该在苏维埃法律范围之内,尽量鼓励私人资本家的投资,使苏区资本更加活泼。应该尽量发挥苏维埃银行的作用,按照市场需要的原则发行适当数目的纸币,吸收群众的存款,贷款给有利的生产事业,有计划地调剂整个苏区金融,领导群众的合作社与投机商人做斗争。这些都是银行的任务。

(毛泽东《中华苏维埃共和国中央执行委员会与人民委员会对第二次全国苏维埃代表大会的报告》,1934年1月24日)

第四节 苏区工商业一律按照累进税课税

一、废除旧税制

关于旧的税捐制度及一切横征暴敛,苏维埃政府宣布废除,实行统一的通常的累进税(依照省条例)。

(《苏维埃问题决议案》,1931年10月14日)

二、苏区工商业一律按照累进税课税

5. 凡在苏区的一切资本与商业应一律按照累进税则征收累进税。

(《鄂东南办事处经济问题决议案》,1931年12月13日)

三、在赤区的贸易和生产尚未恢复前，暂不征收累进税

四、为着促进赤区贸易的恢复与发展，目前苏区内的市镇，在商业尚未完全恢复与发达之前，暂不征收商业累进税、入口税，工业亦暂不征收出厂税。

（《湘赣省苏维埃第二次代表大会〈经济政策条例〉》，1931 年 11 月）

第五节　营业用房的管理政策

一、不没收商人及作坊主的营业用房

第六条　商人及作坊主所有店房作坊，如系自己营业的不没收。自己使用不了因而出租的也不没收，但为营利目的而建筑的店房作坊则没收之。

第七条　以前没收错的店房作坊一经证实，则应归还原主。

二、依法没收的商店、作坊，商人可以租用

第八条　凡为苏维埃政府没收来的商店及作坊的房屋，商人作坊主要向县城或市苏维埃政府重新订定租金，填写租据，按期交租，始准在店营业，否则勒令搬出，将店收回。

三、没收的摊寮要重订租金

第九条　各圩场及各街市摊寮归苏维埃没收的，过去有租金者，也照店房条例重新订定租金，或由苏维埃规定最低租额。

四、合作社可以减轻租金

第十六条　依合作社条例组织之合作社向县政府登记批准者，得优先租借权。并得酌量减轻租金，但不合条例未得批准者，以股东商店论。

五、营业清淡的商贩可免交租金

第十五条　乡村及偏僻小道的小商店，营业不能维持生活者，得酌量减租或免租。

六、有摊无寮的免租

第十七条　圩场及街市中肩挑小贩及有摊无寮者，一律免租。

第十八条　免租的店房作坊、摊寮，仍要填写租据，负责修理房屋，保存家具，不租时交还政府。

（《店房没收和租借条例》，1932 年 8 月）

第二章　开展反封锁的斗争

第一节　国民党对苏区实行经济封锁

一、经济封锁是敌人五次"围剿"的最重要战略

经济封锁在敌人五次"围剿"的战略中，无疑是占着重要地位，譬如蒋介石在其最近的训词中这样说："将匪区严密封锁是我们(指国民党)一个最重要的战略。"反革命政府看到我们苏区，不产盐布及其他工业品，所以除加紧军事进攻(这自然是主要的)以外，还加紧对日常必需品特别是盐的供给的封锁，企图建立纵深260里的封锁网。在苏区周围设立食盐公卖局，限制每人每天只买盐3~4钱，每月不得超过1斤。把群众的粮食搜掠到反动的堡垒里去。国民党企图以这样毒辣的封锁政策，来破坏苏区的经济生活。

(吴亮平《经济建设的初步总结》,《斗争》第29期,1933年10月7日)

二、国民党的《封锁区纲要》

第一条　为使赤区物质困乏，交通断绝，日久自行崩溃起见，特订本纲要。(一)凡属军用及日用一切物品，无论整批零贩，绝对的一律禁止输入赤区。即赤区物品亦禁止输出。但赤区人民挟物俱逃者，得经盘查手续予以放行。(二)凡赤区人民只准逃出，不得复入。(三)凡与赤区邮电交通一律摭断。接近赤区之邮电所各局所，对于出入赤区邮电概予扣回。(四)凡接近赤区最前方各地之各商店，其货物只准人民零买，不准整批发卖。且须当地保甲长证实，或商店负责证实其为良民，量其所需售与货物，登记存根，并给与详列买主姓名、物品、数量之发单，以备查考。(五)凡邻接赤区稍远各县城镇之各商店，如有批发最前方小店或人民整批货物，须报请就近办理封锁事项机关或登记，请求发给通行证，并负责证实买主，确系良民，始能发货。(六)凡接近赤区之各商店，除留零卖最低限度之货物外，不准屯积大批货物。(七)凡接近赤区之各县城镇乡村所需要之主要物品，应施行特别取缔，其办法如副刊之规定。

第二条　凡县境一部，在赤区及邻近赤区之各县份，均应按上项办法实行封锁。由各该县长负责积极办理，不得稍涉迟延回循，致干咎严。

第三条　凡当地驻军最高级长官，对于县长封锁赤区有监督指挥之权，亦即负责此责。

第四条　各该县长对于封锁赤区应办之事如下：(一)封锁赤区线之规定。(二)封锁赤区域卡哨之设立。(三)人民邮电物品等之盘查。(四)封锁赤区线巡查之派遣。(五)封锁赤区线邻区之联络。(六)接近赤区商店与人民买卖之取缔。(七)货物之登记。(八)禁令赏罚事件之公布。(九)关于封锁案件之处理。

第五条　惩赏办法如下：(甲)关于惩罚事件。一、主犯者枪毙。二、放纵者枪毙。三、查获隐瞒不报及报不符实者监禁。四、借端敲诈良民者监禁。五、故意留难民者重惩。(乙)关于奖赏事项。一、查获各种禁止买卖普通日用物品，除将当事人记功外，并按其代价5/10充赏，余则充公办理地方公益事宜。二、查获军用物品，除将当事人记功外，并将其所获种类及数量，呈请批定代价，按其5/10充赏，余则充公办理地方公益事宜。

第六条　查获军用物品，缴送当地军事机关，转解各该省剿匪高级机关，并分报各该省政府备案。日用物品如系少数，由各该县处理，与呈备案。大宗物品即呈由各该省剿匪高级机关。(赣省应呈本剿匪总部)及省政府会同核办。

第七条　本纲要，公布日施行，如有未尽事宜，得以随时修改。

(《长沙市民日报》,民国二十一年9月22日、23日)

三、国民党控制向赤区运输主要物品

一、粮食:凡接近赤区乡村居民之粮食,县长应划定特别取缔区域,责成区保甲长切实调查每户实有人口,准存留至收获季节自食者外,其余悉令运后方城市买卖,或移后方安全地方之仓库或寺堂存储,由区保甲长召集乡董绅士妥商办法。呈报县政府核准施行。

二、食盐:凡接近赤区之居民食盐,应由原属行销区域之盐务机关会同防剿部队长官、县政府及商会,召集该属贩商,会同组织发售机关,拟订赴局购盐凭证,填给贩商,持向盐局……并规定民间食盐凭票,由当地官厅派员监督,凭票发货,严禁自由售卖及私运赤区。

三、可供制造军用品之材料,凡属可供制造械弹之钢铁、紫铜、白铅、硝类、磺类及其他一切材料,而为接近赤区制造所必需者,应按如后之办法办理。(甲)钢铁、紫铜、白铅等材料,应由县长调查县属邻接赤区地方各公司、工厂、商号之存品,详细登记,遇有添购,须按照商会或工会之证明,将其公司、工厂、商号名称、所在地、添购品名、数量、用途、购地、运往途,呈由各该省最高剿匪司令部核发执照,始得购运。但已领有中央政府护照或军政部执照者,不另请执照,惟抵境后,须将护照或执照送请剿匪最高机关查验,加盖戳记。添购材料仍须由县分别登记,并监视其用途及出品。(乙)硝磺品类,除各省硝磺总局,向外购运硝磺,须送章请领回府护照及对财政部外字运单方准通行。一、应归省局专卖,民间不得自由买卖。二、出产土硝区域所产土硝,须经当地局所收买,不得自由售卖。三、总属转发各分局,或甲分局向乙分局购运,应由总局发给运单,以凭查验。四、需用硝磺各种商业之商人,须先行分别向当地分支局请领特许牌照,并报明每年销额及用途,邻近赤区之商店,并须由就近商会出具切结,证明确无济匪情事,经核准后,才能向当地硝磺局购买,仍应由局给与发单,以为凭证。五、各产地,由当地局所酌设稽查员兵,办理缉私事务。

四、汽油、煤油、电料。对于接近赤区之县城及大市镇,所有经营汽油、煤油、电料等公司,或经理处、商号,应由县长确定调查,详细登记,遂对其购运及售买,如为批发邻接赤区最前方各地商店、工厂,县长按照则由商令之证明,核准其购买数量,填发凭证,始将售与。

五、卫生材料。卫生药品及材料,为接近赤区医院,或诊疫所,或药房所必要者,应由县长确实调查该医院等现有存品,分别登记,随时核定任其添购,或售数量稍巨者,应经就近商会或殷实商店之负责证明。承买者确为正式商店或医院,用途正当,登记存据,并填给详列买主姓名之发货单,以凭鉴验。准人民购买,均须按照纲要第一条第四项办理(须经当地保甲长证实其为良民)。

六、邮件电报。(从略)

(《长沙市民日报》,民国二十一年9月26、27日)

贺衷寒报告,据第二十师政治训练处处长邓良铭呈称:窃职密查报称,近有不法之徒,不顾地方之安危,只顾营私利,已将洋油放置于粪内运输下乡,使守城及沿途稽查,无从检查,有时以1瓶洋油分作2瓶亦可出城,以接济×区,此种奸商诡计确难揣测等情。

恳转请通令各部队对于粪夫之该粪污秽物中严加检查,以免偷运而利剿赤等情。据此,除指令外,理合报请鉴核,并恳通令严查,以断×区接济等情。

对于粪夫搬运污秽物中,务须严密检查,毋使藏匿洋油或其他违禁品流入×区,以杜偷运之弊,是为至要。

(摘自《国民党鄠县尚德团中队部训令》,1933年9月)

四、国民党武装破坏城乡联系

当着清乡军队到来时,举凡县城、乡村、市镇等经济枢纽的地方,皆驻有重兵,对于赤色区域(阳新全县、大冶、通山一部分)的民众尽量拘捕,于是断绝乡村及市镇的来往,使着农产品不能输出,日用必需品(尤其是油盐及布匹)不能购买,又其次如纸票不兑现,贷借完全停止,造成经济停滞的极大恐慌。

(《大阳区五县政治决议草案》,1929年12月)

……反革命现在只是凶煞拼命地向我们苏区进攻,使得苏区的土产品不能销售到白区去,使得白区的货物不能运到苏区来,或者由商人运点进来,价钱又非常贵。

(《想激进改善自己的生活,只有迅速加入消费合作社》,湘鄂赣省苏国民经济部印,1932年6月5日)

蒋介石亲自到南昌并把反动军事中心(蒋逆总部)移南昌,调集了23个师3个独立旅到中区声称"三月内肃清赤匪"……

加紧修筑军用马路。整理与扩充民团及其他地方武装,在苏区四周发展反共铲共义勇军,监促他们进扰苏区(如表、王残黑夜深入到永新南阳区之类),尽量剥削白区工农,收到大批军费,严厉地对苏区经济封锁(指土豪代表没收苏区出口货,不准盐、洋油、布匹进苏区等)。

(湘赣省苏执委会《战争紧急动员命令》,1932年)

五、豪绅地主武装清乡

豪绅地主的武装约分为两种:第一,是保安队(即保商队)在各重要市镇上均有,是商人豢养的,他的目的只在保卫他的市镇,多抱的是"人不犯我,我不犯人"的态度;第二,是保卫团,是在清乡期中才普遍组织起来的,多成为某几个豪绅地主私人的工具而彼此不相联系的,现监利已将全县保安队保卫团完全集中编为几个清乡队,统一指挥,江陵石首也正在仿照这样办。……

(《鄂西工作报告》,1929年5月16日)

六、组织"守望队"等地方岗哨,堵塞赤白区物资交流

在第一次反"围剿"胜利后,国民党蒋介石不甘心失败,一方面调动大军聚集苏区边境,另一方面指使暴徒匪类的反动地方武装组织"守望队",对我苏区四周实行严密的经济封锁,我县的边境四周亦被严密封锁着,敌人到处设立了地方岗哨,用武力堵塞赤白区的物资交流,白区运物资过苏区进行贸易的,如其捕获后,则以"通奸济匪"的罪名,实行血腥残杀。苏区的农产品也不准输出,如其所获即以"奸细"和探听情报论处。致使苏区人民的生产、生活陷入了极端困难的地步,炒菜无盐,穿衣无布,即使冒险到白区搞到一点食盐,也是无济于事,不仅价格昂贵,而且无从供应。

(《莲花县第三次工农兵代表大会的经济文化建设》,《莲花人民斗争史》)

七、国民党封锁的严重后果

△不许粮食输入内山

经济封锁政策:对赤色乡村实现包围封锁。断绝交通运输,禁绝行人,停止贸易,不许粮食输入内山。这一政策的施行,对店色割据,也是一个极重的打击。

(《湘鄂赣特委给湖南省委信》,1929年7月)

△严厉封锁食盐

……国民党反动派对食盐封锁是十分严厉的,在根据地周围的白区实行按人口售盐的方法,严格控制食盐,并层层设立关卡检查来往行人,发现有人携带食盐运往根据地,不是杀头就是坐牢,致使根据地的食盐供应极为困难。有时虽然可以通过中小商人从白区弄一些盐来,但数量有限,而且价格昂贵,要3块光洋才能买1斤盐,有时1块光洋只能买4两盐(16两1斤的秤),按当时的谷价2元1担计算,就需要2担谷才能买1斤盐。

(《中共酃县县委召开苏区长、区干部潘帮义、段凤等33人座谈记录》,1959年1月5日)

敌人在苏区周围设卡置哨,严禁商人往苏区运送日用物资,犯者则捉拿杀头害命。1932年盐商黄根义因运盐给苏区,在新潜为敌所俘,稍后即被敌人用铁铲烧身,辣椒冲鼻,倒悬毒打等酷刑害死。如此惨事,不胜细举。由于敌人的严密封锁,苏区日用物品如食盐、布匹、药材等项,货源缺少,价格飞涨,苏区人民和红军战士的生活日益艰苦。

(《第二次国内革命战争时期,攸县人民的革命斗争》,湖南师范学院历史系调查组,1959年)

在经济方面,敌人采用封锁政策,这时候的物资供给是比较困难的。这个苏区的粮食,本来是丰

富的，但由于敌人把很多平原地占据了，粮食的来源就受到限制。这个苏区本来有棉花、布匹，因为敌人进攻，很多产棉地区被破坏了，工业也受到损失，我们的东西不能输出，白区的东西不能输入，最困难的是没有盐吃，常常一个礼拜吃不到盐，1 块光洋只能买 3 两 4 两盐，只有熬硝盐，但味苦，吃了肚子不好受(指 1933 年秋的情况——编者)。

(甘泗淇《红六军团发展》，1927 年至 1936 年 10 月)

龙岩已设封锁×区办法，及食盐煤油公卖局，现食盐暂由龙岩商会承办，官督商卖，按照龙岩人口及附近需要，逐日自漳由汽车运往，又华安、漳平、宁洋三县，由华安县政府管理，按照人口分配，每人月有定量，须由华安县府核准盖章购买，使县长负责以昭慎重，而免偷接各×地。

(《申报》，1934 年 6 年 11 日)

在靠近红色区域的白区或被国民党反动派新占据的地方，那里的食盐"是由义勇队部兼卖"。义勇队的领袖们，多是无法无天的人，他们先叫食盐户口，垫出款来，由他们一一趸去县局购来，然后又分卖于村民，他们从中取利，高抬盐价；少称重量；有时不高兴，盐已卖完数日还借故不去县局添办；添办时，又常有被劫之不幸事发生。要吃盐的村民们，自然又要听命另垫一回款，有时扮演被劫的艺术，露了马脚，村民已意识到他们名虽被劫，但暗地里已经向劫者得了意外的收入，可是"天高皇帝远"的村民，尤其尚被指为"×性未改"的新收复区之村民，谁又敢说"不信"呢？

(《申报》，1934 年 7 月 9 日)

……自从反动派实行经济封锁后，当地生产生活受到了很大影响，人民生活日益困难，当时最突出的是食盐，不断上涨，其昂贵程度实在难以想象，那时大米是 3 角 ~ 4 角钱 1 斗，猪肉是 1 元钱 8 斤，鸡蛋 1 角钱 12 个，而食盐是 1 元光洋 8 两，如以米换盐，要 4 斗米才能换上 1 斤盐，群众反映说"米用箩挑，盐用纸包"。

经济破产，金融混乱，农民失业的增加，旧的社会制度日益破坏……这是苏维埃区域的一般的社会经济状况。……说商业则乡村小市场有一部分因焚烧而破坏，乡村小商人多数破产，在割据区域内一律不还地主的债，现时缺乏现金流通与借债关系，一切生产品不易向外销售，农村一切需要品如食盐、布匹等亦不易输入，所以民众感觉非常困难。

(王首道《中共湘鄂赣特委工作报告》[第四号]，1929 年)

△中西药买不进来

……第(5)伤兵要西药成问题：在赣西南的伤兵，大概至少有 2 千，医院设了很多，医官缺乏，西药更是大的问题。轻伤还可以用草药(中国草药医生乡村很多，治轻伤很快)，重伤要开刀的就没有药，一天没有药，伤兵就会发生危险，这亦是比较困难问题之一，不过时常打仗可以去抢敌人的用。

(《赣西南[特委]刘士奇给中央的〈综合报告〉》，1930 年 10 月 7 日)

△日用工业品价格比上海贵一倍

苏区的经济完全是被敌人封锁，工业品很少输入苏区，因此苏区的工业品非常缺乏。……一些日用的毛巾、牙粉、牙刷、火柴、纸烟、袜子等仍有卖，但价格要比上海贵一倍。

(欧阳钦《中央苏维埃区域报告》，1931 年 9 月 3 日)

△消息闭塞

敌人对我们最厉害的办法就是政治经济的封锁，一里以内红白势力分歧处。如严密警戒，不能越雷池一步，我们处在敌人四方包围的形势之下，敌人不但有正式军队，还有保安队……，挨户层层步哨、密密网罗，要单身通过或少数武装通过这个包围是极端困难的事(然而并不是完全无办法通过)，越境侦(偷)渡，发觉了，必无幸免，农民落此难者不计其数。这严密的封锁政策，使你如在桃源洞中不知人世变化到什么程度，有无论秦汉魏晋之苦，对外面的政治情况既不了解，又得不到上级的指示，连报纸都难得到。

(杨克敏《关于湘赣边区情况的综合报告》，1929 年 2 月)

△商人裹足不前

……鄂西初发动游击战争的时候，远近商家都纷纷迁移到大城市去了。当时我们就感觉到若长此下去,敌人用经济来封锁我们,商品的方面固然不易断绝,如萍浏那样没有盐吃(因为鄂西赤色区域位于长江及襄河之间,而小河道很多,四通八达,交通不易断绝),但是假使商人都裹足不前,农村生产如何能销运出去,那么江、石、监、沔的棉花,将要比海陆丰的食盐更高。这样农民将不拥护甚至反对苏维埃。的确,在那时实在想不出什么办法来解决这个问题。

(周逸群《鄂西农村工作》,1929年8月)

……因为敌人在四次"围剿"中,对苏区的经济封锁特别严厉,茶、攸、萍北路等地老早就断截了。赤白区域贸易虽有吉安列宁圩,每日有几千人的生意,后因敌人进攻,亦断截贸易。所以苏区内的必需品,一天天地感觉困难,价钱一天天地高涨……这是值是我们注意的一件事。

(于永新《湘赣省苏党团报告》,1933年2月10日)

第二节 打破敌人的经济封锁

一、打通阻碍

10. 打通赤白界线的阻碍,冲破敌人的经济封锁。

(《鄂东南办事处经济问题决议案》,1931年12月13日)

为了打破敌人的"封锁"政策,苏区军民在党的领导下,进行了坚决的斗争。一方面派遣游击队员到白区秘密贩运日用品入境;另一方面——更主要的方面,则是充分发动群众,在可能的条件下,开展必要的经济建设。

(《第二次国内革命战争时期攸县人民的革命斗争》,湖南师范学院历史系调查组,1959年)

国民党军阀用了五六十万白军向我们中央苏区大举进攻,到处烧杀抢掠。使我们边区的土产、竹木、烟纸、夏布、粮食等不得出口,使我们的日用品食盐、药材、布匹、洋油等不得进口。想这样来使我们经济破产,使我们苦死病死,来推翻我们工农群众以鲜血换来的苏维埃政权。来夺去我们的土地、财产,与一切我们已得的权利。

苏区的工农劳苦民众们:要保卫我们以鲜血换来的苏维埃政权。要保卫我们的土地、财产,与我们已得的权利,要能够把我们的粮食、竹木出口调换油、盐、布匹,那我们必须在我们中央政府领导之下,用一切的力量帮助前方红军作战,能够当红军的到红军去,能挑盐的做伕子去,有钱的买公债票,有谷子的借谷子给红军。为了粉碎国民党军阀的大举进攻,为了打破国民党军阀的封锁……应该想出许多办法去输出我们的土产、去输入油、盐、洋布。我们应该大家集股组织消费合作社,寻找许多交通小道到白区去,有组织的去进行买卖,使敌人无法封锁我们。

(《中华苏维埃共和国临时中央政府为打破敌人对苏区的经济封锁告群众书》,兴国县苏维埃政府翻印,1933年2月26日)

二、对付和防止敌人的经济封锁

三、对敌人经济封锁与封锁敌人经济

1. 对敌人的经济封锁——白色恐怖的政治中心应尽量经济封锁,如禁止谷米运到敌方去,禁运柴煤到敌方去,没收豪绅地主的田产财物,断绝敌人经济来源,使敌人经济恐慌。

2. 防止敌人封锁经济——苏维埃区应防止敌人封锁经济,应使市镇工作与农村工作取得经济上的联系,组织秘密运输队,相对地做到现金不外溢,准许小商人营业,设法贮藏粮食等。

(《浏阳全县第一次工农兵代表大会经济问题决议案》,1930年4月)

三、反对对外贸易垄断

2. 与非苏维埃区域的贸易还不能实行对外贸易的垄断;同时,苏维埃政府应实行监督这些贸易,以保障苏维埃区域必需品的供应。银币输出必须得当地苏维埃允许。

(中共湘鄂赣边特区委,《经济政策草案》,1931年)

1. 赤区经济务须与白区流通,封锁是自毁政策。

(《湘鄂西特委第一次紧急会议苏维埃经济政

策决议案》,1931 年)

四、苏区经济走向自给

在目前要冲破敌人的经济封锁,巩固苏维埃政权,毫无疑义的是要坚决执行我们的经济政策。……如通山的纸业、爆竹和各县的矿业等等,从前设厂开办很有成绩的现在大半任其停废;……此外如各处山林竹木、茶麻畜牧各生产事业日益衰败,都由于经济不能发展,造成农村生活困难非常,现在为要解决这一问题,就要坚决执行我们的经济政策。

(《湘鄂赣省鄂东第二次各县区苏联席会议经济问题决议案》,1932 年 1 月 20 日)

五、为使苏区生产的发展,苏维埃应帮助群众创立各种生产合作社,这种合作社,要禁止一切行会式的垄断,而须有计划地积累合作社的基金,发展生产,直接帮助革命。他们的生产品,应有计划地卖入白区,换得现金和商品进来。

六、苏区的经济须充分发展,要尽量利用各种天然物产,开辟矿源,使苏区走向经济自给的原则,不要完全依靠白区的供给。赤区土产品、需要品及白区需要品、工业品等须进行调查统计工作,苏维埃要有计划地建立赤白通商关系,调剂苏区内部的经济,使供给与消费得着适当的配合,苏区内地货物得着便利的流通交换,活泼苏区经济,打破敌人的经济封锁。

(《湘赣省苏维埃第二次代表大会经济政策执行条例》,1931 年 11 月)

(二)江西苏区经济虽然目前仍是农村经济为主体,但是谷米丰富,茶油、纸业、夏布、木材、煤矿与砂石灰等,特产甚多。这类经济的发展,不仅可以加强苏区经济的基础,充裕财政,而且有些(如米谷布匹等)是可以直接地供给发展革命战争之用。

(江西省第一次工农兵苏维埃大会:《财政与经济问题决议案》1932 年 5 月)

三、促进工业发展。苏维埃特别注意保障供给红军的一切企业的发展(工厂——作坊——手工业——家庭企业……)

(中华工农兵苏维埃第一次全国代表大会通过的《中华苏维埃共和国经济政策》,1931 年 12 月 1 日)

(三)发展工业生产的要项:第一是纸业,第二是烟,第三是农具(犁耙、锄、刀等),第四是石灰,第五是药材,第六是樟脑,第七是夏布,第八是钨矿。过去因为敌人封锁,苏区许多工业是低落了,但因红军的胜利,现在有许多物品已经能够出口了,目前钨矿已在开采,纸业、刨烟、樟脑、夏布等项,则望群众努力生产。政府帮助运输出口,农具是耕种的利器,石灰是主要的肥料,药材是治病的,大家都要热心生产起来,除了私人生产之外,应该组织各种生产合作社,凡纸业、刨烟、药材、农具、石灰、樟脑等业,都可以集合同志,集合股本,共同生产,共同出卖。资本不足的,中央政府愿意借款给他,这是第二件要紧的事。

只有农业工业都发展起来,方能于自用之外,还可以大批运输出口,兑换食盐、布匹,及其他必需品进来,兑换现洋改善工农贫民的生活,帮助革命战争的胜利。特此望全苏区民众一齐努力。开展经济战线上的斗争的胜利,去粉碎帝国主义国民党的"五次围剿"。

中央国民经济人民委员部代部长　吴亮平

中央土地人民委员部代部长　故　海

1933 年□月 1 日

因为敌人的封锁,使得我们的出口发生困难,苏区的许多手工业生产是衰落了,烟纸等项其最著者。但是这种出口困难,不是完全不可克服的,并因苏区广大群众的需要,自己即有广泛的市场。应该为着自给,来有计划地发展工业。两年以来,特别是 1933 年上半年起,因为苏维埃的开始注意,因为群众生产合作社的逐渐发展,许多工业现在是在开始走向恢复。这里重要的是烟、纸、钨砂、樟脑、农具与肥料(石灰等),而且自己织布,自己制药,自己制糖,亦是目前环境中不可忽视的。在闽浙赣方面,有些当地从来就表现缺乏的工业,如造纸、织布、制糖等,现在居然开发起来,并且收到了成效。他们为了救济食盐的缺乏,又进行的硝盐制造。关于工业的进行,更需要有适当的计划,在散漫的手工业基础上,全部的精密计划当然是不可能。但某些主要的工业,首先是国家经营与合作社经营的事业，相当精密的生产计划，则是完全必需的，确切地估计原料的生产，估计到白区与苏区的销场，是每一苏维埃工业与合作社工业从开始进行就必须注意的。

（毛泽东《中华苏维埃共和国中央执行委员会与人民委员会对第二次全国苏维埃的报告》，1934年1月24日）

据史料记载及初步调查，当时长汀的手工业合作社有20多种，如造纸、织布、织袜、缝纫、染布、烟丝、雨伞、木具竹具、陶瓷、炼铁、农具、石灰、砖瓦、硝盐、樟脑等，尤其是长汀的纸业生产，更为出色。造纸合作社遍布全县，充分利用了本县竹山的丰富资源，生产的土纸由苏维埃政府统一收购，销往外地，不但加强了长汀的经济力量，而且人民收入也大大提高，这种手工业合作社在反封锁斗争中，起了很大的作用。

（李文生、傅火长《长汀文史资料》第二辑）

五、用各种方式，突破敌人封锁

另一方面是用各种方式和敌人斗争，突破敌人封锁，发展对外贸易，运回苏区所需要的物资，其方法是：

1. 派遣交通员到白区进行秘密工作，随时将苏区缺乏的物资暗中从白区运回来，各级苏维埃政府相应的设置采办员，与这些交通员联系，输出和运进货物，有时连枪枝、子弹都可以购运进来。这种交通工作是很艰巨而危险的，例如阳新、大冶之间隔着大冶湖，货来了以后，要从齐腰深的泥泞里把船推进去，一不小心，就被敌人抓去，发生生命危险。

2. 组织交换所，在赤白交界处交换货物，交换所与白区贸易，主要是利用与白区的商人联系，通过小商贩把货物送到交换所，苏区有关部门就凭发票和他们结算，并按照一定的比率，把购运人的手续费一并计算在货物的发票上，也有另结手续费的。运货换货都是晚上进行，货物的安全在白区由私人负责，在苏区沿路有岗哨保护。交换所最先设在大冶的碉垒，只运了两、三次货就被敌人发现，后来又到木港油壶山找到关系，不久也被发现，以后转到咸宁，在那里设有山窝子，并建立专门组织与当地组织联系。直到敌人进攻龙港时，还有一批人在咸宁采购。

3. 设立苏维埃转运局，与敌人进行经济斗争。这是在鄂东南苏维埃政府经济部领导下的具有集中性的商业组织，是突破敌人封锁的一个专门机构，其规模比苏维埃商店大些，转运局不和私商来往，而是与白区的地下党组织接头，货物来源除购买外，有时根据白区地下党组织提供的情报，派红军到白区打土豪劣绅，把货物带回来。另外还有一些办法，如打土豪和富商的货船；派人到汉口去买货，然后从江西那边转运回来。转运局将各地运来的东西集中后并不零售，而是批发给苏维埃商店和私商。

4. 鼓励苏区和白区的私商组织物资交流，活跃苏区经济。苏维埃政府提倡发展商业，对苏区的私人商贩非常重视，鼓励他们到白区贩货，政府给他们金、银、光洋等，使其能到白军控制下的地区进货，运进苏区销售。在政府支持下，他们常到汉口、大冶、保安、阳新、通山、咸宁以及江西各地贩货，每次可运回布匹，约100多匹。江西方面由于敌人封锁较严，只能一段一段带进来，无法成匹运送。为了管理这些私人商贩，并集中几种急需物资，统一调用，在苏区设有“百南指挥部”，由指挥部转送给各种军需工厂，制成军需用品，以供应红军的需要。有些私商生意做得很大，如在大冶做苎麻生意的柯连生，因为他与曹玉阶家有联系，从大冶湖运进苏区需要的物资，出售后就以货款在苏区收购苎麻，原路运回白区。柯连生当时任商会会长，政治上有一定地位，曾多次掩护过苏区的工作人员，保释过我方被捕的人。……还有鄂东南苏维埃政府曾派代表曹质与白区大冶皮货黄烟商夏代克，阳新的油盐布匹商石振龙接头联系，向他们说明苏区的经济政策，并鼓励他们来苏区贸易。夏代克的母亲在大冶曾被我方俘虏，夏为接母亲回家曾亲自到苏区一次，对苏区的自由贸易政策有所了解。石振龙的家在苏区，对苏区的情况亦知之甚多。经双方商议确定，将赤白交易的高才区熊家作为双方交货地点。在此，运进和输出许多货物。

5. 到白区打土豪，勒令他们送交一定数量的苏区所需的物资。

（《鄂东南苏区财经贸易的综合材料》[武汉师范学院历史系赴鄂东南调查组搜集整理]，1959年1月）

在商业工作方面：党在苏维埃政府除有计划地

组织商品交换,对外贸易外,欢迎白区商人在不影响、不危害革命的条件下来苏区贸易,实行正确的苏维埃专卖和商人贸易相结合的政策,对发展苏维埃商业、繁荣经济,促进对外贸易都起了很大的作用。金龙区的大王店曾设有四大百货商店。龙燕区的龙港镇设有7个苏维埃商店,经营布匹、南货、药材、油盐、粮食等,还设立了转运局、交换所、交通队,负责产品的贸易、交换和运输。

(《阳新县革命斗争史大事记》,1979年)

……因此苏维埃政府,不但不禁止贸易的自由,而且鼓动商品的流动。(第一个办法是贸易自由)在这里苏维埃政府,必须用一切力量,组织工人农民的消费合作社,直至组织到每个乡村与墟镇,成立县的、省的以至中央的合作社组织,加强党与政府对于他们的领导。(第二个办法是消费合作社)对于粮食的流动,苏维埃政府必须更有计划地经过国家的粮食调剂局,来调节市价,供给红军与苏维埃政府本身的需要,在广大农民群众中,组织粮食合作社网为国家粮食调剂局的基础。苏维埃政府还应设立各地的运输站,来便利商品的流动。(第三个办法是调剂粮食)

1933年兴国有个办土产出口的采办处,设有2个库房,4条民船,运货的竹排子发展到500多条。

苏维埃政府特别鼓励对外贸易的发展,来打击敌人对于我们的经济封锁。这里苏维埃政府要尽量利用苏区内外的商人,给他们以特别的好处,去输出苏区的生产品与输入白区的日常必需品。苏维埃政府对外贸易局的建立,完全不是为了垄断赤区与白区的对外贸易,而是使赤白区的贸易更能流动起来,使白区的商品大批地廉价地运入,赤区的商品,则大批地高价地卖出。(第四个办法是对外贸易)国家对外贸易局,自然应该同合作社和粮食调剂局等,发生最严密的关系,合作社与粮食调剂局,可经过国家贸易处输出他们的生产品与输入日常用的工业品,但苏维埃政府,也赞成每一个合作社与粮食调剂局自己到白区去采办商品,把他们的商品,出卖到白区去,商人如不进行反革命活动,也可以自由进行他们的买卖。(第五个办法是把各种流动的办法联系起来)只有工商业的发展,才能更有力量地在经济上帮助革命战争的胜利,改善工农群众的生活,并在经济上巩固他们的联合(工业生产,商品流动,两项并重)。

(兴国县工商局整理材料,1983年8月)

储潭,位于赣江东岸,是个背山临水的村庄,对岸为白军盘踞,山后是储潭乡苏维埃政府,我们就在这个山林里建立了一个采办站。这个村庄有20多户翻身渔民,在乡苏维埃政府领导下,组成了一支坚强的运输队伍,队长由一个共产党员叫林苟子担任。他们不脱产,有运输任务时,就帮助搞运输,无运输时,就下江捕鱼。他们不畏国民党的卡哨检查和封锁,总是冒着生命危险,出色地完成任务。为了保证物资的运输安全,他们想出了很多办法。如把西药装在密封的铁皮箱里,系上麻绳放在船底下的水里拖着走,船头还放几只鸬鹚,装成打鱼的样子,混过敌人的检查。但即使这样,也还有不少渔民被敌人查出,献出了生命。

经过40多天的艰苦奋斗,终于超额完成了8万多元的西药采购任务。

(姚名琨回忆《对外贸易局江口分局》)

华埠有个汪联辉,人们称他汪老三,是个打抱不平的人,他和熊式辉有关系,对熊式辉有点恩。他对于我们从华埠搞盐,也曾给予支持,和我们关系也很好,他在华埠开了个“万康元”南货店,我给他写了一封信,说有1担茶叶请他销一下,他就到王坂请了衢州保卫队长徐政宽的客,说他里边办了一批茶叶,要运华埠去,请帮助,送几条烟给兄弟们抽抽。徐满答应说:“只要货标上‘万康元’字号,我3天内不检查。”这样,他就把茶叶运了出去,一担售价六、七十元,赚了一把,后来他还送来50大洋,还有烟和酒酬谢我,这50元钱我交了公。这样一来,局面打开了,原来不敢来的商人也来了,都说汪老三都干,我们怕什么?天塌下来有个长个子顶着哩!这样,敌人的经济封锁被打开了。这些商人来,都是为了赚钱,见了面作揖相应,祝贺生意兴隆。我们出口茶叶、兽皮、棺材、猪肉等,以货换货,换回我们所需要的盐、布和西药等,有时也出口粮食,多在青黄不接时,以救济白区贫苦群众。

(赣东北红色采购员陈金科回忆)

在对白区贸易的斗争中,出现了不少动人事例,如1928年初莲花县党组织派出的外贸工作人员兰同志,在萍乡通过各种关系,争取了2家药店和3家杂货店,为我根据地提供药材和日用品。他还在大田、桐田等地组织了几个转运站,负责把白区购得的物资运往根据地。他打扮成肩挑商贩,穿小路、越山岭,长年累月往返于根据地和白区之间,和敌人进行着一场又一场无声的战斗。后来在执行一项任务时,不幸被敌人发现,惨遭毒打,身负重伤,壮烈牺牲。1928年冬,外贸干部老谢接到县工农兵政府的指示,要他去萍乡"明济"药店提取根据地急需的一批西药,时间紧,任务急,他日夜兼程赶到萍乡。谁知取药后遇到情况,敌人实行全城戒严,要出城,随时都有被查获的危险。为了把这些药品运回根据地,老谢同志"明知山有虎,偏向虎山行",他急中生智,在城里找了两个熟人,打扮成巨商,雇了一轿子,第二天一早,一行人巧妙地骗过了敌人的岗哨,大模大样地出了城,把药品及时地运回了根据地。

后来,在红军区域还成立了竹木委员会,有计划地组织人力,通过各种渠道向白区输出根据地盛产的竹、木、油、茶等。

赤白贸易线,竹木委员会,沟通了赤白区之间的物资交流,对活跃根据地的经济,支援革命战争,起了一定的作用,以后到中央苏区时,发展为对外贸易局,发挥了更大的作用。

(《闽北分区苏维埃政府人民经济委员会给白区域商人们的信——征税货物税发行税票及其他》,1932年3月)

查最近有一部分不肖分子假冒苏维埃或红军名义在沿河一带截劫商品,致各地小商人裹足不前,苏区市场因萧条而买卖感到困难,实属危害商业前途的发展,因此特布告严行制止,嗣后如有前次事实发生,应由各地苏维埃政府查明负责严办或枪决。

(《闽东工农民主政府布告》,1934年6月1日)

第三节 开展赤白贸易

一、有计划地组织对外贸易

苏维埃有计划地组织对外贸易,并且直接经营若干项必要商品的流通,如食盐与布匹的输入,粮食与钨矿的输出,以及粮食在苏区内部的调剂等。现在是异常需要的了。这一工作,闽浙赣方面实行的较早,中央区则开始于1933年的春季,由于对外贸易局等机关的设立,已经得到初步的成绩。

(毛泽东《中华苏维埃共和国中央执行委员会与人民委员会对第二次全国苏维埃代表大会的报告》1934年1月24日)

(2)苏维埃要设法使与白色区域的交通灵便,一面鼓励小商人向外买卖。

(《巡视员谢运康给中共福建省委的报告:关于金汉鼎入闽与我们的应付方策等情况和问题》,1929年10月25日)

……苏维埃政府应有计划地在不妨碍苏区群众与红军供给条件下,应经过对外贸易局将粮食运一批出去,并且允许私人以及粮食合作社自己的粮食输出,取得现金来购日常必须的如盐、布匹等。

(中共湘赣省委《关于国民经济建设问题的决定》,1933年10月22日)

打破敌人的经济封锁,发展苏区的对外贸易,以苏区多余的生产品(谷米、钨砂、木材、烟、纸等)与白区的工业品(食盐、布匹、洋油等)实行交换,是发展国民经济的枢纽。苏维埃的对外贸易局与各种商业机关,必须更加健全起来,同时奖励私人商业,使他们为输出与输入各种必需商品而努力,而普遍地发展消费合作社,把广大工农群众组织在这种合作社内,使群众能够廉价地买进白区必需品,高价地卖出苏区的生产品,则在苏维埃贸易与整个经济建设上都占有特别重要的位置。苏维埃对于消费合作社中央总社与各省县总社的领导应该极大地加强起来,还没有建立省县总社的地方,应当迅速地建立。

(毛泽东《中华苏维埃共和国中央执行委员会与人民委员会对第二次全国苏维埃代表大会的报告》,1934年1月24日)

必须以最大的努力积极大批地收买苏区剩余生产品,以及承受各地挑生产品来买盐的物品,有计划地大批运到白区去,以及售给白区东圩上买货的人,节制现金外溢,尽量进口与出口相等,达到趋于进口,大大提高苏区剩余生产价格,发展苏区国民经济,更进一步改善群众生活。

（湘赣省苏经济部《为规定吉安忠发圩的盐价及统归贸易支局收买通令》第一号）

二、发动群众采购物资

在敌人严密的经济封锁下，苏区货物采购困难，苏维埃政府通过反帝大同盟、互济会等组织来解决，将反帝大同盟互济会等组织的会员，特别是处在白区的会员，编成若干小组，设组长1人，每月按计划采购一定数量的物资，如布匹、套鞋、食盐等。这样不仅在经济上起到了桥梁作用，也解决了货源问题。当时每年还大量支援了贵溪、弋阳等县的物资。

（中共万年县委历史资料）

敌人对苏区实行经济封锁，使苏区经济发生困难，群众和红军日常需要品（如食盐、布匹、药材……）时常发生恐慌。我们要打破这一困难，就要……运输苏区土产品出去，转运必需品进来……近年鄂东南苏区有好多群众近4个月没有吃盐，因为群众买不到盐，真是一个很严重的问题，各级政府要特别注意解决此一困难。近日有一部分群众运猪、油到白区去贩卖，转运盐、布进来，这是很正确的办法，并且群众可以相对地提高肉的价格，使群众兑换多些盐……但是有些负责人不能站在群众利益上来着想，只是一味禁止群众运猪出去，原因就是恐红军和苏维埃负责人没有肉吃，这是多么严重的错误！同志们！苏维埃是代表工农群众利益的呀！今后各级政府负责人要仔细想一想呀！本办事处特通知各县一律准许群众运猪、油及一切土产品到白区贩卖，转运必需品食盐、布匹等进来，不得稍有违抗。

（《湘鄂赣省工农兵苏维埃政府鄂东南办事处通知》（第九号），1931年12月16日）

三、利用地方武装掩护赤白贸易

(4)在边区党更要动员地方武装，责成地方武装在发展游击战争中运输大批食盐到苏区。

（《江西省委通讯》第25期，1933年8月20日）

同时我们的地方武装应特别注意有计划地挺进到白区中心去掩护工农群众采办食盐，军区应严格检查各地方武装执行这一任务的情形，更精密地想出具体的办法，令各地方武装执行，各县委应负起经常检查与督促之责，并有计划地动员群众去挑大批的食盐进来，解决群众的急需，改善工农群众的生活。

（中共湘赣省委，1933年10月22日）

五、有些赤白边界敌人把小的地主武装埋伏路旁截击运盐群众，各县军事部必须派短小游击队设法消灭这些反动武装，并掩护群众挑盐。

（《湘赣省苏湘赣军区合字第二号密令》，1934年8月15日）

为了解决苏区人民生活，打破敌人经济封锁的阴谋，根据湘赣省边界党和工农政府指示，我们酃县县苏维埃在板溪、十都等境内交界处设立“赤白交易所”，以雪花皮、西芎、白芍、厚朴、川芎等白区缺乏的药材换取白区商人贩卖的日用品，并与中小商人秘密挂钩，鼓励他们从白区贩运盐来，秘密运到石川、大院消费合作社等地销售食盐，用武装掩护白区中小商人进出境内。

（中央酃县县委召开苏区干部潘邦义等33人座谈记录，1959年1月5日）

四、组织输出入贸易

(1)党必须基于广大工农群众的力量，来镇压奸商、富农投机操纵，以群众的力量在苏维埃领导之下，强迫其照价将食盐卖给群众，但苏维埃必须予以必要处治，以警戒奸商富农，如有反革命嫌疑及阴谋的，应无条件的将食盐宣布没收，并严办反革命分子。

（江西《省委通讯》第25期，1933年8月20日）

……井冈山人民为了打破敌人经济封锁，地方党曾利用在城镇的地下关系，搞了一条赤白贸易线，沟通赤白贸易，1928年底，边界工农兵政府在赤白交界处成立了竹木委员会，有计划地组织人力，通过各种渠道向白区输出根据地盛产的竹、木、油、茶等。

（《红色中华》第139期，1934年1月1日）

1929年苏维埃政权建立以后，国民党对苏区实行经济封锁政策。苏区和白区无法进行直接贸易，但在党的领导下，用秘密方式通过与苏私商关系发展与白区的贸易，打破了敌人的经济封锁。

（《鄂东南苏区财经贸易的综合材料》，武汉师范学院历史系赴鄂东南调查组，1959年1月）

……贸易局依靠没有公开身份的地下党员起骨干作用，利用红区和白区的群众打交道，收购苏区迫切需要的食盐、布匹、药材，由贸易局规定合理价格收购，向各级党政机关、红军和广大群众推销，贸易局又收苏区盛产的茶叶、油桐、木材等土特产，用合理价格收购，转运到白区去倾销。贸易局在反击敌人步步紧缩的经济封锁和抵制奸商的斗争中起了巨大的作用。

（《第二次国内革命战争时期湘鄂赣省湖南苏区的经济概况》，湖南师范学院历史系赴平浏调查搜集整理，1960年5月）

五、用低税、高利鼓励商人开展赤白贸易

……不要幻想赤区的工业品，由苏维埃以全力来供给。这就是说，经济流通与赤区工业品的供给，应以商人为中坚，苏维埃只是起到调剂作用。

（中共湘鄂西省委，1932年1月26日）

三、对于许多特产（如纸木料、夏布等）要尽可能地鼓励私人投资，对于这些特产的出口，政府须加以奖励。

（《江西省第一次工农兵苏维埃大会财政与经济问题的决议案》，1932年5月）

1. 苏维埃政府须注意建立与白色区域经常通商关系，使苏区的出产能够大宗地运出白区来发展苏区的经济，使白区的货物能够运进来，来减轻工农群众生活的负担，苏政府设法在经济政策原则之下尽量吸引白区商行来建立通商关系，使他们投资来发展生产。这里特别指出的就是：对于工商业者，只要他们在不违反苏维埃一切法令，不反革命，不垄断操纵条件之下，应绝对允许其自由营业，不得任意没收他们的商品，不得任意封闭商店和工厂，对于地主兼工商业者，只能没收其地主部分的财产，不能没收其商店和工厂，照这样来运用经济政策，才能使工商业者安心经营工商业，发展社会经济，建立赤白区很好的通商关系。

（福建省第一次工农兵代表大会，《关于经济财政问题决议》，1932年3月18日）

由于敌人不断实行经济封锁，人民生活受到很大影响，红军和人民需要的布也非常缺乏。针对这种情况，党采取废除一切苛捐杂税，保护工商业发展的政策，政府一面鼓励商人贸易，在政府法律范围内保护他们不受侵犯，凡是从白区来的商人特别优待，他们可免费到苏维埃开办的工农饭店去吃饭。县城商人万自友经常冲破敌人的封锁线从白区挑运布匹到十都交易所卖，他说："国民党要抽5%的营业税，共产党一点税也不抽，还有优待，真是好极了。"另一方面政府还派人帮助商人通过敌人的封锁线，对于帮助苏区贸易有出色成绩的，还给以物资奖励，当时安仁县有几个布商和药商曾获得酃县苏维埃政府的奖励。至于苏区的人民在苏维埃统一安排下可以自由贸易，成绩好的同样进行表扬和奖励。

（《中共酃县县委召开苏区长区干部潘帮义段风等三十三人座谈纪录》，1959年1月5日）

……为了调动私人商业的积极性，根据货物缺乏的情况分别7种利润，最缺乏的货物利润最高，如火药、西药的利润为50%，最低的为20%。我们找大资本家出口的钨砂，84元100斤。有钱有势的人才敢做钨砂的买卖。

出口的物资有油、米、豆、茶叶、生猪、纸张。进口的物资根据苏区的需要，中央13个部2个军区的食盐都是由江口供给。

（兴国县工商局整理1983年8月）

对外贸易处是向白区输出粮食、纸张和其他农村土特产品，以换取苏区所需要而又缺少的食盐、布匹和药材等等。贸易处的设立有两种意义，一是向白区群众宣传我们的税收政策。当时苏区的税收率是低的，特别是群众的急需用品，一般的税利为5%，有的只3%。而粮食买卖则不要税，国民党就不同，越是群众日常用品的物资，征的税越高，通过两种不同税收的对比，充分说明了苏区税收政策的合理，彻底揭露了白区税收政策的苛重。因此，白区的商贩都乐于同苏区进行贸易。这不仅疏通

了苏区和白区的物资交流，解决了苏区某种物资缺乏的困难，而且宣传了我党的经济政策，扩大了革命影响。

（《上饶县革命史》，1984 年 4 月）

凡是从苏区将出产品——如谷米、豆子、茶油、木、烟、纸（粮食不够地方例外）及一切农产品运往白区发卖者，以及从白区贩运下列各物来苏区者，照其应纳之营业税额一律减收半税。

计列减税之进口物品如下：

盐、洋油、火柴、线花、棉布、药品、医药器具、印刷材料、钢铁、兵工产品、药料、电话电报材料、手电筒、电池、汽油。

（《中华苏维埃临时中央政府人民委员会命令第二十号》，1932 年 8 月）

对进出口物资征税原则是：为了粉碎敌人经济封锁，保证苏区军民的需要，出口物资最少征 5%，最多 15%，一般 10%；进口物资税收较轻，一般是 2%至 3%，如盐、布、药材、办公用品等，油墨和蜡纸等还不征税。迷信品征 100%的税。出口的物资课税较重些，群众肩挑贩卖的一般不课税，主要是船运进出口物资。赣县茅店税处成立后，收入很大，有时 1 天收过 2000 多光洋，1 天最少也能收上 100 多光洋，1 个月最少也能收上 7000～8000 光洋。

（陈兴云回忆，1978 年 4 月 10 日）

（甲）保护纸、木、烟之输出：

一、各级政府切实保护纸、木、烟来往，不准扣留没收。

二、保护外来客商，不准向他筹款，以免外商裹足不前。

三、各级政府经常召集纸、木、烟商人开会，讨论输出办法，并说明政府保护的意义，叫他们去招来外商。

四、由政府出护照，保护纸、木、烟商人货品出口，但反动者例外。

五、政府没收来之纸、木、烟减价出售，并可借一部分给他做资本，使其定期交还。

六、组织纸、木、烟贩卖合作社，经营输出。

七、各级政府对于非本乡之纸、木商人，非得县政府批准，不得借土豪、自由筹款。

八、各地政府非得县政府批准，不得没收商品，违者严办。

（乙）维持外来必需品（盐、布、糖、油、药材）之输入：

一、各地政府要切实保护商店，维持自由买卖，政府不予规定物价，或随便没收商品。

二、各级政府经常召集商民会议，鼓动商人办货，并为商人解决困难问题。

（闽西第一次工农兵代表大会宣言及决议案，1930 年 3 月 25 日）

六、争夺食盐斗争

油盐公卖是帝国主义国民党新的、绝望的“五次围剿”中实行“经济封锁苏区”的主要策略之一。敌人企图断绝苏区日常生活必需油盐等接济，来宰割苏区千千万万工农劳苦群众的生命，作为他们的飞机大炮、炸弹、毒瓦斯进攻的补充武器。他们用官督商办的公卖性质，集聚豪绅地主奸商及一切反革命派在县区、重要市镇设立公卖委员会及分会或公卖处，监督限制油盐售卖数量，做直接压迫剥削民众的工具，并设立国民党南昌行营食盐火油管理局，为最高的集中的吸吮民众膏血的机关。他们公卖的办法，用“采办”、“护照”、提办“购买许可证”等，为严密封锁的连环。人民直接购买还要用各县政府指定之购买证凭单，向联保主任保长要凭单时，仍要缴纳 8 分大洋等等。这是国民党苛捐杂税榨取民众的新花样。至于火油以户计算，分 10 口的家为上户，每户不得买过 0.5 斤，5 口以上为中户，每日不得买过 4 两，5 口以下为下户，每户每日不得买过 2 两。食盐则每人每日只能买 4 钱或 5 钱等等的限制。更是国民党采取慢性死刑的办法来屠杀民众的阴险行径，国民党这一公卖毒计的实施，已给苏区邻近白区的广大群众以莫大的骚扰与苦痛。尤其苏区附近的白色中心城市的工农、贫农、小商以重大的不安和损害。这里不仅是使苏区周围的专靠贩盐到苏区为生活的工农、城市贫民与一般小商人受到生意破坏而完全陷于饿死，特别白色城市中在业工人因油盐不够吃用而沦于饥饿疾病死亡的困境，必然而且已经激起白区在业的与贩盐的广大群众反抗国民党油盐公卖的怒潮。最近赣城一般民众，差不多除了豪绅地主、大商人及一切反革命派外，尤其是工农、城市贫民都汹涌起来反抗这一公卖制度。尽管民众反抗的激烈与普遍，国民党豪绅地主、资本家仍以“一月为期试验封锁是否有效”来欺骗群众，缓和群众斗争，以便继续实行封锁阴谋。另一方面接近苏区的白区群众，他们在国民党“围剿”“封锁”之下，结果是不断的失业与饥饿……尤其因为成千成万的工农贫民在这几年来是依靠贩盐为生活主要来源，因此，他们不管国民党如何封锁“公卖”，他们仍更加拼命为生活而继续贩运，拼命地采取武装行动冲破国民党军阀抢劫拦杀的封锁范围，继续贩运油盐到苏区来（如赣县潭口等地）。这一形势是冲破敌人“经济封锁”的有利条件，这一斗争，可以把白区城市中在业工人为反对食盐不够而坚决斗争。可以发动成千成万工农小贩为自己的生活而坚决斗争……在这里加紧领导这个反对食盐公卖的斗争，是我们苏区各县委及白区工作部第一等紧急的任务，也就是动员白区广大群众起来粉碎敌人五次“围剿”的战斗任务。

（一）扩大和深入反对国民党油盐公卖的群众宣传鼓动工作。首先动员苏区边区群众，运用群众路线采取各种各样的白区工作方法，散发浅显通俗的小传单、标语和画报到油盐公卖所在地的群众中去。白区党的团的区委和支部经过工农会及各种革命民众团体，组织公开或半公开的宣传队，进行文字的、口头的或化装的演讲式的宣传鼓动。利用圩期或某种集会的时期，很巧妙地告诉群众，使他们了解公卖委员会、分会或公卖处合作社等是国民党、豪绅地主富农（联保主任保长）、资本家（商会）、反革命派（国民党御用的公共团体）公开压迫剥削民众的机关。指出购买证凭单是豪绅地主、资本家们变相的苛捐杂税的压榨，是民众的卖身券。提出反对榨取剥削民众的油盐公卖委员会公卖处。“反对买油盐要购买证凭单”“反对缴纳凭单费！”“反对每日每人只能买4钱盐的限制！”“反对中户下户每日只能买4两或2两的限制。”“民众自动集股买卖油盐”“买卖油盐自由”等具体口号……掀起民众反抗油盐公卖的高潮，开展群众斗争。

（二）组织发动群众，反油盐公卖的斗争，参加与领导民众自发的斗争。首先就要使白区城市及近郊与沿河农村有组织的地方，党和团的支部应立刻讨论如何反对食盐公卖，讨论出在每个支部不同的环境中，如何去宣传群众与组织群众，依靠于党的支部，经过工会农会和反帝团体的组织，深入群众去组织各式的公开的或半公开的团体，做群众斗争的指挥机关（如民众反对油盐公卖委员会或联合会）。提出具体斗争口号和纲领，来动员群众斗争。对于群众中自发的斗争，我们要动员党的支部与群众组织去参加他们斗争，提出对于领导斗争的意见，把原始斗争的方式无组织的群众，组织在斗争委员会领导之下，吸收斗争中群众的领袖到斗争委员会来，团结积极勇敢的先进分子到斗争的周围来扩大斗争，同时我们要善于去抓住一切反军阀压迫、豪绅地主榨取的群众日常斗争，从这种日常斗争中，领导群众为反对食盐公卖而斗争。发扬群众的积极性，号召群众示威游行、罢工，包围反动的政府机关或资本家的商会，掀起群众更激烈的行动，冲破和平法的范围，捣毁油盐公卖委员会公卖处，焚烧他们的购买许可证及凭单，没收分配油盐给当地失业工人、农民。在这种斗争中，武装群众，首先把斗争中积极分子组织于游击队等武装组织中间，准备武装冲突转变到游击战争（不仅是新式武器，土炮梭标、木杆、扁担、锄头、石子都可以做群众袭击敌人的武器），苏区的游击队与地方武装，必须去配合这些群众斗争，帮助他们组织武装队伍，配合起来，发动广大的游击战争与扩大苏区。在白色城市的在业工人中，党要经过支部与我们有组织的工农贫民，到在业工人中去发动反对吃盐不够的斗争。联合一业或几业的，一条道与几条街的工人起来怠工、罢工，包围商会与政府机关，要求自由吃盐，要求停止公卖，把在业工人与贩卖的工农贫民的斗争配合起来。

（中央局白区工作委员会致各县委及白区工作部的信，《斗争》第35期，1933年11月19日）

根据省委指示，××消费合作总社负责搞盐，要我到铜埠去办盐。……我们到了铜埠，河对岸不远就是敌人驻防，我到的当天就有船运来20担盐，每担120斤，我们出高价收购。经过我们给船工做工作，运盐的船（在船底藏盐）就多起来了，那时运来铜埠的盐统归我收购，然后由我分配各县。那里的群众很好，船一到就帮我们抢卸，那时我们实行奖励的办法，凡参加挑盐的人，可优先买1元钱的盐（1元5斤），那时缺盐，所以，大家都抢着挑。但不久，被敌人发觉了，中断了水路运盐，改由白区陆路民团武装押运。

不久，各地反映敌人的经济封锁更为严重。不仅盐买不到，连西药、文具等都买不到。这次会议，邵式平同志亲自参加了，在会上作了总结，批判了畏难右倾思想。我们要革命还怕这点困难吗？提出要依靠群众，去找些商人。我们有300个采办员，每人每天采购1斤，就是300多斤。你们可以去找些砍柴的人，他们都是穷人，带1斤盐，给他2斤盐的钱，请他们砍时设法带上山，再让他们动员些群众砍柴时带点盐，就会越来越多，还愁搞不到盐！并且提出口号：打破敌人的经济封锁、粉碎敌人的经济封锁、打通贸易路线，并派省总社主任宁春山同志去玉山搞盐。在这次会上，德兴的同志反映，浙江开化县的华埠能买到盐。于是又派我去华埠买盐。同时，邵式平同志还指示我们采办人员，到白区去。我和贸易处的交际员罗章叶同志一同到蜈蚣岭他岳母家里去住，那里是赤白交界的阴阳处。晚上就去做群众的工作，动员大家去华埠买盐。每人每次可买1元钱的盐（八斤）。敌人封锁管得较松有空子可钻，我们的收盐价格是每元4斤，群众送盐利润可赚1倍利。如果买不到盐，买到酱菜、酱油、咸鱼也可以，每斤利润1角。白区群众送盐来，我们还请他们每人吃半斤肉（白区没得肉吃），小孩子送盐来，我们还给他明牌饼吃。同时还向群众进行宣传教育。白区土豪劣绅造谣说，我们是土匪，杀人放火，不叫群众向苏区送盐，群众说还给我们吃肉哩！他们还是用各种方法偷运，最多时1天曾收过100多担盐（1万余斤）……

后来又接省里来信，要我到乐平去，说那里盐多。……我们在众埠不远的地方办了一个堆货栈与屯溪取得联系，继续开拓运盐路线，我带了6个采办员，由地下党的同志带路到白区的龙口、方家，先了解情况熟悉道路，那天正是1933年的春节，住在一个地下党员的家里，……第二天我们又回到这个村，继续开拓买盐路线，当天就买了6车盐（独轮车）共1200斤，通过白区运到苏区鹭鸶埠。

接着我们又移到长山方家，这里是第三区的一个基层社，我们又在这里重新搞，到卜街去搞盐，卜街是团总的村子，一个团总就住在那里，我们晚上出去搞盐，由地下党员带路以香为号，在河边准备了3只禾桶来运货，如货到，就在河中投3块石子通知对方，用禾桶把货运过来。我们请了白区的一些群众夜间给我们挑货。卜街是白区，1元5斤盐，我们收购是1元4斤盐，外加1角运费。最多时，一夜就运过来100多挑东西，送货的群众和我们关系很好，我们杀了两头猪招待他们。这样，我们不仅买到了盐，还买到了许多苏区所急需的西药和煤油等物资。

（赣东北红色采购员陈金科回忆）

（三）与组织群众的反对食盐公卖斗争的不可分离的步骤。边区与白区党必须去帮助继续在拼命贩盐的成千成万的群众，反对国民党团匪的屠杀与拦抢，赣县、南雄、寻邬、安远、永定、上杭、宁化、黎川、南城、宜黄、公略等重要边区的党组织应该派积极勇敢的同志到贩盐的群众中去参加贩盐。他们的任务，去组织盐贩，组织贩盐的武装队伍。在苏区利用白区贩盐群众到苏区附近或苏区内部的圩场集合贩卖时，公开召集他们的会议，鼓动他们武装起来反对国民党屠杀与拦抢，把他们广泛的组织于“盐贩联合会”等组织之内。党、苏维埃政府与游击队要帮助他们在边境建立保货站，接收白区运来的油盐，边区红军游击队应在保货站附近经常开展游击工作，与贩卖油盐的群众配合起来，建立油盐运输站，运用群众路线，配合武装，一站站地转送到苏区来，由反对国民党油盐公卖实行群众集股贩卖的过程，准备武装斗争，袭击国民党军阀团匪的截抢劫掠，开辟游击战争。

（中央局白区工作委员会的信，《斗争》第35期，1933年11月19日）

（2）党要更实际地抓住食盐问题。发动广大群众加入各种合作社，特别是在目前应发动消费合作社从各方面去多办食盐进口，特别是边县的消费合作社发展群众与白区工农群众及利用白区商人的路线以及亲戚朋友的关系去买盐。

（《江西省委通讯》第25期，1933年8月20日）

我们在赣南赣西各县，还打听得一些偷运食盐的方法：

有些是把纸张或棉衣服，先用盐水浸过并晒干，然后带进赤区，又用沸水，把它含蓄着的盐质盐味，煮出来食用。

灰色区或赤区的农民，来城市购买肥料人粪，粪篓便桶中也会贮藏着盐包或食盐，或把便桶制成两截，底截较浅于上截，即藏食盐，检查时若不将大便倾倒于地，仅用棍子由上略微戳戳，自然即可易躲过。

上饶县城，还有人抬着小孩棺木，运往郊外掩埋,后面跟一妇女啼哭,且甚哀,经检查人员开棺视察,并无小孩,全是食盐。

兹据南昌行营政字一四三九号通令,又发现一偷运的办法,略云:

近有奸商由江西临川浒湾等处,购买大批食盐,暗运济匪,大办货时,诈称运往南丰南城等销售,而发单上不写全数,大批分写数张,往运至中途,与南区人接给潜行变卖。如销去之数量有与某些货单数量相符中,即将其货单废除,使无根据,无法稽查。

(庚雅《赤区经济封锁的现象》,《申报月刊》,1934年3卷3号)

……同时还广泛发动根据地人民自已动手熬硝盐,熬硝盐的原料是:厕所、厨房、牛猪栏的老墙土。方法是:先把墙土打碎,泡在水里,数天后将泡浸墙土的水放到锅里去熬,水熬干后,锅里剩下白的便是硝盐,这种硝盐吃起来虽然有苦涩味,但在当时环境下,却起了救急应需的作用,而且熬盐的副产品里的就是硝,这就是板下楼硝盐厂利用这种熬盐又取硝的办法,即解决了吃盐的实际困难,又为制造火药提供了原料。

(中共鄮县县委召开苏区干部潘邦义等33人座谈纪录,1959年1月5日)

4. 开展群众性的熬硝盐,自从反动派实行经济封锁后,当地生产生活受到很大的影响,人民生活日益困难,当地最突出的是食盐,价格不断上涨,其昂贵程度实在难以想象,那时大米是3~4角钱1斗,猪肉是1元钱8斤,鸡蛋1角钱12个,而食盐是1元光洋8两,如以米换盐,要4斗米才能换上1斤盐,群众反映说"米用箩挑,盐用纸包"。采取的措施是在各区乡普遍建立硝盐厂,每个合作社都建立1个盐厂,发动群众3~5户人合伙熬盐。他们利用老墙土、鸡窝土、粪窑土、住屋内含盐含硝的地底来熬硝盐,这样不仅解决部分食盐,而且熬的硝可以供赤卫队的火药。

(兴国县工商局整理,1983年8月)

(5)在各区各乡普遍建立硝厂,用旧的墙土熬硝,及找寻以前盐仓的土熬盐,这样不仅可以解决一部分食盐,而且硝厂熬的硝可以供赤卫队的火药。

(《江西省委通讯》第25期,1983年8月20日)

岭背区是熬盐最早最先进的区域,岭背产的硝盐历来可供自给。在敌人经济封锁下面熬盐运动遂更加蓬勃发展,专门化起来。所以岭背熬盐不但两三年前已经开始,而且是产盐最多、技术良好,大部能供给胜利。会昌、瑞金是全苏区各地熬盐熟练的技术工人来源地之一。

岭背一带盐质丰富。在去年以前,即有可容30担纯盐泥土的盐屋,烧屋100余斤,产盐数由20余斤达到30余斤之多。即最近墙壁泥土,平均每屋可得纯盐8斤以上,熬盐泥土是丝毫不感到缺乏的。

熬盐技术的精良。岭背的熬盐技术很好,盐质特别提得干净(盐质一定火候以后,即光晶凝固浮面、硝液下沉冷落才能凝结),盐颗粗大净白,全无其他杂质。比外面运进来的还好。

岭背熬盐造成了群众运动。岭背盐屋,在圩镇乡下,山凹、池旁到处都是,即水头一乡已有盐屋100个之多。全乡统计数以千计,这都证明熬盐运动早已成为群众运动。一方面固由于政府的提倡,一方面是由于群众得到实际利益的结果。

(《红色中华》第232期,1934年9月11日)

把岭背熬盐经验开展到全苏区去。我们在于都另一些地方问个别负责同志,你们为什么不努力熬盐?他说:(是带种机会主义观点回答说)有泥土了,过去又淹过。硝盐吃了身体不好。有土而自私自利存着,自已不熬,又不让别人熬,这都是我们开展熬盐运动中的大碍。我们要坚决反对的。我们要把岭背熬盐的经验开展到全苏区去保障红军给养,改善工人群众生活来彻底打破敌人经济封锁。

(《红色中华》第232期,1934年9月11日)

七、建立船舶检查制度

1932年下半年,德兴县苏维埃在铜埠地方设立了一个船舶检查所,铜埠是婺源通往乐平的大川婺源河中途的一个大码头。婺源河很宽,来往船只很多。婺源、乐平都是敌占区,他们的主要交通线就是这条水运航道。因而,县苏维埃在这条河设一检查所来检查来往船只是完全必要的。(1)检查船舶是否装运军火,如是敌人的军火,则用武力全部没收;(2)如系一般货物则抽30%的税,增加苏区收入;如系苏区所缺物资,则以合理价格予以收购,解决苏区物资不足困难。

税收有两种方式:(1)船员押船的只收30%的税;(2)船老板押船的则将货物全部扣下。这样一来船老板就不敢亲自押船了,同时亦很少放船了。于是来往船只减少,船舶检查所得的收入相应减少了。针对这种情况,船舶检查所派了一些人到白区动员了300多只船的船员去主动要求老板运货。船舶检查所愿意拿出税额的39%给船员,船员们当然很高兴,于是每当船只行至铜埠时,即使不喊叫,船只会自动靠岸纳税。

船舶检查所与船员的关系愈来愈密切,同时还派人在船中秘密地发展党、团员。建立党、团员、工会等秘密组织。于是检查所通过这些秘密组织动员船员偷运食盐来铜埠,并帮我探听敌情。当时有一个撑丝篾的陈大林,专门为检查所送信、探情报、运食盐。每次敌人派警军押运船只经过铜埠时,船舶检查所都事先做好准备及时转移,后来整个苏区形势紧张,检查所亦处于战斗状态。

船舶检查所共有9人,余远亮任所长。有长枪8枝、手枪1支。当时税收很高,每月收税1万多元,大大地增加苏区经济收入。船舶检查所除完成上述任务以外,还利用船工偷运食盐及苏区人民的必需品,打开了敌人经济封锁的一个缺口。

(《德兴县革命斗争史》[初稿])

八、实行现金出口登记

一、为保持苏区现金流通,便利市场买卖,防止豪绅地主、资本家私运现金出口,破坏苏区金融起见,特颁布现金与登记条例,以取缔现金之无限运往白区。

二、凡苏区群众往白区办货,或白区商人运货来苏区贩卖,须带现洋(大洋及毫子)出口,在20元以上者(未与中央苏区联系之苏区由当地省政府酌定数量)须向当地区政府或市政府登记(现洋出口在1000元以上者,须到县政府登记。汀洲商人带1000元以上出口者,则须到省政府登记)。登记后取得现金出口证,才准通过出口检查机关,但不满20元者不在此例。

三、非为办货目的或货卖完回去输运现金出口者,一律禁止,不得发给出口证。市区政府徇私发给者,严办市政府负责人。其确系运往白区办货者,亦不得借故留难,如有故意留难或贪污舞弊者,一经查出即行究办。

四、凡商人或合作社运现洋出口向政府登记,须有该业店员支部或当地店员工会介绍证明。

五、凡运现洋往白区,须向银行及兑换所换兑大洋者须带有现金出口证为凭。如在苏区使用,无出口证为凭者,一律兑换国币及毫洋,以防止地主、富农、资本家私藏大洋,致防碍苏区现金流通。

六、各关税处,国家政治保卫队,以及边区之区乡政府,须负责检查现金出口。检查后,须将该出口证收回,每10天汇集寄回原发给出口证机关,以便审查。凡满20元无出口证者,将该出口现金没收。但商人因为不明手续,致未取得出口证者,得向原住市区政府申明,经考查属实后,得斟酌情形准予从轻处分(照出口金额罚款5%至10%)。余款发还。

七、商人输运现金往白区办货,须限期如数办货回来(除应有路费之外),并于货物回来后开具清单向原登记政府申报销案。如到期无货回来,或所办货价比运出现金较少者,即严厉处分该商人,但有特殊原因,如货物被白军抢劫或因运输不便致延时日等,经商人提出确实证据前来申明者,得予免究。

八、现金出口,由市区政府财政部负责登记,县政府所在地之城市则归县政府财政部登记。

九、现金出口证明书及出口证格式由财证人民委员部规定,县政府印发各市政府及工会使用,以昭划一。

(《现金出口登记条例》,1933年4月28日)

中央执行委员会为保障苏区经济发展,便利市场起见。此次特颁布现金出口登记条例。凡携带大洋或毫子往白区办货在20元以上者须向市区政府登记;1000元以上者,须向县政府登记,取得现金出口证才准出口。无出口证及非为办货用的,一律不准出口。向银行或兑换所兑换现大洋的,也要有现金出口证为凭。无出口证的,显系在苏区内使用,则一律兑换国币及毫子。这样一来,豪绅地主、资本家想假冒办货名义偷运现大洋出外的就困难了,这是保存苏区现洋,维持市场交易的必要办法。

这一登记工作,是要市区财政部登记员负责,要店员工会或乡政府介绍证明。没有证明的不能登记,不能发出口证。为要防止商人或地主假冒名义带钱逃跑起见,于商人请求登记时,必须细详考问,审查其证明书,真假如何,日期对不对,证明机关所填事项与登记人口是否相符。如发现可疑点,必须再行审查,不能马上登记。工会及乡政府证明机关也要详细考察,不能随便介绍证明。但确系办货或卖完回去者,即须立刻予以证明或登记,不得故意延缓留难,致碍商人办货。银行及兑换所兑换大洋,亦须看清出口证为凭。无出口证的,只兑国币及毫子,不兑大洋,防止地主、富农、资本家私藏大洋,致碍市场流通。

现金出口时,关税处同国家政治保卫队,以及边区、区乡政府必须切实检查现金数量,并按照出口证一一盘问明白,检查后须将该出口证收回,寄还原发给出口证机关对照。以证明该现金确系出口。如发现无出口证或现金与出口证不符者,须将送款人扣留送交当地政权机关讯办。但严防检查人员徇私舞弊或留难等弊端。

现金出口以后,须照出口证上所载(买货回来)月日去检查该商人是否如数买了货来,如未按期办货回来,又未前来申明,即须追究该商店。这些工作,须与该业店员支部好好联络,对带钱逃跑商人,必须严厉取缔,但须调查确实,不能随便处罚,致引起商人恐慌,反而妨碍办货。

各级财政部,接到本训令及现金出口登记条例以后,必须立刻召集财政人民委员会及各市区登记员联席会:详细讨论执行办法,并将发来现金出口证及出口证明书样式照样翻直印,交各市区及工会等使用。实行登记时,并须召集商人开会,说明登记意义,登记手续与兑现办法,宣布开始登记日期。对工农群众,尤须作广大宣传,分别派人出席工会贫农团,详细解释,使大家明白登记现金出口及兑换工作,是保护苏区工农的经济利益,要大家起来帮助政府切实执行此令。

此令

财政人民委员　邓子恢　1933年4月28日

(《建立现金出口登记制度》)

九、贫民银行发行兑换券

为了方便苏区与非苏区的商品交换,早在赣东北特区贫民银行时就曾发行过兑换券,据陈显东老人回忆:"50元的和100元的不在市场上流通,只是作为一种兑换券,用以到白区买货。"

1931年10月赣东北省委关于苏维埃工作报告中指出:"成立几处船舶检查处……。如果船上的货物是苏区必需,即以苏维埃银行兑换券购买之(兑换券只买苏区的剩余产品,不兑现洋。)"

谢文清同志回忆:"到白区收购我们需要的物资,如食盐、西药、布匹等,付给50元或100元一张的兑换券。凡用兑换券到苏区购买土产,有优先选购权。"

黄振扬同志回忆:"使用兑换券,可以免得现金出口,商人除可将兑换券买苏区物资外,还可以用完税。"

(《谢文清、黄振扬同志回忆》,弋阳县工商局整理,1984年4月)

现在各县设立了对外贸易处,是专和非苏区商人接洽,办理对外贸易的经理机关。……如果没有收到兑换票,就用现款来向对外贸易处订购你们所需要的货物也可以。

(《闽北分区苏维埃政府人民经济委员会给白区商人们的信——征税货物税发行税票及其他》,1932年3月)

十、对赤白区贸易货物进行登记

(7)政府与沿江各重要市镇(如监利、藕池、郝穴)设货物登记处。专门登记赤区之所出农产品数目。白区所运工业品数目并按月统计报告联县政府,登记处绝对不能收费。

(8)白区商人到赤区购货所带之现洋一律到农民银行换纸币购货。

(9)白区商人运货出口时,可令其运必需品进来,按价购买打破赤区运货进口之困难。

(《湘鄂西特委报告》,1930年11月22日)

十一、实行白区商人资本的登记和监督

允许白区商人来赤区买货,绝对禁止"见钱眼花"地没收。但商人一来必须到政府报告其资本。政府按资本去征收公益费,发给护照、公益费。500元起码,500元以下的不抽收。一、500元资本以上

者抽5%；二、5000元以上者抽7.5%；三、1万元以上者抽10%；四、10万元以上者抽20%。

（《湘鄂西特委报告》，1930年11月22日）

第四节　成立反封锁机构

一、对贸易进行监督

赤白贸易的建立，开始执行监督贸易。检查银币出口，给了奸商分子以重大打击，相当地保证了苏区必需品的供给，节制了现金外溢。苏区的剩余生产品，也能逐渐地推销出去。

（湘赣省苏维埃执行委员会《财政经济问题决议案》，1931年）

二、与非苏维埃区域的贸易，还绝不能实行（对外贸易垄断）。同时苏维埃政府应实行监督这些贸易。以保障苏维埃区域必需商品的供给。银币输出，必须经该地苏维埃允许。

（中华工农兵苏维埃第一次全国代表大会通过的《中华苏维埃共和国经济政策》，1931年12月1日）

2. 县苏区财政部之下的应组织贸易监督科，进行监督商人投机，故意抬高物价，贩卖奢侈品和违禁品来垄断市场，领导合作社贩运必需品进苏区来。对于必需品完全不抽税，由合作社组织动员会建立高洲区山市。西村区的大的交易工作。现金出口得苏维埃的许可，把多余的生产品（松木、煤、茶、铁、豆子、花生、麻等）兑换必需品（纱、药、布、西药、煤油、药材等）和现金进苏区来，这样苏区的经济才能活动起来，苏维埃政府为明晰全苏区生产品与消费的种类与数量及赤白区货物的价格，在财政部之下须组织调查科进行各种的调查和统计工作。

（中国共产党莲花县委会《解决财政问题转变经济政策决议案》，1933年9月17日）

至于苏维埃区与非苏维埃区的贸易，现在组织《对外贸易的独占》是不适当的，最适宜的是苏维埃政府对于苏区与非苏区的贸易采取登记制度，或他种监督的方式。在这种情形之下，必须设法保证这种对外贸易能按照各地的情形，供给苏维埃区以最必需的商品。银子的出口必须得到苏维埃政府的允许才可以。

（中国共产党莲花县委会《解决财政问题转变经济政策决议案》，1933年9月17日）

二、建立赤白区货物交换站、交换所和圩场

二、与非苏区贸易，在各县边境，选择一适当地点，建立赤区白区货物交换站，约定白区商人小贩定期在交换所贸易，各合作社的代表及商人亦定期载运赤区商品或金钱去交换苏区必需的商品，凡苏区所需要的东西，合作社或通知苏维埃军区指挥部设法买进来，苏维埃应监督并帮助计划这一工作。

三、苏区内剩余的生产品，如树木、煤铁、豆子、棉花、茶油等（除食粮军事需用品外），均须尽力经过合作社，商人及农民输出白区去卖，并与白区商人订立合同销售，换得现金或商品。

（湘赣省苏维埃第二次代表大会《经济政策执行条例》，1931年11月）

苏区和白区交易的方式是：在赤白交易处设有交换所，小商小贩把货物运到这里，……换货运货，都是在晚上进行的。货物的安全，在白区由私商负责，在赤区沿路有岗哨保护。

（《苏维埃时期的商业》武汉师范学院历史系赴鄂东南调查组搜集整理，1959年1月）

1931年根据党的决议，我白区工作团和游击队在这里山古坳成立了赤白交易所，积极地进行了活动。

起初，白区人民摄于恐怖的反动势力，不敢走险，于是小商品生产者、小商贩又重新关门闭户过日子，通过我们白区工作团和那里地下党组织的外线活动，白区活动发动起来了，赤白贸易线联络线接上了，在我外贸人员的引导下，白区的小贩和苏区的农民又见面了，生意做起来了。加之我县游击队又时常加以掩护，这群以山古坳为交换点的赤白贸易活动，又渐渐发展起来了。到后来，做生意的人每日蓬圩赶集似的汇集，有时多至200人以上，最少也不下70多人。

(《根据地财经斗争史料》,1977年1月21日)

在我们占据的各县城市的一般商业在最近更有发展。不过现在的商人资本都是很少的,赤白贸易的关系相当地建立起来了。在赤白交界的地方有些地方(如吉安等县)建立货物交换所和列宁圩场,白区有许多商人来赤区做生意,白区运来的货物价格降低了,赤区的出产品价格相当高了,群众的生活有相当的改善。

(《湘赣苏区省委三个月工作竞赛条约给中央局的总报告》,1932年7月17日)

三、健全外贸局组织

建立了对外贸易支局及对外贸易交换所3个,订立了白区通商条约。抵抗富农、奸商及反革命分子操纵与垄断市场,镇压了经济反革命活动,解决了一部分食盐问题。

(《安福全县第一次经济建设大会的决议》,1933年11月28日)

一、组织了贸易分局,吉安、安福、茶陵、萍乡建立了贸易支局,好些地方还建立了采办处。在敌人严厉经济封锁之下,能够围绕湘赣苏区各地采得相应的苏区必需品,尤其是食盐,供给了红军及群众之需要。

(湘赣全省三次工农兵代表大会《经济建设问题决议》,1933年12月)

各县对外贸易局,应迅速健全其工作。在赤白区建立采办处,建立运输站,以便利生产品的输出。同时应用一切有效的办法,建立赤白贸易通商关系,经过对外贸易高价输出苏区的生产品,廉价输入日用必需品。对外贸易局,同各地消费合作社,应有密切联系,使能销售与收买各种商品,流通苏区金融,这对于战争物质供给有重要的意义。

(湘赣省第三次工农兵代表大会《经济建设问题决议》,1933年12月)

在经济建设方面,省有贸易总局,各县有分局,边区有采办处。在边区还建立了几个新圩场给白区的商人来买卖。苏区卖出的谷、糯米、豌豆、黄豆、茶油、麻、纸、樟脑、竹木、棉花等,买进大部如盐与洋油。

(《红色中华》第一期《全苏大会湘赣代表访问记》,1934年1月22日)

我们应该严厉地指出,打破敌人经济封锁的工作。还没有引起苏维埃工作人员(特别是边区)的严重注意,我们贸易局的组织,还是很薄弱。两月以来经过贸易局的出口还不上10万元,这只能说是一个开始。我们还不能够随着红军的胜利和苏区的开展来建立并发展对外贸易的关系,我们还不能够灵敏地活泼地利用线索与道路来打破敌人的封锁,我们贸易局的工作,需要极大地推进。贸易局与边区政府应该在边区领导合作社组织扩大和发展。发动广大群众,给他以种种便利,来发展对外的商品流通。每一个边县应该建立贸易分局和许多采办处。商人的贸易路线,我们也应该很灵活地利用。各边区政府对于对外贸易工作的忽视,是再不能继续容忍下去的事,应该彻底纠正过来。

(1933年10月吴亮平同志《经济建设的初步总结》《斗争》29期,1933年10月7日)

对外贸易局的工作,应该很迅速地建立起来,在苏区各地建立采办处或代办处,建立粮食出口的运输站与仓库,以便利于粮食与生产品的输出。同时应该更多地寻找商人的线索与关系,经过它们来高价地输出我们的生产品,廉价输入白区的日用必需品。对外贸易局同各地消费合作社应有密切的联系,收买来的日用品分配给他们,经过他们传达到群众中去,或者从他们那里去购买苏区的生产品来输出。造成这种可能使合作社以后收买的货集中来的粮食与生产品交给对外贸易局代卖,最后我们的消费合作社必须以更大的积极性自动地去寻找商人的关系,打通赤白的交通路线,来进行对外贸易。

(中共中央组织局《关于收集粮食运动中的任务与动员工作的决定》,1933年7月13日)

1931年起,由县苏维埃政府在黄金洞地荔坑开办了贸易局,解决苏区物资供应交换,以便满足群众的需要,制止商人走私或从中剥削。因当时苏区处于四面白色恐怖,加之国民党政府采取了经济封锁政策,使苏区群众日常生活上的物资供应发生极大的困难,其中特别是食盐、布等生活物资;同时我根据地盛产茶、麻、油、纸等土特产,必须向外推销,以活跃农村经济。到1934年,湘鄂赣省贸易局来平江设立分局(县贸易局撤销),局址设在黄金洞阳雀坑(设局长、会计、出纳各1人,营业员4人)。当时贸易局依靠苏区群众,向白区群众打交道,将苏区群众所需要的日常用品如布匹、食盐等运进来,由贸易局规定合理价格,向群众推销。苏区的土特产,由贸易局收购,运往白区推销。如当时白区1斤盐价300文,1石谷1斤盐。贸易局规定400文2斤盐,1担谷4斤盐,4斤茶油换1斤盐。白区现洋1元可购16斤茶油,贸易局规定现洋1元购12斤茶油。白区要2斤茶油换1尺青布、贸易局1斤多油就可换1尺青布。敌区不准推销茶叶,贸易局以200文1斤收购。这些茶油、茶叶是苏区群众主要出产,而食盐、布是苏区群众极需要的生活物资。贸易局就这样突破敌人的经济封锁政策。保证群众利益和物资供应。它在苏区经济战线上对敌斗争中起了很大的作用。至1935年,由于我红军主力北上抗日,敌人乘机在苏区烧杀掠夺,贸易局因而被摧毁。

(《平江革命斗争史》,1960年编)

戊、建立对外贸易工作,是冲破敌人经济封锁、流通苏白区商品、发展苏区经济的重要工作之一。在杨殷、永丰、崇仁、南丰、宜黄、广昌、乐平等县的对外贸易分局应迅速建立起来。这一工作进行,必须依靠赤白交界群众的力量,同时靠愿意与苏区交易的商人来打通赤白交通。从建立这一工作中,高价输出苏区的生产品去换得廉价的群众必需的工业品(盐、布、棉花、洋油等)。抑制农产品价低工业品价高的剪刀现象。我们必须要坚决反对认为对外贸易无法打通的错误观点,学习赣县、公略对外贸易局寻找线索打通贸易道路的经验,来开展对外贸易工作,并须发动群众多制排子来增加运输力量。

(江西省第二次工农兵代表大会经济建设决议案,1933年12月28日)

通过国营贸易机构与白区进行贸易。1934年省苏设立了湘鄂赣贸易局。在平江黄金洞设立了贸易分局和转运站。贸易局的任务是:掌握内外物资交流,掌握物价。贸易局依靠没有公开身分的地下党员起骨干作用,利用红区和白区的群众打交道,收购苏区迫切需要的食盐、布匹、药材,由贸易局规定合理价格收购,向各级党政机关、红军和广大群众推销。贸易局又收苏区盛产的茶叶、油桐、木材等土特产,用合理价格收购,转运到白区去倾销。贸易局在反击敌人步步紧缩的经济封锁和抵制奸商的斗争中起了巨大的作用。

(《第二次国内革命战争时期湘鄂赣省湖南苏区的经济概况》,湖南师范学院历史系赴平浏调查搜集整理,1960年5月)

为着粉碎敌人的经济封锁,大会认为必须发展苏区对外贸易,各县对外贸易局,应迅速健全其工作,在赤白边区建立采办处建立运输站,以便利生产的输出,同时应用一切有效的办法,建立赤白贸易通商关系。经过对外贸易,高价输出苏区的生产品,廉价输入日用必需品。对外贸易局同各地消费合作社应有密切的联系,使能销售与收买各种商品,流动苏区金融。目前贸易局应以最大的努力,采办盐,以及布匹、洋油与各种军用品,这对于战争物质供给有重要的意义。

(湘赣省苏维埃政府《经济建设问题决议》,1933年1月15日)

为了沟通苏区与非苏区贸易来往,1931年在赣东北革命根据地“成立了几个对外贸易处,不是采取对外贸易的垄断,而是采取对外贸易的监督,输入苏区的必需品,输出苏区剩余的产品”。

闽北分区还“定出具体计划到非苏区,引导商人来苏区购买茶叶、竹笋、笋干、木头等”,还“利用苏区群众与白区商人的来往,进行对白区的贸易工作”。

此外,苏区银行发行了一种不兑现洋的兑换券,船舶检查局检查船舶时“如果船上的货物是苏区的必需品,即以苏维埃券购买之(兑换券只买苏区的剩余产品,不兑现洋)”。

对外贸易的开展活跃了苏区经济,疏通了赤白区物资交流,闽浙赣省代表在下洲区欢迎会上演讲中提到:“开展对外贸易后,解决了许多问题,现有38300元现洋,1933年进口货物为124266元,出口为198755元,出超74489元,这是我们在国民党经济封锁中,发展对外贸易的胜利。

(徐华大老人回忆,弋阳县工商局整理,1984年5月)

省苏维埃政府还在海口、暖水、界日、塘湾

等地建立了四个对外贸易局。县苏维埃为了控制贸易的搬运情况，还在铜埠建立一个船舶检查所。这些财贸机关建立了以后，经常派出自己优秀的采购员（有的保、甲长和伪军低级军官都当了我们间接的采购员）。这样一来，苏区就能采购到一些物资，但物资的运输还是个大问题，白天不能通行，那也只有依靠这些机智勇敢的采购员风雨无阻地在深夜秘密地把物资运进苏区。此外就是选择敌人力量薄弱而广有财富的地区，集中所有力量予以袭击，打开地主、资本家的仓库，夺取大量的布匹、食盐和其他日用品，以满足群众的需要，打进浙江省开化县的时候，就运进不少物资，解决了很大问题。

1. 德兴县的4个对外贸易局，均受省苏维埃财政部直接领导。它分别设在德兴的暖水、海口、塘湾、界田等地，这4个局因地理位置不同，货源有异，担负的任务就不一样，不过，当时苏区最缺少的食盐则是各局的共同任务。在这一任务的完成上要数暖水最好，进口食盐最多。该局采购员廖金科，长期隐居开化敌占区，用银洋购买了大批食盐，组织人暗地偷越敌人的封锁线运进苏区。

除食盐外，还从敌占区运来洋油、布匹、雨鞋、红枣等日用品，我们输出的则有茶叶、茶油、冬笋、木材等。贸易局的设立，完全保证了苏区人民食、用品的供应。

2. 建在塘湾的贸易局，局内有主任、会计、出纳、伙夫、杂务、采办员等6人。塘湾离上饶郑家坊较近，离县苏维埃所在地重溪20华里。采办员到郑家坊暗地活动，结识私商，给予较高利润托其买货，雇人挑到塘湾贸易局后，即通知县消费合作社运输队来运货，贸易局的运输人员是临时征派的，贸易局离第八区区苏维埃不太远，在运输上有很大方便。

一般的是每隔4天运进一次货，自白区送物来的伕子只能在贸易局耽搁1天就得返回白区，因敌人的保甲制度很严，经常清查户口，不及时返回是不行的。这些运送的伕子很辛苦，并且冒着很大的危险，白天不敢动，只能在晚上进行，路小、担重，一挑就是一夜。所有这些不能不归功于作白区工作的同志的努力，他们冒着生命危险，秘密地对这些伕子反复地宣传革命道理，才能使这些人冒着生命危险来支援苏区。

（《德兴县革命斗争史》）

对外贸易也得到相当的成绩，如宁化、新泉、上杭分局的设立，食盐、洋油的进口，纸及莲子的出口，使苏区特别是汀市经济较前活跃。

（《中央福建省委工作报告大纲》，1933年10月26日）

设在赣县江口的中央对外贸易分局，下设大湖江、储潭等4个采办处和3个仓库，工作人员100余名。分局出口以粮食、钨砂、生铁、樟脑、烟叶、茶油、花生、豆子、生猪和竹子等；进口以盐、布、西药、文具、军用品等。每月出口营业额少则60余万元，多则150万元以上。进口少时130万元，多则200万元以上。市面交易以赤金银洋为代价，出口稻谷每100斤2元8角，茶油每100斤38元，豆子每100斤7元，花生每100斤12元，生猪每100斤40元，鸡每100斤60元，钨砂每100斤52元，生铁每100斤5元；进口盐每100斤11元，色土布每匹7元，白土布每匹5元。当时白区城市的赣州是中央苏区对外贸易的重点，因此，江口分局担负着艰苦的任务，出口物资由此输往赣州，苏区急需的物资，则通过各种方式由赣州购进。据不完全统计，当时江口分局供应宁都、广昌、石城、于都、兴国、会昌等县和中央机关以及军需物资占70%左右。江口分局为了取得进口的物资，派出干部秘密到赣州城内，进行争取工作。赣州最大的商店“广裕兴”，就与中央江口贸易分局互派了代表，“广裕兴”商场派1名代表住江口，贸易分局派1名干部住广裕兴商场，设立秘密采购站，组织货源。1933年夏，中央工农民主政府指示江口分局设法到白区上海购买铸造银洋的机器，就是通过赣州商人买回的，解决了铸造银洋的困难。……1934年7月中央国民经济部分配给江口分局在7月和8月两个月内筹办6万元西药的任务，也是通过白区商人进行的。结果40天内办到西药8万余元，超额完成了任务，为解决红军急需起了一定作用。

（《赣州地委党校提供的调查材料》）

四、组织转运局

苏维埃组织转运局，专门利用一切方法，收取赤区土产品,去转运白区必需品进来,以与商家竞争。

(《鄂东南办事处经济问题决议案》,1931 年 12 月 13 日)

1. 转运局,原为防止敌人封锁,恢复商场,发展经济应付群众要求,组织:县苏组织 1 个,三六两区各组织 1 个,均以 5 人组织之。

2. 凡商人进出的货物,须经过转运局审查,同时将价目划定,防止奸商高抬时价。

(《大冶县工农兵苏维埃政府各部委员会决议案》,1932 年 1 月 6 日)

2. 转运局问题

(一)目前苏区为要保障一切经济政策实施的顺利,与争取工农利益的实现,必以政权力量为之监督。因为目前国家的经济事业尚属微弱,苏维埃不能获到经济最高支配权来与一切富农、奸商、雇主及一切私人企业者作斗争,必以苏维埃法令补助之。尤其现在遭受敌人的经济封锁,奸商的破坏,致苏区的金融不能活跃,工农银行票币信用日益低落。我们为要挽救这一困难,决定茶、麻归合作社、转运局专买专卖,限制私人收卖,由办事处经济部拟定详细办法,先行颁发布告。但各级苏维埃事先须扩大拥护苏维埃经济政策的宣传,对群众加以解释,经过群众路线来执行。

(二)经营茶业首先要讨论做茶的方法,决定由通山县苏找 4 个,武宁找 2 个,咸宁找 1 个,阳新二十区找 2 个,十九区找 1 个有做茶经验的人于 24 四日介绍到鄂东转运局开会,详细讨论一切办法。

(三)转运局应马上多准备些必需品,以便收买茶叶。

(五)转运局与苏维埃商店、合作社、银行须密切联系,关于土产和各区的货价均须定期互相报告,以便取到物价之联系。

(六)各级苏经济部各转运局,须派员随同红军及地方武装到白区去,与白区大商家发生关系,并宣布商业政策,进行转运工作。

(七)转运局与转运局互相转运货物时,只取脚力费,不取手续费;与苏维埃商店、合作社转运货物时,除力资耗费算入成本外,另酌取手续费,计食盐、洋油每串取 20 文,其余的货物每串取 50 文。

(八)武宁温汤地方应建立一个转运分局,以便与省苏的转运局取得联系。

(九)转运局是为群众转运土产出去,转运必需品进来为惟一的任务,必须尽量用扶救方式,吸收白区商人转运一切物资,但对白区商人须取到双方信用,同时对白区商人要其遵守苏府法令,并随时监督其行动。

(十)转运局转运货物进口,必须尽可能地用土产代替现金,最好须找一些现金进来。

(十一)转运局收买土产,必须与其他人收买的价格稍微提高一些,以便引起群众信任,特别是注意宣传工作,使群众有深刻的认识,来竭诚拥护转运局。

(十二)转运局须注意购买兵工厂需要的钢铁、钢丝、锉刀、洋硝,红军医院需要的西药,纺织厂需要的洋纱、花绒,纸厂需要的皮钱、洋碱及其他各处需要的物资。

(十三)转运局须注意发展私人的生产,若遇私人进行发展生产时的基金缺少,转运局得借资援助,同时可收他的生产品转运销售。

(十四)转运局的账目,对于进出口的手续钱色货价,须详细登记清楚,不得稍有含混,以便随时清查。

(十五)转运局的账目须每月清结一次,所有进出盈亏情形,应详细报告上级机关。

(十六)转运局工作人员,须慎重选用,注意成份、能力,如没有团体的介绍信和上级的批准,不得滥用私人。

(十七)各转运局须建立一个秘密堆栈,更要与当地苏维埃发生关系,以便灵敏消息。

(十八)转运局应多出广告扩大影响外,对于各种货物价格,应随时列表宣布。

(十九)转运局应与当地苏维埃发生密切关系,同时注意侦探工作。以便灵通各地消息。

(《鄂东南各县苏财政经济部长联席会议决议案》,1932 年 2 月 20 日)

1. 过去开办的苏维埃商店转运局,在目前私人贸易还未发达,仍暂行营业,以接济群众的需要,但限定 8 月底以前应一律尽数撤销,租给合作社或私人资本营业,普遍地发展工农群众的合作社运动,由内务部拟定合作社组织条例和计划,分别执行,以广大群众力量来发展苏区生产品与日用品必需品的交换事业。

(《鄂东南苏维埃第一次代表大会苏维埃工作决议案》,1932年6月20日)

在目前正在与反动派统治阶级作残酷战争的时候,反动统治阶级以不遗余力的大烧大杀、欺骗来进攻苏区与红军以外,更施行其经济封锁,断绝赤白交通,最近一年来,苏维埃区域的确感受对一切物质上的困难,时常缺乏洋油、食盐、布匹、药材等日常必需品,同时苏区的生产品如夏布、纸、碗、爆竹、红茶等也不能装运去售卖,苏区内的金融,亦发生困难。我们为要克服这种困难,冲破敌人的封锁政策,就要实行苏区的经济计划,以发展苏区的经济。因此,现在应积极注意到转运工作,使苏区的生产品能随时运输出境,同时并可以将日常必需品(洋油、布匹、食盐……)转运进来,这样,苏区内的物资必不致再感受多的困难,金融亦借以活跃流通,所以转运工作成为当前发展苏区经济的重要计划之一。因此本办事处会议中特决定各县应一律组织转运局,以进行转运工作。

(一)转运局的组织,决定各县设立转运总局,总局要设立商业中心地点,分局由各县按照实际情形设立。

(二)转运局应归苏维埃经济委员会直辖管理,其负责人应选派廉洁有能力的工农分子充当。

(三)转运局与商店的关系,在过去转运局没有设立之前,一切货物多赖商人转运,现在我们须设立转运局,仍然是要与商人发生密切关系。在允许商人们自由营业条件之下,尽量利用商人来帮助转运工作,不要完全归转运局去做,转运局主要负计划转运的责任,如怎样来指导商人转运等。

(四)组织苏区失业工人,帮助转运工作,要将苏区的生产品比较廉价地托失业工人运出售卖,同时到外面将必需品运进来,这样可以救济一部分失业工人生活上的困难。

(五)转运的方法,除在苏维埃宣布准许商人自由营业的条件之下利用商人去转运外,更可利用被拘捕的土豪和被扣留的商人做转运的工具,便是要土豪和被扣留的商人来替我们做转运,要他们替我们销售若干生产品,和要他和我们贩入一些必需品(食盐、洋油、布匹、西药……)进来,并对被扣留土豪和商人说明,只要他替我们做到转运某些货物,仍然是照收给钱与他,并不另罚他的款子,然后才可以释放他回去。……总之要转运工作做得通,才可以实现苏区的经济计划。

(《湘鄂赣省工农兵苏维埃政府鄂东南办事处通知》第八号,1931年12月15日)

(一)建立转运局

现在一般劳苦群众,多半是没有盐吃,没有衣穿,没有煤油照的,同时自己的生产品—茶、麻、油、纸、煤炭、竹木、皮革、鞭炮等,又找不到销路,所以日常生活感觉非常困难,目前要解决的这些问题,惟一的办法就是要建立转运局,将土产品输出,转运货物进来,不但免得现金流出,同时可解决苏区日常必需品的困难;这一工作,是特别的重要,各县应特别注意马上去找定妥当人负责,利用技术方法打通赤白的商业关系。号召群众组织运输队,进行转运工作,尽量地将土产品——茶、麻、油、纸、煤炭、硝磺、鞭炮、竹木、兽皮之类输出,转运食盐、布匹、煤油、药材及其他一切需要品进来。

1. 组织系统和设立地点问题:

转运局有总局、县局、分局3种。分局受县局的指挥,县局受总局的指挥,总局受省苏鄂东办事处经济部的指挥。总局为指挥鄂东各县局执行转运工作和主持本局一切事务起见,设立主任1人;并设土产部,管理收买土产和输出的工作;设外货部,支配外来的货物;设会计1人,管理出进账目;设调查审计部,调查出进货物的来源和销路,审查统计本局和各县分局货物进出的数量和账目货价;设运输队和交通,以运送货物、传达消息等等。

分局专负白区商人接洽的任务,负责人以2人至5人为限,以各地实际情形为标准。现在设总局1所,县局5所,分局15所,总局在阳新的龙岩,阳新县局在下桥,通山县局在黄沙,大冶县局在马对手,咸宁县局在唐岭,鄂城县局在黄柏墩,武宁暂时没有设立县局,年丰区和柴火的分局,直接受总局的指挥。

兹再列表如后,以便阅览:

2. 基本金问题:

(一)向鄂东工农兵总银行借洋15元。

(二)由总局斟酌情形支配各局。

3. 人选问题:

(一)各县分局的负责人,由各县自行选定,以最忠实亦有经验、有能力的工农分子为依据。

(二)各局主任须于元月25日至鄂东办事处经

济部开联席会议,讨论一切转运工作。

4. 转运方法问题:

向白区转运货物,特别注意技术工作,如利用土豪或白区的商人等都可。关于出进货物,应随到随送,以免损失,至于性质,只属于营业,但代苏维埃商店转运货物,只能仅收运费,不得赚钱。

(《湘鄂赣省鄂东第二次各县区苏联席会议经济问题决议案》,1932 年 1 月 20 日)

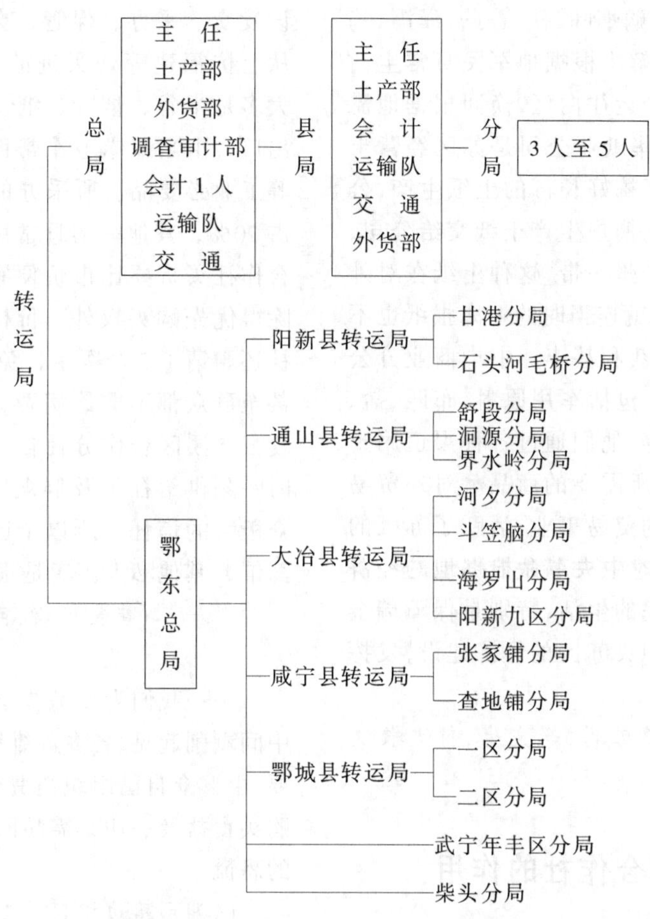

转运局迅即结束后,改为货物交换所,负责人由财政部委任。

(《鄂东南苏维埃政府第二次执委会决议案》,1933 年 3 月 26 日)

五、成立公营商店和公卖处

1928 年 7 月在宁冈县大陇红色圩场创办的公营商店,其货物来源与茨坪公卖处相同,营业范围则比茨坪公卖处宽广。凡是赶大陇圩的人,不管是红色区域的农民,还是来自湖南、广东等白区的商贩,都可以到大陇商店买东西。大陇商店不单纯是作买卖,还兼有平抑物价、稳定金融的任务。当时,凡使用工农兵政府铸造的银元在这个商店里买东西,一律优先供应,并在价格上给予优待。

(《闽浙赣苏区情况》,《红色中华》139 期)

公卖处的货物来源,主要有几个方面:一是红军作战时的缴获,或跟随红军到攻下的县城和集镇去购买;二是通过白区的地下革命组织,转运到根据地来;三是收购商贩挑到根据地来的货物;四是发动群众到白区去秘密采购。

(访问谭震林、刘型、邹文楷、王佐家等记录)

打开遂川、永新后,缴到大批的油、盐、布等放在防务委员会由公卖处去领,再由公卖处出卖,那个时候什么东西都有卖,主要供应五大哨口之内的人。

(罗秋开、罗兰石回忆)

今后贩卖商人,不得自由私行拍卖……必须将物品的进价实报公卖处,再由公卖处酌加力资收买,或经批准转他处。如有小商人私自售卖物品的事情,当以严处决不宽贷。

(《遂川县工农兵苏维埃政府布告》,1928年)

以中华贸易公司、中华纸业公司、中华商业分公司等国营商业为主,长汀苏区的对外贸易也很活跃,中华贸易公司主要收购烟叶、盐、香菇、泽泻、钨砂、废铜旧铁等,一方面解决根据地军民日常生活需要,另一方面把土特产运往白区,换回根据地需要的工业品。当时的中华纸业公司是苏区经营土纸贸易的经济机构,为了搞好长汀的土纸生产,公司先付款给做纸的槽户,槽户生产土纸交给公司,然后由公司运销潮州、广州一带,这种土纸在对外贸易中享有很高的声誉,就连当时的上海报纸也不得不承认汀洲的造纸业获利甚丰。中华商业分公司经营的种类就更多了,包括军用原料、布匹、盐、药品、海产以及土特产等,他们通过各种渠道用土特产到白区换回根据地所需要的商品。对外贸易的开展,促进了根据地的贸易事业,活跃了苏区的经济生活。长汀成了当时中央革命根据地的经济中心,对稳定根据地人民的生活,特别是保障瑞金的物资供应,发展整个中央苏区的经济建设,发挥了重要作用。

(《长汀文史资料》第二辑,李文生、付火长文章)

六、充分发挥合作社的作用

对外贸易局的工作应很好地建立起来,在茶陵、遂川、万太、萍乡、鄠县、吉安、分宜等选择适当地点设立采办处或代办处、设立谷仓及粮食与生产品的运输站。应想方设法地找商人的线索与关系,经过他们来把苏区出产的竹、木、豆子、粮食、猪等输出白区去,采办苏区日常必需品进来。贸易局应与各地的消费合作社发生密切关系,把运进的日用品经过消费合作社销到群众中间去,目前特别重要的即采办食盐,这主要的依靠对外贸易的关系很好地建立,同时我们的地方武装应特别注意有计划地进到白区中心去掩护工农群众去采办食盐。军区应严格检查各地武装执行这一任务的情形,更精密地想出具体的办法,令各地武装进行。各县委应负起经常检查与督促之责,并有计划地动员群众去挑大批的食盐进来,解决群众的急需,改善工农群众的生活。

(中共湘赣省委《关于国家经济建设问题的决定》,1933年10月22日)

才溪区消费合作社社员代表大会,产生了管理委员1人,审查委员5人,在管理委员以下分设发卖、采办、保管、会计等股。采办货物,是从上杭福建等处买进的,拿现洋办货是很少的,大多是米谷、烟叶、纸、豆等等苏区多余农产品出口,由当地赤卫军帮助运输,换进大批的盐布等工业必要品。所采办的货物,以盐占70%,布占20%,其他一切日常用品,则占10%,群众向合作社买货要比市价便宜一半,社员与红军家属除得优先购买权外,价格是照成本售与的,合作社还聘请了2个医生,免费与社员红军家属诊病,甚至群众都不取诊病费,营业部工作人员只有伙食。才溪区合作分社自开设以来,没有间断过一时一刻供给社员及群众以盐布等必需品,得到群众极大的信任,所以全区私商所经营的只有一鼎药铺,其他私人买卖是很少的。

(崔寅瑜《红色中华》,1934年1月1日)

……我们为要减少必需品的缺乏和避免商人中间剥削起见,各乡苏维埃应提倡组织合作社之必要,由群众自己组织消费合作社,联络外界小商人,购买食盐及一切必需品回来分售,以减少需要缺乏的恐慌。

(《湘鄂赣边境目前工作决议案》,1929年8月3日)

2. 甲地合作社须经常与乙地的消费合作社及当地小商人召集联席会议,当地苏维埃须派人去参加,来讨论如何去推销农村生产品去白区兑换货物,实行以货易货,使苏区的日常需用品日益便宜,以抵抗敌人的经济封锁,禁止现金外溢。

(莲花县苏执行委员会《通令》第十四号,1932年9月12日)

二、为保障赤区劳苦群众的实际利益力求消费品价钱低者。防止奸商市侩富农资本家高抬货价剥削工农。以改善工农贫农生活的宗旨。

十一、合作社在可能的范围内,应运输农村的生产品到白区对外商品交换所去并尽量设法向白区采买我们的需要品到苏区。

（永新县苏维埃制定的《消费合作社简章》，1933年3月19日）

……九区是在我们漆工这个地方，也有六、七个人，办的也都是食盐、布匹。食盐紧张，我们消费合作社是通过贸易处办进来的。当时贸易处的主任是金光生（已死）。贸易处与当时弋阳的白区联系，我们苏区给白区粮食，白区供我们食盐、布。

（上饶地区工商局《访问龚盛庭纪录》）

……省社根据各地反映，各地食盐很紧张，农民买不到盐，梱德兴铜埠的同志讲，他们那里搞得到，一天就可以买到1000来斤食盐，因此，省社决定，派我到德兴去巡视工作，兼采办食盐。这样我就到铜埠去办盐了。我们一共去了7人，我带了省苏维埃的介绍信到葛溪对外贸易处、铜埠的船舶检查局，我们检查来往的船只，发现有食盐，就全部买了下来，这样一天可买到1000多斤，我们还跟他们宣传，叫他们想办法，多搞点盐来卖，他们也愿意运来卖，我将这情况向省苏维埃汇报了，省里来信叫我不要搞巡导工作，专门负责在铜埠搞盐。我们搞到的盐，分配给县社，不久被敌人发现了，敌人就采取武装押运，这条搞食盐的路被卡断了，省里又召开了各县社主任会议，德兴汇报在开化的华埠可以买到盐，1元钱可买到7斤。邵式平同志在这次会上讲：我们要革命，还怕这点困难吗？我们有300个采办！1人1天搞1斤盐，就有300斤嘛！通过这次会议又叫我去华埠开辟这个地区的工作，这个地区是白区，但也建立了中国共产党的区委会，区委书记是王利华，是横峰九都人，省里还派了方义山在岭头山方堂设立了第四船舶检查局方堂分处，由方义山负责。在华埠搞食盐，由白区群众砍柴带过来，后来发展到整担送过来，我们采取只要他们送盐来，就用好茶饭招待他们，这样群众愿意来了。盐的问题基本解决了。

（《练金科同志回忆》，横峰县工商局整理，1984年5月5日）

合作社既收购，又销售。收购生猪、茶油、棉花等土产，运到边界与白区的商人、群众交换，换回苏区缺乏的布匹、食盐、西药、洋油等物资。还有4个采办员专门到白区去采购，有时去6个、8个人，采办的种类多、数量大，每个采办员带近600大洋，否则不够周转。当时苏区生产发展，经济兴旺，群众生活很好，1元钱可买到几斤茶，猪肉能买十几斤，能买大米36斤。消费合作社供应的商品种类多、数量大、货源足，不会有脱销的现象。许多东西是苏区自己生产的，如就是向省苏纺织厂进货（省苏纺织厂有48架土布机，三班制，几十名职工近5万元资金），只有食盐、西药、洋布之类苏区自己不能生产，敌人又封锁，所以比较紧张，最困难的是食盐。这些紧张物资按股购买，消费合作社的物资价格便宜，利润规定不能超过20%。如果不入股，紧张的东西就买不到，就是买到了也很贵。有的人自己到白区买盐，结果人死了，钱也丢了，所以群众对消费合作社是很拥护的。

（《赣东北苏区财政经济情况座谈纪录》）

2.为要发展农村生产，提高农民生产积极性，苏维埃政府应设法集中一部分财力，经过粮食调剂局用较高的价格去收买粮食，在补发的20万公债，可用粮食、棉花等农产品购买，同时为着促使农民出卖他的粮食之后能够得到必需日用品，苏维埃政府应有计划地在不妨碍苏区群众与红军供给条件下，应经过对外贸易局将粮食运一批出口去，并且允许私人以及粮食合作社自己的粮食输出，取得现金采购日常必需品如盐、布匹等，这里估计到今年的收成，以及全湘赣苏区粮食的需要，湘赣苏区可输出10万担粮食出口（苏维埃5万石，私人和粮食合作社可运5万担），我们应宣传群众多种杂粮，节省粮食，不用谷米喂猪，喂鸡喂鸭改用杂粮，省国民经济部粮食调剂局与对外贸易局，应有周密的计划去进行，各县和各区的主要圩场，必须迅速设立粮食调剂支局。

（中共湘赣省委《关于国民经济建设问题的决定》，1933年10月22日）

在目前经济封锁日益厉害的时候，财政部要经常注意鼓励合作社和当地商人设法贩运日用必需品，如洋油、食盐、洋火、棉花、布匹、药材等等输入，与内地农产品，如纸、木、烟、茶油、煤炭等等输出，以维持苏区的社会经济。

（摘自《红色中华》，1932年9月13日，第33期，关于《财政人民委员部财字第六号训令——目前各级财政部的中心工作》）

第三章　私营工商业管理

第一节　“左”倾错误使苏区私营工商业遭受损失

一、盲动主义对私营工商业的干扰

平、修、铜三县的工作，均很严重地犯了大烧大杀大劫的盲动主义、先锋主义错误，农民落后的意识特别浓厚。如修水的东泉、渣津，铜鼓的山口、漫江，平江的虹桥、大坪、田岩、连田、思村等处，当暴动时，大屋烧得精光，猪、牛、鸡、鸭、衣服、棉絮如洗，并杀了很多人。2．彻底破坏了乡村的市场商店，如平江的虹桥、思村、献村、奖市街、龙门，修铜之渣津、马坳、山口、漫江、棋盘坳等处，烧得精光。一切日常用品，无处可卖，要点什么东西，也无处可买。因此油盐起恐慌、经济外溢，无法维持，小商人受影响反水。平江负责同志故有认为小资产阶级于革命前途实有妨碍之争论。

（《滕代远给湖南省委报告》，1929年1月12日）

……前委对反对盲动主义解释很详细，平江起义后，我对于乱烧、乱杀的盲动主义很有反感。觉得把房子烧了，人民住到哪里去？红军也没有房子住，反革命是人而不是房子。占领修水时，渣津、马坳一带群众已有初步发动。我军转移后，被平江游击队狗队长（老百姓这样称呼）把那块地方烧光。半个月后红军再去，农民挂白带子，对我们打土炮，封锁消息。当时盲动主义者叫这次群众为反水，对反水群众不是争取而是镇压。完全不检查自己的错误，反而把错误当作真理。把执行错误政策的说成是坚决革命，把反对政策的同志，说成是对革命不坚决，军阀出身靠不住。“六大”解决了这些问题。是使人高兴的，毛泽东同志在那次会议上，讲了烧房子脱离群众，他讲了在遂川（井冈山南）的故事，说开始农民都围拢来很亲近，当把洋火一拿出来要烧房子时，群众就跑开，站在旁边看了。他又讲到红四军对宁岗反水的群众，是采取一系列的办法去争取群众回家，我当时听了这些，印象是特别深刻的。

（《彭德怀自述》，人民出版社，1981年12月出版）

闽西各县商业消长比较表

地名＼时间	去年12月 比暴动前12月	今年6月 比去年12月	现在（1930年7月） 比暴动前
岩城	减3成	平	减3成
坎市	减5成	平	减5成
湖雷	减1成	加4成	加3成
兰家渡	平	加1成	加1成
白砂	加1成	加2成	加3成
南阳	平	加3成	加3成
芷溪新泉	减3成	加2成	减1成
芦丰	减5成	加3成	减2成
回陇官庄	加2成	减5成	减1成
丰稔市	减2成	加1成	减1成
陈东坑	减7成	加3成	减4成
龙冈乡	减5成	加2成	减3成
龙门	减3成	减1成	减4成
古田	减4成	平	减4成
旧县	减2成	减5成	减7成
下洋	减3成	平	减3成
雁石	减3成	减5成	减8成

（《中共闽西党第二次代表大会》，1930年7月）

二、立三路线的经济政策是完全错误的

长沙的工作是在立三路线之下进行的，……那时我们的经济政策完全是错误的，大商店一概实行没收，银行大部捣毁，而筹款工作又是实行了“派捐”和“收房租”，结果款项的负担落在中小商人特别是工人和城市贫民的身上，而居住在城市中的地主的财产反没有没收，大商人同样地逃脱了筹款的负担。因此引起城市贫民和中小商人的不满与反抗。因为我们的破坏政策，公署、教堂、学校都被烧毁，……整个城市落入非常混乱的状态中。长沙的工作就是这样继续到我们退出长沙为止。

(《红军总政治部关于赣州工作给三军团政治部的一封信》,1932 年 2 月 15 日)

三、随意没收私营工商企业,后果严重

现在各大小市镇,没有大的商店(如布店、杂货店……)。只是摆小摊子的,开茶馆的,卖灰面的,卖小菜的还比较普遍,还比较多。群众和政府均感受主要物资的恐慌,如盐、洋油、布匹,特别是粮食,因而苏区内的物价昂贵(米卖到 1 串 200 钱 1 升,盐卖 1 串 300 ~ 400 钱 1 斤)。商人并随时可以提高物价,苏维埃未曾设过法来抑制,同时各地物价高低不一致,政府未注意统计工作。考虑这些原因,对于保证中小商人自由营业的政策上未坚守,群众把商人货物斗争了。所谓向“富农斗争”,政府不仅不与这些左的倾向作斗争,甚至还有些政府还领导群众来做侵犯商人营业自由的行为,特别是乱打商船,使白区商人怕拢赤区的边,就更引起苏区(商人)不敢营业,有的停业,有的跑到白区去营业,更减少了商人的中间作用。复形成,赤区的物资恐慌。

(《湘鄂西省委关于苏维埃工作向中央的报告》,1932 年 2 月 25 日)

苏维埃对经济政策完全不了解，过早的苏维埃商店、饭店、工厂等都已普遍建立了，严格地禁止现金外溢与奢侈品进口，机械的规定物价，垄断货物运输，设立苏维埃转运局，没有保证商人自由贸易，特别是红军打开了一个城市，便无条件地没收商店，或向商人借款，弄得商人不敢大胆营业。

(《湘鄂赣省苏对全省选民的工作报告》,1932 年 4 月)

执行苏区经济政策，一般的是“左倾”的残余，如组织苏维埃商店，开办苏维埃各种工厂，企图垄断市场，限制物价。无形中限制自由贸易，消灭私人资本，对外贸易没有正确的执行，滥发票币，不准现金在苏区流通，群众有现金勒令其送到银行兑纸票去用，这都是立三路线的过早办法，根本不了解在目前革命阶段中，应利用私人资本，准许自由贸易，以发展苏区的经济，准备由土地革命转变到社会主义革命的物质条件。同时没有广泛发展真正群众合作社组织，最大限度地发展苏区生产，充分准备有步骤地实现社会主义的转变。

(《鄂东南道委常委扩大会议决议案》,1932 年 4 月 15 日)

……对于城市在一时期内,是采取破坏政策,因此专门筹款的原故,以致将商人作土豪打。随便没收商店铺子,使促成商人借此逃走,加以敌人封锁,苏区商业完全破坏,影响了工农群众生活。

(《江西省第一次工农兵苏维埃大会财政与经济问题的决议案》,1932 年 5 月)

过去赣东北苏维埃采用的经济政策是不正确的。如任意没收企业商店和商业,事实上停顿一切生产,断绝苏区与非苏区贸易的流通行动。是经济上自杀政策。

(《苏维埃工作决议案》,赣东北省工农兵代表大会,1932 年)

尤其是湘赣苏对经济政策,提出过早地开办国家商店,限制私人商业发展的办法。在永新里竟没收一家铁业小作坊,把小作坊当做土豪打。张启发直接领导红八军在白兔街没收了许多商店,各地游击队等地方武装,没收商店商船。损害中农利益的事情,常有发现,甚至洪达飞在八军中说:“如果到了白区没有土豪打,不管什么中农也好,没收谷子

来吃……"

（《王首道同志的声明书》,1933年7月27日）

部分商人经营消极,坐吃山空。经济上起了自我封锁的不良后果。对白区的贸易,全靠国营贸易机构组织苏区和白区的群众和行商……城市座商的营业日渐衰弱,最后陷于停顿。

（曹全生回忆）

四、筹款、赊借对私营工商业的影响

筹款工作,红军每月至少需要5万元左右,这笔款项大部出在土豪身上,小部出在城市商人,有时可以由敌人输送一部分来,筹款的秘诀有以下几种：

(1)城市筹款,红军在城市扶助工商业发展之条件下,不举行经济的没收,只是召集商人代表(拒绝与商会接洽)参加当地革命同志或机关的意见,提出最低额款项限3日交齐,此款项由商人代表自行排派,但须依照累进的办法,对于1000元以下的商店不筹款,如发现包干强迫或不公平等事,得由被损害人用书面及当面报告,再去查明处罚,这个办法十分得到商人的拥护,商人每出款很少,而红军的购买力超过了许多。于他们是没有什么大的损失,同时红军买卖公平是任何军队及不上的,所以商人十分欢迎,每每红军写信到邻县去要款,不必派兵都可以送来。

（陈毅《关于朱毛军的历史及其状况的报告》,1929年9月1日）

没收财产的原则不要应用到商人及资本家的身上,至于另兼地主官僚的商人(财产则可没收一部分,但必须说明清楚)。对于商人与资本家,我们则指名出款……至于对他们的出款不要当作消灭大小商人及资本家看,他们有商店与工人,我们是不怕他们不出款的。至于他们潜逃,我们则宣布封闭,限制时间要他们回来营业,否则实行没收,这一点必须预先宣布清楚。

（《红军总政治部关于赣州工作给三军团政治部的一封指示信》,1932年2月15日）

……此外各机关因困难向商人赊借,差不多没有一个机关不欠商人的钱(沔阳县苏维埃欠100多商店的米粮。屡讨无还。该百余商人将县苏主席逼在俱乐部内全体跪下求还米钱。有一次省机关准备由翟家湾迁新沟咀。因欠商人700余元钱还恐有迁动消息,商人要挟,不便搬迁)。有时省苏财政部一钱无存。

（中共湘鄂西省委《关于湘鄂西具体情形的报告》,1932年12月19日）

石城市有一家商人只有资本400元,县苏把他当土豪打罚款400元,结果这家商店把所有的钱都缴出来了。又有几家小商人私自开除工人,县劳动部要他罚款200元(这家商店的资本只有200元)因此弄得这些商店倒闭,工人失业了。在博生县城市同样发生过左的错误,向商人筹款,有400元资本的,要捐100元,有200元资本的捐50元,用这样的办法来筹款,来侵害苏区的商业的发展,妨碍工农群众的生活。

（《在筹款工作中执行明确的阶级路线》,《省委通迅》第18期,1933年7月27日）

1934年(即民国二十三年)十月初一日约上午10点左右,突然永顺全城惊慌起来了,很多商店老板和地主都仓惶往城外逃跑……

不到1个多小时工农红军的尖兵进了城,但是秩序井然,除向地主家搜集外,并向商店捐派军饷筹款,这时我在陈仁发布店当店员,头天夜晚就有风声听说贺龙、肖克离永顺不远了,他们把店内货物、银钱和部分钞票(湘西农村银行,是湘西三十四师陈渠珍发行的,这种钞票只能用到沅陵)都交给我们2个店员学徒。等于就是替店老板守家。

到了下午4点左右来了两个红军到店内问我们情况,我对他们说实情话,我们是店员守家的,老板已经逃跑了。当时这两位红军对我说明来意,他们是红二军团供给部的,要我们店里捐派军饷500元(这时是用光洋和四川铜币,每块光洋换铜币8吊),并限在2日内缴清,交足以后供给部可以给证明贴在店门上,以后其他部队再不捐款了,并可开门照常营业,假如不肯捐款他们就要没收货物财产,因为我们都是店员守家,他们特来与之商谈要我们照办。

我同黄承宪商量,第二天就把店内存款银元和铜币约凑足400余元,又想把湘西农村银元钞票搭配一点缴足500元,谁知供给部不收这种钞票,并婉言对我们说,请我们换上银元币和铜币,并且对我们店员非常客气,后来我们遵照供给部同志指示,把钞票都换变银元和铜币。缴足后,供给部同志发给我们一张护照,上面写的是今捐到永顺县城陈仁发布号军饷银元500元,准许照常营业特此证明。并嘱咐我们把这证明贴在大门上,以后任何别的部队再不会来捐款。当时我们还是半信半疑的,当天我们搞黑了,供给部同志留我两人吃晚饭,其后又派两个同志送我们回店。

红二、六军在永顺住了半年以上的时间,他们买东西都是以银元和铜币交换的,没有发行任何纸币。

我还记得红二、六军在永顺半年以上时期他们给养来源,主要是以打土豪地主果实为主,其次是商店捐款,以及缴获战利品等。

(吴子衡回忆湘鄂川黔边情况)

对于革命前途有重大关系的就是商人和农民的怠工。峰口商人自红军攻下峰口长期占据后,他们都是尽存货买,不买新货,各物昂贵,而且卖不出来。……

(《沔阳县委给湖北省委的报告》,1930年6月6日)

第二节　克服"左"倾错误,保护私营工商业

一、禁止盲目焚杀

1928年11月,毛泽东同志主持召开的红四军第六次党代表大会上,有"禁止盲目地焚杀"、"保护中小商人利益"等项提案。当时还把"乱烧、乱杀、敲榨人民财物均处死刑"定为红四军军纪。

(陈毅回忆)

周鲁到了井冈山,就责问为什么不把砻市烧掉,毛委员说,为什么要烧,不烧,老百姓可以挑东西来卖,烧了,就没有了。周鲁是要把一切地主豪绅、资本家都打倒,所以见到砻市有商店就要烧。

(《访问谭震林纪录》,1976年3月10日)

当时毛主席提出的口号是:杀群众要杀的人,烧群众要烧的屋。开始时下面烧了一点土豪的房屋,杀了几个大土豪劣绅。后来,毛主席不主张烧屋了,房子留下分给群众住。我记得在撤离遂川时,有的人说是天主堂是个坏东西,要把房子烧掉。毛主席不同意,他说烧房子不是好办法,不能提高群众觉悟,也不能破除迷信。对工商政策,开始对下面有些侵犯,对中小商保护,对大商店没收,这样一来就影响了中小商,也不敢出来营业,毛主席发现后,马上纠正过来,对大商店也采取筹款的办法。

(《陈正人回忆》,1939年7月)

平买平卖,事实为证;乱烧乱杀,在所必禁;城市商人,积铢累寸;只要服从,余皆不论。

(《红四军司令部布告》,1929年1月)

二、纠正没收商人财物的行为

今年发动游击战争一开始便下很大的决心,纠正过去盲动主义的错误,一般小商人见我们的态度变了,才敢与我们接近。记得有一次汪家桥的商人见我们既不筹饷,又不没收他们的钱,反而不安地举出代表来会我,愿乐捐500元以筹军饷,并说出很多为难的话,恐怕我嫌少了。但结果还是被我们拒绝了,并很恳切地向他们解释共产党只没收地主土地交给农民,只没收中外大资本家的财产,对于小商人只要不反对,不惟不摧残,而且绝对地保护,又举出苏俄现在对于小商人也是保护,以作例证。小商人经过这次谈话之后,表示非常满意。对我们的认识自然与以前不同了,而且替我们宣传各处有关系的商人,须知他们的宣传,比我们自己去宣传有效得多,于是附近各地的商人,都不怕我们,不仅政治影响扩大,而且农村的经济不易被敌人封锁。此外,我们又对往来的货船,只要有人保证他不是反动派,便准通过。因此农村经济得以流通。但是以前小商人对农民过分地剥削。如"买货""高利贷"等办法,是绝对禁止。到现在,我们仔细思索,过去各地苏维埃之遭经济封锁,或许不是敌人故意封锁,而是我们受农民意识的反映,过分地摧残由城市来的小商人。这样自然使商人裹足不前,农村经济不能活动,正所谓作茧自缚的政策。

(周逸群《鄂西农村工作》1929年8月)

正确实行经济政策。在原则上我们暂应允许商人贸易自由,利用商人保障各种必需品的供给(盐、布、药、洋油……),但另一方面:须严防商人投机及利用商店进行反革命的阴谋。永新党过去对商业政策没有运用得正确,以致商人投机,甚至建立反革命的秘密机关(改组派 AB 团)今后党应严格地注意这点。

(中共永新县委《政治问题草案》,1931 年 10 月 5 日)

纠正过去没收一切小商业资本的错误。

《鄂东道委报告》,1932 年 1 月 20 日

苏维埃政府须注意建立与白色区域经常通商关系,使苏区主要的出产能够大宗地运出白区来发展苏区的经济,使白区的货物能够运进来,来减轻工农群众生活上的负担,苏政府应设法在经济政策原则之下尽量吸引白区商行来建立通商关系,使他们投资来发展生产。这里特别指出的就是:对于工商业者,只要他们在不违反苏维埃一切法令,不反革命,不垄断操纵条件之下,应绝对允许其自由营业,不得任意封闭商店和工厂,对于地主兼工商业者,只能没收其地主部分的财产,不能没收其商店和工厂,照这样来运用经济政策,才能使工商业者安心经营工商业,发展社会经济,建立赤白区很好的通商关系。

(福建省第一次工农兵代表大会《关于经济财政问题决议》,1932 年 3 月 18 日)

必须严厉执行经济政策,除首先检查一般商人外,同时,也须注意各地政府有无破坏经济政策的行为。如胡乱没收商店,乱打土豪,限制市价,随便禁止出口等,如发现有这些行为,必须予以严厉纠正和处分。

(摘自《红色中华》,1932 年 9 月 13 日,第 33 期,关于《财政人民委员部财字第六号训令——目前各级财政部的中心工作》)

三、纠正合作社对私商的非法干涉

苏维埃经济政策,在商业方面,已很明确地规定了保证商业自由,不应经常干涉商品市场关系。最近检查消费合作社,发生干涉商业自由贸易。如商人来买茶、买盐、卖猪肉等,合作社发生限制,这种现象,与苏维埃经济政策是完全不相同的。并且对红军给养与群众生活改善是有妨碍的。现为要坚决执行苏维埃经济政策及充裕红军给养,改善群众生活,因此,必须执行以下几点:

一、在商人遵守苏维埃的经济政策下,允许自由贸易,不许干涉其贸易自由。

二、凡是工农群众可以自由贸易,如杀猪、贩盐等,在苏区买卖,合作社不应干涉。

三、为要抵制奸商故意抬高市价,各级合作社必须进行大批购办群众需要品——食盐、洋油、布匹等来以低价卖给群众,满足群众要求,使群众不致受到奸商的剥削。

四、但是对于商人投机、故意抬高物价,危及基本群众生活商品供给或因红军需要,苏维埃得以禁止与规定必需物品之最高限度之价格。

(闽北分区苏维埃政府布告第 11 号,1934 年 8 月 28 日)

四、保护工商业利益

在茶陵发生的这些事情,很快传到了山上毛委员那里,他写来指示:立即撤销县人民委员会,组织工农兵政府,派谭振林同志任工农兵政府主席,并指示部队中要加强政治生活,我们只能没收地主财产,保护工商业利益,地主兼资本家的,只能没收土地剥削部分,对商业部分连一个红枣也不能动,如特别坏的,要出布告,公布剥削罪行。

(福州军区军政干校调查材料,1977 年 5 月)

打下永新后,毛委员亲自在永城召开一次部队党支部书记、宣传组织委员联席会议,对各项政策都明确清楚,对于工商业,特别对于中小工商业者(在县城,大工商业不多,主要是中小工商业)采取保护的政策,筹款数字不大,……还宣布废除杂税,这个政策,工商业也表示欢迎,在县城里,一般地主兼工商业较多,对于地主,一部分财产是加以没收的。对于工商业一部分,不没收,采取了集体保护的政策。

这些政策,工商业者都感到满意。这样一来,既筹到了款,解决了我们自己的供应问题,同时又不损害他们的利益,保护了他们,团结了他们,使他

们拥护和支持我们。本来我们吃盐是很困难的,后来由于有了正确的工商业政策,商人就愿意和我们做生意,把盐运过来。所以,吃盐问题解决了不少。

(《谭冠山回忆》,1970 年 12 月 9 日)

苏维埃区域的纸业,仍准反动的地主私人生产,但须向苏维埃缴纳累进税。有一部分无人管理的逆产则由苏维埃没收归纸业工人自由管理生产,大都已因敌军骚扰已停业或破坏,有很多纸工失业,生活非常困难。

(《傅秋涛关于湘鄂赣边苏维埃情况的报告》,1930 年 1 月)

1. 各部队及工农群众到达的地方。尤其是城市,未得命令,不得自由到民间及商店去搜索。

8. 财政政策:(1)红军军饷及政权机关的用费主要应向豪绅地主取得,而不应增加中小商人负担。(2)商店资本在 2000 元以下的不筹款。(3)向豪绅地主筹款用罚款名义,向商人筹款用捐款名义。(4)对于豪绅地主所开的商店于其商店资本部分仍按照比例向其捐款,至于其豪绅地主部分则加以罚款。反动分子所开的商店,经过宣传取得中小商人的同情之后,可以没收,否则仍不要没收。对于反动店主在群众认为必要时,应该捉拿并罚款。(5)河流交通在军事的必要时得施以检查或有时期有范围地断绝船只往来或扣留船只,不得没收船只上货物其他的财产。

(前委赣西南特委五、六军军委联席会议,《通告第一号》,1930 年 2 月 14 日)

1. 商人遵照政府决议案及一切法令照章缴纳所得税者,政府予以保护。不准任何人侵害。

2. 商人自由贸易,政府不予以限制其价格。

3. 商家来往账目,政府不予取消,维持商家账簿。

4. 各地船只货物来往,如非违反苏维埃禁例物品者,输入与输出,政府一律予以保护。

5. 所有武装、团体,不得借口逮捕犯人,骚扰商店。

6. 非经县政府审判有罪之商人及闽西政府批准者,不得没收其商店,违者严办。

7. 商人不得私购枪械,违者严办。

8. 工厂、商店因亏本而倒闭者,须经工会审查,其因自己恐慌而关闭者,应限其开门营业,政府予以保护,如逾期不开者,政府将货品盘与工人经营之。

9. 商人不得操纵金融,银价涨跌,须经苏维埃的批准。

10. 商人贩运或私造铜银,假造纸币者,严重处分。

11. 商人所用秤、斗、尺,须造出一样,不得用手段来剥削工农。

12. 本条例自公布日施行。

(闽西苏维埃政府,《商人条例》,1930 年 5 月)

四、红军对城市的政策是:取消苛捐杂税,保护商人贸易,在革命时候用累进法(资本多的多捐,资本少的少捐),请大商人捐款供给军需,但不准派到资本 2000 元以下的小商人身上,城市反动分子(军阀的走狗,贪官污吏,国民党指导委员,工、农、学阀)的财物要没收,乡村收租收息为富不仁的土豪搬到城市住家的,他们的财物也要没收,至于普通商人及一般小资产阶级的财物,一概不没收。

(红军第一军团总政治部《告商人书》,1930 年 6 月)

关于经济政策的运用也是非常重要的问题,苏维埃政府必须用种种方法,奖励手工业的生产和商业的流通,在你们的苏区有茶油、红茶、大布、纸、夏布、豆子、爆竹、瓷器许多出产,现在都衰落下来。

这里解决的主要方法是商品流通问题。你们必须不妨害私人营业自由,允许白区商人到赤区来经商的种种便利。除此以外就要更广泛地发展合作社运动。帮助群众自动地进行各种合作社组织,苏维埃商店还不是主要的方法。政府要设法运进食盐,减低食盐的价格,关于谷米要设法在苏区流通,在不妨碍苏区自给条件之下,还应允许出口;米价不应由政府规定,市价调节为原则。……我们认为积极地发展合作社与允许私人商业,现在是经常的重要工作。

(《湘鄂西中央分局给湘鄂赣省委的信》,1932 年 3 月 21 日)

苏维埃政府的经济政策是密切联系到工人劳苦群众的生活与苏维埃政府的战斗能力,苏维埃在目前的阶段上,应该尽可能地利用私人资本发展苏区生产，活跃苏区经济。但是，湘鄂赣凡是红军所到的地方，一切私人企业和商店均被没收，以致全湘鄂赣苏区已经没有一个私人雇请工人的工厂、店铺。这种过早的立三路线的残余，其结果使工人失业，使商品不能流通，虽然敌人封锁并不严密，大批纸张也无商人运输出去，苏区现金缺乏，群众必需品不能购买进来，群众的生活与苏维埃的财政就陷于极端困难的情况之下，而不得不走到滥发纸币的自杀政策，湘鄂赣的工会必须用极大的努力来帮助苏维埃政府改变过去的经济政策，为整理苏维埃纸币与发展苏区生产而斗争，只要资本家不做反革命地活动，遵守苏维埃的法律(开始就是劳动法)，应该允许私人资本的营业自由。某些工厂、作坊、矿山应尽可能地出租或出卖给私人来开办，尽可能地利用商人沟通赤白区域的商品流通。

(刘少奇《全总执行局给湘鄂赣省总信》，1933年9月28日)

中央苏区时期汀州市私人商店统计表

1931年—1934年

商店名称	家	商店名称	家
京果店	117	小酒店	46
洋货店	28	饭店	11
布匹店	20	纸行	32
油盐店	20	药店	17
冥边锡纸店	27	酱果店	9
金银首饰店	14	客栈	26

(摘于长汀博物馆：第二陈列馆)

11. 禁止盲目的焚杀；

12. 保护中小商人利益；

(《红四军第六次党代表大会决议案》，1928年12月)

1. 商人公卖公买，自由交易，强买强卖者杀。

2. 政府保护商店，非极端反动为工人及小商人群众所深恶痛绝者，人可杀，家可抄，商品不没收。

3. 商家来往账目，照旧出入，账簿不烧，但16年底以前旧账及非本身之账不还。

4. 船只货场来往各地，政府予以保护，不得留难损害，违抗者杀。

5. 赤卫队及少先队，非得有县区政府凭条，不得乱入商店及人家搜捕犯人。

6. 不向商家筹款。

(《中共上杭县执委会对上杭县第一次工农兵代表会议的提案》，1929年10月2日)

目前党的应付方策是：

(1)执行党对小商人的策略，切实保护小商人，使市场得以维持，但要严办故意抬高物价的奸商。

(2)苏维埃要设法使与白色区域的交通灵便，一面鼓励小商人向外买卖。

(《关于金汉鼎入闽与我们的应付方策等情况和问题》，1929年10月25日)

经济问题中的第一个是对小商人的态度问题，尤其对于外来的小商人。因为在敌人四周严重封锁的前面，一切生活的必需品都不能公开运入苏维埃区域，在这里不得不利用小商人作为商品流动的中介。我们对于小商人，自然没有希望他参加革命的空想，但我们要与他进行等价的买卖，使他知道有利可图，自然他一样可以代我们运输一切必需品。我们向这般外来小商人征收税额的限度，总要斟酌使他仍有一部分赢利的剩余，不然他将不会冒险而与苏维埃区域进行商业的关系，其中若有敌人的侦探，自然要尽量予以苏维埃法律的制裁，但决不能认为所有的小商人都是敌人的侦探。过去平浏党支部将一切外来小商人都认为是敌人的侦探，这自然会根本不信任一切外来的小商人的营业性，自然有一些过分的压迫而加重外来小商人的恐惧，我们在现在没有办法的时候，自然对于这些外来的只顾营业的小商人还不能有过分的进攻。

(《中央给湖南省委的指示信》，1929年9月5日)

(二)取消军阀和国民党政府机关所颁布的一切捐税，征收统一的商业累进税；

(三)大商家只要帮助革命，无反动行为者，一律保护贸易，不没收财产，但军阀豪绅和一切反革命的及外国资本的财产，经县苏维埃审查后，便要没收——政治没收。

(《龙岩县第二次工农兵代表大会决议案》，1930年2月)

第一条 商人公买公卖，自由交易，如有强买、强卖者，报告政府，自当严办。

第二条　苏维埃政府切实保护商店、赤卫队及少先队，无政府命令，不得到商店捕人，或有其他骚扰等行为，违者严办。

第三条　反动商店不没收其货物，由政府向该店主筹款或捕杀，不反动商店不烧。

第四条　商店货物，无论船只运输、肩挑，各地政府应保护，不得留难损害，违者严办。

第五条　恶霸地主的店主，政府应打他的土豪一部分，没收其田地，将其东西散发贫民，商店不动。

第六条　苏维埃政府不向小商人筹款，如遇经济困难时，得向2000元以上之商家酌量求借。

第七条　小商人为使商人发展、金融流动起见，可呈报政府开办各种合作社。

（《宁都县苏维埃工作章程》，1930—1931年）

过去苏维埃对于经济，完全没有计划。收入全靠打土豪、打洋船（送）条子，正当的公益费收入未曾开始征收。支出更是没有系统，以致赤区经济紊乱非常，枯竭万状，这是苏维埃的莫大危机，照此下去，足使苏维埃走向覆灭。为挽救这一危机，必须执行以下的政策。

1. 赤区经济务须与白区流通，封锁是自毁政策。

2. 允许中小商人正当营业，对中小商人不要过于苛刻限制，但遇奸商故意高抬物价，扰乱经济秩序，苏维埃必须严重处理之。

3. 农产品输出与工业品输入，苏维埃不要企图垄断，也不要幻想赤区的工业品由苏维埃以全力来供给，这就是说，经济流通与赤区工业品的供给，必须以商人做中坚，苏维埃只是起调剂作用。

4. 政府经济收入应为公益费，支出应有精密系统计划。

（《湘鄂西特委第一次紧急会议苏维埃经济政策决议案，1931年》）

（戊）确立苏区商民的权利与任务：

16. 苏维埃对于不违反革命商业法令的中小商人，须切实允许他营业自由，并坚决予以强固的保障，不干涉经常的商品市场关系，只发动店员工人，实行正确的劳动监督（劳动监督条例，前已颁发）。

17. 苏区商店，应彻底从反动政府苛捐杂税底下解放出来，只仅仅担任缴纳单一的商业累进税外，不担负任何无名义无作用的捐税上之义务。

18. 苏维埃政府站在贫苦民众利益方面，竭力提高中小商人的营业地位，领导中小商人日常斗争，坚决打击过去大商压迫小商，奸商投机垄断等剥削行为与习惯。

19. 苏区商民必须注意对外贸易的发展，由商民自己寻找旧的贸易关系与交通线索，与外来商人及白匪市镇的商家订立合同，尽量输出农村生产品（如竹木、茶叶、柿油及苎麻等）。即用这些输出物资，换回群众日常必需品（如油盐、布匹等），适应基本群众主要生产品的供给——特别是军事上的供给，但同时必须防止“对外贸易的垄断”……严禁奸商故意压低苏区出口货提高入口货的价格，……以免受到不可思议的意外损失。

20. 苏维埃政府在商业政策原则上，本不应当干涉经常的商品市场关系，但在某一时期或某种形势底下，为着保障红军用品与基本群众必需品的便利供给，得临时为最高限度价格的规定（只限于这些必需商品），甚至逐件评定物价，总以不妨害小商经济为主，同时对银币、铜元出口，县政府亦须为一般的禁止，若为红军购买军事上用品，经当地政府允许后，可作例外办理。

21. 苏维埃应当切实宣传商民群众，自觉站在革命观点上，并深刻了解（如果）工农劳苦群众利益不顾及，不实现，小商经济也是找不着出路的，一样的来诚恳接受劳动监督，不作怠工、暗消资本等破坏苏区商业的行为，同时县总工会更须加紧领导店员工人作这种日常的经济斗争。

（《阳新全县第二次工农兵代表大会目前苏维埃工作计划决议案》，1931年10月10日）

……保障商人营业自由

1. 商人如果遵守苏维埃法律，苏维埃红军保障商人营业自由。

2. 征收营业税和关税。

3. 商人须遵守劳动法。

4. 如地主豪绅反革命分子之商店没收。

5. 如对苏维埃怠工的没收。

6. 在保障军事的胜利和反对商人投机高抬物价时可临时的限制物价，但在临时条件消灭后就须停止。

7. 剥削小商人的经纪，应绝对禁止。

（中共湘鄂西第四次党的代表大会《关于土地

经济及财政问题决议案》中共湘鄂西省委,1932年1月26日)

五、鼓励私人投资,发展苏区生产

第一条　凡遵守苏维埃一切法令实行劳动法并依照苏维埃政府所颁布之税则完纳关税的条件下得允许私人资本在中华苏维埃共和国境内自由投资经营工商业。

(《中华苏维埃共和国政府临时中央政府关于工商业投资暂行条例的决议》,1932年1月)

招集商人或由群众集股开办纸槽、石灰窑、油榨、夏布厂、金矿、碗厂……就是石印局也可私人资本开办。

(《中共湘鄂赣苏区临时省委三个月(四、五、六月)工作计划》,1932年4月4日)

……正确执行苏区经济政策,首先必须纠正立三路线的一切过早的办法,在目前民权革命阶段中,必须利用私人资本,发展苏区经济,创造转变为社会主义的物质基础。国际及四中全会早已明白指出,在现实革命阶段中,企图垄断市场、限制物价、限制自由贸易,消灭私人资本,是极有害的危险办法。今后苏维埃政府设立的商店、煤矿、纸厂等生产机关,要设法租给私人开办,利用私人资本发展社会主义经济事业。我们必须了解在目前半封建社会的经济条件之下,如不尽量利用私人资本的活动,企图由国家来垄断,事实上是不可能,而且是经济上的自杀政策。

(《鄂东南道委常委扩大会议决议案》,1932年4月15日)

(六)为着促进苏区经济的发展,必须以最大的力量迅速恢复与发展工商业,各级苏维埃号召广大群众合作社并尽量吸引私人投资来恢复与建立市场,凡遵守苏维埃一切法令实行劳动法,并依苏维埃颁布的税则完纳国税的私人资本,应吸收与允许其在苏维埃经营工商业,反对经济政策中一切过早的企图。同时苏维埃应以严厉的手段处置一切经济反革命,严禁奸商投机,如有违反苏维埃法令或阴谋反动破坏苏维埃经济政策的,均应受到法律的制裁。

(湘赣全省三次工农兵代表大会通过《经济建设问题决议》,1933年12月)

我们对于私人经济,只要不出于政府法律范围之外,不但不加阻止,而且加以提倡和奖励。因为目前私人经济的发展,是国家的利益和人民的利益所需要的。私人经济,不待说,现时是占着绝对的优势,并且在相当长的期间内也必然还是优势。目前私人经济在红色区域是采取着小规模经营的形式。

(毛泽东:《中华苏维埃共和国中央执行委员会与人民委员会对第二次全国苏维埃代表大会的报告》,1934年1月)

……切实地允许自由贸易,纠正过去没收商人资本、不许商人贸易的错误,要利用私人资本发展苏区的生产及贸易,以前政府所开办的煤矿、硝磺应尽量地出卖给私人开办,并且要鼓励私人开办工厂、矿山等事业。对于公家所开办的纸厂,暂时仍继续开办,但是要准备变为群众开办。

(《中共鄂东南道委五月工作计划》,1932年4月18日)

一、坚决地执行全苏大会的经济政策和中央政府的投资条例,来鼓励私人经营工商业,来发达商业,便利工农群众消费,恢复和提高苏区生产。

三、对于许多特产(如纸木料、夏布等)要尽可能地鼓动私人投资对于特产的出口,政府须加以奖励。

(《江西省第一次工农兵苏维埃大会财政与经济问题的决议案》,1932年5月)

在经济建设方面,目前必须:

1. 把苏维埃商店一律撤消,尽量租给合作社或私人资本营业,普遍地发展工农群众合作社运动,依广大群众力量来发展苏区生产品与日用必需品的交换事业;

2. 除为红军供给有必要的时候外,纠正过去苏维埃规定商品物价,同时要纠正无条件没收商人货物的行动,保障商业的自由,并要向白区商人宣布

我们的政策,欢迎白区商人在不妨害革命条件下来苏区贸易,以改善商品市场的关系;

3. 尽量将以前没收归国有的工商企业(如产业的纸厂、染织厂、各种大商店和作坊、矿山等)有计划地出租给私人资本营业,或由工厂的手工业者合作社来管理,非必要时尽量避免过去由苏维埃自己管理的办法。

(胡梓《加紧领导执行正确的经济政策和纠正过去右倾"左"倾的错误》,载《红旗》(中共湘鄂赣临时省委机关报)第2期,1932年4月25日)

……正确执行国家经济政策,转变财政路线,纠正过去专向发展国家企业的倾向,要广泛地宣传工商业投资条例,以及出租矿产开采尽量鼓励私人投资经营工商业,以开发国家的新的租税来源扩充财政收入,反对否认和忽视税收在财政上的经常作用及专向国家营业的过早办法的不正确倾向。

(《财政经济问题决议案》,原载《红色中华》,1932年9月13日,第33期)

六、允许私人承租承办国家的企业

第三条　无论国家的企业、矿山、森林等,还是私人的产业均可投资经营或承租承办,但须由双方协商订立租借合同,向当地苏维埃政府登记。但苏维埃政府对于所订合同认为与政府所颁布的法令和条例违反时有修改和停止该合同之权。

(《中华苏维埃共和国临时中央政府关于工商业投资暂行条例的决议》,1932年1月)

实施经济政策问题,过去所开办之苏维埃商店、饭店、转运局等,应即租给工农群众,由群众集股开办,转变为合作社性质。

(《湘鄂赣省苏对全省选民的工作报告》,1932年4月)

1. 过去开办的苏维埃商店转运局,在目前私人贸易还未发达,仍暂行营业,以接济群众的需要,但限定8月底以前应一律尽数撤消,租给合作社或私人资本营业。

(《鄂东南苏维埃第一次代表大会苏维埃工作决议案》,1932年6月20日)

关于过去公营的生产事业,除必要的贡纸和纺织厂外,一律有计划地租给私人资本经营,在2个月内亟请省苏加派一些熟练的纸业工友来扩充贡纸厂,以供给公家的需要。

(《鄂东南苏维埃政府内务部两个月工作计划》,1932年7月9日)

……在苏维埃区域,与地主资产阶级帝国主义反革命的武装干涉同时并进的是经济封锁的危险。另一方面,苏维埃政府还要与仇视分子的怠工和奸刁的商业投机进行斗争。在苏维埃政权之下,这些企业的领导者如果拒绝继续生产,苏维埃政府应该镇压他们,没收这些已经停业的企业,或者由工人和手工业者的合作社管理,或者由国家机关自己管理,但同时苏维埃政府应该尽可能地避免自己管理地这种企业。有时亦可以将小企业与中等企业出租,甚至将没收来的小企业出卖,应该无条件地抛弃将整个产业收归国有的企图,没有特殊的原因,不可以造成国家独占的情形。企业之中的工人委员会应该在与资本家的怠工作斗争所必需的范围之内,实行监督生产。苏维埃政府应该注意特别是生产部门(制造场、小手工业、工厂手工业)的发展以供给红军。在这里应该表现出最高度的建设力与坚定性,凡是为着保守利益而有必要的地方,可以实行广大的监督生产,没收企业,组织苏维埃的手工业工厂与制造场。

(《苏维埃政权的经济政策(草案)》,共产国际东方部,1933年8月10日)

七、没收的企业可以出租给私人经营

……没收来的工厂和企业,尽可能租给或卖给私人,或租给生产合作社来管理。

(湘赣省苏维埃第二次代表大会:《经济政策执行条例》,1931年11月)

……没收资本家的企业,除由政府机关自己整理或由工人合作社管理外,在必要时政府得将其企业出租给私人经营。

(《鄂东南办事处经济问题决议案》,1931年12

月 13 日）

八、矿产可租给资本家投资经营

……在苏区的矿产可租给允许遵守苏维埃法令的资本家投资经营。

（《湘鄂赣省苏国民经济部六七月经济建设工作计划》，1935 年 5 月 20 日）

根据土地法之规定，一切矿产的所有权与开采权都属于国家。但现为增加矿产生产及发展社会经济起见，国家准将矿产开采之权出租与私人资本投资开采，并根据工商业投资条例，规定矿产开采权出租办法公布如下：

一、凡属地下埋藏之矿产如金、银、铜、铁、锡、煤炭、钨砂、石灰等都准许私人资本承租开采。

二、凡承租人必须向当地县政府订立租借合同，订明承租年限、应纳租金等，但特种矿产如钨砂矿、金矿等须经省政府批准。

三、已经开采之矿产如煤炭、钨砂、铁矿等亦须向县政府申请承租开采权，限 9 月内一律订立租借合同，订定租借年限、应纳租金等。其租金自 8 月份起算，须按期交齐，否则停止其开采。

四、该项租金由各县政府与承租人双方而定，或由县政府规定最低限度租金，招商投票以多为得，但投票人须先缴押柜金若干，如得后之悔者即将押柜金没收，但投票规则由县政府规定。

五、承租人与政府订立合同后，必须先缴 2 个月租金以为押运租金，以后即按月缴清，不缴或欠缴租金者即将该押租金扣除，并停止其开采。

六、承租人除履行合同条件，按月缴纳租金外，必须依照苏维埃一切法令，如劳动法、登记条件等，并须依照租则缴纳所得税，否则依照法律处分，但合同内订明税款并入租金计算者不在此例。

七、承租年限期满后，须再请该管政府之许可，重订承租合同，始准继续开采。

八、属工人××合法手续组织生产合作社，对于各种矿山之开采有优先权，并得比私人资本减少租金。

九、为发展纸业生产与改良地质起见，石灰任人自由烧制，不收租金。

（财政人民委员邓子恢《矿产开采权出租办法》，1932 年 8 月）

九、正确执行政策，苏区经济迅速恢复

目前苏区内部农村经济有相当的恢复，各市场商人都能经常自由营业，莲花一带群众合作社农村都已普遍，金银颇为流通，各种普通日用品都能买到。不过西药及特用品购买较为困难，农产品货物价格特别低廉，米每升之钱 50 文，肉每斤之钱 600 元，群众生活较革命前都改变了。

（《德湘赣苏区省委综合工作报告》，1931 年 10 月 26 日）

经济政策的实施，在这一年是有相当成绩，特别是商业恢复，使工农群众日用品的供应在敌人封锁之下还能继续输入。为发展生产，颁布了工商业投资条例，但苏维埃生产品输出的方面比较输入上还是差些，主要是敌人封锁与资本家逃跑。

（《中华苏维埃临时中央政府一周年纪念向全体选民工作报告书》，1932 年 11 月 7 日）

第三节 劳资关系的管理

一、有关劳资关系的规定

（一）工人有组织工会及开会、言论、出版、罢工的自由，如有破坏工会或禁止罢工者严办。

（二）老板不得无故辞退工人，否则除将全年薪金加倍发给外，另以路途远近酌发川资。

（三）老板、师傅，不得打骂苛待工人学徒。

（四）失业工人，由县政府、总工会共同组织失业救济委员会，设法救济。

（五）各业工会，得依照物价比例及劳动情形提出加薪改良待遇，但须由县政府、总工会批准。

（六）学徒期限最多 2 年，在学习期间须有相当工资，学徒不为老板、师傅做私事。

（七）女工及青年工人，与男工成年工人工作相等者工资一律平等。

（八）工人、学徒、牧童有病时，由东家发给医药费，照给工资。

(九)老板不得无故歇业,致工人失业,如有借故无故歇业者,须将存货盘算,归工人经营,分期算还资本,不得取利。

(十)老板如因亏本倒闭者,须经工会审查。

(十一)雇工店员,晚上不做工。

(十二)老板、师傅,每天须给相当时间给工人学徒读书。

(十三)工人开会及例假、纪念的休业期间,老板须照给工资。

(《永定县劳动法》,1930 年 2 月永定县第二次工农兵代表大会通过)

二、经济斗争的原则

在苏维埃政权之下经济斗争中间举行总同盟罢工,妨碍商品流通,妨碍红军的作战行动,而且被资本家利用去团结一致来反对工人的斗争,来实施对于苏维埃经济上的怠工。因此这种总同盟罢工不但是斗争方式上的错误,而且是政治上的极大错误,非但对于工人阶级最高利益——巩固苏维埃政权没有任何利益,而且不能提高工人的阶级觉悟与政治觉悟,不能正确地提高群众的积极性。

(陈云《关于苏区工人的经济斗争》,《斗争》第九期,1933 年 4 月 25 日)

劳动法的执行,决不能使我们苏区的经济衰落,然而我们在执行中,却表现了对这一基本问题的许多不了解与漠不关心的态度。我手头里有许多商人老板给工会的请求书,从这些请求书中,可以部分看出机械执行劳动法的结果,必然是工商业的凋零。例如,汀州市昂格斯路恒丰茶烟店共有资本毛洋 1000 角,曾由工会介绍工人去做工,其中刨烟工人李振光,从止,每月工资大洋元,又年关双薪 20 元,年关的鞋袜大洋 5 元,特别要求大洋 3 元等等,老板共计付洋。然而,尤其奇怪的,是这个工人并没有在店内做过一天工,因为这个工人大约是在苏维埃政府或其他地方开会去了,因为依照劳动法五十二条,都不得克扣工资,甚至还要增加许多花样(如工人是少先队员,则老板还须发雨衣、梭标、制服、套鞋等等,过去除旧历年关双薪外,还有过年费等等),那结果,老板当然不能负担,而倒闭他的企业。

(洛甫《五一节与劳动法执行的检阅》,《斗争》第 10 期,1933 年 5 月 1 日)

在经济斗争的领导上,尤其是在中央苏区、汀州、瑞金、会昌、石成等城市工人中,不问企业能力的适当与否,提出了使企业不得不亏本倒闭的要求,执行强迫介绍失业工人"吃完再说,不管将来"。常常使企业因此不能负担而迅速倒闭。对于工农集股的合作社与雇用辅助劳动的小手工业者,采取与反对资本家一样的策略,领导学徒过"左"的反对师傅,青工的过分要求与不遵守自己订立的合同,强迫老板集中营业组织所谓"合作社"(如理发),……这种"左"倾的错误,这种错误执行的结果,不仅使企业倒闭,妨碍苏区生产的发展,可以走向完全消灭私有资本,这就不仅工人自己失业,而且引起农民极大的反对,这就妨碍苏维埃政府的巩固。

(《苏区店员手艺工人在经济斗争中的任务》,1933 年 5 月)

三、实事求是地领导工人与资本家作合理的斗争

在领导工人经济斗争中间,存在着极端危险的工团主义,这种工团主义的倾向,表现在工人群众只看到行业的狭小的经济利益,妨碍了发展苏区经济,巩固苏维埃政权的工人阶级的根本利益。许多城市中商店作坊中提出了过高的经济要求,机械地执行只能适用于大城市的劳动法,使企业不能负担而迅速倒闭。或者不问企业的工作关系,机械地实行 8 小时与青工 6 小时的工作制。不顾企业的经济能力强迫介绍失业工人。在年关斗争中许多城市到处举行有害苏区经济流通的总同盟罢工。这种"左"的错误,可以使许多企业作坊倒闭。资本家乘机提高物价,所以这种工团主义的倾向破坏苏区的经济发展,破坏工农的经济联盟,破坏苏维埃政权,破坏工人自己彻底的解放。……最审慎地去考察资本家怠工与否,分别各种情形去执行不同的策略,领导工人坚决地反对在经济上故意停止营业破坏苏维埃经济的资本家,监督这个店铺作坊的生产,对于确实因为没有来货可售的或是确实生意清淡将要倒闭的资本家,工会应该领导工人要求资本家继续经营。同时应该领导工人在他们自愿的条件之下,减少一部分工资到企业不致倒闭为度。在某些企业的工作关系上不能实行 8 小时工作制(如

木船等),应该取得工人的同意用增加额外工资的办法来补偿额外工作的时间。党与工会只有这样去了解实际情形,给与各种工人以具体的领导,才能提高群众斗争的积极性,取得工人的信任,团聚群众于我们的周围。

(陈云《关于苏区工人的经济斗争》,《斗争》第9期,1933年4月25日)

四、机械地规定八小时工作时间是不适宜的

(汀州的京果业)各店所做生意因为乡邦生意与城邦不同,生意的时间也不同(譬如接近田郊的店铺,每天上午8时后,下午4时以前较忙,因为这个时间内是农民到汀州来赶市的时间,本城内某些店铺因城内居民的生意较多,所以在上午8时前下午4时后较忙)。

所以机械地规定8小时或者几点工作时间是不适宜的。

(陈云《关于苏区工人的经济斗争》,《斗争》第9期,1933年4月25日)

五、关于工厂、商店、工场、手工业、运输等业工人的规定

第二章　工厂工人条例

(房屋、机器、原料都是厂主所有,采用分工方式,工人卖出劳动力支工钱者为工厂工人,如织布、织纱袜、电灯、机器等属之。)

一、工人每日工作不得超过8小时。

二、工资按照生活程度增加,多少由工会自定。

三、工资要按期发给,期限由工会自定。

四、预支工资不得折扣利息,暴动前过支之款取消。

五、厂主不得无故停工,如因亏本倒闭者,要照发2个月之工资。

六、厂主不得无故开除工人,开除工人要经工会同意。

七、工人疾病死伤,其医药费、抚恤费由厂主供给,多少由工会自定。

八、工厂房屋要注意卫生,工厂中要经常有充足茶水。

九、厂主不得打骂虐待和侮辱工人。

十、纪念日例假休息,工资照发。

第三章　商店工人条例

(老板运用资本雇用工人经营买卖事业者为商店,商店工人如管账、买卖、打什、学徒、伙夫等属之。)(以下从略——编者注)

第四章　工场作坊工人条例

(雇用工人集合一个场所运用手工,定期工作者为工场工人,如做纸、木行、做茶、刨烟、做鞋、理发、缝衣、打棉绒等属之。)

一、暴动以前过支东家之款取消。

二、工钱按照生活程度增加,并规定最低限度工资,由工会自定。

三、工人先支工资,不准折扣。

四、工人疾病死伤时,医药费、抚恤费由东家供给。

五、洗衣费、理发费由东家供给。

六、工场作坊内卫生要东家设法改良。

七、工人因病回家,要给以川资。

八、东家不得利用秤头银水剥削工人。

九、工场工人要有一定牙制。(可能为牙祭即改善伙食的意思——编者注)

十、东家不得无故停工,因故停工者照最低限度支薪。

十一、东家不得无故开除工人,开除工人须得工会同意。

十二、东家因亏本倒闭者,须照发2个月工资。

十三、东家无故停工半年以上者,其工具由工人没收使用。

十四、东家不得借故克扣工资。

第五章　自由手工业工人条例

(用工人自己之工具和劳动力,照双方订立工资日期或件数为人工作者为自由手工业工人,如乡村间之泥水、木匠、缝衣、理发等属之。)

一、由工会规定最低限度工资,按照生活程度递加。

二、不准工头抽收工资。

三、工作时间最多不得超过8小时。

四、在工作期间内,工人疾病死伤,由东家酌贴医药费、抚恤费。

五、逢天时不好不能做工时，伙食由东家供给。

第六章　运输工人条例

（为人运输货品者为运输工人，如船夫、挑夫、木排、拖树、码头、邮差工人等属之。）

一、力资照生活程度增加，要规定最低限度工资，多少由各工会自定。经总工会批准行之，不准由行家操纵。

二、力资一律照现银扣算，不得用银水七折八扣。

三、运输易消耗之货品，要规定消蚀程度，老板不得任意克扣其力资。

四、运输长途货物者，老板要先付力钱做路费，不计利息。

五、不准行家吃秤头。

六、挑夫工人疾病死伤者，由工会向商家募款救济。

七、运输工人之力钱，货到交清不得留难。

八、禁止工头抽收工人工资。

九、码头上下货多时，行家要发点心。

十、木排、拖树、船夫工人在工作期内，疾病死伤者医药费、抚恤费由东家发给。

十一、放排困难时耽搁者，伙食费由东家负担。

（《闽西劳动法（1930 年 3 月 25 日）》，闽西第一次工农兵代表大会通过）

六、集体合同、劳资合同、艺徒与艺师合同集体合同与劳动合同

（一）为什么要有集体合同

中华苏维埃第一次工农兵代表大会颁布的劳动法，规定了雇工手续，雇主雇用 5 人要经过工会或劳动介绍所。雇主与工人之间，订立集体合同、劳动合同，为什么要有集体合同呢？因为资本主义制度下面资本家愿意工人分散，不愿意工人有团结力量。所以代表工人阶级利益的组织职工会在资本家心里是不愿意承认他的地位和权利的。资本家在雇用人工时，也不经过工会，工人因为没有组织的力量来保护自己的利益，所以只凭资本家单方摆布，做工的条件不是由工人或工人团体与资本家对等商定，而是由资本家随意决定，资本家是剥削得越多越好，我们工人只能生死归他。但是在苏维埃政权下，职工会是有法律的保障，是合法的组织，所以全苏大会颁布的劳动法给职工会有订立集体合同之权，就是要铲除资本家这种不合道理的特权，使职工会代表工人利益，和资本家订立双方同意的合同，这个合同的条件不能比劳动法的规定逊劣，由工会和资本家订定签字后，交给苏维埃劳动部批准注册，其目的是防止有逊劣劳动法的条文，这样就使工作时有了法律的保障，工会的保障和合同的保障，集体合同另一种作用或是因为劳动法所规定的。在集体合同上可以定出很详细的条件，可以定写比劳动法更好的条件，并上集体合同，一经劳动部注册，资本家违反集体合同，就等于违反劳动法。

（二）集体合同与劳动合同

不论集体或劳动合同，必须载明双方订合同人的姓名和各项工作条件的一切条文、工资、工时、专门定发给及青工女工的报酬，集体合同的权利的记载，使各工会对于此项合同能够易于记载，特将各种合同举一例式如下：

一、集体合同（此合同一例于内容根据瑞金洋货业条件不作为依据）

订立集体合同人瑞金县店员工会（以下简称工会）代表瑞金全县洋货业全体工人（以下简称工人）今定

瑞金县茂丰和、王福昌、德泰隆洋货号雇主（以下简称雇主）订定集体合同，共同遵守。应将各项条件开列于下：

1. 雇主自本年 1931 年 10 月 1 日起加倍增 5 人的工资，年工资 90 元以上者 1 成；80 元以下者加 2 成；60 元至 70 元者加 3 成；40 元至 50 元者加 4 成；最低工资加 5 成。

2. 工人最低工资每年平均〇〇元；

3. 学徒决定 1 年学活年工资〇〇元；

4. 雇主开除工人必须得工会工人同意；

5. 每家雇主须发给工会办公费和工人文化费，按工人每月工资数的 3% 计算；

6. 雇主请工人须经过失业劳动介绍，或经过工会，不得私自请工人；

7. 工人生病药费由老板出钱诊愈为止；

8. 青年工人不作对身体有害的工作（如很重的东西），工作时间 6 小时；

9. 童工工作 4 小时，不许保他职务以外的事情，并且雇主不得打骂青年童工学徒；

10. 工人去开会或参加群众工作，雇主按每月中等工资发给工资；

11. 成年工人只做8小时工作，如超过8小时则按时发给工资；

12. 星期日及法定的休假日均须休假工资照发；

13. 工人做五六个月以上得发半个月每年1个月工钱；

14. 雇主须发给工作专门衣服；

15. 规定工资每月发给1次，每月1日至16日为发工资日子，过期按50%之下罚款；

16～19(略)

20. 本合同自1931年10月1日发生效力；

21. 本合同有效时间为6个月即到1932年3月31日为止，合同期满后须由双方之一提出订立新合同，在新合同未签立之前旧合同仍有效；

22. 工会有随时向政府请求取消合同之权；

23. 本合同经瑞金县苏维埃政府劳动部批准后发生效力。

公历1931年9月26日订

订约人：瑞金县店员工会

执行委员长×××

茂丰和洋布号代表

王福昌洋货号代表

德泰隆洋布号代表

二、劳动合同(其内容不作为标准)

订立劳动合同人工人×××、×××(以下简称工人)，瑞金县茂丰和洋布号雇主(以下简称雇主)订立劳动合同条文如下：

1. 工人工资议定每月大洋××元，伙食由雇主供给；

2. 雇主于月之16日付工人上半月工资，下月1日支付上月后半月的工资，不得拖长；

3. 工人按店内买卖营业，所有店内杂务(如烧饭打扫等)雇主不得强迫；

4. 工人工作每日8小时，上午7时至下午5时为一班，上午12时至晚上8时为一班，每日轮流上下班；

5. 星期天及法定假日实行休息，如不休息每日工作应按1元计算，关于此项决定并须得劳工检查机关及工会特别认可休息及纪念日的前一日工作时间减少2点钟；

6. 工人参加每次会议，雇主不得禁止，工资不得克扣；

7. 工人住宿尽量由雇主供给，夏天发给蚊香，住宿舍如有风吹雨漏雇主都要随时修好，不至受冻受湿生病。

8. 工人如有不幸生病，雇主请医诊视费由雇主负担直至病愈为止；

9. 工人伙食由老板供给，每日每人以×角×分为标准，每星期供肉类一次不在此内；

10. 工人茶水费归雇主发给，不另出钱；

11. 雇主并给工人每年例假1次，最少1个月工资照发；

12. 雇主不得无故开除工人，如辞散工人在1个月前通知，辞散时要多发2个月工资；

13. 雇主每年须发给全套工作服、帽子、一双鞋子，期满后无论其是否破，雇主一样重发新的；

14～15(略)

16. 本合同未签字之前，须送工会检查；

17. 本合同为无定期之合同，得工会许可工人有随时提出取消和修改合同之权。

公历1932年4月4日

订签人工人：×××、×××

雇主茂丰和代表

瑞金县店员工会执行委员长×××

三、劳动合同(艺徒的)

订立劳动合同人艺徒年17岁，××乡人，以后可许艺师今与瑞金县某店老板××(以下简称艺师)订立艺徒合同条文如下：

(一)议定1年内，由艺师传授艺徒以下技艺：

1. 珠算，辨别银洋好坏的方法；

2. 认识粗浅之字；

3. 煮菜的技艺；

4～5(略)

(二)学徒担任在内工作，以店内业务为限，所有不关营业的杂务都不负担。

(三)艺徒工作时间以6小时为限。

(四)艺徒工资每月××元，每月1号、15号2次付清不得欠。

(五)艺师发给单衣两套，夹衣、棉衣各一套。

(六)工作时围身布裙由艺师发给。

(七)艺师不得打骂艺徒。

(八)艺徒参加工会会议及外出，艺师不得阻止，如艺徒出外读书，艺师应津贴钱，每月×毛大洋。

(九)艺徒住宿地方务要清洁不漏风雨，棉被蚊帐归艺师供给。

(十)～(十三)(略)

(十四)本合同经酒馆业批准后,自×月×日起实行,有效期间×月×日。

(十五)本合同在满期前艺徒得工会许可提出修改与取消的权利。

1932年　月　日

订约人:艺徒×××

艺师×××

中证酒馆业工会印

代表印

七、订立合同要切合实际

现在抄一个(指师徒合同——编者注)在下面吧。"成年工人8小时,青工6小时,童工4小时,若多做时间,工资加倍。星期日不做工,工资照给,若要做时,经过劳动部及工会同意,工资加倍。工人吃烟,穿草鞋,剃头等都要师傅发给。工人去当红军,应要师傅发3个月平均工资。工人参加机关工作,要师傅发给1个月平均工资。无故不得开除工人,若要开除工人,经过劳动部及工会同意,发给3个月平均工资等等",工资则一般的每月40毛到90毛。试问在这些条件下,这种沿门卖工的师傅,还有愿意带学徒的吗?

洛甫《五一节与劳动法执行的检阅》,《斗争》第10期,1933年5月1日

一、不问企业能力的适当与否,提出了使企业不得不亏本倒闭的要求。二、对于工农集股的合作社与雇佣辅助劳动的小手工业者,采取与反对资本家一样的政策,领导学徒过"左"的反对师傅,青工的过分要求与不遵守自己订立的合同,强迫老板集中经营,组织所谓"合作社"(如理发)………

一、按照企业的实际情形,正确估计资本家怠工与否,……规定出每个企业的一般要求标准,……按照这个标准有伸缩性地去进行与每个店铺、作坊、资本家谈判订立各个企业的劳动合同。二、对于确实因为敌人经济封锁而长期无货可售,或者确实因工人要求过高而使企业在目前情形下不能担负者,……规定暂时的适合于目前情形的短期合同。三、对于工农集股的合作社企业与雇佣辅助劳动力的小手工业者,……采取与对资本家不同的方式,帮助合作社的发展,提高合作社的生产量,发展苏区的工业经济。四、对于劳动法上的某些条文应该活泼地运用,如果某些企业工作上的特殊情形,而不能实行八小时工作,可以采取轮班工作,轮流休息的办法,在得到工人同意后可以在一定限度内延长一部分工作时间,另给额外工资来补偿额外工作时间。

一方面要反对开除学徒,消灭对于学徒封建式的剥削与虐待,另一方面必须纠正学徒对企业或师傅过高的要求。

(《苏区店员手艺工人在经济斗争中的任务》,1933年5月10日)

如工人去当红军要雇主发给工人3个月工资,工人参加机关工作要师傅、老板发给1月工资,若开除工人工作,经过劳动部及工会同意发给3月工资,沿门卖工的师傅若带了学徒,不问有无工做,要包长期工资,甚至劳动法上没有规定的条文,过去除旧历年发双薪外还要有过年费,工人赤卫队员要有过年费,工人赤卫队员要雇主发雨衣、梭标、制服、套鞋、斗笠,工人吃黄烟、穿草鞋、剃头的经费要雇主发给。特别是在乡村市镇工农集股的各种合作社和国家企业以及小船主、纸业、锅炉等等生产机关,不分阶级地亦把劳动法的每个条文同样地放在该企业而机械地执行等等。

(《江西省苏维埃政府劳动部训令第四号——关于订立和修改合同问题》,1933年6月20日)

我对于汀州京果业签订合同之前,首先找到2个党员,详细地问了他们现在京果业的营业情形,京果业生意的利润,问了关于上半年所订的合同是否每一条文都实行,问了工人对于"五一"代表大会的态度,问了工人对于企业在现在情形下,对订立合同的意见与要求。经过两点钟的考察,知道在水西渡红军与白军打仗之后,国民党对于苏区经济流通上加紧封锁,许多货物因为不能从上杭运货,在这种情形下,成本较高而营业减少,中间又有些资本家借口封锁,故意不进货。许多工人对于工资等等的要求觉得现在企业是不能担负了,但是对于五一大会上说"按照企业的能力,提出适当的要求",工人认为不满,因为如果按照企业情形,在现在情形下,工人不吃老板饭,不拿工资,与老板无代价的工作老板仍要亏本。了解了在4月、5月、6月3个

月是该业生意较淡的时期，尤其加上上杭完全封锁的临时的特殊情形。经过这个考察，我对于企业情形与工人情绪有了大概的了解，就能够有初步的把握去与工人讨论合同的条文。

（陈云《怎样订立劳动合同》，《斗争》第18期，1933年7月15日）

从汀州一部分工人和木船工人的合同上检查起来，过去所订劳动合同，好些是没有实行，所以不实行合同的原因，一方面是资本家的怠工破坏，另一方面有些合同的条文连工人感觉到难于实行（如店员中木船工人中机械规定8小时工作时的分配，机械地规定星期日休息），……许多工人对于工资等等的要求觉得现在企业是不能担负了。

（陈云《怎样订立劳动合同》，《斗争》第18期，1933年7月15日）

八、劳工监督委员会的组织任务

在目前资产阶级性民权革命阶段中，私有制度不仅不能立即废除，还必须利用这一私人经济来发展非资本主义的前途。过去我们攻克某一城市，便将许多商品随便没收，这是盲动主义的反映，是不合苏维埃经济政策的，必然会使商业经济遭受损失而增加革命困难。现在赤色局面开展了，各乡村市镇均已次第克服。对于商店既不能无条件地没收，又必须实行劳工监督与征收累进税，以限制私人资本的发展，而发展社会主义经济。因此成立劳工监督委员会，实为占领城市实施经济政策中最主要的工作。本府特规定劳工监督条件，随令发仰该各级苏府一体知照，协助工会将劳工监督委员会迅速建立，是为至要。

附：劳工监督条件

1. 不没收私人资本，准许商人自由营业。
2. 实行劳工监督。
3. 一切资本须向政府登记，不准无故倒店闭厂，不准怠工，不准移开暗消资本。
4. 如有特别情况必须停业改变经营者，须得监督委员会之许可及政府之批准。
5. 每工厂、每商店须组织劳工监督委员会。
6. 监督委员会设调查、登记、监察3科，管理监督委员会之一切事宜。
7. 监督委员会有调查登记、防止种种谎谬、假造账目、勾结工贼违法作弊及怠工停业，和定期向全体工人报告之责。

（《平江县工农兵苏维埃政府通令》，（第四十九号，1931年）

中国革命的目的，是要达到社会主义前途，在中国没有过渡到建立社会主义经济以前，以生产落后的国家，必须利用资本，来帮助生产的发展和运输的灵便，所以苏维埃特准许私人资本自由营业，但为要防止工厂、商店怠工、停业、舞弊、假造账目及勾结工贼以企图破坏苏维埃的经济政策等，就需要工人对工厂、商店实行直接监督，组织劳工监督委员会，担负这个责任，同时并执行调查登记的任务。

（《湘鄂赣省工农兵苏维埃政府通告》，第四十四号，1931年12月24日）

3. 劳工监督委员会，直接受工会指导，间接受苏维埃的指导，他对于调查工厂、商店资本数目之多少及其消长情形，可以直接报告苏维埃，以为征税的标准。目前苏维埃政府对于私人商业及工业资本登记和征收商业累进税的工作，急需迅速进行，因此各处劳工监督委员会都要很快地组织起来。对私人企业资本，立即要有一个正确的调查与登记，防止商人舞弊，少报资本数量，免致减少政府税收。

4. 劳工监督委员会，是为保障工人利益，反对资本家的压迫和防止资产阶级怠工舞弊等而组织的，过去有些工人不能分清斗争的对象，认为苏维埃所经营的生产机关，同样要组织劳工监督委员会，这是错误的。因为政府所办的生产机关，即是工人群众自己所有的一部分的经济事业的建立，所以工人对于政府所经营的生产机关，无所谓执行劳工监督生产，只应该工人来参加管理生产。

（《湘鄂赣省工农兵苏维埃政府通告》第四十四号，1931年12月24日）

我们要坚决反对没收一切工厂、银行、钱庄、大商店的企图，赣州的手工业工厂以及电灯厂等，我们既不能破坏，也不应收归国有，而应当是保留在其旧有者的手里，可是一定要组织工人实行劳动法，实行监督生产，所谓监督生产，是由工厂委员会或同业工人产生出忠实有经验工人组织监督生产委员会监督厂主，防止其怠工、停止生产或破坏苏维埃经济，这与过去由工人保管老板钱柜和账簿的所谓“监督资本”是完全不同的。

（《红军总政治部关于赣州工作给红三军政治部的指示信》，1932年2月15日）

5. 在必要地方实行劳动（经过工人群众的组织）监督生产的办法，纠正过去劳动监督资本，妨害商业发展的错误。

（胡梓《加紧领导执行正确的经济政策和纠正过去右倾“左”倾的错误》，载《红旗》（中共湘鄂赣临时省委机关报）第二期，1932年4月25日）

苏工监督生产，不是管理生产和资本，而是监督老板执行劳动保护法的程度如何，生产的生产品是否根本与工农利益红军作战有妨碍的。

（《中共闽粤赣特委常委第一次扩大会议的决议》，1931年2月27日）

关于劳动问题：实行工人监督生产，不是管理商店。

（《闽西苏维埃政府布告》，1931年4月4日）

工人群众应当站在正确执行苏维埃经济政策上面，尽量利用私人资本，发展苏区生产，繁荣苏区市场，监督生产，纠正以前误解工人监督资本特别是不力争劳动保护法正确执行的错误。

（《鄂东南苏维埃第一次代表大会苏维埃工作决议案》，1932年6月20日）

监督生产的办法，过去把现金完全集中于工人管理，不让资本家有丝毫权柄来支配现金是错误的。正确的监督生产方法，应该时刻计算企业的生产上、贸易上、经济上的情形，监督生产上的提高，要求资本家在一定期内报告营业与经济情况，登记进出的现款与货物。不让其故意将现款收藏停办货物，不让资本家故意浪费，破坏生产。

（《苏区店员手艺工人在经济斗争中的任务》，1933年5月10日）

九、对资本家经营的企业实行劳工监督

实行劳工监督——对于资本家所经营的企业，除了操纵社会（国计民生）的应没收以外，根本的策略是用苏维埃和职工会的力量来监督，防止他们违法作弊，以消灭其在经济上积极或消极破坏革命的行动。不管三七二十一，一律没收，结果必然增加经济上的困难与纷乱。这不是与革命有利益的了。

（《鄂西特委代表大会关于苏维埃组织问题决议案》，1929年12月）

……苏维埃对于本国资本家的企业及手工业尚保留在旧业主手中。尚不实行国有，但由工厂委员会、职工会、由工人监督生产。若这些企业主怠工，破坏苏维埃法律或参加反革命的活动，故意破坏和停业生产，则必须立即没收他们的企业，按照具体条件，交给工厂劳动协作或苏维埃政府管理。

（中华工农兵苏维埃第一次全国代表大会通过的《经济政策决议案》，1931年12月1日）

十、私人银行、钱庄应派苏维埃代表监督

……对各土著及大私人银行与钱庄，苏维埃应派代表监督其行动，禁止这些银行发行任何货币。苏维埃应严禁银行家利用本地银行，实行反革命活动的一切企图。

（中华工农兵苏维埃第一次全国代表大会通过的《经济政策决议案》，1931年12月1日）

十一、解散行会，组织职工会

……苏维埃政府应当组织商业的店员在阶级的联合之内而解散商会等的团体（同业工会、资本家行会），禁止大商人的同业公会的意志，来调节物品价格的一切企图，商会同业公会的房子应该尽可能地移交于相当的工会。行会的手工艺学徒和学徒之中，进行群众的工作，组织他们在阶级的职工会之内，这是目前非常重要的任务。当手工业的艺徒和学徒相信职工会以后，便必须解散手工业的行会。这里我们便必须注意这些行会的与宗教的成见。对于行会，宗教风俗习惯不必严加干涉。

六、如果有银行工会（钱业工会）便应该解散。

（《苏维埃政权的经济政策（草案）》，共产国际东方部，1933年8月10日）

第四节　对外资企业管理

一、允许外国企业重订合约，经营工商业

但是在目前，中华苏维埃共和国临时中央政府并不反对与世界各帝国主义国家的政府重新订立完全平等的条约，在苏维埃区域内，这些国家的人民在不违反苏维埃一切法令条件之下，可以有经营工商业的自由。但中华苏维埃共和国必须声明：任何违反苏维埃法令的行动，立刻会使犯罪者失去一切自由与他们所有的一切财产。

（《中华苏维埃共和国临时中央政府对外宣言》，1931年11月7日于江西）

2.不违反苏维埃法令的外国企业准许照常营业。

湘鄂赣省工农银行票币银洋贰角票背面印有苏维埃的经济政策十条。（湘鄂赣省工农银行于1931年12月成立，发行票币，1932年12月在全省选民工作的报告中规定“湘鄂赣省工农银行的票币，不得再发行一文，并限3个月内收回”。据此看来，时间在1931年12月——1932年2月之间—编者）

二、对操纵经济命脉的帝国主义经济实行国有

（一）为保障国家完全独立和民族解放起见，苏维埃政府将操在帝国主义手中的一切经济命脉，实行国有（租界、银行、海关、铁路、航业、矿山、工厂等）。在目前允许外国某些企业重新另定租借条约，继续生产，但必须遵守苏维埃一切法令，实行八小时工作制及其他各种条例。如某些企业主违反这些条例，实行怠工和关厂，或干涉苏维埃政府的行政及维护反革命，则必须立即没收其企业作为国有。

（《关于经济政策的决议案》，中华工农兵苏维埃第一次代表大会通过，1931年11月）

苏维埃政府争取中国完全整个地独立，应当有将帝国主义手中，一切经济命脉收归国有的方针（如租界、租借区、海关、银行、铁道、航船、矿山、工业的企业等等），在目前又有外国工厂能履行以下的条件的时候，才能允许他们继续生产，即实行八小时工作制，承认并实行社会劳动法，承认工厂委员会。外国的企业家对于这些条件如果破坏一个，无论是怠工生产，关闭企业，干涉苏维埃政府的内政，或帮助反革命等，苏维埃政府应立刻没收他，收归国有。

（《苏维埃政权的经济政策（草案）》，共产国际东方部，1933年8月10日）

第四章　市场管理

第一节　圩场管理

一、恢复、建立圩场

草林圩场　1928年1月14日,毛委员带一个连队到草林,建立中央根据地的第一个红色圩场——草林红色圩场。草林是遂川县较大的圩场之一,过去有一唐江、二营前、三草林、四大汾之称。东临县城,南通南康、上犹、赣州,西达湖南的桂东、沙田,北靠五斗江、黄坳、井冈山。是遂川西北地区土特产品的主要集散地和日用商品的中转站,也是国民党统治时期交通不便,使用肩挑交易的重要地点。

1927年,毛主席领导的工农革命军进入井冈山和遂川。12月22日,亲自带领一支工农革命军来到草林。毛主席来到草林后,住在水北潭前街肖万顺客栈的后楼。毛主席一来到草林就指示部队3人一组,分别深入街上和附近农村,宣传毛主席的革命路线、政策和保护中小商人的政策,广泛发动群众,有的在街上张贴标语,有的用红土或石灰在墙上刷写革命口号,有的找群众作口头宣传。圩场上和附近农村红军的标语,很快贴满了每一个角落。如"红军打土豪不打穷人"、"工农群众要有饭吃要衣穿,只有暴动起来,打土豪分田地"、"反对国民党政权""保护中小商人"、"中小商人和贫苦人民开门做生意明买明卖"、"红军不拿群众一针一线"。

12月24日,是草林逢圩的日子,又是旧历小年。这天工农革命军在草林万寿宫召开了群众大会,参加大会的除有草林乡各农会会员,圩镇商人和手拿梭标、鸟铳的暴动队员外,还有外面站坐的,共有二三千人。毛主席出席了这次大会,用通俗易懂的语言教育工农群众组织起来,打倒土豪劣绅。闹暴动求解放,反对封建剥削。同时还讲了红军的工商业政策,我们取消苛捐杂税,保护工商业,保护小商小贩,他们可以放心做生意。毛主席讲完话以后,就由王次捧宣布了草林乡工农兵政府的组成人员:主席王锡海;还有王华红、王相扬、刘英游、叶××、魏××等10多人,分任土地委员、组织委员、武装委员、财政委员和文书等职,办公地点设在文藻书院。接着在会上分了一部分斗争果实,如衣服、猪肉、铜板等给贫苦人民。

通过红军的宣传教育,毛主席的政策得到了广大工农群众和中小商人的拥护。他们奔走相告,中小商人纷纷回店开门做生意。当时第一个开门做生意的是郭芙英(他开的是南货店),红军明买明卖,他的货物不但丝毫未动,同时还受到了红军的表扬。这样市场就很快地繁荣起来了。

中小商人第一个感到的是,不要土豪和大资本家的垄断控制,可以自由买卖,物价稳定。

取消了国民党反动派的苛捐杂税和各处设立的税卡,中小商人做生意不要完税,有买有卖,市场活跃。

逢圩的人多,每逢一、四、七逢圩,四面八方的群众提篮挑担,络绎不绝到草林来做买卖,还有唐江、营前、寺下,广东,福建,湖南桂东等地小商人到这里做生意。

商品丰富,贸易通畅,草林地区的特产茶油、药材、茶叶、黄麻、粉丝、柑桔等大有销路。唐江的盐和糖,县城的百货、布匹,营前的生铁,桂东的硫磺也源源不断地挑来草林交易。

在群众暴动起来的情况下,对于草林地区的不法资本家进行了有力地打击,没收他们的封建剥削财产和分散隐藏的布匹等,有的罚了他们的款……

草林红色圩场开辟后,时间虽然很短,但发生了翻天覆地的变化,工农群众扬眉吐气,土豪劣绅威风扫地。市场逢圩的人,挤满了圩场,物价稳定,货物繁荣。"草林圩上逢圩(日中为市,3天1次),到圩2万人,为从来所未有。"

草林红色圩场对于满足人民的需要,巩固和发展根据地起了很大的作用,原来由于国民党反动派的经济封锁,有货无处卖,市场十分冷落。草林红色圩场开辟后,粉碎了反动派的经济封锁,市场活跃起来了。商品多起来了,有买有卖,公平交易,特别是给井冈山革命根据地,提供了源源不断的物资支援。

(江西省遂川县宣办调查组《关于草林红色圩场调查综合材料,草林红色圩场的政治经济情况》)

大陇圩场 1928年6月,根据毛泽东同志的指示,又成立大陇红色圩场。大陇区工农兵政府还在大陇红色圩场成立了相应的管理机构,并办了一个公营商店,发挥红色政权和公营经济对圩场的领导作用。

大陇位于宁一县南面,离遂川、一县、茶陵都较近,是开设圩场的一个比较好的地方。为了发展根据地贸易,粉碎敌人的经济封锁,1928年6月,毛泽东同志指示要在大陇开办红色圩场,要求专人负责筹办。随即,大陇成立了圩场筹建委员会,圩场筹建委员会坚决执行毛泽东同志的指示,发动群众,就地取材,只用了一个月的时间,就把圩场建起来了,一切准备就绪,于1928年7月16日正式开圩,并规定农历二、五、八为逢圩日。

一、政府管理圩场。领导圩场,大陇红色圩场开圩以后直接由大陇区工农兵政府管理,成立了相应的管理机构,负责组织圩场的贸易活动,处理圩场上出现的问题。区政府还派出赤卫队员,在圩场巡逻,保护圩场正常贸易,防止敌人破坏捣乱。大陇区工农政府还组织人员,对外来赶圩的群众和商人做宣传工作,向他们宣传革命道理,宣传我党保护中小商人的政策,鼓励他们来根据地做生意,并规定不准欺侮外来的群众和商贩客商。这对活跃大陇圩场起了很好的作用。白区的群众和商贩一来到大陇红色圩场,觉得什么都新鲜,心情格外舒畅,深感红区和白区是两重天,红军和白军两个样。因此,他们从茶陵、酃县、遂川等县,冒着生命危险翻山越岭,想尽一切办法,把食盐、布匹、西药等根据地奇缺的物资输运到大陇圩场来,有力地支援了根据地的斗争。

二、公营经济参加圩场的贸易活动,大陇区工农兵政府在圩场上办了一个商店。商店里货物很多,价格公道,凡是使用根据地自己铸造的银元,在这个商店里买东西,优先供应,并给予适当的优待。这在一定程度上发挥了公营经济对圩场的领导作用,而且有利于控制金融稳定物价,提高根据地自己货币的信誉。

综上所述,红色圩场的开辟,一改旧圩的面貌,打掉了土豪劣绅对圩场的控制和垄断,把圩场的领导权从地主豪绅手中夺了过来,直接由工农兵政府管理,实行了红色政权对圩场的领导。公营经济参加了圩场的贸易活动,起到了一定的主导作用。人民群众成了圩场的主人,他们之间的正常贸易受到保护,中小商人也受到保护,允许他们自由交易,有利可得,充分调动了他们参加根据地物资交流的积极性。取消了一切苛捐杂税,买卖公平,互通有无,红色圩场上呈现出一派生气勃勃的繁荣景象。

红色圩场的开辟,还沟通了根据地内外的商品流通。通过圩场贸易,不仅农民群众可以卖出自己多余的产品,买回自己必需的东西,互通有无,调剂余缺,而且也吸引了大批白区群众和商人来做生意,使根据地盛产的竹、木、油茶等能够运出去,根据地军民需要的食盐、布匹、西药等也能运进来,缺乏的东西在圩场上得到了一定的补给,活跃了根据地经济。支援了革命战争,同时也起了密切城乡联系,加强工农联盟,扩大革命影响的作用。

(《访问苏春兰记录》,1977年1月31日)

壬田圩场 红军来后,张贴布告到处宣传三大纪律,八项注意,保护中小工商业,除10多家地主开的赌店、鸦片烟店关门外,壬田和以前一样的热闹,赶圩的人和以前一样多,买卖的东西和以前一样多。

苏区前后在壬田圩开过中药店的张公佩说:“共产党来后,我父亲没有走,也没有关过店门。共产党出布告,三大纪律八项注意,保护中小工商业,我们不怕。当时,三家大药店全跑了。只剩下我一家,生意比以前好了。药材是由肩挑商贩挑来,店里有四五个人,也卖过一些油盐杂货,主要的是卖中药。苏维埃政府,没有向我们派过款或捐过款。我家自动购买公债,超额完成任务,受到政府的表扬。”当时开小商店的邹家阿说:“红军来后,我还继续蒸酒,做豆腐卖,没有停过业,当时贴了布告,保护小商人,公买公卖,我们非常拥护。”

(《壬田老同志座谈记录》,1973年5月)

寻邬圩场 寻邬城还是个店铺生意和圩场生意并行着的城子,以寻邬情形说,圩场生意代表半自然经济,店铺生意代表商品经济。店铺生意与圩场生意的比例是:店铺占,圩场占,可见商品经济势力超过自然经济很远了。圩场生意的要项如下:

第一,米。米生意全在一、四、七圩期做,店铺不做这门生意。米不但是本城许多人要的(本城人口中农民部分自己有米),而且运到广东去。梅县人或大柘人挑来1担盐,兑1担米回去,叫做"盐上米下",因此米,生意比寻邬城一切生意大,寻邬城的大宗生意是第一米,第二盐(年10万元以上),第三布匹洋货(10万元),第四豆(2万余元)……

第二,柴火、木炭、水炭子、片柴、把子柴、路基、从四乡挑来"赶圩"。……

第三,猪肉。前头店铺生意中已讲了的三个例子,其实应该讲在圩场生意里面,因为是圩场上的生意。

第四,猪子。细猪子(2个月的)和猪条子(3~4个月的)都没有行,都在圩场上买卖,每圩约30个,每月9圩共270个上下……

第五,鸡鸭。本地四乡来圩上零卖的,为数不多,平常每圩鸡鸭两门10把20只,也有时1只都没有人要的,这证明了寻邬城之苦。过年过节每圩可销100多只。价钱,鸡每斤4毛半,鸭3毛。

第六,竹木器。木器在圩场出卖部分已在前面店铺生意中木器项下附带讲过了。现在讲竹器,谷箩、谷笪(笪读态,即晒簟)、畚箕(挑灰粪下田的)、鸡鸭笼、猪笼、篮子、橐子(盛米果等碎东西的)、磨栏(即栏盘)糠筛、簸箕、睡床(睡椅)、灶捞捞箕、筷子、扫把、洗锅把、摄耳子(即鸢箕、比畚箕子)也可用鸢河子(即"得鱼忘筌"之筌)、茶篮。笠篢(斗篷)、菜篮、晒篮等等竹器通通在圩场上卖。

第七,小菜。芥菜、芹菜、苋菜、蒜头、脉子(霍)、芥藿菜、苦瓜、冬瓜、丝瓜、节瓜、甜瓜、黄瓜、西瓜、番莆(南瓜)、茄子(广东人叫吊菜)、凤菜(又叫空心菜,别地叫萝菜)、芋子、莆子、萝卜、韭菜、葱子、茼蒿菜、白菜、菜头(芥菜头)、当机(即刀豆)、辣椒、雪豆、彭皮豆(扁豆)、豆角、八月角(豆)、老虎豆、树豆子、青豆芽、黄豆芽、马齿、黄芽白,以上各种小菜都由附近乡村供给本城居民。

第八,鱼。有鲩、鲢、鳙、虾子、鲤、鲫、黄鳝、泥鳅、虾蟆、虾公、元鱼(脚鱼)、河鱼子,等等。普通市上卖的只有鲩、鲢、鲤、鲫、黄鳝、泥鳅、虾蟆数种,其余各种不经见……

第九,糖。粉、糍粑、那子(粉皮)、板子(软板子、铁练板、铁勺板、豆子板、油果板、糖板子、鱼子板、黄叶板、番薯板、即子板各种。)圩期到了,他们就来了,特别是"会景"的时候(迎故事或打醮的时候)来的更多,一两块钱本钱。

第十,水果。李子最多,荸荠次之。此外,枇杷、柚子、杨梅、柿子、桃子、桔子、柑子各有一些。水果不是很少的生意。

(毛泽东《寻邬调查》,1930年5月)

当时根据地的农村圩场贸易是相当活跃的,闽西革命根据地各区乡都有圩场,如长汀的四都就有四都、楼子坝、溪后、谢坊等4个圩场。永定有坎市、抚溪、湖雷、九圩排、歧岭、金丰等。上杭有庐丰、丰稔、官庄、古田、白沙、才溪、旧县、通贤、回龙。龙岩有雁石、龙门、大池、小池。连城有芷溪、新泉、庙前等。这些圩场大都是闽西的土特产如纸、烟、米、笋干等的集散地和日用品的中转站。如龙岩的龙门圩,有商店70余家。适中圩有80多家,至少的也有5~6家。农场之间,远的才距近40里。近的3里多。为便于圩民出卖自己的农产品和购买生活必需品,工农民主政府将原来10日一圩改为5日一圩,每圩贸易数额从数百元至数千元,赶圩人数多者1000余人,少者也有500来人,交易的货物有猪、牛、鸡、鸭、布匹、谷子、豆子、农具等。

农村圩场贸易活跃,对于沟通城乡之间,工农业之间的经济联系起着重要作用。

(孔永松、邱松庆《闽西革命根据地的经济建设》)

在我们红色腹地的商业过去因为策略的错误,以及AB团的故意破坏以至市场不堪了。在江西仍是圩场经济每隔几天一次圩,农民拿东西到圩场上来卖。现在因为策略的改变,允许自由贸易,所以商业又渐渐地恢复起来,市场的东西慢慢多了,一般的纸票均不用,只我们江西工农银行的纸票可用,普通是用大洋及铜元,有些地方小洋也用。现在奸商操纵市场的事还未发现,货物的价格没有规定。

(《中央苏维埃区域报告》,1931年9月3日)

二、整顿牙人取缔行户

一、取消包办制度,牙人只做一个帮助买卖的中介人,任买者卖者自由雇托,其双方可以面订,无须牙人说合者,听其自便。

二、牙人佣钱一律减少抽收,由卖者出钱,减少若干,由各所在地政府自定,但至少须减至一半以下。

三、牙人要向政府登记,经政府许可,其舞弊者由政府撤职查办。

四、如各地牙人太少,买卖有争执时,政府可添设牙人,但不宜过多,以能维持买卖为度。

五、以前承包之牙税及执照取消,以后不准再收税款。

六、城市行家得适用本条例。

(《闽西第一次工农兵代表大会宣传及决议案中取缔牙人条例》,1930 年 3 月 25 日)

剥削小商人的经纪,应绝对禁止。

(《中共湘鄂西第四次代表大会关于土地经济财政问题决议案》,1932 年 1 月 26 日)

查各种行户,完全是一种封建剥削的毒物。流氓市侩,拿些钱财,供献贪官污吏,窃取一纸牙贴。奸商就利用这种工具营业到 10 年或 10 余年,以剥削广大劳苦工农群众的血汗,甚至操纵物价,暗中赚得大批利润,往往不生产而可大发其工财。这是苏维埃法令所不容许的。因此县苏维埃第一次执委会议决定,所有行户一律取消;除布告及分令外,合行令仰。各级苏维埃政府,迅将所辖区域内各行户一律停止营业,并涂毁其一切招牌字样,以扫除封建残余,是为至要。

(《石首县苏维埃政府通令[第五号]》,1930 年 8 月 11 日)

三、整顿商品交换所

苏区和白区交易的方式是:在赤白交界处设有交换所,小商小贩把货物运到这里,苏区有关部门就凭发票和他们结算。在进货时,售货员按照一定的比率,把购运人的手续费一并计算在货物的发票上(大约照原价加 2 成,最高有达 6 成的)。苏区部门只按发票给钱,不另支手续费。

(《苏维埃时期的商业》,武汉师范学院历史系赴鄂东南调查组搜集整理,1959 年 1 月)

原设立的商品交换所,应切实地整顿起来,硬要收(买)苏区剩余的东西(除米谷、耕牛不准),特别注意农村间生产品等很活泼地运到白区兑换一切需用货物到苏区来。

各乡应尽量鼓励群众有剩余的出产品担到白区去兑换货物(可以准许白区群众来做生意)。

(《江西永新一区苏府第二次执委扩大会议》,1932 年 4 月 8 日)

帮助苏维埃建立赤白交界地方的货物交换所,利用白区(商)人贩卖进来,……同时要设法把大麦纸运到白区去卖。

(《萍乡县职工联合会接受省职工联合会关于动员群众积极参加大规模革命战争工作计划的决议》,1932 年 6 月 14 日)

在赤白交界的地方,有些地方(如吉安等县)建立货物交换所和列宁圩场,白区有许多商人来赤区做生意,白区运来的货物价格降低了,赤区出产品的价格提高了,群众的生活有相当的改善。

(《湘赣省委三个月工作竞赛条约给中央局的总结报告》,1932 年 7 月 17 日)

商品交易所须迅速成立,……外来货物均到交易所停止,苏区货物须设法由交易所输往白区,以调剂苏区有无与活泼苏区金融。

(《省苏来信》,1932 年 12 月 14 日)

合作社运动与商品交易所——省、县财政部都组织合作社委员会开展工作,消费生产合作社渐渐开始设立,商品交易所除省建立一个外(并有 2 个分所),浏阳、宜萍、万载各县均已渐次建立,其余各县还没有报告来,这两种工作加紧督促进行。

(《湘赣省苏维埃 1932 年的工作总结》,1933 年 3 月 6 日)

在赤白交界地方,建立商品交易所,把土产输出去,苏区必需品运进来。

(《鄂东南苏维埃政府第二次执委会决议案》,1933 年 3 月 26 日)

四、统一度量衡

度量衡由政府统一规定。

(《中共闽西特委通告第十五号》,1929 年 11 月 5 日)

商人所用秤斗尺,须造出一样,不得用手段来剥削工农。

(《闽西第一次工农兵代表大会宣言及决议案》,1930年3月25日)

过去鄂东南的度量衡非常复杂,现决定由本部制定统一的度量衡,发由各县群众按照式样仿制,至各群众原有的度量衡,准予改正后使用。嗣后如再有大进小出情事,应给予处罚。

(《鄂东南苏维埃政府内务部两个月工作计划》,1932年7月9日)

五、圩场卫生管理

各市镇的旧有街道,多是倾陷或凌乱不堪,驻在的苏维埃政府,应经常号召并督促市民及附近群众从事修理与打扫,需要些小经费,应责成商民(按照商人资本额摊派)负担。至于建立路灯、建立清道夫以及一切卫生事业(如修整茅厕等)的起码建设,都是商民本分应尽的任务。在某种条件下,苏维埃政府亦可稍稍拟款帮助。

(《阳新全县第二次工农兵代表大会目前苏维埃工作计划决议案》,1931年10月10日)

凡小贩与摆在摊子上的货物(食物等类)应用清洁物件遮盖,以免毒物接触。

禁止贩卖自死的猪、羊、鸡、鸭、牛与过时太久的食物。

盛食物的器具(油盐桶……)应用盖子遮住,以免细菌侵入。

(《中华苏维埃共和国湘鄂赣省苏维埃政府关于颁布〈市政卫生条例〉的训令》,卫字第四号,1932年6月2日)

卖灌水肉类,罚款并没收其肉类。

(《龙岩县第二次工农兵代表大会决议案》,1930年2月)

第二节 重要物资管理

一、粮食管理

粮食产销管理

1. 赤色区域中粮食要彼此流通,但对白色区域,则由区以上政府经营并限制输出。

2. 为维持各地粮食起见,凡粜米者须得乡政府粜米证,不得自由多粜,致出现米多跌价,以后米少饥荒。

3. 对城内粮食,政府应设法办理平粜,并准备各区自行筹款买米救济贫民。

4. 各区乡政府应调查各乡所存米谷,报告县政府以便调剂。

5. 商家贩运米谷,价格不予限制,办米者由政府给予采办证。

(《中共上杭执委对上杭县第一次工农兵代表会议的提案》,1929年10月2日)

一、各级政府、粮食委员会,应马上进行调查与统计,限期告县政府。

二、各级政府、粮食委员会,应经常开会,计划当地粮食的调剂,报告县政府。

三、组织办米合作社由贫民要籴米者入股,待政府帮助与优待。

四、保护米商办米,政府给予办米证,沿途予以保护。

五、禁止用青米做酒,如粮食发生问题时,得禁止人家做粉干。

六、粮食不敷的地方,禁止出口,如有政府采办证者不在此例。

(《龙岩县第二次工农兵代表大会决议案》,1930年2月)

(一)赤色区域中之粮食要彼此流通,但对白色区域,则由区以上政府经营,并限制输出。

(二)为维持各地粮食起见,凡粜者须得乡政府粜米证,不得自由多粜,致现时米多跌价,以后米少饥荒。

(三)在代表会闭幕后1月内,各区乡政府,务须调查各乡现存的米谷,报告县政府,以便调剂。

(四)各区须组织办米合作社,设法至外地(潮汕、平和、南靖等处)采办,政府给予帮助和保护。

(五)禁止用粘米造酒,以免耗费粮食。

(六)各区乡米谷的价格,不加限制,如有特种情形时,须经县政府许可。

(《永定县第二次工农兵代表大会决议案》,1930年2月)

(丙)调节粮食之产销。

一、由政府出布告禁止青米做酒。

二、禁止米粮输出到白色区域,但赤色区域内仍要流通。

三、禁止做粉干,如有特别情形者可暂缓。

四、粮食缺少地方组织办米合作社,向白色区域买米,米多地方要组织贩卖合作社,运米到别地销售,政府对办米合作社要帮助其进行。

五、各县要在余米地方做好工作基础,要派游击队帮助其斗争,使余米地方送米入境。

六、各级政府经常召集米商米贩开会,讨论采米办法,并帮助其进行,予以保护。

七、各乡政府要调查统计粮食多少数额,报告县政府,以资计划调节。

八、各级政府不得限定米价。

(《闽西第一次工农兵代表大会宣言》,1930 年 3 月 24 日)

工农劳苦群众,原受国民党以及反动政府、资本家、地主、买办、奸商一切反动统治势力压迫,经济生活苦不堪言。查本省既在中国共产党领导之下,汇合全省工农兵总暴动力量以夺取湖南全省政权,本府因此应运诞生,建立此崭新工农士兵贫民革命的独裁政治,惟值此方就来苏之际,必须切实代表我贫苦工农阶级利益作目前切要之广大的经济斗争,决以暴力打破反动经济封锁政策,方足稍解倒悬,兹就目前经济情形,暂行规定如下:

(一)没收反动派的谷米,由本府分给工农以及贫苦民众。

(二)由本府制定低廉价格,发粜所有存仓积谷。

(三)重新规定各项如下:

(甲)米价规定每石 8 元,谷每石 4 元。

(乙)茶油价每斤 800 文,盐每斤 600 文。

(丙)花边每元价 4000 文。

(四)商店应尽量粜发谷米,发卖油盐。

上列 4 项合亟布告仰即知照,尚有反动分子胆敢从中阻挠,以及奸商闭粜居奇、私抬价格等不法情事,除由本府缉密查拿外,望我全体工农阶级及一切贫苦民众,一律准予举发细解来府,即以反革命治罪不贷,切切此布。

(《湖南省工农兵苏维埃政府关于规定谷米油盐最低市价的布告》,1930 年 8 月 2 日)

1. 赤区经济务须与白区流通,封锁是自毁政策。

……

丙、杂粮绝对允许出口。

丁、谷米马上调查能供给赤区群众及红军有余的,允许出口剩余谷米,此刻禁止出。

(《中共湘鄂西第四次党的代表大会关于土地经济及财政问题决议案》,1930 年 9 月)

现在赤卫区内农民有粮食无处卖,油盐布匹与日常用品无处买。这一现象必须很快地转变过来。(1)赤区内无论粮盐物绝对允许流通全苏维埃区域。(2)赤区内无论粮食货物,一概不能规定价格。如奸商哄抬物价,苏维埃政府可以严格处理之。(3)粮食绝对允许出口。(4)谷米马上调查,能供给赤区群众及红军有余的,允许出口。

(《湘鄂西特委报告》,1930 年 11 月 22 日)

3. 调节粮食之产销:(1)由政府出布告禁止以青米做酒;(2)禁止米粮输出白色区域,但赤色区域要流通;(3)禁止做粉干,如有特别情形者例外;(4)粮食缺少地方,组织办米合作社向白色区域买米,米多的地方,要组织贩米合作社,运到赤区少米的地方去销售,政府对办米合作社要帮助其进行;(5)不准将米灌水,如违处罚;(6)要在余米地方做好基础,要派游击队帮助其斗争,使余米地方能送米入境;(7)各地政府经常召集米商米贩开会,讨论采米办法,帮助其进行,并予设法保护;(8)各乡政府要调查统计粮食多少,数额报告县政府以资计划调节;(9)米价最贵要粜 30 斤以上。

(《中共上杭县委扩大会议决议案》,1930 年 12 月 20 日)

……为着整顿苏维埃区域内部的贸易,以保障劳苦群众粮食供给,苏维埃必须提倡公共仓库,积蓄粮食,以便实行廉价供给与救济。

(《经济政策草案》,中共湘鄂赣边特区委,1931 年)

二、粮食问题决议

1. 各区应统计公家粮食数目,须迅速登记清,好好保存,呈报县苏。

2. 绝对禁止粮食运到白区，防止奸商渔利，并一律禁止烧熬。

3. 按照省苏办事处的通知。过去苏维埃决定农业出产品(如粮食等)的价目是错误的。因为白区运进的货物，都是贵的。我们若将农产品粮食价目采低，未免妨害了农民的利益。这样，只能听革命群众照值价格，自由买卖。

(《大冶县工农兵苏维埃政府各部委员会决议案》，1932年1月6日)

……各县保存的粮食须马上切实登记，妥为保存，专备红军、警卫团及兵工厂、被服厂、医院等应用。嗣后除红军、警卫团、游击队外，非有办事处经济部的介绍信不得拨卖……

(五)喂养牲畜以蔬菜杂粮为主，禁止用谷米。

……

(《鄂东南各县苏财政部经济部长联席会议决议案》，1932年2月20日)

今年苏区……，为要防止粮食恐慌起见，我们应该尽量节省和多种杂粮，对于米粮运出到白区尤应严格禁止，曾经通令在案，因恐各地忽视这一问题，兹再重申前令，使各级政府、尤其是赤区边境之政府，应特别注意严格禁止米粮运到白区(苏区境内应绝对流通)，毋忘忽视为要。

(《福建省苏维埃政府第七号通令》，1932年9月6日)

在粉碎国民党大举进攻中央苏区的当中，积存充分准备粮食供给红军及苏区群众，使能长期与敌人作战，是争取这一战争彻底胜利的主要条件之一。

近查各边区粮食出境甚多，如果不加限制，一定要影响到明年的苏区粮食，为此特通令各级边区政府立刻禁止米谷运到白区，并根据各地实际需要，限制粮食浪费，如做粉干、造酒、喂鸡等，并规定具体限制及取缔方法。由省、县政府公布执行，这一禁止必须向群众宣传鼓动，使大家明了这是为的争取战争胜利，只有使广大群众了解，得到广大群众的拥护，才能彻底做到。

除禁止粮食出口与浪费外，尚须鼓动群众多种杂粮，蔬菜。如麦子、蚕豆、萝卜、油菜等，准备明年青黄不接时帮助粮食之不够。

(《中央内务人民委员会禁止粮食出口和浪费的命令》，《红色中华》，1933年1月7日)

自建立苏维埃以来，苏区谷米就不准出境，所以谷子价格特别低。反之非苏区生产品价格日见高涨，农民全年劳动所获得的谷子，不能买到他所需要的东西，这种剪刀现象，正在生长，省苏为要纠正这种现象，鼓励农民积极生产，曾经决定准许稻谷出口，近来考虑生意情形，虽没有去年那样丰富，但供给湘赣苏区的消费是足有余的。因此决定每人除所藏谷子2斗供给红军外，其余所剩余的谷子，第一次暂借3万石谷子运出苏区，这一决定才开始执行。

(湘赣省苏党团，1933年2月10日于永新)

中央苏区全境　群众数百万人
粮食问题重大　缺少调节流通
现在战争形势　敌人大举进攻
接济红军给养　关系更属非轻
江西福建两省　情形各有不同
田地有多有少　收成有歉有丰
并且有些边地　敌人抢劫一空
都是工农阶级　父母姐妹弟兄
应该同心合力　向着困难斗争
粮食调剂设局　中央正在经营
粮食合作设社　各地都要进行
甲县运到乙县　不能阻挡留停
大家有了饭吃　大家好打白军
省县区乡政府　拿住这个中心
要向群众解释　发展阶级同情
尚有造谣操纵　不论奸商富农
定要严拿办罪　法律决不宽容

(中央内务人民委员会发布，《关于解决粮食问题的布告》，1933年3月5日)

江西省苏区各地禾苗正常收割，粮谷上市已经1月有余了，年成很好。收割丰富，谷价顿时低落，节泰每担谷只卖1吊800文，兴国有些区乡，也是同样低价，省苏为了这一剪刀现象，特通令各区地方政府，准许谷米流通出口，及做米粉米酒，另一方面发动合作社拿出一部分资本比市价提高一点价钱收购新谷，以供农民经济活动和提高谷价，同时，又发动鼓励群众，加紧农业生产，充裕粮食发展经济云。

(《关于江西省苏通令准许谷米出口加紧农业

生产、充裕粮食》,《红色中华》,1933年8月4日)

为要避免去年秋收时谷价奇涨的现状,对于今年谷米出口,有如下决定:(一)发出口特许证,分1担、5石、50石3种,估计某县可出口若干,即发交若干出口特许证,使不致于过多流出。(二)出口税率,看生产地与销售地的价格而定,甲地税率可与乙地税率不同,使隔出口地远的也能出口、不致过跌。(关于阻止谷价过跌,尚有土地税收谷,公债收谷及对外贸易局粮食局等办法)不仅要使今年不大跌,而且要使明年不大涨。

(《中央政府第四十六次人民委员会会议决议》,1933年8月22日)

今年秋收平均比去年增加了2成多,杂粮蔬菜又种得不少,输出一部分谷米购进盐布等日常用品和现洋是必要的。但也不能无限制。对于谷米出口发特许证的布告,应予追认,为便利边区商贩起见,边区特派员可发肩运谷米出口的群众护照。经济部发一文件,令边区政府,在防止反革命捣乱的条件下,应予商贩往来的便利。

(《中央人民委员会对苏区谷米出口问题的决议》,《红色中华》,1933年8月25日)

建立仓库,把收集的粮食运送并保存于指定的仓库之中,粮食动员后必须迅速集中到区,区粮食部必须绝对地执行三联单据的办法,各县粮食部突击队向中央报告成绩后,必须将收据同时寄来(三联收据直寄中央粮食部,不必经过省粮食部),没有三联收据的不算数。

五、各级粮食部及保管机关应保障不散失或损坏一粒谷子,要与任何不登记、不给收据等不负责任现象,以及任何贪污现象作严厉的斗争。

六、不论是中央直接负责的县份,突击报告必须同时寄出2份,一份寄给中央粮食部,1份给省粮食部,各县突击队与粮食部必须每3日联合作一报告来。

(中央组织局人民委员会《红色中华》,1934年6月30日)

……苏维埃政府垄断粮食买卖的企图在目前是不适当的,在遵守苏维埃法律的条件之下,商人的粮食买卖是不禁止的……。

(第二次全国工农代表大会通过《关于苏维埃经济建设的决议》,1934年11月)

△成立粮食调剂局

兹将粮食调剂局办法开列如下:

1. 由各乡政府召集群众会,选举工人,贫农分子5人,组织粮食调剂局,区政府则由经济委员会任之。

2. 粮食调剂局委员5人,主任、文书、会计各1人,保管2人。

3. 各区乡调剂局至迟于6月30号以前要组织成立,但米粮缺少地方不须组织者,可不须组织,而组织办米合作社。

4. 调剂局成立后,即须向富裕之家筹借款项,以为高价买米谷之用,此项借款1年后归还,利息最高不得超过5%。

5. 调剂局所筹借之款,专为收买米谷之用,于新米登场后,高价向贫农收买干谷,用谷仓储藏起来,3个月或6个月后照原价九五扣粜还与农民,其粜余之谷,可运到米贵地方出售,所赚款项备作基金不准分散。

6. 如收买谷子后,米价依然低落,调剂局在可能范围内也可高价收买圩上之米,运到米贵地方出售,赚得之款,留作调剂局基金,不能移作别用,并可斟酌情形规定米价。

7. 收买时,谷价须比市价高1/3,使米价不致过分低落,以救济贫民,其买回谷价要打九五扣者,是为弥补耗蚀及费用之需。

8. 各乡筹借款项,须取出4成交区调剂局。斟酌各乡情形,转借给穷苦乡村,使各乡农民得到普遍救济。

9. 调剂局筹借之款,无论何人不准移作别用,如有侵吞此款10元以上者,即行枪决,以儆效尤。

(《闽西苏维埃政府布告[第十五号]》,1930年6月13日)

查去年夏收时早稻登场,米价非常低落,致一般农民所投工本收不回来,吃了大亏。因此,农民还是穷苦不堪,无钱购买货物,以致商场冷落,工人失业,同时,农民无力再从事生产,影响到土地不能改良,手工业生产停滞,更会形成整个社会经济的恐慌,工农劳苦群众必将痛苦与困穷。这种危险现象,其重要原因,就是夏收时米价低落之故,而米价过分低落的原因,又是因为农民困穷,借贷无路,只得便宜粜以开发工钱,购买油盐之需。现在,早收日期又快要到了,本政府经济委员会认为调剂早收米价，提高农民购买力与生产力，是发展闽西社会经济的重要出路，是目前急需进行的重要工作，因此，决定调剂米价办法，组织粮食调剂局，以救济贫农。除通告各级政府立即召集代表会讨论执行外，仰各地广大贫民群众，热烈地起来实现这一决议，尤以注意政府内富农分子之洗刷，使政府成为真正工人贫下中农的政府，坚决地为工人、贫农阶级谋利益，这样才能使这一政策在广大群众拥护之下完全实现。

（《闽西苏维埃政府布告》，1930 年 6 月 14 日）

2. 为要发展农村生产，提高农民生产的积极性，苏维埃政府应设法集中一部分财力经过粮食调剂局用较高的价格去收买粮食，已补发的二十万公债，可用于粮食棉花等农产品的购买。同时为着使农民出卖他的粮食之后能够得到必需日常品，苏维埃政府应有计划地在不妨碍苏区群众与红军供给条件下，应经过对外贸易局将粮食运一批出去，并且允许私人以及粮食合作社自己的粮食输出，取得现金来购日常必须的如盐、布匹等。这是估计到今年的收成，以及全湘赣苏区粮食的需要，湘赣苏区输出10万担粮食出口（苏维埃5万担，私人和粮食合作社至少运5万担）。我们应宣传群众多种杂粮，节省粮食不用谷米喂猪鸡鸭，改用杂粮，省国民经济部粮食调剂局，应有周密的计划去进行，各县和各区的主要圩场必须要迅速建立粮食调济支局。

（江西《关于国民经济建设问题的决定》）

粮食调剂局必须准备巨额款项及必需物品（盐类）来购买或交换，粮食价格须较市价为高，有一定的规定，在购买时或可与农民订立条约，先付一部分款，以后陆续按期付还。粮食调剂局可将所买的谷子，迅速出口，在这上面对外贸易局应协助调剂局来输入必需工业品及出口粮食。

总之，这种调剂的工作，要能使粮食价格不致跌落过甚，使农民能得到他们劳动所应得的报酬。

（《怎样进行粮食收集与调剂的运动》，《红色中华》第 98 期，1933 年 8 月 1 日）

由于敌人的进攻与劫掠，由于地主残余的捣乱，奸商富农的投机操纵，以及由于去年我们对于粮食调剂问题的不注意，在今年春夏间，曾经发生了一些粮食的困难，经过了我们党的动员，与各地苏维埃工作人员的努力，在群众的热烈拥护之下，我们迅速地解决了粮食的困难。在解决今年春夏粮食困难的中间，我们的粮食调剂局是起了相当大的作用，根据 12 个粮食调剂分局（还有 4 个分局未有确切报告）的报告，在 4 ~ 6 月的 3 个月中间，他们能够有 40 万元的商品的周转，并得到盈余 1 万元。粮食调剂总局，从 4 月到 8 月的 5 个月中，有 27 万元的商品流转，并得 7 千余元的盈余。这就是说，在我们中央苏区内，每月已经有了 20 万元的粮食的商品流转，是经过了我们国家调剂的机关，自然这一数量在我们苏区全部粮食的商品流转中，还占据极小的地位，但是调剂局的这一工作对于粮食价格的调剂与政府红军的给养的解决，是起了相当大的作用，这是毫无疑义的。

在今年粮食收集运动的三项主要工作中（粮食的储存，粮食价格的调剂，粮食的出口）粮食调剂局已经开始做了相当多的工作，例如：储粮的谷仓已有部分建立，新谷上市后的粮食价格有了很大的提高，在谷价素称低廉的区域（如公略、万太）每担谷子的最低价格只跌到 1 元 7 角，而且还是短时期的，很快就到 3 元以上，现在一般的价格，每担谷子大多是在 3 元以上，像去年那样 1 元大洋能买 2 担以至 3 担谷的现象，在今年是没有看到，这上面固然有其他的原因（如公债的发行、土地税收谷，农民不轻易出卖粮食，纸币跌价等）但是粮食调剂局的调剂作用，也是其中重要原因之一，至于粮食的出口，那么还仅仅在开始。

（吴亮平同志《经济建设的初步总结》《斗争》第 29 期，1933 年 10 月 7 日）

△组织粮食合作社

目前苏维埃区域，在国民党采用经济封锁政策之下，形成极严重的剪刀现象，一方面外来工业品，如布匹、洋油、洋火、食盐等减少进入，价格日见昂贵；另一方面内地农产品，如纸、木、豆、烟叶、夏布、粮食等销不出去，价格大跌特跌。因为农民只靠耕田为生，很难找到别种副业收入，所以收获时，需要种种用钱，而又购不到，只有便宜米谷，因此酿成到处惊人的跌价。（如江西之万太、干县永丰、公略等县跌到 6 毛钱以下，实际上连农民耕种土地的成本都要蚀一大半）。到了青黄不接之秋，因为农民食米多数卖空，再向市场籴米，却又促成米价之高涨。

(一般米价却比收获时要贵2~3倍)这种米价之特起特落,实际上农民仍然受了很大剥削。这样农村生产降低,荒田加多,税收减少等坏的现象发生,但是另一方面却使商人富农利用买贱卖贵,增加对于群众的剥削,而促成私人资本的发展,这些现象都会给予革命以很大的不利,结果会阻碍群众的发展与革命的发展。为解决救济这种现象起见,现决定粮食合作社办法,于收获时高价向社员买来谷米,到了青黄不接之时,出低价售,其中所赚的钱,一半作公积金,其余则按社员杂谷多少,按比例分配。这种合作社主要作用是调节粮食价格,减少剪刀现象,是工农贫苦阶级抵抗商人富农商业资本剥削的一种经济组织,是冲破敌人的封锁,使土地革命深入与继续,兹特制定粮食合作社简章发下,各级政府接到此项训令及简章后,必须由上而下召集各级主席贫农团雇农会等联席会议,详细讨论,切实计划,动员广大群众入股,建立和发展合作社的组织,限10月底以前各主要县份,必须做到每乡都有粮食合作社组织,(边区除外)以后再来计划建立区以上的粮食合作社组织系统,这里必须注意的。合作社是一种群众经济团体,征求社员,定要宣传鼓励,要使群众自己深切了解合作社的作用。要使群众自动来加入,无论如何不可有丝毫强迫命令的态度。你们要在群众中造成浓厚的空气,要造成"不加入合作社就是革命者的耻辱"的空气,只有宣传工作做得好,才能发动广大群众,扩大合作社的组织,加厚合作社的资本。组织合作社一定要联系到扩大苏区争取工业中心城市的宣传,只有取得工业城市,使工业品与农产品能够互相供给,才能根本消灭剪刀现象,只有这样工人农民才有工作,有担挑、有钱用,也才能消灭粮食价格的特起特落,而使农民不致再受商业资本的剥削,不致于破产困穷,也只有把合作社工作联系到向外发展,争取中心城市的宣传,才能更加发动群众的热情与兴趣,而打破他们的地方保守主义,这样合作社才能更加发展而不致限于地方的组织,各级政府关于粮食合作社的计划动员,以及组织成绩,必须随时报告上级,以便更具体地指导你们工作,切切此令。

(临时中央政府人民委员会训令第七号,《发展粮食合作社运动》,1933年8月21日,《红色中华》,1933年8月30日)

1933年7月4日中华苏维埃共和国中央人民委员会关于倡办粮食合作社问题的布告:

中央苏区本来是一个产米很多的地方,但是在今年弄成了部分夏荒的现象。有些工农群众米不够吃,感受了很大的困难,这是值得注意的事。原因是国民党的反动统治,在绝望的挣扎之中,不但采取一切政治军事力量,而且还采用了经济封锁政策,以致工业品的供给减少,价格昂贵。群众为要买的必需的工业品,不得不把新谷用绝顶便宜的价格卖出,于是一般奸商富农就乘机操纵市价,把新谷价格压低到惊人的程度,以最低廉的价钱收买大量的粮食,或囤积居奇,或偷运出境,弄得有些群众到今年青黄不接时米不够吃,又要出钱去买贵米,这般奸商富农又乘机操纵,把谷价抬高到很高的程度,甚至有些地方就高价也不容易买得,这就是造成今年夏荒的主要原因。其他如去年天灾关系,收成不好,及白军团匪在边区的抢掠焚毁,并且政府方面没有注意到有计划地储存,无限制的粮食出口,也都是造成今年粮食缺乏的原因。政府对于消灭这种不好的现象,已想很多办法,如设立各地粮食调剂局,贸易局,并准备存储大量的粮食,以备群众的急需,但是最主要的解决工农群众供给的办法,还是大家一齐起来组织粮食合作社。办法是:劳苦群众自己集股。股金可用钱缴也可用谷缴(扣成钱数),秋收后社队员需用钱时,就可将粮食以比较市价高些的价钱卖给合作社,合作社收买的谷子可以存储一小部分,供给来年青黄不接时社员的急需,其余大部分可陆续运到米价高的地方出卖或出口,这样继续不断的籴进粜出,不但可以扩大资本,而且可以使社员得到很多的盈余。我们用这方法可以调剂市价,使苏区内粮食价格在正常年内不至过高或过低,同时可以保障农民不受粮食缺乏的困难,免去奸商富农的残酷剥削,工农生活得到更大的改善。工农劳苦群众要马上动员起来,你邀我我邀他地一齐加入粮食合作社,各种群众革命团体,应该用大量的力量,帮助这一工作的进行。各级政府的负责同志更应该负责把粮食合作社的意义和作用,做最普遍地深入宣传,领导群众,帮助群众,使每一乡至少要建立一个粮食合作社。现在就要着手报名造册,照中央政府所发的粮食合作社章程选举负责人员,另一方面建立好谷仓,在秋收前应做好一切准备工作,使在新谷上市时立刻可以进行工作。这是保证群众粮食、巩固苏维埃政府、使革命战争迅速顺利发展的重要工作,绝不准有丝毫的忽视。特此布告。

(《红色中华》,1933 年 7 月 14 日)

△节约粮食,禁止用粮食煮酒、熬糖

……

严禁消耗粮食,凡属煮酒、熬糖,无论杂粮一律禁止,喂猪也应禁止以粮食。杂粮还是不禁止,也应有限度的。

……

7. 实行谷价统一。过去县苏规定谷价,每石 2 元,都没有实行,今后应实行 2 元的谷价。

(《目前政治形势与今后苏维埃的工作布置决议案》,平江县第四区工农苏维埃政府第二次乡苏联席会议通过,1931 年 3 月 12 日)

节省粮食——各机关及群众尽量减少消费,禁止蒸酒熬糖,以节省粮食,各级政府必须注意储藏粮食,以准备明年粮食缺乏时之救济。

(《湘鄂赣省苏鄂东南办事处经济问题决议案》,1931 年 12 月 13 日)

2. 各级苏府马上调查公谷若干,各户的盈余或缺乏若干,按人口支配,每人能得若干,以便分配,并禁止蒸酒、熬糖等消耗。

(《湘鄂赣省鄂东第二次各县区苏联席会议经济问题决议案》,1932 年 1 月 20 日)

各县应切实禁止用谷米蒸酒、熬糖或将粮食运到白区去兑换货物,如违犯的即予没收。

(《鄂东南苏维埃政府第二次执委会决议案》,1933 年 3 月 26 日)

各区应切实禁止用粮食蒸酒、熬糖及喂猪等,或将粮食运到白区去换货物。如违犯者即予没收。

(《龙燕县苏龙湖办事处第一次常务委员扩大会关于红五月工作决议案》,1933 年 5 月 5 日)

三、耕牛管理

杀牛要经过政府批准给予凭证,非有下列条件之一者禁止屠杀,以保存耕牛,牛之买卖不禁止。

一、牛老弱不会耕田者。

二、牛有重伤者。

三、跌死者。

四、凶狂会伤人者。

五、菜牛。

(《闽西第一次工农兵代表大会宣言及决议案》,1930 年 3 月 25 日)

工农兵代表大会决议案的限制办法执行,这样直接使耕牛减少,引起农民恐慌,间接影响社会经济的发展,兹经本政府常委会议决:(一)各地不得肆意屠杀耕牛;(二)老牛、恶牛、肥牛、废牛、伤牛等才准宰杀;(三)宰杀要到政府报告,并须加以限制;(四)白色区域的牛,准予入境,并须使牛贩设法购买;赤色区域内的牛禁止卖到白色区域。

(《闽西苏维埃政府通告第三号——禁杀耕牛》,1930 年 2 月 18 日)

第三,禁止杀牛。现在一边缺牛,一边各圩市尚有杀牛的,违反贫农利益,应加禁止。……但目前贩牛出口,因为红色区域缺牛太甚影响很大,应暂时禁止。

(《中央革命军委事员会总政治部给江西苏维埃政府的信》,1931 年 2 月 28 日)

议决苏区境内,不须禁止耕牛流动,但严禁宰杀,严禁出白区。责成中央内务部办理。

(《人民委员会第三十七次常委会决议案》,1933 年 3 月 13 日)

四、纸业管理

现在最中心问题是纸出口问题,纸能够经常出口,经济就能流通,纸价要好,工人失业的可以得着部分解决,并且发展苏区生产。

关于纸出口问题有下列决定:

1. 对于在沿途河道旧存的纸,督促纸行老板经常设法运纸出口来流通苏区经济。同时和省苏经济部纸行工人本船纸业工会组织监督生产委员会,要他们运出纸的钱拿回苏区来营业,不准他有任何企图投机怠工关门逃跑。

2. 实行多找小道,建立交通路线,新泉、武平、上杭元纸,以上杭为中心,一条路往上杭城市和边界的打通建立起来，一条路绕过上杭往兰家渡建立起来，用各个关系，或者派人去沟通峰市商人贸易至边界来贸易，如他们愿意到苏区来营业，可以打护照给他们，主要不准丝毫政治运动，要遵照苏维埃法令。

3. 各地都要联系各个合作社和木船苦力贩卖运纸出口。

4. 为要用经济力量和互相力量战线资本，使纸价提高，组织贩卖给合作社，扩大贩卖合作资本，到边界卖或到白区去卖，我们开展贩卖合作社不是为了赚钱，是为了要纸价提高，为了纸出口流通经济，同时我们可以联合互相帮助其贩卖出口，并且个别的小生产者有选举权的，可以出口贩卖，富农无选举权，不准出口贩卖。

5. 长汀、汀东、宁化、瑞金、石城重纸长行纸，路线上分四路：(一)往上杭的；(二)由长宁、宁化往洋口、福州的；(三)由瑞金和横岗下赣州的；(四)由瑞金下会昌、均门、焦坝，往大埔广东的都要建立起来。

一面利用老板去打通各个线路，一面自己刻苦耐劳进行建立路线，并且根据这个路线吸引白区商人来营业和接洽或在边界收买、互订营业条约。

6. 在运纸出口上要注意的，贩卖合作社，联合的个别的出口，纸出口不要大批的到边界，先行打探消息是否可以去，到城市自己要准备讲话，说是小商人，苏区消息不能泄漏，最好吸引他们到边界来买。将纸调换现洋或物品是最稳妥的，运纸出时要很细心的，绝对不能冒险行事，以免没收。

7. 为了运纸出口工作是很重要的，每县要调 2 个干部来办理进行这一工作。

8. 各级工会收到这一通知后，要讨论通知决定、具体的布置。

（闽赣纸业工会通知，1932 年 6 月 30 日）

五、林业管理

小商人所经营的杉桐不没收，其以前未缴清之价款被减 1/3 缴交县政府，政府保护其出口。

一、樟树由政府管理，卖得价款以 30% 归乡政府，余缴上级。

二、松树由乡政府管理，自由处置。

三、香菇树已经砍下者任其经营，予以保护，不准偷取或故意为难，如未砍下者应向政府再行订购，卖得价款乡政府得 30%，余缴上级。

……

二、取用木材应报告乡政府转区政府批准，指定砍伐，如所属区内无材木或不够者，得请上级函令各区通融办理。

三、乡中树木多的地方，民间须采取多少木料者，得报告乡政府酌量准其取用，但须报告上级。

四、烧木炭、陶器者任其自由。

《山林法令》

六、矿产管理

“山中矿藏矿产，概归县政府公有，煤矿任人采掘，不收捐税，但须向政府请准登记”。

（《中共闽西第一次代表大会关于土地问题决议案》，1929 年 7 月 27 日）

一、山中矿产如煤矿、石灰矿、石粉、铁矿等任人开采不准收捐，其开采煤矿、铁矿者，须向乡政府转报县政府登记，给予凭证。

二、开采矿产有争执时，用下列方法解决之。

(一)以登记先后为标准；

(二)共组合作社经营之；

(三)双方抽签决定之。

三、铁厂应向县政府缴纳所得税。

（江西省苏规定）

七、食盐管理

4. 注意盐等日常必需品的供给，必要时政府应设盐业专卖，以降低其价格。

（《鄂东南办事处经济问题决议案》，1931 年 12 月 13 日）

食盐仅龙港地区每月即需 2～3 万斤，全靠从白区进口，从咸宁、通山路各县运来的是一筒一筒的淮盐，从大冶运来的多是沙盐，苏维埃政府设法买盐回来，按户分配，有时每家只能分配到 1 杯或几两盐。

（《鄂东南苏区财经贸易的综合材料》，1959 年）

八、苏维埃政府应特别注意苏区内最必需商品的供给（盐、糖、纱布、药等），盐业专卖的地方必须降低盐价。

（《苏维埃政权的经济政策[草案]，共产国际东方部，1933年8月19日）

四、坚决消灭自设盐卡，但盐卡的盐可以没收，没收之主要的分给当地群众，可以少一部分运回赤区，但绝对禁止没收商店小贩挑运之盐，违者以破坏经济政策论。

六、有些赤区边界敌人把小的地主武装埋伏路旁截击运盐群众，各县军事部必须派短小游击队设法消灭这些反动武装，并掩护群众挑盐。

（《湘鄂省苏湘赣军区合字第二号密令》，1934年8月15日于永新）

八、茶叶管理

苏维埃政府保护商人经营茶叶，并可拉拢商人合股经营。订立合同买茶，须一律使用现金到苏维埃工农银行兑换票币去用，如茶售出时，将茶叶运进，以冲破敌人的封锁，而裕赤色区域的贸易流通。

（《目前政治形势与今后苏维埃的工作布置决议案》，平江县第四次工农苏维埃政府第二次乡苏联席会通过，1931年3月12日）

第三节　物价管理

一、严禁抬高物价，投机垄断

……准许商人自由营业，不能无条件干涉经营的商品，关系与非苏区的贸易，绝对不能实行对外贸易的垄断，但须严防商人的投机，防止抬高物价、怠工歇业、卡买卡卖……

（中共湘赣苏区《苏维埃问题决议案》，1931年10月14日通过

2. 允许中小商人正当营业，对中小商人不要过于苛刻限制，但遇奸商故意高抬物价，扰乱经济秩序，苏维埃必须严重处理之。

（湘鄂西特委第一次紧急会议苏维埃经济政策决议案，1931年）

一、苏维埃应保证商业自由，不应干涉经常的商品市场关系。但苏维埃必须严禁商人投机以抬高价格。应解散商会，禁止大小商人以苏商会名义垄断价格。如遇商人怠工，或经济封锁，危及基本群众主要生活商品的供给或因红军需要，苏维埃政府应规定必需物品之高限度之价格。但这种方法必须在必要时施行，有可能即须恢复商业自由。

（中华工农兵苏维埃第一次全国代表大会决议，1931年12月1日）

一、苏维埃应保证商业自由，但须严禁商人的投机以抬高物价。不准许商人以任何名义垄断价格，各地故意以贵价卖给红军的现象，应严格禁止。如遇商人怠工，或经济封锁，危及基本群众主要生产品的供给，或因红军需要，苏维埃应规定必需物品之最高限度的价格。但这种方法，须在必要时施行。有可能必须恢复商业自由。

（中共湘鄂西第四次党的代表大会关于土地经济及财政问题决议案，1932年1月26日）

四、苏维埃政府应该保证商业的自由，不妨碍商品市场的关系，这是一般的规律。只有在商业投机怠工、经济封锁足以威胁到供给人民群众以重要生产品的时候和地方，只有为着红军需要供给，有必要的时候和地方，苏维埃政府可以对那些首先最必需主要物品的商品规定最高价格，此种同样的设施，只应当在极度需要的时期之内发生效力，如有可能，便应该恢复商业的自由。

（《苏维埃政权的经济政策[草案]》，共产国际东方部，1933年8月10日）

……普遍地发展消费合作社，把广大工农群众组织在这种合作社内，使群众能够廉价地买进白区必需品，高价地卖出苏区的生产品，则在苏维埃贸易与整个经济建设上都占有特别重要的位置。

（毛泽东《中华苏维埃共和国中央执行委员会与人民委员会对第二次全国苏维埃代表大会的报告》，1934年1月24日）

2. 凡在苏区的商业，必须禁止商人投机、抬高

价格和以商会名义垄断市场和价格,在必要时苏维埃政府得规定需要物品的价格。

《鄂东南办事处经济问题决议案》,1931年12月13日

二、对贩运商品价格实行干预

第一,就是我们日常所需的东西,大多数是由贩卖小商人运送来此拍卖,这些小商人为着要得很厚的利润,以长他们家里产。同时感到此地是红军根据地,交通上是很不便利,而我们日用所需的东西,又不可少,因此他们贩来的物品,每一挑至这个地方,则物价飞涨,拿扮作势摆起奇货可居的架子来了。第二,在过去各级机关为着要忙别的工作,顾不得这桩事情,而对于物价没有规定标准大家共守遵行,故那些贩卖小商人可尽量提高物价来剥削我们。第三,因为他们的物品不是由生产地买来,而是在乡村中贩出,其间一买一卖相递下来,不知要经过几转,才能到我们这里来,因此这些小商人多数本不是卖货的,这样一来,我们的生活怎不困苦呢。现在后方各级机关都认为过去生活的困苦,确系贩卖小商人所造成的。兹为解决生活上的困苦起见,专由各级机关设立公卖处。

(《遂川县工农兵苏维埃政府布告》,1928年)

今后贩卖商人,不得自由私行拍卖……必须将物品的进价,实报公卖处,再由公卖处酌加力资收买,或经批准转他处。如有小商人私自售卖物品的事情,当以严处决不宽贷。

(《遂川县工农兵苏维埃政府布告》,1928年)

三、平抑粮价

一、粮食跌价与苏区经济。收获时米价大跌特跌,是两三年苏区内的普遍现象,最厉害的是那些粜米之地,如江西之赣县,万太,公略,永丰等县,现在每担谷子跌到2吊钱以下,折大洋还不够1块钱,福建永定之虎岗与龙岩之大小池等地也跌到每块钱3斗零,折算大洋每担谷子,只得1块多钱,这种惊人的跌价,实在对苏区经济有很大的妨害。

第一,就是使贫农、雇农的生活恶化。据一般估计,每担谷子并肥料要做7天人工,就照公略来说,以每天1毛钱工钱,1毛钱伙食计算,每担谷子要1元4毛钱成本,而现在出粜值价还不够1块钱,使农民每担谷子要蚀本5~6毛钱,而到了青黄不接之秋,却又吃了贵米之亏(普遍比收获时贵2~3倍),这样农民自然要受很大的损失,同时也就要影响到整个苏区的经济发展。

第二,是促成荒田的生长,因为耕田要蚀本,有些地方工钱超过米价的对比,农民耕田划算不过,倒不如出去找工做,赚钱来籴米,这更好些。比如,前年秋收时龙岩大池之米价1元钱4斗,而工钱却每天高到1块钱,因此农民做10天工夫可籴40斗米,便已够1年粮食,这样农民当然不愿意多耕田,所以结果便促成荒田现象之发展,今年江西荒田之生长,虽然是受战争影响,劳动力与耕牛、农具之缺乏,但米跌价也确是主要原因之一。

(《红色中华》,1931年)

3.为着整顿苏维埃区域内部的贸易,以保障劳苦群众粮食供给,苏维埃必须提倡公共仓库,积蓄粮食,以便实行廉价供给与救济。

(《经济政策草案》,中共湘鄂赣边特区委,1931年)

七、各级苏维埃政府,必须提倡公共仓库积蓄粮食,以便廉价供给与接济贫苦群众或红军,并应切实督促农民家里的谷子自动地贮藏,绝不浪费粮食、盐、洋油及各种必需品,应家家都贮藏,以备革命战争之需。

(中共湘鄂西第四次党的代表大会关于土地经济及财政问题决议案,1932年1月26日)

四、缩小工农业产品剪刀差

1.剪刀现象已在闽西开始

近来赤色区域中,尤其是龙岩,发生了很严重的经济问题,一方面农产品飞快地降低(米价大池每元4斗多,古田2斗多,虎冈3斗多,北三、四区2斗,龙岩龙门1斗5、6;肉价各地多系5两(指每小洋5两——编者注);蛋等都是跌价),另一方面城市工业品反而涨价(尤其是盐、糖、洋油等,涨得快),工人工资更一般地提高(岩城一般提高4成,农村间也提高2成)。这样,农产品与工业品的价格相差太远,恰如剪刀口一样,越涨越开,这便是所谓剪刀现象,这种现象目前已在闽西开始形成了,

成为我们必须解决而且值得研究的问题。

既然明了剪刀现象的来源,则补救这个现象的办法是:

(1)由县政府设法开办农民银行,区政府设立借贷所,办理低利借贷借与贫苦农民,使农民不致告贷无门而贱卖粮食。其银行、借贷所基金,则由打土豪款拨出一部分,并召集私人股金或向私人告贷,积资而成。

(2)由县区政府筹集基金,在市场上高价收买粮食,或向确要领用的农民买米储藏起来,或运往粮食缺少地米价较高地方发粜,如此,俟收获期时过后,米价便可调节下来。

(3)由县区政府经济委员会有计划地向群众宣传,并帮助奖励群众创造合作社。如生产合作社、消费合作社、信用合作社等,使农民卖米买货不为商人所剥削,而农村储藏资本得以收集,使金融流通。

(4)农村工人工资不可提得太高,有的可以不提,但不可跌价(收获工价原有涨跌的例外),此点应向工农解释,使工人明了,米价跌落实际上已提使工资提高,须更使农民明白工农要彼此帮助工价不可跌落之意义。

(5)城内及市场工人工资(如店员等)也不可提得太高,致物价飞腾,间接剥削农民,同时规定,加薪须得政府同意。

(6)重要商品如盐、洋油、糖等,不得高抬物价。至于如何方能达到这个目的,要各地政府与工会互商办法,但应避免与工人冲突,致市场破坏而受经济封锁。

(7)城郊或人多田少的乡村,居民无田可耕,无事可做者,可适当移到田多人少的乡村,由政府分与田地,并助以相当资金。

(8)城市失业工人政府要设法安排他们工作,或调到乡村,或编入赤卫队中去,其家属生活无法维持者,政府应设法救济。

(9)要在农村群众大会或代表会议中扩大宣传,或讨论剪刀政策,使农民:①明白米价跌落的原因在土豪不借,而不是共产党不好;②明白以前土豪操纵米价的可恶;③明白取消一切债务的错误,与共产党借贷政策的正当;④明白合作社的功用与组织;⑤明白工业品作价是反动势力经济封锁的缘故,我们只有更加团结向外发展,与大城市的无产阶级取得联络之后,才能免除这种痛苦;⑥明白只有共产主义实现之后,群众才能彻底解除痛苦。

(10)要在工会或工人群众中宣传剪刀现象的结果会使农民怠工,农业衰落,更会使商场冷落,工人失业,使工人明白工价不可过于提高,明白只有工人努力从革命实际去领导农民斗争,取得农民信任,这样才能保障工农阶级的巩固,更应使工人明了民权革命的意义。知道只有解放农民,发展农村经济,中国工业才能发达,而工人才有工作。

(《中共闽西特委通告(第七号)》,1929年9月3日)

"解决赤色区域中剪刀现象的特殊经济问题,成为目前闽西当务之急,党应指导各地苏维埃,奖励群众生产,普遍合作的组织,实行节省主义,维持城市政策,救济失业工人,更须注意与白色区域交易的建立,便利农产品之输出与工业品之输入,以防止剪刀现象之发展而增加群众之痛苦"。

(《中共闽西特委第一次扩大会的精神与闽西党目前的任务的决议》,1929年11月2日)

"消极的来限制米价是不可能的,当前各地各政府勉强执行,致农民粜米如卖膏药一样,暗中赠送,徒扰民耳,如再执行下去,必使政府脱离了群众"。

限制工业品物价是不对的,为防止剪刀现象计,应该由苏维埃设法防止奸商故意抬高物价。

(《中共闽西特委第一次扩大会的精神与闽西党同群众的任务的决议》,1929年11月2日)

一、各地政府要切实保护商店,维持自由买卖,政府不予规定物价,或自由没收商品者。

二、各级政府经常召集商民会议,鼓动商人办货,并为商人解决困难问题。

(《闽西第一次工农兵代表大会宣言及决议案》,1930年3月25日)

6.减低苏区农产品价格(如谷、米、菇等),外来布的价格,大大提高(大冶苏区布每尺300多钱,龙港商家买来卖1串多钱1尺),农民要很多土产品才能兑换一尺布,这是绝对错误的,这样正是代表了商人利益。今后各县得斟酌实际情形,提高农产品谷米等的价格。

(《鄂东南办事处经济问题决议案》,1931 年 12 月 31 日)

5. 货的价格问题:

要想得便宜货物,一方面自行设法收买,另一方面托转运局代办,所以苏维埃商店要与转运局密切联系,货物的价格总要比较商人所贩卖的货物的价格便宜一点,才是组织苏维埃商店的主要目的。

(《湘鄂赣省鄂东第二次各县区苏联席会议经济问题决议案》,1932 年 1 月 20 日)

五、限价的经验教训

政府限制物价很不对,尤其是上杭各处革委会,把农产品如米肉鸡鸭蛋等定了价,结果群众都感觉不便,有东西不肯拿出来卖,致市场停滞,破坏了城市政策,而促成剪刀现象之发展,但这一错误目前已经纠正过来。

(《中共闽西特委通告(第十四号)》,1929 年 11 月 2 日)

限制市价,随便禁止出口(如过去无条件地严禁谷米出口白区)等也同样地要予以严格禁止,这些都是在经济财政上的自杀政策,影响到革命战争的发展的。

(《财政人民委员会财字第六号训令》)

反对奸商投机操纵,规定不同人卖盐价格不能高于合作社盐价 2 两之外,如高过 2 两之外,苏维埃绝对不予容许,对这些故意抬高食盐价格,企图破坏苏经济来破坏革命的奸商和分子,苏维埃应给予严厉的相应处分。

(《闽北崇安县工农民主政府财政部转发分苏财政部训令第 12 号》,1932 年 9 月 12 日)

苏区的经济政策,过去曾犯过许多过早的左倾办法,如苏维埃企图操纵一切及无条件地规定价格等,在苏区内存了很严重的问题,现执行中央的指示,逐渐冲破了敌人的经济封锁,建立工农银行。纸币能流入白区城市,统一的累进税开始实行,合作社运动亦较具雏形。

(《湘鄂西特委报告》,1931 年 2 月 20 日)

第四,红白两区域,一般产品与工业品流通交易,允许完全自由,没有特殊情况(如米荒时)不加禁止并不限价(红色区域内部更不限价)。

(《中央革命军事委员会总政治部给江西苏维埃政府的信》,1931 年 2 月 28 日)

2. 凡在苏区的商业,必须禁止商人投机、抬高价格和以商会名义垄断商场和价格,在必要时苏维埃政府得规定需要物品的价格。

(《鄂东南办事处经济问题决议案》,1931 年 12 月 13 日)

6. 在保障军事的胜利和反对商人投机高抬物价时可临时地限制物价,但在临时条件消灭后就须停止。

(《中共湘鄂西第四次党的代表大会关于土地经济及财政问题决议案》,中共湘鄂西省委,1932 年 1 月 26 日)

宣布保证商人自由贸易的法令,取消过去规定物价的布告。

(《湘鄂赣省苏对全省选民的工作报告》,1932 年 4 月)

同时苏维埃也不得机械地限制物价,而使商人束手不前,反使经济不发展流通,但在军事上和群众的必要上的某几种物品,苏维埃得规定相应的价格。不过苏维埃需要明白,宣布公买公卖,反对商业的投机,故意抬价捣乱金融,并且苏维埃必须宣布最高利率不得超过 1 分 5 厘,以反对高利剥削。

(《浏阳县委通知》,第 26 号)

宣布正确的商人贸易自由法令,必须着重到红军的必需品,在某种特殊必需时,经过群众允许,为红军作战的紧迫需要,可限制货品最高限度之价格,但到紧急时机过去,就要取消限制货价的命令。

(《湘鄂赣省苏维埃政府执委扩大会四个月行政计划决议案》,1932 年 4 月 18 日)

必要时苏维埃政府得规定需要物品的价格。

(《鄂东南办事处经济问题决议案》,1931 年 12 月 13 日)

现在行票停止印发，现金缺乏来源，输出运入，应用不敷，兼之目前大敌——国民党军阀及豪绅地主拼命向苏区进攻，并将苏区的粮食抢劫得精光，致使我们在物资上感受到困难地位。尤其一班小商，趁着敌人打击时候，乘机弄弊，将土产输出，货物买来，高价变卖，只图个人生活而不顾及全盘，虽有部分现金，统被他们饱入私囊，以致苏区食粮及其他物价，日趋昂贵，今红军战士与最无产阶级人们，在生活上实在难以度日，本府有见及此，不得不将各种物价拟定。呈报鄂东南苏核准，特规定如下：

白谷	每石2元5角
糯谷	每石3元
白米	每石35串
玉芦	每石3元5角
冬豆	每石20串
元豆	每石32串
豌豆	每石22串
小麦	每石28串
草子	每升200文
薯子	每石3000文
干薯	每石16串
芋头	每石4000文
稿芦	每石2元5角
生花生	每斤240文
熟花生	每斤320文
荞麦	每石2元
猪肉	每斤6320文
茶油	每斤1000文
菜油	每斤800文
花生油	每斤800文
猪油	每斤6400文
油面	每斤480文
桐油	每斤800文
花绒	每斤2000文

以上规定各种物价，仰全县广大工农劳苦群众，一体禀遵勿违。

（《通山县工农兵苏维埃政府布告》，1933年）

六、合作社应当担负起平抑物价的任务

丙、过去所组织的合作社极大多数不是发展苏区经济，便利工农群众，而是一部分群众集股的商店，大多数是政府没收的店子或出资办的，实际上都是垄断市场图谋赚钱，根本违犯了合作社组织的原则与作用，这种现象到最近更加普遍。

（《中华苏维埃共和国临时中央政府训令》，1932年6月）

3. 合作社物价要比市场物价贱低一些，以抑平市场价，但不能过低致合作社亏本，将来不能与资本家斗争。

G. 合作社货价要随行市高低，比市价便宜一点，但不能便宜太多，以亏本不能发展。

（中央财政人民委员会《合作社工作纲要》，1932年）

十四、本社为调节粮食价格，于收获时集中资本先向社员籴谷，籴米谷价要比当地市价高一点，在资本未充足以前，不能向社外籴谷，并要规定向社员籴谷的最高限度，使社员得到平等权利，此限度及谷价比市价高多少，由社员大会规定之。

十五、各社员粜谷多少要用簿子登记起来，籴米之谷子一定要是本晒干的，将它放存仓内，装满后要登记担数加封，并要防偷漏、鼠吃、虫蚀、水湿等损失。

十六、这些谷子到旧历过年以后，准社员买回，但须自己吃，不准买回出粜。并要规定各社员籴谷的最高限度，价钱比当地市价要低一些，此限度及谷价比市价便宜多少，也由社员大会规定之。

十七、储存谷子到旧历四月以后，估计本社社员自己销不完，始可在当地市场出售，价格也要比市价低一些，以抑本市场米价。使当地米价不甚高涨，则可运米贵地方去出售。

十八、米谷买卖价格，由管理委员会根据社员大会所规定比市价高低多少决定之。但社员认为不合时，得由审查委员会或召集社员大会改定之。

十九、粮食合作社，遇到粮食恐慌，拥护红军委员会无从采办红军米或特别需要时，应将存储粮食尽先卖给红军。如稍有军米可买时则不能开仓，以免影响民食，红军家属对粮食合作社之买卖与社员一样有优先权。

二十、合作社资本充足时，可附带向社员收买

别种农产品,如豆、糖、茶油等,但须做到不妨害米谷之收买。

(《临时中央政府人民委员会训令第七号》,1932年8月21日)

根据过去这些经验,我们现在想出一个办法,便是粮食合作社的办法。这个合作社是群众的经济组织,由中农、贫农、雇农群众自动入股集中股本,向社员收买谷子,谷价要比市价高一些,收买来的谷子,有储到明年,又比市价便宜一点粜给社员,多余的则运往米价高的地方去卖,结算后赚得的钱,除存公积金外,其余按照社员所粜谷子多少为比例分配。这个办法有几点作用:

(一)使社员谷子不到市场出粜,可以相对减少米价之跌落。

(二)把谷子存储起来,可以维持苏区粮食,不致发生恐慌。

(三)青黄不接之时合作社低价粜米,可以相对限制米市价之飞涨。

(四)各社员便宜粜出贵价买入后,给合作社赚去的钱,可以分回来,便不致吃商人富农操纵之亏,而减少损失。

(五)限制商人,富农商业资本之剥削与发展。

(六)谷价提高了,增加政府税款之收入。

(七)各乡有了合作社组织,随时有谷子储藏,遇到军事上需要,可以马上供给红军,不致军食恐慌,影响战争。

从上述各种作用来看,粮食合作社在目前确是中农、贫农、雇农阶级抵抗商人、富农等商业资本剥削的经济组织,是土地革命斗争的深入与继续,是巩固与发展苏区的经济动员,在革命发展前途上说,是准备将来革命转变到社会主义革命道路的一个基础,因此组织粮食合作社确是目前苏区革命群众的紧急任务。

(子恢《发展粮食合作社运动来巩固苏区经济发展》,《红色斗争》第31期,1932年8月30日)

博生的城市粮食合作社共有9人,常驻委员会与各部门都建立了,他们不但收买粮食,还经常派人到各区去向农民收买各种农产品出口,换进了大批食盐布匹等卖给社员群众,他们所采办的货物米谷面麦占了5/10,油豆糖粉等占2/10,盐及杂货3/10以上。主要是粮食的调剂,米谷能够经常应付社员和红军家属购买。实行了优先买物权,并且借了50余担谷子给红军家属吃,一般卖价比市面商店便宜3%。现已储存谷子350担,一般的社员群众多对合作社有信任,经常把自己的农产品挑到合作社去卖,有时需要运输时,社员亦很热烈地帮助。

(《红色中华》,1934年3月15日)

第四节　打击投机倒把

一、监督商人的投机违法

县区苏财政之下应组织贸易监督科,进行监督商人投机故意抬高物价,贩卖奢侈和违禁品来垄断市场。

(中共莲花县委《解决财政问题转变经济决策决议案》,1933年9月17日)

二、严惩投机商人

6. 苏维埃保证商业自由,领导广大群众和鼓励资本家同白区做生意。但严禁投机倒把、抬高物价,并解散假商会,禁止以商会名义操纵市场,垄断价格。并发动群众从小路来打破。

(《浏阳新志》[初稿],1930年前后大事记)

在苏维埃法律范围内,不作奸商投机事业,不剥削工农群众的商人,才允许其商业的自由。

(《中共闽粤赣特委常委扩大会决议》,1931年2月20)

最近红校有一部分伙食单位买来的茶油里面,杂有桐油,吃了后全连病了(如呕吐)大半数。

……

对于奸商的这种阴谋,我们应该严密侦察和揭发,给予最严厉的制裁。同时,各合作社办货时,也应该极端留意,随时揭发奸商的阴谋。

(《红色中华》,1934年4月20日)

上杭白沙一带地方,自我英勇的工农红军恢复了政权后已有30余天了,对于金融上的流动,苏区曾一次二次下布告到各乡市场中去，且各乡的各种会议中，都已说过通用国家银行的纸币，但有人还不通用纸币，有些商家竟故意不用，在市场上买卖中，说什么软货硬货的鬼话。例如：

(一)在旧县那卖豆子的商家，分有二种的价钱，银币1斗多，纸币4升多，故意轻视国家银行的纸币。

(二)有些奸商造谣说：汀州1块光洋能买3元的纸币。

(三)卖盐的地方，光洋20余元，纸洋要50余元才买一样多。

无疑地，上杭之所以发生这样的事情，一定是由于地主富农的捣乱，上杭的领导机关应当加紧对于这一问题的注意呀！

(《红色中华》，1934年3月1日)

5. 打击奸商囤积居奇，1927年青黄不接之际，奸商囤积居奇，偷运粮食出境，粮价翻倍上涨。县城附近群众在坝南桑坑河边查获奸商用船偷运粮食，全部没收并散发给大家，接着群众百余人到奸商陈石坡、卢德兰2家问罪，将其大门砸烂。

(兴国县革命博物馆)

正当帝国主义国民党大举进攻中央苏区与红军的时候，瑞金2个奸商黄龙春与赖抢波，和帝国主义国民党里应外合地来破坏苏维埃经济，经常把国家银行的纸币故意跌价，抬高现洋价格，企图造成苏区金融恐慌，以颠覆苏区政权。国家政治保卫局查明了这些罪状，经过该犯的供认不讳，已解至汀瑞卫戍司令部，处以死刑。

(《红色中华》，1933年3月15日)

"瑞金西门永兴米店，是一家操纵粮食的奸商，同样的米他比别家要每元少4合，并且有米藏着不肯卖，农业工人代表大会去买米，明明堆了很多，米店说没有，他的米秤量又不够，每元12斤，如果买10元的米，称下来至少要6斤，简直是破坏苏维埃经济，意图引起粮食恐慌，响应国民党的大举进攻。当经农业工人代表大会告发，由国家政治保卫局拘留捕来，罚了毫洋2000毫以示处罚，假如还有这样破坏苏区经济的反革命，苏维埃一定要给予严厉的制裁。"

(《红色中华》1933年4月11日)

最近检查屠宰商业税，查出了奸商钟寿长瞒税不报(注今昌号人)，私自发卖，经依照条例罚款5倍后，又查出该奸商成份是地主，于是又证明了他是故意破坏苏维埃，随即区苏将他扣留，判罚了大洋190元，以示惩戒，并警醒其他奸商。

(《红色中华》，1933年7月14日)

瑞金县城市2家商店，广聚、合盛昌拒用苏维埃的纸洋和压低价格，群众买他的盐，纸洋每元12两，现光洋每元1斤4两，拿2角大洋的纸洋去买零星货物，要把2角大洋买完，不然就没有铜元找，拿2角小洋的5毛去买零星杂物，就随时都有钱找，这简直是帮助了国民党的经济封锁，是国民党经济封锁的内应者。最近县政治保卫分局破获了他的反革命组织，在检查几个商店的时候，检查出来洋铜元都埋藏得很充足，满街市的劳苦群众高兴万倍，异口同声地说："打倒一切奸商。"现已没收这2家奸商的店，并加以裁判。

(《红色中华》，1933年9月24日)

目前正当着敌人进行五次"围剿"的时候，敌人不但用武装力量来进攻，而且利用那些富农奸商，混进苏区里面来操纵金融，破坏国币信用，企图削弱苏区经济，造成响应经济封锁的计划。所以今年食盐一项，价格非常之高涨，而且银洋与币洋的价格不同，银洋1元可买1斤多，纸洋1元只买7两的盐，减轻纸洋价格，甚至不卖，不要纸洋的鬼话。最近龙岗县发现一个最严重的奸商——张见仁，是龙岗区龙岗乡人，原是个烟痞，经常囤留烟痞及不良分子，于12号在龙岗市卖盐，竟以硝做盐，卖给群众，而且价格又要特别提高，每块大洋只卖7两，这是剥削工农群众，把硝做盐卖的奸商分子，有意破坏苏区贸易，现苏维埃政府是绝不容许的，除将他的盐没收归公，当即捕拿拘押在案，交县政治部保卫局长办理。

(《红色中华》，1933年10月9日)

胜裁坊区邱良材……以贩运苏区耕牛出口为业，今年2月间曾运8头耕牛出口，被群众查获，连人带牛送交区苏处理，同时该区土地部长郭生曾给邱良材出口护照，这明显是同邱良材共同违抗政府禁止耕牛出口命令，破坏苏维埃的经济建设。这2个家伙，应当迅速把他们送到法庭上去，给予严厉的裁制！

（《红色中华》，1934年3月10日）

三、禁止干部经商，从重打击机关企业内部的投机活动

2. 禁止苏维埃工作人员经商，从重打击机关企业内部的投机违法活动。

……各（苏维埃）商店转运局工程人员，不得有私人贸易以妨公务。

（《鄂东南各县苏财政经济部长联席会议决议案》，1932年2月20日）

省委谷箩跑到德兴七区去贩盐，本来买进来的盐是1块花边4斤，他卖出去1元却只斤半，实行其奸商化的剥削。在董村买的时候，村苏代表问他，他还拿省委的名义来掩盖他的错误说："得到批准的"，又说他自己只买了2块花边，其余都是省委买的。该村苏代表看见他情形不对，把他送来苏区，经县苏把盐封起来，叫他回省委，他在路上又将盐全部卖了。等他回省委时，省委已得到报告由省委秘书处严加追究。他知无法掩饰始说出他如何打哄如何买盐卖盐的经过，并将赃款23元5角缴出，即由省委转送苏财政部没收，经省苏秘书处予以严格批评反省。机关支部即召集小组会、党员大会及各种会议同他作坚决的斗争，并给他3个月留党察看的处分，以教育他并教育全党。

（《闽浙赣省委、省苏政府、军区政治部、省工联会机关报第二版》，1934年3月20日）

（丙）党与苏维埃人员大做投机生意

于都县党与苏维埃机关绝大部分工作人员，特别是负责人，互相竞争贩卖谷盐进出口，因为这种生意是最赚钱的。谷子出口可换现洋，再贩盐进口，每担谷子经过周转后，可赚钱2、3、4元不等。

子、县委书记刘洪清做领导

县委书记刘洪清，为了图个人的生活快乐，竟放弃于都整个工作的领导，违背党与阶级的立场，学习奸商富农，领导党员做投机事业，刘洪清始而由他发起城市工农检委主席刘福元、城市总支书余当文、贫农团主任易林，和另外一个商人合股，组织商店买（卖）酒，后因赚不着钱，于是他就转变策略，贩卖谷盐进口，以每人20元的资本，不到4个月，就赚了70元的利钱，后来前县委书记李同盛（现调到军区工作）、曾发元（区妇女书记后调粤赣少共省委工作，现病回家）等参加扩大营业，于都县在刘洪清这样领导之下，自然使于都城的机关负责人与工作人员效尤，争先恐后地贩卖谷盐，有的贪污公款，有的假借合作社名义招股，以发展投机事业，使于都城内的党与苏维埃机关成了商人联合的集团。

丑、县苏主席熊征壁拿公款发展生意

县苏主席熊征壁，自第三次苏维埃代表大会当选为主席后，为了增加资本贩盐，于是以主席的资格，在财政部强拿公款到家，交他的弟弟贩盐，后因军部贪污公款，私做生意的事，被中央工作团检查出来，于是才偷偷地收钱补还，企图掩盖他的贪污，并在县委常会与县苏主席团会议上非常强硬地否认拿公款做生意，只承认借款买牛种田。经我们派人到他家调查，由熊的母亲亲口告诉我们，买牛用了16大洋，其余30多元由他弟弟去贩了2次盐，赚了一些钱，由于军事部贪污案件发觉，就归还了。我们提出了这样的真实证据，熊征壁才正式承认错误。县主席既然是贪污做生意的，就影响到县政府工作人员，不少人贪污公款去做生意。同时熊征壁自己是贪污，不仅不愿意去反对贪污浪费，而且对于已查出的贪污分子用拖延不办的方式，来包庇那般贪污分子。

寅、县财政副部长私打出口证偷瞒关税

县财政副部长罗风林更有本领的，利用副部长的地位，把出口证拿在自己手里，于是与税务科长，共同假公家的名义，打谷子出口证，为自己贩卖谷子出口，因为商人每担5角出口税，公家与合作社只要4角，这样更可多赚1角钱。

卯、县互济会主任是假借合作社做私生意的领袖

互济会主任袁成文，更是异想天开，在会员中假办互助合作社名义招收股，一方面是假着合作社的招牌，为自己偷瞒税，现已查出，他自己有100余担谷，是用合作社名义出口的。另一方面，也可利用互济会的捐谷与群众股金，作自己周转的资本，这是极可能的，现正在检举中。互助合作社的主任，也用合作社名义，做了几十担谷子出口，新口乡的合作社会计，假合作社名义出了150多担谷子，西郊合作社主任假公家名义，出口谷子40多担，其他还在继续检举中。

辰、市苏变为商人联合会

于都城市区苏、3个主席9个部长，就有3个主席（区正副主席、工农检举委员会主席）6个部长（土

地、劳动、内务、国民经济、财政、裁判)是做生意的，只有副主席没有做贩卖谷子，只卖点果子，家庭靠此作生意外，其余都是贩卖谷盐。有内务部长，是做生意为养家，工农检委会主席，虽有养家的关系，可是他做生意做得最大、赚钱也最多，这就不是简单的为着家庭生活了。其余都是分了田，家庭生活不成问题，完全是为了赚得点钱，来大吃大穿。劳动副部长，更是私拿保险金做生意。至于谈到工作，除了军事部在编赤少队外，其他各部连自己应做的事，都不大清楚。城市区是工人贫民最多的区乡，都是未分田的。目前米价涨到1块钱买6升，群众这样的困难，市苏从未讨论过，因为群众的利益与他们大多数——主席、部长的利益是有冲突的。当然不愿意管，市苏每天看不见许多人在政府做事，常常是每人门上一把锁，也不是出外工作，我们只拿粮食突击运动来讲，几个月以来，公债推销到目前，还有1000元搁在家里。推销出去的8200元，连月完了，还只收到4000元，其他工作也未见什么成绩，可是做投机生意，大家都肯努力，这样的市苏在这些商人样的主席、部长领导之下，变成商人联合会了，真是污蔑苏维埃！

巳、合作社是合股公司

合作社的运动，在于都全县是不大发展的，统计全部有粮食合作社43个，消费合作社12个。但在县城的合作社要占半数上下，其中有一半是其他乡名义的，只有5个粮食合作社，8个消费合作社，很多合作社开在城市。主要的是为交通便利，进出口容易，生意做很大，钱赚很多。因此合作的组织多半是由党与苏维埃，群众团体的负责人，所创造、所主持的。合作社的营业，不是为了适应社员的要求，而是为了赚钱，特别是为了一些工作人员，借着合作社机关的招牌，大做投机生意，垄断市场，贩卖谷盐进出口，就变成整个合作社的主要营业。一般社员入股，也不是为了购买东西的便利，而是为了多得红利，我现拿几个最标本的例子讲：

机关工作人员消费合作社

这个合作社顾名思义，当然是各机关人员为了自己消费的合作社，可是事实上不是这一回事。股东主要的是保卫队的士兵，县苏维埃的负责人，是全部加入了的。另外有上10个的城市工人与贫民加入，甚至在中央革命军事委员会动员武装部工作的蒋渊，上次到于都扩大红军，也投了5元大洋的资本，他的营业，主要的是贩卖谷盐进出口，带卖点杂货。但是这些并不供应社员的，而是卖给群众，不到2个月的营业，每元的股金，可分4角钱的红利。这还是因为最近禁止谷米出口，否则1元股金，可以赚1~2倍的利息，这是一个最标本的合股公司。

潭头煤矿合作社

煤矿合作社，也是标本的合股公司之一，他是用机关合作社、互助合作社与保卫局3个机关名义，所开办的合股公司。群众一个没有入股，开采的煤，不是供给机关内用，而是出卖给群众。

互助合作社

这是县互济会主任袁成文所创办的，社员一部分是散在各区乡的互济会员，特别是他家乡的(古田)人居多，另外城市人也有入股的，社员从未到合作社买东西，主要的不仅是贩卖谷盐的合股商店，还是该主任与合作社主任，共同利用为自己偷税的机关。

这3个标本的例子以外，还有红军家属合作社，股金是由募捐而来的，但是收股份分给城市一部分红军家属，还有一半的米分给，因此闹得红军家属争夺股票，至今尚未解决。红军家属购买东西，与其他合作社一样，并不特别减价。这个中间还有其他黑幕，正在检举中。

至于各机关工作人员贩卖谷盐的，党有9个，政府有18个，群众团体5个，合作社工作人员中，由总社起至各分社，共有主任11人，其他会计、文书、采办员等已查出的有18人。至于假借合作社名义，偷瞒税，利用社金走私做生意的还很多，现在继续核查中。

现在总计各机关工作人员做这一投机生意的共有60几人，就查出数目的共出了谷子1263担，还有很多未查出。

(项英报告，《红色中华》，1934年3月29日)

四、罚款或没收的财产应交财政机关统一管理

第二条　各级财政机关，所收入之税款及政府经营事业的入款，或罚款或没收的财产以及其他收入等款项，概应随时转送或应送中央财政部，或中央财政部所指定银行。各级财政机关在未得到上级财政的支付命令以前，不得自行支配扣用或抵补，不得延期不缴。

(《中华苏维埃共和国暂行财政条例》，1931年12月)

第五章　工商企业登记

第一节　工商业登记

一、工商业登记规则

第一条　凡各项商业买卖，自己开设店铺或寄居别店营业，或不设店者一律以本规则向当地县政府登记。

第二条　登记项目如下：

一、营业字号及所在地

二、股东姓名籍贯

三、经理姓名籍贯住址

四、何种营业或制造

五、雇佣几人

六、资本多少

七、开办年月

八、上年每月平均营业额或生产额

(注)凡店的股金、公积金、未作存款数之店房及1年以上长期存款，都应算作资本。

第三条　营业主初次登记完毕后，向县政府领取营业证，即得长期营业，不必每年调换，但须于每年2月内向政府登记1次，不登记者即撤回其营业证。

第四条　领取营业证时期以本规则颁布后1个月为限，新开办之商店或工厂、作坊，于开张前即须登记领证。无此证者不准营业。

第五条　各商店、工厂等如有失业或顶退时应将所领营业证交还原领政府注销。

第六条　营业证遗失或污损时，应向该管县政府申请理由补领。

第七条　登记表及营业证由中央财政人民委员部颁发。

第八条　政府为防止隐瞒资本以及不真实登记起见，有随时派人检查商店、工厂、作坊等账簿之权，被检查人不得匿藏账簿拒绝检查。

报告表三种　　　份

附账簿格式四种　　　份

中华苏维埃共和国

中华苏维埃共和国工业登记表

字号	地址	工厂还是作坊	何种方法生产	资本多少	每月平均	生产多少	开办年月	雇佣几个	职员和工人	股东几名	经理姓名籍贯	备考

公历1932年　月　日

附注：

1. 字号项下要该主人盖印。
2. 此表每年二月内填写1次。
3. 此表由县苏维埃照此格式印发。

中华苏维埃共和国商业登记表

商店字号	商店地址	股东姓名	经理姓名	籍贯	做何生意	兼营何种	工业	开张年月	资本多少	雇佣几人	上半年每	月平均做	多少生意	备考
	省县　市区　街号													

公历1932年　月　日

附注：

1. 做何生意项下须随带说明是否批发或零售。

2. 兼营何种工业是指有无兼刨烟染布做酱园等。

3. 商业字号项下要该店盖印。

4. 此表于每年二月内填写1次。

5. 此表由县苏照此格式印发。

店　房　租　据

店房出租人	店房所在地	店房四界	店房栋数	店内有何家具物件	开何字号	做何生意	租金多少	备考
	县市街门牌							

承租店：

经租人：

在场人：

1932年　月　日

中华苏维埃共和国临时中央政府　1932年6月

9. 各县须马上举行商业登记，制定商业登记证，召集各市镇的商人专门会议，承认过去苏维埃对商业政策的错误，号召商人恢复贸易，保证商业自由，以增进苏区商业的兴盛，并要向白区商人宣布我们的政策，欢迎白区商人在不妨害革命条件之下，来苏区登记贸易。

（《鄂东南苏维埃政府内务部两个月工作计划》，1932年7月9日）

商业登记，候鄂东南的表式发来时登记，暂时规定花林、殷祖、姜桥3处为重要市镇，尽量找白区商人来营业，苏维埃并要派人去召集商人会议，承认过去执行经济政策的错误。

（《大冶县苏一次内务部会议记录》，1932年7月13日）

本部为要正确地执行苏区经济政策和了解现时一般商业状况，特制定一种营业登记证交给各级苏维埃政府，在最短期间内号召商人举行营业登记，兹郑重说明登记方式于下：

（一）各地苏维埃须在召集当地市镇和乡村的商人举行营业登记，并须号召白区的商人前来苏区登记，宣布中央苏府颁布的经济政策，准许商人自由贸易，承认过去存留的立三路线残余，采取了托洛斯基的过早办法，如开苏维埃商店、转运局等，垄断私人资本的发展，无条件地限制市场物价，绝对禁止现金出口，工人监督资本等等错误，使商人彻底了解中央颁布的经济政策，自动地大胆起来扩张营业，解决红军和群众的需要。

（二）……严防侦探假做生意的名义随便混入苏区，……凡属赤区市镇商人，无营业证者不准自由营业，同时还要追问他的来源。尤其白区商人到苏区做生意，虽然是准许来苏区营业，也不能放弃考查工作，如不清悉他的历史，就不能准他到中心苏区来，在赤白交界地方，不在此限。

（三）在登记当中，要向商人说明登记的意义，以免商人怀疑。登记证各栏要真实填写，绝对不容许虚伪。商店的资本，是与征累进税有关系的，所填数目要店内工人证明，或从旁调查，以免商人取巧。营业证上开始营业日期与系集股或独股经商两空格内，这是于公民权有关系的，亦不得稍有含糊。

（《湘鄂赣省鄂东南苏维埃政府内务部通知》，1932年9月5日）

二、商人无须登记

6. 凡在苏维埃区域的商人，必须在苏维埃登记，由工人监督以保证必需品之供给，同时应防止商人舞弊及抬高物价等等。

(《鄂东南办事处经济问题决议案》,1931年12月13日)

三、企业登记

8. 城市商店、工厂应马上举行登记,填发营业证,以便随时考查,并可以为税收的凭借。

(福建省第一次工农兵代表大会《关于经济财政问题决议》,1932年3月18日)

四、合伙经营不算合作社

四、各级消费合作社应重新来一次登记,非由群众集股而系几个人合伙的不能标为合作社,不能登记,同时以后合作社指委会必须有专人办公,指挥与整顿消费合作社工作。

(湘赣省国民经济部合作社指委会,《关于成立县消费合作总社与对消费合作社的指示》,1932年11月9日)

五、私人企业应向当地政府登记

第一条 凡遵守苏维埃一切法令实行劳动法令依按苏维埃政府所颁布之税则完纳关税的条件下得允许私人资本在中华苏维埃共和国境内自由投资经营工商业。

第二条 凡投资者,须先将资本的数目,公司章程或店铺的名称,经营的事项,经理的姓名,详细具体向当地苏维埃政府登记,取得营业证即可按照规定事业去经营。以后改营他业时,亦须向政府报告和登记。

第三条 无论国家的企业、矿山、森林等和私人的产业,均可投资经营或承租承办,但须由双方协商订立租借合同,向当地苏维埃政府登记。但苏维埃政府对于所订合同认为与政府所颁布的法令和条例违反时,有修改和停止该合同之权。

第四条 凡遵守一、二、三条之规定,私人投资所经营之工商业,苏维埃政府在法律上许可其营业的自由。

第五条 如有违反苏维埃政府的法令,或阴谋反动破坏苏维埃经济者,要受苏维埃政府法律的制裁。

《中华苏维埃共和国临时中央政府关于工商业投资暂行条例的决议》1932年1月

第二节 合作社登记

一、合作社要登记

十、合作社应将社员人数、股本章程、分红办法及办事人姓名报告政府登记。

(《闽西第一次工农兵代表大会宣言及决议案》,1930年3月25日)

十、合作社应将社员人数、股本章程、分红办法及办事人姓名报告政府登记。

(《闽西第二次工农兵代表大会决议案》,1930年9月)

1. 所有合作社均须很迅速地举行登记,经过登记后,经济部发给营业证书。

(闽西苏维埃政府经济部《闽西苏维埃政府经济委员会扩大会议决议案》,1931年4月25日)

(甲)……凡遵照政府所颁布之合作社的条例组织之消费合作社,复经县政府批准登记的,得由县政府报告各该省政府,许可免税。

《鄂东南办事处经济问题决议案》,1931年12月13日

第六条 凡工农劳动群众可组织之合作社,须先将章程、股本、社员人数和营业项目等向当地苏维埃政府报告,经审查登记后,领取合作证书,才能开始营业。

第七条 凡此例未公布前,各地所组织之合作社,须照第六条之手续登记并领取证书。

第八条 凡不遵照此条例组织之合作社,苏维埃政府得禁止之,同时对于各种合作社,认为有违反此种条例行为时,苏维埃政府有随时检查和制止之权。

(中央工农政府颁布的,《合作社暂行组织条例》,1932年4月12日)

1. 合作社于开办时，要按照工商业登记条例，向县政府财政部登记，但各级政府直属机关合作社则向该同级政府登记。

（中央财政人民委员会《合作社工作纲要》，1932年9月）

合作社的登记工作，于闭会后1月办理完毕。

（《中央苏区南部十七县经济建设大会的决议》，1933年8月15日）

二、整顿“合作社”

四、合作社的发展——这是发展苏维埃经济的主要方式。对于现在各地非合作社性质之各种合作社，应照中央最近所颁布的合作社组织条例，实行加紧检查，重新登记，不合者限令其改变和禁止用合作社的名义。

（《江西省第一次工农兵苏维埃大会财政与经济问题决议案》，1932年5月）

……将已有的合作社检查与登记一次，不合中央1933年8月1日所颁布的简章，须从宣传鼓动中求到改造，如坚决不遵照章程改造的，就不准用合作社名义，须改商店名义营业。

（《湘鄂赣省苏国民经济部六月、七月经济建设工作计划》，1935年5月20日）

三、三种合作社都有发展

生产合作社统计表

县名	永新	莲花	茶陵	安福	吉安	分宜	萍乡	酃县	攸县	合计
个数	12	2	4	21	3	4	11	2	36	95

（湘赣省委组织部《湘赣省一年来[1932年10月底止]苏维埃建设运动统计表》，1932年11月19日）

消费合作社统计表

县名	永新	莲花	茶陵	安福	吉安	分宜	萍乡	酃县	宁冈	合计
个数	297	3	2	124	3	23	12	2	5	471

（湘赣省委组织部《湘赣省一年来（1932年10月底止）苏维埃建设运动统计表》，1932年11月19日）

如在兴国有81个消费合作社，16613个社员，粮食合作社83个；胜利有32个消费合作社，12000粮食合作社社员；瑞金壬田一区有11个消费合作社，12个粮食合作社。

（亮平《战斗环境中的经济建设大会》，《红色中华》第102期，1933年8月12日）

根据中央局正确的指示和省委具体的号召来检阅全省七月份以前的合作社运动，我们根据已有的材料，看到下列情况：

一、发展粮食合作社，如下表。

从这表看到，在6～7月份发展粮食合作社运动中，在数目上完成了省委决定的是万泰、兴国，次之是博生，但是每个粮食合作社的基础还是很弱的，万泰每社平均只有100元股金，乐安也只有200元，每社社员的数量，万泰每社只有140余人，博生只有80人。在数量上质量上说，与50万社员50万元股金还相差很远，至于在秋收中储藏粮食的工作如何，更不知道。这充分说明全省党是没有认识发展粮食合作社、储藏粮食、调剂粮食对于争取伟大战争胜利的意义，在实际工作中没有抓紧来开展成为群众运动。

县名	在6～7两月应发展数目	现已建立数目	股金	社员	谷仓已否建立
兴国	60	83	不知	不知	均建立好
万泰	30	52	4550元	7512人	27个
于都	50	17	不知	不知	20个
乐安	20	8	1770元	不知	20个
永丰	40	24	不知	不知	未建立好
博生	60	56	不知	4478人	647个
总数	260	240	不详	不详	建立了

二、消费合作社。从这下面表中可以看到消费合作社运动在兴国最发展，最落后是广昌，在南丰甚至还没有一个。而全省的消费合作社运动，最主要的弱点，还没有成为广大群众运动，甚至还很微弱。兴国每个消费合作社平均只有200多元的股金，博生每个平均也只有380元股金，250名社员。博生全县工农劳苦群众有25万人，全县平均42个人中只有1个人加入了合作社。有些县还有大宗的公款，如胜利、公略，特别是万泰。

同时，消费合作社的组织，许多还是冒牌的“私人集股商店”，有些则混进了阶级异己分子，如兴国在检查合作社中竟发现了220多个阶级异己分子混入了。万泰的43个，真正依据合作社条例批准登记的只有6个。有许多地方，苏维埃还没有开始检查和登记。

县名	数目	股金	公款若干	社员集股	社员	批准登记的有若干
兴国	133个	29000元	不详		不详	
胜利	不详	21626元	4056元	17570元	不详	
万泰	43个	2950元	1460元	1490元	不详	只6个
于都	27个	10000元	2000元	8000元		
永丰	3个	不详	不详	不详		
公略	34个	9495元	2174元	7321元		
博生	36个	10174元			6576人	
乐安	6个	1200元	不详	不详	不详	
宜黄	3个	不详	不详	不详		
广昌	1个	不详	不详	不详	不详	
赣县	35个	3410元				

（我们在经济战线上的火力，《江南省委通讯》）
第23期，1933年8月14日

	1933年8月以前		1934年2月	
消费合作社	社数	417	社数	1140
	社员	82940人	社员	295993人
	股金	91670元	股金	322525元
粮食合作社	社数	457	社数	10712
	社员	102182人	社员	243904人
	股金	94894元	股金	242079元
生产合作社	社数	76	社数	176
	社员	9276人	社员	32761人
	股金	29351元	股金	58552元

《斗争》第56期，1934年4月21日

如果在去年四月国民经济人民委员部刚刚成立以后的时期，我们不只在几个先进的县份（兴国、胜利、瑞金、上杭的才溪区等），看到一些零星的不相连属的区乡合作社，那么，在一年以来，特别在去年经济建设大会以后，我们在这上面是踏进了一大步。

首先在绝对的数量方面，我们在中央苏区（其他苏区，如闽浙赣有10余万社员都还不算在内）得到下面的进展情形。

宁都县在发展合作社事业中取得了很大成绩，全县计有：

棉布合作社9个，社员3108人，股金3918元

夏布合作社 4 个，社员 300 人，股金 460 元
纸业合作社 21 个，社员 2065 人，股金 2065 元
硝盐合作社 195 个，社员 6670 人，股金 7082 元
刨烟合作社 1 个，社员 240 人，股金 240 元
染布合作社 2 个，社员 118 人，股金 450 元
陶器合作社 1 个，社员 350 人，股金　元
锅炉合作社 2 个，社员 149 人，股金 1040 元
其他生产合作社 1 个，社员 30 人，股金 100 元
（宁都县提供的调查资料，1959 年）

四、发放消费合作社社员证和粮食合作社股票

社　员　证
兴国均村消费合作社
第五十七号
社员林朝波收执
社员持此证得向本社买货
（或借款）及享受本社一
切权利但不得借给非社员
使用，违者照章处罚基本乙
元
管理委员会主任
公历 1932 年 1 月 20 日　给

粮食合作社
股　票
第 107 号
社员姓名　谢　良
住址　　肖屋口
成份　　贫　农
家庭人口　4 人
股数　　1 股
管理委员会
主任　　刘宝珍
1933 年 10 月 24 日

第三节　小商贩登记

（四）实行小贩登记。现在为要防止奸细小贩自由收集土产品，破坏苏维埃的经济政策起见，决定实行小贩登记，登记机关各县苏经济部，由各县经济部布告限 4 月半完竣。登记后，须由县经济部发给营业证。嗣后收买土产，贩卖物品，不得故意抬高物价，或运输现金出口，贩卖奢侈品。各级苏区随时检查，但必须准许小贩自由贩卖。

《鄂东南各县苏财政经济部长联席会议决议案》，1932 年 2 月 20 日

今介绍二村十三眼建立买卖饭店和合作社，领导黄文魁、黄金玉、黄永坤、黄家章、王级相，组织社员 50 名，建立以后，遵守苏维埃纪律，实行农村中小贩加入股份，不准零售，凡一切货物价目照苏维埃社会中每个社会决议，不准独裁包办主义，若反对违犯决议不良分子，遵革命纪律予以制裁。特立登记，表证为据。

（《松花区第一乡苏维埃政府营业许可登记证》，1932 年）

实行小贩商业登记，现金出口仍略予限制，如确系购运办货的现金，亦须报告当地苏维埃登记，不使反动分子将苏区的现金无故搬运出口。

（《鄂东南苏维埃第一次代表大会苏维埃工作决议案》，1932 年 6 月 20 日）

同时组织小贩联合会。重新举行小贩登记。

（《大冶县苏一次内务部会议记录》，1932 年 7 月 13 日）

3. 小商人保证自由贸易，必须来政府登记。

（《通山县横市区第三区各乡苏主席联席会议记录》，1932 年 8 月 27 日）

征收商业累进税，苏维埃须马上召集小商小贩开会，根据累进税则征收累进税。调换登记征。

（《中共龙燕中心县委检查中委一次执委扩大会两个月工作计划与执行道委第二常委扩大会议的决议》，1933 年 3 月 22—23 日）

同时组织小贩联合会，重新举行小贩登记。

（《鄂东南苏维埃政府第二次执委会议决议案》，1933 年 3 月 26 日）

此外，还大力发展小商小贩的流通贸易，以解决苏区多山，群众往来不便的困难。为了防止奸

细、小贩投机取巧、乱收土特产、破坏苏维埃的经济政策，当时还实行小贩登记，没有发给营业证的，一律不允许自由贸易。

（《武宁革命斗争史》，1962 年 1 月）

第四节　手工业登记

手工业委员：登记各地手工业者如泥木匠、缝纫工、剃头工、篾工、铁工有多少，工作能力有多少。某地缺乏某种工人即由多的地方调去。

（觉哉《湖南湘东赣西革命势力之扩展》，1928 年 7 月 28 日）

第五节　资本的登记和监督

允许白区商人来赤区买货，绝对禁止“见钱眼花”地没收。但商人一来必须到政府报告其资本。政府按资本去征收公益费，发给护照。公益费，500 元起码，500 元以下的不抽收。一、500 元资本以上者抽 5%；二、5000 元以上者抽 7.5%；三、1 万元以上者抽 10%；四、10 万元以上者抽 20%。

（《湘鄂西特委报告》，1930 年 11 月 22 日）

3. 劳工监督委员会，直接受工会指导，间接受苏维埃的指导。他对于调查工厂、商店资本数目之多少，及其消长情形，可以直接报告苏维埃，以为征税的标准，目前苏维埃政府对于私人商业及工业资本登记和征收商业累进税的工作，急需迅速进行。因此各处劳工监督委员会都要很快地组织起来，对私人企业资本，立即要有一个正确的调查与登记，防止商人舞弊，少报资本数量，免致减少政府税收。

（《湘鄂赣省工农兵苏维埃政府通告》四十四号，1931 年 12 月 24 日）

3. 一切资本须向政府登记，不准无故倒店闭厂，不准怠工，不准移开暗消资本。

4. 如有特殊情况必须停业改变经营者，须得监督委员会之许可及政府之批准。

（《平江县工农兵苏维埃政府通令》第四十九号 1931 年 9 月）

中国革命的目的，是要达到社会主义前途，在中国没有过渡到建立社会主义经济以前，以生产落后的国家，必须利用资本，来帮助生产的发展和运输灵便。所以苏维埃特准许私人资本自由营业，但为要防止工厂、商店怠工、停业、舞弊、造假账目及勾结工贼以企图破坏苏维埃的经济政策等，就需要工人对工厂、商店实行直接监督、组织劳工监督委员会，负这个责任，同时并执行调查登记的任务。

（《湘鄂赣省工农兵苏维埃政府通告》四十四号，1931 年 12 月 24 日）

第二条　凡投资者须先将资本的数目，公司章程或店铺的名称，经营的事项，经理的姓名详细具体向当地苏维埃政府登记，取得营业证，即可按照规定事业去经营。以后改营他业时亦须向政府报告和登记。

第三条　无论国家的企业、矿山、森林等和私人的产业均可投资经营或承租承办，但须由双方协商订立租借合同向当地苏维埃政府登记，但苏维埃政府对于所订合同认为与政府所颁布的法令和条例违反时有修改和停止该合同之权。

第四条　凡遵守一、二、三条之规定，私人投资所经营之工商业苏维埃政府在法律上许可其营业的自由。

（摘自《苏维埃共和国临时中央政府关于工商业投资暂行条例的决议》，1932 年 1 月）

(3) 凡该店股金、公积金，未作存款的店房，以及 1 年以上之长期存款都应算作资本。

(4) 上列资本数额以该店上年盘结簿为凭。

(5) 老店依靠信用资本用空或资本无账簿可凭者，由征收员按照其生意大小周转快慢斟酌估其资本数额。

（《红色中华》，1932 年 1 月 13 日）

一、各商店资本，须根据其盘结簿及往来簿切实检查，但主要还是要参照其生意大小及周转快慢为决定资本之标准。

三、资本登记完毕地方……须于每月 30 日先发营业调查表，令各店自己照实填报，并盖章负责。交来后亦只选择 5～7 家较大、较刁皮、有可疑之商店检查便够，不必家家照例。

（中央政府财政人民委员会，1932 年 12 月 5

日）

首先就要严格登记资本。凡该店之公本、余本，1年以上之存款或缴货，以及未作存款之店房估价等概需包括在资本之内，嘱各商人自己填写商业登记表……以便检查，检查资本时，主要以上年盘货簿及来往簿为凭，老店资本用空及小资本无账簿可凭者，概以生意大小为估计资本之标准，凡小店及摊寮小商，多无账簿可凭，资本无以查实，应以每月所做生意为凭。

（中华苏维埃共和国临时中央政府财政人民委员部训令（第十八号），1933年4月21日）

附录一

苏维埃时期工商管理大事记

1927年11月，湖南茶陵建立工农兵政府——中国第一个红色政权。

1928年1月14日，毛泽东同志带一个连队到草林，利用赶集召开群众大会，向大家宣布保护工商业政策，要大家放心做生意，出了布告，恢复草林圩。

1928年1月在宁岗县茅坪建茅坪药店，诞生了中央根据地第一个公营商店。

1928年5月在宁冈建立红军被服厂，在茅坪兴办公卖处。

1928年5月，湘赣边界工农兵政府在宁冈茅坪成立。

1928年6月18日—7月21日，中国共产党在莫斯科召开第六次全国代表大会，通过了政治决议，提出了工农民主专政的十大政纲。十大政纲中有关经济的政策有三条，即没收外国资本的企业和银行；实行八小时工作制，增加工资、失业救济与社会保险等；取消一切苛捐杂税，实行统一的累进税。

1928年7月16日，在宁冈大陇建立圩场。把圩场纳入工农兵政府领导。同时在圩场上开办了一个商店，参加贸易活动，促进了边界内外的物资交流。

1928年11月14日，红四军在宁冈新城召开党的第六次代表大会，提出了"禁止盲目焚杀"、"保护小商人利益"的提案，并通过了决议。

1928年底，江西边界工农兵政府为了反对敌人封锁，有组织、有领导地开展对白区的贸易活动，建立赤白贸易线。

1929年1月，根据井冈山1年3个月的经验，发出红四军司令部布告，布告中指出党的经济政策：

"平买平卖，事实为证。乱烧乱杀，在所必禁。……累进税法，最为适用。苛捐杂税，扫除干净。城市商人，积铢累寸。只要服从，余皆不论。对待外人，无须严峻。工厂银行，没收归并。外资外债，概不承认。外兵外舰，不准入内。"

1929年3月14日，红四军解放长汀城。颁发了《告商人和知识分子》布告，阐明党对城市的政策。取消苛捐杂税，保护商人贸易。在革命时候对大商人酌量筹款供给军需，但不准派到小商人身上。

1929年6月，红四军在龙岩发出《红四军司令部政治部布告》，阐明党的废除苛捐杂税，保护工商业等政策。

1929年9月，中央闽西特委发出通告。首先提出工农业产品的剪刀差问题和解决办法。接着，赣西南苏维埃政府也采取相应措施。

1929年11月，在福建上杭才溪乡创办中华苏维埃第一个消费合作社。

1930年3月18日，为了发展生产，解决失业工人的就业问题，闽西工农民主政府号召创办手工业合作社。此后，石灰、造纸合作社相继诞生。

1930年5月，闽西苏维埃政府公布《商人条例》。

1930年6月中旬，毛泽东同志在汀州南阳召开红四军前委和闽西特委联席会议，即南阳会议。南阳会议认为财经问题与战争问题是密切相连的，决定保护生产、保护贸易自由和奖励进出口的政策。

1930年6月，闽西工农政府颁布了《关于组织粮食调剂局问题》的布告，首先成立粮食调剂局。

1930年9月，湘鄂西特委第一次紧急会议，通过苏维埃经济政策决议案。决议案的主要内容包括："赤区经济务须与白区流通，封锁是自毁政策"，"允许中小商人正当营业"，"农产品输出与工业品输入，苏维埃不要企图垄断"，"政府经济收入应为公益费，支出应有精密系统计划"。

1930年12月，红一军团总政治部颁发《告商人书》，宣传党的工商业政策，保护商人贸易。

1931年11月7日—20日，中华工农兵苏维埃第一次代表大会在瑞金召开，大会宣布正式成立临时中央工农民主政府，毛泽东任主席。大会除通过了宪法、劳动法、土地法、红军政策、文化教育政策及少数民族政策外，还通过了经济政策、财政政策。

1931年11月，湘赣省苏第二次代表大会通过了《经济政策执行条例》，提出了尽可能利用私人资本的租让政策。要求"没收来的工厂和企业，尽可能租给或卖给私人，或租给生产合作社来管理。"

1931年12月27日，中央政府人民委员会举行了第三次委员会，通过统一财政条例和训令，决定颁发合作社条例、投资条例、借币条例；为计划发展苏区经济起见，决定将财委扩大改为财政经济委员会。

1932年1月13日，中央工农民主政府颁发《关于工商业投资暂行条例的决议》，允许私人资本在中华苏维埃共和国境内自由投资经营工商业。

1932年1月27日，中央工农民主政府第五次常委会通过并颁布《借贷暂行条例》，调查统计现存的粮食，取消对内地粮食的禁令，详细审查与白区的通商关系等。

1932年3月，湘鄂赣省委第一次执委扩大会议后，成立临时省委，批判了以前某些错误政策和执行中央正确政策不力的错误。要求各级党组织向群众说明情况、解释原因、公开承认错误，并决定：

将苏维埃商店、转运局、饭店一律撤消，租与合作社或私人资本营业；尽量将以前没收的归国有的厂矿企业有计划地出租给私人资本营业，或由工人的手工业者的合作社来管理。在必要的地方实行劳动监督生产的办法，纠正过去劳动监督资本、妨碍商业发展的错误；纠正过去苏维埃规定商品物价，无条件没收商人货物的行动，保障商业的自由。财政实行统收统支，大力回收纸票。

1932年4月，中央决定成立中华苏维埃钨砂公司——第一个经营矿产出口的公营商业公司。

1932年5月12日，江西省第一次工农兵苏维埃大会通过财政与经济问题决议。

1932年6月，中央工农民主政府发布《工商业登记规则》，开展全面的工商企业登记。

1932年8月4日，江西省工农民主政府通令准许谷米出口。

1932年8月，中央工农民主政府颁布《发展粮食合作运动问题》通令，号召各地广泛兴办粮食合作社。

1932年12月16日，中央工农民主政府财政人民委员部公布《统一会计制度》。

1932年12月27日，中央工农民主政府内务人民委员部决定禁止米谷出口。

1933年2月26日，中央政府人民委员会第36次常委会决定设立各级国民经济部，委任邓子恢兼任中央国民经济部部长，经济部下设对外贸易局、粮食调剂局和合作社指导委员会，分别主管根据地的对外贸易、粮食调剂和合作社运动的工作。接着，于4月发出第10号训令，要求省县两级也设立国民经济部，下设相应机构。

1933年3月1日，中央工农民主政府内务人民委员部发布《关于解决粮食问题》的布告，决定正式成立粮食调剂局。

1933年7月12日，中央政府颁布《为开展大规模的经济建设运动，召集北部南部两处经济建设大会》第三号通告提出，"健全各级国民经济部及各地粮食调剂局，加强对外贸易工作"。

1933年7月14日，中央工农民主政府颁布《关于倡办粮食合作社问题》布告，提出调剂粮食市价，保障工农群众粮食供应的办法。

1933年8月12日。江西南部17个县经济建设工作会议在叶坪召开。会议决定在重要出口地设立10个采办处，建立了对外贸易网络，毛泽东同志在大会上作了《粉碎敌人五次"围剿"与苏维埃经济建设任务》的报告。(注:《必须注意经济工作》一文是其中的一部分。)

1933年11月下旬，毛泽东同志到兴国县长冈乡作社会调查，总结办合作社的经验，指出："吉林村合作社为全县合作社首创，又办得最好，有模范合作社之称。""每个乡每个区都要学习长冈乡与上社区的消费合作社。"

1933年12月8日，中央苏区消费合作社第一次代表大会在瑞金叶坪举行。红军及江西、福建、闽赣各省40余县代表出席大会。吴亮平同志作《粉碎敌人五次"围剿"与合作社的任务》的报告。

1934年2月，中央执行委员会提出"一切为了前线的胜利"的号召。在这个号召下，根据地军民积极地投入经济建设战斗。为战胜敌人的各种破坏和经济封锁所造成的困难作了不懈的努力，根据地的经济建设事业全面展开，建立了国营经济、合作社经济，并获得了发展。"许多手工业生产如：制铁、织布、烧石灰、造纸、开煤矿与钨矿、制盐、制药、制油等不但开始恢复，而且有了新的发展。""在组织广大群众于合作中的运动，也有显著成绩，生产合作社，消费合作社，粮食合作社等即在中央苏区吸收的社员，已达50万人以上，闽、浙、赣省加入合作社的人数达全省人口的50%，在有些区乡则全体劳苦群众，已经加入了合作社。为了加强对于各级合作社的领导，在中央苏区、在各省都已经有了总社的组织。”

1934年3月27日，中央审计委员会审查中央印刷厂、造纸厂、邮政总局、贸易总局、粮食调剂局等国家企业会计工作。

1934年7月1日，苏维埃国家企业工人第一次代表大会在瑞金召开。大会通过刘少奇的政治报告，工厂章程和组织条例等决议案。

1934年10月，中央红军开始长征。由项英、陈毅、谭震林、邓子恢、张鼎丞等率领部分红军留在中央根据地坚持游击战争。

附录二

苏维埃时期重大政策法令和报告

一、中国共产党十大政纲

1. 推翻帝国主义的统治；
2. 没收外国资本的企业和银行；
3. 统一中国，承认民族自决权；
4. 推翻军阀国民党的政府；
5. 建立工农兵代表会议政府；
6. 实行八小时工作制，增加工资、失业救济与社会保险等；
7. 没收一切地主阶级的土地，耕地归农；
8. 改善兵士生活，给兵士以土地和工作；
9. 取消一切苛捐杂税，实行统一的累进税；
10. 联合世界无产阶级和苏联。

（《中国共产党第六次代表大会政治决议案》，1928年7月9日）

二、红军第四军司令部布告

红军宗旨，民权革命，赣西一军，声威远震。
此番计划，分兵前进，官佐兵伕，服从命令。
平买平卖，事实为证，乱烧乱杀，在所必禁。
全国各地，压迫太甚，工人农民，十分苦痛。
土豪劣绅，横行乡镇，重息重租，人人怨愤。
白军士兵，饥寒交并，小资产者，税捐极重。
洋货越多，国货受困，帝国主义，哪个不恨。
国民匪党，完全反动，口是心非，不能过硬。
蒋桂冯阎，同床异梦，冲突已起，军阀倒运。
饭可充饥，药能医病，共党主张，极为公正。
地主田地，农民收种，债不要还，租不要送。
增加工钱，老板担任，八时工作，恰好相称。
军队待遇，亟须改订，发给田地，士兵有份。
敌方官兵，准其投顺，以前行为，可以不问。
累进税法，最为适用，苛捐杂税，扫除干净。
城市商人，积铢累寸，只要服从，余皆不论。
对待外人，必须严峻，工厂银行，没收归并。
外资外债，概不承认，外兵外舰，不准入内。
打倒列强，人人高兴，打倒军阀，除恶务尽。
统一中华，举国称庆，满蒙回藏，章程自定。
国民政府，一群恶棍，合力铲除，肃清乱政。
全国工农，风发雷奋，夺取政权，为期日近。
革命成功，尽在群众，布告四方，大家起劲。

军　长：朱　德
党代表：毛泽东
1929年1月

三、红军第四军政治、司令部布告

为布告事，我们红军受共产党的指导，执行民权革命三大任务。打倒帝国主义、打倒地主阶级、打倒国民党政府，以帮助工人农民，及一切被压迫阶级得到解放为宗旨。现在国民党四分五裂，蒋桂阎冯全国混战，反动政府根本动摇，全国工人农民及士兵受压迫的小资产阶级，联合起来革命，人数越多，势力越大，兵士组织红军，工人组织工会，农民组织农民协会、各省各县各乡镇大大地干起来了，本军来到此地，知道民众痛苦甚深，谷价很贵，利息很高，租谷很重，苛捐很多。土豪劣绅操纵一切，借了祠堂公会，欺压各姓贫民，这种土豪劣绅，夺多数人的利益，现将急于要做的事列于下。

（一）收租200担以上的大地主，家里的谷子及大公会（义仓外）的谷子，一概没收分与贫民，不取价钱，收租200担以下的小地主，家里的谷子须减价出粜，规定每担谷价照原价减半（但谷商人从外转运来的不在此例）。

（二）工人农民该欠田东债务，一律废止，不要归还，（但商人及工人农民相互间的债务不在此例）

（三）从今年起，田地归耕种的农民所有，不再交租与田东。

（四）废除一切苛捐杂税厘金钱粮。

（五）工人组织工会，农民组织农民协会，工农联合组织革命会，并夺取反革命的枪，组织工农的赤卫队。

(六)凡平日压迫工农或阻碍革命或经手公款账目不清的土豪劣绅,农民协会可以把他们一概捉起来。按照他们犯罪的轻重,分别处以死刑、监禁、肉刑、罚款、游行示众、写悔过字等刑罚。

以上六项,自出示之后即刻实行,如有反对的,即是图他自己的私利,妨碍大多数人的公利,这种人即是反革命,当用全力铲除这些恶人,决不宽贷,切切此布。

军　长:朱　德
党代表:毛泽东
政治委员:陈　毅
1929年6月

四、红军第六军司令部布告

反动国家逆党　代表地主豪绅
摧残革命团体　屠杀工农士兵
勾结帝国主义　敢向苏区挑衅
为着争权夺利　制造军阀战争
增加苛捐杂税　民众痛苦日深
当此严重时期　本军应运而兴
接受共党指导　努力民权革命
实行武装游击　肃清地主豪绅
彻底分配土地　给予贫苦农民
工人减时加资　保护商人数政
废除苛捐杂税　统一累进税金
打倒帝国主义　没收洋商资本
推翻反动统治　实行工人专政
至于白军清匪　准其悔过投诚
所过秋毫无犯　纪律特别严明
望我工农群众　一致向敌进攻
特此恳切布告　望各一体凛遵

军　长:黄公略
政治委员:陈毅
1930年

五、中华苏维埃共和国劳动法

第一章　总　则

第一条　本劳动法,对于凡受雇佣的劳动者均适用之。对于各种企业、各项机关、各种商店(不论为国有,为团体所共有,为私有,以及雇请工人在家庭工作者,都包括在内),和以物品或货币作报酬而使用他人劳动力的个人,均须受本法的约束。

第二条　本法不适用于中华苏维埃共和国海陆空军的现役军人。

第三条　对于农业工人,季候工人,乡村手艺工人,苦力,家庭仆役及其他有的条件的工人,除开适用本法一般规定外,另由中央执行委员会根据这些工人的劳动条件制定特别保护这些工人的补充法令公布施行之。

第四条　各项正式或非正式的集体合同与劳动合同,其条件如比本法所规定的条件较为恶劣者,均不发生效力。

第二章　雇佣及取得劳动力的手续

第五条　凡居住在中华苏维埃共和国领土内的个人及各种企业机关和商店欲以雇佣的方式取得别人劳动力从事工作者,除本法第十条所规定的例外,均须向政府劳动部所属的机关(劳动介绍所)请求介绍,在当地政府劳动部没有成立该项机关时,须向职工会请求介绍。

第六条　凡欲寻觅工作的人须到当地政府劳动部所属的劳动介绍所登记,列入失业劳动者的名册内,如果当地政府劳动部没有成立劳动介绍所时,即到当地职工会登记。

第七条　私人设立的工作介绍所或雇佣代理处及委托工头招工员,买办任何个人私自雇佣工人,一律禁止之。要被介绍人付出金钱或物品作为介绍工作的报酬,或从工资中克扣工作报酬均禁止之。

第八条　所有各种企业,各项机关各商店以及私人雇主等,凡欲雇佣劳动者工作时,均须照下列手续,请求劳动介绍所介绍。

(一)应开列所须用之劳动力的各种条件,以该企业或机关管理部的名义,或私人雇主自己或代表人的名义向该管政府劳动介绍所请求介绍。

(二)在劳动介绍所注册的人,有和前项所需要的条件符合者,即照劳动介绍所的章程,介绍前往工作。

第九条　如下列事情发生,雇主须负完全责任。

(一)雇主在劳动介绍所开列所需用之劳动力的条件,与实际上不符合时。

(二)不履行因雇佣工人所必需执行的手续时。

(三)非法拒绝劳动介绍所派去的工作人员时。

第十条　遇有下列情况,雇主可不经过劳动介绍所自行招雇劳动者工作,但必须在该劳动介绍所登记。

(一)需用负政治上的责任或其他与雇人身份有关的专家和经理人管理人时。

(二)劳动介绍所从雇主请求之日起,在劳动介绍所章程所规定的日期内不能代为招到该项工作人员时。

第十一条　所有机关及一切雇主应照劳动部规定期限,将所有雇佣的劳动者正式向当地劳动部呈报。

第十二条　在乡村中雇主雇佣劳动人及登记寻觅工作的人,由中央劳动部会同中华全国总工会制定特别章程办理之。

第三章　工作时间

第十三条　所有被雇佣的劳动者,从事各项工作,通常每日的实际工作时间,不得超过8小时。

第十四条　下列几种人,他们每日的实际工作时间不得超过6小时。

(一)16岁到18岁的未成年人。

(二)除开办理直接与制造有关系的人员外,所有使用脑力劳动人员。

(三)在危害工人身体健康之工业部门,由中央劳动部规定公布之。

第十五条　16岁以下的未成年人,每日实际的工作时间不得超过4小时。

第十六条　对于第十三条和第十四条、第十五条规定的工作时间,中央劳动部得到中华全国总工会的同意,得指定数种有特殊情形的劳动人员(如担任政治工作、参加会议,负责任的劳动人员,生产合作社及其他有特殊情形的劳动者)另行规定办法,不受上列规定工作时间的限制。

第十七条　所有在夜间工作的人,其工作时间应较白日通常工作时间缩短,但在继续生产或轮流换班工作的工资(如属于第十三条所规定者,应照白日工作时间内的工资,增加1/7,属于第十四条所规定者,应增加1/5),按件计算工资的人,如遇前项情形,除按件所得的工资外,如为夜间工作,亦须增加工资1/7或1/5。

第十八条　在每日的工作时间内,应有半小时至1小时的停工以为工人吃饭和休息的需要,但此项停工时间不算入工作时间内。

第十九条　超过法定工作时间以外的工作(即额外工作),按照一般原则禁止之,但在工作上有必要时,经过工人与职工会的同意及当地劳动部的批准得作额外工作。

第二十条　进行额外工作的时间,连续2日,不得超过4小时。

第二十一条　凡因厂方的过失以致上工迟误,所消费的时间,不得令工人作额外工作补偿。

第四章　休假时间

第二十二条　所有被雇佣的劳动者,每星期内至少应有连续42小时的休息。

第二十三条　下列各纪念节日须一律停止工作。

(一)1月1日新年

(二)2月7日军阀屠杀京汉铁路工人纪念日

(三)3月18日巴黎公社纪念日

(四)5月1日国际劳动纪念日

(五)5月30日反帝纪念日

(六)8月1日反对帝国主义战争及中国工农红军成立纪念日

(七)11月7日苏联十月革命及中华苏维埃共和国成立纪念日

(八)12月11日广州暴动纪念日

(九)各级劳动部得商同地方工会联合会按地方情形,规定各该地方的纪念节日作为休息日,但此项地方纪念日每年不得超过2天。

第二十四条　每星期的休息日和前各纪念日停止工作,工资照给,若在工作上有必要继续工作者须加倍发给工资。

第二十五条　休息日和第二十三条所列各项纪念日的前一日的工作时间,不得超过6小时,工资与完全的工作日同,若系按日计算工资者的不扣除工资。

第二十六条　所有被雇的劳动者连续工作在5个半月以上,在1年内至少须有2星期的休假,照给工资,不满18岁的未成年人及危害工人身体健康之工业中工作的人,每一年至少须有4星期的休假,照给工资。

第二十七条　第二十六条所规定的休假,工人可以自由选择时期利用,但以不妨害各该事业及机关与家务的进行为限。

第二十八条　被雇人若因生病与生育所得的休假,不得算入第二十六条所规定的假期之内。

第五章　工资(劳动力的报酬)

第二十九条　被雇人因出卖劳动力所得的报

酬(工资)之额款应在集体合同及劳动合同内规定之。

第三十条 所有被雇佣的劳动者，其工资不得少于当地政府在各该时期依照当地生活程度与各项劳动者职业的等级所规定的工资之最低限度。

第三十一条 所有各项被雇佣之劳动所得工资等级的最低限度每3个月至6个月由当地政府劳动部规定一次。

第三十二条 超过法定工作时间的额外工作，应给额外工资，额外工资的数量，应在集体合同及劳动合同内规定。但起首2小时以内的额外工作其工资应比通常工资增加50%，超过2小时以外的额外工作即应加倍付给工资。

第三十三条 所有被雇佣的妇女与未成年人，如与成年男工作人同样工作者，应得同样工资。未成年人按第十四条或第十五条规定的工作时间工作，但他们的工资仍应按照该职业工资的等级，给予全日工资。计算未成年人工资的办法及工资的数额，由中央劳动部按照各企业的情形与工作性质规定之。

第三十四条 倘转移被雇人，换作比原定较低的工作时间，则应由转移之日起，在两星期内仍照原定工资数额付给。

第三十五条 凡系长期工作，应分期付给工资，但至少每半个月应支付1次，临时或不满2星期以上的工作，应于工作完毕时付给工资。

第三十六条 工资应以当地通常货币支付，但在得到被雇人的同意时可以物品代替一部分，以物品代替工资的额数及物品计算的办法，均于劳动合同集体合同规定之。

第三十七条 付给工资，应在工作时间及工作地点行之，且须直接交给被雇人之手或被雇人所委托的代表。

第三十八条 例定支付工资日期如为例假，在例假时期的工资，应在例假期间前付给。

第三十九条 按件计算工资的工作，应在集体合同劳动合同内规定按件工作的工资，并须根据每日的通常生产，规定每日的标准工资，规定包工工资的办法，及包工工资的支付办法，亦应在合同内规定。但禁止利用包工的办法，来克扣和剥削工人应得之工资。

第四十条 关于生产率的标准，由各企业各机关的管理部或雇主与职工会议规定之，倘被雇人因为自己的过失，在正常的工作条件下，不能完成生产率的标准时，可照他自己完成的工作付给工资，但不得少于原工资额的2/3，如果被雇人屡次不能完成生产率的标准时，可照本法第一〇二条第三项的规定解除合同。

第六章 妇女及未成年人的劳动

第四十一条 凡工作特别劳苦笨重，或有害工人身体健康以及需要在平地下层工作的地方，均不得雇佣妇女及未满十八岁的人从事工作，禁止妇女及未成年人工作的场所，由中央各省劳动部规定公布之。

第四十二条 受孕和哺乳的妇女及未满十八岁的人不得雇佣为夜间工作。

第四十三条 使用体力工作的妇女生产前及生产后各休息8星期，使用脑力的工作妇女，于生产前及生产后，各休息6星期。

第四十四条 被雇佣的妇女受孕在5个月以上者，不得她自己同意，不得派往别地工作离开她原来的居住地点。在生产前5个月雇主不得辞退，在生产后9个月除开第一〇二条第七项规定的情形外亦不得辞退。

第四十五条 哺乳的妇女在工作时间内，除享受本法第十八条所规定的普通停工休息时间外，每隔3小时应有半小时休息来哺乳小孩。此项休息时间计入工作时间。工厂并须设立哺乳室及托儿所，请人负责看护。

第四十六条 未满十四岁的男女禁止雇佣，雇佣十四岁至十五岁的未成人须经劳动检查机关的许可。

第七章 学 徒

第四十七条 凡在工厂、作坊、商店，以及在专门技艺工人指导下而和附属在工厂中的工艺学校分别学习各种技艺者，均称为学徒。

第四十八条 学徒学习的限期由中央劳动部会同中华全国总工会及教育部按照各类职业的性质分别规定之。但最长的学习期限不得超过3年。

第四十九条 无论何种学徒，均不得强令他们负担与本人所学特别技艺无关的他项工作或杂务，并不得强令学徒举行各种宗教的仪节。

第五十条 学徒每天至少有1小时以上专门学习技艺的时间。

第五十一条 学徒在学习技艺3个月以后，须得相当工资，以后须按学徒学习期限与生产率的标准，提高工资，学徒应得工资的比例，由中央劳动部会同全国总工会规定。

第五十二条　各机关各企业各商店以及学徒的专门指导人，须遵照劳动部教育部及国民经济部所颁行的法令，对于成年的学徒学习业务之正当进行与否，负有设法维持保护并督促的责任，但严格禁止打骂与虐待学徒。

第八章　保证与津贴

第五十三条　凡工人及职员，被选为苏维埃或职工会所召集之代表会议的代表，在参加代表会议的期间，仍有支领工资的权利。

第五十四条　凡工人及职员，被法庭传唤充当见证人或鉴定人陪审执行司法机关委托事件的日期，如果不超过1星期，仍有支领工资的权利。

第五十五条　凡工厂及职员，因被征到红军中服役及被派到苏维埃职工会及其他社会集团服务因而取消他的工作地位时，须预先给他1个月工资的津贴。

第五十六条　因第一〇一条(一)、(二)、(三)三项原因而解除劳动合同，及因第九十三条、第九十四条所规定的原因，而解除劳动合同，与被雇人因第一〇三条所指各项原因而解除劳动合同者，须给被雇人2星期工资的退工津贴。

第五十七条　各企业内在工作中所必需的器具及使用物件，保证被雇人随时有权使用，不得索资，如果因为工作的需要，而使用被雇人私有器械者，倘有损坏，雇主应负责赔偿，各企业内如因工作而致损坏工人衣服者，须由雇主负责照价赔偿。

第五十八条　凡工人及职员暂时丧失劳动能力，须保留他原来的工作地位，但病者以3个月为限，怀孕及生产者除第四十三条规定的休假外，以再经过3个月为限(第一〇二条第七项)。

第五十九条　各机关各企业中间停止工作，而未声明解除合同者，须照给工资。

第六十条　如果被雇人的疏忽，或不遵守工厂机关的内部管理规则，致将器械使用物件、制造品和物料损坏，经过职工会工厂委员会同意，在被雇人工资内扣除赔偿损失的价值时，其额数不得超过该工人1个月所得工资的1/3。

第六十一条　雇主若因财力缺乏，对于因集体合同及劳动合同所欠工人及职员的工资，须比其他的债务有优先权尽先付给。

第六十二条（缺）

第九章　劳动保护

第六十三条　各企业各机关必须采用适当的设备，以消灭及减轻工作人的危险，预防事件的发生，以保护工作场内卫生。

第六十四条　凡担负各种特别有害卫生的工作(如发生不规则的温度或潮湿或沾污身体等)，及在有毒企业内工作，须由企业主发给工作人的工作衣服及各种防护器具(如眼镜、面具、呼吸器、肥皂等)并须给予工人以消毒药水，及特别食品(如肉类、牛乳、鸡蛋等)。在上述情形下的工作人，应按期检查他们的身体。

第六十五条　各项保护劳动的现行法令，由政府劳动部所属的劳动检查机关监督执行。劳动检查员于一定期间内，由职工会的会议选举，呈请当地劳动部批准，劳动检查机关的职权范围，由中央劳动部制定特别条例颁布之。

第十章　社会保险

第六十六条　社会保险，对于凡受雇佣的劳动者，不论他在国家企业，或合作社企业，私人企业及商店家庭内服务，不问他工作的性质及工作时间的久暂与付给工资的形式如何均得施及之。

第六十七条　各企业各机关各商店以及私人雇主，对付给工人职员工资之外，支付全部工资总数的5%至20%的数目，交纳给社会保险局，作为社会保险基金，该项目分比例表，由中央劳动部以命令规定之。保险金不得向被保险人征收，亦不得从被保险人的工资内扣除

第六十八条　社会保险的实施如下：

(一)免费的医药帮助；

(二)暂时丧失劳动能力者付给津贴——(疾病、受伤、受隔离、怀孕及生产，以及服侍家中病人等)；

(三)失业时付给失业津贴；

(四)残废及衰老时，付给优恤金；

(五)生产、死亡、失踪时，付给其家属补助金。

第六十九条　凡被保险人，如暂时丧失劳动能力，如第六十八条第二项所载，不论为何项原因，须从丧失劳动能力之日起至恢复原状或确实残废时止，照该保险人在企业机关内所得工资额数付给津贴。

第七十条　因受孕及生产而丧失劳动能力，须照本法第四十三条规定的休假时间付给工资。

第七十一条　社会保险机关，如因基金缺乏，

得相应减少付给暂时丧失劳动能力者之津贴的额数。

第七十二条 被保险人及被保险人之妻，如生产小孩缺乏抚育能力者，须付给一次补助津贴并小孩在10个月必需的物品与养育费，但此项补助津贴的总数不得超过被保险人2个月的工资。

第七十三条 被保险人及被保险人担负生活费的家属，如有死亡，须付给必需的丧葬费，其数目由当地保险机关决定，但不得超过被保险人1个月的工资。

第七十四条 被保险人失业，须付给津贴。被保险人如系职工会会员，做工在半年以上，由雇主交纳他的保证金者，可得失业津贴、非职工会会员，工作在1年以上，由雇主交纳他的保证金者，可领失业津贴。领取失业津贴；须先到劳动介绍所登记，领失业证书，如系职工会会员，须有职工会会员证为凭。

支付失业津贴期间之长短，可按照当地情形和社会保险基金的状况加以限制。

第七十五条 凡被保险人，因疾病或遇险而致部分或全部残废，或因年老而丧失劳动能力，经过专门委员会的审查确定后，须付给优恤金，优恤金付给的额数，以残废的程度及性质与保险人的家庭状况决定之。

第七十六条 凡被保险人死亡或失踪，若被保险人家属，因而无从取得生活资料者，经过专门委员会的审查确实，须付给补助金，付给补助金的额数及方式，由当地社会保险机关视受津贴人的年龄及财产状况决定之。但只有被保险人家属的下列各人，才能领取本条所规定的补助金。

(一)未满十六岁的子女兄弟及姐妹；

(二)无劳动能力的父母及妻；

(三)上述家属各人虽有劳动能力，而被保险人有未满八岁的子女者。

第七十七条 关于农业工人，苦力，家庭工人与零工的社会保险，中央劳动部得制定特别章程实施之。

第七十八条 雇主交纳社会保证金，但社会保险机关处理，与社会基金之用途，雇主不得过问。

第十一章 集体合同

第七十九条 集体合同，即一方面以职工联合会为工人及职员的代表与他方面雇主所缔结的契约，用以规定各企业、各机关、各商店中的雇用劳动者的条件，与雇用条件并确定将来各个人订立劳动合同的内容。

第八十条 集体合同内各条款，对于在各该企业或机关商店内的全体工作人员，不论他是否缔结合同之职工会的会员均适用之。

第八十一条 缔结集体合同的期限，由中央劳动部会同中华全国总工会规定之。

第八十二条 集体合同上所规定的条件，如比本法及其他关于劳动的现行法令所规定的条件较为恶劣者，皆不发生效力。

第八十三条 集体合同以书面为之，并须在劳动部所属的机关登记，该项机关对于合同内的某部分条文，如认为与现行的各劳动法令，有不利于工人或职员时，有权取消之。集体合同登记的手续，由中央劳动部规定之。

第八十四条 业经登记的集体合同，自双方签字之日起，或依合同内所规定的日期起发生效力。

第八十五条 各企业各机关各商店转移于新业主时，已注册的集体合同在该合同的有效期间仍旧有效。

第八十六条 集体合同，不论因为何种原因而未在劳动部所属机关登记，将来工人与雇主如发生与合同有关系的争议时，其解决办法，不以该合同为根据，而以现行各项劳动法令为根据解决之。

第十二章 劳动合同

第八十七条 劳动合同即2人或2人以上所缔结的契约，一方面(被雇人)因受他方(雇主)的报酬供给他的劳动力，劳动合同无论有无集体合同均可缔结之。

第八十八条 劳动合同上的条件，以双方协商同意而定，但劳动合同上的条件，如果比现行的劳动法令，集体合同及各工厂机关内部管理规则上所规定的条件较为恶劣者，或者限制劳动者政治权利与公民权利的事情时，均不发生效力。

第八十九条 劳动合同订立之后，应即给予被雇工人工摺一本，此工摺的内容由中央劳动部以特别命令规定之。

第九十条 未成年人在劳动合同法上与成年人享有同等的权利。但他的父母与负有监督执行劳动法令责任的机关及人员倘因继续该项合同于该未成年人身体健康有损时，虽该项合同尚未满期，可以要求解除。

第九十一条 劳动合同的有效期限，分下列三种：

（一）不满1年的有定期限；

（二）无定期限；

（三）完成某项工程的全时期。

第九十二条　被雇人不得雇主同意，不得将自己所担负的工作自行让给他人担负。但有下列的情形不受此条的限制。

（一）劳动合同为多数工人共同承揽工作者；

（二）被雇人自己丧失劳动能力，而当时的环境确实无法通知雇主者。

第九十三条　雇主不得要求被雇人做在合同内所规定之工作无关系的其他工作，及做于被雇人生命有危险，或违反劳动法令的工作，雇主因某项工作雇佣工人，倘临时在该处并无该项工作或暂时无法进行该项工作时，雇主得要求被雇人转行担负与其性质相同的他项工作，如被雇人拒绝担负，得解除合同，但须给予2星期工资的退工津贴，如系零工，则给予当日的工资，如系月工则给予5天的工资。

如因预防危险及公众灾难，有特别必要的情形时虽与被雇人职业性质毫不相同的工作，雇主亦得要求被雇人担负。

如有上项情形不得减少被雇人原有工资。但该临时工作应给的工资，如高于该被雇人的原有工资时，则应按照该项较高额的工资付给。

第九十四条　迁移被雇人由甲机关至乙机关，或由甲地至乙地，虽有时该机关或企业随同迁移，须先得被雇人的同意。若被雇人不同意时，则此项劳动合同，可由一方面解除之。但须给予被雇人2星期工资的退工津贴。

第九十五条　凡系长期性质的工作，在订立劳动合同以前，对于被雇人得有一相当试验时期，但该项试验期限，普通工人不得超过6天，办事人员及技术人员不得超过半个月，负责人员不得超过1个月，前项试验的结果，应即确定雇佣或不雇佣，但不雇佣时，应该按照该项工作的等级，付给被雇人试验期间的酬金。

前项试验的结果（雇佣或不雇佣）应即呈报当地劳动介绍所。各劳动者在试验期时，仍以失业工人论，保留他轮流介绍工作的次序。

第九十六条　雇主与雇主间，秘密来往，通达消息，意图规定雇佣劳动力的条件等行为一律禁止之。

第九十七条　除依照特别法令及工厂机关的内部管理规则外，禁止雇主或企业机关的管理人征收被雇人的罚金。

第九十八条　劳动合同有下列各事情之一者得废止之：

（一）双方同意废止者；

（二）合同期满者；

（三）合同所规定的工作完毕者；

（四）根据本法第九十三条、第九十四条的规定某一方声明者。

第九十九条　各企业各机关如有迁移及变更业主时，不得废止劳动合同。

第一百条　如劳动合同所订期限已满，而劳动关系仍然继续进行，订立合同的双方均未声明要求废止时，则该项劳动合同仍以原有条件继续有效，其间无一定限制。

第一〇一条　无限期的劳动合同，被雇人随时可以要求解除，但普通劳动者，必须于1星期前预告雇主，负责人及技术人员必须于2星期前预告雇主。

第一〇二条　无限期的劳动合同与有限期而未满期的合同，除第九十三条、第九十四条所规定的情形外，如有下列各情况之一，得依雇主之要求而解之。

（一）各企业各机关或商店之全部或一部歇业或缩减工作者；

（二）遇有不可克服的经济原因，停止工作在1个月以上者；

（三）发觉被雇人对工作无能力担负者；

（四）被雇人无充分原因不履行合同及工厂机关内部管理规则所负的责任者；

（五）被雇人犯刑事罪，其犯罪行为与被雇人担负的工作有直接关系并经法庭判决确定者，或该被雇人受监禁处分满3个月以上者；

（六）被雇人无故旷工不到连续满5天以上或1个月总计无故旷工7日以上者；

（七）被雇人因暂时丧失劳动力，除本法第四十三条规定的休息时间外，再经过3个月，仍不到工作。

第一〇三条　有限期的劳动合同有下列情形，虽未满期，被雇人亦得自行解除之。

（一）被雇人不能按期领得所得的酬金者；

（二）雇主违犯合同上所负的责任及劳动法令

者；

(三)雇主或管理人和他们的家属对于被雇人有无理待遇情事者；

(四)变更劳动条件较为恶劣者；

(五)因其他在法律上所规定的情形者。

第一〇四条 无论何种劳动合同经职工会的要求，均得解除之。

第一〇五条 各机关各企业各商店，如雇佣新的工人职员，须于3日内通知职工会的支部委员会，如欲辞退工人职员，须于3日前通知职工会的支部委员会。

第十三章 职业联合会及其在企业机关商店中的组织

第一〇六条 职工联合会(简称为职工会或工会)系联合各企业、各机关、各商店以及家庭中的雇佣劳动者而成立的机关。中华全国总工会是全国各种职工联合会的总机关，各项职工联合会的组织，须按照中华全国总工会全国代表大会所通过的章程在各该产业职工会的中央委员会，及中华全国总工会登记。

第一〇七条 所有各种其他的联合会组织，未根据前条规定，在各产业职工联合会的中央机关及中华全国总工会登记者，均不得称为职工联合会及享有职工会在法律上的权利。

第一〇八条 职工联合会及其所属各分会均有下列各种权利：

(一)宣布并领导罢工；

(二)代表工人和职员与各企业机关的管理部以及各私人雇主签订合同；

(三)出版报纸刊物，设立学校、图书馆、俱乐部购置产业并管理之；

(四)对于各企业各机关各商店帮助劳动检查机关监督劳动法及其他一切劳动法令的执行；

(五)在私人企业中成立特别机关监督生产；

(六)在国有企业中参加企业的管理；

(七)向苏维埃政府提议颁布各种劳动法令，提出并推选劳动部所属各机关的职员。

第一〇九条 职工会享有苏维埃政府各种物质上的协助，并享受邮政、电报、电灯、自来水、电力及市政公用物品与铁道轮船等优待条例。

第一一〇条 在军事机关内职工会的支部委员会，照中央劳动部会同革命军事委员会及中华全国总工会所制订颁布的特别条例组织之。

第一一一条 各机关各企业各商店的管理部或雇主，对于职工会一切机关的行动不得有任何阻碍，但召集该机关企业或商店的工人和职工大会或代表大会，在普通情况下，须于工作时间之外行之。但派遣代表参加苏维埃会议，或参加上级职工会的代表会议，仍得于工作时间内行之。

第一一二条 各机关各企业各商店除付给工人职员工资外，须付工资总额的2%，为职工会的办公经费。又1%为职工会的文化教育费。

第一一三条 各职工会的各级委员会的委员，持有该项委员的证书，均有权自由视察各机关各企业各商店内一切工作场所。

第十四章 管理规则

第一一四条 各企业各机关各商店内之劳动人员满5人以上者，为整理其内部工作秩序起见，得制定内部管理的规则。此项规则遵照法定手续(第一一六条及第一一八条)确定之后，宣示于各劳动人员，方生效力。

第一一五条 在前条所述内部管理规则内，对于劳动者及管理员之普通与特别的责任，以及因违犯规则所负责任的范围，及负责办法，应有明确详细的规定。

第一一六条 内部管理规则，对于各项现行的劳动法令的命令，以及该企业机关或商店内现行有效的集体合同，不得有所抵触。

第一一七条 标准的内部管理规则，由中央劳动部会同中华全国总工会和中央国民经济部制定之。各企业各机关各商店于未制定内部管理规则，或该项管理规则未经批准(第一一八条)以前本条所述标准管理规则，各企业各机关各商店应行遵守。

第一一八条 所有各企业各机关各商店之内部管理规则，应由各该管理部，会同当地职工会协定后，呈由劳动部所属的机关批准。

第十五章 解决争执及处理违反劳动法案件的机关

第一一九条 凡违反劳动及其他关于劳动问题的法令和集体合同的一切案件均归劳动法庭审理之。

第一二〇条 各机关各企业各商店与被雇人间，因为各种劳动条件的问题发生争执和冲突时，各级劳动部在得到当事人双方同意时，得进行调解及仲裁，但在发生重大争议时，即无当事人的双方同意，各级劳动部亦得进行仲裁。

第一二一条　在国有企业，国家机关及合作社企业中，得由管理部及职工会工厂作坊的支部委员会，各派同等数目的代表，组织工资争议委员会，工资争议委员会的职务如下：

(一)评定该企业或机关中工人职员应得工资的额数；

(二)解决管理部与工人职员时因执行法令及集体合同发生的争执；

(三)工资争议委员会的决定，须得双方同意，如工资争议委员会不能解决的案件，即提交劳动部所属的机关或劳动法庭处理。

中华苏维埃共和国中央执行委员会

1933年10月15日

六、中华苏维埃共和国宪法大纲

(1934年1月第二次全国苏维埃代表大会通过)

中华苏维埃第二次全国代表大会谨向全世界与全中国的劳动群众宣布他在中国所要实现的基本任务，即中华苏维埃共和国的宪法大纲。这些任务，在现在苏维埃区域内已经开始实现。但中华苏维埃第二次全国代表大会认为，这些任务的完成：只有在打倒帝国主义国民党在中国的统治，在全国建立苏维埃共和国的统治之后，而且在那时，中华苏维埃共和国的宪法大纲才能更具体化而成为详细的中华苏维埃共和国宪法，中华苏维埃全国代表大会，谨号召全中国的工农劳苦群众在中华苏维埃共和国临时中央政府的领导之下，为这些基本任务在全中国的实现而斗争。

(一)中华苏维埃共和国的基本法(宪法)的任务，在于保证苏维埃区域工农民主专政的政权和达到他在中国的胜利。这个专政的目的，是在消灭一切封建残余，赶走帝国主义列强在华的势力，统一中国。有系统地限制资本主义的发展。进行苏维埃的经济建设，提高无产阶级的团结力与觉悟程度，团结广大贫农群众在他的周围，同中农巩固的联合，以转变到无产阶级的专政。

(二)中华苏维埃政权所建设的，是工人和农民的民主专政国家，苏维埃政权是属于工人、农民、红军战士及一切劳苦民众的。在苏维埃政权下，所有工人、农民、红军战士及一切劳苦民众都有权选派代表掌握政权的管理，只有军阀、官僚、地主豪绅、资本家、富农、僧侣及一切剥削人的人和反革命的分子是没有选举代表参加政权和政治上自由的权利。

(三)中华苏维埃共和国之最高政权为全国工农兵苏维埃代表大会，在大会闭幕的时间，全国苏维埃临时中央执行委员会为最高政权机关，在中央执行委员会下组织人民委员会处理日常政务，发布一切法令和决议案。

(四)在苏维埃政权区域内，工人农民红军战士及一切劳苦民众和他们的家属，不分男女、种族(汉、满、蒙、藏、苗、黎和在中国的台湾、高丽、安南人等)、宗教，在苏维埃法律前一律平等，为苏维埃共和国的公民。为使工农兵劳苦民众真正掌握着自由的政权。苏维埃选举法特定，凡上述苏维埃公民，在十六岁以上者是有苏维埃选举权和被选举权。直接派代表参加各级工农兵苏维埃的大会。讨论和决定一切国家的地方的政治事务。代表产生方法，是以产业工人的工厂和手工业工人农民城市贫农所居住的区域为选举单位。这种基本单位选出的地方苏维埃代表有一定的任期，参加城市或乡村苏维埃各种组织和委员会中的工作。这种代表须按期向其选举人作报告。选举人无论何时皆有权撤回被选举人及重新选举代表的权利，为着只有无产阶级才能领导广大的农民与劳苦群众走向社会主义，中华苏维埃政府在选举时，给予无产阶级以特别的权利，增加无产阶级代表的比例名额。

(五)中华苏维埃政权，以彻底改善工人阶级的生活状况为目的。制定劳动法，宣布八小时工作制，规定最低限度的工资标准，创立社会保险制度，与国家的失业津贴，并宣布工人有监督生产之权。

(六)中华苏维埃政权，以消灭封建剥削及彻底改善农民生活为目的。颁布土地法，主张没收地主阶级的土地，分配给雇农贫农、中农，并以实现土地国有为目的。

(七)中华苏维埃政权，以保障工农利益，限制资本主义的发展。要使劳动群众脱离资本主义制度，走向社会主义制度为目的，宣布取消一切反革命统治时代的苛捐杂税。征收统一的累进税，严厉镇压一切中外资本主义的怠工和破坏阴谋，采取有利于工农群众并为工农群众了解的走向社会主义去的经济政策。

(八)中华苏维埃政权，以彻底地将中国从帝国主义的压榨之下解放出来为目的。宣布中国民族的完全自主独立。不承认帝国主义在华的政治上、经济上的一切特权。宣布一切反革命政府订立的不平等条约无效,否认反革命政府一切对外债务,在苏维埃领域内,帝国主义的海陆空军绝不容许驻扎。帝国主义的租界租借地无条件地收回。帝国主义手中的银行、海关、铁路、商业、矿山、工厂等,一律收回国有。在目前可允许外国企业重新订立租借条约、继续生产,但必须遵守苏维埃政府的一切法令。

(九)中华苏维埃政权,以努力发展和保障工农革命在中国的胜利为目的。坚决拥护和参加革命战争为一切劳苦民众的责任。特制定普通的兵役义务。由志愿兵制过渡义务兵。惟手执武器参加革命战争的权利,只能属于工农劳苦民众。苏维埃政权下,反革命与一切剥削者的武装,必须全部解除。

(十)中华苏维埃政权,保证工农劳苦民众有言论、出版、集会、结社自由为目的。反对地主资产阶级的民主,主张工人农民的民主。打破地主资产阶级经济和政治的权利。以除去反动社会束缚劳动者和农民自由的一切障碍,并用群众政权的力量,取得印刷机关(报馆印刷所等)、开会场所及一切必要的设备,给予工农劳苦民众,以保障他们取得这些自由的物质基础,同时反革命的一切宣传和活动,一切剥削者的政治自由,在苏维埃政权下,都能绝对禁止。

(十一)中华苏维埃政权,以保证彻底的实行妇女解放为目的。承认婚姻自由。实行各种保护妇女的办法,使妇女能够从事实上逐渐得脱离家务束缚的物质基础,而参加全社会经济的政治的文化生活。

(十二)中华苏维埃政权,以保证工农劳苦民众有受教育的权利为目的。在进行革命战争许可的范围内,应开始施行完成免费的普及教育,首先应在青年劳动群众中施行,应保障青年劳苦群众的一切权利,积极地引导他们参加政治的和文化的革命生活,以发展新的力量。

(十三)中华苏维埃政权,以保证工农劳苦民众真正地信教自由为目的。绝对施行政教分离的原则,一切宗教不能得到苏维埃国家的任何保护和供给费用。一切苏维埃公民有反宗教宣传之自由。帝国主义教会只有在服从苏维埃法律时才能许其存在。

(十四)中华苏维埃政权,承认中国境内少数民族的民族自决权。一直承认到各弱小民族有同中国脱离,自由成立独立的国家权利。蒙古、回、藏、苗、黎、高丽人等,凡是居住在中国地域的。他们有完全自决权,加入或脱离中国苏维埃联邦,或建立自己的自治区域。中国苏维埃政权在现在要努力帮助这些弱小民族脱离帝国主义国民党军阀王公喇嘛土司的压迫统治而得到完全自主。苏维埃政权,更要在这些民族中发展他们自己的民族文化和民族言语。

(十五)中华苏维埃政权,对于凡因革命行动而受到反动统治迫害的中国民族,以及世界的革命战士给予团结于苏维埃区域的政权,并帮助和领导他们重新恢复斗争的力量,一直达到革命的胜利。

(十六)中华苏维埃政权,对于居住苏维埃区域内从事劳动的外国人,一律享有苏维埃所规定的一切政治上的权利。

(十七)中华苏维埃政权,宣告世界无产阶级与被压迫民族是与他们站在一条革命战线上。无产阶级专政国家——苏联,是他们的巩固联盟者。

七、论苏维埃经济发展的前途

洛 甫

正是因为中国苏维埃政权所统治的区域,是在经济上比较落后的区域,而且是在土地革命之后,地主经济的完全消灭与广大中农贫农雇农等分得土地,所以苏区经济的主要特点之一是农民的小生产的商品经济占绝对的优势。同样的,在工业方面,小手工业的生产者占着主要的地位,私人的资本主义的经济则比较不重要。小生产者和私人和集体的合作经济,正在向前发展中获得更为重要的意义,苏维埃的国营企业,则还限制于苏维埃政府必要的军事工业,造纸厂与印刷方面,国家资本主义的企业可以说还没有。

此外,我们一方面是处在敌人经济封锁的情形之下,另一方面,我们处在长期的革命战争的环境中间,这两者不能不影响到苏维埃经济的特点与它的发展,使苏维埃的经济问题不能不变得更为复杂。

我们党的任务是在集中苏区的一切经济力量。帮助革命战争,争取革命战争的胜利,在这中间巩固工农在经济上的联合,在经济上保证无产阶级的领导,造成非资本主义(即社会主义)发展的前提和优势。

要达到这一目的,我们首先必须尽量扩大苏维埃的生产,土地生产力的提高,应该是我们党与苏维埃政府目前的战斗任务,我们不但要使农民分得土地,而且要使农民从他们所分得的土地上得到更多的生产品,在这里,苏维埃政权应该成为千百万农民群众经济生活的组织者,种子、肥料、耕牛、耕具的解决,荒田荒地的开辟,生产队的组织,生产特别有成绩的农民奖励,都是提高农村生产中不可分离的组成部分。苏维埃政府还应有计划地进行春耕夏耕以及秋收等运动,来达到土地生产力的提高。

在目前工业品特别缺乏的情形之下,小手工业的发展应该引起我们很大的注意,尤其是那些对于军事,对于群众特别需要的生产如煤、铁、石灰、农具、布匹、竹木、油、纸、烟等必须用一切方法来提倡与发展。苏维埃政府在这里应该帮助失业工人,小手工业者与农民组织生产合作社来发展各种重要的生产。苏维埃政府也可把没收来的企业,交给他们自己去管理经营,在可能条件之下,苏维埃政府本身可以计划一些生产的作坊,来适应目前民众的特别需要。苏维埃政府也奖励小手工业生产的扩大,并容许私人资本主义在这方面的发展。

在敌人经济封锁之下,工业生产品的极端缺乏与昂贵,自然会影响到苏区内工农的生活水平,使他们的生活恶化,这对于广大的农民群众,尤为严重,这种情况的继续,对于工农联合的巩固是不利的,苏维埃政府现在还是非常贫困,它没有足够的资本来经营大规模的生产。在目前,它还不能不利用私人资本来发展苏维埃的经济。它甚至应该采取种种办法,去鼓励私人资本家的投资。

但是随着发展生产而来的,即是关于商品的流通问题,农民所生产的粮食与竹木,如若不能很好地流通,那结果必然会发生某种生产品的过剩与生产品的跌价。如像江西产米的赣县、万泰、公略等县,因为生产品的过剩,每担谷子往往跌价到1块钱都不到。这样,农民不但赚不到钱,而且每担谷子要赔5~6毛钱。这样,农民对于提高土地生产力就失去兴趣,荒田荒地因此有时会增加起来。

在苏区目前尤其严重的问题,是苏区许多生产品,如像竹木、油纸等,因为敌人的经济封锁不能出口,而另一方面白区的日常必须品如像洋油盐布等的输入也发生极大的困难,因此,生产竹木、油纸等的农民工人,陷于贫困与失业,而苏区一般民众则因输入的日常必须品的昂贵,影响到他们的生活。同时苏维埃政府因输入的不平衡,现金的大批出口,而感觉到现金的缺少。

因此,苏维埃政府,不但不禁止贸易的自由,而且鼓励商品的流通,在这里,苏维埃政府必须用一切力量组织工人农民的消费合作社。扩大合作社的组织到每个乡村与圩场,成立点的、县的、省的以至中央的合作社组织,加强党与政府对于他们的领导。对于粮食的流通,苏维埃政府必须更有计划地经过国家的粮食调剂局,来调节市价,供给红军与苏维埃政府本身的需要,在广大农民群众中组织粮食合作社的网,为国家粮食调剂局的基础,苏维埃政府还应设立各地的运输站,来便利商品的流通。

苏维埃政府特别鼓励对外贸易的发展,来打破敌人对于我们的经济封锁,这里苏维埃政府要尽量利用苏区内外的商人,给他们以特别的好处去输出苏区的生产品,与输入白区的日常必需品,苏维埃政府对外贸易局的建立,完全不是为了垄断赤区与白区的对外贸易。而正是使赤白的贸易,更能流通起来,使白区的商品大批地廉价地运入,赤区的商品则大批地高价地卖出。

国家对外贸易局自然应该同合作社与粮食调剂局等发生最密切的关系,合作社与粮食调剂局可经过国家贸易处输出它们的生产品与输入日常用的工业品,但苏维埃政府也赞成每一合作社与粮食调剂局自己到白区采办商品,把他们的商品出卖到白区去。商人如若不进行反革命活动,也可自由进行他们的买卖。

只有工商业的发展,才能更有力量地在经济上帮助革命战争的胜利,改善工农群众的生活,并在经济上巩固他们的联合。

但是工商业的发展,苏区内生产力的提高,同时即是资本主义的部分的发展,在苏区占优势的农民的小生产的商品经济,虽不是资本主义经济,但"小的商品生产仍然有使资本主义与资产阶级自然地不断地重新恢复和产生的可能"(列宁:《左派幼稚病》六十八页)"它可以每日每时不断地自然地大量胎生资本主义与资产阶级的种子"(同书五页),而且苏维埃政权在目前并不反对资本主义的发展,并且还容许资本主义的发展。使用许多办法来吸引与鼓励资本家的投资。那么资本主义在苏维埃政权下的发展,当然是不可避免的。

资本主义在苏维埃政权下的部分发展,并不是可怕的,当苏维埃政权没有力量经营国有的大企业,那么利用私人资本来发展苏维埃经济不能不是目前主要出路之一,这种资本主义的发展,目前不但对于苏维埃政权是不可怕的,而且对于苏维埃政权是有利的。

私人资本主义的经济,将随着苏区内工商业的发展,而增加它的作用与地位,但是苏维埃政权不是资本主义的崇拜者,领导苏维埃政权的中国无产阶级与它的政党,争取中国苏维埃革命的胜利,不是为了中国资本主义的发展,而是为了社会主义的前途,因此,苏维埃政权首先就要经过劳动法来限制资本主义的剥削,改良工人的生活,提高工人阶级的团结力与觉悟程度,吸收工人阶级的大多数来管理自己的国家。其次,对于资本家的企业,必须尽可能地实行工人监督生产。防止资本家利用企业进行各种反革命的活动,最后,苏维埃政权对于资本家的企业,还征收累进的工业税与商业税,抽取他们利润的一部分来巩固苏维埃政权。

随着苏区工商业的发展而发展的,除资本主义的企业而外,还有生产的与消费的合作社与国营企业。在苏区内生产与消费的合作社,不是资本主义的企业,因为资本家与富农办的合作社是完全禁止的。这是一种小生产者的集体经济,这种小生产者的集体经济目前还不是社会主义的经济,但是它的发展趋向将随着中国工农民主专政的走向社会主义而成为社会主义的经济,在目前,无产阶级在其中的领导作用,集体的生产与消费,社会主义的教育,同资本主义的投机与高抬物价做斗争。已经使我们的合作社,带有了一些社会主义的成份。

至于国营企业带有社会主义的成份,那当然是更为明显的事,这种企业,目前对于苏维埃经济的发展有重大意义的,还不是那些比较大的兵工厂、被服厂、印刷厂等生产的机关,而是银行与各种营业的组织。国家银行是苏维埃政权手内最重要的经济组织,它可以帮助国家企业与合作社的发展,使这些企业同私人资本做竞争,粮食调剂局,对外贸易以及合作社工作的开展,对于团结千百万劳苦群众于苏维埃政权的周围,有最大的作用。最后,苏维埃政权采取最严厉的办法来对付资本家的投机,故意高抬物价,以及一切扰乱苏维埃经济,使千百万群众生活恶化的企图,在这斗争中以社会主义的教育来教育广大的群众。

显然的,在苏维埃经济内部,就是在现在有着两种倾向在斗争着,一种是资本主义发展的倾向,一种是非资本主义的社会主义发展倾向,在苏区经济中占最大优势的农民的小生产经济,现在是站在走向资本主义或社会主义的十字路口上,正象斯大林同志所说的:"农民经济不是资本主义经济,假若我们说的只是大多数的农民,那么农民经济就是供给市场上的小规模生产制度。这是什么意思?这就是说,农民经济是站在走向资本主义或社会主义的十字路口上,这就是说,农民经济可以走向资本主义的道路,也可以走向社会主义的道路,象在现在资本主义国家的,它就可以向资本主义发展,又好象在苏联,在无产阶级领导之下,它可以向社主义发展"(《列宁主义概论 213 页》)。

在苏维埃区域内这两种倾向的斗争现在还不过是开始,我们的党与苏维埃政权直到最近方才开始有系统的来进行这一斗争,在过去我们的党与苏维埃政权对于商人、老板、富农只限制于武装的威吓、压迫、没收与征发,而对于自己经济力量的组织则毫未注意。现在我们对于这些分子除了武装的威吓、压迫、没收与征发外,还应该利用"利诱"与"让步"的办法。我们必须利用他们的"社会关系"、"线索"经济的力量,与经营工商业的经验,来发展苏维埃经济,流通赤白的贸易,我们现在应该学习如何根据不同的环境同时并进的,互相为用的利用这两种对付资本家的不同的方法来达到我们的目的。

在另一方面,我们应该有系统地来组织我们的经济力量,我们应该经过我们自己的苏维埃政权为将来社会主义的前途,在经济上创造一些前提和优势,国民经济人民委员会的设立,就是为得要有系统地来进行苏维埃经济的组织与建设的工作。这用军事上的名词说起来,是在苏维埃经济中的司令部。

当然,正象共产国际所说的"这两个倾向的斗争里,无产阶级的胜利不但要由国内的条件来决定,而且要由国外的条件来决定。"但是同时共产国际告诉我们,目前中国内外的条件对于社会主义倾向的胜利是非常有利的。国际战后资本主义暂时稳定的终结,革命与战争的新的阶段的日益逼近,苏联社会主义建设的伟大成功,指出目前国际的形势,对于中国社会主义的前途是有利的。

在中国内部,中国革命中无产阶级的领导权的建立与巩固,将是保障中国社会主义胜利的主要条件,同时中国国民经济的总崩溃,使在中国革命向前开展的过程中,社会主义步骤的采取成为必要,而且在反对帝国主义与国民党的长期国内战争中,中国"农民的主要群众将要受革命进程的推动,而来赞助那些反对外国和中国资本的过渡性质的必要革命政策"。(国际路线20页)

这两个倾向的斗争,现在不过还是初步的开始,这种斗争将随着中国革命的向前发展与中心城市的占领,而更加发展起来,无疑地,在我们党与苏维埃政府的正确的经济政策之下,社会主义的倾向必然地将会得到胜利。

(1933年4月22日,《斗争》第11期)

八、经济建设的初步总结

吴亮平

随着革命战争的猛烈开展,保证革命战争物质需要的经济建设的工作,也日益发展与扩大,我们的党已经不止一次地指出,目前苏维埃的经济建设,是服从我们革命战争的中心任务,只有井底之蛙的机会主义者,才会忘掉目前经济建设对于革命战争的正确关系,而把经济建设当作目前的惟一任务,但是这一情形,并没有丝毫减轻经济建设工作在目前革命战争环境中的重要性,正是因为经济建设工作是战争动员中的重要一部分,经济建设工作的开展,充裕物质的供给,造成战争胜利更优越的条件。所以借口战争而忽视经济建设的主张,也同样是只见个别的树而不见整个森林的机会主义观点。

只有从革命战争形势的细心的分析中,我们才能够正确地了解目前经济建设的主要工作,而加以切实地执行。在党的正确领导之下,经济建设工作在最近半年以来,无疑义的是得到了很大的成绩,但是这些成绩与革命战争的需要相较,还是非常不够的。为着更有力地推进经济建设的工作,我们就不能够不检阅过去的工作,从这上面来得到经验和教训。

经济建设的基本工作——努力提高生产

首先,我们说到提高生产的问题,为着充裕革命战争的物质供给,在基本上我们应该提高土地的生产,在我们党的号召之下,今年的春耕运动、夏耕运动、秋收秋耕运动无疑是得到了不少的成绩,全苏区米谷的生产,据一般的估计,虽然没有完全增加两成,可是平均至少在1成以上,此外今年杂粮(豆、麦、红薯、莱等)的种植,有了大批地增加。现在我们就应该积极准备冬耕运动,设法解决种子、农具、肥料(种肥田子、石灰供给等)、水利(修浚河道、建造灌溉工具等)等问题。普遍地建立犁牛合作社与劳动互助社,准备我们明年春耕能够得到更大的成功。此外我们在今年冬季,还应该培植树苗,以便在后年春季我们可以很好地进行植树运动,在提高土地生产方面我们要特别地指出种植棉花的问题,在敌人加紧封锁的情形之下,我们中央苏区因历年来少产棉花,所以棉布供给感觉了很大的困难,我们除加紧向外采买,设法制造他种棉织品(如麻纱等)并设法制造棉花(如以稻草制棉花)等等以外,还应该用很大的力量在苏区种植棉花。今年植棉之所以未能完全成功,主要的是因为我们没有选择很好种子,没有选择适宜土质,并且没有采用正确耕种方法。现在我们除采办大批优良棉种外,应该立刻普遍地进行植棉的宣传,把植棉的意义和方法通俗地向农民解释明白,使我们明年的植棉运动能够得到很大的成功。为着进一步发展土地的生产,我们现在就应该创设农事试验场,来设法提高农业生产的技术。

在工业方面,因为敌人连年的封锁,我们苏区纸、烟、木头、樟脑、钨砂各项主要的生产,都表现低落的状态,在一般的发展工业生产的任务中,我们应该特别注意钨砂与纸2项的生产。纸的生产,数年以来,不断减少。以至最近当出口与自身消费的需要增加时,纸的供给有不敷之势,我们应该很好地把纸业工人组织起来,发展生产合作社,来解决纸业工人的失业,来提高我们的纸业的生产。

在帝国主义疯狂地准备战争的形势之下,他们很迫切地需要钨砂,因为钨砂是制造军用品的重要原料,现在南昌、九江以至广东的国民党的贩子们,为着抢夺向帝国主义出卖钨砂的利益,正在那里像野狗争肉似地乱咬。全世界一半以上的钨砂,是在我们苏区里面,我们应该用力发展钨砂生产,以其出口来加紧打破敌人经济封锁,并且我们要用很大的力量,来保护这样重要的钨矿的生产。

随着革命战争的进展,我们的煤、铁、硫磺等生产的发展与初步化学工作(虽然现在只能用一些土法子)的建立,是应该引起我们极大地注意与切实地进行的,过去我们对于工业生产的提高没有很好地注意,在这上面应该来一个有力地转变。

合作运动

在提高整个苏区经济状况改善群众生活的过程中,合作社的发展,无疑是起着极主要的作用,合作社在当前应该为经济上组织群众教育群众发扬群众革命的积极性,使他们更兴奋地参加革命战争与苏维埃建设的一种组织,合作社的发展,在我们工农民主专政下面不但对于群众生活的改善,工农联盟的巩固,而且对于革命战争的彻底胜利与将来革命转变的保证,都有非常重要的意义。如果在南北部经济建设大会(8月12日,8月20日)以前,合作社的发展是很缓慢的,那么在大会以后发展的速度是快得多了。在大会以前,全苏区消费合作社只有406个,社员83000人,股金9万元,粮食合作社,在大会以前只有513个,社员112000人,股金9万元。在大会以后各县合作社的发展情形,虽然还没有整个的报告与统计,可是我们从瑞金、兴国等县例子,已经可以看到合作社发展速度的增高。例如,瑞金在8月以前,只有9千的消费合作社社员、11000元的股金,那么在8月以后1个月中,社员就增加了5300人,股金增加了5500元,粮食合作社在8月以前是很少的,在8月以后,社员增加到6800人,股金增加到1800元。这就是说在8月以后的1个多月中,消费合作社与粮食合作社社员增加了1万多,差不多等于从革命以后到8月以前整个时期的发展数目。兴国在大会以后的1个月中,消费合作社社员增加14600人,粮食合作社社员,增加到15000人,这一增加的数目,也差不多等于以前整个时期发展的数目,这样发展的速度,无疑是迅速的,这是我们经济建设上一个极大的成功。

在合作社的发展中,我们不但要有社员数量的迅速增加,而且我们现在最主要的还是要求我们合作社能够切实地广大地进行营业与工作,能够满足群众的需要而更快地发展起来,而且能够使各县各区都迅速地往前发展。我们要使每一个消费合作社员的股金能够切实进行商品的流转,要使每一个粮食合作社员的股金能够切实进行粮食调剂的工作。自然,在合作社的工作上,我们是得到了一些优良的成绩。例如壬田区(中央国民经济部选为合作社的的模范区)的消费合作社,能够经常供给群众以盐、布、医药等需品。价格较市场为廉,而且还能够使1元的股金每年能得7毛多的盈利,以至壬田区的群众,有说"宁愿当了自己的衫服来加入合作社"。武阳区的合作社,1元股金分了15毛红利。云集区分了1元半大洋,上杭、才溪区甚至连做豆腐都组织了合作社,这些都是我们合作运动中的光荣例子。

可是我们应该很明白地指出,我们合作社的极大一部分还是不能很好地工作,而且甚至发生象踏迳区、沙心区那样可耻的现象,因为合作社负责人的贪污,以及我们区政府负责人对于合作社工作的忽视,踏迳区落村乡的消费合作社,以前有5千毛小洋的资本的,现在亏得只剩下1千多毛,沙心区的消费合作社,以前有4千余毛资本,现在也蚀去一半以上,樟脑合作社的1百余元资本完全蚀光,这样的事实,不但妨碍本区合作社的发展,而且还影响其他区乡的合作社的发展。可是根据我们工作的经验,我们如果能够对贪污与怠工分子进行严厉地斗争,把工作坏的合作社,发动群众起来改造,那么当地群众还是很踊跃地愿意加入合作社的,所以改造工作不好的合作社,健全合作社的工作,是发展合作社的重要关键。

我们的粮食合作社一般地说,还是没有很好地切实地工作起来,还是没有起粮食调剂的作用,所以应该很好地把粮食合作社的工作真正地建立起来。我们的生产合作社还是很少,在经济建设大会前全苏区只有76个,社员约1万人,真正的信用合作社可说还是没有一个,而这种信用合作社对于供给农民的急需和提高农工业生产,是非常重要的,我们为要使任何形式的高利贷在苏区没有发生的可能,那么信用合作社的建立是绝对必需的。这将引起农民热烈地赞成与拥护,在提高生产上,利用合作社(如犁牛合作社、农具合作社等)也须普遍地建立起来,总结这一时期合作社工作经验,我们应该指出在我们工作中还存在着好多错误与缺点,有些合作社还不能切实地工作,在有些区域(如会、寻安、宁化、赣闽省等)合作运动简直还没有很好地开始,我们现有的合作社的文化教育工作,还是非常少,在有些合作社内发生贪污的现象,和这些现象作严厉的斗争,发扬社员自身的积极性,吸收广大工农群众进合作社,这是保证合作运动健全发展的一个基本条件,我们党的同志应该在合作运动中起更大的领导作用。

粮食调剂的工作

由于敌人的进攻与劫掠，由于地主残余的捣乱，奸商富农的投机操纵，以及由于去年我们对于粮食调剂问题的不注意，所以在今年春夏间曾经发生了一些粮食的困难，经过了我们党的动员，与各地苏维埃工作人员的努力，在群众的热烈拥护之下，我们迅速地解决了粮食的困难，在解决今年春夏粮食困难的中间，我们的粮食调剂局是起了相当大的作用，根据12个粮食调剂分局（还有4个分局未有确切报告）的报告，在4、5、6的3个月中间，他们能够有40万元的商品的周转，并得到盈余1万元。粮食调剂总局，从4月到8月的4个月中，有27万元的商品流转，并得7千余元的盈余。这就是说，在我们中央苏区内，每月已经有了20万元的粮食的商品流转，是经过了我们国家调剂的机关，自然这一数量在我们苏区全部粮食的商品流转中，还占据极小的地位，但是调剂局的这一工作，对于粮食价格的调剂与政府的红军的给养的解决，是起了相当大的作用，这是毫无疑义的。

在今年粮食收集运动的三项主要工作中，粮食的储存，粮食价格的调剂，粮食的出口，粮食调剂局已经开始做了相当多的工作，例如：储粮的谷仓已有部分建立，新谷上市后的粮食价格有了相当的提高，在谷价素称低廉的区域（如公略、万泰）每担谷子的最低价格只跌到1元7～8角，而且还是短时期的，很快就到2～3元以上，现在一般的价格，每担谷子大多是在3元以上，象去年那样1元大洋能买到2担以至3担谷的现象。在今年没有看到，这上面固然有其他的原因（如公债的发行，土地税收谷，农民不轻易出卖粮食，纸币跌价等），但是粮食调剂局的调剂作用，也是其中重要的原因之一。至于粮食的出口，那么还仅仅在开始。

调剂局虽然有了这些成绩，但在它的工作中，还是有很多的缺点，首先，粮食调剂局的组织还是不普遍，而且薄弱，县分局只成立16处，其余的县分或是正在筹备成立，或是完全没有建立。象闽赣省这样重要的地方，粮食调剂局的组织，一直到最近才开始进行建立。至于重要圩场上的调剂支局，到现在还不过20余处。其次各地调剂局还不能够很灵活地抓紧群众的需要来发展其营业，同时对于粮食合作社的联系与领导，可说还没有建立起来。因此，粮食调剂局还不能起它应有的巨大的作用。

我们估计，今年的秋收的增加不能完全得到2成（大约1成多），估计到红军扩大与群众生活改善后的粮食需要的增加，我们应该指出，假使我们现在对于粮食调剂，没有用力地准备和进行，那么粮食问题明年还是有紧张的可能。为着保障红军的给养和满足群众的需要，使得以后不致发生严重的粮食困难，那么粮食调剂局必须用全部力量来完成储粮25万担的计划，各县区的国民经济部的组织，必须领导粮食合作社很好地切实地进行调剂粮食，积储粮食的工作。

发展对外贸易与打破经济封锁

对外贸易的工作是我们经济建设工作中最薄弱的一环，可是它在打破敌人封锁的战线上，却占非常重要的地位，经济封锁在敌人五次“围剿”的战略中，无疑的是占重要的地位。譬如蒋介石在其最近的训词中这样说：“将‘匪’区严密封锁是我们（指国民党）一个最重要的战略。”反革命政府看到我们苏区不产盐布及其他工业品，所以除加紧军事进攻（这自然是主要的）以外，还加紧对日常必需品特别是盐的供给的封锁，企图建立纵深260里的封锁网。在苏区周围设立食盐公卖局，限制每人每天只买盐3～4钱，每月不得超过1斤，把群众的粮食搜掠到反动的堡垒里去。帝国主义国民党企图以这样毒辣的封锁政策，来破坏苏区的经济生活。但这一政策无疑义地要引起白区工农群众更深刻地阶级仇恨，促进国民党反动统治的崩溃。

在苏联国内战争的时期，帝国主义除在军事上进攻并帮助白党反革命以外，也进行了残酷的经济封锁，使1918——1921的3年中，苏俄对外贸易差不多全部停顿。可是国民党对我们的封锁，是和帝国主义对苏俄的封锁有些不同的地方：第一、因为现在白区工农群众甚至商人是迫切地需要和我们进行商品的交换；第二、因为我们红军的伟大胜利与游击队的积极行动，使敌人不能很好地把封锁线建立起来，而我们以各种可能来打破它；第三、军阀的贪利及其内部的矛盾，使它们不能彻底地进行统一的经济封锁。因为这些原因，所以我们如果能够以更大的努力，利用各种方法，那么经济封锁的打破是可能的，我们应该用很大的力量来实现这一可能，使我们能够得到必需品的供给。

我们应该严厉地指出，打破敌人封锁的工作，还没有引起苏维埃工作人员（特别是边区）的严重注意，我们贸易局的组织还是很弱，2月以来经过贸易局在进出口还不上10万元，这只能说是一个开始，我们还不能够随着红军的胜利和苏区的开展来建立并发展对外贸易的关系，我们还不能够灵敏地活泼地利用各种线索与道路来打破敌人的封锁，我们贸易局的工作，需要极大地推进，贸易局与边区政府应该在边区领导合作组织的广大发展，发动广大群众给他们以种种便利，来发展对外的商品流通，每一个边县应该建立贸易分局和许多采办处。商人的贸易路线，我们也应该很活泼地利用。各边区政府对于对外贸易工作的忽视，是再不能继续容忍下去的事，应该彻底纠正过来。

在敌人残酷经济封锁中，我们盐的供给特别感觉到困难，我们应该在红军的胜利中夺取大批敌人的盐，从游击队的动作中，运盐回来，我们现在就应该开始在苏区内找寻并开发盐矿，我们相信在这样广大的苏区内，绝不会没有可开采的盐矿。除了上列这些办法以外，我们最严重的还是要用力从发展进口的中间。来解决我们食盐的困难。我们应该很活泼地敏捷地利用各种可能来解决盐布等各种必需品的供给，来打破敌人残酷的经济封锁。

经济建设资本与经济建设公债

上述经济建设工作的大规模地进行，必须有很多的资本，现在我们国家的财政，还不能供给我们以大量的经济建设的资本，我们银行还没有做起真正的银行的工作，还不能很好地进行巩固金融与帮助经济建设的工作，还不能借给我们以大批的资本。现在我们经济建设所需要的资本，只有从群众热烈拥护中去筹借，因此300万经济建设公债的发行与胜利的推销，是经济建设中最主要的工作之一。

经济建设公债的推销，在有些地方已经获得了很大的成绩。如在瑞金的云集区，福建的才溪区、红坊区，以及兴国、胜利的有些区，在红坊区因为他们能够在党的领导之下，经过各种群众团体进行深入的动员，所以在5天之内就能够推销1万元。在云集区，经过深入地政治动员，不过1个多月就销去了33000多元。兴国杰村的某乡，公债还未发下，该乡群众就已经热烈地把所承认的4200元的数目完全推销完了，在胜利县，甚至有一个贫农自愿买28元公债，一个中农自愿买40元公债的光荣例子。

但是这样的光荣成绩，还不是普遍的，推销公债中的强迫命令摊派的方式，是非常重要的，在瑞金云集区稍好外，其余大部分都是摊派的，虽然后来经过中央工作团与县苏的努力有大部分的纠正，在雩都，甚至发生了更严重现象，这一个摊派的方式，就是我们模范县的兴国，也不能完全避免。譬如我们接到一个贸易局工作人员的来信这样说："他们要我推销7元5角的公债，我将一切情形告诉了他们，他们说分了土地的无论老少都要摊派1元5角，你们5人分了土地共要买7元5角，他们就把簿子登记7元5角之数就走了，现在我想无法。"这是一个标本的强迫摊派方式的素描，这种方式，是脱离群众的，是妨碍工农联盟的巩固的，我们应该坚决地打击这种方式，把它迅速地克服过来。

在推销公债中，另外一种不好的倾向，便是对公债运动采取机会主义的消极，在会、寻安、宁化等县的推销公债工作，大部分还没有很好地进行，宁化的许多区，在经济建设大会闭幕1月以后，甚至还没听到经济建设公债的名词，福建各县财政部长在参加经济建设大会回去以后，并没有把推销公债问题很好地传达，对于经济建设公债采取这样机会主义的消极态度，是绝对不能够再一刻忍耐下去的事，我们应该严厉地打击一切强迫命令的摊派方式，同时应该坚决克服这种对经济建设消极怠工的现象。

英勇红军在东线及北线上的伟大胜利，给了敌人的五次"围剿"以初步地严重打击，我们要用力加强这一光荣战斗中的经济力量，我们应该从目前经济建设服从于革命战争的正确关系上，来反对一切忽视经济建设的观点，象闽赣省那样"对于经济建设的任务从来没有注意"的现象，是绝对不能容忍下去的了，这样的观点对于革命战争的有害，是很明显的(例如在最近东方军的胜利中，闽赣省不能从此获得巨大的经济利益，不能开展对外的经济关系，不能与红军以迫切的物质供给，福建省部分的也是如此)。在党的正确领导之下，我们应该用力克服这些错误的观点，坚决打击官僚主义的工作方式，热烈动员广大地群众为着战争的胜利，来加紧进行我们经济建设的工作，这样我们的胜利，是有把握的。

(1933年9月30日)

第八编　陕甘宁边区的工商管理

（1935 年～1949 年）

概 述

陕甘宁边区是第二次国内革命战争时期苏维埃根据地之一,1935年10月至1948年是中共中央所在地,也是革命根据地的总后方。边区政府在实施新民主主义纲领,建立民主政权,开展经济建设等方面,取得的巨大成就,对其他革命根据地起着先导和示范的作用,在国际上也产生了很大的影响。

边区革命政权未建立前,这块地区曾是经济落后和政治复杂的区域,名义上归国民政府管理,实际上是军阀地主的割据地。1931年,陕甘边(包括关中),陕北(包括神府)两苏维埃政权先后建立,实行民主制度,分配土地,取消苛捐杂税,改善职工待遇,建立革命武装,普及义务教育等政策。1935年10月,中央红军长征到达陕北后,苏维埃区域发展到了山西。为了统一西北苏维埃政权,于当年11月组织了苏维埃西北办事处,将原有的陕甘边、陕北两苏区连同新发展之苏区,划分为陕北省、陕甘省、陕甘宁省、关中特区、神府特区等五个单位,统一于西北办事处领导。同年12月15日苏维埃西北办事处宣布了在经济政策上的部分改变,即凡赞成抗日的地主不没收其财产,对富农不准任意惩罚等。1937年9月6日,改苏维埃西北办事处为陕甘宁边区政府,首府设于延安,成为国民政府领导下的地方政权。

当时,陕甘宁边区所辖的范围有:陕西的绥德、米脂、葭县(今佳县)、吴堡、清涧、神府(神木府谷县各一部分)、延川、延长、肤施(今延安)、甘泉、富县、旬邑、淳化、靖边、定边、安定(今子长县)、安塞、保安(今志丹县);甘肃的庆阳、合水、镇原、宁县、正宁、环县;宁夏的盐池、豫旺共二十六县,人口约一百五十万。经国民政府行政院例会正式通过,上述各县受边区政府直接管辖,并为八路军募补区。但自八路军主力开赴华北前线抗战后,国民政府不履行诺言,不承认边区的合法地位。陕甘宁边区政府在抗日战争时期就是处于这种环境之中:一方面日本帝国主义和国民党顽固派对边区实行军事包围和经济封锁,给边区财政经济建设造成极大的困难;另一方面,陕甘宁边区不像华北、华中各根据地那样处在战争第一线,而是处于相对和平的环境中,这就为边区进行经济建设提供了有利条件。边区的经济建设,既有对敌斗争的严重任务,又有率先发展新民主主义经济的任务,这也是陕甘宁边区与其他各根据地不同之处。随着边区军事、政治各方面斗争的不同时期,经济建设也表现了不同的发展特点。

边区政府1937年8月25日的《抗日救国十大纲领》中的经济纲领是:"以有钱出钱和没收汉奸财产作抗日经费为原则"。"整顿和扩大国防生产,发展农村经济,保证战时生产品的自给。提倡国货,改良土产。禁绝日货,取缔奸商,反对投机操纵"。1941年5月1日《陕甘宁边区施政纲领》中的经济纲领指出:"发展工业生产与商业流通,奖励私人企业,保护私有财产,欢迎外地投资,实行自由贸易,反对垄断统治,同时发展人民的合作事业,扶助手工业的发展。"当时边区政府经济建设的基本任务是:发展国防生产,充实抗日力量,推行民主政治,发展商品生产,改善人民生活,争取抗战最后胜利。

边区财政经济的发展大体经历过四个阶段:1937年至1939年第一阶段里,财政政策是争取外援,休养民力,以作长期抗战的打算。公营商业的任务主要是向外采购。1940年至1942年为第二阶段。皖南事变后,国民党顽固派变本加厉,对边区封锁更加严密,一切外援都告断绝,人民负担加重,边区进入了艰苦奋斗,生产自给,克服严重经济困难的时期。由于边区几年来实行休养民力的政策,国民经济的各方面都有了发展,机关部队学校的生产运动更奠定了生产自给的基础。但是,当时因为争相牟利,也出现了各自为政,违反政策等不良倾向。1942年12月西北高干会议以后,进入了从半自给争取达到全部自给的时期,这为第三阶段。在这阶段中整顿了商业贸易中的各种错误思想和经营作风,决定统一领导各公营商业,建立计划管理体制,对重要商品实行统销和专卖政策,从而度过了难关,粉碎了国民党顽固派的经济封锁。1944年至抗战胜利,为第四阶段。在此期间,坚持了团结互助，公私兼顾，发展合作商业繁荣内部市场的方针。党的各项政策的贯彻，各项制度和措施见到了成效。

边区政府针对当时边区的工业具有一定的基础，但尚需进一步发展，于1941年2月27日边区县长联席会议上提出了关于发展工业的政策。同时，会议还提出了发展私人商业，反对垄断的商业政策。第一，进一步发展边区内部商品流通，以供给各方。第二，设立贸易局来调整输出入贸易，奖励必需品而又无代用品的输入，边区过剩特产的输出，并严禁毒品奢侈品的输入。第三，发展私人商业，繁荣市场，建设集市。第四，反对国民党顽固派对边区物资输出入的封锁，开拓对外贸易路线。第五，健全消费合作社，平抑物价，改善人民生活。第六，调查与研究物价，严禁高抬物价，反对囤积居奇。第七，发展交通路线。随着这些政策的实施，有力地推动了边区经济的发展。

在党中央和毛泽东同志的领导下，陕甘宁边区实行的新民主主义经济由三种主要形式构成：一是公营经济；二是个体经济；三是私人资本主义经济。由于边区的经济形势和政策，这就决定了当时工商管理工作的特点和任务。

随着商品生产和商品交换的发展，边区政府为协调社会经济关系，维护社会经济秩序，保证党的经济政策的实现，对社会上的各种生产经营活动施行必要的监督、检查和管理。工商管理机关对社会商品经济活动进行综合性的行政管理日益发挥作用。

1949年4月15日前，边区政府工商管理的各项职能，分别由边区建设厅、物资局、贸易公司及银行等部门承担。随着边区政治经济形势的变化，工商管理的专业职能机构也随之建立和健全起来。1949年，随着大西北军事上的胜利，边区政府的工作重心转向经济建设。经济形势的发展变化迫切要求加强工商管理。边区政府遂于1949年4月15日正式成立了工商厅。同年5月16日，边区政府发布命令，要求边区各县、市于6月1日前迅速建立各级工商管理机构。并颁布了《工商厅各级部门组织规程》。授权工商管理机关，主管全边区的民营工矿商业之登记，商标注册，产品检验；管理市场，掌握物价；检查监督度量衡制度；管理国营贸易；指导对外及对敌经济斗争，以及指导工商业公会，工商业联合等工作。为较快地消除战乱带来的经济混乱局面，安定社会经济秩序，恢复工商企业正常的生产经营活动发挥了有力的作用。

第一章　市场管理

第一节　边区市场的概况和市场工作的基本方针

一、边区市场的概况

边区主要市场为定边市、延安市和绥德市，以定边和延安市的商业资本占优势，各有大小商户400左右。定边为食盐、皮毛、药材产地，抗战前全边区及陇东药材、皮毛均由定边直接向天津或包头输出（药材年输出量不下2万市担，约值200万元，皮子30万张，约值450万元，羊毛1万斤，约值400万元），故行商资本居首位。延安市为边区土产向外输出，以及外边工业品输入地区内或边区外所经过的市场，又是边区的政治文化的中心，故京货商和过载行商资本居首位。边区自革命后，由于土匪肃清，社会秩序安宁，苛捐杂税取消，人口的增加，人民生活的改善，消费水平的提高等优良条件，商业贸易均有了不断的发展。新的市场不断产生，旧的市场不断扩大。以延安市来说，在革命前仅有数十家小商店，现在商店发展至400余户，资本增加十倍以上，输出也不断增加。例如食盐的输出，1938年为7万驮，1939年为19万驮，1940年为23万驮，1941年可达30万驮。虽然因为战争的影响，药材的输出减少了，但有2万驮食盐的输出便可抵消。故总的输出是逐年增加了。但因抗战后，工业品价格提高了，土产的价格不及工业品的提高，形成了不等价交换。故输出输入的总量虽均有增加，但输入的数量少于输出的数量。这种不等价交换，除了工业品涨价外，还有日寇的经济破坏和友区对边区的经济封锁。友区对边区的封锁政策，一般的是禁止必需品输入边区，放纵迷信品消耗品输入。对边区输出的土产，实行统制，故意压低价格，增加税率，限制输出的数量。他们的经济破坏和封锁，是与军事包围配合起来干的，军事包围加紧、经济的封锁也加紧。某一军队顽固则封锁也更紧些。某一军队开明，则封锁也更松些。但边区的食盐为友区非依靠不可的，故交换虽受限制，但断绝是不可能的。再则边区的商业，是在抗战后迅速发展起来的，在主要市场上客商资本占绝对优势，边区的工商和合作社均受客商资本的支配。例如延市的商户，边区以外的占2/3，其中战后到边区的十大家（占了延市金融商业资本1/2以上）。他们的特点，均是京货商，不与运销边区主要土产（如食盐）相联系，而是全靠拿法币到外面去买货。他们之中有的在山西、陕西、甘肃、河南、天津、上海、重庆均有分号或客庄，故没有法币和经济上略受封锁便全部停业而离开边区了。因为土著商业和消费合作社的资本过小，在对外贸易上和内部的交换上不起决定作用，故客商资本一逃走，便引起了商业上一时的萧条现象。但因他们与运销主要土产不相联系，故他们虽离开了边区，但边区的土产输出仍没有减少，因为运销食盐的是客户而不是这批客商资本家。

（边区政府《关于边区经济建设之报告书》，1941年10月）

二、市场工作的基本方针

从金融贸易问题来说，由于我们的民营经济还是建筑在小私有商品生产制度之上，不能不依靠货币与市场去进行买卖，因而市场就有调整生产和消费的作用。当此农业与手工业日益发展的情况之下，边区内部贸易必然会随着发展，内部市场的地位和作用，显得更为重要了。

一般小商品生产社会中的市场，其发展情况是盲目的，无政府状态的。投机商人，高利贷者，兼营商业的地主和巨富往往操纵市场，囤积居奇，借以剥削人民。而人民的生产也是盲目的，他并不知道市场上的需要如何，也没有真正为着人民利益的机构来指导他们按社会去进行生产和调剂他们的产品，这就更便于上述投机商人等来操纵剥削。这种情形，就会使人民，特别是农民、手工业者蒙受重大损失，而妨碍人民经济的发展。

在我们边区民主政权下的经济与国民党统治及敌伪统治区域经济是有区别的，同时又有其相当独立的地位。我们就必须注意使内部市场的发展和活动能够符合于新民主主义经济发展的要求——即便于小商品生产者的有利交换，反对一切投机操纵，借以帮助和刺激农业(包括副业)手工业的发展。

但必须指出，过去边区内部市场上的情形，是很不能令人满意的。物资局、银行、公营商店、合作社等未能互相结合，互相帮助来调整市场的需要。相反，甚至还是互相竞争，促使市场上盲目性的增大。

我们是否有条件使这日趋发展的内部市场能适应边区经济发展而更合理的比较有组织的发展，使我们能更团结内部力量便于对外斗争呢？答复应当是肯定的。因为政权是我们领导的，我们有银行，有贸易公司，有合作社，有公营商店和企业，有党的领导，有政策，而我们的生产又是可能比较有计划，如产棉、种棉、制铁等的进行。只要我们能够依据公私兼顾，互助合作的方针，那我们就有力量和一切投机商人作斗争，来调节市场需要和价格，使市场处于一种平稳安定的状态，而利于人民经济的发展。

在调整市场上，我们的公营经济、银行和合作社，都负有重大的责任。

我们的公营经济虽然在全边区生产上不占主要地位，但在商业上因为他有巨大集中的资本，有高度组织的力量，足以操纵金融与市场。这就要求他们严格服从政府的法令及政策，不但不得损害人民群众利益，而且其唯一的任务，就在为140万人民与10万党政军的生产与消费起集中的组织和调节作用。一切离开这个任务的方针，就是危害新民主主义的错误的方针，就是国民党式的剥削大多数人的方针。

我们的贸易公司应当时常照顾到群众的生产和消费的需要而加以适当的调整，他必须协同建设广大合作社并与之很好的合作去收集民间的土产品(如东部地区大量的棉花，三边的皮毛，药材等)，首先调节内部市场的需要，多余的则有计划的由贸易公司或帮助合作社组织外销，换取边区人民必需物资。这一方面使农民生产多余的物资获得销路，不致因为生产过多跌价吃亏，以此来刺激人民生产积极性；另一方面使缺少这些物资的地区获得这类物资的供给，不致因缺少物资而涨价，以致引起金融物价波动。同时贸易公司又须注意在对外贸易上不仅换得10万公家人需要的物资，而且要换取边区人民今天还不能够生产而又必须的物资。经过合作社、公营商店、骡马店有计划的分配到各地市场上去，尽量保障人民消费的需要，不致因这种物资的缺乏而使农民购买不到或要用过高价格去购买而吃亏或甚至于直接影响生产的发展(如农民买不到的犁、铧、铁器等)。

我们公营商店和企业，应当成为调节市场需要，稳定金融物价的力量，成为与一切投机操纵者作斗争的工具。为着这样的目的，有时吃点亏也是必要的。公营商店要将一部以至大部资本逐渐转到真正生产财富的农业、畜牧业和手工业方面去。

各种公营企业如果都能够依据公私兼顾，互助合作方针，处处从全体人民(包括自己在内)利益出发，那他就自然在150万人的生产与消费中起着组织与调节的作用。而边区内部的市场也就能正常的向前发展，这样来真正做到内部发展与团结而利于对外进行经济斗争。

由于边区经济逐年的向上发展，边区人民的财富增加，购买力提高，需要消费的东西也增多，正须我们有计划的发展自给经济以满足他们消费的需要。当他们需要的东西我们还未能达到完全自给，或者某些公司需要的东西(比如一部分兵工通讯器材，医药卫生器材以及老百姓的某些日用品)在边区不能生产出来，还必须依靠外面的供给，我们需要取得一部分外面的物资满足人民的需要，而又不要因此而妨碍自给经济的发展，这就增加了我们对外斗争的重要性、严格性与复杂性。

(任弼时：《去年财经工作的估计与今年边区金融贸易财政政策的基本方针》，1944年4月)

第二节　边区内外市场的特点

一、内部市场的三个特点与经营方针

(一)内部市场的三个特色：

1. 公营商店的繁荣。从延安及各分区的几个主导市场看，所有较大的商店，过载行，绝大多数是机关部队的，差不多是经营正常业务的资金不大，而是渗入市场投机和走私的资金大，所以公营商店繁荣特点之下的另一方面，又是游资的特别庞大。

2. 货币市场不统一。大部分地区是边币[①]、白

① 边币：是陕甘宁边区时期，陕甘宁边区银行发行的货币名称。

洋、法币三分天下的。警区等东部地区是白洋占优势。关陇等西部地区是法币占优势。延属等中心区是边币占优势。在此特点之下,金融投机极为严重。

3. 广大农村是极端分散的小农经济环境,商品经济形态极少,集市都不能建立。

(二)内部市场应有的业务方针:

内部市场的任务,在上述三大特点之下,应该是稳定几个主要市场物价,打击投机商人的游资活动,繁荣中小工商业,缩小与口岸差价,以缩小农工产品剪刀差,调剂与繁荣农村商品市场,使广大农村少受超额营业利润的剥削,生产有出路。为此,内地市场的业务方针应该是:

1. 调剂市场的比重上应重视。加强各地市场并扩大公司门市地区范围,以主导各地市场物价,调剂民间必需品,才能杜绝投机,减少中间商对广大农村的过分剥削。也才能繁荣市场,才能减少工农产品的剪刀差,才能推行边币。

2. 于游资集中地,集中一部分物资力量,以抵制游资是必须的。游资趋向抢购时,我以稳价零售、小批发、不囤积,来货让他买,以拖住物价。游资压死市场心理稳定后,物价回跌我买,使游资就范,市场心理受我主导。

3. 组织经营各地物资土产,调剂供需。属于地方性之供需调剂者,即就地调剂,卖多买少时,公司收买,卖少买多时,公司出售。属于地方供需之剩余部分者,或非地方供需性者,组织此地与彼地之对流,或购运销他地及出口,用以繁荣农商业,以发展农村经济。

4. 发展农村副业,在内地市场上调剂原料,收购产品。必须掌握维持利润的原则。历年以来在纺织业上是掌握这一原则了,其他的倒做得很差。

几年来的内部市场政策,不是取消私人资本,而是繁荣私人资本。但不是走旧资本主义的道路,放任自流与垄断,使消费者受着过重的剥削,中小工商业走向破产,农村产品及副业产品价格受着垄断压抑,中小工商及农村经济于喘息困境,造成旧资本主义严重不均的发展趋势。而我们的经济方针,是以国家商品经济力量,主导商业中心市场。

着重几个主导市场中的经验与教训:

(1)组织交易,相对管理市场:

1942 年冬到 1944 年,经三度改组的贸易所问题,其目的也在调剂供销、安定物价。业务为代买代卖,调剂供销,集义讲行[①],批审外汇,虽然这些业务在三度组织时期[②]内,各有差别,但是总未脱离这几点内容。两年工作除代买物资因有控制外汇之权,获得一些代买作用外,各项业务均遭失败的。

(2)代买代卖问题:

因为延安市场狭小,买卖关系,店家了然熟知,而且寻求买主卖主为店家主要业务。交易所人事之不健全,经营活动未必能及店家,这一业务,实际上是多余的办法。即使有零星代卖,委托交易所大多为冷货,是没有什么收获可言的。

(3)召集公私商业"讲行"问题:

小农经济的自由市场,一般的商业只看个人眼前利益的。如何能乘机多赚,已为习尚,兼之战时,物价节节上涨,成本利润的价格难于计算,讲行之束缚力,也是难于生效的。

交易所失败以后,1945 年 3 月在延安成立公司商行,不直接经营业务,主观上虽然力求适合客观需要,以期达成商人俱乐部之目的,诱导与掌握市场的价格,联合商人,了解行情,附带介绍买卖,结果除了解一些商情外,也无什么成功的。

(西北财经办事处《抗战以来陕甘宁边区贸易工作》,1948 年 2 月)

二、对白区贸易工作的四个时期

内战时期,边区的对外贸易机关是苏维埃中央政府西北办事处领导下的贸易总局。当时党政军三个方面的一切供应,除粮食及苏区产品外,概由贸易局向外采买。其他机关概不对外发生贸易关系。当时采办的东西以被服材料为主,文具纸张次之。

1937 年实现了国内和平,边区所需的物品,一部分是直接由西安采购,当时西安设有商业据点,采购的主要物品如棉花、布匹。到 1938 年最大部分物资,由西安办事处采办,被服则办事处供给成品,这时一般贸易较前活跃。1938 年 3 月 1 日,贸易局改为光华商店,任务同前。这一任务直到 1940

---

① 集义讲行:指的是由政府贸易领导机关组织的,带有行政管理性质的交易所,召集公营商业和私营商业单位,共同商议确定某些主要商品的销售价格,借以控制和稳定市场物价。

② 三度组织时期:指的是 1942 年边区贸易局领导下的"物品交易信托登记所"时期;1942 年冬高干会议后边区物资局领导下的"裕顺通交易所"时期;1944 年以后的由贸易公司领导的"公司商行"时期。

年没有任何变动，唯对外贸易路线则有变动。1938年时边区的对外贸易四通八达。1939年1940年大部分货则来自碛口[①] 这时公营商店也开始发展。

这个时期的出口是不平衡的。因为边区处在土地革命以后，国民经济正在恢复时期。……食盐、皮毛及甜甘草的出产还不很多，棉花种植及家庭纺织，都于内战过程中遭受破坏，刚在恢复不久。抗战以后，边区人口增加，人民生活改善，购买力提高，因此需要大量的外来品，但当时出入口未表现严重的情况，这是由于每年还有1000万以上的法币流入边区，弥补了这个入超。

这一时期对外贸易的特点：是单纯采办性的，因此，当时的贸易机关实际上是采办处。它的任务是保障公用物品的采办，贸易方针与管理是谈不到的。对外贸易完全是自流的。

皖南事变以后，敌顽封锁加紧，物资输入较难，当时财政困难，不能保证党政军各方面的供给，因此，他们不得不各自想办法，渡过财政难关。于是形成各自对外采购，分散经营的现象。

1941年的进口货值，估计约有1亿元（延安市全年约值3000万元）。进口货以洋纱、布匹、棉花、纸张、文具、五金、颜料为主。输出品全年约值9300万元（延安市约有1500万元），以食盐、皮毛、毛织品、肥皂、木材、药材为主。

1941年贸易局重新成立。主观上是想管理对外贸易，不过当时在分散经营状态下，边区对外贸易统一管理是不可能的。因此，当时边区对外贸易处于被动，陷于自流，这是不可避免的。但我们必须知道，当时财政经济处在极端困难之下，各单位不但不能完全保障被服、办公用具，就是吃饭问题也不能完全保证。分散经营确实解决了这些问题。当时统一经营的条件没有成熟；统一管理是不可能的。

公营商店是贸易政策的支持者，它应该积极去执行贸易政策来影响私人商店。可是因为公营商店的生产任务关系，有时违反贸易政策去做投机生意。消费合作社亦未团结在贸易局之下。边区的农村环境，农民合作社若组织健全，在商业上是能起很大作用的。但是，那时的合作社组织散漫，力量薄弱，所以他们本身没有力量去做对外贸易，……对他们的照顾与团结还未注意。因此那时的合作社与政府贸易政策不能有任何联系。

这是边区对外贸易的第二期。

1942年提出了贸易方针，是实行计划贸易，求得边区进出口贸易平衡。实行对外贸易相对管理，实行食盐对外统销。帮助边区出口商品的生产及代替入口商品的生产，以便增加输出，减少输入，组织资本，团结商人，打破封锁。但当时由于统一经营的条件还没有成熟（财政物资没有保障，思想还没有弄通）。更由于只提出了方针而缺乏实际工作，因此差不多这个计划完全流产。当时对外贸易的概算是全年输入品价值法币8170万元，出口土产价值6900万元法币。可是以延市为例，半年的输出品便值6839万元。输入品便值1亿零122万元。入超达3332万元。全边区入超无统计。仅就延市来估计入超是相当大的。

当时的贸易机关本身没有足够的物资基础，也未组织起一种经济力量，依此以实行对外贸易的管理，当时在思想上也是分歧的，贸易自由论还正在唱着，因此贸易管理还未被提到应有的认识。

这是边区对外贸易的第三期。

1942年冬季高干会中，物资局成立，边区乃真正走上相当管理对外贸易的阶段，这是第四期。

这一时期的出入口情况怎样呢？根据物资局去年上半年关于出入口的统计（这个统计是科学的，但材料不完全，因此不是全面的），去年上半年全边区进出口贸易总值边币18.23亿元，进口总值边币9.19亿元。出口总值边币9.03亿元。入超1600万元。

（西北财经办事处《抗战以来陕甘宁边区贸易工作》，1948年2月10日）

三、对白区贸易工作的三个特点

1943年上半年进口与出口的各类商品所占百分比如下表：

1. 进　口

布匹：	460,272,625元	占50%
棉花：	84,198,706元	占9%
文具：	7,182,496元	占1%
什货：	189,983,694元	占20%
其他：	89,654,111元	占10%

① 碛口：在山西省的临县，是晋西北与陕北接壤的一个黄河渡口。

烟酒：	14,255,361 元	占 2%
迷信品：	74,310,352 元	占 8%
合计：	919,857,345 元	100%

2. 出　口

皮毛牲畜：	137,917,085 元	占 15%
药材：	4,341,384 元	占 1%
油类：	8,845,279 元	占 1%
什货：	21,528,036 元	占 2%
特产：	475,127,665 元	占 53%
食盐：	255,406,946 元	占 28%
合计：	903,166,395 元	100%

这个不完整的统计，也可反映出去年上半年出口贸易的情况来，边区仍是入超不是出超。可是上半年入超也是不大的。因此上半年的金融物价才能相当稳定。下半年无正确的统计，不过就现象来看，就法币黑市猖獗情形来看，下半年的入超是相当大的，所以出入口的不平衡，仍是边区对外贸易的一个特点。

其次，布匹与棉花的入口值，约占入口总额的60%以上。食盐与特产的出口值，约占出口总额的80%以上，因此布匹与棉花是边区入口的大宗。食盐与特产是边区出口的大宗，这是边区对外贸易的第二个特点。

再次，迷信品及烟酒的入口值，约占入口总额的10%以上。拿去年上半年来说，便是1亿元，这说明去年我们的对外贸易管理工作有很大的缺点的。这是边区对外贸易的第三个特点。

（贸易局《对外贸易管理工作》，1944 年上半年）

第三节　集市贸易

一、发展集市，使贸易范围伸展到广大农村

打开滞销局面，还必须从城镇深入到广大农村，才能有雄厚的基础，而深入农村的捷径是集市，在没有集市的地方，应该有计划的新建集市，务使农民得到方便，如界河上在建集以前，附近群众到典县或岢岚城内赶集往返费三、四天工夫，误工很多，在驻军与政府长时期的布置，新建集后，每集去的人很多，粮也很多，这种作法，应该推广。已有集市的地方，对于集市的管理，很关重要，要有计划的培植各地的定期集市，使其真正联系城镇与农民，通过集市，使农民能够有计划的生产，有计划的买到必需品，卖出土产。

游击区的集市，作用之大，更应有计划有准备的建立与运用，使其成为对敌人进行斗争的经济支点，除了把分散的农民与市场结合以外，还可使土产通过游击区群众往外输出，更可以使游击群众在政治上经济上，脱离敌人依附于我，过去敌利用集市混入我内地活动，游击区建集市后，则可使少数坏分子减少破坏的机会。

私商目前的表现是化整为零，不运出门，座地小本经营，少数投机者待机做些抓水花生意，大商很多，小商最多，有许多商人是在新政权建设当中发展起来的，如典县城有大商 1 户，中商 51 户，小商人 1 户，小商贩 295 户，除一些小贩无妻子外，好多都是自带众室自经营，合伙者较少，由于人少，资力小，跑外贪生意的很少，许多人是在新政权下才上升的，如 51 户中商里只有 1 户原为地主，其余都是后来上升的，其中 7 户上中商里原来为小商 1 户，摊子 1 户，伙计 2 户，警察 1 户，磨面为生者 1 户，收羊肠子的 1 户，二、三分区亦有类似情形，这不仅是由于商人奸滑，怕负担重，而且与我们没有积极去扶助其正当发展也有关系，甚至有些地方，把中商当作大商看待，限制了商人的发展，我们应该在思想上弄清楚，商人它不能生产财富，但是能够促进生产的，不和其他死坐死吃的寄生虫性质的人一样。他们可以把群众剩余生产品推销出去，换回群众生产与生活所需要的东西来，因此，我们不但不应该限制其发展，而且，应该帮助其正常的发展使其正常的赚钱，应该克服投机取巧，捣乱破坏，囤积居奇等活动，发扬其为群众生产服务，为根椐地经济建设的服务，对商人应该深入调查研究，分别对待，经常抓紧教育，以免被人利用，而且应该积极的教育商人使他们了解在新民主主义社会中，商人是有前途的，有些新政权下翻身的人，更应使其了解发财的原因，因而更加靠近我们，为群众服务，商人经营的方向，应该是深入农村与对外买卖，我们应该组织商人下乡，既可使物资交流，经过商人进入农村，组织农民生产，又可使商人脱离死坐死吃的守旧生活，转变为营业额大与赚钱增多，是公私两利的，如典县最近已试办过，使商人下乡收买

毛线，铜元，黄油等可以成功，应继续进行与推广，另外还应该组织商人出外经营。最近有些地方对外贸易上是作茧自缚，使跑外商人大为减少，这样使商人要靠我们，损失不小，今后应动员他们，多多出外，大量输出土产，换入必需品。

（西北局调研室《目前贸易中存在的问题与贸易工作的任务》，1944年8月）

二、延安集市

走向集市去，也不是三年前的集市了。内战时破瓦颓垣的集市，建成新屋了，开始搭棚子，渐渐砌砖窑，起石屋。有些以前没有集的现在有了集。每逢集日，百货云集。固定的市场如延安市，一个荒沟忽然成为长二里的华屋高窑，熙来攘往，俨然都会。商业资本两年中约增加10倍以上。商店数1938年90家，1939年149家，1940年为320家。研究商业发展的原因，一是农村生产增加，有剩余品要卖出，卖出生产物是为了买进消费物，因而集市日趋繁荣或者需要新开集市。新收复区如陇东、绥德的市场所以萧条，是那里农民尚未恢复生产之故；二是边区没有苛捐杂税，经商者都趋于此，因而延安物价比西安、兰州、榆林等任何地方都低，甚至低得甚远。

（边区政府《工作报告》，1941年2月）

三、吴旗集市

建立吴旗街市曾在去年县府成立第一届临时参议会时通过，经一年来政府各方设法提倡建立，今已打下初步基础。计有庆新商店1处（县自给会办），庆新毡坊一处（工人与县自给会办），二区合作社及县联社一处，骡马店两处，饭馆两处，理发馆一所，新建完校一处，街道日渐繁荣，人数亦逐日增多，在此种条件下，为进一步的开展建设起见，故于本年公历7月2号第四次政府委员会重提商讨集会建立办法，当即决定集会成立的日期，并由政府号召商民赴会经营买卖。指示商店、合作社准备大批货物、牲畜等会上出卖。为使集会繁荣，邀请剧团公演，并在全县人民中动员粮食五小石，边洋二万元，供剧团集会之用，同时选定成立“集市筹备委员会”，七人组成，负责管理街市建设，集会筹备等工作。

其次，筹备委员会成立后的工作。第一，各委员会分工：蔡丰（议长）为主任委员，下设宣传布置股，由霍玉山同志负责，管理股由王生绪、高恩工同志负责，招待股崇文华同志负责，设计股由宜瑞珍、士耀同志负责，各项工作由各委员执行之。第二，于7月26日召集本街前后居民及各机关单位人员二十多人，商讨整修街道及会场地址。原来街道长约一里有余，旧有铺面房基六、七十，故将后街划分商业、粮食市，前街至旧院划为牲畜市，杂货、食品、瓜果摊子设在会场附近。第三，派专人到定边、罗界等地请剧团演员，因定边“七七剧团”未赶到，只找来本县一、六区农民旧有的秧歌，眉户①，十七、八人到会上演六天七夜，赶会群众甚快。本会派专人招待，用粮小米三石，边洋3.8万元。第四，了解会场生意及请首长到会讲演等。这就是筹备工作的经过。

县府委员会决定集会成立日期为古历七月十五号举行首次骡马大会（七天），每年三月十五、七月十五为两季大会，每次会期均为七天。并规定每月逢集三次，这次大会交易情况，第一，牲口方面：共卖出羊子603只，耕牛4条，驴子2头，骡子1匹，马6匹，大小猪13头，共达200万元之巨。第二，货物方面：由合作社庆新泰、县政府、小商人等在此会期中销售布匹杂货达130多万元；这次布匹多数是农民拿土产粮食来交换的，共换到绒毛1000多斤，羊皮2000多张，粮食40多石。其他杂货摊十处，卖零售布匹、洋火、手巾、袜子、针线等，还有卖银货的一家，织罗的一家，卖皮钉鞋的三家。以上销货值洋50多万元。第三，粮食方面：因人民还没有驮粮到市上出卖的习惯，只是来商店、合作社商量探卖粮食、土产换买布匹（拿现洋买货的少），共计调换了花料② 16石（大斗），小米10石，麦子8石，荞麦5石。粮价小米400元。麦子800元到900元以下，花料500元到600元。第四，其他卖瓜果，杂饭摊亦有30多家赴会。总结以上6天会上之生意交易450多万元，每天平均70多万元，比会前每天平均二、三万元多得多。

（吴旗县长王明远、刘景端《成立吴旗集会工作报告》，1943年9月）

---

① 眉户：是陕西戏剧的一种名称。

② 花料：指的是玉米、高粱、豆类等混合而成的饲料。

四、绥德分区的集市

现在各市镇都建立了经常规律的集市，螅镇逢集有8000人之多，逢四、九。石岔不到30户小口岸，每月进出口货物很多，集是逢二、七、五、十。米脂逢五、十。桃镇逢四、九。龙镇逢三、一、八。义和逢一、四、六、九。枣林坪逢五、十。辛家沟逢四、九。定仙堰逢二、七。吉镇逢二、七。上面这些集市都有很大数目的成交。

（《绥德分区贸易总结》，1944年3月）

五、关中分区的集市

新集市的建立：

新正县新立三处，原有一处。

赤水县新立二处。

宁县新立二处。共计八处。

马栏区在1940年建立新民主主义政权后，人口由500户激增至今日的1200余户，耕地面积更扩大三倍有余，群众购买力已空前提高，仅马栏合作社一家，每日销货在万元以上。马栏镇上，三年前仅有出售粗布、火柴等简单日用必需品的小店铺九家，今则公私商店共十八家，街上小摊贩也很多，购货群众往来不绝，集市日渐形成。现专署及马栏区政府会得该市商民，决定从本月28日起建立逢四逢十（旧历）集期，本年九月三十日为首届集日，集市筹委会已聘定关中剧团演戏五日，届时必有一番盛况。

（《关中人民购买力提高，马栏设立集市》，《解放日报》1943年10月21日）

六、靠近红色地区的农村集市贸易

在当时乡村包围城市的条件下，由于红色政权对敌人政治经济上的胜利，注意了发展农村集镇贸易来活跃市场，在红色区域靠近白区的村庄先后新设立了三个集镇，这三个集镇是：东川离城15里的柳树店，北川离城35里的杨家沟，西川离城20里的裴家庄。轮流三天一集，当时延安还没有国营商业，由安塞县的贸易公司鼓励和组织商人在城市和集镇之间贩运商品，为勾通城乡交流起了一定作用，打开了城乡物资交流时断时续的局面，通过农村集市贸易，商贩把布匹、百货、杂货等运往乡村，又从农村把粮食及副食品运到城市，供应居民需要，这三个集镇的交易以杨家沟为最大，商摊撒满了整个一道沟，一天的交易额最少在千元以上。因为杨家沟距安塞县只有15里，为了鼓励商贩的营业，安塞贸易公司还按合理的价格收买商贩的部分商品，运往保安县（即志丹县）供广大解放区的需要。赶集的人数每次均在500～600人。柳树店和裴家庄两个集市只是对农民交换商品，没有贸易公司收购物资，因此，商品交易额比较小，但商贩和赶集的人数与杨家沟集镇不相上下。在当时红色政权建立的地方，虽然还处在战争状态，但在红色政权的扶持下，农村集市贸易已经开始出现了欣欣向荣的新气象。

（延安县对资改造资料编委会《延安县工商业改造资料汇编》，1960年12月）

七、部分地区的骡马大会情况

（一）延安：

日益热闹的本市骡马大会，昨晨传来南昌公司决定在大会上廉价批售两万匹土布（四八布，每匹6000元）。建设厅委托南区合作社在东三县采办数万斤棉花在会上廉价出售。同时，榆林、三边等地将有大批骡马到来，这些好消息使大会更为活跃，日来会上各界人士大批购买货物，极为踊跃热烈，使市面益趋繁荣。12日，毛泽东同志、朱总司令，亲访会场，缓步场中，细心观察，关心每一商店的营业状况，频频询问，状至欢愉。当时许多货摊主人，均往往起立，表示欢迎。靠×××山下一带的县为市场，昨日九时起即有三五成群的马匹驰骋竞走，当马一停时，论价之声即随之而起。盐业、土产、南昌三公司在会上的联合门市部，终日围集着大批购买者。远从米脂来的高怀祥、杜成义，在街上用7500元购了一匹四八布及花土布后，看见该公司陈列的大宗货品，价格甚廉，又挤向该处购买，候达二十余分钟，才买到布匹。本市东关韩育聪也等了很久，才买到五丈土花布，营业盛况，实属空前。据13日该公司一天的营业小结，即售现款240万元。而晋绥过载行门市部，永福祥、万瑞祥、晋豫合、德胜玉的四商店联合门市部，以及新市场街上的国货公司，妇业合作社营业部门，购物者均极拥挤。即最小的布匹杂货摊每日亦卖得款项二、三万元。水果及纸烟摊，多者日售8500元，最少的亦在千元以上。小食品摊,每天可售1万元,中等的5000,少者亦达千元。又陶器摊20余家,每日营业万余元。柴、炭、草、木板杂集,这一天共售出31.8万元。在大会另一角的平粜处,农民们售出米、面、杂粮,一天内即达124.4万余元。骡马牲口买卖,一天亦共达242.6万元。总共13日一天内,虽尚未到最热闹的时期,营业额总共达804万余元,前晚自关中刚抵达的16匹驴子,顷刻之间,即为南昌公司以物易去。从盐池县带来一马、一驴的聂云田,卖马赚获4万元后,又以小驴另补钱2万换成一匹好驴,即匆忙回去准备再贩牲口赶来。大会办事处为了便利各外来骡马商人计,昨日特召集各店家经理联席会议,规定统一草料价格,并一律按九五扣算。大生栈的便利客商模范行为一致获得大家好评。边区物资局为保证外来骡马商人能取得一定利润起见,凡遇难售出的马匹,均给以购买或以物交换。留直后勤部,近正输运大商(注,应为量)石油供给各界需要。自今天上午起,每天均有杂耍、秧歌等活动,每天下午及晚上,由民众、延县、部艺、平剧团分别演出节目,锣鼓喧天,观众拥挤异常。

(《延安骡马大会盛况空前》,《解放日报》1943年11月16日)

(二)定边:

打破百年繁盛记录的定边九月骡马大会,于旧历九月十五日起会。鄂尔多斯草原上的蒙古同胞,骑着快马跑着牲群,混杂在各地边客之间,纷纷前来。南路镇原等地脚户,亦赶来骡子,运来布匹,准备换买大批牛马及骆驼,以备扩大发展运输及农业。本县四乡农民中运来新收下之糜谷,麻子,拟算买耕牛扩大生产者极多,并有附近友区商人赶来参加。在东关旷野上,临时搭着布棚的饭铺。杂货铺等紧紧相连,比比皆是,上午举行赛马会,各色快马互竞雌雄,蒙古利亚人以驰骋于草原之雄姿,出现在会上,每当马停蹄以后,买马人,牙行(经纪人)及观会者即群围上前,议论此马之品种,身段,口齿及毛色等。会场之右即系马市,大小马约千余匹,排列成行。牙行及边客领着买主遍看马群,从中议价成交。会场之东系牛市,犍牛、条牛约有6000余头,乡下农民及各机关穿兰色衣服之农场经理人员,则来去看牛,寻觅适当之牛。靠南则为骆驼群,六、七头为一练,站一圆圈为数当在500以上。旁则骡驴,但数目不多。会场中心形成西北两条街道,毡、毯、帽、鞋、皮毛、布匹、铜器等,各样小摊,应有尽有。靠西南角税局临时搭一布棚,专门办理牲畜过境登记,货币交换所并给蒙胞及外路客商以特许兑换货币的便利。棚前人群拥挤,据统计每日成交之牲口约百余头,交易额近千万元。边区南路来客多以布匹换买牛马。一匹快马系蒙胞格尔值的,被南路客人以12万元的大价买去。定边农民因今年丰收,故多来会上购买耕牛,南园子陈姓以四石五斗糜子,换买了两头条牛。三区移民刘双喜,系今年四月从灵武移来的,一家四口人,由区上帮助安置后,并由李万昌弟兄帮助牛犋,种了六垧地,秋后打下三大石谷子,他另外种了一园瓜,共卖了2万元,而在这次会上买了一条牛。过去的贫农李满文,在这次会上买下了一对牛。在城区四乡有拉着自己的老牛来会上卖的,换买大犍牛的,也有新来会上扩大耕牛的。这类例子极多,不胜枚举。此外地委专署县府等机关,亦均在这次会上添购了耕牛。延安某些机关,也有来会上买耕牛的。至于乡下农民,购买马匹者也不在少数。其中尤以南路客人买去的最多,蒙古同胞卖了他们的马和牛,换得布匹、糖、茶、铜器和谷糜、白面等。昨前两日,又有大批边区外的商人赶来到会,并运来老布约6万匹,会期已历十日,但与会者日渐增多,每日参加人数约在1.5万人以上,且交易异常发达。来参加会的蒙古同胞特别众多,近日以来来会场及定边市上,头带首饰的妇女及蒙古小孩,到处皆是,记者曾晤见鄂托其山姆徒弟兄,他们共卖了四头牛,五匹马,买得五斤糖,十斤棉花,及纸烟,白面、布匹等物,他们称赞边区政府的优待。据云,这次政府除在货币交换上予以便利外,并严格禁止牙行及商人从中剥削,处罚了他们那种按照过去陋习,欺诈蒙人的行为。此外,蒙人买货均按照平价计算,政府并特委派蒙胞补音图多费招待蒙人,并帮助他们办理一切手续,因此人人称便。他们听说延市十一月的骡马大会即将开幕,均愿约亲邀友,快马赶赴。

(《定边骡马大会盛况空前》,《解放日报》1943年10月28日)

(三)陇东:

本年"骡马大会"如期举行,颇为热闹,自旧历四月二十八日开始,至五月初七结束,会期共为十日,万商云集,贸易鼎盛,与会者不仅有边区各县群众,并有友区人民,包括陕、甘、宁、青、晋、豫等省远近客寄(注:商)。每日从早至幕,市集熙熙攘攘,车马络绎不绝,大会上百货俱全。最多的是牛、骡、马牲畜,在5000匹以上,大多外地客商买去。

(《陇东举行骡马大会》,《解放日报》1942年6月2日)

第四节　市场管理的基本原则和条例、办法、布告、命令

一、边区市场的管理方针

我们对边区内部市场的方针是:“调剂物资与调整物价”。

内部市场问题是关系全边区老百姓的生产与消费的组织与调剂问题。一方面在战时封锁条件下输出土产不易,争取物资困难,必须依靠对外贸易的发展来解决;另一方面边区工业生产无计划性,表现为市场的盲目性,常使物资失调,物价金融波动。几年来边区公私商及合作社的大量发展,由于局部利益与全体利益的矛盾,今天利益与明天利益的矛盾,形成大公家和小公家、合作社与私商的矛盾,要解决这些矛盾,除大公家有管理与照顾之责外,对外要做到有计划的管理,对内要有计划的调剂分配。但这种条件在边区并不存在,今天只能做到对外相对管理,对内相对调剂。具体办法是:

(1)国家商店与合作社结合——国家商店有左右市场的经济力量,而且是主导力量,合作社则是他的主要助手。在分工上国家商店数量有限,仅在主导市才有据点。而合作社则很普遍。国家商店利用合作社,作为与广大群众结合的桥梁。合作社必须在国家商店指导下,进行收购土产,供给日用品的业务,以调剂物资调整物价,今后,贸易机关与合作社的关系,应该紧密结合起来。

(2)反对垄断,扶助中小商人——私人商业资本在内部市场上的囤积垄断行为,是用过高的商业利润来加重对中小商人及群众的剥削。我们反对这种垄断囤积行为,也就是帮助了中小商人,有利于广大群众。我们的办法是采取管理出口物资,管理外汇,以及以囤积去反囤积。如去年延安市骡市大会,大商人囤布高价出售,我们则大批廉价出售,分发中小商人,便利群众购买,结果布价涨不起来,囤积者无利。

(3)区别市场,注意演变——边区的市场可分对外市场与对内市场,主要市场与次要市场。而内部市场中,主要市场与次要市场是随着对外贸易情况及内部需要的变化而变化的。抗战初期,边区内部市场中最主要的是绥德和定边,因为当时对外贸易主要是对太原和包头。1939年后,对外贸易方向南移,关中陇东变为主要市场。往后华北解放后,边区的主要市场,又可能是绥德、定边。

(4)对内自由与个别管理——内部市场一般是自由的。但个别与国计民生有关物资,在个别地区也需加以管理。如东三县棉花管制,也是必要的。

(5)掌握物资,调剂市场——国家商店与合作社,要掌握必要数量的物资才能调剂市场,没有物资,便不能掌握市场。去冬今春外面物价大涨,边区受影响最小,原因是公家掌握充足的布、花,而边区粮价经常波动,便是由于调剂处缺乏资金,存粮不足,不能调剂市场之故。

(6)调剂运输力之季节性——边区经济分散,交通落后,牲口是主要运输工具。牲口必须人赶,人有忙有闲,农忙时,运输力不足,农闲时运输力过剩。因此如何调剂运输力之季节性,成为内部市场的重要问题。

(7)提倡副业性与多样性——边区市场小,经济分散,不适于大规模和集中的工业生产。大规模的生产和市场的盲目性势必造成工业危机,边区纸烟业及肥皂业可作借鉴。今后要防止这种危机,商品生产要成为副业性与多样性,以适应边区的经济条件。

(8)防止探买探卖①,加强信用合作。——探买探卖在边区各地很普遍,实际是高利贷剥削。要基本取消探买探卖,必须加强农村信用贷款,在农村信用合作未普遍成立以前,有利于农村交换的公平探买,还应继续存在。

(西北财经办事处《抗战阶段中之边区贸易工作经验》,1945年8月)

二、扶助与依靠中小商人,繁荣市场,稳定物价

内部市场方针:“调剂物资,调整物价”。但作

① 探买探卖:是指陕西民间进行交易的一种方言,它与现行的“预购预销”形式大体相似,唯其价格是一次定死,且一般低于市价的百分之三十左右。边区政府不提倡这种形式。

的不够。具体作法是掌握生产与消费的季节性，掌握几个主要市场，其余不关紧要的市场就可以不管。因为这些小市场上对物价无大影响。要稳定物价，主观的去压价或限价是行不通的。贸易公司的力量主要是对外，在内部市场上要反对垄断，扶助中小商人。在陕甘宁边区已无大商人了，例如延安的十大家，因为社会上失掉他们消货的顾主（上中层人物的消费）加上我们货币政策，对外汇的限制，贸易上对出入口的管理，旧的带封建性的大商业资本在新社会的市场上不好活动，只有搬走。现在剩下的只有中小商人。繁荣内部市场，就是依靠他们。对他们扶助的办法：负担上较轻，银行进行贷款的帮助。在稳定物价方面，过去不通过南昌公司（机关生产的联合商店）去调剂，主要是贸易公司支持中小商人去作。例如1943年延安举行骡马大会，有些比较大的商店，想在会上抬高物价，结果贸易公司把货供给中小商人，抛售很多，使想垄断的商人吃了大亏。

贸易公司与合作社方面，没有收到预期的效果。其原因：一方面是贸易公司集中力量对外，在合作社上花的力量较小；另一方面合作社本身的业务方面还多属于商业性质，没有得到很好改造。公（贸易公司）私（私人股金的合作社）矛盾还没有统一起来。

（南汉宸《陕甘宁边区的财经工作》，1946年）

三、国家资本在内地商业中必须占主导地位

我们对国家资本与私人资本相互间关系的方针，前面已说过，要使国家资本与私人资本共同得到发展，但必须使国家资本占着主导地位，这就是对商人态度的总方针。我们要帮助并支持那些向外推销土产，向内输入必需品的任何商人，尽量予以各方面的便利。如批以外汇，帮助其资本，保证其利润等；我们限制那些在边区内地贩来卖去的商业，因为这类商人只能适可而止，过多则容易波动物价。且对边区也没有其他好作用，那些单纯的消费合作社，也包括在这一类内；我们反对贩卖消耗品的任何商人，必须对他们进行取缔。如破坏法令捣乱物价金融者，必须给予严格制裁。在这里我们应该着重指出：繁荣市场当然是好的，确实也应该使市场繁荣，但这种繁荣必须建筑在增加出口贸易和贩卖必需品与有限制的贩卖半必需品的条件之上，这才是繁荣市场的正确观点。我们反对那些只看几家店子，而不看内容——只求表面上繁荣（店子多），而不看实质上到底对边区有利或有害的错误认识。因此，我们要坚决的指出：在严格管理出入口贸易和外汇之后，无疑的必会使市上贩卖非必需品的商店和小摊子关闭了一些，这些现象，虽然表面上少了一些花花绿绿东西的买卖，甚至市上来来往往的人也少了一些，没有那样好看，但其实质上对边区是有利无害的。今天要预先指出：将来到了非必需品的贩卖商关门的时候，或者是消费合作社因为得不到非必需品的贩卖，而减少了营业的时候，尤其是因此而使某些人的家属亲戚朋友减少了商业利润收入的时候，必然会有些同志认为是市面萧条，而怀疑到政策的正确性的。因此，我们必须预先进行广泛而深入的宣传解释，特别是首先要使各级干部得到了解。

为着使边区内地得到正确的繁荣，必须使正当商人得到发展，使非必需品的贩卖商改做正当营业；使消费合作社兼营收集土产直接或间接出口，或者是使部分消费合作社改为生产合作社，运输合作社；要由各地物资局设法代销土产出口，并供给他们以必需品和半必需品的贩卖；光华盐业公司要负起团结公私商人沟通边区内地市场的责任。

最后：经济工作同样是战斗的工作，没有正确的战略指导和灵活的战术运用，在经济战线上的斗争是不能取得胜利的！物资政策是否正确，对于我们工作任务的完成是有决定意义的。

商业繁荣是以整个经济繁荣为前提，交换发展是生产发展的反映。同时，交换发展又是刺激生产发展的。交换与生产的分工是历史的进步，取消这种分工，会使历史停滞。土改以后，农村劳动力从封建桎梏下解放出来，生产与占有已统一，将使农村生产力提高，给市场交换的繁荣与扩大，提供了可靠的保证，但是同时又须以正确政策去发展交换，以刺激生产增加，并提高购买力。

（叶季壮：《物资政策问题》，1943年5月）

四、对外经济斗争的基本方针

一方面因为国民党（敌伪也如此）不愿我们经济向上发展，加紧向我们作经济斗争；一方面正由于我们经济上的发展，我们又必须实行严格的保护

政策，来保护我们的经济更顺利的继续向前发展，我们就必须正确的从管理对外贸易中来对外进行经济斗争，使我们能在这一斗争中获得胜利。

要使我们取得对外经济斗争的胜利，必须团结内部的力量，也必须实行公私兼顾，互助合作，团结内部，一致对外的方针。

西北局现在把物资局改为贸易公司，来统一管理全边区的对外贸易，并责成他要由局部的管理，逐渐做到全面的管理。这是一个非常重要的决定，也是一个非常艰巨的工作。我们贸易公司善于依据自己和可能使用的民间力量，首先从主要的物资如：盐、皮毛、药材可能出口的粮食、油类等的出口管理起，不要企图立即统制一切出口贸易，有些次要货物的出口可交地方或部队去组织，但必须指导他们的贸易方针，使之符合于总的对外斗争的利益。贸易公司要把这一工作做好，绝不能再采取象过去物资局那样不联系群众的孤立政策。他必须善于去组织边区内的群众和边区外的商人，来冲破封锁，尽量输出我们需要输出的东西与我们需要输入的必需品；他必须紧紧掌握对外贸易的原则，贯彻发展边区经济与保护边区经济发展的方针；他必须经常很清楚的了解边区外的商情，能够主动的及时的和国民党进行经济斗争。贸易公司的一切活动，只有认真实行公私兼顾与群众路线的方针，才能团结内部，统一步调。总之贸易公司的任务，应该明确的规定它是对140万人民群众及10万大小公家的生产与消费（主要是在对外关系上，其次也在对内关系上）起集中的组织作用与调节作用的机关。在这里并不废止私人的对外与对内的一般商业，贸易公司起的是“集中的组织作用与调节作用”。它不是从中夺取商业利润为目的的机关，它是与国民党金融买办大资产阶级及边区内部的投机商人作斗争的机关，它是保护150万军民的机关，它是一个大合作社，只有这样，它才能完成西北局所给的任务。另一方面，要使我们对外经济斗争能获得胜利，不仅是贸易公司要努力负责，所有合作社公营商店和企业也要自觉的去协助贸易公司进行对外经济斗争。比如我们号召大家自觉的使用土货，不用外货，自觉的忍受一时的不便，甚至暂时牺牲小己的利益去顾全全面的利益。当着某些口岸被国民党特别严紧封锁，或在某处大量运进货物（如去年三边运进大批布匹），企图捣乱我们金融，或当贸易公司为着对付国民党的封锁和破坏而主动的决定某种东西暂停输出或贴价输出，或暂停购进，或为巩固边币而打击法币时，各方面都要协同一致的去做，不能因为与局部利益冲突，便任意破坏政策，错乱步调。当着贸易公司及银行在对外经济斗争中发生困难时，各方面都要自觉的给以支持（如前年12月及去年3月紧急动员各机关交出法币以达到克服金融波动一样）。

总之，我们应当了解与国民党作经济斗争是一个繁重的任务，要看到国民党的经济力量今天比我们还是强大些。但是他内部存在着不能调和的矛盾是完全可以被我们利用的。我们的经济力量，虽然今天还处于劣势，但我们内部没有不可克服的矛盾，必须克服内部矛盾求得一致对外，要做到随时能够集中调动自己的力量，既便于进攻，也便于退守，那才能打败敌人。只有大家都能这样认识，管理对外贸易，对于保卫边区经济发展的重要性，贸易公司与各方面都能实行公私兼顾，互助合作，步调一致的办法去进行对外经济斗争，才能使我们在这个斗争中免于失败并获得胜利。

（任弼时：《去年财经工作的估计与今年边区金融贸易财政政策的基本方针》，1944年4月）

五、粮食管理

（一）粮食市场的手续费

为统一各地区粮食牲畜买卖手续费之比例，并增加财政收入，以利支援革命战争，兹决定从10月1日起粮食买卖手续费由原规定3%提高为5%。其征收办法仍按本府3月23日新胜字第104号命令执行。

（陕甘宁边区政府《命令》，1948年9月）

（二）禁止粮食出境

第一条　本条例修正1930年4月23日边区政府公布之陕甘宁边区禁止粮食出境条例制定之。

第二条　本条例之目的在于：（一）防止边区粮食外流资敌；（二）战胜日寇汉奸亲日反共派对边区粮食的破坏与封锁；（三）保证全边区部队、机关及人民的粮食供给。

第三条　凡边区所有粮食，不问属于原料，或制造品（如面粉）一概严禁私运出境。

第四条　凡关军事或其他特殊需要，须运粮食出境者，无论军政民须申请边区政府财政厅核发粮食出境证明文件,然后凭证运送出境。

第五条 友区军政民须购买粮食出境者,必须直接申请边区政府,经核准后,由财政厅发给粮食出境证明文件,方得凭证出境,凡未经核准而擅自运出边区者,得扣留处罚之。

第六条 以上两条之运出人于申请粮食出境许可证明文件时,应说明其出境理由,数量,运出地点,粮食种类。

第七条 凡粮食入境者,一律不受任何限制。

第八条 友区军民须运粮食通过边区境域者,入境前须取得县级以上政府之粮食过境证明信,方可运出边区。

第九条 边区内部粮食流通绝对自由,各级政府不得予以阻止。

第十条 凡边区边境各地区一律均须以下列方法进行查禁:

(一)边区各行政村长与自然村长应时刻注意如遇有偷运粮食出境者,应即报告区乡禁粮委员会查禁之。

(二)边区各乡组织查禁粮食出境委员会,负责( )( )( )之查禁工作,以区乡政府自卫军农会等负责人组织之。

(三)县政府不另组织查禁委员会,直接负责督导检查各级查禁粮食出境委员会之查禁工作。

(四)需要时县政府得组织查禁队,派赴各交通要道巡查。

(五)其他受县政府委托之各地方部队,各群众团体、各公务人员,得随时注意查禁工作。

第十一条 各负责禁查人员,机关,部队等,对未持财政厅许可文件,或无粮食过境证明信,而运粮出境者,必须将人粮一律扣留,押送县政府法办,或遇有所持文件与实际运出粮食之数量或种类不符者,亦应押送县级以上政府法办,均不得自行没收处置,所运粮食数量如不超过文件所限者应即放行。

第十二条 边界各县政府,得按边界实际情况,允许友区贫苦人民购买五升以内之自用粮食不在查禁之例。

第十三条 各该受理政府,如查明所扣留粮食确系私运出境者,应将其粮食全部没收,人送县司法机关依法判处,如查明所扣留之粮食数量超过粮食出境许可证或种类不符时,得斟酌实情没收粮食之超过部分,并给人以处罚。

第十四条 查获违禁出境粮食有功者之奖励办法如左:

(一)受委托之部队、团体、公务人员之查获者,给以相当于没收粮食之百分之二十现款奖励之。

(二)各县组织之查禁队查获者,由各县政府酌予奖励,但至多不得超过没收粮食之百分之十。

第十五条 各县没收之粮食均须缴入仓库,并随时将没收数量,呈报财政厅与粮食局备案,绝对不能擅自动用。

第十六条 各级公务人员,对禁粮出境,如有徇私舞弊或借故敲诈从中贪污者,依法严办。

(《抗日根据地政策条例汇集》陕甘宁之部[中]416页)

(三)规定严禁粮食走私的具体办法

我警区粮食外流自本年五月份以来,非常严重,本署虽有三次之严令禁止,但因未确定具体办法,所以沿河偷渡贩粮者仍在盛行,如此已往,不免要影响到民食之恐慌,金融波动百货具涨,为要彻底执行"严禁粮食出口之政策",特决定如下几种具体办法:

1. 广泛的向沿河人民宣传,使人民了解其意义,并在人民中组织积极分子向当地经常走私者进行斗争从严监视。

2. 要很好的组织沿河一带专门偷渡为业的一批水手参加生产,使其生活有办法,不再走私(特别由山西过来的难民)。

3. 把沿河各居户家之风筒大篓一律登记并完全集中在当地各区公署封存,不应让其私自使用,临时如有特殊需要时,本人可向区署说明理由准予限期领用,期满须交回区公署保存。

4. 绥、清、吴三县应专设干部至沿河一带,协同区乡政府严查粮食走私问题,可将经常以走私为职业者严格调查登记,并教育其另行经营其他生业,甚至令其在群众大会上反省,由广大群众监督之。必要时去检查工作以求得彻底禁绝。

5. 该三县之沿河一带民兵应有计划的配合侦察兵分段进行巡查,如有走私者即将粮食没收,人犯送县政府处理,如不服制止逃入河中者可报告政府通缉惩办。

6. 除在河畔进行严查外,还要在内地进行查禁,如不是在内地贩卖经营者一律禁止出运,但河畔之人民如确系食用者,可向当地政府取得介绍信，运三、五斗者准予通行，凡被阻拦之粮食要其在当地集市零星出售。

7. 沿河区乡政府及人民有责任查禁粮食出口之责；但无批准粮食过河之权。凡准予之出口粮食，其批准之权在专署，而执行之责则委托沿河之贸易公司，其他任何机关不得批准粮食过河，如再发生，而被查觉者，一律按不遵守法纪政策处分之。

（绥德分区专员公署《指示信》，1944 年 8 月 24 日）

六、牲畜管理

（一）购买牲畜按 5%征收手续费

为了发展边区畜牧，便利人民交易，兹决定自 11 月 15 日起，在边区统一征收牧畜买卖手续费及斗佣，其办法如下：

1. 凡在边区境内购买牲畜者，从价按百分之五向卖主征收手续费。

（《边府财政厅通令》，1940 年 11 月）

（二）牲畜买卖手续费征收办法

第一条　本细则依据陕甘宁边区营业税修正暂行条例第十三条规定制定之。

第二条　征收程序：

（一）凡边区牲畜之买卖应遵照下列手续：

1. 买卖牲畜无论有无中人说合或私自成交者，于买卖既成后，不论其欠帐与现款，应立即由买主（有中人时同中人）到附近税局（所）照章交费。

2. 纳税人交费后应向税务局所索取税票并须保存，不得遗失或涂改。

（二）凡以牲畜相互交换者，应遵照下列规定：

1. 经中人说价或自相交换成交后，由找价人依找价数目照章交费。

2. 税票注明（相互交换）字样，由税务局所负责人盖章。

（三）改运或分运：

1. 买卖既成后，在 24 小时内原价让人者，可将原牲畜及费票同受让人，到当地税局所声明，准在原票书明（转让其人）等字样，经负责人盖章或签字后生效，概不出退让费。

2. 凡成群牲畜已经上税再拟分运时，不论群子大小，须一律到当地税局擎领分运证，并照交纳手续费五角。

第三条　牲畜买卖执照分左列两种：

（一）牲畜买卖手续费分三联，一联存收款机关，一联解交总局，一联交纳费人存执。

（二）牲畜转运证分两联，一联存发票机关，一联交纳费人存执。

第四条　减免：

（一）凡牲畜买卖者有下列情形之一者免费：

1. 牲畜病疾过重廉价出售，其价格低至时价 30%以下者。

2. 凡经税务总局批准持有证件者。

3. 猪娃不满五只确系自用者。

4. 机关团体会餐或民间婚丧典礼确系自用者，但一次只限猪一头、羊两只。

（二）凡牲畜买卖具下列条件之一者减半交费：

1. 中途患疾及卖价在时价 50%以下者。

2. 无论官商为发展牲畜或运输事业经税务总局批准者。

第五条　处罚。

（一）凡牲畜买卖者犯有左列情事者分别予以处理：

1. 牲畜买卖后，不立即向当地税务局所纳费托词逃避经查获者，除照章补费外，并得处以应纳费额一倍至三倍之罚金。

2. 牲畜买卖后 10 天不交费者，得处应纳税额三倍至五倍之罚金。

3. 漏税偷运出境者，处以应交纳费额三倍至五倍之罚金。

4. 隐瞒价格者，处以应纳费一倍之罚金。

（二）凡有左列情事之一者分别予以处罚：

1. 违犯手续不遵税章者，处以 20 元以上 100 元以下之罚金。

2. 使用重票伪造函件，企图偷漏或减免，经查明者，处以 100 元以上 1000 以下之罚金。

3. 抗不纳费者，送交当地行政机关，除令其按章纳费外，并处以 50 元以上 1000 元以下罚金。

（《抗日根据地政策条例汇编》，陕甘宁之部［中］）

（三）对母畜良种实行保护政策

第一条　（略）

第二条　本办法所称牲畜系指羊、驴、牛、马、骡、骆驼、猪、鸡等。

第三条　一切母畜及幼畜不得出口，母骡不在此限。

第四条 各地方政府及机关填发路条时，须注明所携带之牲畜性别，及不准填发母畜幼畜之出境路条，母骡不在此限。

第五条 入口(由边区以外购入者)之母畜，各该畜之主得享受以下之优待。

(一)母牛：最初一年得免交救国公粮一斗。

(二)母驴：最初一年得免交救国公粮一斗。

(三)母马：最初一年得免交救国公粮一斗。

(四)母羊：应予两年之免税。

(五)母骆驼：最初二年每年得免公粮三斗。

第六条 入口之优良公畜母畜(骡子除外)经了政府鉴别，认为确属优良者，得呈请县政府酌量予以奖励。

第七条 入口之役母畜，各该畜主得享受后开之优待：

(一)耕牛：最初一年免交公粮一斗。

(二)驴：最初一年免交公粮一斗。

(三)骡：最初一年免交公粮一斗。

(四)马：最初一年免交公粮一斗。

(五)骆驼：最初一年免交公粮二斗。

第八条 农家向外购买牲畜而资金不足时，得呈请各该地方担保，向各合作社或银行贷款及帮助向外购买。

第九条 一切母畜幼畜及役用牲畜不得屠宰，如老弱不能生育或使用，得经各该地方政府之许可者，或因染疫病而扑杀者不在此限。母鸡也不在此限。

第十条 劣公畜不得传种，但不阉割专供役用或宰杀之。

第十一条 违犯第三、第九及第十各条时，各该地方政府得酌量情形及群众意见，加以处罚。

第十二条 各地方政府行政人员不切实执行以上各条，各该上级得酌量情形之轻重处罚之。

第十三条 各地方政府，行政人员积极执行以上各条，并著有成绩，及协助执行有功之群众及发展优良畜种有成绩者，各地方得酌量情形加以奖励。

(《抗日根据地政策条例汇编》，陕甘宁之部[下])

(四)禁止以牛羊等牲畜及皮毛脂肪油类资助敌人

查牛、羊牲畜各种皮毛和脂肪油类，是农工建设的重要原料和工具。在抗战时期，因为布匹生产大受破坏，皮毛便成为军民穿着的主要原料。而牛、驴等牲畜更为发展农业所需。近来日寇在太原、包头、天津等处，设立许多庄行，收买我国各地牲畜皮毛，以供敌军需要。而且个别奸商，亦乘机偷运卖给敌人。若不严加禁止，就会增加敌人资源，妨害我们军民穿着。因此，特遵照国民政府27年10月27日公布的"禁运资敌物品条例"，规定办法四条：

1. 凡是牛、羊、驴、骡、马、骆驼等牲畜及羊毛、羊绒、黑白老羊皮、骆驼毛、牛、马、驴、骡皮及其脂肪油，均自布告之日起禁止向沦陷区运出。

2. 前项规定之禁运物品，各税卡军警，人民自卫军和检查机关均有协助政府查禁之义务。查禁有功的得由政府酌予奖励。

3. 前项禁运之物品，如输出至我后方的要经陕甘宁边区政府财政厅给以证明文件，方许出境。

4. 凡不服制止，私运出口者，一经查获得由政府予以没收。

以上四事，希我边全区人民，共同遵守，如有违犯，一定依法严办。此布。

(《陕甘宁边区政府布告》，1940年10月30日)

七、货币管理

(一)停止法币行使

现因时局紧张，政府为巩固地方金融，保障法币不外流资敌，特决定办法如下：

一、从本布告三日起，边区境内停止法币行使。

二、凡藏有法币的，须向边区银行总分行或光华商店总分店兑换边区票币行使。

三、禁止私带法币出境。但因正当营业或旅行，须带法币出边区境外的：数在100元以上500元以下者，须申请专员行署核发准许证。直属各县则直接申请财政厅核发准许证，其数在500元以上的，须申请财政厅核发准许证。

四、凡银行邮局及其他金融机关，承汇款项至边区境外的，须有汇款人先照第三条规定取得准许证后，才得承汇。

五、凡照第三条规定取得准许证的，得凭证用边区票币向边区银行总分行或光华商店总分店兑换法币。

六、凡未取得准许证而私带法币数在100元以上的:如系无知误犯,得勒令存款银行或兑以边币;如系有意破坏法令,重则没收,轻则处罚。

七、查获私运法币出境,经政府核准没收或处罚的,其没收款或罚款以五成充公,五成赏给查获的人。

(陕甘宁边区政府《关于停止法币行使布告》,1941年1月30日)

(二)核准法币出境手续

一、财政厅及专员公署,须每月召集党、政、军及银行会商一次,根据可能规定本月核准数量,并内定分配比例,除机关、部队必需品采办外,须尽量多给商人,公营商店不得垄断。

二、接受申请书后,既照预定标准,将准许出境数目填入核准数栏,并由负责人盖章。

三、主管人员将申请书按接收先后次序编号,记入准许证存根之〈申请书号数〉栏,以便查考,并照申请书所列各项填发准许证,其须向银行兑换法币的,并须填发兑换证明书。

四、准许证须经财政厅长或专员盖章方为有效。

五、核准机关带专册,照准许证所列各项逐一登记,每月终汇报边区政府一次。

六、须严防主营人员受贿舞弊。

(陕甘宁边区政府财政厅《核准法币出境手续》1941年2月1日)

(三)破坏金融处罚条例

第一条 本条例依据本府30年12月1日坚字第72号颁布巩固金融法令制定之,凡违背该法令所规定之条款者,依本条例惩罚之。

第二条 凡在边区境内买卖,不以边币交换作价者,以破坏金融论罪,其钱货没收之。

第三条 在边区境内故意拒用边币者,按其情节轻重处以一月以上六月以下之劳役,或处以1000元以上1万元以下罚金。

第四条 凡在货币交换所以外为私行交换货币之营业者,其货币全部没收之。

第五条 意图破坏边区金融,进行货币投机事业以牟利者,其货币全部没收,处以一年以上二年以下之有期徒刑,并处以5000元以上10万元以下之罚金。

第六条 如强迫兑换法币货币或以不正当之手续藉以没收法币及故意提高法币者,一经告发,除依法币赔偿被告人损失外,得视其情节处以3月以上1年以下之有期徒刑。

第七条 犯本条例之罪者,得当地公安机关负责查获,移交司法机关处理之。

第八条 犯本条例之罪者,凡商民人等,均得据实告发或扭送公安机关或司法机关,其没收之款,提十分之三奖励报告人,十分之三奖励查获人,所余之数报解边府充公。

第九条 如有挟嫌诬告者,以诬告论罪,处以2月以上1年以下之有期徒刑。

第十条 因犯本条例之罪,涉及其他刑事责任者,按数量罪并科论。

(陕甘宁边区《破坏金融处罚条例》,1941年12月)

(四)边区政府设立货币交换所

自从本年1月30日本府维护法币,巩固边币法令公布之后,边区金融基础日渐巩固,生产事业更加发展,日寇亦无法在边区吸收法币,套取外汇,惟近查敌伪改变方法派人潜入边界各市镇,暗中破坏边币流通,盗贼边区物资,兹为抵制敌伪奸计,便利出入口商民贸易,特规定以下办法:

一、所有买卖,均须以边币作价交换,如有以其它货币作价交换者,钱货一概没收。

二、边币为边区内惟一流通货币,如有拒用边币者,任何人均得将其扭送当地军政公安司法机关严办。

三、为便利出入口商人买卖计,本府授权各地贸易局,联合当地商民组织货币交换所,凡为对外贸易欲买进或卖出其他货币者,均应到该所依公平价格按章自由交换,任何人不得强迫兑换或藉故没收。

四、除货币交换所外,任何人不得以买卖货币为营业,如有专事买卖货币从中渔利,操纵外汇破坏边币者,一经发觉,立予从严。

(陕甘宁边区政府《关于设立货币交换所的布告》,1940年12月1日)

(五)货币交换所兑换外币

一、本所买卖外币均以挂牌价格为准。

二、凡拟由外地采购物资局所规定之物品者,准按价兑给外币40%至80%,但必须填具本所规定之保单,保证于限定时期内将货运到。

三、凡运进或出售物资局所规定之物品,请求兑换外币者必须呈验进口货物登记证,交易所成交证(或运货单)始得按第二项之规定兑给。

四、凡外脚户运进物资局所规定之货物请求兑换外币者,必须呈验进口脚户登记证,装盐出口证(或其他土产发票)平均按四站路费兑给。

五、内脚户运盐或其他土产出境,请求兑换外币者,除呈验装盐出口证或其他土产发票外,并必须填具本所规定之保单。平均按七站路费兑给。

六、空脚入境驮盐或其他土产者,必须以外币向本所兑取边币,凭货币交换单向盐公司或土产公司购其他土产。

七、凡边区内地商民贩运统制品或特许物品到边区境外售卖者,应于卖完后将外币向本所兑回边币。

八、凡过境商民携带外币者,须于入境时向本所兑成边币,除去在途用费以外,余款得于出境时凭过境货币特别交换单再向当地交换所兑回外币。

九、凡交纳过境税者,必须以外币向本所换取边币,凭货币交换单向税局纳税款。

十、凡携带外币出境者,必须将货币交换单随身携带,遇有查检时呈验之。

十一、外出川资,及外商养家,请兑外币者,必须持有机关、部队团体或商号介绍信,由本所按照具体情形,决定其兑换金额。

(陕甘宁边区《货币交换所买卖和批审外汇办法》,1941 年)

(六)公营商店应该首先严格执行禁用法币的法令

法币禁用,边币畅流,乃我边区施行战时财政经济政策之一,本府曾已前后布令通知各在案。近查有些商店仍有使用法币,或以法币购物则便宜,边币购物则昂贵的事。个别机关及公营商店亦有不知道此事,妄相猜测,有的秘藏法币,有的把货价抬高,不知停使法币,一是为着边区实行经济自给,限制外货入境,刺激边区生产,二是使人民免受法币狂跌的损失。现在大后方 100 市斤米须法币五六百元,吃一顿饭,饭钱需三四元,边区不使法币,即可免此损失,三是免得法币外流使日寇得以套取外汇。四则顽固分子对边区经济封锁,边区以停使法币为政治上之抵制。种种理由,停使法币,至为正当。各机关各公营商店,是边区最大购买与消费的机关,应该首先严格执行政府法令提高边币信用以为市乡商民之倡。望各机关首长召集所属供给人员与营业人员说明理由责令遵守。这次法令,本府已再三考虑,充为正确,且必执行到底。规定法则,亦必项项执行。如还观望,不仅没有急公之誉,且不免有违法之嫌。特此通知,望查明办理为荷。

(《陕甘宁边区政府通知》,1942 年 2 月 15 日)

(七)禁止银洋流通

第一条 为贯彻禁止银洋流通法令,以维护人民币,稳定金融物价,保护人民利益,特制定本办法。

第二条 凡县区境内,不论军、政、商、人民等,凡储有银洋需使用者,皆得向银行或其他代办所(以下简称行所)兑换人民币使用。

第三条 凡储有银洋,愿意自行保存者,得依下列规定,申请登记。

甲:申请登记者,皆得于本办法公布之日起一个半月内,向当地行所办理登记手续(无人民银行或其代办所者,由区级以上政府代办之),过期不登记者,经查觉后,以私藏论处。

乙:申请登记时,须说明其银洋数目、储存目的、地址,经发给储存证后,方准合法保存。

上述银洋登记,暂在各重要城镇实行,各该城镇由专署以上政府据实研究提出,报边区政府批准。

第四条 已准登记保存之银洋,其查验、兑换、转移储存地址,均以下列规定办理。

甲:查验:政府或银行于必要时,得根据储存证进行查验。如数目超过储存证开列部分,以私藏论处,减少部分,以行使倒贩论处。

乙:兑换:储存人如欲兑换时,得持储存证,向当地行所兑换人民币,一次兑完者,储存证随即撤销,兑换一部分者,其保存部分另换新证。

丙:转移储存地址:储存人如须移地储存时,得持储存证,向当地行所请领转移证后,方准携往指定地址,并于到达该地后,凭证向该地行所将转移数目报告,经查验后,另换储存证保存。不报者,以行使论处,私行转移者,以倒贩论处。

第五条 凡拟由待解放区转运银洋入本境者,必须事先向人民银行请领转运证后,方准运入,并于运到指定地址后,凭证向该地行所报查,不报者,以行使论处,私行转运者,以倒贩论处。

第六条　凡私藏或行使银洋者,经查获后,依下列规定处理。

甲:不足10元者,强制其按银行牌价兑换人民币,并扣除其15%,作查缉人之奖金。

乙:10元以上者,一律没收,其情节重大者,并得送交司法机关,依法科以罚金或判处徒刑。

第七条　凡倒贩银洋者,不论多寡,一律没收,其情节重大者,并得送司法机关,依法科以罚金或判处徒刑。

第八条　未经指定办理银洋登记之城镇,乡村,储存银洋者,暂不进行登记,但严禁行使和倒贩,违者分别以第六条、第七条之规定办理。其欲兑换转移者,分别依第四条乙、丙两款办理。

第九条　为求本办法贯彻执行,各分区皆得组织缉私委员会及缉私队,在边区缉私委员会领导下,统一办理查缉事宜,并得受权公安机关,税务机关,工商行政机关及银行,进行查缉。凡未授权查缉之机关或个人,只有报告与扭送之权,不得进行搜查与没收。

第十条　不论缉私队员或受委托缉私之机关人员,于执行检查职务时,须先出示所持分区以上缉私委员会发给之缉私证,以杜假冒。其检查手续由边区缉私委员会另行拟订,呈经边区政府核准后施行之。

第十一条　凡缉私案件,均由缉私机关送当地缉私机关处理之,事后并须报告上级缉私委员会备查。情节重大者,须移交司法机关判处。

第十二条　凡缉私之银洋,其为强制兑换者,得提取15%作为奖金,其为没收者,得提取25%作为奖金,奖给缉获机关,再由之酌情奖给缉获人。有报告人因而缉获者,报告人应得全部奖金之60%,缉获机关应得40%。

上述奖金皆得兑为人民币付给。

第十三条　缉私之银洋除提奖者外,悉数送交人民银行收入国库项内。

第十四条　本办法如与陕甘宁晋绥边区暂行缉私规章有抵触者,悉依本办法之规定处理之。

(陕甘宁边区政府《管理银洋暂行办法》,1949年8月22日)

(八)管理银洋之步骤

查管理银洋办法,业经边府于八月二十六日以解字第十五号布告在案,各级工商部门同志,须视取缔银洋活动,为做好工商管理工作的重要前提之一。应即进行研究,联系有关部门,布置贯彻。并与目前新、老区管理市场或营业登记等中心工作密切结合。组成当前工作中的重要环节,参照下列步骤,抓紧进行。

1. 自上而下发动与教育工商业家,造成自下而上的登记查缉高潮——主动的协同有关部门,组成各级缉私委员会,利用工商综合组织,市场集会,自上而下广泛宣传政府管理银元的法令,继以在指定城镇深入发动群众,登记银洋,检举周使、捣贩银元分子,造成群众性的管理银洋运动。

2. 惩办与劝导结合起来——严格执行法令,惩办首恶,扫清银元投机、捣贩据点。了解贩运路线,在重要关隘,查缉巨犯,以至最后迫使他们无法作恶,对于一般投机小贩,则着重说服教育,劝他们自动改业。

3. 选取典型,示范宣传——在运动中与惩办专心投机奸商结合,发现诚心悔过之银元贩子,令他"现身说法",自我检讨,叙述其转变过程:转业方向,以活的事实教育群众。

4. 发动登记与通过市场管理严格查缉相结合——发动登记与严格查缉不可孤立的分为先后二阶段,应当结合起来进行。通过市场严格查缉倒贩分子,能促使登记工作更全面更完满展开。但登记以后有重心有目的的查对却亦是登记工作发挥作用的重要步骤。

(边区政府工商厅《为令知管理银洋办法进行步骤》,1949年9月)

(九)取缔白银办法

第一条　本条例依据边府第72号布告和边府战字第103号命令制订之。

第二条　在边区境内,所有买卖,均须以边币作价交易,不得拒用。白银绝对不准流通行使。

第三条　凡违反第二条之规定而行使白银,或与其他货币(如法币边币)交换者,若非在银行或交换所及指定兑换机关以外之行为,则其相互交换之货币,一经查出,即行没收。

第四条　凡出口及在内地自由携带之白银,须持有物资局或其他委托代办机关之正式文件或执照(其领取办法见法币暂行条例),得检验准予出口和放行。若无正式手续,检验机关得没收之。如持款人，言明到交换所兑换边币，亦须先办理登记手续，否则，亦予没收。

第五条 凡犯第三条及第四条者，我商民人等都得据实报告，告发或扭送税务机关或司法机关，得县政府批准方能决定没收或放行。其没收之款提十分之三奖励报告人，十分之三奖励查获人，凡报告及查获为一人者奖十分之四，所余之数报解县政府充公。若系部队及机关人员查获者，除酌给酬劳外，应全部解交县政府处理。但没收之白银，先须全数移交各地之银行或交换所折换边币后，再依上述办法处理，不得徇私或有埋伏之处，违者严处。

第六条 如无交换所或银行之地区，其没收或代兑人之白银，应于每月五号前移交边区银行或交换所。银行交换所对其兑换（非没收的）之数额，给以5%手续费，作为酬金。其没收之白银依第五条处理。

第七条 凡没收之白银，须具手续与当事人，并须载明被罚人姓名，货币名称、数量、罚额等。

第八条 各级政府及检查机关应将所发生案件及处理经过须具文呈报专署。

第九条 其处置法币办法，与本办法之第五条至第八条同。

第十条 各检举机关，不得假违反金融之名，而有抵触政府其他法令之处罚。

（陕甘宁边区取缔白银办法及处置没收细则《草案》陕西省档案馆）

（十）禁止私人收售货押及私运现金出境

第一条 本条例在抗战期内为粉碎敌伪搜刮我现金之奸计及巩固边区经济之实力而制定。

第二条 所有禁止收售、典押以及私运现金出境奖惩之事宜概依本条例规定办理。

第三条 本条例所称现金包括金块、金条、元宝、银条以及一切金银器具首饰和硬币。

第四条 现金之受售及受押等由边区银行与货币交换所办理，其他未受委托之任何团体机关与个人均不得收购或受押。

第五条 各地货币交换所应切实遵照边区银行逐日挂牌价换收兑，不得抬高或抑低，收进之现金应按期交给边区银行，由边区银行按照现金兑换办法第四条给以奖励之。

第六条 各地货币交换所收购现金应专设帐簿，随时交当地边区银行，或在委托机关查核。

第七条 各地银楼业原存制首饰之金料及制成品或半成品亦于本条例颁布之日由所在地之边区银行或货币交换点登记，嗣后再不收购硬货原料制售什品，违者将余部没收，必要时须勒令停止其营业。

第八条 如已抵押等典当之现金，期满无力赎取，例应变价，不得自由变卖，应由受押人送交边区银行或货币交换所，按照挂牌行市兑给边币（系应得兑质外）应有边区银行规定出奖励金。

第九条 现金所有人，如不愿出售而又急需抵押者，可以立到边区银行请求抵押借款。

第十条 旅客随身携带金饰出境，金饰在五小（注：锡）以下并系具备饰物形状而为现时服饰者得查验放行，五锡以上除经政府给照特准外一律禁止携带出境，违者没收充公。

第十一条 如违背本条例第四条之规定私自收售货押现金者，不论何人或团体均有扭送政府之权，政府当以没收品30%折合边币奖励扭送人，如有告密而藉以（上）查获者亦以没收品20%折合边币奖励告密人。

第十二条 如有违背本条例第十条规定而私运现金出境者，征途军警哨卡，均可以立即将其现金全部没收，并将私运人扭送当地政府，没收品交政府，派人送交边区银行或货币交换所按时价合边币以30%奖励缉获者。

如个人或团体知有私运现金出境者，可密告当地政府或当地哨卡，查获后其没收照前项办法以30%给奖缉获者，以20%给奖报密者。

第十三条 没收品必须由当地政府照数出具收据，否则应没收者可向当地政府索取。

第十四条 没收之现金概照边区银行挂牌价格由边区银行收兑，所得金额分给缉获者或告发人奖金外，余额全部缴交边区金库。

（陕甘宁边区《禁止私人收售货押及私运现金出境奖惩条例》抄自陕西省档案馆）

（十一）彻底禁止行使银洋的指示

根据今年六月底"行署武委会公安总局禁烟督察处关于缉私工作的秘密指示"具体布置银洋的缉私。那一指示的精神完全可适用于银洋，只是在查缉药品之外，增加查缉银洋一项，具体作法，依各地情况变通，务使暗用银洋者绝迹。除那一指示之规定外，并应注意下列各点：

(1)这次禁绝银洋的缉私,由各级政府的主要负责人,领导其有关部门,统一布置,并经常检查督促,做到切实没有银洋暗流,民兵为缉私主力,以自然村为单位,民兵负保证责任,此外公安局游击队缉私队贸易局银行税务局之缉私员等,也必须在政府统一领导下缉查银洋,缉私证由各县政府统一发给,无证者,只能报告,不能乱查。(2)缉住银洋后之奖金,应随时发给,不可拖长时间。具体规定区公所与贸易局银行税局之办事处即可发给奖。但银元20元以上之案件,必须由县以上政府处理给奖,税卡无发奖权。其有必须退还者,亦也照常给奖,退还工作由银行总行负责进行。(3)在缉查银洋中应附带缉查违反管理贸易外汇及贩卖鸦片之行为。这一工作应由各专区自行指定对外贸易必经路线,按路线布置缉查人员不可重复检查,使民商受扰。更不可遗漏使投机破坏者滑过,在指定路线以外地区,可设游动缉查人员暗查。(4)违法贸易与违反外汇办法三者的给奖比例,应即统一完全依照禁用法币之给奖比例,即报告人如系民商奖没收款25%。如系工作人员奖15%,查获人奖15%,无报告人查获人奖25%,今后一律依此比例,过去各条例办法中之规定一律作废(药品给奖仍照原规定比例)。(5)缉查人员要配备政治上较好干部,严防徇情吃贿诈财与消极怠工,不可靠的人即调开,各地具体计划一下人数,使好人参加这一工作,不好的淘汰出去。开始以前,以县为单位筹划对民兵等缉查人员以教育,先上一两天课,政治上提高他们,告他们法令上的主要规定,注意些什么,如何缉法,如何领奖,特别指出缉私是抗日的光荣事情,那些看见走私,偷运银洋而不缉查的人,才是不正道的小人。

缉私工作的布置,由各级政府(特别是县政府)负责检查,检查情形报来行署,与宣传动员的检查,同时送到。

三、开展内外贸易,调剂有无,管理外汇以巩固农币[①]信用。

单一本位币制的贯彻执行,不只是禁绝银洋,更须把农币信用弄好,这就必须使农币更推广,使农币与日用品密切结合,农币的信用不在乎与银洋的比价高低,而在乎能不能流通,也不在乎发行数量的减少(而且今后还必须以农币继续购药品,增加发行),而在乎以农币能不能买出货物来。因此禁绝银洋当中,必须着重开展贸易,使军民日用品得到保证,亦必须严格管理外汇使农币单独市场得到保障,下列工作必须抓紧进行。

1.准备最近军民必需品——即速根据各地区具体情况,估计在禁绝银洋后两三个月内,主要的军民必需品是什么?数量多少?境外贩来多少?境内调剂来多少?拿什么东西买来?订出具体计划,贯彻执行一定要在十一月一日前,突破一切困难,动员公私民商力量,将这些货物如期运到各专区适当地点,供军民购买维持本币。十一月一日前贸易总局拟努力供各分支局一批法币(或银洋)布匹(二分局布4000匹,法币160万元;三分局纱600块,钱240万元;兴县支局:布1600匹,钱80万元;神支局布800匹,钱40万元;六专区支局:布1600匹,钱80万元)。除此以外各分支局可根据需要自己再设法购进一些,如食盐一定要购足原数(二分局50万斤,三分局50万斤,神支局30万斤),能多更好,军用品一定要照原计划买到。此外,再动员公私商人卖进一些来(如调剂土布等),这些东西在禁绝银洋后出售或供外汇,可能赔钱,但是为了执行任务,不怕赔钱(如能不赔钱更好,至少不能浪费这些实物)。

2.掌握根据地土产——具体工作有两方面,(一)为了在有利条件下购进必需品,使贸易金融主动权操在我手,必先把根据地土产严格管理起来,勿使敌区友区将我土产直接向人民私自盗去,不论大宗买去,不论是零星吞食,都要严禁走私(如粮食、棉花等),务使土产能换回急用物品来。(同时并须严禁消耗奢侈品输入内地,以免土产浪费,又须组织商人使在贸易局统一指挥尽量输出土产,以换取急用物品)(二)为了使农币保证能买出货来,并调剂根据地必需品,贸易局必须在适当时期掌握一定数量的某几种土产,希望在十二月一月间,各分支局购存一些粮食棉花油籽等,以确备明春出售,预计购存数目是粮食5000石(二分局2000石,三分局1000石,兴支局1000石,神支局500石,岢支局油籽500石),棉花8万斤(三分局5万斤,兴支局3万斤),布5000匹(二分局)。敌占区货物一部分(三分局、岢支局)货款都用农币,其主要来源是:各分局自行抽调(至少二、三分局兴岢支局各抽200万元,能多更好)。其次是收回的各种贷款,其余款项由总局设法。此外,今年公粮征收中,拟收些棉

① 农币:是指陕甘宁晋绥边区时期,西北农民银行发行的货币名称。

花油籽，数量亦不小。绝大部分由贸易局接收。

3. 严格管理外汇——估计晋西北全年土产（药品在外）与外货出入相抵之外，还有全部食盐（约300多万斤）一部棉花（约二、三十万斤）一部布匹（约三、五万匹）需要从境外，以法币银洋或药品购回（药品不能作供给外汇用，只能在敌占区附近地区为了特殊需要经批准后输出一部分）。这就是所需的外汇，各专区在禁绝银洋后两三个月内究竟需要外汇若干？法币若干？银洋若干？这些外汇从何而来？都应作出一个具体计划，另一方面银行供给外汇，今后必须有信用，有保证，这还需事先作些具体工作，使商人有请求外汇之信心与习惯，切勿因手续上准备上之不当，使供外汇陷于停顿，因而影响商人营业，损害农币信用，为了完成这一任务，首先必须做到下列两事："（一）今后一切境外带进之非本位币（如银洋法币等）一律全部卖交银行，任何人不准私自带进来。（二）现在各军政机关公营商店所存银洋在十月二日前，必须一律卖交银行（特殊者经行署批准后，可以自行保存），银行照牌价兑给本币并加付奖金（务使卖银洋者不吃亏），财政上敌占区收款如有银洋时，除特殊使用者外，亦全部交银行。"

4.货物款项的长期周转，应早作计划——长期供给日用必需品，维持本币，是今后贸易局的一个经常重大任务，完成这一任务，必须有计划的输出土产换回外货，也必须有计划的调剂内地有无，更必须经常筹集外汇供给外汇，但是如何使这些货款，经常周转灵活。周转当中，贸易局手头存些什么货数量大约若干？资本如何运用？财政收款（如公粮交款）收实物（棉花油籽），如何与此具体配合？等等，必须早作计划，至少从现在到明年春天的计划应该有，计划中应包括实现计划的根据与步骤，以及贸易财政统销等机构的配合。

这一工作，是巩固本币禁绝银洋的工作，也是对敌斗争的工作，也是管理对外贸易与汇兑的工作，必须及早布置，坚决贯彻执行。

四、有计划的运用公商力量。

各地公商，运用得好，是巩固金融，争取游击区市场，对敌经济斗争的重要力量。运用得不好会成为禁绝银洋的障碍。

各地公商的现状，大部集中在城关，其力量能左右各地市场而有余，但是有些公商，因到现在还使用银洋，如兴县城关，有公商21家，其中对农币态度较好的，只有两家，其余有些在栏柜上接收农币，有些则根本不要农币。还有四家货栈，专做卖买银洋的生意。贸易局的两家商店，还有以公家资格给私人搬运银洋每元抽钱二分的行为。还有一家公商，身带枪支，无人敢查问，这些都是有损根据地有损政权威信的行为。

公商今后的日常业务，必须与贸易局方针一致，具体规定为：（一）在贸易局指挥下进行出入口贸易调剂内地物资，如贩盐布，向外吸取棉花等。（二）到游击区及其附近供给群众必需品，以对抗敌人的经济掠夺，争取群众，扶持群众合作社。（三）遇机会做敌友间违禁物品之直接交换以求得赚钱，但这必须是在贸易局领导与委托下进行，不能自行经营。

公商的分布，最好是有计划、有目的，尽量做到：（一）各分区的公商设在其本分区，以使集中领导统一步调（后方机关及货栈例外）。（二）多做游击区生意，既可赚到钱，又能争取游击区市场。

公商今后必须以专区为单位，在当地贸易局领导下，分散经营（如能做到象二分局公商之统一调动资本干部时更好），成为执行政策法令之模范，至少做到：（一）根本不用银洋。（二）根本不贩违禁品，公商代其机关部队进行之药品生意，应另行看待，不应与其公商之一般业务混同。

这一工作，由各专区之专署贸易局计划、布置、督促公商执行，由公商之原机关负责教育说服。在禁绝银洋之以前安置妥当。

禁绝银洋的工作，是我们目前的重要工作，各级政府应集中力量努力进行，必须很好组织群众力量（如兑换银洋的组织，缉私的组织）充实机构，运用资本，以保证完成任务。

（《行政公署关于彻底禁止行使银洋的指示》，1942年）

（十二）禁止仇货取缔伪币

第一条 凡陕甘宁边区所辖境内各地禁止仇货取缔伪币，均依照本条例办理之。

第二条 凡敌国出产之一切商品，无论其以敌国商标或冒充友邦及中国商标者，不得买卖之。

第三条 凡非仇货，但贴有敌国或伪政府之印花及标记或夹带反宣传之文字者，亦不得买卖之。

第四条 凡属敌国或伪政府之货币，不得使用之。

第五条　边区人民不得以任何物质供给敌人暨伪政府，并不得以硬币或法币向敌人或伪政府作一切交换。

第六条　凡在边区之边界地方，得由各县政府与当地地方部队合组检查站，进行检查仇货工作，其他机关或部队，非经检查站不得擅行检查，检查站之组织条例另定之。

第七条　其检查出认为应该没收之仇货，须报告边区财政厅批准，所有没收之仇货，全部交财政厅处理之。

第八条　凡违犯本条例第二条及第三条者，得将其货物全部没收，并得按其情节之轻重，给以有期徒刑之处分或科以罚金。

第九条　凡违犯本条例第四条及第五条者，得按情节之轻重处以有期徒刑或死刑或科以罚金。

第十条　凡隐藏暗地运入之仇货而经检举者，除运货人得受第八条之处罚外，其隐藏货物者，亦受同等之处罚。

第十一条　凡有私人假冒检查机关名义私人检查藉故苛索者，或检查机关人员营私舞弊私自放行者，一经查觉，均得分别以法惩治之。

第十二条　凡地方人民或在职公务人员缉获仇货解送检查站者，或事先报告检查机关因而缉获者，均得酌量奖励。

（陕甘宁边区政府《禁止仇货取缔伪币条例》，1940年6月）

八、毒品管理

（一）边区禁烟禁毒

第一条　本条例依据国民党政府颁布禁烟禁毒各种法令并参酌边区特殊情形而制定之。

第二条　本条例在陕甘宁边区范围内适用之。

第三条　本条例所称之烟毒分类如左：(1)鸦片；(2)吗啡；(3)高根；(4)海洛英；(5)各种烟毒配合或化合丸药。

第四条　凡有下列行为之一者，即以违犯禁烟禁毒条例论罪：

（一）吸食或注射烟毒者，但因治病经政府指定医生证明者不在此列；

（二）种植鸦片烟苗者；

（三）制造吸食或注射烟毒之器具者；

（四）抗拒禁烟禁毒职务执行者；

（五）帮助或庇护他人吸食注射及买卖贩运烟毒者；

（六）买卖或贩运烟毒者；

（七）设立传播烟毒之机关者。

第五条　凡吸食或注射烟毒者，由政府公布登记后限期戒绝，特分制规定如左：

（一）30岁以下者，限期登记后3个月戒绝；

（二）40岁以下者，限期登记后6个月内戒绝；

（三）60岁以下者，限期登记后1年内戒绝；

（四）60岁以上者，限期登记后2年内戒绝，倘因年老力衰经政府指定医生证明者不在此列。

第六条　凡不登记或登记后不在此限期内戒绝者，即作为违犯第四条第一款之罪处半年以下之徒刑或苦役（6个月），并科百元以下之罚金，仍照第五条之规定限期戒绝。

第七条　违犯第四条第二款之罪处1年以下之徒刑或苦役，并科200元以下之罚金。

第八条　违犯第四条第四款第五款之罪，视情节轻重处1年以上3年以下之有期徒刑或200元以上500元以下之罚金。

第九条　违犯第四条第六款之罪，视其买卖及贩运价值，分别定其刑罚如左：

（一）贩毒价值在10元以内者，罚2个月以下苦役，并科10元以下罚金。

（二）贩毒价值在10元以上者，罚6个月以下苦役，并科100元以下之罚金。

（三）贩毒价值在50元以上100元以下者，处1年以下有期徒刑，并科200元以下之罚金。

（四）贩毒价值100元以上300元以下者，处3年以上5年以下有期徒刑，并科1000元以下之罚金。

（五）贩毒价值在500元以上者，处死刑，并没收其家产。

第十条　违犯第四条第七款之罪，视情节轻重处1年以上有期徒刑至死刑，并没收其全部家产。

第十一条　凡直接或间接受日寇之主使以烟毒政策危害民族生机者，按惩治汉奸条例论罪。

第十二条　违犯第四条各款未遂罪罚之。

第十三条　违犯第四条各款之罪，经判处罚后仍连续重犯者，即加重处罚。

第十四条　凡收受贿赂纵容他人犯第四条各款之罪者，依第六条之规定加重处罚。

第十五条　凡诬告其人违犯第四条各款之罪

者，依照第六条至第十条之规定加重处罚。

第十六条　违犯本条例之罪，经法庭判决一年以上有期徒刑者，褫夺其公权。

第十七条　凡为医药所需用之烟毒，经向边区政府呈请批准者，不受本条例之限制。

第十八条　凡经查获之烟毒及其器具一律没收，除供应医药用外，均销毁之。

第十九条　凡能协助政府禁烟禁毒政策之执行侦查告发破获者，由政府给以奖励。

第二十条　边区各县设立戒烟所，其组织规程另定之。

第二十一条　戒烟所将配制戒烟药丸发之。

第二十二条　本条例解释之权，属于边区政府。

第二十三条　本条例修改之权，属于边区参议会。

第二十四条　本条例经过边区参议会通过后，由边区政府颁布施行。

(《抗日根据地政策条例汇编》，陕甘宁之部[上])

(二)肃清烟毒

第一条　本办法为贯彻边区禁政、肃清边区境内之烟毒制定之。

第二条　凡查获鸦片毒品(吗啡、白面、高根、海洛因，及制成的毒品药丸等)，悉依本办法之规定处理。

第三条　无论部队、机关、团体或个人，皆有协助政府查获吸食或贩卖烟毒(以下简称烟毒)之责，但查获烟毒时，须将烟毒与人犯随时转送边区禁烟督察处或分处(以下简称督察处)处理，一切非禁烟机关，概不得私自处罚人犯或没收毒品。未设督察处之县市，查获烟毒，须随送交当地政府转送该管分区或距离较近之禁烟机关处理。

第四条　督察处受理烟毒案件后，除将烟毒品妥为储藏准备销毁外，其人犯须于24小时内转交司法机关法办。

第五条　凡查获烟毒者，概按左例规定予以奖励。

(一)亲自查获烟毒案件送交督察处或当地政府者，给予奖励之全部；

(二)事先闻悉或目睹，随时向督察处或当地政府密报(书面口头均可)，因而缉获者，给予密报人奖金三分之一，其余三分之二，分给协同办案之在事出力人员。

(三)奖金之等额如左：

1. 查获烟毒不满50两者，每两以20元给奖；
2. 50两以上不满百两者，每两以15元给奖；
3. 百两以上不满500两者，每两以10元给奖；
4. 500两以上不满千两者，每两以5元给奖；
5. 千两以上者，每两以2元5角给奖。

(四)伪制代用品，如烟底等物，依前列烟毒之1/10给奖。

第六条　前条所列之奖金经督察处批准后，领奖人可随时向督察处或当地政府领取。

第七条　无论部队、机关、团体或个人，如奖(注：将)查获之烟毒原包顶替或从中偷换其一部分者，除扣发其奖金外，如系部队，机关或团体，由督察处随时呈报边府处理，如系个人，则送司法机关依法惩治。

第八条　查获贩运吸食烟毒人犯，除将人犯移交司法机关处理外，其烟毒及烟具全部没收销毁之。

第九条　凡公安或其他与查获烟毒有关机关，如查获贩卖或吸食烟毒人犯，应造具赃证清册连同人犯、烟毒、烟具一律移送司法机关处理。

第十条　凡司法机关受理之贩卖或吸食烟毒案件，应于判决后，将烟毒及烟具全数移送禁烟督察处(或分处)处理。

第十一条　因施行查缉职务而侵占他人与烟毒无关之财物者，依诈欺论罪。

(《陕甘宁边区查获毒品暂行办法》，1942年1月)

(三)奖励人民查获违禁物品

(一)本规则为奖励人民军队与公务员，查获战时违禁物品制定之。

(二)凡查获左例违禁物品者，均须奖励之：

1. 明令查禁之仇货。
2. 鸦片、吗啡、白料面、红丸、海洛英等毒品；
3. 贩运黄金、白银；
4. 贩运军火或烈性爆炸物。

(三)奖励分酬奖与提奖两种。

(四)左例公务人员或军队，因有特殊功绩者，得受酬奖：

1. 检查机关之公务员；

2. 税收机关之公务员；

3. 缉私队员、税警队员；

4. 明令调派协助检查机关或税收机关之部队。

(五)左例人员，如查获战时违禁物品者，得受提奖：

1. 人民；

2. 政府机关或团体之公务员；

3. 军队。

(六)酌奖：

每三个月将该机关或部队全体公务员或队员评一次，如有特殊功绩者，经该机关之负责人提出，交由财政厅审核批准，得予酌奖。但所有应受酌奖者，所得酌奖金总数，不得超过该机关在三个月内所查获之违禁品总值之5%。

(七)提奖：

以随时缉获，随时奖励，但全体应受提奖者，其所得奖金总数，不得超过所查获之违禁品总值5%至10%。其报告因而缉获者，提奖5%。直接缉获交缴政府者，提奖10%。

(八)凡假借查获战时违禁物品，而徇私舞弊者，罚之。

(九)凡包庇抗战时期违禁物品者，罚之。

(《陕甘宁边区抗战时期查获违禁物品奖惩规则》，1940年1月)

九、棉花管理

(一)棉花运输及缉私办法

棉花原为禁止出境货物，据最近报告，有不少棉花私运出境，今为保护边区人民用棉花起见，特制定如下办法：

一、凡棉花运销一律须在起运地税务机关取得棉花运销通行证(由税务总局统一制发)始得运行。

二、在内地运销，如查无运销证但非走私者，暂行扣留，由税务机关补发运销证后放行。

三、在延属东三县(延长、延川、固临)三边分区之定边、靖边、盐池、绥德分区之绥德、米脂、吴堡、子洲、佳县，如查获没有运销证及运销方向不对头之棉花一律没收。

四、按棉花走私，居多在绥德分区，兹为缜密起见，凡棉花运销吴堡，米脂，佳县，子洲，绥德之棉花，在运销证上只填发运往绥德市如再向绥德市西、北、西北方向地区运销，则由绥德分区专署协同税务分局重新填发。

五、各地政府及税务机关除严密缉私外，并应发动群众进行缉私，检查棉花运销通行证。

六、经税局缉获没收者，应妥为保管，呈报本厅处理。如为政府单独缉获者，以80%归各级政府作为奖励金，20%解交本厅，如为群众及群众团体或机关部队缉获者，40%归缉获者，40%归各级政府，其余20%解交本厅。如为群众或群众团体，机关部队密报政府及税务机关因而缉获者，密报者得30%，缉获机关，得30%(税务机关仍解本厅)，各级政府得20%，其余20%解交本厅(除上边情况外，得由各专署酌情规定)。

七、凡乙种入境之棉花，不另发运销证，仍以税票为凭，但须在税票上证明运出期限，过期者按本办法办理。

八、凡已税之入境棉花或边产棉花工运销，自即日起，一律必须填发运销证运行。

(陕甘宁边区政府财政厅《棉花运输及缉私办法》，1944年12月)

(二)棉花统购

一、统一购买土棉区域，以固临、延川、延长三县为范围，该三县所产之土棉除人民留足自给一军用棉外，其余均归公家收买，以保证公用。

二、依照各该县植棉面积和可能收获量，及除去各该县人民自给所需外，准备购足平秤55万斤，其分配如下：

固临23万斤。

延川17万斤。

延长15万斤。

三、统购土棉以县为单位，由县政府负统购总责，完成各该县统购之数量，并需于1944年1月底以前至少购足半数，5月底全部购足。

四、凡人民卖给公用之棉花，除按市价付给现金外，并增加5%为奖励金(例如人民照市价卖给公家棉花1000元1斤，另外由公家发给奖励金50元)，此项市价以县为单位，由县政府按照当地适中市价统一定之，后呈报建设厅备查，但不得压低市价，亦不得抬高。

五、为着防止金融波动，奖励发展生产起见，凡人民负担之公粮和公盐，得改用棉花交纳，双方均按市价并对棉花予以5%奖励金(即公粮和盐按照市价计算，棉花除按市价计算外，另给5%奖励金)，另外人民出卖棉花所得之价款，应尽量帮助人民设法购买牲口；发展耕牛和运输力量，或购成其他实物，以免大量现金分散农村，影响金融波动。

六、收买之棉花以能用于纺织之净花为限，如果棉农有以脚花出售，藏起好花者，各级政府应予以宣传解释，负责给以纠正，不得妨碍公家供给。籽花因限于储存困难，只能收买极少部分，以免损失。

七、各县应购之棉花，由县政府根据各植棉区之种植面积及收获量，斟酌分配应购之一定数量，委托各合作社或区乡政府代买，送交就近之收花站，由收花站每斤发给酬劳费七元（此款由公家支付）。如农民直接送到收花站或小贩收买后送到收花站出卖者，照给酬劳费。

八、委托适中地址之合作社或区乡政府机关代理收花站，其所需之办事人员及一切开支，均由该受托机关自备，公家按每斤棉花发给手续费八元，如开支有余即作为该机关自给生产之收益。

九、合作社或区乡政府及收花站代收之棉花，不得有任何掺杂掺旧或打潮等舞弊行为，违者从严惩办。

十、收花站收买之棉花，必须找到适当之窑洞或房屋妥为保存，不得有所损失，其因保存不慎而至损失者，归该收花站赔偿。

十一、为了防止土棉走私，保证统购任务完成起见，在统购期间，该三县棉花，只准在该三县内流通。经统购机关收集之棉花，如转运至其他地区时，须有县政府之放行证，否则以走私论，但县政府发给放行证，仅限于统购机关之棉花。非统购机关所收买者，不得发给放行证。

十二、各县政府及代理收花机关所领购棉专款，不得挪作别用，违者应予惩罚。

十三、帮助延川、延长两县之统购工作，由建设厅负责。帮助固临县之统购工作，由物资局负责。

十四、建设厅或物资局派到各县帮助统购工作之干部，统归各该县政府领导，由县政府分配其工作。但以帮助接收、保管、打包、转运等检查工作为主。

十五、棉花的收进发出均以16两平秤为标准，不得有大秤进小秤出及耍秤等舞弊行为。

十六、各县对于统购工作之进行，应作成工作计划，分别报告本府建设厅及物资局审核。以后应按月按旬作工作报告。

十七、本办法所未规定者，统依照9月30日战字779号之命令办理。

（陕甘宁边区《统一收购土棉实施办法》，1943年9月）

（三）只准登记合法的棉业厂商采购陕棉

第一条 为达到保障棉农棉商正当合法利益和本省纱厂的原料供给，有计划的调剂陕棉供求，稳定市场价格和防止囤积操纵，投机倒把行为起见，特订定本办法。

第二条 除在产棉区域经营棉花运销业务的合作社，登记合法的花行，可以经营棉花贩卖业务外，只准本省纱厂，国棉联购处和经登记合法的棉业公司，棉号，可以采购和输出陕棉。其余未参加联购组织的省外纱厂和非经营棉花业的正当商人，不得采购陕棉和运输陕棉出境。

第三条 本省纱厂、联购处、棉业公司、棉号采购陕棉，须向工商厅办理陕棉采购登记手续，经核定采购数量、采购区域后，介绍至采购地区贸易公司协助其采购。

第四条 本省纱厂、联购处的采购数量、采购区域，由工商厅每月核定一次。棉业公司、棉号之采购数量，每次核定以400市担为限。

第五条 本省纱厂、联购处、棉业公司、棉号应将逐日进货数量、成交价格、成交具体条件——如秤制、交货地点、交货日期、付款办法、皮绳处理、税捐负担等——资金调度情形列表报告当地贸易公司查核，并于核定数量，采购足额时，即行停止采购。

第六条 凡非经营棉业之商人或虽系经营棉业之商人，而未向工商厅办理登记手续，即擅自采购棉花者，得由各地贸易公司报请工商局停止其采购；其已购买之棉花，报请工商厅处理。

第七条 本省纱厂、联购处、棉业公司、棉号等购棉价格、议价条件、收购办法，均应服从当地贸易公司的领导和指示；如有违反行为或捣乱市场情况时，得由当地贸易公司报请工商局予以制止，停止其采购。如情节重大时，其已采购之棉花，报请工商厅处理。

第八条 本省纱厂采购之棉花，只准供给省内本厂使用，不得输出省境，供给其它有关纱厂，或出售牟利。

第九条 联购处、棉业公司、棉号，于后定采购数量，采购足额后，如需运输出省，须向工商厅登记,经认可后,核发陕棉输出证明书,特允运输出境。

第十条 如经工商厅估计认为省内存棉数量不足供给省内纱厂原料和军需民用时,得停止签发输出证明书。所有联购处、棉业公司、棉号已经购买之棉花,由贸易公司收购之。

第十一条 凡未经登记并领得输出证明书,而运输出境之棉花,经查觉后,得停止其运输;所有棉花由工商厅处理之。

第十二条 本办法由陕甘宁边区政府公布施行,备考时用。边区政府政务会议通过准予管理的原则。

(陕甘宁边区政府工商厅《陕棉采购及运输管理暂行办法》,1949年)

十、食盐统销

一、边产食盐出口地区,及进口食盐销岸的分配,统一的依"指定销售证领用办法"处理。各地盐业公司不得因任何地方理由自行改易办法规定的条款。

二、除贸易总局指定有权发给销售证的盐业公司外,其余各地盐业公司不得因任何借口采取征收费用的管理办法。

三、边产及进口盐类,只能在盐业公司成交,各内地及边境外销口岸自盐业公司成立之日起,旧有公私盐店,一律不得再行经营进出口盐类的外销成交业务,但得自由参加盐业公司的营业。

四、边产及进口盐类,在各地盐业公司成交时,买卖两方各打佣2%,每百元打佣金2元,开给盐业公司发票。但在边区境内,经过盐业公司成交手续一次者,如再进行转卖时,仍须经过盐业公司成交,但只取买方佣金2分。

五、在盐业公司购囤食盐不即行出口者,必须以现金进行交易为准(实物交换同)。并规定只能于有盐业公司的外销口岸进行囤储。

六、经盐业公司成交手续购囤食盐者,可凭原发票通行出口。

七、边产及进口盐类,不在盐业公司成交,而欲径行出境外销者,仍须同样在出口边境的盐业公司过载,内地外销口岸盐业公司不得为之,打出口外销卖方佣2%,同样给以发票,始准通行出口。并退还指销保证金。

八、边产及出口盐类,依照指定外销岸外销者,其在外销口岸盐业公司成交,仅打买卖两方佣金即开给发票出口,照退其指销保证金。但如在达到指定销岸后,请求转移销岸时,当地盐业公司必须在指定销售证上签注"允许转销某地"字样,并加盖图记,其指销保证金则在转移销岸之盐业公司成交时再退之。

九、边产及进口盐类,不依照指定销岸进行外销而欲改变为出境外者,依第七条规定处理之。

十、边产及进口盐类,若不依照指定销岸外销,而私行出境外销者,一经查出,除依"指定销证领用办法"没收其全部指销保证金外,并须到盐业公司补打出口外销佣金后,始准通行出口。

十一、出口外销卖方佣金,一律规定2%(每百元打佣2元),但在特殊地区,因调剂销岸需要有增减此项佣金标准必要者,可呈总局批准酌量提高或减低之。

十二、自盐业公司成立后,各地贸易局即行停止签发食盐出口证。各地贸易所设检查站及税务关卡,在内地则统凭盐业公司发票或指定销售证准其通行,在边境则一律凭盐业公司发票始准出口。

十三、盐制成品为精盐之类,亦统由盐业公司推销之。

十四、内地零售食用盐类,允许商人自由经营,但盐业公司亦得设零售部。

(1943年)

十一、烟酒专卖

(一)烟酒实行专卖

第一章 总 则

第一条 依据边府命令成立陕甘宁边区烟酒公卖处(以下简称公卖处)

第二条 为贯彻边府前颁之烟酒禁令,杜绝私制、私售并设法吸取外酒以节省边区粮食,再应正当之需要,准许设坊设厂从事酿制借以调节,特设立公卖机关专司其事。

第三条 公卖处受边区税务总局之领导,掌握边区烟酒公卖事宜。

第四条 公卖处得按行政区设立分处、支处等组织(以上总称为公卖机关)。

第五条 公卖处因营业之需要特设立公卖营业部门,专任烟酒公卖营业事宜。其资金暂为公私合股而逐渐达到完全公营(营业部门之组织属于公卖处,故未按公司组组法)。

第六条 在营业收益内得依据情况提取公卖费。

第七条 减免公卖费之权属于边区政府。

第八条 凡在公卖范围之商品均需按公卖章则施行,如违犯者,均分别照章处分之,

第八章 缉私、检查、处罚、罚金

第一条 依据第一章第八条而制定之。

第二条 缉私、检查、处罚、罚金分配由税务机关协同公卖机关办理之。

第三条 进出边区境之公卖品与在境内运销之公卖品在起运或到达地或经过中途有公卖机关税务机关之地点时,均须报请税务机关与公卖机关验查。

第四条 私自贩或私售公卖品者均予没收之。

第五条 未经登记核准而制造公卖品者,除没收其成品原料及制造之器具外,并得科以500元以上2000元以下之罚金。

第六条 代卖处如不遵章买卖,抬高售价或掺以劣货或夹带私货出售,得科以500元以上2000元以下之罚金。其私货部分并予以没收之。该代卖处如继续违犯二次以上者,公卖机关得撤销其公卖营业资格。

第七条 酒坊、烟厂如私自售烟、酒或变相出售(即以酒交换物品),或制造超过指定额数而企图私售者,科以500元以上2000元以下之罚金,并没收其私售部分或超额部分。如违反二次以上者,公卖机关得停止其制造并封存其制造器具。

第八条 免费酒坊必须按旬具表向公卖机关报告。其产量不得超过登记之数额,公卖机关得经常检查如发现有违反规定情事,得立即令其停造并没收其成品。

第九条 私贩、私运、私制、私售公卖品并抗拒检查甚至武装抗拒者除将公卖品全部没收充公,并将人犯送司法机关办理。

(《抗日战争时期陕甘宁边区财政经济史料摘编》第四编156页)

(二)烟厂登记办法

1. 凡制造纸烟之厂或个人,均须于开工前半月内,向当地县(市)政府申请登记,经税局实地查勘认为合格,即令取具铺保或可靠之人保,并填具保证书(由登记税局制发)三份(一份存登记税局,一份存当地县(市)政府,一份存专署)及纸烟制造业登记表(由总税务局制发)四份(登记税局、当地县(市)专署、总局各一份)并备文连同保证书及登记表分别呈报本区专署及税务局转呈总局查核,经当地县(市)政府批准发给营业执照后,方准开业。

2. 凡制造纸烟之工厂或个人,所出纸烟,均须包装,标明牌号,方准出售。每出一种牌号,即须向当地税局索取纸烟牌号登记表(总局制发)填明该种纸烟成分(经过机关须守秘密)及除烟叶本性外,有无其他毒质,并附该纸烟样品三盒(登记税局、分局、总局各一盒)牌号样张三份(登记税局、分局、总局各一份)分别粘贴于三张登记表上,一并呈送登记税局,经分局转呈总局化验备查。

3. 凡已批准登记之厂名、牌号享有优先权,任何纸烟工厂或个人不得冒用或仿照(如同音字等)。

4. 未经批准登记之制烟工厂或个人而私自制造纸烟者,政府得勒令停止其制造。

5. 未经批准登记之牌号,其纸烟不得出售,经通知而不履行登记手续者,得由税务机关商请当地政府,酌情处罚,必要时得没收其纸烟。

6. 凡制造纸烟之工厂或个人,所造纸烟的烟丝及商标牌号,均不得向边区以外采购和印制,并不得用外盒装制,违者得由税务机关商请当地政府依第五条之规定处理之。

7. 各地税局每月应将当地制烟工厂或个人,所造纸烟数量、牌号价格,列表呈报总局备查。

8. 对边产纸烟为提高质量起见,一律每条(500克)暂征1000元之产销税(税率标准系按边区一般现行平均市价10%规定),将来物价变动,得随时由财政厅批准增减之。

9. 凡制烟工厂或个人所造纸烟,均须于出厂前照章完税,并于每盒每条粘贴纸烟印花。

10. 凡特运漏税纸烟,不问自用或贩卖,除处货主以应征税额一倍至三倍罚款外,并得处该制烟工厂或个人以一倍至三倍罚款。

(陕甘宁边区政府《边区纸烟制造业管理及征税试行办法》,1944年12月)

十二、进出口物资管理

(一)边区进出口物资的分类管理

第一条 本办法为抵制仇货发展生产管理边

区疆界进出口及通过边区之物品制定之。

第二条　凡进出口货物分为允许、特许、禁止三种。

一、允许进出口物品(附表甲、乙第一类)须在进出口当地物资局或其委托机关登记检验领取允许证完纳税款后自由出售。

二、特许进出口物品(附表甲、乙第二类)须事先向物资局申请经批准领取特许证后方得出入口。

三、禁止进出口物品(附表甲、乙第三类)由物资局税局严行检查违者没收。

第三条　凡过境物品不得当地物资局或其委托机关之批准不得在中途出售,违者没收之。

第四条　根据不同时间及不同地区之情况,需要禁止或解禁之进出口物品,物资局得随时用命令行之,但须在实施前宣布,各地物资分(支)局有需要禁止或解禁之物品须事先报经总局批准后施行。

第五条　进出口及过境物品之检验由税务局依物资局物品登记证使用办法办理。

附表甲　第一类　允许入口货物

轻工原料机件类:棉花　棉纱　棉线　竹子　纺纱机器　织袜机　缝衣机　弹花机弹毛机　榨油机　轧花机　各种机器配件。

印刷器材类:石印机　铅印机　蜡纸　钢墨板　油墨　(各色)石印药水　石印药纸薄型纸

食品类:苏油　鲜鱼　干鱼　咸鱼　白糖　红糖　各样调料

牲畜类:驴　骡　牛　羊　猪　骆驼

杂用类:针　顶针　火柴　洋铁钉　犁铧　刀勺　铁锅　剪子　梳子　铁皮　草帽

文具纸张类:毛笔　墨　复写纸　各色铅笔　钢笔　纸夹　复写笔　回心针　钢笔尖　钢笔杆　笔帽　砚台　钉书机　东昌纸　本贡纸　毛边纸　晋恒纸　各色有光纸　磅纸　玻璃纸　考县纸　雪花纸　新闻纸　牛皮纸

附表甲　第二类　特许入口货物

五金器材类:铁　铝　铜　锡　金　银　水银以及上述各种军用制品

军工器材类:火药　硫磺　锰　三酸(硝、硫、盐)　钢(板或条)　炸药　钾　磷　瓦斯　防毒面具　各种化学原料含有爆炸性质之制成品与各种重工业机器

医务类:麻酸药品　甘油　酒精　砒　针药原料　粉药　中药　药膏　水药　医疗器材

通讯交通器材类:电线　电池　电机　无线电马达　通讯配件　橡皮　交通制成品　各种交通配件

棉织类:土布　机线袜子　各色洋布　市布　毛巾　棉织带

杂用品类:牙刷　牙膏　钟表　眼镜　竹制日常用品　洋蜡　各种颜料　水烟　香烟　茶叶　土酒　火纸

油类:机器油　滑油

附表甲　第三类　严禁入口货物名称

棉织物:斜纹布　各种棉织绸缎　标布　印花布　冷布　棉织洋呢毕叽　头网　围巾　被单被面及各种奢侈制品

毛织物:毛织呢绒　毛织毕叽　毛织哈喇毛衣　毛线　毛毯及各种奢侈品

丝麻织物:丝麻手帕　丝麻绫绢　丝麻手套　丝麻带子　丝绒　夏布　麻布　窗帘桌布等奢侈品

草编物:凉席　皮毛类　各种珍贵皮衣

食品类:各种瓜果糖果　糕点罐头　海菜虾米　尤鱼　海参　鲍鱼　干贝等

服饰类:雨衣　兽皮鞋帽　胶皮鞋帽　缎呢鞋帽　布制鞋帽

化妆品:香皂　香水　香粉　各种面油　头油　蜜水　各种化学化妆品　电镀各种饰品

用具类:各种玩具　化学器具　伞扇　藤制品　玻璃料器　洋瓷碗盆及各种洋瓷制成品　冰铁制成品

杂用品类:信纸信封　宣纸　油纸　各色手工纸　香纸炮　黄表　各种年货　锡箔洋酒　牙粉　纸烟嘴(盒)　镜子　诲淫书画

附表乙　第一类　允许出口货物

食盐　甘草　大黄　黄青　石膏　石碱　毛衣　毛毯　毛裤　毛袜　毛毡　毛口袋　毛手套　春羊毛　二毛皮　皮革成品　各种杂皮　蜂蜜　羊绒　肥皂　粉笔　精盐　毛被套　地毯　毛垫子

附表乙　第二类　特许出口货

粮食(关中陇东)　碳(关中)　老羊皮　秋毛丝　普甲油　特甲油　木材　麻油　清油　麻羯羊

附表乙　第三类　严禁出口货物

粮食(关中陇东以外地区)　猪　母羊　牛　骡　驴　马　骆驼　金　银　铜　铁　锡　铝及

其制成品 土布 棉花 土纱 羊油 军工器材 通讯器材 印刷器材 文具 纸张

（《陕甘宁边区战时管理进出口及过境物品暂行办法》，1943年）

（二）管理出入口过境物资以及外汇和统购物资

目前各地金融物价均较稳定，而且边区内地向来都是自由使用法币的，尤其是与友区毗邻的地方关于管理外汇不特不应操之过急，而且在必要时须有小限度内的通融。因此各地区在开始实施管理外汇办法时，应首先协同当地党政方面进行动员解释，并按照当地情况拟定具体的实施方法与步骤。各地所设之检查站应仅只实行检查的任务不得无故扣留，并不许执行没收（如认为应没收时应送当地专署或县政府处理）。特别对边币的流通上，不应单纯以防止黑市为借口，任意留难，如发现持有大批边币仅只应给以登记并注意其行动，如果没有得到他的捣乱金融物资物价的证据时，不许阻难或扣留。

现在各地封锁加严，又值淡月，如吸引必需物资的零星不断运进，并使之流通于边区内地市场，对于机关、部队必需物资统购的范围，应暂行缩小（将来遇有必要时仍得扩大），而对于下列的错误办法，则必要遵照前令迅速纠正。所称的办法是：①把商人的买卖也统制起来；②把一切必需品具由公家（ ）所。对于这些如不立即改正，必不能团结各层商人，必不能利用商人脚夫各种关系，给他们可能的方便，使他们分头分批出入购回必需物资。以后公家自买，可批以外汇，对于商人中间的买卖亦应批以外汇。委托商人替公家买的东西归公家，如果商人自己买来的东西即应归他们自由贩卖，不一定要他们卖给公家。在目前为争取物资进口，更要先行批兑外汇推动商人向外购进，并声明购回后准其自由买卖，只有这样做才会提高真正贩卖必需品的商人的积极性，他们才不会感到营业上的限制，而我们的统购也才能收到效果。

管理出、入口过境物资办法因系开始实行，必须使自己和商人等予以彻底了解，在方法方式运用上要合中实际的环境，对事先不知道这一办法的群众或商人如有违反该办法者，应宽大相待，或酌是准予进口或准予过境。不得随便收其货物（如限制出口禁止进口的货物），但对明知故犯、并有其他阴谋和行偷运者，则应没收其货物并处罚其当事者。对于经常帮助边区推销土产购进必需品的商人，遇有附带运进少数消耗品时，仍应通融准其进口，以免弄坏了贸易上的关系。

以上三点，应根据6月14日关于慎重实施管理出入口过境物资办法管理外汇办法电报的精神，予以讨论研究具体实行。所有一切办法和办理经过情形，俱应随时分别向当地专署（或县政府）和地委（或县委）请求批准或备案，如在执行过程中，发生问题时，并向他们请示处理办法。但同时必须呈报到局备查。

（《陕甘宁边区物资局指示信》，1943年7月）

（三）特许进出物资的登记管理

一、战时管理出入口过境物资暂行办法附表所列特许进出口之物资，一般情形下概由各该地物资局（分支局）按当时当地情形，拟是实施原则和办法，呈请专署和地委批准后令由当地物资登记所及其委托机关办理此项特许手续。

二、附表所列特许进口物资之军工器材，五金器材，通讯交通器材及特许出口粮食的特许手续亦照上列规定办理。

三、为使客商不（ ）特许出口或入口不另开特许证只在入口证或出口证加盖特许二字。

四、各地物资登记所或委托机关对于实施特许权时，一方面绝对不许无故留难，另一方面又要慎重考虑，绝对不可马虎了事，要注意各货来源去路，数量为什么多或少，及时收集并整理材料按期汇报所隶属之物资分（支）局，遇有大宗物品进口有倾销的嫌疑时，特别是运进大宗半必需品时，如登记所驻在物资分（支）局附近者，必须报呈批准而后允许其入境或过境。如登记所驻在地离物资分（支）局在半天路程以上处，为避免商脚无谓的损失计应先准其进口，但须立刻报告分（支）局。

五、在一般情况下，除靠登记所及委托机关深刻了解认真执行报告制度外，各该物资分（支）局，必须时刻注意各口岸进出口货物多少的统计提出一般情况怎样变为特殊情况的警惕，而主动的及时的指挥他们什么货物特许或不予特许而允其过境。

六、凡持有特许出入口登记证之货物，即应允其自由流通，所有经过地区俱不得无故留难。

七、贩运办法和手续，应对登记所及委托机关、人员以及当地商民和机关、部队详为说明解释然后予以实行。

（陕甘宁边区物资局《特许进出物资特许手续的规定》，1943 年）

（四）禁止入境物资

类　别	品　名
迷信品类	川表、烧纸、卞张、冥票、香、锡箔、五色纸（红纸及红绿油光纸除外）、灶门神、神画、香炉、供器。
化妆品类	香皂、香粉、香水、扑粉、面油、蜜水、雪花膏、生发油、胭脂、肥皂、化学装饰品。
服饰类	雨衣、玻璃雨衣、玻璃袜、绒衣鞋帽、缎呢衣、领带及各种装饰品。
食品类	罐头、各种海菜（海带除外）糖果、糕点、汽水。
烟酒类	外国产烟、各种酒类。
毒品类	红丸、料面、吗啡、鸦片、各种毒物品及附产品。
皮制品类	皮鞋、皮帽、皮衣、皮包、皮箱、皮底鞋。
棉麻毛皮及丝制品类	冷布汉衫、背心、围巾、毡鞋、毛衣裤、丝麻袋子、麻绳、麻布、麻袋、丝手帕、丝袜子。
杂货类	煤油、洋烛、玻璃器料、自来水笔、原子钢笔、宣纸、手工纸、信签、信封、日记本油纸、名片、手摺、扁额、玻璃纸、瑶画、扑克、纸牌、麻将、留声机、照相器材、化学玩具、洋磁器、细磁器。

（陕甘宁边区物资局《进出过境物资管理暂行办法》，1943 年 3 月）

十三、度量衡管理

（一）保护搜集度量衡标准器及检定用器

查解放以前，敌伪为实施破坏的手段，首将各地所有的物资，尽可能的抢运或破坏。因之各县地区的度量衡标准器及检定用器，亦遭破及，本厅兹为适应环境与事实需要，决定举办度量衡的划一。关于散署各地的度量衡标准器及检定用器，均极需要，都应加以爱护与重视，特此通令，凡我随军办理接收工作人员，当某地解放之初，对于度量衡标准器及检定用器首应加以珍视与收集，交由当地工商主管，妥为保存，至已解放地区，度量衡标准器及检定用器，未被运走或破坏者，各级主管务必严为保管，倘在当地遗失，零散者，务必多方搜寻，设法收集，以保国家财产，而资将来应用。

（陕甘宁边区政府工商厅《为通令保护搜集度量衡标准器及检定用器》，1949 年 9 月）

（二）推行市用制度量衡

一、标准：

为适应收粮纳税，丈量土地和公私交易各种事实的需要，并为便利折合国际公制起见，特采用市用制度量衡：市用制度量衡划一的标准如下：

基本标准：

一公尺等于三市尺（即一米突）

一公升等于一市升（即一千立方升的米突）

一公斤等于二市斤（即一千格兰）

长度市尺（基本单位）

一公里等于二市里　一市里等于一百三十市丈或一千五百市尺

一市丈等于十市尺　一市尺等于十市寸

一市寸等于十市分　一市分等于十市厘

一市厘等于十市毫

地亩面积市亩（基本单位）

一市亩等于六千平方市尺

一市亩等于十市分　一市分等于十市厘　一市厘等于十市毫　一市顷等于一百市亩

容量市升（基本单位）

一市升等于十市合　一市合等于十市勺

一市斗等于十市升　一市石等于十市斗

重量市斤（基本单位）

一公吨等于二千市斤　一市斤等于十六市两

一市两等于十市钱　一市钱等于十市分

注：十六市钱的六字原卷上就划着圈

一市分等于十市厘　一市厘等于十市毫

二、划一程序：

划一程序，以先工商业重心西安市为初办的地区,关于宣传调查推行检定等工作,应于六个月内整理完毕,然后再以交通沿线工商业较为发达各地县区城镇为对象俟有成效再办乡村,以后推广划一的地区与时限作汇总各地推行的情形与经验再行决定。

三、推行步骤:

在每一地区推行时,度政负责人先作口头和文字的宣传,使群众彻底了解划一度量衡,是与群众本身有利的是必需的,然后严密的推行调查旧器现时所有的数量,作为将来制造新器的根据,以免进行时发生新器不敷或过剩的现象。

四、建立推行机构与训练检定员:

推行机构以陕甘宁边区政府工商厅(设置度政股)为策划指导的总机构,各区专署(设检定员三人附工商处)市县各级政府(设检定员一人附工商科小县可并入建设科)为执行实施的机构,专负划一度量衡各项事宜的责任。再度量衡检定工作,非经训练,不能达成任务。拟登取召集敌伪前经训练的各地各期之度量衡检定员报到登记,倘人数过少,不敷应用时再续招初中程度新生补充之,加以短期政治的和技术的训练,分配各推行地区,担任度量衡推行和划一的工作。

五、推新器制造与供应:

为使新器整齐划一起见,一方面,拟在西安市设立一公营度量衡器具制造厂专供各地公营机构及商民换发新器的需要,一方面,允许过去领有敌伪时期制造度量衡器具制造许可执照的商店重新登记,换领新照(新证应由边府统一制发)准其继续制造(许可执照式样另行拟定)以广新器普遍供应。

六、检定与检查:

凡度量衡新器制成后(无论公私制造厂商)必先送经主管政府度检负责人严格检定,经过了錾盖合格符号和号码后方准发售。新器发出经过半年或一年举行定测检查一次,以防失准妨害公私交易。倘因商民私自变更,经检之度量衡器以致失准,发生纠纷争执时得举行临时检查,除随时纠正外,得按情节轻重送政府予以处分。

七、调查散什各地度量衡标准器及检定用器:

查各县地区度量衡标准器及检定用器多遭敌伪运走或破坏或尚有未经购备者,拟令各县地区限期据实报告,以凭统计代制价发。

(陕甘宁边区政府工商厅《划一度量衡推行方案》,1949年)

(三)统一度量衡推行方案

一、本办法依据陕甘宁边区政府工商厅划一度量衡推行方案拟定之。

二、组设陕甘宁边区政府工商厅度量衡检定总机构:

推行度政必先组设总机构为之策划指导才能提纲挈领顺利推行,如在边府工商厅第三科设度政股负责策划指导边府所属地区度政推行一切事宜。

三、设置度量衡检定人员训练班:

度政推行必先分期训练度量衡技术的基本干部方能着手办理,拟在边府工商厅内附设,"度量衡检定人员训练班",培养推行各县地区度政的基本干部。第二期暂以60人为度(拟先推行40县)和先登报召集以前每次训练之检定人员报到登记,倘不足额时再招初中程度之学生或调干部补充之。施以两月技术的政治的训练,此项工作须于三个月以内完成之。

四、成立各区专署检定组及指派各县检定员:

为规定推行各县地区度政工作全面展开起见,分别选派训练期满之检定员分赴各区专署成立度量衡检定组(拟设组长一人,检定员二人,技工一人)及各县地区的检定员(检定繁重县区酌设技工一人),并规定宣传调查期间为三个月,推行期间(包括取缔改修旧器推行新器)为九个月,在派员推行一年以内为宣布划一之期。

五、限期换领度量衡器具制造许可执照:

查边区各市县地区以前领有敌伪度量衡制造许可执照者约有数十家。兹为了解情况便于管理起见通令各市县地区凡设有度量衡器具制造商店或以贩卖修理为业,领有制造许可执照统限于各地检定员到达一个月内(西安市除外)须向当地主管政府缴销旧照换领新照,为有愿以制造度量衡为业者仍依照"度量衡器具制造暂行条例"向当地主管政府申请领照。

六、度量衡新器制造与供应:

查度量衡的推行须有大量新器的供应才能相互配合顺利进展。惟从新设厂颇非易易,当敌伪时期大量新器多由人民机器厂(原为西京机器局)代制供应,现拟仍由该厂代制以利推行。必须代制大量新器,至迟1950年3月间开始供应。

七、制发度量衡标准器及检定用器:

各县地区度量衡标准器及检定用器多遭敌伪破坏或运走致使推行度政遭受困难,拟定各市县调查报告各该市县度量衡标准器及检定用器现存数字以凭制发。

（边区政府工商厅《划一度量衡推行步骤实施办法》，1949 年）

（四）度量衡器具制造商的管理

第一条　凡以制造贩卖或修理度量衡器具为业者应备具申请书（式附后）申请当地县政府转请专署核发许可执照转报陕甘宁边区政府工商厅备查，前项许可执照由边府工商厅统一制发，各专署备用（执照式样附后）

第二条　度量衡器具制造许可执照以三年为有效期间自发照之日起算，但满期得申请续展。

第三条　凡以制造度量衡为业者不分机械手工暂定执照费为人民币 5000 元。

第四条　领有制造执照者得兼营修理，修理后须送交当地检定机关复检。

第五条　领有制造执照者应备价购标准器。

第六条　度量衡制造者应将出品送请当地检定机关检定之，并据检定规则交纳检定费（检定费缴收规则由工商厅另定之）。

第七条　度量衡制造者应将出品数量售卖价格按月填表呈报当地检定机关。

第八条　当地主管检定机关得随时检查度量衡制造之成品。

第九条　有左列情事之一者不得为度量衡器具之制造。

一、无制造许可执照者；

二、因违法被撤销执照不满三月者。

第十条　领有许可执照触犯刑事处分者经法院判决认为有撤销执照者得撤销其执照。

度量衡器具制造许可执照申请书

附交执照费　　元印花税　　元

现在　　县创设　　以　　度量衡器具为业依照度量衡器具制造条例第　　条之规定交纳执照及印花费共　　元并将应行申请事项分注于后申请审核准予核发执照以便于制造。

谨呈

市（县）政府

具呈人

住址

承保

申请事项计开

一、	厂名（店名）	二、	设立年月
三、	本厂所在地	四、	资金数额及种类
五、	曾否注册	六、	制造种类
七、	制造动力	八、	制造工具及方法
九、	雇用人数	十、	商标或标计
十一、	使用厂名或店号之姓名年龄职业住址		
十二、	附记		

年　　月　　日

存根

兹据　　呈报创设　　度量衡器具请发给制造许可执照经审查合法准予发给　　字第　　号许可执照

年　　月　　日

字第　　号

字第　　号

转报备案书

兹据　　呈报创设　　度量衡器具请发给制造许可执照经审查合法已准发给　　字第　　号许可执照特检原呈暨执照费共　　元转请备案谨呈工商厅

专员（市长）

年　　月　　日

字第　　号

(五)度量衡折算法

度:公式:1 旧尺 = 1.0572 市尺

1 市尺 = 0.9459 旧尺

折算法:(1)老尺的数量折市尺的数量是拿1.0572 乘或除以 0.9459

如:有布 18 旧尺要成市尺:即 18 尺 × 1.0572(或以 0.9459 除)= 19.03 市尺

(2)老尺的价格折市尺的价格是拿1.0572除或乘以 0.9459

如:一旧尺布 350 元,一市尺的价格即:350 ÷ 1.0572(或乘 0.9459)= 331.1 元

量:公式:1 旧斗(30 旧斤)= 2.238 市斗(35.800 市斤)

1 市斗(16 市斤)= 0.4468 旧斗(13.40448旧斤)

折算法:(1)旧斗的数量折市斗的数量是乘 2.238(或以 0.4468 除)如:8 旧斗折市斗即是:8 乘 2.238(除以 0.4468)= 17.9市斗。如 21 老斤的斗折市斤、市斗即:21 × 1.1936(或除 0.83778 #)= 25.656 市斤,因一市斗 = 16市斤。布 25.656 市斤 ÷ 16 = 1.6 市斗。旧斗折市斤即:35.808 市斤 × 8 = 286.5 市斤。

(2)旧斗的价格折市斗的价格是以2.238除或乘以 0.4468

如:1 旧斗米是 450 元折市斗即 450 ÷ 2.238(或乘以 0.4468)= 201.1 元。一市斤的价是:201.1 元 ÷ 16 = 12.57 元。若不是 30 旧斤的斗时,

度量衡器具制造许可执照

陕甘宁边区政府工商厅度量衡器

具制造许可执照

兹据　　呈报创设　　度量衡

器具请发给制造许可执照经审查合法

准予发给许可执照以资制造此证

厅长　　发给　此执

年　月　日

字第　　号

(边府工商厅《度量衡器具制造许可执照暂行条例》1949 年)

先折成旧斤后再折成市斤、市斗。如:25 老斤的斗价格是 250 元,要折成市斤市斗的价格即是:250 元

÷25＝10元(一旧斗的价格):10元÷1.1936×16＝8.38元(一市斤的价格)×16＝134.08元(一市斗的价格)

公式:一旧斤＝1.1936市斤

一市斤＝0.83778旧斤

折算法:(1)旧斤折市斤的数量是乘1.1936或除0.83778。如:有2斤棉花折市斤是:2斤×1.1936(或除0.83778)＝2.3872市斤

(2)旧斤的价格合市斤的价格是拿1.1936除或乘0.83778。如1斤500元折一市斤的价格即500元÷1.1936(或乘0.8377)＝418.9元)

(六)陕甘宁边区各分区度量衡量值状况表(见下表)

(七)市制与旧制度量衡量值换算关系

衡:

一旧库平斤＝19.0981市两

一市斤＝13.4045旧库平两

一市斤＝16市两

折法:一旧平斤折价÷19市两×16市两＝1市斤

度:

一旧库平斗＝30旧库平斤

30两旧库平斤×13.4045两＝40市斤

一旧库平斗小米价÷40旧斤×13旧斤＝1市斗价

量:

一旧营造尺＝0.96市尺

一旧平方营造尺＝0.9216市平方尺

[注:(五)(六)(七)的资料均为工商厅于1949年印发]

陕甘宁边区各分区度量衡量值状况表

	度　（尺）	量　（斗）	衡　（秤）
陇东分区	民间　尺一般均比公司尺寸小五分至一寸不等	公斗＝30平斤(公用亦称十八角斗)廿四角斗＝40平斤＝1.75公斗(民间普通用此斗)四十八角斗＝80平斤＝2.3公斗	十六两平斤 无大秤
三边分区	民间　尺一般比公司小二三分	公斗＝30平斤(公用　推行)四十八角斗＝80平斤＝2.7公斗(民间普通用)	十六两平斤 无大秤
延属分区	民间旧尺一般比公司小三五分　东三县民间用的双民	公斗＝30平斤(城镇全用此斗)卅角斗＝50平斤(乡村有些用此斗)	十六两平斤 无大秤
绥德分区	民间旧尺多用　尺子比公司尺子大一寸许	公斗＝30平斤(公私大部用此斗)	十六两平斤(即小秤) 廿四两平斤(即大秤)
关中分区	民间旧尺大体相同公司尺	公斗＝30平斤(公私都用此斗)	十六两平斤(大都用此秤市上卖零食者有用十三两六市秤)
黄龙分区		公斗＝30平斤、旧斗＝33平斤(解放前用此斗现各　已改公斗)	十六两平秤 (民间有用市秤者)

注:公斗捐边区通用仓库斗。　　公司尺＝1.0572市尺,各分区公司均用此尺

(抄自陕西省档案馆)

第五节　市场管理中的经验教训

一、贸易管理中的经验教训

(一)证明了特产专卖食盐统销的方针是完全正确的,证明了两个统销与专卖事业的经营是对外贸易的支柱,对敌顽进行贸易斗争的物质力量。去年的经验,我们只强调了统销专卖的一面,却忽视了与群众的经济组织密切地联系,对下级地方党政采取防御独立工作,使物资局在工作上孤军奋斗。本年须彻底克服这种毛病,要加强这两个统销与专卖事业的经营,并使此经营与广大群众以及群众的经济组织,建立经济上的血肉关系共同达到大量推销。这里要特别指出的与食盐运销具有莫大关系的骡马问题,过去曾觉到非常重要,但未积极设法

整理，去年一年的经验，由于骡马店草料价格任意抬高，盐价的制定极感困难，运盐利润不能经常保证，又以它是交通运输上的重要据点，草料价格昂贵，加大运输成本影响物价，阻碍物资的流通，为便利食盐运输，本年必予以彻底整理。

（二）一般贸易管理，如必须物资的争取，非必需品的限制和禁止。

在一般贸易管理上更多方面的更具体的办法还是不够的。但也曾获得了一些成绩。另一方面小农经济的生产方式下管理是较困难的，但是完全可能的。我们的经验：第一要禁止进口的物品，必须同时禁用或者制造代替品，否则便不能取得禁止的效果。例如禁止纸烟进口，实际上不少纸烟偷进来；禁止迷信品进口同样偷进来。第二要增加出口，必须有计划的增加出口物品的生产和种植。如制青油麻油的大小麻，由于无计划的种植和怎样帮助扩大出口物品的生产，那就无从增加出口。

（三）对敌战区贸易，根据去年一年物资进出情况，除了花纱布、东昌纸、火柴，其余如文具纸张、颜料、西药、电池、日常用品等类，多来自敌占区或由敌占区运至顽区再转到边区。因之对敌占区贸易既可解决物资价钱便宜，还可以赚钱。情况不变动要积极经营。

（四）要及时注意情况变动进行贸易斗争，如去年三月发觉顽方到榆林、绥德一带购买特产运销平凉、宝鸡与我们竞争，由于情况了解清楚，经采用特产贬价诸办法，我们取得了胜利，特产不仅没有减少，相反还增加了。又如对敌占区贸易情况了解清楚产销量，恢复了对敌占区的贸易，一年来虽未如何发展，但对边区物资供应上是取得了一些帮助。相反国民党法币提值，情况不清楚，价格政策则未掌握住。

（五）金融贸易要密切联系配合，去年金融牌价未随市场价格主动变动，不仅是金融本身吃了亏，物价形成纷乱现象，运盐无利可图，上述情况也是原因之一。

（贸易局《贸易管理工作的检讨与今后工作计划》，1943年）

二、统销与专卖政策总结

食盐的统销，特产的专卖方针是完全正确的。边区的贸易主要是对敌顽进行斗争，这就须依靠着掌握几种主要出口的物资，并有组织的有计划的向外推销和换进物资和外汇。特产、食盐两种货物的经营便是进行这一斗争的物质基础，掌握了这两种物资很好运用它，我们便能取得斗争的胜利，获得外汇、物资，依此稳定金融物价，保证供给。将近一年的经营过程，我们曾走了不少的弯曲道路。究其原因：

（1）缺乏群众观点，未能发动群众团结群众共同经营这两个事业，有的问题上，相反的与群众对立起来。如食盐走私问题，仅看到了这一现象，至于怎样发动群众缉私，经过他们来消灭走私，我们对于这方面确实是忽略了。而我们仅以单纯的缉私或只靠缉私机关去缉私，不仅未曾消灭走私，反而使走私加多起来。食盐运与销的矛盾，由于金融黑市的存在和敌顽的阴谋，这一矛盾还存在着未能协调一致，内脚运盐利润虽已保证了每组牲口每天赚小米一升半，但由于金融波动和特务机关搞鬼，使脚夫总觉得自己直接出口所得利润更大，这是走私的重要原因之一。我们未能从根本上解决这个问题，我们不论主观上想怎样消灭走私现象，想搞好，由于上述原因却曾碰到此路不通行；

（2）领导一元化问题，开始时我们规定政治上服从当地党政的领导，而不能干涉公司的业务，原因是只看到个别的下级党政不能执行总的业务计划或无故改变我们的业务方针与动用资金等现象，这是不对的。因此而产生的恶果是不仅不能实现领导一元化反而发生对立的现象。就事实来说，这原本是一个矛盾，但我们不善于解决这个矛盾，我们未积极推动地方党政担负起这一工作任务（领导），特别是不敢放胆给它去做，而仅仅采取防范的态度，而我们又鞭长莫及，结果形成孤军奋斗，而且在工作上发生了很大的阻力；

（3）业务方式虽曾不断予以改进，但因为有许多干部缺乏群众观点。因此不能从经济上和群众结成血肉相连的关系，以取得群众从各方面的帮助。因此说话不和气，态度令人讨厌，不善于招徕生意。此外各分支局和分支公司对于既然总结出来的经验，往往无故又掉了。象特产贬值问题，以走私面目出售特产问题，（秘密店）本来都是宝贵的经验，不只曾总结过，而且经总局再三指示过，但到下半年许多地方（关中、定边、固临）却为目前利润所迷惑，忘记了贬价的原则；结果却因小利而误了全局。关于各地的秘密店简直完全取消了（未经总局批准)。至于个别地方因为隐藏着一些坏分子故意曲解政策,无故把十多万资金借给商人,与当地党政闹纠纷而放弃自己业务。(凉水崖)这种种现象的存在,使统销事业受到了不少的损失;

(4)统销政策的教育不够,由于金融贸易政策的教育也不够,走私和放任走私的事情不断发生。因为对统销政策不了解,而反对统销者相当普遍,赞成统销但不赞成管理物资与外汇的意见也有,这都是由政策教育不够的缘故;

(5)特产代销占了全年销售量50%,就专卖收益来说,大公家少收了一半。如果全年营业额为40亿元,就少收了20亿元,这是一个巨大的数目。此外由代销而发生漏洞,如乱价掺杂换进外汇和物资则向黑市高价卖出,以波动金融与物价等等,这些对于统销事业也损害了不少;

(6)特产商人一般的都是与特务分子有关系的,各地商人整风时没有与特产推销工作联系起来,使特产销路受了很大的影响。

(物资局《1943年度工作报告》,1944年)

三、斗争中取得的教训

(一)坚决反对走私是对外经济斗争的重要条件

边区走私货物因地区不同而有所差别。绥德以特产及土布出境为主,陇东以布匹纸烟及牲畜出境为主,关中以纸烟、瓷器入境为主,三边则以布匹、水烟走私为大宗,延属的固临、延长纸烟走私入境,不论在禁止与开禁时期均占走私的主要地位(原因是距离销货市场——延安近与主观上抓的不紧)。一般说,奢侈品货物走私多,必需品货物走私少,其主要原因是高税与低税的关系,如纸烟税高(或禁止)走私者多,水布税低走私者少。

按走私的部分来说,军政走私多于群众走私。军政走私有两种类型:第一,自己贩运(或假装贩运);第二,包庇私商(大部是武装包庇)。如绥德分区缉私委员会主任系绥德警备司令员兼任的。而他们司令部所属的商业生产部门即无私不走。今年四月间美国纸烟及外产纸烟严禁入口后,绥榆两区的美国纸烟却成了该部的专利品,该部驻军把守北线边界,如有该部以外的进口须花买路费。据今年二、三月间在北线边界统计,进口纸烟就达8000余条,而向税局纳税的,尚不及十分之一。三边司令部的营业部门将私货放在窑内,门上贴着"军事重地,闲人免进"字样。陇东警三旅的八一商店,因税局查出来未纳税的大批货物,该店上自经理,下至伙马夫手持武器,刀棍去打合水税局。关中驻军商店贩运私货,当税局缉私人员去执行检查时,威胁说:"里面有炸药,炸死你们不负责。"延长独立团开设的商店华通栈就不上税,有时上一些税不给税款,税局也无可奈何。葭县县政府是生产之道,一次就少上了700万元的税,一次走私土布20余捆,并批准驻军21万驮盐免税,子长县供应科一次买了纸烟41箱未上税。驻在边区的野战军各旅部队的商店,更是仗势进行着违法走私,破坏金融。某某旅在绥榆两区进行走私时常跟着武装护随,无人敢于问津。八月间正川税局查出一家商店出售美国纸烟十余条没收了,后该旅供给部来税局三四人,说是他们的烟,并威胁说:"如不退回,以后发生问题,不负责任",硬强迫拿去。米脂税局没收五旅一些美国纸烟,随即派来一班武装荷枪实弹到税局强迫拿走了,临走时并以警告的口吻说:"以后再这样就不客气了"。又新某旅、独某旅,教某旅,去绥德经营商业绝大部分进行投机敌币、白洋、特产、违禁品,真是无私不有,缉私机关不敢过问。四五年因税局检查某旅大成商店,结果几个缉私员被该店在屋内打得头肿眼青。专署地委不能解决,后绥德税局局长党国梁亲到延安西北局也未解决。部队单位不仅本身进行走私,同时还包庇商人进行走私,滥收贿费。教某旅在宋家川及其他沿河口岸,某旅在北线边界都在包庇商人做各种违法事情滥收佣费。警司商店于今年夏间包庇商人由河东走私特产四十七斤半,被晋绥缉私队查获,该旅派驻宋家川的间防队长尚不甘心,长河交涉,未知结果如何。三边陇东延长,固临之当地驻军无不包庇,这成了他们的一笔得意的庞大收入。

由于公商这种违法走私和唯利是图思想,便给了那些奸商地主及一切坏分子很好的钻空子机会。如陇东庆阳的一个恶霸地主霍麻子,是王司令员老婆的干哥,后当了警某旅八一商店的副经理。此人政治面目不清,经常到国民党区域走私。绥德奸商李胖子自与警某旅的商店合伙后真是无法无天,故意当着缉私队人员的面前将银洋敲的叮叮当当。延长独立团长李某包庇绥德奸商薛忍山,大肆做其违法事情。绥德警备司令部所属商店也有许多地主奸商分子钻入合股做违法走私生意。

政府机关的商店同样进行包庇走私，葭县政府的长源兴商店同样搞投机违法生意，倒贩白洋常几驮的倒来倒去，大批走私，抗不纳税。土布禁止出口，他们却唯利是图，大搞出口。子长政府商店主任史如清，及子长独立营战士六名全副武装去子长专门武装走私，同时并包庇商人走私。县政府商店一次走私土布24捆，其中就有包庇商人的十多捆。以上种种现象在各地驻军及政府公营商店中普遍的存在着，不必也不可能一一细述，仅此已足以了解到危害边区财政收入及人民经济发展的严重程度了。

这种严重走私的后果，在经济上是一个不可计数的损失，比如外汇损失，金融贸易的不能稳定，都是直接的原因。

单以纸烟一项而论，估计如每月以3万条进口，以每条券币10万元计，即为券币30亿元，若整个计算一下是一个很惊人的数字，这是损失的一方面，若将破坏金融等计算起来更是厉害，这在今天对敌经济斗争上是一个很严重的问题，若不迅速解决，将要大大的危害到全边区军政民的经济生活。

（西北财经办事处《抗战以来陕甘宁边区的财政工作》，1948年2月）

（二）贸易斗争必须执行价格政策

入口的物资，出口的土产两方的配合。我们实行输出土产吸收物资的政策，自开始以来，我们是摸索过程，但在这过程中是有了进步。

从什么地方可以说是进步的呢？因过去土产乱销时期根本说不上什么价格政策，在一般进货者，只知自己需用什么，即可告诉客人办来什么。结果投机分子，破坏分子乘机破坏。如一切军用器材及化学品，西药之类以最高价格进入我边区。结果整个的党吃亏不少，这是无组织时之现象。

统销土产以后，有了组织，在各种政策的配合下，才把过去那种无组织的现象克服，才做到统一价格。打击了过去之不良之投机取巧分子，慢慢走向轨道，有系统的收进各种物资，掌握价格，所以把各种入口物价稳定下来，不象过去无原则的飞涨。据我们检查起来，全系代销及乱销特产时，内部竞争互相添价钱买，把市场弄得物价大大的波动，坏货买成好货价。这些都是过去不统一的坏处。

在过去也谈不上调查研究，从统销以后我们加强了调查研究。虽然主动权完全没有做到掌握在我们手中，事实上他们已跟上我们走了。如过去之粗宽布八丈多长质量不好，大批入口，经济特务企图破坏，现在我们已采取斗争办法去克服了，大部分已改正过来。不过还发现土产支公司个别负责人把握不住原则，有无原则的提高物价的现象。

去年九至十月之间，关中实行代销时期，不执行价格政策的典型例子是独一旅高旅长带到关中销货之石科长。

在柳林销货上面，电告他们要遵守物资局的规定，并将各货之价目表告诉他们，他们不执行。如那时规定上等棉花，每百斤法洋12000元，而他们每百斤给客人16000元；又当时市价白洋每元法币100元，他给客人算130元。

在收集物资方面有很多困难，过去上面告诉急需某些军需器材或日常需用品之类，去年建设厅派员到关中大量收集硫化磷，各支分司宣传客人找关系，经过一时期把硫化磷大批运到，又接上面命令一定不收了。

又如大批布匹入口及白洋入口，首先电告大量收集，接电后一律停收，所以对客人给了不少的打击，这都是我们的经验教训。

（李维新、杨宗胜：《检查关中物资分局及土产公司执行政策的优缺点》，1944年2月）

（三）贸易斗争必须配合货币斗争

1. 目前友区物价飞涨，从五月到七月底已涨了三分之一。但边区在同时间内，物价基本是稳定的，而边币比价亦在不断提高中。这象征着：友区的经济是日益向下的，而边区经济则不断向上发展的。粮食全部自给，今年并得丰收，棉花收成可能自给大半，布匹纸张已自给了60%以上，今年部队冬季衣服材料已经准备了半数以上。这是造成边钞提高，物价开始走向相对稳定的基本原因。从此证明在皖南事变后，党中央决定利用金融力量来发展边区经济这一方针是完全正确的，从此证明，我党政军民在这两年来的艰苦奋斗，是有极大收获的，从此也证明了边区经济是有很光明的前途，而一切对边区经济的悲观心理是毫无根据的。

2. 现在敌我货币战，物资战已经达到极尖锐的阶段。敌人在华中华南从今年六月起已禁止法币行使，沦陷区近百万万元法币被敌伪攫去用来抢夺大后方物资，而友区亦正以管理物资及向敌区抢货相报复，斗争带着极大的残酷性在进行着。晋西北与陕甘宁边区地处敌友之间，不仅敌向我们倾销法币，抢购物资，就是顽固分子也正对边区采取各样的恶恨政策。所以，近来顽固派对我区的封锁是加紧了，并用大量法币，侵夺边币市场，抢购我区货物。为要使我们在这样残酷的经济战争中不致惨败，就要采取紧急步骤，否则前途是不堪设想的。

3. 我们的策略，首先是使根据地货币一元化(下略)。

4. 我们第二个主要策略，是管理边区对外贸易并相对管理物资。使边区必需品不致被抢去，使敌友区的必需品能买得回来，使边区剩余货物能卖得出去，使非必需品不得倾销进来。要达到这一目的，首先就要对外统销食盐及其他主要土产，只有这样才能统一外汇，实行有计划的分配外汇；才能实行联系制度，打破封锁，强使敌友区将必需品交换给我们。其次必须保护边区的必需品，如粮食、棉花、秋毛、耕牛、母羊不得出口，各地税局、政府、部队均应随时督促切实负责不使偷漏出境，同时不得使香烟进口。再其次，必须运用价格政策，使目前友区货物不致因边区物价太低，友区物价太高而停止进口，使得已进口的货物不致原货出境，使得新谷、新棉上场而价贱伤农，因而出境售卖以求高价。要避免以上危险，主要的要靠提高边币对外汇价，因为边钞对法币的比价一提高，商人向边区进货就能有利，这是打破封锁、禁止必需品外运的有效办法。

（西北财经委员会《关于金融问题的决议》，1943 年）

第二章 公营工商企业管理

第一节 边区工矿企业的发展与作用

一、发展公营企业，奖励和保护私人企业，自力更生发展生产

两年来，我们为了要在这一落后的经济基础上建立国防经济，更进一步改善人民的生活，曾经采取如下的办法：

在手工业方面：废除苛捐杂税，奖励手工业生产，严禁投机、垄断、居奇，保护正当商人利益，减租减息，发展合作社运动。

在公营企业方面：加强对石油、煤矿的开发。扩大纸厂的规模，创立难民工厂，改良印刷厂的设备和技术为现代工厂。

（林伯渠：《陕甘宁边区政府对边区第一届参议会议的工作报告》，1939年1月15日）

1939年，边区经济开始被封锁。党中央提出“自己动手”、“自力更生”的号召。机关学校部队开始从事农业或手工业。边区政府复于“五一”劳动节举行工业展览会，以激励工业的发展。新华化学厂、后勤部制药等厂在该年创立。新华化学厂主要业务是制造肥皂，开始仅资本数十元，职工数人。同年，在安塞、固临、延安等处组织纺织合作社，由建厅帮助其训练工人，供给织机，投放资本，调剂供销，开始实行公私结合（即军民结合）的政策。年终统计，全部工人增至700左右。各方面都较1938年有进展。例如纺织业已能年产大布1400匹，增加116%。但因战争关系，有些工厂一再迁移，远离原料产地，为以后这些工厂供销发生困难的重要原因。

（高自立：《为工业品的全面自给奋斗》，1944年5月24日，《解放日报》，1944年8月22日）

由于日寇的经济破坏，友区对边区经济的封锁，边区的工业落后，要支持长期抗战，保证抗战和民生的供给，依据边区的条件来发展各种工业具有头等的重要意义。因此边区的工业政策是：

(1)奖励并保护边区内外工商实业家来边区投资，发展各种工业，并帮助发展家庭工业和生产合作。政府对于工业予以定期免税和低利贷款的奖励和帮助；并提高工人的劳动热忱，以提高生产，以使工业资本有利可图，并扩大其生产。

(2)政府办理有供给和提倡作用的工业，造就便利发展私人工业的条件，以帮助发展私人工业，并帮助解决抗战民生的需要。

(3)组织机关和部队，利用业余时间帮助发展工业，并保证工业品的自给。

(4)奖励农民工业原材，便利工业的发展，组织工业品展览，实行工业奖励和竞赛，以鼓励发展。

（《关于边区经济建设之报告书》，1941年10月4日）

政府以投资贷款或与民共营的方式，广泛发展民间的手工业，特别是纺织、榨油、农具的生产。

第一年目标除做到棉、麻、毛织物、食油、煤油、纸张等全部自给外，并能以大量的盐运销边区之外，调剂边区内外的经济。第二年后，工业品除广泛供给边区人民的需要外，并能运边区以外的地区，供全国长期抗战的需要。

（《陕甘宁边区中央局对于财政经济政策的指示》，1942年11月23日）

陕甘宁边区建设的方针，在于使边区由半自给的地位，发展到自给自足的地位，以供应抗战和民生的需要，摆脱经济上对外的依赖性，打下新民主主义的经济基础，并与敌人的经济破坏与经济封锁作斗争。

在工业方面，总的任务是以大量发展食盐产销，提高石油及纸张生产，广泛发展纺织为中心。

（引自《抗日根据地政策条例汇集》陕甘宁之部[下]607～608页）

二、1942年工业建设的方针和任务

目前边区经济财政还处在一个达到自给自足的过渡阶段,困难还未完全克服,战争与革命环境的持久与日益发展着的艰巨斗争,百倍的要求我们党要加强经济财政建设工作,并应确定经济财政建设为边区党最中心的任务之一,为了正确的完成1942年度经济财政建设任务,特将明年经济财政方针与工作规定如下:

(1)在经济建设上,必须用全力贯彻以农业第一的发展私人经济的方针。

(2)继续发展家庭纺织业与尽可能的发展制造铁、木工具的手工业,以解决边区人民布匹和农业、手工业工具的需要,尤其是在警区、东地区以及关中、陇东一部分地区,发展家庭纺织特别重要,政府应在原料与生产工具之调剂上予以各种便利和帮助。公营纺织工业,应尽可能与他们的生产取得密切配合与联系。

……

(6)在集中领导、统一计划、合理分工的原则下,继续发展公营经济生产,这种自给自足带供给性的采取分散经营形式的生产,应当看成为明年财政统筹统支中仍然必不可缺少的重要部分,同时这种公营生产也带有促进私人经济发展的模范作用。明年公营经济应着重于农业、纺织业、造纸业、制铁业、煤油等工业和运输业的发展,对现有各种公营生产部门必须迅速从生产组织、制度、人员、技术方面进行合理的调整,并须保证满足明年部队机关人员被服布匹、药品、印刷日用纸张等全部需要。

(中共中央西北局《关于1942年度边区经济财政建设的决定》,1942年12月25日)

到了1943年,就有了惊人的发展,公营纺织厂达23家,工徒1357人,织机449架,年产大布32968匹;织布合作社37个,织机79架,能织的男女共42242人,年产大布65334匹,家庭妇纺从抗战前几乎无人纺的情况,发展到1943年133457人,纺车120255架,年纺纱80万余斤。比如造纸,1940年,公营造纸厂计3处,工徒64人,池子13个;民营纸厂计39户,工徒98人,池子38个。至1943年公营纸厂增至11个工徒294人,池子77个,年产纸5671令(对开纸);私营纸厂增至56家,工徒190人,池子65个,年产纸2468令。

可见,公营工业和私营工业的发展都是很迅速的。

(中直经济问题学习班《边区公营工业的发展》,1944年10月)

三、1942年高干会上关于发展自给工业的总结

从1938年至1941年的工业建设,是在发展着,特别是1941年的发展是蓬蓬勃勃的,给1942年的巩固工作打下了基础。但是这一整个时期的建设是带着盲目性的,在许多人员的头脑中缺乏清醒的了解,只知道现在,不知道将来;只知道分散经营,不知道统一领导,充分地表现了一种无政府状态。由于这种情况,致使各工厂有的只建筑了房屋完事,有的开工不久便告结束,有的合并于其他工厂,继续保存下来的只有一部分。至1942年,就延安附近的纺织业来说,只有难民、交通、团结三大厂,兴华、公益两小厂保存下来。这一段"之"字路也许是不可避免的,因为大家只能从自己走过的路上得到经验。但在有了这一段经验之后,重新从事工业建设时,就应避免再走这一类"之"字路才好。

1942年,建设厅确定"巩固现有工厂,发展农村手工业"的方针,政府对工业的投资达170万元。农村民间手工业至本年亦很发达,如绥德手拉织布机达六、七百架;其他地区如制毡、硝皮、打铁等也有发展。特别是公私纺织业发展得快,其困难也特别多。为了保护纺织业的发展,减低棉花洋纱进口税至1%,增加布匹进口税至15%。银行在绥德组织"永昌土布产销公司",投资200万元,发棉花,收纱布,奖励农妇纺纱织布。由于民间家庭织布有了发展,私营的小型资本主义式的纺织生产合作社的布多无销路,土纱供给也感困难,这些纺织生产合作社不得不缩小经营范围,或化整为零,将机件分散民间,改为家庭副业。公营纺织厂因主要是供给公用,自能维持,但棉花与纱的供给亦感困难。公营造纸振华总厂分两厂,本年完成了供给出版局3000令马兰纸的任务。利华第一第二厂,原定2500令,计划未完成,本年产量不超过500令。其他公营纸厂,则因纸无销路,颇感困难。公营毛织厂出品如毛毡,为了解决财政问题,政府自己不用,部分

输出,部分卖给部队,其精制毛线特别受人欢迎,且有厚利。自9月起,交通、兴华、团结三纺织厂,利华一、二纸厂,都由中央及后勤系统移交边区政府管理。为保证1943年纺织原料,本年已开始向东三县收买棉花,计划收买量为75万斤。为保证造纸原料,向甘泉、延安、安塞、安定等县征收马兰草73万斤。各厂人员补充,须待精简工作实行时才能解决。

1942年,特别是此次高干会,是边区一切公营经济,就中也是公营工业,开始清除盲目性,清除无政府状态,而增加自觉性,实行统一的有计划的经营之重要时期。虽然中央还在1940年2月间就已指出"集中领导,分散经营"的原则,但直到1942年才引起同志的注意,直到此次高干会才得到全体一致的承认。五年的实践经验,使我们大进一步了。高干会后,各种经济均将加以调整,使之达到比较健全的发展。工业也是如此。

以上我们将边区五年工业历史作了一个简略的说明．截止1942年12月,我们已有纺织、被服、造纸、印刷、化学、工具、石炭等类工业。其中纺织厂18个,资金2690万元,职工1427人;被服及制鞋工厂8个,资金100．11万元,职工450人;造纸工厂12个,资金410万元,职工437人;印刷工厂3个,资金520万元,职工379人;化学工厂(肥皂、皮革、制药、陶瓷、石油等)12个,资金1703万元,职工674人;工具制造工厂9个,资金366．2792万元,职工237人;煤炭厂12个,资金177．707万元,职工432人。以上七类共计工厂74个,资金5967．0962万元,职工4036人。我们的这一点工业虽然还是小小的,大部分又还是手工工场业,机器工业占着一个小部分,但已费了整个五年的努力,打下了初步的基础,起了保障供给、调节物价的作用。从这个基础上往前发展,是一定可以起更大的作用的。

我们的最主要的自给工业是纺织工业与被服工业,这是几万军队与机关学校人员每年布匹被服赖以自给的地方,否则我们就要受冻。我们的纺织厂1942年已能产布2．2万余匹,但是我们需要量是4万至5万匹,尚需作极大努力才能达到自给目的。但要发展纺织工业,必须实行如下的政策:(一)提高布匹进口税,保护土布;同时,部队及机关学校要一律采用边区出产的土布。(二)普遍倡导妇女纺棉或纺毛,保证工厂纱线原料的供给和增加群众的收入。(三)解决供销问题。无论公营、私营或家庭副业之能否发展,主要系于供销问题能否得到解决。在原料方面:目前棉花棉纱还不能自给,来源不经常;又因交通不便,分配上有困难;需要解决到使纺纱生产者随时可以买到棉花,使布匹生产者随时可以买得棉纱。成品方面:布匹和毛织品销路不经常,需要使生产者能在适当市价下随时推销其成品。这个问题必须集合财政机关、商业机关与合作社的协同力量,才能解决。

(《毛泽东选集》东北版817页,1942年)

四、解决了困难,打下了基础

根据1943及1944年统计,边区纺织业方面,公营工厂产量曾提高到3万到4万匹大布,私营及合作工厂,主要是家庭纺织业,其产量曾达11万匹大布,以上按全边区所需布量约可自给40%以上。造纸业方面,公私营在内,年可产纸1万多令,按全边区军民需要约可自给50%左右。肥皂年产40到50万条,除自给外,尚有输出。火柴年产1000余箱,可自给50%左右(包括一部分输出)。石油厂所产各种油类除煤油可全部自给外,其他油类亦可解决公家之大部需要。盐之产量曾达40万到60万驮,除供边区全部需要外,抗战期间曾每年输出10万驮到25万驮。其他如炼铁、挖煤、陶瓷、玻璃、制药、制革、印刷、机械制造、军火制造、被服制造等生产,亦都在一定程度上解决了当时的供给需要。由此可见,这些工业在抗战期间是起了很大作用的。第一,解决了在抗战及封锁情况下物资困难的问题,使我们的工业必需品达到部分自给,保证了供给。第二,这些工业生产刺激了国民经济(包括机关部队生产在内)的发展。第三,由于这些自给工业的发展,减少了输入,促成了边区内外贸易的走向平衡。第四,由于贸易上输入减少,就节省了外汇支付,对边区金融物价的稳定起了一定的积极作用。因此应当肯定的说,这些工业的发展,在抗战阶段是解决了困难的,是尽到了一定的历史作用的,同时对我们长远的将来来说,即对发展边区工业的前途来说,也打下了初步的基础,这一点我们是不应当怀疑的了。

(贾拓夫《关于工业问题的研究》,1945年)

第二节 管理公营工矿企业的方针、政策及规定办法

一、中共中央关于工矿业政策的指示

现在已进入和平民主的时期,恢复八年抗日战争的创伤,建设独立富强的新中国的阶段从此开始,经济建设工作在全国范围内都将成为首要的任务。

在解放区在抗日战争中深处敌后,遭敌人的疯狂破坏损失尤巨;因此,经济建设的任务是尤其艰巨的。这对解放区人民,对我们共产党人是一个严重的考验。诚然,我们共产党人在这一方面的经验是非常不够的,但我们决心以学习的精神,与解放区人民在一起,在抗战期间所摸索到的一些宝贵经验的基础之上,与解放区内外的产业界、科学界,技术专家诚恳合作,建设一个经济繁荣,丰衣足食的模范区。

解放区还只是广大农村加若干中小城市,还没有包括大的中心城市;解放区的经济建设,首要的任务乃是提高农业技术,组织劳动互助,发展农业生产。但是解放区由于实行了政治民主,减租减息,减轻了封建剥削;实行了组织起来,变工生产,使农村劳动力有了剩余,这都是工业发展的有利条件。同时解放区有丰富的工业原料(如占有全国产量二分之一以上的棉花,以及皮毛、烟草等),有全国驰名的煤、铁等矿(如焦作、峰峰、淄博、龙烟等矿),也有一些规模较大的现代工业(如电力厂、火柴厂、纸烟厂等)。这是解放区工业向前发展的始基。这是解放区人民的财富,也是全国人民在经济战线上进行民主斗争的资本之一部。我们必须善于从这个基础上向前发展工业,并善于与全国一切要求经济民主的人们共同使用这一资本,建立经济民主斗争中的统一战线,为争取经济民主而斗争。

解放区工业发展的道路,必须是工业与农业相结合,城市与农村相结合的道路,发展工业以提高农业,发展农村以繁荣城市。必须使现代工业与手工业和农村副业结合起来,广泛发展手工业,迅速恢复原有的轻重工业,有重点有条件(原料、运输、资本、技术等条件)的创办规模未必大,技术最先进的轻工业。

解放区工业发展的道路,必须是公私合作,劳资兼顾,民主领导,自由经营的道路。除彻底精简,励行节约,积累资本,发展公营工业外,还必须努力争取解放区内外产业界的私人投资,欢迎友邦资本与技术的援助。

发展公营奖助私营,扶植合作经营,使三者结合起来,为恢复并发展解放区的工业生产而斗争。

这就是发展解放区工矿生产的总方针。下面是根据此方针所提出的关于发展工矿生产的几个方面的具体政策。

(甲)公营工矿

(一)根据政治协商会议通过的和平建国纲领及其所指的第一期经济建设原则,除邮政、电信、兵工、铸币、主要铁路及大规模水电厂外,公营工矿不得垄断专利,与私营工矿同等待遇,自由竞争,不得享有特权,致妨害私人资本之发展;相反的公营工矿应成为执行政府之税收贸易等政策法令的模范。

(二)公营工矿经政府决定得招收私人资本入股,转为公私合营。私股所占之比例不受限制,私股股东也有被选充董事经理之权,人数之比例亦不受限制,私股官股同等待遇,民主合作,官股不得享有任何特权。

(三)公营工矿应一律企业化,实行严格的经济核算,成本会计,实行营业制,即令某些纯粹供给性的企业,不便实行营业制者,也应实行定货制。

(四)公营工矿应按多劳多得的合理原则,实行全面工资制,否定战时性的平均主义的供给制。半供给性的混合工资制,可以作为从供给制到全面工资制的过渡办法。但要认识混合工资制基本上仍是平均主义的,对刺激工人劳动热忱,以提高生产仍是无力的,故只能是暂时的办法,应求迅速过渡到全面工资制。

至于使工资与红利融合起来的员工以身份入股,公私合作,等级分红制,在公营的手工矿中是可以实行的,而在规模较大的现代工业则仍以实行全面工资制为宜,可辅之以一般的年节花红及对有特殊成绩的额外奖励等办法。

(五)公营工矿的管理机构也必须企业化,反对机关化。非企业生产人员必须厉行精简,手工厂矿尤不可机械抄袭大规模现代工业的一套管理机构。

某些管理制度,如厂房规则等的拟订,必须是经过工人群众的,内容是群众性的,也依靠工人群众去执行,在工人已有相当觉悟并组织起来时,可由工人自选代表,代替工头,实行工人自己民主管理。

同时经理人员必须慎选，管理尤应与技术结合起来，可以慎重提升有技术有威望的工人担任管理方面的重要职务，公营工矿的管理委员会或厂务会议均应吸收工人代表参加。这不仅可以部分解决技术人才缺乏之困难，而且可以大大提高工人的劳动热忱。

(《中共中央关于工矿业政策的指示》，抄自陕西省档案馆)

二、发展公营工业的方针

1. 在巩固现有基础上力求发展为总方针，即不是不顾情况和条件样样都办，而是有条件有重心有步骤的办。

2. 公营民营兼顾的以民营为主。

3. 家庭手工业与手工业作坊兼顾的以家庭手工业(主要是纺织)为主。

4. 公营工业以企业化经营为主，民营手工业以副业生产为主。

公营工业有的是为了解决供给需要的(如军需纺织、造纸等)，有的是为了发展自给经济的(如火柴肥皂等)，有的是上述二种性质兼有的(如石油)，有的是推动民营手工业而起示范作用的(如皮革纺织等)，这些都是必需的。

当前的任务是集中人力与资力，首先办好现有的这些工厂，在巩固的基础上求得发展，其他方面可缓办，如有必需与可能办时，也要从小型着手，稳步前进，为办好这些公营工厂，应确定下面几条方针：

(1)以工业发展工业，即以现有各厂设备与资力作为当前经营的规模，而以营业所获利润(除去税收)作为扩大再生产的资本，循此方向由各厂独立负责经营。

(2)工厂完全企业化(军需部分在外)。建立精确的成本核算制，精简机构，加强管理，严格奖惩，提高效率，减少消费，以达到提高产品质量，减低成本之目的。

(3)努力改进技术，由厂长技术人员带领，发动广大干部及工人群众的积极性来研究如何在现有技术设备上逐步改良，此一工作对于减低成本及提高产量和质量有极大意义，根据振华纸厂及石油厂的经验来看，即在现有条件下改进技术还有广阔的前途。

(4)公营工业应与民营工业取得适当的联系和配合，并在技术等方面协助其发展。各机关部队为解决自己供给需要的各种手工业作坊(如粉坊、磨坊、榨油坊等)及业余手工业生产(如纺织、缝纫等)应大量提倡与发展。公营工厂应与之联系，并帮助其发展。

(5)贯彻劳资合作政策，在劳资两利下合作发展生产，不论公营和民营工厂均是用此原则，公营工厂尤当如此。

(6)所有工厂的管理人员、技术人员，工会工作人员，党的工作人员，都应在上述光荣而艰巨的任务之下，一致团结起来，在我们有了方针和计划之后，团结与合作将是决定一切的。

工业与各种经济的配合：

工业不可能是孤立发展的，而必须与各种经济相配合，这种配合又应经过一定的经济关系来实现才能协调，否则，将互相妨碍矛盾百出，其结果不仅对工业不利，且将对全盘经济不利，因此应确定。

(1)农业与工业的关系：农业应按照工业发展的程度和需要，有计划地供给工业原料，如纺织业所需之棉花、羊毛，火柴等所需之树木，肥皂所需之羊油，造纸所需之马兰草等，工业也应视农业生产的情况，决定生产计划，使农业生产与工业生产取得协调，这应由建设厅负责通盘筹划，此外，建设厅应负责关于交通运输方面之改善，以利工业之发展。

(2)财政与工业的关系：应确定：1. 财政对工业有保护之责任，经过保护税(即货物税)来保护边区工业，其税率应视具体情况协同规定之。2. 工业对财政有纳税之义务。税率高低应按各项工业所得之不同利润来规定，目前对火柴、石油、肥皂三项开始征税。3. 财政上的供给物资应首先持用边(区)但必须经过买卖关系。

(3)贸易与工业关系：贸易与工业应在供销上取得密切联系，贸易对工业有供给其原料和收购其成品的责任，但这一切均须经过商业关系实现之，对民间纺织工业之供销帮助更应注意。

(4)金融与工业的关系：金融上应有责任扶助工业之发展，但应经过投资或低利贷款形式实现之，并须有信用保证，有借有还，目前银行对工业之投资或放款应多着重民间手工业。

(贾拓夫《关于边区工业问题的研究》，1946年

9月）

三、工矿管理机关的职责、机构与权限

（一）工矿工作的职责及工作范围

1. 实施对民营合作，公营（军事工业例外）。公营民需工业如火柴、肥皂等仍须进行登记，工矿业之登记，调查及产销统计。

2. 实施对民营工矿业之领导与管理。

3. 草拟有关工矿行政管理之各种法规、条例、细则及各种表册等。

4. 实施出品检验，商标注册及生产奖励。

5. 调解劳资关系，协同工会实施劳动保护条例。

6. 协同有关部门（财政、税收、贸易、银行、工会等），解决有关发展生产之各种具体问题。

7. 制定工矿工作计划，实施对本工作之指导及检查。

8. 领导工矿团体及其所组成之行业公会。

（二）各级机构之建立及权限之划分

甲、各级机构之建立：

各地政府应根据行政区划与工商业发展情况之实际需要，迅速建立起各级工商组织机构，以便推行工作，行署工商处所属工矿科须设6~10人，专署工商局所属之工矿科须设4~8人，工商业发达之中小城市，如象陕北的延安、韩城等，得设专人工作（人数由工商处确定），工商业不甚发达小城镇，及规模较大的工矿工厂，散居小城镇时，可不设专人，但需增强专署工商局工矿机构，实施对该项工矿业之巡回指导，并进行调查登记及产销统计等等工作。

乙、各级权限之划分：

1. 有关总的方针政策之制定（包括带全西北区性之布告条例等），及有关全面制度之统一（如制定营业证照及商标申请注册之表式等）等事项，其权限属于工商厅。

2. 在总的政策方针下，颁布属于该区域性之补充指示及条例，以及根据该区之实际情况决定工矿与办事等项，其权限属于行署工商处。工商处以下各级权限之划分由工商处订定之。

（陕甘宁边区《工矿工作组织规程》，1949年）

四、矿业管理

第一条　为有计划的开采矿藏，进行长期建设，特制定本条例。

第二条　一切矿藏均为国家所有，非依本条例取得矿业经营权并领取矿业经营执照者不得开采。

第三条　本条例所称之矿，包括：煤、石油、金、银、铜、铁、锡、锰、铅、盐、碱、笔铅、硫磺、火粘土、石棉等及其他地内蕴藏各矿均属之。

第四条　探矿权与采矿权均为矿业经营权，依法取得后，受政府监督保护。

第五条　矿区面积，无论地下或地面矿产，均以地面水平面积为准，其地下矿产境界，以直线定之，由地面境界线直下地下。两矿相邻接处，视矿产种类，须有30至50公尺之距离。

第六条　矿业分大小两种，凡煤矿面积在15公顷以上，其他各矿面积在2公顷以上，砂矿以河身计在1公里以上者，统称大矿业；不及以上限度者均称小矿业。由申请矿业经营权者，依其生产条件及实际需要呈经政府审查属实并按所请矿区当地情况核定之。

第七条　凡矿权业之请领、展限、变更、移转、撤销等，其属大矿业者均须呈由所在地专署转呈省人民政府或行署核转本府工商厅作最后之核准；其属小矿业者须呈经专署转呈省人民政府或行署核准，并报本府工商厅备案。未设省政府或行署地区，无论大小矿业权一律呈由直属专署转呈本府工商厅核准。

第八条　探探权以2年为限。探探权大矿以20年为限，小矿以10年为限。期满后得呈请政府核准展限。

第九条　申请矿业经营权者，应备具申请书二份，矿区图四份，如系采矿，并应补其矿床说明书二份，按第七条之规定呈请政府核准之。

第十条　二人以上共同呈请设定矿业经营权时。应推定一人为代表。其用公司组织呈请矿业经营权时，须将公司拟定章程并推定代表人由全体连署具呈，于取得矿业经营权后，三个月内依公司法办理公司登记。合伙经营者，须拟定合办契约，推定代表人，由全体连署具呈。嗣后如遇矿业权变更，及其他重要事项之呈请，须附呈全体议决书。

第十一条　凡距商埠市场，及公共建筑物、铁

路、公路、水利、著名古迹等地二公里以内，不得呈请设定矿业经营权，其有特殊情形必须设定者，应呈请本府核准。

第十二条 呈请领取同种矿质之矿业经营权者，发生矿区重复时，在同等技术条件下，以先呈请者有优先权；条件不同时，以机器探采者有优先权。

第十三条 矿业经营权申请人所具申请书、矿区图、矿床说明书，不完备时，应依政府指示限期更正或补呈，逾限未遵行者，该申请案，视为无效。

第十四条 探矿于期满后60日内，对于该矿区域内同种矿质之开采经营，有优先权，如逾期不经规定手续取得矿业经营权者，视为无效。

第十五条 小矿业经营权以采矿为限，不得妨碍大矿业经营权之呈请设矿，但呈请矿区如与小矿区重复时，应准小矿区在核准期内继续开采，期满后得由政府视两矿发展情形核定小矿应否展期。在开采期间如因条件优劣不同影响一方经营引起纠纷时，得由政府本发展与照顾双方权益原则指导双方采取合股经营或让售等办法适当解决之。

第十六条 有左列情事之一时，得撤销其矿业权。

一、登记领照后三个月内无故不开工，或开工后中途停工满三个月未经呈请核准者。

二、矿业经营权发生变更时，不呈报备案者。

第十七条 矿业经营权被撤销或自行废弃后，原矿业经营权者，须于一年内将其矿场财产处理完毕，呈报当地县政府备查。

第十八条 国营矿业，由工商企业两厅会同划定矿区，设定国营矿业权，填发执照开采之，同时将矿区图件，发交当地县政府一份存查。

第十九条 国营矿场用地，应按当地地价向农民征购或租用，如农民失去土地无法生活者，得适当调剂之。私营矿场用地，由用地人与土地所有人双方协商自由买卖或租赁，必要时得由当地政府协助解决。

第二十条 已取得矿业经营权者，每年要按期交纳矿区税与矿产税，其税额另定之。

第二十一条 矿业经营权者。呈请派员赴矿区查勘时，其费用由呈请人负担。

第二十二条 取得矿业经营权者，应于每年7月及12月将工程报告书，坑内实测图，呈报政府审核备查，新兴工程于施工前须将施工计划呈报核准，年终造具全年矿业明细表呈报政府备查。其表式另定之。

第二十三条 以欺诈取得矿业经营权或私自采矿者，其当事人应由当地人民法院依法审处，其所开采矿业，由政府暂为代管继续开采，候案结后依法院判决发还或没收之。

第二十四条 严禁越界采矿，或任意在他人矿区内开采，违者除由启事人赔偿损失外，并得由当地县政府酌处以所采产品全部十分之一至十分之三折价罚金。

第二十五条 纵火、放水，或以其它方法蓄意破坏矿区生产者，由当地人民法院依法审处之。

第二十六条 矿业间如发生纠纷时，由双方自行协议或由矿区公会协商解决。并呈报政府备案，其争持不下者，由政府调解或仲裁之。

第二十七条 矿业经营权经核准后，由政府填发矿业执照，执照费由呈请人缴纳之。

第二十八条 矿业执照与申请表式，由本府工商厅统一制定，发交各专署行署省人民政府依式制印之。

第二十九条 凡在条例施行前，领有矿业执照者，应一律缴回，换领新照。并呈交原矿区图四份，以备分别存查。

呈请书应载明下列各款

一、呈请之目的。

二、矿业呈请地或矿区所在地详细地名，矿名矿区面积，及交通情形。

三、呈请有案者其呈请之经过。

四、有利害关系第三者时，其相关之事实。

五、具呈人姓名、籍贯、住址、通讯处，如有连署人时，其连署人之姓名、籍贯、住址、通讯处，并叙明推定代表人之情形。

六、具呈人为法人时，其名称及所在地。

七、附件：矿区图四份，测量簿记四份、矿床说明书二份，公司章程（或合办契约）二份，推定代表人连署呈文二份，矿质分析表二份、矿样二公斤，执照费　　元。

八、如系呈请变更矿区时（包括增、减、合并、分割、移转、订正等），应将原领矿区所在地详细地名、矿区面积，及变更后之矿区所在地详细地名、矿区面积，与新旧各呈请人，连署人变更情形，分别载明，并应添具新旧关系图二份，呈交原矿区图及原矿业执照。

九、具呈之年月日。

合办契约应具要点

合办契约之订定，应将下列各项分别纳入。

一、宗旨（叙明合办矿业之旨趣或缘因）。

二，资本（叙明资金总额及个别分担之金额）。

三、权利义务（具体叙明应享受之权利及应尽之义务）。

四、盈余之分配（具体叙明盈余分配之方法）。

五、亏损之负担（具体叙明亏损负担方法）。

六、契约之修改或解除（叙明具体之规定）。

七、本契约一式　份，每人各执一份为凭。

　　　　　　姓名　　盖章原籍现住
立合办契约人　姓名　　盖章原籍现住
　　　　　　姓名　　盖章原籍现住
见　证　人　　姓名　　盖章原籍现住
　　　　　　姓名　　盖章原籍现住
　　　　　　一九　　年　　月

某地某矿矿床说明书

一、属于矿床构造者：

甲、矿床存在之岩石种类（如母岩种类、或上盘下盘或顶棚底板之岩种类等）。

乙、矿床之成因及其生成时期。

丙、断层之有无及对于矿床之影响。

丁、矿床附近地质构造。

二、属于矿床形状者：

甲、原有露头形状或探矿后所得地腹矿床形状（如为脉状、层状、块状、囊状或碎屑状以及液状或气体状矿等）。

乙、厚度及宽度。

丙、走向倾斜及延长。

丁、约计蕴藏矿量。

三、主要矿质（例如铁矿）

甲、种类：（赤铁矿、磁铁矿、褐铁矿之类）

乙、成分：（分别记入化验成分）

四、副矿质（例如铁矿中副产锰矿）

甲、种类：（软锰矿、硬锰矿之类）

乙、成分：（分别记入化验成分）

附：①采矿执照

字第　号

采矿执照　采字第　号

兹据　公司（或矿场）代表人　呈请在　省　县
区　地方设定　矿矿业权计矿区面积
公顷　公亩　公厘经审核合格准予取得矿业经营权自
一九　年　月　日起至　年　月　日止为
有效期间（如系经省政府或行署核准者应加除填具报单报请工商厅备
案外一句）合行发给矿业执照此证

陕甘宁边区政府工商厅厅长
（或省人民政府主席）
（或行署主任）

右给　公司（或矿场）代表人　收执

一九　年　月　日填发

报单

字第　号

兹据　公司（或矿场）代表人　呈请在　省　县　区
地方设定　矿矿业权计矿区面积　公顷　公亩
公厘经审核合格准予取得矿业经营权自一九　年　月
日起至　年　月　日止为有效期除填发采字第　号
矿业执照并截留存根备查外兹填具报单报请备查此呈工
商厅　省人民政府主席
（或行署主任）

一九　年　月　日　采字第　号

存根

字第　号

兹据　公司（或矿场）代表人　呈请在　省　县　区
地方设定　矿矿业权计矿区面积　公顷　公亩　公厘
经审核合格准予取得矿业经营权自一九　年　月　日起至
年　月　日止为有效期除填发采字第　号矿业执照（如系
经省政府或行署核准者应加暨报单报请工商厅备案字样）外
留此存查
陕甘宁边区政府工商厅厅长
（或省人民政府主席）
（或行署主任）

一九　年　月　日　采字第　号

附：②陕甘宁边区政府煤矿采质检查办法

第一条　为促进各煤矿增加生产，改进质量，并节省运输力，保证公私营企业及机关、军民用煤，特订定本办法。

第二条　各煤矿产煤应分为大炭（十吋以上之块煤）二炭（四吋以上之块煤）混煤（四吋以下之小块煤及煤末）三种。在未经本府工商厅核准前，不得另立其他名目。

第三条　为保持煤质纯净，各煤场必须建立并加强选煤工作，将产煤中石块夹土渣等分别捡出。

第四条　各煤矿应加强煤业工会组织（未成立者应即成立）在“公私兼顾，劳资两利”的总原则下执行政府增加生产、改进质量、减低成本，推广销路的政策，并即共同订定选矿公约，督促并领导各矿进行选煤工作。

第五条 各煤矿区成立煤质检查委员会,由矿区所在地县政府之主管科与当地税局贸易公司组织之。设委员五人至七人,内正副主任各一人,由县政府主管科长、税局局长分任之。

第六条 煤质检查委员,得就有关机关酌聘检查员若干人,负责进行检查煤质改进工作。

第七条 在进行煤质检查工作时,应先由各煤矿,将产煤标本送煤质检查委员会,并以书面说明成品质量及选煤经过以作查程审定之根据。

第八条 经营运销煤炭公私煤商,必须保持原来的纯煤,始得出售。不得故意有抽换加土,加水等情事。

第九条 各矿场违反第三条之规定者,得按情节轻重予以劝告、警告、罚金、停业等处分。凡劝告三次无效者,予以警告处分。警告三次无效者,处以当日煤产10%以上20%以下折价罚金。罚金三次以上者,予以停业三天处分。其有情节过分严重者,须报请本府工商厅处理。

第十条 经营运销煤炭之公私煤商,如违反第八条规定者。得按情节轻重以当时所运销煤炭10%至20%之折价罚金。其有情节过分严重者,予以永久停业处分。

第十一条 第九、第十两条处分之执行为县(市)政府,并按月将执行处分情形及罚金数目报告本府工商厅。

第十二条 任何人均得向煤质检查委员会检举告发各煤矿违反本办法之行为。如经查明属实,除以第九条给予警告处分外,并得酌情予检举告发人以荣誉或物质奖励。

第十三条 凡经煤质委员会审定为劣质煤炭时,各公私购户及铁路,均不得购用或运输。

第十四条 检查煤质人员,在执行工作中,如有贪污受贿等行为,经查明属实者,按其情节轻重予以惩处。

(陕甘宁边区《矿业开采管理暂行条例》,1949年11月)

第三节 商标管理

第一条 为保障商标牌号专用权,发展生产,提高产品质量,特制定本办法。

第二条 凡本区公私各厂店之产品,申请商标注册者,悉依本法之规定办理之。

第三条 商标注册由本府工商厅办理。为便利商民起见,凡申请商标注册者得向行署工商处或相当于行署之市工商局呈递申请书,经其复查合格者并转呈本府工商厅核准后,准予注册。

第四条 申请商标注册时,须呈送商标图样货样及填具载明下列事项之申请书。

1.厂名 2.经理人 3.企业性质 4.类别 5.资本额 6.主要机器设备 7.每月产品 8.所需主要原料及来源 9.行销范围 10.商标牌号名称及其所代表之商品特点。

前项商标图样及申请书经批准后,分存工商厅,行署(或市政府)及申请人各一份。

货样以最小之封装为限,其因搬运笨重,不便呈缴者,可以模型、照片或图样代替,如认为必要时并得令申请人将制造过程详细说明。

第五条 凡经审查合格准予注册者,应将其商标图样先行刊载于商标公报,或指定之报纸满两月后,别无利害关系之异议时,始行注册,发给注册证。

第六条 商标专用权,以呈准注册之图样及其指定之产品为限。

第七条 商标专用期限。自呈准注册之日起有效期间为五年,期满后,得呈请续展每次亦以五年为限。

第八条 商标所用文字,以本国文字为限,不得使用外国文字(已经使用外国文字之商标牌号,得限期更换之)。

第九条 商标所代表之产品,其品质提高,特点发生变化时,得向原注册机关呈送说明书,经审查属实后,以商标公报公布之。

第十条 未经注册之商标,如与已注册之商标重牌,得以已注册之商标为合法,并责令未注册商标重新更换,办理证册手续。

第十一条 凡商标牌号及其营业一并转让他人时,应由双方于事前申请本府工商厅批准并缴销旧注册证,另换新证。

第十二条 在商标专用期内歇业者,其商标专用权即同时废止,并缴销注册证。

第十三条 医药制品,须先经行署卫生行政机关化验许可,并取得证明后,始得申请商标注册。

第十四条 商标专用人,发觉有伪造其商标时，得向司法机关起诉，依法处理之。

第十五条　有左列情形之一者，不得申请商标注册：

一、属于迷信品与违禁品之产品。

二、未取得营业证照者。

三、相同或类似之商标牌号。

第十六条　商标注册后，有左列情事之一者，由原注册机关撤销之。

一、商标专用人，将其商标自行变换或加附记者。

二、商标专用人，未能保持其商标所代表之产品特点，品质日益下降，经通知其改进，而不遵办者。

三、请准注册之商标，在一年内未经使用，或停用满一年而无正当理由者。

四、商标权移转已满半年，未经重新申请注册者（因承继移转者不在此限）。

第十七条　本办法未颁布前，各厂店原已注册之商标于本办法颁布后一月内申请注册，换领新证。

第十八条　依十七条之规定，所换领注册之商标，与已注册之商标重牌时，由工商机关按其出品前后、质量优劣、产量多寡裁定之，未获核准者，予以撤销，并令其改换商标，另请注册。

第十九条　办理商标注册，要由申请人依左例规定，缴纳注册费。

一、申请注册及换领新注册证，缴纳人民币1万元。

二、申请转移商标权，缴纳人民币5000元。

两种以上货物使用一种商标者，仍按一种缴纳注册费；同一申请人申请使用数种商标者，则按商标种类分别缴纳注册费。

第二十条　凡经注册之商标，应在封装上，或产品上，注明“陕甘宁边区工商厅商标注册证×字第××号”字样。

第二十一条　商标申请书及商标注册证，由本府工商厅统一印制，申请书由申请人向行署工商处（或市政府工商局）自行领填。

附：①商标注册申请书

②商标注册证书

③商标权转移申请书

（陕甘宁边区政府《商标注册暂行办法》，1949年11月）

附：①商标注册申请书　　　　编号

<table>
<tr><td>申请厂店名称</td><td></td><td>厂址</td><td></td><td>企业性质</td><td></td><td>营业证</td><td>字第　号</td></tr>
<tr><td>经理（代表人）</td><td></td><td>住址</td><td></td><td>类　别</td><td></td><td>资本额</td><td></td></tr>
<tr><td>商标专用品名称</td><td colspan="3"></td><td rowspan="2">主要机器设备</td><td colspan="3" rowspan="2"></td></tr>
<tr><td>商标牌号，样式颜色字样及特点</td><td colspan="3"></td></tr>
<tr><td>商品特点</td><td colspan="3"></td><td>每月所需主要原料</td><td colspan="3">名称：
数量：
来源：</td></tr>
<tr><td>附　件</td><td colspan="3">一、商标图样　份三、照片　份
二、货　样　份四、模型　份</td><td>产品</td><td colspan="2">名　称：
每月产量：</td><td>行销范围</td></tr>
<tr><td>市行署工商局处初步审核意见</td><td colspan="3"></td><td>制造经过</td><td colspan="3"></td></tr>
<tr><td>工商厅批示</td><td colspan="3"></td><td>备注</td><td colspan="3"></td></tr>
</table>

申请厂店　　　　经理（签章）　　　　年　月　日

附：②商标注册证书

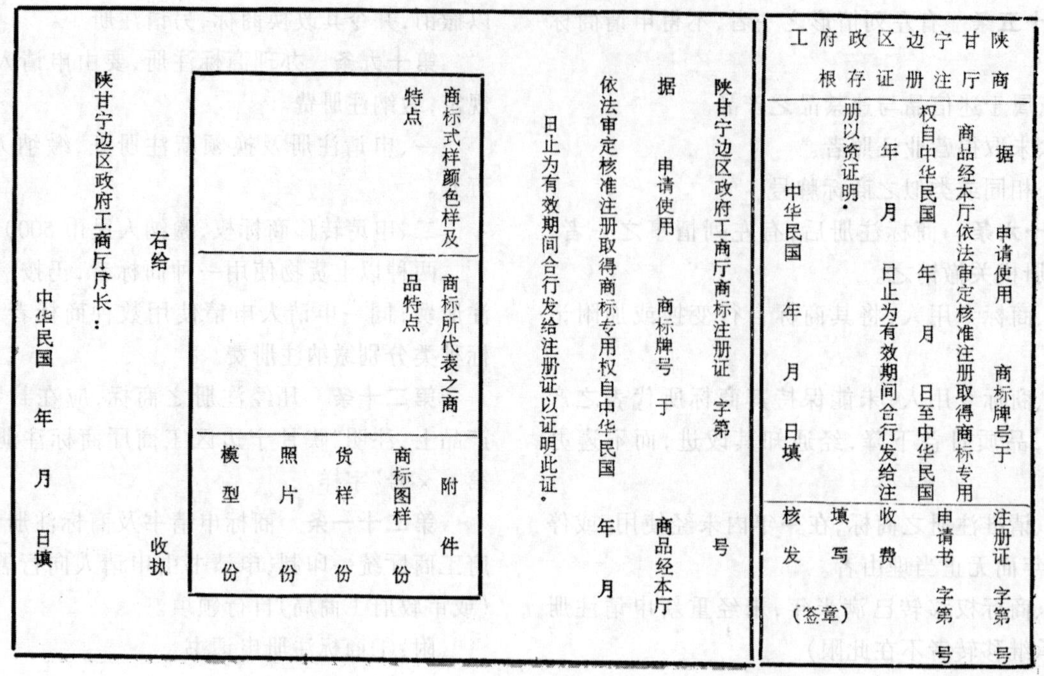

陕甘宁边区政府工商厅商标注册证存根

据　申请使用　商标牌号于　商品经本厅依法审定核准注册取得商标专用权自中华民国　年　月　日至中华民国　年　月　日止为有效期间合行发给注册以资证明。

中华民国　年　月　日填

注册证　字第　号

申请书　字第　号

收费

填写

核发　（签章）

陕甘宁边区政府工商厅商标注册证　字第　号

据　申请使用　商标牌号　于　商品经本厅依法审定核准注册取得商标专用权自中华民国　年　月　日止为有效期间合行发给注册证以证明此证。

商标式样颜色样及特点	商标所代表之商品特点	附件
		商标图样　份 货样　份 照片　份 模型　份

右给　收执

陕甘宁边区政府工商厅厅长：

中华民国　年　月　日填

附：③商标权转移申请　　　　编号：

<table>
<tr><td>原商标权所有人</td><td></td><td>经理</td><td></td><td>原登号码</td><td></td><td>营业证</td><td>字第　号</td></tr>
<tr><td>承受商标权人</td><td></td><td>厂址</td><td></td><td>企业性质</td><td></td><td>营业证</td><td>字第　号</td></tr>
<tr><td>经理(代表人)</td><td></td><td>地址</td><td></td><td>类别</td><td></td><td>资本额</td><td></td></tr>
<tr><td>商标专用品名称</td><td colspan="3"></td><td rowspan="2">主要机器设备</td><td rowspan="2" colspan="3"></td></tr>
<tr><td>商标牌号,样式颜色字样及特点</td><td colspan="3"></td></tr>
<tr><td>商品特点</td><td colspan="3"></td><td>每月所需主要原料</td><td colspan="3">名称：
数量：
来源：</td></tr>
<tr><td>附　　件</td><td colspan="3">一、商标图样　份三、照片　份
二、货　　样　份四、模型　份</td><td>产品</td><td>名称：
每月产量：</td><td>行销范围</td><td></td></tr>
<tr><td>市/行署工商局/处初步审核意见</td><td colspan="2"></td><td colspan="2">制造经过</td><td colspan="3"></td></tr>
<tr><td>工商厅批示</td><td colspan="2"></td><td colspan="2">备注</td><td colspan="3"></td></tr>
</table>

原商标权所有人　　　　经理
承受商标权人　　　　　经理（签章）　　　　年　月　日

第四节 工商企业登记管理

一、关于公营商店的管理

为着切实执行对公营商店(集中领导,分散经营)的原则,防止和纠正公营商店投机垄断破坏边币等违反党及政府的商业贸易政策起见,特作如下决定,凡属党、政、军、民机关经营之一切公营商店,均应严格遵守。

一切违反政策及法令之任何公营商店,均须受到严格之制裁。

(一)凡一切公营商店,无论其为整个组织系统,或某一伙食单位的营业,均应切实遵守政府的商业贸易政策及每一命令和决定。所有公营商店并应和私人商店一样,照章缴纳政府各项捐税,执行商店应尽的义务,并且要尊重税收人员。

(二)在同一市镇内有三个以上公营商店的,应即组织(公营商店联合会)。所有公营商店均应加入,受所在市镇之贸易总局和分局的领导。如所在地未设贸易局的,受当地专员公署或县政府的领导。

如在一市镇内公营商店不及三个,未组织联合会时,有贸易局的受贸易局领导,无贸易局的受当地区以上政府和贸易局所指定的机关领导之。

(三)所有地区内一切公营商店,统限于本年六月以内一律向边区贸易局登记,如逾期不向贸易局登记,又不加入(公营商店联合会)又不受贸易局和政府领导的,一律不许营业。

(四)公营商店所在地如有商会的,一律应加入商会。在商会中起执行政府商业贸易政策和遵守政府各种法令的模范,并执行商会的共同决定。

(五)公营商店今后的主要任务,应在贸易局领导之下,组织土产品输出,必需品输入,尽可能采取联合采购推销,并发展边区内部农产品和工产品的交换。

(六)所有公营商店,均须有平定物价,巩固边币的艰巨任务,绝对禁止黑市买卖,偷漏捐税,互相竞争,囤积居奇等违法行为,自七月二十日起,如再有以上行为者,责成该地军政最高机关予以严厉制裁。

(七)责成各机关加强对所属之公营商店的领导,切实经常检查其业务,随时纠正违反政府商业政策及违反政令的一切错误。各经济处投在商业上的资金,应有适当的调剂,必须以绝大部分的资金投入于农业和工业,尤其是运输事业上去。

(八)光华商店,今后必须加强执行边区内的(公家商店)的任务,以其自己的力量,实际从事输出输入贸易,调剂物价保证机关、部队的供给。帮助各工厂购买原料,推销成品,并和各公营商店及合作社取得营业上的密切联系和互相帮助,各机关、部队,亦必须爱护与帮助光华商店,使之有力量来完成其任务。

(九)公营商店联合会中,必须组织党团,该党团由西北局组织部指定贸易机关的负责人领导之。

(十)本决定由本所属公营商店的上级机关予以讨论和传达,并对边区贸易局作报告。

(军委、边区中央局、边区政府联衔颁行《关于公营商店的决定》,1940 年 5 月 27 日)

二、公私商业同时办理营业登记

查许可正当商业发展,维护商业合法经营,早经边区政府定为两局职守,兹因筹备营业许可登记事宜,业已完成时决定,自 9 月 10 日起迄 10 月 10 日止全边区公私商业同时开始进行办理此项手续并规定办理程序要照如下:

一、自 9 月 1 日起各地公私商店须一律到当地贸易税务机关报请办理营业许可登记。

二、经贸易局审查合格,认为系正当商业者发经营业许可证。

三、税务局凭贸易局发给之营业许可证,始得承认为合法营业,维护其经营权益。

自布告之日起如有未经贸易局审查合格及匿避登记手续,而敢照常营业企图偷税等情事发生一经查觉,除按偷税处罚外,并予以停业处分决不稍宽。

(《陕甘宁边区贸易税务总局布告》,1942 年)

三、办理营业登记办法

一、贸易税务两总局为便利办理边区营业登记暨颁发营业许可证事宜特制定本办法。

二、凡有固定地方经营商业之商店栈铺行号及合作社不论公私均须向当地贸易税务机关进行登记,新设立商号得随时报请登记(登记表格式贸易总局统一制发)。

三、报请登记之商人,均须经审查委员会审核,

营业许可证

陕甘宁边区物资局　第　号

查　市/县　区　乡　商号

经营　类商业业经在本局办理

营业登记手续完竣审查合格应行发

给营业许可证准予纳税营业

此给　商号

物资分/支局长

中华民国　年　月　日

营业许可证存根

第　字　号

兹有　市/县　区　乡　商号　营业

类商业业经在本局办理营业登记手续完后审

查合格业经填发营业许可证交该商存执

物资分/支局长

填发员

中华民国　年　月　日

营业许可证报查联

第　字　号

兹有　市/县　区　乡　商号　经营

类商业业经在本局办理营业登记手续完竣

审查合格除已发给营业许可证准予纳税营业外

理合鉴报

总局备查

物资分/支局长

中华民国　年　月　日

审委会由贸易税务机关负责主持,商会县市政府四科及公安等机关参加组织之。

四、审查营业如有下列情事之一者,得令其限期停止或改业。

甲、资本来源性质有无贩卖违禁品,毒品行为者。

乙、所经营之商业有无不合战争与革命环境之需要或资敌性质者。

丙、其他与边区财政金融法令相抵触者。

五、凡经营商业经贸易税务机关审查合格者,随时通知领取营业许可证,领证时应照缴工本费边币10元。

六、经营商业如歇业均须向贸易税务机关报请办理注销手续,否则一经查觉,得加倍补缴营业税。

七、营业许可证每年颁发一次。

八、本办法有未尽善处得随时呈准边区财政厅修改之。

九、本办法自公布之日施行。

附:营业许可证

(陕甘宁边区贸易税务局《办理营业登记及颁发营业许可证办法》,1942年)

四、工商登记

(一)工业和商业如何划分

1. 有生产工具设备,经过一定的生产过程,将原料变成成品的制造工厂或手工作坊,均归为工业登记。

2. 从事商业活动的(如:商贩、字号行栈、钱庄、商业公司等)均应划归商业登记。

3. 兼业处理,凡经营工商两种业务者,能以划分清的,须分别登记,若不能划分清楚的(如:制鞋杂铺兼营门市)可依其经营之主要业务登记,其兼营部分在备注内予以证明,不另填表。

(二)登记注意事项

1. 工商业发达的城市及规模较大的工商业者,在其行政管理上要严格,登记手续要详细,(要填写申请书,并进行申请登记的各种手续)在行业划分上要求工商业者有一定的业务范围。行业内的分工越细密越好,哪些城市须依次进行由工商处具体确定。

2. 工商业不发达的一般城镇,其申请登记手续如下:

(1)持有当地政府或商会的介绍信,即可到县(市)工商机关申请登记,领取营业证。

(2)歇业时,须到原登记机关注销,并缴回旧证。

(3)该地如有规模较大厂(店),仍须依照营业登记暂行办法第三条手续申请登记。

(4)在行业划分上亦须从宽。

3. 必须依据工商业的行业划分者填写。但有时可按实际情况加以伸缩,有些行业,这里没有提到,可以加入工商业。分类之各项各类者,均应依其性质,适当列入,如有未尽项目,得由行署工商处酌定增加,并须呈报工商厅,以便统一。

4. 业主所登记的必须与其所经营的业务相符合,准许其合理的兼业,但不能太繁杂。其不合理的业务,可令其限期处理,以便集中资力经营一定业务,并须在申请书批核栏内注明,缓期处理情况。

5. 登记时能以精细的,一定要分别仔细的去填写。(比如:生产土布的工厂在填写登记表时,就先在行业栏内写为第四项棉纺织类,主要业务是织土布,而不能简单的一律填成织布。又如某市木工业很发达,有专制()鞍架的,制蒸笼的,做棺木的,做桌凳等用具的,造大车的等等。他们的分工已经很明确了,登记时必须将其主业填写具体,若笼统的登记为"木工厂"是不对的。又如某字号,主要经营布匹,附带卖一些日用品,登记时就不能笼统的填为"杂货"。以上一切均须注意,不得从略。)

6. 登记手工作坊时,经理人与工人很难分明,可择其领事人填为经理人其余的填为工人。又如资金栏内不能细分的可填合计若干。

7. 股东与股东分配合栏,包括劳力、资力上,合作社可将社员人数,股数与股金数均应填入表内。

(《陕甘宁边区营业登记办法》,1949年)

五、工矿企业的管理与登记

第一条　为促进生产,保护边区工矿商业之正当发展,特制订本办法。

第二条　凡本区公营私营或合作经营之工矿商业,均须遵照本办法之规定办理登记后,始得营业,并受合法保护。

第三条　凡工矿商业者,开业、歇业、改组、转业时,必须按照下列规定,向当地县(市)人民政府办理申请登记。

一、申请开业，须于开业前，填具申请书。（经营商业者并须觅取铺保两家）经核准后，发给营业证，方准营业。

二、申请书须载明下列事项：

甲、名称，乙、类别（独资、合伙、合作、公司—有限、无限、两合、股份两合），丙、资本额，丁、地址，戊、经理人，已、股东与董监事姓名，庚、营业或制造项目，辛、创设年月。

三、开业后，前款各项中之一项（辛项除外）如有变更时，须于变更前，申请变更登记，并缴销旧证换取新证。

四、因故歇业者，须于歇业前一月向原登记机关申请核准后，始得歇业，并缴销其原证。

第四条 凡经营矿业者于开采前须拟具开采计划，矿区图表呈请当地县（市）人民政府转呈行署核准采矿权并转报边区政府工商厅备案后始得开采，并依照本办法申请营业登记。

第五条 凡新设立之公司企业，申请登记时，须经当地县（市）人民政府，呈请行署核准，并转报边区政府工商厅备案。

第六条 在同一市区设有总分厂（店）者，由总厂（店）向当地县（市）人民政府统一申请登记，经备案后，分别发给营业证。如总分厂（店）不在同一市区者，得由各厂（店）分别向当地县（市）人民政府申请登记。

第七条 工矿商业者，须领得营业证后并未开业或因故停业满六个月者，得注销其登记并追缴其营业证。

第八条 凡因违法犯罪经政府或法院判处停止者，应追缴其营业证。

第九条 未经申请登记，擅自开业者，得停止其营业，并酌情予以处分。

第十条 营业证不得转让、借用或涂改。违者科以等于三个月至五个月营业税之罚金。

第十一条 营业证每年换发一次，以每年第一月为换发期，换发新证时，须缴回旧证，不再进行申请手续。在工商业发达之市区，行商与摊贩之营业证，每三月换发一次。

第十二条 经营工商业者，于领换新证时，须经税局核对完税手续，并于旧营业证旁加注说明，方准换领。

第十三条 营业证与申请书之格式。由边区政府工商厅统一制定后交由各行署（或直辖专署）直辖市政府印发。请领人并得缴纳工料费。

第十四条 本办法颁布后，以前各地施行之营业登记办法一律作废，并依本办法规定，重新登记。

第十五条 营业证遗失时，须向原登记机关申请作废，补领新证。

第十六条 工商业不发达之地区，进行申请登记时，得由行署（或直辖专署）工商机关规定以简便手续办理之。

（《陕甘宁边区工矿商业登记暂行办法》，1949年8月）

六、企业登记及调查研究的工作方法

（一）先集中力量办好营业登记工作，经过营业登记及调查，可以了解一般情况，然后再作进一步的深入检查，发现问题，解决问题，使工作推进一步。

（二）先从工商业发达的城市及当地的几种主要工矿业开始，然后再推及一般。

（三）工商是政府机构的一部分，各级政府应善于运用工商部门，做好工商工作。工商部门在做工作的时候，不能孤立进行，应以工商部门为骨干，组织并动员起各有关部门，如工会及该市公营合作企业等部门密切配合进行，否则，费力大收效小。

（四）政令与组织工作相结合，政府有关贯彻工商政策的各种措施，交由工商部门草拟办法后，经政府审查通过，以政令公布行之，工商部门同时可以召集有关单位组织对政府政策之实施问题，比如：营业登记，由政府以布告行之，工商部门可同时召集该市工商联会、工会、公营、合作企业讨论与布置如何去执行，并进行一定的组织与分工，这样，工作就好进行，政令也容易贯彻。

（五）及时总结及时推广下去。比如，某区选择了工商业发达的七个城市，同时进行登记，在做的时候一定会发现许多好的工作方法，领导上应该及时总结起来，传播下去，这样以来，对工作如何去做的工作方法问题也就解决了。

（六）典型示范：领导上必须照顾一般，不能在孤立的、狭小的圈子内进行工作，但必须有重点的指导工作。在一般的中间，选择有推动全体意义的交点，深入检查，获得经验，以此推广下去，作为推动一般工作的启引。

（陕甘宁边区《工矿工作组织规程》，1949年）

七、西安市工商登记工作总结报告

(一)西安私营工商业(包括摊贩)一般情况

1. 机器工业情况

(1)户数:机器工业系用机器生产,并有动力设备或用动力发动机器生产者,现全市大小工厂共有253户,其中有面粉制造厂66户。纺织工厂6户。漂染1户。化学工厂13户(内包括火柴厂6户,机制香皂厂7户),机器铁器修造业167户。机器工业占全市工商业(不算摊贩)总数的2.175%(参考表4、表8)。

(2)从业人员数:从业人员共7839人,占全市工商业户人数的18.75%,其中伙友为1003人,技师为222人,工人为5431人,学徒为1183人,在机器工业中纺织工业从业人员为数最多为3984人,占该业总数的50%强(参考表4、表10)。

(3)自报资金总数为16,966,944,250元,占全市总资金数的78.4%,其自报资金的确定程度为50%左右。

(4)历年来发展的情况:根据创设时间,在1946年以前有87户,1947年增设26户,1948年增设46户,1949年5月26日前(解放前)增设36户。解放后在5月20号~9月30号新增54户,其中新开设之面粉工厂有17户。

2. 手工业情况

(1)户数:手工业现全市有3,048户。其中手工纺织业1043户(多系带手工性之机器工业)。缝纫业578户,金属器具工匠440户,木匠业394户,其他各业共593户。手工业占全市总工商户数之26.44%。

(2)从业人员数:共计10,352人,其中伙友为3712人,技师为429人,工人为3,238人,学徒为2,973人,而其中从事手工纺织业的人员为3925人,占该业的总数37.9%强,手工从业人员占全市总数的25.11%。

(3)自报资金总数为710,097,514元,占全市资金总数的3.3%,其自报资金的确定程度为50%左右。

(4)历年来发展情况:根据创设时间在1946年以前1066户。在1947年新增设313户。在1948年增设563户,在1949年5月20日以前(解放前)增设528户,从解放后至9月30日止新开业的435户(其中最少者为手工纺织业170户、缝纫业77户)。

3. 商业情况

(1)户数:全市共有8230户,占全市总工商户数71.37%(各行业之详细数目可参考表二)。

(2)从业人员:共计23,082人,其中伙友17510人,技师40人,工人1491人,学徒4041人,从业人员之技师,工人是一部商业户代手工业者,在此次登记时,依其经营之主要业务与次要业务而划入商业之故。

(3)自报资金共40.34984424亿元,占全市金额之18.3%其自报资金之确实程度约不到30%。

(4)历年来发展情况:根据创设时间,在1946年以前2796户,在1947年增设813户。在1948年增设1263户,在1949年5月20日以前(解放前)增设1241户,解放后新增1435户,其中最多者为日用杂货352户,主要食品业(主要是零售面粉业)154户,烟酒饮料业185户。

4. 摊贩情况

解放后,因为开始一般工商业户存在着怕斗争,怕平分财产及怕负担税收,另外由于市场的一度冷淡,一部分学徒、店员、工人失了业,很多退伍官兵、职员找不到职业,而从事于摊贩为生,再加上政府忙于接收、宣传解释工作,而无力解决这一问题,因此造成了解放后一时性之摊贩增多。许多主要街道都是摊贩,根据此次统计结果,计原有经营摊贩者8,322人,解放后增至17,430人,增加了9,108人,新增摊贩数占总数51.7%,原有摊贩占总数48.3%,以下分别评述之。

(1)经营摊贩者的籍贯——其中河南人陕西人为数最多,河南人占总数44.5%,陕西人为29.5%,其他各省共占26%,因为此地河南之难民最多的缘故(可参考表13)。

(2)经营摊贩者的年龄——其中20岁至40岁的人占45.2%,这说明了这一批年青力壮的劳动者,如能将其组织转入生产事业,则不但减少了城市一部分人的消费,而且增加了8000余人走入生产创造财富。

(3)解放后新增加之摊贩成份——其中由座商改设者为20.2%,学徒店员为25.5%,工人及农民为20%,游民为17.9%,其他(包括有退伍官兵公教人员学生自由职业者等)为16.4%。

(4)在摊贩经营的业务中,卖熟食小吃者有

17.83%,零售纸烟、卷烟者 16.9%,经营破烂者 13.8%,经营日用杂货者 12.9%,经营布匹百货者 6.38%,经营瓜果干果、青菜者9.05%,其他 23.08%。

(二)经验与教训

1. 工商登记之筹备工作是作好工作的重要一环,首先必须使参加登记的干部都了解与精通这一业务。这次准备工作是太差了,使工商登记的期限曾几次延期,达二月之久,开始认为没有复杂的问题,但在工作中复杂问题很多,例如:

(1)各区之收发表制度,统计方法,区分行业标准。因事前没有统一规定,以致各区都不一致,以后因统一规定划分行业标准及统计方法之过迟,使各区已做了的工作又重新另作,浪费了时间。

(2)在干部方面因事先都很模糊,因之在进行宣传时,不敢大胆的讲话,讲话中抓不住中心,有时则讲错了,对群众所提之疑难问题、质问无法解答,或者在作宣传时只是几个较熟悉的少数人去作,其他则闲暇无事。

2. 工商登记如能顺利展开,必须做好宣传动员工作,只有使群众了解了登记的意义、目的及各种办法以后,在群众自觉的基础上,才能消除群众的顾虑,揭穿一切谣言,才能使工作展开。这次的宣传工作不够深入,工商业者还存有顾虑,有些工商户还不知道工商登记这回事,还有不明白登记手续,曾几次往返到登记处询问,还有部分少数工商户在领证时问卖多少钱?认为营业证可以随便用钱买。同时亦造成了许多工商户对登记采取不实报、拖延、观望和消极抵抗的现象。

3. 对资金的了解审核不是一个短时间所能弄清楚的,在工作的精神及审核目的固须力求接近于大致差不多,但是如实在难于立即求得真实时,可以不必太为勉强,如果太勉强,追求方式方法过严,追求面过大,可能造成商人的惧怕隐藏情绪,结果是浪费了很长的时间,也未必弄得确实。

4. 在填写申请书时,除资金一项以外,其他项目亦必须认真的精确的填写,例如创设年月,伙支名额,经营业务,资本类别等项都很重要,而且容易填写真实,但因为对此不够重视,而填错者,不填者很多,以致影响了统计工作,使统计材料不能达到真实。

5. 未改造的旧行业公会,存在着浓厚的行帮思想,这次在这种情况下办理工商登记工作,要是依靠公会求得登记内容的真确,是不可能的,他们往往是从行会的自私观点出发,以马虎或瞒哄态度作非实事求事之登记。

6. 在新解放城市进行工商业总登记,必须要掌握适当的时机,既不能过早,亦不能过迟。解放初期一般群众由于敌人反宣传所造成的恐惧与顾虑尚未消除,各级政府机构亦未建立,如果过早的进行登记工作,不但得不到各方面的配合,且会加深其顾虑,使登记工作收不到应得的效果,就会犯急性病的错误。如果已经经过广泛的宣传政策之后,群众顾虑逐渐消除,再不进行登记,则会使市场形成混乱,影响工商业的正常发展,造成以后管理上的困难,就会发生自流放任错误。根据我们的经验,工商登记一般的应在解放后的两个月进行为适宜。

(《西安市工商局工商登记工作报告》,1949 年)

八、西安市第四区整理摊贩总结报告

(一)整理摊贩前一般情况与准备工作:

西安解放后,由于一部分商人对于我政策了解不够,化整为零经营摊贩,特别是散兵游勇和部分失业学生,公教人员等为了谋找生活起见,摊贩骤然增加,形成一时街道拥挤,阻碍交通。为了防止这种现象继续发展,除入城后积极宣传政策外,对摊贩管理方针规则均经市政府明文布告,并在工商登记中对妨碍交通,不进摊贩市场的摊贩,由公安局配合曾经进行过初步管理,但因解放初期工作重点无法放在此点,所以直延到十月份才以四区为中心,开始进行整理摊贩,取得经验,推动全面。

当整理摊贩的开始前,市政府曾以四区为中心,进行过户口总登记。据调查,全区有 17432 户,其中摊贩即有 6204 户,占总户数 35.6%(设摊人数 7879 人)。从原职业方面看:有失业工人、公教人员、农村难民、失业青年学生、化整为零的商人、退役伪军人、逃亡地富和借摆摊为掩护的小偷等,真正久远的职业摊贩,不足三分之一。从劳动力方面看,有全劳动力的,占总数三分之二,(表 2)真正没有劳动力的,只有 736 人,不足十分之一,其余是有半劳动力的。从生活状况来看,能够维持生活的,不足三分之二,有三分之一根本不能维持生活或暂时勉强维持。生活较富裕的,仅有 299 人,不足总数的 40%(详见附表 4)。根据以上情况,如何将这样多的摊贩找到出路,另谋别的生活转就他业,这是很大的工作。因而整理摊贩未进行前，将此项计划提交各界代表会上通过，作为市政府三大施政工作之一，从全面动员起来，重视整理摊贩工作，这是整理摊贩预先奠定了群众性的思想动员的基础，也是能够组织各方面力量，协同进行整理工作准备下了条件。

在领导思想的准备方面，有天津、北京整理摊贩的精神，给了我们示范，整理摊贩必须要从关心摊贩出发，要发动摊贩自己起来进行整理。根据这种精神，工作上进行有充分准备，出了布告，拟就整理摊贩宣传大纲，颁布整理摊贩办法和摊贩管理规则，不仅使摊贩思想上懂得了政府对于摊贩的管理方针，而且在干部中如何进行此项工作，也有思想准备，因而在工作进行中一般的少走弯路，便利完成任务。

(二)整理经过及步骤：

全部整理过程，分为宣传组织、评议审查、整理发证三个步骤，次第进行。第一步宣传组织工作，首先按公安派出所划分区域，规定了十三个工作区，根据摊贩多少分别按工作区或几个居民小组为单位，召开摊贩大会，讲解摊贩管理规则、宣传纲要和整理办法，并结合生产就业内容进行宣传，特别着重阐述人民政府整理摊贩目的，不是单纯的取缔，而在于为摊贩本身生活的长远利益打算，启发自动转业生产。全区共计召开大小宣传会议69次，6204户摊贩中，除已转业生产或因雨因病离家外出没有参加会议外，到会摊贩5086户，按居民住地区以20人至30人分别组成218个摊贩整理小组。由各组自行推选出正副小组长398人，发动他们自己进行整理，在整理中发现与培养积极分子，以完成整理摊贩任务。

第二步评议审查工作：首先，召开小组长联席会议布置工作，启发教育各组长，带动积极分子发动评议审查转就他业。再以小组为单位，采取自报公议民主评审的原则，召开评议审查转业会议。着重指出摊贩不是长远性可靠职业，人民政府对于摊贩的态度与整理办法再加说明，号召大家一起想办法为长远性的职业找出路，用关心体贴摊贩的态度耐心说服，使其自觉自动的转就他业或参加生产。个别应该转业生产而不自动转业经大家说服无效者，采取个别访问说服使其自愿转业。但个别的已具备转业生产条件，仍不自愿转业生产，抱观望态度者，经大家同意宣布取缔其摊贩资格，最后对确系无业可就，又无生产能力，非依摊贩不能维持生活者，经大家同意，最后宣布其仍为合格摊贩。

全区参加评议的5088人中，经审查结果合摊贩条件，应当发证者计2385人，不合摊贩条件，自动愿转他业的2700人，硬性取缔的计3人。

第三步整理发证：工作在未进行前，首先研究了各种摊贩所经营业别的性质，按照实际情况，分别确定布匹、碎货、什货、颜料、毛巾、布头、文具、纸张、蜡皂、医药、针线、纱、五金电料等行业，一律介绍进入摊贩市场，取得摊贩市场临时办事处，安置后之回执，始可发给固定摊贩证。破烂摊贩发给破烂摊贩临时许可证，限期转业进入临时破烂市场。盐、碱、铜铁器、杂粮木器、照像、钢笔、眼镜、修理、糖果、纸烟、花生瓜子、茶水、绱鞋、刻字、肉车、饭摊、菜摊、熟棉花、玩具分别固定在街头巷尾、娱乐场所附近等，不妨碍交通又不影响坐商营业的地方。发给固定摊贩证，焊匠理发肩挑流动之油醋酱菜小吃等业，一律发给流动摊贩证。到各街口察看地形，确定了能容纳特许固定数字。在各个摊贩市场都委托了临时办事处，负责安置进入市场的摊贩。并确定了各个市场的容纳量，分别进行安置发证工作。计已发证的2085人，合格摊贩计发给固定摊贩证1348份，流动摊贩证287份，破烂摊贩临时证450份，共计发出2025份，尚余300份因种种原因未发出，将由工商局继续办理。至摊贩市场都进行了准备又重新建立破烂市场，准备转业尚未转业的一律令其临时入国民市场推销残货限期取缔，现已正式介绍入市场者计国民市场99人，民生市场419人，民乐圆市场287人，共计805人。

关于材料整理：在发证期间同时进行，将不合格的转业摊贩姓名、性别、年龄、籍贯、住址、摊贩种类，拟转何业，分别按派出所管辖区缮造统计表两份，一份交由派出所负责督促其转业生产，一份交局留底备查，合格摊贩发证完毕后，亦将摊贩营业统计表整理两份以备留区交局备查。

经过一个半月的时间完成以上三步工作后，四区整理工作已告一段落，尚遗留三个问题需要继续解决。

1. 合格摊贩的组织管理问题，包括市场在内。

2. 不合格摊贩准备转业现尚未转业的摊贩，督促其生产就业问题。

3. 有个别摊贩因故未参加管理审查，但又非依摊贩不能生活者的审查处理及其他琐碎问题。以上这三个问题处理由工商局留一个干部会同区政府及公安分局派出所继续进行,作为经常的市政工作之一,以达到彻底整理摊贩的目的。

(三)经验教训:

第一,整理摊贩必须列入市场建设的工作进程内,密切配合才能组织各种力量便利完成任务,此经验证明如果单由工商局孤立进行是会增加许多困难的。

第二,整理摊贩必须和生产就业结合进行,只有生产就业整理摊贩二者相互配合,才能相互推动,如一般摊贩不愿轻易摆脱摊贩营业,有的摊贩说"不摆摊怎办"。经说服让其转业参加劳动生产都很有效,故四区生产就业移民中有不少原为摆破烂摊贩者。两者结合进行,结果不但是整理摊贩任务得以完成,并使生产就业内容才更加充实。

第三,整理摊贩必须走群众路线和发扬民主,如在宣传组织时,通过各种大会,用体贴他们的态度,宣传整理摊贩的原则和办法,启发其自觉性,组织后由其自选组长,召开会议了解情况,都可通过组长进行,尤其在评议审查工作中要发动群众,由其自已想办法使互相评议审查,而不能使用整理摊贩条件硬评,第八派出所曾因此方法走了弯路,最后还是用民主评议的方式,才解决了问题。

第四,整理摊贩必须有适当的口号、方针和具体办法。根据这一次整理摊贩,我们的口号对摊贩启发作用很大,如号召摊贩从长期职业出发,这一点摊贩们感觉,人民政府做的对,从思想上解决问题,自动转业是正确的。

第五,这次在四区进行整理摊贩的试办结果,采取这种工作步骤和方针,基本上是成功的,但是仍存在着不少的缺点,这是在各区进行整理时必须注意的问题,现将检讨到的简述如下:

1.工作不够深入和粗枝大叶现象,如宣传组织工作中漏掉一些摊贩根本未参加整理,其中有个别年老力衰非依摊贩不能为生,合乎摊贩条件者,没有领到摊贩证,如评议审查工作中使少数年青力壮应转业或劳动生产者,则列入合格摊贩,如在整理发证工作中错将少数固定摊贩与流动摊贩互易发证,因此增加不少待解决的问题。

2.工作照顾全面不够,如发给进入市场介绍信后,摊贩赴市场后市场地皮主要三袋面的摊床、摊棚租赁押金,始允其迁入市场。若工作组事先与市场地皮主能彻底谈妥,免生枝节,则摊贩即不至往返问询而迟迟不能迁入市场。

3.个别派出所因整理摊贩工作组干部运用方法和态度强硬,致使工作走了弯路,其中最严重的如第七派出所激起了二十多户摊贩联名写信并集体请愿要求发证,究其原因是工作干部态度欠和善。形式上是评议审查完毕,但思想上未解决问题,造成群众反感,这些经验教训应引为戒。

表1 西安市第四区未整理前摊贩性质调查统计

单位:人

地摊	摊床	挑贩	卖破烂	其他	合计
1172	1415	1912	1483	222	6204

表2 西安市第四区未整理前摊贩劳力调查统计

单位:人

全	半	无			合计
5079	2062	738			7879

表3 西安市第四区未整理前摊贩原来职业调查

单位:人

摊贩	军	政	学	商	工人	其他			合计
2914	207	26	72	1859	564	2239			7879

表4 西安市第四区未整理前摊贩经济状况调查

单位:人

较富裕	能维持	勉强维持	不能维持	合计
297	4992	2115	475	7879

(《西安市工商局整理摊贩总结报告》,1949年)

第三章　对私营工商业及合作经济的管理

第一节　发展私人工矿业及合作经济的政策措施

一、对私营和合作经营的政策措施

关于经济政策。应该积极发展工业农业和商品的流通。应该吸引愿来的外地资本家到我抗日根据地开办实业。应该奖励民营企业，而把政府经营的国营企业只当作整个企业的一部分。凡此都是为了达到自给自足的目的。应该避免对任何有益企业的破坏。关税政策和货币政策，应该和发展农工商业的基本方针相适应，而不是相违背。认真的精细的而不是粗枝大叶地去组织各根据地上的经济，达到自给自足的目的，是长期支持根据地基本环节。

（《毛泽东选集》合订本，1964 年版第 765 页）

发展工业生产与商业流通，奖励私人企业，保持私有财产，欢迎外地投资，实行自由贸易反对垄断统制，同时发展人民的合作事业，扶助手工业的发展。

（《陕甘宁边区施政纲领》，1941 年 5 月 1 日通过）

应积极欢迎海外华侨来边区投资，颁布优待华侨投资办法，帮助在延华侨兴办工商实业，造就便利华侨来边区投资的基础。

（《陕甘宁边区三十一年度经济建设计划大纲》，1942 年 1 月）

边区政府第六次政务会议讨论了华侨救国联合会，呈请帮助西北华侨实业公司开设工厂案。并决议：在本年度 1000 万投资额内，调整 5 万元到 10 万元资金，借给该公司作为投资。

（《边府第六次政务会议记录》，1942 年 1 月 5 日）

1942 年 7 月 30 日下午，边府第二十六次政务会议，讨论了米脂艾斌卿先生呈请政府投资纸厂案后决议：将本年预算辅助米脂县兴修水利经费 10 万元，暂时挪用作为政府对该厂贷款，详细办法由建设厅负责与该厂商订。

（《边府第二十六次政务会议记录》，1942 年 7 月 30 日）

在公私关系上，就是“公私兼顾”或叫“军民兼顾”。我们认为只有这样的口号，才是正确的口号。只有实事求是地发展公营和民营的经济，才能保障财政的供给。

（《毛泽东选集》合订本，1964 年版第 896 页）

现在我们边区的经济有三种主要形式：一是集体经营的公营经济；二是建立在私有制基础上的集体活动的民营经济；三是私人资本主义经济。合起来就是新民主主义经济。它并不是消灭地主阶级，而只是限制地主阶级的剥削，它允许资本主义经济发展。

（抄自《抗日战争时期陕甘宁边区财政经济史料摘编》第三编，工业交通）

有些人怀疑中国共产党人不赞成发展个性，不赞成发展私人资本主义，不赞成保护私有财产，其实是不对的。……我们主张的新民主主义制度和任务，则正是解除这些束缚和停止这种破坏，保证广大人民能够自由发展其在共同生活中的个性，能够自由发展那些不是“操纵国民生计”而是有益于国民生计的私人资本主义经济，保障一切正当的私有财产。

（《毛泽东选集》合订本，1964 年版第 1058 ~ 1059 页）

在新民主主义社会中发展工业，我们同时采用私营与公营这两个办法，我们应该帮助私人多办一些厂，因为生产出来的东西多了，对于我们经济是有好处的，但有些事情私人不办，或办不了的，便只好公家来办，即国家办。

（刘少奇《在工厂代表大会上的讲话》，1944年5月20日）

奖励边区内地主商人创立工业，并欢迎边区以外的工商业家来边区发展工业。为了解决民营工业资金的困难，同时来集合民资民力，首先采取合作社形式，政府得借予工业贷金，凡私人资本经营工业，只要他不违犯政府法令及劳动政策，政府应予以协助，并对其企业的发展予以法律上的保障。为了解决技术的困难，各工业机关及各工厂应给予帮助，并派出一定的技术人员，指导民营工业的发展。

（《西北局关于争取工业品全部自给的决定》，1944年5月29日；《解放日报》，1944年7月30日）

我们对于私营工业，是完全帮助它发展的，政府对它投资贷款230万元（边币，折合法币约170万元），又投资130担小米，1万斤羊毛。例如对米脂万合厂投资15万边币（折合法币71428元），100石小米，1万斤羊毛。对盐池元华厂投资5万边币。又借给米脂民生造纸厂边币10万元，30石小米。利息7%，都由财厅支付，与银行无关。去年对零星纺织业，共贷款200万边币（折合法币95.238元）。

（霍子乐《与中国记者谈话》，1944年6月29日）

边区政府经过银行历年对工业有很大数目的投资和贷款。从1939年起，每年举行一次工业展览。政府不但发展公营工业，对于私营工业、家庭纺织业也采取贷款投资，订货收购产品等办法帮助其发展（如对米脂的万合工厂，民生纸厂和绥德成立了土布公司收买土布）。在税收问题上，工厂的营业税全部免收。对必须的工业原料的入境免税或减税（如棉花只收1%），对边区能生产的工业品则提高其税收（如布从3%提高10%，铁从免税提高到50%），保护边区工业的发展。

（西北局调查研究室《边区经济情况简述》，1948年2月9日）

二、坚持“发展生产，繁荣经济，公私兼顾，劳资两利”的方针

工商工作的主要任务是发展工商业，而工业建设又是最基本的，成为工商工作的重要组成部分，我们在“发展生产，繁荣经济，公私兼顾，劳资两利”的总的方针指导下，如何去贯彻发展工商业政策，成为我们思想指导上急待解决的问题，但由于工作方才建立，缺乏实际经验，仅就如下几个问题，提出初步意见，供大家参考：

（一）必须贯彻保护工商业政策：——应该认识保护民族工商业是新民主主义三大经济纲领之一，这一政策的正确实施，将会有更多的小的及中等的私人游资进入军需民营工业的大门，对于新民主主义经济建设是有利的。这对须①认真保护工商业者的财产所有权及其合法经营，只有当工商业者在实际事例上看到了并且相信了他所有的财产不受侵犯时，他才敢于积极恢复与发展其营业，同时也会影响更多的私人资本投入工商业。因之在土改中，平错了的，应该在纠偏中“退还”，使纠纷问题得到彻底解决。②明令任何人不能对机器设备，进行拆散及破坏。否则，受到纪律制裁。③由于新民主主义的政治条件，造成了对发展民族工商业有利的独立自己的关税保护政策及刺激工商业发展的税收政策。我们在工作中，首先应注意到贯彻执行这项政策。

（二）有计划有组织的引向有利于国计民生方向发展：——因此我们不能笼统的去认识发展生产，不问其对国民经济的有利还是有害，认为只要是生产就可以发展的模糊观念，必须根据其对国民经济的重要性及利害关系，分别实行保护、限制及奖励与取缔的办法，以此消除对国民经济有害的奢侈品生产，发展有利于国计民生的生产事业。

（三）新民主主义社会，要想做到完全有计划的生产，目前是还有困难的，但是根据市场需要给生产者予以指导，减少生产盲目性，以及避免某些行业中间所发生的妨碍生产发展的互相倾轧现象是完全可能的。这在遇到具体问题的时候；应该注意到照顾进步生产力的发展（比如有机器面粉厂与手工磨坊同在一市生产，因生产与需要关系发生了面粉销路的矛盾，这时就不应该以照顾手工作坊，而限制机器生产）。在公营与私营发生矛盾时，应是先公后私（或公私兼顾），不能把发展私营看得比发展公营还更重要。也不能只帮助民营工业解决问题，而不去帮助公营工业解决问题，工商机关的工矿工作应该是管理与领导民营工矿业。

（四）要有积极发展的观念，凡是有（原料生产

及技术)条件的地方都应该去积极的组织民力民资开辟生产。其中有远大前途的,尤应该大大发展,在这方面所采取的缩手缩脚及自流放任态度是不对的,另一方面不顾及任何条件,去盲目的发展生产也是错误的。

(五)劳资关系:——应该认识劳资关系在新民主主义社会里是有矛盾而又需要合作的关系,这个关系若不能或没有得到适当的解决,是会妨碍生产发展的,因为工人生活既不能得到适当的改善,也就不会提高其生产积极性,反之,如果采取过左的方法,使资本家无利可图时,也会影响到生产停顿,因此必须①在保障工人权益(包括工人不受虐待及封建剥削,参加工会自由,适当改善工人生活,举办工人福利)之后,同时还须照顾到资方有利可图。②应对调解劳资关系采取积极态度,召开工人代表会,听取工人群众意见,一切应该而可能解决的事,均须迅速得到解决,问题来了再去解决的被动现象是应该注意避免的。③在每次解决劳资关系的时候,应该同时提高工人阶级的觉悟性与组织性。使工人自觉的起来服务生产,生产增加对于资方有利,资方也会更安心地投资于生产,以此达到劳资合作,发展生产的目的,这个处理劳资关系的原则,就是"劳资两利"政策。

(六)在私营工业急需发展,而且可能发展,又于国民经济有利,但力不足而影响生产时,工商业机关有责任帮助其解决生产困难问题,应该协同公营(银行、贸易)在公私两利,信用往来的原则下,采取有条件的支持和帮助,在这方面所发生的无条件帮助(使大公有损,私营得利)的右倾现象,以及坐视不管的左倾现象都是不对的。

(七)负担与税收政策,可能在某些地方,由于执行的不公平,不合理,成为工商业发展中的一个重要问题,应本既照顾战争,又照顾着生产的精神,配合有关部门(财政、税收)进行适当的调整,但不能片面的强调"轻税"政策。

(贾拓夫《关于边区工业问题研究》,1946年9月)

一个大发展,八年抗战作为一个历史阶段过去了,在此期间边区工业有很大的发展,发展的最高峰是1943年及1944年2年,当时公营工厂有101个,比之1938年(当时只有修械、印刷、被服等等几个厂)发展了约30倍左右,有职工6354人,比之1937年(当时只有职工300人上下)发展了20倍左右。

三种经营方式:

这些工业就其营业方式来说,大体可以分为三种:即工厂、小手工作坊及家庭手工业(副业)。就其经营者来说:也可为三种,即公营、私营及公私合营,工厂是新兴的带有近代企业性的一种经营方式,极大部分为公营,一小部分为私营或合营。

抗战时期,在战争和封锁之下,是促成边区工业发展的重要条件之一,所谓战争条件就是说在全世界打仗的情况下,普遍的感受物资缺乏与物价高涨,边区自然也要受到这种影响,所谓封锁条件,就是说在日本国民党经济封锁下更加造成边区特别严重的物资缺乏和物价高涨。一句话就是"缺乏"加上"进不来",这种情况自然给边区造成很大困难,但也正因为这种困难,刺激了边区工业、手工业的发展,因为边区军民的需要的必需品,这时除了自己动手解决外,再无别的出路,另一方面没有大工业与我们竞争,而可与我们竞争的也多是手工业制品,这种情况又是有利于工业发展的,对于边区工业,这种战争和封锁情况下的特点,我们必须认识。

(贾拓夫《关于边区工业问题的研究》,1946年9月)

三、奖励投资的政策

第一条　陕甘宁边区政府为奖励边区内外各界人民投资,发展边区经济,增长抗战力量起见,特规定本条例。

第二条　凡自愿投资边区经营第四条各项实业之人民,无论家在边区内外,或回国华侨,一律依照本条例予以奖助。

第三条　投资人须遵守边区一切法令。

第四条　左列各项事业欢迎投资:

(一)农业:如建修水利,推广植棉,建立牧场,发展蚕桑及其他农业与副业。

(二)工业:如掘煤、炼铁、造瓷、榨油、制盐、纺织、造纸、制革,及其他工业。

(三)干运输业:如驮运队、大车队、人力车,及其他运输业。

(四)其他实业:如办生产合作社,开设药材、土布、皮毛等公司及骡马店、轧花行等事业。

第五条 奖助办法如左：

(一)投资人利用城镇公共地基建筑作坊、店栈、宿舍及其他有关实业需要之工程，其地基三年免收或减收租金，并由县市政府发给准予建筑之凭证。

(二)建修水利所增加之农业收益，或推广植棉之地亩，三年免收公粮。

(三)经营工业运输业，三年免收营业税。

(四) 经营炼铁、造瓷、掘煤、榨油、运输等实业者，如因意外遭受损失，而该业主人愿继续经营者，得呈请该管县市政府转呈边区政府酌量予以帮助。

(五)投资人如因资金不足，又不愿或不能招股合办者，得呈请该管县市政府转呈边区政府酌量予以贷款之协助，但此项贷款数量，不得超过投资人投资总额三分之一。

(六)投资人出产之成品及所需之原料，得享受政府减税免税之奖励，如因原料采购困难，或成品滞销时，得商请贸易公司酌量调剂之。

(七)投资人如遇天灾或遭意外致损失生命或财产，妨害继续营业时，得呈请该管县市政府转呈边区政府酌量救济之。

第六条 除前条规定奖助外，投资人如需要其他奖助，亦得向该管县市政府呈请核办之。

第七条 投资人除享受第五条、第六条之规定奖助外，并享受边区人民所享受之民主自由权利及一般法律保护。

(《陕甘宁边区奖助实业投资暂行条例》，1945年3月28日公布；引自《解放日报》，1945年4月7日)

四、对合作经营工矿的政策

(一)为扶植合作经济之发展，合作经济的工矿除享有私营工矿的一切权利外，并得享受最优惠之待遇。但合股公司应视为一般的私营企业，不得与合作企业享受同等待遇。

(二)政府应尽可能帮助供给合作工矿以原料助料，收购合作工矿的产品，以扶助合作工矿之发展。公营贸易公司应以大力为合作社服务。

(三)合作经营的工矿资金不足时，得请求政府予以贷款，利率最低或免付利息。

(四)合作经营的工矿，营业税比照私营工矿减半征收。

(五)合作社为适应社会公共福利之需要，而创办某种工矿时，如无利可图，得请求政府发给津贴金。

(六)合作经营的工矿发展，主要应该面向农村——吸收农村剩余劳动力，特别是季节性的剩余劳动力，农产品的初步加工，家庭手工业，农村副业，手工作坊等等，合作社应该成为城市与农村，现代工业与手工业和农村副业相结合的桥梁。

(《中共中央关于工矿业政策的指示》，抄自陕西省档案馆)

五、对私营工矿业的具体政策

(一)根据政治协商会议所通过之和平建国纲领第六条第二款，及其中所指的第一期经济建设原则第二条甲项，除该项所列、应由政府独营之经济事业(邮政、电讯、兵工、铸币，主要线路及大规模水力发电厂)外，一切工矿均奖励私人投资经营，并保障私营企业之自由发展，政府不得以"私人资力所不能举办者"做为自己垄断专利，剥夺某些有益国民生计的私营企业之自由发展的借口。

(二)欢迎解放区外的生产界来解放区投资，在币制未统一前，此项投资须兑换抗币时，可予以有利之折合率。

(三)欢迎华侨资本来解放区投资，除予以有利之外汇折合率外，并将其盈利所应纳之税款，酌量予以减轻。

(四)欢迎地主转业工矿、其因投资工矿变卖土地者，除减免其应纳税之契税外，政府并予以便利，现行土地租佃条例中的有关条款，得酌情变通办理之。

(五)私人开办工矿，需用土地时得请求政府指定若干公地(与其确定需要量相当)，免租或减低租供其使用。

(六)私营工矿采购机器原料及推销成品时，政府当尽可能给予便利，并帮助其解决困难。

(七)私营工矿除按其纯利之多寡缴纳营业税外，例如财产税、出产税等一律免征，以减轻私营工矿之负担。

(八)私营工矿如感资金不足，可请求政府低利贷款，但政府不得以贷款做为统制私营工矿之工具；亦可请求政府加入官股，公私合营。但官股不得享有特权，应采股份公司制度，官股私股权利平等，政府更不得强迫加入官股，以谋吞并私营工矿。

（九）某些私营工矿如对人民公共副（福）利确有贡献，而常年亏本时，得请求政府予以津贴。

（十）私营工矿如遇不可抗拒之意外损失时，得请求政府予以特别补助，政府当在可能范围内适当补助。

（十一）私营工矿除必须遵守政府所颁布之工厂法、劳动保护法、及税收贸易等法令外，政府不得限制和干涉私营工矿之企业自由。

（十二）私营工矿得自由采用公营工矿的一套优良的合理化的制度和办法，但政府不得将公营工矿的一套制度和办法强制私营工矿一律实行。

（十三）政府当通过税收贸易等政策法令，以保障私营工矿有利可图，扶助私营工矿向前发展。

（十四）欢迎友邦人士来解放区投资，除必须遵守政府法令外，政府当予以法律之保护，其投资经营之工矿与私营工矿同等待遇。

（《中共中央关于工矿业的指示》，陕西省档案馆）

六、私营工业的发展

陕甘宁边区，在革命前只有家庭的妇女纺织和农村的手艺匠，少数的硝皮场、制毡坊、煤炭场等，虽有一个石油厂，但是试探性质的，在内战时已被破坏。广大的食盐均是自然晒法，没有经过人工制炼，晒盐是农民的副业，故没有任何手工业工厂，因之有广泛的矿藏，皮毛、脂肪油、蓖麻油等工业原料均未利用，工业品完全依赖边区以外供给。直至工农红军到达边区，才开始小规模的军事修械厂、印刷厂等。

（《关于边区经济建设之报告书》，1941年10月4日）

1. 家庭手工业纺织，在延长、延川、固临普遍发展，据考查，所产的土布足够供应该三县群众自用。

2. 小规模的手工业，如铁匠坊、木匠坊、毡坊、油坊、皮坊、烧木炭等手工业作坊遍于边区，产量可供群众的需要，大部分是农民半农半工的临时性质，部分的经常营业。

3. 私营煤矿，边区共20余处（延安、延边、延川、延长）均系群众合股小规模的人力开采，日共产煤30余万斤，可供该四县2/3的群众燃煤。

4. 盐矿、定边、盐池两县有盐矿五、六处，均系群众合股经营，盐的产量颇广，除供给边区外，可供陕西、甘肃、宁夏数省需用。盐场堡池去年产盐1800余万斤，本年产盐2000余万斤，因运销困难，当地盐价低落，影响大量生产。

（《一年来陕甘宁边区经济建设工作》，1939年）

据建设厅1942年8月统计，私营纺织工厂：绥德42家，手拉机220台，年织布3117.8匹，清涧3家，手拉机5台，年织布634.5匹；米脂5家，手拉机9台，年织布1142.1匹。

又据《1942年炭厂调查表》载，当时朱家沟私营老窑，日出煤8000斤，月产煤15万斤。白家坪利华二窑、三窑，四窑、共有炭工74人，把工12人，日产量共1.5万斤。

（建设厅《公私营工厂、手工业及煤矿调查统计资料》，1942年）

比如纺织业，3年只有私营工厂6家，工徒154人，织机52架，年产大布3690匹，到了1943年，就有了惊人的发展……比如造纸业，1940年民营纸厂计39户，工徒98人，池子38个。至1943年，……私营纸厂增至56家，工徒190人，池子65个，年产纸2468令。

（中直经济问题学习班《边区公营工业的发展》，1944年10月）

1943、1944年政府提出了争取必需品于两、三年全部自给的口号，边区的工业又进一步的发展。据统计全边区当时有……私营的工厂计：纺织厂50家、318人；造纸125人，炭工1891人，盐工1932人。

（西北局调查研究办公室《边区经济情况简述》，1948年2月19日）

七、发展手工业的政策

大力发展以纺织为主的各种手工业：

手工业在边区是作为大量家庭副业与一部分独立手工业而存在的，其中以妇女的纺土纱织土布为大宗。但是多年以来，这种土纱土布的大部分已被洋纱洋布打败了，最近几年由于我们的提倡，才又有些恢复。但是边区农民还是要拿了自己的剩余农产品,皮毛及运盐业去外边交换大量的洋纱洋布进来,自己的纺织业还远不够供给自己的需要。这里论述的民间手工业,也就以纺织业为主,兼及蚕丝与榨油,其他暂不论及。

(一)纺织业:

老百姓及军队与公务人员,年需布25万匹(每匹宽2尺4寸,长10丈的大布),其中军队及公务人员约占5万匹,老百姓约占20万匹。现在的供给量呢?七个公营纺织厂年产布约1.1万余匹,大小十个民间纺织合作社,年产布约1.8万匹,民间妇女织土布无统计,估计约有3万匹,公私合计年产量,已有10万匹,(注:原文件的数字)距需要量尚差15万匹,即是说,我们已可供给40%,这是很大的成绩。但尚差60%,这是我们今后的任务。这个任务是很大的,需要几年才能解决,但是依靠现有的公营纺织与民间纺织,加以改良与推广,是有解决的可能的。我们种了棉花,可以有计划地发动民间妇女纺纱,织半土半洋布,逐渐减少洋纱的进口。并逐渐做到完全用自己的纱织布,就可解决这个问题。织布的任务:第一,依靠公营工业。1942年公营布厂已能产布1.1万匹,差不多可以供给军队和公务人员需要之半数,再过几年,就可完全自给。第二,提倡民间妇女织布,绥德一带妇女已能年产3万余匹,只是尺寸不一,人民不乐购用,仍然欢迎外布,如能加以改良,增加布产是有希望的。第三,民间合作社已能年产1.8万匹,还可发展。全边区的布,必须依靠三方面协力,才能解决。但首先与最大的问题是纱。25万匹大布如全用土纱织,以每匹十二斤纱计,需三百万斤纱,如用土纱洋纱各半合织,则需150万斤土纱,15万捆洋纱。目前公营布厂及民间合作社织的就是这种半土半洋布,但土纱还是不够,还需大量推广民间纺纱,并改良纱质。因此,逐步发展民间手工纺织业,扩大其数量,改善其质量,就是边区的极重要任务。

如何逐步去解决这个问题呢?根据过去经验,我们提出下列办法:

1. 首先是整理与发展绥德警备区各县的民间纺织。办法是:由警区专署主持,联合物资局及三五九旅大光纱厂协助,发棉花给妇女,令其多纺土纱,供给公营布厂的纱的需要,这个办法1942年行之有效,1943年应继续,并扩大之。警区民间土纱除供给公营布厂之外,还可自己织布。由物资局规定布的尺寸与质量,并保障其销路,即由物资局收买,或自己用,或转卖民间。其次,为增产土纱计,应由政府投资100万元。根据延安南区合作社组织妇纺800家的经验,贷与延安、安塞两县3000家,1945年在两县扩大纺织机3000架。这种贷款由物资局经办,发给棉花与纺机,而收买其土纱,借以供给公营布厂的需要。其次,为增加布产,应由政府再出100万元,取贷款或合股方式,投入现有的民间织布合作社,推广民间织布事业。……如果素少纺织经验的延安人民,能由党政推动于二、三年内全部解决纱布自给问题,则其他无经验各县当然也可在相同时间或较多时间内解决。我们希望各县同志都有一个计划。至于有经验各县如警区一带,当容易解决。根据延安同志的推算方法,大人占三分之二,小人占三分之一,大人四人一匹布,小人八人一匹布,则边区140万人口,年需布不是25万匹,而是33.75万匹。即使这样大的数目,根据延安同志的意见,也可在二、三年内解决。总之,依靠人民动手与党政领导,是什么困难也可克服的。

2. 棉油业:

因为植棉,各县的农民,1942年已能收棉籽约300万斤,可榨油36万斤,明年扩大植棉,可得棉籽500万~600万斤,又可增加榨油量,我们不应让其抛置,棉油是可供食用的,但边区农民还无此习惯,如无政府提倡,他们不会榨油。因此应由边区政府投资30万元,经过植棉各县政府动员农民试办棉籽榨油业。试验成功后,再行推广。油归政府收买,这不仅可以解决吃油问题,而且按照现在油价(每斤15元),如能产油36万斤,农民即可收入540万元。

3. 蚕丝业:

绥德、清涧、安定、延川、延长、固临等县,很多农民养蚕,是一项相当大的副业。如安定一县1942年养蚕的就有3,585户,得茧23,662斤,值洋60万元。

我们的缝纫工业需要丝线,我们的毛毯工业需要丝边,我们还可用丝作纬织布借以减少洋线入口,故应发展边区丝产。其办法是由政府支出30万元,贷给农家,发动养蚕,特别贷给那些养蚕成绩好的农民。并由物资局,经过当地合作社,收买农民的丝及向农民定制丝织品,促进丝业的发展

(《毛泽东选集》东北书店版,第780~785页)

八、推动纺棉纺毛的发展办法

第一条 本厅为了解决边区境内织布业经纬纱线之困难。提倡民间之纺织业,并组织农村妇女进行有组织之纺纱工作,从而改进其技术起见,特制定本办法。

第二条 为求得纺纱工作有组织进行起见,应采用合作社组织形式,以自然村落为单位,将愿意参加纺纱妇女由三人至十人编成小组,每组推组长一人,再按乡或行政村集合小组长推举三人至五人为理事,设理事主任一人,负该乡或该行政村纺纱之管理,销售、原料、工具及困难问题之解决等责任。

第三条 纺纱合作社以个别生产、集合销售为原则。

第四条 纺纱合作社各社员之成品除自用外,应交回各该合作社,趸匹(注:批)售于难民纺织厂或边区境内之纺织生产合作社(各社员不得私自出售)。

第五条 无论采取任何组织形式,只要能够推动或直接参加纺纱工作者,均由边区政府按照生产运动奖励办法予以奖励,如合乎第二、三、四条之规定者,并给以原料、工具、技术等方面协助。

第六条 凡愿意遵守二、三条之规定,向本厅请求协助者,暂按照下列手续办理。

一、将合作社名称(县区乡纺纱合作社)及理事姓名、社员人数,呈经县政府转呈本厅备案。

二、申请协助原料、纺车、资金之任何一项或数项,均须列表说明分配办法,经县政府介绍后,本厅得根据具体情况贷给之。

三、申请协助纺车者,手摇纺车以一人至二人一具,大轮纺车以每二人至五人一部为原则,但得按具体情形增减之。

四、申请协助羊毛者,大轮纺车每次以50斤至100斤,手摇纺车每次以15斤至30斤为限,棉花则大轮纺车每次以30斤至70斤,手摇纺车每次以15斤至20斤为限,得按具体情况增减之。

五、各该县离延安较远,又为生产棉花或羊毛区域,得斟酌实际情形,申请本厅贷与购买原料、工具之资金,其标准每户以三元至五元为限。

六、前项之工具、原料、资金,均以纺纱合作社为贷放对象,每社承贷之多寡按人数定之。

七、二、三两项贷予之原料、纺车等,均须按照当时当地价格折成国币,由合作社理事主任以债务人资格承借,承借资金亦同。

八、前项贷款利率及期限之长短,视贷款种类临时决定之,但利率最多不超过月息一分,限期最长不超过二年。

九、凡愿意学习纺纱技术,无论手摇纺车或大轮纺车,本厅均可派人教授,其教授方法分为集体的与个别的两种,视其具体情况定之。

十、如有愿向本厅承领棉花者,每斤只须交回八两棉纱,不取任何代价,亦不付给工资;如愿意价买棉花并价卖棉纱亦可。

十一、有纺纱技术(无论大小车均可),自愿负担指导其他妇女学习纺纱时,其生活费呈准建厅领取,如工作积极而成效显著时,得呈准建厅分别奖励之。

(《陕甘宁边区政府建设厅推广纺棉纺毛办法》草案,1940年)

九、手工业概况

在国民党反动统治下,延安县是一个经济文化极端落后的地区,地广人稀,当时延安县人口只有3.4万人。交通闭塞,山重叠,封建性的自给自足的自然经济占主要地位。在封建地主的残酷剥削下的农民依靠简单落后的生产工具,进行生产,产量很低,毫无抵抗自然灾害的能力。延安是陕北比较中心的地区。它周围联系着广阔的商品消费区域的农村,但因没有近代工业,手工业也极不发达,所以日用工业品和某些农业生产工具,绝大部分是依靠外地输入。工业品,如布匹和杂货(洋火纸张、文具、颜料和迷信品等),尤其是布匹约占全部进口的70%左右。当时因为东路(山西)来货容易,再加上有些商人是山西人,所以延安的货物大部从山西输入。

当时延安根本没有近代工业,为居民生活和农业生产服务的手工业极端落后,它的基本特点是:户数少、资金小,技术落后,品种少质量低,销路不好,远远不能满足需要。根据调查,当时延安城乡个体手工业者包括铁匠木匠、砖瓦匠、毡匠、泥水匠、小炉匠、印刷匠、采煤工、缝纫工、车辆修配工等只有100余人。城市手工业的洋铁铺、木匠铺、铁匠铺、皮坊、毡坊、银炉掌炉、裁缝铺、照像铺、理发铺、鞋铺共26户,从业人员66人,其中学徒和助手23人。乡村手工业者是流动性的皮匠、毡匠、木匠和铁匠等,约有40余人,农忙时从事农业、农闲时从事手工业生产。据估计延安全县手工业的产值,每年只有2万元左右(银元)。

小手工作坊是旧的经营方式,绝大部分为私营,一小部分为公营或合营。家庭手工业也是旧有,但是在新的条件下充分发展了的一种形式,完全为私营。三者比较(工厂、手工业作坊与家庭手工业——编者),就其发展之广、与劳动人民联系之深来说,虽然家庭纺织在生产技术上很落后,但由于它是一种副业,所以能把20万上下这样广大的妇女力量组织起来从事纺纱织布,能生产10万匹以上的大布,其在国民经济中的价值仅次于农业生产。其次,作为大量存在的是一种小手工作坊。这些小手工坊有一种仍然当作农业之副业或与城镇小商业相联系而存在,其人数虽不很多,但分布极广。它同农业生产配合,生产人民经济生活中一部分必需品,在大工业未建立之前,它是不可缺少的。

(贾拓夫《关于边区工业问题的研究》,1945年)

今天许多工业区域被占据,依靠外来工业品来满足边区需要,已不可能。因此,要使边区能够成为持久抗战的根据地,就必须造成经济上能够自给,能够供给抗战部队和人民的需要。因此,不仅要大量的发展农业生产,而且要把发展手工业生产和军事工业的生产放在第一等的地位。

大量的奖励个人或合作的投资,以发展手工业生产。对于已经建立起来的基础,应当有计划的去加以领导和帮助,以使之扩大。

(《1938年建设工作报告提纲》)

发展工业,主要应以发展家庭手工业和人民的生产合作为主,因为手工业生产以家庭副业的形式发展为有利,政府办的公营工业主要是为的倡导和供给的作用。家庭手工业又应以纺织为主,特别是绥德分区,东地区各县,安定、延安、安塞等更应多多推广。再则应注意发展造纸、农具、鞍架、大车、口袋和织布合作以及掏煤等。

引自(《抗日根据地政策条例汇集》陕甘宁之部[下]第621页,抄自延安革命纪念馆)

对边区工业自给具有很重要作用的是家庭手工业,如全边区1944年有家庭纺妇15万人,纺纱166万余斤,织布的6万余人,织布11万余大匹。机关部队亦从事纺织、打盐、业余生产。农村的家庭纺纱,不但供给了人民的需要,而且公私营的纺织工厂相结合,供给后者以原料。

(《边区经济情况简述》,西北局调查研究室,1948年2月19日)

第二节 边区私营商业的发展与作用

一、商业政策

(一)商业政策的实施原则:

根据毛主席指示的三大经济纲领,新民主主义经济构成的原则,在目前及全国革命胜利后的一个相当时期内商业政策原则,不是左的取消与打击私人资本,而是保护与发展私人资本,但也不是右的走旧的资本主义道路,放纵发展垄断操纵的资本主义市场。

商业繁荣有以整个经济繁荣为前提,交换发展是生产发展的反映,同时,交换发展又是刺激生产发展的。交换与生产的分工是历史的进步,取消这种分工,会使历史停滞。土改以后,农村劳动力,从封建桎梏之下解放出来,生产与占有已统一,将使农村生产力提高,给市场交换的繁荣与扩大,提供了可靠的保证。但是同时,须正确政策去发展交换以刺激生产增加,并提高购买力。

(二)市场政策:

建立联系城乡,以服务农村为主的市场,购销工业生产品,供应农村生产工具,及生活日用之必需品,购销农村生产品或就地调剂,或购甲地之有余,调剂乙地之不足,或购农村之原料,供应城市之工业,或购内地之有余,经营推销出口。

对外严格管理,或某种商品的严格管制,管理与管制均从保护与发展国民经济出发,凡须管理者,不论贸易公司或私人均可经营但须有奖励进口与出口,限制进口与出口之分,政府根据当时当地经营情况之不同。可随时伸缩税目税率,以奖励或限制之。须要管制者,如奢侈迷信品,或解放区生产之有余与完全可以自给者、禁止进口解放区生产之必需品,自给尚不足者禁止出口。

对内自由(各解放区的贸易均为对内)无论行商,经商、行业性商、旅店、凡非经营违法走私业务一律自由,并须依循政府发展繁荣经济方针,使内地商业繁荣,以利土改后农工经济之发展。

为了繁荣商业、建设经济。必须建立国家资本(即贸易公司),团结中商、扶助小商、密切联系合作社。建立联系城乡为建设经济税务之基层,以主导城乡市场,打击与限制垄断投机操纵商业之发展,本稳定金融物价方针,掌握物价。

保护调剂农工生产的社会平均利润,避免工农产品的剪刀差,避免生产与交换的矛盾,主导调节供需的机能作用,使产、运、销衔接协调,从加速周转上与保护生产合理利润上,以发展生产与扩大再生产。

限制市场商业利润的超额现象,使广大群众不受或少受生活必须日用品上的超额剥削,以维持与提高广大群众生活购买力。

保护发展中小商业不受大挤小或因投机操纵,波动金融物价,对于中小商业的危机压迫。

(三)负担政策:

历年来陕甘宁边区的负担政策是:重农轻商,直接税少于间接税,在农业经济的中国,尤其是属于小农经济形式的边区,这样的负担政策完全是正确的,今后较长时间,仍须贯彻此政策,在思想上必须对于商业在新民主主义经济建设中的地位与作用,有正确的估计,估计不足,在执行中则会发生保护与发展商业之过左负担政策,估计的太高,或则取消必须限度的合理负担,或则贷款上偏商轻农。

负担政策必须是维持大商,团结中商,扶植小商,因此在负担上,比重上是大商重于中商,中商重于小商,负担税率应以当时当地生活开支,按当时当地一般商业利润额,能维持生活以外之利润资本为起征点与累进基点。根据资金与利润额的递多而累进之,累进原则为节制垄断资本发展,但不应取销一般中小商业资本的积累与扩大。

(抄自陕西省档案馆)

二、私营商业概况

土地革命初期。延安县的商业也是极不发达,商人多集中于城市,延安县城的私营商业有102户,按商店的经营商品和业务划分,布匹百货店15户,布匹杂货店22户,杂货店27户,皮坊4户,过载栈13户,文具书店2户,药铺1户,饮食店17户,澡塘1户;按商店的资金营业情况划分大中小型商店,大商店11户,占商业总户数的10.8%,中商店32户,占商业总户数的31.3%;小商店59户,占商业总户数的57.9%。

城市私营商业资金总额13.6万元(银元),其中:大商户的资金占48.5%,中商业户的资金占39.6%,小商户的资金占11.9%。平均每户资金1,300元,大商户平均每户资金6,000元,中商户平均每户资金1,700元,小商户平均每户资金270元,由此可见,延安的商人一般都不大,但发展极不平均,资金集中于少数大户之手。商业投资的方式,以私人独营为主,约有四分之三的商店是独营的,其余的是2~4人合股经营。

城市商业从业人员有390人,其中店员177人,平均每户3~4人。(其中店员1~2人)商业的营业额每年25.2万元,平均每户营业额2,400多元。

在城内的南街和北街还各设斗行一个。斗行是当时粮食自由交易的市场,它是由十多个商人合伙经营,主要向国民党反动派政府包交税捐,代客交易粮食,从中取利,每年经过斗行交易的粮食有1万石以上(注:当时的1石粮食相当于现在的1石5斗),斗行还兼收屠宰税,每宰猪一头收税1元,宰羊一只收费2角,当时每天宰猪4头羊10多只。

当时乡村商业的集镇贸易只有三个(甘泉、甘谷驿和蟠龙),五天一集,交易额很小,从城市买货下乡贩货的串乡小贩,只有10~20人。

由于当时的商业没有统一的市场物价,进行自由交易,商店经营不分行业,什么利润大,就经营什么商品,商人为了获得利润,特别是批发商人排挤小商人,他们采取各种欺骗手段,对消费者特别是广大农民进行剥削,其办法归纳为以下八点:

1. 在城乡之间工业品与农业品交换过程中,采取低价收购农产品和高价出卖工业品手段。扩大了工业品与农业品价格之间的剪刀差。如1尺青市布就换26斤小米或25斤猪肉,1斤盐换八斤小米,1条祝君毛巾换42斤小米,一条肥皂换28斤小米,1张铁锨换56斤小米。

2. 私商与农民交易,利用农民贫困而缺乏现金的情况,多采取赊销的办法,高价推销工业品和低价收购农产品。商人对农民赊销商品后,分为夏秋两季收款,赊销商品的价格比现金交易高半倍左右。如赊销的土布每尺8分,比现金交易每尺5分的价格高60%。在秋季粮食上市粮价下跌的时候，商人进一步压低粮价收购粮食，抵赊销的货款，粮食低价要比已往下跌的市场价格还要低10%以上。有的农民既无现金又无粮食，不得不低价把牛、驴、羊等牲畜折价卖给商人，农民受到商人严重的层层盘削。

3．私商开设斗行和过载栈经营代客出卖商品的业务，从中牟取暴利，过载栈是代客出卖粮食和盐以及其他商品，并供客商食宿和客商的牲口草料等，收斗捐（即手续费）的标准在名义上粮食和盐，每斗分别收粮食和盐三合，其他商品按价收款，占货物价值的2%，商人还采取撒合子或低价收买，高价卖出的办法来剥削客商。撒合子就是在用斗过粮或盐时，撒在斗外的粮食或盐归商人，撒的多少完全由商人手中掌握，其收入一般比斗捐多。斗行是当时剥削农民的另一种交易场所，斗行每年除上缴税款约等于30石粮食。

4．囤低卖高，囤迟卖快，投机取巧，牟取暴利。大中商户，利用物价波动，采取低价囤积，涨价或脱销时出售，从中牟取暴利。如白大章在红军围城时囤积食盐10多石，麦子100石。食盐的进货价，每石20元，以每石100元出售，获利达4倍。

5．大中商店的店主开设商店利用自己的地位，还可发行货币，扩大经营。当时有20家大中商店各自印发钞票，在市场上任意流通使用，这是商人利用消费者的资金对消费者进行剥削。

6．批发商人掌握市场行情，了解商品的购销关系，知道哪些商品可能脱销，哪些商品可能滞销，制造物价波动，借此排挤小商人，夺取利润。

7．放高利贷，特别在青黄不接之际，农民难于维持生活，商人就把囤积的粮食借给农民，以小斗过粮食，一般要比大斗少10%，并加上高利收息，秋季收回。还有的商人向农民买青苗，按4元一石粮食借给农民现金，比市价每石6元低三分之一，到秋季收粮食，如遇天灾人祸，无力按期归还时，却以“驴打滚”的形式向上加利。

8．商人以大秤人，小秤出，偷尺减码等手段对顾客进行欺骗，从中榨取利润，除此之外，他们还采取以残货充好货等办法欺骗顾主。

三、私营商业的恢复与苏醒

延安解放初期，私营商业在城区开店经商的只有102户，而且基础均甚薄弱，全部资金共有3.8万元左右（法币），其中：5000元以上的商户一个没有，1000元以上的商户也都少。如当时号称延安本地儿大家的商户（即：万盛荣、万和斋、恒玉永、福太昌、永远兴、双兴和、吉玉合、义顺魁、天顺协）共有资金1.8万元，当中最大的万盛荣也仅有4,000元；中户18家，共占资金13,000元，小户75家，共占资金7,000元，其经营范围，也仅限于小量布、油、茶、杂货等日常用品，以及饮食、客栈等行业；而且多系混合经营，真是“上至绫罗绸缎，下至打牛的鞭杆”，有什么货，就进什么货，什么货有利，就进什么货，所以没有什么正规行业的严格划分。这些商业当时的从业人员，初步计算为151人（包括资方及资方代理人125名，雇工、店员26人）。解放后，由于党和政府大力帮助和扶持，并随着边区生产的不断提高，经过一年的整顿和发展，私营商业有了根本的变化，商业恢复了，市场活跃了，据1937年下半年初步统计材料，全年商业营业额总共达到26万元，较之1935年增长了一倍以上。但在新民主主义政治和经济政策的领导下，也经过了一个改组过程，一部分投靠反动势力的官僚资产阶级，大商人，他们多在白区设有联号生意。解放后，即已随敌逃离。如福太昌号经理白宝恒等。大多数中、小商户，对我党非常欢迎，感到解放给他们带来了繁荣，找到了出路，如有的商人说：“过去我们怕红军，现在我们确实是想红军”。还有一部分大商户，由于受到反动宣传，内心畏惧。因之，当时就有隐藏大量商品，不肯出售，只留小量物资，应付门市的情况发生。如本地九大户之一的万盛荣经理范万平，就是这一类型人物。为了更好地团结、教育并发挥私营商业的积极作用，政府针对上述情况采取了以下措施：

（1）大力宣传当时的“自由贸易”和“保护私人工商业”的方针政策，使其安心经营。

（2）为了恢复与鼓励延安商业的发展，首先：充分利用私商有利于国计民生的积极一面，采取了免收商业税的办法，只此一项，根据估算，一年即使私营商业额外获利约1万多元。这个数字相当于当时私商总资金3.8万元的四分之一还多。

（3）发放低利贷款1万元（约折小米1000石），给困难的中小商户，扶持经营正当商业和维持生活。

（4）灵活掌握货币兑换，当时政府以及消费者和私商间的交易，其货币都是由商人选择，取用法币、边币、银洋、黄金等,这就大大便利了私商进货。

(5)灵活掌握市场价格,只作大体的控制,不作过细的管理,以便私商能获得较大的利润。

(6)发展城乡交流,恢复和发展乡镇集市。在党和政府一系列的正确政策贯彻下,一部分大商户解除了顾虑,发挥了经营的积极性。不仅原有的九大商户有了发展,而且外地商人也纷纷来延安投资。如从山西、山东、河南等地来延的外商,设店开业,其规模较大号称当时外商十大户(即,德盛仁、德盛通、德义合、兴盛仁、同德合、忠义王、德顺通、协记、晋兴和、永兴和),也是这个时期(1937~1939年)来到延安。这十大户的资金除德义合、德顺通两家约为1万元以外,其余也在5000元以上。经营着布匹、棉花的批发业务,每年由外地输入物资少则5~6次,多则10次。每次进货金额约在1万元左右,是当时比较大的座庄行业,连同原来延安本地九大商业户已上升到19户,而中等商户也有较快的发展,特别小商户发展最快,整个营业额比1937年增长了约两倍左右。这样延安商业由恢复逐渐走向了稳步发展的阶段。1938年9月,日寇对边区开始了疯狂的轰炸,为时约达四个多月,延安城区遭到很大破坏,私营商业均在政府安排下疏散到临时的地方分散经营。延安城内商业由于日寇轰炸,实物损失约达整个资金的四分之一,商业人员被炸死、炸伤的即有30~40人,因之,城内一度很混乱。但这时,党中央和毛主席和边区政府派出了安慰工作团,并发出3,000元救济费(约折小米300石),对商人进行安慰和帮助,并以低利贷款1万元,以一部分救济这些困难商户,并以一部分组织私商重新开辟了新的交易市场,(即:现在的南关市场沟,原名古魂沟)城内商人陆续迁往新市场落户,经商的仅半年时间就有400家,这比日寇轰炸前,不仅没有减少,反而增多了。从此,新市场就成为延安新的商业中心。

四、私营商业在国民党封锁边区初期的发展和变化

私营商业经过1937年边区政府的扶持,有了很大的发展,商业户数由1937年的102户发展到1939年的412户,到1940年初发展为523户,资金由1937年的1316万元(法币,下同)发展到1939年的22万元,再发展到1940年的28万元。不论零售、批发,都有很大的增长,但从1940年国民党反动派对边区进行了经济封锁以后,对私营商业带来了很大的困难,当时延安主要依靠外区输入的棉花、布匹、医药、火柴等人民日用必需品,和一些主要依靠输入的工业原料,1939年减少了三分之一左右,到1940年减少到一半以上。如棉花的输入在封锁前可以大量入口,商人每次可以进货50~60驮,(每驮150斤),而封锁后,就只能少量进货,据了解,1940年一次进货只能30驮左右,而1941年就更少了。而且在运货通过敌人封锁线时,还有被敌人查出没收的危险。当时曾有一部分私商,因为运货通过敌人封锁线时被查出没收,不能再继续经营。私营所经营的进口贸易,1940年比1939年减少30%,1941年又减少20%,经营进口的商业户数,也有所减少,特别是由山西等地来延安经营商业的十大户全部在这个时期(1940~1943年)离开了延安。这些大商人的资金在延安私营商业中占有较大的比重,由于阶级本质所致,他们对党的政策是怀疑和动摇的,这些大商人的离开延安,对于延安商人的阶级比重起了很大的变化。当时私营商业总的资金为28万元(法币,下同),其中:大户45户为16万元,而外商十大户就占6万元,中小户405户为12万元,1940年外商十大户离开延安后,大户资金成为10万元,仅是总资金的45%。由于中、小商人的比重大大增加,私商对党更加靠拢了,对党的政策更加拥护了,公营商业对私营的领导和团结也有了进一步的发展,这对于领导私商,更进一步发展进出口贸易和敌人的封锁作斗争是有利的。由此可见,敌人的封锁反而促进了延安的私营商业的发展。

1941年以后,边区在打破敌人封锁,扩大进出口贸易方面,在货币管理上、进出口贸易的管理上和对私商的扶助上,采取了一系列的措施,而且私商在和敌人的封锁作斗争方面,经过一年的摸索,也取得了不少经验。在这种情况下私商从敌区进货又有了继续上升,而且获利很厚。如山西商人畅万功与延安银行签订合同,输入号码机一批,一次即获得纯利达100多匹洋布,延安商人王克温在1943年由西安贩运边区急需的工业原料铅,一次进口40驮,获得纯利达三倍以上,因此,私营商业在进出口经营上,经过了一段斗争以后,又有了发展。

特别是由于边区在1941年~1943年的大生产运动,农业生产和工业生产都有了巨大的发展,当

时生产的布匹,已经能够满足边区人民和军队需要的60%。其他工业品,如纸张已能全部自给了,纸烟、袜子、肥皂、手巾已能部分自给了。并且已经开始生产火柴和瓷器。其他土产和日用商品的生产都有很大的增加,这使延安的商业的货源从主要依靠进口,逐步转向主要依靠自己生产,边区这种经济的巨大发展,有利于公营商业和合作社商业掌握货源,加强对私商的领导和对外贸易的管理。其次,生产的发展,促使了人民生活的提高,又大大有利于边区内部城乡交流的发展。因而也鼓励了私商在对内贸易上的经营。

边区政府采取了一系列的措施,大大促进了延安商业的发展。在对内贸易上,延安的私营商业又进入了一个新的繁荣时期。延安私营商业的户数又由1940年的450户增加到1943年的641户,资金以1940年为100(1940～1943年物价变化较大,因此,以实物、布匹为计算单位)到1943年约增长一倍以上。私商的从业人员,因而也有了很大的发展。从1940年的977人发展到1943年的1,418人。这个时期在党的大力扶持私营工商业政策指导下,延市私营过载栈发展到18家:天太和、天德栈、泉生成、兴隆店、福太成、顺长源、同益永、永兴栈、天顺长、复兴店、万生店、庆发长、福顺利、万福店、正谊和、吉星店、义顺店。成立最早的是天太和,1927年成立;天德店1938年成立。其他是抗日战争开始后成立的,18家总共资金70万元以上,占延安商业资本一个很大数字,最大的15万以上。18家1941年一年赚利10万元左右,以天顺长、同益永、天德店、天太和等赚利最大,当时商业较好,有的每天向外批发棉花7000斤。过载栈是边区之外客商来延时,通常是住过载栈,在经营方式与资本活动方面,过载栈可分三类:一类主要靠“批发”及向边区以外活动。他们在边区以外、有很大的活动能力,与外面大商有联系,与外边盐商、棉商、布商、烟商有来往。在西安、蒲城、三原、榆林,定边等地有联号或住有专人经营商业。他们的消息很灵通,有一万资本可作二至三万元的生意。当延安商业好时,他们就进货来延安,专作批发,延安商业下滑时,他们就在外面各商业据点之间作转运与批发。所以这样的过载栈,对延安商业经济关系比较大,这样的栈行是:天顺长、同义永、顺长源、天德店、天太和等。

其二,生意一方面靠外面活动,一方面靠卖饭,他们在外面的活动力比较少,有时派人到外边经营,但资本是小资本。外边拉拢能力也不大,所以他们生意尚须靠卖饭,这样的过载栈福顺和、庆发长、福兴店等。

其三,专靠卖饭,是小的过载栈,延安对贸易的直接城市,大半是西安、韩城、宜川、蒲城、朝邑、合阳、三原、洛川、绥德、榆林、三边、西峰及河东降州、碛口,所以过载栈大都是这些地方客商与脚户。天太和、天德店、顺长源、同益永、天顺长,主要经营是棉花、盐、布匹的批发,所以一般地说,各方面的客商与脚户都有;万福店、长隆店多住烟商;广发长、万生店多住盐商;泉生城、福盛和、正谊和、永兴栈多住布匹商、烟商。所以天太和、天德店、顺长源多住韩城、合阳、洛川客商与脚户;万生店、广发长多住靖边、盐池的客商与脚户;天德店、天成栈、同益永多住绥德、榆林,东路客商与脚户;福盛和、正谊和则多住韩城、澄城、合阳、大荔、洛川等地的客商与脚户。至于西峰镇则多住天顺长,延安外地商人资本占绝对优势,延安仅占十分之一,过载栈也多系山西人经营,本地人很少。

五、私营商业的稳定与抗日胜利时的收缩

这一阶段大致可分为两个时期:1945年下半年至1946年,即:日本帝国主义投降前后,延安商业主要是收缩时期。

1944年至1945年上半年商业的稳定时期主要表现在,由于整个边区生产的发展,贸易管理的主动与出进口的接近平衡,金融物价的稳定,商业赋税的减轻等,这几个方面。当时边区的经济情况是:“1945年内边区农业增产达20余万担细粮,其中经过边区党政军人共所得达10万担,也等于今年公粮60%以上。今年植棉30余万亩,收棉300万斤,达到自给边区需要的三分之二,生活日用品之毛巾、肥皂、火柴、袜子、纸张、陶瓷及纸烟等之全部自给或部分自给了。

(以上二至五部分均抄自《陕西省延安县工商业改造资料汇编》[上],1960年12月)

六、私营商业在繁荣内部市场中的作用

关于经济政策。应该积极发展工业农业和商

品的流通；应该吸引愿来的外地资本家到我抗日根据地开办实业；应该奖励民营企业，而把政府经营的国营企业只当作整个企业的一部分，凡此都是为了达到自给自足的目的。应该避免对任何有益企业的破坏。

（《论政策》，1940年12月，《毛泽东选集》横排本第762页）

内部市场的方针："调剂物资，调整物价"，但作的不够。具体的作法是掌握生产与消费的季节性。掌握几个主要市场，其余不关紧要的市场，就可以不发展，因为这些小市场上对物价无大影响。要稳定物价，主观的去压价或限价是行不通的，贸易公司的力量主要是对外。内部市场上反对垄断，扶助中小商人，在陕甘宁边区已无大商人了。例如延安的十大家，因为社会上失掉他们销货的顾主（上中层人物的消费），加上我们货币政策，对外汇的限制，贸易上对出入口的管理，旧的带封建性的大商业资本在新社会的市场上不好活动，只有搬走，现在剩下的只有中小商人，繁荣内部市场，就是依靠他们。

（南汉宸《陕甘宁边区的财经工作》，1947年5月在华北财经会议上的报告）

要使我们取得对外经济斗争的胜利，必须团结内部的力量，也必须实行公私兼顾，互助合作，团结内部，一致对外的方针。贸易公司的一切活动，只有认真实行公私兼顾与群众路线的方针，才能团结内部，统一步调。

（边区政府《贸易工作的方向》，1944年）

第三节　对私营工商业与手工业管理

一、对恢复私营工商业的措施

根据党中央发展生产，繁荣经济，公私兼顾，劳资两利的总方针，延安各级党和政府坚决执行了保护与发展工商业的政策，扶持与领导私营工商业，迅速复业，繁荣市面，以便使工商业为支援解放战争和改善人民生活服务，使城市为农村经济发展服务。关于保护工商业的政策，陕甘宁边区政府在1948年3月31日正式向群众公布，其内容是：一、坚决贯彻保护工商业政策，凡遭受蒋胡匪军重大破坏的工商业，无论属公属私，均应本政府保护工商业的方针，鼓励与扶助其恢复营业。在土改中切实实行土地法大纲第十二条关于保护工商业者的财产及其合法的营业不受侵犯的规定。地主、富农所经营的工商业，同样应受到保护，曾因定错成分，受到侵犯尚未纠正者，应一律迅速改正，退偿损失。对某些尚存顾虑，窖藏货物不敢经营者，应宣传解释鼓励其恢复营业。凡属工商业的贷款和来往账债，应予保护，在经济上凡依发展生产，繁荣经济，公私兼顾，劳资两利方针，不论合伙经营或个人经营的工厂，作坊，政府均应保护和奖励。二、在本年度（按：指1948年）免征商业税与临时营业税（不论固定经营或流动经营）。以农业为主兼营工商业者，在征收公粮时，只计算农业收入，其工商业部分，不得计为副业征收公粮。三、工商业者的财产及其合法的营业得受边区法律的保护，如被侵犯，工商业主可依法向政府司法机关提出控告。

陕甘宁边区政府1948年恢复与发展工商业、合作社及运输计划中还提出繁荣集市以诱发农村市场的活跃，尽力恢复公营商店及合作社的营业以影响私营商店，并扶助其恢复营业，贸易公司准备供给群众生产原料与生活日用必需品，加强工农业产品以及土产与必需品的交换，发展内部市场的要求，延安县政府根据保护、扶持和领导私营工业的方针、政策和要求，除大力救灾，恢复农业生产，为工商业开辟广大市场，不使私营工商业受到任何损失外，并从以下几个方面进行了工作：

（1）宣传党的政策，讲解时事。延安光复以后，即召开商人大会，讲解时事，宣传党对工商业、金融、税收等各项政策，以打消商人顾虑，同时号召立即复业，干部并通过亲友关系，针对具体问题，进行深入的宣传解释，西北贸易公司和合作社也带头恢复营业，因此光复后，第三天约有40余家商店开门营业。五、六日后大部商店开门。接着，又召开两次商人大会和新老商人会议，更进一步深入宣传政策，讲解时事，加强了商人的团结，改选了商会，八、九日后市区商店全部复业，工厂、作坊也开始恢复生产。

（2）帮助私商运销积存的奢侈品消耗品，延安光复后，政府号召商人迅速将这些奢侈消耗品运至接近敌战区，换回日用必需品，但由于边沿区还在敌我拉锯式斗争状态，环境动荡运出不多。为了扭转商品积压,这批奢侈消耗品绝大部分由国营公司收购运出,解决了商人资金周转上的困难。

其次,调运大批日用必需品,向商人批发。当时私营商业资金不足,怕风险,不能集中大批资金,出外办货。为了解决货源问题,西北贸易公司从外地购进大批粮食、布匹、油、盐等日用必需品,向商人批发,以充实零售市场、货源,而将80%的零售市场让给私商。以布匹为例,延安光复后三个月,西北贸易公司共批发宽窄布匹10万丈(折合160多万方尺),使私营商业赚了钱,并规定批零差价,给私商一定的利润。如八月初,每尺土布批发价是农币7500元,市场零售价是农币8000至9000元,平均以农币8500元计,每尺可赚利13%。

第三,批零差价与地区差价相结合。给私商以一定的贩运利益。如延安本地差价是5%,与关中差价是10%,零售价又与周围乡镇市场价约差5%,以引导商人去关中地区贩运,不致于完全集中延安向国营贸易公司批购物资.并可组织物资流向乡镇市场,去关中贩运每月按周转一次计算,商人可获得毛利15%~30%。

(3)收兑伪法币而禁贩银洋,提高农币比价,稳定价。光复后暂时准许法币流通,同时,设立货币兑换所定期收兑,陕甘宁边区政府在1948年3月向群众发布了巩固金融的布告、禁止银洋流通。布告说:凡存有敌币的,不论使用与否,均应立即到各地西北农民银行分支或西北贸易分支公司,依照牌价全部兑换农币。其存有白洋者,于使用时,也应先行兑换后方可,但不需使用时则准许保存,至于各地在土改中的斗争果实:如有敌币、白洋需要向敌区采购必须货物时,也得经农会向银行进行交涉,开给通行证,方准出口,否则一概不准流通。

(4)免征营业税:1948年度免收营业税,并且对各种存货也进行登记免税。据当时统计,仅登记存货免收之税款约折小米:2800多石(见中共延安市委和市政府1948年8月26日《延安市恢复工作的主要经验和几个问题研究的报告》)。

(5)发放工商贷款,扶持手工业者和小商复业,从1948年7月5日起至9月24日,发放贷款总额达农币2.2亿元,受贷户有手工业94家,小商人68家,每家贷款最多为农币500万元,贷款期限为三个月,受贷户有80%以上都赚了钱(见延安市工商业研究小组,《关于延安市两月来工商业恢复工作报告》)。以后对工业贷款期限定为六个月,对商业贷款最高为农币1000万元。

(6)公私合股经营:对有发展前途,而资金不足的私营工商业,还采取公私合股经营的方式,以进一步扶持其发展。当时采取了两种类型:一种是公方拿出相当数量的资金入股,做为公股,但不直接参加经营管理;另一种是,除以资金入股外,还直接参加企业管理、派人担任公方经理,公方会计或公方主任等职务。

(7)引导商业资本转工业,除积极设法恢复了原有的国营丰足火柴厂、私营桥儿沟磁厂等工业生产以外,还积极组织社会游资和某些没有发展前途的商业资本转营工业,以增加生产,满足需要。如商人张发文将全部货物出售后转营工业,开设华丰化学制革厂,生产军用皮革制品,质量较好,有很大支前意义。如流动商人李敏华也转营明星肥皂厂,弥补了当地肥皂货源的不足。

(8)帮助解决原料不足和改进操作技术。西北贸易公司,各合作社和过载店都帮助代购原料或以原料换成品。如华丰化学制革厂缺乏硫酸,政府给帮助解决了130多斤,可供一年之用。还组织运输力量到志丹、吴旗等县运输羊毛,羊绒,以解决纺毛业的原料不足。为便利运输原料,各过载店在1948年11月24日召集各店举行会议,议定统一革料价格与合理的食宿费用,规定每人每天伙食洋农币5万元,大革(大牲口每天每头)农币3.5万元,小革(驴每天每头)农币2.5万元,玉米每斗农币1.5万元;麦子每斗农币5000元。买卖打佣规定为2%,国营经济还设法帮助私营工业改进操作技术,提高产品质量,以推广销路。如新华肥皂厂提高熬制技术,工会也组织工人开技术座淡会,交流经验,提高技术。

(9)提倡劳资合作。在双方有利的条件下,进行劳资合作,资金和劳力都按股计算,按股定期分红,具体条件由劳资双方议定。如华丰化学制革厂,劳资双方议定资金以农币1.2亿元为一股。劳力以12人为一股,年终结算时将应得红利分为两分,工人所得一分,再按技术高低和工作好坏去分配。

二、私营工商业经过恢复后所出现的新问题

延安私营工商业在政府扶持和国营经济领导下,已经逐步恢复起来,但多为小型的,个体的和分

散经营的，而且商业恢复较快，手工业恢复较慢，如1947年3月19日撤离延安前，工业与商业的比例为三比四，光复后至1948年下半年，工业与商业的比例为二比七，当时政府的力量主要放在生产救灾方面，还来不及对私营工商业进行有计划的整顿。随着解放战争的不断胜利，陕甘宁边区和晋绥解放区扩大，在经济方面又出现了新的情况，部队和机关工作人员纷纷进入新解放区，延安人口迅速减少，商业贸易逐渐转移到韩城，宜川等地，消费量增大，物资南流，延安市商人也有一部分南迁，延安市面有转趋萧条之势，特别是西安解放以后，延安在经济上由居于主导地位转变为辅助西安的地位。表现在物资集散方面和物价涨跃方面都起了新的变化，营业额减少、门面缩小、摊贩林立，在商业方面呈现了很不稳定的状态。1948年7月22日至12月1日延安市摊贩就增加了54家，按行业表现如下：

行业别	7月22日家数	12月1日家数
杂饭食品	7	26
京货布匹	20	52
补鞋匠		20
古　董	17	17
纸　烟	4	13
蔬　菜	45	19
合　计	93	147

再加上新解放区银洋占主导地位，影响陕北地区，特别是农村银洋流通猖獗，这时有的商人将资金投入做投机生意，如迷信品，黄表畅销，商人就跳行都去购进黄表，结果存货积压，够两、三年之用，有的商人做金银投机生意，如店行白兴武、刘汗俊，石泰清、常维富等人投机走私最多。白兴武一次就私贩银洋110块，甚至有的商人在棉花里包石头、掺水，煤油里掺洋芋粉进行欺骗。根据形势的发展和延安私营工商业所出现的新问题，有加以整顿的必要，以便在整顿的基础上加强领导，求得正常发展。

三、整顿、监督和管理私营工商业所采取的措施

1948年冬延安市人民政府及边区农民银行、分区贸易公司，分区税务局、工会办事处、市商会、市工会等十个单位组成工商业研究小组，曾提出以工业为主，商业为辅的方针，并指出工业应与支前和恢复生产紧密结合，扶持和鼓励有发展前途的（如皮毛、肥皂），有益民生的（如纺织）和支援解放战争的（如制革、熬硝）并以这几种行业为中心与其他工业相配合，以便迅速恢复生产，至于商业，应以加强管理和领导为主的建设。

对发展工业，1949年5月11日中国共产党延安县第三次代表大会决议：扶助现有7个市镇和县城中的铁匠、木匠、铁铧等农具生产，扩大已有皮革厂、毛织厂、毡房、口袋等手工业生产，组织城市贫民参加正当生产，发展市镇交通运输和供销合作社。

延安市1949年经济建设计划（草案）中，对巩固和发展商业的方针，也作了明确的规定，应贯彻保护工业的政策，健全商会组织，加强管理和领导，使私商无法进行破坏性的投机活动，并走向有利于国计民生的道路。

四、巩固和发展私营工商业的措施

根据延安市1949年经济建设计划（草案）对巩固和发展私营工商业的措施主要有以下几点：

在商业方面：

（1）加强商会的组织领导，商会经改选后，干部已较前加强，三个会长中，有一个脱离生产，专门领导工商业工作与各财经贸易机关取得密切联系，并负责了解各地商情，指导商业营业，中共延安市委和市政府亦应重视和加强对商会的领导，通过商会把全体工商业者团结起来，把党的工商业政策在商人中间进行广泛深入的宣传，教育商人不投机取巧，克服欺诈拐骗等不道德行为。

（2）面向农民和小生产者。以尽可能低廉的价格供给农民和小生产者以生活与生产的必需品，同时以尽可能公道的价格收购小生产者和农民的产品，在农忙时要转乡赶集，以便商业为生产服务。

（3）提倡合股经营或集股买货。为繁荣市场提倡资本小的商人合股经营或集股买货，如当时在晋南买一条烟，除脚费农币2万元，到延安可获利6万元。延安牛皮每张售价2万元，运到晋南可卖5万元，资本小的商人可合股经营或捎办节省路费。

（4）进行副业生产。在经营淡季，提倡织灯捻，打腿带，纺毛线等副业生产，并提倡节约，以增加收

入,减少开支。

在手工业方面:

(1)低利贷款;(2)提倡劳资合作;(3)帮助改进技术,提高质量;(4)解决原料困难;(5)鼓励和吸收游资开办工业;(6)进行副业生产;(7)减少店行对脚户的剥削。此外,还规定解决目前工商业者在劳力负担上不公平的问题,确定工业轻于商业,同时对工商业劳力所负担的工数,也规定工业一个半顶一个,商业一个顶一个,愿出贷金的出贷金,不愿出贷金的,按人轮流实行计工算账,做到公平合理。

在低利贷款方面,陕甘宁边区政府的贷款暂行条例中规定了以下几项原则,以进一步扶持工商业繁荣经济。

(1)银行须依扶助发展生产之任务,并本"公私兼顾"原则,办理贷款事宜。

(2)对各种生产事业贷款之多少,依边区政府生产计划及当地实际情况决定。

(3)贷款利息须依"发展生产、公私兼顾"的政策,并注意奖励民间互相借贷,由银行根据各种生产与行业之利润情况及金融物价变动情形分别规定,挂牌公布,一般利息不超过民间借贷之普通利息标准,带有倡办或试验性生产事业,应免除或减低利息。

(4)发现贷款用途不当,或有违法投机活动者,收回其贷款。

国营商业根据依靠集中掌握大量物资,调节供求,稳定物价,保证供给,扶助群众生产的任务和对内自由的基本原则,对如何保证国营经济对私营经济的领导,西北贸易公司在1949年,从以下几个方面进行了工作:

(1)以购销手段,调节供需,在时间性的调剂方面,买多卖少、买疲卖快、买跌卖涨,以起到大小蓄水池作用,在地区性的调剂方面,根据产销情况及物资交流路线,组织地区间的生产品及生活必需品的物资交流,以起到产、运、销调剂的作用。

(2)掌握价格,根据整个解放区物价趋势,做到平稳,不能搞本地区性突出波动,在此前提下:1.根据货物的来源去路,掌握合理的梯形差距,以利物资的正常流转与产销;2.力求缩小(有意识、有计划、有掌握)工农产品的差价,以粮交换比例,最低地区应掌握在一斗米换土布一丈至一丈五,最高地区不超过三丈至三丈五,以调剂生产利润;3.力求缩小(有意识、有掌握)产销季节性差价,以利贫苦农民和资金缺少的小生产者;4.批发价低于市场价5%~10%,视其商品种类不同而定,零售价在市场平稳正常情况下,可与市场拉平或低2%,在波动情况下可低于市场价。

(3)根据各地具体条件,可能与需要,在毛主席的"原料足,产量多,质量好,成本低,销路广"五大原则下,有计划有步骤积极主动的去促进与发展工业生产,以现款交易,力求满足其原料、生活必需品的供应,产品的收购,必要时还可以买卖习惯,自愿原则以定购其产品。

(4)适应形势发展,经营据点主要放到交通要道的主要集散地和主导作用的市场以后,对偏僻市场以及农村市镇结合合作社调剂供销、掌握价格,贸易公司集中力量经营几种主要物资,商业不发达地区,为了不受私商操纵物价,进行超额利润的剥削,贸易公司经营品种,应当根据当地市场的需要而增加,不应仅限于几种主要商品,并增加门市部的零售额。

对领导商人,团结商人,而且与投机操纵,高抬市价的奸商作斗争方面。西北贸易公司也要求各地分支公司,注意以下几点:一方面必须要看到商人经营输出输入、交流物资,调剂供需,对于恢复生产支援解放战争,发展国民经济的有利方面,另一方面又必须看到商人的投机性与唯利是图,因此,必须防止两种倾向,一种是无商不奸的打击态度,一种是迁就商人,听其投机的右倾态度。团结的方针应该是:1.照顾私商的合理利润;2.领导商人端正态度;3.宣传教育,从政治上提高他们对新民主主义工商业政策的认识。

五、加强对私营工商业管理

为了进一步引导私营工商业走向有计划的发展,在1949年下半年开始划分行业,进行登记工作,关于划分行业进行登记的意义,陕甘宁边区政府工商厅在1949年5月20日的指示信中说:"一方面可使某些工商业固定其经营范围,得到保护发展,并限制某些名不符实的工商业。由于其单纯的追逐利润进行投机倒把而侵犯同一行业的利益,另一方面,提供了工商机关掌握工矿生产以及市场供销的情况,以便根据市场需要给工商业者以指导,减少盲目性,引导其走向有计划的发展.因此进行行业登记,不能独立的看成是发给行业执照,准许营业的技术问题。而应当成为通过工商行政管理，是工商业走向正常发展的政策措施，除划分行业，进行登记，工商厅还要求开展调查研究工作，随时注意打击投机操纵及违法走私分子，保护正当工商业发展，办理商品的检验与商标注册，研究开业与歇业问题，进行对私营工商业的指导与检查，对出入口的贸易管理，组织工商业联合会及各行业公会，推行统一的度量衡制度等项工作，以后陕甘宁边区政府又正式公布了《工矿商业登记暂行办法》、《商标注册暂行办法》、《矿业开采管理暂行条例》”等一系列的办法，延安私营工商业在国营经济领导下开始走向有计划的整顿巩固和发展的道路。

六、私营工商业经过整顿后出现的新气象

(1) 成立了工商联组织，加强对商人的领导和教育，延安市手工业划分为两个行（手工业门市部和手工业制造行），商业划分为五大行（店行、布匹行、杂货行、食品行、杂商行）组成了工商业联合会。其任务是：1. 传达与组织工商业者学习政府法令政策；2. 协助政府办理纳税及公益等事项；3. 协助政府检查不法资本家的违法行为；4. 向政府反映资本家的意见和正当要求；5. 调解资本家之间的纠纷；6. 参加解决劳资间的纠纷。延安市工商联设有主任委员，副主任委员，组织委员，宣传委员，调解委员，研究委员，技术委员，总务委员和秘书。

手工业和商会组织如下

行业别		委员人数	组数
手工业会			
工业门市部		3	9
工业制造部		4	13
商　会	店　行	2	3
	布匹行	2	4
	杂货行	5	19
	食品行	2	11
	杂商行	4	7

(2)市场管理加强了，经过大力整顿摊贩，组织分散落后的个体经济，走向小型合作经济，有门市的不准另外摆摊，摊贩数量大量减少，如 1948 年 12 月 1 日摊贩有 147 家，1949 年 4 月 1 日 176 家，6 月 1 日有 181 家，1949 年底减为 63 家，在划分行业，进行登记时，有些座商认为是收税，便将资金化整为零去摆摊子的现象，也得到了纠正。对其他地区商人来延安买货的也加强了管理，如外来商人要携带所在地工商机关的介绍信，带有人民币(旧)150 万元以上的要报告工商科，经过审查，如果是正当商人，还可协助买货，以防奸商扰乱市场。

(3)克服了盲目经营的现象，经过划分行业以后，固定了行业经营的范围，对有发展前途的如手工业中的棉纺织业、皮革、铁、木器、毛毡等大力扶助其继续发展，对当时业务经营萧条的行业，如银匠、缝纫、油漆等，帮助他们转业。银匠雷银成就转营了布匹行。工业与商业比例也起了变化，1948 年下半年工业与商业的比例是二比七，至 1949 年底工业与商业的比例是三比五，即工厂作坊已增至 316 家，商号和摊贩经过整顿有 530 家，延安工业生产有了进一步发展，商业由不稳定的状态逐步走向巩固与发展。

由于市场的进一步繁荣和私营工商业固定行业经营范围，端正经营作风以后，获利也增加了，资本增值得快，如布匠商人冯明金在 1948 年底的资本是洋布 60 匹，经过一年，到 1949 年底增加为 110 匹。

(4)大力开展农村集市贸易，如高桥、砖窑湾、青化砭、金盆湾，麻洞川等处也先后全部恢复，集市由每旬两次增加至每旬三次，延安城内大中小商人(以中小商人为主)经常有 20 户 30 户轮流到各地串乡赶集，供给农民日用必需品，营业额每次最多可卖到七至八匹布，一般也可卖三至四匹。

(以上一至六部分均抄自《陕西省延安县工商业改造资料汇编》[上]，1960 年 12 月)

七、在雇主和工人间贯彻劳资两利政策

为了欢迎资本家到边区来投资，奖励工商业者扩展边区经济，增强抗战力量，我们采取了下列办法：

甲、废止过去苏维埃时代的劳动保护法。

乙、取消对资本家、富农经营生产事业的各种

限制。但为了改善人民生活,增加边区的生产,同样的为了增强抗战力量,我们又不能不……。

丙、严禁高利贷的剥削,严禁操纵市价,垄断投机。

丁、实行一种仲介制度。[①] 在政府仲介之下,劳资双方定立劳动契约,根据各地不同的生活条件,酌量增加工资,减少工作时间,改善工人生活待遇。

两年来,因为边区政府采取了上面的政策,调整了各阶层的关系,取得了全体人民的拥护,使全体人民都能团结一致,共赴国难。

(林柏渠《陕甘宁边区政府对边区第一届参议会的工作报告》,1939 年 1 月 15 日;引自《解放》第六十八期第 11 页)

八、劳资争议的调处

第一条 为合理调处劳资争议,本着发展生产、劳资两利原则特制定本办法。

第二条 劳资争议调处机关在市为劳动局,未设立劳动局之省府行署、直辖专署或私营企业较发展之县为工商处(局)及县政府。

第三条 劳资争议调处机关:应设立劳资争议委员会,以调处机关所指派之代表为席,并由调处机关聘请当地人民法院、公安机关、工商机关市(县)工会及工商业者所组成合法团体之代表各一人组成之,其组织细则由调处机关另定之。

第四条 劳资争议调处程序如下:

(一)各业各厂劳资双方如发生日常争议时先由劳资双方直接协商,以求合理解决,其方法由工会代表其所在之工人及职员(以下简称职工)与资方或资方所组织之合法团体直接协商解决之。

(二)如劳资双方直接协商无效时,双方或任何一方均得申请当地调处机关进行调解,如调解无效,得依法仲裁之。

(三)如劳资双方任何一方对于调处机关之仲裁仍有不服时,得按司法程序向当地人民法院起诉,由法院判决之。

第五条 各业各厂职工所提出之要求须向资方交涉者,均应事先经由该业该厂之工会或全体职工之代表提交市(县)工会审查,必要时得由市(县)工会派员会同职工代表向资方或资方所组织之合法团体交涉,成立协议后,双方须共同遵守之。

第六条 关于劳资争议,直接协商之方法,应由劳资双方视争议之性质与范围,具体协商之。其争议属于一厂范围之日常纠纷,得以厂为单位,由劳资双方互派代表,进行协商,其争议性质属于某一产业或行业范围者,应以产业或行业为单位,由劳资双方所组织之合法团体分别召集会议,各推选代表三人至五人协商解决之。经劳资双方详细协商所达成协议,应呈报调处机关备案,劳资双方之任何一方对于对方采取强迫手段所达成协议均无效。

第七条 劳资争议调处手续如下:

(一)劳资双方申请调处时,应备具申请书,其中应载明业别、厂名、厂址、争议关系人数、争议要点、协商经过、代表姓名、通讯处等事项。调处机关于审查申请书后,应即通知劳资双方推派代表于指定地点及日期进行调解。

(二)调处机关于调解无效后,得依法仲裁之,仲裁决定,由仲裁委员会主席签署仲裁决定书,经劳动局局长(或工商处局科长、县长)批准后,通知双方执行,如双方之任何一方,对仲裁表示不服,须于接到仲裁决定书五日内通知调处机关,并呈法院处理,否则仲裁决定书具有法律效力。

第八条 凡经劳资双方直接协商达成之协议或经调处机关调解与仲裁成立之议案均须注明有效期限。

第九条 劳资双方发生争议后,在协商调解仲裁未成立之前、双方均应维持生产原状,资方不得有停厂、停资、停伙及其他待遇之处置,劳方不得有怠工或其他妨碍生产及破坏劳动纪律之举动,其经仲裁决定后,即使有一方表示不服须提请法院处理,在法院未判决前,双方仍应遵照仲裁决定办理。

(《陕甘宁边区私营企业劳资争议调处办法》,1949 年 11 月)

九、保护工人权利发展战时生产

第一章 总则

第一条 本条例为保护工人,提高工人热忱,发展战时生产而制定之。

第二条 本条例劳动之规定,以雇用劳动者为限。

第二章 工作时间

第三条 工人每天实际工作八小时,青年工人

① 仲介制度:指的是在政府的公证、监督和管理之下,协调劳资双方之间关系的一种制度。

工作六小时。

第四条　工人为帮助抗战需要，自愿多做义务工者，不受前条之限制。

第五条　雇主不得要求工人作额外之工作，如确因工作过忙，雇主要求工人增加额外工作时，必须先得工人之同意。

第六条　采用昼夜轮班制者，所有工人班次，至少每星期更换一次。本条例所称夜间工作是自下午十时起至第二天上午六时止。

第七条　孕妇哺乳妇禁止做夜间工作。

第八条　工人休假以星期日及政府通知之纪念日为标准。

第三章　工资

第九条　工人工资不得低于最低工资率，最低工资率以所在地之生活状态为标准，由工会、雇主、工人共同议定之。

第十条　学徒在学习期内，应分期规定工资或津贴，并按工作量酌情增加。

第十一条　包工工资由集体劳动合同内规定之。

第十二条　工人工资或津贴以当地十足通用货币付给。

第十三条　工资之支付规定日工按日发给，月工每月分两次发给。(论件计者同)，季工、年工、由工人与雇主商定，但不能延欠至两个月。

第十四条　女工青工与男工作同样工作者，即给同等工资。

第十五条　因雇主修理机器，缺乏原料，违背政府法令或其他过失而致停工者，其停工期之工资照发。

第四章　女工青工

第十六条　十四岁至十八岁为青工。

第十七条　凡工作特别劳苦或笨重，或有害工人身体健康以及需要在地下工作者，均不得雇用妇女及未满十八岁者从事工作。

第十八条　女工生产前后给假两个月，工资照发；小产者以病假论。

第十九条　哺乳妇女在工作时间内普通停工休息时间外，每隔三小时应有二十分钟哺乳时间，此项休息时间计入工作时间内。

第五章　学徒

第二十条　在学习期间之工人称为学徒。

第二十一条　学徒学习期限，应按照职业性质分别按定，但最多不得超过三年，尚技术特别进步者，得缩短其学习年限。

第二十二条　学徒除得有津贴外，雇主应供给被褥、衣服、鞋袜等用物。

第二十三条　严禁对学徒虐待或任意打骂。

第六章　工人权利

第二十四条　工人得自由组织工会。

第二十五条　雇主应担负工会办公费及工人文化教育费，其数目规定为全部工资的百分之二。

第二十六条　工人得在工会之下参加各种文化教育组织，其学习训练时间应在工作时间外。

第二十七条　工人参加工会或其他会议，经由该会之证明，雇主不得阻止干涉、工资照发。

第二十八条　工人工作六个月以上，而被征调到抗日军队服军役者，雇主须预先付给一个月之工资。

第二十九条　雇主不得无故开除工人，如因故开除工人时，须得经工会同意，并给予退工津贴及路费。

第三十条　工人因工得病或受伤，医药费由雇方供给，休假期间工资照发，并得保留其原有工作地位。

第三十一条　工人因工作而致残废，失其全部或一部分工作能力者，雇方应给残废津贴，其津贴数目，以残废之部分之轻重为标准，最少不得低于半年之平均工资。

第三十二条　残废部分之轻重由政府设立医院或政府指定之医生鉴定之。

第三十三条　工人因病死亡家庭无力葬埋，雇方须负责葬埋费，并须调查死亡者家庭状况，酌量给以抚恤金。

第三十四条　工人因工受伤死亡者，雇主应给该工人两年之平均工资，抚恤其遗族。

第七章　安全与卫生

第三十五条　各企业各机关必须采用适当的设备，以消灭或减轻工人之危险及预防危险之事件发生，并保持工作内之卫生。

第三十六条　当地主管机关，应对各企业时常检查，凡发现其建筑设备损坏至有立即危害工人身体健康或生命之可能程度，得命令该企业即停工修理。

第三十七条　按工厂实际工作情形之需要(如油厂、矿窑、机器、印刷厂等)，厂方应按期供给工人肥皂、围裙、油布、内衣、便帽及冬季皮衣等,按各种生产工厂不同情形而分别具体规定之。

第八章　集体合同及劳动合同

第三十八条　无论集体合同或劳动合同所定条件与本条例规定之条件抵触者,均不发生效力。

第三十九条　雇主不得要求工人作与合同内所规定工作无关之其他工作,但在特殊情形之下先得工人同意者不在此限。

第四十条　各企业变更业主时,不得废止原订之合同,但双方均有权提出重新审议,在新合同未成立前,原合同仍属有效。

第四十一条　劳动合同在限期未满以前,经双方同意得废止之。

第四十二条　无论集体合同或劳动合同,经当地工会之要求均得解除之。

第九章　管理规则

第四十三条　各企业商店内之劳动人员有五人以上者,为整理内部工作秩序起见,得制定内部管理规则,该项规则应得工会之同意,并于确定之后宣示于各劳动人员方生效。

第四十四条　内部管理规则对于劳动者及管理员之责任,以及违犯规则所负责之范围及负责办法,应有详细之规定,但不得与本条例及该项企业商店内现行有效的集体合同劳动合同有所抵触。

第十章　解决争执及处理违法案件之机关

第四十五条　凡违犯本条例及集体合同之一切条件均归法院审理之。

第四十六条　各企业商店与被雇人间,因各种劳动条件之问题,发生争执和冲突时,各级政府得到当事人双方同意时,将进行调解及仲裁,但在发生重大争议时,得不经同意进行仲裁。

第四十七条　在公有企业机关以及合作社企业中,得由管理部及职工会各派同等数目之代表,组织劳资争议委员会,其职权如下:

(一)评定该企业或机关中工人职员应得工资之额数。

(二)解决管理部与工人职员间因争执本条例及集体合同所发生之一切争执。

(三)劳资争议委员会的决定,须得双方同意,如不能解决之案件,即提请政府仲裁机关或法院处理之。

(引自《抗日根据地政策条例汇集》陕甘宁之部[下],第648~653页)

第四节　商会组织

一、商会的性质与任务

1. 商会性质:商会是工商业的职业组织,是沟通政府与工商业者之间的桥梁,包括各行业公会的联合组织,代表各种商业者,行业工会仍需存在,这是在于集中各行业的意见与下达政府意见,但应取消封建统制性质部分,如同行议价制度禁止跳行,规定对新开业的限制等,教育其互相交换经验,改进生产技术,互相帮助解决困难,执行金融物价政策,为供销服务等。

2. 商会任务:A、把工商业者的意见、要求集中起来,提供政府采择。B、把政府的法令传达下去,帮助政府检举检查违法事项,协助政府办理工商业征收事项,公益事项。C、调整工商业间的争议事项。D、协同公会调解劳资、东伙、师徒纠纷事项。

3. 商会的组织:以工商业户为单位参加,凡属工商业都可以参加各行业公会(不愿参加者不强迫)。各行会都可以参加商会(不愿参加者不强迫),国营企业应参加商会及行业工会,国营企业参加之目的,是为了与私人工商业合作,共同发展经济,繁荣市场,帮助他们克服过去行会的封建制度,国营企业在商会中,应成为遵守政策法令的模范,并积极起带头作用。

4. 商会的选举:以各行业为单位产生委员会,由委员会再选举常委办理日常事务。

(边府工商厅《工商管理工作研究初稿》,1949年12月)

二、陕甘宁边区各县(市)商会组织章程

第一章　总则

第一条　本会定名为"陕甘宁边区××县(市)商会"。

第二条　本会以团结本县(市)各阶层商人,参加抗战建设,共谋商业发展及全体商人福利为宗旨。

第二章　会员

第三条　凡在本县(市)设有固定地址经营商

业之商店、号、行、坊、栈、庄或临时贸易之商人(指长住本县之临商)均得为本会会员。

第四条　凡上列之规定之商店、号、行、坊、栈、庄或商人,均须于开业前,报告本会登记,成为本会会员。

第五条　会员如有违反政府法令、扰乱金融、抬高物价及囤积居奇等事情者,商会有干涉、处罚之权。

第六条　会员之权利义务如下:

一、权利:在本会范围内有选举权、被选举权,复决权,罢免权,有向本会提出诉愿及请求救济权。有享受本会所举办之一切有关商人福利事业之权利。

二、义务:有缴纳会费,遵守章程,服从决议之义务,有帮助其他会员解决一切困难之义务,有参加本会各种动员工作之义务。

第七条　凡商店、号、行、坊、栈、庄及经营临时贸易之商人,如须停止营业或迁他县(市)时,应于歇业或迁走之一月前报告本会,履行退会手续,并解除会员之权利义务。

第三章　选举

第八条　本会依据民主选举原则,吸收各阶层会员,组织商会委员会。

第九条　本会采取普遍、直接、平等、无记名投票选举制。

第十条　凡本会会员年满十八岁不分阶层、党派、营业性质、男女、宗教信仰、民族、财产及文化程度之差别,均有选举权及被选举权。

第十一条　会员有左列情形之一者,不得参加选举与被选举。

(一)有破坏商民公共利益之嫌疑者。

(二)经法院判决,剥夺公权,尚未恢复者。

(三)患神精病者。

第十二条　选举前应由本届委员会,商请当地政府派员协同组织选举筹委会,进行选民审查事宜。

第十三条　选举时,得先由各行业商人,分别讨论,提出候选人名单,交选举筹委会公布,经商人大会投票选举之。当选委员会之委员,依三三制[①]精神大中小商人各占三分之一。

第四章　组织

第十四条　本会最高权利机关为全体商人大会,大会闭幕时,由本会委员会代行职权。

第十五条　本会委员会由七人至十一人组成之,并得设候补委员一至三人,遇委员出缺时,由候补委员递补之。

第十六条　在委员会下,按具体情形,得分设若干小组,由组员推选正副组长各一人。

第十七条　委员会各委员分工如下:

(一)会长副会长,由委员中相互推选之。

(二)会长负责掌理本会对内对外一切事务,并检查督促各委员工作。

(三)副会长协助会长办理会内外一切事务,会长因公外出或因故不能执行职务时,得代行会长职权。

(四)组织调查委员,负责整编商人小组,了解商人及商业情况,与进行统计工作。

(五)宣传教育委员,负责筹划与主持商人中之宣传教育及有关会议,并领导文化娱乐工作。

(六)调解委员,负责调解商人中有关商业之一切纠纷,及清算账项等工作。

(七)卫生建设委员,负责计划并实施商人中之卫生建设工作。

(八)总务委员,负责召集会议,管理会内一切总务事项。对外联络交际及办理不属于其他委员之工作。

第十八条　本会于必要时,得聘请或雇用干事若干人,分别协助各委员工作。

第十九条　本会委员,任期一年,连选得连任。

第二十条　本会会长、副会长,及各委员一般的定为义务职。必要时可酌予辅助其费用,干事待遇由委员会决议规定之。

第二十一条　本会一切经费开支,于会费项下动用之。

第五章　会议

第二十二条　商人大会例会,每年一次,如有三分之一会员提议或委员会认为必要时,得召开临时大会,讨论选举,议案、税务、动员等重大事项,作出决议,交委员会执行,并听取委员会之工作报告等。

第二十三条　委员会例会每月一次,会长或委员二分之一以上提议,得召开临时会议,讨论大会交办事项及其他日常工作或临时发生之事件。

第二十四条　小组会例会,每半月一次,必要

① 三三制:指革命根据地在建立各级政权组织的人员名额分配上,共产党、各民主党派、无党派民主人士各占三分之一。

时小组长得召开临时会议,讨论委员会交办事项及执行办法,并征求组员意见。

第二十五条 组长联席会,得由委员会临时召开之。

第二十六条 其他各种会议由会长及有关委员临时召开

(边府工商厅《陕甘宁边区各县(市)商会组织章程》,1949年)

三、陕甘宁边区各市(县)工商联合会组织暂行条例(草案)

第一条 凡在同一市(县)区域,经工商同业公会五家以上或经营工商业之公司、行号、工厂、作坊二十五家以上之发起,均可依照本条例组织工商联合(会),其名称为"××市(县)工商联合会"(以下简称联会)。

第二条 联会以统一领导工商业者及工商各业同业公会,在新民主主义原则下,共谋工商业之发展,并增进工商业者之公共福利为宗旨。

第三条 联会以发展生产,繁荣经济,公私兼顾,劳资两利,城乡互助,内外交流为工作最高准绳。

第四条 联会为工商业者之群众团体,无特殊政治权力,应受当地工商管理机关之领导,对内一切工作应以民主方式进行。

第五条 凡未参加同业公会之公营企业合作社,应一律参加联会为会员遵守法令推行政策上起领导作用。

第六条 联会之任务如下:

一、把工商各业中的意见集中起来,加以研究整理,提供政府采择,并协助政府进行关于工商业之发展,改进调查管理等事项。

二、协助政府筹划关于工商业之战斗动员,社会救济募捐慰劳及负担评议等事项。

三、协助政府检举工商业者之违法经营事项。

四、调解工商业者之间及劳资东伙间之纠纷,调解无效时,得呈请政府主管机关依法处理。

五、举办工商业者之文化教育及其他福利事项。

六、工商业之调查研究及有关证明等事项。

七、其他有关之委托咨询事项。

第七条 联会之设立应由发起人召集设立联会订立章程,连同其他有关事项,呈请市(县)工商管理机关核准设立并转报边区工商厅备案。

第八条 联会章程应阐明下列事项:

一、名称区域及会址;

二、会员权利义务及其代表人资格;

三、组织及事业执行之规定;

四、会议之决定;

五、经费及会计之规定;

六、解散及清算事项之规定。

第九条 联会以各该市(县)之政治区域为区域、但工商业发达之区镇得视当地情形设立分会或办事处,分会之组织比照总会之组织法拟定办事处之组织办事细则,由总会拟定,并呈报政府主管机关备案。

第十条 联会会员分公会会员及非公会会员两种,均得举派代表参加联会公会,会员代表人数每公会一人,但公会之会员数超过十五个时每满十五个单位,得增加代表一个人,最多以三人为限,非公会会员每会只派代表一人。

第十一条 会员代表之人选,公会会员应以公会现任之理事为限,非公会会员应以营业之主体人为限。

第十二条 会员代表均有表决权、选举权与被选举权。

第十三条 会员有随时撤换其所派代表之权,但必须提出撤换之理由,经联会会员大会通过后始得撤换。

第十四条 会员代表有不正当行为致妨害联会之信誉者,经会员大会决议,予以除名并通知所举派之会员另行举派。

第十五条 联会理监事名额应按当地工商业之实际情况而定、理事以七人至( )人为限,监事以五人至九人为限,必要时并得互推常务理事若干人,办理日常事务。

第十六条 理监事之人选应包括工商行业各阶层及公营事业合作社。均有适当代表参加并得具备以下之条件。

一、确信新民主主义为中国今日建国之准绳并热心于工商事业之发展者。

二、过去无贪污反动劣迹者。

三、办事公正,品行端正,无不良嗜好者。

第十七条 联会设理事长一人,必要时得增设副理事长一人至二人,均由理事会就常务理事或理事中选任之，总理全会一切事务，设秘书一人，(由政府推荐)必要时并得按事务繁简酌设干事若干人，其办事细则由理事会拟订。

第十八条　联会理监事均为义务职，但因办理会务之需要得核实支给公费。

第十九条　理监事之任期均为二年，得连选连任，理监事有下列各类情事之一者应即解任。

一、违背会章营私舞弊及其他重大不正当行为，经会员大会决议令其退职者。

二、旷废职务，办事敷衍，经会员大会决议，令其退职者。

三、在职务上违背法令，经当地政府或上级工商管理机关令其退职者。

第二十条　联会之会员大会每年至少须召集一次，但理事会认为必要时，经会员代表十分之二以上之请求或监事会建议时，得召集临时大会。

第二十一条　联会理事会每月至少召集一次，监事会每两月至少须召集一次，必要时均得召集临时会议。

第二十二条　联会召集会员大会或理监事会遇有讨论重大问题时，均得事先呈请政府主管机关派员参加指导。

第二十三条　联会之经费由会员缴纳之会费内开支，会费之征收应按照会员之负担能力，本公平合理之原则分担之，举办特别事业临时费用，由会员大会议决统筹。

第二十四条　联会经费之预算决算及其事业之成绩，每年终了须编辑报告刊布之并呈报主管机关备案。

第二十五条　联会之解散非经会员大会之通过，并呈报所在地市(县)政府转呈边府工商厅核准后不生效力。

第二十六条　联会解散时，得由会员大会选任清算人组织清算委员会，执行清算上一切事务，但处理财产之方法非经会员大会通过及地方政府主管机关核准不生效力。

(边府工商厅《陕甘宁边区各县(市)工商联合会组织暂行条例》[草案]，1949年)

四、陕甘宁边区各市(县)工商同业公会组织暂行条例(草案)

第一条　凡在同一市(县)区域经营同一性质工业或商业之公司行号工厂作坊经五家以上之发起均可依照本条例分别组织各该业商业公会，其名称应为××市(县)××工(商)业同业公会(以下简称公会)。

第二条　公会以联络同业各会员，在工商联合会领导之下，积极参加新民主主义经济建设，并增进同业之公共利益，矫正营业积弊为宗旨。

第三条　公会以发展生产，繁荣经济，公私兼顾，劳资两利，城乡互助，内外交流为工作最高准绳。

第四条　公会为工商业者之群众团体，并无政治权力，一切工作均应以民主方式进行。

第五条　公营企业及各级合作社均应按照业务性质，分别参加各同业公会，在遵守法令，执行政策上起领导作用。

第六条　公会之任务如下：

一、把同业间的意见集中起来，提供工商联合会或政府采择，以解决其困难问题，并协助政府进行关于工商业之发展改进调查管理等事项。

二、响应工商联合会关于工商业之战勤动员，社会救济、募捐、慰劳等号召，并协助其进行各种负担之评议事宜。

三、检举同业间之违法经营事项，并报告政府依法处理。

四、调解同业之间或同业东伙间劳资间之各种纠纷，调解无效时呈请政府有关机关依法处理。

五、其他有关之委托咨询事项。

第七条　公会之设立应由发起人召集设立大会，订立章程，连同会员名册(包括字号、业务资本、经理人地址等项)呈请当地政府主管机关，核准设立召集设立大会时得事先通知政府工商管理机关派员参加指导。

第八条　公会章程应载明下列事项：

一、名称区域及会址。

二、会员之权利与义务及代表人之资格。

三、组织及事()()行之规定。

四、会议之规定。

五、经费及会费规定。

六、解散及()()()()之规定。

第九条　公会设立在同一市(县)区域，同一业务性质以一会为限，按照当地政府所颁之行业划分办法组织之。

第十条　公会会员均得举派代表一人参加公

会。

第十一条 会员代表均有表决权、选举权与被选举权。

第十二条 会员有随时撤换其所派代表之权,但须说明撤换理由,当选为公会理监事者,应须经分会会员代表大会通过后始得撤换。

第十三条 会员代表有不正当行为致妨害公会之信誉者,经会员代表大会决议予以除名,并通知所举派之会员另行举派。

第十四条 公会得加入工商联合会为会员,其参加联合会之代表人选应由会员大会就理事中选派之。

第十五条 公会理监事名额应按实际情况而定,理事以五人至九人为限,监事以三人至五人为限。

第十六条 理监事人选应注意同业中大中小各行业及公营企业合作社均有适当之比例,并得具备下列条件:

一、拥护新民主主义,热心于工商事业之发展。

二、过去无贪污劣迹者。

三、办事公正、品行端正、无不良嗜好。

第十七条 公会设理事长一人,由理事就理事中选任之,总理全会一切事务,另设书记一人,必要时得按事务繁简而设干事若干人。

第十八条 公会理监事均为义务职,但因办理会务之需要,得核实支给公费。

第十九条 理监事之任职期均为一年,得连选连任,理监事有下列各类情事之一者,应即解任。

一、违背会章,营私舞弊及其他重大不正当行为,经会员大会决议,令其退职者。

二、旷废职务,办事敷衍,经会员大会决议令其退职者。

三、在职务上违背法令,由当地政府或上级工商管理机关令其退职者。

第二十条 公会为便于执行业务起见,得将各会员按照业务规模大小划分若干小组,每组公举组长一人,传达公会之决议反映会员之意见。

第二十一条 公会之会员大会,每半年至少须召开一次,但理事会认为必要或经会员代表十分之一以上之请求或监事会建议时得召集临时大会。

第二十二条 公会之理事会每月至少须召开一次。监事会每两月至少召开一次,必要时均得召集临时会议。

第二十三条 公会召集会员大会或理监事会,遇有讨论重大问题时,均得事先通知工商联合会派员参加以加强联系。

第二十四条 公会之经费,由会员缴纳之会费内开支,会费之征收应按照会员之负担能力本公平合理之原则分配之,以上经费、会费之收支情形应按季公布之。

第二十五条 公会之解散非经会员大会之通过,并呈报所在地市(县)政府之核准不生效力。

第二十六条 公会解散时,得由会员大会选任清算人组织清算委员会,执行清算上一切事务,但处理财产之方法,非经会员大会之通过及地方政府主管机关核准不能生效。

(边府工商厅《陕甘宁边区各市(县)工商同业会组织暂行条例》[草案],1949年)

第四章　工商管理机构概述

第一节　工商管理组织的机构设置及其性质和任务

一、工商管理的发展和变化过程

1935年2月,革命委员会改为省政府,下设省国民经济部,国民经济部下成立贸易局,陕甘分区成立贸易分局,每县设立贸易支局。中央至陕甘后,在瓦窖堡设总局,南路设立一分局,北路设一支局,省国民经济部取消,成立中央国民经济部,贸易局即改归该部领导。

(《陕边贸易史的发展》,陕西省档案馆)

贸易局之工作任务如下:

一、指导调剂边区的对外贸易:(甲)奖励并采运必需品的输入。(乙)组织过剩土产之输出。(丙)禁止毒品及奢侈品的输入。(丁)限制必需品之输出。

二、保护私商合法经营之自由。

三、帮助消费合作社俾与私商协调发展。

四、平抑物价禁止囤积。

五、以一切有效手段粉碎敌顽之经济封锁计划。

贸易总局有关业务科工作职能:

调查科:设科长一人,科员若干人,负责调查统计边区出入口货物之种类、数量、路线和行情,并设计开关贸易路线、市集交通运输事宜。

管理科:设科长一人,科员若干人,负责办理出入口货物之审查登记,公私商号之登记,营业之指导,及违犯商业贸易之处置等事宜。

业务科:略。

运输科:略。

上列科室人员得依实际情况随时增减,并得聘请指导员,添设副科长等。

(《陕甘宁边区贸易局组织条例》,1941年5月1日)

二、贸易政策及其目的

新民主主义的贸易政策,在抗日的战时情况下,是以有计划的调剂对边区之外的贸易,以保护边区之内的贸易自由与流通的发展。它反对私人资本垄断,同时也不赞成用国家资本或权力来垄断或统制。因此,贸易局在营业上,只是整个边区公私商业的一部分,并无什么特权。但贸易政策服从于边区的自给自足的经济政策,以边区之有,易边区之无,以输出边区外所必需的物品,来换入边区的所必需的物品,一方面达到输出入平衡,一方面防止操纵,不妨碍自由,又非放纵自由。这是需要贸易局能起调整作用。这就是新民主主义贸易的特点。

三、贸易局的任务

在上述政府贸易政策之下,贸易局的任务:

1. 保证党政军民必需品的供给,因此应经过贸易局本身各分局组织,经过各地合作社,经过其他关系,收集土产,组织土产输出,以输入边区必需品与法币,同时刺激各种土产品的生产。

2. 与银行及公私商店保持密切联系,以便吸收各方面的投资,大量增加资本,大量发展商品流通。特别是要协同各方面来发展与组织运盐工作,争取盐的大量运销出去。

3. 立即建立贸易上的据点;一种是出口货多的地方,一种是土产量多的地方,抽调干部首先在这些地方进行据点的建立,不建立据点,局限于延安一隅,就不能完成发展运销与调整市面的任务。

4. 在打破反共分子的经济封锁,及发展贸易营业上必须与私商尤其和各种消费或生产合作社,建立经济上统一战线,并用共利合作精神达到,你对于他有帮助,然后他对于你也才有帮助,无远见,图近利,只求利己,不顾损人,假官势,不征求同意……的办法,均须严格防止。

5. 物价上涨,在战争期间,一般的说是不可避免的,但为了调剂市场,平衡物价,保持比边区外低廉的水平,贸易局要在各重要地区设立评价委员会,防止囤货居奇。同时贸易局必须做到真正能够保证必需品的供给,要随时向低的地方购买必需品,又随时抛售出去。

6. 贸易局在领导公营商店的贸易行为上,在目前又要做到从政策上监督纠正各公营商店因本位主义而发生的竞买的倾向并开始抛售光华商店的存货。解决党政军一部分需要,在将来贸易局要加强本身力量,能经常以低于市价的必需品供给市场消费,做到这样各公营商店逐渐成为不必要,公营商店的人力物力财力或转入工农业、或产盐和运盐的生产中去,或转入贸易局方面来。

7. 贸易局要贯彻政府贸易政策,必须与党中央特别是军委的生产系统,保持密切联系,争取各方面在人力(干部)财力(投资)上的协调与帮助,同时要与公营企业、合作社建立密切联系,以便吸收前者的制成品(毛毯、皮革、西药等)输出,经过后者收集土产。

8. 贸易局对内外贸易的推动与扩大,首先在于明了边区内外市场情况,生产消费量,价格路线,运销等具体情况,才能拿得起,放得落。因此,必须深入地经过各种公私关系,进行调查统计工作。并出版刊物,以供参考。

贸易局应根据上述决议,立即起草贸易局组织章程,工作计划,送呈本府政务会议核准施行。

(《关于贸易局工作决议》1941 年 5 月 1 日,抄自陕西省档案馆)

贸易局的组织系统——贸易局由边府建设厅直接领导,至于各分局及贸易站应受当地同级政府的指导与监督。并且总分局须建立贸易委员会,为总分局最高权力机关,负有指导与检查该局工作之责。

(抄自《抗日战争时期陕甘宁边区财政经济史料摘编》第四编商业贸易)

第二节 工商厅时期的工作

一、工商厅的设置及职能

第八条 陕甘宁边区政府设下列厅、行、处、会,在主席领导下分管各该主管事项:

一、民政厅,二、教育厅,三、财政厅,四、工商厅,五、农业厅,六、工业企业厅,七、交通厅,八、公安厅,九、西北农民银行,十、秘书处,十一、边区财政经济委员会,十二、边区人民监察委员会,十三、边区少数民族事务委员会。

第十四条 工商厅掌管左列事项:

一、关于公营贸易事项。

二、关于扶助合作社之发展事项。

三、关于私营工矿商业之计划、管理调查统计,检查督导及技术发明与优良出品之奖励事项。

四、关于公营、私营工矿商业及合作社营业登记管理及商标注册事项。

五、关于出口贸易管理及对敌经济斗争事项。

六、关于内地贸易,集市之管理及交易所之指导事项。

七、关于稳定物价之事项。

八、关于劳资东伙关系及劳动保护具体设施事项。

九、关于度量衡之制造检定监察统一事项。

十、关于工商团体之指导之事项。

十一、其他有关工商业事项。

(《陕甘宁边区政府暂行组织规程》,1949 年 4 月 9 日)

本府工商厅业于 4 月 15 日宣布正式成立,各行署工商处、各专员工商局,务于 6 月 1 日前迅速建立起来。以利进行工商行政管理工作,县市工商科,在工商较发展的地区,专署可按具体情况提出具体意见,经边府批准增设之,如该地工商业不甚发达不必另设工商科。所属工商行政管理等工作可划归四科兼办,特此命令。

(陕甘宁边区政府《为迅速建立工商机构》,1949 年 5 月)

二、工商厅各级部门组织规程

(一)西北人民政府设工商厅,主管全区一般民营工矿商业、市场物价及对外贸易之计划、管理、领导掌握,奖进事宜。具体掌管左列事项:

1. 关于民营工矿业之计划、掌握奖进。

2. 关于民营工矿业之经营、检查督导、技术发明之奖励。

3. 关于民营工商业之登记、商标注册、出品之检验。

4. 关于内地贸易之领导管理。

5. 关于民营工商业之指导。

6. 关于市场之管理。

7. 关于物价之掌握。

8. 关于出入口贸易之管理对外及对敌经济斗争之指导掌握。

9. 关于国营贸易之经营领导及公营贸易之管理。

10. 关于劳资、东伙关系及劳动保护具体设施。

11. 关于度量衡之制造,检定监督。

12. 关于民营工商矿业之调查统计。

13. 关于工商团体之指导。

14. 其他有关工商业之事项。

(二)工商厅之组织,目前干部不足,城市不多,地区范围不很大时,贸总组织对内暂不另分(对外仍用西北贸易公司)即并于工商厅内,由厅长兼经理,设如下各科及职掌:

1. 秘书室:(一)厅务会议及其它不属各科所管属工作范围内之会议准备记录事项。(二)电报印信等机要之掌握事项。(三)文件之撰拟、保管、缮印、收发事项。(四)工作报告、总结、刊物编纂,出版事项。(五)资料档案之保管事项。(六)行政之管理事项。(七)交际联络事项。(八)不属于各科主管之事项。(九)供销之经营调剂。(十)掌握与稳定金融物价。(十一)内地市场及其贸易之领导(即主导市场组织民营商贩调剂供销)。(十二)出入口贸易之经营及对敌经济斗争之掌握。(十三)掌握出入口价格。(十四)生产消费物资供销情况之调查研究统计。(十五)物价之调查研究统计,编制指数。(十六)各种经营业务概计。(十七)各种经营业务制度的建立研究改进。

2. 工商科:(一)民营工商矿业之调查统计。(二)发展民营工商矿业之计划、管理、掌握、奖进。(三)民营商业之登记,商标注册出品检验。(四)民营工矿业之经营检查督导,技术发明之奖励。(五)内地市场及贸易之管理。(六)民营出入口贸易及对敌经济斗争对外之管理。(七)劳资、东伙关系及劳动保护具体设施。(八)度量衡之制造,检定监督。(九)工商团体之指导。(十)其它有关民营工矿业之事项。

3. 会计科:(一)经营预决算及其统计。(二)业务审核。(三)经费及业务开支审核。(四)账簿组织及其会计技术的研究指导。(五)损益计算。(六)资产负债变化掌握。(七)资金周转计算掌握。(八)汇理各级并编制各种会计表报。(九)现金出纳。

4. 人事科:(一)干部登记。(二)干部了解教育培养,(三)干部升迁调动。(四)干部保健。

5. 管理科:(一)生活管理。(二)本厅(公司)经费、会计、生产、卫生、警卫。(三)往来人员的招待。(四)事务人员的领导管理教育。(五)家属管理。

(三)行署及直辖市设工商处并设贸易区公司,由工商处长兼贸易区公司经理,对内组织为一,对外为两种名义,下设:

1. 秘书室(主管工作包括厅级秘书室及总务科之全部)。

2. 工商科(主管工作与厅级工商科同)。

3. 经营科(主管工作同厅级秘书"九"至"十七"项之工作同。并包括商品之转运,收发保管)。

4. 会计科(主管工作与厅级会计科同)。

5. 干部科(主管工作与厅级人事科同)。

(四)分区设工商局并设贸易分公司,工商局长兼经理,对外两种名义,对内仍为混合组织,下设:

1. 秘书室;2. 工商科;3. 经营科;4. 会计科;5. 干部科。

主管工作与工商处(区公司)各科同。

(五)县设工商科,科长兼支公司或商店经理,下设:

1. 工商科员。

2. 支公司或商店职员若干。

(《工商厅各级部门组织规程》,1949 年 2 月 4 日)

三、工作报告

为了配合大西北军事上的迅速解放,我们的工作重心已经进入到经济建设,在整个经建工作中,工矿与商业又是最基本最重要和最繁杂的两个课题。但是因时间的迫促,各级工商机构未能系统和普遍的设立起来,就是已经建立工商机构的几个据点,也都忙于接管整理和恢复工作。兼以交通条件不便，所以截止目前除了陕西省关中各县及西安市外，其他地区均尚无有系统的具体工作材料报来，同时由于工作干部的不敷分配与工作经验上的不足，使得我们在领导和管理工商工作的进程中发生不少的困难。因此在整个工作的推动上，我们深切的感到工作效率的迟缓与工作任务的完成不够，以下我们根据目前掌握了部分地区工作材料综合报告如后：

(1)官僚资本之接受：西安市官僚战犯资本，绝大部分随着匪军的逃跑而转移一空。所遗留的仅是一些搬不走的房子和笨重家具，入城以来，我们以军管会工商处厅名义接受的计有伪山西兴城有限公司西安庄，伪山西省合作社物品供销处两个单位的35代(袋)面粉，283块白洋，煮红4斤和人民币43万元和一些家具账簿以及战犯阎锡山之晋立银号一部家具，西安市以外地区尚无具体材料报来。

(2)管制非法货币活动：管制打击白洋，铜元活动，这在我们曾作为解放初期的中心工作，关于白洋，铜元进行了宣传劝阻，严格管制，以及开群众大会、公审等一系列的斗争，基本上打垮了非法货币的活动，为本币进入市场开辟了广阔的道路，西安市以外不少地区由于在这方面抓得不紧，还存在有使用白洋的严重现象，使得白洋黑市到现在还不能全部彻底打跨。

(3)物资输出管理：为了防止物资大量逃避转移，保障军需民用，我们在进城之后即公布了物资管理暂行办法，除了军需物资严格控制外，其余日用必需品输出本区境外以发给许可证方可外运，这样由我们在发给许可证时分别情况，作适当调节管理，使物资交流不至盲目发展，直到十月底止除了棉花一项外，因为情况已经许可我们才停止这种限制，从六月份起到十月份底止五个月中经我们发许可证运往开封郑州平凉陕北等地的物资总计有棉纱924小捆，雁塔布3945尺，本地厂呢4684匹，熟牛皮305张。其次是因为陕棉因雨灾减产甚剧，为了保障生产原料供给，防止投机商跳行抢购棉花作为投机商品起见，我们采取了照顾上海厂商需要及正当棉商的经营，适当地管理，截止现在经我们许可运往上海、天津、郑州、汉口、洛阳等地的棉花11.72万担，使本区暨上海厂商生产原料的供给，在不抢购的平稳价格下顺利采购，也限制了投机商人的非法活动，另一方面亦促进上海等地大批物资与西北物资大量交流。如上海等地布匹大批涌进西北使本市大匹布价稳定在适当价格上，仅贸易公司以花换布有40万匹，估计上海各厂商运布购花者亦有3万匹之多。

(4)工商营业登记暨摊贩整理：工商登记必须在市场秩序恢复，并掌握了一般情况之后才能着手办理，摊贩整理则须与动员还乡相结合，是一个较为复杂的工作，我们除了制定西安市营业登记办法以外，并登记过工商登记。西安暨宝鸡正开始整理摊贩，甘、青、宁则正准备办理此项工作。

(5)私人商业的指导：西安市解放后由于一大批奢侈消费者的寄生虫逃去，使得原有商店如化妆品、奢侈品、西服店、照像业、首饰业等生意萧条纷纷请求转业，我们是按着有益国计民生的方面指导他们转业的，其他各地区也以此原则发出指示。

(6)度量衡推行工作：西北新区度量衡器极不统一，我们已拟出具体推行方案。

(7)组织工商业工会暨工商联合会：我们已拟出工商联合会筹备委员会，工商联合会等工商组织暂行条例暨工商组织工作注意事项，除西安市已成立工商联合会筹委会外，其他地区俟以上条例呈经边府批准后即可展开全面建立工商组织工作。

(《工商工作报告》，1949年12月10日，抄自陕西省档案馆)

四、陕甘宁边区政府工商厅编制表

1949 年 3 月 24 日

<table>
<tr><td>名　称</td><td colspan="9">工商厅</td><td colspan="8">工商处</td><td colspan="8">工商局</td><td colspan="2">工商科</td><td rowspan="3">总　计</td></tr>
<tr><td rowspan="2">类　别</td><td rowspan="2">厅长</td><td colspan="4">秘书室</td><td colspan="2">工矿科</td><td colspan="2">商业科</td><td rowspan="2">处长</td><td colspan="3">秘书室</td><td colspan="2">工矿科</td><td colspan="2">商业科</td><td rowspan="2">局长</td><td colspan="3">秘书科</td><td colspan="2">工矿科</td><td colspan="2">商业科</td><td colspan="2">工商科</td></tr>
<tr><td>主任</td><td>秘书</td><td>收发</td><td>文书</td><td>科长</td><td>科员</td><td>科长</td><td>科员</td><td>秘书</td><td>文书</td><td>庶务</td><td>科长</td><td>科员</td><td>科长</td><td>科员</td><td>秘书</td><td>文书</td><td>庶务</td><td>科长</td><td>科员</td><td>科长</td><td>科员</td><td>科长</td><td>科员</td></tr>
<tr><td>人　数</td><td>3</td><td>1</td><td>3</td><td>1</td><td>2</td><td>2</td><td>5</td><td>2</td><td>8</td><td>2</td><td>2</td><td>2</td><td>1</td><td>2</td><td>3</td><td>2</td><td>3</td><td>2</td><td>1</td><td>1</td><td>1</td><td>2</td><td>2</td><td>2</td><td>2</td><td>2</td><td>2</td><td></td></tr>
<tr><td>合计</td><td colspan="9">27</td><td colspan="8">17</td><td colspan="8">13</td><td colspan="2">4</td><td>61</td></tr>
<tr><td>备　注</td><td colspan="28">1. 工商厅和陕北工商处共需干部 44 人，除去厅长处长外，尚有 35 人无着。
2. 延属、绥德、榆林、三边、陇东、关中、西府、黄龙、东府 9 个工商局共需干部 117 人，除 9 个局长外。还有 108 人无着。
3. 每县设一工商科（以 40 个县计算）则需干部 160 人无着，共需干部 303 人。</td></tr>
</table>

附　录

一、边区经济大事记（1935～1949年）

1935年

2月

本月　中共陕北特委和陕甘边特委，在安定县（今子长）周家塬召开联席会议，决定成立中共西北工委，同时，成立了西北革命军事委员会，此后，解放了延长、延川、安定、安塞、保安、靖边六县城，把陕北和陕甘边两个苏区连成一片，形成了陕甘宁根据地。

本月　西北革命军事委员会改为陕甘省政府，下设省国民经济部，国民经济部下设贸易局，陕甘分区设立贸易分局。每县设立贸易支局。中央到陕甘后，在瓦窑堡设立贸易总局，南路（注：原陕甘省）设一分局，北路（注：绥德）设一支局。省国民经济部取消后，成立中央国民经济部，贸易局即归中央国民经济部领导。

当时贸易局的任务是："除粮食外，党政军三方面的一切供给完全由贸易局负责，别的机关概不对外采买"。

10月

本月　党中央、毛泽东同志率领的中国工农红军主力从江西经过福建、广东、湖南、广西、贵州、四川、云南、西康、甘肃、陕西十一个省，行程二万五千里长征到达陕北吴起镇。

11月

本月　中华苏维埃共和国中央执行委员会决定在陕甘宁晋苏区设立中华苏维埃共和国临时中央政府驻西北办事处，将原陕甘边、陕北两苏区连同新发展的苏区统一起来，划分为陕北省、陕甘省，陕甘边区及关中、神府两特区，将五个区域统一于苏维埃中央政府西北办事处的领导之下。

本月　陕甘边区苏维埃政府财经委员会发行了"陕甘边区农民合作银行兑换券"流通于陕甘边区根据地。11月中华苏维埃共和国国家银行西北分行发行了"苏维埃纸票"，陕甘边区农民合作银行发行的兑换券即行停止流通。

1936年

4月

本月　贸易总局从瓦窑堡迁往保安（今志丹）。12月19日在"双十二"事变后七日，贸易总局又随中央迁到延安。为了适应统一战线环境，贸易局改为陕甘宁合作总社（县支局未改）仍归中央国民经济部领导。其供给任务仍旧主要采买布匹、纸张。

5月

本月　中共陕甘宁代表大会改陕甘宁苏区为陕甘宁边区。

12月

本月　西安事变后，我党从抗日大局出发，提出团结一致，共同抗日。

1937年

2月

本月　为促进国民党共同抗日，我党正式宣布取消两个政府的对峙局面，改苏维埃制为民主共和国制度，5月1日改苏维埃政府为陕甘宁边区政府。

7月

15日　国民党以蒋介石、张冲、邵力子为代表，中国共产党以周恩来、秦邦宪、林伯渠为代表，在庐山会议承认陕甘宁边区，并经过1937年10月12日国民党政府行政院333次会议通过。

国民党与中国共产党在庐山会议商定，划归陕甘宁边区管辖的地方有：陕西的肤施（注：今延安）、甘泉、富县、延长、延川、安塞、安定（今子长县）、保安（今志丹县）、靖边、定边、淳化、旬邑、神府；甘肃的正宁、宁县、庆阳、合水；宁夏的盐池。同年12月与国民党呈签的陕甘宁边区政府管辖的范围，除上述18县外，又增加了清涧、米脂、吴堡、绥德、佳县共23县。人口约近百万。

7月　贸易局的任务是："除军委方面服装一项在西安直接制造外，党政方面的服装及党政军三方面的服装以外的用品。均仍由贸易局在西安设立的据点——商号称为“元声西”一切物资均由此采购。

8月

25日　中共中央在陕北洛川召开了政治局扩大会议。会议制定了《抗日救国十大纲领》。其中第六条:战时的财政经济政策:财政政策以有钱出钱和没收汉奸财产作抗日经费为原则。经济政策是:整顿和扩大国防生产,发展农村经济,保证战时生产品的自给。提倡国货,改良土产,禁绝日货,取缔奸商,反对投机操纵。

9月

6日　根据国共两党协议,中共中央将陕甘宁根据地的苏维埃政府正式改为陕甘宁边区政府,首府设于延安。

同日　陕甘宁边区政府正式宣布成立。为了适应国民政府统一的政权形成,原来的国民经济部改组为陕甘宁边区建设厅,合作总社改由建设厅领导。

10月

1日　陕甘宁边区银行在延安正式成立。

11月

本月　陕甘宁边区政府改为陕甘宁特区政府。特区政府下设贸易局(局长叶季壮)。

1938年

1月

本月　陕甘宁特区政府又恢复陕甘宁边区政府的名称。

3月

1日　由贸易局改组的合作总社与光华书店合并成立光华商店,为银行直属的商业部门。各县支局均改为光华商店分店。其任务除保证党政军的供需品外,并作一般商业上的经营。其具体业务经营的方针是:①搜集运销土产出口,换取必需品进来,满足生产与市场上的需要。②稳定外汇与平抑物价。③帮助公私营商业及消费社的发展。

7日　边区政府政务会议决定:边区合作总社划归边区银行领导,由银行设一营业部门管理合作社务。不久,合作总社合并于光华商店。

4月

1日　边区贸易局与光华书店合并,成立光华商店,归边区银行领导。

5月

11日　边区政府政务会议,讨论总结合作社工作,提出了发展生产,信用和运输合作社的任务。

6月

本月　边区政府决定,授权边区银行以光华商店名义,发行光华代价券(简称光华票),当时发行的为二分、五分、一角、二角、五角五种,作为法币的辅币。

7月

本月　边区银行在西安设立办事处,委托八路军办事处人员兼任办理汇兑、采买运输事宜。

9月

8日　边区政府发出关于统一财政收入,消灭滥捐滥募现象的训令。

18日　边区政府对三边分区发出指示:①彻底整顿和加强盐税工作,增加盐税税收;②一切收入均统一于财政机关。

25日　边区政府发出通令,重申禁止自收自用,合理统筹财政收支。

10月

本月　中国共产党在延安召开扩大的六中全会。到会中央委员38人,另有全国各地许多领导干部参加。毛泽东同志代表中央政治局在会上作了《论新阶段》的报告与《统一战线中独立自主问题》、《战争与战略问题》的结论。报告总结了抗战十五个月的基本经验,深刻地阐明了共产党人应当担负起领导民族战争的重大历史使命。

会议批准了以毛泽东同志为首的中央政治局的路线,确定在贯彻党的统一战线政策中,必须坚持独立自主的原则和有斗争有团结以斗争求团结的方针,批判了以王明为代表的右倾投降主义的错误。

1939年

1月

17日　边区第一届参议会在延安隆重开幕。会上林伯渠同志作了政府工作报告。在经济财政部分,总结了两年来的经济建设与财政工作,提出了边区经济建设的任务,扩大耕地面积,增加棉麻生产;发动一切机关学校和后勤部队开展生产,达到粮食蔬菜自给,广泛发展畜牧,发展手工业和近代工业,欢迎外边的企业家来边区投资,颁布投资保护条例;发展公营企业,供给人民和机关的需要;加强对石油和煤炭的管理,增加生产,提高质量,发展合作事业等等。

会议通过了《陕甘宁边区抗战时期施政纲领》,

《陕甘宁边区土地条例》。

2月

2日 中共中央在延安召开生产动员大会,李富春同志代表中央作了《加紧生产,坚持抗战》的动员报告,号召边区军民自己动手,克服困难。

毛泽东同志在会上发表了极其重要的讲话,提出:"饿死呢？解散呢？还是自己动手呢？饿死是没有一个人赞成的,解散也是没有一个人赞成的,还是自己动手吧!"

3月

本月 在定边设立银行办事处,并代理金库。

4月

1日 边区政府公布《陕甘宁边区人民生产奖励条例》及《督导民众生产奖励条例》。

本月 公营振华造纸厂投产,月产200~500万吨。

5月

1日 边区第一届工业展览会在延安桥儿沟鲁艺大礼堂开幕,展出手工业、矿业、机械工业等方面的产品一千余种,表扬了工业生产中的先进人物,激发了边区发展工业的革命热忱。

11月

13日~12月10日 中国共产党陕甘宁边区第二次代表大会在延安召开。大会总结了第一次代表大会两年多以来边区的抗战工作与经济建设工作,提出了边区今后的任务。

会议通过《关于发展边区经济,改善人民生活的决议》,提出1940年要继续发展边区经济,使边区全体人民丰衣足食,使边区能在抗战建国的艰苦过程中,奠定克服困难与自给自足的基础。

12月

28日 边区政府颁布税收条例,决定1940年1月起酌量提高盐税和营业税,开征迷信品入境税及油类的出境税。

本年 这一年光华商店的业务方针未变,供给任务未变,但党政军的商业单位已经开始分散经营。到1944年仅延属七个县,陇东六个县,关中分区、定边、靖边、绥德、子洲、清涧等各单位的商店就达到348家,3000多人。

1940年

1月

6日 边区第二届工业展览会在延安新市场开幕。

15日 毛泽东同志发表了《新民主主义论》,明确提出了"新民主主义"的科学概念,阐明了新民主主义的政治、经济、文化纲领,有力地回击了国民党顽固派的反共叫嚣,给中国革命指明了方向。

本月 边区政府发布了《陕甘宁边区抗战时期查获违禁物品奖惩规则》。

2月

本月 中共中央提出了"集中领导,分散经营"发展生产的方针。

3月

本月 改三边银行办事处为三边银行分行,设立边区银行绥德分行。

4月

本月 边区政府建设厅,合作指导局联合召开边区各生产合作社主任联席会议,检查生产合作社工作。

5月

30日 公布边区《货物税暂行条例》及税率。

9月

本月 朱德同志号召纺毛,边区军民积极响应,群众性的纺毛运动立即展开。

本月 国民党政府停发八路军军费,加上物价上涨,边区政府决定,停发各单位经费五个月。

10月

4日 边区政府,边区党委训令:为解决前方将士冬衣问题,除向商人富绅募捐寒衣代金40万元外,决定征收羊子税。

30日 边区政府公布了《禁止向沦陷区运出牛、羊、驴、马、骆驼等牲畜及羊毛、皮张的布告》,《牲畜买卖手续费征收办法》,《牲畜出入口奖惩及牲畜之保护办法》(草案)。

11月

11日 边区政府发布了《禁止生废钢铁出境的布告》。

12日 陕甘宁边区中央局作出《关于开展边区经济建设的决定》,批评了某些党和政府组织忽视经济建设的倾向。指出广泛开展经济建设是使边区由半自给迅速走向完全自给,保障军民供给,改善人民生活,巩固边区的基本条件。各级党的书记必须切实参加经济建设的领导和工作。

22日 边区中央局发出关于财政经济政策的指示,指出为了反对投降,力争时局好转,奠定新民主主义的经济基础，财政经济政策的新方向，应转到完全自力更生的自给自足的政策，指出新民主主义的财政经济的主要动力，要依靠全区120万人民，使政府的政策成为广大人民自己的政策。

12月

9日　边区政府训令各分区各县直至区乡党政军(保安队除外)1941年除粮食外，发给3个月生活费作为生产基金，经费实行自给。

11日　边区政府主席发出《陕甘宁边区政府关于推广棉麻的训令》。强调种植工业原料的重要性。

25日　毛泽东同志为中共中央写的对党内的指示《论政策》一文中，关于经济政策，应该积极发展工业农业和商品流通。应该奖励民营企业，而把政府经营的国营企业只当作整个企业的一部分。

本年　党中央提出争取工业品达到半自给的号召，确定了以发展轻工业为主的方针。马兰草造纸试验成功。

本年　光华商店的基本任务有些变化，即党政军向外自买的不足之数开始由光华商店供给。

1941年

1月

1日　边区政府颁布《各县市地方财政收入暂行章程》，规定各县市地方财政收入的范围。

4日　国民党顽固派围攻新四军，制造了震惊中外的“皖南事变”，掀起了第二次反共高潮，同时停发八路军一切经费，断绝边区外援。

18日　边区政府生产自给委员会公布《边区纺织劳动规则》，具体规定了边区政府工作人员参加纺织的要求和奖励办法。

28日　边区确定了独立自主，统一领导，分散经营的财政方针，拨付各机关部队一部分生产资金，各自经营，以解决经费困难。

30日　边区政府发出《关于停止法币行使》的布告。

本月　边区财政厅金库条例公布实行。

2月

1日　边区公产管理办法公布施行。

15日　边区政府通知：禁用法币，畅流边钞，实行边区经济自给，限制外货入境，刺激边区生产，防止法币外流。

18日　边区政府发出布告，责令边区银行发行一元、五元、十元的边币，这是停止法币流通以后，金融上一种新的重要措施。同时收回光华代价券，使边币成为边区单一的货币。

20日　边区政府发出关于发行建设救国公债的布告和公债条例、细则，决定发行建设公债国币500万元，分10年还清。

22日　边区贸易局重新成立，光华商店贸易局领导。

本月　召开边区消费合作社县联社主任第二次联席会议，确定了整理和巩固现有合作社，发扬民主，健全组织，收购土产，便利人民交换，消除商业资本的过分剥削，合作社应成为执行政府政策的模范。

3月

30日　贸易局工作决议提出：“新民主主义的贸易政策，在抗日战争的情况下，是以有计划调剂对边区之外的贸易，以保护以边区之内的贸易自由与流通的发展。它反对对私人资本垄断，同时也不赞成用国家资本或权利来垄断或统制。因此，贸易局在营业上，只是边区公私商业的一部分，并无什么特权，但贸易政策，服从于边区的自给自足经济政策，以边区之有余，易边区之不足，以输出边区外所必须的我之有余物品，来换入边区内我不足之物品，一方面达到输出入平衡，一方面防止市场操纵，以不妨碍自由，又非放纵自由”。这就需要贸易局仍起调整作用。

4月

30日　边区中央局发布了新的施政纲领的决定。

4月　在延安成立税务总局，统一领导税务工作，并颁布营业税征收条例。

5月

1日　边区中央局公布《陕甘宁边区施政纲领》。

同日　中央书记处作出《中共中央关于党员参加经济和技术工作的决定》，指出：应该纠正党的某些组织轻视经济工作和技术工作的倾向，一切在经济和技术部门服务的党员，必须向非党和党的专门家学习，熟练于自己的技术，使各部门建设工作获得发展。

9日　为了加强食盐运销，边区政府成立食盐督运委员会。

13日　为了统一整个西北工作的领导，将中央西北工作委员会与陕甘宁边区中央局合并成立西北中央局。

26日　为了贯彻“集中领导，分散经营”的方针，延安公营商店联合会成立。

同日　边区政府发布《陕甘宁边区政府为动员边区人民运销60万驮食盐的决定》。

27日　西北局、中央委员、边区政府联合发出关于公营商店的决定，规定所有公营商店应照章缴纳政府各项捐税。

6月

15日　边区贸易局在延安开始平价运动。

7月

5日　中央军委，边区政府发出联合通令，指出各地一切税收机关，除边区政府命令公布之税收外，任何机关不得随意加征。

9月

1日　边区财政厅颁布食盐专卖纲要，宣传自本日起，边区食盐对外实行专卖。

10月

1日　边区政府颁布营业税暂行条例，规定营业税税则分营业税，临时贸易费，烟酒牌照费，牲畜买卖手续费四种。

同日　边区政府颁布《陕甘宁边区政府估价委员会章程》、《货物税修正暂行条例》并公布《货物税减税免税暂行办法》，规定减免税属于边区政府，其他各级政府、税局不得擅自减免。

26日　边区银行颁布《陕甘宁边区银行条例》（草案）。

11月

6日～21日　陕甘宁边区第二届参议会第一次大会在延安召开。林伯渠同志在会上作了边区政府工作报告。大会通过了西北中央局提出的“五一施政纲领”，通过了1942年概算决议，通过关于税收问题的决议，并通过李鼎铭先生等提出的精兵简政提案。

7日　边区第二届工业展览会在边区银行大楼开幕，展出机器、纸张、印刷、矿产、制药、纺织、通讯器材及小手工业品，一百余种。

12月

1日　边区政府发出布告，正式决定在延安市成立货币交换所。并同时公布《陕甘宁边区货币交换章程》。

18日　边区政府颁布《破坏金融法令惩罚条例》。

25日　中共西北局作出《关于1942年边区经济财政建设的决定》，指出：在财政方面，必须实行以发展国民经济，解决财政需要的总方针，发展各项事业。统筹统支为主，自给自足为辅的办法，是解决财政困难的中心环节。在发展生产上，1942年必须全力贯彻以农业第一的发展私人经济的方针，同时继续发展家庭纺织业，大力发展人民运输业。

本月　边区政府公布《陕甘宁边区人民运输合作社组织办法大纲》。

本月　边区成立了禁烟督察队。

1942年

1月

28日　中共中央公布《关于抗日根据地土地政策的决定》。

本月　边区政府制定《陕甘宁边区三十一年度经济建设计划大纲》，规定在“分散经营，统一领导”原则下，巩固发展公营经济，合理进行生产自给。

本月　军委后勤部将盐务局移交边区财政厅。

本月　边区建设厅总结延安南区合作社的经验，提出克服包办代替，实行“民办官助”的方针。

2月

1日　中央党校开学，毛泽东同志在开学典礼大会上作了《整顿党的作风》的演说，提出了反对主观主义、宗派主义、党八股的整风任务。

同日　边区党、政、军发出快邮代电，严禁法币在边区使用。

8日　毛泽东同志在延安干部会上作了《反对党八股》的演说。

本月　边区交通运输局公布《发展私人交通运输企业投资暂行办法》。

本月　边区建设厅，合作指导局联合召开各县合作社主任联席会议，强调指出合作社应由群众民主管理，政府不能包办代替。

3月

17日　边区建设厅召开工厂厂长联席会议，着重讨论关于工厂领导一元化、供销统一、经济核算及全面工资制等问题，进一步加强公营工厂的管理工作。

本月　为了加强对整风运动的统一领导，中央成立了总学习委员会，毛泽东同志任学委会主任。

4月

22日　边区政府政务会议通过《边区战时公营

工厂集体合同之基本准则》。

5 月

12 日　边区政府发布命令，规定边区技术人员待遇标准。

16 日　边区政府政务会议决定，贸易局归银行直接领导，审计处裁并，工作任务划归财政厅。

27 日　中央西北局、中央军委、边区政府作出关于公营商店的决定。规定，公营商店必须照章纳税，应加入所在地的商会。公营商店的主要任务是在贸易局领导下，组织土产品输出，输入必需品，并发展边区农产品与工业品的交换，并负责平抑物价，巩固边币。

7 月

25 日　贺龙、林伯渠等同志向边区党政军县团级以上干部发布密电，重申禁止法币流通。

本月　边区政府先后发布了《取缔白银办法及处理没收细则草案》、《关于彻底禁止行使银洋的指示》。边区财政厅发布了关于《核准法币出境手续》。

9 月

1 日　边区成立贸易委员会。

同日　为了加强管理，有利于反封锁斗争，边区政府对食盐采取对外统销，对内自由贸易政策。

4 日　边区政府开始了整财会议，讨论边区经济问题与财政问题。

7 日　毛泽东同志发表《一个极其重要的政策》一文，阐述精兵简政政策对于改善领导，克服困难，战胜日寇的重要意义。

本月　贸易局负责成立光华盐业公司，办理食盐对外统销业务。

10 月

1 日　边区政府颁布《货物税修正暂行条例》及《营业税修正暂行条例》。

6 日　边区银行指示各分行行长，办事处主任，严防奸人破坏我边币信用，对大量兑换法币和边币要加以控制，严加取缔黑市买卖法币。

19 日　边区高干会开幕，毛泽东同志在会上讲话。

本月　为了加强反封锁斗争，统一领导陕甘宁边区及晋西北根据地的财政经济工作，中央决定成立西北财经办事处，任命贺龙同志为办事处主任，从本月正式开始工作。办事处决定检查银行工作，指派曹菊如、黄亚光等同志组织检查委员会。

本月　边区政府宣布边区银行隶属于财政厅领导。

11 月

15 日　西北财经委员会决定对特产实行专卖。

23 日　中共西北局发出对财政经济的指示，指出为克服困难，应迅速转到完全自力更生的自给自足的政策，发展边区国民经济，进一步改善人民生活，增加财政收入。

12 月

本月　毛泽东同志在高干会上作了《经济问题与财政问题》的报告，总结了经济建设与财政工作的经验，批判了财政工作上的保守观点与经济建设中的空洞的不切实际的大计划。提出了“发展经济，保障供给”的总方针。

29 日　边区政府公布《陕甘宁边区土地租佃条例草案》。

本月　由贸易局负责成立西北公司，推销边区土产，换取日用必需品，有计划地经营进出口贸易。

本月　永昌土布产销有限公司正式成立并开始营业，……。其主要业务是有计划地发展绥德分区的纺织事业，统一产销质量，负责解决供销问题。

本年　边区政府财政厅颁行财政统筹统支办法。本年财政工作的方针是：统筹统支为主，生产自给为辅。

本年　对原有厂社进行了调正整顿，至年底，公营工厂总数由 97 个减少为 62 个，职工减至 3500 人，工业由盲目性走上了自觉发展的道路。

本年　边区政府先后公布了《陕甘宁边区查获鸦片毒品暂行办法》、《陕甘宁边区禁烟禁毒条例（草案）》和《陕甘宁晋绥边区缉私办法》，颁布了《边区禁烟督察处组织规程》。

本年　为了实行对特种商品的统销，成立了特种商品统销处，由各机关部队将原存之特种商品入股，并由入股的大股东组成了统销委员会，领导统销处经营特种商品统销事业，统销处为了便于推销特种商品，其对外名义为“西北土产股份有限公司”。

1943 年

1 月

1 日　《解放日报》发表《新年献词》，指出陕甘宁边区的中心任务是：发展生产，加强教育，而发展生产尤为中心的中心。

8 日　中央直属机关学校召开经济工作人员会议，李富春同志作了《为丰衣足食，改善物质生活而斗争》的报告，指出1943年生产运动的目标是达到丰衣足食。

9日　中共西北局和边区政府联合召开边区一级党政民学各伙食单位管理生产工作干部联席会，林伯渠同志号召各机关学校的同志，要以整风精神来进行生产，来改善经济生活。

11日　边区政府发出关于各机关及个人的自给数量暂定标准的通知。

22日　中央直属机关学校总结生产经验，李富春同志号召要真正建立生产基础，拟定计划，要实事求是。

2月

5日　边区政府公布《陕甘宁边区32年度驮运公盐暂行办法》。

3月

2日　边区政府所属工厂厂长联席会议开幕。会议根据高干会议精神，检讨了工业领导及各工厂工作，批判了官僚主义、自由主义和职工运动中的经济主义，决定普遍开展赵占魁运动。

10日　中央书记处通知，根据中央政治局决定，派陈云同志为西北中央局党委并担任西北财经办事处副主任兼该办事处政治部主任。

13日　边区政府批准边区1943年技术干部优待办法。

本月　在贺龙同志建议下，西北财经办事处成立物资局，由叶季壮任局长，撤销原财政厅所属贸易局。

本月　为了抵制仇货，发展生产，加强对边区进出口过境物品的管理，边区物资局公布了《物资登记办法》，边区政府颁布了《陕甘宁边区战时管理进出口及过境物品暂行办法》和《特许进出物资特许手续的规定》。

4月

8日　《解放日报》发表《树立新的劳动观念》的社论，号召边区军民树立劳动光荣，不劳动可耻的观念。

20日　洛甫在工厂联席会议上讲话，着重阐述了公营工厂的性质与任务，号召加强统一领导，为实现工厂企业化而努力。

本月　延安南区沟门信用合作社成立。这是边区第一个规模完备的信用合作社；

5月

1日　朱德同志在《解放日报》发表了《建立革命家务》的社论，号召广大职工用革命者的态度对待自己的工厂和工作任务，努力增加生产，建设革命的家务。

13日～18日　中直军直系统举行机关生产首次展览会，检阅各机关丰衣足食的情况。

6月

10日　边区财政厅公布活动税级使用规则，货物过境税办法施行细则。

25日　中共西北局党委会决定，必须坚持食盐对外统销政策，群众仍可运盐出境，但必须换回必需品或法币，加强缉私，打破封锁。

本月　三五九旅政治部发出关于建立军人合作社的指示信。

8月

本月　边区政府公布《运输合作社奖励办法》。

9月

1日　边区政府公布《陕甘宁边区优待移民垦荒条例》。

10月

1日　毛泽东同志为中共中央写了《开展根据地的减租、生产和拥政爱民运动》的对党内的指示，指出：凡未认真实行减租的必须于今年一律减租，减而不彻底的，必须于今年彻底减租。藉以发扬农民群众的积极性，推动明年的生产斗争。

7日　中央西北局召开会议，讨论金融政策。会上决定边币发行工作暂停，通令各分区设法稳定金融。

10日　中共西北局作出《关于进一步领导农民群众开展减租斗争的决定》，强调发动群众进行减租斗争。

16日　延安市各公营商店合股组成的西昌公司正式成立，并开始营业。

本月　毛泽东同志在边区高干会上作了《论合作社》的讲演，全面地阐述了革命根据地合作社的性质，指出，发展以个体经营为基础的合作社，可以大大提高生产力，是生产制度的一次革命，号召各地同志把各种各样的合作社发展起来。

11月

2日　财政厅批准了《管理食盐出口办法》。

29日　毛泽东同志在党中央招待边区劳动英雄和模范工作者大会上，作了《组织起来》的重要讲话，号召边区男女老少、机关部队、学校一切群众都组织起来。

本月　延安举行骡马大会。毛泽东、朱德等中央领导亲自去参观。

12月

本月　联防司令部召开供给部长会议，总结1943年生产供给工作，确定以后的生产方向和生产计划。

本年　边区财政经济委员会作出关于金融问题的决议，指出积极推动边区国民经济的发展，逐步提高边币币值，严防敌伪顽向边区倾销法币，抢购物资。统一外汇管理，使边币成为边区市场唯一合法货币。

本年　边区政府批准西北财经办事处《关于1943年度供给标准的规定》、《1943年度预算标准》、《机关部队供给制度补充条例》（草案）。

本年　边区政府决定财政工作方针是统一领导，分区统筹。

本年　边区财政厅颁布《1943年度驮运公盐暂行办法》，规定在人民自愿原则下，可改征部分代金或全征代金。

本年　边区政府颁布了《禁绝外来纸烟办法》、《限期禁绝外来纸烟进口》和《生产纸烟管理及征税办法》，《陕甘宁边区烟酒公卖暂行章程》等规定。

1944年

1月

6日　林伯渠同志在边区政府委员会第四次会议上作了《边区政府一年工作总结》，充分肯定了1943年边区建设事业的成绩，表彰了各条战线上的劳动英雄。

25日　中央直属机关召开生产运动总结大会，李富春同志在会上作了《更向前一步》的报告，号召机关学校更加努力发展生产，保障丰衣足食，建立革命家务。

本月　南汉宸同志在边区财经工作会议上提出：边区对外贸易由部分管理到全部管理，禁止非必需品进口，掌握价格政策，大力组织土产出口，改善业务，加强对外的经济斗争，争取出入口平衡，物资分配要照顾全局，坚决实行公私兼顾政策。

3月

本月　边区政府决定实行烟酒专卖。

4月

4日　《解放日报》发表《为达到经济上的完全自给自足而奋斗》的社论，指出只有发展生产才能解决经济问题，号召全体军民拿出自己的智慧和技术来发展边区生产。

本月　中共西北局决定把物资局改为贸易公司，统一管理全边区的对外贸易。

本月　任弼时同志在边区高干会上作了《去年边区财经工作的估计与今年边区金融贸易财政政策的基本方针》报告，总结了边区经济建设的经验，分析了边区经济建设的特点，提出了金融、贸易、财政政策的基本方针，……。指出："西北局现在把物资局改为贸易公司，来统一管理全边区的对外贸易，并责成它要由局部管理，逐渐做到全面的管理，这是一个非常重要的决定，也是一个非常艰巨的工作，……。首先从主要的物资如：盐、皮毛、药材、可能出口的粮食，油类等出口管理起，……。有些次要的货物的出口交地方部队去组织，但必须指导他们的贸易方针，使之符合于总的对外斗争的利益，……。"

本月　经过两年多的建厂，试验，边区火柴厂正式投产。

5月

1日　边区工厂厂长及职工代表大会在延安召开。会上提出争取两年内实现工业品全部自给的口号。刘少奇同志在会上讲了话，指出新民主主义的工业是有前途的，中国以后也将变为工业国，现在应好好学习科学技术，学习管理工厂的办法，为今后打下基础。

22日　毛泽东同志在中共中央举行的边区职工代表招待会上，作了《发展工业，打倒日寇》的讲话，深刻地论述了发展工业，实现工业化的意义。

23日　西北财经办事处会议决定，为了稳定金融，提高边币，打击法币，活跃市场，决定发行商业流通券，将法币收到一定程度，再发行新边币，收回流通券。

29日　中共西北局作出《关于争取工业品全部自给的决定》。

6月

10日　西北财经办事处会议决定，由银行发行23.5万元，用于支援生产建设和财政开支。

21日　边区财政厅发出通知，规定了技术干部的待遇标准。

27日　边区政府召开边区合作社联席会议，毛泽东同志和朱德同志分别作了关于合作社问题的讲话。会议奖励了刘建章等94位合作英雄。会议通过了进一步发展合作社的决议，提出组织三十万人纺织，实现穿衣自给。

7月

1日　边区政府决定，以贸易公司名义发行"商业流通券"，授权边区银行正式发行。票面额暂定为10元和50元两种，与边币、法币的比价定为1比20和1比2。

17日　边区政府公布了《关于公营工厂工资制度，及实施办法准则》。

本月　边区政府决定提前还清建设救国公债本息。

本月　中共西北局作出《关于贯彻合作社联席会议决议的决定》。

8月

22日　边区政府命令各专员、县（市）长：积极劝导人民普遍创办义仓，加紧备荒。

9月

本月　边区政府颁布《关于劳动英雄和模范工作者选举奖励办法》。

10月

本月　中央管理局召开各单位负责人座谈会，李富春同志在会上讲话时指出，创造劳动英雄与模范工作者的目的是在于采用新的组织形式与工作方法，提高工作，培养干部。

11月

本月　边区政府决定1944年财政工作方针是：节约储蓄，克服浪费，积蓄力量，备战备荒。

本年　规定：除绥德分区外，各地公盐均交盐不收代金，人民愿以粮、棉、棉纱或羊毛交公盐者，一律按市价折收，代棉代纱，并给以百分之五的奖金。

12月

4日～19日　陕甘宁边区举行了二届二次参议会，与这次会议同时召开的还有陕甘宁边区群英大会，陕甘宁边区文教英雄大会。

5日　林伯渠同志在二届参议会上作了《边区民主政治的新阶段》的政府工作报告。

15日　毛泽东同志在边区二届参议会二次大会上发表了《1945年的任务》的演说。提出1945年必须绝无例外地普遍进行大规模的生产运动。

19日　陕甘宁边区第二届参议会第二次大会闭幕。大会通过《陕甘宁边区土地租佃条例》。

31日　边区财政厅颁布了《棉花运输及缉私办法》和《禁止棉花出境的布告》。

1945年

1月

10日　毛泽东同志在边区劳动英雄和模范工作者大会上作了《必须学会作经济工作》的报告，指出劳动英雄和模范工作者在边区建设中起了带头作用，骨干作用和桥梁作用。

18日　边区财政厅发出1945年度财政开支的规定与供给标准规定的通知。

2月

本月　联防司令部发出指示，要求部队继续开展大规模的生产运动。凡生产有基础的部队，应做到完全自给，生产基础较薄弱的部队，要做到粮食自给八、九个月。

3月

28日　边区政府颁布《陕甘宁边区奖励实业投资暂行条例》。

本月　在延安成立公私商行，主要业务是掌握市场价格，联合商人，了解行情，介绍买卖。

4月

23日　中国共产党第七次代表大会在延安开幕。

24日　毛泽东同志在大会上作了《论联合政府》的政治报告，系统全面地总结了抗日战争中两条路线斗争的经验，阐明了中国共产党在民主革命阶段的基本纲领和具体纲领。

27日　毛泽东同志为《解放日报》写了《论军队生产自给，兼论整风和生产两大运动的重要性》的社论。

5月

13日《解放日报》发表了《论自纺自织》的社论，号召全边区妇女，继学会纺纱之后，努力学习织布，实现自纺自织，用布自给。

6月

11日　中国共产党第七次代表大会胜利闭幕。

7月

23日　边区政府公布《备荒时期工资修正办法》。

8月

14日　日本投降后，边区政府决定停收公盐及公盐代金。日本宣布无条件投降。

本年　边区政府决定本年财政工作方针是：生产节约，长期打算，积蓄物资，准备反攻。

1946 年

4 月

2 日～27 日　陕甘宁边区第三次参议会在延安召开，朱德同志代表中共中央向大会致贺词，高度赞扬了在抗战建设中对各解放区及全国的伟大模范作用。殷切希望边区人民在新的议会领导下，“把边区建设成为和平民主新中国更光明的灯塔，更坚强的堡垒，并与全国人民团结起来粉碎反动派的阴谋，推动全国的民主事业和建设事业”。

12 月

22 日　陕甘宁边区政府，联防军司令部公布了《战时管理白洋行使办法》及《战时严禁法币行使办法》。

同日　边区政府，联防军司令部发布命令，确定陕甘宁边区银行之边币（贸易公司商业流通券）为边区本位币。

1947 年

1 月

31 日　陕甘宁边区政府重申严禁酿酒的命令。

3 月

19 日　胡宗南进占延安。

5 月

28 日　陕甘宁边区政府颁发了《战时各种出入口货物税率》（修订）。

本月　南汉宸在华北财经会议上作了《陕甘宁边区的财经工作》的报告，指出：内部市场的方针“调剂物资，调整物资，调整物价”，“内部市场上反对垄断，扶助中小商人”。

11 月

11 日　西北财经办事处发出通知。通知中称：“为了统一陕甘宁晋绥边区的金融货币，西北局已确定以西北农民银行之农币为西北解放区之本位币，以陕甘宁贸易公司发行之流通券作为辅币”。

28 日　西北局发出了关于缉私工作的通知，通知中称：为杜绝违法走私，特成立边区缉私委员会。并决定以王维舟同志为主任，贾拓夫、范子文、俞杰、白如冰四位同志为委员，各分区成立缉私分会。

10 月

10 日　中国共产党中央公布了《中国土地法大纲》。

12 月

本月　陕甘宁边区贸易公司、银行与晋绥之贸易公司、银行合并。定名为“西北贸易总公司”，晋绥设分总公司，银行业务因战时减少，在组织系统上，在贸易总公司内设置一金融管理科，对外名义为“西北农民银行”。

1948 年

2 月

10 日　陕甘宁边区政府颁发了《陕甘宁晋绥边区货物税暂行条例》。

19 日　边区政府授权西北农民银行及西北贸易公司统管外汇与对外贸易。

4 月

22 日　延安收复。边区政府从绥德迁回延安。

4 月　陕甘宁边区政府发出了：“坚决贯彻保护工商业政策，本年度免征营业税和出临时营业税，工商业者的财产及其合法经营得受边区政府法律的保护”的布告。

9 月

12 日　陕甘宁边区政府决定从 10 月 1 日起，粮食买卖手续费由原规定 2%提高为 3%，牲畜买卖手续费由原规定 3%提高为 5%。

12 月

本月　陕甘宁边区政府，晋绥行署发出了布告，为适应国民经济建设之需要，特商得华北人民政府，山东省政府同意，决定统一华北、山东、西北三地区货币。华北银行，北海银行、西北农民银行合并为中国人民银行。以华北银行为总行。新币对西北农币为 1:2000。

1949 年

1 月

10 日　陕甘宁晋绥边区政府，西北军区司令部制定了《缉私暂时规章》。

2 月

8 日～17 日　陕甘宁边区参议会常驻议员，政府委员及晋绥行署代表联席会议，通过了晋绥边区统一旧陕甘宁边区领导，原晋绥行署撤销，分别划为晋西北、晋西南两行署。

同时，联席会议决定了边区政府及其下设八厅、一处、一行及四个委员会的人选。

4 月

15 日　陕甘宁边区政府工商厅正式成立，厅长俞杰。

5月

本月 陕北行政区成立,下属原延属、绥德、榆林、三边、黄龙五个分区。

本月 宝鸡、渭南、咸阳、商洛四个分区行政督察专员公署成立。各分区先后成立了工商局。

本月 西安解放。

6月

14日 边区政府从延安迁至西安新城办公。工商厅随边政迁至西安后宰门办公。

本月 工商厅颁布了《陕甘宁边区政府工商厅划一度量衡推行方案及实施办法草案》。

7月

18日 边区工商厅颁布了《商标注册暂行办法》。

8月

8日 边区工商厅发布了《工矿商业登记暂行办法》。

22日 陕甘宁边区政府颁布了《管理银洋暂行办法》。

11月

1日 边区工商厅颁布了《矿业开采管理暂行条例》。

1950年1月19日西北军政委员会成立,边区政府宣告结束。前后共历时12年4个月零23天。

(根据陕西省档案馆有关资料摘编)

二、对敌伪产业接收没收暂行办法草案

(一)为彻底摧毁敌伪反人民经济,建立新民主主义经济,充裕党国自卫战争财富,特制定本暂行办法。

(二)接收没收对象及范围分为:

1. 凡敌伪官营企业及公开事业,包括工商矿业粮秣被服及其他各种仓库堆栈、贸易机关、银行金库、水电厂、交通运输、工具等,一律由政府指定机关予以接收经营之。

2. 凡内战罪犯贪官污吏及罪大恶极之特务分子的动产与不动产一律予以没收。

3. 凡未查明是否敌伪产业,可暂予以查封代管待查清后依法处理之。

4. 凡官民合资事业,官股部分按(1)(2)项处理之,民股部分与(5)项同。

5. 凡真正人民产业,予以绝对保护不得侵犯。

(三)接收队宜统一集中于工作委员会,并由该会指定下列机关分别主管之,有关粮秣被服,金银财宝,盐矿税款,医药通讯器材等带财政性质者,由财政组接收之,有关交通运输,官营商店,贸易机关等带有商业贸易性质者,由贸易组接收之,有关银行银号、官营信用合作事业等带有金融性质者,由金融组接收之。

有关轻重工矿业水电厂等由工业组接收之。除上述指定机关外其他任何机关个人不得擅自接收没收。

(四)接收没收步骤及注意事项:

1. 原敌伪产业即予查封或代管,并分别派员点验封存,具单详细呈报,查封封条,统一属工作委员会分发之。

2. 接收没收产业之处理权,包括搬运,分配,拍卖等属于工作委员会,其他机关部队不得擅自处理之。

3. 所有档案账本、文件、表册,不能任意焚毁,应即交有关主管机关处理之。

4. 除敌伪职工中之坏分子,交由保卫机关逮捕外,其他比较好的职工可暂行照旧录用并改造之。

(五)处理原则

1. 公用事业及官办事业可接收之。

2. 没收之产业:甲、土地、房屋、牲畜等可按土地改革条例分配处理之;乙、应归公部分,可作为财政收入;丙、一部分民生用品,如,粮、布、油、盐等可向市场出售,以供民用;丁、可用一部分粮食救济贫苦人民。

(六)为保证接收工作顺利进行,并使接收没收物资充裕财政,应订出各机关部队及个人约法规章三条,违者按军纪政纪党纪惩办之。

1. 不得乱没收,打埋伏贪污浪费,徇情舞弊,私自动用公物。

2. 不得任意损坏焚毁接收没收物资。

3. 不得违犯群众利益。

(抄自陕西省档案馆)

三、经济工作人员奖惩规则

第一章 总 则

第一条 为了提高工作效率,实行赏罚严明,养成经济工作人员安心业务,廉洁从公的工作作风,特制定本规则。

第二条　所有经济工作人员的奖惩,悉依本规则的规定办理。

第三条　本规则所称经济工作人员系指参加党政军供给工作,农工商业等工作(技术人员领导者干部战士包括在内)者。

第二章　奖

第四条　凡适合下列各款之一者酌予奖励:

一、工作标准

1. 坚决执行命令,按期完成工作任务或超过任务者;

2. 研究并精通业务者有新工作办法,经上级采纳实行有效(或技术上有新的发明对生产有所改进者);

3. 对工作计划周密,节省经济,提高产量(效能)者;

4. 爱护公物及保管有方,手续清楚者;

5. 不贪污腐化,并见他人贪污腐化,能及时报告上级,经查有实据者;

6. 服务三年以上有成绩劳绩者;

7. 认真负责,埋头苦干,一贯的起模范作用者。

二、政治标准

8. 思想正确,服从组织,安心工作者;

9. 积极学习,并能帮助别人,又能正确团结工作人员者;

10. 执行政策,遵守政府法令者;

11. 在各种环境中(平时战时金钱美女困难等)不失原则立场者。

第五条　奖励种类与等级

1. 精神奖励:

甲、发给奖章;

乙,发给奖状;

丙、传令嘉奖;

丁、口头奖励(本单位开会宣布)。

2. 物资奖励:

甲、500元至1000元的奖金奖品;

乙、300至500元的奖金奖品;

丙、100至300元的奖金或奖品。

3. 提升:

以上三种奖励得斟酌情形同时给予之。

4. 完全合乎第四条各标准者为甲等。

5. 异于上列条件合乎第四条标准,不完备者得斟酌情形轻重列为乙、丙,丁等。

6. 凡完全合乎第四条标准并有特殊成绩者得予提升。

第六条　奖励手续:

1. 由各机关部队及各生产部门负责首长(行政、政治)按上列标准定期考核所属一切工作人员(平时应不断进行了解)。

2. 考核时尽量采取民主,受奖者应由各单位全体人员公认之。

3. 经过考核认为应受第五条1、2、3项之奖励者,须呈报上级批准才能执行,第1项各单位自可执行。

4. 奖励方向暂定半年或一年执行一次。

第三章　惩

第七条　凡违犯下列之一者酌予惩戒:

1. 不服从命令,不听组织分配,又不安心工作者。

2. 不能按期完成任务,又无特殊原因者;

3. 敷衍塞责,轻视业务者;

4. 贪污腐化,或见他人贪污腐化而不报告者;

5. 购卖搬运无故损坏公物,浪费经济者;

6. 消极怠工破坏工作制度者;

7. 有意隐瞒,虚报假公济私者;

8. 经济手续不清,企图贪污者;

9. 违犯政府法令,损害群众利益者;

10. 染不良嗜好者,贯劝不改者;

11. 只顾局部利益,妨碍整个利益者;

12. 不听上级教诲迅速改正缺点,固执己见者;

13. 背后乱说,放小广播,形成挑拨离间或间接破坏上级威信者。

第八条　惩戒办法

1. 立正(或批评)　2. 警告　3. 记过　4. 罚劳役　5. 禁闭　6. 降级　7. 革职。

第九条　执行惩戒时应注意之点:

1. 各级首长在执行惩戒时应按下级过失的大小,决定惩戒的轻重,不应对初次犯过失的同志即采取严重的处罚;

2. 对下级过失冷静分析后,应迅速分别予以惩戒,不应拖延日久,使犯过失者心中不安,更不应将过失当时不处理积累起来算总账;

3. 对一切过失只能采用一种惩戒,并且只能惩戒一次;

4. 对工作有成绩者,应酌量其成绩大小,减轻其罚或免除之;

5. 过去严重涉及法律范围者,除行政处分外,其违法部分应移交军法处(军人)法院(政府人员)裁判;

6. 惩戒办法4、5两项及第1项之立正只适用军事部门，禁闭期间不得超过两星期，政府系统则适用批评、警告、记过、降级、革职处罚。

第十条　惩戒权

(一)军事系统：

1. 管理员一级对班长以下人员只能执行前四项；

2. 科员一级的对班长以下人员只能执行前四项；

3. 科长一级对班长以下人员可执行前五项，对中级干部只能执行前两项；

4. 处长一级对班长以下人员可执行前七项全部，对中级干部只执行前三项；

5. 旅一级对班长以下人员及中级干部可执行前七项全部，对高级干部只能执行前三项。

(二)党及政府系统：

1. 股长对股员以下人员得执行批评、警告；

2. 科长对股长以下人员得执行批评、警告、记过；

3. 各厅局处院首长对科长以下人员得执行批评、警告、记过、降级、革职。(总、分公司经理，总工厂厂长与科长同，支公司经理及一般商店经理，一般的工厂厂长与股长同。)

第十一条　报告

1. 各级首长(在直接罚权内)处罚部下后，应速将事由及处罚情形报告直属上级；

2. 如部下所犯出于各该负责同志罚权之外者，应即报告上级处罚；

3. 受报告之上级对于原拟处罚应详细加以审核，如不适合得增减之；

4. 滥用职权者应按其所施之程度给予惩戒。

第四章　申　诉

第十二条　受罚者对于所受处罚认为不妥当，可向上级申诉，在上级未答复前不能反抗。

第十三条　申诉者只属于有关个人者，禁止他人代诉或团体控告。

第十四条　被告的上级不得阻止或扣留受罚者的控告书。

第十五条　受告的上级对控告的人的答复不得拖延，只将各级答复期间规定如下：

连长、科员、股长不得超过三天；

营长、科长不得超过五天；

旅长、厅、局、处、院长不得超过十五天。(特殊情形例外)

(抄自陕西省档案馆)

四、边区惩治贪污条例(草案)

第一条　边区所属之机关部队，及公营企业之人员，犯本条例之罪者，依本条例处断之，凡群众组织及社会公益事务团体之人员，犯本条例之罪，经所属团体控告者，亦依本条例办理。

第二条　有左列行为之一者，即以贪污论罪。

一、克扣或截留，应行发给或缴纳财物者。

二、买卖公物，从中舞弊者。

三、盗窃侵吞公有财物者。

四、强占强征或强募财物者。

五、意图营利，贩运禁运或漏税物品者。

六、擅移公款，作为私人营利者。

七、违法收募税捐者。

八、伪造或虚报收支账目者。

九、勒索敲诈收受贿赂者。

十、为私人利益，而浪费公有之财物者。

第三条　犯第二条之罪者以其数目之多少及发生影响之大小依左列之规定惩治之。

一、贪污数目在1000元以上者，处死刑。

二、贪污数目在500元以上者，处以五年以上之有期徒刑或死刑。

三、贪污数目在300元以上、500元以下者处三年以上五年以下之有期徒刑。

四、贪污数目在100元以上300元以下者，处一年以上三年以下有期徒刑。

五、贪污数目在100元以下者，处一年以下之有期徒刑或苦役。

第四条　前第二条之未遂罪罚之。

第五条　犯本条例之罪于发觉前自首者，除以第六条之规定令其缴出所得财物外，得减轻或免除其刑。

第六条　犯本条之罪，除依照第三条之规定处罚外，应追缴其贪污所得之财物，无法追缴时，得没收其犯罪人财产抵偿。

第七条　贪污之财物，如属于私人者，视其性质分别发还受损失者全部或一部分。

第八条　犯本条例之罪者，由司法机关审理执行。

第九条　本条例之修改权，属于边区议会。

第十条　本条例之解释权，属于边区政府。

(抄自陕西省档案馆)

第九编　晋冀鲁豫地区革命根据地的工商管理

（1937 年～1949 年）

概　述

晋冀鲁豫地区革命根据地,包括晋察冀边区、晋冀鲁豫边区、晋绥边区、山东四块根据地。到1945年9月抗日战争结束时,四块根据地辖区共有16个行署、67个专区、565个县(市)。山东根据地于1945年成立山东省政府。1948年6月,晋冀鲁豫、晋察冀两边区政府成立联合行政委员会,9月1日成立华北人民政府。1949年2月,晋绥边区划归陕甘宁边区政府领导。

(一)

晋冀鲁豫根据地的工商管理工作是从1938年太行、太岳区成立贸易统制局后开始的。当时的任务只是统制物资、组织缉私、严禁粮食输出资敌。1941年9月以后,各个边区先后成立工商管理局,从边区、行署(省)、专署、市县以及重要集镇、边缘港口关隘、交通要冲都有机构,形成了一个体系。工商管理局机构一般分四级:边区设总局,行署设分局,县设支(县)局,基层设所,边沿地区设站或者是局、处、科、所(站)。当时,为了统一指挥,集中力量,争取对敌经济斗争的胜利,工业、商业、税务、粮食、物价、度量衡等工作也归工商局统管。

抗日战争胜利后,有的地区撤销或者合并了工商管理机构,不久又重新建立健全起来。解放战争期间,1948年,晋冀鲁豫边区和晋察冀边区已连成一片,于6月份成立两边区政府联合行政委员会,下设工商厅;9月份成立华北人民政府,下设工商部。同年7月,山东省工商管理总局改为华东财办工商部。

工商管理部门是政权机关的组成部分,它的任务是贯彻执行党和民主政府的各项经济政策,在抗日战争和解放战争时期,一切为着争取战争胜利的总目标之下,展开对敌经济斗争,实施对外贸易统制,对内贸易自由的政策,团结和管理工商业,促进生产,掌握物资,发展流通,保障军需民用。具体工作主要有:管理出入口贸易,管理重要物资,严禁走私资敌;配合有关部门进行对敌经济斗争,粉碎敌人对根据地的经济封锁与掠夺;巩固本币、排挤法币、打击伪钞;扶持和保护公营企业、合作事业和私营工商业的发展;管理市场,组织物资交流,平抑物价,打击投机奸商的操纵破坏活动;指导工商业团体工作等。

(二)

经济斗争是对敌斗争的一个组成部分。

抗日战争时期,日本帝国主义在其疯狂的军事侵略的同时,为了达到“以战养战,以华治华”的奴役中国的目的,对我抗日根据地实行了残酷的以掠夺和破坏为中心的“治安强化”运动。他们严禁如医药、棉布、煤油、五金等等人民生活必需品流入根据地,实行经济封锁。同时又抢掠根据地的重要物资,妄图将我抗日军民困死、饿死。

为了粉碎敌人的经济封锁,保障抗日军民的生活需要,根据地政府制定了一系列对敌经济斗争的方针和政策,发动群众,抵制仇货,严禁粮、棉等重要物资资敌,限制非必需品和可以利用土货代替的外货入口,统制出入口贸易,从经济上给敌人以反击。

抗日战争胜利后,我们放弃了经济封锁,准许工商业进行自由贸易。国民党反动派单方撕毁“停战协定”,对我解放区进行大规模的军事进攻,并在经济上对我实行封锁。我们被迫与其进行针锋相对的斗争。

我们的办法与国民党反动派不同。我们根据自己的需要,剩余部分允许出口,换回我们需要的必需品,进行对双方有利的交换。既满足蒋管区群众的部分需要,也解决了自己的不足。这样,敌我双方在经济上就形成了既相互依存,又相互封锁的斗争局面。

缉私斗争是经济战线对敌斗争的重要措施。一些不法分子利用种种方式将违禁品私自出入口,倒买倒卖,偷税漏税,牟取暴利,严重地破坏了根据地的经济秩序。因此,工商管理机关同税务、公安、司法、部队和民兵等有关部门相配合,开展了群众性的缉私活动。惩罚走私,奖励缉私,以满足人民群众的生活需要和维护根据地的经济秩序。

(三)

晋冀鲁豫地区革命根据地的市场管理是工商

局的任务之一。管好市场，平抑物价，从而达到发展生产，保证军需民用，是市场管理的目的。

边区政府针对各个时期的政治、军事、经济形势的变化，制定了一系列治理市场的政策。坚持“对外贸易统制，对内贸易自由”：对重要物资实行专买专卖；恢复交易所和各种庙会，扩大物资交流，促进农业生产；保护工商业者的合法权益，团结敌顽区商人，促进商品流通；排挤伪钞，保护本币，稳定物价；禁止机关部队经商：在抗日战争胜利后，为了保护边区工商业的发展，抵制美货入侵，等等。

边区政府所实行的对敌顽区的统制贸易政策，对敌顽区人民的需要给予支持的政策，得到了各阶层人民特别是工商界的拥护，鼓舞了根据地农民、工人和商业者积极从事商品生产。这就为抗日战争和解放战争的军需民用打下了雄厚的物质基础。

（四）

工商企业登记管理是工商管理的一项任务。抗日战争时期，在“发展经济，保障供给”的方针指引下，晋冀鲁豫革命根据地的工商管理部门认真贯彻执行了扶植私营工商业和鼓励发展合作事业的政策。对大量的、分散的、流动经营的手工业、作坊及中小商贩等进行了登记管理，有效地保护了合法经营。

解放战争时期，在“发展生产、繁荣经济、公私兼顾、劳资两利”的总方针下，执行了保护与发展工商业的政策。鼓励私人资本经营与国计民生有益的工商业。为了发展私人资本，繁荣商业、有的边区政府规定机关公营商店一律停业，不与民争利。对官僚资本、战犯及罪大恶极的恶霸经营的工商业，经调查属实，由政府接管，成为公营或公私合营企业。

1948年，华北人民政府成立，召开了工商会议。明确了资本主义与封建剥削以及官僚资本与中等资产阶级和小资产阶级的区分，纠正了某些地区侵犯工商业正当经营的错误，制定了土改中保护工商业的政策，对新解放城市保护工商业的政策，公营商业、工业与私营工商业的关系以及私营工商业中劳资、东伙、师徒关系的政策。这一系列政策的贯彻执行，促进了私营工商业的迅速恢复和发展。

（五）

商标管理工作是边区工商管理的一个方面。从1944年起，晋察冀、晋冀鲁豫、山东等边区政府相继制定了商标管理法规。1949年6月11日，华北人民政府颁布了华北区商标注册办法及施行细则。当时商标管理工作的主要任务是：1. 对工业品采取了强制注册的办法。对土货采取自愿注册与自订商标的办法。2. 商标注册实行分级管理的制度。在县市境内销售的商品，由边区政府注册管理。随着华北解放区的扩大，实行全华北区商标统一注册管理，并清理整顿了各边区和新解放区原有的商标。3. 凡属注册商标，边区政府依法保护商标专用权。4. 为了抵制外来货和保证商品出口，边区政府强调地方产品质量，要求做到精制、精造。5. 在根据地和解放区销售的地方工业品的包装、装璜，一律禁止使用外文。

第一章　工商管理部门的机构和任务

第一节　工商管理部门的性质、任务

一、工商管理局设立以前的机构、任务

为切实执行贸易政策，加强对敌经济斗争，保护并促进内地建设事业之发展，平衡物价，繁荣市场，巩固抗日根据地之经济堡垒，特组织各级贸易局。

（山东省《各级贸易组织暂行条例》，1940 年 12 月，山东省图书馆）

甲　生产贸易管理局是组织对敌经济斗争的领导机关

1. 管理对外统制贸易和组织输出入。

2. 领导公营工厂与运销机关。

3. 帮助群众生产，发展商业与合作运动。

乙　性质

1. 生产贸易管理局是政权机关的组成部分，它是政府领导人民对敌经济斗争的执行与权力机关。

2. 生产贸易管理局是公营工商业的管理机关。

3. 生产贸易管理局是群众经济组织与经济活动的核心。

（《冀太联办生产贸易管理局的性质和任务》，1941 年 7 月，山西省档案馆）

（一）具体掌握与组织实现边区贸易政策，办理贸易行政（如商店登记商标注册等）。

（二）结合各个经济部门力量，在当地政府统一领导下，组织对敌经济攻势，打击伪钞，扩大边币阵地。并积极用贸易工作配合广大解放区。

（三）管理对敌贸易，征收出入口税。

（四）领导公营商店，并指导部队、机关之商店。

（五）管理集市、商贩。

（晋察冀边区行政委员会《关于建立各级贸易管理局的决定》，1945 年 2 月 24 日，山西省档案馆）

二、工商管理局的性质、任务

工商管理局受边区政府建设厅之领导，根据边区政府之政策法令及关于工商业建设与对敌经济斗争之总的方针执行下列任务：

一、组织对外贸易，配合银行、税务机关组织对敌经济斗争。

二、繁荣根据地市场，调剂有无，平衡物价。

三、管理公营工厂。

四、与私人合资经营各种工商事业。

五、遵照政府之命令办理专买专卖及拍卖事宜。

六、组织根据地运销。

七、组织商人。

八、促进合作事业及群众生产之发展。

（《晋冀鲁豫边区工商管理局组织规程》，1942 年 10 月 15 日，山西省档案馆）

工商管理局之任务。为团结边区内外工商业者、掌握物资，对敌进行经济斗争。其职权如下：

（一）管理对外贸易，领导稽征和缉私。

（二）管理公营与公私合营之商店、工厂。

（三）指导合作社的运销业务（通过合作社系统政策法令指导，仍归实业部门）。

（四）指导商会，并通过商会指导贸易。

在上列职权范围内，总的政策方针决定后，工商局有机动处理之权，下级工商局与工商管理员得直接执行上级命令，不经所属实业部门之讨论布置。

三、一般工商行政（包括合作行政）之掌管由实业部门负责。

四、各级工商管理局对外发布命令，凡关于对外发布之命令均须通过实业部门以各级政府名义行之。

（晋察冀边区行政委员会《关于工商管理局与实业部门关系的补充决定》，1943年2月27日，河北省档案馆）

工商管理局的中心工作是货币斗争，贸易管理，生产建设这三者互相配合，以期加强对敌经济斗争，保障军民生活克服困难，坚持抗战。

（山东战时行政委员会《关于半年工商管理工作的指示》，1943年，山东省档案馆）

边区财委决定工商局的工作任务是掌握对敌贸易斗争，调剂内地市场中来完成军用民需之物资的调剂掌握及供给工作。因此，必须管理出入口，管理外汇及采购重要公用物品。

（《晋冀鲁豫边区工商局分局长商店经理联席会议决议》，1943年12月23日，山西省档案馆）

工商管理之基本方针为：

一、大量发展工业生产建设，扶持群众手工业，开展渔盐矿产，发展公营企业，建立自给自足的经济。

二、管理对外贸易，调剂内地物资，粉碎敌人的经济掠夺与倾销政策，保护根据地商业自由发展。

三、统一币制，巩固本币，稳定金融，平抑物价。

（《山东省工商管理局暂行规程》，1944年，山东省档案馆）

工商管理局是对敌经济斗争的统一领导机关，从对敌经济（斗争）中来发展经济，保障供给，为战争服务，为群众服务，它的具体工作按其发展次序来说是：货币斗争，贸易管理，扶助生产，保障供给。也可以说：对外争取对敌经济斗争（包括货币斗争，贸易斗争）的胜利，对内扶助生产建设，通过这样工作以达发展经济，保障供给的目的。

（薛暮桥《山东工商管理工作的方针和政策》，1945年5月，山东图书馆）

今后我们工商工作仍应当以对敌经济斗争作为主要任务，同时注意解放区的经济建设，对敌经济斗争应与解放大城市的军事、政治斗争密切配合，包围封锁敌占城市，解放区的经济建设不但为着克服困难，而且为着扩大政治影响，便于我们争取敌占城市。

日本宣布投降，各地工商管理局为完成新的紧急任务，抽调大批干部组织工作队随军出发，准备进占各大城市和经济中心，接着许多城市次第解放，大城市因蒋敌伪的合作暂时仍被敌伪掌握，我们就把工作队的干部分派到新解放区，去开辟经济工作，包围封锁敌占城市。这时我们的新解放区工作仍以货币斗争做为中心，调剂本币，排挤伪钞，藉以稳定物价，恢复贸易，繁荣市场。

（《山东省政府工商工作补充指示》，1945年10月，山东省档案馆）

当前工商工作的首要任务仍然是，保证必要的收入，供给充分的物资、配合全面斗争的政治任务，以充实解放区军民的经济力量，同时在保证完成这一总的财政物资的供给任务下面，对发展生产，繁荣贸易，稳定货币，均应从现在基础上前进一步。争取经济领域内的全面斗争胜利，这与总的斗争任务是不可分割的，另外在机构组织上，工作制度上，均须逐步实行各种可能的正规制度，使在新的局面到来时，能够担负起更加繁复的工作。

（《山东省政府关于46年上半年工商工作任务及合并鲁南、鲁中、滨海三地区工商机构的决定》，1946年2月，山东省档案馆）

今后工商工作的基本任务，仍应当是“调剂供求，稳定物价，扶助生产，保障供给，以争取自卫战争的胜利”。今天的自卫战争是一个长期的艰苦的斗争，工商工作必须尽我们的一切力量扶助生产，保障供给，使我们军民的生活需要不感缺乏。今夏物价暴涨，这使我们扶助生产和保障供给的工作感到重大困难，因此，今天我们首先就要调剂供求，稳定物价，这是我们当前紧急任务。

（薛暮桥《工商会议闭幕时的讲话》，1946年10月，山东省档案馆）

1947年新的斗争局面已经展开，战争的规模与发展更加庞大，因此，在整个斗争中，财政经济成为当前的一个基本困难，不克服这一难关，就将影响战局的顺利进展。因此，上半年工商工作方针，首先应该是保证完成在工商部门中对战争中财政与物资的供给任务，同时要使物价相对稳定，以求群众生活安定，保护工商业的发展，这也是对战争支援的必要条件，因此，决定上半年工商斗争方针，应以扩大收入，稳定物价为主要任务。

（《山东省政府关于 1947 年上半年工商工作方针与任务的指示》，1947 年 1 月，山东省档案馆）

我们确定 1947 年经济工作的方针与任务是："加强贸易汇兑管理，开展对敌经济斗争，组织剩余物资输出，严禁美蒋货物流入，发展副业手工业，争取日用品自给，用大力恢复察南察北的贸易路线，夺回察南察北的阵地，以交流物资，巩固边币，稳定物价，支持战争"。

（《察哈尔省目前的经济情况与今后的工作方针任务》，张苏主席在工商会议上的总结报告，1947 年 1 月 10 日，河北省档案馆）

今冬明春工商工作之主要任务：在工商业较繁荣城镇，特别是市局所在的城镇，仍按华北工商业会议(5 月间)与我区 8 月局长联席会议精神，以发展工业、手工业为主，组织市场交易，取消封建制度的残余；并以加强调查研究工作，找出各城市、集镇发展的正确方向，加强领导，克服工商业的盲目发展。在工商业的指导中，应首先注意帮助公营企业，机关生产与群众合作社经营的发展。农业比重占很大优势的，各县工商科除以小部精力注意集镇市场管理外，今后主要任务是副业生产、合作事业的指导。

（冀南行政公署通令《关于各级工商机构的决定及今冬明春的主要任务》，1948 年 2 月 11 日，邯郸市档案馆）

工商工作向着下述六个方面努力：

①向工商业者宣传党的政策；

②指导商人转变业务；

③登记商号作坊工厂；

④教育商人勤劳致富；

⑤领发营业执照；

⑥统一度量衡(未实施)。

（余建新《晋南工作报告》，1949 年初，陕西省档案馆）

过去工商工作是统一的，现在是下面分开上面统一。过去工商工作即是贸易工作，这是最主要的。关于工商行政工作就很少考虑，甚至没有做。因此，各级工商局除税务外，都大部放在贸易上，而在工商行政工作方面，由于形势的发展，广大的私人资本与工商业的发展与限制，对国计民生有利者与不利者，根据党的政策来制定计划。在现在来说，私人资本的扩大，我们同其斗争与限制及领导其生产是一种很重大的问题。过去我们对工商工作没有什么明确的政策原则，只是一天到晚的在任务范围内打圈子，今后要在统一的范围内来提出工商行政工作，因此整个机构都要变更。各级工商局主要的工作即是搞工商行政工作与执行工商政策，检查各地对党的工商政策执行如何，其基本性质是与过去不同的。

（杨浩庐部长在《工商行政会议上的报告》，1949 年 4 月山东省商业厅档案室）

目前工商行政工作的基本任务：一、统一国营经济对外步调；二、协助合作社经济的发展；三、指导和管理私人商业的经营……。关于指导和管理私人商业问题，杨浩庐部长指出这是目前最复杂，也是工商行政工作最主要的工作。我们对私营工商业的方针，是应该按中共中央七届二中全会决议所指出的把消费城市变为工业城市的道路指导其逐渐向工业生产的方向发展，这是私人资本正常发展的道路……工商登记问题，也是当前工商工作的重要工作。

（《省工商行政会议闭幕》，1949 年 4 月 26 日，《大众日报》）

三、工商管理部门的职责范围

工商管理处之职掌如下：

一、关于对敌经济斗争之计划与组织领导事项。

二、关于工业生产及渔盐矿产之管理事项。

三、关于出入口贸易统制及物资管理事项。

四、关于外汇之管理调整事项。

五、关于商业行政市场管理事项。

六、关于合作事业之指导推动事项。

七、关于公营企业之管理事项。

八、关于进出口税、盐税、所得税、营业税等征收及缉私稽查事项。

九、其它有关工商事项。

（《山东省战时行政委员会组织条例》，1943 年

8 月,《山东革命历史档案资料选编》第十辑)

工商处主管公私工商矿业及市场物价之计划建设管理奖进等事宜。

一、具体掌握下列事项:

1.调查统计研究有关工商矿业情况,指导其改进发展,并提出奖进事项。

2.指导各公营企业,制定计划,改进经营管理方法,并督促检查其执行事项。

3.关于工商团体之备案指导,工商业之登记、管理、复核及商标注册之设计,掌握实施等事项。

4,关于了解财政、经济,有关物价之设施,提出稳定物价措施之事项。

5.关于劳资、东伙、师徒关系之改进及职工福利、劳动保护条例之贯彻执行事项。

6.关于组织市场建设及集、会交易所之管理事项。

7.关于度量衡之制定及检查实施事项。

8.关于工矿业技术发明、奖励意见之审核提出及优良出品之陈列展览事项。

9.拟定民营工矿业之生产计划及组织实施事项。

10.其他有关工商业事项。

(《太岳行署工商处工作事项》,1949 年 1 月 30 日,山西省档案馆)

工商部主管全区一般民营工商矿业、市场物价及对外贸易之计划管理奖进事宜。具体掌管下列事项:

(一)关于一般民营工商业、矿业之计划管理奖进事项。

(二)关于公营贸易事项。

(三)关于民营工矿业之检查指导,技术发明之奖励及优良产品之陈列展览事项。

(四)关于民营工商业之登记、管理及商标注册事项。

(五)关于出口贸易管理及对敌经济斗争事项。

(六)关于内地贸易管理事项。

(七)关于集市管理及交易所之指导事项。

(八)关于稳定物价事项。

(九)关于劳资、东伙关系及劳动保护具体设施事项。

(十)关于度量衡之制造检定监督事项。

(十一)关于民营工商矿业之调查统计事项。

(十二)关于工商团体之指导事项。

(十三)其它有关工商业事项。

(《华北人民政府各部门组织规程》,1949 年 10 月,河北省档案馆)

四、工商管理部门的作用

(一)统一管理出入口的权力机关

……今天新的工商管理局便是边区政府授权统一管理出入口的权力与执行机关。它在边委会议的决定下,坚决执行这一工作,对敌进行有效的斗争。除了税率变更以外,关于出入口物品估价,临时停止或发给特许出入口证件,管理外汇,支配外汇,对违禁品(不是没收汉奸财产而是指违犯出入口及物资管理法令及规章的违禁品)没收和处理,它都有责任。

(二)政治和经济力量紧密结合的一个机构

新的工商管理局负责办理工商营业许可证工作,管理公私经营的工商业及合作社等。没有这套行政管理,便谈不到组织群众经济力量对敌斗争,谈不到抗日的经济政策在工商业方面真正实施。它有责任对任何公私经营的工厂、工场、作坊、商店、合作社和摊贩挑贩进行监督,有权过问其营业情况,以保证政策法令贯彻执行。

(三)发动合作社、组织合作社、领导合作社的机关

工商管理局必须把这一工作当作中心去进行,也只有这一工作进展到一定程度,它才能更胜利的进行出入口的统制,粮食的调剂,工业的发展,对敌斗争的进行,才能迎接更大困难的到来。有了广大群众为基础的合作社,工商管理局能领导起他们,再加上两大作用的发挥,那将会是一个无比的力量,那将会使群众斗争开展,政权更加巩固。这样的机构,才不会同于过去政权的公营企业,才会成为新民主主义经济发展之主要杠杆。

这样一个机构,是新的前所未有的,我们对它没有很多知识与经验。这样的一个机构不是容易建设起来的,这是一个相当时期斗争的结果。这里面有从太行合作社、山西五专区经委会、山西三专署建设部门、太行生产社、税务局、贸易局、粮食调剂局、军营商店……等各自奋斗,共同奋斗的历史。尤其是在联办实业处、边府建设厅领导下,系统的领导与各地政府的努力,都是今天不可缺少的重要因素。

（王兴让《工商管理局的作用》,1942年9月10日《新经济》,山西省档案馆）

为了便利对敌斗争,我们把税收和贸易两个部门,置于工商管理局的单一领导之下,用严格的税制来保护根据地的经济,并使对敌斗争容易得到胜利。

（邓小平《太行区的经济建设》,1943年7月2日,山西省档案馆）

滨海、鲁中、鲁南的工商管理局于去年秋冬相继成立,虽然为时不过半年到9个月,但我们所做工作,基本上已达到我们所预期的要求。我们已经初步取得了对敌经济斗争的主动权,挽回了去年币值跌落,物价高涨,物资外流所造成的经济上的危机,我们的货币斗争已经取得了初步胜利,完成了单一本位币制,提高了币值,平抑和稳定了物价;我们的贸易管理开始获得成效,打击了敌人的经济掠夺,冲破了敌人的经济封锁,我们的生产建设也初具规模,布匹大部能够自给,文化纸亦开始自己制造,肥皂、毛巾之类已能满足市场需要;我们增加了财政收入,保证了军工器材和工业必需品的供给。由于这些成绩的获得,而相当的安定和改善了人民的生活,破坏敌人(市场),建设自己,使我们根据地的巩固、上升获得更多的保障。

（黎玉《我们的工商管理工作》,1944年,山东省档案馆）

本省各地工商管理局成立至今不过两年,全省性的工商工作会议这还是第一次。但我们在对敌经济斗争方面取得的成绩却是十分显著的,首先表现在全省货币斗争的普遍胜利,巩固了本币,稳定了物价,克服了由于法币、伪钞的狂跌,物价飞涨,纸币内流,物资外流所造成的经济危机;其次表现在对外贸易的取得主动地位,高价输出我们所剩余的土产,换回我们所必需的军用品和日用品,粉碎了敌人对我的经济封锁和物资掠夺;再次,我之工业建设亦有初步成功,若干重要工业品开始自给,公营生产与合作社生产开始建立与广泛发展,财政收入亦有显著增加,并能积蓄,为我们反攻及抗战胜利奠定了物质基础。他给予山东解放区的福利是非常大的,给予敌人在经济战线上的打击也是非常沉重的,任何不重视工商工作的想法和作法都是不对的,我们必须明确认识没有经济战线上的胜利,也难有其他战线上的胜利。

（《庆祝全省工商工作会议的成功》,1945年7月23日《大众日报》社论）

第二节　工商管理部门机构的设立和演变

一、工商管理局之前的机构

1938年1月,山西三、五专署设立贸易统制局。

（1938年1月,《太行区银行工商工作大事记》,山西省档案馆）

1940年4月24日,晋西北行署建立经济总局,段云任局长。

（《晋绥边区大事记》,山西省档案馆）

1941年2月12日,晋西北行署经济总局改称贸易总局,牛荫冠任总局长,各县设立贸易支局。

（《晋绥边区大事记》,山西省档案馆）

1941年7月1日,边区生产贸易管理总局正式成立于左权桐峪。王兴让任总局长,林海云任副总局长,郭今吾任贸易部长,黎波涛任生产部长,另设管理、事业二部,王、林各兼一部,每部下分设三、四科不等。

（《边区生产贸易管理总局成立》,1941年7月,山西省档案馆）

二、工商管理局的机构

1941年9月,生产贸易管理总局改名为晋冀鲁豫边区工商管理总局。

（《边区生产贸易管理总局改名为工商管理总局》,1941年9月,《太行区工商银行大事记》,山西省档案馆）

1942年7月7日,边府举行二十四次委员谈话会,为开展对敌经济斗争,更加有力统一步骤打击敌人,决定工商管理总局与税务总局于本月17日正式合并。仍定名为工商管理总局。任王兴让为局长，林海云为副局长，刘裕孚为监察委员。

（晋冀鲁豫边区政府《关于工商管理总局和税务总局合并的决定》，1942年7月7日，山西省档案馆）

1942年8月7日，边府为适应当时情况，又作了《关于改组经济建设机构的决定》决定：

（一）工商管理局与税务局合并称工商管理局。县贸易局与税务局合并称县税务局。其任务是：1.内地工商业行政。2.对外贸易管理。3.经营政府公营工商业及公私合营之事业。

（晋冀鲁豫边区政府《关于改组经济建设机构的决定》，1942年8月7日，山西省档案馆）

第一条 为发展根据地工商业，加强对敌经济斗争，特根据《晋冀鲁豫边区政府组织条例》第三条之规定，设立工商管理局。

……

第三条 全区设“晋冀鲁豫边区工商管理总局”（以下简称总局），行署设“晋冀鲁豫边区工商管理总局××办事处”（以下简称办事处），专署区依专区之序列设“晋冀鲁豫边区工商管理第×分局”（以下简称分局），县设“××县贸易局”。

（《晋冀鲁豫边区工商管理局组织规程》，1942年10月15日，山西省档案馆）

组织机构的变更，统一经济斗争的步调，加强经济斗争的阵营，是早待解决的问题。经济部门的系统繁多，各自为政，甚至强调独立，是经济战线上的重要缺点。必须指挥统一，才能做到步调一致。为此，决定把工矿管理局，贸易管理局合并为工商管理局，指导合作、商会，管理工厂、商店，对内调剂物资，繁荣经济，对外掌握物资，与敌斗争。工商管理局为各级政府的组织部分。合作社仍保留其群众性质，北岳区联会与工商管理局合一办公。专区组织一律取消，区联社一般不设。合作社今后应与商店工厂的业务密切配合起来，并成为组织生产、组织运销的基本组织。

（中共北岳区党委《关于目前对敌经济斗争的决定》，1942年12月27日，山西省档案馆）

（编者注：1943年2月1日，晋察冀边区行政委员会决定贸易局、工矿局合并为工商管理局。局长程子华、副局长陈大凡）

（一）结束各级贸易管理局，组织建立各级工商管理局组织，其主要工作：

1.结帐移交——各级贸易局结束一切工作，移交各级工商管理局（包括税卡）。

2.根据边委会关于建立各级工商管理局的决定与各地具体情况，建立各县工商管理局或工商管理员。

（四）工商管理局的领导：

1.结账移交——原来工矿局领导下的工厂总结，移交给边区工商管理局。

2.各商店附设的工厂，随商店一并移交。

3.原来工矿局领导下的工厂，移交边区工商管理局直接领导，其他商店附设的工厂，原则上由支局领导，必要时得由支局委托原商店领导，但生产技术须受边局工商管理主任的检查、教育与指导。

（晋察冀边区工商管理局《3、4、5、6、7月份的中心工作计划》，1943年3月，河北省档案馆）

1943年的上半年，肖华同志去太行总部汇报工作，同时学习了解太行区的工商管理工作经验，商得当地同意，当年夏天派石英来山东工作。石英到山东后，首先在干部中介绍了太行、太岳区建立工商管理局的做法和经验，对改进财经政策，加强工商管理都起了有益的借鉴作用。

……

为统一领导，加强斗争力量，应即成立工商管理局来统一领导贸易、工业生产建设（农林归农林部门领导，货币外汇管理发行仍归银行）、合作事业等类工作。

（黎玉《山东抗日民主政权工作三年来的总结与今后施政之中心方案》，1943年9月，《山东革命历史档案资料选编》第十辑）

1943年夏天，山东分局决定在政权系统中成立工商管理机构，同时决定成立滨海区工商管理局，石英任局长，周纯全任监委，实行双重领导，以省为主。经过一年试点之后，于1944年下半年成立了省工商管理总局，石英任局长，薛暮桥任监委，同时在各地区普遍建立了工商分局和支局。

（戚铭《山东战争时的财政工作》，《山东史志资

料》第一辑)

第二条 为统一经济领导,提高工作效率,特设立各级工商管理局,所有本规程包括之各种经济建设事业,由各级工商管理局直接领导之。

第五条 全省建立工商管理处,各战略区设立工商管理局,专员区设立工商管理分局,县设立工商管理县局,各县之中的集市、生产地区、重要关卡、设工商管理事务所,一般地区与边境要道设立检查站。

第六条 各分局与县之管辖地区,必要时可按经济条件划分。

第七条 各级工商管理局设监察委员一人,辅助行政领导,掌握政策,检查贪污浪费,训练干部,保证完成业务计划。

第八条 工商管理局,依据商业需要,设立公营商店,负责调剂物资,执行专买专卖事业。

第十条 各级工商管理局成立后,凡有关工商管理工作范围之部门归政府经建科,税务贸易管理局、交易所、纺织局、盐务署、银行兑换所、海防办理处、矿务局即行分别合并或撤销之。

(《山东省工商管理暂行规程》,1944年,山东省档案馆)

一、胶东区工商机关设立机构

胶东区设工商总局,总局直属下设四分局:东海、西海、北海、南海分局。总局直属两县局:栖牟福县局,海莱县局。

东海分局直属三县局:文成县局、荣成县局、牟海县局。

北海分局直属三县局:栖霞县局、黄招县局、蓬福县局。

西海分局直属三县局:掖县局、掖平县局、招莱县局。

南海分局设三事务所:即墨事务所,南平事务所,胶县事务所。

二、成立日期

胶东总局 1943年12月15日成立。

西海、东海分局 1944年1月1日成立。

北海分局 1944年2月8日成立。

南海分局 1944年4月1日成立。

各局直属之县局大体上都于44年2月下旬至3月中旬正式成立。

(胶东区工商局《1944年上半年工作总结》,1944年,山东省档案馆)

为了适应新的环境,工商局银行机构有所变动。

1.总局不再兼做太行区局工作,成立太行区工商管理局,简称区局。

2.冀南银行太行区行与太行工商管理局从明年1月1日起正式分开办公。

3.太行行署令委吴作民同志任太行工商管理局局长,太行区行经理暂由秘书主任赵步崇同志代理。

(晋冀鲁豫边区太行工商管理局冀南银行太行区行《关于太行工商局成立与冀南银行太行区行分开办公的联合通知》,1945年12月29日,山西省档案馆)

一、为适应和平建设新阶段的工作需要,进一步加强与统一农林牧殖工商事业的领导,积极扶植农林工商事业的发展,建设繁荣的城镇与乡村,关于农林工商等工作的组织领导问题,经本会第四十次会议决定:

(一)边区取消实业处名义,取消工矿管理局,改设农业处、工商处。……工商处掌管工厂、矿山及贸易等行政工作,设处长一人由宋劭文兼任,副处长二人由姚依林、江泽民充任。

(二)省、行署均取消实业处(或科)名义,改设农林、工商两厅。在改变组织后,大会驻各区财经特派员办事处着即撤销。

(三)专署设农林、工商视察员一人至五人,视工作需要酌定。

(四)县府:一般仍设实业科,另在实业科内专人掌管工商行政,但有些县份可取消实业科,试设农林、工商科,由各省行署研究确定。……电讯、公路多的省区均可设局专管,其工作少,不需要设局者,均归工商部门掌管(县如不设工商科,则仍由实业科设专人掌管)。

(晋察冀边区行政委员会《关于加强农林工商事业的领导,各级政府均改设农林、工商部门的决定》,1946年5月26日河北省档案馆)

1.边府设工商总局,行署设区局(区局最好兼一市局，以深入工作取得经验)，重要城镇设分局或市局，边缘县设事务所。

2.内地不普设工商机构。关于工商业之扶植管理与登记以及税收等工作，由各地方政府财建两部门办理。冀鲁豫区工商机构可以不变动，但须加强边缘区缉私工作。

3.各分局得设一定数量之缉私人员(或训练一定数量不脱离生产之民兵，发给证件)，以加强边缘区缉私工作。

(《晋冀鲁豫边区政府工商局工作草案》，1946年6月17日，山西省档案馆)

重新建立工商机构。各分区设工商分局，长治、邢台、焦作设市局，博爱、武安设县局，元井获、平寿、榆太祁、辉汲、安汤磁设联合县局。边沿区设事务所。其任务为：第一，组织对外贸易，管理出入口，征收出入口税。第二，扶植与管理以上重要城市之工商业，吸收经验。第三，有重点的调查研究工矿建设，搜集各种原料产品的材料，改进手工业工具，培养技术人才。为了便利对外贸易的管理与组织，以太原、石家庄、新乡、安阳为对象设立货栈，借以团结商人，调查顽占城市，组织货物交流。内地不普设工商机构，关于工商业之扶植管理与登记以及税收等工作，仍由各级政府财建两部门办理。

(晋冀鲁豫边区政府《关于目前对顽经济斗争和工商工作的决定》，1946年下半年，河北省档案馆)

……在鲁中、鲁南、滨海三地区因财粮收支已确定统筹统支，因此，工商机构亦集中领导，原有三地区之总局撤销，合并成立省工商总局，并于各级机构之组织重新规定如下：

一、组织系统：省工商总局——分局——支局(即原有县局)——事务所——检查站。

二、地区与机构划分：一分局(滨海二专署)，二分局(滨海三专署)，三分局(滨海一专署)，四分局(鲁中之三专署)，五分局(鲁中之一专署)，六分局(鲁中之二专署)，七分局(鲁南之二专署与一专署)，八分局(鲁南之三专署)。支局事务所、检查站一律按经济条件，由各分局自行划分呈报。

三、六分局只负责内地管理，其他分局应一律以对外边沿斗争为主。所有内地所、站，均不得征收出入口税。

(《山东省政府关于1946年上半年工商工作任务及合并鲁南、鲁中、滨海三地区工商机构的决定》，1946年2月，山东省档案馆)

根据目前形势，经济斗争将更加复杂和尖锐，为了及时督促与检查各分局保证按时完成区局既定计划和任务起见，兹决定一、二、三专署各组织工商督察员办公，室设工商督察员一人，在领导关系上，工商监察员除对专员负责外，并同时直接对区局负责，对各支局则代表区局为领导关系。

(《渤海行署通令》，1946年8月，山东省档案馆)

为了统一工商行政力量，严格市场管理，加强对敌斗争，冀中行政公署决定将行署至县府之工商部门、县稽征处及各级税务局，合并为工商管理局，冀中工商管理局已于1月28日正式成立，局长赵介，副局长王南秋、杜新波。

(《冀中成立工商管理局》，1947年2月20日《晋察冀日报》，河北省档案馆)

一、贸易公司改为工商局，工商局是同级政府的一部分，归同级党与政府直接领导(从政策到业务)，为了调剂各分区有无，总局有权调动各地物资；为了加强党对工商局的领导，向分局建议：各分区、县工商局长均参加地委县委。

二、工商局成立后，内部增设一生产合作科。专事研究与总结生产合作工作。

三、合作社划归工商局直接领导(组织责任仍归党、政府及农会)，成为工商局群众性的经济组织基础。工商局对合作社的领导主要的是给以具体的业务指导与必要的调剂帮助，应纠正过去那种单纯的从经济上、形式上扶助的办法。

四、工商局应把组织与管理市场(商人在内)当成经常工作，教育组织与指导商人做有利于生产、有利于解放区的各种正当营业。

五、工商局应通过县区村各级代表大会及各种代表会，如工矿业，合作事业的代表会议，市民的代表会去组织农工商业的生产，才不会使自己孤立起来，也可解决干部缺乏的问题。

六、为了保证上述政策和任务的贯彻，工商局应建立与健全政治工作制度(办法另定)。

(晋绥边区行政公署《关于金融贸易工作的指示》,1948 年 5 月 9 日,山西省档案馆)

晋绥区工商局南移,一、二、五、六分区成立雁门工商局,兹就今后雁门工商局的业务、资金、工作关系、人员机构等问题提出如下意见与规定。

(四)人员机构

过去工商局因无一定编制,故各地人员众寡,摊子多少颇不一致,某些地区有人多事少,摊子过多现象,浪费人力经济,故需要收缩不必要的摊子(如八角、普明、贺家川、井坪等),调出干部加强新区工作,今后应根据市场大小业务多少,资金情况与经济核算等,予以适当配备调剂,以提高工作效率,适应新的形势。同时应积极扶植组织合作社,加强对合作社的领导,使作为工商局在农村与市镇中之基层组织。对商人应加以组织管理,加强对商人领导和教育,指导其为发展生产服务(对商人有走私、违法、捣乱金融者仍依法惩办),以繁荣市场经济。对所有工作人员尤应加强进行政策、思想、业务等教育,以提高政治认识、工作能力和改进工作作风。

根据现在情况,暂规定各级工商局人数机构如下:

(甲)各级工商局一般内设会计、营业、生产合作三部门配与事务人员。在雁门工商局与各分区工商局应增设监委与秘书、研究员、文书兼收发等。在县局除局长外,增设一个政治协理员。此外,各地应视市场之需要或开门市、或设货栈、或办粮店、或者几者综合兼办。

(乙)根据以上机构:①雁门区工商局兼二分区工商局与五寨县局。所有人员不能超过 60 人。②各分区工商局兼当地县局,所有人员不能超过 50 人。③各县县局根据市场大小,业务繁简,一般分成甲、乙、丙等。甲等县一般不超过 26 人;乙等县所有人员不超过 20 人(区分甲、乙等县,由雁门工商局规定)。④各地市镇附设之摊子,如需要继续经营者,一般规定 5 人至 7 人。⑤凡有运输力者,每辆大车或两个驮骡增设运输员一名。以上所有编制人数内,包括干部、练习生、学徒、杂员等均在内,各地可按人数,按工作情况具体配备。

(晋绥边区工商局《关于雁门工商局的业务、资金、工作关系、人员机构等问题的意见与规定》,1948 年 7 月 30 日,陕西省档案馆)

为了适应形势发展与执行全省财政统一的方针,特将工商部各业务机构加以调整,分别设立山东省税务局、山东省盐务局、山东省烟酒产销管理局、山东省进出口管理局、山东省贸易总公司及工商管理处六个系统,除税务、盐务、烟酒三机构划归省财政厅直接领导外,其余仍由工商部统一领导之。

全省工商行政管理,暂在工商部以下设立工商管理处统一管理之,凡有关全省工商业发展计划、合作社及工厂商号与商标之注册登记、商品检验、度量衡管理等工作,直接由省管理处负责。其它有关工商政策、商人工作、工作纠纷、劳资政策等工作之具体实施,统由当地政府负责领导之。其机构组织如下:

1. 省设工商管理处,内设三科:

①行政科——负责注册登记(包括公私工商业登记,商标注册与群众合作社登记等),商品检验,度量衡管理等工作。

②工业科、商业科——负责工商业之统计、调查、研究与资料整理等工作。

③管理处以下分设度量衡检定所及各种商品检验机关。

2. 行署设工商处,内设行政、工业、商业三科,任务、分工与上同。

3. 专署按其需要得设工商科。

4. 凡设有市政府之城市均设工商局,为市政府组成部分之一,直属市府领导。市工商局内部除行政、工业、商业三科外,设秘书科。

(山东省政府《关于调整工商机构的训令》,1948 年 11 月,山东省档案馆)

政府及工商局应有效的管理市场,较大市场须成立市场管理委员会。

(陕甘宁、晋绥行署《关于目前掌握物价问题的指示》,1948 年 12 月 23 日,山西省档案馆)

一、机构设立原则与要求:

(1)工商业一般集中于城市,因此首先应以较大城市为主,其次是中小城市市镇,再次是乡村。

(2)省府直属各市与行署直属各市设工商局,行署设工商处,专署设工商科,铁道沿线,沿海口岸,内地工商业繁盛之县于县府设工商科(县府驻地之工商业由县府工商科直接管理)，县府所辖上述工商业繁盛之市镇，可设工商事务所，归县府领导。

(《山东省人民政府关于重新修正各级工商机构编制的训令》,1949年6月，山东省档案馆)

……各地应普遍建立各级工商行政机构，全面推行工商行政机构工作。首先有重点的健全主要城市、特产地区的工商机构，然后依工作需要，依交通沿线、沿海地区逐渐建立。

(《山东省工商行政会议决议》,1949年10月，山东省档案馆)

三、华北人民政府工商部、华东财办工商部

……华东财经办事处决定统一全华东工商工作领导，将原有山东省工商总局改为华东财办工商部。

部长石英，副部长杨浩庐，其他各地的工商机构之编制与领导问题，亦有新的决定。不日即将公布。

(《华东财办成立工商部》、《大众日报》,1948年7月27日)

华北人民政府委员会于9月20日举行会议。政府委员会在历时五天的会议中，根据华北临时人民代表大会通过的《华北人民政府组织法大纲》,选出了董必武委员任政府主席，薄一波、蓝公武、杨秀峰三委员分任第一、第二、第三副主席、任命了政府各部部长、各院院长、各委员会主任、银行经理、劳动局长等人选；

工商部部长姚依林　副部长林海云

(《华北人民政府正式成立》,1948年9月26日，《冀中导报》)

第三节　工商管理部门的组织编制

一、工商管理部门的组织

1.总局设四科：干部科、审计科、合作工作队改合作科、工商行政与税务合并为工商管理科，加强秘书工作。

2.四、五分局合并成立太南分局，直辖黎潞、林安、平壶、磁武、涉县等县局及商店。三、六分局合并成立太北分局，直辖襄坦、武乡、左权、武偏、邢沙等县局及商店。榆祁划归二分局。一、二分局改为冀西、晋中分局，机构不动，分局组织与总局同。

山东省各级工商管理局组织系统如下：

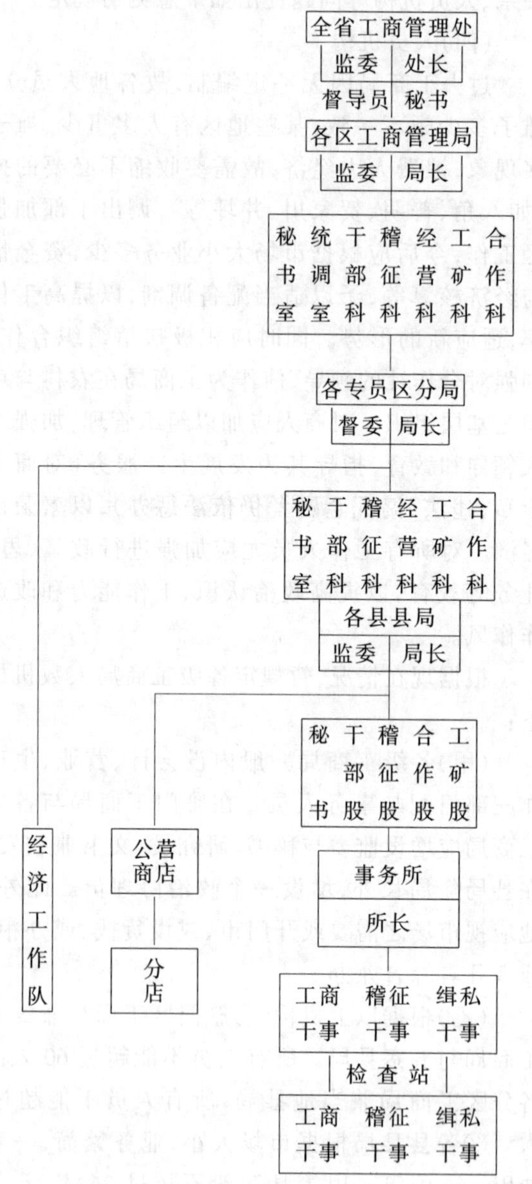

(《山东省工商管理局组织条例》,1944年10月，山东省档案馆)

3.重点放在县局，县局设干部、工商、合作三股。县局长，监委要兼商店经理、监委，使行政与经营一元化。

4.稽征所、检查站一律改为事务所，设主任一人、稽征、合作、工商各干事。

（王兴让：《在晋冀鲁豫边区工商局分局长商店经理会议上报告》，1942年12月，山西省档案馆）

晋冀鲁豫边区政府工商局组织系统及区划

工商总局
- 冀鲁豫区局：下设各分县局，可仍照原来机构不动。
- 冀南区局
  - 临清分局——分局可设于临清兼市局，面向津浦路济南地区，酌量情形，设事务所若干。
  - 衡水分局——分局可设于衡水，面向沧县地区及到天津路线，下设事务所若干。
  - 南宫、大名、大营、郑口，可考虑是否设市局。
- 太行区局
  - 邢台分局——分局可设于邢台兼市局，面向石家庄地区工商总局太行区局包括太行一分区，冀南四分区之毗连地带及接冀中靠近石家庄地带，事务所设置同上。
  - 榆太分局——东起娘子关，西南到白晋线，面向正太，同蒲沿线，事务所设置同上。
  - 安新分局——面向安阳、新乡及黄河岸口，事务所设置同上。
- 太岳区局
  - 同蒲沿线设一分局，事务所设置同上。
  - 晋南三角地区及沿黄河地区设一分局，事务所设置同上。
  - 直属邯郸市局。

（《晋冀鲁豫边区政府工商局工作草案》，1946年6月17日，山西省档案馆）

二、工商管理部门的编制

七、专区工商管理局编制4至7人，在局长副局长下设行政、业务两股。股长得由局长副局长兼任，下设会计员、办事员及其股长等。股长待遇与科员同，会计员待遇与科员同。县工商管理局编制最多3人，在局长下设管理员1人或2人；不设工商管理局之县，只设工商管理员1人，必要时得设副管理员1人。县工商管理局长待遇和科长同，管理员与科员同；不设局之工商管理员与科长同，副管理员与科员同。无必要时即不设工商管理部门和人员。

八、专署实业科及工商管理之设置编制干部配备，由本会具体决定。

（晋察冀边区行政委员会《关于工商管理局与实业部关系的补充决定》，1943年2月27日，《晋察冀日报》）

各工商管理分局一律改为监察性质，其编制为：局长1人（必要时可设副职）、监委1人、经营稽征科长1人、科员3人，工矿合作科长1人、科员1人、统调员1人。

（《山东省渤海区行政公署令》，1944年6月9日，山东省档案馆）

经济工作队——设队长，指导员各1人、队员50～100人，为半武装性质组织，负责各种出入口货物之缉查稽私。市场检查、海口防工、货物护运，以及组织领导群众缉私与各种临时特殊任务等。

（《山东省工商管理局组织条例》，1944年10月，山东省档案馆）

太行区机构编制：

1. 依据新形势，从新配备工商科股干部，设置局、所，加强商人组织工作专人负责。内地县局除了加强工商股外，根据工商业发展情况，增设市场管理员，兼内地征税。

2. 各区编制初步意见：

全太行区分区局工商科6个，县、市局工商股46个，事务所30个，共计286人。

分区	一	二	三	四	五	六	合计
工商科人数	4	4	3	4	4	3	22
县市数	10	10	8	6	6	6	46
工商股人数	24	21	17	17	12	14	105
市场管理税收员人数	12	9	13	9	4	12	59
事务所数	7	10		3	3	7	30
人员数	22	22		12	12	22	90

（《反攻以来各分区工商税务工作检查及目前阶段工作的讨论》，1945年11月，山西省档案馆）

总局

1.局长1人,副局长1人。

2.秘书长——秘书主任1人,秘书3~5人。办理机要人事,文牍及外交等工作。

3.工商行政科——科长1人,科员3人,管理出入口贸易,管理外汇及各地重要城市之工商行政工作。

4.税务科——科长1人,科员3人。征收出入口税。

5.研究科——科长1人,科员3人。办理统计调查,搜集情报编印刊物等工作。

6.总务科——正副科长各1人,会计1人,管理员1人,文书收发1人,招待员1人,警卫员2人,通讯员2人,勤务员2人(各科共用),伙夫4人,管理生产生活及内部各种杂务事宜。

总共干部24~26人,杂务10人,合计34~36人,

(《晋冀鲁豫边区政府工商局工作草案》,1946年6月17日,山西省档案馆)

各专县工商科之编制,一、三、六专署工商科各编制3人;二、四、五专署工商科各编制4人,平定、博爱、磁县、武安四县工商科各编制4人,内地县大县编制3人,小县编制2人。干部需要很好调整配齐,编余之人员由各专自行处理。

(太行区工商管理局命令《各分县市机构变动与编制》,1948年1月28日,山西省档案馆)

三、工商管理部门的干部管理制度

第十七条:总局。

1.总、副局长及秘书、各科科长,均由最高财经机关委任之。

2.股长,由总局呈报最高财经机关委任之。

3.股长以下工作人员,由局长委任报请最高财经机关备案。

第十八条:分局。

1.分局长,由总局呈报最高财经机关委任之。

2.股长,由总局呈报最高财经机关委任之。

3.股长以下工作人员由局长委任,报请最高财经机关备案。

第十九条:县局。

1.局长,由总局委任,报请最高财经机关备案。

2.会计、出纳、营业、统调、检查各员,由县局呈报分局委任,报请总局备案。

3.其它工作人员,由县局长委任,报分局转总局备案。

(山东省《各级贸易局组织暂行条例》,1941年6月16日,《大众日报》)

由敌区吸收知识分子,发动军队来的干部参加群众工作,高级干部应由现有中级干部中提拔。县局长每人必须找对象,培养自己的助手,建立集体领导,经常研究问题。

3.教育问题:

(1)教育的标准:

高级干部要有丰富的经济知识。一定程度的政治修养,相当的哲学素养。

中级干部着重于对地方工作与他人工作的了解、着重于政治的研究。

下级干部注重提高政治教育,改变落后的思想意识,俾能养成奉公守法的人。

(王兴让《晋冀鲁豫边区工商管理局1942年工作总结与1943年工作方针的报告》,1943年1月4日,河北省档案馆)

关于干部问题,以前各机关部队之生产贸易干部,应尽量调给工商管理局分配工作。今后军工生产及军需制造仍归部队自行管理外,一切营利性之生产贸易(农业生产除外)均须归并工商管理局。干部随同合并,不得借故抽回。工商管理局亦应视经济斗争之需要,分别缓急,适当分配干部,并须尽量吸收地方知识青年及商人参加工作。助其进步,以减少干部缺乏之困难。

(中共中央山东分局山东省战时行政委员会《给鲁中区党委鲁中联办及工商管理局的指示》,1944年,山东省档案馆)

各级工商管理局的干部,统一于同级政府的干部两级管理制。由政府调动委任,同级工商管理局负责人不必附署,但干部的调动与委任,政府必须征得同级工商管理局的同意,不要径直调任,上项所称调委之干部,系专指各级局长、副局长、监委、科股长、所长、站主任,其他干部或人员,由工商管理局直接管理与调动,但需将所调委之干部与人员

之名单，报告同级政府之干部科、股登记之处。

（《山东省渤海区行政公署令》，1944年6月9日，山东省档案馆）

干部管理确定为两级制

1. 区局科长，工商部科长，分局局长，特别市局长，进出口管理局局长，总公司专业公司经理，区局局长，工商部处长、室主任（包括同级监委），由华东财办任免之。

2. 县级局长、公司、商店经理（包括同级监委）、分局科长，先由分局提出，请示地委审查后，将审查意见呈报区局，并由区局转呈区党委，行署决定后，由区局任免之，并由区局报工商部备案。

3. 工商部直属分局之科长，海关主任，公司商店经理，仓库主任等经工商部呈请财办决定后，由工商部任免之。

4. 县以下之负责干部，由分局呈报地委、专署决定后由分局任免之。

（华东财经办事处《关于山东各级工商机构编制与组织领导问题的决定》，1948年3月，山东省档案馆）

1. 条件：

(1)政策水平高。(2)有文化水平。(3)熟悉工商政策，有业务知识。

2. 来源：

(1)党委政府抽调。

(2)工商部正考虑调配一部分。

(3)开训练班，工商学校可分配一部分。

（杨浩庐《在工商行政会议上总结发言》，1949年4月29日，《大众日报》）

冀中工商机构，曾几次变化，由税务局而工商局而工商所，现在工商处。专区、县改为（工商科），保定、沧县、泊镇、胜芳、辛集市仍为工商局。

冀中现在领导着四个专区，45个县，一个直属市。四个专署直属市。县下有重点城镇90个（十分区不在内，仅八、九、十一的三个专区），原编制人数××××名，现有××名，据5月份统计（十分区工商、税务尚未分开，专区、县均按5人计算），共计466名。

关于分工领导问题，冀中行署在处长领导下，设一室三科。秘书室内设研究组。专门研究材料、整理材料、总结材料、提供意见供领导作参考，起参谋部作用。

工业科：掌握工业发展变化及劳资关系问题。

金贸科：市场管理、庙会、银钱、贸易等工作。

行政科：只有科员，始终没有设立起来，附于秘书室领导下，办理商标登记，换发营业证等工作。

专区、县、市一般是工业、行政、金贸市场三部分工作，有的设登统，除市局设股外，其余专区、县按人分工。

（冀中行署工商处《各级组织干部情况及存在的问题》，1949年5月，河北省档案馆）

健全各级组织机构，加强政策上及思想上的领导。

(1)调整充实干部，由冀中到区的各级组织机构，首先应健全冀中领导机关及重点城市工商组织。

(2)有计划的训练与培养干部。除培养轮训旧干部外，并须训练新干部，以充实各级组织。

（冀中行署工商处《关于目前工作情况及工作中的问题与意见》，1949年7月22日，河北省档案信）

第四节　工商管理部门与各级党委、政府和本系统内部的领导关系

一、各级党委、政府重视对工商管理的领导

1. 经济斗争的领导：经济斗争是当前对敌斗争的中心。分局决定成立经济委员会，加强经济斗争的领导工作。各级党委必须具体了解经济情况，切实掌握经济政策，对经济部门的领导要作为日常的最重要的课题，对经济部门的干部，要配备坚强的最得力的党员。今后经济斗争的成败，要成为考核各级党委工作的主要项目之一。政权机关的主要负责人，必须经常研究经济问题，缜密考虑经济对策，切实掌握经济干部，直接领导经济斗争，把经济工作当作无关紧要，对经济干部任意抽调的作法必须根除。

（中共北岳区党委《关于目前对敌经济斗争的决定》，1942年12月27日，山西省档案馆）

统一对敌斗争的力量

1.只有统一与强化我们自己的力量，才能有效的进行对敌经济斗争。怎样统一呢？要统一于由军政民共组织的经济委员会。经济委员会是发展国民经济、对敌经济斗争的统一指挥部，它的一切决定，工商管理局、实业部门、银行、合作社和其他经济部门以及军队均应无条件的服从，各部门根据它的决定，订出具体计划。执行时，亦须互相联系密切配合。

边区、专区、县都组织经济委员会，各级经济委员会为各该级政府之专门委员会，无上下级组织关系，在工作上可以互相联系。

2.工商、合作在工作上要一元化。虽然工商局是政府的一个专管机关，合作社是群众性质的，但工作上必须一元化，以纠正过去各地曾不断发生的不协调现象，使工作上步调一致，在总的方针和任务下，密切配合。不过，必须相互尊重对方组织上的独立性。

（宋劭文《当前对敌经济斗争的方针》，1943年2月25日，山西省档案馆）

（一）分局扩大会议决定以加强经建工作作为今后全党主要任务之一，区党委应亲自指导这一工作，并派党委一人参加工商管理局的工作。

（二）省行政委员会对于各地设立工商管理局的指示，各级党委必须切实保证促其迅速实现，应派大批坚强干部参加这一工作，筹拨足额资金，并应深入动员，从各方面来协助这一工作，尤应克服本位主义，保障组织及领导的完全统一，各机关部队所经营之商店，不愿合并或在合并以后违抗领导，破坏政策，应受严厉批评。

（中共山东分局《关于建立工商管理局加强对敌经济斗争工作的指示》，1943年9月1日，《山东革命历史档案资料选编》十）

新解放区的工商工作，是整个新解放区的工作之一部分，而且是重要之一环，所以必须是党、政、军、民统一领导，求其步调一致，共同努力才能完成任务。因此，政府应及时认真的研究工商工作，加强工商工作之领导，而工商机关亦应主动的向政府提出意见，研究商讨，并多请指示，不能独断专行……。

（渤海行署《关于新解放区工商工作的指示》，1945年，山东省档案馆）

各地贸易公司改工商局。各分区、县工商局长参加地委、县委，由各地委、县委审查报告分局批准。

（晋绥分局《关于各地贸易公司改工商局的通知》，1948年5月9日，山西省档案馆）

为适应形式发展，各级工商机构必须充分加强党的领导，同时在行政系统上必须适当集中，业务机构上必须适当分工，以期提高工作效率，保证担负新的任务。为此特决定统一全省工商工作领导，原有工商总局改为华东财经办事处工商部。其他各地工商机构编制与领导等问题，亦重新明确规定，经华东中央局审查批准，特公布如下：

一、党政领导：

甲、分局：

1.各地以专署行政区为单位，设立全分区工商领导机构，在政治上、各种政策原则上、以至工作检查，应受当地地委、专署之领导和监督，凡业务上，物资调拨及干部之任免，均受上级业务部门之领导；原有工商支局、县局一级组织撤销，分局以下之各地县级业务单位，均直接受分局领导……。

2.各工商分局成立总支，直接受地委领导，分局总支直接统一领导各地业务单位之支部工作。

乙、区局：

以行政公署地区为单位设立工商区局，根据华东财办工商工作之方针任务与当地情况，统一全区工商工作之领导，在政治上，各种政策原则上，以至工作检查布置，受当地区党委、行署之领导和监督，凡总的业务计划及物资调拨，与友邻及××干部之任免均受上级业务部门之领导。

丙、工商部之直属领导单位：

凡有关全省性之业务与省级直接领导地区之工商机构，其领导关系确定如下：

1.特别市工商局、内地直属分局、海口进出口管理局，其业务行政与主要干部之任免，直属工商部领导，在政治上、政策上和业务监督上属当地市委、市政府和所在地区之地委、专属，其他内部党的领导，与下面之党政关系与上列一般内地相同。

（华东财经办事处《关于山东各级工商机构编制与组织领导等问题的决定》，1948年8月，山东省档案馆）

二、工商管理部门受同级政府和本系统的双重领导

一、为集中力量，加强对敌经济斗争，统一领导，同时避免过去各专管机关与行政联系不密切现象，兹经本会第三次委员会决定，各级工商管理局与工商管理员成为各级实业部门之组成部分，受各级实业部门之领导，各级工商管理局与工商管理员须出席各级实业部门之会议，其重要工作计划，须经实业部门核准，其工作须定期向实业部门报告。

……

五、为便于领导，集中事权，专区、县实业科长得兼各该工商管理局局长，同时专署实业科得增设副科长，工商管理局得设副局长。

（晋察冀边区行政委员会《关于工商管理局与实业部门关系的补充决定》，1943年2月27日，《晋察冀日报》）

1. 经济工作队由分局直接领导，分局得酌量实际情况工作需要，指挥调遣之，以适应一定程度之机动性。

2. 为工作之便利，各分队分驻何县，即由何县局领导，成为该县局组成之一部，一切工作之布置、检查，即由该县局直接负责，以适应一定程度之地方性。

3. 经济工作队对缉私小组负发动组织及工作上领导教育之责。但行政上的领导，仍归该区之事务所，以便利在经济工作队调走后，事务所对缉私小组之领导。

4. 经济工作队与地方政府、群众团体及武装部间之关系，通过县局联系之。并应接受当地政府之指导。

5. 各级局应明确认识经济工作队在现阶段之重要，尊重其工作上之独立，反对以工作队当通讯员，或分配其他工作。并善于通过经济工作队，把我们的政策、法令贯彻到群众中去。

（晋冀鲁豫边区工商管理总局《关于经济工作队工作问题》，1943年9月28日，山西省档案馆）

各行政公署对各区工商管理局为领导关系，专署以下各级政府对各级工商管理局为指导关系，专署以下各级政府，得依照工商管理局编写的计划，参照当地情况，参加会议提出意见，并检查督促各分局、县局之工作。

（《山东省工商管理暂行规程》，1944年，山东省档案馆）

一、各级工商管理局是各级政府之一构成部分，均应接受同级政府的领导或指导，各行政公署及行政专员公署对同级工商管理局为领导关系，行政督察专员公署与该地区之工商管理分局，如因环境特殊，需要独立活动、亦可斟量情形确定其为领导关系，但业务上应遵守总局之统一规定。上述各该政府应视工商管理局为其所属下之一个机构，而各该工商管理局更应接受政府领导，一切组织制度、工作方针、工作计划等等，均应呈请同级政府批准、定期做工作报告，令所属下级政府遵照办理，以免工作上之相互隔阂。过去某些工商管理局不尊重政府领导，闹独立性，有时政府亦放弃对工商管理局之领导责任，帮助不够，藉口没有经验，采取旁观态度，这些错误倾向均应迅速纠正。

二、一切对外布告如有法令性质者（如税制、税率、专买专卖、禁止及限制输入输出等），其决定权及公布权属于各级政府，工商管理局仅能向同级政府提出意见，不得擅自决定，自出布告，只有纯粹营业性质之事项（如公布外汇市价、专买专卖价格等），工商管理局可自行决定，向外公布。应当认识征税及限制物资流通，为政府之重要职责，应经行政委员会通过，征得参议会同意，然后指令工商管理局尊照执行，唯遇特殊情形作紧急处置者，工商管理局可征得主任委员或专员之同意，先行执行，然后请求行政委员及参议会追认。

三、工商管理局之县局，因工作上的需要，可以不按行政区域划分（能按行政区域划分者，仍应按行政区域划分为宜），但各县局及其所属之事务所，仍须按所在地政府之指导及监督（县局受县政府指导，事务所受区公所指导），一切重要会议应请同级政府派员指导，一切重要决定应征求并尊重同级政府意见，上级重要指示，亦须指令同级政府协助办理，工商管理局之一切行动，如缉私、没收等，所在地政府认为违背政策法令及人民之合法利益时，得令其停止执行，如有争执，呈请上级政府解决，未解决前暂照同级政府意见处理。工商管理局干部如

有贪污腐化、不尊重政府意见及侵犯人民利益行为时，所在地政府对于违法部分即依法办理。失职部分则呈请上级机关予以应得处分。

（山东省战时行政委员会《关于各级工商管理局工作关系的指示》，1944 年 10 月 10 日，山东省档案馆）

1. 总局、区局、分局及事务所，在工作上除有系统垂直领导外，应受各该同级政府之领导，并加强其出入口税收任务。

2. 各区之干部管理教育，统一于区局，区局统一于行署。

（晋冀鲁豫边区政府工商局工作草案》，1946 年 6 月 17 日，山西省档案馆）

加强经济战线上的一元化领导，行署、分区、市、某些县，各级均应成立经济委员会，由各经济部门负责人组织构成，定期讨论有关经济斗争与有关经济建设工作。工商分局直接受工商区局与同级政府之双重领导。在区局总的方针与意图下同级政府应负责督促实施，并按具体情况，具体布置。县市局之双重领导，应以一元化领导为主。联合县局及事务所则应受工商系统之直接领导，同时受所在地政府之监督与指导。

（晋冀鲁豫边区政府《关于目前对顽经济斗争和工商工作的决定》，1946 年下半年，河北省档案馆）

……并再次明确工商系统的双层领导关系，即各级工商机关除接受其业务系统的直接领导外，并应无条件的接受当地政府之领导，若几县有一工商者，应直接受驻在地之政府领导，但至其他县进行工作时，应接受该县之指示。各县事务所亦接受所在地之县府领导，若与区公所靠近时，应力求工作配合。但当地政府对工商机关之领导重点，应为政策方针及其执行工作任务之检查，并非其本身业务之干涉，更应吸收其负责人参加一定之政府会议和定期参加工商机关之会议，听取其汇报。

（渤海区行政公署《关于加强工商工作的指示》，1947 年，山东省档案馆）

工商行政工作为什么不象贸易系统从上至下的垂直领导呢？因贸易工作是企业部门，而工商行政工作本身即是带有行政权力的。它是行政部门，所以要在各级的政府领导下。

（《杨浩庐部长在工商行政会议上的报告》，1949 年 4 月，山东省商业厅档案室）

三、工商管理部门设立监察委员

各级工商管理局设监察委员，代表政府执行政策法令，其职权为（1）协助行政工作。（2）掌握政策。（3）教育干部。日常行政工作及事务处理由局长负主要责任，监察委员应提供意见，协助进行，但局长所做决定，监察委员认为违犯政策法令或违反上级指示时，得要求局长停止执行，如有争执，呈请上级解决，在上级未解决前，停止执行，干部之任免调动奖惩应由局长与监察委员会协商决定，其应呈请上级政府批准者，在未批准前仍为暂代性质。

（山东省战时行政委员会《关于各工商管理局工作关系的指示》，1944 年 4 月 10 日，山东省档案馆）

一、监委是党在经济部门中的代表，是直接对党负责，受同级党委的直接领导，定期向同级党委汇报，同级党委应定期检查其工作，监委可参加党委一定的会议，阅读一定的文件，受一定的政治待遇，假如监委系同级党委委员，其待遇可与党委委员同。

二、监委是同级政府经济工作部门组织机构之一部，受同级政府编制，在行政上受其直接领导，同级政府应定期检查其工作，参加政府的一定会议，监委亦应对同级政府直接负责。汇报工作，假如监委系行政委员时，其待遇与委员同。

三、监委的任务是代表党及政府掌握政策，管理干部，加强干部及工作人员的思想领导与政治领导，辅助行政工作，而不是包办干涉行政工作，因此，监委必须熟悉政策、具有掌握和管理干部的能力。

四、监委与各方面的工作关系：

1. 监委受同级党委领导，直接对同级党委负责，无条件的接受与保证党的任务的执行，否则应受同级党委的批评和处分，不得有任何违反党的行动，如有意见时可向党委提出意见讨论，如党委不许，仍坚决执行或一方面执行，同时可向上级党委和监委有报告的权利，同级党委的领导是政治上政策上及内部党务工作上的领导而不是日常具体事务的干涉和包办。

2.监委在行政上受同级政府领导，直接对同级政府负责，无条件的接受与保证行政任务的完成，否则应受同级政府的批评与处分，不得在行政上有任何违反政府决定和指示，如对行政领导有意见时，可向政府提出讨论，如不得允许时，仍坚决执行之，但在执行时，仍有向上级政府和工商局提出的权利。但同级政府必须加强其行政领导。但亦不是事务上的干涉和包办。

3.监委对同级或下级工商局的党的工作是领导关系，应直接检查其党的工作和监督其党员对任务的保证，但不得干涉其党的组织工作：如发展党员，处分党员，缴纳党费等。各级工商局党的组织受局级党委或受同级政府党的组织的统一领导，保证工商局的行政领导与政治领导，应与监委保持密切联系，监委仍参加党的组织，在党的组织生活上，仍受其党的组织的领导。

4.同级政府中党团关于工商工作的决定和指示，监委应无条件的执行，如对其有意见时，仍可向党团或党委提出讨论，未得允许前，仍坚决保证其执行，监委必要时可参加党团，取得工作上的协调。党委在工商工作上的指示决定可发政府党团，同时亦发给监委，共同保证执行。

（《渤海工商局监委工作条例》，1946年1月，山东省档案馆）

四、工商管理部门与有关部门的关系

1.总局不拟亲自兼理营业，应以领导全区工作，组织内外贸易生产为主要任务。营业全划归分、县局经理，而分局、县局亦应以批发为主。县局应同时注意组织商人与合作社工作。

2.总局只直接领导几个重要中心工厂，一般的拨归分局。应具体帮助人民生产事业，组织生产合作社。原有之不重要小工具厂，应归人民经营者、应逐渐让渡与私人接办或作投资交由私人办理。

（戎伍胜《加强经济战线开展对敌经济斗争》，1941年4月28日，山西省档案馆）

工商管理局、公营企业与合作社的关系

（一）合作社是群众经济组织，必须得县工商管理局的登记证方得经营。在政策法令上，必须接受工商管理局的管理与检查。

（二）工商管理局对合作社的业务，应负扶助领导之责。

（三）公营企业，必须把帮助合作社的发展当作重要任务。

（《晋冀鲁豫边区工商局分局长，商店经理会议》，1942年12月，山西省档案馆）

工作方面：目前进行统一市场货币工作，加强对敌经济斗争为工商局及银行共同任务。但在工作进行中，有关工商工作者，银行应通过工商局商讨进行，如有关货币工作者，工商局亦应征求银行意见共同商讨进行，以便在工作上更密切配合了解。……

在会议制度上，工商局局务会议，银行正副行长参加；分局局务会议，分行主任参加；银行行务会议，工商局正副局长参加；分行行务会议，分局正副局长参加（监委当然参加）。

（冀鲁豫行署指示《工商局及银行建立联合办公制》，1943年3月29日，山西省档案馆）

爱护群众利益，帮助群众解决困难，为我政府之一贯方针。各级工商管理局及事务所、检查站，必须特别注意顾照群众利益，体会群众困难，提高干部的群众观念，特别是在进行缉私工作时候，更应一方面与违法走私之奸商斗争，一方面又照顾群众利益及体会群众困难，以保护商人之正当经营。过去某些地区的工商管理干部恃势凌人，保持官僚主义态度，与群众对立起来，此与民主政府之基本政策背道而驰，应即注意纠正。

（《山东省战时行政委员会关于各级工商管理局工作关系的指示》，1944年4月10日，山东省档案馆）

在征收商业税，牌照税及交易税时，税务机关应联合工商部门分配任务，工商部门有协助完成征税之责。在分散的县、市、集镇之集市管理委员会，驻在地税务局、所、卡，应兼该会主任委员（无工商部门地区）或副主任委员（有工商部门地区），除进行征收外，并负责管理各县及集市之交易员。

（华北人民政府《关于建立华北各级税务机关的决定》，1948年10月10日，山西省档案馆）

第二章　对敌经济斗争

第一节　经济封锁与反封锁的斗争

一、敌人的破坏、封锁与掠夺

（一）我们基本上已不依靠城市，但有些必需品，特别是一些军需品还要向城市购买。目前，敌寇对我们的封锁，使我们稍感困难，但这不是说我们的经济还是依赖于帝国主义的。

（二）我们控制了大量的生产物，可以管理贸易，争取主动粉碎着敌人的封锁。我们有大量的原料，如皮毛、矿产、粮食……这些都是我们贸易战中争取主动的决定条件。

（三）贸易政策的执行上，还有些毛病。我们在贸易政策上，是对外相对统制，对内相对自由的。而有些地方，对于一些必需品，照样还是限制与打击，有些商人同汉奸是有关系的，而我们有些县份对商人做了一般的处理，因而把一些商业路线打断了。在边区内部的贸易，冀西同晋东北还有隔阂，对于商品的流通上，受到损失，今天，要做到边区内部物畅其流。

（宋劭文：《晋察冀边区经济发展的方向与现阶段我们的中心任务》，1940 年 8 月，河北省档案馆）

敌寇摧残我贸易的伎俩，首先是对我市场的破坏，在晋冀豫方面，自从去年秋冬以来，由于我贸易政策的正确实施，大批山货皮毛向外输出，冀钞稳定，各地集市相机繁荣，这在经济上给予敌寇以重大打击。因之，自入春以来，敌寇对各挨敌区的集市，便不断施以武力的袭击与压迫，企图使贸易中心转移到敌寇控制下的据点去，同时则将奢侈品大量倾销，以图扩大仇货、伪钞之流通区域，蚕食鲸吞，掌握各个集市，窒息我贸易市场。第二，除奢侈品大量输入外，对一切抗战建设之必需品则严加封锁，并且不仅封锁从敌战区来的货物，即我根据地内各地区货物之交流，亦多方破坏与封锁，近来更利用公路与河沟，严密封锁我平原与山地的交流。第三，限制与抵拒我货物之输出，在某些敌占区组织了“贸易委员会”，进行商品登记，拒绝我山货等之输出。第四，抬高市价，并以高价收买我原料，以降低我货币价值，而强迫使用伪钞。此外，敌人为了侵夺我市场，往往从我根据地内采购货物，利用其便利的交通工具，由甲地运至乙地廉价销售。由于根据地交通不便，运费奇昂。因此，同样是从甲地运来的货物，便难与敌人斗争。在此情形下，市场上便形成只有伪钞才能买得廉价货物的现象，于是乙地市场便为敌人所控制，而乙地的资源，也在伪钞流通中被敌人吸收，敌寇在贸易战中之阴险毒辣，实并不亚于烧杀政策，应引起我们万分的警惕和注意。

（《加强对敌贸易战》，1941 年 5 月 19 日，山西省档案馆）

关于这一点，敌人是早已准备好了的，当它还未开始在太平洋上放火之前，就首先拟定了抢劫华北的一套办法，所谓一期“治安强化”运动，便是以经济的掠夺封锁为中心，在华北组织了“经济封锁委员会”和“物资对策委员会”；在各地设立仓库，搜刮民间粮食，对各种日常物品，则严加限制，实行“配给”，组织了什么“物资配给组合”、“需给配给组合统制会”等机关，来掌握一切物资。

（《新形势下的对敌经济斗争》，《新华日报》华北版社论，1941 年 12 月 25 日，山西省档案馆）

敌人战线万里，物资消耗一空，解决困难的办法只有横暴掠夺对于所谓兵站基地的华北，掠夺特别残酷。历次治安强化运动的目标虽各有不同，但经济掠夺始终是其中心内容，由勤俭增产，增产粮食，修筑粮仓，确保农产，直到 2 千万石粮食的掠夺计划，可以看得清清楚楚。敌人掠夺粮食的计划，虽曾遭到几度破产，但其高价收买手段，实际更加毒辣。现在是枣核谷皮都在收买之列，以致根据地物资外流，粮价飞涨，影响到党政军民全部生活。经济斗争已达空前严重的阶段，我们必须有效地制止敌人的掠夺,保存抗战的物资。

(《中共北岳区党委关于目前对敌经济斗争的决定》,1942年12月27日,河北省档案馆)

(一)敌我的经济条件

1.从整个华北敌占区与抗日根据地比较:由于敌在军事上占着相对优势,控制地区比我们大,控制人口物资(绝对数字)比我们多,交通工具比我们方便,伪联银券一般在华北市场上起本位币的作用(它的发行数量,比起各地区的地方币超过很多),因此敌在经济上也占着相对的优势。

2.但是,敌之优势只是相对的,不是绝对的,因为敌人有其不可克服的严重弱点。

第一,敌人控制的物力,比起它所需要的物力,相差甚远(如敌人从去年11月就提出从华北掠夺两千万石粮食的计划,为了完成这一计划,连糠都要搜刮了去,但是,他的粮荒是不可克服的;而在我们,粮食所需数量比敌人小得多,军食民食完全可以自给)。

第二,我在政治上是占着绝对的优势,在今天不但我根据地人民坚信抗战必胜,而且游击区敌占区的老百姓以致最大部分的伪军、伪组织人员也这样的相信,因此,敌人的勒索就不会如愿以偿。

第三,敌我在政治上是绝对绝缘的,但在经济上是彼此必需有一定的来往,敌对我封锁,我对敌封锁,都只能是相对的。

(二)敌我贸易情形

1.对敌经济斗争是争取物资的斗争,对敌进行物资的争夺战是决定战争胜败的因素之一。

在这一斗争上,敌人所用的方法归纳起来,不外两种:一种是藉军事力量,进行抢掠与破坏;另一种是滥发伪币进行收买。敌人这两种办法,是同时并进的,不过有时着重于抢掠破坏,如公仓制度;有时是着重于收买(如我们展开反掠夺斗争后)。我们的对策也有两种:一种是反对敌人的掠夺,发展国民经济;另一种是掌握对敌贸易,两者是同样重要的。因之,发展国民经济与对敌经济斗争是一个问题的两方面。北岳区的贸易情况大体上可分为三种关系:第一种是北岳区的内部贸易,主要是冀西棉布与晋东北雁北粮食的交流。第二种是北岳区与晋西北、察南绥远的贸易;第三种是北岳区与平汉路沿线敌占区的贸易。这三种贸易关系是互相关联着的。

2.禁粮出境后的新情况:自从1月7日边委会颁布了严禁粮食出境六项办法,加紧对平汉沿线的群众缉私工作以来,粮食出口,基本上已经被阻止。同时,去年12月我们2百余万元的生产贷款,今年2百余万元春耕贷款,与贸易局购粮3百余万元,大部分挤向雁北晋东北贩运粮食,因此在北岳区市场发生了以下情况:

第一,冀西粮食基本上只进不出,人民购买力低,有许多集市发生某些有行无市的现象。

第二,出口货物大大减少了。冀西与敌占区、雁北、晋东北的贸易关系,主要成为以货币易物,不是以物易物,使贸易通过伪钞(从平汉路沿线购买必需品),或现洋(从雁北冀东北购买粮食),致伪钞与现洋对边币的比值陡涨。

第三,冀西与雁北、冀东北交接地区集市的粮价一再高涨,高涨到比冀西(如埠平、陈庄)的粮价还高或者相平(不能再运销)。

第四,棉花布匹与其他必需品的入口,开始受到限制,阻止着平汉路沿线敌占区游击区的商人(如定唐取消染行,扣商人)。

第五,冀西贸易局、合作社运转不灵(还有其他原因),人民受困,奸商借机发财。

第六,逼使敌人转向晋东北市场购粮。

以上情况,一般都是北岳区贸易上的变态现象,对我们是不利的。

3.北岳区与晋西北察南绥远的贸易在目前一般在半停滞状态中。

(宋劭文:《当前对敌经济斗争的方针》,1943年2月25日,河北省档案省)

敌寇在十专区经济斗争的阴谋措施

(一)武装抢掠。一般在五一扫荡后很普遍。

(二)利用伪政权勒索征款。说沿途参加圣战,要为圣战而纳粮纳税。如勒索无效,又进行武装抢掠。

(三)利用伪经济组织进行掠夺,这是最主要最复杂的。

1.用新民会推行新民合作社,控制民众。借调查了解群众经济情形,划定检查区域,集中统制工具,调查产量,作为吸收基础。在麻痹群众方面,先由食盐、洋火配给,贷款、奖金米控制物资,实行自给制度。

所有合作社基金,都拿到区县伪合作社。

2.建立各业组合,控制小商人,如洋布杂货。利用组合作保证来开购货证、搬动证,并经新民会批准。商人资本10%作组合后金。

3.专业收买,作为寡头垄断。如河间给养洋行,高阳、安新华北木材公司,专收木材,无木不要,六点五尺以上的树都要。

其统治系统:洋行洋经理——章经理——采办员——联络小商人——牙纪。

4.在合作社与专业组合尚未巩固基础时,用集中集市在岗楼下安集,以便控制。划分市场,建立苛捐杂税。用此以剥削群众压迫群众,令其逐渐就范于伪合作社之统治。

以上各种办法,为便于推行,表现先松后紧,先少后多,逐步健全,其采取手段为打击、威吓、小惠、麻痹(贷款赊货),在各种组织中建立大小特务,由特务的深入联系,军事政治互相配合,以便于使其阴谋实现。

(《冀中行政公署工商处关于对十专区经济斗争的认识及今后意见》,1943年6月27日,河北省档案馆)

敌伪经济上的弱点。

寡头垄断造成大鱼吃小鱼,上下属也有矛盾。同时因我经济分散,敌统治也困难。并且他所利用的爪牙也是中国人,实行时也难达其预期目的。财阀为发财也走私,与敌伪政权也有矛盾。下属委托人也走财阀之私,如庸商往往用高价收一些往其他路走。高价卖的不计帐,价格适合于规定时才写帐。同时找买此军需走私品时也能用汽车,同时可利用敌伪军关系也可走私。特别他与商人间的矛盾更大。我可充分利用。过去我团结敌占区商人很困难,而现在则容易多了。说我政策日益好转,什么都不统制了,愿与我接头,同情于我,有利于我团结他们,粉碎敌之封锁。

(《冀中行署十专署关于十专区经济斗争经验介绍》,1943年,河北省档案馆)

一年来,十专区敌人掠夺及其影响

(一)目前敌人在十专区经济阵容

敌人已逐渐由点线扩大到面。

由集中到寡头的垄断统治。

1.敌人积极开展合作社,扩大配给范围。

合作社在十专区发展过程:五一扫荡前后,已在清苑、之光及安新西部、北部,建立合作社,强制实行调查土地农产,登记户口,社员配给食盐、洋火及小部布匹。到青纱帐前后逐渐向十区高里店积极推行。在青、之、安、高西北部逐渐定型起来,深入巩固一些。截止现在除任邱、肃宁还动荡外,各县已普遍建立了。同时配给也开始实行。

敌人实行配给的步骤与方式方法,一般以行政力量及根据村大、小指定社股,找出一定人来负责。任务为办凿井贷款贷种子。目前配给,在之、青、高、里之主要据点。如城内大百尺、钢口、张登等,都已建立,所有合作社干部都是新民会会员,伪合作社员,在上述大据点也职员化,在之、青、高、里、安博高里乡村也普遍建立。但因地区情况不同,其深入情况也不同,已有一定负责人来办理。大多数村由联络人员负责,其他如任、肃则无负责人,来了就应付,要社股就以应敌款应付。其配给也因合作社发展不同而不同,生产之数洋火、食盐已有制度。

最近在高阳运来五万匹洋布,打算配给到高阳产棉区,准备将来要棉花,来控制我物资。目前小麦下来,敌布置低价收买小麦,去之光两个村,一个村一千六万石,一个村一千二万石。在安新敌人下乡开会,也通过合作社收买。敌给合作社任务日重,但对管理教育还表现较松,比以前还松。

2.集市与税收问题。

敌人强化统治集市,并在主要集市建立交易市场。五一大扫荡后,随点线建立,把集市都统治到岗楼村庄。接着在去年年底在各集市又建立交易市场,使集市更加集中。开始突击破坏小集市,集中到大集。如取消留史集,合并大百尺,破坏喇叭垃集中到东安,又从今年二月起,敌将村集市向岗楼附近移动。还有的村在集市外挖封锁沟,收税机关在岗楼下。根据货物种类,划分后建成交易市场,实行交易票。有的集市,不散集不让走,不许随便出入。限制我武装破坏。

3.敌人建立专业与组合。

建立专业,吸收我主要物资。如在河间建立了"给养洋行",专收买河、任、肃、高粮食。高阳建立"保阳洋行",专收买高、肃、里、博棉花及土布和线。安新有"安泽商会"、"大十组"专收买席,又以合作社收苇,又设渔业,米业。在里县有漏税问题、设立皮业专买;并在主要县城设分号、扩大收买面。如安泽商会在高阳、同口等处设分号。在去年十二月间,敌开经济会议使之更加专门化,如席完全由安新合作社收买,不再由安泽商会收,而安泽专收稻子。

建立组合,实行严格封锁。如高、里及靠近分区的河间已实行,其他县未完全实行。蠡县大集市如大百尺等已建立了,其组织及目的,有的分成杂货、洋布、广货三种。加入组合手续,商号以百分之十资金作抵押,同时在商会登记,直接在商会支持下实行统治。加入组合后才能有购货证及搬运证,借此以统治商人。但起始不很严格,购货证、搬运证也能通过其他办法取得。

在行政上有经济警察专门负责检查商人(在集市或来往商人)。根据传闻,敌人近不定期检查商号一次。在一定时期,非经济警察及伪军也管检查任务,来配合这个工作。起购货证搬运证,一般通过商会,并有新民会刻花才发生效力。

4.统治手工业工具,实行强制的低价收买,破坏我农村经济,在里县实行轧车,洋号的登记,企图集中。在清苑据说还想统治油漕集中据点。具体执行了的是在蠡县一部外,后便粉碎。统治收买由伪合作社到村强制收买棉花,棉籽,同时指定数字。如不给即到家去收。棉花低于市价7%,棉籽低于百分之六七十。当时蠡、博非常恐慌。去年在刘口、安新收买稻子时,是围了集来强制收买,曾使他建立了集市垮台,以后即不再如此做。

(《冀中行署十专署关于十专区经济斗争经验介绍》,1943年,河北省档案馆)

日寇为着准备决战,必将加紧掠夺物资,由于南洋丰富资源的逐渐丧失,和今年华北各地多遭旱荒、蝗灾,日寇对我山东的物资掠夺一定更加比去年积极,我们为着准备反攻,也应积蓄物资,严防日寇掠夺破坏,因此,今后敌我的物资争夺战,即将成为我们对敌经济斗争的最主要内容。估计敌人掠夺物资的方法,一是抢掠,一是摊派,一是收买,我们必须针对这些方法来粉碎敌人掠夺物资的全部计划。

(《庆祝全省工商工作会议的成功加强经济战线上的斗争》,1945年7月23日《大众日报》,山东省图书馆)

目前经济斗争的形势有以下特点:

1.顽占区的市场,已经是美货充斥,民族工业受到很大威胁,有的垮台有的朝不保夕,但解放区对美货的斗争还有独立性。由于内战,交通不可能在短时期内恢复,美货还不易输入,即使偷偷摸摸小量侵入,也还有权力和办法把它赶出去。我们还有一段时间可以准备力量做到。一旦和平到来我们少吃亏,并仍能在一定时期和一定地区保持一些阵地。

2.目前还是战争环境,我区周围,依然是顽占大城市、我占中小城市和广大乡村。我区拥有丰富的粮食,是城市一日不能离开的食物;国民党区有咸盐,也是我们日常的必需品。因此,我区和顽占区,在经济上有互相依存的一面,但双方不是自由贸易。我区在有利于我的条件下,允许出入口,顽方亦如此。这就是说双方在经济战线上是互相依存,又互相封锁的严重斗争局面。

3.我区和太岳、冀南以及冀鲁豫、冀中的一部分已打成一片,和抗战时期被敌人分割成各个孤立的局面完全不同了,因此,各个解放区在经济活动上扩大了范围,打通了关系。但是由于币价不同,物价差异,以及贸易政策或步骤不一致,往往被顽方钻了空子,于我不利。其次由于各区连接,一区的变动即很快的影响到其他区域。

4.我们现在占有一些中小城市和抗战期间完全局限于乡村的情况不同。较大城市在经济上的变动和变化,对整个解放区起带头作用与重大影响。

(《晋察冀边区行政委员会关于目前对顽经济斗争和工商工作的决定》,1946年,河北省档案馆)

据息,目前美货大批来华,其种类已发现者有洋布、呢绒、面粉、钢、电气及化学材料、水泥、漂白粉等。在国民党反动派出卖权利,向美举办大批借款,同时在对美高压政策下(法币对美金比值以物价计应1万元比1元,国民党规定2020元比1元,暗市亦达二千五六百元,因此美货在中国市场,较国货成本约低三至四倍),美货价廉,将充斥市场,民族资本将受到严重打击,某些物价在都市已有渐趋平稳或下降趋势。国内物资囤积将抛售,天津商人已有开始抛售者。因此,都市目前有不少物资大量向我区流入(最主要者有洋布、洋纱、食品、碱面、煤油、汽油及化妆品、奢侈品)。在我严禁粮食出口政策下,输出物资较少,以致形成严重入超,影响边币比值急剧下落(由五月间之1比2.5,目前落到1比1.5,有的地方落到1比1.4或1比1.3)。此种情况，如任其自然发展，必将产生严重的恶果。

（《冀中区党委关于目前经济斗争的紧急措施》，1946年7月1日，河北省档案馆）

目前的经济情况：

最近三个月间，察哈尔的形势起了很大变化。高级领导机关和主力——野战部队，由城市转到乡村，由平原转到山地，由平绥转到平汉，由察南转到河北，敌人暂时地占领了察哈尔本部的大小城市，铁路、公路与各个平川，以及平原路的一部平原和城镇。敌人正以独裁代替民主，以倒退代替进步，以黑暗代替光明，使我200余万同胞，陷于水深火热之中。因此在贸易金融上，同样也起了巨大变化。

（一）首先在贸易上看，我们的重要资源产地丧失了，贸易路线阻塞了，察南察北的大宗粮食、皮毛、油料、牲口、白麻、特货，暂时的被敌人控制或者切断了，敌人正以极残酷的方法，迅速掠夺与大量消耗着这些物资，我们很少能够直接利用，同时由于交通阻塞，我们也很难大量吸收过来。因之，在大规模的运动战中，我们的军需民用感到缺乏。

（二）在货币金融方面，边币市场大大的缩小，边法币比值，倒转了过来。二百几十万人口的边币市场，在敌人禁用贬价之下，陷于停使、跌价、暗流或者内压的情况。特别是敌人在贬价使用边币的地区大量吸收边币，到另一地区抛出，致使边钞价值普遍下跌。目前在平汉线上边法币的比值个别的1比1(号中)，一般的1比9，1比8，有的1比7，平绥线上个别的1比1，一般的是1.4比1，或1.5比1，而在宣涿地区则为2比1。由于敌人的控制与分割，在察哈尔本部与平西一部地区，买卖中许多人不用边钞，形成以物易物。

（三）走私现象十分严重。正如大家所谈，美国石油和上海纸烟，大量私货来侵入山沟小道。点石油者，在平原地区相当普遍，就是山地也有一部，这些违法乱纪的现象，主要是机关部队，尤以野战军的武装走私为最严重，不是根本不让检查，就是查出不准没收。地方部队与地方机关的走私，亦大有人在，只是程度不同，态度不同而已。在此情况下，群众走私也就不乏其人，有的村干部掩护走私，有的特制服装，带粮食出，换煤油纸烟进来，已经成为群众性的走私。因之，美蒋货物大量进入，我区粮食大量输出。

（四）物价波动很大。一年来，总观物价一直上涨，特别是战役开始以后，物价上涨尤大，就今天物价与去年此时作比，已经涨了10倍，其中尤以粮价为猛。因之，群众生活受了很大影响，财政开支也增加了好多倍数，在我们财政收支不平衡的状况下，不能不增发货币，增发货币的结果，就更促使物价的高涨。

（张苏：《察哈尔省目前的经济情况与今后的方针任务》，1947年1月10日，河北省档案馆）

二、经济斗争的方针，政策和任务

（一）振兴根据地农工商业、达到经济上自给自足

由边区贸易战的经验，指出了敌后抗日根据地的贸易问题，其主要内容，就是：对外不使广大农村成为敌人的商品倾销市场与原料供给地，尽量减少外来工业品的消耗，奖励土货出口，以求得由入超到平衡，由平衡到出超，来粉碎敌人以战养战的阴谋，对内则是打通贸易，调剂市场，以巩固金融，振兴农工商业，达到经济上自给自足，支持根据地抗战。

（韦明：《晋察冀边区的贸易战》，1940年1月19日《新中华报》，河北省档案馆）

对敌经济斗争与内部经济建设方针

（一）对敌进行经济斗争与内部经济建设，是不可分割的一个问题的两方面。我们要改变敌我经济斗争的形势，把单纯的防御变为进攻，使我区与我区，我区与友区、我区与敌区的货物交流起来，对敌实行某些必需品的专卖。从专卖中打击伪钞、获取利润和我之必需品，以利发展国民经济，提高群众购买力。

（二）大量开展合作社工作，使合作与贸易取得密切的结合，以发展生产运销事业，改善人民生活，实施有效的救灾。

（三）由冀东北、雁北吸收粮食运到冀西，由冀西吸收棉花、土布运到冀东北、雁北，使东西货物交流，以利开展根据地生产运销事业。适当的在平汉沿线实行粮食专卖出口，压低伪钞比值。在冀东北、雁北，以棉布出口压低白洋比值，打击投机商人钱贩子等提高边币比值，巩固边币信用。

(四)深入游击区,开发市场,打通销路,团结游击区群众,掌握游击区物资。

(《晋察冀边区经济委员会第一次会议决定》,1943年3月11日,河北省档案馆)

在这期间,我们对敌在贸易斗争上采取的政策,其一为坚持原有阵地,坚持游击区接敌市场的存在;用各种斗争形式,保存根据地财力、物力;打击敌人勒索破坏,利用敌伪配合物质,抓紧敌伪封锁空隙,团结小商贩,利用敌军伪组织人员吸取必需品,供给军需,调剂民用。其二为管理土货,一面吸收取土货,供给军需生产.调剂民用,一面掌握主要出口货实行专卖。在以物易物原则下,争取出口货等价交换。其三为实行统一采购,打击敌伪政治阴谋,制止奸商操纵居奇。其四,纠正内部贸易本位主义及限制私商发展的不良倾向,改变商店作风,取缔任何形式统治内部贸易的办法,彻底实行内部贸易自由;发展边区商业,提倡土货生产,扩大土货推销,代替外货;自力更生,团结商人,扩大商人统一战线。

(《晋察冀边区1942年贸易工作总结报告》,1949年3月,河北省档案馆)

由于我们采取了管理的方针,对外贸易取消以货易货政策,代以掌握主要输出物资,吸收外汇,或换回我之必需品。明确地规定对外贸易管理、对内贸易自由的原则,取消内地粮食统制反封锁剩余土产等类的办法,代以调剂物资,稳定物价和吸收剩余物资,争取高价出口,低价入口,支持货币斗争,扶持生产,保证供给的新方针。这里我们特别说明,我们管理对贸易的目的,是在与敌人争夺物资,保护生产,争取有利交换与主动地位。我们不是统制一切物资,我们只掌握若干种重要物资,这些物资是能够大量地输出,同时又为敌人或敌区所必需的物资,如上所说,我们就不难判断政府和人民从管理贸易所取得的巨大收益。

(黎玉:《山东对敌经济斗争的巨大胜利》,1946年6月,山东省档案馆)

2.方针:

根据上述情况,我们要规定适合当前形势的经济斗争方针,这一斗争方针必须服从于争取爱国自卫战争的胜利。在经济上,我们应该是组织一切力量,统一对敌进行斗争。因此,我们的方针是组织全力,一致对敌。在我们同敌人斗争当中,双方的力量一定发生变化,有的发展,有的削弱。只有这样,斗争形势才会引起变化。因此我们的方针是发展自己,削弱敌人。当我们在战斗中,也是在自力更生的原则下,必须是发展生产,保证供给,自己动手,克服困难。因此我们的方针是:独立自主,自给自足。但是由于经济条件的限制,一些不需要产品必须组织输出,有些需要物资必须有利交换,因此我们的方针是组织输出,有利交换。总起来说,我们的经济斗争方针是:组织全力,一致对敌,发展自己,削弱敌人,独立自主,自给自足,组织输出,有利交换。

再说公营贸易在对敌贸易斗争方针,除服从总的斗争方针外,发展生产是我们的出发点,但是要想发展生产,必须抵制倾销。否则,边沿地区洋布、纸烟流入我区,凭他们价廉物美,我们的土布和土产纸烟,就无法同他竞争,倾销愈多,我们的农村手工业被其摧毁愈快。因此,不抵制倾销,生产就无法发展。此外,我们在战争中有困难,主要是缺乏食盐,所以我们要同敌人争夺物资中克服困难。在这种情形下,我们对敌贸易斗争方针是:抵制倾销,争夺物资。而我们进行这一斗争的目的,在于支援前线,保证供给,取得爱国自卫战争的最后胜利。

3.任务:

根据上述情况方针提出我们半年的工作任务:

第一,经营出入口主要物资,把现在的蚕丝、麻皮、铁货、山货用尽一切努力组织出口。另外,在同蒲线上争夺××万斤食盐,群众的不在其内,保证军需民食;在豫北同敌人争夺土布××万尺,保证军布供给。

第二,依靠人民,打开太岳与晋绥的封锁线。在此总方针下,发展两地区来往,我们要组织棉花、土布、麻皮、铁货出口,换回食盐进口,因为食盐是战略物资。春耕没有牲口,又是天大的事,我们要用大力解决牲口问题。我区大部分物资来自东面,过去的东西很少,不得不支付货币因而货币东流了,再加上运输困难,运费很大,这样就会影响了全区的物价不稳。物价不稳又妨害了生产,如果我们把这条路线打通,各解放区的困难都可以得到解决,所以这件工作极其重要。

第三,收复城市后,迅速恢复顽占区的工商业,包括调剂物资在内。

(《关于进行对敌贸易斗争问题》,1947 年 2 月 11 日,山西省档案馆)

(三)我们对敌斗争的方针,依靠群众,团结友区,结合武装力量加强对敌经济斗争,扶植生产保护物资(主要是粮食)。同时加强市场管理,稳定物价,肃清顽美货,并发展自给工业结合,进行组织运输,保证供销,开展友邻区贸易,驱逐蒋币,巩固与扩大边币阵地,实现经济上"独立自主、自力更生"的方针……。

(四)今后对敌斗争的任务与具体政策:

今后对敌斗争的总任务是:切实保护物资,争夺物资,保护生产,扶助生产,进一步作到经济上的独立、自主、自力更生。

这里应明确指出:对敌斗争不管关系到几个部门(贸易、税收、货币等部门),采取各项政策(如反蒋美货运动,争取贸易平衡与出超,巩固与扩大边币阵地,提高比值等),其最终目的,即总任务只有一个,就是上述的"保护物资,争夺物资,保护生产,扶持生产"。

(《财经工作的方针和任务》,1947 年 9 月 9 日,《冀中导报》,河北省档案馆)

要树立独立自主与自力更生的原则,逐渐减少对外来品的依赖。因此,凡我解放区能生产或有代用之物资,应严格取保护政策,禁止入口,凡有条件能发展的生产,而又为必需者应尽力设法加以扶持,凡我区剩余产品或不需要的物资,应积极组织输出,甚至采取廉价或贴补性质的办法,以期达到保护生产的目的。

(《华东财办工商部山东省工商会部分总结》,1948 年 10 月 11 日,《大众日报》,山东省图书馆)

(二)抗日战争胜利后,主动撤销对顽固派的经济封锁

关于对国民党所占城市外线地点的物资封锁问题,前经指示一律撤销,按目前形势变化,已无封锁必要,因此决定:凡粮食、棉花、煤炭、油类等,均一律准许输出。

(《山东省政府紧急命令》,1946 年 2 月,山东省档案馆)

过去我们实行经济封锁是因战争环境,因为敌人封锁我们,现在经济封锁已无存在理由,所以停战协定以后,我们立即宣布撤销经济封锁。过去济南、青岛、泰安、兖州等地缺乏粮食、煤炭,人民将有断炊之忧,现在粮食、煤炭已经源源不断地运往这些城市。但这些城市当局对我仍未撤销经济封锁,商人和商品出入受到各种留难、敲诈,如北平逮捕接洽运粮的商人,泰安枪杀入城的农民或者只有进的自由,而无出的自由,目的是在倾销不值钱的法币,来换取我们各种宝贵的物资甚至为了囤积军需准备战争,国民党当局这样的措施是非常不公平的,是违背政协决议的非法行为。

(《和平建设中的经济政策》,1946 年 5 月 18 日《大众日报》,山东省图书馆)

停战协定公布以后,全国暂时进入和平局面,由于这新时期的来到,我们各种工作均须掌握新的形势,决定新的方针,我们估计五五国民大会以后,全国政治上有可能趋向统一,政治上的统一,加以执行小组再三要求我们取消经济封锁,准许法币自由流通。所以我们决定:

(1)宣布撤销经济封锁,准许解放区与蒋占区间自由贸易,同时利用经济力量掌握各种重要物资(粮食、煤炭、棉花、生油、食盐等),争取高价输出,换回生产建设所需要的各种器材。

(2)利用济南、青岛、徐州等地银行收兑伪钞机会,迅速排挤伪钞,换回各种物资,对于法币,仍然禁其在我市场自由流通,但不采取没收方法。同时大量汇兑法币,以供城市工作需要。

……

2. 在贸易政策方面,当时情况需要宣布撤销经济封锁,准许自由贸易,但是撤销经济封锁并不等于撤销经济斗争,而只是说我们的经济斗争将以另一姿态出现。所谓另一种姿态,就是我们不再采用行政手段封锁物资,而是采用经济手段(采用收买方法),掌握各种重要物资,争取有利交换,例如掌握粮食、煤炭、生油、食盐等类,争取高价输出,换回我们所需要的各种生产工具,以及经济文化建设所必需的各种器材。这里与经济封锁方式不同,而且可以并不违反自由贸易原则;但与经济封锁可有同等甚至更良好的效果。

(薛暮桥《山东工商工作的方针和任务》,1946 年 10 月 10 日,山东省档案馆)

第一,确定封锁对象时(顽占城市及交通要道),首先要考虑对我利大还是对敌利大,或对我害大对敌害大。其次要联系到当地当时军事政治斗争的有机结合问题,做到有计划有目的封锁,在封锁的货物种类来说,除了税率表规定的命令停止输出的物资严格封锁而外,一般的不做全面的封锁,但如与当时的军事斗争情况结合,实现全面封锁对我绝对有利时,例如,处在我解放区四面包围,孤立无援的军事上不久即可解决顽占城市据点可进行全面封锁,以便与军事斗争的胜利相结合。另外对规定禁出的物资亦不放弃与敌进行对我绝对有利的,有计划的交换。

第二,在组织对敌封锁的力量方面,必须掌握经济斗争与武装斗争结合与群众利益结合的原则,根据这个原则,提出如下几点:

首先在组织领导与认识上党政军民必须取得一致,行动一致,建立统一的领导机关(如对敌斗争委员会,或物资封锁委员会等),认识上必须明确了解这一工作是巩固自卫战争经济阵地,保护解放区人民利益的重要任务之一。绝非一个部门,一个团体,孤军奋斗所能胜任的工作,因此,这点必须弄明,否则就不能很好的结合而表现斗争力量的软弱。

(《山东省工商总局指示》,1946 年 11 月,山东省档案馆)

奉华北人民政府指示:"现在平津及各城市均被我军包围,不久即将解放,过去我之经济封锁,已无存在之必要。所有新解放城市(包括西北、中原)及乡村之顽美货,除纸烟另有通知外,一律准予在华北全区自由销售,前颁禁令,着即取消"。

(《太岳行政公署通令取消经济封锁》,1949 年 1 月 15 日,山西省档案馆)

三、对敌经济斗争的措施

(一)加强经济斗争的领导

今后生产以自给自足为原则,集中力量生产必需品,这并不是经济的孤立政策;而是反对敌人封锁垄断掠夺的保护政策。根据地物资在不妨害抗日的原则下,尽可能与敌占区人民直接发生经济贸易关系,并以经济关系达到政治关系的沟通。根据地不与外界发生任何经济关系,这是错误的。但只注意向敌占区人民贸易赚钱,而不注意根据地物资外流的限制,使根据地内物资枯竭,这也是错误的。

我们的贸易政策,还须注意根据地内市场的调剂,以及平抑物价,与操纵居奇的奸商作斗争,稳定与巩固根据地之本位币,保证根据地内人民的生活,并为了安定市场,要实行正确的保护税。什么是保护税呢?就是利我不利敌的,征以较低之税,甚至免税。相反的则征以重税,甚至禁止出入口;如对敌我均有利,则斟酌情形,征以适当之税率。除以上之法令外,还须要认真缉毒缉私,从线式的缉毒缉私,应转到纵深的群众的缉毒缉私。主要的在入口方面,缉毒及缉查化妆奢侈品;出口方面,缉拿私自运输根据地物资出口。各地的民兵、自卫队、村区政权,均有帮助缉毒缉私的义务。各地党应在这一工作中起领导的作用,在广大人民中进行缉毒缉私的教育。

(彭德怀:《开展全面对敌经济斗争》,1942 年 2 月 25 日,河北省档案馆)

为使经济斗争走上一个新的阶段,渡过抗战胜利之前的难关,兹作如下的决定:

1. 经济斗争的领导:经济斗争是当前对敌斗争的中心。分局决定成立经济委员会,加强经济斗争的领导工作。各级党委必须具体了解经济情况,切实掌握经济政策,对经济部门的领导要作为日常的最重要的课题,对经济部门的干部,要配备坚强的最得力的党员。今后经济斗争的成败,要成为考核各级党委工作的主要项目之一。政权机关的主要负责人,必须经常研究经济问题,缜密考虑经济对策,切实掌握经济干部,直接领导经济斗争。把经济工作当作无关紧要事,对经济干部任意抽调的作法必须根除。群众团体特别是农会,要从"对人"斗争的领导上转到"对自然"斗争的领导,以增加生产的方法去作为改善人民生活的主要方法。

2. 组织机构的变更,统一经济斗争的步调,加强经济斗争的阵营,是早待解决的问题。经济部门的系统繁多,各自为政,甚至强调独立,是经济阵线上的重要缺点。必须指挥统一,才能做到步调一致,为此,决定把工矿管理局、贸易管理局合并为工商管理局,指导合作、商会,管理工厂、商店,对内调剂物资,繁荣经济。对外掌握物资、与敌斗争。工商管理局为各级政府的组织部分。合作社仍保留其群众性质。北岳区联会与工商管理局合一办公,专区组织一律取消,区联社一般不设。合作社今后应与商店工厂的业务密切配合起来,并成为组织生产、组织运销的基本组织。

(《中共北岳区党委关于目前对敌经济斗争的决定》,1942 年 12 月 27 日,河北省档案馆)

怎样实现这一方针

(二)统一对敌经济斗争的力量

1. 只有统一与强化我们自己的力量,才能有效的进行对敌经济斗争。怎样统一呢? 要统一于由军政民共同组织的经济委员会。经济委员会是发展国民经济、对敌经济斗争的统一指挥部,它的一切决定,工商管理局、实业部门、银行、合作社和其他经济部门以及军队均应无条件的服从。各部门根据它的决定,订出具体计划。执行时,亦须互相联系密切配合。

边区、专区、县都组织经济委员会,各级经济委员会为各该级政府之专门委员会,无上下级组织关系,在工作上可以互相联系。

工商管理局受政府实业部门领导,在对敌经济斗争上,有很多方便,经济委员会的一切决定,不但工商管理局、银行、合作及其他经济部门来执行,并且实业部门也要执行,这样才能使对敌经济斗争成为全面的中心工作,这样专区、县才会统一执行边区经济委员会的决定。专区、县的经济委员会可依据本地区具体情况,决定问题,但不能与边区经济委员会决定的原则方针相抵触(此项另行具体规划)。

2. 工商、合作在工作上要一元化。虽然工商局是政府的一个专管机关,合作社是群众性质的,但工作上必须一元化,以纠正过去各地曾不断发生的不协调现象,使工作上步调一致,在总的方针和任务下,密切结合。不过,必须相互尊重对方组织上的独立性。

(四)密切配合政治攻势,团结广大人民,反对敌伪勒索,打击伪币。

(五)搜集、建立灵活的情报。紧急的、重要的用电报,事先规定密码,主要报告事项是:出入口商品数量,敌区商业动态,货币情况,物价的变动等,有计划的研究市场,贸易路线,是我们的经常工作。

(六)在我们缉私工作中的错误和缺点,必须立即纠正(如乱没收、发洋财,脱离群众的现象)。

1. 严格执行一月七日边委会颁发的禁粮出境六项办法的命令,凡是被扣押或没收的东西,一般交卡或区处办,粮食统一由县入库,没收东西必须按期(时间由工商局决定)上报,除粮食外一律解专区工商局依规定处理。对于那些趁机发财,敲诈人民的坏分子,须予以严厉处分。

2. 立即纠正取消集市牙纪,阻止敌区商人进来等对我不利的现象。

(宋劭文:《当前对敌经济斗争的方针》,1943 年 2 月 25 日,河北省档案馆)

我们的经济斗争主要依靠经济力量,政治力量仅在必不得已时方适当采用,大概在我本币处在劣势地位,单用经济力量不能保证斗争胜利的时候,我们必须假借行政力量。

(薛暮桥《山东工商管理工作的方针和政策》,1945 年 5 月,山东省图书馆)

在各地工商行政管理局成立以后,由于对敌经济斗争领导上的开始统一和货币斗争的迅速胜利,我们的贸易政策有了大的转变,主要有:

1. 对外贸易取消以货易货政策。代以掌握重要输出物资,组织输出,吸收外汇,或者换回我们所需要的各种物资,由于货币斗争胜利,敌人倾销法币掠夺物资的阴谋已被粉碎。这时我们可以不必机械执行以货易货政策,可以把贸易斗争与货币斗争结合起来,展开全面性的对敌经济斗争。

2. 明确规定对外贸易管理,内地贸易自由的原则,取消内地粮食统制,反对封锁剩余土产等类旧的办法,代以调剂物资平衡物价,吸收剩余物资争取高价输出等类新办法。

3. 统一领导贸易斗争。进出口的重要市集设立公营商店,统一掌握物资,争取贸易上的主动地位,同时统一采购工作,利用输出物资换回军需品和必需品,由于贸易出超和领导上的相当统一,便于我们争取高价输出,低价输入,并从贸易中去争取新的财政收入。

(薛暮桥《山东工商管理工作的方针和政策》,1945 年 5 月,山东省图书馆)

加强经济战线上的一元化领导。行署、分区、市某些县各级均应成立经济委员会,由各经济部门负责人组织构成,定期讨论有关经济斗争与有关经济建设工作。工商分局直接受工商区局与同级政府之双重领导。在区局总的方针与意图下同级政府应负责督促实施，并按具体情况，具体布置。县市局之双重领导，应以一元化领导为主。联合县局及事物所则应受工商系统之直接领导，同时受所在政府之监督与指导。

（《晋察冀边区行政委员会关于目前对顽经济斗争和工商工作的决定》，经考证原文时间可能为1946年下半年，河北省档案馆）

我们必须立即迅速的回到经济战线上，与敌人展开决死的斗争。因此，分局特提出以下几点意见，希各局、所研究执行。

一、首先召开干部会议，联系具体情况。由上而下的深刻的反省自己对战争的认识，根据具体情况决定方向与工作步骤，加强管理工作。

二、在游击区：将所有干部应组织到武工队和游击队里面去，开展游击战争，消灭和打击小股敌人，保证群众财产，稳定社会秩序，在秩序稳定的情况下，应抓紧机会进行市场管理，严格制止美货侵入，恢复我解放区民族工商业。

三、接敌区：集中力量发动缉私。“可抽较好的管理员和交易员组织到缉私组里去，由县局派员直接掌握领导。”缉私的重点是老票、关金、美烟以及其他各种侵入的美货和非法货物，根据情节轻重予以适当处理。

四、在未沦陷的集市，要坚决肃清美货侵入以及走私漏税现象。在交易上一律通过本位币，取缔以物易物及白银交易，要加强交易员的教育，稳定交易员情绪，以稳定市场秩序，巩固本币信用。

五、在一般新收复集市，如郓、烟等县，因为曾经敌人一度的盘踞，美货充斥，法币公开大量流通。我们收复后，不要骤然进行没收，应设法妥予处理。

（《开展对敌经济斗争工商二分局对目前工商工作的意见》，1946年12月7日，《冀鲁豫日报》，山西省档案馆）

1. 为了统一对敌经济斗争，完成采购任务，在冀中成立对天津出入口管理委员会（由晋冀鲁豫、晋绥、渤海、晋察冀各派全权代表一人或二人组成）统一领导对敌经济斗争，由晋察冀中央局所派之代表为主任委员，各区之代表为副主任。

2. 出入口管理委员会的性质，对天津出入口斗争方面是权力机关，受华北财办与晋察冀财办双重领导。委员会决议，各区应坚决执行，如有政策变更时，由当地政府明令公布之。如与当地政策有抵触时，可由当地政府提出意见，研究解决，或请示华北财办决定。

（《华北各解放区目前财经关系调整办法》，1947年5月，河北省档案馆）

（二）对敌实行贸易统制

应当直爽的说，统制贸易的工作，虽然已经开始进行了，但是离应有的程度，还差得很远。

统制贸易的第一个着眼点，应当绝对做到不供给敌人以任何军用原料。断绝敌人的军用原料，其意义之重大，在这里用不着说了。全世界爱好和平的人士，正在奔走呼号，为此而努力，如果我们自己反不努力，那是无理可说的。敌人为了准备长期战争，其法西斯内阁已决定要办到在华北就地取材的方针。最近正在华北沦陷区内强迫植棉。在重工业方面，正在竭力进行其所谓“开发”工作，并且据说已有某些显著成绩。但军用原料要从农村中来，而农村是在我们的手中，只要我们彻底禁止棉、铁、麻、硫磺、粮食等的输出，就可以安全打破敌人就地取材来屠杀我们的阴谋。

因此我们提议，凡属棉、铁、麻、硫磺，粮食等军用原料，必须彻底实行禁止输出。未制品应当这样，已制品（如铁钉等）也应毫无例外。至于为了维持生产者的生活，还应当另行设法，一方面限制产量，另一方面则要开设工厂，奖励制造供给我军之用的军用品，如布匹、炸弹、地雷、刀矛等，以及收买囤积（如粮食）等办法，来解决问题。

统制贸易的第二个着眼点，应当完全断绝奢侈品的输入。这一方面，我们也做得太差，试到长治的市场上去看，有哪一种奢侈品找不到么？必须知道。现在日寇因国际对我援助日益有力，对外贸易大为低落，正以华北市场为其“金山银海”。所有被占区域的中国工厂，也被日寇强行规定，所得利益由日寇取其一半以上，在此危及存亡之际，奢侈品之流入等于自杀。因此我们提议，凡属外来的奢侈品，不论任何牌号，应当一律严禁，或加重其税率，至百分之几百。

统制贸易的第三个着眼点，应当打破敌人的封锁政策。一切必需品，特别是军用品，文化用具，要尽量开门,使其流入。这方面我们也做得不够。必须知道,敌人的封锁政策是要至我们于死命,敌人已经三令五申,禁止铁器、粮食、布匹、纸张、机器等输入我抗日根据地。我们就要打破敌人这种封锁,在这方面,任何迟疑只会于敌有利,于我有害。因此,对于布匹、铁器、粮食、机器、纸张、食盐、文化用具等,我们要减低税额,甚至完全不收税,甚至给以奖励,才是正当的办法。

除此以外,必须努力缉私,完全把贸易统制起来。

(《严格进行统制贸易》,1939 年 2 月 15 日,《新华日报》,山西省档案馆)

要达到此目的,必须要有正确的贸易政策,健全的贸易机构,坚强的贸易人才,秘密而又稳炼的贸易路线,把贸易全盘控制在我手里,以与敌人进行灵活的贸易战,争夺市场。否则贸易入于敌手,根据地的经济将处于不堪设想的被动的地位,军事、政治、文化各方面也将受到影响。同样的,贸易战也必须要在真正的民主政治,坚强的群众组织,健全的自主的税收机构配合下才能获得圆满的胜利。

(韦明:《晋察冀边区的贸易战》,1940 年 1 月 19 日,《新中华报》,河北省档案馆)

必须切实统制对外贸易,展开对敌经济斗争。我们不仅要有计划的组织输出,防止物资随便外流,换回必需品;而且要有计划的组织输入,奖励某些必需品入口。如棉花、食盐,煤油等类,均属必不可少的用品。可以号召商民大量运入,但应有组织的采购,切勿相互斗争,致使某些奸商以为奇货可居,从中操纵。在统制对外贸易方面,生产贸易管理机关、银行、税局、商联会以及全体商民,都应切保联络,协同一致,方能消除私漏、增强力量。

(《冲破敌寇的经济封锁》,1941 年 9 月 29 日,山西省档案馆)

严格的统一管理出口与入口。只有统一管理出入口,才能剪断敌人经济上的封锁、扰乱、操纵与杀人不见血的经济掠夺,保持抗日根据地内物资供给。也只有如此,根据地内才有贸易自由,才能主动的与敌作经济斗争。破坏统一管理出入口制度,是自毁长城,无异替敌人打开掠夺方便之门。

(彭德怀《开展全面对敌经济斗争》,1942 年 2 月 25 日,河北省档案馆)

统制对外贸易,掌握输出输入,粉碎敌人经济封锁而达到封锁敌人,这是我们中心的中心任务。

(《晋察冀边区北岳区一二三月份贸易工作总结及四五六月份工作计划布置》注:本文系 1942 年晋察冀边区贸易管理局第二次支局长经理会议报告总结材料,边区贸易管理局,1942 年 5 月 6 日印,河北省档案馆)

在贸易工作上:内部贸易自由,统制对外贸易,我们的基本政策是不变的。目前对敌经济斗争的中心一环,是掌握物资,特别是掌握粮食,粉碎敌人掠夺华北物资,建立兵站基地,完成大东亚战争的狂妄企图。粮食是军需民食的命脉。一切物价币值都以粮食为转移,能掌握粮食,即能掌握经济斗争的主动权。掌握物资的办法,因地区应有不同:

(1)游击区是敌人掠夺物资的主要对象,敌不惜通货恶性膨胀,高价收买粮食。这个计划的进行,不但游击区的人民遭受严重损失,如不积极开展经济斗争,巩固区的粮食亦必难于阻止其外流。因此目前对敌政治攻势,必须以经济斗争为中心,深入地教育群众,以鸣雷警钟的说教,使群众彻底认识国际形势,于敌不利,伪钞狂跌,必不可免,用一切有效的办法保存粮食,拒绝伪钞。这种自发的斗争,游击区亦有相当的开展,我们正抓紧机会组织与领导群众的经济斗争。

(2)在敌人肆意掠夺、高价收买之下,巩固区的物资外流,粮价飞涨是当前最严重的问题。我们必须在沟边划定缉私范围,抽调得力干部,加强缉私工作,并由政府下令严厉禁止,党内进行广泛动员,发挥支部的堡垒作用,有效地禁止粮食出口,保证军需民食的自足自给,奸商私运粮食出境者,一律没收并予法律制裁。

(3)大量吸收察南、雁北,晋东北各县的粮食,调剂冀西巩固的不足。冀西的收成,今年一般很差,而三四专区的粮食问题尤其严重,五专区部分地区也很缺粮,要渡过冬荒春荒单是禁粮出境是不够的,还必须大量贩运山西、察南的粮食充实巩固区的民食,平抑巩固区的粮价。

(《中共北岳区党委关于目前对敌经济斗争的

决定》,1942 年 12 月 27 日,河北省档案馆)

贸易斗争首先加紧对敌占大城市的经济封锁,斗争方式应从防御转入进攻。过去我们贸易斗争主要是在打破敌人封锁，克服自己困难。今后主要在封锁敌人，使敌无法困守各大城市，故应严禁粮食、柴炭、棉花、油盐等类重要物资资敌(种类可按各地具体情形决定)，加强封锁缉私工作，同时向敌排挤伪钞吸收各种物资，使其城市更加空虚。

其次应用大力发展海上贸易,便利邻区间的物资交流,以利解放区的经济建设,保证军民物资供给。对外贸易应把重点放在海口,改善海口管理,发展海上运输,与鲁西、华中商谈加强经济联系,建立货币汇兑,便利物资交流,共同包围敌占城市。

最后仍应加强内地物资调剂工作,掌握各地特殊条件及农产季节性进行有计划的调剂,减少物价波动,鲁中、鲁南、滨海三地已经打成一片,不容再有贸易上的任何限制;胶东滨海之间亦然,为着调剂物资平衡物价,今年秋冬各地仍应大量收存粮食、棉花、生油等类重要物资,建立仓库避免损耗,过去平衡粮价未被充分重视,尤为棉价布价波动最大,今后应下决心使之完全稳定。

(《山东省政府工商工作补充指示》,1945 年 10 月,山东省档案馆)

一、对国民党所占地区物资出入口税,依须按规定征收,且须掌握重要输出物资,争取高价。

二、严禁法币在我占区行使,凡能掌握输出之物资,如食盐、煤炭,均应一律用本币购买。

三、法币斗争,应按屡次批示规定,建立兑换所,不强没收商人自大城市购货需要法币,必须负责调剂。

四、排挤伪钞工作，应按上次批示决定，迅速抓紧，具体布置，万一放松，错过时机，即将造成群众的严重损失。

以上放出物资，排挤伪钞，掌握法币兑换，扩大本币区域，基本上是一个问题，应采取积极动作；并对撤销封锁，扩大宣传，同时认识禁止法币流入是稳定本币物价，保护群众利益，应普遍向群众解释。

因过去绝对封锁,在部分地区已引起本币物价上涨及与群众矛盾,盼望即迅速通令各地,撤销一切封锁禁令,并利用放出物资机会,加紧货币斗争为要。

(《山东省政府紧急命令》,1946 年 2 月,山东省档案馆)

管理输出输入,加强对顽经济斗争。我们与顽占区的贸易,不应采取放任态度,听凭人家倾销洋货来打击我们的手工业产品或者奢侈品和消耗品来交换我们的生活资料,也不应当绝对封锁,断绝一切经济来往,今天的情况已与抗战时期多少不同,现在输出土产获利较少,输入洋货获利较多,如果不加限制,很可能从出超变为超入,使我们经济斗争倍感困难,所以我们必须限制奢侈品和消耗品输入,奖励剩余土产品的输出,同时亦应保存我们所必需的粮食原料,采购我们所必需的各种工业物品,且应争取高价输出,低价输入,使交换于我有利。

贸易斗争必须同时加强边沿区的封锁工作,在紧张战斗的情况下,这是一个困难问题,有些地区特务猖狂,使我封锁工作非常困难,解决办法首先是要使我们的经济斗争与武装斗争结合,而且采用武装斗争方式实行经济斗争。其次要使我们的经济斗争能与群众利益密切结合,时刻照顾群众利益,这样才能团结群众,依靠群众进行经济斗争,如果敌人采用武装斗争形式(例如,武装走私、武装掠夺)而我不能够以武装斗争对付武装斗争,和我违反群众利益而与群众对立起来,那就一定失败,反之,如我能够团结群众,采用武装斗争形式,进行经济斗争,胜利仍有保证。

(薛暮桥:《工商工作今后的任务》,1946 年 10 月,山东省档案馆)

我们的具体措施是:

(二)贸易管理

1. 杜绝走私。走私现象严重已极,而缉私的困难,是因部队武装走私,税务人员不能执行职务,以致情绪低落,再加上平原地区到处可通,固定口径,不能阻止走私商。其解决办法,应从多方面着手。

(1)外货走私,主要是机关部队,不能管理机关部队也就无法管理群众。因此,严格限制机关部队商店,禁止现政人员经商,是釜底抽薪,杜绝走私的根本之计。有人要求取消机关部队商店,这是行不通的。因为我们财政困难不能全部解决机关部队的问题,同时机关部队商店在疏通物资、繁荣市场、活跃经济上,也有其重要的作用,只能采取限制政策,不能采取杀头政策。限制的办法,是减少机关部队商店单位,取消机关部队商店特权,使机关部队与其商店严格分开,不吃公粮,不穿军装,不用公款,不以机关部队的资格在市场上活动,而与私商享受同样的权利义务,服从所在地的政府管理。在物价波动时,并受稳定物价的统一指挥,在商人中起模范作用。军政人员不准经商,自然就没有武装走私的问题,能够禁止州官放火也就容易禁止百姓点灯了。但这需要首先从地方机关做起,各机关首长保证自己的商店不走私,才好说服部队不走私。边区规定办法,在部队中进行普遍深入的教育,还需要一个短的过程,不是今天一说,明天就天下太平的。

(2) 广泛开展抵制美货运动。要抵制美货,提倡土货,首先须响应朱德司令号召,降低干部水平,首长负责,亲自动手,先作模范,带领别人。开展这一运动,中心是干部问题,干部不用美货,部队也不用美货,部队不用美货,群众也就不用美货了。为此,在群众与干部中,必须进行深入的思想教育,并强调指出:使用美货就是祸国殃民;使用美货就会亡国亡头;使用土货是光荣的;使用美货是可耻的!

(3)私货处理问题。为防鱼目混珠,以后没收的私货,应一律解送专署统一运往敌占城市销售,不在内地出售,更不能私自使用消耗。机关部队现存的外货,只限自用,或与其他部门调剂使用,不能在市场上销售,用完后不得再买。如果高级机关或工业部门有特殊用途需要某种外货者,应经省府以上机关批准,特许输入,否则一经查明,则以走私论处,不但没收,且予严惩。

(4)提高干部质量,加强口境管理,广泛开展群众性的缉私运动,变走私为缉私。部队群众走私,都因有利可图,缉私如果利大于走私,就可变走私为缉私,康庄有过很多的经验,我们应该与前方的部队切实商办。

(5)建议边府制定法条,明令公布,以作处惩走私之准绳。

(三)为加强对敌经济斗争,防止外货倾销,对外货管理,各区特别是接敌区更有加强管理之必要,大宗外货运销得施行证照管理。

(《华北各解放区目前财经关系调整办法》,1947年5月,河北省档案馆)

封锁边缘保管物资:

(1)各支局成立武工队,封锁边缘物资,防止物资外流;

(2)新收复区及边缘区之法币由工商局收兑;

(3)新收复区之现存洋货,限期查验盖章后,始准其出卖,不使内地货物受敌区通货膨胀的影响。

(《工商三分局支局长会议决议发展副业、稳定物价、加强边缘区经济斗争》,1948年2月9日《渤海日报》,山东省图书馆)

(三)推动华北抵制仇货运动

为抵制仇货,杜绝漏洞,以粉碎敌人经济侵略之阴谋,稳定与发展根据地的财政经济,特决定以"五卅"前后一星期——5月28日起至6月3日止,为全华北抵制仇货运动周,提高全体军民之民族意识。各部队政治机关应协同地方政府机关与群众团体,进行以下事项:

一、动员部队以及一切宣传机关,组织临时宣传队,一致配合起来,运用街头讲演、戏剧、活报、化装宣传等各种方式,进行普遍深入的抵制仇货、提倡土货代用品的扩大宣传。

二、与地方政府群众团体共同组织检查队,检查合作社、商号小摊贩,是否仍有运销仇货(仇货是指除军用品与必需品之外的日本货),奢侈品与违禁品者。这种检查,须于宣传以后进行,如检查中发现有仇货、奢侈品者,应进行说服登记,劝令限期售完,但不得没收货品,并告其以后不得再贩,如发现有违禁品者(如白面、吗啡、红丸、金丹、鸦片等),则应依政府法令由政府处理之。

三、部队应召开合作社主任会议,讨论财政经济政策。

四、举行土货代用品展览会,并奖励代用品发明者与土货制造之最有成效者。

五、"五卅"那天,部队以团或旅为单位,联合地方政府群众团体举行盛大的群众大会,进行宣传、检查与奖励。

各级政府机关接此训令后,应速编出关于抵制仇货、提倡土货代用品之临时教材,在部队中进行深入之教育,并动员各种宣传机关——部队的宣传部、科、宣传队、剧团、木刻工厂及其他文化工作团体与人员，迅速准备大批关于抵制仇货、提倡土货代用品的宣传品，如剧本、歌曲小调、街头诗、书报、鼓词、唱本以及标语传单等，以便在宣传周应用，各级部队报纸应登载关于这一运动的文章与消息，运动周内应出版特刊。

此外，野战政治部复于5月28日至6月3日召集所驻地政权、民运、贸易、宣传等各机关团体举行会议，商讨抵制仇货的办法与步骤，当决定下列四项：

一、在5月28日至6月3日抵制仇货运动周内，由军政机关、贸易局、商联会，共同组织仇货检查队，凡出售奢侈品及一切非必需品之商户、摊贩，不论存货多寡，一律进行登记，限期卖完，并劝告他们以后不再贩运仇货到根据地来。二、在运动周内，各地普遍召开合作社、商号财经政策座谈会，举行土货展览会，并号召节约，奖励代用品之改良创造与发明者。三、于“五卅”纪念日举行群众大会，进行集体检查宣传动员。四、即日起，动员军政民所有宣传机关，进行宣传工作的准备。如编制各种歌曲、小调、鼓词、街头诗、漫画、木刻连环图画、墙报、大众黑板、街头剧、街头公报及化装演讲等。从5月28日起，全体动员进行深入广泛的宣传。

（《集总野政训令所属展开华北抵制仇货运动规定宣传周深入宣传唤醒民众组织检查队严格检查根绝仇货》，1941年5月17日，《新华日报》，山西省档案馆）

2.干部应积极的自觉的禁止仇货，保证绝不购买使用，为广大群众示范。

3.经营商业干部要主动积极的坚决的执行命令，保证不采购为私人商业示范。

4.参加缉私活动，防止私货之倾销。

5.纠正干部对禁止仇货之不正确认识。

(丙)、进行方法方式；

1.由行政上负责对干部进行专题报告。

2.由民革室节约抵制仇货委员会发动讨论并规定大家遵守公约。

3.由行政上与民革室配合检查。

我们每人保证自己不买仇货，并制止别人购买仇货，彼此监督，使仇货无法销售，并协助缉私。

（《晋冀鲁豫边府建设厅关于宣传禁止香皂、毛织品等入口的指示信》，1941年10月1日，河南省档案馆）

第二节　缉　私

一、缉私的组织及其权限

(一)缉私队、经济工作队的组织及其领导机关

缉私队产生的条件：

(一)1943年3月，敌实施三次治安强化运动，对敌战区实行物资配给制，对根据地进行严格的封锁与残酷的掠夺。

(二)走私日渐严重，走私方法方式亦日新月异，由零星走私变为大批走私。由个人走私变为集体的群众性走私。由秘密的走私变为公开的走私。由奸商小贩的走私变为敌特汉奸的武装走私。

为什么成立经济工作队？

1.缉私队撤销后，严重的走私现象，逐渐发展。

2.自六月粮食管理办法撤销后，估计今后粮食走私，可能更严重。

3.物资愈困难，愈促进敌之疯狂掠夺。加之本年灾象之严重和日益扩大，走私之风可能越厉害。

4.因此，缉私队这样性质的组织，有恢复之必要。经济工作队是缉私队的再生，但不是单纯缉私的组织，因而名之曰经济工作队。

经济工作队的组织与领导：

甲　怎样组织？

1.以分区为单位，每分局一队，太行区先成立六个经济工作队，依各分局之次列名之。如“工商管理第一分局经济工作队”。队长由各该分局长或工商管理科长兼任之。

2.各重要县局，斟酌工作需要，可分设一个分队，每分队设队长一人，工作员若干人。人数众多者，酌设炊事员一人，事务工作由县局事务员兼办，哪个分队多少人数，由分局具体确定，不另设分队者，设副队长。

3.分队下的根据实际情形，划分工作小组，指定较健全之队员任组长，以便分散活动。

4.经工队干部质量应逐渐培养提高，务使熟悉群众工作，正确掌握政策法令。

乙　领导关系：

1.经济工作队由分局直接领导，分局得酌量实际情况工作需要，指挥调遣之，以适应一定程度之机动性。

2.为工作之便利，各分队分驻何县，即由何县局领导，成为该县局组成之一部，一切工作之布置、检查，即由该县局直接负责，以适应一定程度之地方性。

3.经济工作队，对缉私小组，负发动组织及工作上领导教育之责，但行政上的领导，仍归该区之事务所，以便利在经济工作队调走后，事务所对缉私小组之领导。

4.经济工作队与地方政府群众团体及武装部间之关系，通过县局联系之，并应接受当地政府之指导。

5.各级局应明确认识经济工作队在现阶段之重要，尊重其工作上之独立，反对以工作队当通迅员，或分配其他工作，并善于通过经济工作队，把我们的政策法令贯彻到群众中去。

(《晋冀鲁豫工商总局关于经济工作队工作问题的通令》，1943年9月28日，河南省档案馆)

缉私工作应以分区为单位，组织专门缉私队，抽调一些懂得缉私办法和了解缉私规律、有经验的、比较可靠、能力强的干部、民兵、领导参加这一工作。各分区在主要走私的口子，要组织十至十五人的缉私队(根据实际需要确定缉私队人数)。这一缉私队不要求数量多，而要求能起作用，可先少设，取得经验，再行补充。一、三、八分区可各暂先组织一两个缉私队，其他分区目前主要以不脱离生产形式进行缉私。前述缉私队是民兵缉私的骨干，以此为中心的推动分散的小组，要形成一个骨干就需要配备一定数量的武器，由分区或县统一抽调。缉私队人员的生活，原则上是由私货中解决，在三个月期间中由县武委会暂时抵垫(主要是粮票菜金)。将来在缉私所得的私货中扣除供给费用后，再行分红，三个月任务完成之后即行解散。

(《晋绥边区行署、武委会关于加强缉私工作严格禁绝走私的联合指示》，1945年11月20日，山西省档案馆)

组织强有力的缉私力量，加强缉私。

协同武委会组织游击小队，成立缉私队，在其不影响战斗任务的条件下，应受税务干部指挥与调动，加强外线缉私。至于缉私队长，应由贸易委员与游击小队长分任之。

(《冀晋、冀中两税务局对缉私工作的办法和意见》，1946年7月1日，河北省档案馆)

加强缉私工作，开展群众缉私运动，并组织武装缉私队。

(《察哈尔省发出联合指示抵制美货加强缉私》，1947年3月23日，河北省档案馆)

四月中旬天良、大安两镇群众翻身后，马上就组织起了缉私委员会……

(《武清县翻身群众普遍展开缉私工作》，1947年6月11日，《冀东日报》，河北省档案馆)

自蒋匪侵占烟台后，我烟台工商局、银行、海关于本月20日成立武装经济工作大队，实行封锁敌人，严禁日用必需品流向敌区。

禁绝蒋币和美货流入解放区，并执行缉私工作。

(《展开对敌经济斗争胶东工商界制定对策》，1947年11月2日，《大众日报》，山东省档案馆)

①各分区成立缉私委员会，根据边区政府缉私办法及行署指示，领导全分区的缉私工作，处理一切走私案件。缉私委员会由分区政委、专员、司令员、公安分局长、工商局长、税务分局长共同组成。

②建立缉私队，九、十分区各三十人，十一分区五十人，直属县市十五人，人员武器由各分区自行解决。

(《晋绥边区行政公署关于九、十、十一分区今后税收工作的通知》，1948年10月13日，山西省档案馆)

边区缉委会授命各分区缉委会统一组织各该分区之缉私队，办理各该分区缉私事宜，其组织与领导关系规定如下：

(一)缉私队由分区缉委会按照整编规定名额编制，并选派人员及政治指导员，呈转边区缉委会备案。

(二)缉私队在分区缉委会领导下执行任务，其日常业务指导，工作布置及生活管理，得由缉委会委托税务分局统一办理之，生活管理应依军事原则管理之。

（《陕甘宁晋绥边区缉私规章》，1949年1月10日，山西省档案馆）

（二）缉私组织的权限

对于私货，不得自行没收，必须将查获的物资交管理局、税局，按照法令处理，并提出一部作为奖额。

（彭德怀：《开展全面对敌经济斗争》，1942年2月25日，河北省档案馆）

稽查处理的权限

1.稽查权：凡贸易管理局卡网，公安局检查站等随时随地均有稽查之权。

2.处理权：（1）无论贸易公安任何部门查获之违禁物品案件，凡不涉及普通或特种刑事者一律送交贸易管理局卡，依照民国30年12月贸易税局局长联席会议的决定处理之，其情节重大者，送由当地县政府处理。（2）所获违禁物品案件之涉及普通刑事者（例如伪币、伪钞、伪证券、票据、伪公文、硬币及其他有关普通刑事之物品）一律送交当地政府处理。（3）所获违禁物品案件之涉及特种刑事者（例如鸦片、毒品、枪炮、子弹、伪宣传品、各种机要文件、地图、摄影及其他有关特种刑事之物品）一律送交当地公安局进行侦察依法处理。

（4）涉及八项物资禁令者，一律送交当地县政府处理。

（《晋察冀边区行政委员会关于贸管卡及检查站稽查与处理违禁物品的决定》，1942年9月6日，河北省档案馆）

职权之划分：

1.分队长得出席县局之局务会议，并随时向县局报告工作。

2.分队长及各组长分散活动，得参加各事务所之所务会议。对缉私工作之开展，有向事务所提供意见之权利与义务。

3.经济工作队，对违章案件，有查获权，无处理权，须依章交就近局所处理，对案件处理有提供佐证之义务，无强制执行之权利。双方意见不同时，应服从事务所主任之决定。

4.对查获非本部门职权所可处理案件（如金融毒品特务奸细犯等），应送交当地县区政府或公安部门，依法处理，经济工作队不得擅自扣押或自行处分。

（《晋冀鲁豫工商总局关于经济工作队工作问题的通令》，1943年9月28日，河南省档案馆）

缉私权限

第三条，凡出入口货物均须按章，由海关及陆地工商事务所站办理出入口手续，经查验放行，以防偷漏，海口船只除海关佩带证章之缉私人员，及海上公安所外，其他机关团体，均不得擅自登船检验，但陆运无工商所站之正式手续者，我军民团体均有检验权利，发现系走私漏税时应将人货同时押送当地工商机关办理之。

第四条，凡缉私案件均须送交工商机关统一处理，其他部队机关团体不得擅自办理，并具体规定，没收权属于支局及海关，罚款权属于事务所，事务所对没收问题及检查站对罚款问题不得擅自处理。

第六条，凡走私案件，涉及刑法问题者，除将走私货物适当处理外，并将人犯及处理货物之单据，备文送交当地政府司法机关依法惩办。

第八条，凡特定禁出禁入之货物，商人违法偷运者，为走私犯。

（《胶东行政公署训令》，1944年10月，山东省档案馆）

凡我军政民均有缉捕之责，但查获之货物不得擅自没收或处理，情节涉及政治问题者，应在处罚后，送政府依法惩处。

六、如因特别情形不能立交各级工商机关时，应将查获货物妥交村公所或区公所，由村公所或区公所暂行发给商人存条，商贩情节重大者，取保听传不误，运输工具根据情形扣留之，村公所或区公所应及时转交工商管理机关照章处理。

八、鸦片海洛英等毒品及其他代用品，绝对禁止入境，凡商民运入被查获者，应立即连同人犯，一并送交公安局或司法机关惩处。

（《增修胶东区缉私暂行条例草案》，1945年，山东省档案馆）

据第九、十一两专区税务局请示称："近来各地发现对白银毒品等走私案件之处理权限非常混乱。司法、公安、税务、工商等部门，都进行处理，表

现了处理权限和手续上的不统一。关于没收款及罚金,这些问题,如何解决"等情况,兹经研究指示如下:

一、案情的侦察查获,各部门均有责任,并可发动群众去做,特别公安部门对于侦察工作,要当作业务之一。

二、查获后的处理,一律交由县以上人民法庭,按照法定手续解决,并分别向有关部门如公安局、工商局征求意见。

三、其没收赃物,应解上的需要解上,属于罚款部分,除提奖者外,余作为没收处理之。

(《冀中行政公署关于查获白银毒品等走私案件处理的指示》,1945 年 5 月 26 日,河北省档案馆)

二、机关部队群众均有义务负缉私之责,缉获任何货物或货币(伪币、法币),但处理权限属于工商管理机关,任何部队或人员,都应将查缉之犯连同货物或伪钞,交该机关处理,不得自行没收及处罚,以防紊乱,其他机关和部队,现存缉获之货币或货物应即送交附近之工商管理机关调查处理之。

三、没收或处罚,必须发给正式手续(没收联单,罚款联单)始为合法,否则被没收人有权追要或提起上诉,以防不肖之徒捣乱破坏,严防一切冒充工商机关擅行处理之现象发生。

四、边缘封锁线以内,贸易完全自由,除毒品走私及私营烧锅,也应查缉,送交当地政府司法机关处理外,其他贸易不须检查,以利群众。

(《胶东区行政公署决定纠正缉私中乱没收之偏差通令》,1945 年 12 月,山东省档案馆)

一、制发缉私检查凭照,凡禁烟局所属之缉查人员发给一份,各级公安局与铁路各检查站之缉私任务者,亦各发一份,经各级禁烟局审查合格之村缉私组长,亦发给一份。

二,各级禁烟局,不设警卫班与拘留所,对查获之鸦片烟犯,凡应拘留待讯者,交同级公安局代为拘留,以便随时处理。

三、查获情节重大之烟犯,一律交司法机关审讯判罪,当地司法机关应予受理。

四、缉私检查人员搜查逮捕烟犯(包括烟犯瘾民)需要武装协助时,可通知当地军警协助,各级军警有执行上项任务之义务。

(《晋察冀边区行政委员会关于制发鸦片缉私检查凭照并令各级公安司法部门协助缉私工作与处理烟犯的指示》,1946 年 1 月 18 日,河北省档案馆)

为贯彻严禁毒品,肃清蒋币、银洋及赤金在内地行使等政策,已制定缉私办法公布在案,兹特依据缉私办法重行规定各级缉私人员责权如下:

一、缉私所获物品,各级缉私单位不得从中支用,如确需开支经费时,务须呈请缉私总会核准向财政厅领取,以资统一而免流弊。

二、区县所组织的缉私机关,可以缉私,但无权处理,必须封送分区缉委会转呈缉私总会处理之。

三、各分区缉私委员会,每月务要向总缉委会报告一次(毒品、敌币、黄金、白洋等详细数目)。以资和贸司核对转财政厅账,作为财政收入。各分区缉委会,会司贸司每月分别呈报没收款数给缉私总委会、财政厅、贸司。

四、缉私大队与缉私人员不得从事商业生产,只准农业生产,如种菜及手工作坊等。

五、党政军奉令向上级交送农务不得没收(但须带有送交机关首长之证明文件,准允通行)。

六、贸司给各分支公司解送毒品时,持贸司护照通行证,不得没收,以利通行与转送速讯。

七、半年总结工作一次,对好者奖,不好者罚。对群众提奖,各缉私分会呈报会到总会,有特别成绩者,由总会酌情批奖。

以上各级缉私责权,务使各级缉私人员严格遵守,不得超越职权。另附三联没收证据,封口证使用法,希各级缉私机关严格执行为要。

(《陕甘宁晋绥边区政府联防军区通令关于各级缉私人员责权》,1948 年 2 月 22 日,陕西省档案馆)

第三条 凡边区缉私事宜,由边区缉私委员会(以下简称缉委会)所属之缉私队,税务稽查人员统一办理,各地贸易公司,银行均有协助查缉之责。除经缉委会委托之机关外,不论任何机关或个人,一概不得进行缉私。

第五条 缉私职权划分如下:

(一)缉私队以查缉毒品、敌币、银洋、赤金为主,税务机关检查人员以查缉禁止进出口物资及漏税货物为主,但同时应兼顾双方协同进行。

(二)受缉委会、税务局委托之缉私机关及缉私队或个人,只有缉私权,而无处理权。

(《陕甘宁晋绥边区缉私规章》,1949 年 1 月 10 日,山西省档案馆)

二、走私的方式

从走私花样来说:

1.商人走私中有一个花样成功了,在一个时期时,便竞相仿效。商人之间,也多交换经验(这些交换经验的,在火车厢内、在路上、在店内,随时可以发现。假如我们换上便衣了解的话,可以得到许多材料)。因此这一个走私花样便像传染病一样蔓延很快,也很广。比如,当我们第一次发现用布片把纸烟缝成布袋围在腰间的时候,觉得很新鲜,但是很快就成了普遍现象。第一批人在这条路上走了私,很快别的人也来仿效……所以,不能把走私商人看成是个体的,彼此无联系的;不能把新奇的走私花样,当做是偶然的现象。

2. 在走私和稽查上,是遵循着“道高一尺,魔高一丈”的规律,向前发展着的。当我们的稽查技术提高了,商人走私的技术也跟着提高。比如我们使用起探条来探检“以轻埋重”、“以无埋有”的货物时,商人把筐做上了假底。当我们发觉了有在起征点以内雇人分背的时候,他们也把分背人装成胞兄弟或父子关系,化装成小商人或拾柴的……所以,任何时候,我们对工作也不能自满,自满就会吃亏。

3. 走私者时刻在抓我稽查人员之空隙,针对着我们的工作方式与情况变换其路线与花样。当我们的注意力集中在大车上的时候,他们却化整为零变为小背子的形式;当我们多注意小背子的时候,他们却化零为整,当我们实行一一检查的时候,他们便蜂拥而上,当我们照顾贫穷小贩的时候,他们就纷纷哭穷,当我们注意这条线的时候,他们便马上转移新的路线;当我们在拂晓或前半夜抓紧缉私的时候,他们却变在白天或后半夜,当你多注意他的暗处的时候,他们却换在明处(如白天走私者放在鞍屉内或故意把走私货物暴露一部来迷惑你),当你“吃软不吃硬”的时候,他就给你软磨求情……我们的任何空隙,他们都会利用。

4.在封锁线上,单人独自走私的很少,一般都是几人结合一伙,不同者只是大小伙而已,他们在行进的时候,多有“尖兵”或“斥候”。

(《稽查工作经验概述》,1946 年 7 月 1 日,河北省档案馆)

(1)大奸商通过贪图小利的小男女商贩倾销洋布——近来无棣东镇、水湾等地发现一些小商贩(女商多)卖洋布,没有票亦无验讫章,他们以小部撕成许多块装卖布头,而把大块布藏在女货摊附近住家里,以逃避纳税与倾销外货。

(2)冒牌走私——有的商人携运洋货公然到解放区内地倾销,如检验,即用过期数个月的税票或盖有伪制验讫章来应付。

(3)挂假幌子漏税走私——在无棣城北的大路上查获数辆小车,满堆着姜,经详细检查后,查出大量洋火(税票已过期二个月,姓名不符)及二桶洋油、红糖等物。

(《奸商走私花样多种、必须严密缉私工作》,1947 年 3 月 11 日,《渤海日报》,山东省档案馆)

(一)将洋布当作棉絮放在被子里,往内地携带。

(二)在扫帚苗子及纸捆内藏着私货,在纸捆里用刀子挖成空隙和私货模型一样,将私货再放在空隙里边。

(《靖黄工商局发现奸商走私花样》,1947 年 4 月 11 日《渤海日报》,山东省档案馆)

(一)有的将大车做成两层底,里面装好粮食,偷运出境,回来则满载洋布洋线纸烟等物。在新军屯曾发现妇女坐车用棉袄裹着小孩,看情景好像上娘家去,但经检查,并非小孩,乃是一袋白面。一个从堤头上船去天津的老大娘,缉私人员检查时,她不动,结果查出满腰都是粮食。

(二)明着走私,利用我专买专卖证,如限三天缴回,他将大部食粮先运到边缘区寄存,拿到此证一天能走三四次,到期满时已走十几次,现在更发现伪造我专买专卖证者,希同志们注意。

(《保护解放区粮食加强缉私检查工作》,1947 年 6 月 7 日,《冀东日报》,河北省档案馆)

他们走私的方式,主要的有六个:

一、化装走,大车一次拉几百斤。最近行唐张风山,大车上装着柴,还盖着席,下面装硝。

二、骗取我政府合法手续，一般的都拿着工商所贸易证。如县硝贩走私，拿着贫农团开的通行证。安新卡获硝贩，有徐水县政府护照。刘洛罗、邓如玉，通过蠡县县委，介绍到推进社，开证买硝走私，说敌区硝贱运交我区，结果是骗取证照走私。

三、打掩护伪装。如刘洛罗及李升等走私贩，家里都安着池子实际不熬硝，怕暴露目标，把买的硝运交博野县推进社一部分，其余大部分走了私。

四、打着机关招牌活动。郭洛厚家有荣军合作社的牌子，刘洛罗藉用工作人员邓如玉的牌子，拿着公事买硝。

五、利用社会、亲属关系，联络经济小贩，用信件指挥介绍走私人员。

六、高价收购，质量低收，除去损失归买主，以保持硝贩利润。

(《冀中导报》，1948 年 6 月 28 日，河北省档案馆)

2.注意商人的反常货物：

(一)例如一个商人穿的很阔。言谈行动不都像小商，而他所带之货很不值钱，这里边一定有问题。我们曾遇到一个很像样子的商人，带了几捆草纸，结果草纸捆内夹带着白洋。

(二)有的商人平常是贩运杂货，忽然改了行，曾在贩运杂货改运水果一个商人的水果内搜出白洋。这道理很简单，贩运杂货的人，对水果生意他是外行，没有哪个商人放着熟手生意不做，而无故做外行生意的。

(三)还有绥包不容易销售的货物，突然大批运来，如葡萄糖、蒸馏水、盐化钙等，结果绝大多数是醋酸。

(四)有时平津商人，去绥包带着很少一点货物，研究他这一点货物，不管怎样卖的价钱好，也不够路费，曾有一个商人，从天津去绥远，带了三篓麻酱(不过三十斤)，经检查篓内除麻酱外，主要是醋酸。

(五)倒流货物(凡是这种货物数量不多)。例如绥包商人回关南带一两箱茶叶(砖茶)，这证明他不是以茶叶为营业，是为了伪装违禁品，而随便带点东西，结果曾检查出料面。

(六)神色不同。携带违禁品的商人不管他如何装腔作势(如手里拿着玩具玩耍，嘴里吃着东西，戴着黑眼镜)，假装镇静，在检查时，用严肃的眼光盯着他，时间稍长，必然暴露不自然状态，而露出破绽。

3.包装情况：

(一)注意不加修饰并且愈破烂愈好，这是减小目标，使你根本不注意，认为这样贵重违禁东西，不能这么随便丢放。

(二)装饰整齐，使你看了这是厂出品的正牌子货，原封未动，里边不会装进假东西，而不注意检查(伪装情形详后)。

以上一切说明了缉私要有根据，不是盲目的要时刻争取主动，真正作到缉私，而不是等或碰。

(《绥远省税务局对违禁品的缉私经验介绍》，1949 年 7 月，山西省档案馆)

走私的伪装花样及其变更情况

1.料面：猪、驴耳朵(从绥包买一群毛驴和猪回关南，在个别的猪、驴耳朵内带上料面)，马尾巴(用保险套装好，塞在马尾最浓厚的地方捆住)，鸡翅膀下面(装好捆住)，鸡蛋内(一筐鸡蛋，把个别打空，装上料面，放在好鸡蛋的下面)，粗烟袋杆内，走路拿的棍里，脚踏车前把、后坐、汽管子内、内带、假水笔、牙粉内，女人梳的香蕉头，两根辫子内(大同妓女冯国林一次在两根辫子内检查出二两砒子)。

2.大烟：骆驼小鞍子、马鞍子、大车的油瓶、酱篓里、胶皮带内、贩卖泥人不倒翁内、香瓜内。

3.醋酸：根据武东经验，第一期在梨篓、纸烟箱、火柴箱夹带。第二期在破烂不堪的草料袋内，使你不注意。第三期在车底板、竹篮双底、木箱双底内。第四期在麻酱、香油，酱油篓桶内。第五期汽水混合(例如一百瓶汽水里边夹杂着几十瓶醋酸，装饰一样)。第六期在榨棉花、榨麻的机器包内，在扎包时装好，再用铁条箍上。第七期十滴水、蒸馏水混合(瓶子大小都是真空，其商标装饰与上海天津厂出之蒸馏水无异)。第八期在葡萄糖、盐化钙针药内，其装饰更好(显系平津有专门制造醋酸真空瓶这种厂所)。第九期在果罐头内(其装封与罐头公司出品无异，恐怕平津有专门搞这个东西的厂所)。第十期用卷烟伪装(用洋铁制成纸烟条样式装好醋酸，外加纸烟条皮与蜡纸，每一箱里夹上三、五条，七、八条很难检查出来)。其他用汽油、煤油及其他伪装办法还不少。

4.沙子：由于这种东西运量比较大，伪装也较困难，大部分都是用红糖、白糖、硝来伪装，把沙子用油布包好，或用桑皮纸袋装好，放在麻袋中间，四周用红白糖，硝掩盖，个别是公开运，假说是硝，也有借化学名词，借口是化学用品，欺哄我们的税工人员识别不清。

5.金子：把日常用的肥皂挖一个洞，把金子塞在里边再用肥皂堵上，把牙膏挤出些，把后面揭开，把金子塞进去，再把后面卷好。丸药把纸盒打开，蜡皮分开，把丸药去掉，放上金子，再把分开的蜡皮合住粘好，用盒封好。以上三种也有放金块、金条、金戒指使人最不容易注意，有的把金戒指带在脚指头上，穿上鞋袜。还有将金子缝在一块手绢的角上，走私人经常拿着这一角也不妨碍他擦汗、擦嘴，在检查他的时候，有时把手绢展开，有时握在手里，搽汗搽嘴毫无目标。有的放在钱票捆内，你看起来就是一捆很整齐的票子。

6.白洋：除了同于伪装醋酸的酱油篓、草料袋、风箱、木箱，柜两层底、车底板，大车轴(挖空一节)、骆驼，马鞍等外，还有的带很多干粮(馍馍)，在动身前就把白洋蒸在干粮内。还有的买两只烧鸡，把白洋分为两包塞在烧鸡的肚子里，总是拿着不吃，这样的伪装还不少，这两种很难识别。

(《绥远县税务局对违禁品的缉私经验介绍》，1949年7月，山西省档案馆)

三、缉私范围和惩罚办法

(一)缉私范围

查粮食斗争，为对敌经济斗争之主要工作，亦为决定战争胜负之基本因素。年来粮食走私现象极为严重，乃自实行粮食专卖以来，更复变本加厉，影响军用民需至大。为杜绝走私起见，兹规定：

粮食专卖后，各地税务部门应会同工商管理局，同时配合政府迅速于边境地区划定粮食封锁地带，出口并划定一定之路线，拟具调剂与出口之一切手续，共同具体布置这一工作。一方命令下级切实执行，一方公布周知，并将具体执行办法报局备核。在这一工作进行中，尤应注意广泛深入之宣传解释工作，务期这一办法能为群众所了解，并彻底执行。

(《总局关于查禁粮食走私暨提高提奖成数的通知》，1942年3月，山西省档案馆)

凡具下列条件之一者，均得视为违禁物品

1.物的本身对于国家社会带有一种危害性质，如毒品鸦片、枪炮、子弹等。

2.法令禁止私有和私卖之物，如禁止入口的纸烟、洋布、化妆品等及禁止出口之“八项物资”等，特许出口入口者不在此限。

(《晋察冀边区行政委员会关于贸管局卡及检查站稽查与处理违禁物品的决定》，1942年9月6日，河北省档案馆)

二、金子出口一定要持贸易局之合法手续，否则予以没收。市面上严禁行使白洋及金子，如查获者，依前规定白洋在十元以下及作纪念物品之个别金戒子，根据情节予以教育或兑换，其余一律没收。

三、严禁非必需品入口：如纸烟、香皂、估衣等及条例所规定其他严禁物品，查获者即予没收。

四、严禁粮食出口，查获者予以没收。

(《晋绥边区行政公署通知关于严禁行使白洋及金子，严禁粮食出口》，1945年6月1日，山西省档案馆)

一、在本边区境内，鸦片及其制造品、代用品绝对禁止私买私卖，贩运尤所严禁。

二、种植罂粟之户，以及存有鸦片之户，应以该管禁烟督察局所定期限，将鸦片悉数交局，按定价收买。

三、烟民须向该管禁烟督察局登记，以凭配售鸦片，并接受其教育，以便按身体情况，逐渐戒除。

四、违犯前三条之规定者，按禁烟法之规定，除鸦片及其制造品，代用品没收外，并从严治罪。

(《晋察冀边区行政委员会关于鸦片管理问题的布告》，1945年10月17日，河北省档案馆)

三、下列各种货物严禁出口，金属(金、银、铜、铁、锡、铅等及其制成品在内)、粮食、布匹、棉花、棉线、燃料(煤炭、柴等)、植物油原料(花生、大豆、芝麻、麻子等)、蔬菜(白菜、萝卜、青菜等)。

四、下列各种货物准许征税出口：木材、植物油(花生油、豆油、麻油等)、烟叶、酒、肉类(猪肉、牛羊肉等)、牲畜(牛、马、驴、骡、羊、猪)、猪羊毛、盐、海味(鱼、虾、蟹等)。

五、下列各种物品严禁入口：伪币(伪中央银行、中央储备银行、蒙疆银行、满洲中央银行发行之钞票)、法币(中央、中国、交通、农民银行发行之钞票)、丝织品、麻织品、迷信品(香、烧纸、锡箔、神像等)、洋酒、汽水、罐头等。携带法币者,须在出入口地区兑换边币,始准携入内地,携带伪币者,须在暂准伪币流通之地区内兑换边币,始准携入内地。

六、下列各种货物准许征税入口:洋布、纸烟、化妆用品(胭脂、香水、香粉、雪花膏等)。

以上出入口征税办法另行规定公布之。凡未列入禁止与征税出入口之货物,准许在出入口地区自由运输运销,不得滥予扣留。

七、毒品(鸦片、海洛英等)严禁入口,并严禁在内地贩运。金银除严禁出口外,并禁止在市面流通。但准许向银行或公营商店兑换。

八、禁止出入口与内地禁运之货物,军政部门如有特殊需要时,得由该部门负责人向专署以上政府请领正式出入口特许证方准通过。否则,以走私论。各机关部队自行开具之通行证一律无效。

(《晋察冀边区行政委员会冀热辽区行署关于出入口贸易与缉私办法的布告》,1945 年 11 月 20 日,河北省档案馆)

奉行署财税字第 242 号命令称:倾据各方反映,我个别部队机关政府生产人员见小不见大,只为本部门生产赚钱,有的竟不遵守政府政策法令,偷漏走私,情况十分严重,这对解放区是有很大损害。希各局、所配合商联会召集当地机关生产专研贸易政策,杜绝走私,并发动在商人中应起执行政策的模范,影响大家。自令到后,如再有机关政府部队生产人员不顾解放区民族利益,违法走私者,经查获后,人交当地政府法办,货物由工商局照章处理,决不宽贷(部队交各该部队处理)等因。

(《太行工商管理局关于严格禁止部队漏税走私的命令》,1946 年 10 月 6 日,山西省档案馆)

关于严禁美蒋敌货入口,行署曾一再发布命令。但据近数月来各地走私进口之美蒋敌货,如纸烟、洋市布等颇多,尤以美蒋造纸烟为最甚,市镇、农村到处销售,使我边区土产的发展受到很大的打击,外汇亦受到损失。现在各地土产卷烟大部停顿,如临县安业今春尚有卷烟户四十六家,现在已垮得留下十几家;三交原有十四家,现仅留下五、六家。最近神木竟擅自开禁敌货,并开给合法手续,大量运入内地。并错误地认为如不让外货进来,工商业便不能发展,市场即不能繁荣。这种看法是极端错误的,应即纠正。须知我们是发展与保护正当的、对广大群众有利的工商业,繁荣土产市场,并不是繁荣美蒋敌货市场,来打垮自己。在此淡月期间,各地税务机关应集中力量加强缉私管理市场工作。各专员县长应经常督促检查,并令区村政府严行缉私,同时宣传群众进行缉私。今后凡对条例禁止入口的货物,尤其是美蒋纸烟、洋市布等私货,不论公私任何人的,均应坚决没收。案情重大经常走私者,除私货没收外,还应予以处罚,以杜走私,肃清市场上之美蒋敌货,保护我边区土产发展。希认真执行为要。

(《晋绥边区行政公署通令关于严禁美蒋敌货入口》,1948 年 7 月 15 日,山西省档案馆)

缉私范围及没收品处理按下列规定:

(一)凡查获之毒品及敌币一律没收。

(二)银洋、赤金及元宝准许民间保存,金银质首饰准许佩带,如变卖者,须到银行按牌价销出。凡因转移而携带者取得区级以上政府或银行之证明文件后始得通行,否则一律没收。

(三)凡查获禁止进出口货物及应税货物之走私案件,悉依货物税条例规定办理之。

(四)凡私贩枪弹及其他军火者,除将该项货品没收外,人送司法机关依法究办。

(五)凡缉获之毒品、敌币、银洋、赤金,应交由缉委会或委托之机关按本规章处理之,缉获禁止进出口物资及漏税货物,人物须送当地税务机关处理之。

(六)凡缉私机关宣布没收毒品、敌币、银洋、赤金时,须随时割给边区缉委会制发之没收证;属禁止进出口货物者须割给财政厅制发之没收证。

(《陕甘宁晋绥边区缉私规章》,1949 年 1 月 10 日,山西省档案馆)

(二)对各种走私行为的处罚规定

本会为彻底纠正这一粮食资敌的危险事实特规定:

边境各县应切实严缉以粮食资敌之汉奸、奸商,一经缉获,除将粮食没收充公外,并课以粮食十倍之罚金。

(《晋察冀边区行政委员会严禁以粮资敌的通令》,1938 年 4 月 19 日,河北省档案馆)

乙、特种出口货物，未经允许，私自输出者，经查获后一律没收，情节重大者以予处罚。

丙、无论处罚或没收，皆应发给工商管理局制定之正式处罚书，若有以白条代替者，商民可向工商管理局或区以上政府控告。

（《山东渤海区行政公署布告》，1945 年 4 月，山东省档案馆）

四十二、凡冒充军政人员走私与偷税者，或以缉私形式而乱行没收商民货物者，一经查获，除按章处理外，得送司法机关依法酌处以冒充罪。

四十三、凡没收之物品均须制没收联单，如处罚应发给罚款联单，概不得使用空白条作收据。

（《增修胶东区缉私暂行条例草案》，1945 年，山东省档案馆）

在没收政策上，应着重宣传、解释、说服、教育，群众利益与根据地利益上说明我们政策之正确性，从不应违犯，这一点是不能操之过急的，因此不论在停用伪钞中缉私检查中不要强调处罚和没收，尤其是关于不合手续的细小问题，应解释说服，必要时令其补上手续，在目前绝不能动辄没收，但对于个别的坏分子、奸商捣乱发财者则又不能过于宽大，应呈请上级批准，再通过群众教育，予以必要的处罚。

（《山东省渤海区行政公署关于新解放区工商工作的指示》，1945 年，山东省档案馆）

1. 因为吃不起饭而走私的，可适当给予救济，组织贸易组，介绍赚钱买卖或组织生产，提高生产热忱，解决穷苦问题。

2. 为赚钱发财走私者，可给予教育，加强阶级观念，说明对他的危害，并转变他的业务组织，成为内部物资调剂的骨干力量。

3. 敌人特务进行武装帮助商人走私者，应将材料侦查切实后交给当地政府，给以镇压或适当处理，并影响其他。

（《冀晋冀中两税务局对缉私工作的办法和意见》，1946 年 7 月 1 日，河北省档案馆）

罚没政策：

1. 人人有责缉私，但无权处理。指出从群众手里没收来自己使用是犯罪行为，克服乱没收打埋伏的现象。这主要是机关部队发生的多，应进行严肃的教育，把乱收乱处罚的现象，以致损害政策影响提高到“违犯政策”来认识。据说外区商人对我们有三怕，其一，便是怕乱没收，这是多么严重现象呢？各区对此必须在群众发动起来以后，高度注意进行教育，用大力克服。

2. 克服单纯罚没与重罚主义，采取以教育为主，消除群众与我之对立，克服动辄没收处罚的现象。有些地区群众称我们为：“没收机关”，恐怕主要就是这个原因。应掌握处罚的目的，在于教育使其勿再走私的精神。

3. 在执行时分清群众与奸商，初犯与再犯，贫困与走私致富者。总之分别轻重，照顾贫困小商人，及生活困难之基本群众，这是阶级观点问题。若系奸商则处罚，并典型示范，扩大影响。另外至于非以盈利为目的少数自用或亲友馈赠，不应强调没收，特别对外区商人更应着重解释。

（《晋察冀边区税务总局第一届局长联席会几个主要问题的讨论意见》，1946 年 9 月 23 日，河北省档案馆）

一、凡走私棉花在五斤以下者（斤数系指熟花，籽花按三斤折一斤计，以下同），棉花全部没收。

二、凡走私棉花五斤以上二十斤以下者，除棉花及其运输工具（车辆牲畜等）全部没收外，并处以相当于原棉花三倍以内之罚金。以上由县以上政府或税务局处罚之。

三、凡走私棉花在二十斤以上者，除棉花运输工具全部没收外，并处以二年以下之有期徒刑，或相当于原棉花十倍以内之罚金。

四、凡走私棉花每次在二十斤以上，连续走私三次以上者处死刑。

（《冀东行政公署关于严禁走私棉花运往蒋管区的指示》，1947 年 10 月 11 日，河北省档案馆）

（三）对各种走私物品的处理规定

1. 总则：

（1）凡可能变价的物品，尽可能变卖之。

（2）凡没收之物品，其另有处理办法者依其办法（如毒品及金融案件）。

（3）分支局对其没收物品，除有特别规定外，有变卖权，其超过没收权限规定以外之没收物品，须呈请上级局核示处理之。

(4)凡有下列情形之一者，须缴上处理，但物品笨重不便送缴者，得请示处理之。

(甲)没收物价值超过其没收权限以上者。

(乙)不能变卖者。

(丙)在当地不能变卖者。

(丁)命令上缴者。

(5)没收物品不得私自留用，或私相授受与买卖，否则以贪污论罪，得依惩治贪污暂行条例处办之。

(6)没收物品变卖时，须经评价委员会评定价格，并依一定之手续出卖之。

评价委员会由局长、稽征科长(或稽征干事)、总务科长(或总务干事)及各该局内熟悉物价或有关人员三人至五人共同组织之，局长为主任委员。

(7)没收案件，须随时清理，不许积延，如有特殊情形者，须专案请示。

(8)没收物品出卖时，须先收价款再付货，卖后，并须有购买凭证或承购单据。

(9)没收物品缴上时，须填具缴送没收凭证随同呈缴品，派专人负责缴上。

(10)没收物品在变卖后或缴上时，如与原没收数量不符，应申述理由，呈请核示。

(11)没收物品处理后，须立即提给奖金以资鼓励。

(12)没收案件应提之奖金，按没收品变卖原价或估价比例计算之，至因处理该案所需之花费及损失，得由变价罚金数内支付，取具凭证，随罚金变价款月报表按月送上。

2. 关于禁止出境货物之变卖：

(1)此类物品公开变卖之，其价格不得少于当时同品货物之最低批发价。

(2)支局对于价值在五百元以内，分局在一千元以内之没收品得随时按时价变卖之。

(3)支局对于价值在五百元以上，分局在一千元以上之没收物应招标拍卖之(标卖办法另订之)。

(4)没收之粮食有粮食专卖行者，可按时价售与之，无专卖行者得尽先卖与粮食局或公营机关。

(5)此类物品变卖后，须将承购单据，随罚金变价款月报表按期缴上，以便稽核。

3. 关于禁止入境货物之变卖：

(1)此类物品非经总局特许者，不得公开变卖，更不得卖与群众。

(2)此类物品支局无变卖权，但有下列情形之一者，得及时处理之：

(甲)受上级之命令或赋与此种特权者。

(乙)在战争紧急情况下，并商得当地政府同意者。

(3)支局于没收此类物品后，应随时报请分局核示，并将提奖标准、价格一并报上，分局于接到报告后3日内，指示办法，不得拖延。

(4)此类物品得卖与机关团体部队公用及工作人员用，唯不得贩卖渔利或大量购买。其办法如下：

(甲)变卖前可通知当地各部门限期购买，并尽量予以购得之机会。

(乙)购买者须携盖有该部公章或负责人签名盖章之证件。

(丙)取得购买者承购单据。

(5)此类物品，如不易卖出，或非公用及工作人员可用者，得斟酌情形呈请上级核示，或转让于公营商店，由其设法向抗日根据地以外推销。

(6)变卖价格之标准：

(甲)机关、团体、部队公用或工作人员自用时，准按当时同品种货物之黑行市以七五折计算之。

(乙)转让公营商店外销者，以七折计算之。

此类物品变卖后须将承购单据，连同罚金变价款月报表按时缴上，以便稽核。

(《晋冀鲁豫没收违禁物品暂行处理办法》，1942年4月10日，山西省档案馆)

一、招标拍卖没收物品，须于拍卖前三日布告周知，布告之内容如下：

1. 拍卖物之品种、名称、数量及最低价额。

2. 投标日期及地点。

3. 开标日期。

4. 投标注意事项。

二、投标须于同一地点，同一时间举行之。

三、投标时须有统一之标纸，标纸上须有投标人之姓名、住址、标买物品种类、名称、数量、标买价格、投标日期及保证金数目等项。

四、投标前投标人须缴纳一定之保证金，此项保证金不能少于最低标款十分之一。

开标后，中标者之保证金，可抵作价款，落标者，即如数退还。

五、投标时，须当众开标，并应请当地政府派员监标。

六、开标时确定三名为中标者，以标价之最高者为第一中标人，次多者为第二、第三中标人。

七、中标者依所投标价之高低决定其优先承购权，如有二人以上所投之价格相同时，抽签决定之。

八、投标结果当众宣布，并通知承购人以承购手续及期限。

九、中标者须于接到通知之日起，三日内缴足价款，领取标买物品，逾期没收其保证金，并取消承购权。

十、第一中标人如不能依限履行承购手续时，依次通知第二、第三中标人依章承购之。

十一、中标人非因违反九项上半段规定，于标物出卖后，其保证金如数退还。

十二、中标者若均不履行承购手续时，应即定期另行招标。

（《没收违禁物品标卖办法》，1942 年 3 月，山西省档案馆）

十四、凡偷运禁出禁入之货者，均以资敌论罪，处罚原则规定如下：

1. 属于军用品及军工原料粮食等抗战必需品者，其价值在千元以内者除全部没收货物外，并得科以百元以上千元以下之罚金，在千元以上三千元以下者，除没收其货物并处一年以上五年以下之徒刑，三千元以上五千元以下者，没收其货物外，得处三年以上十年以下之徒刑，在五千元以上者，除没收其货物外，处以十年以上之有期徒刑或无期徒刑或死刑。

2. 属于布纱及其他奢侈品、迷信品、化妆品等，凡价在千元以下者，一般只没收其货物不予处罚，千元以上三千元以下者除没收其货物外，并得酌处千元以上五千元以下之罚金，在三千元以上五千元以下者除没收其货物外，处以三年以上七年以下之徒刑，在五千元以上万元以下者，除没收货物外，处七年以上之有期徒刑，在万元以上者，除没收货物外，处死刑或无期徒刑。

十八、走私工具在一般情况下不得没收，尤其是赖以维持生活者，情节重大或特殊者，不论初犯或累犯，皆可没收之。

十九、走私货物除盐以量作处理依据外，其他货物概依市价和应纳税额作处理依据，每一走私犯对其走私货物要存案，如系重犯，应将以前之走私物价合并计算之，多次者要累次合计，作为惩处标准。

（《增修胶东区缉私暂行条例草案》，1945 年，山东省档案馆）

没收物品中如有兵工、通讯、交通、工矿事业之器材，必须送交行署，棉、布等必需品，应先报告行署听候调用。其余货物（包括毒品在内）均可在贸易公司变价，价款由税务局解上。

（《晋绥边区行署关于缉私提奖问题的通知》，1947 年 8 月 31 日，山西省档案馆）

一切走私的案件和没收物品，均须交由分区缉委会处理。

一切没收物品由缉委会协同有关方面交由贸易公司变价，作为税款收入。药品按统购价，其他一切私货均按市价八折（少数残冷货不得低于六折）。贸易公司应照价付款，如无现款，公司可付正式欠据，由税局转交专署按月清算。十一分区没收之药品，得直接交口岸采办处变价。

（《晋绥边区行政公署关于九、十、十一分区今后税收工作的通知》，1948 年 10 月 13 日，山西省档案馆）

过去各县税务局所缉获的一切没收品，统归当地贸易公司变价收买，统一销售。但据近年来了解，好多地方对此项工作的执行非常混乱，在变价后无正当手续。因此有好些税务局干部将没收之布匹、日用品一类的东西私自低价变卖甚而个别人员趁机作私人股份，从中取利，这是错误的。为此，特决定今后各地税务机关缉获之一切没收品，全部归工商局收买，任何人不得随意变用，工商局在划价时.一般货物不管吃亏便宜不得低于市价的百分之八十，少数冷货残货亦不得低于市价的百分之六十。付款后工商局应开给正式证明手续，注明品名、数量、单价、合价，以供各县税局向总局结账时作为审核的凭证抵销，特此通知。

（《晋绥边区行政公署关于缉获物资处理问题的通知》，1948 年 8 月 13 日，山西省档案馆）

四、缉私措施

（一）缉私队要取得部队和有关部门的支持

怎样组织力量？

1．基本群众为我发动和组织之主要对象，尤其是有组织的群众。

2．组织武装力量反对武装走私，深刻认识武装斗争为敌游区对敌斗争之主要形式，对敌斗争的胜利，主要依靠武装斗争的胜利。因此，经济工作队的工作，必须与地方武装，尤其群众性的武装工作密切结合，通过武装系统，组织这一工作，以达到武装保护物资之目的。

3．群众团体为群众自己的组织，是群众中觉悟分子的集团。通过群众团体，组织所有成员，开展群众缉私运动，人人缉私，保护大家利益。

4，合作社是人民经济利益的具体组织者，应发动合作社员缉私，保护所有社员的经济利益。

5．越是群众发动起来的地方，群众越活跃，群众力量亦越强大，缉私越有力。

（《晋冀鲁豫工商总局关于经济工作队工作问题的通令》，1943 年 9 月 28 日，河南省档案馆）

加强封锁加强群众性的缉私活动，在铁路沿线，仍为贯彻纵深封锁，便于随着形势的变化而机动。

海口之缉私队也应进一步研究和经常研究管理的办法。

要动员军民一切力量，开展缉私运动，进行经济上的自卫。

（《胶东区工商局下半年的工商工作与任务》，1943 年，山东省档案馆）

缉私队要注意缉私间的关系问题，在缉私中要与政府税卡、军队缉私人员及分散在农村中的民兵群众缉私小组取得密切联系，组织公开的与秘密的缉私网或联防缉私网、线，化装缉私、公开缉私与秘密缉私结合起来，下面民兵干部是有经验的，要多和他们研究才会搞得更好的。

（《晋绥边区行署、武委会关于加强缉私工作严格禁绝走私的联合指示》，1945 年 11 月 20 日，山西省档案馆）

怎样组织群众缉私？

首先是组织地点的选择，开始组织时，要先选择重点区和重点村，在地区上要先在边沿区组织，在走私最严重的地区组织。所谓重点村，就是在重点区以内选择群众基础好的村庄或是处在贸易要道上的村庄，将这些村庄组织起来后，逐渐在左右邻村组织，以构成一条连接的封锁线，这条封锁线还要有纵深的构成，若只是单薄的一条横线，最易被走私者突破而漏网。

其次是组织对象问题，四专区目前的组织形式是各种各样的，主要的是在民兵中，选择优秀分子组成缉私小组，这种小组的优点是可以跑远路缉私，他们有武装可以到边沿缉私，民兵有组织，接受过政治教育，因此，也好组织。其次有交易员缉私组、民兵交易员混合小组。同时，也曾组织过学生缉私，儿童团缉私，但其作用是小于前几种小组的，或仅是一时活跃，随后工作就消沉下来。

组织群众缉私时，应注意的主要问题，首先是选择成份，同时工商局组织时，要在取得县区武委会及负责干部的意见一致时才着手，特别在审查成份上，工商局应多听武委会同志们的意见。在成份审查后，要进行一次教育，主要说明缉私意义、政府工商法令、缉私的群众纪律等。同时各县在构成封锁线时要与邻县连接，否则会给走私者一空隙。

（《平原缉私经验点滴》，1946 年 2 月 2 日，《冀鲁豫日报》，山西省档案馆）

我们所要封锁的地方，必须向群众宣传与解释我们征收的目的，启发群众从爱护解放区出发的缉私情绪与自觉性，发动群众，造成群众性的缉私运动。但是所谓依靠群众，不是放任自流，布置下去就永远不管了，让群众自流的去缉私，那样就会把依靠群众的口号变成一句空洞而无意义的废话。如有些走私路虽然布置过，因为长期内没人去领导，群众也不管了，或者发生过左过右的偏向（如有的地方乱没收，或闹私人感情随便放走）。依靠群众不是泛泛地去找每个群众去动员、去说服，而应当在群众中找出缉私骨干，是最合适的。因为他们熟悉地形，有武装，有现成的一套组织机构。有人说，过去依靠民兵缉私曾发生不少偏向，最好不要再叫他们做，应当在各村另外成立缉私小组。我觉得那是一个领导与教育问题。不错，有些游击小组是发生了一些偏向，但是过去我们对他们进行过经常而深刻的教育吗？我们曾注意领导他们吗？再说，谁能保险我们另外组织起一套缉私组织后，不会再发生偏向？据此，我们曾会同武委会向全区各级武委会发出联合指示，确定以游击小组做骨干发动群众性的缉私运动施行以来，有些健全的游击小组实际上起了税警的作用(如冒平、德胜口、泰陵、小汤山)。

(《稽查工作经验概述》,1946 年 7 月 1 日,河北省档案馆)

作法:

(1)与部队的配合。从二月份封锁线向敌推进后,大部分都是新解放区,群众的觉悟程度一般是很低的,还不可能在群众间建立什么缉私的组织,同时环境也不十分妥当,当时各事务所的同志便主动的与沿线驻扎的部队取得联系,并与岗哨、流动哨取得密切的配合。因之我们的缉私工作可以达到平遥的南门外。

(2)与民兵的配合。首先在民兵当中建立了缉私小组,开始由于对民兵的教育不够,在环境稳定时还能起些作用。遇到环境稍有动荡,便无声无息了,后来县武委会由领导上统一号召民兵缉私,并具体的布置工作与民兵的各种组织形式结合起来。如轮战队、爆炸队、游击小组、联防组等,都是在前线上一面战斗,一面缉私。

(3)与儿童岗哨的配合。通过小学教员教育儿童,结合站岗放哨盘查路条,检查漏税货的禁用品,查获案件及时提奖鼓励儿童情绪,因此东泉的儿童每天能查获四、五案,邢村儿童也查获了漏税货物。

(《平遥的缉私工作》,1947 年,山西省档案馆)

一、在一元化领导下,深入反美货、反走私的宣传动员,举行突击周,普遍召开群众大会、商人座谈会,及利用标语、漫画、演剧、黑板报、广播台等进行多方面的宣传。深入教育群众联系本身利害,并用思想启发算总账,骨干带头等方式,号召坦白自报,发起挑战竞赛,举行宣誓,民主订立奖惩办法,造成群众以走私为耻,和展开群众性缉私和追私运动,与坦白自报的热潮,这样收效很大。如大城在发动的坦白报告和登记中,自动坦白者六百七十一人,共登记走私小麦四千零六十六斗,白面三千二百五十六斤,美烟四百九十条,煤油四千零八十一斤,洋火一万二千包,洋袜、洋线五十七捆,洋布三千八百七十九尺等。

二、通过组织群众生产,帮助走私群众回头转业。如根据当地生产基础,组织其多种样的生产,从正当盈利中解决其生活困难。公营商店通过业务结合群众生产,想法推销群众的土货产品,调运群众的必需品,使群众有正常职业和适当生活,走私自会减少。这在各县亦收到一定效果。如大城西空城过去常年走私户,现不少的转向大清河北贩运农具;白洋桥走私者改为制肥皂、制棋,文新卢各庄村长过去走私,现已购买纺车在家生产,泊镇数家走私商店,现已改为经营土布,卷烟等。

三、结合土地改革,通过启发教育,使走私群众觉悟翻身。如青县张营是走私最严重的村庄,在开展反走私时,干部追究走私原因,群众答以生活困难。追究生活为什么困难,结论还是受地主剥削压迫所致。于是群众恍然大悟,展开了翻身运动,斗争胜利后,该村走私即完全停止。

(《晋中行署八分区的反走私斗争》,1947 年 5 月 6 日,《冀中导报》,河北省档案馆)

(二)建立缉私带,加强经济封锁

一、建立缉私带目的,为加强缉私工作,杜绝偷漏走私,以资保护边区人民经济,充裕民主建设的财政收入。

二、缉私带之划法,在较稳固的边缘地区划定一道外线,与外线内距离数里或数十里处,根据地形,再划一道内线,内外线之间,便构成为缉私带。于缉私带上之交通要道及村镇,应广设人造口子,于人造口之处,设置贸易稽征所,或派驻贸易管理员,办理稽征登记等事宜,并经常领导与掌握附近各村之缉私工作。

三、凡禁出禁入口或因税而未税之货物,运进带内者,即以违禁或偷漏。

四、凡一切货物出入边境时,必须由人造口通行,否则以走私和偷漏论,犯者应遵照第十、十四、十五等条款,及出入口贸易管理办法处理之。

五、缉私带内应建立缉私小组与密报网,造成军政民全体动员的缉私活动。

六、各县区分设缉私带的划分与管理,应由各专县局主动联系,密切配合。

七、关于缉私带内之粮食及货物,如有不足或多余时,应组织合作社(缉私组员即合作社社员)共同购买或共同出售,但合作社出入缉私带贩运禁品或应纳税货物,须持有税务机关之特许证或税票方准通行,否则亦按走私论处。

九、对顽占地区之市场,应采取反封锁办法,使其萧条,于可能与必要时,需针对其主要路口,设立我方市场，并需于路口上，站岗严缉或假造情况扰乱之。如我区市场太靠近边缘不便管理时，应适当向内地迁移。

十、带内或内地商民入内地赶集或出售货物时，一律依法令之规定，应税者上税，禁出入者禁止携带，赶集或出卖货物。

十一、凡带内或带外我区商民，入内地赶集或出售货物时，其所带货物属于禁入品时不准其入境，如属于应税货物时，须取得入口处当地税务机关之纳税证明文件，方准入内地赶集或出卖货物。

十二、凡带内或带外我区商民，在内地购买禁出品或出口应税货物时其确系自用而少数者，应向附近税务机关开具证明文件，方准入带。

十三、于缉私带上，应广泛宣传目前对敌经济斗争的重要性与贸易税收政策和群众利益的一致性，使其深刻了解，以便积极缉私，对带内走私分子，可以采取开坦白大会等方法教育之。

（《晋察冀边区委员会建立缉私带办法》，1939年，河北省档案馆）

加强缉私工作：

1. 健全原有缉私小组和封锁线，建立新的缉私小组和封锁线。

2，有计划、有组织的开展内外缉私宣传教育工作，树立群众不走私观念，掀起缉私浪潮。

3. 把握政策，纠正工作上的左右偏向。

（《冀太区税务总局第一届支局长联席会议决议1941年下半年工作计划》，1941年6月22日，山西省档案馆）

建立边沿区缉私网，划分主要路线，严密组织、加强出入口货物的缉私工作，并开展群众性缉私运动，停止在市场收税的办法。

（《山东省战时行政委员会关于半年财政工作的指示》，1943年9月，山东省档案馆）

大力加强边缘区的经济封锁，首先是建立边缘区的所站和封锁带，应结合地方武装武工队民兵及群众团体，发展缉私队员，形成群众性的缉私工作，切忌脱离群众，孤立主义的作风，特别注意加强边缘区工商干部的政策教育、和群众观念的教育，反对单纯经济观点，乱没收、乱处罚的现象，但亦须注意防止单纯仁政观点，忽视经济上的整体利益。

（《渤海区行政公署关于加强工商工作的指示》，1947年1月，山东省档案馆）

（三）武装缉私

在缉私中当然尽量避免不必要的事件发生，但如果走私者抵抗缉私或武装走私时，应即以武装缉私，假如走私者打伤亡缉私人员时，该走私者应以政府法令判决。另一方面，缉私人员绝不得无故而进行武装冲突，这个问题要领导者很好掌握，如有重要案件，送向上级政府及武委会处理。

（《晋绥边区行署、武委会关于加强缉私工作严格禁绝走私的联合指示》，1945年11月20日，山西省档案馆）

武装走私必须武装缉私

这是当一个问题提出的。现在走私是伪顽，内线国特、落后群众交织成的走私阵线一样，如我们查住走私的，事后就报告伪顽，顽军就到村中捕捉缉私组，有的是牺牲了。或集体走私者，有一前哨，被查住后，前哨即报告顽军解围。又内线国特持枪走私，见到缉私组就鸣枪射击，缉私组不敢近前，这完全是事实。但各地负责同志们谈解决武装时均回答："一切决定于发动群众"。这是对的，也很正确。但居于以上情况时，是否需要武装，我们不言而知。

（《关于缉私》，1946年7月1日，河北省档案馆）

五、奖励

（一）奖励办法

凡自愿却受奖金者，各税局得专案呈报边委会，以左列各种方式予以政治的奖励：

1. 锦旗。

2. 奖状。

3. 登报表扬模范。

（《晋察冀边区查获日货、私货及漏税案件奖励办法》，1941年2月8日，河北省档案馆）

对于人民团体及缉私人员有成绩者，必须给以名誉的及物质的奖励。

（彭德怀《开展全面对敌经济斗争》，1942年2

月25日,河北省档案馆)

第七条　应受奖之个人或机关,不愿领奖者,应报请总局酌给荣誉奖。

第八条　因协助缉私受伤致残或死亡者,报请总局转请行政公署酌给恤金。

(《晋绥边区税务总局公布发给缉私奖金办法》,1945年1月,山西省档案馆)

提奖政策:

1.克服单纯的提奖观点,“为提奖而缉私”,“为提奖而处罚”使我们在政治上遭受了严重的损失。乱缉私往往在政治上受到的损失,比在经济上得到的利益还大。特别在老解放区应以政治觉悟为主,鼓励群众缉私,克服群众发财思想,加强政策教育。

2.照顾公私两利的原则,以刺激群众缉私情绪,以使群众在缉私工作之努力得到应有的报酬,使贫苦群众感到“缉私总比走私强”,缉私是名利兼顾的。另外,民兵提奖照顾武器供给,妇女提奖照顾日用品使用(肥皂、洋布等),儿童提奖照顾买书买笔并与教员结合等也应注意。不然单纯政治鼓舞,忽视个人利益的照顾也是失败的。特别在新解放区或不巩固的边缘区,经济利益的结合更应加强。

3.实行名誉奖励,个别表扬,选举英雄模范。特别有的村干部虽然查获不多,但能以自己模范行为及组织工作,使一村或数村群众都不走私。应配合党政军民给以名誉奖励,因为我们的目的是达到不走私的。

(《晋察冀边区税务总局第一届局长联席会几个主要问题的讨论意见》,1946年9月23日,河北省档案馆)

(二)奖金的计算方法和分配

给奖标准除缉获敌伪武装走私案件,须随时呈报边委会专案核办从优奖外,其余按查获货物之性质数量(以变价计算)分别规定于下:

1.日货按变价计算,以百分之二十给奖。

2.私货按变价计算,以百分之十给奖。

3.烧纸及漏税案件,按罚金总数计算,以百分之五给奖。

(《晋察冀边区查获日货私货及漏税案件奖励办法》,1941年2月8日,河北省档案馆)

奖金之计算方法:

每一案无论其为群众、一般工作人员及税务人员三者中,某一种或两种以上人查办,更无论其查获、报告及协助人中,各为某一种人或两种以上,均以下列算式计算之:

(一)罚金数(变价数)×应提百分数=本案应提奖数。

(二)本案应提奖数×查获(报告或协助)人应提成数=查获(报告或协助)人应提奖数(超过最高限额时以最高限额计)。

(三)查获(报告或协助)人应提奖数÷查获(报告或协助)人数=查获(报告或协助)人每人应得奖数。

(四)一至三式合并为一式可直接算出每人应得奖数,算式如下:

本案罚金数(变价数)×应提百分数×查获(报告或协助)人应提成数÷查获(报告或协助)人数=查获(报告或协助)人每人应得奖数。

但仍须注意:本案罚金数(变价数)×应提百分数×应得成数之积超过最高限额时,依最高限额计算之。

(《晋绥边区奖金分配计算办法》,1942年5月22日,河南省档案馆)

受奖分配之标准如下:

(一)发给报告人部分:

1.罚金案。如系商民奖给罚款总额百分之二十五,如系工作人员奖给百分之十五。

2.没收私货案。如系商民奖给私货八折作价之总额的12%,如系工作人员奖给8%。

(二)发给查获人部分:

1.罚金案奖百分之十五,无报告人奖百分之二十五。

2.没收私货案奖百分之八,无报告人奖百分之十二。

(三)协助缉查之奖金。如系商民则按其协助作用之大小在查获人奖金内奖给二分之一到三分之二,如系工作人员则奖给三分之一到二分之一。

(《晋绥边区税务总局公布发给缉私奖金办法》,1945年1月,山西省档案馆)

奖金分配:

(一)协助缉私人员归案者,奖给该案奖金额一半,其余半数归公。

(二)报告缉私人员并协助归案者,可得该案奖金三分之二,余三分之一归公。

(三)凡将走私人员及物资一齐送缉私队或税务机关者,奖本案奖金全部。

(四)缉私队查获之案件无奖金。

(《陕甘宁晋绥边区缉私规章》,1949 年 1 月 10 日,山西省档案馆)

奖励缉私,对偷运法币及货物者,人人皆有报告查缉之权,各地游击小组自卫团更应积极进行,一般缉私提成规定 30%,特别出力者应另行奖励。

(《滨海区专署颁布北海票为本币的布告》,1941 年 8 月 4 日,《大众日报》,山东省图书馆)

为鼓励缉私,将查获粮食走私之提奖成数予以提高。规定:

1.群众查获为百分之五十,最多不超过三百元。2.一般工作人员为百分之四十,最多不超过二百元。3.税工人员为百分之三十,最多不超过二百元。自令到之日,开始实行。

(《晋冀鲁豫边区工商管理总局关于查禁粮食走私暨提高提奖成数的通知》,1942 年 3 月,山西省档案馆)

为了发动民众缉私热潮,必须切实遵行以下两个特别规定:

(一)征收出入境税条例第二十六条第二项,"但报告人或协助人为民众,查获人为工作人员而无协助人或报告人时,报告人或协助人应提奖十分之四,查获人得奖十分之六"。(二)分奖办法之四,民众将走私人货送交局所者,案件处结后,将该案之全部奖金,统归民众。

过去各局所,为了自己人多提奖,有意无意的忽略与曲解法令,给民众少提奖,全是不对的,应即纠正;今后如再不遵行,经人告发或检查出来,即依照出入境税条例第二十七条之规定处分之。

(《晋冀鲁豫工商总局关于奖金分配计算办法补充指示》,1942 年 5 月 31 日,山西省档案馆)

根据目前工作发展情形,缉私工作已奠定了些基础,在提奖率规定上应适当的规定修正。兹规定:

一、粮食案件与一般案件,提奖率一律改为:

1.群众查获按百分之三十提奖;

2. 一般工作人员查获按百分之二十提奖;

3. 本单位人员查获按百分之十提奖(本部门各系统一致)。

二、提奖最高额,粮食案件与一般案件同。

1. 每案罚款或变价款在五百元以内,群众提奖最多不能超过三百元,工作人员(本单位在内)最多不能超过二百元。

2,每案罚款或变价款在一千五百元以上者,群众提奖最多不能超过四百元,工作人员不能超过三百元。

三、奖金最高额系以一案为标准计算,不是以每种出力人为标准。

(《晋冀鲁豫工商总局命令修正粮食案件提奖率与提奖最高额之规定》,1943 年 12 月 13 日,山西省档案馆)

奖赏办法:

第十七条 凡缉获之偷漏税货物依法处理后应将没收价款或罚金提百分之三十奖给缉私机关和人员。

(如系政府所属机关查缉,其提成款额归各该机关作为补助经费提百分之五奖励个人)

第十八条 如经群众告发或密报因而稽获者,应按规章提成百分之二十奖给密告人,如系工商机关以外之机关或人员,因告发或告密而查缉者,除以百分之二十奖给报告人外,应以百分之十奖给缉私机关或人员。

第十九条 凡缉获解放区之私酿烧酒或入口烧酒者皆按没收价款提成百分之五十。

第二十二条 如系严重走私案件,既没收货物又罚款者,按没收价款提成,罚款不提,不得于一种货物上提双重奖金,一切没收走私工具,概不作价提奖。

(《胶东行政公署训令》,1944 年 10 月,山东省档案馆)

缉私提成:

二十八、民兵游击小组不脱离生产之群众团体密报缉私走私者不分没收变价或罚款,一律按百分之二十提奖,但每次不得超过二百元(原为一百元)。

二十九、稽征人员武装部队及其他一切脱离生产之工作人员如查获走私漏税者,不论没收变价与罚款一律按百分之五提成,但每次不得超过五十元(原为二十元)。

三十、凡属粮食缉私之提成额不脱离生产之人员按照百分之五十提成,脱离生产之军政民工作人员一律照百分之二十提成,其每次最高限额工作人员为百斤,民为五百斤(原为无限额)。

三十一、提成计算标准,如系没收品,已卖者货物之总值额未卖者照统一估价额,如系罚款者,照罚款额,食粮提成照实物。

三十二、伪钞、金、银、铜元系根据地内市值随时作价计算照二十八、二十九两规定提奖,毒品由司法机关提奖(另有规章),汇票、伪北钞另有规定。

三十三、工商管理机关于接到查获私货时应立即检查审慎处理,确定没收或处罚后,应即及时提成不得拖延,没收货物应与罚款同,连同联单提成收据送解上级,所与站不得留押,特殊者应随时解送之。

(《增修胶东区缉私暂行条例草案》,1945年,山东省档案馆)

无论机关、部队、团体、民兵或商民所查获的走私货物一律交工商管理局处理,不准擅自处理。经考查处罚或没收后,特种货物一律按百分之三十提成,普通货物按百分之二十提成,以示奖励,若系告密经工商管理局查获或没收决定后,与亲自查获的同样提成奖励(不经处罚或没收一律不提奖)。

(《山东省渤海区行政公署布告》,1945年4月,山东省档案馆)

为发动群众,加强缉私工作,本署特重新作如下决定:

(一)凡缉获特种物品者,均予报告人、查获人百分之六十的奖金,无报告人直接查获者,奖百分之六十的奖金。

(二)凡民兵查获者,应以其所得百分之六十奖金中的六分之一与公家所得之四十的四分之一作为当地武委会的兵工建设费,并通知武委会领取。

(《晋绥边区行政公署关于缉私提奖令》,1945年11月8日,兴县档案馆)

提奖问题:由武委会组织缉私队及缉私小组,缉下的私货应送县武委会转交政府,以便提取奖金。由武委会与政府一同算帐结账,随交随即提奖。如果县主任下乡,应给干事交待清楚,其奖励办法兹重新规定为:凡由武委会组织之缉私队及民兵所缉之私,报告人得百分之二十五(凡报告人非民兵者仍按百分之三十提奖),执行人得百分之二十五,政府得百分之三十,武委会得百分之二十。武委会所以得百分之二十者,是为解决爆炸经费,原则上(在百分之二十中)县为单位分取百分之十三,分区分取百分之五,边区百分之二。所以如此决定主要是为了从这当中了解缉私情况,某些县份曾有决定超过百分之二十者,只要民兵所乐意者不在此例。

(《晋绥边区行署、武委会关于加强缉私工作严格禁绝走私的联合指示》,1945年11月20日,山西省档案馆)

各级群众团体、村级干部、民兵群众都有缉获走私粮食的责任,并在查获没收粮食中提百分之六十作为奖励。

(《晋察冀边区冀中税务局关于缉获没收粮食提奖办法规定的指示》,1946年6月24日,河北省档案馆)

鼓励群众缉私密报,对不脱离生产的干部、民兵和群众,可发给奖金,暂定缉获各种毒品(大烟、料面等)、金子、白洋、蒋币,提奖变价额百分之十五,其他违禁货物,提奖变价额百分之十(蒋美纸烟仍按本署前订提奖变价额百分之二十),因密报查获的案件,给密报人应发奖金百分之六十,并对其保守秘密。

(《晋绥边区行署关于九、十、十一分区今后税收工作的通知》,1948年10月13日,山西省档案馆)

提奖

(一)因报告而查获之毒品、敌币、银洋、赤金,以该案总值百分之十作为奖金。

(二)因报告而查获之违禁货物,以该案总值百分之二十五作为奖金。

(《陕甘宁晋绥边区缉私规章》,1949 年 1 月 10 日,山西省档案馆)

(三)领取奖金的手续

查获人应得奖金须备具正式收据向税局领取,税局开付之奖金应按月列入月报,并附据抵押。

(《晋察冀边区查获日货私货及漏税案件奖励办法》,1941 年 2 月 8 日,河北省档案馆)

奖金之领取:

一、查获漏税及偷运违禁物品,应于案件办结后,由该案罚金或变价中提给奖金。

二、前项奖金应提百分数,及各办案出力人员应提之成数,应依出入境税条例或烟酒杂税条例之规定办理,不得任意变更。

三、前项奖金不许提给实物。

四、奖金提取时,应由原受奖人开具收据,以凭转报上级核销。

(一)领奖人如系群众,应于领奖收据上注明其是何村人,经局所负责人批示后发给之。

(二)领奖人如系其他机关团体工作人员,应尽可能由其所属机关盖章领取,不可能时须于领奖收据上,注明其是何机关何团体,经局所负责人批示后发给之。

(三)领奖人为军队指战人员,应于领奖收据上,加盖部队公章,不可能时须注明其属何部队,经局所负责人批示后发给之,领奖后并通知其所属部队知照。

(《奖金分配计算办法》,1942 年 5 月 22 日,山西省档案馆)

六、严格缉私纪律

修正缉私条例,教育干部,教育民兵,改善缉私手续,加强群众观念,纠正滥罚滥没现象,由行政公署统一印发民兵缉私课本。

(《胶东区行政公署关于 1943 年 7 至 12 月工商管理工作的指示》,1943 年 12 月,山东省档案馆)

严格缉私纪律,违禁物品不应动辄没收。人民非以营利为目的而携带小数目日常用品不应没收。漏税货物可以补税或予一定处罚,不应不管情节轻重动辄没收,不应到敌占区去没收既不进口又不出口的货物,没收应经一定手续,且应宣布没收原因教育群众,人民如被违法没收,可向区公所或事务所要求发还。

(《山东省战时行政委员会关于改进边沿区工作的指示》,1945 年,山东省档案馆)

十一、各级机关群众团体民兵等如有擅自没收缉私货物或处罚走私犯扣押商犯越三天不予送交或故意刁难商民均视违犯政策破坏商业建设。经查出或商民告发者,要以滥用职权违法贪污论罪,从严追究,分别惩处,属于各级部队人员者,应付具意见送交其隶属军事机关。

四十一条:凡政民工作人员发觉走私或货物而不缉捕又不通知稽征机关取有相互证明者,应提请其隶属机关团体批评或惩处之,如有包庇运送或予藏匿,或遇强暴拒捕走私能协助而不协助者,均应送交司法机关处以五年以下有期徒刑,如系部队人员,可提请其隶属军事机关予以惩处。

(《增修胶东区缉私暂行条例》,1945 年,山东省档案馆)

参加缉私人员在缉私中要有一定的教育训练,首先要懂得为什么要缉私之政治意义和如何缉私,严格防止不良倾向发生,缉私掩护走私或发生贪污现象。这次明确规定,如果缉私者走私予以严厉的法律制裁。

(《晋绥边区行署、武委会关于加强缉私工作严格禁绝走私的联合指示》,1945 年 11 月 20 日,山西省档案馆)

只有担任警戒卫戍的部队与政府工作人员及民兵、税收人员有缉私权,其他任何机关部队团体或个人,均不得假借名义进行缉私。以上缉私人员查获走私漏税人犯时,不得自由处理,更无权没收与处罚,须将人犯与走私或漏税货物一并送交县以上政府处理。擅自截留没收或处罚者,决以贪污论罪。被没收处罚之本人并得向县以上政府举发申诉。

(《晋察冀边区行政委员会冀热辽区行署关于出入口贸易与缉私办法的布告》,1945 年 11 月 20 日,河北省档案馆)

特别注意的,对参加缉私的人员要进行教育,自己又缉私又走私,包庇别人,混水摸鱼,私自兑换或隐瞒不报等行为要纠正,贪污者要惩办。并要明确的认识缉私是革命给予的任务,转变过去不给奖,则怠工不管,这些是考验我们革命责任心的标准。

(《晋绥边区第三分区专员公署关于缉私工作的指示》,1947 年 3 月 18 日,山西省档案馆)

缉私人员行使职务时应注意下列事项:

(一)缉私人员进行检查时须携带边区缉委会制发之缉私证,缉私时应出示缉私证,无缉私证者无权缉私,违者法办。

(二)对走私人员不得任意捆绑、打骂(使用暴力抗拒者例外),否则受害人有权告发。

(三)缉私人员只能在道途、河口、关卡等地进行检查,对于民房、商店必须进行检查时,须商请当地政府协同进行。

(《陕甘宁晋绥边区缉私规章》,1949 年 1 月 10 日,山西省档案馆)

第三节 货币斗争

一、禁止伪钞、杂钞和银元(硬币)的流通

查前以不少县份,发现汉奸大批私运铜元出境情事,为防止敌人利用此种铜元制造军火,及本区辅币予以减少计,业经本署以财字一三五号令饬各县遵照禁运资敌在案。

(《禁运铜元出境训令》,1938 年 11 月 26 日,河北省档案馆)

一、法币:“指中、中、交三行钞票而言,农钞另有规定”。

加紧执行我们从前所颁布的货币政策,绝对禁止法币外流,我们要保证不让敌人吸收一张法币去。如有携带中央、中国、交通三行钞票出境者,一被查获,除全部没收外,并以汉奸论罪。无论军民查获,一律提奖,一律提奖十分之一。

二、杂钞

(一)各种晋钞(土货券在内)仍照旧行使,河北省钞票(指事变前的河北省钞)也仍照旧通用。但是敌人伪造的“河北省银行钞票”(如大红袍之类)却必须严厉打击出去,绝对不准在我们区域内行使。

(二)对于大中、农工、实业、盐业、垦业、中南等银号钞票,要加紧打击出去。

(三)各县所流行的河北银钱局的铜元票,也应该实行“贬低价格或拒绝行使”的办法,把它打击出去。好在我们的角票,不久就可以大批发行了,找零是不成问题的,何况各县还有一些公的私的角票呢?

(附注:保商银行的钞票,已经本会明令拒绝行使了,所以这里不再列入)。

三、伪钞。伪联合准备银行、冀东银行、满洲银行、朝鲜银行、察南银行、蒙疆银行等所发行的各种钞票,以及伪造的河北省银行钞票(大红袍之类)都是敌人用以吸收我方资财的魔鬼。它没有一点准备金,更没有一点信用担保,它只是一张彩印的废纸,和阴曹地府的冥钞差不多,我们应该劝令民众一致拒绝行使。如仍有携带入境或私相授受者,一经查出,除全部没收外,并以汉奸论罪。

(《晋察冀边区行政委员会关于粉碎敌伪货币阴谋的指示信》,原信年份不详,据查可能是 1939 年 3 月 15 日,河北省档案馆)

兹为抵制敌人向冀中排泄废票,免使民众蒙受损失计,决定于5月1日起河北钞及杂钞一律禁止在市面流通,望速发动民众携赴敌区行使为要。

(《禁用杂钞及河北钞训令》,1939 年 4 月 17 日,河北省档案馆)

近查边区各地在交易中,仍有使用白洋(即银圆)者,此种白洋的行使,必然影响边币的流通,也必然扰乱边区的金融秩序。根据边区将来的货币政策,曾经规定白洋不准流通,兹再重申前令。今后在交易中,一律禁止白洋的行使,但私人保存,不加限制。

(《晋察冀边区行政委员会关于禁止白洋行使的决定》,1945 年 10 月 13 日,河北省档案馆)

本边区一切交易往来,公款收支均以冀南银行钞票(以下简称冀钞)为本位币(鲁西银行钞票同),其他关金法币概不得在本边区境内行使。

(《晋冀鲁豫边区法币管理执行办法》,1946 年

6月,河北省档案馆)

根据各地报告，不少新解放地区对政府单一本位币制之法令，尚未贯彻，银洋法币依然行使，即我老解放地区，亦有暗流偷卖之现象，其中人民不明政府法令者有之，商人玩忽法令唯利是图者有之，而我党政军机关生产人员，明知故犯者也属不少，凡此种种均属政府严禁不力，或对银洋法币周使之危害认识不足，当此国民党反动派扩大内战，军事斗争更趋激烈之际，经济斗争亦将更形尖锐，因此我们不能等闲视之，目前周使银洋以各分区之边缘地带较多，而其中尤以六分区为最，过去严禁周使银洋，各地多视为具文，但时至今日已不容再行忽视，而各地贸易公司，商店之物资也较前充实，若能认真严禁，则本币行使范围即可扩大，对金融之巩固与稳定关系极大。严禁方法除布告外，必须具体布置，如组织民兵缉私，动员人民报告等，缉获者不采取没收，可用强迫兑换方法，交给银行兑成本币，同时扣除百分之十奖金交付缉获人与报告人，凡携带银洋法币而无证明者，一律以行使论。

(《晋绥边区行政公署关于严禁银洋法币周使之指示》,1946年10月2日,兴县档案馆)

严惩奸商,严禁银洋,数年来,由于我们思想上麻痹,奸商在市场上兴风作浪,贩卖银洋、赤金、蒋币……目下(贩卖)银洋仍甚猖獗,危害本币非常之大,大会(按:生产供给会议)决定严禁,本署也曾布告严禁。

(《晋绥边区行政公署令关于目前金融贸易工作中心》,1947年5月17日,山西省档案馆)

严禁法币在解放区流通,以保持货币统一,物价平稳,已流入之法币,由工商局加以处理,有意为敌行使欺骗群众者,则送政府以法惩处。

(《胶东工商局展开对敌经济斗争》,1947年11月2日,《大众日报》,山东省图书馆)

严厉禁止法币、关金、伪满币、国民党九省流通券在我区携带、行使,不论机关、部队、老百姓,如违命行使或携带者予以没收并予以严惩。

(《冀东行政公署关于禁用法币的布告》,1948年1月20日,河北省档案馆)

二、对违犯金融办法的处罚

如仍有不肖之徒,私相授受或竟到敌区兑换伪钞者,一被查获,定以汉奸论罪,绝不姑宽,……。

(《晋察冀边区行政委员会关于严禁使用伪钞的布告》,1938年3月,河北省档案馆)

河北五元伪钞及其他一切伪钞,绝对禁止入境,违者全部没收,并以汉奸论罪,

(《晋察冀边区行政委员会关于实行货币统制政策的布告》,1938年6月,河北省档案馆)

复经本署11月份第三次署务会议议决:“凡商民人等贩运铜元至一千大枚以上出境者(指冀中区境而言),一经查出,即以通敌论罪”等语记录在卷。

(《禁运铜元出境训令》,1938年11月26日,河北省档案馆)

兹经本署制定行使伪钞及贩运法币出境惩处办法四条列下:

(一)凡行使河北省伪钞者(七个字码五元B字头十元钞),一经查获,钞票悉予没收。如证明有故意行使行为,并处以一倍以上五倍以下之罚金。其由敌区大量输入此项钞票者,以汉奸论罪。

(二)凡行使联合准备银行伪钞者,一经查获,一律以汉奸论罪。

(三)关于贩运各种伪钞者,一经查获,一律以汉奸论罪。

(四)中、中、交三行钞票绝对禁止出境,违者以汉奸论罪。

(《行使伪钞及贩运法币惩处办法训令》,1939年1月6日,河北省档案馆)

如有收买现洋资敌利用者,一经查获除将现洋没收外,并以汉奸论罪。

(《晋察冀边区行政委员会关于严禁收买现洋资敌的通令》,1939年4月11日,河北省档案馆)

三、法币不得携往敌区、违者一经查获,全部没收。其有必要用途者,须向县以上各级政府领取执照证明。

四、法币行使必须向银行政府机关兑换边币,

违者一经查获，一律没收一半。

五、敌区汇票，各行伪钞、杂钞、伪中央或中国银行新钞，一律不准流入。违者一经查获、全部没收，并以汉奸治罪。民商之持有伪钞汇票者，限布告到达十五日内，一律设法用出，过期查出，以汉奸治罪。

（《晋察冀边区行政委员会关于粉碎敌伪货币进攻防止白银法币外流的布告》，1940 年 5 月，河北省档案馆）

凡未经银行按照管理对外汇兑办法允准，亦未取得证明文件，而私自将非本币输出或输入本根据地者，经查获后，依照下列规定处理：

甲：法币除在十元以内者不究外，在十元以上一千元以下者，一律没收。

乙：法币在一千元以上，五千元以下者，除没收外得并科以三倍以下之罚金。

丙：法币在五千元以上，一万元以下者，除没收外得并科以七倍以下之罚金。并得处以二年以下有期徒刑。

丁：法币在一万元以上，二万元以下者，除没收外得并科以二倍以上十倍以下之罚金。并得处以二年以上五年以下之有期徒刑。

戊：法币在二万元以上者，除没收外，并处以死刑。

己：所有生金银及银洋以外之其他非本币，均依照法币论处。

庚：所有汇票、汇信，均视同现款处理之。

（《晋绥边区政府修正扰乱金融惩治暂行条例补充办法》，1942 年 2 月 15 日，兴县档案馆）

二、人民存有白洋，如欲行使时，可向边区银行作规定价格兑换边币，其无银行地区，由贸易公司或其分公司或公营商店兑换，其收兑价格，由银行随时规定，挂牌公布。在兑换以前携带中，应持有村（街）长或市区长（市）证明文件，否则以私运论。

三、违反上项规定者，情节轻微者将白洋没收，情节重大者，除白洋没收外，并以扰乱金融论罪。

前项没收与论罪，须经县以上政府处理。没收须给正式条据，其他任何机关不得越权处理。

四、贸易部门兑换之白洋，统交银行处理，如自己需用，再向银行领取。

（《晋察冀边区行政委员会关于禁止白洋行使的决定》，1945 年 10 月 13 日，河北省档案馆）

凡违法在边区边境内外私自行使法币关金，捣乱金融者，依下列办法处理：

（一）值本币一元以上至一万元者，处以行使额三分之一以上一倍以下之罚金。

（二）值本币一万元以上至五万元者，处以行使额一倍以上二倍以下之罚金。

（三）值本币五万元以上者，处以行使额二倍以上三倍以下之罚金。

（四）如属暗中行使捣乱金融，破坏本币值者，除没收其关金法币外，人犯送司法机关严办。

（《晋冀鲁豫边区法币管理执行办法》，1946 年 6 月，山西省档案馆）

二、凡有使用与携带银洋者，一律没收。借货与账籍一律禁止以银洋计算，违者按情节轻重，给以处罚。

三、蒋币、赤金的行使与携带也必须严格禁止，查获后一律没收。

（《晋绥边区三分区司令部、专署关于查禁银币蒋币赤金等联合通知》，1947 年 7 月 19 日，摘自山西省税务局《晋绥革命根据地工商税收史料选编》）

三、金银管理

（一）凡赴敌区之民众，无论其作何工作一概不准携带现银。

（三）各级政府、各级自卫部队，应督饬所属严密稽查，以防偷运。与敌区接壤之各级政府及自卫队，尤应严加注意。

（四）如查获私携现银赴敌区行使或贩卖时，除将现银全部没收充公外并严予惩罚，以儆效尤，并可提出查获银数之十分之二奖给查获人。

（《禁止白银出境训令》，1938 年 6 月 26 日，河北省档案馆）

一、白银绝对禁止流通，公然行使，私相授受者，一经查获，全部没收，其欲自行保存或向银行政府机关兑换者听便。

二、白银绝对禁止出境，携往敌区或敌人据点者，一经查获，全部没收，并以汉奸治罪。

(《晋察冀边区行政委员会关于粉碎敌伪货币进攻防止白银法币外流的布告》,1940年5月,河北省档案馆)

根据边府1943年颁发之保护现银,禁使银币暂行办法第八节第九条,凡私自买卖(未持有边府证明文件者)及私运出口者,均予以没收,并处以三倍价值之罚金。

(《晋冀鲁豫工商总局关于杜绝白银走私办法的通令》,1945年5月20日,山西省档案馆)

白银现洋,非经边府正式批准,并在区行办理手续外,任何机关团体或个人不准私自出口。如违犯以上两项规定者,均一律按走私论,得依据边府财字第一百四十五号杜绝白银走私命令予以没收,并科以罚金。

(《晋冀鲁豫边府关于白银现洋统一委托银行收买命令》,1945年5月22日,山西省档案馆)

特决定今后凡请求出口赤金者,详列购货单据,经贸易局批准后,必须交纳百分之十的保证金(保证金依金值交本币),此项保证金交纳人于将购回之货物经贸易局查验与原申请相符后退回,为便利缴纳人领取方便起见,领取保证金地址可以变通,不必限定在原交纳之贸易局领取(贸易局可采汇兑办法,如在兴县交保证金,交纳人愿在八分区领取时可汇至八分区)。但亦必须将购回货物经该局(领取保证金的贸易局)查验。

(《晋绥边区行政公署令请求出口赤金者经贸易局批准》,1945年6月24日,山西省档案馆)

第二条 凡本区之市场交易,款项往来,一律以冀南银行钞票(鲁西银行钞票同)为本位币,现金现银银币均禁止行使;惟私人保存,不加干涉。

第四条 凡持有现金银币,除经行署级以上政府核准开给证明文件外,概不准携带出境。

第五条 凡违犯第二条至第四条规定,私自行使及买卖及私带出境者,经查获后,予以兑换或没收之处分,如情节重大有捣乱金融行为者,并送司法机关究办。

第八条 人民随身配带之金银首饰品,不受本办法之限制。

(《晋冀鲁豫边区保证现金现银禁使银币暂行办法》,1946年6月,山西省档案馆)

一、生金银登记,应根据行署布告宣传号召,并委托税卡、区公所代办登记手续,尽量便利群众。登记的目的,是为了限制走私杜绝黑市。因此在腹心县,一般不另用大力去作,有来登记者应发给登记证,不来者也不必强制。

二、生银与硬币,本区储存量较大,而银行兑换基金少不敷用。因此决定,可以出口换必需品,一般的只限于换免税进口货,在需要多的情况下,可放宽尺度以至换回征税进口货都可以。其具体手续是:不论公私商人及群众,如愿购用者,须经其领导机关或村政权及农会之保证介绍,到出入口点之县工税局申请,批准后介绍到当地银行兑换,并领取携带证。出口限期,换进货来得先到入口税卡检验后,领取证明文件,到原申请批准之县工税局注销,如逾期不来注销者,应追究其原介绍机关,以贩回违禁物品论处。

三、邻近解放区(如吕梁,晋绥等)之公私商人及群众带金银来本区买货者,必须先到接壤线税卡申明登记,经封包盖章后,带到接壤县支行,兑换本币,不准他私自带入内抛与私自出卖;更不准他以金银直接买货(外区任何证明在本区均为无效),违者予以没收处分(顽占区商人带来金银买货者,亦可采用此种手续)。

四、邻区商人携带过境者,可先到接壤线税卡声明登记,经封包盖章后,带到接壤县银行,换取过境携带证,给他指定路线带去,如在中途开包私卖者,予以没收之处分。

五、生金银兑收登记与检查缉私等工作,各分县局行普遍进行。至生银与硬币的出口,仅由指定之出入口点县进行,如平遥、稷河、荣河、平陆、济源、孟县等。对吕梁流入我区之金银管理则由接壤县进行,如绛南、襄陵、洪洞、灵石、霍、赵(城)等县,各分区可根据具体情况确定之。但在什么地方出,什么时候出,出多少,这些方面仍由区分局行掌握,随时信告执行之。

六、出口点县支行应根据区分行之布置,与当地工税局共同研究,确定出口数目,与换些什么必需品,一般的应换免税进口货,如出口数目较大,且甚迫切,便可放宽尺度并换进征税入口货也行,工税局批准应根据所确定之数目掌握。

七、查获没收之生金银,应到银行兑换,换到本币是政府财政收入。

（《太岳区工商税务联合局冀南银行太岳区行关于禁止奸商倒贩生金银实行严格管理的联合指示》，1948年1月10日，山西省档案馆）

现洋白银不准市面流通，严禁私人收买贩运，走私资敌。违者不论其为机关部队工厂商店或商民，一律交由县以上政府按以下办法处理：

（一）内地贩运营利者，所贩现洋白银一律没收。

（二）走私资敌者，除没收其现洋白银并处罚金外，情节重大者，并判处徒刑。

（三）为奖励缉私，以没收品总价百分之三十奖给查获人与告发人。

（《晋中行政公署关于管理收兑现洋白银的布告》，1948年6月15日，河北省档案馆）

对非法贩运金银白洋的不法分子，可根据情节轻重给予处理。银元在十元以下、白银在五两以内、黄金在三钱以内者予以兑换并进行□□。银元超过十元至三十元以内，白银超过五两到十两以内，黄金超过三钱到一两以内者予以兑换，并处以百分之十的罚金。如银元超过三十元、白银超过十两、黄金超过一两者，进行没收外，处以百分之十五的罚金及十日内的劳役。如有重犯可加倍处理，但统需交县市处理，对下级处理现象，严加约束。

（《冀中行政公署关于严格禁止使用银元与买卖金银的指示》，1949年3月21日，河北省档案馆）

第二条　本办法所称金银，系指金块、金叶、金条、金砂、银条、银币、元宝、金银质首饰及其他杂质金银而言。以下简称金银。

第三条　除经本府特许出境者外，严禁一切金银带出解放区，在解放区内允许人储存，并允许向人民银行按牌价兑换人民券，但不得用以计价、行使、流通与私相买卖。

第四条　人民储存之金银如在解放区内迁移必须携带者，应申请区级或区级以上政府开给携带证，具明携带人姓名、住址、所带金银数量及携带理由，经往地点时间等。

第五条　自其他解放区携带金银途经本区者，应有原地区级以上政府之证明，或于入境时向当地人民政府自报，并于入境及出境时送交边区之中国人民银行查验放行。自解放区外携带入境者，应于入境时向当地区级以上政府或对外贸易管理机关登记，申请发给携带证后始准入境。但出口物资准许换回之金银，有贸易局或工商局之证件者得免除此项手续。

第六条　属于人民自行佩带之金首饰不超过一市两，银首饰不超过四市两，及私人用作馈赠之银质器皿不超过二十市两者不受四条之限制。

第九条　凡违犯本办法第三、四、五、六、七、八各条之规定者，依以下规定处理之。

2.证明确系走私资敌者全部没收，其情节重大者除没收其金银外，并以扰乱金融论处。在口岸缉私线上查获者以走私论。

3.私相买卖者，分别情况予以贬价兑换或没收其一部或全部处分。如属屡犯或情节重大者，除全部没收外，并课以一至三倍之罚金。

凡违犯本条规定各项，由县以上各级人民政府处理之。

（《华北区金银管理暂行办法》，1949年4月27日，河北省档案馆）

第四节　对敌经济斗争的胜利

1942年太行区对敌经济斗争，是变化最多、斗争最剧烈的，也是我们收获最大的一年。

1.从敌人公布物资配给制后（1941年10月11日），敌占区经济发生空前的大变动，华北更进一步的殖民地化，华北人民痛苦加深，深悉必须赶走日寇，人民才能生活。1942年6月在配给制的基础上，敌又实行低物价政策，严格规定商品价格，采取明码制，以此来支持伪币，掠夺中国人民，第五次治运（1942年10月8日～12月1日）主要是掠夺农产，敌我间展开激烈的粮食争夺战。

2.在贸易上粉碎敌人对我必需品的封锁。1941年秋，我们对外贸易是“以货易货，保证输入”，1942年新出入口统制办法实行后，从保证输入到鼓励输出，限制输入，同时由敌区吸收来大批粮食，增强根据地的力量。

3.货币上从依靠法币到摆脱法币，避免了法币跌价所引起的影响，进而更成为对法币的优势，使本币争取到一定程度的巩固，增强对伪钞的抵抗力量，给打击伪钞奠下了有利基础，相对的提高冀钞。

(《晋察冀边区工商管理局1942年工作总结与1943年工作方针》,1943年1月4日,河北省档案馆)

一面从事建设根据地,同时又和敌人进行经济斗争,破坏敌人掠夺和封锁,并进行对敌的反封锁,实行对敌统制贸易,使敌人不能得到边区有用的出产。远在1938年,便禁止粮食、棉花、铁皮等出口。换进边区的东西却是我们需要的盐、火柴、布匹、电料、军用品等。奢侈品及某些消耗品禁止入口。凡可以代用的东西即不输入,提倡使用土货,刺激生产;物资掌握在我手里,凡出口,必须换回必需品,极力减少输入,以争取出入口平衡。更用结合敌占区人民,组织敌占区商人的办法反敌封锁。敌占区的商人,常常跑到我根据地来,愿意为根据地服务,敌占区人民亦用各种方法帮助根据地冲破敌人封锁。目前粮食斗争是敌我生死斗争,1942年冬,一元化对敌斗争,我们获取很大的胜利,敌人无望吸收根据地的粮食,在敌占区游击区的征粮,也为我们所破坏,群众愿意把粮食送到根据地来。

为了打击伪钞,保护法币,我们发行了本位币以及冀钞与鲁西票,它在人民中有很好的信用,它是根据地唯一的流通单位,而且推行到游击区和敌占区。许多日伪军都常常偷偷地保存冀钞,有时他们向人民勒索不要伪钞,却要冀钞。

经济战线上的胜利,打击了敌寇的掠夺,保护与发展了边区的物资与生产。

(《经济战线上的斗争》,1944年8月14日,山西省档案馆)

停用法币同时亦为加强对敌经济斗争之一重要关键。停用法币以后,我们更易管理对外贸易,彻底粉碎敌人倾销法币来掠夺我根据地的宝贵物资的阴谋。更易利用我们经济上的优越条件,发挥强大斗争力量。像滨海区的食盐输出,渤海区的粮食、棉花输出,在未停用法币以前,往往成为引进大量法币,加速通货膨胀之一祸根。但在停用法币以后,我们不但能够用来支持货币斗争,且可用来换回我们所需要的各种物资,争取贸易上的主动地位,成为对敌经济斗争的强有力的武器。

(薛暮桥《山东省工商管理工作的方针和政策》,1945年5月,山东省图书馆)

本省各地工商管理局成立至今不过两年,但我们在对敌经济斗争方面取得的成绩却是十分显著的。首先表现在全省货币斗争的普遍胜利,巩固了本币稳定了物价,克服了由于法币、伪钞的狂跌,物价飞涨,纸币内流,物资外流所造成的经济危机。其次表现在对外贸易的取得主动地位,高价输出我们所剩余的土产,换回我们所必需的军用品和日用品,粉碎了敌人对我的经济封锁和物资掠夺。再次,我之工业建设亦有初步成功,若干重要工业品开始自给,公营生产与合作社生产开始建立与广泛发展,财政收入亦有显著增加,并能积蓄,为我们反攻及抗战胜利奠定了物质基础,他给予山东解放区的福利是非常大的,给予敌人在经济战线上的打击也是非常沉重的,任何不重视工商工作的想法和作法都是不对的,我们必须明确认识没有经济战线上的胜利,也难有其他战线上的胜利。

(《庆祝全省工商工作会议的成功》,1945年7月23日,《大众日报》社论,山东省图书馆)

两年来出入口贸易已有显著成就,仅1944年冬至1945年上半年的8个月中,即组织生油输出二十余万斤,两年来羊毛输出四十万斤,1944年冬仅羊六万只,现发展到十万只以上。生油、羊毛等土特产品高价输出,换取了必需品,工业原料、织布机等的输入,缩小了工业品与土特品价格上的悬殊差额,这使解放区人民在经济上的收入是无可限量的。两年来出入口贸易的成就从下面事实中可以很明显地看出来,由1944年以前的入超,转为1945年以后的逐年出超。1945年下半年出口总值2593万元,入口总值2487万元。出超106万元,由于出入口贸易及内地生产的发展与经济繁荣,税额亦渐激增,1944年收入649万元,1945年收入增到1167万元,1946年上半年增加到3820万元。

(《为人民谋福的沂山区工商局》,1946年9月2日,《大众日报》,山东省图书馆)

第三章　市场管理

第一节　市场管理的方针政策

一、贸易政策

(一)对外贸易统制，对内贸易自由

我们的贸易政策是内部贸易自由，发展小商贩。严格管理对外贸易。禁止敌方奢侈品倾销边区套取我之必需品。非必需品收税入口，严禁粮食棉花资敌。

(宋劭文:《晋察冀边区的经济建设》,1943 年 1 月，河北省档案馆)

我们贸易工作的基本方针：一方面是管理输出输入，展开对敌经济斗争，争取有利交换；一方面是调剂物资，稳定物价，扶助生产，保证供给，根据这一基本方法，我们的贸易政策主要的有下列几点：

对外贸易要严密管理，内地贸易要尽量自由，因为对外贸易要与敌人斗争，所以必须统制。内地贸易是为供给人民需要，可以尽量自由。所谓统制，就是用行政力量来限制输出输入，使敌我区间物资有计划的来往，借以保护物资，保护生产，保护军民生活需要，这种统制决不是为垄断市场，与民争利，这与国民党专门用以霸占市场，掠夺人民的所谓“统制”是有本质上的区别。

内地的贸易自由必须严格保护(边沿地区为着防止敌人掠夺重要物资，必要时可限制自由买卖)。不准任何人来统治内地市场，干涉人民贸易自由，这里应当特别指出，工商管理局实行专买专卖，是受政府委托，未经政府行政委员会的通过，任何人都无权专买专卖，过去有些地区工商管理局或公营商店不经政府同意擅自决定专买专卖，甚至有些合作社垄断市场，干涉人民贸易自由，这种混乱现象必须迅速纠正。

但所谓贸易自由，也不等于任其自流。为着扶助生产，保证人民需要，我们仍须随时注意各种物资的供求状况，注意物价变化，并作有计划的调剂，保持物价稳定，不过这种物资调剂是与统制显然不同，决不应当假借行政力量，可以通过自由买卖完成任务，公营商店在执行调剂任务时候是与普通商店一样，并无——也不需要任何特殊权力。

总之我们应当反对贸易政策上的两种错误倾向：“左”的倾向如无原则的扩大统制范围，机械执行以货易货政策，以及公营商店和合作社的垄断内地市场，排挤商人，强定物价，限制根据地内物资流通，结果必然弄得市场萧条，妨碍生产发展，增加人民生活困难。右的倾向如贸易上的自由放任主义，取消一切统制，毫无组织，毫无计划，坐视敌人掠夺，投机商人操纵垄断。结果也使市场混乱，生产和人民生活同样受到巨大损害。

(薛暮桥:《山东省工商管理工作的方针和政策》,1945 年 5 月，山东省图书馆)

贸易自由是恢复工商业，活跃金融调剂物资的唯一办法，因此，应迅速沟通农村与城市贸易。用群众的力量来调剂金融，动员合作社商人至城市贸易，城市商人也可到乡镇市集赶集，逐渐使城市与乡村的物价趋于平衡，城市内的营业也随而迅速恢复。

(《山东省胶东区行政公署关于新解放城市财经工商工作的指示》,1945 年 8 月，山东省档案馆)

所谓管理贸易，并非无限制的经济封锁，禁止两地区的贸易来往，除军需物品和粮食、棉花等最重要的生活资料外，其他剩余物资(例如生油、食盐、烟、茶、蚕丝、以及各种山果、土产)我们还是奖励输出，但须争取公平交换，即以较有利的价格换回我们所需要的物资，我们所需的工业物品(如生产工具、西药、电料、文具、纸张等)奖励输入，但对消费品和奢侈品的输入，则应予以必要的限制，洋纱、洋布如果打击解放区的纺织生产，亦应限制输入。粮食、棉花原则上应禁止输出，如有剩余，应首先调剂邻区。其次才与蒋占区作有条件的交换，必须严格防止反动派利用我们所供给的物资来进行

对解放区的战争。

（薛暮桥《现阶段的经济政策——在全省生产会议上的报告》，1946 年 10 月，山东省档案馆）

甲、对外掌握重要输出物资，争取有利交换，支持货币斗争，工商局成立后，对外掌握重要物资，如食盐、生油（在渤海区是粮食棉花）。目的：一是支持货币斗争，二是争取对外贸易的有利交换。由于我掌握了食盐、生油等重要物资，不但货币斗争胜利了，而且使我对外贸易取得了较有利的地位，作到高价输出，低价输入；1943 年秋冬，一般物价跌落了一半，而食盐价格则不但未下跌，并且还提高了，生油在 1944 年秋我未管理以前，出口油价每斤跌到三元，内地二元五角上下。而实行管理宣布生油专卖后油价几天之中即由三元涨至五元，这时，工商局大量在内地收购，待出口价涨到每斤七、八元时，大量组织出口，由于掌握了食盐、生油，所以换回了我们所必需的各种物资，这样不但出口价提高了，而且入口价也降低了，使我对外贸易争取了主动的地位，这是成功的例子。当然，失败的例子也有，如渤海区有一时期对粮食棉花的管理，我禁止粮棉出口，但又无力收买，结果大批粮棉走私外出，不但人民怨恨，公家的税收也损失了。

乙、对内提倡自由贸易，调剂供求，平衡物价。1942 年以前，我根据地内地的贸易也实行管理，有些地方县与县之间，区与区之间也互相封锁，不能自由贸易，使我内地物资调剂，受到了莫大的损失。1943 年以后，对内取消管理。实行自由贸易，同时为发展纺织生产，工商局一方面吸收大量棉花，保证纺织原料的供给，一方面收购土布，保证纺工织工应得利益。至于粮食等物资的调剂，我们做得虽很不够，但在平衡物价上，也起了一定的作用。

（薛暮桥：《山东解放区的财政经济工作》，1947 年 4 月，山东省档案馆）

（二）通过税收保护根据地贸易经济

为了保护边区的生产事业。我们实行征收进口货物战时特税，税率是根据贸易政策和本区具体情形而决定的，税率原则如下：

1. 本区必需品入境是免税—征收 5%。
2. 本区的普通需用品入境是征收 5% 至 30%。
3. 本区的非必需品入境是征收 30% 至 100% 或禁止入境。
4. 本区的土产应该奖励出口的是免税 – 5%。
5. 本区的土产应该限制出口的是征收 5% 至 30% 或 100%。
6. 本区的土产应该禁止出口的是不收税，而完全禁止出境。

（《冀鲁豫边区半年来财经工作的报告与总结》，1940 年 1 月 13 日，山东省党史资料办公室）

我们的贸易政策，还须注意根据地内市场的调剂，以及平抑物价，与操纵居奇的奸商作斗争，稳定与巩固根据地之本位币，保证根据地内人民的生活，并为了安定市场，要实行正确的保护税。什么是保护税呢？就是利我不利敌的，征以较低之税，甚至免税，相反的则征以重税，甚至禁止出入口。

（彭德怀《开展全面对敌经济斗争》，1942 年 2 月 25 日，河北省档案馆）

货物出入实行税收保护办法，在不违犯民主政府物资管理办法及税收章则下，均得自由买卖与运输。

（《胶东区行政公署解除封锁放出物资布告》，1946 年 3 月 12 日，《大众日报》，山东省图书馆）

再次，我们的税收贸易政策，是采取“对外管理对内自由的原则，争取出入口平衡是我们努力的目标。为了便利对敌斗争，我们把税收和贸易两个部门，置于工商管理局的单一领导之下，用严格的税制来保护根据地的经济，并使对敌斗争容易得到胜利。我们禁绝了一切奢侈品，限制了非必需品的输入，同时组织根据地非必需品和多余物品如药材、草帽等等的输出，以换取外来的物资。为此，我们组织了带群众性的缉私工作，给缉私者以较高的奖励，严惩舞弊营私。组织商人参加对敌经济斗争，甚为重要。所以对敌贸易不能采取政府“统制”一切的办法，而是“管理”的办法。对内尤不能“垄断”，而应采取贸易自由的办法。对于商人的投机行为，则利用公营商店及合作社的力量，加以压抑。实行这种办法的结果，大大加强了对敌斗争的力量，增加了税收，繁荣了市场，保障了人民需用。

（邓小平：《太行区的经济建设》，1943 年 7 月 2 日，《解放日报》，山西省档案馆）

（三）抗日根据地邻区间的贸易政策

对抗日邻区的贸易应与敌区的贸易采取完全

不同的政策，要尽量便利抗日邻区间的物资交流。互助互利，互相协商交换物资。切实执行一通税制(纳了出口税就不收进口税)与胶东间的贸易更应有计划的进行，或派代表或设办事处，加强工作上的联系，渤海负责供给胶东所需要的粮、棉、土硝等，保证价廉物美，而向胶东换取外汇。支持渤海货币斗争，这对两地都很有利，应即协商处理。与鲁中间亦应设法打通贸易关系，如能运去棉花，定受鲁中欢迎o

(《山东省战时行政委员会工商处给渤海区工商局的指示》，1943 年，山东省档案馆)

抗日邻区应当有计划的交换物资，调剂物价，不应该互相封锁，过去县与县间，专员区，与专员区间据说曾有封锁粮食流通的事情，这是不应该的，胶东与渤海区间的贸易更应好好组织，助其开展，渤海供给粮食土硝棉花，而胶东换回军工原料及外汇，这对于两地均有利益，应当互派代表(或设办事处)加强贸易联系，抗日邻区间的贸易采取一道税制，已纳出口税者即不再纳进口税，必须克服贪图小利勾心斗角现象。

(《山东省战时行政委员会工商处给胶东工商局的指示信》，1943 年，山东省档案馆)

根据地与根据地间物资流通，不应当与对外贸易同样看待。过去有些地区对于这种物资交流，也像对外贸易一样严格限制。在甲地征了一次出口税，到乙地再征一次进口税。这样妨碍各地区间互通有无，对于双方都是利少害多，今后根据地与根据地间应尽可能保持自由贸易。奖励互通有无，减少运输困难。一般物品已有邻区出口税票，进口时就不再征税。只有禁止输出或禁止输入的某些物品为防止敌占区走私，可于必要时由公营商店负责调剂，或令办理某些运输手续。

(黎玉：《我们的工商管理工作》，1944 年，山东省档案馆)

我们对友邻地区的贸易政策，是在互助互惠的原则下进行的，但对方对我们有些不同。根据这三年来与有些晋绥边区贸易实际的情形，他们对我们与对敌人无大差别，因此，这两年来对他们交易吃了不少亏。虽从总的方面来看是没有什么，但从整个不同根据地区看，我们认为还是值得考虑的。

1. 我们过去的货物不论是我们剩余与不足，不论非必需与必需一律征税，而我们过去土布完全站在互相的立场，以亲爱的朋友对待还要征税。本来我们土布过剩，致使土布不能大量过去，反而说我们封锁他。因此有时引起我地区的布价高涨，影响到群众穿衣问题，仍尽量供给他们。

2. 他们过来的货，不论什么东西，我们没有一种征税的。但他们如果看到地区能销，不论他过剩与不足或是我军民需要都要征税，才让得过来。

由以上两点看我们意见是今后为进一步发展两边区的物资交流。畅通贸易，调剂两根据地的军用民需，两方主要负责部门应当研究。

(《冀晋第二专区贸易管理局贸易管理工作总结》，1945 年 5 月，河北省档案馆)

各抗日邻区的物资交流，原则上是不应征税，过去有些地区对于邻区物资调剂，也与敌区贸易同样看待，出境时征出口税，入境时征进口税，甚至互相封锁，互相没收，这是不应该的。应当明确规定，邻区贸易也应当像内地贸易一样保持自由贸易原则，如果邻区互相连接，不须经过敌区，则在原则上就应当自由来往，不征进出口税，亦无任何限制，如有特殊原因必须征税或限制输出者，须与邻区协商规定，并向省政委会报告，过去所规定的各种限制，均应重新考虑，互相协商求得合理解决。

如果两地区间还有敌区存在，那么为着防止走私，可以限制某些物资的出口进口(如必须有邻区的采购证或其他证明文件)。但如能够证明确系销售邻区，则应免税或者减税。外来货物经过邻区销售本地，或本地土产经过邻区外销亦按一般原则处理。

(薛暮桥：《山东省工商管理工作的方针和政策》，1945 年 5 月，山东省图书馆)

老解放区一切物资运往新解放区者，一律自由运行，不得征出入口税，不得扣留阻难；二、新解放区之物资，向老解放区运行者，如下处理：(一)过去纳税入境者(按旧封锁带)暂仍纳税入境。已运入境而未纳税者，应照章补税；(二)禁止入境者仍不准入境，已入境者应登记、在封、上待处；(三)新解放区市场上的顽美货，在新解放区仍暂准自由销售，一定时期后查验登记；三、新解放区对蒋占区入境，执行我之税收保护政策。

(《冀中行署工商局沟通新老解放区的物资及加强新解放区顽美货的管理》,1947年7月《冀中导报》,河北省档案馆)

华北人民政府工商部鉴于部分公营贸易机关到友邻地区采购物资或利用私商采购,以致影响市场稳定,造成奸商投机操纵的机会,特根据华北人民政府财经委员会的决定,向华北各地工商处、局及贸易公司发出指示,规定:(1)凡贸易公司所属各店,一律不得到邻区采购物资或利用私商采购,如欲到邻区采购者,必须获得华北贸易总公司批准,并经过邻区公营商店进行采购。(2)对我区机关、商店应严加管理。禁止到邻区采购。已在邻区设立机构者,限于一月三十日以前,一律撤回或停止营业。违者查出后,对该机关、商店应予以停业处分。如有利用私商,在邻区收购物资者须立即停止。(3)贸易总公司在山东设立办事处、转运站及仓库。如必须在该地区收购物资时,须通过地方贸易公司进行,或取得地方党政机关许可。(4)对友邻区来我区收购物资之公营商店、机关生产人员及受公营商店委托之私商,应劝令其经过我区贸易公司收购,不得自行收购。如拒不服从者,得停止其收购,并在原地冻结其物资,报告华北人民政府处理。

(《华北人民政府工商部发出指示:禁止公营贸易机关到邻区采购物资》,1949年2月9月《冀东日报》,河北省档案馆)

(四)反对贸易上的主观主义

(二)我们控制了大量的生产物,可以管理贸易,争取主动粉碎着敌人的封锁。我们有大量的原料,如皮毛、矿产、粮食……这些都是我们贸易战中争取主动的决定条件。

(三)贸易政策的执行上,还有些毛病。我们在贸易政策上,是对外相对统制,对内相对自由的。而有些地方,对于一些必需品,照样还是限制与打击,有些商人同汉奸是有关系的,而我们有些县份对商人做了一般的处理,因而把一些商业路线打断了。在边区内部的贸易,冀西同晋东北还有隔阂,对于商品的流通上,受到损失,今天,要做到边区内部物畅其流。

(宋劭文《晋察冀边区经济发展的方向与现阶段我们的中心任务》,1940年8月,河北省档案馆)

过剩物资的输出,是保护人民生活,换得必需物资及吸收外汇保护本币的必要条件。过去硬用“以货易货”政策来阻挠这些物资输出,是自杀政策。

(《山东抗日民主政权工作三年来的总结与今后施政之中心方案》,1943年,山东省档案馆)

贸易上主观主义错误严重。误解“自给自足”“以货易货”政策,机械的简单的来执行,以致于妨碍了有利于我的 对外贸易。特别是些土产的输出,影响人民生活及商人利 益。如沂蒙贸易是由北(潍县)输入。向南(鲁南、滨海) 输出;滨海贸易由东(新浦)输入,向西(郯城、临沂)输 出(主要是食盐),其他区亦有此种现象。机械执行“以货易货”,必使商人大感困难。贸易大受妨碍。鲁南因为机械 执行“以货易货”以致曾有一个时候妨碍了山货(金银花) 土产输出,滨海区曾有一个时候,妨碍了食盐的输出,使政府、人民俱受损失。胶东曾禁花椒(大宗生产)输出,说是 敌人买去制造毒气,调查结果是制造香料。鲁中粮食东贱西贵,棉花西贱东贵,滨海粮食西贱东贵,食盐东贱西贵,我们未能利用差额,调剂有无,平抑物价,解决小贩贫民生活 困难。鲁南某地区五、六十里之间粮食价格相差三分之一以 上(东贱西贵),我们机械禁止粮食贩运,以致大好机会不能利用,西面人民只得吃高价的粮食。这种机械的贸易统制,实是利少害多,但直到现在,许多贸易工作同志执行政策还满足于过去的机械化,简单化,不能研究具体情况,灵活运用。

违反市场自然规律,关着大门决定政策的主观主义、官僚主义态度,是极端有害的。像各地货币斗争中,不管市价如何,规定一元兑一元,二元兑一元的本币法币兑换比率,以致有价无市,黑市流行;不准输出输入商人换法币本币(借口“以货易货”)或在兑换时候应兑入的不敢兑入,应兑出的不敢兑出(比如滨海兑换时,东面不敢兑出法币,西面不敢兑入法币,以致双方贸易俱受不必要的阻碍)。用这样机械的简单的方式来作经济斗争是一定会失败的。

(《山东抗日民主政权工作三年来的总结与今后施政之中心方案》,1943年,山东省档案馆)

从1940年起主要在观念上怕根据地货资流敌,所以政策上提出对外统制,对内自由,但实际上对内也不自由,如统制定官价,当时有贸易局领导的太岳合作社(即复兴城)专营几种主要物资,如麻皮、桃仁、皮毛等出口,换回外来必需品如:洋布、食盐、洋及一部分奢侈品,在内地调剂有无、平抑物价、繁荣市场、稳定金融,但对粮食绝对禁止出口。

(《韩佩奇同志报告贸易工作》,1947年8月25日,山西省档案馆)

(五)有了正确的贸易政策,才能打破敌人的封锁和掠夺

正确的贸易政策——贸易是今日我们所处的社会分配商品的必然手段,敌后贸易政策,是与敌封锁及其“以战养战”毒计作斗争的重要武器。要打破敌之封锁,破坏敌人“以战养战”的毒计与发展我根据地之自给经济。没有正确的贸易政策是不可能的。(一)增加抗日根据地之生活必需品,使敌经济势力无法侵入。(二)贸易自由。根据地内准许自由贸易,但不能贩卖毒品及其他违禁物品。(三)组织商业联合会,以平抑物价,贸易局、合作社均可参加。

(彭德怀:《敌后抗日根据地的经济建设》,1940年12月3日,《晋察冀日报》,河北省档案馆)

(六)和平时期取消统制交易

冀鲁豫区工商管理局为使内地贸易得以充分自由地发展,顷发出通令变更战时商民贸易手续。规定如下:

(一)自四月一日起,我冀鲁豫商民所用之内地购运证一律取消,商人在内地运输均得自由,不予任何限制;

(二)凡在本区已经纳税之货物,如烟酒等,可以到处销售,不受任何限制;

(三)商民运输出口或入口,凡有税单或出口许可证者,经查验后不得留难。

(《冀鲁豫工商局通令内地贸易运输自由》,1946年3月27日,《冀鲁豫日报》,山东省图书馆)

华北各地工商业日趋发展,晋冀鲁豫,晋察冀两边府为进一步便利商民交易,保障内地贸易自由,将于日前联合通令取消集市交易所统制交易措施,通令称:在抗战期间,为了进行对敌斗争,稳定物价,制裁奸商投机行为,民主政府会在许多较大的集市上设置了交易所,禁止私人开设行栈,规定一切大宗交易都必须经过交易所成交,在对敌斗争与稳定物价上都起到了一定的作用。现在由于解放区已日益扩大与巩固,工商业日益发展,物价日趋稳定,集市交易所,统制交易之措施已没有存在之必要。因此,特予以取消。今后全区所有集市一律准许自由成交,任何交易所私人行栈及交易员(牙纪)均不得限制,准许私人设立行栈买卖双方通过交易员或行栈办理成交者,依法缴纳交易手续费,不通过交易员者及行栈自行成交者,概不缴税,较大集市由所在地政府或工商管理机关聘请商人代表组织集市管理委员会,受政府工商部门领导,办理管理集市,管理牙纪,调解纠纷,征收交易手续费等工作,集市交易员(牙纪)必须向管理委员会登记,发给证照,始能介绍成交。

(《保障内地贸易自由,北平取消交易统制》,1948年8月11日,《大众日报》,山东省图书馆)

华北人民政府于日前通令颁布关于市场管理与物资交流的五项规定。通令指示,目前,华北有些地区对市场管理不当。阻碍物资交流,如有些地方粮棉实行证照管理,禁止自由贩运,有些地方借口物价波动,禁止粮食出口。这对于交流城乡物资,发展工农业生产是有害的。为此通令规定:①华北区内地贸易,应根据自由贸易的原则发展物资交流。各地未经华北人民政府许可,不得实行限运禁运等有害物资交流之措施。②交易所的主要任务是便利商民成交,反对投机操纵,鼓励一切正当交易。③目前全区货币已统一,物价的任何变动,都是全区性问题,不是一个地区所能单独解决,因此在物价波动时,市场行政管理的任务,主要是配合金融贸易机关,适当调剂供求,防止争购争售,以免发生暴涨暴跌的现象,企图造成物资断流是十分有害。这不仅不能达到平稳物价的目的,反而可能刺激物价继续波动。④对工厂采购原料和出口商采购出口物资,应尽可能给以帮助,使能大量供应城市与出口的需要。对工业品的推销,亦应予以协助,以促进工业生产。⑤与友邻区的贸易,除烟酒已规定暂不流通外,其他一切物资应准许互相流通,不得阻碍。至于华北区与友邻解放区间公营机关的采购,仍应互不设摊,通过邻区贸易机关进行。

(《华北人民政府颁布市场管理五项规定》,1949年7月15日,《胶东日报》,山东省图书馆)

二、物资统制

(一)统制物资的方针、意义及目的

1.对外贸易要实行严格的统制,统制的意义是以一定的办法、强制的组织对敌占区的经济关系,进行对敌经济斗争。没有统制便不能发展生产、巩固根据地的经济,便不能巩固币值。

2.统制贸易的目的:保护生产,达到自力更生,粉碎封锁,反对敌寇掠夺,巩固冀钞,实行有利交换。

3.统制贸易不是消极的关税保护,而是组织积极斗争,组织输入,组织输出。组织输出的目的在输入。基本要求得有利,避免吃亏。组织输入目的在求得生产之发展。

4.统制贸易工作要进行妥善,除去正确政策政策以外,更要进行精细的组织工作,掌握外汇,税收缉私,商联组织工作统一的配合。

5.对外贸易严格统制的胜利,才有可能有根据地的贸易自由。贸易自由从其基本意义上讲来,是不受敌寇的操纵与破坏,不受非法的干涉。在今天特别有前者的意义,没有对外贸易的统制,便不会有根据地内的贸易自由。

(《统制贸易的意义、目的和作用》,1938 年,山西省档案馆)

统制物资的方针,是建立经济阵地,对敌人进行经济战,打破敌人的经济政策,贸易方针是流通土货,打击与缩小敌人市场、团结商人,发展农民合作事业,为此,有计划地精密调查根据地物资,及平时输出事项和数量,以便着手调剂和有计划地统制输出入物资,统制物资应放在粮食、盐、棉花等物资上。

必须从积极发展经济争取自给自足,这才是统制物资控制出入的基本做法,如能做到以货输出易货输入,亦能达到计划与统制目的。

(《山东五年工作总结及今后任务——中央山东省分局委员会》,1943 年 8 月 19 日,山东省图书馆)

贸易管理之目的在防止敌人掠夺粮食及重要物资,保证军民必需品的供给,奖励土产输出,限制非必需品输入,保证生产建设,支持货币斗争,基本任务。

统制对外贸易——所谓统制,不是封锁也不是垄断,而是在有利于我的原则下,有计划有组织的输出输入,所以说输出输入都是斗争,只有有组织的输出输入,才能粉碎敌人的倾销与掠夺,才能制止走私,才可以争取对外贸易收支平衡造成出超。我们要大胆向敌人联系——斗争,反对狭隘的闭门主义孤立主义。出入口货物均须向工商管理局领取出入口凭证,出口对主要大宗货物(如盐、生油、丝等)为特种出口,均由工商管理局实行统制,普通商人非经许可,不得经营特种出口。(出入口贸易统制办法另定)。

(《胶东行政公署关于 1944 年 1 至 3 月工商管理工作的指示》,1943 年 12 月,山东省档案馆)

所谓管理对外贸易,并不是说输出输入物资均须统制。而是仅仅统制几种重要物资。实行专买专卖,或者加以各种限制。至于一般货物,仍然可以自由贸易,仅用提高或降低税率(或者免税)的办法来调剂输出输入数量,统治一定要有重点,现在各地仅仅统制几种最重要的输出物资(如渤海区的粮食和棉花,滨海区的食盐和花生油)其他物资仍然可以自由贸易。

我们究竟需要统制哪些重要物资呢?一般来讲:是要统制我们能够大量输出,同时又为敌人,或敌区人民所必需的物资,如渤海区的棉花可以大量输出,应当统制,其他地区不是统制输出,而是大量向外吸收。滨海区的食盐可以统制;但在胶东则因运销困难,不应统制而应打开销路。鲁中羊毛可以统制,蚕丝不必统制,因为销路困难,鲁南粮食应当统制,山果不应统制,而应争取及时输出。花生油除渤海区外都应统制,统制方法则可因时因地稍有不同。

我们的贸易斗争不一定完全采用统制(专卖)办,有时也可采用自由贸易办法,来达到争夺物资的目的,例如吸收棉花过去有些地区采用统制办法,结果反而阻碍棉花输入,使纺织原料的供给无法保证,滨海区今春改用自由贸易办法,利用输出花生油吸收棉花,反能收到显著效果,当然这里所谓自由贸易,也非任其自流,放松对敌经济斗争,而是利用经济力量以利用我们对外贸易上的优势,争取斗争胜利。许多同志以为只有专买专卖才能加强对敌经济斗争,这种意见也不完全正确。

所以我们的贸易斗争并不单纯采取统制办法，而是统制贸易与自由贸易的灵活结合，有时采用行政手段配合经济手段，有时单纯采用经济手段对敌斗争，大概重要物资输出我能掌握，可以编制。重要物资输入非我所能掌握，应当自由，不自由就不能大量吸收。我在贸易上处优势时可多自由，主要靠经济力量战胜敌人，我在贸易上处劣势时便必须假借行政力量，多用统制办法，……。

（薛暮桥：《山东工商管理工作的方针和政策》，1945年5月，山东省图书馆）

(二)统制办法

今后奖励以货易货办法，但一切出入货物，须向贸易局机关或县政府领取运销证，始得起运，违者依法论处，运出之土产，必须换回相当价格之必需品，否则政府有权停止此等贸易出口。

（《滨海区专署颁发布告确立北海票为本币》1941年8月4日，《大众日报》山东省图书馆）

第三条　向敌占区输出特种出口货时，须开具出口货清单，及等值之入口货清单，申请工商管理局(县为贸易局)核准许可后，发给出境兑货证始得凭证输出。前项申请须有殷实商号或保人二名填写出境兑货保证书。

第四条　凡凭证输出之货物，必须于出境兑货证规定期限内，购回原批准之货物。持税局之税票或免税票(税局并在兑货证上加盖验章)经原批准出口之机关审查确实后，交还兑货证撤回保证书。

如不能按期兑回货物时，得申请原批准机关延期。

如不能兑足原批准之货物种类与数额时，得以税率表现定之免税入口货，或在入口税百分之五者代替之。

第五条　凡输出特种出口货未兑回入口货者，须按原定期限将售货之敌伪票据，经原批准出口机关审查开具外汇保证书，向银行登记按汇价兑取冀钞，并撤回其出境兑货保证书。

第六条　前条所登记之敌伪票据一切办理入口之公私商人，开具入口保证书，经工商管理局(县为贸易局)之批准后的，得以汇价购买使用。

前项敌伪票据出境时。应携带工商管理局之证明文件，否则以取缔敌伪票据办法处罚。

第七条　凡向银行购用敌伪票据办理入口者，其入口货物之保证期限与保证书之撤回与第四条之规定同。

第八条　外汇保证书，须于购用该项外汇之商民购回货物后，经工商管理局(县为贸易局)审查确实，通知银行退还之。

第九条　敌占区商民如运入必需品，经工商管理局核验后，得允其运出等值之特种出口货，并发给证明文件。此项文件于该项货物出口时由税务局收交工商管理局注销。

（《晋冀鲁豫边区特种出口货统制暂行办法》，1941年11月1日，山西省档案馆）

第一条　凡禁止出口，禁止入口及法规专买出口之货物，均须领取特许证，始得输出输入。

第二条　领取特许证限于下列商店及机关。

1.贸易管理局所属之采购商店。

2.贸易管理局所指定之专卖商店。

3.经边委会批准之军政机关。

第三条　请领特许证之机关商店，须以书面开具货名、数量、用途及采购运销地点，由该机关商店主管人署名盖章，送请支局以上之贸易管理机关核发。

第四条　贸易管理机关于接到前项申请文件后，审查认为系所必需，应即填发特许证。认为非其所必需，应即拒发特许证。

第五条　凡领得特许证之机关商店，货物一次出入口者，须持证报请税卡查验货物加盖验讫图记，特许证由税卡收回；货物分批出入口者，于起运前，凭证向税卡换领出入口货特许分运单，然后分批出入。

第六条　特许证开列之货物。一律准许出口，不得扣留。如证货不符，或夹带其他禁止出入口货物，而证面未列者，一律没收。

（《晋察冀边区出入口货特许证使用办法》，1942年9月11日，河北省档案馆）

特种出口货购运证使用办法

1.凡经贸易局登记领有营业许可证、经营特种出口货之行店，得向所在县贸易局请求发给购运证。

2.行店凭此证有购运特种出口货之权。

3.凡持证购运货物，必须遵照指定运输路线运输。并向沿途检查机关缴验。由检查人员签名盖章,方为有效。

4.各行店所购运之货物,于记入账簿时,必须将购运证之号数一并记入,以备购运证遗失或损坏时稽查。

(《工商总局颁发经营特种出口货商行管理暂行办法》,1942年4月20日,山西省档案馆)

第九条　内地商人经营特种出口货物时,即持营业许可证至工商管理局分局或指定之县局,申请采买证。若准其办理出口时,即发采买证。物资买妥后,即觅取两家设买铺保,填具保证书,以采买证换取特种出口货物许可证。凭证登记外汇后(在许可证上加盖已登记外汇字样),报验纳税准予出口。

第十条　外来商人欲来购买特种出口货物时:

1.邻近抗日根据地内者。应持有该地工商管理分局以上所签发之采买证或证明文件,经允许时,即换取之本区采买证,并签发兑换外汇证,兑换本币购妥货物后,即以采证换取特种货物许可证,凭报验纳税准予出口。

2.敌占区商人应觅取合乎经特种出口货物之根据地内商号作保证,至工商管理局呈请采买证,经允许时即签发兑换外汇证,兑换本币,并发给采买证购买货物,货买妥后即持采买证换取特种出口货物许可证(并换回保证书),凭证报验纳税准予出口。

第十一条　内地商人经营普通出口货物时,持营业许可证,并填具保证书至各县工商管理局换取出口许可证,凭证登记外汇后即报验纳税出口。

第十二条　外来商人经营普通出口货物时,经各县工商管理局批准后即签发兑换外汇证,兑换本币发给采买证购买货物,买妥后持采买证换取出口许可证。凭证报验纳税出口。

第十三条　内地商人经营入口货物时:

1.先运出货物而带回入口货物者,即到稽征带上之事务所或检查站进行登记领取入口登记证,凭证报验纳税。持证到原立保证书之机关换回保证书(已登记外汇者应交出外汇兑换本币)。

2.携带外汇出外购货者,应持营业许可证,并填具保证书,经允许后即签发兑换外汇证。换取外汇,俟货物入口时,即进行登记,领取入口登记证,报验纳税后持证换回营业许可证、或保证书。

第十四条　外来商人带货物入口时,即进行入口登记。请领入口登记证(禁止入口者即不准其入口)。持证至各县工商管理局呈验盖章后。凭证即可换取外汇或入口货物许可证,不经呈验盖章者则无效。

(《渤海区出入口贸易统制暂行办法》,1944年,山东省档案馆)

第二条　凡进出口物品,分为:允许、禁止、特许三种。

1.允许进出口物品经贸易局登记后即可自由贩运出售。

2.禁止进出口物品严行稽查,违者处罚。

3.特许进出口物品,对于禁止进出口物品,如因情形特殊需要临时进出口一部者,须经行署或专署批准。始得经营。

第三条　食盐之进口,由贸易局统一进行。内地贩运可自由经营。

第四条　根据不同时间不同地区情况,需要禁止或解禁某些物品时,晋绥边区行政公署随时以命令行之。各地政府与贸易局不得自行决定。

(《晋绥边区管理对外贸易办法》,1945年5月14日,山西省档案馆)

(二)除禁止出入口的货物以外,其他货物的出入口,以及内地(包括热河、张家口、沈阳、冀中)之运输运销。只要持有一般商人通行证的正当商人,应即加以保护和帮助,不得故意留难。

(三)禁止出入口之货物,各部门如有特殊需要时,经本部门负责人之批准,到专署以上之政府开具出入口特许证,方准通行。否则以走私论。

(《晋察冀边区行政委员会冀热辽行署关于对内对外贸易工作的指示》,1945年11月11日,河北省档案馆)

出入口手续仍执行:

(1)使用特种物资出口证及保证书手续。

(2)凡出口之商人必须事先到办理出口之商店或贸易公司申请说明理由,经批准后,令其取保填写保证书,或持入口登记证,凭证缴纳差额及税款后,商店或贸易公司再发给特种物资出口证准予出境。

(3)出口商人可持入口登记证,凭证撤销其保证书手续。

七、手续办妥，货随票走，否则查获，以偷运走私论处。

（《山东渤海区工商局特种物资专卖办法》，1947年2月，山东省档案馆）

（三）特种物资

下列货物为特种出口货，凡公私商人办理此项货物之出口时，均须遵守本办法之规定。

核桃仁、花椒、羊绒、羊毛、羊皮、麻、麻子、柿子、黄花菜、药材、枣仁、杏仁、栗子、瓜子、草帽、草帽辫、木材、席子。

（《晋冀鲁豫边区特种出口货统制暂行办法》1941年11月1日，山西省档案馆）

第三条　下列货物为特种出口货：

第一款：全太行区适用者，核桃仁、花椒、羊绒、羊毛、羊皮、麻、植物油、柿饼、杏仁、瓜子、药材（免税出口者除外）、木料。

第二款：一、六分区适用者，木炭、红枣、枣仁。

第三款：四、五分区适用者，黄花菜、猪、席子。

第四款：三、四分区适用者，鸡蛋。

（《太行区出入口贸易统制暂行办法》1942年8月12日，山西省档案馆）

统制物资——胶东暂定粮食、盐、棉花、生油、生米、丝绸、金子、粉丝为重要物资。重要物资均由工商管理局统制，需出口时，并为特种出口重要物资的统制。

（《胶东行政主任公署关于1944年1至3月工商管理工作的指示》，1943年12月，山东省档案馆）

凡根据地主要大宗出口货物（例如：生油、生米、生饼油豆、粉干、丝绸、食花椒等）均为特种货物，除总局规定者外，由各海区再行补定各区之特产向上级呈报。

（《山东胶东区货物出入口与汇兑管理暂行办法草案》，1944年3月23日，山东省档案馆）

第四条　渤海区暂以粮食、棉絮、食盐、土硝为特种出口货物。

第五条　特种出口货物均由工商管理局实行统制，除已进行登记之公营商店合作社及已领取营业许可证或资本在五万元以上之私人商店，经特许批准外，其他商人不得经营。

（《山东渤海区出入口贸易统制暂行办》，1944年，山东省档案馆）

（四）禁止出口物资

凡重要工业原料，为根据地所需，且为供给敌人侵略战争之重要用品者均禁止出口。

（《冀太联贸易暂行条例》，1941年6月10日，河南省档案馆）

（1）凡棉花、棉纱、胎羔皮、粮食、面粉、各种生产用品、各种军用器材、五金铜钱、硝磺、汽油、煤油、擦枪油、化学用品、西药用品、牛奶等，均禁止输往敌占区。

（2）凡胎羔皮、军用器材、金、银均禁止输往本区以外之敌占区。

（《晋西北行署修正营业税稽征暂行条例》，1941年12月20日，山西省档案馆）

下列八种物资一律禁止出口，但在边区境内得自由运销。粮食、油（动植物油）、榨油原料（核桃、核桃仁、杏核、杏仁、花生、花生仁、各种麻籽、菜籽、棉籽等）、棉花、布匹、皮毛（各种羊皮、羊毛，羊绒、牛骡驴马皮）、铁、铁器。

所列八种物资，绝对不允许运往敌占区或敌伪据点，违者一经查出，除将所运物资全部没收外，分别给予下列治罪：（一）奸商图利大量运销者以汉奸论罪；（二）小商贩情节不重者酌处百元以下之罚金；（三）一般人民犯罪情节轻微者免于治罪。

（《晋察冀边区委员会通知各级政府严禁粮食、油、榨油、原料、铁、棉花、布匹、皮毛、铁器八种物资出境》，1941年12月31日，《晋察冀日报》，河北省档案馆）

各级政府应立即严禁粮食、耕牛、棉花、毛皮等重要产品出口，与商人合力共筹，一般土产剩余品应由贸易局统一运出，商人亦可自行运出。但须经贸易局检查登记，并保证换同样价格或一定比例的我之必需品。否则不发出口证（无证者不准出口）。因此贸易局及税务局辑私工作必须加强，并加强对根据地商人的联系和组织工作。只有这样，才能阻止法币大量流入。但在我不巩固地区内，统制限制是不可能的，一般应劝告商人运货换货，并减少资敌原料之输出。

（《中共山东分局财委会关于法币问题的指标》，1942年5月29日，山东省档案馆）

凡出口货物，除金属原料、金属器具、硝磺、羊毛（成品在外），植物油及油类作物（花生、大麻子、核桃、青籽）禁止出口，大米小麦由政府专卖出口外，其余一律免税自由出口。

（《晋察冀边区行政委员会关于北岳区出入口贸易的新规定》，1943年3月20日，河北省档案馆）

兹为度过灾荒保存食料，对于可供食用之物出口规定如下：

一、各种猪羊及猪羊肉类一律禁止出口。

二、山药蛋、豆腐、粉条、干粉、瓜条、干豆角、榆皮、地榆皮、糠、炒面。各种植物油饼一律禁止出口。

三、大麻籽、芝麻籽、麻籽、木料籽一律禁止出口。已制成之油仍许出口。

（《晋冀鲁豫边府通知副食品出口之限制》，1943年8月5日，河南省档案馆）

禁止出口：（一）牲口；（二）各种杂粮；（三）生米、花生。

（《胶东行政主任公署关于1944年1至3月工商管理工作的指示》，1943年12月，山东省档案馆）

凡出口货物除金属原料、金属器材、硝磺、羊毛（羊毛成品在外）、植物油及油类作物（花生、大麻子、核桃、青籽、芝麻）禁止出口。大米、小麦、羊专卖出口外，其余在冀西地区平汉线方面，一律免税自由出口。在一、二专区及六专区西线除粮食禁止出口外。其余与冀西同。

（《晋察冀边区行政委员会关于变更出入口贸易办法的决定》，1944年4月21日，河北省档案馆）

禁止输出货物：粮食及粮食制品（面干粉、团粉等）、山药片、棉花。

（《冀中行署颁发出入口贸易管理办法粉碎敌寇经济掠夺》，1945年7月25日，《冀中导报》，河北省档案馆）

为保证采购支持外汇，……自即日起，所有由陆地出口之生米、生油、黄烟无论公私一律禁止出口。

（《山东省工商总局紧急通令》，1947年6月，山东省档案馆）

关于严禁美蒋敌货入口，行署曾一再发布命令。但据近数月来各地走私进口之美蒋敌货，如纸烟、洋市布等颇多，尤以美蒋造纸烟为最甚。市镇、农村到处销售，使我边区土产的发展受到很大的打击，外汇亦受到损失。现在各地土产卷烟大部停顿。如临县安业今春尚有卷烟户四十六家，现在已垮的留下十几家；三交原有十四家。现仅留下五、六家。最近神木竟擅自开禁敌货，并开始合法手续。大量运入内地。并错误地认为如不让外货进来，工商业便不能发展。市场即不能繁荣。这种看法是极端错误的，应即纠正。须知我们是发展与保护正当的，对广大群众有利的工商业，繁荣土产市场，并不是繁荣美蒋敌货市场，来打垮自己。在此淡月期间，各地税务机关应集中力量加强缉私管理市场工作。各专员县长应经常督促检查，并令区村政府严行缉私，同时宣传群众进行缉私。今后凡对条例禁止入口的货物。尤其是美蒋纸烟、洋市布等私货。不论公私任何人的，均应坚决没收。案情重大经常走私者，除私货没收外，还应予以处罚，以杜走私，肃清市场上之美蒋敌货、保护我边区土产发展。希认真执行为要。

（《晋绥边区行政公署通令》，1948年7月15日，山西省档案馆）

（五）禁止入口物资

举凡奢侈品（如纸烟、香皂、化妆品、海味等）、迷信用品（用冥钞、金银箔、供香等）、以及纺织物，麻织物、草织物等一律禁止入口。

（《抵制酒货——加强对敌的经济斗争》，1941年5月17日，《新华日报》）

凡非人民生活必需品，有害于根据地经济者均禁止入口。

（《冀太联办贸易暂行条例》，1941年6月10

日,河南省档案馆)

第六次边区政府委员会通过为节省外汇,减少入口,在太行区禁止墨水、香皂、牙膏、笔记本、各种毛织品,各种绒线(毛织线织均在内)等入口,业经财政厅通令颁布施行。

(《晋冀鲁豫边府建设厅关于宣传禁止香皂、毛织品等入口的指示信》,1941年10月1日,山西省档案馆)

(1)凡丝茧、麻绳。各种丝毛织绸、绉、纺、绫、绢、纱、夏布、麻布物、各种水果、罐头、糕点、供器、穿衣镜、海菜、鱼虾、毛织呢绒、绸缎、寿衣、化妆品、玻璃料器、藤制器、化学器具、迷信用品、各种酒类,均禁止由敌占区输入。

(2)凡绸缎、估衣、寿衣、香水、雪花膏、头油、墨黄表、纸炮、烧纸、古连、锡箔、洋酒等均禁止由非敌区输入。

(《晋西北行署修正营业税稽征暂行条例》,1941年12月20日,山西省档案馆)

凡入口货物,除纸烟、酒、香皂(即羊胰子)、烧纸、锡箔禁止入口及在市场买卖外,其余一律准予免税入口,自由买卖。

(《晋察冀边区行政委员会关于北岳区出入口贸易的新规定》,1943年3月20日,河北省档案馆)

禁止下列货物进口:(一)外来棉织品,海上入口之土布亦禁止入口。但陆地敌区(指暂时被敌占领地区)土布,因为是我们提倡发展的,故应与内地土布同视,允其入口;(二)洋线(合股线除外);(三)丝麻毛织品;(四)迷信品;(五)化妆品(包括花露水,香皂,雪花膏等);(六)外来机制纸烟。

(《山东胶东行政主任公署关于1944年1至3月工商管理工作的指示》,1943年12月,山东省档案馆)

严密管理对外贸易。限制奢侈品,速售消耗品(如烧纸)的输入。

(《山东抗日民主政权工作三年来的总结与今后施政之中心方案》,1943年,山东省档案馆)

禁止输入货物:麻织品、丝织品、化妆品(脂粉香水等),迷信品(烧纸、黄表纸、锡箔等)、水烟、麻纸、纸烟、烧酒。

(《冀中行署颁发出入口贸易管理办法粉碎敌寇经济掠夺》,1945年7月25日,《冀中导报》,河北省档案馆)

丝织物麻织物、迷信品(香、烧纸、锡箔等)、化妆品、洋酒、汽水、罐头等禁止入口。

(《晋察冀边区行政委员会冀热辽行署关于对内对外贸易工作的指示》,1945年11月11日,河北省档案馆)

为了保证外汇,扶助生产,并贯彻反铺张浪费的精神,节约物力。支援自卫战争。兹决定禁止外产各种迷信品、化妆品入口,对以前运进的迷信品化妆品由税局立即进行登记盖章,限期销完(尽量动员向外区推销),命令公布后,再有入口或逾期尚有保存贩卖外货者。即执行没收。

(《晋绥边区行政公署(关于禁止化妆品、迷信品入口的)令》,1946年11月23日,山西省档案馆)

(六)奖励入口物资

奖励入口货——免税

军用必需品

(1)军火材料:枪炮子弹、机械零件、火药炸药、火药原料、兵工器材。

(2)通讯材料:电话机、电话材料、电报机、电报材料、电线电池、无线电材料。

(3)军用医药品:外科器材,中西药、诊疗器材、橡皮膏(卫生器材)。

(4)其他军用器材:指南针、擦枪油(或可代用之生发油等)、望远镜。

(《山西省第三区行政督察专员公署出入境货物暂行分类税率表》,1940年3月15日,河北省档案馆)

凡军用品及人民重要必需品不能以土产代替者均免税奖励入口。

(《冀太区贸易暂行条例》,1941年6月10日,河南省档案馆)

(1)凡棉花、棉纱、军用器具、生产用具、印刷器材、绘图器具、理化仪器、各种制造机器、各种电料器材、五金铜线、硝磺汽油、煤油、擦枪油、医药用品、火柴等，均奖励由敌占区输入，由免税至课以百分之四税率。

(2)凡棉花、棉纱、盐、食粮、军用器具、各种生产用具、印刷器材、铅笔、毛笔、绘图器具、理化仪器、各种制造机器，各种制造电料器材，五金钢铁、硝磺、汽油、煤油机器油、擦枪油、中西药品、火柴等，均奖励由非敌占区输入，由免税至课以百分之四之税率。

(《晋西北行署修正营业税稽征暂行条例》，1941年12月20日，山西省档案馆)

免税进口货物：(一)军用器材；(二)汽油；(三)西药；(四)棉花；(五)文化纸张；(六)染料；(七)牲口。

(《山东胶东行政主任公署关于1944年1至3月工商管理工作的指示》，1943年12月，山东省档案馆)

(七)奖励出口物资

奖励出口货——按价征税百分之五。如猪毛、猪鬃、药材、水果、瓷器材料、果仁、干果、土产烟、土产卷烟，我方禁止入口货。

(《山西省第三区行政督察专员公署出入境货物暂行分类税率表》，1940年3月15日，河北省档案馆)

凡非根据地所必需之大批土产，或消费有余之土产均免税奖励出口。

(《冀太区贸易暂行条例》，1941年6月10，河南省档案馆)

(1)凡各种棉织罗葛、绸缎等，各种毛织呢、绒、哈刺、纱、夏布、草编物、绸缎估衣、寿衣、各种化妆品、麻纸、卷烟等，均奖励输往敌占区。由免税至课以百分之四税率。

(2)凡土布、毛织呢绒、哈刺、纱、各种绸缎、纺、绫、毛布、植物油、音乐用品、麻纸、水旱烟叶、糕点、罐头、绸缎估衣，均奖励输入非敌区，由免税至课以百分之四之税。

(《晋西北行署修正营业税稽征暂行条例》，1941年12月20日，山西省档案馆)

奖励过剩物资(如鲁中的烟叶、清河的棉花、鲁南的山货、滨海胶东的食盐、生油……)的输出。

(《山东抗日民主政权工作三年来的总结与今后施政之中心方案》，1943年，山东省档案馆)

三、专 卖

(一)专卖是对敌斗争的重要手段

专卖是掌握重要物资对敌进行经济斗争的重要手段之一。本会已决定大米、公羊在全北岳区实行专卖。这一工作不是简单的做买卖，不只是贸易管理局和专卖商店的事。专卖工作是在敌伪经济封锁与敌我不等价交换，在贸易上我处于相对劣势的情况下，部分的逐渐地争取主动与胜利，以期改变整个贸易的方法，它是以掌握我之重要物资，换取敌之重要物资，冲破敌伪经济封锁，争取对敌等价甚至高价交换。这一工作，必须政府与贸易管理局专卖商店，是不能胜任的。

1. 专卖是敌我贸易上以热货换热货的重要手段。我之物资有敌最需要者(如大米、公羊)，敌之物资有我最需要者(如钞票纸、军需品等)。我们掌握住敌所需要的物资实行专卖出口(如大米、公羊)，敌人要吸收，只有一个条件，就是必须拿我所最需要的指定的物资(如钞票纸、军需品等)来交换，否则不卖。在吸收热货上，我们是主动的，敌人是被动的。

2. 专卖是敌我贸易上争取等价交换甚至高价交换的重要手段。敌人急需我之大米、公羊。我如专卖出口，敌人要吸收，只有一个条件，即是必须多出钱。争取等价交换。甚至高价交换，钱少价低不卖。在争取等价交换上，我是主动的，敌是被动的。

(《晋察冀边区行政委员会关于掌握重要物资实行专卖出口的指示》，1942年11月12日，河北省档案馆)

(二)专卖办法

1. 专卖的批准与撤销。批准与撤销权属于本会。各级政府及贸易管理局、商店应随时将各地应行专卖的物品报告本会审核。在特殊紧急需要情况下，专署可以先行批准或撤销。即时执行。随后报告本会最后批准。批准时应包括专卖的物品数量(估计)、条件，时间与商店等项目。

2. 专卖品与数量的确定。专卖品须具备敌人必需的条件，即必须是敌之热货；对我虽也是必需的热货,但可以权衡利害出口一定的数量;出口多少,以对我利少与不致过于影响我之需要为原则。

3. 专卖条件,根据下列原则条件及专卖品对于敌人需要程度之缓急等情况,具体规定。①换回我最需要的必需品(可以按次序规定几种,第一种是什么,第二种是什么,第三种是什么)。非此不卖;②争取等价甚至高价交换(可以规定最低的一般的价格),非此不卖,③不得已时(不是一切不得已)换回伪钞(可以规定伪钞价格),非此不卖。专卖条件,可由专署与支局具体规定,报经边委会批准;或由贸易管理局具体规定报经边委会批准。专卖商店必须严格遵守规定的条件。

4. 专卖时间

根据专卖品数量、出口情形等情况确定之。在执行中，可以经过批准后延长或缩短之，专卖品在专卖期间，无论原属准许出口货物或征税出口货物一律禁止出口，原属征税出口货物者免税，全北岳区范围内之专卖品，各地一律禁止出口。部分地区如专区或县范围内之专卖品，是否需要全专区或全北岳区各地一律禁止出口，在批准时确定之，专署只能在专区范围内初步批准，但得提出意见报告本会。在全北岳区禁止出口专卖。期间终了，该项货物仍按照边区出入口货稽征条例的规定处理之。

(《晋察冀边区行政委员会关于掌握重要物资实行专卖出口的指示》,1942年11月12日,河北省档案馆)

(三)粮食专卖管理

1. 工商管理局各局应负主要责任,负责去组织粮食专卖,但能力不足时,可与当地民众,商民协民协同经营专卖,惟须以私人名义出现,若完全无专卖力量时,可委托民众或商会组织粮店专卖。但必需保证执行政府之粮食贸易政策,并在管理局领导监督下进行之,若已有运销合作社之组织者,亦可委托其办理专卖事宜。

2. 粮食专卖注意事项:

(1)粮食专卖不是对敌占区之粮食进行断绝,而相反的是使根据地有许划的出口,使敌占区民众买卖粮食更方便些,而且借此可以团结敌占区军民。

(2)根据地粮食出口。一定保证换取必需品。

(3)不是平抑物价,而是根据地粮价。这对根据地是有利的,要做粮食的出口与必需品的入口的平衡。

(4)粮食专卖手续,务须简便、迅速,免得使敌占区民众(买粮卖粮)感到麻烦。

(《晋冀鲁豫边府指示禁止粮食出口与粮食专卖问题》,1941年12月7日,山西省档案馆)

什么叫粮食专卖?粮食专卖就是抗日政府为防止敌人的掠夺,保证抗日军民的粮食供给,而进行对粮食统管与调剂的办法。

为什么要粮食专卖?因为粮食是敌寇掠夺的主要对象。它在今天根据地内,是带有半货币性质的一种商品。粮食价格的升降,往往成为各种商品物价变动的主要原因之一。在货币的巩固上,也起着巨大的杠杆作用,因此粮食必须掌握在抗日政府手中。

如何实行粮食专卖?专卖并不是官价由专卖行完全收买,在根据地内部。仍是自由贸易。卖者多、买者少,专卖行则以市价收买;买者多,卖者少。则由专卖行卖存粮以平衡市价。但粮价应粮食收获量、季节性与市场之规律、战争中物价必然上涨之因素,使粮食价格不致暴涨暴落。

(《晋冀鲁豫工商总局印发粮食工作队工作手册》,1942年4月27日,山西省档案馆)

(四)专卖物资

二、实行烧酒专卖,凡予贩卖烧酒之群众或商人,须由区以上的政府机关核准,直接介绍各就近酒厂,再由酒厂代为各地工商管理局发给专卖证与购运登记证,始准营业,专卖证每只印刷费五元,购运证每只印刷费一元,由酒商领取时交钠。

三、如经查获或告发酒商有贩运酒入口之事实,除停止其营业撤销烧酒专卖证外,并依情酌予没收和处罚。

四、酒商从公营酒厂购运时,须持烧酒购运登记证,以资沿途军民岗哨检验贩卖白兰地、葡萄酒等,不受本决定之限制。但必须有出厂税收证封于瓶口为凭,否则以走私论,一经缉获,照走私规章处理之。凡手续无讹,军民岗哨如有故意留难者应受批评。

(《山东省胶东区行政公署训令》,1945年12月,山东省档案馆)

粮食、生米(包括花生和生油)、食盐、各种矿产等主要物资，在出入胶东解放区时，实行专卖。不论解放区与非解放区（青、济、平、律等）商民均得直接向各地区、各海口工商管理局之公营商店订立买卖合同或办理出口手续，以交流各地物资沟通有无。

（《胶东区行政公署解除封锁放出物资布告》，1946年3月12日，《大众日报》，山东省图书馆）

专卖物资种类暂定为粮食，棉花，土布，豆饼，油类等主要物资为专卖物品，无论公私企业，一律照章办理出口手续，否则以违法论处。

（《山东省渤海工商局特种物资专卖办法》，1947年2月1日，山东省档案馆）

（五）专卖部门

专卖物品，只准专卖商店专卖出口。其他任何机关团体商店合作社或个人，均不准出口。专卖商店。由贸易管理局指定，但须报告政府并通知所在地专署。专卖商店违法时，本会及专署得撤销其专卖权，严重者并予治罪。

（《晋察冀边区行政委员会关于掌握重要物资实行专卖出口的指示》，1942年11月12日，河北省档案馆）

指定各边沿商店，贸易公司为具体执行机关，负责办理一切专卖专买手续。

（《山东省渤海工商局特种物资专卖办法》，1947年2月1日，山东省档案馆）

四、机关部队贸易

（一）机关部队严禁买卖粮食

为整顿粮食工作与便于发挥其对敌经济斗争之威力，特决定：

一、各部队政府机关团体之机关生产，一律严禁买卖粮食（包括各类面粉）。

二、各部队政府机关团体之机关生产已买入之粮食尚未卖出者，统限于三月底前卖与各地之粮食调剂所，或公营粮店。并须持有证明函件（军队须旅级或分区级以上军政首长之证明，政府须县级以上首长及财粮科长之证明），不得卖给商民或某一个人。

三、机关生产所存之粮食逾期未卖出者，一律以公粮论，收为公有。

（晋冀鲁豫边府命令《禁止机关生产买卖粮食》，1943年2月25日，山西省档案馆）

奉边府建字第30号命令开：据各地反映最近发现有公营商店及机关生产单位，以低价预先定购农民秋后之粮食山货者。此种情形带有高利贷之性质。与过去都市购买期货性质完全不同。实非我抗日民主政府根据地之应有现象。兹规定凡予购粮食山货低于市价百分之十以下者，一律视为非法，严予禁止。

（《晋冀鲁豫工商总局通令禁止以低价预购农民粮食山货》，1943年6月25日，河南省档案馆）

为贯彻粮票制度，加强粮食管理。防止贪污浪费，取缔以粮食在市场上做倒把生意。本署曾决定严禁机关部队买卖粮食。兹为坚决贯彻这一决定，并解决某些实际问题。特通令如下：

一、严禁吃公粮的机关部队以任何方式买卖粮食（包括小米、玉米、红粮、大米、麦子等）。如确为调剂伙食而需购买豆类者，须带主管机关的证明，并向集市管理委员会先行声明登记，方准购买；如需要玉米或红粮时可持主管机关介绍信与当地政府接洽，以小米换取杂粮。

二、非吃公粮的机关部门持有其主管机关的证明并向集市管理委员会声明登记者。准予购买粮食，但需服从集市管理委员会之指导，不准囤积居奇、投机倒把。违反以上规定。在市场买卖粮食者，一经查出，除没收粮食外并予处分。

（《冀东行政公署关于严禁机关、部队买卖粮食的通令》，1948年3月27日，河北省档案馆）

（二）对机关部队商店实行统一管理

……军队经营商业，必须严格的在政府贸易局统一指导管理下进行，禁止黑市和破坏法令政策之错误行为。

（《中共山东分局财委会关于今后财经工作的指示》，1942年4月，山东省档案馆）

各军政单位，可进行一定贸易。但必须统一管理。服从法令。禁止征用民力，互相竞争，以至提价，禁止自流，甚至做投机买卖，统一管理办法。最好直接了当地向工商管理处入股。或以团或军分区为单位统一经营,再由地区性贸易机关统一管理。

(《山东五年工作总结及今后任务》,1943 年 8 月,山东省图书馆)

整理公营商店,保护私营商店,扶助商人。保障根据地内自由贸易。部队和机关所经营的商店立即合并,统归工商管理局直接领导。此等公营商店不应存在单纯营利观点,应在调剂有无,平衡物价上起领导作用。

(《山东抗日民主政权工作三年来的总结与今后施政之中心方案》,1943 年,山东省档案馆)

对机关部队贸易做如下规定:

一、机关、部队合作社纯系供给性质。只为本机关本部队人员服务,不对外经销货物者,得享受免除负担之优待。

二、任何机关部队生产均须与一般商号同样,向当地县市政府进行登记。否则不得营业,登记项目由各县市政府规定。

三、绝对禁止垄断市场统购统销,破坏自己贸易的行为,违者依法惩办。

四、其他方面:①照章缴纳营业税。②加入商会及同业公会。与一般商人同样负担勤务。店员则加入店员工会。③禁止无代价占用或借用公私财产,一切房屋地产家具必需购买租赁支付租价,订立契约。具备合法手续。④商店人员不得穿新军服。

五、完全以调剂物资为目的。不做日常经营之公营商店,经边府、行署批准得免除其登记手续与国营税外,其他完全与机关生产之商店同。

(《晋冀鲁豫边区政府冀鲁豫行署布告》,1946 年 5 月 14 日,山东党史资料办公室)

三、机关部队本身及一切机关部队人员。一律不准进行运销。对其机关商店只有股东资格。不得参加其营业。

四、机关部队商店在市场上不得以机关部队名义出现。所有机关商店及其店里人员,均须遵守下列各项纪律。

(一)不吃公粮;

(二)不穿军装不带枪(游击区除外);

(三)不占用公款;

(四)不动用勤务;

(五)不贩卖违禁品或走私;

(六)不囤积居奇抬高物价;

五、机关商店须受所在地政府及贸易管理机关之监督管理,一律照章纳税,应服从政府各项经济措施之规定。

六、各机关商店须一律进行登记。登记时须具备申请书。送同级管理委员会审核加具意见后,转送同级政府批准,并由批准机关转送商店所在地县政府备案。

(《察哈尔省机关商店管理办法》,1947 年 2 月 11 日,河北省档案馆)

(三)严禁机关部队从事商业活动

山东各部队机关的生产工作几年来是有显著成绩的,如解决政府财政上的困难,减轻了人民的负担,改善了自己的生活,以及加强劳动观念,学习生产知识,对于革命事业贡献很大。但因农业生产获利不大,手工业也没有发展起来,绝大部分生产任务依靠贸易解决,因此发生若干流弊,主要的有:

一、公营商店普遍发展,排挤私营企业,使我党扶助私营企业的政策完全无法实现。有些部队机关人员甚至摆摊赶集,去与小贩竞争,这样与民争势将造成我们政治上的巨大损失。

二、为着完成财政任务,往往违犯政府法令,损害财政收入,且因生产人员数目庞大,多靠公家供给,增加财政开支,结果往往所得不偿所失,亦易引起部队与政府间的纷争。

三、生产收入可以不按制度随意开支,造成供给上的巨大浪费,和各机关部队间的苦乐不均的现象,部分生产人员甚至浪费贪污,趋向堕落腐化。

以上各种流弊近来日益显著,虽经一再纠正,仍少效果。华东局财委会迭接各地反映,经过研究讨论,认为如不彻底调整部队机关生产工作,很难结束混乱现象,故特决定:

1.主力部队全部供给(供给标准所规定的为限)均由政府负责,地方部队及机关人员之供给亦有政府尽量保证,减轻生产任务,今后部队机关之生产应以农业手工业为主,不得再向贸易发展。

2.在保证供给及减轻生产任务后,部队机关所经营之商店应即整理归并。此项整理工作可分两个步骤进行。

①五六两月进行调查登记。撤销部队团以下,

政府县以下所开设之商店,禁止摆摊赶集(贩卖性质)排挤小贩,切实做到所有商店人员完全自给不吃公粮,不穿军装制服,严禁派差逃税等类非法行为。部队机关首长、部队政府机关、政府工商机关及各供给机关。均应负责检查,迅速纠正一切违犯制度、违犯政府法令现象。

②七月份起由各区党委财经部整理归并各地机关部队所设商店,省级机关及野战部队所设商店由华东局财经部整理归并。应把这些商店归并而为几个规模较大的贸易公司。经营土产运销及必需品的采购。勿与商人争利,且应扶助私营经济发展。

(《中共华东中央局关于调整部队机关生产工作的决定》,1946年5月13日,山东省档案馆)

在抗日战争中,为克服战时财政困难,减轻人民负担,曾以生产自给为我重要财政方针之一,几年来各政府机关部门执行这一方针曾有不少收获。但胜利以后,特别是大规模自卫战争到来,一方面财政更加困难,一方面由于机关生产大都趋于商业贸易一途,致到处商店林立,与民争利。投机垄断,破坏政策制度,实际得不偿失。即农业生产一项,亦因土地有限,生产机关多不能认真经营,直接损害了群众利益,间接削弱整个社会财富。

因此,决定今后各部门经费开支一律重新规定适当标准。由省府财厅负责统一供给。现有各部门经营之贸易及工厂作坊均一律移交工商局接收。并决定所有机关生产资金全部交公作为献金,以渡过目前战争中的财政困难。并具体规定,除个人业余劳动农业手工业生产外,一切农工商业之机关生产部门到七月底止清算结束,将现有资金物资账目干部悉数转交当地工商局接收,干部由工商局统一分配工作,所有移交资金分别按级转账。

(《山东省政府关于停止机关贸易自给任务的通令》,1947年6月20日,山东省档案馆)

为此,华东局特于去年秋季决定禁止商业投机,将各机关开设的商店移归政府工商部门统一管理,非法积存的资财一律缴公。这个决定基本上是正确的,因而收到很大成绩。但因上述倾向一时纠正不易,而在具体执行时,不免矫枉过正,连机关劳动生产部分亦全部归公,未将劳动生产与商业投机分别处理。而对原有生产组织。亦未采取分别改造和转变生产的办法,则不无缺点。兹为改善机关生活,增加社会财富,必须恢复与发展机关劳动生产。尤其是山东的广大地区已联成一片。后方比较安定,是可以而且必须进行的。同时在战争摧残严重,灾荒仍然存在的情况之下,更有莫大的意义。

(《中共华东中央局关于恢复与发展机关生产的决定》,1948年8月15日,山东省档案馆)

(一)允许各机关组织本机关人力从事手工业、农业生产,但不得从事商业生产。

(二)在专署级较大机关中,允许参加有利于国计民生的工业.雇佣工人进行工业生产,允许设立推销本工厂产品,收购本厂原料的工厂门市部,但不得从事其他商业活动。

(三)上述机关生产,凡遵守政府法令,于国家贸易机关密切合作,在工商部门与国家贸易部门的指示下,共同反对私人资本中的投机操纵分子,扶持合作社者,应视为新民主主义性质的经营,银行可根据定章给予贷款,国家贸易机关应予以帮助,并应在可能范围内、委托其经营一定的业务(如委托收购等某些物资,推销货物等等)。

(四)凡违背上述方针,不遵守政府法令,不服从工商部门与国家贸易机关的指导、在市场上进行投机操纵。甚至假借名义进行活动,或与私商勾结共同对付国家贸易机关与合作社者,他们的资本虽然是公家的,但他们的经营方法,是违反新民主主义经济建设方针的,必须从经济上、行政上予以制止。从劝告、处分直到停止其营业。

(《华北人民政府决定机关生产不得从事商业活动》,1949年2月9日,《冀鲁豫日报》,山东省图书馆)

(四)严禁政府工作人员经商

近查有少数政府工作人员自行兼营商业。与民争利,此种行为不仅有碍公务,而且是滋生弊端及其他不正当行为之渊源。为杜绝此等不正当行为,特决定各级政府工作人员。一律不准私自经营商业,违者应予纪律处分。其家属经商而本身未参加者不在此禁。

(晋冀鲁豫边区冀鲁豫行署训令》,1943年2月2日,山东党史征集办公室)

三、经济工作人员,不准做任何私人营业(包括其同居之家属在内)，或以其工作地位业务关系带做空头买卖。

四、不准假公济私利用其地位关系有意识地指导自己工作范围以外的亲戚朋友及机关团体进行营业。

(《冀鲁豫区工商管理局关于经济工作人员应守纪律的训令》，1946年5月7日，山东省党史资料办公室)

五、各种票证的使用与管理

"三种证件领用办法"：为发挥统制之效能，特制定三种证件，其领用办法如次：

——粮食购买证：凡已向政府领取营业许可证之粮食商贩，必须向所在地之专卖行领取粮食购运证，才准购运粮食。

——购粮证：凡欲购粮之户，必须领有购粮证，才能向所在地之专卖行购买粮食。

——售粮证：凡欲出卖粮食之户，必须向村公所领取售粮证，才能向所在地专卖行出售粮食。故今后的粮食运输和移动，必须有上述证件之一，否则一经查获即予没收，如粮证不符时，则将其超过部分予以没收。

(《晋冀鲁豫工商总局印发粮食工作队工作手册》，1942年4月27日，山西省档案馆)

查过去所规定工商行政之各种证件种类过于繁多，统计不下十余种(如兑货证，棉粮购运证等)。以致各军政民机关团体及商民等在领取证件与发证部门均感手续复杂，无所适从。甚至影响工商业发展及增加不必要之消耗。为此，对各种证件有加以修正与性质相同者合并之必要，兹根据具体情形，适应商民需要，特制定内地货物购运证、外汇携带证、特许出境证三种。以上证件着由各工商分局印发，各工商县局、工商事务所、公营商店使用(印刷工料向专署报销)。自令到之日起分局即行准备。将其他证明逐渐停止使用。

(《冀鲁豫行署关于修改工商行政证件的训令》，1944年1月9日，山东省档案馆)

各种证照印制与掌握由各县财政部门办理，交由稽征机关使用。如非此项证照，当事人得拒绝之，伪造或挖补证据者。除证作废外，并依法惩办之。

(《冀晋区牲畜布匹与交易手续费暂行办法》，1947年2月5日，河北省档案馆)

保护工商业者在内地旅行及从事贸易之充分自由，取消内地限制旅行自由之路条制度及限制商品在内地运转之搬运证、购运证、交易证及运销证等制度。

(《华北工商会议工商政策草案》，1948年6月，山西省档案馆)

过往军政民人员和参战服勤的民兵民工，他们要用粮票兑取米料时，只准就地食用，用多少兑多少，不准多兑，不准带走，更不准用粮票兑粮出卖。禁止拿粮票兑换别的货物和食品，禁止买卖粮票。公营工厂、商店的员工工资，不准发粮票。工农商民等，一概不准使用粮票。

(《太岳行署通令《粮票兑粮与使用问题》，1948年6月19日，山西省档案馆)

经与冀鲁豫区工商局协议规定，我区与冀鲁豫区间之物资购运，必须使用证件以利掌握，我冀南区商人去冀鲁豫区买卖时，须持有冀南区之物资调剂证。冀鲁豫区商人来冀南区买卖时，须持有冀鲁豫区之间内地购运证凭证购运。否则即限制其购买与贩运，并商定自十一月十五日起开始执行。在未执行前，只要商人持有本区工商部门之证明文件，均不得限制。

(《晋冀鲁豫边区冀南区工商管理局指示信》，1948年10月23日，邯郸市档案馆)

第二节　重要物资管理

一、粮　食

(一)严禁粮食资敌

查征集粮食，支持抗战早经令行各县遵办在案。近据查报，本区各县仍有将大米、面粉及一切食粮向大同、太原、保定等处输运贩卖事情。似此损却自己物力资敌利用，闻之殊深痛恨。仰该县长迅饬所属。嗣后，对此以粮资敌事情，务须认真查禁，倘有奸商渔利之徒故违禁令并应即时扣留从重罚办,以儆愚顽。但在本区各县以粮票互相调剂民食者,不在此限。

(《晋察冀边区行政委员会严禁以粮资敌的通知》,1938 年 6 月 4 日,河北省档案馆)

粮食禁止出口——原则上禁止粮食出口,但政府有组织有计划出口,而能换取必需品者,可以出口。若有敌占区民众通过我占区往敌占区卖粮者,可以活动办理,最好亦加以组织之。

(《晋冀鲁豫边府指示禁止粮食出口与粮食专卖问题》,1941 年 12 月 7 日,山西省档案馆)

查柿糠炒面,为太行区民食之一,关于出境限制应与其他粮食同样办理。最近大批出境。深恐影响民食,兹决定柿糠炒面,概不准出境,至于游击区贫民确实需要者,应由工商管理局按粮食专卖手续,发给购买证,始得购运一定数量出境。

(《晋冀鲁豫边府指令规定柿糠炒面出境限制办法》,1942 年 7 月,河南省档案馆)

敌人掠夺粮食一般采用:抢掠、摊派、收买三种方式,我们对策主要的是:(1)严密封锁粮食,收购边沿地区余粮,必要时刻限制边沿区的粮食买卖,以防走私外流。(2)动员游击区的人民拒交,或者迟交,少交资敌给养,进行反资敌的斗争。(3)号召根据地的人民埋藏粮食,防止敌人掠夺,政府存粮亦应分散埋藏。(4)采用突出姿态有计划的抢购敌区粮食,随购随运随藏,免受损失,后者可以先在部分地区试行。

(薛暮桥:《山东工商管理工作的方针和政策》,1945 年 5 月,山东省图书馆)

为保护粮食,令到之日起,立刻停止粮食出口,公粮除已经指定之专署仍可兑换棉花布匹外,立刻停止兑换其他物资(如盐、铜元等),并立刻停止出售公粮,除腐烂的公粮外,停止以好粮食造酒(三分区供给军用者除外)。边审字 136 号关于造酒的命令停止执行。

(《晋冀鲁豫边府紧急通令停止粮食出口与停止好粮食造酒》,1945 年 6 月 2 日,河南省档案馆)

目前天久不雨,雁北一带旱象已成,而国民党反动派阎、傅等又积极囤粮抢粮,阴谋发动内战,为了保证军用民食,特决定严禁粮食出口,各地应加紧发动群众配合民兵游击队保卫夏收,加紧缉私,一致为防止粮食被顽方所抢劫与偷运而斗争。为了解决群众困难,各地贸易公司与公营商店可推出其他土产,吸收粮食,并适当的提高粮价,若贸易公司需要输出粮食时,亦须有当地专署或边区贸易公司的批准始可。

(《晋绥边区行政公署关于严禁粮食出口的令》,1946 年 6 月 3 日,山西省档案馆)

为严禁粮食出境资敌,鲁中一专署特发出训令,首先指出:大部分地区由于忽视禁粮出境工作,致我内地粮食仍大量外流粮价上涨,长此下去,必将加重明年春荒,继提出五项办法:

一、加强宣传教育工作,普遍向群众进行不资敌与反资敌备荒等教育,使群众认识到敌人的经济掠夺对我区的危害,并定出公约,使缉私工作成为群众性的工作。

二、各地应明确划分封锁线,为便利检查,靠近边沿集市之粮食市,可有计划移到内地,我公营商店可吸收一部分,向内地调剂。

(《山东鲁中一专署发出禁止粮食出境资敌的训令》,1947 年 12 月 13 日,《大众日报》,山东省图书馆)

(二)粮食销售

1. 凡已发购粮证的各地区群众,持购粮证可向根据地内各集市粮调所购买,粮调所根据其购粮证上所限定的数量内准予售给,并在该证上注明购粮数量,并加盖印记。

2. 群众购粮证可在沿途运输不得留难。

(《晋冀鲁豫边区工商管理总局通令持购粮证可在各地区自由购粮》,1942 年 12 月 5 日,山西省档案馆)

第三条 凡根据地人民在本县境内可自由出售粮食,不受任何限制,敌占区、游击区人民向根据地售粮者亦同。

第四条 领有营业证之粮贩,可以在本县境内自由购买,但须到指定之粮食调剂所或集市出卖。

第六条 凡持有购粮证者,得按调剂区划到指定之粮食调剂所或集市凭证购粮。独立之工商业者及人民之缺粮户，得发给购粮证。

第七条　持有购粮证不经粮食调剂所在村中自由调剂之数，得经过各该地村公所填注购粮数于证上，并加盖村章。

第八条　购粮证由工商管理总局统一印制，由各县政府查实填发之。

第九条　根据地边沿及游击地区粮食之调剂，为防止粮食资敌，得划分封锁地带，规定统一调剂办法，严格管理。

（《太行区粮食调剂管理暂行办法及注意事项》，1943年4月4日，山西省档案馆）

粮食既能保证供给（多数市集供过于求），内地粮食购买限制便可取消，准许自由贸易，某些边缘地区如果敌区粮价高于我区，可能走私输出，则可设立封锁地带，限制人民购粮数额，但如敌区粮价不高，走私无利可图，则亦不一定要采用限购办法，只要采用普通封锁办法也就够了，过去一方面苦于粮食卖不出去，一方面限制人民购买，徒然增加政府和人民的困难，当然粮食输往敌区仍有制止，必输出时亦应由政府专卖。

（《山东省战时行政委员会工商处给胶东工商局的指示信》，1943年，山东省档案馆）

第二条　凡在边区市场上买卖粮食者，不论公私均须经当地税务机关设立之过斗人员统一过斗，并交纳粮食买卖手续费。

第七条　凡粮食买卖，经税务机关设立之过斗员过斗成交后，卖粮食人须从量交纳百分之三的粮食买卖手续费。

（《晋绥边区有关粮食市场管理的规定》，1946年2月20日，山西省档案馆）

粮食调剂问题：本省各根据地粮食均能自给，渤海鲁南且有余粮可以输出，一般估计，渤海每年可以输出五千万至一万万斤，鲁南沂河区和运河区的粮食亦有大量余剩，但这剩余主要是建筑在人民的粮食节约上的（每人每年平均仅仅吃粮三百至四百斤）。如果人民的生活改善，便只够自给，遇到荒歉年成还有缺粮可能。因此除渤海区和鲁南部分地区可由政府有计划的专卖余粮外。各地均须禁止粮食输出，首先保证根据地的粮食自给。

（薛暮桥《山东工商管理工作的方针和政策》，1945年5月，山东省图书馆）

（三）粮食运输

沂蒙专署为反对敌寇利用奸商运粮出境，破坏我根据地的阴谋，特于日前颁布告示，各地商民除应遵守以前的购粮运输办法以外，如必须购粮自食者，一定要向当地区公所登记并领取证明书方可运粮，如发现私运出境者，一经查出，轻则没收处罚，重则以通敌论罪。此外，并号召各地自卫团游击小组要严密检查，凡查出者，规定从没收之粮食中抽出一部分予以奖励。

（《沂蒙粮食严禁出境》，1942年6月1日，《大众日报》，山东省图书馆）

为鼓励敌占区粮商大量把粮食贩运到我根据地，可以下列办法优待之：

1. 凡从敌占区运至我根据地之粮食，抗日民主政府群众团体及当地驻军，应予以通行证，使其畅通无阻。

2. 凡从敌占区运至我根据地之粮食不受任何限制，不付关税，政府各级部门得予以各方面帮助，如倾销不完时，政府可按市价收买。

3. 各地贸易局应大力团结敌占区粮商，帮助其解决各种困难，必要时可以我之土货交换粮食。

4. 政府可发动靠近大道的居户、店户，凡系从敌区运粮粮商，不收或少收房价，以示欢迎。

四、凡根据地之民众，购粮自食在百斤内者，可以自由流通，超过百斤者，须有本村村长及农救会会长之证明文件，方许其流通，再多须经区公所或县政府批准。

五、凡粮商在根据地贩运粮食在百斤以上，贰百斤以下者，首先要由本村村长介绍到区公所登记，领取登记证，然后再到购粮区区公所登记领取购销证，超过贰百斤者须由所在地县政府领登记证再向购粮县领取运销证，方许其自由购买运销。

（《关于奖励粮食入境及严禁粮食出口资敌暂行办法》，1942年6月25日，《大众日报》，山东省图书馆）

兹为便于人民向外境谋生计，决定贫苦农民在外境充当雇工，或耕作土地所得之粮食，得运回其本籍地点。但以家住根据地内者为限，其有要求运

往敌占区或游击区者,须依粮食统治办法换成准许出口之货物,或货币行之,粮食一律不准自行流入敌占区,其具体手续如下:

1.由其原籍填造区公所以上政府之证明文件,确非运往敌占区,到粮食所在地之村公所证明,并找妥保人,向区公所换取县转发之粮食搬运证明书。

2.搬运粮食,必须依照填注意事项行之,否则以走私同。

3.粮食搬运证明书样式附后(略),由县政府制印,区公所经手发给手续。

(《晋冀鲁豫边府通令规定客籍雇工粮食搬运手续》,1942年11月3日,河南省档案馆)

一、凡持有购运证之粮贩,在根据地各市场的均可自由购粮(但必须按照购运证上所填之指定地点)。不受限制(特别是现在西面片粮贩较多),但确定购粮人数及购粮数量,应根据西面粮食吸收量来决定。

二、粮贩购运粮食,除购买其粮食之粮调所应按章抽手续费外,其他沿线所经过之粮调所,均不应留难阻拦及再加手续费。以利小贩直接运输。

三、已进行粮食组织工作,发给购粮证之地区,应不限制群众购粮,但于每集上粮食不敷分配时,可酌量调剂之。

(《晋冀鲁豫边区工商总局通令持购粮证可在各地区自由购粮》,1942年12月5日,山西省档案馆)

粮食面粉搬运出县境者,依下列规定行之。

甲、人民搬运粮食如地租粮、工资粮,外籍向本籍搬运本人收获粮等,须持有当地区级以上政府之正式证明文件(盖有区公章及负责长官名章),始得搬运。

乙、公营粮店或调剂所觅脚运粮,须持有粮店之运粮发单始得搬运。

丙、各机关团体部队搬运指拨公粮时,须持有该部之正式证明文件,始得搬运。

(《太行区粮食调剂管理暂行办法及注意事项》,1943年4月4日,山西省档案馆)

(四)粮食输出

兹因全区食盐奇贵,供应不足,敌区粮食向根据地拥挤,粮价有继续跌落倾向。为了调剂民生,特许生产贸易管理总局,在林北县专理经营粮食出口,换取食盐。凡能保证换回食盐及其他军用民用之重要必需品者,经向生产贸易局取得证明文件后,允许粮食在林北、安阳两县出口,并免征出口税。

(《冀太联办关于特许生产贸易总局在林北专理经营粮食出口的命令》,1941年8月,河南省档案馆)

渤海粮食生产过剩,需要输出,限制人民购粮是完全没有意义的,只会妨碍根据地内粮食流通及其自然调剂,增加人民困难,所以根据地内粮食限购办法应即取消,准许自由贸易,只有敌我粮价差额很大可能大量流出的边沿区可设封锁带,限定购粮数额,如敌区粮价并不完全比我们高,即在边沿区亦不一定封锁。

粮食和棉花是敌我均需的重要物资,必须实行统制,统制办法,或者实行专买专卖,输出粮棉完全由我收买再行输出或者均须通过公营商店交易所,由我按照市场情况规定买价、卖价,买卖间价的差额即为政府收入,或不规定价格仅向登记机关纳税领取出口许可证,并保证交出外汇或换回我们所需要的物资。

(《山东省战时行政委员会工商管理处给渤海区工商管理总局的指示》,1943年,山东省档案馆)

鲁南地区粮食东贱西贵,这一规律必须善于利用,工商管理局应有计划地自沂河地区吸收廉价粮食,平抑粮价(尤其春荒时期),如果粮食过剩造成粮价过分跌落,则可有计划的由跌落地区向外输出,粮食输出应由工商管理局严格统制。应当首先保证根据地内人民能得充足粮食,次则酌量调剂游击区之人民,可能时得规定购买粮食一律限用本币,借以扩大本币流通范围。

(《中共山东分局山东战时行政委员会工商管理处给鲁南区党委专署及工商管理局的指示》,1943年,山东省档案馆)

粮食或面粉出口,均得持有工商管理局填发之粮食出口证始准出口。

(《太行区粮食调剂管理暂行办法及注意事项》,1943年4月4日,山西省档案馆)

今年各地粮食丰收,粮价跌落,致使群众无法出售,特准予边沿区收成较好的地方,由合作社组织一部分粮食出口(在不影响明年春荒调剂互济问题)。换取棉花、土布、食盐三种自用物品。

此种粮食出口,由各边沿区合作社呈传县府转专署经委会讨论批准出口,并保证合理的,有利的换取棉花、土布、食盐三种物资(交换比例不能超过现在的规定,如十斤米换一斤花),不准换取其他物资,仍应尽量兑花,同时出口数量应与各分区经委会商酌。

(《晋冀鲁豫边区工商管理总局命令边沿区各合作社准予粮食出口并准许商店存粮出口兑换棉花、食盐》,1945 年 1 月 7 日,山西省档案馆)

1. 我根据区大部分是产粮区。粮食有些剩余,边沿游击区及敌占区如同蒲中段各县及豫北大部分是缺粮区,所缺之粮须仰给于我。因此,粮食便成了我对敌经济斗争中有力的武器。

2. 因战争破坏。我根据区粮产亦大为减少,除党政军民吃的以外,余粮县多,但为了预防灾荒,保证军食,即余之粮亦不敢全部输出。

3. 我区需要进口的食盐、棉花、布匹等(随着内地之发展纺织、棉花布匹之输入逐渐减少)数量很多,价值也很大。单靠山货药材……出口货,换不回全部必需品来,如果不出口一部分粮食,出入口便不能平衡,且食盐是掌握在敌人手中的,有时不予粮食就换不出食盐来,而山货药材……因战争影响出口又多不畅顺,为保证必需品之输入就非出口一部分粮食不可。

(《对敌贸易斗争中粮食的运用问题》,1946 年,山西省档案馆)

(五)成立粮食委员会

各区成立粮食委员会,由该区区长,财粮助理为当然委员。群众团体及当地驻军(区基干队在内)各举代表一人参加,亦可聘请当地开明绅士一、二人参加,由此组成粮食委员会。下设粮食委员会分会二—四个,由区委员会的委员兼分会的主任委员。其组成成分为村长、财粮委员、开明士绅及当地驻军等(区基干队本地游击队等)7 人至 9 人组织之。

粮食委员会的职权:

(一)调查本地产粮情形,除自用外,尚可补给其他地区若干,或需要其他地区补给若干。

(二)调查审查登记粮食贩子,并批准发给运粮许可证。

(三)粮贩购买的粮食和本地出卖的粮食,一律交到粮食委员会,由该会负责按当地市价,出卖于当地需粮户,粮贩不得私自出卖。

(四)可以按照当地实际情形用民主的方式,得随时评议规定粮食价格,以免受敌人的操纵。

四、粮贩得到粮食委员会的许可后,并负责发给出境许可证,可以将粮运往出境贩卖。

五、持有粮食委员会发给之粮食出境许可证,粮食出境,任何机关团体不得扣留。

(《晋察冀边区粮食管理办法》,1943 年 10 月 10 日,河北省档案馆)

四、县区建立对敌斗争委员会,在统一领导下,经济斗争应列为重要任务之一,在有集市的村庄,可组织粮食管制委员会,专门负责当地集市粮食管理。

五、对查获走私粮贩,应以教育为主,对专门资敌的大粮贩则召开村民大会民主讨论处理。

(《鲁中一专署发出禁止粮食出境资敌的训令》,1947 年 12 月 13 日,《大众日报》,山东省图书馆)

二、棉花

一、为确保根据地棉产数量,足够供给抗战军民需用,禁止运输资敌起见,特制定本办法。

二、凡购买棉花自用者,每人每次不得超过 20 斤。

三、各地棉商于本办法公布后,如欲贩运棉花须持有本村长及农救会长证明文件,向县政府或区公所申请登记,领取登记证。

四、各地棉商运棉在 20 斤以上 100 斤以下者须持有登记证,向购买地的区公所登记,允许后领取运销证。

五、各地棉商运棉过境时须持有该县抗日民主政府之登记证及棉花运销证,否则予以扣查。

六、各级抗日民主政府应协助抗日部队各群众团体经常派员查验运棉商贩有无登记证和运销证。

七、在敌人据点、铁路公路附近地区,应发动游击小组基干自卫团员实行对敌棉花封锁。

(《山东省战工会颁布禁棉资敌办法》,1941 年

9月28日,《大众日报》,山东省图书馆)

自去年4月1日实行棉花专买专卖后,增加了棉花的输入,克服了商人投机取巧囤积居奇操纵市场,扶助了纺织事业的发展。但是检讨起来,我们在掌握专买专卖政策过程中表现统制不严,脱离群众,影响私行商人输入棉花积极性不高,私人资本不活跃,以致影响棉花大量的输入,在掌握价格上不够机动灵活,与脱离市场差额过大,又造成与群众的对立。

为了纠正上述偏向与本着对外贸易统制,对内贸易自由原则,活跃私人资本,奖励棉花大量入口,为此决定取消棉花专买专卖的办法。

具体指示如下几点:

一、不论机关、部队、商人、群众到其他地区购运棉花不受任何限制,购运后准予在内地自由贩卖。

二、商人自行装运棉花入口者,应准予随意住行之,自由存货,随市价出卖之自由,但应严格检查不照顾商人利益高利乱削行为。

三、不论机关、部队、商人、群众购运棉花入口时,均须先到工商机关切实登记,防止向外走私。

四、在边缘区应严加封锁,绝对禁止棉花输出,如经查获走私者,应予以适当处分和教育。

(《胶东区行政公署关于取消棉花专买专卖的指示》,1945年,山东省档案馆)

棉花和布匹的调剂:本省渤海区是产棉地区,每年产棉估计约有二千万斤,除自用六百万斤外,可以输出一千四百万斤。其他各地产棉不能自给(尤其是胶东和滨海)。从去秋到今夏约共输入一千万斤。其中大部分由华中供给滨海胶东,小部分由鲁西供给鲁中鲁南,沿海和冀热棉花也有一部调剂胶东。今年除渤海区外提倡植棉。植棉面积增加一倍以上,各地大致可以自给,滨海胶东可能稍缺,也可能从他处调剂。

从去年到今年春夏是我们棉花调剂最困难的时期,大多数的地区未把调剂工作做好,以致棉价高涨,而且猛烈波动(尤其渤海胶东)。我们平抑棉价的基本办法,是向邻区大量吸收棉花,只要大量输入,棉价就会自然跌落。但很多地区不注意于大量吸收,而用主观方法平抑棉价,结果阻碍棉花输入,反使棉价高涨更加无法控制。各地多未利用秋冬时期大量吸收储存棉花(鲁南较好),以致今年春夏多数地区棉价飞涨,纺织生产大受打击,这是我们工作上的一个重大缺憾。

(薛暮桥:《山东省工商管理工作的方针和政策》,1945年5月,山东省图书馆)

晋冀鲁豫边区植棉及纺织业发展迅速,目前全边区年产棉五千余斤,除自给外,尚有大量布匹远销至其他解放区及国民党统治区。华北棉产占全国棉产百分之三十六,而本区即拥有华北著名棉产区——山西的二分之一,河北的三分之二。全区共有棉田八百五十万亩。最少每年产棉二万万五千余万斤。现全区共有熟练纺妇三百万人,计太岳区十万太行区三十五万,冀鲁豫区一百二十五万,冀南区一百三十万。除土织布机外,全区共有宽面铁轮机一千余架,均陆续开工。所出布匹太岳区大部分自给,太行区全部自给,冀南、冀鲁豫自给自余。冀南威县、曲周一带所产之土纱布,洁白匀整耐用,超过洋布。

(《晋冀鲁豫植棉纺织飞速发展》,1946年8月23日,《晋察冀日报》,河北省档案馆)

唐山为冀东棉花主要集散地。过去从无棉花,但过去从无棉花市场的组织,乡村农民出卖棉花,只好沿门串访,既不知行情高低,又常遭部分奸商欺骗,致吃亏很大。唐山商业局特于十八日在商会召开全市棉商会议,阐明管理精神,宣布成立棉花市场,组织管理委员会。市场内设交易小组,专管帮助客商成交过秤,并定出如下各项规则:

一、为防止奸商捣鬼,不论货栈、转运栈及各棉商,均不允许私自成交,不准使用私秤。

二、设交易小组,帮助客商成交过秤,保证公平合理,不收任何手续费。

三、一切棉商均有在市场上自由买卖之权,任何人不得加以限制。

四、当面验货,当面议价,或自运或管运由双方商量。

五、为保障棉市安全,不得在市场吸烟引火。

六、市内棉商从市外购进棉花时,须到管理委员会登记,不收任何费用。

棉花市场设三区。庆发栈旧址,已于20日开始交易。今后,农民进市售棉,可直接到该市场进行交易。

（《唐山市成立棉花市场规定六项管理规则》，1949 年 4 月 25 日，《冀东导报》，河北省档案馆）

三、酒

（一）艰难时期一律禁止酿酒

为布告事：自日寇残酷向我进扰以来，战线已展至全国，我非长期抵抗不能争取最后胜利。但战争期间消耗甚大，财力、物力均需节约，尤以基本食料，更须严防浪费。查各地酿酒多以谷物为原料，若不加以限制，不惟徒增无益之消耗，且将危及我战区之民生，为此布告各区商民。自二月十五日起，一概禁用米粮酿酒（用枣柿者除外），以重民食，倘有不遵，私行图利者，一经察觉定予严惩！除通令各县政府负责稽查外，特此布告，仰商民人等一体知照！

（《晋察冀边区行政委员会布告》，1939 年 2 月 7 日，河北省档案馆）

省战工会以酿酒实为浪费，为了保证军民给养，预防春荒起见，特于一月九日发出关于禁止酿酒的决定：

一、凡各地公私酒坊一律禁止酿酒。

二、酿酒房如存麦曲者，各地政府应详细调查登记。限期将存曲蒸完后，不再继续酿造。

三、自一月九日起，各地政府即命令禁止，如仍有暗中酿造者，一经查出，由各地政府酌量情形予以处罚。

（《山东省战工会决定禁止酿酒》，1942 年 11 月 21 日，《大众日报》，山东省档馆案）

（一）现有公私烧酒锅，一律向县以上政府登记。现存烧酒数及酒精数，现存酒不准再向市场出卖，酒精限制烧完最晚不得过七月十五日，不论已存及新造之酒，应尽先全部供给医务及军火制造机关之用，如数量过大，可向县以上政府领取输出证，运往敌区换回必需品，绝对禁止在根据地出卖。

（二）酒贩存酒限令到后（由县下令或布告通知），十日内售完（如数量过大者可依上项办法售出）。

（三）越限再有故意烧酒卖酒或不依法登记者，得施行检举没收，交由县以上政府处理，并酌情处以一倍以下罚金（政府发给没收证据），如因军事及医药需要烧酒者，得经行署批准，否则一律以违法论。

（《冀中行署关于禁止烧卖酒及分类禁止外货入境的指示》，1945 年 6 月 17 日，河北省档案馆）

为了节约物资，减少浪费，支援自卫战争，并使明年发展农业生产不受影响，特决定除前令不论公私一律严禁蒸酒，各地税局应严予查禁外，近查各地仍有大量外区酒输入我区，如五寨市一地，在上月下旬三天内就有八千余斤酒由忻、崞等县运来，并有税局之分运证，其他地区也有类似情形.这对目前一切为了支援前线的原则不符，仰各级政府税务机关从令到之日迅速予以制止，今后外来酒不论从何地区来，应一律禁止入口。对新解放区旧存之酒，只限于当地销售或向外区推销。并向商人进行说服解释，如再有向内地输入者，即以违令处分。希切实遵照执行为要。

（《晋绥边区行政公署禁止外酒入境令》，1946 年 12 月 8 日，山西省档案馆）

（二）酿酒业由政府统一经营

兹为根绝以好粮食酿酒及限制消耗起见，各专署各地酿酒事业一律改为政府经营，现在私人经营者应一律限期结束，不准再行酿造，军队经营者应即双方接洽收归政府经营，各专区酿酒坊不得多设，最多以四家为限，由专署责县办理……。

（《晋冀鲁豫边府通令酿酒业一律改为政府经营》，1943 午 12 月 9 日，山西省档案馆）

秋收后，各地蒸酒者日多，耗粮甚繁，对耕三余一，储存食粮影响很大。兹经本署决定，从令到之日起，除已经批准的酒坊，将缴纳税额应蒸数蒸烧外，无论机关部队的自力更生，或公私酒坊，均一律严行禁止，如有需要蒸烧地区（如种莜麦区用酒拌籽）必须呈请本署，经批准后，始得依照实际需酒数量蒸烧，否则一经查出，除将全部没收外，并按蒸酒情节大小，酌予处分。

（《晋绥边区行政公署令》，1944 年 10 月 2 日，山西省档案馆）

兹决定本区制酒业完全由政府经营，一切盈余部分全归财政收入。凡非政府经营之酒坊。一律应依照建字 103 号命令执行，如不遵照执行而仍有私自做酒者，应由政府查封，并按章处罚。兹将政府制酒的手续规定如下：

政府做酒主要是为了及时处理公粮中之旧粮和腐烂粮食，凡政府经营之酒坊均应一律先烧公粮中现存之坏粮、旧粮，若将旧粮、坏粮烧完后，再根据该专县具体情况——存粮多少，酒的销路等——呈请边府批准后，再行制造，以抵军费开支。

（《晋冀鲁豫边府关于统一造酒决定的命令》，1945年4月23日，山西省档案馆）

烧酒——全省一律执行专酿征税制度，所有新老地区烧锅一律收归公酿，但过去所定之专卖证及限价、限区销售办法，可以撤销，只有公家专烧不专卖，各地工商局应认真进行这一工作，迅速接收新地区之烧锅，增加产量以保证收入。

（《山东省政府关于1946年上半年工商工作任务及合并鲁南，鲁中，滨海三地区工商机构的决定》，1946年2月，山东省档案馆）

为统一酿酒经营，克服无组织，无计划的酿酒状况，适应各产区调剂设坊与酿酒数量，集中输出，减少内地消耗，节约粮食，增加财政收入起见，决定酒坊由政府专营。兹具体决定如下：

（一）由行署设置酒专营机关——太岳区专营酒店总经理处，统一计划进行之。

（二）实行酒专营后，凡机关、部队、群众私人之公私酒坊，均应立即停止，不得再从事酿酒事业，但仍许私人自由买卖。

（三）自此命令到达之日起，在晋城、阳城、沁县、士敏、沁水、浮山、安泽、高平八个县份，由县府在各城镇张贴布告。立即实行专营，所有机关、部队、群众私人经营之酒坊，在半月以内一律停止酿造（晋城军工部专为制造酒精之酒坊例外）。

（《太岳行署命令关于实行酒专营的决定》，1946年10月24日，山西省档案馆）

严禁私人及一切部队机关等（包括经申请批准的酿造黄酒、糖酒等厂商及自制自用者）制造酒曲，违者一经查出或举发查实。除将制品、原料、工具悉数没收外，并酌予处分。

（《山东省胶东区行政公署关于酒曲禁制与管理酿造黄酒的决定》，1947年7月20日，山东省档案馆）

到今年三月十一日（阴历二月初一）以后，除专烧的烧锅以外，不论任何机关、部队、合作社及个人一律禁止烧酒。现有的烧锅在三月十一日前一定要挑清停烧，过期如有私烧者即以违法处分。

凡违法私自烧酒者（米酒、黄酒一切在内）。经查出后除没收其全部资财外，并受处罚。三、凡维护政策，检举报告私烧户者，经没收后，酌情以没收总值的百分之一至百分之三十奖励之（此奖励只限于群众，干部有检举报告之义务，但不提奖）。四、凡私人或群众的合作形式经营之烧酒，如酒业公司认为可以接收者，由酒业公司商同原主，按照市价付款。其中如有机关、部队或工作人员个人投资入股，这部分资金一律由酒业公司接收后。听候本署处理，原投资之机关、部队及工作人员个人，不许擅自抽股提红，违者严处。五、烧酒专烧后，酒的买卖仍允许自由经营。

（《冀东行署发出酒业专烧的指示》，1947年8月15日《冀东导报》，河北省档案馆）

第二条 凡山东解放区内各种粮食酒、各种果酒均由政府专酿销售。任何机关团体或个人一律禁止私酿，违者以违犯法令论处。

第三条 新解放区之私营酒厂，在解放以后一律停止私烧实行专酿，其原有私人酿酒之半成品工具房屋等愿意出售者，可由政府作价收买之。

（《山东省烧酒专酿既取缔私酒暂行条例》，1948年10月3日，《大众日报》，山东省图书馆）

为支援解放战争，保障军民食粮供给，对开设之酒坊要严格管理，不准再增设酒坊或扩大酿酒，绝对严禁私营，已开办之酒坊将详细材料（各县有酒坊多少，何单位经营，每月产酒若干，共批准蒸制多少等）由专署汇总，务于月底报告行署税局。

（《晋绥边区行政公署令关于提高酒的税率并对酒坊严格管理》，1949年2月14日，兴县档案馆）

（三）酒的运销

一、政府所酿之酒，除留根据地医药及农工业生产之需要外，得尽设法组织出口。

二、医药及农工业生产用酒之购买，最好有各该部或区村公所之正式介绍信及购运证明。由合作社来分销。此外并不得向市场任意销售。

三、除内销外，余酒即由各地政府商同工商局及所属公营商店，订定办法，由商店向外推销。

四、酒价也由双方按货色及出口价格共同商订，以双方不相制约为原则。

五、私自制造运销者，统以私造论，查获应予没收，制造者并得由政府科以行政罚金。此项执行权属于县以上之各级政府，工商部门只有检查及处理私自运销权。

（《晋冀鲁豫边府关于酿酒运销办法的通令》，1944年4月7日，河南省档案馆）

果类制酒按原征产税百分之三十，出口以百分之五征税，政府经营之烂粮造酒。按果类酒同样征产税百分之三十，出口征百分之五，并准在内地销售。前规定即废止。

（《晋冀鲁豫边区工商管理总局通令柿子、柿饼、粉条、粉皮出口征税及政府烂粮酿酒也须征税并准在内地销售》，1944年10月23日，山西省档案馆）

为了减少公粮的腐烂损失和增加公营收益，特决定全区从4月20日起，制酒完全归政府公营，由于专署注意不够，禁止私营后未照顾市场需要，因之目前曾发生酒进口及偷造的现象。因之各专署二科必须布置与检查这一工作，保证不偷造酒。在酒的需要上，公营酒店一定要负责解决，酒价上不应过高。

其次，酒业免税，公营主要是为了组织财政收入，除在内地销售外，并应组织酒的出口。酒的出口税，从六月起开始一律免征税，等因。希各知照，以后酒出口一律免税。

（《晋冀鲁豫边区工商管理总局关于酒出口免税的通令》，1945年5月27日，山西省档案馆）

第四条凡从国民党统治区贩酒进入本解放区出售者，一律禁止，违者依法处理。

第五条凡与山东解放区直接毗连之友邻，解放区烧酒如系政府专酿，准予自由流通不加限制，如系私酿则禁止入本解放区销售，违者以私酒论处。

第六条凡自公营酒厂贩运烧酒者，一律自由销售，无论内地或出境，均不加限制。

（《山东省烧酒专酿既取缔私酒暂行条例》，1948年10月3日，《大众日报》，山东省图书馆）

一、凡本区辖内商存之洋酒、啤酒、果木酒、露酒、及各种改制酒等，一律限自公告之日起。5日内到各该当地税务机关办理登记补税，逾期不办者以私酒论处。二、关于暂行办法第五条内所指之酒类经登记补税后，只准在当地销售，不得外运；至于此项酒类是否自行销售或由专卖机关议价收购。由各该当地税务机关会同酒业公司，根据当地实际情况研究规定。

三、凡本区辖内已经特许经营酒类零售之各商户，统限于公告之日起，于六月底以前取具酒业公司委托售酒书证，凭此书证到各该当地税务机关进行登记，补领销酒执照，逾期不办理登记补领执照者，即以私售论处。嗣后凡欲经营此项营业者，均须事先办理上项手续始准营业。

（《华北冀东区税务局关于执行华北区酒类专卖稽征税暂行办法的具体规定》，1949年6月19日《冀东日报》，河北省档案馆）

（四）严禁以好粮食酿酒

奉边府边建字第四号通令：各地在备战中，因对粮食埋藏不妥或方法不当，致有腐烂者，为使不致成为废物，特准以烂粮造酒，但为防止好粮造酒，故各地酿酒工作，必须由各级工商管理局专责检查处理。

兹规定办法如下：

一、各地如有在备战中，因保藏不周，致使粮食腐烂，不能食用，欲酿造成酒时，必须经各该地县级以上政府之负责介绍，始许酿造。

二、县政府介绍到各该县工商管理局后，应详细查验粮食是否腐烂，并取具保证。

三、烂粮登记后，可依其数量估计可能产酒量，限期烧完。确实腐烂不能食用，并登记其数量种类。

四、烂粮烧完后，即行封缸，以防再造。

五、酒如外销时，得向原批准酿酒之工商管理局取具证明并于盛酒器具上，加贴封条。

六、烂粮烧成之酒，得按价征税20%，数量以原酒计，征税价格以当地市价计，出口不再征税。

七、各县对准许烂粮烧酒家数、烂粮数、估计可产酒数和烧酒期限，随时报告分局转报总局备查。

（《晋冀鲁豫工商总局通令腐烂粮食准予造

酒》,1943 年 1 月 22 日,山西省档案馆)

今后,酿酒业应一律以腐坏了的粮食,或当地群众不充作代食品的物品用以酿酒,同时要根据当地腐粮多少情形,不一定常年酿造,要分开季节。

(《边府通令酿酒业一律改为政府经营》,1943 年 12 月 9 日,山西省档案馆)

四、土产、山货

(一)土产输出

为了要维持贸易的平衡,甚至要争取出超。以巩固边区的财政,奖励土货大量输出是非常重要的。因之,原则上我们鼓励一切土货的输出,但是因输出资敌而又是我方抗战之物品,如粮食,则仍严禁出口。虽因输出资敌与我方抗战,利益超过敌方者,如棉花,则仍有条件的允许出口。

(《我们的贸易政策》,1941 年,河北省档案馆)

鲁南出产上有几种土产山货。必须保证大量输出才能保证对外贸易之平衡及出超。同时也只有保证大量输出。才能提高土产山货价格。刺激生产,改善人民生活。因此,工商管理局应建立与敌占区商人间的贸易关系。帮助土产山货大量输出并设法制成细品如梨膏等,提高价格,并以此吸收大量伪钞法币,支持货币斗争。

(《中共中央山东分局山东省战时行政委员会工商处给鲁南区党委、专署及工商局的指示》,1943 年,山东省档案馆)

一、凡在根据地内领有正式营业证之商贩或领有营业证之合作社,持有总局统一印制之特种货物购运证者,在内地市场或村镇有购运山货之自由或权利。任何人不得限制或扣留。否则,得由被扣者向各地政府或工商局所告发,要求赔偿其损失,但购运特种货物名称及数量仍须随时填注证上,报经各地局所检查。

二、出本县境采购特种货物者,得携带必要的证件(购运证、营业证、路条等)到达目的地后,凭证到当地区村政府或商联会报告,以便管理,并取得保障。

三、各公营商店,应组织私人或合作社吸收山货,组织有利出口,进行对敌斗争。本身吸收时仍应遵照前总局规定。凡有我公营商店处,必须通过公营商店采购,不许自相竞购。其与各行店合作社,得自由订定合作购买之。

六、凡敌战区商贩,一律以进至边境市场为限,不得在内地进行交易。否则,予以取缔。如有违法行为并得送政府法办。其至边境市场者,仍得于到达时报告当地政府,工商管理局及商联会,申述来历、任务与逗留期限,返时亦须报告。

(《晋冀鲁豫工商总局指示内地山货购运自由》,1943 年 9 月 7 日,河南省档案馆)

积极组织土产出口,换回必需品,争取出入口贸易平衡:

内地物资交流,不只要深入农村。还必须向外扩展,有向外扩展,才能使内地市场活动的范围扩大,更加繁荣,使农村经济与内地市场结合起来,得到境外市场的辅助,使生产品畅销。必需品适当的解决。

对外贸易的目标。是争取出入口的平衡。只有平衡才能使内地市场主动,财富不外流。生产发展,金融巩固。争取出入口贸易平衡的中心问题,是积极组织土产出口,过去我们多着重于向外购入必需品,忽视了土产输出。多为了顺手解决需用上的困难,不肯与农民生产联系起来进行深入的具体的组织工作。今后一切能出口的土产要大量的输出,如黄油、粉面、果丹皮、药材(如冬花、大黄、黄芩、党参、桃仁、猪苓、甘草、当归等)。水旱烟、香、硫磺、磁、铁、炭、麻、纸炮、麻纸、猪羊等等,应该更多的输出,不但把现有产量输出,应该做到以销路的畅通来刺激更多的生产。一切过去的大量出口过的东西,应努力恢复出路,如辣子、枣子、鸡蛋、木料、柏油、猪肉、羊肠、猪鬃、羊毛、各种兽皮等等。一切能出口而生产数量较少的土产,应一面扩大产量,一面以更有利的销路,推动其增产,如花生、芝麻、松香、风箱等,一切销路不畅的土产如粉条、瓜果、海红、草帽、本地茶药等,都可尽量开阔销路,或指导其改制别的成品输出。禁止输出的东西,也可在某些地方,某种有利无害的情况下,有管理有组织的输出一些,过去不重视土产输出而重视以银洋等,抵外汇的思想是有害的,会使根据地建设长期限于空虚的境地,今后外货入口时贩出三分之一土产的办法,仍应执行,但不可机械,特殊者可以权变。

(《晋绥边区行政公署关于开展贸易稳定金融的秘密指示》,1944年3月10日,山西省档案馆)

第二条 在胶东解放区内之重要土产,分统制品与管理品两种。经营统制品之出口商人,其货物必须向工商机关领购,不得自由收购。或委托行商代购。管理品之出口,商人得自山收购,但均须工商机关领取土产出口许可证,并须将许可证持向起运地之关税机关检验报税给票,始准出口。

第三条 不论统制品与管理品在山东解放区内,准许自由贸易,但商人运输统制品与管理品之出口土产,而不遵照本办法第二条之规定办理者,一经查获,以偷运资敌论处。没收其一部或全部货物,其情节较重者,移送司法机关处理之,此项没收处分权,属于当地工商局。

第六条 进口商人运回重要物品,经甲地工商机关收购.并发给进口货物登记证,得凭证并携同甲地工商机关介绍信,向乙地工商机关领购同等价值之土产品出口。

(《山东省胶东区战时贸易管理暂行条例》,1947年,山东省档馆案)

自决定各解放区之间土产品(除纸烟、酒类及迷信品外),来往运输,同内地贸易一样免税以来,很难识别何者为我解放区产品,何者为外区产品(指蒋区货物)。同时,我西北地区日益扩大,如无一定之土产品证明,即使在本解放区亦难以分别我产与外产,会发生鱼目混珠。外货假冒土产之混乱现象,这样给了奸商一大空隙。为了易于识别我产与外产,杜绝漏洞计,本局特制印“土产运销证”,以解决各地农商之困难。凡系各县土产之棉、麻、丝织品、草编物、盐、油、烟等之工业成品,运本边区或其他解放区时,不论公私商人等,均须向就近税局领取土产运销证。各分区即应派专人来领,务于十二月一日一律启用,各县立即公布。

(《晋绥边区行政公署关于制发土产运销证的通知》,1947年11月8日,山西省档案馆)

(二)油脂油料管理

在贸易管理方面,胶东对外贸易是最重要的,就是生油的输出和棉花的输入。和华中输出生油换回棉花。抑抵棉价,保证纺织原料供给,这是一个重要任务。输出生油应当高价时多输出。低价时少输出,过去敌区生油涨价反而禁止输出,对我大大不利。过去生油供不应求,主要是我们对于生油输出未能好好掌握,有些地区走私很严重。如我能够完全掌握生油输出,必能利用有利时机大量输出换回重要物资,即有不足还可以从降低地区输入补充。棉花低价供给合作社及纺织小组,这对于纺织业是很大帮助,但我们棉花不敷供给,市价与官价相差极大,这会造成商人甚至合作社的投机。应当努力增加棉花供给,销减此种差额。

过去生油输出所以未能很好掌握估计原由有二:一为封锁缉私不严格。二为税率(30%)太高,使输出商人如不走私即会无利可图。故除严格缉私外,应即调整税率,改善贸易管理办法,或者采用5%~30%的机动性的税率。敌区油价低时减税,高时增税(应当保证输出商人应得利润),或者采取半专卖方式,买卖双方必须来我公营商店登记过秤,我按市场情况规定买价卖价,买价卖价间的差额即为政府收入,实际即为机动性的税收,但这需要对商人好好解释。并在规定买价卖价时候,不要主观强压买价或卖价,以致妨碍输出,此可根据滨海区的经验好好研究,并在不同地区采用不同办法(如在北海、西海应当采用较简单的办法并征收较低的税率),以期减少走私。

(《山东省战时行政委员会工商管理处给胶东工商管理局的指示信》,1943年,山东省档案馆)

花生油管理问题:生油也是本省的大宗输出物资。全省每年所产生油约有8000万斤,输出5000万斤(胶东、滨海、鲁中各1500万斤、鲁南500万斤),约值3亿元。花生油除销本省敌占城市以外,还能运销华中、鲁西邻区、南至上海、北至天津,都是我们的生油市场。在供邻区和敌区人民需要外,敌海陆军亦大量购油以供军用,所以我们生油的销路基本上是不成问题的。过去我们生油绝大部分换回棉花,对我吸收棉花起了主要推动作用。在我棉花能够自给以后,仍可换回其他重要物资。

花生油管理过去采用三种不同的办法:第一种是采用机动性的税率,即按敌区油价高低随时规定油的出口税。这除便利输出增加税收以外尚无其他作用。第二种是实行半专卖,即输出生油均须经我公营商店过秤,由我挂牌规定出入价格。卖主(打油运油农民)按入价收款。买主(出口商人)按出价付款,出入价的差额即为政府专卖利润(实际上变相的出口税)。入价普遍是按内地价格规定,出价则按敌区油价高低规定(照顾出口商人应得利益)。这样除增加财政收入以外,还能争取高价输出。第三种是专卖,我按内地市价(有时稍稍提高)大量收买生油。贮存起来争取高价出口。因为敌区油价春夏常比秋冬高出一倍以上(折合本币计算),所以贮存生油争取春夏输出,能得更加大的专卖利润。且对支持春夏季的贸易斗争亦有相当大的帮助。

(薛暮桥《山东工商管理工作的方针政策》,1945年5月,山东省图书馆)

敌强化经济封锁后,部分地区必需品已感缺乏,为打开局面,拟组织一批货物出口,进行有利交换。敌人目前急需大麻籽,在各地拼命吸收。据磁武情况,每斤可换盐三斤半,一斤大麻油可交换同量盐,出口尚属有利。就此出口一部,换取一部必需品,调剂一下,亦属必要。去年各店掌握一部,为减少资金积压,兹决定就我商店已掌握数量中出口。

《晋冀鲁豫工商总局命令特许出口大麻籽一部换物资》,1944年4月27日,山西省档案馆)

奉边府边建字157号通令关于棉花籽与小棉纸出口问题,今规定棉花籽出口征税百分之十五。小棉纸出口征税百分之五。过去小棉纸出口禁止令作废。

(《晋冀鲁豫边区工商管理总局棉花籽及小棉纸准予出口》,1944年12月20日,山西省档案馆)

最近,蒋区棉籽严重恐慌。植物油价格亦暴涨狂异。我区食油走私出境,已见活跃。若不适当加以管制,必致大量外流,影响境内油价。各地立即加强缉私,并根据当地流出情形,仿照布棉籽经过交易买卖办法,适当掌握植物油的价格,争取高价出口,减少外流的数量。提高边币比价,抬高蒋区油价。出口数量很大的地方,并立即酌量征出口税。

(《察哈尔省政府关于严禁食油走私外流的通知》,1947年6月17日,河北省档案馆)

奉边府贸易厅边贸行字第二号通令:麻籽麻油为制造甘油之军工原料,为保证战争需用,各分局应宣布禁止大麻籽大麻油出口,在边沿区要严查偷运,在内地应组织生产,提倡利用空地地垄广为种植,民用提倡代用品。

(《太岳区工税联合局、贸易公司联合通令禁止大麻籽大麻油出口》,1948年2月16日,山西省档案馆)

(三)食盐管理

食盐管理问题:食盐是我大宗输出物资,去年滨海区(柘汪附近)产盐95万担。并向敌区吸收45万担,除内销25万担外,总共输出120万担,今年原来产销数量均可大大增加,现在柘汪被敌占领,生产大受打击,输出大概仍能维持去年数额。渤海区今年产盐80万担,今年占领羊角沟后产量可以增至200万担以上,销路亦可扩销。胶东产盐数量更大,但销路困难,去年输出20万担,内销80万担(一部分是调剂敌区人民)。存盐尚在2000万担以上。鲁中鲁南虽不产盐,但滨海食盐经过两地外销,输出每年也可能达40万担,如果我们能用大力组织运输,推广销路,估计今年全省可能输出食盐300万担,约值3亿元。

食盐的运销路线是从东北向西南,滨海渤海食盐大多经过淮北,皖西北(涡阳蒙城)一直销至河南、湖北……

(薛暮桥《山东工商管理工作的方针和政策》,1945年6月,山东省图书馆)

食盐——原有盐店及行政管理办法一律全部恢复。建立购运证,划分盐路,滨海除沿海设立销店以外,四面分别设立过路店,鲁中、鲁南向西南设立出口店外,并各靠东西分别设立过路店,以与滨海联接,胶东、渤海均须按盐路分别设立盐店,除内地调剂外,所有盐贩必须领取购运证,通过盐店不得在市场自由交易,盐价由各盐路之盐店相互协商,以便利输出及保证生产运输利润下随市价变动之。

(《山东省政府关于1946年上半年工商工作任务及合并鲁南,鲁中,滨海三地区工商机构的决

定》,1946 年 2 月,山东省档案馆)

为发展本区小盐及奖励渤海盐入境,冀中行署颁令各级政府及工商管理局,自即日起对顽区入口食盐,实行增税,由原每斤 30 元增为 50 元。

(《冀中行署决定增加顽区食盐入境税》,1947 年 3 月 7 日《冀中导报》,河北省档案馆)

(四)山货管理

查核桃、花椒为我太行山山货出口之大宗。历来均依之换回外来品,近来敌寇对我严密封锁,并贬低价格收买之,捣乱市场。自政府决定统制输出输入后,敌寇乃采取更险毒的诡计,派遣大批奸商,来我区以高价收买山货,企图走私。如不及时加以制止,将使根据地之金融与市场之稳定,受到严重的危害,特制定防止办法如下:

一、凡采购核桃、花椒者,无论公私经营之商业、合作社与商贩,一律须至该县贸易局领取采购证,方得自由采购;运输时,必须领取出县境许可证,方得运出。

二、如有不领取采购证而自己私自收买者,一经查获,即行强制收买之,并停止其采购;如运核桃、花椒出县境,未持有出县许可证,经查获后按市价强制收买。

(《晋冀鲁豫边府建设厅通令规定核桃、花椒采购及出县境办法》,1941 年,山西省档案馆)

近来因贸易情况的变化,山货不易出售。为奖励输出,活跃市场,经第二十六次委员会议决定:花椒、核桃、核桃仁、杏仁、杏核及各种药材特准暂时免税出口,税则并不变更。

(《晋察冀边区行政委员会关于花椒、核桃、核桃仁、杏核、杏仁及各种药材暂时免税出口的通知》,1941 年 2 月 15 日,河北省档案馆)

(五)其他

据报,近来有些县份,发现商人小贩把辣椒运往敌区贩卖。敌人利用此物,制造毒气,杀我同胞。于是有的县份,呈请下令禁止出境,有的县份,甚至直接加以扣留。

过去我们曾为辣椒无法出境而焦灼,现在刚有了销路骤加禁止,不惟失信于民众,且与本经济政策有悖,纵使敌人利用辣椒制造毒气,其原料亦绝不在此区区之数也。特申此令奖励辣椒出境,仰即遵照。

(《晋察冀边区行政委员会关于奖励辣椒出境通知》,1938 年 6 月 9 日,河北省档案馆)

为增加人民副业收入,组织有利输出,自即日起准许柿子、柿饼出口,按百分之十五征税,粉皮、粉条亦准出口,按百分之三十征税。

(《晋冀鲁豫边区工商管理总局通令柿子、柿饼、粉条、粉皮出口征税及政府烂粮酿酒也须征税并准在内地销售》,1944 年 10 月 23 日,山西省档案馆)

五、牲畜皮张

(一)限制屠宰牲畜

为发展农业生产与家庭副业,宰杀耕牛母猪,早经明令禁止。近者各机关为了改善生活,或进行投机买卖,竟随意宰杀耕牛、母猪及不满五十斤之猪,殊属违犯法令,损坏生产。除不满五十斤之猪,经边建字 5 3 号通令严禁宰杀在案外,所有宰杀耕牛母猪。特再重申禁令,严加禁止。如果确系不能生产之残废老牛、母猪,须经过区以上政府证明,或报告上级机关核准方得宰杀。嗣后如再擅自宰杀者,须受处分。事关根据地之建设,仰转饬所属,并布告人民一体遵照执行。

(《晋冀鲁豫边府通令禁宰耕牛及母猪》,1943 年 6 月 28 日,山西省档案馆)

近来各地屠杀牲口羊只之风甚炽,市场上各种副食品也较前更多。临参大会上许多议员先生均主张严加限制,甚至禁止卖油条、油糕、白面羊肉包子等食品,并严格限制屠宰。最近五专区、一专区试行亦有效果。各专区在不过分限制人民自由及照顾卖食者的生活原则下,适当限制或禁止各种副食(油条、面条、油糕、羊肉包子、烧饼、馒头等)品买卖。对沿途店房小铺,则必须卖黄蒸谷面窝头,并研究有效办法,保护羊只,限制滥杀。

(《晋冀鲁豫边府通令严禁宰杀牲口羊只》,1943 年 10 月 4 日,山西省档案馆)

为保护根据地牧畜事业,发展生产。经边区财经委员会议议决,为限制宰杀,各区主要集镇得设立屠宰杀场。兹将设立办法及注意之点指示如下：

一、各地根据具体情况规定几个主要集镇设立屠宰杀场，商民宰杀猪、羊等须一律到指定之屠宰杀场去，各村不得私自乱杀。

1.规定屠宰日期，每二日或三日五日一次，或双日单日等。

2.规定每次限制屠宰之数目，严禁多杀。

3.不合政府法令规定者不许宰杀，应将政府规定通令禁杀牲畜之法令公布于屠宰杀场。

4.屠杀场由当地村镇公所主持办理之，屠杀日期村镇公所得派人监督检查之，各县局所得配合随时检查之。

5.猪羊等宰杀后，应于肉皮上加盖屠杀查验印记若干，以便检查。

6.区村政府得随时查禁滥杀现象。

二、设立屠杀场不是禁止贩卖肉食，对私人所经营之肉食铺，仍按规定一律均领取营业证：

(一)无营业证者，一律不准做肉食买卖。

(二)已领营业证者，到期不再填发。

(三)立刻停发肉食买卖之营业证。

三、严查牲畜羊肉类与羊皮、羊毛、羊油等走私出口，已特许者，立即停止，特许即作废，不许再出。查出以违法论。对武装走私者，武装查处之。

四、机关部队自杀自用，首长应负责检查，机关生产更不得经营肉食买卖，冒名领证者，一律撤销查禁之。

五、油类、皮毛等应设法由商店收买之。

六、私自屠杀，可会同专署规定统一处罚办法。由各地区政府执行之，罚金由区交上。接令后，分局应会同专署迅速布置执行。

(《晋冀鲁豫工商总局通令重要集镇建立屠宰场限制屠宰牲畜》，1943 年 12 月 20 日，山西省档案馆)

一、严禁宰杀耕牛：如有故意损伤，制造病害，藉以宰杀者，经查明后，由当地政府予以惩罚，各级政府，工商机关务须严格执行，全体人民均有权检举，并酌予奖励。

二、严禁耕牛出口：对贩牛出口资敌者，必须认真查明情节酌予就地出卖，没收或加重处罚，解放区内购买耕牛，必须持有县府之证件(此证由县府印制，到区政府登记领用)，保证买牛为了生产，无此证者不准出境。

(《山东省政府布告》，1947 年 12 月3 日《大众日报》，山东省档案馆)

(二)皮张管理

本年因粮价高涨。我根据地之熟皮工厂，大部相继停办，去冬所产羊皮，因之在内地没有出路，虽然羊皮并未禁运，但个别局所对羊皮出口仍有故意为难情事(如故意多登记外汇等)，倘不及时组织输出，一经夏季，所有羊皮均会腐烂，变成废物，因此各局接令后，亟须按下列办法组织输出。第一应该利用合作社的机构，进行收买设法出口，第二各级局所应给出口羊皮的合作社和一般商人一些便利与帮助，以便争取有利时机。

(《晋冀鲁豫工商总局通令设法组织羊皮出口以利群众副业经营》，1943 年 6 月 27 日 ，河南省档案馆)

兹决定由一分区、磁武、林安等地组织一批羊皮出口，有利换取棉花食盐，这一工作由该地商店专营，经总局特许，出口羊皮限于皮色不大好，或目前已显腐朽或可能腐朽不易保存者。

(《晋冀鲁豫工商总局命令一分区特许羊皮出口换取食盐棉花》，1944 年 7 月 10 日，山西省档案馆)

根据地虽然在今年已经丰收，但是我们在财政上的困难仍然存在，一方面是需要适当改善我们的生活，使(军队和群众)需要增多了。一方面是由于我们同敌人经济斗争上，对外贸易上。应当大量的组织群众性的点滴出入口，争取出入口平衡。……

因之决定羊皮羊毛生铁废铁农具等一律均须出口，以前禁令作废。出口时要帮助群众厘定交换比额免于吃亏，此外如水果、木材、草籽、柄把等均应根据各地情形、过去经验外以组织与发动。

(《总局通令准予羊皮羊毛生铁废铁出口》，1944 年 10 月 25 日，山西省档案馆)

六、工业品

(一)纺织品

本区毛巾制造，已接近自给自足，为进一步保护毛巾之生产，即日停止毛巾入口。该局应：

一、布告边境及根据地商民，宣布毛巾禁止入口,并号召群众织制。

二、规定根据地内现有外来毛巾之查验盖章办法,严防滥行没收。

(《晋冀鲁豫边府命令查禁毛巾入口并部署毛巾自给自足》,1943年7月23日,山西省档案馆)

兹决定洋布准许入口与过境,入口课税百分之十,出口课税百分之三。为了吸收与过境土布将土布之入口税减为百分之五,出口税减为百分之二。

(《晋绥边区行政公署(关于洋布牲畜皮毛进出口)的通知》,1946年2月28日,山西省档案馆)

一、凡非解放区之洋布(各色布在内)、洋纱、美棉、中西新旧成衣,自十月十五日起一律禁止入口,但其他解放区运来之土布土线,及东北解放区运来之新旧成衣,持有证明文件者,仍准入口。

二、内地前存之洋布、洋纱,不论公私商号,一律于令到之日起至工商局所指定之地点,报请登记,统限于十月十五日办理完竣,逾期查获未登记而出售洋布洋纱者,概以走私论。

三、自此训令下达之日起,迄十二月底为限,不论公私商贩所存洋布洋纱,已登记者准予自由出售,为了解决销售困难,特委托工商局之公营商店,按市价收买,逾期一概不准销售,违者经查获后,按缉私条例惩处之。

四、禁入令公布前,商人外出办货,及外商来胶东贸易者,因不知禁入而运进之洋布、洋纱、美棉,概不征税,一律由工商局之公营商店,按市价予以专买,故有意投机之商贩,均予低价收买(照原法币买价,依兑换比率折算)。一般以不使其赔钱为原则。

(《胶东行政公署训令》,1946年10月,山东省档案馆)

(二)烟

兹决定本区纸烟实行专卖,由工商管理局办理,所有私人经营之纸烟工厂作坊,限于二月二十日前一律停工,原料、工具、制成品及半制成品,可由工商管理局收买,自二月二十日起,如有继续制造纸烟者,一经查获,一律没收,并依法制罪。仰即速转各纸烟商知照,其原改做水烟旱烟者,仍可继续营业,专卖之纸烟免除烟产税。

(《晋冀鲁豫边府建设厅命令实行纸烟专卖》,1942年1月30日,河南省档案馆)

近查我内地市场又有外产纸烟,甚至是外国纸烟暗地偷卖,因而有些机关及商店人员亦在偷吸,直接影响土产的发展与外汇的保护,如兴县市在禁吸外产烟运动开始时土产烟顿感不足,近日几家卷烟作坊对推销土产烟已感不快,追其原因:一则禁吸外来纸烟运动不够深入,干部群众思想还未接受,尚不能自觉拒吸,二则我缉私工作未抓紧进行,以致奸商乘机偷贩。特别近日大同、冀村等地美造纸烟亦廉价侵入,走私在我内地者也属不少,继此以往,对我边区经济危害甚大,各地应严予查禁,发现有贩运外产烟者,应一律没收依法处分,发现吸外来纸烟者,应积极劝告与批评,务求制止再吸为要。

(晋绥边区行政公署令《禁止贩卖吸食外产纸烟》,1947年1月9日,山西省档案馆)

二专区各市场近来发现不少蒋美纸烟,如"咖啡牌"、"三洋牌"、"双狮球牌"、"光明牌"等暗中流行。专署为保障全区烟业的发展,将布告商民,并通知党政军民各单位如下两点:

一、除战利品纸烟外,其他一切美纸烟一经在市场发现,均送交当地税局处理。

……

(《太岳二专署布告禁止贩蒋美纸烟》,1947年3月21日,山西省档案馆)

我区有不少公营企业部门,为购买山东黄烟,有的不顾物价政策,而通过私商进行收购,致使黄烟价格提高,影响物价波动。因此华北人民政府决定,今后各部门需要山东黄烟时,须事先提出采购数目,交付定金。由华北贸易公司向山东统一采购。

(《冀中行政公署关于购买山东黄烟须经华北贸易公司统一采购的通知》,1949年4月19日《冀东导报》,河北省档案馆)

(三)纸

近来纸价高涨,土产麻纸只合外来纸价一半或三分之二,虽一再禁止,外纸入口者,仍不在少数,我各抗日机关部队亦多用外纸不买用土纸,影响入超及工业发展甚大。兹决定自下年一月一日起除

一、六两分区外。无论机关用纸、传单、布告及干部战时教育，一概不准再用外来纸张，会计机关簿记用纸，如需用有光纸时须经各所属首长批准。

（《晋冀鲁豫工商总局通令禁用外来纸张》，1943年12月23日，河南省档案馆）

本区造纸事业，经半年来之扶植改进，已普遍发展，部分地区以销路阻滞，间有堆积过剩现象，资金积压，无法继续生产，致使新兴之手工业，遭受打击，为保护计，经呈准边区政府，禁止一切外来纸张入口，其有特殊用途者，另行特许。

（《晋冀鲁豫工商总局通令禁止一切纸张入口》，1944年6月7日，山西省档馆案）

一、根据几年来解放区破除迷信的教育与群众的觉悟程度，因此决定自8月20日起禁止烧纸，提屏纸进口。

二、细布、洋棉纱的入口，我们为了保证军民被服的供给，目前，在不影响解放区纺织事业的原则下，可由工商局有计划的掌握吸收，但方式要严密灵活，不要大肆宣传以防商人投机。

（《胶东区行政公署对目前经济斗争的几个新的决定》，1946年8月，山东省档案馆）

（四）火柴

我边区火柴厂，业已成立，试制耐风火柴，已告成功，最近即将生产成品，取名解放牌火柴，以供边区需要。为保护与发展我边区火柴工业，并杜绝外货，节省外汇起见，特决定自六月一日起。禁止所有外来火柴之进口，已入口之外来火柴，统由税务局进行登记盖章，方准市场出售，否则一律没收，以杜走私。希各遵照执行。

（《晋绥边区行政公署〈关于禁止外来火柴进口〉的通令》，1947年5月22日，山西省档案馆）

一、过去开禁时运入已税火柴未重新登记者，从接令之日起，限一个月应将旧存火柴迅速登记，加盖新验章，促其迅速出售。如过期未重新登记盖新验章，以违抗此项命令论处，一律没收。

二、今后不论公司商人，不论以任何理由（如小单位以早买的未运回自用等借口）要求进口者，一律严禁入境，如强行或偷运入境者，无论公私商贩或机关部队携带，一律没收。

三、加强对敌经济斗争的宣传解释。应向群众说明我区土产火柴已大批产出，动员群众使用与商人贩运我土产火柴，禁卖和禁用蒋美火柴，节省外汇。对坚决不卖外货，专卖土货，并能积极宣传使用土货之中小商人予以表扬。

（《晋绥边区行政公署关于火柴运销问题的令》，1947年8月27日，山西省档案馆）

（五）颜料

据统计，太岳区全区的大量山货，全部输出的收入，亦仅抵武安一县洋靛入口的支出，数额之大可以想见。我区虽无确切的统计数字。但此项物品肯定地占入口第一、二位。前各解放区已一致禁止洋靛入口，本府亦会通知各专、县一律禁止，并严格查缉走私，惟并未限期停止各地染坊使用洋靛以致经我区走私入境仍为数甚巨，特别是五分区的情形仍甚严重，各地应立即限期停止染坊使用洋靛并即将储存颜料进行登记。逾期不论储存新旧，一律严格使用，违者重罚。军民染色务各尽力搜集使用土靛土料，不能强调无此习惯。

（《察哈尔省政府关于禁止洋靛入口限制染坊使用洋靛的通知》，1947年7月14日，河南省档案馆）

今年建屏、平山、阜平、唐、完等县产有不少土靛。但由于洋靛走私入口，冲击了土靛的推销和生产。兹为扶植土靛生产，决定办法如下。

（一）切实加强缉私工作，严禁洋靛入口

（二）已进口之洋靛，无论公私一律冻结，切实教育和组织各染房，购用土靛及乌拉叶等染料，事先准备好家具，帮助其解决具体困难。

（三）由各总店收购和推销土靛，并于十一月十五日前运到各总店所在地。

（四）各专工商局应与各总店联系好，在土靛运到后，马上冻结各染坊所用所存的洋靛，交工商局保存开给收据一律购用土靛，在北岳区土靛用完后再发给冻结之洋靛，并由行署统一解决染料问题。

（《北岳行政公署关于扶植土靛生产的通知》，1948年10年1日，河北省档案馆）

（六）军工器材

目前军事情况正紧，敌我双方都在加紧收购通讯器材，特别是铁丝、电丝，近由河、保出口的约有万余斤，阎锡山及陕边南路顽军也不惜花最大代价大批收购，此种现象必须坚决对抗，所以决定该项军用品——铁铜丝及复线均严禁出口（陕边也不准去；如因军事需要由军区统一运送），违者执行没收。各地现存各种电丝，及由北贩运南来之电线，税务机关负责督促一律照市价交给当地贸易公司及所属商店，准备随时交给军区。

（《晋绥边区行政公署关于军用器材、铁丝、复线严禁出口的令》，1946 年 11 月 26 日，兴县档案馆）

兹为保护军火原料，并使群众所生产之硫磺、火硝及贮存之被复线、铁丝、道轨铁有所销路，特决定此类物品一律严格禁止出境（要布告周知），由各地贸易公司及商店收买以供军需，所用价款统一由贸易总公司向财政处结算，各地贸易机关收买到之军用材料，须即时将买到数目即时报告行署财政处，此项材料亦均须经财政处拨支，不能随便支给任何个人或单位。

（《晋绥边区行政公署关于军火原料硫磺、火硝等严禁出境的通知》，1947 年 2 月 28 日，山西省档案馆）

（七）其他

顷据第五贸易支局报称：我方皮制袄褥、毛制背心、衣裤、布制鞋子、木制桌椅板凳等均有出口情事。究应如何处理等情，兹决定“皮毛成品与布鞋不准出口，木制成品除车辆不准出口外，其余成品如桌椅板凳之类，准予免税出口”。

（《晋察冀边区行政委员会关于皮毛成品与布鞋不准出口、木制品除车辆外准予免税出口的通知》，1942 年 12 月 30 日，河北省档案馆）

化妆品、迷信品禁止入口后，对现存货的处理，应尽量要其向外区推销，如不向外区推销者，只准其在当地市面出卖（如兴县市只准在兴县市），不许其由甲地运往乙地。现尚有给其开分运证在内地运销者，应即停止，以免奸商乘机运入。此决定公布后，须即速传达各公司和商贩，如再随便运转者，以禁入口论处。

（《晋绥边区行政公署关于现存化妆品、迷信品禁止在内地运销的通知》，1947 年 1 月 4 日，兴县档案馆）

七、美蒋敌货

自去年十一月四日蒋美商约签订后，大批美货，即向中国倾销，最近此种倾销范围已扩及我解放区，而我五、六二分区亦已发现美货侵入，主要者有洋布、市布、牙刷、牙膏、纸烟、自行车、与各种糖类，此种倾销，是美帝国主义通过卖国贼蒋介石掠夺中国人民血汗与使中国殖民地化的具体步骤之一。我们无论站在保卫中国人民利益上，与保护边区生产贸易上。对美货倾销均应给以无情的打击。因此，我们的税务机关，贸易机关应完全负责的制止任何美货入境，通知所有公私商贩一律不贩运美国货，并号召边区 300 万人民，坚决不用美国货，有些商贩不明此义，在此令颁布前而贩运入境者，应一律由税务机关登记，限期向顽区推销，过期仍不能销出者，可由贸易公司酌情按时价收买，代为推销，自此令颁布后，要广泛的发动我党政军民进行查禁美货运动，今后如再有贩运入境者，即由政府坚予没收。

（《晋绥边区行政公署关于严禁美货入境的通令》，1947 年 1 月 30 日，山西省档案馆）

本月一日，冀晋区委、行署、群众团体、军区司令部、政治部发出“抵制美货及开展使用土货运动”的联合指示，指出使用土货是当前对敌经济斗争，反对美货倾销与发展根据地生产的迫切问题，要求各级干部特别是商店、合作社，必须从对敌斗争与发展根据地生产的立场观点来衡量机关或个人的生活用品，如穿洋布、点洋油、拿手电、穿洋袜、吸洋烟、使香皂等应做深入的检查。指示中强调使用土货运动，中心是在群众中、机关部队中造成遵守法令的自觉运动。要求党政军民大家动手，自上而下地、从首长负责干部到群众，从机关到个人，都从思想上动员起来，树立“使用土货，不用洋货”的风气。对现有应根绝的存货，除已向政府登记查封处理外，逾期未经登记者，可造成群众性的检查运动，使这些洋货“到哪里都受抵制”。

（《冀晋党政军民联合指示开展抵制美货运动》，1947 年 3 月《晋察冀日报》，河北省档案馆）

顷接上级指示：为了不妨碍新解放城镇工商业之发展，关于各新解放城镇内前存的敌美货，准许向我区内地自由销售，不得采取加征敌美货税及限期出售或禁止流通或登记等办法。希各县接此指示后，一体遵照执行。

关于七月二十三日，分局政字第八号通令内所述区局电告不准流入内地市场及乡村等规定及过去凡关限制顽美货物由新区到老区的规定，均一律收回成命，宣告作废。

（《太岳区工商管理第一分局关于准许敌美货在内地自由销售的指示》，1948年7月31日，山西省档案馆）

目前各地走私进口之洋市布、毛巾等类蒋美敌货颇多，在市场上到处销售，使我土产品受到影响，为发展和保护我边区生产，加强管理对外贸易，打击敌人向我倾销阴谋，故凡税务条例上禁止入口之货物，一律不准进口，如因需要而特许进口者，由工商局统一进口，供给需要，凡特许进口之货物只能零售，不能批发给公私商贩，税务局亦不得开与商贩分运证，凡现已进口之违禁货物，统由税务局限期进行登记查验，方准出售，未经查验登记即没收，工商局所存者依上述办法零售，今后所没收下之违禁品，即交工商局零售拍卖。

（《晋绥边区行政公署关于禁止洋市布在边区流通的令》，1948年5月30日，山西省档案馆）

第三节　集市贸易管理

一、集市管理

（一）有计划有针对性的对集市进行整理

打开滞销局面，还必须从城镇深入到广大农村，才能有雄厚的基础，而伸入农村的捷径是集市，在没有集市的地方，应该有计划的新建集市，务使农民得到方便。如界河口在建集以前，附近群众到兴县或岢岚城内赶集往返费三四天工夫，误工很多，在驻军与政府长时期的布置，新建集后，每集去的人很多，粮也很多，这种作法，应该推广。已有集市的地方，对于集市的管理很关重要。要有计划的培植各地的定期集市，使其真正联系城镇与农民，通过集市，使农民能够有计划的生产，有计划的买到必需品，卖出土产。

游击区的集市，作用更大，更应有计划有准备的建立运用，使其成为对敌人进行斗争的经济支点，除了把分散的农民与市场结合外，还可以使土产通过游击区群众往外输出，更可以使游击区群众在政治上、经济上，脱离敌人，依附于我，过去敌探利用集市混入我内地活动，游击区建集后，则可使少数坏分子减少破坏的机会。

（《晋绥边区行政公署关于开展贸易稳定金融的秘密指示》，1944年3月10日，山西省档案馆）

新解放区的集市，各种花样的额外剥削仍然存在着，并且还非常的苛重。例如，青口的渔行收买卖户的五分行佣，同时行人还带着遗传性的行会思想，不准别人随便去充当行人。其次黄烟行也收取卖户5%的行佣，按目前的市价来计算，每担黄烟值2500元，每小车能推4担，这样一小车黄烟除了其他的费用，仅行佣一项就须500元，至于其它柴行、粮行、称行等，都同样存在着。

其中间剥削也同样苛重，这样削剥，一方面是由于敌人的苛捐杂税所致，另一方面也是为日行人所操纵把持，这种剥削是最不合理的，也是群众最痛恨的，因此取消这种中间剥削，就是目前我们管理新解放区集市的第一个工作了，但是，如果我们纠正过急，则会造成市场紊乱，交易发生困难，同时，那班行人们多系街痞流氓出身，如失去了职业生活无着，也最容易影响社会秩序。根据这种情况，我们管理新解放区集市应掌握“发扬自由交易”，减轻群众负担，驱除中间的额外剥削，稳定集市秩序；迅速恢复商人营业，繁荣市场的原则，为此就必须进行以下的几个具体工作：

一、成立集市交易所，集市交易所的成立应根据具体情况去决定，须得社会秩序稳定，商人恢复营业，一切工作准备就绪后，方可取消旧日的牙行，着手成立交易所，但在成立过程中，必须照顾到旧有牙行的人员，免得他们失业后，生活无着，同时对他们也要进行教育，说明旧有牙行是一种不合理的剥削，不是正当的收入，转变其旧的行会观念，并说明“五行钱，下街完”，今天干行人不如从事其他生产，使其逐渐向生产方面转变，以减轻人民负担。

二、交易所人员的配备。交易所人员亦可吸收旧有行会中实在生活无着较忠诚老实的一部分参加，其余应吸收当地抗属、抗工属及有组织的群众参加之，并选出忠实工作，责任心强的人员负责整理集市秩序,筹划设计管理集行,领导集市交易所工作,应经常指导督促检查其工作,不可放任。

三、手续费的收法:凡过去之各行(牛行、渔行、粮行、草行、山果行、黄烟行等)均应全部取消,成立集市交易所,凡上述东西均由集市交易所交易,除根据过去的原则收取百分之一的手续费外,不准再有任何额外剥削。

四、手续费的分配:原则上可做为交易所人员的待遇开支,公家分文不收,但为了配合地方工作的开展,如收入较多时,即可抽出一部分(10%到20%)作为民兵弹药费之用,还需注意,在初步成立交易所时会有用势力干吃一份的“好汉份子”,自是不去参加工作,而是干分钱,今后应防止这种现象发生。

五、买卖任何东西均得自由交易,不应稍加丝毫限制,价目由买主卖主双方自愿决定,交易人不得强买强卖,绝对禁止过去经纪们那种“摸手指头”“割耳朵”等现象,至于现在仍接近敌占区之集市,还应按以前办法处理之。

(杨波:《新解放区的集市管理》,1945年10月,《大众日报》,山东省档案馆)

(一)我分区集市原有一百六十七个,大致情况有以下几种:

1.我占集市:这样集市一般的边币土货市场,有我之集市组织,执行我之政策与法令,全分区共有76个:固安10个、永清17个、津武5个、霸县14个、雄县14个、容定11个、容城2个、胜芳1个、苑良大2个。

2.敌占集市:这种集市系顽币市场,为敌所掌握后,卡我之工作,全分区共有53个,苑良大19个、永清一个、固安1个、津武11个、雄县1个、容城8个、新城10个、胜芳1个。

3.落后集市:这种集市距敌较远,有我之工作,而基础薄弱,因我力量不及,仍为旧的势力与牙纪所掌握,法币顽货仍出现于市场,全分区共有18个:内固安6个、永清5个、津武5个、新城2个。

4.敌我争夺之集市:这种集市系我常来常往之集市,秩序不稳定,边法混合土顽货市场。这种市场,便于走私,基本上对敌有利,全分区共有21个:固安1个、永清1个、津武6个、雄县2个、容定8个、胜芳2个。

(二)根据以上情况,提出了不同对策:

对我之集市与落后之集市是整理改造与健全达到繁荣;对敌之集市采用封锁围困孤立敌人;对敌我争夺之集市采用摧毁与削弱的办法。

经过集市的整理,繁荣了我之市场,巩固与扩大了我土货阵地。我们区几个月的集市斗争使土货流转,东至安茨之别古庄,西至毛公寺,北至固安之柳泉大彭村。沙堡已成为边币市场,内地集市日益发展。削弱了围困了敌人,制止了走私,缩小了洋货市场,保护了我之物资。我们摧毁了22个集市,打击了顽货之销售与法币流通。如泗庄集仅我们没收的计算,一个集有80匹洋布,近2000斤煤油,30余捆洋线,同时唐二里近百石粮食。外邻城、新桥、白沟均为敌吸取我粮食之市场。因此市场之摧毁使敌人吸收推销上受到严重打击。

(《冀中行署工商处关于集市斗争工作汇报》,1947年,河北省档案馆)

有计划地进行集市管理,整理集市的目的,是整理交易的秩序,因我区集市数量多且很分散,致使不易管理,因此目前应进行如下工作:

1.首先有计划地并经常性地注意集市整理工作,按照行业性质和行业形式的大小,分别划分固定的和尽量集中的交易场所。

2.重点地合并小集市,以便集市市场的管理。

……

5.在经济重点区(重点集市)成立集市管理委员会,试行创造经验,暂不普遍建立。

6.认真慎重地掌握执行开、转、歇业的批准手续和确立开、转、歇业的批准权,限制非法经营和非必要及需要不迫切或已过剩之工商业,以免社会资财的浪费和市场物价的影响,并藉以指导其走向生产的道路,以达生产的目的。

(《渤海第一次工商行政会议关于上半年工作总结下半年工作计划》,1949年,山东省档案馆)

(二)合并集市

合并市集不应当普遍进行,除某些边沿区因对敌斗争必须合并者外,一般不应强制合并,以免引起人民反感,仅仅为着我们征税便利,而不顾人民交易上的便利,是不妥当的,人民自由贸易如非必要不宜过分干涉,如必须改革(为便利贸易整理市集),应多商量解决,少用强制办法。

(《山东省战时行政委员会工商管理处给渤海区工商管理总局的指示》,1943年,山东省档案馆)

怎样管理市集:取消内地易走私、不必要的小集,迁移不适中的市集场所。栖牟福县局将根据地内迁至原处的两处,将边缘区市集因避免敌人强掠内迁的两处。

(《山东省胶东区工商局四四年上半年工作总结》,1945年1月,山东省档案馆)

对小集合并的意见:

(一)我区各地集市一般的说是大集不多小集不少,抗日战争以来,因为环境关系,当时为了交易便于群众,交易不受敌人威胁,又增加了不少的小集,但是这种情况已经不适合于今天需要。因为这种情况对集市之管理,稳定物价,有计划地发展生产是不利的。因此各地小集有适当合并之必要。小集合并后,对农民小的交易上(洋火、油等日用品)可能有些不方便,但这不方便随着我们工作的开发(建立新集)而可克服,但对整个集市管理、稳定物价,有计划地发展生产是有利的。

……

(三)怎样进行集市合并

A.各地根据当地具体情况进行集市合并一般的应当在:

1.集市合并后对群众交易无大影响。

2.在战争中新兴之小集,今天表现了既不繁荣又无发展前途者。

3.虽是老集但因周围大集较多,长期较小无发展前途者。

4.我们合并集市目的是逐渐达到集中,因为集市越集中,对管理市场发展生产更有利,但是必须根据现在具体情况与新合作社之发展,若操之过急或想一下子将所有小集都合并到大集是不可能的,也是不对的。

B.在进行合并小集时,各地区应采取重点进行创造经验,再推行一般方法,以免事倍功半,造成其他集市紊乱。

(《渤海区工商行政会议工作研究草案》,1949年,山东省档案馆)

(三)整理市集秩序,取消限制,提倡自由成交

为调剂供需,各县应选择较安全之中心地区设置集市,定期赶集,但禁止定官价强制收买及故意抬高物价操纵居奇之行为。

(《山东省贸易暂行条例》,1940年12月《山东革命历史档案资料选编》第六辑

整理市集秩序,通令各县局有计划的整理一至三个市集。把集上划分营业区域,将同行间划在一起,把不必要的落后的小买卖(如占卜、卖框蒌等)划在市集的边缘,行列宽阔,免得拥挤,每逢集日,由当地所站,工商稽证,缉私人员到集市检查,禁止大秤小尺,从中剥削,检查走私,取缔黑市,取消交易所,建立与掌握兑换所。

(《胶东区工商局四四年上半年工作总结》,1945年1月,山东省档案馆)

为整理市场,稳定物价,增加我财政收入,安平工商管理局,在7月份普遍整理了全县28个集委会,建立了8处交易所(固定4处流动4处),全县粮食市牙纪原有1854名,减去了934名,净剩920名。同时弊端已将肃清,税款增加一倍以上。

(《安平县工商管理局整理集市的几点经验》,1947年9月25日,《冀中导报》,河北省档案馆)

集市中交易所过去在对敌斗争与稳定物价中曾起了不小的作用。应今后取消行政统治特权,不得再藉行政权力限制商贩活动。交易所今后应当是公营的行栈性质,其任务为"便商利民,公平成交"。

1.集市成交一律自由,交易所及任何私人行栈均不得统制。

2.准许自由设立各种私人行栈。

3.集市管理工作,牙纪管理工作,今后不再由交易所管理,改设集市管理委员会(由工商部门领导),牙纪应受集委会之管理。

4.主要货物的交易手续费,由最高政府统一规定,各地不得自行增减。

5.集市经纪人员,经集市管理委员会审查登记后,由政府发给执照,始许介绍成交,牙纪应按政府规定增收手续费,并按规定以其一部上解。如有多征交易或从中舞弊情形,经人举发,应受法律制裁。

(《华北工商会议工商政策草案》,1948年6月,

河南省档案馆）

在抗日战争时期，为了进行对敌斗争，稳定物价，制裁奸商投机操纵行为，在许多较大集市上，曾经设置集市交易所、禁止私人开设行栈，规定一切大宗交易，都必须经过交易所成交，在对敌斗争与稳定物价上，曾起过一定的作用。现在，由于解放区日益巩固扩大，工商业日益发展，物价日趋稳定，为了便利商民成交，保障内地贸易自由，过去集市交易所统制交易之特权，必须加以取消。为此，特作以下之规定。

一、自通令之日起，全区所有集市一律准许自由成交，任何交易所、私人行栈及交易员（牙纪），均不得加以限制。

二、准许私人设立行栈。

三、较大的集市应组织集市管理委员会，管理集市、管理牙纪，调解纠纷，征收交易手续费等工作，由集市所在地政府或工商管理机关聘请正当商人组织之，受政府工商部门领导，集市交易员（牙纪）必须向集市委员会登记，发给证照，始得介绍成交。

四、凡通过集市交易员、公私行栈办理交易者，依法征收交易手续费（暂按过去规定执行，不久即统一颁布），不通过交易所及行栈自行成交者，概不征收。

（《晋冀鲁豫边区政府、晋察冀边区行政委员会关于取消集市交易所统制交易特权的通令》，1948年7月19日，河北省档案馆）

市场交易管理问题，已经在这三方面进行了工作：一种是在羊口取消鱼行的操纵鱼市价格，一种是在市场交易上，建立手续，如羊口规定私人买粮，不超过60斤，北镇油坊买豆子价格要通过我们，一种是整理集上的粮食市。关于整理鱼行问题，是反对封建把持操纵价格的一件工作。对渔业生产有很大关系，工作上应一面提倡买方卖主直接交易，脱离鱼行操纵，一面积极代替鱼行的组织机构，以团结外来商人联系鱼民解决其销货困难，这是治本的办法，如果偏重了不准赊欠现钱交易的行政管理办法，其效果是不彻底的，在掌握上今后应分清那是主要次要结合起来，不要偏重一面。

建立市场交易手续与限制价格，是不能一般采用的，这种行政管理的办法，是在物价波动特甚时候，临时宣布在一定时间的几种物资上，使用什么手续，及限定价格交易数量，如在一般情况采用即妨碍市场交易物资调剂。

广饶整理粮食市，符合着便利交易和照顾群众利益的原则。适当的规定了斗佣（500元减到200元），裁减了人员（28人减到6人），整顿了市场混乱现象，各地可采取这种整理的原则精神整理集市。

（《渤海区行政公署上半年工商工作检讨与下半年工作计划》，1949年6月，山东省档案馆）

（四）集市的敌我斗争

敌人调查了我们的集日，到时就来扰乱抢掠，使群众无法赶集。同时多方鼓动群众，使到敌据点中去赶集，企图造成乡村依靠城市的形势。在敌据点，交易只许用伪币，图以贬低边币比值。

我们的对策：

第一，分散大集市，减小目标。

第二，集市搬家。在冀中，愈是敌我斗争特别尖锐的地方做得愈好，这样就混淆了敌寇的耳目，使敌扰乱抢掠常常扑空。

第三，封锁敌据点集市。在这里，仅仅依靠说服，劝告民众不要去是不够的，还须在据点集日动员民兵散布在各要道路口，对敌据点集市加以封锁。

第四，民兵保护我集市。严密的站岗放哨，侦察敌情，敌来即迅速散集。

在敌我的集市斗争中，我们获得了相当的成功。改变了老百姓千百年来的传统习惯，打破了敌人繁荣据点、贫困我区的阴谋。

（《关于冀中区合作事业》，1942年4月2日，《边政导报》，河北省档案馆）

在目前条件下，我对集市不是发展或建立的问题，即使建立起来也要被敌利用，而是削弱集市，大集变小集。集中于集中之交易分散隐蔽，暗中交易进行集外成交。为达以上目的，解决交易问题，要加强经济组织，使各个经济小组活动起来，使生产品经常得到便利的交换，特别主要之商品（粮食、棉花）不到集上去，再另行组织各村牙纪。逢集即赶集，与其他牙纪碰头，打听行情，交换各地买卖情形，散集后分到各村办理成交。先由以集市为中心的各村开始组织做起，逐渐实现掌握粮食与棉花。

在集市，对敌之税收，可正面打击破坏，应着重在削弱集市，慢慢使其(无)税可征。对包税商人应通过各种社会关系，进行教育说服，不能教育者予以打击。有集市之村其集市赋捐严加禁止。

(《冀中行政公署工商处关于对十专区经济斗争的认识及今后意见》，1942年6月27日，河北省档案馆)

敌人强化统治集市，并在主要集市建立交易市场。五一大扫荡后，随点线建立，把集市都统治到岗楼村庄。接着在去年年底在各集市又建立交易市场，使集市更加集中，开始突击破坏小集市，集中到大集。如取消留史集，合并大百尺，破坏喇叭坟集中到东安，又从今年二月起，敌将村集市向岗楼附近移动。还有的村在集市外挖封锁沟。收税机关在岗楼下。根据货物种类，划分后建成交易市场，实行交易票.有的集市，不散集不让走，不许随便出入，限制我武装破坏。

关于敌控制集市与税收问题。

(1)在集市上讲价，背地成交，以逃脱税收(肃宁)。粮食搁在家里不上市，而在集上讲价。牲畜这样讲的特别多，牲畜在集上不买，而在集下成交，或与经纪讲好。

(2)在集市另一场所，瞒敌成交，这在敌统治很严时，别的地方不能交易时。赶集早去或晚去，不到集上，另找一大院成交，价格一般高些。

(3)集市转移，按时搬家。表现在运输商贩。如买棉时先约好在某一村，下次为避敌破坏另约一地，与经纪也讲好。

(4)生产运销(棉花)逃避集市，群众性小贩不上集，直接到轧房去买，而又直接卖给织户。

(5)以武装斗争坚决打击收税的(如任邱)一般县先取教育方法。

(6)群众自发的反对税收。如高阳集市，收税狠利高苛刻，群众把收税的截在路上打。收税的欲去敌人打官司，但群众跑了，如向我区公所但不敢。后经我区公所找去，向其进行教育解释后，即不再苛刻。

(7)安新的对席统制收买，经我区争取教育后好了，统制收买也垮了。

(8)通过武装斗争与两面对策，制止敌人武装检查集市。

里县我两侦察员，在集上被敌人捕去，压杠子，侦察员打了岗跑出来。该村托词说集上人乱，要求取消集，虽未取消，而伪军不下岗楼了。

(9)任邱包商不敢包税了，敌人又追到叫村包了。专署指示不让收，对敌人的钱出应敌款，而佯以八路抓人，不让收税来应付敌人。

(《冀中行署十专署关于十专区经济斗争经验介绍》，1943年，河北省档案馆)

太山工商分局(五分局)淄博支局为响应上级经济斗争与武装斗争结合，于去年十月已组成武装工作队，经短期训练后，开赴边沿保卫集市，上月五日西坡敌人镇公所与敌七十三军一个班共三十余人带机枪一挺，来到西槐山峪集抢集，我武工队立即打他埋伏打伤蒋军八名，敌丢枪三支而逃。

(《淄博工商分局组织武工队保卫集市》，1947年1月14日，《大众日报》，山东省图书馆)

(五)集市上设公布栏

第十五条各个市场均得设置公布栏。

第十六条公布栏内公布如下：

1.政府颁布关于贸易之各项法令。

2.牙纪之任免及改定之手续费。

3.更改集期与集市地点之通知。

4.警戒信号。

5.集市商救会通知。

6.张贴《晋察冀日报》。

(《晋察冀边区贸易管理局集市管理办法草案》，1945年2月，河北省档案馆)

(六)通过集市管理委员会管理集市

第一条　本会定名为××(地名)集市管理委员会。

第二条　本会以执行边府贸易政策，保证境内正当贸易自由，严防物资资敌，巩固繁荣市场，并团结内外商人为宗旨。

第三条　本会为联席会议性质(非行政也非群众)，只限于集市管理工作上的配合联系，使意见一致，步调统一，本会概不对外。

第四　条本会任务如下：

1.管理牙纪(规定牙纪人数与佣钱)。

2.团结内外商人，适当的替商人解决各种困难。

3.调解市场纠纷。

4.稽征。

5. 对敌警戒(接近游击区或游击区市场)。

6. 维持市场秩序。

7. 取缔奸商操纵居奇。

8. 调查市场。

第五条本会由贸易管理卡、区公所、公安局、或检查站(无派出所与检查站者由区治安员代之)、区武装部、区群众团体、集市商救会、村公所(集市村公所),各派代表一人组织之。

第六条本会设正副主任各一人,管理卡代表为当然正主任,副主任由代表互推之,其余均为委员。

(《晋察冀边区行政委员会集市管理委员会组织简章草案》,1944 年,河北省档案馆)

华北各地工商业一天天发展,晋冀鲁豫、晋察冀两边府为进一步便利商民交易,保障内地贸易自由,特联合通令,取消集市交易所统制交易的办法。通令说"在抗日战争时期,为了进行对敌斗争,稳定物价,打击投机行为,民主政府曾在许多较大的集市上设置了交易所,禁止私人开设行栈,规定一切大宗交易都经过交易所成交,在对敌斗争与稳定物价上,都曾起了一定的作用。现在由于解放区已一天天扩大与巩固,工商业一天天发展,物价一天天稳定,集市交易所的统制交易的办法,已没有存在的必要。因此,特予取消,今后全区所有集市,一律准许自由成交,任何交易所,私人行栈中交易员(牙纪)都不得限制。准许私人设立行栈,买卖双方通过交易员行栈办理成交的,依法缴纳交易手续费,不通过交易员及行栈自行成交的,概不缴纳。较大集市由所在地政府或工商管理机关聘请商人代表,组织集市管理委员会,受政府工商部门领导,办理管理集市,管理牙纪,调解纠纷,征收交易手续费等工作。集市交易员(牙纪)必须向管理委员会登记,发给证照,使得介绍成交。

(《晋冀鲁豫、晋察冀边府联合通令取消集市交易所(统制交易)准许自由成交和私人设立行栈》,1948 年 8 月 15 日《新华日报》,山西省档案馆)

(二)管理的办法,要加强对集市管理委员会(下称集委会)的领导,克服集委会过去单纯摆税桌的现象。在组织上一定要加强,由当地活动的工商税务所及各种经济部门参加,并吸收当地政府人民(在乡镇中)及正派的工商业者一二人,主任委员由工商税务公营商店之固定人员担任(无工商所者由税务所。无税务所者由公营单位担任),克服原用牙纪组织致为分交易费而找几个村干部组织的现象。要通过集委会掌握牙纪与跑合的,加强组织教育、培养骨干,使其为我们政策服务。对粮店货栈由所直接掌握,进行审查发证,明确业务范围,建立业务报告制度,有计划地进行检查,发现好的及时表扬,遇到坏的及时依法处理(如警告、临时停业几天或停止其营业等处分),绝不姑息迁就。对投机资本的活动,要肯定地给以打击,须视其情节轻重,予以不同处理(如有意鼓荡兴风作浪的应从严处理,趁机囤积的予以限制。在波动中捣贩谋生的则须加以教育,不可一概而论)。

(三)市场管理是经常行政工作,不但不是冷一阵热一阵,也不应是只注意集日,而不注意平时。各地有工商机构者,由工商部门负主要责任;无工商部门而有税务部门者,由税务部门负主要责任,所受同级工商部门的检查,并向其报告情况,两部门意见发生分歧时,除有关税务问题依照税务部门意见外,对税务无关者则照工商部门意见,并争取先报县政府加以解决。在城镇应注意结合各经济部门的力量,在村镇则须吸收村镇政府参加意见,以免脱离当地政府之配合,不好解决问题。

(《冀中行署对二月份工商工作的指示》,1949 年 2 月 2 日,河北省档案馆)

第八条　各城镇、集市之税务机关与工商部门得吸收牙纪代表及其他有关方面负责人,共同组成集市管理委员会,互推主任委员及副主任委员各一人,并具体分工,属于税务方面者,由税务机关负责,属于行政方面者,由工商部门负责;交易员之登记、审查、训练、撤换,共同负责。

第九条　交易税由税务局(所)征收,必要时得发给执照,委托交易所、集市管理委员会或行货堆栈办理代征事宜,并给纳税人填发完税证。其代征税款,应于五天汇交一次。

(《华北交易税暂行办法》,1949 年 9 月 22 日,山西省档案馆)

二、交易所

(一)交易所组织及职责

第三条各交易所在县工商局领导下推行下列职责:

1. 管理集市交易。

2. 检查各种交易证件。

3. 向公营商店报告行情。

4. 在公营商店委托下进行商品交易。

第四条交易所之组织如下：

1. 各交易所设主任一人，领导本所人员进行工作，重要集市得设副主任一人协助主任进行工作。

2. 交易所主任得兼邻近集市一所或两所主任，但集期相同者不在此限。

3. 各交易所设粮食、牲畜、棉花、土布四行，但按各地形得呈准工商分局增减。

……

第八条　交易所人员按下列规定选派之

1. 主任副主任由县工商局呈请县政府委任。

2. 管理员、司账员、交易员由主任商承县工商局选任之。

（《冀鲁豫区集市交易所暂行办法》，1943 年，山东省党史资料办公室）

①交易所组织之目的，在减少非法剥削，便利人民交易，单纯的为收手续费的观点是不对的。个别地区收手续费的货物达五、六种以上，甚至十来八种，形成苛捐更是不应有的现象。

②因此，今后交易所，应明确为群众服务的观点，减收手续费，或减少收手续费货物的种类，有些货物须经交易所办理交易，或代为秤，亦应视群众要求来决定。

③较小市场，可交合作社代办。较大市场，合作社可以代办者，亦不必专设，工商局须注意检查指导。

④各市场尽量设置公秤，便利群众。

⑤交易人员待遇，以能维持其生活需要安心工作为原则，但各地区，不应相差过巨。个别地区之交易员开支，由政府批准。在地方粮款开支者亦可。但不再收手续费。

⑥新收复区之交易所

A、取消牙纪建立自由集市，自由交易。

B、非完全牙行性质之粮店，暂准其存在，经营粮食买卖，亦可代买代卖经手过秤，抽 1% 手续费，便利群众。度量衡统一。

（《反攻以来各分区工商税务工作检查及目前阶段工作的讨论》，1945 年 11 月，山西省档案馆）

“市场活动”对于私人工商业经营是有决定意义的，我们必须适当掌握。一年来经验证明：欲求稳定物价，调剂供求，公私兼顾，贸易自由等各项政策的具体实现，也必须有与之相适应的交易秩序，因而凡对当地经济或人民生活有重大影响之主要物资，如粮油、棉花、纱布、烟草、水产品以及大宗集中交易之其他工业产品或原料，应在产区或集散城市分别设立交易所或综合交易所，进行适当管理，逐渐建立新的市场交易秩序。

1. 交易所之任务是：为了贯彻内地贸易自由，保护正当交易，反对投机操纵，建立新的交易秩序，以便调剂供求，稳定物价，减轻中间剥削，因此，在交易管理中必须认真地解决当地生产与人民生活上的实际需要，一面严格限制投机倒把，只有解决了实际需要，才能缩小投机活动，也只有严格限制投机，才能保护正当交易，这正是互为因果的两面关系。

2. 管理方法：手续和制度，必须根据不同地区，不同物资，不同习惯制定有伸缩性的规定，不能千篇一律，强行一律，但必须以逐渐集中交易并便于实现上述任务为原则。

3. 有关交易管理的几个重要方式：

A. 议价委员会：为了统一公营企业，有利的掌握物价，在交易所当中可以以行政领导为主，吸收国营企业、合作社及吞吐量大的工厂商号，组成议价委员会，共同协议价格，作为共同掌握的标准，并可根据公私兼顾政策，分配公私购销比数，研究如何照顾实际需要，防止抢购，打击投机。

B. 公私联购：在特产物资主要交易地区，可采取公私联购的方式，根据物价政策，共同协议（包括工业农业两方面）的收购价格，公私分配收购数量，避免盲目争购，造成市场交易混乱。

C. 信任代办所：中小城市为照顾肩挑肩贩生产者，消费者以及无固定住所之临时交易人员，可于交易所内附设信任代办业务，代私营收购与推销货物，以求逐渐和私商交易做到比较有计划的调剂市场供求。代办所为维持人员开支可酌收佣金。

D. 国营企业与合作社，应在交易所内进行交易，以便于实现国营企业在市场上的领导作用，在交易所的活动中，国营经济应充分注意团结多数正当私商，孤立投机商人。

4. 交易所可以依成交总值，酌收买方少量手续费（量多不超过千分之五）作为交易所费用，市场建设，生产奖励，研究基金等项开支。

5.尚未建立交易所的地区,应即有准备有计划的逐渐建立,已建立者,应加强领导,发挥其作用。

6.交易所对市场交易情况要按期统计,以供市场管理之参考。

(《山东全省工商行政会议决议草案》,1949年10月,山东省档案馆)

(二)专业交易所

一、为便利买卖双方,取缔非法剥削,实行公平合理的交易,得于主要集市组织粮食交易所。粮食之交易,均须经交易所进行之。惟目前尚不能普遍进行,凡非大的集市或人民无通过经纪人成交之习惯者可暂不组织。

二、交易所之任务为行斗过秤,并帮助双方计算账目,以便利交易,及记载报告市场交易情况。如每集交易粮食种类、数量、平均价格、交易总额、收入手续费及粮食之来源、销路等项。

……

九、有公营商店之集市,交易所均由公营商店组织办理之,无公营商店之集市,由工商管理局委托合作社代办或另行组织之。

十、交易所受各该地工商管理局直接领导,工商管理局对渎职或不称职之交易人员的处理和交易所之成立与否,有决定权。

十一、各区应设交易所之集市,人数及开支标准等,由各县局请示分局具体确定之。

(《晋冀鲁豫工商总局通令试办粮食交易所》,1943年11月13日,山西省档案馆)

唐山市商业局为了打击投机商人的投机倒把,安定人民生活,特与贸易公司、商会及纱布同业会共同组织了纱布交易所,已初步收到稳定物价的效果。其他如牲口、油粮交易所及棉花交易市场亦在筹建中。

纱布交易所规定:凡唐山市各纱布商号均有人交易所的资格,纱布交易额超过大布十匹、洋纱二十块者,必须到交易所登记,但商号门市售价,并不受交易所价格限制,其他非纱布业之商号或个人及外来纱布商,如需成交大批纱布必须到交易所登记,不准与商号直接交易,各机关、部队及生产部门购买纱布者,则需经过商业局或贸易公司,不得直接去该所交易,市场上的非法商贩如牙纪、跑合及肩背大布者均一律禁止;交易所交易进行成交后,暂定双方酌付0.1%的手续费,以后将逐渐减低。

上月7日到10日天津大布骤涨,唐布因交易所管理适宜,未受波动,3天后才稳升,并防止了物资倒流现象。

(《唐山市纱布交易所掌握市场稳定物价》,1949年4月20日《冀东日报》,河北省档案馆)

唐山市人民政府为便利农民买卖牲口,减少中间剥削,税务局特于4月初成立牲畜交易所。过去农民买牲口常受经纪人牲口贩子的蒙骗和中间剥削,将病牲口买回不能使用,交易所成立后,可委托交易员代检查牲口是否有病。成交时由卖主出底票(即原买入时的税收证明),无底票的需有本村证明,以明来路。交易员共分5小组,各有组长,经常检讨工作,每天八点到场,交易结束为止。交易员佩挂交易员证,以兹识别。交易时不得以货物交易,一律使用人民币,交易员不得作保,交易税为4%,其中25%作手续费。为了便利远道农民的住宿,税局拟建立栈房。牲口交易所成立后,一般农民和正当商人都称便。

(《唐山市税务局成立牲畜交易所农民买卖牲口大为方便》,1949年5月12日,《冀东日报》,河北省档案馆)

唐山市人民政府为便利城乡物资交流,掌握油粮市场,免受奸商操纵,于上月初由市贸易部门及税务局、商会、油、粮业工会等单位,组织油粮交易所。并由商业局制定下列规定:(一)油粮交易场所为本市合法油粮交易场所,国营贸易机构及私商之油粮门市部、粮货栈、转运栈,其他场所不许进行油粮交易。(二)凡本市经营油粮业者,不论资所大小,均得于油粮交易所领取证,到交易市场自行交易,但严禁在市场买空卖空,投机倒把。(三)本市油粮工商门市部或粮货栈、转运栈成交之油、粮交易必须到交易所进行登记,或经过交易员代报,量斗过贩均由交易员负责。(四)外来公营粮店及机关、部队购买油粮者,须携带本机关证明文件,通过贸易公司信托部统一购买。本市机关部队采购油粮者,须携带本机关证明信到交易所自行采购,交易进行时,交易员可协助成交;成交后,取过斗证,并按交易额征收交易税3%,由买卖双方负但,在此税额内,抽出30%作为交易员的手续费。

(《唐山市成立油粮交易所商业局规定严禁奸

商投机倒把的办法》，1949 年 6 月 8 日，《冀东日报》，河北省档案馆）

市场管理，各主要城市对主要物资及特产建立了交易所，如济南、青岛、徐州、潍坊都建立了纱布粮食交易所（青岛、济南杂货交易所也建立起来）。济宁、德州粮食交易所，青州、潍坊建立了黄烟交易所，烟台建立了水产交易所.目前山东市场已与全国各重要市场结合在一起，成为全国市场组织的一部分。城乡间各地区间互相隔绝的情况已完全改变。这样就直接促进了工业与农业的恢复与发展。但另一方面，少数为帝国主义及少数人服务的商业，则衰落下去投机游资，因物资交易的发展已大部转入正当经营。但仍有一部漂浮市场，每逢物价变动，便兴风作浪，投机倒把破坏经济秩序，危害人民生活，这必须严格加以取缔。

（《山东省工商部 1949 年工商行政工作总结》，1949 年，山东省档案馆）

（三）综合交易所

一、各地除粮食交易所外，指大宗交易，其另设有交易所者，今后可合并为一，总名某某村（镇）交易所，统一处理市场交易中之问题。

二、各地交易所，主要设于集中之集市，由事务所主任或市场管理员兼任该所主任，县局住在地，由工商股长兼任之；合作社代办者不在此限。过去由商店代办者，自明年一月起移交县局、所接管。

三、为节省开支，各交易所不设专门脱离生产之干部，交易员一律雇佣，按集计算，给予小米工资，不再发给货币工资。

（《晋冀鲁豫边区工商管理总局通令关于交易所设置及开支问题》，1944 年 12 月 11 日，山西省档案馆）

2.市场管理。缉私时环境管理，市场管理则为内地的重要工作，如市场管理不严，则会发生隐藏私货，囤积居奇，扰乱金融，波动物价，以致影响军需民生，影响财政收支。因此：

(1)设立交易所——市场所在地。建立交易所，中心任务是掌握棉布、粮食、牲畜。因为这四项东西，是市场上的主要物资，可起决定的作用，如能很好掌握，则可稳定物价不致发生巨大波动。所谓掌握棉布粮食牲畜，不是大小交易都通过交易所，粮食二斗以下，红布二匹以下之交易，可以自由买卖。公营商店要很好配合交易所工作，物价上涨商店应该及时抛出物资，物价下跌应该及时收买，以稳定物价。

交易所的组织，可根据各自市场的具体情形而定。区贸易管理员、税卡、商店税局及市场治安员、武委会、牙纪，选拔坚强干部共同组成，所内掌握一批较好牙纪进行工作（同时可以培养一批农民出身质量好的牙纪淘汰一批坏的牙纪），如能很好掌握住牙纪，则对市场管理，稳定物价，作用颇大，不可忽视。

交易所一般是不脱离生产的干部，大市场的交易所主任可由区贸易管理员兼任，或县工商科派干部负责，特殊的大市场，设专人负责即可。

交易所经费为解决牙纪生活与交易所的办公用费，在物资交易上，可抽一部分手续费。手续费的规定，以能维持牙纪的生活与交易所的经费为标准，不能过高，更不能作为政府的税收管理。

（《察哈尔省目前的经济情况与今后的方针任务》，1947 年 1 月 10 日，河北省档案馆）

（四）成立农民服务所

石家庄合作总社举办的一个“石家庄市农民服务所”，已于日前正式开业。该所工作方针是专为农民服务，以加强城市和乡村的联系。组织城市和乡村的物资交流，替农民推销农产品和副产品，代购工业品和介绍买卖，并招待农民住宿，为他们解决进城后所遇到的各种困难。

（《石家庄市合作总社举办“农民服务所”加强城乡联系和物资交流》，1949 年 3 月 4 日，《冀东日报》，河北省档案馆）

（五）把旧的粮油盐“关”改组成新的交易所

济市解放前之粮油交易所为粮油“关”，该“关”成交不公开，坑骗讹诈，买空卖空，极为混乱。这两个“关”为各该同业公会把持，只准其会员入内交易，非会员则会受着种种限制与打击，如想进“关”，得花入场费。所以非会员即随意择地买卖，造成市场分散，但投机倒把的奸商则可以花钱同时参加数种行业公会，到数种“关”去交易。这是奸商投机倒把的便利场所。是粮油价波动的大本营，对一般正当商人和人民消费者极端不利。市府为便利粮油交易，减少投机商人的非法活动，稳定物价，乃于2月8日公布分别改组粮油盐"关"为粮油交易管理所，其章则规定严禁买空卖空，及投机操纵等奸商行为，交易员（凡批准入内交易的人皆由所方发证章，为交易员）必须是正当粮油商人和粮油生产者，磨坊、油坊、面粉厂以及其他需要粮油为原料之工厂和供给人民需要之合作社；非交易人员与交易员不准在所外大批买卖，成交后买卖双方必须将成交价格和数量公开，外埠公私商号欲在所内买卖粮者，可为临时交易员，所方发给临时交易证。这两个交易所成立两月来基本上是成功的。

（1）成为所有正当粮盐油者自由便利的交易场所。以前粮"关"每日只有会员及交入场费入场的临时交易员四五百个，现在有850个交易员和每日平均近300个临时交易员，在牌价公开的有秩序的交易，这不但使政府便于管理，而且使交易者非常便利和不被奸商玩弄，同时因正当商人都到交易所，减少了奸商投机活动的机会。

（2）减少了买卖双方成交后，因物价涨落发生买方不要和卖方掺假、使潮等纠纷。

（3）交易管理所内价格领导了全市粮、油、盐的价格。由于交易集中，便于国营粮油公司在所内了解物价供求情况，随时加以适当的吞吐。

（《济南管理市场的几个措施与公营私营力量对比及斗争情况》，1949年5月，山东省档案馆）

三、集市、庙会、物资交流会

（一）太行区集市集日历年变动统计表

项别（年度）	集市数目	每月集日数	全年集日数
战前	126	900	10800
1942年	110	1143	13716
1943年	122	1422	17064
1944年	122	1227	14724
1945年	105	870	10440
抗战中新建的	48	342	4106

附注：1. 这个统计系根据各个分县局报告统计的，亦即是依据前面几年度统计综合汇集的，该材料为不完整的统计；

2. 抗战中新建立的集市在1942～1945年集市数目内包括；

3. 敌人蚕食跃进，市场被摧毁，因而市场移来内地。粮食斗争以来，白晋线、平辽县东侧先后建立许多集市吸收粮食，内地粮荒，加强粮食调剂工作，因而内地县先后增设市场；

4. 集市每日之变化系以形势变化增减的，集市集日减少是市场扩大，集期距离较长，更增加了市场的繁荣。

1945年，山西省档案馆

（二）北岳区能起物资交流作用的庙会统计表

专别	原有庙会数					已恢复起庙会数					能达战前水平数					未恢复起庙会数				
	春	夏	秋	冬	共计	春	夏	秋	冬	共计	春	夏	秋	冬	共计	春	夏	秋	冬	共计
一专	3	10			13	3	10			13						1	5	3		9
三专	1	4			5	1	4			5										
四专	19	12	1	1	33	19	12	1	1	33	10	6			16					
五专	15	12	1	1	29	15	12	1	1	29	12	10	1	1	24					
六专	1	6	3		10		1			1										
合计	39	44	5	2	90	38	39	2	2	81	22	16	1	1	40	1	5	3		9
附注	1. 一专没有大同，高阳，三专没有来源、怀来、良乡，四专没有建屏、阜平、井陉，五专没有满城、来源，六专没有天镇、怀安的庙会数字。 2. 四、五专区能达战前水平的主要物资为农具。 3. 不能达战前水平的物资主要是束鹿来货牲口，未恢复的多系外线、庙会环境不稳，和四专东冶小壁等地防空未起庙。																			

（《北岳区庙会概况介绍》，1948年8月，山西省档案馆）

（三）太岳区市场概况

太岳全境较大市场共有53个，即一分区：平遥有东泉、段村，介休有洪山，灵石有静升，沁源有王和、郭道、城关，沁县有故县镇，屯留有城关、吾元，长子有城关与鲍店，安泽有和川、府城。二分区：洪洞有曲亭、苏堡，临汾有大阳、乔李，浮山有城关，曲沃有曲村、侯马,翼城有城关,囊陵有邓庄,绛县有南樊,沁水有城关与张马。三分区:闻喜有碾张、曹张,夏县有大洋,平陆有茅津渡,新绛县有薛店庙,安邑有庙前。四分区:阳城有城关、董封、润城,晋城有城关、东沟、大阳、拦车,高平有城关、马村、大市庄,士敏有端氏,垣曲有城关、王茅、同善,王屋县有邵源镇,济源有城关、坡头、武山,孟县有城关、冶戌。其中除冶戌与坡头为国民党军占去外,还剩有51处。

(《太岳区市场概况》,1946年5月17日,山西省档案馆)

(四)冀晋行署市场的简略统计

专别	大集	小集	
1	14		
2	25		
3	59		
统计	98	50	148

(《冀晋行署关于市场管理问题》,1947年,河北省档案馆)

(五)冀鲁豫边区城镇集市统计表

项别 分区别	行署直辖城	分区辖城县	分区辖集市				城镇集市总计
			大	中	小	小计	
一分区		6	66	110	87	263	269
二分区	济宁	12	63	81	145	286	302
三分区		6	50	50	50	150	156
四分区		6	40	40	40	120	126
五分区	菏泽	3	37	56	58	151	155
合计	2	33	256	337	380	973	1008

我区自1942年开始管理集市,1943年在统货与救灾时建立了交易所,据不完全统计,大小集市真正管理起来的约有五百余个(新解放区多未列入)在这些集市上打破了几千年来封建剥削的交易制度。

(《冀鲁豫工商组织与管理半年来工商工作检讨及今后工作意见》,1946年8月10日,山东党史资料办公室)

(六)北岳区几个庙会的历史概况

1. 正定北新城铺庙会:

新城铺是位在石家庄至保定的大路上,距正定东北四十里的较大市镇,有四九大集,主要成交易牲口猪羊。全村有八百五十七户,共四千二百九十四口人,沙地九百五十亩,水浇地九千六百七十七亩。在八百五十七户当中,有一百六十余户经营买卖,群众都有些贸易习惯,农闲时都经营买卖,事变前坐商最少,一千元以上者七户,五百元以上者十一户,一百元以上者三十六户,店坊五座,其余小买卖五十余户,行商摊贩六十余户,自日寇侵占后全部摧毁。

全年共七个庙会,以二月十月两个庙会为最大。在事变前上骡马一万多头,销售在三分之二以上,来路主要是察南雁北,销到山东、河南及河北东南。绸缎洋布庄三十余户,小洋布摊有一百多户,每家大绸缎庄能卖到一千元上下,小布摊也能卖到三百多元,估衣摊十家,嫁妆铺三十余家,银匠楼十五户,铁匠铺十户,木货六十四户。上大车二百多辆,能销二分之一,木货建筑物上多少销多少。权把扫帚零星农具,也能上二十余车,全部销完。其他小摊小贩甚多。

今年庙会,铁货摊十七户,线货二十一户,杂货十九户,筐篮八户,估衣十二户,菜摊十七户,杂货摊十三户,肉铺十二户,鲜果六户,木货农具二十四户,锹摊一百四十五户,烟酒摊九十四户。卖款最多的鸿兴铁工厂约五百多万元,最强者还是清水行,一个饭馆每日能卖二百斤面左右,收入在九十万左右,上庙人数大部是妇女小孩。

2. 五台山庙会:

在事变前能上牲口二万多头,占一里多长,赶庙的人由甘肃、宁夏、绥远、东北、河北来的很多,山西平遥、介休、初肆、太谷轿车之户,每年要购买骡马。天津、北平等地客商也来此者很多.从六月开始到七月半才停止,上市牲口从六月十八日到二十三日一般的以牛为最多,二十三日以后以骡马为最多。事变后在抗日时期由于敌人欺骗麻痹,群众赶庙的人最少,近一二年庙会又恢复了些。今年十天成交牲口五百五十九头,比前一二年都多,上庙人数每天平均多有三千人以上,但与其他地方不同,赶闲庙的很少,大部是购买东西的。

3. 尉县城的庙会:

在事变前主要是口外的牲畜及关南布棉的交换,□□北达口外,南至冀中高阳、安国各县,庙会时间半月。上庙人数最多到达六万余人,牲口交易达千余头,日寇及傅作义侵占后垮台。我们解放两次曾恢复两次,比战前差得很多,牲口成交一百余头,布棉销售很少,上庙人数在今年都是刚解放后,看红火的约有二万余人。

(《北岳区庙会概况介绍》,1948 年 8 月,河北省档案馆)

(七)山东荣城崖头骡马大会

荣城崖头的骡马大会,已在广大群众欢腾鼓舞下胜利结束。

大会先后总共到有十三万多人,周围七、八十里地的群众都起来参加,五天中共计来出卖牲口的三千余,卖出三百余,最多的是十一号,卖出一百三十多头,会上出杂货摊的以农具为多(木器、铁器、山货等)为九十四份。棉花摊五十一份,土布摊四十八份,色布摊三十二份,鞋子皮革摊二十一份,卖线的四十三份。总计群众必需品可占百分之九十六,消耗品与奢侈品仅占百分之四。此外,就是食物,连开馆子的、支棚的、卖熟肉水菜的等等,共计二百余份。

市上东西销售情形很盛,卖土布的平时每人每集能卖五六十尺,赶会能卖八、九十尺,总共多销三分之二,卖棉花的平常每摊每集只卖二十斤上下,赶会可卖四十斤上下,总共多销二分之一,卖农具的也能多销三分之二以上。至于卖食物的买卖更好,每一个卖饺子的每日可卖钱一千五、六百元(平时只能卖二、三百元)。总计五天中,交易总额约二百四、五十万元,内中牲畜可占一百六十万元左右,杂货农具可占五十万元左右。在销售对象方面,买牲口的有百分之八十以上是中农,百分之五是互助组,百分之十五是富农,买货物及农具的,有百分之五十是中农。百分之三十是富农,百分之二十是贫农。

从这个骡马大会的交易中,可以看出解放区八年来的各种建设,完全是为了广大群众的需要,它不像战前的山会上所销售的多是些舶来品和非农民必需品,同时它也没有像过去山会那样烧香拜佛,设烟馆赌局。它几乎全场都启发农民生产积极性,完全对农民有利,因此有百分之八十以上的购买者是农民,这正如一般群众所说:这个山会比过去的山会大不相同,买的卖的都是咱们必要用的东西。

(《从崖头骡马大会看解放区建设》,1946 年 3 月 28 日,《胶东大众报》,山东省图书馆)

(八)山东聊城百货大会

聊城九九百货大会,迄古历九月十六日止,为期八天,盛况空前。聊城自今春端正政策及民主政府大力支持以来,工商业逐渐发展,市场日趋繁荣。六月中旬,全城行座商已达 1288 户,至九月底又增至 1573 户。在此基础上,当地政府与市民复将抗战前,每年例行的九九香火古会改为百货大会。会期开始前几天,按行业性质划分的市场,已被几十里外赶来的商贩占满,街里各货栈通宵达旦灯火不息,忙于接待远路客商。大会期中,各主要街道,更是人山人海,十几年来不进城的老年人,也特地赶来。据不完全统计,八天会期里成交总额(仅按卖方一面计算)约 20 亿元之巨。其中,以工业品杂货、乌枣、饮食等成交最快,仅乌枣一项即为数二亿元之巨。但大会期间,济南仍在军事管制下,各种货物不能外出,黄河水势又突然上涨,两岸客商 来往及货运不便,加以今年附近各城如临清、濮阳、范县、阳谷、邯郸、彰德、张秋等地亦先后成立九月大会,因而除渤海区的海盐、黄河沿岸的牲口、冀南的棉花运来一部分外,外来货物不多,尤其群众最需要的工业品、杂货奇缺,而仅以该城存货,支持这样的大会,所以形成供不应求的现象,大会前四天除土布、棉花、火柴等几种货物上涨外,一般物价尚称平稳,后四天物价则上涨了,而货物出售仍然很快,棉花至两千四百元一斤涨至两千七甚至三千时,仍被大批收购,运往济南及河东(黄河东),土布自六百五十元一尺涨八百五甚至一千二时,仍被大批收购。大板纸自十一万五千元一令,涨至十三万,最后两天,形成有价无货的情况,至于资物运销方向大体是海盐、棉花、袜子、土布、毛巾、纸烟等走河东、宁阳、泰西、肥城、济宁等地。竹货、火柴、粉连纸等各种工业品,走西北、邢台、邯郸等地及东北、齐禹、高唐、清平等地,乌枣则大都为临清及东城公私营行店,货栈所收购。公营的商店在大会上对平抑物价及供应货物方面起了相当大的领导作用。……

总起来说,全城商民,在大会期间一般售货额,均超过平时三分之二以上。对各地货物交流及聊城的繁荣起了很大作用,并大大鼓励了聊城商民的经营情绪。大会刚结束,就有济南、东阿等地的商人,要在聊城街道空处盖房子营业。……

(《聊城百货大会空前》,1948 年 11 月 5 日,《冀鲁豫日报》,山东省图书馆)

(九)解放区集市繁荣

长子城北二十里的鲍店镇,自清朝乾隆以来,就是上党的商业重镇。它的贸易路线很发达,直通甘、青、宁、云、贵、川,河北、河南、山东、绥远、内蒙古等地。这里每年有"九月会",从阴历九月起,分别举行羊会、猪会、牲口会,到十月又有规模宏大的药材会(同河北之祁州、河南之禹州的药材会,成为华北三大药材会)。在这个时期,各地来赶会的人,真是成千成万。民间相传:"管不了吃,管不了穿,要赶个九月十三",正是说明了人们赶会的热烈(情景)。

1937 年 7 月,敌人盘踞长子后,在鲍店扎了一个钉子,从此由于敌人经济统制(棉、布、盐、火柴、煤油、糖,麻皮等群众日用必需品,都指定为伪货用品)以及苛捐杂税繁重(光只捐税就有:营业税、所得税、铺税、麻捐、油捐、屠宰税、落地税等),加上买卖的人受到许多限制(如一切大小生意,每日晚必须把每天的营业情形报告给敌人:从哪里办来的货?卖给什么人?哪里住?叫什么?……)。以是,鲍店的八家钱庄,二家当铺,八家棉花店,十几家骡马店,七家骆驼店及粮店等,不得不"关门大吉",所剩的几十家杂货店、药材铺,缺少货物,没有买主,几年来鲍店市场却是冷落得很,"九月会"当然是垮了。

鲍店镇解放后,由于我民主政府执行了正确的商业政策,过去的繁荣逐渐恢复过来了。这时正逢着"九月会",从阴历九月十三日起,每天赶会的人总有四五千,十五日那天,竟多至两万人。新添了十余家饭铺、三十余家杂货摊、六家粮店、四十余家磨房;出卖的羊有三百六十只,猪有六十多头;各地运来推销的棉花、布匹、食盐、洋火等日用必需品数不清。据不完全统计,从十四日到十七日四天,共上市粮食六百一十二石,都完全粜出了,布匹销售将近四万尺,买卖成功的牲口就有八十一头,热闹情况,为五、六年来的第一次。

(戈曼:《恢复后的繁荣的鲍店》,1945 年 11 月 5 日《新华日报》,山西省档案馆)

贸易不仅在店内,还要搬到市集上去竞赛,在过去敌人统治时期,烟台也是三个市集,但只有几个卖青菜的、卖海味的摆在那里,赶集的人也不多,现在却是成群的人们从早晨四、五点钟就跑到小市上去占地摊,火油、白糖、火柴、胶皮带等,一直到半头晌小市才结束,赶集的人数都较前扩大了百倍以上。这种繁荣的景象不仅是在敌伪时期从来没有,就在抗战前也是没有见过的盛况。小贩为了长期打算,市集的两侧已经出现了许多小型的商店。

(《新民主主义经济下的烟台市》,1945 年 12 月,《大众日报》,山东省图书馆)

随着工商业发展,市集也扩大起来。奇山所、四马路、东海等三个集市,货摊有 3090 家,比解放前增加了三倍多。在交易上除本市商人外,大部分是从农村来的小商贩和农民,在海陆交通上,现在已有华盛、联华、新华等八个较大的公司和汽车行,从今年一月到三月的统计,即由海上输出绣花、纸烟、粉丝、鱼、酒等,总值 7464.6522 万元,入口钢、铁、纸张、棉花、棉纱等,总值 8334.9844 万元,在陆路交通方面,有烟莱、烟威、烟龙、烟石等四条主要公路干线,农村之工业原料源源运入城市,城市之工业成品,又一批批地运往农村。

(《烟台市工商业空前繁荣》,1946 年 6 月 14 日,《大众日报》,山东省图书馆)

现在沂山解放区的人民生活由贫困改变为日益富裕了,二百户人家的马站村每次逢集竟达一万五千多人,周围十几个县的商人都来赶集,解放后新发展的牲畜市,每集上驴、牛五六百头,猪、羊六百余只,市上堆满了各种土产品和必需品,有大批生油、黄烟及毛巾的销售,从马站市场的繁荣,即可窥见全沂山区人民生活的改善与经济繁荣的新面貌。

(《为人民谋福利的沂山区工商局》,1946 年 9 月 2 日,《大众日报》,山东省图书馆)

窝洛沽是玉田境内的一个大镇,自平、津、唐等大城市解放后，由于城乡物资大量在此集散，市面日趋繁荣。过去农村中缺乏洋纱、煤油、火柴等，当地政府贸易机关即马上组织了商贩到城市大量采购，各种货物堆积满镇，再由此转销各村。沽镇集期（每五日一集）交易极盛，当前每集约销洋纱二千八百余块，市布三百匹，火柴万余包。洋纱销纳量大，原因是当地手工纺织发展。过去蒋匪封锁内市，该地即实行自给自足。现在以洋纱和土纱合织成洋线小布，贩运热河一带，每集多销至七八千匹。经过土改后的农村，农民购买力普遍提高，与城市工业品畅销的同时，农产品和工业原料上市也达到最高点。如当地盛产棉、麻、席、粉、粮食等，棉为重要工业原料，津唐机器纺织业需要迫切，沽镇每集上市籽棉约五万余斤，少时三万余斤，均扫数销净，麻销河头、铁路南海宾盐区等地，每集约销七千余斤，最盛时达一万五千余斤。该镇现经常有固定的工商业户一百二十八家，到集期则远近农民、商人赶集的经常达四五万人，临时赶集近千大小摊贩。镇内各商店均得到复生，如民众、大众两农民合作社都购进了大批杂货、煤油，十分充足。利民西药房过去连退热剂都没有，现在很多药品都得到了补充。根据当地农民的反映，现在农民迫切需要农具，希望城市大量供应。

（《玉田县窝洛沽镇市场交易繁荣》，1949年5月19日，《冀东日报》，河北省档案馆）

四、牙纪、交易员管理

（一）牙纪的选择

第二条　各行牙纪，由集委会提出名单，交由区公所审查，合于下列标准者，准许登记，并于市场公布之。个别任免与此手续同。其标准：

（一）略有牙纪技术

（二）该行商贩拥护。

（三）品行端正，能遵守政府法令。

（《晋察冀边区贸易管理局集市管理办法草案》，1945年2月，河北省档案馆）

庙会的牙纪的组织管理工作是很重要的，因他是调剂物资的桥梁。特别是牲口牙纪，他在沟通外客上作用是很大的。因此我们要掌握几点：

1．牙纪的选择。本地牙纪与外来牙纪，旧牙纪与新牙纪要结合，特别是大庙会注意外来牙纪，以免本位，在五台山庙会没有外来牙纪，对团结外来商人不方便。

2．牙纪要经过政府登记，发给证明才允许成交，成为合法牙纪。以防欺骗群众。

3．牙纪也要组织起来，规定应有的纪律，并随时有重点的根据缺点，给予随时教育，使其如何发展成交便商利民。

（《北岳区庙会概况介绍》，1948年8月，山西省档案馆）

1．普遍进行集市斗官交易员登记，严格审查斗官交易员条件，合格者方能批准营业交易。

2．斗官交易员的合格条件。

①遵守政府法令②受一般群众所拥护者③业务精通④较忠实可靠⑤交易公平态度和蔼。

3．合乎以上条件一律发给交易员证章。

（《渤海区工商行政会议对今后工作研究草案》，1949年6月，山东省档案馆）

（二）牙纪职责

第六条　凡在集市为群众办理集市交易，收取佣钱之交易员，均须经当地征收机关审查、登记，发给正式登记证后，准办理交易。

第七条　交易员有协助征收机关办理款征收责任，不得包庇走私偷税，如有包庇私行买卖，双方偷漏税款及其他敲诈索取额外费用事情，一经查觉，征收机关有权停止其交易员资格。

第八条　凡在集市交易之牲口，如买卖双方自行交易，交易员无权干涉，但有权协助查问，照章纳税和查缉漏税者并报告征收机关处理之。

（《山东省征收牲口交易税与交易员登记管理暂行条例》，1948年1月14日，《大众日报》，山东省图书馆）

（三）牙纪的领导

各市场交易员由贸易局领导，但在未设贸易局的县仍由政府管理，所有交易员的生活费用及手续均由贸易局负责。

（《晋冀鲁豫边府建设厅通令统一管理内地商业行政》，1943年5月1日，山西省档案馆）

牙纪以行为单位成立小组，互推小组长一人，各组均由贸易管理卡领导。

（《晋察冀边区贸易管理局集市管理办法草案》，1945年2月，河北省档案馆）

1. 全区斗行交易员均由当地工商行政机关领导，如当地没有工商行政机关，得由税收机关领导。

2. 为了便于领导，每一集市可设小组长一人，下设组员若干人（人数多少可按集市大小确定之）。

（《山东渤海区工商行政会议对今后工作研究草案》，1949年6月，山东省档案馆）

（四）加强牙纪的教育、管理

各行牙纪，须遵守下列纪律，违者得受一定制裁。

1.接受贸易管理卡之领导。

2.不得有违反政策法令之行为。

3.不得与奸商通同作弊或额外敲诈。

4.未曾经手之交易，不得索取手续费。

（《晋察冀边区贸易管理局集市管理办法草案》，1945年2月，河北省档案馆）

一、凡所有进行牲畜买卖牙纪人员，均须照章经该管区公所介绍到税务局，或税务局委托之机关登记，领取登记证，否则不准进行牙纪职业。

二、凡牙纪人员必须遵守下列之规定，如有无故违犯下列之一者，得按情节轻重取缔职业或送交法院分别处理之。

（一）遵守政府法令。

（二）不准偷税漏税。

（三）讲生意一定使用边币。

（四）不准敲诈勒索。

（五）在规定地区范围内进行牙纪职业。

（《冀东区牙纪管理登记规则》，1946年4月24日，河北省档案馆）

但另一方面，我们在对牙纪的掌管教育上，从摸索中也得到一些经验。

一、主要的还是加强教育，提高其为人民服务的认识，及时揭破其捣鬼现象，加以限制。如正藁工商管理局，召开了全县粮、盐、菜、土线、布、棉、油、牲口八大行五百人的经纪会议，座谈三日（肃宁亦召开三十余人的经纪会，并决定每半月开会一次），一方面进行政策教育，一方面帮助其检讨反省过去，对改造经济，作用很大。

二、教育与纪律密切结合，正藁经纪座谈会上，民主定出“六要”“六不要”纪律。

三、稽征人员建立个人的下层情报员，四外巡视，专作密报工作。健全集市管理委员会，洗刷坏分子，补充好干部，经常加强经纪的管理与教育，及时检查工作。统发经纪证，无证者不准成交。

四、严格掌握账簿，账本由政府统一发（或经稽征员审查盖章即可），有一定页数，记帐员要审查登记，并加强教育，以防捣鬼。

（《掌管经纪的几点经验》，1947年3月19日，《冀中导报》，河北省档案馆）

4. 斗行交易员在集市上必须带交易员证章，一律带在左臂上。

5. 交易员证章不得损坏或借给他人，如有遗失须得向签发机关挂失声明作废，待查明后另行补发。

6 斗行交易员在集市上概不准兼营其他营业。

7. 斗行交易员除应收手续费外，概不准额外收求任何费用。

8. 违犯以上办法者，酌量情节轻重，予以适当处罚，

（《渤海区工商行政会议对今后工作研究草案》，1949年6月，山东省档案馆）

第七条　交易员、交易所及从事介绍交易之行货堆栈，除向工商部门登记外，须向税务机关登记领取执照后，始得进行业务。

第十条　交易员、行货堆栈或交易所，私吞税款，营私舞弊，非法征收或额外勒索手续费者，处以私吞及勒索金额两倍至五倍之罚金，情节较重者，得取消其从业资格，或送法院惩处。

（《华北交易税暂行办法》，1949年9月22日，山西省档案馆）

（五）牙纪报酬

第一条　现有各种牙行斗行及非座庄行店之经纪人，自交易员设置之日起一律取消。

第三条　交易员执行牙行业务，按交易额向卖者取手续费百分之一，由县政府具体规定之。此外不得有任何物资上之索取，如过斗余粮等陋规一概

严禁。

第五条 交易员之生活费,包括衣食在内,均由交易手续费支付之,但每人每月不得超过20元。交易费之收入,每日交区公所或镇公所保管。交易员之开支,由区公所或镇公所按月发给。

第八条 交易员设置以后,如仍有私行经理牙行业务者,处以50元以下之罚金。

(《晋冀鲁豫边区取缔牙行办法》,1941年6月15日,山西省档案馆)

第六条 牙纪手续费之规定,须以每日收入能维持一人二日之生活,不得过多或过少,除规定外不得有任何物质之索取。

第七条 手续费之负担,须依据各个市场各种货物来源去路之具体情形规定,由买方或卖方支付,规定时须照顾人民生活,以不得故意敲诈外商为原则。

(《晋察冀边区贸易管理局集市管理办法草案》,1945年2月,河北省档案馆)

牙纪佣金由客人自由付给,最高者不准超过百分之一。

(《冀东区牙纪管理登记规则》,1946年4月24日,河北省档案馆)

自征收粮食交易税迄今,各地均采取雇用斗佣员过斗,按分红办法解决其生活问题,近接各地反映,雇用之斗佣员仅于逢集日到粮食过斗三、四个钟头,却获得的报酬很大(分红少雇不到人)。如兴县由所收斗佣粮内百分之七的小米作为斗佣员生活费用,每人全年分小米即达七石五斗多,其中损失数目更难以数计,各地均有如此情况。为了加强斗佣工作,各地应逐步减少以至完全取消雇用之旧斗佣员过斗收佣,达到完全由税局卡干部亲自动手负责。斗佣员减掉后,各地需增干部若干,报由专署审核后,报行署批准。如此既可减少开支,增加收入,又可加强各地税收工作,希即遵照执行为要。

(《晋绥边区行政公署关于逐步取消斗佣员的令》,1948年9月29日,山西省档案馆)

交易员待遇从手续费中抽30%归交易员,70%归政府收入。

(《渤海区工商行政会议对今后工作研究草案》,1949年6月,山东省档案馆)

(六)冀晋行署牙纪统计

一专	二专	三专	合计
592	255	212	1059

牙纪成份比较

村干部	抗干属荣军	旧牙纪	主要靠牙纪维持生活者
1/2	1/4	1/4	1/2

(《冀晋行署关于市场管理问题》,1947年,河北省档案馆)

五、交易费

(一)交易手续费收费标准

第七条 各项交易按下列规定征收手续费

一、粮食、棉花、土布按交易额抽收千分之五。

二、牲口(包括牛、驴、骡、马)按交易额抽百分之一。

第九条 各项手续费除土布由买方交纳外其余均由卖方交纳,除前项规定外,对于买卖双方均不得有任何物资金钞之需索。

第十条 8各项手续费依下列规定分配之。

一、百分之二十归政府收入。

二、百分之十归交易所,经费其开支另定之。

三、百分之七十归各行人员分配,但行管理员之所得不得少于一个半交易员之所得。

(《冀鲁豫区集市交易所暂行办法》,1943年,山东党史资料办公室)

为避免乡村牙纪人员非法剥削,各地合作社在便利买卖(山货)双方条件下,代为过秤,最高收百分之一的手续费,做为酬劳,但不得强制执行。

(《晋冀鲁豫工商总局指示内地山货购运自由》,1943年9月7日,河南省档案馆)

一、凡在边区境内从事牲畜买卖者,不论公私均须缴纳牲畜买卖税。

二、凡在边区市场上买卖粮食,不论公私均须经当地税务机关设立之过斗人员统一过斗，缴纳粮食买卖手续费。

在第二章第七条与第八条之间增加如下两条

一、各种牲畜(牛、驴、骡、马、骆驼、猪、羊)之买卖成交后，买主须从价缴纳百分之五的牲畜买卖税。

二、凡粮食买卖经税务机关设立之过斗员，过斗成交后，卖粮人须从量缴纳百分之三的粮食买卖手续费。

(《晋绥边区行政公署关于〈修正营业税暂行条例〉中补充对牲畜交纳买卖税和粮食买卖手续费的令》，1945年10月25日，山西省档案馆)

(一)牲畜交易手续费，仍按财税字第六号指示不变，即征收价格百分之五，由买卖双方负担之，牙纪抽用百分之一。

(二)斗称交易手续费，改为百分之一点五，究竟应由谁负担，可根据过去习惯确定之。牙佣抽百分之点五或百分之点七五，以县为单位各县酌情确定之。

(三)土布交易手续费，改为百分之二，由买主负担之。牙佣抽百分之点五。

(《冀晋行政公署通知关于各种交易手续费及产销税之规定》，1946年7月22日，河北省档案馆)

第三条 本办法所称之斗称交易费，系指一切斗量称衡之交易物品，包括粮食、花生、籽棉、皮棉、绒毛、线、花果、油类、油饼、蔬菜、柴煤、麻类、鱼类、山货(药材另定办法)、硝等物品；布匹系指土产布而言(包括土产宽面布)，木货系指成材之木料及门窗而言，其征免办法规定如下：

(一)以斗量交易之物品，不足一斗(市斗)者免征，以称衡交易之物品，指大宗带有批发或囤积性质者而言，肩挑小贩之零星销售免征。食盐、碱面、硝磺、穰花、榨油作坊之油类交易等均免征。

(二)布匹交易在一匹以下者，免征；其超过一匹者，无论集市交易门市交易或市外交易，一律征费。

(三)木货买卖，凡做成之农具、车辆、桌椅、棺材一律免征。其余一切木材、门窗等木货均征费。

第四条 各种交易费，均按成交价格百分之二征收之，由买卖双方平均负担，惟鱼类交易由收买者负担。

第五条 所收交易费，得提出一部分作为经纪人及管理人员(指登记记账人员)的酬劳，所提数额最多不超过收款总额的二分之一。此外不准再使用牙佣。撒合、吃合等恶习，严加禁止。

第七条 有固定地址之店铺、货栈及未经牙纪双方自由成交者，为管理交易保证信用计，亦一律照章纳费，其设有店铺、行栈代行交易手续费者，只抽费百分之一(鱼类仍抽百分之二，全由店方负担)。由各该店铺行栈受政府委托(由店铺行栈向政府按月包征)向买货或卖货一方征收，但店铺行栈，在门市以外之交易，不论是否经过牙纪，均照章缴纳费用。

(《冀中区斗秤布匹木货交易费征收暂行办法》，1946年10月1日，河北省档案馆)

第三条 土布交易费，按以下规定征收之。

(一)集市交易：凡窄面土布在两匹及两匹以下，宽面土布在一匹及一匹以下者(匹以当地通常所称之匹为标准)，均可自由交易，并免征交易费。超过以上数目者，须经牙纪成交，照章收费。商贩、收庄，分散零购，以其所购总数，计算征费。

(二)市外交易：凡乡民自用之买卖或交换，一律免征。其为贩运、收庄，或带有囤积性质买卖或交换，均须经牙纪成交，照章收缴交易费。

(三)行店交易：由行栈代行交易手续，其征免办法同于本条一项。但以零售为主之布铺、布摊，出售土布时，概免交易费。

第四条 土布交易费，按买卖价格百分之三征收之，全由买方负担。此项收入，以三分之二归政府，作为政府财政收入，三分之一酬劳牙纪及管理人员(登记记账人员)，此外不得再抽牙佣。其为交易便利，设有行栈，代客买卖并予保管存放者，得另加栈费。栈费多少，视行栈性质经当地政府批准规定之。

前项交易费，如在行店栈门市以内，由店栈人员办理交易手续者，政府只抽交易费百分之二(政府对店栈，可取按月包征办法)，但行店栈在门市以外之买卖，仍照前项规定征收之。

(《冀中区土布交易费征收暂行办法》，1946年11月1日，河北省档案馆)

第三条 棉花交易费之征免，依下列规定：

(一)集市交易：籽棉、皮棉，须经交易人员办理过秤手续，农民自用之零星买卖，免征。商贩、收庄，及带有囤积性之买卖，均照章征费。棉花交易，除商人贩运、收庄，或囤积者，必须成交人员过秤并照章收费外，其零购自用者，均由买卖双方自由成交，免征交易费。

（二）市外交易：乡民自用之买卖或交换，均免征。贩运、收庄、囤积者，不论买卖或以物易物，均须经过牙纪，照章收费。

（三）行店交易：由行店代行交易手续，其征免办法与本条一项同。

第四条　棉花交易费按买卖价格百分之三征收之，由买方负担。此项收入，三分之二归政府，作为地方收入，三分之一酬劳牙纪人员及管理人员（登记记账人员）。此外不得再抽牙佣。其为便利交易，设有行栈，代客买卖并予保管存放者，得另加栈费，栈费多少视行栈性质，经当地县（市）政府批准规定之。

前项交易费，如在行、店、栈门市以内，由行栈人员办理牙纪手续者，政府抽征交易费百分之二（政府对行、店、栈可采取按月包征办法），但行、店、栈在门市外之买卖，仍按前项规定征收之。

（《冀中区棉花交易费征收暂行办法》，1946年11月1日，河北省档案馆）

第二条　凡在本区境内，买卖各种粮食，不论公私商贩、机关部队学校或个人，均须经交易人员办理过斗过秤手续，并依本办法缴纳交易费。非交易性之粮食来往，不受本办法之限制。

第三条　粮食交易费，按下列情形分别征收之：

一、集市交易：不足二市斗者（以称衡者按一市斗之重量计算）免征，二市斗及二市斗以上者，均照章征收交易费。

二、市外交易：零星买卖或交换，均免征。但商人贩运，坐庄收买，或带有囤积性质之交易或交换，仍按章征费，

三、行店门市交易：由行店代行交易手续，不足二市斗者免征，二市斗及二市斗以上者均予征收。

第四条　粮食交易费，按买卖价格百分之二征收之，由买卖双方平均负担。此项收入，一半归政府作为地方财政收入，一半酬劳牙纪人员及管理人员（登记记账人员）。此外不得再抽牙佣。撤合漏粮及其他额外征索，一律禁止，违者以贪污论。

前项交易费，如在行栈门市以内，由店栈人员办理牙纪手续者，政府仅抽征交易费百分之一（政府对行栈可采按月包征办法），但行店栈在门市以外买卖粮食，仍按前项规定征收之。

（《冀中区行政公署制定粮食交易费征收暂行办法》，1946年11月1日，河北省档案馆）

第五条　征费及牙佣之规定如下：

（一）牲畜交易费，按其成交价格征收5%，由买卖双方平均负担，此项交易费，已包括牙佣在内，牙佣为牲畜价格的1%。

（二）布匹交易费，3匹以上征费5%，由买主负担，此项交易费已包括牙佣在内，牙佣0.2～0.4%（专署根据市场大小及季节具体确定）。征费后在布头边加盖验证，有此验证之布匹再行交易亦不再征税，外区布匹亦适用本办法，其已在外区征费具有证明但不足5%，照补后盖证。

（三）斗量交易费：三专区不征，一二专区不足二大斗者免征，交易费按粮食成交价格征收2%，由买主负担，此项交易费包括牙佣0.4～0.7%在内，凡规定不征或免征的交易部分，仍照纳牙佣，由县根据习惯酌情规定。此项牙佣，县区不得再有提成。

（《冀晋区牲畜布匹斗交易手续暂行办法》，1947年2月5日，河北省档案馆）

为增加财政收入，支援革命战争，并求得与西北税率一致，兹决定粮食买卖手续费（即斗佣），由现行百分之二，恢复按百分之三征收。希于令到日遵照执行，并广泛宣传解释为要。

（《晋绥边区行政公署关于粮食买卖手续费恢复按百分之三征收的令》，1948年12月26日，山西省档案馆）

第四条　交易税，一律从价向买方征收，其税率，起征点及交易员之手续费，依下表规定办理。

第五条　凡免征及起征点以下，经交易员介绍成交之商品，均由买方纳手续费，但以不超过百分之一为限。

（《华北交易税暂行办法》，1949年9月22日，山西省档案馆）

品名	细目	税率(从价征)	起征点	交易员手续费占税款百分比	附注
牲畜	马、牛、驴、骡、骆驼、猪、羊	百分之四	一头	百分之二十	牲畜交易不分城乡是否通过交易员均征税,但小猪在二十市斤以下,羊羔六个月以内不征。
粮食	油粮细粮粗粮	百分之二	油粮、细粮一市斗(花生五十市斤)粗粮三市斤	百分之四十	芝麻花生为油粮。大米、江米、小麦为细粮。其余为粗粮(花生因交易单位习惯上不以斗计数,其起征点为五十市斤)。
棉花	籽棉皮棉	百分之二	三十市斤十市斤	百分之二十五	
布匹	土布	百分之二	二匹	百分之三十	洋布不征

(二)交易手续费管理制度

第七条 粮食买卖成交后,即向稽征处所或其委托之机关个人报告登记,交纳交易费。经稽征处所或其委托之机关个人,收取交易费后,发给"交易证照"。交易费证照由行政公署统一制定样式,县(市)政府印制。

第八条 隐瞒不报或瞒价匿报者,除追交其应纳费用外,并课以一倍以上三倍以下之罚金。牙纪合谋舞弊者,酌情给予处分或撤销其牙纪资格。

第九条 查获偷漏瞒价者,照以下办法办理:

一、查获后,送交政府者,奖以罚金的百分之二十。

二、密报查获者,奖以罚金的百分之十。

查获后不送不报意图私利者,酌情处分之。

(《冀中区行政公署制定冀中区粮食交易费征收暂行办法》,1946年11月1日,河北省档案馆)

第七条 凡属于纳费之交易成交后,应即时交纳交易费,在乡村成交者,应于五日内到附近稽征机关报告交费,逾期不报,意图偷漏或瞒价者,除照章补费外,课以应纳费一倍至五倍以下的罚金。

第八条 漏费瞒价所受处罚,应由纳费人负担,牙纪合谋舞弊者,视其情节轻重,予以取消牙纪资格及罚款等处置。

第九条 无论任何机关或个人查获漏税及瞒价等情况,均须交当地政府或稽征机关处理,不得自行处理,违者以贪污论。

第十条 凡查获偷漏及瞒价者,除脱离生产干部给予名誉奖励外,余均照以下规定给予奖金:

(一)查获送交者,奖以罚金百分之三十。

(二)密报经查获者,奖予密报人百分之十五。

(三)查获人所得罚金,须具备正式收据,向处理机关领取,由稽征机关统一列表月报,并附收据报销。

(《冀晋区牲畜布匹斗交易手续费暂行办法》,1947年2月5日,河北省档案馆)

三、手续费之问题,在行(指冀南区行署)扩会上决定的,棉收3%,粮收2%,但就我们了解的材料,有的专区为了照顾交易员,有提高手续费的(棉提到3.4%,粮提到2.4%),我们的意见手续费是行扩会上的决议,我们不便修改,且全区在群众方面的手续费负担也必须统一,各区一定要按照原规定执行。如按0.4%提成,交易员不能维持生活,可多提一些,但最多也不得超过一分(指1%),棉花、粮店提成亦不要超过交易所提成数。

四、集市建设费问题:根据各地反映,集市上需要添置斗、尺、簸箩等交易器具,因交易所提成之手续费,没有盈余,实为困难问题,各县可根据实际情况,将全县集市必要添置的交易器具,统一编造预算由分局核查,统一制作,开支数目向区局报销。

(《晋冀鲁豫边区冀南区工商管理局指示信》,1948年10月23日,邯郸市档案馆)

管理集市与交易费的原则规定:

1. 对每县较大集市登市粮食二万斤以上的场集我们要进行管理。

2. 交易费的原则规定,从量征收,从价计算,按千分之五征收。

3. 由当地工商机关按物价每月规定一次,在本区下达统一执行。

4. 斗官交易员如有随便提高手续费者,按本办法第二项第八条办理之。

5. 手续费一律由买方负担。

(《渤海区工商行政会议对今后工作研究草

案》,1949 年 6 月,山东省档案馆)

原定不设集市之较大农村,粮食交易后交纳斗佣,经查农村之交易不多,但手续很烦,限制了农民粮食来往.现为了活跃农村交易,故决定从本月底起(三十日),除专设税务机关之集镇在粮食成交时交纳百分之二的斗佣外,其余村庄一律停收,希即负责将原收斗佣的地方彻底清算,所有斗佣粮食由村报区,区再报就近税务机关。以后除有大宗粮食交易,经县批准收斗佣外,其他任何村庄机关不得擅自征收斗佣,希告知群众为要。

(《山西临县县政府关于不准擅自征收斗佣的令》,1949 年 9 月 20 日,山西省档案馆)

交易手续费的分配

三、交易手续费须按交易额数值百抽一,作为交易所开支之用,不得任意变更。

四、交易所收入手续费,除交易所开支外,其余部分须一律归公,做正收入按月报交县工商管理局。

五、合作社代办交易所者,手续费之收入除去补助一部分办公津贴等开支外,余数一半归公,按月交直属之工商管理局,一半归合作社,列为合作社之收入。

六、县工商管理局须将每月收到的手续费,交该县较大之商店代收,商店另立手续费科目,按期结转总局,县局并须将每月手续费收入支出及交商店数列表分报总、分局,表内交商店数字,须由商店盖章,以资证明,不报收据。

(《晋冀鲁豫工商总局通令试办粮食交易所》,1943 年 11 月 13 日,山西省档案馆)

第一条　凡在本边区境内市场买卖各种粮食,均须经交易人员办理过斗过秤手续,并依本办法交纳粮食交易手续费,非交易性质之粮食往来,不受本办法规定之限制。

第二条　粮食交易手续费,由卖方于粮食卖出后,向政府核准设立交易所或核定代收机关交纳,其费率最高不超过交易额百分之二。

第三条　前条收入一半交政府,补助地方建设需用,一半酬劳办理过斗过秤人员。

……

第七条　手续费应按旬解交当地市县政府,不得延期或推诿,违者予以处罚,或撤销其职务。

(《晋冀鲁豫边区粮食交易手续费暂行办法》,1946 年 10 月 10 日,山西省档案馆)

第四节　稳定市场物价

一、物价波动原因

(一)灾荒

冀西一带,每年春夏之交发生粮荒。二十八年水灾之后。二十九年情况更形严重,至使粮食涨价……

(宋劭文《晋察冀边区的经济建设》,1943 年 1 月河北省档案馆)

粮价上涨主要原因为,我区去年歉收,特别是晋、阳、沁、济、平、介、洪、临收成更差。粮食不够吃,卖粮人少,购粮人多;其次晋绥吕梁及太行各邻区秋收较之我区更坏。因之我区粮食向外区流动日益增加;再加目前我区贫雇贷款下去,不少贫雇购买与贩运粮食。有的囤下粮食准备以后吃。有的怕粮价涨买下吃的再制作其他生产;一般干部及群众存在着备荒思想,恐怕春天粮价更要上涨。及早买粮食作准备。因而形成粮价突涨。

(《晋冀鲁豫边区政府太岳行署关于平稳物价的指示》,1948 年 1 月 13 日,山西省档案馆)

(二)政策失误

照顾群众生产和群众生活还有不够地方。不注意内地调剂。如去年粮贱布贵,特别严重。部分由于政策上的错误(去夏决定禁止洋布土布输入);部分由于主观上对调剂工作不够重视。未下决心收存内地粮食提高粮价。大量向外吸收棉花布匹调剂市场需要。结果人民冬衣感到困难,纺织生产亦因棉价波动未能得到充分保护。

(《山东省工商管理工作总结》,1945 年,山东省档案馆)

这半年我们管理出入口不严密。可以说几乎是放任自流。解放区的物资,特别是粮食、棉花、土布等大量外流,奢侈品如洋烟、洋酒等大批运进,出入走私现象十分严重,外汇也没有很好的管理,必需品出入兑换上失去平稳。物价因之起了变动。

(《边府决定平稳物价——戎副主席答人民日报记者问》,1946年8月10日,《冀鲁豫日报》,山东省图书馆)

自四月以来,我山东各地物价不断上涨,发生数年来未有的暴涨现象。迄今为止,平均上涨5倍至6倍,个别物价有上涨到10倍以上者。因此使各种工农生产事业受到严重影响,财政开支扩大,通货膨胀,本币信仰降低,党政军民日常供给都遭受到很大困难。检讨造成这一现象的原因,除由于时局紧张,内战刺激,出口减少等客观因素外,主要由于在领导上对和平估计过高,对时局斗争的曲折过程掌握不足,认识不够。因而:

(一)加倍发印货币,改变紧缩方针。过早的作了退却的打算,致形成工商机关与各军政党民抢购物资,囤积居奇。与平衡出入口、调剂市场巩固币值不相结合,市场混乱恐慌与群众怨言必伴随而来。

(二)由于和平麻痹,不作艰苦打算,享乐倾向上升,制度松懈、浪费自流、大手大脚。形成财政漏洞甚大。

(三)更由于竞相投机取巧,放松生产,使自给自足的基础无大进展。日常用品不足,供不应求,再加抢购,更促成市场恐慌物价动荡。

(《中共华东中央局关于克服目前经济危机与今后财政经济方针的指示》,1946年9月9日,山东省档案馆)

此次物价波动主要有以下几个原因:

①货币发行数量增加。一年来北钞发行的增加数目与十一月份物价指数比较相差悬殊,在这种不平衡的情况下,受到其他方面的刺激即易引起暴涨。

②平津、淮海南北两个战场上大军云集,战争供应与战费开支浩大,市面货币流通量增加,亦因而促成物价上涨。

③人民银行钞票发行以后,没有进行普遍深入的宣传工作。所以有些人对新币发行产生错觉也是主要原因之一。

④投机商人操纵市场以及特务造谣,也是直接刺激物价上涨的重要原因。

⑤公营经济部门缺乏统一领导与统一的具体对策,未能发挥公营经济对市场的领导作用。

⑥新解放城市,物价很贱,商人多收金子到新解放城市办货,这是金价暴涨的主要原因。

(《华东财政经济办事处关于当前物价问题的指示》,1949年2月10日,山东省档案馆)

(三)高价抢购

敌人掠夺粮食的计划,虽曾遭到几度破产,但其高价收买手段,实际更加毒辣。现在是枣核谷皮都在收买之列,以致根据地物资外流,粮价飞涨。影响到党政军民全部生活。

(《中共北岳区党委关于目前对敌经济斗争的决定》,1942年12月27日,《战线》第105期,河北省档案馆)

当我们初进城镇时,市场物价一般比较稳定。这是因为我部队机关公买公卖,纪律严明,又进行了平抑物价的缘故。但由于我们部队机关需要大量日用品。物价就很快上涨,我们越急于买,商民越不卖,这时就应掌握日用必需品物价,适当平抑。

(卫明:《关于新解放城市工作的几点经验》,1945年9月24日,《冀鲁豫日报》,山东省档案馆)

事实告诉我们,物价猛涨的主要原因,不是物资的缺乏,而是由于我们竞出高价抢购物资。结果群众害怕物价继续高涨,不敢出售物资。"存货不存钱"便成为大家的金科玉律。所以提价抢购不但不能刺激市场上的物资供给,反使市场上的物资逃避,出了高价仍然买不到货,对我吸收物资也是有害无益,当然大量吸收物资不可能使物价完全稳定。如果物价缓缓上涨,上半年的物价上涨能不超过一倍,那就可以算是胜利。但过分上涨,尤其是猛烈上涨,是对我们不利的。这将动摇本币信仰,并使市场陷入混乱状态。有些同志认为物价上涨于我有利,甚至提出"高物价政策",希望从物价高涨中来获得投机利润。其实这样得来的投机利润是空的、假的,如按货币数目计算,固然获利不少。但是物资(财富)本身并未增加。至于因此所造成的各种经济上和政治上的损失。那就很难计算。总之,这是一件得不偿失的事情。

(《一年来的工商工作薛暮桥厅长在鲁中鲁南滨海工商会议上的讲话》,1946年9月,山东省档案馆)

去年十月华北解放区临清市(位于鲁西北运河

与卫河汇合处)发生华北、华东两解放区的国营贸易机关抢购棉绒一百五十万斤。刺激物价上涨,鼓励私商投机,因而,造成严重违反新民主主义经济政策的事件。由于抢购,从十月九日到二十六日的十八天内,棉花价格暴涨百分之五十七,并因而引起了一般物阶的暴涨。

(《华北、华东西北国营贸易机关违反经济政策在临清市抢购棉绒刺激物价》,1946年1月22日,《冀东日报》,河北省档案馆)

来自黄河以南及渤海区的又一次物价波动。现已影响我区南部县份的社会安定。黄河南的大批商贩到冀鲁豫区北部及我区南部抢购物资(主要是棉、粮、布)。因之大名、临漳、魏县、成磁、邯郸等地的物价,五天内即上涨百分之百左右。在一月十日,邯郸麦子(市斤)为九百元。小米八百元,棉花五千二百元。到十六七日上述各地的麦子、小米都涨到一千五百元。棉花到一万元以上,而大名及其附近集市的小米竟到一千六百元,麦子二千元,棉花一万六千元至二万元。甚至在内黄的回隆及临漳的某集,则由抢购发展为抢集,因之我区南部各县人心惶惶,社会不安,给予小生产者与广大人民,尤其是灾区人民一很大打击,经我们分析,认为除因受中原物价波动刺激了黄河南的商贩来我区抢购和中州票的流入之影响外,则因最近粮价一再猛涨。形成城乡抢购粮棉屯积投机的风气,甚至还有故意兴风作浪、抬高市价、捣乱市场者。

(《冀南行署颁布紧急措施制止投机抢购平稳物价》,1949年1月23日,《冀南日报》,河北省档案馆)

我区有不少公营企业部门,为购买山东黄烟,有的不顾物价政策,而通过私商进行收购,致使黄烟价格提高,影响物价波动,因此华北人民政府决定,今后各部门需要山东黄烟时,须事先提出采购数目,交付定金,由华北贸易公司向山东统一采购。

(《冀中行政公署关于购买山东黄烟须经华北贸易公司统一采购的通知》,1949年4月19日,河北省档案馆)

(四)战争影响

内战刺激,由于国民党反动派在美国反动派的军事援助下,积极发动内战使时局日趋严重,内战惨祸刺激了每个人的心理,人民经验战争如起,物价必然高涨,因此都抛出通货,收购物资,因之便造成了物价上涨,币值跌落。

(《晋冀鲁豫边府决定平稳物价——戎副主席答人民日报记者问》,1946年8月10日,《冀鲁豫日报》,山东省图书馆)

(五)国民党统治区的影响

国民党统治区给与影响,中国大部地区,由于国民党统治,苛捐杂税,横征暴敛抓丁勤役,贪污浪费,致工农生产大部停顿,又加美帝国主义之货物倾销,官僚资本垄断经济,民族工业更一蹶不振,国民党的苛政,全国十九个省份遭了灾荒,约有四千万灾民,缺吃少穿,饥寒交迫,形成普遍物资缺乏供不应求,物价比之战前高出四、五千倍,这种外来的物价影响,使我区物资外流,物价上涨很难避免。

(《晋冀鲁豫边府决定平稳物价——戎副主席答人民日报记者问》,1946年8月10日,《冀鲁豫日报》,山东省图书馆)

(六)综合原因

分析此次物价上涨的主要原因:(一)山东物价低于平津京沪,尤以徐州、鲁中南、青岛特低,形成货币流入的盆地。(二)受京沪物价不断上涨的影响。(三)某些地区在掌握物价政策和市场管理上存在着严重的错误指导思想,不敢和不愿顺应南北物价均高的趋势,主动提高物价,企图以单纯的行政力量来阻塞物资的自由流通,以保持局部地区的低物价。(四)在物价开始上涨时,商人投机,公营企业和合作社抢购囤积物资,未采取有效办法加以制止,结果涨风从低物价地区开始,互相影响,波及全面。

(《中共山东分局关于平稳目前物价的紧急指示》,1949年7月15日,山东省档案馆)

二、物价上涨的特点

带头物价不一定是某一种商品,一般食盐影响大,根据历年来带头物价,每一个时期,均有不同,1943、1944年平抑物价前,当时灾荒严重,又加我们本身闹余粮征购,当时粮食最快,粮食即起了带头作用。如在西冶,当时本来我们换二尺来布。1944

年平抑物价后,敌人封锁,盐的来源困难,本来只能换一斤至一斤半盐,甚至有的地方换不到一斤,盐却起了带头作用,1946 年 3 月 ~ 1947 年 2 月敌人向晋南进攻,三个区潞盐来不了,食盐起了带头作用,今年五月后,因天旱不雨,粮食节节上升,可换盐八斤至十斤,此看来每年带头物资种类不同,在某种物资带头时,群众工资等计算,都以那种物资为计算标准。

(《韩佩奇同志报告贸易工作》,1947 年 8 月 25 日,山西省档案馆)

物价上涨时均是米价先涨,其他商品先后随之,形成米价领导物价。其暴涨之指数,以麦子、土布、法币为最高,其他商品次之。

物价上涨的另一特点,是“先城市而后乡村”,“城市价高而农村价低”,这说明城市经济对乡村集市中的支配作用,在目前还相当巨大,同时也显示着我们对城市的控制力较乡村集市为弱。

(杨寿山《物价与货币问题》,1948 年 8 月 10 日,山东党史资料办公室)

三、稳定物价

(一)抛售物资

A. 执行物价方针,作普遍抛售——如烟台 11 月上旬即抛出金子 100 多两,石岛局 11 月全月抛出棉花 18 万多斤,洋线 2000 多捆,粮食 48 万斤,抛售东西后,商人表现恐慌说:“公家又要压价啦,赶快卖货吧,不然要吃亏”。也有的说:“公家卖,咱也卖,公家买,咱也买,随着公家走不吃亏”。

B. 从高处着手削弱高峰——先从升涨最早的地方入手。

(《胶东工商局 1946 年统调工作总结》,1946 年 12 月,山东省档案馆)

滨海沿海一带,向为出产鱼、盐,缺乏粮食的地区,粮价上涨较一般物价为快,目前又值鱼盐旺产季节,鱼盐价格相对减低,往年一斤鱼可换瓜干七、八斤,今年只换一、二斤。工商局为稳定粮价,配合吸收鱼盐,解决渔盐民缺粮困难,达到扶助鱼盐生产之目的。特又拨粮五十万斤,调剂沿海市场。

(《省工商局拨粮、稳定滨海粮价、通过市场出售粮价渐稳》,1948 年 5 月 30 日,《大众日报》,山东省图书馆)

在经营上要抛出粮食,平抑物价。贸易公司除按贸总指示,对真正的合作社及确无粮吃的贫苦市民与小生产者给以较低于市价的粮食供给外(各级政府要趁机组织供销合作社),再拿出大批粮食在邯郸、大名、魏县、成磁等物价波动突出地区的重要市场上随市价出售,并随着下降直至合乎自然趋势为止。

(《冀南行署颁布紧急措施制止投机抢购平稳物价》,1949 年 1 月 23 日,《冀南日报》,山西省档案馆)

华北人民政府为平抑因入春后雨量缺少,逐渐上涨之物价,特令华北贸易总公司,于四月底派员赶东北购粮。现在四千万斤粮食已由沈阳启运,一部分已运抵天津。此外,东北行政委员会亦决定撤销禁止私商贩运粮食入关命令,准许商人自由贩粮入关;并通知铁路局增加运粮车辆。保证东北粮食源源入关。

(《华北人民政府平抑物价购粮入关撤销禁止私商贩粮命令》,1949 年 5 月 9 日,《冀东日报》,河北省档案馆)

贸易机关在物价高处暂停收购物资,并大量抛售粮食包括粗细粮、纱布等物资,以收缩通货,平稳物价。在物价较低处,于一定价格限度内仍可继续收购小麦、棉花。如超过价格限度,即行停收或少收。并须报告省府工商部核定才能变动价格。

(《中共山东分局关于平稳目前物价的紧急指示》,1949 年 7 月 15 日,山东省档案馆)

(二)严禁囤积、抢购物资

为平抑物价特决定:

严禁囤积粮食投机取巧,不论机关团体、公私商店、合作社、干部、群众,如发现有囤积情事,以捣乱粮价、破坏民生论罪。

(《太岳行署布告颁布严格禁止粮食资敌与防止粮价暴涨影响人民生活之决定》,1944 年 1 月 11 日,山西省档案馆)

统一管理机关商店。机关商店除在营业活动

中取得部分利润外，更负有调剂物资，平稳物价，巩固本币安全金融的任务，做法应该是随买随卖，不应该囤积居奇，应该是“贱买贵卖”（即物价贱时我要比市价高点买，物价贵时我要比市价低些卖），不应该是贱不买，贵不卖，更不应贵买贱不卖。

（《晋冀鲁豫边府决定平稳物价——戎副主席答人民日报记者问》，1946年8月10日，《冀鲁豫日报》，山东省图书馆）

严禁囤积居奇，停止外区及本区个人及机关团体经常大量吸收粮食（酒店坊、粮店、贸易公司）。

（《晋冀鲁豫边区政府太岳行署关于平稳物价的指示》，1948年1月13日，山西省档案馆）

加强纪律，反对一切无政府、无纪律的混乱现象。国营公营商店在同一市场收购与出售要步调一致。密切配合，不许以不同价格去互相竞争，甚至联合私商去竞争，尤其不许到邻区去竞争，严禁像临清事件那样各自为政，争相抢购，使物价上涨，刺激私商投机，甚至有联合私商投机的混乱现象再度重复。

（《冀南行署颁布紧急措施制止投机抢购平稳物价》，1949年1月23日，《冀南日报》，山西省档案馆）

立即停止所有公营企业合作社和机关生产抢购囤积物资，为保证公营企业资金与机关部队经费不受物价上涨的亏损，各单位现有现款资金和今后拨付各企业部门之资金及各机关部队之经费均须一律存入银行办理折实存款。

（《中共山东分局关于平稳目前物价的紧急指示》，1949年7月15日，山东省档案馆）

（三）紧缩通货，停止贷款

紧缩通货，在财政上必须注意开源节流，银行须立即停止一切商业贷款，期满者坚决收回，未到期者可以斟酌情形收回大部或一部，今后贷款应转向工业交通运输等事业上。各级政府工作部门已领未用之经费、事业费须送回财政部门，归入仓库。以后领用经费，须按照审计与会计制度，按月支领，不得预借，以免公财私用。

（《晋冀鲁豫边府决定平稳物价——戎副主席答人民日报记者问》，1946年8月10日《冀鲁豫日报》，山东省图书馆）

第一，稳定物价必须紧缩货币，节制货币发行数量，为着紧缩货币，除厉行精简节约节省财政开支以外，在我工商工作方面，必须收编一切不急要的事业，抛售一切不必要的存货。凡是我们力所不及的远大计划可以暂缓举办，海外投资应该收缩，并求隐蔽巩固。

第二，必需调剂供求，才能保证物价经常稳定。假使我们只要紧缩货币，不要积蓄和调剂物资，那么问题就很简单。但农村物资的供求是有季节性的，如果今年秋、冬不吸收部分农产，准备调剂，那么明年春夏物价高涨时即无法平抑。

（薛暮桥：《工商工作今后的任务》，1946年10月，山东省档案馆）

紧缩通货，严格审查各国营企业部门的生产经营计划，减少资金拨付；钱行应暂时停止发放贷款和透支；并可适当收回一部贷款。

（《中共山东分局关于平稳目前物价的紧急指示》，1949年7月15日，山东省档案馆）

（四）调剂物资

（2）在敌人肆意掠夺、高价收买之下，巩固区的物资外流，粮价飞涨是当前最严重的问题。我们必须在沟边划定缉私范围，抽调得力干部，加强缉私工作，并由政府下令严厉禁止，党内进行广泛动员，发挥支部的堡垒作用，有效地禁止粮食出口，保证军需民食的自足自给，奸商私运粮食出境者，一律没收并予法律制裁。

（3）大量吸收察南、雁北、晋东北各县的粮食，调剂冀西巩固区的不足。冀西的收成，今年一般很差，而三四专区的粮食问题尤其严重，五专区部分地区也很缺粮，要度过冬荒春荒单是禁粮出境是不够的，还必须大量贩运山西、察南的粮食充实巩固区的民食，平抑巩固区的粮价。

（《中共北岳区党委关于目前对敌经济斗争的决定》，1942年12月27日，《战线》第105期，河北省档案馆）

……边委会鉴于粮食涨价之事，因于二十九年秋召开人民集股购粮组织民政合办平粜局，专司平抑粮价之事。……

由于平粜购粮的胜利，及时掌握到大量的粮食，因此三十年度的军需民食获得了很好的保证，全年粮价非常平稳，每市斗小米通年市价在五元左右。

从上述，可以看出：青黄不接时对于阻止粮价暴涨起了很大作用。这是什么道理呢？

1．平粜调剂了公粮，使政府在购粮补充军需时，不需要到市场上采办，减少了粮食市场上的竞买现象。

2．有了平粜，平稳了市场上粮价，例如易县五区南管头五月二十四日集市玉茭每斗涨到八元一角，平粜局开粜每斗七元二角。当集就平稳在七元五角，第二集就落到七元二角以下。如唐县七区雹水集在四月里粮价高涨到小米每市斗由五元八角到七元。平粜局即开粜了三集，仅平粜了七石一斗，即由七元降到五元。

3．因为平粜局粮价高则出粜，粮价低则收买，保护了粮商的利益，消除了垄断居奇现象。

（宋劭文《晋察冀边区的经济建设》，1943 年 1 月，河北省档案馆）

（三）对晋绥吕梁及我太岳之五分区，为防止粮食资敌与奸商投机，粮食调剂须经双方专署以上政府协商确定办法经行署批准，可有计划有组织的进行调剂。

（四）对临汾城与平、介之敌，严格封锁，但为照顾我游击区群众实际需要，经区公所证明、县政府批准，可以有计划调剂。

（《太岳行署布告颁布严格禁止粮食资敌及防止粮价暴涨影响人民生活之决定》，1944 年 1 月 11 日，山西省档案馆）

最后仍应加强内地物资调剂工作，掌握各地特殊条件及农产的季节性进行有计划的调剂，减少物价波动。鲁中、鲁南、滨海三地已经打成一片，不容再有贸易上的任何限制，胶东滨海之间亦然，为着调剂物资平衡物价，今年秋冬各地仍应大量收存粮食、棉花、生油等类重要物资，建立仓库避免损耗，过去平衡粮价未被充分重视，尤为棉价布价波动最大，今后应下决心使之完全稳定。

（《山东省政府工商工作补充指示》，1945 年 10 月，山东省档案馆）

（五）物价波动期间一律禁止购粮

为平抑战区的物价上涨，特决定：

从即日起各专营酒店不论本区外区（如外区酒店在我区之购粮机关）一律停止购粮，以后即使必须购粮亦须经行署批准。

（《太岳行署布告颁布防止粮价暴涨影响人民生活之决定》，1944 年 1 月 11 日，山东省档案馆）

总的方针是适当掌握差额。防止暴涨。严格市场管理，防止私商投机倒把，囤积居奇，具体作法如下：

各公司、商店、机关生产等干部家属，在物价波动情况下，一律不准购买粮食。如确实需要购买粮食供给机关食用，可向政府或贸易公司借一部分暂时维持。

（《太岳行署关于平稳物价防止暴涨措施的办法》，1948 年 6 月，山西省档案馆）

（六）稳定物价与市场管理密切结合

对市场，健全集委会管理工作。

①严格注意投机敌人波动物价活动，大宗购买者（主要是西线）需经集委会和当地政府许可。②把粮食店集中统一地点，以便管理，防止捣鬼。在粮食未到市场，而强行购粮，影响物价者，予以制止。③对大批存货不售而影响物价者，以囤积居奇论，并报告上级处理。④动员群众，防止有粮又在市场购买公粮。⑤二百元以下之小票，对群众应做宣传教育，说明在市场上能够照常流通，国公营商店应首先支持，以免群众思想动荡影响物价。

（《太岳行署议关于平稳物价防止暴涨措施的办法》，1948 年 6 月，山西省档案馆）

（一）掌握物价应视为工商行政的主要工作，不能单纯认为是贸易部门的工作。贸易部门只能从物资经营上加以掌握，而防止物价波动，则为行政管理的最大责任，应主动与各经济部门联系，研究情况，决定对策。特别在春荒期间有物价上涨的规律，加以支前任务和大城市解放需要粮食供给的新因素，尤需很好地研究物价规律，严密注意其变化，防止发生大波动，成为一个非常重大的任务。

（二）掌握物价与市场管理密切结合，各市镇要建立物价金融会议（有经济委员会，或其他经济部门联委会的不另设立），由各经济部门的主管或主要干部参加（如工商税务银行商店推进社等），每五日或随集进行会议，专作稳定物价的研究并做具体措施,以统一力量和步调,再则很好的把牙纪掌握起来,不使其发生破坏作用。

(《冀中行署对二月份工商工作的指示》,1949年2月2日,河北省档案馆)

目前全区货币已经统一,物价的任何变动,都是全区性的问题,而不是一个地区所能单独解决的问题。因此在物价波动时,市场行政管理的任务,主要是配合金融贸易机关,适当调节供求,防止争购争售,以免发生暴涨暴跌的现象。但不应企图造成物资断流,从局部看,似属有利,从全局看,则十分有害,不仅不能达到平稳物价之目的,反而可能刺激物价继续波动,返回来仍会影响到局部地区。

(《华北人民政府关于市场管理物资交流的几点规定》,1949年7月6日,河北省档案馆)

立即撤销有碍城乡物资交流的各种管理措施。但可通过棉、油、纱、布等交易所对于主要物资进行适当的市场交易管理,以保护正当交易,限制投机。

(《中共山东分局关于平稳目前物价的紧急指示》,1949年7月5日,山东省档案馆)

(七)用行政力量制止物价上涨

(1)所有之国营商店、各县生产推进社以及机关生产,在紧急措施期间,只许卖粮不许买粮,违者除和私商一样予以罚款,没收所买粮食,停止营业等处分外,并用行政纪律处分其负责同志。

(2)公私工厂商号因吃而必须买粮者,应商购贸易部门的粮食。

……

(4)严格粮棉行栈业管理,在紧急措施期,着其每天向工商局报告买卖意图及其代客买卖种类与数量,不论在行栈或市场上,买粮超过百斤以上者,不管是外区本区公营与私营,如没有当地工商部门之介绍及我区县以上工商部门之批准者,概不准起运。

(5)加强集委会之管理工作,尤其在物价波动的南部县份的较大集市,以制止兴风作浪,故意捣乱市场者与适当的限制大批商贩的抢购。公营商店与集委会可公布各地行情,按照挂牌价格经营,根据供需情况,可稍事涨落。不许猛涨猛落,小商人故意乘农民不了解行情之机,抢购物资,不得成交。

(6)对一些非经营粮棉的囤积居奇、投机倒把者,严予取缔。非粮棉经营之商店、工厂存粮以其全部人员食用至接到新粮之所需为限。超过者以囤积论。要加强检查,初次查出者,由国营商店低于市价百分之二十收买,配售于工人或贫苦市民、合作社的社员。第二次查出者没收。三次以上者,送司法机关处理。

(7)对故意抬高市价,捣乱市场者,就其情节轻重,分别给以扣押、罚款等处分。

(8)禁止中州票在我区市面流通,如系战士干部带入者,由银行按规定价格予以兑换,如系商人,劝其到边沿区兑换所兑换,不听说服者,要予以强制或罚款处分。

(9)银行收回商业贷款,暂停一切货币贷款(如有实物仍应继续贷给农民)。但由于物价波动,农贷则需延期收回。

(10)边沿县份外区小贩来我区购粮者,三十里以外须有其区以上证明,否则禁止。

(11)各级公安部门要配合工商部门加强侦察,对违犯以上规定者,一律逮捕,送司法机关究办。

(《冀南行署颁布紧急措施制止投机抢购平稳物价》,1949年1月23日,《冀南日报》,山西省档案馆)

(八)掌握几种对平稳物价有决定意义的物资

我们需要吸收对物价变动有决定意义的几种重要物资。例如:①军民生活必须的粮食和棉花布匹。粮食一般可由群众自己调剂,仅在粮价跌落时候部分吸收。棉花也可依靠群众自己存积,部分由吸收调剂。②重要输出物资,如食盐、生油、烟叶应在秋冬跌价时候吸收一部分,准备明年输出,粮食棉花在渤海区也是重要输出物资,应当好好掌握。③羊毛、蚕丝以及各种山菜土产,我们应当帮助群众运销而非自己吸收存积,羊毛蚕丝如果无法运输出,则应奖励毛织、丝织,推销成品,只有发展生产才能够使这些存货获得销路。

(薛暮桥:《工商工作今后的任务》,1946年10月,山东省档案馆)

1. 掌握交通中心与大城市,及外汇集中之市镇的物价变动。如济宁、潍县、沙河、南村、德州、北镇、周村、石岛等处,掌握之方法,掌握该地输出推销供应等起主要作用之物资。

2. 掌握内地市场几种主要物资的收购与出售价格。首先应把粮价稳定作为稳定各种物价的主要力量。

3. 组织市场物价之调剂。为了保证一年四季主要物资的物价平稳，必须着重季节性的物资调剂。

（《华东财工商部山东工商会部分总结》，1948年10月8日，《大众日报》，山东省图书馆）

(九)其他

因此对当前物价方针(特别八九月份物价季节的涨落关头)特重新采取以下对策：

(1)对个别地区特别是顽军周围的物价暴涨现象，不采取抛出物资压制上涨的办法，暂可任其自流发展。

(2)中心地区过分暴涨者可随市价出售一部物资，对一般物资的吸收可暂时停止。

(3) 因为物价的不平衡现象仍严重存在，如有些地区不继续吸收，则有大量外流危险（如鲁南小麦），因此在物价平稳地区（如粮食外流地区）及个别物资（有时间性的土布任务）则仍应放手收买。

(4)各地不注意市场物价上涨，仍放手收购以及大量出售平定价格现象，希迅即纠正。还有些地区拿出大量法币、白银、赤金在本法比值相反发展的情况下拼命去维持外汇，大量兑出，受到很大损失。这一行动完全没有必要，望在观念上与执行上速即纠正过来。

（《山东省工商总局关于当前物价与备战等问题的命令》，1946年8月1日，山东省档案馆）

蒋区经济大波动，可能给予我区什么影响？

(一)蒋区物价高涨，我区物价平稳，会促成大量走私、物价上涨。近几天来，冀中内地物价渐趋回跌之际，边缘地区、泊镇、大城、霸县物价突然上涨，走私复趋严重。法币兑入增多，就是明显的例子。

(二)外货价格增高(如×村白报纸一令涨到二十万元)，这一方面必然增加政府财政开支，影响人民生活，另一方面正是抵制美货、发展土货，坚持自力更生政策的有利机会，这一机会须很好抓住，不可错过。

(三)由于蒋区物价上涨，法币跌价，人民持有法币，定要遭受大损失。

我们的对策：

第一，要求全区党政军民结合抵制美货运动，开展广泛的经济攻势，向群众说明，蒋区整个经济危机开始来临。今后法币要继续跌价，肃清群众对法币的幻想，号召与组织群众推出法币，换回货物，并乘机扩大边币阵地。

第二，银行应该根据敌我两区物价变化和兑换情形，及打法精神，主动与适当地提高比值，尽量压低法币，提高边币。

第三，加强边缘地区的缉私工作。凡税则上，不准出境入境者，必须想尽一切办法严格执行，并特别注意粮食出境，及必需品的入境走私。

第四，旧历年后我区物价曾一度波动，现已开始平稳下落，我们对此，要在高的地方抛售物资，稳定物价，提高边币在境内的价值，配合边境上对法币的斗争。

第五，各机关、作坊、工厂，要借此外货涨价的机会，认真执行提高质量，抵制外货，发展自给工业(特别是纸张、火柴、胰子、纸烟、棉织品等)的方针，以便减少入口，巩固边币，加强对敌经济斗争。

（冀中财经办事处《对蒋区经济波动应有的认识与对策》，1947年2月18日，河北省档案馆）

在这里必须了解：所谓稳定物价，只是对人民生活最主要的日用必需品(如粮布等)，在主要的市场上防止暴跌暴涨的现象发生，而不是要求物价停在一定的水平线上永远不动，这是不可能的。因为物价上涨，是战争时期一般的规律，只要作到其徐徐上升便是很大的成功了。

怎样达到这个要求呢？

一、需有一定的物资。在物价波动时适当的办理平粜，二、加强边缘区的缉私工作和及时地了解敌我区的物价变化，适当的掌握边法比值，不使比值过低进而成为便利走私的一个桥梁。三、强有力的市场管理。如果这三个结合得法，物价剧涨剧跌的现象，是可以避免的。关于前二者，我们是有一定的力量和组织，也有初步的经验，最脆弱和最不相称的还是第三个环节，我们管理市场，还是很缺乏经验的，在这方面，无论山东或晋冀鲁豫，都做出很大的成绩。

（戴冀农《从预防物价波动说到市场管理》，1947年3月19日，《冀中导报》，河北省档案馆）

四、物价平复后的工作

要经常注意掌握市场情况，物价平稳时，我们的收购价格不要低于市价。如遇物价暴涨现象，即应随市价略低出售一部分物资进行调剂，物价回落时，我之售价也随之下落。但在收购方面，如遇物价暴涨，我之收购价格则不能随市价上涨，可缓收，必要时停收。

（《华东财经办事处关于当前物价问题的指示》，1949 年 2 月 10 日，山东省档案馆）

在物价波动时，必须依照前紧急措施精神及时予以适当管制，不只是限数买卖，并要对大批商贩的抢购，实行禁止，在物价平复时，则要停止限数、批准、要证明文件等管理办法，允许正常的棉粮商贩、行栈自由买卖贩运，以利物资流转、物价调节。但仍需令商人按照其登记营业项目进行活动。如不按自己业务活动，企图"倒把"囤积，或超过自己（营业）范围，又非自己生产所必须等非法收购者，仍需严予取缔。

（《冀南署向各地发出指示稳定市场物价以利生产根据具体情况正确执行管理市场办法》，1949 年 4 月，《冀南日报》，河北省档案馆）

第五节　度量衡管理

第二条　凡本区以内之度量衡器悉依本办法统一之，本办法颁布后，各种不同标准度量衡器无论公私营业及交易之大小一律不许使用。

第三条　度以三十二生地为一尺，分十寸（合英尺一尺零五分，同山西省政府前定之标准）。

第四条　量以十立特为一小斗，二小斗为一大斗（十立特等于一万立方生地、宽二十五生地、长二十五生地、深十六生地之容器，同山西省政府前定之标准）。

第五条　衡以库平十钱为两，十六两为一斤（同山西省政府前定之标准）。

第七条　本办法颁布后，各地公私民商原有之尺斗及秤，应按县区政府公布之时期，分别特向指定之机关为请求登记调验，加盖验讫烙印或其他标记方准通用，公私民商新制尺斗及秤，应于未使用前向县区政府请求登记调验，"县区政府为查验之便利必要时得指定商人专造，验讫后出售，但须向政府登记"。

第八条　已登记之各地市集及营业使用之尺斗及秤政府应负责定期调验，以保持准确。

第九条　不请求调验、拒绝调验或既经验讫后，故意私行变造，以谋欺诈或已欺诈有据者，分别予以应受之处分。

（《晋绥边区统一度量衡办法》，1941 年，山西省档案馆）

为统一全区度量衡器具，特由太行实业社监制大批新秤，每新秤二斤合一公斤，合旧十六两秤十三两四钱八，……新秤发下后，应具体规定推行办法。

一、我各公营事业须一律即刻改用新秤，所有各地之物价报告，自本年一月起，都应按新秤为计算标准。征税货物之估价亦即按新秤标准实行。

二、各主要市场应先改换，起领导推动作用，次推广至全区各市场，至迟五月底以前，全区各地市场，必须一律改用新秤。

三、新秤推行后，旧秤必须销毁，不许再用，如再发现有在市场使用或故意不改换者，应予以暂停营业之处分。

四、新秤推行后，暂先限于市场交易，至公粮收入，暂不必过问，俟与边府商请后，再行改换。

各区接令后，应根据该区实际情形，具体规定推行新秤计划，并估计实际需用数目，迅速通知各有关部门派员携款由分局介绍来局领取，以便应用。

（《晋冀鲁豫工商总局通令统一度量衡改换新秤》，1943 年 2 月 11 日，山西省档案馆）

新市秤已由边府验讫颁发各地，兹将启用及使用办法规定如下：

一、从三十三年十一月一日起，凡过去粮食供给制度与一切法令条例上所规定之斤两，现均一律以新市斤计算（过去一旧斤现在按一新斤计），同时今后所规定之斤两均是市斤而言。

二、每斗小米重量规定为新市斤十六斤二两（每石一百六十一斤四两），凡规定斗者均以新市斤数计算，公粮开支不准再用斗石（八月二十六日边府粮字第 196 号所提每斗小米十五斤，是错误了，特作更正)。

三、公粮中小米杂粮斤与斤之折合仍与从前规定同。

(《边府命令确定使用新市斤时间及办法》,1944年9月3日,山西省档案馆)

第十一条 各市场之度量衡必须统一标准,以边委会规定为限,不得标新立异。

第十二条 斗、秤、尺之购置费由各行牙纪所得之手续费内开支。

(《晋察冀边区贸易管理局集市管理办法草案》,1945年2月,河北省档案馆)

过斗所用之斗量,定为十三斤。斗上打火印"标准斗"字样,以和私斗区别。

(《晋绥边区行署关于征收牲畜买卖手续费及粮食斗佣的指示》,1945年10月25日,山西省档案馆)

①太行区大体统一了秤,但因技术条件,秤的准确程度还差,边府已统一制造标准法码一百二十套,准备发交太行区各县使用。

②各区召集制秤工人,统一制造鉴定。

③尺子统一于新市尺(一米达=三市尺),为了便利群众,旧一六尺还可使用,只限于土布市场。

(《反攻以来各分区工商税务工作检查及目前阶段工作的讨论》,1945年11月,山西省档案馆)

由于秤的不统一,在保证供给、收付粮秣实物上,不仅下级有"法秤""市秤"互折之烦,而在领导机关具体掌握上亦诸多不便,再根据形势发展趋势之胜利局面已由山地、平原,而向城市顺利的进展着,倘再不统一,势必有碍工作。特此决定自今年十月份起(即下年度始)在本边区范围内有关征收、购入、供给原发之一切粮秣实物等数目字统改以"市秤"为准(每市秤二斤等于一公斤),希各署县及有关部门马上做如下准备:

一、政府财粮部门抓紧修制大秤,边区粮食局负责制一批标准秤发各署县仿制(冀中区早已实行即不发),要做到每村必有一杆打二百斤左右的大秤。标准市秤未发下前,各县做出修秤计划及找好修秤工人,准备材料,一旦标准发下,即刻动手制造,所需款项由各使用村的村款负担,使用机关列入临时费报销(边区所发标准即由边区款开支)。

二、粮食部门抓紧清理库存数字,根据折合以便届时转账,统一收付单位。

太岳行署最近发出一个通知,决定改用新市秤,废止旧粮票,行使新粮票,特将这通知摘要如下:现由行署统一制造新市秤,发给仓库和行政村收发公粮使用,新市秤从九月一日起开始使用,但因制秤工厂有限,商民群众一时只能做到部分改换新秤。并将新、旧秤折合计算标准规定如下:(一)新市秤一斤等于公斤半斤。(二)新市秤一两等于旧秤的八钱三分八厘,一斤等于旧秤十三两四钱零分八厘。(三)旧秤一两等于新市秤一两九分三厘三毫,一斤等于新市秤一斤三两零九分二厘八毫。(四)新秤折旧秤,以〇·八三八乘;旧秤折新市秤,以一·一九三三乘。因为改换了新市秤,我区现行老粮票也要改换成新市斤粮票。新市斤粮票从九月一日起,在全区行使,旧粮票也自九月一日起,就停止兑粮,不过为了照顾下乡出差人员及参战支差的民兵民工在往返路上吃用方便,特决定在九月十日前,在路上带的旧粮票,仍可照旧秤折合为新市秤标准,按实有人数就地兑粮食用,严禁多兑带走或出卖,各机关单位所存的旧粮票,统限于九月十日前,照数交回,归还借粮,或换新粮票。并将在外工作人员所带的旧粮票通知收回,按期交给政府兑换。群众所存的少数粮票,如果确是零星出差人员吃饭留下的粮票,可在九月十五日前,送交政府,检查兑给现粮(或顶交公粮)。

(《太岳行署通知改用新市秤废止旧粮票使用新粮票》,1948年8月17日,《新华日报》山西省档案馆)

(三)计算单位……各种货物的种类、牌号、单位、应全年一致,度量衡一律按市价计算,非市制者由报告单位负责折合之,除土布按平方市尺为单位,火柴以封为单位,油光纸以令为单位,其他八种商品均以市斤为单位,批发价格以百市斤为单位,特产品及军需供应品不能以上述单位计算者,可按习惯单位报告。

(《华东财办工商部山东工商会部分总结》,1948年10月8日,《大众日报》,山东省图书馆)

统一度量衡。我区度量衡制,几年来各专区已搞了一次或数次,但目前市场上仍然使用老斗老秤者(如肥乡城用加三称)数不胜数,在农村那更是如此一样。使物价高低不一,也难以统计调查,就目前条件(物资技术习惯等)我们所搞成定数定量丝毫不差的度量衡制,是很困难的,且不可能的,我们的意见,在市场上一律要做到统一市尺、市斗、市秤。

(《晋冀鲁豫边区冀南区工商管理局指示信》,1948年10月23日,邯郸市档案馆)

抗战时间,由于敌人封锁分割,致使度量衡标准未能统一,自平津解放后,整个华北区除少数孤立据点外均已解放,和各兄弟区大部连成一片,交易地区日渐扩大,大部邻区均已改为市尺,而我区度量衡尚未与华北政府规定统一,参差不齐,不仅影响工业合理化及生产贸易计算,且每易发生错误,亟应求得一致,便于生产计算与内地交易。本署依据华北政府之规定,制定标准市尺,决定这一工作自三月五日开始至六月底完成。

(《太岳行政公署令统一换用市尺》,1949年2月20日,山西省档案馆)

我区统一秤尺,已令知在案,不久即可普遍以新市秤市尺进行交易。为使度量衡完全统一,更利于交易计算,决定取消粮食交易过斗,一律以新秤计算价格,进行交易,其具体办法如下:

一、先由城关开始进行,而后推及较大市场以至各个小市场与农村,取消粮食交易之升斗器具,改以新市秤交易为标准。

二、由交易所或交易员,依照政府砝码,自制刀秤,并送政府查验打戳。

三、政府对交易所及交易员所用之秤,每月必须检查一次,保持经常准确。

四、各公营企业,机关生产单位及其他机关团体,在买卖或收支粮食时,首应改斗为秤。

五、限令到十日内,将城关及较大市场完成,其他地方亦须继续完成。

(《太岳行政公署通令取消交易过斗一律以新市秤计算》,1949年3月15日,山西省档案馆)

度量衡检定工作:

据薛暮桥同志来信说,现行之市用制,将来联合政府成立仍要采用,要我们作推行市用制之标准工作。我们现有接收旧政府之度量衡检定所一处,人员与检定工具仪器尚齐全,并有度量衡制造厂木工厂一处(铁工已坏)。

对此工作兹提出以下意见:

1.度量衡之不统一,对工商业之发展妨害甚大,故必须努力划一度量衡制度。

2.济市现在即开始检定工作。

3.恢复度量衡制造厂之铁工部(约需资金二亿至三亿元),并准备大量制造度量衡器具作为将来开展工作之用。

(耿荆山:《对目前工商行政工作意见》,1949年4月6日,济南市档案局)

度量衡是很复杂的:秤有七种(惠民、北镇调查),①市秤14.5两,即一般的说是市秤。市场集贸、青菜、煤油、棉花等交易均用此。②行如二秤即十八两秤,卖麦的多用此。③行如四即二十两秤,卖生油、豆油、棉油者使用。④新市秤即13.514两,粮食交易使用的。⑤线秤即7.16两。⑥行如七五秤即23.5两。⑦行秤即通称16两老行秤。

尺:有合尺、市尺二种,但合尺亦不同,有1.55尺、1.45尺、1.4尺、1.6尺、1.28尺、1.35尺等。市尺有9.5寸、9寸、8寸、8.5寸等。一个商人多用两种不同的尺,大尺进,小尺出,看客用尺。

(《渤海区1949年四年份工作报告》,1949年5月,山东省档案馆)

查前经本市人民政府布告规定,自本年二月十日起,凡本市商店行栈,民用之度量衡器均须补行政检定以便划一,为此决定自本年十一月一日起举行本市民用度量衡器普遍检查。凡我市民工厂商店摊贩等所使用未经检定之普通度量衡器具务于十一月一日以前送交本所补行检定合格后再行使用,如逾期不办者经查获除将使用之度量衡器具没收外,并照章予以处罚,希我工商民等切实遵照办理为要。

(《山东省度量衡检定所通告》,1949年9月28日,《大众日报》,山东省图书馆)

第四章 工商企业登记管理

第一节 工商业政策

一、保护发展工商业

(一)党的工商业政策是坚决保护工商业

在经济政策方面:

1.保护一切工商业的自由营业,取缔奸商。

2.协助对抗日战争有利的工业,尤其是军事工业。

3.协助生产合作社及消费合作社的组织。

4.因为资本家的怠工逃跑而停止的工厂,政府应利用之,组织合作社或股份公司,或转租给私人开工。

5.改组生产奢侈品的工业来生产军用品与人民生活必需品。

(刘少奇:《抗日游击战争中各种基本政策问题》,1937年10月16日,河北省档案馆)

迅速恢复农工商业,取消配给制度及组合统制。敌伪一切垄断农工商业之措施概予废除。自由发展工商业,奖励私人经营,严禁囤积居奇,操纵垄断。为调节劳资间利害关系,应适当改善工人、店员生活,提高工作效能,保证各种企业之正当盈利,适当安置失业工人。在边区境内贸易一律自由,但对敌伪仍在盘踞之城市、据点,予以封锁。政府设立公营贸易机关,以调剂人民生产与消费。人民得依自愿按工场、学校、街道大量组织合作社,政府积极帮助,以调剂民生。

(《晋察冀边区行政委员会关于施政要点的布告》,1945年9月26日,河北省档案馆)

柯市长谈到保证工商业时,他针对着一部分工商业者的四怕心理,(即一怕斗争、二怕劳资关系不好、三怕公营商店吞并、四怕税收受不了)分别解释说明。他指出:在城市里保证发展工商业,和农村中实行土地改革消灭封建是两回事,两个政策。……关于劳资问题他说:我们的政策是劳资两利,工商业者能赚钱,工人店员生活也要有保障,只有把工商搞好,大家才有饭吃。关于公营商店他说:公营商店的主要任务是发展生产、繁荣经济、保证供给、平抑物价,而不是消灭私人工商业。关于税收,他非常严肃地说:在城市的工商户主要是营业税。此外,在集市上有交易税、工厂有产销税,除此以外国民党的一切苛捐杂税都要分别加以废除,特别是国民党的摊派制度要坚决取消。我们税收的原则是公平合理。接着他又说:为了保护工商业,我们曾经禁止抢购物资,逮捕和处置了抢劫商户的蒋家匪徒。

(《柯庆施市长发表石家庄施政方针》,1948年2月17日,《晋察冀日报》,河北省档案馆)

党的工商业政策是坚决保护工商业政策,包括地主富农工商业在内,但对国计民生有关系的、或没关系的、或少的或有害的有所区别,但也不打击没收,而是表现在贷款扶植等政策上。总之,我们对公私工商业是大大发展的。

(薄一波《在华北工商会议的结论》,1948年6月24日,河北省档案馆)

(二)发展工业、手工业,争取工业品自给自足

(一)扩大战时必需的工业部门

1.发展农村手工业

(1)促进农家手工副业。①鼓励农民家庭妇女从事纺纱织布。②制造大量纺纱机具。③推广家庭纺织业,使之普遍于全区农村。④鼓励农具、造纸业等手工制造。

(2)提倡大规模手工业经营。①在各种手工业最盛区域,建立大规模工场、作坊,招纳失业人口从事生产。②鼓励商人投资经营有组织的各种手工业生产。③奖励熟练技术工人,提高生产技术水平。

2.开展国防工业

(1)加强原有的有关国防的各种工业经营。①恢复保护并扩大各地已有之炭窑、炭矿、食盐、云母等的采制，提高其生产效率，增加其生产量。②鼓励投资于此等工业部门，实行战时工业投资奖励办法。

(2)开展新工业单位，集中资力。利用可靠的科学方法或土法开采各地大小未能发掘之铁矿、煤矿、铅矿等，尽可能创办硝矿、防毒、通讯动力等工业生产。

(二)充实工业生产资金

1.举办工业信用贷款。

2.实行工业投资的奖励及保息办法。

3.建立商办工业投资机关。

(《晋察冀边区军政民代表大会决议案及宣言》，1938年1月14日，河北省档案馆)

发展工业

(一)重工业——开采煤矿、铁矿、铜矿、铅矿，制造酸类。

(二)轻工业——主要的是发展纺织工业。

(三)工厂作坊——如榨油、造纸，以及一切生活必需品的制造业等。

(四)手工业——编草帽，糊信封等。

……

手工业作坊和家庭副业。边区的工厂还很少，小作坊多一些，今天应该大量的发展工厂工业和手工业作坊和家庭副业，使商品经济发展起来，逐渐把农民的保守性削减下去，历史告诉我们，工厂工业的发达，它对于开阔农民的思想，有重大作用，随着它的开展，风气必然打开。生活也必然日益改善。

(宋劭文：《晋察冀边区经济发展的方向与现阶段我们的中心任务》，1940年8月，河北省档案馆)

发展军事工业及公营矿业、制造业和手工业，奖励合作社与私人工业，争取工业品自给自足，以杜绝日货。发展林业、畜牧业及家庭副业。发展商业，保障境内正当贸易之自由，严格管理对外贸易，禁止必需品出境及非必需品入境，取缔奸商，反对投机、操纵、调节粮食和物价。

(《晋察冀边区目前施政纲领》，1940年8月13日，河北省档案馆)

关于发展家庭副业、自给工业问题

秋冬过后，应变冬闲为冬忙。大力发展群众家庭副业和自给工业，组织合作社。这对于克服今年灾荒，解决群众生活问题，及对敌斗争具有特别重要的意义。因此，我们要求在这半年内必须做出成绩。

1.确定重点：

(1)纺织：这是冀中基础最大的副业生产，主要是推销成品。供给原料和整庄的问题。合作社要把力量放在组织群众生产上。进行整庄推广销路，纺织为各地区共同的重点，无论哪一个地区都要努力发展，根据以往经验，是可以发展的。

(2)土碱：容城、雄县估计每年能产三百万斤到六百万斤，全年节省一百五十万到三百万的外汇。解决两万到四万人的生活，四四年曾逐渐发展，推销冀中各地，洋碱解禁后被摧垮。去年洋碱增税，即给恢复，这次禁止洋碱入口后，将来会得到进一步的发展。

要求半年后作到全部自给，由十分区负责执行。

(3)火柴：冀中火柴业规模较大的有××永华和范××厂，小型的×××一家，××有四家。现在冀中火柴生产已作到自给有余，大力开展一下，可大量供给友区，目前销路不成问题。而是如何多生产的问题，我们除在资金上给以扶持外，其次是交换技术经验，保持质量。永华要负责解决小型火柴业的切杆的困难。

(4)火硝：据冀中产销合作社调查。冀中每天能生产四万三千斤。现有十七个县，四百五十四村以熬硝为主要副业(同时还能产一千万斤小盐)，过去因为财经结合不够，时买时停影响生产，冀中产销合作社组成了硝、盐、碱合作社，专一扶助硝业，这个作法是好的。要求硝、盐、碱合作社，立即把这个任务担负起来，一年以内完成一千万斤火硝的产量，供给各战略区，换取我们的必需品。

(5)颜料：

①土靛：安新有生产基础，今年能产八十万斤，值四十六亿元，染八十万斤布。解决这一问题，应先从多建立土靛染坊做起，另外政府应提倡使用土靛。

②自造溴化青：这是十一分区××的新发明，每天能出三百斤，染布保其不变色，一两颜色多染二尺布，且价格较外来颜色贱三分之一。如果资本原料充足，每日可出一百斤，一年合三十六万斤，能染二百八十八万斤布。贷款伍亿元至十亿元，由

十一分区负责。半年以内每天完成一千斤的要求，发明人按照奖励办法给予二百万元的奖金。

③供给部亦能自造出各种颜色，据说比外来颜色贱四、五倍，已试验成功，应同样奖励。

(6)电料：冀中有许多能做的，以×集作的较好，每天能出一千四百四十四筒。因为原料供给关系，质量不能经常保持，我们如能解决原料，自给是不成问题的。

(7)农具工厂（包括水车制造）：应就现有基础上，再扩大生产，可以贷款一部分，并解决原料（煤、生铁）推销问题，

(8)造纸：从现有基础上发展一步，一是适合使用，一是产量提高。增多造纸厂的数量，或扩大池子数目，在领导上要注意技术的研究交流，合作社及公营商店，负责供给纸厂的原料，辛集市小型机器造纸，应抓紧试验。造纸的困难是资本缺乏，应增加造纸贷款，重点是九、十一分区。

(9)油业：按照冀中油业联合社办法执行不变，其他重点地区的工业，我们也要发展。如辛集的白皮业、机器榨油业、火碱、弹轧业等，九分区的玻璃业等，由各地具体计划进行。

2.认真贯彻保护与发展民族工业、奖励技术发明优待技术人才的办法。

（金城《财经工作的方针和任务》，1947年9月9日，河北省档案馆）

“发展农村手工业，促进农家副业，提倡较大规模的手工业经营，发展国防工业”，这是边区军政民代表大会的决议。因此，我们发展工业的重点，始终是放在手工业与副业上，只有部分的军需工业才作工厂的经营。边区人民的生活必需品，除粮食外，最主要的有：棉、布、盐、油、纸张（机关需要多）。因此，从边委成立以来，我们就注意了这些工业的发展。但以边区战争频繁，敌寇不断破坏我生产工具、纺织机、水磨、纸厂……历年均一再被敌捣毁着；这就使得广大人民裹足不前，不过，在政府积极奖励提倡之下，还稍微有些成绩。

冀中及冀西平汉路沿线，一向家庭纺织业就很发达，二十六年受了战争影响，大部停顿。二十七年边委会成立后，社会秩序逐渐安定，号召各地恢复纺织业，不久即行恢复，二十八年号召手工纺纱，以代替洋线，二十九年曾提倡推广四十四根线的纺纱机，但以边区钢铁困难，木制机器转动不灵，未能推广。三十年冀中改造旧纺机，制成脚踏机、畜力机，每架机子日出纱二至八斤，稍有成效。在三十一年已开始部分推广。此外，在毛织方面，从三十年工矿局进行试验，三十一年即织毛毯、毛线、毛衣略见成效。现在行唐有两家毛织厂，灵寿有三家，平山有三家，唐县有一个弹毛工厂；繁峙有两家纺织厂，出品有毛线、毛背心、毛衣、毛毯，仍在推广中。

为解决边区纸张困难，二十七年以来，除积极恢复各地纸厂外，并鼓励民商进行造纸工业。三十年先后发明稻草、麦秆、白草造纸均成功。现北岳区有纸厂十个，月出纸张，不无小补。冀中区自三十年提出“纸张自给”后，人民以合作形式经营纸厂二十九处，三十一年增至四十三处，月出纸二百八十万张，解决问题不小。

自太平洋战争爆发后，煤油缺乏，榨油工业逐渐恢复发展。现在北岳区有公营油坊十二家，私营一百八十三家；冀中在三十年有四十四家。此外，北岳区的水磨，各县均有建造，编草帽辫已成为冀西普遍的家庭副业。冀中自二十九年号召熬硝盐以来，产量大增，已可自给。

边区的手工业与家庭副业，抗战以来一般在衰退着。三十一年，政府为奖励其发展，特规定家庭副业一律免征统一累进税，工业收入税亦大大减轻，这对副业与手工业的发展，起了极大的刺激作用。在敌寇疯狂地破毁我生产工具中，游击区的人民，已有许多把织布机搬到巩固地区织布，政府特予贷款帮助，巩固区的磨坊、纸坊、油坊，亦时刻作着战斗准备。我们仅有的这一些手工业、作坊，也都是从战斗中生长起来的。

边区公营工业，除少数试验场所外，均为军需工业，由军区经营，这里不谈。工业试验，由工业管理局进行，两年来有不少成绩，如植物油试制轻油，植物酸试鞣皮革，木碳化铁，蒿类造纸，皮毛染色，毛纺毛织，枣制酒精，试制玻璃，以及油墨、电池、磁器、工具等，都能利用土产、研究新法、解决部分困难问题、……惜以推广工作很差，在全部工业上起着作用不大。

（宋劭文：《晋察冀边区的经济建设》，1943年1月，河北省档案馆）

发展工业，巩固经济建设基础，奖励扶植公私企业及手工业作坊与生产合作社，欢迎实业家投

资,欢迎与优待科学家、工程师及一切技术人才。

(《中共张家口市委公布目前施政方针》,1946年4月5日,《晋察冀日报》,河北省档案馆)

根据目前的形势和要求,工商业的方针应当是:

第一、发展改进工业、手工业、副业。第二、发展独立自主及有利于解放区经济建设的商业,对外不做帝国主义的买办,对内服务于农村,服务于工业和手工业建设。第三,对顽区严格管理,争取在有利于我的条件下,进行贸易。为此必须逐渐转变公私经营中只注意商业,不注意工业、手工业的现象;必须克服商业中不重视正当营业,只注意投机取巧的现象;必须建立切合实际的严格管理,加强工商工作的领导,逐渐减少混乱盲目性一面,增强计划性与组织性一面。

(《晋察冀边区行政委员会关于目前对顽经济斗争和工商工作的决定》,1946年,河北省档案馆)

在现在的条件下,我们经济工作的总方针,再不能单单依靠群众的手工业来对抗机器生产,而是要在群众手工业广泛发展的基础上,努力发展大规模的机器生产,建设轻重工业,这样去与其它地区竞争。我们的斗争方法不是封锁统制,而是保护自由贸易。奖励私营经济,欢迎国际经济合作,同时力求自力更生独立自主,反对一切操纵垄断。

在战时的乡村分割封锁的条件下,我们经济工作的总方针是依靠群众利用现有的生产方法。来达到经济上的自给自足,我们斗争的方法是以封锁对封锁,以统制对统制,并以公营经济扶助合作社和分散的小生产者,结成经济阵线,在这战斗环境下,大规模的私营经济很难发展。近几年由于我们正确执行这一方针,得在万分困难的条件下,发展经济保证供给,奠定了坚持抗战争取胜利的物质基础,且使人民的生活得到改善。

(薛暮桥:《和平建设中经济政策》,1946年5月,山东省档案馆)

为了倡导临朐家庭卷烟业的发展,建立了"利东烟厂"、"振兴烟厂",所出卷烟销售于鲁中各地,后为扶助私人经济与群众性卷烟事业的发展,1945年就将公营烟厂取消或转让了。

(《为人民谋福的沂山区工商局》,1946年9月2日,《大众日报》,山东省档案馆)

第二、是在发展生产、繁荣经济、公私兼顾、劳资两利的总方针下,努力发展工商业。为了实现城市领导乡村,为了继续巩固无产阶级对农民的领导,如果不能恢复和发展工业生产,将是不可能的。但为了恢复和发展工业,特别为了有计划地使城市和乡村,工业品和农业品进行交换,就必须发展商业。轻视商业的观点是错误的,县以上党政各级领导机关,应把提高工农业生产和学会做生意的任务,摆在同等重要的地位。有计划地,有步骤地恢复和发展机器工业、手工业、家庭副业等。人民政府应重申坚决保护工商业,不得侵犯的政策。……

为了发展工商业,国家银行必须有计划地投资国营企业,供销合作社。私人手工业以及一切对国民生计有益的私营工商业。人民政府应宣布有欢迎海外华侨和国民党统治区工商业者来解放区投资对国民生计有益的工商业,保障其合法营业,不受侵犯。

(《华北人民政府施政方针》,1949年,河北省档案馆)

(三)发展商业、交流物资

发展并指挥调剂商业

(一)商业完全统制是比较困难,对边区外部是相对统制,对边区内部是相对自由,对外要很好的指挥,对内要很好的调剂。

(二)发展商业,大量地开辟边区市场。

(宋劭文《晋察冀边区经济发展的方向与现阶段我们的中心任务》,1940年8月,河北省档案馆)

组织商人发展私商

这一工作是今后局卡商店四、五、六月份的中心工作,商人是边区贸易战场上的主要力量。他的组织和发展对我们掌握物资,封锁敌人是有决定意义的,了解商人是我们组织与发展私商的前提条件。

此次政府关于便利发展私商的决定:

(1)商业资产税免征,商店抗战勤务可以用一部分鞋子来代替。

(2)提高免征点(以够其本人的生活为标准)。

(3)私商资金不足可由政府及贸易局投资。

(4)纠正过去除奸工作上的缺点,尽量给商人以便利。

(5)号召组织商人救国会。

(6)避免私商对商业登记怀疑与害怕,现取消商业登记。

(《晋察冀边区北岳区一二三月份贸易工作总结及四五六月份工作计划布置》,1942 年 5 月 6 日,河北省档案馆)

奖励工商企业,鼓励私人投资,扶助家庭副业及合作事业,发展境内贸易,以增加根据地内物资,改善人民生活……

(《晋察冀边区目前施政纲领实施要点》,1943 年 1 月 20 日,河北省档案馆)

实行自由贸易,交流各地物资,反对投机操纵;提倡公私商业互相合作,稳定金融,平抑物价;发展交通运输,奖励合作事业。

(《中共张家口市委公布目前施政方针》,1946 年 4 月 5 日,《晋察冀日报》,河北省档案馆)

(四)发展必要的公营企业

(一)公营工业

边区的公营事业,军事工业有制造所、煤矿、铁矿等;其他轻重工业有制革、造枪等。这些工业全是公营的,同时还举办过造纸、造纺织机、造油皮纸、制水磨等事业,在这些实践过程中,我们得到很多宝贵的经验教训。

(宋劭文《晋察冀边区经济发展的方向与现阶段我们的中心任务》,1940 年 8 月,河北省档案馆)

重工业,如开采煤矿、铁矿、铜矿、铅矿等矿业,制酸,以及兵工业等,这些主要的重工业都要公营。

(杨尚昆:《巩固抗日根据地及其各种基本政策》,1940 年 8 月,河北省档案馆)

国营工业的重点,首先应放在发展机器制造业、军火工业,重要的工业材料制造工业和化学药品工业,以及在支持战争或人民生活上,有迫切需要而为私人力量所不及或其性质不宜于私人经营的工业。

(《华北人民政府施政方针》,1949 年,河北省档案馆)

(二)公营商业

发展输出入贸易

1.改进输出入贸易的组织

(1)在保护私人商业自由原则下,建立边区贸易总局及各地商办贸易局,经营大规模有计划的特产的输出和必需品的输入。

(2)设立特种物品的公开市场。

(3)设立独立的商业运输机关。

2.管理重要商品的进出口:

(1)建立边区关税,统制商品进出。

(2)实行特产输出和必需品输入的奖励办法。

(3)禁止和限制非必需品的输入和必需品的输出。

实现商业合理化

1.保护商业的平衡

(1)调节全区的物品供需。

(2)平准各项货物的价格。

2.取缔奸商的破坏

(1)严禁富商巨贾的囤积买卖与买空卖空。

(2)防止牙行及一切商人的垄断和居奇。

(《晋察冀边区军政民代表大会决议案及宣言》,1938 年 1 月 14 日,河北省档案馆)

大商业也是要公营的,虽然一些是可以公私合营,但都要保证是在政府的绝对支配之下。

(杨尚昆:《巩固抗日根据地及其各种基本政策》,1940 年 8 月,河北省档案馆)

沂山区工商管理局成立于 1944 年的春天,为着解决当时群众生活必需品的困难。用巨大资金遍设食盐专卖店,发展了解放区运输事业,仅半年运输二十万斤,群众增加收入运输费二十万元以上。

《为人民谋福的沂山区工商局》,1946 年 9 月 2 日,《大众日报》,山东省档案馆)

公营商店是商业中的领导企业,接着公营、私营、合作三者在“为生产与战争成功”当中,又是“相辅而行”的发展原则(朱总司令话)。因此公营企业的指导思想,一方面必须脱离“为业务而业务”的经验保守思想。树立健壮的通过经营的,对私营合作发展有利的领导思想;另一方面又把自己内部企业管理的更为科学圆满。成为私营的模范。而巩固公营企业的领导地位。

(《薄一波同志在华北工商会议的结论》,1948年6月24日,河北省档案馆)

(五)组织发展各种合作社

为了防止粮食资敌,我们组织输出专营合作社,组织的原则是:

1.不是由政府或某一机关包办,而是任何私人(奸商除外)都可以参加资本管理的。

2.只是专营输出,对内不专营(但敌区人民要购粮,必须向专营合作社采购。本区人民要把粮食运出境,必须售给专营合作社)。

(《冀鲁豫边区半年来财经工作的报告总结》,1940年1月13日,山东省党史资料办公室)

广泛的发展合作运动。

(一)抓紧时机,开展运销合作社。目前,我们大量的药材、山货、皮毛都已生产出来了,过去运销合作社没有很好的开展,使这些东西的运销上,受了小商人的剥削。因此,我们今后要广泛的有计划的开展运销合作运动。关于这件工作,有五专署各县的运销合作事业的材料可供参考。

(二)开展生产合作社,一切工厂都可以用合作的方式来组织。过去我们办了一个煤矿亏了本,后来改为合作经营,每天可赚很多钱。其他各种重工业的工厂,如造纸、制革等,都可以用合作社的方式来办理,而且还容易获利。

(三)信用合作。边区的银行是公家的,私人钱庄银号是不存在了。当铺也找不到了。而且今后私人的钱庄、当行业是不会有什么发展的。同时我们也不希望它发展。但是,银行所举办的贷款,力量还很有限。虽然贷款不少,可是一分散开就不多。因此,银行要与合作社取得密切的联系,很好的建立起信用合作社来,这信用合作社,起先单独建立比较困难,由其他性质的合作社兼办是可以的。

(四)合作社与贸易局还存在着某些矛盾,大家都看重利益。有些贸易局,不能遵照以五厘利把货卖给合作社,而合作社也有些性急,想一下子就代替了商人,今后在业务上,合作社同贸易局应该有个分工,那就是:贸易局是管理边区对外的贸易,合作社是管理边区内部的贸易。但这个分工,不是用命令的,而是要他们互相间,在工作中来把这个分工很好的实现。

(杨尚昆:《巩固抗日根据地及其各种基本政策》,1940年8月,河北省档案馆)

(一)合作社是边区经济建设中新产生的东西。抗战以前,虽有些合作社,但性质上和今天的基本不同。过去的合作社,是成为资本主义对半殖民地进行剥削的工具,是对豪绅地主与帝国主义有利、对广大人民有害的,而今天,我们的合作社的性质基本上与它不同,是新产生的东西,它在二年多以来,最大的成绩,就是代替了一部分商人,减轻了人民受商人的剥削。

(二)生产合作社已经有了发展,特别是在冀西一带,在今年的春耕中,更是蓬勃发展着。

(宋劭文:《晋察冀边区经济发展的方向与现阶段我们的中心任务》,1940年8月,河北省档案馆)

发展各种合作社:(一)发展合作社之目的是增加生产,活跃市场、平抑物价,改善人民生活。(二)主要的是发展生产合作社,吸收各阶级的资本参加合作事业,颁布合作事业条例,鼓励合作事业的发展。(三)反对强令主义的方式及左的偏向所提出的左的口号,即“各村组织合作社”、“人人加入合作社”、“一切经过合作社”等,企图以合作社来垄断商业,这是不对的。

(彭德怀:《敌后抗日根据地的经济建设》,1940年12月3日,河北省档案馆)

努力开展生产建设运动、组织春耕、夏收工作。组织合作社,提倡储蓄与组织借贷所,投资生产事业,改进与发展各种手工业,奖励私人投资与新的发明,统一对外贸易。总之,采用一切办法动员广大群众参加生产建设,以达到开源节流,自力更生,改善人民生活,充裕战费,以抵抗敌人的经济封锁和以战养战的毒计。

(《山东抗日民主政权工作与当前任务》,1940年,山东省档案馆)

边区经济主要是小农经济,小的生产,小的消费,大部分人家,经济力量很小,一点余粮,不能跑到远的市场出卖,小的消费品不能跑到远的市场上购买，特别在抗战环境中，布、盐、油等日用品，经常感到购买困难，所收山货，经常感到卖不上价去。为了改善人民的生活，对敌进行经济斗争，减少奸商垄断操纵，调剂边区经济，组织合作社是一个最好的办法，一个人一元两元，集少成多，一个村一个村组织，互相联系，逐渐就形成组织的力量。

（宋劭文：《晋察冀边区的经济建设》，1943 年 1 月，河北省档案馆）

发展生产合作，其中心是发展纺织、编织事业，并与运销联系起来，增加人民收入。

（宋劭文：《当前对敌经济斗争的方针》，1943 年 2 月 25 日，河北省档案馆）

沂山区纺织落后不能自给自足，工商局为帮助群众自力更生，抽调大批干部普遍组织合作社，并贷款九十一万元，公营商店则以百分之七十以上的资金，大量吸收原料与收买成品，保证合作社一定的利润及基金的周转。就在当年十二月已有惊人的成绩，一年内合作社普遍在沂北、临朐、安邱、营沂各县，发展到一百七十处，社员发展到两万余人，股金发展到十六万七千二百元。有组织的纺车六百辆，织布机五百零三架，自八月份以后，每日出布八百匹。工商局对合作社原料的供给，成品的销售，给予极大的方便。今年上半年仅沂北合作社就供给棉花三千六百余斤，吸收土布二万六千余匹。

（《为人民谋福的沂山区工商局》，1946 年 9 月 2 日，《大众日报》，山东省档案馆）

1. 发展合作事业的重要性——土地改革会使我国农村生产关系发生基本变化，农民生产情绪大大提高。但是，我们如果不能帮助贫苦农民解决由于土地更加分散和缺乏耕畜农具所引起的困难，生产不但不会提高，而且还有可能暂时减退。而解决这个困难最好的办法，就是组织起来，组成合作社。用这种形式来进行生产上的第一个革命。

2. 合作事业的检讨与当前合作工作的方向：

冀中虽自去年七月会议后，合作事业有了初步发展，但由于领导上未高度注意，经营上偏重商业，忽视生产，局限于城镇者多，深入农村者少，作风上机关化，以致严重缺乏群众基础。因此，在合作事业的发展上，应强调为生产服务，尤其是新得地的农民。

（金城：《财经工作的方针和任务》，1947 年 9 月 9 日，《冀中导报》，河北省档案馆）

（六）逐步发展公私合营企业

商业方面，公营的过去有裕民公司，今天，大商业方面一般的是采取了公私合办的方式来经营的，而且在这些公私合营的商业中，公营的成份要占多些。

（宋劭文：《晋察冀边区经济发展的方向与现阶段我们的中心任务》，1940 年 8 月，河北省档案馆）

(4)今后商店发展的方向是以扩大私商为主。我们现有的公营商店要逐渐变为公私合营，向量的方向发展，使边区大大小小的市场都有我们的商店，更重要的是大大小小私人商店在与我们有关系，从这方面来团结广大商人统一战线。

……

(6)我们的组织是以“少”、“小”、“分”、“散”为原则。少是资金少，而商店数量增多。要向着变公营为公私合营的商店发展。我们对待商人的态度是，我们不操纵他们，但是也不希望商人操纵我们。

（《晋察冀边区北岳区一二三月份贸易工作总结及四五六月份工作计划布置》，1942 年 5 月 6 日，河北省档案馆）

当此和平民主建设新阶段到来之际，全国人民莫不欣愿中国走向近代化工业化之道路。我晋察冀边区虽在敌后的艰苦的抗战中，在我各级民主政府领导奖励之下，在物质条件极端困难中，而自给的手工业曾获得不少的发展。兹为积极从事全边区各种轻重工业大规模之建设，深感政府人力财力之不适，必须动员全边区并欢迎边区以外资本家的技术与资本同筹共策通力合作。为此本会决定将现有公营工厂二十四处转让于私人或吸收私人投资，成为公私合营，并决定组织“兴华实业公司”统一各厂的管理，并办理投股转让筹划新建工厂事宜，使各厂能迅速进一步走向企业化与合理化的道路，减低成本，节省原料，增加产量，提高质量，开拓市场，解决人民生活及各种建设必须用品及器具，为边区工业奠定坚固之基础，为筹备该公司之成立，本会特聘定刘再生、江泽民、杨成、任白传、赵继昌等五人，组成筹备委员会，并以刘再生为主任委员。责成该委员会积极计划公司组织办法。招募股金，延聘技术人才等事宜，甚望边区内外资本家工业界人士踊跃前来，共同进行和平建设事业。

(《晋察冀边区行政委员会关于将二十四处公营工厂转让私营或公私合营的启事》,1946年4月4日,《晋察冀日报》,河北省档案馆)

(七)采取国家资本主义方式解决国营工矿业不足

国营企业可以把自己暂时来不及经营的工矿业,采取国家资本主义的方式,租让给私人或合作社去经营,国营工业并应有计划地,供给对国民生计有益的私营工业及合作社工业以必需的机器、原料和动力,使私人工业及合作社得以发展。

(《华北人民政府施政方针》,1949年,河北省档案馆)

(八)鼓励有益于国计民生的私人资本主义工商业

(1)肃清封建经济,使地主转向资本主义生产。地主有土地的关系,他们的进步就很困难,我们要给他们开辟一条道路,使地主转向资本主义生产。在今天,边区地主向商业资本主义的路上发展,可能性是最大的,这是他们走惯的路子。因此,只有使地主们踊跃的向商业投资,然后再由商业投资发展到向工业投资,我们要使地主们离开自己的土地,把土地造成绝对的分散,在这个前提下,边区资本主义生产的发展,才能有利于抗战建国事业,有利于广大人民,同时也有利于资产阶级。

(2)土地生产的资本主义化。富农是农村中的资产阶级,边区的富农还相当的多,在这里,富农对雇工的剥削还有存在。今天,我们最重要的,是要使富农改善雇工生活,使他们逐渐走上资本主义化的道路,我们要使土地生产变成资本主义的生产,就必须改进技术、改良生产工具,这方面,发展个体经济是有利的,但是我们要特别注意的,就是要把富农与地主严格的分开,佃户与雇工不同,地主剥削着压迫着佃户,佃户就等于农奴一般,这种残酷的剥削,我们是要反对的。

(3)积极帮助中农、贫农经济的发展。随着土地的分散,中农、贫农有了土地,对生产就很感兴趣,而且由于他们积极努力的生产,是会逐渐地走上富裕的道路,这个,我们是要积极帮助他们发展的。

(宋劭文:《晋察冀边区经济发展的方向与现阶段我们的中心任务》,1940年8月,河北省档案馆)

对于一切有利于国计民生的私营工商业,应当继续坚决保护,使之与公营企业共同服务于解放战争和解放区的建设,为了帮助工商业的发展,银行应有计划地给公营企业以投资,给合作社以贷款,扶助私人手工业生产,鼓励一切有益于国计民生的私人资本主义的工商业。

(《薄一波同志报告的华北施政方针》,1948年10月26日,《冀中导报》,河北省档案馆)

(九)发展中小商业和小商贩

发展中小商业。中小商业在农村经济走向商品化的过程中,起着很大的作用,这样,商业公营一下子还走不通,还是要发展大量私资来经营才能实现。

(宋劭文:《晋察冀边区经济发展的方向与现阶段我们的中心任务》,1940年8月,河北省档案馆)

我们的贸易政策是内部贸易自由,发展小商贩,……

(宋劭文:《晋察冀边区的经济建设》,1943年1月,河北省档案馆)

二、保护工商业的合法权益

(一)奖励投资、吸收私人资本参加生产

发展抗日根据地商业,奖励富有者投资,活跃市场,平抑物价,粉碎敌人商品倾销及掠夺,组织商人救国会,打击敌人经济封锁的阴谋。

(艾楚南:《四年来山东财政经济建设的成绩和努力的方向》,1941年1月1日,《大众日报》)

私营工厂应当提倡保护,但其目的是为吸收私人资本参加生产,吸收敌区资本及人才向我根据地来发展,并不是用政府贷款去供给私人利用,亦不能给他们操纵垄断的特殊权利。不应剥夺私人营业和营业营利的自由,公营工厂商店应与私营工厂商店适当分工,经营私人不能或不愿做的事业,除打击投机垄断外,切勿与私人资本竞争。

（《山东省战时行政委员会工商管理处给胶东工商局的指示》，1943年，山东省档案馆）

为了发展工商业，……人民政府应宣布欢迎海外华侨和国民党统治区工商者来解放区投资经营对国民生计有益的工商业，保障其合法营业，不受侵犯。

（《华北人民政府施政方针》，1949年，河北省档案馆）

（二）要掌握工商业者的两面性

对商人要一面团结，一面斗争，奖励其一切有利于抗战和人民利益的活动，限制其一切不利于抗战和人民利益的活动，过去我们对于商人往往采取两种错误政策，一种是无原则的团结商人任其操纵市场剥削人民，如过去有些贸易局把公家资金贷给少数投机商人，给以专买专卖权利，任其假借政府名义实行操纵垄断，还有许多专为公家采购军需品的特殊商人，往往高抬物价一本数利，浪费公家资金，加重人民负担。

另一种错误政策，是无原则的打击商人。如公营商店垄断一切有利事业，使私营商店几乎无法立足，如在管理进出口贸易时任意提价压价，不能适当照顾商人所应得的利益。如任意限制内地物资调剂，妨碍商人贸易自由，如嫉忌商人赚钱，害怕商人发展，把通过正当贸易而赚了钱的商人当封建恶霸一样斗争，自从工商管理局成立后，前一倾向已经逐渐减少，但后一倾向则在日益严重起来。

应当明白指出，新民主主义经济并不反对私营经济，而是公营、私营和合作社经营的共同发展，我们今天需要削弱封建经济（因为他会阻碍社会经济发展），但不削弱资本主义经济，承认资本主义经济在中国今天还是较进步的生产方式。商业资本是资本主义经济之一必要构成部分，如果商品经济继续发展，商业必然也就跟着发展。

但另一方面，我们又应认识商人唯利是图，他们的活动对于抗战和人民有时有利，有时不利，他们的政治态度同样也是两面性的，我们应当把握着商人的两面性，奖励其有利于抗战和人民的一面（如调剂物资、输出剩余物资，换回军需品和必需品等），限制其不利于抗战和人民的一面（如走私资敌囤积居奇等），并把商人分成几种类型，研究适当对策。

（薛暮桥：《山东省工商管理工作的方针和政策》，1945年5月，山东省图书馆）

（三）保护工商业者经营自由

第三条本区人民政府政策法令范围以内均有在本区域内经营出入口贸易及商业之自由，并受政府法律上之保障。

第十条敌占区人民来往根据地经营商业者受法律之保护，其移住根据地经营商业者并予以各种便利与优待。……

（《贸易暂行条例》，1941年6月10日，河南省档案馆）

在新民主主义的新中国，工商业的发展，不但不会受到限制，而且还会受到扶助。扶助他们解除帝国主义的压迫和封建势力的束缚获得前所未有的自由发展的机会。这一政策已经在毛主席最近发表的《论联合政府》有了很明确的解释，我们不但应当广泛宣传毛主席的主张，而且民主政府应颁布法令奖励沦陷区的工商业家来我解放区经营各种生产事业，保护他们在我解放区的资财。他们在沦陷区的资财如果无法迁移，或者已被敌伪强占亦可向我民主政府登记，到将来国土解放时依法保持或收回其所有权。

（大众日报社论《庆祝全省工商工作的成功》，1945年7月23日，《大众日报》，山东省图书馆）

除法令限制之营业外，凡经政府工商行政部门登记或农村中以工商为副业的未经登记之正常营业，“任何机关团体或个人，非依法律手续不得采取强制或类似强制之手段加以侵犯”。这一政策，一方面应向全党、全军、全民中贯彻，使之自觉的遵守；一方面如有某些个别分子不自觉的侵犯工商业，工商管理机关必须依法保护。坚持政策，过去有某些机关或个人强制私人合伙，吃英雄股；有些地方任意向商人募捐派款……。凡此种种，因工商部门执行保护政策不足，以致有些工商户感到苦恼，产生顾虑，影响发展。因此，要求全体工商干部，今后必须负起责任，对一切侵犯工商业行为，坚持政策，进行处理。某些畏首畏尾，怕负责任的思想，必须扭转过来。

（《薄一波同志在华北工商会议的结论》，1948

年6月24日，河北省档案馆）

（四）为了发展私人资本，停业机关公营商店

为发展私人资本，繁荣商业，上月二十八日，渤海区党委、行署召开驻惠各机关干部会，指出机关生产的目的是为了自给，减轻人民负担，应不妨碍私人资本的发展。经过研究以后，作如下决定：

（1）将惠市所有机关公营商店一律停止营业，计有裕华百货商店，同兴号商店等十五家，约计资本将近四百万元转让私人经营，机关生产主要向农业、手工业方向发展，各机关共同经营一百货店，只作转运批发，便利于商家之批购，凡有妨碍私人资本发展之一切公营小店等，如脚踏车行、饭馆等，……亦一律停业。

（2）机关生产所经营之工业、手工业，一般的保留并使其发展，但如有与民争利者，让与私人经营。

（3）凡公家投资于私营商店或作坊者，必须以私人经营为主。现公营商店已办理手续，转让私营中，行署并已通令全区均应在以上原则下整理机关生产。

（《执行发展私人资本的方针》，1946年7月10日，《大众日报》，山东省图书馆）

（五）保护工商业者合法之财产和正当经营

保护工商业者合法之财产和营业，任何人不得违犯。所谓“平分”工厂、商店之流言完全是无知谬论及蒋匪特务故意破坏我工商业之阴谋。（二）凡与工厂、作坊、店铺发生纠纷而不能自行解决者（不论个人或团体），准其到法院控诉，依照法律程序解决。不得私自采取“让与”变卖或罚款没收等非法手段，违者予以适当处分。

（《石家庄市民主政府布告，保护发展民族工商业》，1948年1月15日，《冀中导报》，河北省档案馆）

凡遵守政府法令进行营业的工厂、作坊、商店（包括公营、公私合营、私营、合作经营），政府依法保护其财产所有权、经营自由权及正当的营业利润。任何个人或团体均不得加以干涉或侵犯。

（《晋察冀边区行政委员会关于土改中保护工商业问题的指示》，1948年4月3日，《冀中导报》，河北省档案馆）

（1）对城镇工商业户，为地主富农当防空洞者，只能处理其防空洞部分，不能侵犯其工商业部分（乡村同）。

（2）农村地主旧富农在城镇兼营工商业者，如因该村斗争其封建经济时，有必要将地主富农弄回村者，应经过县党政领导机关的介绍，并经该工商业所属县党政领导机关批准，村贫农团及农会不能直接到工商业者所在城镇捕人。在本县范围内，对工商业处理发生了纠纷，须经县人民法庭处理。

（《晋察冀边区行政委员会关于土改中保护工商业问题的指示》，1948年4月3日，《冀中导报》，河北省档案馆）

凡遵照上述规定之合法经营，任何团体机关或个人，非依法律手续，不得采用强制或类似强制之手段加以侵犯，如限制其经营一定之业务，强制转业（新解放城市有些行业不能继续经营的，政府应帮助他们转业，但不得强制转业），强制合营及私自扣留逮捕等。

（《华北工商会议工商政策草案》，1948年，河南省档案馆）

（六）工商业户之间的债权债务一概不废除

凡属工商业债务，1947年旧历一月以前者废除，1947年1月以后者有效，农民与商人间的赊买赊卖及农民互相之间的友谊借贷，凡属1947年1月以后的亦均有效。

（《冀中行政公署关于贯彻保护工商业政策的指示》，1948年2月12日，河北省档案馆）

凡属工商业户之间的债务债权，一概不废除。农民与工商业户之间的赊买赊卖及农民相互间的友谊借贷，均一律有效。地主、富农及高利贷者在工商业中的债权，凡是不属于高利贷性质的债权，也不应该废除。

（《晋察冀边区行政委员会关于土改保护工商业问题的指示》，1948年4月3日，《冀中导报》，河北省档案馆）

（七）保护和发展私营工矿业

为切实保护今后高阳工业的发展，本署特设“高阳县工业资财清理保管委员会”，并委高阳县长苏潮及王文尉分任正副主任，对各逃亡户之工

厂资财机器,进行清理保管,并根据以下精神办法:

(一)资财机器,仍为原厂主所有(汉奸战犯应没收者除外)。在保管期间,可由公家用作生产,利润归公;原厂主如回家复业时,仍交原主经营。

(二)过去各机关部队自行拆卸搬走的,应向清理保管委员会进行登记,经过审查,确系用于工厂工业者,须补正式借据,谨慎使用,不得损坏,未用于工业者,应即退还,交委员会保管。

(三)今后无论任何部门及公私人员,不经本署批准,不准私行拆卸搬运,私行使用。

(《冀中行政公署关于保护和发展高阳工业对其所遗资财清理保管办法的布告》,1948 年 2 月 15 日,《冀中导报》,河北省档案馆)

一、开采多年无任何利润之古老窑,停工三年以上者,他人有权恢复开采,其窑权归恢复者所有,原主有优先权。

二、新开窑中途停顿或旧窑因故停顿在一年以上者,他人有权继续开采,但事前须与原主协商,规定双方公平合理的股份,并向县政府备案。必要时得请当地政府及群众团体参加仲裁,仲裁人只能说服双方,不能强制。原主如愿自行开采,有优先权,原主如无力开采,又不愿让与他人,故意拖延时间者,得取消其优先权。

(《晋绥边区处理工矿业中问题的办法草案》,1948 年 3 月 30 日,山西省档案馆)

(八)以运输为业的船只、大车,仍归原主所有,按工商业者对待

为发展运输事业及便利支援前线,本署对靠运输为业的船只及大车,作如下指示,仰各地依照执行。

一、目前河水即将解冻,船只应迅速修理,准备下水。但近据所得任邱枣林庄情况(可能有些出入),在平分土地中,将地主富农之运输船只,折成地亩,列入平分,致使船只无人修理,这将影响运输事业之发展及支前任务之执行,本署有鉴于此,特规定凡属专以运输为业之船只,要妥为保护,不论属于哪个阶层,一律不准没收,仍归原主所有,可根据其营业收入实际情况,确定船户不分或少分土地,目前所有扣押之船只,应说服群众归还原主,以便迅速整理,准备下水,船主本身确实无力修理者,可向银行贷款,对有力修理因有顾虑而不修理者,应耐心动员说服,促其修理,有的船户,本身真正不愿单独经营或不经营者,可与农民合伙经营或由农民经营,其本人与家庭即可按实际情况分地。此外,地主富农经营之船厂,需按工商业看待,妥为保护。

二、平分土地中,对各地专以拉脚运输之大车,应根据上项处理船只原则处理。

(《冀中行政专署关于保护运输船只大车的指示》,1948 年 2 月 20 日,《冀中导报》,河北省档案馆)

(九)保护贸易自由,取消不合理限制

废除各区、县颁布的封锁物资流通通知单行法,并予正当商人以路条检查转运的便利。

(《冀热察行政公署颁布发展工商业暂行办法》,1948 年 4 月 2 日,河北省档案馆)

保护工商业者,在内地旅行及从事贸易之充分自由,取消内地限制旅行自由之路条制度及限制商品在内地运转之搬运证,购运证,交易证及运销证等制度。

(《华北工商会议工商政策草案》,1948 年 6 月,河南省档案馆)

(十)严格禁止清算斗争工商业

严格禁止清算斗争工商业,保护一切工商业(包括地主富农工商业在内),地主富农将土地财产转入工商业者,一律欢迎不准斗争,地主富农的手工工具,如纺车、织布机、织袜机、缝纫机、弹花机等,一律不没收不征收,准其留下进行生产。

(《中共晋冀鲁豫中央局关于工商业政策的指示》,1948 年 4 月,河南省档案馆)

地主或者旧式富农兼营工商业的人,他们与工商业相连的一切土地财产,同样应受保护,不得没收及分配,其不与工商业相连的一切土地财产,属于地主的,则应全部由农会没收及分配,属于旧式富农的则征收其多余部分。

(《晋察冀边区行政委员会关于土改保护工商业问题的指示》,1948 年 4 月 3 日,河北省档案馆)

(十一)官僚资本等财产,不得分散破坏

敌人公私财产及伪组织公有财产(如土地、房屋、建筑、器物、工厂、商店等等），悉由政府查封管理，分别处置，对罪大恶极的汉奸财产，经司法手续，予以没收。

（《晋察冀边区行政委员会关于施政要点的布告》，1945年9月26日，河北省档案馆）

官僚资本，战犯及罪大恶极的恶霸的工商业财产，经县以上法庭判决，是应该没收的，这种财产由政府处理，不由农民处理，若是这种工商业规模很小，并且是在乡村经营者，应由区政府处理，其工商业规模较大者，应依情况，分别由县、市、行署或边区政府处理。这些工商业凡属有益于国民经济者，无论是决定交由政府接管或由人民接管，均须保护其继续经营，不得分散或破坏。

（《晋察冀边区行政委员会关于土改中保护工商业问题的指示》，1948年4月3日，《冀中导报》，河北省档案馆）

汉奸、特务、恶霸财产，须根据中共中央关于划分阶级草案所规定的标准，调查属实，经人民法院之正式宣判公告，始得没收。

所有蒋党蒋军及蒋政府的公产，及属于蒋、宋、孔、陈四大家族所有之官僚资本，一律由原看管人负责看管（连同文件卷宗在内），登记造册，听候接收，不得损失破坏，如因看管人未尽职守，因而损失破坏者，应依法究办。如民主政府一时来不及接管，或尚无能力接管时，则应暂时委托原管理人，负责管理，照常营业，直到民主政府派人接管时为止。

（《华北工商会议新解放城市保护工商业政策草案》，1948年6月，山西省档案馆）

（十二）工商业者自愿订定之契约受法律保护

工商业者所自愿订定之契约（包括不属于高利贷性质者之定购及有息借贷在内）一律受法律之保护。

（《华北工商会议保护工商业条例草案》，1948年6月，山西省档案馆）

（十三）正当工商业者都有开业、经营、转业、迁移，及歇业之自由

凡在本边区境内经营工商业者，不分阶级、籍贯、宗教，除政府明令禁止的业务外，经由市区以上政府之登记备案，即有开设，经营（包括商业性购存物资、买卖议价等）、转业、迁移及歇业之自由。

（《华北工商会议保护工商业条例草案》，1948年6月，山西省档案馆）

（十四）坚决保护自由资本

坚决保护自由资本。所有私人工商业、文化教育事业及与之相连的一切土地财产，包括工厂、商店、银行、学校、医院、房屋、仓库、货栈等在内，一律依法保护。任何人不得侵犯及破坏。……

（《华北工商会议新解放城市保护工商业政策草案》，1948年6月，山西省档案馆）

（十五）实行公买公卖，禁止强买强卖

工商业者得自由规定价格实行公买公卖。除法律规定者外，不得有强制买卖或强定官价等行为，在军事行动地区，于必要时，经行署以上政府之批准，对军队副食品得采取限价办法。

（《华北工商会议工商政策草案》，1948年6月，河南省档案馆）

实行公买公卖，禁止强买强卖，强迫入股等违法行为。

《华北工商会议新解放城市保护工商业政策草案》，1948年6月，山西省档案馆）

三、资金、原材料、税收上扶持私营工商业

（一）银行举办贷款

资金不足时，边区银行应酌予贷款。

（《晋察冀边区行政委员会公布保护与发展民族工商业暂行办法》，1946年8月4日，河北省档案馆）

四、凡制造军需物品如熬硝、翻砂、掘煤、熟皮、造纸等，经政府批准，得免纳工商业税。其工人与主要经理人员免除战勤。其资力不足者并得向银行要求工业贷款。

五、凡制造人民生活必需品，如榨油、赶毡、织布、打农具等，经政府登记批准得免工商业税，其资力不足者得向银行要求工业贷款。

（《冀热察行政公署颁布发展工商业暂行办

法》,1948年4月2日,河北省档案馆)

(二)银行应举办工业贷款,扶助有利于国计民生的私营工业之发展。贷款利息根据该工业具体情况决定,一般应当稍低,贷款期限应根据该工业具体情况及用途规定,一般应当较长,以利工业周转。

(三)私营工厂,在对外购买必要的工业原料与工具时,银行应适当供给外汇。

(四)银行应加强存放款业务,适当提高存款利息,多吸收私人存款,以这些存款供给工商业周转。

(《华北工商会议公营私营关系政策草案》,1948年6月,山西省档案馆)

公营企业应积极帮助有益于国民经济的私营工商业,国家银行应按实际需要与可能对有利于国计民生的工商业举办贷款,便利私营工商业向外购买必需的原料与工具。公营商店并应在各主要城镇设立物资调剂机构及门市部,供应私营工商业原料器材。公私交通事业的运价应有利于公私商业之发展等。

(《华北工商会议确定公私营工商业关系》,1948年8月14日,《冀东日报》,河北省档案馆)

冀南银行阳谷支行,为了扶植城市生产,发展经济,举办吸收存款进行信贷。从八月四号起到二十号止,共吸收存款一万万一千三百万元,贷出九千五百万元,刻下全城关共有坐商四百十四户,半月中三百六十四户商家得到贷款,另外一般的贫苦市民及纺织户也得到了扶植。由于政府大力扶植,工商业迅速发展,四乡的商人,纷纷来城找房子,安门头,半月内增加商户六十九户。

(《阳谷银行贷款扶植,半月增添商户六十九家》,1948年8月31日《冀鲁豫日报》,山东省图书馆)

(二)解决原料推销产品

(3)原料及成品运输如有困难时,边区各级政府应尽量予以协助。

(4)原料购买及成品推销如有困难时,边区贸易公司及一切公营商店合作社应尽量予以协助。

(5)遇有不可抗拒之灾害遭受损失者,得请求政府酌予救济。

(《晋察冀边区行政委员会公布保护与发展民族工业暂行办法》,1946年8月4日,河北省档案馆)

石家庄民主政府为培植私营工厂发展生产,特由市贸易公司以实物原料从廉折价与私营之永庆、协茂等十余家铁工厂交换成品,广为推销,使各工厂得以加速周转经营,扩大生产。……。

(《石家庄我培植私营工厂》,1948年2月18日,《冀鲁豫日报》,山东省图书馆)

供销总社对私营作坊、手工业予以产品推销及原料采购及协助。

(《冀热察区行政公署颁布发展工商业暂行办法》,1948年4月2日,河北省档案馆)

(三)减免税收,取缔地方苛杂

三、凡在边区境内创设棉纺、毛纺、平板玻璃、电气、钢铁机器制造、农具制造及制造其他重要工业原料(如甘油、酒精、炭精、染料等)工业者,得享受下列优待:

豁免全部营业税、所得税二年至五年(视其占用固定资本大小而定)。

四、凡在边区境内创设棉织、毛织、印刷、玻璃器皿、化学器皿、洋烛、肥皂、榨油、皮革、造纸、制药、陶瓷、纽扣、牙刷、面粉、火柴、罐头食品、油墨、文具及其他日用必需品工业者,得享受下列优待;

豁免全部营业税、所得税一年至四年(视其占用固定资本大小而定)。

五、凡在边区境内创设化妆品、儿童玩具等非必需品工业者,得享受下列优待:

豁免全部营业税,一年至三年(视其占用固定资本大小而定)。

(《晋察冀边区行政委员会公布保护与发展民族工业暂行办法》,1946年8月4日,河北省档案馆)

实行简易合理之工商业税收,公私企业平等课税,贫苦小商均予减免,在农村中实行农业统一累进税。厉行节约,反对贪污浪费,严整编制,以减轻人民负担。

(《中共张家口市委公布目前施政方针》,1946

年4月5日,《晋察冀日报》,河北省档案馆)

取缔地方上所加于工商业的苛杂,除边府所规定的税收摊派外,其他任何机关团体不得擅自摊派或增派,劳军捐款应出自愿,不得摊派。对工商业者按所得纯利只征15%左右的所得税并须规定合理评议计算征收的制度。

(《中共晋冀鲁豫中央局关于工商业政策的指示》,1948年4月,河南省档案馆)

各区区公所、小商联合会,为照顾小商生活困难,使小商得以进一步发展,本市特根据小商特点,提出减轻小商负担意见请示边委会。今接边委会财税字第十一号复文:"为照顾小商随赚随花等特点,并适当照顾财政需要。张市小商准予每户免税一千元,仅就其超过部分征收,如仍有个别有问题者,可以个别解决,有些艺匠近乎出卖劳力者,如磨刀、钉鞋、卖黄土、白铁匠、钉碗匠等可全予免税。"希即转知商民周知。

(《张家口政府关于减免小商贩负担的通知》,1948年5月9日,《晋察冀日报》,河北省档案馆)

一、本区工商业一律豁免1948年下半年(自七月份至阳历年底)之营业税。

二、常年经营赖以维持生活之纸厂、铁匠炉(打农具马掌等)免除其1948年下半年之战勤负担,榨油作坊在其榨油期间免除战勤负担。

(《冀热察行政公署关于恢复与发展全区工商业豁免1948年下半年工商税的指示》,1948年6月,河北省档案馆)

会议认为:为了发展生产,弥补日寇及国民党反动派对工商业的长期摧残破坏,以及有些地方在实行政策中发生偏向,而加予工业的损害,确定今后对遭受损害过重的地区,工商户的税款应予减免;凡属家庭副业生产性质的手工业及商业经营,一律免征。为奖励对国计民生有益的工商业发展,征收时应根据各行业对战争及人民生活贡献的不同而有所区别。会议规定一般的工业税应轻于商业税,有些工业并且可按其性质予以减免。工商业所得税采取累进税制以求公平合理,起征点定为纯冀币二十万元,最低税额为纯利的百分之五,最高不超过百分之二十五。会议决定:今后凡不经过市场经纪之交易,一律不征收交易税,牌照税则规定仅限于城镇小商摊贩及农村之以商业为主要职业者之商贩。

(《华北工商会议规定工商业负担办法》,1948年8月18日,《晋绥日报》,山西省档案馆)

四、贯彻执行公私兼顾、劳资两利政策

(一)解决好公私营企业之间的关系

公营事业与私有社会的矛盾。在私有社会中,一切都是私有的,如果公家的利益与私人的利益密切联系起来,事情就容易搞好,如果个人利益与公家利益分歧了,事情就会弄糟。在我们上面指出的第一种(银行,军需工厂)公营事业的能够成功,基本上是靠了政府的保证。在第二种公营事业(开矿、造纸、裕民公司)之所以失败(或部分的失败),是公营经济同私有社会的矛盾造成的。因此,我们说:公营经济,只有把个人的利益同公家的利益统一起来,才会得到合理的解决。其次是在私有社会里,技术也是私有的。在公家还没有很好的技术人才之前,私营经济是要尽量发展的,目前要大量的发展公营经济还很困难。

(宋劭文:《晋察冀边区经济发展的方向与现阶段我们的中心任务》,1940年8月,河北省档案馆)

公私商号的关系问题。一年来发展了公营工商业,特别是机关生产,近半年来更有大的增加与发展,据工商业征税中统计,安国公营及合营工商业(包括机关生产)占总工商户的6%强(53户),河间占18%强(60户),辛集占5%弱(33户),公私关系一般的是不协调,私商反映"不沾官气不能干",好买卖都给公家做了,这一方面是私商不如公营资本雄厚,经营灵活。另方面在公营经营中,如何带动私营的思想不明确,相反的往往利用行政上的特权排挤私商,使私商发展受到某些影响。如安国伍仁桥公营商业是大量发展了,但私营工商业却由120户减到90户

(《冀中行署工商处工商领导与行政管理工作经济介绍》,1947年,河北省档案馆)

(二)经济斗争应当主要运用经济力量

一切都想公营包办,不注意扶助民营和公私合

营企业，对商人过去放任，现又排挤打击，应当认识经济斗争主要应当运用经济力量，只有必不得已时候方才运用行政力量实行统制。如果滥用行政力量，便会增加人民困难，引起人民反对，最后弄得市场萧条，公私交困，今天发展经济主要依靠人民。我们应当扶助私营经济而不应当排挤私营经济，阻碍私营经济发展。

（薛暮桥：《山东省工商管理工作的方针和政策》，1945年5月，山东省图书馆）

（三）照顾劳资双方利益，调节劳资关系

照顾劳资双方利益，调节劳资关系，适当改善员工生活，增进劳动热忱；实行契约自由，双方不得无故解约；严格劳动纪律，提高生产效率。工资应以企业性质、技术条件、劳动强度、熟练程度之不同，分别商定之。工厂实际八小时至十一小时工作制。店员、学徒、手工业工人、农村工人之工作时间，应按习惯与实际情况双方议定。

（《中共张家口市委公布目前施政方针》，1946年4月5日，《晋察冀日报》，河北省档案馆）

（四）公营经济应当扶助私营经济

扶助私营经济并不是说不发展公营经济，但在今天公营经济的发展应有限制，以免妨碍私营经济的发展。公营经济应当扶助私营经济，且与私营经济享受平等待遇。目前，为着扶助私营经济迅速发展各种生产事业，我们准备把我们的公营企业转变为私营或者是公私合营的企业，欢迎私人投资，公营商店更应整理收缩，予以必要限制，不容与民争利，在今天的经济条件下，只有私营工商业的发展，才是经济繁荣的明显标志，当然发展资本主义同时，又应照顾群众生产，勿让少数大资本家操纵国民生计，损害群众利益，但保护群众生产的办法，不是反对资本主义，而是用合作的方法来组织群众生产，使其生产方法亦能向前推进，并能依靠合作社的组织，来防止私人资本对群众生产的操纵和垄断。

（薛暮桥：《和平建设中的经济政策》，1946年5月18日，《大众日报》，山东省图书馆）

（五）劳资双方应本着发展营业，繁荣经济合作两利的原则订立契约

工商业中之劳资关系、东伙关系，应本着发展营业，繁荣经济，合作两利之原则，经过平等协商（任何一方不得强制另一方）订立契约，共同遵守，务使经营者有利可图，工人店员生活能切实保证，工商业主不得无故开除及虐待工人或店员，工人或店员亦应遵守工作制度，忠于职守，提高工作效率。双方倘遇到不能自行解决之纠纷，应请政府调解或裁判，任何一方不得采取超越之手段。

（《石家庄市民主政府布告保护发展民族工商业》，1948年1月15日，《冀中导报》，河北省档案馆）

（六）工商业资本家应适当改善工人学徒生活待遇

工商业资本家应在新民主政府和国家经济的领导下，从事有益于国民经济的正当活动，并应保证工人生活的适当改善，但这种改善不应超出经济所许可的范围。工人应该积极生产，使资本家获得适当的利润，在“发展生产，繁荣经济，公私兼顾，劳资两利”的总原则下，工人与资本家团结起来，共同为战争的胜利和国家的建设而奋斗。

应鼓励工厂、作坊、商店及手工业者多带学徒。学徒的生活待遇，除在经济情况许可及必要的范围内，作适当的改善外，一般仍应遵照过去习惯。

（《晋察冀边区行政委员会关于土改中保护工商业问题的指示》，1948年4月3日，《冀中导报》，河北省档案馆）

（七）实行公私兼顾，克服国营企业垄断思想

克服国营企业中的统制垄断思想，规定国营企业中实现“公私兼顾、劳资两利”的制度和办法，凡对国营和民营均有利、或对国营有利对民营无害或害很少者允许经营，凡对国营有利而对民营害大者一概不允许经营。……

（《中共晋冀鲁豫中央局关于工商业政策的指示》，1948年4月，河南省档案馆）

（八）明确公营工业与私营工业的发展方向和关系

（一）目前工业发展极为不足，公营工业及私营工业都要大大发展。

（二）公营工业应当向着以下方向发展。

1. 根据资源、物产调查及社会需要，有计划的发展，制定发展计划。

2. 发展机器生产，一般不经营手工业作坊。向较大较集中的方向前进。

3.主要发展重工业、机器制造工业、军火工业及重要的工业材料制造工业与药品工业。在轻工业方面，主要经营有迫切需要而私人力所不能及的事业(如纺织造纸工业等)。上述工业中，除军火工业由国家经营外，其他工业未经法律限制者外，均准许私人经营，或公私合营。

(三)目前公营工业应向大的集中的机器工业发展，现有的许多手工业作坊与小的机器工业准备转让给合作社、机关生产与私人经营。集中资金与干部，发展与新建重工业机器工业等。目前私人资本家还有游资，蒋占区游资还可以争取向我区投资。我们欢迎这些资金在我区投资于工商业。其投资于工业者，应给以帮助与便利。

(四)公营工业的发展，对于私营工业的发展有利。因为公营工业有计划的供给私营工业以机器、原料和动力，使私营工业得以发展。

由于公营工业掌握了煤、铁、电力等工业的基本原料与动力，因此公营工业对私营工业就有一定的领导作用，而且随着公营工业之发展，这种领导作用还会加强。公营工业生产成品的价格政策，应当兼顾支援战争、发展生产与公营工业本身的积累与发展三方面。

(《华北工商会议公营私营关系问题〈草案〉》，1948年6月，河北省档案馆)

(九)明确公营商业与私营商业的关系

2. 为生产与战争服务，必须通过公营商业在市场的活动，团结私商与合作社掌握与稳定有关国计民生的主要物资的价格。在掌握物价中，要使生产者与消费者双方都有利。为发展生产而稳定物价。要照顾商人、合作社的利益，使他们在我物价政策下有利可图，能经常从事与发展生产与运销事业，只有货畅其流，公私运销事业都获得广泛发展，才能节省公营商业的资金，有利于物价之稳定。在掌握物价中，必须与投机操纵及囤积居奇分子作斗争，但这种斗争，应当依靠公营商业的经济力量而不是依靠行政力量。从事国营商业工作的同志，必须坚决克服过去曾比较普遍的存在统治垄断思想、单纯营利观点等对扶植生产，稳定物价，与团结商人小贩是极端有害的思想与作风。

3. 为生产与战争服务必须组织推销工业农业与副业生产品，成立某些必要的专业机构，供给人民必需的生产资料与生活资料，并保证战争的供给。主要的方法是公营商业自己经营上述主要物资中的小部，掌握正确的价格政策，组织商人、合作社在我之物价政策下发展内部调剂与对外出入口。

4. 公营商业与私人商业应建立经常的业务关系，一般不作零销。

公营商业之发展，对生产与战争有利。因为可以增大援助生产，支援战争的力量与加强对市场与物价的领导。公营商业之发展，并不妨碍私营商业的发展，因为公营商业以为生产与战争服务为目的而不以盈利为目的。公营商业并不垄断一切经营，过去某些公营商店打击了私商与合作社，不是由于两者不能平行发展，而是由于这些公营商业在执行政策上的错误，采取了垄断统治的政策，只有投机操纵与囤积居奇分子才反对公营商业的发展。

(华北工商会议《公营私营关系问题〈草案〉》，948年6月，河北省档案馆)

(十)确定私营工商业中劳资东伙、师徒关系的原则

一、保障劳资、东伙、师徒双方的契约自由。改造旧的对工人店员在人格上不平等的契约，实行在双方人格平等与两利基础之上的新的契约。契约期满，任何一方皆有依法解约之权。

二、承认旧有的工资制度与劳资分红制度，纠正由于过“左”的劳动政策所产生的某些过高的工资，过高的劳力分红，过高的劳动条件等错误现象。

三、承认旧有的工时制度，但旧有的民营工矿雇佣工人工时过长者(经常的劳动时间超过十二小时)，应予纠正。纠正由于过“左”的劳动政策所产生的某些规定商店与手工作坊工作时间过短及规定过多的假日，工人店员开会侵占生产与营业时间，耽误生产与营业等现象。

四、承认旧有的东伙关系与劳资关系，并加以改进。

五、承认旧有的师徒关系，并加以改进，废除对学徒的体罚制度，学徒限期一般仍为三年，但学徒年限未满，其技术能力已到达工匠或店员水平者，其学徒年限应予缩短。……

六、保障经理、店员、工人、学徒参加合法的社会团体与政治活动之自由，不得因此加以干涉或借故辞退。

（《华北工商会议私营工商业中劳资、东伙、师徒关系的几项原则〈草案〉》，1948年6月，河北省档案馆）

（十一）工资由劳资双方自由规定

工会、党的支部应与厂主合作，共同发展经济，做到"原料足，成本低，产量多，质量高，销路广"。目前高工资必须压低，工资由劳资双方自由规定，不提增加工资减少工时的口号，但所有公私企业均禁止对工人店员学徒进行封建半封建性虐待和剥制，实行按时计工，按件给资的工资制，成立以厂长为首的三人委员会领导生产，并在公营企业中实行。私人企业如资方同意，亦可实行。

（《中共晋冀鲁豫中央局关于工商业政策的指示》，1948年4月，河南省档案馆）

不要提出增加工资，减少工时的口号。这些口号在城市初解放时是不可实现的，只有在生产恢复发展中才能逐渐实现。

（《华北工商会议，新解放城市保护工商业政策草案》，1948年6月，山西省档案馆）

（十二）吸收工人职员参加厂务委员会

在较大私营工厂中，提倡在经理领导下成立厂务委员会，吸收工人、职员、技师代表参加，民主讨论有关生产计划及劳动待遇、工作、生活制度的各项问题，吸收他们的正确意见，但关于生产计划之最后决定权属于经理。工人与店员应当遵守厂规铺规，尊重经理在业务上的领导。

（《华北工商业会议确定纠正过高劳动条件保障劳资契约自由》，1948年8月10日，《冀中导报》，河北省档案馆）

（十三）既要照顾公营和合作社经营，又照顾私营之正当利益

国营企业与合作社在经营中结合正当私商，共同控制市场。结合私商之方法，可采取共同议价，统购统销，公私分工等方式，一方面照顾公营与合作社经营，一方面要照顾私营之正当利益。公私结合其意义，不仅是统一市场步调，还可加强国营与私营之领导，使私营逐渐能纳入我们国家政策与经济计划轨道以内。

（《山东省人民政府为加强工商行政工作给各地的指示》，1949年，山东省档案馆）

五、侵犯工商业的一些偏向

（一）征税过重，不按条例征收

在工商业税收政策中产生了严重的偏向与错误，主要原因有：

第一，营业税过重，且不按条例征收，在思想上是着重了财政收入未照顾政策，任意加征，甚至超过纯利百分之百以上者。

（《晋绥边区行政公署关于纠正工商业政策中几个错误问题的指示》，1948年2月1日，山西省档案馆）

1947年所征之营业税似亦过重。据我们在延川城大概调查，全城征营业税者30家，无有1家雇人劳动，均属小本摊贩，卖枣子、馒头、针线，稍有少许洋布、纸烟者，去年（四七年）向该13家（其中有中医生）征营业税折合细粮30石。如确按此数征税，13家全部货物不够抵价，后减少为18石，但实际上只收了9石。即按此九石数目，约占1947年全年利润60%（如任永舟1947年营业约白洋百余元，已出细粮1石，尚欠1石5斗，北地粮价每斗6元）。

（《毛主席关于工商业税收问题的指示》，1948年2月，《晋绥革命根据地工商税收史料汇编》，山西省档案馆）

（二）扩大了惩治经济反革命范围

惩治经济反革命牵涉太多。应该承认惩治经济反革命在金融贸易上起过了很大作用，给了内外勾结的经济破坏犯以严重的打击。但在执行中又发展了偏向，主要是不分清是非轻重，不区别一贯与偶然，范围太广牵涉到一般商人。以为"无商不奸"，某些地区押人过多，致使一般商贩恐怕不敢营业，有因恐怕而逃跑的现象。有的地区以清偿旧欠的办法，致使过去与贸易局正当营业来往的商人垮塌不少。

（《晋绥边区行政公署关于纠正工商业政策中几个错误问题的指示》，1948年2月1日，山西省档案馆）

工商业被破坏而又不能迅速恢复，除客观原因（如战争影响与国民党反动政策所加于我的影响

等)外,政策方面值得提出检讨的有:

反奸清算时,奸、霸、特务、官僚资本等定义含混不明,没有明确地严格地区别哪些商店工厂才算是汉奸恶霸官僚资本,才算没收,哪些应予保护,大大伤害了工商业。

(《中共晋冀鲁豫中央局关于工商业政策的指示》,1948 年 4 月,河南省档案馆)

(三)土改中对地主富农兼营工商业缺乏明确规定

在土改中,农民对地主富农兼营工商业当斗争地主富农时确有牵连。但我们对封建剥削部分与工商业部分缺乏明确的规定,尤其缺乏领导上的掌握,因此不少地区因受牵连而被群众清算没收,纯粹工商业者亦有被清算的错误。甚至把大商与地主,中商与富农一样看待,致使一般正当工商业者害怕不敢营业,以至等待处理等现象。

(《晋绥边区行政公署关于纠正执行工商业政策中几个错误问题的指示》,1948 年 2 月 1 日,山西省档案馆)

土改中斗争了工商业,是没有明确分开资本主义与封建主义的界限,而有些人认为工商业均带封建性,不斗争工商业,就不能肃清封建,就不能满足群众要求。

(《中共晋冀鲁豫中央局关于工商业政策的指示》,1948 年 4 月,河南省档案馆)

范县城关调查,深刻地揭露了我区在小城镇工作中执行政策的错误,一方是乱斗工商业强迫工商业互助,实行城市乡村化,工商业者农业化,杜绝了城市工商业发展的道路,把城市拉回落后倒退。

(《范县城的调查和初步端正政策》,1948 年 7 月 1 日,山东省党史资料办公室)

(四)高工资政策

高工资政策,不考虑工厂的盈利情况,一律规定高工资,有些家属的衣食住行也要由工厂供给。工人的一些福利,如洗澡、看戏、理发、买牙膏、肥皂等也要由厂主供给。资方赔垮关门解雇时,须经四道手续(工人小组讨论,户籍室登记,区工会通过,市工会批准),无自由解雇权。

(《中共晋冀鲁豫中央局关于工商业政策的指示》,1948 年 4 月,河南省档案馆)

(五)盲目统制

统制垄断,大小市镇均有交易所(抗战中起过好作用),有些不管成交与否,皆得交费。各区相互封锁征重税,边地税局公安局武委会等机关,乱没收乱扣押,商旅裹足不前。……赚钱的东西都想统制(统制、统买、统卖等),统制了的东西一律垮台,如南乐、清丰、观城草帽辫,行销南洋英美等地,往年获利颇厚,实行统制后,辫商不来了,产品出不去,辫业垮台,安阳水冶镇手工卷烟甚发达,实行纸烟专制后,全部关门。

(《中共晋冀鲁豫中央局关于工商业政策的指示》,1948 年 4 月,河北省档案馆)

六、认真执行政策,纠正错误

甲、土改中侵犯工矿业的处理办法:

一、在土改中侵犯了的工矿业(如矿窑、工厂、作坊等)包括厂、窑、房屋、工具、原料、成品、柜存现金以及往来存欠等一切资财,除大汉奸及借强暴势力霸占的企业外,不论处于任何阶层,一律退还原主。其具体办法:

1. 退还时必须首先经过群众讨论,联系政策进行宣传。

2. 现经营人在退还前,不论赔赚概归现经营人所有或负担,与原主无干。

3. 在本办法公布前,由厂窑内搬出去的原有工具、原料、成品等物,尽量找回退还。其丢失或损坏者,按具体情况,联系对商业及错定成份者的处理办法,由当地政府群众团体会同双方协商处理。

4. 在本办法公布后,退还前,现经营人对厂窑内一切设备,不得故意破坏或搬走。如违犯,须如数赔偿。

5. 在退还前,现经营人如对厂窑内设备有所改善或投资,于退还时应由原主归还或作股投资于企业内,或抵补前两项损坏,务须公平合理,两不吃亏。参加协商处理人同"3"项。

6. 退还后产权原主有处理自由(如自营、集股、出租等),但不能借故停业。

(《晋绥边区处理工矿业中问题的办法草案》,

1948 年 3 月 30 日,山西省档案馆)

地主富农工商业如已被清算斗争,但尚未分配,或仅转做群众股份(所谓换神不换庙)。或虽已分配而尚未损坏耗光者,均应立即无条件的退还原业主,资本不足者,政府给以低利或无利贷款,务使其能继续经营。工商业主逃亡者,其商店工厂应坚决保护,不准侵犯。俟其归来后,仍交还原业主继续经营。真正官僚资本与最反革命分子的工商业,归边区政府或行署处理,其他任何机关团体与个人,无权过问,边府行署没收后亦不得分散,应继续经营。

(《中共晋冀鲁豫中央局关于工商业政策的指示》,1948 年 4 月,河南省档案馆)

在过去复查中,已归农会接受的地主旧式富农的工厂、作坊、商店,其没有分配的,应说服农民交还原主经营。已经分配了的,均须保持其继续营业,不得分散或破坏。如果所没收的工厂、作坊、商店是属于新式富农,富裕中农或其他工商业者所有的,则不论已经分配或没有分配,都应说服农民归还原主,或尽可能设法补偿之。

(《晋察冀边区行政委员会关于土改中保护工商业问题的指示》,1948 年 4 月 3 日,《冀中导报》,河北省档案馆)

首先明确区分资本主义与封建剥削及官僚资本与中等资产阶级和小资产阶级两种本质不同的经济关系。从思想上扭转,从政策上来重视这一问题,彻底实现"晋察冀边区关于土改中保护工商业问题的指示"。毛主席告诉我们:"中国土地法大纲上有一条规定:保护工商业者的财产及其合法的营业,不受侵犯。这里所说的工商业者就是指的一切独立的小工商业者的财产及一切小的与中等的资本主义成份。""在新民主主义国家权力到达的地方,对于这些阶级,必须坚决地毫不犹豫地给以保护"。因此,对过去有的认为"复查侵犯的就算过去了"有的"嘴里吵嚷不去实际纠正",有的报告上纠正了,受侵犯的工商户尚不知道或很不彻底。有的认为有些受侵犯户"不退还,生活营业不受影响,或受影响不大,即不纠正"等,许多偏向必须扭转过来,亲自组织力量,具体布置检查并有报告与总结。区党委在大会上已传达布置,工商部门应当做中心工作。深入调查,提出意见,反映意见并彻底解决问题。

(薄一波:《在华北工商会议的结论》,1948 年 6 月 24 日,河北省档馆案)

(一)工商业财产已被没收但尚未分配者,由农会或政府保存,不论是否尚在继续经营一律说服农民退还原主。

(二)已分配给群众,但尚未消耗(如群众合股经营)者,一律说服群众退还原主。

(三)已分配给群众并已消耗一部者,应将未消耗部分退还原主,已消耗部分视情况决定追补或补偿办法。退还后原主有经营能力者,政府应帮助其恢复经营,不能恢复者,政府可酌情采取减轻税收,帮助集股或低利贷款等方法扶植之。

(四)已分配给群众并已全部消耗无法退还者,一面由有关群众决定可能的退补办法,一面可由政府帮助原主介绍职业,维持原业主全家生活或予以扶植,使能继续经营。

(五)已分配给群众的生产工具,群众尚未使用者,应说服群众退还原主。如此项工具,群众学会技术,并已使用者,除政治说服群众退还外,应从浮财与贷款中帮助群众购买新工具,不使其生产因而停顿。

(六)已分配给群众的工商业,群众仍在继续经营者(所谓换神不换庙),应将该商号工厂现有款货退还原主。过去群众已分红利,不再退还。存柜的红利就不再分。赔钱的不再补。但不管赔赚,商店、工厂的店员、职员、工人的工资均须本柜负担。有群众在该商号或工厂新入股者退回后原主应承认其股权,赔赚亦应按股份批分。

(七)如原主已离开本地时,退回之工商业财产,应交县市政府暂时代管(有清单)并设法经营,待争取原主回来,即行全部归还。

(八)在群运中,由于怕斗争而主动献出的工商业财产,按以上原则处理。过去地主临时疏散财产,买成货物,如尚未开张营业而被斗争没收者,属于临时逃避性质,应不退还,如虽系临时逃避,但当时已正式经营者,则斗争的东西应退还。

(九)过去因汉奸特务嫌疑被斗争已被没收的财产,现经重新审查应予发还者,其中由群众清算分配的按以上原则处理。由政府没收者,应将原物退还原主。如原物已变卖时,应按变卖时价格发还原主。

(十)各机关团体与机关生产,用巧取豪夺的办法,占用私人工商业财产者,应一律退还,"好汉股"一律取消,与机关生产合营之私人工商业,如无一定年限的契约,应准许任何一方面自由退出合营。

(十一)在过去斗争时,从商店追出之金银等底财,经确实证明并非地主为逃避斗争寄存的,应认为是商业部分的底财,应即退还。如已兑成冀钞者,应按当时折价退还,不能以商人态度,作为退与不退的标准。

(《华北工商会议已被侵犯的工商业的处事办法》,1948年6月,山西省档案馆)

七、私营工商业迅速恢复发展

(一)定县城关纠正侵犯工商业后市面一天比一天热闹

自定县解放后,虽说注意贯彻了保护工商业的政策,可是由于复查期间注意的不够,以致发生了不少侵犯工商业的事情。像西关较大商户巨兴恒、务本号、德庆成,城里的恒德利、恒信合、恒德兴等,还有的罚款罚米、个别经理(丁倍成、永成号、老本元)逃跑,资金外流,一般中等商号也隐藏物资,缩小目标,不敢大胆经营,去年工商税开始征收时,一般商人顾虑挺大。他们思想上产生了五怕:一、怕斗争,二、怕征税,三、怕"节制资本",四、怕公营商店排挤;五、怕劳资关系。所以就勉强支应门面,使工商业的发展很受影响。

平分开始后,商人怀疑工商业是否也平分?过去是保护政策,今后是否还保护?哪些盈利是非法的?是否被清算?同时又见去年冬天永泰昌号学徒把掌柜惠俊山斗跑了。学徒说:"这可得了解放,不像过去趴柜台时点烟倒水的了。"因为这个问题没有及时解决,商人情绪非常不稳当。有的商号、店员不守纪律,掌柜的也不敢进行教育。有的商号、店员还成了干部,有的参加了保田队,成天价忙着开会,也不经营业务。像迎宾楼饭庄今年二月较去年十月少赚一半钱。大多数商户经理不敢放开手脚干。

自从布置了坚决纠正侵犯工商业以后,工商干部们接受教训,所以在纠正错误后,复业上也有很大成绩。像恒泰昌店员,把经理斗争出去以后,经过调查研究,两方面认为都有缺点。在工商所长主持下,召开了店员、经理团结大会,先向商人详详细细讲了保护和发展工商业的政策,说明东家和店员间别扭两方面都有害。后来双方又进行了自我检讨和互相批评。经理也承认过去对店员有些刻薄,以后应当改正,店员也认识了买卖垮了台,对自己没有好处。就这样顺顺当当的解决了。又像西谷村王亭玉,在城内开了个杂货铺,他村贫农团为了多得东西,来了十来个人,带大车十四辆,清算他的杂货铺。经过我工商干部向贫农团解释,说明要从长远利益打算,别从脚下着眼。当时大家很受感动。后来又根据这个商户的经营情形,认为能够维持全家生活,王亭玉便把家中十六亩地交给贫农团。问题解决后,商人感到政府真正是保护工商业的,经营情绪都提高了。市场上也比以前繁荣了。定县过去一六小集人很少,现在大小集也分不开了,每集人数总在三万以上。同时在转业方面,政府进行了实际帮助(在税收上减征或免征用资金支持),转业的很多。丁信恒绸缎庄、正通首饰楼、大华烧锅等,都转为肥皂厂,一般的在产品质量上还很好,经营上也挺积极。自三月十六日大中银号复业以来,商人在资金周转上可活动多了。白敬宇眼药厂复业后,有好多远来商人来买药。除眼下计划复业的以外,还增添了肥皂厂、皮革厂、风弓制造厂三种行业,各行业共增加了51家,过去城里有好多闲房,现在都占满了。因为商户一天比一天增多,一般商户都掌握着看薄利多销货的劲头,这样又好销售,赚钱也不少,在交易额上较去年增加1/3。像务本号去年十月份每天卖20万,今年2月份每天卖到30万,定县城关的工商业,自纠正偏向后,已经有了新的气象。

(《冀中导报》,1948年4月10日,河北省档案馆)

(二)石家庄市工商业日益发展

本市工商业日益发展,新设厂店及家庭作坊和小商贩等数目激增。截止3月底止,全市已领取营业执照的大、小商户共达5921家,从业人员14016人。其中棉织、磨户、客店等61行,3018家,1048人,较之1月份的2769家,8852人,约增加11%;小商32行,共计2907户,3968人,较之1月份的2466户,3500人,约增加15%。2、3两月份新添铺号249户中,以客店、棉织、杂货等行增加最多;而小商摊贩和制造修理等行2、3两月新添437户中,则以土布业、制造火链、猪行等增加最多。

(《晋察冀日报》,1948年4月12日,河北省档案馆)

(三)纠正侵犯工商业错误后晋察冀工商业日益繁荣

晋察冀纠正侵犯工商业错误后,在民主政府大力扶植下,各地工商业日益繁荣。冀中定县市新增的工商业已达51户,驰名全国的白敬宇眼药厂及大中银号等,均已先后复业。该市每逢集日,四乡群众赶集者达20000余人。青××,自追还在土地改革中被侵犯的39家工商业户的货物工具后,新增工商业达55户,泊头市工商户在认识了工商业政策,解除了无谓顾虑之后,纷纷发展业务,边区银行发放工商贷款已达12亿元,超过去冬放出数4倍。该市某货栈一日成交达1亿5000万元,现该地正加紧筹备庙会。北岳浑源、繁峙、五台、定襄、井陉、获鹿、阜平、行唐等地侵犯工商业偏向,亦已先后纠正。现浑源城工商业已发展至1805户,超过日奸统治时期百倍,超过抗战前66%,满城某私营工厂由股金6万元,机器两架,工友四名,发展至股金5500万元,为前股额916倍,工友60余名,机器34架。

(《冀东日报》,1948年5月15日,河北省档案馆)

(四)土地法大纲颁布后,聊城增加一百多家店铺

去年复查时,聊城共斗了103家买卖,因此商人非常恐慌.不敢大胆营业,小商贩生活也很困难。土地法大纲颁布后,商人们听说保护工商业,开始放心了,有的集股作买卖,有的到济南去办货,现在全城已增加了一百多家买卖。……五月七日,东关大街的东春浴池退还了原主(王东来),消息很快就传遍了全市,商人们对保护工商业政策,更加相信了,被斗逃跑的工商业者陆续回来。据知道的已有13户被斗的工商户返回来。

(《工商业政策开始端正》,1948年5月28日,《冀鲁豫日报》,山东省图书馆)

(五)端正政策,濮阳城新增买卖四十六家

去年春天敌五军进犯后,因敌人造谣先后吓跑商人共2000多人,再加我们领导上政策观点模糊,把农村土改的一套办法硬搬到城市,一连清算了77家商号,不但使逃亡的商人不敢回城,连现有的买卖也不能再经营了,每天只弄点货应付门面,卖一点少一点,大都不再添货了。市面上非常冷清。

端正政策以来,新添买卖46家。加上土地法大纲公布后添的115家,共增加买卖161家,最近回来的商人200多人。有的已恢复营业,最近临清、开封等城的商人忙着找交易所代替他租房子,好到这里做买卖。

(《冀鲁豫日报》,1948年6月21日,山东省图书馆)

(六)长子等七县城镇退还工商业92家新开商号160座

自从纠偏以来,长子、高平、沁源、沁县、安泽、屯留、阳城等七个县,已经退补了92家工商业,有的退了东西,有的赔偿了钱,现在还在继续退补。这样商人对我们的政策相信了。

安泽县新开买卖,也增加了125家……。在府城和古县街上,去年有七家修铺房的,因为怕斗争,都吓得停了工。自从赔偿以来不只这七家的铺房都重新修成,而且又有12家新动工修理铺面。

(《新华日报》,1948年7月25日,太岳版,山西省档案馆)

(七)冀中九分区纠正被侵犯工商业1235家

最近各地经过整顿,偏向已有根本改善,侵犯私营工商业的现象早在今春已告停止,现在大部分均已纠正。据冀中九分区统计,被侵犯的工商业共1490家,至6月份上述这种侵犯已被纠正1235家,正在纠正的134家,还没纠正的只81家。工资制度的平均主义克服的更快,现在各工厂已普遍按生产技术高低、熟练程度评议工资。石家庄有些工厂并已采用交叉累进工资制,其它各地则多采用计件工资。非生产人员已大大裁减。据冀鲁豫各公营工厂统计,最近各厂实用工时已增加10%,生产效率提高10%到27%。

(《华北自工商会议后纠正偏向已获成绩》,1948年10月19日,《新华日报》太岳版,河北省档案馆)

(八)德州市纠正错误,工商业者情绪稳定,扩大营业

市委在检讨并开始纠正此侵犯工商业的错误政

策后,明确了发展工商业的具体方针政策,坚决保护民族工商业,地主、富农经营的工商业同样保护。群众对在城市已经经营工商业的地主、富农有所控诉,须经城市政府依法处理,纠正过去乱捕人的现象。对工资问题决定由双方自由洽商解决,不能解决时由政府调解,并指明商人有雇用或不雇员脚行之自由,不能强迫。为给工商业者来往之便利,对发通行证尽量简便,蒋管区往来之商旅,有铺保或联号即可。停止拆房屋。上述政策明确后,工商业者情绪稳定,顾虑减少,开始安心建设新门面,扩大营业,至4月20日、35天中,陆续增加了48家商号。逃亡天津、济南的商民先后回来营业,同津济间客商来往,也日渐增多。政府为便利商民货物交易,协同工商联合成立百货交易所,已于5月7日开业,过去错误没收之工商业正分别处理纠正中。

(《纠正错误,坚决保护工商业》,1948年6月1日,《大众日报》,山东省图书馆)

第二节　企业登记管理

一、登记机关

统制贸易的办法是根据敌后贸易政策"对外统治,对内自由"而制定的,所有一切进出境的货物一律需要向贸易局进行登记,并发给运输许可证后,才能自由运输出境或入境,这种登记是完全免费的。

(《冀鲁豫边区半年来财经工作的报告与总结》,1940年1月13日,山东省党史资料办公室)

第三条　烟厂作坊应按照规定填写登记表三份,备文呈请所在地抗日县政府登记之。

第四条　县政府接得登记申请书后,经查明所填登记表各项无误时,即予备案发给制烟许可证,然后呈报专署和实业处备查。

(《冀太区制烟登记暂行规则》,1941年4月7日,山西省档案馆)

第二条　凡本区商民皆须向所在地区公所履行登记。

第三条　区公所在接受商民之申请登记之日起于五日内将各种手续办理完毕。

(《晋冀鲁豫边区商人登记办法》,1941年7月1日,河南省档案馆)

凡本边区之工商业以营利为目的者,均需依照本办法随时向所在县之工商管理局申请登记领取营业证,凭证营业。凡依合作社条例规定所组织之合作社,亦得向所在县之工商管理局申请登记,领取合作社登记证,凭证营业。

(《晋冀鲁豫边区工商业登记领取营业证办法》,1943年3月18日,河南省档案馆)

凡请求登记之商人须向县工商管理局(简称县局)或其委托之机关请求发给商人登记申请书调查表保证书等,由该商人按照规定确实填写,并须觅具妥实保人或铺保在保证书上加盖印章,呈缴各该县局审核。请求登记。

敌占区商人应在经常营业地区之县局申请登记。并须觅具住在根据地之保人或铺保,其登记手续与根据地商人同。

(《冀鲁豫区工商业登记暂行办法公布》,1943年8月20日,山西省档案馆)

目前市场日渐繁荣,但因领导不强与某些地方的紊乱,在市场发现了市场商业地区上的集中与商人的居奇等倾向。为了加强商人的管理与市场的建设,决定商业行政统一由贸易局发证。

前发商人营业证作废,一律由贸易局发给。

(《晋冀鲁豫边府建设厅通令统一管理内地商业行政》,1943年5月1日,山西省档案馆)

边区一级要建立工商管理委员会,地方归分区管理委员会统一管理,开办商店须经委员会批准。

(《晋绥边区生产会议总结》,1946年2月4日,山西兴县档案馆)

二、任何机关部队生产均须与一般商号同样,向当地县市政府进行登记。否则不得营业,登记项目由各县市政府规定。

三、绝对禁止垄断市场,统购统销,破坏自己贸易的行为,违者依法惩处。

(冀鲁豫行署布告《关于公营商店机关生产商店经营范围等问题》,1946年5月14日,邯郸市档案馆)

工商业须于开业之二十日前填写申请书,向当地县(市)工商主管机关申请登记。经审查属实,发给营业证。方准经营。

但前项工商业如系公司经营,申请营业登记时,须经当地政府呈请行署(市)复核后,转请华北人民政府工商部核准。

(《华北区工商业申请营业登记暂行办法》,1948 年 12 月 18 日,河北省档案馆)

友邻解放区之间,互不设摊,一般不发营业证。必须设摊时应由行署或相当于行署之市政府批准,报告本部备案。

(《华北人民政府工商部关于执行华北区工商业申请营业登记暂行办法的指示》,1949 年 2 月 8 日,河北省档案馆)

根据"华北区对外贸易管理暂行办法"之规定(详见三月二十六日人民日报载),内地办理进出口商之一切登记,由华北委托之北平市工商局办理登记手续,发给营业执照,以便进行对外贸易。各地如有经营对外贸易之商人者,须以上述规定,经由县市以上政府介绍到冀中行政公署工商处,再转北平工商局进行登记办理手续。特此通知。

(《冀中行政公署关于办理出入口商登记手续的规定》,1949 年 3 月 25 日,河北省档案馆)

摊贩办理登记时,须先向本府工商局领取摊贩登记申请书,依式填写署名盖章,并送呈工商局审核批准后始得营业。

(《济南市摊贩登记暂行办法》,1949 年 6 月 1 日,《大众日报》,山东省档案馆)

为使烟酒商的管理步调一致,为便利产销,会后各种卷烟制造商贩,卖商及酒生产销商均应先到税务局办理手续(酒类商经由各省、市税务局报请华北税务总局批准开业后,再向工商部门办理开业登记及商标注册手续)。

(《华北人民政府工商部,华北税务局关于纸烟商,酒商登记管理的规定》,1949 年 8 月 20 日,河北省档案馆)

二、登记范围

本会为了调剂金融、流通货物和防范汉奸的活动,因此对于各种货物和商贩的出入必须加以节制,除已成立裕民公司外,凡在阜平以西,砂河以南,东冶以北的地区内的经商小贩都得领取本会印制的贸易证后,方准营业。

(《晋察冀边区行政委员会关于经商小贩领取贸易证的通知》,1938 年 5 月 4 日,河北档案馆)

凡本县各商店、合作社、摊贩等,须依限向所在县第三科登记具保,领取营业证,以凭营业(临时贩运者例外)。

上述商店,合作社应按月将营业情况,物价涨落等情形分别向所在县政府第三科及贸易局报告。

(《贸易暂行条例》,1940 年 12 月,《山东革命历史档案资料选编》第三辑,山东省)

第一条 凡属冀太区之制烟工厂和作坊,均应依本规则呈请登记。

第二条 本规则所称制烟,包括纸烟、旱烟、水烟等作坊。

(《冀太区制烟登记暂行规则》,1941 年 4 月 7 日,山西省档案馆)

凡本区之工厂作坊店铺行商及经营洋广杂货土产等之摊贩均须依本办法进行登记,不登记者不得营业。

(《冀鲁豫区工商业登记暂行办法》,1943 年 8 月 20 日,山西省档案馆)

凡公营商店私人营业群众合作社及机关部队之商业经营,均须依法进行登记,领取营业许可证,始得经营出入口贸易,外来商人亦须到工商管理局履行登记手续,始准进行物资交易。

(《渤海区出入口贸易统治暂行办法》,1944 年,山东省档案馆)

办理工商业注册与商人登记,未注册之商号或工厂与未登记的商人不许在根据地营业,敌区商人来我根据地经营工商业者,须向工商管理机关领取许可证方能营业,要求在三十三年一月内公布工商业注册与商人登记办法,即开始登记。

(《胶东行政主任公署关于四四年一至三月工

商管理工作指示》,山东省档案馆)

为加强牙纪教育与管理,消除牙行中营私舞弊不良行为,便于商业发展,决定全市各种牙纪(斗,秤、牲畜、菜等)自通告日起至十一月底止,均须到各所在地区公所登记,发给登记证后,方准营业,仰各行牙纪即到住在区进行登记为要。特此通告。

(《张家口市政府建设局关于各行牙纪进行登记的通告》,1945 年 11 月 15 日,《晋察冀日报》,河北省档案馆)

为了便于掌握了解本冀晋区机关部队商店设置与经营情况。决定凡本冀晋区分区以上之机关部队商店统归行署进行登记,领取营业执照;非本冀晋区在冀晋设置之机关部队商店仍在设置所在地政府领取营业执照。同时为了便利进行起见,随文附营业执照份,责成由专署代为办理。并于九月十五日前将已经登记,填发存根及未填发的营业证,全数送交本署为荷。

(冀晋行政公署《关于机关部队商店领取营业执照的通知》,1946 年 8 月 10 日,河北省档案馆)

第二条　凡欲办理出入口货物之商人,均须向当地政府申请登记,领取“出入口商人登记证”,方准办理出入口贸易。

第三条　出入口贸易之商人。均得持“出入口商人登记证”携同出入口货物,必经我缉私线之口境稽查机关查验。否则以走私论。

(《察哈尔省政府颁布贸汇管理办法》,1947 午 4 月 10 日,河北省档案馆)

凡在城镇及乡村以经营工商业为主要职业者,须向政府工商部门申请登记,除法律限制之营业外,政府工商部门应批准发给营业许可证,确认为合法经营。受法律之保证。乡村中以工商业为副业之农民,不必履行上述申请登记手续,但不得从事法律限制之营业。

(《华北工商会议工商政策草案》,1948 年,河南省档案馆)

凡于本市开设之公私商号(包括原有新开之公司、工厂、商店、银号、作坊等)以营利为目的。有固定地址者,须一律登记。流动摊贩与家庭副业,暂不登记,但有活动资金之家庭工业不在此限。

(《潍坊特别市政府布告》,1948 年 7 月,《新潍坊报》,第 86 期,山东省档案馆)

第一条　为促进生产,发展贸易,凡在本区设有固定厂址门市字号之工商业,除应领营业牌照之小艺匠小商贩外,均应依据本办法之规定,于申请登记后,受到合法保护。

第四条　凡在不同市区设立厂店者,除由总店向其所在地工商主管机关将总店与分厂店之前条事项申报外,其分厂店亦应向其所在地工商主管机关为同样之申请,并发给营业证。

总分厂店在同一市区者。由总厂店统一申请,分别发给营业证。

(《华北区工商业申请营业登记暂行办法》,1948 年 12 月 18 日,河北省档案馆)

(一)工商业户于呈请登记时,统按下列办法执行:

1. 有固定门面及字号之工商户,按其字号及经理人姓名登记填写领证。

2. 有固定门面而无字号经营微小之小工匠小商户,按业主姓名登记领证。

3. 无固定门市字号而经营较大之行商,必须按本办法进行登记领证,以便管理。

……

(三)机关商店不得新设,不再增发营业证,机关工厂商店应与私人工商业同样申请登记领证。

(四)国营工厂商店亦须申请登记领证,以便统计公私经济之比重。但工商局(科)只有根据申请发证之责,无审查批准之权。

(五)供销合作社须申请登记领证,申请后由县市供销总社审查之,经审查合格者,工商局(科)即发给营业证,视为合法供销社,工商部门对供销合作社之申请登记,无审查批准之权。

(《华北人民政府工商部关于执行华北区工商业申请营业登记暂行办法的指示》,1949 年 2 月 8 日,河北省档案馆)

开采事业,如煤、磺、矸、金、银、铜、铁、锡等矿,同样进行登记。凡领得营业证之工商业,其应有之权利,即应予以合法保护。

(《太岳行政公署指示重新颁发营业证》,1949

年 3 月 5 日,山西省档案馆)

凡各商贩如同时兼营烟类与酒类两种营业时,应分别领取牌照,否则不得兼营两业。

(《晋绥革命根据地工商税收史料汇编》,1949 年 4 月,山西省档案馆)

第二条 凡本市摊贩与棚户以及行商小贩(以下简称摊贩)悉依照本办法办理登记。

第三条 虽有固定铺房,但规模甚小,不属于工商业登记范围之煎饼铺、锅饼铺、茶炉、小绱鞋铺、土制卷烟(三盘机以下者)及街头巷尾之小铺,均须依照本办法办理登记。

第四条 夏季以背小箱贩卖冰及冰棍之幼童,可不登记。

(《济南市摊贩登记暂行办法》,1949 年 6 月 1 日,《大众日报》,山东省图书馆)

总之,无论大小摊贩,以及不属于工商业登记范围内之煎饼铺、茶炉、锅饼铺、小绱鞋铺等规模甚小之店铺,都得经过登记许可,不能例外。

(《为什么要整理摊贩和怎样进行整理》,1949 年 6 月 24 日,《大众日报》,山东省图书馆)

三、登记手续

第四条 商人登记时须呈交申请书及保状,由区公所负责,考核后发给营业证,并填具商人登记表三份。

第五条 商人登记表一份存区公所,一份呈县政府,一份呈县贸易局。

(《晋冀鲁豫边区商人登记办法》,1941 年 7 月 1 日,河南省档案馆)

私人商店及商贩均须有一定妥实之铺保,军营公营商店机关生产均须有其直辖上级之具保,并加盖公章及首长名章始得领取营业证。

(《晋冀鲁豫工商总局命令颁发营业许可证》,1942 年 5 日 12 日,河南省档案馆)

领取营业证,以下列手续办理之。

甲、领证之先,必须进行登记手续。

乙、工厂(场)坐商经营登记后,须觅取两家以上之殷实铺保,填具保证书,经审查后,发给营业证。

丙、作坊须有一家以上之殷实铺保或所在地村公所之正式证明,经审查后发给营业证。

丁、肩挑负贩及小摊贸易小组或手艺工人,须有本人所在地村公所之正式证明文件(盖有村公所公章及村长名章)及商联会之证明文件,经审查后,发给营业证。

戊、机关生产所经营之工商业,须有本机关之正式证明经审查后发给营业证。

(《晋冀鲁豫边区工商业登记领取营业证办法》,1943 年 3 月 18 日,河南省档案馆)

规定登记之商号,须通过该管街政府介绍,至市政府经建局领取登记申请书,备案登记表,附股东名册经理履历书及商号组织章则,并觅具两家铺保(营业范围较小之伙食铺、理发馆等,找一家铺保或连环保即可),向政府申请备案,经查属实,发给营业证明始为合法。同时,须将前蒋伪政权发给之营业许可证营业牌照,一并交市府缴销。今后一经登记之商号,因营业亏累,不能继续经营须歇业时,亦须经街政府介绍至市府经建局办理歇业手续方合法。

(《潍坊特别市政府布告》,1948 年 7 月《新潍坊报》第 86 期,山东省档案馆)

在申请登记时,为了保证申请登记者,切实遵守法令及营业范围,应有妥实铺保始得审查批准。

(《华北人民政府工商部关于执行华北区工商业申请营业登记暂行办法的指示》,1949 年 2 月 8 日,河北省档案馆)

四、登记内容

第三条 申请书须载明左列事项:

1. 名称;
2. 类别(独资、合伙、公司—有限、两合,股份两合,合作);
3. 地址;
4. 经理人;
5. 股东与股东会;
6. 制造或营业项目;

7. 创设年月。

(《华北区工商业申请营业登记暂行办法》,1948 年 12 月 18 日,河北省档案馆)

②登记中的重点问题:登记中着重工业。A、工业中着重固定资本(工厂房屋、机器设备、工人等,不强求流动资金)。B、商业方面,要求弄清营业范围、性质、固定资金,不强迫流动资金,以免恐慌,不生效果。C、在批准前,应将所有各行业,分别审核好,哪些要批准,哪些不批准,另外国营、合作,单独登记,由上级批准我们发证。

③要求济南、徐洲、潍坊,在六月底全部完成,德州新浦等九月底完成,其他重要市镇年底完成。

(《杨浩庐部长在省工商会议上的总结报告》,1949 年 4 月 21 日,山东省档案馆)

凡欲经营银钱行者,应于事先订立章程,填报下列各项,呈请当地政府转呈本府核准登记后,方得营业;

一、名称;

二、组织及地址;

三、资本总额;

四、业务范围及营业计划;

五、有限责任或无限责任;

六、发起人或经理人姓名籍贯简历。开业后补报股东名册及董监事经理姓名简历。

凡在本办法公布前已经营业的银行银号钱庄均须按照本规定重新登记呈请核准。

(《华北人民政府制定华北区私营银钱业管理暂行办法》,1949 年 5 月 7 日,《冀南日报》,河北省档案馆)

五、变更歇业登记

第五条 呈请登记后,附表所载事项。遇有变更时,应声述原因,重新造表三份,申请备案。

第六条 工厂作坊迁移时,除向所在地县政府报告并应向迁移地之抗日县政府依本规则第三条之规定,呈请登记,如有设立分厂者亦同。

第七条 制烟工厂或作坊休业时,应呈报县政府并缴还许可证,并由县政府转报专署及实业处。

(《冀太区制烟登记暂行规则》,1941 年 4 月 7 日,山西省档案馆)

商民变更营业或转移县境,均须向区分所呈请改换登记换发营业证,或注销前所颁布之营业证。

(《晋冀鲁豫边区商人登记办法》,1941 年 7 月 1 日,河南省档案馆)

经营工商业者,如因赔累或其他原因,不能继续营业时,须于停业前十天将停业事由随带领营业证,报给原发证机关核准,方得停业,但肩挑负贩小摊贩贸易小组或手艺工人得随时缴销营业证申请停业。

(《晋冀鲁豫边区工商业登记领取营业证办法》,1943 年 3 月 18 日,河南省档案馆)

未到举办营业登记时期,营业情形有变动或歇业时须随时呈报县市政府,缴销或换领营业牌照。

(《胶东区颁发营业牌照暨征收营业牌照税暂行条例草案》,1947 年,山东省档案馆)

因故歇业者,须于事前呈报工商主管机关批准,并缴销原证。

(《华北区工商业申请营业登记暂行办法》,1948 年 12 月 18 日,河北省档案馆)

对报请歇业者,亦须予以审查,了解其歇业原因,及歇业后如何处置失业工人、店员、学徒等问题。如因逃税或逃避资金隐藏敌产而报请歇业,作为对工人斗争,强迫工人服从资本家要求的手段,则不应予以批准。

(《华北人民政府工商部关于执行华北区工商业申请营业登记暂行办法的指示》,1949 年 2 月 8 日,河北省档案馆)

六、证照种类

营业证分甲乙两种:

甲、经营下列工业或手工业生产者,均须领取甲种营业证。

(1)占有一定场所集资募工或本人亦参加劳动之大小规模经营生产之工场(厂),或家庭手工业作坊。

(2)专以自己劳动工具,经营生产之手艺工人。

乙、经营下列商业者,得领取乙种营业证。

(1)占有一定场所,经营商业之坐商。

(2)随时流动无固定处所,专以经营商业为主,或靠以维生之肩挑小贩,及小摊或贸易小组。

(《晋冀鲁豫边区工商业登记领取营业证办法》,1943年3月18日,河南省档案馆)

营业许可证暂定为一种,在使用时,应根据商业性质之不同注明"坐商"、"行商"等字样以资区别。

(《冀鲁豫区工商业登记暂行办法》,1943年8月20日,山西省档案馆)

营业证种类及其用途:

共分甲、乙、合作、出入口等四种。其用途是:

一、凡属工业方面之工厂、作坊,不论公私性质,均填甲种营业证。

二、凡经营商业方面的货栈、商店、店房,不论公私、机关生产,发乙种营业证。

三、凡为群众生产服务并合于合作社条例之合作社,不脱离所辖地区范围之内,一律发给合作社营业证,如系脱离所辖范围其性质专为营利者,发给乙种营业证,如果不是群众性质的,没有政府审查备案,而挂着合作牌号者,一面发给乙种营业证,一面给他解释修改牌号。

四、为了便利出入口商人及增加我之输出,特制出入口营业证,是需出口商人的证明。对于专门办理出入口之专营商人,需配合公安机关严格审查,合格者发给出入口营业证,对经常办理出入口商人,持有出入口营业证时,只填写出入口凭单,不讨保人。如在内地经商者,仍必须领取乙种营业证,凡有乙种营业证亦可办理出入口证,但必须遵照出入口管理办法,审查讨保。

(《太行工商管理局关于换领营业证发出入口营业证的指示》,1947年1月28日,山西省档案馆)

普遍实行营业证,从重点做起,由城到镇,逐步由座商到摊贩,通过营业证予以合法保护,座商发营业证,小商发摊贩证,行商大的可发营业证,具体做法由冀中拟订管理办法公布实行。

(《冀中行署工商处工商领导与行政管理工作经验介绍》,1947年,河北省档案馆)

牌照与营业证之区别:(1)凡有固定营业门市之商户,均为坐商发给营业证;(2)经营较大但无门面之流动商人(如雇佣运输力进行运销者),为行商发给营业证;(3)凡无固定门面自己肩挑推车手提等,从事小本经营者为摊贩发给牌照。

(《华北人民政府工商部关于执行华北区工商业申请营业登记暂行办法的指示》,1949年2月8日,河北省档案馆)

七、证照有效期限

第六条营业登记有效期规定下列三种:

1.商号行店具有固定性者一年登记一次。

2.摊贩商民半年登记一次。

3.行商小贩每三个月登记一次。

第七条营业证有效期满,应即申请换发,有效期之延长最多不得过一个月,过期无效。

(《晋冀鲁豫边区商人登记办法》,1941年7月1日,河南省档案馆)

各种营业证依下列期限换领之,逾期不换领新证者,不得继续营业。

甲、工厂作坊,坐商每一年换领一次,于每年三月份内举行之。

乙、手艺工人及肩挑负贩小摊贸易小组,每半年换领一次,于每年三月及九月份内举行之。

(《晋冀鲁豫边区工商业登记领取营业证办法》,1943年3月18日,河南省档案馆)

工商业于发给营业证之日起,满六个月尚未开业,或因故停业满一年者,应撤销其登记,并追缴其营业证。

(《华北区工商业申请营业登记暂行办法》,1948年12月18日,河北省档案馆)

营业证的颁发暂定每年二月更换一次,临时申请开业者,得随时批准发证。

《华北人民政府工商部关于执行华北区工商业申请营业登记暂行办法的指示》,1949年2月8日,河北省档案馆)

摊贩营业证有效期间,定为半年。

（《济南市摊贩登记暂行办法》，1949年6月1日《大众日报》，山东省档案馆）

八、登记收费标准

营业证及各种表格之费用，可向商贩索取工料费，但至多不得超过一角。

（《晋冀鲁豫边区商人登记办法》，1941年7月1日，河南省档案馆）

营业者如将所领取之营业证丢失，或损坏时，应立即呈报局所作废，请领新证，并须交纳手续费洋1元。

（《晋西北行署修正营业税稽征暂行条例》，1941年12月20日，山西省档案馆）

办理登记手续除收取各种书证之工料费外，不收任何费用。

（《冀鲁豫区工商业登记暂行办法公布》，1943年8月20日，山西省档案馆）

办理登记时，除缴纳营业证明印刷费五百元外，别无任何使费。

（《潍坊特别市政府布告》，1948年7月《新潍坊报》第86期，山东省档案馆）

收发时每张营业证收工料费人民币五十元，此款按月填造"工料费收解月报表"与"证照消耗表"，逐级解缴本署，县市于每下月五日前发出，专署于每下月二十五日前综合造表连款送到本署。

（《太岳行政公署指示重新颁发营业证由》，1949年3月5日，山西省档案馆）

摊贩经营登记核准后，由本府工商局发给通知，凭通知缴纳登记证费，然后领取摊贩营业证，其登记费，资本不足万元（均以人民币为单位）者交五十元，资本在万元以上者交一百元。

（《济南市摊贩登记暂行办法》，1949年6日1日，《大众日报》，山东省档案馆）

九、发证步骤及方法

为保证一张营业证不落在特务汉奸手中，必须把换发营业证与工商业者的检查及教育工作相结合。为此，除依总局指示进行外，并作如下布置：

1.登记与领证分期举行。

第一期，先登记，登记与审查相结合。

登记时除按登记项目一一查填外，并作个别谈话，作到对每个商人的初步了解，将审查意见填入备注册内，经当地公安部门审查后，再讨保换领新证（此办法对外不宣布）。

第二期，换发新证，审查完后，即换发新证。发证与教育工作结合进行，发证时配合商联会，分期举行短期（三、五天）训练，不能训练时，分别做个别谈话，务使明了发证意义及应守规约等。

2.换发新证后，要定期和不定期的切实进行检查。

（《晋冀鲁豫边区工商管理总局关于二分区怎样掌握出入口和进行工商业登记的》，1944年4月3日，山西省档案馆）

在办理营业执照工作进行过程中，最好以行政区即一区公所所在地或以经济中心地区（较大集市）为单位，配合当地群众团体及行政机关召开商人座谈会（并可利用此会传达税则），令商人自行评议等类，领取营业执照，但我们所站同志须深入实际，亲手掌握免其自流。

办理营业执照主要作用是为了了解商业情况，财政意义不大，故在工作中应特别注意，每一个商号的商业种类，经营性质，营业状况，资本数额，力求详细正确，万不要马虎从事。

（《山东省工商总局关于迅速办理营业执照指示》，1945年4月，山东省档案馆）

发证工作的几项办法：

甲、成立审查委员会，通过当地之商会政权，工会合作及模范之商人或店员组成之，其任务：

一、广泛开展宣传教育工作，首先按街或类型分成小组召开各种会议，总结一年来业务，讨论今后发展方向，研究领证意义。

二、进行登记和审查工作，通过审查委员会将营业证及保证书发到小组，由他们自己填好，找妥保人后，首先经小组讨论，互相审查，然后按指定时间到工商局换营业证。

三、发证应注意要迅速，要分区分期分组或分类型有计划有组织的发给，不浪费民力，不拖延时间。到农村去发，克服上门发证，不来不发的自流现象。

乙、为了解工商业变动情况，发营业证后须经常检查或抽查。

（《太行工商管理局关于换领营业证发出入口营业证的指示》，1947年1月28日，山西省档案馆）

登记步骤：因此次系全市工厂、商号普遍登记，为避免紊乱，故决定以区为登记单位，按街道进行登记，首先办理东关市区，再依次办理县城区、南关市区、北关市区，最后办理坊子市区，待全市普遍登记完后，再有新开或歇业的商号经街府介绍，除坊子市区在该区政府办理登记外，市内四个区直接至市政府经建局工商科办理。

（《山东潍坊特别市政府布告》，1948年7月《新潍坊报》，山东潍坊市档案馆）

第三节　企业监督管理

一、监督管理内容

（一）证照管理

第九条　本办法施行后，新设之商行及商人均须于发给营业证后始得营业。

第十条　凡未持有营业证之商业及商人不得受政府对于商人之法律保护与便利。

（《晋冀鲁豫边区商人登记办法》，1941年7月1日，河南省档案馆）

工厂（场）作坊商号之营业证，须存于厂（场）内或营业处所，肩挑负贩小摊贸易小组及小手工艺工人之营业证须随时携带，以便检查。

（《晋冀鲁豫边区工商业登记领取营业证办法》，1943年3月18日，河南省档案馆）

查区工商字第一号指示，为了便利出入口之商输出，配合公安部门严格审查，较大专营办理出入口商品，特制发出入口营业证。并许其办理出入口时免于找保。业经指示在案，特再补充两点：

1.不是经常较大专营出入口商，可以不发出入口证。

2.边境地带之出入口贸易小组，有区村证明，即可免于找保，亦似不必发给出入口证，以免增加麻烦及失掉原制证精神。希注意掌握为要。

（《太行工商管理局关于出入口营业证发放的掌握》，1947年5月8日，山西省档案馆）

第九条　各厂商要妥为保藏其营业牌照免生损失，行商、摊商，须随时携带，以凭检查。

第十条　营业牌照如有遗失或污损，须即呈报原发机关备案缴销换领新牌照。（亦须缴纳牌照费）

（《胶东区颁发营业牌照暨征收营业牌照税暂行条例草案》，1947年，山东省档案馆）

营业管理与商户登记是一项工作，先实行登记管理，在管理的基础上实行商业证照管理。在此次工商税结束时，根据原计划完成登记作为这项工作基础，未作登记的，并在领发营业证工作中完成。

（《冀中行署工商处工商领导与行政管理工作经验介绍》，1947年，河北省档案馆）

摊贩应将营业证随时携带，以便检查，都要遵照管理办法做正当营业，如果违反规定，除不准营业外，还要受到处罚。

已经进行工商业登记有固定门面之工商业户，一概不准设摊，若有赶早市摆摊者，也要进行登记，领取早市摊贩营业证。

有些小贩，营业性质与摊贩不同，必须流动买卖，除了背小箱卖冰及冰棍的幼童不登记外，其余也要登记，由工商局发给一种流动营业证，这些小贩同样不准在主要街道、公园广场停留过久。

（《济南市摊贩登记管理的规定》，1949年6月1日，《大众日报》，山东省图书馆）

（二）行业管理

根据目前商业发展情形，私人经营之水烟作坊应加以限制兹规定：

（一）已设之水烟作坊领有营业证仍准继续经营。

（二）已设之水烟作坊停业后即不准再行经营。

（三）不再增设水烟作坊，营业证停止填发。

（四）水烟征税估价，须经常接近市价。

（《晋冀鲁豫工商总局命令私人水烟作坊停止

增设》,1943年12月15日,河南省档案馆)

设立屠杀场不是禁止贩卖肉食,对私人经营之肉食铺仍按规定一律均领取营业证。

(一)无营业证者,一律不准做肉食买卖。

(二)已领营业证者,到期不再填发。

(三)立刻停发肉食买卖之营业证。

(《晋冀鲁豫工商总局通令重要集镇建立屠宰场限制屠宰牲畜》,1943年12月20日,河南省档案馆)

准许私人经营银钱业,但必须加以管理,禁止其经营银钱业以外之业务。

(《公营私营关系问题(草案)关于国家银行与私营工商业的关系》,1948年,河北省档案馆)

金银首饰品业除出售制成品外,不得私相买卖金银,不得收兑金银首饰品,并应将所存材料、成品及每日成交情况,呈报当地中国人民银行。

(《华北区金银管理暂行办法》,1949年4月2日,河北省档案馆)

我们对于金银首饰业的方针,是淘汰取消的方针,因为该业现行业务多系倒卖黄金为主,制作首饰仅系装潢门面,而且该业不管现在或将来,对我经济建设均无益处。所以,该业将来也无前途。因此,现在无存在必要的地方,即设法劝导其转业。如像石家庄市即属此。如有些城市(像平津)一时尚不能全部做到转业,而又有少数人需要饰品者,应由银行设法筹设公私合办或完全公办金店,专作首饰,以较高价钱出售,这样既能解决一部分人的正当需要,又可藉此吸收一部分货币。对于私营饰品业的非法经营必须严加取缔。

(《华北区人民政府关于执行华北区金银管理办法的指示》,1949年5月3日,河北省档案馆)

代理业无论在城市与乡村市镇都很普遍,对城乡交易起很大作用,很多地区是控制了市场。中、小城市与乡村之代理业,则存在有严重的剥削与投机性。大城市之代理业投机性较大,它本是具有两面性的,起一定交易媒介作用,便利市场交易正是中间剥削,投机取巧行会把持,我们国营贸易与合作社尚未掌握整个商品流通过程,同时,我们正在大力组织城乡内外物资交流,因此,不能采取一律取消的政策。应当是限制其过高的中间剥削,投机倒把行会把持,发挥其便利城乡交易的作用,须要加强管理,不能放任不管。在管理中,最好能与交易所工作,交易代办工作结合起来。

(《山东省人民政府为加强工商行政工作给各地的指示》,1949年,山东省档案馆)

(三)经营范围管理

山东渤海区之现有违禁物品(即禁止出入口货)须依限登记拍卖,如有适当理由未能如期拍卖净者,须声请展限一次,但最多不能逾一月。

(《贸易暂行条例》,1940年12月,《山东革命历史档案资料选编》第三辑山东省)

在合作贸易上,绝对禁止贩卖违禁品和奢侈品,并保证交纳税收。同时不能和小商人争利,机关部队合作社只限于购买机关及部队人员战士需用品,其他开办油坊、磨坊及纺织厂等亦要统一办理,并确实要成为分散的群众性的生产,用生产的成品需要出售时,可交贸易局统一分配各合作社代售。

(《中共山东分局财委会给各财委会的工作指示》,1942年4月,《山东革命历史档案资料选编》第八辑,山东省)

(一)机关生产经营工业农业,对经济发展有利,应准许并帮助其经营与发展。

(二)机关经营商业,在抗日战争时期,对于补助供给与繁荣市场曾有一定的作用,但现在各个地区的经验证明他对于经济的发展利少害多,因此应当把机关商店合并于公营商业,目前有的地方现有的机关商店,应当合并起来,按照过去规定的公八私二分配利润原则,交给公营商店领导。

(三)为了供给工厂原料,推销工厂成品,机关所办的工厂得设立门市部或供销科一类的组织,但不得经营商业,成为变相的商店。为解决机关干部人员消费所设立的以机关人员为业务对象的消费合作社,应准许其存在。

(《华北工商会议公营私营关系问题〈草案〉》,1948年6月,河北省档案馆)

一、允许各机关组织本机关人力从事手工业农业生产，不得从事商业活动，不得雇用劳动进行生产。

二、在专署级以上较大机关中，准许举办有利于国计民生的工业，雇用工人进行工业生产，并允许设立推销本工厂生产成品，收购本工厂原料的工厂门市部，但不得从事其他商业活动（已成立之机关商店暂不取消）。

三、上述机关生产，凡遵守政府法令与国家贸易机关密切合作，在工商部门与国家贸易机关的指示下，共同反对私人资本中的投机操纵分子，扶植合作社者，应视为新民主主义性质的经营。

对上述的机关生产，银行可根据规章给予贷款，国家贸易机关应予以帮助，并应在可能范围内，委托其经营一定的业务（如委托收购某些物资、委托推销货物等）。

（《华北人民政府颁发机关生产决定不得从事商业活动投机谋利》，1949 年 2 月 5 日，《冀南日报》，河北省档案馆）

发给营业证后，应进行抽查，考查工商者，是否按登记批准之营业范围进行营业。如其经营与登记不符时，应加制止并予以适当之处分。

（《华北人民政府工商部关于执行华北区工商业申请营业登记暂行办法的指示》，1949 年 2 月 8 日，河北省档案馆）

第十条 各摊贩对于下列物品，禁止陈列售卖。

1. 腐败及不洁之饮食物品；
2. 有伤风化之书籍、图书、相片等；
3. 军械及危险物品；
4. 烟毒、赌博器具；
5. 其他违法禁售物品。

第十一条 摊贩不得收买来历不明之物品，或经营类似赌博之营业。

（《济南市摊贩管理办法》，1949 年 6 月 1 日，《大众日报》，山东省图书馆）

(四)经营场地与经营作风管理

第四条 有固定铺面之营业，一概不准设摊。

第五条 各摊贩须依照摊贩营业证所指定之地点设摊，不得随意迁移或游动贩卖。

第六条 摊贩所占面积，长度不得超过六市尺，宽不得超过三市尺。其设摊于集中地点者，若因遮蔽阴雨日光，准许临时搭棚，但须事先呈请本府建设局申核批准。

第七条 来往于主要街道、公园、广场之叫卖小贩，不得在上述地点停留过久（另有许可者〈如卖冰棍者〉例外）以免形成变相之设摊。

第十二条 摊贩不得投机倒把，欺行霸市，高抬物价，强买强卖，及其他不正当行为。

第十三条 带炉灶售卖食物与最易污秽街边之摊贩，应负清洁扫除之责，公安人员并得随时督饬清除之。

（《济南市摊贩管理办法》，1949 年 6 月 1 日，《大众日报》，山东省图书馆）

二、违章违法处理

(一)补领证照

自颁发营业许可证之工作结束后，贸易行政之中心工作为进行营业证之检查，如在检查过程中仍发现尚未领者，即根据不同情况分别处理，兹述如下：

一、因我工作未能深入乡村，使离市镇较远之商贩或荣誉军人，而经营商业者，因不了解政策及具体手续，得允由商联会之介绍或区公所之证明准予补领之。

二、小手工业者到市场出售其制品亦应由商联会介绍补领之。

三、如系农民出卖其土地所产之瓜果、蔬菜之临时商民免领。

四、如藐视法令、故意不领或经解释后仍然消极抵抗者，则应发动群众商人进行斗争，并以斗争来教育群众，然后由商联会保证补给之，在未领证前得停止营业。

补领手续与申请具领手续相同，但荣誉军人之保证人可由该区民负责。

（《晋冀鲁豫工商总局通令检查营业证及处理办法》，1942 年 8 月 26 日，河北省档案馆）

凡未经核准擅自开业者，应勒令其补行营业登记。

《华北区工商业申请营业登记暂行办法》，1948

年12月16日，河北省档案馆）

（二）罚金

凡逾限不领营业证者，第一次处以资本总值1%至3%罚金，并限令其补领，逾限而不请领者，停止其营业。

（《贸易暂行条例》，1940年12月，《山东革命历史档案馆资料选编》第三辑，山东省）

犯北岳区统一办理商人通行证手续暂行办法第七条与统一印发商人通行证办法第六项之罪者，根据刑法第二百一十二条规定（伪造、变造护照、旅券……相类之证书介绍书；足以损害公众或他人者，处一年以下有期徒刑、拘役或300元以下之罚金）之原则，决定以下列办法处罚之：

1.转借、借用或涂改通行执证者，处30元以下的罚金。

2.伪造通行执证者，处三百元以下之罚金。

3.前两项办法之处罚权属于县级以上的政府，但第一项处罚办法，县政府得授权于区公所代为处罚。

（晋察冀边区行政委员会《关于处罚违犯商人通行证手续的指示》，1942年11月6日，河北省档案馆）

营业证不得转让或借用，否则除将营业证撤销外，并科以5元以上12元以下之罚金。如有其他重大违法嫌疑者，并应送当地政府法办。

（《晋冀鲁豫边区工商业登记领取营业证办法》，1943年3月18日，河南省档案馆）

违犯本摊贩管理办法之规定者，得处以50元以上5000元以下之罚金，其情节重大者，并得停止其营业。

（《济南市摊贩管理办法》，1949年6月1日《大众日报》，山东省图书馆）

（三）停业与撤销证照

制烟工厂、作坊如有违犯政府法令政策时，县政府得停止该厂营业，并撤销其许可证。

（《冀太区制烟登记暂行规则》，1941年4月7日，山西省档案馆）

因受行政处分或经法院判决公告停止者，应追缴其营业证。

（《华北区工商业申请营业登记暂行办法》，1948年12月18日，河北省档案馆）

营业证不得转让、借用或涂改，违者予以半月以上两月以下之停业处分。

（《华北区工商业申请营业登记暂行办法》，1948年12月18日，河北省档案馆）

凡违背上述方针，不遵守政府法令，不服从工商部门与国家贸易机关的指导，在市场上进行投机操纵，甚至假借名义进行活动，或与私商勾结共同反对国家贸易机关与合作社者，他们的资本虽然是公家的，但他们的经营方法，则是旧资本主义的方法，是违反新民主主义经济建设的方针的，必须从经济上及行政上予以管制和打击，从劝告处分直到停止其营业。

（《华北人民政府颁发机关生产决定不得从事商业活动投机谋利》，1949年2月5日，《冀南日报》，河北省档案馆）

（四）行政、法律处罚

经营工商业者，如有拒绝领证或检查，及其他违法情事发生时，应分别予以暂停或停止营业之处分，情节重大者并送政府法办。

（《晋冀鲁豫边区工商业登记领取营业证办法》，1943年3月18日，河南省档案馆）

所有工商业主，不得无故关厂停业，拆毁机器，储藏物资或投机取巧，操纵市场，必须迅速复工生产，及设法开张营业，遵守法令，公平交易，以保证工商业之正常发展，维护工商权益；并规定凡有敌伪人员股份及藏有敌伪物资之工商户应立即向政府报告，以便分别处理，切实保护私人之合法营业。倘有违抗不报者，一经查出，当受法律处分。

（《石家庄市民主政府布告保护发展民族工商业》，1948年1月15日，《冀中导报》，河北省档案馆）

凡领取营业证前或已领之后，得照章处理外，如发现有意违犯法令政策，经查明确定，与来路不明，虚报不实者；均得拒绝发给或撤销其营业证，并按情节轻重,予以适当处分。

(《太岳行政公署指示重新领发营业证由》,1949年3月5日,山西省档案馆)

摊贩只准经营登记批准之营业,违者给以适当处分。

(《济南市摊贩管理办法》,1949年6月1日《大众日报》,山东省档案馆)

三、工商企业统计资料

冀中区各个时期合作社发展情形

	二十八年	二十九年	三十年	三十一年
社数	1200	4100	4400	1800
	72	20	52	92
社员	59000	490000	490000	190000
	397	8478	7947	855
股金(元)	96000	101	140	850000
	960	18490	29081	5359

(宋劭文:《晋察冀边区的经济建设》,1943年1月,河北省档案馆)

晋察冀边区部分县手工业统计资料

行业	户数	设备	工人数	资金	年产量
纺织厂	12	51台		30,382	毛巾5475打;洋袜58400双;布70840尺
油坊	195				229782斤
毛口袋	7				阜平一户产3000条
革柏厂	6				25500张
造纸厂	16	机器5台	8个厂	107300	办公纸492750张;麻纸69500刀
		池子45个	173人		
毛皮厂	5		53人	30200	
胰子厂	5				649700块
工具制造厂	8		98	94962	
水磨	41	41盘			
毛织业	12	42台	94	71500	

(《晋察冀边区手工业概况》,1943年11月20日,河北省档案馆)

1940年以前,晋西北没有什么工厂。1940年打退了国民党第一次反共高潮后,建立了根据地才能建立必要的工厂。当时计有军区修械厂,军区被服厂,西北纺织一厂和二厂,洪涛印刷厂,吕梁印刷厂6个工厂。全部工人不过500人。

根据地建立后,工厂设备日益增加,纺二厂,战斗厂,炸弹厂,工具厂等相继建立。11户公营工厂共计工人1580人。

1943年以后,煤、铁、硫磺、火硝等矿山地下开采出来了。军火弹药日用品源源不断地制造出来了,供给了军民的需要。

纺织业:据1945年底统计,边区产布达100万匹以上。19个县有纺织妇女13.1万余人,纺车9.2万余辆,布机6.6万余架,另有6个公营纺织厂,年产布5.4万余匹。

冶铁和铁工制造业:据临南、保德、阳曲等7个县的不完全统计,有铸铁炉37座,熟铁炉6座,1945年产生铁250万斤,熟铁25万斤,这些原料除大宗供给军工建设,制造地雷、手榴弹、步枪、掷弹筒等武器外,同时解决了广大农民的农具(犁、铧、镢、锹、锄等)、日用家具的困难。

煤炭工业:1941年边区有煤窑198座,产煤1.828余万斤,1945年增加到431座,产量增加到8.498余万斤。

造纸业:由文化教育的发展,造纸业也大量发展了,产量超过了战前水平。1941年产量15.8万余刀,1944年增至38.3万余刀。边区纸张不仅全部自给,且有10万刀出口。

磁器业:临南招贤,河曲地市,保德铁匠铺,陈家梁等四地,1944年开工的磁窑59座,产碗28.8万轴,磁器23.3万余件,除供给边区需要外,大量出口。临南县高长仁、高玉华二工人,并创造了磁扣子,解决了边区衣扣的需要,抵制了洋货。

榨油业:边区最大的副业生产自给外,大宗出口。可是在敌人炮火下都被摧残了,近年来有些好转,据1945年不完全统计,有662座油房开工产油478万余斤。

硫磺,火硝的生产,仅河曲、保德、偏关、临县四县,年产55万斤硫磺,共有硫磺矿36座。

制药工业:制出了许多西药代用品,如:菌蒲酊、杏仁水、小苏打、酶酸蛋白、肺血灵、硫酸钠、斯库太拉林、替阿林、麦精鱼肝油、淀粉、硼酸、硫酸锌以及各种中药药材等等。1945年制药厂工人造出1.4万余磅中西药品,部分解决了军民医药卫生运动中的困难。

染料:由于提倡种兰,采色叶熬炼成矾,各地染房随之复业,人民可以穿上自己染的各色布匹。

此外,制草、肥皂、牙粉、纸烟等也都在民间兴起,抵制了洋货。

(《晋西北公营工厂情况与工业建设》,1945年,山西省兴县档案馆)

1945年8月23日,八路军解放了张家口。日本法西斯政权被代以新民主主义政权,野蛮的经济统治被代以自由贸易政策,殖民地的经济性质变为新民主主义,工商业飞迅的发展起来。

发展最快的要算小摊小贩。仅河沿露天市场即达991家,估计全市可能有2万家。由于敌伪仓库的被抢,城市及周围乡村的需要,在大商人还狐疑观望之际,小摊贩勃然兴起,许多工人苦力也转营商业,形成盛极一时的群众交易运动。最初,市价甚不统一,以后,各人逐渐把自己内行的货物买到自己的摊上,价格渐稳,行业亦渐分明。其中以棉布为最多,占十分之四,次为估衣、杂货、鞋帽、瓷器、茶类、糖类、小吃等,各种日用品,应有尽有。据边区贸易公司估计,河沿露天市场可养活3万人。

有门面的工商业也飞快发展,截止10月20日止,已在市政府登记的新增户共284家(现在张市之坐铺工商业初步统计数字为2075家)其中皮毛各业共增161家,占新增数的百分之七十五,计有皮袭76家。皮革业62家,粗皮业20家,皮毛业3家。自由交易下生意兴隆。

(《张家口市工商业的今昔》,1945年11月22日,《晋察冀日报》,河北省档案馆)

甲、公营工业

(一)、历年来各类公营工厂及资金变化情况:

(1)厂数(见下页列表)

第四、初步地扶持了群众合作社事业的发展,全省共有3000多个合作社,社员70万人,资金3800万元。各地区已部分地转变了脱离群众的倾向,开始走向群众路线,为群众服务,帮助群众解决困难,如滨海区去年替穷苦社员解决棉衣,各地医药合作社替群众治病,渔盐合作社在春荒时为社员贷粮食,合作社兼营消费业务,廉价采办工具货物,在群众中的信仰已建立起来。

(黎玉:《山东对敌经济斗争的巨大胜利》,1946年4月,山东省档案馆)

1947年晋绥边区统矿厂有四十六个,工人669人,产量182500斤,河曲有火

类别	1940年	1941年	1942年	1943年	1944年	1945年
纺织厂	2	2	3(×)	1		
毛织厂	1	1	3(×)	3	2	
药厂	1	1	1(×)	1		
铁工厂	1	1	1(×)	1	1	
煤矿	2	2	1(×)	1		
纸厂	5	5	3(×)	3	5	5
炼铁厂	1	1				
纸厂	1	1	5(×)	6	6	4
皮革厂	1	1			1	
材料厂				1		
毛巾厂			1	1		
染织厂			1	1		
丝织厂					1	
犁面厂					1	
石印厂			1	1	1	1
化学厂			1(×)	1		
合计	15	15	21	21	18	10

(《太行区工业、手工业建设统计资料》,河南省档案馆)

龙75座，烟厂17个，工人197人，产量360万包，煤窑数：公营31个，私营一169个、公私合营26个，工人合作151个，共计758个，有工人26946人；全年产炭量总计109000万斤。炼铁厂计42个，工人399人；磁窑有118座，工人526人；油(坊)有761个，工人数不详；纸坊池有150个，工人468人，产量34.9180万刀。

煤业计划：总计原有煤窑247座，产量2.6383亿斤，新增窑29座，产量2425万5千斤，共计有煤窑276座，产量3.93085亿斤。

榨油业计划：总计有油坊四百七十五家，大小榨有七十七家，年产油籽二万七千九百六十八石一斗，年产量三千二百八十八万五千斤。

(《晋绥边区1947年工矿业发展情况统计概述》，1947年，山西省兴县档案馆)

战前我区城市共四十七个(计旧山东省二十九个、旧河南省十个、旧河北省五个、旧江苏省三个)大小集镇980个，其中以济宁、菏泽、聊城、濮阳、金乡、曹乡、东平、张秋等城镇为较大。济宁战前大小座商在4000家以上，有动力的工厂九家。……人口在十四万以上。菏泽战前大小座商约在400家以上、人口约在二万五千。道口镇大小座商在400家以上，人口二万以上。聊城战前坐商700家以上，人口三万，濮阳战前座商429家，人口近二万，张秋镇战前座商335家。

战前我区工业比较发达的是打蛋拷烟、火柴、榨油、酿酒。……

抗日时期大部城镇被敌占领，全区47座城，我占三座，至日本投降前我占九座，而且都非经济要地。

(《冀鲁豫区工商业情况》，1947年，山东省党史资料办公室)

泊头市的竹货业，是历史最长、户数最多的一种手工业。全市共五十六家，徒工近百人。其中专卖成品的一户，只销售原料的一户，制造成品的四十户，选筐子的十四户，他们从敌区或友区购买原料来，就能制出篮子、竹筛，簸箩、筐子、筷子、篓子、扫帚、帘子、锅筐子、提码和梳头筐子等十余种竹货。它的销路东至渤海边，南至东陵、惠民，西至辛集，北至沧县，周围达四百方里。

(赵俊义：《泊头市的竹货业》，1948年5月8日，《冀中导报》，河北省档案馆)

冀中工商业户统计表　1948年4月15日制

类别 / 数目 / 单位	城		镇		重点村		乡村		共计
	数目	工商户	数目	工商户	数目	工商户	数目	工商户	
八分区	7	1088					3415	20440	21578
九分区	12	3132	15	1224	72	1599	2578	21019	26974
十一分区	8	3367	50	3425	250	5608	1993	21923	34323
泊头区	1	1294							1294
辛集市	1	1487							1487
总计	29	10368	65	4649	322	7207	7986	63382	85656
说明	1.八分区内包括河间、任邱、文新、大城、交河、献县。 2.九分区内包括新乐、深泽、无极、定县、安国、安平、饶阳、肃宁、里县、高阳、安新、博野。 3.十一分区内包括束鹿、深县、藁城、栾城、赵县、晋县、武强、宁晋。 4.城镇是今年四月十四日征税时统计，乡村是去年六月统计，估计数字。								

(河北省档案馆)

濮阳工商业飞跃发展，市场日趋繁荣，截止六月份，已增添坐商一百一十一家，小摊商一百零三家，公营工厂一家，商店十六家，再加上原有的八百六十五家全城共有一千一百十二家了。

(《濮阳工商业飞跃发展》，1948年7月18日，山东省党史资料办公室)

全市原有私营工商业约计一万三千多家(据去冬十二月工商局调查各口、段店及小的铺面，家庭作坊未计在内)，解放前共分九十六个行业，其中三十多个行业是属于工商范围，计有工厂作坊二千多家，其余六十多个行业属于商业范围，计有一万一千多家，解放后，除个别的在战争遭受严重损失而未能复工外，其余全部复工，甚至有在解放前已停工半年多的，而解放后也复工了。最近，据工商登记委员会的统计，全市共有工商业户 13087 家（各口及段店和一些新设的尚未登记的小铺面未计在内）。

（《济南私营工商业略述》，1949 年 6 月 3 日，《大众日报》，山东省图书馆）

山东省私营工商业统计简表

一、山东省私营工业分类户数及职工人数统计简表

分类	户数	职工人数		
		职员	工人	合计
金属制品类	3196	2697	11465	14162
粮食加工食品类	5482	8483	9156	17639
纤维制品类	13371	11337	31367	42704
化工及日用电器品类	415	1142	3280	4422
印刷文教品类	913	1029	2525	3554
木材及日用器具类	1811	1223	4547	5770
建筑类	571	612	2142	2754
皮毛类	696	256	1209	1465
烟草类	1431	812	5233	6045
矿业类	170	1606	2330	3936
匠艺修理类	1373	430	2304	2734
清凉食品类	111	217	198	415
杂货类	376	709	2318	3027
总 计	29705	30334	77876	108210

二、山东省各主要城区私营工业动力设备统计简表

类别	动力数	
	台数	马力
金属制品类	697	3406
粮食加工类	957	7434
纤维制品类	1804	16036
日用化工电器类	178	1612
印刷文教品类	221	3332
建筑类	47	1047
皮毛类	10	85
烟草类	224	1184
清凉食品类	71	240
其他	198	7810
总计	4407	42186

注：动力系包括电动机、蒸汽机、瓦斯机、柴油机、发电机、火油机。

三、山东省私营商业分类户数统计简表

类别	现有户数
纤维制品类	221
食品类	9298
医药类	1791
文教品类	501
金属制品	1274
建筑材料	320
日用品类	9347
代理类	1559
银钱类	20
其他类	4333
总计	3,0639

说明

一、材料的来源：

此统计系根据各地在上半年的工商业普遍登记的数字，举办登记的地区及其调查时间如下：

1.济南　　1949 年 5 月

2.徐州　　1949 年 4 月

3.青岛　1949年8月

4.潍坊　1949年10月

5.烟台　1949年5月

6.德州　1949年7月

7.济宁　1949年10月

8.渤海　1949年8月

9.新海连区1949年9月(该区仅包括新浦、海州两地,缺连云港数字)

10.淄博1949年9月(该区仅博山、周村两地)

除以上城市外,本省鲁中南及胶东区重要城市均缺少,事实上到现在仍无具体的统计材料,只好从缺。

二、行业的划分:

各地划分之行业,大致尚属一致,仅有几个较小的行业略有混淆,如铜锡器,黑白铁器,合线等业。

三、关于纺纱业,因调查时间较早,在军管时期某些工厂为政府代管,尚未划归私营,故未计入。

四、工业方面的现在的产量数,系实开工产量数。

五、本材料系根据省工商部工商处工商登记数字。

六、本材料明细表中统计数字有个别数字遗漏与错误之处因无原材料校对,数未改正,特此附带注明。

(1949年,山东省档案馆)

冀中区制油、铁木、纺织、弹轧四个主要行业统计表

行业	户数	人数
铁木业	1869	6392
织布业	155894	190498
榨油业	3922	12239
轧花业	10626	17613

(《冀中行署工商处关于健全国民经济资料的报表制度的通知》,1949年7月11日,河北省档案馆)

冀中工业统计表

(10户工商业的村庄之统计)冀中工商处工业科1949年7月12日制

项目 类别	户数	性质		人数		成品数量	资金	备注
		公营	私营	职员	工人			
工业户	8993	63	8930	12343	10439		2630 765151元	人民币
商业户	38276	271	38005	71034	71034		1293 527522元	

(《冀中行署工商处关于健全国民经济资料的表报制度的通知》,1949年7月11日,河北省档案馆)

第四节　工商联合会

一、性质

城市的最高政权是人民代表会,在人民代表会中,商人应选举代表参加,工商联合会只是工商业的职业组织,不是政权,把工商联合会变成城市工商业者的政权,是错误的,因此,不应该,也不可能实现所谓"商民分治"。但有关工商业负担问题,通过商会进行评议及分配是可以的。

(《华北工商会议工商政策草案》,1948年6月,河南省档案馆)

二、任务

一、组织广大商民群众(一般手工业在内),展开对敌经济斗争,完成抗战建国大业。

二、加强商人教育,提高商人认识,培养新民主主义经济下的新商人。

三、彻底执行政府法令,响应政府号召,完成经济建设中的各种工作。

四、扶持肩挑小贩及手工业者,发展正规工商业,繁荣根据地市场。

五、发展商民互助合作,提倡公私兼顾,发展合作经济,克服自私自利现象。

六、发展运输,调剂有无,组织出口贸易保证军用民需。

七、平稳物价稳定金融,取缔囤积居奇及投机取巧,发展根据地生产。

八、团结敌占区人民摆脱敌伪压榨,吸引向内地投资经营工商业一致对外。

(《晋冀鲁豫工商总局关于商联会工作的指示》,1945年1月27日,河南省档案馆)

组织商人、改造商人、团结商人做得不够。在对敌斗争中,没有组织使用商人与群众的力量,脱离群众相当严重,造成大小商人与我对立,有的干部,从思想上认为商人都是奸商。不错,商人是自私自利的,但如果我们能耐心的教育,他们是能为对敌斗争服务的。

注意创造与培养新商人是不够的,过去我们曾称商人为奸商这是不对的。固然商人唯利是图,不分敌我,有空就钻,但我们的责任应是教育他们,改造其不正确的一面,发展其对敌斗争的一面,使他们为抗战与广大群众服务,培养他们成为新型的商人,成为新民主主义的商人,这是非常重要的问题,过去我们不知哪些商人是进步的?哪些是落后的?我们的商人登记,就是为了达到了解、改造、组织、使用的目的,今后必须重视这一工作。

(《胶东区四四年工商工作总结》,1945 年 12 月,山东省档案馆)

工商联合会的任务有四:一是把工商业者的意见要求集中起来,提供政府采择,解决其困难问题。二是把政府的法令传达下去,帮助政府检查检举违法事项,协助政府办理工商征税事项,公益事项。三是调整工商业者之间的争议事项。四是协同工会调解劳资纠纷事项,如调解不成,由政府仲裁之。

(《华北工商会议工商政策草案》,1948 年 6 月,河南省档案馆)

三、组织形式

一、为团结全体商民(一般手工业者,可自愿参加),坚持抗战建国事业,特组织各级商人救国联合会(以下简称商联会)。

二、本区工商业者无论行商座商摊贩以及工厂作坊之厂主坊主等,均得以个人资格,自愿原则参加商联会为商联会会员。

三、各级合作社,机关经营部门,及公营事业亦得参加商联会,为商联会团体会员。

四、各级商联会,为会议便利,得依下列规定编制并按期召集会议。

甲、会员在 5 人以上至 10 人,可编成小组。集中市镇以经营性质划分,零散者以居住区划分,组设组长。

乙、一村会员在两组以上,或附近数自然村,每村会员,不超过一组,为召集便利得联合设立中心小组及中心小组长。

丙、五组以上,得联合成立分会,设干事一人。

丁、各分会得由各集镇商联会,分区领导之。

戊、各县得依托主要集镇商联会,组成县商联会,一月开会一次。

己、各分区得各依据主要县商联会,组成分区商联会,3 月开会一次。

庚、分区商联会,联合组成太行区总商联会,半年开会一次。

五、各级商联会的名称,依下列规定:

甲、集镇,名曰××镇(村)商人救国联合会。

乙、县名曰××县商人救国联合会。

丙、各分区,名曰太行区商人救国联合第×分会。

丁、总会名曰太行区商人联合救国总会。

六、各级组织,均依民主选举产生,一年改选一次,商人代表大会为最高权力机关,代表大会闭幕期间,商联总会为最高权力机关。

七、各级组织及分工如下:

甲、各级商联会设主席、组织、宣传,分担各种工作。

乙、主席负商联会全面工作,领导推动之责。

丙、组织委员,负责登记审查会员组织及武装工作。

丁、宣传委员,负责会员之教育及工作之统计调查,情报之搜集,编撰等工作。

八、各组商联会委员人数如下:

甲、镇(村)商联会由执行委员 3 人至 5 人组成,内推常务委员 3 人。

乙、县商联会,由执行委员 5 人至 7 人组成,内推常务委员 3 人。

丙、分会由执行委员 5 人至 9 人组成,内推常务委员 3 人。

丁、总会由执行委员 11 人组成,内推常务委员 3 人。

戊、为工作便利,各下级商联会之常务主席,即为各上级商联会之执行委员。

九、各级干部,以不脱离生产为原则。

十、各级商联会办公费用,尽量做到自力更生,开支力求节省,或由会费内开支。为加强商民组织观念,规定会员有交纳会费之义务,多少不限。

(《晋冀鲁豫工商总局关于商联会工作的指示》,1945 年 1 月 27 日,河南省档案馆)

(3)行业公会即工商联合会。以工商业户为单位参加,凡属工商户都可参加各该行业的公会(不愿参加者,不得强迫),各行会都可参加工商联合会(不愿参加者,不得强迫)。公营企业,应当参加工商联合会及行业公会,公营企业参加之目的,是为了与私人工商业者合作,帮助他们发展,共同发展经济,繁荣市场,帮助他们克服过去行会的封建制度。公营企业在工商联合会及行业公会中应当成为遵守政策法令的模范,并积极起带头作用。

(4)过去有些地方对工商联合会采取"依靠小商、团结中商、孤立大商"的方针是错误的。工商联合会在选举上,以各行业为单位产生委员会为宜,有委员会再选举常委办理日常事务。工商联合会由政府工商部门领导。

(《华北工商会议工商政策草案》,1948 年 6 月,河南省档案馆)

凡经备案之工商业者,有组织或参加工商业联合会或商会之自由,但须向当地政府登记备案。

(华北工商会议:《保护工商业条例草案》,1948 年 6 月,山西省档案馆)

行业划分,则由各行业成立同业公会筹备委员会,由筹委会用民主方式,选出代表,成立正式同业公会,由同业公会再推选工商联合会委员候选人,正式成立工商联合会。

(《唐山市筹组工商业联合会》,1949 年 7 月 10 日,《冀东日报》,河北省档案馆)

四、作用

实行商业登记,组织商人救国会,以公营团结私营商店和小贩,以内地商店小贩团结外边商人小贩,这样把内外商人团结起来,从掌握人上来掌握物。

(《晋察冀边区 1942 年贸易工作总结报告》,1943 年 3 月,河北省档案馆)

指导商人建立商会,健全已有商会,教育商人,提高商人的政治地位,大胆地团结商人,鼓励根据地内外商人出资经营工商业,政府要确实予以协助与保护,须知根据地的经济建设如没有无数商人资本的参加是不可能的,既要人家投资就要人家赚钱,商人多赚了钱,就是多增加了根据地财富,过去狭隘的态度必须打破。

(《胶东行政公署关于四四年一至三月工商管理工作指示》,1944 年 4 月,山东省档案馆)

各业商民自由自愿组织各业联合会。各业联合会成立后,可用民主选举方式,成立总商会,并由各业联合会就各业性质与便利发展之原则自行拟定规章,共同遵守。各业联合会及总商会成立后,应即向本府登记备案,受建设局工商科之帮助与指导。

(《张家口市政府关于组织各业联合会总商会的布告》,1945 年 10 月 14 日,《晋察冀日报》,河北省档案馆)

工商联合会是沟通政府与工商业者之间的桥梁,他是各行业公会的联合组织,代表他们的职业利益。行业公会准许存在,不过应取消行业公会中的封建统治部分,如同行议价制度,禁止跳行,规定对新开业的限制等。教育其互相交换经验,改进生产技术,互相帮助解决困难。

(《华北工商会议工商政策草案》,1948 年 6 月,河北省档案馆)

小商联合会,得协助税务机关随时了解各商贩之经营情况,已超出牌照税之范围者,得撤销其牌照,征收其工商所得税。

(《华北人民政府制定华北区营业牌照税暂行办法(草案)》,1949 年 4 月 15 日,河北省档案馆)

……唐山市临时商会,在某些方面,起了它一定的作用,但仅仅是作到帮助政府解决了些行政上的困难,如协助政府摊派战勤分配税款等。讲到如何真正地使唐山的工商业者走向发展繁荣的道路,帮助工商业者解决实际问题,则新的群众性的工商业联合会的组织甚为必要。但工商业的基础是奠定在各行业同业会的健全上的。首先,我们必须把行业划分清楚,才能有真正的为自己行业努力的同业公会。

(《唐山市划分行业组织工商业联合会》,1949 年 7 月 10 日,《冀东日报》,河北省档案馆)

第五章　商标管理

第一节　商标注册规定

一、注册机关

第三条内之各级政府，就是各级工商局，按其产销情形，出县营业者由县局登记，转请分局批准注册，如出该市或分区营业者，由市或分局进行审查登记，转请区局批准注册。

（《太行区工商管理局关于对商标注册办法的几点补充意见说明》，1946 年 6 月 27 日，山西省档案馆）

各地公私工矿业生产品之商标，应由各省工矿转报边委会工商处注册。

（《晋察冀边区行政委员会关于各级工商部门职权范围的决定》，1946 年 7 月 15 日，河北省档案馆）

凡制定商标牌号登记时，须按其产销情形，分别向各级政府登记，凡在一县市境内销售，在市县政府登记。产量较大出县营业者由县或市政府转请行署批准登记。行销全边区甚至出境行销者，由县或市政府转请边府批准注册。

（《晋冀鲁豫边区商标注册办法》，1946 年 8 月 29 日，山西省档案馆）

希各制造厂户遵照登记注册手续，向就地工商机关进行商标登记注册，领取登记注册证，以资保护为要。

（《山东省渤海工商局商标登记注册暂行办法》，1947 年 2 月 11 日，《渤海日报》，山东省图书馆）

商标注册核准，核驳之权属本府工商部。但因战争环境，地区辽阔，为便利商民起见，呈请商标注册者，得向各行署工商处或相当于行署之市工商局呈请，经审查认为合法后，以审定书通知呈请人，并报告本府工商部，核准者按第九条之规定办理。

（《华北人民政府颁布华北区商标注册办法》，1949 年 6 月 11 日，河北省档案馆）

二、注册范围

（一）强制注册

五、各特许私营纸烟厂之商标须事先向工商局办理登记。

（《晋冀鲁豫边府建设厅通令纸烟专卖实施办法》，1942 年 2 月 13 日，河北省档案馆）

有商标牌号之产品必须登记注册。如纸烟、肥皂、机制工具、小型机器——如弹花机、锄头等。

（《太行区工商管理局关于对商标注册办法的几点补充意见说明》，1946 年 6 月 27 日，山西省档案馆）

凡在渤海区内所制造之工业品及有商标等土产皆应登记注册，以资保护其发展。

（《山东省渤海工商局商标登记注册暂行办法》，1947 年 2 月 11 日，《渤海日报》，山东省图书馆）

第二条　凡我区生产、制造、加工、拣选、整装之商品，均得使用一定之商标。

第三条　凡现已使用商标或未使用商标之商品，均得于本办法公布后两个月内向所在地县政府呈请注册，新经营之商品商标，得于出售前呈请注册。

（《冀东行政公署商标注册暂行办法》，1947 年 9 月 28 日，河北省档案馆）

三分区各市镇发现纸烟牌号很乱，土产烟与外来烟不易识别，有的奸商冒充牌号，卷茄子叶、树叶制造假烟。为了保证土产纸烟，严禁外来烟，三专署于十月二十日给各县政府发出通知，对纸烟牌号严加管理,纸烟牌号应向政府备案登记,证明产地。如到他地销售,可向税务机关领取土产证,即可畅行无阻,如有假冒牌号或贩运外来烟冒充土产者,一经查出,除没收外,并给以处分。

(《三专署发出通知管理纸烟牌号》,1947年11月4日,《晋绥日报》,山西省兴县档案馆)

(二)自愿注册

为奖励工艺生产,凡工艺制造品使用之牌号,经制造人依本办法申请登记后,政府予以保护。

(《晋察冀边区商品牌号专用登记办法》,1944午5月25日,河北省档案馆)

我们认为这样做范围太大,因这一工作没有经验,应该是有重点放在了解工厂产品销路,保护其合法利益,有商标者进行登记注册。对家庭副业,如竹篮、箩头、布匹、粗制毛巾、袜子没有制定商标牌号之产品,不强调它制定商标牌号。

(《太行区工商管理局关于对商标注册办法的几点补充意见说明》,1946年6月27日,山西省档案馆)

凡本区工厂生产之产品以及商号加工、拣选、批售之商品,欲专用商标者,应以本办法呈请注册。

(《华北人民政府颁布华北区商标注册办法》,1949年6月11日,河北省档案馆)

三、注册资格

第二条 内之规定,凡经政府许可之公私企业、制造业工厂、作坊、家庭副业,不论其为机器业或手工业,凡领有甲种营业证者,其所产之制品,均应制定商标牌号,申请政府备案,以资保护。

(《太行区工商管理局关于对商标注册办法的几点补充意见说明》,1946年6月27日,山西省档案馆)

为便于我区各种工业制品与舶来品之识别与管理,凡经政府许可经营之公私企业制造品工厂、作坊、家庭副业,不论其为机器工业或手工业,凡领有甲种营业证者,其所产之制品均应制定商标牌号,申请政府注册备案以资保护。

(《晋冀鲁豫边区商标注册办法》,1946年8月29日,山西省档案馆)

未取得营业证之商人,不得为商标注册之呈请。如以成药呈请商标注册,须再附当地卫生行政机关之化验许可证。

(《华北人民政府颁布华北区商标注册办法》,1949年6月11日,河北省档案馆)

四、注册手续

申请人(或机关)须将商品种类、牌号、名称与图样、销售方地区及申请人姓名、住址、职业(如系机关即注明机关名称)写一申请书,向所在地县政府申请登记。县政府接到申请书后,经审查合格后即可发给登记证,申请人即取得牌号专用权。

(《晋察冀边区商品牌号专用登记办法》,1944年5月25日,河北省档案馆)

第四条 呈请商标注册时,应填具呈请书,说明产品特点,产销区域等,签名盖章,附呈甲种营业证,并将所拟定商标颜色、牌号、字样、图样及货样检送二份经政府审查核准登记后始准依牌制造,并发予注册证件。

第五条 凡在颁发商标注册之牌号,依前项规定程序,进行登记核准后,并将商标样式,呈送第三条内规定之各级政府五份备查,凡新创设或增设之牌名,除依前项规定程序办理外,并将商标样式呈送第三条内规定之各级政府五份备查。

(《晋冀鲁豫边区商标注册办法》,1946年8月29日,山西省档案馆)

凡申请登记注册之商标,应按下列手续进行:

一、填报商标登记表内容:

1. 工厂名称;
2. 经理或创造人姓名;
3. 工厂住址;
4. 成品包装法;
5. 资本数目;
6. 每月生产量;
7. 商标名称及图样二份;
8. 营业日期。

(《山东省渤海工商局商标登记注册暂行办法》,1947年2月11日,《渤海日报》,山东省图书

馆）

呈请人于呈请商标注册时，需将姓名、年龄、籍贯、住址、商标图形及使用于何种商品等情形详细注明，并附商品样式一份及商标式样五份备查。

（《冀东行政公署商标注册暂行办法》，1947年9月28日，河北省档案馆）

第二条　商标使用人欲为商标法第二条之规定呈请注册时，应缮具申请书2份，详载商品种类、商品名称、商标图样特征、经营人住址等。并附呈商标图样10份、印版一枚。

第三条　申请书由工商部统一制定样式，各行署工商处及市工商局依式印制，随商人之需要领填。

第四条　呈请注册时须附送货样五份，货样以最小之封装为限，其不便搬运之笨重商品，可以模型或照片代替之，工商部认为必要时，得令申请人为制造过程之详细说明。

（《华北人民政府颁布华北区商标注册办法施行细则》，1949年6月11日，河北省档案馆）

（一）申请书，依施行细则第二条规定，每一商标须填具申请书2份，应令申请人就实际情况妥慎填写，切勿误混，如工厂设备，产品种类及原料来源各栏，含有调查性质者，尤须据实填报。申请人如系普通商号，应由商号主人或合伙人具名，加盖印章，并于申请人右旁，盖厂号戳记。

（三）商标图样，实际使用彩色者，应送彩色图样10份，如用墨色，则送墨色图样10份（以2份留处局），图样最大不得超过13公分。如图样中印有商号名称，应与申请之商号名称相符。

（四）商标印板，每一商标应附与图样完全相符之印板一枚，其“长”、“宽”不得超过8公分，以花纹清晰，适合印板为度。如申请人当地无制板处所，得托由本部代制，但代垫制板费，应于接到通知后，从速照数催交，汇还本部。

（五）货样，依施行细则第四条规定，“货样以最小之封装为限，其不便搬运之笨重商品，可以模型或照片代替之”，已予各处局斟酌办理之余地。除机器一类笨重物品，以模型或照片代替外，再如自行车内外带等现值较贵者，亦得减送为2份（1份留处局），仍以避免照片代替为宜。

（《华北人民政府工商部商标注册应行注意事项》，1949年，河北省档案馆）

五、审定程序

（一）内容审定

第八条　二种商标牌号，近似或相同之字样牌号，各别呈请注册时，准先呈请者使用，予以登记，其同时呈请者得批准一方，令另一方更改后再来登记。

（《晋冀鲁豫边区商标注册办法》，1946年8月29日，山西省档案馆）

若申请注册之商标，与其他商标相同者，得令其另行制订之。

（《山东省渤海工商局商标登记注册暂行办法》，1947年2月11日，《渤海日报》，山东省图书馆）

凡呈请注册之商标与下列各款之一相同者，得令其更换之。

（一）与他人已注册之商标相同或近似者。

（二）与顽区商品使用之商标相同或近似者。

第六条　为便于向敌区推销而制定特种商标者亦得呈请核准，并不得使用此种商标在内地销售。

（《冀东行政公署商标注册暂行办法》，1947年9月28日，河北省档案馆）

相同或近似商标用于同一商品有二人以上呈请注册者，或用一名称标志各异者，应准许最先呈请者注册。

（《华北人民政府颁布华北区商标注册办法》，1949年6月11日，河北省档案馆）

（一）申请手续完备后，始进行审查商标是否合法。在现行商标注册办法内，固未明文规定是不得作为商标注册之事项，但举其大者，如国旗、军旗、党旗、领袖肖像及红十字章等，均不准许。其次则为图样相同近似，或商标名称相同，或其文字读音相同，亦须注意。

（二）申请日期，依注册办法第十一条规定，

"相同或近似商标用于同一商品有二人以上呈请注册者,或同一名称标志各异者,应准先呈请者注册",所以呈请之先后,关系甚巨,兹规定以申请书所填呈递日期为准。但无预先填就,并非呈递之日,各处局收文时须注意改正。

(《华北人民政府工商部商标注册应行注意事项》,1949 年,河北省档案馆)

(二)审定公告

1. 批准注册时,将该注册之商标,检一份贴在注册证上,并加盖图章,样式附后,希各级局按样式大小自刻。

(《太行区工商管理局关于对商标注册办法的几点补充意见说明》,1946 年 6 月 27 日,山西省档案馆)

县政府除将核准注册之商标登记外,得将商标之必要事项于适当报章或刊物上公告之(目前以经济有关刊物、贸易简讯及冀东日报为宜)。

(《冀东行政公署商标注册暂行办法》,1947 年 9 月 28 日,河北省档案馆)

第九条 呈请专用之商标经备查认为合法者,除以审定书通知呈请人外,应先刊载于商标公报,俟满二个月,别无利害关系人之异议或经辨明其异议始行注册。

第十条 经审定公告期满后,核准注册之商标利害关系人如认为有影射其注册商标情事者,得向工商部请求评定。

(《华北人民政府颁布华北区商标注册办法》,1949 年 6 月 11 日,河北省档案馆)

凡经注册之商标,发给注册证。

(《华北人民政府颁布华北区商标注册办法》,1949 年 6 月 11 日,河北省档案馆)

(一)经公告期满后核准注册之商标,原转处局接到注册证时,应将注册号数,专用年限,填注登记簿内,嗣后遇有变更或涂销事项,随时记载。

(二)审定合法者,各处局除专报本部外,须自备一登记簿,依商品类别而分,为审查时核对之用。同时详载商号名称、呈请人姓名、住址、商标名称、使用商品等项,并粘贴图样,以便查考。

(三)各处局系属初步审查,最后核准核驳之权,属于本部。但既由各处局发给审定书,我们认为审定书内除载明商标名称及专用商品外,似应再贴图样,以资识别,而免错乱。如图样尺寸较大,可贴审定书背面在骑缝处盖章。

(四)经本部核驳之商标,各处局接到通知后,应饬缴还原审定书,并于登记簿内注销,以照慎重。

(《华北人民政府工商部商标注册应行注意事项》,1949 年,河北省档案馆)

(三)异议评定

四、异议:

(一)审定商标在登载商标公报两个月公告期间内,利害关系人如认为是项商标与其本人所申请注册或经审定或已注册之商标,发生相同近似之事情(包括名称相同,得声述理由,提出异议,呈由各处局转部核办)。

(二)如在公告两个月以后,利害关系人,始发觉有相同近似情事,不得提出异议,但可进行申请评定之程序。

五、评定

(一)凡经审定公告期满或已经核准注册之商标,利害关系人认为是项商标与其本人业经注册之商标,发生相同近似情事,得声述理由,请求评定,呈由各处局转部核办。

(二)经过异议决定之注册商标,对手人不得就同一事实同一理由、再请求评定。

(《华北人民政府工商部商标注册应行注意事项》,1949 年,河北省档案馆)

六、注册商标

(一)专用权

专用权遭受损害时,专用权人得向县政府提起诉讼,县政府按损害大小,令侵权人为一定之赔偿,赔偿价额不得超过损害价额之三倍。

(《晋察冀边区商品牌号专用登记办法》,1944 年 5 月 25 日,河北省档案馆)

第六条 凡经政府审查核准注册之商标牌号,政府依法保障其商标专利权。

第七条 凡已注册商标之产品,进行出口业务时,得享有国家银行外汇贴现及减免或免除出口税额之优待。

(《晋冀鲁豫边区商标注册办法》,1946 年 8 月 29 日,山西省档案馆)

若假造冒用注册商标,经原注册人告发,或其他人发觉,除赔偿原注册人所受损失外,应受政府之法律制裁。

经检查核准发给登记注册证及在商标上印制注册之号码后,则享受政府之法律保护。任何人不得仿造和冒用。

(《山东省渤海工商局商标登记注册暂行办法》,1947 年 2 月 11 日,《渤海日报》,山东省图书馆)

商标自注册之日起即取得商标专用权。

(《冀东行政公署商标注册暂行方法》,1947 年 9 月 28 日,河北省档案馆)

(二)有效期限

第三条　商标自注册之日起,由注册人取得商标专用权。商标专用权,以呈准注册之图样及其所指定之商品为限。

第四条　商标专用期间,自注册之日起以 20 年为限。前项之专用期间,得以本办法之规定,呈请续展,但每次仍在 20 年为限。

(《华北人民政府颁布华北区商标注册办法》,1949 年 6 月 11 日,河北省档案馆)

(三)转让注册

商标颜色、牌号经登记后,所发生之权利,如转让其他人时,须呈请第三条内规定之各级政府将商标所有人之姓名及其营业证号数作更正登记。

(《晋冀鲁豫边区商标注册办法》,1946 年 8 月 29 日,山西省档案馆)

商标登记,不得转借他人,违者以违法论,若有遗失,得觅保申请缴费补领。

(《山东省渤海工商局商标登记注册暂行办法》,1947 年 2 月 11 日,《渤海日报》,山东省图书馆)

商标专用权得与其营业一并移转他人,并得随使用该商标之商品,分别移转。

(《华北人民政府颁布华北区商标注册办法》,1949 年 6 月 11 日,河北省档案馆)

依商标法第五条因让与或其他事由而呈请移转时,应由关系人连署并附原注册证及移转字据,继承者须附呈合法继承之证明字据及原注册证。

(《华北人民政府颁布华北区商标注册办法施行细则》,1949 年 6 月 11 日,河北省档案馆)

商标专用权之移转或抵押,须即时申报主管机关,连同原注册证转报本部,经核准后,于原证上注明移转或抵押事项,发还申请人。

(《华北人民政府工商部商标注册应行注意事项》,1949 年,河北省档案馆)

(四)变更注册

(二)凡呈准注册之商标,其图样及所指定之商品,不得自行变更(参照注册办法第六条第一款)。

(三)商标呈准注册后,如有下列各项情形之一者,原注册人得详述事实,附交原领注册证,申请变更注册,但以仍系原有组织,并无移变情事者为限。

1. 合伙组织之商号加添合伙人具名者。
2. 合伙组织之商号,另准合伙人具名者。
3. 更换商号名称者。
4. 于原申请之商号名称上加添"字"、"记"者。

(四)商标呈准注册后,对于指定之使用商品,如有减少或不用时得详叙事实,申请涂销。

(《华北人民政府工商部商标注册应行注意事项》,1949 年河北省档案馆)

(五)补证注册

商标注册证有遗失或毁坏时,得声叙事由,附送证明文件(如登报声明作废之报纸,暨有关法团或机关之文件),及贴证印花税费二十元,呈请补给,其旧证以公报宣示无效。

(《华北人民政府工商部商标注册应行注意事项》,1949 年,河北省档案馆)

(六)续展注册

商标专用或其专用期间续展之注册,应由呈请人于呈请时,照交规定之注册费,但经核驳时,应发还之。

(《华北人民政府颁布华北区商标注册办法》,

1949年6月11日,河北省档案馆)

(七)撤销注册

牌号专用权除登记人得随时申请撤销外,凡在登记后迄未使用不满半年或停止使用已满一年者,其专用权即归无效。

(《晋察冀边区商品牌号专用登记办法》,1944年5月25日,河北省档案馆)

商标牌号专用权,除由登记人随时呈请撤销外,凡在登记后有列诸事之一者,得撤销之。

1. 于其注册之牌号,自行更改或附记,以图影射而使用者。

2. 注册后半年未使用者。

3. 登记后,有冒用其他商标牌名者(并依法论处)。

(《晋冀鲁豫边区商标注册办法》,1946年8月29日,山西省档案馆)

如有下列一、二两项情事,得重新交费注册,有三、四两项之情事,得申请注销。

一、更换经理或工厂名称者。

二、更换商标者。

三、结束歇业者。

四、转营其他营业者。

(《山东省渤海工商局商标登记注册暂行办法》,1947年2月11日,《渤海日报》,山东省图书馆)

第九条 凡中途因故更换或废止该商标时,需向原注册机关声明,否则因此而发生之情事概由原呈请人负责。

第十一条 凡违背下列各款之一者,注册机关得令缴还商标注册证。

(一)于其注册商标自行变换或附加及以图影射而使用者。

(二)注册后并无正当事由,迄未使用已满三月,或停使用已满半年者。

(《冀东行政工署商标注册暂行办法》,1947年9月28日,河北省档案馆)

一因商标无效之评定,确定或经裁决撤消其商标专用权者,应令交还商标注册证,并以公报宣示之。

(《华北人民政府颁布华北区商标注册办法施行细则》,1949年6月11日,河北省档案馆)

第六条 商标专用权除得由注册人随时呈请撤销外,凡在注册后有下列情形之一者,得撤销之。

(一)于其注册商标自行变换者。

(二)注册后并无正当理由,迄未使用已满一年或停止使用已满二年者。

(三)商标权转移后已满一年,未经呈请注册者,但因继承之转移不在此限。

第七条 商标专用期间停止其营业时,商标专用权因之消灭。

(《华北人民政府颁布华北区商标注册办法》,1949年6月11日,河北省档案馆)

七、几项规定

(一)商品质量

向外出口的货物要有一定的标准尺码,以维护市场上的信誉,这一类上有的可以通过对厂主工人的说服教育,保证一定的质量。有些驰名产品可以提倡创牌子,向政府立案,政府加以保护,严禁冒牌。有的可以发动同业厂坊,共同订定公约,划一规格,不得偷工减料。贸易局、合作社,也可以经过订货手续,规定一定标准。

政府贸易局及工会应适当帮助厂坊提高质量,减低成本,以便增强市场上竞争的力量。

(《发展工矿手工业》1946年2月7日,山西兴县档案馆)

查我区工业手工业日渐发展,有些产品如毛巾、洋袜、香肥皂等的质量与敌区机器制品相比,有的还无异于外货。但是商标很乱,冒外货的字号,不写地点的甚至根本什么都不标注的很多,很难识别其系本地产品或外地产品。对外货的管理与保护我区工业品的发展上都受到了很大限制,同时,养成了群众相信外货,不相信自给自足的依赖心理。我们认为只有积极培养与扶植工业品的大量发展,使其出产日有改进,提高质量,做到物美价廉,薄利广销,取得社会信用,扩大自己市场,才能达到独立自主,自给自足的经济。

这一工作我们应通过发营业证,紧接着进行。在做法上,应注意发动工商业者,创造自己牌号,俱用土货、运销土货,冒牌是过去商人的鬼习,今天我们假借外边牌号是可耻的。必须树立商品观点、市场观点、竞争观点,做到精制、精造商标,在审查工厂时,凡已出产之成品,一律限期登记,并详细检查商标,以资保护,以便管理。

(《太行区工商管理局关于施行商标登记的指示》,1946 年 9 月 3 日,山西省档案馆)

边区内地工业产品,为便于与外货识别,保证其质量与销路,凡销行范围较广(一个分区以上,或以一个城市以外)者,应进行商标登记,固定商标牌号,准许在解放区各地自由流通。

(《华北工商会议工商政策草案》,1948 年 6 月,河南省档案馆)

(二)未注册商标

凡不进行登记注册之商标或应贴商标而不贴商标之工业品一律以外来品论,征收入境税或禁止其销售。

(《山东省渤海工商局商标登记注册暂行办法》,1947 年 2 月 11 日,《渤海日报》,山东省图书馆)

(三)旧商标

第十四条　本办法颁布前,经各地方政府核准之商标注册证,一律视为有效,但需于本办法颁布后两个月内由该地方政府将注册登记簿连同旧证汇报本府工商部,再行发给新证。

第十五条　凡由我军解放之城镇,商民原有之商标注册证,须于解放后(业经解放者,于本办法颁布后)两个月内将旧证呈报行署工商处或相当于行署之市工商局登记后,转报本府工商部换取新证,其生效自换证时起。

第十六条　依第十四、十五条换领注册证者,倘与其他注册商标发生图样近似或名称相同时,工商部得依其出品之先后、质量之优劣、数量之大小裁定之。未获准许者,即予撤消,或令改换商标,另行呈请注册。

(《华北人民政府颁布华北区商标注册办法》,1949 年 6 月 11 日,河北省档案馆)

(二)老解放区注册商标,于此次换证时,主管机关应严加审查。如其中有相同近似商标,使用于同一商品情事,须就近调查双方实际情形,予以整理,再行送部。

(四)换证期限,在工商行字第四十六号指示中,原规定限一月以内报部,但各地至今从未送到,现天津市工商局通告商人,截止 7 月 10 日为止,逾期不予换领,即做新案呈请,希望其他各处局亦酌定限期,勿再延误为要。

(五)伪国民党政府所发之注册证,我们基本上不予承认,但商人已使用有年,仍须视为有优先权,经本部核准者,其专用期限,自换证生效之日起推算为 20 年。

(六)凡核准换证之商标,当列表刊登商标公报公布,不再登图样,故不须附送印板。

(七)以用于西药之英文字商标,请求换证时,不论出口与否,得不受限制,可令其于包装上加中文说明。但新呈请之商标,必须添中文商标名称及说明。

(《华北人民政府工商部商标注册应行注意事项》,1949 年,河北省档案馆)

(四)商品包装

第七条　凡经呈准注册之商标,得于商标上加注册商标及注册字号等字样,以便查考。

(《冀东行政公署商标注册暂行办法》,1947 年 9 月 28 日,河北省档案馆)

为在已经解放了的城市中彻底革除残存的殖民地思想作风,华北人民政府特于本月五日向各级人民政府发出命令称,今后公营工厂,商标的招牌上及公营企业一切出产品上,或其商标上,除出口商品外,一律只准写中国字,禁止用任何外国文字。该命令指出:公营企业某些生产品例如纸烟盒的商标上,以及某些公营工厂商店的招牌上,袭用外国文字,这是一种殖民地思想作风的残存反映,必须加以革除。该命令并责成各级政府在接获命令后,立即将公营企业生产品的装饰商标、招牌等,加以检查,严加改正,并应对私营工商业户进行教育,使他们改正。

(《华北人民政府命令公营企业商标禁用外文》,1947 年 10 月 14 日,《冀东日报》,河北省档案馆)

凡经注册之商标,应在封装上或商品上注明

"华北人民政府工商部注册证×字×号"。

(《华北人民政府颁布华北区商标注册办法》,1949年6月11日,河北省档案馆)

八、收费标准

(一)注册费

2. 商标注册时之费用,决定每张洋500元,希各级局照为。

(《太行区工商管理局关于对商标注册办法的几点补充意见说明》,1946年6月27日 ,山西省档案馆)

声请登记注册商标者,应按下列类别缴纳注册费:

一、日用品——如毛巾、肥皂、牙刷、牙粉、袜子、带子、机织布、毯子、桑皮纸等应缴纳登记费200元。

二、消耗品——如纸烟、粉纸等应缴纳登记费500元。

三、迷信品——如烧纸、神香、鞭炮等应缴纳登记费1000元。

(《山东省渤海工商局商标登记注册暂行办法》,1947年2月11日,《渤海日报》,山东省图书馆)

第五条 呈请商标注册时应交注册费人民券10000元,如商标权之转移时,应交注册费人民券4000元。

第六条 按商标法第十四条之规定更换新证者免交注册费,按商标法第十五条之规定申请更换新证或令其改换商标另行注册均需照交注册费。

第七条 以两种以上同一类别之商品使用一种商标时,仍按一种商标交纳注册费,同一申请人使用数种商标者,需按商标种类分别交费。

(《华北人民政府颁布华北区商标注册办法施行细则》,1949年6月11日,河北省档案馆)

(三)依注册办法第十五条换证者,应缴注册费10000元,印花税费20元,商标图样4份,连同注册证一并送部(图样1份留处局,自行备置簿册,粘贴备查)。

(六)注册费,申请人同时以两个以上商标呈请注册,须按商标种类分别交费,各处局月终结算清楚,于次月5日以前解部。

(《华北人民政府工商部商标注册应行注意事项》,1949年,河北省档案馆)

(二)印花费

(一)依注册办法第十四条换证者,应交印花税费20元,商标图样3份,依前发下之格式,进行登记,连同原注册证汇报本部(图样须与原证所贴者完全相符,但仅属取英文字,不变更图样主体者,不在此限)。

(七)印花费,商标注册证应贴印花,印花费为人民券20元。申请时随注册费一并交纳,但核驳时,应全部退还。

(《华北人民政府工商部商标注册应行注意事项》,1949年,河北省档案馆)

(三)公告费

行署工商行字第一号通知内开:"奉华北工商部函行字第一六号略开:第一期商标公告已出版,各地工商团体、各厂商欲订阅者由各处局接洽,并为推销开列册数连同报费汇部。第一期公报每册暂收人民币200元(酌加邮费汇费)即予寄"等因,希即转知各工商户、工商联合会,有欲订者按照手续办理。

(《冀中第九专署工商科关于商标公报及天津日报售价订阅办法的通知》,1949年7月5日,河北省档案馆)

(四)货样邮资

申请注册之货样及一切邮资应由注册人负担(申请注册人应向当地邮局办理邮寄手续)。不应用注册费扣除,并须预交由工商处到工商部这段之邮资(由保定到北平),如果有个别忘记者,应令其补缴,否则可拒不受理,兹将保定至北平包裹邮资费列下:

每市斤邮资人民币10元(市斤以下者亦是10元),2市斤为20元往上以次类推,希各科局研究照办,通知注册人预交邮资。

(《冀中行政公署工商处关于申请注册所用之邮资应由申请人员负担的通知》,1949年7月6日,河北省档案馆)

九、商品分类表

项目		类别
第一项	化学品药类及医治补助品	化学品类、中药类、西药类、树脂胶类、矿泉食盐类、医治补助品类及应属于本项之其他商品。
第二项	颜料染料漆油墨及涂料	颜料染料类、漆类、油墨类、涂料类及应属于本项之其他商品。
第三项	卫生化妆之用品	香水类、香油发膏类、润肤膏类、脂粉类、香皂类、药皂类、粗皂类、牙粉牙膏类、鞋粉革油类、洗刷用品类及应属于本项其他商品。
第四项	金属制成品及半制品	金属及其半制品类、制成品(钉类、针类、刀类、剪类、镕铸物类、打压物类)及属于本项其他商品。
第五项	建筑物品	水泥类、土沥青类、石膏类、石灰土沙类、砖瓦类
第六项	陶器玻璃及珐琅质品	磁器类、陶器类、玻璃类及其制品类、搪瓷类、料器类、景泰蓝类及应属于本项其他商品。
第七项	物理化学医术测量照相教育等用之器械计算器眼镜	理化试验器具类、医术用器具类、教育用器具类、测量器具类、照相器具类、度量衡器类、计算器类、眼镜类及其属于本项商品。
第八项	运输交通器具	汽车类、自行车类、升降机类、船舶类、航空机类及其他商品。
第九项	钟表乐器留声机及其附件	钟表类、中西乐器类、留声机类、收音机类、电影片类、唱片类及应属于本项商品。
第十项	丝棉毛麻织品刺绣品及其他服御品	棉、毛麻、纱线类、丝、棉、毛、麻织成品(匹头类、毛巾类、毯类)绣品类、花边类、绦带须络类、冠帽类、衣服类、领袖类、纽扣类、袜子类、地毯类及应属于本项其他商品。
第十一项	饮料食品类	酒类、冰类、汽水类、果汁类、酱油酱醋类、糖类、茶类、饼干糕点类、罐头类、兽乳类、代乳粉类、面粉类、淀粉类及应属于本项其他商品。
第十二项	烟草及其制成品	纸烟卷烟类、雪茄烟类及其他应属于本项商品。
第十三项	文具	纸类、纸制品类、笔类、墨类、打字机印字机类、照片、书籍类、杂志、票据类及应属于本项其他商品。
第十四项	皮革及其制成品或其他仿造品	皮类、革类、革制品类及其他属于本项商品。
第十五项	油蜡	蜡类、油类(动、植、矿)蜡类。
第十六项	肥料	肥田粉、骨粉类。
第十七项	竹木藤杖及其制成品	竹木制成品类、藤制成品类、草藁制成品类。
第十八项	伞扇杖及其附属品	伞类、扇类、杖类及应属于本项其他商品类。
第十九项	灯及其各件	灯泡灯皂类、手电筒类、煤油灯类、鑫光灯类及应属于本项其他商品。
第二十项	运动游戏器具及玩具	运动游戏器具类、儿童玩具类和属于本项其他商品。
第二十一项	刷梳及其他饰品	刷子类、梳篦类、头饰品类、其他应属于本项之商品。
第二十二项	电器机器及其附件	电器机器类、电炉电扇类、电池及蓄电器类、电线类及应属于本项之其他商品。
第二十三项	火柴	
第二十四项	树胶及其制品之不属别项者	
第二十五项	不属别项之机械器具及其附件	
第二十六项	熏香料品	熏香类、蚊香类。
第二十七项	石棉及其制品	
第二十八项	固体燃料	
第二十九项	不入别项之商品	

(《华北区商标注册办法》,1949 年 6 月 11 日,河北省档案馆)

第二节　土货商标

一、土货自订商标

又讯：最近河间县工会，号召各鞋厂自由结合，自订商标注册。现在已有五十多家组织了五个大组，各自订了商标，有五星、光明、黎明、三星、胜利牌五种，这样一来，各厂做鞋都细致了，有的说："以后有了商标，再做不好，倒了门市就坏了。"

（《河间鞋业成立推销管理联合会》，1948 年 5 月 8 日《冀中导报》，河北省档案馆）

二、土货商标存在的问题

在抵制美货、提倡土货的政策下，各地工业生产，正蓬勃发展，在饶阳长刘庄一个中等镇上，即有土造烟厂二十多种，肥皂九种，一般质地朴实，并有不少杰出成绩。但在使用商标上，则由于生产者对此轻视，还存在不少问题，兹提出个人意见，以供大家参考：

一、乱用商标。如饶阳大尹村织的袜子很好，在附近市场上已极为普遍，但自己不建立商标，去从天津买来许多商标纸，乱贴一气，有的用上海、天津各厂的商标，甚至有的用日本株式会社"冷用酒"的商标，更有的贴着作废的印花票，一厂出品，即有十多种商标。其原因多是因为生产者对商标缺乏认识，把商标看作货品的一种点缀，而不知利用它来在群众中建立信誉，以保证销路，这种人是缺乏长期的事业思想。我以为在这繁多的商品竞争下，只有建立自己的商标，并努力提高质量，将自己牌子卖亮，这才会在竞争中取到胜利。

二、冒用商标。如河间某厂冒用五星牌墨水、经济牌纸烟成名后，市场即刻发现许多冒牌，质地也逐次下降。这种人缺乏商标道德，投机取巧，以求获利于一时，但这种卑劣的手段，决不能长久骗人，且要受到政府制裁。因此我们希望这种人应自动放弃这种行为，政府也该督促较优秀的商品到政府注册，以兹保护其商标的专用，并及时考查其质量。

三、有的自己建立了商标，却不标名出品地址，企图冒充外货。此类例子极多，可与外货媲美的胜利牙粉，也是如此。

（《发展土货中的商标问题》，1947 年 3 月 5 日《冀中导报》，河北省档案馆）

目前商标工作存在的几个问题

1. 通过注册指导发展不够。只做了注册的事务工作，未做通过注册提高质量。更没有根据需要，有计划的发展，形成盲目的生产。如卷烟一般是允许的，辛集关了十家烟厂，对保证质量上做得也不够，乱出牌号。

2. 注册的意义在我们思想上不明确，所以对工商业户的思想领导也不够。如有些商人还是采取用旧牌，更有的用顽美商标，只注意形式，不注意从实质上来保证自己的牌号，这是对生产发明重视不够所造成的。

3. 没有从研究工业中掌握生产，更没有组织有计划的加以提高，我们对这些问题思想上不明确，当然更谈不到什么领导。

（《冀中行署工商处领导与行政管理工作经验介绍》，1947 年，河北省档案馆）

附录一：工商管理大事记

1938年

1月10日　晋察冀边区军政民代表大会在阜平召开。出席代表140余人，会议历时6天，通过了政治、军事、经济、财政、文教、群运等决议案，民主选举产生了晋察冀边区行政委员会。委员有聂荣臻、宋劭文、胡仁奎、张苏、刘奠基、吕正操、孙志远和娄凝先、李杰庸等九个。会议还发表了宣言和通电。

1月31日　国民政府军事委员会及行政院承认和批准晋察冀边区行政委员会及各委员，并委任宋劭文为主任委员，胡仁奎为副主任委员。

1月　晋察冀边区行政委员会成立实业厅。

本月　山西三、五专署设立贸易统制局，并公布禁止出入口物资种类。

2月10日　晋察冀边区行政委员会发出布告，禁止用米粮酿酒。

3月　晋察冀边区行政委员会颁发严禁使用伪钞的布告，指出：私自授受或竟到敌区兑换伪钞者，一被查获，定以汉奸论罪。

4月19日　晋察冀边区行政委员会通令全区，严禁以粮资敌。

4月21日　晋察冀边区行政委员会为杜绝汉奸活动及调剂商货运销，组织成立了贸易机关——裕民公司。

4月22日　晋察冀边区行政委员会通令全区民众不得拒绝土货兑换券的流通。

5月1日　晋中成立人民救亡合作社，1939年5月改组为太行合作社。

5月2日　晋察冀边区行政委员会颁发《边区商业统制办法》。

5月4日　晋察冀边区行政委员会发出经商小贩领取贸易证的通知。凡在阜平以西，砂河以南，东冶以北的地区内经商的小贩都得领取本会印制的贸易证方准营业。

5月9日　晋察冀边区行政委员会指示各地：凡本区所用货物尽先购用土货。除必需外，外货一律不准入境。

5月19日　晋察冀边区行政委员会发出《报盐户锅数及年产量数的通知》，以资统制。

6月9日　晋察冀边区行政委员会通知各地：奖励辣椒出境。

本月　晋察冀边区行政委员会颁发布告，对敌实行货币统制政策。

8月17日　晋察冀边区行政委员会颁布统制对外贸易执行方案。1、禁止日货入境；2.限制对外贸易；3.举行反对日货宣传周。

11月9日　党中央指示成立晋察冀分局，统一领导晋察冀边区的各项工作。

1939年

1月　晋察冀边区召开第二次党代表大会，撤销晋察冀分局，成立中共中央北方分局。

2月7日　晋察冀边区行政委员会发出布告：自2月15日起，一概禁用米粮酿酒（用枣柿者除外）。

3月15日　晋察冀边区行政委员会根据“敌伪现在正加紧推行他的货币政策”，发布指示信，要求针对敌伪的企图，粉碎敌伪货币的阴谋。

4月11日　晋察冀边区行政委员会发出《关于严禁收买现洋资敌的通令》。

5月4日　晋察冀边区行政委员会颁发《防止伪造边币办法》，要求普遍设立边币对照机关。

6月3日　晋察冀边区行政委员会发布《严禁仇货及稽查偷漏税的通令。》

8月9日　山东建立军政委员会，朱瑞兼书记。

下旬　郭洪涛调离山东，朱瑞继任山东分局书记。

9月5日　晋察冀边区行政委员会命令各县普遍设立贸易机关。

9月8日　晋察冀边区行政委员会通知各县，各种洋酒一律不准入境。

本月　晋察冀边区行政委员会修正颁布了《晋察冀边区稽征人员舞弊惩处暂行条例》。

本月　太行区实行土货统制并设合作总社。地址在辽县（现改名为左权县）黄漳，由武宪振任社长，下设若干分社。

10月28日　晋察冀边区行政委员会发出《严禁走私偷漏税的通知》，以打击走私，增加税收。

12月21日　晋察冀边区行政委员会发出《严格执行奖励合作社暂行条例的指示》。

本年　晋察冀边区行政委员会决定建立缉私带，并颁发了建立缉私带的办法。

1940年

1月15日　晋西北各抗日民主党派、军队、农工青妇群众团体选派代表，在兴县蔡家崖召开军民代表大会，决定成立晋西北行政公署(1941年8月正式成立)。公推国民党元老、山西新军领袖续范亭为主任，山西牺盟会领导人牛荫冠为副主任。行署下设2(岢岚区)、4(临县区)、8(文交区)、11区(2月成立，雁北后改为5区)等四个专署和一个直属区，共辖38个县，行署驻兴县蔡家崖。

1月中旬　晋西北军政委员会成立，贺龙为书记，关向应为副书记，委员有甘泗淇、周士第、肖克、王震、林枫、陈士渠、赵林、张宗逊、李井泉、彭绍辉、罗贵波等，统一领导党政军各项工作，将晋西北、晋西南两个区党委合并，组成晋西区党委，林枫为书记，赵林为副书记，统一领导晋西北、晋西南与绥远地区党的工作。

1月31日　晋察冀边区行政委员会公布:《管理对外贸易暂行条例》、《商民向敌占区汇兑请核暂行办法》、《取缔敌伪票据暂行办法》、《对取缔敌伪票据联系办法》。

2月5日　晋西北行署发布施政大纲。

本月　成立晋西北行政公署。雁北抗日军民召开人民代表大会，产生了晋绥边区行政委员会，制定行政委员会的八大纲领。晋西南、晋西北、雁北、大青山根据地连成一片。

3月10日　太行三专署成立贸易局，公布贸易政策实施方案，其内容:除具体贸易政策外，还有组织机构、任务与分工等。会议提出对外实行贸易统制，对内自由。出入口物资分为奖励、许可、限制、禁止等四个部分。

同日　晋西北行署颁布《鼓励生产合作社事业条例》。

本月　太行三专署在麻田(现左权县麻田乡)召开财经会议，有贸易、税务、财政、粮食等部门参加。

4月24日　晋西北行署建立经济总局，段云任局长。

4月30日　晋西北行署颁布《合作社章程》。

本月　中共中央北方局在太行区黎城，召开了北方局高级干部会议。决定成立冀南、太行、太岳行政联合办事处(简称冀太联办或冀太太联办)，并筹建晋冀鲁豫边区政府。

5月5日　晋察冀边区召开经济会议。张苏做《根据边区的条件发展经济》的报告。

本月　晋察冀边区行政委员会发布《粉碎敌伪货币进攻，防止白银法币外流的布告》。

6月1日　晋西北行署颁布《严禁毒烟暂行条例》。

8月1日　冀南、太行、太岳区行政联合办公，成立办事处，简称"冀太太联办"，主任杨秀峰，副主任薄一波、戎子和。

同日　联合大会选举成立了山东省战时工作推行委员会，张经武、李澄之、黎玉、罗舜初等23人当选委员。

8月3日　晋察冀边区行政委员会召开经济会议，宋劭文作《边区经济发展的方向与现阶段我们的中心任务》的报告，胡仁奎作《贸易与汇兑》的报告，张苏作《生产与合作》的报告。会议作出关于投资、劳工保护法，工厂管理法和贸易问题等重要决定。

8月7日　山东战时工作推行委员会制订《山东战时施政纲领》，第四条规定:努力战时财政经济建设，充裕抗战经费，发展国民经济，实行自力更生，发展合作事业，调剂粮食，提倡土货生产，抵制仇货，发展渔业，废除苛杂，整理税收，实行累进税制，整理金融，巩固法币，发行辅币，取缔乡票，禁用伪钞，打破敌人以战养战阴谋，统制对外贸易，严格禁烟、禁毒、禁赌、禁酿、禁运粮资敌，并限制种植资敌产物。

同日　艾楚南在《战时财政政策》一文中提出:实行严格的集权统制的对外贸易，保障外来必需品的输入与内地剩余品的输出。同时禁止外来非必需品的输入与内地必需品的输出，实行合理的自由贸易。

8月20日　晋察冀边区贸易总局成立。胡仁奎兼任局长，李猛任副局长。

8月25日　"冀太太联办"贸易总局成立，局长林海云,副局长郭今吾。由贸易总局统一领导冀南、太行、太岳贸易工作。接收公营、合作社,掌握山货,建立敌区外汇关系。

本月　察绥人民代表大会通过决议,成立晋绥第二游击区行政公署驻绥远办事处(后称绥察办事处),杨植霖为主任,苏谦益为副主任。下辖绥西、绥中、绥南3个专员公署和绥察游击区,批准成立萨拉齐、固阳、武川、陶林、归武、托和清、归凉、丰镇、丰凉等九个县政府。

9月　成立了晋绥边区行政公署(地址在山西省兴县蔡家崖)。

12月3日　《晋察冀日报》刊登彭德怀同志的文章《敌后抗日根据地的经济建设》。提出:"要打破敌之封锁,……没有正确的贸易政策是不可能的"。

12月12日　山东省贸易总局成立,为便于领导贸易工作起见,所有各地贸易分局暂归鲁中区贸易分局领导。

12月15日　山东省临时参议会通过《贸易暂行条例》,共分总则、对外贸易、对内贸易、奖惩办法、附则五章。

1941年

1月17日　山东省战时工作推行委员会召开扩大联席会议,会议决议各级粮食委员会负责各级粮食筹集与分配,一切军粮民食由该会统筹统支;货币统一流通,开办运销合作社,协助商品流通。

1月　为调剂市场物价,改善民众生活,防止春荒灾荒,充裕抗战力量,晋察冀边区成立政民合办平粜局,简称"平粜局",并颁发暂行简章。

2月8日　晋察冀边区颁发《查获日货私货及漏税案件奖励办法》和《购货特许证使用办法》。

2月12日　晋西北行署经济总局改称贸易总局,牛荫冠任总局长,各县设立贸易支局。

2月20日　中共中央军委指示:八路军一一五师及山东总队分别成立军政委员会,山东成立总的军政委员会,以统一山东军政领导。

3月4日至12日　晋西北行署召开地委书记参加的财政经济会议。贺龙指出:"现在群众没饭吃,没衣穿,没有房子住,我们必须设法解决,这是一大中心工作。"会上,区党委决定把加强经济建设,大力发展生产,作为1941年根据地的中心任务。

4月1日　山东省战工会发布《关于开展合作事业的指示》。

4月7日　冀太区公布制烟登记暂行规则。

4月15日　绥察行政办事处改组为绥察行政公署。

4月20日　陕甘宁、晋绥订立经济协定,规定了物资调剂、银行汇兑、商业交通、合作社事业等互助办法。

5月1日　太行决定召开财经会议,加强经济建设及对敌经济斗争工作。

5月2日　"冀太太联办"实业处及贸易总局主持召开生产贸易联席会议,历时一周,出席者有太岳、太南、漳西、晋中、冀西、沙河、元化、赞皇、辽县、黎城各贸易分局,中心县局长及太行生产总社。贸易局林海云局长作了四个月的贸易工作总结。联办实业处长刘岱峰报告当前生产贸易工作的方针。

5月23日　晋西北行署指示各地开展抵制仇货运动。

本月　中共北方局决定:同蒲铁路以东,白晋铁路以西为太岳区;白晋铁路以东为太行区。

6月10日　"冀太太联办"公布贸易暂行条例。条例要点:1.明确内地一切贸易自由并免税。2.对外出入口(注:指向敌占区贸易为出入口贸易。以下同)货物征收一次出入口税。3.关系人民生活重大者,由政府法令规定,归政府所属贸易机构统一经营。

6月15日　"冀太太联办"公布取缔牙行办法。各重点集市取缔牙行经纪,设置交易人员。按交易额向卖者抽1%手续费,归政府直接管理。

6月22日　冀太区税务总局支局长会议决议加强缉私工作,建立和健全缉私小组和封锁线,开展宣传教育工作。

6月1日　漳北区公布对外贸易管理暂行办法。规定向敌占区运销土产山货,必须保证换回等价之必需品。

同日　"冀太太联办"公布晋冀豫区商人登记办法。文中规定,各地商人要向各地区公所登记,领取营业证,方准营业。未持有营业证之商业或商人,不得享受政府对于商人之法律保护。

同日　晋冀鲁豫边区生产贸易管理总局成立于左权县桐峪。王兴让任总局长,林海云任副总局长,下设生产部、贸易部,由郭今吾任贸易部长,黎波涛任生产部长,另设管理、事业两部,王、林各兼一部,每部下设三、四科不等。

7月7日　晋冀鲁豫边区生产贸易管理总局公布取缔工作人员私人营业及登记稽核私人款项办法。

8月　"冀太太联办"特许生产贸易总局在林北经营粮食出口,换回食盐及其他军民重要必需品。

8月15日　经晋冀鲁豫边区临时参议会决定,成立晋冀鲁豫边区政府。会议选举出边府主席杨秀峰,副主席薄一波、戎子和。"冀太太联办"同时撤销。

8月16日　晋冀鲁豫边区生产贸易总局,在左权武家峧召开了太行区分县局长及厂长联席会议,会议主要讨论工作方法。如工厂管理、保护生产、土产山货的采购和运销,对外统制贸易等。会上由王兴让作了对敌经济斗争形势的报告;林海云作了组织建设的报告,郭今吾作了贸易工作的报告,黎波涛作了工厂建设的报告。

8月25日　山东省战工会颁布《经建委员会组织简章》。

8月26日至9月3日　中共晋西区党委召开高干会议,确定树立建立根据地的思想,坚持长期斗争,开展自力更生的大生产运动。

9月1日　冀西专署公布冀西区出入境货物统制暂行办法。

同日　晋冀鲁豫边区政府公布施行晋冀鲁豫边区施政纲领。

同日　边区生产贸易管理总局改为晋冀鲁豫边区工商管理总局。行署为晋冀鲁豫边区××区工商管理局,专署为晋冀鲁豫边区工商管理总局第××分局,县仍为××县贸易局。

9月6日　晋西北行署公布《合作社条例》。

9月18日　晋冀鲁豫边区决定结合检查仇货,发动缉私运动周。

10月1日　晋冀鲁豫边府建设厅下达关于宣传禁止香皂、毛织品等入口的指示。

10月18日　晋西北行署统一各地度量衡器标准,公私商使用的尺、斗、秤必须登记审验准确,否则不许使用。

10月28日　山东省战工会颁布《禁止棉花资敌办法》。

11月1日　晋西北行署公布《晋西北修改扰乱金融惩治暂行条例》、《晋西北管理对外贸易办法》。

同日　晋冀鲁豫边区政府公布没收禁止入境货物的处理和提奖办法及晋冀鲁豫边区特种出口货统制暂行办法(在太行、太岳两区施行)。规定核桃仁、花椒、羊绒、麻、木材、药材等18种为特种出口货,公私商人出口,均须开具出入口货物清单,申请领取出境兑货证输出并兑回入口货。

11月5日　晋冀鲁豫边府颁布《施行特种出口货统制办法应注意的事项》。

12月3日　晋西北行署发布《严禁贩运银币的布告》。

12月7日　晋冀鲁豫边区发布禁止粮食向敌占区出口,内地粮食实行专卖,由工商局负责主持粮食管理工作的指示。

12月9日　晋察冀边区行政委员会命令:自1942年1月1日起,正式建立各级贸易管理局。

12月21日　晋察冀边区行政委员会通知各级政府严禁粮食、油、榨油原料、铁、棉花、布匹、皮毛、铁器八种物资出境。

12月26日　晋察冀边区召开税务局长、贸易局长联系会议,将税务局、贸易局进行改组。边区成立贸易管理局,各专区成立支局,各县成立中心卡及卡。除管理对外贸易工作以外,并办理稽征工作,而不兼业务。业务部分则由公营商店经营。

12月29日　晋冀鲁豫工商总局在马家岩召开会议,总局及五、六分局局长、商店经理出席。提出目前对敌斗争形势与紧急任务。

本年　晋绥边区公布《统一度量衡办法》。

本年　在外来商品不断涨价的情况下,为更多地掌握外来军用物资,晋冀鲁豫边区决定由公营商店统一采购军用品。

本年　山东省战工会颁布《盐业交易所组织暂行办法》。

1942年

1月6日　晋察冀边区举行合作联合会成立大会,贾尚文作《晋察冀边区四年来合作事业概况》的报告。

1月10日　晋察冀边区行政委员会对贸易管理员的工作做了具体决定。

1月21日　山东省战工会通令《禁用韩复榘发行纸币》。

1月30日　晋冀鲁豫边区建设厅命令,实行纸烟专卖。所有私人经营的卷烟工厂、作坊，限定于2月20日前一律停工，原料、工具、制成品及半成品一律由工商局收买。2月20日以后如有继续制造卷烟者，一经查获一律没收，并依法治罪。

2月13日　晋冀鲁豫边区建设厅通令纸烟专卖实施办法。

2月15日　晋西北行署公布对《管理对外汇兑办法》、《修正扰乱金融惩治暂行条例》的补充说明。

本月　太行区工商局准备实行粮食专卖，取消私人粮行，并先在阳邑、任村（太谷县管辖）实行，逐渐推广全区。

3月7日　晋西北行署颁发《粮食出境办法》。

3月25日　彭德怀在《开展全面对敌经济斗争》一文中指出：为了安定市场，对于私货，必须将查获的物资交管理局，按照法令处理。党政军均应抽调得力的最廉洁奉公的好干部，去加强税局缉私工作。

本月　晋冀鲁豫边府公布没收违禁物品标卖办法。

本月　召开工商分、县局局长及商店经理会议，具体讨论粮食、纸烟专卖问题。

本月　晋冀鲁豫工商总局通知查禁粮食走私，边境地区划定封锁地带和出口路线，杜绝走私现象。

4月5日　中共中央北方分局发布《关于合作与贸易的决定》。指出：目前边区贸易政策的中心是力求打破敌伪对我之经济封锁，保证军民必需品的供给，发展根据地内的商品流通，繁荣与活跃市场。

中旬　中共中央北方局书记、新四军政委刘少奇由苏北到山东，召开了中共山东分局与山东军政委员会联席会议，决定一切领导集中于山东分局，分局下设军政委员会。

4月20日　晋冀鲁豫工商总局颁发《经营特种出口货商行管理暂行办法》。凡在本区开设行店采购土产山货，均得领取特种出口货购运证，并向边境贸易局登记外汇。

本月　山东省战工会颁布《关于奖励入境及严禁粮食出口资敌暂行办法》。

5月1日　晋察冀边区颁发《合作社组织条例》。同日，《边区合作社暂行规程》即行作废。

5月6日　晋察冀边区贸易管理局召开第二次支局长经理会议，对北岳区一、二、三月份贸易工作进行总结，并布置四、五、六月份的工作计划。

5月12日　晋冀鲁豫工商总局命令颁发营业许可证。商业行政统一由贸易局领导，并填发营业许可证。

5月13日　晋察冀边区行政委员会发出《关于各县政府统一印发商人通行证的通知》，随令颁发“商人通行证式样”。

5月15日　山东省临参会公布《借贷暂行条例》。

5月29日　山东分局财委会指示：宣布以北海币为山东各地之本位币，停止使用法币。严禁粮食、耕牛、棉花、毛皮等产品出口。

本月　全区党政军民各方面为加强对敌经济贸易斗争，肃清仇货，堵绝漏洞，分别发出抵制仇货、倡用土货代用品的号召。十八集团军野战政治部于“五一”劳动节向所属各兵团发出训令，发起全华北抵制仇货的群众运动。

本月　晋冀鲁豫边府发布《工商税务部门监察委员暂行工作规程》。监委任务：1.掌握政策之执行，保证任务之完成。2.进行政治及业务教育，提高政治质量。3.检查贪污浪费。

本月　任村会议，晋冀鲁豫边府建设厅、工商总局、税务局以及下属分局等参加。主要内容：研究税贸合并，并制定了贸易统制暂行办法，成立粮食工作队，东线实行粮食调剂，发购运证。

6月4日　中共中央成立陕甘宁、晋绥联防军司令部，贺龙任司令员，徐向前任副司令员，关向应任政委（代政委高岗），林枫任副政委，统一边区军事指挥与军事建设。还成立了财政经济委员会，林伯渠、贺龙为正副主任，统一边区财政经济建设。

6月25日　山东省战工会颁布《关于奖励粮食入境及严禁粮食出口资敌暂行办法》。

7月6日　晋冀鲁豫边区召开任村会议，四、五两专区的工商、税务、银行参加，讨论了林南工作，粮食调剂，掌握外汇，开展货币斗争，设立经济工作委员会等问题。

7月17日　晋冀鲁豫边区税务总局、工商管理总局合并称工商管理总局。王兴让任总局长，林海云任副总局长，刘裕孚任监察委员。其任务：一、经济斗争，税务征收统一领导。二、掌握合作工作，成立合作总队，下设合作大队、分队，分别指导各分区合作工作。三、各商店直属总局管辖，下设四个经理处，指导商店工作。四、成立太行实业社领导公营工厂。当时有棉织厂3个、染厂1个、纸厂3个、铁厂1个、化学厂1个、毛织厂3个、煤矿1个、烟厂5个。

7月22日　晋冀鲁豫边区军营合作社归工商总局接收。

7月29日　晋察冀边区行政委员会作出《关于北岳区贸易工作及组织的决定》,要求各级政府要加强对贸易工作的领导,以粉碎敌之封锁政策。

本月　晋冀鲁豫边府指令柿、糠、炒面为太行区民食之一,与粮食同样管理,限制出境。

8月7日　晋冀鲁豫边府为适应当时情况,又作了《关于改组经济建设机构的决定》。决定:工商管理局与税务局合并称工商管理局,县贸易局与税务局合并称县税务局。其任务是:(1)内地工商业行政。(2)对外贸易管理。(3)经营政府公营工商业及公私合营之事业。

8月12日　晋冀鲁豫边府公布太行区出入口贸易统制暂行新办法。为保证输入利于输出,限制输入是一个大的历史转折,规定特种出口货19种,进口必须登记外汇的办法。

同日　晋冀鲁豫工商总局通令规定粮食运输办法,持有购运证之粮贩,在根据地各市场均可自由贩粮。

8月25日　晋冀鲁豫边区工商总局局长王兴让作关于太行区出入口贸易统制暂行办法及实施意义的说明。

9月4日　山东省战工会决定对敌斗争的新政策,以战略区为单位成立生产贸易管理委员会,对敌开展生产、贸易等全面的经济斗争,以粉碎敌人向我根据地倾投法币、操纵贸易、掠夺资源的阴谋。

9月6日　晋察冀边区行政委员会发布《关于贸管局卡及检查站稽查与处理违禁物品的决定》,明确违禁物品的范围和稽查处理的权限。

9月11日　晋察冀边区行政委员会颁发《晋察冀边区出入口货特许证使用办法》,前颁《晋察冀边区购货特许证使用办法》及“购货特许证”即行作废。

9月12日　晋察冀边区行政委员会修正颁布《晋察冀边区出入口货稽征暂行条例》,前颁《晋察冀边区查获仇货私货及漏税案件奖励办法》、《晋察冀边区关于粮食等八种物资运销紧急处置办法》同时作废。

9月13日　晋察冀边区行政委员会发出《关于批准坏红枣及黑枣、柿子及高粱酿酒的通知》,特准四、五专区及孟平县以坏红枣及黑枣、柿子烧酒、一专定襄忻县等外地区以高粱酿酒并准免税出口,换回必需品。

9月15日　晋冀鲁豫边府加强对工商局的领导。要点:(一)各级工商局受各级政府直接领导,参加政府重要会议。(二)工商工作为政府工作之一部分。(三)工商局有关对敌斗争工作之布置时,专员或县长得监视参加,重要者由专员或县长召集有关干部研究决定组织执行。(四)专员、县长有监察各级工商政策之执行及补充干部之责。

同日　山东分局指示:单独成立财委会,包括对工商管理局的指导,黎玉为书记,艾楚南为副书记。

9月20日　晋冀鲁豫边区各级工商局实行精简,由1840人减至660人。

9月30日　晋冀鲁豫工商总局颁发《太行区出入口贸易统制暂行办法实施细则》。

本月　晋冀鲁豫工商总局号召,普遍发展油坊,大量制造植物油,禁止煤油入口。

10月6日　晋察冀边区行政委员会为解决人民食粮,度过战时困难,指示各地《绝对禁止枣、柿酿酒》。

10月8日　晋冀鲁豫成立全区统一的粮食斗争委员会,工商局负责资金调度,粮食的吸收、调剂、出口保管、运输等工作。

同日　由于灾情严重,为解救粮荒困难,晋冀鲁豫边府命令禁止柿子造酒,柿子出口,并制造柿饼等代食品。

10月9日　晋冀鲁豫边府命令,为保证粮食对灾区的调剂,防止走私,在五、六专区各县给群众发购粮证,核定缺粮户的购粮数量,持证可向根据地内各集市粮食调剂所购买。

10月17日　晋冀鲁豫边府决定,为进一步发展内地纺织工业,以自立更生为原则,保证军民穿衣问题,暂时停止洋布入口。

10月24日至11月11日　晋西北临时参议会在陕西省胡家庄召开。参议员中,党外人士占到三分之二,促进了各党派各阶层的精诚团结。林枫当选为议长,刘少白、牛荫冠为副议长。会议选举产生了晋绥边区行政公署,续范亭、武新宇为正、副主任,贺龙、白如冰等19人为委员。

本月　由于旱灾严重,晋冀鲁豫边府特召集党政、军民,(工商局)各单位负责同志,组成救灾委员会,禁止代食品出口。

11月6日　晋察冀边区行政委员会作出《关于处罚违犯商人通行证手续的指示》。

11月12日　晋察冀边区行政委员会下达《对重要物资实行专卖制》的指示。

11月13日　晋察冀边区行政委员会为筹设商会,函发《市场调查大纲》,要求贸易管理员选择一中心市场,将市场的历史与环境,市场现状、铺商摊贩与商业组织等情况,作周密系统的调查研究。于本年底上报该会。

11月21日　山东省战工会决定禁止酿酒。

本月　为了发展根据地造纸工业,晋冀鲁豫边府采取有效措施,禁止油光纸、粉连纸等入口。

12月7日　晋冀鲁豫工商总局决定:除政府有组织有计划的出口,而且能换取必需品者外,一律禁止粮食出口。

12月14日　晋冀鲁豫工商总局紧急密令,加快打击伪钞,保证粮食吸收任务之完成。

12月26日　晋冀鲁豫工商总局决定:为了渡过明春更大灾荒,各种油饼可以作肥料或饲料之用,一律禁止出境。

12月27日　中共北岳区党委发布:《强化目前对敌经济斗争的决定》。

12月30日　晋察冀边区行政委员会决定"皮毛成品与布鞋不准出口,木制成品除车辆不准出口外,其余成品如桌椅板凳之类,准予免税出口"。

本月　晋冀鲁豫工商局召开分县局长商店经理联席会议。总结1942年工作,布置1943年计划,确定开展合作运动,发展生产为1943年的总方针。

1943年

1月7日　为掌握粮食,粉碎敌寇"高价收买"的掠夺计划,晋察冀边区行政委员会发布《禁止粮食资敌的六项紧急措施》。

1月15日　第三次精兵简政。(一)三、六分局合并为太北分局,四、五分局合并为太南分局,一、二分局改为晋中分局、冀西分局。(二)各级工商与税务两科合并,合作工作队改为合作科(股)。(三)稽征检查所,一律改为事务所。(四)各经理处取消。

1月20日　晋察冀边区第一届参议会讨论通过《晋察冀边区目前施政纲领》和《晋察冀边区行政委员会组织条例》。

本月　晋冀鲁豫工商管理总局根据边府指示,提出组织一、五、六分区纺织救灾方案,开展纺织救灾运动。

2月1日　晋察冀边区行政委员会决定贸易局、工矿局合并为工商管理局。局长程子华,副局长陈大凡。

2月11日　晋冀鲁豫边区工商总局通令统一度量衡改换新秤。新秤二斤合一公斤,合旧十六两秤十三两四钱八。

2月20日　晋冀鲁豫边区银行、工商作了职责分工:工商局专作生产贸易合作,商品调剂出入,粮食斗争及一切有关工作。

2月25日　北岳区召开经济会议,宋劭文作《当前对敌经济斗争的方针》的报告。

2月25日　晋冀鲁豫边府命令部队政府团体之机关生产,一律严禁购买粮食。

2月27日　经晋察冀边区行政委员会第三次委员会决定:各级工商管理局与工商管理员成为各级实业部门之组成部分,受各级实业部门之领导。

2月27日　晋西北行署拨出贷款50万元,扶植妇女开展纺织运动。

3月1日　中共中央北方分局发出《关于进一步开展对敌经济斗争与加强根据地经济建设的决定》。决定成立晋察冀边区经济委员会与晋察冀边区工商局。程子华为主任兼局长。

3月5日　晋冀鲁豫边区总行工商总局指示:(1)掌握山货、农产品;(2)兑换伪钞只限定银行机关;(3)外汇应充分供给购粮;(4)限制入口,减少入口货;(5)扩大冀钞使用范围。

3月18日　晋冀鲁豫边府批准颁发《工商业登记领取营业证办法》。其目的为保护根据地工商业之发展。凡本边区之工商业以营利为目的者,均须申请登记、领证,凭证营业,营业证分甲、乙两种,甲种登记工业手工业,乙种登记商业。

3月20日　晋察冀边区行政委员会对北岳区出入口贸易作出新规定:除几种控制物资外,其余一律免税自由出入口,以畅通物资交流。

3月28日　工商局发动检查运动,内容:(1)组织建设;(2)救灾工作;(3)调查研究。

本月　晋察冀边区召开贸易管理局成立二周年、工商管理局成立纪念扩大会。对1942年的贸易工作进行了总结。

本月　晋西北行署颁发《禁止粮食输往敌占区办法》。

4月2日　山东省临参会发布《禁烟(鸦片)禁毒(吗啡)治罪暂行条例》。

4月4日　晋冀鲁豫边府颁布《粮食调剂管理办法》,加强粮食管理,适当调剂民食,防止粮荒。

4月7日　晋冀鲁豫工商总局指示节约救灾。县以上机关每人每日节约小米半两,县以下机关听其自愿。

5月16日　晋冀鲁豫工商总局通令所属各集市改用新秤。

6月2日　晋冀鲁豫工商总局决定:新麦上市,人心稳定,灾区调剂工作已大部分完成,故撤销粮食管理办法,但走私出口地带,仍应严格执行此办法。

6月25日　晋冀鲁豫工商总局通令所属禁止低于市价预购粮食山货。粮食管理办法撤销作废。

6月27日　太行分局召开财经会议,通过关于《财经工作检查决定》。

6月27日　冀中行政公署工商处,对十专区经济斗争的形势,进行了分析与估计,并提出今后的工作意见。

7月6日　晋冀鲁豫边府通令改订《特许禁止出入境货物办法》。

本月　晋冀鲁豫工商总局决定:准予粮食自由交易,由工商局于各集市组织粮食交易所,但边沿区仍实行严格管理。

本月　山东分局决定停用法币。

本月　冀南区银行工商合并。

本月　中共山东分局决定在政权系统中成立工商管理机构,统一领导对敌经济斗争。

8月2日　晋冀鲁豫工商总局指示紧缩机构,节省开支,加强生产。(一)机构再度压缩,有一人顶一人干事;(二)商要做到半商半农,工要做到半工半农,每个行政人员要放下笔杆拿锄头;(三)执行边府决定,8月1日起每人每日食米1.2斤,多吃菜少吃米;(四)多养羊子多吃羊肉。

8月5日　晋冀鲁豫边府通知副食品限制出口,为渡过灾荒,保存食料,对可供食用之猪羊肉和山药蛋、粉条、豆腐、榆皮、糠、炒面、油饼等11种货物禁止出口。

8月6日　晋冀鲁豫工商总局命令组织合作生产推进委员会。

8月20日　冀鲁区公布《工商业登记暂行办法》。

8月30日　山东省临时参议会首届二次会议决定将山东省战时工作推行委员会改名为山东省行政委员会(简称为山东省政委会)。

本月　晋冀鲁豫工商机构变更,取消冀西、太北、太南、晋中分局,仍改为一至六分局。

9月7日　晋冀鲁豫工商总局指示:内地山货自由购运。

9月10日　山东省战时工作推行委员会改称山东省战时行政委员会。推黎玉为主任委员兼工商管理处处长,耿光波、吕麟为副处长,薛暮桥为工商管理处监察委员兼本会调查研究室主任。

同日　中共山东分局发布关于设立工商管理局加强对敌经济斗争工作的指示。

9月13日　赵步崇任晋冀鲁豫工商管理第二分局监察委员。

9月14日　山东省政委会制定《山东省工商管理暂行条例暨山东省各级工商管理局组织条例草案》。主任委员兼工商管理处处长黎玉、副处长耿光波和吕麟、监委薛暮桥签发训令。

同日　晋冀鲁豫工商总局指示培养合作社担任内地调剂粮食任务。

本月　晋冀鲁豫边区成立经济工作队。由缉私队改组而成,工作范围扩大。

10月1日　晋冀鲁豫边区印刊《工商通讯》,为不定期刊,石印出版。

10月3日　晋冀鲁豫边区工商总局通令所属区吸收伪钞统交银行处理。

10月4日　晋冀鲁豫边府通令严禁宰杀牲口羊只。

11月13日　晋冀鲁豫工商总局通令试办粮食交易所。交易所任务:新斗过秤,报告交易情况,交易手续费按交易额抽1%。

11月30日　山东省政委会发布《关于半年工商管理工作的指示》。

本月　晋冀鲁豫工商总局局长王兴让,监委刘裕孚及大批干部参加整风,由秘书主任郭今吾代行其职务。

本月　晋西北行政公署改名为晋绥边区行政公署。

12月15日　经胶东区行政公署决定,成立胶东区各级工商机关，前之贸易局、税务局、矿业公司、纺织局、渔盐局均分别合并或撤销。

同日　胶东工商总局成立，下设四个分局。

12月16日　工商分局长、商店经理联席会议结束。此次会议对稳定物价、调剂春荒、组织生产等作了新的决定。此次会议还决定：合作工作交政府；分局增设经营指导科，取消太行实业社，其工作归总局经营指导科，各工厂分别归各地商店统一领导。

12月20日　晋冀鲁豫工商总局通令，重要集镇建立屠宰场，规定屠宰日期，集中一地屠宰。限制屠宰牲畜，村不得私自屠宰，限制一定数目。

12月23日　晋冀鲁豫边区禁用外来纸张。自1944年1月1日起，除一、六两分区外，一律实行。

本月　山东省行政委员会公布施行《山东省工商管理暂行规程》。

1944年

1月10日　晋察冀边区工商管理局出版的第十六期《商情通报》发布"物价主表、物价附表、货币比值表"。

上旬　中共山东分局决定，中共清河区党委与中共冀鲁边区党委合并为中共渤海区党委，景晓村任书记。

1月18日　中共中央北方局财经会议召开于左权麻田，会期四天。会议确定了1944年财政预算、生产计划、物价问题、发行问题、工商局与银行关系。会议产生了工商局、银行工作草案。

1月31日　晋绥边区行署发出《关于稳定金融开展贸易的秘密指示》。

本月　晋察冀边区工商管理局改组为边区实业处工商科，行署设工商股。

2月10日　晋察冀边区行政委员会对合作社与政府的关系，合作社的设置与组织，政府对合作社的投资，合作社的业务及清理合作社账目等问题，做出指示。

2月22日　山东省政委会委任冯平为胶东区工商管理局局长。

2月24日　晋察冀边区行政委员会发布"建立经济情报制度"的决定。

3月1日　晋冀鲁豫工商局抽调大批干部整风。

3月5日　晋绥边区军区司令部、行署通令所有商店移交当地贸易局。

3月10日　山东省政委会发布《关于各级工商管理局工作关系的指示》。

3月23日　山东胶东区发布《货物出入口管理暂行办法》。

4月7日　晋冀鲁豫边府通令颁发酿酒运销办法，杜绝好粮酿酒，限制消耗。

4月21日　为冲破敌人封锁，减少入超，贯彻简政政策，畅通物资交流，晋察冀边区行政委员会对冀西地区（平汉线方面）的出入口贸易做出变更决定。

4月27日　晋冀鲁豫工商总局命令，特许出口部分大麻籽，换回必需品。

5月8日　晋冀鲁豫边区召开财经会议，决定组织检查团，检查工商局工作，清理其财产。

5月10日　晋冀鲁豫工商总局召开各分局长商店经理会议，布置麦收工作。

5月19日　晋绥边区行署、贸易总局下达通令，各机关部队对外贸易和境内商店完全委托兴业公司进行经营。

5月25日　为奖励工艺生产，晋察冀边区行政委员会公布《晋察冀边区商品牌号专用登记办法》，规定：凡工艺制造品使用之牌号，经制造人依本办法申请登记后，政府予以保护。

6月7日　晋冀鲁豫工商总局通令禁止一切纸张入口。

7月15日至21日　兴县举办骡马大会，赶会的群众和来自包头、张家口、陕甘边区的客商共7万余人次，交易额达1300万元（农币，西北农民银行发行的钞票）。

8月5日　晋绥边区行署发出《目前贸易中存在的问题与贸易工作任务与主要工作》的通知。

9月3日　晋冀鲁豫边府命令从1944年11月起一律以新市斤计算（小米每斗定16斤2两，每石162斤4两）。

9月13日　晋冀鲁豫公营商店九个县合作社经理开会，讨论物价、山货、纺织、合作社与各部门关系问题。

9月18日　中共中央北方局召开财经会议，在麻田（原辽县辖，现改为左权）举行，共开3天，决定工商局与银行合并。

9月30日　晋冀鲁豫边府委工商管理总局局

长王兴让兼任冀南银行太行区行行长，胡景 沄为副行长。

10月2日　晋绥边区行署发出《关于严行禁酒的令》。

10月9日　胶东行政公署训令：胶东行政委员会讨论通过之缉私暂行办法，即日公布施行。

10月15日　冀南银行太行区行、工商管理总局正式合并办公。地址：涉县索堡。

10月25日　晋冀鲁豫工商总局通令准予羊皮、羊毛、生铁、废铁出口。

10月29日　《山东省工商管理局组织条例》，经山东省临时参议会通过，由山东省政委会公布施行。

本月　晋冀鲁豫边府召开经济部门扩大干部会议。决议要点：（一）银行太行区行及工商局合并办公。双方负责人互相兼职，总局区行七科三室，与区银行工商局合并为银行工商分行（局），县银行办事处工商县局合并为银行工商县办局，其负责人亦互相兼职。（二）明确今后的工作。（三）制度上除会议汇报外，实行奖惩评分制度。

12月10日　晋冀鲁豫边区选举商人参议员，成立商人联合总会（简称商联会）。武乡张贵银，阳邑连昌二人当选参议员，尹守财、张丙生、张贵银当选为太行区商人联合总会常务委员。

12月30日　晋冀鲁豫边府命令严禁铜元出口，并提出处罚办法，凡走私者，除没收外，并按价处以三倍之罚金，查获者可得奖一半。

本年　晋察冀边区行政委员会发布《集市管理委员会组织简章草案》，指出：本会以执行边府贸易政策，保证境内正当贸易自由，严防物资资敌，巩固繁荣市场，并团结内外商人为宗旨。

本年　黎玉同志在山东省工商会议结束时做总结报告。

1945年

1月7日　晋冀鲁豫工商总局命令：沿边区合作社准予组织粮食出口。

1月8日　晋冀鲁豫工商总局命令组织铁出口。

1月11日　晋冀鲁豫边区召开财经会议，检查工商局、银行工作，研究运输合作和手工业问题。

1月13日　晋冀鲁豫工商总局通令严禁铜元及生熟铜出口。

1月16日　太岳行署命令，实行酒专卖，酒坊均由经济局接管。

1月20日　晋冀鲁豫边区银行、总局机关刊物《经济生活》发行，为铅印16开本，每月出版一期，发行五百册。胡景 沄兼任编委会主任委员。

1月23日　晋冀鲁豫工商总局通令换领营业证，发合作社登记证。

1月25日　晋冀鲁豫工商总局决定开放粮食面粉出口三个月。

1月27日　晋冀鲁豫工商总局发出关于商联会工作指示。建立健全各地商联会机构，加强对商人教育，组织起来，加强对敌斗争。

1月30日　晋冀鲁豫边区一区行、总局命令颁发新编制。

2月1日　胡景 沄就任银行太行区行、工商总局总稽核。

2月8日　晋绥边区行署决定成立第一专署，辖兴县、岚县、神府县。全边区共辖九个专署，四十一个县。

2月15日　晋冀鲁豫边区取消各地特种山货购运证。

2月24日　晋察冀边区行政委员会决定建立各级贸易管理局。李耕涛任边区贸易管理局局长。

2月26日　太行区行、总局召开路线研究会议，对历年来工作领导方面的方针指导路线，作了客观的分析和批判。

2月27日　太行区行总局决定：将全体干部划分为五级，区行总局首长为一级；区行总局秘书主任，各科长、分行局主任局长、监委，主要商店经理等为二级；区行总局科员、分行局科长秘书、县分局主任局长、监委、工厂商店经理、监委为三级；区行总局见习科员、分行局科员、县行局商店、工厂、秘书、股长、调研员、事务所主任、经济工作队队长为四级；以下干部为五级。

本月　晋察冀边区贸易管理局发布《集市管理办法草案》。

3月　太岳经济部门机构实行改组，生产部门、工商部门、银行部门等均合并统一到经济局领导。

4月1日　晋察冀边区行政委员会发出《关于商店设置资金问题的通知》和《关于禁止使用白洋的指示》。

4月9日　太行总局区行召开扩大会议，有各分行局主任、局长、监委及区行总局各科长参加。

4月16日　晋冀鲁豫工商总局开禁洋布入口，开放粮食出口展期。

4月22日　晋察冀边区召开贸易金融会议，展开讨论，确定当前任务。

4月23日　晋冀鲁豫边府命令决定本区制酒业完全由政府统一经营，盈余部分全归财政收入。

同日　晋察冀边区行政委员会发出《关于对敌贸易稽征管理办法的指示》，并附发《晋察冀边区对敌贸易稽征管理办法》。同日发布《关于统一采购与专卖办法的决定》。

4月25日　山东省工商总局发出《关于迅速办理营业执照的指示》。

同日　晋察冀边区行政委员会发布《关于建立新的经济情报制度及目前经济情况重点的通知》。

同日　冀中区行署发布《关于大力开展对敌经济攻势的指示》。

本月　晋察冀边区行政委员会发布《关于对敌经济斗争的布告》。

5月14日　晋绥边区行署发布《管理对外贸易办法》，主要是：为发展生产，抵制仇货，对敌实行经济斗争，凡进出口物品分为：允许、禁止、特许三种。

5月20日　晋冀鲁豫太行区行、工商总局通令，内地白银禁止私自买卖，由银行统一收购。

5月20日　晋冀鲁豫工商总局公布杜绝白银走私办法。凡私自买卖及私运出口者，均予以没收。查获者均奖以罚金之半数。

5月26日　冀中行政公署做出《关于查获白银毒品等走私案件处理的指示》。指出：查获后的处理，一律交由县以上人民法庭，按照法定手续解决，并分别向有关部门如公安局、工商局征求意见。

本月　晋冀鲁豫工商总局指示取消评分制度。根据4月会议决议，检查该制度缺点甚多，故予以取消。

6月1日　晋冀鲁豫工商总局通令执行新的纸烟专卖办法。

6月6日　晋绥边区行署发出《关于加强对赤金管理的令》。

6月9日　晋冀鲁豫银行总行行长兼太行区行工商总局监委赖勤同志逝世。

6月12日　晋绥边区行署重申《杜绝银洋行使的令》。

6月17日　为了免除根据地不必要的浪费与消耗，积备物资，准备反攻和防止灾荒，冀中行署决定：禁止烧卖酒及分类禁止外货入境。

6月24日　晋绥边区行署下达《关于请求出口赤金者，经贸易局批准，并缴纳保证金的令》。

6月27日　晋冀鲁豫边府、军区下达《关于市场上出卖缴获之胜利品规定的联合通令》。

6月29日　晋绥边区行署发出《要迅速纠正在工商业中对外贸易自由主义的现象的训令》。

同日　山东省政委会召开工商工作会议，讨论工商管理工作的方针、政策和对敌经济斗争等问题。

7月23日　《大众日报》发表题为《庆祝全省工商工作会议的成功，加强经济战线上的斗争》的社论，社论指出，工商局成立不过两年，在对敌斗争中取得了很大胜利，总结了成绩，制定了今后工作的方向。

7月25日　冀中行署颁发《出入口贸易管理办法》。

8月10日　中共中央宣布改山东省行政委员会为山东省人民政府，黎玉任省政府主席。

8月13日　山东省政府发布命令，要求各地工商管理局实行下列紧急措施：①准备机构干部，掌握重要城市及经济中心。②协同军政机关接受海关及敌银行、洋行、工矿。③调剂本币。④保护贸易。⑤吸收人员。

8月15日　山东省府制定城市经济工作纲要，指出军事时期城市经济工作应以掌握资财、保障供给为中心。

8月18日　山东省府发出占领城市后与法币斗争的秘密指示。

8月26日　晋冀鲁豫边区政府颁布边区新光复城市若干具体问题处理办法。

8月29日　山东省政府发布关于北海银行本币通用的布告。指出所发行的北海银行本币今后不分地区，统一流通。

9月13日　山东省政府要求工商部门迅速发行本币，排挤法币伪钞；低价兑收法币伪钞，利用敌伪拍卖存货机会大量吸收物资，稳定内地物价。

9月15日　晋察冀边区行政委员会发布关于货币金融政策的布告，规定：晋察冀边区银行钞票(简称边币)，为本区法定通货。

9月19日　晋绥边区行署颁布命令，绥蒙行署改绥蒙政府，乌兰夫任主席，杨植霖任副主席。

同日　中共中央指出，山东分局改为华东局，饶漱石、陈毅到山东工作，罗荣桓到东北工作。

9月23日　张家口市政府颁发《发展工商业的通告》，决定：本市私营工商各业10日内均应向本府建设局申请登记，领取登记证，否则，均以歇业论。

9月25日　晋察冀边区行政委员会冀热辽行署发布《关于接收敌伪经营事业的指示》指出：凡敌伪经营事业可资利用者，我收复该地后，不得破坏，并由县以上政府，迅速派人管理经营。

9月26日　烟台市光复后，我政府执行正确的工商政策，市面迅速繁荣，三千余商人自动集结游行，庆祝贸易自由。

9月28日　晋察冀边区行政委员会修正《晋察冀边区对敌贸易稽征管理办法》的第五、六两条。

10月5日　山东省人民政府发出工商工作补充指示，根据新情况，对工商工作提出了具体意见：①工商工作仍当以对敌经济斗争为主要任务，同时注意解放区的经济建设。②货币斗争应把重点放在新解放区，迅速排挤伪钞。③贸易斗争首先加紧对敌占大城市的经济封锁。④生产建设发展公营工业，扶助私营工业和群众手工业生产，组织运输，便利贸易，繁荣市场。⑤清查没收物资，整理税收，完成更多的财政任务，解决非常时期的财政困难。⑥加强各地区间的联系，省实业厅准备设立工商总局，加强政策方针和斗争方法上的指导。

10月6日　晋察冀边区贸易管理局令边区贸易公司开设贸易介绍处。

10月7日　杨波发表《新解放区集市管理》的文章，主要内容：①成立集市交易所。②交易人员的配备。③手续费的收法及分配。

10月10日　晋冀鲁豫边府秘字33号命令，委任吴作民为冀南银行太行区行、工商管理总局监察委员。

10月13日　晋察冀边区行政委员会重申，在交易中，一律禁止使用白洋。

同日　张家口市政府颁发布告：过去各同业公会及商会一律解散取消，另由各业商民自愿组织各业联合会，并可用民主选举方式，成立总商会。

10月14日　晋绥边区行署发出《关于严禁金银外流的通知》。

10月15日　晋察冀边区建立财政经济委员会，聘请宋劭文为财政经济委员会主任委员。

10月17日　晋察冀边区设立禁烟督察局，专司鸦片之收买、缉私、烟民之登记、教育、戒除等事项，以加强对鸦片的管理。

同日　晋绥边区行署发出《关于严禁蒸酒，杜绝粮食浪费的令》。

10月30日　晋冀鲁豫边区行政区划重新划分后，工商、银行机构调整。任命新的各分行局长、副局长、监委。

同日　晋察冀边区行政委员会发布《关于清理敌伪财产问题的布告》。

11月2日　晋冀鲁豫边府颁布禁使银币施行办法。

同日　冀热辽区行署为整理金矿，增加收入颁发《关于金矿管理办法的指示》。

11月8日　晋绥边区行署发出《关于缉私奖励的令》。

11月11日　晋察冀边区行政委员会冀热辽行署就对内对外贸易工作做出具体指示，以活跃内地贸易和加强对敌经济斗争。

11月15日　张家口市政府建设局就牙纪管理做出决定：全市各种牙纪至11月底止，均须到各所在地区公所登记，发给登记证后（牙纪）方准营业。

11月18日　《晋察冀日报》刊登《晋察冀边区张家口市旅店规则》。

11月20日　为纠正区边物流不畅，物价不稳，缉私紊乱等现象，晋察冀边区行政委员会冀热辽区行政公署颁发《关于出入口贸易与缉私办法的布告》。

11月21日　为贯彻晋察冀边区禁烟法令，晋察冀边区行政委员会发出《关于执行禁烟缉私办法注意事项的通知》。

11月25日　太行行署奉令正式成立。

11月30日　晋绥边区行署下达对新解放区所存货物管理的令。

12月10日　晋察冀边区行政委员会决定，煤矿停止自行卖煤，除供给电厂铁路使用外，统交由裕民燃料公司统运统卖。

12月18日　山东省政府公布全省八年战争中损失情况，死亡人数668143人，经济损失12447708万元（北海币）。

12月29日　太行工商局成立并与冀南银行太行区行分开办公。吴作民任太行工商局局长。总局不再兼作太行区局工作。

1946年

1月9日　太行工商管理局命令工商行政工作移交政府，现有工商干部及档案全数交政府部门管理。

1月10日　冀中行署发布《关于修定出入口货物管理，加强贸易机构及处理报解私货税款的决定》。

1月18日　晋察冀边区行政委员会制发鸦片缉私检查凭照并令各级公安司法部门协助缉私工作与处理烟犯。

1月25日　启用"晋冀鲁豫边区政府太行工商局"关防(印)。

1月27日　山东省人民政府第三次委员会议决定增设机构调动任用干部命令。公布实业厅副厅长石英兼工商局长，范醒之为副局长。

2月11日　山东省人民政府发布命令：撤销一切封锁禁令，并利用放出物资机会加紧货币斗争。

2月22日　山东省人民政府发出关于1946年上半年工商工作任务及合并鲁南、鲁中、滨海三地区工商总局成立省工商总局的决定。

2月28日　晋绥边区行署发出《关于牲畜准许入口，禁止出口，皮毛准许出口的令》。

同日　晋察冀边区行政委员会冀中区行署决定停止封锁缉私，对外贸易管理工作采取税收保护政策，撤销各级贸易管理局。

3月1日　晋察冀边区行政委员会决定将现有公营工厂24处转让于私人或吸收私人投资，成为公私合营，并决定组织"兴华实业公司"统一各厂的管理，办理投股转让筹划新建工厂事宜。

3月5日　山东省人民政府发布命令，公布山东省各级工商局修正组织条例。

3月13日　晋绥边区行署重申前令，边区着重使用农币，非本位币一律禁用。

3月24日　太行工商管理局命令，加强调查研究，缩减本身经营，发展民营事业。

3月27日　晋冀鲁豫工商管理总局通令内地贸易运输自由，取消购运证。

4月16日　晋察冀边区将原有之利民广告合作社扩充为利民广告公司，自5月1日起正式营业。

4月24日　冀东区颁发《牙纪管理登记规则》。

4月26日　晋绥边区行署发布《关于外购食盐由贸易局统一入口的令》。

4月27日　晋冀鲁豫边府任命徐林汉为太行工商局长，王久敬为副局长。吴作民另有任用。

4月30日　山东省工商总局关于各分局工厂及原区局所管工厂等一律由行政公署实业处领导的通令。

5月8日　赐儿山庙会盛况空前，赶会群众达七万人。为维护秩序，成立了庙会管理委员会。

5月10日　晋察冀边区行政委员会重新调整行政机构及经济管理原则。

5月18日　薛暮桥在《大众日报》发表文章谈和平建设中的经济政策。

5月26日　晋察冀边区为加强农林工商事业的领导，取消实业处和工矿管理局，改设农业处、工商处。工商处长由宋劭文兼任，副处长姚依林、江泽民；察哈尔省工商厅厅长刘仁术，副厅长尚子锦；热河省工商厅厅长韩祐庵，副厅长阎颐行；冀中行署工商厅厅长罗玉川、副厅长周化民；冀晋行署工商厅厅长杨耕田，副厅长刘毅；冀东行署工商厅厅长李耕涛，副厅长王志群。

5月27日　冀晋区行署发布《关于实行牲畜交易手续费暂行办法的指示》。

5月30日　晋察冀边区银行为扶助张家口市私营商业的发展，确定发放1万万元商业贷款。

6月3日　晋绥边区行署发出《关于严禁粮食出口的令》。

6月4日　晋绥边区行署发出《关于黄河水运交通之检查的通令》。

6月25日　晋绥边区行署发出《关于免征出入境货物税的指示》。解放区之间除毒品严格查禁，粮食不准随便出口，棉花相对管理外，其他货物一律准许自由出入买卖。

本月　晋冀鲁豫边府公布保证现金现银禁使银币暂行办法。凡本区市场交易、款项往来，一律以冀南银行钞票(鲁钞同)为本位币。现金现银银币禁止使用。

本月　山东省工商总局发出《关于维护市场物价问题的通令》。

7月1日　冀中区党委针对目前经济斗争的形势，制定《关于目前经济斗争的紧急措施》。

同日　冀晋行政公署公布《冀晋区斗秤布匹交易手续费暂行办法》。

7月15日　晋察冀边区行政委员会划分各级工商部门职权范围。

同日　晋察冀边区行政委员会投资设立边区贸易总公司,并规定贸易总公司及各地分公司的领导关系。

同日　晋察冀边区冀晋区行政公署颁发《晋察冀边区冀晋区出入口贸易管理暂行办法》。

同日　为执行发展私人资本的方针,山东惠民市公营商店一律停业。

7月25日　为保护边区境内民族工业手工业与稳定物价,发展农工生产,杜绝杂钞在境内流通,晋察冀边区行政委员会颁发《晋察冀边区进出口贸易及外汇管理办法》和《实施细则》。

8月4日　边区政府公布《晋冀鲁豫边区保护与发展民族工业办法》,奖励境内实业家在边区投资。

同日　晋察冀边区行政委员会公布《保护与发展民族工业暂行办法》。

8月10日　为了便于掌握了解冀晋区机关部队商店设置与经营情况,冀晋行政公署决定凡本冀晋区分区以上之机关部队商店统归行署进行登记,领取营业执照;非本冀晋区在冀晋设置之机关部队商店仍在设置所在地政府领取营业执照。

8月14日　太行工商管理局通知税收工作移交工商局办理。

同日　山东省工商总局发布《关于加强今后对敌经济封锁工作的指示》。

8月28日　晋绥边区行署发出《关于禁止修筑铁道器材出口的令》。

8月29日　晋冀鲁豫边府颁发施行《商标注册办法》。

本月　薛暮桥谈工商管理工作的方针和政策。

9月9日　晋绥边区行署发出通令,禁止纸烟入口,避免消耗财富。

9月11日　晋绥边区行署发布《关于禁止外产纸烟入口的令》。

9月23日　太行区工商管理局于9月21日移驻长治,10月1日在新址办公。

9月25日　晋绥边区行署、军区司令部下达取消各级转运站、采买处等名义,如专为经商,须用正式商店名义,遵循当地贸易政策。

下旬　山东省工商总局召开鲁中、鲁南、滨海三个地区九个工商分局的分局长会议,讨论今后的工作方针与任务,会议历时半月。实业厅厅长薛暮桥和总局局长石英主持会议。会议决定以下决议:①稳定货币物价方针。②扶植生产事业。③加强地区间和各友邻区的物资调剂与物资交流。④加强食盐管理工作。⑤加强税收。⑥精简合并工商机构,停止工商机关生产的贸易生产部分。

10月1日　冀中区颁发《斗秤布匹木货交易费征收暂行办法》(草案)。

10月2日　晋绥边区行署颁发关于严禁银洋法币周使之指示。

10月10日　山东工商总局召开分局长会议,要求大力稳定物价,发展群众手工业。

10月11日　晋绥边区行署发出《关于铁道器材原禁物仍有效外,开放木材(枕木、道木等)的通知》。

10月16日　冀晋行政公署发出《加强对敌经济封锁,畅通内地物资交流》的指示。

10月30日　山东省工商总局在《关于战时工商工作中各项具体工作处理的指示》中,就粮食转运问题、烧酒问题、食盐问题、贸易工作、税收工作和领导问题提出了具体意见。

11月1日　冀中区行政公署制定公布《冀中区粮食交易费征收暂行办法》、《冀中区棉花交易费征收暂行办法》和《冀中区土布交易费征收暂行办法》。

11月6日　冀晋区组织成立"物资交流管理委员会",齐佩轩任主任,方涛、史冲、胡佩叶任委员。

11月14日　山东省工商总局发出指示,加强今后对敌经济封锁的工作。

11月22日　山东省工商总局通令所属禁止机关贸易,严格各种制度。

11月23日　晋绥边区行署发布关于《禁止化妆品、迷信品入口的令》。

11月26日　晋绥边区行署发出《关于军用器材、铁丝复线严禁出口的令》。

12月1日　山东工商总局通令:严禁机关贸易生产。

12月8日　晋绥边区行署发出《关于对外来酒禁止入口的令》。

12月12日　山东省工商总局直属贸易公司正式成立。主要任务是:有效地保证自卫战争中各种主要军需品的供给,并适当调剂各地区之土产品出口,加强今后之对外贸易斗争。

12月15日　山东省工商总局作出关于出版《山东工商报》的决定。

12月22日　晋冀行政公署作出领导商会，管理牙纪的指示。

本季　山东省工商总局制定公布山东省各级工商局修正组织条例。

本年　晋察冀边区行政委员会发布《关于目前对顽经济斗争和工商工作的决定》。

1947年

1月2日　为研究商业政策和市场管理，冀晋行政公署发出关于市场调查大纲的紧急通知，要求由税局、工商、商店三个部门共同组织力量进行，于1月8日前完成，按期报到贸易公司。

1月4日　晋绥边区行署发出《关于禁止化妆品、迷信品转运，只准当地销售的通知》。

1月9日　晋绥边区行署发出《关于严禁贩卖外产纸烟的令》。

1月14日　山东淄博工商分局组织武工队保护集市。

1月16日　冀东行政公署通知各县，严禁粮食走私，加强边沿区缉私工作。

1月17日　山东省工商总局发出关于上半年工商工作方针与任务的指示，提出上半年工商工作方针首先应该是保证完成在工商部门中对战争中财政与物资的供给任务，同时要使物价相对稳定，以求群众生活安定，保护工商业的发展。因此决定上半年以扩大收入，稳定物价为工商工作主要任务。

1月18日　晋察冀边区行政委员会决定成立财经办事处，统一掌管边区财政、审计、金融、工商、出入口贸易工作。边区、省的行署工商处、审计委员会、税局撤销。主任黄敬，副主任柯庆施。各省、行署均设财经办事处。

1月28日　冀中行政公署将行署至县府的工商部门、县稽征处及各级税务局，合并成立工商管理局。局长赵介，副局长王南秋、杜新波。

同日　太行工商管理局指示换领营业证，发出入口营业证。营业证分甲、乙、合作、出入口四种。

1月30日　晋绥边区行署发布《关于严禁美货入境的通令》。

2月1日　渤海工商局发布《特种物资专卖办法》。

2月1日至10日　冀中行政公署八分区召开财经会议，决定展开对敌经济斗争。

2月5日　冀晋行署实行《冀晋区牲畜布匹斗交易手续费暂行办法》。

2月10日　察哈尔省政府发出《关于旧存违禁品的处理办法的通知》。

2月11日　察哈尔省颁发《察哈尔省机关商店管理办法》。

同日　冀中行署成立财经办事处。主任金城，副主任戴冀农，秘书长周化民。

同日　山东渤海行署公布《商标登记注册暂行办法》。

本月　山东省工商总局制订《山东解放区海口出入口货物管理办法》。

本月　太行工商管理局施行商标登记。

3月1日　冀晋区委、行署、群众团体、军区司令部、政治部发出"抵制美货及开展使用土货运动"的联合指示，指出使用土货是当前对敌经济斗争，反对美货倾销与发展根据地生产的迫切问题。要求全体干部群众树立"使用土货，不用洋货"的风气。

3月5日　《冀中导报》发表文章，谈"发展土货中的商标问题"。文章指出边区的工业产品中存在不少乱用和冒用商标的现象，建议生产者应建立自己的商标，并努力提高产品质量。

同日　晋冀鲁豫边府委任吴作民同志为太行区工商局局长，谭胜月、徐林汉为副局长。

3月中旬　中共中央决定成立西北局财经委员会，统一领导陕甘宁、晋绥的财经工作，集中两边区的人力、财力、物力，支援西北战场。

3月18日　晋绥边区第三分区专员公署发出《关于缉私工作的指示》。

3月23日　察哈尔省委、军区、省政府、武委会联合颁发《关于开展抵制美货运动加强缉私工作的指示》。

4月5日　冀东区颁发《没收商品处理办法》。

同日　察哈尔省政府发出《关于争取主动掌握物资加强对敌经济斗争的通知》。

4月10日　察哈尔省政府根据《晋察冀边区出入口贸易外汇管理办法》及本省的具体情况，制定颁发《贸汇管理办法》。

5月2日　察哈尔省政府颁发《关于执行采购

必需物资特许入口暂行办法的指示》。

5月9日 冀中区召开财经会议，边委会宋劭文主任作《目前财经工作中的几个问题》的报告。

5月15日 冀东行政公署颁发《严禁运粮到蒋管区的布告》。

5月17日 晋绥边区发出《关于严惩奸商，严禁银洋的令》。

5月22日 晋绥边区行署火柴厂成立，发出《禁止外来火柴进口的命令》。

6月2日 中共中央晋绥分局发布《关于不准调离财经贸易税收工作人员的通知》。

6月4日 为粉碎日寇"经济毁灭边区"的阴谋，稳定边区的财政经济，晋察冀边区行政委员会颁发《出入口货物分类处理表及仇货登记办法》。

6月17日 察哈尔省政府通知各地，立即加强缉私，严禁食油走私外流。

6月18日 山东省工商总局紧急通令：禁止生米、生油、黄烟出口。

6月20日 山东省人民政府为保护群众利益，发展经济，保证战时供给，发出关于各部队机关贸易生产自给任务的通令，规定各部门经营之贸易及工厂作坊一律交工商局接受。

6月23日 《冀东日报》发表文章："迁安市面繁荣超过蒋占时二十倍"。

6月25日 山东省政府公布《土产品出口管理暂行办法》。

7月4日 察哈尔省政府发出通知：禁止洋靛入口，限制染坊使用洋靛。

7月6日 晋察冀边区行政委员会发出通知：今年十月份起全边区统一使用市秤。

7月27日 晋绥行署发出《严禁银洋周使的通知》。

7月28日 冀东行政公署发出《关于畅通内地贸易，调剂军民需要的通知》。

7月31日 山东省政府通令严禁机关部队从事工商业。

同日 察哈尔省政府发出《关于公营商店接收旧存外货处理办法的通知》。

本月 山东省工商总局发出《关于统一管理解放区海口的命令》。

本月 冀中行署工商局发出关于沟通新老解放区的物资，加强新解放区顽美货的管理的通知。

8月5日 为保证战时供给，便利我野战军运动作战，山东省工商总局向各分局发出指示，各分局今后领导归当地党政机关。

8月21日 山东省人民政府任命顾准为山东省工商总局副局长，财政厅副厅长李人俊免去工商总局副局长兼职。

8月27日 晋绥边区行署发出《关于火柴运销问题的令》。

8月31日 晋绥边区行署发出《关于缉私提奖的通知》。

9月9日 《冀中导报》刊登金城在第二届财经会议上的总结报告《财经工作和任务》。

9月中旬 召开太行区工商管理局分市县局长会议，区局长吴作民在会议上作了总结报告。

9月26日 冀东行政公署成立禁烟督察局，局长高敬之，副局长王眉□。

9月28日 冀东行政公署公布实行《商标注册暂行办法》。

10月5日 华北人民政府命令公营企业商标禁用外文。

10月11日 冀东行政公署指示各地：严禁走私棉花运往蒋管区。

11月6日 晋绥边区行署发布《关于严禁洋蓝入境，保护发展土兰生产的令》。

11月8日 晋绥边区行署发出《关于制发土产运销证的通知》。

11月9日 晋绥边区行署发出《严禁贩卖外产纸烟的令》。

11月13日 晋察冀边区行政委员会决定设立工商处，姚依林任处长。各行署设厅、专署，县设局。各级工商机关受各级财经办事处领导。

12月3日 山东省政府布告《严禁宰杀耕牛》。

12月28日 渤海工商局指示取消斗秤行佣剥削。

12月30日 山东省财政会议通过《工商工作决议》，共分烧酒、盐务、税务、贸易、工商机构五个部分。

本年 冀中行政公署工商处召开会议，总结工作，介绍经验。

本年 冀东区制定实行《粮食专卖暂行办法》、《运输花生（米）、花生油、肥猪出口之商贩暂行管理办法》和《运输洋纱洋布入口商贩暂行管理办法》。

1948 年

1月14日　山东省政府颁发《征收交易税与交易员登记管理暂行条例》。

1月15日　石家庄市民主政府发出布告，保护与发展该市民族工商业。

1月20日　冀东行政公署发出布告：严厉禁止法币、关金、伪满币、国民党九省流通券在本区流通。

（注：法币、关金为国民党中央银行发行的货币，伪满币为日伪金融机构发行之货币）

同日　太行行署命令：工商区局、分局、内地县局取消，改设各专县工商科，行署设工商处，制定各专县工商科编制。

2月1日　晋绥边区行署发布《关于纠正执行工商业政策中错误问题的指示》。

2月11日　冀南行署通令，为加强对工商业的领导，工商与税务分开，机构单设。

2月12日　冀中行政公署发布《关于贯彻保护工商业政策的指示》。

2月15日　山东省人民政府命令杨浩庐接任山东省工商总局副局长。

同日　冀中行政公署发布《关于保护和发展高阳工业，对其所遗资财清理保管办法的布告》和《关于保护运输船只大车的指示》。

2月21日　山东省人民政府发出布告，严禁生金银、元宝、银元、铜元等买卖交易。

同日　冀中成立出入口管理局，专门管理对敌经济斗争工作。

同日　冀东行署发布指示：决定只准冀东酒业公司领导的烧锅烧酒，其他无论任何机关、部队、合作社及个人都不准烧酒。

2月26日　太行工商管理局奉命改为太行行署工商处。

2月28日　晋绥边区行署发出关于2月1日指示中，对违纪商人罚款过重者，退款方法的补充指示。

3月4日　晋察冀边区贸易公司召集全边区总店以上代表数十人举行物价会议。明确规定了“稳定物价”为贸易部门在大生产运动中的唯一任务。

3月11日　晋绥边区行署颁发《陕甘宁、晋绥边区缉私办法的令》。

3月12日　冀中行政公署发布《关于继续贯彻保护工商业政策，坚决纠正侵犯工商业错误的再次指示》。

3月27日　冀东行政公署通令各地：严禁机关、部队买卖粮食。

3月29日　冀中行政公署指示各地，恢复和繁荣庙会。有庙会的地方，在县工商局直接领导下，设庙会管理委员会。

本月　晋绥边区行署作出对工商业负担政策的检查。

4月2日　冀察热区行政公署颁布《发展工商业暂行办法》。

4月3日　晋察冀边区行政委员会发布《关于土改中保护工商业问题的指示》。

4月7日　任邱县工商局，为制止走私，开展反蒋美货运动，在大清河两岸，建立缉私带，实行棉、粮冻结。

4月12日　《晋察冀日报》刊登文章：石家庄市工商业日益发展，全市已领取营业执照的大、小商户共达5921家，从业人员14016人。

4月15日　晋察冀边区行政委员会和晋冀鲁豫边区政府联合颁发《关于冀钞边钞互相流通的联合布告》。

4月25日　北岳行署发布《关于特货出口换取入口货物的规定》。

4月30日　冀中行政公署公布《火硝专买专卖与奖励缉私办法》。

下旬　山东省工商总局召集鲁南各地工商分局长及部分县局长、商店经理开会，检查1、2、3月份扶持群众生产救灾工作。关于今后工商工作，总局认为必须继续贯彻生产救灾的方针，同时要加强党的统一领导。

5月8日　河间县工会，号召各鞋厂自由结合，自订商标注册。

5月9日　晋绥分局通知各地贸易公司改为工商局。各分区、县工商局长参加地委、县委，由各地委、县委审查报告，分局批准。

5月10日　晋绥边区行署发出《关于发展生产的指示》和《恢复发展煤业生产办法》。

同日　中共晋冀鲁豫中央局对工商业政策发出指示：（一）严格禁止侵犯斗争工商业，保护一切工商业。（二）一切工厂、部队、机关、商店、取消特权，与民营同等对待；接受当地党政领导。（三）取缔地方上所加于工商业的苛杂。

5月20日　冀察热辽长城银行冀热察分行为了发展本区之手工业、工业生产,开展群众运销、繁荣市场,发放工商业贷款。

5月30日　晋绥边区行署发出《关于禁止洋蓝布在边区流通的通知》。

本月　晋绥边区行署颁发《关于保护工商业的布告》。

本月　贺龙在《晋绥边区生产会议上的讲话》中提出:“发展生产,解决生活”,“发展生产,保证供给”,“发展生产,稳定金融”为今后财经工作的总方针。

本月　华北解放区工商会议于5月17日至6月27日召开,会议根据“发展生产、繁荣经济、公私兼顾、劳资两利”的方针,制订出工商行政管理、公私营关系、工商业负担、保护工商业等具体政策和工商联合会章程,已被侵犯的工商业处理办法等,检查了过去工作中的缺点,成为以后工商业发展的新起点。

6月10日　晋绥边区行署决定,各级贸易公司从即日起改为工商局。

6月12日　晋冀鲁豫边区政府与晋察冀边区行政委员会合并后,成立晋冀鲁豫、晋察冀联合委员会工商厅,厅长姚依林,副厅长林海云。

6月15日　冀中行政公署决定:现洋白银禁止市面流通,并加以严格管理。

6月24日　在历时一个多月的华北工商会议上,薄一波作总结报告。

6月28日　晋冀鲁豫边区政府、晋察冀边区行政委员会工商厅开始办公。

本月　山东省工商总局公布《发展工业的劳动政策与税收政策》。

7月11日　晋绥边区行署发布《缉获外产纸烟交工商局转临近口岸处理的通令》。

7月12日　胶东工商局发布《食盐缉私提奖手续的决定》。

7月15日　晋绥边区行署发出《严禁美蒋敌货入口的通令》。

7月19日　晋冀鲁豫边区政府和晋察冀边区行政委员会通令。1.全区所有集市一律准许自由成交,任何交易所、私人行栈及交易员(牙纪),均不得加以限制。2.准许私人设立行栈。3.较大的集市,由当地政府或工商管理机关组织集市管理委员会。

7月25日　潍坊特别市市政府布告《本市商人一律进行登记》。

同日　晋绥边区行署发出《关于对缉私外产纸烟提高奖金的通令》。

本月　山东省工商总局制订对外贸易的指示。甲、对外贸易情况。乙、方针政策。丙、主要物资管理和经营方法。丁、下半年出入口计划。戊、统一领导,加强贸易领导。

本月　晋绥边区原八分区的7个县,九分区的灵石县,六分区的忻县,与太行、太岳、晋察冀各一部分县组织成晋中区,划归华北解放区管辖。原太岳区的赵城、洪洞以南十九县划归晋绥解放区管辖,设第11专署。晋绥解放区在山西共辖8个分区、58县。

8月8日　华北工商业会议确定公私营工商业关系。

8月10日　华北工商业会议对于私营工商业中劳资、东伙、师徒关系问题,根据劳资两利的方针及针对过去缺点与现存问题确定,纠正过高劳动条件,保障劳资契约自由。

同日　华东财经办事处作出关于山东各级工商机构编制与组织领导等问题的决定。规定原工商总局改为华东财经办事处工商部。

8月13日　晋绥边区行署发出《关于缉获物资处理问题的通知》。

同日　晋绥边区行署、河防司令部发出《关于加强缉私工作的联合通令》。

8月15日　晋冀鲁豫、晋察冀边府联合通令,取消集市交易所统制交易,准许自由成交,准许私人设立行栈,集市交易员必须向集市管理委员会登记领证。通过交易员和行栈办理成交的交纳交易手续费。

8月18日　华北工商会议规定《工商业负担办法》。

8月22日　冀中第九专区工商管理局指示各县局:在目前工商税借征工作中应结合完成如下几点:1.继续突击完成工商户登记及营业证换发工作。2.结合完成纸业、油业、纺织业、铁木业的一般调查。

9月19日　冀中行政公署发出紧急指示,开展反假票的群众运动。

9月20日　华北人民政府正式成立。

9月22日　临汾市工商局和银行给254个工厂、商号贷款10亿6100万元农币,使其复业。全市共有工厂、商店、作坊714户,摊贩1470户。

9月26日　华北人民政府成立后,设立工商部。部长姚依林,副部长林海云。

9月29日　晋绥边区行署发出逐步取消斗佣员的令。

本月　晋绥边区行署下达《城镇店栈暂行规则办法》的令。

10月1日　北岳行政公署发出《关于扶植土靛生产的通知》。

10月5日　山东省人民政府发布布告指出:为便利华北与山东两解放区货物交流,从本日开始,冀南银行、晋察冀边区银行所发行之钞票与北海银行之钞票,在华北与山东两解放区准许互相流通。

10月7日　晋绥边区行署通令,决定成立晋南禁烟督察处。原晋绥工商局晋南采办处处长杨宗胜、副处长关明臣分别任督察处正、副处长。

10月11日　华东财经办事处工商部发出关于加强边缘封锁缉私工作的通知。

10月16日　晋绥边区行署发出《关于准许烟酒自由运销的令》。

10月20日　为便利华北与陕甘宁、晋绥两解放区货物交易,华北人民政府与陕甘宁、晋绥边区政府商定,将华北与陕甘宁、晋绥两区所发行之冀南钞和西北农钞固定比价,互相流通,并规定具体办法。

10月23日　山东潍坊市法院判决伪造商标案。

本月　冀南行署工商管理局与贸易公司分家,建立工商处,11月又分出税务局。

本月　华北、华东解放区的20余家国营贸易单位,到临清市互相抬价抢购棉绒150万斤,80天内棉价暴涨57%,引起一般物价上涨,私商投机从中买空卖空,掺假使潮,使国库损失冀币3亿500万元的"事件",受到批判处理。

11月20日　华东财经办事处工商部通令禁止敌区商标入口。

11月28日　北岳行政公署根据工作中的缺点和具体情况,对当前工商工作作出指示。

11月30日　北岳行政公署工商处提出进行行业调查的意见。

12月1日　华北、华东、晋绥、陕甘宁四解放区联合成立中国人民银行,统一币制。

12月4日　冀中行政公署发出《关于限期建立各级税务机关,工商部门从速办理人员划拨及交代的通知》。

12月13日　冀中行政公署秘书长戴冀农升任副主任兼工商处长。

12月15日　山东省政府公布《山东解放区进出口贸易管理暂行办法》。

12月18日　华北人民政府颁布《华北区工商业申请营业登记暂行办法》。

12月20日　为了加强工商管理队伍,冀中行政公署工商处发出《关于填报各级工商组织力量的通知》。

12月23日　陕甘宁、晋绥行署发布《关于目前掌握物价问题的指示》,要求政府及工商局应有效的管理市场,较大市场需成立市场管理委员会。

12月31日　太岳行署发出集市管理委员会指示,其目的在于使市场正常繁荣发展,研究市场经济动态,掌握和稳定物价,反对奸商投机取巧,操纵居奇,进行工商业政策教育,加强经济各部门的联系。由工商科、公安局、税务局、贸易公司、银行、联社、公营商店等主要负责人为委员组成。

本月　陕甘宁、晋绥边区政府、军区司令部为继续贯彻统购政策,以及保证各种禁令的彻底执行起见,除修正颁发陕甘宁晋绥两边区暂行缉私规章外,特发出今后缉私工作的指示。

1949年

1月18日　华北人民政府发布指示:禁止在各大矿区继续开小窑挖煤。

1月20日　济南市政府公布《工商业登记暂行规程》。

1月27日　山东省人民政府、华东财经办事处、华中行政办事处颁发布告,特将山东、华中两地区合法流通的货币公布如下:山东境内合法流通的货币有中国人民银行钞票、北海币、冀中币、晋察冀币、华中币共五种,其中以中国人民银行钞票为主币,其余四种为辅币,都一律合法流通,任何人不得拒用。

1月31日　华北人民政府重申前令:严禁公营企业各机关在私营银号中存款。

本月　华北人民政府及工商部指示布置,全区进行工商业大调查。

2月2日　冀中行署召开各专署及直属市工商科局长会议,对2月份工商工作作出具体指示。

2月5日　华北人民政府颁发机关生产决定。规定机关生产不得从事商业活动,投机谋利。

2月7日　华北人民政府工商部发出指示:禁止公营贸易机关到邻区采购物资。

2月8日　华北人民政府工商部发布《关于执行华北区工商业申请营业登记暂行办法的指示》。

同日　冀中第九专员公署指示各县、市工商机构务于2月20日前充实健全起来。

2月14日　晋绥边区行署发出《关于对酿酒严格管理的令》。

2月15日　晋绥解放区与陕甘宁解放区合并。原晋绥边区行署撤销,分别划为晋西北、晋南行政公署,统受陕甘宁边区政府领导,刘景范为边区政府代理主席。

同日　冀中行政公署工商处发布《关于企业部所属各工厂需花生油由贸总统一收购的通知》。

2月28日　冀中行政公署发布《关于工商业申请营业登记办法的指示》。

3月1日　石家庄市合作总社举办"农民服务所"加强城乡联系和物资支流。

3月2日　冀中行政公署发出《关于便利城乡物资交流的通知》。

3月5日　华北人民政府通知各地:今后公营工厂、商店的招牌上及公营企业一切产品上或其商标上,除出口商品外,一律只准写中国字,禁止用任何外国文字或拼音字。

同日　冀中行政公署工商处发出《关于注册商标换取新证的通知》。

同日　鉴于华北各地物价高,晋绥各地物价低,为防止发生剧烈的波动,晋西北贸易公司指示各地主动采取提价办法。

同日　太岳行署指示贯彻华北人民政府颁发之《工商业申请营业登记暂行办法》,重新颁发营业证。

3月6日　太岳行署发出《工商业申请营业登记办法指示》。

3月11日　冀中区第九专署指示各地,加强市场管理,稳定物价。

3月15日　华北人民政府公布《华北区对外贸易管理暂行办法》。

3月21日　冀中行政公署发出指示:严格禁止使用银元与买卖金银。

3月25日　冀中行政公署抄制总结提纲,要求各专署、县及保定市,对市场管理工作进行总结,并于4月15日前报至该署。

同日　冀中行政公署发布《关于办理出入口商登记手续的规定》。

3月26日　华北人民政府颁发《华北区对外贸易管理暂行办法》。

本月　山东省政府颁布《酒类专酿暂行条例》。

本月　华北贸易总公司召开全区专业公司经理联系会议,确定内地贸易经营方针。

本月　中共中央华东局南下,中共山东分局重新成立,康生任书记。

4月2日　山东人民政府发布布告,康生任省人民政府主席,郭子方、方毅分别任第一、第二副主席。

4月6日　山东省人民政府在济南召开全省第一次工商行政会议。省工商部负责人在会上作了报告,提出工商行政工作的基本任务是根据党的经济政策,统一国营经济的步调,指导和管理私营工商业,检查和研究各部门对工商业政策的执行情形。

4月19日　冀中行政公署通知各地:购买山东黄烟须经华北贸易公司统一采购。

4月26日　历时两月零二十天,济南市工商业登记结束。

4月27日　华北人民政府颁布《华北区私营银钱业管理暂行办法》。

同日　华北人民政府颁布《华北区金银管理暂行办法》。规定:金银包括金块、金条、金砂、银块、银条、银币、元宝、金银质首饰及其他杂质金银。除经本府批准特许出境者外,严禁一切金银卖出解放区。内地不得用以计价、行使、流通与私相买卖。

4月30日　陕甘宁晋绥边区缉私委员会、财政厅联合下达《关于各分区缉私委员会组织领导与手续制度问题的通知》。分区缉委会应由专员、分区司令员、保安科长、二科长、工商局长、税务局长等七人组成,专员、司令员任正副主任,税务局长任秘书,缉委会另设一业务秘书。

5月3日　华北人民政府发布关于执行华北区金银管理办法的指示。

5月4日　冀中行政公署发出《关于各级机关生产工厂商店进行登记的通知》。

5月6日　冀中行政公署在保定建立农民服务所。

5月8日　华北人民政府为平抑物价，特令华北贸易总公司派员赴东北购粮。此外，东北行政委员会亦决定撤销禁止私商贩运粮食入关命令。

同日　华北人民政府工商部就执行商标注册工作中出现的问题作出具体指示。

5月16日　冀中行政公署工商处作出《关于恢复与健全工商业变动汇报制度的通知》。

5月17日　冀中行政公署发出《关于上海解放后各区采购物资规定的通知》。

5月25日　冀中行政公署通知各地：古玩经审查鉴别后可准出口。

5月28日　冀中行政公署工商处决定清理旧商标证。

5月31日　济南市政府颁布《摊贩登记管理暂行办法》。

6月1日　冀中行政公署工商处作出《关于执行商标注册工作中几个问题的指示》。

6月4日　山东省人民政府训令，要求重新修正各级工商机构编制和工作范围。

6月6日　冀中行政公署作出《关于公司呈请复业或歇业登记的通知》。

6月11日　华北人民政府颁布《华北区商标注册办法》和《施行细则》。

6月18日　华北人民政府发布《关于内地贸易问题的几项规定》。

6月23日　冀中行政公署对查获白银毒品等走私案件的处理，作出明确指示。

6月27日　华北人民政府为奖励土产品出口，降低土产品出口成本作出具体规定。

同日　华北人民政府针对市场管理和物资交流作出规定。

同日　冀中第九专署工商科，发出《关于商标公报及天津日报售价订阅办法的通知》。

7月6日　冀中行政公署工商处发出通知：申请注册所用之邮资应由申请人员负担。

7月11日　冀中行政公署工商处发出《关于健全国民经济资料的报表制度的通知》。

7月15日　华北人民政府颁布市场管理五项规定。在本区内，根据自由贸易原则，发展物资交流，未经本府许可，各地不得实行限运禁运等有害物资交流之措施，与友区间贸易除烟酒外，其他准许互相流通。

同日　在政府保护扶助下，青岛私营工业大部复工。

7月17日　华北人民政府作出决定：贯彻市场贸易自由，发展城乡物资交流。

7月18日　冀中行政公署工商处作出关于商标注册工作的综合指示。

7月23日　冀中行政公署发布《关于今后各区间和友邻间往来采购物资的指示》。

7月26日　为了加强对工商业户的业务经营范围的管理，冀中行政公署发出《关于工商业专行专业具体执行问题的通知》。

8月12日　济南市人民政府颁布《商标注册暂行条例》。

8月20日　华北人民政府工商部、华北税务局颁布《关于纸烟、酒商登记管理的规定》。

8月24日　晋南行署发出《关于酒业专营禁止私营的指示》。

本月　经华北人民政府与陕甘宁边区政府决定，晋西北、晋南两区的五十个县，分别划归山西省和察哈尔省。

9月1日　山西省人民政府在太原成立，省政府主席程子华，第一副主席武新宇，第二副主席裴丽生，秘书长卫逢棋，商业厅长焦国鼐，税务局长王一平。

9月2日　济南市政府公布《市场交易管理暂行办法》。

（根据山西、河北、山东、河南四省《工商行政管理史料选编》编辑）

附录二:政策文件选编

一、晋冀鲁豫边区政府施政纲领

(1941年9月1日)

晋冀鲁豫边区临时参议会，秉抗日民族统一战线之总方针，以中共中央北方局对边区目前的建设十五项主张为基础而制定本纲领，于民国三十年7月29日大会决议通过，交由边区政府公布施行。愿我全边区各级行政人员及全体人民一致努力，为彻底实现本纲领，巩固与扩大已得之胜利而奋斗。

一、保卫边区,坚持华北抗战,坚持团结进步,为彻底实现三民主义与抗战建国纲领而奋斗。

甲、本抗战第一的民族精神,保卫边区,坚持华北抗战。

乙、本抗战团结建国方针,密切团结一切抗日党派与阶层,坚决反对分裂投降。

丙、本抗战必须力求进步之原则,加强边区之政治、军事、经济、文化各种建设,扶持与开展民众运动,增进边区根据地之巩固与发展。

二、加强与扩大武装力量,实行全民武装自卫,建立人民子弟兵。

甲、扩大与加强正规军。

乙、广泛开展游击战争,建立群众性的地方武装,特别加强青年武装的发展、训练与领导。

丙、保证抗日武装部队的满员与物资供给,改善兵役制及其他后方勤务动员。

丁、切实优待一切抗日军人家属(包括中央军、八路军、决死队及其他抗日部队),抚恤荣誉军人。

戊、增进人民与部队相互爱护的亲密关系,提高人民对于抗日部队的爱护与拥戴,建立人民子弟兵制。

三、加紧民主政治建设,逐步实现民选各级政府。

甲、实行三三制政体,欢迎一切抗日党派阶层与进步人士,参加政权工作。

乙、切实推行民主政治,普遍实行不记名的平等直接选举制度,一切抗日人民,均享有选举、罢免、创制与否决之四大民权。

丙、确定于一定期内,由村级政权开始,逐渐完成民选各级政权。

丁、一切抗日党派、团体、人民均享有集会、结社、言论、出版、居住,信仰之自由,非依政府法定手续,任何机关、团体或个人不能加以压制、逮捕、拘禁、审问、处罚、游街或任何侮辱他人人格的行为。

戊、建立廉洁政府,肃清贪污浪费。

已、发扬民主作风,对人民注重政治动员与教育说服,密切政府与人民间的关系。

庚、建立与健全司法制度,确立司法与行政的正确关系。

四、坚决镇压死心踏地之汉奸,贯彻保障人权。

甲、对无法争取的汉奸首要分子,及在根据地内组织破坏叛乱之奸细分子,给予坚决的镇压,维持社会秩序。

乙、对汉奸案件的处理,只限于汉奸本人,不得株连,对于盲从胁从分子采取宽大政策,欢迎其悔悟参加抗战。

丙、对敌伪军官兵俘虏,不计其被俘次数,一律采取宽大释放政策,绝不杀害、或施以任何胁迫或侮辱行为。如自愿参加抗日工作,予以优待。

丁、保障一切抗日党派、团体、人民之政治自由与合法权利。

五、努力经济建设,增加边区财富,确切保障一切抗日人民财产所有权。

甲、加强对敌经济斗争,力求根据地物质资源自给自足,打破敌人经济封锁。

乙、一切抗日人民,不问其属于任何党派与阶层,均有营业(除政府规定的违禁品外)、营利与从事手工农业生产之自由,任何个人团体或机关均不得操纵、限制、没收及干涉、侵犯其土地与财产所有权。

丙、建立发展煤铁业、纺织业、造纸业及一切日常必需品的工业,改进生产工具,提高生产质量,优待各种专门技术人才,奖励技术发明家与劳动英雄。

丁、发展农业生产,扩大耕地面积,发展水利,改良种子、肥料、农具,开办农业试验场,提高生产技术,提倡农村副业。

戊、奖励私人企业,发展农村生产合作事业。

己、欢迎海内外人士及敌占区同胞向根据地投资发展生产事业,政府保护其安全,并予以必要的帮助。

六、对敌实行统制贸易,根据地实行自由贸易。

甲、在晋冀鲁豫边区内只收一次出入口税。

乙、发展交通运输,发展对外贸易,活跃根据地内市场,加强各根据地内物质资源与必需品的流通。

丙、抵制仇货,但除政府规定之违禁品外,一律不得没收。

丁、公营贸易机关,应以调剂市场,平衡物价,安定金融,改善民生为原则,不得操纵垄断。

戊、商人得自由加入联合会,并允其自由退出。

七、调节劳资双方利益,巩固阶级团结。

甲、为着调节劳资双方利益,资方应适当改善工人生活,增加工人工资,减少工作时间,工资应以实际能养活一个至一个半人为标准,工作时间除公营企业已实行八小时外,其他一般以十小时为原则。

乙、劳工应遵守劳动纪律,自动增加生产,职工会除保护劳工利益外,应从政治上教育工人,提高生产热忱。

丙、在劳资合同有效期间,劳资双方均应遵守,不得随意破坏。

丁、保护青工、女工、童工,不得令其担负足以妨碍其健康发育之工作,并实行同工同酬。

八、加强农村阶级团结,给予农村一切贫苦人民与游民分子生存教育的机会。

甲、切实实行减租减息,减租一般以二五为原则,减息减至一分半为标准。

乙、减租减息后,佃户应按期如数交租,债户应按期如数交息,一般不得再行拖延或减免。

丙、实行低利借贷与救济灾难民,并将没收之汉奸土地,分配或租给贫苦抗属及贫苦人民耕种。

丁、给社会游民分子以耕种土地及取得职业和享受教育的机会,对各种会门组织,实行争取团结与教育的政策。

九、逐渐确立统一的财政制度,实行统一累进税。

甲、实行统筹统支,确立预算决算与会计制度,厉行节约运动。

乙、征收统一累进税,依资产及收入之多寡,规定纳税的比例。除20%极贫苦人民得以免税外,其余80%的人民,都有纳税的义务,但最高不得超过全年收入30%为标准。

丙、规定在一定时期内,取消不合理的田赋等税收。

丁、改善并充实财政机构,调整金融关系,坚决打击伪币,巩固与提高边区本位币(冀钞)及鲁西地方币之信用。

十、加强文化教育建设,提高人民的文化政治水平。

甲、实行普及免费义务教育,建立与健全正规学制,大规模的举办各种学校。

乙、开展群众性的社会教育,扫除文盲。特别加强男女青年的教育。

丙、加强干部教育,实行公务人员两小时学习制度。

丁、欢迎一切文化工作者、专家、科学家、学者来根据地共同建立抗战文化教育,并予以优待。

戊、帮助建立与健全文化团体,奖励私人创办各种文化事业。

己、提高小学教员质量,并改善其生活待遇。

庚、建立各种印刷机关,增进各种抗战书报杂志之出版、发行与流通,特别要出版大量通俗读物。

十一、保障女权,实行男女平等。

甲、女子在社会上、政治上、经济上与教育上,完全享有与男子同等权利。

乙、实行一夫一妻的自由婚姻制,严禁蓄婢、纳妾、童养媳、租妻、合娶、买卖婚姻、强迫嫁娶以及早婚等恶习,并防范沦陷区敌人所制造之淫风侵入根据地。

丙、保护产妇,保育儿童,严禁打胎及溺婴。

丁、禁止缠足,禁止虐待及侮辱妇女。

十二、建设卫生行政,减少人民疾病死亡。

甲、逐渐建立民众医院,增进医务设备,对贫苦抗属及人民实行免费或减费治疗,奖励私人医院之建立。

乙、利用各种土产药材,改良自制药品。

丙、欢迎与培养医务人才,并给予优待。

丁、加强人民的卫生教育,提高人民的卫生常识,注重公共卫生。

十三、面向敌占区开展敌占区工作,扩大抗日根据地,缩小敌占区。

甲、减免敌占区人民负担,抚恤与救济被敌寇汉奸残杀或洗劫之敌占区同胞。

乙、敌占区同胞曾被迫加入伪组织者,一经脱离,不咎既往。

丙、伪军一经反正,与抗日军队一视同仁。不缴枪,不编散,并帮助其扩大,以增强抗日力量。敌军一经投诚,即予以优待,并给予工作或加释放。

丁、反对敌寇抽丁及奴化毒化政策,欢迎敌占区青年到根据地学习,并给予优待及适当工作。

十四、边区内所有各民族,在政治经济文化教育上一律享有平等自由权利。

甲、互相尊重各民族之风俗、习惯、语言、文字与宗教信仰。

乙、在民主选举中,应予少数民族以优待,反对轻视少数民族的大汉族主义。

十五、保护外国侨民,加强国际友谊。

甲、在尊重中国主权及遵守政府法令的原则下,允许任何外国人到边区游历,参加抗日工作,或进行实业文化宗教的活动。

乙、因革命行动,被外国政府压迫而来边区者,不问其是宗主国人民或殖民地人民(如朝鲜、台湾等),边区政府一律予以恳切的保护与援助。

(山西省档案馆)

二、抗日游击战争中各种基本政策问题(节录)

刘少奇

(1937年10月16日)

在经济政策方面:

(一)保护一切工商业的自由营业,取缔奸商。

(二)协助对抗日战争有利的工业,尤其是军事工业。

(三)协助生产合作社及消费合作社的组织。

(四)因为资本家的怠工逃跑而停止的工厂,政府应利用之,组织合作社或股份公司,或转租给私人开工。

(五)改组生产奢侈品的工业来生产军用品与人民生活必需品。

(六)发展农业生产,进行耕种运动,保护牲口农具,禁止破坏农具及无限制的出口与屠杀牲口。

(七)组织输出输入,允许敌人占领区域的商人及英美等国商人进入根据地营业,一般的不禁止日货的输入(因为货物缺乏,敌人将会禁止)。

(八)取缔牙行的垄断。

(九)一般使用法币,不禁止日币的使用,尽可能不单独发行纸币。维持原来的银行或建立银行在政府监督下指导金融。

(十)限制高利贷及地租的剥削,办理低利及无利借贷。

(河北省档案馆)

三、太行区的经济建设(节录)

邓小平

(1943年7月2日)

敌后抗战是一个极复杂、极艰难的斗争,我们已经胜利的渡过了整整的六年,并且已经奠定了继续坚持争取最后胜利的基础。以八路军这样窳劣的武器,四年来没有得到一个铜板,一颗子弹的接济,而能战胜各种困难与强大的敌人,进行短兵相接的斗争,这不能不是一个奇迹。究竟它的秘诀在什么地方呢?如人所共知的,我们有一个毛泽东的战略战术指导原则。依据这个原则,从无数的战斗中,才创立、保卫与巩固了各个抗日根据地,才牵制了日寇在华总兵力的一半,减轻了大后方正面作战的负担。如人所共知的,我们同敌人进行了严重的政治、文化和反特务的斗争,大大的发扬了根据地和敌占区人民的抗日积极性,坚定了人民的民族自尊心和自信心。然而,还有如人所共知的,就是我们在敌后,还在极端的困难条件下,进行了经济战线的斗争,而且获得了不小的胜利,也正是因为有了这一经济战线的胜利,我们才有可能坚持敌后抗战六年之久,并且还能继续坚持下去。

敌后的经济战线的尖锐程度,绝不减于军事战线,敌人对我们的经济进攻,是与军事、政治、特务进攻密切结合着的,是极其残暴的。在敌占区,敌人实行了无穷无尽的人力、物力的掠夺,人民的负担超过了全部收入的2倍到3倍,粮食、金钱没有了,还不得不以家具折价缴纳负担,而人力的掠夺尤足惊人,大批壮丁被拉走服役,支差难以数计。据敌酋宣布:“华北封锁沟的长径等于长城的六倍,环绕地球一周的四分之一,”这都是敌战区人民的血汗堆积起来的。因此形成了敌占区连年的歉收和今年严重的灾荒。敌后的经济战线,包含了两个不能分离的环节,一是对敌展开经济斗争,一是在根据地展开经济建设。没有对敌斗争,谈不上根据地建设,没有根据地建设,就谈不上对敌斗争。我们各种具体的经济政策,都是照顾了这两方面而订出的,抗战初期,我党中央和毛泽东同志,就提出了"自给自足、自力更生"的经济建设方向,六年来我们就在这个方向下进行"我们的建设"的工作,经过无数曲折,遇到过不少的困难,到现在,我们才摸索出了一条道路,这条道路使我们不仅保障了抗战的需要,保护了人民的利益,打击了敌人的掠夺计划,而且为反攻和战后建设做了不少的准备。

那么究竟我们做了些什么,并且获得了什么经验和教训呢?

首先,我们确定了发展生产是经济建设的基础,也是打破敌人封锁,建设自给自足经济的基础,而发展农业和手工业,则是生产的重心。经验告诉我们:"谁有了粮食,就有了一切"。

其次,说到我们的负担政策,我们实行的是钱多多出,钱少少出的原则,是"量入为出与量出为入"的配合,既照顾人民的负担能力,又照顾抗战的需要。而更重要的,是使负担办法适合于奖励发展生产的需要。

再次,我们的税收贸易政策,是采取"对外管理对内自由"的原则,争取出入口平衡是我们努力的目标。为了便利对敌斗争,我们把税收和贸易两个部门,置于工商管理局的单一领导之下,用严格的税制来保护根据地的经济,并使对敌斗争容易得到胜利。我们禁绝了一切奢侈品,限制了非必需品的输入,同时组织根据地非必需品和多余物品如药材、草帽等等的输出,以换取外来的物资。为此,我们组织了带群众性的缉私工作,给缉私者以较高的奖励,严惩舞弊营私。组织商人参加对敌经济斗争,甚为重要,所以对敌贸易不能采取政府"统制"一切的办法,而是"管理"的办法。对内尤不能"垄断",而应采取贸易自由的办法。对于商人的投机行为,则利用公营商店及合作社的力量,加以压抑。实行这种办法的结果,大大加强了对敌斗争的力量,增加了税收,繁荣了市场,保障了人民需用。太行太岳物价之低,在很长的一个时候,为他区所不及。今年灾荒的克服,我们的粮食调剂和棉布交易起了极大的作用。当然,在这方面,我们的同志也曾发生过错误,比如一个时期曾打断对外的交易,开始时对商人作用的认识不够,以及对内的合作社统制思想,都停滞了根据地的经济建设,还有在对外贸易中,组织了过多物资的输出,忽视了掌握物资以与敌人斗争的重要,也一度使我们吃了很大的亏,而工商管理部门,热心于贸易投机,忽视了生产合作事业的发展,忽视了一点一滴地去开发输出的物资(如发动人民挖药材收买猪鬃等),都是很大的毛病,这些是我们纠正过了或正在纠正的问题。

我们的货币政策,也是发展生产与对敌斗争的重要武器。货币政策的原则,是"打击伪钞,保护法币"。我们鉴于敌人大发伪钞,掌握法币,大量掠夺人民物资的危险,所以发行了冀南钞票,作为本战略区的地方本币、实行的结果,打击了敌人利用法币的阴谋,缩小了伪钞的市场,强化了对敌经济斗争的阵容,给了根据地经济建设以有力的保障。

(山西大学《晋冀鲁豫边区史料选编》)

四、关于晋察冀边区党的工作和具体政策报告(节录)

彭　真

(1944年11月)

四、晋察冀边区农工商业的经营形式和我们的政策

(二)个体的小农、小手工业经营,在今天的边区,不但占着绝对的优势、成为生产中的主力,而且差不多是全部。如果说生产是根据地财力、物力的源泉和经济的基础,那就是说根据地财力、物力之解决,基本是依靠个体的小农和小手工业(包括农民家庭副业)。

这些小农、小手工业经营的特点是:经营单位很细小,劳动工具十分简单散碎,生产技术和工具极落后,因此生产力极低。但是正因他们的经营单位和规模极小,劳动工具简单、散碎,因而工具容易制造修理,敌寇进攻时容易搬运隐藏,在遭受敌寇或水旱摧残后极易恢复。就是说他的生活力是极强的。1939年是边区多灾多难的一年,春季大旱之后,继之水灾虫灾,冬季又加上敌寇的残酷"扫荡"和烧杀,灾荒为数十年所仅见,当时我们很难想象边区经济在短期间内可能恢复,但是去年却以惊人的速度恢复起来,个别地区甚至超过了灾荒前的水平(农民称丰年为数十年未有)。总之,事实证明在今天敌后根据地内，个体的小农、小手工业的经营是具有顽强的生活力，最适合于敌后根据地今天的情况的。

(三)在战争的环境中，并且与这种小农、小手工业生产相适应的交换，也是小规模的零碎的交换。战前的大商店，已差不多全部化整为零，化为许多小的经营单位或根本歇业。大多数商品交换者，则是简单商品生产者和农民。

这就是我们的农工商业的情况。

五、我们的经济政策

第一，农工商业是小农、小手工业、小商人的个体经营极端分散零碎的经营，而当前经济建设的直接任务，则是增加财力和物力，充裕民生和军需。因此唯一的正确方针，是启发小生产者和私人企业家的生产积极性和自动性，使他们在有利于民生军需的原则下，自由自主的去努力从事他的生产和贸易。是的，小生产者及私人企业家的目的与本性是自私自利，他的一切打算都是为了他自己。但是我们今天既然还不能从经济上改革或消灭他们的个体的经营，也就没有可能消灭或打破他们这种自私自利的特性。因而也只好把个体的和私人企业的自私自利的经营，纯粹自私自利的打算与我们整个抗日根据地的需要巧妙的结合起来，统一起来。换句话说，就是让他们发展其自私自利的经营，施展其自私自利的打算，只要不是投机操纵囤积居奇，我们不但不反对，而且要把我们的充裕民生充裕军需的“公”的要求，安放在他们自私自利的经营的基础上(因为我们今天还只有这样可以依靠的基础)。二者看来是矛盾的，不合情理的，但实际上在今天却是一致的。一个富农或资本家之所以从事经营，是为了赚钱，为了剥削剩余价值。但是他经营结果所生产的财富，却同时属于边区国民总财富之一部分，他的经营的发展，却附带解决了一部分工人的职业问题。虽然后二者并不是他所关心的直接目的。同样，商人的贸易有无，并不是为了平衡物价，为了消费者的便利，而是为了买贱卖贵，为了自私自利的赚钱。但是所有的商人，既然都在贱的时候，贱的地区买入，而于贵的时候，贵的地区抛卖，结果就会使物价在时间上、地区上的差异减少起来，向着平衡的方向运动。所以让所有的小生产者和私人企业经营者积极独立自主的去发展其事业，不但是可能和必需的，而且是有益的。

第二，那么今天支配边区经济的应该是什么法则呢？封建的垄断的经济法则已经失去了它的时代，成为经济继续发展的障碍，成为障碍生产力发展的僵硬的狭小的尸壳，而必须彻底粉碎。“计划性”、“组织性”的经济规律，用在苏联可以使整个经济得到飞跃的发展，可以富国而利民，煞实令人眼热，但是如果移植在晋察冀边区这样以个体的小农、小手工业经营为基础的环境中，将由优美善良的法则一变而为百害而无一利的“祸害”。它在形式上固然穿的是比资本主义还优越百倍的社会主义的新装，似乎真可与苏联的什么经济计划性媲美，但是一实行起来，总不能不是中世纪的封建性的垄断，闭关自锢的变相的社会主义或其血缘姊妹，阻挠抑压小生产者的积极性，阻挠商品顺畅流通的反动的东西。在边区的个别行政人员和地方曾犯过这种错误。

显然的，在边区今天这样的经济条件下，如果我们不从主观的幻想、主观的愿望出发，而从冷酷无情的当前的现实出发，去寻找经济生活自身所固有或今天可以采用的规律，那么显现在我们面前的，总不能不是贸易自由，自由竞争，资本主义壮年时代的规律。是的，它对于社会主义的经济法则来说是退步的，反动的，但是对于封建或半封建的经济法则来说，对于社会主义，对于封建的垄断来说，它是进步的革命的。它仍然是社会经济的推动机，鞭策小生产者和私企业经营者乃至劳动者前进的鞭子。我们还不能不暂时借用它来替我们的政治和经济服务。至于我们主观上对它有无好感，那是没有关系的。

第三，那么是不是说，我们对于边区国民经济的发展，应该采取自流主义，放任主义而毫不给以指导调节，让奸商任意投机操纵、囤积居奇，让小生产者自生自灭呢？当然不是，在对外贸易上，我们应该依靠关税适当的管理。对于境内的贸易，应该取缔奸商的投机操纵。对于广大人民的生产和经营则应给以必要的指导与调节，以合作社等形式很好的组织根据地的生产事业和贸易，使之有利于抗战之坚持，有利于民生之改善，总之，是整个国富之增加与蓄积。

第四，许多私人不易经营或不愿经营而为国民经济之发展所必需经营的生产，如冶铁、制造纺织机等事业，政府必须不惜巨资，积极经营，但是这不是说就应该禁止私人经营，或者企图以“公营企业为主”来解决边区经济的需要，相反的，公营企业在边区这样的战争环境和社会生产发展的阶段上，除军事工业外，只能占极小而又极小的地位与比重，以晋察冀边区这样的生产条件，要想在当前相持阶段的战争环境中解决千余万人口的紧迫需要，只有千百万人民积极的分头自己动手来经营才有可能。要想在这样条件下发展大量的公营企业并且以之满足军民的需要，等于要在狂风怒吼的无底沙漠上建筑摩天高楼，等于画饼充饥，望梅止渴，不是狂妄便是愚蠢。

第五，财力、物力之增加最后依靠生产、依靠农业、工业和林业。商业只不过"贸达有无"，流通境内资财，对外"以有易无"而已。财政之出路，军需之充裕依靠生产，民主之充裕与解决亦靠生产。发展生产实为根据地财政经济建设之基础。只有在生产充分发展的基础上，商业才有充分发展之可能。

第六，以农业与工商业而论，或以农业与工商业作比较，农业发展则又为根据地经济之中心关键，近三四年来边区的经济生活证明了这一点，前年水旱荒灾，农业欠收之后，尤其证明了这一点。这不仅因为吃饭第一，工商业者之经营必须先以有饭吃，有原料为前提，而且是因为我们是经济落后的农业国家，我们的人口以95%～98%为经营农业之人民。在这样的经济基础上，在工商业人口只占1.99%或5%的农业国家中，竟有人高唱"发展工商业为解决根据地财政之根本"，真是白昼见鬼。若真正按这样的主张去决定我们的经济政策，必会放弃或放松成为根据地经济支柱的农业，必使根据地民穷财困。

第七，对外贸易应该管理，对内贸易应该自由。但所谓对外贸易的管理，主要是依靠群众和关税。而原则是十分简单的，即对于我之必需品则鼓励输入。但是在一个敌我犬牙交错毫无固定国境界线的敌后根据地上，要很好的实现这一原则，却需要极繁重的经济战线上的群众组织和教育，其基本关键是依靠群众，特别是广大群众的自觉。

至于境内贸易之自由，看来是一件易事，而实际却是一个艰苦而广泛的斗争。它要克服手工业者和某些商人的行会主义，要和某些县区级工作人员的本位主义作斗争，它要打破一切形态的旧有的封建的垄断和割据。总之，它是一个繁杂的反封建的社会斗争。不打破这些古老的束缚和传统，就没有真正的贸易自由，而没有这种自由，贸易就不能充分发展，货物即不能顺畅流通，物价即不能向着平衡的方向运动，资本主义的商业资本之剥削即不能粉碎和削弱。境内贸易必须自由，这一原则必须战胜一切困难而使之贯彻，我们不应该把贸易自由的实现当作一个与革命无关重要的资本主义的经济需要来看，应该当作一个反封建的深刻的社会斗争来看。

第八，贸易自由，一方面使投机操纵获得自由，一方面又因为竞争在不断使物价向平衡运动，使投机操纵囤积居奇成为困难。但战争的环境，交通的迟滞和困难却给了奸商以投机操纵的机会，需要给以限制与取缔。

是的，贸易的自由，政府的鼓励以及群众的政治动员，使小生产者的生产积极性空前的提高，但小生产者的贫困需要经济上给以援助，小生产者的散漫性需要给以适当的组织和领导，商品经济的无政府状态，需要通过自由竞争的法则给以节制，所有这些问题的解决，都在需要依靠合作社的普遍发展，它是我们在自由竞争中，用以打破奸商投机操纵的经济支柱，它使我们有可能给予千百万简单商品生产者和小农小手工业者以一般的指导和经济的援助（如低利借贷），使它能够和前资本主义的商业资本剥削相对抗，并打破地主富农等在经济方面的优越势力，使我们在经济上取得领导权，我们应大量的发展，目前边区虽已有了6000余合作社的建立，但这是十分不够的，今后的发展应是越快越多越普遍而越好。

第九，在工业方面，今天当然要发展军事工业，发展矿业、冶铁业，制盐和制油业。但手工业和家庭副业则是边区工业发展之主力。

第十，最后我们要说到，我们对于富农和民族资本家经营的态度。他们是剥削人的（他们是无产阶级的阶级敌人，我们的阶级本性使我们对于他们抱着阶级仇恨和厌恶），但是一般的阶级立场即基本的立场是一件事，在革命发展的现阶段上，我们对于他们的具体政策却是另一件事。

今天的革命是新民主主义革命，目前则进行着抗日战争，以新民主主义革命本身来讲，富农和民族资本家，不是革命的对象而是反帝反封建的同盟者（至于可靠到什么程度，是另一件事）。以根据地的财力物力的增加来讲，以经营方式来讲，富农和民族资本家的经营与小农小手工业者的经营比较起来，是比较进步的经营，它有着较进步的技术，有着较高的生产力。再以抗日统一战线来讲,他们在今天则是我们较好的抗日同盟者。最后以小农小手工业的自由竞争的经济来说,它又是富农和民族资本企业即资本主义生产生活发展的良好的园地,而资本主义生产之发展则又是封建经济制度解体的动力。因此,今天在我们根据地内,应该容许富农经营之发展,应该容许"不能操纵国民生计的资本主义生产之发展","应该奖励民营企业"而且"必须使资本家有利可图"。就是说我们不但不禁止或限制他们的发展,而是要给他们以发展的各种便利。所谓"节制资本"是说在新民主主义革命阶段中"中国的经济一定要走……的路"。并不是说在今天的敌后抗日根据地上,已经应该立刻把它作为具体的行动纲领而立即见之实现,事实上,在今天的敌后根据地上还不是苦于资本之不能节制,而是苦于资本之缺乏,苦于资本家在战争环境中不肯踊跃投资。

那么允许富农经营,允许资本主义生产在根据地顺利的发展,对于我们有没有危险呢?我们可以肯定的回答,在新民主主义的政权下,它不但不能加害于我们,而且在今天还是我们反帝反封建的有力助手。

这就是我们在晋察冀边区所采用的经济政策。

(河北省档案馆)

五、薄一波同志在华北工商会议的结论(节录)

(1948 年 6 月 24 日)

第四部分:关于工商行政工作问题

工商行政工作是确保"保护与发展工商业"政策专管工作。工作内容分内外两方面,即"坚决实现内地贸易自由与对敌贸易管理"。贸易自由就是为了便于工商业者在国家法令范围内,毫无拘束的发展自己的企业,以达到"发展生产,繁荣经济"的总目标。而对敌贸易管理是为了在经济上战胜敌人,发展自己。因此,对内外贸易管理的基本目的是"发展生产,繁荣经济",一切离开这个总目标的措施与方法都是错误的。

一、内地工商行政工作

关于工商行政中的许多问题,华北工商会议都有决定;我们只就本区具体情况,提出以下数点:

(一)坚决实现贸易自由的方针

1.除法令限制之营业外,凡经政府工商行政部门登记或农村中以工商为副业的未经登记之正常营业,"任何机关团体或个人,非经法律手续不得采取强制或类似强制之手段加以侵犯。"这一政策,一方面应向全党、全军、全民中贯彻,使之自觉的遵守;一方面如有某些个别分子不自觉的侵犯工商业,工商管理机关必须坚持政策依法保护。过去有某机关或个人强制私人合伙,吃英雄股;有些地方任意向商人募捐派款……。凡此种种,因工商部门执行保护政策不足,以致有些工商户感到苦恼,产生顾虑,影响发展。因此,要求全体工商干部,今后必须负起责任,对一切侵犯工商业行为,坚持政策,进行处理。某些畏首畏尾,怕负责任的思想,必须扭转过来。

2.工商干部必须彻底扫清统治思想,给工商业者以充分自由。过去有的在土布整庄中加上行政力量,违反自愿互利的原则;有的交易所取消私人行栈或给行栈规定统一的手续费;有的在市场限制物资交易数量或流通地区;有的仍存在着"无商不奸"的思想。而对商人歧视,有的有着"农业社会主义"的想法,重小商,仇视雇佣工伙的大商。凡此种种,严重的影响着工商业的发展。因此今后交易所要一律取消行政权利,按市场需要取消或改为"公营行栈"。一切属于企业经营的问题,如物价高低,手续费大小(指行栈),物资来去动向,只能通过政策教育,公营经济掌握,及自愿互利的方法去解决,不能加以任何行政强制,一切违反这些原则的措施,一定要犯错误。必须要有明确的思想,管理是为了保护与发展工商业,管理是对工商业事业的管理,不是对工商业者的管理。工商业者只要经营合法,只能帮助发展,不能约束限制。譬如,商业登记,商标注册,就是为了掌握情况。便于保护,了解困难,便于帮助,这是基本的一面;另一面是谁侵犯工商业或妨碍工商业自由就管谁,这种管理还是为了保护工商业;其次对非法经营和投机倒把也要管。这样对正当经营的工商业有好处,对广大人民与战争也有好处。过去有些同志认为"工商管理就是把经营工商业户管起来",这种狭隘的统治思想,是必须克服的。

(二)内地工商行政的工作范围

1.工商矿行政方面:

(1)保护与发展各种公私工矿业,除划定公营矿区外,保障私人的矿权与开采权。

(2)奖励发明,提高工业品质量,推广技术,组织成品展览。

(3)进行工矿事业及资源调查,以便研究改进,提倡或开办。

(4)进行民营工业、手工业、副业的调查研究与技术指导。

(5)办理工业生产品注册与技术人员登记。

(6)劳资政策师徒关系的调查研究与问题解决。

2.内地贸易行政方面:

(1)办理工商业登记,凡在城镇及乡村以经营工商业为主要职业者,需向政府工商部门申请登记。除法律限制之营业外,应视为合法,批准发给营业许可证,受法律之保护(乡村中以工商业为副业之农民,不必履行上述申请登记手续,但不得从事法律限制经营之营业)。

(2)调查掌握工商业主各种基础数字及情况,以便检查政策之执行及确定工作之步骤。

(3)办理商标登记,调查工业生产及商品销路的情况。研究并建议公私人企业改进经营,以利发展。

(4)协同出入口局,研究办理出入口事宜。

(5)恢复建立组织庙会,补充集市之不足。

(6)配合税局、银行、商店工作,如工商税之调查、评议、研究,扶植商品生产,稳定物价,银行贷款调查及扩大边币阵地,保持我币制一元化等。

(7)帮助商人建立"行业公会"与工商联合会"组织,深入贯彻工商政策。

(8)建立与健全集市委员会,确保工商业之安全与发展。

3.工作原则及任务:

华北工商会议结论中说:"生产观点即阶级观点。"因此城镇集市之一切管理,必须以"坚决保护与发展工商业"为最高目标。过去有的地方,不管是否必要,随便戒严;有的不管技术与劳动好坏,硬放牙纪,有的不管商人企业及体力条件硬要本人"支差";有的"唱旧戏说旧书"也向工商户派捐派款,有的公营商店不管地区差额,盲目低价压价不管私人利润,硬给行栈规定手续费统一之……凡此种种,用"生产观点"来衡量,都是由于"统治"、"垄断"思想及狭隘恩赐观点产生的,都是有碍工商业发展的反动思想。因此,今后集委会之任务,首先是深刻检讨类似上述情况之偏向,消除工商业发展的障碍,并掌握如下具体工作:

(1)登记审查经纪人员,并改造教育牙纪,取缔黑市,切实执行华北工商会议的决定,不成交不准要手续费,不准瞒账偷税,保证交易自由,沟通路线,团结商人,搜集情况,按集报告,创造"便商利民"的工作作风。

(2)准许私人设立行栈,不准官定营业手续费,对某些看利过高的营业,确不合理者,应有计划的进行教育揭露,并伴随经营竞争,不得在法律以外用任何行政权利干涉之。

(3)逐渐实行市斗、市秤、市尺,统一度量衡,以便商民交换。

(4)在市场庙会宣传解释政策,办理集市黑板报。

(5)调整各部门与市场有关的各种工作步调,商讨市场中"发展生产,繁荣经济"的计划与措施。

(6)解决集市交易纠纷,维持市场秩序。

(7)在条件许可下,调整市场建设。

4.组织与分工

(1)凡当地工商行政机关及与上述工作有关的公营商店、工厂、银行办事处、治安、武装、合作、商联行栈、牙纪总代表等负责人都应参加。

(2)委员会设正副主任,不分工,会议有定期或临时两种,由正副主任召集,决议的各种问题,按工作性质分别由各部门负责。

(3)委员会正副主任,一般由工商行政负责人与商店经理担任,特殊情况的由上级工商机关指定。

(4)集委会的组织及工作决定,得随时向上级工商部门报告,上级工商部门亦得经常领导与检查集委会工作,但有关商店在市场业务措施与上级公司或总店决定有矛盾或委员会与商店经理意见不一致时,需要分别报告各系统的上级解决。

(三)组织领导问题

1.工商部门之组织与干部调动:

为加强工商行政工作,决定将工商部门、税务部门分开(出入口税仍由出入口局代办),另成立税务局交财政部门领导。工商局视人数多寡和工作需要,得分工或分股,任务是执行工矿(或工业)和贸易两项行政工作,座商较多的较大的城镇有设立工商所,散布于乡村之工厂矿山,较多区或镇有少数贸易较为发达的市场者,得在该管区增设一工商助理员，或集中在较大城镇之工商所为工商巡视员，在矿山较集中区，有必要时，报经行署批准，可建立矿务局（具体编制另行通知）。

因为这工作是新的工作，多无经验，为了积累一定经验，干部需适当稳定。因此，确定今后，除一般干部调动要经高一级政府批准同意外，较大之城市，如浑源城、正定获鹿所，干部更应尽可能固定所长，应配备县一级的干部，调动需经行署批准，其他较大城镇，由专区工商科酌情指定。

2.工作方法与作风

工商税收分设后，工商部门事务工作减少，今后中心任务变为如何通过政策领导，达成保护与发展工商业之目的。因此，我们于克服“垄断”“统治”思想之后，急应深入调查研究工作，高度发扬民主作风，积极贯彻政策，放手发展工商业。关于工作方法与态度，兹提出如下几点意见：

(1)明确分工，严明职责，严明纪律，以提高工作效率：

①由于这一工作，大家都不够熟练，因此提倡领导上的民主指导，通过会议可以多商量，多研究，大胆培养与使用干部，以提高干部能力。提倡干部大胆负责，工作深入，但反对无组织无纪律的状态。就是说，不能因为提倡大胆负责，自己便可以标新立异不坚持政策，不坚持原则。因此必须提倡认真的学习与研究，上级发下的文件，并做到文件能与实际情况相结合。在实践过程中，发现文件有不妥处，应及时请示，并详细申明理由，以便上级考虑。总之，要做到上下共同负责，才能及时完成任务，发现问题改进工作。

②严明职守，严肃工作态度，提倡艰苦朴素的作风。我们做工商工作的同志，往往沾染一种较一般行政干部特殊的浮化作风。如近半年来发现工商干部随便回家，有些干部受牙纪私请大吃大喝等。凡此种种，都是我们革命同志决不应有的坏作风，今后必须大力克服。不受商业市场的特殊沾染，并应规定纪律，树立请假制度，对屡教不改的干部应给以应有的处分。

(2)重视科学的组织领导，通过组织制度，打下我们的工作基础。

①明确集委会商联和工商所的责任，不要事事包办，如牙纪等登记管理，可交由集委会办理，商户的登记和调查统计等，可由商联办理。为了加强他们的责任心和工作能力，开始可由我们具体的教给他们一些工作办法，帮助他们树立起各种制度，这样可减少我们许多事务工作，以便集中精力加强政策领导，具体的贯彻保护与发展工商业的方针。

②加强调查研究，以便掌握情况，发现规律，推动与改进工作。调查提纲另行印发，各地可遵照或参考。调查方法，一方面有赖于我们亲自下手（特别是重点市场），通过个别访问或小型座谈，得以了解些具体情况和典型材料。例如为了了解一个行业的情况，便可召开××行业座谈会，会议上可搜集商民反映，并可根据其反映，分析其原因和出发点，便于帮助解决；调查的再一种方法是通过组织制度去了解市场之概况和全貌，如全市商民户数，行业种类等，只可到商联查其登记底册，便可获得，不过这种方法，必须有赖于我们事前帮助他们建立起各种制度和教会他们一些日常积累材料的方法（已如上述）。

③少写文字指示，多做实际检查，通过典型指导全区，通过报纸交流经验。

④实行重点领导专县要掌握典型，日常事务工作主要交由市工商所和集委会掌握，由于他们的工作繁琐和能力所限，不能对他们有过高要求，另外，专县掌握重点地区上应放到主要城镇与矿区，工作方法上应走群众路线。

⑤为了及时的发现问题解决问题，下级必须及时的向上级报告，这是保障华北工商会议的决议完成的主要方法之一。

第十编　苏浙皖鄂豫抗日民主政府的工商管理

（1937年～1945年）

概　述

1937年“七·七”事变后，国共两党合作，留在湘赣闽鄂豫皖各省边境的红军，改编为国民革命军新编第四军，他们遵照党的六届六中全会确定的“巩固华北发展华中”的战略方针，开赴华中前线作战，先后建立了苏北、苏中、苏南、淮北、淮南、皖江、鄂豫边、浙东等八块抗日根据地。区域最大时，有七个行政公署，一个浙东敌后临时行政委员会，20个以上的专员公署，147个县政府，土地42万多平方公里，人口3000多万，拥有7个师15万精锐部队和60万武装民兵。

抗战期间，敌人对我新四军抗日根据地不仅在军事上进行包剿扫荡，而且在经济上实行了严密的封锁和残酷地掠夺，破坏根据地的经济，造成我在物质上的极大困难。为巩固和发展抗日民主根据地，我广大军民在党和政府的领导下，与日伪顽进行了艰苦卓绝的斗争，制定和发布了以发展生产、提高生产力为目的的各项经济政策，并建立了经济监督管理机构，实行工商行政管理。采取“对内自由，反对垄断；对外管理，反对自由”的贸易政策；严格对过境物资的检查和税收；成立缉私队，查私缉私；实行工商企业登记管理；商标注册；广告管理审查。对经济合同也实行了管理、协调、仲裁等工作，因而对保障军需民用的供应，发展根据地的生产力，促进城乡和敌我区域之间的物资交流，发挥了积极作用，直至最终取得抗日战争的胜利。

（一）

抗日战争时期，新四军先后在苏、浙、皖、鄂、豫五省广大地区建立了革命根据地。由于这些根据地大都分布在宁、沪、杭、芜及武汉三镇等大中城市周围地区，构成了对日伪顽在政治、军事、经济上的巨大威胁，敌人为了站稳脚根，强化统治，对根据地进行了大规模的围困扫荡、严密封锁和残酷的经济掠夺。我根据地政府率领广大军民，与日伪顽敌人进行了艰苦卓绝的封锁反封锁、控制反控制的斗争，揭露敌人经济侵略阴谋，制定和发布了以发展生产、提高生产力为目的的各项经济政策，实行减租减息，帮助农民解决困难，促进农业、手工业的发展。与此同时，各根据地先后还建立了经济监督管理机构，实行工商管理。按照根据地的实际情况，采取“对内自由、反对垄断，对外管理、反对自由”的政策，保护商人自由经营，鼓励私人从敌占区运回我军民急需的物资，出口根据地多余的物资；支持工商业自由发展，调节劳资关系；抵制仇货，严防走私，加强对市场经济的管理和监督；实施进出口物资管制，禁止粮食出口资敌；加强贸易管理；平抑物价；工厂企业一律负责保护，欢迎工商业资本家来边区投资；充实财经工作机构，建立和加强货物检查处、局(所)；货检工作应当保护自己的工商业。由于根据地政府的政策对头，措施有力，在平均每月作战10次的紧张环境下，工商业却能蒸蒸日上，不断发展，城乡物资交流活跃，农村市场繁荣。苏北的新市镇——益林，有2万多人口，工商业都很发达。路东根据地，还在竹镇成立了利华公司，它不但做生意，而且还担负着市场的工商管理工作。所有这些，都有力的打击了日伪顽的经济封锁和掠夺，发展了工农业生产，渡过了经济难关，保证了部队的军需和人民群众的衣食日用品的供给，配合和支持了军事、政治斗争，使根据地得以巩固、发展和壮大。

（二）

市场管理是抗日根据地工商管理的重要工作。市场管理的目的则是服务于抗日战争的需要。因此，当时市场管理的指导思想、方针政策、以及管理措施等都是紧紧围绕着保证抗日战争取得胜利展开的。

根据地市场管理是以物资管理作为主要内容的。管理的重点则是直接关系军需民用的主要物资，如粮食、食盐、棉花以及其他主要农副产品。管理的原则是保证军需民用，严禁走私资敌。管理的主要政策包括：粮、棉、盐是一类管理物资；食油、布匹、土产、牲畜是二类管理物资。粮食是根据地的命脉，列为管理重点，始终严加控制，是敌我斗争的焦点，对走私资敌者，严惩不贷；为交换急需物资如武器、药材等确需出口粮食者，规定了严格的核批手续。在对敌区的贸易管理方面，规定了凡军需民用或敌区需要的主要物资不得随意外流；对奢侈品、迷信品等消耗性物资严格控制流入。为了对付敌人的经济掠夺,加强了金融管理,发行抗币、控制法币、控制伪币,维护了根据地的金融稳定。在加强对敌经济斗争的同时,根据地内部实行政策范围内的自由贸易,主要物资配给,保护合法交易,保障商人合法权益,疏通城乡物资交流,繁荣根据地市场等项政策措施,既保证了根据地军民的物资供应,有力地支援了抗日战争,同时,促进了根据地工农业生产的发展。

在贯彻上述市场管理方针政策的过程中,根据地的工商行政管理机关(前期称为物资管理机关)做了大量工作,在对敌经济斗争中,发挥了重要的作用。取得了走私与缉私、封锁与反封锁、掠夺与反掠夺的斗争胜利。在繁荣活跃根据地市场贸易、保障军需民用、打击投机奸商的非法活动、维护根据地经济秩序等方面做出了应有的贡献。

(三)

根据地对工商企业管理,主要是在"发展经济、保障供给"的方针下,贯彻执行扶助工商业发展的政策。

当时的工业发展,大部以农副产品为原料和以手工劳动为主进行生产,主要有榨油、纺织、制盐、卷烟、造纸、肥皂和山货加工等工业、手工业。工商业的生产经营,由于战争环境变化较大,主要鼓励、扶助私人经营,组织发展合作经营,根据需要有重点地发展公营工商业,因而政府经营较少,绝大多数为私人经营和合作经营的工商业。

对工商业的行政管理,民主政府根据战时经济政策,颁布有关经济政策法规,宣传教育工商业和商贩遵章守法经营以外,主要有:

一、工商业登记管理,是对工商企业合法经营管理的主要办法之一。当时工商企业登记管理,是同增加税收,控制物资和统制外贸联系在一起的。登记可以防止偷税漏税,登记可以控制战略物资,登记可以防止走私资敌。因此,当时的登记内容较多,除企业名称、业主、资金、地址、经营范围等项目外,其生产经营数量,营业额以及销售地区等经营情况也要登记。对坐商一般发《营业执照》,对行商一般发《分运证》、《出口许可证》,在没有领取《营业执照》的行商中,《分运证》、《出口许可证》也是当时的合法经营凭证。对违反政策法令和登记法规的工商业、大商贩,有教育、罚款、没收、停业、吊销营业执照等处理。

二、经济合同管理,由于战时实行现金交易,工商企业对利用经济合同来确保经济往来中的权利和义务尚不十分迫切,只是在创办公私合营企业和组织合作社工作中,需要明确相互关系和责任时才运同合同的形式。在农村的租佃关系、主雇关系、贷借关系中比较广泛采用契约这种简单的合同形式。对合同纠纷的调解和仲裁,一般是由政府和农会进行的,因而经济合同管理史料编入的比较少。

三、商标广告管理。商标广告是商品生产发展到一定阶段的产物,随着商品流通扩大和竞争加剧,经营者为了防止别人假冒和标榜自己产品优质,商标广告的作用才显示出来。在我根据地内,工业发达,商品竞争厉害的地区对商标广告比较重视。如"报刊广告"在各根据地内已广泛使用,《苏中报》即登有"开业广告"和"产品广告",《新华日报》(华中版)还登"启事广告",发布"本报广告刊例"。但对商标广告,当时还没有专业管理,因而商标广告管理史料很少。1945 年 11 月 1 日苏皖边区政府成立以后,于 1946 年 5 月颁布《商品商标注册暂行办法》,实系抗日战争时期商标管理的经验。

(四)

苏、浙、皖、鄂、豫地区抗日革命根据地的工商管理机构,是随着当时的政治经济形势的发展变化而逐步建立、健全的。抗战开始至 1944 年初,各根据地虽未明确设置工商行政管理机关,但却设置了相应的机构,如贸易局、货管局、贸易统制局、税务总局、行署建设处等。适应对敌经济斗争的需要,还普遍设置了武装缉私队伍。这些机构虽几经变化,且名称各异,但却是主管或兼管工商行政管理工作的机构,在一定程度上履行了工商行政管理的职责。如:实行对外贸易管制,防止敌人套购物资,并以国营商业为中心组织合作社商业,保护私营商业,与敌人的经济封锁、与奸商的走私资敌,进行针锋相对的斗争。在根据地内部贯彻自由贸易、反对垄断、活跃市场、繁荣经济的方针,保障了根据地军需民用的供应。

抗战中后期,革命根据地逐步建立了单独的工商管理机构。如盐埠区各县于 1943 年 3 月,淮海区于 1944 年 11 月,苏中区各县于 1944 年 11 月,浙东区于 1945 年 9 月,先后正式成立了工商管理局,其职责范围涉及甚广,除工商行政管理外,还把财政、税收、货币、贸易管理等列入职责范围,发挥了工商管理的重要作用。

第一章　根据地的经济概况和经济政策

第一节　经济概况

一、揭开敌人对皖南的经济侵略阴谋

现阶段敌我经济战，在形式上虽没有达到白热化，可是在本质上已是短兵相接，日趋严重了。皖南，与敌伪占领的南京、芜湖，距离最近，敌伪为了稳固占领区的政权，在军事上一定要来个大扫荡，藉以巩固南京的外围，这是势在必行。本年敌伪发动江南四月攻势就是这一具体事实的表现。可是敌寇在占领宣城、南陵时，盘踞时间并不久，最多的还不到一周，这，固然是我们的反攻，以及敌寇的军力单薄，被压迫不得不退。但是主要原因，多半是骚扰捣乱性质，实质上还是掩护经济掠夺与加紧走私，单以宣城、南陵沦陷时情形看，敌寇占领后，便到处掠夺食粮，奸商亦乘机实行资敌，平常许多船只停泊在宣城西河，都是满装稻米、鸡蛋和各种禁运的物品，但是敌寇与奸商事先已有了紧密的联络，同时南陵敌寇退出不到三天，市面又照旧的繁荣，满街满巷的货物，又照旧的陈列出来。这在外形上看来，固然是个惊人的奇迹，它的内在藏着的经济侵略的阴谋，更令人懔懔畏惧。所以今日的皖南，处于东战场的最前哨，为什么军事战会这样的沉寂，敌我保持一个相持的状态，铁的事实告诉了我们，敌伪眼中的皖南，在军事上虽然看的很重要，但是受了军力的限制，同时又因为皖南多山，如果以军事来一个猛攻，不但得不偿失，反而激发了民众的高度抗敌情绪。如今敌寇的目的，就是加强经济掠夺，倾销仇货，制造市场，其次是扶植傀儡政权，实行攻势政治，以软化政策，实现以华制华的阴谋，来统治皖南，这是敌寇新的策略，也是皖南新的危机，希望皖南四百万民众，迅速警觉勇敢的站起来，迎接敌寇新的阴谋，来一个经济政治突击的攻势运动，予打击者以打击，建筑我们强固的精神经济堡垒，作为直捣敌伪巢窝——南京根据地的先声。

（摘自1940年8月13日《皖南人》第三、四期刊载的《怎样展开对敌经济反侵略战——论皖南走私与防止对策》）

二、革命政权一稳定，商人就恢复经营

（丽水通讯）去年浙省的商业情形，因受敌人侵袭的影响，已不能和抗战初期相比。但是做生意的人总是无孔不入，想尽方法来经营他的事业的。所以去年夏季以后，敌人攻势稍差，商人们便忙着恢复他们的元气了。一向以抢运物资为利的商人，依然到沦陷区去抢运物资，一向居间谋利的商人，依然做他们居间牟利的营生。但一般说起来，去年度的浙江商业，除了少数的出口商如木、纸、油、杂粮等获利较多外，一般的能够保本已算很好。

（摘自1944年3月8日新华日报刊载的《从繁荣走向萧条，浙江省商业畸形发展》）

三、华中解放区发展生产，提高生产力

今天大后方在国民党错误政策统治之下，工商业被窒息而停止倒闭的消息不断传来，沦陷区的工商业被敌伪摧残扼杀，一天天接近全面崩溃。与之相对照的敌后解放区，比如华中解放区在平均每日作战十次紧张环境下，工商业却犹能蒸蒸日上，不断发展。这似乎是一个奇迹。但当我们一经研究解放区民主政府所实施的政策，及其在战争环境中发展战时生产的方针，我们即会毫不惊异这些奇迹的产生了。

民主政府的经济政策乃以发展生产、提高生产力为基本目的，是保证私人企业的利润，奖励私人经营生产，并扶助合作社业的发展。公营事业是处在与私人企业，合作社同等地位中发展的。根据这一基本政策的精神，适应战时环境，首先就有保护关税政策的实施。禁止或阻止解放区内必需的资源与原料品的出口及区外对我区内非必需品及妨

害区内生产发展的物品进口,鼓励区内剩余生产品出口及争取区外对我区内必需品及原料入口。华中解放区民主政府建立一二年后,政府财政略形宽裕,地方银行成立,即进行大量发放贷款帮助生产。截止1944年夏季止,据不完全统计贷款有四万万元。1942年当敌伪发行伪币停用法币,又即时实行对外统制(必须以货易货),另外,针对敌后战争频繁的情况,提出集中管理分散经营的方针,这是一切公、私营事业在战争暂时休止时进行建设,在战争再起时便于隐蔽保存的方针。这就是为什么在大后方和沦陷区工商业只有萎缩崩溃,而在敌后解放区不断战争环境里,独能蓬勃上升的主要原因。为了使大家对华中解放区的经济状况有一般的了解,现将苏北、苏中、淮南、淮北四个地区的主要工商业发展概况介绍于下:

苏北和皖东所产芝麻、花生、黄豆等油粮很丰富。抗战前,这里有一些小型的机器及手工榨油业。抗战后,这些地区相继沦陷,机器的燃料来源不足,榨油工业大都停顿,于是农村所产油粮,不得不大批送往敌占区城市中去,新四军来到,民主政府建立以后,自1941年起,即在各地陆续禁止油粮运往敌区,同时发放大批贷款,帮助私人手工业榨油坊复业。出产的油,在内地销售,一律免税,自由流通。四年以来,榨油手工业已普遍地在产油粮的农村中建立起来,仅据淮南、淮北、苏北三个地区的估计,每年除供给本地区食用外,有20万担的食油剩余,运输出口。这种榨油手工业大都是私人经营。凡私人经营的榨油业,除须依政府规定的工资标准付给工人外,其他一切均系自由经营,只有当食油运输出口时,才按照政府规定,缴纳出口税。集股成立榨油合作社,利用冬季农闲之时,自己榨油。

产油在内地销售之外,多余则运输出口。在淮海地区,由于出口运输困难,政府即贷款帮助私人油坊及合作社成立油业联合经营社,解决了对外运销的困难,使榨油生产资本的周转更为灵活。参加油联社是由各油坊合作社自愿参加,参加后,可以享受向油联社贷款的权利。所产之油,按市价卖给油联社,油联专办食油出口运销。出口运销的纯利又提30%分配给社员,依其所售给油联社之油量为比例。公营油坊所产之油,主要是供给军队政府的食油,很少在市场上销售。苏北盐阜区行政公署去秋为扶助榨油业之发展,曾以1700万斤黄豆贷与榨油业。

华中解放区的纺织生产的发展是值得大书特书的大事。战后布价暴涨,战前农民一石米可以换到十丈白洋布,现在一石米换不到两丈白洋布,而且还买不到。1941年起,民主政府即在农村中提倡纺织运动。因为华中地区农村过去主要穿洋布。除南通、合肥等地农村尚有一些纺织手工业的基础外,其他各地农民多已不会自纺自织,要想创造较大规模的纺织工厂,在过去几年战争的环境下是不可能的,所以提倡普通的家庭纺织手工业。1934年来由于政府的号召鼓励与贷款,及群众团体的组织发动,在苏北、淮南、淮北等地现已有10万架以上的家庭单头纺纱机,几千架木织布机和几百架铁织布机。现在家庭纺纱的妇女,每纺1斤纱,可得到1斗到1斗5斤的粮食。熟练农妇二天半就可以纺1斤纱,普通4天可纺1斤。织布工人的工资,每月至少可以得到两石粮食。今年政府为了解决棉花来源,已决定推广植棉运动,鼓励农民多种棉花,除在棉种及种棉的技术上给农民以直接帮助外,并保证农民种棉的收入,如果低于种粮的收入,其损失部分归政府负责赔补;如收入多于种粮的,完全归农民。棉还可以免缴或减缴救国公粮。苏北淮海已在去年秋天禁止洋布进口。淮北已将洋布进口税率从3%,提高到10%,洋纱进口从免税提高8%。洋纺布进口后,从自由销售进到归贸易管理局统一分配,以免妨碍内地纺织业的发展。各地合作社,也从纺织事业的组织和发展作为他们的中心业务之一。随着纺织运动的开展,各地区技术发明亦在不断的出现。苏中东台县发明16个头的纺纱机,淮南来安水口乡机匠赵友刘发明40根头的纺纱机。苏北沭阳祁汉成、单继成两先生发明20根头的纺纱机,祁汉成先生又发明手摇独头自动绕纱的纺纱机。淮南盱眙胡逸民先生发明脚踏纺纱机。天长叶宝璋先生发明桌上纺纱机。这些发明家都得到解放区民主政府嘉奖与表扬。其他如1944年冬季苏北盐阜区试验土法烧碱改良,现已能造80%的碱粉。烧土硝的办法也已改良,而且制造方法简便,现正在当地烧碱硝的居民中广泛传授新法烧碱烧硝。

其次,讲到盐的生产。苏北阜东县(旧阜宁县)的滨淮、八摊、华成三区,是现在苏北产大子盐(晒盐)的区域。年产约20余万担。1939年以前,此地仅有华成区的一部分地方出小子盐(煎盐),滨淮、八摊极少居民制晒盐。1939 年海啸以后，海潮泛滥，滨海大部土地被海水浸渍，农田不能耕种。滨淮区因海水倒灌入淮河、黄河，灾情更重。1940 年新四军进入阜东，民主政府建立，一面兴修宋公堤以防海患；一面开放晒盐禁令，允许人民自由筑场晒盐，领取滩地筑场，不加任何限制，政府并贷以资金及粮食帮助其发展。苏北盐场遂像雨后春笋一般兴筑起来。从 1941 年到 1943 年上述地区盐业的发展如下：

盐场资金面积

	1941	1942	1943
场数	1	55	21
上升指数	100	500	2100
金额(元)	43,000	673,000	5,313,000
上升指数	100	1,567	12,253
亩数	39	4,329	21,319
上升指数	100	1.200	55.950

据 1942 年裕民盐场股东会的报告，两年共支建筑工资 30 余万元，收入为 170 余万元。不过这里盐场对灶民(盐工)短工之待遇，非常苛刻。灶民以一户参加劳动(一般 4 人至 6 人)，一年劳动平均可产盐 1500 担，但其工资仅为 72 斛(每斛约 40 斤)玉蜀黍，及按件工资性质的挑头费每石春季 2 元秋季 4 元，实得 1 元 7 角，3 元 4 角，全年挑头费所得仅能折合(1943 年市价)为 12 斛半玉蜀黍，合计全年收入为 84 斛半玉蜀黍(每人每年要吃 15 斛)。如为 4 人一户则可余 24 斛半，若为 6 人不足 5 斛半。距离政府规定，一人劳动除本人外可供养一人至二人的工资标准，相差太远。去秋灶民曾向灶主提出抗议，要求依照政府法令增加工资，实是合理的要求，据说工资已略有增加。我们除深切同情灶民的这种合理的增资要求外，并希望当地政府严格督促场方执行政府工资的标准。

在制盐业中，另有一种以劳动力组织的合作社形式的盐场出现。因为兴筑盐场，所需资本都是劳动力，其他建筑原料，非常简单，所以产生这种形式，以出劳动力之多少为分配利润之标准。应于这种组织的裕工、济贫、大众等场。

现在来谈一谈华中解放区的卷烟工业。

在淮南地区的凤阳县，烟叶(即前英美烟草公司的门台子所收之烟叶)产量甚丰。1937 年凤阳沦陷后，遂为日寇占有。1940 年凤阳县境大部分被新四军解放出来，烟叶产区亦大部分为我控制，年产约 5 万担。淮南行政公署在 1941 年春就决定禁止敌区香烟进入淮南地区销售，以谋本地手工业卷制香烟的发展。当时淮南参议会亦代表淮南人民，除同意政府这种措施外，并认为政府不惜牺牲香烟进口税的收入(当时占进口税的第二位)来谋解放区的自己工业发展，遂亦通过政府提出的征收内地手工制造香烟税收价 5%。自从这次禁止敌区香烟进口以后，淮南各集镇手工业卷烟如风起云涌。从最小集镇有一两架手卷机到大集镇几十个手工卷烟场共百余架卷烟机，现在并发展到淮北地区，两地产量不仅足够供给淮南、淮北的需要，且可出口销售。至于机制卷烟，淮南有新群、群众两厂，出产飞马及神龙牌香烟，为官股民股合办的工厂。群众厂在 1942 年民办开始时，仅有资金两三万元，常因周转不灵，机器停工。后由政府投资帮助，去春与新群公司合并经营。两厂资本现已扩大到一万万数千万元，月产烟约 3 万箱，除供给根据地外，并向敌占区出口。

其他如造纸、肥皂等手工业，各地亦在发展中。

各地区工业生产很多采取合作社的形式，关于这点容另文论述，兹不赘。随着工业生产的发展，特别群众生产互助运动以后，农业生产的发展，人民购买力提高，解放区的商业亦繁荣起来，大小集镇的市场都在扩大中，主要的交通线上商运络绎不绝。而社会秩序的安宁，严格执行单一税制，给商业繁荣以极大的便利。解放区许多市场，不但已恢复与战前的繁荣，其重要的特点是许多偏远市镇，也日渐繁荣起来。而市场上的货物，战前是以大城市生产的货物为主，而现在则是以解放区内的农工业生产品为主了。

华中解放区的工商业的发展，和全国所有解放区一样，是新民主主义经济发展的榜样，同时也是对国民党专制腐败统治、摧残正当工商业发展的一个最有力的控诉。

(摘自《新华论坛》1945 年 5 月 1 日第一卷第七期，陈穆《华中解放区的工商业》)

四、根据地的贸易政策“对内自由，反对垄断；对外管理，反对自由”

(一)管理贸易的作用

华中是资源十分丰富的地区。在华中解放区内，单就苏皖两省自安庆以下的江北部分而言，即有皖江(包括无为、庐江、和县、含山、巢县)及苏中、淮南、高邮湖沿岸两大产米区，淮北的产麦区，淮北、苏北、淮南的产油粮(黄豆、花生、芝麻)及食油区,苏中的老淮南盐场及阜东(苏北阜宁东部)沿海的盐场,沿海一带的产棉区,淮南凤阳的产烟叶区。其他如猪、鸡、鸭及其副产的鬃、毛、骨、蛋和酒等都有大量的出产。这些出产,特别是棉花及粮食两项,素为经济命脉薄弱的敌寇所觊觎,曾不断用军事配合来掠夺。但敌寇屡遭我英勇杀敌的新四军及广大人民的武装所痛击,无法遂其目的。此外,敌寇则有一套采购机构,伸出无数触须,到我解放区进行其经济掠夺。我解放区政府及英勇军民为了保护坚持抗战阵地的物质资源,就必须配合军事政治,依靠和掌握这些资源,来与敌寇的经济掠夺和封锁进行斗争。解放区管理贸易就是在这样军事和经济条件下产生的,到今天它成为解放区巩固胜利,准备反攻的经济力量,进一步建设新民主主义经济的一个重要关键。

(二)管理贸易的目的

解放区管理贸易的目的,和国民党当局的所谓统制贸易完全不同。国民党政府以官僚资本操纵和霸占市场、排斥民间工商业,掠夺人民的生活资料,用各种方式公开和秘密资敌,挂着抗战的招牌,实际是少数达官要人发国难财,享抗战福。我们解放区的管理贸易则以保证解放区军民的生活资料和军需,保护和发展工业和农业生产,繁荣解放区市场,巩固解放区货币,而与敌人作针锋相对的斗争为目的。因此对解放区的出产尽量使其内销,调剂内地市场,以保证战时军民足够的生活资料和战争资源。只有在解放区消费剩余及非必需的出产,才允许其在有利于解放区抗战事业及人民生活条件下的向外输出。输入必须有利于解放区军民与生活,对敌伪倾销的货物,则限制或禁止其入口,以免妨碍解放区经济之发展。在这样的贸易基础上,繁荣解放区市场,刺激并提高农民的生产和购买力。以推进商业之发展,乃成为可能,对于商人,保证获得平均利润,限制奸商操纵投机。政府组织公营商业,同时帮助人民组织和发展合作社,通过公营商业及合作社的经济力量,团结各种商人,推动内地市场,保证其适合于人民战争的利益。这就是解放区管理贸易的目的。

(三)解放区市场自由贸易

为了达到以上目的,首先是保证解放区内部市场。除接近敌区外,买卖运输不受任何限制,完全自由。解放区商人负担,到现在为止,远较农民为少,而税收机关的统一,则是解放区光辉政绩之一,这里没有任何军队的额外征收或敲诈。在接近敌伪区的边区因易于走私资敌,这里就必须有群众团体及政府机关的证明才能在内地运销,以便防止走私。内地食粮一般不准出口,只在军民供给有余,出口又能换回军民所需的工业品的条件下,才在一定时间和地点允许出口。特种军工原料,如硝磺、皮革等,则须受政府管理贸易机关按市价收买,不得自由买卖或输出。囤积居奇,操纵物价,以致破坏人民经济生活的稳定,这不为政府法令允许,公营商业及人民合作社日渐发展的经济力量亦逐渐足以制止之。

解放区是处在敌人的后方,依军事形势划成军区(华中有八个军区)。每一军区成为华中统一指挥下的战略单位。每一军区政府财政是服从于各个军区的战略要求来计划和做到收支平衡。但因解放区受国民党一党专政的阻碍,得不到任何外来支持和帮助,不得不在各个被敌人军事分割的战略单位求得解决财政收支的平衡。因此当货物运输经过两个以上军区过境进出口销售时,税收制度不得不照顾这一财政上特殊困难。食盐过境输出,征过境税10%,经过几个军区以上者,其总额不超过40%。因解放区食盐垣商官卖引岸制度,已完全废除,买卖已完全自由,如此税额,较之国民党统制食盐的办法,盐生产后经过垣商及盐务管理机关转入运输,盐价即增加10倍以上,其对于食盐生产与消费者之利弊,实不可同日而语。除食盐外,其他货物过境只许补征第一道进出口地所缴税额的40%(如苏北经苏中出口)或50%(如淮北经淮南进出口),过境经一个以上军区者,补征税额不得超过以上之规定。当然在个别地区,对区内自由贸易制度执行尚有不够之处,以致造成市场偏枯的情形,现在努力纠正中。

(四)出口贸易管理办法

解放区出口贸易受严格的管理。凡出口货物一律须受政府工商管理(又称货物管理)机关的管理。管理办法分主要物资(粮、棉)次要物资(猪、油、酒、豆饼)及一般物资三种。主要物资特别粮食的出口,除依据内地市场及军民供给需要外,还根据敌区市场情况,以不影响解放区物价的稳定,而又不能在一定的价格比例下从敌区市场换回指定必需之物资为出口与否的条件。出口时商人必须保证能带回指定种类数量及一定比价(即出口货与进口货价格之一定比例)的货物,或预先交纳(保证金),如此就可运输出口。这种比价是由工商管理机关研究我解放区农产品及敌区工业品的供求关系及商人运输费用,并保证其20%左右的纯利润而定的。易回物资如在市场停滞时,公营商业有责任按市价收购,以帮助一般商人资金的流转。次要物资一般随时可以出口,只须易回或预先运进指定的比价物资,或指定携回外汇(外汇须接受银行汇率的管理和收买,不得自由携进抛入市场)。一般物资出口,不受时间及换回货物之约束,惟携回外汇者,必须向银行或工商管理机关请求按规定汇率收回之。此外,解放区的银行和工商管理机关有随时供给商人以足够的外汇的责任,这样来鼓励与帮助商人进出口贸易。

华中解放区的贸易,就在上述对内自由,反对垄断,对外管理,反对自由的基本方针下,逐步地达到保护解放区生产,繁荣解放区市场,巩固解放区的货币,保证解放区军民需要的供应,并胜利地达到反对敌寇封锁与掠夺的目的。

(摘自《新华论坛》1945年7月第一卷第十期刊载陈穆文章《华中解放区贸易管理概述》)

第二节　经济政策

一、淮南路东根据地财政经济政策总方针

我们的财政经济政策的总方针,就是一方面破坏敌人以战养战计划,与敌人的经济侵略及封锁政策作斗争;另一方面要保证抗战资粮之供给与抗战中国民经济之发展,以求得路东抗日民主根据地在经济上能自给自足,以支持长期抗战。这就是一年来我们经济设施的总方针。

(摘自1941年5月27日《解放日报》刊载的邓子恢《津浦路东抗日民主政府一年来施政工作总报告》)

二、淮北苏皖边区工商管理政策

4.订立正确的没收政策。没收是出于不得已的行为,是给一般奸商警戒。但如果不判明事态与分别对象,则会引起商人的不满。我们要没收的货物,是狡猾的奸商,多次的走漏,明知故犯,走漏的是违禁物品或重要货物,至于下列的情形我们则不能没收:

A、来源很少,数量不多,为日用必需品者;

B、因人力不能抗拒而致过期者;

C、因检查处本身的过失,票、物不符者;

D、因度量衡关系者;

E、对象为农民,初次做生意,货物为婚丧及日用品者;

F、对象是小贩、走私不满两次者;

G、从敌区严重封锁,困难运出,沿途阻隔,损失甚大,对我地区有利者;

H、对象若因没收而致生活断绝者;

I、对象所犯甚轻而有确实保证者。

为了切实执行上列办法,没收权及处理变价权属于总处(各县),各分处、分所缉私所得应当填表说明经过,交由总处处理,由财政处批准。

……

经营方式:

1.奖励私人经营,公家保护,解决其困难,如代购原料,代理推销,并举办低利借贷。

2.公商合办,较大及较重要工业,商人不能独立自办者,政府协同举办。

3.政府专办特种工业非商人所能办者。

在工业建立时必须注意下列各点:

A、不宜过大,易于搬迁;

B、地带安全,易于隐蔽;

C、适应市场需要,不宜过多生产。

……

丙、发展贸易

贸易是分配的手段,在敌后方的贸易,主要的是设法有计划的争取必需品进口,有计划的输出,换取根据地的必需品。这里所说统制,并不是自己经营,主要的还是由商人经营,但应当经过贸易局的登记,由贸易局规定出口的数量。

2.实行贸易自由。根据地内商人,只要:

A、不违犯政府法令;

B、不破坏抗日军队;

C、不贩卖,均可自由经营,政府加以保护。

根据上面的政策,设立贸易局。贸易局的任务:

A.调剂内地物资,平抑物价;

B.组织商人,推动商业发展;

C. 举办公营事业登记,限制公营事业发展;

D. 有计划的输出剩余货物和有计划争取必需品进口。

(摘自 1941 年 11 月 16 日《政府工作》第四期刊载《苏皖边区的财经工作》)

三、对汉奸财产处理和帮助农民发展生产的政策

4. 对汉奸财产处理,除个别的真正当汉奸者没收其个人应得的外,其家属及次要的伪军组织一般人员由政府保存,对于逃跑在外无人管之财产,可由军政共同保存,同时发还并用各种方式促其回来或参加统战工作。

6. 提高与帮助农民生产事业,政府应奖励农民工业生产,这是解决人民生活与部队生活的主要办法。

(摘自 1942 年 7 月 18 日谭启龙《目前国内外形势与我党发展浙江敌后游击战争建立根据地的方针》一文)

四、保护商人的自由经营

保护商人自由营业,奖励盐运,奖励各种抗战必需品之进口,取缔奸商居奇垄断,禁止操纵物价,欢迎各地事业家来边区投资,打击伪币,维持法币,巩固边币,保证金融之流通。

(摘自《淮北抗日民主建设》1942 年淮北苏皖边区行政公署施政纲领)

五、奖励私人经营,调节劳资关系

为坚持苏南敌后抗战,粉碎日本帝国主义的扫荡清乡、贯彻精兵简政、开展民主运动,进一步巩固建设苏南抗日民主根据地,克服一切困难,准备反攻力量,以争取抗战这最后胜利,建立独立自由幸福的新中国,中国共产党苏皖区党委特于苏南区行政公署改选之际,根据孙中山先生的三民主义、总理遗嘱,中国国民党抗战纲领及中共中央抗日民族统一战线政策,向我苏南全体人民提出如下之施政纲领:

九、发展工业生产及商品流通,奖励私人企业,保障其私有生产,欢迎外地及敌占区的资本家、富豪、士绅同胞来根据地内投资,经营工商业,并给以保护,如不愿居留时,可自由处理与携带其财物。推广合作事业,扶助手工业的发展,对内实行自由贸易,反对垄断,对敌实行统制贸易,严防敌伪吸取我物资与破坏我金融,加强对敌伪经济斗争。

十、调节劳资关系,适当改善工人生活待遇(包括雇工),工业部门工作时间以 10 小时为原则。农民工作时间仍依照习惯,同时劳工应遵守劳动纪律,提高劳动生产率。

(摘自《中共苏皖区党委苏南施政纲领》,1943 年 3 月苏南出版社出版)

六、培植民力,发展生产,加强贸易管理

根据我根据地三年余建设的基础,以及客观环境给予我们的要求,我们今后财经工作的方针应该是:

(一)培植民力发展生产减轻人民负担;

(二)实行合理负担,废除非理的摊派;

(三)加强贸易管理,巩固根据地经济;

(四)巩固制度,厉行节约;

这四项就是今后我们财经工作的努力方针。

一、培植民力,发展生产,减轻人民负担。培植民力是增加国家财富的基本源泉,这是长期坚持敌后斗争不可缺的武器,处于反攻日益迫近的今天,此更有其特殊重大的意义,因此,把广大人民组织到生产战线上来,从事农业的工业的生产建设将成为今后我们主要任务之一,把财经工作从单纯的财政工作中解放出来,多注意于经济建设工作。把农业生产作为生产建设的中心,其次才是手工业、运输业、盐业。我们只有采取积极的政策去发展生产,民力才能培植起来,人民的负担才能相对的减轻。而培植民力的另一方面则必须爱惜民力,严格限制对伕役的使用,并实行民力的适当调节。

三、加强贸易管理,巩固根据地金融。我盐阜区在贸易上入口货少而出口货多,于是造成出超现象,今后必须加强贸易管理,逐步做到全部以物易物的办法,相对限制法币流入,对伪币仍保持打击排斥的方针,使我根据地金融能相对的稳定下来。

(摘自 1943 年 12 月 16 日《大众报》刊载曹荻秋报告《两年来财经工作总结及今后工作方针》)

七、发展手工业,繁荣边区经济

发展手工业。1942 年以来,边区各基本县区虽

处在分散的农村和战争环境中,也先后举办了一些手工业工厂。其中有造纸厂、电池厂、牙刷厂、毛巾厂、被服厂、化工厂、榨油厂、皮革厂、卷烟厂等。这些小型工厂都是白手起家,土法生产,手工操作,少数机器也是从敌伪手中缴获来的。有的有固定厂房,有的就分散在几个村子的农民家中。工厂时常流动,敌情严重就隐蔽起来。大部分为公营,个别的由政府与私人合营,同时奖励民营企业和家庭手工业(纺织缝纫等)。手工业的发展,对保证供给,繁荣经济,解决财政问题,起了一定作用。

(摘自1964年湖北出版的《新四军第五师抗日战争史》,鄂豫边区革命史编委会存)

八、工商业自由发展,调节劳资关系

(六)协助根据地内工商业之自由发展,奖励私人企业,保证私有生产,欢迎外地投资,发展人民的合作企业,协助山货的推销。扶助手工业的发展,以达到根据地内日用品自给自足抵制日货之目的。

(九)调节劳资关系,适当的改善工人生活,救济失业工人,同时保证劳动纪律,提高劳动生产率。

(摘自1944年1月15日浙东敌后临时行政委员会公布的《施政纲领》)

九、淮北根据地的贸易政策

(一)我们的贸易政策,这里先解释几句,有人说我们这里做生意,这要管理,那要统制,不自由,这种看法是很片面的。我们今天的进口生意是与敌区商人进行的,而敌区市场又被敌伪所控制,他们用尽一切办法来抬高工业品价格,压低农产品价格,扩大剪刀差,如果我们不加以管理与统制,那正如敌人的意,要怎样买就怎样买,我们全体商人实际上都受了他的控制,没有丝毫的自由。现在实行了管理与统制,正是争取根据地对敌区贸易的自由,在形式上是限制了个人的自由,但实际上整个根据地贸易上得到了相当自由。如今年夏秋之交,敌人计划收买小麦,原定是用伪币收买,但我们坚持要洋布交换,并且将价钱压得很低,如蚌埠小麦市价每石涨到五六千元,敌人还以3000元的价一石收进,且不给货,我们就不出粮食,计划用别的办法来解决布匹问题。现在敌人因收不到粮食着慌了,决定第三期收买小麦,运来大批洋布要与我们换粮食,我们在两天内就订好2000多匹,现在还有很多人来问,这就是我们要实行管理统制的根据。另外还有人说我们只许州官放火,不许百姓点灯,这种说法也是不明了上面的道理,只看到小我的自由,没有看到大我的自由。今天我们为了抓住敌伪本身的弱点,实行全面的油盐管理,因为自中原战役发生后,敌人由津浦路南运的油盐均告停顿,敌区民间的油盐大感恐慌,主要的来源就靠我们华中几个根据地去的一些油与盐。因此,我们就加紧油盐的管理,争取物资回来,主要要洋纱布回来。我们今天全部冬衣及明年的部分单衣都是从油盐管理争取回来的,并且还分了大批的土布转卖给合作社,为什么我们连小挑贩也要管理,因为过去不管理,油盐均化整为零,同时油的运输因工具关系,大商人不多,我们如不管理小油贩,那就管理不到,这正便利了敌人,他需要油比粮食还厉害,我们对这样有利的事不管理,冬衣就穿不上了,但小商人仍感困难,我们正谋改进。

(二)管理进口洋纱布。我们这里有一个矛盾,在纺织上说,布不要便宜,便宜了会影响纺织业的发展。但自己又要穿,不能禁止入口,又想能买便宜一点,所以一面明许进口,一面加以管理,由贸易局收买,转售时加以控制,这样既不会打击本区土布的发展,又可解决自己的需要,还可购买较便宜的东西。

(三)开展各根据地之间的贸易,以减少对敌区的依赖。

1. 我们已与苏中、淮南、淮海等兄弟区建立贸易关系,互相交换物资,如我们以硝磺、烟叶、牛皮等与苏中交换土布、棉花、盐等。

2. 建立各根据地之间汇兑关系,通融资金与便利。

(摘自1945年12月22日《淮北建设》刊载的刘端龙《进一步巩固团结建设淮北根据地》)

十、发展工业生产,实行商业自由流通,调节劳资关系

11. 建立并发展根据地之工业生产、保障私有生产,欢迎并奖励私人开设工厂投资各种工业,并建设公营事业,提倡部队机关人员的农工业生产运动,实行各种民办公助、公私兼顾之办法,发展人民合作事业,反对敌伪统制政策,协助盐海产品运销,改善盐渔民生活,发展手工业及纺织业,向着根据

地自给自足经济方向发展。

12. 实行商业自由流通，保障私人商业之发展，反对统制、垄断、操纵、抬高物价，严禁敌区毒品及奢侈品之输入，奖励必需品之输入，协助山货及土产运销，开拓对外贸易路线，以繁荣根据地之商业。

13. 调节劳资关系，保障工人雇工生活必需的改善，工作时间以不超出10小时为原则，工资按生活程度酌量增加，救济失业工人，同时工人必须遵守劳动纪律提高劳动生产率，使资方有利可图，以发展根据地生产增强抗战力量。

（摘自1945年1月24日中共浙东区党委提出的《浙东地区施政纲领》）

十一、动员民众反对敌人的经济侵略

动员民众反对敌人的经济侵略，以粉碎敌人“以战养战”的企图，这应在广大的敌后民众中号召与组织对敌的经济战争；开展抵制敌人的不合作运动。拒用日货伪钞与敌人军用票。不买日货，不供给敌人粮食和原料。特别严防敌人吸收现金法币和军用品，另一方面应广泛地开展群众经济游击战，破坏敌伪交通运输，打击敌伪工厂、矿山与货栈。

（摘自1940年12月新四军政治部主任袁国平《论坚持大江南北的敌后抗战》）

十二、经济工作和技术工作是革命工作之一

（一）向全党解释。各种经济工作和技术工作是革命工作中不可缺少的部分，是具体的革命工作。应纠正某些党的组织和党员对革命工作抽象的狭隘的了解，以至轻视经济工作和技术工作，认为这些工作没有严重政治意义的错误观点。

（二）解释学习理论与参加实际工作都是每个党员不可缺的责任。但在革命运动中，尤其领导着军队和政权的党，共产党员决不能离开各项实际工作去“专做”理论工作（虽然可以与应该有一小部人专门从事理论的研究），同时也决不能单单埋头实际工作而完全不学习理论。因此藉口学习理论而不愿参加实际工作，或仅仅埋头实际工作而不在工作中抽暇学习理论的倾向，都必须纠正。

（摘自1941年5月1日《六大以来》刊印的中央书记处《关于党员参加经济和技术工作的决定》）

十三、淮北苏皖边区保护私营工商业

第四条：关于保护工商业者

一、境内私人经营工商业，无论独资或合股，一律准其营业贸易自由，并保障其合法利益与账款之收回。

二、工厂、商店、小作坊得（可）雇用店员、学徒进行生产及营业。

三、境内有利于抗战与民生之工商业由政府以下列方法保护优待奖励之：

甲、武装保护；乙、运输上之便利；丙、低利或无利贷与基金；丁、技术上之协助；戊、减收或免收税捐；己、给予奖励；庚、购买原料及推销产品之便利。

四、工商业应保护、优待者以下列为主：

甲、纺织；乙、制纸；丙、卷烟；丁、制鞋；戊、轧弹棉花；己、染坊制革；庚、油坊；辛、电料；壬、文具印刷；癸、钢铁；子、编席；丑、盐运盐行；寅、必需品进口与出产品外销；卯、垦荒。

五、欢迎外来资本家投资开发洪泽湖水业与湖边荒田，予以保护与各种必要与可能之协助。

六、工商业主小贩之合法营业，任何人不得非法干涉，违者一经控告查明属实，即依法予以严惩。

第五条：本条例之修改与解释权，属于边区参议会。

第六条：本条例经边区参议会通过，由边区行政公署公布施行。

（摘自1941年12月15日《政府工作》第五期刊载的《淮北苏皖边区保障人权、财权、产权及保护工商业条例》）

十四、鄂豫边区鼓励工商业资本家投资

在经济方面：

1. 提倡自力更生、发展工业、兴办手工业，改良纺织工业。除军事工业的小型兵工厂以外，地方开办了烟厂、酒厂、被服厂、缝纫厂、榨油厂、织布厂等等。

2. 繁荣商业：鄂豫边区“施政纲领”中规定，“积极发展边区商业流通，普遍建立合作社，廉价供应人民日用必需品，推销土特产，欢迎与鼓励边区境内外工商业资本家在边区投资兴办，实行保证正当

贸易,严禁奸商垄断居奇、统制对外贸易,……"根据这个精神,各地农村普遍建立供销合作社,由群众集股,政府扶持,大量收购土特产,廉价供应群众生活必需品,扶助政府统制物资流入敌占区,抵制奸商抬高物价,保证根据地正常的工商贸易。黄陂县政府为了保护这种商业贸易,专门成立了商警大队,大队长由章伯生兼任。

(摘自麻城博物馆史料《鄂豫边新四军五师建立以后,黄陂抗日根据地的巩固和扩大》1941～1942年12月)

十五、豫鄂边区政府的工商管理政策

1942年3月22日鄂豫边区第一届代表大会通过的《豫鄂边区施政纲领》规定:"保护一切抗日人民之财产所有权,没收日、德、意及少数坚决汉奸分子之财产,充当抗战经费。"又讲,"积极发展边区工业生产与商业流通。……保证正当的自由贸易、禁止奸商垄断居奇,统治对外贸易,保证水陆运输、破坏敌伪包庇走私,禁止必需品出境,限制非必需品入境。""对粮食的管理,规定:实行粮食统制,……严禁奸商偷运资敌及囤积居奇,调剂粮食,平定物价……"

(摘自湖北省鄂城博物馆资料)

十六、皖东地区的经济政策

这一时期的经济政策是:一、保护自由贸易;二、除粮外一律可以出口(鸡、鸭、蛋、猪毛、丝、烟草等);三、改善人民生活,实行三七分租,分半给息,老债(抗战前)停息,分年还本,取消苛杂,调整典当田地债务人纠纷;四、发展合作社;五、发展生产运动。

(摘自1943年6月《皖东根据地二师发展概况》中的《皖东根据地的经济政策》)

十七、华中区贸易工作基本任务与方法

(一)贸易工作基本任务

也是主要的一个,是保护与提高生产。

一、保证物价稳定,并有计划的有组织的鼓励解放区剩余产品及消费品出口,防止消耗品与迷信品输入,争取贸易平衡与出超,来取得对外贸易主动地位。

二、组织公营商行,帮助合作社调剂内地物资,团结大、中、小商人,限制与孤立奸商,组织经济情报,以便集中力量与敌伪顽作经济斗争。

三、保证换(取)回大批日常必需品与军工材料物品来满足解放区人民与部队机关供给。

四、协助银行兑成边币为本位制,帮助银行经营贸易事业,提高边币信用,扩展边币流通市场,排挤伪币,打击法币(抗币实行本位币,也应实行管理)。

(二)贸易工作基本方法(政策)

一、对内自由

二、对兄弟区实行贸易协调

三、对敌顽区,采取斗争

甲、为什么对内要有贸易自由呢

(1)我们新民主主义经济政策,是削弱封建剥削,发展新民主主义的经济,提高生产,增加新民主主义政策下的贸易收入,同时在贸易上因生产而提高,才有更多的剩余产品输出,去争取对外贸易斗争的有利条件,即取得对外贸易主动的有利条件。

(2)对内允许贸易自由,才能使农民与手工业生产者到市场上互相交流,不受限制,是能推动与增加解放区人民提高生产的。

(3)市场有买卖自由,买卖能繁荣市场,刺激工业和农业生产,并能与产品质量提高(因为出卖者想在市场上竞争,必须提高他生产产品与生产品质量不可)。

(4)我们一般的允许对内自由贸易,是否就不能限制某项军工原料或军工产品自由贸易呢?显然是机械的了解的。军工原料、军用品只要为我们需要时是可以限制与完全归公收买的。

(5)对内贸易自由,决不是不要对投机奸商给予必要的打击,相反的我们一定运用我们财政,行政法令来限制奸商行为,但要彻底制服奸商,主要是用我们公营雄厚资本在市场上,调剂贸易市场,使奸商无机可投。这里要特别注意,决不可为了打击奸商而造成垄断市场,压倒一般私商到破产地步去,相反地对一般私营商人应加以团结,并适当的帮助他,保证他获得市场一般的利润,是帮助整个解放区内工商业发展和市场繁荣的重要问题。

(6)对内执行贸易自由,决不是边区物品进出口也不应管理与封锁,而让他与中心区一样贸易自由。若边区对进出口物品不严格管理与限制,也让

他与中心区一样贸易自由，就使解放区物资被敌伪顽用伪币与法币套取吸收，来破坏我们市场与降低人民生活与购买力，而使我解放区贫困与减低财富收入的，这就不是叫贸易自由，而是叫自杀，因此对边区的贸易政策是要严格管理与对进出口物资要有一定的限制，必要时采取封锁。

乙、对兄弟区实行贸易协调

因为敌伪顽固派向我地区经济掠夺与侵略是有预谋，有步骤，致以猛攻，因此我们要想不被敌伪顽各个击破又能集中经济力量向敌顽区作有效的经济斗争，并保护解放区，提高生产，保证人民与部队机关的供给，还要把市场繁荣起来，人民生活改善，那么就有一个先决条件，即各个解放区经济政策要有利于贸易事业上完全协调起来，使各个解放区之间产品互相交流，互相调剂，使生产品销路扩大，更便利我们与敌伪地区进行等物交换，争取对外贸易斗争的胜利，因此兄弟区间就必须做到以下几件事。

一、建立汇总关系，并有帮助提高兄弟区边币信用之义务。

二、兄弟区物品运到本区销售时，贸易机关与商行应协助销售。

三、实行物资交换，保证区内区外双方履行。

四、兄弟区有某种产品销售本区来时，本区税务机关，对外来(敌顽区)同样产品应加重税率，必要的应禁止入口，以便保障兄弟区产品畅销。

五、兄弟区过境之进口出口的物资，除盐出口外，一律不应重其补税，在不严重妨碍财政收入条件下，以便利兄弟区进出口贸易为原则，并尽一切可能消除太麻烦的检查手续，但对偷税与漏税商人有督促该出口商人仍返原兄弟区税收机关补税后，才允许出口之义务。

六、兄弟区机关部队确因需要(不是买卖赚钱)到本区以购买物品，贸易机关与商行应尽量协助，按市价购买，保证比商人更方便。

七、兄弟区通过出口商品，不应管理，但有督促商人带回头物品进口之责任。

八、兄弟区物资通过本区需要运输工具(驴马等)，本区贸易机关与商行应有义务向当地运输机关或运输合作社、乡、村劳动群众接洽帮助运输，这运输费用由兄弟区负责同志照价付给。

九、兄弟区有公购军用品权利或代兄弟区向外购买军用品之义务。

十、为了向敌伪顽区进行一致的贸易斗争，而要实行每种产品对敌进行封锁或开业时应预先在半月前互相通报，以便预告有关兄弟区协商后，进行封锁或开业。若遇一方不一致，可以向上级请示，作最后决定封锁或开业，倘若兄弟区未封锁，通报前，产品通过出口时不得阻碍。

十一、兄弟区与兄弟区之间，接壤地点的税收与贸易由双方负责同志每月开一次协融会议，目的是解决双方工作上所产生之矛盾，达到步调一致，以求得干部之团结。

十二、兄弟区对外贸易管理，因敌情及工作条件之不同，因而控制和管理程度不同，管理弱的兄弟区对管理强的应当谅解，管理强的兄弟区对管理弱的兄弟区应当协助，特别管理弱的兄弟区的贸易机关来要求供应商品时，要尽可能协助其办理，而不应当机械运用对外贸易管理的法令和手续来妨碍对兄弟区某种可能协助之目的。

丙、对敌伪顽贸易斗争

一、根据当前情形，敌人对我经济斗争策略上有三个：

1. 大量发行伪钞，吸收解放区物资。

2. 抛出我军需品，加强对农产品的不等价交换。

3. 封锁军需品增加我敌后抗日部队供给困难。

二、敌人对我经济斗争目的企图想达到：

1. 夺取解放区丰实物资，充实自己，增加侵略力量。

2. 破坏解放区经济生产，使物资枯竭，物价高涨，人民生活失去保障。

3. 使敌后抗日部队得不到充分补给，削弱抗日力量。……

以上意见大会一致同意，故特印发给苏中、苏北、淮北、淮南四解放区作目前阶段贸易工作的指针，以及给江浙(苏南、浙西、浙东)、皖江(七师)、鄂豫皖(五师)等解放区贸易工作之参考。

(摘自1945年6月1日曾山所作《贸易工作基本任务与方法》)

十八、开展生产建设，加强对主要物资的管理

第二部分是今后财经工作方针，管(文蔚)主任指出五点：(1)要大量开展生产建设，增加财富，改善人民生活，力求经济上自给自足，基本上摆脱乡

村对城市的依赖,同时必须在现有的个体分散的经济基础上大规模发展合作社,使广大群众在运动中组织起来。(2)加强对主要物资的管理,做到完全控制,争取对外贸易的主动权,中心区要做到基本上排除伪币,其他地区也要部分排除。管主任亦云伪币寿命决不长久,人民趁早排除,否则有被伪币淹死的危险。(3)粮赋工作上要一面照顾商户,使收入不会减少,一面使人民负担更趋公平合理,要实行更合理的农业统一累进税。税收方面要有计划的争取物资,实行主要物产的税收征实,争取军用品及必需品。

(摘自1945年3月17日《苏中报》刊载的《确定我财经工作新方针,苏中财经大会胜利闭幕》)

十九、苏中区的工商管理政策

总的精神是稳定市面到繁荣市面,城镇设立工商管理分局,直属县局领导,一进城镇之后,主要的业务是调剂粮草,解决群众困难,组织和教育群众排斥伪币,收买军事供应品,初步进行工商管理,管理要实行党的原则,使人不感到手续麻烦,生意难做。

(摘自高邮县党史办资料1945年8月23日俞铭璜《关于进驻城镇后的政策与工作的初步意见》)

二十、苏中区的劳动政策

在劳动政策方面,主要是团结资本家,恢复生产,首先鼓励劳资双方把生产恢复起来,以后再进行改善工人生活,确定增资要先进行调查研究,不单是照顾工人的一面,同时要照顾资方的负担。暂先酌量增资,不要重复乡村雇工增资中的错误,工作时间依照以前习惯,暂不要加以更改,为了团结工人,改善工人生活,政府可以贷款给职工会,帮助工人办合作社,改善自己生活。

本分区城镇地区不少在敌伪统治城镇时期,收租未得到很好解决。因此,影响到减租的彻底,也影响到我们对城镇地主的团结,在处理这问题时,乡村与城市要取得配合,召集业佃双方会谈协商,免除过去仓房口庄的作弊与挑拨,保证以后减租交租。

(摘自高邮县党史办资料1945年8月23日俞铭璜《关于进驻城镇后的政策与工作的初步意见》)

二十一、没收敌伪物资为公私合营企业

一、没收敌人及伪政权以及罪大恶极的大汉奸之工厂作坊和其他工业技术设备,建立公营工业或改为公私合营之企业或租予私人经营等,以谋迅速恢复生产。

二、凡与敌伪合办之工厂,一律暂加军事管理,但仍许可其继续生产,凡敌伪租用之工厂,原则上应归原厂主自己经营或得原厂主之同意,租为公营或公私合营之,以免生产停顿。

(摘自1945年11月《中国共产党的政策》刊载的《华中财经委员会致各行署关于处理华中各解放区大小城市工商业与货币金融之指示》)

二十二、保护公私商业,取缔操纵市场

一、保护一切公私商业,取消前敌伪颁布之一切不合人民利益的配给与限价及妨碍商业自由发展的法令条例。凡在我新旧解放区之内,一律执行贸易自由之政策,以迅速恢复商业,繁荣市场。

二、以贷款及其他办法帮助公私商业恢复并发展,取缔操纵市场,制止奸商投机行为,特别是人民生活必需品(燃料粮食等)的囤积垄断,应严加取缔。

三、凡我解放区之对外进出口货,一律须照章缴纳进出口税,并严厉取缔过去敌伪原有对物资流通上之一切苛捐杂税,力谋都市与农村间之物资交流,以便利自由买卖。

四、过去敌伪对工商业所征之消费特税与各种苛捐杂税一律取消。(待)秩序安定,市面恢复之后,各城市大小商店有向民主政府照章缴纳营业税之义务。

五、对国民党地区进出口货物,仍继续实施物资管理。

六、物价一律按华中币计算,但法币允许流通之地区,暂许以法币依照其与华中币折合率计算,并依市场价格,进行公平合理交易。

(摘自1945年11月《中国区产党的政策》刊载的《华中财经委员会致各行署关于处理华中各解放区大小城市工商业与货币金融之指示》)

第三节　经济措施

一、禁止粮食出口资敌，抵制仇货

禁止粮食出口资敌，这成为×××地区最广泛，而且做得最有成绩的群众运动。×××地区本是产米地区，所谓“一年丰收，三年吃不完”。但今年却不相同，二三月米价就涨至1元钱只买30多斤的空前高价，这是什么原因呢？原因是：

（一）去年收成不好，生产减少；

（二）敌人摧残，被炸毁，抢去；

（三）大兵过境，难民移居，粮食消费增加；

（四）最主要的还是奸商偷运出境资敌。一方面好了敌人，另一方面却害死自己。因此，粮食问题便为今年×××地区几十万民众生活的中心关键，而禁粮出口便成为解决粮食问题的中心一环，所以上级禁粮资敌的命令一下，经过地方政府向群众布告，各地民众便风起云涌地响应。其办法是以保为单位，由保甲长协同民众团体，决定禁粮出境。组织农民哨及猎户队，日夜放哨巡查。一方面将保存粮按户查明登记，有多者方准过境出售，不敷者只许就地售，如有内地难民小贩，偷运出口，被哨工查获者，初次不没收，只令就地照价出售，不准出口，晚上偷运查获者，抽一部分点心费，其余仍令就地出售，如奸商大批贩运出售者，则加以没收，以一半归当地民众救济难民，10%赏破获者，其余归政府及游击队做经费，这是各地方保甲自定的办法，这种办法很好。因为各村镇封锁了，自然奸商就无从购买了。但有一个缺点，就是保与保之间不流通。某些地方禁米出口，不是经过民众执行，而由游击队代替包办。因此，才发生硬头这个地方，奸商贿赂当地败类，几天晚上出米8000多担之骇闻，现在已注意保与保之间的相互流通。经过保长及民众团体证明许可，就可彼此流通。至各保查禁责任，一定要依靠民众，使每个民众知道禁粮出口的意义，能够自动来执行，游击队只帮助民众执行就够了。

此外在禁粮出口中，某些地方还机械地禁止竹木柴禾出口，致靠山为生的地方民众，生活发生大问题，用这种办法来封锁敌人，反而先把自己闭死了。这种办法是不妥当的。在对敌封锁中，固然应给敌人以困难，但要顾到自己群众的困难。不能机械执行。当然，如属于军事工业原料及初被敌人占领有可能迅速恢复的地方，那末，当然应当无条件忍痛封锁，但封锁时，主要还是依靠民众自觉自动地执行。政府禁令，甚至于出布告，只能是一个号召，如不经过下层动员，或者强迫执行，不仅无效，而且有时还可能发生意外的变故。

抵制仇货问题。在×××地区已开始执行，但此中有许多困难：

（一）不知道哪几种货物是仇货；

（二）冒牌国货的仇货太多；

（三）商人向后方办货太困难，老百姓日常用品买不到。有了这些原因，所以前一时期，这一工作是没有成绩的。奸商大批贩运仇货入口，获利甚大，有的地方游击队将入口仇货没收，引起许多纠纷。有些地方的政府与部队，更有借此舞弊者，这是很痛心的事。现在已重新决定进行，办法是：

（一）抵制仇货及芜湖来的一切伪国货，改买英美货；

（二）抵制奢侈品，消耗品，必要的日常用品在后方不能接济时，可以个别入口；

（三）要商人运出我有多余，敌所不需之土产品出口，运入我所必需之货品，如×××等；

（四）在各市镇组织抵制仇货委员会，成立仇货检查队等，查明仇货种类商标，切实查禁，××县由商抗会工抗会文抗会学生会保甲等共同组织之；

（五）查出仇货没收，以一半或三分之一，赏告发人，其余作为救济难民及政府动员经费之用；

（六）在民众中宣传“不买日本货”，使民众自动不买；

（七）鼓励商民往后方采办国货，源源接济市场；

（八）鼓励商人及资本家集资开办小工厂，如织布等，逐渐做到经济自给，充实抗战需要。总之，抵制仇货，禁运土产出口，目的在封锁敌人，把敌人占领地方变成“死城”。但同时应注意自己的经济生活，不要机械执行，没有把敌人闭死，反而先把自己闭死了。

（摘自《安徽革命根据地财经史料选》刊载1939年5月15日邓子恢《关于根据地如何与敌人进行政治经济斗争》）

二、皖江区严防走私的对策

（二）怎样形成严重的走私

所谓走私，照通常的看法，有下列两种：

1. 敌货倾销：敌人为了制造市场，倾销劣货，套取我法币，就不惜以廉价倾销主义，把所有的货物改头换面，冒充国货，同时伪造商标及工厂商号，利用汉奸奸商，代为运销。

2. 私运资敌：敌寇为了实现以战养战，作为侵华战争的续命汤，就利用汉奸奸商，高价收买我有关军事经济的农产品，以危害我经济基础，套取外汇。

上述所述，两种走私，是敌我正面的经济战，它的胜负，足以影响抗战前途，其重要性，是不亚于军事的。

今日皖南走私的猖獗，真象水银泻地的无孔不入，不但每个重要乡镇有它的踪迹，就是一个很小的偏僻村，同样的有它踪迹，问题的严重，已是尽人皆知的事实，究竟这个严重问题是怎样形成的，这里谨将笔者所见所闻的事实，做一个归纳，比较客观的下一个判断，大概不外下列的几种原因：

第一是封锁不够严密：……

第二是少数不肖部队与奸商勾结走私：……

第三是政治动员的不够：……

第四是敌伪任意高价收购和低价倾销：……

以上所述，不过指出走私形成几个重要因素，这当然不能概括无遗了，其次是收购的不积极，对敌经济破坏工作不够彻底，都是重要的原因。总而言之，因为走私有利可图，而且所获的利益，不但倍上加倍，简直是一本万利，所以走私便成了今日发财的佛经、唯利是图者趋之若鹜，它如果没有有效的防止对策，的确是抗战中的莫大危机。

（三）几个走私的吞吐口

根据上列敌伪控制四个大的据点，以及分配各路的吞吐线，依照地形分布面积说，它在范围上已包括了整个皖南，而且可以控制浙西、赣北，甚至可以控制浙东，最近江西、金华的商人，不断的到南陵办货，就是一个事实的明证，所以皖南，虽然处在东战场的前哨，但是它的经济地位的确是具有重大的意义，我们要扑灭敌伪的经济阴谋，必须要封锁这几个漏口，而且要迅速的建立起来。

（四）现有防止对策的缺陷（略）

（五）今后防止对策应有的改进

现在我们可以根据过去的教训，以及所表现的缺陷，来决定今后对敌经济反封锁应有的对策，这是必要而且应该这样做：

第一，是机构的一元化，树立总的领导：目前皖南有关防止走私机构，的确太多，不但不能取得协调，而且重床叠被，互相牵连，不能有效地展开工作，为了加强我们对敌经济战的阵容，所有凌乱、散漫的机构，必须有一个调整，这不但是必要而且是急待解决的问题。究竟怎样调整呢？在机构应当树立总的领导，也就是需要一元化、战斗化，务使改变过去各自孤立工作相互牵制的弊端，建立坚强有效的机构，切实执行中央颁布的经济封锁，经济游击的法令，使其工作更深入有效的展开，只有这样，才能打击粉碎敌人的经济阴谋。

第二，是慎选优秀青年干部，参加经济战斗："干部决定一切"，已是公认的事实了。我们要有效的展开对敌经济反侵略战，所有干部，必须有统盘的筹划，决不能随便的凭着一纸八行推荐，就加任用，这当然不能绝对的说，力行推荐的人就是坏人。不过总是要有个严格的甄别，老实说：参加经济战斗工作者，如果没有"超经济的信仰基础"的优秀青年，他的任务绝不能有效的做到，甚至会软化了，把反走私工作作为发财的捷径，这一事实，目前还多着。为了根绝走私，争取民族革命抗战的胜利，这一个艰巨的任务，必须慎选富有血性热情苦干的优秀青年充任，一扫过去轻视青年的错误心理，大胆的任用青年，信任青年，以工作来教育青年，展开对敌经济反侵略战的新作风，能如此，才能保证封锁工作顺利有效地展开。

第三，是要动员民众，参加反走私斗争：因为敌货的倾销，谁来消化？民众。所以走私的对象，可以说都是民众，也就是敌伪要利用民众，通过民众，如果民众要警觉的认识敌人经济侵略的结果，吃亏是民众，更进一步认识到国力的损失，就是民众的损失，民族利益和个人利益一致的时候，我可以肯定的说，广大的民众都愿为反走私战斗而努力。所以我们根绝走私，必须要真正的来动员民众，启发民众，教育民众，组织民众，把他们动员起来，一致的参加反走私的阵线里，使每一个民众，都变成反封锁的经济战斗员，只有如此，方能做到全面的封锁。

第四，是增加生产，发展工业：皖南前线各县的生产建设工作，多被破坏，新兴的生产事业，又没有建立起来，现有的生产，多半的供不应求，外来的物产就乘机侵入,要禁绝走私,只有积极的从事生产增加和扩大。同时敌人走私的货物,据调查所得,以日用品为最多,这种日用品,多半属于手工业制造的,并非重工业,我们自己是可以经营的,不过一般人还没有十分的注意到。譬如屯溪甚至皖南各县的市场所有日用品,如果加以精确的调查,十之九是冒牌的改装的仇货,所以要禁绝仇货。政府必须大量的发展工业,同时还要奖励创立种种轻工业,如果到了供应与需要平衡的地步,所谓走私之风自然会绝迹了。

第五,是设法通过军事当局,改善部队纪律:不知有多少人从前线来谈,而且皱着眉头说,所谓走私,多半是不肖部队包庇的,不但地方政府与检查处没有处理的办法,就是亲眼看到亦莫之奈何,所以要杜绝走私,最重要的通过各地驻军的最高当局,实行制止不肖部队包庇,绝对不允许有武装护送资敌事实的存在。这个问题,如果有了适当的解决,今后的缉私工作,或许要较易进行了。

第六,是迅速建立敌后贸易:所谓敌后贸易,就是敌人占领区域的后方,我们要普遍的建立网状的贸易据点,进行与敌伪展开激烈的经济斗争,打击敌人经济新阴谋。

首先我们号召富有高度政治警觉的青年干部,深入敌后的当涂、芜湖,以及大通、繁昌,广泛的开展动员工作,提高民众的政治水准,动员民众,参加经济组织,进行经济斗争,建立敌后贸易的经济堡垒,这是攻势经济新的策略,我们要迅速的展开起来,制敌人于死命。

(六)结语

为了确保皖南,收复沿江据点,建立皖南游击根据地,对敌经济反侵略,必须有效地展开,而且要普遍的迅速建立全面的封锁网,堵截敌伪的一切走私。总之我们要对敌加紧经济进攻,必须配合政治军事文化的进攻,同时更要广泛的动员民众,参加反封锁的经济战斗,只有如此,才能完成任务,争取抗战的最后胜利。

(摘自1940年8月13日《皖南人》第三、四期刊载杨惠庄《怎样展开对敌经济反侵略战——论皖南走私与防止对策》)

三、苏中区的贸易管理

我们明确的指出,是要限制物资外流,杜绝伪币潜入,调剂供求关系,争取贸易市场。凡根据地的大宗物资,分别登记,加以管理,过剩的准予出口,否则禁止外流,以达到封锁敌人的目的。至于商人运货出口,必须领取许可证,指定带回根据地所需要的物资,不准带回伪币,以达到打击伪币,保护人民的利益的目的。过去根据地内常有甲地物资过剩,乙地物资缺乏的现象,这种现象是不应该有的,以后要设法调剂,达到平衡物价,供求适应的目的。同时要研究商业路线以及供求关系,尽可能的把据点市场转移到乡村,并通过商人关系,向敌占区购买货物,以达到繁荣根据地经济的目的。

上述任务不是一件简单的工作,必须有一定的步骤,一定的计划,首先要抓着中心,做好一样,再做其他各样,开头样样都做,是不可能的。其次要加强合作社的组织。如果能把各种合作社组织起来,利用合作社去推动工作,即可发生很大的作用。再次我们还要了解,我们的重要手段是以货易货。所谓以货易货,一方面实行物物交换,一方面通过货币形式,实行交换。有人认为我们是贸易出超地区货物流出,伪币流入,那怎么办呢?这一点不错,我们承认,然而我们只要实行以货易货,多方面的想出办法,运用我们的力量,这种困难是可以克服的。

最后我们还得指出,贸易管理不是一件孤立的工作,是与整个根据地的各种工作有着密切的联系,离开各方面的配合与帮助,是不能完成任务的。我们希望各级党政军首长关心这一工作,更希望广大人民与群众团体了解贸易管理工作是保护人民的利益,大家起来协助政府,才能整个争取经济斗争的胜利。

(摘自1943年12月1日《江潮报》刊载的宋季文专论《略谈贸易管理》)

四、实施物资进出境管制

……抗战时期(1940年),日寇大肆搜刮中国资财,我解放区和根据地,采取了既切实保护合法贸易,又堵塞走私资敌的方针,办法是:在鄂豫边区设物资统制总局,在鄂东、鄂中、天汉、信应设立物资统制局,实行物资进出境的管制。……

(摘自《大悟县革命斗争史料》鄂东部分129页《设立物资统制局开展对敌经济斗争》)

五、淮北苏皖边区的贸易管理

(1)这一事业也是创始的事业,到现在止我们不仅建立了总的领导机关贸易局,而且在必要地方建立了分局,在这短短的期间也获得了相当的利益与工作成绩。

(2)同时,又进行了领导边区私人商业的工作,虽然,由于主观力量不足,这一工作尚未有多大的成效,但是在某些地方(区)已开始进行而且收获了一些成绩。

(3)在争取必需品入口上,我们也作出了一些应有的成绩,若干机关对于布匹,纸张,以及医药等必需品已经得到我们相当数量的供给,这一工作,现在正继续开展中。

(摘自1941年11月16日《政府工作》第四期刊载雷明在边区第一次财经会议上《工作总结的报告大纲》)

六、货检工作应当保护自己的工商业

货检(注)工作当具备着这样两种职能:对外能和敌人的经济侵略政策作斗争,对内能够保护着自己工商业的发展。一切货检工作的布置,应当从这里出发,只能从这里出发才能得到人民的拥护,而且也才能解决财政问题。一年来经验证明了只从财政需要的观点出发来解决货检工作,只是舍本逐末,不仅根据地的实业保护不了,而且连财政问题都无法解决。

开始我们承继安徽省政府的办法来布置检查网,几个月以后我们便感觉到这种办法包含有很大的缺点,因为他依据行政区域的单位而划分,而货检处的布置,主要是根据对敌封锁,对敌斗争与交通要道封锁线的划分,应当以敌伪据点周围为转移,以对敌斗争有利为转移。因此我们就开始不以行政县份为单位,而以对敌封锁上需要(如据点附近交通线等)为单位,其宽度不过60里,其纵深不过30里,便于缉私、联络、检查与领导等,把单位划小,便于去接近下层。经验证明了我们这个意见是正确的。……

最后我们又发现了利用货检网来与敌进行商战,在一禁一放的方法下,争取农业商品高价的出售,打破工业品与农业品交换过程中剪刀形,在根据地没有工业,不能自给自足的条件下,商战是有特殊的意义的。

注:货检即货物检查,这是抗日战争时期根据地很重要的一项工商行政管理工作。

(摘自《真理》第八期,1942年7月15日刊载路东区党委《关于根据地建立以来的总报告中的货查工作》)

七、财经工作是党在斗争中的武器

财政经济工作是党在斗争中重要武器之一,党如果不能好好地掌握运用,使其适合于党的斗争目标,那么党在坚持根据地的斗争中的胜利即不可能。过去路东根据地党对财经工作的掌握运用,有其很大的成绩,特别是在四月新铺财经会议以后,党对财经工作的领导加强。全边区对财经工作的认识,走上新的阶段。但就县级以下党委对财经工作的领导来讲,直到现在,仍然存在很大的弱点。这就是党委对粮食财务税收贸易金库财政开支等工作,还是存在着某些漠不关心。虽然经过今年午收工作,一般对征粮工作领导上的注意进了一步,但对整个财经工作的领导还差得很,譬如今年小麦登场时,天高、闵塔、金沟等地小麦价格低至每石120元,谷贱伤农。天高县委未能及时通知贸易分局,前往有计划的收买小麦,提高小麦市价,减少农民的损失。相反的在盱嘉仇河地区贸易分局订购小麦,不遵守上级规定,一出手就发订价四百元一石,过份提高麦价溢出历年市场粮价的规律,引起粮价的混乱。而盱嘉县委个别负责人事先竟亦同意此举。在午季征粮工作中天高及东南的县委,未能把征粮的工作全部领导起来,力量偏于公粮的估看和征收,而对于田赋的造串及历年积欠的扫清(粮食科的串票现在还未造成)则注意不够,以致天高半数以上的粮食并无把握。东南的粮食征收工作,延至现在,尚未开始。这些例子都是使党在政治上、工作上、财政收入上,受到某些影响,以致某些不必要的损失,也说明各县委尚未很好的运用如何用财经方面的各种武器,也是由于县级以下的财经工作部门负责干部,对于同级党委不能经常汇报工作,使党委系统的了解其情况,到有困难时才找到党委,要党委帮助。党委如提出与他不同的意见,或不能及时解决其困难,就说党委不帮助财经工作。不了解财经工作不是孤立的,而必须与党的各个工作协调一致,必须与各级党委保持一定的联系。

上面这两种偏向,使得今天淮南党对财经工作的领导不能贯彻下去,财经工作也因党的领导上的缺点及其本身或多或少的向党闹独立性,得不到全面工作的配合,也就不可能有进一步的成绩。区党委认为此种缺陷,必须立刻纠正,号召各级党委及财经部门负责干部在思想上来认清党委掌握财经工作,对完成党的事业的重要性,并在组织上规定下列各点:

1. 各县行政部门的党团,必须定期检查讨论财粮科工作(以后财政科与粮政科合并为财粮科),在开会时应吸收科长列席党团会议,听取他们从实际工作提出的意见,作党团决定工作方针的参考。

2. 各县委下增设一个财政经济委员会,成为县委掌握财经政策检查督促各财经部门工作之机构。以货检处长、贸易分局主任、财粮科长、金库主任等党员干部及县委组织部干部共五人组成。主任选其能力强者担任,会期以每月一次为标准,视各地情况规定之,开会时县委书记必须亲自参加。一般的县级党员能阅之党的文件,财经委员会亦应发给一份。

3. 县委组织部专设组织干事一人,专门担任财经工作部门内党的工作。除参加财经委员会外,经常巡视检查贸易机关中的支部生活和了解其支部工作,加强党的教育并经常向县委提出改进整理加强财经工作部门内党的工作意见。

(摘自 1943 年 11 月 1 日《淮南党刊》第十四期刊登淮南区党委《关于加强县级以下党委对财经工作领导的决定》)

八、华中局建立与充实财经工作机构

(三)由于财经工作任务之加重,所以财经工作机构之适当充实亦为必要。各根据地可在原有的基础上给以妥善之调整。除生产建设工作和合作互助运动在群众中已广泛开展后,必须在党和政府直接领导下成立独立的工作系统外,关于经济管理工作包括管理对外贸易、调节对内物资、进行货币斗争、平定市价、建立运输网、教育与组织商人等等,各边区可根据历史条件实际情况,或在原有财经机关下加强其工作或与原有财粮工作分离,建立独立工作系统,创造经验均无不可。此外,如银行系统之建立,如征粮收税检货缉私等工作,视干部情况或分或并,亦可斟酌情形分别进行。以便将来互相交换经验,取长补短渐趋一致。

(四)各级财经机构为加强各级党和政府财经工作之领导。使财经工作中如发行抗币排斥伪币检查缉私等,要取得群众之支持,必须成为各级政府之一组成部门,归各级党委一元化领导,以便使财经工作更易完成起见,各级党委与政府亦应保证下列数事:

1. 有关财经工作之文告,除行政首长签署外,应由财经部门之部长处长或局长等付署以重职责。

2. 同系统之上级财政机关对下级财政机关,凡不牵涉到其他工作部门之业务工作,得直接用信指示,不须此种指示,一面须事先商得同级行政首长同意,一面须同时通知下级机关。

3. 凡特定之紧急工作,如带向全边区性之货币斗争与贸易斗争,因而必须囤货出货、收入或放出抗币及其他纸币等等,经边区财经机关提出得边区政府负责人同意后即可通知下级政府机关,并即交下级财经机关执行,以免丧失时机。

4. 金库粮库之提存款项与提存粮秣制度,一经规定后除有特殊紧急军情预先商定紧急动支外,平时无论何人必须遵守,完成必要之手续,不得干涉或破坏。

5. 财经人员之调动,除犯严重错误或其他必须紧急治理之原因外,一般应得上级政府之同意。

(五)为加强各边区财经工作之统一领导,建议华中局在华中整个政权机构未能建立前,应在华中局下设立某种机构以便统一行动。此外从边区至县为止,在各级党委下应建立或健全财经委员会之组织。研究并确定财经部门的各方面工作方针,调整财经各部门间及财经部门与其他部门间之工作关系等等,其名单可由同级党委指定后经上级党委批准。

(摘自 1944 年 6 月《华中局财经会议文献》刊载的《华中局财经会议关于加强财经工作之机构与领导的指示[草案]》)

九、苏中区正确执行工商政策、繁荣市场

(二)开展生产运动,提高农村生产情绪,正确执行工商政策,繁荣市场,培养小手工业。

(三)加强货物管理,进一步排除匪币,扩大华币阵地。

1. 加强货物管理,开展反封锁斗争。

A、加强货工队群众对货管工作的认识,提高业务,加强货管工作上领导督促,克服形式主义。

B、政府管理,群众查验,分清职权。

C、管理方针及种类

〈一〉严禁元麦出口和酿酒,防止粮荒。

〈二〉管理大众出口物资,争取必需品进口(目前管理玉米、皮花、蚕豆三种)。

〈三〉限制消耗品及可以代用的物品进口(准备八月份禁止毛巾进口,九月份禁止肥皂进口,并酝酿禁止迷信品进口)。

(1)组织商贩打垮敌人封锁,争取军需民用品进口。

(2)加强商人教育管理,市镇分派所长参加市镇工作委员会,办理农村商贩、市镇商人、港口船户之登记工作。

(3)巩固和扩大华币阵地,排除各种匪币,收兑银元。

在当前匪币高度惨跌时期,加强排匪动员(指出可能出现新匪币)。税收,粮赋全部拒收匪币,加强贸易机构,灵活华币周转,扩大匪币禁用地区与华币阵地,明令禁止银元流通与私人收购银元。

(四)发展生产,繁荣工商

1. 积极发展农村副业生产。

A、纺织生产

(一)完成12万尺布贷之发放,秋季收回。

(二)改进纺织技术,试行新型纺机,推广铁木机。

B、畜牧生产(主要提倡养猪积肥)

〈一〉举办养猪贩猪贷款,共计什粮14000石,可养小猪5000头,准备在一个区里发放,集中实验,扩大影响。

〈二〉奖励小猪进口,提倡饲养母猪,增加猪种。

〈三〉进行养猪动员,解决怕亏本思想,改进饲养技术,介绍治瘟经验。

C、扶植油坊作坊生产

扶植对象:油坊、粉坊、磨坊、糖坊。

扶植油坊办法:

〈一〉供给原料,准备以秋征全部棉子,大部豆子,预贷给油坊,叙定收回棉饼及豆油、豆饼。

〈二〉实地调查,帮助解决停息油坊之复业。

〈三〉培养小手工业,扩大公营工厂,扶植私人经营。

培养目标:毛巾、肥皂、石碱、水果糖。

毛巾生产计划:一、减轻成本,使用土纱,增加生产。二、组织推销,7月份准备推销6000条。用批发办法,由大东办理,一面提高毛巾进口税,8月份禁止进口。

肥皂、石碱生产计划:

积极找技术师买原料,准备器材,7月底开工。奖励各种发明。

继续整理发放商贷,补偿被清算工商业,并帮助复业。

(摘自《启东县档案馆资料》东南行署县委1945年7月5日《关于秋季财经工作方针和任务》)

十、淮南路东区加强主要物资管理,保护工农商业发展

第一,是打破敌人的以战养战政策并与敌人经济封锁作斗争。这里最主要的是禁粮出口资敌,同时禁运军用品原料出口。至仇货进口只禁止对我所不需要者,我所必需而自己又不能自给者如布匹、西药之类,则不机械禁止,而采用分别征税办法。这是为了抗战需要,要求封锁敌人,而不致把自己封死。货检处主要任务就在于与敌人作经济斗争,而不是单纯征税机关。因此我们的税率就同以前大不相同,有些大大减轻,甚至免税。但有些则提高了,目的在限制奢侈品输入与保护内地手工业之发展。如纸烟税率之增加,就是为了保护内地纸烟工业之发展。一年来由于各地政府与民众之努力缉私、货检处同志认真负责,严密缉私;同时许多同志冒着险在游击区里进行工作,与敌伪作英勇斗争,建立了我们的货物检查网,使我们在经济斗争上获得了伟大的成绩。如果说在过去顽固政权统治时代,是大批粮食出口与军用品原料源源资敌,甚至武装走私(如路西之古河及当时路东之竹镇、汊涧、盱城等处),以至造成去年春间之粮食恐慌,老百姓大批吃芝麻饼、吃草,那么今年就大不相同。单就粮价来说,现在我们这里大米是40元1担,小麦只有30余元1担,而南京、上海、芜湖等处米价则贵至160元1担,盱眙城小麦贵至200元1担,大罗菽贵至80元1担。在南京吃1碗面要1块钱,在重庆、昆明等处就更吓人,米价竟涨至350元1担。我们今年粮食可以自给,而敌伪区粮食则比

我们贵几倍。这证明我们的禁粮政策收了很大的效果,打破了敌人以战养战计划,给了敌人以很大困难,同时却保证了自己的军食与民食。所以货检处是我们与敌人进行经济斗争的一个武器。其作用等于海关,而不是厘金关卡。不过中国过去的海关是操纵在外人手里,关税不能独立自主,是一种协定关税制,所以失去了保护本国工商业的作用。而现在我们的货检处则主权在我,要征就征,要免就免,要加就加,要减就减,这也是抗日民主政权与过去顽固政权不同的一种具体表现。

第二,是改进农业生产、发展农村经济。路东的环境是敌占城市我占乡村。而路东乡村经济是以农业为主,因此,我们要能长期坚持路东敌后抗战,做到以农村包围城市,而最后战胜敌人,就必须增加农业生产,做到自给自足。首先要求有充足的粮食与棉花黄麻等,以保证抗战军民之丰衣足食。同时也需要有大量之农产品与牲畜之输出,用以交换外来工业品,才能维持路东之国民经济。因此改进农业生产,发展农村经济,便成为我们财政经济政策的基本一环。我们怎样来改进农业生产,发展农村经济呢?

(一)首先就是废除苛捐杂税,厉行减租减息,以减轻农民负担,提高农民生产力,溯自去年联防办事处成立以来,我们区取消了十三种杂捐杂税,如保甲经费、户口捐、牛头捐、营业税、印花税、牲畜税等;减轻了一半以上之牙贴税;重新规定了值百抽一之行佣,禁止一切额外勒索。现在我们只保存田赋、契税、屠宰税、烟酒税、牙贴税五种,其余一律取消了。……

(二)其次是发动生产运动。……

(三)是保护耕牛。路东耕牛原来就不多,经过偷运出口与匪伪劫杀,就更缺少了,所以办事处曾三令五申,严禁宰杀耕牛与禁牛出口,并实行耕牛登记,严办土匪盗窃耕牛,这是改进农业生产中一个重要工作。今年就鼓励农民多买牛,边区农民更应武装自卫,集体跑反,以保护自己的耕牛。

(四)解决种子问题。……

(五)办理低息借贷。……

(六)开垦荒山荒地,挖塘筑坝。……

第三,保护与发展工商业调节金融。这也是我们财政经济政策实施中一个重要方面。路东社会经济虽然是以农业为主,但不可无工业手工业,尤不可无买卖。我们不仅使农产品能自给,而且还要逐渐做到日常生活必需的工业、手工业品(如布、肥皂等)也能够自给。为便于内地工农产品的流通及打破敌人经济封锁,我们还要有繁盛的商业往来与稳定的金融流通,没有这些,路东民众就不能好好生活下去,也不能好好抗战,因此我们对这方面的工作就是:

(一)确定营业自由政策,保证工商业者按照资本主义自由竞争的原则去办工厂、开商店、雇工人、做买卖、赚钱,只要他不通敌,不买卖违禁品,不违反政府法令,政府一律予以保护,并保证其运输安全,政府也不愿经营粮食、食盐等公卖以垄断市场,但也不准许任何人有垄断买卖的行动,如过去之牙行等。

(二)奖励和扶植工业、手工业之倡办与发展,如办织布厂、纸烟厂、造纸厂以至油坊磨坊等,政府一律妥为保护,加以奖励,并尽可能帮助其资本。能官商合办,我们更欢迎本地大户及外地资本家来此投资,以促进路东工业、手工业之发展。

(三)取消营业税,减轻店房租,以便利商业之发展。

(四)改善工人生活,实行增加工资。……

(五)调解劳资纠纷。……

(六)调节金融。……

第四,是发展合作运动,这是很重要的工作。为了打破敌人封锁,内部农工业品产销之调剂,流散资金之利用,民众买卖之便利,也与商业资本之垄断居奇作斗争,发展合作运动是非常重要的。因此去年颁布了训令与合作社组织大纲,指示各地政府号召并协助合作社之建立。如直属区汉涧等处之合作社都办得很有成绩,合作社员不仅买了便宜货,而且分了许多红利。现在各地正在发展中。但以后合作社应逐渐扩大营业,不但开商店,而且应该办工厂,办借贷所,开抗日饭店,并大量扩大股金,入股者不必限制,以便集中流散资金,大大发展合作事业。

第七,建立了财经委员会,统一财政经济之领导与筹划。上面所说关于经济及财政的各种设施,都必须集合专门人才,建立专司其事的机关,统一筹划,领导进行,才能收到预期的成效,而不是依靠办事处的第二科可以胜任的。因此我们裁撤了第二科,建立了财政经济委员会,下分税务局、会计局、货检处、粮食局、总金库、经济建设局等负责筹划整个财政经济工作,财政工作之所以收到了伟大的成果，和财经委员会的建立是不可分开的。在这一点上，财经委系统下诸同志之努力负责，艰苦奋斗精神，是值得我们表扬的。……

今后施政方针：

总上各点，是证明路东抗日民主根据地的巩固与发展是有胜利把握的，我们要坚定胜利信心，勿为一时的困难环境所动摇。当然，这只是一种可能，把胜利可能变成胜利的实际，这需要我们大家的努力，需要长期的曲折的艰苦的斗争，特别要有正确政策的执行。因此，我们今后的施政方针便应努力下列各点：

一、在军事方针上应该……

二、在经济建设上应该：

(一)彻底禁粮出口，健全货检处组织，发动民众缉私，以保证军食民食之充分供给。

(二)……

(三)保护工商业发展，保证商业自由，商旅安全，发行小票，调剂金融流通，便利买卖。奖励工业、手工业发展，政府尽可能资助，尤欢迎逃亡敌区地主回家及敌区资本家前来投资经营，政府坚决予以保护和各种方便。

(四)开展合作运动，以打破敌人封锁政策，并与商业高利贷资本之垄断居奇作斗争。

在津浦路东联办号召下地主纷纷回乡。

津浦路南段路东各县联防办事处，值此麦收在即，租谷待收之际，特号召四方地主回家收租，造成路东空前的回乡运动高潮。在原则上政府的规定与号召回家者能保证其以后：(一)不通敌。(二)不破坏新四军。(三)不违反政府法令，即可一律回家收租，并负责保证其身家性命财产之安全。且过去政府代营之租谷得以如数领取。而一时因各种原因暂时无法回家，及家在敌区之业主，无法回乡收租者，政府保证其能收取应得之租额。并准予将其租额由政府就地保存或发卖，将款带至敌区使用。如有生活十分困难之家，经县府查实核准后，且得将收得之租后，按每人一担计算，运回敌区自行食用。在这种宽大正确政策的号召下，过去受敌人引诱及顽固派挑拨反对新四军和对抗日政权尚不十分了解因而逃走各方之地主，现已踊跃回乡收租，这种铁的事实，给予敌伪及亲日派之造谣以一大打击云。

(摘自1941年5月27日《解放日报》刊登邓子恢同志在路东临时参议会上所作的《抗日民主政府一年来施政工作总报告》)

十一、发展小型工业，开展内外贸易

乙、发展手工业、建立小型工业

淮北苏皖边区处在敌人四面包围的环境，日用必需品被敌人严密封锁，采购不易。同时我们今天要建设农村来战胜城市，工业的发展上就应有打算，但也有着困难。

1. 敌人经常扫荡，流动性大，不易找到安全地带，大工业不易建立。

2. 技术人员缺乏。

3. 化学原料缺乏，工具不多。

但我们已有有利条件：

1. 岗地、湖地很多，有很多地方敌人不易找到。

2. 有着广大的群众拥护。

根据有困难及有利条件，淮北苏皖边区工业的建设是着重发展手工业、建立小型工业。小型工业我们要办的：

1. 纺织厂。淮泗有许多的织布机、纺纱机等。我们应当设法尽量购买，迁移到内地来，如过去的工厂，他们仍想恢复，我们可劝告他们到内地，对于他们的困难，政府尽早设法解决。

2. 制革厂。这样的工厂，我们最需要，在内地要大量设法采用原料，同时也设法向外面争取进来。

3. 造纸厂。纸在边区需要最大，而且有很多的造纸纤维芦苇。在淮宝洪泽湖边已有造粗纸的工厂，稍加技术改造，就可应用。

4. 鞋厂。主要的生产方式，是分发给各妇女团体来做，订定价格计件工资。首先解决部队的穿鞋问题。第二步供给公安人员的需要。除了上列者外，其他如织席、盐鱼、藕粉、磨坊、油坊等均可举办。

经营方式：

1. 奖励私人经营，公家保护解决其困难，如代购原料，代理推销，并举办低利借贷。

2. 公商合办，较大及较重要工业，商人不能独立自办者，政府协同举办。

3. 政府专办特种工业非商人所能办者。

在工业建立时，必须注意下列各点：

A、不宜过大，易于搬迁，

B、地带安全，易于隐藏，

C、适应市场需要,不宜过多生产。

丙、发展贸易:

贸易是分配的手段,在敌后方的贸易,主要是设法有计划的争取必需品进口,有计划的输出剩余品。在贸易工作上,时常会发生两种不良倾向:

1. 绝对的贸易统制。把大宗的进出口贸易自己经营,可以防止敌人对资源的掠夺。但不好的地方是:妨碍商业的发展和经济繁荣,影响私人营业违反了我们争取商人及推动商业向前发展的目的。

2. 贸易的发财主义,以经营贸易增加收入,操纵利大事业,这是变相的居奇,对根据地是不利的。

根据地的经济政策,主要是繁荣国民经济,增加收入,使对外贸易内入超而平衡,内平衡而出超,而贸易政策的执行则是:

1. 对外贸易统制。根据地内大宗剩余品有计划的输出,换取根据地的必需品。这里所说统制,并不是自己经营,主要的还是由商人经营,但应当经过贸易局的登记,由贸易局规定出口的数量。

2. 对内贸易自由,根据地内商人只要:

A、不违反政府法令。

B、不破坏抗日军队。

C、不贩买毒品,均可自由经营,政府加以保护。根据上面的政策,设立贸易局,贸易局的任务:

1. 调剂内地物资,平抑物价。

2. 组织商人,推动商业发展。

3. 举办公营事业登记,限制公营事业发展。

4. 有计划的输出剩余货物和有计划的争取必需品进口。

(摘自1941年11月16日《政府工作》第四期刊登的廖原同志文章《苏皖边区的财经工作》)

十二、发展工农业生产,保障人民的需要

第六个任务,就是要在财政经济及食粮方面作极大努力,来保障人民的需要,部队的给养,以与敌伪在经济上作斗争。

各根据地的财政与粮食,均须努力做到自给,不要依靠外面的帮助,但在经济情况较好的地区,则除自给之外,应努力帮助全国及其他各根据地。各根据地之财政,均应统筹统支,严格实行金库制及预决算。并须向人民公布,向上级报告。

各根据地对敌伪的经济统治与封锁,绝不可忽视。太平洋战争爆发后,敌寇完全封锁中国各敌后根据地是可能的。因此,应迅速准备对策。否则,将受极大的窘迫。

今后各根据地在财政经济粮食方面,应执行以下各项:

A、努力动员与帮助人民进行春耕夏耕,真正做到提高农业生产,多种自己需要的东西,少种资敌物品。各机关部队须切实进行生产,以补助自己的粮食菜蔬,可成立专门的生产部门来负责进行。提高农业生产,是解决根据地内财政经济问题基本的主要办法。

B、动员与帮助人民纺纱、织布、熬盐、熬硝、造纸。

C、将税收政策由进出口税转到依靠土地税——田赋——及其他营业税统税等为主要来源。因此应即切实登记田亩,整理田赋,并努力开辟盐税及向敌伪争得税源。

D、尽可能发行纸币,以抵制伪币及敌伪对法币的操纵。必要时可发行一定数量的公债。

E、严格征收保管公粮的制度。动员人民收藏粮食,调节民粮,严禁粮食资敌(粮食运输一律要护照)。各根据地并可征收一定数量的公草与油粮,以供给部队之消费。

F、在较巩固的根据地中,实行对外贸易的一定的统制,以抵制敌之统制。进出口货一律应在政府贸易局领取护照,相应限制输入输出。

G、发展合作社,调节物价。

H、最后,实行精兵简政,节省人力物力,严格反对浪费贪污,禁止任意向人民募捐慰劳等。

(摘自1942年4月20日《真理》第六期刊载的刘少奇同志《目前形势,我党我军在华中三年工作的基本总结及今后任务》)

十三、淮北苏皖边区采取贸易自由,保护商人的政策

我们的商业,曾经过敌人的严重破坏,双沟、蒋坝、归仁集均被敌人烧得不成样子。盐路中断,各业凋零。抗日民主政权建立之后,由于秩序安定,土匪绝迹,民生改善,商业在逐渐恢复中。许多小村庄如罗岗、黑土地,现在都变成了集镇,小贩子增多了,货物流通的程度,也比以前增加了。

由于我边区政府采取了贸易自由与保护商人的政策,敌占区商人也来我边区内地经商了。单××一地,一年中便有77家敌区资本较大的商人移

入我根据地经商。

为了调剂根据地内部的物资供给，平衡物价，并与敌伪进行经济斗争，成立了淮北贸易局。最初只是商业机关，有计划的输入我们的必需品，输出过剩的土产。在今年午季主持了统制食粮出口的工作，在××地方成立了平衡物价的交易所，现在已经开始从单纯的商业机关走向统制贸易的机关了。

（摘自1942年10月《淮北抗日民主建设》刊载刘瑞龙同志在淮北边区二届参议会上所作《淮北苏皖边区三年来的政府工作报告》）

十四、苏中区发展农村经济

我们的根据地还是农村，农业经济的负担力，本来就是弱的。城市的商业因着敌人的占据和统制政策，也衰退了。衰退了的城市也就无力适应农村的交易，加上通货紊乱不定，序秩不安，多重负担，以及敌人的破坏政策，以致苏中人民的负担力，迅速的降到极微弱的境限。

然而农村还是农村，农业经济的负担力虽小，而蕴藏力却大，只要我们去开发，去培植，提高其负担力，是有确实把握的。削弱农村力量阻碍农村发展的，过去重租重息虽现在已经减轻了，还存在着的是敌人的破坏和旧的习惯，旧的工作方式与贫困无能，假使我们要开发的话，就得把敌人的破坏制止，旧的作法渐渐的改新，贫困无能的给以救济扶助。就几件主要的事来说吧，农村要的是水，怕的也是水，排水、蓄水、引水、防水的工作，可说是改进农村的最主要的工作，不怕耕耘怎样好，不怕禾苗长得怎样可爱，要是遇到干的话，或是淹的话，那末一切就算完了。

禁牛出口，提倡畜牧的繁殖，风车引水、风车碾磨、筑坝成瀑，都可增加农村的动力。

扶助木工铁匠的营业以增加农村用具，责成小学教师改进旧的工具，使农民劳力的效率得以提高。

路旁植树，园庭栽果，既可调节气候，又可增加农民的收入，植桑还可养蚕，茂盛成林的话，还便于我们行动。

有计划的种麻种靛，种糖茶烟叶，以及其他工业用的农作物，可以加强反封锁的斗争。

垦务的扩大，限制我不需的作物，增加食粮生产，使足够军民之食。村庄的小商店，肩挑手提的小贩，普遍发展的话，也可以削减城市的繁荣。

做到家家织布纺纱，村村做鞋缝袜，我军民穿的也可不必仰给于外来。

薰鱼腌肉，酱菜榨油，磨面碾粉，能发展干藏食品工业，既可藏贮，又便携带，这正是适合于我们今天的需要。

日用品的肥皂、洋烛、牙刷等，文化用品的纸张、笔墨等，以至医药军工用品等，这些东西，大部分都是我们可能做的，或是向外设法可能做的，总得要设法去做，我们能够设法多做一件，就少向外需求一件，即令没有在当地制造的条件的话，还是以用代替品为好。

单靠自己的力量培养自己是不够的，是有限的，还得要大量的吸收外面的力量，才能使自己壮大，外面的人力财力，优良的种子，优良的机器，进步的工具，和好的办法都是我们所需要的。要这样做，才能增加生产，才能增加我们所需要的生产，也才能增加人民的收入，提高人民的负担力。

当然，要这些工作的完成。还得要根据各地的实际情形和条件，提出首先要做的，和继续要做的，拟定具体的计划和实施办法来，才算是真实的在为增加人民的财富进行着斗争。

也惟有能够这样消极的塞漏洞，积极的增加人民财富。提高人民的负担力，我们才有力可蓄，也才能在财经工作上彻底的战胜敌人，同时因着财经斗争的胜利，也可推动其他各方面战线的彻底战胜敌人。

这就是敌我在苏中财经斗争的情形和我们目前的新任务。

（摘自1942年12月《党风》第一期朱毅同志文章《敌我在苏中的财经斗争》）

十五、淮南甘泉地区加强粮食市场管理

1. 首先刺激粮价上涨，打破敌人压价吸收农产品的计划。如第一次“封锁”开放七天，用闪击方式，结果扬州所屯集粮食完全抛入，企图新吸收另一粮食。不料我们七天后即禁止，不但未收到粮食，相反落得粮价飞涨，粮食脱节，在无法中，尚到宝应方向拨了一批粮食，解决粮食恐慌问题，这固然是对敌斗争的初步收获，但从另一方面看，使敌占区粮食价格悬殊渐远，所以少数群众及某些商人

亦冒群众口气，发出要求粮食开放呼声，以达到赚钱目的(当时未有交换工作)。

2. 在开放期间，驼贩与商贩利益甚大，基本群众虽不限制其自动出口，但因无资本与运输工具及营业经验和关系，除得到价格提高些卖与商贩外，自行直接出口者仍是不多(前面说过农民粮食路南多间接出口)。可是有些人已向贩卖方向发展。因为利益较其它多且快。

3. 自八月份起进行贸易管理与统制以后，从此商贩粮行便直接受到约束，不似以前自由，又因我本身干部条件限制。执行政策不准确，工作方式不婉转，使商贩利益所得不平衡，或亏本，所以一面叫苦，一面要求开放等。

4. 正因为我们力量太弱，收购力有限(路北收买了四五千石小麦，路南收购了二三百石小麦)，不能解决农民需要，因为没有贸易经验，收买工业品价格太低或过高，同时对商人手段没有说服，解释不够，因此使商贩和群众对我贸易印象相当不好，更有少数分子从中造谣，如陈集商人谈："唉，货管局成立后，将来生意人就不得混了。"所以问题亦容易扩大出去(甘泉的顽固势力，上面清楚，如菱塘薛文成等人物)。

5. 但从粮食进行封锁统制管理以来，对税收有些帮助，因为将包票改为报票，化零为整变分散为集中(即创造集体报税，组织驼贩会等)，既节省人力，又创造环境要求，当然乘机取巧者仍不乏人，主要方式是偷税、走私及一票两用等。

6. 因为物价(农产品)悬殊，统制与管理又受约束，敌人又设法交任务与敌伪据点，指定收买粮食，因此造成边区走私现象的严重，特别是开扬出路大仪，平均每天有二三百石走私数量。

……

C、几个问题的答复与解决(此点代为答复地委的信与工作中解决的问题联系起来谈)。

1. 敌占区粮价的悬殊，是敌后经济斗争的必然现象，也是反对封锁的收获，既不是为主，又应掌握着。因为内地粮食价低，对买粮食吃的贫民是有利的，但另一方面，过于低则"谷贱伤农"，更便于商人取巧(因为管理地方多，只有少数统制地区我们才能收卖)，总之，敌我地区粮价平衡是不可能的，但相差太远亦会引起走私严重，造成相当损失，此项已严格注意。

2. 以前收购价格太低，造成群众不满问题——

(1)是当时在古井区召开士绅行政座谈会，成立收购委员会，解决收购无人问题，结果范处长不同意这种方式而停止下来。但当时谈的价格是根据古井、刘集价格提高5%(是古历七月十五以前，约每石小麦1200元)，可是终结一粒未买，而此价格的传言仍未收回，所以被奸者藉口。

(2)秦仁、菱桥分局收购粮价未能灵活运用，时间不同，而价格不变动的有的经发觉后立即改正。

(3)基本群众利益照顾不周，恐各地区大致相同。因为农产品的抛出，即要吸收工业品进来，某些重要东西，不是大商人有活动能力者，不能胜任，现在只有两个方法来解决。

①提高价格收买，加强本身收买力。

②试办合作社(主要群众团体自办)，货管机关供给需品，并降低价格。

如果用直接出口(基本群众自行出口，前面已说到)的办法普遍解决，恐不可能(工具、资本问题)。与大商平衡及同样方式给予利益也难做到。

(摘自《仪征县党史办资料》，1944年10月10日《甘泉地区货检、货管工作报告》)

十六、控制粮食出口，稳定粮食市场

(戊)打破敌人经济封锁与破坏，这里我之对策是：

1. 确立以乡为单位之粮食管理制度，配合边区缉私线，禁止粮食走私，以免影响市价；

2. 统一对外贸易机关(党政军对外贸易由贸易局统一)，并控制粮食出口，以便与外商交换布匹及其他必需品，免为敌人所操纵，以减少剪刀现象之剥削；

3. 加强货检处工作与保证税制；

4. 开展地方纺纱运动，特别资助路西难民纺纱，以求在短期内棉布逐渐达到自给；

5. 加强淮北银号，巩固边币信用，以求将来逐渐成为边区唯一通货，免受法币跌价影响。

为了抑平物价，制止投机商人私囤户操纵粮价起见，我们拨了15000石公粮，举办平调，双沟粮价曾涨至159元一斗的高价，平调数天之内，便下落到只115元一斗。此外还组织了内销运输及实行以乡为单位的禁粮出口，对于稳定粮食市场，起了很大作用。

另外，税务工作经双沟会议后，亦大体经过整顿,调整了税务机关,强化了缉私组织,开展了群众性的缉私工作,提出严格检查,填证明制度,以及转变税收作风和观点,已开始有了一些进步。

金融事业网已建立起来了,淮北地方银号和各县分号及区办事处,已普遍建立,这金融网正逐渐和群众结合起来。这个金融网是我们巩固边币,和伪币斗争很重要的一个武器。

(摘自1944年拂晓出版社出版的《淮北一年》刊载的邓子恢《一年来的对敌斗争与反内战方针的检讨》一文)

十七、淮海区加强货物管理

第一,三个月(阴历年前)的中心工作与任务:

一、总局之中心工作为负责灌沭涟水,东海各地至淮北之盐运,帮助各管理局组织油饼联营委员会管理油饼。

二、一管理局负责以粮食换洋布1000匹,组织灌云、沭阳榨油业联营委员会及运输合作社。

三、三管理局交换洋布1000匹以管理盐为手段,达到换得子弹拾万发,组织榨油业联营委员会及运输合作社。

四、四管理局组织淮阴、涟水两县榨油业联营委员会负责将两县油送至棉油办事处,管理猪以便换得一万发子弹,余以储币供给买盐。

五、淮北办事处购齐子弹10万发。

第二,货物管理方面:

一、盐的管理:

1.盐之管理如白皂沟、吴集、纪集、滥泥红、阴平、高流等地,施行管理入口商人不得超过以上各进口地点。

2.盐税改为每百斤200元。

3.盐行由各管理局接收组织负责领导。

4.为便利运输在盐路上组织盐运站,由总局货管科直接领导。

5.盐运站组织及所在地,由总局货管科会同各管理局划定之。

二、油的管理:

1.油之管理以榨油业联营委员会为枢纽(油饼联营办法另定)。

2.运往伪区销售之油饼报税为油价25%,并指定带回子弹、洋纱、洋布、纸张等货物,于运油饼出口时皆应缴纳1000元押金,货到时即应发还,否则没收之(押金收据由各管理局自制)。

3.向淮北、灌南、苏中、盐阜根据地运销之。油饼均按价收税20%,并需卖给工商管理局驻外之收油机关。

三、猪的管理:

1.管制猪行外地买猪之商人,须将伪币兑换所取得兑换证明书,方得在根据地内买猪。

2.猪之出口需带回子弹、洋纱、纸张、布或储币。

3.为保证带回货物,猪每只均需按价20%之保证金(其办法如油出口同)。

四、铅丝之管理:

1.铅丝出口免税每百斤须带回子弹20发,卖与工商管理局(子弹每发120元)。

2.子弹未交到前每百斤缴押金500元(押金收据由各管理局自制)逾期没收。

五、粮食之管制依行署颁发之粮食管理办法,严格管理粮食出口,由各工商管理局发给特许出口证,违则没收。

第四,商情方面:

一、敌伪区:徐州、新安镇、巴山等地由三管理局负责,新浦由一管理局负责,淮阴由四管理局负责,沭城、宿城由总局负责。

二、邻区:滨海区由三管理局负责,淮北、淮南由淮北办事处负责,盐阜由棉油办事处负责。

三、根据地以内商情,依行署规定由分局按旬报告总局。

四、商情报告制度一般者每旬一次,特殊者专送。

五、商情每半月由总局于淮海报上公布一次。

第五,金融方面:

一、打击储杂币,中心区严格没收边区兑值,兑进兑出依市价。

一管理局储币兑进口法币比值为1比0.7,总局及管理局兑为1比0.6,三管理局兑为1比0.8。杂钞兑进一律为1比0.7,由总局统一出口,必要时,总局得知杂伪钞再行降低比值。

二、白银兑进比率泗宿区为150元一枚,淮阴、涟水130元一枚,东海140元一枚,白银兑进后一律解送总局。

三、抗币兑换所由管理局指定之,分局为兑换所承兑之。

第七,发展纺织榨油业方面:

一、各县出产之棉花实行管制，由合作社统一采购，禁止私运出口。

二、打通棉花来路，奖励商人，由伪区带回棉花，盐阜苏中棉花由工商管理局设法交换。

三、由工商管理局有计划购进弹花机，解决弹花困难。

四、各县搜集种棉花经验，明年提倡多植棉花。

五、组织榨油业联营委员会解决油饼之运输销路。

六、禁止油粮出口。

第八，干部教育方面：

一、在职干部教育由总局编制教材，年关测验。

二、于阴历年关由总局开办训练班，抽训在职干部一百名。

第九，工商管理局组织方面：

另见工商管理局组织规程。

第十，模范工作者之选举方面：

标准另附。

（摘自沭阳县档案馆资料，1944年11月《淮海区工商管理局会议决定》）

十八、苏中区加强贸易管理，平抑物价

二、正确执行排伪排法，加强贸易管理，建立抗币本位，繁荣工商业。安定民生，贯彻财政统一，保证财政任务的完成。

这里主要谈两个问题：一是货币斗争问题，一是财政任务问题。

1. 关于货币斗争问题——由于伪币充斥，以致物价高涨，人民生活困难，伪币排除后，可以抑低物价，使市场趋于稳定，工商业日益繁荣，人民生活得以改善。同时可以减少财政开支，保证军需供给，与便于我减轻群众负担，克服军民财经困难，集中一切人力物力与国民党作政治的、军事的、经济的斗争，奠定争取自卫战争胜利的物质基础，但过去排斥伪币工作，曾有不少痛苦的经验教训，如不少地方还曾发生群众骚动，这主要是只知坚决排伪，不懂得正确的排伪政策，仅凭一纸禁令，不根据自然市场的经济规律，不照顾群众利益，常常操之过急，以军事斗争的办法来进行经济斗争，不懂经济斗争又有适合经济规律的一套办法，以致偏向有出，今后排除伪币的进行，不仅要有坚强的决心，尤须正确执行排伪政策，因此必须从下列四方面分头并进：

A、加强贸易管理，对外出问题加以管制，不利我者限制出口，有利于我者奖励出口，但须责成换回为我军民所需要的物资，阻止伪币内流。但对内贸易则应完全自由，以便于内销之畅流，减少不必要之出口，而又增加进口货之畅销，增强阻止伪币内流之条件。

B、充实抗币筹码，发给足够的大小筹码，作市场交换工具，确立抗币本位，不致因排除伪币使市场停滞。港口严禁伪币入口，但仍应解决商人行旅之实际困难，可在一定数量内以一定比值实行兑换，决不可乱予没收，引起群众不满。

C、实行控制外汇，在目前必须提高汇率，做到北高于南，东高于西，才能由北向南，由东向西把伪币排到国民党统治区去，但必须根据自然市场之比值，酌量提高，决不能只凭主观愿望，随意提高。

D、抑平物价，稳定市场，根据自然市场供求关系，进行适当调剂，以免抗币外流，使市场能保有一定量之通货，但亦不应随意抬高物价，垄断市场，同时在排除伪币过程中，应适应照顾小贩生活，在排伪工作执行到一定程度时，发给小本贷款，使肩挑商贩不致因排伪而遭严重影响，使其经济破产，无以为生。

以上四点进行时必须有机结合，使伪币顺利向外排除，使出口物资换回一定有利于我之物资，供应各项需要，使根据地物资有计划的交流。今后货币斗争已转向以法币为对象，因此必须在排除伪币过程中，同时排除法币与防止法币内流。

（摘自《方向》第一期，1945年12月26日钟民在《华中一地委第一次扩大会议上的总结》）

十九、华中军区保护工厂企业

新四军华中军区司令部、政治部布告

凡本军解放之城镇，所有公私工厂企业一律负责保护，不得摧毁破坏。为繁荣市场增加生产，凡本军所属之任何机关或武装部队，不得因驻扎等由，致妨碍其生产进行为要。

此　布

中华民国三十四年十二月

司令　张鼎丞

（摘自《人民报》1945年12月26日第213期）

二十、加强生产建设,欢迎外来投资

加强生产建设，大规模组织解放区内的生产运动，订立兴家计划，组织劳动互助，整理和发展合作社，兴修水利、垦荒造林改良品种，繁殖畜牧，增加农业生产，举办各种贷款解决贫苦人民的工具、种子和小本经营的困难，普及种棉发展纺织，发展家庭手工业及各种副业，而机关部队学校则有计划的进行生产，改善生活，解决困难，在农忙时，帮助群众进行收割，并动员社会游民分子参加生产。

建立抗币本位,禁绝伪币,管理法币,巩固金融,加强对敌经济斗争,实行严格对外管理,对内有自由贸易的政策,扶助与保护解放区内工商业之发展,繁荣国民经济。在发展工商业方面奖励私人营业,保护私有财产,欢迎外来投资,实行自由贸易,反对垄断居奇。

（摘自1945年12月《民主建设》第一期刊载《苏皖边区第七行政专员公署施政纲要》）

二十一、盐阜区对敌经济斗争总结

1. 敌我经济斗争形势,1942年6月敌伪实行排斥法币后,在经济战线上的斗争形势有一大改变。由于国民党失却了上海这一经济中枢,敌伪控制了这一经济中枢,打开了敌我在经济战线上直接斗争,而敌伪一方面对我实行经济封锁,企图在经济上来困死我;另一方面则大量抛出法币以购买我之物资,并以扰乱我之市场,并达其经济掠夺之目的。

为展开对敌经济斗争,粉碎敌人经济封锁,保卫我物资,巩固我经济,我则实行贸易管理,尤其着重对粮食运销之管理。

2. 我们的贸易政策

我们的贸易政策,是采用以物易物的办法,凡是出口之土产必须向贸易管理机关进行登记注册才得出口,而出口之物资同时必须换回等重的我根据地所必需之货物,以打破敌人经济封锁,对某些粮食过剩地区并允许部分报税出口,为解决我之军需亦部分允粮出口。因此,我们的贸易政策不是对敌经济绝交的政策,在一定条件下实行物资交流这一政策是正确的,但有同志表示疑惑,也有反对的,尤其在允粮出口与换布问题上的反对意见最多。

3. 准粮出口与换布问题

粮食应不应该准允出口问题,一般说是不允许出口的,但不是绝对的,则某种特定的条件下粮食是应该允许出口的,在什么样的条件下应该准粮出口呢？我想能在下列几个条件下：

A、粮食过剩地区,在客观环境上主观力量上不可能实行民食调剂的时候;

B、必须是根据地次要的或不十分必需的粮食(如高粱);

C、在人民的需要和要求下。

合乎以上条件准粮部分出口没有什么不妥当之处,没有这些条件毫无限制的准粮出口那是走到另一个极端,是错误的,有的同志不了解这个问题,仅看到问题的现象和片断,未看到问题的本质,就大声疾呼反对这个办法,认为这个办法破坏了政策,损害了政治影响,刺激根据地物价上涨,影响民食,并有以军阀陈调元来作比拟的,这些同志没有认识到对禁粮出口对某些产粮过剩的地区(如盐城)的农民将是极大不利,若果因粮食过剩而卖不出去则将造成谷贱伤农,农民亦将无钱来购买他之必需品,势将造成粮食大批偷运出口,采取有限度的杂粮出口,不仅解决了人民的困难,也间接改善了民生,同时以报税准粮出口,恰就是限制粮食出口(即是以提高税率来达到限量出口),我们民主政府是以大多数人民利益为前提,在多数人民要求与需粮出口的情形准粮出口,这于我之政治影响毫无损失,反而是适当的照顾了人民,若果一定要说政治影响不好,除非反动派借此以诬蔑。

我盐阜区准粮出口并实行收税仅盐城一县,而这个县之所以准粮出口,恰是按照以上几个原则进行的,故对我之政治丝毫未违背,且粮食出口是规定在一定数量之下的。

但一般的说,过去对粮食的管理是不够严格的。尚有不少粮食偷运出口,对粮食管理办法的规定亦不够明确,如何组织封锁乡,如何在县与县,区与区之间建立联系亦未明确规定。故使粮管工作未能收到应有效果。

关于以粮换布问题,以粮换布的目的在解决部队的衣服问题,他与以粮资敌有本质上的不同,两者不能混为一谈。有的同志不认识这个问题只看到以粮换布的方式上有弱点,或个别事务人员有从中舞弊情形,因而就根本反对以粮换布或把以粮换布当作是资敌。这是错误的,他们不了解我们处在落后的农村，在生产上我们还不能解决军事上所必需的一切，为坚持斗争，用某些物品去换取敌之物品是必需和必要的。这种与敌物资上的交换固然有利于敌，而更有利于我，我无那些物资则影响我之地区坚持，我换得敌之物资不但可以坚持斗争，而且可以用敌人的物资去反对敌人，消灭敌人，这样有利于我之事我们为何不可以做！当然在换取的方式上应该注意，免致人民许多误解，我有办法时尽可能不与敌交换物资。

（摘自南京博物院史料，1943 年 11 月 30 日曹荻秋的报告《两年来财经工作总结及今后工作方针》）

第四节　经济繁荣和工商业发展

一、根据地商业蒸蒸日上

我抗日民主根据地内之商业，到处呈现着蒸蒸日上之现象，淮南路东天（长）高（邮）泥沛镇，在民国十六七年只有小商店四家，当时之苛捐杂税，已使商业很难发展，加以土匪横行，到处抢掠。该镇房屋几被烧光，当时曾有“宁遇万重山，不遇泥沛湾”之说。因此商店亦无法维持，市面凋敝，自我抗日民主政权建立后，社会秩序安定，人民负担减轻，商店之营业税只收获利所得 3%。故目前泥沛湾小镇已有商店十家（内有油房（坊）一家、药店两家，其他均系杂货店）。其中陈明一家，去冬以 500 元资本开业，今已扩资至两万元。又小贩郑传义，以几十元资本做起，在四年之中，营利所得已购置田地 70 余亩。由此可见我抗日民主根据地商业之飞跃发展。

（摘自 1944 年 1 月 12 日《解放日报》刊载的《淮南路东恢复繁荣》一文）

二、根据地开展群众性的纺织运动

敌寇叫嚣“封锁纱布，冻死根据地人民”之际，淮南津浦路东正展开着群众性的纺织运动。例如盱（眙）嘉（山）地区之 7 个区，已集中之纺织合作社股金共约 160 余万元，其中民众股金约占二分之一。此项股金一大半均已变成纺织原料（包括棉花及洋纱），即可开工纺织，盱嘉农抗分会，曾于半月前召开各区纺织合作社代表联席会议，决定在盱嘉设纺织工厂。其他各区设分厂代买并担任分配棉花收买棉纱及卖布换布等事宜。各乡则普遍组织纺纱小组，现在盱嘉已有纱织机 200 余架。木匠工厂中每日订制纺车者，络绎不绝。纺纱小组正在各地农抗妇抗协助下普遍组织起来。预计明年夏季以后，民众衣服及一部分公家用布当可自给。

（摘自 1944 年 1 月 19 日《解放日报》刊登的《淮南人民发展纺织业》）

三、根据地的新镇——益林

益林是盐阜区的一个有两万人口的市镇，在阜宁城西南五十里。它和东北七里的东沟镇合称为东益市。1940 年 10 月为新四军所解放。当时由于南面的马家荡周围有许多敌据点，西面国民党反动派军队封锁了交通，货物不能畅通，工商业不能发展，直到 1943 年春天，敌人对盐阜区进行大“扫荡”，国民党反动派的军队不战而退，新四军粉碎了敌人的“扫荡”，攻克了附近的许多据点，益林才真正繁荣起来。

盐阜区许多没有到过上海的人，常常这样询问上海来客，上海比益林大几倍？这话初听起来有点可笑，但他们的回答却是，益林的情形比上海还好些。

是的，益林是健康的，它和解放区的其他城镇一样在取着新的姿态，向前发展，你无论从那条路往益林走，都感到在走向一个繁荣的市镇。每条大路上人来人往，特别是逢集的早晨，小车子一条线似的推下去，粮食、豆油、豆饼、肥猪……从四乡推进这个小小的市镇。

益林大街在河的北岸，从河南到河北去要经过两座新修的大桥。东面的称为泽东桥，西面的称为克诚桥，大桥很宽，桥上两边摆满了各样水果和菜蔬担子，从泽东桥过去是泽东街，街旁的山货如黑枣、栗子、柿饼等都像粮食般的用摺子囤着。向西是朱德大街，新修的砖路，中间微微的凸起，走在上面很平坦，雨天也不会泥泞。以前这条街两旁都是摊子，街道很窄。现在摊子都集中到新市场，倒显得宽阔整齐了，街旁的墙壁上到处是大幅的广告画，新出版的报纸，红红绿绿的标语，街上的店铺，一天天增加，许多墙壁被挖开装修成店面。差不多每个店铺里都是堆积着大量的货物，营业最好的是布店与文具店。

益林的繁荣,不但超过敌占区,也超过抗战前苏北的几个普通城市,这和农村繁荣有着密切的关系。抗战前,由于农村经济破产,市镇也不可能有什么发展。新四军来苏北后,进行了减租减息和生产运动,农民生活普遍提高,购买力增强,普通一个贫农,过去一年只能吃一次猪肉,现在不但过年可以买肉,过节或是有亲戚来也可以买肉吃了。在沦陷区,七八年来不添衣服的人很多,而解放区中农以上的农家,每年都要种几亩黄豆,作为一家秋季添衣服的费用。就拿帮猪来说,益林是苏北帮猪出口市场,抗战前每年出口帮猪10万口,销售长江以南及南洋一带。猪的来源很广,陇海路以北,津浦线以西河南东部所出产的猪,多半由此出口,抗战后,地区被敌人占领与分割,猪的来源缩小7倍,而帮猪的出口数量并没有成正比例的减少,据1943年10月至1944年一年初的统计,仅盐阜区帮猪出口数有13000,全年算起来,只比战前的出口总数减少一半。而1944年生产运动以后,单以阜宁的小胡庄说,从前全村26家,经常养猪4口至6口,1944年底全村养猪达40余口。解放区任何村庄饲养的牲畜一般的都在激增中。因此,这两年来益林的帮猪市场,格外兴旺,倒是南边大城市的购买力一天天降低,大的帮猪客商反较前少了。

益林不但商业发达,工业也是很发达的,虽然处在敌后,敌人随时有"扫荡"可能。但由于新四军坚决的打击敌人,保护解放区,商人们也逐渐有信心把资本投进工业部门里去,益林郊外的油坊、碾米厂合起来有几百匹马力在不断地转着。大些的肥皂厂有民生、益民、联中三家,而民营的民生肥皂,质好价廉,不但代替了舶来品,而且销行解放区以外的敌占城市。目前淮阴市上的肥皂,除了少量的日光皂外,民生皂算起来是最上等的。此外,纺织厂也开办了三家,他们还准备办电力厂。这都是日本投降以前的事。战争结束后,益林工商业发展的速度当更加快,特别是轻工业的发展前途,更为远大,这也与解放区的生产运动有关系,生产运动后,各种农产品的数量逐渐增加,同时由于组织换工组的关系劳动力节省很多,这也是提供了发展工业的一个有利条件。

(摘自1945年10月25日《新华论坛》刊载戈扬的文章《苏北的新市镇——益林》)

四、淮南公营竹镇利华公司

六合县第一家公营商店——竹镇利华公司,于1942年6月创建,1946年6月北撤时停业,历时四年,并在东旺庙、马集、凡集及安徽省屯仓、半塔、古城等地建立分公司或收购站。为当时抗日新四军组织军需物资,支援前线;发展解放区生产,发展民众经济,平抑市场物价,写下了光辉的历史,她犹如一颗璀璨的明珠,熠熠生光,在今天欣欣向荣的社会主义经济百花园里,独放异彩。

抗日烽火中诞生

1942年,抗日战争进入了相持阶段。罗炳辉司令员率领的新四军五支队与陶勇同志领导的苏皖支队于1940年在竹镇胜利会师后,反扫荡、反蚕食、反伪化的斗争风起云涌,在苏皖边区轰轰烈烈地展开,宣传抗日,发动民众,打击日本侵略者,取得了一个又一个胜利,边区根据地日益巩固扩大。1941年4月,中共六合县委和六合县抗日民主政府在竹镇成立,第二年5月,竹镇改建县属市,竹镇市是我县解放区政治和经济中心。同时建新九区,县内辖五个区,安徽省4个区,辖42个乡,约8万人口,与汪伪警卫三师,以程桥为界,对峙而立,解放区开展了减租减息,反霸锄奸和大生产运动,内部政权巩固,经济繁荣,市场兴旺,人民对党对民主政府信赖,政治和经济形势大好。但日本侵略者为了推行"以华治华,以战养战"政策,勾结汪伪,对我解放区实行经济封锁,断我军需民用物资供应,棉纱、棉布、西药、五洋杂货一时成为禁运品,市场紧缺,而一些投机商勾结顽伪,在我边区走私粮食,到敌占区贩卖资敌,甚至出现武装走私,使解放区经济蒙受很大损失。为了粉碎敌人封锁,解决边区军需民用物资,支援前线抗日,控制市场物价,淮南路东区党委和行政公署决定在来六交通要道,敌占区通往根据地的门户——竹镇,建立我方公营经济机构,于是公营竹镇利华公司应运而生,1942年6月成立,同年8月正式开秤营业。

在与日伪斗争中发展壮大

竹镇利华公司第一任经理是陈先同志,会计负责人侯子林同志、副经理戴伯超。公司设在竹镇原郎坟口杨福增家。三开间门面,后有货场。公司初期有四十多人,分会计、业务、收购、保管、总务等几个部门,主要经营物资进出口业务。由敌占区进口军需民用工业品，以棉纱、棉布、西药、纸张及生产枪支弹药的军工原材料为主，出口农副产品，以粮食、生猪、家禽、菜牛及食油为大宗。通过可靠商人以货换货进行等价交易，一般不搞零售业务。又在屯仓、古城、施官、马集、半塔、柳营等地设收购站。竹镇收购站在镇上红土老爷庙。1943 年，边区成立“来六贸易局”，地址在竹镇天主堂。利华公司隶属贸易局管理。1944 年来六贸易局与来安和六合货物检查处合并，改名为来六货管局。设供应、会计、税收、保管、总务五个股，后又改股为课。负责收售贸易、税收、缉私及搜集敌情等任务，已由单一商业经营发展为贸易、财政金融管理的联合体，是一个综合型的财经机构。陈先调任货管局长，董积贤、杨华任副局长，下设有竹镇、马集、施官、屯仓等分局。1945 年抗日战争胜利，六合县获得第一次解放，成立六合县利华商行。1946 年，国民党占领六合，六合县利华商行又和竹镇利华公司合并。是年6 月，国民党向根据地发动重点进攻。为了战略转移，竹镇利华公司在侯子林同志率领下随军北撤山东，暂停营业。先后四年，完成了历史赋予的光荣任务。

为支援前线，发展边区经济服务

竹镇利华公司在经营的四年中，为组织军需供应，发展解放区经济，做出了卓越的成绩，她作为我县第一个官办企业。在经济发展史上，留下了光荣的一页。

一、筹集军备民品，支援抗日战争，粉碎敌人“禁运、封锁”。利华公司一开张，即显示了雄厚的实力。当时公司的资金来源是新四军的军费和民主政府拨给的税款，以货定款，没有固定周转金。收购军需品大部运往设在大柳营的新四军二师供给部，也有调往四师和淮南行署。公司首要任务是通过各收购站调集大量农副产品，交商人运出口，以物换物，换回商人从敌区运来的工业品，货物购回后，连夜疏散坚壁，防止敌机轰炸和日伪的骚扰。由于日伪封锁、禁运，并以坐牢杀头相威胁，想从敌占区运出军需物质难度很大，到解放区做买卖的商贩，都要冒很大风险，作几手准备，腰缠钱票，逢关过卡，都要送礼，塞钞票，贿赂伪军官兵，稍有不慎，被充公没收。一次，一商人从南京带一批西药欲通过六合城北去，伪军被买通后，正待动身，不料又逢日军查哨仍不得过，于是又花钱把日兵引走，商人与药品才匆匆而过，即使货物已到边区，在运送供给部途中也严加保密，以防不测。一次，当时在利华公司当事务长的蒋国彦同志带领几个民伕，肩挑箱篓，连夜向大柳营运送采购物资，当时蒋商人打扮，由于不知箱中何物，也未向挑伕说明。途中箱破水银从缝中流出泄了一地，几个挑伕看到地上滚动的银色圆珠，觉察是非普通货物，吓得四散而逃，他自己也口张目呆了。但是，大批商人仍利用各种关系，把大批敌伪物资运到解放区来出售换物，这除了民主政府的教育，使他们有爱国心外，丰厚的利润，也是重要的因素。当时敌占区物价飞涨，粮价昂贵。从解放区购粮运至敌占区出售可获取很大的利润。有利可图，因此商人蜂拥而至。据有证可查，最多时有上千商贩、驴驮、肩挑、手推独轮车等云集六合城，往返解放区络绎不绝。利华公司也随之名传四方，沪宁地区的无锡、上海、镇江、扬州各地商人慕名而来。号称中国四大米市的无锡积余街粮市商人，也想找利华做生意。上海西药商还把药品投寄到六合商号，再转利华公司。一批批战略物资和军需民品，通过利华等商业公司，向路东各县解放区源源流去。

二、开征商品进出口税，积聚抗日资金。利华与货管局合并后，增设税务股，后又改为税务课，对进出口商品一律开征货物税，以防止偷运走私，保障根据地进出口平衡，为鼓励必需品的进人，制定了高低两种不同税率，白布等进出口工业品实行低税，硫磺、子弹等免税并护送，迷信品则课重税，并一度在解放区禁止交易，农村产品出口，除对五坊（炕坊、磨坊、酿酒、油坊、粉坊）和肉案子收一定比例的税金外，其余粮食等出口不论座商行商，均免税，工业品报税后出具收据，并在货物上盖戳，流通解放区，不再收二次税。

由于货流量大，进出口交易频繁，税金收入较可观，几年竟达百万元（淮南币）。

三、实行金融管理，平抑市场物价。淮南币发行前，边区市场通用汪伪储备票和蒋管区法币。1942 年 3 月淮南币由淮南银行发行并在边区流通后，上述两种伪币逐渐被禁止。由于竹镇地区无银行分行或营业所，商人持上述伪币进入解放区需到货管局兑换。兑换比例视各时期币值比价而定，以有益于市场调节不伤害商人利益为原则，从而使边区市场得以统一，公营企业牢牢掌握了调节市场和物价的主动权。

四、支持生产，发展解放区工业。利华公司经营的进出口商品,以满足边区自身需要为主,通过收购粮食和农副产品,使农民增加收入,活跃农村经济;利用敌占区工业原料及设备进口,又促进解放区工业发展。当时设在汊涧的飞马烟厂,除部分烟叶靠自产外,大部分原料和设备由利华公司组织进口。1943年,香烟产量已能自给,当时,边区军民以吸飞马烟为荣。竹镇民众合作社保健堂既卖药又看病,中西成药大多由利华供给。一次,边区发生痢疾、伤寒等传染病大流行时,由于药物充足,防治及时,迅速制止了蔓延,受到路东区党委表扬。

五、护送地下工作人员出入边区。通过可靠商人,在南京、镇江弄来敌区身份证、通行证后,供进入敌区工作人员用。又利用商人进出,通过设在九里埂的地下交通站,护送从上海转到淮南根据地的大批地下工作者和进步人士。有时还通过商人散发和传递宣传品,也收到一些效果。

不屈不挠的革命意志

在竹镇利华公司及后来货管局的工作同志,经常进出敌区,冒着生命危险组织货运,开展缉私和收税工作。他们经手大量货物钱财。与各类人员打交道,但大多廉洁奉公,艰苦朴素,按供给制待遇,不取分外之财,拒贿赂,不沾旧风恶习,赢得了党和人民的信任。更有在腥风血雨的残酷斗争中,献出了宝贵的生命。在利华初期工作过的40多人中,经互相证实已有大半在枪林弹雨中牺牲了。当时在利华公司负责粮食收购的副主任李子生(音)同志,湖北人。1946年随军北撤,携带账册等走至竹镇西北广佛寺,与敌人遭遇,激战数小时壮烈牺牲。原会计股长王信同志,牺牲在安徽。沈春荣同志任税务开票员,1943年元月在关塘附近,被日伪军300余人包围被俘,带至天长县金家集,敌人把手榴弹绑在他身上,拉响后惨遭杀害。马集税务员张永发被马集伪镇长王元璧逮捕后,交给日军3121部队,带到马集南百罗田绑在树上,乱刀戳死,牺牲后,身上留有几十个窟窿,血肉模糊,惨不忍睹。

(本文由侯子林、杨华、蒋国彦等提供资料,六合商业专志办公室编写)

第二章　根据地的市场管理

第一节　市场管理的方针政策

一、健全货检组织，保证商业自由

在经济建设上应该：

（一）彻底禁粮出口，健全货检处组织，发动民众缉私，以保证军食民食之充分供给。

（二）………

（三）保护工商业发展，保证商业自由，商旅安全，发行小票，调剂金融流通，便利买卖。奖励工业、手工业发展，政府尽可能资助，尤欢迎逃亡敌区地主回家及敌区资本家前来投资经营，政府决予以保护和各种帮助。

（四）开展合作运动，以打破敌人封锁政策，并与商业高利贷资本之垄断居奇作斗争。

（摘自《解放日报》1941 年 5 月 27 日所载邓子恢《在路东临时议会上的报告》）

二、鄂豫边区抵制仇货的政策

我们抵制仇货的政策是，凡从敌占区运来的军用品、食盐、医药品等，对抗战有利的物品，概不收税。一切消费品、化妆品及一切对抗战不利的物品，一概禁止，或抽高度的税。反过来，就是禁止我区一切对敌有利的产品资敌。这是经济斗争中极残酷的斗争。在这一斗争中，我们受了很大的牺牲，对于一切所贩买敌货为生的中下层商人，我们采取了极艰苦的说服教育方式，教育他们不要做对抗战不利的买卖，面对那些顽固不化的大奸商，则采取坚决打击，没收其仇货，以作警告，如其一味的顽固不化则执行抗战国法，以打一儆百的政策，争取那些大商人不要去发国难财。对于那些无知无识的老百姓，把我区米粮资敌，政府或部队出钱买下，劝其以后不要做资敌的买卖。面对那些专门运我区出产之禁运品资敌者，则实行没收，以至处死刑。为了封锁粮食，政府特办粮食统制局，以便于老百姓随时出卖其剩余之粮食。同时，可大批的供给部队米粮，尤其是有组织的封锁敌人，政府这种抵抗政策是正确的，是广大老百姓应该遵守执行的。

（摘自河南省新县文管会资料 1941 年 6 月 28 日《艰苦奋斗的三周年》）

三、淮北苏皖边区的贸易政策

根据地的经济政策，主要是繁荣国民经济，增加收入，使对外贸易对内入超而平衡，内平衡而出超，而贸易政策的执行原则是：

1. 对外贸易统制。根据地内大宗剩余品有计划的输出，换取根据地的必需品。这里所说统制，并不是自己经营，主要的还是由商人经营，但应当经过贸易局的登记，由贸易局规定出口的数量。

2. 对内贸易自由，根据地内商人只要：

A、不违反政府法令。

B、不破坏抗日军队。

C、不贩买毒品，均可自由经营，政府加以保护。

根据上面的政策，设立贸易局，贸易局的任务：

1. 调剂内地物资，平抑物价。

2. 组织商人，推动商业发展。

3. 举办公营事业登记，限制公营事业发展。

4. 有计划的输出剩余货物和有计划的争取必需品进口。

（摘自 1941 年 11 月 16 日淮北行署《政府工作》第四期所载《苏皖边区的财经工作》）

四、保护工商业合法经营

（一）境内私人经营工商业，无论独资或合股，一律准其营业贸易自由，并保障其合法利益与账款之收回。

（二）工厂、商店、小作坊得（可）雇用店员、学徒进行生产及营业。

（三）境内有利于抗战与民生之工商业由政府以下列方法保护优待奖励之：

甲、武装保护；乙、运输上之便利；丙、低利或无利贷与基金；丁、技术上之协助；戊、减收或免收税捐；己、给予奖励；庚、购买原料及推销产品之便利。

（四）工商业应保护、优待者以下列为主：

甲、纺织；乙、制纸；丙、卷烟；丁、制鞋；戊、轧弹棉花；己、染坊制革；庚、油坊；辛、电料；壬、文具印刷；癸、钢铁；子、编席；丑、盐运盐行；寅、必需品进口与出产品外销；卯、垦荒。

（五）欢迎外来资本家投资开发洪泽湖水业与湖边荒田，予以保护给与各种必要与可能之协助。

（六）工商业主小贩之合法营业，任何人不得非法干涉。违者一经控告查明属实，即依法予以严惩。

（摘自1941年12月25日《政府工作》第五期所载《淮北苏皖边区保障人权财产权及保护工业条例》）

五、对敌占区的商品贩运，实行以货易货，等值交换政策

第一条　为加强对敌经济斗争，保证我军民物资供给，贯彻以货易货，等价交换政策，制订本办法。

第二条　本办法所指之出口土产以命令随时规定之（下简称土产）。

第三条　出口土产凭土产出口许可证纳税出口。

第四条　进出口商人，贩运土产出口必须在规定日期，由换回工商局、所，所指定之照出口土产同等价值之进口货物进口。

第五条　进出口商人，申请土产出口许可证，必须取得两家以上之殷实行号或业户保证，呈准当地工商局所，出具志愿换回第四条规定货物进出口之志愿书。

第六条　进出口货物，进口纳税后，凭税票发票登记，发给登记证。

第七条　出口商人，凭定量之指定进口货物登记证，领回志愿书。

第八条　进口商人凭进口货物登记证，申领定量之指定出口土产许可证，贩运土产出口。

第九条　凡迷信品、奢侈品、化妆品进口之进口登记证，不准抵换出口许可证。

第十条　如情形特殊不适用保证办法者，必须凭指定之进口货物登记证抵领出口许可证。

第十一条　商人以进口证申领出口证或换回志愿书，其进出口货价之估算依下列规定：

1. 进出口货物相抵之价格，均以我地区之物价为计算标准。

2. 进出口证所载之货价，必须等于或大于志愿书所载之货价（否则必须继续进口补足后，始可解除其志愿所负之责任，发还志愿书）。

3. 进口证所载货价大于志愿书，所载货价形成之入超差额，在志愿书所载货价10%以下者，为便利战时清算起见，商人不得再凭此证要求申领与此差额相等之出口证。

4. 进口证所载货价少于志愿书所载货价，形成之出超差额不及志愿书所载货价5%者，工商局所亦不再向商人要求以与此差额相等之进口货继续进口。

5. 友邻根据地与我地区相互间之进出口贸易。如因特殊情形，不能或部分不能以指定之货物交换者，经行署批准，可以其他货物抵充。

第十二条　商人领得出口证，报税出口后，如在中途发生意外或购回货物发生意外，经查明属实，准予解除其志愿书所负责任，发还志愿书。

第十三条　违反第三条第四条规定者，以资敌论，除没收其全部货物外，并得依法惩处之。

（摘自《盐阜报》1942年7月7日所载《盐阜区工商管理局进出口贸易管理办法》）

六、苏中区对进出口商品实行分类管理

（一）凡属军需品、民用必需品、电器器材、医药用品、粮食牲畜、农具、工业原料、五金物品、文化用具，一律奖励保护进口。

（二）凡属消费品、奢侈品、迷信品与赌具、毒品等，一律限制与禁止进口。

（三）凡根据地内确系过剩货物，不属资敌性质者，一律奖励保护出口。

（四）凡粮食、耕牛、五金物品、工业原料等，一律禁止出口。

（五）凡经营进出口贩卖业之商民，向县贸易分局申请，领取登记证后，贩运货物出口时，须经各行政区，贸易区或县贸易分局核准，履行下列手续：甲、觅保。保证货物出口销售后购回相等货物进口；乙、持登记证连同保证书向当地贸易机关申请。核发出口货物许可证，向第一道税所报税后方准启

运；丙、前次保证书须俟购回进口货物，其价值大于出口货，并取得贸易所进口货数价证明书后始发还，以解除保人之责任；丁、途中发生意外遭受全部或局部损失，经申请核准始得发还保证书，其局部损失者仍应执行不损失部分之义务。

（六）商人贩运规定之进口货入口应在第一道税所报税时，经贸易所查验货物种类、数量、总价、填写证书，经就地行政机关证明，方得启运内销。

（七）进出口货物相互结算，一律以江淮银行发行之抗币为本位折算之。

（八）税所及贸易机关如有循私舞弊，经查出，依法惩处。

（九）商人不依规定手续私运货物出口，一经查获，视情节轻重予以罚款，没收或依法严惩。

（十）贩运货物出口，购回等价货物进口，以填发许可证起满3个月为限，但运往邻省者得酌予宽限。如逾期不运回货物者，以破坏贸易管理论。

（十一）凡在抗日民主政权所控制区域，概称境内，越境者以出口论，境外运入者以进口论。

（摘自《苏中报》1943年12月5日所载《苏中区战时进出口货物管理暂行办法》）

七、豫鄂边区物资统制办法

第一条 物资统制局根据管制出入口主要物资，进行有组织的交换原则，宣布以下之物资出口，在边区范围内，分期、分区实行统制，并实行出口特许证办法。

（一） 粮食类

1. 谷米 2. 大小麦 3. 高粱

4. 黄豆 5. 芝麻 6. 菜籽

（二） 油类

1. 多种清油 2. 皮油 3. 梓油

4. 桐油 5. 生漆

（三） 棉花

（四） 板炭

（五） 烟叶

（六） 土布

（七） 土纱

（八） 捆麻

（九） 牛皮、杂皮

（十） 蓖麻子、五倍子

统制之物资，根据各种不同情况，随时由物统分总局，以命令公布之。

第二条 凡宣告统制之物资出口，须取得出口特许证，请领特许证办法如下：

（一）由同业公会，代为请领出口特许证；

（二）无同业公会组织，单一经营之物资，可请求当地商会、合作社，代为申请出口特许证；

（三）未参加商会及合作社之自由挑贩，得按其地区，组织某地区之挑运业公会，由挑运业公会，代为申请出口许可证；

（四）单独经营出口物资之大商家，未参加公会组织者，得缴纳10%保证金，向本局申请出口许可证，呈验换回物资时，得发还其保证金；

（五）完纳关税

第三条 申请出口许可证时，须注明换回何种物资，换回时，经呈验物品（商会、同业公会、合作社证明即可以）将出口特许证，缴回原签发机关注销。

第四条 有下列情形，得停发出口许可证。

（一）未换回物品，亦不缴回特许证；

（二）违反统制办法；

（三）不在指定地区售卖。

第五条 宣告统制之物资出口，未领出口特许证者。一经查出，全部没收（分局一级有权处理）。

第六条 特许证签发机关，各地物统分局，及其委托之机关（商会、同业公会、合作社等）。

第七条 本暂行办法，如有未尽事宜，得随时修改之。

第八条 本暂行办法，自公布日施行。

（摘自湖北省博物馆《物资统税手册》第一集中1943年《豫鄂边区物资统制总局颁发出入口特许证暂行办法》）

八、贸易管理工作的主要措施

根据上面的任务，我们必须采取下面几个办法与步骤来完成他。

1. 加快各根据地之间的物资交流，如苏中盐阜出产之棉花，除本身应特别加紧照顾纺织业以便求得自给外，再想方设法吸收一部分棉花供给淮南淮北，以解决该地区棉花需求。如淮南淮北所产烟叶、土硝转苏中盐阜所缺者，亦应帮助交换其他物品。我们各级有权互相交换运输问题，我们各级负责，各运至适当地点互相接送并由苏中盐阜利用海口，设法开辟对浙东胶东等地贸易，以便更多取得我们各地所需的物品。

2. 实行盐运管理。食盐是盐阜、苏中最大的出产之一,并且主要市场系西运大后方,而流回者多属法币,如不设法换回物资,食盐输出反属不利,但食盐为我过剩,必须输出之产品,同时又为大后方必需之物资。不过因为目前陇海路西边及长江走私食盐数量仍为不少。因此,目前我们在食盐上易货与稳定销路必须兼筹并调其办法。

A、由淮北与淮南路西在食盐西运主要通路上设立食盐西运易货专管机关。

B、由各根据地按其实际需要互助合作,各以一部分资金投资盐运,以便调剂盐运进行斗争。

C、由各根据地按照实际需要互相合作以一部分平衡税,以弥补之。

D、食盐西运必须换回某种货物与货币,其汇兑折价清算办法,由各有关根据地互相具体约定。

E、各地区应设法调整盐运路线,减轻盐商不必要负担,尽可能设法减低盐税及盐行剥削,以便与长江走私与陇海线敌盐竞销。

3. 协同对敌斗争,各根据地出产物品与出口销售市场及进口物品与来源大体上均属相同。因此,对敌斗争上的协同自属必要,其原则与办法:

A、除统制一部分主要物资帮助换回军需用品外,其余物产出口亦应管理,对内贸易概不干涉,以符贸易自由原则。

B、现存部队机关经营对外贸易的机关或自己采办军需用品机关及其干部,均应归并贸易机关。如各地区或其他地区采办物品均应通过该地贸易机关代办(或组织共同的采办委员会,当地的贸易机关应尽力承办,不能太本位,以便统一步骤,消灭空子)。

C、有计划的帮助与培养大批根据地中小商人向敌区全面吸收工业品,以反对敌伪全面封锁政策,并且要加紧对他们的管理。

D、各根据地应设法建立直接交换的大商人关系,以便大量吸收工业品与抛出农产品,并互相介绍关系。

E、各地区对同一方向或对敌之贸易(购进或售出)在价格与方法上,应尽可能事先取得一致,以便进行斗争。

F、各根据地在可能情况下,应选择敌伪区对我依赖性较大的物品实行联合封锁,提高市价求得缩小剪刀差。

4. 开展国内贸易工作:

A、各县尽可能筹设公营商店,以调节物价。

B、通过合作社直接帮助基本群众出售农产品,换回其所需要的工业品,以减少其剪刀损失。

C、尽量扶助合作社,建立基层贸易网。

D、各根据地互助之间,转口之货物,均以补足各地区之税率放行为限,不能随便扣留。

5. 统一贸易情报交换与联系:

A、情报内容为敌伪顽区之有关战略情报与普通商情及金融情报。

B、情报收集方法,大体上收集敌伪各方有关财政、经济、金融、贸易之杂志、报纸、刊物、法令,及通过各种商业关系与派遣专人建立经常的商业情报,必要时可利用敌伪军的关系进行。

C、情报分工。

(1)华中局设法收集上海、天津、重庆三方面有关财经金融战略情报。

(2)苏中区负责上海、南通、太州、江都、海安、崇明、无锡、常州。

(3)淮南区负责南京、镇江、扬州、高邮、明光、瓜洲、六合、仪征、蚌埠、口店。

(4)盐阜区负责响水口、青岛、宿迁、浜海区。

(5)淮北区负责徐州、固镇、蚌埠、龙岗、济南、天津、北新安镇、宿迁。

(6)巢湖区负责芜湖。

以上各区同时应报告本地区之商情。

D、交换办法决定利用各地战报台专设密码,每周报告华中局,整理后转饬各单位,详细办法和报告内容另通知。

E、各地区对贸易情形报告,需要在交通工具上(如电话)给予帮助与方便。

(摘自1944年6月《华中财经会议文献》中《华中局财经会议关于贸易问题的决定[草案]》

九、宝应县规定商民只准内销

为展开对敌经济斗争,准备反攻实力起见,宝应县政府决定管理和调剂全县粮食、商民只准内销,如有剩余粮食急需出售的人,可向利发公司或各区利民公司特约收粮的合作社粮行依市价出售,不得直接运出;内销也要照章程办理,一市担以上,要有乡公所的证明书,五市担以上,要有区贸易所的证明书,一千斤以上,要有县贸易分局的证明书,然后才能自由运销;但不准运到封锁区域里去。县府还号召各乡民兵游击连队认真缉私,政府可以提出罚没的一部分作为奖励。(附封锁区域表:石塘、全区、张桥、大同、松竹、经阳、泾池、福湖等乡和地北乡南部、黄浦、大兴、松岗、民便、老塘、官田、学田、黄浦七乡、鲁庄、北河、月蟾、均师、免避四乡、谢阳、汤董乡、大望、望直、喇叭、和涧沟以西各乡、汜水、郎儿、宋阜、胡成、扛桥、八伍、南伍、石碑乡南部、临泽、蒋泽、高李、时堡、王莺、双沙、韩厦六乡。)

(摘自《苏中报》1944 年 10 月 31 日所载《宝应县府调剂粮食禁止粮食外运号召民兵游击连缉私》)

十、淮海区对盐、油、猪、铅丝、粮食的出口管理

第二、货物管理方面:

一、盐的管理:

1. 盐之管理如白皂沟、吴集、纪集、滥泥红、阴平、高流等地,施行管理入口商人不得超过以上各进口地点。

2. 盐税改为每百斤 200 元。

3. 盐行由各管理局接收组织负责领导。

4. 为便利运输盐路上组织盐运站,由总局货管科直接领导。

5. 盐运站组织及所在地,由总局货管科会同各管理局划定之。

二、油的管理:

1. 油之管理以榨油业联营委员会为枢纽(油饼联营办法另定)。

2. 运往伪区销售之油饼报税为油价 25%,并指定带回子弹、洋纱、洋布、纸张等货物,于运油饼出口时皆应缴纳 1000 元押金、货到时即应发还,否则没收之(押金收据由各管理局自制)。

3. 向淮北、淮南、苏中、盐阜根据地运销之油饼,均按价收税 20%。并需卖给工商管理局驻外之收油机关。

三、猪的管理:

1. 管制猪行外地买猪之商人,须将伪币兑给各兑换所,取得兑换证明书,方得在根据地内买猪。

2. 猪之出口需带回子弹、洋纱、纸张、布或储币。

3. 为保证带回货物, 猪每只均需按价 20% 收保证金 (其办法如油出口同)。

四、铅丝之管理

1. 铅丝出口免税,每百斤须带回子弹 20 发,卖与工商管理局(子弹每发 120 元)。

2. 子弹未交到前每百斤缴押金 500 元(押金收据由各管理局自制),逾期没收。

五、粮食之管制依行署颁发之粮食管理办法,严格管理粮食出口,由各工商管理局发给特许出口证,违则没收。

(摘自沭阳县档案馆资料,1944 年 11 月《淮海区工商管理局会议决定》)

十一、盐阜区土产的内销管理

第六条 凡根据地土产及禁止资敌物品,在本区内运销者,概不征收,(特殊者例外)惟在运销时必须履行下列手续。

甲、甲地商贩搬运土产至乙地销售者,必须向甲地工商局所取保填具保证书,载明货物名称数量运销地点或缴纳相等货价之保证金,方得领取土产内销通行证。运销之沿途,必须经过指定地点,并须受该各地点之工商局所之查验,并在内销证上加戳证明,运至讫点后,须在有效期内,经乙地管理机关加戳证明方得换回保单或保证金。

乙、甲地向乙地采购土产或搬运土产向乙地出售者,如乙地缺货或滞销可向当地工商局所申请批转他地购买或运销,并得酌量展期。

丙、甲地商人至乙地运销或采购货物,如为商情关系中途出口者,仍需照甲地手续办理,另行在出口地点管理机关办理出口运销或采购手续。

…………

第十一条 为严密土产管理分运防止流弊起见,凡市镇所存之货物,得有免费举行登记。

第十二条 税票或分运证填给有效日期之根据依照如下之规定:

甲、民船 30 里、小车 40 里、肩挑 60 里填给一日,脚踏车每百里填给一日。

乙、赶鲜猪每 20 里填给一日。

丙、以上之规定如不足一日规定仍填给一日,如为天时关系或特殊情形而有效日期不足者,得申请展期。

第十三条 商人运销货物凡持有税票分运证或土产内销证者,在本章程实施区内不分县界一律准予通行,沿途军政机关均须加以保护不得

藉故留难或有勒索等情形。

(摘自1944年《盐阜区财政法令汇编》中《盐阜区工商管理局进出口货物税征收章程》)

十二、高邮县政府反“扫荡”中的物资交流办法

旧历新年以来,敌人对我路东根据地进行了局部扫荡,占踞金沟、蒋坝等集镇,估计亦有进行全面扫荡的可能。我路东军民为针对敌寇阴谋,彻底粉碎扫荡计,进行了大规模反扫荡工作,兹为使在反扫荡中,商业不致停滞、金融照常流通、物资如前输出输入起见,暂定如下办法:

一、无论大小集镇均应彻底空室清野,使敌人占踞后,得不到一粒粮食,找不到一项用具。

二、逢集时,通知商人利用小商贩赶集方式,早晨上街,晚上分散。赶集商人应向该地乡公所请发通行证,限期一天作废。

三、如因特殊情况或接近敌占区集镇,可在乡村选择适当地点另行筹建新集,亦用逢集赶集方式,以利营业。

四、区乡政府及货管分局所组应注意市场物价,勿使少数商人任意抬高,以免造成市面紊乱现象。

五、商船出入只要其依照政府一定手续,无违背法令之处,经货管机关查者,应准其通行。

六、农产品出口,凡经货管分局发给出口许可证再经报税者,一律准许出口,勿予留难。

七、小挑贩出入采取联保方式,并予以教育(如不透露我根据地各种反扫荡布置)。可由区乡发给通行证,准其通行。但其进出携带商品,必须经过货管机关查验。

以上各点,仰各区乡政府及货管分局所组斟酌各地情况灵活执行之。

(摘自金湖县党史办资料,1945年3月9日《高邮县政府训令》)

十三、苏中区的进出口物资管理

一、本办法根据苏中区战时贸易管理暂行条例及进出口物资管理暂行办法订定之。

二、本办法所称主要进出口货物如下:

(一)出口:粮食、柴草、油、油豆、猪只、鸭子、鸡鸭蛋。

(二)进口:布匹、纱、白报纸,及其他军需用品,前项特定管理之进出口货物种类得视实际情形随时增减之。

三、凡物资通过封锁地带前往敌区销售者叫做出口,反之即为进口。

四、所有前条指定主要货物非经本行政区各级政府工商管理机关履行法定手续,不得出口进口,违者以走私论处。封锁地带之设定由各县公布之,以沿运河一线为主要之封锁地带。其他据点周围,或据点与据点之间三里以内之地区酌量情形,划为封锁地带或封锁圈。指定管理之主要货物,在封锁地带内或封锁圈外运销者,除粮食另有规定外,均得自由运销。

五、指定管理之主要货物,如运往苏中其他各行政区销售者,履行手续与进出口同。

六、经营进出口除各级工商管理机关附设之公营商店外,凡经核准之合作社商人团体贩运小组,均可经营一定之进出口货物。

七、所有指定管理之主要出口货物,暂分为二类,限制出口机关者为第一类,不限制出口机关者为第二类,但此项限制范围,得视实际情形随时扩大或缩小之。

(一)粮食为第一类,其管理办法另订之。

(二)其他为第二类。

八、指定管理出口之主要货物。第一类物资应先运指定货物到达根据地后,方准出口。第二类货物,出口时须出具申请书,填明货物名称、数量、出口地点等,并觅具保证,经审查合格后,向区以上工商管理机关申领主要货物出口许可证,报税出口,并保证依照规定比例换回进口货物,不得换回伪币。

九、先运进进口货物,后运出出口货物,或先运出出口货物,后运进进口货物,均依照运出出口货物时之物物交换比例折算之。

十、工商管理机关得视实际情形指定换回进口货物之种类,换回货物后,非经呈检属实,不得退回保证书、解除责任。

十一、进口货物不得重行出口,其有在封锁地带内运销者,非执有区以上工商管理机关进口货物运销证明书,视同走私。

前项进口货物运销证明书之申请手续与申请出口许可证同。

十二、如发现禁止进口之货物径予没收,经营

奖励进口物资商贩,各级工商管理机关应予扶助之。

十三、准许转口之货物以出口论。

十四、违反本办法第四条之规定,在封锁地带内运销主要货物,而无证明文件或出口手续不全者,一经查觉,视同企图走私,处以货值10%至50%之罚金。

十五、出口货物不换回进口货物,私自携带伪币进口者,视情节之轻重,依法惩处。

(摘自《人民报》1945年5月17日所载《苏中第一行政区主要进出口物资管理暂行办法[草案]》)

十四、利用大中小商人和各种物资与敌顽进行贸易斗争

我们的政策是:

1. 建立商情组织,按期不断的进行互通商情,求得经常了解敌顽我三方面市场物价,特别是了解敌顽收买物资动向。"知己知彼""百战百胜"。这两句格言,在商业战线上,也是有重大意义的问题。

2. 要研究各解放区以外的敌顽地区内大、中城市商品、产品、种类与数量、商品价格与贸易上一般的规律,并经常了解市场供销关系的变化,以便掌握他的贸易市场情况,来压抑外来品物价与提高解放区产品出口价值的贸易斗争。

3. 帮助中、小商人并争取大商人,使他们靠拢我,和靠我来共同向敌顽地区进行贸易经济斗争。

4. 组织外商与小贩,避开敌伪封锁,运进军需器材与军工产品,运来供给我军需之用。

5. 控制主要物资(粮食、棉花)其作用:

a、保持解放区需要。

b、如有多余,在有利条件下,换回军需品及解放区人民生活必需品。

c、稳定物价、保持解放区一定程度的生活水平。

6. 次要物资(如油,以及其他)实行管理出口。其作用:

a、在不妨碍出口原则下,吸收一部分军需用品。

b、在不影响商人适当利润条件下,换回解放区人民一般生活的必需品。

c、管理外币巩固抗币对伪币进口实行管理,若抗币成为本币,对法币也要进行管理。

7. 对一般物资除了出口实行管理外,贸易自由。

8. 除军需用品及我政区人民生活必需品之外,一律禁止进口。

9. 除军需品外,凡人民生活必需的而对解放区经济建设起着破坏作用的,实行管理进口。

我们的具体方法:

①为了要达到控制主要物资目的:

a、举办生产贷款,活跃农村金融,使粮、花上市,农民不致于低价脱售。

b、对粮、花上市提价收购,能使农产品价格提高,农民的购买力增加,生产力提高。

c、采用民主方式,组织粮、花行或出口商人,并保证商人有些利润,但务使其易于接受工商管理部门的管理。

(1)要切实保证市场应求关系

(2)管理出口

A、一切出口均须通过工商管理局。

B、主要物资出口,决定交换比率及其出口敌区带回货物应按价收买。

C、次要物资出口,检查其带回货物或管理其外汇。

D、一般货出口,以抗币收回其外汇。

E、根据抗币对一定物品的购买力及外汇需要,公布外汇比率。

F、充分对进口商人供给外汇。

(3)统一解放区内党政军对外关系,组织统一采购委员会。

(4)组织商人对解放区经济建设有破坏作用的货物(如洋纱布等)进口实行统一管理进口,以利解放区农业与手工业生产的发展。

(5)对进出口加以管理,尽量使外汇需要减少。

对顽贸易斗争主要为食盐:

1. 淮海区应在不妨碍进口的原则下,尽量压低食盐进口价格。

2. 淮海盐阜苏中三处食盐,在淮北市场价格,除因地区远近运费不同影响外,其出口价格尽可能取得一致。

3. 出口的统一盐价,应在足以压倒敌人西运食盐价格,便利向顽区输出条件下取得利润,各地区财政的原则要求协调,盐税税率应照顾便利输出。

4. 淮海、盐阜、苏中、淮北应依照可能划定盐运路线,便利相互协助,取缔私盐。

5. 与盐运有关地区各派人员在淮北组织办事

处，统一进行盐运及对顽输出的斗争。

6. 我盐对顽区出口，应换取下列货物：

①军需品或原料，在不妨碍原则下，应尽量吸收子弹

②黄金

③粮食

④布匹

⑤其他指定物品

⑥必要时可吸收敌区土产，向伪区夺取我之军用品、必需品等

⑦法币

（摘自1945年6月1日曾山报告《贸易工作基本任务与方法》）

十五、华中区鼓励与帮助商人出口贸易

解放区出口贸易受严格的管理。凡出口货物一律须受政府工商管理（又称货物管理）机关的管理。管理办法分主要物资（粮棉）、次要物资（猪、油、酒、豆饼）及一般物资三种。主要物资特别是粮食的出口，除依据内地市场及军民供给的需要外，还根据敌区市场情况，以不影响解放区物价的稳定，而又能在一定的价格比例下从敌区市场换回指定必需之物资为出口与否的条件。出口时商人必须保证能带回指定种类数量及一定比价（即出口货与进口货价格之一定比例）的货物，或预先交纳保证金，如此就可运输出口。这种比价是由工商管理机关研究我区农产品及敌区工业品的供求关系及商人运输费用，并保证其20%左右的纯利润而定的。易回物资如在市场停滞时，公营商业有责任按市价收购，以帮助一般商人资金的流转，次要物资一般随时可以出口，只须易回或预先运进指定的比价物资，或指定携回外汇（外汇须接受银行汇率的管理和收买，不得自由携进抛入市场）。一般物资出口，不受时间及换回货物之约束，惟携带外汇者，必须向银行或工商管理机关请求按规定汇率收回之。因此，解放区的银行和工商管理机关有随时供给商人以足够的外汇的责任，这样来鼓励与帮助商人进行出口贸易。

华中解放区的贸易，就在上述对内自由，反对垄断，对外管理，反对自由的基本方针下，逐步地达到保护解放区生产，繁荣解放区市场，巩固解放区货币，保证解放区军民需要的供应，并胜利地反对敌寇封锁与掠夺的目的。

（摘自《新华论坛》1945年7月第一卷第十期陈穆：《华中解放区贸易管理概述》）

十六、城镇一经解放，立即恢复城乡物资交流

城镇一经解放，立即恢复城市与农村的贸易自由，城镇商人可以用抗币及其他实物到农村自由购换粮食等物资，不受出入口及比价的限制，以便利经济繁荣，对于其他地区（包括未解放地区及国民党地区）仍当实行物资管理，防止掠夺，以保障解放区军民生活及反攻战争之需要。

（摘自《苏中报》1945年8月29日所载《苏中财经当局谈新解放区财经问题恢复城市自由扶助工商业的发展买卖须以抗币为计算本位》）

十七、淮南、淮北、苏中、苏北四大解放区内贸易自由

苏皖边区货管总局于上月成立后，曾举行首次货管会议，各行政区货管局长均与会。兹探得该会议重要决议如次，（一）贸易方面：采取自由贸易原则，在淮南、淮北、苏中、苏北四大解放区内，土产及各种货物均可自由运销，不需任何手续，但为保护解放区工商业发展及照顾市场需要起见，进出口货仍须受一定管制。其办法在解放区周围划一个30至70里的管理地带，凡土产运往该地须向货管机关领取内销证；进出口货即须办理进出口手续缴纳进出口税方准通行。（二）运输方面，为协助商民畅流货物，决定在各行政区举办运输公司，由政府拨基金200万元，修购轮船、民船及各种车辆，廉价备商民雇用。（三）协助外汇管理方面，与银行共同组织外汇管理委员会，并在未设银行各地代行外汇业务并为稳定边币币值，平稳物价以免影响民生计。除有银行及货管机关通行证件者外，一律禁止伪法币及现钞之包封进口。（四）税收方面：确定各种税之征收以保护解放区农工商业之发展，并保证军民需要、照顾财政收入及销售者之负担等为原则。进出口税额因各地物价相差而异者互不补税；营业税及产销税定今冬明春分别在新老解放区开征，税率亦很低。

（摘自《新华日报》1945年12月10日所载《货

管总局决定边区实行自由贸易》)

十八、苏皖边区的进出口货物管理

第一条 为畅通物资流通,发展生产,巩固边币币值,保证军民需要,特实行进出口货物管理,并订定本办法。

第二条 本边区境内进出口货物,除统制物品外,悉依本办法管理之。

第三条 凡下列性质货物出口,不受管理:

一、非边区出产,经过边区转口之货物;

二、边区出产货物,但出口数量微少者;

三、为奖励边区生产事业之发展,特许免予管理出口之货物。

前项第二款第三款不受管理出口货物之种类及数量。由分区一级货管机关根据具体情形规定之。

第四条 除前条规定者外,商人贩运货物出口,须领取货物出口许可证方准出口,其领取办法如下:

一、领有乙种营业证者,得以该证作保,换取出口证;

二、未领有乙种营业证者,应觅得合格之商铺作保;

三、未领有乙种营业证,又无法觅保者,须照出口总值5%至10%缴纳现金保证;

四、持有外汇出售证明书者,以证明书换取出口证。

第五条 前条货物出口许可证,于出口地点最后一道税所查验放行时,应于出口证上盖章,证明货物业已出口。

第六条 货管局于核发出口证时,得视当时之市场需要,指定商人在规定期内带回与出口货同等价值之下列各项物资:

一、对外有购买力之各种货币;

二、金银;

三、解放区一般市场需要之货物;

四、军需品。

前项带回之货物,除一、二两项所规定各种货币及金银,应依照外汇买卖管理办法办理外,三、四两款所规定之货物均由商人在市场自由出售。

第七条 进出口商人运来或换回货物后,应向货管机关缴纳进口税票之下联及货物发票,出口商以此换回其出口时所缴之保证金或保证文书,进口商以此购买同价值之外汇或换回同价值之货物出口证。

第八条 前条所指换回或进口之货物,如属免税货,除须缴纳免税证之下联外,还须取得收买机关之证明书(如售给私人商店,须有该货管局之证明),方准换发货物出口证或购买外汇。

第九条 第七条第八条所规定进口税票或免税证之下联,其有效期为二月,过期无效,但有特殊原因者,得在有效期内向货管机关申请登记展期。

第十条 商人领得货物出口许可证报税出口后,如在途发生意外或购回货物遭受损失,得准予减免其应带回之货物或外汇。

第十一条 违反本办法第六条规定,于限期内未带回指定物资,或带回物资不足额者,如系现金保证,没收其保证现金之一部或全部,如系信用保证,保证人应负赔偿照该货物出口应缴保证金之数额,但有特殊原因,以致逾限,经查明属实者例外。

第十二条 凡出口商人私自化整为零,或一货两用,藉故逃避管理者,一经查获,得视其情节之轻重,按其货值10%至30%处以罚金。

(摘自1945年12月《苏皖边区货管法规汇编》中《苏皖边区政府进出口货物管理暂行办法》[草案])

十九、苏皖边区内销商品的管理

第一条 为便利货物内销,及防止走私漏税,特订本办法。

第二条 凡本边区货物之内销,除进出口或转口货物持有进出口或转口税票或分运证者外,悉照本办法管理之。

第三条 为适应目前情况,于境内各地分别内销自由区及内销管理地带,不得超过沿边区30里至70里之深度,由各分区货物管理局划定公布之。

第四条 货物内销管理机关为各地货管机关或经其委托之相当机关。

第五条 适合下列情况之货物内销,不管理,自由通行。

一、在内销自由区内运销之货物;

二、内销货物数量微少者;

三、其他按照进出口货物管理办法免予出口管理之货物。前项二、三两款不受内销管理货物之种类及数量,由各分区货管局根据具体情况规定之。

第六条　前条规定以外之货物,无论由内销自由区运往管理地带,或在管理地带内自行运销,非经货管机关发给货物内销证,不得通行,其领发办法如下:

一、持有乙种营业证者,以营业证作抵换取内销证;

二、未持有乙种营业证者,觅取合格之铺保,凭保证书领取内销证。

第七条　持有内销证之商人,应于采购地点申请该地货管机关于内销证上盖戳注明采购地点,采购日期,并根据到达运输地路程情形,核定其到达日期。此项采购地点如与发证机关同地时,即由发证机关内销证上填注之。

第八条　内销商人到达运输地点后,应向该地货管机关请验内销货物及内销证,经验明无错后,于内销证上盖戳注明货物到达地点及日期,凭该项盖戳证明之内销证,向请领机关换回营业证或保证书。

第九条　内销商人需要改变运输地点、采购地点或展延到达日期时,应向就近货管机关声请核定并证明之。

第十条　货物内销不得领取分运证,但内销商人如于数处地点出售其货物时,得陆续向各该地点货管局请验盖戳证明之。

第十一条　违犯第六条之规定,未领有应领之货物内销证而起运货物者,视为出口,按照进出口货物征税章程征税;其需按进出口货物管理办法由出口管理者,责成其办理出口手续。

前项情形之商人不愿办理出口手续出口者,处以相当于出口税之罚金。责成其补行第六条手续或就地出售。

第十二条　凡内销商人起运货物,超过其内销证上载明之数量者,其超过之数量按第十一条办理。

第十三条　凡领有内销证之商人,有下列情节之一者,视为走私出口,按照进出口货物征税章程第二十一条及进出口货物管理办法第十二条之规定处罚之:

一、自管理地带越过第一道边界线者;

二、不能提出到达地点货管机关之盖戳证明,或到达日期逾限,或到达地点非原定之运输地点者,除根据第九条规定,经货管机关核定证明者外。

(摘自1945年12月《苏皖边区货管法规汇编》中《苏皖边区货物内销管理暂行办法》[草案])

二十、苏皖边区货物进口领取分运证制度

一、为便利商人运货进口分销各地及防止商人蒙混漏税,特制定本办法。

二、凡商人运货报税进口在以下情况时须向货运机关申请领取分运证。

1. 在运往销货地点中途将货物分别运销两地者。

2. 到达运销地点后其全部货物或一部分货物卖给其他商人转运别处销售者。

3. 分运货物之商人其货物再行分批销售者。

三、请领分运证之商人应在税票或分运证有效时间内将货物连同票证向该地货管机关请验无讹后,始准以税票或原分运证换取分运证。

四、食盐之分运手续除有盐管机关地区由盐管机关办理外,得申请货管机关为之。

五、凡运进之货物或分运之货物到达销售地点就地零销者,不需领取分运证。

六、凡以作废之税票或分运证蒙混希图取巧漏税者,按进出口及转口税章程第廿一条惩处之。

七、分运证之领取概不收任何费用。

八、本办法如有未尽事宜以命令修正之。

九、本办法自公布日起施行。

(摘自1945年12月《苏皖边区货管法规汇编》中《苏皖边区货物管理总局进口货物分运办法》)

二十一、苏中一个农村对进出口物资的管理

(四)管理物资

A、有什么意义

1. 以货易货,不因匪币跌价而使群众受损失。

2. 带日用品,减少消耗品与迷信品。

3. 通过群众管理,使全民注意,减少走私,增加税源。

4. 结合排匪,限止匪币流入我根据地。

5. 保证军民需要,平衡物价,争取出超。

B、管理形式

1. 群众自行管理(村为单位组织小贩开会讨

论,需要什么,管理什么)

2. 自然结合(托小商人合资购货)

3. 商人自认(在军民必需品范围内)

4. 公家交待采购物资。

5. 市镇上有护税委员管理。

6. 以上各种管理都要照顾到商人有利可图,不应造成农民与商民对立现象。

C、管理种类

1. 皮花

2. 黄豆

3. 豆饼(大豆换回籼米进口皮花豆饼等日用品)

D、手续要简便,村农会发给通行证证明文件,即可由财委定期检查,商人回来即向农委报告。

(摘自启东县档案馆资料,1945年《"东南县委"全党全军全民当家做好五大任务的决议》)

第二节 市场物价的管理政策

一、防止粮行投机操纵,粮价由县府规定

为防止粮行投机操纵,限制粮食自由买卖,取缔沿途兜揽交易,所有粮行均须向县府申请登记,领取营业许可证始准营业,违者一经查觉除勒令停业外,处以抗币200元以上千元以下之罚金;粮行及兼办粮食之合作社出售之价格应由县府按各地生产消费运输情形分别规定,如须涨落由县府公布,如有私自抬高或暗定黑市者,处以抗币3000元以下500元以上之罚金;粮食管理范围包括大米、小麦、大麦、玉米、黄豆、赤豆、绿豆、蚕豆、豌豆等;采购与运输,粮行或合作社赴本县或他县采购粮食须由其负责人觅具保结,填明采购种类、数量及地点,呈请县府。经核准后领取采购证(出其区、分区则须至专署领取);到达采购地点后,仍须至到达地县府或税务机构领取回证,粮食运回后仍须报告。

(摘自《滨海报》1943年7月28日所载《粮食管理暂行办法》)

二、苏中区划分粮价区

(三)买卖粮食由县以上贸易管理机关,统一规定最低的粮价,同时根据各种自然条件,和粮食产销情形划分粮价区,每一个粮价区规定一个最低的粮食价格,必要时可以组织评价委员会以民主方式规定粮价。

(四)利民公司买粮食,或自己直接收买,或委托指定民营合作社以及粮行粮商代为收买,受委托指定收买粮食的民营合作社以及粮行粮商必须依照规定价格收买,不得有故意压低粮价,从中渔利等等事情。但为了照顾民营合作社以及粮行粮商的利益,利民公司要依照实际情形给予一定数量的手续费。

(摘自1944年11月6日《苏中报》所载《苏中一专署颁布粮食管理办法》)

三、稳定粮食市场价格

为了抑平物价,制止投机,商人私囤户操纵粮价起见,我们拨了15000石公粮,举办平调,双沟粮价曾涨至159元一斗的高价,平调数天之内,便下落到只115元一斗,此外还组织了内销运输及实际以乡为单位的禁粮出口,对于稳定粮食市场,起了很大作用。

(摘自1944年拂晓出版社出版《淮北一年》中《一年来对敌斗争及反内战方针的检讨》)

四、苏中曹甸镇修正农产品标价

(二)排除伪币的宣传不够深入,注意市镇,放松乡村,使个别思想未通的商人暗地使用伪币,如某杂货店老板企图套镇长写定路单运货到乡下去卖黑市。后来经过深入检查后,发现两种黑市方式:一种是使用老秤以混淆标价(标价是照市秤)使一般乡户不易弄懂;另一种是以次等货充上等货。如以25元4角3分的次等土布照上等卅3元2角价钱卖。最近三天连续召集商人会议打通思想,讨论办法,决定如下几项办法:

一、部分修正农产品标价,米价由2元一升改标2元5角。

二、合作社立即开张营业以调剂物资,现合作社货已办齐,公益合作社已定期开始营业。

三、分保开会,检查发货,扩大合作社影响,动员乡户登记伪币。靠镇的第十保开过会后,25日已有30多人入股。

四、组织运输组，从合作社批货去卖，换回物资，现准备把镇附近的十多名盐贩组织起来。

（摘自《苏中报》1945年6月1日所载《曹甸镇针对市面缺米现象部分修正农产品标价公益合作社定期开始营业》）

五、角斜镇排除伪币，稳定物价

角斜区贲家界巷，有盐行十家，是盐的出销市场，盐商均以伪币及伪银行汇条购货，市场物价激涨不定，为了排除伪币，稳定市场货价，本月13日，角斜放盐处召集各行主开会，成立盐行小组，讨论杜绝伪币，平衡物价办法。决定于本月15日开始，由盐行保证以货换盐（粮食为主），每日价格，由镇政府通知十盐行挂牌（因为无工商局和商抗会组织），一律以抗币计算，并订出不执行决议的处理办法，一次停止营业一星期，二次停半个月到一个月，三次即封闭，永远停止营业。

（摘自《苏中报》1945年6月29日所载《角斜贲家巷十家盐行决定以货换盐不用伪币》）

六、转变标价工作，市面顿呈活跃

最近宝应射阳方面根据上级的指示，在标价工作上来了一个转变，召集各业商人重新讨论，研究过去标价不通的原因，主要是由于新标的价格比市场上的自然价格相差太远，卖方不愿意出售货物，商议结果，由各业商人将标价重拟定，并以适当自然市场为原则，现在各种主要货物的标价是：

大米每升　新抗5元（原来标价3元）

小麦每斤　新抗1元2角（原来标价7角）

油每斤　新抗16元（原来标价9元4角）

布每匹　新抗38元（原来标价31元）

大盐每担　新抗120元（原来标价90元）

其他各项次要物资的价格，也有变动，经过这次变动以后，现在射阳市面已经顿呈活跃了，商人已经把大批的货物搬出来供应门市，四乡的农产物也纷纷运上街来出卖，大家对于抗币的价值认为还要再提高才行，希望由1比400元提到1比500元才好。

（摘自《苏中报》1945年7月11日所载《宝应射阳纠正标价偏向根据自然价格重标由各业商人自己讨论拟定》）

七、市上各物，均以抗币订价和小麦折价

查日寇已无条件投降，自即日起，市上各物，均以抗币订价，兹规定小麦为每市斤抗币一元，市上各货，均可依照小麦价格折比计算，特此通告。

（摘自《江潮报》1945年8月16日所载《苏中第三行政区工商管理局紧急通告》）

由于日本已接受无条件投降，市上物价，一律以抗币计价。本局前规定每斤小麦抗币一元，系指蒋垛经济区域市价而言，但其他地区可根据该市价格为标准，并参酌供求关系，照实际情形自行议定，特此通告。

（摘自《江潮报》1945月8月16日所载《苏中第三行政区工商管理局通告》）

八、根据供求关系制定粮食价格

根据市场供求关系演变，适应本行政区物资交流，自本日起改订泰县蒋垛经济区小麦每市斤抗币一元四角出价，其他经济区依此标准参酌当地供求关系合理订价，特此通告周知。

（摘自《江潮报》1945年8月30日所载《苏中第三行政区工商管理局通告》）

九、管理出口物资，稳定市场物价

（一）目前各地物价狂涨，主要原因有下列几个：

①没有真正建立抗币本位，部分地区尚用伪币及少数法币，物资没有管理，以致伪币大量流入，物价随着据点物价上涨。

②没有主动提高抗币的购买力，压低伪币法币。

③顽敌伪在沿江沿海对我封锁，抢劫拦截，不让物资运进我解放区，物资来源少，供不应求。

④我们没有主动调节市场物资，稳定物价。

⑤抗币筹码太少，本票票面太大，市场周转困难。

最近外来货物（五洋什货西药等），价格上涨甚速，我解放区土产价格上涨有限，剪刀差额增加，农民损失更大，我们必须采取有新的办法，使外来的

十、1938～1945年如皋升(东)县拼丰区窑河乡十四种主要物品价格调查表

年代 \ 价格指数 \ 单位 \ 品种		大麦	稻	玉米	豆油	盐	猪	火草	火纸	洋布	洋火	洋烛	水烟	洋碱	洋油
单位		老石	老担	老担	老升10斤	同前	同前	同前	每刀	每尺	每打	每桶	每方一刃	每块	每听
1938年10月	价	5	7.5	6	9	5	13	0.5	0.1			0.5	0.06		3.5
	指数	100	100	100	100	100	100	100	100	100	100	100	100	100	100
1939年10月	价	16	20	16	43		36	1	0.24	0.16	0.28	0.24	0.22	0.2	5.2
	指数	320	266.6	266.6	477.7		269	200	240	228	140	160	366	200	137
1940年10月	价	30	40	33	84		94	2	0.5	1	0.3	0.96	0.32		17.75
	指数	600	533.3	550	933.3		723	400	500	1430	150	640	533		470
1941年10月	价	50	52		190		22.0	6	1.5		1.5	2.1	1		
	指数	1000	693.3		1333		1692	1200	1800		750	1400	1666		
1942年10月	价	270	300		500		700	25		20		30			
	指数	4400	4000		5555		5384	5000		28570		20000			
1943年10月	价	1700		1500	5000		2500	100	250		200	150	60	22.5	
	指数	24000		2500	55555		19230	20000	250000		100000	1000000	100000	22500	
1944年10月	价	2000	2250	2000	17000	900	3850	500		120		250			
	指数	40000	30000	33333	188875	1800	29613	100000		151428		166666			
1945年10月	价	45000	90000	48000	300000	40000	100000	10000	1000	2000	2000	7500	600	750	300000
	指数	90000	1200000	800000	3333333	800000	769230	20000	200000	2859000	1000000	5000000	833333	750000	7594737
备注	(1)货币单位法币元 (2)1933年(1944)1945年物价系以伪币折合法币计算,伪币1元＝法币一元														

(如皋县档案馆资料1945年)

货物价格减低,并稳定我农业品之价格。

为了防止法币伪币的流入多害人民,反对顽敌伪的封锁,争取大量物资进口,并压低伪币法币以提高抗币购买力,稳定物价,安定军民生活。必须立即实行管理出口物资,而目前又正是棉花、杂粮、油饼、猪只等出口最多的季节,管理是具有充分的有利条件,我们有信心完成这些任务。

(二)全分区在秋冬两季的贸易管理,要求做到控制绝大部分棉花及适当控制什粮、油饼、猪只、棉籽等,争取大量必需物资及部分外汇回来。绝对禁用伪币法币,由此稳定解放区物价,并用以平衡明春的对外贸易。

(摘自江苏省档案馆资料 1945 年 11 月 3 日分区财经会议《关于贸易金融诸问题的决议》)

第三节　粮食管理

一、严禁粮食出口资敌

查值此秋收,稻米价格低廉,一般奸商趁机不顾大众利益,在各集镇市场收买粮食,出口资敌。若不及早予以制止,影响民生,不堪设想。而追究其实,各乡发出购买粮食的证明书,随便滥发,丝毫不切实。根据事实查考,因之奸商利用证明书,重复搬运大批出口,言之实,堪痛恨,兹将各保乡,签发购买粮食证明书,应遵事项如下:

一、各保公所根据事实,向乡公所证明某甲某户确系缺乏食粮经乡长副(注)考查后,认为可发,由乡公所出据证明书,乡长副同时署名盖章,并加盖乡公所图记,方为有效。

二、保公所如不遵照上项手续去做,经检查机关发觉,给予惩处。

三、乡公所出证明证书,由乡长副署名盖章及加盖乡公所图记,否则不仅无效,还酌量情节轻重惩处。

四、证明书应详细说明购买日期,及何时作废,免奸商重复搬运之弊。

五、各乡镇所属盘查哨,严密盘查搬运货物,如搬运米粮无有证明书,予以全部没收,并将人犯扭乡公所按情节处理。

六、没收食粮除以三成奖给检举人作鼓励外,其余七成,送交检查处。

注:即副乡长。

(摘自金湖县党史办资料,1940 年 8 月 21 日《高邮县政府训令》)

二、常熟县给农民颁发《存谷证》

一、按该农户实种田亩数,及秋收成色,估定其生产额。

二、按该农户实报已粜或消费额,并调查其实存(包括米、谷、稻),估定其存谷量。

三、按实际存谷量填发正式《存谷证》。

四、自调查发证之日起,各农户偶有出粜趸石消费,则必须预向乡区公所呈允进行。

五、区公所按当地农户请求出粜之米(或谷)总额,咨文县经济食粮调节处,便其直接以该项米粮分配给高乡采米者。(各请求出粜农户可组织食粮运销合作社集体进行)庶免奸商勒抑米价从中剥削之弊。

六、本项调查、估计,其关系农户之消费量者,均按人口比例决定。

七、各农户如有少报隐报存量,意图走私资敌者,当予严惩。(苟有热心农民,秉公检举少报隐报者,得以隐报谷额之一至二成,分作奖励。)

八、本条例由经济科食粮调节处订定,经县政府核准颁布。

附《存谷证》式样如后:

食 粮 积 存 额

秋　收(谷)　现　存					
	白米	糙米	谷	稻	其他

常　熟　　政　府

农户食粮存积证

NO＿＿＿＿＿＿

＿＿＿＿＿＿区

＿＿＿＿乡　村

农户＿＿＿＿＿＿

人 口:男　　女

小孩＿＿＿＿

每日食米量＿＿＿＿

发证日期　月　日

经手人＿＿＿＿＿＿

经济科订

一九四一、二、二十

·注　意·

1.本证由区公所据调查实数发给之。

2.本证之积存量，农户不得私自贩卖。

3.农户如隐报存量，经查察后，应照除本证指定数量外，则一律没收。

4.本证由各农户保管，在主管机关派员调查时出示之。

5.农户如须出售稻谷，当照食粮积存条例办理之。

（摘自《大众报》1941年3月7日所载《常熟县产米区存谷调查及发给"存谷证"暂行条例》）

三、严禁粮食出口资敌

第五、严禁粮食出口资敌，各地侦检处、政府机关、地方部队及群众团体应共同负责，严密缉私，尤应授权工救会农救会与自卫队员负责缉私，出口粮食严格取缔，如系奸商偷运出口者应予处罚以至没收其粮食，但另一方面要宣传民众保存粮食，告以法币跌价之前途，此时廉价出卖，明年买不回来，各地借贷所及合作社应贷款给贫苦农民，他们有钱可借，不致廉价出卖粮食，致粮价再跌，促成粮食出口。

（摘自《拂晓报》1942年5月17日所载《军政党委员会关于夏收运动之决定》）

四、高邮县规定粮行佣金不得超过1%

查各行佣金早有明文规定，近届夏收新麦登场，粮食颇形活跃，顷据各方面反映，所有本境粮行，多不遵照政府法令，滥收佣金，加深剥削，有碍民生，殊非浅解。本府特再重申前令：根据新民主主义政策，在不妨碍民生条件下，顾全行客利益，予以合理抽收，每石粮经行买卖者，按1%，不得超过，希图虚系，倘再发生上项事情，定予依法严办，决不姑宽。

（摘自金湖县党史办资料，1942年6月26日《高邮县政府布告》）

五、宿迁县规定居民购粮须有证明

县府以小麦登场，敌伪正利用奸商潜至根据地内购买粮食，特于日前出示布告，晓谕本县居民，自后购买粮食，须有各乡镇公所发给证明书，方得入市购买，粮行之行主行伙亦需负责查验买粮人是否持有证明书，方得代买，至于价格，均须由行方平定，不得私订价格，如敢阳奉阴违，一经查觉，咸依法论罪。如敢私运资敌，则将处以极刑。

（摘自《淮海报》1942年6月28日所载《防止奸商购粮资敌，宿迁县府晓谕居民》）

六、大麦、豌豆准许出口，小麦限制出口

以二麦现已登场，为调剂农村金融，准许大麦豌豆出口，并规定大麦每百斤征税七元；豌豆每百斤征税十元，但须凭利华商店发出之报税通知单向货检处（所）报税出口。至于小麦问题，本县正在筹议限制出口办法，以期达到以货易货之目的，俾裕民生，惟查各区乡，向以走私为常业者，当此，麦收时期多乘机活动，除加紧封锁，切实防止外，倘敢故犯，即予全部没收，并以资敌论罪，决不姑宽！凡我民众为根据地利益计，遇有走私或瞒税者，务须协助政府检查，秘密报告，如缉获走私准就没收部分提出三成给奖；其为瞒税，因检举而致查有实据者，以罚金十分之一充赏，以资鼓励。

（摘自金湖县党史办资料，1942年6月《高邮县政府，淮南苏皖边区第三货检处布告》）

七、中心区内粮食流通不加限制，粮食输出由授权机关统一办理

（一）粮食一律不准出口，所运出口粮食，查获后，一律没收充公。

（二）部队机关与人民均有查缉私自出口粮食的职责，缉获私运粮食，一律提奖五成，奖缉获人。

（三）凡易取根据地必需工业品而应输出之粮食，由本署授权淮海贸易局统一办理，贸易局输出之粮食，以贸易局局长签章证明书为准，无贸易局证明书输出之粮食，一律以上项办法，没收提奖。

（四）中心区内，县与乡间粮食流通不加限制，接近边区之封锁线粮食流通应取得区长之证明。

（五）粮食私运出口查禁之封锁线，由县政府自行规定，令由区乡政府，区乡自卫队切实执行之，以

上各项办法期于保证民食换取工业品兼筹并顾，凡我民众各遵守法令，协助政府，以期封锁经济斗争，能获得重大胜利。

（摘自《淮海报》1942年7月4日所载《行署布告限制粮食出口》）

八、盐阜地区县、区、乡的粮食管理措施

第一条　为便利地方政权，地方武装，群众团体与贸易局切实配合，严密粮食须运销之管理起见，特组织县区乡各级粮食运销管理委员会（以下简称粮管会）。

第二条　县粮管会由下列各委员组成之：

县长、县粮食科长、贸易局长、县税务局长、县总队部代表1人，县农救会会长，县参会代表1人。

第三条　县粮管会由县长任主任委员，贸易局长，县粮食科长任副主任委员。

第四条　县粮管会每月于县政府所在地召集常会一次，亦得召集临时会议。

第五条　县粮管会讨论事项如下：

一、封锁乡之规定。

二、封锁乡粮食运销管理工作之检讨与建议事项。

三、各方面与贸易局配合之检讨。

四、各方面与税务局配合检讨。

五、其他有关事项。

第六条　县粮管会议决案由各委员代表机关分别执行其有关部分。

第七条　区粮管会由下列各委员组成之：

区长、粮食区员、税务分局主任或分派所长、区农救或区工救主任、区队部代表1人、士绅代表1人。

第八条　区粮管会由区长任主任委员，粮食区员任副主任委员。

第九条　区粮管会每月在区署所在地点开常会一次，亦得召集临时会议。

第十条　区粮管会讨论事项如下：

一、封锁乡粮运管理工作之检查与改进。

二、如何增进非封锁乡粮运之便利。

三、其他与贸易局税务局有关之配合工作问题。

第十一条　区粮管会决议经呈准县政府后由各委员代表机关分别执行其有关部分。

第十二条　封锁乡粮管会由下列各委员组成之：

乡长、乡农救主任、乡自卫队长、士绅代表1人、合作社代表1人、税务局分派所长。（称乡粮管会）

第十三条　乡粮管会由乡长任主任委员。

第十四条　乡粮管会每旬在乡公所开常会一次，亦得召开临时会议。

第十五条　乡粮管会讨论事项如下：

一、本乡粮运管理工作之布置、检查与改进。

二、与贸易局税务局配合工作之改进。

三、其他有关事项。

第十六条　乡粮管会决议，经呈准区署后，分别由有关各代表机关执行之。

（摘自1942年7月盐阜行政公署编《盐阜区法令汇编》中《县区乡粮食运销管理委员会组织章程》）

九、盐阜区发动群众管理粮食运销

第一条　粮食运销的四种情形：

一、出口粮食，由贸易局特许之商行专营，此等商行持有贸易局发给在指定地点购粮之购粮证，其购办之粮食经由一定路线向指定之出口地点集中。

二、内销粮食在一县以内，购运数量在两担以下，中途不经过封锁乡，到达地点亦非封锁乡者，准自由往来。

三、内销粮食，在县与县间或一县以内，购运数量或一斛以下，中途经过封锁乡，或到达地点为封锁乡者，须取得区署以上机关证明书。

四、内销粮食，在县与县间，或一县以内，购运数量或一斛以下，中途须经过封锁乡，或到达地点为封锁乡者，须履行规定手续，取得贸易发给之购粮证，始能运销。

第二条　管理运销粮之周密程度，关键在封锁乡之运销是否周到。

一、凡封锁乡，对于所有来自中心地区之粮食，无论数量多寡，均须予以检查。

二、一斛以下者，须持有区以上机关之证明书。

三、一斛以上者，须持有贸易局之购粮证。

四、凡非指定经过之封锁乡，查获之粮食，无论有无证明书或购粮证，应即执送贸易局或区署，依粮食运销管理办法办理。

第三条 封锁乡之宣告,由各贸易局会同县政府出布告周知,及通令各级政府,各级民众团体,各地方武装部队明白指出宣布之目的,在于管理粮食运销外,并须呈报贸易局备案。

所谓封锁乡,系指接近敌伪之适合我封锁粮食目的之乡,自应依敌情变化及目的不同而随时为变更封锁乡之宣告。

第四条 为与地方政权地方武装群众团体切实配合严密粮食运销之管理起见,组织县以下各级粮食运销委员会,县委员包括县长、县粮食科长、县总队部代表、县农救会、县税务局长、县参会代表,由县长任主任委员,贸易局长任副主任委员。每月开常会一次,其决议案由各委员代表机关,分别执行,区委员包括区长、区农救主任、税务分局长或分派所长,或区救主任、区队部、士绅代表等,由区长任主任委员。每月会议一次,其决议须经县府批准后分别执行。封锁乡必须成立粮管委会,其委员包括乡长,乡农救主任,乡自卫队长,税局分派所长,士绅代表等,由乡长任主任委员,每旬开会一次,其决议须呈准区署批准后执行。

第五条 为便于管理封锁乡粮贩,可配合贸易局组织运销合作社,务使全乡粮贩小商人一律参加,其故意不参加者,应特别秘密监视,一旦发现偷运,即予以极严格之处分,以便进一步强化管理工作。

(摘自1942年7月盐阜区行政公署编《盐阜区法令汇编》中《县区乡政权地方武装群众协助贸易局管理粮食运销办法》)

十、盐阜区的粮食运销管理办法

第一条 为保证军民粮食,调剂农村金融,特订定本办法。

第二条 本办法所指之粮食,以米麦山芋高粱玉蜀黍五种农产物为限。

第三条 本区粮食运销事宜,由盐阜区贸易管理局依本办法管理之。

第四条 本区粮食在本区境内得自由运销之,惟为便于检查起见须履行下列手续:

甲、在一县之内从甲乡运销食粮至乙乡,沿途所经及销售地点为非封锁乡其运销数量在二担以下者,准自由运销,运在二担以上者须取得区署之证明书。(格式另订)

乙、从甲县至乙县或在同一县内自甲乡至乙乡,其中途须经封锁乡或乙乡为封锁乡者,除其运销数量在一斛以下须向区署申领证明书外,均须依照左列规定向贸易局申领购粮证(格式另定)。

一、产地商贩向销地运销者,须先出具申请书(格式另订),填明购运粮食种类数量及内销地点,并依购运粮食价格30%缴纳保证金(以产地价格计算)。经当地贸易局查核无讹后发给购粮证,粮食运至指定销售地点后由承买人向当地贸易局最高行政机关或税局请于购粮证证明栏内签名盖章,然后交由运销商贩购送起运地点之贸易局换回保证金。

二、销地商贩向产地采购粮食时,须先出具申请书填明购运粮食种类数量及采购地点,并依据预采购粮食价格30%缴纳保证金(以销地价格计算)。经当地贸易局查核无讹后发给购粮证,俟粮食购回时缴还购粮证换回保证金。

第五条 一县之内,何乡为封锁乡,由各该县政府会同各贸易局按照敌情变化随时以命令公布之。

第六条 本区粮食一律禁止出口,但特定产粮过剩地区,经政府特许其过剩部分准由政府特许之粮食出口商行依照本办法各项规定在指定地点报税出口。

第七条 凡欲经第六条规定之粮食出口之商行,须在本区内一定地点开设行号,依照盐阜区商行注册办法向贸易局申请注册。

第八条 业经粮食之出口商行填具申请书向贸易局领购粮证,凭证在指定地区采购粮食(申请书另定)。

第九条 业经注册之粮食出口商行,须由指定之出口地点向贸易局申请土产出口许可证,向贸易局报税出口。

第十条 粮食出口申领出口许可证除依盐阜区出口土产管理办法办理外,其所领购粮证并须同时缴销。

第十一条 违反第四条甲项规定之粮食没收其百分之五十,违反同条乙项规定之粮食,除全部没收外并斟以粮价1倍至50倍之罚金,检举人奖金为没收及罚金之3成。

第十二条 违反第九条规定之处分,依盐阜区出口之土产管理办法办理。

第十三条 凡违反第四条之偷运行为,各级政府地方武装民众团体均有协力查禁之义务，惟不得自行处理，必须送由贸易局，或区以上行政机关处理之。

（摘自《盐阜区法令汇编》1942年7月《盐阜区粮食运销管理办法》）

十一、组织粮食运销合作社

第一条 封锁乡粮食运销出口事宜，原则上仍适用盐阜区粮食运销管理办法，由贸易局办理之。

第二条 但有下列特殊情形之封锁乡，准适用本办法。

甲、我政权统治力量未臻强化之封锁乡。

乙、旱道交通复杂，封锁不易周密之封锁乡。

丙、因其他商品从来数量甚微，无税网设置之封锁乡。

丁、群众运销尚无基础之封锁乡。

第三条 第二条规定之封锁乡，其所有粮食出口商，由贸易局协同各该县区政权，统一组织运销合作社。

第四条 第三条规定之合作社员，享有下列利益：

甲、取得粮食出口之合法地位。

乙、其资金短缺时，可请求贸易局贷款。

丙、其运回之物资，如销场呆滞，由贸易局保证收买。

第五条 不参加第三条规定之合作社之商贩，如有贩运粮食出口情事，严格依法处分。

第六条 第三条规定之合作社，仍须向贸易局申领购粮证，即以购粮证所载粮食数量为限度，由贸易局授权该合作社，签发出口许可证而由该合作社负责保证之。

第七条 第三条规定之合作社，其购粮区域，以该乡为限。

第八条 第三条规定之合作社，应随时向该乡之粮管委会作报告。

第九条 第三条规定之合作社，贸易局认为非必要时，得随时宣告撤消之。

（摘自1942年7月《盐阜区法令汇编》中《封锁乡粮食运销出口办法》）

十二、淮北各乡组织粮食调剂委员会

（一）各县以乡为单位立即组织粮食调剂委员会，由行政、群众团体、当地公正绅士三方面人参加，以村为单位组织粮食调剂小组，在调剂委员会下可设登记、查禁、调剂三组。

（二）委员会建立后，立即进行粮食登记，记明本乡户口总数，各户存粮实数，缺粮户家及缺粮数目与余粮户家及余粮实数（所谓缺余粮均指现在到麦收而言）。

（三）乡公所根据粮食登记，确定粮食买卖数目，以乡为单位调剂，本乡余粮户家有余之粮，首先卖给本乡缺粮户家，做到本乡自给，买卖粮食均须经过乡公所批准，发给购粮证与卖粮证，凭证买卖，无证不准买卖。

（四）查禁粮食主要由村为单位负责（乡太大不便查禁），无买卖证者粮食均须扣留，不许通行。

（五）各乡将缺粮、余粮概况，报告区署。区署在生产委员会下设立平粜局，根据各乡缺余情况，调剂各乡粮食，各乡做到自给之后，所有粮食，必须由区平粜局介绍卖给其他缺粮各乡。县设立平粜局，调剂各区粮食，每区自给后尚有余粮，必须经县平粜局介绍卖给其他缺粮各区，县区乡如无余粮，一律不许运出本境。

（摘自淮北行署编《政府工作》第十一期，1943年4月20日淮北行署《关于以乡为单位禁粮出口调剂粮食办法的训令》）

十三、兴化县禁止私运粮食

“今后无论部队、人民、联运社运输粮食一律领购销证、运销证，否则均以私运论罪。即使人民购买粮食或互换粮食也属此例，如查见偷运资敌100担以上除全部没收外并处以死刑，在百担以下50担以上也全部没收并处以徒刑；50担以下20担以上没收1/2；20担以下没收1/4；余粮变价拍卖具结悔过，外县通行证未经本县许可时也不准通行。”

（摘自《滨海报》1943年7月25日所载《防止奸商运粮资敌兴化县府颁布惩处法》）

十四、浙东严防粮食走私资敌

近半月来奸商漏米资敌的结果，市上米价突然高涨，最高价已达每斤35元，为保全三北粮食防止继续漏海计，某自卫队开会商讨对付办法：（一）即日起开始检查各沿海出口船只，并规定来往船只每人最多只能携带食米15斤，作为海途中食粮（路远者另外商定），超过此数的一律充公作为地方事业经费之用，组织查米班，每夜流动巡查，并发给海船老大运米证明书（每张15斤），没有证明书的不得运米，会议后即开始实行。

（摘自《新浙东报》1944年10月30日所载《慈化自卫队禁查白米漏海》）

十五、私运粮食出口的重罚

（一）私运粮食出口，全部没收，还要依法惩处，私运三十市担以上资敌有据的，处死刑；

（二）不依照规定粮食价格收买，没收买粮食的百分之五十或全部；

（三）违反内部运销办法的，没收其粮食的一部或全部；

（四）各地方武装群众团体都有缉私的责任，如果有假借缉私，从中舞弊的，依法惩处，行政财经贸易人员则加倍处罚。

（摘自《苏中报》1944年11月6所载《保证军民粮食充裕打击敌伪掠夺阴谋——专署颁布粮食管理办法》）

十六、奸商偷运粮食的种种花样

江都真武区少数奸商出入据点，最近粮食登场，他们又用尽心机，设法把我们根据地老百姓辛苦所收的粮食捧给敌伪。他们的花样很多：第一，晚上结伙四五条船，前面有一条空船作侦察，如发现民兵检查拦路时，有意大声同民兵哇啦哇啦的吵起来，后面的装粮船听到就转过头来向后撑。第二，用女人来勾引税员及民兵。第三，因为政府禁止稻子出口，麦子可以用贸易手续物资交换，少数奸商就将船舱里装稻子，在稻子上用芦苇盖好，上放元麦。第四，一张贸易证用二次，上半夜一船出口，快到据点附近时派人将贸易证拿回，第二只又把它拿出口。这些走私情形严重，必须加强缉私，设法对付。

（摘自《苏中报》1944年11月27日所载《江都真武镇上奸商走私花样百出》）

十七、粮食内外销手续和走私的处罚办法

粮食内外销及处罚走私办法：

粮食管理主要是指米、麦、稻、黄豆等，内外销共同原则是以货易货，换来的货物应是根据地所需要的。换货方面也是按市面比价换回货物，这样才能争取贸易主动权，不受伪币跌价影响。达到提高农产品压低工业品之目的，手续方面，也有共同的地方：（一）具申请书说明理由，并采取保人经过有组织之团体（商抗会、合作社、运输组），有计划有组织的出口或内销。（二）3000市斤以下经区贸易所核准：3000市斤以上的由县贸易局核准。所不同的是内销拿运销证，外销拿出口证；内销时运销证上面经出售地县或区贸易机关负责人签名盖章证明，外销进货以进口税单及据点发票互相对照证明。在本分区内销可卖抗币及不报税；在本县境内运销者，一市石至五市石自由买卖，不要任何证明书；5000市斤以下3000市斤以上的，要区贸易所证明书，但均不得出封锁线，如仍有走私的时候，就要给予适当的处罚。

处理办法：

一石以下贫农小贩照标价收买，并进行教育具结交保，若发现二次走私，保人连同处分：一石至三石的小商人，照八折收买；三石以上全部没收或酌量没收一大部分；十石以上者全部没收并送司法机关处理；关于处理权亦明确规定，区署只能处理三石以下的数量，乡一级无权处理。

（摘自《苏中报》1945年5月14日所载《宝应对敌经济斗争动员会研究小结之二：怎样管理粮食》）

十八、不准买卖麦青资敌

（一）本区人民不得买卖麦青出口资敌。

（二）据点奸商直接间接受敌伪使命潜来解放区活动放款收买麦青者以汉奸论罪。

（三）本区人民受敌伪奸商诱骗代为放款收买麦青者，应立即停止活动，并限于布告后半个月内向区以上政府自首，免于处罚，但须觅保具结，决不运粮走私资敌。

（四）本区人民在生活或生产方面确有困难者，可依照法定手续向当地政府或合作社请求发放麦贷或农贷。

（五）买卖麦青已经成交付款，确系意图走私出口者，不问其原订契约如何，均按照下列办法处理之。

甲、以纸币买卖麦青者，按原借贷款数外加月息二分至三分，还钱不还粮，原借伪币现在还抗币

者,照现时抗币与伪币之折合率计算。

乙、以货物交换麦青者,照原货现时标价折钱,加月息二分至三分还钱。

丙、放债人不服本条甲、乙两项规定者,如借债人同意时,得暂令收回应得本利,另就本利钱数照现时粮食标价,折合粮数,再照现在比价依靠进口贸易管理办法,由敌占据点买回适量,指令物资换取粮食。

丁、放债人坚不服从本条办法者,得经司法机关之裁判,就应得本利折合粮食,延期至抗战胜利后当还之,不再加利息,仍不服时,得呈请上诉。

(六)本区人民依照惯例自由买卖麦青,确无走私出口嫌疑者,经当地人民公议证明,区以上政府查明属实后,得采用下列办法优待之,但应觅保具结不走私出口:

甲:以粮食或货物交换麦青者,如借债人同意,得照原订契约偿还之,但利息过高者,借债人得按照苏中减息条例申请仲裁。

乙:以抗币买卖麦青者,按原借款数加月息二分至三分,照新麦算价,折合新麦偿还之。

丙、借贷双方有争议时,任何一方均得申请调解。

(七)本区人民卖出麦青者,如依照本办法偿还债务发生困难时,得随时请求当地合作社或区乡政府予以援助。

(八)本区人民买卖麦青不依照本办法处理仍有走私出口资敌情事者,任何人均得控告,经查明属实,除其出口物资没收外,并由司法机关依法裁判惩处之。

(摘自《苏中报》1945年6月5日所载《苏中区反对敌伪奸商收买麦青紧急处理办法》)

十九、高邮县的粮食管理

新麦登场,敌人已开始搜刮粮食,又加今年蝗灾旱荒,更加要把根据地粮食保住,不能给敌人抢去。因此高邮县府在13日公布了封锁线的地点。在封锁线的外围都是封锁区,里面是非封锁区,非封锁区的粮食不准随便运到封锁区去,规定的封锁线地点为:

黄邳区:下官河、大小黄邳、翟家庄东坝、高旺庄东坝、蔡家舍东坝、许家庄、荡朱庄、北沙庄、中沙庄、纪家庄。

河口区:蒋戴庄、西团沟、四周庄、李家庄、林家庄、南宋庄、北王庄、北徐庄、九顷舍、新舍、花家庄、秦家垛。

三垛区:藏铁庄、九顷舍、左家庄、殷家庄、马嘶庄、花家庄、殷家溜、于家舍、西角墩、万家舍、高家庄、郭家庄、马奔庄、何家庄、谢家庙、野鸡荡。

界首区:黄大走庄、尹庄、后徐庄、杨家墩、华藏庵、菜花汀、南王庄、史家桥、美人桥、九顷三荡、徐家庄、曹家庄、项王庄。

汜水区:毕家庄、任家庄、胡家营、下袁桥、王九汪、花园、平安桥。

高邮工商管理局为了加强粮食管理,特设县直属工商管理所,统一办理粮食出口的手续,以后凡有运粮兑换物资的,都要经过直属所登记,领取出口证,合作社公行运输队,有组织的商人交纳10%的保证金,没有组织的商人交纳30%的保证金。

(摘自《人民报》1945年6月17所载《保住根据地的食粮,高邮公布封锁线地点》)

二十、组织粮食公行

长安区长安市共有六家经营的粮食行,非常散漫,平时只顾钱拿得多,不管资敌不资敌,结果街上老百姓反而买不到粮,10日商联会召开了粮食行会议,讨论出整理粮食行的办法:

一、把原有的行集中起来组织公行。

二、集资投股,收买剩余粮食,调剂市面供求。当时各行商都自入股,新抗1600元。

三、根据行老板的资本大小,用民主方式决定了甲、乙、丙三等级,并决定行佣的多少。

四、卖新粮食,不收行佣,买新粮的要收,并推选出徐伯勋、顾渭滨两先生为正副经理。

现商联会正准备建筑公共小菜场,起风落雨,生意不受影响。

(摘自《江潮报》1945年8月1日所载《长安市组织粮食公行管理粮食调剂市场》)

二十一、鄂豫边区的粮食定购和运购

统制粮食:根据地一开始就禁止粮食外运,但后来为了根据地资金周转,为了把粮食运到敌占区去换取食盐,为了农民能将公粮折成现金,每年开禁两次,上半年二、三月一次,下半年八、九月一次,由政府统一进行,发现奸商偷运资敌者没收。1945年日寇为了挽救自己的厄运,应付我之反攻,拼命作最后挣扎,便强征谷米,抢劫粮食。而我则统制粮食,只准在内地买卖,禁止一切粮食出口,如敌占区人民需至我区买粮者,须先呈请当地区署核准,取得证件,方准搬运,否则以资敌论处。

定购和运购:由于敌伪和顽军连年不断地向根据地抢粮造成粮食一度恐慌。1944年边区开始实行定购和运购制,提出:“多卖粮加强抗日力量”的口号。定购办法是:先向余粮户交一半钱,粮仍存于各家,军队随需随提,后来定购的愈来愈多,缺粮也争着定购。同时,由政府组织运购组到敌占区购买粮食。这样粮食就渐渐充裕了。

(摘自1984年红安县税务局所编《财政税收史料》中《鄂豫边区战时粮食管理办法》)

第四节　食盐管理

一、食盐出场后,允许自由买卖

(一)凡浙东地区食盐之生产运销事宜,悉依本章程办理;

(二)浙东地区设浙东盐务局,统一管理浙东地区之盐务行政;

(三)废止行商制度,由盐务局设立食盐运销处,统一办理盐销事宜;

(四)食盐出场后完全自由买卖,一切盐商商贩及任何商人均可向运销处贩卖;

(五)食盐之运销除政府统一课税及业务经费外,不得有任何形式附加苛杂及陋规(卤耗另行规定);

(六)食盐之盐价以逐渐提高至千盐石米为目标,以改善盐民生活;

(七)食盐之产量,由盐务局根据供求状况统一规定,以期达到千盐石米之标准,保障盐民生活之一定水准;

(八)本章程经浙东行政公署核准施行,未尽事宜,得随时呈准修正之。

(摘自1945年8月浙东行政区工商管理局盐字一号布告《浙东行政工商管理局管理食盐暂行章程》)

二、贩运食盐的条件、价格

(一)凡本地区盐政事宜,一律依照浙东行政区工商管理局管理食盐暂行章程办理;

(二)设立食盐运销处,并委本局业务管理科科长邵志炳兼该处处长,陈光霁为副处长,统一办理运销事宜;

(三)所有牙行性质之盐行一律停止,其属商贩性质者,应一律于9月底以前来局登记,以凭核发许可证;

(四)余姚盐场依原区域分为七个分区,各设场务处,并委董楚光为中心分区场务处主任,潘北云为东一分区主任、宣岳近为东二分区主任、屠金顺为东三分区主任、沈宏为西一分区主任、夏政为西二分区主任、张源为西三分区主任,办理各该分区一切场务事宜,所有各分区公仓管理员一律受分区主任之领导、监督与指挥;

(五)原任蓬长应于分区场处成立后,至各该管场务处登记,一律改为公仓管理员,其职务与责任仍旧;

(六)蓬佣取消,由本局按月发给管理费米70斤至130斤,其具体数目,应视其所管理公仓之多寡,及事务之繁简。由各分区场务处酌拟定,呈报本局核准之。

(七)仓租按所订之场价5‰计算(即每盐价1000元,仓租5元)由运销处出盐时付给之。所有应行修理之仓,着各该仓主迅即负责修理完善。

(八)贩盐之盐价,暂定每担抗币5元,税率30%,计每担1.5元,业务费20%,计每担1元,合计每担7.5元。

(九)近因伪币扰乱市场,妨碍商业交易,食盐运销同样受其影响。兹为便利海北商贩并调节盐民食粮起见,凡海北商人来场运销食盐者,得以每米六斤向运销处易盐1担(包括盐税及事业费在内)而不依上项价格计算,以畅盐销。

(十)公仓出盐暂时仍照旧制,以109斤作1担计算。

(摘自《新浙东报》1945年9月11日所载《浙东盐务局盐场组织,盐务管理办法要点》)

三、保护盐产,扩大食盐市场

(一)食盐过境对华中解放区财政收入及群

众生活关系甚大。过去食盐大半为敌人占领，西运路线又极迂回曲折，因此在行政管理上不得不采取分散管理政策。自敌人投降后，盐运路线畅通，响水口又为我克服，整个盐务情况完全改变，过去分散管理政策，自不足应付今日情况，而必须改变之。

(二)华中江北解放区整个盐务行政之管理和盐税征收，决定两淮盐务管理局统一管辖，苏中军区两淮盐务管理局及苏北军区之淮盐管理局予以改组，设立两淮盐务管理局，苏北、苏中两淮总办事处直属两淮盐务局，其具体步骤由两淮盐务局决定之。

(三)华中以北解放区之盐税，决定统一实行就场征收。统一征收方案及实行日期，由两淮盐务管理局呈请财委会决定后通知实行。统一征收后，各地税务局除有义务检查补税外，不得有重征行为。

(四)统一征收后，友区来盐照章纳税，准予自由买卖，敌区来盐原则上予以封锁，但在不妨碍我盐销时。亦得许其报缴特定之盐税予以放行。至于无源私盐，不论何处进口，各税收机关一经查觉，均得予以没收。

(五)目前盐政方针主要在改善盐民生活，保护盐产，减低税率、运费，扩大食盐市场，以求稳定与提高本币(抗币)之币值。其具体方案由两淮盐务管理局提请财委会决定后实行。

(摘自1945年10月10日华中财经会议《关于统一华中盐务管理的决定》)

四、内销盐自由流通

盐的运输以后自由，不再进行贸易管理，主要原因为：

(甲)本分区盐几乎全部锅在一三分区，直接的本分区出口的绝少，现在东台、如皋等城市已经解放，内销应予自由不加管理。

(乙)最近盐市空前滞销，奖励自由运输后，可能使商人获得更多便利，盐路转畅。

(丙)华中决定统一管理盐场，因此在华中未与市统一的管理贸易办法前，分区暂时不宣布管理盐之出口。

(摘自江苏省档案馆资料，1945年11月3日苏中四分区财经会议《关于贸易金融诸问题的决议》)

第五节　棉花、油脂、土产等商品的管理

一、苏州县禁烟办法

1. 本办法称烟者系专指鸦片。

2. 原有之烟铺须向当地自卫会登记转呈本会核准，遵照指定地点，始可营业。

3. 新设烟铺，概在禁止之列。

4. 凡烟民须向当地自卫会登记领取烟民证，证明每日之吸量，否则禁止其吸食。

5. 凡持有烟民证之烟民须遵照指定的烟铺吸食。

6. 烟铺不得售与无烟民证之烟民吸食。

7. 烟铺不得超过烟民证注明之吸量售与烟民吸食。

8. 客籍烟民得向当地自卫会领取临时烟民证，但不得超过一星期之期限。

9. 本会每三个月调换烟民证一次，逐次减低烟民吸量至戒绝为止。

10. 利用烟民证供人吸食以营利者，没收其烟民证，并处以刑罚。

11. 贩卖烟土者须向当地自卫会登记经本会核准，未经登记及核准者，概在禁止之列。

12. 经本会核准之烟土贩卖者，每日须将运进之烟土数目向当地自卫会报告，并缴纳烟土捐每两国币两元，经自卫会盖印后，始可售销。

13. 代运烟之航船必须每日将所运装之数目报告当地自卫会，违者停止其航运权。

14. 运装烟土之航船须经当地自卫会之指定方可运装。

15. 如有违反本办法之规定者均得处以最高之刑。

16. 禁绝吸食鸦片之具体办法另行公布。

(摘自《大众报》1941年1月13日所载《苏州县人民抗日自卫会禁烟办法》)

二、金湖县训令查禁烟土

查本署禁烟局人员前往各乡工作，并发现少数部队人员贩卖烟土，致禁政混乱。本署为巩固根据地及加紧禁政起见，故于5月7日将事实函知二师政治部，请令所属严加禁止。师部除函复

本县准予禁止外，并附有致各部队训令开："要建立完全巩固的根据地，使群众不折不扣的拥护新民主政权，我们部队应成为爱护根据地遵守新民主政府法令的模范。查我部队内仍有贩卖烟土图利者，甚至私运漏税者，与政府法令有所违反且影响政府税收，因此今后在我们部队内不管公家或私人应严格禁止贩卖烟土，倘现在手中尚有烟土者应经过行政公署报税售出，否则，如被查出，除烟土全部没收外，并应受严重违纪制裁，仰各部遵照执行为要。仰该县（区）府准此转饬所属，今后部队在各县所属存烟土一律送署变价，不得私行售出，仰即知照为要。"

等因奉此，合函令仰该区(乡)令后各部队如存烟土应一律送府，以便转送行署变价，不得私行出售，仰即遵照为要！

（摘自金湖县党史办资料，1942 年 5 月 30 日《高邮县政府训令》）

三、高邮县准许购运黄豆的商贩报税出口

"值此青黄不接之际，本署为使农村经济活动，特决定自即日起，将多余之黄豆准予商人报税出口，但购运黄豆之商贩须持有本署所发之出口货物报税通知单(样式附发)至指定之货检处报税，该通知系由本署委托铜城华商号代发。各货检处亦须按照货物出口通知单载之数量报税，发检证方准出口，不得私自专行"。

（摘自金湖档案馆资料，1942 年 5 月《高邮县政府训令》）

四、土产的运销管理

第一条　为执行战时以货易货政策，防止本地区财务外溢，以增强抗战力量起见，特定本办法。

第二条　本办法所指出口土产临时以命令规定之。

第三条　凡贩运本办法第二条所规定土产出口之商人，均向贸易局领得土产许可证，然后方准报税出口。

第四条　凡本办法第二条土产出口而不遵照本办法第三条之规定办理者，等于偷运货物资敌，一经查获，政府除没收其全部出口土产外，并再课以 1 倍至 50 倍之罚金。

前项偷运土产出口行为，如系经人检举而发现者，检举人得享没收货物与罚金各 30% 之奖金。

第五条　贩运本办法第二条规定一定量以下之土产(另行规定)经查明确非直接出口者，税局仍可准其报税启运，不必履行本办法第三条所规定之手续，但在濒近出口地点，如有直接经营出口商业之商人承购该项零星土产，集中转运出口时，虽已持有原开之税票或分运证，亦须先向贸易局补领土产出口许可证，否则政府仍得禁止其出口。

第六条　凡运本办法第一条规定之土产出口之商人，向贸易局申领土产出口许可证时，须立志愿书保证该项土产在本地以外销售后，即购回相等价值之货物，该志愿书须俟货物运回并已向贸易局领得进口货物登记证始能换回，否则志愿书不予发还，并仍得依照本办法第四条所规定之原则处罚之。

第七条　前项商人领得土产出口许可证，将土产报税运销出口，如在中途发生意外或其购回之货物在中途发生意外，须查明属实者，可准予解除其在志愿书上成立之义务，发还志愿书。

第八条　凡贩运本办法第三条规定之土产出口之商人申领土产出口许可证时，如已先行购回相等价值（超出者亦可）之货物，并已向贸易局领得进口货物登记证者，则可凭该证申领土产出口许可证，不必再立志愿书。

第九条　前项商人申领土产出口许可证时，如已取得或于该项土产运至销售地点出售后，取得该销售地点殷实商号之信用票据。而该信用票据盐阜银行又同意承购或同意作为特种存款，则该商人亦可以盐阜银行之证明书，向贸易局领换土产出口许可证，不必再立志愿书或于事后换回该志愿书，但必须双方票面货价款额相等。

第十条　前项商人能依照志愿书规定，购回货物且对本地区军民需要物品有重大贡献者，得申请贸易局予以奖励。

第十一条　商人向甲地贸易局领得之进口货物登记证，亦得用以向乙地贸易局申领土产出口许可证或换回以前向乙地贸易局所立志愿书。

第十二条　商人以进口货物登记证或盐阜银行证明书，向贸易局申领土产出口许可证或换回志愿书，其进货出货之价格清算依照下列规定：

甲：进口货物登记证，或盐阜银行证明书所载

货价，必须等于或大于土产出口许可证、申请书或志愿书上所载之货价，否则商人须继续进货补足之，始得完全解除责任。

乙：进口货物登记证或盐阜银行证明书所载货价大于土产出口许可证申请书或志愿书上所载之货价之超出部分，为战争时清算简便起见，商人不得再凭以向贸易局作第二次申领土产出口许可证或换回志愿书之用。

丙、进口货物登记证或盐阜银行证明书所载货价如仅低于土产出口许可证申请书或志愿书所载之货价不达1%，实属零数差额性质者，为战时清算简便起见，贸易局亦可不再要求商人第二次补足之。

第十三条　土产出口许可证与进出货物登记申领办法另定之。

（摘自1942年7月盐阜区行政公署编《盐阜区法令汇编》中《盐阜区出口土产管理办法》）

五、津浦路西各县棉花准允出口

案查本处前为保证我军民解决冬衣问题，迭令禁止棉花出口，兹以岁序暮冬，各地军民冬衣多已制备，为了活跃我区农村金融并增益政府收入以应抗战需要，特决定自即日起棉花一物照价征15%之税准许出口。

（摘自泗洪县党史办资料，1942年12月18日津浦路西各县联防办事处《关于准许棉花出口的通令》）

六、苏中三分区暂时开禁豆油、花生油出口

分区财经当局近已发出通知，暂时开禁豆油、花生油出口，按豆油花生油之大量出口，多数被敌收买，损害抗战利益，民生经济殊大，我政府当局向来予以禁止出口。但豆油花生油为本区农村的大宗产品，全予禁运，对分区民生不无影响，故当局为顾全人民生计，一面暂时开禁，一面略予提高税率为每担100元（4%），同时积极号召人民多种粮食少栽花生豆类，保护抗战利益。

（摘自靖江县党史办资料《江潮报》，1942年12月21日所载《豆油花生油出口》）

七、禁止运售卷烟

查各种卷烟皆为生活上无益之消耗者，近年以来，因价格日昂，更成为社会上极有害之消费，近复查得批购各种卷烟时，必须付以特别之法币（例如俗称“黑蛋包”之一种）须全新，一般法币，即不收用。究其来源，乃由于敌伪区内，烟店烟贩受敌伪之操纵，故意作此限制以破坏我金融所致。因此，禁止各种卷烟进口尤为当前迫切要政，兹特规定如下：

（一）自即日起，所有各类卷烟一律禁止进口。

（二）贩运与贩售各种卷烟之行号商贩，应即停止购运与贩售，否则一经查获，除没收其卷烟外，并课以烟价1倍以上5倍以下之罚金。

（摘自1943年7月26日《盐阜报》所载《行政公署布告严禁运售各种卷烟》）

八、贩猪出口必须领取出口许可证

第六条　猪行商贩猪出口时，必须凭营业执照向区公所贸易管理员领取出口许可证（贸易局未成立前可凭营业执照报税）。然后赴税所缴纳产销税，每头抗币6元，领得税票始得出口，各税所应查验各猪行猪商有无出口许可证，或有出口许可证而数目不符者，均得予以扣留，并呈报区政府处理。

第七条　猪行售猪后须带回根据地所需要之物资。不得携带伪币进口，违者即予以没收，并予以惩处。

第八条　猪行商向圈户购猪，应以现款交易，若经圈户同意暂欠猪包者例外。但不得超过一个月期，如逾期不偿清圈户，得向县政府申请追缴，如本人财产不敷赔偿时，保人应负完全责任。

第九条　猪行商如有下列情形之一得吊销营业执照：一、违反政府经济政策者。二、夹带毒品进口者。三、拖欠猪包不还者。四、超过核准营业数额者。

（摘自《江潮报》1943年10月20日第196期苏中第三行政区专员公署所颁《苏中三分区鲜猪出口统制办法》）

九、禁止洋布进口

（一）自即日起禁止白洋布进口。

（二）凡根据地内所有公私纺织厂或纺织合作社均限一个月内（8月15日至9月15日）分别携带各色出品向本署住各地区注册登记，得享受免税待遇。

（摘自《淮海报》1944年8月11日所载《淮海区行政公署布告》）

十、禁止毛巾进口

(一)自即日起外制毛巾一律禁止进口,任何机关部队均不例外,违者则以没收处分之。

(二)所有机关部队自用毛巾,均需采用土制毛巾,本署审核各机关日用品预决算,也以土毛巾市价为准。

(三)在本命令公布前进口之毛巾,一律持交税局登记。

(四)各税务局应照本命令严格执行。

(摘自《淮海报》1944 年 8 月 15 日所载《淮海区行政公署命令》)

十一、路东区严禁鸦片运销

查我路东地区,鸦片烟毒早经分期禁绝在案,去年 5 月曾为便利商人准予特货过境,本署讵知因此奸商乘隙转运暗销,影响我绝烟,民又偷买复吸,流弊所及,实非浅解。

为贯彻烟禁,扫除民间毒而达到中心区根绝,及边区逐步禁绝,使流浪烟民走上生产战线起见,特规定禁止特货入境办法如下:

一、所有特货一律不准入境,如有违犯,一经查获,除全部没收外,并予依法惩处。

二、特货统制处不得向任何商人直接收购特货,任何部队机关亦不得随意买卖烟土。

三、在本禁绝区土膏售吸所及登记烟民所需烟土由本署统一委托淮北路西贸易机关代办烟土经销特许证,凭证运输,并规定价格交特货统制处遵章发售。

四、为便利淮北过境商人运特货至敌区贩卖,特指定天高金沟水道准予通过,但须向金沟货管局报验报税(征收 10% 的特货过境)放行。

五、任何部队机关和民众团体,如查获私土,必须将人犯烟土转送该县级行政机关依法处理 。并将没收烟土作价提 30% 充作奖缉私者。

(摘自金湖县档案馆史料,1944 年 9 月 16 日《天高办事处训令各区乡》)

十二、棉花、土纱、洋纱一律禁止出口

为保证本地区纺织事业之发展,特决定本地区出产之棉花土纱一律禁止出口,已进之棉花洋纱一律禁止再出口,着由各县政府,各工商管理局及其卡所以一切有效办法,实行管理,严禁走私。

(摘自《淮海报》1945 年 1 月 9 日所载《行署命令严禁花纱出口》)

十三、灶民、棉农生活的改善与根据地的物资管理政策

东台棉农和灶民的生活,现在都已大大改善了!

历来灶民生活是最苦的,新四军未来以前他们在北洋军阀统治底下过了十多年非人的生活,北洋军阀倒了以后,又在蒋介石国民党统治底下过了十多年牛马不如的更苦的生活,他们祖孙数代没有吃过大米,只是吃杂粮和蒿子。自从新四军来了以后,特别是自从前年 10 月开始实行了贸易管理以后,他们的生活改善了。由于管理的缘故,盐价不受敌人操纵,由我们自己规定,并且卖出去的盐,不是换回伪币,都是换回货物,货物都是由我们指定,是灶民自己所需要的。因此,灶民穿的吃的都比从前好了,生平不吃大米的现在一年四季吃大米,很少吃杂粮;数十年不做新衣裳的,现在到布店里买布都是论匹买,不是扯一尺两尺;很久没法修理的生产工具——锅铲。现在也纷纷换新的了。他们也懂得开会和讲许多道理了,他们说,若不是新四军想出办法来实行贸易管理,他们一辈子也莫想过这样的幸福日子,过去,他们怀疑贸易管理的,现在他们没有一个怀疑的了,他们已经亲身体验了它的好处。

历来棉农的生活也与灶民生活不相上下,抗战以后,国民党把他们的命运交给敌人;敌人采取了各种办法来压榨,把棉花价钱压得低低的,使棉农一年到头忙下来的成果得不到一饱,敌人又恐怕棉农因为蚀本的缘故不种棉花,失去了压榨的机会,便在每年棉花播种的时候将棉价提高,刺激棉农继续下种,但是到了棉花收获的时候,又将棉价压得低低的。下面有一张大中集的棉花价格升降表,是从民国三十一年八月棉花收获时期到三十二年九月棉价升降表:(单价每石:法币计算)

8 月份	252 元	9 月份	315 元
10 月份	360 元	11 月份	432 元
12 月份	360 元	1 月份	432 元
2 月份	540 元	3 月份	630 元

4月份　800元　5月份　1280元

6月份　800元　7月份　无　市

8月份　400元　9月份　400元

但是,去年的情形有点与往常不同了,棉花价格从收获的时候就开始上涨,由9000元涨到10000元——12000元——15000元——20000元——26000元——32000元——35000元——45000元,真好象三月放风筝一样的向上直升,从前卖出一石棉花买不到两石粮食,于今可以买到两石多大米了,棉民的生活也普遍提高了。这又是什么原因呢?因为棉花实行管理了,有公营商店收花,棉花不必送大中集。敌人不但不能压价,就是提价也很难买到,这就是棉价提高,棉民生活改善的原因。若要不是棉花管理,哪能做到这一步呢?棉农过去不赞成棉花管理的,现在都拥护政府的管理政策,只有当公营商店停止收花及没有粮食出卖的时候,他们就非常着急。

棉民和灶民生活改善的事情,都充分说明了物资管理的重要,如果没有物资管理,和规定交换比率,实行了以物换物的办法,他们的生活是很难改善的。

(摘自《苏中报》1945年5月22日所载《从东台棉农灶民的生活说到物资管理的重要》)

十四、禁止洋布洋纱进口

查敌寇面临夭亡阶段,仍逞其狂焰向我根据地大量倾销存货,以破坏我新扶植之工业。兹为实行对策,并确保根据地之生产起见,自布告之日起,凡灰洋布、蓝洋布、灰竹布、大橙蓝、摩登蓝、海品蓝、白竹布、蓝竹布、洋纱、洗衣肥皂等物,一律禁止入口。

(摘自《淮海报》1945年6月5日第564期所载《行署命令"严禁洋布洋纱进口"》)

十五、苏中四分区对棉花的控制

在管理上我们分区最主要的应抓紧对棉花的管理。

1.皮花是大城市迫切需要的恢复纺织工厂生产的原料,顽方依赖我们,这是我们管理的有利条件,主动权属于我们。

2.全分区以生产皮花35万担计算,共值抗币7万万元(折合法币更是难计其数),我们如能很好控制这一种,则其换回物资与外汇将用之不尽,外来货物价格必然大跌,抗币购买力大大提高。

3.管理分局与稽征所的配备并特别(甚至80%)着重在棉花地区,并加强外线控制与查验。

为了控制棉花,即使撤销些次要地位的分局与稽征所亦是必要的。

(摘自江苏省档案馆资料,1945年11月3日苏中四分区财经会议《关于贸易金融诸问题的决议》)

第六节　查私缉私与奖惩办法

一、常熟县对缉私的奖惩

(一)总则

1.所有各区大小米行,均须向该区区自卫会进行登记手续,然后由区分别向县经济科食粮调节处呈报。

2.任何乡民米商,不得以米粮私运出境,否则重罚。

3.乡民与米商间零星购买,每户限量五升,如有特殊用途者,可由乡镇自卫会书面证明书。

4.凡乡民需趸买及预存米粮者,其额绝对不准超过其家庭人口二月之食米总量,并须由地方乡镇自卫会证明,而向区自卫会登记之。

(二)销米区采米办法

1.所有需采办米粮之行商,须先向区自卫会申请,然后领取一定采购量之"许可证"。

2.凭区发"许可证"至徐市县经济科设食粮调节处填领"采办证"。

3.凭"采办证"向采购地区自卫会呈验后,复领"许可证"。按指定行商进行采购运行。

4.各区自卫会"许可证"之发给,当按该区实际需米量,严格限制之。

(三)产米区销米办法

1.所有乡民卖米限于本区米行,严禁私运区外。

2.各米行不得径自直接下乡竞买米粮。

3.乡民如需售米出境,须组织食粮合作社,并向区自卫会申准"许可证"依照指定地点,方可出境。

4.如邻区或本区需米区域,向本区采米,非有区自卫会出"许可证",各行商不得私行交易。

5.本区各米行应订期(如每三四日)向镇自卫

会呈报存米数,由镇自卫会订期(如每五六日)汇报区自卫会,俾便支配许可销出。

(四)缉获私米处罚办法

1. 任何申船出境,其储米量不得超过其按人计算三日之食额。

2. 如发现有5斗以上之走私米粮,一概处以没收充公。

3. 如发现有5斗以下之走私米粮,当下由各区自卫会以市价8折收买,然后平粜,而由区经济股负责保管其出入余额。

4. 如发现有10石以上之大批公开走私,除全数充公外,对贩运者当以资敌奸商论罪。

5. 所有一切没收充公及出入余额,均须有区经济股分别详具报告呈县,再按处置地方罚款办法决定处理之。

(五)缉获私米奖励办法

1. 苟有民众缉获私米,当酌以没收总数一至三成着为奖励金。

2. 苟有民众缉获五斗以下之私米,其奖励金当由走私者平粜收入提出一成至二成充当之。

3. 苟有工作同志缉获私米,当按则以得奖励金一成至三成,全数以该同志之名义作为献金之用,并在《大众报》公开发表。或有同志家庭十分清寒,并为抗日军人直系家属者,当仿群众奖励办法执行之。

(摘自《大众报》1941年1月13日所载常熟县人民抗日自卫会《常熟县食粮运销及缉私奖惩暂行条例》)

二、淮阴县对粮食的缉私和奖惩办法

关于禁运食粮出口,专署早有布告在案,各地遵行者固不乏人,而玩忽者亦复不少,还仍有不明大义之徒,为图私利,乘隙私运,致使食粮外溢,影响根据地军民食粮。兹悉我淮阴县府及淮阴粮食管理处,特再重申前令,严禁私运。凡运粮出口者一经查获或被人告密定依法惩处。并列禁运粮食奖惩办法如下:(一)各级政府、地方武装、民运团体及淮阴人民皆有缉私之权利及义务。(二)各级政府及人民查获私运之粮食须即时解报淮阴粮食委员会处理,不得擅自没收,否则以贪污论。(三)凡没收之粮食得提出30%作为查缉或告密人之奖金,以资鼓励。(四)在重申禁令后,如敢违犯者,除没收其粮食及运具外,并依法严惩之。(五)查禁粮食人员,如查获后擅自释放或贿卖者,则以纵容奸商及贪污论罪。(六)凡贪污300元以上者处死刑。

(摘自《淮海报》1942年3月18日所载《禁运食粮出口淮阴县府重申前令》)

三、违反进出口物资管理办法的奖惩规定

(一)津浦路西各级政府、各税检局所处理违反出口货物检查章程,应予没收或罚款之案件除法令别有规定外,均应依照本办法之规定办理。

(二)一切禁运资敌或禁止入口之物品,经查属实,得予以没收之处分。一切漏税物品不得没收,而予以罚款之处分,但武装走私或违抗检查者,得予以没收之处分。

(三)执行没收时,应将物品及运输工具(如驴马、车辆、口袋、扁担、绳索等)严格分开,非特殊严重情形,不得没收运输工具。

(四)没收处罚之执行,行政及军事机关须经县级处理,税收机关须经税检总局处理。各缉私机关如不遵照此项规定,以违法论处,被没收人并须向其上级机关控诉。

(五)县级机关对没收处分,应多方搜集材料慎重处理,不能专凭下级报告和要求草率从事。准予被没收人依法申诉。

(六)执行漏税罚款之罚款额,以其应纳税额1倍至10倍为限。但其受罚之款数,不得超过总货物值50%。

行政或军事机关缉获漏税商人,应交税收机关处理。

(七)处理漏税罚款之轻重,应视下列情形办理:①中心区比边区为重;②夜间走私较白天走私为重;③奢侈品比必需品较重;④易控制地区比不易控制地区较重;⑤重犯比初犯为重;⑥漏税之人身分及资本大小等。

(八)没收与罚款之执行,须一律填写本年印发之处分书或罚款收据等正式凭证给商人收执(商人潜逃者,亦应填掣留本机关待查),如不填发正式凭证,或给予个人与机关之便条,希图中饱者,经查属实,依惩治贪污条例惩处之。

被处罚之人如未收到正式凭证,或无收据或只有便条,均得向该主管上级机关控告,经查属实中饱,除依法处治中饱之人外,得发还其被没收物品

或罚款之半数。

(九)没收物品除法令别有规定外,应由县级机关当众投标拍卖之。

(十)没收变价及罚款,除七成解库外,其余三成提充奖金,其分配办法如下:

①政府税收机关自行缉获者,所提奖金全部归缉获机关。

②由民众或地方武装缉获,交由政府或税收机关处理,三成奖金全部提给缉获人。

③经人告密因而缉获者,提奖金三分之二给告密者,三分之一给缉私机关。

④各级政府及税局所得奖金,应提出三成(奖金提成的三成),保存县级机关作公积金,留用金,使用规则,由各县自行订定之。

(摘自《安徽革命根据地工商税收史料选》,1943 年 1 月 10 日淮南津浦路西各县政府各税检局《处理没收罚款及提奖暂行办法》)

四、豫鄂边区的缉私、奖惩和组织

(一)为加强物资统制制止物资偷漏,特制定本办法。

(二)统制物资封锁敌人缉私偷税物品为边区党政军群共同之任务。

(三)凡有关封锁之物资及出入口商品之偷漏缉私事宜悉依本办法办理之。

(四)有左列事实之一者得及认为私货:

①经明令封锁禁止出口入口之物品;

②未领出口特许证自由运输业经物统局公告统制之物资者;

③隐匿伪装企图偷漏之商品;

④偷过必经之关卡未经纳税之商品。

(五)缉私地点如下:

①敌伪据点附近。

(十三)商人如认为没收不当时,在 7 日内得向原没收机关,申述理由过期无效。

(十四)没收及罚款未给正式收据者或已给收据而数目不敷者,商人得随时检明证件告发之。

(十五)本办法如有未尽事宜得随时修改之。

(摘自湖北省博物馆《物资统制手册》第一集 1943 年 4 月 1 日所颁《豫鄂边区物资统制局缉私办法》)

五、强化缉私组织

甲、划定封锁线,指定征收处,规定商贩必须走正路,绕越者即作为走私论处。

乙、征收处与征收处之间大小交通路,普遍组织群众性的缉私小组(包括民兵基干队),由分所长、乡长、乡中队长、乡农救会主任共同组织缉私委员会,领导缉私小组。

丙、在重要大路交通线上,配置游击检查小组,兼负领导附近群众性的缉私小组,并且要有计划的结成一个缉私网。

丁、配备秘密情报网,直接由分局领导。

(摘自 1943 年 11 月 4 日淮北《政府工作》第廿期所载《淮北苏皖边区第二届财政会议决议》)

六、检举走私,缉私和处理的规定

(一)人民只有检举走私,民兵、民兵基干队,工商管理分所,以及武工队,游击连,短枪队等,只有缉私的权利。但没有权力处理走私案件,只有司法机关才有处理的权利,在县是司法科,在区可由区长、工商管理所所长、调解股长、民意机关代表,合作社或商人代表组织走私案件惩处委员会,以调解股股长为主任委员。

(二)县和区处理走私的权限也有分别的,如粮食 20 担以下归区,20 担以上归县,伪币 3 万元以下归区,3 万元以上归县等等。这些都要依照条例的规定处理,不能随便处理,这是为了保障财权,避免各种流弊,所以必须着重提出的。

(三) 缉私的三成奖金, 不能归私人, 应该归团体, 如民兵和民兵基干队缉到的私, 经走私惩处委员会决定没收后, 奖金应该由武委会具领, 统一支配。其他如游击连, 武工队, 短枪队, 工商管理所缉到的私同样如此, 因人民检举而缉获的私, 检举也有享受奖金的权利。

(摘自1944 年 12 月 ~ 1945 年 5 月《苏中第一行政区对敌经济斗争各种办法与指示》中《专署关于加强边沿区经济反封锁的指示》)

七、高邮县几种缉私办法

(三)民兵基干队缉私的办法

洋汉附近各个村庄的民兵基干队，虽然对缉私保粮与群众利益的关联，还认识得不够不具体，但曾经做过一些缉私工作而且是有了成绩的。沈家堡的基干队一天最多的曾经缉了六七只大驳船，船上粮食装得顶多的有三四十担。他们针对着各种走私的方法与技巧也创造了下面的几种缉私办法：

（一）民兵用小船到走私的各港口巡逻。

（二）两三个民兵用一只小船睡到草荡里去，船上由一个人探听伺候，其他的轮流睡觉，发现有走私的船只时，就把大家唤醒缉私。

（三）事先调查可能走私的私贩的动静，经常派人注意跟踪，等粮食上船真的运出时，就追踪缉往。

（四）暗中动员私贩邻居刺探消息，得到其粮食去向后，就马上报告民兵前去缉私。

（五）民兵在晚上到行贩家里去随便谈谈闲，心里有数，知道该行贩当夜将走私。行贩这时对民兵说："倒霉了，没有生意做了，我再也不做这个倒头交易了。"民兵晓得他在装腔作势，就伪装着相信他话的样子灵活机动地说："走！我们疲乏了，天天缉私，没有这么好的精神，不如早一点回去睡觉。"于是就跑出来埋伏到走私的港口上去伺候。行贩见民兵回去睡觉，就匆匆忙忙地将粮食运上船，一等船开走时，民兵就赶上去大喝一声，前往缉住。

（六）动员各港口的老百姓探听消息，送达消息，帮助缉私。

（七）五更头里，开小船划到大芦柴荡里，丁家庄和谭家堡的总口子地方，倾听水声，听到水声后就问"是那一个"？走私的人不开口，小船就对准了水响的地方划，急速划靠之后，查出证据，就行缉住。

（八）利用放鸭子的船到湖荡去发现经常走私的是什么人，得到情况后报告民兵。

（九）装了渔夫的样子，衣服里面插几个手榴弹，大摇大摆的在大圩上跑来跑去伺候。

（摘自《苏中报》，1945 年 7 月 5 日行署考察团王亚梅文章：《高邮洋汉乡的走私和缉私》）

八、苏皖边区对没收物品、罚金的处理和奖惩规定

（一）为奖励缉私检举密报防止走私漏税以期增加税收确实执行货物管理之目的特订定本办法。

（二）凡下列各项没收物品及罚金悉依本办法处理之。

1. 违反进出口及转口货物征税章程之罚金；

2. 违反进口货物分运办法之罚金；

3. 违反货物出口管理办法之没收物品及罚金；

4. 违反货物内销管理办法之罚金；

5. 违反统制物品出口办法之没收物品及罚金；

6. 违反营业税章程之罚金；

7. 违反产销税章程之罚金；

8. 违反屠宰税章程之罚金；

9. 违反牙贴税章程之罚金；

10. 违反外汇管理办法之没收品及罚金；

11. 违反其他货管法规之没收物品及罚金。

（三）前条没收物品及罚金之处理提奖应由区级以上货管机关或呈准区级以上货管机关执行之。

（四）根据货管法规处理之没收物品或罚金，应由货管机关发给被没收人或被罚人以正式没收证或罚金收据。

（五）凡机关团体部队民兵或个人对违反货管法规事项向货管机关检举密报或缉获交货管机关者，经处理后应以没收物品估值或罚金总额之 30% 奖励之，其余缴库。

（六）没收物品之提奖得以变价或实物行之。

（七）经他人检举密报而缉获者应让与检举密报人提奖金额三分之一，由货管机关分别发给之。

（八）领取奖金者如系机关部队团体人员应得奖金额三分之一，即该机关部队团体公用，如系货管机关人员应以得奖金额三分之一即所属机关公用，三分之一缴送县级以上货管机关经核准后动用之。

（九）货管机关发给奖金应收取领条，领奖金人如系机关团体部队人员应由该机关团体部队出具领条（须盖公章及负责人签名盖章）。

（十）违反第八条规定之机关部队团体（及货管机关）人员，违反第四条第五条货管机关负责人或经手人以贪污论处。

（摘自 1945 年 12 月《苏皖边区货管法规汇编》中《苏皖边区货物管理总局没收物品及罚金处理提奖办法》）

第三章　工商企业管理

第一节　企业登记管理

一、企业登记的政策

(一)盐阜区粮食出口商行登记规定

第七条　凡欲经营第六条规定之粮食出口之商行,须在本区内一定地点开设行号,依照盐阜区商行注册办法向贸易局申请注册。

第八条　经营粮食之出口商行填具申请书向贸易局领购粮证,凭证在指定地区采购粮食。(申请书式另定)

第九条　业经注册之粮食出口商行,须由指定之出口地点向贸易局申领土产出口许可证,向贸易局报税出口。

第十条　粮食出口申领出口许可证除依盐阜区出口土产管理办法办理外,其所领购粮证并须同时缴销。

(摘自《盐阜区令汇编》,1942 年 7 月《盐阜区粮食运销管理办法》)

(二)盐阜区手工纺织业登记的规定

第十条　登记:各乡手工纺织生产合作社组织成立时,应呈由该区区署转呈该县县政府登记,县府区署得随时派人指导其进行。

已登记之乡手工纺织生产合作社,遇有业务上之困难,得随时请求区署县府予以帮助。

(摘自《盐阜区法令汇编》,1942 年 7 月《盐阜区手工纺织生产合作社组织简则》)

(三)浙东地区牙行登记规定

查敌后游击区内,所有物资敌企图大举攫取,以遂其"以战养战"之阴谋,凡吾国民务须洞悉敌情,严加防止。惟间有少数牙商,不顾大义,为虎作伥,甘为敌人搜集物资以图渔利,利令智昏,殊堪痛恨。兹为管理物资以利抗战计,特举办牙商登记,所有各乡镇牙商限于 1 月 10 日前向当地乡镇公所办理登记,随缴手续费一元。以便查核。该项东安乡镇牙商登记手续,应请代为办理所收手续费,即作为乡镇公所经办人员之酬劳。

(摘自 1943 年 1 月 5 日《第三战区三北游击司令部经济委员会公函》)

(四)苏中区粮行登记和管理的规定

为防止粮行投机操纵,限制粮食自由买卖,取缔沿途兜揽交易。所有粮行均须向县府申请登记,领取营业许可证始准营业。违者一经查觉除勒令停止外,处以抗币 200 元以上千元以下之罚金。粮行及兼办粮食之合作社出售之价格,应由县府按各地生产消费运输情形分别规定,如须涨落由县府公布之。如有私自抬高或暗定黑市者,处以抗币 3000 元以下 500 元以上之罚金;粮食管理范围包括大米、小麦、大麦、玉米、黄豆、赤豆、绿豆、蚕豆、豌豆等;采购与运输,粮行或合作社赴本县或他县采购粮食须由其负责人觅具保结,填明采购种类,数量及地点,呈请县府,经核准后领取采购证(出其区、分区则须至专署领取),到达采购地点后,仍须至到达地县府或税务机构领取回证,粮食运回后仍须报告。

(摘自 1943 年 7 月 28 日《滨海报》《粮食管理暂行办法》)

(五)苏中区三分区鲜猪行必须请领营业执照

第一条　为实行战时经济政策,管理猪只贸易,保障人民财权,特根据苏中贸易管理条例订定本办法。

第二条　凡本分区境内各鲜猪行商一律应依照本办法请领营业执照,方得营业。

第九条　猪行商如有下列情形之一得吊销营业执照:

一、违反政府经济政策者。

二、夹带毒品进口者。

三、拖欠猪包不还者。

四、超过核准营业数额者。

(摘自《江潮报》第 196 期,1943 年 10 月 20 日

《苏中三分区鲜猪出口统制办法》)

(六)浙东棉花轧车登记的规定

查棉花轧车必须遵照手续履行登记,具领执照后,方可营业。否则即予查封,为特通知,仰该保长将保内棉花轧车调查清楚,汇报本处,并转饬车主,迅即向本处具领执照,不得延误为要。

(摘自《第三战区三北游击司令部经济委员会西区分会长河征收处通知》,该组织活动于 1942 年至 1944 年)

(七)苏中区第四行政区粮行登记的规定

第八条 粮食商行,一律举行登记,经由各县粮赋局核准后,发给营业执照(领登记证不收任何费用)始准营业,并受监督与指导。倘有私自营业者,一经举发或查觉,除勒令其停止营业外,并科以 100 元以上 1000 元以下罚金。

第九条 各县区乡机关及群众团体或人民得组织粮食运销合作社,但均须呈准县粮赋局发给许可证、营业执照,始准营业。并受监督与指导,私自经营者处分与前条同。

前项合作社组织规程,及营业执照,许可证式样另订之。

第十条 粮食商行及合作社发售价格,应由各县粮赋局按照生产消费及运输情形分别规定。倘有私自抬高市价卖者,一经举发或查觉,除抬高市价所得部分全部没收外,并科以抬高市价之粮食一成或五成之罚金,其情节较重者,勒令停止营业,或依法惩处之。

第十一条 人民粮食商行合作社,如将管制内粮食外运资敌,查运实据者除全部予以没收外,在 1 市石以上者,处以 10 倍以上之罚金,在 10 市石以上者,一律处以死刑。

(摘自启东县粮食局史料,1944 年 1 月《苏中第四行政区粮食管理条例》)

(八)盐阜区船舶注册登记的规定

第一条 为便于管理战时航运及保障船户生活起见,特订定本办法。

第二条 凡盐阜区大小各类客货船舶均须向所在地工商局所申请注册。

第三条 船舶申请注册必须取得下列担保之一:

一、业经注册之船户五家以上之担保。

二、当地船行二家以上之担保。

三、当地船业公会之担保。

四、五千元(新抗)以上资金之商税之担保。

(摘自 1944 年《盐阜区财经法令汇编》《盐阜区工商管理局船舶注册办法》)

(九)苏中区交通运输业登记管理的规定

第三条 船舶管理站于重要港口及河流口岸设船舶管理所管理之,其不设管理所之港口口岸由各该地贸易所管理之。

第四条 车辆管理于车辆集中地区或交通要口设车辆管理所管理之,其不设管理所之地区,由各该地贸易所管理之。

第五条 船舶管理所车辆管理所视其工作范围之大小分别由县贸易分局或各行政区贸易局领导(其组织另订之)。

第六条 受管理之舟车牲畜,应于布告日起一律向各该所居住地区之管理所或贸易所申请登记证,新经营运输业之船舶车辆牲畜,须履行登记手续后方得营业。

第七条 受管理之舟车牲畜装运货物进口出口时,必须先将所有货物各种名称、数量、货主姓名,起运及到达地点填具报告单连同税票,出口许可证或入口许可证报请管理所或贸易所查验相符后,方得起运或卸货。

(摘自江都县税务局史料,1944 年《苏中区战时交通运输管理暂行办法》)

(十)苏中区商店行坊及各种合作社或商人登记的规定

第二条 凡在苏中区内开设商店、行坊及各种合作社或商人,不论其经营进口出口趸销零卖或就地生产商品销售者,均应遵照本办法各项规定,申请登记领得营业登记证方得开始营业。在本办法颁布之前业已营业者,则须补行申请领证手续。凡已向财经局机关领有执照之牙行及糖坊油坊可免领此项登记证。

第三条 商民领取营业登记证时,先向所在地之贸易所贸易分局领取营业登记证,申请者具保填写送呈县政府贸易分局,请求核发营业证。(申请者格式另订之)

第四条 商民向贸易局领取营业登记证,除征收一定印制费外，不收其他任何费用。

（摘自《江都县税务局税史资料》，1944年《苏中区战时商业管理暂行办法》）

（十一）苏中区一分区粮食牙行登记的规定

新的粮食管理办法实行以后，对不同的商人，一定要采取不同的态度。专门钻空子，忠实替敌伪收粮的商人，可以打击，但打击后也要争取。在合作社有基础的地方，可不支持粮食牙行，不发粮行牙照。但一般的地区，粮行可继续发一季牙照，对牙行，尽可能逐渐转变他们做其他生意，忠实可靠的，争取到合作社做技术工作。有一些资本并能吸收粮食换回物资的商人，要很好争取与团结，这是团结商人的关键。做据点生意也做根据地生意的商人，只要不违反政府规定，可与之建立经常关系，或者争取到根据地营业。总之，奸商要打击，忠实商人以及能够为我服务的商人要帮助照顾，据点大商人关系应主动地去建立，在对敌粮食斗争中，能够为我服务的商人都要争取、联络。这是团结和运用商人的原则。但一般的说，油滑是商人的特点，在运用中，必须独立自主，有主动，有分寸。

（摘自《苏中一行区对敌经济斗争各种办法与指示》，1944年12月～1945年5月《关于执行新的粮食管理办法的指示》）

（十二）淮海区土造枪户登记规定

（一）为扶持本地区职工生产，杜绝枪支流入伪区，以加强根据地人民武装力量起见，对本地区的土造枪特予实行管理。

（二）凡本地区之土造枪户或职工合作社均需向各地附近之工商管理局或其分局登记，填写登记表一份（表式另附），始可制造枪支。

（摘自《盐阜报》1945年4月4日《淮海区土造枪管理办法》）

（十三）浙东区笋行登记的规定

南山讯：3月28日左溪、雁燕两乡山民与笋行代表，在沿江举行第一次座谈会，商讨毛笋推销问题。……座谈结果，决定：

一、笋照市价公定，不受伪方限制；

二、伪方拦笋有损失时，由笋行共同负责补足市价；

三、笋要跌价，必须前一日通知山民；

四、早上与午间市价，不得超过20元。售不完时，应由笋行收购；

五、城内外的笋价至多相差20元；

六、白萝斤量不折除；

七、笋行必须向民主政府登记，方可营业。

（摘自《新浙东报》，1945年4月6日《笋行、山民代表商妥毛笋推销》）

（十四）苏中区牙行登记规定

管理牙行问题：加强牙行管理，使不走私，又能为控制新麦而服务，决定在自愿的原则下，进行合作，领一个贴。秤、笆斗都刻上火印。在一起营业，行佣仍照过去习惯收取，以区乡单位召开牙行会议，进行教育，打通思想。

（摘自《苏中报》，1945年6月27日《曹甸区委检查对敌经济斗争》）

（十五）浙东区盐业商贩登记规定

浙东盐务局成立后，对于盐务事宜，正谋积极发展，盐场组织及盐务上重要事项均有所规定，兹述大要如下：

一、凡本地区盐政事宜，一律依照浙东行政区工商管理局管理食盐暂行章程办理；

二、设立食盐运销处，并委本局业务管理科科长邵志炳兼该处处长，陈光霁为副处长，统一办理运销事宜；

三、所有牙行性质之盐行一律停止。其属商贩性质者，应一律于9月底以前来局登记，以凭核发许可证。

（摘自《新浙东报》，1945年9月11日《浙东盐务局盐场组织盐务管理办法要点》）

二、企业登记的资格和内容

（一）盐阜区合作社的登记事项

第十五条　合作社成立须召开成立大会选举理事三人至七人组织理事会，并互推一人为理事长。成立后二十日内须将社章，成立大会记录，股金总额，社员名单，理事姓名、经历、住址报请当地政府转呈县政府登记。

第十八条　合作社章程须记明下列事项：

一、名称；

二、业务；

三、地址；

四、股金金额及缴纳方法；

五、决算期间及盈余分配；

六、公积金；

七、社员退社入社及开除之规定；

八、职员任免；

九、解散之理由；

十、其他有关社务事项。

(摘自《盐阜区财经法令汇编》,1944 年《盐阜区合作社暂行条例》)

(二)盐阜区纺织业登记事项

为确实执行奖励办法起见,凡在盐阜区境内已设或新设立纺织厂,应开具下列各项呈由当地县政府转盐阜区行政公署登记,凡未经登记者一律不得享受本办法规定之各项奖励。

一、名称；

二、成立年月；

三、股东姓名；

四、经理人姓名；

五、资本数额；

六、所有纺机及织机之种类及架数；

七、每月产量及其运销地点；

八、每月所需原料数量及其采购地点；

九、营业上有何困难；

十、其他。

(摘自《盐阜区财经法令汇编》,1944 年《盐阜区纺织奖励办法》)

(三)盐阜区牙行登记资格

开设牙行,必须具备下列资格:

1. 品行端正,无不良嗜好者。

2. 有殷实担保者。

3. 素著信用而未受禁治产之宣告及其财产亦未受刑事处分者。

4. 有固定行址者。

(摘自《盐阜区财经法令汇编》,1944 年《盐阜区工商管理局牙贴章程》)

三、企业登记注册和管理办法

(一)盐阜区土产出口许可证申领办法

第一条 本办法根据盐阜区出口土产管理办法第十三条之规定订定之。

第二条 凡运土产出口之商人向贸易局申领土产出口许可证时,须先据实填写出口土产许可证申请书,并须附具志愿书(申请书与志愿书由贸易局制备不取费)或附缴进口货物登记证(盐阜银行证明书)亦可,经查明相符后,即发给土产出口许可证。不论准予出口或不准予出口,贸易局接到商人之前项申请书后,至迟必须于第三日内批答,不得留难拖延。

第三条 商人填写前项申请书时,其货价一概不按县进货市价填报,而须依照该项土产运至销售地后之卖价填报,此项货价因属估计性质,但如故意估计过低企图土产外溢,削弱本地区物力者,贸易局得禁止其出口,或按其估价购交政府处理。

第四条 凡有外地区外运入进口货物之商人,如欲领得进口货物登记证,以便向贸易局换回以前所立之志愿书或便于以后向贸易局凭该证申领土产出口许可证,须先向贸易局填写进口货物登记证申请书(申请书由贸易局制备不取费)并缴验税务局开给之税票(如属课税之进口货),或证明书(如属免税之进口货)及进货发票,经查明相符后,即发给进口货物登记证,贸易局接到前项申请书后至迟必须于第二日内批答,不得留难拖延。又前项税务局所开给之税票或证明书,如距开始期间已满半月者即告无效。

第五条 商人填报前项申请书时,其货价一概须凭其进货时之发票填报,如伪造发票或故意抬高进货价格一经查明属实,贸易局得不开进口货物登记证,或减低其货价开给之。

第六条 土产出口许可证与进口货物登记证,均由盐阜行政公署财经处统一制发,税务局之免税进口货物证明书由税管局制发。

(摘自《盐阜区法令汇编》,1942 年 7 月《土产出口许可证与进口货物登记证申领办法》)

(二)盐阜区合作社许可证发给办法

第十九条 县政府接到前项申请书后于十日内经核准后发给许可证。

第二十条 经政府许可登记之合作社得申请政府发放贷金派员指导。

第廿一条 一区之内不分种类有三个以上之合作社即可自动组织区联合社,一县内有三个以上之区联合社即可自动组织县联合社。

(摘自《盐阜区财经法令汇编》,1944年《盐阜区合作社暂行条例》)

(三)苏中区三分区猪行商贩登记办法

第三条 各行商须先向县政府或区公所请领营业执照申请书,觅取铺保或人保,经调查属实,认为合格者始得发给营业执照(营业执照申请书式样另订之)。

第四条 上项营业执照共分五级:甲等150头;乙等100头;丙等80头;丁等50头;戊等30头,县政府得视该商之名益财产及其保人之名益财产核定等级。

第五条 营业执照为期1年,分等征收执照费,计:甲等抗币100元,乙等抗币80元,丙等抗币60元,丁等抗币40元,戊等抗币30元。期满得将原照呈缴,续领新照,如有遗失执照,觅保申请补领,另缴手续费抗币5元。

第六条 猪行商贩猪出口时,必须凭营业执照向区公所贸易管理局领取出口许可证(贸易局未成立前可凭营业执照报税)。然后赴税所缴纳产销税,每头抗币6元,领得税票始得出口,各税所应查验各猪行猪商有无出口许可证,或有出口许可证而数目不符者,均得予以扣留,并呈报区政府处理。

(摘自《江潮报》第196期,1943年10月20日《苏中三分区鲜猪出口统制办法》)

(四)淮北区出口商营业证发证办法

甲、对外来商人仍应管理。

乙、资本在边币1000元以下的小商人不管理(即挑贩)。

丙、各县登记糟坊、油坊、花生、烟叶等物产(作为将来准备产销税的账本)并给登记证,在出售时应督促买户报税,复将登记证缴回。

丁、便利出口商,营业证由分局发,但承贸书与出口证一律可委托分所发。

(摘自淮北《政府工作》第20期,1943年11月4日《淮北苏皖边区第二届财政会议决议》)

(五)淮海区食盐内销营业证发证办法

第十一条 为便利内地食盐,改善人民生活得由工商管理局选定适当地点,设立食盐内销栈,经营食盐事宜。

第十二条 内销栈之食盐,按照成本加运费、蚀耗售出,不得收任何费用及从中盈利。

第十三条 凡经营食盐内销合作社或商人,须觅得殷实商保,向当地工商分局所请领内销营业证,由工商分局所查明后,给发之。

第十四条 内销合作社和商人申请得内销营业证后,即向指定公盐内销栈凭证购买食盐,运往指定地点出售。

第十五条 内销商人违反上项规定时,除依专管办法第九条处理外并撤销其营业证。

第十六条 内销食盐之营业证由工商总局统一印制,不收任何手续费。

(摘自沭阳县档案馆藏抗战时期文件第80卷,1944年11月《淮海区食盐管理暂行办法》)

(六)浙江四明地区酿酒业登记办法

1.办理酿户及酒司务登记。

①由特办布告通知,限期登记,逾期处罚,业经登记之酒司务由各县发给许可证。

②登记日期1月1日开始20日截止,限外新做者在落缸后三天内登记,新地酒司务亦在此限内登记,外来者随到随办登记手续。

③登记地点,酿户在各该地乡镇公所登记,经办登记之乡镇应于2日内转报区署,报表由区印发,酒司务直接向就地县区政府或制煎黄酒之县区政府登记,一经登记在四明地区即能自由营业。

(摘自1944年12月22~23日,《四明地区紧急财政会议记录》)

(七)苏中区商店行坊合作社管理办法

第九条 各种商店、行坊、合作社每月将营业状况(包括进货销货及存货数量等项)及物价涨落等情形,分别向所在地贸易机关报告,必要时贸易机关得随时命令报告之(报告书格式另订)。

第十条 为明瞭商业实际情况,各级贸易机关得随时派人至各个商店、行坊、合作社检查,各该店社应按实详报一切情形,并予以便利,但检查人须持有贸易局证明文件。

第十一条 商民遵照政府法令经营商业,对于根据地内有重大贡献者,政府应予奖励,并协助其营业之发展。

第十二条 商店行坊合作社不得贩卖违禁物品,囤积居奇,高抬市价,使用根据地禁用之通货,扰乱金融及其他违抗法令之行为,否则分别轻重予以警告、罚款、没收、或停业之处分。

（摘自《江都县税务局税史资料》，1944 年《苏中区战时商业管理暂行办法》）

（八）苏中区交通运输业登记手续和管理办法

第十二条 凡切实遵照本办法规定办理各项登记手续，从未违反法令者明令褒奖之。

第十三条 商人逃税或未领有进出口许可证企图私运者，经承运人举发因而没收之货物得以变价额中提十分之三充偿检举人。

第十四条 凡热心参加根据地物资调剂或对外贸易运输工作有助于公私贸易事业者，视其功绩之大小，得呈请政府应予以精神或物质之奖励。

第十五条 凡不遵照本办法规定之各项登记手续请领登记证，处以抗币 50 元以上 200 元以下之罚金，并令其补办登记手续。

第十六条 凡违反本办法规定之进出口检验手续，私自偷运货物出口者一经查觉，除私运货物按照进出口货物管理暂行办法第十三条之规定处理外，连私运之车主、船主得以运费两倍之罚金。

（摘自《江都县税务局史料》，1944 年《苏中区战时交通动输管理暂行办法》）

（九）盐阜区牙行登记和管理办法

第四条 凡牙行必须遵守下列规定。

一、不得违反贸易管理章程。

二、不得包庇客商行使禁止行使之货币。

三、不得包庇客商买卖违禁品。

四、不得包庇客商偷税并须督促客商缴税。

五、不得任意涨落物价，敲诈勒索。

六、不得容留奸细。

七、不得强制客商投行，非法抽收佣金。

第五条 牙行分为两类，第一类牙行，其牙税系按其所得佣金比例征收者。第二类牙行，其牙税之征收系按营业大小，预估征收者。

第六条 第一类牙行凭注册证营业，第二类牙行，除注册证外，须凭预交牙税之牙贴营业。

第七条 第一类牙行代客买卖之货物种类，可以自由选择，不限数量，但必须于注册时登记清楚。第二类牙行代客买卖之货物，以一种为限。

第十三条 凡违反第四条各款之一者，除停止其营业权利外，依法追究其应负责任。

第十七条 凡牙行不得强迫客货投行，违者处罚款。屡罚不改者，停止其营业权利。

第十八条 凡牙行变更营业性质，或股东增减时，应于五日内呈报当地工商管理机关，违者处罚款。

（摘自《盐阜区财经法令汇编》，1944 年《盐阜区工商管理局牙贴章程》）

（十）盐阜区出口行店登记和管理办法

一、为加强对敌经济斗争管理进出口贸易，保护商业，繁荣市场，特订定本办法。

二、凡专营或兼营进出口贸易之行店（以下简称行店）或无牌号之座商（以下简称座商），均须依照本办法，在规定期内向工商管理机关申请注册。

三、申请注册之行店或座商，须取得三家以上行店之联保，并填具工商管理机关所规定之申请书，经核准后发给注册证。

四、业已注册之行店或座商，必须保证履行下列事项：

1. 保证本行店及投行之客商履行贸易手续。

2. 保证定期向工商管理机关作商情报告（行每日一次，店五日一次）。

五、业已注册之行店或座商，改组出让歇业，经工商管理机关核准后，缴回注册证。在清理期间，联保人员应负保证责任。

六、注册有效期限一年，到期须凭原注册证重新注册。

七、联保人在中途有二家退保者，被保证行店或座商应另觅妥保，否则得令其歇业。

八、注册费每张新抗 2 元。

九、凡违反第二条规定之行店或座商，得取缔其营业权利。

十、业已注册之行店或座商，违反第四条各款之一者，得按其情节轻重处罚款或令其歇业。

（摘自《盐阜区财经法令汇编》1944 年《盐阜区工商管理局行店注册办法》）

（十一）盐阜区船舶登记和管理办法

第一条 为便于管理战时航运及保障船户生活起见，特订定本办法。

第二条 凡盐阜区大小各类客货船舶均须向所在地工商局进行申请注册。

第三条 船舶申请注册必须取得下列担保之一：

一、业经注册之船户5家以上之担保；

二、当地船行两家以上之担保；

三、当地船业公会之担保；

四、5000元(新抗)以上资金之商号之担保。

第四条　业经注册之船舶由工商管理局发给注册证。(注册证格式另定)。

第五条　船舶注册分四等缴纳注册费：

一、载重350担以上者为甲等，缴纳注册费之新抗5元；

二、载重150担至350担者为乙等，缴纳注册费新抗3元；

三、载重在50担至150担者为丙等，缴纳注册费新抗1元5角；

四、载重在50担以下者为丁等，缴纳注册费新抗1元。

第六条　注册之有效期一年，过期须重新注册。

第七条　船户因故停航或改航其他地区，均须于停航前一月为撤销注册之申请，缴还注册证。

第八条　业经注册船舶，进出口均须报请工商局所登记。

第九条　本区船航应尽下列责任：

甲、不得包庇客商偷运货物出口资敌，或偷运违禁物品进口；

乙、不得包庇客商偷税或短报；

丙、凡来客有政治嫌疑者，应立即报告当地政府或工商局所；

丁、应按指定限期装货物运回本区；

戊、不得有意逗留或潜居敌伪区。

第十条　凡违反本办法之船舶，得按照情节轻重处罚款或为一定期限之禁航。

(摘自《盐阜区财经法令汇编》，1944年《盐阜区工商管理局船舶注册办法》[草案])

(十二)淮海区土枪制造户登记和管理的办法

三、凡经登记的炉户或职工合作社享受工商管理局之煤铁原料供给，并请求无利贷款，一次不超过土造枪十支价格额为原则。

四、凡已登记之炉户及职工合作社如承受公家定货时，须取得县政府之委托书，载明定货品名、数量、价格及交货日期。

五、凡经登记之炉户或职工合作社所出产之土造枪，除四条所列外，需如数实交，商管局、工商管理局为提高质量，得依枪支好坏定收买价格。

六、本地区公民买枪自卫或邻区商人收买均需经过工商管理局核准，不得私自买卖。

七、本地区之土造枪禁止出口，非经工商管理局之批准任何机关团体不得经营出口及发出口证明文件。

八、凡违者(一～七条)之规定者，其枪支无论属于何人，均没收之，并处以千元以上10万元以下之罚款。

(摘自《淮海报》，1945年1月11日《淮海区土造枪管理办法》)

(十三)苏中区宝应牙行登记和管理的办法

对牙行基本态度是限制发展，有为敌人利用的，就应该取缔，牙行一定要遵守政府法令及贸易管理政策，取消无理剥削，具体办法要牙行登记，登记审查后，由牙户领行贴，无贴者不能营业，一行只能一贴，一贴只能一业为原则。牙户不能限制自由买卖，因为在根据地商业是自由的，行佣不得超过百分之五，牙户如因生活难以维持时，可帮他转入生产，奖励他的内销经营。

(摘自《苏中报》，1945年5月14日《宝应对敌经济斗争动员大会研究小结之二怎样管理粮食》)

四、企业登记的名词解释

自工商业登记工作在各地先后开始以后，各工商机关对行署所颁布之办法细则及各种表格中一些专门名词，纷纷来信询问，特作如下解释，是否正确，还希共同研究：

(一)营利为目的：是以获得利润目的之经济活动。在古代自然经济社会里，人类经济活动的目的，仅在满足个人生活资料，就是他从事生产之目的，只在获得生产品使用的价值，所以无所谓利润，亦无所谓营利。但在今天资本主义社会里面，人类的经济活动，它的直接目的原在获得利润就是他从事生产之主要目的，不再满足其个人需要，而在以生产品供人消费。因此获得其交换价值，结果在这交换价值里，产生了利润，更由利润的累积，一方面作为其满足本身欲望的手段，一方面作为其经济政治活动的工具。从这种目的出发的经济活动即所谓生产营利。另一方面是非生产的，就是以货币购买商品，然后由商品的贩卖而收得较购买时更多的货币，(购买费用加贩卖费用加商业利润)这就是以分配为手段以获得商业利润为目的的营利。

(二)非营利为目的：是以救济或为群众服务为目的的组织，如各种公营的铁路、轮船、邮电、矿山、工厂、电灯电话、自来水等公司企业及慈善团体所办的生产事业等。

(三)行商：凡没有固定的营业处所作运销贩卖营业者叫行商。这种商业在调剂供求上起了一些作用。在抗日战争及解放战争中，货币贬值，交通梗阻，座商批货困难，因之行商畸形发展，也有资本很大趸批趸售、趸批零销者，但由于他盲目追求利润，放价抢购囤积居奇，不择手段的投机取巧，常会促使物价波动及市场稳定。

(四)摊贩：是无固定门面，在街头路旁设摊贩卖求售的营业者。一般资本很少，大多是老幼病弱无劳动力的人占多，但自抗战以后，摊贩畸形发展，成份极为复杂，有些店铺因怕敌伪掠夺横征，而将物资隐藏乡间，零碎分散设摊，即可行动又可逃避捐税负担。有些失业的国民党下级军政人员因从业困难，生活维持而做摊贩的，有些失业工人、城市贫民、职教员家属，以迫于生计乃做小本生意，还有逃亡地主富农，地痞流氓、敌伪因畏罪逃匿城镇，经营摊贩，以资掩蔽进行破坏活动，兼能解决生活问题等，故其成份相当复杂，同时在市区亦有碍市容及交通。

(五)商业名称：即指商店字号。

(六)营业性质与种类：本来有“公营”“私营”“独资”“合股”“代客买卖”与“自资经营”等几方面，不过在本办法上独资与合股已在另项列出，“公营”与“私营”也在第五章列出，所以在这里所谓“营业性质”“营业种类”前者指“代客买卖”“自资经营”，后者即是行业之划分。

(七)出资种类：指所出的物资还是货币和其它。

(八)从业人数：即指参加商店实际工作全部人员。

(九)代办商：是有一定铺面，非经理人而受商号的委托，于一定区域内之委托商号之名义，办理其业务的全部或一部的收入，他和居间业与行纪业不同：

①它在一定期间专为一委托商号代理或媒介商事；

②它所代理的商业业务，限于以本人营业范围之内；

③它不用自己名义而是以委托人名义经办商事；

④代办商与委托商之权利义务关系一般由契约规定。

(十)公司，有广义狭义之分，广义的公司包括营利社团及营利为目的而设立的团体；狭义的仅指后者而言。至于公司的组织有五种：

①无限公司：由无限责任股东组织的公司。所谓无限责任股东即公司财产不足清偿债务时，各股东除对于公司的出资外，并征以自己的全部财产以清偿公司之债务，且此种无限责任必须公司解散登记后期满五年方能消灭。

②有限公司：公司股东以其出资额为限而负清偿公司债务的责任者。

③两合公司：以无限责任股东与有限责任股东混合组成的公司。无限责任股东与有限公司的股东间，皆负无限连带责任，有限责任股东其责任仅限于以其出资额为限，故此类公司之实权大都操纵在无限责任股东之手，对内执行业务，对外代表公司，都以无限责任股东任之。

(十四)厚城：即价余，旧式字号每年结账时故意把货价压低(低于市价25%至60%不等，字号愈老则估的愈低)，使账面上盈余减少，少分红(是老板剥削伙友的一种方法)使字号殷实起来，若按现价估值，这一部分结账价余就伸了出来，算作资本则劳方不同意(因为是未分的红利)，按照分配与劳资双方则实际上可能形成分工厂分商店的现象，影响经营的发展，结果是这部分结账价馀作为公积金处理。

(十五)无限责任合作社，是社员对合作社的负责只以所出股本金额为限。

(十六)有限责任合作社：是社员对合作社的负责不受股本为范围限制。

(十七)出厂单位成本：就是工厂按照习惯单位计算制成品的成本，例如棉纱每件的成本，火柴每箱的成本。其办法：直接成本(原料及制造费用)加间接成本(管理费用)即为每样成品单位成本。

(十九)单价售价：就是每单位卖出的价钱。

(二十)单位纯益：每单位的利润，等于售价减成本。

(摘自苏北《业务通讯》，1945年5月10日《关于工商业登记中一些名词解释》)

第二节　中小商贩管理

一、鄂豫边区挑贩有短挑和长挑两种

挑贩的种类从时间及经营方面有二种：一种是短挑，即带季节性，农忙时不挑，农闲时如冬、腊、正三个月，常在外面挑的。一种长挑，即经常在外挑，除农忙的几天外，以挑贩为主。从类别上大概有挑炭、棉花、盐、皮油、梓油、锅、猪娃、窑货、腊等。

挑贩的成本：

如挑棉花、盐、皮油、梓油、猪娃、腊、锅，需得3000元以上的资本，这种挑贩大多数都是富农及富裕中农经营的，而窑货、炭等需200元至500元资本，这些挑贩贫农搞很多。

（摘自《鄂豫边区抗日根据地历史资料》第六辑《群众工作专辑》）

二、苏中区青货业小贩组织青货合作社

……一百多家的青货业小贩，他们要求青货业分工会组织青货合作社，每股10元，一共集到70股。因为股本太少，利民公司同样给他们借贷，并供给3条布充实了股金。仅仅十几天时间他们已收进了8担粉条，30多担荸荠，100多担青菜，6担生姜，30多担韭菜与茼蒿，调剂了沙沟市面上的青货荒。并且为了避免垄断市场的弊漏，货物尽量平均分配给小贩，穷的还可先付货，卖完后再要钱，合作社的职员们没有待遇，只有在进货时得到二厘到五厘的手续费10个人均分。但是由于合作社切实给了他们利益，他们工作热情非常高，算账到深夜不觉疲劳。合作社还团结了其行业的商人入股，就近就有两个茶食商人入了股。对行家也是团结的，他们的口号是："有饭大家吃，有生意大家做"。"看谁的生意公平，看谁得到客人的信仰"。

（摘自《苏中报》，1945年6月5日《对敌经济斗争中的沙沟柴草青货合作社》）

三、苏中区高邮组织小贩收购粮食

各地已开始布置抢救麦收工作，高邮五区干部在六月专门讨论组织牙行工作问题，决定先进全区牙行调查，了解其经济、资本情形。及内外销的社会关系，再以乡为单位，把牙行组织成公行，同时有本钱的牙行还可以做运输交换物资工作。江都真武区讨论出一个办法，在主要道口，把大批小贩子组织起来，摆小摊子来收购粮食。另外在边区加强民兵活动和缉私队，并在可能走私的河口打桩（阻船不阻水，不会误农时）。

（摘自《苏中报》1945年6月17日文章《江高各地布置保粮工作，决定组织牙行、小贩办法》）

四、苏中区高邮的合作社组织小贩运输组

配合经济斗争，各地普遍组织和整理合作社。江都真武镇合作社通过群众来改造，民选职员经理，已成为新的合作社，有些合作社已注意做到组织小贩运输组和有计划运销，如江都吴桥区的四乡合作社，登记边缘区小贩，共组织了400多小贩，杨家庄的协成合作社组织了13个小贩，樊南区合作社组织了5个小贩组，51个小贩；又如高邮柳堡合作社知道群众最需要油，就团结几个商人运回几桶油，不但卖给群众，还供给周围四个合作社。

（摘自《苏中报》1945年6月19日《一分区第一阶段对敌经济斗争概况》）

五、苏中区杨家庄组织小贩运输队解决困难

了解了他们这些困难之后，召开了小贩漫谈会，来商议个解决困难的办法，有人就提出成立小贩组，解决这些困难：（一）由小贩出面，要求各商家晚上开配货单子，再要把款子交齐，这样既解决了商家的补货困难，小贩子也不会大早兜不到生意，或者货出不脱；（二）组织起来向政府贷一些款子，大家再自己想法出些资本，到张钢镇，曹王市去贩货，这样货价既便宜，又可以不受息款；（三）水脚问题，要在商抗会里提出，大家有组织，不要（鬼弄鬼）定可以解决。

再谈到报税和禁用伪币，大家说："凭良心说，漏税是不该的。缴的是民主政府的税呀！"报税小贩不会吃亏，但要互相监视检查，不要让一些人带一批伪币进来，组织起来，个个有好处。于是杨家庄小贩从5个人扩到17个人。

5月30日开商民大会时，小贩也个个到会，他们提出了两个要求：(一)晚上开配货单和交清款项；(二)要求增加水脚。厂货业代表就说："开配货单和交钱，我们能办到，但你们要有次序，可能办到？"小贩回答到"我们组织好了，一定能办到"。商人又提出到邵伯买货贵，要到旁的地方去带。小贩回答说："你们要我们去什么地方，我们总能去。水脚的问题，商家也提出可以想办法解决"。

(一)要巩固他们的内部，大家一条心，要注意公平合理的解决他们因利害关系发生的一些纠纷。

(二)通过他们，要去组织其他小贩，成为团结其他小贩的核心。

(三)把他们组织到合作社来，多开扩几条运输路线，使他们的人力不至过剩，块块有出路。

(摘自《苏中报》1945年6月27日《杨家庄的小贩队》)

六、苏中区组织中小商人进行采办和运输

6月21日，安丰区合作社干部会，纠正依靠利民公司供给物资的偏向，讨论运输与调剂物资办法。在这次对敌经济斗争中，宝应安丰区发展了不少合作社，大多自己没有组织运输，单纯依靠利民公司，并某些地方和中小商人对立。工商管理局为纠正这一偏向，并布置控制食粮吸收大批新麦工作，召开合作社干部会，指出偏向和当前任务，对安丰、二桥、太晋等工作展开讨论，决定运输与调剂物资的几个办法：(一)组织地方上小贩，抽一部分股金给他们做生意，规定按时给物资，例如二桥合作社已采用了这个办法，他们组织了油挑子，借钱给他们买货，到盐阜区去换油回来，照原价卸给合作社(小贩子以货易货中已取得利润)；(二)学习安丰镇的办法，把社员和中小商人组成运输队，轮番出口购买货物；(三)组织牙行或通过社员小组关系，吸收粮食和物资，各合作社相互联系调剂。会上决定将全区所有合作社分成三个巡回区，北边以二桥为中心酌量供给油盐给其他合作社，中间以太晋为中心，吸收大批粮食供给安丰、魏荡、水四等水荡地区，南边以安丰镇为中心，广泛的到魏荡、水四收买布匹和日用品，供给其他乡，决定7月1日后，每隔五六天到太晋集中一次，汇报各乡货物活动情形，以资调剂。同时各合作社今后也应从生产上解决部分物资困难，例如安丰镇合作社的小型织布厂，并准备有植棉的种子。对团结商人问题，除利用第二办法以外，合作社应尽可能帮助中小商人一些物资，以加强团结。

(摘自《苏中报》1945年6月29日文章宝应安丰区合作干部会议《决定组织中小商人进行采办工作》)

七、高邮县组织商行牙贩成立益民公行和联合商店

各地商行牙贩也开始普遍组织起来，积极参加对敌经济斗争，使市镇与乡村逐渐结合。高邮界首区牙商组织的益民公行，除门市供应油盐布匹外，还挑油盐担子到边乡换粮。官垛庄西城，大吉西乡牙商公行，订立公约，不用伪币、不做黑市，不替奸商收粮走私，并建立两个运输小组，集中运出全乡要出卖的荒草，调回日用品。夏集区杜塘公行，自动规定各家先出稻谷各2担碾米磨面，解决全村38个贫民食粮问题。宝应安丰，太仓运输组收豆子、稻、小麦，解决了豆腐店与市场上缺少米和干面的困难。鲁垛牙行也编陆陈行与杂行二组。兴化戴家窑28家粮行与江都戚墅镇惠群公行组织起来后，主要营业为内销工作。宝应天平庄商人，以货入股成立了联合商店。

(摘自《苏中报》1945年7月5日《边缘区反抢粮斗争紧张》)

八、苏中区柳堡合作社组织商船运输小组

柳堡合作社自己运输已达3次，目前自己造船一只专做内销，目前又替船商组织了运输小组，计5人，已帮合作社往海安运输2次；一次托某船商运10担米，换回价值50担稻的2条土布，2听洋火，2匹黑平布等；第二次托某商带去18担稻，运回了土布，芭蕉扇、帐纱、黑洋纱、高帆布、手巾等日用品，又赚了18担稻。第二次运输，合作社充分地照顾了商人利益，一个借给八担米做运输，回来交货；一个商人先兑给合作社7担油。换得了5000斤稻，又代他们打出口证，他们运回货给合作社既不用到处兜销误时，又不用四出找牙行收黑市粮，合作社有现成稻，可赚现成钱。而合作社利用商人船大资金小之便，托商人外销。这样上据点不用担心，又省运费，运输赚的钱比向利民公司批货的利润大，而

最大的收获是进货有了门路。同时这二次运输，也说明了合作社与商人合作，能两得其便，双方有利，正因如此，有不少人自动跑来要求参加运输组，现组员已增加到10人，以前3个不起作用的也后悔了。

（摘自《苏中报》1945年7月9日《柳堡合作社的团结商人与缉私保粮工作》）

九、鄂豫边区组织挑贩队

如挑贩，大部分人无资本特别贫中农活动资本很困难要求借贷：要求有可靠的人引着去挑；再挑贩经过敌顽区，过公路及过税关口时，须有较多的人帮助。根据上面情况，我们经过调查把挑贩中的头老找出，政府再贷一部分款子，即可把作挑贩的群众组织起来，如二保已经组织有挑贩队。

（摘自1985年《鄂豫边区抗日根据地历史资料》第六辑《群众工作专辑》）

十、皖中区停征食盐税，鼓励肩挑小贩运盐

食盐是人民生活不可缺少的，开始为百斤征税一元，税率为3%。1943年初，我们发现市场食盐缺乏，人民群众以土副产品到敌占区换盐。为了鼓励肩挑小贩将盐运到根据地，缓和食盐的紧张状况，财委会决定停止征食盐税。超过起征点一倍的也不征税，这就使小贩每百斤食盐赚二三元钱。在食盐保证了根据地军民需要之后，我们又可恢复按原来的起征点征税。

（摘自《安徽党史资料通讯》1983年第10期刊陈昭著文章《抗日期的皖中第一货物检查处》）

十一、苏中一专署规定，未领营业登记证的商贩，不得采购或运销粮食

粮食内部运销一律自由，但为了达到粮食管理的自由，必须履行下列手续：（一）从甲乡到乙乡运销粮食，如果不经过封锁区域，运销数量在一市担以下，自由运销；一市担以上5市担以下，要有乡公所的证明书，5市担以上，要有区贸易管理所的证明书；（二）从甲县到乙县或在一个县内从甲方到乙方，销售或采购粮食如果经过封锁区域，必须取保填具申请书向区贸易管理所取县贸易管理分局的购运证，3000市斤以上须向县贸易管理分局领取，销售或采购后，必须履行注销手续；（三）未领有营业登记证的商贩，不得采购或运销粮食。

（摘自《苏中报》1944年11月6日《一专署粮食管理办法》）

十二、苏中区东南县委组织商贩，打垮敌人经济封锁

限制消耗品及可以成用的物品进口（准备8月禁止毛巾进口，9月份禁止肥皂进口，并酝酿禁止迷信品进口）。

1. 组织商贩打垮敌人封锁，争取军需民用品进口。

2. 加强商人教育管理，市镇分派所长参加市镇工作委员会。办理农村商贩，市镇商人，港口船户之登记工作。

3. 巩固和扩大华币阵地，排除各种匪币，收兑银元。

（摘自江苏省启东县档案馆史料，苏中区东南县委1945年7月5日《秋季财经工作方针和任务》）

十三、利民公司与中小商人直接买卖，取缔掮客中间剥削

靠这种中间剥削为职业的掮客，五洋业有五六十个，南货业和杂货业各有五六个。利民公司初开时，商民们因怀疑未除，不大敢来批货，掮客便乘机大肆活动，廉价吃进货物，再卖给中小商人，从中剥取巨额佣钱。公司方面觉察后，认为这是不合理的，因此与中小商人直接发生买卖关系，并将货价公布报上。那时，中小商人已渐渐明白民主政府的政策，踊跃地来批货。这样，掮客就没法钻空子，自认非改行不可了。一部分要求政府贷款，使得他们能开店，政府已开始调查，如果他们借了钱再去投机，就不拟批准。但工商局为了帮助他们解决生活和职业问题，曾于25日召集他们开会，会上提供三种办法：一、改做小贩（有五六个已如此做了）；二、回原来的店家（沦陷前他们大半是店员）；三、来利民公司当职员，除维持自己的生活外，保证再供养一个人。

（摘自《苏中报》1945年10月5日《兴化城中的利民公司》）

十四、盐阜区商贩运销粮食，要有铺保和保证金

1. 产地商贩向销地运销者，须取得殷实铺、户之保证，出具保证书（格式另订），填明购运粮食种类、数量及内销地点，或依粮食价格50%缴纳保证金（以销地价格计算）。经当地工商局所查核无讹后，发给指定地点之内销证，粮食起运经过指定地点，须申请各该地工商局所查验，并在内销证上验盖查验戳记，运至指定销售地点后，须申请当地工商局所查验，将查验证明文件附贴于内销证背后。在有效期内缴还起运地点之工商局所，换回保证书或保证金。

2. 销地商贩向产地采购粮食时，须依前项规定手续请领内销证，凭证在产地购入粮食后须申请当地工商局所查验，将查验证明文件附贴于内销证背面。在有效期内运回销地，经原来签发内销证之工商局所查验后，收回内销证，发还保证书或保证金。

（摘自《盐阜区财经法令汇编》1944年《盐阜区粮食运销管理办法》）

十五、高邮县小挑贩出入口，要有联保和通行证

五、商船出入只要其依照政府一定手续，无违背法令之处，经货管机关查者，应准其通行。

六、农产品出口，凡经货管分局发给出口许可证再经报税者，一律准许出口，勿予留难。

七、小挑贩出入采取联保方式，并予以教育（如不透露我根据地各种反扫荡布置），可由区乡政府发给通行证，准其通行，但其进出携带商品，必须经过货管机关查验。

（摘自金湖县党史办资料，1945年3月9日《高邮县政府训令各区乡政府各货管分局所组》）

十六、鄂豫边区对贩卖敌货的中下层商人，注重进行爱国主义教育

对于一切以贩卖敌货为业的中下层商人，采取耐心艰苦的说服教育，启发他们的爱国主义觉悟，不做敌货买卖，如屡教不改者，则没收其敌货，以示警告。

（摘自湖北大悟县档案馆史料《设立物资统制局开展对敌经济斗争》）

第三节　经济合同管理

一、订立合同的手续和办法

（一）淮宝县的借贷手续

借债倒是一件很便当的事情，只要有中人负责，随时随地都能借到钱，有些赌棍赌急了，半夜三更也可借到。借债的手续很简单，只要拿一张破纸头，找一个中人，立好一个字据，便可以跟中人一道到债主家中取钱，我所见到的借据式样几乎都是一个样子的。举例来说明：

评条取大洋5元6角整

此照评中人刘高山　十

民国二十二年五月二十日　左在满　十

这张条子的评据就是两个“十”，“十”是本人画的，代表画押。写这张条子的欠债人左在满，实际上只借入大洋4元，是借的春一四，秋一二，但是，利率利息都被掩盖起来了，因为条子根本就没有写出一种借贷关系。条子在表面上看来，只是一张期票，而不象一张借据。所写的年月日，不是借债的日期，而是还债索款的日期。

（摘自江苏省档案资料，1942年《淮宝县黄集区绥靖乡高利贷调查》）

（二）苏中“敌管会”同裕华公司签订没收敌资合同

垦区裕华公司之敌产问题，我县府经专署批准，曾决定没收敌资全部入股，即改组旧有之裕华公司敌资清理委员会为裕华公司敌资管理委员会等处理办法已志本报。敌管会当推举金逊同志与顾剑秋先生为代表检举公司项目三十二年年度敌资项下之盈余为法币174万余元，刻已决定全部资助垦荒，立即正式开工。上月22日敌管会已派代表与公司正式签订合同，兹探悉其内容如下：(1)敌管会应予没收之敌产敌资全部入股于公司，按照公司原有已收股本比例，在清结以前暂定敌管会为三分之一股权，公司为三分之二股权，并自民国三十二年份起，以敌管会应得三分之一纯益，化作垦区地方建设经费。(2)双方应于最短期间召开公司董事会，俾将改组即敌产敌资未清理了结以前，敌管会为实行代理股东之

权,公司一切对内外业务问题,需得敌管会主任委员会之附署。自此以后,裕华公司已成为公私合办之新裕华公司,其发展前途实未可限量。

(摘自《苏中报》1944 年 3 月 16 日文章《裕华敌管会与公司正式签订合同》)

(三)浙东行政区租佃契约管理办法

第二十条　租佃土地应按本办法之规定订定租佃契约共同遵守,该项契约应觅具见证人并经当地乡镇公所农会证明之(不得收手续费)。

在本办法颁布前所订定之租佃契约有与本办法相抵触者应依本办法之规定办理。

在本办法颁布后所订立之契约,与本办法抵触者无效。

第二十一条　对于年租制之田地为使佃农安心生产,提倡长期租约(如规定五年以上之租期)。

第二十二条　在租佃契约下或习惯上,有永佃权者应保留之,无永佃权者不得强制规定。

第二十三条　无永佃权之田地非因下列事情之一时,业主不得借故撤佃:

一、租佃契约期满后,而不愿续租者;

二、佃农非因不可抗力无故一年不为耕种,而又不交地租者;

三、佃农将田地转租从中渔利者;

四、减租后佃农力能交租而故意不交者;

五、佃农死亡无继承人者;

六、佃农自愿抛弃其佃权经签字证明者;

七、业主确因贫困,非收回自耕而无法谋生者。

第二十四条　业主依第二十三条第三项规定撤佃时,应照顾第二佃农之经济状况,第二佃农确系贫困者,仅能收回第一佃农本人之佃权。

(摘自 1945 年 7 月 18 日《浙东行政区减租交租及处理其他佃业关系暂行办法》)

(四)兴化县业佃双方订立二五减租合同

在兴化兴城解放后,佃农即纷纷进城要求帮助减租,并自动召开佃户会议选出代表,分头派人上城通知业主,要求依照法令,实行二五减租,并于 9 月 30 日,召开业佃协商会议,计到业佃 50 余人,首由佃户提出了今年之困苦情形,要业主答应二项要求:一依照政府法令,实行二五减租;今年田里欠收,应二五减租后,再打七折缴租。业主方面认为:依照法令二五减租是应该的,但今年蝗灾,只有早稻受害,而早稻田只占田亩十分之×,后期虽雨水过大,但已届收割之期,对稻收没有影响,为了照顾到佃户受敌伪抢劫之害,愿意打一个八折。最后双方本着互助互让精神,同意二五减租后,再打一个七折五,但假如原租额太大,二五减租后,仍超过总收获量 375‰者,则还应把原租额降低,例如原租六分即每亩要缴租一担 15 斤,依理只应缴一担 3 斤 12 两。因此原租额六分者即应降低为 5 分半,再照二五减租才附合标准。最后业佃双方即本此精神,签订了临时合同。等政府发下法定租约纸后,并约定 10 月 2 日开始依约交租,佃户未缴足者缴足租额。业主已超过数目者,则应退给佃户。会议即圆满结束。

(摘自《苏中报》1945 年 10 月 5 日《兴化新义业主同意二五减租,业佃双方订立合同》)

二、合同的调协和仲裁办法

(一)淮海区主雇关系调协办法

一、年工雇约满期,雇主如无其他原因,仍须继续订约雇用,其有必要原因,经乡家会调查,同意者可以停止雇用,但短期雇约,满期以约解雇,不许此限。

二、明年工资,即以本年增加工资后之粮食工资为准,不再增加。

三、有下列条件之一者,明年仍将增加工资:

甲、本年仍为货币工资,未经改订者;

乙、工人等级,明年升级者,如由三领升为二领;

丙、新雇工人;

丁、雇主自动愿意增加者。

四、雇主于增加工资后,不得有虐待雇工行为。

五、雇主新增雇工人,最好有乡农会介绍,并三方协议订定工资。

六、雇工参加会议与自卫队操练时间。由乡农会与自卫队,会同订定,不超过法定时间(以改善雇工生活条例)。

七、农会与雇工保证:

甲、按时工作,不怠工;

乙、工作尽力,不敷衍;

丙、除必要开会及下操时外,不藉故请假;

丁、与雇主遇事协商,保持主雇协调关系。

(摘自《淮海报》1942年10月4日《淮海区行政公署淮海区总农会联合公告》)

(二)淮海区租佃关系调协办法

一、实行二五减租本减租额以后,不经参议会之修正,不得自行增减。

二、土地上种植农作物,应根据土质及农民生活业佃协商决定。

三、地主不得藉故堉地荒地。

四、业佃双方力求恢复友好关系,尽力解决农民种子耕牛农具等困难。

五、肥料二五减租后,由佃户担任。为求改良土质,增加生产多施肥料,主佃双方可协商追加更多肥料,主佃各半。

六、欠收交租减成,由乡农会及业佃三方公平商定,不得无理争执。

七、佃户保证:

甲、按期交租;

乙、不得荒地。

(摘自《淮海报》1942年10月4日《淮海区行政公署淮海区总农会联合公告》)

(三)浙东行政区租佃契约调解、仲裁办法

第二十五条 业主依照第廿三条第七项规定(注:即业主确因贫困非收回自耕而无法谋生者)撤佃时,应适当顾及佃农之生活或仅撤佃一部,如有争议由农会或政府调处之。

第三十三条 佃业双方发生纠纷时,应由田地所有地之乡镇公所农会会同调解,如调解不成得请求区署或佃业仲裁组织处理之。

(摘自1945年7月18日《浙东行政区减租交租及处理其他佃业关系暂行办法》)

三、合同的样式

(一)淮宝县抵押土地的几种契约样式

我还举出两个文约式样,一个是指田包租的抵地契约,一个是绝典契约。这些文约与上面所举并无大的差异,一个只是把典契与承揽合而为一,一个只是省略另外开一张回赎条,比较省事,但抵押和剥夺土地的本质,则表现的更明显了。

一 指田包租契

立典田契人左在元今因正用不足请中说合情愿将祖遗南左田一块庙东田一块三家坟田一块又黄潮田一分四共实田十亩情愿立契典与刘名下为业当日同中言明转包回租每年净包大洋二十五元二角按五八两月交清无问蝗蝻水涝概不减租自包租之后无许异言永无返悔恐后无评立此存照

民国二十二年七月二十九日立典田文契人左在元十 评中人:刘安有 十 薛松山 十 左志朝 十

二 绝典契

立绝典田文约人左学章情因正用不足则为年岁凶荒日年难度特请中人说合情愿将自己基产一份计田十亩整情愿绝典予左学志名下在上耕种为业当日评中言明议定典价大洋300元整是日洋契两交毫厘无欠亦非私债折准等情其田绝典之后典主10年为限洋到取赎若无原钱典主原契到府投税过粮予原业主无干毫无异言永不反悔其田粮税在10年之内仍归原业主完纳与典主无干之系双方情愿非敢逼勒成交恐后无评立此绝典为照

计开四至

大湾田一分东至河心,西至河心,南至北至

民国三十年正月初八日立绝典田文契人左学章

评中人:左学双 左学浦 左连玉 同押

一般农民把附回赎条的绝卖契或绝典契,都称之为"死契头活契尾"。据说这种办法是债主跟"淮户"学来的;它由淮城传播而来。

(摘自江苏省档案馆资料,1942年《淮宝县黄集区绥靖乡高利贷调查》)

现在我只把押地,兼并土地的文约,保持原来面目写上。

(1)典田契

立典田文契人曹有旺今因无钱应用不足央请中人唐德勋王金登唐朝润三人说合愿将自己祖遗涧河西土山田乙块贰亩桥头田一块四亩南拱田一块五亩长汪田一块三亩坐落太安三乡情愿典到张名下在上耕种为业当日同中言明共典大洋50元当日钱契两交毫无悬欠其田典之后三年为满洋到取赎若无原洋不计年限在地钱粮业主完纳此系两相情愿非敢逼勒成交恐后无评立此典留文契为照

民国十九年六月十二日立典田文契人曹有旺

评中人:唐德勋 王金登 唐朝润

(2)包租和承揽

立包租承揽人曹有旺无田耕种央请引领人情愿包到张田长名下将豆麦田十四亩情愿包额租大洋麦季玖元秋季玖元正八月送到库内丰年不增稔年不减蝗螨水涝如有拖久归于中人一面承管今欲有评立包租承揽为照

民国十九年六月十二日　　立包租承揽人曹有旺

评保人:唐德勤　王金登　唐朝润

(3)绝卖契

立议单绝卖(田豆麦田)文契人(曹廷富、曹廷贵)因为正用愿将(南横田、三坟田、汤家稻田)壹(块)坐落(太三)地方(孙庄)开后评中牙绝卖与(张)名下永远为业当日三面议定时值估价(共合大洋捌拾壹元)整即日钱契两交毫无悬欠亦非折准等情其(田)的系(情愿将)己产并无他人(寸土)在内自议准绝卖之后听评买主置造永断葛藤如有亲房门族并原业主人等争论籍言尽一字异说以及交差不明地界不清俱在卖主一面承管与买主无涉此系两相情愿各无返悔非敢逼勒成交今欲有评立此议单绝卖文契永远为照

计开(汤家稻田由南活陆弓壹尺北活六弓二尺五寸中长壹百零陆弓实田贰亩八分零四毫又汤稻田南拱匀弓零伍寸北拱玖弓整中长壹百壹拾贰弓二尺五寸实田叁亩玖分陆厘玖毫南至埂心界北至埂心界东至孙界西至埂心界三坟田南拱柒弓贰尺壹寸北拱柒弓壹尺三寸叁中长壹百贰拾捌弓实田叁亩玖分一厘玖毫又三坟亩南活柒弓北活四弓四尺中长壹百壹拾弓实田贰亩柒分贰厘南到河心界北至埂心界东至周界西至刘界又南拱田照老契壹半实田肆亩贰分零为照)

立绝卖田交契人曹廷富十　曹廷贵十

(民国贰拾壹年　拾月　拾壹日)

中人:唐德勋十　唐朝润十　唐德标十　王广聚十

正契(张如波)收执

(注:这张契约是用木板刻好,粉连纸等字印好的,括弧里的字是用毛笔填写的字迹。填写这张契约时,曹有旺已故,廷富廷贵系其子)

(4)承揽

立承揽佃户人曹廷富、曹廷贵同今因无田耕种聘请引领人唐朝润说合情愿揽到张田长名下汤稻田贰亩八分零又壹分叁亩玖分陆三坟田二亩九分一又一分二亩七分二又南拱田一半老契实田四亩二分情愿包额大洋十七元五角麦秋二季五八月交清稍有拖欠均为引领人承管每年粮税原主完纳于买主无干涉恐后无评立承揽为照

民国二十一年十月十一日立揽佃户人曹廷富、曹廷贵。

引领人:唐朝润、唐德勋、唐德林

(5)回赎条

立放回赎笔贴人张如波今因于民国二十一年阴历十月十一日承买曹廷富、曹廷贵、汤家稻田实田二亩八分零又一分汤稻田三亩九分零又三坟田三亩九分一厘又一分田二亩七分零又南拱田一块老契一半实田四亩二分零当评中人言明正价大洋八十一元以止十年为期卖主曹廷富、曹廷贵备元价回赎倘有过期之外听评买主张如波之便不得闻问之法恐后无评此回赎存照

民国二十一年十月十一日立回赎笔贴人张如波十

曹廷富、曹廷贵收执

中人:唐朝润　唐德标　唐德勋

从上面五张文约中,我们看出:

这里的典田契是与一般的典田契格式不同的,一般田地的典当,还常常可以看到地主把土地典当给农民,所以,当出人与当入人的人格,在文约上表现出来是平等的。而此地,承当人的姓名另写一行,并给以尊称,这就表现出承担人与典当人人格上的不平等。

一般典地习惯。在土地当出以后,该土地的赋税,仍用原业主名义缴纳,但实际却是由承当人如数拿出。在这个契约的规定中是不同的,它写明钱粮由业主完纳。

所谓钱契两交,只不过是冠冕堂皇的文辞,实际是债户那里得到契上所写的钱数呢!

把包租承揽对照一下,土地抵押的本质就是显露出来了,一看便知,所谓租额十八元,丰荒年岁,不增不减,实际上便是典价五十元的月利三分,更指出其本质,即所谓典价实际上又是利贷的本利和。

(摘自江苏省档案馆资料,1942年《淮宝县黄集区绥靖乡高利贷调查》)

(二)苏中区台北县"敌管会"同裕华垦植公司的合同条文样式

本会于二月二十二日台北县县政扩大会选举

成立，遵照政府指示，管理裕华公司敌产，协助公司发展营业，特推派代表于二月二十二日与裕华垦植公司代表订立合同如下：

立合同人敌产管理委员会(以后简称甲方)裕华垦植公司(以后简称乙方)兹根据苏中第二专员公署民字第一二号批示订立合同如下：

一　甲方应予没收之敌资产全部入股于公司，按照公司原有已收股本比较在未清结以前暂定甲方为三分之一股权乙方为三分之二股权，并自民国三十二年份起以甲方应得三分之一纯益作垦区地方建设经费。

二　于最短期间双方应召开公司董事会俾改组讨论今后业务之发展。

三　在董事会未召开改组以及敌产敌资未清了结以前甲方为实行其代理股东职权，公司一切对内对外业务问题须得甲方主任委员之附署该会并得派会计一人参加公司为刻时过渡之办法。

自订立合同后垦方应互相遵守合同正副两份各执一纸一件存照。

民国三十三年二月二十二日立合同人敌产管理委员会代表人杨天华、陶叔彪、季彦敏、李仲瑛；裕华垦植公司代表陶叔彪特此通告。

中华民国三十三年三月十四日

主任委员杨天华，副主任委员金逊、陶叔彪

(摘自《苏中报》1944 年 3 月 22 日《台北县裕华垦植公司敌产管理委员会通告》)

(三)苏中第四地委的雇工合同样式两份

原掘马北区雇工合同凭字雇主收执联

掘马北区雇工合同凭字工字第 64 号

立雇工凭字人周云彪今立到

名下代做长工凭得工抗及保证人双方议定订期壹年　　月每年工资春季大麦老秤壹百斤秋季稻子壹百斤棉衣单衣各一套医药费由雇主津贴雇佣或辞退均有自由但须双方同意经工抗之讨论审查。除上项议订期间内保证：

一、遵守约定不无故辞退。

二、工作勤劳不无故怠工。

三、生活节俭不嫖不赌。

四、对老板和平相处患难相扶。

今欲有凭，立此凭字为证

中华民国三十三年五月三十一日

立雇工凭字人　周云彪　十

保证人　陈永富十

工抗代表　徐　大十

(江苏省档案馆资料，1944 年苏中第四地委《劳动政策与土地政策初步检查》)

主雇合同式样

如皋县第二区区署主雇合同

工字第　　号

立主雇合同雇主　　今雇到

君为本人家内劳作当经双方同意并得法定见证人共同议定：

第一、每年工资粮老石　　石　　斗　　斤，外加土布二匹并酌给医药费用。

第二、主雇双方应互相团结，雇主不得虐待雇工，雇工亦应爱护雇主。

第三、雇工应努力生产，不得消极怠工，妨碍生产，并应爱护劳动工具，不得任意毁坏。

第四、雇主有参加开会和抗日之自由，雇主不得阻其参加工(农)抗会之组织。

第五、雇工有享受教育之权利。例如参加民众学校，每天读书二小时等。

第六、雇工如有疾病，雇主应准其休养，在休养期间，雇主不得扣减工资。

第七、雇主对雇工不得无故解雇，如欲解雇，必须经工(农)抗会之同意，并须预先一年通知。

第八、雇工如欲辞退亦须于三个月前通知雇主不得妨碍生产。

除由区署截留存根检查外立引合同主雇各执一纸本联交雇工存执为证

中华民国　年　月　日立合同人雇主

法定见证人(乡长)　中证

法定见证人(工农抗会长)　中证

(江苏省档案馆资料，1944 年苏中第四地委《劳动政策与土地政策初步检查》)

第四节　商标广告管理

一、苏皖边区政府的商品商标注册办法

(一)本府为保卫工商业发展，准许专利，举行商品商标注册，特订定本办法。

(二)凡在边区境内,无论公营私营,合股经营之大小工厂手工作坊,制造之一切商品,暨所采用商标,一律举行注册。

(三)注册手续,除由各工厂具申请书外,并应绘呈商品商标式样(每式拾份)及商品商标说明书,暨工厂组织、资金、生产概况表,方准注册。

(四)本府认为注册手续完备,经审查合格,即发给注册证,不收任何费用。

(五)注册事项,一律由本府建设厅办理之,较近地区之申请注册事项,可依据申请注册手续,由所在地方政府或专员公署转呈。

(六)凡有下列情形之商品商标,一概不予注册。

1. 商品质量极劣,不适于应用,或有碍卫生者。

2. 假冒或有意混同其他商品之商标式样、名称者。

3. 制造于社会有害,或经法令禁售之商品。

4. 工厂无固定基金。

(七)商品商标注册后,得享受以下权利。

1. 政府予以专利,如有他人假冒,得予以法律保障。

2. 商品销售发生困难时,可呈请政府予以减税出口。

3. 各工厂制创精良之商品,或有益于社会民生之商品,政府予以奖励。

(八)注册后之商品商标,如有变更时,应重行检选式样申请注册。

(九)若工厂对注册后之商品,不拟继续出品,或工厂倒闭不能出品时,均须呈报备案。

(十)本办法经本府主席团通过后,并公布施行。

另商标注册注意事项

根据商标注册暂行办法第三条规定注册手续,应注意下列几点:

1. 注册申请书,由各工厂当事人(代理人须有代理证明文件)申请,用普通呈文纸缮写并附当事人详细履历表。

2. 商标图样,用坚韧光洁之纸绘之,长及宽不超过20公分。

3. 商品样品,由各厂装置封闭呈送,以便永久保存。

4. 商标说明书,应将商标名称,图形、尺寸、颜色、暗记说明用32裁报纸缮写。

5. 商品说明书,应将商标名称、成分、制法、用法、效用、产量说明用32裁报纸缮写。

6. 工厂概况书内列项目如下:

a. 工厂名称、性质、地址、建立日期及经过。

b. 厂内组织。

c. 资本金额、资本来源、资金分配。

d. 财产目录。

e. 职工人员数目,工资制度,工作时间。

f. 产品种类、数量、质量、成本、售价,市场销售情形。

g. 今后计划。

7. 呈请注册时,须注明通讯地址。

(摘自江苏省档案馆史料,1946年5月20日《苏皖边区政府举办商品商标注册暂行办法》)

二、几种报刊广告

(一)郑兴刻字处启事广告

本刻字处代刻正草隶篆各种图,及美术字,如蒙惠顾,无任欢迎! 通讯处:本报分销站。

(摘自《淮海报》1942年2月4日广告)

(二)新华商号开业广告

本号(系公营性质)系为抗战为政府为人民服务,调剂市场物资供应与平衡市场物价,帮助群众运销,便利金融调转,作进出口商之媒介为宗旨。资金暂定抗币30万元,选于9月10日在三仓镇开幕,经营范围为:医药用品、五洋杂货、文具布匹,粮食等项,如蒙各方惠顾,本号均一律待遇,并无任欢迎!

(摘自《群众报》1944年6月16日广告)

(三)宝应县荣誉队的商品广告

本队现创办烟草公司,聘请专门技师,采办上等原料,出产"飞鹰"牌香烟一种,品质优良。欢迎各根据地各界人士试购。

经销处:宝应县政府

经销处:宝应各利民公司

(摘自《苏中报》1945年5月12日广告)

(四)《新华日报》的广告刊例

报名两侧:21字高每天每行抗币2元半

长行:43字高每天每行抗币4元

32字高每天每行抗币3元

短行:21字高每天每行抗币2元

以上均以新五号字计算,连登3天者打8折,连登5天以上者打7折,连登10天以上者打6折,连登半月以上者打对折,各机关团体照上例定价减半。自1946年元旦日起一律按此条收费。

（摘自《新华日报》1945年12月31日广告）

第四章　工商管理机构

第一节　机构变迁

一、豫鄂边区设立贸易统制局

1940年7月，当时豫鄂边区还设有贸易统制局，局长苏化农，副局长庄果。贸易统制局行商座商税都收。后为了税务工作开展，不久改为关税总局，只搞行商税，下属六个稽征股，所下设税卡。

县税务分局，局长2人。设有稽征股2人，管理税收政策；计会股3人，……行政股20人，用木板印制税票，……税局还有稽征队伍约40人，30支长枪，10来支手枪。

（摘自1984年红安县税务局《红安财税史资料》《访苏宇农同志座谈纪要》）

二、淮北行署设立贸易局，并规定其任务

根据上面的政策，设立贸易局、贸易局的任务：

1. 调剂内地物资，平抑物价。
2. 组织商人，推动商业发展。
3. 举办公营事业登记，限制公营事业发展。
4. 有计划的输出剩余货物和有计划争取必需品进口。

（摘自《政府工作》第4期，1941年11月16日《苏皖边区的财经工作》）

三、豫鄂边区取消仇货检查所设立边区贸易局

为了支持长期战争，边区党委决定加强财经工作。边区虽大部分地区土地肥沃物产富饶，但由于日寇实施“以战养战”政策，大肆掠夺边区的粮食、棉花和耕牛等物资，大量发行伪钞，并且控制食盐，操纵金融，致使边区生产下降，“法币”日益贬值，物价日趋高涨，严重影响军需和民生。所以必须加强财经战线的对敌斗争，大力开辟财源。为此边区党委于10月召开财经会议，讨论发展生产，整顿税收等问题。决定立即筹备征收田赋，成立党的财经会，推举陈少繁同志兼任财经书记。财经会议成立后，军政联合办事处关于财经建设方面进行了一系列的工作：指示各县开征救国公粮与积谷；取消各地仇货检查所，设立边区贸易局，本着不伤民不资敌的原则，实行贸易统制和粮食统制；整理各地税捐，统一税收制度；为反击敌伪操纵和破坏边区金融市场，在石板河一带试发流通券；提倡兴修水利，开垦荒田；推行新式纺织机；整理边区合作总社等等。并要求各县建立预、决算制度和收支报告制度。

（摘自1964年新四军第五师抗日战争史编审委员会编缉办公室《新四军第五师抗日战争史》《军政联合办事处成立，加强财经工作》）

四、鄂豫边区设立物资统制总局

……抗战时期（1940年），日寇大肆搜刮中国资财。我解放区的根据地，采取了既切实合法贸易，又堵塞走私资敌的方针，办法是：在鄂豫边区设物资统制总局，在鄂东、鄂中、天汉、系应设立物资统制局，实行物资进出境的管制。……

（摘自1964年《大悟县革命斗争史》《设立物资统制局开展对敌经济斗争》）

五、建立税警队，保护商业经营

1941年新五师诞生，边区政府和行政公署的完善调整，为了保障革命战争的供给，同时保护商业经营各阶层的正当利益，促进边区秩序的安定和有利统一战线政策的实施，都设有税警队，便衣队等武装建制，配合开展税收工作。

新五师组建后，在后勤部内设置一个手枪队，共34人，队长饶平，政治指导员彭功；边区行政公署，专设一个税警队，共80多人，以保护抗日民主政府之税卡，开展税收工作。

（摘自1984年大悟县财政局《税史资料》）

六、设立建设处，管理工商业

〈一〉关于农林畜牧工业商业矿业之计划管理监督保护奖进事项。

〈二〉关于合作事业之指导与奖进。

……

〈五〉关于农林畜牧工商矿业出品之陈列及检查事项。

〈六〉关于农林畜牧工商矿业各团体之指导。

〈七〉关于度量衡之检查监督。

……

（摘自1985年鄂豫边区革命史编委会：《鄂豫边区抗日根据地历史资料》第三缉《豫鄂边区行政公署组织条例（1941年8月）》）

七、盐阜区设立贸易管理局，管理进出口货物

敌伪在南京上海一带非法抢夺民间法币，企图向我抗日民主根据地吸收物资，以缓和其内部经济危机。我政府当局为了进出口货物，以免根据地通货膨胀，物价飞涨，影响民生。该局正副局长叶进明、赵清心为推进各地工作，即将分赴东坎、益林督导工作。东坎、益林、佃湖、苏家嘴等地方并已分别成立贸易分局，其他各县将先后成立。

（摘自《盐阜报》1942年7月11日《发行盐阜票，成立×贸易局》）

八、淮海区决定贸易局与税务局合并

行政委员会于本月1日上午九时举行第四次例会，出席：史煜、江剑农、陈月斋、宋一韦、邵幼和、李一氓等。列席有王哲、顾准、汤化愚、程万里、陈亚昌等，当通过提案共六项：第一，贸易局与税务局合并，贸易局干部参加税务局工作，税务局加设贸易科，税务科改为税管科，管理进出口货物之统制及税务事宜，并加委朱月三为副局长。

（摘自《淮海报》1942年10月4日《贸易税务两局合并》）

九、苏皖边区组织武装缉私

1. 根据我们的统计，我们的税收武装现在还异常薄弱，不能胜利的执行目前的缉私任务，这是一个严重的问题。我们必须用最大努力来克服它。在这里号召我们的税收全体人员，一致努力于这一工作，认真采取有效办法，来扩大我们的武装，至于枪械问题，本处当设法解决。

2. 在扩大的过程中，同时应该进行已有税警的审查工作。这一工作应该在全体税警中进行。不分干部与战士。要特别注意的是审查工作。应该根据于政治上坚定，工作中的表现来进行。反对私人感情错误观点，以宁缺勿滥的精神来认真执行这一工作。

3. 为了巩固我们的武装，加强税警教育是完全必要的。各级税检机关应有计划地进一步工作，在政治上提高他们，增强他们的纪律性与自觉性，要严格纠正过去的雇佣观点与发财主义。

4. 同时在生活方面，我们要设法改良他们的待遇。使他们在一切方面，至少应与地方武装待遇相等。

（摘自《政府工作》第四期，1941年11月16日《苏皖边区财经工作总结——在边区第一次财经会议上的报告大纲》）

十、成立淮北贸易局，调剂物资供给，平衡物价

为了调剂根据地内部的物资供给，平衡物价，并与敌伪进行经济斗争，成立了淮北贸易局，最初只是商业机关，有计划的输入我们的必需品，输出过剩的土产。在今年午季主持了统制食粮出口的工作。在××地方成立了平衡物价的交易所，现在已经开始从单纯的商业机关走向统制贸易的机关了。

（摘自《淮北抗日民主建设》1942年10月《淮北苏皖边区三年来的政府工作》）

十一、精兵简政，设立财经局

为节省人力物力，增加工作效率彻底执行上级精兵简政号召，分区粮食管理局、税务管理局及专署财政经济科已开始合并为专署财政经济处，日内合并完成，正副处长人选已决定为周文在祁昌才两名。各县区上列三种机构定32年元旦前合并为县府及区署财经局及分局。

（摘自《江潮报》，1942年12月21日《彻底执行

精兵简政》)

十二、路东根据地建立仇货检查处

在1940年大磨擦前，江北指挥部之供给部管理个别地区之税收(因当时还未建立政权)。路东根据地建立后在短时间中军队供给部队仍参与财政中的财政经济工作，至1940年7月才成立联办处下面的财政经济委员会，李人俊同志负责，才把政权与军队分开。

财经委员会的组织是：下设货物检查处、税务总局、粮食局、会计局、审计局、经建局、总金库，各县设财政科、总务局、货检处、分金库，各自成系统。

(摘自《皖东根据地二师发展概况及反高敬亭斗争的经过》一文，1943年6月)

十三、成立襄河贸易管理局，和敌顽进行贸易斗争

我军向襄南特别是向长江两岸的发展，为边区开辟了一大财源。自1943年我发展襄南以来，控制了襄南的大量棉花、粮食，成立了襄河贸易管理分总局和敌顽进行贸易和货币斗争。我以物资换取边区所需之军用品和工业品，并通过税收肃清伪币，稳定边币，将收回之“法币”送交区党委到河南换取食盐。到1943年底，我军控制了长江从监利到新厂百余里的交通线。这是国民党统治区和敌占区贸易的要道之一。由于我解放区社会秩序安定(没有匪患)贸易政策好(关税统一，只收一次)，因而大后方商人到敌占区贸易都愿通过我区。我区之古长堤(在石首县江北区)即成为这一交通线之咽喉。我税务局以此为中心、沿江设卡收税，税款源源不断运往边区领导机关，当时边区财政开支大部赖此。

(摘自1964年《新四军第五师抗日战争史》《继续发展襄南、襄西挺进江南洞庭湖畔，开辟桃花山根据地》)

十四、货管局合并

根据情况的变化，改变了谷粮制度，建立了新的供给制，食粮支给保管制，在组织机构上从财经处钱粮合并，货管局生产建设局合并发展成为今日财粮税货合并，建立财经之统一组(注：以下不清)执行了以货易货政策……

(摘自《盐阜报》1943年10月9日《参议会联席会议，曹主任报告讨论民主改选等要案》)

十五、苏中区专署各县成立贸易管理局

为执行战时贸易政策，加强对敌经济斗争，管理进出口货物，调剂物资，保护根据地生活，增强抗战力量，苏中第三行政区专员公署依据苏中区各级贸易管理局组织暂行条例第六条第二项第五款之规定，并按照本区实际情形，于12月1日正式成立贸易管理局，本行政区所属各县贸易管理局亦于同日分别成立。专署贸易管理局长已由专署委朱沫就任。朱氏已定1日就职视事：兹将各级贸易管理局之组织权等探志如下：

组织：专署及县设贸易管理局，下分物资管理、物资调剂、交通、会计四课(县为股)，物资调剂课设一流动式之公营商号，县另有商情调查员若干人。区设贸易所(未成立前得设贸易管理员一人)。区以下设贸易分所，其职权由服务分所代为执行。职权：

(一)贸易管理局有关贸易管理法令条例以及重要布告：均由专员公署(县为该县府)为之，财经处(县为局副署)，对外普通布告。对内经常业务指导由贸易管理局直接办理之。

(二)专署管理局局长秉承主管机关之命，有下列职权：一、依据苏中区贸易管理指示：计划执行本行政区贸易管理工作方针，并指导推动各县贸易管理局之工作事宜；二、管理本行政区对外与其他行政区进行贸易事宜；三、管理本行政区所设公营商号及合作社事宜，民营合作社则不得干涉，其行政及业务，必要时可指导工作，协助其发展；四、统制管理食粮运销，确保根据地内，军粮民食事宜；五、拟订本行政区贸易管理之单行法规事宜；六、调剂所属各县物资之供需，平定物价，取缔囤积居奇事宜；七、处理有关贸易管理之有关事宜；八、核发本行政区内及对外有关贸易管理之各种训练证书事宜；九、与审查区级以上贸易管理干部事宜；十、稽核所属各项账目事宜。

(三)专署管理局各课长秉承局长之命办理下列事宜；一、物资调剂课办理所属各县相互间及邻近行政区物资交换及供需调剂事宜；所设商号则负责进出口货物分配买卖等事宜。但不得以营利为

目的。二、物资管理课根据管理条例及办法,办理本行政区内商业市场及进出口货物登记与管理,并核发各项证书事宜。三、交通课管理调剂物资之全部运输事宜,沟通内外交通线,建立运输站,并举行舟车、牲畜等之登记与管理事宜。四、会计课管理本局银钱出纳及进出口货物分配买卖商业往来之各项会计事宜。五、本局管理贸易调剂物资,连带发生之汇兑事宜由江淮银行办理之。

(四)各县管理局主任之权职,依据专署管理局之指示计划执行各县贸易管理工作并指导及推进各区贸易管理工作,其他除与专署管理局局长职权第二、三、四、五、六、七、九、十各项相同外(工作范围为本县及所辖各区):一、管理各该县市镇村庄之商业市场事宜。二、核发各该县各店营业执照及对内对外有关贸易管理之各项证书事宜。三、协助各区动员调剂管理运输工具事宜。

(五)各县管理局所设各股股长秉承局长之命令办理各项事宜(同专署管理局之各课,工作范围为本县)。

(六)各区贸易所秉承主管机关之命有下列之职权:一、在各该县贸易管理局指导下执行并计划各该区贸易管理事宜。二、调剂管理各该区与邻近各区贸易事宜。三、接受上级或转请县贸易管理局核发货物出口证书事宜。四、调剂所属各乡物资之供应事宜。五、办理各种物资之登记并核发物资登记事宜。六、管理区设公营商店及公营合作社事宜。七、检查物资之运输及进出口事宜。八、核发各该区乡物资运销证及采购证事宜。九、监督各市镇之商业事宜。十、动员并调剂管理交通运输事宜。十一、调查各该区内物资及商业状况并随时报告县贸易管理局事宜。

(摘自《江潮报》1943 年 12 月 1 日《专署及各县成立贸易管理局》)

十六、来六贸易局建立

1943 年,边区成立“来六贸易局”。地址在竹镇天主堂。利华公司隶属贸易局管理。1944 年来六贸易局与来安六合货物检查处合并,改名为来六货管局。设供应、会计、税务、保管、总务五个股,后又改股为课。负责收售贸易、税收、缉私及搜集敌情等任务,已由单一商业经营发展为贸易、财政金融管理的联合体,是一个综合型的财经机构。陈先调任货管局长,董积贤任副局长,下设有竹镇、马集、施官、屯仓等分局。

(摘自六合县商业点编辑室编写《抗日战争时期公营竹镇利华公司》一文)

十七、樊南区设立贸易管理所,加强贸易管理

樊南区为加强贸易管理,正式设立贸易管理所,所长由财经分局主任兼。每日下午一时至四时由贸易办事员、填票员、检查员至指定地点办公、代商民签发物资交换证、食粮购运证、伪币出口证与伪币登记手续,各交通要道,分设七个所,另有检查员和缉私小组以突击抽查。秘密调查检查行人,拦粮,缉私等,并发动群众检举、密报,加强贸易管理,防止食粮无计划外流。阻止伪币入根据地与我根据地暗中流通。

(摘自《前哨报》1943 年 12 月 21 日《樊南区设立贸易管理所》)

十八、贸易管理机关的执掌

第四条　各级贸易机关执掌贸易管理之主要事项如后:甲、管理进出口贸易。奖励必需品进口,限制根据地物资无计划之外溢,使出口货达到以货易货为原则;乙、管理根据地内大宗物产,举办调查登记,实行有计划之控制;丙、管理根据地内对内对外贸易之商铺、行坊、商贩及各种合作社;定期举办调查登记并辅助其发展;丁、调剂根据地内物产使过剩与不足者达到供求平衡。

第五条　各级贸易机关管理上列第四条各项贸易主要事项外,得兼理与贸易有关之事务,其范围暂定如左:甲、管理根据地内交通运输事业,以保护商运,调节物资;乙、在农村中兴设市集,发展农村商业;丙、取缔囤积居奇,实行平衡物价;丁、统制粮食,确保根据地军需民食;戊、代办商业汇款,并签发货币兑换证明书。

第六条　上列第四、五两条规定之各种办法章则,由苏中贸易局统一规定呈准公布之,但各行政区有特殊情形者,得另订单行办法呈准施行。

第七条　各级贸易局必要时得呈准设置各种专门委员会(如粮食调剂委员会、运输管理委员会、物价评议会等)辅助进行,但应受各该贸易机关之督导。

（摘自《滨海报》1943 年 11 月 23 日所载《苏中区战时贸易管理暂行条例》）

十九、盐阜区各级成立工商管理局

1942 年秋，为加强贸易管理，盐阜区需成立贸管局及四个专职分局，后以贸易管理网与税网为不可分之整体，遂决定税务局与贸易局合并为货管局。去年 5 月前述之财粮税合并，实即为财粮货三者合并。现在重新独立出来的税务工作，同时包括贸易管理工作，并加上较广泛的工商管理工作，今仿照山东办法，成立各级的工商管理局，主管税务与贸易。过去盐阜区税管局或货管局是隶属行署的，实际由财经处领导，今工商局则属苏北财委会领导。目前盐阜区工商局尚未组织好，故各县工商局直属财委会领导。

（摘自江苏省档案馆资料，1944 年 7 月《全区第一次扩大行政会议文献》）

二十、成立盐阜区工商管理局，严密工商管理

行署为加强对敌经济斗争，严密工商管理，特成立盐阜区工商管理局，由赵清心同志任局长，该局已于本月 1 日开始工作。闻将首先确定主要进出口货物等交换比率，今后定量土产出口，必须规定比率换回定量进口货物，以资压低进口货价格，提高土产价格，同时即以土产在我地区市价觅物价计算标准，以期达到稳定物价及币值之目的。

（摘自《盐阜报》1945 年 3 月 17 日《盐阜区工商管理局成立》）

二十一、淮海全区税务局改组为工商管理局

行署为加强对敌经济斗争，以及严密工商管理局，辅助本地区经济建设事业之发展起见，特将全地区税务局改组为工商管理局。于行政公署之下，设立工商管理总局，灌沭地区设立第一工商管理局，东宿地区设第三工商管理局，管理局之下，设分局或分所，淮涟地区设第四工商管理局，举凡本地区生产事业之管理，一切货物之进出口，对外贸易之事项均由该局直接管理，并闻已委陈易兼工商管理总局局长，卢钝根为副局长云（义）

（摘自《淮海报》1944 年 11 月 1 日《行署决定成立工商管理局》）

二十二、盐阜专署财经部门制度变动各县工商局移交

关于各县工商局移交及县财务局今后工作，对此次工商局长会议的传达之各问题作如下修正补充，如与本通知发生冲突时，则应严格依照本通知执行。

（一）关于交接

（1）除沿海原有管理对外之分局所全部人员、枪支公物移交货管处外，其余原有对内地之征收机构人员、枪支公物应全部移交县财务局接收。

（2）各工商局截至移交时止，已用未用税票数目，均报由货管处审核，各项已填用税票及解缴税款应报由货管处核算，未用之整本票照则全部移交县财务局应用，并重新开具存款条，由货管处送交本署，以作今后审核票照之根据。

（3）内地税网变更后，人员当会减缩，各县应迅速将编余干部直接介绍至货管处分配工作，如货管处再有编余人员时可介绍至本署转送建大学习，但各县将干部送往货管处分配工作时，不能有丝毫本位主义，将最无工作能力或表现最不好之干部送往，以免货管处无法适当分配工作。

（4）在交接过程中，注意各项内地税收，不能陷于停止状态，已有此现象者，应即严格纠正，以免影响收入。

（5）如货管处因沿海缉私感觉枪支缺少时，由本署统一由各县财务局接收枪支中调给。

（6）财务局所属分局所应用之票照，除屠宰、营业、牙税各种税票仍暂沿用旧时税票外，至于产销税可仍暂时沿用检查票。

（7）各县局长随机构变动而调动工作者，不准随便携带枪支及脚踏车，惟原带者例外。

（摘自江苏省档案馆资料 1945 年 10 月 29 日《盐阜专署关于财经部门制度变动的通知命令》）

二十三、淮海区工商管理局改组

苏皖边区政府，为加强今后对外贸易管理与金融斗争，以及生产建设工作，闻已将原淮海区工商管理局划成三个单位，一为华中银行，一为淮海分行，一为专署建设处。货管局直属边区政府货管局领

导,淮海分行受华中银行领导,并闻已委任汤化愚任局长,卢钝根任行长,夏雨任处长,现均已开始办公。

(摘自《苏北报》淮海版 1945 年 11 月 18 日《工商局改组》)

二十四、工商局改为货管局

奉边区政府命令,以产销营业等税原划归县财务局征收,惟旬日来执行结果,深感货管处征收进出口税只配备边区边县一线,财务局又因其任务不同故其税网配备不能与货管处密切配合,致进出口税偷漏甚多,为此,特决定财务局征收之产销营业等税仍划归货管局征收,等因,转饬如下:

(一)各县财务局仍改组为财粮科,暂仍照当时编制,科长候另行委派,其应移交货管处之各项工作,应于 11 月 25 日前办妥会报。

(二)各县财务局原接收工商局之人员、枪支、公物以及已用未用票照、征起税款等均全部移交货管局指定之人员接收,至原工商局尚未移交给财务局者,则由原工商局长负责移交货管局。

(三)县财务局人员之 10 月份供给发待等费,由各县政府负责照该一般经济情形解决,11 月份由货管处解决。

(摘自江苏省档案馆史料,1945 年 11 月 14 日《苏北盐阜分区专员公署命令》)

二十五、工商管理局合并为货物管理局

前三、四专署工商管理局已合并成立苏皖边区第一货物管理局,直属边区政府领导,由陈国栋任局长,金逊、刘和林为副局长。前江淮银行三、四支行,亦由华中银行办理接收,成立华中银行第一分行,由忻元锡任行长,邓克生为副行长。现各处院局等均已接收完竣,正式办公云。

(摘自《江海导报》1945 年 12 月 9 日《苏中第三、四专署奉命撤销,成立苏皖边区一专署》)

二十六、浙东解放区工商管理局正式成立

浙东解放区正式成立工商管理局。此事行署特召开第七次常务会议,为谋调剂解放区物资,稳定金融,发展工商事业,用以安定人民生活,发展解放区之繁荣。决定以郭委员静唐任该局局长,原三北工商管理局局长吕炳奎为监委,改原有财经处为财政处,将经济建设工作全部划归工商管理局管理,并将财政处之稽征工作暂交由该局办理,藉收配合之效。该局内部暂设秘书、贸易、工业、稽征四科。叶贻中为贸易科科长,吕炳奎兼工业科科长,王绍甫为稽征科科长,下设三北东区与西区二个分局。以张大鹏为西区分局局长,该局和两分局均于本月中旬先后成立,其目前方针、任务与业务范围如下:(1)普设公行发展贸易、团结商人、调节物资、稳定金融、平抑物价;(2)从现存公营工业基础和范围加以管理与领导,并发动游资,开设民营手工业工厂,进一步设立公营工厂,以趋向部分自给到全部自给自足;(3)接受税卡,建立新解放区税收机关,准备进行货物管理,改进征税方法,增加财政收入;(4)接受和管理敌伪物资及盐场,并准备筹设交通、银行、仓库、码头、工厂、邮电、海关等,配合军事需要建立各地运输组织,恢复交通,稳定社会秩序,使早日恢复市面繁荣。

(摘自《新浙东报》1945 年 9 月 1 日《浙东解放区工商管理局正式成立调剂物资稳定金融发展工商业》)

第二节　组织建设

一、财政经济干部训练班的规程与课程

总目次:

Ⅰ.规程

A、名称

B、宗旨

C、学额

D、期限

E、学习生活

F、生活纪律

G、作息时间

Ⅱ、课程

Ⅲ、课程分配表

Ⅰ.规程

A、名称:财政经济干部训练班

B、宗旨:提高经济工作人员政治水平,加强工作能力,以达到培养大量经济工作干部人才从事军事抗建工作。

C、学额:50 名

D、期限:1 个月

E、学习生活

1. 生活军事化,严格执行三大纪律八项注意。

2. 学习紧张化,尽量利用一切空余时间。

3. 严格执行自我批评,发挥集体教育效能。

4. 正确的利用民主集中制,发扬民主精神。

5. 互相勉励、互相帮助、发扬革命友爱精神。

6. 向不良倾向作斗争,扫除旧意识。

F、生活纪律

1. 按时上课起床。

2. 服从领导。

3. 绝对禁止个人自由行动。

4. 离队或外出必须经过组长转主任批准。

5. 公家用具不得任意损坏。

6. 遇有敌情不得私自离队,须听从整个指挥。

7. 生病必须向主任请假。

8. 要保持营地整洁。

9. 借用老百姓东西,必须经过老百姓同意,用毕须放还原处。

10. 不得随地抛弃纸屑等物,注意清洁卫生。

Ⅱ、课程

第一讲　社会进化史概要

1. 社会是什么

A、社会是怎样构成的?

B、社会进化的原因?

2. 原始共产社会

A、什么是原始共产社会?

B、原始共产社会的特征是什么?

C、它是怎样崩溃的?

3. 奴隶社会

A、什么是奴隶社会?

B、奴隶社会的特征是什么?

C、它是怎样崩溃的?

4. 封建社会

A、什么是封建社会?

B、封建社会的特征是什么?

C、它是怎样崩溃的?

D、中国社会的半封建性。

(一)它有什么特点?

(二)停滞的原因是什么?

5. 资本主义社会

A、资本主义成立的前提及其意义。

B、什么是资本主义社会?

C、资本主义的特征是什么?

D、资本主义社会必然倾覆的原因。

6. 社会主义社会

A、什么是社会主义社会?

B、社会主义社会与资本主义社会的不同在哪里?

C、它是怎样进化到共产主义社会的?

第二讲　政治常识

1. 阶级是什么?

2. 什么叫做政治?

3. 国家是什么?

4. 民主与专政。

第三讲　新民主主义论

1. 中国革命问题

A、中国是怎样的社会?

B、中国革命的二大任务与目的。

C、中国革命的领导权及其策略。

2. 中国革命与世界革命。

3. 现阶段的中国革命是新民主主义革命。

4. 新民主主义的内容。

A、新民主主义的经济。

B、新民主主义的政治。

C、新民主主义的文化。

5. 新民主主义的三民主义与共产主义。

第四讲　抗日民族统一战线

1. 什么是抗日民族统一战线?

2. 民族统一战线是怎样产生的?

3. 民族统一战线的内容是什么?

4. 统一战线的前途。

第五讲　论持久战

1. 持久战的论据是什么?

A、亡国论的错误在哪里?

B、速胜论为什么不对?

C、持久战为什么会胜利?

2. 持久战的三个阶段。

A、第一阶段。

B、第二阶段。

C、第三阶段。

第六讲　苏南的一般形势与工作方针

1. 苏南的政治经济地理环境。

2. 苏南的斗争形势。

3. 苏南的工作方针。

第七讲　抗日战争中的财政经济任务

1. 敌后要保证抗战给养之充足。

2. 敌后要实行改善人民生活。

第八讲　敌后游击根据地的财政经济政策

1. 敌后的财政政策。

A、废除苛捐杂税。

B、实行合理分担。

C、不给敌人收捐税。

D、怎样开源？怎样节约？

2. 敌后的经济政策。

A、减租减息。

B、提高生产。

C、实行自给自足,发展小型工业。

D、与敌人作经济斗争。

3. 敌人对华的经济政策。

A、以战养战。

B、统制封锁。

第九讲　田赋与公粮

1. 征收田赋的机构及领导。

A、县区的田赋机关组织情形怎样？

B、按区分组宣传动员。

C、征税前之准备工作。

2. 合理田赋政策。

A、由按亩摊派到用累进率征收。

B、按地价征土地税。

C、田多粮少,田少粮多是怎样产生？如何纠正？

3. 对旧田赋制度批判。

A、组织上的官僚主义。

B、征收中的层层剥削。

C、办法上的负担不均。

4. 怎样使田亩缴额准确？

A、办理土地登记。

B、争取旧的册子。

C、税契验契换契之配合。

D、抽查已登记之土地。

E、奖励举发隐瞒少报土地。

5. 征收公粮的政治意义与办法。

A、实行出力出物业佃分担公粮。

B、保证供给新四军的必需食粮。

C、征收公粮必要准备之手续。

6. 公款公产。

7. 税契验契换契。

第十讲　货物税与营业税

1. 货物税。

A、在游击区货物税之意义与方针。

B、货物税征收机构。

C、货物税征收方法。

D、进出口过境货物税率之订定。

E、怎样利用货物税达到统制的目的？

2. 营业税。

A、在苏南征收营业税之方针。

B、营业税征收机构及征收方法。

第十一讲　会计工作的一般问题

1. 会计制度的执行。

2. 预算编造方法。

3. 决算。

4. 会计人员应有的条件。

第十二讲　经济建设问题

1. 食粮管理问题。

A、食粮政策。

B、食粮管理办法。

C、军粮与民食处理方针。

2. 金融问题。

A、敌后法币问题。

B、敌伪的金融政策。

C、抗日根据地应采取的金融政策。

3. 贸易问题。

A、贸易政策。

B、怎样统制出口进口货物？

C、贸易的组织机构与领导。

4. 合作社。

A、组织合作社有什么重要意义？

B、合作社怎样组织与领导？

第十三讲　财政工作人员应有的条件

1. 领导要有准确的经济观念。

2. 绝对要有廉洁忠实。

3. 应有高度的学习精神。

4. 要有艰苦耐劳的模范作风。

（摘自江苏金坛县文管会史料,江南财政经济处1942年4月1日编印的《财政经济干部训练班规程课程》）

二、盐阜区建立财经工作人员奖惩条例

第一条 为提高财经工作人员工作效率暨廉洁作风并澄清贪污腐化现象,特订定本条例。

第二条 凡财经工作人员凭藉职位,侵吞公款,收受贿赂,营私舞弊,除已在本区惩治公务人员贪污条例规定者以外,悉依照本条例处理之。

第三条 凡有下列情形之一者,应予奖励。

一、使合法税收增加,而无遗漏偷税者。

二、领导有方,或提具意见,经采用或未即受采而亦确有益于税收者。

三、工作积极,具有优等成绩者。

四、检举其他税务人员,贪污、舞弊确有证据者。

五、能与各机关部队及地方人士,取得密切联系,而有益于工作者。

第四条 奖励之等级如下:

一、晋级 二、奖状 三、记功 四、奖令 五、表扬

第五条 凡犯下列情形之一者,应予惩罚。

一、侵吞公款或收置贿赂,在100元以下者;

二、营私舞弊相当于100元以下者;

三、破坏税率,不遵政令者;

四、工作不力成绩恶劣者;

五、生活不检点,而有腐化情节者。

第六条 惩罚之等级如下:

一、撤职 二、降级 三、记过 四、警告 五、批评

第七条 凡有第五条一、二、三款之行为者,其取得之款物,除属公有者应于追缴外,并得依其情形,分别予以没收或发还受害人。

第八条 凡同时犯第五条二款以上之行为,或再犯者,应从严惩处。

第九条 犯第五条各款之行为未遂者得视其情节轻重分别处理。

第十条 本办法自公布日起施行。

(摘自《盐阜区财政法令汇编》[1944年]《盐阜区财经工作人员奖惩条例》)

三、根据拥爱精神,制定贸易生产守则

军分区根据"拥爱"精神,复制定贸易和生产人员守则15条:1、不垄断市面;2、不运销违禁物品;3、不许摊派民夫;4、不违背政府法令;5、不贪污腐化;6、要买卖公平;7、对人民和顾客要和气;8、不浪费公款公物;9、不受私人钱财;10、不受外人收买;11、不以公物送人;12、要克勤克俭;13、要遵守一切规矩;14、要安心职守;15、要努力学习。并责成全体贸易和生产人员每半月或一月,自我检讨一次。

(摘自《盐阜报》1944年2月15日《根据拥爱精神,制定贸易生产守则》)

四、鄂豫边区颁布物资统制总局奖惩条例

(一)凡属关税人员之奖惩应依本办法办理之

(二)奖励分下列五项;

①晋级; ②传令嘉奖; ③记功; ④奖状; ⑤物质奖励。

(三)惩处分下列四项:

①撤职; ②降级; ③禁闭; ④记过。

(四)有左列功绩者得晋级或给奖状

①领导群众缴获敌伪物资运输者

②破坏敌伪奸细活动捉获洋商者

③开辟税源增加收入者

④领导所卡执行封锁任务者

⑤注意缉私迭获成绩者

⑥争取与团结敌占区商人有功者

(五)有左列事实者得传令嘉奖记功或予以物质奖励

①拒绝贿赂执行税率者

②工作努力生活刻苦者

③调查敌伪区贸易情况有重大贡献者

④廉洁奉公无舞弊事实者

⑤态度和蔼善于说服能为人模范者

⑥密报贪污帮助他人进步者

(六)有左列事实者得予以撤职或降级处分

①打骂商人破坏政策者

②生活腐化舞弊有据者

③不负责任使工作受重大影响者

④挪用公款经营商业者

(七)有左列事实者得予以禁闭或记过处分

①工作消极屡犯错误者

②指定任务不能完成者

③徇情受贿不执行税率者

④态度暴戾引起商人反感者

(八)有左列事实之一者应送司法机关处以极刑并以其财产抵偿,如无财产应向保荐人追债

①一次舞弊500元以上者

②一次舞弊800元以上者

③空款2000元以上者

(九)有上列事实之一者主管上级未查得按情节之轻重受本条例第三条所列之处分

(十)受禁闭记过处分在3个月内不得受传令嘉奖及记功之奖励,受降级处分6个月内不得受晋级及给奖状之奖励,如特殊贡献得斟酌处理之

(十一)所卡人员之奖惩由分总局核定之,分局及分总局之奖惩由总局核定报请行政公署备案

(十二)各级已经奖惩人员应汇报总局于10月革命纪念节公布之

(十三)本条例如有未尽事宜得随时修改之

(十四)本条例自行政公署公布日施行

(摘自湖北省博物馆1943年《物资统税手册》第一集《豫鄂边区物资统制总局奖惩条例》)

五、盐阜区贸易组织章程

第二条 各地方贸易局直属盐阜区贸易管理局,主管下列事项:

一、指定管理之土产出口许可事项;

二、进口货物之登记事项;

三、商行船舶之注册事项;

四、与贸易管理有关之金融调整事项;

五、其他贸管局指定办理之事项。

第三条 各地方贸易局设局长1人,由贸易局遴请行政公署委任之,主持全局工作。

第四条 各地方贸易局设事务员1人,办理文印、会计、出纳、庶务等事项。设调查员二员,办理进出口货物,商行船舶商情物价等调查事项。设登记员二员,办理各项登记注册及签发出口许可证等事项。各该员均由局长遴请贸易局委任之。

第五条 各地方贸易局于必要时,得呈准设立各种专门委员会,如物价评议会等。

(摘自《盐阜区法令汇编》1942年7月《盐阜区各地方贸易局组织章程》)

六、淮海区工商管理局组织规程

第一条 为统一管理工商事业,加强对敌经济斗争起见,特将税务机构撤销,改设工商管理局。

第二条 工商管理局总局之下设管理局。管理局之下设分局及分所、卡所,并得按照需要设办事处及商店。

第三条 总局设置局长1人,副局长1人至2人,主管一切工商管理及其有关事宜。

第四条 总局内设秘书室及各科:

(一)秘书室设秘书1人或3人,主管秘书室工作及正副局长交办事宜,秘书室设四股:(甲)总务股设股长1人,会计2人,收发兼文书1人,服务员2人,主管服务、会计、粮秣、伙食、文书、收发、服装供给等事宜。(乙)调查研究股设股长1人,股员2人,主管商情调查进出口统计,及其它有关工商业务之材料收集等事宜。(丙)票照股设股长1人,制票员2人,主管票照制印编号等事宜。(丁)人事股:有关工作人员考绩之事宜。

(二)货物管理科设科长1人,科员2人,主管货物管理、油盐运销运输站等组织领导,及其有关事宜。

(三)管业科设科长1人,科员2人,主管公营商店之营业,工商业贷款,及其有关事宜。

(四)税务科设科长1人,科员4人,主管票照领发,审核税款征解税率更订,及其有关事宜。

第五条 工商管理局设局长1人,副局长1人至2人,主管所辖地区之工商管理事宜,监察委员1人,主管政策执行,行政监察及干部管理各事宜。

第六条 管理局下设各股,其机构如下:

(一)总务股设股长1人,主管内务及正副局长交办事宜,下设干事2人,主管文书、收发商情,收集汇报股长会计等事宜。

(二)货物管理股设股长1人股员2人,主管盐、油、猪、铅丝、粮食等特种货物之管制,及其它生产管理等事宜。

(三)税务股设股长1人,股员2人,主管税款征解、缉私、检查、布置等事宜。

第七条 分局设置局长1人,下设会计1人,货物管理1人至2人,管票及审核1人,事务员、通讯员、炊事员各1人,主管货物管理,税款征解缉私等事宜。必要时由总局批准得添设若干人员,经营贸易。

第八条 分所设所长1人,填证员1人至3人,检查员1人至2人,炊事员1人,主管所在地区

之货物管理，征税缉私等事宜。

第九条　总局于必要时，得设若干办事处及公营商店，其组织规程另订之。

第十条　工商管理局局长、副局长、秘书科长，工商管理局局长、监委、特科办事处主任由行政公署委任之，一般办事处主任，分局长、所长呈请行政公署由总局委任之。

（摘自江苏省沭阳县档案馆史料，1944年11月《淮海区工商管理局组织规程》）

七、盐阜区制定审核缴查守则

第一条　为预防贪污，提高工作责任心，解除签发票照人员之责任，特订定本守则。

关于税票方面（略）

关于贸易票方面：

第十三条　凡以进口登记证抵换之土产出口许可证存根背面，必须附贴抵换该出口证收回之进口登记证，否则不许注销，并追究其应负责任。

第十四条　凡内销证背面必须附贴骑缝验印之稽查员回知单，产地发出之内销证存根背面，必须附贴稽查员查验回知单，及指定之沿途经过地点工商局之查验戳记，否则不准注销。

第十五条　甲地向乙地采购土产或搬运土产向乙地出售，如为乙地缺货或所带资金不便、商情变动等关系，商人请求转往他地运销或采购，沿途局所附批栏内均须详细填写，并加盖局所长印章，否则不许注销。

第十六条　没收货物未经变价亦未附送，应向其报解之机关之收根者，应予追缴。

第十八条　罚金提奖超过规定者，以贪污论处。

第十九条　收据剪下后，又附缴者：必须附分局以上负责首长报告，否则不准注销。

第二十条　提奖收据，未经主管人批准者，追缴。

第二十一条　罚金提奖：无领奖收据者，应予查询，并以贪污论处。

第二十二条　发出内销证，到期缴销后，必须附贴原存根背面，否则不许注销，并追究其应负责任。

第二十三条　如发觉查实有其他取巧贪污之情事，以《盐阜区惩治公务人员贪污暂行条例》处理之。

第二十四条　本守则有未尽等情处得随时修改之。

（摘自《盐阜区财经法令汇编》[1944]《审核缴查守则》）

八、淮海区工商管理总局组织贪污反省大会加强干部思想教育

工商管理总局于本月16日，召开直属分局盐栈油联社商店干部大会，到会干部60余人，并由卢局长打通思想，继由已被查觉贪污腐化干部张平、陈秀生、王荣、××向大会自我反省，四位同志均能坦白反省。

（摘自《淮海报》1945年1月23日《工商管理局组织贪污反省大会》）

九、淮海区工商管理干部管理规定

第二十七条　工商管理总局局长、副局长、分局长、副分局长，监察委员总局秘书科长，并得依总局之请求任免之。

第二十八条　分局长、分所长、副所长，由总局呈准，行署任免之。

第二十九条　总局分局及分所工作人员由总局任免之，分局所工作人员并得依分局之请求任免之。

辞职、请假、转任：

第三十条　凡行政工作人员之辞职概依上列各条之系统，由任免之机关核准之，或由其直接上级首长转呈任免之机关核准之。

第三十一条　凡未经辞职核准，自行离职者，概以弃职论处。并追究其经手事项。

第三十二条　凡行政工作人员之请假，在一月以内者，概以上列各条之系统，由任免之机关核准之，或由其直接上级首先转呈任务之机关核准之。

第三十三条　凡未经请假核准自行离职者，概以旷职论处，并以旷职所遭受工作损失之轻重处罚之。

第三十四条　凡行政工作人员在行政工作范围内之他区转任（如甲县到乙县），部门转任（如文

教转财粮)除上级机关决定者外,概须经过本人之直接上级首长之核准,并经由规定任免手续办理,不适用辞职之条文。

第三十五条 凡行政工作人员愿由行政工作部门转任其他性质工作者(如军事等)必须经过其他性质工作机关之要求调用,或准予辞职者,始得辞职。

第三十六条 违反上两条之规定,在行政工作范围内,不予任用,转入其他性质机关部队者,以弃职论处。

惩戒:

第三十七条 凡不依本条例之规定,无任免之权而自行任免者,其任免无效,并依其情节之轻重惩戒之。

第三十八条 凡不依本条例之规定,其任免后应呈报备案而不呈报者,依其情节之轻重惩戒之。

第三十九条 凡非行政上级而以其他方法擅行任免者,其本人应受司法处分,或向其所属机关追诉之。

(摘自《苏北报》淮海版 1945 年 7 月 1 日《淮海区行政干部管理条例》)

十、工商管理干部郑光彩贪污犯罪被枪决

行署工商管理总局直属四分局,仓集分所长郑光彩贪污腐化一案查觉后,送交淮海法院审判。经半月审讯与调查,该犯贪污完全属实,故行署授命总局会同司法院组织联合办庭,于 16 日下午举行公审(主审官华推举陪审官行署代表工管局代表),到会 200 余人,先由处局长报告开会议程,后由原告纪长珍、丁恢代表工管局向临时法庭控诉郑光彩贪污等罪行经过,要求临时法庭依法惩处,×则该犯自认不讳。

(摘自《淮海报》1945 年 1 月 25 日《郑光彩贪污腐化公审枪决》)

第三节 人员编制

一、盐阜区行署直属工商管理分局编制

(一)为了吸取经验,突破一点,推动全盘,本署特指定益林、钦工、八大家三处,成立三个直属工商管理分局,将原该地货管局与贸易局合并,益林、钦工二处,其名称仍为贸易局,不必更改,八大家即称为八大家工商管理局。各直属分局工作区域仍依原规定。各直属局局长,益林为罗锋,以刘佩为副局长,钦工由王燕群兼任,吴绍名为副局长,八大家由朱镜冰兼任,闰素为副局长,原益林分局主任黄超回阜宁县局另行分配工作。

(二)各县局与各直属分局钤记由盐阜总局制就图样颁发至县后,由各局自刻章,毋用具报(图样附发)。

(三)各县工商局编制,系按以前通令规定人数定各县局或直属分局,如有银行机构的增加银行会计兼出纳 1 人,分局各县局每月税收收入在老抗 15 元以上者,会计管票准备设 1 人,分派所每月税收收入在老抗 5 万元以上者,准加会计 1 人,盐东县局并准加解款员 1 人(各直属分局编制)。

直属分局编制

1. 八大家:局长 1 人,副局长 1 人,会计人,调查统计 1 人,贸易员 1 人,管票 1 人,银行 1 人,填证 4 人,稽查 2 人,事务员 1 人,通讯员 1 人,运输员 1 人,伙夫 1 人,计 16 人。

2. 益林:局长 1 人,副局长 1 人,会计 1 人,管票 1 人,稽查员 5 人,调查统计 2 人,银行 1 人,通讯员 2 人,分运 8 人,贸易员 4 人,征收员 4 人,事务员 1 人,伙夫 2 人,计 33 人。

3. 钦工:局长 1 人,会计 1 人,管票 1 人,稽查 4 人,通讯员 2 人,贸易员统计 2 人,填证员 7 人,事务员 1 人,伙夫 2 人,计 21 人。(附二)印章样本

（摘自江苏省档案馆资料1944年8月盐阜区行署《通知》）

二、盐阜区各县工商局人员编制

（一）各县工商局最高人数规定如下：

阜东　88人　阜宁98人

盐东　107人　射阳83人

建湖　58人　滨海65人

涟东　57人　淮安87人

盐城　75人　益林61人

八大家46人

（二）益林工商局供给由东益市负责，八大家工商局供给由阜东负责编制预决算。

（三）今后各县工商局机构人员如有变更须先呈准财委会。

（摘自盐城市委党史办资料，1943年3月1日盐阜区行署《通知》）

三、豫皖苏地委专署以下工商局编制表

级别	部别	职务	人	马	枪	备注
署	工商分局	局长	1		1	商店编制另定
		秘书	1			
		文书	1			
		事务员	1			
		通讯员	3		3	内各一个值内勤
		炊事员	2			
		饲养员	1	1		
		工商科长	1		1	
		科员	4			
		业务科长	1		1	
		工商队	16		16	武装缉私解教用
		总计	39	1	21	
工商局		局长	1		1	
		工商股	6			
		业务股	5			
		事务股	1			
		军务股	1			
		通讯员	2		2	1人值内勤
		炊事员	1			
		总计	16		3	各城县份加干部2人
		工商事务所	2			每区2人由县掌握

四、盐阜区1945年工商管理局编制表

工商局				分局				分派所			直属分局				
职别	人数	等级	备注	职别	人数	等级	备注	职别	人数	等级	职别	等级	人数益林	人数钦工	人数八大家
局长	一	营		主任	一	连		所长	一	排	局长	营	一	一	一
视察	一	连		会计	一	排		征收员	二至六	排	副局长	连	一	/	/
会计	一	连或排		管票	一	排		会计	一	排	会计	连	一	一	一
管票	一	连		征收员	二至四	排		交通员	一	战士	管票	连或排	一	一	一
调统员	一	连		调查员		排		炊事员			调统贸易员	连	六	二	二
贸管员	一	连		贸管员	一	排					银行员	连或排	一	/	一
事务长	一	排		交通员	一	战士					稽查	排	五	四	二
银行员	一	连或排	不附银行办事处者即不设	炊事员	一	战士					征收员	排	四	四	四

续表

工商局				分局				分派所			直属分局				
职别	人数	等级	备注	职别	人数	等级	备注	职别	人数	等级	职别	等级	人数 益林	人数 钦工	人数 八大家
运输员	一	战士									分运员	排	八	三	/
交通员	一	战士									事务长	排	一	一	一
炊事员	一	战士									交通员	战士	二	二	二
解款员	一	战士	仅盐东 县设立								炊事员	战士	二	二	一
合计	十一、十二人			合计	七至十人			合计	四至 九人		合计		三十 三人	二十 一人	十六人

第四节　局长名单

一、盐阜区各县工商局长名单

查本署7月12日曾通令各县财经局即行改组:其财粮工作改由县政府财经科主管,其货检税征收及贸易管理等工作,改由各县货管局办理,原以贸易管理工作联系工商金融及生产经营,特决定各县货管局办理,兹以贸易管理工作,联系工商金融及生产经营,特决定各县贸管局改名县工商管理局,并委任各县局局长如次:

阜东　　朱镜冰同志

阜宁　　顾希哲同志

滨海　　施云滨同志

涟东　　章　佐同志

淮安　　王发群同志

建阳　　王　敏同志

射阳　　何　俊同志

盐城　　顾忱遥同志

盐东　　凌梦飞同志

(摘自1943年8月15日盐阜区行署《通知》)

二、淮海区工商管理总局及各县工商管理局局长名单

(四)工商管理总局局长陈易另有任用应免本职。

(五)工商管理总局副局长卢钝根另有任用应免本职。

(六)工商管理总局秘书张宝琼另有任用应免本职。

(七)工商管理总局秘书陈铁铮另有任用应免本职。

(八)第三工管局第一副局长李秉钧另有任用应免本职。

(九)委钱天素为灌云县县长。

(十)委于铁民为淮阴县政府秘书。

(十一)委夏雨为工商管理总局副局长。

(十二)委王业奎兼泗沭工管局局长。

(十三)委胡叔度兼泗沭工管局监察委员。

(十四)委彭瑞人为泗沭工管局第一副局长。

(十五)委周广知为泗沭工管局第二副局长。

(十六)委马爱亭兼宿迁县工管局局长。

(十七)委罗代周兼宿迁县工管局监察委员长。

(十八)委张亚民为宿迁县工管局第一副局长。

(十九)委潘厚卿为工商管理总局秘书。

(二十)委刘翔为工商管理总局秘书。

(二十一)委张宝瓒为工商管理总局人事科科长。

(二十二)委高士龙为工商管理总局生产科副科长。

(摘自《淮海报》1941年《淮海行署7月1日通令》)

三、淮海工商管理局局长名单

任命孙笃生为专员公署工商管理局局长,任命徐步为专员公署工商管理局副局长。

(摘自《淮海报》1945年3月3日)

四、苏北工商管理局局长名单

(八)任命宋乃德为本行政委员会第二厅厅长,兼苏北工商管理局局长。

(十二)任命欧希哲为苏北工商管理局副局长。

(摘自《淮海报》1945年8月11日《苏北行署任免令》)

苏北行政公署内部各种组织机构已经建立完全，各部门负责人，也已正式任命。行政公署内设秘书处，任命戴岳做秘书长，综理一切行政公文的事情。民政、文教合并为第一厅，任命白桃、刘丹为正副厅长。管理全区民政、文教工作。财经、生产建设、银行等合并设立第二厅，任命宋乃德、万金培为正副厅长，管理全区财政、生产、金融等工作。另外单独成立苏北工商管理局。委宋乃德兼做局长，欧希哲做副局长。

（摘自《盐阜大众》1945年8月1日《苏北行署各部组织完全建立》）

附录:政策文件辑录

一、中共苏皖区党委苏南施政纲领

(1943 年 3 月 8 日)

为坚持苏南敌后抗战,粉碎日本帝国主义的扫荡清乡、贯彻精兵简政、开展民主运动,进一步巩固建设苏南抗日民主根据地,克服一切困难,准备反攻力量,以争取抗战以后胜利,建立独立自由幸福的新中国,中国共产党苏皖区党委特于苏南区行政公署改选之际,根据孙中山先生的三民主义,总理遗嘱,中国国民党抗战纲领及中共中央抗日民族统一战线政策,向我苏南全体人民提出如下之施政纲领:

一、团结苏南敌后各社会阶层、各抗日党派、各抗日军队及敌占区同胞,发挥一切人力物力财力智力,坚持与友党友军团结,加强国共两党合作,为保卫中国,配合全国反攻、驱逐日本帝国主义而战!

二、提高抗日武装部队的战斗力,巩固充实主力,加强发展地方武装,保证抗日部队之物资供给,改善后方勤务的动员制度,减少人民支差,以增进军民团结,并积极组织与训练民兵,健全其领导系统,以广泛开展敌后游击战争。

三、尊重与爱护一切抗日军人,加强优待抗日军人家属工作,抚慰荣誉军人(伤病员及残废军人)及阵亡将士家属,切实执行优抗条例,务使新四军及一切友军在根据地内的家属得到物质上的保障与精神上的安慰。

四、开展民主运动,贯彻三三制,在各级民意机关及政府中。共产党员只占三分之一,其他各抗日党派及无党无派的人士占三分之二。改造与健全基层行政。逐步民选各级民意机关及政府,裁缩骈枝机关,增强行政效率,厉行廉洁政治,严惩贪污浪费,禁止任何公务人员假公济私之行为,实行俸以养廉之原则。

五、保障一切抗日人民(地主、资本家、农民、工人等)之人权政权财权地权及言论出版集会结社信仰居住迁移之自由权。除司法系统及公安机关依法执行其职务外,任何机关、部队、团体、个人均无权逮捕、审讯、处理及侵犯他人之一切权益(但在敌人扫荡时及特殊情形之下,经政府授权者不在此列),而人民则有无论何种方式控告任何公务人员非法行为之权利。

六、确立司法制度,改进诉讼程序,废除肉刑,重证据,不重口供,对于汉奸、伪军、伪组织人员、叛徒及一切阴谋破坏团结抗战的分子,除绝对坚决不愿改悔者必须施以坚决镇压外,其愿意悔过自新者,应不问其过去行为如何,一律施以宽大政策,争取感化转变,给以政治上与生活上之出路,不得加以杀害、侮辱、强迫自首或强迫其写悔过书。

七、发展农业生产,改变生产技术,实行春耕秋收之群众动员,适当解决贫苦农民耕牛农具种子肥料等困难,兴修水利,奖励耕种,增加农产品收入,并积极发展农村副业。

八、坚决执行中共中央的土地政策,保障地主的土地所有权,债主的债权,佃农的佃权,实行减租减息,保证交租交息,合理调整人民的租田与债务关系。

九、发展工业生产及商品流通,奖励私人企业,保障其私有生产,欢迎外地及敌占区的资本家、富豪、士绅同胞来根据地内投资,经营工商业,并给以保护,如不愿居留时,可自由处理与携带其财物。推广合作事业,扶助手工业的发展。以实行自由贸易,反对垄断,对敌实行统制贸易,严防敌伪吸取我物资与破坏我金融,加强对敌伪经济斗争。

十、调节劳资关系,适当改善工人生活待遇(包括雇工),工业部门工作时间以十小时为原则,农民工作时间仍依照习惯,同时劳工应遵守劳动纪律,提高劳动生产率。

十一、实行合理的税收制度,居民中除极贫苦者应予免税外,务使大多数人民均能负担抗日经费,禁止乡保私行派款,健全财政机构。严格实行统筹统支,独立预决算及会计制度,厉行节约,调整金融关系,坚决禁止伪币,保护法币,巩固惠农币之流通,以利经济之发展与财政之充裕。

十二、推行国民教育，改善小学教员生活，实施社会教育，加强干部教育，实行在职人员两小时学习制度，尊重知识分子，提高科学知识与文艺运动，欢迎科学艺术人才，保护流亡学生与失业青年，允许在校学生之民主自治权利。

十三、依据男女平等原则，从政治经济文化上提高妇女在社会上之地位，奖励妇女参加生产，发挥妇女抗战与生产的积极性，保护女工产妇儿童，坚持自愿的一夫一妻制，妇女依法有财产继承权。

十四、救济灾民难民，使其取得职业与参加教育的机会，对各地会门组织，实行争取团结与教育的政策。

十五、对于在战斗中被俘之敌军及伪军官兵，不问其情况如何，一律实行宽大政策。其愿参加抗战者，收容并优待之；不愿者，释放之，一律不得加以杀害、侮辱、强迫自首或强迫其写悔过书。凡有对新四军及任何抗日部队进行攻击者其处理办法仿此。

（摘自1943年3月苏南出版社《苏南施政纲领》）

二、浙东地区施政纲领

（中共浙东区党委在浙东各界临时代表会上提出，经中共中央华中局批准）

（1945年1月24日）

为进一步巩固发展浙东抗日民主根据地。发展抗日民主的政治军事经济文化建设，以达成坚持浙东抗战，准备反攻力量，配合盟军，驱逐日本帝国主义，解放数千万同胞之目的，中共浙东区党委乘浙东敌后临时行政委员会召开浙东各界临时代表会之际，特根据孙中山先生手创革命三民主义及中共中央抗日民族统一战线政策与“十大政策”之原则，向我浙东各界同胞，提出如下的施政纲领。凡我浙东行政机关内之共产党员，应遵照此纲领坚决实施之并号召全浙东共产党员为此一纲领的实现而奋斗。

1. 团结浙东各社会阶级、各抗日党派、各抗日团体，动员并发挥一切人力、物力、智力，共同为坚持浙东抗战保卫浙东抗日民主根据地，准备反攻力量，配合盟军驱逐日本帝国主义，解放数千万同胞，建设三民主义即新民主主义向新浙东新中国而战。

2. 反对法西斯主义的政令与失败主义者的军令，以及一切投降主义者背叛民族投降敌寇的阴谋活动，并动员人民的力量，促成由国民党、共产党、其他抗日党派及无党派人士在民主基础上，召集国事会议，组织联合政府、联合统帅部，以便团结并统一全中国一切抗日力量，停止敌寇进攻，为争取抗战最后胜利而奋斗。

3. 巩固扩大新四军及各地区人民抗日武装力量，并提高其战斗力，保障其物质供给，改善兵役制度，实行参军拥军运动与拥政爱民运动，以增进军政民之亲密团结，同时，加强地方人民抗日自卫军及民兵之组织与训练，广泛开展群众性的游击战争，粉碎敌寇“扫荡”，破坏敌人吸收我国人力、物力、财力，实行“以战养战”的阴谋计划，摧毁伪组织，扩大解放区，使被敌奴役的同胞迅速回到祖国怀抱。

4. 切实执行抗日军人家属优待条例，务使新四军及其他一切抗日军队与机关人员在根据地内之家属，得到物质上的保障与精神上的安慰。

5. 改造各级旧有行政机构，实行民选，组织各级参议会，建立各阶级、各党派及无党无派人士联合抗日的民主政府，确定共产党员在政府机关中只占三分之一，以便各党派及无党无派人士，均能参加各级民意机关之活动与行政之管理。在共产党员被选为某一行政机关主管人员时应保证有该机关之职员三分之二为党外人士充任，共产党员应与党外人士实行民主合作，不得一意孤行。

6. 厉行廉洁政治，严惩公务人员之贪污行为，同时改善公务人员之待遇，禁止任何公务人员假公济私之行为。共产党员有犯法者，从重治罪，同时实行俸以养廉原则，保障一切公务人员及其家属必需之物质生活。

7. 保证一切抗日人民（地主、资本家、工人、农民等）的人权、政权、财权、地权，保障人民言论、出版、集会、结社、信仰、居住、迁移之自由权。除政府机关，或政府委托军队政治机关，依法执行其职务外，任何机关、部队、团体，不得对任何人加以逮捕、审问或处罚，而人民则有用法律程序与手续，以及其他方式控告任何公务人员非法行为之权利。

8. 建立司法制度及各县区乡（镇）调解委员会，正确处理各地民刑案件，肃清汉奸及破坏抗战反共反人民反民主的特工活动，提倡坦白运动，坚决废除肉刑，重证据不重口供，对汉奸分子除绝对坚决不愿改悔、死心助敌者，给予必要制裁外，其他不同其过去行为如何，一律实施宽大政策，争取感化转变，并给予政治上与生活上之出路，不得任意加以杀害、侮辱、强迫自首，或强迫其写悔过书。对于一切阴谋破坏我抗日民主根据地之分子，例如革命叛徒、反共分子等，其处置办法仿此。

9. 遵照中共中央土地政策，彻底实行减租减息政策，保障农民的人权、政权、财权、地权，以改善农民生活，提高农民抗日与生产的积极性，同时在实行减租减息之后，必须实行交租交息，保障地主的人权、政权、地权、财权，以联合地主一致抗日，政府对佃业关系及债务关系，均应本抗日民主之原则，合理调整。

10. 发展农业生产，动员广大群众开展春耕秋收运动，开垦荒地，兴修水利，改善与提高农业技术，解决贫苦农民农具肥料种子的困难，协助山民解除兽患，爱护与调节劳动力，提倡各种劳动互助组织，奖励劳动英雄，增加土地生产的收获量，保护与培植森林，发展畜牧业及其他农村副业，严禁食粮资敌，调节根据地粮食，以保证根据地内全体军民之粮食供给。

11. 建立并发展根据地之工业生产，保障私有生产，欢迎并奖励私人开设工厂投资各种工业，并建设公营事业，提倡部队机关人员的农工业生产运动，实行各种民办公助、公私兼顾之办法，发展人民合作事业，反对敌伪统制政策，协助盐海产品运销。改善盐渔民生活，发展手工业及纺织业，向着根据地自给自足经济方向发展。

12. 实行商业自由流通，保障私人商业之发展，反对统制、垄断、操纵、抬高物价，严禁敌区毒品及奢侈品之输入，奖励必需品之输入，协助山货及土产运销，开拓对外贸易路线，以繁荣根据地之商业。

13. 调节劳资关系，保障工人雇工生活必需的改善，工作时间以不超出十小时为原则，工资按生活程度酌量增加，救济失业工人，同时工人必须遵守劳动纪律提高劳动生产率，使资方有利可图，以发展根据地生产增强抗战力量。

14. 废除一切苛捐杂税，实行合理的收税制度，征收统一的公粮田赋及统一的进出口货物税，务使居民中除极贫困者应予免税外，均须按照财产等级或所得多寡，实行程度不同的累进税制度，使百分之八十以上人民均能担负到抗日经费。实行统一收支，建立预决算制度，厉行节约运动，反对贪污浪费，保证财政收支平衡。同时健全财政经济机构，加强对敌经济斗争的领导，打破敌伪及反动派之经济封锁，调剂金融，抵制伪币，发行地方抗币，以利根据地经济之发展与财政之充裕，保证抗战经费之供给。

15. 实行抗战与民主的普及教育，创办各种学校，及各种短期训练班，吸收抗日青年，知识分子及失学失业与流亡青年，训练培养抗建人才，编制抗战民主教材，务使学习与抗建实践生活相联系，给在学学生及教职员有参加各种抗战工作及课外正当活动的自由，同时改善各级学校教师的生活，提高其政治文化水准，推广抗日书报，奖励自由研究科学知识，尊重知识分子，提倡科学与文艺运动，欢迎各地科学艺术人才来根据地工作，推行卫生行政，建立医疗设备，欢迎医务人才参加地方卫生事业，以达减少人民疾病痛苦之目的。

16. 依据男女平等之原则，从政治上经济上提高妇女在社会上的地位，开展妇女教育，发扬妇女在政治上经济上的积极性，爱护女工童工及产妇，实行基于男女双方自愿原则的一夫一妻婚姻制。

17. 切实救济本地区及外来之灾民难民，发扬人民互助精神协助灾民难民进行生产工作，欢迎沦陷区及大后方各界人士来根据地居住，或参加各项抗战工作及建设事业。

18. 展开对敌伪军伪警伪组织的政治攻势，向其指出德日必败，中华民族抗日战争与民主运动一定胜利的光明前途，宣传我之宽大政策，促其早日回头觉悟，回到抗战道路，欢迎与优待伪军伪警伪组织之反正人员，并给予物质上精神上之奖励，援助沦陷区、游击区遭受敌人摧残压迫渴望解放的同胞，帮助他们组织起来，准备在时机成熟时举行武装起义，配合军队的进攻，里应外合，驱逐日本侵略者，解放沦陷区的兄弟姐妹。

19. 对于在战斗中被俘之敌军及伪军伪警官兵，不问其情况如何，一律实行宽大政策，其愿参加抗战者，收容并优待之，不愿者释放之，一律不得加以杀害、侮辱、强迫自首或强迫其写悔过书。其有在释放后，又连续被俘者，不问被俘之次数多少，一律照此办理，对于其他进攻新四军及各地方抗日部队时之被俘者，处理办法仿此。

20. 安定根据地内社会秩序，团结根据地内外各会门组织，启发其民族意识及抗战情绪，使其走向抗日民主的正确道路。

21. 在尊重中国主权及我根据地政府的法令原则下，允许任何外国人到我根据地游历参加抗日工作，或在根据地进行各项抗日与文化宗教的活动，并给予其便利与保护。

（摘自浙江省工商局工商管理史料）

三、新四军随军工作队告新解放城镇各界同胞书

（1945年8月20日）

亲爱的同胞们：

几年来，你们在敌伪的铁蹄下，失去了自由，受尽了苦难，你们没有一天不巴望着我们新四军来解放你们，几年来，我们新四军和解放区的人民，没有一天不在和敌伪艰苦作战，也没有一天不想念着你们。今天，天亮的日子终于到了，我们在庆祝胜利的狂欢中见面了，我们巴不得象外国人一样热烈地拥抱起来，才能表示出我们心中无限的快乐，才能亲切地交换我们同胞弟兄的慰问之情。

你们一定有着无数的苦楚与希望要向我们诉说，我们也有着很多新鲜的消息、英勇的故事、重要的道理要告诉你们。但现在彻底解放敌伪武装、收复一切城镇失地的工作，正在紧张地进行，工作很多很忙，许多事情要新解放地区的各界同胞马上一同来做，这里有几桩紧要的事情，先向大家讲一讲。

第一，城镇刚刚收复，大家要遵守军事管制的各种规定。协助军政当局彻底肃清敌伪与反动势力，安定社会秩序。如有敌伪残余与反动分子还要违抗民主政府与新四军的法令进行破坏捣乱，如有不肖之徒想乘机混水摸鱼危害人民利益，各界同胞要协助政府与新四军来镇压制止。对于过去确为生活所迫，不得已在敌伪机关里做事的人，只要今天觉悟回头，遵守政府法令，我们实行宽大政策，应各安本分，不必害怕，各业商号应做好照常营业，不得投机操纵，扰乱金融经济。对国内外及浙东时局动向，《新浙东报》每天有正确报导。各界同胞可以自由向韬奋书店及各分销处订阅，对一切造谣惑众，各界同胞应协助严加追究。关于伪币的处理，关于浙东银行本位币（抗币）的发行，对人民生活最有直接关系，是一个很复杂的金融问题，将由各地政府与浙东银行妥善处理，各界同胞，尤其各业商民，应很好帮助政府和银行，使社会金融经济逐渐走上轨道，使人民生活与社会经济可以及早安定繁荣起来。

第二，各行各业各阶层人民，你们今天从敌伪的压迫下获得了自由，要马上很好地组织起来、动员起来。八年来，我们共产党、新四军、八路军，在非常艰苦的环境中，能够建立了广大的抗日民主根据地，解放了1万万人民，创造了100万正规军、200多万民兵，成为今天配合苏联红军及其他同盟国军队举行大反攻的中国主力军，能够担负起收复华北、华中、华南中国最大部分的失地的责任，这主要是发动广大人民组织广大人民的结果。今天为了彻底解除敌伪武装，把一切失地很快完全收复，为了争取与保卫人民自己的各种利益，为了争取中国人民彻底解放，一切新解放区的广大人民，更必须迅速加紧组织动员起来。大小工厂作坊的工人们、各业手工业工人们、一切码头工人、挑脚、苦力们，商店的店员学徒们，你们平日所受敌伪及反动势力的苦最深，你们是今天建设新中国的领导力量，你们现在已经在共产党的直接领导下，共产党是中国工人阶级自己的政党，你们更应该大胆起来，组织各种工会，争取适当增加工资，改善你们自己的生活，踊跃参加工人纠察队、工人自卫与新四军，壮大你们自己的组织力量与武装力量，来争取与保卫抗战胜利你们应得的好处。同时，你们应注意很好地团结资本家、店主与各阶层人民，努力生产，增强解放区的经济力量。此外，学生、青年、妇女、教员、商人等，都应很快组织你们自己的团体，来争取与保卫你们自己的利益，并且在这个大时代中，贡献出你们有用的力量。中国人民在敌伪与国民党反动派的统治下，都得不到集会、结社、言论、出版的自由，只有在解放区才有这种自由，你们应该珍视这种权利，不要放松自己的责任。

第三，我们共产党、新四军及民主政府，过去的解放区里做的工作，我们一贯实行团结抗战的事实，我们为国为民艰苦奋斗的精神，解放区人民生活的改善安居乐业的情形，敌占区有许多同胞也是清楚的，但因为敌伪及蒋介石反动派的欺骗宣传，有不少人不免对我们还有许多错误的看法。譬如，有些地主对我们实行减租减息，又保障交租交息的政策不清楚；现在城镇解放了，你们更可以自由地到乡下去收租，只要你们遵守行政公署公布的减租办法，很好与农会及佃户协商，很好体谅农民的疾苦，尊重农民的人格，你们不会碰到什么困难，至于开店、开工厂作坊的，共产党主张实行新民主主义，保护私人企业，发展私人资本主义与合作社经济，只要你们遵守政府法令，适当改善工人的生活，一

切正当的工商业，不但不受限制，而且将受到政府的奖励与保护，在解放区没有官僚买办资本及帝国主义的垄断，中国人民的企业将会得到更好地发展。在政府工作中，我们切实实行民主政治，号召与帮助一切坚决抗日赞成民主的各党各派与无党无派的各界人士参加政府共同工作，毛泽东同志一再谆谆叮嘱："共产党员只有对党外人士实行民主合作的义务，并无排斥别人垄断一切的权利。"因此，一切新解放城镇的各界开明人士，应该大胆积极地参加政府的各部门各项工作，我们诚心诚意地欢迎你们。总之，中国共产党的各项政策，是使"全国各阶层各民族都要有人权、政权、财政，都要有说话的机会，都要有衣穿，有饭吃，有事做，有书读，都要各得其所"。"共产党是为民族谋利益的政党，它本身决无私利可图"。这一切是和独夫民贼蒋介石代表的少数大地主、大买办阶级的一党专政，有着根本不同的，是和贪官污吏土豪劣绅腐败无能的所谓"老政府"，有着根本不同的。我们这种主张与办法，是要真心诚意把国家的事情办好，把地方弄太平、弄繁荣，使中国人民家家户户都能富裕发达起来。这些主张与办法，8年来在华北、华中、华南19块大的解放区上1万万人民中已经认真实行了，作出了很大的成绩。在中国共产党今年四月间举行了第七次全国代表大会上毛泽东同志《论联合政府》的报告，是共产党目前与今后时期一切政策的总的根据，新解放区的各界同胞，凡关心共产党的政策和时局动向的，可以到韬奋书店去买一本《论联合政府》来研究，我们这里不能详细介绍了。

第四，关于大家很关心的内战问题，《新浙东报》经常有报导，这里也不能详细谈。总之，今天抗战胜利之际，蒋伪合流已经公开，蒋介石不管人民的死活，已发出内战的信号，大地主、大买办阶级要来独吞抗战的好处，内战危机确是十分严重。我们新老解放区的全体军民，一定要用坚决的行动来制止内战，打破大地主、大资产阶级的阴谋，我们一定要使中国最大多数的人民得到抗战胜利的好处。这里，力量是决定一切的条件。几年来，在敌顽夹击下我们已经几次粉碎了反动派的进攻，坚持了抗战，发展到了今天的局面，今天把敌伪解决后，只要我们一切新老解放区的军民，团结一致，继续坚决壮大自己的组织力量与武装力量，那么，反动派如果真要冒天下之大不韪，胆敢来发动内战的话，将会在我们解放区军民新的巨大力量的面前，碰得头破血流。朱总司令已经向蒋介石下了警告，叫他留心"不良后果"，"不要等闲视之"。民国十六年以来，中国的工人、农民、爱国青年、公正民主人士、抗日有功将领，在蒋介石这个杀人魔王的刀下，不知流了多少的血了，我们这次是不能再上他的当了，我们一定要提高警惕，一刻也不能放松注意这个忘恩负义反复无常的大流氓的阴谋。任何害怕、胆小都是不必要的。至于少数地主老板，还想等待反动派回来，恢复高租重利，因而抗拒民主政府的减租减息法令，更是乡下的老糊涂，可怜的小顽固，为了你们自己的子孙的前途，我们诚意地奉劝你们，不要再闭着眼睛胡闹了。经过欧洲与亚洲反法西斯战争的胜利，苏联已成为世界民主和平的不可战胜的堡垒，红军即将与八路军会师，英、美、法、意、南、捷、波等世界各国的民主进步力量已到处占了上风，在和平民主的新世界里，小小的中国法西斯头子蒋介石断乎不能保持他的独裁统治。民主的联合政府是一定要成立的，独立、自由、民主、统一、富强的新中国，是一定要建设起来的。当此抗战正要全部胜利，敌伪武装必须彻底解除，内战危机必须有力制止，战争善后及建国工作任务繁重之际，我们深望各界爱国人士，多多协力前进，如有问题或建议，请到政府机关或向我们随军工作队的同志随时提出，或写信到新浙东报社来，我们随时解答，诚意接受。

（摘自浙江省工商局工商管理史料）

四、华中局财经会议关于贸易问题的决定（草案）

（1944年6月）

（一）华中贸易环境特点

1. 华中一、二、三、四师地区（本文主要是根据这些地区的）主要的出口贸易是粮食油（包括油、油饼）猪酒四大宗，而一、三师地区又有盐棉特产出口，二、四师地区有烟叶麻类特产出口，这些出口物资数量是很大的，且为日常必需品，为此敌顽区对我有一定程度的依附性，亦因而形成我们贸易上巨额的出超，但我们必须指出这一出超并不是我们根据地人民生活已经富裕为过剩的输出，恰恰相反我们根据地人民生活还是相当贫困（当然比敌伪顽区要好得多）消费低下与节省而输出，改善种种出超，间接可以改善人民生活。

2. 以上地区进口物品大体相同,均以布匹(除苏中外)、五洋用品、军需器材及西药、纸张为主,这些物资均为我们军民所必需,因此使我们严重存在着对敌区经济上的依附性。

3. 以上地区均联结在一块,虽被敌伪分割,但保持水路交通仍有可能(现在是通的),同时,在贸易上,对外销售市场与进口物品来源亦大体相同,并且一、三师地区还保持一部分出海口,可对浙江、胶东等根据地进行贸易。

4. 由于敌伪于去年(1943)8月后,在敌占区加紧军需的封锁,实行工业品(主要日用品)的全面收买与统制,以藉此满足其战争需要与支持其占区的伪币外运,企图藉其工业品的产地控制,来实行以货易货以压低农产品的价格扩大其剪刀差的剥削,因此,就形成我们对敌贸易斗争上的困难与尖锐。

5. 我们西运的食盐,主要的售于大后方,去年一年的购销估计在10万万元法币以上。这一巨大的数目的输出,换来的主要是法币。因此形成我们法币泛滥的危机。

(二)贸易斗争的主要任务

根据上述特点的分析,我们今后在贸易斗争上任务:

第一,是更要有计划地争取军需物品回来,保证战争的需要。由于我们还保持很大部分为敌区所必需的资源,及敌伪本身还存在着各方面的严重矛盾,使我们完全成为可能。

第二,是打击敌伪的对农产品压价政策,以缩小根据地人民的剪刀损失,我们对敌区工业日用品的需要虽有极严重的依附性,但敌区对我之巨额之农产品亦有一定的依附性,只要我们运用得当,缩小剪刀损失还是可能的。同时我们几个根据地均联络在一起并各有特产互补有无,亦可减轻对敌之依附性。

第三,是管理西运食盐防止大量法币内流,这是我们建立抗币本位的主要关键,必须特别注意努力。大后方虽与我们同属农村环境,但他们的出产中亦有一部分为我们所必需,如土布桐油土纸草药等可以进行交换;同时法币在敌友我交接地区还有其对敌区的一定的购买力(因有敌区的农产品来支持),所以我们即使吸收一部分法币,还可以向敌区收买工业品,因此以盐易货不是没有可能的。

第四,是管理贸易建立抗币外汇币基础,在我们抗币本位建立后,我们管理贸易是重要的,但还只能管理几种主要物资,其他物资仍以贸易为主。

(三)贸易工作中的几个主要办法与步骤

根据上面的任务,我们必须采取下面几个办法与步骤来完成。

1. 加强各根据地之间的物资交流,如苏中盐阜出产之棉花,除本身应特别加紧发展纺织业以便求得自给外,在目前应设法吸收一部分棉花供给淮北、淮南,以解决该地区棉源困难。如淮南、淮北所产烟叶、土硝为苏中、盐阜所缺者亦应帮助交换。其他物品亦应各视有无互相交换,运输问题应由各地区共同负责,各运至适当地点互相接送,并由苏中盐阜利用海口,设法开辟对浙江胶东等地贸易,以便更多取得我们各地所需的物品。

2. 实行盐运管理,食盐是盐阜、苏中最大的出产之一,并且主要市场系西运大后方,而流回者多属法币,如不设法换回物资,食盐输出反属不利,但食盐为我过剩,必须输出之产品,同时又为大后方必需之物资。不过因为目前陇海路西运及长江走私食盐数量仍属不少,因此,目前我们在管理食盐上易货与稳定销路必须兼筹并顾其办法。

A. 由淮北与淮南路西在食盐西运主要通路上设立食盐西运易货专管机关。

B. 由各根据地按其实际需要互相合作,各以一部分资金投资盐运,以便调剂盐价进行斗争。

C. 由各根据地按照实际需要互相合作,各以一部分平衡税,以弥补之。

D. 食盐西运必须换回某种货物及货币及汇兑折价清算等办法,由各有关根据地互相具体约定。

E. 各地区应设法调整盐运路线,减轻盐商不必要负担,尽可能设法减低盐税及盐行剥削,以便与长江走私盐与陇海线敌盐竞销。

3. 协同对敌斗争,各根据地出产物品与出口销售市场及进口物品与来源大体上均属相同。因此,对敌斗争上的协同自属必要。其原则与办法:

A. 除统制一部分主要物资专供换回军需用品外,其余物产出口亦应管理。对内贸易概不干涉,以符贸易自由原则。

B. 现在部队机关经营对外贸易的机关或自己采办军需用品机关及其干部,均应归并贸易机关。如各地区到其他地区采办物品均应通过该地贸易机关代办(或组织共同的采办委员会)。当地的贸易机关应尽力承办,不能太本位,以便统一步骤,减少空子。

C. 有计划地组织与培养大批根据地中小商人

向敌区全面吸收工业品，以反对敌伪全面封锁政策，并且要加紧对他们的教育。

D. 各根据地应设法建立直接交换的大商人关系，以便大量吸收工业与抛出农产品，并互介绍关系。

E. 各地区对同一方向或对象之贸易（购进或售出）在价格与方法上，应可能事先取得一致，以便进行斗争（如淮海与淮北区对宿迁）。

F. 各根据地在可能情况下，应选择敌伪区对我依赖性较大的物品实行联合封锁，以提高市价，求得缩小剪刀差。

4. 开展对内贸易工作：

A. 各县尽可能筹设公营商店，以调节物价。

B. 通过合作社直接帮助基本群众出售农产品，换回其所需要的工业品，以减少其剪刀损失。

C. 尽量扶助合作社，建立基层贸易网。

D. 各根据地互相之间转口货物，均以补足各地区之税率放行为限，不能随便扣留。

5. 统一贸易情报交换与联系：

A. 情报内容为敌伪顽区之有关战略情报与普通商情及金融情报。

B. 情报收集方法大体上收集敌伪各方有关财政经济金融贸易之杂志报纸刊物法令及通过各种商业关系与派遣专人建立经常的商业情报，必要时可利用敌伪军的关系进行。

C. 情报分工：

1. 华中局设法收集上海、天津、重庆三方面有关财经金融战略情报。

2. 苏中区负责上海、南通、太州、江都、海安、崇明、无锡、浦东。

3. 淮南区负责南京、镇江、扬州、高邮、明光、瓜洲、六合、仪征、蚌埠、官店。

4. 盐阜区负责响水口、青岛、宿迁、浜海区。

5. 淮北区负责徐州、固镇、蚌埠、龙岗、济南、天津、北新安镇、宿迁。

6. 巢湖区负责芜湖。

以上各区同时应报告本地区之商情。

D. 交换办法决定利用各地战报台专设密码，每周报告华中局整理后转播各单位，详细办法和报告内容另通知。

E. 各地区对贸易情形报告需要在交通工具上（如电话）给予帮助与方便。

（摘自江苏档案馆史料1944年6月《华中财经会议文献》）

五、华中财经委员会致各行署关于处理华中各新解放大小城市工商业与货币金融之指示

货币金融部分

一、由于解放区日益扩大，市场筹码需要增加，原有各军区发行之地方抗币已不敷市场之需求。特责成华中银行发行统一之华中币与各地方抗币等价使用，各地方抗币为适应目前新的形势，自华中统一币公布发行之日起，凡新四军到达之地区，应不分军区界域到处一律等价通用。

二、华中币发行之后，各地方抗币之发行权，应由华中银行有步骤地统一管理。

三、华中币之发行应掌握充分之粮、油、盐、布等物资作准备，并须随时扩大准备，以提高其币值信用，扩大其流通范围。

四、华中币之发行，除掌握充分之物资外，并须控制适量之黄金与外汇，以供调剂市场之需要。

五、为照顾原敌占区人民之生活痛苦，当华中币及地方抗币尚未足够市场流通需要时，在新解放之城市，伪币暂准通用，但5000元以上之大额票面禁止使用，1000元以下之伪币使用时，亦仍需按照银行逐日公布之汇价折成抗币计数，不得再以伪币作为计算单位。同时，在华中币及地方抗币未发行和数量尚不够供应市场时，银行只公布对伪币之折算率，不予收兑，俟城市秩序恢复后，由政府规定办法处理之，但老解放区则一概不准通用伪币。

六、在新解放之城市，国民党前发行之老法币暂准通用，但以中央、中国、交通、农民四行及关金券为限，其他国民党地区发行之地方券、流通券一律不准通行。法币使用时须按照1比50（华中币1元折国民党法币50元）之比率折算，如国民党之法币日益继续膨胀信用下降时，得随时提高华中币之比值，在原老解放区内法币应受管理，不得在市面直接流通。

七、新解放之大城市在市场筹码奇缺时，可允许殷实工厂大商号及私人经营之银行、大钱庄等联合保证发定额之流通券，但必须向华中银行缴纳50%实物与现金及50%不动产作保证，并呈由当地最高政府批准，并经华中银行同意后方能发行，是项流通券，只限于本城市内流通。

八、任何外国货币除向银行按照汇率兑换市面能通用之货币外，禁止直接在市面流通及买卖。

九、敌伪政府所办之银行及金融机关，一律由政府会同华中银行或地方银行接收之，其债权债务之清理，基本原则应照顾金融市场恢复及活跃，凡民间伪币债务，俟秩序恢复后，由政府统一规定办法处理之。

工业部分

一、没收敌人及伪政权以及罪大恶极的大汉奸之工厂作坊和其他工业技术设备，建立公营工业或改为公私合营之企业或租予私人经营等，以谋迅速恢复生产。

二、凡属敌伪合办之工厂一律暂加军事管理，但仍许可其继续生产，凡敌伪租用之工厂原则上应归原厂主自己经营或得原厂主之同意租为公营或公私合营之，以免生产停顿。

三、扶植民营工厂的恢复生产，帮助其解决燃料及原料之供应，必要时得予抵押贷款，但不得超过其原资本额三分之一。

四、过去敌伪颁布对工业统制及限价收买之危害国家、危害人民、危害工商业自由发展的种种法令及条例，一律废除撤销，以保护并扶植公营、公私合营以及民营工业生产之自由发展。

五、各地民主政府须准许工人组织工会，以谋适当地改善工人生活，同时仍应照顾劳资双方利益，保证公私经营之企业均有一定的利润，以谋发展生产，繁荣市场。

六、各城市公私工厂除特准免税者外，均有照章向民主政府缴纳捐税之义务。

商业部分

一、保护一切公私商业，取消前敌伪颁布之一切不合人民利益的配给与限价及妨碍商业自由发展的法令条例，凡在我新旧解放区之内，一律执行贸易自由之政策。以迅速恢复商业，繁荣市场。

二、以贷款及其他办法帮助公私商业恢复并发展，取缔操纵市场，制止奸商投机行为，特别是人民生活必需品（燃料粮食等）的囤积垄断，应严加取缔。

三、凡我解放区之对外进出口货，一律须照章缴纳进出口税，并严厉取缔过去敌伪原有对物资流通上之一切苛捐杂税，力谋都市与农村间之物资交流，以便利自由买卖。

四、过去敌伪对工商业所征之消费特税与各种苛捐杂税一律取消。秩序安定市面恢复之后，各城市大小商店有向民主政府照章缴纳营业税之义务。

五、对国民党地区进出口货物，仍继续实行物资管理。

六、物价一律按华中币计算，但法币允许流通之地区，暂许以法币依照其与华中币折合率计算，并依市场价格，进行公平合理交易。

（摘自1945年苏中《人民报》126期）

六、贸易工作基本任务与方法

（曾山同志1945年6月1日报告，华中局1945年6月3日通过）

（一）贸易工作基本任务

一、保证物价稳定，并有计划地有组织地鼓励解放区剩余产品及消费品出口，防止消耗品与迷信品输入，争取贸易平衡与出超，来取得对外贸易主动地位。

二、组织公营商行，帮助合作社调剂内地物资，团结大、中、小商人，限制与孤立奸商，组织经济情报，以便集中力量与敌伪顽作经济斗争。

三、保证换（取）回大批日常必需品与军工材料物品来满足解放区人民与部队机关供给。

四、协助银行完成边币为本位制，帮助银行经营贸易事业，提高边币信用，扩展边币流通市场，排挤伪币，打击法币（抗币实行本位币，也应实行管理）。

（二）贸易工作基本方法（政策）

一、对内自由

二、对兄弟区实行贸易协调

三、对敌顽区，采取斗争

甲：为什么对内要有贸易自由呢？

（1）我们新民主主义经济政策，是削弱封建剥削，发展新民主主义的经济，提高生产，增加新民主主义政策下的贸易收入，同时在贸易上因生产而提高，才有更多的剩余产品输出，去争取对外贸易斗争有利条件，即取得对外贸易主动的有利条件。

（2）对内允许贸易自由，才能使农民与手工业生产品（者）到市场上互相交流，不受限制，是能推动与增加解放区人民提高生产的。

（3）市场有买卖自由，买卖能繁荣市场，刺激工业和农业生产，并能与生产质量提高（因为出卖者想在市场上竞争是必须提高他生产产品与生产品质量不可)。

(4)我们一般的允许对内自由贸易,是否就不能限制某项军工原料或军工产品自由贸易呢?显然是机械的了解的,军工原料军工用品只要为我们需要时是可以限制与完全归公收买的。

(5)对内贸易自由,决不是不要对投机奸商给予必要的打击,相反的我们一定运用我们的财政、行政法令来限制奸商行为,但要彻底制服奸商,主要是用我们公营雄厚资本在市场上,调剂贸易市场,使奸商无机可投。这里要特别注意,决不可为了打击奸商而垄断市场,压倒一般私商到破产地步去,相反地对一般私营商人应加以团结,并适当地帮助他,保证他获得市场一般的利润,是帮助整个解放区内工商业发展和市场繁荣的重要问题。

(6)对内执行贸易自由,决不是边区物品进出口也不应管理与封锁,而让他与中心区一样贸易自由。若边区对进出口物品不严格管理与限制,也让他与中心区一样贸易自由,就使解放区物资被敌伪顽用伪币套取吸收,来破坏我们市场与降低人民生活与购买力,而使我解放区贫困与减低财富收入的,这就不是叫贸易自由,而是自杀,因此对边区的贸易政策是要严格管理与对进出口物资要有一定的限制。必要时采取封锁。

乙:对兄弟区实行贸易协调

因为敌伪顽固派向我地区经济掠夺与侵略是有预谋、有步骤致以猛攻,因此我们要想不被敌伪顽各个击破又能集中经济力量向敌顽区作有效的经济斗争,并保护解放区,提高生产,保证人民与部队机关的供给,还要把市场繁荣起来,人民生活改善,那么就有一个先决条件,即各个解放区经济政策要有致与贸易事业上完全协调起来,使各个解放区之间产品互相交流,互相调剂,使生产品销路扩大,更便利我们与敌伪地区进行等物交换,争取对外贸易斗争的胜利,因此兄弟区间就必须做到以下几件事。

一、建立汇总关系,并有帮助提高兄弟区边币信用之义务。

二、兄弟区物品运到本区销售时,贸易机关与商行应协助销售。

三、实行物资交换,保证订立协议双方履行。

四、兄弟区有某种产品销售本区来时,本区税务机关,对外来(敌顽区)同样产品应加重税率,必要的应禁止入口,以便保障兄弟区产品畅销。

五、兄弟区过境之进口出口的物资,除盐出口外,一律不应重复补税,在不严重妨碍财政收入条件下,以便利兄弟区进出口贸易为原则,并尽一切可能消除太麻烦的检查手续,但对偷税与漏税商人有督促该出口商人仍返原兄弟区税收机关补税后,才允许出口之义务。

六、兄弟区机关部队确因需要(不是买卖赚钱)到本区来购买物品,贸易机关与商行应尽量协助,按市场购买,保证比商人更方便。

七、兄弟区通过的出口商品,不应管理,但有督促商人带回头物品进口之责任。

八、兄弟区物资通过本区需要运输工具(驴马草),本区贸易机关与商行应有义务向当地运输机关或运输合作社、乡、村劳动群众接洽帮助运输,这运输费用由兄弟区照价付给。

九、兄弟区有自购军用品权利,或代兄弟区向外购买军用品之义务。

十、为了向敌伪顽区进行一致的贸易斗争,而要实行每种产品对敌进行封锁或开业时应预先在半月前互相通报,以便预告与有关兄弟区协商后,进行封锁或开业。若遇一方不一致,可以向上级请示,作最后决定封锁或开业,倘若兄弟区未封锁,通报前,产品通过出口时不得阻碍。

十一、兄弟区与兄弟区之间,接壤地点的税收与贸易由双方负责同志每月开一次协融会议,目的是解决双方工作上所产生之矛盾,达到步调一致,以求得干部之团结。

十二、兄弟区对外贸易管理,因敌情及工作条件之不同,因而控制和管理程度不同,管理弱的兄弟区对管理强的应当谅解,管理强的兄弟区对管理弱的兄弟区应当协助,特别管理弱的兄弟区的贸易机关来要求供物品时,要尽可能协助其办理,而不应机械运用对外贸易管理的法令和手续来妨碍对兄弟区某种可能协助之目的。

丙:对敌伪顽贸易斗争

一、根据当前情形,敌人对我经济斗争策略上有三个:

1. 大量发行伪钞,吸收解放区物资。

2. 抛出我军需品,加强对农产品的不等价交换。

3. 封锁军需品增加我敌后抗日部队供给困难。

二、敌人对我经济斗争目的企图想达到:

1. 夺取解放区丰富物资，充实自己，增强侵略力量。

2. 破坏解放区经济生产，使物资枯竭，物价高涨，人民生活失去保障。

3. 使敌后抗日部队得不到充分补给，削弱抗日力量。

三、我们的政策是：

1. 建立商情组织，按期不断地进行互通商情，求得经常了解敌顽我三方面市场物价，特别是了解敌顽收买物资动向。"知己知彼""百战百胜"，这两句格言，在商业战线上，也是有重大意义的问题。

2. 要研究各解放区以外的敌顽地区内大、中城市商场产品种类与数量，商品价格与贸易上一般的规律，并经常了解市场供销关系的变化，以便掌握他的贸易市场情况，来压抑外来品物价与提高解放区产品出口价值的贸易斗争。

3. 帮助中、小商人，争取大商人，使他们靠拢我，和靠我来共同向敌顽进行贸易经济斗争。

4. 组织外商与小贩，避开敌伪封锁，运进军需器材与军工产品，来供给我军需之用。

5. 控制主要物资（粮食、棉花）其作用：

a、保持解放区需要

b、如有多余，在有利条件下，换回军需品及解放区人民生活必需品。

c、稳定物价，保持解放区一定程度的生活水平。

6. 次要物资（如油、及其他）实行管理出口其作用：

a、在不妨碍出口原则下，吸收一部分军需用品。

b、在不影响商人适当利润条件下，换回解放区人民一般生活的必需品。

c、管理外币巩固抗币对外币进口实行管理，若抗币成为本币，对法币也要进行管理。

7. 对一般物资××出口实行管理外。

8. 除军需用品及我政区人民生活必需品之外，一律禁止进口。

9. 除军需品外，凡人民生活必需的而对解放区经济建设起着破坏作用的，实行管理进口。

四、我们的具体方法：

1. 为了要达到控制主要物资目的：

a、举办生产贷款，活跃农村金融，使粮、花上市农民不致于低价脱售。

b、在粮、花上市提价收购，能使农产品价格提高，农民的购买力增加，生产力提高。

c、采用民主方式，组织粮、花行或出口商人，并保证商（人）有些利润，但务使其易于接受工商管理部门的管理。

（1）××××市场应求关系。

（2）管理出口。

A、一切出口均须通过工商管理局。

B、主要物资出口，决定交换比率及其出口敌区带回货物应按价收买。

C、次要物资出口，检查其带回货物或管理其外汇。

D、一般货出口，以抗币收回其外汇。

E、根据抗币对一定物品的购买力及外汇需要，公布外汇比率。

F、充分对进口商人供给外汇。

（3）统一解放区内党政军对外关系，组织统一采购委员会。

（4）组织商人对解放区经济建设有破坏作用的货物（如洋纱布等）进口实行统一管理进口，以利解放区农业与手工业生产的发展。

（5）对进出口加以管理，尽量使外汇需要减少。

五、对顽贸易斗争主要为食盐

1. 淮海区应在不妨碍进口的原则下，尽量压低食盐进口价格。

2. 淮海盐阜苏中三处食盐，在淮北市场价格，除因地区远近运费不同影响外，其出口价格尽可能取得一致。

3. 出口的统一盐价，应在足以压倒敌人西运食盐价格，便利向顽区输出条件下，取得利润各地区财政的原则要求协调，盐税税率应照顾便利输出。

4. 淮海、盐阜、苏中、淮北应依照可能划定盐运路线，便利相互协助，取缔私盐。

5. 与盐运有关地区，各派人员在淮北组织办事处，统一进行盐运及对顽输出的斗争。

6. 我盐对顽区出口，应换取下列货物。

（1）军需品或原料，在不妨碍原则下，应尽量吸收子弹

（2）黄金

（3）粮食

（4）布匹

（5）其他指定物品

（6）必要时可吸收顽区土产，向伪区夺取我之

军用品、必需品等

(7)法币

以上意见大会一致同意,故特印发给苏中、苏北、淮北、淮南四解放区作目前阶段贸易工作的指针,以及给江浙(苏南、浙东、浙西)、皖江(七师)、鄂豫皖(五师)等解放区贸易工作之参考。

(摘自江苏省南通县财税史编写组的史料)

七、回忆浙南三年游击战争(节录)

粟 裕

为了长期坚持敌后,形成比较巩固的游击区,并为主力部队提供更多的“落脚点”和“跳板”,我们不仅要有相对稳定的较大块的游击根据地,而且在较大块的游击根据地的周围,还必须建立一些小块的游击根据地和若干的游击基点;这些小块的游击根据地和游击基点,有公开的,有秘密的;在你来我往,敌人势力比较强大的地区,还应有“白皮红心”式的两面政权,使我们的整个游击区形成几种类型的结合,“突击队”的工作主要在中心区,我们决定把建立游击基点作为“牵制队”的重要任务之一,一面打仗,一面建设。我们在一些重要地区,选择条件比较好的村庄开始工作,几个或十几个有工作基础的村庄连成一片,就是一个游击基点,离开二三十里又建立一个游击基点,这样逐步向外发展。基点密集的,联系起来便成了一个小小的游击根据地。它的外围,还有分散的游击基点。这些游击基点和小块的游击根据地,开始还是临时性的,要经过斗争的考验和不断加强工作才能得到巩固和发展。

在游击区内,这种小的游击根据地和分散的游击基点之所以能够存在,除了有力的武装活动外,主要靠政策的威力。这个时期民族矛盾日益加深,我们吸取浙西南斗争的经验和教训,针对浙江商品经济比较发达,地主兼工商业者多的特点,对政策作了若干调整:以抗日,反蒋为前提,扩大团结对象,缩小打击目标。我们改变了打土豪的政策,把“没收委员会”,改为“征发委员会”,征收抗日捐,比方说,到一个地主家里,如果他家里的人跑了,我们就根据部队的需要和他家负担能力的大小,给他写了条子,说明我们北上抗日,有了困难,需要他捐助多少担米、多少衣服和多少钱。假定我们希望他捐助两百元,便说明这次住在他的家里,吃了几担米,杀了几头猪,合计该扣除50元钱,便要他再送150元钱到什么地方去。地主回来,看到红军没有乱搞他的家产,是讲道理的,全家商量商量,设法把那150元钱送到指定的地点。这样矛盾不激化。但也有的不送,我们就写信警告他,规定在某天某时把钱送来,并且规定了接头的办法。如再不送,不仅罚款,后果由他负责。当然也有顽固的,以为我们奈他不得,就是不肯送来,那我们就采取比较强硬的办法对付他。

如汤溪周村有个地主乡长,我们通知他要送500元抗日捐来,根据调查,他是完全可以负担的。但他不干,我们就警告他说:你拒不缴纳抗日捐,现在要另罚500元,合计1000元,如限期不交,定要惩处。他听了笑笑说:“想惩办我,谅他们也没这个本事!”其实我们与群众有密切的联系,他的行踪,我们了如指掌。这一天,他出了门,我们的侦察员马上在半路上把他抓来了,他吓得要死,我们还是向他交待政策,要他交款。这一下见效了,他一回去,很快便把捐款和罚款1000元全数送来了,以后他还到处宣传:“红军真厉害呀……”这样,周围的一些地主收到我们的条子后,大都及时认捐交款,我们不必动武。这就解决了部队的经费开支。

我们很重视群众的经济利益,注意发展山区经济,部队活动的地区大多是林木茂密的山区。我们的政策是支持竹木和山货出口,欢迎平原城镇的殷实客商进山做买卖,使商品流通,山区经济得到发展,这样做虽然还不能满足基本群众的长远利益,但对他们近期生活的改善是有利的,因而得到群众的拥护,自觉帮助我们防奸防特,通风报信。这样做,也争取了一批资本家的工商业者,我们的一部分军需品,就是由他们供应的。

在这小块的游击根据地里,政权是我们所掌握的,但形式是秘密,当然时间长了,也就成为公开的秘密了。

我们所建立的小块游击根据地,可以举宣(平)遂(昌)汤(溪)边区为例子:

早在1935年5月至9月,当我们游击于浙赣线中段以南地区的时候,便已进入宣遂汤地区,并在门阵、银坑一带回旋。这一带地形甚好,以门阵为中心,坐南向北,背靠大岭,面对金(华)汤(溪)平原,群峰守望,竹木葱笼,位置重要,它不仅处于三省交界处,而且可以控制三条交通线:其东有宣平至金华的公路,其西有丽水经遂昌至龙游的公路,北面有金华至巨州的铁路和公路，且有小溪由南向北通往金华，是竹木放筏必经之道。我们在这里打土豪，发动群众，开展工作，并在芝肚坑、龙葱、周坞、黄塘井、小洋坑、紫坑、溪口等10多个村庄，发展党员20余人，建立了党的支部和遂汤区委，1936年秋冬，我们已经有了建立小块游击根据地的想法，就派人按新的精神去恢复工作，1936年底和1937年初，先后有两支部队进入该地区，春节前后，在紫坑成立了党的宣遂汤工委，统一领导这一小块游击根据地建设。由于执行了新的政策，经济上有一定的发展，如被群众称为"小上海"的中心点门阵，商业繁荣，平原上的客商带来大批布匹、医药等货物，用来交换山区的特产，使金华也在实际上成了我们的"军需补给基地"。那一带不少保、甲长是替我们办事的，区长、乡长往往保持中立，从敌人方面说，小股的不能再来，怕被我们消灭；大股的又上不来，因为道路艰险，给养困难，施展不开，这样，我们就有了一个小小的但又确实比较稳定的后方，这个后方，成为我们在浙赣线以南和浙西南地区坚持斗争的重要基地之一。

（摘自1983年浙江人民出版社《浙南三年》）

八、华中解放区贸易管理概述

陈　穆

一、管理贸易的作用

华中是资源十分丰富的地区，在华中解放区内，单就苏皖两省自安庆以下的江北部分而言，即有皖江（包括无为、庐江、和县、含山、巢县）及苏中、淮南、高邮湖沿岸两大产米区，淮北的产麦区，淮北、苏北、淮南的产油粮（黄豆、花生、芝麻）及食油区，苏中的老淮南盐场及阜东（苏北阜宁东部）沿海一带的产棉区，淮南凤阳的产烟叶区。其他如猪、鸡、鸭及其副产的鬃、毛、骨、蛋和酒等都有大量的出产。这些出产，特别是棉花及粮食两项，素为经济命脉薄弱的敌寇所觊觎，曾不断用军事配合来掠夺。但敌寇屡遭我英勇杀敌的新四军及广大人民的武装所痛击，无法遂其目的，此外，敌寇则有一套采购机构，伸出无数触须，到我解放区进行其经济掠夺。我解放区政府及英勇军民为了保护坚持抗战阵地的物质资源，就必须配合军事政治，依靠和掌握这些资源，来与敌寇的经济掠夺和封锁进行斗争。解放区管理贸易就是在这样军事和经济条件下产生的，到今天它成为解放区巩固胜利，准备反攻的经济力量，进一步建设新民主主义经济的一个重要关键。

二、管理贸易的目的

解放区管理贸易的目的，和国民党当局的所谓统制贸易完全不同。国民党政府以官僚操纵霸占市场，排斥民间工商业，掠夺人民的生活资料，用各种方式公开和秘密资敌，挂着抗战的招牌，实际是少数达官要人发国难财，享抗战福。我们解放区的管理贸易则以保证解放区军民的生活资料和军需，保护和发展工业和农业生产，繁荣解放区市场，巩固解放区货币，而与敌人作针锋相对的斗争为目的，因此，解放区的出产尽量使其内销，调剂内地市场，以保证战时军民足够的生活资料和战争资源，只有在解放区消费剩余及非必需的出产，才允许其在有利解放区抗战事业及人民生活条件下的向外输出，输入必须有利于解放区军民与生活，对敌伪倾销的货物，则限制或禁止其入口，以免妨碍解放区经济之发展。在这样的贸易基础上，繁荣解放区市场，刺激并提高农民的生产和购买力，以推进商业之发展，乃成为可能，对于商人，保证获得平均利润，限制奸商操纵投机，政府组织公营商业，同时帮助人民组织和发展合作社，通过公营商业及合作社的经济力量，团结各种商人，推动内地市场，保证其适合于人民战争的利益，这就是解放区管理贸易的目的。

三、解放区市场自由贸易

为了达到以上的目的，首先是保证解放区内部市场，除接近敌区外，买卖运输不受任何限制，完全自由，解放区商人负担，到现在为止，远较农民为少，而税收机关的统一，则是解放区光辉政绩之一，这里没有任何军队的额外征收或敲诈，在接近敌伪区的边区因易于走私资敌，这里就必须有群众团体及政府机关的证明才能在内地运销，以便防止走私。内地食粮一般不准出口，只在军民供给有余，出口又能换回军民所必需的工业品的条件下，才在一定时间和地点允许出口。特种军工原料，如硝磺、皮革等，则须受政府管理贸易机关按市价收买，不得自由买卖或输出。囤积居奇，操纵物价，以致破坏人民经济生活的稳定，这不为政府法令允许，公营商业及人民合作社日渐发展的经济力量亦逐渐足以制止之。

解放区是处在敌人的后方，依军事形势划成军区(华中有八个军区),每一军区成为华中统一指挥下的战略单位。每一军区政府财政是服从于各个军区的战略要求来计划和做到收支平衡。但因解放区受国民党一党专政的阻碍,得不到任何外来支持和帮助,不得不在各个被敌人军事分割的战略单位求得解决财政收支的平衡。因此当货物运输经过两个以上的军区过境进出口销售时,税收制度不得不照顾这一财政上特殊困难。食盐过境输出,征过境税10%,经过几个军区以上者,其总额不超过40%,因解放区食盐垣商官卖引岸制度,已完全废除,买卖已完全自由,如此税额,较之国民党统制食盐的办法,盐生产后经过垣盐及盐务管理机关转入运输,盐价即增加10倍以上,其对于食盐生产与浪(消)费者之利弊,实不可同日而语,除食盐外,其他货物过境只许补征第一道进出口地所缴税额的40%(如苏北经苏中出口)或50%(如淮北经淮南进出口),过境经一个以上军区者,补征额不得超过以上之规定,当然在个别地区,对区内自由贸易制度执行尚有不够之处,以致造成市场偏枯的情形,现在努力纠正中。

四、出口贸易管理办法

解放区出口贸易受严格的管理,凡出口货物一律须受政府工商管理(又称货物管理)机关的管理。管理办法分主要物资(粮、棉)、次要物资(猪、油、酒、豆饼)及一般物资三种。主要物资特别粮食的出口,除依据内地市场及军民供给需要外,还根据敌区市场情况,以不影响解放区物价的稳定,而又能在一定的价格比例下,从敌区市场换回指定必需之物资,出口与否的条件,出口时商人必须保证能带回指定种类数量及一定比价(即出口货与进口货价格之一定比例)的货物,或预先交纳(保证金),如此就可运输出口,这种比价是由工商管理机关研究我解放区农产品及敌区工业品的供求关系及商人运输费用,并保证其20%左右的纯利润而定的。易回物资如在市场停滞时,公营商业有责任按市价收购,以帮助一般商人资金的流转。次要物资一般随时可以出口,只须易回预先运进指定的比价物资,或指定携回外汇(外汇须接受银行汇率的管理和收买,不得自由携进抛入市场)。一般物资出口,不受时间及换回货物之约束,惟携回外汇者,必须向银行或工商管理机关请求按规定汇率收回之。此外,解放区的银行和工商管理机关有随时供给商人以足够的外汇的责任,这样来鼓励与帮助商人进行进出口贸易。

华中解放区的贸易,就在上述对内自由,反对垄断,对外管理,反对自由的基本方针下,逐步地达到保护解放区生产,繁荣解放区市场,巩固解放区的货币,保证解放区军民需要的供应,并胜利地反对敌寇封锁与掠夺的目的。

(摘自《新华论坛》1945年7月第一卷第十期)

九、淮南抗日根据地的财政经济工作(节录)

龚意农

根据地的商业政策,总的来说是对内自由、对外管理。所谓对内自由,就是取消日伪和国民党的各种苛捐杂税,取消私商在贸易方面的垄断。在根据地内部,大力发展公营商业、合作社商业,同时,也保护私营商业,限制商业资本的过分剥削,取缔奸商,反对投机操纵。对外贸易,禁止一切非必需品输入,奖励必需品的输入与内部多余农产品的输出,总之,必须有利于发展根据地生产,活跃经济,保障抗日部队供给和根据地人民生产生活的根本利益。

一、广泛的贸易渠道

抗日战争时期淮南根据地的经济是比较落后,除了一些私人手工作坊外,工业几乎没有,部队和人民生活的必需工业品和日用品不能自给,要依赖外地的输入。在组织生产自救,鼓励自由贸易以后,经济情况有了好转,但许多物资还是必须由外地输入,很多东西要从敌占区输入。

为了搞好内外贸易,抓好经济领导权,二师所在的淮南根据地,于1942年成立利华贸易公司,公司设立在天长县的铜镇,下设了不少分公司和门市部。从天长到高邮这一带是铜城利华贸易公司管,靠南边从六合那边来的货物是竹镇利华公司管。利华贸易公司组织根据地的商品流通调剂,控制一些重要商品和军事物资,主动的处于领导地位。对于兄弟地区之间的贸易往来,主要是双方在交界处以货换物,苏北根据地就多次用盐换我们生产的飞马牌香烟。

此外,我们组织商抗,把商人团结在抗日民主统一战线内。如在青龙厂,当时大厂有两家,大作坊有一个,其他如烟丝、布匹、西药、糕点和作坊有好几家,还有各种行,象米行、油行、猪牛行、杂货行、棉纱行等。这些店、行的商人,都组织在商抗内,受着抗日教育,为抗日贡献自己的力量,我们通过种种渠道采取各种方式,努力活跃根据地市场积极鼓励商人通过他自己的进货渠道和关系,购进根据地需要的商品,输出根据地需要出口的物资。

二、保护商人的政策

对商人采取了保护政策,废除了国民党的苛捐杂税,采取了轻税政策,商人从外地运东西到根据地,只收了一道税,就可以通行无阻,不象国民党那样,在所有的集镇层层设卡,商人每通过一道卡都要缴一道税,由于我们采取了只收一道税的办法,就吸收了大量的商人(包括根据地的商人)把敌占区的货物运到根据地来经营。

我们不购买枪支,枪支从敌人手中夺取。有一次,一位商人带来了两支无声手枪,我们不想收买,无声手枪对我们无用,但是考虑到商人的安全和利益,我们买下了,同时委托他们买子弹炸药,炮弹也要。根据地的小兵工厂可以把炮弹药倒下来再造成子弹。胶卷是赛璐珞制成是易燃物,可以作引火。通过商人的关系,我们可把整批的军火从敌占区运来。象这样的商人,上海地下党为我们介绍了不少,他们和南京、江苏的中等城市都有关系,通过他们做生意,搞到部队和群众需要的东西。我们还介绍他们直接和部队的供给部发生关系。

要保证商人有一定的利润,要考虑到商人到敌占区做生意,他们一方面要冒险,而且开支比较大,他们在敌占区没有关系是做不成生意的,拉关系是要花钱的,特别是敌伪人员贪污成风,东西经过敌伪的税收人员,多送几个钱就可以过去,在敌区办货,除了货价外,还要他们另外花费一些钱,有时候东西甚至被没收,要考虑到这些困难,使商人有利可图。这样根据地商人也好,敌占区的商人也好,他们都愿意和我们做生意了,不少商人一直到解放战争胜利,都为我们积极服务。

三、控制进出口,粉碎敌人封锁

敌人在经济上封锁我们,根据地处于敌人的包围之中,但是,我们反过来也包围了城市和交通线。根据地缺乏工业品,但农、副产品都在我们手里。加上对商人采取保护政策,保护他们合法利润,不采取左的政策,鼓励根据地的商人到敌占区做生意,争取敌占区的商人到根据地来做生意。当时,敌占区商品进货路线一是扬州、六合、开长等敌人占据的几个城镇,二是从高邮湖、宝应湖、白马湖、运河等水路进口的商品,再就是敌人占据的城镇间运输沿线进来的商品,如扬州到天长间的大仪、六合的竹镇等。

对于农副产品和敌区需要的东西,都有计划地通过货检处来控制出口。敌人需要粮食,我们不允许商人在根据地随便采购。又如猪鬃也禁出口,因为猪鬃是敌人进行战争需要的物资,我们不需要它,如果允许出口,就要达到有利交换的目的,来换回我方更需要的东西,我们出口粮食,就要换回弹药、五金、电池、医药等我们需要的东西,这一点敌我双方都明白,粮食的统购政策,狠狠打击了敌人。1941年根据地大米是法币40元一石,小麦30元一石。上海、南京、芜湖等大城市米价是法币160元一石。粮食是我们手中强大的武器,禁运粮食到敌占区去,狠狠打击了敌人以战养战的企图。有时也用一些粮食换回我们急需的物资。有一次日本人通过一个经常和我做生意的商人,找我们买粮食,我们提出要子弹,日本人也只好同意用子弹换粮食。双方规定了交货地点,并且要保证安全,因为还有伪军捣乱。第一次交换很顺利。后来,敌人把子弹用开水煮了,拿回来后,我们吃亏了。这以后,我们就当场试验,一颗打不响,全部不要,敌人终于老实了。

根据地实行粮棉等专卖政策,控制了粮棉的出口价格,迫使敌人用高价和用我们急需的军用物资等,才能买到一点粮食,保证了战争物资的需要,也缩小了工农产品的剪刀差,保护了人民利益。

我们就是这样,逐步把根据地贸易开展起来,保证了军队和人民群众必需品的供应,使抗日战争持久地进行下去。

(摘自《安徽财政研究资料》1981年9月2日第三期)

十、海安百货市场

史继明

"民便市荣"、"商界救心",在海安百货市场成立的第六天,工商管理局和八鲜行公会替它挂上了这两面漂亮的锦旗。的确,这八个大字,反映了百货市场对繁荣市面所起的作用,和一般贫民,小商人对它的衷心感激。

自从海安百货市场成立后,以评价交换物资的形式,帮助代客卖买,保证汇兑和吸收便宜货物,帮助小商人解决进货困难,一星期来顿时整个海安镇市面,起了极大变化,消除了市上严重的黑市垄断现象及客商汇兑困难。曾经一度陷于停顿状态的商业,迥然不同地转为欣欣向荣。百货市场的今天营业总额,竟达新抗70余万之巨(约占全市营业总额的十分之三),抗币本票的威信益形提高,同时对排斥伪币也起了意外的作用,开幕的6天中,就逼迫伪币,从1比1500的比率连降到1比3000元。

现将海安百货市场的成立经过,营业特点及短期内的成绩,摘要介绍如下,供各地参考:

成立前的市场状况

在百货市场成立之前,市面上三个严重的阻碍商业繁荣的现象:

(一)金融紊乱,货币投机极为严重,由于三分区的大宗土产仅是猪仔、花生,而其它很多生活必须品如布匹、盐、棉花等,都仰求于一、四分区,因之形成与一、四分区物资交流的不平衡,大批抗币筹码都倾注一、四分区,以致造成市面上抗币筹码的普遍缺乏。加上海安是粮食布匹的交换中心,物资流得很快。这个现象就尤为严重,因此某些商人就进行货币投机,制造抗币黑市,贩卖抗币,最严重时三分区的抗币本票曾被压低到七折使用,1元的流动券只能抵同伪币的1000元。后来江淮银行虽开始汇兑,也仍是公家吃亏,不能解决问题,因为目前四分区本票的购买力实际上是比三分区为高,因为银行进行汇兑还是给了商人货币投机剥削的更好机会。

(二)黑市现象很普遍,从油盐酱米柴说起,差不多样样有黑市。如有一时期豆油店家家挂牌没得油,黑市就高到了每担120元,豆饼黑市卖到18元一片(现在百货市场只卖11元),大米贵到3元8角一斤(百货市场只卖2元钱);由于商人黑市操纵,致使百物上涨,烧饼馒头跟着缩小,贫苦市民到处叫怨。

(三)商业陷于停顿状态,繁荣的过载码头变成了"过而不留"。海安解放后,交通便利了,根据地全境只报一道税四处通行无阻,因此很多客商船一靠就上岸,听市价,价格不对劲,就不是上北便向南,不象过去海安"三里闸"闸得紧紧的,客商不来则已,即来了就是价格略为吃亏些也得做买卖,不然退回去也是蚀老本,与今天的商业形势完全不同样,但是海安各行商还是墨守成规,不肯减轻行佣剥削,致使繁荣的过载码头变成了"过而不留"。

百货市场营业特点

紫石县工商管理局从曲塘移到海安后,在其它各部门的配合帮助下,发动商人在下坝大街组织了一个百货市场,这个市场的营业特点为:

(一)利用海安"牙行林立"的商业特点,采用代客买卖评价交换物资的营业方式,以解决市场的资本问题。海安是个过载码头,北面粮南面布的交换地,因此,无本钱交易、牙行就特别多,90几家粮行,差不多全是牙行;其他布业、草业、油饼业等,也是牙行性质居多。百货市场还采用了这种代客买卖的营业方式,但却取消了封建性的行佣剥削,在整个贸易过程中,仅收市场管理费千分之五,对某些小商人甚至分文不取。

(二)百货市场的买卖关系,不是单纯的物物交换,而是经过市场一定的评价后,发给市场特制的本票,然后自由地进行等价交换。市场发行的本票每晚结算,隔日作废,这样既可防止商人的投机取巧和欺骗,又可杜绝市场本身的其他弊病。

(三)在市场上评价出售的货款,如果客商不愿换货时,可由市场代为汇至其他分区;因为市场上所评的物价一般的全照市价低二三成,客商交换大家廉价互相不吃亏,汇划时也不可能再行货币投机。

(四)市场争取汇划时间,吸收大批便宜物资,解决一般小商人的进货困难和贫苦市民的食粮问题,一般卖五洋的小贩,过去向街上大店家进货总是受着大商家的严重剥削,如销路最广的三猫牌香烟,大店家批来的是14元一包,转批给小贩就要18元,小贩再卖出就非20朝外不可,使得买客个个喊贵,现在市场上这批小贩组织了起来,每人发给摊头证,可以凭证向市场买取便宜物资,如三猫牌香烟市场上只售12元一包;过去一般小市往往吃着顶贵的米,有时甚至拿钱买不到,这次市场根据为人民服务的精神,就决定天天销售5000斤平价米。2元钱1斤,每人限购10斤。现在每天早上粮食部窗口总是挤满了人。

(五)向市场购买任何物品,一律需用抗币、抗币或是本票则不论,由此抗币本票的威信大增,伪币虽已自动降至1比3000元,还是没人要。

一星期的营业成绩

百货市场营业一星期来,廿几间房子的营业部,天天挤满着人,活象上海的交易所,"人头上接钱"的进行买卖。市场一开始就注意了帮助小商人的发展,几天来已起很大作用;如街上十八爿肉店,过去每人全街合起来只能销到二三只猪仔,最近在市场的帮助下,拨售给他们大批便宜麦子,使他们到乡里去换猪仔时成本减轻了三分之一，因之肉价也可以卖得便宜了。昨日街上一个早市就卖去了10多头，各猪肉店老板为了表示对市场的感谢在第二天便大锣大鼓的送了一幅“商界救心”的锦旗；豆腐店在买到市场的便宜黄豆后，也增加了一点豆腐；几天来所有五洋杂货摊儿的价格，都已自动降低，他们因为从此进货容易，都提出了“薄利多销”的口号，新的摊头突然增加了20余个；各地汇集在海安的粮食，布匹商人，他们看到百货市场既没有行佣剥削，又能迅速换到货物和能保证汇划，因此都不投行家，自动跑到百货市场来了，使牙行的封建剥削起了极大的动摇，到目前为止百货市场的商业影响已扩大至南面二甲镇，北面盐阜区，昨日有两个盐阜大布商是在半途听到消息特地赶来的。

除了以上的商业收获外，还由于散买平米和积极帮助小本商人的结果，在政治上与基本群众更接近了我们，对民主政府的商业政策提高了认识，同时无形中提高了抗币威信和排斥了伪币。

今后的努力方向

到目前为止，市场每天营业总额已达70余万，每日的营业积余已相当可观。今后准备将此项积余除去必要的开支外，大部分拨作发放小本贷款之用，其次目前市场内，有职员88人，三分之二为本地方失业店员，今后拟每晚召开检讨会，加强业务教育和提高为人民服务的观念，团结大商人，继续帮助中小商人，求得百货市场成为海安商业中的核心。

（摘自《江潮报》1945年11月16日文章）

十一、鄂豫边区蔡店贸易公司的回顾

王正道

鄂东蔡店贸易公司，成立于1943年10月，蔡店是大悟山南面的一个小乡镇，离滚子河约五十华里，属黄陂县。西北与孝感、大悟县连界，东南同敌人据点河口、姚家集很近，是土地革命时期的老苏区。

1938年，日寇侵占武汉后，不久，蔡店曾一度被伪军李汉朋窃据。

1939年6月，我新四军罗厚福同志率领六大队，曾以四个连的兵力，远距离的夜袭蔡店，打垮了李汉朋3000多人的伪军。年底，黄陂县成立了工委，蔡店在我党的领导下，逐步成为我抗日根据地。

1941年以后，由于我新四军五师首脑机关、部队、学校、移驻大悟山滚子河、白果树湾、蔡家冲一带，约1万多人，物资供应，一时十分紧张，不法商人利用这个机会投机倒把，高抬物价，市场十分混乱，为此，鄂豫边区行政公署，派行署秘书长丁连三来蔡店，在冯家楼召开了有关部门的负责人的会议。参加会议的人有：行署贸易总局局长曾怀阁，财政处商业科科长张翼，鄂东分行行长王正道、黄陂县财政科科长王景瑞、区长黄紫卿、蔡店商务会长李宗舜等人。会议分析和讨论了蔡店市场情况和问题。提出了发展生产，保证供给的措施，根据这次会议，决定蔡店贸易公司也就随之成立。

（一）公司概况

蔡店贸易公司直属边区行署财政处领导。公司内部建立有由曾怀阁、张翼、王正道组成的三人小组，在黄陂县政府直接协助下进行工作。张翼任公司经理，王正道、许耀卿任副经理，顾问曾怀阁。公司下设秘书科、会计科、业务科、保卫科。由许耀卿、吴长清、潘南山、李桂聊四同志，依次分担各种科长职务。另设市场管理委员会、物价委员会、统购统销三个委员会。主任张翼、副主任李宗舜。

直接属于贸易公司管理的国营单位有：德兴、谦益、公益、抗大四大商行，德兴商行经理为潘南山，主要经营粮食、植物油、食盐和棉花；谦益商行经理是周裕厚，主要经营食盐、油、白布和棉花；公益商行经理是胡运龙，主要经营食盐、植物油、白布与棉花；抗大商行的经理是徐科长，主要经营文具纸张和医药用品等。除充分利用私营商业八大帮，即油盐、匹头、百货、文具、杂货、医药、屠宰、勤行服务等帮。贸易公司还建立了公行，将油行、粮行、牛马行组织起来，专门收购粮油和土特产品。选举郭家元任理事长，李宗舜任监事长、经理李应云。

陂安南贸易公司，是1945年3月从蔡店分出去的，纯属商业性质的组织，一般的通过购销活动实现对私营商业的领导。经理王正道，下设秘书、会计、业务等科，附设有两个综合门市部，公司直属鄂东专署领导，业务上属行署财政处领导，党组织属安南县委领导。

经营方式灵活多样，蔡店贸易公司只设了一个综合性的商店，陂安南贸易公司在长堰和同兴集各设了一个综合性的商店,直接经营购销业务,经营范围很广,仅生产资料就有铁木农具、煤、盘纸、钞票纸、高级油墨、香料、烧碱等工业原料物资;在生活资料方面有:粮食、植物油、食盐、糖、棉花、布匹、杂货、锅,以及医药和文化用品等;还收购大量的皮木油、烟叶等土特产品。但主要经营方式,还是委托各乡镇的私营业和行栈代购代销,按1%~2%给以手续费。

同时,通过不同的渠道,积极动员和扶植当地群众成立运输队,带着我区剩余物资到友邻地区换取我区必须的食盐,许昌烟叶、煤、粉纸、棉花等紧俏物资,并迫使敌人同我公司搞物资交换,拿我区烟叶、皮油换取敌人的食盐和工业原材料,此外,还在农村自然村将妇女组织起来,纺纱织布,并且发动爱国商人,深入敌占区,大量套购敌人的禁运物资。从而打破了敌人的经济封锁,活跃了市场保证了根据地军民的物资供应。

(二)主要成绩

蔡店、陂安南贸易公司,从建立起到五师突围前,3年多的时间内,充分发挥了商业工作的桥梁作用。蔡店原来只有小商店30多户,几年来发展到大、中、小商号和行栈300多户;原来隔天逢集,发展到天天逢集的活跃市场;原来是私营商业的独占市场,发展到以国营经济为领导的多种经济成份的商业,当时市场的繁荣,蔡店人民称为小汉口,成为抗日根据地的经济中心之一,成绩是很显著的。

首先,通过公司的购销动活,促进了根据地工农业和手工作坊的生产发展。抗战初期,敌伪顽互相勾结,对抗日根据地进行疯狂扫荡,人民的耕牛、财物抢劫一空,农业生产遭到严重的破坏,工业、手工业、副业都处于停顿的状况,公司在各级党委和政府的领导下,积极发放贷款,组织原材料供应和收购产品等方式,组织各乡工业、手工业作坊,生产铁木农具,满足农村缺乏农具的需要。如发动梅店高旺乡杨家河的铁匠王太和,联合各村铁木工人,公司给以贷款和煤的供应,就搭起三盘炉子,其中两盘炉子生产铁器农具,一盘炉子铸造犁尖,受到农民的普遍欢迎,公司为了扩大纸烟生产,为大达、民生烟厂采购原材料和贷款,加快了烟厂发展步伐,使生产量迅速的扩大。同时,对蔡店汪家河的锅厂、纸厂、长堰的小化工厂,积极加以扶植,使产量成倍增长,对长堰、梅店的手工卷烟工人,采取各种办法把他们组织起来,给以烟丝和粉纸供应,很快发展到七、八百人,不仅生产了大量卷烟供应市场,而且使几百工人就业,并把各地榨坊,分别利用国营、公私合营、私营合股联营等形式组织起来进行生产,产品由公司统购统销,资金和材料供应由公司给以解决,农村妇女按自然村组织起来,纺纱织布,同合作社签订合同,每二斤棉花换一斤土布,棉花供应和土布收购,由合作社统一经营,土布集中后上交。生产多,质量好的给予物质奖励。男女老少齐上阵,根据地很快掀起轰轰烈烈的生产高潮,到处洋溢着热气腾腾的欢乐气氛。

其次通过各条商业渠道,组织了大量货源,活跃了市场,保证了供给,1943年冬,公司利用剩余的劳力,在蔡店中心乡畈城河村组织了20多个强劳力,成立一个贩运小队,同公司签订合同,每人贷款一担盐的本钱,从当地购进一批西药、文具用品、香烟,到友邻地区河南、淮北贩回大批食盐,一举两得,获利不小。这个经验后来逐步在梅店、陂安南普遍推广、并且发展到组织各种运输队,到天汉贩运棉花;到河南贩运许昌烟叶和煤炭;到安徽、江西贩运粉纸,瓷器;根据地缺什么就组织供应什么,从而打通了同友邻地区的商业渠道,使我公司掌握大批的人民必需的生活用品。

第三,打破了敌人的封锁,勾通了同敌占区的商业渠道。抗战初期,我们采取反封锁的简单办法,就是禁运没收,结果根据地农产品卖不出去,敌占区的食盐和其他必需品进不来,市场停顿萧条,人民买不到东西,给投机商人可乘之机,群众意见很大,在这种情况下,公司贯彻执行行署的物资统制政策,开展对反封锁的经济斗争。动员广大人民将农副产品和土特产品卖给国家,严禁根据地的粮、棉、油和土特产品自由的流入敌区,从而迫使敌人洋行找我们谈判,要求实行物物交换。1944年3、4月,日本洋行派代表来蔡店接谈,谈判的结果,交换的商品都按市场价格,各作各价,按约定的时间,在城(黄陂城)河(河口)公路的十棵松汽车站交货,我以1万多斤皮油和部分××,换取了四汽车食盐、宽细布和白沙糖等物。第二次是在1944年秋,公司又在孝感县局周巷内陈家大屋同敌方代表进行谈判,谈判结果,按约定的时间,在京汉铁路花园火车站交货,我以10万斤孝感烟叶和部分××,换取了两车食盐,并约三次仍在原地谈判,在同敌人进行物物交换的同时，发动我区爱国商人，深入敌区套购了大批物资。就这样，我们不仅取得了反封锁斗争的胜利，而且在为工业生产提供主要原料和满足人民生活的必需品方面，发挥了应有的作用。

总之蔡店，陂安南贸易公司，在促进生产的发展，反封锁的经济斗争中，业务范围越来越广，经营方式上越来越活，促进了根据地的市场繁荣，物价稳定，保证了根据地军民的供应而且财政收入不断增加，为取得抗日战争的最后胜利贡献了自己的力量。

(三)取得成就的基本原因

回顾过去，蔡店、陂安南贸易公司的工作之所以取得显著成绩，其基本原因，在于各级党委的重视，以及行署财政处具体领导的结果。

首先，加强了对市场的领导和管理，进行认真的整顿，公司成立之初，就建立了市场管理委员会、物价管理委员会、物资统购统销委员会等管理机构。制定了市场管理办法和措施，在物价管理上要求严格执行物价委员会的规定，在商品购销上，必须无条件服从统购统销委员会的指导和管理，广泛的发动私营商业职工讨论，并进行抗日爱国主义的思想教育，在提高思想的基础上，改选了同业公会的负责人，公司也参加了对私营商业的物价和经营作风的大检查。检查中发现了私商程天武出售食油时掺杂掺假，百货商王承章，文具业胡香芹高抬物价，屠宰商蔡长先短秤少两，将病猪肉充当好肉卖，而且拒用边币等不法行为。后将检查情况，分别呈报行署和黄陂县政府。边区行署派纪检团长涂益庵来蔡店，进行了严肃的处理，将严重违法和拒用边币的屠宰商蔡长先进行枪决，并公布于众，对抬高物价、掺杂掺假的程、胡、王等不法商人进行了教育后，请保释放。从此，蔡店私营商业比较奉公守法，市场秩序有了好转，物价日趋稳定。

其次，建立了国营经济的强大优势，扶植和促进了各种经济成份的发展。公司建立之初，就很快建立了德兴商行的国营商业，主要经营人民生活用品和工业原料，不仅掌握了大量的粮、棉、油、食盐和生产资料，而且业务繁忙。在德兴商行的影响下，边区各机关、部队、学校都相应的建立起各种商行，大大的显示了国营经济的优越性，有了这些商行，就可以利用各种经济手段，充分发挥国营经济的领导作用，控制了市场的经济活动。在一般的情况下，采取薄利多销的原则，而在农产品和土特产品收获、上市季节，往往滞销卖不出去，公司就委托商行统一收购和各行栈代购，代为保存；等到淡季时，市场缺货，就通知商行和行栈，给以1%—2%的手续和保管费。从而大大的缩小了农产品和土特产的季节差价，也缩短了淡旺季的市场，稳定了物价，维护了生产者和消费者的共同利益。

与此同时，在1943年底，在公司的协助下，在蔡店建立第一个供销合作总社，郭家元任理事长，李宗舜任监事长，经理李立荣。一般经营生活日用品和生产资料外，主要为各乡村消费合作而服务。1944年春，黄陂县委书记孟昭毅同志，在蔡店中心乡的郭家田、童家石屋、付家湾一带蹲点，曾通过当地消费合作社，组织了一支专业运输队，长期到外地贩运食盐和棉花；同时组织各村妇女纺纱织布，主要采取同当地合作社签订合同的方式，由合作社供给棉花和收购土布，对农村发展副业生产起了很大作用。这个经验后来得到了普遍推广。

公私合营商业也获得了一定的发展。1943年10月，蔡店公行成立，由公方代表潘南山兼任经理。私方代表任副经理，发动私营行栈自愿参加和自动集资，主要资金还是由公司承担，主要经营粮、棉、油、食盐、棉花、土布和土特产品的批发业务，公司也随时委托收购统购统销物资公行业务也是繁荣的。

第三，认真贯彻了抗日民族统一战线政策和各项经济政策，团结了广大爱国商人，为根据地的贸易工作服务。公司通过蔡店商务会长李宗舜、梅店商务会长彭海青，和陂安南各乡镇的商务会长关系，联络各地商人如彭光华、田少全等进行为抗日出力的爱国主义的教育，在提高思想的基础上，动员他们同敌区资本家严生宽、李长江等相结合，大量套购敌人的禁运物资。公司并规定一般物资，如文化用品和医药等，按原价增加运杂费15%～20%，如钞票纸，卷烟盘纸机器和军用物资等，按原价增加运杂费30%等政策，使商人有利可图。从而调动大批商人的积极性，不仅采购根据地缺乏的西药和文化用品，而且套购了大量重要工业原料和军用物资，使根据地市场活跃起来了。

第四，公司领导机构短小精干，人少办事快，工作效率和经济效益都很高。蔡店贸易公司自始至终，在三人领导小组的直接领导下工作，下设四个科，共计30多人。因而开支小，经营额大，利润多，按当时的供给制，每人每月以5元计算，月工资的开支不到200元；以目前的工资标准，人月平均50元计算，月工资只1500元，所以开支是小的，而当时的营业额是很大的，现在无法计算，只知道一年的利润，就还清了银行的全部贷款。以至1945年春，再建陂安南贸易公司时，吸取了蔡店贸易公司经验，只配了经理1人，职工40多人，而业务范围普及到整个陂安南地区，包括长堰、塔耳岗、柿子树店、同兴集等地，而且在长堰和同兴集设立了两个综合门市部，其他地方充分利用商业的积极性，广泛开展代购代销业务活动，从而扩大了经营面，缩小了开支，大大提高了经济效益。

（摘自鄂豫边区革命史编委会史料）

第十一编　东北解放区的工商管理

（1945 年 ~ 1949 年）

概　述

东北解放区的工商管理所选用的文献，主要是1945年至1949年东北地区的工商管理史料。

1945年9月成立以彭真、陈云同志为领导的中共中央东北局，经过清匪反霸斗争，建立各级人民政权。没收封建阶级的土地归农民所有，没收蒋、宋、孔、陈为首的垄断资本归国家所有，保护民族工商业，是新民主主义革命的三大经济纲领。解放区实行三大经济纲领的结果，半殖民地半封建的经济体系解体，解放区的经济日益发展。在农业方面，由于土地改革，农民得到土地，生产积极性普遍高涨，农业生产迅速发展，为工商业的发展提供了粮食和原料，以及工业品的销售市场。解放区的工业，无论公营或私营，都呈现出空前繁荣。解放区的商业包括国营商业、合作社商业和私营商业，对搞活经济起了促进作用。国营商业随着解放区的扩大，逐渐成为集中的统一系统。

东北解放区在执行保护民族工商业的同时还执行"公私兼顾，劳资两利"的政策。私营工商业在当地民主政府的领导下，发挥着有利国计民生的积极作用。对其不利于国计民生的行为，则通过行政手段给予限制。

为了适应当时形势发展的需要，民主政府对工商管理机构作了适时调整和不断加强。以哈尔滨市、沈阳市为例，其大体情况是：1946年4月28日东北民主联军进驻哈尔滨后，5月3日成立哈尔滨市政府。市政府仅设六个职能局，由社会、财政局分别负责管理私营工商业和市场管理、合作事业管理。随着工商企业的不断恢复和发展，市政府于1947年6月在社会局实业科和财政局合作指导科的基础上，组建哈尔滨市工商管理局。鉴于业务范围的扩大，为适应工作需要，除把原来两个科改组为工业科和商业科，又增设侨商、军需生产、调查研究等三个科。在全市十一个区建立了工商管理股。建立了十六个市场管理所，其中牲畜、花纱布、粮谷三个管理所由市工商管理局直接领导。

1948年11月沈阳解放后，沈阳市政府设工业局和商业局，分别负责工商管理工作。建国后，组建工商行政管理局，主要负责对工商企业的行政管理。

（一）

在解放战争初期，东北局为适应东北解放区政治经济形势，建立巩固的东北根据地和可靠的战略后方，贯彻"发展经济、保障供给"的总方针，首先在第一个解放的大城市哈尔滨积极兴办了国营和公私合营企业，除整顿敌伪的41个会社、工厂重新组合成哈尔滨铁工厂外，还接收了老巴夺烟厂里的日寇所占股份，与资方合营，以奠定国营经济基础，发挥国营经济的领导作用，尽快地促进私营经济的恢复和发展。

同时，为掌握全市各种经济力量，为制定政策提供可靠的依据，哈尔滨市政府在组建工商管理专门机构以后，对全市工商业者进行了三次普查登记注册工作：第一次是1947年7月，为掌握全市工商业者的基本情况，进行了一次调查摸底工作；第二次是1948年2月，《战时工商业保护管理暂行条例》颁布以后，哈尔滨市的工商业有了较大的发展，为准确掌握全市经济力量，而进行一次比较全面的普查登记工作；第三次是在1949年8月为适应支援解放战争的需要，以经济建设为压倒一切的中心任务，又重新对工商业者进行一次全面登记。

（二）

哈尔滨市解放初期，由于受日伪统治时期的压榨、摧残，私营工商业濒临倒闭和破产，市场呈现一派混乱，物价昂贵，货源奇缺，供不应求，人民生活极度贫困。民主政府为适应当时政治经济形势和国计民生的需要，除积极组织商业贩运外，还采取了一系列措施，尽快地把私营工商业恢复起来。

为解决军需民用问题，尽快恢复哈尔滨市的粮油加工工业，哈尔滨市政府于1946年9月贷原料给协昌仁、华英两大油坊，以支持其开工。同时，东北银行拨给哈尔滨、盖发、功成三家私人银行1200万元东北币，作为帮助粮油加工业和其他行业恢复经营的贷款。1946年11月，市政府和东北贸易公司各贷款800万元，交油坊业全面恢复生产的基金，并决定豁免5%的豆油税等。使哈尔滨市粮油加工业的生产能力迅速得到恢复。到1947年2月,全市已有27家油坊复工,较好地完成了军需民用的供应任务。

1947年夏,农村土改算剥削账、清浮产的斗争波及哈尔滨市,大批农民不经政府批准,进城揪斗资本家兼地主的工商业者,中共哈尔滨市委和政府及时采取了果断措施,制定和颁布了《战时工商业保护和管理暂行条例》,保护了民族工商业不受侵犯,维护了城市的正常生产秩序。由于及时采取措施,调动了各阶层的积极性,使哈尔滨市的私营工商业得到恢复和发展,在不到两年的时间里,就使全市的工业和商业开业户数成倍增加,逐渐形成国营、私营、公私合营、合作社营等多种经济形式并存的局面。

(三)

在建立巩固的东北根据地期间,我民主政府为增加生产,提高工人的积极性,采取劳资两利、合理分红的办法。先在哈尔滨市最大的私营企业老巴夺烟厂和同记商场进行了试点,然后在全区进行推广。经过实践,在当时的条件下调动了广大工人的积极性,激发了生产热情,推动了私营企业的发展。

在实行劳资两利、合理分红办法的过程中,也出现了"左"的偏向。有的地方过分强调工人的暂时利益,忽视了资方的利益,甚至错误地以农村反封建的方法对付资本家,影响了劳资关系和正常生产的发展。1948年9月,新华社发了短评——"正确执行劳资两利方针",使"左"的偏向得到了纠正,劳资关系趋于正常。

(四)

1947年夏,哈尔滨市承担了生产六〇炮、炮弹及其它武器的军工生产任务。经民主政府与东北军工部协商,对全市工厂进行了特别的组织,把各私人企业中较适用的机床集中起来,专门生产武器零件,把加工难度大的零件,集中到机械精度较高、工人技术较好的生产点上去,以保证产品质量。按这种方式在哈尔滨市组织起三个"联合工厂"。一个加工炮弹尾管(发射管),一个加工引信,一个加工弹体。由军工部及所属的实验工厂出产品图纸,组织铸件供应,进行具体的技术指导和成品总装。哈尔滨市还以其他方式充分利用铁工业的加工能力进行军工生产。高峰时,承担军工任务的厂家数约占全行业的14%(56家),占用机床达70%。

当哈尔滨市经济形势稳定后,各地向哈尔滨市工厂订货不断增多。部分私人厂家图大利,热衷于民用订货,对军工任务不够积极。为扭转这种现象,哈尔滨市工商局一方面处分了个别拒不接受军工任务或敷衍塞责的厂家;另一方面又仔细研究、调整了加工费和加工利润。哈尔滨市工商局与东北军需部还曾按军工加工组织联合工厂的办法,将各私人被服厂的机器集中起来,每厂不少于30台缝纫机和相应职工数,组织加工军需品。

(五)

1931年以后,东北地区沦为日本殖民地,日本"拓荒团"和工商业者涌进东北,如狼似虎地侵吞我国的财富,我国民族工商业遭到严重的摧残。

东北解放以后,我党利用外资发展解放区经济,对外侨工商业采取了正确的方针政策。主要是取消外侨在中国的一切特权;对凡是遵守民主政府一切法令,不搞破坏活动的外侨工商业者给予保护;在平等互利的原则下,准其生产经营,并积极扶植、帮助他们恢复和发展;对积极生产,有发明创造,贡献较大者给予奖励;努力发展中外合营企业。在管理方面,对正当外侨工商业与我国的工商业一视同仁,同等看待。在历次企业登记的同时,对外侨工商业也进行了普遍的登记。积极帮助其解决生产经营中的困难,促使他们为我军需加工生产。仅哈尔滨就有42家外侨铁工厂为我军需生产制做武器、弹药。

民主政府为了加强对外侨工商业的管理,在工商行政管理部门设立了侨商科,专门负责对外侨工商业的管理工作。并在外侨工商业中建立侨商公会。侨商公会是其自我教育、管理的群众组织,它已成为政府与外侨工商业者加强联系、增强中外人民友谊的纽带。

当时,如何把外资掠夺性经济改造成互利经济,以及对外资加强管理等方面,东北地区工商行政管理部门依照党的方针政策作了大量的工作,并取得了很好的经验,为当时恢复和发展解放区的经济建设起了作用。

(六)

刚刚解放的东北地区,由于受战争的影响,物资缺乏,粮食、棉布、食盐生活必需品供不应求,物价高涨,市场经济严重失调。一些工厂、商店停业,部分工人、店员失业,生活困难。有些人为了生活,涌向街头巷尾摆摊设点,靠买卖旧物为生。部分在职职工薪金低,难以维持全家生活,也参与市场经营活动。少数地富反分子为了逃避斗争,隐姓埋名钻入市场做摊贩生意。那些游惰成性之徒也乘机混入市场兴风作浪。因此,摊贩一时骤增,畸形发展。这种现象的出现,虽然一时解决了贫苦市民和失业人员的生活问题,但发展上的无政府状态,对工商业的恢复与发展、社会治安等方面带来了严重的危害。在某种程度上起到了破坏"发展生产、繁荣经济"的作用。及时整顿摊贩的工作是当时的一项重要工作。

工商局认真贯彻民主政府提出的"停止发展、缩小其范围,分别给以管理"的方针。一方面积极扶植工商企业迅速恢复和发展,扩大就业门路。一方面对摊贩开展普查登记,规定行业经营范围,指定市场、摊区,使其集中。对囤积居奇、投机倒把、高抬物价、欺行霸市、诈骗财物等不法分子,及时打击。并制定《摊贩管理条例》,开展整理摊贩工作。哈尔滨市还调动公安、执法大队、城建局、民政局、税务局和区、街闾长共同配合工商局,进行了一年多的整顿工作,使摊贩市场秩序明显好转。经过管理教育,摊贩为解放区的物资交流,解决市民生活所需,发挥了积极作用。

(七)

市场管理是东北解放区民主政府的一项重要工作。市场管理的方针、政策以及管理措施,紧紧围绕着军需民用,保证解放战争的顺利开展。

解放区市场管理以物资管理作为主要内容。管理的重点是直接关系到军需民用的主要物资,如粮食、棉、布、食盐等及其他主要农副产品。管理的原则是保证军需民用,严禁物资走私。管理的主要政策是划分物资种类,对重要的物资严加控制输出,积极组织输入,如粮食、布匹、药品、食盐及制做军火的物资。粮食是解放区的命脉,列为重点,始终严加控制,规定粮食由贸易局经营,其他部门及单位不准买卖。对走私贩运者给予严厉制裁。在对外贸易方面,规定军需民用或敌占区需要的主要物资不得随意外流,对奢侈品、迷信品等消耗性物资严格控制流入。积极组织猪鬃马尾出口换取物资,支援战争。严格限制黄金白银流入蒋管区。在解放区内部,实行在政策范围内的自由贸易,保护合法交易,打击、取缔非法经营,保障业者合法权益,疏通城乡物资交流,繁荣解放区市场,保证军民物资供应。在贯彻解放区市场管理的方针政策中,东北解放区各地工商行政管理机关做了大量的艰苦的工作,为维护解放区的经济秩序做出巨大贡献,有力地支援了全国解放战争。

第一章　企业登记管理

第一节　企业登记

一、通过登记，全面了解工商业的基本情况

……为了全面了解工商业的基本情况，以便有计划地进行保护和扶植发展，对有利于国计民生的工商业，就坚决给以帮助，如资金不足则给予贷款，原料来源有困难，就想办法给予调剂。促使其迅速恢复和发展，适应解放战争和人民生活的需要。

（摘自1948年5月18日《哈尔滨日报》刊登的市长朱其文的讲话）

二、为普查注册，合作社、公营、公私合营企业都要填报登记

为了解整顿本市合作社、公营企业及公私合办企业，以期经济之健全发展起见，拟对群众性合作社，团体机关部队合作社，机关部队公营之工厂、商店及公私合营之工厂、商店等加以审查，仰上述各负责人限于八月十日以前来本府工商管理局工商科，领取表格填办登记，逾期不报或有隐匿行为者，一经查出除没收财产外，并得惩办其有关人员。

（摘自1947年7月26日哈尔滨特别市政府布告）

为保护私人工商业并使机关部队生产有计划进行，以后凡各机关部队学校在哈开设工厂或与现有私人工厂合资经营，均应事前向市政府工商管理局登记许可，自布告日起，以后各机关部队学校未经登记许可，发给营业执照者，无论自设工厂或与私人工厂合资经营，一律予以没收。

（摘自1947年10月20日哈尔滨特别市政府布告）

三、重新登记办法

（一）登记范围：

凡在本市经营作坊、工厂、店铺以制造加工修理或兼营贩卖物品者均称为工业。其仅以贩卖物品或其他营业者均称为商业，凡属工商业者不论国籍，不论其已否领得本府以前所发之营业执照及加入同业公会与否，亦不论其为公营、私营、公私合营，及合作社均应遵守本办法进行登记。但摊贩行商之登记另行办理。

（二）登记手续：

1.各工商业登记表格概由本府于事前经过各区街闾长发给各工商业者，并规定工业者发给工业用表格，商业者发给商业用表格。

2.各工商业者接到表格后，应切实填写，按照附表所开地点及日期交本府工商管理局临时办事处。

（三）手续费：

于交出登记表格时，每份征收登记手续费2000元，但资本金不足50万元者只征收500元。

（四）注意事项：

1.申请登记者取得登记收据后，必须妥为保管，以便随时受政府检验，并听候通知换取正式营业执照。

2.本府以前所发营业执照一律作为无效，凡已领得该营业执照之工商业者，应于此次提出登记表格之同时向办事处缴销之。

3.凡未领有本府营业执照之工商业者，于此次登记期间，不另征收营业执照费。

4.一般工商业登记，须具有资本相等之铺保二家。如系寄存货栈及委托代理营业者，须具资本相同铺保三家。

5.凡虚报或隐匿不报者，按其情节轻重，得处以其虚报所值之三分之一乃至二倍之罚款。

6.凡以往报错或漏报之项目，不论其为资本额或其他一切有关营业者，亦不论其为纳税或其他目的所呈报者，如此次真实呈报，既往一概不咎，反之一经查获，双罪并论。

7.工商业者不得兼营摊贩、行商，违者重罚，但经本府工商管理局许可者不在此列。

8.本府得随时派员（持有证明）检查工商业者之账薄，单据，或令作必要之报告。

9.登记期间不得私自废业、出兑及转业等变

动,如因不得已事故拟变时,必须事前直接呈请工商管理局许可。登记后新开业,废业,出兑,转业等手续另定之。

10.对于本布告如有疑问之处,可向工商管理局或各办事处及同业公会询问之。

(摘自1948年2月哈尔滨特别市政府布告)

四、登记项目要如实填报和保证人责任

……以前呈报不真实者,政府允许重新呈报,对隐藏物资、造假账、估价低、收支相抵等不真实行为既往不咎。尚未呈报者,应在指定期内真实呈报,拖延逾期者惩办业主。公营企业根据东北政委会指示,由工商局派有力干部接受登记表,务必在指定期内确实填写,违者与私营同样处罚。保证人应对被保店铺填写的表格详加审查,有把握时才可担保,发现错误连带处罚。填表人(会计或营业主任)应在表上盖章,保证正确,单人为营利而保存货物在百万元以上的也要呈报。存在商号由该号代报者,不必另报,独自保存者用个人名义呈报。分散各处保存者综合详细呈报。

(摘自1948年2月21日《哈尔滨日报》)

五、开转废业和铁工厂设备变动须事先呈请登记批准

查最近市内公私经营之工商业,有随意开业或转废业者,似此非但违反本市营业执照发给规则,且使政府对于市面情况,掌握极感困难,兹特规定不论公营、私营或公私合营之工商业,凡已开业或转业而未呈报者,限于本月底以前,向本府工商管理局登记完了,今后拟开业或转废业者,须于事前声请登记,然后开业或转废业,倘有故违,一经查出,除严处其负责人员外,并没收或查封其财产。

(摘自1947年8月20日哈尔滨特别市政府布告)

查铁工业生产关系各种工业之前途至巨。兹为保证各工厂有计划生产,特规定自布告之日起,所有公私营铁工厂之机器(如旋床子、铣床子、刨床子、钻床子等等),如有出卖、出租、转借、迁移等情事,必须事先呈请本府工商管理局批准登记存案,同时一切机关、部队或中外住民,欲在本市购买、租用或借用铁工厂机器者,亦必须经本府批准介绍。今后如有不依上项手续而私行变更铁工业机器之所有权、使用权或工作地址者,一经查出,买卖双方(或出租、承租双方,出借、承借双方)均以违法论。

(摘自1947年12月8日哈尔滨特别市政府布告)

六、有计划发挥城市生产力,严格办理变更登记

哈尔滨市工商管理局对擅自营业或变动项目的工商业者,限期登记以来,到九月初前来补报登记的有3495家,其中开业未报者有1800家(内有因生产过剩,或因系奢侈浪费品,早被禁开的磨坊、化妆品、迷信品、粉条、豆腐、酱业等行业)。增加资金、机器、扩大生产的639家;把房屋、商号、营业执照私自出兑的5家;此外,是因营业季节性休业,或因赔钱减资,以及商号、地址、股东、经理人等人员变更和增减机器等。还有一些零散的如缝纫、洋铁制品、格布、煎饼、糖果、香油、木器等行业,在废业以后不组织合作社集中资金,向有利国计民生的工业投资,而私自转入没有前途的估物商9家和磨坊4家。从这次补报登记中还发现有8000多万元的游资投入10家估物商中,完全违反了政府严限投机倒把的方针。

这样不便于政府彻底掌握生产力情况和行政管理,政府将按情节轻重分别处理。

对逾期仍不遵守政府法令,不呈报开废业及营业变动者,在9月15日前已处理及惩办了131件,业者之间纷纷传扬,引起了对政府法令的注意。

(摘抄自1948年9月29日《哈尔滨日报》)

七、开业和废业、变更登记手续

第一条 凡在本市区域内营业之工商业,应于开业前,依据本规则向本局请领营业执照,于公司法未公布前,本市之公司、银行等组织及经理银钱业者,得暂时适用本规则。(但官公立之公司,得斟酌情形,免收营业执照费)

第二条 请领营业执照,须填具营业声请书,并取具与声请者资本相等之铺保两家。但如系寄存客货性质之商店,应取具铺保三家。

第三条 本局受理营业声请书后,于一星期内,经对保相符时,随发临时营业许可证,俾先开

业,一面派员调查资本,经查明与声请书相符后,通知于七日内,来局换领营业执照。

第四条　营业执照费每件按资本金1%金额征收。登记费每件按300元征收。

第五条　工厂商店拟迁移时,应先期将迁移新址、原因、连同营业执照仍按开业手续,呈报许可后,方得迁移。

第六条　本局对于已迁移之工厂或商店,经查明资本无讹后,通知该工厂或商店,于七日内,来局另领新照,其照费按原照费三分之一征收。

第七条　营业转租出兑,或更换新股东时,应由旧股东缴呈营业执照,呈请退股,新股东按本规则第二条之规定,呈报入股。

第八条　工厂商店除更换股东外,非有特别情形,不得随意声请更改名称,不得已时,须于更换股东同时呈报,经查明核准后,作一次填发执照。

第九条　凡呈报停业或废业时,应缴呈登记证及营业执照,并取具于呈报者资本相等之铺保两家,经核准张贴布告后,七日内如无其他纠纷发生,方许停业,其另行开业者仍按本规则第二条手续声请之。

第十条　工厂商店有不遵照本规则办理手续者,应按下列各款处罚:

(一)未经呈报核准,即私行开业,或迁移者,按其资本之大小处5000元以下罚金。

(二)未经呈报核准,即将营业转租、出兑或更换股东者,按其资本之大小双方均处3000元以下之罚金。

(三)未经呈报核准,即私行更改名称者,按其资本之大小,处5000元以下之罚金。

(四)伪报迁移,私行歇业,处5000元以下之罚金。

(五)未经呈报核准,即行停业或歇业者处5000元以下之罚金。

(六)关于一切应行呈报事项,如有虚伪情形,除令其补报外,并处以5000元以下之罚金。

以上各项,除处罚外,仍须依本规则之规定,补报手续。

第十一条　除以本规则发给营业执照外,工商各业并依商业登记法,前来本局办理登记。

第十二条　本规则自公布之日施行。

(摘自哈尔滨特别市政府法规辑览1947年12月编)

查本府为掌握全市各种业体发展变动之实际情况起见,兹公布工商业废业及变更手续,自通知之日起开始办理。

甲:工业方面:

(一)凡各种民营工业已在工业局办理工业登记者,如有左(下)列各款之一时,须申报业体变更,先向该区政府工商科取得证明后,连同证明申报工业局,经审核合格方予办理变更手续。

1.因营业赔累无力维持而欲歇业者。

2.拟停止原营业转营其他营业者。

3.欲扩充生产增添资本金者。

4.工厂地址迁移者。

5.经理人或商号名义变更者。

6.营业组织变更者。

7.增减营业科目者。

8.增减生产设备者。

9.股东变更者。

10.有关其他工业业体方面变更者。

(二)各工业者倘对业体变更申请手续有不了解时,可随时向该管区政府工商科询问之。

乙:商业方面:

(一)废业:凡本市商业废业时,必须于废业前到商业局行政科领取废业申请书,依式填报,经查核属实,完纳税金,缴回营业执照(或商业登记受理证)发给废业证明后,始得废业。

(二)变更登记:凡本市商户,有转业变更主兼业,增资减资,增减股东,更换经理,迁移地址,转让出兑,变更商号名称等情事,统称为变更登记。商户于变更登记时,须于变更前到商业局行政科领取申请书,依式填报,经核准后始得变更。

(三)对市郊各区的业者,转废业及变更登记手续,由市郊办事处负责,交由市郊区政府办理。

(四)凡公营企业,公私合营企业,外侨营业,其废业及变更登记手续,与一般私人营业相同。但必要时,须另交该企业上级领导机关之证明文件。

(五)未经核准,擅自废业及变更登记,视其情节轻重,酌予惩罚。

(摘自1949年6月30日沈阳市人民政府通告)

八、合作社登记办法

兹根据东北合作社登记办法,对本市各种合作社办理登记,规定如下:

第一条 根据东北合作社暂行组织条例的规定办法。

第二条 合作社经过正式成立登记才能取得合法地位,凡未经成立登记者,一律不准使用合作社名义,1948 年以前成立之合作社须陈请补行登记。

第三条 合作社成立登记,须在一个月内行之。

第四条 凡经审查合格准予登记之合作社,由市政府发给正式登记证,以为证明。

第五条 合作社除成立登记外,遇有变更或解散时,须呈请变更登记与解散登记。

第六条 合作社成立登记,除呈文外须陈报以下四种附件:(1)社章二份;(2)成立大会记录;(3)理监事名册;(4)社员统计表。社章一份发还合作社,一份市府备查。

第七条 合作社监事、股金、业务有变更时,在半月内陈请变更登记。

第八条 合作社之解散登记,其主要申请内容如下:(1)解散原因;(2)解散时间;(3)财产处理情形。合作社解散时,受理机关为保护社员利益,必要时得派员参加清算。

第九条 合作社之登记机关为沈阳特别市政府商业局,但须经由该管区政府或市郊办事处呈请登记之。其他各机关团体职工合作社可直接向市政府办理登记手续。

第十条 区政府或市郊办事处对合作社登记之申请须在三日内转请市府审核,市府在十五日内经审核后予以批示。

第十一条 本办法自公布之日起实行。

第十二条 本办法修改解释权属于沈阳特别市政府商业局。

(摘自 1949 年 3 月 12 日沈阳特别市政府布告)

九、工商业全面登记办法

本府为确实了解工商业情况,以求贯彻保护发展工商业政策起见,特举办全市工商业之登记,兹决定办法如下:

第一条 凡在沈阳特别市(以下简称本市)经营作坊、工厂、店、铺,以制造加工修理而有生产品或加工品或兼营贩卖物品之营业,均称为工业;以贩卖物品或其他营业为主,并无生产品或兼营加工修理之营业均称为商业。

第二条 凡在本市之工商业不论其经营人之国籍为何,公营私营抑系公私合营,并不论其营业为旧有新设范围大小,以及加入同业公会与否,均须依照本办法履行登记手续,但政委会一级所属之公营工厂不在此限,已办理登记之行业不另行登记。

第三条 工商业者向沈阳特别市政府(以下简称本府)履行登记审查合格后发给营业执照,登记后未领有本府发给之营业执照者,不得在本市经营工商业。

第四条 工商业登记,必须由各该工商业之经理人,或实际负责人(保管人或股本代表)办理,切实填写登记表,不得伪造虚报,限期填毕送交营业所在地该管区政府审查。

第五条 工商业者登记后,经该管区政府初步审查,暂先发给登记证,作为营业凭证,俟本市各工商业普遍登记完毕,经本府主管局(工业局或商业局)再审查之后,发给正式营业执照,过去之一切营业凭证同时作废。

第六条 工商业者在办理登记时,必须取具等于自己营业资本之铺保一家;如系货栈及牙行代理之营业,必须取具等于自己营业资本两家以上之铺保。

第七条 工商业登记后营业变动,如变更字号,经理人,股东,迁移营业场,增减资本,改业歇业等情事,应随时呈报管区政府,并到本府主管局办理变更手续,歇业者并须取具该管税务分局之纳税完讫证明。

第八条 工商业因临时停业未能复工或开业及在本登记过程中,转业歇业出兑者均须取具该管税务分局纳税完讫证明,随时向该管区政府申请述明理由呈请本府批准办理手续后始认为有效。

第九条 工商业登记主管机关为本府工业局及商业局,但须经由营业所在地该管区政府或市郊办事处呈请登记。

第十条 工商业登记期间定自本年三月二十五日起至四月十日截止。

第十一条 工商业登记表用纸统由本府主管局印发,各工商业者可径到该区政府领取,每份收工本费贰万元,此外并无分文费用。

第十二条 本办法自公布日起施行。

(摘自 1949 年 3 月 21 日沈阳特别市政府布告)

十、外埠工商业登记

为了进行管理与指导本市工商业，凡本市及外埠公营企业及机关，在沈阳市所设工厂、商店、公司、推销处、办事处，或进行工商业务之其他组织，或与私人合伙经营之工商业，或散居本市进行工商业务人员，概限于三月十五日以前，来本府工商局依法进行登记，逾期不登者，停止一切业务活动。

（摘自1949年初沈阳特别市政府布告）

十一、理发工人登记

为了照顾理发工人不致失业，理发馆营业的发展，并便于卫生管理，决定自八月五日起到八月十五日止，十日间实施理发工人登记。凡在哈居住的理发业工人，勿论理发馆内者，游动理发者，及在机关、工厂、团体包月活者，均须在指定期限内，到各该区工商股，购买登记申请用纸，办理登记手续。

（摘自1949年7月30日哈尔滨市人民政府商业局、卫生局联合通告）

十二、为换发新营业执照进行重新登记

本府所发之工商业登记证，因年来之情况变化，以前所报之资金额数，工厂、商店名称、地址及代表人姓名，多与现在实际情况不相符合，兹为换发新营业执照，特重新登记。本府已制定登记表，限自由八月十六日至九月五日为登记期间，全市工厂、商店、公司、行号务必按时依表格内容据实填报。

（摘自1949年8月24日哈尔滨市人民政府布告）

第二节　企业管理

一、调查行业情况，确定发展方针

哈尔滨特别市政府，于1947年10月前后，在工商业中选择重点行业与典型企业举行调查工作，其目的就是为了具体决定我们的工商业政策，总的方面说我们目前对工商业是采取扶植和发展的方针，但这仅只是一个笼统的概念，我们还必须更进一步具体化。第一，必须研究哪些工商业能够和我们目前自卫战争相结合，就是说这些工商业的发展对于我们自卫战争的胜利有帮助，研究哪些工商业是今天群众生活所必需，这种工商业发展，对我们改善群众生活有帮助。但这里要分别清楚：哪些是广大的劳苦群众生活所必需；哪些又是一部分中上阶层所必需；哪些是迫切的；哪些又是次要的。第二，还有一类工商业对国计民生虽无直接关系（但亦必须无害处），而对政府财政收入确有莫大帮助。第三类就是直接间接影响国计民生，影响政府收入和物价波动。我们且叫第一类是进步的，第二类是中间的，第三类是反动的。了解这三类性质之后，我们决定具体政策就很容易了，这是一方面。同时我们今天发展工商业必须和发动基本群众相结合，必须发动群众政治的经济的斗争，因此我们又必须了解这些工商业在敌伪统治时代的政治经济情况：哪些是完全被剥削而日趋没落的；哪些是在经济上被迫依靠敌伪资本而分化一部利润或苟延残喘者；哪些又是在政治上经济上完全依靠敌伪支持所谓“大东亚战争”而大发其财者；也有的是勾结敌伪特务投机取巧，发财致富的；哪些是现在确实与蒋美勾结进行特务破坏活动的；哪些是以工商业为掩护的蒋美特务机关……了解这些情况就容易决定哪些应该打击，哪些应该宽大，哪些应该帮助。这是另一方面。

了解我们今天调查典型的目的，就便于灵活去收集材料，作为确定工商业具体工作计划的重要依据。即依据各该行业与国计民生的关系和他们的资金、生产力、原料、销路等条件，确定哪些应该扶植发展，哪些应保持或加限制，哪些应着重限制以至组织转业。不但确定方针，而且对应发展的要找出需要和可能发展的程度，和发展它的办法（如怎样诱导私人投资，怎样使用政府贷款，怎样吸收技工，怎样保证供给足够的原料，或保证供给多少，销售给谁及怎样开辟销路、组织运输等）；对应适当保持和限制的，应限制到什么程度，在这程度上应怎样取得原料，销售给谁，其因限制而停顿了的部分如何处理；对应着重限制与组织转业的，须考虑能转何业，转业中有什么问题须加解决。总之要达到有计划的发展工商业的目的，同时减少失业人口。

为此，要求在这次调查中着重注意以下问题：

（一）该行业在“九·一八”前和伪满时，存在和

发展的有利条件是什么，不利条件是什么？目前这些条件有什么变化？有什么新条件？

（二）目前究竟有多大生产力？市场上究竟需要多大生产力？究竟用什么办法才能取得原料？究竟什么地方的什么人是这行业的消费者？究竟有多少资金在这方面活动？一定要在这些方面取得充分准确的数目字和材料。

（三）注意和本行业有关的行业的情况。

（四）转业中的问题。

重点调查是为的纵深的分析一个行业中一家的内在问题，从这一家找出本行业内在问题的一般情形，和一般调查的材料结合研究，找出办法。因此，选择重点时，要注意：这家应是能代表本行一般业者的情形的。这次调查要着重注意目前的情况和今后的问题，既了解过去，也是作为解决今后问题的参考，因此要避免繁琐的历史叙述。

重点调查大纲

（一）“九·一八”前：

这家的资金额，由什么阶级的什么人投来？为什么要投入这行业？原料由何处来？用多少？怎样来法？

有多大的生产力？工人多少及由何处培养？机器设备多少及由何处来？一年开工日数与生产实量？

销售给谁？什么地方的什么阶层用多少？作何用？赚钱数（找一段时间的）。

当时这行业发展的有利条件与不利条件分析（资金借贷、原料购买、订货、物价等）及发展最高规模。

（二）伪满经济统治后（尽可能有一年的数字）：

敌伪对这行业的态度：他怎样组织使用或控制这个行业（这个行业存在发展或衰落的条件变化）的？这家那时的地位？

这家资金增减：由何处增来？或减到何处去了？

生产力与生产规模的变化：工人、机器设备、开动机器数与开工日数、生产量、原料消耗量、来源、原料价与成品价的比较？

销售什么地方什么人多少（联系资金周转情况）？赚钱数（找一段时间的）？

（三）“八·一五”后至1946年4月底：

初解放时环境给这行业的影响：业者政治态度及资金、原料、销路等情况的变化？资金流动方向？这家实用资金数，由何处来？

这时的生产规模：职工，机器设备，开工日数，生产量？

这期间用的原料数，由什么地方什么人手里来多少？价格与成品价的比较？

这期间货卖给什么地方的什么人，各卖多少？怎样运去？赚多少钱（要看账）？

（四）民主联军进驻后：

这家感觉到的一年多来的变化：原料、销路、运输、劳资关系变化等，及这变化给业者的影响。

这家在这个期间的旧资金确定，及资本增减数字实况。（要依当时物价状况而定，不要仅抄营业执照上估定资本。）

这家工人数、机器设备数、开动机器数和开工日数？实际生产量（去年的，今年至少要一月至九月的，要按月份分别列出）？是订货加工，还是制成品发卖，其方式的研究。

原料买入多少？由什么地方什么人手里来多少（了解原料流入方向）？来的价格与成品价格比较。

销售的方式，卖给什么地方什么人各多少（要查账）？怎样运去的是赚是赔（算账找原因）？

（五）目前存在问题：

假如完全开工要多少原料？从哪里弄得来？能有多大产量？

假如完全开工，成品卖给谁？

假如完全开工需多少资金？怎样办？

发展这一家的企业需要解决什么问题？

如果不能发展，则限制到什么程度？

如果须转业，则可转什么业？有什么困难？

附记：

一、各项调查中所需要的表格，由调查人根据主要项目和该行业特点自行制订。

二、进行商业调查时，不要生产量、原料等项。只依资金、商品由何处发卖，来多少、交易额、销路、利润与营业发展、衰落等项，分时期分析即可。

（摘自市委档案1947年74号卷第17～19）

二、实行营业呈报，掌握经济动向

本府为了解各工商业之情况，并颁发营业执照，以便管理，且为营业税负担合理起见，拟即普遍进行营业呈报，特规定下列事项。

（一）呈报原因：

凡本市所有工商业者不论其为公营、私营、合作社，及有无门头、字号、商人与经纪人等，并不论其以前是否已经向工商局登记均应一律呈报，惟九月末以前无营业行为者及摊贩不在此限。

（二）呈报日期：

一律规定于本月五日领取呈报书，限于本月十三日前填完送交各领表地点。

（三）呈报表格领交地点：

东付家区、西付家区、北付家区、道里区所管街政府为呈报地点，其他各区由该管区政府指定地点呈报。

（四）注意事项：

1. 工商业者必须确实填报，不得迟误及隐瞒等情。

2. 呈报期间本府得派员随时检查各商号，是否填写正确，并携带证明，各业者不得拒查。

3. 已在本府呈请工商业登记，并领有临时登记之工商业者，及领有经纪人许可证之经纪人，应持该临时登记证或经纪人许可证，方得领取呈报表格。

4. 凡在九月末以前确有营业行为，而未经登记之工商业者及经纪人，应向所管街政府请求证明文件，方得持证领取呈报书。

5. 前项之工商业临时登记证及经纪人许可证与街政府证明暂存于街政府，待交送表格时得发还之。

6. 前项临时登记证及经纪人许可证，与街政府证明发还后，应妥为保存以备作将来换取营业执照之凭证。

7. 本呈报一律不收任何费用。

8. 收发呈报书工作时间，每日自上午七时半起至下午四时半止。

9. 各业者对呈报书之填写，必须用毛笔或钢笔缮写清楚，不得污损涂改。

10. 如有迟误虚报隐瞒及其他不正当行为者，则按情节轻重处以漏报虚报所值三分之一以上二倍以下之罚款。

11. 对于呈报如有不清楚之处可向本府工商局、税务局以及工商联合会、同业公会、民教馆询问之。

（摘自1948年10月1日哈尔滨特别市政府布告）

三、对公营企业进行生产登记

为统一掌握了解哈市公营企业情况，以便结成整体互相扶植配合起见，凡在哈市之国营、省营、市营及其他公家机关所属之工厂，统希于三月九日以前，来市府工业局进行1948年全年生产登记。凡新开业尚未呈报者，统须同时登记备案，为使工作顺利进行，本府并派出专人分别到各主管机关接洽填表事宜。

（摘自1949年3月1日哈尔滨市政府报告）

四、重新划分行业范围

本市原工商业旧行业已不适合要求，兹特按各行业的性质重新划定行业，仰各业者依照新划分的行业范围经营，不得经营其范围以外之营业。各行业种类及其行业范围之具体内容已印发给各同业公会。

（摘自1949年3月1日哈尔滨市政府通告）

五、加强商业领导，反对投机倒把

民主政府对私营工商业政策，一贯的保护正当业者，使之向有利国计民生的方向发展。保护正当商业的合法经营，另一方面又是坚决反对其投机倒把，囤积居奇各种违法窃利的行为。因为它们是破坏国民经济的毒素。

哈市商业局根据各行业的反映，以过去商业业体繁杂，混淆不清，各行业间的利益发生冲突等实际情况。为此，在三月一日开始具体划清营业范围，共分五项，九类，六十九个行业，并按各行业之范围以各商品类别为标准，规定主要商品，在不超出主要商品范围内，允许贩卖附带商品。

这一新的措施实行后，充分地保护了正当商业的经营权利不受非法的侵犯，大大地打击了投机商人擅自超出营业范围，进行非法倒卖与兼业，扰乱市场，危害国计民生的行为。

同时便于政府对私人商业的领导与管理工作。

但是，这样明确规定营业范围的办法，虽是十分严密，还可能有奸商在钻空子，这就要靠我们所有的各行业，把这一问题联系到切身利益与国家利益，为了营业发展，为了贯彻执行政府法令，高度警觉地认真地纠正与揭穿一切非法商人的活动，进一步努力于发展生产、繁荣经济。

（摘自《工商周报》1949年3月5日发表的短论）

六、明确行业营业范围，保护正当业者经营权利

为更有计划地发展生产、繁荣经济和领导私商、调剂供求，市府商业局明确规定了商业各行业的营业范围。这一规定，对有利于国计民生的正当业者，给以更多的优越条件及发展方向的准则，使各行业专为完成其行业所负之经济任务而努力发展，对投机倒把的不法商人却是严格地限制和管理。

过去虽有行业的规定，而并未明确的划分范围，尚有一部分投机商人，不根据自己的业体经营，只有电话，没有任何设备和商品，什么货快搞弄什么。要划分如此混乱和将近七十个行业的营业范围，确是一个比较复杂的工作。因此，市府商业局商业科组织和配合了工商联合会以及所属各同业公会的员工，根据现在各私商的具体情况和既往历史上营业惯例，经过将近半年的搜集材料，开会讨论，并经过调查登记和分类研究等工作，才规定了这个营业范围。

规定各行营业范围是以各商品类别为标准，其各类中之主要商品系指各该行业中所贩卖之大宗货物而言，其未记入之商品，应按其商品之类别相同者均可贩卖。例如：棉纱类虽记入棉布一种，但于青布、红布、双飞龙布、解放布等均属在内。附属贩卖品是指贩卖主要商品附带贩卖之商品而言。例如：鞋帽业附带贩卖鞋带、鞋油等（但附带贩卖品不得超过其主要商品）。

在这营业范围内，制定有同一主要商品而有数个行业贩卖者，因其商品之用途不同而相随顾主亦不同。例如：五金业卖石膏作焊药用；油漆业卖石膏作建筑用。又如，食品杂货业的商品多系山海杂货业所贩卖的商品，虽然商品有所抵触，因而营业方式上的不同，山海杂货业多系大宗批发，食品杂货业纯系零星小卖。因之，实际彼此营业上均属适合。

这一明确规定及清晰的划分，保护了正当商业者营业利益的不受侵犯，同时，也有力地限制了不正当的投机倒把等行为。

这是一个新的工作，虽然对各行业的业体常识有了解不够的地方，然而可以说已经得到相当的成就。

（摘自《工商周报》于1949年3月5日出版的营业范围专刊中编写的“序言”）

七、工业行业经营范围划分前后

工业行业的划分，经过了宣传工作和深入了解目前实际情况，并经各行业公会的民主讨论，提出了工业划分意见。

在实际工作中，曾发现了一些问题，如某行业不适合于初步的规定等。所以又经过深入了解、归纳了业者具体的合理的意见，修正了初步的意见而规定了更具体，切合实际要求的工业行业划分及行业范围。例如，秫秸板业初步规定划至草制品，而根据业者的意见及该业的规模、设备实际情形，接近于胶合板制造，所以决定划至木材类胶合板制造业。腿绊制作是划分为针织业，而根据实际深入了解及业者反映，决定改划为毛巾业。

所以，这一最后决定的划分，是更深入地了解各行业的实际情况和接受了业者的合理要求而产生的。因而业者们对这样的划分感到是合理的与科学的。并解决了过去某些业者们的疑虑，进而集中生产力量全力发展。在改进技术及提高产品质量上得到有利的条件。对兼业问题上给以适当解决。

今年哈尔滨的工业生产是要比去年应该得到更辉煌的成就。明确划分工业经营范围，是打下了正常的发展基础。这一决定，是给业者们指出了发展方向，发挥各行业的生产力量。

这一科学的合理的措施，得到业者的普遍拥护，所以业者亦必须依照新划分行业范围经营，而不得超出范围，使得政府有力地领导与扶植发展。

（摘摘自《工商周报》1949年第一卷十二期九页）

八、了解业者营业情况，指定行业设立账簿

为保护正当工商业合法经营及了解各业者营业情况，特规定下列各项。

一、本市原工商业旧行业已不适合要求，兹特按各行业者性质重新划定行业，仰各业者依照新划分行业范围经营，不得经营其范围以外之营业（各

行业种类及其行业范围之具体内容，因篇幅关系印发给各同业公会）。

二、各工厂商店须按本府所发表格将1948年末盘存货物及营业情况均逐项填写，于3月15日以前交各同业公会汇交本府（用纸由各同业公会分发）。

三、凡下列各行业不论资金额大小，均须设立账簿，其他行业在1948年12月末流动资金额超过2000万元者亦应设立账簿，并听候各同业公会通知携带账簿至所属公会登记。

工业：机器制造修理业、农具制造修理业、机器铸造业、工业用工具材料业、制钉业、锅釜铸造业、机器制油业、小油坊业、粮谷加工业、制粉业、清凉饮料业、黄酒业、烧酒业、酒精业、制酱业、纸烟业、面包业、制糖业、罐头业、酒精饮料业、冰棍业、制材业、胶合板业、制革业、鬃毛加工业、卷烟业、毛皮加工业、土木建筑业、玻璃制品业、建筑材料业、火柴业、胰腊业、育孵业、化妆品业、化学业、化学制药业、制碱业、涂料业、胶皮业、制胶业、印刷业、制纸业、制版业、运动器具业、电器材料业、洗棉业、脱脂棉业、麻袋制造业、机器漂染业。

商业：五金磁器业、汽车零件业、铁桶业、电料业、油漆颜料业、工业原料业、玻璃镜庄业、中药业、西药业、匾店业、百货商场业、棉丝杂货业、洋药酒业、金银首饰业、茶叶业、杂货代理业、粮车店业、麻袋业、毛皮代理业、山海杂货业、照像业、澡塘业、西餐业、饭店业、书籍文具业、炭柴业、木材业、运输业、银行业、保险业、酱业、粮谷贩卖业、建筑材料业、胶皮业。

四、违反前列各项及虚报不实者，一经查觉，得处以其漏报或虚报额一倍以下之罚款。

（摘自1949年3月1日哈尔滨市政府通告）

九、土木建筑业管理办法

为严格管理本市土木建筑厂商，以保护建筑安全起见，曾于本年2月23日以府命通告开始办理土建业者登记在案，迄本年5月10日登记已告截止，大部业者均已遵令办理。惟尚有部分厂商玩忽政府法令，迄未登记且到处进行投机撞骗，非法牟利，对本市建设前途为害甚巨。为此，本局特决定下列办法：

（一）凡未经登记核准之私营土建业厂商，自即日起一律停止营业，不得利用任何名义擅自承揽工程，如经查出，勒令停业外，并处以原工程费30%之罚金。

（二）前项厂商（未登记核准者），如有未完工程时，须于通告五日内，向建设局报明情况，将工程完成后停业，如逾期不报，按前项处理之。

（三）本市各公营土建业者，限在通告五日内须向建设局办理登记手续，经审可后，再向工业局领取营业执照，逾期不办者，亦一律不准营业。

（四）本市各机关、团体或市民，不得将工程包与未有正式营业许可之土建业厂商，如经查出，除勒令停工外，并处以原工程之20%之罚金。

（摘自1949年6月7日沈阳市人民政府建设局、工业局通告）

十、严禁机关部队学校等与私商合伙做生意

案奉松江省府7月28日第1406号令内开：“最近查出省府商业厅在财政统一时，将国家公款私自打埋伏2亿元。委托私商去进行投机倒把，作为机关生产，宁安县人民政府民政科将群众劳军款私自扣下8000万元，以其中4000万元与私商合伙贩卖迷信品，并有假公家名义偷漏税之行为。又据说某工厂经理及某公司股长个人皆以巨款（绝大可能是贪污的公款）与私商合伙做生意等类行为，此类行为恐各地均有，因之必须展开严格检查，因为这些行为不仅违反政府所规定的不准机关、部队等做生意的法令，而且直接有力地助长了公家人员的贪污腐化及私商之投机倒把。特别是会使工作人员很难一条心地忠诚地为人民服务。为杜绝诸如此类的违法乱纪行为，本府特再明令规定，今后凡机关、部队、学校、公营企业、群众团体及一切公家人员（包括公营企业工作人员），一概不准与私商合伙做生意，违者一经查出，除依法处罚外，并没收其全部与私人合伙之资金及利润。对揭发与暴露此类违法行为者，给以奖励。至于合法的正当机关生产，仍应搞农业及副业或其他指定的生产，工作人员个人正当薪金收入的积蓄，可送银行或合作社生息，以上规定望各级政府严格执行为要”等情，仰即知照，并转饬所属严格执行。

（摘自1949年8月3日哈尔滨市人民政府通令）

十一、关于今后粮食合作社工作的决定

目前各区已经普遍的建立了消费合作社，便利人民获得粮食等日用必需品，但目前合作社的业务方针不明确，资金缺乏，利润无法保障，更由于对各合作社缺乏经常的督促检查，各街合作社普遍地存在有贪污腐化、营私舞弊、浪费粮食的严重现象，以上的各种问题若不设法予以克服，各合作社将继续不为人民所欢迎，合作事业亦将很难得到正当的发展，因此决定：

（一）各区委应以大力领导各街市民开展对各街粮食合作社的检查工作，检查合作社的业务方针，工作作风，会计、内部制度，卖粮手续等等，在检查中对一些好的现象应加以表扬，对贪污腐化，浪费粮食，营私舞弊的现象应极力举发，对犯罪人员依法惩办之，对不称职的人员应撤换，内部制度，业务手续应进一步改善，以上工作检查，由各区派得力干部发动人民在四月份内完成之。

（二）今后粮食合作社的业务方针在于将粮食定量分配的工作做好，要使粮食定量分配工作，既不发生浪费的现象，又能使人民称便，则对于稳定物价及回笼货币的工作任务也起了应有的作用。

至于其他商业业务，原则上一律停止不做，所经营的一些作坊工厂，亦应停办或交给生产合作社，因为只有在做好了粮食定量分配工作的基础上，培养出来了好的干部，树立了优良的工作作风，和手续制度，并得到了人民的关心和监督，才有可能更进一步扩充合作社的业务。

各区联合门市部与各区粮食合作社的业务方针及性质相同，门市部应成为合作社的核心，起执行业务方针的模范作用。

（三）今后门市部及合作社的领导关系，确定于下：

甲、工商管理局设消费合作社指导科，根据市经济委员会对门市部及合作社工作的决定进行对门市部合作社的具体领导。

乙、今后各区门市部及粮食合作社受区政府与消费合作社指导科的双重领导，在执行政策法令与工商局计划及对人民的关系等，由区政府负责领导，有关会计，资金，买卖业务由消费合作指导科负责领导，有关门市部及合作社人员的管理教育方面，主要由消费合作指导科负责，但区政府必须给以有力之辅助。双方有不同意见时，由市经济委员会最后确定之。

丙、各区人民所组成的合作社董事会，改为监察委员会，成为人民的监查机关，有权向区政府反映人民的意见，提出建议，并监督合作社依照区政府及合作指导科的指示办事，但监察委员会无权调动合作社的资金与物资，更无权向合作社行使命令。

丁、各合作社本身的人员资金与物资，其调动权属于合作指导科，各区政府无权调动。人民股金亦由合作指导科向人民负保证责任。

（四）在检查工作完毕后，消费合作指导科有步骤地开始进行对各区合作社的业务领导，一些具体问题按下列原则处理之。

甲、原合作社房产人员不动，转由消费合作指导科接收管理。

乙、进行粮食业务的生财器具，运输用具按市价移交合作指导科。折价做为人民股金。

丙、非粮食业务所需之生财器具拍卖之，作坊工厂或停办拍卖或移交生产合作社。

丁、一切会计账目人欠欠人应于移交前清理完毕。

戊、人民股金愿抽回者听便，最好尽力说服群众不退股，以保持群众与粮食合作社之经济关系，愿继续入股者由消费合作指导科按月保证百分之十的股息，区政府所入股金则一概抽回。

（摘自市委经济委员会《关于今后粮食合作社工作的决定》[1948 年 3 月 28 日]，1948 年 3 月 31 日《哈市经济》第八期）

附：哈尔滨市 1948 年经济工作总结

这个总结的基本要求，是希望从各个不同的经济阵地上，检查经济政策与经济路线执行中的经验教训；并希望说明各个不同经济阵地之间，它们相互的关系，从思想上，把所有在经济战线上工作的，以及与他们有联系的同志们，组织在无产级级领导的经济路线之下，以便更有信心地去完成 1949 年胜利年的任务。

一、关于国营经济

（一）目前国营经济情况，与 1948 年获得的成绩

在哈市属于国营经济性质的企业，共有 106

户,职工人数约18140名,按其隶属关系可分为铁道部、工业部、军工部、军需部、交通部、商业部、财政部、松江省,以及市政府。按各企业在领导上与哈市有无经济联系而言,可分为三类:第一类为基本上无关系的。如铁道部与松江省。第二类为部分有联系的。如军工军需部有配合加工生产任务的关系。第三类为国营企业由市代管者,即双重领导关系的。如东北财经委员会之银行与商业部之百货及东兴两公司。此外,为市直接领导之企业,1948年主要有市政企业及四个小工厂,当时以五大企业的工作为中心(即发电厂、汽车、自来水、铁工厂、电车厂)。1949年初(1月份)东北一级领导机关离哈,工业部交给市府10个工厂。

国营企业在哈市的经济地位,除去属于经济命脉之企业,如铁路、邮电、银行、自来水、电车,汽车统为国营,占显著重要地位,故略而不谈外,现将其他企业在哈的经济地位,分析如下:

铁工业:国营完成的生产任务与私营生产的比较,六〇炮,公完成31%,私完成69%;炮弹,公完成57%,私完成13%,公私合营完成30%;信号枪,公完成81%,私完成19%。

造纸业:国营今年完成的生产任务与私营生产情形的比较,包装纸,公完成98%,私完成2%;新有光纸,公完成78%,私完成22%;书皮纸及月份牌纸全部是公家完成的。

纸烟业:公生产28%,私生产72%。

火柴业:公生产54%,私生产46%。

猪鬃业:公生产57%,私生产43%。

粮谷加工业:高粱,公生产88%,私生产12%;小米,公75%,私25%;大米,公84%,私16%;糙子,公45%,私55%。

火磨:公生产26%,私生产74%。

油房:公生产28%,私生产72%。

糖稀:全部为公家生产,供给全市制糖果业之需要。

被服:制单军服时为公生产7%,私93%;制棉军服时公39%,私37%,合作社24%;大衣,公23%,私46%,合作社31%。

织布:公生产16%,私生产84%。

纺纱:机器纺纱统是由公家生产的;手工纺纱则统为私人所生产。

制材:公生产95%,私生产5%。

窑业:公生产46%,私生产54%。

印刷业:公生产62%,私生产38%。

商业上的卖货额:全年平均(按物价指数算)公55.5%,私44.5%。

如从国营及私营以上各行业之家数与职工人数做比较,则国营工厂数与职工人数都少于私营;但国营所掌握之工厂却多为生产力较大的,如造纸:公只有2家,私有5家;火柴:公4家,私60家;粮谷:公5家,私140家;鬃尾:公2家,私98家;铁工:公11家,私392家等。

从以上经济力量上来看,哈市国营经济是已占据很重要的地位。

(二)1948年我们在国营经济建设上的收获:

1. 国营经济的生产量与贸易额的上涨都是逐月增高的。比如市营的企业:铁工厂春季开始在每月只生产40门60炮,秋后已达100门以上,二纸厂上半年只产纸8910匹,下半年即产9899匹。一纸厂上半年只产10554匹,下半年已产11117匹。化学胶掌,4月只产7410双,8月则达72410双,约增10倍。特别在商业方面变化更为显著:2月时私人营业额为公营营业额的2.3倍;到了11月,公营营业额已变为私人营业额的2.7倍。全年平均公营的营业额约为私人营业额的1.22倍;这就是说在贸易上某些货物的交换,公家已由劣势转变为优势的地位。

同时在哈市可以恢复的国营大工业亦几乎全恢复。此外,今年新建设的还有农场、机械厂、化学厂,正在动工恢复的有糖厂、毛织厂,正在动工新建的有亚麻厂。

2. 对国营企业,普遍做过调查登记,对生产情况进行过初步了解,并初步地整编过小公单位的生产企业,按单位实行统一管理,实行了开废业登记批准制度(但还不够严格与正常化);纠正了部分市营小工业不从经济建设上去加强领导,不依靠工会工作和党的工作去领导生产,只给以财政任务而放弃领导的偏向。也纠正了行政管理与企业领导互不配合的现象,在领导上实行了企业与行政管理结合的方针。

3. 国营商业从掌握物价及财政回笼任务的工作圈里,进一步拨出精力,注意了扶助工农生产,支持合作社及管理私商的任务。首先,是加强了组织工作的基础,增设了工业服务部与农业服务部,并且扩大了国家商业的业务,建设了道里分公司,新设了43个门市部,因之,一年间,国家贸易额(不算小公单位)上升了32倍。国营商业用经济办法扩大了自己的阵地,是很重要的一个收获。掌握了市场就是掌握了与资产阶阶斗争的重要武装。

二、关于合作经济问题

1948年哈市合作社的情况介绍

哈市已有的合作社可分三种不同的类型:(1)消费合作社,或职工消费合作社共24个(其中职工消费合作社19个,计分:国营企业10个,市营企业7个,20几个行业职工组成的1个,私营职工的1个,此外还有市民的5个),社员共33925人,其中职工有29410人,占83.7%。股金11.8亿元,其中职工的约9亿,占68.5%。这是批判改组了合股商店似的合作社之后的情况,但其中只有商业局的消费合作社,已经开始走上正轨;其余的绝大部分,有的象供给商店似的,有的是国家救济机关,有的残存着合股商店的作风,与社员无关联。(2)加工性手工业生产合作社,也可以说是劳动合作工厂,共已发展到20家,包括毛皮1家,军鞋9家,被服10家,社员工人近2000名,完全依靠国家加工;新形势下,军需生产任务发生了变化,故生产已无保证。(3)独立手工业劳动者的产销合作社,这类合作社已成型的有渔民合作社,其余如铁匠炉,始终尚未成型。渔民合作社已组织的社员共1148人,有船408艘,各种网具有大拉网、小拉网33个,线网19个,扒、旋网共400个,虾网41个,挂网15个,挂、勾卡等144个,花篮222个。

三、关于国家资本主义经济问题

(一)国家资本主义经济在哈市发展经过

1947年10月间,在东北局领导下展开了反对职工中的左倾危险。到12月25日毛主席报告发表后,特别是在中央发表"二七"社论以后,我们对展开反对职工运动中左倾危险的认识更加深刻,对运动的领导也更有力。因此,普遍提高了工人阶级的觉悟与纠正了侵犯工商业、损坏经济的严重现象。

这些错误是来自三方面:一、来自"左"的工人运动。二、来自土地改革中不区别资本主义与封建主义的左倾冒险。三、来自对私人工业的经济力量缺乏监督与利用,以及对公私兼顾的整体经济建设的认识不足。

为了利用私人资本主义经济为战争为人民服务与发展生产起见,提出了要区别私人经济中的工业与商业,要分析工业与商业中何种应该发展扶助,何者应给以限制监督以至打击禁止的方针,于是进行了工商业普查大登记,发布了工商业保护法,开始实施了工商业开废业登记制度并加以管理。

在登记调查与管理中,首先发现了有关军需军工生产加工任务、支援战争及民用物资极为有利的几个行业:如铁工、被服、鞋帽、织布、纺纱等。为了使他们更好地完成重大任务以支援战争,认识到必须端正公私、劳资的生产关系,于是提出了加工政策,以资共同遵守。使生产走上了正轨。这是发展国家资本主义的开始。

其后进一步发现私人游资很多,其活动大部面向商业,特别在物价波动的时期是纷起投机。此时我们一方面扩大国营商业活动,挤占商业阵地、掌握物价、限制投机,另一方面提出"资本下乡"的号召,并提出了以公股为主,在政府领导之下,吸收私人资本组织合营的企业公司的方案,在东北局支持下,进行了不断地说服解释工作之后,吸收了将近二百亿的私人资本,合组了企业公司、林业公司、农业公司等。这是对国家资本主义经济形式的进一步广泛采用,即所谓出租制及合营之行业联合公司制。

当时只知道在私人资本主义中寻找出了这些有利于我的经济形式,还不知道这就是国家资本主义的一种,在七、八月城工会议上,总结了这个经验,才明确了它是属于国家资本主义经济范畴内的。而且证明了它是利用与监督私人资本主义的最好办法,是应该鼓励与提倡的。从此以后,使国家资本主义经济,走向了自觉地、主动地积极经营的阶段。

(二)哈市国家资本主义经济现状

国家资本主义经济在哈市可以分出以下几种类型:

1.加工制。1948年是加工制相当普遍发展的一年,全年在军工军需方面,加工生产完成的任务计:60炮2137门,60炮弹201768发,信号枪1379枝,爆破筒4002枝,单军服544880套,棉军服317500套,棉大衣298608件,手套294900双,棉皮鞋252329双,夹皮鞋72380双,撒鞋(注)470500双,皮帽551000顶。

其次是民用方面的计：面粉551584袋，豆油195867881斤，粮谷178973505斤，织布362338匹。

1948年最兴盛的时期，发展到26种行业共5221户，工厂数为占全市工业户数的35%，占各该行业户的53%，工人占产业工人数的42.5%。目前加工者有油房、织布、制粉、被服各行业共831户。军工任务现已停止，军需任务尚有，今后恐难经常有活。

经验及存在问题：

(1) 庞大的加工任务，要求组织数千户大小业者在一定时期内完成一定的任务，如无一个共同遵守的加工政策，则不但难完成任务，且将发生纷杂的公私纠纷与劳资纠纷以及各行业间的职工流动、机器流动等混乱现象。实际生产中证明了哈尔滨所拟的加工政策(草案)是正确的。

(2) 加工制是我们充分利用私人生产力的最好的过渡形式，但在他内部存在着复杂的阶级矛盾。一方面是国营经济与私人经济性质的矛盾，即所谓公私矛盾；另一方面是劳资之间的矛盾。因之，要有团结也要有斗争。

(3) 在加工生产过程中，我们看到有以下几种严重现象：①资方拉拢工人共同偷工减料，欺骗公家。②个别资本家在工会工作深入不到的地方，利用公家欺压工人，又利用工人威胁公家，甚至于打公家的检查员。③在原料供给不及时、物价波动，或工薪支付办法有毛病时，工人很容易受资方挑拨，不满意公家。④资本家赔了钱未付工资，工人向政府要钱，这些现象主要在被服、鞋帽、纺织业的小厂子里发生过，铁工、粮谷、火磨、油房业里还较少。虽然不是普遍现象，而且每发现必揭露，并以此教育工人；但在加工生产中，由于我们对组织加工无经验，生产计划性很差，资本家很容易利用我们的缺点，拉拢落后工人挑拨工人与公家的矛盾，资方这种手段和作法，应该看作是较普遍存在的，因之我们要十分谨慎地对待之。

2. 出租制。1948年春试办了油坊转业，资本下乡经营资本主义农场，并由国家租给资本家200多垧地；同年秋季，又组织了公私合营的林业公司、农业公司，由国家租给了通河的一块林场，租期三年；南岔的一块林场，租期仅一年，这些都是出租制的开始试验。

出租制的效果：①油坊资本下乡经营之农场，仅仅起了带头响应政府号召的作用，因为麦子收成不好，无利可得，而且初焕章(资本家)经营农业的精神是试试看没有采取长期做法。②林业的效果已表现出来：预定30000米任务，现在可以完成45000多米。其中20%为租金，国家收入9000米；20%由国家按原价收买，等于由国家自己生产了9000米；余27000米按5%收产销税国家又可收1300米，净余25000多米元木。企业公司有一半股本，再分12000米，其中，政府又占一半得6000米，故公司的私股只可分得18000多米，总生产量落在私人手中的仅占40%，付与国家的占60%。就这样分配，私资年利尚可得百分之二三百，当私人出卖木材时，明令再收25%以下的利润所得税，私资也还满意。同时对增加社会财富，供给市场需要，平稳物价，以及补助国营经济需要之不足，都是很有意义的。并且私人所取得的这些利润，在公营企业的合作说服领导下，还可以投入工业生产(正拟投资于造船事业)，成为积累的工业资本，防止资本浪费分散，转向投机。

总之这种出租制还是一个雏型，是在资本家还不愿意积极投资，而我们又是毫无经验，仓忙组织起来，就送进遥远的山里去伐木的情况下发展起来的，所以还不能说是定型的经验。但这个类型的国家资本主义的出租制肯定地说，是值得提倡可以广泛采用的。

3. 公私合营之行业联合公司。这类公司类似该行业的联合门市部或联合办公房，不一定所有该行业业者都入股，入股的业者与公司仍是经济关系。公家之所以要入股，是为了可以按照国家的要求加以监督领导，也是经济关系，而不是行政关系。这种形式的经济应该称之为国家资本主义经济。

但这种公司，试验已将半年，因为方针不够明确，方向摇摆，以致目前的业务有已经偏于单纯商业活动，以取得商业利润为满足，既象五金行又象代理店，性质不明。如不纠正，则其前途必然失败，也不应称之为国家资本主义。

但如把皮具公司、器械公司已有的业务内容归纳起来，再加以提高，使之符合于国家资本主义经济的范畴，就可以提出明确的方针及主要的业务内容。

它的主要方针应该是组织业者生产，监督业者生产，不能象一个普通商人一样，只是设立门市采购货物，取得商业利润。

它的业务应该是,一为国家或为民需承担大宗定货。二为国家或为民需组织加工,保证质量,检查质量。三为国营商业或合作社,收购一定标准的成品,按合理价格直接推销给消费者。四帮助业者,(首先经过国营商业或合作社,不得已时才径自采购)供给所需之生产原料。因之,他应当逐渐成为国营商店与有关业者之间的一个桥梁。它是否能起此种作用的重要关键,在于我们是否能站在领导地位,有无领导监督之实权与实际的具体工作,要谨防形式主义,为资本家所利用。

4. 订货制。哈市茂林皮革厂所接受吉林的定货任务,应属这类,联合公司之任务中,也有此种形式,他所指的不是临时订货,而是常年订货,使私人资本主义的生产计划完全按国家要求根据双方所订合同,进行生产。这种订货制是国家资本主义的一种类型,无疑的,这种私人资本主义是可以组织在国营经济的生产计划之内。这种形式受到了物价波动与原料不足,不能经常供给的影响,我们如无一定办法使订货不受物价波动的影响,今后提倡订货制的困难尚多。

5. 代销制。按着国家的价格,代销国家的物资,允许私人得到一定利润,是商业方面的国家资本主义经济。在哈市,有燃料公司的煤,专卖局的烟酒,一个时期同记商场代销的布,就是采取了这种形式。但是,这种代销制,在物资缺乏而又急需的情况下是很难控制,容易发生流弊而助长投机。并且,在合作社普遍建立发展起来了之后,代销制也就会逐渐被淘汰。因此对于商业经营,不要强调也不要轻易采用国家资本主义的形式。只是对于国家的专有而又极其丰富充足的物资,可以采用这种代销制。

(三)对国家资本主义应有的认识

国家资本主义经济是新民主主义经济中,在生产上利用与监督私人资本,服从国家的需要增加社会财富,提高社会生产力的最好办法,只是我们对商业中的国家资本主义要采取很慎重的态度。因为:

1. 这样更便于实现国家的领导与监督。新民主主义社会中,国家资本主义的最基本特点是无产阶级集中私人资本实现国家监督。国家资本经济所具备的各种类型,都是以国家监督为其最高的指导原则。现在既然是存在着大量的资本主义经济,既然这些私资的散漫存在与自由活动会产生破坏作用;而国营资本又尚感不足,需要利用私人的经济力量发展社会经济,那么,采用国家资本主义这种经济的方法,把私人资本集中地领导起来,监督与禁止其投机,利用与发挥其生产力,批判地吸收其经营生产的经验,要比分散监督与单纯行政管理或者舍弃私人资力,不去适当发挥,更加有益于国计民生和国家经济的建设。

2. 在服从军需民用的原则下,因国营资力之不足,由国家付出一部分必要的生产条件,如资金、机器资源、土地、房舍等,与私人资本家合作,利用其资本与经验去从事生产,并使其取得应有的利润。

3. 它是国民经济建设中,带有计划性的一部分,可以帮助国家促成计划经济。

4. 它可以促使私人资本主义,由小资本向大资本集中,小生产向大生产发展,有更多的荒弃富源可以开发起来,对国家的管理与监督也更有利。但商业资本不要鼓励他们在商业方面集中。

5. 在这些企业中职工的地位,一方面是被剥削,一方面在生产中又可直接为国家负责,来保证质量与监督生产。

因此,领导上对于国家资本主义的经济形式,应该自觉地主动地去提倡、去组织,给予一定的便利条件,吸引更多的私人资本转入此范畴,扩大国家资本主义阵地。

在干部中对国家资本主义中的私人资本,采取自流、迁就的态度,以及满足于公私合营,或各种合同形式,而不积极掌管领导,放弃监督的实际作用等现象,应该纠正。同时干部中对国家资本主义经济的怀疑、观望,以及关门主义的态度也应该纠正。要知道在国营经济力所不足的地方,不去领导私资向这方面积极经营,而采取排斥私资的政策是错误的。不去组织是放弃领导,组织了不加监督也是放弃领导,都是错误的。

因此,国家资本主义的新类型,还可以发挥与创造,在这一方面工作的同志并不是为资本家服务,却正是为人民为国营经济而服务。国营经济部门亦应该注意及此,并加强其领导作用。

四、关于私人资本主义经济问题

(一)1948年私营工商业的增长情况

1. 工业方面。一年来私营工业的发展,从以下四方面可以看出发展的情况：

(1) 工业增加了户数：年初登记 11125 户，工人 54724 人，资本 660 亿。年末增加 3905 户，工人 2 万余人，资本 138 亿。

(2) 从新增加户中所投入之资本来分析，铁工业发展占第一位，织布业第二，毛皮、鬃尾第三，电料第四，胰腊第五，其中共十六种行业，可分为四类：如军工军需；化学品(如碱、药、油漆、电池)；日用品；以及与农村土产有关的毛皮、麻绳等。这些，对支援战争，供给民需，扶植农村副业，都是有利的。

(3) 增加了新产品五十九种，虽是开始发展阶段，产量并不算大，总值仅为 142 亿，占全年生产总值的 0.42%。但其符合军需民用之要求，向新的方面发展的兴趣可见一般。

(4) 就八十种主要商品，在两个年份内生产量之比较上看，1948 年产量较 1947 年都大大增多了，把它按行业分开，金属制品增加 2.4 倍，食品粮油，增加 3 倍多，棉织与制材者增加 9.8 倍，印刷文教品增 12.5 倍，最高的为日用化学电器材料，竟增加到 50 倍的产量。

2. 商业方面也很活跃。从户数与投资上看，仅次于工业，从以下几方面可以看出其活跃的情况与特点：

(1) 增加的户数：年初 10791 户，店员 21883 人，资本 160 亿。年末增加 718 户，店员 3000 人，资本 48 亿(实际资本要增值 10 亿)。

(2) 卖货金额普遍增加：(与年初比较)增加 20 倍以上的有日用器具、汽车零件、木料、古物等；增加 30 倍以上的有五金、毛皮、油类、电料、西药；增加 40 倍以上的有鞋、帽、代理业(烟、麻、粮等)；增加 50 倍以上的为建筑材料。

(3) 商业活跃的主要对象是公家。从以上卖货额增加 20 倍以上的共十二个行业，其中有九个行业是以公家为主要销货对象的，一个行业给公家推销货物，一个行业以农村为主要销货对象。一个行业是城乡人民都来买的。

如从卖货纯益中所占比重看：在二十九个主要行业中，纯益最多者为五金、古物、汽车零件、麻袋、电料、木材、油漆、建设材料、西药等九个行业。这九个行业在二十九个主要行业中，其家数只占 30%，其卖货额只占 36%，其资本及库存占 56%，但其所得纯益却达 61%。而在此九个行业中，公家买去的货物占了 72%，其利润显然来自公家。

(4) 商业活跃的第二个对象是农民。由于 7 月 10 日，开放粮禁，农村粮入口逐月大增。如 7 月进入 1000 多吨，11 月进入 11000 多吨，12 月份仅大车店来粮已 10000 多吨，下半年的营业额比上半年的多。这是由于大量粮食入市，必然是(直接或间接)都要用货物到农村去交换。因之，从 8 月比 7 月的卖货额看，华洋杂货、日用器具、代理业、五金业、都增加了一倍以上；鞋帽、山海什货、百货业多卖了 40% 以上。而 9 月比 8 月，旧衣多卖了两倍，山海什货又增加了一倍，五金、鞋帽，又增加了 80% 以上，日用百货又多卖了 40% 以上。这些都是农民所需要的行业。代理业趁机活动，竟比 7 月多卖 9 倍钱。

3. 所以能产生以上的发展与活跃，是来自 1947 年 12 月 25 日，毛主席发表的“目前形势与任务”(《目前的形势和我们的任务》)所造成的政治影响，以及“二七”社论纠正了哈市工运的左倾错误，与 3 月份东北局所公布的保护城市工商业的政策指示，这是稳定工商业者的心情与活跃工商业者的力量的来源。

我们在这些政策之下，也做了些必要的工作。比如：提出要对工商业区别对待，并在工业、商业各自范围内，依据所调查的供销情况，区别出何者应发展，何者应维持现状，何者应限制削弱，何者应完全禁止，从而表示出引导私人资本走向，为战争为人民服务的方向。据此方针，举办了开废业登记，规定了不同的税率，有重点的帮助贷款，或设备电力。并做过不少宣传工作(如座谈会、展览会等)。此外，也曾经宣传式地提倡过提高质量，做过一些行业调查工作，以及帮助个别的行业组织过供销工作，这些工作我们认为都是必要的。经验证明，只要政策方针明确，私人资本家可以了解军需民用供求的关系，能很快向利润大的行业活动而追逐起来。这时，我们的责任就要注意防止和制止其投机操纵，以及无政府无组织的带有破坏性的经济活动。这种经济斗争应该是我们经常的任务。

(二) 我们做过的斗争

与私人资本主义经济中的投机性、操纵性、无政府无组织的破坏性的经济活动作斗争，尤其在私营商业方面是更加剧烈的。因此经济手段、法令限制、政治攻势、群众监督的压力，要配合使用，而且精神上要有准备。在大量资本主义普遍存在的时期内,这种斗争是长期的。它主要是经济上和平竞争的性质。坚持这种斗争,不麻痹是重要的一面,但也不能普遍采取不适当的行政上的办法,不要空喊口号,不能急躁,要经过调查分析,分别提出具体办法、具体步骤,组织力量,进行战斗。对待这种经济问题,要用经济力量去竞争,才能有实效。我们在这方面做过以下的斗争:

1. 属于经济性质的与私商的投机性作斗争。首先是壮大国营商业力量,扩大业务范围多掌握商品,逐渐采用经济方法占领商业阵地,支持供销合作社,组织消费合作社,与直接消费者及公家采购者争取直接联系,或通过合作社去联系削弱商人的中间剥削机会,减少私商的商业利润,这是我们与私商竞争的基本指导方针。在此方针下我们做过:

(1) 国家控制的有限原料,尽量利用私人工厂加工,可以收回成品,掌握物资力量,调剂需要。尽可能不大量抛出有限原料,一方面避免囤积原料,一方面避免生产品为私商掌握,致使国家缺乏力量控制市场,如纱、盐酸加里、烟盘纸、烟叶等。

(2) 在国家控制的物资缺乏时,曾注意防止私商套取与囤积,这时就更迫切感到合作社与国家商业网的需要,以便尽力经过合作社或有组织的机关、团体去分配,如上半年的粮食与棉纱缺乏下的出卖办法,以及年关卖面就是这样做的。只有在物价波动,而我还有足够力量时,为了平定货价,开始大量向市场抛售。那些有压倒优势的物资如煤炭,则采取了委托私商代销的办法。

(3) 对于流通城乡物资尚能起若干作用,但投机性较大的代理业,采取了监督与利用的方针,设立了一个以公为主的、公私合营的代理店,如信托公司,一方面借以集中全市主要行业的经纪人,建立起代理业的营业报告制度,从业务上取得了联系,了解商情;一方面也企图借此批判地学习与运用私商办理物资流通的经验,准备于适当时机,取而代之。在这方面,现在已看到一些成绩。信托公司初办两个月的结果,其代理买卖的数额,已占全市100多个代理店代理总额的五分之一到四分之一(300亿元),如进一步努力逐步将所有公家采购业务都经过该公司,使之满足要求,并给以优待,再创立一套新的代理作风,保证最后可以将私人代理业挤掉,大大减少其活动,甚至消灭其投机利润,且能不影响城乡物资的交流。

(4) 对于私人银行以试验的精神,允其存在并采取严格的管理:只准经营放款,不准经营投机贸易及买卖金银。并决定私人银行的存款,以50%存放在国家银行,其中一半做为定期存款,一半做为活期存款,其余50%存款,可做为放款之用。但放款中又规定60%作为工业贷款,40%作其他活动,而且千万元以上的贷款,还要经过国家银行批准。账目又随时可以检查,并不准公家向私行存款。试验的结果,并不象有些人所感觉到的,新民主主义社会允许私人银行存在的那样可怕,相反的,在这种管理下,除了做了些支援生产业以外,投机机会已不多,而私人存户,也逐渐转到国家银行了。而且在必要时,我们随时可取而代之。

(5) 对于私人保险业,采取联合保险公司办法,由银行投资支持,保险费60%存联保,余40%存各该保险业,限制了保险业者用保险金进行投机的机会,并监督其对业者应负的责任(过去保险业者主要靠投机取利)。业者现提出愿意合股成立公司,不愿按现有办法联合。我们进一步可以以公为主,不久可取而代之,保险业可以转为公营,与市房产公司相结合。

(6) 对于小贩市场,采取了分别处理逐渐缩小的方针,动员了约1万个小贩改业。开始创立了旧物寄卖部,采取明码定价的办法,便利贫民,减少小贩投机。

(7) 建立农村服务社,有重点地与外省外县农村合作社取得联系,采用了贷款、贷货、提价收买、寄存或代卖等办法,给予垄断者以打击。比如汪清合作社来哈卖烟,私商故意压低烟价剥削农民时,我们采用以上办法支持了他们,合作社就认为有了后台,现在汪清、延吉、和龙一带农民之烟已为农村服务社所掌握,合作社对老巴夺去买烟叶的人都置之不理。当烟叶落于国家手中,私商要抬高烟价,我们就可以一方面拿出烟叶用加工办法支持生产者,另一方面可用以平抑物价。这是与私商竞争,维护生产利益,维护农民利益,掌握物价,扩大国营商业在劳动者中之影响的典型例子。

以上这些都是用经济办法与私商的投机性、破坏性、操纵性作斗争的经验。它是有重点地将私商主要投机的地盘,予以缩小以至消灭。

2. 属于行政命令、法令制裁与私商的投机做斗争:法令制裁是配合经济竞争,保证与巩固带社会主义性的经济取得胜利的很重要的武器。但它还不是唯一主要的办法。在这一方面我们做过以下工作：

(1) 开废业管理，对带有投机性较大的行业，及对国计民生不需要的行业，一律不准其开业。并管理现有行业之增资、扩大经营、兼业等行为，非经许可不准私办。

开废业管理，是制止无政府无组织的经济破坏性很重要的措施。其具体规定之根据，是依靠供销情况做基础。首先对行业的生产与交换情况的不断调查了解，是重要的一环，否则必有不恰当之处。其次是管理之手续，应要求既严又简，这就必须有健全的机构。因此市的工商局与各区工商股要按行业的具体情况来分工管理，较大者归市，小的手工业可分给各区去掌管，但必须将材料集中，统一指挥。

(2) 对产品采取商标登记，检查质量，规定质量等级，来限制低劣质量及欺骗性之生产。如对牙刷、铅笔、洋火、药品、化学品等之检查。并创造了集合业者共同评定办法，一方面克服了无专家，不懂技术的缺欠；一方面又起了宣传制裁之效。对质量好的，并予以必要的扶植或奖励，以资提倡。这一方面工作还应加强，要从分别轻重缓急，更多团结技术人才方面去注意。

(3) 对于垄断性的私营企业，采取了禁止囤积抬高物价，当群众购买力强时用勒令出售的办法加以管制。如新年前对火磨油房提价不卖的行为，经政府以命令禁止之，平稳了物价，减少了其投机利润。

(4) 不遵守开废业及呈报制，并有投机行为者，处以罚款，计划在1949年内举办部分行业物资登记，并试验建立统一私商的会计制度。

(5) 用税收办法限制投机发展，各种不同行业有不同之税率，如投机性较大之代理业，打破正当税率最高之30％的原则，规定60％的利润所得税。

对私人资本主义的态度是不能允许其自流，否则是可怕的，要适当地加强监督与管理。一方面引导他们走国家资本主义道路，及有利于国计民生的方向。但在另一个意义上来说，这又正是合理地限制资本主义。在哈市应指出特产品制造（如粮、油、木料、毛皮、猪鬃、马尾），农村需用品（如农具、农民用具及服装日用品等）及交通用具（如船、大车等）为我们当前提倡之方向。另一方面对那些带有投机性、操纵性、破坏性不服从战争与人民所需要的活动，要给以坚决的、经常的斗争，特别在目前形势下，右的萌芽是主要的危险。对不正常的劳资关系，特别对资方抵制工会的活动，也要发动工人予以应有的打击。

工商业要区别，对私人商业要尽力缩小其地盘，不是关闭，而是用国家商业与合作社去代替，迫使商业资本利小，转向工业生产，这是克服目前资本家不积极从事生产，由大化小，转向商业投机等现象最基本的办法与态度。

（摘抄于哈尔滨市委1949年档案，档案号[哈1～1～1]）

第二章 私营工商业管理

第一节 对私营工商业政策

一、我民主政府保护工商业政策

由于解放区农村里实行了史无前例的土地改革,彻底粉碎了封建残余的地主阶级,其情形真有所谓翻天覆地之势,实现了平分土地的大改革。在都市里居住的人们,便意味到,将来在都市里,也一定会有一翻剧烈的斗争。更有一些对于中国共产党领导的新民主主义思想不甚理解的人,自作解释,说都市里的斗争,将来比农村里更要厉害。凡是有钱的人,都要被斗,财产也将完全被分。在农村土改完成后,下乡工作的干部回城,就要下街工作,等等谣言,就造成了城市社会人心的不安。尤以一般工商业主们,想到自己最近将来的危难,立刻就发生了极度的不安,对于营业,也无心进行了。有的人且自暴自弃地挥霍起来,以为今朝有酒今朝醉,哪管明天是和非。更有些素有相当资财积蓄的人,本来是打算做个买卖,或开个工厂的,这样的谣言吹入耳鼓,心情也冷淡了,以作营业还不如坐着吃安全。这样的情况,在今天的哈尔滨,虽然并未表面化,但实际上确是暂时存在着,对于民主政府对工商业的政策,并国民经济的发展,不能不说是一个重大的阻碍,所以本文特对这一问题,来作个检讨。

中国共产党的行政纲领,已经明明白白地表示了,对于民族资本,是坚决地保护,对于民族资本的工商业者,是要来扶植它,要它发展的。因为,除和帝国主义的外国资本家勾结榨取中国民族利益的官僚资本集团外,中国人民中根本就没有象美英等国那样垄断的资本,只是一些分散的而且薄弱的中等资本的小资本,这些,在中国国民经济的改造上,还是些必需的条件,不但不能摧毁它,而且还得极力加以发展的。所以解放区的各城市,和农村的民运工作,绝对不同的。关于此事,民主政府也已数次详尽说明了。即如钟子云政委3月中旬的演说,和朱其文市长前些日的布告,都已有了具体的解释。对于合法登记的工商业资本财产,绝对保障其安全,不许可任何人的随意侵犯,一般店员工友,对于营业主财权,并不得有分散性的侵犯。因为,国家经济是多方面的,新民主主义也决不是只要农业不要工商的,相反的,新民主主义社会里的工商业,比资本主义社会的工商业还要发达的多呢!只要适应于民主政府的工商政策,那么私人资本,在解放区的都市里,绝对能得到适当的发展。尤其是哈尔滨,在全东北,是一个中心都市,它的工商业盛衰,会直接影响于国民经济,在支援前线的胜利上,尤有伟大的作用,那么,一般工商业者,现在还可放弃一切不必要的顾虑;已经开业的,要按照政府规定的原则,在“公私兼顾,劳资两利”的条件下,健全经营,增加生产,繁荣经济,决不受到意外的打击。

但是,这也决不是说,都市中绝对没有斗争的事。假如某一业者,它的经营方法,根本不合“公私兼顾,劳资两利”的原则,业主只图利己,意在垄断,榨取劳动员工,当然亦有发生个别斗争的可能性,或者竟有消极怠业,阻碍生产,阴谋破坏,逃避资金,肆意捣乱,紊乱经济的业主,当然也要受到政府的处置。所以在解放区都市里的工商业者,自己也应有这一警惕。

(摘自1948年《社会新报》第二卷七期三页)

(三)保证私人财产所有权。除国税、地方税及市政建设费外,任何机关或团体不得向市民征集金钱及物资。

(四)恢复与发展工商业,以繁荣市面,除囤积居奇扰乱金融之营业须受处理外,工商业家享有正当营业之充分自由,并由政府予以保护,对于有关民生之工商业应予以可能之帮助。

(摘自《哈尔滨市施政纲领》1946年7月20日《东北日报》)

(四)保护奖励与扶植民营工商业,恢复并发展公营企业发展合作事业，欢迎投资开发东北富源，改善工人、职员与技术人员的生活，安置救济失业工人，提倡劳资合作，发展生产，繁荣经济，保障资本家的正当利润，建立统一合理的税收方针，减轻人民负担，调整地方金融，以利东北经济建设的发展。

（摘自 1946 年 8 月 11 日通过《东北各省、市民主政府共同施政纲领》）

二、颁布战时工商业保护和管理暂行条例

兹制定《哈尔滨特别市战时工商业保护和管理暂行条例》并经呈请东北行政委员会批准，于 1 月 27 日公布施行之。

第一条　为有计划发展战时经济，支援前线，安定民生，并"保护工商业者的财权及其合法的经营不受侵犯"，特颁布此条例。

第二条　凡在本市之公营、公私合营、私营、合作社经营之工厂商店均适用此条例。

第三条　承认公营、公私合营、私营、合作社经营之工厂商店均为合法营业，政府保护其财产所有权及经营之自由权，在遵守政府法令的条件下，任何人不得加以干涉及侵犯。

第四条　对支援战争及群众生活有重要贡献之工厂，政府可给以支持；其所需动力原料及成品推销，政府给以可能的帮助。

第五条　在工业生产方面确有创造发明，经考核属实，政府酌予减税免税或一定时期专利等特权，以示奖励（奖励办法另订）。

第六条　战争时期，应以服从战争需要为第一要务，工商管理局得接受军需机关之要求，向各工厂订货或加工，其订货之价格或加工费，及其他条件须公平商订之。

第七条　工商业经理人必须承认工会为工人店员之代表组织，必须执行政府颁布之劳动法令及本企业与工会签订之集体合同，工人与工会应承认工商业者之经营权，不干涉其业务。

第八条　公营、私营、公私合营、合作社经营之各工厂商店，必须按照市政府工商管理局所发之工商业登记表切实填报，不得隐匿或假报（工商业登记表另制）。

第九条　各公营、公私合营、私营、合作社经营之工厂商店，必须于每月末将本月生产及营业情况，按照工商管理局所发之生产报告表切实填报不得隐匿（报告表另制）。（注：由东北财政委员会或经济委员会所直接经营管理之国营企业，只直接向各该委员会登记呈报即可。）

第十条　工厂商店不得无故停业废业，其转业废业迁移及缩小营业范围，均须事先呈报工商管理局批准。

第十一条　凡欲在本市新设工厂商店，必须于筹备前将工厂设备（附图）、资金、动力、原料来源、成品销路、职工人数、生产计划等，送工商管理局审查，经批准后始得开业。

第十二条　工厂商店不得投机倒把，囤积居奇，不得冻结资金，或逃亡资金（逃往蒋管区），违者均为犯法行为，当依法严惩（处罚规则另订之）。

第十三条　工厂商店设备，必须适合于一般安全及卫生条件，倘因安全卫生条件设备过劣，而招致职工身体之直接损害者，除由厂方发给恤金外，并课以罚金。

第十四条　各公营、公私合营、私营、合作社经营之工厂商店必须遵守此条例，各工人职员店员有协助政府实行此条例之义务，凡发现不执行此条例之工厂商店，有向政府告发之义务。

第十五条　关于违犯本条例之罚则另订之。

第十六条　本条例解释权属市政府。本条例经东北行政委员会批准后实行。

（摘自哈市府公报第 14 期 24～25 页，1948 年 1 月 25 日）

三、关于保护工商业问题

"保护工商业者的财产及合法的营业不受侵犯"，"发展生产，繁荣经济，公私兼顾，劳资两利"的新民主主义经济既定不移之方针，保护本市工商业，组织与帮助本市人民生产，支援革命战争，除已制定工商业保护和管理暂行条例外，近以农村土地改革接近完成，正转入生产运动。本市工商业登记亦已结束，为使今后城市工商业对农村生产，对城市人民生活，对支援战争发挥应有作用，特发出保护工商业的布告如下：

（一）凡原在本市之工商业者兼地主、或地主兼工商业者，除其在农村之土地财产已由当地农民处理外，其在本市之工商业，一律予以保护，不得侵犯。

（二）在“八一五”日寇投降后至我民主政府成立之过渡期间内，本市工商业之财产曾有许多变动，今后概以此次工商业登记为标准发给执照，承认其所有权，并自即日起，任何人不得侵犯其财权，凡此次登记中尚有漏报者，自布告之日起，于两星期内补报，过期无效。

（三）工商业者必须遵守民主政府法令，发展生产、支援战争，工商业者之自由营业受到保护，但不得阴谋破坏，资金逃亡，消极怠工，投机捣乱。如有犯罪行为时，其处理须经市政府之直接处理或批准。其他任何机关团体，均无没收罚款之权力。

（摘自1948年3月14日哈尔滨特别政府布告）

四、奖励城市私人资本经营农业暨牧畜业条例

第一条 根据“发展生产，繁荣经济，公私兼顾，劳资两利”原则，为奖励城市私人资本大量经营农业、农业副业，以及牧畜等事业，特规定此条例。

第二条 工商业资本家或其他资本所有者，如欲投资经营农业、牧畜业，或农业副业（养鸡、鸭、猪、兔等）得向县以上政府领取其经营事业所需之土地（如农场开垦之荒地，牧场用之草地，其他农业副业之建筑用地），其所领取之土地所有权属于国家，但得有二十年之使用权，其所领取之土地非经政府批准不得转给他人使用。

第三条 投资农村经营农场、牧场等事业，有权按政府法令规定雇用所需要之农业工人。

第四条 投资农业之财产及其合法经营之牧场等事业，任何人不得侵犯其财权及人权，如有非法行为须经县以上政府依法处理。

第五条 私人资本领取之土地及其所经营之农场牧场除征收农业税外，免征其他税收。如所领取之土地系荒地，第一年免征农业税，第二年征百分之十，第三年以后按农业税规定征收。

第六条 政府对上述事业在目前可能条件下予以技术、购买机械以及必要货款之扶植。

第七条 各省市政府所颁布之此类政令，如有与本条例相抵触者，应按本条例执行。

第八条 本条例经东北行政委员会颁发执行之，其解释权属于东北行政委员会。

（摘自1948年4月6日东北行政委员会颁布令）

五、组织城市私人资本投资农业生产

东北解放区，尤其是北满，有广阔肥沃的荒地尚未开垦，有许许多多的土地可以利用。在城市当中，有一部分暂时需要不大，因而也就暂时不能发展的工商业，另外还有大批剩余游资没有出路，还有一部分失业工人与城市贫民，大批劳动力可以动员到农村中去参加农业生产，同时还有一些技术条件可以利用，经营农业生产粮食，是有利而又有前途的事业。

中共中央东北局及东北行政委员会在春耕运动指示中曾号召：城市工商业者及有剩余游资的人们，投资农村。东北行政委员会又颁发了奖励投资经营农业条例。哈尔滨佳木斯工商业者有的已开始向农村方面投资。各城市党政领导机关应好好地鼓励与组织他们，大量地向农村投资，帮助他们动员城市失业工人与贫民就业农村，向政府领取土地使用，经营农业、牲畜业与农副业。这不仅可以增产粮食与其他农产品，并可解决一部分失业工人与城市贫民生活问题，而且也给城市工商业资本、大批剩余资本及剩余劳动力开辟一条出路。

由于东北解放区土地广阔，在彻底实行土地改革消灭封建剥削制度之后，仍有大量荒地存在，这就可以建立大规模的公营农场，发展公营农业经济；也可以允许而且需要城市私人资本投资农村经营农业，发展私人资本的农业经济。这时对于支援战争，国计民生和发展农村经济来说，都是有益而无害的。

由于平分土地，斗争封建的群众运动，由于某些地方侵犯了城市工商业，因而动员与组织城市工商业者投资农业，他们在思想上必然有顾虑。应向他们宣传解释党与政府的经济政策，打破他们思想上的顾虑，投资农村的财产及合法的经营事业。政府已颁布条例坚决保护不得侵犯。按政府法令可以雇用工人经营农场、牧场，并可以使用机器以及比较进步的技术设备。如果愿意投资农村，就可向政府领取其经营事业所需用的土地。其所领取使用之土地，所有权属于国家，但有长期的使用权，政府可以发给土地使用执照，以便投资，安心进行各种建设，及各种技术的设备。其使用的土地及其经营事业，政府已规定除征收农业税外，免征其他税。

为着奖励开荒，利用（资）本（开）垦荒地，第一年免征农业税，第二年只征收百分之十的农业税，第三年以后才按公粮比例征收。政府不仅保护其投资农业的财产及其所经营的事业不受侵犯，并规定了奖励投资农业的税收政策。而且还发给其土地使用并帮助解决各种困难。

战争形势日益发展，粮食需要也将日益增加。随着一些城市，尤其是大城市的解放，解放区城市人口数目增加了，大城市大工业大矿山将需要大批商品粮食调剂。新收复的广大农村，由于蒋匪的暴政，生产力破坏得很厉害，粮食产量大为下降，灾情严重。为着争取早日完全解放东北及支援全国，就必须更多的增产粮食，给予战争胜利以雄厚的物资基础。因此不仅要把农村的一切劳力物力组织起来，克服一切困难，完成今年的生产任务，也不仅要把后方机关部队人力物力资金转移到农业上去，大规模地经营农业增产粮食完成一部分自给任务，而且还要把城市的资金劳动力与可以被利用的技术条件，投入农村，经营农业，更多地增产粮食和工业原料。

（摘自 1948 年 4 月 8 日《哈尔滨日报》转载的《东北日报》社论）

六、工商业保护、管理实施细则

第一章　总　则

第一条　为更有计划地"发展生产，繁荣经济"，支援前线，安定民生，并"保护工商业的财权及其合法的经营不受侵犯"，根据本府于民国三十七年一月二十七日颁布之秘字第七号《战时工商业保护和管理暂行条例》（以下简称《工商保管条例》），及民国三十七年三月十四日颁布之《工商字第十二号关于保护工商业问题》，特制定此实施细则。

第二条　前《工商保管条例》所称之工商业者，系指凡在本市区域有制造、加工、买卖订结契约，负担义务之能力者，均称为工商业。

第三条　凡向本府工商局申请登记经审查合格并取得营业执照之工商业者，不分国籍，阶层，机关，团体，个人均可享受《工商保管条例》第三条规定之权益。

第四条　嗣后有关本市工商业之各种问题，不论公营、私营、合作社、外侨统按照本细则办理之，但有特别法令规定者不在此限。

第二章　开　业

第五条　凡欲在市设工厂、商店、群众性的生产或消费合作社者，遵照《工商保管条例》第十一条之规定，必须于筹备前缮写筹备计划书呈缴本市工商局听候审核，十日内通知申请筹备登记人领取筹备许可证方可开始筹备。

第六条　有关公安、卫生、建设、教育之各行业，必须缮写筹备计划书二份，由工商局汇交各有关局署一份审核。筹备许可证统由工商局决定发给之。

第七条　筹备期间一般不得超过一个月，特殊情形经审查批准者例外，在筹备期满而尚未筹备完竣，不能开业者，须具请求延期理由书申请延期。

第八条　筹备期间不得有营业行为。

第九条　筹备期间可持筹备许可证到指定地点买申请开业登记表，缮写清楚，经税务局、同业公会签盖印鉴之后呈交工商局，经主管科派员调查审核属实，十日内通知申请人照章缴纳执照工本费及手续费（费用额临时以通知形式公布之）后，领取营业执照，始得正式开业，同时将筹备许可证缴销（附工厂、商店申请开业登记表及营业执照样式各一份）。

第十条　某些特定行业，必须具有一定资金、工人数（工厂）方准筹备或开业，其资金额数根据不同行业由工商局规定，随时以通知形式公布之。

第十一条　公营企业开业，须有东北行政委员会财经委员会之指示信直接到工商局办理筹备登记手续（附公营企业开业登记表样式及公营企业营业执照样式各一份）。

第十二条　群众性的生产或消费合作社须持有生产合作总社之介绍信直接向工商局呈报开业登记（附合作社开业申请登记表及合作社营业执照各一份）。

第十三条　各机关、学校、团体之职工生产或消费合作社须持有其所属上级机关首长的介绍信，直接向工商局呈报开业登记（登记表与执照同前）。

第十四条　有关季节性的工商业，其申请开业办法同前，发给其临时营业执照，到期缴销之（附记：季节性之行业，汽水、冰糕、冰棍、清凉饮料、临时西餐、点心、商亭等）。

第十五条　各新开业之工厂商店，其名称得以其姓名或其他字样命名，不得与本市区有相同者之字号。

第十六条 在取得营业执照后开业三日前须按照本府街道整理规则，须将匾牌按规定挂于门头。

第三章 营业变更

第十七条 凡在本市之工商业，经营业体之转业、兼业、增资、减资、合并、动力机械变化、股东人之增减、经理变更、迁移地址、转让、出兑、商号名称之更换，统称为变更，除地址迁移、经理更换、商号名称之变换可直接填具变更申请书向工商局呈报更换新营业执照外，其余各种变更其办理手续与开业同(附各种变更申请书样式一份)。

第十八条 转让出兑之股东人、经理人于本市二年内不得经营同一之营业，经政府特许者不在此限。

第十九条 公营企业合作之变更办理手续与开业同。

第二十条 原有之工厂、商店在未取得变更筹备许可证或新营业执照前不得擅自变更。

第四章 休 业

第二十一条 凡本市之工商业休业时，根据《工商保管条例》第十条之规定，必须于休业前填具休业申请书，经同业组织转呈工商局，经考核属实发给休业证明后方得休业，同时将营业执照缴回，待复业时发还(附休业申请表及休业证明书样式各一份)。

第二十二条 公营企业工厂商店之休业，须持有财经委员会之证明信件。

第二十三条 群众性之生活消费合作社经营的工厂商店之休业，须持有区以上政府及合作总社之介绍信。

第二十四条 各机关、学校、团体之职工合作社之休业，须持有该所属单位上级首长之介绍信件。

第二十五条 在休业期间不得有营业行为，并得在门头标告“休业”字样与休业时间。

第二十六条 在未取得休业证明之前，工厂、商店不得擅自休业。

第五章 废 业

第二十七条 凡本市之工商业废业时遵照《工商保管条例》第十条之规定，必须于废业前填具废业申请书，经同业公会转呈工商局，经考核属实后发给废业证明始得废业，同时将营业执照缴销之。

第二十八条 公营企业、合作社经营之工厂商店之废业其办理手续与开业、休业、变更同。

第二十九条 在未取得废业证明书时，不得擅自废业。

第六章 保护扶植与奖励

第三十条 为奖励提高生产，对于在生产过程中能减低成本，增高产量，品质优良，经营方式科学合理化之工厂及对农村经济有巨大帮助，积极为工业采购原料，推销成品并有显著成绩之股份公司，政府给以种种优先订货加工及减税免税等等之优待和便利。

第三十一条 为鼓励劳动者自己集资联合组织起来的生产合作社(资金、工人数，须合乎规定额数)在生产过程中能起模范作用，推动生产，减低成本，质量优良者，政府给以优先贷款，优先订货加工，动力原料的取得，成品的推销及减税免税之优待，以示鼓励。

第三十二条 为奖励工业生产，提高技术，讲求成品之质量，防止伪造产品，保护业者正当利润，商品检验实行商标登记(其办法另订之)。

第三十三条 根据《工商保管条例》第四、五条在工业生产方面确有创造发明之公司、工厂、作坊，或个人经审查属实，政府可根据其创造发明本身之价值及对社会、对反美反蒋战争之贡献的大小，酌予奖励。

第一款 其成品确系新发明，根据其贡献价值之大小，酌给一定奖金，各种需要之帮助(动力、原料、推销、成品资金)，并给一定之专利权。

第二款 仿造此时此地别人不能制造之价值的成品之公司、工厂、作坊、个人者，首创者经考核属实者给以一定数量之奖金、奖状和一定期间免税，以示鼓励之。

第三款 在生产中能以其当地产之原料，代替现时现地缺乏之原料，且成品优良成本因而显著降低之公司、工厂、作坊、个人者，经考核属实酌予以奖金、奖状和免税或减税之优待。

第四款 确有新的创造、新的发明而又为资金、设备等条件限制，无力大量制造生产之公司、工厂、作坊及个人，政府除给以奖金、奖状外可酌情予以低利贷款或在自愿的原则下投资合办。

第五款 利用别人不能利用之废物制出目前人民生活中极不可缺少之物品之公司、工厂、作坊、个人,经考核属实者,政府可酌情予以奖状和一定时期之免税或减税。

第六款　在生产过程中由于技术的提高,工具的改良,因而减低成本,提高生产之公司、工厂、作坊、个人经考核属实者,政府酌情予以奖金、奖状和一定期间之免税或减税。

第七款　各工厂之出品经商品检验证实,比本市其他各工厂同样出品质量特别优异者,政府可酌情发给奖状或公诸报端。

第三十四条　实验研究有特殊发明或一定成就者予以奖励和支持,本府工商局得因必须令其报告研究实验经过或禁止公布泄漏,如系本人事业上之秘密,得向政府请求代为保守。

第三十五条　凡本市工厂、商店,因营业上之需要得呈请政府代为介绍或证明一定之事项者,经政府考核后为之介绍或证明之。

第三十六条　工厂、商店,对于政府有关工商业之法令其措施或营业上之疑问和困难之处,得以和工商局请求解释、指示和帮助。

第三十七条　为确保工商业者之财产权,凡本市工商业业主股东人逃亡敌占区或不在东北解放区者,经理人及现事务责任者,应呈报政府给以保护,如无书约委托代表人者,政府得依情况指定其内部人员,或另行指定人员主掌一切事宜,以(图)营业之发展,确保业者之财产权不受侵犯,待其本人或其委托之代理人(归)后仍归本人。

第七章　加工与定货

第三十八条　根据《工商保管条例》第六条之规定为更有力地支援战争,在必要情形下,政府有责任有权利,指定一定之工厂为军需机关加工(或订制成品),在该项指定宣布确定之后,政府依法保障该指定之工厂及军需机关双方之正当权利与利润,工厂不得藉词推诿此项指定之生产任务(关于保障军需机关与加工工厂双方利益之办法另以法令详订之)。

第一款　工厂在接收指定生产任务后,即与军需机关在政府之监督下依法订立合同,并由政府监督该合同之执行。

第二款　各工厂不得藉词推诿指定之生产(加工或订货)任务,或接收生产任务。在生产过程中,采取不正当之生产进度,因而造成生产上之损失时,得由政府按照本细则第十章处理之。

第三款　在为军需机关生产之合同成立后,军需机关如不遵守合同,而致造成指定生产之工厂亏损时,得由政府按照本细则第十章处理之。

第三十九条　凡本市之工厂商店,如有与各省、市、县军政机关团体、个人,有加工、订货委托收购契约行为时,得持该项契约向工商局主管科登记,该项契约经批准后方可生效。

第八章　工厂商店之管理

第四十条　为达到统一购入原料,交流生产营业管理之经验,使生产状况,商品推销,合理化矫正弊害,谋共同之福利,凡在本市区二家以上之同业可组织同业组织,但该组织须经本府工商局备案,批准后方可成立。

第四十一条　对于有害国计民生及确无前途之工(厂)、商店,政府得令其停业或转业。

第四十二条　各工厂如因机械设备或技术条件而致产品质量过于低劣者,政府得强制或帮助其改善之,在改善不生效果时,可停止其继续生产并收缴许可证。

第四十三条　工商业之资材机械及重要原料任何人不得破坏之。

第四十四条　依《工商保管条例》第十二条之确定凡重要物资,工商局认为必要时,可实行登记,指定交易市场评议公道合理之价格,工厂商店不得拒绝。

第四十五条　为保证本市工业用原料,重要工业原料未经工商局许可者,不得私运出境,其种类随时以法令公布之。

第四十六条　凡非工商业者,不得假藉工厂、商店的名义,向政府作有利于其本人之请求,或呈报等项。

第四十七条　凡本市工厂、商店,其日常交易及原料商品出入逐一明细记载账簿,每半年作概算一次,一年一结算,并作出资产负债、损益计算表及不动产(以现价折算)目录呈交工商局,凡与营业有关之账簿、单据、书简,应留存十年。

第四十八条　工厂、商店每月五日前,须将上月制造、加工、修理、贩卖之生产品销售情况,按规定之表格切实填写,缴同业公会转呈工商局主管科,不得拖延或隐匿虚报(附生产销售月报表格式各一份)。

第四十九条　工商局各主管科随时可令各工商业者,作有关营业范围以内之口头或书面之报告,不得拒绝或作不真实之报告。

第五十条 工商局得派遣职员至工厂商店及其仓库，检查其营业情况，存货、账簿、文件、单据等，但前项职员必须携带政府人员身份证明书及工商局发给之检查证，检查之前，该项证明先提示给业者。

第五十一条 前项人员如在检查中，发现其账簿、单据、存货有显著疑问时，可暂封工厂商店之仓库存货、账簿，并令其暂停止营业行为，(等)待处理。

第五十二条 工厂商店(需)显明标示商品明码实价，如价格变动时须事先呈报工商局，经主管科审核批示后方可为之。

第五十三条 工厂商店不得买卖来路不明之货物，更不得贪图超额之利润，故意抬高物价，买卖货物时，须使用发货单据。向市外运销或由市外输入货物时，须附其货样向工商局呈报商品名称、数量、价格、来源地及经销地等(附输入输出呈报表样式各一份)。

第五十四条 除经政府许可之工厂商店及摊贩外，无论何人不得以营利或取得报酬为目的，制造、修理或贩卖商品，以及制造修理或贩卖其所许可范围以外之商品。

第五十五条 工厂商店由政府或其他国家机关等处，购得之廉价货物，必须按所配售之目的使用，不得贪图高额利润，转手高价贩卖。

第五十六条 工厂商店不得贪图高额利润，制造或贩卖不能使用之劣货，或向货物中掺入其他成分。

第五十七条 凡机关部队及受机关部队之委托，在市场上收购一定之物资之工厂商店，须事先向政府申请收买之机关部队名称，及收买物资之名称、数量、价格、用途等，经批准后方可为之。

第五十八条 工厂商店不得伪报机关、部队名义收购物资。

第五十九条 工厂商店、团体或个人，不得为贪图厚利以不正当手段在市场上，与机关、部队竞购物资。

第六十条 工厂除购买本厂所需之原料，补助原料器材及经销成品外，不得从事其他商业活动，其所购销之原料器材，不得超过其半年生产所需之数目，经政府特许者不在此限。

第六十一条 工厂、商店和政府之一切呈请报告证明，必须确实不得有任何虚伪之处。

第六十二条 工厂、商店开业、出兑、转业等事情时，对于该房产之使用，须征得原房主之同意。

第六十三条 凡本市之工商业与人或与同业作保，包括政府一切法令之监督履行，概以登记之负责人为主要负责人，作经济保证时，以不超过其(实)有资产为主。

第六十四条 工商业主股东人于开业前指定或选举代表主事人。该代表主事人为法定经理人，其职权如下：

第一款 经理人以股东会议所授予之权利为限。

第二款 经理人依法有自由经营事业，诉讼与否之权。

第三款 经理人依法有分配组织人员工作之权，在不违反劳动保护法的原则下解聘职店员、工人之权。

第四款 有下列行为之一者，不得为工厂、商店之经理。

一、政府公告有犯法行为者。

二、褫夺公权尚未满期者。

三、曾在本市出兑转让同业，另一商业未满二年者。

第六十五条 依《工厂保管条例》第七、第十三条之规定，工会为工人店员之代表，组织工厂商店之设备，必须适合于一般安全及卫生条件。

第一款 经理人必须承认执行前政府颁布之一切劳动法令及本企业与工会签订之合同。

第二款 各企业内之一切人员在法律上，社会地位上有平等权利，不得有侵害店员、工人、学徒名誉身分，社会权利之行为。

第六十六条 职店员工人有参加工会店联自己组织、提议集会之自由，可选派代表参加厂方商店组织之生产营业管理委员会对业务有提建议讨论之权，但不得作不正当之干涉其业务。

第六十七条 依本府民国三十六年七月二十三日颁布工商字第三十七号《经纪人管理暂行办法》，政府登记许可之经纪人，任何人不得以随意介绍买卖。

第九章 特殊行业之管理

第六十八条 银行、保险、委托代理及寄卖店业者之利率、手续费或押金，必须呈报政府许可，登记时亦同。

第六十九条 银行放款金额不得超过存款金

额之三分之二，其对于工厂商店放出一定之额数之超过资金时，须经工商局主管科批准(额数随时以通知样式公布之)。

第七十条　银行、保险代理店、堆栈、仓库业者不得兼营买卖商品之营业行为，更不得以不正当手段招揽，从客栈作额外之要求以及有任何欺骗行为。

第七十一条　凡本市区之代理店、堆栈、仓库业者，每月之十一、二十一、三十(或三十一)日须将代客介绍或把货主之货物名称、数量，买卖货主之真实姓名、住址、电话号码、职业表报本市工商局主管科。

第七十二条　凡欲在本市制造或贩卖度量衡器，除按一般工厂商店申请登记外，需另附其货样，经工商局审核发给度量衡制造贩卖之特别许可后始可为之。

第七十三条　无论何人不得使用不足分量或未检验之度量衡或少给分量，工商局得指派区街专人检验全市之度量衡(其检验办法另订之)。

第七十四条　凡在本市区工厂商店开设之地址不当者，如对安全保健、卫生有妨害者不论其房证契约成立与否，或属其本人之房产，政府得令其移至适当地区。

(摘自哈市人委档案，1948 年永久卷 14 号第 45 ~55 页)

第二节　对私营代理业管理

一、关于监督私营代理业的决定

(一) 代理业是在半封建社会的小农经济基础上产生的。它本质上不是为了解除农民的困难，而是利用城乡间的隔离与地域上的分割，成为加重城市剥削乡村的工具。在旧社会时，其业务活动之进一步发展，会严重阻碍城乡物资的自由交流，造成奸商集团势力(如“九·一八”前的钱粮代理业，经纪活动等)，制造买主与卖主的隔离，以便达到其垄断性的操纵、囤积，投机倒把的目的。哈市目前代理店的活动，仍残留有其本质的恶劣传统思想与作风，但在表面上看，它所起的作用有好坏两个方面，我们应具体加以分析，确定对策。好的方面表现在：由于目前的农村依然是小农经济，而国营商店与合作事业尚无基础，特别是国家经济工作人员经验少，活动能力差，广大城乡间的物质交流还没有足够的新的执行机构，而在民主政权控制之下，它还可以起流通物资，帮助“老客”介绍买卖，代客存货，帮助客商周转资金等作用。但其出发点是为了超额取利，故坏的方面又表现出经常制造一时之困难，阻碍一时之流通，欺骗顾客，投机操纵，帮助囤积，偷税漏税的不法行为，并进一步表现出恢复其封建性的商业作风。如引诱客商吃喝嫖赌，甚至可能向着制造奸商集团势力的方向活动，如控制经纪人，不许经纪人直接与老客见面等。

(二) 因此，处理私营代理业的基本方针是利用和监督。要从解决农民和城市人民交流生产品的困难出发，利用代理业起配合城乡物资交流的作用：在一定的条件下承认它的合理利润以国营经济力量为主结合行政管理，诱导它向有利于农民和城市人民的方面发展业务。同时，必须采取登记、报告、管理等方法，严格监督它的商业活动，严禁投机倒把，防止奸商集团势力的发展。并应在国家经济上加紧努力，发展国营与公私合营之代理店，加强参与和经济控制的力量，逐渐用国家商店和合作社网来消减私营代理业的旧传统与作风。

(三) 具体的办法：根据利用的方针，1. 对于代理业经营对国计民生有利的出入口活动，应给以帮助，给以便利。银行可以贷款，公家订货者，可以预付货款，精神上准备允许其取得合理的利润。但应规定国家公私生产机关有按合理价格优先收买之权。2. 代理业代客买卖，在必要时可帮助周转资金，用以增强物资流转，但必须严格防止代理店借以囤积投机，抬高物价，及进行超额利润剥削。因此，银行抵押放款等，必须规定放款期限，及监督其用途，过期银行有按一定折扣收买之权。3. 组织国营及公私合营的代理店，吸收代理店中有经验的人员，利用其活动能力，纠正其作风，与生产机关及消费合作社相结合，运用经济力量在业务上引导私营代理业正当经营其业务，并与其不法行为作斗争。(这是一项最主要的任务)

在监督的方针下面：(1) 应该确定代理店的营业范围：①已登记许可者允许存在，开业者继续限制；未经登记之兼营代理业者除个别特许外，其他一般均应取消其代理活动。②划分专业，不许同一代理店代理各行交易。③不许代理店在本市市内转手倒把。④除指定代理店外严禁一般代理店包揽公家人住宿存货,或买卖。凡代理公家买卖货物者,必须经商业局之批准。(2)规定账簿格式及营业日报制度,经常派人实地检查。(3)制定生活规章,严禁嫖赌。(4)规定代理业的现金库存,需按一定比例提存国家银行。(5)规定代理店只能和经过政府批准营业的经纪人作往来。(6)规定各代理店应确定营业资金,并以其资金之五分之一投入公私合营之代理店,作为押金,始准开业。扩大资金时,必须首先报请政府批准。(7)对于代理业之投机违法行为制定罚则,违者必须严肃惩罚。

(四)实行步骤是先做下列四项工作:1.由商业局制定规章、条例、布告,督促执行。2.筹划国营及公私合营的代理店。3.向上级提出,经过公营代理店管理各地到哈市卖货及采购之行为。4.登记经纪人,研究经纪人"经纪房子",及组织交易市场问题。

(摘自经委会《哈市工商业典型调查》其中商业的部分,1948年9月22日)

二、略谈哈市的代理店

哈市代理店为数不少,代理店的业务,主要的是代理外城来的老客买卖货物,或将本市成品运到其他地方去销售,购些原料回来供给本市各工厂和市民需要。代理店就在这样买卖货物的交易过程中得些交易费。从形式上看虽然是交易关系,而实质上含有较重的剥削成分。在今天为了沟通城乡经济关系,正当的代理店是起了一定作用的,只要他能够遵守政府政策法令,象这样的代理店,政府是扶助其发展的。如果与这种性质相反的代理店,那么他对我们人民的生活,是只有害而无利的,民主政府不但不能扶助其发展,而且要干涉,必要时要取消其营业。因为他会扰乱市场使物价波动而发生紊乱。

在民国初年的时候,哈尔滨已有了城市形态,成为北满物资集中的经济中心地。当农村秋收后,农民就把粮谷源源不断地运到哈尔滨来。因此哈市商人就开始设了大车店,代理农民卖粮,即从中剥削农民获得巨量利润。当时商人们把粮谷看成如同赌品。这样,便使商人开设粮谷代理店,专作投机倒把买卖。如当时的天丰东、天丰玉、益发栈等,都是干这行买卖的,并在道外南三道街路东设有玻璃天窗的大房子,专作粮业(谷)倒把的交易所。因此当时东北的金融非常紊乱,有官贴、奉票、吉钱、江钱,哈尔滨市有哈大洋,各地有各地的钱票,如果去吉林须买吉钱,去奉天买奉票等,这样就又造成商人捣钱(倒)把的机会。大约在民国六、七年的时候,北三道街又设有捣钱的交易所。民国七年间,因直奉战争,奉军屡败,天合盛就以奉票收买哈大洋,当时张作霖大怒,就将天合盛以破坏金融论罪,把天合盛全部财产没收,并枪决了该号掌柜数名。"九·一八"事变后,日本鬼子将钱票统一改为满洲国币,钱业逐渐倒闭,当时大布、粮谷为市场的交易品。"七七"事变后,商人即又投机囤积粮食与大布,弄得市场物价猛涨,票子下跌甚巨,日寇即用压力将粮谷交易所取消,从此所有的粮谷归满洲粮谷会社收买。

"八·一五"解放后,粮业代理店、杂货代理店又起,后因土地改革,交通不便,杂货代理店和粮谷代理店都没事可作。这些代理店经店联的说服教育,改为麻袋工厂的十余家。现在民主政府为了沟通城乡关系,这些代理店仍又先后复业或开业了。

今年5月12日永盛东开业了,据店员谈该号流动资金5000余万元(是百货公司出的)。永盛东只有房子、铺垫和另外的100万元钱,仅一次推销了六车大豆,在半个月内即赚了7000万元。如果我们拿道外铁工厂来比较,福祯祥是最大一家铁工厂,营业最好半年才赚400万元,这样的数字相对照,则差数之悬殊是太惊人了。又如同复号木梓代理店,资本金仅120万元,由今年一月至六月末半年中,即赚了1.1亿元之多。究其赚钱之主要原因,据同复号店员说,是由银行借款,在半年内同复号就活动了达4.3亿余元。其赚钱的方法是:由工商银行借用5千万元半月内到期他再由益发银行借5千万去抵补工商银行的借款。这样来回周转就可以大大的活动,银行以为代理店讲信用,而且经常有存款,所以也就经常给代理店借款,这是很值得检讨的。

现在本市代理店参加店联的仅26家,未参加的尚有40余家;因为资本家怕参加了店联知道他们的营业内幕,因此资本家用金钱利诱威胁的办法,不叫店员参加店联。代理店多数都是为了赚钱,所以有时就成了影响哈市物价波动的一种原因。并且这些代理店,职店员的生活,也离开战时的生活水准,每天花费很大。从前永盛东的生活比较差些,但现在完全不同了。据长发源经理谈：他们的伙食以5月份计算，每人每月最低也在15万元以上，这些情况应当加以考虑研究。

哈市是北满的经济中心地，也是全东北的战时首府，我们的政策是要把哈尔滨变成生产的城市，有的商业都慢慢的转向了工业。这样便要求我们要保护扶助工商业的发展，但必要时，也要加以严格的管理，如永盛东院内两家做卡机线的占用房子六七间，但他们经许可后并未做工，而以此许可作掩护跑小市进行投机倒把。工商管理局现正普遍地检查，惩罚那些挂羊头卖狗肉的奸商，并调查研究工商业有否违反商业政策的现象，这是很必要的。这虽是一个比较繁杂的工作，但只有这样作，才能使哈尔滨市的工商业向正规的道路发展。

（摘自1948年8月19日《哈尔滨日报》）

三、改正代理业不合法经营

哈市共有代理业154家，占商业总家数的1.7%，资本占商业资金总额的17.5%。在本年一月至六月的卖货额却占全市商业中29个主要行业总卖货额的55.9%。有往来的大小城镇约有370余个，输出入了物资种类达600种以上，代替老客买卖货物，代客存贷，帮助客商周转资金，辨认货色，解决食宿问题，或观察行情高低及物资供求状况，从村镇向城市输入必需的工业原料及把城市工业产品转运到农村去，联结了城乡关系。

代理业在几十年前就产生了。其业务活动，是利用半封建经济制度下的农村经济困难，用放高利贷、买青等手段，利用城乡间地域之隔离，进行囤积、投机倒把操纵市场。例如"九·一八"前的永盛东粮栈，就是封建军阀万督军与丹麦、德国帝国主义经营的宝隆银行合谋，在农村放高利贷，建立掠夺农民粮食的机构。这种浓厚封建性的投机作风，今天在某些代理店还或多或少的有些保留着。有很多代理店，是认货不认人的。当老客未入店前，经理往往询问一句："来了几车货呢？"如回答来的是"零载"，就现出不高兴的脸色，有很多因此引起争吵。俗话说：客大压店，店大压客，招待大小老客的态度很悬殊，大老客睡单间，小老客睡大炕吊铺，挨臭虫咬。据某小老客反映，有的代理店连水都不预备，渴了只好买个瓜吃。也有的小老客没有见过经理，听说经理来了，就马上恭恭敬敬地站起来鞠躬。大老客因为货多资本厚，如货行不好，可以多住几天，而代理店也明白"羊毛出在羊身上"的道理，不惜花费很多钱殷勤招待。小老客的资本薄用钱急，快卖快走，如果日期一长再卖就可能发生本钱净的危险。如某货栈的三个小老客，合资600万元，发来一车样子，一直等了7天才卖出去半车，急得小老客心里象热锅上的蚂蚁似的不落体，但是代理店却袖手旁观。特意抓住小老客人地两生的弱点，采取高压手段加重剥削，这不仅是妨碍城乡交流，而且与发展生产政策不符合。

经营代理店，应从解决城市和农民交流生产品的困难出发，帮助周转资金，增强其流转力量为目的。相反，却不呈报政府，擅自开兼业私打扣佣，在本市捣动物资，造假户头支款，隐报来货，帮助老客搞囤积等不合法的投机行为。政府保护正当代理业的合理经营，从8月份起已有15家受到惩办。此外，旧的一套经营方式，必须自动地逐渐转变，如代理货物成交时，买卖主之间要做定货单，避免不必要的纠纷。有些代理店欺骗买卖双方，用换货、顶价、偷秤等不正当手段，赚取超额利润行为，需要改正。应特别警惕的，有一些代理店里盛行一种引诱老客吃喝嫖赌的风气。这种恶劣的作风，也应立即改变，才能更好地为城市工业生产与广大农村的生产品交流而服务。

（摘自1948年9月25日《哈尔滨日报》）

四、代理店调查报告

长发源代理店

长发源于1947年4月1日在延爽街正式开业。经理赵春芳，副经理史兴源，司账员严岫峰，职员8名，店员12名。股东有赵春芳、王魁亭等7人。资本为885万元。

主要营业科目：代理兼贩卖干鲜货及食盐、糖、水果等。

（一）营业情况

货物主要来源：盐、碱、瓜籽等主要来自王爷庙、白城子等地，水果主要来自延吉、敦化、蛟河等地。

进货多销于本市及外城。如双城、阿城、海伦、珠河、五常、绥化、呼兰等地。

该店最初营业情况不太好，三个月以后营业开始兴盛。主要原因：一是他们在市面上交际很广，消息灵通，熟悉供需情况及物价行情，对货物倾销较快。如他们与洮南、白城子，蛟河、延吉、敦化、齐齐哈尔等地都有频繁的电话、电报来往，互通情况，传递信息很快。因此商客们都愿与他们交往。二是他们尽力拉拢商客，给予商客们很大方便。例如：给商客们代买货物不扣佣，无条件地帮助攒载，不收饭费宴请商客吃馆子；买卖货物不偷秤，不抽头，卖好价时给换500元大钞；按各商客的喜好，请他们吸鸦片、喝酒、看影戏、打麻将、嫖妓女、玩招待等，遇有的商客款项不足时，无条件地给予贷款。因此，闻名前来的商客日多一日，业务也就日趋一日的繁荣。三是由于他们业务上的繁荣，与银行发生了密切关系。巨额存款贷款在银行的往来账上，也象商客一样日益增加。1947年长发源每天平均从银行贷款300余万元。这样，他们的周转资金达到了4640余万元，固定资金达到了570余万元。由于他们取得了巨额的银行贷款，更增加了购买能力，所以货客来往加速。四是他们采取（在代理买卖货物时）代买不收扣佣，代卖收扣佣4%。本店自销货物按24.4%的利率等办法。自1947年4月至年底，其商品利益佣金及杂收入（栈险费）约达5500余万元，平均占资本总额的264%，佣金及杂收入占资本总额的565%，总计获纯利2300万元左右。

另外，从市内各代理店的收栈险费情况看：一般情况客人在代理店存货，三个月以下者无论日子多少，一律收栈险费为卖钱额的0.5%，三个月至五个月者收2%；五个月至八个月收4%，八个月至一年货仍未卖出者收6%，卖出时收4%，并加收佣金4%。而长发源收栈险费的办法，无论日子多少（一天半天也好），只要货物进门一经卖出，则收栈险费为卖钱额的0.5%。从1947年4月至1948年2月，其栈租及保险费的收入为4440765元，交太平、阜成两个保险公司的保险费80万元，从中获纯利360余万元（注：该店在太平、阜成两公司的货物保险额每年3000万元，按规定每三个月应按保险额的0.75%交一次保险费）。

再则，他们投机倒把能量很大。如：1947年末，因倒卖黑矾亏本300余万元，于是从1948年初开始，为了挽回这次亏损，到处探听物价行情，并从松花江银行借款1000万元，在太康购鱼45000斤，运往蛟河、敦化、延吉等地出售，又从该地购买苹果、冻梨、花椒、大料运回来，一次获利500万元左右。二月又与牡丹江祥太货栈的外柜接洽，卖与食盐四火车，获纯利约千万元左右。自1948年1月至3月上旬，该店除去黑矾亏本300余万元，获纯利约1200万元左右。

（二）在账目上舞弊

经查：开业资本为885万元，而记入账目的只有90万元。所余795万元买了货物，收在客户存货账内。并且设立协成永、永和长等10个假户头，隐匿卖钱额68627269元，隐匿商品利益10976307元。

此外还有720万元未付税金，在登记表上没有填报。

华东代理店

华东代理店于1947年2月在道外水晶街成立，经理高铁范，副经理曹铭惠。股东有高铁范、马东海等5人，全店共计19人。资本总计330万元（其中股本265万元，铺垫作价65万元）。主要经营烟麻及皮毛等货物。

（一）营业情况：

初期，立账时在资本金账中仅记100万元，其余165万元隐匿倒把，买了五车大豆存着不卖，等大豆涨价时出售，获利2572000元，在资本金里以3000元的大米为本，核价48000元。陆续高价出售，获利3万元。以上共获利265万元，隐匿卖钱额635万元。之后，将隐匿的资本金165万元记入账中，凑成265万元。再从中提出180万元建筑客房；33万元修理原有房屋及铺垫内部之用，又拿出55万元作为客商垫款用。

该店的商客中农民约占60%，商人约占20%，本市来往买卖约占20%。凡在该店收饭费一人一日2000元，商客急需用款时，其货一时又找不到买主，只好廉价卖与华东本柜，华东代理店再高价卖出。至七月末结账共获利460万元，与以前隐匿利钱265万元，合计共是720万元，商议按东六西四开分，东股应得金额432万元，西股应得金额288万元。东股提出185万元。余额247万存于营业上，预定以房子作价，归为股东。

同年8月，因股东马东海（又名马云鹏）系伪满区长兼地主，躲避斗争而逃走，遂将高铁范捕到阿城县胜利村扣押两个月，并讲明以11565000元作为寻找马东海的抵押金。当时该店仅能拿出2065000元，则由高铁范柜存350万元，及将商客存的麻卖出300万元，马东海的物品卖出300万元，合在一起，将抵押金全数付清。此期间营业上处于低落。

因以上因素，感到资金周转困难，高铁范以信用借款从功成银行借款 300 万元，从益发银行借款 200 万元，开始代理皮货、山货，由 1948 年 1 月营业日（见）起色。

（二）采用各种方法拉拢商客

当时各代理店都争着拉拢老客，华东店也不落后，经常开会讨论对待商客的办法。他们花招很多：商客到来时当即打洗脸水，预备饭，柜上做面条、炒菜，或领他们上饭馆子去吃。饭后派人陪着去听戏，上烟馆，嫖妓女，赌博。费用由柜上垫付（其实羊毛出在羊身上），还派人到车站等候老客，老客一下站，就上前搭当劝诱，领到柜上。因此，华东店除有大量农民来以外，商人越来越多，可月达七十至八十人左右。

（三）账目捣鬼，偷税漏税

1947 年末实际资本（资本账）记载应为 265 万元，因股东张感忱支出 3000 元应为 2647000 元，但在登记表中却记载 175 万元，少报 90 万元；查往复账记载 10 名（股东）计 200 万元，日用杂项账记载 3 名计 65 万元，而登记表却记 2 名计 175 万元。据说：14 名股东中，实际只有 5 名股东，其余 9 名都是假名顶替。

（根据《哈市经济》第八期档案号［哈 2～1～5］刊载孙伯言、张殿杰等同志 1948 年调查报告整理）

五、沈阳解放后哈市商人动态

当全东北解放消息到达众人耳目后，一般商人心情大为活跃，皆欲赴新城市一走，无奈款项问题，未达其愿，仅有一部携款或货前往长春、锦州、沈阳，但多半去沈阳。其目的不同，有的临时捣弄，有的到新城市欲做长期经营，目标不一，有代理业、制米业、制糖业、五金行等，他们的统一看法是，因哈市工商业现在都已就序，没有投机取巧的可能，因此有力者都借此机会，把取利目标转移到沈阳等地。据商人谈此次南北通顺物资畅流，根据过去及现在情况想象，今后杂货与毛皮代理店、洋杂货贩卖业、五金行业等定能较前活跃，现在由新区返回货的是估衣类占多数，一小部分是机器油类及其他杂货等，棉织品来货很少。

现在哈市市场萧条，物价跌落，原因是巨款流往新城，加之外城老客亦同样弃哈奔向长春、锦州、沈阳等地。据说目下锦州五福布每匹六、七十万元，16 码棉纱每捆 50 余万元，有些商人心有余而力不足，但也有些捷足者先登。兹将了解到的代理业活动情况介绍如下：

德源成代理店：在长春解放同时，携款 8000 万元及高粱米、小米两火车皮，到长春设立代理店及粮谷加工业，并换回一部化学用品及工业用品等。又于本月初旬带款 2 亿，由吉林买粮运往沈阳，预算换回工业用品及原料等。

新太兴代理店：现已准备好资金 1 亿余元，欲赴长春买货。

公义达代理店：其经理业已携款 2000 余万元去沈阳买货。

永新东代理店：现已运往四平双合盛面粉 360 袋，回货未定。

信昌东代理店：现正筹备款项，将存货变卖，不够时再由银行使透支预算，携款 4000 万元，初步先去锦州货行合适，购货返回，不行再去沈阳。

据代理店业者谈论，在沈阳解放当时，去沈阳的，买回布匹和盐酸，颇看厚利。据说资金 1 亿回来可挣剩 2 个亿，现在货行提高了，利不大了。

（摘自 1949 年哈市商业局档案《哈市商人动态》）

总的说明：

(1)代理店代理销货的力量，约为哈市两大公司的一半，自营购销能力，每日约为 1 亿到 1.5亿。

(2)代理店中兼营粮食的力量为最大，其资金约为总资金的一半，可自囤粮食 800 吨左右。现在共计囤积 1500 吨(代理自营共计)。

(3)代理店的代理买卖以粮布占多数，共计约占营业总额的 40%左右，其中粮布几乎相等。

(4)代理店的销货，绝对多数是在本市，约占 90%弱。其进货来源，主要是外城，在本城进的货只占 25%强。这就是说，对于本城的供应，依然起了很大作用。

(6)代理店在这两个月中的动态，是吐出纱布吞进粮食，纱布是出多于进，粮食是进多于出，进粮比进布多，吞布又比吞粮少。这就说明：他们认为粮食是奇货可居。

（摘自《哈市商业》第六期 10～13 页 1949 年）

附1:1949年4月份哈市代理业变动情况

(一)上月末代理业共119家,本月粮店废业1家,干鲜货代理转贩卖业1家,杂货代理废业2家,转向农具杂货贩卖1家,本月末尚存114家。

(二)代理业本月与上月比较变动最大者为毛皮代理业,其流动资金由2月份的27.54亿万元增至46.51亿元。其原因:自4月11日起猪鬃、猪毛、马尾,统由东北毛皮公司购买,私商以前自存、代存货物,皆须全部卖出,故本月流动资金增加(因为代卖收佣金一部分及卖利益金一部分)。另外,毛皮代理业随营业之变动已有一部分准备转业或废业,故一切铺垫重新按现价估价,同时,购买公债资金也加入固定资金内,因此,固定资金增加。

(三)粮车店:自开江以来,江北大车不通,同时春耕开始农民准备自用粮食,两月以来,粮车店营业萧条,只有消耗。而无收入,故资金由3月的总额16.24亿元,至4月末减至6.43亿元。

(四)干鲜货代理业:因此次购买公债较多,流动资金锐减,并有一家资金大的营业转向贩卖业,因此资金额比上次减少。

(五)青菜代理业:因已过青菜繁盛时期,并有行商证明之限制,外县来货较少,影响本业营业不振,收入不敷支出,资金额因消耗而降低。

(摘自《哈市商业》第13期10页,1949年)

附2:1949年4月份哈市代理业资金情况统计表

(单位:东北币万圆)

营业种类		营业性质	家数	资金		
				固定资金	流动资金	合计
粮谷、杂货、毛皮、花纱、五金、代理、自营		公私合营	1	224.449	-64.287	160.162
粮谷、杂货	代理、自营	公私合营	1	4.900	49.078	53.978
杂货、	代理、自营	公营	40	77.713	-505	77.208
毛皮	代理	私营	27	102.783	465.125	567.908
粮谷	代理	私营	4	6.019	33.122	39.141
粮车店		私营	20	31.380	32.107	63.487
粮车店		公私合营	1	400	400	800
干鲜货	代理、自营	私营	4	8.038	34.441	42.479
青菜	代理、自营	私营	15	5.487	12.395	17.882
材炭	代理、自营	私营	1	460	2.730	3.190
合计			114	461.629	564.606	1026.235

第三节 私营工商业恢复发展

一、工商业1700余家申请开业

本市自颁布工商业保护管理条例,经过工商业登记,更明确的在3月14日发布保护工商业布告以来,市政府又连续召开了工商业者座谈会组织帮助生产,市面日见活动。许多中小资本家都着手向农工商业投资,筹备资金,雇用工人等准备工作。更有准备妥当向工商管理局申请开业的,仅3月4日到月末统计,工业有1365家申请开业,有工人4724人,资金11.89亿余元。商业有436家申请开业,店员500余人,资金3.34亿元。工业方面铁工业有33家、皮革工业24家、电料制造9家、铁匠炉12家、牙刷业12家,牙膏业29家、化学工业4家。商业中土木建筑3家、水产3家、养鸡2家、文具制造贩卖80家。经工商局审查大部都能发给许可证。由上面数字看来工业较商业为多。孟惠升懂得制漂白粉精及氢氧化纳的技术,就筹备100万元资金开化学工厂。李铁民原有1000万元,拟再增筹三四千万元开办农具工厂。万发亿杂货代理店,近年生意不振,经赵洁三研究的木材干溜经过化学变化能出福尔马林等四种化学物品,俱为军需重要品,除原有资本20万元外,并拟向外方筹集资金扩充到3000万元,现在请求工商局帮助解决电力。公兴号棉布贩卖商准备转业开设睿明硬质胶皮工厂,制造胶皮鞋底、电器用具等,现将原有货物售尽,原有资本115万元扩到1500万元,只待营业执照下来,就以全部人力物力投入新部门建设。松江百货商场有些商人看到布告后,把囤积的货物全部拿出来卖，大宗订货买货，还有要求到吉林等地大宗采购的，更为庆祝大捷，欢迎儿童节，三日到五日货物一律九扣。他们对集团商场的繁荣很感愉快。

（摘自 1948 年 4 月 3 日《哈尔滨日报》）

二、工商业户在扶植与发展的政策下大部获利

本市自举办全市工商业登记以来，至 2 月底为止，已登记者共 21368 户，其中工业 12092 户，商业 9276 户。私营工商业中，工人店员职员总人数为 73884 人，其中工人店员 57609 人，此数不包括车夫、船夫、零散工匠及将近 2 万户之摊贩。登记行业达 156 行。过去一年中在民主政府扶植与发展工商业政策下，在 12092 户工业中，获盈利的 7574 户，占 62%，收支相抵的 3604 户，占 30%。因经营不得法或其他原因而亏损者仅 914 户，占 7.5%。在 9276 户商业中，获盈利的 6779 户，占 74%。收支相抵的 1200 户，占 19%。亏损者仅 687%户，占 7.5%。

自保护工商业法令颁布后，一般工商业家对工商业的发展前途，均具有充分信心。除本报昨日报导 3 月份呈请政府登记新开业的有 1800 余户外，自 3 月 22 日至 31 日 10 天中，新开业的工商业即达 548 户，雇佣工人店员共 2026 人。投资总数为 6.92 元，其中工业为 401 户，共投资 5.30 亿元，商业为 147 户，共投资 1.63 亿元，工人占 1819 人，店员占 209 人。

（摘抄 1948 年 4 月 4 日《哈尔滨日报》）

三、道外工商业巡礼

（一）新开业的每天增加

在政府保护工商业政策下，哈尔滨现有的工商业日趋繁荣，就是伪满时因日寇压榨而被迫停业的五金行、铁工业杂货铺也都重新开业。工商业登记以后一个月来，道外各街道象雨后春笋似的涌现出大批新开业的商店、上千的独立手工业者。以前制造钢笔水的仅五六家，现在发展到 50 多家，制造铁锹、镐头、锄头等农具的铁匠炉，以前只剩下了五道街孙家大院和小六道街等处 60 余家，以及分散在太平桥及各区的零星半开业者 30 余家。现在已达 200 余家，小六道街花铺过去仅五六家，现在发展到 15 家。另外有家庭制花的 20 多家。碎瓦窑（制盆碗的）过去在太平桥有两三处，现在发展到七八处，南马路玻璃工厂经理说："过去任何时期都没有象今天工商业发展得这样快，伪满时把工商业弄得死气沉沉，现在正在逐步走向繁荣。"天丰涌吴祥斋新从长春因饥饿跑回来，据他说："长春工商业纷纷倒闭，益发号、东发合等著名大商店（和哈市东发合、益发号是一柜）的店员全都停薪留职。有叫蒋匪抓去当兵的，也有蹬三轮的，看看解放区，比比蒋管区，真好比一个是天堂，一个是地狱。"

（二）大批失业工友店员就业

由于工商业迅速发展，大批失业店员和工人都就业了。天丰涌店员最多时曾到过 50 多名，到伪满末年只剩下掌柜等 8 个人，现在店员已恢复到 25 名。铁工业比伪满时期增加了工人 25%左右，商店增加店员 50%左右。平均各业成员比伪满时增加了 30%至 40%左右。现在有些行业还缺人，因为有些工人店员参加了革命工作，也有的在伪满时流散到各大小城市去的，也有在"八·一五"时回到关里老家去的，还有转业的如铁匠炉、铁工业等。由于营业好转，成品赶不上市场需要，或订货积累太多，有来不及做的现象。

（三）买卖兴旺起来

市面一活动，不仅大批原料涌现市场，各行各业也都生意兴盛，平时油漆匠刷屋子的很少有活干，现在都忙不开。五道街口平常排列背箱做木匠零工的总有 50 多人，现在仅有 5 ~ 10 个人，他们说："现在汽水、钢笔水、蜡、肥皂等工厂需要大批批发用的木箱子，有好地点的都开木箱工厂去了，也有的做包活去了。现在活都做不过来，那一天最低也得挣五六千元的。"志诚匾店自伪满康德七年以后，常有没活做的时候，现在不同了，牌匾存了 20 多个做不出去，有时活要的紧就得打夜班，颜料铺买卖也兴隆起来。

（四）销路范围扩大

由于土改后广大农村的需要，工商业成品销路很广，特别是农具，能销售到满洲里、黑河一带地区。玻璃工厂天天接到外县来信订货，还有大批外县合作社赶着大车来买货。桃花巷新成立的几个钢笔水工厂，一开市就有很多外县主顾订货，虽然都是新成立起来的小字号、小门面，三五个人合资的小工厂，现在也成箱子大批向外批发。三合铁工厂经理说："现在煤、电、原料都不象伪满时那样统制，可以自由买卖，营业上哪能不发达呢？"

（摘自 1948 年 4 月 10 日《哈尔滨日报》）

四、东傅家工商业日趋繁荣，半年内新工业九百余家

哈尔滨市东傅家区自1948年3月在政府公布关于保护工商业的布告后，工商业日趋繁荣。据初步统计在上半年中开设的工厂中，铁工厂、铁匠炉、铸铁厂等有103家，织布、针织、皮革、麻袋、纺绳等工厂235家，木匠铺、木桦厂、木材、农具、纸盒等厂60家，化学、皮带、胰腊、硫酸、玻璃、油墨、墨水、铅笔、牙刷等厂49家，其他军鞋、皮鞋、格布等业373家；商业方面有杂货店、食品店、药铺等262家。共计新开设的工商业有984家。另外也有22家因为原料不足或价格过高及出品成色太差而歇业和转业的。德生文具店就是在公布工商业保护条例后，由针织业改业的。

区政府工商股为进一步繁荣市面，现正在了解工商业情况，汇报工商管理局。同时并进行整理市场，首先将集中力量整理兴业市场，初步调整市场管理委员会人员，修筑兴业街的道路，和整理市场内的商号。

（摘自1948年4月28日《哈尔滨日报》）

五、哈市发展新民主主义工商业概况介绍

两年来，在战争条件下，在由殖民地经济变为新民主主义经济的大改组的条件下，哈市工商业基本上没有受到严重破坏，而且逐渐由停滞状态走向繁荣。可以用数字说明，根据商工公会在1946年2月末工商业调查统计：工业2784家，商业3563家，杂业1631家，但根据今年2月登记后统计：全市工业12631家，从业工人数48419人，资本金共534.98亿元。商业9951家，店员21885人，资金额468.02亿元。其中资本金只是今年2月当时最低额。

其次，自从"毛主席报告"、"二·七社论"中一再明确地阐明工商业政策，以及市府更具体地发布《工商业保护管理条例》、《关于保护工商业布告》二文后，新开业、复业的不断增加，游离冻结资金也逐渐地投向各有关军需民用部门。从3月4日到4月21日止，新开业的工业6695家，增加工人6283人，新投资14.5亿元，新开业的商业566家，店员794人，资金4.57亿万元。其中应特别提出的是新兴化学工业的建立，克服过去本市所不能制造的化学工业品，如硫黄、亚铅华、胶皮、氯化亚等买（货）仰赖输入，这类工厂在政府帮助解决困难下，已逐步发展成长，3月4日以来即有120家开业。此外如东发合商店以巨额资金投入采买转运工业原料的新式商业以及兴东制油公司等拨出资金一部经营牧畜场，或参加农业生产，许多不适合当前需要的行业也都认识到只有为军用民需进行生产，才有发展前途。象大新制米厂、益合棚铺等家莫不筹备扩充资本，自动转业生产，这些都是两年前从来没有的好现象。

工商业是在政府积极扶植下发展起来的，市政府正积极进行帮助解决资金困难，有计划地贷款。今年准备发放工业贷款3亿元，吸收游资，组织生产，提高技术，解决原料来源及推销成品等困难，给予经营者各种便利。

为组织渔业生产，现已在各沿江区域成立渔业生产合作社五处及市场两处，建立127个渔民小组，劳动力1059名。更为解决渔民修补渔具困难，由政府贷款3500万元，另外并给解决了吃粮、路条等问题。

总之，哈市工商业经过许多摸索，克服重重困难，现已纳入正常发展的轨道，而哈市经济的繁荣对支援前线和为农村服务是有其积极的重大意义的。但前进道路上困难还很多，需要我全市党政军民共同努力，坚持毛主席所制定的新民主主义的经济纲领，并具体运用以指导和扶植工商业的发展。

（原载1948年4月28日《哈尔滨日报》）

六、国家经济与私人资本合作，有计划地发展新民主主义经济

哈尔滨企业公司于今年7月1日开办，它是国营经济与私人资本合作的一种新的经济形式。国家资本通过这个企业组织吸收了私人资本，并使私人资本在国家经济的领导帮助下按照国家经济政策的需要，有计划地向新民主主义经济发展。企业公司在初创的两个月里，还没摸索出更多的经验，这里只把公司的一般情况介绍一下：

公司初建时资金额为35亿元，国家投资占60%，其余为吸收各行业的私人资本。公司除一般业务方针及重要问题由股东会议决定外，业务的执行及日常重要问题的处理，直至公司副经理的任免由理事会负责，而公司经理又是理事会决议的执行者，日常公司一切业务的主管人。在理事会13名

理事中一部分由政府指派，监事会五名监事中政府指派监事长一名。政府指派的理事中一人为副理事长兼公司总经理，其余的理监事、正理事长、副监事长及副经理都由私人股东选出。

企业公司除在直属企业投资外，还可投资其他企业，结合私人资本开办工厂、商店，设立分公司。在分公司的资本中总公司投资占半数以上，其余为私人资本。总公司有权指派理事长及经理参加分公司的业务领导。

这样的组织形式保证了新民主主义的经济政策的实施，亦使私人资本在国家经济的领导帮助下得到发展。

该公司自成立时就确定了业务的发展方针：一、采购工业生产的必需原料，支持有利于国计民生的工业生产；二、组织产销，发展生产，供应军需民用；三、组织资本发展新兴企业。在这个方针指导下，总公司向外投资2.5亿元，并吸收了私人资本2.3亿元，开设了皮具公司、搪瓷公司、器械公司。总公司本身开办了营业部和哈尔滨百货商场(前东发合原料公司)。两月来各企业有了一些发展，解决了某些工厂的原料困难，推销了一些军需民用的工业生产品。如总公司营业部从外城采购了价值6亿多元的棉花、纱、布及其他工业原料硫酸、硝酸、盐酸加里、石炭酸、平铁等，又用物资到外县换来许多哈市需要的机器油、棉布、木板等，并将工业原料大部用低于市场的价格卖给本市及外地的火柴、皮革、糖稀工厂，部分地解决了工厂的原料困难。皮具公司在组织产销工作上先后给前方部队亲购了马套、驼鞍、套头条皮等军用品，价值4.5亿元，如期保证了军需供给，亦保证了质量与数量，此外又订制了农民需用的马具等，供应农村生产。搪瓷公司由于总公司的投资扶植，使哈市新兴珐琅工厂有了发展，现在除制造洋瓷碗外，正在研究制造后方医院用的脓盆，解决伤员的需要，哈尔滨百货商场亦出卖了一些原料给各工厂，并和哈市一些工厂建立联系，代销工业品。

(摘自1948年10月1日《哈尔滨日报》)

七、哈市火碱制造工业的发展

火碱是供给军需民用的生产品中的必需原料之一，是胰腊、造纸等制造业的必需原料。这项生产，在哈市尚为新兴工业，是由无到有，由小到大，在政府扶植下发展起来的。“九·一八”前，哈市需用主要依靠塘沽永利工厂供给，“九·一八”后，日寇对外货封锁，转到了由日寇供给，“七·二五”停止令后，日寇实行经济统制，私人不准有火碱，胰腊等(这些)行业完全给日寇加工。“八·一五”光复后，哈市还剩一些伪满残品，由于当时胰腊及公企造纸的大量需要，所以日渐缺少，价格逐日上升。

人民政府号召发展新兴工业，经过研究、试验，哈市出现了火碱制造工业。1947年，有现松滨工厂经理赵志敏等，以从书本理论上得到的知识开始用石灰、面碱作原料研究。经过了一年过程，在1948年3月获得了初步的成功。当时制造火碱只松滨一家，工人8名，日产成品300公斤左右。出品大部供给铁路局公企造纸等，一部供给哈市私营胰腊业等，销路很好，而在质量上，色不纯有杂质(硝盐等)，作颜料的都不能用。因为营业好，利润大，有些跑小市的及商店职员也都投资到火碱制造上面来，但资金小(打小股子)，自己都干活。先后开业有松滨、天华等5家，工人40名左右，有3家作固体的，技师都是以前的熟练工人担任。由于销路好，利润大，也就有些人抱着投机行为而加入了火碱制造。1948年年底增至27家，有五家作固体的，由于制造家数与生产量的增加，销路曾北至齐齐哈尔，南至海城等地，其中以吉林为最，占全南满销售量的80%左右。以后由于形势发展，已遍销全东北各地。

1949年4月增至54家。但其中有些业者存在浓厚的利润观点，而影响了质量的改进：唯利是图，只要卖货赚钱，不管质量及技术改进。大部分业者单靠经验解决问题，也影响了质量不能提高，形成了销售营业情况不好，经过了淘汰，到现在已剩下40家，有14家作固体的，工人在100人左右。按现在平均每家日产100公斤，估计全年产量为436800公斤。政府为领导火碱制造业走向适当发展的道路，经过深入了解，在本年4月间进行了火碱生产品质的检查。检查化验结果，纯碱在60多度。在2月份公企哈实化学工厂出碱为白色，同时永利工厂火碱大量销到长、沈一带，由于这种情况，业者们开始注意到提高技术改进品质，以保证销路，并且经过了品质检查，促进了业者重视技术、改进品质。在公企哈实化学工厂具体帮助下，指出：再加上火硝、硫磺就能漂白。天华、松滨首先开始研究。松滨研究成功后，将成品拿到哈实化学工厂化验，结果,比重96.7度,6月份拿样品到沈市去卖,经沈市化工局化验结果,比重已到97度。现哈市14家作固体的都是纯白碱。8月份松滨工厂将以前发至沈市的10桶有杂质的成品,制为白色,经染业用后,质量超过永利工厂出品,给哈市石碱业打开了销路。自10月份开始,由于漂染胰腊业生产的活跃,外城(天津等地)来哈买货,所以销售又快极一时,现已销售至济南、郑州等地(哈市火碱现价格在天津每斤5万元,永利4200元)。

火碱制造原料,在东北是极丰富的,土碱出产于札兰屯一带,火硝出产于滨洲线一带(这些都是农村副产),硫磺出产于抚顺煤矿,石灰及煤在东北都大量出品。生产方法都是用大锅熬,三天才出一锅,由于生产力低,尚不敢承揽大批订货(如松滨最近因铁路局订20桶,怕生产不出,而未承揽)。

从哈市火碱业的情况来看,已逐渐走向正常的发展,已打开了销路。根据最近的检查,质量最低纯度为88度强,最高纯度已达92度强,几及日货的96度。

随着工业的发展,火碱用途日见广阔,哈市火碱制造业者如果在技术上更求进步,在设备上力求改进,其发展前途会更好。

(摘自1949年12月《工商周报》第51期15页)

八、橡胶工业中的胶鞋制造业

哈市私营胶皮鞋制造业是在1946年"四·二八"后新兴的行业,到现在已经有了两年多的历史了。在这短短的过程中,该业曾因技术及生产品质不高,影响了自己的发展,但由于普遍地重视了技术研究工作及成品品质的改进,才走向了正常的发展。

(一)初期出品

在伪满时,一般所穿之胶皮鞋,均为日货。光复"四·二八"后,才开始研究制造,由此技术渐渐传播和改进。于军民大量需要,尤其当时哈市是一供给中心地区,在这样情况下,产生了胶皮鞋制造业。1946年日人技师田中研究出品,但质量低劣,未有出售。次年,有瑞光一家开业,技师为田中,后又有一家开业。当时生产五眼鞋,全行业月产量最高为18000双,生产设备甚为简陋,仅有小气蒸馏罐,开工不久,即为军需加工生产,由于生产情况很好,在1947年秋季,相继开业者又有6家(共8家),此时,该业全月最高生产为60000余双,为军需加工生产者占80%,质量甚低。

在加工生产方面,原料90%由公家供给,蒸馏罐是湿气蒸,药料也缺,很多为代用品,所以出品后,白里子变成黄黑色,发硬、开胶、断底,即为当时所称的"礼拜鞋",形成重量不重质。因为当时的迫切需要,所以营业情况尚好。

(二)品质低劣造成了营业情况萧条

1948年3月前后,由于原料不好,加之加工活渐少及在军民需用上对出品质量的要求提高,使该业情况逐渐萧条,其主要原因还是出品质量低劣。

在这短期中,合并为公营的有四家,此时日产量为两万双,以后因为该业出品质量无大改进,遂又有两家废业,一家休业,仅剩北新一家。客观的要求及营业萧条,促进了该业开始注意研究技术。技术上的改进,打下了制作胶鞋的基础。在政府发展新兴工业的号召下,相继又有8家开业(过去休业那一家已废业),共9家。此时在质量上已有些改进,全月生产量为40000余双。

(三)走向正常发展

1949年春,平、津解放,原料源源来哈,同时,津货输入哈市倾销。这对哈市胶鞋制造业在改进品质上起了有效的刺激作用。从此,哈市各厂细心进行研究改进生产品质和改进设备,由6月至8月,普遍增设冷风机及干燥机,品质大大改进,如过去底子怕折,现在已经适当柔软、耐久并有光亮,打开了销路,并且使今冬淡月已成为旺月了。现在又增加了新的产品。如毡疙瘩、棉、单球鞋,产量上也有了提高。

现在哈市各厂出品普遍保证三个月内不开胶、不断底,坚固而样子美观,质量已超过了沈货并可与津货相比美。由此畅通销路,北至满洲里,南至长春、营口一带,东至东宁,西至乌兰浩特,大有供不应求之势。现在成品主要缺点是变质问题,该业已组成技术研究会,积极研究改进。

(四)原料

该业主要所用之原料为生胶,产地在南洋一带。1946年该业完全用敌伪残品,后使用殆尽。平津解放后,原料来源充足,药料亦因之够用了。1948年5月因生胶缺乏,价格每斤为40000元,年末涨至60000元。今年3月,天津解放前价格为165000元一斤,解放后至8月已落至50000元一斤。

(五)今后前途

在质量上看,该业出品现在和过去比较,相差很远,而现在已能和天津货相比,并超过沈阳某些出品。所以,技术研究工作是该业全体应该重视的,如果加紧努力技术研究工作,可使生产品质更进一步。对这些问题,业者们已深刻认识到它的重要,象运昌、时光工厂经理说:“我们过年可能就与上海货相比。”大北工厂要扩展工厂范围。由此也可以看到业者情绪很高。

面向农村,是今后该业应加以研究与重视的。如果再多研究适应农村需要之胶皮鞋及减低成本,则销路会大大地推广,发展前途也会是极其远大的。

(摘自《工商周报》第 58 期 14 页,1949 年)

九、双合盛制粉厂基本概况

双合盛制粉厂是解放前哈尔滨最大的民族工商业之一。由于双合盛企业庞大,资本雄厚,设备先进,经营管理有方,其生产的红雄鸡牌颗粒形沙子面粉产品质量驰名国内外,信誉声望颇大。

1946 年 4 月 28 日我民主联军解放哈尔滨市以后,在党的保护民族工商业政策指引下,大力发展生产,为我政府加工粮谷,支援解放战争,支援抗美援朝,满足人民生活需要,繁荣经济,都作出了一定的贡献。

双合盛制粉厂是张廷阁从海参崴回国之后于 1918 年用 285000 卢布购买了俄国人在道里买卖街经营的地烈金火磨基础上进行筹建的。当时这个火磨是一个规模不大的木制三阶段的小厂,生产能力仅达到日产 33000 公斤。但这个厂生产的红雄鸡牌面粉曾在欧洲面粉展览会上获奖,因而在北满和东铁地区信誉较高,有广阔的销路,所以张廷阁在购买工厂的同时将该厂原红雄鸡牌商标及欧洲展览会上奖章图案也一并买下。经过一(番)检修后,于 1916 年 1 月正式开工生产,日产量增至 48500 公斤,当时只有工人 35 人,到 1926 年工人增至 200 人,职员 40 余人。此时正值国外面粉输入中断和俄国政府对中俄边境贸易限制的取消,因此,哈尔滨面粉销量大增,营业大有起色,不仅恢复了在东北南部和俄国边境地区的市场,而且还远销到山东、河北两省和俄国腹地。在这种情况下,该厂于次年又增加了机器设备,使日产量上升到 72800 公斤,较开工初期增加了一倍。

双合盛的红雄鸡牌面粉俗称“沙子面”,因水分小,吃水量大,筋力强,色泽洁白,营养丰富,久放不霉变,所以在中东路沿线地区独得好评,不论市场行情如何,生产一直供不应求。

由于上述情况,双合盛制粉厂决定增加设备,扩大再生产。于 1928 年从德国、瑞士订购了先进的制粉机、洗麦机、干燥机、新型碾子和动力机等设备,在原厂址增建厂房。1929 年 4 月新厂破土动工,年底新机器试车运转,使面粉质量,愈益精良,日产量达 154000 千公斤,较旧厂翻了一番。使双合盛一跃成为哈尔滨市制粉业中设备最先进,机器最多的大厂。其后,又于 1936 年再从德国、瑞士购进了制粉设备,又增加了一批碾子等,日产量达到 22 万公斤。从此,双合盛制粉厂面貌一新,不仅产量属于同业之首,且因产品质量、商标名声、工厂信誉佳良之故,使得其他厂家不能与其竞争。

双合盛所以能获得迅速发展,主要是经理张廷阁在经营管理的手段上有独到之处,概括起来有如下几个特点:

(一)重视机器设备的选用。他认定“没有好鸡下不了大蛋”的逻辑,所以不惜重金购置国外先进机器设备。他对德国的机器十分信服,制粉厂的设备,都是千里迢迢从德国购置的。但他也不迷信德国的产品,看到瑞士产的制粉机好,他就用瑞士设备,双合盛制粉厂的新机器,有一半是德国产品,一半是瑞士产品。“择其善者而从之”,可以说是他在使用机器上的信条。

(二)重视产品质量,他在管理手段中很重要的一点就是重视抓产品质量。抓生产技术,制定管理制度,加强产品质量检查,从碾麦到出粉每个环节都有专人把关,抽出样品进行化验,不达到规定的质量标准不出车间,因此,几十年来双合盛的红雄鸡牌一直是同行业产品中的佼佼者,在海内外用户心目中树立了牢固的信誉,这与该厂严格注意产品质量是分不开的。

(三)在原材料采购上,采取灵活的手段,及时掌握商品信息。双合盛在原材料采购、产品推销方面也有一套与众不同的方法。采购原料的特点之一就是抓住原料大量登市的季节,在价格最低的时候大量收购,大量储存。当时哈尔滨制粉业各厂采购原材料方法有四种:第一种委托经纪人代购,第二种买卯和期货,第三种派人到外地采购,第四种集市采购。双合盛主要采用前两种方法采购小麦,后两种根据时机也不放过。这样做不仅省去了许多麻烦,而且还能不受非产麦期小麦涨价的影响,因而,大大地降低了成本。由于双合盛面粉质量好,信誉高,在北满独得好评,受外粉冲击较少,而哈市其他面粉厂又无力与其竞争,销路仍然畅通。所以此时是鼎盛时期,获得了高额的利润。

(四)在用人方面张廷阁也有其独特的手段,在双合盛制粉厂各要害部门负责人的人选,大都是海参崴时期的高级职员和股东们的亲属。对有能力的人也能大胆任用,特别重视技术人员的任用。如在盘进地烈金火磨后,他以高薪聘请和留用了原厂的外国技师,管理和提高生产。当时一个普通工人月工资只有十几元至20多元,而雇用一个外国技师要用300至400元,高出工人20几倍工资。这样使企业中的技术力量较强,生产得到不断发展。

(五)在工资支付形式上分为四种,即:分红、工资加赏与金①、月薪和计件工资。股东和有身份股的高级职员采用分红的形式;职员和技术工人采取工资加赏与金,技师和生产工人、杂工定月薪,搬运工人实行计件工资。该厂利用这四种工资形式把握着分配大权。首先把技师的月工资定得很高,工作干得好的,赏与金就多给。这样,技师和职员都能为企业尽心竭力。对普通月薪的工人,工作干得好的可以随时提薪。力工则是多劳多得。工厂就是采用这样的经济手段来调动职工的积极性,因此,所有人员工作认真负责,热情很高,

"九·一八"事变后,哈尔滨沦陷敌手。由于日寇侵略,大片土地荒芜,交通断绝,麦价飞涨,加之苛捐杂税重重,使双合盛的经营受到影响。开始了它日伪时期的惨淡经营,日本侵略者以防水利民款、国防献金、公债、拖欠加工费等名目大肆掠夺,由于流动资金损失殆尽,到1945年光复时,已无力开工生产。偌大的一个双合盛,就是在这样的境况中挨到"四·二八"哈尔滨解放。

哈尔滨解放以后(1946年),双合盛经理张廷阁就开始筹划复工,但因流动资金短缺,向靠发光复财起家的关子英、綦镜清二人各借300万元作为流动资金,勉强开工生产。1948年人民政府为了帮助双合盛解决流动资金不足的困难,曾贷款小米数万斤。经过周转双合盛的生产情况才有所好转。

此时,正处于第三次国内革命战争时期。哈尔滨市既是东北政治、经济、军事的中心,也是东北解放区最大的一个城市,担负着支援解放战争,沟通城乡关系的重要的任务。根据"发展生产,支援战争"的方针,当时双合盛制粉厂的主要生产任务就是接受国家交给的加工任务。它是最早为国家加工产品的私营制粉厂之一,为支援解放战争,作出了一定贡献。

(根据市档案局、市工商联供稿,1948年7月21日)

十、"同记"发家透视

哈尔滨"同记"创业于1907年(光绪三十三年),是哈尔滨市历史最久的商业企业。半个世纪以来,它几经兴衰。创业之初,它是武百祥以500元旧俄币(沙皇俄国在东北发行的货币)开设的小杂货铺,到1928年极盛时期,"同记"已基本上形成了"以商兼工"的包括同记商场、同记工厂、同记总号批发部、大同商店、大罗新百货店、齐齐哈尔同记分店、巴彦同记分店等七个部分的商业资本系统了。当时工人、职店员已达1800多人,资本金额达上海规银175万余两,年纯利即达上海规银32万余两。1931年日寇入侵后,同记日趋衰落,奄奄待毙,1946年解放后,乃告复苏。

我们对"同记"初步作了调查研究并编写出"哈尔滨同记"初稿,下面发表的是其中的一个问题,即同记发家透视。通过这一问题的阐述,对了解资本主义本质,中国商业资本原始积累过程,甚至对哈尔滨近代、现代商业史的了解是不无益处的。

借以发家的洋货经营

哈尔滨"同记"与哈尔滨一样,是在帝国主义加紧侵略中国及军阀割据的历史条件下,发生发展起来的。1907年哈尔滨被辟为商埠后,这座从过去仅有几户渔民的晒网场开辟的新城镇,更加迅速地发展起来,外资蜂拥而至,各帝国主义国家,一面积极建立领事馆,一面大力开设银行、洋行、工厂,使哈尔滨成为各帝国主义国家倾销商品与资本输出的市场。哈尔滨"同记"就是在这种情况下兴办起来的,创业之初,也就很自然地走向了"洋化"的道路,并把杂货铺转变为洋货店,大量经营洋货,特别从1921年大罗新百货店(同记的重要分支)开业后,更以经营洋货为主。企业内专门设立进口部,从事直接采购洋货业务。一方面与外国工厂、批发商直接订货,一方面与日、德、英、美、法、意、波等国在哈设

① 注"赏与金"是奖励的一种形式。

立的洋行订货，并且还从上海、天津等地转购一些洋货。至日伪统治前，“同记”的洋货进货额占进货总额的60%至80%以上。在销售中，虽零售门市部的洋货售量比重不大，然而，在得利最厚的“同记”批发店中，大宗交易几乎都是洋货。因此，洋货营业在“同记”的利润与资本积累中占居重要地位。1921年为例，该年“同记”共获利润为30多万元(现大洋)，而从经营洋货所得即达20万元，占总利润的65%以上。

由此可见，“同记”的资本积累过程，是与帝国主义商品倾销及对殖民地人民进行掠夺的过程分不开的。哈尔滨“同记”以商品买卖的形式帮助了外国帝国主义实现了不等价交换，完成了生产过程之外的经济掠夺，并从帝国主义不等价交易中分取一部分利润，而使自己利润不断加大，积累不断增多。由此，可以说，“同记”的发展，在较大的程度上是与外国资本的侵入和经营洋货相联系的。由于外国资本的侵入而形成大量地经营洋货，从而大发其财，这可以说是同记发家的外部原因。

对店员、工人的剥削

哈尔滨“同记”虽然是靠经营洋货而发的，但更重要的却是依靠剥削工人和店员的无偿劳动。同记剥削工人、店员的特点有三：其一除对工人、店员进行剥削外，并广招工资低微的徒工，以1931年同记工厂为例，徒工月工资分别为2、3、5元。徒工的数量为251名，占总工人数670名的39%，徒工的工作，则与普通工没有两样，劳动时间则比普通工更长，而徒工平均月工资仅为普通工工资的七分之一左右。其次，大批雇用临时工和女工，仍以1931年为例，“同记工厂”临时工织袜，每日劳动12小时可织四打左右，每打付工资一角，平均月工资只为12至14元，劳动强度大、时间长，而劳动所得却很低。其三，在商店经营中，同记资本家对店员极严格地要求做好销售业务：例如，待好顾客，遵守铺规、店规，起早贪黑练好经营技术，绝对服从经理和大股东的命令。而且还必须接受基督教的教育，做虔诚的基督教徒，等等。对商店店员提出这些要求，其目的都在于使店员集中全力于自身的业务工作，以提高其劳动强度和提高劳动者的熟练程度及劳动生产率，为资本家付出更多的无报酬的劳动，实现更多的商业利润。以1921年为例，“同记”纯利润为30万元，用于购买劳动力的资本支付共3万元，其剥削率是惊人的。

商工联营，谋取厚利

哈尔滨同记论其名为“同记商场”，然究其实，在解放前的几十年间，却一直为商工联营企业。“同记商场”只为一总号或指挥部而已。同记自发展之初，即从商至工，逐渐扩展，既有商店门市，可供牟利，又有工厂生产做为货源后盾，从剩余价值的创造到剩余价值的实现，形成一个完整的系统，这是哈尔滨“同记”在经营形式中的显著特征。

以商为本，以工养商确是同记发家史中的重要章篇，从货源看，同记的工厂是进货的泉源，如在同记开业之初，洋帽盛行，哈尔滨之英式帽极为畅销，但货源路远，供货常常间断，同记就自己日夜赶制，排挤同行，垄断了市场，每年仅同记工厂生产帽的产值即达10万元(现大洋)。

其次，商工联营，工厂可自制各项畅销货，减少运费，减少若干流通环节，使商品成本低。这就使同记有可能“薄利多售”，使它在竞争中获胜。

再次，同记的商工联营，壮大了声势，给同记与银行及商号的信贷往来创造了方便条件。

广泛赊购，大肆借贷

商业资本与借贷资本相结合，互为条件，互相依赖，也成为“同记”发家的显著特征。以“同记”的自有资金而论，不论在任何年头，其量皆显得微薄，尤其是流动资金，数额无几，不敷“同记”再发展的需要，因而“同记”资本家即大肆借贷。其一，借贷于银行和“人名堂号”①。同记以其商工企业为名义，与哈尔滨之十七家银行及四十余处“人名堂号”和钱庄，皆有借贷关系。仅据1931年统计，该年借款总额达110余万两(上海规银)，占整个企业全部资金的74.2%，以当时年利息率从5%至25%而论，则年付息数也是极巨的。其二，以赊为名，向商店借。同记从立业之初，就采用“拆东墙补西墙”的办法赊购商品，即打破当时之年节账的惯例，凡赊得之商品，赊此还彼，随赊随还，以取得各个赊销商家之信用，增大赊销额，扩大赊销网。据统计，在1920年以前，“同记”商业部分的赊货额常占总进货额的60%至70%，而同一时期一般商店最高之赊货额仅为30%左右。“同记”的商品平均占用资金常是相当于自有资金量的3至5倍。从而使“同记”商业资本与借贷资本纽结在一起，大大地促进了“同记”的发展，这是“同记”资本积累异常迅速的

① “人名堂号”是有名望的店铺

又一个秘密。

效洋革新，笼络顾主

从“同记”创立之始，其商工各部就极力效洋革新，吸收外国经商经验，积极改进商工业务，加速企业的资本主义化。如1925年哈尔滨之各大商号全部实行封建性极浓的东伙分红制时，同记就学习外国企业的办法创用东西股提成制，使职员变成小股东，并强制工人向企业储蓄，其结果迫使店员和职员成为关心资本家利益的等级制工资工作者，在商店中，从商品陈列、柜台摆布直到广告宣传、橱窗陈列，都采用洋式，力求新颖美观、大方，既为外人所赏识，又可吸引顾客，战胜同行。其次，如工厂生产，一方面不断采用新机器，提高劳动效率，另方面，又不惜巨资选派人员去日本学习或从外国请聘技师，改进生产。这在20世纪初叶的哈尔滨是极为罕见的。

同记的商业经营为了获得最大限度的剩余价值和利润，同记资本家采用多种手法，笼络顾主，与同行进行明争暗斗。首先，为了竞争和发展，同记采取了出奇制胜的战术，一方面打破“满天要价，就地还钱”的商业旧习，实行明码实价，博得广大城乡购买者的信任，另一方面，又大力扩大商品品种，以品种多百货齐全来吸引顾主，制胜同行。同时，在仿洋效新的基础上，又利用定期赠送年画、日历牌的形式，通过经常的广告宣传及装潢门面，美化橱窗，甚至不惜用一部分资金购买“机器人”、“哈哈镜”及赠送小孩糖果等办法，来招揽顾主，增加卖钱额，扩大利润，在同记的商业经营中，为了适应不同的顾主需要，又划定经营范围。大罗新百货店以接待官僚士绅、贵妇小姐为对象，成为高级消费商店，精选年轻貌美的售货员，备有上等货品及舒适雅静的休息室、接待室，以满足统治阶级购买消费品的欲求。对同记商场，则以接待中、下层消费者为服务对象，备有物美价实及生活日用的各项零星商品。同记对不同顾主，采用不同的接待办法，有的送货上门，有的帮忙挑选商品，百拿不厌，直至满意为止，因此，在北方常有：“来到哈尔滨，不能不到同记大罗新”的说法。正因为同记善于施用手腕，善于宣传和笼络顾主，因此，同记各商店经营是车水马龙，门庭若市，顾客络绎不绝。仅据1927年统计，该年接待顾客达450万人次左右，超过一般同行企业的几倍至几十倍。因此，在营业额与利润额方面，其他企业都是望尘莫及的。

不失时机多方经营与商业垄断

在同记的发展中，虽有其庞杂的商工企业，然而，同记的资本家并没有忘记也并未忽略在其他方面的投机。当其商工企业扩至一定规模之后，他们又不失时机多方经营。如于1917年乘哈尔滨市政府当局发放地号（即政府出卖土地）之机，以巨款于哈尔滨至呼兰间购得土地300余公顷，随后又开办了大型养猪繁殖场，同年又开办了罐头工厂等。1918年开始，同记资本家乘市场币制混乱之机，又在道外太古街开设同记钱庄，进行金钞投机，于1921年开始，又承办保险、邮票、印纸、计器、彩票等代理业务。同记资本家正是通过其多种多样的经营活动，大施其投机本领，因而从多方面获得收益，扩大资本，促进其资本积累的加速。

同记经营资本数额的逐渐增大，同记商业利润越来越多的资本化，这也是与其积极实行商品垄断及竞争吞并不可分的。为了竞争，为了获得更多的利润，同记的营业自始至终都实行商品的垄断，由于同记与外商联系占有哈尔滨头把交椅的地位，因此，他们就包销了许多外国名牌商品，诸如英国的马箭牌刀子、鹰牌炼乳，法国的方桶糖精、日本的理发用具等，同记都订有包销与垄断契约，使这些商品在哈尔滨只有同记一家代售，这样可优于同业，又可独获垄断利润。其次，同记又对国内名牌产品采用直接订货的方式，提出规格、要求，并在产品上制出“同记监制”字样，这样，就可用量多货好的办法扩大宣传，垄断市场，与同业竞争，战胜同业。

由于同记多方经营垄断商品销售，实力充盈，故而在竞争中总是处于优越的地位。在1919年哈尔滨商业凋蔽的时候，又乘人之危，以少许资金吞并了道外头道街益丰源百货店（现竹林商场）。经过改头换面之后，起名为“大同商场”，成为同记的又一分支，结果，在道外头道街不出300米的地方，就连续开了三个大百货店，形成三足鼎立之势，垄断了市面，威胁同业。这样在营业地势上，又占据着压倒同业的地位，使许多百货店从此喘不过气来，遇到社会形势的大变革即纷纷破产。而同记则在竞争的旋涡中得以立于不败之地，并且使资本更迅速地扩大起来。

哈尔滨同记的发家史，实际上就是一部资本主义发展史的缩影。它集中了资本主义的一切特点：残酷剥削，巧取豪夺，投机取巧，唯利是图等等。当然，从其千方百计满足消费需要的经营技术来看，也有可取之处。但从它作为半殖民地的企业来看,它的发家又和帝国主义的侵略密切相关,而其发展的悲剧也正在这里。帝国主义侵入,绝不是为了民族资本的发展,正相反,它却是摧残和压制民族资本的发展,哈尔滨同记在旧中国发展的几十年事实已经证明这点,当帝国主义刚刚入侵,同记则可以成为帝国主义的商品推销员,而当帝国主义国内危机成世界经济危机时,他们就嫁祸于民族资本,同记在1922年及1929年、1930年的危机,原因就在于此。同记至1946年以前的萎靡和一蹶不振,被日伪劫掠一空,其原因也在于此。只有在解放以后,在党的领导下,哈尔滨同记又重新获得生命,营业日趋兴旺。

(摘自1962年9月25日《黑龙江日报》第四版)

十一、东发合的再生

东发合是哈尔滨的一个大字号，在商界中占首要地位。为一般市民所熟悉．该店民国九年(1920年）开业，店员最多时达到300人，也曾有过三个支店，其分庄还设于苏杭、福建各地，历来获利甚巨，曾一度得到过众人的称羡。“九·一八”事变后，在14年敌伪严密的经济统治下，苛捐杂税，勒索榨取，使东发合一败涂地．三处支店全部倒闭，各地分庄也因无力维持而一律撤回，只剩下道外二道街一处和40余万元的存货，店员已减至30余人。虽东北已解放，但却负有200余万元的外债，没有丝毫抬头振兴的余力。债主们天天拿着麻袋坐在店里，一卖下钱就拿走，上至经理、下至店员，一个个垂头丧气，对商店毫无信心，职店员失业，买卖倒闭已陷于千钧一发之际。

问题是怎样发现的

在哈市曾创造了一个劳资合作的范例——同记商场，以新的分红制度调整了劳资双方的关系，保障了企业的发展的影响下，东发合个别店员自动提出要求增资，和职员待遇一样，并且要求立即开付，政府工作队负责该店工作的张达生同志做过13年的店员，对商店的惯例及店员的心理摸得很熟，在细心深刻的考虑研究下，认为这个要求中存在着问题，和实际情况不符，商店里绝对不会职店不分的。为此他首先分别召集了职店员开会，了解该店的具体情况，原来该店与同记商场的情形大为异样，是一个奄奄一息，马上就要黄的买卖，实行劳资合作，订立分红制度对该店是不现实的。因为已经没有一个人相信东发合还能有挽救的可能，经理只等买卖黄了算完事，店员们都消极怠工，抱着混一天算一天的态度。至于个别“积极”提议增薪的人，原来是因为看见买卖快黄了，想趁机捞一把，弄几个钱走。在这种情绪下面，大家都坐以待毙，浪吃浪喝，毫无痛惜。据计算，该店每月最多卖60万元，而每月开销竟达50余万元。每月收入除开销外，所剩无几，别说再办货发展营业，就是还债还不够零头呢！因此，东发合的工作是一个新的问题，是一个将要倒闭的买卖，如何把它重新恢复起来的大问题。工作队的同志为了决心挽救这一危机，第一步即明确地提出无论如何要想办法恢复，和职店员共同讨论。大家都十二分希望买卖能恢复，但都想不出办法来，而东家在国民党统治区，对买卖却不闻不问，置之不理。经理认为唯一的希望就只有政府投资帮助，然而政府还没有这样力量，类似东发合这样无力维持，将要倒闭的买卖也不止一两家，必须求得一个彻底、合理地解决办法。后来经多次研究讨论，工作队同志把以往的经验具体化、现实化，想出了“节约助资，集薪合作”的办法。这办法的中心是使全体职店员在全力恢复企业总的前提下，团结一致厉行节约。首先降低生活标准，薪金除去每人生活的必须花销，职员每月400元，店员500元外，另外适当照顾店员家属的生活费，其余均作为个人股本，投资进行生意的周转。以此节约助资办法核算结果，每月约15万元的开销，其余45万元可以全部用于购货扩充买卖，发展营业。经全体讨论研究结果，职店员一致赞成。这样就驱散了压在“东发合”头顶的乌云，在民主政府的光辉照耀下，给“东发合”指出了一条恢复发展的光明大道。

一个波折和斗争

提出了节约助资的办法后,职店员情绪都为之一振,但个别投机分子,仍散布泄气空气,说这个办法还是没有把握,企图鼓动大家,达到弄几个钱的目的。为了提高大家的企业观念与信心,工作队第二步即进行了耐心、深入的教育,开导大家的思想。每次开会都强调要为今后的出路着想,如果买卖垮了,就等于打破了自己的饭碗,走向失业的道路,将来生活毫无着落。现在实行节约,大家暂时勒一勒肚子，免得失业挨饿。并指出谁破坏恢复企业就是害大家。在不断的教育下，职店员们有了进一步的认识，主动揭发个别坏分子的破坏行为。这种人善于投机取巧，在店员们没有清楚认识的时候，占据了店员联合会委员的地位，大家都不敢公开反对他，发表意见也受到限制，经理对他也没有办法。工作队同志深感这是发展企业的阻碍物，决心将这些个别坏分子以群众的力量清洗出去，使店员们进一步认识自己团结的力量，巩固与健全店员组织，奠定营业发展的巩固基础。

（摘自1946年8月24日《东北日报》）

十二、老字号天丰涌的转变

天丰涌，是个卖杂货的大商店，地址是在道外南头道街，已有43年的历史了。在第二次大战未起时，由于大批日货输入东北，营业曾繁盛一时，后因“七·二五”物价停止令发布了以后，商业受到了摧残，天丰涌也就随着仅剩十几个人支持着，险些倒闭。

“八·一五”以后，民主政府建立了，营业得到了复活，可是在这中间，由于农村土地改革的影响，东伙两方思想上都有些顾虑，营业又衰落下去了，经理方面总是悲观地想着：这一堆一块，愿怎的就怎的吧！反正不指望它了，赔了就拉倒，吃净就算了，店员方面是：咱们吃到那儿混到那儿，买卖算没好啦，失业该咋办呢？他们双方就这样来对付这个买卖。可是，在土地改革过程里，它这营业不但没受到损失，而且政府还公布了保护工商业的法令，因此他们对民主政府开始相信了，在思想上有了转变。

过去东家总不上柜上来，开会也不提意见，有时连会都不参加，咋好咋好，置之不理。现在不然了，东家每天都来，开会研究事，都是一样，不分彼此。比如拿讨论发展营业来说吧，双方写的意见都差不多。一切事都是经双方同意后才作规定。买卖也比从前强起来了，店员增加到30多人，过去买东西人很少，一天才卖二三十万元。今天由于资金的流动随时能够添货，每天能卖100多万元。在春耕前农闲的时候每天曾卖到二三百万元。如绥化、呼兰、肇东肇州及宾县等外县农村来的主顾特别多。据3月份的统计农村的买主占三分之二。为了更进一步满足农民的需要，把100多种迷信和赌博品取消了，杂货由现在100多种增加到300多种，又添了一部分布匹。

为了把买卖真正地做好，东伙曾在一起开过一个多月的会，检讨多年来的经验，得出以下几点：第一，劳资双方的红利都积累变成资金。第二，采买真实的好货物，不买坏的。第三，买主买货时，秤要公平，分量给足。第四，店员互相团结，学好一切业务。第五，保证货真价实，对买主态度好，为了使买卖繁荣起来，每天工时由七小时改为九小时半，店员在每周要开一次会，检讨对商店的爱护及对买主的态度上有哪些缺点，展开自我批评。张经理说：“政府的保护法叫我们一块石头落了地，心算踏实到底啦！开业的买卖可真多起来啦！民主政府可真好，说了就算。”老天丰涌，在发展生产繁荣经济的口号下，东伙双方正在研究办法，使它更兴隆起来！

（摘自1948年4月17日《哈尔滨日报》）

附：

1、沈阳市1949年末私营工业营业情况

（金额：东北币万元）

项目 行业	户数	资金	生产金额（月）	
			合计	其中：加工费
机械铁工	716	12982.701	8330.856	
电工器材	275	1768.632	1963.385	
非铁金属	154	663.802	642.028	
纺织	565	7995.346	3002.292	
针织	356	911.270	564.952	12.832
机械染整	52	6780.890	3006.249	
制棉	144	537.156	170.750	
化学	156	3479.404	2945.801	5.447
橡胶	81	1292.900	2807.035	56.863
橡皮轮胎	140	473.594	64.301	
日用卫生品	104	763.958	723.729	
香烛胰碱	101	814.978	529.689	
植物油	32	688.907	1359.819	117.745
制纸	34	878.800	924.609	
制革	269	1242.442	993.782	17.016
碾米	344	2588.951	2896.213	297.511
清凉饮料	10	389.600	43.596	
油酱酿造	200	2366.116	357.009	
糕点糖果	13	38.600	117.716	
电锯制材	107	2596.300	3722.522	
木制品	513	955.020	335.085	
文具印刷	228	3940.313	1415.036	352.922
窑业	44	814.800	1483.779	
洋灰制品	3	36.500	40.210	
土建	112	2.834.333	4222.401	
水道暖气	78	526.300	344.544	
机械卷烟	10	10561.500	1502.646	
铁炉	456	578.555	285.010	
薄铁	362	56.410	183.268	
杂工	621	1675.760	987.736	
洗染	160	159.180	74.260	
洋服	114	260.170	182.146	
被服	13	81.900	6.999	
缝纫	639	167.159	114.862	
衣帽细皮	533	910.260	829.025	
鞋业	204	75.315	99.147	
汽车修理	53	255.950	65.386	
胶轮车	481	303.200	91.214	
合计	8477	73446.972	47638.027	860.336

（沈阳市工商行政管理局长期卷第二卷1950年）

2、沈阳市1949年末私营商业营业情况

（金额：东北币万元）

行业 \ 项目	户数	资本金	卖钱额(月)
丝棉杂货	243	1979.930	2437.496
上杂货	581	1500.415	1414.351
鞋业	300	1525.568	1260.535
衣帽细皮	69	191.200	291.978
日用杂货	518	2373.010	4582.615
农品杂货	707	1494.510	692.760
玻璃镜庄	4	20.500	221.206
麻袋	73	764.950	926.990
粮业	315	954.765	2052.300
食品杂货	3872	3473.896	1224.120
干鲜鱼菜	807	1156.669	2267.640
猪业	216	370.030	1502.405
牛羊业	447	395.420	1240.035
饭馆	806	2053.443	1245.509
牛乳	33	181.820	47.014
糕点糖果	321	1118.227	836.147
煎饼	2317	902.605	545.376
茶业	70	731.690	717.171
烟酒	331	1467.346	14510.781
杂食	600	344.429	173.897
五金	876	7645.027	8995.453
铁店	165	1543.616	721.471
橡皮轮胎	82	508.600	301.053
电料	228	870.210	1988.357
工业原料	155	1922.270	2979.397
木业	58	542.254	1030.047
油行	63	1063.642	5714.623
书纸文具	576	4639.931	3679.508
中药	591	4504.401	924.857
西药	185	1905.220	1001.573
灰煤柴炭	926	1793.291	2111.672
代理店	184	1330.504	35868.365成交额
运输	72	599.700	281.768
银行	7	972.294	320.333
金银	31	903.735	2446.923
钟表眼镜	397	741.835	344.500
旧物业	320	431.043	301.559
旅店	381	683.066	536.027
理发	476	357.591	119.709
浴业	34	1168.420	293.721
文娱	54	443.380	296.543
照像	170	484.645	128.672
杂业	343	559.335	300.428
豆腐粉房	933	1091.410	736.985
合计	20414	60435.554	110401.531

（沈阳市工商行政管理局长期卷第二卷1950年）

3、沈阳市1949年私营工业三个行业典型户纯益率调查平均数表

行　业	类　型	工厂名称	调查的营业期间	销货纯益率%
橡胶工业	大户	中国万力橡胶工厂	八个月	25
		洪生橡胶厂	七个月	(五户平均)
	中户	三兴橡胶厂	十二个月	
		启光橡胶厂	十二个月	
		环球公记橡胶厂	八个月	
电工器材工业	大户	中国实业电机工厂	十一个月	39.4
		振兴电器工业	十一个月	(五户平均)
		开明电线制造厂	十一个月	
		永丰电机工业	十一个月	
	中户	中华电工厂	十一个月	
机械铁工业	大户	三星铁工业	十个月	38.3
	中户	正隆铁工厂	十一个月	14.1
		东民铁工厂	九个月	(二户平均)
	小户	宝和铁工厂	十一个月	15.5
		富顺铁工厂	九个月	(二户平均)

(沈阳市工商行政管理局长期卷第二卷1950年)

4、沈阳市1949年私营商业四个行业典型户纯益率调查平均数表

行　业	类　型	商号名称	调查的营业期间	销货纯益率%
丝棉杂货业	中户	信　泰　行	十一个月	18.2
		信　昌　行	十一个月	(四户平均)
		新昌百货店	十二个月	
		中东百货店	十个月	
中药商业	大户	天　益　堂	十二个月	36.9
		泰　和　堂	十二个月	(四户平均)
		广　生　庆	十二个月	
	中户	恒　育　堂	十二个月	
工业原料商业	大户	东　华　号	十二个月	40.1
		忠　正　号	十二个月	(二户平均)
	中户	建　新　号	十一个月	26
		振　茂　号	十一个月	(三户平均)
		广　生　源	十一个月	
五金业商业	大户	合兴盛五金行	十二个月	20.9
		裕通五金行	十二个月	(三户平均)
		德安五金行	十二个月	
	中户	福茂五金行	十一个月	21
		华隆五金行	十一个月	(五户平均)
		瑞　生　行	十一个月	
		义昌五金行	十一个月	
		明华五金行	十一个月	
	小户	同德五金行	三个月	13.1
		聚德五金行	三个月	(二户平均)

(沈阳市工商行政管理局长期卷第二卷1950年)

第三章　调整劳资关系

第一节　劳资两利，发展生产

一、工商业发展的新方向

最近哈市两家最大的私人企业——老巴夺烟厂和同记商场，在民主政府帮助下，先后实行了劳资合作，合理分红的新制度。这在哈尔滨是一个空前的创举，也是民主政府执行临参会新工商政策的具体表现。这一政策，基于增加生产、繁荣市面及照顾劳资双方利益的公平合理的基础上，开辟了今后哈市工商企业发展的新方向。

中国共产党，以及我们民主政府，对于一切私人工商业的政策，历来是主张保护与发展的，任何妨碍工商业发展的都是不对的。封建落后的制度，我们都主张彻底废除。为了增加工业生产，我们主张劳资合作，改善工人生活，合理分红的办法，来提高工人的积极性。为了促使私营企业的发展，而且有利可图，我们主张发展私人资本主义，保护其合理经营的正当盈利。我党领袖毛泽东同志，在《论联合政府》一书中，关于工业问题，也曾明确指出这样的主张："在新民主主义的国家制度下，将采取调节劳资间利害关系的政策。一方面，保护工人利益，……另一方面，保证国家企业、私人企业和合作社企业在合理经营下的正当盈利，使公私、劳资双方共同为发展工业生产而努力。"在这一明确方针下面，无论在解放区，或者东北各地民主政府领导区域，无不积极于努力恢复工商业，增加生产，改善人民生活，以求达到经济上完全的独立和繁荣。

最近哈市民主政府积极帮助老巴夺和同记商场实行新的分红制度，也就是根据这一方针出发的。在使劳资双方有利，工商业蓬勃发展的前提下，政府在这一问题上是采取了极其负责认真的态度，经过长期地细心研究，并召集劳资双方多次地讨论计划，虽在战争影响下，却克服了谈判分歧中的许多问题，获得了双方一致同意的协议。很明显的这一政策，绝不是单纯地照顾工人和店员，而增长劳资间的对立，加剧工商业的停顿倒闭，相反的却是加强劳资团结，增加生产，使工商业更趋发展和繁荣。这和国民党区域，在官僚资本统治，奸商囤积居奇，以及美货大量倾销，……工商业大批破产的情形，实不可同日而语。

我们认为劳资合作是发展工商业的先决条件，而保证劳资合作的唯一方法，就是实行合理的分红，过去解放区许多宝贵的经验告诉我们，分红制度对于照顾劳资双方利益，调解劳资纠纷，是一个好的办法，特别是对于工人、店员，由于分红制的实施，工人店员的生活，得到改善，这就大大提高他们生产情绪，发挥他们的积极性和创造性，使他们完全以一种主人翁的身分来进行生产和劳动，这就是说把工人、店员们的私人利益和东家和整个工厂商店的利益结合起来一致起来了，工厂商店办得好，工人店员就可多分得红利，否则东家赔钱，工人店员也同样没有好处，这就是分红制度的进步意义。在这种制度下面，工人店员对厂商和店东的态度不是对立，而是合作互助，不是消极怠工，而是积极苦干。如果说过去工人、店员纯粹为出卖劳动力而来，那么在实行分红制度以后，他们就会对企业的发展有强烈的责任心，他们就会从各方面，想尽办法，来爱护自己的工厂商店的器材，保护机器，节省原料，使工厂商店少浪费，多赚钱，在这一点上对于厂主和店东，将是一个极大的利益。如果我们仅仅从分红的数字上看到，资方利润率的降低，而不顾废除以往那些对工人店员的苛刻剥削，从提高工人积极性，发展企业增加实际利润上着想，那就是错误的。那是"吃大亏算小账"的短视见解，事实上实行劳资合作，合理分红，减少浪费，节省原料，以及工商业在蓬勃发展中所获得的利润，将远超过于工人店员的微小分红，这就是为什么我们说实行劳资合作，合理分红的制度，就是照顾双方利益，发展工商业最好办法的简单道理。

（摘自1946年7月30日《东北日报》）

二、老巴夺烟厂的劳资关系

哈市唯一最大的老巴夺烟草公司，找到发展企业的新方向，在工人团结的力量与政府极力的帮助下，实行了劳资合作的“分红制”，订立契约，于20日双方正式签字，决定，22日起开始复工。

老巴夺工厂停工将近个半月，厂长亦曾一度企图全部停业，结算工人工资。工人知道后，工会会长秦远业即代表工人，与厂方协商迅速复工。该厂原料尚多，以目前开动的机器计算，起码可以维持半年之久，倘从此关闭，对劳资双方均有害无益，而市政府为了发展哈市工商业，亦对此事非常关心与重视，刘市长亲往该厂，调查了解具体情况，找厂主和工人共同协商，提出调整劳资关系办法，并说明政府在可能的情况下尽量帮助解决原料的困难。终于劳资双方同意，实行分红制度，以产品的百分之五分给工人来改善工人的生活，工人代表也提出了具体保证条件，以求全厂营业发展。

关于订立契约，工会曾几度召开全体工友大会进行热烈讨论，大家发言异常踊跃，工人意见提出后，即交给厂长审阅，厂长也从资方立场提出了自己的意见，契约草案讨论修改前后达五六次之多，历时十余天，最后达到了双方一致满意的协议，于20日上午10时，由厂方老巴夺正副厂长，工人代表秦远业、卢本宏、李季、谢俊峰、李春峰、林纳腹、刘培兰(女)、沈秀开(女)及外国工人代表八名共同签字。

该契约书全文如下：

为维持劳资双方之利益，工会与厂长老巴夺氏订立工作契约。兹将双方应遵守之条件列下：

监察委员会应遵守之条件：甲、工会系由中心工会人员中各选八名为监察委员，其工作及组织之目的如下：一、增加工厂生产量，爱护工厂，缩减工厂消耗至最少限度。二、提高劳动纪律，防止任何人的盗窃行为。乙、监察委员应有之权限及应负之责任如下：一、维持厂内之秩序，监视职工遵守劳动纪律。二、振作荒疏及怠慢之职工，而使其工作圆满。三、禁止任何人之盗窃企图，并阻止各个之间私自转运纸烟或其他材料。四、必要时，会中监察委员，无论于厂内或大门口，皆有权检查任何中苏职员及工人。

厂长老巴夺氏应遵守之条件：一、提出纸烟产量之百分之五，依照各牌之比例，无价分给职工，但纸烟之各项捐税，由领受人自行负担。二、工人方面不实行本契约之规定，厂方经市政府同意，得停闭工厂。三、工人凡不违犯工厂纪律者，厂方不得开除工人，如有违犯厂规者，由监察委员会同意时，厂长实行开除。四、如工厂更换厂长，新厂长不承认此契约时，作为无效。

本契约书汉英两文对照，完全相同。

（摘自1946年7月23日《东北日报》）

三、同记商场重订分红制店伙两利

在民主政府的商业政策执行下，本市同记商场全体店员，以空前团结的力量组织了店员联合会第一个推翻了旧的剥削制度，实行了劳资合作，稳定了分红制度，合理地增加了工资，实行了协商民主的管理方法。对于订定之新制度，东伙两方均为满意，同时对民主政府的开业政策，亦一致表示拥护，这是哈尔滨商业的创举，也是今后商业发展的新方向。

同记商场是哈尔滨最大的商场之一，仅店员曾到达过百余人之多，过去他们的管理方法与制度代表了哈尔滨一般的商业界，一直是不合理的，店员工资很低，尤其女店员每月六七百元，东家62.5%，西家37.5%，相差极远。西家中间高级职员比店员所得红利亦多十一倍以上，而店员却所得无几。同时店员职业没有保障，东家不顺眼，就可以任意解雇，因此，对企业的发展有很大的影响。

目前为推动新的商工政策的实施，政府工作队人员曾积极帮助该场复业改进，准备以该场为典型，推动全哈尔滨商业的发展。工作队同志曾经召集该场店员，详细说明民主政府保护与发展商业的政策，了解店员们及该厂以往的具体情况。启发大家提出改革的办法。经五六次座谈、研究，在工作队耐心工作，热心奔跑中，店员们逐渐转变了以前的错误认识，亲身感受到民主政府是在积极帮助商业发展，关心店员生活的。因而他们大胆地提出了自己的要求。经过五六天的酝酿与热烈的讨论，最后提出了具体实施办法及新的制度。于本月24日全体职店员及董事、经理的会议上一致通过，双方并正式签字订立契约，全文如下：

为了实现民族企业的劳资合作，发展营业，为人民服务及提高改善职店员之生活、政治待遇起见，本店全体同人东伙(双方)早具有弃旧迎新的决心，经数日商讨结果，决定对过去旧制度有所改进，共决定五条合同如下：

(一)分红制：1．东方50%。2．西方50%。西方所得之数内，职店员各占50%。3．分配办法：职员所得，由职员按人数自行分配，店员所得由店员联合会按人数分配之，如店员服务不满一年者须按月计算之。4．奖酬金：由所得利益中提出9%为奖酬金，(1)经理奖酬金不得超过职员平均分红之4倍。(2)副经理及营业主任奖酬金不得超过职员平均分红之2倍。(3)薪水200元以上职员所得奖酬金，除经理、副经理及营业主任所得者外，须按人数平均分配之。

(二)结算制结算期中，成立结算委员会，委员以七人为限(董事二人、职员二人、店员代表三人)。

(三)团体：以所(给)之薪金、津贴、补助费三项，今后一律统一为薪俸，但薪俸之增减，须依现实物价之高低，随时商讨增减之。

(四)人员采用及解雇：由职员及店员联合会，各推选代表二人，按需要情形共同商讨处理之。

(五)住家制：每年每人给假两个月(二年三个月)，倘因交通阻梗及意外事情发生，假满后不能返回时，对其薪俸及分红所得由职员或店员联合会共同商讨处理之。

以上决定业经东伙双方一致达成协议。恐口无凭，特立此合同为证。立合同人，同记商场东方：徐信之，迟动臣。西方职员代表：常西夫，孙西珍；店员代表：李廷臣、孙成林。

附注：本合同期有效期为一年，如认为有修改之必要时，须经东西双方通过修改之。

(摘自1946年7月27日《东北日报》)

四、分红的原则与方法

哈尔滨市劳资分红制，自1946年8月开始试行。其主要内容由劳资双方签订“劳资合作契约书”或“劳资合作合同”，规定工厂由劳资双方合作经营，年终获得盈利，则由劳资按照比例分红，或对半分，或四六或三七不等。

工人们叫这种制度为“劳资合作”，称资本家投入工厂的资本和原料为“加入劳资合作”，工会多数干部也是这样看的。

加入劳资合作的资本，现金原料及材料，其使用权是双方共有，任何一方面不能自由支配。

工厂经营，均须由劳资双方共同决定，油坊合同通则第一章内容有：开工，停工，通过财务计划，厂务管理营业情况，概算决算，检视账簿等，东西双方应先组织各种委员会研究后，再交待全厂员工民主讨论表决之。哈市一般做法均如此。

经理须向工人按月作营业报告。委员的成份(各种委员会的)工人应占多数。年终盈利提出公积金为发展工厂之用，双方不得动用，订合同后所添置的东西，不归东方所有，工人们称之为“此购买的东西都归劳资合作，因为这是劳资合作赚来的”。

(摘自1947年哈尔滨市私营工商业劳动分红情况调查报告)

实行分红制的最重要条件，是工人店员内部的大团结，因此，一方面对学徒的工人、大工与小工，应该有区别，不应平均分红，而另方面又要照顾贫苦徒工，使大家生活普遍改善，不应以工资为唯一标准，以工资区分等级。其次是照顾职工间之团结，避免纠纷，最好是确定职工间分红比例后，各自讨论具体分配办法。

劳资间分红标准，以既能改善工人店员生活，又使资方有利可图，能够继续扩大其生产，至少维持简单的生产为原则，即以“公私兼顾、劳资两利”为原则，因此，具体比例之确定：首先决定于某一企业可变资本与不变资本之比例，可变资本大者，工人分红比例应大些，其次决定于固定资本与流动资本之比例，流动资本大者，工人分红比例应大些，此外，店铺规模之大小，应适当照顾。为了保证企业之发展，在某企业中，可先从红利中提出若干公积金，而后劳资再依比例分红。

分红合同以集体讨论，集体签订为最好。各个大工厂、大商店，以厂和商店为单位订立合同，各种手工业以职业工会或店员工会为单位签订合同，而后再由各店铺东西双方签订保存，这样以便同业分红标准划一，又可增加分红制度实行的保证。

要使分红制能加强工人团结，提高工人觉悟，必须经过适当酝酿，使工人店员群众自己动手。经验证明，可以有三种办法，三种结果。第一种：没经过酝酿，未真正由工人店员亲自动手，而主要由工作团代为办理，其结果是实行了分红制，工人店员觉悟与团结力量仍低。对自己力量没信心，而工人领导与群众之间联系也差，分红制之各种优点即难充分发扬。第二种：由工人、店员自己作主，同时有工作团参加，其结果工人店员觉悟与团结力量则较好，但仍存有依赖心理，并影响其创造性之发扬。第三种：经过充分群众酝酿，完全由工人店员自己作主，自己动手完成者，最能发挥工人店员的创造性与积极性，其结果，工人店员之团结好与觉悟程度甚高，并涌现出大批工人、店员领袖与积极分子。哈尔滨的工人店员工作队，就是这样产生出来的，现在他们正在帮助其店铺实行分红制。

（摘自1946年10月19日《东北日报》社论——《把分红制普遍化》）

五、劳资双方齐心协力恢复生产

在过去中国旧政府时代及现在国民党统治区内，工厂对于工人只有一种高度剥削的关系，政府对于工厂只是捐税重重，甚至官僚资本垄断一切，美货恣意倾销，结果工人毫无生产情绪，工厂毫无发展前途，且因竞争不过外资，纷纷倒闭，工人与厂方均蒙不利，相反的，在我民主政府调解关系，改善工人生活，奖励自由贸易，扶助工商业的正确政策下，各工厂都进行了增资运动，而老巴夺工厂虽仅于一周前才订立了新的分红制，新华印刷厂日前才实行民主管理，但因工人生活改善，加倍爱护工厂，而厂家也有钱可赚，就更努力经营生产，实现了生产情绪特别高涨，所以便能在最困难的情况下，齐心协力合谋开工，达到互助互利。日来，老巴夺工厂、新华印刷厂及许多火磨工厂的厂方与工友，均以空前热情积极自动设法发电，使各厂不受国民党反动派断电影响而能继续开工，这是对于民主政府分红，实行劳资合作，繁荣工商业正确政策的一个令人满意的回答，一个胜利的考验。也是对于厂方应该如何管理工厂的一个很好教训。

（摘自1946年8月《东北日报》短评——《胜利的考验》）

工商业中劳资分红制，是推动新民主主义经济发展的一个合理的制度，在哈尔滨几个月实行的经验，完全证明了这点，由于它一方面改善了工人店员的生活条件，刺激了他们劳动热情，关心企业经营，因而也使得资方获得较大于分红前的利益，分红制得到劳资双方的拥护，使得哈尔滨一部分工商业生出一番新气象。受敌伪摧残行将倒闭的东发合，经理人只想清货还债，坐待停业，一经实行分红制，立即起死复生，营业日益振兴起来。天兴福面粉厂实行分红后，工人生产积极性提高了，感动得经理刘培芝先生说："分红制一定能行得长久，行得普遍。"老巴夺烟草公司是最先实行分红制的，拟议之初，经理人全无信心，但实行之后，生产量提高了，原料节省了，资方收入增加了，于是他以亲身体验说道："分红制不仅全哈市应该实行，全中国也都应该实行。"现在哈尔滨较大的工商企业，烟草厂、面粉厂、皮革厂、酒厂、油坊、大商店以及理发、澡塘、旅馆等业，都开始在实行或酝酿分红了，哈市面粉厂、油坊等已纷纷复工或正着手准备复工。

（摘自1946年10月19日《东北日报》社论——《把分红制普遍化》）

在民主政府的管理与领导下，哈市工商业一年来有蓬勃的发展，……工业方面已有563家工厂实行分红制，致使生产效率提高，劳资双方均感满意，以双合盛面粉厂为例，定（订）立分红契约后，工作时间由11个小时精减至7小时，但分红后的两个月中产量却增加了1870袋。商业方面由于分红制的实行，使奄奄一息的东发合死里复生，若干商场获得不断发展，这都证明了劳资合作的分红制是使营业蒸蒸日上的。

（摘自1947年4月28日《东北日报》）

六、翻沙业在调整劳资关系中已有发展

政府颁布保护工商业法令后，工商业者普遍地打消了顾虑，积极经营自己的工厂和商店。道外德昌翻沙厂经理杨宗义，去年担任德利兴翻沙厂经理时，因德利兴东家没有很好地经营工厂，生产没搞好，工厂赔了钱，便将工厂出兑。很多工友都失了业。今年政府及工会号召发展生产，又想尽各种方法帮助工厂购买原料，解决困难，使该厂经理真正相信政府扶助和发展工商业的政策。不久以前杨宗义又重新开办德昌翻沙厂，找回失业工友，在这次号召扩大工会组织时，他表示工友应当参加工会，大家团结起来发展生产。并自动找来大批军工活，为不耽误交货日期，和工友商议好昼夜加班干。

东聚昌翻沙厂，去年因没有流动资金弄得快要垮台，工友们的工资开不出来，劳资关系没有搞好，不能进行生产。以后提出整理工厂，开会展开自我批评与相互检讨，结果追出由于浆模子的工友没浆好模子，所以铸不出货来，原料都糟塌了。这个问题解决后，生产量大大提高，劳资关系也好转了。

但是铸的锅又卖不出去，工厂资金周转不过来，工人代表当即召集劳资双方开会，商量办法，结果批出空货，把钱拿回来买原料，铸出锅来交货后，再批空货。从此工厂又复活了。现在大家生产热情很高，去年生产量最多一天出过一千四百印锅，现在每天最少要干十个钟头活，最多可出二千三四百印锅。

（摘自1948年4月10日《哈尔滨日报》）

第二节　总结经验，纠正偏向，使劳资关系趋于正常

一、正确理解发展生产与劳资两利的相互关系

“发展生产，繁荣经济，公私兼顾，劳资两利”这是毛主席指示我们的新民主主义的经济政策和劳资政策的总方针。这是从中国工人阶级的远大利益出发，从中国人民的远大利益出发而确定的方针，它也符合于在新民主主义政权下的一切从事于有益国计民生的私人经营的资本家的利益。因此，“发展生产，劳资两利”，应当成为私营企业中劳资双方解决一切问题的出发点。

“发展生产，劳资两利”这句话，我想有两方面的意义。一方面是只有发展生产，才能达到劳资两利，另一方面是只有实行劳资两利政策，才能达到发展生产的目的。

（一）为什么只有发展生产，才能达到劳资两利？

由于中国工业生产不发展，全国人民一切日用必需品都缺少，造成全国人民生活的普遍贫困。过去统治阶级靠剥削大多数劳动人民的血汗来谋私利，在绝大多数人民极端贫困中，他们少数人过着享乐腐化的生活。工人阶级当了国家主人翁以后，决不能像过去统治阶级一样，剥削多数人来自己享福，恰恰相反，要以全力来提高全国人民的生活水准，全国人民的生活逐渐改善了，工人阶级的生活也就可能逐渐改善。要办到这件事，就只有努力发展生产，繁荣经济。工人阶级要有吃苦在先，享乐在后的精神，努力劳动，来做全国人民的表率。因为中国经济落后，新式工业在整个国民经济中占的分量还不到百分之十。为了大大发展生产，单靠国家资本的力量是很不够的，还必须利用一切正当的私人资本。除原有私人企业外，还要动员一切可能的私人资本，投到生产事业中来，使工业生产能有更快的发展，人民生活必需品的生产才会日益增多起来。这样固然于资本家有利益，同时对国民生计有更大的利益，也就是对于我们工人阶级有更大的利益。生产大大地向前发展，工人阶级的生活才会随着改善，工人阶级彻底解放的条件才会接近于成熟，这就是发展生产对于工人阶级的好处。

现在最重要的事情，就是发展工业，工业不发展，不仅中国人民的生活水准不能提高，而且中国民族在经济上无法摆脱帝国主义的束缚。

中国的特点就是经济发展太落后。中国的工业和农业在国民经济中的比重，就全国范围来说，大约是工业占50%左右，农业占90%左右，这种经济状况与俄国十月革命的时期不同，与现在东欧各新民主主义国家也不同，所以中国不仅不能像当时俄国一样，直接进行社会主义革命，而且不能像东欧各新民主主义国家一样，在革命胜利几年后就开始过渡到社会主义。中国革命在取得全国胜利后，还需要经过一个相当长的新民主主义建设时期，来发展中国的工业，使中国经济能完全摆脱帝国主义的束缚，使工业与农业在整个国民经济中的比重逐渐改变，并且使工业的比重达到一个相当高的程度，没有这种改变，没有工业的大大发展，不仅谈不上实行社会主义，并且谈不上中国民族在经济上对帝国主义的真正彻底的独立自主，所以革命胜利以后，全国人民生活中最主要最基本的问题，将是动员全国人民的一切力量，来发展生产，建设新民主主义社会。这就不仅需要全体劳动人民坚决奋斗，而且需要一切真正的民族资本家民族企业家都来一致努力，才能有比较迅速的成功。中国民族资本家，在过去受着帝国主义封建主义官僚资本主义的压迫，始终是在萎缩状态中挣扎着，中国民族企业家始终是在各种的压迫或限制之下喘不过气来，只有到现在，帝国主义、封建主义、官僚资本主义的统治被打倒以后，进到新民主主义建设时期，一切有益于国计民生的民族资本家企业，才会获得真正合理的迅速发展，一切企业家才能舒展，自己生产努力的企业家，才能舒展自己于人民有益的才能，与工人合作创造和扩大有益于国民生计的企业，在发展生产，繁荣经济的事业上有所建设。所以用发展生产来达到劳资两利的政策，决不是什么骗人的

把戏,而是新民主主义建设时期所必需的,而且是唯一正确的政策。

由此可说,只有发展生产,才能达到劳资两利的目的,工人方面固然无须怀疑,就是资本家方面,也没有什么可以怀疑,或疑虑的了。

(二)为什么只有实行劳资两利政策,才能达到发展生产的目的?

因为认识到中国新民主主义革命的历史条件和历史任务,因为认识到今天中国各阶级相互间的关系。今天中国人民解放,最主要的敌人是帝国主义、封建主义和官僚资本主义,只有把这三个敌人彻底打倒了,中国人民才能获得真正解放,开始建设自己的新民主主义的新中国。有爱国心的民族资本家也是长期受着这三个敌人压迫的,所以他们在今天也有可能和我们工人阶级和农民阶级、小资产阶级联合起来,反对共同的敌人,革命胜利后,在建设时期,也需要发扬民族资本家们的积极经营的事业心,和我们工人一块来共同发展工业。所以,我们不应当把民族资产阶级当做敌人,而应当把他们当做朋友来团结,当然如果他们继续过去那种压迫工人和过分地剥削工人的作法,我们是要反对的。其办法就是采取协商、谈判、订立条约、请政府仲裁、向法庭控告等方法来获得合理的解决。我们对资本家的斗争还是为了达到更好的团结。我们中国工人阶级和全体人民最高的利益,是发展生产,而且我们要鼓励资本家来参加这一发展生产的事业。要资本家热心经营,扩大生产,就必须使资本家有利可图,所以我们工人的经济要求,不能过高,如果过高了,弄得资本家无钱可赚,甚至亏本,结果必然使资本家不愿积极经营,企业垮台,大家失业,这不仅于资本家不利,对于工人也是不利的。我们工人阶级既然成了国家的主人翁,就应当把发展生产,繁荣经济,逐渐提高人民生活水准的重大责任负担起来。所以我们现在对资本家提出要求,不应片面地仅仅从工人一时福利的观点出发,而应当照顾到整个发展生产的利益,不应当只想到眼前过好日子,而应当注意谋取长远的幸福。只顾资本家的利益,不顾工人生活的困难,是完全不对的,这样将损害工人的生产积极性,于工人不利,于发展生产,繁荣经济不利。这种右倾的观点必须反对必须克服。但是如果只顾工人暂时的片面的利益,不顾资本家方面的正当利益,也是同样不对的,也是同样对发展生产繁荣经济有害,即是对工人阶级现在和将来的利益都有害。只有实行劳资两利政策才能达到发展生产的目的。

(摘自1949年5月3日《哈尔滨日报》李立三《关于发展生产劳资两利的几点说明》)

二、正确执行劳资两利方针

“劳资两利”,是新民主主义的人民政府处理劳资关系的基本方针。所谓“两利”,就是说,为达到“发展生产,繁荣经济”的目的,必须同时兼顾劳资双方的利益,而不能只顾劳资任何一方,不顾对方的利益。过去许多地方,曾经过分地强调工人一方面的暂时利益,忽视了资方利益,致使资方无利可图,甚至错误搬运农村反封建斗争的方法来对付普通的资本家,这些错误行动间接或直接的结果,不但损害了普通资本家,而且更严重地损害了工人本身。这种左的错误的偏向,近来各地都已纠正或正在纠正中,只要它继续存在,也还要继续纠正。但是,同样重要的,就是必须反对与防止另一种偏向,即是片面地强调资方利益,纵容资方违法犯纪,侵犯工人的法定权利而不加干涉,以至牺牲工人方面的基本利益。这也是违背了“劳资两利”的基本方针。

解放区新民主政府,在过去、现在乃至将来革命在全国胜利以后的一个时期内,与坚决执行消灭官僚资本主义政策同时,是允许一般资本主义经济的存在,是保护一切有益于国民经济的私营工商业的。但必须指出,新民主政府所允许和保护的,只是一切有益于国民经济的资本主义工商业。只是其合法的营业。如果其中有破坏国民经济的成份,有违反法令的行为,自然不在被允许与保护之列,而应当受到禁止与法律上适当的制裁。承认自由资产阶级在新民主主义的经济和政治组织中占一定的位置,并不等于取消和放弃国家企业的经济领导和无产阶级的政治领导,或者把资本家的地位不适当地抬高到工人、农民之上,压迫工人、农民。保护工商业主合法的正当的利益,并不是说因此就应该去无原则帮助其不利于国民经济的经营,就可以不注意保障工人应存有的各种权利。

因此,在处理劳资关系的问题上,各地党政领导机关必须正确执行“劳资两利”的方针,反对“左”的和右的两种偏向。既要保障工人利益,又要适当照顾资方利益;既要在经济上政治上保护自由资产阶级,但当他们有违反人民及政府利益的错误行为时,又必须进行适当的斗争,才能保证国家和社会的政治与经济循着有利于全体人民的正确方向顺利发展。凡是存在"左"倾错误的地方,应该说服工人照顾长远的利益纠正这种错误,在发生资本家违反政策法令事情的地方,则应劝导和命令资方遵守政策法令。对于少数不服劝导明知故犯或阳奉阴违的分子,则应由政府及有关方面分别轻重依法予以有效的处理。但是同时又须注意,不要由此而又重复"左"的错误,对于一切有益于国民经济的中小资本家的合法营业,不采取坚决保护的方针而采取打击破坏的方针。一切有关的领导机关,应随时随地注意防止上述任何一种偏向的发生,保证"发展生产,繁荣经济,公私兼顾,劳资两利"的政策的正确执行。但是如果在社会上不进行这样两方面的斗争,那就不能保证这个政策的正确执行,就不能发展新民主主义经济,就或者要犯农业社会主义的错误,或者要犯资本主义路线的错误。这是一切共产党员和革命干部必须了解的。

(摘摘自 1948 年 9 月 22 日《哈尔滨日报》转载的新华社短评)

三、劳资关系趋向正常

哈尔滨市过去在私营企业工运中曾经在对待私人资本家的斗争方式上,在分红办法上曾发生过偏向,现已改变。这一时期经过对职工的说服教育,使职工认识到发展生产是工人阶级的目前利益与长远利益的保证。因此,自动地停止了过高的分红制度,同时自动地建立了新的劳动纪律。目前哈尔滨市劳资关系的基本情况是:职工方面,积极生产又要求一定的劳动条件和适当的生活待遇,资本家方面,既积极经营又追求利润,但劳资争议经常发生,我们解决的方法是劳资协商与呈请政府仲裁,只有在涉及法律范围时,才向法院控诉。总的说来,目前劳资间的正常关系是主导的,今后在私营企业中要继续贯彻"发展生产,劳资两利"的方针。

(摘自哈市职工联合总会主任张维祯同志 1948 年 8 月 11 日在全国第六次劳动大会上的发言)

第四章　加工订货与产品质量管理

第一节　加工订货政策

一、国家供给原料，发挥私营加工业作用

哈市各种依靠国家供给原料的私人加工业，共有31个行业2700余家中小工厂，占全部私营工业的19%，加工职工18000多人，占全市私营工厂职工的34%。加工业资本217亿，占全部私营工业资本的51%。它的特点是生产原料为国家掌握，与国营经济密切联系，在国营经济统一的计划领导下，结合战争与人民需要，以加工形式发挥其生产力。另一种间接依靠国家供给原料的，如自由购买国营工厂所生产之原料进行生产的私营企业，亦得到相当的发展。

这种加工业的发展与军工军需生产任务的扩大是分不开的。今年哈市军工军需加工生产任务较去年增加2倍到20倍，而6个月里在统一分配生产力统一领导下，已由加工业完成军工全年任务的30%到53%。军需生产上季任务已全部完成，并超过16%，现正加紧完成下季任务。这种加工业的发展与民用轻工业产品的增加亦是分不开的。今年上半年民用轻工加工业在国营哈尔滨百货公司的原料供给下，产量提高，织布63500匹（去年一年为80000匹），火柴生产6400余箱，较去年全年生产量5000箱增多1400箱，其他以定购方式加工生产的肥皂、牙刷、牙粉等产量亦大增。加工业的发展一方面由于战时国家掌握物资和军工军需生产的需要而加工，另一方面物资原料有限，只有经过加工才能保证物资投入生产，保证战争与民需，使少数物资不被奸商利用来投机倒把。这样作既发挥了生产力，支持了生产，变原料为成品增加国家财富，又减少私人资本发展的盲目性。

（摘自1948年9月23日《哈尔滨日报》饶斌市长答记者）

二、制定《加工条例》，解决公私关系和劳资关系

为了使加工业有正常的发展，就要贯彻结合公私兼顾，劳资两利的原则，使其既保证成品质量和节省加工费，又要保证工人得到战时实物工资水平，还要使资本家得到合理的利润，并使其有兴趣改进技术，改良经营，扩大生产。为此我们曾提出了加工原则，并准备制成条例公布之。基本精神是照顾各方利益，私营企业服从国营经济的需要，服从战争的需要，这亦是国营经济对私营经济的一种领导形式。加工条例的特点有：（一）精密计算成本，以标准工厂生产时之标准生产量为标准；（二）实物折算货币支付加工费，避免因物价影响生产；（三）服从工业政策的要求，按不同行业确定不同之利润率，保证资方合理利润；（四）规定职工工薪标准，保证工资实物按分折算，有可能时实行实物支付政策的制度。

哈市加工条例草案，已经过市委批准，并征得东北局李富春同志，王稼祥同志的同意，做为党内统一遵守之原则根据，并决定立即按此条例分别调整加工中之公私关系，劳资关系，经过相当试验时间，根据执行的实际经验，再加以检讨修改，争取迅速全部公布之，使加工生产早日走上正常化，以便保证能达到政府所要求的成品质量与产量水平。

（摘自1948年7月哈市委经委《关于执行加工条例，的通知》）

《哈尔滨市加工条例（草案）》经过初步试验，并做了第二次修改，现公布实施，全文如下：

一、总　则

第一条　为保证委托加工方面与加工方面双方面的利益，使加工生产能依公私兼顾的原则正常进行，特制订本条例。

附记：加工，即由甲方负责供给工厂全部或大部主要工业生产原料，由工厂将此原料加工制成约定数量与质量之工业生产品，交付甲方，并由甲方付给工厂以约定数量之加工费作为报酬之合同行

为。

前记甲方为委托加工方面，工厂为加工方面。

第二条 加工关系基本应看作两种，即经常加工与临时加工，其合同内容应有原则区别。

附记：经常加工，即由于委托加工方面对加工方面的生产力有经常全部需要，并能经常供给加工方面以加工需用之原料，因而与加工方面约定保持经常持续之加工关系之合同行为。

临时加工，即由于委托加工方面对加工方面的生产力仅有一定时间的需要或仅能供给一定时间的需用原料，完成一定数量之生产后，即与加工方面解除加工关系不继续订立下期合同之合同行为。

前记临时加工行为所指之时间，通常应不超过三个月。

二、加工费

第三条 加工生产成本，即指加工者为进行加工生产而负担之全部开支，其与制造成本基本不同之点，即加工方面不担负购入原料之费用或不担负购入一半以上之原料之费用，其项目应包括以下诸点：

（一）制造费：即机器开动所需之各种消耗，包括动力费、机器修理、零件消耗、工具消耗，油类消耗等。

（二）工厂营业经费：包括办公费、车马费、燃料费、灯光费、电话费、水费，及其他在停工时间亦必须支付之各种杂费。

（三）固定资金的折旧费，包括机器与房产折旧。

（四）加工工厂职工的工薪，及其在厂吃饭的饭费。

（五）加工工厂所负担的原料价值。

第四条 前记各项用费应根据政府法令及各行业之不同生产情况与经营情况以合同议定合理之每月标准消耗费，其总和被每月完成的标准生产量分除，即为每件成品之加工成本，前项每月应完成的标准生产量，应依中等熟练工人与普通生产设备之中等生产效率议定之。

如同一委托加工者所属之加工工厂中，由于有手工业工厂、人力机工厂、电力机工厂等区别，因而加工成本亦有差别时，应以不同之生产方法所需之不同实际消耗量为标准，分别规定前记之标准消耗量。

第五条 加工工厂职工之工资待遇，尽可能实行按件工资制，并采取实物折分货币支付的办法，其中等标准生产量之所得吃饭在外，不能超过国营工厂工人按新工资标准的中等工资水平。

第六条 前记固定资金折旧费在计算时，如为委托加工方面生产虽仅仅用一部分机器房产，但却影响其他全部机器房产不能进行另外的生产时，加工成本中应将全部机器房产之折旧费记入，但加工工厂原系于停工状态时，则虽在与委托加工方面定合同后只动用一部分机器与房产，亦仅能将此动用之一部分机器与房产之折旧计入加工成本内。

第七条 加工费即由委托加工方面付与加工方面之加工报酬，其内容必须包括加工成本与相当加工成本一定百分数之利润，即加工利润，但在加工方面负担部分原料时，应依以下公式计算加工费。

加工成本＋（加工成本－原料价）×加工利率＋原料价×原料利率＝加工费

加工利润率与原料利润率应依本条例第三章与生产实况合同议定之。

第八条 加工工厂由于生产效率提高而形成之加工成本降低应视为加工工厂努力生产结果，委托加工方面在合同未完期间，不得因此而变动加工费，如因合同本身之错误，可呈请市府经批准后可修改之。

三、加工利润率之规定

第九条 加工成本中如包括原料费时，其原料费部分之利润率应不超过6%，加工成本除去原料费以外之其余部分之利润，为加工利润，其利润率按本章以后各条之规定议定。

第十条 预付加工费在半数以上者，工资职薪部分不能算在成本费内，因之也不能有利润率，加工费后付者，应算在成本费内，与其他项目得同样利润率。

第十一条 进行经常加工时，军事上经济上意义重大或技术准备过程复杂之工业部门，如直接供应前方部队装备之工业部门及新兴化学工业等部门，其加工利润率应为15%到40%，在民需日用品之工业部门（例如花纱、布、百货）加工，其加工利润率应为5%到30%，在有关粮食之工业部门如油坊、火磨、粮米工厂、磨坊等加工时，其利润率不能低于20%，其具体数字，应参照本章第十一、十二两条所指诸因素以合同议定之。

第十二条　在经常加工中完成每件产品所需工数(每个工人工作一日)少者,其利润率应低,完成每件产品所需工数多者,其利润率应高。但不能按件计工之工业部门,不适用本条。

第十三条　原料为统治品的加工生产,应按第十一、十二两条之原则,使用二分之一生产日而不能继续为他人加工者,其利率应增高到二倍,使用三分之一生产日者,其利润率曾高到三倍,以此比例类推,具体数目以合同议定之,但如加工工厂供给一部分原料时,其原料部分之利润率不得增加其临时加工以外之生产力,能为业者自由使用时,其利润率不能按此比例增高。

第十四条　生产力不足之行业(如铁工),又为目前需要大力扶植与发展的工业,加工使用其生产力越多者,其利润率应高,使用生产力越少者,其利润率应低。

四、加工费的支付方法

第十五条　基本上采取实物标准,货币计算的方法,加工与委托加工双方经合同议定加工费及支付时间,按期计算,其物价标准依付加工费前三日之物价平均指数确定之。

前记物价指数,一般的以加工业开销之数种主要项目之指数为准,其数字以本府之调查计算为根据。

第十六条　加工与委托加工双方,经合同议定以加工生产成品按以上原则折算,支付一定数量实物为加工报酬者听便,委托加工方面有收买此种实物的优先权,但必须按收买时之市价付款。

五、加工与委托加工方面之权利与义务

第十七条　加工方面如偷工减料或工作疏忽致生产品不符合同议定之质量时,委托加工方面得拒绝收货,并由加工方面依约定之数量补作交货,补作时之工作之工料等费完全由加工方面负担。如发现掺假,成品变质,委托加工者有解雇权并可提请政府予以罚款,停止其营业,或科以徒刑之处分。

第十八条　加工方面非因不可抗力(指天灾、战争及火警等意外)亦非因委托加工方面未及时供给原料而延误合同之规定交货期时,其延误之部分应依定合同时之物价指数付加工费,不得引用本条例第十三条之规定,其延误日期超过合同议定之交货期三分之一时,加工方面并得依合同议定之条件赔价委托加工方面之损失,在重要军需工业部门其因加工方面之不正当生产态度而形成之延误,并得由委托加工方面之请求,而由政府对加工方面科以必要处分。委托加工方面不得私自罚款或进行其他处分。

第十九条　加工工厂在作成约定质量与数量之生产品后,节约之委托加工方面之原料,应仍归还委托加工方面,委托加工方面将此项节约之物资应提出三分之一至二分之一以奖励加工工厂之厂方与职工。

第二十条　经常加工双方在开始合同时,如双方认为必要时,应议定达到正常生产效率之期间,在此期间如因加工方面技术不熟练而形成开支过重时,其损失部分可由委托加工方面负担一部分或全部,其数目由双方依一般的标准生产情况作比较,合理议定之。

第二十一条　委托加工方面如在合同期内未按议定供给原料之数量与时间供给加工方面,而致加工工厂停工时,在停工期间前一礼拜必须通知厂方与工会,停工日期自何日起至何日止,允许业者招揽外活,如无招揽外活条件时,委托加工方面应负担加工方面停工期间之部分开支,三日内者由委托加工方面负担职工伙食费,七日至十日内者负担其伙食外,补助三分之一的工资,十日以上者,负担其伙食外,补助二分之一的工资,因此而形成加工工厂延误交货期时,亦不能引用本条例第十六条之规定。

第二十二条　经常加工之工厂,得因委托加工方面之声请与说明,而由政府依法给以减税待遇。

第二十三条　奖励手工劳动之生产合作社,为国家加工,政府积极帮助解决其一切困难,凡能保证质量的合作社国家订货与原料供给均有优先待遇。

第二十四条　加工与委托加工双方签定之合同,必须经过市府工商管理局备案,始为有效,双方均有完成执行合同之权利与义务。

第二十五条　如在履行合同期间,因环境有特殊变动时在双方自愿的原则下可适当修改或废除此合同,但必须通知市工商管理局备查。

(摘自《哈市经济》第十三期 1949 年)

三、建立各种加工领导机构

为了统一贯彻执行加工条例，在市经委会领导下，成立各种加工生产委员会，已成立的有军需生产委员会，织布加工管理委员会，不久还要成立粮油加工委员会，所有委托加工机关，不经过加工委员会同意，……一律不准自由加工，以免紊乱并资统一调剂。

（摘自1948年8月23日饶斌市长在城工会议上的发言）

四、加工生产项目与形式

哈市加工生产的项目很多。如属于军工方面的有六〇炮、炮弹、雷管、信号枪等；属于军需方面的有棉单军服、军鞋、皮鞋、皮帽、皮手套等；属于民用方面的有制棉、纺纱、织布、织毛巾、格线、毛织品与制粉、制油、粮谷加工、制材，以及最近发展到洋火及纸烟等。其各项加工之数量亦很大，加工之大小工厂数（全部或部分的）约在3000户以上（30000户手工纺及纳鞋底者除外）。最少占哈市所有私营工厂之25%（即四分之一以上）。而以上各行业中较大之工厂几乎全部用之于加工。

加工生产形式的发展，已成为不可忽视的特殊生产类型。它之所以产生与发展，一部分是由于国家掌握统治几种原料所形成，如粮食及皮革必用保证军需民用及重要财政收入；一部分是由于某些原料较少，不得不由国家掌握分配，换取工业成品，以控制物价，防止囤积，保证战争之需要，如花纱布、盐酸加里及钢料等。这种加工生产形式，由于其原料供给之不同，又可分为两种不同的公私关系。一种可谓全加工，是公家供给一种（或全部）原料，由私营工厂生产的一种成品，如粮食加工、棉纱布加工、军工加工及制材等。其特点为资方不动用或很少垫用其流动资本，仅雇佣一部分工人，使用其机械经营生产，资方得固定之加工利润而已，其利润相当于租用机器之租金，资本积累及扩大再生产的机会较少。另一种可谓半加工，是公家供给一部分原料，由私营工厂购置另一部分原料，生产一种成品，如皮革、洋火、熟皮子等，公家供给皮张，私人购买血料子、红矾等化学药品；公家供给盐酸加里或黄磷等原料制火柴，私人则需添购木料、硫磺等另部原料。其特点为资方运用一部分资本，购买原料制造成品。虽利润较高，但由于物价的波动不平衡，利润很难保证。加之不管全加工或半加工，都曾发生过原料不足，原料不充分的困难，因之增加了成本费，增加了国家负担，生产利润降低等公私关系问题。

加工生产项目之多，数量之大，加工工厂之广，以及其公私关系之复杂，要求我们必须对之有全面分析研究，并制定出目前加工的具体政策，其中要提出成本计算方法、资方固定的利润范围、税率的大小、工资标准、加工费之合理计算、如何保证质量、提高质量以及处理多余的加工生产力等问题。不如此，则公私难兼顾难结合，劳资不能两利；质量不能提高，生产停滞不能刺激发展。

（摘自《哈市经济》第九期，饶斌《关于加工生产问题》1949年4月9日）

第二节　军需生产与加工

一、组织各行各业为军需生产服务

军需工业要进一步与公家的军需生产结合，组织起来为军需生产。包括铁工业、皮革与鞋工业、被服业、饼干罐头业，务使这些行业的生产力的主要部分，都有组织地为战争服务。

关于铁工业：232家中的1517个车床子和56个熔炉中（附带其他机械），预计组织约100刨床子、10个熔炉（挑好质量）到军火生产中去，其余分别专作纺织机，交通工具修理制造，及农具和军用品的制造。

关于被服业：总合公私被服业中可有近1000台机器为着军需被服生产。这力量可在一百天内出50万套棉军服，80万套单军服。目前是组织问题，特别须考虑如何稳定地组织他们，改变过去时分时合的状况。

与公家资本结合的方式是订货，公家投资或组织他们集中生产并建立订货关系须加研究。

（摘自哈市工商局1947年年底前三个月工作计划）

二、有效地发挥城市生产力

兹为有计划地使用哈市生产力，以期统一与有效地发挥城市力量,更好地解决军需问题,特规定今后凡各省、部队、机关、团体在哈市鞋业、被服业、纺纱业订货,委托加工,或大量购买有关上述各业生产之原料或召雇工人,均必须先经本府工商管理局之商洽,由该局征得军需处或其他有关机关之同意后,统一分配其使用一定之生产力;该局并有责任在价格、成品质量保证等问题上,给以必要之帮助。如前述订货人(或委托加工人、购买人)未经上述手续而自行与哈市厂家接洽进行生产或购买者,一经查出并认为有碍于整个生产力之使用时,本府有权制止或终止其合同。

在本布告公布前,各省、机关,部队、团体未经工商管理局而在哈市上述各行已成立合同,进行生产或购买者,统限于布告之日起十日内,向本府工商管理局补报商洽。

(摘自1948年3月17日哈尔滨特别市政府布告)

兹为有计划地组织哈市家庭副业生产之劳动力,凡各机关、部队、团体于哈市经营军需生产(例如:军鞋、被服、纺织等),必须使用哈市之家庭妇女劳动力时,请通过工商管理局之生产合作总社,指定地区统一分配人力,组织群众进行生产,以免流于混乱,妨碍既经进行之生产。自通知之日起,希各有关方面与生产合作总社研究手续办法,以便达成任务而维军需。

(摘自1948年4月3日哈尔滨特别市政府通告)

三、动员集中分散物资,解决军工生产原料

为支援战争增加军工生产之原料,特定自本月21日起,动员集中本市散在四郊及市内驻在的机关、部队、团体等的铜铁,包括其他军工用金属如铝、锑、锡、铅、火药类等,其办法如下:

(一)自布告之日起,所有四郊及市内住户散在之零星铜铁,一律由政府指定之机关统一组织力量收集。在动员铜铁期间,禁止私自收集贩运,市内铁工业生产者必要之购运,须经市工商局批准。外县运来哈市之铜铁,应允许其运输贩卖,外县来哈购买铜铁者,不准出口,如属于军需生产者,必须有军工及后勤部门之证明,亦须经市工商局批准,方准进出。

(二)本市市民所存之零星铜铁,凡非其生活直接需用者,均希其在自愿支援军需生产的原则下,自动交公集中,如属于军工用之产品材料定予以相当奖励。

(三)本市各机关、部队、团体,凡无直接工业生产任务者,其所有之零星铜铁及其他金属原料,应一律无代价的集中于政府。其办法应由各单位自行负责清理,然后分别向所在之区政府说明种类与详数,依区政府之指定,运往一定集中地点。

(四)凡持有正式营业执照之工厂、商店所存之铜铁原料及商品,因系其生产或军需之直接需要物品,一律不在动员之列。

(五)炸药及无烟炸药,为危险品,亦为有碍治安之违禁品,本非民间应该存留,市民有存之该项物资,统限于动员铜铁期间内,迅速自动转交该管区街政府,政府仍给以适当奖励,如在动员铜铁期限后仍查有私藏该项物资者即以违法论处。

(六)现在之公共建筑物,无论其如已毁坏,半毁坏或未毁坏,均严禁借口动员铜铁私自拆毁。其必要将建筑材料拆卸移作军工需要者,必须经区政府检查,经市建设局批准后方可拆毁,否则以破坏建筑物论处。

(七)各区铜铁集中站,运费支付办法,及奖励办法,均可向各地所在区街政府接洽。

(摘自1948年4月18日哈尔滨特别市政府布告)

四、公布搜集献纳军用物资办法

查于伪满及国民党反动统治溃灭时期,曾有大批军用物资遗弃散落民间。为了把全国解放军装备得更充实、更有力,以便更迅速地消灭反动派,解放全中国,因此,搜集、献纳散于民间的军用物资,送给前方,便成为我东北党、政、军、民各界支援解放战争当前紧要而光荣的任务。为使此任务顺利完成,本府特规定下列办法。

(一)搜集、献纳之军用物资,主要有下列数种:军用锹、军镐、行军锅、1.5至2毫之铁板、炮弹和子弹之空铜壳、各种杂铜及炸药等。

(二)以上军用物资,无论机关团体、商民人等,无市府或军工部之证明者,严禁买卖、出口、搬运或藏匿破坏、囤积居奇、投机操纵,违者除没收其物资

外,予以惩处。

(三)党、政、军、机关团体及各界人民献纳军用物资时可送往所在区政府指定之地址,对献纳数量多者,或对偷卖、偷运、藏匿破坏、囤积、操纵等违法行为举发报告,经查属实者,按情给予奖励。

(四)军用原料:如杂铜1.5至2毫之铁板,给予代价,每公斤折合高粱米一市斤。

以上数端希我党、政、军、机关团体及商民人等,本支援全国解放战争之精神不拘多少踊跃献纳为要。

(摘自1949年3月28日沈阳特别市政府沈民字第16号布告)

附:哈市1947年军工生产完成情况与1948年任务主要项目比较表

军工军需生产任务的加工,半年来在统一分配生产力的统一领导下,军工已完成全年任务的30%到53%,单军服已完成任务并超过任务16%,军需冬季被服与织布的任务亦加大,并已正式开始生产。保证10月底基本上能完成。

哈市1948年所担负的军需军工生产任务已大大加重了,其主要项目比较如下:

(摘自1948年8月23日饶斌在城市工作会议上的发言)

	1947年产量	1948年任务	两年之比较	现已完成数
六〇炮	200门	2,000	7倍	53.4%
掷弹筒	256门	—		↑
六〇炮弹	20,000发	250,000	4倍	
掷弹筒弹	40,000发	—		
八一炮弹	10,000发	—		30.%
单军服	99,400套	500,000套	5.1倍	已完成并超过八万套
棉军服	156,306套	300,000	2倍	七月份开始
棉大衣	167,898套	300,000	2倍	
棉　帽	209,847顶	400,000	2倍	
棉手套	35,000付	700,000	20倍	
棉袜子	35,000双	300,000	8.5倍	
棉皮鞋	149,188双	300,000	2倍	50%
撒　鞋	—	89万双		35%五月止
饼　干	—	3,370,000斤	—	23%
织　布	50,000	300,000	5倍	七月份开始
信号枪	—	2,000	—	500
马　刀	—	2,000	—	—

第三节　纺织品加工

一、管理发放纺花业者办法

查近来发现纺花业者及少数机关部队,于各街发放棉花雇佣家庭妇女者甚多。但从事于该项营业者,既无组织且无计划影响工资物价及军需生产甚巨,为达到有计划地发展城市家庭副业,并保证军需生产起见,特公布《管理发放纺花业者办法》如下:

(一)凡发放棉花(无论新旧花或更生花)委托雇佣家庭妇女从事纺织生产者均适用本办法。

(二)凡从事上述营业者,无论为机关、部队、工厂、商号或个人,均须至本府工商管理局办理登记并请得该项营业证或许可(办理登记期间自1948年5月17日至5月30日)。

(三)凡无该项营业之许可者,于登记许可未办理完竣前,不得继续从事于该项营业。

(四)凡无营业许可之发放纺花业者,各级工作人员及一般市民均有向区、街政府及市府工商管理局举发之权。

(五)凡无营业许可之发放纺花业者,一经举发本府得以偷税论处。

(六)凡举发无营业许可之发放纺花者,得以其原料品50%奖于举发人。

(七)凡从事于该项营业者,于登记完了后得成立一同业组织直接由工商管理局领导。

（八）上述该业之同业组织，须经常与市生产合作总社，商定纺织活动区域及工资价格等，以期达到劳动力之有计划使用，及公私兼顾之方针。

（摘自1948年5月16日哈尔滨特别市政府布告）

二、织布加工委员会统一加工费及工资标准

工商管理局组织了千余家织布业者，为军需民用进行加工生产。为贯彻“公私兼顾，劳资两利”的经济政策，由工商局、职工总会、东北纺织局、哈尔滨百货公司等有关单位组织织布加工委员会，根据政府的加工政策及工资政策，统一规定了加工费与工资标准以及密度规格，以求得保障加工业者的适当利润和工人劳动应得的实际工资，发挥织布工人的劳动热忱，并使业者能自觉地热心经营，为保证质量及如期完成任务而努力。

本市织布加工费及工薪标准的规定，不论公营、私营及合作社必须一律执行，统一按分数计算，以每月政府公布之战时实物工资标准价格，折合成货币发给。工资标准按中等产量实行计件工资，每月按二十六天半计算，电机织布工人之中等产量及计件工资标准，如经五四纬五四之规格，标准产量每天3匹，月产的79.5匹，每匹计件工资1.1949分，每日得3.584分，月得工资95分。人力织洋布工人之标准产量及计件工资标准，如规格为经五四纬50时则标准产量是月产24匹，计件工资3.541分，日得3.541分，月得工资85分。人力织土布工人标准产量及计件工资标准，如规格为经50纬50时，标准产量日产754匹，月产24，计件工资是4.25分，日得工资3.207分，月得工资85分。但因增加劳动强度及工作时间，技术好的工人超过中等产量之奖励，及一般福利与补助等，不在计件工资之内。加工费亦根据工厂性质，设备经营管理不同而有区别。电机工厂加工费标准，如密度规格为经五四纬五四时，每匹核9.235分。三台以上的人力工厂织洋布加工费标准，如密度规格经五四纬五〇时，每匹核13.31分。人力家庭工业织洋布加工费标准，规格为经五四纬五〇时，每匹核11.354分。人力工厂及家庭工业织土布加工费标准，如经五〇纬五〇之规格，每匹核22.842分。但织土布须按百分之百的交布，如按95%交者，则按实物工资另行计算。

（原载1948年9月5日《哈尔滨日报》）

三、哈市纱布加工业发展概况

哈市纱布加工业，从解放后一直到去年初，不断有些混乱，大部加工业靠着积存的原料勉强维持，南北满交通隔绝，一些原料买不到，也有不少家停了业。从今年2月以后，哈尔滨百货公司用很大力量，陆续从外地运来棉花，发展了妇纺，当时每月至多只能纺出40000斤线，质量还很差。后来又以道外孝纯街为中心，成立织布办事处，靠土纱来维持300台织布机，仅有1000人参加劳动。以后，纺织合作社和织布办事处才扩展到各区。

现在除了生产合作总社组织领导的30000纺妇为百货公司纺纱外，还有1500台人力织布机，还有毛巾、格线、袜子、被单、被服、染布、染线等十几个加工行业，大小共122个厂子将近两万人靠加工生活。其中基本群众85%，另15%是公营的花纱布，在国家资本掌握下，防止了投机倒把，稳定了市价。122家中小加工工厂，在百货公司不断的供给原料之下，维持了生活，按期完成合同任务，实现了计划性的加工生产。

哈尔滨百货公司所领导的私营的纱布加工业，是怎样发展起来的呢？举个例子来看，东兴染厂，在今年4月得到2亿元的交易额，加工费是预支的，用来购入染料及开销工资，到现在已经能不预支加工费而维持一切开销了（还有八个染厂也是如此）。

从这一点可证明他们的资金已经灵活起来了。毛巾业里的东兴、复兴两家工厂从前都是几台毛币机的小厂子，根本没有办法开起来，经过预先支钱，修建工厂，帮助安装电器、动力，不断供给原料，现在已有电机46台，由日产100打毛巾发展到1500打毛巾了。哈市用的电机格线在解放前都是从大连、瓦房店运来。解放当时哈市只有两家人力工厂，日产100斤格线。而现在有了13家电机工厂最高日产1300斤。其他如袜子、织布等工厂都是从哈尔滨百货公司得到原料和支款后发展起来的。

生产成品，现在70%支援军需，用30%供应民需市场。粗洋布、混合线的毛巾等产品，朴素耐用，已为一般群众所乐购，这是生产走向群众化的方向，比起一些花花绿绿的被单、电光袜子等，销路范围扩大得没法比。

（摘自1948年9月22日《哈尔滨日报》）

第四节　加强产品质量管理

一、为保证产品质量，组织集中生产

要保证生产质量提高，市政府曾提出：依靠工会，发动工人生产的立功运动，这个工作还未普遍展开。在组织生产力上我们注意到，尽可能帮助生产力在自愿结合下集中或组织少数大工厂集中生产。

在被服业，逐渐集中机器，不仅机器工人集中，便于指导经营，改进质量，而且强调帮助其走向劳动者生产合作社的道路，改变劳资关系，加强公私结合，来保证质量与产量。

在铁工业中，是组织少数的大工厂集中生产，其情况如下：

组织了全铁工业五分之一的户数，为国家加工，此加工户数拥有生产力将及全部生产力之一半约46.6%，为军需生产占用者，已将及全部生产力之三分之二，说明都是大厂子加工，小工厂按过去情势为私人做活可得利40%。

二、严厉处罚偷工减料业者

哈尔滨市道外第一、二军帽加工检查站，从8月24日组织起来后，在各加工厂生产中，发现不按军需标准生产，欺骗检查，对加工不重视，存有相当严重的毛病，甚至被检查指出后，仍然不改，故意忽视军需加工，受到处分。例如第二检查站永和泰加工厂，由于厂长不负责，对加工不重视，所以成品大部不合标准，在252顶成品中，残品204顶，剩余48顶按质量要求也不够。但在检查人看时，只拿出两顶好的样子掩盖掩盖，想马虎过去，存有能使检查人盖印即可交活的想法。多数成品中小耳朵没絮棉花，或小耳朵皮子没缝住，有的将帽口缝摔开，其次通音孔（小耳眼）完全偏着，两边耳眼不能对齐，戴上也不合适。该厂在检查时经过四次警告仍不改正，所以政府给了处罚，暂停止其加工及营业，但还是照顾，仅将其主要残品按原价50%赔损失（一顶残品拿出2万元），并将其比较好的48顶仍给工资。其次东成帽铺，共加工258顶，因不重视质量，结果残品达50%，所以也给了警告，登报承认错误，同时保证将帽子修理好。第一检查站，也发现了功成帽铺不重视加工生产，欺骗检查人员的严重现象，成品完全不合标准。例如第一次检查时，有200顶帽子小耳朵没絮棉花而不合标准，受到警告。但第二次检查时，小耳朵没絮棉花的竟增加到1500顶，又发现暗针码一寸只够九针（标准针为三十针），棉花絮的不平不匀，将帽顶絮了一两六钱棉花，帽耳絮了一两四钱（标准是帽顶二两、耳朵一两），结果使帽顶无棉花，两个耳朵特别厚，往两边支着，帽带扣不打倒针，一摔就掉。虽经过检查人员严肃指出，但在第三次检查时仍然没改，且没絮小耳朵的又增至1700顶，还发现有的帽子前脸歪得很不象样子，有的扣没订，其通音孔扎线应离孔一分余，却扎了五分远；并有的不注意，将帽面剪出口子的也有，棉花弄了满地都踏了些泥，所以对于质量管理是很坏的。该厂在2200顶成品中，能合标准者只有40几顶，加工的成品及未成品数始终背着检查人，企图用几顶好帽样子马虎过去，以为不能按个检查，并企图使检查人员帮忙等坏作风。辅成帽铺也在欺骗检查人员，例如在楼上没检查合格者，马上又混在楼下帽堆重新检查。这些问题都在处理中。根据这些问题，主要毛病是，各加工厂普遍未认识到军需加工的重要，并仍存在过去做帽子一直是偷工减料的坏习惯。

（原载1948年9月10日《哈尔滨日报》）

三、火柴的质量检查

（一）检查经过

为了提高火柴质量，便于推销及扶助小手工业者的目的，工商管理局于2月16日举行第一次全市火柴质量检查评定等级的会议。参加的有万利、光华、西傅家区、军属群众、建国、金城、瑞平祥、松江等八个火柴厂的技术师。共开了一天半的会，先讨论了检查质量好坏的标准、等级划分及检查的办法，然后对全市各火柴厂火柴逐一检查评定等次。

（二）检查质量的标准与办法

经过大家讨论出四个火柴质量好坏的标准：

1.发火的情况——好的火柴，发火不快不慢，火成圆形，火焰稳，火柴头不往下掉碎片，燃烧后火柴头略呈白色；坏的发火太慢或太快，有刺啦声或

爆炸，火光呈不规则形，向四下射，往下掉碎片，火柴头是黑色。

2.好的火柴，一根保一根使用；坏的火不易上杆，十根中有两三根不着。

3.好的火柴头不发亮，颜色滋润；坏的发亮，象擦上了油一样。

4.好的火柴，擦时不掉头，用指甲刻其头，即着起来；坏的擦时掉头，用指甲刻之即成碎片，擦时出一层粉末在盒上。

根据以上标准，大家讨论又把火柴分为五等：

1.完全具备以上四个好的条件。

2.发火有点慢，火不十分坏。

3.发火慢，不稳，火形不圆，有刺啦声。

4.燃烧时掉碎片，火柴头是黑色，火形不规则四下射，刺啦声大，发火头发亮，擦时尽数抹在盒上。

5.掉头、响，不易上杆。

为什么把好坏火柴分四个标准，划为五等呢？其中是有个道理的。

火柴质量的好坏中心问题是保用时间长短，及是否能一根管保一根用。时间长短虽然没有一家能肯定说出保用多少天，但从这四个标准中可以比较出个长短的，一般地说，好原料好技术，才可保用一年以上，坏胶坏原料再加上技术不好，说不定十天半月即完了。如火柴头发亮，发火太慢，火柴头发软，都是坏胶，坏胶有粘性，易吸收水分，磷容易跑，保持时间不长，再如火柴燃烧后发黑色，刺啦声大，火光不规则形这是盐酸加里不好，内中掺假日子久了，即起变化，助燃作用技术不好，配药不当，使火柴也保持不了长时间。因此可以说一、二等火柴，保持时间长，三等就短了，四等更短，五等就不能用了。

这样看来，质量检查，包括了使用原料之好坏及技术高低两个内容。

检查办法，把全市四十九家(只搜集了这些)火柴，除掉盒，编成号码，大家拿着火柴，每家擦五根来评定。

(三)评定结果

一等的四家——万利、东傅家区、道里区人民合作社、永裕。

二等十一家——滨江站、群众、松江、金城、等中新、福民、信远、东铁职工、东光、炽昌、新城。

三等二十四家——光华、军民、安民合作社、民利、振东、胜光、新阳、协力瑞平祥、利民、精华、电工家属、华兴、建国、振兴、哈尔滨、国课、交通、太平区民利、马家区军属、民兴、公利、兴华、黎明(公鸡牌)。

四等五家——华新、五星、爱光、大众、国光。

五等五家——新民、裕东、三光、黎明(黎明牌)、裕民。

评定等级以后，大家的情绪很高，同时又担心，情绪高的原因是：

第一，大家在评定会上学习了不少的东西，知道了好的火柴标准是什么，坏的缺点在哪里，知道了怎样提高与改进。大家都把讨论的东西记载在本子里。

第二，各家工厂彼此都了解了谁好谁坏，开始打破了相互间的隔阂与技术的保守，大家互记姓名、地址及电话号码准备将来联系，他们有些人担心的是(有些家等级评下了，评定的这些火柴，非同一时间拿来的，又不是同一个时间造出的，前一个时期质量好，后一个时期坏)，恐怕根据这一下定出谁好谁坏，公布报端，就有些不公平。因此，要求质量评定，最好一个月一次，那时即可以真正看出谁的好谁的坏。总之经过这次质量评定达到了以下几个目的：第一，把大家怎样做好火柴的这股劲提起来了；第二，知道了提高质量的方向，也知道了一些提高质量的办法，使各工厂间关系有了接触，又打下以后质量检查的基础。

(四)几点经验

第一，检查质量评定等级应与提高质量改进技术结合在一起。这样会使质量检查仔细确切，提高其研究兴趣，并且对他们今后的生产有很大的帮助。

第二，检查质量应与检查不正当的生产谋利结合起来——评定中检查出有些工厂，专为着营利，用些不好的原料制造，装小盒，很快卖出，这对于消费者不好，对于正当的营业家也有影响。

第三，评比检查质量，应吸收业者参加，人要多一点(也不宜太多)，比单纯由政府方面来检查作用大、影响广。

第四，检查后，应给予适当的奖励与批评。奖励的条件有两个：一个是产品质量好；一个能将技术传授给别人，并提高大家的质量。

(摘自《哈市经济》第七期 37～38 页，1948 年 2 月 20 日)

四、对牙刷业初步检查结果

哈尔滨市牙刷业在政府积极扶植下,已大量发展,品质优良者虽多,偷工减料的亦属不少,以至影响多数业者之销路停顿。工商局为了提高牙刷产品质量,保护正当业者与消费者之利益起见,加强商品管理,进行初步检查。根据成品,由工业科商品检查组进行甄别,工商管理局为了对业者有教育意义,特聘请了同记工厂、八松工厂、双兴工厂、中兴工厂、隆华工厂、新光工厂、建民工厂、裕民工厂、兴华工厂、义合工厂、福昌号、三星工厂等12名评判员,共同拟定品质评判标准,然后根据标准,甄别合格与否。

检查结果:

可资应用者:同记工厂白熊牌,八松工厂八松牌,中兴工厂中兴牌,义合工厂运动牌,建民工厂民字牌,三星工厂三星牌,中孚工厂铁锚牌,丰一工厂蔷薇牌,玉兴工厂桃牌,新民工厂平安牌,益兴工厂玉字牌,福昌号双十牌,义合成工厂百吉牌,兴北工厂蜜蜂牌,新兴工厂滨雁牌,曾记工厂万年牌,义泰工厂嘉禾牌,利源工厂利字牌,泰恒工厂高泰牌,美华工厂第一牌等20家。

可资应用但尚有缺点者:①牙刷毛不良者:福义昌工厂、李好志工厂、玉丰工厂、大东工厂、民生工厂等五家。②牙刷勒的不良者:鸿盛永工厂花兰牌、李广林工厂、德盛永工厂、姚成永工厂、三合义工厂义字牌、俊凤工厂、东合成工厂长城牌、成记工厂双叶牌、玉华工厂、久记工厂虎头牌、隆华工厂、双星工厂、志利工厂志字牌、永生工厂光明牌、惠文工厂、润生工厂等十六家。③牙刷杆不良者:工农工厂、瑞和工厂、新兴工厂、同和顺工厂、福顺永工厂、义盛公工厂、洁丽工厂等七家。④牙刷漂白不良者:启东工厂启字牌、俊记工厂双燕牌、抗烈工厂、荣合工厂等4家。⑤牙刷沟不良者:宁庆杰同志工厂、云峰工厂、裕良工厂等四家。

品质不合格者:亚光工厂亚字牌,松滨工厂松字牌、兴业工厂业字牌、兴华工厂五一牌、晶新工厂晶字牌等六十一家。以上各工厂出品的牙刷将分别予以奖惩。工业科并规定登记牙刷商标以便识别,未登记者从速登记。此次检查合格者,要更加提高品质,不合格者速即改良,争取下次检查合格。

(原载1948年8月28日《哈尔滨日报》)

五、保护质量好的牙刷业规定商标登记办法

根据工商局6月末统计,全市牙刷业为142家。其中个别工厂偷工减料,制造劣等货在市场销售,致使一般买主很难区别好坏。工商局工业科为防止投机取巧,保护正当工商业的发展,特于7月21日召集牙刷业开会明确规定了商标登记办法。登记期限自7月22日到8月15日。每家只限一种商标。印制前须先将商标样式送交同业公会及工商局审查,登记后须将一份成品及三份商标送交工商局,以备将来鉴定质量。每打牙刷出了必须附以机器印刷或用胶戳盖印的商标。每件产品上必须以硝酸银液印上哈尔滨市某工厂出品和商标名称及简单图样。工业科李同志特别说明:这次登记是为保护成品质量好的牙刷业不受劣货影响,可以安心继续提高产品质量。对于用棉线代替丝线或牛马骨消毒、漂白不彻底的个别投机分子,予以严加惩办。

(摘自1948年7月23日《哈尔滨日报》)

六、扶植新兴工业正当发展,严格检查产品质量

半年以来,由于政府提倡及保护,哈市新兴工业发展成绩很大。其中亦有少数奸商钻空子,利用政府介绍贷款,不作购买原料,添置工具之用,而投机倒把,私造商标兼业不报,或藉口开新兴工业工厂囤积大宗其他商品,以及用低劣原料制造低劣商品欺人等不法行为,若不惩办以上奸商,则有碍新兴工业的发展。工商局有见及此,常派干部普遍调查,实行检验,已悉完全查验明白,予以公布者,有:

(一)新生脱脂棉工厂,西药制造业,药联公会会员,地址沙曼屯清明二道街。在本年6月间,以采购原料解决生产困难为名,请求工商局介绍到东北银行贷款150万元。嗣后工业科同志去了解时,发现该厂叫外柜张景泉携带贷款到一面坡跑老客,带回与该生产无关的电灯泡四十个,及漂粉三盒,以高价卖出,又返回一面坡带回苞米七百斤贩卖。同时又私造脱脂棉商标,未曾注册,未经呈报兼业,私自漂白手巾,经多次询问,狡猾坚不坦白,及拿出证据,始俯首无言。并有以不正当方法使别家技师去该厂工作的情况。

(二)文记油漆工厂,地址马家沟建新街。资本一千六百五十万元,呈报制造毛必鲁油,实际是挂羊头卖狗肉,将好的毛必鲁油买回后,掺入一些麻子油再卖出去。另外还作贩卖囤积油类的买卖,贩卖的有车轴油等八种,粗略计算共得利九百七十九万余元,囤积者计有松根油等十八种,共值二千多万元。经工业科查明后,复狡辩不承认,把他的开业证书与账簿对照,赖不过去就又玩花招,托落后职员说情。

以上两家工厂,工商局正处理中,其他各新兴工业要以他们为鉴,切实生产以取正当利润,不能有非法行为自取处分。

(原载 1948 年 8 月 14 日《哈尔滨日报》)

七、提高产品质量,防止粗制滥造

哈尔滨市工业局对私营工业,加强商标登记、商品质量检查工作,在现有已开业的行业基础上达到提高产品质量。

从去年 3 月 14 日,发布保护工商业布告后,全年工业品产量等于前年的 13.5 倍半,特别是日用化学及电器材料制品增加到 50 倍。因为大家都在摸索研究过程,其中还有一部分业者有意漠视质量,粗制滥造。如牙刷业在习惯上自称一毛不拔来说明坚固耐用,而从去年发展到 100 家以后,就发现很多业者的制品被买主称之为"全拔毛"。铅笔业发展到 60 多家,只有四五家做的较好;有的铅笔芯中断,被称为"真空牌"。有一个时期,老客多不敢买哈市当地造。又经过一度商品检查,就自动倒闭了 30 多家。又根据去年废业统计,家数最多的有文具业 63 家,牙刷业 36 家,主要原因是质量太坏,卖不动,又压不起资本,只好废业了。虽然一些资金较厚、肯钻研的工厂产品,到如今仍不愁销路,但在沈、平、津等地相继解放后,交通方便,各大城市工业产品,在质量和价格上,势必发生竞争,哈市有许多商品质量如不努力提高,难免要受到淘汰。

工业局行政科认为要使商品质量好,必须从研究每个行业本身及营业态度开始,这是解决提高质量的基本问题。最近,就以火柴、胰蜡、牙刷、油类涂料制造、火碱、颜料、墨水、铅笔八个行业为主,开始调查研究,不久更要广泛开展。

要提高工业品质量,首先要改进营业态度。去年,某些新开业的牙膏工厂,一家撑着三四个商标,很少研究牙膏质量,专靠商标多。头一个牌子倒了,再用第二个,看到某种货销得快,就加紧粗制滥造,没有长期打算,一旦被人家认破货色,也就心满意足地废业了。这些投机思想,除及时发布开废业指示外,还要用严格的商标登记来制止,并通过商品质量检查,推进工业厂家能积极经营自己的事业。其次是要提高技术,按行业成立技术研究会,公开技术秘密,进行集体研究。但也必须打消业者的顾虑,保证目前产品销路,组织一个统一的销售机构。并使业者知道,如果品质提高后,销路更会广。如不加入研究会,虽然当前技术高质量好,但集体研究技术进步速度快,很快就会超过技术保守者。另一方面,技术理论公开后,由于厂子的资金设备等条件不同,产品质量也不可能没有差别。技术高的还可继续进步,而且有商标的信用,仍能争取自己的销路好。据说铅笔业大多数愿意成立研究会,油类涂料、钢笔水等行业中的业者及中等技术人员,也都热望技术公开。有人说:要想营业发展,每个行业必须组织起来,评定产品质量,研究技术好坏的原因,否则,技术太低,不但白糟塌了原料,对外还影响了产品的信用。工业局现正准备奖励去年有成绩的工业经营家及技术改良者,而对今后能带头公开高等技术者,也给以物资奖励及名誉表扬。

(摘自 1949 年 2 月 26 日《哈尔滨日报》)

查最近发现有铅笔业者,故意粗制滥造,投机取巧,追求利润,破坏生产与合作铅笔业者之利益,政府为发展生产提高工业产品质量,保护正当铅笔业者利益起见,特此通知如下:

一、各铅笔业者,不准粗制滥造,严禁使用外文商标充舶来品,必须附上自己的商标,以鉴别货色。

二、各商店及摊贩,不准贩卖无商标和冒充舶来品的外文商标之铅笔。

(摘自 1949 年 3 月 2 日哈尔滨市政府工业局通知)

第五章　对外侨工商业管理

第一节　对外侨工商业政策

一、凡遵守政府法令者，均享受与我人民同等待遇

哈市外侨数量甚多，我民主政府对外侨政策及哈市外侨状况，均为各方所关心。……哈市现有苏联、美国、捷克、意大利、罗马尼亚、匈牙利、瑞士、南斯拉夫、丹麦、澳大利亚、希腊、土耳其、葡萄牙、瑞典、伊朗、朝鲜等外国侨民33721人。

经营工商业者有苏联、美国、德国、意大利等20个国家。其中经营工业者有苏、美、英、德等14国，经营商业者有南斯拉夫、澳大利亚等16国。全市外侨工商业共728家（内有牧畜业两家），工业中有纺织、铁工、皮革、木材、电料、制药、印刷、食品、颜料等47种，共322家，资本总额为162.11亿元，职工人数2872人。根据去年（1947年）统计获利者236家，占总数的74%，共盈利6.39亿元。收支相抵者55家，占17%，亏损者31家，仅占9%。商业中共有404家，资本总数为499.05亿元，获利者331家，占总数82%。收支相抵者33家，占8.2%，亏损者仅40家，占9.9%。哈市外侨工商业获得发展主要原因，是我民主政府对侨商采取了保护和扶持的方针，特别在战争期间，多方设法帮助解决生产原料及动力，促使外侨经营工商业者日渐增多。

（摘自1948年4月29日《东北日报》）

二、保护外侨财权

根据伪满康德十一年（1944年）统计，当时外侨工商业者仅五百三十五家，而民主政府成立后，已发展到728家，即增加了193家。特别是经过工商企业大登记之后，侨商生产信心更日益提高，一月中，要求新开业的工业有5家，商业有10余家。如西莫连阔等9人集资3830元，筹备东方实业股份公司，聘请技师大批造胶皮鞋，为解决原料之困难，并计划再增资70万元，利用本地原料提炼胶皮，经初步研究，已获成功。又如古留夫最近投资农业生产，政府已允租1300垧地，现拖拉机已修理完毕，不日即可开始种田。再如外侨化学厂精心研究，利用本地原料，造出哈市最缺乏的汽车零件电汽钮，政府给以极大鼓励与帮助，使其大量生产，目前每日可生产50余枚。

总之，政府对于外侨投资经营的工商业，只要遵守各项政策和法令，我们是欢迎他们在互利的条件下继续经营或投资与政府合营。哈尔滨市政府本着这种精神，对因受交通阻碍或因事回国本人不在哈尔滨市的侨民，对其所经营的工商业及其财产，也一样采取保护政策。为不使其停顿或受侵犯，我们采取了可由本人委托代管，或请政府代管的办法，以继续经营与保管其财产。目前在法院中已存案代管的工商业，房产、家具等有苏、英、美、波、伊，及无国籍的外侨119户，虽然其中大部分是伪满时期的存案，但我民主政府仍承认有效。

以上说明在民主政府管辖区内的外侨，一方面不容许有特权，另一方面只要尊重我民主政府法令，不作破坏活动，可享受与我人民的同样待遇。因此，我们能在很短时间内打破中外人士历史上隔阂，并提高了外侨尊重我民主政府的政策与法令的观念，进一步加强了中外人民的友谊。

（摘自1948年4月29日《东北日报》）

三、加强合作，增进中外人民友谊

为贯彻保护外侨政策，进一步增进中外人民友谊，市政府特于24日上午召集居住在本市的苏联、波兰、芬兰、捷克、法国、印度、朝鲜等26国籍，各业侨民代表30余人举行了座谈会。席间，朱市长重申民主政府的外侨政策。他说："哈尔滨这个城市已脱离了蒋介石的反动统治，由人民自己建立了新的政府。它对待各个国家的外侨，只要遵守我政府的政策法令，不采取敌对态度和做破坏活动，一概与中国人民平等看待。同时，我们也有责任和义务来保护和帮助外国侨民。"朱市长进而提出要求，他

说:"希望本市外侨也要用新的精神来和新的政府合作,从而建立中外人民新友谊。"朱市长讲话后,与会代表相继发言,一致感谢民主政府对他们帮助和保护。鞑靼侨民代表秋俩果夫说:"在哈住了五十年,经过了沙皇和日本时代,一直受压迫,民主政府成立后,外侨也得到了解放。"捷克和希腊代表在会上忆起,反法西斯年代里被迫加入德国籍,那时哈尔滨没有人权和保障。波兰代表侨民说:"我愿拿出一切力量,帮助新的政府建设哈市。"最后,社会局局长张观同志讲了话,他说:"希望侨民代表回去后,将政府的政策和法令广为传达。并组织起来,更好地和政府建设起正常关系,以便解决本市侨民相互间一切问题。"

(摘自 1948 年 5 月 26 日《哈尔滨日报》)

第二节　外侨工业基本情况

一、外侨工业概况

外侨工业家数 306 家,工人数 1944 人。

外侨(工业)国籍分布,苏联 259 家,波兰 23 家,匈牙利 4 家,日本 3 家,希腊 3 家,无国籍 3 家,捷克 9 家,法国 1 家,伊朗 1 家,合计 306 家。资金总数 3282.75 亿元(东北币)。

外侨工业生产方式:

动力机械 78 家,工人 1474 人,资金 3147.61 亿元(东北币)。

人力机械 15 家,工人 73 人,资金 19.20 亿元(东北币)。

家庭工业 124 家,工人 200 人,资金 56.81 亿元(东北币)。

手工作坊 33 家,工人 172 人,资金 50.1 亿(东北币)。

手工业者 56 家,工人 75 人,资金 8.54 亿元(东北币)。

合计 306 家,工人 1994 人,资金 3282.74 亿元(东北币)。

外侨工业计有 52 个行业,其中行业家数最多的有:

机械制造修理业 53 家,车辆制造修理业 34 家,面包业 16 家,制酒业 12 家,缝纫业 14 家,化妆业 14 家。

外侨工业资金分级情况:20 亿以上的 13 家,10 亿以上的 4 家,5 亿以上的 16 家,1 亿以上的 53 家,5000 万以上的 33 家,1000 万以上的 100 家,500 万以上的 33 家,300 万以上的 18 家,200 万以上的 12 家,10000 以上的 13 家,50 万以上的 5 家,50 万以下的 6 家。

二、外侨铁工业为我军工加工生产

铁工业共四 42 家,在军工加工品中生产有雷管、弹壳、掷弹筒、撞针、炮弹发火帽,以及大小型之高铜弹壳等,其中大型铜质弹壳及炮弹发火帽生产最多。大型弹壳自 8 月开始制造到 9 月,其指数虽然上升为 2.361,到 10 月又降到 1.51,总计 3 个月共生产 351689 个。炮弹发火帽自 3 月间就开始制造,4 月间之指数上升 1.144,5 月间未制造,6 月间生产量降到 4.26,3 个月间共生产 214445 个。

三、外侨民用产品生产情况

在一般的生产品中,制造牙膏、铝管、铜扣子、修理大小机器、旋床子、各种机械、汽车修配零件等不下数十种。其中以牙膏、铝管、铜扣子生产量为最多……

制药业共计 2 家,产品有樟脑、葡萄糖、盐醋酸加里及各种注射药等……

电料业计 25 家,主要承揽修理无线电和蓄电池……

颜料业 6 家,生产各种颜料、白粉、洋漆、鞋油等。其中以白粉为最多,全年产量 12 万余袋。

胰腊业六家,主要制造各种胰子、鞋油及胶皮制品……

化妆业 18 家,主要制造牙刷、牙膏、鞋油以及香粉、香水、头油等。

胶皮业 4 家,主要生产碳酸钙、黑矾、胶皮鞋及胶鞋掌等。

瓦斯业 2 家,生产碳酸瓦斯……

制棉业 2 家,仅加工弹棉驼绒。

洋服业 11 家,主要生产男女皮棉大衣,洋服帽子等。

鞋帽业 14 家,生产各种皮帽子、皮鞋等。

针织业 6 家,生产骆驼绒、毛线、棉线毛衣等。

皮革业 11 家,主要生产底皮、软皮、羊皮、犬皮等，生产量最多的是羊皮，全年生产量36365张，其次为犬皮，全年生产量为10402张。

皮制品业共3家，主要产品是衣箱，其次是提箱和皮鞋。

制粉业3家，属于秋林公司的2家，属于苏联侨民会经营的1家。这3家生产的面粉由1～10月份总计生产了5548吨。其中自产为2706吨，为各方面加工的是2842吨……

制油业2家，因为原料缺乏，仅做清油而已，2月份生产了清油一吨半，5和10月生产了阿立夫油218桶，余9个月都休业。

制酱业2家，主要生产酱油和醋……

面包业19家，大部分是苏侨民会供给部所经营的，生产食用面包由1～10月计5371153斤。此外还有标准面包539345斤。

清凉饮料业（联合汽水工厂）1家，1～10月份共生产汽水3029箱，格瓦斯5个月生产了1324箱。

糖果业7家，主要生产糖稀84109公斤。其次是咖啡糖共135344公斤。

灌肠业6家，以秋林公司的工厂生产最多，由1～10月生产灌肠832556公斤。

制酒业20家，内中秋林有4家资金较大，其次是哈尔滨啤酒厂10个月共生产1666652瓶。

人造冰业仅秋林1家，共造冰20335公斤。

牛奶制品业1家，是沃轮错夫经营的牛奶、奶油和乳干……

茶叶咖啡业6家，主要生产茶叶和咖啡。

制材业计8家，生产软木板和汽车用小栟子。

胶合板业1家，主要生产火柴盒及木片。

玻璃业计2家，生产有火玻璃、云母纸、安瓶等。

印刷材料业1家，主要产品是油墨。

文具制造业3家，生产水彩颜料及各种玩具等。

烟草业2家，生产纸烟及烟丝，并代百货公司加工纸烟……

烟末业5家……

电影片1家，是苏联影片出品公司经营的，主要制造和修理各种电影机等。

四、外侨工业特点

工厂的管理：外侨对工厂的管理较科学化，规模大的厂创立至今都有几十年的历史，经营有方，例如平和洋行胶和板工厂，自1946年6月停工到本年10月才正式开工，在此期间，其管理以自给自足之方法，研究制造火柴、盐酸加里、种菜、养牛、弹羊毛、种种生产补给工人生活，不使离去，节省开支，使工人生活不降低又能安心，今年10月间一旦开工，马上顺利进行。

技术特点：确有很多技术人才，所做出来的制品，都是当时现地缺乏的一些东西，为国人所不及，如兴亚铁工厂所做的大炮零件，其他工厂是做不出来的，……高噶呢建筑业用砂土、石灰、刨木花及秫秸等所建造的刨木花板，可以做房屋墙壁之用，为建筑业之佳品。郭罗保夫工厂所制造的火玻璃也是国人工业所未有的，可安装汽车之小窗，坚固不易破损。……

设备：有些工厂的设备，规模宏大，出品又极特殊。如哈特尼影片公司（苏联国营）专门制造各种电影机附属品，现在该产品销往各解放区，在全东北来讲是唯一的工厂。其次像平和洋行胶合板工厂专门制造胶合板，一切设备完全机械化，相当庞大，全年可生产540万平方尺。老巴夺烟草公司现在的生产能力只能发挥三分之二，秋林公司人造冰果厂也完全是机械化的设备，有冷冻机及冷冻仓库能制造人造冰，司赤任吉斜尔毛皮缝纫工厂，设备有制手套机一组，共八台，为德国制品，是东北不可多得者。

（以上均摘自哈市工业局侨商科1948年工作总结）

第三节　外侨商业基本情况

一、外侨商业概况

1．侨商的实力：哈市侨商的历史已有50年。外侨包括苏联（多系“八·一五”以后加入者）、朝鲜、挪威、日本、美、英、波兰、立陶宛、捷克、法国、德国、南斯拉夫、丹麦、土耳其、瑞士等17个国籍之侨民，且有部分尚无国籍者，除朝鲜、日本侨民之外，西欧侨民俱操俄语。经营有工，有商，行业种类也几乎无所不有，大小业者，共732（注：大登记时之统计）。由于历史及“八·一五”后各种条件，使侨商手中积存了大量货物，如就1947年年底盘存的货物统计数字来看，侨商仅占华商3.16%，而存货竟达华商44.6%。在“四·二八”后工商业保护条例颁布之前，尤其是在土改高潮时期，有的地区侵犯了工商业的利益，使华商徘徊、犹豫、畏缩、恐惧之际，又给了他们收买物资，囤积居奇，抬高物价经营之机会，加上负担较轻，而侨商之实力甚厚。

2. 商业：到12月底计35个行业，内有五金业9家，汽车元件8家，古物9家，华洋杂货41家，鞋帽13家，皮毛14家，食杂73家，西餐19家，食肉12家，银行1家，代理店34家，理发业25家，旅店14家等共计414家，较大登记时409家增加了5家。……

（摘自哈市工业局1948年侨商工作总结）

二、对侨商的管理

“四·二八”之后，政府对侨商基本上没有管理，到1947年6月24日工商局成立之后，对侨商也仅限于开业呈报者，予以办理，不来呈报或也不加追究，……至于其他如营业情况等就更不了解。

谚云：“无商不奸”，有些华商是如此，侨商亦如此，侨商中十有八九都兼着委托，尤其是经纪账房、批发商，华籍外籍的经纪人结合得很紧密，华商投机者也多，利用这个死角。我们在7、8、9三个月调查工作中，就发现了商业中的不法行为。总计处理案件14件。其中8件课以罚金，总计罚款2.65亿元（东北币）。

另外没收猪鬃十四箱，勒令撤回登记证废业者一件，写悔过书加以告诫者四件。

（摘自哈市工业局1948年侨商工作总结）

外侨经纪人自去年4月侨商科成立以来，即由商业科掌握，1949年侨商划归商业科行政股后，仍由市场股管理到现在正式登记取得许可的仅十名，非法介绍买卖的经纪人不在少数。虽然经过了侨商公会及法律代理的通知和传达来局办理登记手续，但他们回避一切，不仅不办登记手续也不纳税，仍然暗中交易。……这是由于我们的管理工作没有加强，既不经常到外边了解情况，也不采取措施把他们组织起来。

今后外侨经纪人也要加入经纪人管理委员会，统一办理一切手续，使中外经纪人彼此取得联系，在管理上也便于掌握。

（摘自哈市商业局1949年侨商工作总结）

三、侨商业者的思想动态

哈市的侨商大多数是十月革命之后逃亡出来的一些惊弓之鸟。去年我们在政策上有某些过左偏向，侨商业者是很清楚的，也引起他们极度的不安和恐慌，买卖就不敢大作，认为“对中国人斗争完了就该轮到我们了”。另一方面又仗着已获得苏联国籍，可取得领事馆之保护，因而表现极力反对、拒绝、拖延工商业登记工作，表面上又似乎很镇静，开口“领事馆”闭口“卡比旦”，充分暴露出其内心之恐慌与不安。有些业者抱着应付的态度，装腔作势，多少还存在着以往在中国居住的洋人有些特权的观点。

（摘自哈市工业局1948年侨商工作总结）

……最近以来办理废业的大量增加，据说，欲将资金移转到津沪诸地，原因那里可以直接对外办理出入口贸易，并且行业限制较哈市宽一些，所以合乎他们的愿望，渐次南迁。……还有的在申请废业的理由上，是要返回以色列，实际是准备暂住天津，观望情形，再定转移他地或重操他业。……这是近来大的侨商所抱的态度。

（摘自哈市工业局1949年侨商工作总结）

第四节　中外合资经营工商业情况

我国人民与外侨合资经营之工商业到1948年12月末，共计15家。其中工业5家，商业10家。创业年限1948年开业者，工业有3家，商业4家，计7家。1947年开业的有商业2家。1946年开业的有工业1家，商业1家，计2家。在“八·一五”以前开业的工业1家，商业3家，计4家。“四·二八”以后开业者居多，查其合资之原因，可分为以下几种：

1. 我国人民吸取外侨之技术，外侨仰赖国人之资本。

2. 外侨出资仰赖国人之人力。

3. 由于当时政府对外侨工商业者征收杂项花费较轻,为贪图这项利益者。

4. 为了逃避斗争,以外侨为防空洞者(1947年、1948年开业者共九家)。

(摘自哈市工业局1948年侨商工作总结)

第五节 外侨工商业组织状况

一、外侨工商会概况介绍

苏侨商工公会的组织,是根据本年6月公布的会章改组而成立的,该委员会设主席1名,副主席2名,委员11名,在委员会内包括中长铁路商务处、远东银行及苏联国营工商业者5名代表。任期是3年。主席与副主席都是义务职,商务会的经费由会员会中支出。现在经常在侨商会中办公的有主席、秘书、会计、打字员及工友等5名。

委员会的名单:

1. 主 席 依·依结民——秋林公司的董事长

2. 副主席 甫·阿·波郎什太音——金山洋行及莫斯科药铺经理,侨商中的资本家。

3. 委 员 衣·木·别尔阔维来——福茂洋行经理(鬃尾毛皮加工商)

恩·德·波好夫——苏联远东银行经理

斯·木·布雷金——沃尔缶建筑公司经理

衣·特什沃托夫斯吉——运输仓库业经理

木·阿·扎衣克拉也夫——满洲公司经理

格·恩·克拉巴壳夫——永和洋行经理(运输业)

阿·木·郭列林——郭列林洋行经理(华洋杂货)

波·衣·拉宾——秋林火磨经理

德·浦吴斯果夫——吴斯果夫建筑公司经理

牙·依·缶里本——永利洋行经理(毛皮业)

木·阿·卡里诺维赤——万国商业公司经理

格阿·孟根——中苏木材公司经理

以上各委员除远东银行、秋林火磨2名,是国营及公私合营企业代表外,余者10名都是代表资产阶级的,这些委员在哈市侨商里边资本都很宏富,有些名望。历史也很长久,所以才被选为委员。……

侨商公会是在1907年5月2日帝俄时代成立的,其主要目的是结合在哈的俄侨及其他欧洲人工商业者,保持他们的权益,在互助团结的原则下结成的,会员是自动加入的,当时除在哈俄侨外,还有其他欧洲各国工商业,当年就连现在的张廷阁所开的双合盛火磨也参加了这个公会,在那个时候命名叫哈尔滨商事会。……"九·一八"事变后日人统治东北,在1938年把商事会结束了。从此也就一同归并入日人掌管的日、华、俄混合的商工公会。东北光复后,于1946年3月该商事会又复活办理苏侨工商业者一切对内外事项。1948年6月改名为苏侨商工公会,并且把旧有规章从新改正,其不同处:(一)现在会员仅限于苏联籍者,以前是任何国籍均可。(二)现在参加商会各工商业者不限其规模之大小及业种。以前仅大资本业者,现在苏侨商会的工作已活跃起来了,正分别组织各行业公会。

(摘自哈市工业局1948年侨商工作总结)

二、侨商会的组织情况

1. 内部之组织及所办之事务

苏侨商工公会的内部组织,自去岁改组以来,未有变动,于去岁的12月间,他们为了分税又成立了七个分会。

(1)铁工分会——机械、铸造、电焊、瓦斯焊、汽车修理等。

(2)无线电修理分会——无线电、磨光钟表修理、首饰、雕刻、乐器及玩具等。

(3)粮谷加工食品分会——火磨、面包等。

(4)纤维制品业分会——制棉、针织、洋服及鞋靴等。

(5)木材建筑分会——制材、胶合板木器、裱糊、皮件品及建筑业等。

(6)化学制品业分会——瓦斯、胰腊、制油、胶皮、制药、靴油、各种化学制品及颜料等。

(7)烟酒业分会——烟类(烟卷、烟末)、制酒、清凉饮料及化妆品等行业。

各分会推选有分会长及委员,其任务为在公会领导之下,召集担当范围以内的业者开会,传达政府法令,评议税金及反映情况等。这些分会在公会内,平常不设置固定人员,遇有任务时,由公会首先通知各分会长,再由分会长转达各业者。公会内办理事务者设置有秘书及事务人员,主要办理事务,负责召集分会长及委员的会议，评议税金给工、商两局代替受理生产月报及销售月报，传达法令及协助政府其他临时登记等工作。在他们的工作中很少主动，而多半站在被动，但是较前确是有进步的，以前该公会只是各工商业集聚的处所，了解行情的地方，对政府的协助几乎是没有，有时还形成对立的现象，由于去岁大登记以来，政府不断地与该公会协谈与指导，因而所有很多的地方都较从前改变。

三、公会对政府的帮助及影响

在这一年来该公会对政府的协助，主要在登记工作上及生产月报的受理上，其他税务局的税收上，其具体情况分述如下：

(1)在业者的思想上认为公会是他们自己的组织，同时也是他们权益维护的地方。他们以为政府对业者所施行的一切事项认为有不适合时，可以由公会提意见。要求加以伸缩，因此都能自动地积极到公会质疑及讨论。这样我们的政策实行比较地彻底，能免去大的偏差，同时我们由公会也能得些经验，及业者的实际情况。如生产月报及资金登记表的格式和所要求的事项，在制定上我们都是按中国业者用的格式，译成俄文。办理中间经过该公会，针对业者们的实际情况，提出很多意见，由我们考核的结果，皆及时地加以纠正。这不但对事务进展有帮助，同时为业者们也解决了疑难。

(2)在政策原则的宣传上，也起了部分的作用。凡是有关工业上的法令原则，都及时以俄文揭示在该公会之内。因为该公会是业者经常进出之所，业者一去，马上即可看到。

(3)补助了政府力量的不足。如生产月报的收受……减轻了我们事业上很多繁琐。就中我们感到不足者，即该公会的组织还不够健全，缺乏主动，没有调查，未能把握住外侨的动态，没有统计哪个行业、哪个国籍有多少家等，更没有精确的统计。……

（以上摘自哈市工业局1949年侨商工作总结）

第六章 摊贩管理

第一节 摊贩基本概况

一、摊贩的组织形式

(一)有组织的:自1946年秋,于道里开始,将散布在市场周围的摊,引导入市场里面。并且从他们里面,选出委员,组成了管理委员会,管理市场的秩序和清洁及其它经常事务以来直到现在,已组成的这样市场,共15处,业者有10余行共8181人,不过因当初的组织不够健全,政府领导和有关部门之间的配合都不够,直至今日,除去一小部分外,大多数只不过是形式上的组织而已。

有组织的市场名称如下:道里区南市场、西傅家区延爽街糖果市、承德街粮市、盐市、南三道街烟市、南四道街花纱布及杂货市、北三道街鱼菜市、东傅家区兴业市场、南新市场、东市场、新阳区抚顺市场、南岗区南岗市场、马家区马家市场、香坊区香坊市场、太平区平民市场。以上这些市场雇用的事务员及工友共计80余名。

(二)无组织的:无组织的市场最大者,要算老巴夺后身的小市,据去年末的调查,业者约有2000余人,现在可能增加至一倍以上,其余如道里、道外也有一些无组织的集中小贩,每天人数不过百名上下。至于老巴夺后身小市的业者三分之一是由有组织的市场,和有门市的商号去的,因为是早市,下市后又回到自己的营业地点去,他们之中有许多很不愿意这样的往返奔波,但是因为都去,自己不去,又怕生疏了行市。

(三)固定的零散摊贩:是指着街头巷尾零星摊着的摊床,现在其贩卖物品种类有以下各种:杂食、青菜、馒头、酱肉、豆腐、鱼、糖果、苞米花、瓜子杂货、笤帚、废纸、麻、黄烟、针线、五金、电料、烟卷、汽油、书籍、修理鞋、修理车子、破烂家具、炭柴、打鞋油。

(四)游动的零散小贩:是指着挑筐、推车的游动于大院小巷的小贩或卖疏菜或修理一些破旧家具,现在有以下各种行业:黄烟、烟卷、糖果、酱肉、下水、馒头、青菜、杂食、豆腐、面条、切糕、烤土豆、江鱼、粮米、估衣、京广杂货、卖线的、洋铁匠、修理笼屉、买卖破烂。

(摘自1948年4月19日《哈尔滨特别市摊贩初步管理办法》)

二、有组织摊贩市场的特点

(一)道里市场多半是山东掖县、黄县人,卖菜及京广杂货者多为失业店员,生活不困难,比较容易组织。夏天顾乡屯青菜上市的时候,这里容不开,可以在中国十四道街开辟一个早市,每辆菜车征收若干清扫费,道里市场负责雇人清扫。

(二)延爽街原来本是早市,现在散市以后仍有人整天在那里零卖,很妨碍交通,业者中多半在附近有门市。

(三)承德街粮市和盐市的业者们,全都是由太古街迁来的,已往组织起来的摊贩比较有秩序,其附近没有组织的则很零乱,今后组织起来,应该迁到粮市胡同里头,有组织的摊贩,在过去的平抑粮价上,是起过某些好作用的,无组织的粮贩在物价波动的时候是惯于捣乱的,今后当加强对于他们的管理。

(四)南三道街烟市,这里分为黄烟和纸烟两部分,实际上都是些二经纪,黄烟是由代理店买来的,纸烟是由代销处买来的。他们的生活,都不为难,登记以后可以逐渐取消。

(五)南四道街花纱布市:这里分花纱布和杂货两大类,都是批发性质,纱布的来源多半是公家的。这些人们大都是这一行的老手,假如公家有足够的货供给市场时,自然可以取消他们,不然的话,倒莫如使他们按着现状延续下去,以便监视和管理。杂货摊贩之中有一部分是南勋街的"大屋子",应该逐渐地使其回到自己的门市去。对于本市工厂的生产品,政府在物价及商品的品质上,应该加强管理。

(六)兴业市场:现在还空闲着约200个房号。

有门市的小贩以贩卖五金、布匹者居多,从今年三月以后,开始了几家新兴的小手工业。如:修理电灯泡、做铮扣、做木花板、做楦匠的、脚踏式纺织的,等等,这是摊贩走向生产的前奏,可供我们今后领导工作的参考。

(七)南新市场在道外十七道街圈楼里。这里多是一些卖鱼、菜和吃食的小贩,从去年春天以来,每次物价波动,他们都起着一种带头作用,事务员的作风,也似乎差一些。

(八)东市场:这里多是一些卖估衣的,固定的多半是来自丰润街的估衣铺,另有门市也有资产,为人多狡猾有“估衣鬼子”之称。他们对于政府仍旧存在着若干的顾虑,如果耐心说服,加以教育,他们可以返回自己的门市。游动的摊贩里,有一部分是流氓无产阶级,多住在大新街以北,四、五道街以东以及那一带的小店里。这个市场上,经常发生偷人家东西和不守市场规约的事情。

(九)马家市场:位于教堂街的公园内,在这里家庭住户卖东西的多一些。其中有许多是伪满的公务人员,所卖的东西比较便宜,而且品质也比较好一些,常有一些小贩到那里去买,工务局曾经要求他们迁移。

(十)抚顺市场:现在空闲着100多个房号,业者有许多是从道里移过去的有门头的业者,以卖日文书籍及饮食店、娱乐场较多。

(摘自1948年4月19日哈市《摊贩初步管理办法》)

摊贩市场早市繁荣发展的原因:

1. 战时环境物资缺乏,零星物品不便开设商店,大量买进货物又不方便的情况下,必然有一部分小资本商人要靠设摊贩卖为生。

2. 职业困难,公家职工薪金过低难以维持全家生计,物价变动,生活水平日渐低下,贫苦市民有人要卖出旧物度日,有人要买进废物维生,而跑小市的人则备有少量资本,利用群众的要求借机从中买卖取利。

3. 过去对摊贩市场长期无明确政策,认为摊贩市场都是贫民阶层,放松管理并实行过低的税收办法,更加促成市场繁荣的结果。

(摘自1948年哈市委档案《关于摊贩市场整理意见》)

三、摊贩人员基本情况

登记的分布于市内十个区的摊贩人数,共3.02万人,占全市80万人口的3.8%,连摊贩家属共计10.58万人,平均每100个人里就有13个人依靠做摊贩生活。

摊贩的出身极复杂,来自各个阶层。其中有技术、且能从事脑力劳动的有351人,无技术的1324人,能从事体力劳动技术工作的有3016人,无技术的16672人,能参加劳动的共21363人,占总人数71.2%;老弱残疾不能参加劳动的8661人,占总人数28%。从以上数字来看,3万个摊贩中,有三分之二以上是可以转向正当生产的劳动力。

从年龄上看因老幼条件不能生产者,18岁以下的有1016人,45岁以上的有13500人,占全人数的48.4%。18岁以上到45岁以下的共15508人,占51.6%。总计全数中有二分之一以上的青壮年劳动力。

摊贩之分布情况以西傅家区为最多,共有10800人。其中9000名居住该区,若与该区总人口12万人比较,西傅家区每15个居民中就有一人不是正当生产。

(摘自1948年7月17日《哈市摊贩概况》)

道里区原来登记是2183名摊贩,经这次重新登记,审查是2236名。其中合格的:在固定市场的401名,指定地区的248名,街摊465名,行贩142名,共计1256名,占全摊贩的56%;不合格的:在固定市场内的46名,指定地点的98名,街摊459名,行贩67名,共计370名,占全摊贩的17%,取消之内有自动转业的346名,废业的15名,不属于摊贩的28名,外出死亡的6名,合伙的41名,迁出的105名,真正依条例而取消的51名,占全摊贩20%,共计取消了摊贩600名,占全数27%。

(摘自1948年8月27日哈市《道里区审查摊贩工作总结》)

发动摊贩转向生产,从8月开始整顿审查摊贩后,大批摊贩感觉到生活难以维持,唯有参加实际生产才是正道。到8月末为止,由估衣、杂货、五金等72个杂行,转入90个正常生产部门,计有:下乡种地的67名,水利工人27名,铁工

58名，织布工人152名，被服工人57名，自动转业总数达3853人，占摊贩总人数13%。近几日又有千余人自动转业。

（摘自1948年9日21月《哈尔滨日报》“各区摊贩自动找正业生产”）

四、贩卖商品种类和资金

本市的小市行业可谓五花八门，仅根据承德、摊顺两街的初步调查，大致即可分为八种：一、估衣破烂类。二、挑大筐下蹚子类。三、布匹洋线类。四、工具器材类。五、金银首饰类。六、杂行类。七、食品零食类。其中第二类所占数目最大。

（《小市行业的初步调查》原载1948年6月23日《哈尔滨日报》）

摊贩分类共十二种，各类人数，占总数百分比如下：

食品类　3323人，占22.2%
副食品　2553人，占16.7%
估衣类　1895人，占12.7%
小手工业　1288人，占9.1%
杂货类　1250人，占8.8%　。
烟 类　1221人，占8.5%
杂业类　801人，占5.5%
粮米类　653人，占4.5%
花纱布　610人，占4.1%
鱼肉类　517人，占3.5%
五金类　412人，占2.8%
燃料类　158人，占1.6%

（摘自《1949年3至5月份哈市摊贩工作情况》）

在资金方面，全市摊贩资本总额是59.746亿元，占哈市工业资本总额3555亿元的1.7%，占商业资本总额164亿元的36.4%，摊贩家数为正当商业家数的3倍，每3家摊贩等于一家正当商店。摊贩行业中估衣行资金最大，约为10.57万元，占全数的26.2%，由于来源广，周转灵活，成为摊贩中的主要行业。因此，在市场上这一行业是起着波动物价的坏作用，如能逐渐转向正当生产，便可成为很大一支生产力。

（《哈市摊贩概况》，1948年7月17日，《哈尔滨日报》）

1949年3、4、5月份哈市摊贩资金分布情况，总资金为260.867万元，市场为236.312万元，占87.9%；街摊23.69万元，占8.8%；行贩为88643万元，占3.3%。

（摘自《哈市商业》第十五期《哈市摊贩工作情况》，1949年）

1. 全市领有摊贩证章的摊贩总数为14687人，其中市场7136人，占总数的48. 6%；街摊3959人，占总数26. 9%；行贩3592人，占总数的24. 5%。

2. 在14681人中，换发民国37年（1948年）度证章者11453人，占总数78%；照顾军属烈属者428人，占2.9%；贫苦的1952人，占13.3%；职干属854人，占5.8%。

3. 在14687人中能劳动的4816人，占总人数的32.7%，不能劳动的9871人，占67.3%。

（摘自《哈市商业》第15期《哈市摊贩工作情况》，1949年）

五、经营方式及不良手段

摊贩里边有一种是带批发性的，从最初便聚集在一起，业经政府组成为市场，并且已做到了初步管理，例如：道外南四道街的花纱布市场，延爽街的干鲜杂货市场，南三道街的烟市场，他们的营业时间大都从早到上午九至十点钟止，物价波动时散市早，平稳时散市晚，业者都是生活比较充裕，对于该项商品的知识消息灵通，因此他们的动态对于物价的影响也最大，交易额也最多，其中有许多是另有门市的工厂和商店。

另一种是零售，按着所卖的物资，可分为卖零星食品的、卖估衣的、卖其他各种杂货的等等。卖零星食品的是比较贫苦的，同时也守规矩，卖杂货的也比较好些，只有卖旧衣服之中的一部分，三天打鱼，两天晒网，变动性大，尤其是走着卖的，造谣生事，多半是这些人，大部年青力壮，生活不至于困难。

（摘自1948年4月19日《哈尔滨特别市摊贩初步管理办法》）

附：

1948 年 6 月末日止

1、摊贩营业年限统计表

年限别 / 摊贩别	一年以下	二年至四年	五年至八年	九年以上	合　计
市　场	3996	3257	352	151	7756
街　摊	2707	1533	323	240	4803
行　贩	868	1084	281	238	5471
合　计	10571	5874	965	629	18030

1949 年 6 月末日止

2、摊贩年龄统计表

年龄别 / 摊贩别	十七岁以下	十八岁至四十五岁	四十五岁以上	合　计
市　场	71	3743	3942	7756
街　摊	133	1540	3130	4803
行　贩	118	1349	4004	5471
合　计	322	6632	11076	18030

1949 年 6 月末日止

3、摊贩能否劳动统计表

项目 / 摊贩别	能劳动					不能劳动				合计
	智力劳动		体力劳动		小计	病	年老	年幼	小计	
	有技能	无技能	有技能	无技能						
市场	45	114	211	2834	3204	2745	1719	88	4552	7756
街摊	~	10	248	828	1086	1470	2114	133	3717	4803
行贩	1	7	215	1003	1226	1571	2576	98	4245	5471
合计	46	131	674	4665	5516	5786	6409	319	12514	18303

1949 年 6 月末日止

4、摊贩现住所统计表

区别 / 摊贩别	东傅家区	西傅家区	北傅家区	道里区	南岗区	新阳区	太平区	顾乡区	香坊区	马家区	松浦区	合　计
市　场	1789	1633	1063	335	417	1044	436	298	271	484	6	7756
街　摊	615	783	902	678	404	775	250	119	92	183	2	4803
行　贩	815	530	687	199	287	810	1345	364	207	257	~	5471
合　计	3219	2946	2625	1212	1108	2629	2031	781	580	924	8	18030

1949 年 6 月末日止

5、前职业转向摊贩统计表

职业别 / 摊贩别	技术工人	普遍工人	木匠	瓦匠	杂业工人	洋铁匠	修理鞋	商人	农人	学生	更夫	厨夫	小贩	军人	店员	家务	教职员	其他	合计
市场	482	1317	71	40	372	19	22	975	232	22	75	132	2562	56	632	253	114	369	7745
街摊	479	817	51	28	178	38	348	3744	216	57	127	187	1135	25	199	358	24	162	4803
行贩	186	1065	38	22	249	197	174	274	644	43	98	104	1848	15	242	89	17	177	5482
合计	1147	3199	160	90	799	254	544	1623	1092	122	300	423	5545	96	1073	700	155	708	18030

1949 年 6 月末日止

6、摊贩贩卖商品种类统计表

摊贩别＼贩卖种类	纱布类	副食品类	食品类	肉类	燃料类	杂货类	烟类	五金类	杂业类	小手工业类	粮食类	估衣类	杂行类	合计
市场	614	841	1055	368	70	1123	316	410	446	248	626	1605	34	7756
街摊	~	216	1831	56	62	115	901	18	364	1174	59	4	3	4803
行贩	~	2646	1339	138	78	163	95	2	208	567	37	192	6	5471
合计	614	3703	4225	562	210	1401	1312	430	1018	1989	722	1801	43	18030

1949 年 6 月末日止

7、摊贩资本金分级统计表

摊贩别＼级别	不满 100 万元		100 万元以上		500 万元以上		1000 万元以上		合计	
	人数	金额	人数	金额	人数	金额	人数	金额	人数	金额
市场	2772	206833	3766	525698	797	477468	421	2840760	7756	4050759
街摊	4205	158272	691	104975	7	4150	~	~	4803	267398
行贩	5211	199172	152	23080	3	1500	5	7100	5471	150852
合计	12188	484278	4609	653753	807	483118	426	2847860	18030	4469009

（摘自 1949 年《哈市商业》第 19 期《哈市摊贩工作情况》）

据承德、抚顺两街调查，估衣、破烂、挑大筐类多系地痞小偷之流，专靠欺骗偷窃手段为生。彼此使用行话、拉手等暗号，隐瞒外人视线，不懂此行的人，即便吃了亏，也不容易发觉。

一、估衣：估衣的货物来源，多系“八·一五”后群众抢大营、仓库和遣送日侨时收买来的东西，以及农村中的斗争果实（变卖牲口、农具等）。他们的欺骗手段有以下几种：（一）把头的（劫道的），十几人一伙，在小市外围将卖主包围起来，一人出头给价很低，其他人在旁褒贬颜色，吹风，如卖主向另几人卖时，则给价更低，或故意表示不要，卖主心里没底，他们出一人圆盘，或者是故意给高价，一般卖主不明白行市，都愿意到小市里边去探听行情，结果里边卖不上，最后只好以极低廉的价格卖给他们。（二）“引捻的”，多系卖坏货或假货者，数人合伙，一人卖货，一人伪装买货，给价很高，以便引诱其他真正买主，好把假货和坏货卖出去，受骗者，以外县农民居多。（三）“倒包的”（卖假货），故意将较好的衣服放在一边，衣服都装在麻袋里，成吨批发，不零售，等买主购妥时，他便乘人不觉，鱼目混珠。（四）“点货的”（又名拉大驴），多卖表笔及其他假货，两三人合伙其他几人装买，来抬高价格。此外给朝鲜妇女一些报酬，利用她们卖货，自己在旁吹风，一般市民都愿意趋向她们，认为外籍女人不明白行市，货价一定能便宜些。（五）“拍卖叫行”，这里的欺骗性，主要是卖者拿着衣服，给大家看一遍，不许买者伸手拿过来看，这样衣服上的毛病就被马虎过去。（六）“大倒把的”，是小市中最大的资本活动者，他们冬季收买夏衣，夏季收买冬衣，买货时价格很贱，卖时挣钱就多。有的估衣贩，自己有缝纫机，旧货经加工制造后，再以高价卖出。一般地说来，贩卖布匹洋线的较为正派，只有在尺码上有些不公道，其他各行以手表、钢笔的欺骗性为最大。

二、挑大筐：大致可分为二种：第一种资本较小，容易识别，街上挑筐子的或串院喊“破烂的卖”“达拉叶西伯耶”。（俄语）。下趟自己多不挑筐，带上一个挑筐的伙计，基本上还是第一种。第二种资本较大，不挑筐，腰里掖着秤，背小包，或者什么都不拿，单独串院子买货。但大部分时间，还是三五成群，集结在街口拐角处买货，他们善于察颜观色，因此“卖倒撅”（得便宜后，骂卖主的话）的人很多。他们买货的方法有下列四种：（一）直接买货，不叫行。（二）合谋买货（行话叫“越着”），互相压低卖主价格，譬如第一个人买货，给价很低买不妥，他回来后告诉同行的去买，给价更低。然后他自己再去买，买回来后当场叫行，东西归谁后，谁就把集体买价和叫行价之差拿出来分给众人。（三）与住家结合，利用住家的固定地址，作为一个收买站，给小偷设下一个固定出卖赃物的地方。(四)串货,是挑大筐的互相间买卖的行话,他们内部的买卖方式,都用行话拉手。此外有一种人,不属于跑小市或挑大筐的,他们伪装小偷的模样,出卖东西,贪图便宜的人往往容易上当。

以上估衣贩和挑大筐的经常买小偷的东西,有些人在串院时,见没人也偷东西。这样对社会秩序很有影响,由于集体性欺骗,使他们形成行会性的组织,排斥行外人,并使新入行者吃亏(入行并无任何手续,能熟悉说行话便可),群众对他们的印象都极坏。今春政府实行摊贩登记后,他们有些波动,纷纷谈论出路,有的在登记时便虚报为卖青菜的、卖扫帚的等职业。他们不愿意转向生产的原因,由于跑小市挣钱容易和长期养成不劳动的习惯。

(原载1948年6月23日《哈尔滨日报》)

第二节　摊贩对于社会的作用及影响

一、好的作用及影响

1. 沟通物资:有些东西在正当的门市里,是买不到的,而在小市上则可以弄得。在正当的门市里,所没有的行道,在小市里是有的。例如挑大筐的破烂货,以及其他小手工业者的产品,尤其是贫苦的市民们所买卖的一些旧东西等。

2. 因为现在没有当铺,贫苦的市民们为了生活所需,打算拍卖自己东西的时候,对于他们是有一些方便的。

3. 因为现在没有批发庄,有些工厂的产品,可以利用市场,去推销的。(主要是带有批发性质的市场)

4. 商亭和小铺到市场上去办货,是很方便的。(同上)

5. 很多失业者,是可以藉着摊贩维持生活。

二、坏的作用及影响

(一)对于物价的影响

1. 小市上的买方大都不是最后的消费者,购货目的多半是为了转手获利,因此便增加了中间的剥削层,推动物价高涨。

2. 摊贩们对于市场情况是很熟悉的,遇有物资供需,稍有不平衡时,他们便兴风作浪,促使物价上涨。

3. 批发市场对于物价波动起很大作用,各大小商号,每日都要到那里购货或者探听行情,该市场行情的软硬,会很迅速而且普遍的引起全市物价波动。

(二)对于正当工商业的影响:

1. 各公务人员及各私人工厂商店的从业人员,每月薪俸,多在三四万元乃至五六万元,而一个比较熟练的摊贩每月可收入到十万元以上。最近有许多工人店员、不安于正业,而且直接影响了生产。

2. 近来因为物资缺乏,物价较高,以致各摊贩们,便不想提高货物品质,而只在价格上打主意,于是在棉布里掺假,花纱里掺水,利用假秤少给分量,卖假皮鞋及外表光滑漂亮、实际不能使用的杂牌铅笔等等,在市场上便盛行了。这些现象,在正当的门市里是比较少的。因为摊贩们的劣等品,售价便宜,以致正当生产品的销路,遂大受影响。

3. 因为摊贩们每日集聚,自然的交换情报,消息灵通,行情熟悉,遇有某种东西或原料将要发生供需不平衡时,便马上收买,并且囤积起来,以待高价出售,以致于发生原料价格上升率往往超过了成品价格上升率的事实。这样就会影响正当生产的发展和加重贫困市民们的生活负担。

4. 有些摊贩们惯于在马路旁或街道口出摊床,致使正当的业者们的营业落后到第二线,颇受其影响,于是他们索性也从屋中搬了出来。结果空着门市挤到马路上。延爽街干鲜杂货的批发市场,便是一个实例。

5. 摊贩们不独在营业上负担轻,就是在居住的地方负担也比较少。据西傅家区某第一流商号经理谈称,他们住在大院里是领乙种购粮证的,每20天购粮一次,而且都是不好的粮食,每月平均需要担负更夫费、马神井修理费、掏厕所费、垃圾搬运费、扫雪费,共计约7000余元,而同院跑小市者的负担就要轻一半,并且10天领米一次,质量也比较好一些,生活是很优越的,舞场、妓院、饭馆里,他们是主要顾客,赚钱容易,工作轻闲自在。谈到这里,某经理喟然叹息:大有"万般皆下品,惟有跑小市的高,吾道不行"之慨,常此下去,正当工商业所受影响非浅，而且没有人肯从事生产，最近有些工人、店员要求退职跑小市，建设局想用千余人土工竟找不到，就是一个例子。

（三）对治安的影响：因为市场秩序比较紊乱，盗案经常发生，一部分坏人隐藏在里面，时常寻隙捣乱。

（四）除上述者外，摊贩们对于税收上、交通上，以及都市的观瞻上，虽然按着地点不同，程度不一样，但是都起着一种坏的作用。

三、目前摊贩市场的主要危害

摊贩市场除了解决一部分失业人（包括工人、店员、技术人员、旧职员）生活，还能满足一部分贫苦市民买卖便宜旧货的要求外，其危害方面是很严重的，有以下几点：

1. 已造成群众性倾向小市的投机心理，这是对生产建设有破坏性的风气。

2. 在业的工人、店员不安于工作、生活，逃向（跑到）市场活动，而新开业的公私企业无处找工人。

3. 正当的工商业者正常经营事业受到影响，由于以上危害已表现出有缩小劳动军，扩大闲散消费阶层的趋势，并起了破坏发展生产、繁荣经济的作用，因此值得严加注意，迅速解决之。

（以上摘自1948年4月19日哈市《关于摊贩市场整理意见》）

摊贩们对市场行情很熟悉，一有供销不平衡，便乘机兴风作浪，助长物价上涨。尤其是批发市场的行情更波动全市物价。

其次许多小贩不顾商业道德，专从价格上打主意，如棉纱掺油掺水，卖假皮鞋，假秤，杂牌铅笔等，售价低廉，影响货真价实之商品销路。更在供求不平衡时，囤积收买，致使物价上涨，影响工业生产者和市民生活。

在治安上，因市场里秩序较乱，经营（常）发生窃盗，一部分坏人隐藏在里面寻隙捣乱，过去曾发生过多起诈骗案件。同时在税收、交通及都市观瞻上，也都带来了坏的影响。

在大城市里，摊贩是比较普遍的一种行业，哈市摊贩主要由于过去工商业不振，一部分工人店员流入小市。今年工商业勃兴，已有大批工人复业。在战时，失业工人店员转业复业，增加生产，是直接支援战争的。据全市摊贩统计中，还有9000名失业工人，今后，政府即将对有碍卫生、带赌博性、投机性、有碍社会秩序之摊贩立即取消，使其转业生产，组织寄卖店，逐渐代替摊贩。对因老弱不能参加生产，而尚能经营便利民需之摊贩，则加强整顿管理市场，使之养成正当商人营业作风。

（摘自1948年7月17日《哈尔滨市摊贩概况》）

第三节 对摊贩整顿管理的方针政策

一、摊贩市场整顿方针及目的

方针——停止发展，缩小其范围，区别其不同，分别给以管理，限制与代替，用舆论及行政压力减轻倾向小市的群众投机心理，具体目的：

1. 登记管理以此为生的集体摊贩市场，制定范围，受政府领导，不使之继续增加，税收最低限度不能比商店轻。

2. 用金融合作社（或代买店，或消费合作社，或社会服务部）等组织代替跑小市，取消其中间剥削与投机行为，起旧式当铺为贫民所需要之好的一方面作用。解决贫民卖旧货物调剂生活的困难。

3. 消减投机捣把行商，发动舆论及行政压力，增加战勤负担，减少粮食分配动员他们就业，或回工厂商店复业。

（摘自1948年《对摊贩整理的意见》）

二、对摊贩市场整顿管理办法

（一）我们对于摊贩应取的态度

由于目前战争的影响，物资缺乏，经济周转不灵，市民生活困难，有大批失业者，摊贩的产生，是无法避免的现象，因此完全取消摊贩是件不可能的事，如果硬要取消的话，将会使这些摊贩们流散于各处，产生出更多的流弊。经验告诉我们，去年在整理粮贩以前，本来是打算用强制的办法取消，但是反而使他们走入了流动的、暗中交易的歧途了，这样曾经使我们在管理上感到更多的困难（不过对于某些摊贩当然可以取消和限制的）。

(二)哪些存留呢,哪些取消呢?

1.存留:有批发性的及有组织的市场,以及因为生计问题,经营小本生意用以维持到(最)低生活的,对于社会或多或少起着好一点作用的,是可以整时(准其)存留的。

2.取消、限制和管理:

对于集中的摊贩:有门市的和某些流动的小贩及有碍市容、交通治安的,要取消或迁移。例如:(1)老巴夺后身的小市(有门市的让他们回到自己的门市里,在其他市场上有营业的,要回到市场,其余的一小部分可以迁移到西南阳巷一带)。(2)道外北十二道街电车道一带的摊贩,也应当取消的。其中丰润街各估衣商,要召集开会,解除他们的顾虑,然后使他们回到自己门市。(3)南三道街的烟市和延爽街鲜货糖果市改为早市,限定交易时间,夏季到九点以后必须散市。(4)除早市外,摊床应列于路旁,不许摆在马路当中。对于零散的摊贩,凡主要交通路上的摊贩,应当完全取缔,必要时可令其退至距离街口三米以外的横街或小巷,登记后指定其地点,不许擅自迁移,零散的摊床及游动的小贩,只允许以下各行业,发给不同的证章。分散的摊床:擦皮鞋、修理车子、苞米花、酱肉、黄烟、瓜子、馒头、烟卷、杂食、修理鞋。游动的小贩:洋铁匠、卖豆腐的、卖烟卷的、修理笼屉、卖青菜的、烤土豆的、买卖破烂的。其他一律令其归至同一种类的市场或回到门市去。对于摊贩的管理:为了削弱摊贩们本身所有的缺点,加强他们的优点,对于摊贩们必须要加以管理,管理的初步方针如下:

1.使摊贩们,在现在的人数范围内,要有秩序,有组织,不许故意抬高物价。

2.使摊贩们的负担要与正式的门头取均衡或稍超过之。

3.一般的指定摊贩地址,把同一地域内的同一行业适当加以集中,限制新开业,掌握转废业,逐渐使其削弱。特殊地点和特殊性质的摊贩,予以取消,限制其营业时间。

4,可能时有组织的导其走向生产部门。

(摘自1948年4月19日哈市《摊贩初步管理办法》)

三、整顿管理的具体办法与步骤

1.发动舆论批评跑小市,宣布对捣把行商一个月后停止粮食配给,增加战勤,酝酿动员跑小市的参加生产劳动。

2.发动就业运动。各区分配动员工人的任务(象动员兵一样)动员工人,参加生产,先说服教育跑小市的去参加。

3.允许存在的摊贩重新登记整理制定管理条例,指定领导关系,必要时还可增加集团商场。

4.设计金融合作社。由百货公司、银行、商业科设计,由各区帮助组织,半个月内开始见效。

5.制定税则,适当加重摊贩税,由市税局于最近定出。

(摘自1948年《对摊贩整理的意见》)

四、对摊贩进行全面登记审查

为了发展正当工商业,号召大家劳动生产,凡不能参加劳动生产之小商人摊贩,除由各街代摊贩介绍职业外,兹规定全市摊贩须一律按下列办法实行登记:

一、登记范围:凡在本市各市场内,街头上以摆摊及游动贩卖物品为生者(简称摊贩),均须遵照本办法登记。

二、登记手续:由本府制定摊贩业者登记表,经过各街组长发给摊贩业者各两份,望各业者切实填写后并同户口簿、购粮证送交街公所(经审查后户口簿及购粮证退回本人)。

三、登记日期:由5月2日至5月8日。

四、手续费:于交出表格时,每人收登记手续费200元。

五、注意事项:

1.摊贩登记后,经审查认为合格者,发给摊贩许可证及证章(证章费另收)。

2.凡虚报、漏报及有其他不正当行为,一经查出,得处以罚款或停止售给廉价粮食。

(摘自1948年4月3日哈尔滨特别市政府布告)

五、哈尔滨特别市摊贩管理条例

第一条　为发展正当工商业,动员失业人员,参加劳动生产,并对因不能参加劳动生产而经营摊贩之小商人加以合理管理,特制定本条例。

第二条　在本市各市场或街头之摊商贩,及行小商贩(以下简称摊贩)除另有规定外均通用本条例。

第三条 凡经营摊贩业者,除真正老弱残疾,或未成年之幼童,而不能参加劳动生产及经营市民需要之营业时,经呈请登记,领有许可证者外,一概不许经营摊贩。

第四条 摊贩必须在指定之地点营业,不得随意迁移或游动贩卖(但有许可之行商例外),其指定地点如下:

一、指定市场如下:

抚顺市场(新阳区),道里市场(道里区),兴业市场(东傅家区),南新市场(东傅家区),东市场(东傅家区),花纱布早市(西傅家区),南三道街早市(西傅家区),延爽街早市(西傅家区),西市场(西傅家区),承德粮米市场(西傅家区),承德食盐市场(西傅家区),南岗市场(南岗区),马家市场(马家区),香坊市场(香坊区),贫民市场(太平区),新华市场(顾乡区)。(老巴夺后身承德街及南极街上的早市应即取消)

二、指定集中摊贩地点如下:安定街(新阳区),工部街(新阳区),马街(道里区),东八道街(道里区),卢家街(马家区),北三道街(西傅家区),富锦二道街(西傅家区),太古南六道街东莱街(西傅家区),西南阳巷早市(西傅家区),北马路(太平区),太安大街(太平区),南十五道街(东傅家区),中和胡同(东傅家区),夹树街(南岗区),保障街(西傅家区)。(哈尔滨站,滨江站前之摊贩应即取消)

三、许可经营小本之街摊行业如下:

修理鞋、刷鞋油、照像、烟卷、瓜子榛子、煎饼、馒头、烧饼、切糕、熟鸡子、凉粉、烤土豆、粽子、糕点、酱肉、豆腐脑、苞米花、糖果、书摊、纸花、鲜花、榛子、刷帽子、黄烟及其他认为不妨害附近门市营业,且为市民所需要之摊贩。

前项许可经营小本之摊贩,在不影响附近门市营业之适当地点,经区政府许可或在指定之地点内营业之。

四、行贩只许可下列各行业:

青菜、豆腐、修理笼屉、洋铁匠、收买破烂、馒头、煎饼、烧饼、货郎、烟卷、烤土豆、糕点、修理伞、玩具、磨刀剪及其他认为便利市民需要之游动行贩。

五、贩卖季节性物品的摊贩,应于事先经街公所呈请区政府许可后方准营业,其许可期间随时规定之,届期须将一切营业证章缴还区政府。

六、行贩不得在主要道路、公园、广场上停留(但另有许可者例外)。

第五条 摊贩必须佩带政府所发给之证章于左胸部,并须为保管,不得转借,如有丢失概不补发。

第六条 摊贩之废业或改变营业地点及营业种类时,须事先经过摊贩管理委员会,将一切证章缴还区政府。

第七条 摊贩不得随意搭盖板棚,及随地投弃污秽物品,已有的建筑物须另呈请本府建筑局许可。

第八条 摊贩严禁贩卖有碍卫生的物品,及做作带赌博性、投机性或有碍社会秩序及其他违反政府法令法规之营业,严禁卖死病肉类、吹糖人、摊营西药、挑担理发、抽签、抓彩、游动性买卖钞、银元、钟表、串大院、修理灯泡。

第九条 摊贩不得投机倒把,欺行霸市,高抬物价,贩卖假货,少给分量,强买强卖,欺骗拐诈及有其他不正当之行为。

第十条 工厂商店一概不得经营摊贩。

第十一条 早市营业时间另行规定。

第十二条 摊贩为维持共同之秩序、卫生及办理政府所指示的事项得成立团体、制定公约,摊贩团体受所管区政府领导,必要时经区政府呈请本府工商局许可,得向会员征收费用。

第十三条 违反本条例者,得予以处罚,罚则如下:

1. 违反本条例第九条者得取消其营业并处以其货物所值之两倍以下之罚款或五年以下之徒刑。

2. 违反本条例第三条、第四条、第八条、第十条者得取消其营业,并处以其货物所值以下之罚款,或一年以下徒刑。

3. 违反本条例第五条者,得取消其营业,并处以货物所值的40%以下之罚款。

4. 违反本条例第六条者,得取消其营业,并处以货物所值的20%以下之罚款。

(摘自1948年7月22日哈尔滨特别市政府令)

六、整理摊贩问题

(一)摊贩一般情况:

全市摊贩有3万多户,合计人口有13万到14万人,拿摊贩最集中的一个区西傅家区来说,摊贩家庭人口占全区人口三分之一。

摊贩里边人很复杂,按去年统计看一看:

按时间来说:一年以内的摊贩占51%,10年以上者占30%,1年到3年者占28%,以解放前后来说,解放后占78%。

按有无劳动力来说,我们统计了一年摊贩中,能劳动者占70%,不能劳动者占30%。

按职业上看,以一年登记者来统计,职员占5%,工人占30%,店员占15%,外县来的占1%。

(二)研究摊贩发展的原因:

1.主要是职业困难。

2.有职业的,生活程度高,薪金低,保不住家。

3.过去对摊贩市场无明确方针,也给了一个发展的机会。过去总认为搞摊贩的都是贫民,要照顾,所以税轻,管理上松。搞斗争时贫民"打腰"①于是很多人都去搞摊贩。

4.由于土改原因,很多人怕斗争,都往摊贩里钻,商业有门面的也搞摊贩,外县来的也搞。

(三)要分析摊贩的性质:

1.必须有的摊贩,如卖菜的、卖烟的。

2.不可免的摊贩,如卖小螺丝钉的,生活困难的要卖出一部分旧东西,也有买不起新东西,要到小市上买点旧东西的。

3.投机倒把跑小市的,有急买急卖就有投机倒把的机会。

(四)处理办法:

1.对必须品的摊贩允许存在,可组织起来,加以管理,不许随便增加扩大。

2.对不可免的摊贩可用另一种办法来代替,如委托代卖店,不经过跑小市的手,解决急买急卖的要求,我们实验结果,商人还愿意搞,收些手续费,不过这个事情困难,还在试验,问题还多,如能普遍设立,效果才大,现在还无此力量。

3.对投机倒把的摊贩加以审查处理,现在审查结果自动改业的有3000多家,给两个月许可,准备让其转业的有4600多家,必要时实行强迫劳动,照付工资,动员他们定期去矿山林场工作。

(摘摘自饶斌市长1948年8月23日在城工会议上的发言)

七、整理摊贩的几点经验教训

1.因为宣传不够,实际整理的时候,摊贩们往往一哄四散,等工作人员们走后,又恢复了原来状态。

2.因为各地域之间联系不够,根本没有与街间联系过,整理一开始,如果摊贩们不愿意登记则甲地域的摊贩跑到乙地去了,整理乙地域时甲地域又平空的增加许多,或则是整理时期,摊贩愿意登记,他也来应应卯。但是没过三天走了一半,使工作人员疲于奔命结果仍旧一团乱,把握摊贩数字最困难,同时也是整理工作的中心环节。

3.真正靠摊贩维持生活的摊贩和真正富有的摊贩也就是大多数的摊贩,是喜欢有秩序的,只有二流子摊贩不喜欢有秩序,因为只有乱才便于混水摸鱼。

4.摊贩初整理时期,往往营业不振,其中一部分立刻想要脱离指定地点,尤其是街头上的取缔不严,仍旧留有若干应集中的摊贩,他们更有借口。

5.同行摊贩之中,往往存在着他们的中心人物,如果能把握住这些人,工作可顺利些。

6.被选的委员,往往假借名义,招摇欺骗。

7.十二道街摊贩中有一部分人每于整理市场,时常有结群反抗情事。

8.有门市的工商业,莫不赞成彻底地、有秩序地整理摊贩。

另外还有些不合格摊贩不遵守政府法令,不自动找职业,在家躲避几天再出来,有的玩弄花招,有意欺瞒检查,如几个人委托一个有证章的摊贩买卖,或用大包袱皮包着估衣,看到公安人员来撵就走,不撵就摆上摊子叫卖,政府对这些游惰成性的小贩,则应坚决彻底取缔。为此,从10日起进行第二步骤整理、组织工作。将原来各区的审查委员会改称摊贩整理委员会,除区街摊贩工作人员,工商局、执法队、公安人员外,并增添公安分驻所,交通驻在所、儿童团等协助工作。

对无证章的摊贩仍不能自动转入正业生产者,由各区指定地点买卖,把散布在各街或工商店门前摆摊的,由各街道商店协助政府将其驱散。目前政府正在考虑给这一批找不到职业的摊贩解决生活问题,或帮助动员到采伐、煤矿、金矿等地参加生产。

(摘自1948年9月21日《哈尔滨日报》)

八、哈市太平区摊贩集中编组

太平区的摊贩整理工作,于日前已开始集中编

① "打腰"东北方言。意思是受欢迎。即在斗争时贫民受到欢迎。"

组，由公安分局、执法队、街政府负责进行。该区审查合格的摊贩，街摊有160户，行贩有1000多户，为了集中整理，根据摊贩的情况及居民的需要，已指定八个场所，使其集中。第一组是在三棵树，第二组在第一贫民市场，第三组在兴隆七道街，第四组在贫民第二市场，第五组在太安八道街，第六组在分区街，第七组在迁户村三道街，第八组在车站铁道口。对没有证章不合格的摊贩指定集中在俄人墓地下坎处。集中各地后，普遍进行了编组，每组由八户到十户，并选出组长。新乐街共编出24个组，卖菜的占十分之八。犁桦街编成11个组，是用票选的组长。太平街编成8个小组，其他各街也都在进行中。对于行贩的编组方面，打算在编完以后，成立三个管理委员会，由大有坊、永宁、开园三街成立一个，公益、治安、犁桦、兴平四街成立一个，太平、三棵树、车站成立一个，由各组选出三名到五名委员。在此次集中编组的工作中，号召各组业者要时刻检查没有证章，不合法的和不遵守摊贩秩序的业者，可以随时检举。另外该区在组织时，有20余户觉悟的业者交回证章，自动转入正业生产，此种行动在各街都每日增加。

（摘自1948年9月27日《哈尔滨日报》）

九、道里区审查摊贩工作总结

一般说来，摊贩业者按着季节及市面买卖情况变动很大，登记表所登记的事项有很多不可靠。这就是这项工作的复杂性，要不整理清楚，订正明白，审查工作就要发生困难。现在道里区经深入工作，已发现两种普遍现象：

（一）50岁至70岁的老年摊贩，身体都很好，20岁至40岁的年轻摊贩，登记表上写着有疾病或残废，实际都不是这样。

（二）各街都有虚报年龄、行业不符、迁出不在，只登记而尚未开市的。有的父亲登记儿子干，丈夫登记妻子干。

街干部在思想里认为摊贩即是能投机倒把、抬高物价，应当取消的多，留下来的少，或者看到有些摊贩吃得比较好一些，家里摆设得清洁一些就认为应当取消。如果按上述情况去审查摊贩，那么打击面一定很大。经过展开对摊贩管理条例的讨论，打通了干部的思想，整理摊贩的基本精神，要少打击，强调集中，加强管理，控制发展为原则。凡是违反条例的，毫不犹豫的给以取消，不合格的军属，残废及无劳力的贫民仍加以照顾。

道里全区十个街，二个街合成一个单位，建立一个审查小组，二个街长任组长，审查哪个街，哪个街长负主要责任，这样就不影响街上其他工作。全区成立了五个审查小组。由各关系机关负责同志参加，成立区审查委员会，具体领导审查工作。审查小组直接服从于区审查委员会领导进行工作。

头一天开始工作，有的由登记表内挑出不合格的来审查，有的到闾上去，有的都召在街上，作法不统一分工不明确。为了使街委员及同学们切实掌握审查情况，少浪费人力及时间，就由各街研究统一方法，提出审查要直接和本人见面，侧面要闾组长的保证，然后确定是否合格。要尽量做到详细、周密不出怨言，同时提出要为统计工作打基础，要注意集中、季节性的、需要照顾的、转业迁出的数字，都要有准备统计的材料。

在工作上最大的缺点是：忽视宣传工作，在整理审查工作计划上，没有这项工作强调提出，只是告诉街长向闾组长解说整理摊贩工作的重要性，号召协助配合，但没能深入摊贩业者之中展开宣传。所以有的摊贩反映说：“做小买卖太不容易了，还得年龄合格。”有的说：“集中营业不如让我们停止吧！”有的说：“这回小亭子该发财了”等等。这充分说明我们的宣传工作做得不好，摊贩不了解整理摊贩的目的与意义。

（摘自1948年8月21日《哈尔滨日报》）

第七章　集市贸易管理

第一节　城市市场概况

一、哈尔滨、沈阳市场分布

哈尔滨特别市政府，为照顾市民生活，取缔投机倒把，加强工商业管理，整顿摊贩营业。于1947年11月12日发出布告，按照《一时营业及摊贩营业税暂行条例》第九条特指定经营地点及市场如下：

(一)道里区：

东八道街(尚志街口)——青菜、食肉、海味、咸鱼。

中国八道街(尚志街口)——食品、熟肉、黄烟、烟卷。

中国七道街(尚志街口)——木杆、薪炭。

马 街(炮队街口)——食品、青菜、食肉。

南 市 场(市政府门前)——粮米、鱼肉、青菜、京广、五金、食品及其他。

(二)西傅家区：

延爽街(全街)——鲜货、糖果、干菜。

南三道街(南三道街里)——烟卷、黄烟。

北三道街(人民剧院前)——鲜货、青菜、食肉、海味，木柈煤。

承德街(五柳街以南)——杂食。

太古南六道街(太古街口)——青菜、食肉。

承德市场(南和街口)——粮米、食盐。

西市场(大新五道街口)——鲜鱼市。

棉纱早市(南四道街)——布匹棉纱、京广杂货、棉花。

(三)东傅家区：

兴业市场(东傅家分局后身)——京广、布匹、五金、钟表、眼镜、金银首饰、食品及其他。

东市场(大新十二道街)——估衣、青菜、鱼肉、食肉、布匹、杂食等。

南新市场(荟芳里)——京广、食肉、食品、海味、粮食、青菜等。

(四)南岗区：

南岗市场(义州街)——食肉、青菜、鱼、食品、五金、京广及其他。

大直街(西市场侧)——青菜、食肉。

(五)马家区：

马家花园——青菜、食肉、食品、估衣。

芦家街——青菜、食肉。

(六)新阳区：

安定街(安丰街口)——青菜、食肉、食品、海味。

抚顺市场(地包里)——估衣、金银首饰、西服布匹、钟表、西菜、食品及其他。

(七)太平区：

贫民市场——估衣、京广、青菜、食肉、食品及其他。

(八)香坊区：

安埠街(全街)——粮米、食盐、京广、食肉、青菜、黄烟。

(九)顾乡区：

新华市场——估衣、京广、五金、食肉、食品、青菜及其他。

(一)凡有门市的不论是工厂、商店，股东或员工一概不许经营摊贩，违者严重处罚，但经工商管理局特别许可者例外。

(二)凡在非指定区的摊贩，除按摊贩税额加倍罚款外，并取消其营业。

(三)在指定区的摊贩，由该街公所、公安局及工商管理局协同领导，每十人为一小组，按照行业公选委员，成立该市场管理委员会。

(四)摊贩应以户口簿及摊贩税票向委员会登记，领取证明，违者严禁营业。

(五)摊贩拟废业或移转时，须经委员会许可，不得擅自变动。

(摘自哈尔滨市政府公报第11期1947年11月12日)

沈阳市区交易市场名录(1949年初)：

（一）和平区：

纱布市场（仁爱街六十三号，面积1810平方米，1949年2月14日成立）——纱布洋杂货。

昆明粮米市场（昆明街八十号，面积1000平方米，1949年2月1日成立）——粮食。

新华市场（新华市场内，面积1879.5平方米，1949年2月1日成立）——青菜饮食。

金银市场（信义街三十一号，面积120平方米，1948年12月15日成立）——黄金银圆。

平安菜市场（民权街二百四十八号，面积530.66平方米，1936年3月1日成立）——干鲜鱼菜肉类。

平和菜市场（太原街，面积1288平方米，1930年4月4日成立）——干鲜鱼菜。

广州菜市场（广州街三十号，面积1200平方米，1935年11月30日成立）——干鲜鱼菜鸡鸭鸟卵。

仁爱洋杂货（明芳街二十七号，面积800平方米，1949年5月2日成立）——衣帽洋杂货。

信义洋杂货市场（明芳街二十七号，面积760平方米，1949年5月2日成立）——衣帽洋杂货。

昆明菜果市场（昆明街八十号，面积532平方米，1949年9月1日成立）菜果。

（二）北市区：

西北市场（西北市场火神庙院内，面积1.41万平方米，1924年5月6日成立）——饮食理发茶社。

鞋料市场（小西城门外小什字街，面积960平方米，解放前成立）——鞋料麻绳。

自行车市场（二十四纬路七十七号，面积420平方米，1948年12月20日成立）——自行车。

兴游园市场（祠堂街兴游园胡同五号，面积5012.02平方米，1935年1月1日成立）——饮食。

国民市场（国民市场中街六十六号，面积4.15万平方米，1927年5月成立）——杂货混合市场。

皇寺五金电料市场（皇寺大街路北三十四号，面积3753.38平方米，1946年2月1日成立）——五金电料木器。

新生市场（保灵寺院内，面积3820平方米，1949年3月1日成立）——杂货混合。

工农市场（纺纱厂东二十八纬路四十五号，面积1942平方米，1945年8月成立）——五金。

北市菜市场（总站前大街五十八号，面积4000平方米，1939年1月8日成立）——干鲜鱼菜肉类。

东二十五纬路市场（东二十五纬路二十二号，面积990平方米，1946年6月1日成立）——粮米蔬菜。

第三牲畜交易市场——牲畜。

（三）北关区：

鞋帽市场（小北城门外蔺家西胡同十五号，面积566平方米，1930年9月1日成立）——鞋帽。

吉祥市场（法库街西段街头，面积840平方米，1949年成立）——杂货混合。

（四）大东区：

自行车市场（大东区蔺宅胡同九号，面积60平方米，1949年1月13日成立）——自行车手推车。

东关菜市场（大东区东关菜市场内，面积2800平方米，1935年4月12日成立）——干鲜鱼菜鸡鸭卵。

小东菜市场（小东街菜市胡同二十三号，面积2500平方米，1949年3月15日成立）——青菜肉酱类。

小津桥市场（小津桥街德增店胡同，面积3840平方米，1949年3月16日成立）——杂货。

皮毛烟麻煤炭市场（大东街电车道七十六号，面积5980平方米，1949年4月25日成立）——皮毛烟麻煤炭。

胶皮鞋市场（五圣观街殷伙房胡同六号，面积900平方米，1949年5月7日成立）——胶皮鞋皮帽。

大东边门市场（黄土街曾家园子胡同二十九号，面积4.49万平方米，1949年6月12日成立）——青菜饮食。

（五）沈河区：

小河沿市场（万泉街大墙岔胡同二号，面积1.8万平方米，1948年12月1日成立）——估衣纱布五金电料杂货。

晓市市场（鼓楼街琰珀胡同十号，面积9500平方米，1927年成立）——文具衣帽洋杂货。

果品市场（钟楼街泰山银炉胡同二十号，面积378平方米，1931年5月1日成立）——食品杂货。

小西门里杂货市场（小西门里南顺城街三十七号，面积3435平方米，1947年6月1日成立）——肥皂火柴糖。

金银市场（中心街源大详胡同六号，面积235平方米，1949年4月1日成立）——黄金银圆。

小东门杂货市场（小东门里南顺城街十五号，

面积810平方米,1949年5月16日成立)——废纸火柴劈柴。

(六)南市区:

姜公祠市场(隆昌街姜公祠九号,面积330.46平方米,1948年成立)——古物饮食。

山东庙市场(正华街十七组,面积329平方米,1948年12月10日成立)——日用品饮食。

大西菜行市场(南一经路西菜市一百二十一号,面积1.7万平方米,1934年成立)——干鲜鱼菜。

(七)皇姑区:

重义市场(亚明街中庆路十五号,面积7712平方米,1948年12月26日成立)——鱼肉菜类饮食。

诚信市场(长江街十六号,面积2.22万平方米,1946年5月1日成立)——纱布杂货。

复兴市场(克俭街,面积1100平方米,1949年5月1日成立)——青菜饮食。

(八)铁西区:

第一市场(新生街八十四号,面积4788平方米,1948年12月1日成立)——布匹衣帽鞋。

第二市场(南六路日新街十一号,面积7576.28平方米,1948年11月20日成立)——干鲜菜杂货。

第三市场(南八路九十号,面积5000平方米,1948年11月1日成立)——粮米杂货。

第四市场(南九路景星街,1948年12月成立)——估衣日用品五金。

菜市场(新生街四十八号,面积2040平方米,1931年3月成立)——干鲜鱼菜肉类。

光明市场(铁西区西顺街,面积2.6万平方米,1949年3月1日成立)——青菜杂货。

(摘自沈阳市工商行政管理局永久卷,1949年第1卷)

二、松花江百货商场

北满贸易总公司所主办之松花江百货商场,已于本月一日开张营业。刚刚刷新了的四层大楼门前,竖着"纪念中国共产党诞生二十五周年纪念,大减价十天"的彩色大招牌,周围玻璃窗内装饰着五彩的宣传画和标语。走进门去,迎面壁上挂着商人自己议定的公约,每个在场内营业的商民,胸前都挂着黄色布质的营业证章,每件出售的货品上,都标着价格,商场里的人虽然那么多,可是并不喧嚷嘈杂,栏柜整齐地摆列着,一切都是井井有条,可谓哈市最整洁,又最有组织的交易场所。

现在参加经商的商人,已有152家,他们都是本市的中小商人,在市中心区能找到这样一处集中而有组织,并且租价便宜的营业场所,他们认为是民主政府给予的幸福,所以卖布的程掌柜说:"政府将这么好的地方,开辟商场,谁也明白不是为了赚钱的,象这样的地方,是出多少钱也租不到手的,在这里做了三天生意,亲眼看出官方(指政府领导的贸易机关)对哈尔滨贸易事业尽力的一番苦心来!"因此,前往要求租地方的人,陆续不断。一个卖衣物的妇女,领着她的孩子,一直找到经理的办公室里,要求了半天,她说:"我就看好了这块做买卖的地方,允许再挤上一份摆个摊吧!"

确实,楼下与二楼的摊子,已经摆满了,每家以两方米为限,租额规定,楼下每日50元,楼上40元。在二楼上,设有商场办事处,在办事处经理与副经理负责领导下,有办事员六人,商场白天九时开门,下午五时休息。夜间除办事处留专人值宿外,楼上楼下商人各推选四人共同看门,另外公安局特派一部分武装,守卫商场,特别是夜间警卫,预防匪盗。

为使商场更有秩序和美观,各门行业都在一定的地区内集中,内有五金、食品、服装、布匹、鞋靴、电料、首饰、书籍文具等部。这种集中的办法,买主方便,更可比较货品,并且也容易将他们组织起来,每类准备以行业推选出一个代表来,替他们同行办点事情。

他们的货物,按公约从低定阶,反对说谎价,以不比场外贵为原则。比如汽水吧,到处是10元一瓶,他们都卖9元;啤酒外面50元一瓶,他们只卖35元,白色毛布外边60元一尺,他们只卖55元,花布外面80元一尺,他们只卖68元,因此前往购物者,天天在增加着,刚开场头三天内,每日收入就有数十万元。

二楼上开设了一处松江饭店,减价过后,为了便于场内经商,各家午餐,并将加以优待。为了给予商人更多方便,现正积极刷洗三楼,准备将来供商人休息。据办事处负责人谈:过几天后,商人们还要组织俱乐部呢。

最后将他们的公约,介绍如下:"松江商场,集体创办。发展经济,繁荣市面。百货齐备,物美价廉。言无二价,群众称便。反对囤积,反对扰乱。反对投机,反对欺骗。办事迅速,手续简单。作风

正派，态度和善。维护金融，打击伪顽。拥护军政，支援前线。商场同人，共济共勉。中华民国三十五年。”（1946年）

提到这公约，程掌柜说：“过去出租房子的东家是驼腰子上山——钱（前）上紧！”只知道收租金，谁还给你组织组织筹划筹划，那更谈不上什么公约了！卖杂货的邓广元说：“好！公约立的好！这表明了商人应有的道德！”卖皮鞋的陈先生说：“在官方援助，商界努力下，这商场大有前途！”

（摘自1946年7月7日《东北日报》）

第二节　粮食管理

一、年关在即、粮价紊乱

最近正值旧历年，粮车上市数目减少，而市场亦未正式开行，有些商人借此抬高粮价，造成哈市粮价紊乱，为取缔投机，保障供应，市政府采取措施：市民用粮由东北贸易公司按需要充分供应，粮食买卖自由贸易，今后仍然不变。对囤积居奇故意抬高物价之不良行为，坚决取缔。

（摘自哈市工商联《社会主义改造大事记》1947年1月29日）

二、沈阳市两次粮价大波动（1949年初）

第一次　日期：1月3日至7日。程度：细粮上涨52%，粗粮上涨28%。原因：(1)辽南虫灾，辽南客商大批购粮。(2)军运忙，北满来粮减少。(3)存粮品种与推销机构不合。(4)私商乘机捣乱。平抑办法：(1)加强营业部能力。(2)成立市场卖粮小组。(3)向市场抛售2900吨。效果：1月8日起平稳。

第二次　日期：2月17日至27日。程度：细粮上涨64%，粗粮上涨50%。原因：(1)沈阳市周围百里缺粮，农民入市抢购。(2)运费增加，北满来粮减少。(3)金价大涨。(4)市场方面没有组织。平抑办法：(1)向市场抛售3800吨。(2)将高抬粮价的私商送法院惩办。(3)向营业部、合作社充分拨粮。(4)实施实物农贷。(5)组织管理市场。

（沈阳市第一商业局永久卷第6号卷1949年）

三、所有粮食一律不准向外运销

查本市食粮悉赖外埠内运，现外埠来粮减少，本府为保证市民供给起见，请由公营贸易机关随时加以调剂。年来虽物价波动不一，但终能维持我80余万市民之正常需要。惟近来少数奸商竟有将本市食粮向外运销，以图高利而满私欲，影响于民食公需者甚大，倘政府不加限制，势必引起物价上升，使公私生活均蒙其害。本府决定，自布告之日起，所有食粮一律不准向外运销，倘有故违，一经查出即行全部没收，并酌情予以相当之罚金。

（摘自1947年3月19日哈尔滨特别市政府布告）

最近有少数从事粮食投机的奸商，不顾人民生计，将大宗粮食向外运销，以获得非法利润，从三月九日到十五日六天中，共运出粮食400多万斤，平均每天50多万斤，影响民生甚大，为此，哈尔滨市政府明令规定，所有粮食一律不准向外运销。

（摘自哈尔滨市工商联《社会主义改造大事记》1947年3月23日）

四、烧锅一律停用粮食烧酒

为了减少粮食浪费，保证市民食粮供给，自即日起所有本市各大小烧锅一律停用粮食烧酒，仰各烧锅业一体知照此布。

（摘自1947年4月5日哈尔滨特别市政府布告）

五、登记现有存粮，领取存粮许可

本府为了解本市存粮情况，以便有计划供给市民食粮，保障民食，决定登记现有存粮（包括米面，及一切粗细杂粮），凡我市民不问粮食贩卖业、工厂、商店、或住户，如存粮超过本厂、本店、本户、食用四个月以上者（每人每月以45斤计算），均应于七月十日以前，向市政府工商管理局工商科办理登记，领取存粮许可，否则一经查出即以囤积粮食，扰乱物价，严予处罚。

（摘自1947年6月25日哈尔滨特别市政府布告）

六、粮食贩卖及限制利润等管理办法

查本市粮食供给，早由本府商同东北贸易总局按需要调剂，数月以来，迄未间断，而近来少数不良分子，故意提高市价，扰乱市场，若不采取有效管理，必致影响人民生活，故决定粮食贩卖及限制利润等管理办法如下：

(一)各粮食贩卖店必须在门市营业，不得化装小贩，在街道或市场上贩卖粮食。

(二)各粮食贩卖者(小贩)均应向市府社会局登记，请领许可证，并在指定地址，买卖粮食，无许可证或有许可证，而未在指定地址买卖粮食者一经查出，除没收其粮食外，并取消其粮食贩卖资格。

(三)各指定代卖店，应按东兴公司定价出卖粮食，各小贩卖粮食的利润，不得超过15%，不得故意提高粮价。

(四)各公私商店个人，不得囤粮居奇，各机关部队任何单位，不准在哈市收买粮食。

倘有违反上述管理办法一经查出定行严惩，仰我市民，从各方予以协助，对于查获违反本办法之市民，政府将予以适当物资奖励。

(摘自1947年6月20日哈尔滨特别市政府布告)

七、公营公司廉价抛售，哈市粮价开始回跌

据记者昨日(三日)报道，哈市粮价因公营贸易公司努力平抑，已由最高时下落30%，前日(一日)仅道里市场某代理店，即低价卖出粮食2000余斤。

哈市自贸易公司廉价抛售粮食后、物价即见回跌，二日高粱与黄豆每斤跌价4元，苞米跌2元，并由顾乡屯进哈粮车达200辆，据悉元宵节后，粮食将更见增多。

在公营贸易公司雄厚的经济力量支持下，哈市平抑物价工作，逐渐普遍与深入，为政府组织起来的高粱米加工业，已增至234家，其加工的米已出现市面。二日又有200余家磨坊，在适当的利润下，为贸易公司从事苞米面加工，并计划加工小米，使加工的粮食种类与数量增加，以满足民食需要。

前日市府召集磨坊加工业开会时，东北银行、东北贸易公司及市财政局负责人均出席，共同商讨加工问题。丁财政局长说明电业局保证民食粮米加工业的电力，希望各加工业勿浪费电力，又经东北贸易公司赵经理，东北银行王经理分析物价的波动原因，和政府平抑物价的政策后，大家一致认为囤粮者在民主(政府的)经济政策下，投机取巧只有失败，如不及早觉醒，势必造成害人终害己的结果。

(摘自1947年11月11日《东北日报》)

八、责令私营制粉厂把平价面粉直接供给市民，严禁操纵垄断

查本市各私营制粉工厂，积存大量面粉及小麦，足供市民平日及新旧两个年关之需要。国营东兴公司亦已掌握足够之面粉及小麦，正在大批出售。本市面粉价格本可不致上升，及各私营制粉工厂近日竟拒不卖面投机操纵，影响面粉价格发生不应有之波动。本府对于各该投机行为原应严予处罚，但为使其有实际改悔之机会，仍本教育精神暂予宽大处理。除令其即日按照未涨阶前之面价大量分散卖面直接供给市民需要外，仰全体市民协助政府给予监督，严禁操纵垄断，倘有故违或其他行业之私商亦发生类似行为时，本府即当依法惩办

(摘自1948年12月17日哈尔滨特别市政府商字第53号布告)

哈市民生公司，为解决东傅家区贫民粮食问题，自一日开始，每隔二、三日，即按最低价格卖与该区各合作社高粱米3000斤。各合作社则按贫民户数及人数，合理分配。每日每人一斤，该区贫民得到消息后，莫不争抢，纷纷前往购买。

(摘自1947年11月11日《东北日报》)

九、解放区内在征粮购粮时期粮食管理办法

第一条　为稳定金融粮价，保证工、农业生产，反对囤积居奇破坏国计民生，特制定本办法。

第二条　东北解放区内，一切食粮严禁向蒋管区运输，违者除没收外，并交政府法办。

第三条　粮食出口，完全由东北贸易管理总局统一办理之。

第四条　在解放区内省与省之间的调度、调剂，必须经东北贸易管理总局批准，并发给粮食运输特许证，否则路局不予配车，上项粮食未经税务

总局特许免税者,必须照章纳税。

第五条 各省省内之调剂运输不出省外者,由各省贸易管理局批准,按总局所发下之粮食运输许可证发给物主运送,各省内路局见证方准配车,但该项粮食,亦应按税局规定办理纳税手续。

第六条 各省贸易管理局,每半月应将所批准之粮食运输情况,分别统计,报告东北贸易管理总局备查。

第七条 为了照顾人民生活之所需,规定下列变通办法:

(1)一切粮谷:高粱、苞米、麦子、稻子、谷子、各种豆类未经加工,运输50公斤以内者,省内省外均不受限制。

(2)已加工者:高粱米、苞米、小麦、白面、苞米面、面包运输25公斤以内者,省内、省外均不受限制。

(3)运输豆油5公斤以内者,省内、省外均不受限制

(4)豆饼、糖稀、酒糟等饲料性物资,一概不受限制。

(5)豆腐、粉条一概不受限制。

第八条 凡超出第七条规定数量以外之粮谷及其加工制成品,不论是转移或作营业,均须持有东北贸易管理总局所发给之运输证,并按该证所规定各项办理者,路局才能配车承运,贸易局、税务局才准运输。

第九条 运输证填发规定:

(1)居民运粮须持有该居民住居内区政府之介绍信,证明其运粮原因者,贸易局才能填发。

(2)部队余粮,需要运输者(公粮已有公粮运输证),必须持有团以上政治部负责人签字之介绍信,方予填发。

(3)机关运粮(公粮除外)须有其主管机关之正式公函(加盖主管人员私章)申请者方予填发。

第十条 本办法规定后,所有各省粮食运输证,均由东北贸易管理总局统一印发,各省不得随便改制,以期统一。

第十一条 本办法执行后,以前东北贸易管理,总局所发调剂粮运输证即作废。

第十二条 本办法不包括公粮部分,公粮拨付运输,由东北粮政总局办理之。

(略)

第十五条 本办法自1948年1月1日开始实施,征粮购粮时期完毕后,由贸易管理总局通告作废。

(摘自东北行政委员会1947年12月26日颁发政财字第十一号命令《颁发东北贸易管理总局〈关于解放区内在征粮购粮时期粮食管理办法〉》)

十、对粮食业及粮食加工业的管理

第一条 为使东北解放区粮食得到自由流通,合理调剂,并防止操纵粮食,囤积居奇,特制订本办法。

第二条 东北解放区境内,一切粮食不分品种与数量,加工未加工,皆得在解放区境内,自由流通,任何机关、部队、团体或个人,不得加以封锁或干涉,违者依侵犯人民财权论处。

第三条 东北解放区境内,一切粮食,未经东北贸易总局批准不得向东北解放区以外运输,违者除粮食没收外,人员依法惩办。

第四条 凡经营粮食业(粮店、粮行、粮栈等)及粮食加工业者(火磨,油坊,制米厂)须于开业前向当地政府登记,并于核准后取得营业执照,方准开业。现有的加工业须经当地政府重新审查登记,维持原有生产,不准扩大;新的须经东北政委会批准。

第五条 对于加工业或粮行粮栈库存之粮食,必要时经省(市)政府主席批准,粮食局、贸易局有优先购买权,得按需要购买其一部或全部,但应按当时当地之市价偿付现金,不得折扣或没收,以保护财权。

第六条 除贸易局及其所属公司商店外,任何机关、部队、公营企业与公营商店等均不得作粮食买卖。

第七条 凡经营粮食业者,必须按每旬一次向当地政府报告买入卖出及结存之粮食数目,不得隐匿或少报。

第八条 凡经营粮食业者,政府保障其公平合理的利润,但不得有高抬市价,垄断居奇或囤积不卖及其他扰乱市场行为。

第九条 凡粮食加工业者,不论其生产力及现在生产量之大小,应按省(市)政府批准的生产量购存粮食,其存粮数目最多不得超过三个月用的原料。

第十条 凡粮食加工业者,在粮食局贸易局认

为有必要委托其代办加工事项时，该加工业者即有按照普遍加工费用迅速承接代办之义务，不得故意推诿或拖延。

第十一条　为节约粮食起见，在秋收前一律不准用粮食酿酒，秋收以后，另由各省政府提出酿酒计划，经政委会审核执行。

第十二条　凡经营粮食业及粮食加工业者，如有违犯本办法之行为，得按情节之轻重，分别给以没收其粮食，或吊销其营业执照，或惩办其经手人与其单位负责人等处罚。

（摘自1948年7月8日东北行政委员会东财字14号命令《东北解放区经营粮食业及加工业之暂行办法》）

按东北行政委员会7月8日东财字第十四号命令公布《东北解放区经营粮食业及粮谷加工业暂行办法》内称："凡经营粮食业者，须于开业前向当地政府登记，并于核准后取得营业执照方能开业；现有加工业，须经当地政府重新审查登记。"兹规定哈市制粉、制油、粮谷加工、磨坊、小油坊、粮栈、大车店、粮米铺业者，自公布之日起，限十日内依表格来市政府工商局呈请许可，经审查后发给营业执照。

（摘自1948年7月19日哈尔滨特则市政府工商字第37号布告）

十一、重申贩卖粮食办法，违者严惩

最近粮食已大量入市，民食可保无忧，而竟仍有少数人故意抬高粮价，扰乱市场，如不采取有效管理，恐将妨害粮食工作，影响市民生活，故特重申前令，规定贩卖粮食办法如下：

一、贩卖粮食必须有市府许可证，并在本府指定市场内交易，如发现无许可证或不在指定市场内交易者，政府得按东兴公司价格买收或没收其粮食。

二、买卖粮食，须遵守市场管理委员会之规定，如有超过委员会议定价格者，政府得斟酌情形，按市场议定价格、拍卖或没收其粮食。

三、故意扰乱市场抬高物价者、严重惩办。

四、市民举发违犯上列各项者，奖以没收粮食价30%。

（摘自1947年12月31日哈尔滨特别市政府布告）

十二、解放区内粮食自由流通，不得封锁干涉

1947年12月26日，本会所颁发政财字第十一号命令：《关于解放区内在征粮购粮时期粮食管理办法》自即日起宣布全部无效。俟后凡在解放区境内，一切粮食，不分品种与数量，加工未加工，不分省县区村皆得自由流通，任何机关，部队，团体或个人，不得加以封锁或干涉，在铁路运输上并取消运输证制度，如有故意封锁或干涉，当事人可以向各级政府控诉，各级政府即依侵犯人民财产论处。

（摘自1948年7月8日东北行政委员会命令《为宣布解放区在征粮购粮时期粮食管理办法无效》）

十三、除统购外，其他一切物资恢复解放区内自由流通

东北解放区境内贸易自由，为我民主政府的一贯方针。兹为贯彻此项方针起见，除皮革羊皮及在统购期间的粮食为取缔投机操纵，保持价格之稳定，应依照统购办法办理外，其他一切物资，在东北解放区内，俱应自由流通，粮食一项在统购期间过后，亦须恢复东北解放区境内的自由流通，各地区一切与此相抵触之办法一律禁止，各级政府，各级机关、部队、团体不得以任何藉口进行封锁，限制物资在我东北解放区内自由流通。倘有故违，当即严重处罚。除责成各级政府严格遵办外，并望各地人民随时随地向各级政府公安机关、贸易管理机关检举控告为要。

（摘自1947年11月10日东北行政委员会政财字第3号布告）

第三节　猪鬃、马尾管理

一、猪鬃、马尾暂行管理办法

为了进一步管理猪鬃、马尾，防止投机走私起见，特决定以下暂行管理办法：

1. 凡东北解放区境内之猪鬃、马尾，指定由商业部指定之东北皮毛公司，实行统购，并统一办理

出口，任何机关部队或私人非经商业部批准，不得进行此项经营。

2. 不论各机关及公私工厂和个人，现存的猪鬃、马尾等一律进行登记，统由土产公司（或皮毛公司）按市价收购。

3. 凡猪鬃、马尾加工工厂，一律从新审查登记，由商业部指定之公司统一加工。

4. 经商业部批准或委托购买者，须有商业部发给采购及运输证明，否则不准购运，私运偷运者，概予没收。

（摘自1949年3月31日东北行政委员会建商字第4号命令）

二、《猪鬃马尾暂行管理办法》的具体执行办法

案奉，东北行政委员会3月31日建财字第四号命令："为了进一步管理猪鬃马尾防止投机走私起见，决定暂行管理办法"。本府根据以上命令，特规定以下具体执行办法：

（一）凡本市现存的猪鬃马尾，指定由东北毛皮公司，实行统购。并统一办理出口、运输事项，任何机关部队及公私工厂，商店或个人非经商业部批准，不得进行此项经营。

（二）不论各机关及公私工厂、商店，或个人现存的猪鬃，马尾等，一律执行登记，统由东北毛皮公司按市价收买，本府对公私工厂商店已进行登记，凡尚未进行登记之工厂商店或个人必须于4月23日至30日止，到本府工业局进行登记，过期不登记者，由本府查出后，没收其私存货物。

（三）凡在本市经营猪鬃马尾贩卖、代理、运联业者，应立即停止营业，而猪鬃马尾加工工厂暂饬其停业，一律从新审查登记，经本府批准复员者由东北毛皮公司统一加工，今后未经本府许可者，不得进行此项营业。

（四）经商业部批准或委托购买者，必须持有商业部发给采购及运输证明，否则不得在市内购运，如有私自购运者概予没收。

（五）各级政府、公安部门、群众团体及人民均有权稽私和检查之责，如经查获后，对告发者酌情给予没收之货款2%至10%奖金。

（摘自1949年4月22日哈尔滨市政府哈工行字第15号布告）

三、组织收购毛皮土产办法

为发展副业生产、增加农民财富，东北政委会商业部特于7月22日在哈召集东北毛皮、土产会议，各省到会代表20余名。在会议上王副部长指出："这次会议主要讨论毛皮并讨论东北农村一般的副业生产。根据调查东北农村的副业生产，有的地区占农民全部收入的20%，甚至有的超过30%。副业收入，一方面扩大农业生产，另方面解决和改善了农民生活。生产的细毛皮、特产（鹿茸，人参、马尾等）可以组织出口，换回需要的物品，对工业发展，战争支援都有好处。因此对于农村副业的提倡，今后应当很大的注意，农民有何希望、有何困难、如何发动与组织，收购方法与价格政策又应怎样，这就是这次会议所要解决的问题。"在会议期中，各地汇报副业生产情况与讨论上列问题，已于28日总结。在总结会上，初步研究各省今后一年的任务。根据出口与工业生产、军需与民用，决定了发展什么、大量收购什么。并提出要求确定一定数量的资金，设立专门单位进行经营业务。在发动与组织问题上分析了几种组织方法：（一）通过区村政府与农会进行组织打猎小组，使解决猎枪、弹药、山照（进山的路条）更有保证，村里的劳动互助、出战勤、缺粮食等都能得到合理调剂。商业部所属单位直接与猎户进行买卖。（二）通过真正能代表群众利益的合作社进行组织，副业生产中如互助贷款、上山工具与物资准备等问题，可通过合作社来解决。（三）发动群众自己组织毛皮合作社或山货合作社，商业部给以支援。（四）与后方部队、林业工人进行副业生产的联系或约定。（五）有些毛皮与土产带有广泛群众性生产的，如养兔、养鸡、捉蛤蟆（吉林）、狗皮、羊毛羊皮、猪鬃马尾、打野鸡、沙鸡……可以从价格上、收买方法上、技术指导上去广泛号召，使广大群众、老头、妇女、小孩都动员起来，造成热潮，把不注意的这些平凡事情提高到生产获利的认识水平上。在讨论收买方法与价格时，总结认为："我们的价格政策与收买方法，应该服从于发展生产，便利群众的原则。"商业部掌握更多的细皮、特产是我们执行政策与一系列组织工作的结果。任何高价刺激或统一收购、压低价钱的单纯收买观点而不去积极发动组织，这种思想是不对的，必须反对。同时只知收购，不明毛皮土产的特点与

出路,不积极想法运销,不知先后缓急,不分品种质量、无目的无重点、一律发动、一律收购,结果囤积起来等于废品,也是不对的。今后我们收购的价格要合适,手续要简单,宣传我们的价格,减少中间剥削,使生产者直接获得利益,以巩固其生产情绪。在技术方面,除东北毛皮公司招考一批有经验的技术人员参加工作外,直接参加收购工作的同志也应积极学习知识,熟练业务,以免好货认为劣货,坏货当好货收买,使群众与公家都遭损失。最后决定商业部所属单位应在八月底以前,请示各省党政负责同志,在他们指示之下进行召集毛皮、土产会议,把会议精神贯彻下去,并提出各种副业品的实物比价。

(摘自1948年8月10日《哈尔滨日报》)

四、统制猪鬃马尾,杜绝走私

查自本会3月31日颁布统制猪鬃马尾的命令以来,许多正当商人已按照命令办事,但仍有部分奸商图利,忽视政令,继续偷运走私,为了严格执行政令,杜绝走私,决定于6月10日起,不论军民人等,无商业部运输证明者,予以扣留并全数没收,以示惩处,为了贯彻执行,特规定下列办法:

(一)确定各级税务局为检举与没收机关,注意检举向沈阳、热河、辽西、辽东、吉林等地运输,特别是向边境口岸运输。

(二)任何机关部队个人均有报告之责,但没有检查之权。凡因向税务机关报告私运猪鬃马尾情况检查确实者,给该报告人以全部没收货值百分之三十至五十奖励金。

(三)由于税务机关自行检查而没收者亦酌予奖励,其办法另定之。

(四)税务局没收之猪鬃马尾,悉数交商业部土产公司,土产公司按市价付款。除奖励金外其余作国库收入。

(摘自1949年6月10日东北行政委员会建商字第1号指示)

五、现存猪鬃马尾限期登记,隐匿不报者从严处罚

(一)查本府奉令依法管理猪鬃马尾,进行登记一案,业于本年4月13日以沈商行字第107号通令,饬各区政府及市商会,转饬各业者遵办在案,惟查有少数业者,心存观望不遵期进行登记,殊有未合,兹特延期五日,凡本市各机关及公私厂商或个人现存的猪鬃马尾,统限于本月26日以前,到本府商业局依法进行登记,倘再因循,一经查出,概予没收。

(二)前开各关系者,在4月1日以后,对所存猪鬃马尾,如有交易或变动等情形,应于限期内到本府商业局报告,逾期不报者,从严处罚。

(三)本市市民如发现有隐匿猪鬃马尾,不进行登记者,或私自盗运出境,应向本府举发,一经查实,准予奖赏。

(摘自1949年4月19日沈阳特别市政府沈商行字第19号布告)

六、加强对猪鬃马尾的管理

东北行政委员会按照"对内自由对外管理"之既定贸易方针,于1949年1月20日发布命令,决定:

(一)凡猪鬃、马尾、皮革、皮张四种货物,均指定由商业部统一办理出口,除经本会所属之财经委员会特别批准者外,不论公私营企业或个人,一律禁止运至解放区以外之任何地区,违者没收。

(二)但上述四种货物,在东北境内,则与一般货物相同,准许买卖自由,不许阻难。

(摘自哈尔滨市政府公报第26期1949年1月20日)

第四节　花纱布管理

一、花纱布市场情况

花纱布市场计有棉花、土纱、格纱、卡机纱、杂纱、白布、色布、零布、更生布、袜子、杂货、毛巾、豆腐包、织布零件、面袋、洋纱等十六个行业。

据2月份市场人数变动表记载:1948年1月末日上市人数,长期的1125人,临时的67人,合计1192人。

1948年2月29日上市人数:长期的1017人,临时的78人,合计1095人。

从2月份的变动来看:①长期贩卖的2月份较1月份减少了144人,其中减少最多者为白布及色

布行业。原因是织布原料缺乏,多半给百货公司加工或给纺织局加工。②临时贩卖业者,本月共有1186人,平均每天51人,较1月份平均每天少41人。原因是过旧历年。

据2月份市场交易额统计表记载:1948年2月份的交易额为东北币4.70亿元,平均每日交易额为2099.66万元。

(摘自哈市工商局1948年2月份花纱布早市总结)

据花纱布早市的物价、货物上市量、交易额、市场人数指数表记载:以2月29日的情况为100,到3月31日的情况相比较,物价为148.8,货物上市量为125.3,交易额为240,市场人数为129.3。

1948年3月份市场交易额为21.71亿元,平均每日交易额为7237.77万元。

(摘自花纱布早市物价、货物上市量、交易额、市场人数表)

二、花纱布市场日记
(1948年3月)

3月2日,今日有10种商品物价上涨。如纺花每斤涨200元,土纱涨300元,格纱涨500元,卡机线每打涨1000元,白红布每匹涨2000元,混合布每匹涨1400元,群众布每匹涨4500元……。涨价的原因,主要是各地来哈购买者特别多,而引起物价上涨。

今日交易额为3605.54万元,上市人数为1760人。

3月6日,今日仍有5种商品继续上涨。如土纱上涨200元,格线涨1000元,红星布涨2000元。

今日交易额为4430.66万元,比昨日增加250.5万元,上市人数为1740人,比昨日多40人。

3月18日,物价继续上涨,其中上涨最多的是:红星布每匹上涨5000元,混合布上涨7000元,涨价的原因是由于百货公司出售纱布限定数量,所以贸易商人都到市场购买而引起的。

今日交易额为7744.33万元,比昨日多1439.68万元。上市人数上升到2480人。

3月23日,今日纱布类物价仍继续上涨,土纱每斤上涨200元,格纱每斤上涨500元。

本月来市场内货物价格,上升的种类今日最多,共计有11种,仅袜子与毛巾两种价格未动。

今日交易额为8190.81万元,比昨天多118.57万元。上市人数为2760人。

3月24日,今日物价上涨的有5种,其中白群众布涨的最多,每匹比昨天上涨4500元。

今日交易额超出昨天的1倍,为1.5亿元。原因是纱布公司大宗出售各种布匹的关系。仅公司一家交易额即为1亿元。上市人数为2450人。

3月27日,今日市场物价均更平稳,因公司近几天大宗出卖,老客都不象前几天那样急了。

由此,从3月2日起到27日止,这次物价上涨风始告平息。

今日上市人数2660人,比昨天减少了100人左右。

3月31日,今日物价平稳没有变动。交易额为8095万元,比昨天减少1600万元。上市人数为2970人,比昨天减少230人。

(摘自哈市工商局花纱布早市物价、货物上市量、交易额、市场人数指数表)

第五节 烟酒专卖管理

一、管理烧酒业暂行条例

遵照东北财经会议决定,凡在本市内除本府得经营烧酒公卖外,其余不论公私经营之烧锅,均应一律停止营业。兹特制订暂行条例如下:

(一)各烧锅不论现正烧酒,或早已停烧,统限自布告之日起,至本月16日止,应将其存酒制酒原料,曲子、曲面子、窖子,及制酒器具,分别其度数、重量、件数,造表报告本府工商管理局,听候指示办法,不得私自移动,其现在尚行烧酒者,应自本月12日即行停止。

(二)各曲房(专门制造曲子者)自布告之日起应一律停止营业,并将所存原料及已行破楂者,其名称、数量,详细造表报告本府工商管理局。

(三)凡贩卖烧酒业者,及买存烧酒及曲子者,亦须依限将度数、数量,报告工商管理局,其以贩卖为目的者,每日卖出若干,并应注账目,以备考查。其余买存者,非得工商管理局之指示,不得变动。

(四)凡由市外运入市内之烧酒、曲子,非事先请得本府之执照,不得行销。

(五)各酒精工厂所制之酒精,除军用由东北经济委员会,出具执照外,其外不问用途如何,非有本府之执照,不得销售。

(六)凡制造俄司克、白兰地、白玉露、史国公、威士忌等之需要酒精者,亦应遵限报告其现存之数量、度数,及每日需用实数,并允许发给执照继续购入。

(七)凡违犯以上各条者,除将其违犯之物品没收外,并科以该物价10倍至20倍之罚金。

(八)公卖条例另订之。

(摘自1947年11月6日哈尔滨特别市《市政府公报》第11期24~25页)

二、东北解放区烟酒专卖暂行条例

第一条　为增加国家收入,限制无益消耗,进行烟酒有计划之产销管理,特制定本条例。

第二条　下列物品,由政府专卖机关专卖,不论公私厂商,凡产制运销,均依本条例办理之。

1. 卷烟;

2. 酒类。

第三条　烧酒由国家专烧不得私制。

第四条　凡东北解放区以外之烧酒,非经东北专卖总局许可不得输入。

第五条　凡欲为专卖品之制造或歇业前,应申请该管专卖机关核转东北专卖总局批准,发给牌照或凭证后,方准制造与歇业。

第六条　严禁制造有害卫生之各种酒类。

第七条　制造厂所制造之烟酒,只限交专卖机关,不得私自出售,违者以私制销论,黄酒由我局允许例外,交卖价格,由专卖机关规定之。

民间有专供家用自制之米酒,不在专卖之例,但以自用为名,私自出售者,依本条例第十九条之规定加倍处罚之。

第八条　凡存于制造厂内之烟酒及其原料,概由制造厂负责保管,非经专卖机关许可,不得运出、转让、或抵押。

第九条　凡供制造酒类之曲子及卷烟之纸盘,非经专卖机关许可,不得私自制造使用、买卖、或移让,其管理办法与专卖品同。

第十条　烟酒因损坏、霉腐或其他原因,致不能交卖时制造厂应申报专卖机关派员,监视销毁或重制,不得私自处理。

其所存供制造烟酒之原料,如有上项事情,不能使用时,亦须申请专卖机关处理之。

第十一条　制造厂对于制品之改善,产量之增减,及有关设备管理等事宜,应遵照专卖机关指示执行之。

第十二条　凡经专卖机关批准之制造厂。于开工停工前,应申报当管专卖机关核准之。

第十三条　凡销售商于购销烟酒前,应申请专卖机关核准,发给专卖品批发商牌照,或零售商牌照或凭证后方准购销。

第十四条　销售商不得任意高抬价格,或掺入杂质,或拒绝出售。

第十五条　制造厂与销售商,应设备专卖机关所规定之有关账簿。

第十六条　制造厂与销售商,应遵照专卖机关之规定,按期向专卖机关报告应报事项。

第十七条　专卖机关有检查制造厂销售商之设备、成品、原料账簿及其他有关物件之权,并得为必要之指示与合法之处理。

第十八条　如有违犯第六条之规定者,除没收其违章物品及取消其制造牌照外,并得送司法机关法办。

第二十条　违犯本条例第八、第十、第十一、第十二、第十三、第十四、第十五、第十六条各条之规定及专卖机关之指示时,专卖机关得酌情处以罚款。

第二十一条　各级军政人民团体个人,均有协助稽查之责,如发现私制、私运私销专卖品者,得报告或将人货证据解送专卖机关,不得擅自处理。

第二十二条　凡揭发专买人员敲诈勒索行为者,经查实后,得酌情赔偿被害人之损失,并予揭发者以奖励与表扬。

第二十三条　凡揭发专卖人员受贿行为者,经查实后,应予揭发人以奖励与表扬,受贿人依法惩处,行贿人没收其货物或处罚,并得送司法机关惩办,行贿人自行揭发者得从轻处理。

(1949年2月20日东北行政委员会颁布[摘录])

三、东北解放区烟酒专卖暂行条例施行细则

第一章　总则

第一条　本细则依东北解放区烟酒专卖暂行条例(以下简称条例),第二十四条之规定制定之。

第二条 条例所称卷烟包括机器制造之卷烟及手工制造之卷烟而言。

第三条 条例所称酒类系指烧酒、酒精、黄酒、洋酒、啤酒、及其他一切可供饮用之杂酒而言。

第四条 条例所称专卖机关系指东北专卖总局及各省市县专卖局而言。

第二章 制造

第五条 制造厂欲为条例第五条之申请时应填具下列各件。

一、专卖品制造申请书。

二、制造厂登记表(附表第一号)。

三、产品商标登记表(附表第二号)。

四、政府机关许可抄件。

上项申请内容俟后如有变更时,应即报告该管专卖机关批准之。

第六条 制造厂于制造成品前,应即开具制造专卖品所需原料之数量、价格及制造费用之明细表,并检同拟制品之样品,报请核管专卖机关鉴定,并转报专卖总局备案。

如变更制成品名称、种类商标及成品成份时亦同。

第七条 制造厂于开工时,应填具附表第三号样式之申请书报告该管专卖机关。

第八条 制造厂于每月二十五日前,应将下月生产数量预计表报告该管专卖机关备案。

第九条 制造厂之机器、容器、器具等,非经专卖机关检验许可并注有标识者不得使用。

第十条 制造厂之设备变更完成后,于开始使用前,应报告该管专卖机关查验。

第十一条 制造厂停工时,应停工前三日以书面报告该管专卖机关查验加封,但因不可抗力停工时,应随时报告,复工时办同。

第十二条 制造厂因故歇业出让时,应于歇业出让前三十日,以书面报告该管专卖机关,专卖机关应即派员调查处理之。

但歇业十五日前厂内不得存有半制品。

第十三条 条例第五条所称"凭证"系指歇业许可而言。

第三章 交卖与专卖

第十四条 条例所称交卖价格,其核定标准依专卖品之标准成本与合法利润及产销税之税金之总合规定之,由专卖机关售与销售商之价格为专卖价格,上项交卖价格与专卖价格,统由专卖总局规定之。

第十五条 烟酒不合规定标准时,专卖机关得使其重制销毁或核减其制品成本。

第十六条 专卖品之规定标准由专卖总局统一制定之。

第十七条 关于条例第十三条销售之申请者应开具下列事项。

一、商号名称;

二、营业地址;

三、营业组织;

四、资本金;

五、营业性质;

六、每月销售概数;

七、经理人姓名、籍贯、年龄;

八、营业经历及主要销路;

九、销售烟酒之种类。

第十八条 专卖品批发商牌照或零售商牌照,应悬挂门首或其他显明易见之处以便识别。

第十九条 销售商必须遵守专卖机关规定之批发价格或零售价格,所称批发价格系指专卖价格加批发手续费之价格而言,所称零售价格系指批发价格加零售手续费之价格而言,前项之批发或零售价格统由专卖总局规定之。

第二十条 批发商如兼营零售商者,其批发部分不得按零售价格销售。

第二十一条 批发商购领专卖品时,应于购领前一日填具专卖品购领申请书,申请专卖机关经核准并缴纳价款,领得准购证后,向指定之制造厂提货,其购领手续另定之。零售商购买专卖品时,可向批发商购买之。但机关团体供自用大批购买烟酒时,须持正式证明文件,向专卖机关请领售购证。

第二十二条 批发商于每月二十五日前,应将下月预购数量报告该管专卖机关备案。

第二十三条 批发商必须于指定期限内,应由工厂领出专卖品,否则因逾期所受之损害,由批发商负责补偿之。

第二十四条 手工卷烟及烧酒由专卖总局统一划分地区,非经专卖机关准许,不得逾指定地区销售。

第二十五条 销售商如欲迁移歇业或出让时,应于十日前,以书面报告该管专卖机关。

第二十六条 凡依条例第四条之规定,欲输入东北解放区以外之烟酒时,应开具下列各项申请专卖总局核准,并须按规定价格交卖与指定专卖机关后始得输入。

一、专卖品之种类、名称、数量、购价。

二、专卖品制造地、运输路线、指定地点、预定输入日期。

第二十七条　列车中餐车所带专供于列车中贩卖之烟酒各种酒类定重量五十斤或一百五十瓶(啤酒三百瓶),卷烟在五千支以内者得不拘前条之规定可自由输入,但不得向列车以外出售。

解放区内行驶之列车及旅客轮船相同。

第四章　管理及验查

第二十八条　制造厂购入原料时,应开具原料、名称、数量、价格、采购地点等,申报该管专卖机关。

第二十九条　欲将供制酒类之曲子,改制其他物品时,应申请专卖机关核准后方得使用。

第三十条　制造厂应设备下列各项账簿,必须逐日具实记载。

一、原料品之总账及分类账(按品名分类如制烟厂须有烟叶、盘纸、包烟纸、包皮纸等,造酒厂须有粮谷曲子等);

二、成品之总账及分类账(按品名分类,如卷烟牌名、等级等,酒类名称等);

三、副产品账(按品名分类,如酒糟等);

四、专卖证收付账;

五、现金总账及日记账;

六、经费分类账(记载制造费及其他经费);

七、机械工具账。

第三十一条　批发商应设备下列各项账簿,必须逐日具实记载。

一、进行(货)总账及售货总账;

二、货物分类账;

三、现金总账及日记账;

四、推销货物账(售货账之补助账);

五、发货票收付账(发货票须向专卖局登记盖印)。

第三十二条　条例第十六条所规定之应报事项如下:

一、日报表应于翌日,依附表第四号样式报告该管专卖机关。

二、旬报表应于每旬终了翌日,依附表第五号样式报告该管专卖机关。

三、月报表应于下月五日以前,依附表第六号样式报告该管专卖机关。

第三十三条　专卖之卷烟及瓶装之酒类,均应于制成时在封口处粘贴专卖证,但手工卷烟须自行加盖显明之销印,否则即以私制论处。

第三十四条　条例第十九条所称"私制",系指无制造厂牌照自行制造专卖品者或领有制造厂牌照制造专卖品而不交卖者而言。

"私运"系指无准购证或推销证,而自行运输专卖品,或领有准购证推销证而运输私制之专卖品者而言。

"私销"系指无销售商牌照,自行销售专卖品,或领有销售商牌照而销售私制之专卖品者而言。

第三十五条　运输专卖品时,批发商应携带准购证或推销证,零售商应携带批发商之发货票以资查验(发货票格式由总局统一规定)。

第三十六条　检查人员执行条例及本细则规定之检查职务时,应携带专卖局或税务局之检查证,否则得拒绝检查。

第五章　奖　惩

第三十七条　对于确能遵守专卖法令规定与专卖机关指示并有显著成绩之制造厂及销售商,专卖机关得酌情奖励之。

第三十八条　对非专卖人员及税务人员,因密报查获私制私运私销专卖品或高抬售价者经处罚后,得奖予相当罚款20%奖金。

第三十九条　条例第二十条之罚款其具体规定如后。

一、违犯条例第八条之规定,私自抵押专卖品或其原料时,除认其抵押转让行为无效外,并处以相当违章物品价款20%~50%罚款,其私自运出转让时依条例第十九条处理之。

二、违犯条例第十条之规定者,处以相当于擅自处理物品之价格一倍至二倍之罚款。

三、违犯条例第十二条之规定且不属于私制者,处以50万元以上200万元以下之罚款。

四、违犯条例第十三条之规定且不属于私销者,处以20万元以上100万元以下之罚款。

五、违犯条例第十四条之规定者,处以10万元以上500万元以下之罚款。

六、违犯条例第十五条第十六条之规定者,除补办手续外,并处以10万元以上50万元以下之罚款。

七、违犯专卖机关之指示且不属于私运私销

者,处以10万元以上500万元以下之罚款。

第四十条 制造厂或销售商有下列情形之一时,得处以300万元以下之罚款,并得撤销其专卖品牌照。

一、违犯条例或本细则之规定时。

二、继续停止制造或销售专卖品三个月以上时。

三、拒绝或妨碍专卖人员执行职务时。

四、违犯其他法令之规定时。

第四十一条 违犯本细则第六、第九、第十、第二十二、第二十七、第二十八、第二十九各条之规定者处以50万元以上300万元以下之罚款。

第四十二条 违犯本细则第八、第二十四、第二十五各条之规定者,处以10万元以上100万元以下之罚款。

第六章 附 则(略)

(摘自对私改造工作政策法令汇编第三册238~248页)

四、重申烧酒专卖规定

查烧酒公卖的办法,本府已于三十六1947年十一月六日公布在案,惟查近来,竟有不良分子,不遵守法令,有私自造酒,有不起贩卖许可而贩卖,有出售烧酒掺水不够50度,有不按政府公定价格而高抬市价,有多量购存而不出售,并有自外埠运来之烧酒,未经向公卖处请求许可,而私自出售等情。以上各样违法者,经本府查觉后,均已分别处理,兹特重申前令,今后凡系烧酒贩卖业者,务须遵照烧酒公卖规定办法处理,不得稍有违背,如再有违背者,一经查出,或被人告发,定予严加惩罚,定不宽贷!

(摘自1947年8月6日哈尔滨特别市政府财字第38号布告)

五、沈阳市酒商管理规定

查本市酒类商业及饮食物贩卖商业,出卖的洋酒、清酒、老酒、葡萄酒、白兰地、五加皮、威士忌等(不包括白酒)一切酒类(以下简称酒类),由于制造业者,不注意卫生条件,甚至没有工厂设备、滥用假商标,毫不选择地使用酒精、人工甜味、防腐剂、香料、著色料等原料,酒里含有很多杂质,经过短时间就要变质,改造成市面酒类品质恶劣,饮用后容易中毒,妨碍公共卫生。本府为保持并增进市民身体健康,预防传染病发生,特规定如下:

(一)凡在本市制造酒类者,应到本府卫生局登记,出品须经政府检查后,发给检查合格证,方准贩卖。但关于营业许可部分,须另行办理。

(二)外埠输入酒类,应在本市补办检查手续,检查不合格者禁止输入,检查合格者准许在本市贩卖。

(三)酒类贩卖商业、饮食物贩卖商业,应将现存酒类种类、数量呈报卫生局登记。

(四)前三项中之登记酒类送验日期,均限在二月二十五日以前办理。

(摘自1949年2月15日沈阳特别市政府沈卫卫字第8号布告)

第六节 物价管理

一、限制黄金白银出口

兹为平抑物价,安定民生,特限制黄金出口。凡我商民旅住蒋占区者,不得携带五钱以上之黄金。如有携带五钱以上之黄金前往购货者,必须事前至本府工商管理局工商科请领许可,否则一经查知,决予严惩不贷。

(摘自1947年7月2日哈尔滨特别市政府商工字第36号布告)

查禁止黄金白洋砂金白银出口,早有明令,乃近因蒋匪票币猛跌,蒋区人民争相以高价吸收黄金白洋,以致投机者之流,竟敢从我区私贩黄金白洋出口,投机取利,对于此种有违政府法令,损害解放区人民利益之行为,自应严加取缔,兹特重申禁令,今后凡未经东北银行总行批准持有证明者,无论任何人不准携带黄金白银砂金白洋出东北解放区边境,违者以破坏政策扰乱金融论罪,除没收外,并按情节轻重处罚。

(摘自1948年6月5日东北行政委员会布告)

二、取缔银元商贩

市工商管理局根据摊贩管理条例的规定,于8

月 24 日一度取缔银元商贩，工作现在已告结束。共检举 54 人，计现款 1118.8 万元，银元 1166 块，银条六条，旧银子五两，银镯子两副，分别轻重以适当处理。对长期以贩卖银元为职业的，则予以完全没收。并进行教育，令其立即转向正当职业。使今后能根绝此类投机商贩。查银元商贩之形成，始于过去一个时期商人来往于解放区内外，多携带金银（白洋），造成一部奸商在市内面转贩卖进行投机活动，使价格日渐提高，扰乱了金融，影响了物价。流动在市内各处的银元商贩约百余人，吸住一部游资，用于捣动银元，对国计民生有害无利。这次取缔工作，除市工商局商业科同志之十余人外，还有公安局、执法大队的配合，划分四个小组，分头取缔了道外头道街和道里中国十道街两个银元小市的商贩。有力地打击了投机贩卖活动。

（原载 1948 年 8 月 30 日《哈尔滨日报》）

三、哈市物价动态

哈尔滨的物价从今年 1 月至 10 月，是在逐月上涨中，虽八月间曾一度回跌，但比率甚微仅为 0.2%，迨至 9 月份又复行上涨。

在此 10 个月中，六类物品中上涨率最高的是主食品类，10 月份的价格为去年 12 月份价格的八点五倍，其次是副食品亦达 5.63 倍，衣着类稍次于副食品，亦超过 5 倍以上，而变动最小的则为燃料灯火类仅上涨 2.46 倍，其他杂品上涨 4 倍，调味品上涨 5 倍。六类（72 种）物品按几何平均法计算，今年 10 月份的物价总指数，较去年 12 月份上涨 4.9 倍，平均每月较前月上涨 18.24%，如除去燃料类其余五类 10 月份的总指数较去年 12 月份上涨 5.7 倍，如果按算术平均法计算则上涨 5.17 倍，另外选择哈市 12 种主要商品（黄金在内）计算之指数，在此 10 个月中则上涨 7.45 倍。至于黄金、白银、银元三种价格在此时期中，最高的是 8 月份上涨 10 倍以上，到 10 月份则回跌至 8.59 倍。

在这 10 个月当中一般物价曾经发生两次较大波动：

第一次是一月份，其原因：（一）该时正值春节，一般市民估计春暖解冻后，农村忙于春耕，粮食照例上涨因此皆购粮储存。（二）因战局关系哈市动荡不定，人心多怀存钱不如存货之心情。（三）一般奸商借机操纵形成一时百物骤升，致较前月上涨 43% 以上。

第二次波动是 6 月份，较 5 月份上涨 41.9%，其原因：（一）季节关系此时正值青黄不接，农作忙迫，农村卖粮者少。（二）各地食粮限制出口，哈市粮食来源困难。（三）政府食粮管理尚未实行，市场游资亦未禁止活动，因此粮谷首先突然上涨，较前月上涨 106%，其他物品亦随粮价而波动。

其余 2、3、4、5 及 7、8、9、10 各月份，由于我军节节胜利，人心稳定以及政府对金融物价管理调剂（如吸收游资，管理粮谷、花纱布市场，实行购买证制度）故一般物价较趋平稳，变动甚微，2、3、4、5 各月平均上涨 17.2%；7、8、9、10 各月平均仅涨 6.9%。兹将各类物品之上涨原因分述如下：

（一）主食、副食、调味嗜好品类：

粮食类在六类物品中，其上涨率占第一位，主要原因是东北光复后一年中，农村粮食不能出口，工业品来源断绝，农产品与工业品造成极大之剪刀差，如不提高粮价，缩小农产品与工业品之差额，则农村经济将走向破产。因此为刺激农业生产，有计划地出口粮食，提高粮价，是有利于国计民生的，但哈市粮食由于管理上还存在着一些缺点，以致发生几次波动。

10 个月中粮谷上涨最高的，首为高粱、苞米、苞米面、高粱米、次为本地面、小米，小麦；再次为大米，而最低者为头号火磨面。

以上增涨差别之原因，第一因哈市居民多数以粗粮为主食，食用细粮者仍为少数，同时粗粮虽涨至 12 倍左右，但其本身价格仍低于细粮 2 至 3 倍。

其次头号火磨面以袋为单位，贫苦市民，多无力购买，兼之在此期间内，小麦粉曾大量推销，而需求者不多，故上涨率遂在一般粮食中最低。

本地面价格较洋面便宜很多，与苞米面相差无几，故其消费量尚多，上涨率亦因之比头号面为高。

副食品中以猪肉之上涨率最高，达 10.14 倍，其次是大豆，再次为牛羊肉，而比较平稳者为蔬菜与鸡蛋。

肉类上涨之原因由于基期之价格过低，当时正值冬季，贩运方便，外城向哈运肉者甚多，同时去年税收制度尚未建立，走私漏税，价格低廉，今年屠宰实行管理，增加税金，同时到四五月后，时逢夏令，外肉运哈困难，以至从 6 月后，肉价上涨甚巨，10 月份更因鼠疫流行，哈市对外交通封锁来源益少，而更行大涨。

调味品上涨最高者为油类，豆油上涨8.5倍，猪油上涨九9.3倍，其次为酒类增至8倍以上，卷烟、食盐较稳，上涨2倍至3倍左右。而白糖则特殊稳定仅涨1.3倍。油类上涨原因：第一，大豆贵，哈市豆油供不应求，特别是10月份豆油公定价格较黑市价格竟差1倍以上。第二，猪肉涨，猪油亦涨。酒类由于税率提高，粮食涨价，以及限制酿造，酒价亦随粮价而上涨，烟卷因市内制造者多，生产过剩，而价格稳定，食盐则由于外埠陆续来哈未能上涨，砂糖因哈市附近之阿城糖厂已能大量生产，并有外货入口价格亦未上提。

(二)衣着类：

衣着类波动最大之时期为2月份(春季)，其次是4月份及6月份，比较平稳者为3、5、9、10各月，而7、8两月更一度下跌。春季上涨之原因：(一)由于花纱布在春季是季节性之旺月。(二)过去本市之纱布大部依赖长、沈来货，当时正值战争频繁，去蒋管局区商贩断绝，来源中止。加以纱贩经纪人兴风作浪因而上涨。4、6两月份上升之原因，系由于粮谷之波动与黄金之上涨，7月份以后哈市纺织局成立，土纺、土织空前发展，贸易当局实行换纱换布，花纱布市场加强管理，以及各县清算斗争后旧衣物充斥市场，故纱布逐渐回跌日趋稳定。

衣着类各品目之增涨比率均在6、7倍左右，无甚悬殊。其中上涨率以土纱、解放布、20支棉纱士林布较高，大尺布、袜子较低。

土纱、解放布较高之原因为购买力关系，因土纱、解放布本身价格低于洋纱布购用者多，士林布及20支纱则因来源困难，逐步上涨，大尺布由于解放布及老太太纺布之销路畅盛，市面已不多见，故其价格未能与其它布匹并涨。袜子因市内小型手工制造者过多，生产过剩销路有限，因而稳定。

(三)燃料灯火类：

哈市在去年冬季燃料最感困难，1月份仍受年前之余波而上涨了30.7%，高出衣着类，但2月以后，还逐渐稳定，迨至10月末平均比去年12月份仅涨2.4倍，为6类物品中，涨价最少者。其原因：(一)在此10月中，大部月份为温暖季节，需用者少。(二)最大原因由于煤矿多数复工，大量采掘，及伪满时代采伐之林木，由于输送力增加亦陆续搬出。(三)燃料公司成立后，竭力推销。故样子煤价格特别平稳。其中豆饼在此时期已失去燃料性质，成为马料，受大豆及高粱之影响因而上涨。火柴至10月份之价格仅较去年12月份上涨1.4倍，因去年火柴缺乏，价格增涨过高，今年市内火柴工厂增多，生产过剩因而滞销，价格平稳。

(四)杂品类：

杂品类较燃料上涨为高，但比其他物品尚称稳定，10个月内无大变化，2月份因值旧历年关，购买者多，上涨较高。6月份因受粮价波动亦随其他物价一并上涨。

杂品比较稳定之原因，为市民购买力减低，日常开支多消费于必需之主食及衣着，至不急需之杂品，遂极力节省，因此市场上各项杂品销路不畅。

杂品类中上涨率最高者为毛笔、肥皂、线麻，最低者为洋钉、颜料、木板等。

毛笔由于解放区不能制造(缺少竹管)，多来自蒋管区，肥皂由于原料——油脂、火碱上涨；线麻则因大批军鞋之制作等原因遂上涨较高，颜料因去年来源困难价格过涨，到12月(基期)时已呈饱和状态。迨今年哈市松花江颜料厂及工矿处已先后能大量生产硫化青及草绿，故未见上提。

(摘自1947年《金融物价》第19期)

四、北满金价动态

(自1947年1月至1948年5月)北满四都市1年零5个月来金银价格的涨落趋势，都追随着哈市的行情而变动着，一般的说来，各地价格多较哈市为低，虽然有时特殊的高于哈市，但亦为时极短，很快的又落到哈市价格的后面，因此，我们研究北满各地一年来的金银价格，很可以以哈市为标准。

根据各月涨落的趋势，1年零5个月的黄金动态，大致可分为以下5个阶段说明：

第一阶段是由三十六(1947)年1月到2月为一年来涨率之最大时期。

这两个月金价剧涨的原因：一方面是受到其他物价骤升（当时物价平均上涨41%)的影响，另外当时战争局面动荡不定，我币在哈尚未稳固，人心趋金，致造成黄金之猛烈波动。

3月后，由于战局的好转，人心渐稳，金价回疲下跌5.6%，但仅仅维持了1个月的时间。

第二阶段是由三十六(1947)年4月份到8月份，此期逐月上涨之原因：

①当时哈、长、沈三地交通未断，商贩往来频繁，蒋管区金价高涨，纱布低落，老客争相持金换

布。7月中旬长春金价每两27万元，五福布每匹5.7万元，20支天女纱每捆4万元，哈市同时黄金45万元，五福布14.2万元。8月上旬长春黄金每两35万元，五福布5.5万元，20支天女纱每捆4.4万元，哈市同时金价48万元，五福布13万元，天女纱9.4万元。依照上述两地黄金与纱布交换比例，在7月中旬由哈去长换纱换布，以每两黄金计算可获利22万元，合我币（东北币）在8月上旬换纱可获利27万元，换布可获利34万元。②我区敌伪残余、逃亡地主多化形潜逃，将家资全部卖出购买黄金，便于携带。③受5月份以后青黄不接，食粮、纱布物价上涨之影响。

第三个阶段：9月至11月为金价长期陆续回跌之期，缘至8月份之金价已呈饱和之上涨状态，超过物价指数的2.5倍（8月份黄金指数为1035.71，零售物价指数为405.56），在一般商品中上涨率为最高，8月份以后旅途阻断，黄金已无出路，商品周转灵活银根吃紧，商贩皆抛金易货致造成黄金之下跌。

第四个阶段：由去年12月至本年2月，继前一阶段金价的下跌，入冬以后农村土改，挖财宝、起浮产运动，地富金银大量出世，供过于求，以致此时，平稳无变。

最后一个阶段：今年3月开始，金价由长期的沉寂又见活跃，3、4两月份平均逐月上涨20%，至最近5月又猛然上提每两最高价曾达170万元以上。这个阶段的上涨，初期哈市实行工商业者之财产货品登记时，一般大中工商业主，慑于去年土改的浪潮，不了解民主政府之基本政策一时恐慌，多争相购金储存，及至工商保护法公布后，商人虽渐舒转，但金价并未因之回跌，反而继续上涨，其原因大致如下：

第一，吉林、四平相继解放后，南北满交通连成一片，商旅又行活跃，黄金借机南流。

第二，长、沈各地之逃亡地主及官僚、政客，鉴于蒋区之失败前途，多将刮搂之财物，折变黄金逃避京、沪，造成蒋区黄金之飞涨。

第三，南满初经解放，各地之金价亦较哈市为高（3、4月间）一般商人以前即感哈市金价之低，游资已多转向黄金，此次又得此大好机会故大肆抢购，遂造成月前每两之170万元之高峰。

最近南北满金价渐趋一致，买户稍见回疲，故5月末日已落至145万元，兼之目前金银出口限制令公布，各地物价逐渐调整，黄金又将沉寂，故在对外贸易开放前，金价只能追随物价涨落而变动，因之今后黄金可能无多大特殊的涨风了。

（摘自《金融物价》第19期第1～2页，1949年）

第七节　行商、经纪人及牲畜交易市场管理

一、东北解放区行商登记及纳税暂行办法

（一）为限制非必要之行商，并求坐商与行商负担公平合理，特定本办法。

（二）凡无固定营业地址、场所、字号之流动性营业均为行商，经营行商业者，均须依照本办法办理登记。

（三）对行商管理的原则：

甲、凡有一定方向与一定行业之行商，税率较低（依税表第一类）。

乙、凡无固定方向及行业之行商，税率较高（依税率第二类）。

丙、对于投机倒把扰乱市场之行商，严厉取缔之。

（四）凡经营行商者应开具体行商登记许可申请书，报请县以上政府，经批准后，到税务机关办理行商手续。

（五）凡未经政府核准之行商，不得经营行商营业。

（六）行商推销或购买货物时，均须携带行商证明书，及行商营业报告表，以备查验。

（七）行商运销货物，每往返一次，须将运销货名称、数量、价格等项，具实填写于行商营业报告表，报告当管税务机关备查。

（八）行商购进或出售货物时，其货物品名、价格等，除填写行商营业报告表外，并须将交易价额总数自行报填于行商证明书所附之账册上。

（九）行商营业税一个月征收一次，纳税人须于期满时结清账目，自行向该管税务机关遵章报税，如遇有特殊情况时，税务机关得提前征收之。

（十）凡经登记并持有行商证之行商，运销货物时，各级税务机关不得预征行商营业税。

（十一）行商营业税均按营业额差额税率征收

之。

（十二）凡行商停业时，均须将行商证明书及行商营业报告表，向原发放的机关缴销。

（十三）行商证明书不得损（遗）失，如有遗失，除由本人登报声明作废外，并停止其相当时期之行商营业。

（十四）坐商运输货物时，须经当管税务机关申请领取坐商证明书凭证运货，各地税务机关不征其行商营业税。

（十五）凡机关部队运销货物时，须由本机关开具证明文件，并持此证明向当管税务机关报查，经加盖验讫印后即予运行。

（十六）凡确为车船旅客及乡村肩担小贩随身携带之零星物品，不办行商手续，并免收行商营业税。

（十七）凡农民、渔民、猎户出售其生产品，或采购其用品者，不得视为行商，但须持有其本人之居民证或当地区政府或农会之正式证明，方认为有效。

（十八）遇有不可抗力之损失、经县以上政府证明，并呈报上级税务机关核准后得免税或减税。

（十九）凡不遵章履行登记领取证明而运输货物者，经查获后，除按情节轻重，以其所运货物从价照章补税外，并处以应税额三倍以下之罚款。

（二十）凡逾期不报纳税者，得由保人负责追回，并从税额处以一倍之罚款。

（二十一）凡不遵章履行报验手续者，按情节轻重处以定额罚款。

（二十二）凡以多填少，企图偷税者，经查出后除将隐瞒部分补填外，并罚以隐瞒部分应税额五倍以下之罚款。

（摘自1949年2月1日东北行政委员会建财字第1号令）

二、哈市贯彻《东北解放区行商登记及纳税暂行办法》的各项规定

（一）凡无固定营业地址、场所、字号之流动性营业者，得依法经营行商。

（二）坐商（工厂、商店）摊贩不得报请转营或兼营行商、并不得有任何包庇行商偷税及其他不正当行为。坐商运销货物，只限于其营业范围以内者，行商行业暂按坐商之营业范围，并不得在同一市内捣弄，违者均按投机倒把论。

（三）行商申请登记时，须携带本人之正式居民证，并须在市内找妥两家字号，作为保证人，填具保证书，保证人限以资本额超过该行商资本之正式字号为合格。

（四）行商一次营业额，不得超过其资本一倍。

（五）凡经登记许可之行商，应按照行业进行组织，帮助政府管理行商，征收税款及传达政府法令。

（六）本府对于行商如有询问调查时，行商应确实报告，不得拒绝或虚报。

（七）暂行办法所载，县以上政府及税务机关，在本市即为本府商业局及税务局。

（摘自1949年2月10日哈尔滨特别市政府通告）

三、哈市商业局开始办理行商登记

为了贯彻执行《东北解放区行商登记及纳税暂行办法》限制不必要之行商，并使座商与行商负担公平合理，哈市政府商业局已于3月18日开始办理行商登记手续。

登记的行业包括：五金业、瓷器业、汽车零件业，古铁业、铁桶业、电料业、油漆颜料业、工业原料业、建筑材料业、胶皮业、靴鞋材料业、木材业、中西药业、酒类、茶叶、文具业、棉丝杂货业、山海杂货业、农杂业、日用杂货业、煤炭业、毛皮业、蔬菜业、水产业、家禽业、食品杂货业、鲜货业、粮谷等业。

登记办法：到商业局商业科领买“行商登记申请书”及“行商营业登记许可申请书”各两份，逐次切实填写，取得本管街、组长证明和两家铺保（须加入同业公会者并有公会证明）后，交到商业科审批。隔一天，再到商业科领取被批准的营业登记许可（不批准的当时告知理由）。以后再拿两万元“行商证明书”工本费，到税务局领取证明。

登记时要注意到：无一定的行业者须有一定的方向（即没有一定的行业，采取什么货物也不确定，但采买地方是确定的），无一定的方向者须有一定的行业（即要采买的货物是已确定的，但到什么地方去采买不一定）。不得既无一定的行业，又无一定的方向。坐商（工厂商店）的股东、职店员及摊贩不得转营或兼营行商。在休业期中的坐商及准备废业的坐商不得请求行商。两家商号的保证人其中须有一家有电话者，而保证书须拿到保证人商号所属的公会去盖印。

（摘自《工商周报》，1949年1卷9期）

四、哈市成立行商公会

为便利领导哈市散在行商，使其获得正当的发展，工商联会将于4月上旬成立行商公会，办公地址设于道外景阳街三十九号。

（摘自《工商周报，1949年1卷13期）

附：哈尔滨市行商登记资金总额统计表
（至1949年3月末止）

（千元单位）

行业	家数	资本总额	备考	行业	家数	资本总额	备考
粮谷	192	2816500		木材	12	305000	
麻袋	63	547500		炭柴	8	79000	
估衣	68	515000		中药	12	140000	
棉丝杂货	64	681000		西药	6	54000	
五金	67	748000		工业原料	8	176000	
烟麻	38	417000		汽车零件	7	99000	
文具纸张	27	265500		茶叶	4	39000	
食品杂货	37	476000		菜籽	3	49000	
山海杂货	34	393000		酒类	2	17000	
毛皮	30	389000		纸烟	2	25000	
古钱	18	287000		胰腊	3	25000	
日用器具	15	149500		胶皮	2	15000	
食肉	11	91000		电石材料	2	20000	
牲畜家禽	7	102000		建材	1	20000	
鲜杂货	10	113000		玻璃	1	7000	
蔬菜	16	274500		屑物	5	44000	
牛骨	13	71500		自行车零件	3	27000	
油漆颜料	10	148000		不固定	480	7173100	
农品杂货	15	181000		华洋杂货	12	84000	
废纸	9	59000		合计	1312	16920600	

五、管理经纪人暂行办法

第一条　凡依靠介绍双方交易而从中取得佣金及利益者，均称之为经纪人。

第二条　所有经纪人均须到市府工商管理局登记，并有资本50万元以上之商号两家负责担保。由市府发给许可后，方准执行业务，无许可证而执行业务者，以扰乱市场论，委托无许可之经纪人从事购买或卖货物者同等处罚（代理店和空头公司亦适用此办法）。

第三条　经纪人索取佣金最高不得超过交易额之4%，经双方自愿低于4%者听之。

第四条　经纪人介绍买卖两方货物成交后，应保证照章缴纳税款不得偷漏。

第五条　经纪人只能代各开业商号工厂、贸易公司或机关部队购买或出卖货物，不得代未开业之商号、个人及机关囤积者介绍买卖。

第六条　经纪人在介绍交易时，必须说明真实价额，倘有蒙蔽双方操纵物价从中取利者，以违法论。

第七条　违反以上各项者，按着情节轻重，处罚以五年以下苦役，或500万元以下之罚金。

第八条　凡检举以上违法事实者，给以罚金之30%，以奖励之。

第九条　此办法得根据实际情况随时以修改

补充。

(摘自 1947 年 7 月 25 日哈尔滨特别市政府商工字第 37 号布告)

六、关于经纪人工作总结 (1949 年 8 月份)

(一)为了进一步加强对经纪人的管理工作,由本月初开始筹备成立了经纪人管理委员会,首先拟定了管理委员会章程(草案)。其中内容分为七章三十一条。

七章的具体内容:①总则,②事业,③会员,④会议,⑤办事员,⑥经费,⑦附则。

到现在为止,筹备工作已经就绪,只等待上级批准之后,就开会正式宣布成立。

(二)本月交易情况

行业别	人数	妥盘额	佣金	每人平均佣金
毛皮	18	738649300 元	10929890 元	607216 元
杂货	86	17539636240 元	120405866 元	1400068 元
木材	17	4810030000 元	132090000 元	7770000 元
房产	10	2417000000 元	74950000 元	7495000 元
合计	131	25505315540 元	338375756 元	2583021 元

(三)各行业佣金比率

房产业的佣金比较高,平均所得三分佣,木材业平均二分佣,毛皮业平均一分佣,杂货业平均六厘佣。但个别的经纪人也有收六分佣的。

(摘自哈市工商局 1949 年档案)

七、恢复各省市县牲畜交易市场

查交易市场,已有个别省份明令取消,因此粮谷牲畜交易中心地址,造成部分暗交易行为,致税源散乱,控制失灵,影响国家税收非浅,为消灭此等现象,交易市场实有重新成立之必要,仰各省市县政府按以下各原则从速恢复试办,并将试行情形随时报告:

(一)粮食交易市场可不必要经纪人。

(二)牲畜交易市场可要经纪人,其佣金根据各地交易实际情况,及交易市场开支情形,由各地政府税务机关及工商部门共同商定佣金比率,原则上确定为 5‰至 10‰,其次经纪人的工资每月可由 80 分起最高不得超过工薪标准指数 150 分。佣金如有剩余,除修建市场外,可作其他公益事业或拥军优属之用。

(三)对经纪人之选择,可优先选用烈属、军属、贫苦市民或较公正之经纪人充任,数量可甄(斟)酌实际情形,需要多寡决定之。

(四)选定之经纪人须经政府批准,发给营业许可证后始得营业,违者依法惩罚。

(摘自 1949 年 7 月 30 日东北行政委员会建财字第 15 号令)

八、成立家畜交易市场

哈尔滨特别市政府,为了有计划的吸收与分售牲畜,以达平稳牲畜价格、为农村服务。于 1948 年 3 月 10 日发出布告,将原家畜交易合作社撤消,另行成立家畜交易市场。指出:今后凡公私买卖牲畜,必须到该市场交易,违者一经查觉,定予惩罚。

(摘自哈尔滨市政府公报第 15 期,1948 年 3 月 10 日)

第八节　其它管理

一、沈阳市度量衡暂行管理办法

第一条　本办法系根据东北行政委员会政经字第四号命令颁布之度量衡和丈量土地标准制定之。

第二条　度量衡之名称及定位如左(下):

一市升等于一公升,二市斤等于一公斤,三市尺等于一公尺,一垧等于一公顷,并采用十进位制,计算关系如下表:

容量:市升(基本单位),十合等于一市升,十勺等于一合。

重量:市斤(基本单位),一公吨等于二千市斤,十两等于一斤,十钱等于一两,十分等于一钱,十厘等于一分,十毫等于一厘。

长度:市尺(基本单位),十尺等于一丈,百尺等于一引,一千五百尺等于一里,十寸等于一尺,十分等于一寸,十厘等于一分。

面积:垧(基本单位)等于十市亩、即三千六百平方弓或九万平方尺(等于一百公亩或一万平方公尺);一亩等于十分,即三百六十平方弓或九千平方市尺,一分等于十厘,即三十六平方弓或九百平方市尺,一平方弓等于二十五平方市尺,一弓等于五市尺。

第三条　凡于本市以制造贩卖或修理度量衡器具为业者(包括计量器),须向本府工商局声请登记,经审查合格后,发给登记证,始得营业。

第四条　凡领有制造度量衡器具登记者得兼营制造器具之贩卖及修理业,领有贩卖度量衡器具有登记证者,得兼营修理。

第五条　凡度量衡业者应将出品数量,售卖价格按月填表、送本府工商局备查。

第六条　已登记之度量衡业者,每年年终由本府验证一次。倘登记事项变更时,得缴销旧证,另换新证。

第七条　本府度量衡检定用器种类,样式以原有检定用器及公差数为标准、所有度量衡器具种类,样式依习惯性定之。

第八条　凡本市之度量衡器具均应受本府工商局检定,认为合格后,方准出售或使用。

第九条　本府工商局接检定声请书后,应依本办法检定,或派员携带检定器具前往检定。前项前往检定搬运检定器等费,由声请人担负之。

第十条　各度量衡器具检定后,认为合格者,应由本府凿盖图印或给予凭证。

第十一条　受检定之度量衡器具应分别缴纳检定费,其费额另定之。

第十二条　检定时发现不合格之度量衡器具时,须于一定期限内修理完善,声请重检或再检。

第十三条　凡经检定合格,凿有图章或给予凭证之度量衡器具,如发现增损不合之情形,得施行临时检查后取缔。

第十四条　凡违背本办法第三、第八、第十三条之规定,不登记营业,不受检定或拒绝检查得斟酌情节轻重,处以东北币50万元以上250万元以下之罚金,或送请执法机关处理。

第十五条　凡使用或贩卖不合规定之度量衡器者,处以东北币10万元以上50万元以下罚金,并将器具没收之。

第十六条　凡制造不合规定之度量衡器或故意变更其定程,而意图供行使者,处以东北币100万元以上1000万元以下之罚金,并将其器具没收之。

(摘自1949年3月23日沈阳市人民政府沈工商字第38号布告)

二、承德粮米市场统一公秤,取消牙纪过秤,避免中间剥削

哈市西傅家区承德粮米市场,有组织的摊贩约为450名,每日登市粮米约在二三十万斤之间,有时在三四十万斤左右,以大小袋数计算,据不完全统计,约在1500袋上下,完全依赖数十名经常以秤为生的牙纪过秤,每袋工费最低500元计算,每天1500袋的过秤工费,竟达7500万元之巨,再加欺骗巧取,隐瞒斤两,和买主合伙分肥的贼钱,最低当在200万元以上。为减轻卖粮(尤其外县)老乡的损失,于今年6月间决定建立义务公秤,置备磅秤、大秤、中秤等15杆,雇用工友4人,负责过秤分文不取,每日可省过秤费约达200万元,群众称赞不已。

(摘自1948年10月10日《哈尔滨日报》)

三、医院广告管理办法

第一条　凡于本市内散布,张贴登载绘制墙壁或酬谢治愈以及成药之仿单包纸及容器之标签等,有关医药广告传单悉依本办法管理之。

第二条　前条规定之广告传单须具备下列手续,经卫生局(以下简称本局)核准发给登记证后方准应用之。(一)填写登记请求书一份(由本局制发填用)。(二)广告式样一份。

第三条　凡于本宅营业场所所绘制张贴之有关医药宣传之广告,亦须按照前条规定之手续办理之。

第四条　凡经本局登记许可之有关医药广告传单非经核准中途不得修改或变更内容。

第五条　医院诊疗所及产院等,不得以其疗法经历为虚伪夸张之广告,其从事诊疗之医务人员除学位称号专门科名外,亦不得有其他渲染性之广

告。

第六条 所有医药广告不得抵触政府有关医药管理之规则。

第七条 在本规则施行前已散布张贴登载之医药广告传单仿单包纸等,统限于公布日起一个月内来局补办登记手续。

第八条 违反本办法时按情节轻重予以适当处罚。

(摘自1949年7月20日沈阳市人民政府卫生局沈卫医字第8号通告)

第九节 打击投机倒把活动

一、市场中几种不正当交易

(见第六章第一节 五、经营方式及不良手段)

二、打击投机倒把,惩治商人非法活动

今年上半年共收民刑案件2254件,与1948年半年之平均数相比,则上升17.5%(即增加337件),其中破坏国家财产案上升51.2%,贪污案件上升40%。在案件的升降变化上看,呈现出新的建设时期破坏经济的犯罪及贪污罪的显著增加。

在新的建设时期,经济建设是压倒一切中心任务,司法工作人员要为经济建设服务,向一切经济破坏者进行严格有效的斗争,以保护国家经济建设的胜利发展。从当前犯罪性质上看,主要有三大类型:1.商人破坏国家资财。2.贪污腐化。3.窃盗国家资财罪。这三种犯罪是直接的破坏着经济建设的(属于特务破坏的严重性更大,法院这方面的案件还很少),所以仅将上述三种犯罪所实行过的斗争,及今后应进行有力的斗争加以总结。

甲、商人破坏国家资财,就其犯罪类型看,有如下几种:

一是当公家此种原料困难,需要此种原料,而又须利用商人收买时,商人则以合同的形式,以一定时间完成一定任务为条件,套取国家资财进行投机破坏。

二是拉拢自私自利、个人品质极其恶劣之公家个别人员,施以贿赂,取得信任,通过私人关系,套取国家资财并且以公家名义,进行投机破坏。

三是抓住我们某种需用物资之供求关系,及某种程度之无政府、无组织情况、乘机追逐、钻营套取国家资财,用以改购需用之物资,假冒物资系他人所有,又高价出卖给另一机关,并取得高额佣金,获得投机利润。

四是用各种卑鄙手段,欺骗国家采购人员,套取公家现金,买得优等物资出卖,获得投机利润,再买得劣等物资,交付国家采购人员,并取得高额佣金。

五是国家控制之有限原料,需要而且应该利用私营工厂加工,以改用成品调剂需要。私人工厂利用加工关系,套取国家物资,移作他用,进行投机破坏,同时我们对其管理亦不严密,致使公家遭受很大损失。

六是违反国家专卖法,进行反对国家限制。

商人于经济建设中,对我们的斗争是相当复杂、多样的。并且这种斗争将日益复杂化和多样化,对违法商人的斗争又主要表现在经济上。司法如何配合主管经济建设部门,进行有效地斗争是非常重要的问题,我们与主管经济建设部门共同合议制定的一个不完整、不成熟的惩治办法,应当求得更深刻、更具体化的发展。这里我们将草拟而未经各方批准的惩治商人非法活动暂行办法附后:

哈尔滨市惩治商人非法活动暂行办法草案

第一条 为发展生产,繁荣经济,保护正当工商业,以达成经济建设之目的,特制定本办法。

第二条 不问以何种方法手段,凡从事投机倒把,囤积居奇,操纵市场,欺行压市或买空卖空等破坏活动者,处三月以上徒刑或罚金,并得没收其货物。

第三条 由国营企业套取或利用由国家银行借款,而为第二条行为者,处六月以上徒刑或罚金。由私营银行借工商贷款或使用空头支票,而为第二条行为者,处三月以上徒刑或罚金。

第四条 为公家加工、制造、包工或代购物品者,如偷工减料,以劣抵优,或将定金、原料移作他用,致不能完成任务者,除应负民事赔偿外,处三月以上徒刑;如其结果惹起重大危害或以定金、原料

为第二条行为者加重其刑。

第五条　代理店或经纪人，索取超额佣金，压低行价或利用顾主贷款为第二条行为者，处三月以上徒刑或罚金。

第六条　代理店或经纪人，使用兑付、扣头、盖帽或顶代等办法欺骗顾主者，处三月以上徒刑或罚金；如以前项方法，欺骗公家人员，或工农劳动人民者，应加重其刑。

第七条　虽非经纪人，但经常为前二条行为，或偶然为前二条行为而危害较重者，按前二条处理。

第八条　用各种手段，拉拢欺骗公家人员，而谋得不正当利益者，处三月以上徒刑。

第九条　冒用商标，以劣品冒优品出售，制造假商品或掺假，使用不正当衡器或隐瞒货物之定价，利用顾主不熟悉行情，任意索价者，处三月以上徒刑或罚金。

第十条　擅自转移工业资本，出卖机器，或将商店化整为零投入黑市者，处一年以上徒刑或罚金。

第十一条　使用假账水牌，银行支票虚立名头等方法，隐匿实际收支情况，偷漏国税者，依税务法规处理；情节严重者，处一月以上徒刑。

第十二条　违反本办法者如自动向政府坦白时，予以从轻处理，市民如对政府揭发，密告违反本办法者，经查属实后，予以鼓励。

第十三条　本办法之解释权，属于哈尔滨市人民政府。

这项工作在进行中，还存在着一些问题阻碍工作的进行……。为统一有机结合的对经济建设的破坏者开展斗争，目前迫切需要一共同遵循的办法，与实践这个办法的组织形式。

乙、贪污腐化罪

丙、盗窃国家资财罪（略）

（摘抄《哈市经济》第2期47~53页1949年）

附录:哈尔滨、沈阳市工商管理大事记

1946 年

4 月 28 日

东北民主联军进入哈尔滨市区,哈市获得解放。同时,松江省党政军机关和北满分局机关均迁入哈市。

5 月 3 日

哈尔滨市政府成立,刘成栋任市长。政府机构设有:社会局、财政局、工务局、教育局、卫生局、公安局。

有关私营企业和市场管理工作由社会局实业科负责,有关集体经济性质的合作事业,由财政局合作指导科负责。社会局局长王岳石,实业科科长孙伯言,财政局局长何治安、丁冬放,合作指导科科长邓建桥。

7 月 16 日

哈尔滨市第一届临时参议会今天开幕。钟子云同志代表共产党议员在会上讲了话,他说:为了改善民生,繁荣市面和国家富强,我们一定要用极大的努力,来帮助与保护工商业的恢复与发展。我们主张各工厂、商店应实行劳资合作,按期分红,提高工人店员的积极性。

7 月 19 日

哈尔滨市临时参议会通过了《哈尔滨市施政纲领》。纲领中规定,除囤积居奇、扰乱金融者外,工商业家享有经营正当营业的充分自由,并由政府予以保护,对于有利民生的工商业应予以可能的帮助。

7 月 23 日

市政府公布了"私营工商业领取营业执照及办理登记"的布告。

8 月 11 日

东北各省代表联席会议通过了《东北各省市民主政府共同施政纲领》,纲领中第四条规定:保护奖励与扶植民营商业,恢复并发展合作事业,欢迎投资开发东北富源,改善工人、职员与技术人员的生活,安置救济失业工人,提倡劳资合作,发展生产,繁荣经济,保证资本家的正当利润,建立统一合理的税收方针,减轻人民负担,调整地方金融。以利东北经济建设的发展。

8 月 16 日

中共中央东北局彭真同志,在东北各省代表联席会议开幕典礼会上发表讲话。在讲到劳资关系问题时,他说,在处理劳资关系上,一方面应使工人生活得到改善,另一方面要保障工商业者的合理经营与有利可图。私人资本主义经营的工厂商店,是剥削雇佣劳动和剩余价值的,但是为了发展中国经济,现在还是需要它的。中国今天不是资本主义多了,而是少了,因而,今天对资本主义生产不是摧毁,而是帮助与发展。

8 月 19 日

制粉业的天兴福二厂为实行分红、劳资合作,订了周密的契约,并召开了大会公布。彭真政委亲临讲话,阐述了共产党发展工商业政策。

9 月 23 日

近日物价猛然上涨,刘成栋市长发表讲话指出:物价上涨的主要原因是少数反动分子造谣和少数奸商随声附合,企图囤积居奇,从中牟利,并非物资缺乏。政府为平稳物价,除由北满贸易公司、民生公司、松江贸易公司指定十余处代理店大量的廉价抛售粮食外,并派专人到外县购买粮食物品。

当日市长还亲自主持召开了"哈市工商界主要人士座谈会",就物价问题进行了讨论,到会的人士,一致表示同意使物价恢复到以前的状态。

哈尔滨市政府发布布告规定:除政府出售大批粮食外,要求各商店应于三日内恢复五日前的物价标准,不得居奇,违者严惩。

10 月 10 日

中国共产党中央委员会公布了中国土地法大纲,在第二条中规定,保护工商业者财产及合法的营业不受侵犯。

10 月 10 日

哈市八家大油坊(义昌信、利民、双合盛、恒祥东、和聚东、永生和、元聚祥、兴东)集体签定分红契约,四六分劈红利,工厂重大事务,由劳资双方共同负责处理。双方一致,表示愿忠实遵守契约,团结一致,为发展哈市制油业而努力。

10月19日

《东北日报》发表社论:《把分红制普遍化》。社论指出,劳资分红制,是推动新民主主义经济发展的一个合理的制度,它一方面改善了工人店员的生活条件,调动了他们的劳动积极性,另一方面也使资方获得大于分红前的利益。因而分红制得到劳资双方的拥护。劳资间分红标准,以既能改善工人店员生活,并使资方有利可图,能够继续扩大再生产,至少维持简单再生产为原则,即以劳资兼顾劳资两利为原则,在已开始实行分红制的城市,应把它普遍于一切可能实行的企业中。

12月16日

鉴于少数奸商乘机抬高米面价格,哈尔滨市政府发出通告,指定民生公司各营业所及东兴公司、东北贸易公司第二营业部低价出售高粱米、小米,普通高粱米定价12元,普通小米11元。

1947年

1月9日

哈尔滨市政府讨论今年工作计划,提出七大工作任务中有:"(四)恢复工商业的中心问题在于动力、原料与市场,市政府当尽力解决;(五)整理财政税收,以期公平合理,并扶助群众生产及发展工商业"。

1月13日

哈市委通知,为加强经济工作和农村工作,将成立以饶斌为书记的经济委员会,以王一夫为书记、蒋南翔为副书记的农村工作委员会。

1947年1月28日

刘成栋市长为平抑粮价在商工公会会议室召开粮谷加工业及磨坊业代表座谈会,刘市长在谈到平抑粮价的办法时说:①以行政力量指定贸易公司来供应全市人民的日用食粮,并对制油之大豆亦有相当的供给;②将所供应的元谷委托市内粮谷加工业予以加工;③对现在囤积大量粮谷者实行登记办法,避免囤积居奇;由市政府每月通知零售价格及地点,以便市民前往购买。

1月29日

最近正值旧历年底,粮车上市数目减少而市场亦未正式开行,有些商人借此抬高粮价,造成哈市粮价紊乱。为取缔投机,保障供应,市政府采取措施:市民用粮由东北贸易公司按需要充分供应,粮食买卖自由贸易,今后仍然不变。对囤积居奇故意抬高物价之不良行为,坚决取缔。

2月9日

哈尔滨市为解决市民食油供应,由市民生公司供给原料,使我市二十七家油坊复工生产。

3月8日

哈尔滨特别市政府为了防止私营代理店从中投机,决定取消代卖东兴公司廉价粮米的代理店,今后一律由合作社代卖。

3月19日

最近有少数从事粮食投机的奸商,不顾人民生计,将大宗粮食向外运销,以获得非法利润。从3月9日到15日的6天中,共运出粮食400多万斤,平均每天50多万斤。影响民生甚大,为此,哈尔滨市政府明令规定,所有粮食一律不准向外运销,倘有故违,一经查出即行全部没收,并酌情予以相当之罚金。

4月5日

哈尔滨市政府布告,为了减少粮食浪费,保证市民食粮供应,自即日起本市所有大小烧锅一律停用粮食烧酒。

5月7日

哈尔滨市政府为了平抑物价,保证民食,决定对粮谷的运销,实行集中交易,并开设粮米市场,把分散的粮米贩者集中于市场内,便于管理。

5月17日

东北行政委员会发布,"关于发展纺织业的指示"。由于东北解放区布匹不能自给,依靠外地输入,又受敌人封锁,致使布匹昂贵,影响人民穿衣问题。政府以最大努力扶助与恢复已有的中小纺织工厂,并决定发放棉花10万斤,作为对各省奖励发展纺织工业的贷款。

5月30日

哈尔滨特别市政府公布了《哈尔滨特别市商亭整理暂行条例》共计十一条。

6月20日

哈尔滨特别市政府公布《对粮食贩卖及限制利润等管理办法》。

6月24日

哈尔滨市政府为发展正当工商业和取缔囤积

操纵决定由原社会局的实业科,和财政局的合作指导科合并成立工商管理局,以加强对工商业的行政管理,下设工商科及合作指导科。

6月25日

哈尔滨市政府为了有计划的向市民供应粮食,和掌握全市存粮情况,决定登记现存粮食(包括粗细杂粮),并发了布告,规定不论工厂、商店、住户或粮贩,凡存粮超过四个月以上者(每人每月45斤),于7月前必须向工商局登记,领取存粮许可,否则即以囤积扰乱物价论处。

7月1日

哈尔滨市召开工商界士绅和各团体支援前线动员大会。钟子云、刘成栋讲话,钟子云在讲话中指出:新社会的商人应跟着新的时代走,把眼光放远一点。警告唯利是图的商人在后方故意抬高物价,捣乱市场的要改邪归正,只有正当的工商业家才受到政府的保护和扶助,号召哈市各阶层人民起来支援前线,加速胜利的到来。

7月10日

哈市工商管理局为取缔投机商人的不法活动,将粮食市场集中在下列八个地方:道外十七道街、十四道街、承德街,道里八杂市、南岗市场、新阳市场、顾乡市场、太平市场。

7月20日

哈尔滨市政府为平抑物价安定民生,限制黄金出口。发出布告规定:凡商民旅往蒋占区者,不得携带五钱以上的黄金,如有携带五钱以上黄金前往买货者,须事前至工商管理局领取许可证。否则严惩不贷。

7月25日

哈尔滨特别市政府发布布告:“为限制不正当交易,以平抑物价,安定民生起见特规定经纪人暂行管理办法”。规定,经纪人索取佣金最高不得超过交易额的百分之四,经纪人只能代替各开业商号、工厂、贸易公司或机关部队购买与出卖货物,倘有蒙蔽双方,操纵物价,从中取利者,以违法论。违反暂行办法各项者,按情节轻重,处以五年苦役或500万元以下的罚金。

7月26日

哈尔滨特别市政府根据东北财经办事处指示发布布告,对机关、团体、部队在本市所经营之合作社、工厂、商店等企业,加以审查,限于8月10日前,到工商管理局办理登记手续。

8月20日

哈尔滨特别市政府布告:最近市内公、私经营之工商业,有随意开业者,违反营业执照发给规则,使政府对于市面情况,难以掌握。兹特规定,凡已开业而未呈报者,限月底以前,向本府工商管理局登记。

东北政委会通告:任命陈一凡为哈尔滨市工商管理局局长。

8月24日

市政府为平稳物价,安定民生,公布了《面粉购买办法》并指定四十三处零售场所,限定数量与规定价格,对居民用面粉须持街、间、组长证明,连同购买票到附近零售处购买。

9月22日

哈尔滨市政府发出命令:为了进一步组织和团结本市工商业者贯彻执行政府财政经济政策,发展战时生产贸易,繁荣解放区经济,支援前线,反对囤积居奇,投机操纵,以稳定物价,决定改组旧商会,原商工公会自即日起解散。指定刘佩芝等25人为哈尔滨市工商联合会筹备委员会委员,刘佩芝为主任委员,武百祥、孙世琨为副主任委员,杨祝民为秘书长,即日起开始工作。

9月24日

东北行政委员会发出《关于公粮加工问题的指示》。指出:为保证公粮收支预算不使落空,保障食粮质量与供给适时,除粮食局管理的一部分加工业,直接加工外,各地方私营或公营加工业,均有为公粮供给负有一定数量加工的义务,不得拒绝。

9月25日

刘成栋市长在工商联合会筹备委员会第一次会议上讲话指出,对于工商业要根据今天的政治经济条件加以改造,工商业必须为解放战争服务,为农村发展生产服务,没有解放战争的胜利,没有农村经济的发展,就谈不到生产的发展和经济的繁荣。我们完全同意私人资本家在这两个原则下,获得一定的利润。对于从事正当的工商业,不管是大的小的,政府一律采取保护帮助的方针。对于囤积居奇者,他警告说,今天的政府有强大的经济力量,人民已觉悟和组织起来了,囤积居奇必然完全失败。

10月7日

哈尔滨特别市政府呈请东北行政委员会任命李桂森为市工商管理局副局长。

10 月 10 日

中国共产党中央委员会公布了中国土地法大纲，第二条规定，保护工商业者财产及合法的营业不受侵犯。

10 月 18 日

市政府公布了一时营业税及摊贩营业税暂行条例实行细则。

10 月 20 日

哈尔滨特别市政府布告：为保护私人工商业，并使机关部队生产有计划进行，以后凡各机关部队学校在哈开设工厂，或者现有私人工厂合资经营，均应事前向市政府工商管理局登记。自布告日起，未经登记许可者，无论自设工厂或与私人工厂合资经营，一律予以没收。

10 月 21 日

东北行政委员会第三十二次会议讨论通过了《东北解放区 1948 年经济建设大纲》。大纲共四个部分：关于农业生产，关于工业生产，关于发展内地商业与合作社，关于交通建设。大纲要求，扶助民营工业的发展，保护正当的私人工商业，使之有利可图并有利于支援人民的解放战争。

11 月 6 日

哈尔滨市政府公布《哈尔滨市管理烧酒业暂行条例》规定，不论公私营烧锅即行停止用粮生产，并将现有原料报告工商管理局。

11 月 10 日

东北行政委员会发布布告：东北解放区境内贸易自由。除皮革、羊皮，及在统购期间的粮食为取缔投机操纵，保持价格之稳定，应依照统购办法办理外，其他一切物资俱应自由流通。粮食一项在统购期间过后，亦须恢复东北解放区境内的自由流通。

11 月 12 日

哈尔滨特别市政府布告，为照顾市民生活，取缔投机倒把加强工商业管理，整顿摊贩营业，公布经营摊贩地点及市场。

11 月19 日

工商局为惩治投机倒把奸商没收瑞祥银行的全部资产。

哈市瑞祥银行，假借私人银行的名义，投机倒把，扰乱金融，营业九个月囤积粮食、豆油、面粉、棉花等人民生活必需品十八种以上，在物价波动最大的五、六两个月该行放款数目也最高，达到两亿元，月息超过一般银行一倍。市工商局依法将该行资产全部没收，经理张左泉被判徒刑一年。

12 月 8 日

哈尔滨特别市政府以工商秘字第五十五号布告：为保证各工厂有计划生产，特规定自布告之日起，所有公私营铁工厂之机器如有出卖、出租、转借、迁移等事情，必须经本府工商管理局批准登记存案。

12 月 24 日

哈市工商界响应市政府的号召，筹组中东实业股份有限公司，从事于农业、制糖工业、玻璃工业、化学工业、胶合板工业的经营。该公司资本总额为 30 亿，分 3 万股；政府除出资六分之一外，并供给农场土地数千垧及原江北糖厂全部设备工具。农场第一年不收公粮，第二、三年只收部分公粮；借给使用的工厂设备在 3 年内不收租金。

12 月

哈尔滨特别市政府颁布《发给营业执照规则》。

12 月 26 日

东北行政委员会颁布东北贸易管理总局制定《关于解放区内征粮购粮时期粮食管理办法》。

1948 年

1 月 8 日

朱其文市长在市政府举行的欢迎会上，对哈市今后建设发表意见。指出：要发挥城市对解放战争应有作用。改善城乡关系，保护发展本市工商业。今天工商业发展的道路，必须适应农民的迫切需要，尽可能供给农村生产资料与生活资料。要组织本市人民生产，把发展工商业与手工业结合起来。

1 月 6 日

哈尔滨特别市政府布告：东北政委会经济委员会决定，一切公私合营企业，需经所属系统审查许可，始可继续经营，今后凡公私合营工商业，未经工商管理局许可者，一律不准开业，违者重处。

1 月 11 日

松江省政府发布《1948 年度经济建设计划》（草案），指出：工业上要发展城市贫民纺织，大力发展手工业，发展公营工厂，特别是铁工厂，多种油的生产，创立玻璃和造纸工业，大力发展民用工商业；发展合作事业、交通运输业等。

1月21日

在哈市工商界举行的欢迎会上，朱其文市长阐述工商政策指出：政府以保护工商业，繁荣经济，使大家过幸福生活为目的。工商方针应有新的转变，特别制造农民需要的东西，帮助农村发展经济，铲除过去投机倒把囤积居奇的现象，使工商业走向正轨，根据人民今天的经济条件和战争需要，发挥城市对国计民生对支援战争应有的作用。

1月27日

哈尔滨特别市政府公布了《战时暂行劳动法》其中规定了取消半封建的剥削，禁止打骂工人及学徒，禁止采取把头包工头及包身工，禁止使用14岁以下之儿童。工人的工资由工人（由工会代表工人）与企业主经过集体合同劳资合同规定，雇佣工人须经工会介绍和同意，企业主及管理人在不违反劳动法令及集体合同辞退工人之权，但工会不同意时，由工会代表与企业主协商解决。企业主及管理人非因错而解雇工人，须给以相当补金。

1月27日

哈尔滨特别市政府公布《战时工商业保护和管理暂行条例》。条例规定，为有计划发展战时经济，支援前线，安定民生，保护工商业者的财产及合法的经营不受侵犯，对支援战争及群众生活有重要贡献的工厂可给以支持，其所需动力、原料及成品给以可能的帮助，在工业方面有创造发明经考核属实酌予减税、免税或一定时期专利等特权，以示奖励，战争期间，应以服从战争需要为第一。

1月

哈尔滨市工商联合会成立出版委员会，编辑出版《工商日报》，以宣传人民政府的工商政策，教育工商业者守法经营，为它的编辑方针和出版任务。

2月1日

哈尔滨特别市政府通知为统一与加强生产合作工作，决定成立哈尔滨特别市生产合作总社。领导哈市生产合作社业务工作。并任命由市工商管理局长李桂森兼生产合作社主任，工商局合作指导科长邓建桥兼副主任。

哈尔滨市政府为了具体了解哈市的经济力量，以便于组织利用这些生产力，决定对工商业进行全面的大登记，并动员了工商局大部分同志，税务局、教育局、总工会、及工商联的部分同志，共175人，成立了工作大队，由肖岩、李则望、孙百言三同志带领。并动员了各区街政府干部协助与配合。自2月1日起以1947年底各工厂、商店（包括国营、公营、公私合营、私营及外侨经营）的实际情况为基准，进行全面登记。历时半年有余，在中共中央东北局、特别是王稼祥同志，以及市委领导同志的督促与鼓励下，克服了种种困难，于七月末完成了此项重大任务。

通过这次大登记，摸清了1947年年底，我市公营、私营、公私合营、合作社、侨商等工商业计有22759家，工人、店员90960名，资金787.74亿元（东北币）。其中工业12482家，工人59684名，资金556.34亿元（东北币），商业10277家，职店员331276名，资金231.40元（东北币）。（注：因国营企业登记不全，以上数字没有统计在内。）

2月3日

哈尔滨市政府为具体贯彻执行工商业保护管理条例，依据条例的规定，全市所有工商业实行重新登记。凡工商业者不论国籍，不论是否已领得政府以前所发的营业执照及加入同业公会与否，均属登记范围。市政府以前所发的营业执照一律作废无效。

2月5日

哈市工商界慰问前方战士和后方军属。工商界106个行业1000余人敲锣打鼓，扭着秧歌举行拥军优属游行，并将十几车慰问品，计有肥猪220口，罐头200箱，纸烟10箱，肥皂100箱及现款2.49亿元送到市政府。在市政府礼堂举行的工商界拥军优属大会上，朱其文市长讲了话，他说，东北人民解放战争不断胜利，是前方后方共同努力，有钱出钱，有力出力的结果。后方人民热情慰问战士和军属，表现了各阶层人民政治觉悟的提高。

2月7日

中共哈尔滨市委作出《关于在城市消灭封建势力的决定》，指出：城市资本主义工商业，应予以保护，地主兼工商业的，其土地分配给农民、工商业不动；……

2月9日

张平化同志在中共哈尔滨市委整党动员会议上所作的报告中说：在城市工商业政策与群众运动上存在着盲目性，对工商业很少进行有系统的调查研究和具体分析，未能把发动群众与保护工商业结合起来，有时过分强调了工人阶级的目前与局部利益，而不照顾工人阶级的长远和整个利益……。

2月20日

市工商局负责人就工商业登记发表谈话称：自开始工商业登记以来，大部分厂店都能认真点货，按实价呈报。但也有少数人对政府法令认识模糊。政府再三声明，过去伪报了，只要此次据实呈报，政府决不追补税收给予其他处罚，相反必加重处理。工商业登记的目的是为了了解情况，以便更好的加以保护，克服盲目生产，做到更有计划的发展。

3月14日

哈尔滨特别市政府发布《关于保护工商业问题》(注)的布告规定："发展生产，繁荣经济，公私兼顾，劳资两利"是新民主主义既定不移的方针，保护本市工商业，帮助人民生产，支援解放战争。在本市的工商业者兼地主或地主兼工商业者，一律予以保护不得侵犯，以此次工商业登记为标准，承认其所有权，并自即日起任何人不得侵犯其财产，不得阴谋破坏，逃亡资金消极怠工，投机倒把。

注：土地法大纲公布以后平分土地的运动在农村中掀起了猛烈的高潮，有的农民进城来了。他们不仅要逮捕逃亡地主及和封建势力密切勾结着的敌伪残余，而且凡是吃过租子的沾一点封建剥削的工商业者也都牵涉上了，由于中国社会性质和伪满商业统治的原因，形成了一些城市工商业的封建性与殖民地性，在这样猛烈的土地改革斗争中，不可避免的受到了一些震荡与影响，这种情况在工商业比较集中的哈尔滨表现的更加明显。因此，根据上述情况，除发布了战时保护工商业与管理暂行条例外，再次发布《关于保护工商业问题》的布告。

3月17日

哈尔滨特别市政府公布了《统一使用生产力的规定》。为有计划的使用哈尔滨生产力，更好的解决军需问题，凡各省、市、部队、机关、团体，在哈市鞋业、被服业、纺纱业订货，委托加工或大量购买有关上述各业生产之原料及招雇工人，须统一分配使用生产力。

3月25日

《东北日报》转载任弼时同志关于"土地改革中的几个问题"的讲话，其中在讲到工商业政策时指出：对工商业不要采取冒险政策，各地已发生有破坏工商业的现象，这是一种自杀的政策。一般工商业应当受到保护的，就是地主富农所经营的工商业也不应当没收，同时是应当受到民主政府的保护，而应看到这些工商业的存在，有益于今天的社会经济，地主在过去减租减息时期将土地变卖而投资工商业者不可没收。

4月1日

哈市铁工业在政府保护下得到发展，呈繁荣气象，对军需民用贡献甚大。去年一年计生产纺织类机器3335台，榨油机和油碾子类20068台，机械类40台，铁钉12万斤，印刷机类90台。大部分工厂获得厚利，224家赚钱，55家收支相抵。75家因经营不善亏损。在发展生产，劳资两利的政策下，解放区的铁工业极有发展前途，自本年初开始迄今，新开业的又有40家。

4月3日

本市自颁布工商业保护管理条例，发布保护工商业布告以来，市政府又连续召开了工商业者座谈会，市面日见活跃。许多工商业者正着手筹备资金，雇佣工人，准备开业。仅3月4日到月末统计，工业有1367家申请开业，有工人4724人，资金11.88亿元。商业有436家申请开业，有店员500余人，资金3.34亿元。

4月6日

东北行政委员会颁布《奖励城市私人资本经营农业及畜牧业条例》。条例规定：工商业资本家或其他资本所有者，欲愿投资经营农业、畜牧业或农副业，可向县以上政府领取土地，投资者有20年使用权，投资的财产及合法经营受国家的保护。私人资本所经营的农场牧场，除征收农业税外，免征其他税收。

4月8日

《东北日报》发表社论，号召组织城市私人资本投资农业生产。

4月23日

市政府公布了《渔业批发市场管理暂行办法》。

4月30日

哈尔滨特别市政府发布布告，为发展正当工商业，号召大家参加劳动生产，规定凡不能参加劳动生产之摊贩，一律进行登记。

农具产品展览会于4月15日开幕，历经15天，今日闭幕。共展出产品1400余件，有12000多人参观了展览，附近的五常、鸡西、合江等县均有农民代表与会，对沟通城乡关系具有积极作用。

5月7日

市政府公布了《优待专门技术人员暂行条例》

规定:在哈专门技术人员不分国籍,公私企业,在业失业须登记审查及格者均受本条例优待。

5月24日

市政府召集外侨座谈,苏联等二十六国侨民代表出席,朱市长重申民主政府的外侨政策,并提出了希望,与会代表一致对政府保护外侨的政策表示谢意。

5月29日

为交流经验,发展工业生产,哈市工业产品展览会隆重开幕。市工商联刘佩芝主委致开幕词,饶斌副市长代表市政府致贺词。这次展出的展品标志着哈市解放后工业得到飞跃发展。展品中有许多是新兴工业产品显示了解放后工人阶级的伟大创造,对促进私营工商业的发展和支援解放战争将有推动作用。

6月5日

东北行政委员会发布布告:禁止黄金白洋砂金白银出口,早有明令,但仍有违政府法令之行为,故特重申禁令,违者以破坏政策扰乱金融论罪。

6月14日

道外同记商场自政府颁布工商业保护条例后,营业发展很迅速。今年1月份日平均卖钱90余万元。现在平均每天卖钱额达到1000万元以上。店员由1月份的56人到5月份增至76人。最近该商场又提出扩大营业的计划,将营业面积扩大1倍,由700多米扩大到1100百多米,店员增加到100人。

1948年上半年

随着工商业的不断发展,业务范围不断扩大,为适应工作需要,哈市工商管理局机构又增设秘书室、侨商科、军需生产科、调查研究科,把原工商科与合作指导科改组为工业科和商业科,并成立了生产合作总社。同时在全市十一个区相应地建立了工商管理股,和十六个市场管理所。其中牲畜、花纱和粮谷三个管理所由市局直接领导。

7月1日

哈尔滨企业公司今日正式开业。它是国营经济与私人资本合作的一种新的经济形式。即公私合办的股份有限公司,资本总额为30亿元(东北币),除国家投资60%外,通过工商联动员工商业者投资40%。其营业方针,为搜集工业原料、组织产销,支援有利于国计民生的工业发展。这是我市公私营企业的首创,为今后开办国家资本主义经济树立了范例。

7月8日

东北行政委员会颁布,《东北解放区经营粮食业及加工业暂行办法》规定,凡经营粮食业及粮谷加工,须在开业前向当地政府登记,并取得营业执照后方准开业。对原有的加工业者,须经当地政府重新审查登记,维持原有生产不准扩大。

7月8日

东北行政委员会命令,宣布1947年12月26日颁发的政财字第十一号命令,《关于解放区内在征粮购粮时期粮食管理办法》,自即日起宣布全部无效。今后凡在解放区境内,一切粮食皆可自由流通。

7月13日

东北行政委员会关于保护私人借贷关系发出指示。指示中说:凡不违反政府政策法令之私人借贷关系,可受法律保护。

7月19日

哈尔滨特别市政府布告规定:凡经营粮食业者须于开业前向当地政府登记,并于核准后取得营业执照方准开业。已有业者须经当地政府重新审查登记。并规定哈市制粉、制油、粮谷加工、磨坊、小油坊、粮栈、大车店、粮米铺业,限十日内依表格登记,经审查后发给执照。

7月22日

市政府公布《哈尔滨特别市摊贩管理条例》。

7月23日

哈市政府确定整理摊贩方针,分别性质加强组织管理,取缔投机倒把。市政府对全市摊贩、行商登记工作业已结束,并拟定了摊贩管理方针及管理条例,总计全市摊贩3万余人(包括市场、小市、街摊行贩在内),连家属在内15.57万余人,占全市人口13%。摊贩资金59.74亿元。为全市商业资金34.6%,在3万摊贩中能参加劳动的有2.1万余人,其余为老弱残疾。摊贩共100多个行业,以估衣业占资金最多,10.57亿万元。在摊贩的营业中一部分为市民生活所必须,如青菜、食品、货郎、修鞋、洋铁匠等,没有投机性质,为一般正常小贩;一部分因老弱残疾,不能从事其他劳动生产而经营摊贩,应给予必要的照顾。对专以投机倒弄经济、跑小市、掺假欺骗为业者要取缔,使其转入正当劳动生产.

8月1日

中国第六次劳动大会在解放区哈尔滨市隆重

开幕，历时22天，于23日胜利闭幕。6日，陈云同志在大会上报告工会任务中指示：工会的任务，是在发展生产，繁荣经济，公私兼顾，劳资两利的方针下，团结教育职工积极生产，使全体职工在国营企业中发挥管理能力，在私营企业中，发挥监督作用。张维贞代表在大会发言中提到哈市工会时说，哈市过去的工会曾发生了分红过高的偏向，现在已经改正过来。

8月5日

东北银行哈尔滨分行，为繁荣经济，发展工商业，今年4月到6月个月中，共发放工商业贷款20.29亿元。其中工业贷款439户，12.71亿元，商业贷款236户，7.59亿元。这批贷款对于一般资金不足，周转不灵的工商业者起了济急与支持的作用。

8月30日

市工商局根据摊贩条例规定，取缔投机倒把，扰乱金融的银元商贩工作已经结束，共检举54人，计查获现款1100多万元、银元1100多块、银条6条、旧银15两。将分别轻重给以处理或令其转业，对长期贩卖者则予以没收。

9月5日

为贯彻"公私兼顾，劳资两利"的经济政策，由市工商局、职工总会、东北纺织局和哈尔滨百货公司等有关单位组成的织布加工委员会成立。根据政府的加工政策和工资政策，加工委员会将统一规定加工费，工资标准和密度规格，以保障加工者的适当利润和工人应得的实际工资。目前哈市有千余家织布业者为军需民用进行加工生产。

9月10日

哈市8月份工商业发展迅速。据统计工业开业的达113家(尚有166家未发许可未计算在内)，参加生产的工人约433人，职员62人，资金共7.42亿元。商业开业的32家(外有13家未计算在内)，有职店员92人，资金2.13亿元。

9月23日

哈市饶副市长最近就国营经济和私营经济近年来在适应战争与人民需要下恢复和发展的状况发表谈话。在谈到私人经济时，饶副市长说，哈市的私人资本是有发展的。主要的是各种依靠国家供给原料的私人加工业。哈市共有31个行业2700余家中小工厂，占全部私营工业的19%，职工1.8万多人，占全市私企职工的34%。加工业的资本217亿，占全部私营工业的51%，这种加工业的发展与军工军需生产任务的扩大是分不开的。私人资本的发展方向是公私合营。在谈到对私人工商业的态度时，饶副市长指出，对工业与商业，对不同性质的工业与商业都应有不同的态度，有的要给以必要的支持，有的要限制和改造。

10月14日

《东北日报》发表短评《私人资本发展的有利前途》：哈市及其它城市遵循着毛主席的正确指示，一方面纠正了在土改中侵犯工商业的"左"的偏向，一方面采取积极具体的办法，领导组织扶助有利于国计民生工商业的恢复发展，在这方面取得了一些经验，供给军需民用的工业生产逐渐恢复，并有增加，而对投机倒把违法克扣的少数私营业主 亦采取了适当的限制。工商业家响应政府的号召，按着国家的计划和需要，订立合同与国家经济合作，共同发展生产，繁荣经济，这是私人资本发展的有利途径。

10月14日

哈尔滨市政府为统一安排军需加工任务和工人工资，决定凡在哈市的机关团体加工被服，鞋帽时，均须登记。

10月23日

经东北政委会批准，哈尔滨市工商管理局改组为工业商业两局。任命陈一凡为工业局局长，李桂森为副局长，朱竞之为商业局局长，刘明夫为副局长。

工业局下设秘书科、企划科和行政科，私营工业管理工作由行政科负责，商业局下设商政科、稽检科、计划科、人事科，私营商业和市场管理工作由商政科负责。

11月2日

沈阳解放，至此，东北地区全部解放。沈阳的解放给哈尔滨这个解放战争的政治、经济、军需、军工的中心城市带来了许多新的变化：①东北局和东北行政委员会机关部队南下或进关，军需、军工生产任务减轻，相对的出现了某些生产力吃不饱的现象。②沈阳解放后，在物资交流上给我们很大方便，北满特产南运，而南满的重工业品也进入哈市。③沈阳、长春解放后，由于新解放区对私营工商业的管理上还未走上正轨和负担较轻，私人资本大批南移。

东北政委会决定，任命刘明夫为哈尔滨特别市商业局局长，傅大陵、李坚为副局长。

11月3日

沈阳特别市政府成立。东北行政委员会任命朱其文为市长,焦若愚为副市长兼秘书长。并任命各局负责人员,商业局局长朱竞之,副局长韩永赞。工商行政管理的职能任务定在沈阳特别市政府商业局和工业局内。

沈阳特别市卫戍司令部发布安民公告,号召全市人民维持社会治安,建立民主秩序。

11月4日

沈阳市内务机关开始办公,职工、公教人员到原单位报到。沈阳特别市政府商业局接收了原国民党市政府部分科室(主要是第三科),有关人员均按时报到。

11月7日

沈阳市军事管制委员会发出布告,对报到的公务人员、职工、各公立学校教职员及公费学生每人发给10万元(东北币,等于40斤高粱米)临时生活补助费。市政府商业局报到人员如数领得。

11月11日

沈阳市私营工商业原各公会的行业代表120多人集会座谈,热烈拥护党和人民政府的工商政策,会上并决定发起“劳军运动”。

11月16日

国营沈阳市粮食公司成立。筹备期间由梅河口、清源等地积极组运粮食投入市场,解决民食。公司成立后立即开展组织私营工厂加工粮米工作。

11月中旬

沈阳特别市政府商业局设商业行政科,主要负责管理私营商业和摊贩。在工业局设行政科,主要负责管理私营工业。

11月20日

根据东北行政委员会关于将沈阳县划归沈阳特别市的决定,市政府决定设立市郊办事处,下设十二个区。

同日,市政府发布调整市区区划的命令,决定将市内原二十二个区合并,新设沈河、大东、北关、北市、南市、铁西、皇姑、和平共八个区。

以上各区划政府机构内,均设置了工商行政管理职能部门(工商科)或主管人员。

11月26日

国营沈阳市百货公司开始营业。积极掌握棉花、纱、布的市场动态,组织货源,主动配合花、纱、布的市场管理。

11月27日

沈阳市政府召开区长、公安局长联席会,决定本市的政权组织机构实行市、区、街三级制,实行以工代赈的方针,救济生活困难的市民,集中管理摊贩,稳定物价。

11月29日

沈阳特别市政府发布公告:《整理摊贩游商办法》。

11月1日

中共哈尔滨市委发出《哈市情况的新发展与1949年的工作任务》的指示,提出了1949年经济、文化、政治、财政各方面的任务,强调指出经济建设是压倒一切的中心任务。

12月9日

沈阳特别市公安局发布布告:《铸造印刷刻字等营业暂行办法》。

12月10日

沈阳特别市政府税务局通告:《国统区入销卷烟课税办法》。

12月12日

沈阳市数十个国营工厂先后复工生产。政府对私营工商业发放了8亿元(东北币)救济性贷款。全市私营工商业大部复工或营业。

12月12日

东北行政委员会以东商字第二号文件颁布,关于公营企业及粮食加工业购粮问题的指示。

12月17日

哈尔滨市政府布告,为严禁各私营制粉厂垄断面粉,拒不出售、影响面粉价格,发生不应有之波动。责令即日起按照原价直接供给市民。

1949年

1月1日

为适应形势发展的需要,哈尔滨《工商日报》改版为《工商周报》。《工商周报》的任务是:遵循“发展生产,繁荣经济,公私兼顾,劳资两利”新民主主义经济的总方针,宣传解释政府的工商业政策和法令,引导工商业向有益于国计民生的方向发展,交流公私企业生产技术的经验。

1月2日

东北行政委员会发布命令,按“对内自由,对外管理”的贸易方针。决定凡猪鬃、马尾、皮革、皮张四种货物，均指定商业部统一办理出口，除东北财经委员会特别批准者外，不论公私企业或个人，一律禁止运出解放区以外任何地区，违者没收。

1月5日

沈阳市军事管制委员会与市职工总会筹委会联合召开工人代表会，陈云同志在会上讲话，号召大家挑起担子，搞好生产。

1月8日

哈市《工商周报》发表评论指出：东北全部解放后，在今后发展生产中，提高技术改善质量，已成为重要课题。过去有些私营工业主一味追求利润，粗制滥造，不学习不研究新技术和有货不愁客的思想必须克服，把产品质量提高一步。

1月11日

哈尔滨市政府工业、商业两局，为进一步贯彻发展生产，繁荣经济的方针，有计划的发展正当工商业，限制和杜绝由于投机分子任意扩大经营范围造成的工、商不分的混乱现象，特制定了各行业营业范围，促使在合乎业体的范围内进行生产或贩卖。

1月14日

松江省政府召开政务会议，讨论议定了商业休业、开业办法，摊贩条例，司法条例及其审批手续等事项。

1月15日

哈尔滨市政府工业局和商业局，根据新划分的业体性质，营业范围，决定对私营工商业重新进行登记，通过这次整顿，达到在私营工商业中长期存在的工商不分，业体混淆的现象得到基本克服，生产经营上的盲目性也受到控制。

1月15日

哈尔滨特别市公安局规定贩卖鞭炮者，须持有特种营业许可，并禁止贩卖燃放起花箭炮和摔炮，违者予以没收并加重罚。

1月20日

东北行政委员会命令，发布关于对猪鬃、马尾、皮革、皮张四种货物，一律禁止运出解放区以外之任何地区。在东北境内则与一般货物相同，准许买卖自由，不许阻难。

2月1日

东北行政委员会公布《东北解放区行商登记及纳税暂行办法》。在第三条中规定：对行商管理的原则，①有一定方向和一定行业的税率低；②无固定方向和行业的税率高；③对投机倒把扰乱市场的严加取缔。第六条中规定：行商推销或购买货物，须携带行商证明书，及营业报告表。

2月4日

松江省政府颁布《解放区行商登记及纳税暂行办法》。

2月9日

哈尔滨特别市政府公布了二至四月份工业开、废业原则。

2月10日

哈尔滨特别市政府，根据《东北解放区行商登记纳税暂行办法》，又规定了行商暂按座商营业范围，不得在同一市内捣弄，登记时以本人居民证及两家铺保，一次营业额不得超过其资金一倍。

2月14日

沈阳特别市政府布告：《工商业登记》。

2月15日

沈阳特别市政府布告：《酒商登记》。

2月17日

沈阳特别市政府布告：《行商登记暂行办法》。

2月19日

哈市工商联合会继市政府工业、商业两局明确划分行业范围后，将原同业公会和联合办事处进行改组。这次改组是按工商业性质，行业种类，并适当照顾业者的方便，尽可能在每一业体家数较多的地区设立公会，以便利政府组织与领导，推动业者，从各方面提高质量增加产量和降低成本。全市共设立了12个联合办事处，其中工业91个行业，商业71个行业。

2月20日

东北行政委员会公布：《东北解放区烟酒专卖暂行条例及施行细则》。第二条规定：烧酒由国家专烧不得私制。第五条　凡欲为专卖品之制造或歇业，事前须经东北专卖总局批准发给牌照或凭证后，方准制造与歇业。第十三条　凡销售商在购销烟酒之前须经专卖机关核准发给专卖品批发商牌照或零售商牌照后方准购销。第十四条　销售商不得抬价，掺杂或拒售。

2月20日

全东北解放后，哈市有些私营工厂及商店，藉故停止营业，拖欠工薪止伙，使用手段迫使职工写退职书，企图南移资金。劳资关系恶化。市政府劳动局、工会根据劳资两利，发展生产的原则，为保证工人利益，通过调解和仲裁，合理解决劳资纠纷。

2月21日

贯彻劳资两利的方针，哈市劳动局在双合盛制粉厂试行劳资集体合同，以便推广各厂。

2月25日

哈市府工业局为提高现有新兴工业的产品质量，及整顿各种商标，有组织的开始了解新兴工业，并继续检查成品质量，协助业者组成技术研究小组，建立统一的销售机构。

2月下旬

沈阳市私营金银业共有139户，另外在沈河、北市、和平、东关（大东）等区还有“金银镯子”。

3月1日

哈尔滨市政府布告，为统一掌握哈市公营企业情况，以便结成整体，互相扶植配合，因此凡国营、地方国营及其他机关所属之工厂一律进行1948年全年生产登记。

3月2日

哈尔滨市政府工业局通知，为发展生产，提高产品质量，保护正当铅笔业者利益，特通知各铅笔业不准粗制滥造，严禁使用外文商标充舶来品，各商店不准贩卖无商标的铅笔。

3月10日

哈市府商业局公布了三至六月商业开废业原则。

3月12日

沈阳市政府布告：《合作社登记办法》。

3月15日

沈阳市政府布告：《发给营业许可》。规定凡本市及外埠公营企业及机关在沈所设工商营业必须登记。

3月18日

《哈尔滨日报》发表短评：《迎接金融物价的新阶段，加紧取缔投机奸商》。短评说，东北全境已告解放，生产建设逐渐大量恢复发展，东北的金融物价已经走上了稳定的新阶段。哈市及其它各大城市的国营商业机关为稳定金融物价而斗争。而各地的奸商仍然兴风作浪，故意破坏。哈尔滨市有一些奸商甚至妄想移资南走，逃避管理，以为新的人民政府一时难以严行管理。奸商利徒还可以大钻空子。这些奸商乃是人民政府稳定物价，改善民生的最大障阻，必须严加取缔。

3月21日

沈阳市政府布告：《工商业登记办法》。

3月31日

东北行政委员会为进一步管理猪鬃、马尾，防止投机走私，特颁发暂行管理办法。

4月5日

东北行政委员会规定《货物流通办法》。规定中指出：东北解放区与其他解放区之间物资往来互相承认税票，不征不补退，专卖品之烟酒及奢侈品一律禁止输出入。

4月6日

哈市工商界成立东北生产建设实物有奖公债劝募委员会，武百祥任主任委员，杨祝民、初焕章为副主任委员。4月8日工商界召开劝募大会，有1600多人参加了大会。市劝募委员会主委张观及戈江、杨祝民同志分别在大会上讲了话，号召大家发扬爱国热情，为发展生产，支援战争积极认购公债。

4月12日

松江省政府颁布《行商暂行管理办法》。

4月14日

沈阳市政府通告：《东北解放区与其他解放区之货物流通办法》。

4月19日

沈阳市政府布告：《管理猪鬃马尾进行登记》。

同日，沈阳市政府建设局公告：《水道商登记办法》。

4月22日

哈尔滨市政府为贯彻东北行政委员会决定，制定了对猪鬃、马尾管理的具体办法：①本市现有之猪鬃、马尾由东北毛皮公司统购并统一办理出口。②现有的猪鬃、马尾一律进行登记，由东北毛皮公司按市价收买。③经营猪鬃、马尾贩卖、代理、运销业立即停止营业，工厂暂时停业，一律重新登记。

4月28日

哈尔滨市政府根据本市生产供销情况公布了5至6月份工业各行业开废业原则。

4月下旬

沈阳市金店全行业共购买公债249亿（东北币）多。大部分金店资方退到幕后，抽出资金，倒卖金银。

5月3日

《哈尔滨日报》刊登了李立三同志《关于发展生

产劳资两利的几点说明》，指出：发展生产劳资两利应当成为私营企业中劳资双方解决一切问题的出发点……发展生产劳资两利有两方面的意义，一方面是只有发展生产才能达到劳资两利，另一方面，只有实行了劳资两利的政策，才能达到发展生产的目的。

5月5日

哈市工商界基本完成公债认购任务，全市2.77万家工商业，共认购公债102.48万分，目前已交款99.30万分。

5月12日

哈尔滨市政府布告规定：按价收买电业用材的具体办法：凡存有轻铁(铝)、紫铜的原料，统由电业局收买，今后除国营外，严禁熔铸任何轻铁及紫铜，同时对该业进行登记，过期不登或私运，查出后以私存和私运论处。

5月15日

东北行政委员会商业部，召开百货公司经理会议，确定了东北国营商业的中心任务，即根据人民需要与私营经济力量，大量的推销物资，以满足广大人民的需要……与某些私营商业的非法破坏行为作斗争。

6月10日

东北行政委员会发出《关于统制猪鬃、马尾命令的补充指示》：为了杜绝走私，决定于6月10日起，不论任何人，无商业部运输证明者，一律予以扣留或全部没收，以示惩处。

哈市府工业局公布工业产品计算单位标准。

6月13日

松江省人民政府颁发《关于摊贩管理暂行条例令》。

6月30日

沈阳市人民政府发布：《关于本市工商业废业及变更登记手续的公告》。

6月下旬，沈阳全市摊贩登记发照数为4.07万户。

7月9日

《工商周报》短评：《纪念七·一，七·七为发展工业生产而奋斗》。指出哈尔滨的工业生产，在过去的三年解放战争中，在军民需用上曾起着相当作用，自平、津、沪、汉各大城市相继解放后，又给我们提出一个主要的课题。就是要努力提高我们的生产技术，改进品质，克服任何缺点，精确生产过程，减低生产成本，打开销路。供应北满城乡人民需要，以巩固今后工业发展的基础。

7月12日

东北行政委员会商业部召开商政科长联席会议。讨论与交流对私营工商业的管理及对公私合营企业的登记，市场管理等经验。以便在“发展生产，繁荣经济，公私兼顾，劳资两利，城乡互助，内外交流”的总方针下，把工商管理工作提高一步。并研究工商管理条例和实行细则及各种工作办法与制度。

7月30日

东北行政委员会颁布《恢复各省市县牲畜交易市场令》指出：有个别省份明命取消交易市场，使粮谷、牧畜交易失去了中心地址，造成暗中交易者增多，影响税收，为此，有重新成立之必要；仰各省市县政府可从速试办。

8月3日

哈尔滨市人民政府通令，严禁机关部队学校等与私商合伙作生意。规定，今后机关、部队、学校、公营企业、群众团体及一切公家人员一概不准与私商合伙做生意，违者除依法处罚外，并没收其全部与私人合伙之资金及利润。

8月9日

东北行政委员会通令：“取消东北区内旅行证及路条”，以进一步沟通城乡关系和发展生产。

8月13日

哈市府工业局公布1949年第三期工业开废业及变更管理办法。

8月17日

哈尔滨市人民政府，根据东北行政委员会命令，决定恢复交易市场，并希税务、商业、工业三局会商执行。

8月24日

哈市人民政府布告，为换发营业执照，对我市工商业进行重新登记。

8月25日

松江省召开商政工作会议。各县、市工商科长及商政工作者参加会议。商业厅长关舟作总结报告，指出今后要切实贯彻“四面八方”的政策，扶植有发展的私营企业，鼓励手工业发明创造。

8月27日

东北行政委员会商业部，为了大量交流各地物资，贯彻内地贸易自由政策，规定：①除管制物资及专卖品(如猪鬃、马尾、烟酒、食盐等)外其它货物不管公私商人,买卖本业以外的商品,只要不是投机倒把,都准自由交易,不加限制;②坐商遵照政府法令,按章纳税的,可以做流动性买卖;③行商买运货物,地域品种都不限制。东北税务总局也决定,今后对坐商购销地点和货物种类不加限制,只要是坐商购销的货物,都照坐商课税。

9月10日

哈市人民政府公布《处理劳资争议暂行办法》和《劳资双方订立集体合同暂行办法》作为处理劳资关系的准则。

9月25日

沈阳市召开第一届第一次各界人民代表会议,朱其文市长作"十个月来的工作报告",中共沈阳市委书记黄欧东提出今后的中心任务:恢复与发展生产,加强市政管理与建设,发展郊区农业生产。

10月1日

沈阳全市人民热烈庆祝中华人民共和国成立和毛泽东当选为国家主席。

沈阳市人民政府将商业局改称工商局,为沈阳市人民政府直属职能部门。主要任务:依据国家法令及市人民政府的决定和命令,组织全市商品流通,统一领导和安排本市城乡市场,协调各种经济成份的商业活动和工商、农商关系,监督及领导私人工商业,与投机商人作斗争,组织和管理加工订货、代销活动,决定特定的商品价格,指导与组织发展人民合作事业,管理进出市商品,对私营工商团体进行监督指导。

(摘自哈尔滨市档案馆和工商联合会编写的《大事记》)

工商行政管理史料

（下卷）

工商行政管理史料编写组　编

中国工商出版社

▲ 中华苏维埃共和国中央执行委员会主席毛泽东

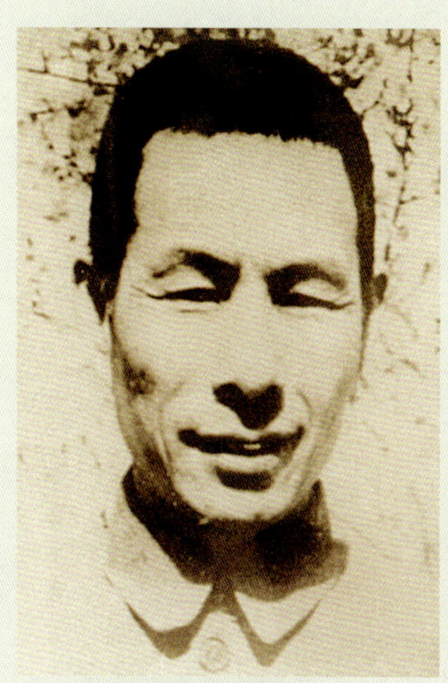

▲ 江西省苏维埃政府主席曾山

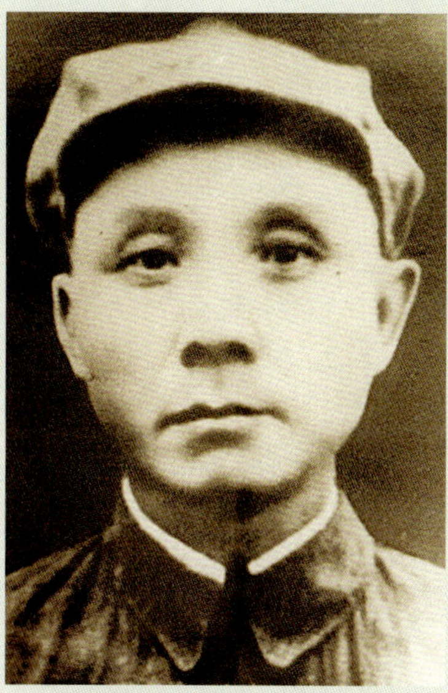

▲ 中华苏维埃第一任财政部部长、国民经济部部长邓子恢（1933年2月－8月）

▲ 中华苏维埃第二任财政部部长、国民经济部部长林伯渠（1933年8月－1934年1月）

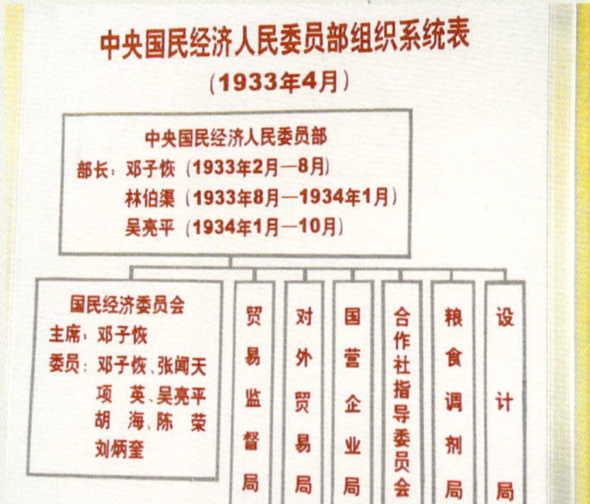

中央国民经济人民委员部组织系统表

（1933年4月）

中央国民经济人民委员部

部长：邓子恢（1933年2月—8月）

林伯渠（1933年8月—1934年1月）

吴亮平（1934年1月—10月）

国民经济委员会	贸易监督局	对外贸易局	国营企业局	合作社指导委员会	粮食调剂局	设计局
主席：邓子恢 委员：邓子恢、张闻天、项英、吴亮平、胡海、陈荣、刘炳奎						

◀ 中华苏维埃国民经济部组织系统表

苏区干部好作风，自带干粮去办公，日着草鞋干革命，夜走山路访贫农

红色歌谣《苏区干部好作风》

▲ 红色歌谣《苏区干部好作风》

国民经济部工作人员使用过的物品（一）

▲ 国民经济部工作人员使用过的物品

▼ 中华苏维埃共和国临时中央政府旧址

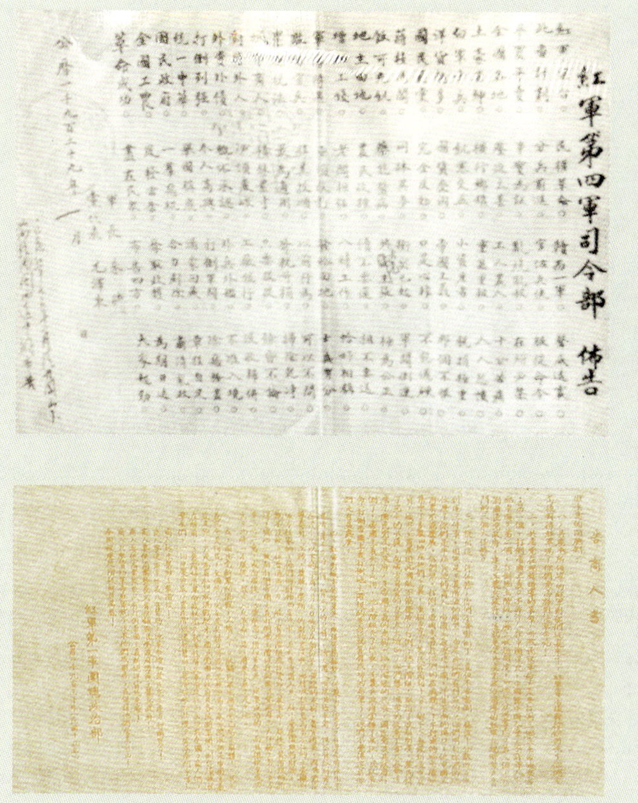

博生粮食調劑分局開幕

爲了調劑蘇區糧食，平衡糧食價格，防止富農奸商操縱，改善羣衆生活，中央蘇區糧食調劑總局決定在博生縣城，設立分局。該分局經過很久的籌備，已於本月十五日正式開幕，各機關各羣衆團體贈送很多彩匾，城郊附近的羣衆亦極熱烈參加。現聞該局爲求轉運便利，擬在附近幾個中心圩市設立分站。

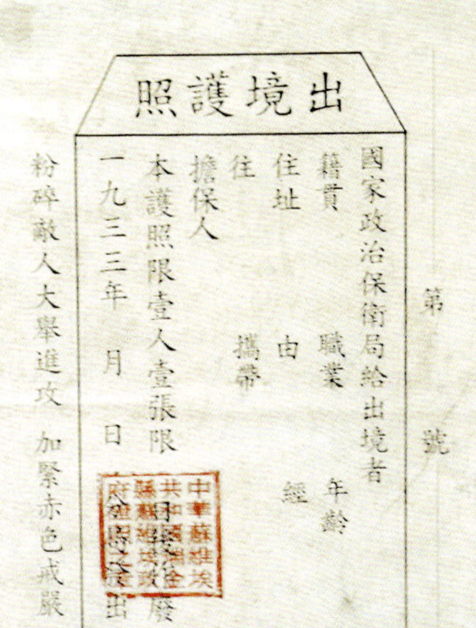
出境護照

第　　號

國家政治保衛局給出境者

籍貫　　職業　　年齡

住址

往　　由　　經

擔保人　　攜帶

本護照限壹人壹張限　　日　出

一九三三年　月　日

粉碎敵人大舉進攻　加緊赤色戒嚴

中華蘇維埃共和國國家政治保衛局

▲ 中央革命根据地的市场管理

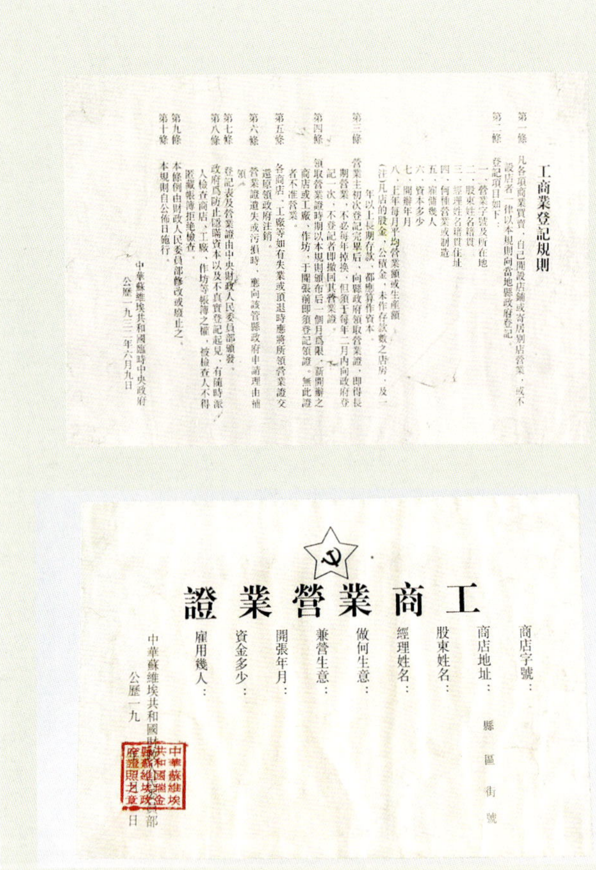

工商業登記規則

第一條　凡各項商業買賣，自己開設店鋪或寄居別店營業，或不設店者一律以本規則向當地縣政府登記。

第二條　登記項目如下：

一、營業字號及所在地
二、股東姓名籍貫
三、經理姓名籍貫住址
四、何種營業或制造
五、雇傭幾人
六、資本多少
七、開辦年月
八、上年每月平均營業額或生產額

（注）凡店的股金，公積金，未作存款數之店房，及一年以上長期存款，都應算作資本。

第三條　營業主初次登記完畢后，向縣政府領取營業證，即得長期營業，不必每年掉換，但須于每年二月內向政府登記一次，不登記者即撤回其營業證。

第四條　領取營業證時期以本規則頒布后一個月爲限，新開辦之商店或工廠、作坊，于開張前即須登記領證。無此證者不准營業。

第五條　各商店，工廠等如有失業或頂退時應將所領營業證交還原領政府注銷。

第六條　營業證遺失或污損時，應向該管縣政府申請理由補領。

第七條　登記表及營業證由中央財政人民委員部頒發。

第八條　政府爲防止隱瞞資本以及不真實登記起見，有隨時派人檢查商店，工廠，作坊等帳簿之權，被檢查人不得匿藏帳簿拒絶檢查。

第九條　本條例由財政人民委員部修改或廢止之。

第十條　本規則自公佈日施行。

中華蘇維埃共和國臨時中央政府
公歷一九三二年六月九日

工商營業證

商店字號：
商店地址：　縣　區　街　號
股東姓名：
經理姓名：
做何生意：
兼營生意：
開張年月：
資金多少：
雇用幾人：

中華蘇維埃共和國財政部
公歷一九　年　月　日

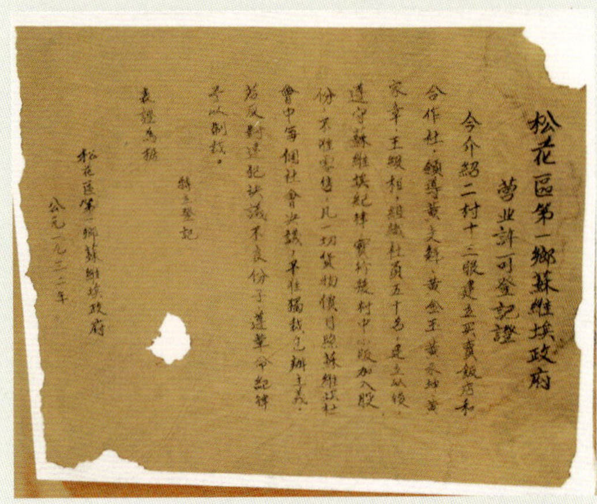

松花區第一鄉蘇維埃政府
营业許可登記證

松花區第一鄉蘇維埃政府
公元一九三二年

中华苏维埃共和国工业登记表

字号	地址	工厂还是作坊	何种方法生产	资本多少	每月平均生产多少	开办年月	雇佣几个职员和工人	股东几东	经理姓名籍贯	备考

公历一九三二年　月　日

附注：

1. 字号项下要主人盖印。
2. 此表每月二日内填写一次。
3. 此表苏维埃照此格式印发。

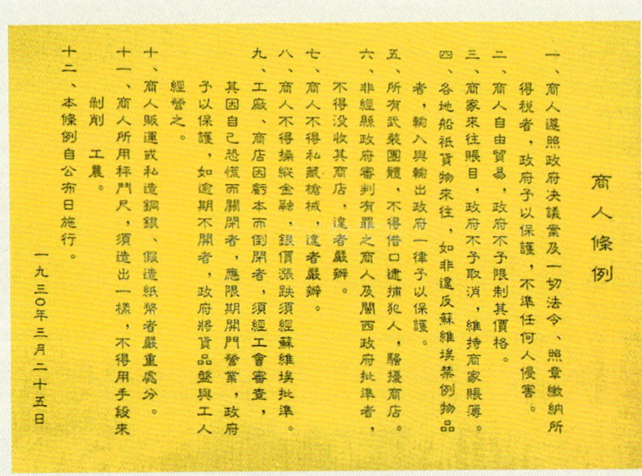

商人條例

一、商人遵照政府決議案及一切法令、照章繳納所得税者，政府予以保護，不準任何人侵害。
二、商人自由貿易，政府不予限制其價格。
三、商家來往賬目，政府不予取消，維持商家賬簿。
四、各地船祇貨物來往，如非違反蘇維埃禁例物品者，輸入與輸出政府一律予以保護。
五、所有武裝團體，不得借口逮捕犯人，騷擾商店。
六、非經縣政府審判有罪之商人及閩西政府批準者，不得没收其商店，違者嚴辦。
七、商人不得私蔵槍械，違者嚴辦。
八、商人不得操縱金融，銀價漲跌須經蘇維埃批準。
九、工廠、商店因虧本而倒閉者，須經工會審查，其因自己恐慌而關閉者，應限期開門營業，政府予以保護，如逾期不開者，政府將貨品盤與工人經營之。
十、商人販運或私造銅銀、假造紙幣者嚴重處分。
十一、商人所用秤鬥尺，須造出一樣，不得用手段來制削工農。
十二、本條例自公布日施行。

一九三〇年三月二十五日

取締牙人條例

一、取消包辦制度，牙人祇做一個幫助買賣的中介人，任買者賣者自由雇托，其雙方可以面訂，無須牙人説合者，聽其自便。
二、牙人傭錢一律減少抽收，由賣者出錢，減少若幹，由各所在地政府自定，但至少須減至一半以下。
三、牙人要向政府登記，經政府認可，其舞弊者由政府撤職查辦。
四、如各地牙人太少買賣有爭執時。政府可添設牙人，但不宜過多，以能維持買賣爲度。
五、以前承包之牙税要及執照取消，以後不準再收税款。
六、城市行家得適用本條例。
七、本條例自公布日施行。

▲ 中央革命根据地的工商登记管理

猛烈開拓國家企業

中華國民經濟人民委員部，最近在汀州籌設的中華織布廠，大體都已經佈置好了，共有布機三十餘架，不日即可開工。又該部設立的中華樟腦廠，也早已開始工作，產量極為豐富，造船業和紙業則正在積極進行，在紙業方面投資達二十萬元，已經建立了中華紙業公司，大規模進行紙的生產云。

擁護二蘇大會經濟建設決議

國家企業工廠互訂競賽條約

為着充分的供給前方軍用品的需要，保證革命戰爭的勝利，完成與超過軍事工業工廠的生產計劃，企業工廠熱烈的訂立了革命競賽的條約，其原文如下：

國家企業工廠訂定革命競賽條約：

期間……自三月十六號起至五月十六號止兩個月

二、發展合作社

（一）建立江西福建兩省的省消費合作總社：兩省蘇主席團，國民經濟部急迅速指定專人建立省總社籌備委員會，進行設立省總社商店的工作，在九月間開始營業。

（二）改組各級消費合作社：各縣要按各地消費合作社的實際情形，查照合作社的組織系統，立刻進行改組，於九月底須一律改組完畢，建立縣總社與縣總社商店。

（三）合作社的登記工作，於閉會後一月辦理完畢。

（四）發展社員與股金，各縣應充分的完成國民經濟人民委員部印發的「中央蘇區八，九，十三個月各縣發展合作社的沖鋒計劃所規定的數目（五十萬糧食合作社社員，五十萬消費合作社社員）」

（五）各級合作社要立刻籌備對於社員的文化教育設施。

中央苏区国营企业生产竞争一览表

（1934年4月）

单位名称	名 次	超过生产量
弹药厂	1	33%
军委印刷厂	2	6小时工作量1小时完成
枪炮厂	3	24%
财政部印刷厂	并列第4名	20%
中央印刷厂	并列第4名	20%
修械厂	并列第5名	17%
卫生材料厂	并列第5名	17%

中央苏区合作社发展比较表

1933年8月—1934年2月

	1933年8月以前		1934年2月	
消费合作社	社数	417个	社数	1140个
	社员	82940人	社员	295993人
	股金	21670元	股金	322525元
粮食合作社	社数	457个	社数	10712个
	社员	102182人	社员	243904人
	股金	94894元	股金	2420792元
生产合作社	社数	76个	社数	176个
	社员	9276人	社员	32761人
	股金	29351元	股金	58552元

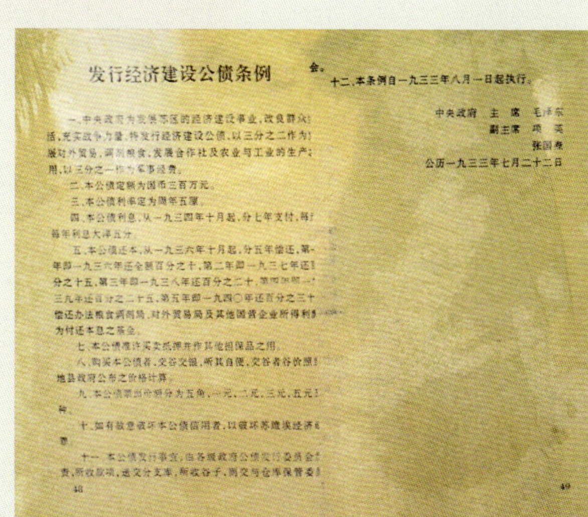

发行经济建设公债条例

一、中央政府为发展苏区的经济建设事业，改良群众生活，充实战争力量，特发行经济建设公债，以三分之二作为发展对外贸易，调剂粮食，发展合作社及农业与工业的生产之用，以三分之一作为军事经费。

二、本公债定额为国币三百万元。

三、本公债利率定为周年五厘。

四、本公债利息，从一九三四年十月起，分七年支付，每年利息大洋五分。

五、本公债还本，从一九三六年十月起，分五年偿还，第一年即一九三六年还全额百分之十，第二年即一九三七年还百分之十五，第三年即一九三八年还百分之二十，第四年即一九三九年还百分之二十五，第五年即一九四〇年还百分之三十。

……偿还办法粮食调剂局，对外贸易局及其他国营企业所得利润为付还本息之基金。

七、本公债准许买卖抵押并作其他担保品之用。

八、购买本公债者，交谷交银，听其自便，交谷者谷价照当地县政府公布之价格计算。

九、本公债票面价额分为五角，一元，二元，三元，五元五种。

十、如有故意破坏本公债信用者，以破坏苏维埃经济论罪。

十一、本公债发行事宜，由各级政府公债发行委员会负责，所收款项，送交分支库，所收谷子，则交与仓库保管委员会。

十二、本条例自一九三三年八月一日起执行。

中央政府 主 席 毛泽东
副主席 项 英
张国焘
公历一九三三年七月二十二日

48　49

▲ 中央革命根据地大力发展国营和集体经济

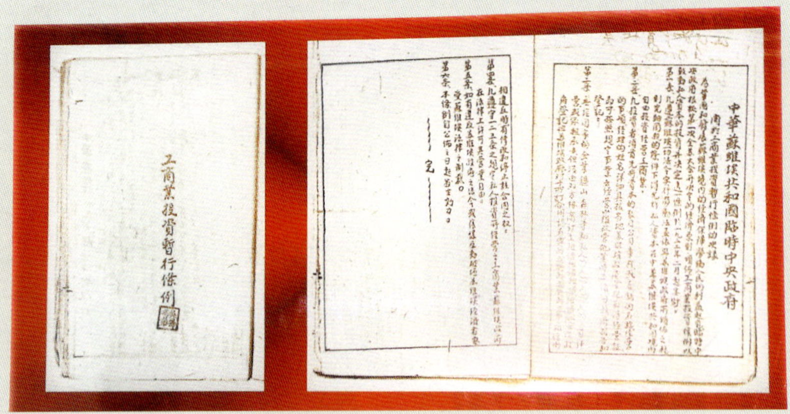

▲ 为了鼓励和吸引苏区境外的商人到苏区投资、租赁、开发和经营，1932年1月，临时中央政府颁布了《工商业投资暂行条例》

我们对于私人经济，只要不出于政府法律范围之外，不但不加阻止，而且加以提倡和奖励。因为目前私人经济的发展，是国家的利益和人民的利益所需要的。私人经济，不待说，现时是占着绝对的优势，并且在相当长的期间内也必然还是优势。目前私人经济在红色区域是取着小规模经营的形式。

毛泽东：《中华苏维埃共和国中央执行委员会与人民委员会对第二次全国苏维埃代表大会的报告》1934年1月。

（一）为保障国家完全独立和民族解放起见，苏维埃政府将操在帝国主义手中的一切经济命脉，实行国有（租界、银行、海关、铁路、航业、矿山、工厂等）。在目前允许外国某些企业重新另定租借条约，继续生产，但必须遵守苏维埃一切法令，实行八小时工作制及其他各种条例。如某些企业主违反这些条例，．实行怠工和关厂，或干涉苏维埃政府的行政及维护反革命，则必须立即没收其企业作为国有。

《关于经济政策的决议案》，中华工农兵苏维埃第一次代表大会通过，1931年11月

五、私人企业应向当地政府登记

第一条　凡遵苏维埃一切法令实行劳动法并依按苏维埃政府所颁布之税则完纳关税的条件下得允许私人资本在中华苏维埃共和国境内自由投资经营工商业。

第二条　凡投资者，须先将资本的数目，公司章程或店铺的名称，经营的事项，经理的姓名，详细具体向当地苏维埃政府登记，取得营业证即可按照规定事业去经营。以后改营他业时，亦须向政府报告和登记。

第三条　无论国家的企业、矿山、森林等和私人的产业，均可投资经营或承租承办，但须由双方协商订立租借合同，向当地苏维埃政府登记。但苏维埃政府对于所订合同认为与政府所颁布的法令和条例违反时，有修改和停止该合同之权。

第四条　凡遵守一二三条之规定，私人投资所经营之工商业，苏维埃政府在法律上许可其营业的自由。

第五条　如有违反苏维埃政府的法令，或阴谋反动破坏苏维埃经济者，要受苏维埃政府法律的制裁。

《中华苏维埃共和国临时中央政府关于工商业投资暂行条例的决议》　1932年1月

一、允许外国企业重订合约，经营工商业

但是在目前，中华苏维埃共和国临时中央政府并不反对与世界各帝国资本主义国家的政府重新订立完全平等的条约，在苏维埃区域内，这些国家的人民在不违反苏维埃一切法令条件之下，可以有经营工商业的自由。但中华苏维埃共和国必须声明：任何违反苏维埃法令的行动，立刻会使犯罪者失去一切自由与他们所有的一切财产。

《中华苏维埃共和国临时中央政府对外宣言》
1931年11月7日于江西

▲ 中央革命根据地对私营经济和外资经济的登记管理政策

▲ 建国初期上海市人民政府工商局第一任局长，随后任中央工商行政管理局局长：许涤新

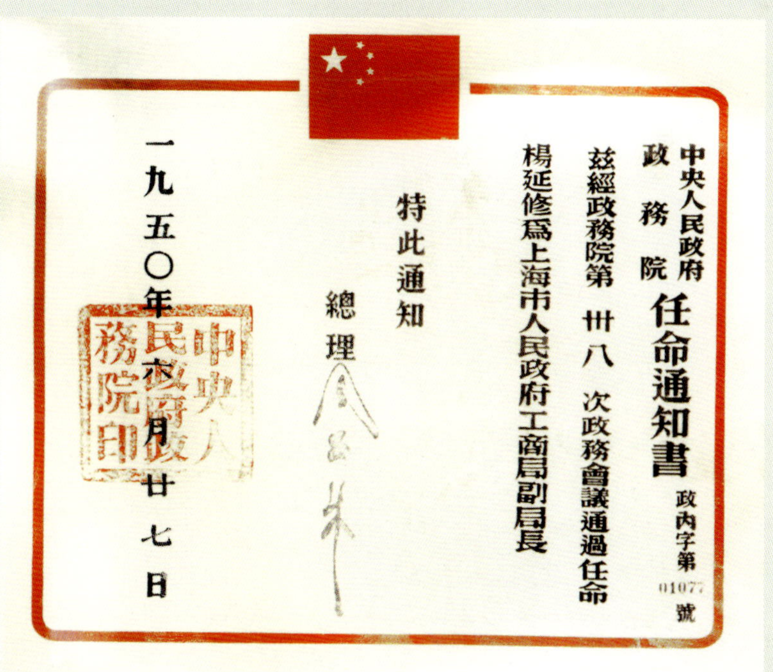

中央人民政府政務院任命通知書 政內字第01077號

茲經政務院第卅八次政務會議通過任命

楊延修爲上海市人民政府工商局副局長

特此通知

總理

一九五〇年七月廿七日

中央人民政府政務院印

▲ 中央人民政府政务院任命书

中央工商行政管理局執照

天工酸碱廠股份有限公司設立分公司
業經核准登記茲發給執照以資憑證
分公司名稱 天工酸碱廠股份有限公司第二廠
分公司所在地 上海市滙站街一一四號
其他事項
坿錄本公司執照所載事項
公司名稱 天工酸碱廠股份有限公司
所營事業 製造液體燒碱漂白粉合成鹽酸硫酸發烟硫酸氯磺酸氯化硫鹽酸酸性硫酸鈉
資本 人民幣(新幣)貳拾陸萬元
負責人 劉長庚 張珍侯 王守恒 江衛玉 沈中揚 江乃俊 吳光漢 吳學裁 董華田
公司所在地 上海市裕德路五一弄一〇一號
設立年月 一九五二年七月
局長 許滌新
公元一九五五年五月十一日
股限支字第[illegible]號

◀ 1955年5月中央工商行政管理局颁发的《执照》

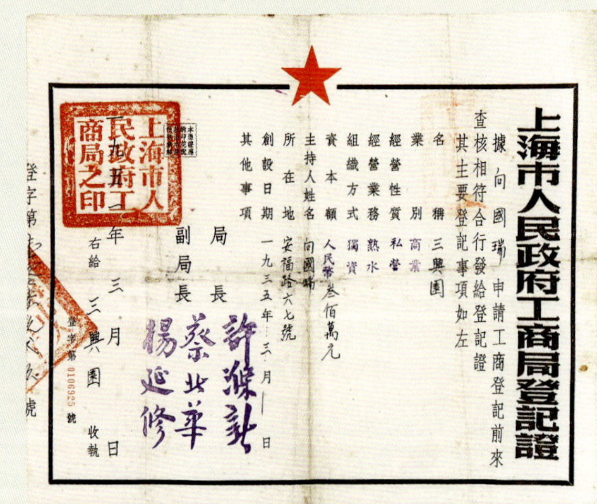

上海市人民政府工商局登記證

據 向國瑞 申請工商登記前來
查核相符合行發給登記證
其主要登記事項如左
名稱 三興園
業別 商業
經營性質 私營
經營業務 熟水
組織方式 獨資
資本額 人民幣叁佰萬元
主持人姓名 向國瑞
所在地 安福路六七號
創設日期 一九三五年三月 日
其他事項
局長 許滌新
副局長 蔡北華 楊延修
右給 三興園 收執
登字第0106925號
年 三 月 日

1951年3月上海市工商局颁发的企业《登记证》▶

上海市工商企业登記証

一机电机床 字第 033 号

企业名称:公私合营上海组合夹具厂
地　　址:虹口区天宝路818号
经济性质:公私合营
生产经营范围 主营:组合夹具
兼营:钢模
其　　他:

上海市工商行政管理局

一九六四年十二月二十一日

◀ 1964年12月上海市工商局颁发的《企业登记证》

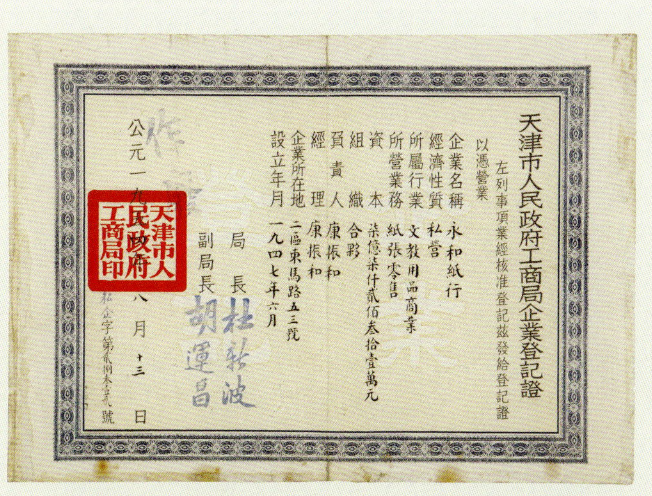
天津市人民政府工商局企業登記證
左列事項業經核准登記茲發給登記證
以憑營業
企業名稱 永和紙行
經濟性質 私營
所屬行業 文教用品商業
所營業務 紙張零售
資本 柒億柒仟貳佰叁拾壹萬元
組織 合夥
負責人 康振和
經理 康振和
企業所在地 二區東馬路五三號
設立年月 一九四七年六月
局長 杜新波
副局長 胡運昌
公元一九[illegible]年八月十三日
私企字第[illegible]號

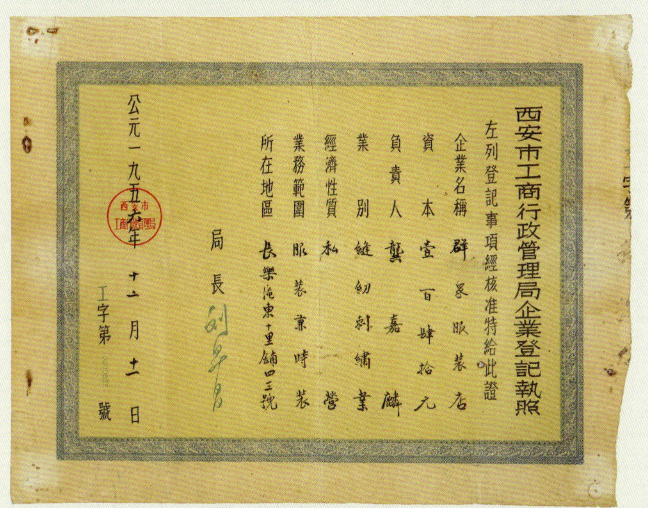
西安市工商行政管理局企業登記執照
左列登記事項經核准特給此證
企業名稱 群眾服裝店
資本 壹百肆拾元
負責人 龔嘉麟
業別 縫紉刺繡業
經濟性質 私營
業務範圍 服裝兼時裝
所在地區 長樂坊東十里鋪四三號
局長
公元一九五六年十二月十一日
工字第 號

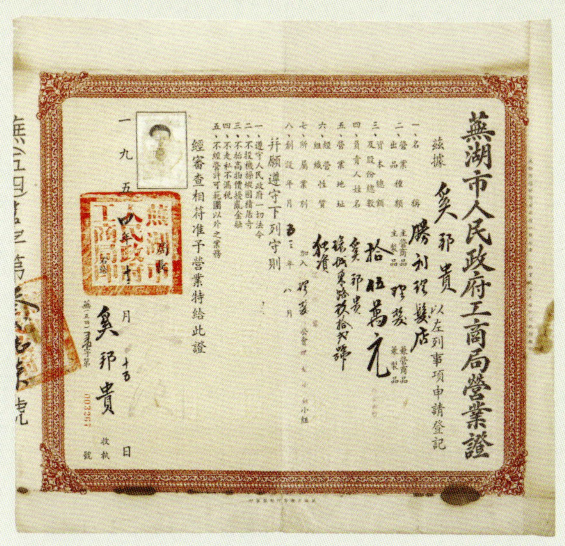
蕪湖市人民政府工商局營業證
茲據 奚邦貴 以左列事項申請登記
一、名稱 勝利理髮店
二、營業種類
三、資本總額及股份總數 拾伍萬元
四、負責人姓名 奚邦貴
五、營業地址
六、經營性質
七、所屬業別
八、創設年月
並願遵守下列守則
一、遵守人民政府一切法令
二、不投機操縱囤積居奇
三、不抬高物價擾亂金融
四、不走私不漏稅
五、不經營許可範圍以外之業務
經審查相符准予營業特給此證
局長 奚邦貴
一九五四年十二月十五日
收執 號

▲ 20 世纪 50 年代部分地方工商局颁发的企业《登记证》、《执照》、《营业证》

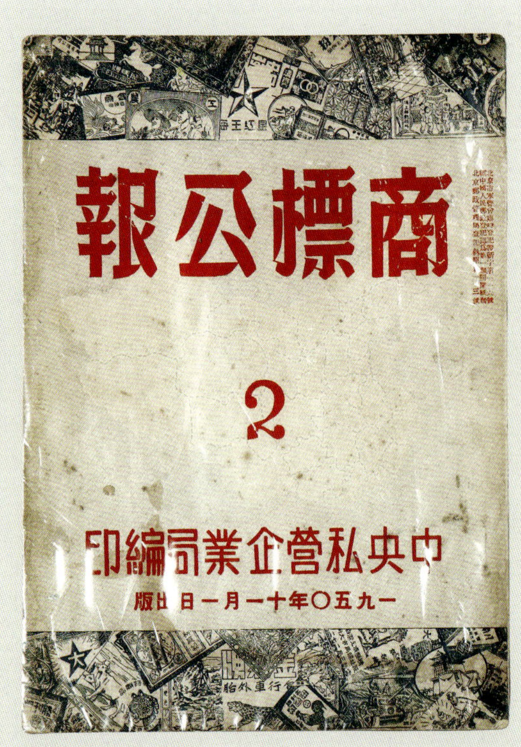

▲ 1950年11月1日新中国中央私营企业局《商标公报》

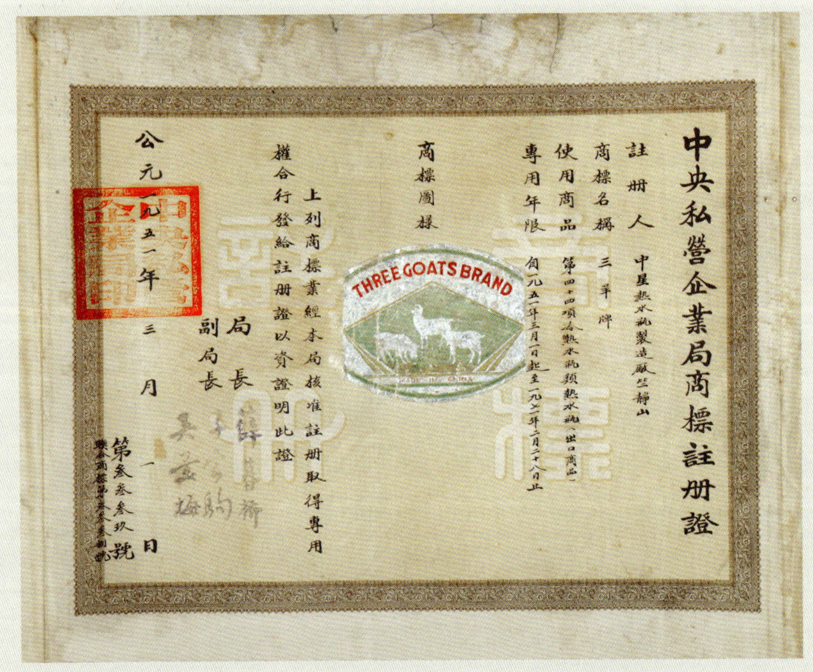

中央私營企業局商標註册證

註册人 中星熱水瓶製造廠 竺靜山

商標名稱 三羊牌

使用商品 第四十四類 各熱水瓶類熱水瓶（出口商品）

專用年限 自一九五一年三月一日起至一九七一年二月二十八日止

商標圖樣

上列商標業經本局核准註册取得專用權合行發給註册證以資證明此證

局長

副局長

公元一九五一年三月一日

第叁叁叁玖號

▲ 1951年3月中央私营企业局颁发的《商标注册证》

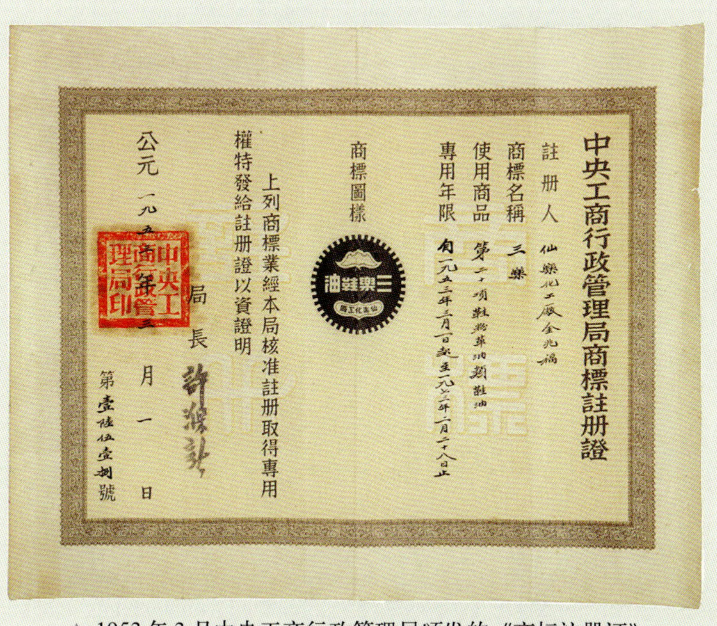

中央工商行政管理局商標註冊證

註冊人

商標名稱 三樂

使用商品

專用年限 自一九五三年三月一日起至一九七三年二月二十八日止

商標圖樣

上列商標業經本局核准註冊取得專用權特發給註冊證以資證明

局長

公元一九五三年三月一日

第　　號

▲ 1953 年 3 月中央工商行政管理局颁发的《商标注册证》

中央工商行政管理局

商标注册证 第27106号

注册人　　　　商标名称

使用商品　　　　专用年限 自1958年6月1日起 至1978年5月30日止

商标图样

上列商标，业经核准注册取得专用权。特发给注册证，以资证明。

公元1958年　月　日

▲ 1958 年 6 月中央工商行政管理局颁发的《商标注册证》

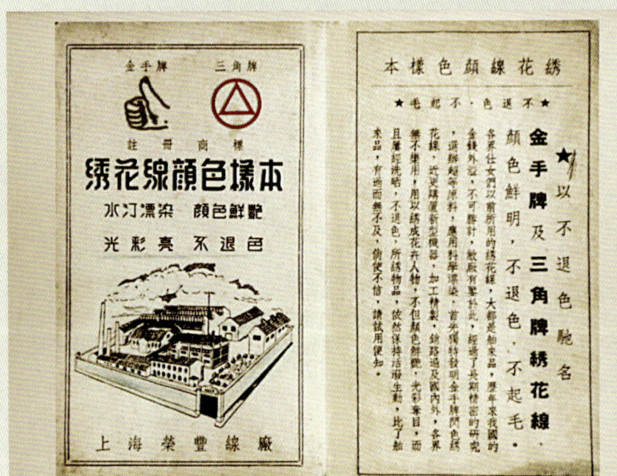

◀▲ 解放初期上海的知名商标

1951年上海大中华橡胶厂纪念年历 ▶

下卷目录

第四部分　建国以来的工商行政管理
（1949年~1966年）

第五部分　建国以来工商行政管理机构演变与大事记 (1949年～2002年)

第四部分　建国以来的工商行政管理

（1949 年～1966 年）

第十二编　国民经济恢复时期的工商行政管理

（1949 年～1952 年）

概　述

随着全国各大中城市的相继解放和人民政权的建立，从中央到地方都在解放区的工商行政管理工作的基础上成立了工商行政管理机构，中央人民政府院下设中央私营企业局，隶属政务院财政经济委员会（简称中财委）领导，各大中城市新设立了工商局。它的任务主要是管理私营工商业。有些大中城市还直接领导和管理各国营商业公司，把综合性的工商行政管理和专业性的国营商业的管理融合在一起。随着工商行政管理工作的发展和国营商业的壮大，1952 年 11 月，中央私营企业局与中央外资企业局合并为中央工商行政管理局，直属政务院。各地工商局亦先后将领导管理国营商业的任务交给各地新组建的商业局，专事工商行政管理工作，更名为工商行政管理局。

从中华人民共和国建立到 1952 年底是国民经济恢复时期，在这三年多中，经历了组织复工复业、打击投机、稳定市场物价、调整工商业、组织物资交流等重大的经济活动，以及“五反”运动。在中国共产党和人民政府的领导下，工商行政管理部门会同有关部门进行了没收官僚资本，清查私营企业中的敌伪财产，以建立和壮大国营经济；废除帝国主义在华经济特权，保护和管理正当外商企业；贯彻利用、限制的方针，对私营工商业者进行爱国守法教育，扶持和指导其恢复和发展生产经营；协调公私关系、行业关系，使之各得其所；组织物资交流，活跃城乡市场，取缔投机违法，稳定市场物价等方面的工作，促进了国民经济恢复和发展。

（一）

1949 年，中华人民共和国建立伊始，面临着严峻的经济形势。工农业生产由于国民党政府的反动统治和长期的战争，受到了很大的破坏；帝国主义的封锁禁运，国内城乡、地区之间的物资流通阻塞不畅，造成市场物资严重匮乏，物价上涨，投机活动猖獗，民族资产阶级中的一部分人，对共产党和人民政府的政策怀有疑惧，把资金抽逃国外，不少工商企业停工歇业，工人失业，生活贫困。新中国接收的是一个国民经济百孔千疮，濒临绝境的“烂摊子”。同时，一些地区尚未解放，战争正在迅速推进，军需浩繁；又有几百万国民党政府的军政人员需要“包下来”安置，财政负担很重，收支不平衡。国家的财政经济非常困难。因此，当时的首要任务是大力恢复和发展生产，争取财政经济状况好转。

恢复和发展生产，在城市主要是工商企业复工复业，恢复生产经营。当时，虽然把官僚资本主义工商业没收为国家所有，建立了社会主义国营经济，但在国民经济中所占比重不大，基础薄弱，而私营工商业在国民经济中占的比重很大。所以恢复和发展生产，必须充分利用私营工商业的积极作用。

对于资本主义工商业，1949 年 3 月召开的中共七届二中全会就制定了利用和限制的政策，即国家通过国营经济的领导，工人群众的监督和必要的行政管理，利用资本主义工商业有利于国计民生的积极作用，限制其不利于国计民生的消极作用。1949 年 9 月通过的《中国人民政治协商会议共同纲领》中明确规定：“我国经济建设的根本方针，是以公私兼顾、劳资两利、城乡互助、内外交流的政策，达到发展生产、繁荣经济之目的。国家应在经营范围、原料供应、销售市场、劳动条件、技术设备、财政政策、金融政策等方面，调剂国营经济、合作社经济、农民和手工业者的个体经济、私人资本主义经济和国家资本主义经济，使各种社会经济成分在国营经济领导下，分工合作，各得其所，以促进整个社会经济的发展。”在贯彻执行这些政策的过程中，作为国家职能部门的工商行政管理机关担负着繁重的任务，发挥着重要的作用。

为了积极迅速地扶持私营工商业恢复和发展生产经营，各地工商行政管理部门采取了一系列有力的措施，做了大量工作。一是利用各种形式，宣传保护私营工商业的政策，宣传发展生产，繁荣经济，公私兼顾，劳资两利的方针，还经常召开重点企业的工商业者座谈会，听取意见，讲解政策，解答问题，消除隔阂。二是积极帮助私营工商业解决复工复业中存在的实际困难，包括：会同商业部门，为私营工商业配售原料；组织加工订货与收购包销，解决私营工业的产品销售问题；组织经销代销或到外地购销；辅导转产转业。三是对故意拖延复工复业的少数私营工商业者，运用行政手段促使其复工复业。四是贯彻《私营企业暂行条例》、《私营企业重估财产调整资本办法》、《企业中公股公产消理办法》及《商标注册暂行条例》等工商行政法规，保护私营工商业的合法权益。

（二）

在中国共产党和人民政府采取各种有效措施，帮助私营工商业克服困难，复工复业，恢复和发展生产经营的时候，投机资本却乘国家财政经济出现的暂时困难，掀起了多次物价涨风，严重地影响了劳动人民的生活，阻碍了国民经济的恢复和发展。

在中华人民共和国成立前后，即从1949年4月到1950年2月，曾出现四次全国性的物价大涨风。从1949年6月到1950年2月，在三次涨风中，上海批发物价指数上涨了约20倍，其涨势之猛，由此可见。四次物价涨风，破坏性很大，严重影响了人民生活的安定、经济的恢复和发展、人民政权的巩固。因之中国共产党和人民政府在大力恢复和发展国民经济的同时，采取断然措施，对投机活动进行了坚决的斗争，这场斗争的实质是社会主义经济和资本主义经济争夺市场领导权的斗争。

1949年7月至8月，陈云受中共中央委托在上海主持召开了财经会议，会议决定调动全国的财力、物力来稳定城乡市场，控制物价，掌握粮食以稳定城市，掌握纱布以稳住农村，制止奸商兴风作浪。

在这场打击投机，稳定市场物价的斗争中，人民政府采取了经济的、行政的、法律的甚至军事的各种力量。上海市按照军事管制时期的有关规定，动用军事武装力量，查抄投机倒把活动中心的上海证券大楼，震动很大。各级工商行政管理部门，根据政务院的指示和八月上海财经会议的精神，密切配合金融、贸易部门，运用行政力量和经济措施相结合的办法，做了大量的工作，取得了显著成效，发挥了重要作用。1. 团结教育爱国守法的私营工商业者，配合国营商业部门组织货源。2. 改造旧的交易市场，建立新的交易市场。3. 加强对私营批发商、行商和代理行栈的管理。4. 运用行政力量，采取同行业议价和核价的办法，管理市场物价。5. 严格管理机关、部队、国营企业到大城市的采购活动。6. 开展检查、取缔黑市，打击投机、制止违法。

打击投机、稳定物价的斗争，取得了巨大胜利，工商行政管理工作发挥了重要作用。市场的性质也起了根本性的变化，由原来的投机资本操纵下的对国民经济起破坏作用的市场，改变为基本上由社会主义经济所领导，以发展生产、服务于人民生活为目的的市场了。

（三）

经过采取统一全国财政经济工作的重大措施，财政经济情况有了好转，财政收支接近平衡，通货停止膨胀，国营经济在市场上巩固了领导地位，投机资本遭到严重打击。但是，在物价稳定以后，市场上的虚假购买力消失，造成若干物资暂时的供过于求。因此，出现商品滞销，价格倒挂，某些商品的出厂价低于成本，成品价低于原料，零售价低于批发价，批发价低于出厂价，地区差价倒挂等不正常状况。致使生产者、经营者无利可得，私营企业生产经营的积极性降低，生产出现萎缩。有些国营企业对私营企业兼顾不足，甚至排斥。许多私营企业难以维持，有的工厂关门，商店歇业，工人失业，尤以大城市最为严重。据1950年1月到4月的统计，上海、天津、北京等14个城市有2945户工厂关闭；在16个城市中有9347户商店歇业。1950年4月，全国各地新失业的工人约有10万人。

中共中央和中央人民政府十分重视，立即采取积极措施，调整工商业，调整公私关系和产销关系。1950年5月8日，中财委召开了七大城市工商局长会议，制定了调整工商业的政策，提出用扩大加工订货，重点维持生产；用扩大农产品收购，增加农民购买力；用组织工业品出口，打开工业品销路；联合公私力量，增加工业资金的周转；改善企业经营管理；举办失业救济；用适当方式将市场趋势公告全国，指导私营工业的发展，减少其盲目性。在这次会议上，还讨论调整工商业的公私关系问题，对五种经济成分按照“统筹兼顾，各得其所，分工合作，一视同仁”的原则进行调整。由于统一财政经济，国营经济已经控制了主要物资，它的领导地位逐步得到巩固。所以调整工商业的公私关系的主要任务，是如何使私营经济能够“得其所”，使其在恢复和发展国民经济中发挥积极的作用。当时最迫切需要解决的问题，在工业方面，主要是根据国家的需要与可能，对私营工业安排加工订货与收购产品；在商业方面，主要是执行照顾到生产者、贩运者与消费者三个方面利益的价格政策。国营零售商业，在不影响稳定城市零售市场的前提下，适当地限制经营范围，并保持适当的批零差价，使私营零售商有利可图。

据此，各级工商行政管理部门做了大量工作，发挥了它的职能作用。调整工商业，帮助私营工商业渡过了严重困难，开始复苏。经过调整公私关系和产销关系，私营工商业的经济结构，也有了一定的调整和改组。凡有利于国计民生的行业，特别是重工业和造纸、棉纺织、医药、文教用品等行业发展较多较快。国营经济对私营工商业的领导也大为加强。

（四）

1950年抗美援朝战争发生，国家对私营工商业加工订货任务增加，1951年新解放区完成土地改革，农民的购买力迅速提高，私营工商业又得到迅速发展。在此期间，资产阶级的消极一面表现得很突出。一些不法资本家，为牟取暴利，采取各种非法手段，侵害国家和人民利益。1952年1月，中共中央决定开展大规模的“反行贿、反偷税漏税、反盗骗国家财产、反偷工减料、反盗窃国家经济情报”的“五反”运动。工商行政管理部门参加了这场斗争，做了大量工作。

1. 揭露私营工商业的违法活动。各级工商行政管理部门是主管私营工商业的职能部门，对私营工商业的情况比较了解，运动开始，工商行政管理部门对私营工商业的违法情况，进行了排队，提出意见，作为确定违法户的参考。

2. 扩大对私营工业的加工订货。“五反”运动期间，市场上一度出现物价下降、交易停滞的现象，各地工商行政管理部门根据中共中央关于“五反”和生产两不误的指示精神，扩大了对私营工业的加工订货。1952年国家对私营工业加工订货及收购包销的总值达59亿元，比1951年增加36.5%。对生产有困难的私营工厂，由有关部门帮助其解决实际问题，使生产趋向稳定。

3. 参加核实定案工作。在“五反”运动后期，各地工商局参加了“五反”评议委员会和核实定案工作。据北京、上海、天津、武汉、广州、沈阳、重庆、西安等8个城市的核实结果，在45万户中，守法户占总户数的10—15%，基本守法户占50—60%，半守法半违法户占26—30%，严重违法户占4%，完全违法户只占1%。对违法所得的退补，本着“退补”要照顾生产，用生产收益保证“退补”的原则，采取了“退现”、“分期记帐”以及“淡季少退、旺季多退”等等方法。对基本守法户只退违法所得的一部分，对半守法半违法户只退违法所得而不罚款。这就稳定了大多数资本家，而使严重违法户和完全违法户陷于孤立。

4. 调整商业。“五反”运动期间，许多私营商业生意清淡，营业额下降，难以维持。“五反”运动结束以后仍未好转，这对国家建设、市场供应和劳动就业都是不利的。

1952年11月12日，中共中央发出《关于调整商业的指示》，调整办法：一是合理地调整价格，贯彻运、销兼顾的政策。国营商业适当扩大批零差价，提高批发起点。适当调整地区差价和季节差价。对不同农副产品的收购价格，规定合理、适当比价。二是适当地划分公私商业的经营范围。国营商业以批发业务为主，经营的零售商品以稳定市场物价为准，减少次要商品的经营。三是对于市场管理，要取消妨碍正当私商畅通城乡交流的各种不适当的限制，但也要防止私商投机倒把。各级工商行政管理部门召开了一系列的会议，统一认识，保证了各项措施的贯彻和落实。又先后召开了私商代表人物座谈会，扭转了“五反”后不少私商“私营商业没有前途”的悲观情绪。各地工商行政管理部门为了做好调整商业的工作，作了大量的调查研究。由于准备充分，方案具体，贯彻比较顺利。各地一个月左右就基本上完成了调整工作，效果很好。

（五）

1949年以前，由于长期战争，形成地区分割，城乡隔阂，流通渠道和网络遭到严重破坏。在国民经济恢复时期开始不久，新的渠道和网络尚未形成，致使农村的许多土特产品进不了城，城市的工业品下不了乡，影响了工农业生产的恢复和发展。所以组织物资交流，活跃市场，是一项极为迫切的任务。中央人民政府对组织物资交流十分重视。1951年3月全国贸易行政工作会议提出：“开展物资交流是1951年贸易行政工作的首要任务，也是工商行政工作的主要任务。”

在组织物资交流，活跃市场工作中，工商行政管理部门的主要任务是组织私营企业参加各种形式的物资交流会，恢复旧有的商品流通渠道，开辟新的流通渠道，管理好初级市场。在国民经济恢复时期的三年中，组织物资交流的工作，基本上可以分为三个阶段：第一阶段是1950年以前，着重动员私商下乡采购农副土特产品，解决大中城市在复工复业中的原料困难和增加城市农副土特产品的供应，稳定市场物价。第二阶段是1951年，着重组织私商参加各种形式的物资交流会，帮助私商克服市场物价稳定后出现的困难。第三阶段是“五反”运动结束以后，着重组织私商下乡，大力收购农副土特产品，积极推销工业品，解决“五反”运动后私营商业生意清淡、经营困难的问题。

工商行政管理部门积极组织私商参加物资交流会，补充了当时国营经济存在的与产地关系少、经营方式不适应传统的产销习惯等方面的不足，也减少了私营商业在经营上的盲目性，进一步活跃了城乡间、地区间的物资交流。

（六）

中华人民共和国成立后，各大、中城市相继成立了工商业联合会，改组了同业公会。各级工商局代表政府对工商业联合会和行业同业公会的工作，进行业务指导。

1951年10月，开始筹备工商界的全国性组织。1952年6月成立了中华全国工商业联合会筹备委员会。中央私营企业局起草了《工商业联合会组织通则》，1952年8月由政务院公布施行。中央私营企业局对中华全国工商业联合会(筹)的工作进行具体业务指导。

工商业联合会是各种经济类型的工商业联合组成的人民团体。与过去的旧商会不同。它担负着两方面的任务：一方面是领导工商业遵守《共同纲领》及人民政府的政策法令，在国家总的经济计划下，发展生产，改善经营，组织工商业者进行学习，改造思想和参加各种爱国活动。另一方面，代表私营工商业者的合法权益，向人民政府或有关部门反映意见，提出建议。

同业公会是历史沿袭下来的行业组织。新中国建立后，有些同业公会在工商行政管理部门的协助和指导下，做了一些有益于本行业的事情。经过整顿组成新的领导班子，新的同业公会经常召开座谈会、交流会，宣传政策，搜集反映，征求意见。同时，推动同业订立爱国公约，接受加工订货；组织评议税负，行业议价和联营活动；推动全行业的增产节约运动，开展技术革新和推广交流经验。

同业公会是人民政府和私营工商业之间的桥梁，是工商行政管理部门管理私营工商业的助手，可以更好地把为数众多的私营企业组织起来，有利于对他们宣传和贯彻政策，搜集他们意见，进行调查研究。

（七）

中华人民共和国成立时，在华的外资企业有1000余家，其中除外侨经营的小型工商业外，主要是属于英国、美国以及法国的资本所有。新中国建国伊始，政府采取与外国在平等互利基础上发展贸易和经济合作的方针，对遵守中华人民共和国法令的外资企业实行保护政策，由工商行政管理部门和业务主管部门进行监督和管理。

首先，通过登记加强对外资企业的监督。凡外资企业有以下情况的都必须办理登记：(1)筹备创设、开业、复业、停工、歇业。(2)企业的合并、改组、转让、变更或扩大营业范围，增设或裁撤分支机构，增减资本及对其它企业的投资。(3)更换企业负责人。

其次，对外资企业出售生产设备和物资的管理。在大中城市解放以后，有些外商对中国采取敌视态度，有的对中国的政策有误解，纷纷拆卸生产设备，进行变卖。对此，中国政府规定，凡属企业在生产经营上所必需的生产设备和物资，不准出售。

第三，管理外资企业承接的加工订货业务。凡因设备技术条件的关系，必须由外资企业承接的加工订货业务，则由外资企业承制。通过管理加工订货，使外资企业的生产为中国服务，改善市场供应。

由于帝国主义国家对中国采取敌视的态度和封锁政策，1950年美国停止对华贸易，实行禁运，并于12月16日宣布管制中国在美国辖区内的公私财产。因此，同年12月29日，中国也下令管制、清查美国政府和企业在中国的一切财产，并陆续予以接管。其他一些外国在华的企业，也由于帝国主义的封锁禁运，大都陷于瘫痪状态，经营不下去了。有的申请歇业，有的自行放弃经营，有的则自动转让给中国企业，等等。到1952年底，这类外资企业，全国只剩下上海汇丰、麦加利等四家银行。

第一章　稳定物价，恢复生产经营

第一节　稳定物价，整顿市场

一、政务院财政经济委员会关于当前物价问题的指示

（1949年11月12日）

各地财委：

（一）自10月15日以来，津、沪先导，华中、西北跟进，全国币价大跌，物价猛涨。到今天止，以7月底为基期，物价平均指数，京、津已涨达1.8倍，上海涨达1.5倍。华中、西北亦与此相近。此次币跌物涨之原因，上海方面虽有花贵、纱销快，华北则灾区、花区粮贵等现象，但根本原因，则在纸币发行的大量增加。自7月底之2800亿元，至9月底止8100亿元，10月底止为1.1万亿元，到今天止为1.6万亿元，发行共增5倍，这是币跌物涨之主因。

（二）自7月底以后，我地区扩大，钞票下乡，农产旺季，工商恢复等，是扩大了货币流通量的。7月底发行总数2800亿元，核当时的购买力为布1000万匹，或粮食20亿斤（大小米平均）。目前发行总数为1.6万亿元，核今天的购买力为布2000万匹，或粮食40亿斤。7月底与今天的货币流速，估计是相同的，都是很快的。因此，估计我货币地盘已扩大了100%。依此推算，如果全国平均物价，比7月底涨达两倍，则依据这一物价水平的关内货币的全部需要量为1.6万亿元。因此，目前准备各种措施，稳住物价已有可能。在半月前希望稳住物价于9月底的水平（即等于7月底的水平）则是不可能的，因为10月初至今天止，共发行7700亿元，我们手内绝无回笼或抵消此7000亿元到8000亿货币的物资。不估计到这一数字的巨大，而仅以少数物资想拖住物价，则消耗了实力，仍不能稳住物价。但目前物价涨度将近两倍，我们稳住的可能已经存在时，则我全国各地均应全力稳住。为此我们决定如下：

（1）以沪、津两地的7月底物价水平指数为标准，力求只涨2倍或2.2倍。

（2）东北自戌删至戌陷①须每日运粮1000万斤至1200万斤入关，以应付京、津需要，东北及京、津贸司须全力保证装卸车，铁道部则保证空车回拨。

（3）为保证汉口及湘粤纱布，派钱之光先到上海后到汉口，适当调整两地纱布存量，以便行动。同时催促华中棉花东运。

（4）请西北财委派员将陇海沿线积压之纱布尽速运到西安。

（5）财政部须自戌铣至戌陷②于德石路北及平原省拨交贸易部2.1亿斤公粮，以应付花区粮销。

（6）人行总行及各主要分行自电到日起除中财委及各地财委认为特殊需要而批准者外，其他贷款，一律暂停，并在此期内，应按约收回贷款，何时解禁，听候命令。

（7）各大城市应将几种能起收缩作用之税收于戌有③左右开征。

（8）工矿投资及收购资金，除中财委认为可以例外者外，请各地财委负责，自此电到达日起暂停支付。

（9）中财委及各地财委对于各地军费（除去仓库建筑等）全部拨付，不得扣压，但请当地党军当局叮嘱后勤负责同志，不得投入商业活动。

（10）地方经费中凡属可以迟发半月或20天者，均迟缓半月或20天。

（11）目前各地贸易公司除必须应付门售者外，暂时不宜将主要物资大量抛售，应从各方调集主要物资于主要地点，并争取戌有④至迟戌陷⑤完成。预定戌底亥初⑥于全国各主要城市一齐抛售。但为了解各地准备情况及避免抛售中此起彼落，各地需将准备情况报告中财委，以便大体上统一行动日期。

（12）对于投机商人，应在此行动中给以适当教

① 11月15日—30日
② 11月16日—30日
③ 11月25日
④ 11月25日
⑤ 11月30日
⑥ 11月底12月初

训，因此：

（甲）目前抢购风盛行，我应乘机将冷货、呆货抛给投机商，但不要给其主要物资。

（乙）等到收缩银根与物价平稳，商人吐出主要物资时，我应乘机买进。

(13)以上措施请各地讨论，并加准备，如有意见，请即电告，在准备布置中，请勿登报。

二、政务院财政经济委员会关于物价平稳以来私商与我斗争的几种形势的报告

（1950年9月14日）

毛主席、周总理并中央：

华东贸易部商情通报第335期载《物价平稳以来私商与我斗争的几种形式》一文，对当前市场斗争中存在的问题分析颇详尽，兹转报如下：

自3月以来，全国物价基本上已转平稳，虚假的购买力消失后，投机资本即失去兴风作浪的凭借。经过几个月来公私关系的调整，正当的工商业已有一定的合法利润可得，一般经营兴趣业见提高，这是好的一方面。但是另一方面由于游资集中城市的状况尚未改变，近几个月来，在市场上仍多少发现投机取巧或对调整公私关系认识不足的现象。

首先在米市场方面，6月下旬浙赣线部分地段被水冲毁，运输受阻，场内米行便先出公司米，保留客商米，哄高米价。6月27日前中粮供售量，约占市场总额33.7%，28日消息传到以后，中粮供售量即逐渐增加，自当天34.5%升至7月3日的59.8%，汉口籼上货市价亦自21.7万元高至23万元，碾籼自21万元至21.9万元。迨运输恢复货运畅通，行情将回落时，即先出客商米，保留公司米，使我之食米销数大减。7月6日中粮供售量即骤降为32.5%，而汉口籼及碾籼亦各跌落约三四千元。这种有利可图，私商居先，无利可图，公家挡阵，如果公家挡不住时，物价便要出毛病，这是一种基本的斗争形态。

近来米市因季节关系，客货大量涌到，削价脱销，公司为适应市情，三度减低籼米牌价，而私商却莫不抢先做小，使中粮牌价难于出售。8月7日中粮因籼米连跌过多，为适应市价缩小牌市价差额起见，籼米牌价挂低4000元至6000元，当日市籼连袋价格约小过牌价达三四千元，8日公司再度挂低2000元至6000元，市籼做价仍复抢先跌落三四千元，至本月16日市籼剧达五六千元，公司随亦挂小7000元至1000元不等，但供售籼米量则自7日起由每天200余石减至100余石，而16日竟低至90石。在米价下跌时抢先做小以打击牌价，这是第二种形态，也可说是前一形态的变体。

“合伙购进、贱价门销，化整为零，避税图利”的取巧方式，则是第三种，这在米、布两业甚为普遍。私商联合资本，自往产地运销，减少了各种税款负担，贱价门销或转化为摊贩形式，实行逃税。近来发现有一种游击商人既无店址，又无招牌，定期分送米、油到熟悉的住户家里去，然后收款，也可归入此类。

棉纱市场，目前投机气氛仍较浓厚，“公司开售，采取观望，公司停供，则乘隙窜抬”是私商的一个斗争策略。7月19日公司二十支金城先未开售，私商开价即由550万元猛升至570万元，轧涨20万元，公司虽即按牌价550万元抛压，但由于代纺额数量一定，20日即又停供，22日市价再提至560万元，嗣后公司随时继续供应，步抛步压，才以550万元收市。7月25日公司牌价调整为572万元，金城未开，市价又高至585万元。最近两个月，二十支、十六支棉纱市价走势的参差，这是主要的原因。

其另一取巧办法为“利用牌价钉住与市价波动的特点，进行套购牟利”，或“利用牌价的一致性，购进牌市价差距最大的货品”，这正和米市场的基本形态相一致，也就是让公家撑伞私商乘凉。如7月22日公司在前市供应十六支蓝凤每件506万元，均由复制厂吸进，后市以同价开出十六支松鹰、飞机等，因与市价差距在4%、5%以上，则被纱号收购一空。7月上旬同泰昌等纱号，在市以340万元购进十支嘉禾，同月20日即以380万元的价格，在场内抛出，换购公司十支五彩星等，都是较明显的例子。

“公做私不做”，或“公做私少做”的斗争策略，在私营百货业较为显著，主要目的在于使公私价格无从比较，借以模糊消费者的选择。本月20日调查永安、先施二个百货公司，即发现我百货公司的主要门销货物180种内，二个公司同时经营的共只40余种，仅占1/4，如果两个公司分开来看，比重更小。

至于“公营出售的，私商贱价多销，甚至低于成

本，加送赠品来迷惑购买者，打击公营信誉"，是前一策略的进一步发展。例如南京的四十二支司麦脱衬衫，私商进价每打49.5万元，公司进价9.8折后，为48.51万元，公司零售每件4万元（上海公司零售价每件4.5万元），而全市各大百货店零售价均为3.8万元，如尺码稍为不全时，则仅卖3.2万元，其他如ADK西装雨衣在南京私商零售15万元，还价14万元即卖，公司零售为14.5万元，不能还价。又如三星牙膏私商批价每罗52万元，同行9.8折，并送金鸡香皂一打半，以之折算每罗进货成本46.46万元，每支零售3500元，我公司零售则需3800元。虽然私商进货一般尚有使用10天、20天期票的便宜（公司无此现象），但由地区价格差额已不合理一点看来，说明南京百货市场公私之间的斗争是尖锐的。

其他如利用时机，笼络客户，采取集体行动与掺杂掺假，以次货蒙混等不正当行为所进行的斗争，不胜例举。这些具体情况，一方面固然说明私商心里上的顾虑还没有完全消除（如对我百货公司在本市进货，厂家给予特别折扣一点，部分私商即有不满的表示），需要再进一步动员教育；但另一方面我们对于公私关系政策的掌握，也还需要进一步提高。疏导游资下乡使之得其所，是其一。在我们市场斗争中根本改变过去那种以投机打击投机的策略，而考虑采取民主协议的方式，进行团结教育，是其二。这是值得深思的。

三、政务院财政经济委员会关于防止物价波动问题的指示

（1950年10月20日）

毛主席、中央并各中央局分局转各省委、大市委、区党委：

目前由于国内经济发展的情况，工农产品不平衡以及朝鲜战争的影响，物价不断呈现波动，兹将情况和我们所采取的措施报告如下，并请各地党委协助实现这一平稳物价的措施。

（一）情况

（甲）今年普遍丰收，秋收前后，我又在农村中大量收购农产品和副产品，投放货币较多，农村购买力普遍提高了，工业生产品赶不上市场的需要。老区农民购买力都提高了，全国范围的丰收，农产品的商品部分增加了，货币流通面扩大，但人民对物价稳定的信心仍不十分巩固，货币流通速度亦同时加快。

（乙）朝鲜战争爆发后，进口物资如工业器材、汽油、煤油等，曾因进口困难，我储备力量薄弱，以及国外价格不断上涨等原因，国内价格曾一度上涨，旋即平息。自美帝接近并越过"三八"线后，涨风又起，商人乘势投机囤积，价格继续上涨的危机仍然存在。棉纱基本上供不应求。棉纺织业又争相囤积原料，未给我们加工的纱厂不愿售纱，纱商及非纱商人（茶商、薄荷商等）均在囤积，因此上海在本月10日左右平均日销纱在2500件左右，最高达2800件（本月12日到16日已减到日销2000件以下）。白糖在中秋节前，曾因供应不足，私商囤积投机，价格突升。面麦由于我掌握价格偏低，棉农售棉后套购小麦，如河北南宫竟日销75万斤小麦，山西运城日销100万斤，形成群众性的囤积。

（丙）我们工作上亦有缺点。面麦价格开始掌握偏低，未能按季节变化逐渐调升麦价，因此造成市价高于牌价，商人以及棉农均突击囤麦，我出售量远大于收购量，造成群众性的囤积套购。有的地区在收购棉花上，由于按陈棉价格掌握，刺激棉花上市量增多，随大量投放货币，收购过猛，货币集中投放，带动粮价上涨（如河北）。物资调运不及时，分布不适当（对灾区和产棉区粮食供应调剂不及时）。关于工农业品剪刀差价问题，在党内外还没有统一的认识，农业生产恢复远较工业生产恢复要快，农民购买力提高的速度，远超过工业生产的供应能力，今天的工业品基本上是不能满足农民需要的。

（二）为巩固币值，平稳物价，我们所采取的措施。

（甲）在经营方面。我手中实物充足力量雄厚的商品，如旧秋粮及布、煤、盐、糖等，采取坚定不移的稳定方针，这些商品如有波动，即坚决大量出售以资平抑，达到稳定。对新秋粮，为适当缩小工农业品差价，在10月份，已将秋粮价格适当提高，各地在购粮方面，应以维持此项牌价为标准，不以完成收购数字为标准，如市价低于牌价，则坚决大量收购；如市价稍高于牌价，则应适当吞吐，保持市价与牌价的平衡；如市价超过牌价5%以上时，即坚决大量出售平抑。在局部地区，我掌握力量很不充足的个别商品，采取有计划、有步骤地上提价格，以避免后力不继，造成物价波动。我力量不十分充足的

商品，主要是纱、煤油、工业器材及其它进口物资，则分别采取如下办法，对纱除采取增加开工班次和时间，以增加产量，暂停半月织布，以节省一部分纱，并争取进口一部分外纱以外，在出售方面，采取集中使用力量，稳定主要市场的办法，将力量摆在主要市场上出售；对中小市场，暂时停止在市场上供纱，对我有加工合同的工厂，应按计划供应，而生产上十分需要必须依靠国家者，实行配售。对工业器材及进口物资，除积极争取进口继续增强我掌握力量外，对于几种重要工业原料如橡胶、钢、铜之类，只按工厂生产需要配售，不在市场出售，并按供需情况，适当调整价格，以防止商人投机。

(乙)行政管理方面。自调整公私关系后，对商业行政管理工作，一般地说是放松了，今后必须加强。纱布、棉花、粮食等有交易所的地方，必须集中成交，宣布场外成交为违法，取消“自由成交，不纳交易税”的规定。严格取缔投机、囤积居奇。非纱布厂商严格禁止经营纱布，违者加重处罚。对扰乱市场哄抬物价者，严格取缔。责成银行严格执行紧缩银根的政策，在各级财委统一领导下，贸易、银行、合作、财政、税收及其他财经机关，必须密切配合，贯彻中央的物价方针。

(三)准备特殊措施，如遇有特殊情况到来时，对物资缺乏而又关系人民生活重大的商品，采取统购统销及配售禁卖办法，这样做可避免物价大波动，并且可以增加财政收入，帮助财政预算的平衡。主要准备纱布实行统购及配售。工业器材采取配售办法。扩大统销范围，对于内销及进出口方面准备多规定一些统销商品，如煤油、汽油、羊毛、油脂、糖等。

四、贸易部关于取缔投机商业的几项指示

(1950年10月14日)

为贯彻人民政府共同纲领保护一切正当合法商业严格取缔扰乱市场的投机商业之规定，达到稳定物价安定民生的目的起见，特作如下指示，希各地研究贯彻执行：

一、下列行为得视之为扰乱市场的投机商业，应严格加以取缔：

(一)超出人民政府批准之业务经营范围，从事其他物资之经营者。

(二)不在各该当地人民政府规定之交易市场内交易者。

(三)囤积、拒售有关人民生产或生活必须物资，以图窃取暴利，以招致物价波动，影响各该当地当时的人民生产或生活者。

工厂为图取厚利，囤积成品拒售及囤积原料转售，以招致物价波动，影响各该当地当时的人民生产或生活者，同前款。

(四)买空卖空、投机捣把企图暴利者。

(五)故意抬高价格抢购物资或出售物资及散布谣言，刺激人心，致引起物价波动者。

(六)不遵守各该当地人民政府所规定的商业行政管理办法，扰乱市场者。

(七)使用假冒伪造，使用掺杂或违反商品规格及使用其他一切欺骗行为，以谋取非法利润者。

(八)一切从事投机活动者。

二、本教育改造为主处罚为辅的方针，有上述行为之一经查明属实者，应根据其情节轻重及各该当地具体情况处理之。

各省、市贸易部门应根据各自之实际情况制定管理办法，经各大行政区人民政府(或军政委员会)批准公布施行。

三、必须深入教育干部，明确管理的目的与范围，只对影响人民生产及生活捣乱市场的投机商业，予以严格的处分及取缔，而对正当合法的经营，应贯彻在国家统一的经济计划内实行贸易自由的政策，保障并积极组织鼓励私营厂商奉公守法，向有利于国计民生的方向发展。

五、贸易部关于防止物价波动的几点意见

(1950年10月25日)

各地财委并贸易部、商业厅，华北五省二市财委并商业厅、局：

中财委于本月20日发各中央局、各省委、大市委的防止物价波动的指示，已指出当前物价情况及我们应采取的措施。在最近几天内，东北已发生过一次物价波动，现已平下去，关内大部地区多数商品市价已超过牌价，也蕴藏着波动的危险。为了防止关内可能的波动，贯彻中财委的指示，坚持巩固物价稳定的方针，保持10月物价方案的合理剪刀差(不是消灭剪刀差，但又必须维持10月物价方

案)，特提出以下执行办法，请各地研究执行，并电告意见：

一、适当紧缩贸易货币投放，凡粮食市场市价已超过牌价者，暂停拨款及收购；低于牌价者，继续吸收，提高市价到牌价水平。土产及出口物资，仍继续进行收购，但采取细水长流办法，不要投放过猛。但棉花则须坚决根据牌价(不准压低)大量放手吸收。

二、各地银行在抽紧银根时，须着重抽紧我们力量薄弱的行业如纱布、面粉等业的银根，使其无力投机囤积而向我袭击。

三、在产棉区，棉花收购价提高5%，在销地市场提高2%—3%，缩小地区差价，增加我之棉花收购量。价格方案另电发去。

四、积极扩大面粉加工，适当提高工缴费①，增加面粉掌握数量，以求应付市场。面粉加工量不受全国粮食加工会议定额限制。另由中南调一批大米支援华北，在调到后，压低华北大米价格，以减少面粉消耗。面粉是否应再提价，我们正考虑中，请各地提出意见。

五、大城市零售业务应适当恢复与扩大，并积极准备在物价发生波动时，大量零售给消费者，以稳定零售物价。

六、汽油停止批发，只配售给需要汽油的工厂、运输公司、机关、部队，并准备随时调拨，供给军用油。

七、工业器材中我力量特别雄厚者，可以出售以稳定物价，力量不足者，准备配售工厂，交换成品。

八、百货力量雄厚者，坚决稳定物价，力量薄弱者，随市价调整出售。

九、加强行政管理，除中财委电中已提出者外，各地要特别注意管理机关、部队及其工厂、商店乱抓物资。

十、请各大城市贸易部门根据此电，将现存物资详细检查一下。如发现有重要物资不能供应市场时，应即筹划调拨，并将检查结果电告。

六、贸易部旧年后物价政策及基本方针

(1951年1月13日)

各大区财委并贸易部，华北五省财委并商业厅，报中财委：

根据过去经验，在旧年以后，特别在元宵节后，各地市场上存在物价波动的危机，能否把这个危机克服下去，是今年春夏能否保持物价稳定的重要关键。造成这个危机的主要原因，是在开春以后，农民在市场上出售与购买数量都将显著减少，在年前商人把货物大量卖出去后，要在年后补进，因此，农村的货币就会流向城市，形成对城市物价的突击力量。在土地改革后，由于农民在春季还要继续出卖一些农副产品，并大量购买生产资料，因此，货币回到城市的力量将会比土改前有一定程度的减轻，但不能根本改变这种情况。

旧年后，物价政策的基本方针，就是要用一切力量把年后的物价稳定在牌价的水平上。争取在阳历2月下旬及3月上旬按照第一季度商品流通计划，把存货大量推出，回笼货币。按照目前的货币发行量，和国营贸易掌握物资的数量，我们认为虽然没有像去年那样的公债和税收的配合，我们也有足够的力量可以完成这一任务，实现物价稳定。

为实现上述方针，从现在起就要进行以下的组织工作，并争取在春节前后完成。

一、按照本部子真② 电切实检查各地物资的储备量，并组织储运工作，特别是上海的粮、煤和棉花的储运。

二、对各级贸易行政部门和专业公司进行教育，坚定他们稳定物价的信心，并要求在游资突击时，沉着应战，大量出售。特别是各地中小市场应在春节以后，努力争取多卖货，多回笼，使当地中小商人能就地补进货物，以免他们向城市集中。有些中小城市，由于物资准备不足，游资力量过大，把货卖光，造成局部地区的暂时波动是可能的，但此种波动无碍全局。只要我们守住了大城市的阵地，就可以迅速地调运物资，把这种局部波动稳定下来。如果我们不采取这种方法，在中小城市不敢放手出卖，一方面就会把更多的农村游资吸引到大城市来，加重了大城市的压力；另一方面商人在大城市买了货又运回中小城市去，将使我们在中小城市的货物在春夏有卖不出去的危险，使春夏两季的回笼与利润任务无法完成(在中小城市售货的利润一般大于大城市)。

三、工业器材是我们在春节后稳定物价中的一

① 国营专业公司将原料交给厂商加工为成品，并以同行业厂商的费用、合理利润为标准，付给的加工费，称为“工缴费”。
② 1月11日。

个弱点，目前正处于英美来源减少，苏新[①] 货物未到的青黄不接时期，除已决定在春节前适当收购，充实力量，调整牌价到合理水平，以便于年后适当出售，配合稳定市场外，各地还应加强行政管理，特别是管制机关部队收购，以免工业器材突出上涨，波动全局。

四、各地应利用春节期间，继续召开土产会议，并调整地区与季节差价，领导私商下乡，收购土产，开展城乡交流业务，并可于春季继续疏导货币下乡，减轻城市压力。

五、稳定物价的中心环节在于大量出售回笼，但对力量薄弱的商品必须配合行政管理，以免为游资所突破。

六、各地对灾区、特产区物价之变化，应特别加以注意。

以上是我们对于旧年后稳定物价方针的初步意见，请各地加以研究，并将意见及准备情况电告。

七、政务院财政经济委员会关于统购棉纱的决定

（1951年1月4日）

一、本决定公布之日起，凡公私纱厂自纺部分的棉纱及自织的布，均由国营花纱布公司统购。公私纱厂现存棉纱棉布均进行登记，停止在市场出售，均由国营花纱布公司承购。

二、国营花纱布公司按前条之规定实施统购时，其收购价格，须确切计算厂方的成本，并给以适当利润。

三、公私纱厂为国营花纱布公司加工代纺、代织的棉纱棉布，其工缴费的规定，亦须适当。

四、公私纱厂生产的棉纱棉布，均须符合于国营花纱布公司规定的成品标准，不得降低质量。

五、为使统购价格、工缴费的规定趋于合理，由当地政府的工商局主持，工商联、总工会参加，召集国营花纱布公司及公私纱厂共同协商，提出具体方案，经中央人民政府贸易部批准实施之。

六、中央人民政府贸易部，应根据棉纱或各种棉织品的生产和需要情况，规定棉纱的分配、销售、加工办法。

七、各地人民政府，对纱布市场必须负责管理，取缔投机囤积，协助国营花纱布公司作有效的分配销售。必要时，国营花纱布公司得增设零售店。

八、政务院财政经济委员会关于今后全国物价的调整办法

（1951年7月26日）

各大区中央局、财委，并报中央：

甲、根据目前可能看到的一些征候加以研究，今年秋后物价存在着严重的波动危险，其情况大体如下：

（一）国家掌握的纱布力量不足。从7月23日到9月底开工4天4夜的纱布产量，和同期间市场销量合并估算，到9月底全国存纱只12万件，布660万匹，这和去年9月底存底大体相等。但到9月底则可能发生棉花脱节，纱厂被迫再减工。原来我们的算盘是放在国内收购和国外进口，但依现在情况看来，国内购棉虽经政治动员，每天平均亦只能收到6000担（不及计划50%），拟进口之外棉67万担，由于美国阻挠，可能落空，把握甚少。

（二）农民购买力较去年突增。除因今年城乡交流畅通，农民土特产和外销物资大部销出外，今年秋冬国家在关内还必须收购棉花800万担，大米和杂粮26亿斤，估计农民购买力一般可能比去年秋天提高40%左右。

（三）控制在资本家手中的游资，较去年大为增加。由于极其复杂的原因，资本家在一年来所赚的钱，并未大量投入生产，而是待机而动，人民银行私人存款已突破8万亿元，这就是一个问题。当我控制市场力量不足时，它就可能转向我们弱点突击。两个月以来，矛头显示不妙，物价每天上升1‰，国家手中力量薄弱的商品，如木材、纯碱、豆饼和有些进口器材，市价高于牌价，失掉掌握，致使国家手中力量比较充裕的物资，如纱布、粮食、煤、盐等也日益感到孤立。很担心，如果按照目前情况继续发展下去，到8月底9月初，当农产品开始大量上市，我纱布力量正是最薄弱的时候，全国物价稳定的局面，有一下被突破之险。

乙、全国货币发行总额18万亿元，市场流通总量12万亿元，由于一年来物价稳定，发出去的货币不断又以存款的形式返回银行，银行再以贷款形式借给贸易部和财政部，支持了贸易和财政。人民银行存款总额已达42万亿元，这和去年比较是一个

① “苏新”指苏联和当时的东欧新民主主义国家。

完全新的情况，其中部队、机关和公营企业存款约34万亿元，私人存款8万亿元，如果物价发生波动，则银行存户将会向银行提取存款，争购物资，其中公家存款或可暂时部分冻结（不是长久办法，亦不可能根本解决问题），私人存款则是冻不住的。一旦波动开始，全国整个金融，就会陷入极大混乱。

丙、我们再三考虑，为保持物价稳定，须采取如下措施：

（一）想尽一切办法，保障9月底以前全国纱厂开工4天4夜和10月份开工6天6夜（另有详电）。

（二）在8、9、10月3个月内，银行适当紧缩投放，有计划地抽回向纱布复制业和其他足以助长物价的放款，尽可能地减少财政开支，以抽紧银根，减低市场冲击力量。

（三）在各级党委集中统一领导下，把财政、银行、贸易、合作社和机关生产的力量组织起来，共同一致应付市场，并加强对市场特别是纱布市场的行政管理。

（四）从8月1日起（迟了被动）调整全国物价，把棉纱价格上提7%至10%，布价上提5%至8%，中南新粮收购价（因中南新粮先上市，故先从中南调整起，然后再及其他地区），比现在大米牌价降低10%至15%（其中8%属于质量差价，2%至7%为实际减低价）；面粉、汽油、煤油、柴油、烟煤和一部分工业器材（这些商品国家手中有较大力量，可以供应市场）价格，均调低1%至5%，个别的调低15%至20%，争取做到总指数不变动，折实单位略升，停止目前物价总指数每天1‰的上涨趋势。

丁、以上四项办法中，最主要的还是调整物价。我们考虑：只有采取如上调整物价的办法，才能适当减轻市场对纱布的冲击力量，把增长起来的农民购买力和市场投机囤积力量的一部分或大部分引向我储备力量较为充裕的商品上去。但这就必须会更加扩大粮食和纱布的剪刀差，对农民是不利的。我们已增加农业税一成，又来扩大剪刀差这样办是否妥当，是值得考虑的。经再三考虑和计算，这样做，农民的实际购买力，在调整物价以后，还可能比去年提高15%至20%，因之我们认为可行。如果不采取这个措施，实在找不到其他更有效地稳定物价的办法。如果物价发生波动，则在政治上经济上都会发生极为严重的后果，农民也会蒙受更大的不利。但这一措施影响极大，务请同志们根据各地实际情况加以考虑，并请在7月30日以前，将你们的意见电告。

九、贸易部关于坚决稳定物价的决定

（1951年9月21日）

一、秋季农产品已开始登场，工业品不足，数月来物价在微微上升中，上升幅度已超过银行存款利息，9月出现银行存款停止增加，提取增加的现象，市场货币流通量也日益扩大，金融物价隐伏严重的波动危机，银行已均无力支付棉粮收购资金。为克服这一现象，中央财委责成全国贸易行政部门坚决稳定物价。中央贸易部特根据中央财委指示，作出以下决定，请各区财委及贸易行政部门对此一工作加强组织领导，加以实现。

二、以1950年12月底为基期，今年9月18日全国批发物价总指数是115.4。为稳定物价，决定第一步于9月25日将物价总指数降至115水平，第二步于10月10日降至114.8—114.9水平，坚决在40天以内将物价稳定在这个水平上，并争取第四季度内物价总指数不再上升（物价方案另发）。

三、全国贸易行政部门及国营贸易公司，必须在第四季度中，注意稳定市场人心，并采取以下稳定人心的措施：

1. 目前由于民用絮棉价高，增长市场恐慌心理，并严重影响棉花收购，因此各城市百货公司、零售公司必须出售絮棉，花纱布公司应保证供应，絮花价格应按花纱布公司供应价格加弹花费用计算，其零售利润不得超过5%。

2. 碱面批发牌市价脱节已久，目前仍无力消除此种现象，为保证人民供应，在大中城市零售公司与百货商店中，应加强碱面零售业务（北京已开始）。

3. 国营百货公司门市部及零售公司于10月国庆节前后减价两星期（除减价外，并可考虑选择一部分冷背货作为特价品，以低价出售），起始日期由当地贸易行政部门决定。售货员及其他有关人员在此减价期间，应适当提高薪金，并注意其健康。

4. 在第四季度可适当扩大零售业务，中央财委对此另有指示。

四、必须坚决消除牌市价脱节的现象。一方面要加强市场管理；另一方面必须在小麦、煤油、工业器材、百货等方面，根据全国贸易会议的决定与第四季度计划，坚决出售，克服保守思想，坚决完成卖钱任务。

五、请各区贸易行政部门及专业公司十分注意每天物价及市场情况，坚决执行中央财委这一决定，并随时电告情况与意见。

十、贸易部关于坚决稳定物价的补充指示

(1951年10月13日)

自中央《坚决稳定物价的决定》指示各地执行以来，在当地财委领导下，各级贸易行政部门及专业公司，均能按决定精神贯彻执行，致收到相当成绩。全国物价从微微上升转向下落，至本月12日全国物价总指数已由115.9回落至115.0，市场人心从浮动趋向安定。

但从10月上旬物价指数及牌市价格检查来看，仍存在着以下问题：

一、天津大米市场本旬连续上升，至11日上升4.2%，上海中白粳由3日至6日上涨，由每斤1380元升至1400元，高于牌价100元，但至12日已回落至1290元，已稍低于牌价，上市达9.6万担，按南方大米已大量上市、北方正在收获期，上市较少，3日至6日上海粳米上升主要是加工赶不上所致，因此，在粮食上必须注意加工调拨工作，上海随着市场上量的增加逐渐将牌价落至本部规定收购水平，以便开展收购工作，北方大米仍须中国粮食公司及时调拨、调剂。

二、津、穗生油市价高于牌价6.4%至7.3%，特别是天津，油价时涨时落，津、穗两地本来生油存量不少，应大力开展供应，迅速将市价拉至牌价水平，据说天津仅供市内需要，怕倒流不准外运，但结果市价稳不住。

三、广州粉、麦指数上升，特别是小麦上旬竟连续上升达9%，现广州库存粉、麦数量较少，但市场需要量亦不大，请中南调拨一部面粉小麦，在市场稍一抛售，即可将市价稳定下来，请中南粮食公司即速做此工作。

四、大豆价格：津、汉两地市价时涨时落，极不稳定，受出口商间歇收购影响，按目前大豆在各地已大量上市，冀、豫、平原、苏南市价普告疲落现象，粮食公司应即在产地进行收购，并加强出口口岸的大豆价格掌握，行政部门亦应加以适当管理，防止波动。

五、絮花市价仍应努力继续下压，各地絮花在我先后供应下，已获显著成效，但牌市价格差额仍大，如河北省一般市价高于牌价1000元至2000元，广州皮棉市价仍高达1.74万元，高于牌价79%，高于长沙花纱布公司出售价(8705元)的一倍。各地花纱布公司仍应结合零售单位继续加强絮花加工供应工作，坚决于短期内压至合理水平(按絮花价格一般高于皮棉价格20%－30%为合理)，以利于新棉收购工作。尤其是广州，中南花纱布公司应再调一部分棉花，将市价压下来。

六、工业器材类内，胶料因公司在市场出售一部，津、沪两地均下落在1.7%至9.0%，说明我们有些工业器材由于大部工厂已由我有计划供应，市场实需已大大减少，如我在工业器材上有力量，除按计划配售外，仍应在市场出售一部，把市价拉下来，现沈阳胶料市价仍在7600万元，高于津、青26.7%，市价显高，亦应考虑在市场供应一部，汉口钢板、元铁本旬上升10%至11%，现钢板、元铁全国力量充足，请中南贸易部检查工器区公司工作，是否存在惜售思想。

七、百货类由于名牌货缺，公司掌握力量小，市价多高于牌价，但非名牌货我公司存量很大，因各地宣传不够，致完成销货计划很差，名牌货涨、非名牌货卖不出去的现象，主要是我们经营上有缺点：一方面存在着只愿意经营名牌货的思想，另一方面对非名牌货积极宣传，打开销路工作做的不够，要求各地百货公司必须克服只注意经营名牌货的思想，积极组织非名牌货的宣传推销工作，通过非名牌货价格的下落，从而拉下名牌货的价格(事实上非名牌货，只要量大，价廉物美加上宣传也可以成为名牌)，行政部门应检查督促百货公司做这一工作，扩大销售量，增加回笼。

10月份的物价工作，将是更加紧张的月份，为继续贯彻稳定物价，再提出以下三点要求：

一、要求在本月中旬内将全国物价总指数落至114.8，并在下旬巩固住。

二、各类商品价格的稳定，及争取牌市价格的一致，要求各专业公司切实负责。各市场特别是六大市场价格的稳定，和争取全部牌市价格的一致，请各级行政部门切实负责。

三、各级行政部门及专业公司，每天必须把检查指数、牌市价、销售回笼计划当成主要工作，并及

时解决稳价中所发生的问题。

十一、毛泽东同志批转陈云、薄一波、李富春等同志关于"三反"运动以来金融物价市场情况的报告

中央和军委各部门、中央人民政府各党组、各中央局并转分局、省、市、区党委、各大军区和志愿军：

陈云、薄一波、李富春1月11日关于市场物价的报告很好，发给你们研究。过去一个多月的"三反"斗争，在经济和财政方面已开始见效，国家的支出已开始表现正常，资产阶级的反动行为已开始受到打击。望我党政军民各级领导同志坚持奋斗，彻底完成"三反"任务。

毛泽东

1952年1月14日

附：关于"三反"运动以来金融物价市场情况的报告

毛主席并中央：

兹将"三反"运动以来市场物价情况报告如下。这是"三反"运动后影响最大的一件事，请主席阅后批发各地。

去年12月份物价下落1%，指数由11月底的114.5落为113.6，较9月底的指数115.9下落2.3%，一反过去每月上涨1%的情况。纱布销售减少，某些工业品出现了一时的供过于求的现象，日用百货销路仍好。"三反"运动后，北京市饭馆、家具店、西服店生意清淡(最近1个月来，家具店未卖过一整套家具)，货币流通量增加，存款增加，外汇金银黑市下落，出现了金融物价更进一步稳定的有利局面，为今年物价稳定打下了良好基础。这是捐献收款大大超过(现已收起48200亿元，估计可达5万亿元)，财政收支平衡，贸易上主动调整物价、克服保守惜售思想，特别是毛主席指示开展反贪污、反浪费、反官僚主义运动以来所收到的初步成效。兹将金融物价市场情况分述如下：

(一)银行存款12月份仅上中旬增加1.3万亿元，企业存款自8日以来是逐月减少的，12月则开始稳定，机关存款自10月起曾出现大量提取，争取年前用出结余的情况，12月份停止了提取，并转为增加8千亿，基本建设存款12月增加7千亿，储蓄存款增加2千亿，市场货币流通量12月份增加1.2万亿元，已达1.94万亿元，外汇收支不敷差额缩小，外汇黑市下降，金银黑市也是下落。反贪污、反浪费、反官僚主义运动开展后，企业机关单位不需要开支的钱不花了，可用可不用的钱也停止用了，堵塞了年前用完结余，怕财政上收回的风气。军队货币管理并主动要求加强，对巩固存款，稳定金融起了很大作用。

(二)贸易上为了稳定物价，在11月末即主动地有计划地调整了纱、布、粉、麦、大米、粗粮、食油及针织品的价格，12月初又调低了煤油、汽油、柴油、保险粉的价格，同时并调高了碱面、玻璃、烧碱及红粮的价格。纱布价格调低后，大大扭转了市场上对纱布的看高心理。打击了少数奸商投机囤积纱布的不法行为。虽值新年前夕，纱布调低后，销售不见增多，反而减少，长期市价高于牌价的现象已基本上消灭。

与降低物价同时，贸易上进行了"弄清家底"、"商品排队"，克服盲目的保守惜售思想，大力供应物资，市场出现了物价下落现象，如广州的工业器材、元铁、马口铁、烤胶等六种物资，同去年12月末与月初比较下落16.6%，由于广州价格下落，波及天津、汉口、上海等地也趋下落。这次贸易上有计划的调低物价供应物资，不但加速了资金周转，减少积压现象，并缩小了工农产品的剪刀差额，进一步促进了城乡物资交流，对繁荣市场起了推动作用，政治影响极好，一般农民职工反映"历年来年关物价皆是看涨，而现在物价却相当稳定，咱们人民政府真有办法。"

(三)由于金融稳定物价下落，军需订货减少，节约运动开展，市场上出现了私商竞销，求售心切，私商上市销售量多于国营公司出售量的现象(物价上涨时私商囤货惜售，市场需求大部由国营公司供应)。上海轻工业品已局部出现过剩现象，棉布、百货除名牌销路趋平外，一般商品则呈现过剩情况，如钢笔20万打，口琴1万打，复写纸1万盒，钢笔尖2万罗过剩。内衣、卫生衣销路清淡。墨水、搪瓷、纸过剩。针织、染织业已要求加工订货并贷款。目前即要求收购者计丝织品500—600匹，毛织呢13万码，花呢31万码，卫生衣6万打，汗衫5万打，毛巾6万打，绒袜7万打，各种色布4万匹。目前私商已预感淡季来临，估计以后要求加工订货的还可能增多。为防止轻工业品盲目竞销及价格继续下

跌，并鉴于1951年加工订货迟了即订不到的教训，拟将市场上剩余的轻工业品，只要有销路，又不致常年积压者，全部由贸易上包收下来，以储备秋后工业品的供应力量。

以上也说明，固然农业生产恢复发展了，农民购买力提高了，工业品已出现供应不足的现象，但对工业品不足必须作适当的估计，不能过分强调，过分强调反会产生竞购工业品，囤积惜售的副作用，同时也证明解决工业品不足的办法应从发展工业生产（包括手工业），加速工业品的调拨供应，满足农民需要上来解决，任何保守惜售思想，不但不能弥补工业品不足，反会扩大市场上工业品不足的现象，这是国营贸易公司在经营上必须很好掌握的。

陈云　薄一波　李富春

1952年1月11日

第二节　建国初期私营工商业概况

一、各大城市私营工商业开歇业户数统计表

（1950年4～8月）

月份	开歇业户数	北京		天津		上海*		武汉		济南		总计	
		工业	商业	工业	商业	工业	商业	工业	商业	工业	商业	工业	商业
总计	开业	917	1489	434	1968	594	1517	965	946	384	682	3294	6602
	歇业	483	2038	620	1983	1161	5770	318	808	554	1442	3136	12041
四月	开业	171	271	82	249	14	57	56	88	103	138	426	803
	歇业	61	627	195	518	389	1567	46	160	141	417	832	3289
五月	开业	202	170	47	236	21	78	102	213	34	77	406	774
	歇业	244	778	144	477	502	2917	170	361	205	503	1265	5036
六月	开业	192	338	91	487	37	210	85	185	78	188	483	1308
	歇业	91	362	152	516	158	790	73	161	173	378	647	2207
七月	开业	154	288	77	627	105	382	98	239	57	150	491	1686
	歇业	63	147	64	278	50	253	20	53	18	100	215	831
八月	开业	198	422	137	369	417	790	624	221	112	229	1488	2031
	歇业	24	124	65	194	62	243	9	73	17	44	177	678

（注）*上海工商业数字系申请登记数字（其他城市均系批准数字）。

资料来源：1. 北京市：北京市私营工业生产情况统计（北京市财委会），北京市商业局6、7月份总结报告及北京市及财委会编送之统计资料。

2. 天津市：天津市商业局编送之统计资料，天津经济第三期（津市财委会）。

3. 上海市：工商情况第22期。（上海市工商局）

4. 武汉市：武汉市私营工业户数动态统计，工商旬报，（武汉市工商局）武汉工商局编送之统计资料。

5. 济南市：工商旬刊19～27期，（济南市工商局）。

（选自《工商情况通报》第1期，1950年10月5日）

二、1950全国十大城市私营工商业开歇业统计表

（1950年1～12月）

开歇业	月份	总计		上海		天津		北京		武汉		广州		西安		重庆		济南		无锡		张家口	
		工	商	工	商	工	商	工	商	工	商	工	商	工	商	工	商	工	商	工	商	工	商
开业总计		15488	32034	1912	6257	1575	5089	4981	3973	2449	2713	1040	5432	411	895	1267	4018	1307	2145	292	1201	254	311
歇业总计		5855	20245	1092	4370	1073	3486	1552	3239	541	1392	85	1858	85	584	172	1600	866	2041	165	1054	224	621
开业	一月	784	2844	70	1077	213	720	–	336	255	281	7	89	36	178	–	–	192	140	–	–	11	23
	二月	312	1291	28	255	103	344	–	193	36	155	42	144	11	34	–	–	77	91	4	29	11	46
	三月	2079	1282	25	203	133	245	1606	234	53	105	21	156	10	31	48	103	162	143	11	44	10	18
	四月	675	1024	–	46	82	249	343	271	56	88	18	69	16	68	35	53	103	138	7	23	15	19
	五月	727	973	11	71	62	236	397	170	102	213	25	89	12	42	66	13	34	77	5	49	13	13
	六月	732	1772	21	116	91	487	362	338	85	185	25	266	1	16	60	71	78	188	9	87	–	18
	七月	765	2394	20	140	77	627	299	400	98	239	48	568	13	56	113	106	59	150	29	97	9	11
	八月	1966	3257	37	137	137	369	447	422	624	221	132	1101	40	66	402	694	105	107	15	106	27	34
	九月	1396	3968	109	370	194	684	394	523	201	279	211	709	44	100	82	894	100	192	28	181	33	36
	十月	2253	5730	816	1895	205	484	356	364	362	279	119	1317	42	135	151	763	126	283	46	163	30	47
	十一月	2188	4905	449	1292	203	419	341	361	324	317	392	924	135	169	142	940	132	295	49	156	21	32
	十二月	1611	2594	326	655	75	225	436	361	253	351	–	–	51	–	168	381	139	341	89	266	74	14
歇业	一月	341	1377	94	304	86	350	–	310	50	102	–	78	9	50	–	–	94	179	–	–	8	4
	二月	294	1130	101	288	77	174	–	186	30	109	7	127	12	60	–	–	32	78	17	60	18	48
	三月	878	2229	165	696	116	261	463	292	42	96	5	169	8	74	8	247	41	224	12	82	18	88
	四月	843	3164	270	979	195	518	122	627	46	160	8	173	8	80	10	66	141	417	21	92	22	52
	五月	1485	4185	257	1131	154	477	463	778	170	361	19	202	7	128	13	66	305	503	38	391	59	148
	六月	702	2371	67	247	152	516	173	362	73	161	10	273	5	38	21	173	173	378	25	167	3	56
	七月	273	1141	12	77	64	278	116	147	20	53	8	276	15	32	4	65	21	100	4	63	9	50
	八月	186	932	4	31	65	194	43	124	9	73	4	143	5	52	18	138	12	19	12	128	14	30
	九月	303	1013	46	214	45	262	81	125	18	68	7	102	7	22	34	80	21	21	6	25	38	94
	十月	211	867	25	133	50	163	38	96	19	45	10	194	1	13	28	169	9	23	6	9	25	22
	十一月	159	995	26	123	43	180	31	112	15	103	7	121	5	9	18	276	7	49	4	8	3	14
	十二月	180	841	25	147	26	113	22	80	49	61	–	–	3	26	18	320	10	50	20	29	7	15

资料来源：1. 各市工商局工商业开歇业统计报告。　2. 上海工商局《工商统计汇刊》1～4期。　3. 济南工商局《工商旬刊》10～18期

注：1. 工业开歇业包括手工业在内。

2. 上海市9～11月份工商业歇业户数及12月份开歇业户数系申请数，其余均系批准数。

3. 重庆市3月份工商业开歇业数字包括2月份数字在内，1月份数字缺。北京市3月份工业开歇业数字包括1及2月份在内。

4. 广州市缺12月份资料。

（选自《工商情况通报》第8期，1951年2月15日）

三、东北私营手工业的情况与存在的问题

(一)基本情况

东北私营工业随着经济建设的恢复与发展,获得了很大的发展,近年来,由于城乡人民购买力的显著提高,对工业产品的需要日益增加。因此,遂给私营工业发展以有利条件。但东北私营工业的特点,由于经过敌伪长时期的统治结果,较大的制造工业为数不多,绝大部分是加工业与分散的手工业。根据1950年现有统计材料,东北手工业总户数116099户,职工281977人,资金24556779万元(人民币)。其在整个私营工业中,1949年手工业占总家数的80.4%,生产额占总生产额的43%。1950年私营动力工业虽有显著发展,但根据松江、吉林两省统计,手工业在户数上仍占89%,生产额占30%。如以机械工业与手工业产品,在供应农村需要及在中小城市的生产比重上,由以下两个典型数字即可看出:

东北典型地区私营动力工业与手工业比较

类别＼项目	哈尔滨			长春			锦州		
	户数%	职工数%	资金数%	户数%	职工数%	资金数%	户数%	职工数%	资金数%
手工	83.4	63.3	19.7	86.2	74	39.9	88.4	76.1	53.1
机械	16.6	36.7	80.3	15.8	26	60.1	11.6	23.9	46.9

注:本表根据1950年第四季度统计数字。

辽阳县六区农民许恩新等三户51年上半年购买机器与手工业产品比较

(单位:人民币元)

类别	项目	总计	生活资料	生产资料
合计	%	100	100	100
	小计	3825457	3229943	595514
	一季度	3066957	2606943	460014
	二季度	758500	623000	134500
机械工业产品	%	39.4	46.5	——
	小计	1503455	1503455	——
	一季度	1259155	1259155	——
	二季度	244300	244300	——
手工业产品	%	60.6	53.5	100
	小计	232002	1726488	595514
	一季度	1807602	1347788	460014
	二季度	514200	378700	135500

注:生活资料包括:粮食类、花纱布类、衣服类、日用百货类、家具类、副食及调料类。

生产资料包括:农具类、农药类、饲料类。

从上列数字及根据目前工业品不足的情况来看,说明有计划、有组织地发展手工业(特别是农民所迫切需要的)是非常必要的。

(二)组织与领导

东北过去对指导手工业生产上,由于对手工业重视不够,及手工业生产本身也存在着若干弱点,如:资金短少,生产分散,无力做远距离的采购与运销,生产季节性大,并有盲目性,同时设备简陋,在技术上墨守成规,以致成本高,质量低,在经营上,不计盈亏,随卖随用,不能积累资金。

由于上述弱点,就造成手工业发展的困难,因此,在1950年以前未采取积极的办法。1951年为了配合春耕生产,满足农民生产、生活资料的需要,对手工农具业:铁炉、大车、马具、木农具、铧炉、麻袋等几个行业作了专门调查,了解其产销情况及原料、资金等存在问题,除在东北区第一次土产会议上决定:铁木原料,分由贸易、农林两部负责解决,并指出组织联营是克服私营工业(特别是手工业)产销困难的较好方式,号召各地组织试行以外,同时并向银行提出目前需要发展的手工业重点行业的要求贷款计划。目前各地均在工商行政机关的领导下,普遍展开组织手工业联营与合营的工作,并一般均收到相当效果。如长市大车业,联营前产品质量不好:"甩箱拔铆、串瓦断轴",使农民不敢问津,以致造成滞销。今年4月在工商局领导下组织联营后,不仅集中了资金,加速周转,并降低了成本,提高质量,如给信托公司加工100台大车棚,由于保证了质量而得到信托公司的好评,政府并介绍到吉林森管局联购车材,解决了原料困难。银行并贷款2700万元,扩大了资金。由上述典型事例说

明组织联营有好处。统计全区已组织起来的行业计有:铁炉、木农具、皮革、被服、麻袋、马具、大车、麻绳、打棉、砖窑、木器、制帽、洋铁等业;地区计有:长春、沈阳、哈尔滨、齐齐哈尔、旅大、锦州、四平、吉林、佳木斯、营口等地。其次,为了提高私营工业产品质量,防止粗制滥造,改进技术降低成本,于1950年末,曾召开改进私企产品质量会议,并决定各地在工商部门下,应建立领导机构,推动工商联及吸收总工会代表参加,组织各行业者成立质量检查评议委员会与组织各业技术研究会,进行产品检查与规定质量标准。截至1950年6月份止,已有:哈、佳、吉、长、安、营、齐7市及汤原、绥化、克山、克东、海伦、洮南、双城、阿城、桦南、鸡西、桦川、通河、肇州、明水等14个县展开此项工作,进行检查的行业计有:胶鞋、纺织、木农具、麻袋、铁炉……等40余个业体。虽然尚有部分地区如沈阳、热河、辽西等地,因领导上对此工作不够重视,尚未开展以外,其他许多地区已在或正在准备开始。

(三)存在的问题及其解决办法

为了进一步了解手工业生产历年所遭遇的淡月情况及原因,以研究解决办法,我们根据1950年情况作了调查,分析出私营手工业淡月的产生,主要有以下几个原因:

(1)限于生产技术条件,只能制造一种或几种产品,而销路又属季节性者,在其产品非需要季节,即无销路,因之资金不能周转,亦即无法继续生产,如铧炉、大车、制棉等业。

(2)靠公家加工订货的行业,在停止向其加工时,由于自身缺乏流动资金,不能购买原料自制生产,以致停工,如棉织、针织业。

(3)由于原料困难,如大车、木农具业,因木料供应不及时,因而造成生产上的困难。

(4)生产限于季节性,只能在一定时间内生产者,如毛皮、制革、毡鞋等业。

根据上述的原因,提出下列解决办法:

(1)利用私企淡月,向其加工订货,使其淡季不致停工减产,为旺季准备资金及储备原料,继续生产。

(2)组织联营及合营,集中力量,取长补短,提倡同类行业不同业体的业者进行联营与合营,如组织木农具与大车业联营,在冬、春两季可共同生产农具,而夏、秋时节则共同制造大车,这样即可克服或减少淡月中的困难。

(3)放宽兼业限度,对极端季节性的行业如皮革、靰鞡、毛皮、棉毛织品等,工商主管机关,应放宽兼业范围与简化兼业手续,并鼓励与组织他们学习其他有关或性质相近的生产技术,以便淡月中改制他种产品。

(4)对产品销路好而又是人民所必需者,因淡月期间由于缺乏资金不能继续生产以储备旺季推销者,应重点地向其贷款,使能坚持生产。

(5)在可能的条件下,由国营企业帮助其解决生产原料的困难。

(选自《工商情况通报》第17期,1951年9月5日)

四、1950年东北十二城市秋季私营工商业概况

本年秋季东北私营工商业,总的说来是扭转了夏季的情况,表现出繁荣与发展。这是由下列12大城市:沈阳、本溪、抚顺、锦州、四平、安东、长春、吉林、营口、鞍山、哈尔滨、齐齐哈尔的统计可以看出的。如工业由42576家增到47572家,较上季增11.8%;商业由53042家增加到54750家,较上季增加3.2%。资金均较上季增加15%或19%。摊贩由73940人增加到86013人,较上季增16.3%,资金增加了30%。行商由14436人增到18424人,较上季增27%,资金增加了26%。惟经纪人较上季减少了26.8%。

本季工业的生产总值为东北币(下同)77821亿(哈、齐两市不在内),较上季增加60%。其中给国公营加工额为上季的206%。产品销售额达57989亿元,较上季增加72%。商业的销售额(包括坐商、行商、摊贩)共达10388亿元,较上季增加33%;其中坐商增加32%,摊贩增加46%,行商增加7.2%。总计工商业在秋季里共销售161874亿元。若以当时东北各大城市大豆的平均价格4700元1市斤(940万1吨),计约等于172.2万吨大豆。如以纯利为销售额的4%计算,则约为6475亿元,折合高粱米(以4800元1市斤计)67444.8吨。

以上数字足以说明东北12大城市的私营工商业在秋季中的兴盛与发展。同时其力量亦在逐渐增加着。如沈阳一地私营工商业在国家及私人行庄存款总额在9月末为3440亿元,较6月末增加了

99%,较3月末增加177%。

促成以上繁荣的原因,分析约为以下数端:

(一)由于经济情况的稳定,各地调整了公私关系,明确了经营范围,在行政管理上更趋合理,因而提高了私商经营的积极性。

(二)国营商业适当地掌握价格政策,照顾了产、运、销三方均有利可图的原则。

(三)国营商业扩大了批发业务,便私商有利可图。

(四)国营企业大量通过加工订货方式,直接扶植私人工业,减少了他们生产的盲目性,而增强了经营的信心。

(五)旺月已届,同时国家以合理的价格大量收购农民余粮,使农民的购买力继续增高。

(选自《工商情况通报》第5期,1950年12月21日)

五、东北区1951年第二季度私营工商业发展概况

(一)一般趋势

随着东北经济的不断发展,尤其在扩大土产内销,进一步活跃城乡交流之后,私营工商业也表现了比较迅速的发展。工业方面:据沈阳、哈尔滨、鞍山、本溪、抚顺、大连、吉林、长春、安东、锦州、齐齐哈尔、营口、四平13个中心城市统计,第二季度较第一季度共增加3062户,占13城市6月末现有工业户数的5.5%,从业人员增加16619人。其中机械工业增加454户,2463人,以铁工业(包括机器及机器零件制造,金属制品等业)增加较快,共增88户,500人,其次为纺织、橡胶加工等业。手工业家数增加2608户,从业人员增加14156人,资金增139亿元,其中以铁匠炉、一般金属品制造、木器、麻袋、人力织布等业发展较快。

商业方面:第二季度全区私营坐商共144720户,较第一季度末增加了3122户,为二季末现有户数的2.16%;从业人员增加8394人,为季末现有人数的2.88%;资金增加1321亿元,为季末现有资金的16.15%;营业总额(包括商品销售额及非商品进款额)为17414亿元,较第一季度增加9.24%,较1950年同期更增加85.67%。从私营商业经营的规模来看,第二季末资金在3000万元以上者占总家数的2.47%,较一季度末家数增35%;资金在500万元以上,3000万元以下者占总户数的16.14%,较一季末家数增19%;资金在500万元以下者占总户数的81.39%,较一季末家数减少1.36%。从行业间的变化情况来看:据沈阳、哈尔滨、长春、吉林等13城市材料统计,以百货(增284户),日用杂货(增121户),小饭食店(增510户,但规模都很小,平均每户仅3人及45万元资金),文教品(增77户)及建筑材料(增55户)等业增加较快。

从私营工商业的变化中,可以看出如下问题:

1. 私营工商业在比较迅速地发展着,并逐渐地改变着历史上的经营季节性(历年来的季节性淡月已渐消失)。

2. 在私营商业方面表现出集中的趋向;大型商号家数增加,小商户减少(总的看小商仍占多数);人员、资金及营业额增加的比例数比户数增加的比例大。

3. 第二季度与第一季度比较,大中城市的工商业发展较快。表现在:

(1)全区坐商第一季度商品销售额中,沈、旅大、抚、鞍、溪、哈、长、吉、锦、齐十市销售额占50.8%,而第二季度其占全区的比重增至57.02%;二季度销售额中,十大城市销售额较一季度增加20.8%,而十市以外地区则较一季减5.8%。

(2)第二季度沈、哈、长、吉等13城市私商家数增加3324户,而全区计算则仅增加322户,这说明大中城市的工商业发展很快,而小城镇变化不大或呈减少。

4. 私营工商业中突出发展的行业,有工业中的铁工业、棉织业;手工业中的铁匠炉、木器、麻袋等业;商业中的百货、日用杂货、文教品业等。

(二)主要工作及进行情况

1. 加强了公私间加工订货的管理,并执行了全区较大加工任务的统一分配工作,如军需电池、手推车订货、棉花加工等,经按具体情况适当分配后,均保证了任务的完成。但由于各部门没搞通思想,对统一分配任务能否保证完成有怀疑及顾虑,不愿执行统一分配的决定,故第二季度提出加工订货计划者仅有三个单位。

2. 初步建立了私营工业产品质量检查工作,这一工作目前仅在哈尔滨、吉林、长春、安东等地开展,并获得一定成绩。工作进行内容如下:

(1)首先通过业者组织(工商联合会或同业工

会)推选业者代表并邀各厂优良技术人员参加,组织质量评议委员会,评定各种产品(目前着重为有关军需民用及工业建设的主要产品)的质量标准,经工商主管机关批准后作为检查质量的准据。

(2)组织各个行业的技术研究会,交流生产经验,并以之为执行产品质量检查的经常机构。

(3)工商行政机关设置固定机构,以领导此项工作。

3. 为保护合法经营的私营工商业,取缔投机倒把行为,东北贸易部制订了《东北区工商业非法行为取缔暂行办法》,已于4月中旬试行。

4. 配合币制改革,各地工商行政机关对私商进行了普遍的动员,以促使其执行爱国公约,遵守法令,保证市场的稳定,因而对币制统一工作的顺利进行有了很大帮助。

(三)存在的问题及今后工作方向

1.1951年以来私营工业的发展,虽稍快于私营商业,但和要求来比却还感慢了些。私营商业的发展活跃了物资交流,有利于繁荣经济,但同时也产生了某些偏向:

(1)私营商业的增加表现了市场盲目性的加大。因此在一旦发生某种情况时即易造成市场的动波,如去年冬抗美援朝运动开始,及本年初棉纱统购令公布后,即有不法商人乘机扰乱,抬高物价,囤积拒售,以致国营商店及合作社门前群众站队竞购,造成市场的紊乱。

(2)依目前东北区的国营商业及合作社已有相当基础及工业品不足的情况来看,逐步引导私营商业资本转入工业,已甚必要,而目前私营工商业的发展趋向却是与之相背的。

2. 针对以上偏向,对于私营工商业发展方向问题,决定措施如下:

(1)发展国营商业及合作社,扩大其在市场供应中的比重,增强其领导作用,以保证市场的稳定。

(2)对私商加强管理,贯彻《东北区工商业非法行为取缔暂行办法》的实施,并检查与修订爱国公约。同时行政管理与业务部门也须互相结合领导市场,适时采取议价方式,并由国营商业充分掌握主要物资如棉花、布匹、煤炭、副食品等,以防止市场波动。

(3)引导私商转向工业生产。首先必须调整私营工业加工订货利润(如目前某些工业加工利润尚低于银行长期储蓄利息及正常的商业利润),做好加工订货工作,以鼓励其经营的积极性。

(4)由于私营企业暂行条例及实施办法的颁布,东北币制的改革,工商业行业的新划分以及旧有的工商业登记材料失去时效,以致对私营工商业情况的掌握,失去可靠的材料。为此,已决定本年内实行全区的私营工商业登记换证工作,依据私营企业暂行条例及实施办法作重新普遍登记。

(选自《工商情况通报》第20期,1951年11月10日)

六、华东区私营企业的一般情况

(一)私营企业的比重

华东区私营工商业,在全区工商业中所占的比重,是非常大的。这一情况,从各方面都可表现出来:户数方面,据华东税务局的统计,全区工业户约102000户,私营101000户,占99.01%;商业户约57万户,私营563000户,占98.77%。营业额方面,1950年私营企业缴纳的工商业营业税,占全区工商业营业税总收入的79%。工业设备方面,以上海重工业中的钢铁炼制、机器、造船、金属品冶制、铁器工程、电工器材、铜料、铝器、印铁制罐、制钉、制针、钢窗、脚踏车、电镀、水泥、机制砖瓦和耐火材料等17业的动力设备为例,私营即占78%。在公营工业中,纺织工业的力量是最大的,但全区私营厂的纱绽,仍占总数的59%,布机占40%。生产量方面,据1950年统计,上海全市产纱量中,私营厂占51%,产布量占52%,卷烟占84%,火柴占100%,造纸占91%,面粉占83%,橡胶占93%,制革中,牛皮部分占73%,羊皮部分占87%,油脂占77%。综合这些统计看来,华东区的私营工商业,就是在我国国民经济上,也是占有很重要的地位的。

(二)私营企业的好转

解放后,尤其是去年财经统一之后,华东私营工商业由于本身弱点的暴露,存在着严重的困难,但经过政府大力调整工商业,经过国营经济的领导与扶持,从去年下半年起,就逐渐克服困难,由恢复走向好转,今年上半年情况更见良好。这从上海开业复业停业登记的统计中,可以明显看出来。在这半年中,私营工业申请开业复业的有6389件(包括手工业4961件),开业的户数,即比去年全年增加105%。申请停业的共255件,不到去年全年的七分之一。私营商业情况也大致相同,半年中,申请开业复业的共11936件,比去年全年增加57%。申请停业的,共1458件,不到去年全年的六分之一。工商业的好转,也可从工业生产量的增加上表现出来,如以华东区私营棉纺工业去年上半年产量为基数,其生产指数增加如下表:

项目＼年份	1950年上半年	1950年下半年	1951年上半年
棉纱	100	180	175
棉布	100	144	151

再以上海卷烟、火柴、造纸、面粉、橡胶、制革和油脂等7业去年上半年的生产量为基数,亦可看出同样的增加(见下表):

业别＼年份	1950年上半年	1950年下半年	1951年上半年
卷烟	100	154	137
火柴	100	137	137
造纸	100	293	378
面粉	100	398	219
橡胶(汽车外胎)	100	477	1377
橡胶(各类球鞋)	100	86	117
橡胶(平皮带)	100	290	212
制革(牛皮底)	100	119	107
制革(牛皮面)	100	114	74
制革(羊皮)	100	140	77
油脂(豆油)	100	117	255

商业方面,也是稳步好转的,去年即出现旺季开始早、持续长的情况,今年则出现淡季不淡的情况。以上海为例,4、5月是属于淡季的,但一般日用品的销路,均未见减少,而毛巾、帆布、搪瓷器皿等且有显著增加,从1～5月的销量平均超过了产量。

(三)私营企业好转的特点

私营企业在好转的过程中,可以看出两个特点:

1.好转的程度是不平衡的,工业快于商业,这从它们在上海全市营业总额中所占百分比的变化,可以看出:

业别＼年份	1950年1～2月	1950年3～5月	1950年6～8月	1951年3月
工业	27%	32%	39%	42%
商业	73%	68%	61%	58%

并且已有由商业转向工业的趋势。在商业发展上,大体直接从事运销城乡物资的发展较快,其他较慢。就工业来看,其好转程度也是不平衡的,凡与国防建设、基本建设有关的行业如电机、五金、钢铁等工业增加较快,每月产量均超过去年的旺季。其次是民生必需与文教事业有关的行业如化工、纺织染和文教用品等工业。此外,因美帝"经济封锁",凡能代替进口货的商品的生产量,其增加速率尤大,如液体烧碱的产量,以去年1月为基期,今年5月份已增加到19.6倍。从盈亏情形来看,其好转程度也是不平衡的,根据上海市税务局的统计,工业的盈余多于商业,如以业别来分,盈余较多的,在纺织业中有染织、毛巾、棉纺、针织、棉布等;在化学品中有造纸、橡胶、染料、薄荷、制药、化工及化学原料商业;在重工业中有水泥、铜料、机电、电器等业;在文教用品中有油墨、铅印及仪器文具商业、纸商等业。

2.这一好转是正常而稳固的。好转有快、有慢、有发展、有淘汰。凡是服从于国家基本建设与有利于国计民生的工业,有助于活泼城乡物资交流的商业,均获得较快较大的好转;反之就较慢,就困难较多,甚至被淘汰。出现好转的原因有三:即军事定货、国家基本建设与地方的投资、土改后农民,特别是经济作物区农民购买力的提高。除第一项是比较短期性的外,其余都是长期性的,而且是还会继续发展的。据调查:东北农民今年下半年的购买力可比上半年增加40%,山东农民今年购买力比去年又增加20%—30%,湖南则平均比去年增加18%,华东全区土产均告丰收:春茶收购较去年增加23%,春茧收购占去年全年83%,小麦较去年增加28%,加以土产交流的开展,广大农民的购买力进一步提高是无问题的。因此,凡服从国家基本建设方针和有利国计民生的私营工业,为扩大城乡物资交流的私营商业,其好转是稳固的,而且有着远大的发展前途。

(四)新情况下的新问题

在私营企业进一步好转的新情况下,有若干新的问题,值得加以注意:

1. 一部分工商业家开始出现了暴利思想,上海资本家中,已出现以累积资金扩大生产为借口,强调提高利润。甚至为了追求更高利润,不希望多替国营经济加工。如棉纺工业在困难时,希望代纺代织,目前自纺自织比代纺代织利润高,便对代纺代织提出各种问题与花纱布公司进行谈判。以上思想的发展,如不加强政治思想教育予以克服,是不利于国民经济正常发展的。

2. 部分中小行业,害怕国营零售商业的发展,认为是和他们抢生意。另外对合作社的发展,也很害怕,认为是社会主义的到来。除了以盲目竞争来打击国营商业外,部分行业甚至提出划分经营地区,经营比重及业务分工等要求。苏南地区太仓、溧阳、上海县等地,均有此反映。经过土产交流与土产会议,对国营、私营、合作社虽增加了一些了解,但消除此种不正确思想,尚须作更大努力。

3. 在农民购买力日渐提高的情况下,城市工业品的生产已有跟不上的现象。以上海的情况为例,胶面鞋、布胶鞋、毛巾、袜子、卫生衫、棉毛衫、帆布、搪瓷面盆、搪瓷杂件、铝食篮、铝高锅、热水瓶等12种日用品中,今年1~5月的平均销量,超过平均产量的即有胶面鞋、毛巾、帆布、搪瓷杂件、铝食篮、铝高锅等六种。接近平均产量的有布胶鞋、袜子、棉毛衫与搪瓷面盆等四种。今年下半年的销路,还要增加,因此,如何使日用品产销平衡,是一个值得注意的问题。

4. 加强对手工业的组织与扶持。据一般估计,农民购进之生活资料与生产资料,其中属于手工业产品者,约占70%—80%。而上海市本年上半年中,申请开复业的六千余户工业中,手工业占四千九百余户。因此合理组织和扶助手工业生产是有助于平衡工业品的产销关系的。

5. 经过各地土产交流与土产展览会之后,各种土产的产地与销地,直接发生了商业关系,因此部分中间批发商的业务不免受到影响,一部分还甚至不能存在。如何辅导这些中间批发商改变业务经营方针或转业,也是一个应该注意的问题。

(选自《工商情况通报》第18期,1951年9月25日)

七、北京市1951年上半年私营工业发展情况和存在的问题

(一)发展情况

由于全国经济情况好转,物价稳定,城乡物资交流普遍开展,北京市大量建筑房屋、道路和国营贸易军需部门大量加工订货,国家银行贷款的扶植,文化教育事业的发展等有利条件,刺激了北京市私营工业的发展,不但开业户数增加,且出现了工业开业多于商业,工业品销售供不应求,淡季不淡的新情况,打破了过去的规律。如:

1. 开业增多,歇业减少

1951年上半年实增工业户数3374户,职工10873人,与去年同期比较户数增126.9%,职工增100.9%。

2. 产销数量增加

上半年绝大部分工业品的产销与去年同期比较增加很多。如:产量方面,各种布增加218.65%,各种纸、袜子、各种砖增加101%—163%,牛革77.02%;销量方面,各种砖、各种布均增200%以上,袜子125.81%,各种纸98.60%,牛革29.59%。其中布、袜子、砖、牛革的产销量已超过去年全年,只有火柴,因迁厂比去年减少39.54%。

3. 增加设备,改善经营

由于生产不断发展,各行业都在积极设立新型工厂和增加设备,来满足生产上的需要。上半年有北京针织染整公司的设立;北京肥皂产销联营社和合成化学公司均增设了提炼甘油设备,对针织造胰两业提高质量、降低成本起了好的作用。此外印刷业、橡胶业、针织业也都增加了新的机器。

4. 加工订货,推进了有关各业发展

上半年度进行加工订货的,主要有国营企业、

军需部门、市政建设以及文教事业等机关。其中国营贸易加工数字最大，面粉加工量占总产量60.28%，各种主要布占81.58%，毛巾占39.31%，染布占56.99%；其次军需加工订货数字也很大，计有大车、手推车、锹、镐、雨衣、军鞋、制革、风镜等主要订货约值1200亿元、市政建设也订制了很多的砖瓦、小五金器材。由于这样大量的加工订货，铁工、皮革、被服、车具、橡胶、染业、印刷、造纸、砖窑等业，都发挥最高生产能力，使各业得到很大的发展。

（二）存在的问题

1951年上半年京市私营工业是有很大的发展的，今后还要继续发展。但从总的形势来看，仍为资本过小、设备简陋、机构不健全，特别是许多小工业基础薄弱。这些发展中遇到的新的困难，必须加以适当解决，否则，不但影响生产发展，且会造成很大的浪费。兹将存在着的主要问题分述如下：

1. 工业基本建设问题

目前工业基本建设，城内没有土地可供使用，城外虽有土地，但修路、输电、上下水道必须由公家统一解决。这些问题解决以后，才能带动私人资本，发展工业。

2. 改组生产问题

目前我们已具备发展比较正规一些的工业生产。小厂商已认识到设备简陋技术落后的工业最后将被淘汰，而有改组生产的要求，因而有计划的协助私人举办新型工厂，并在现有基础上改进旧有工业，逐渐代替落后的工业是有必要的。并且我们要用扶植奖励进步工业，不扶植或少扶植落后工业的办法来改组发展京市工业生产。

3. 原料供应问题

这一方面由于物资缺乏和国营公司供应不灵活，另外运输上也有很大困难。目前原料不足，足以影响生产的有牛皮、烟叶、绿豆、棉纱、纸浆、火柴杆、氯酸钾、油墨、芝麻以及一些工业器材。

4. 劳资问题

随着生产的发展，厂商多获利润，而劳资之间也发生了新的问题。一般工人要求改善劳动条件，索还旧欠，增加工资，恢复原有工资，但由于资方思想落后，因而发生不少纠纷，使生产受到很多影响。目前各厂雇临时工的很多，吸收学徒的很少。如：企新橡胶厂的工人连续在厂做工一年，结果还是临时工，吉贵铁工厂临时工经常占了一半，这样对工人生活保障和工人生产情绪都不好，并影响培养技术工人。此外还有一些中、小型工厂发生虐待打骂学徒事件，但也有些工人劳动态度不好，有过高的要求。这些现象说明劳资双方还需要进一步贯彻劳资两利的政策，才能提高生产。

5. 加强方向指导和必要的行政管理问题

本年第一季度内对私营工业发展情况估计不足，第二季度认识虽然明确，但对工业生产放下去的力量不够，对手工业生产重视更差。今后应从生产计划、原料供应、产品推销、加工订货、价格政策各方面加强对于机械工业的方向领导和计划生产，并结合合作社，通过贸易公司订货、收购等方法来改进，发展手工业生产。

为了完成对粗制滥造、盲目发展、加工订货、统一采购等问题的管理工作，必须加强市财委与工商局对指导生产机构，配备一定的技术人员和工商联对于这一工作的重视。

6. 机关生产管理问题

机关生产在北京是一件很大的事情，资金大、干部多，在地方工业上占很大比重。由于过去对他们协助联系很差，致有盲目发展或不遵守政府法令的现象，如兼营商业，不向政府登记。目前最大问题是机关生产购买私人工厂或与私人合营，任用原来工厂经理做公家的经理。我们对此应当慎重处置。

7. 军需品加工订货管理问题

由于我们国防建设和朝鲜战场上的需要，京市军需品加工数字很大，估计今后还会有。所以应当积极完成这一任务，并借此机会发展将来需要发展的工业。目前仍存在下列各问题应该解决，不然，会影响军需品供应和公私关系：

(1)计划性经常性问题

军需品加工任务大，时间紧，规格特殊，事前缺乏周密计划，中途且不断加以更改。任务急时，乱抓乱挤，又似政治任务又似业务关系，因而发生原料不能充分供应，影响物价上涨，成本计算不能精确，且打乱了生产计划。工厂不能有计划的生产，有时加班，有时停工。

(2)订立合同、遵守合同问题

由于任务紧迫，不熟悉业务，无专人负责等原因，许多加工订货有的未订合同，或订得不合理、不明确。合同本身就存在着厂商暴利、粗制滥造、欺骗公家等空隙。军需部门发现受骗后,用验收成品过严来弥补损失,如此使生产经管部门为难,双方互有意见,发生争执很久不能解决。因此,今后必须订立合同,合同必须详细、明确,而且必须遵守合同,以便加强责任心,树立维护信用的观点。

(3)统一管理问题

完成这个任务必须有一定的机构和一定的人员,并要明确有关方面的责任,来统一管理这件工作。公家加工订货更须通过主管机关,以便有计划的生产和保证质量、按期交货、合理成本,以及防止发生物价波动,公家吃亏,工厂苦乐不均等不良现象。

(选自《工商情况通报》第18期,1951年9月25日)

八、天津市1951年上半年私营工商业情况

1951年上半年天津私营工商业在去年国家财经情况好转的基础上继续向前发展,一般行业均较1950年下半年好转,并打破了历史上春季平淡的旧规律,而呈现出"淡季冲淡,旺销更旺"的新气象。

(一)情　况

1. 歇业情况

上半年(1~6月)私营工商业共开业5038户,歇业为2231户,开歇相抵实增2877户,工业开业1234户,歇业618户,开业厂户共用马力3777匹,歇业厂户共1838匹。因开业增加就业职工9495人,因歇业而失业职工4086人。商业开业3804户,歇业1463户,因开业增加就业职工10791人,因歇业而失业职工4828人。截至6月底为止,全市工商业共有46702户,职工218563人(以上均未包括小型手工业和摊贩)。

从工商业开业户数及职工人数和使用马力各方面来看,1951年上半年较1950年下半年有显著增加。工业方面:开业户数增加39%,资金增加146%,职工人数增加25%,使用马力增加75%。在商业方面,开业户数增加51.55%,资金增加116%,职工人数增加51.47%。

就半年来开业资金看,工业增加总数虽较商业小,但增加的比例却加大。以工商业资金总数为100,去年工业为33.17%,商业为66.83%,1951年上半年工业开业资金则为36%,稍有增加,商业为64%,稍有减少。这说明社会游资已开始有走向工业方面的趋势。

2. 生产经营情况

(1)工业生产情况:

①本属淡季而产销却不清淡,甚或供不应求的,有火柴、烧碱、改制酒、制革、染整等行业。其中烧碱情况较为突出,计产量较去年下半年增204%,销增230%;火柴产量增14%,销很顺畅;制革业球皮产量增86%,销量增90%,带子皮产量增186%,销量增148%;改制酒业产销情况始终正常,各厂经营有利。

②按旧规律原属旺季而产销更加畅旺的,有砖瓦、营造、油脂化学、织染、油墨等业。以1951年上半年(1~6月)每月平均产销量与去年下半年(7~12月)相比,均有增加。如油脂化学业肥皂一项,每月平均产量增加20%,销量增加34%;毛纺业工业用呢产量增加71.61%,销量增79.79%;织染业帆布产量增235%,销量增122%,毛巾产量增65%,销量增45%,甬子绒产量增加244%,销量增186%;其他锻铁、营造等业产销情况也很良好。

③原即正常而更向上发展的,有造纸、制革、橡胶,电工器材、文教用品、糖果、料器等25个行业。其中造纸业有光纸产量增195.6%,销量增155%;电工器材业变压器产量增136%,销量增91.6%;文教用品中球类产量增24%,销量增74%;糖果业1951年上半年共销出糖果670万斤,比去年下半年多1倍;料器业1950年全年共销出98万打,1951年上半年即销出160万打,估计下半年还可能超过1~2倍。

但天津工业生产情况除上述行业步入繁荣阶段外,有少数行业是不好的,如植物油、地毯、蛋品等业,以出口困难,产销不利,经营较差;磨房、酱料业因过去盲目发展,户数过多,而情况清淡,歇业较多。至于制香业、棉花业则呈没落趋势,这是经济改组过程中应有的现象。

(2)商业经营情况:

随着发展生产与社会经济日益活跃,商业中凡有关城乡物资交流的行业,如批发粮、货栈、购销油、茶叶、国药、南北土产等业,经营情况也甚好。本年3~5月,3个月销货总额,和去年9~11月3个月经营最旺盛时期相比较,今年都有显著增加。批发粮业销货增加78%,货栈业增加84.6%,国药

业增加48.61%,茶叶增加32.49%,南北土产业除去年最畅旺的10月份外,本年上半年各月份都较去年每个月经营额为大。该业户数也逐月增多,本年1月份该业有80户,截至6月底竟达156户之多。

至于经营民用工业品下乡的商业,如百货、火柴、卷烟、自行车、碱面等商品的销量,各业迭有增加。化学材料、五金、灰砂石等业情况也很旺盛,尤以木材因建筑需要,呈现供不应求。半年来批发粮、货栈等42个主要商业统计,今年5月份销货总额达4230亿,较去年12月份最高销货额尚多830亿。

少数行业如皮毛、颜料、玻璃磁器、粮食零售等则因季节关系,营业不振,或因户数太多,经营方式欠转变而显清淡。

(二)工商业繁荣的原因

综观津市工商业已呈现新的繁荣气象。首先是在去年全国财经状况好转基础上继续发展的。

其次,在开展城乡交流上,政府所作的努力对促进工商业继续繁荣是有决定意义的。为使工业品下乡,农副土产得到畅销,津市私营工商业者在政府领导下,清除"重洋轻土"以及单纯"依赖国家照顾"的错误思想,明确了"面向农村"的产销方向。一方面号召积极开辟贸易路线,加强组织联营下乡采购或推销(计现有工业联营57个,1413户,商业联营90个,1228户),并准许有关行业兼营土产,适当扩大业务范围(如进出口业自兼营埠际贸易经营土产后,上半年2~6月只经营土产部分即达885亿之多)。同时,更有计划地召开土产会议和专业会议,针对人民需要和各案情况具体指出发展方向。在会议上相互建立业务关系,订立合同协议。例如棉织品专业会议所订合同协议总值即达2191亿。此外更发动与组织津市工商业界参观华东、中南、西北等地区主要城市的土产展览交流大会,从而建立各种业务关系,成交数字也很巨大,为今后业务经营开辟了广阔的道路。

第三,国营贸易机构的加工订货,对工商业生产经营也起了重大的扶植指导作用。如橡胶业由于加工订货,产品一直是供不应求;粮食公司半年来对面粉业的加工数量计达该业总产量的80%;植物油业为油脂公司加工的各种油类也占总产量的五7.67%;染整业代纱布公司加工的色布占其总产量的84.8%。以上各业均超过去年的加工比例。制磁业搪瓷一项订货数量占其生产总额90%。此外,纱布公司包销了北洋、恒源、达生、华新4大纱厂的全部纱布,百货公司包销了耀华公司的玻璃和永利的硷面,煤业建筑器材公司及其他国营企业包销启新大部洋灰产量,半年来通过信托公司介绍代理各地国公营部门加工订货收购,即达2550亿,超过了1950年下半年的一倍半。

(三)今后工作意见

今年来津市工商业出现了新的繁荣情况,因而也提出了新问题与新工作。

首先,城乡物资交流是全年重要任务之一,津市今后应贯彻面向农村的经营方向以及土产会议、专业会议的决议,积极筹备今秋举办的华北区物资交流展览大会。正确掌握价格政策,对供不应求的农副土产,为消减盲目竞购,应多照顾生产利润。对多产也能多销的土产,则应指导采取薄利多销方针,作到多产多销。对比较滞销的产品,除教育产方改善规格质量外,指导公私商业组织推销。对工业生产也应根据需要情况予以适当掌握。对津市现有两万余户行商应加强指导管理。

其次,防止工农产品差价扩大,尤其是今秋丰收,人民购买力提高,而某些工业品不足,应随时准备采取各项有效措施,掌握主要物资供应需要,巩固物价稳定。此外,应注意目前社会游资浮游市面,通过银行与联营合营形式吸收投向工业或用于城乡贸易的方面。

第三,津市一般工商业仍存在分散性和落后性,必须予以改组,逐步转变分散落后情况,导向适当集中,联营与合营并厂是可采取的组织形式。另一方面行政指导和银行贷款、加工订货方面,也要加以具体扶植指导。

第四,工商业情况的好转,在公私关系上也出现新问题。津市一部分工商业者,对国家加工订货认识不足,不愿接受,如机器五金业不满意国家给予正当利润,甚至出现谋取非法利润的乔铭勋雨衣案件。因此在今后对私人工商业应加强国营经济的领导,并切实开展政治教育,以启发爱国主义思想,彻底执行爱国公约。

(选自《工商情况通报》第18期,1951年9月25日)

九、上海工商业界中的一些问题

(一)逃税与套汇

上海某些工商业户逃税套汇情况仍然不断发生,如有的商号自香港进货,假借自备外汇为名,而实际系由上海汇款至广州,买进黑市外汇,在货抵上海后,则以行商名义用"白发票"进账,隐匿原始凭证,抬高进货成本,以逃避资金与所得税。有的商号并串通国外客户以超过海关核价之出口销货额逃存国外(即利用出口贸易,以高报低)逃避外汇资金并逃避所得税。有的商号且利用税法上"实物借贷免作进销货处理"的规定钻空子,从账面上看是实物借贷,而实际上是进销货的交易行为。有的商号则仍然制造假账,与漏报存货。甚至有些厂商由香港进货用虚报差额方法逃税。如某工厂以直接易货方式由港运沪汽车胎凡而心子 43000 枚,申报进口时,报价每枚港币 1.5 元,后经海关查获,其实际购价,另加佣金、保险费等计港币 43421.1 元,与原报 64500 元相差港币 21078.9 元。

(二)股票投机与私营拆放

私营企业暂行条例规定股票可以转让,有些投机商人即钻这个空子,并在报纸上公开刊登征求股票广告。日来热门股永纱涨势颇大,从 9 月 10 日至 10 月 27 日,每 10 万股由 105 万元涨到 180 万元,最高达到 205 万元,1 月来约涨 80%。每天成交股数在 1000 万股左右,平均每日在市场上有 2 亿元左右的进出。据说涨价原因是重估财产之后,以永安 20 万纱锭计算估计应值 3000 亿元左右,而永安账面资产只有 600 亿元,认为应该看涨,而且认为应涨 5 倍以上。此外,为纱厂班次增加,因之纱厂股票看涨,人心向荣。其次,冷门股亦涨得很多,如美亚 100 万股从 13 万元~15 万元涨到 35 万元~36 万元。英商洋股涨势比较少,主要原因是能吃进的大户太少,最近几天只有买进没有卖出,做法多系期货。其次是买来带到香港以逃避资金,因为洋股只要记下一个号码到香港市场就可以买卖的,如怡和股(100 股)10 月份从 150 万元涨至 195 万元。

另外,私营拆放仍在继续蠢动中,如静安寺百乐商场、高郎桥以及福州路的"快阁"茶楼等地,经常有人做私营拆放,大多数为中小工商业户,由于业务实际困难不得已来做的,日拆有高达 8 元的,即月息 2 角 4 分,比牌价高出 8 倍之多,每笔数目约在 1000 万元至 1 亿元之间,根据统计了解,凡是借了高利贷的,都要追求暴利。

(三)铜料走私

由于铜料缺乏,黑市价达 3400 万元 1 吨(土产公司牌价为 1700 万元 1 吨),因此形成铜料的严重走私现象,10 月上旬,据税局不完全统计,查获走私铜料、铜元已在万余斤以上。走私货之销售对象为上海市内的铜锡店,走私方法多是化整为零,甚至用邮包寄递,也有以套用发票方式的。

(四)账外财产问题

在重估财产过程中,动员私营企业的账外财产入账,是一件很重要的工作,上海此次重估财产入账的数字,仅黄浦一区 500 余家工商户就有 700 多亿元,其中包括国际贸易 270 户,就有 300 多亿元,其他各区尚未计算,约估计有 2000 亿元以上,但私人财产以及设法逃避的财产,没有转入账内的还是不少。一般资本家对账外财产入账尚认识不清,存有顾虑,并有逃漏税负的企图,如有的老板说:"个人在企业单位里有规定的薪水,在劳方监视下,不能滥支费用,家庭负担重,不敷需用,故对私人财产入账有顾虑。"有的甚至提出以私人财产入账可作为资本主义垫款随时可以收回才好。有的说"一针一线不能落掉,都要重估入账,似乎在走社会主义的道路"。

(选自《工商情况通报》第 21 期,1951 年 11 月 30 日)

十、郑州市 1951 年第三季度工商业发展简况

郑州市的私营工商业,从本季度来看,一般是趋向发展的,这表现在下列各方面:

(一)开业户数逐渐增加,并超过歇业户:本季开业总户数是 337 户,比第一季多 185 户,比第二季多 118 户。而本季开业户比歇业户多 45 户。

(二)开业户资金日渐扩大,并大过歇业户:本季开业户每户平均资金是 1817 万元,比同季歇业户每户平均资金大 22%,比第二季度大 71%,比第一季度大 109%。同时开业户总资金是 612502 万元,比第一季大 3.37 倍,比第二季大 2.7 倍。

（三）与生产和民生必需有关的行业有了发展，代客买卖居间性的行业转趋萧条：与农民生产和生活资料有关的工业和手工业趋向发展，如铁工业本季度生产农业机械和工具共合 638375 斤，比本年上半年产量增 37%，约占去年全年产量的 66%；棉织业生产农村用 30 码大布 11712 匹，也占上半年生产量的 65%，同时这些行业普遍发生求过于供现象。经营民生必需品的商业，也同样的有了发展，如时货业由 6 月份的 405 户，到 9 月份发展为 510 户；国布业户数虽未增，而资金则由 6 月份全业总数 290870 万元到 9 月份增为 506065 万元。另一方面，一些代客买卖的行佣性行业，则有显著的缩减。8 个行佣商业中，开业的仅 6 户，歇业的则有 80 余户，其中以盐行、棉花、运输行业最为突出。此外一些力量薄弱，不注重改善经营的手工业，如手工卷烟、砖瓦窑、铁工修配等业亦都减少。

（四）部分不正规的商人走向正规化的经营：本季内，行商转入坐商的有 70 户，摊贩转入坐商的有时货、手工等 6 个行业 133 户。

在市场交易和物价方面，本季度也有很大变化。总的情况是淡季不淡，尤其本季是接近旺季时期，市场交易更趋活跃。国布、时货、药行等 38 个主要商业行业的营业额，从 6 月份的 2445712 万元，到 9 月份增为 4399793 元，上升 79.82%。市场主要商品的成交量，以 6 月份为基数，粮食增 81%。棉纱增 14%，布匹增 80%，植物油增 58%，燃煤增 34%。目前土产虽然还未届旺季，但几种主要土产的交易也同样活跃着。花生、黄豆、木耳、牛油、石膏等 5 种土产品的成交总值，6 月份是 4775 万元，9 月份则达 365345 万元，增加几达 8 倍。因此目前市场交易特点是：(1)土产畅销；(2)土改完成，工农业品交流活跃；(3)私商经营信心增强，已扭转了观望等待的思想。

由于商业进入旺季和农村购买力的提高，工业品多呈供不应求现象。私商反映："进货难、出货易"，因而价格逐步上升。市场 30 种主要商品物价指数 7 月份为 102.2，8 月份为 106.7，9 月份为 108.8。其中布匹、火柴、碱面、纸张、针织品、胶鞋、文具等工业品，外销转旺，市场缺货，名牌商品价均上升，造成各专业公司门前商贩排队轮购现象。为了针对这种现象，该市工商局曾对花纱布市场进行了明码标价、集中交易和凭证购买（外埠客商）等管理措施。

（选自《工商情况通报》第 21 期，1951 年 11 月 30 日）

十一、青岛市工商局监督私营企业执行生产计划情况

半年中，青岛私营企业参加计划生产的有八个行业，另外有三个组，共 786 厂，占工业、手工业总户数的 11.16%。其生产情况：有六种商品接近完成计划，如：火柴、白布、色布、鞋钉、车内胎、针均完成计划的 80% 以上；四种商品完成计划的 60%—80%，如：卷烟、纽扣、洋钉、纸张；三种商品不足 60%，如：食油、面粉、车外胎。其产品销售情况：除生油、针、车外胎三种各占其产量 62%—79% 以外，余均接近平衡。几个主要经验如下：

（一）凡在编制计划时，精确的照顾到原料供给、销售市场者，其产量即接近计划，产销比较平衡。如火柴，由于中央轻工业部正确掌握了以销定产的方针，而纠正了盲目生产、盲目竞销的现象，产量占计划数字 99.28%，销量占产量的 101.78%。又如印染业的计划，是根据国营经济加工计划编制的，所以也接近实际，产量占原计划数字的 101.9%。

（二）由于纠正了盲目生产、盲目竞销，同时也纠正了同行是冤家和保守技术秘密的旧意识，从而组织联营，互相研究和传授技术，交流经验，提高产品质量，减低成本，从积极方面获得了利润。如印染业联合购料半年来节省 6 亿元，平均每匹布中可直接减低成本 1000 元，该业到东北联销的市布，比当地市场每匹便宜 5000 至万元；又如盛太染厂在同业的帮助下，一周内取得加染华达呢的技术；制钉组纠正了过去每箱少装 2 斤钉子的陋习。

（三）互相垫借货款、接济物料、让产等范例很多。

这充分证明：一旦生产计划与群众相结合，成为有组织的行动以后，就能成为领导私营经济转向正确方向发展的力量，脱离计划的领导生产，是难以收到效果的。但编制计划时也存在着严重的缺点：

（一）缺乏对销售市场、原料供给情况的预见性。

（二）没有正确掌握以销定产、以料定产的方

针。因而市场一旦有了变化,便发生停工歇业或无法应付的现象。

今后应注意以下几点:

(一)巩固并提高原有行业的生产计划,以进一步推广到其他工业,并根据上半年的经验,加强调查研究,使供、产、销三者密切结合起来,逐渐达到私营企业生产计划化的目的。

(二)召开全市工业会议,推动公与私、私与私之间订立原料供应与产品推销的经营合同,并督促其实现。

(三)成立计划生产研究委员会,研究并领导计划的编制、检查与修改工作。

(四)争取在第四季度初,开始领导编制1952年的生产计划。

为了使计划能够接近实际起见,今后将先与有关部门密切联系,充分交换意见后,再进行编造。

(选自《工商情况通报》第20期,1951年11月10日)

十二、上海市轻工业、商业1950年分红情况举例

(一)轻工业

1950年上海一般轻工业,大多有盈余,尤以染织业最好,该业部分厂正在酝酿分红。其他如化学原料、制药、橡胶、造纸等工业,情况亦佳,个别厂家已经分红或正在酝酿分红。兹简介数例如下:

华源颜料厂:去年盈余额约为159亿元,资方抽出9亿给劳方。劳方又拟利用该款设一小厂,但也因具体困难很多,未能实现,至今尚未决定如何处理。

通用药厂:由于该厂劳方“跨工”的很多,厂方每月结算营业情况一次,根据盈亏来决定他们工资的多寡。但另一部分“长工”要求向“跨工”看齐,资方遂提出分红办法,以资对抗。这问题现正在劳动局调处中。

永固橡胶厂:去年毛盈24亿余元,资方提出按1949年比率分配,这比率大约是厂长一人所得和全体职工200多人相等,劳方代表曾向工商局询问,可否按私企条例分配。

正泰橡胶厂:资方因劳方有年奖,也想分红,曾于私企条例施行办法公布前向工商局询问,数目约3亿元。

民丰、华丰造纸厂:该厂1949年盈余35.1余亿元,资方借口多年未分红,要求分红28.85余亿元。据工会反映该厂内幕情况称:该厂正副总经理金润庠、竺培农去港,竺氏投资的大来银行倒闭,引起一部分股东的恐慌,同时部分在港股东(如杜月笙等)需款至急,因此提出迫切要求。职工最初未表示反对,但要求同时恢复工资折扣,并也分润一部分红利。后经上级工会纠正,仍不表同意,提出:“改善设备,装置新锅炉。购进卷烟纸原料(麻)后,有余额时再分”。曾先后在上海、杭州两地举行劳资协商会,历时半月之久。由于资方态度非常坚决,宁愿停止向政府借款买原料也不接受劳方的要求,最后还是劳方让步了事。

(二)商业

由于1950年下半年经济情况的好转,一般商业年终结算有盈余或利润较厚的,其资方曾有分红的拟议。不过因为情况复杂,提出分红的并不普遍。一部分企业的资方提出这一问题,获得了解决;也有部分企业的资方在提出后,经工商联或该企业职工组织的说服教育,明确了“充实企业资金,以便更进一步争取本企业好转”的思想,而打消了分红的念头;还有一部分企业资方有分红意图,但怕工会或政府不同意,没有公开提出,而采取观望态度,准备等其他企业创出先例,他好援用。这形形色色的现象,具体材料很难掌握,仅就几个典型情况,分述如下:

百货业:一般分红的习惯是按年息二分,部分资方乃有以分红习惯为借口,抽取和分散企业资金,对业务消极,甚至按月提取企业资金的。如鼎新资方吴镛华,鼎发资方吴正栋等均有此项情形。也有若干资方为了造成他们按月提取利润的根据,特在股东议据上规定按月一角至三角的非法取息,实际上有无利润,则不过问,而造成企业营业上的困难。如双球资方徐南山、维美资方于晓峰、大都会资方叶松椿等均有此恶劣作风。

棉布业协大祥布号:1950年盈利33.25亿元,扣所得税9.97亿元,官利5.76亿元,剔除(呆账)6400万元,公积2.3亿元,尚净剩14.58亿元。分配资方60%,劳方30%(尚未分配),余10%由劳资协商支配。

钢铁商业昌记晋益铁号:该号是一个大型商号,解放初期曾解雇一部分职工。1947~1949年未分过红。1949年劳资双方决定分红,但系分店内存货而不是分红利。1950年8月店主死于香港,其子赴港奔丧,职工即将所分存货取出(事实上资方是同意的)。这事由该店被解雇的职工所检举,经工商联、五金工会共同研究,认为这是劳资双方极度落后的表现,变相分散企业资金,是妨碍企业发展的。

国药雷允上国药号:1950年末,资方为分红问题内部发生纠纷,股东诉于法院,经判决改聘经理,后来资方提出该企业依14股分红,资方占10股,劳方占4股,但经理、协理在劳方4股中又要分一股半,为职工所反对,同时检举资方所报资本不实,要求工商局处理,工商局因为没有明确政策依据,未能受理,仍令其通过劳资协商会议解决。

(选自《工商情况通报》第14期,1951年6月15日)

十三、上海重工业各业1950年分红情况

(一)一般情况

1950年下半年上海重工业各业情况一般好转,但因上半年多有亏损,两者相抵,大多仅能保本,即有盈余也为数不多。在此种情形下,各厂除发放年奖外,一般的都不可能再有盈余以供分红之用。

在重工业主要的几业中,电工器材业情况最好;机器业大中型厂一般都能保本,部分且有盈余,只少数小厂比较困难;钢铁炼制业一般仅能达到保本境地;五金工业情况较差,大部分亦仅能保本。

就厂的规模大小言,大厂一般都有盈余,小厂比较困难,即有盈余为数亦不多;此种情形尤以机器业为最。在机器业中,根据已有资料,获有盈利且为数较多的是中华铁工厂的26亿余元,明精的25亿余元,恒新的17亿元,益丰的11亿余元,合众的10亿余元,保富记的8亿余元;大厂有亏损的是大隆、泰利的16亿余元,新华的8亿余元,此外,大同、良工、上海、玲奋47厂各在23亿元之间,新中亦有亏损,但仅4000余万元。一般讲,大厂多有盈余,而为数不太少。

各厂过去都有分红的规定;各厂如有盈余,都仍照旧办理,或提作福利事业基金。在规定中,职工亦可与股东同样分配红利(数量较少),因之职工对于分红并无不满意见或与资方发生纠纷。

(二)大型厂情况举例

1. 明精机器厂:该厂过去规定,除由盈余中提出公积一成及股息外,其余分为一百份,以65%作为股东红利,20%作为执行业务股东特别红利,15%作为员工酬劳金。去年盈余25亿余元,除提福利专业基金外,据称正准备进行分发工作,可能已经分发。

2. 中华铁工厂:该厂过去规定,在盈余中提出公积一成及付股息外,其余分为100份,以8%作为董监酬劳金,50%作股东红利,30%作职工酬劳金。以往该厂盈余每年分4次分发,并不在年底1次办理。去年盈余26亿余元,是机器厂中营业情况最好的,去年年底曾表示对职工仍照旧分红并提福利专业基金,不过办法或有改变。此外,该厂在去年底曾表示拟在今年订定生产奖金办法,惟应避免普遍盲目的发给。

3. 上海水泥公司:据化学工会1950年12月7日收集之资料,该公司1949年盈余除去所得税外,净余88730万元,其中一部分为职工红利,资方认为职工红利的分配,应以工龄长短、职务大小繁简,考勤等来决定(职员与工人分配的方式不同,比例相差很大),计职员花红10416万元(总经理在内),工友奖金及特别花红3472万元。职工们认为不大合理。另据估计,该公司1950年5月至12月可能获利100亿元。关于该公司资方分红情况,职工会未反映意见,详细情况无法知悉,据该业同业公会反映,可能是按照该公司组织章程的规定来分配的。

4. 中国水泥厂:该厂亦于1950年以2万余包水泥分红。

(选自《工商情况通报》第15期,1951年7月5日)

十四、天津市各业1950年盈亏及盈余分配情况

(一)盈亏情况

据了解,1950年天津市有关国家建设和有

利于城乡交流的行业，绝大部分都有盈余。工业方面有织染、橡胶、机器铸铁、电工器材等；商业方面有进出口、货栈、南北土产、五金、批发粮、花纱布（上半年亏、下半年盈）、油漆颜料等。但也有少数行业并无盈余，甚至亏损的，如工业有磨坊、机米（由于过剩）、地毯、纺毛（出口困难）等；商业则粮食零售（过剩）一般均无利可图，或有亏损。

（二）盈余分配情况

1950年天津市获有盈利的私营企业，据了解，一般的仍按照旧有章程或合伙契约以及行业惯例分配，如东亚、寿丰、惠隆、亨通等公司及鑫华贸易行、惠通船务行等。它们分配盈余的比例虽不同于私营企业暂行条例的规定，但大多数都先提存公积金或盈余滚存，然后再分配盈余。

兹将典型户盈余分配情况分列如下，以供参考：

进出口业惠隆贸易公司（中型户）按旧章程分配：

公积金	197043553.67元
股息	77000000元
红利	360000000元
董事监察人酬劳	48000000元
同人酬劳	192000000元
盈余滚存	1096391983.08元
盈余总额	1970435536.75元

鑫华贸易行（中型户）按合伙契约及惯例分配：

股东红利	90000000元
奖金－经理	7000000元
奖金－副经理	8000000元
奖金－职员（9人）	21000000元
股东分红	14400000元
职工分红	9600000元
盈余滚存	621586169.27元
盈余总额	771586169.27元
酬劳金（工作一年者6个月薪，不足1年者按比例，包括副经理）	

五金业中型户按合伙契约及惯例分配：

商号名称	1950年年终纯益总额（元）	公积金	花红	人力股	钱力股
华昌五金行	326909864	126909864	50000000	64000000	86000000
谦生五金行	318970028	216570028	1500000	54400000	46500000

（选自《工商情况通报》第16期，1951年8月1日）

十五、北京市私营工商业1950年盈亏及盈余分配情况

（一）盈亏情况

北京市私营工商业1950年除个别行业外，大都有盈余，其中盈利最多的是与军事需要及国家建设有关的行业。工业方面如机器铁工业及木业纯益率（纯利占营业额之百分比）一般在20%左右；商业方面如运输业纯益率一般在22%左右，五金业纯益率一般在10%左右。此外盈利多的行业有国药业纯益率一般在20%左右。最高有达50%以上者。印刷业纯益率一般在20%—30%，最高有达60%者。其他如照相材料、橡胶、西药、进出口、染业、机粉、电料等业盈余皆很多。盈余很少或亏损的行业有卷烟、粮食（过剩）、地毯（出口困难）、制革（原料困难，加工少）、造纸（东北纸竞销致本地纸滞销，1951年已好转）等业。而以卷烟业亏蚀最多，15家烟厂因亏蚀有13家歇业，其原因有三：（1）原料困难；（2）外地烟在京畅销，杀价出售，售价低于成本；（3）资金短绌，利息负担过多。

（二）盈余分配情况

北京市私营工商业一般规模很小，公司组织极少。独资经营的商号一般皆为"连家铺"性质，盈余除酬劳伙友外，由东家自由支配；合伙组织一般皆按惯例分配盈余，只少数是比照私营企业条例分配的；公司多数是比照私营企业条例分配的。今将新华、德记及裕丰和三户的盈余及盈余分配情况介绍于后，以供参考。

1. 新华橡胶工业股份有限公司

该厂 1950 年盈余总额按税局计算为 1078177487 元，但据该厂自己账面计算则为 965017401 元。然 1950 年年初与年末相较橡胶价格上涨很多，该厂依据实物计算其盈余总额则为 625687242 元。该厂资产总值这次重估值为 25 亿元，若按税局所计算之盈余则其纯益为资产总值的 43%。该厂 1950 年账面营业总额为 4258521180 元。毛利总额为 1385353285 元，此数为营业总额的 32.53%。其营业开支为 307175798 元。毛利减去开支则为税局所计算之纯益额，此数为营业总额的 25.32%。该厂盈余分配是按照折实纯益额 625687242 元分配的，今将其分配情况列表于后：

项目	金额(单位:元)	分配%
盈余总额	625687242	
所得税	277851500	按税局核定纯益额 30%再减征 15%计征
公积金	35202242	缴所得税后余额提 10%年息六厘
股息	57794500	
股东红利	115589000	原定提公积及分配股息后余额 50%但股东决议由其中拨与董监经副理酬劳 11750000 元
董监及经副理厂长酬劳	50000000	原定提公积及分配股息后余额 15%又由股东红利中拨来 11750000 元
改善安全卫生设备基金	38250000	提公积及分配股息后余额 15%
职工福利基金及奖励金	51000000	提公积及分配股息后余额 20%

2. 德记纸庄(合伙)

该号 1950 年盈余总额按税局计算为 171665203 元，但据其自己账面计算则为 129745036 元。该号 1950 年账面营业总额为 5515235420 元。毛利总额为 874940796 元、此数为营业总额的 15.9%。其营业开支为 703275593 元。毛利减去开支则为税局所计算之纯益额，此数为营业总额的 3.1%。

该厂盈余分配是按照自己账面计算的纯益额分配的。今将其分配情况列表于后：

项目	金额(单位:元)	分配%
盈余总额	129745031	
所得税	37710240	按税局核定纯益额之 30%计征
公积金	9203480	缴所得税后余额提 10%
税款保留金	8283131	前二项扣除后余额 10%，如所得税无变化转下年盈余
股东红利	37274091	前三项扣除后余额 50%
经理人力股	10436745	前三项扣除后余额 14%
副理人力股	7454818	前三项扣除后余额 10%
卫生建设基金	7454818	前三项扣除后余额 10%
职工奖金	11927708	前三项扣除后余额 16%

3. 裕丰和染厂(合伙)

该厂 1950 年盈余总额按税局评议为 285011803 元(按纯益率 11%计算)，但据其自己账面计算则为 139225535 元。该厂 1950 年账面营业总额为 2591016688 元。账面毛利总额为 833625085 元，此数为营业总额的 32%。其营业开支为 694399550 元。毛利减去开支则为其账面纯益额，此数为营业总额的 5.3%。

该厂盈余分配是按照自己账面的纯益额分配的。今将其分配情况列表于后：

项目	金额(单位:元)	分配%
盈余总额	139225535	
所得税	77893300	按税局评议纯益额 285011850 元之 30% 再减征 10%缴纳
特聘技师额外酬劳	7000000	
股东分红	16292050	扣除前两项后余额 30%
职工分红(包括经副理)	16292050	扣除前两项后余额 30%
建设基金	21748135	扣除前两项后余额 40%

(选自《工商情况通报》第 17 期,1951 年 9 月 5 日)

第三节　建国初期市场交易概况

一、1950 年 10 月八大城市主要商品市场成交量统计表

商品	项目		各大城市								
			合计	北京	天津	上海	汉口	青岛	重庆	西安	沈阳
面粉(袋)	总成交量		996486	143108	404958	216891	7814	57127	12508	154058	22
	较上月增减%		-0.5	-5.2	-11.9	-0.6	+70.8	+103.9	+1.3	-10.4	-99
	公私售出%	国营	71.9	51.9	50.8	97.5	100	92.3	80.3	100	-
		私商	28.1	48.1	49.2	2.5	-	7.7	19.7	-	100
	公私购入%	国营	4.4	1.1	2.7	-	2.3	43.5	-	3.9	-
		私商	95.6	98.9	97.3	100	97.7	56.5	100	96.1	100
粮食(千斤)	总成交量		334378	38017	68262	100281	72722	8124	24719	2491	19762
	较上月增减%		+50.1	+134.1	+42.4	+34.4	+105.3	+55.5	+37.7	-48.0	-4.4
	公私售出%	国营	25.2	20.1	24.2	19.8	34.4	62.7	12.9	14.7	33.1
		私商	74.8	79.9	75.8	80.2	65.6	37.3	87.1	85.3	66.9
	公私购入%	国营	9.3	14.3	7.6	-	24.1	10.7	-	0.6	10.2
		私商	90.7	85.7	92.4	100	75.9	89.3	100	99.4	89.8
棉纱(件)	总成交量		61007	2142	9553	27960	5231	312	5395	5411	1603
	较上月增减%		+28.2	+80.8	+16.8	+32.4	+149.8	-11.3	+18.7	+21.0	-12.2
	公私售出%	国营	84.5	16.2	96.5	93.2	73.7	81.5	88.1	71.6	26.0
		私商	15.5	83.8	3.5	6.8	26.3	18.5	11.9	28.4	74.0
	公私购入%	国营	9.5	3.1	13.5	-	0.7	22.6	24.7	40.6	0.9
		私商	90.5	96.9	86.5	100	99.3	77.4	75.3	59.4	99.1
棉布(匹)	总成交量		976406	125032	250805	85239	34471	178672	63928	87848	150411
	较上月增减%		+29.4	+48.3	+133.8	+146.4	+14.4	+15.7	-1.2	-43.0	+20.4
	公私售出%	国营	58.4	35.7	81.4	100	42.7	45.7	87.0	54.9	25.9
		私商	41.6	64.3	18.6	-	57.3	54.3	13.0	45.1	74.1
	公私购入%	国营	19.0	0.4	17.1	-	1.1	36.2	85.3	25.4	-
		私商	81.0	99.6	82.9	100	98.9	63.8	14.7	74.6	100

★资料来源:中央贸易部国内贸易司物价处

注: 西安市缺 30、31 两日成交量数字。

沈阳市面粉成交量 10 月份仅为上旬数字,中、下旬无成交。

(选自《工商情况通报》第 4 期,1950 年 12 月 6 日)

二、1951 年 1 月七大城市主要商品市场成交量统计表

（1951 年 1 月）

商品	成交量及其%		合计	北京	天津	上海	重庆	汉口	沈阳	西安
面粉（袋）	总成交量		1027499	209789	389419	232380	37235			158676
	较上月增（+）减（-）%		+17.20	+11.28	+5.86	+16.98	+21.06			+74.33
	公私售出%	国营	77.55	69.87	64.67	98.47	88.07			86.21
		私营	22.45	30.13	35.33	1.53	11.93			13.79
	公私购入%	国营	19.13	3.55	3.88	0	0			47.90
		私营	80.87	96.45	96.12	100.00	100.00			52.10
廿支纱（件）	总成交量		2617688	1581.00	6585.50	9704.50	3027.00	1515.00	399.10	3364.78
	较上月增减%		-41.23	+45.17	-11.11	-62.55	+4.26	-59.88	-33.99	+13.83
	公私售出%	国营	92.06	72.45	98.75	96.84	98.86	99.41	56.88	69.13
		私营	7.94	27.55	1.25	3.16	1.14	0.59	43.12	30.87
	公私购入%	国营	20.31	0	9.73	0	74.23	52.08	0	49.31
		私营	79.69	100.00	90.27	100.00	25.77	47.92	100.00	50.69
棉布（匹）	总成交量		628258	94093	179515	97856	75324	22214	61606	97650
	较上月增减%		-6.22	+4.17	+5.69	-5.61	+249.73	-80.59	-19.33	-8.96
	公私售出%	国营	57.76	31.38	52.85	100.00	92.94	78.25	6.53	50.28
		私营	42.24	68.62	47.15	0	7.06	21.75	93.47	49.72
	公私购入%	国营	26.22	0.31	11.76	0	89.41	81.01	0	59.39
		私营	73.78	99.69	88.24	100.00	10.59	18.99	100.00	40.61
粮食（百斤）	总成交量		35454597	170761	33598901	1005232	317201	287486	37686	37330
	较上月增减%									
	公私售出%	国营	48.15	42.41	49.30	6.82	69.94	47.59	17.73	0.93
		私营	51.85	57.59	50.70	93.18	30.06	52.41	82.27	99.07
	公私购入%	国营	8.91	31.85	9.00	4.04	0	10.69	26.44	0.54
		私营	91.09	68.15	91.00	95.96	100.00	89.31	73.56	99.46

资料来源：中央贸易部国内贸易司物价处。

注：1. 棉布包括白细布、花色布。

2. 面粉栏内沈阳无成交，上市量为 23065 袋。

3. 粮食包括小麦、小米、大米、玉米。

4. 粮食栏内，上海缺小麦、小米、玉米成交数字。重庆缺小米、玉米成交数字，汉口缺小米成交数字。

（选自《工商情况通报》第 8 期，1951 年 2 月 15 日）

三、1951年3月八大城市主要商品市场成交量统计表

(1951年3月)

商品	成交量及其%		合计	北京	天津	上海	青岛	汉口	重庆	西安	沈阳
面粉(袋)	总成交量		1961993	179461	330925	263849	28991	1796	14551	142420	
	较上月增(+)减(-)%		+38.96	+44.20	+33.80	+30.00	+64.70	+321.60	-51.40	+85.70	
	公私售出%	国营	75.64	70.99	52.04	99.09	89.38	100.00	82.02	89.11	
		私营	24.36	29.01	47.96	0.91	10.62	0	17.98	10.89	
	公私购入%	国营	3.68	3.97	2.25	0	70.72	0	0	0.23	
		私营	96.32	96.03	97.75	100.00	29.28	100.00	100.00	99.77	
廿支纱(件)	总成交量		11962	1840	5755	974	2747		80	241	325
	较上月增(+)减(-)%		+5.67	+57.90	+68.10	-23.40	+361.70		-98.10	-47.10	+85.71
	公私售出%	国营	94.87	86.36	98.51	100.00	97.01		100.00	46.47	79.69
		私营	5.13	13.64	1.49	0	2.99		0	53.53	20.31
	公私购入%	国营	16.95	0.05	13.71	0	40.95		0	46.47	0
		私营	83.05	99.95	86.29	100.00	59.05		100.00	53.53	100.00
棉布(件)	总成交量		566885	82642	123228	54044	96529	20285	124654	20005	45498
	较上月增(+)减(-)%		+83.66	+75.52	+99.13	+15.88	+354.40	+33.09	+141.55	-36.71	+189.02
	公私售出%	国营	58.45	14.71	44.75	100.00	63.48	92.52	96.38	1.60	19.23
		私营	41.55	85.29	55.25	0	36.52	7.48	3.62	98.40	80.77
	公私购入%	国营	42.68	1.29	35.78	0	51.49	92.86	96.12	42.11	0
		私营	57.32	98.71	64.22	100.00	48.51	7.14	3.88	57.89	100.00
粮食(百斤)	总成交量		1908479	128448	485546	912923	25613	200818	80960	40614	33557
	较上月增(+)减(-)%		+81.54	+86.03	+107.16	+80.40	+88.89	+207.79	-36.66	+123.12	+136.26
	公私售出%	国营	41.08	31.30	71.91	25.79	38.54	53.26	19.36	32.16	40.65
		私营	58.92	68.70	28.09	74.21	61.41	46.74	80.64	67.84	59.35
	公私购入%	国营	14.86	6.07	3.93	22.66	12.98	20.06	0	0	18.59
		私营	85.14	93.93	96.07	77.34	87.02	79.94	100.00	100.00	81.41

资料来源：中央贸易部国内贸易司物价处。

注：1. 棉布包括白细布、花色布。

2. 汉口二十支纱无市场成交量，门市出售量为2220件。

3. 粮食包括，小麦、小米、大米、玉米四种。

4. 粮食栏内上海缺小麦、小米、玉米成交数量。重庆缺小米、玉米成交数量，汉口缺小米成交数量。

（选自《工商情况通报》第12期，1951年4月30日）

四、1950 年全国卷烟工业生产能力概况

地区	公营				公私合营				私营				合计			
	家数	设备	工人	生产能力	家数	设备	工人	生产能力	家数	设备	工人	生产能力	家数	设备	工人	生产能力
东北区	12	147	4483	308700					10	112	547	235200	22	259	5030	543900
华北区	16	96	3805	199500					29	120	3260	252000	45	216	7065	451500
华东区	29	156	6710	327600	2	20	1047	42000	246	692	31269	1453200	277	867	39024	1822800
中南区	14	21	1563	44100	7	61	2730	128100	785	452	25444	949200	806	534	29737	1121400
西南区	2	3	360	6300	3	19	481	39900	94	96	4703	201600	99	118	5544	247800
全国合计	73	423	16921	886200	12	100	4258	210000	1164	1472	65221	3091200	1249	1994	86403	4187400

1. 设备均以大型卷烟机台数计，中小型机分别以二及三与一之比折成大型机。

2. 生产能力以大箱（5 万支一箱）计。

（选自《工商情况通报》第 3 期，1950 年 11 月 16 日）

五、1950 年 6～9 月全国主要各地卷烟产销数量

单位：箱

地区		6月		7月		8月		9月	
		产量	销量	产量	销量	产量	销量	产量	销量
华北区	河北	2665.52	2862.20	2900.96	3731.25	3176.14	2968.45		
	察哈尔		700.68	513	830.12	890	1218.19		
	山西	2145	739.5	2185.1	3085.19	2227.5	2143.19	1993.5	1630
	天津	5560.33	6700.25	6474.64	7007.32	6666.4	6574.32	7894.45	8972.43
	北京	346	428	528.5	565	559	479	573.5	529
华东区	山东	6147	7541	9491	10391	11390	11835		
	厦门	354.09	408.17	744.5	876.08	983.4	975.88		
	上海	27941.94	41195.95	26.725	24416	39884	46824	53250△	
中南区	广州		8443		8849		10840.38		9286.20
	长沙	1786	1869.5	2741	2805.5	2940	2718		
	南昌	159	158	339	324	439	437		
西南区	重庆			2745	2776	3153	2927		

资料来源：中央食品工业部

注：上海市 7、8 月数字系根据上海市工商局所编《工商情况》第 23 期。

上海市 9 月份产量系根据 10 月 23 日香港大公报披露数字。

天津市 10 月份产量增为 9243 箱，销量增为 9055 箱。

（选自《工商情况通报》第 3 期，1950 年 11 月 16 日）

第二章　加强登记管理,保护私营工商业的合法权益

第一节　颁布实施《私营企业暂行条例》

一、私营企业暂行条例

(1950年12月30日政务院第65次政务会议通过公布)

第一章　总　则

第一条　根据中国人民政治协商会议共同纲领的经济政策的规定,在国营经济领导之下,鼓励并扶助有利于国计民生的私营企业,特制定本条例。

第二条　本条例所称私营企业(以下简称企业)为私人投资经营从事营利的各种经济事业。

第三条　企业的组织方式如下:

甲、独资及合伙:

一、独资——1人出资,单独负无限清偿债务责任。

二、合伙——2人以上出资、负连带无限清偿债务责任。

乙、公司:

一、无限公司——2人以上的股东所组织,对公司债务负连带无限清偿责任。

二、有限公司——2人以上的股东所组织,就其出资额对公司负其责任。

三、两合公司——1人以上的无限责任股东与1人以上的有限责任股东所组织,其无限责任股东对公司债务负连带无限清偿责任,有限责任股东就其出资额对公司负其责任。

四、股份有限公司——5人以上的股东所组织,分资本为一定数额的股份,股东就其所认股份对公司负其责任。

五、股份两合公司——1人以上的无限责任股东与5人以上的有限责任股东所组织,其无限责任股东对公司债务负连带无限清偿责任,有限责任股东就其所认股份对公司负其责任。

公司名称应标明其种类。企业非系公司组织者不得使用公司名称。

第四条　合伙人及公司股东得以现金外的财产或其他权利作价出资。

第五条　同一行业,或虽非同一行业而在生产上或业务上有联系者,得依自主自愿的原则,在保持原有组织的基础上联合经营其业务的一部分或数部分,订立联营章程,报经当地主管机关核准。公营企业及公私合营企业亦得参加联营组织。联营组织经核准后亦受法律的保护,国营经济事业得对联营组织给予协助。

同一行业,或虽非同一行业而在生产上或业务上有联系者,得依自主自愿的原则,取消各原有组织从事合营,成立新的企业,申请核准及登记。

第六条　为克服盲目生产,调整产销关系,逐渐走向计划经济,政府得于必要时制定某些重要商品的产销计划,公私企业均应遵照执行。

第七条　企业应切实执行政府一切有关劳动法令。

第八条　企业的财产和营业受充分的保护,经营管理权属于投资人;但与劳资双方利益有关者,应由劳资协商会议或劳资双方协商解决之。

第九条　企业经营的业务,如应国家迫切需要,或在技术上有重要的改进或发明,而在短时期内不能获利者,得经政务院财政经济委员会核准,在一定期限内予以减税或免税的优待。

第十条　企业在创办或增资时缴纳股款,或因合并转业而需要现金,经地方主管机关核准,并经中国人民银行同意时,得用黄金、外汇向中国人民银行折兑人民币抵缴。

第二章　核准及登记

第十一条　为配合计划生产,保护投资人利益,避免盲目发展,新创设的企业应依法令报经地方主管机关核准营业,方得筹设。地方主管机关依照法令或因其业务及产销计划有全国性者,应转报

中央主管业务部门核准。

企业不得经营核准范围以外的业务。

第十二条　业经核准营业的企业，于设立完成后应申请登记。

独资或合伙的企业，应向所在地市、县工商行政机关申请登记。但依照法令或其业务及产销计划有全国性者，应由地方工商行政机关转报中央私营企业局备案。

公司组织的企业，应经由所在地市、县工商行政机关转报中央私营企业局登记。

业经核准营业的企业，在办理登记中，地方工商行政机关得酌准先行开业。

企业应登记的事项非经登记不发生法律效力。

第十三条　本条例公布前已准许营业的企业，除法令另有限制规定外，仍得继续经营。

前项企业，应依照前条规定分别由地方或中央办理登记，惟应由地方工商行政机关登记的企业业经登记有案者，可以不再办理登记手续。

第十四条　企业经登记后，保护其名称专用权，但在独资、合伙以市、县为范围，在公司以全国为范围，并以同类业务为限。

第十五条　企业均得变更营业范围、添设分支机构、迁移地区、转业、停业、复业、歇业及解散，但应申请核准，并分别办理登记。

第十六条　股份有限公司和股份两合公司组织的企业，须俟收足全部股款或章程订定的应缴股款并登记后，方得发行股票。

股票为记名式，并得自由转让。以前发行无记名式者，应于登记前改为记名式。

公司股份得委托银行或投资公司代募或承募。

公司不得收买本公司的股票或收为抵押品。

第三章　企业对内对外关系

第十七条　企业之对内关系及对外关系，于不抵触政策法令的范围内，在合伙依照所订契约，在公司依照所订章程办理。

第十八条　公司组织的企业，应以股东会为最高权利机关。但两合公司及股份两合公司通过决议时，应得无限责任股东的同意。

股东会每年至少召开一次。

股东会的决议方法和股东表决权的计算方法，均应于公司章程中明确订定之。

第十九条　企业的负责人，在独资为出资人，在合伙及无限公司为执行业务的合伙人或股东，在有限公司为执行业务的股东或董事，在股份有限公司为董事，在两合公司及股份两合公司为执行业务的无限责任股东。

企业设置的经理人、厂长均应秉承前项负责人指示处理业务。

第二十条　企业的监察权，在合伙及无限公司属于不执行业务的合伙人或股东，在有限公司属于不执行业务的股东或监察人，在两合公司属于不执行业务的无限责任股东及有限责任股东，在股份有限公司属于监察人，在股份两合公司属于不执行业务的无限责任股东及监察人。

第二十一条　董事或执行业务股东，得与监察人举行联席会议解决公司重大业务问题，但仍应分别负其责任。

第二十二条　股份有限公司董事的选任以股东会出席股东表决权过半数行之，董事当选后如转让其股份不得超过其持有股份1/2。有限公司设有董事者亦同。

股份有限公司监察人的选任，以股东会出席股东过半数行之。有限公司设有监察人者亦同。

股份两合公司监察人的选任，以出席股东会的有限责任股东表决权过半数行之。

第二十三条　企业中执行业务之负责人或其代理执行人（经理人厂长等）如有违反政府法令、合伙契约、公司章程或股东会决议而致企业亏损破产或第三人遭受损失者，或亏损资本达1/3以上未向股东会报告者（旧有企业以依规定重估财产调整后的资本为准），应负法律责任。

合伙契约、公司章程或股东会决议与现行法令抵触时，负责人或其代理执行人得拒绝执行，并提请复议。

第二十四条　企业应健全其会计制度，备具必要的账薄表册及凭证（以人民币为记账单位，东北内蒙及新疆暂以当地货币计算）。每年至少办理决算一次。

第二十五条　独资合伙企业的盈余分配，除法令另有规定者外，依契约或行业通例办理。

公司组织的企业在年度决算后，如有盈余，除纳所得税、弥补亏损外，先提10%以上作为公积，以为扩充副业及保障亏损之用。提存公积后的余额，先分派股息，股息最高不得超过年息8%。公司无盈余或有亏损时，其应发的股息，得于有盈余的年度弥补亏损后酌情补发。经过提存公积、分派股息后的余额得依下列各款分配：

一、股东红利及董事（或执行业务的股东）监察人经理人厂长等酬劳金（一般应不少于60％）。

二、改善安全卫生设备基金（工矿企业一般应不少于15％）。

三、职工福利基金及职工奖励金等（一般应不少于15％）。

四、其他。

前项各款百分比由股东会决定之。二、三两款的支配由劳资协商会议或劳资双方协商决定之。

盈余分配以不影响经常生产及业务经营为原则。

第二十六条 公司组织的企业如于设立登记后需要2年以上的准备始能开始营业者，在不影响该企业的财务计划下，经中央私营企业局的核准，得以章程订明在开始营业前酌派股息给股东。

第二十七条 企业的负责人于营业年度终了，应向全体投资人或股东会报告本年度的营业情况，并提出决算表报，盈余分配方案及次年度的业务计划请求通过。

第二十八条 公司组织的企业不得投资其他企业为无限责任股东，如为其他企业的有限责任股东，其投资额超过本企业实收资本1/3以上时（旧有企业以依规定重估财产调整后的资本为准），须报经中央私营企业局核准。

第二十九条 公司为扩大生产需要资金时，得经中央私营企业局商同有关机关核准发行公司债。

公司债款非经核准，不得变更其用途。

公司债得自由转让，并得委托银行或投资公司代募或承募。

公司债承购人如须以黄金、外汇抵缴债款，准用第十条规定。

第三十条 企业的退伙、退股、解散、清算以及法令未经规定的事项，在不抵触政策范围内，概依通例或关系人协商办理。

无限责任股东所负连带无限清偿责任，须俟企业财产不足清偿债务时履行之。

第四章 附 则

第三十一条 本条例施行办法由政务院财政经济委员会另订之。

第三十二条 本条例由中央人民政府政务院政务会议通过后公布施行，修改时同。

二、劳动部、中央私营企业局关于《私营企业暂行条例》中有关劳资关系问题的初步意见

一、《私营企业暂行条例》第二十五条有职工福利基金、改善安全卫生设备基金之规定。福利基金及安全卫生设备基金提出后，应保留在企业账上，抑拨交工会保管？

初步意见：改善安全卫生设备基金应保留在企业账上；关于福利基金的保管问题，应由劳资协商会议或劳资双方协商决定之。

二、使用福利基金购置的职工福利设备（如托儿所、医院、俱乐部等。）是属于工会所有抑属于企业所有？如使用的房屋如何处理？又如企业解散时，对此项财产应如何处理？

初步意见：使用福利基金购置的职工福利设备，应归工会所有，当企业解散时，此项财产，应交上级工会处理。但如从企业的成本中及资方其他资本项下购置的职工福利设备，则应属于企业所有，工会仅有使用权；企业解散时归资方处理，使用企业的房屋亦应属于资方所有。

三、使用安全卫生设备基金购置的设备，是属于企业所有抑属于工会所有？

初步意见：应属于企业所有。

四、《私企条例》第八条："企业的财产和营业受充分的保护，经营管理权属于投资人，但与劳资双方利益有关者，应由劳资协商会议或劳资双方协商解决之。"所谓劳资双方有关者，是指哪些具体项目？

初步意见：可参照中央人民政府劳动部《关于在私营企业中设立劳资协商会议的指示》第八条及《中华人民共和国工会法》有关规定办理。

五、私营企业重估财产调整资本办法中的劳资问题：

1. 重估财产调整资本时人力股如何处理？调整后人力股是否存在？（注：过去的人力股，多由企业主为酬劳对业务有成绩的人，分给一部分未分配盈余而来。享有人力股者俗称西方，不一定是劳方。人力股于每届结账时照分盈余，但不负企业亏损责任；企业解散时亦不处分财产。）

初步意见："人力股"本身不是财产，只是分配

盈余时的权利，因此人力股不能作为财产来估价。只有在重估财产人力股应分盈余而又未分时才发生人力股的处理问题。如遇此种情况，人力股应由东西或劳资双方协商确定数目，在不妨碍企业继续经营的原则下，作为企业债务处理或转为新投资。

2. 企业中有"厚成"者重估财产时如何处理？（注：企业过去有将存货低估入账，隐藏盈余于存货中者，称为厚成。厚成实包括资方与西方（或劳方）未分配盈余。）

初步意见："厚成"的目的主要是资方使企业经营稳健，同时也可使劳方安心在企业中工作，为职工谋福利则是次要的。重估财产时，存货应按实价计算。过去有权利未分者应由资方与西方（或劳方）协商，在不妨碍企业经营原则下，将西方（或劳方）部分作为债务处理，或转为新投资。

六、公私合营企业中公股担任总经理、副经理、厂长等职，是否属于资方代表？能不能加入工会？

初步意见：应将能否加入工会，是否资方代表和企业的经营管理问题区别开来：(1)公股代表只要他是以工资收入为其生活资料之全部或主要来源者，即有加入工会之权；(2)公股代表是代表国家，虽担任总经理、副总经理、厂长等职，亦不是资方代理人；(3)企业的经营管理应该是统一的，不能分割的。公股董事和私股董事，总经理、副总经理和厂长，都应执行董事会或企业管理方面统一的意见。不论是公私双方协商或开董事会，都只有在意见统一后才能行使其经营管理权。因此在处理问题时，不应把公股代表和私股代表分开，而认为公股代表担任总经理、副总经理、厂长即代表资方。自然，公私合营企业的经营应该依据"公私兼顾劳资两利"的原则办理。

（选自《工商情况通报》第16期，1951年8月1日）

三、《私营企业暂行条例》疑问解答

问：私营企业为什么简称为"企业"呢？为什么不简称为"私业"呢？

答：《私营企业暂行条例》第二条括号内"以下简称企业"是专为简化本条例的文字而设的，此简称也只适用于本条例的文字中，并非规定"私营企业"一概简称"企业"。

问：所谓企业都是指哪些"工商业"？够什么条件才是一个"企业"呢？如：铁匠炉、木匠铺、小商店是否算"企业"呢？

答：私营企业的范围，依本《条例》第二条规定为"私人投资经营从事营利的各种经济事业"，第三条又说明其组织有独资、合伙和公司等形式。铁匠炉、木匠铺、小商店等，如非合作社组织，系私人资本而以营利为目的的，自然也包括在内。不过本条例的主要对象是私人资本主义经济，至于独立劳动的手工业者以及肩挑负贩摊贩等个体经济，本条例是不适用的；因为这些个体经济不需要像私人资本主义经济一样，采取这样复杂的规定。

问：根据《私营企业暂行条例》第二十五条：股息最高不得超过年息8%；而目前银行存款利息均在年息20%上下，这样规定是否会使私营工商业的资本流入银行，影响私营工商业的正常发展？

答：《私营企业暂行条例》第二十五条原意，对于股息及盈余的分配，不仅照顾到投资人目前利益，而且也照顾到企业本身的发展，这也就是照顾了投资人较长远的利益。至于为什么不以银行存款利率作为股息的标准，因为银行存款利率是根据市场资金供求情况决定的，时有变动；而企业的股息一般应于章程中订定，如果规定得太高，会使企业经营者发生困难，同时影响到企业本身的发展，对投资人显有不利。且投资人除分派股息外，尚有红利可拿，因此股东实际所得不仅限于股息一项。投资人的利益主要是在分红，一种事业的经营，显然不是仅仅为了股息的。

问：某公司是一个机制工业厂，厂房和宿舍都是租赁的，公司依《私营企业暂行条例》第二十五条在盈余分配所得的"改善安全卫生设备基金"一项如何运用？是否可以移作其他科目运用？

答：某公司既系机制工业厂，依《条例》第二十五条规定自应提存改善安全卫生设备基金，其用途支配应由劳资协商会议或劳资双方协商决定。又其厂房宿舍虽是租赁的，但不能说即不需要安全卫生设备。

问：《条例》规定提存的职工福利基金及职工奖励金等，如股东中有兼任职员者是否亦得享受？福利基金是哪种用途？又公司原有福利费用开支科目（服装、医药、理发、沐浴等）今后是否一并包括在福利基金项下开支？

答：职工福利基金及职工奖励金的支配，由劳资协商会议或劳资双方协商决定之。股东中如有兼任职员者，经过协商亦得以职工资格享受上项利益。公司原有职工福利事业的支出应该列入经常开支之内,不应等到有了盈余才来开支。

问:私企条例规定:"公司无盈余或有亏损时,其应得股息,得于有盈余的年度弥补亏损后酌情补发。"这里所说的"弥补亏损后"希望明确规定是否以次年度的总利益弥补前年度的总亏损,抑或于有盈余的年度由总利益内分派给股东的总数额内弥补前年度的亏损?

答:弥补亏损是指以次年度的总利益弥补以前的总亏损。

问:私企条例第二十五条第三项规定盈余分配以不影响经常生产及业务经营为原则。在何种情形下,才不影响经常生产及业务经营?如果不分派盈余是不是股东及劳方从此失去了权利?抑是暂缓以现金交付的意思呢?并在何时方补行分派呢?

答:何种情形下才不影响经常生产及业务经营,是要看具体情况而定。一般说起来,如该企业缺乏流动资金,现金抽提过甚,会使资金周转困难,因而影响生产和经营。为了不影响经常生产及业务经营,可经股东会决定保留盈余的一部分或全部暂缓分配,此项未分配的盈余可以相当的科目记入账内,待企业基础稳固时补发,并非股东及劳方从此失去了分配的权利。

问:私企条例各规定是否对于公私合营企业均适用之?

答:一般的可以适用。关于公私合营企业政府将另有规定或指示。大致分红、登记的规定可以适用,但有部分的不同。私营企业是完全按照资本主义性质组织的,所以董事的选举按股权大小,在资本主义国家的公司组织,一个人控制资本额在51%以上,就可以完全控制这个公司。公私合营企业不同,哪怕公股占90%,私股占10%,仍该让10%的私股产生董事;反之,公股占10%,私股占90%时,公股方面也应该有他的代表。公私双方需要经过协商,以免一方包办。

问:1950年年终盈余分配应按各公司原有章程办理,抑系按新颁条例?其中问题在于职工按原有章程分配,可以补偿工资之不足,如按新颁条例,则无由补偿。

答:可以按照公司原定章程办理。

问:私企条例第二十五条第二项二、三款之盈余分配,有关职工利益。在一般大规模的私营企业中,生产种类很多,生产工作与业务经营往往是分开的。这种情形下,工人要了解清楚该企业的正确业务情况,盈余多少,是非常困难的。这就可能发生两种情况,即:资方说有多少盈余就是多少盈余,劳方无从表示意见;或者,劳方不相信资方提出盈亏数字的正确性,劳资双方到时候争执不下,达不到协议,这个问题如何解决?

答:对于企业的盈余是否正确,企业内部有监察人和股东会实行监察;此外政府亦有主管机关如税局等可以考核。至于较大企业中,办理会计工作人员也有职工在内,职工方面对于企业财务状况,不至于全不了解。如有争执,可向政府仲裁机关请求仲裁。

问:股息与股东红利有何不同?

答:就理论上说,股息与红利都是工人所生产的剩余价值的一部分,股息是代表投资人货币资本的利息的,红利是代表工商业资本的企业利润的。这两者合并称为利润。在私企条例上,企业如有盈余,提公积后先派股息,以保障投资人的最低利润。

问:公积金是否作为扩大再生产之用?如是,它的利息又如何分配?

答:依私企条例规定,公积为扩充事业及保障亏损之用;如果公积因存入银行而生出利息亦应并入公积。

问:商号资本,都有长年之投资利息,一般业主靠陆续支取利息,为生活费用之来源,但企业尚遭遇亏损,利息是否仍可陆续支取?

答:企业的盈余分配,应以不影响经常生产及业务经营为原则;所说商号陆续支息一事,应由该商号负责人依上述原则掌握处理。

问:在会计年度开始时,照实际资本规定利息,到年终结账,其计息之基础,是否照期初之资本额计算?或是照结账时之实值资本(资产-负债=资本)额计算?

答:企业计息应以登记的资本额为准。

问:公私合营之企业对于条例的第二十五条各项规定是否适用?

答:公私合营企业,政府现正草拟统一管理办法,目前可暂参酌私营企业暂行条例第二十五条规定,分配盈余,由董事会公私双方协商后,提股东会决定。

问:劳资双方同意提出一定比例的公积,此公积是否应算资方财产?抑劳资各半?

答:公积属于资方财产。劳方如愿将应分得的盈余,提出一部分存在企业内,应另立科目,不得与公积相混。

问:很多企业现在纯以"加工"或"订货"为实际业务,在计算产品成本时,除股息应该计入外,是否应再计算适当之红利?如何算法为合理?

答:红利与股息,均应包括在利润中,不应计入成本。

问:条例第三十条"企业的退股等事项,概依通例或关系人协商办理"。通例股东退股,往往要求折实保本或按物价升值计算,股东退股可否依此通例办理?

答:退股股东与企业的结算,应以退股时企业财产的状况为标准,不同原来出资的种类如何,均以现金核算给还。在施行办法内已有所规定。

问:政府曾否颁有冻结人民债权债务的法令?又某私营企业其资产负债虽属平衡,但因缺少现金,可否出售财产,清偿其解放前的债务?

答:政府并未颁有冻结人民债权债务的法令。企业清偿债务,应否出售财产,须视其具体情况而定。

问:私企条例第十二条第二项:"股票为记名式——以前发行无记名式者,应于登记前改为记名式"。改的方法是否把姓名填在原股票上或另换股票?如币制不相同时,应如何计算?

答:股票如何改的方法及其是否需要另换股票,应由各私营企业自行规定。票面金额应以人民币为计算单位。

问:私企条例第二十四条:"企业应健全其会计制度。"希望明确而具体的规定应当如何健全其会计制度?应当健全到何种程度?在登记时,是否需要呈核会计制度?在登记后是否由税务机关查核?

答:"企业应健全其会计制度"是指示私营企业一个方向。在中央未颁订统一制度以前,企业应尽量地使自己的会计制度明白确实,能够反映真正的情况。工商业登记时并不需要审核会计制度,但是税务机关在其职权范围内有权可以查核其账册。

(选自《工商情况通报》第8期、第11期)

四、中央私营企业局解答天津工商界对于私营企业暂行条例提出的问题

问:关于合伙组织,合伙人须负连带无限责任,何谓连带无限责任?某合伙企业,其经理人亦即该企业重要合伙人,但他独裁经营,负债很多,负债后方向合伙人报告,是否其他合伙人同负责任?

答:合伙企业于其营业亏损不足清偿债务时,除契约另有订定外,各合伙人应按其原来的出资比例分摊,经过分摊的程序,合伙人中遇有无力负担或延不履行者,其余的合伙人仍应连带负责。此即本条例所称的连带无限清偿责任。

至合伙人兼为企业的经理人,无论其出资的多少,对营业亏损,其他合伙人均应连带负责。经理人如有不正当行为,如违反政府法令、合伙契约,则应负法律责任。但其他合伙人亦不能借此免除其应负的连带责任。

问:执行业务的股东与在公司内任职之股东,有何不同?

答:执行业务的股东,为企业的负责人,至于在公司任职的股东,要看他担任的是什么职务,如果是普通的职工,他不算执行业务人。

问:私营企业暂行条例各项规定,是否对于公私合营企业均适用之。

答:关于公私合营企业的管理,中央将另有规定。在未有规定前,一般的可以依本条例的原则办理(其中公私董监名额分配及公股董监产生方法等,可以参考企业中公股公产清理办法)。因为公私合营企业的公股股权没有什么特殊权利,与一般私营企业的私股股权相同。不同的地方是通过公股代表和董监等来实现国家政策。

问:条例第二十五条关于股东红利分配,请问经理厂长的酬劳金应如何支配?

答:经理厂长应得酬劳金多少,依照条例第二十五条第三项规定,应由股东会决定之。

问:企业为累积资金,虽有盈余而股东不愿分配,只提十分之一、二发职工奖励金,算否合法?

答:原则可行,惟"改善安全卫生设备基金"及"职工福利基金",仍应照顾到。至于所发之职工奖励金,其支配应由劳资双方协商决定。

问:银钱业订章程时,利益分配内能否不订"安全卫生基金"之成分?

答:可斟酌少定或不定。为了照顾职工福利,可酌予加增福利基金及奖励金。

问:旧式商店职工分红,因一般人对劳资两利的解说不同,多认为劳资平分红利才算两利,有很多要求将盘存提高再分红,不顾将来的经营,个别干部处理这种问题也有偏差,影响商人不敢投资,

应如何处理？

答：认为劳资平分红利才算两利，或为多分红利要求提高盘存，都是不对的，主管机关应随时予以纠正。此类旧式商店如系独资合伙组织，其盈余分配，除法令另有规定外，依契约或行业通例办理；并以不影响业务经营为原则。

问：旧式商店年终花红制度，条例中何以没有规定？

答：旧式商店如系独资合伙组织，其年终分红，依契约或行业通例办理，条例二十五条已有规定。

（选自《工商情况通报》第7期，1951年1月25日）

五、《私营企业暂行条例》和《施行办法》问题解答

问：企业的范围如何确定？医院是否亦属营利事业？请予明确解释。

答：私营企业暂行条例的实施对象是私人资本主义经济，凡由私人资本经营具有一定组织方式从事营利的各种经济事业均属之。惟医院诊所依照中财委的指示不能作为纯营利事业（见本局工商情况通报第九期），亦不须依照私企条例办理登记。

问：条例第四条“……或其他权利作价出资”，其他权利指哪些权利？

答：所称“其他权利”，如专利权、注册商标专用权等均属之。

问：若干企业为节省开支及业务上便利起见，多有设立联合办事处或联合发行所，但并不是联营组织，同时他们把自己的店名或厂名一起同时使用如某某、某某联合发行所等，应怎样处理？

答：联合办事处或联合发行所应视为联营组织形式之一，它的名称如系使用自己登记过的企业名称是可以的。

问：条例第五条对“联营”仅有核准而无登记的规定，是否凡具有完整企业组织形式之联营组织应另行登记给证，临时性无完整企业组织形式的联营组织则仅核准而不登记？

答：所谓“联营”，系在保持各企业原有组织的基础上联合经营其业务的一部分或数部分，因此联营本身并非具有独立的企业组织形态。依条例第五条的规定，只须订立联营章程报请当地主管机关核准，不必登记。倘取消原有企业，从事合营，组织新的企业，或对新的企业参加投资，这种新企业应另办理登记。

问：条例第十二条规定：“公司应经由所在地工商行政机关转报中央私营企业局登记”，关于公司登记填用的书表格式是否由中央统一颁发？

答：各种登记所需填送的书表，其应载事项，在私企条例施行办法中均有详细规定，工商业户可自行依照填报，无须由中央统一制定格式；但地方机关认为必要时可制订统一书表（内容事项以照施行办法规定为原则得酌加补充）发给工商业户填用，并得依照办法第二十四条第三项酌收成本费。

问：公司登记依照条例规定应由各市县转报中央者，是直接呈送抑系层转？

答：公司各项登记，依照条例第十二条第三项及施行办法第十条的规定，均应由市县工商行政机关直接转报中央私营企业局。如省级或大行政区各机关需要副本时，可同时抄送副本。

问：过去的公司组织是否还要重新报请核准，登记备案？已有的“全国性”的企业是否还报中央私营企业局备案？

答：已设立的公司，依照私营企业暂行条例第十三条第一项规定，仍得继续经营，但应依照施行办法第102条申请登记。已有的“全国性”的独资合伙企业，应由地方工商行政机关汇报中央私营企业局备案。

问：某企业（合伙或公司企业）拨出一部分资金投资独自经营另一企业，施行办法并无不许的规定，这一企业的组织方式应属于哪一类？是否作为独资？

答：企业拨出资金的一部分经营另一企业，而并未参有其他方面的资本，应属该企业的分支机构，如业务与原来核定的不相同，应于该企业核准扩大营业后方得添营。

问：企业的分支机构如何确定？例如某企业之总管理机构业经办理总公司登记，其所属工厂、办事处、发行所等均散处各地，是否均需由总公司分向所在地市县工商行政机构分别办理分公司登记，若须办理是否均称为分公司。

轮船运输业的沿线营业站，及附设之修船厂（除自行修理外并代他人修理），是否亦视为分支机构。私营市场除总管理机构及营业部门应办登记外，其余种植场、畜牧场、蚕桑场等是否亦视为分支机构？办理分支机构登记？

答:总公司经登记后,它散在各地的各级分支机构,不论其对外用工厂、办事处、发行所或营业站等名称,但在组织系统上均为该公司的分公司,应由总公司负责人分向所在地工商行政机关办理分公司登记。

轮船业的沿线营业站,及附设之修船厂均为分支机构。农场的种植场、畜牧场、蚕桑场等,如分设在不同的地区,应各别办理分支机构的登记。

问:公司资金数量,条例中没有明定,是否应定出一个最低额来?

答:公司资金最低额,除有专法规定者(如银钱业)外,一般的应根据每一企业的性质与具体情况来确定,没有统一规定最低额的可能与必要。

问:过去合伙经营之企业,大小股东均有否决权,必须全体同意才能实行,不知此后合伙经营之企业,仍可保留此项精神否?如以服从多数方式表决事项,恐有发生股多之股东,任意操纵表决权发生纠纷的可能。

答:条例第十七条规定,合伙的内部关系依照所订契约。至于法令未经规定的事项,依照条例第三十条,在不抵触政策范围内,概依通例或关系人的协商。关于合伙人决议方法的问题,可参照这两条精神办理。又施行办法第三十三条对合伙企业的通常事项,虽规定得由执行业务的各合伙人单独执行之,但其他执行业务的合伙人有一人提出异议时,应即停止执行,亦含有否决权的精神。

问:按照条例第二十二条规定"董事当选后转让其股份不得超过其持有股份二分之一",而监察人则并无类似规定。是否股东当选监察人后可自由转让,若将所持有的股票全部出让后,是否还可以做监察人?

答:监察人转让其全部股份,即失去股东资格,因而也失去监察人的资格。

问:按照条例第二十二条及施行办法第六十五条、第七十五条等规定,公司的选任董监及变更章程,应召开股东大会,股东大会"应有认股人代表股份总额三分之二以上的出席",而董事的选任为表决权过半数,监察人的选任要出席人数的过半数,有些人认为有下述困难:

一、此次申请登记的老公司是否根据上述办法规定办理?若然,则有若干大股东在国外,根本无法召开股东会,亦无法申请设立登记。他们建议:是否可在普遍通知之后,就参加的股东,开会讨论,其决议作成记录后,(1)以通讯方法征询其他股东意见,在一定时期内无异议,即认为合法;(2)由法院公证,待公证后即认为合法。否则困难殊多。

二、监察人选举必须出席人数过半数为有效,若某大公司全体股东有数千人,而三分之二的股票掌握在少数股东手里,很大部分为小股东,由于小股东相互间不了解,虽然出席而不参加表决,因此监察人的选任可能不超过出席股东的半数,则如何处理?

三、董事监察人是否可以有候补?其产生方法如何?

答:除条例及办法有特别规定者外,例如创立会的成立,变更章程及增减资本等规定"应有认股人代表股份总额三分之二以上的出席",通常股东会的决议方法则由公司于章程中自行订定。老公司召开股东会如因大股东在国外而有困难,则可采取两种办法,一、不在当地的股东可委托他人代表出席;二、股东会不足法定人数、股数时,可作成假决议,用通讯方式征询其他股东意见。选举监察人时如能事先用协商方式,可免出席不投票的顾虑。

至于第三点推举董事监察人候补人,法令并无限制,可在公司章程内自行规定,其产生方法以得票次多数者当选较为合宜。

问:《私企条例》第二十二条规定"董事当选后如转让其股份不得超过其持有股份二分之一"。某公司在条例公布前,已有部分董事将其原持有股份转让过半数,现在是否一律取消其董事资格,或补足其已让转部分,还是既往不究呢?又已转让其原有股份半数以上之董事,现持有之股份,并不少于章程规定董事当选资格应具的股数,是否影响其董事资格?

答:《条例》第二十二条所说"超过其持有股份"是指超过其当选时所持有的股份而言。在条例公布前某公司董事转让股份超过了持有股份二分之一可免予追究。至于条例公布后董事就不应该再有让转股份超过持有股份二分之一的情事,否则即属违反规定。又如公司章程订明当选资格应有的股数,某董事在转让股份后仍保有规定应具的股数,自不丧失董事资格。

问:执行业务的股东,是否视同董事?又是否只限经理或厂长?副经理及副厂长亦在其内否?另外一种称襄理的,事实上仅在办理兼主任的职务,并未掌握全面性的业务,对于这种身份的人员是否可列入私企条例第二十五条第二项第一款受酬劳金呢？还是视同一般职员分得奖金？

答:《条例》所称“执行业务股东”是指无限公司有限公司之执行业务股东及两合公司、股份两合公司执行业务之无限责任股东而言。“经理厂长”包括副经理、副厂长在内——如其本身并非执行业务的股东应属资方代理人。至襄理是何身份及其应受之待遇,须视其是否加入工会而定。

问:独资主可否提取股息,其息率有无限制,独资企业聘有经理人员及职工者可否照公司企业的办法分配盈余？

答:独资企业于年终结账有盈余时除缴纳所得税外,一般的情况是企业主直接提取红利。其聘有经理人员及职工者,原参照公司企业的办法及比率分配盈余,自无不可。

问:企业除投资者外,聘请有身份的职员(掌柜的)帮助经理营业是否可以？获得红利时,他当然要按“身份股”分得红利,这时他应该算劳方？还是算资方？再有小的企业如资方出钱劳方出工,所谓“人借钱力,钱借人力,赚钱对半分”,是否也可以？

答:企业除出资人、合伙人或股东自行执行业务外,聘用“有身份”的职员(掌柜的)帮同经营业务,当然是可以的。企业于每届结账有盈余时,对他们通常分给一部分红利,即俗称“人力股”或“身份股”,但实际仍为“酬劳金”性质。至于他们算劳方还是算资方,要看他们是否加入工会而定。“人借钱力、钱借人力、赚钱对半平分”的小企业,只要不违反法令,仍可依习惯订契约办理。

问:《施行办法》第二第三两条规定企业的创设、变改营业范围、转业等,应由业务主管机关核准,但工商行政机关可否为了有计划的调整工商业,而不准其开业？又企业依法令规定有数个业务主管机关,是否均应取得所有业务机关的核准？

答:工商行政机关如因为有计划地调整工商业,而对某些企业认为有停止新设、变更营业或转业的必要时,得与各该主管业务机关协商解决。事实上,业务主管机关的核准本来就要根据某一企业的有无需要来决定。有许多企业,工商行政机关也就是业务核准机关,所以工商行政机关认为不必开设的企业而业务主管机关反核准其开设的情况是不多的。企业兼营数个业务各有其不同的业务主管机关时,应分别取得各该业务主管机关的核准。

问:联合出资或以团体为出资人者推定之代表,其人数有无限制？代表人有无当选为董监的资格？又个人出资者可否推派代表人？

答:联合出资或以团体为出资人者,所推定的代表人,其人数虽无限制,但联合出资者如为数不多时,以推定一个代表人为宜,个人出资者无须推定代表人。但于开股东会时,倘因事不能出席,得临时出具委托书,委托代表出席。又联合出资人或团体被选为董事或监察人时,由其代表人行使董事或监察人的职权。

问:过去合伙企业的合伙人,有用堂名或商号名义(合伙人中包括数人)认股,推其中一人为全权代表。今后是否应改由代表人名义认股或仍得用堂名记名？

答:合伙人中如有联合出资或以商号名义出资者,应推定代表人;如系个人出资,应用真实姓名,不得用堂名或记名入股。

问:某工厂中有以商号名义投资入股者,现在该合伙商号已告结束停业,其在某厂之股份是否仍得用商号名义？抑由原商号合伙人中推定一人为代表出名参加,行使权利？

答:通常凡结束停业之合伙,其对外投资应已处理完毕,该项投资应属于处理后应得之人,如果尚有未处分的投资应属于原商号各合伙人所共有,不应再以已消减之商号名义为所有人。至共有人自得推出代表人行使权利。

问:《施行办法》第十二条规定,独资、合伙企业应发给《企业登记证》,公司则发给《执照》,但有些地区过去习惯对一般坐商发给的叫做《营业执照》,为照顾习惯,是否可仍用《营业执照》名称,不知在统一办法上有无妨碍？

答:所谓《营业执照》系属核准营业所颁发的证件(即依《私企条例》第十一条由主管业务机关所颁给)。企业依照私营企业暂行条例及施行办法申请登记,仍应照条例统一规定,发给企业登记证,以免混淆。

问:《施行办法》第十五条规定歇业及解散,都应由负责人公告,但小店铺、小手工业统使其登报公告,则无必要,如不登报,宜采取哪些公告方式？

答:规模小的企业,如不登报,可于营业场所用张贴方式公告之。

问:独资企业出资人、合伙人,或无限责任股东在企业申请变更登记,歇业或解散登记时的继承人,依施行办法第十六条规定,只须在登记时一并申报。有些人的意见以为在继承关系发生时即应申报主管机关,否则,就政府及时掌握情况来讲,是可以考虑的。

答:继承关系发生后,出资人、合伙人或无限责任股东即须更名,因而即应申请变更登记。办法第十六条的变更登记是包括这种变更在内的。

问:已经得到当地工商领导机关的核准设立的合伙企业,如果实行改组为公司,应当有怎样的手续?

答:凡已登记的合伙企业,改组为公司组织时,应依照施行办法第二十三条的规定办理解散登记,并由负责人公告;同时依照私企条例及施行办法的规定,进行公司的设立登记。

问:两个企业合并,照过去一般情况大约有两种方式:一种是两企业都不存在,另立新的企业;一种是一企业不存在,另一企业继续存在,这另一企业是否也要经过清算手续?如债权债务一起合并,是否也要清算?如果必须经过清算,则企业的业务将有相当时期的停顿,也必须经过相当时间才能合并。

答:因合并而解散的企业,其权利义务由合并后续存或另立的企业承受,依照施行办法第二十三条第三项的规定,可不适用清算的规定;但应由负责人公告。

问:《施行办法》第二十四条第二项"其他各项登记",是否包括开设、变更、停业、复业、转业、转让、歇业、解散等登记?又所谓变更登记,是否变更其原登记事项表中所列登记事项之一,即应申请为变更登记?

答:《施行办法》第二十四条第一项第二款"其他各项登记",是指除设立及增资登记外的各项登记而言。又凡变更原核准登记事项中之一,即应申请变更登记。

问:《施行办法》第二十四条规定:"设立或增资的登记费按资本额或所增资本额每2000元缴1元",而私营企业重估财产调整资本办法因公布时,远在施行办法之前,关于重估财产调整资本,属于资本之增加时,是否应视同增资,而按规定缴纳增资登记费?

答:公司不问是否以前设立或新近设立,须一律办理设立登记,报由我局发给执照。经过调整资本者,其登记费应按调整后资本额每2000元缴纳1元。设立登记后调整资本之公司应办理变更登记(包括重估财产调整资本之变更登记),其登记费按所增资本额每2000元缴纳1元。独资、合伙企业因调整资本而将资本额增加,其申请变更登记之登记费,亦按所增资本额每2000元缴纳1元。

问:《施行办法》内所称拨足或缴足资本的证明文件系何种文件?

答:凡足资证明该企业确已拨足或缴足资本之证明文件,例如机关或银行所出的证明书等;一般独资、合伙的企业亦得凭所具铺保证明其资本经已拨足。

问:《施行办法》第三十二条所规定区一级以上人民政府公证以外的"其他必要证明",不悉系何种方式证明?

答:如有其他机关或团体出具的证明文件,就不必再由区政府公证了。

问:《施行办法》第三十九条规定,退伙人与其他合伙人间的结算及在退伙后应负的责任和合伙解散后合伙人应负的责任,准用第四十七条、第四十八条的规定。又第四十七条后半段规定,退股股东对于退股前的公司债务,于公司变更登记后两年内仍负连带无限责任。第四十八条规定股东的连带无限责任,自解散登记后满五年而消减。上项责任,如退伙人的退伙或合伙的解散,系发生于本办法公布之前,即1951年3月30日前,是否可不受2年与5年期限之拘束?

答:合伙人的退伙或合伙的解散,发生于施行办法公布以前者,依照条例第三十条的精神,可依通例或关系人协商办理。

问:依《施行办法》第四十七、第四十八两条的规定,无限公司和合伙组织的企业,其退股股东对退股前的公司债务,于公司变更登记后两年内应负连带无限责任。又如股东的连带无限责任,自解散登记后满五年而消减。但对独资单独负无限清偿债务责任的负责期限是怎样?

答:《施行办法》第四十七、第四十八两条是对于"连带无限责任"规定其期限,并非规定清偿债务的期限。至于独资企业所负债务,亦即出资人个人所应处理的债务,其清偿期限应视其依照办法第十七条自行清理与债权人协商的结果而定。

问:股东表决权,究竟是一股算一权呢?还是若干股为一权。

答:股东表决权计算方法,得由公司于章程中自行订定。

问：某厂拟改组为股份有限公司，原投资人有的股金不足一股，也无力加资凑成一股，可否暂予承认为股东，俟将来缴足，或获得盈余后补足一股，再行补给股票？

答：股份有限公司的股份，其每股金额和所缴金额应归一致。对于原有"股金不足一股"的处理办法，最好能将每股金额降低，以符规定；否则得参照施行办法第六十三条的规定办理。

问：股份有限公司及股份两合公司召开创立会时，工商行政机关应否派员指导？

答：工商行政机关得派员指导。

问：股份有限公司召开股东会，该股东并无原印鉴委托书，由其家属或亲友出席，是否可行，有无表决权？

答：股东得委托代理人出席股东会，但应有该股东之委托书；如无委托书时，可由关系人与公司负责人洽商办理。

问：股份有限公司召开董事会，该董事因事外出，不在此地，若由家属或其亲友代表出席该董事会，是否可行？及有无表决权？

答：董事在公司中是有明确的职权的，且为公司之负责人，若董事因事不能出席时，只能委托其他董事为代表，不得委托非董事的家属或亲友。

问：企业申请登记时如有个别的申请人不能亲自办理时，其委托书是否即由该申请人单独出具；申请登记手续由全体申请人委托他人代办是否准许；未成年之出资人、合伙人或无限责任股东应取得法定代理人之同意，其法定代理人应具备何种资格与手续；又合伙契约及公司章程内均未规定填载合伙人或股东之年龄，如欲明了其已否成年，应否加列年龄一项。

答：企业申请登记时，如有个别的申请人不能亲自办理时，可出具委托书，委托其他申请人代办（如代盖章）；全体申请人委托他人代办时，可共同出具委托书，被委托人凡有正当职业的第三人均得为之；未成年的出资人、合伙人或无限责任股东、其法定代理人可以其监护人充任，他的同意手续是出具证明书。至于出资人等须报明年龄一节，可由地方机关于补充办法内自行规定。

问：如公司原定章程颇多抵触条例之处，而且并不具备法律手续，至今尚未准备修改章程，不知政府有无一定时间的限制？其迟延贻误的责任应由谁负责？

答：《施行办法》公布前，业经设立的公司，应依同办法第一〇二条规定修正章程并申请登记，其限期由市县工商行政机关酌定。如不依限办理，应由公司负责人负责。

问：开设多年的公司经过伪满及国民党统治两个时期的变迁，有许多股东现在住址不详，不知去向。类似这样情况，在办理登记手续就有很多困难，应如何处理？

答：股东住址不详，可登报公告股东登记。

问：千家驹副局长曾在《〈私营企业暂行条例〉的重要精神》里讲："条例所称私营企业，它包括工业、矿业、农业、建筑、造林、水利、畜牧、渔业等生产事业及文化、贸易、运输、金融等一切私营企业在内"。那么，以上这些企业，是否都应在工商行政机关登记领取登记证呢？

答：上开企业，只要是私人投资经营以营利为目的的，都应依照私企条例及施行办法之规定进行登记，唯肩挑负贩摊贩等个体经济，可由当地工商行政机关另定简易的登记办法，不必完全依照私企条例之规定。

问：《私营企业暂行条例》第四条规定"合伙人及公司股东，得以现金外的财产或其他权利作价出资"，对于独资企业则未作规定，不知立法原意对独资企业的出资人如以现金外的财产或其他权利作价出资是否也认为可以？

答：独资企业的出资人对外系单独负无限清偿责任，因此他为了经营自己的业务所拨的资本，当然可以包括现金外的财产或其他权利作价出资，但以合于该企业所营事业的需要为原则。

问：公私合营企业是否应设立工厂管理委员会或劳资协商会议？在章程中应如何规定？

答：关于是否设立工厂管理委员会或劳资协商会议一节，在未有统一规定前，可参照私营企业暂行条例及《企业中公股公产清理办法》的精神，视公私股权比例大小结合实际情况，由公私双方股东协商办理。

问：《私营企业暂行条例》第二十条规定合伙及无限公司的监察权属于不执行业务的股东，它们应以如何方式行使其监察权？

答：合伙及无限公司的不执行业务股东行使其监察权，一般的得随时向执行业务的股东质询企业营业情形，查阅财产文件账簿表册，或要求其定期报告经营情况。

问:某公司的负责人违反私营企业暂行条例第十八条"股东会每年至少召开一次"及第二十七条(从略)的规定,并违反公司章程及股东会决议致使股东遭受损失。该公司负责人是否应负法律责任?

答:股东因企业负责人违反法令及章程遭受损失,可请求召开股东会解决,或申请法院处理。

问:《条例》第二十五条规定"公司无盈余或有亏损时,其应发的股息,得于有盈余的年度弥补亏损后酌情补发",在弥补亏损后,是否仍应先提出公积10%,然后酌情补发股息,才能与平常规定,先提公积后发股息的办法相一致。

答:企业如有盈余,在弥补亏损后应先提公积,然后酌情补发股息。

问:股东红利及董事监察人、经理人、厂长酬劳金已明白规定一般应不少于60%,又职工福利基金及职工奖励金等一般应不少于15%,但副经理、副厂长、襄理等并未列入,是否可计入股东红利及经理人酬劳金内,抑或应列入职工福利奖金内计算?

答:《条例》第二十五条第二项一款所称"经理厂长"包括副经理、副厂长、襄理等在内,至他们是否享受职工福利及职工奖励金的待遇,须视其是否加入工会而定。

问:《条例》第二十八条规定"公司组织的企业……如为其他企业的有限责任股东,其投资额超过本企业实收资本1/3以上时,须报经中央私营企业局核准",似应规定为报请地方工商行政机关核准,转报中央私营企业局备案,以求迅速决定投资,便利新企业的组织,亦便于地方工商行政机关直接了解情况。

答:公司投资超过其实收资本额1/3以上时,应报由中央私营企业局核准,因所有公司的登记,均由中央私营企业局直接掌握,但地方工商行政机关转报时得就所了解的情况提出意见。

问:工厂产品委托商店经销,税由经销店代缴,售价由厂方规定,发票由厂方发给,加盖经销店戳记,经销货物由厂方给经销商店一定之报酬(佣金),经销店事先给厂方一定的保证金,除经销该厂产品外,并经销一定买卖,此种经营方式,在办理登记时,可否视为某商店的兼营业务,是否须另行设立机构办理新企业设立登记?

答:某商店被委托代销商品在办理登记时,可视为兼营之业务,毋须另行设立机构办理新企业设立登记。

问:企业变更登记事项,应于变更后15日内申请变更登记(例如增资等……在条例并未规定须经过核准)如其变更事项不适当时,而已变更完了,应如何处理?

答:企业变更登记,如其变更事项主管机关认为不适当时可依据法令加以纠正,俟其补正后,再予变更登记。

问:企业登记的证照有效期限如何规定?

答:企业登记的证照系证明企业的组织方式及其应负的责任;除企业因歇业解散而缴销证照外,主管机关并得依施行办法第十三条或第十四条规定吊销其证照。因此,是项证照不必有期限的规定。

问:《施行办法》第十八条第一款的"处分财产"与同条二、三、四各款任务性质有何不同?为什么不并入第一款?

答:企业因解散而进行清算,在清算期间,清算人有代表企业一切行为之权。因此清算人的职务,不仅限于施行办法第十八条第一款的规定,且同条二、三、四各款均有其具体的任务,不能笼统合并为"处分财产"。

问:在《私企条例施行办法》公布后申请登记之企业,登记费应按该办法第二十四条规定缴纳,但因各地执行较迟,在此过渡期间内,如须按该条规定办理,即应分别多退少补,是否可行?

答:各地工商行政机关,根据私营企业暂行条例及施行办法审核处理之登记案件,应依照施行办法第二十四条的规定核收登记费。在施行办法执行前各地照原有办法办理者,已收费款无须退补。

问:《私营企业暂行条例施行办法》第二十四条有:"设立或增资的登记费按资本额或所增资本额每2000元缴纳1元"之规定,而《私营企业重估财产调整资本办法》公布远在本办法公布之前,关于重估财产因调整而增加资本时,是否应按规定缴纳增资登记费?

答:公司不问是否以前设立或新近设立,须一律办理设立登记,报由中央私营企业局发给执照。其登记费应按资本额每2000元缴纳1元。设立登记后,调整资本之公司应办理变更登记,(包括重估财产调整资本后之变更登记)其登记费按所增资本额每2000元缴纳1元。独资合伙企业因调整资本而将资本额增加,其申请变更登记之登记费,亦按所增资本额每2000元缴纳1元。

问:公司登记申请人应缴纳的登记费款,其正式收据是否由中央私营企业局发交市县工商行政机关随时填发,抑由市县工商行政机关先给临时收据,候正式收据核发到后,再行通知申请人调换?

答:公营企业和公私合营企业之为公司组织或由中央各部、行、署直接领导者,以及私营企业的公司组织申请登记所应缴的登记费款,由中财委或中央私营企业局备具收据,惟须于核准登记给照时随文转发。在未发收据前市县工商行政机关得应事实的需要,发给临时收据。

问:如登记费不包括证照费,除登记费按第二十四条规定,照资本额收费外,其证照费如坐商营业证及摊贩证等是否即按成本费缴收?

答:所称“坐商”如果是指具有一定组织形式的企业,(独资、合伙、公司)则照私企条例施行办法第十二条的规定,于核准登记后发给“登记证”或“执照”,不另收执照费。至摊贩及小规模之营业(如小商店、小作坊等),依照中财委本年6月7日(51)财经私字第七八号指示第(三)项规定,可由市县工商行政机关根据私营企业暂行条例及其施行办法的精神,另定简易登记办法,其登记费率,可斟酌地方情况,酌为减低。

问:《施行办法》第二十六条中,法定代理人是什么作用?可否不必要法定代理人的同意书,因为法律上规定未成年人对其本身的行为应自己负责。

答:新中国的民法尚未颁布,但根据过去一般习惯对未成年者,向来也限制其行为能力,如苏联亦规定满十八岁为成年,并对未成年人之满十四岁者,规定得经法定代理人(父母、养父母、监护人、保佐人)之同意,为法律行为。(见新华书店发行中央人民政府法制委员会编译的苏俄民法典第七条及第九条。)

问:《施行办法》第三十三条规定合伙人中有一人提出异议应即停止执行业务,我们的意见认为应以民主集中制为原则,少数服从多数来执行。

答:合伙企业是由合伙人负连带无限清偿债务责任的,因此执行业务应得合伙人全体的同意。

问:某股东持有公司股份的半数以上,是否可因而不召开股东会或即使召开股东会但一切可由其独裁决定?

答:股东会的召集除由董事会依法办理外,并得依照施行办法七十四条之规定,加以补救。至股东会的表决方法,应于章程中订明之。

问:股东会出席股东是否以实际到会股东人数为准,其受委托所代表之他股东不知可认为出席否?

答:股东会出席股东之人数,除实际到会之股东外,其受委托代表他股东到会者,亦应认为出席。

问:股东会选任监察人以投票方式选举,所有出席股东,除本人自投一票外,其代表他股东在二人以上者,应否有代表投票之权?

答:股东会选任监察人,如以投票方式选举者,每一出席股东除本人自投一票外,其代表他股东者,自有代表他股东投票之权。

问:《私营企业暂行条例及施行办法》公布后,各市县所有私营企业是否全部都须重新进行登记?抑俟旧证期满时分别登记?

答:在《私营企业暂行条例及施行办法》公布施行前,业经设立并已登记有案的独资及合伙企业,如地方工商行政机关认为其登记事项符合于施行办法的规定,可以不再办理登记(见私企条例第十三条)。至公司组织之企业,无论其为新设或原已设立者,均应依照规定重新办理设立登记(见施行办法第102条)。

问:公司与独资或合伙的企业,除了在组织方式上不同以外,其他在资金额(是否应比一般企业为高)营业范围(是否较一般企业放宽)有什么区别?请说明原因。如上海永安百货公司其营业范围较一般百货店为广,该公司可以经营文具、木器、食品、游艺等业务。倘有三五商人集资开设百货公司,虽然按照条例选举董监、建立会计制度,但在本质上同于合伙企业,仅借组织方式披上“公司”名义,争取较宽的营业范围,是否可以批准?如不批准根据何在?

答:公司与独资或合伙企业的区别,主要是组织方式的不同,资金额和营业范围,并无阻制,亦有个别的独资或合伙企业,其资本或规模反较某些公司企业为大的,但一般地说,公司组织是近代化的企业组织,其组织及会计制度较为健全;易于实行合理经营及经济核算制,我们应该奖励私营企业向公司组织方向发展。

问:解放前已设立的某合伙企业(经营洪油特产之收籽加工及国内销售)为适应国家目前的城乡及地区间土特产物资交流,预备兼营其他湖南土特产洪油木材……的采购运往江苏销售。在湖南设有收桐籽的店及榨油的作坊(现改为厂),江苏镇江有支店办理销售，又拟扩大并经营木材的运出（由湘到江苏）及上海绸缎布匹的交换，到湖南去设绸布店门市，这些业务在今日是很必需的。这种扩大的组织是否用过去合伙的私营商店招牌即可，抑或是须更名为土特产公司或其他公司名称及组织。

答：企业扩大组织，是否仍维持原来的组织方式及名称，抑另行改组并变更名称，应由企业视其具体情况自行决定。所说的这家合伙企业因扩充营业范围，增加资金，为了适应业务发展，是可以改为公司组织的，这可由当事人自己考虑抉择。但公司与合伙营业不仅仅是名称的不同，它们的组织是完全不同的，如果组织没有变改，把合伙商店招牌改为公司是不可以的。

问：股份有限公司之股东，以所认股份为限，如果公司原有资本觉得不够运用或资本已有亏损，而股东无力增资或无意增资，而且招添新股也发生困难时，劳方可否以维持生计而强要原股东增加资本或弥补亏损，不同意解散。

答：公司如资金不足，或资本已有亏损，而股东无力增资时，劳方不得强迫原股东增资，但可请求当地工商行政机关邀请股东会商作适当的处理。

问：据某省级财委的指示："坐商兼行商"系违法的，但条例上对此问题却未有明确规定。倘企业主以另外资金不用企业名义经营行商是否属于超出营业范围？

答：凡坐商以原有资金之一部分或以原企业名义，超出其营业范围，从事行商的经营，应属违法。至企业主以另外资金不用本企业名义经营行商，一般应不认为"坐商兼行商"或"超出营业范围"。

问：某区所属有些县份至今尚未有工商科的设置，因此，企业登记工作无法推动，可否暂行缓办？

答：这些至今尚未设置工商科的各县，对企业登记工作，应由各该县人民政府暂时指定其他适当部门办理，不宜暂行缓办。

问："核准歇业"与"歇业登记"的手续有什么分别？既然"核准歇业"了，对"歇业登记"还有批驳权吗？为了避免商人将"核准歇业"认为是最后手续完成，是否在其申请歇业时，由工商行政机关在批文上将"核准歇业"改为"准办歇业手续"？

答："核准歇业（在合伙或公司称解散）"与"歇业（或解散）登记"原属两个不同的程序。《私企条例施行办法》第三条第四项对企业的歇业或解散，规定应向所在地市县工商行政机关申请核准，而不直接向主管业务机关申请，就是为了便于照顾到企业因结束而可能涉及的劳资或其他问题。既是两个不同的程序，因此，工商行政机关在处理核准歇业或解散时，应先与主管业务机关会商。又为了避免商人将"核准歇业（或解散）"认为是完成歇业登记手续，我们同意工商行政机关用"准办歇业（或解散）手续"字样批复。

问：依《条例》第二十三条的规定股份有限公司，亏损达三分之一时，应即召开股东会，讨论增资或解散事宜，但大多数股东不出席股东会致无法开会或出席股权不足三分之二时，应如何处理？

答：股份有限公司股东会为增资或解散之决议，应依照施行办法第七十五条或 第八十四条规定办理，如其决议不足上两条之规定时，可作成假决议，另行公告通知各股东，再行召集股东会解决，或用通讯方式征询其他股东意见。

问：某合伙企业于1950年度有盈余，除已照章缴纳所得税外，其余部分之盈余额是否可依照1950年12月29日政务院公布之私营企业暂行条例第二十五条在不影响经常生产及业务经营之原则下予以分配？分配时有何种手续？是否需向当地工商业联合会报告？是否需经企业所属的同业公会同意？任何机关或组织是否有权干涉合理分配的盈余额？

答：私营合伙企业的盈余分配，在不影响经常生产及业务经营原则下，悉依契约或行业通例办理，如果他们自愿依照私企条例第二十五条按公司组织之盈余分配办法办理，亦无不可。又企业分配盈余手续，可依惯例，不一定向工商联合会报告或取得同业公会的同意，因为在原则上盈余的分配为投资人应有的权利。

问：若股息因无利润而不发则股东生活费用无着落，可用何法来弥补此缺点？股息为年息7%，则如何计算？劳资集体合同是否要提到股息一项？

答：独资合伙以及公司组织之企业其盈余分配，应依照私营企业暂行条例第二十五条规定办理，又公司无盈余或有亏损时，其应发的股息，得于有盈余的年度弥补亏损后酌情补发。至因不发股息而影响股东生活，这是个别的特殊情况，应由关系方面自谋解决办法。关于股息的计算，如股东出资金百元年息7%则为7元。股息一项毋须在劳资合同规定。

问：某市对各业"开""歇""迁移地区"或"转让"

的批驳系根据资金的大小、地域分布而掌握的，如对薪炭业已停止发展新户，但如偏僻而少炭业的地区仍可酌情批准登记，为避免商人钻空子，对由偏僻地区迁至繁荣区域者一般不予批准，尚根据办法二十七，二十九，三十六各条之规定则"各项变更登记"均系先成事实而后办理登记，我们感觉不便掌握。

答：企业开业、歇业、解散、变更营业范围或转业和迁移地址等，依施行办法第二第三两条均应先行报经核准；独资合伙企业的转让亦同。主管业务和工商行政机关，在其申请核准时，即可互相联系加以掌握。

问：依照《施行办法》第六条第一、二两项的含意独资或合伙的企业，其名称是可以相同于经营同类业务的公司名称。这样在实际上，可能使投机商人为了假借某公司的信誉，故意取用相同之名。果有此事，是否可根据办法第五条第三项的精神限制其使用？

答：《私企条例施行办法》第六条规定企业经登记后，在市县范围内，同类业务的其他企业不得使用相同名称。所谓"企业"原不问其是否为公司组织，因此，非公司组织的企业在市县范围内，其名称自不得与同市县内经营同类业务的其他已登记之公司名称相同。至非公司组织的企业，如故意使用其他市县已登记之公司名称，经营同类业务，该有利害关系的公司，得凭证件向当地工商行政机关或法院申请处理。

问：《工商情况通报》第十四期4页所载第27个答案中说"凡变更原核准登记事项中之一，即应申请变更登记"但从业人员的住所、企业的铺保、从业人员的数目等项是否也须办理变更登记手续呢？

答：从业人员(除经理人外)的住所和人员的数目以及企业的铺保等，在条例及施行办法内均未规定属于应行登记的事项，因此，企业对于这些事项的变更，无须办理变更登记，惟工商行政机关为便于管理，规定企业应行查报者，与登记事项无关，企业仍应遵照。

问：某市大部分工厂均系公司组织，但其管理机构均设上海，且在私企条例公布前，均已向上海工商局办理公司登记，其在上海的管理机构实际上仅不过是一个"写字间"，此公司的附属工厂是否依照分支机构办理登记，如依照分支机构办理且其生产有全国性者，是否要报由当地工商行政机关转报中央私营企业局？

答：公司不问是否以前设立或新近设立，须一律办理设立登记。上海的公司在他市设立附属工厂，应视为分支机构，并应依施行办法第十一条的规定办理登记。又分公司的登记，不问其业务及产销计划是否有全国性，均应报由市县工商行政机关转报中央私营企业局办理。

问：《工商情况通报》第十四期4页所载第22答案的精神与《施行办法》中第十二条规定不符，查条例第十二条既定公司应由当地工商机关转中央私营企业局登记，则中央私营企业局已不是"核准营业的主管业务机关"，因而抵应发给《企业登记证》，不应发给《营业执照》。倘中央私营企业局发给执照，而当地工商机关是否再发登记证呢？

答：企业经核准登记后所发给的登记证，依施行办法第十二条规定分为两种：

(一)独资或合伙由市县工商行政机关发给《企业登记证》。

(二)公司由中央私营企业局发给《执照》。

上述《工商情况通报》所载第22个答案，是指出有些地区，过去习惯对一般独资或合伙组织的坐商发给《营业执照》是不妥当的，至于公司组织的企业，虽则中央私营企业局并非《核准营业的主管机关》，但是依照规定，是应该由中央私营企业局发给公司《执照》的，而这种《执照》与核准营业的《营业执照》性质不同，我们主张嗣后核准营业的主管机关所发给的证明文件，最好改为《营业许可证》较为妥当。

问：《办法》第十二条规定：企业经核准登记后，由市县工商行政机关发给《企业登记证》，这与目前换发的营业证照是否为同一或具有同样效力的证照？今后是否取消营业证照的换发，而执行企业登记？又同条第二项规定："依照条例第十三条规定不再办理登记的企业，其原领的登记凭证有与前项登记证同一效力"指何种凭证而言？已领得的营业证照是否即为凭证？今后营业证照与登记证两者是否同时并存？两者的意义、目的、作用有何不同？

答：市县工商行政机关依据施行办法第十二条规定于核准企业(独资或合伙)登记后，所发给的《企业登记证》，其意义是确定并证明该企业的组织方式。企业于登记后除非因歇业、解散、变更组织方式或变更其他应行登记的事项，须缴销或换领登记证(见《施行办法》第十二条二项)外，一般地对登记证不必有限期的规定,也不需要有按期换证的手续。因此,他与主管业务机关因核准营业所发给的证明文件,性质完全不同(这种证明文件有的称为《营业执照》,其意义是对企业取得营业权的证明,而营业权的核准,可能是具有条件或期限的规定。如某企业的营业权已告消灭,必然构成施行办法第十五条一款的情由,而须申请核准歇业或解散;所以"核准"与"登记"两者是相互结合的)。所说的"营业证照"如系市县工商行政机关依《施行办法》第十二条一项发给,则应属于《登记证》性质,自可由市县工商行政机关按照《条例》第十三条二项斟酌实际情况决定应否再办登记手续。而是项"营业证照"依施行办法第十二条第二项的规定,应视为与《登记证》有同一效力。

问:《办法》第十七条、十八条、二十二条的清算手续是在企业歇业或解散后办理的,但该企业既已歇业或解散,其呈送清算表报是否应以清算人的名义?如逾期不送表报,工商行政机关是否可以催促?

答:独资企业之歇业,应由出资人自行清理,所以《施行办法》第二十二条的规定对于独资并不适用。至合伙及公司企业于解散后应由清算人依照《施行办法》第二十二条办理,其逾期不将决算表报报请工商行政机关备查者,工商行政机关可以催促。

问:《施行办法》第二十四条二款所称的"其他各项登记",一般系指除创设及增资以外的登记而言是否也包括转业、转让、歇业、解散等项登记,每件一律收登记费2万元?

答:《施行办法》第二十四条第一项第二款"其他各项登记"是指除设立及增资外之各项登记而言,凡企业变更原核准登记事项(不包括增资)和歇业、解散、添设及撤销分支机构,公司发行公司债,以及独资合伙企业的转让等均属之,这些登记,均应照同款规定一律收登记费2万元。

问:《施行办法》第二十四条规定:"凡是申请登记和变更登记的企业,都须按照规定缴纳登记费",但有些地区今年换发营业证照是根据地方法令(例如《察哈尔规费暂行办法》)的规定,按证收取工商规费。既已征收了规费,是否还须收登记费?如若两者同时征收是否妥当?应如何办理?又某省根据惯例在本年5月份,布置了每年一次的工商业换发营业证照工作,迄目前止已有部分市、县顺利地完成和正在结束着这一工作。因此如若中、小城镇的私营企业(独资或合伙)必需要办理登记时,我们考虑可移到1952年度执行。

答:明了了上面第十五问的解答,《企业登记证》,是不需要按时或限期换领的。至企业申请歇业、解散或变更登记事项(增加资本之变更登记除外)其登记费应按施行办法第二十四条第一项第二款核收,自不适用地方法令的规定。惟对小规模营业(如小商店小作坊等)的登记费仍可依照中财委财经私字第七八号指示,斟酌地方情况作适当的减低。至主管业务机关核准营业所发给的证明文件,应否收取规费,可由市县工商行政机关,根据实际情况考虑决定。又中小城镇的企业无论为独资合伙或公司组织在其申请登记时,应由市县工商行政机关及时办理,不宜移到1952年度执行。

问:私营公司组织企业的登记费、照中财委1951年6月7日所发第(51)财经私字第七八号指示可交当地人民银行免费汇解,关于使用公司名称及由中央各部门直接领导的公营企业和公私合营企业的登记费应如何汇解?

答:向中财委办理登记的公营企业及公私合营企业的登记费的汇解,亦与私营公司登记费同样办理。

问:企业的分支机构不划拨资本者,在登记时应怎样填报资本额?对外埠企业的分支机构,根据什么规定收登记费?

答:企业设立分支机构,不论有无划拨资本,其登记费依照施行办法第二十四条第一项第二款之规定,每件纳费2万元,不划拨资本之分支机构,在申请登记时,对资本额原可不必填报。

问:《办法》第三十一条规定合伙企业既由合伙人全体申请登记,而"业务主持人"又不仅限一个,但企业登记证上只写一个人的名字,是否可在登记事项表中添"主持业务之合伙人"一栏,以备登记证上好写名字?

答:合伙企业申请设立登记时,应检送的登记事项表,在施行办法第三十五条二项已规定应载明同办法第三十二条七款"定有执行业务的合伙人者,其姓名",因此毋庸另添"主持业务之合伙人"一栏。

问:《施行办法》第五十三条为何规定有限公司不允许减少资本?而股份有限公司为什么可以?

答:有限公司各股东的出资数额必须载明于章

程，与股份有限公司之以“股份”结合，易于移转流通者不同，条例上所以规定有限公司不得减少资本，目的在使有限公司遇有亏损而资本短少时，惟有增资补充，不能减少资本，俾其实力充足，而不至影响于债权人的利益。施行办法第七十一条规定股份有限公司不得收买本公司的股份或收为只押品，其用意亦相同。惟股份有限公司经过合法手续可以减资。

问：依照《私营企业暂行条例》之规定，企业负责人在股份有限公司为董事，今有部分董事，不过问业务，不出席董事会，致业务未能开展，董事会往往不能开成，应如何处理？

答：原件所说的公司部分董事不过问业务，不出席董事会，而致业务不能开展，可按《施行办法》第七十四条之规定办理。

问：《办法》第七十六条所称优先股有哪几种？优先股东有什么权利？

答：优先股乃对普通股而言，系公司给与优先利益之特种股东权利，有优先于普通股之效力，这种权利视公司之具体情况而定，一般如优先分派股利之顺序，定额或定率；优先分派公司剩余财产之顺序，定额或定率；以及优先股东对于股东会行使表决权之顺序等。

问：《施行办法》第九十一条请加以解释？

答：《私企条例》第十九条规定股份两合公司的负责人为执行业务的无限责任股东，又依照《施行办法》第九十二条第五十九条和第四十二条一项的含意，股份两合公司的无限责任股东均有权执行业务（但是又可能只有一位无限责任股东），《办法》第九十一条规定这些（或这一位）执行业务的无限责任股东准用关于股份有限公司董事的规定，即可不受办法第七十二条人数至少为三人的限制。

问：《办法》第九十九条所说的委托代理人的职权是否仅限于代办企业登记手续？代理如不是股东，是否可以由其具名作为申请人？登记证上可否写他的姓名？

答：《施行办法》第九十九条所称代理人，其任务是受委托办理申请登记，委托书虽可由其署名代办登记手续，但登记证上不能写代理人的姓名。又这种代理人凡有正当职业的第三人均得为之。

问：《私企条例》第五条规定，私营工商业组织联营应经地方主管机关核准，此主管机关系指业务机关抑工商行政机关？

答：《私企条例》第五条第一项所称“当地主管机关”系指当地工商行政机关。

问：申请撤销登记之公司，虽未依照私企条例办理登记，但曾在当地主管工商行政机关备案，并领有暂准营业通知一纸，所缴登记费款，是否发还该企业或由当地工商行政机关核收作为地方收入？

答：凡未依法呈准中央私营企业局登记的公司申请撤销，可由原核准的主管机关，径予处理，不必转报中央私营企业局备案。所缴登记费，不必发还。

问：私营企业中以劳务出资的在旧社会里是很普遍的现象；解放后，仍然存在，这是不合理的。现在，新设企业所订立的章程与合伙契约上是否允许？

答：关于劳务出资，《私企条例》第四条虽未明白规定，但是，原则上，新创设的企业不得再有所谓“劳务出资”，至过去有所谓“人力股”，严格地说系盈余分配的一种方式，并非真正的劳务出资。

问：分公司呈请登记时是否应与总公司一样附缴全部附件如组织章程、股东名册、创立会议录、缴足资本的证明文件等？

答：分公司申请登记，只须依《施行办法》第十一条规定，列报该条第一款至第五款之事项，毋须附缴总公司登记时所应送的文件，惟应视其组织方式由总公司的负责人具文申请（例如股份有限公司应由董事中推选一人为之，见《施行办法》第六十条第四项）。

问：其他城市公司组织的企业设在本市之办事处是否亦应转报备案？

答：公司组织的企业在其他城市设立办事处，应属该企业之分支机构（即视同分公司），依《条例》第十五条规定，应申请核准并办理登记。

问：私营诊所一半替人看病一半兼售成药，在重估财产或办理企业登记时，是否只办兼售成药部分抑全部免办重估财产及企业登记工作？

答：私立医院诊所因非纯营利事业，依中央卫生部1951年2月23日（51）卫医字第117号通知，一律可以不进行工商业登记。又政务院财政经济委员会于1951年11月25日致中央文教委员会财经计（财）字第242号公函规定“不对非就诊之病人售药”（见中财委公报第七期）是私立医院诊所免纳工商业税的一个条件。因此，私立医院诊所如对非就诊的病人有售药情事，不论其为配剂或成药，其售药部分之性质显已与普通药房类似。如当地主管工商行政机关就具体情况,认为有进行工商业登记必要者,自应就其售药部分办理重估财产手续。

问:有些工厂其资本及营业情况比公司组织还大,应作公司登记抑作一般厂商登记?

答:工厂应作公司登记或作一般厂登记,应视其本身组织(独资、合伙或公司组织)而定。如果是公司组织的应办公司登记;如不是公司组织而为独资或合伙组织的,虽规模甚大,亦仍照独资或合伙企业办理登记。

问:某公司如将现有福利基金80%或50%分给大伙,其余部分,用作借款基金,职工遇有急用时,可以借支,这样是否合理?

答:职工"福利基金"原系办理职工福利事业的一种"基金",一般说"基金"是不应该轻易动用的,平时最好运用"基金"所生利息作各种福利事业的开支。如将此种基金全部或一部分用来直接分给大伙,有失"基金"的意义,至职工遇有急需(如婚丧疾病等)事属福利范围,可以在福利基金项内申请借支。

问:总公司尚未向中央私营企业局登记,如总公司因业务需要指令撤销其分支机构或将公司解散,应具备什么手续?如何办理?

答:凡未依法呈准本局登记的公司,其申请撤销分支机构,或将公司结束,可径报原核准的地方主管机关办理。

问:《私营企业暂行条例》第二十五条"独资合伙企业的盈余分配,除法令另有规定外,依契约或行业通例办理",惟迄今尚未见到另有法令规定,究竟如何处理?

答:独资合伙企业由于各地情况不同,故对其盈余分配,中央未作统一的具体规定。《私企条例》第二十五条第一项内所称"法令",系指一切企业应行遵守的法令——无论中央或地方所颁布——如其中有与盈余分配有关者,企业均应遵照办理。当地工商行政机关可斟酌地方实际情况,如认为必要,可规定办法,并将所定办法,送我局备查。

问:应由地方登记的企业,在私企条例公布前业经登记有案,或在私企条例公布后依照其他单行办法登记者,是否均在变更原登记事项任何一项的原则下,办理变更登记,并照变更登记收费发照。

答:查《私企条例》第十三条规定,其应由地方工商行政机关登记的企业(独资、合伙),业经登记有案者,可以不再办登记手续。其原领的登记凭证,依《施行办法》第十二条第二项规定,亦得认为具有同条第一项登记证同一的效力。但地方工商行政机关如何决定这些企业可以不再重新登记,主要条件应视其原订登记办法所规定的登记事项是否符合施行办法的各项规定,又企业变更登记事项必须随时申请变更登记,并换领新证,否则不发生法律效力(见条例第十二条)。

问:除设立登记外,各种登记的登记事项表上应列的项目如何?中央有无统一规定?

答:关于企业应行登记的事项,在施行办法中均有详细规定。

问:企业登记证格式,及业务主管机关名称,是否已有规定?

答:企业登记证格式由地方工商行政机关自行制订,至私营企业暂行条例第十一条所称之主管业务机关,我局刻正集合中央有关部门的意见统筹划分,俟报请核定后,即可公布。

问:《施行办法》第一〇二条第一项的登记是否照第二十四条第一项收费?

答:凡属于《施行办法》第一〇二条第一项所称的公司办理设立登记,其登记费应按照资本额每2000元缴纳1元,但费款不足2万元者,应缴纳2万元。

问:中财委(51)财经私字(58)号指示以外的地方公营和机关部队企业的收费标准、费款交解及登记事项,如何规定?

答:凡不使用公司名称,或非由中央各部门直接领导的公营企业,由地方主管工商行政机关径办登记,其应报登记事项,及缴纳登记费,可参照中财委(51)财经私字第(58)号指示的规定,又此项登记费的处理,可参照中财委1951年6月7日(51)财经私字第(78)号指示第一项规定办理。

问:国营企业申请登记填送调查表时,如何与保密工作结合?盼能作原则规定。

答:关于公营企业的登记,依照中财委(51)财经私字第(58)号指示,登记事项甚为简单,不影响保密。

问:私营企业暂行条例及施行办法对股东会每一股东之表决权未有详明规定,其表决权应如何订定为宜?

答:不论何种公司,其股东会原则上大小股东均应参加,并行使表决权;因之股份有限公司及股份两合公司的有限责任股东,每股应有一表决权,但在若干股以上可酌加限制,其余各种公司每一股东应有一表决权,但亦可按其出资多寡比例分配表决权。

问:工商业习惯合伙企业之出资人多按月提出股息,据了解系为解决家庭负担之用,这情形是否可以允许存在?

答:合伙企业的出资人按月预支生活费若干,以解决家庭生活问题,可依其契约或行业通例办理,除违反法令者外,可不加干涉。

问:某市某户以养牛挤奶为主,并附带养畜及改良品种,此种乳牛业是否算工商业户?又营乳牛并豢养鸡鸭羊等怎样登记?营乳牛并种蔬菜果树应怎样登记?

答:该户既以饲养乳牛出卖牛奶,从事营利为其主要目的,自符合《私营企业暂行条例》第二条规定的范围,应按其组织方式(独资、合伙、公司)依《条例》及其施行办法规定,申请核准及登记(见《条例》第十一条及第十二条)。至"乳牛业"兼营其他副业,应视其兼营业务的类别性质,申请登记。

问:银行钱庄须采取公司组织,是否任何公司组织均不加限制?又依据《私营企业暂行条例》第三条第二项规定"公司名称应标明其种类",是否可沿商场习惯,于对外时仅简称××银行,或××钱庄?

答:银行钱庄最好采用股份有限公司的组织。又《私营企业暂行条例》第三条第二项规定,公司名称应标明其种类,至银行钱庄牌名,虽可沿用商场习惯简称"××银行""××钱庄",但其正式对外时,仍应用公司全名(××银行股份有限公司)。

问:股东分得红利后,是否可以自由支配其用途?或有一定限制?

答:股东分得红利,可自由支配其用途。

问:合伙的企业经股东订立合同,是否须呈当地工商机关核准?

答:合伙人全体同意订立的契约,取得所在地的区一级以上人民政府公证或其他必要证明(例如法院公证)后,在合伙人向市县工商行政机关申请设立登记时,依《私企条例施行办法》第三十五条规定,应检送审核。

问:合伙股东订立的合同,内中有一节是每年结算将全部盈余拨5%为员工福利,拨5%为员工奖金,拨30%为公积金,拨50%为股东红利,这样分配是否合法?

答:依照《条例》第二十五条第一项规定,合伙企业的盈余分配,原可依契约或行业通例办理,但合伙人自愿参照条例第二十五条第二项关于公司组织企业,盈余分配原则而作规定者,亦无不可。

问:合伙企业股东每年股息的支付,按什么标准计算,才算合法?

答:合伙企业合伙人股息支付,可自行斟酌业务情况于契约内订定,依约办理。

问:一家商店或工厂是否可以不问亏本赚钱,或有无其他问题,只要出资人自愿歇业就可以申请歇业?如因劳资关系不好,而申请歇业是否可以?又这一家如系迷信物品业,是否可以核准歇业?

答:企业依据《私企条例施行办法》第十五条的规定,备具结束业务办法,申请歇业或解散,市县工商行政机关可否批准,应就其实际情况及所具结束业务办法中对职工之处理,予以审核,主动掌握。如果资方希图逃避资金歇业后将引起重大失业问题者,应说服资方继续营业。倘有困难时,对于有发展前途的企业,必要时可给以支持。至对于实在没有发展前途的行业(如非民生所必需者,或生产已过剩的行业),申请歇业应予批准不要勉强维持,待到困难无法克服,最后依然要关门时,不但对资方不利,对劳方亦不利的。但在批准歇业前,应与劳动部门协商,对解雇工人有适当的处理。

问:遗失股票应在遗失地公告或在总公司所在地公告?

答:如公司章程有规定者,依公司章程规定,无规定者可由公司负责人决定。

问:两合公司和股份两合公司之无限责任股东,在有限责任股东会中有无表决权?关于监察人的选任,是否须经无限责任股东的同意?

答:根据私企条例第十八条第一项,股东会的决议须经无限责任股东的同意,至于监察人的选任,是代表有限责任股东行使监察权,应不受此限制。

问:独资、合伙出资人与无限公司、两合公司和股份两合公司之无限责任股东,同样负连带无限清偿的责任,究竟在法律上有何区别?

答:独资是单独负责,无连带关系。合伙企业是合伙人以自然人负连带无限清偿债务责任。无限、两合、股份两合公司的无限责任股东,是对公司债务负连带无限清偿责任,不是每个股东直接对于债权人负责任。

问:董监任期应否有一定期限,其限期是否一致?

答:董监任期应于章程内明确订定,至任期长短,应由股东会根据实际情况自行决定。

问:监察人当选,依法须有全体股东过半数以上之同意,候补监察人如以次多数当选,是否亦需全体股东人数过半数之同意,倘因而选不出时如何办?

答:候补监察人以次多数当选,这种次多数仍须为出席股东之过半数,如选不出时,可用决选方法(即以初选的较多数若干人进行决选);或将监察人与候补监察人分别选举,不以多数次多数决定正式监察人与候补监察人,那就不至于选不出了!

问:公积之作用是"保障亏损"。所谓"保障"与"弥补"之效力是否相同,公积能否弥补亏损?

答:私企条例规定公积为扩充事业及保障亏损之用,所谓"保障"系"防患未然",如已发生亏损,在必要时可经股东会议决定提作弥补亏损,两者目的同样是为了巩固企业的基础。

(选自《工商情况通报》第14期、第17期、第18期、第20期、第21期)

第二节　颁布实施《私营企业重估财产调整资本办法》

一、私营企业重估财产调整资本办法

(1950年12月25日政务院财政经济委员会公布)

甲、总　则

一、全国私营企业不论已否重估财产调整资本,应于1950年12月31日办理本年度通常决算以后,依照本办法规定将全部财产(包括资产负债)重估价值并调整其资本额。

二、重估的财产必须为1950年12月31日实有的财产,凡确为企业所有而并未入账的财产应一并盘点估价整理入账。

三、重估财产一律以1950年12月31日之当地当时价格为估价标准。

四、倘某种物价有不正常变动,不能以1950年12月31日为标准时,得由各地评审委员会公议合理价格为估价标准。

五、凡设有分支机构的私营企业,各分支机构的财产,应按所在地之价格及手续分别重估,由总机构合并计算。

六、总机构在国外,分支机构在国内者,仅就国内所属部分之财产,依本办法之规定重估之。

七、重估财产价值调整其资本额,应以人民币为计算单位,但东北、内蒙及新疆等地区,得暂依当地货币为计算单位。

八、重估财产价值调整资本,办理完竣之期限,得由当地工商行政主管机关斟酌情形分别规定之。

但一般以1951年6月30日为限。

九、私营企业财产重估的工作,由各地工商行政机关主持,会同税务机关,工商联合会并邀请其他有关机关团体及会计技术专家,组织市县私营企业财产重估评审委员会处理之。各地评审委员会得视实际需要,分行业或地区设立分会。分会之组织田市县之评审委员会规定之。

十、私营企业财产重估评审委员会之职权如下:

1.宣传私营企业重估财产调整资本之目的与办法;

2.推动指导私营企业重估财产之工作;

3.评定各业估价标准及同业公议价格单;

4.根据私营企业各户自报材料,按业按户进行审查;

5.发现评议不公或私营企业各户对审查有异议时,予以复审;

6.其他有关私营企业重估财产之评审事项。

乙、重估财产

十一、各种财产估价的标准如下:

(一)存货

(1)贩卖业的商品或制造业的原料物料:按评审委员会评定之1950年12月31日之进货价格为重估标准。

(2)制造业的制成品副产品:按评审委员会评定之1950年12月31日出售价格参酌各该业一般毛利率折减后所得之价格经评审委员会评定者为重估标准。

(3)制造业的在制品:照制成品副产品估价、再按未施工程度折减计算为重估标准。

前项商品原料、物料、制成品、在制品、副产品、为评定之同类公议价格单上未戴明者、或存货已变质滞销者、得自行拟定价值及说明、报请评审委员会审定。

(二)固定资产

(1)土地:以当地地政机关所估定之地价为标准、当地无地政机关者,由当地政府估定之。但时价低于估定地价时,应依时价估计。

(2)房屋:由当地评审委员会邀请建筑专家营造厂商或熟悉人员议定造价及折旧的共同标准。

企业负责人依据上述标准,视其建筑及使用情形估定其重置价值及个别的折旧率,再照实际已使用年数扣算估计之,其使用年数不明者,估计其尚可使用之年数推算之,(如一般钢骨水泥建筑物经共同议定以使用五十年定其折旧率为共同标准,假设某厂钢骨水泥建筑物因机器震动之故只可按照使用四十年摊提折旧,如该建筑物现在已使用十年,应扣除10年的折旧计算之。若使用年数不明,应估计其尚可使用年数,譬如为十五年,则于四十年内减除十五年即二十五年定为其使用年数,扣除折旧计算之)。

(3)机械及附属设备,运输设备、模型、仪器等:由评审委员会邀请技术专家,制售厂商或熟悉人员议定造价及折旧的共同标准。企业负责人依据上述标准按其品质及使用情形估定其重置价及个别的折旧率,再照实际已使用年数扣数估计之,其使用年数不明者,估计其尚可使用之年数推数之。

(4)工具器具:由企业负责人根据制售厂商或熟悉人员所估定之重置价值及折旧标准,照实际已使用年数估计之。其使用年数不明者,按其尚可使用之年数推算之。

(5)凡残破失效或不适用的固定资产,依照残存价值为估价标准。

(三)债权资产

(1)应收账款、应收票据及其他债权资产:照实际可能收入数额重估入账,其因倒闭、逃匿、调解等不能收已者,或逾期屡经催收不得者,得凭证件,予以剔除,其以折实单位或其他实物价还作标准者,依照折实牌价或实物时价估计之。

(2)预付货款或预付定金:按照契约规定情形或预付部份货物之品质及数量,照评审委员会评定之同业公议价格单估价,其以外币计算者,照外币资产估价。

(四)金银外币外汇及国外资产:金银照中国人民银行挂牌价格计算估值,外币外汇、根据原额及契约规定已到期息金,照中国银行外汇牌价计算估值。国外资产按所在地时价分别估值后,再按中国银行外汇牌价折合计算之。

(五)证券及投资:有时价者照时价、无时价者按实际情形酌予估价、折实公债照牌价估价。

以前伪政权发行之公债库券不予估价。

(六)递延资产:按照费用之有效期间未经过部分或购存物品之未消耗部份估定其价值。

(七)负债:以前借款时、原系收受金银外汇外币等折价入账者,应按当地中国人民银行或中国银行之牌价计算其重估价值(还款办法根据法令办理)。如系以折实单位或实物计算者,可按折实牌价或实物时价估计。预收货款预收定金未付栈单等负债,按预收部份之实物时价估计。

在待解放区之财产或战前存款,均暂不重估。

以上未列明之其他财产,其估价标准和方法,应视其性质比照上列各项类似之财产估定其价值。当地无市价者得比照邻近地区评审委员会评定价格为重估标准。

十二、无形资产如商标权、著作权、专利权等、以合法出价取得者为限、就其继续有效部份按实际情况酌予重估。

十三、重估财产后如资产不足偿付债务时,私营企业应增加资金重定资本额或无债权人协商处理办法或申请歇业。

十四、私营企业自行重估财产后,应编具估价前后之资产负债表,及重估财产价值明细表。

前项重估财产价值明细表,应列明各种财产之品名、数量、账面金额、估价标准、重估价值、及重估增值额。

重估财产价值抵过账面金额后之差额、为重估财产增值额。

十五、私营企业负责人,应将前条编制之估价前后资产负债表,及重估财产价值明细表,并附必要之估价证明文件,送请当地评审委员会审查,应于公司组织之私营企业,并应检附监察人或检查人之查核报告书。

十六、前条所送报表经评审委员会审查通过

后,发给财产重估审查通知书,如所送表报报告不实,仍由原报告人负责。

丙、调整资本

十七、重估财产增值额,应列明于账册,以作调整资本之用。

(一)重估财产增值额除得抵销雇损外,不得视为盈余分派,亦不征收工商业所得税。

(二)私营企业办理1950年度通常决算后之所得,仍依工商业税暂行条例及其有关规定征收所得税。

十八、(一)重估财产增值额应由企业负责人依据有关法令,并参照过去的实收资本数额和现在的业务及财务情况,拟定调整资本之数额,其不转作资本部份,应列入公积、作成调整资本方案。

(二)企业负责人应将评审委员会所发财产重估审查通知书,估价前后资产负债表,重估财产价值明细表,连同调整资本方案,提请资本主或全体合伙人或全体股东同志或股东会通过、并取得调整资本同意书,或决议录。

十九、企业负责人办完前条规定手续后,应备具下列各件向工商行政机关依法声请登记或变更登记。

(1)财产重估审查通知书。

(2)调整资本同意书或决议录。

(3)合伙契约或公司章程及股东名薄。

丁、附　则

二十、各地实施具体办法,得由各市县人民政府依照本办法之规定结合当地具体情况另行拟订,并呈现报上级人民政府及政务院财政经济委员会中央私营企业局备案。

二十一、城市及小乡镇的店铺,和大市县营业范围较小而无记账能力之私营企业,得由当地评审委员会酌准免办财产重估。

二十二、某些城市如因特殊困难,不能举办重估财产及调整资本时,得经大行地区财政经济委员会核准,暂缓办理并特报政务院财政经济委员会备案。

二十三、公私合营企业重估财产调整资本得适用本办法。

二十四、本办法由政务院财政经济委员会公布施行。

二、《私营企业重估财产调整资本办法》疑问解答

问:在1950年底或1951年初开业者,是否重估?

答:在1950年开业者应行重估,在1950年开业者不必重估。

问:银钱业是否依办法一律重估?

答:银钱业因有战前存款及其他管理法令问题,关于调整资本办法,现正由人民银行研拟中,惟重估资产一节,仍应依办法规定办理。

问:公私合营企业,有在本办法公布前已经过公私协商办竣重估财产调整资本者,是否仍按本办法重估?

答:公私合营企业一般应依本办法进行重估。其在本办法公布前已经公私协商办竣此项工作者,如当时估价足以表现其财产价值,且估价标准与1950年12月31日之时价无大出入者,可由该企业之董事会(包括公私双方的)或其他代行董监职权之机构斟酌呈报主管机关核准后,不再行重估;惟仍应将重估财产调整资本情况,按照规定,申请登记。

问:未有记账的小户,不易查出1950年底的实有财产,可否令其按重估时之实有财产(如5月1日办理重估,即按5月1日之实有财产),仍依1950年12月31日之时价重估?

答:依办法第二十一条规定,范围较小而无记账能力者,原可由当地评审会酌准免办重估。如当时认为可以办理,在条件许可时,可照所拟办法办理。

问:依办法第二十一条免办财产重估的小户,是否可以不编具估价前后资产负债表及重估财产价值明细表,单办登记手续?

答:是。可凭所报的资本额办理登记。

问:重估增值部分,在会计处理上,有无统一规定科目的必要?

答:增值部分依办法第十八条之规定应转入资本及公积,不需另订统一科目。

问:存货的估价,是否准许其低于同业公议的价格?

答:关于准许存货估价低于标准价的问题,如无特殊必要,为划一核实计,仍以依办法第十一条第(一)项之规定,按评审会评定之价格办理为宜。

问:办法第三条所规定之估价标准与工商业税暂行条例施行细则第四十四条之规定不同。企业内部账目,应以何者为准?

答:重估后企业内部账目应以重估之价格为准。至于课税之作价方法,并不影响企业账目。即在未办重估时,课税价格亦非即账上价格。

问:工厂采用永续盘存制处理材料收发者,可否由该厂个别参照12月31日市价先行估价领用,以便计算成本,将来请求评审会追认?

答:可以,但将来仍应以评审会规定之价格为标准,重估其12月31日实际盘存的材料。

问:有些应收账款,既非债权人倒闭或逃匿,而屡催尚不能清收,有时又可以收回部分者,应否列入重估?

答:应收账款应按照实际情形估计可能收入的数额重估入账。

问:独资的工商业家,对直接用于厂店使用的自有房地产,在工商业登记时未计入企业资产者,重估时应否令其计入?又资东自有房屋一部开设企业的"连家铺"其房屋如何估值?

答:独资的工商业家,对自有房地产是否作为企业资本,或一部分作为企业资本可听其自行决定,如愿作为企业资本可按企业财产估值,否则可不计入。

问:企业以代价(典费)典入房屋使用者,订明典期届满屋主收回房屋如何估价?

答:典人的房屋非属企业所有,可不必估价。典费可视为债权资产重估。

问:企业借地自费筑屋,订明期满将筑屋连同土地无代价归还出借人者,其筑屋如何估价?

答:借地所筑之屋,重估时可按递延资产处理。

问:办法第十一条第(七)款,"战前存款,暂不重估",有些企业战前收有存款,如何处理?

答:"战前存款"系指战前银钱业的存款。政府对此种战前存款之处理办法尚在研究中,在未决定前暂不重估。至非银钱业的企业,本身原不应收受私人存款。如战前收有存款,其偿还办法,应照一般债务处理。

问:战前存款暂不重估,战后存款应否重估?依何标准?

答:战后存款,为人民币者自无须重估。为国民党伪币者,各地解放后大都已由银行钱庄依当时法令折成人民币存款,应不发生重估标准问题。如未折成人民币者,应由双方协商解决。

问:办法第十一条第(七)款"以前借款时",此"以前"是否包括战前在内?惟其是收受现金(当时货币)者,应如何处理?

答:此"以前"包括战前。至战前以当时货币计算的债务至今尚未了结者,恐为数不多。其归还办法,可由双方协商解决。

问:办法第二条"确为企业所有而并未入账的财产,应一并盘点,整理入账"。此种账外财产,是否以解放后为限?解放前未入账的财产和暗账,解放后并未将明暗账合并者,是否责令交出?又对解放前暗账,查出后是否犯法,须受法律处分?

答:凡确为企业所有而未入账的财产,不问其时间是在解放前或解放后,均应于此次重估时一并盘点,整理入账,并不致因以前未经入账而受到处罚。但在企业重估财产时,如不将暗账和不入账的财产提出重估,则系违反规定。

问:在香港设有分行,但现已结束,结束后的资产负债并未汇报总行入账者,应如何处理?

答:香港分行虽已结束,仍属办法第十一条第(四)款所称之国外资产,应依同款的规定重估。

问:总机构在国内,分支机构在国外者,如何重估?如在国外部分已被冻结,可否免予计算?

答:有分支机构在国外者,其国外部分应照办法第十一条第(四)项之规定估计后,由总机构合并计算。至于国外部分被冻结者,并非其财产已消减,故亦应重估;但可由当地评审机关,结合具体情况,准其提列相当数额之冻结损失准备,以便将来按照实际情况再行处理。

问:预付货款或预付定金中,如其货因美帝禁运不能输入,可否按实际金额计算?

答:依办法第十一条第(三)款第(2)项,预付货款或预付定金应按契约规定情形或预付部分货物之品质及数量,照评审会评定之价格重估。其货物因美帝禁运不能输入者,可由评审会结合具体情况处理(例如其货值尚未由企业掌握者可按预付金额估计,已由企业掌握者可按货物实值估计)。又如系以外币计价者,依同条同项之规定,应按外币资产处理,即照牌价折算。

问:办法第十二条,"无形财产,如商标权……等,以合法出价取得者为限"。所称是否指在发生买卖、转让、投资等关系而产生价格者,才重估?

答:是。但以合法之买卖、转让、投资为限。

问:货不抵债,将如何处理?

答:"货"不抵债,不一定是资产不抵债务。如重估后资产不足偿付债务时,应按办法第十三条,增加资金重定资本额,或与债权人协商处理办法,或申请歇业。

问:办法第十七条第(一)款,"重估财产增值额除得抵消亏损外……"所称"亏损"是否包括解放后资金贬值之损失?

答:此条所称之"亏损"是指1950年所结的一切亏损。

问:企业虽每年盘货结账,但习惯上有每隔若干年才分配红利一次者。此次重估财产时,若习惯上的分红年度未到,是否须提前分红?

答:公司企业每届结算后如有盈余,应依章程规定进行分配。独资合伙企业的盈余分配,除法令有规定者外,依契约或行业通例办理。重估时如依契约或通例的分红年度未到,不必要提前分红。但如依契约或通例其盈余有应分配与"西方"者,最好结算清楚,由双方协商,作为债务处理,或转做投资。

问:有些企业为了稳健,常将存货低估作价入账;或由于习惯上每隔若干年始分红一次,由东西双方协商将存货价格低估入账,以隐藏双方应得之未分配盈利,俗称"厚成"或"暗藏"。此种"厚成",在财产评估后是否仍可存在?在重估时如何处理?

答:依办法第十一条第(一)款,存货重估系以评审会评定之价格为准,应不再有存货低估现象存在。企业今后为稳健打算,可在分配盈余时多提公积,以充实力量。

"厚成"的问题,各地情况不尽相同。在重估财产调整资本时,可由当地评审机关,结合具体情况,分别处理。其确含有应属于所谓西方之未分配利益者,在处理时,可由双方协商,在不影响企业继续经营的原则下,作为企业债务,或转做投资。

问:有些企业中有"人力股"。享有人力股者(俗称西方,即代资方经营者),平时薪津照支,其股份大小常依年资及劳绩而定。人力股得按契约或合同规定,分配盈余,但不负企业亏损责任,亦不能处分产权。这种人力股在重估财产调整资本后是否仍可存在?在重估时如何处理?

答:按一般企业中之所谓"人力股",大都由于企业为奖励营业有劳绩的人,于每届结账时分给一部分盈余而来,实为酬劳金的性质。此种酬劳金的分配,得于不抵触政策和法令范围内,在契约或合同中加以规定,"人力股"在各地的习惯亦不一致。在重估财产调整资本时,可由当地评审机关,结合具体情况,分别掌握。其来源属于盈余分配性质者,可由资方与"人力股"享有者双方协商,在不影响企业继续经营的原则下,作为企业债务处理,或转作为新投入的资本。

问:享有"人力股"者辞职或死亡后,资方为优待其本人或家属,准其继续享有若干年之分红权利者。此项权利,如未满期,重估财产调整资本后是否准予继续享有?

答:此项权利准予继续享有,但不必作为股份。

问:有些企业有东西双方共有的"财神股"(亦称"护本")。如调整资本后人力股不存在,西方享有部分的"财神股"如何处理?

答:西方享有部分"财神股"可与"人力股"按同一原则,由双方协商解决。

问:股东历年在企业中的"支使",重估时如何处理?

答:股东的"支使",可做企业的债权资产,予以重估。

(选自《工商情况通报》第12期,1951年4月30日)

三、中央财政部关于重估财产课税问题的规定

为解除私营企业重估财产调整资本工作中对于课税问题的顾虑。第三届全国税务会议特作了如下规定,并已指示税务总局转知所属切实遵照执行:

一、重估财产时,账内原料、物料及账外原料、物料盘存估价整理入账,不问有无票证,一律不补征货物税。但如投入市场出售时,应即照章纳税。

二、重估财产增值额经调整转作资本者,其超过原资本额部分,不补贴印花,账外财产整理入账转作资本者,按所增部分补贴印花。财产重估前,资本账未贴印花或贴花不足额者,均按调整后资本额补贴印花,免予处理。

三、重估财产增值部分,除抵销亏损外,不得视为盈余分配,亦不征收所得税。账外财产整理入账,无论列为资本或公积,均不视为盈余,不征收所得税。

(选自《工商情况通报》第13期,1951年5月25

日）

四、中财委关于私营企业重估财产调整资本工作的补充决定(草案)

自1950年12月22日本委公布私营企业重估财产调整资本办法后一年以来，全国各重要市区除东北已批准缓办外，均已先后举办重估工作。惟以各地经验不足，干部缺乏，加以抗美援朝、镇压反革命、土地改革、土产交流等工作任务繁重，致若干地区尚未完成工作，或仅开始布置。兹经决定：

一、凡在1951年内已进行重估而尚未全部完成之城市，应争取于1952年申报1951年所得税期限以前办完重估工作。

二、凡属同一城市，有一部分工商业户业已重估，而有一部分尚未重估者，其尚未重估之业户，仍应根据原办法进行重估(即重估财产应为1950年12月31日之实有财产，以1950年12月31日当地当时之价格为重估标准)，以求税负之平衡。

三、凡在1951年内尚未举办重估工作之地区，应由省市财委根据下列原则在1952年内办理重估工作：

甲、省辖市以上及重点工商业城市之私营企业，必须进行重估工作；

乙、各应办重估工作之城市，应根据工业重于商业、大行业重于小行业、大户重于小户之精神，有重点地决定重估业户。惟各城市之查账户，除当地私营企业财产重估评审委员会认为该业户之账面记载已足以代表其实际财产情况，准予免估者外，一般均应重估；

丙、1952年开始重估之城市，如因推算困难，不能根据1950年12月31日实有财产，以1950年12月31日之价格为重估标准时，得由省市财委提出变通办法(如以1951年12月31日之实有财产及1951年12月31日之价格为重估标准)，报经大行政区财委核准；

丁、重估业户应即布置1951年12月31日之财产盘点工作，并在1952年1月底以前办理完竣，以便为重估工作打下基础(其按习惯于旧历年底结账者，仍得于旧历年底结账)；

戊、重估业户应将重估前账外财产一并盘点估价，整理入账。各地私营企业财产重估评审委员会或工商行政机关应规定各业自动申报账外财产之期限；

己、各行业内尚未建账之较小业户，得由当地工商行政机关另定简估办法，不必依照本委所公布私营企业重估财产调整资本办法之规定。简估办法以简便易行，能适合中小企业之具体情况为原则。惟同一地区，简估财产之标准及基期应尽可能与重估业户相一致。其更小之工商业户，经核准后，得免办重估工作。

四、省市财委依照前项原则决定办理重估工作之地区后，应拟具定期完成之工作计划，报请大行政区财委核准后呈报本委备案。省市财委依照计划布置工作后，各大行政区财委应负责检查。

五、公私合营企业，除个别业户在经营管理上已视同国营，并经主管财委决定得按国营企业清估财产核定资金者外，一般均应按私营企业重估财产调整资本办法办理重估。其在重估前曾经公私双方清估财产，且其账面价值足以代表其实际价值，并报经上级主管机关核准者，可不再办重估。

六、凡办理重估工作之城市，应在财委领导下，动员工商局、税务局、工商联及工会等团体，抽调相当数量干部，组织评审委员会等临时性的工作机构，办好重估工作。一方面应动员工商业户、同业公会及工商联自动进行重估；另一方面又应加强政府对重估工作的组织领导，检查重估情况，注意宣传解释，防止及纠正故意多估或少估等偏差。

七、私营企业重估工作应确定由省市财委领导。省市财委除布置工作外，应定期检查，做出总结，报告大行政区财委及本委私营企业局。

注：上项决定(草案)，业经政务院财政经济委员会于12月7日发交各大行政区，北京、天津、上海、武汉、广州、重庆、西安市及各省财政经济委员会(东北区、省、市均除外)。并希各地尽速研究，提出意见送交中央财政经济委员会。

(选自《工商情况通报》第22期，1951年12月25日)

五、中央私营企业局关于“人力股”和“厚成”的处理意见

有些企业中有“人力股”，或称“身股”。享有人力股者俗称“西方”，多为经理、掌柜的及其他高级职员。“人力股”并不出资，其大小常以年资及劳绩而定，常按股分红，但不负亏损责任。至西方辞职

或死亡时即停止分红，但亦有分给一部分利益或准许其本人或家属继续享有若干年的分红权利者。人力股所分得的盈余，应属于酬劳金性质；但因此种企业中西方多无正式薪资或薪资甚低，所以也包含一部分应得的工资。

"厚成"一般是将存货价格低估入账，或由于习惯上每隔若干年始分红一次，由东西双方协议将存货低估入账，以隐藏其盈余。所以厚成含有未分配盈余性质。也含有公积或准备的性质，但都不露于账上。此种企业多有人力股存在，所以厚成中实包括东西双方的利益，西方在辞职或死亡时也得提取一部分厚成。厚成既有未分配盈余的性质，同时旧式商店中的西方，时常是由店伙提升而来，其所享人力股也是慢慢积累起来的，因此，厚成中也有时涉及劳方的利益。

此外尚有在账上提出的"财神股"、"护本金"、"护身金"等，也都类似厚成的性质，或为东西双方所共有，或为西方所有（即结账时已提给西方的盈余，但仍存在企业中），或为东方所有（即已提出公积性质或未分配红利性质的盈余）。

人力股、厚成等在华北及西北旧式商业中是普遍存在的，但各地名称及习惯并不完全一致。

企业重估财产时，存货应按时价重估，因此重估后厚成不能继续隐藏在存货内，同时依私营企业暂行条例的精神，企业中不应有虚股，因此企业在调整资本时，就发生了厚成和人力股的处理问题。

经我们研究，对于人力股和厚成问题，可由当地工商主管机关和评审委员会结合具体情况，参照下列原则处理：

（一）因人力股和厚成的存在，有妨碍企业经济核算和模糊劳资立场的作用，我们对他的态度，应当是从承认走到逐渐改革。但由于一般旧式商店多无合理的工资制度和健全的会计制度，因此对于原有的习惯不宜急求改变，在不妨碍政策法令原则下，可以暂予保存。

（二）存货在重估时应按评审会评定之价格计算，此后不得再于存货中隐藏盈余。原有的厚成，可另立科目存在企业中，仍照原约定办法或习惯处理，但不可混入公积，因公积纯系资方的财产。企业今后仍可继续提存厚成，并入此科目中。但在会计制度比较健全的企业中，可以鼓励其逐渐的改以提存公积（东方部分）和酬劳金（西方部分）、职工福利基金及奖励金等办法，代替原有的厚成制度。如果经东西双方协商同意，企业在调整资本时，也可将原有的厚成加以清理：其属于东方部分，应调整入资本和公积；其属于西方部分，可作为企业债务，以后分期摊还，或转作新投资，加入企业为资本；但为了不影响企业的继续经营并避免奖金分散，仍以保留厚成为好。

（三）如在以前结账时已自厚成中提出作为西方或东方所有者（如护身金、护本金之类），仍应分立科目存储，并按原约定办法或习惯处理。

（四）关于人力股问题。企业在调整资本后，可在不抵触政策和法令的范围内，于契约或合同中规定西方应享受的分配盈余的权利，必要时仍可保留人力股的习惯名称，但企业登记资本时，股东应以实际出资者为限。如果经东西双方协议，也可将原有的人力股加以清理，建立合理的工资制度，并可照一般企业另定职工酬劳金、奖励金和福利基金等办法。

（五）在处理人力股和厚成问题时，应着重于东西双方协商及尊重原来习惯，并应强调不使企业资财分散的原则。个别业户，可以个别处理，不必强求统一，并须避免强迫命令及草率改革等粗鲁的工作方式。同时应注意厚成和人力股问题只存在于某些地区的某些企业中，要防止原来没有这种问题的企业发生要求分配的偏向。

（选自《工商情况通报》第 22 期，1951 年 12 月 25 日）

六、部分省、市、县私营企业重估财产调整资本工作简况

衡阳市

衡阳市私营企业重估财产工作自 2 月 13 日成立评审委员会起，至 6 月 21 日已全部完成，参加工作人员直接的有 176 人，间接的约 500 人，重估了 81 个行业（组），共计 5028 户。

工作进行的步骤：学习 1 个月，重点行业调查研究半个月，其他行业调查研究 20 天，评审工作 2 个多月，统计工作 1 个月。

重估的结果：5028 户，资本总额为 444 亿元，较 1950 年工商业总登记时资本 270 亿元增加 64%；资产 665 亿元，较总登记时增 83.2%；负债 221 亿元，较总登记时增 139%。

重估后资本与总登记时的比较如下(元):

	1950年工商总登记时	重估后	增加百分比
工 业	3866728072	6310008057	63.1
商 业	19055562446	28567552985	69.9
手工业	4129665470	9523442818	130.6
总计	27051955988	44401003860	64.1

西安市

在全市13000余家工商户中能进行重估的不足4000户。截至5月底,在已着手进行的25个重点行业2000户中,比较接近真实的已有987户,其中711户已初审通过,并有200户转工商联复审。在行业方面:山货业全部完成;运销、绸布、图书、国药、茶点、酱油、盐酒等6个行业大部完成;18个行业完成了房地估价。此2000户6月底可全部完成初审;其余2000户7日底可全部结束;不能重估的9000余户,将于8月起办理资本登记。

在"自已的事要自已作"的口号下,改变了原有组织,建立了以推行委员会(工商界)为主体,工作组参加协助的组织机构,使工作完全统一起来。并深入各行业发动群众,表场鼓励了积极分子和老实户,用会议形式让群众批评了个别顽抗户,以及领导人亲自到各行业指导动员等,才使此运动迅速普遍展开。

烟台市

公议价格单及应估户的确定,6月下旬可以完成,经审查决定全部及大部应估行业29个,个别少数应估行业16个,共计45个行业,1500户左右,占全市工商户1/3强。准备7月上旬开始申报,预计在7月底将主要行业全部完成。

南充市

南充市为川北重估财产试办重点城市,从1月30日开始工作,5月中旬已经结束。参加重估行业共22个,总资本额由1950年登记时的40余亿元增加至107亿,为原资本的268%。

宜昌市

宜昌市于1月份试办典型户后,将全市77个行业分4期进行。第一、二期15行业已初步完成统计,计719户,内634户办理了重估,重估后固定资产增加了42%,流动资产增加了2.6%,总资产增加了14%。其中山货土产业增加达64.9%,国药业增加55.6%,而绸布、土布、丝烟业均减少。全部工作中,劳方动员了110人,资方动员了154人。账外财产入账者约占重估前资产的13%。

川南区

川南区重估结果除已于本刊上期发表者外,内江县在5月5日完成,参加的有54业1325户,重估后资产共1682715万元,较原登记时增加19%。

叙永县于5月28日完成,参加的有34业710户,重估后资产共503822万元,较原登记时增加86.4%。

合江县于7月5日大部分完成,参加的有22业740户,重估后资产总额45亿元,尚有2业未计算出。

潍坊市

山东潍坊市提出,企业没有1950年底盘存者,重估时依现有财产推算出50年底的实有财产是必要的,因为不推算不但不好适用50年底的统一标准价,而且在自报查账或民主评议等方式纳税的业户中,势必将51年上半年的利润也作了50年的盘存,无形中减轻了税负。

这问题很值得注意。潍坊因账册不全的小户特多,重估的范围又很广(包括无账簿的小本经营),所以特别研究了这问题,根据各种账簿记载情形,拟具了很多种存货推算的方法和公式,已经山东省商业厅研究同意。

广州市

广州市的重估工作,自3月19日起,分四期进行。至7月底止,已完成6个行业的盘点,组织了10个工作队,每队包干若干行业。自8月1日开始,全面展开,参加重估的共90个行业,争取10月底基本完成全市重估工作。

广州举出重估对改善经营的例子,如华一棉纺厂,在重估盘点中发现废置原料内,有大批有价值物资达2700余万元,其于关于机器设备和材料盘点后又增值100000300余万元,该厂特致函评审会,说明因重估使该厂初步建立了成本核算和合理运用资金的基础。

广州评审总会有干部130余人,暑假期间,并有联大、法商、岭南三大学财经学院同学140余人参加工作。各工作队已展开竞赛,评审会发行快报一种,指导工作进行。

浙江省

浙江省对重估工作抓得较紧,进行亦很顺利。自1月份开始至4月底止,全省已有23个市县接近于完成,9个市县正在全面积极展开,自5月份以后,另有30个县展开工作,范围是相当广泛的。各地列报账外财产的户数占总数一半以上,账外财产价值约占资本总值的25%。

浙江省是将重估工作结合工商登记工作一并进行的,这种方式可使力量集中,值得各地参考。

金融业

根据各地反映,一般评审会对私营行庄的财产重估工作不够重视,可能是由于战前存款暂不重估和资本额暂不确定两点所影响(银钱业的调整资本由人民银行另订办法,但重估财产应照常办理)。同时各地人民银行虽然参加了评审会,但一般对此事不甚努力。为此,人民银行总行于8月25日给各地分行发出通函,说明人民银行干部不但应积极推动私营行庄的重估工作,即对一般工商业的重估亦应大力协助,这一工作做好,会在行庄管理和发展私人业务上起很大的作用。

上海市

上海市的重估财产工作于7月开始,8月已全面展开。规定重估的78个行业除五金商业外已全部成立了评审分会,自行申请重估的131业有42业成立评审分会,59业由同业公会兼办,30业因业户太小已予说服不参加。各分会工作人员有1700多人,在动员工作中召开会议165次,出席业户至少13900百多人,参加讲习班有1921人。这说明一般企业对重估工作是重视的。

上海已开办了三期业务讲习班,参加人员中工商业户约占86%,余为税局、区政府工商科及社会团体人员,并有外埠评审会来沪人员。一般反映极良好,希望以后多采此种方式帮助工商业的改造。同时召开了店员、纺织等十个产业工会同志开会两次,各工会并召开动员会议以发动职工协助工作。

估计账外财产入账仍是工商界一大顾虑,想法也不同;如对金钞或五金器材等便不甘心照牌价或去年年底价格入账,此外主要顾虑仍是税负。税务局曾发出公告,但工商户反映认为在具体事例中税局还时常有追究来源补缴税款的情形。

北京市

北京市第一批重估的10行业,4980户,第二批重估的20行业,8090户,均已完成。第三批重估的20行业,5173户,正在进行中。主要行业,均包括在此三批中,其中大、中户约不足1/2,大户中完成的在一半以上。小户系采简便办法重估,原则上大、中、小户是普遍办理的。第四第五批25行业,亦在进行中。

北京也发现有大户估价偏高倾向,如福康牛奶厂要求每只奶牛估价8000万元,据说实值每只不过23千万元。工商业者常提出技术上的理由,所以很难解决。相反的,小户愿意低估,经说服教育,倒还容易处理。

天津市

天津已开办了机器染整、卷烟、批发粮商、鞋帽商四业作为典型,批发粮商争取最近期内完成。同时已发动重估的有工矿联合会(包括启新、华新、永利等大企业),火柴、面粉、毛纺、棉纺、造纸、金融七业,原计划11月中完成。最近因忙于华北物资交流展览大会,工作很受影响。

天津是重点做的,全市工商业约5万户,如重估1万户,其所代表资金可达全部工商业的80%。一般反映,大企业迫不及待,要求早办,中小企业态度模糊。一般顾虑,以劳资问题最大,尤其是人力股问题。

西南区

西南区的重估工作决定以重庆、成都、万县、泸州、昆明、贵阳、自贡、内江、南充、雅安为重点进行。已完成者有泸州、南充、内江、宜宾、富顺、隆昌、叙永、合川(见本刊第十五、十六期)。接近完成者有自贡、乐山、万县。已开展工作者有重庆、峨眉、荣县、资中、简阳、仁寿、资阳、威远、犍为、贵阳。昆明也计划本年内办理,雅安情况未详。西南区以川南工作开展较快、较普遍,其余各区仅在重点举行。重估的结果差异极大,如南充的财产增值率达168%,而隆昌只有11%,内江只有19%。除了工业与商业分配不同外,各地在执行程度上和估价标准上也不一致,可能还有统计上的分歧,西南财委已注意审查。

据一般反映,工商界怕税、怕罚、怕弄清底子的顾虑还是存在的。一方面认为政府法令规定,势在必行,一方面拖拉敷衍,避免麻烦。商业比工业顾虑多,中小业户比大业户消极。

估价工作中,房地产与机器最感困难。前者各地办法不一致,必须因地制宜,泸州曾一度依赖专家,反而走了弯路。机器必须先有调查,重庆的轮船、棉纺等业进行迟缓即由于估价困难。

经验证明,做好工作有几个关键:(一)必须做很好的动员,店员、工人和干部共同努力。(二)各区首长重视,亲自领导。(三)将重估工作与企业改革运动结合,如工商业很重视联营、合营,应使之配合。(四)将重估工作与工商业爱国运动结合起来,用重估来丰富爱国主义宣传的内容。(五)掌握工商界的思想情况,推动工商联,结合同业公会基层力量,及时检查,加强工商业者的主动性。

山东省

山东省的重估工作,依照2月15日山东财委的指示,已在济南、青岛、徐州、烟台、潍坊、德州、淄博、新海连、济宁等九个城市进行。前五个市均在2、3月开始,除烟台、徐州外,已部分地转入调整资本阶段。新海连6月份开始典型户试验,德州、济宁在7、8月份才开始布置。5月份召开了重估工作会议,改正了一些工作中的偏差,一般工商业者也改变了不正确的态度,济南、青岛、烟台、潍坊等地各行业之间挑起了竞争。

账外财产的申报,有了一些成绩。如济南第一批32行业中申报的约有159亿余元,徐州复兴永一家报出了黄金128两,银元2600块。大体上申报账外财产的是中等户多于大户,商业多于工业。但"财不外露"的思想仍很严重。重估中有高估固定资产,低估存货和毛利的倾向,其主要目的是:少纳所得税,职工少分红、股东多得利息、加工定货因成本高多得工缴、个别的还准备"官价"出卖企业。部分工商业者,在账上开"客存"户,虚设负债,或分出一部资金跑行商,或以"银行团"名义用一部分资金作机动,或将物资分散到其他城市,或将不重要物资登账,重要者隐匿。这些都需要严密地注意。

兰州市

兰州市于4~5月办理机制面粉、烟草、药品三个典型行业的重估。5月进入第二阶段工作,在28个较大行业中成立了27个评审分会或重估小组,规定1950年营业额在一亿元以上的企业约800户为此阶段的重估户,以工作团的10个组为领导主干。6月中召开了1300余人的工商界代表大会,当场发起挑战,制订重估公约,全面展开盘点查账。7月底盘点工作大体完成,查账也大部完成。全部估审工作,计划在8、9月内完成。另外有7600多小户,决定用自报公议办法,8月15日开始,争取9月内完成。

工商界对重估仍有顾虑,怕暴露,不拿真账,有烧账隐匿财产转移财产等情事,有的由劳方拿出了真账。

技术方面问题已大致解决,但干部对政策掌握不够,曾有包办代替现象。

银川市

宁夏省的重估工作,决定在银川市重点试行,以百货业为典型,汇集资料,7月2日成立了评审会,正式开办。第一阶段为宣传动员工作。第二阶段盘点货物评定价格,亦已开始。各行业中成立标准价格小组,市评审会中成立房地产价格小组,同时在百货、皮毛、旅栈、食品业中选择典型户,由工作干部分成4个小组帮助其清点盘存。银川市大都为小型业户,因此最大困难,为不易推算出1950年底的实存货物。

南昌市

南昌市的重估工作自6月1日开始,原计划7月底完成。至7月底未能如愿,计第一批18行业重估608户,大部已复审完毕;第二批16行业重估362户,有48户初审完毕;第三批25行业重估275户(杂货在外),尚未初审。经过评审,工商业者提高了业务信心,账外财产整理入账者很多。

张家口市

张家口市的重估工作,自3月20日开始,至9月20日全部结束。在工作中获得了一些经验与成绩,但也发生了严重的错误。

张家口市在3月份有工业1140户,资金1283900万元;商业2441户,资金2703071万元。工业重估372户,重估后资金1139685万元,较重估前增加339897万元,即增42.5%。商业重估546户,重估后资金2617443万元,较重估前增加1250457万元,即增91.5%。工业中有不少业户重估后减值者，商业均增值。

重估户外，有1800小户进行了估现值。内计工业594户，估后净值539061万元，较估值前增加17744万元；商业1206户，估后净值1102891万元，较估值前增加215537万元。

张家口市的工作是很积极的。但在计算资本时，为了简化手续，将原始资本折成银元，再按牌价折合人民币，经东西双方按情况提高或降低牌价以确定之。这是与私企重估办法的原则不符的。在调整资本时，由劳资协商厚成的问题，有36户确定的草案中，提出若干成分给劳方，自3%—30%不等，甚至有高达60%的(比例高的包括西方在内)。因此引起了工商业者的怀疑和波动。经察哈尔省委发现这种情况后，立即召开会议，予以纠正。最后决定：经过资方同意确定劳方(西方除外)从增值中抽出最高不得超过5%，作为集体福利基金，不得分给个人。其余部分归东西双方作为企业财产，不能分配，不使分散。

万县市

万县市私企重估财产调整资本工作，于5月8日开始，9月23日全部结束。原计划全部34行业分三期进行，第一期6业，第二期14业，均重点行业，已如期完成；第三期14业由于其他任务繁重干部不足，由工商局重点的进行办理。第二期结束后即进行总结，并举行工作人员评模。

总结重估的共19行业，462户。重估前资本共1206741万元(内固定261748万元，流动944993万元)，重估后资本共1679788万元(内固定560318万元，流动1119470万元)；增加了39.2%。机器金属业21家增值最多，达146.9%，次为肥皂、鞋帽、建筑业，增91%。山货、川表业增加不到1%，而食盐业减少8%。

账外财产共计263836万元(内固定173949万元，流动98887万元)，以文教艺术品业最多，有5亿4000余万元。自愿增资者248257万元。

重庆市

重庆市第一、二期重估户33业1599户已于10月底结束重估工作。重估户占33业总户数14.6%，重估前资本额占33业的91%，占全市工商业的70%。根据部分已统计的较大行业计算，重估后资金约增值4.5倍；增值额中，账外财产约占4.2%，账外财产中，固定资产占65%。如煤矿业将所有账外财产计入，该业即达100亿元以上，再加其他行业，估计账外财产入账者在390亿元以上。账外财产中流动资产很小，可以证明尚未报实。

重庆市的重估是配合建账运动展开的，重估户中有一半以上是账册不健全的，目前已有少数聘用了会计人员，建立了正规账册。

第三期重估55业700户，亦已全面展开。全部重估户的资金，约占全市80%。

济南市

济南市的重估工作，已完成68业。其中工业28业3886户，重估后资产较重估前增加226%；净值较1949年登记资本增加5倍半；负债较重估前增加20%强；固定资产所占的比重，由重估前的29%增至60%；账外财产入账210亿元，占总资产6%，其中以原物料，房地产及应收款最多。重估的结果显示了工业流动资金的缺乏，如卷烟业的负债达总资产的72%，锯木、制杆、制袋、染料、火柴等工业都在30%以上。

商业方面，重估了39业4094户(另有一业尚未统计)，重估后资产较重估前增加一倍半；净值较1949年登记资本增加五倍；负债较重估前增加14%强；固定资产所占的比重，由重估前的10%增至24%；账外财产入账129亿元，占总资产9%，其中以商品及房地产为多。除金融业外，流动资金大体够用。

工业28业的重估户，重估后净值占资产总额85%，1950年盈利172亿元，约合净值6.3%，而火柴、面粉、卷烟、油坊等工业账面都列亏损。商业方面39业，重估后净值占资产总额73%，1950年盈利110亿元，约合净值10.8%，除盐业稍列有亏损外，余均获利。

济南的统计做得比较详细，并且对企业的资金和流动情况，做了分析。

河北省

河北省财委于11月4日发出关于私企重估财产调整资本工作的第二次指示。指示说明了这一工作的目的和意义；号召各地领导干部亲自掌握，加强组织调配干部；大力进行思想动员和宣传教育工作；办理典型示范和学习技术。指示规定，河北省除四市十镇必须进行外，专署可根据干部和工商联的力量重点进行；要求四市、十镇、昌黎、遵化、乐亭、滦县、彭城镇、曲周、武安、大名、衡水、夏津、小站、咸水沽、高阳、涿县、定县、安国、正定、昌平、南宫等城镇,争取在今年年底完成,至少要完成重估部分;各专署可根据实际情况能多做者多做。工商登记工作可结合重估进行,不重估地区即可普遍布置,要求在明年3月底前完成。

指示中同时明确了几个问题:(一)对无账或账目不全的小户,无法推算1950年底财产者,可以现在的实有财产,按1950年底时价重估。但今年征税不以此为据。(二)固定资产的家具备品,使用年限在3年以下或价值在50万元以下者,可不予折旧。(三)对厚成的处理,可协同有关部门仲裁解决,不可发动职工重分厚成。有关政策问题须慎重处理,并报告省财委。

(选自《工商情况通报》第16、17、19、21期)

七、浙江省私营企业重估财产调整资本工作总结(摘要)

(一)重估概况

浙江省除几个较大城市外,一般工商业户仅有20%有账册。此次重估系结合总登记工作进行;依工商业财产大小和会计状况,采用三种办法:(1)照中央规定办法办理重估财产调整资本;(2)简单办理财产估价确定资本;(3)免办重估只办登记。去年年终通常决算,大部均未编造,因此分别情况采取以下措施:(1)可编造通常决算者,尽量督促编造;(2)无法编造者,则开列红单,注明财产种类数量,作为简单办理财产估价的依据;(3)组织工商业者盘点清理资财,有通常决算者,漏列财产作账外财产入账;无通常决算而有账册者,以当时盘存推算1950年底财产数量,补造决算;无账册可稽者,按当时盘存数量,进行估价。自今年2月开始布置,各市及专区分头并进,至10月底止,共经8个半月,全省除盘安县一县未办外,其余82市县及两专署直辖区,均已完成重估工作。除杭州市外,也都完成了工商登记工作。

重估登记结果,据初步不完全的统计,全省私营工商业共158212户,资本及公积共203445亿元,重估后财产增值约5000亿元(简估户未计算在内),占全省重估后总资本与公积的25%。全省工业户占总户数2.28%,占总资本与公积38.21%。手工业户占总户数35.91%,占总资本与公积17.14%。商业户占总户数61.81%,占总资本与公积44.65%。

(二)几个主要工作

1. 账外财产入账 账外财产存在的方式主要是:1. 假借行商名义经营的物资;2. 账外囤积隐藏的物资;3. 窖藏金银与外币;4. 假借"股东垫款""客户账款""借入款""暂收款"等名义登账运用的资金;5. 假借"托存货品"名义登账的物资;6. 未登账的在途货品与存外货品;7. 地下贷放的债权;8. 不列账的机器和由企业向外转移的房地产。隐藏的方法花样百出,甚至有藏于坟墓之中或墙壁之内的。某工厂发现废弃不用的机器中竟有全新未用的新式印染机。工商业者对于账外财产入账也抱着各种不同的态度。总的来看,由于打通思想自动入账,或由于管理加强,保留账外财产经营不便趁机入账的,还是少数。最大多数的态度是:多报固定资产,不报流动资金;一面报账外债权,一面报账外负债;追追报报,敷衍应付。如镇海某工商联委员陆续报了13次。还有一些是坚持不报,企图对抗,或集体包庇互相隐瞒。

对账外财产的处理,主要是通过宣传动员说明政策,打通思想解除顾虑,培养积极分子带头申报,发动职工广泛收集资料。对个别顽抗不法分子,则展开斗争,情节严重的予以行政处分。在具体处理上:(1)区别企业所有和股东个人所有,确为企业所有者必须整理入账,股东个人财产由股东自愿处理;(2)未列账房地产,如确属企业所有,一律入账,如为企业生产经营所必要,鼓励列入企业财产,如增加企业包袱者,避免列入;(3)股东垫款,鼓励改作增资,不愿者也限于说服,如证明原系企业资金,应尽量改为资本;(4)注意大宗囤积隐藏物资,防止追逼股东家庭金银首饰等现象。

经过8个月的工作,全省账外财产申报入账者约2500亿元以上,占重估前原资本额20%,占重估后总资本与公积的12%。有原资本仅400万元,而账外财产达2亿元以上者,账外财产占原资本2倍或3倍的很多。

2. 估价工作 除遵照中央规定执行外,结合实际情况,采取了一些权宜办法。如机器估价,国货照价格报单估价,非国货或无价格报单者,以原外币按汇率或金银、大米等折合,或按制造成本估价,主要是由技术人员、职工和企业主三方面协商。房地产估价一般均照民政部门和税务部门的标准。浙江各地房地产买卖很少,无正常市价,偶有市价也远较现有估价为低,不便采取。

在估价工作中,我们强调掌握下列原则:各项估价标准和估价方法,必须在评审会中共同协商充分取得各有关部门的同意;同一商品,各不同地区的估价标准要相互比照;同一地区不同行业的估价标准要取得一致。

3. 调整资本和工商登记　重估增值额和账外财产调整为资本和公积的比例,不作硬性规定,对公司组织企业和大企业鼓励多留公积,对一般中小合伙独资企业,听其自行决定。除杭州未统计外,宁波公积为资本的25%,嘉兴为20%,其他各市在10%—15%,温州仅2%,小城市则未留公积。

重估后,负债超过资产者:

(1)一般应增资,或经协商由债务人自愿转债权为投资;(2)情况恶劣无挽救前途的着令清理歇业;(3)由企业负责人提出方案,限期清理负债或增加资本,暂时允许继续经营,但不予登记。

(选自《工商情况通报》第21期,1951年11月30日)

八、宁波市私营企业重估财产调整资本总结(摘要)

宁波市的私企重估工作于3月开始,全市180个行业分六阶段进行,正式重估户占总户数12%,其余实行简单办理调整资本。全部重估工作于6月上旬完成,登记工作于7月底结束。重估调整后,工业资本增加约5.9倍,手工业资本增加3.5倍,商业资本增加3.3倍。账外财产入账达150亿元,合原有资本34.5%。其情况如下:

	工业	手工业	商业	总计
登记户数	193	3442	4194	7829
内:公营户数	9	2	25	36
正式重估户数	83	158	698	939
简易调整资本户数	110	3284	3496	6890
登记户总资本(万元)	7817969	2629989	7460448	17908406
登记户总公积(万元)	2565743	179306	1841916	4586965
原有资本(万元)	1331508	748508	2286918	4366934
账外财产(万元)	621225	138129	746446	1505800
重估增值额(万元)	9106514	572801	3380614	13059929
新增资本(万元)	173162	72337	405328	610827

注:新增资本总数与各业相加数不符,原报告有错误。

账外财产,可分做几类。一是历史甚久的账外经营,是在反动统治通货膨胀时期为避免虚盈实税普遍的现象,解放后未予纠正或继续发展。二是解放后工商界受反动宣传,贱卖货物高价收进之金银。三是蒋匪轰炸时期疏散的物资,乘机变卖埋藏,流于账外。四是在解放初期,1950年买公债时期,或其他营业衰落劳资关系紧张时期所逃避的资金。五是经理人传统的厚存少报、盈余隐藏或虚设亏损的财产。

在动员账外财产入账时,是以说服教育为主,部分的发动了职工的配合。工商界的顾虑是很大的。发动时正是淡季,劳资关系比较紧张;重估后期已开始增产捐献的号召,更增加其"树大招风"的顾虑。一般说,在爱国主义教育运动中,很多顾虑是打通了;但最基本的"企业财产动用自由"的问题,仍存在着。

由于账外财产投入企业,和工商业者弄清了自己的底子,重估后企业的基础是比较巩固了,因之生产经营的效率也会增加。资本确定,对处理劳资关系也有帮助,同时给联营与合营创造了条件。有的企业还在清估中发现了被废弃的珍贵财产,如恒丰布厂搁置的印花机,重估时发现是全国最先进的二部机器之一。

重估工作,使我们了解了工商业的实有财产,同时也摸出了工商业者的思想动态,弄清了各业的历史和习惯,对于今后的工商管理和税收工作,都有很大的帮助。经过重估与登记,也解决了一些行政管理的问题。如大体上划清了行业,弄清了营业范围,对外强中干的企业动员了增资,对自开的企业补行了登记,并动员了大量企业纳入公会。

重估对工商界的思想教育,也起了很大的作用。重估中召开了大小会议数百次,反复地宣传了共同纲领的经济政策和私企条例等,工商界都很满意,许多人还是第一次知道共同纲领和私企条例有关自己的规定,也第一次听到土改后工商业发展的前途。自然,在几个月紧张复杂的工作中,干部在政策和业务水平上也提高了一步。

(选自《工商情况通报》第20期,1951年11月10日)

九、南昌市私企重估财产调整资本总结(摘要)

南昌市的私企重估财产调整资本工作于6月1日分批展开,10月20日全部完成。参加工作的干部共978人。

南昌市共有86个行业,8746户(9月底私企户数)。参加重估的有60行业,内重估者1306户,经核准免估者,3841户,另419户尚未重估。不参加重估的26行业,3180户。未重估户占全市总户数85%,亦均经调整资本。

重估户重估后资本总额为7006752万元,较重估前增加68.2%。其中流动资金4094767万元,较重估前增加61.8%,固定资金2911985万元,增加78.1%。免估户调整资本后较调整前增加40.6%;其中流动资金1201034万元,增加36.4%,固定资金1266361万元,增加44.9%。重估户占去年复查登记时总户数14.5%,而资金则占70.6%;重估后其资金比去年的复查登记户全部资金还超过18.8%。

重估户1306户重估后,每户平均资本是5365万元,每户平均流动资金只3135万元。一般资金是很贫乏的。纺织、碾米、印刷、金属、建筑、化学、酿造7个行业296户占20个工业和手工业资金的83.1%,商业方面则集中于绸布、土布棉纱、五金、盐运、茶糖、南北货、图书文具、颜料油漆、新药国药9业330户,占40个行业的64.1%。

重估的结果,小行业增值比大行业多。铁器、铜锡器、鞋靴皮件、玻璃用具、金融五行业增值在3倍以上。可能是因为过去小行业隐瞒较多,或是大行业有的还未报实。

重估中可以看出:工业上升,商业较差,固定资金增得多,流动资金增得少。工业较重估前增加103.8%,商业仅增56%。重估户工业占32.5%,商业占67.5%。重估前工业资金占25.5%。商业占74.5%。重估后工业资金上升到30.9%,商业下降到69.1%。全部工商重估户,重估前固定资金占39.2%,流动资金占60.8%;重估后固定资金上升为41.6%,流动资金下降为58.4%。

重估中也检查了盈亏。工业赚钱的较多,盈余净额占原资本8.04%,商业亏本较多,亏损占原资本1.33%。工业63户有盈余,平均每户盈2200万元以上;67户亏本,但平均每户只亏700余万。盈的户,其资金占全部37.9%,亏的户数虽多,资金只占17.3%(其余无损益记录)。商业方面,189户有盈余,平均每户盈2400万元以上;378户亏本,平均每户亏1400万元。盈的户占全部资金47.7%,亏的户占34.3%。

账外财产入账

重估中账外财产入账的有429户,报出的账外财产和322户增资数额共104亿。(增资与入账不易区分,因大家以增资为荣不愿用入账名义),占重估后资金增加总额36%。据8个行业12个重点户的材料估计全部账外财产可达现有流动资金1.17倍。

账外财产入账的情形是各式各样的。有起初抱着过关心理,经长期动员后暴露出来的;有分几次拿出来的;有应景增资,甚至伪装进步,经劳方掌握材料才拿出来的;有伪造账册,蒙填表报(如两幢房填一幢价),甚至软拖硬抗,经职工报告或提供材料一再打通思想才报出的。将账外资产伪装增资入账的也很多。总之,由于过去受伪政府造谣宣传,将资金逃避港澳或外省,或移作行商,或窖藏金银等情况是很普遍的。长期化名虚设负债以抽调资金的也不少。在这次重估中,经过反复的动员宣传,已逐渐的大量的入了账。不但企业的基础比较稳定了,工商界在思想认识上也提高了一步。

重估户的确定

依办法无记账能力的小户不予重估,但各业中时常发现小户认为重估可减轻负担而要求重估,如金属业146户就有117户要求重估,其中很多是应免估的。起初经验不够,有的行业规定以资本为标准,如国药业500万元以上者重估,茶叶业300万元以上者重估,因此瞒漏资金的可以逃避重估了。

经过摸索及领导上指示,补充了3个原则:(一)资金大、业务大、有账簿的应重估。(二)企业本身有矛盾现象者,如资金小而业务大或业务小开支大而能维持不歇业等,应予重估。(三)企业历史上有矛盾现象者,如解放前资金大业务大,解放后忽变小;或解放前有账,解放后无账等,应予重估。这样便使重估户的确定,找到了重点。

调整资本

调整资本时对资金薄弱者号召了增资，有322户以企业外财产增了资。

调整资本时根据法令和经验提供了几个原则：(一)独资的716户，重估增值额全部转入资本，10万元以下尾数结入盈余。(二)合伙的433户，一般不设公积，契约另有规定或通例有公积者，协商处理。(三)公司23户，一般应设公积，其比例依重估办法自行协商。

调整资本中同时改正了使用化名及堂名户记的股东。又同时结合了清理公股公产工作。已有3家清理了公股公产移送主管机关办理。

调整资本中对企业的债务也做了一番清理工作，动员负责人与债权人磋商，有的暂时冻结，有的改为增资或清偿。同时也查出一些错误入账的项目。

其他收获

重估工作提高了会计技术。重估时召开了会计技术座谈会，成立各业会计互助组，简化了报表。

重估工作中也处理了一些公私关系问题，如五洋品业与百货公司和合作社的关系，经召开座谈会，并在批零差价上给了合理的照顾。新药业公私企业也在分工上明确了，价格上取得一致。

重估工作中解决了许多企业的劳资关系问题，和资资关系问题。

重估工作中健全了同业公会。五洋品业和造船业的总干事、主任委员等。都因对重估工作有怠工破坏，或其他不法行为，被群众检举撤职或作其他处理。

重估工作推进了夏季的评税工作，许多行业反映这次重估中的评税，比以前进步得多了。

(编者按：南昌的总结报告对重估后的企业情况加以分析，总结经验也做得很好。但是在统计上，“资本”“资金”等科目混淆，也没有提到“资产”和“负值”。)

(选自《工商情况通报》第20期，1951年11月10日)

十、各地私营企业重估财产调整资本工作概况

(一)开展情况

根据各地已有报告的材料，全国办理私营企业重估财产调整资本工作者约有180个市县：华北约30个、华东100个、中南20个、西南23个、西北7个。东北、内蒙古和新疆尚未举办。各地区的发展很不平衡。浙江省最普遍，全省仅磐安一县未办；河北省拟定在33市县办理；川南已完成十市县；山东省进行了9市县。若干省份，尚无报告。

已完成的地区，有张家口、大同、南昌、衡阳、泸州、内江、富顺、隆昌、宜宾、乐山、自贡、南充、叙永、合川、万县、兰州和浙江省的81市县，共97市县。其余多数争取在1951年底以前完成；也有的刚开始典型准备。

(二)一般工作情况

1. 重估户的确定　一般是以大小为准，先确定重估行业，再确定重估户。也有参用其他标准者，如查账稽征户须重估，定期定额户免估；兰州以1950年营业额在1亿元以上者重估；宜昌以资本在百万元以下者免估；南昌更从经验中指出：企业本身有矛盾现象(如资金小而业务大)或历史上有矛盾现象(如解放前资金大，解放后资金小)者均应重估。确定重估户一般采取大重于小，工业重于商业的原则。也有全部进行者，如北京和浙江，但对小户都另有简估办法。各地重估户占全部业户比重很不一致，一般在15%左右，上海为11%，天津21%，较高者如西安38%，烟台34%。重估户的资金则一般占到全部业户70%—80%，或更高。

2. 进行工作的组织　一般以工商局、税务局和工商联为主，设评审会，按业设分会。北京经验，同地区比同行业更熟悉，故于分会外再分地区设各业小组，形成交叉制。评审会大都设有工作队或组，或辅导站；并设各种专门委员会以及讲习班等。

3. 工作步骤　一般以宣传动员和学习文件开始，经典型户试办，再分期分批展开。核定标准价和盘点财产为初期中心，以后则注重账外财产和审核估价，最后为调整资本和变更登记。各地进度也不一致：如川南各县大体两个多月办完，泸州3个月，宁波、衡阳等4个月，南昌约5个月。

(三)主要的问题

1. 推算1950年度存货　大部分企业未曾在1950年底盘存，重估时须按进出纪录推算出1950年底存货，成为很大的困难。有些企业无进出数量记载，只能按进销货金额推算，因此又发生期

末存货估价和毛利问题。多数地区,对账册不全无法推算者即以阴历年底的盘存按标准价重估,或按简估办理。无记账能力的小户则可免估。

2. 账外财产入账 工商界对账外财产入账顾虑很多:如怕追究来源、怕"树大招风"增加捐献、怕东方支用劳方分红等。有的仍保守着"财不外露"的经营观点。而最大的顾虑是恐入账后不能自由运用,个别如账外经营行商者报出后恐仍补税,对个别财产如金钞五金等不甘心按1950年底价格入账。各地对动员账外财产大都能从思想教育入手,反复宣传,解除顾虑;同时发动职工协助。尤其是中央财政部规定了不咎既往、从宽处理的几项办法,私商了解是入账的一个好机会。也有少数地方发生过职工"搜查"财产的偏向,均经纠正。各地的入账运动一般是踊跃的,但也有观望不前,应景虚报,甚至伪装进步或坚决不报的。如浙江镇海工商联某委员报了13次还未彻底报完。如宁波,在重估结束后又检举出不少账外财产。山东反映,报出账外财产者中等户多于大户,商业多于工业。南昌重估的结果也显示小行业增值多,大行业增值少。可能是小行业过去隐藏较多,也可能是个别大行业还未报实。浙江全省报出账外财产有2000~2500亿元,占重估后净值12%。上海账外财产初步估计在2000亿元以上。账外财产的性质各有不同:金银外币、存货、房地产以至鸦片。其形式或为习惯上的外存,或为逃匿隐蔽的资财,或为虚设负债、隐藏盈余、伪报亏损,也各有不同。

3. 估价偏高偏低 一般反映:工业估价偏高者多,商业则可能偏低;大户偏高者多,小户可能偏低;固定资产偏高者多,流动资产可能偏低。如青岛有将值8亿元的锅炉估成44亿者,高估1.2倍之例甚多。上海反映,经营信心较高的行业常高估,长期亏本的则要求低估。高估的心理:有为准备公私合营先提高私股;有为多打折旧或增涨成本,以降低利润减少税负,同时减少职工分红,保障股息;也有的为了提高加工工缴,争取贷款,甚至企图抬高物价或隐藏实亏。低估倾向则为历史的习惯,或是为了多分红。把握正确估价,是重估工作重要的一环。

4. 工作干部方面 干部缺乏是工作中普遍的困难。一般城市,如广州、重庆、昆明、衡阳、南昌等评审会都有150人以上工作,上海在9月份连分会已有4000人工作,较小城市如宝鸡评审会有80人,银川也有20余人。开办讲习班集中工商界学习,利用假期动员财经学生以及招聘临时性工作人员等方式都可采用。动员职工是加强力量最重要的方法,如宜昌劳方动员110人,资方动员154人共同组成工作组;南昌由妇联动员工商界妇女参加也是很好的范例。集中各业人员共同办理典型户,边做边学,再分回各业工作,是培养干部的好方法。又如川南,集中各县干部到泸州示范区,替各县工作打下基础。要注意到抓紧时机,利用淡季,并很好的组织力量。

(四)主要的经验

1. 凡宣传教育工作做得比较好的地区或行业,工作就比较顺利。重估不是单纯的技术任务,如宁波反映,许多工商界是在重估中第一次认识共同纲领的经济政策,第一次知道私营企业暂行条例第八条的规定;大同反映,重估学习建立了工商界面向农村的信心;西北反映,重估教育不同于经常学习,因是结合实践的,"政策与群众见了面"。

2. 动员工商界自己做,是搞好工作的重要关键。初期各地多不善于组织力量,形成干部单干;有些地方并发生干部包办代替,与工商界形成对立现象,或变成"算盘式工作",不拨不动。最好评审会集中做领导,而加强分会主动性;分会委员的带头作用影响很大。许多地方展开竞赛挑战,将重估订入爱国公约等,对开展工作都有帮助。

3. 要善于动员职工。个别地方不相信工人阶级,怕"翻箱倒柜",而使工作迟迟不进;也有的只发动职工,没有取得工会领导的配合,结果造成偏差。有领导的组织职工,不但不会发生混乱,且对工作有很大帮助。宜昌职工主动的团结资方,订立公约,保证做好重估;宝鸡由市总工会领导组织工作组,都是较好的方式。少数地方发生职工清算资方现象,皆由于领导组织不够。

4. 必须加强领导。除少数地区外,大行政区和省市,都未很重视这一工作,也缺乏布置、检查和汇报总结,以致有些地方形成自流。市县里面,也往往由工商局或税务局单独主持,各部门不能很好配合。有的地方并发生政策性的错误。经验证明,由市县财委领导这一工作最为恰当。

5. 工作的推进必须有重点、有步骤。先大后小,先工业后商业的原则是很重要的。有的地方重点未抓紧,重估完了,大工厂还未动员。每一阶段也要抓住重心,如南昌有个别分会在重估时去强调了增资,也妨碍工作。

6. 要结合各方面工作。在宣传教育上配合工商界爱国主义运动、增产节约运动、民主改革运动和工商政策、私企条例的学习,都产生较好的效果。企业中的债务关系、劳资关系、资资关系都可在重估中部分地调整,有的地方还调整了一些公私关系。此外有的地方在重估中实行了统一发货票,非会员纳入了同业公会,健全了工商联;在调整资本时清理了公股公产,取消了堂名户记;在登记时补办了自行开业的登记等。但不能要求所有私营企业的改造问题都在重估中得到解决。个别的工作是可以配合的,如与重估同时,北京取缔了铺底权,上海等地废除了顶费。

7. 推行建账运动,巩固重估的成果。重估后如无适当的会计制度,则重估的结果仍将消失,所以建账运动和健全会计制度是很重要的;现重庆、北京等地都已大力推行。

(选自《工商情况通报》第 22 期,1951 年 12 月 25 日)

十一、重估财产办法公布后各地执行情形和工商界的反映

(一)中财委的三项指示

在这个办法公布前后,各地财经和工商行政机关,如东北经济计划委员会、西北财委和沪、津工商局等机关,曾分别提出意见,大致认为:(1)这个工作任务繁重、经验不足,干部不够;(2)要求时间放宽,必要时可缓办;(3)大多工商业会计制度不健全,重估难彻底。中财委根据这些意见,除了在重估办法内斟酌采入外,复于12月30日分电各地财委指示重估财产工作应掌握三点如次:

1.向工商界解释此系他们自己的事情,主要依靠工商联、同业公会等来推行。政府仅负指导监督责任。

2.必要时可分成几个步骤进行。先办规模较大的工商业,那些定期定额纳所得税的小企业可缓办或免办。办理时间亦可根据实情酌量延长。

3.小城市和一般乡镇可以免办。确有特殊困难的城市,可经大行政区批准缓办,但须先向工商界解释,取得他们的同意。

(二)西北财委执行重估工作的指示

西北财委根据重估办法的规定和中央财委的指示,对本区进行此项重估工作向所属各级执行机关做出指示。兹摘要如次:

1. 鉴于我们经验不足和干部条件的限制,采取稳步前进的方针,以求取得经验逐步推广。决定暂以西安、兰州、宝鸡、银川、西宁五处为重点区。新疆以及各省的小城市小乡镇是否举办,由新疆及各省财委决定呈报备案。举办的城市,其实施的对象,凡在税收上采取自报公认民主评定及自报查账依率计征的工商户一律实行重估财产调整资本,其无记账能力而在税收上采取定期定额征收者,只进行重新登记资本,不进行重估财产。完全不举办的小城市小乡镇,则进行一次普遍的重新登记资本。

2. 执行这一工作好坏的关键在打通思想,对参与工作的干部及广大工商户及职工应使他们认清这工作的重要意义,告诫我们的同志不要强迫命令,学会深入联系群众,听取他们的意见,和他们商量办事,一切简单急躁的做法都是行不通的。对广大工商业户应消除其顾虑。从西安市来看,他们确有种种顾虑:如是否清算过去的非法经营?老实人是否吃亏?是否追究资本来源?重估财产增值部分如何处理?东伙纠纷及债务关系如何解决等等。这些都值得我们重视并按照政策法令进行解释和协助解决;例如对过去账面上的金子、白银生意一般的可以不追究,但现存的应即落账;增值部分处理办法按照条文规定解决;东伙纠纷及债务纠纷劝导协商解决,协商不成才由政府仲裁。总之应针对他们的顾虑并依照实际情况进行解释工作。对普遍性的问题,重申前令也是必要的;但重大的原则性的,法令以外的问题必须请示报告,审慎从事。

3.关于组织,各级财委领导,工商局(商业厅)主办,工商联、税务机关、劳动部门、工会并吸收若干技术人员(会计人员、营造业工程师以及熟悉该行业务的人员等)参加协助。大行政区及省一级不必成立组织,市县单位应即着手组织财产重估评审委员会,以下按行业设立分会。应该十分加强对评审会的领导,派较强的干部参加进去。放弃领导,交商人自己去办,势必产生形式主义,投机分子就会把非法经营和非法制度变合法化,使工作不能达

到预期目的,是必须警惕的。

4.重估财产、调整资本、建立真账是三位一体的工作,但第一步应搞好重估财产。为要搞好它,应抓住两个基本环节,即估价工作与盘存工作。关于估价,统一以1950年12月31日之当地当时价格为估价标准,由各行业公议合理价格自下而上的提出,由市县评委会自上而下的审定和公布,审定多少公布多少,所有货品应详细注明牌号(牌号关系质量)。在掌握这个工作中防止过分偏高偏低的估法,在一般干部方面可能要求估得高些,但我们目前是并不征资本税,偏高是不必的,在商人方面可能要求估得低些,为自己多留"厚成"(税收干部为明年多征些所得税也可能要求低估些),总之偏高偏低都是不对的,应按办法第三、四两条办事。其次房产估值,是好多时未解决的问题,应交由房地局及税局为主,并吸收营造厂商及房产买卖牙纪以及纳税人参加的小组会专门研究解决。关于盘点存货,很多商人结账期在旧历年底,对于这些工商户,盘存办法暂作规定如下:甲、公议物价仍照阳历年底,盘存暂定延至2月15日(阴历正月初十)以前必须办理完竣。乙、在这一个半月中发生的盈亏,可考虑采用倒算法,即在这期间应记明进出货物之品类数量与金额(以分类账记载之)届时(2月15日)即将2月15日存货减去一个半月内的购货数量,加销货数量即作为阳历年底之实际盘存,以上办法应与工商界充分商量后由工商部门呈报西北财委最后确定。

(三)其他各地执行简讯

1.东北区　目前东北区由于朝鲜战局关系,各市政府战勤繁忙,对此项重估工作,该区经济计划委员会决定先选一、二城市试办,俟取得经验后,再看情形普遍进行。

2.西南区　西南财委认为本区重估财产条件不甚具备。若一般城市均同时举行,困难颇多,收效不大。决选择工商业较为发达并结合每一省区均有一示范地,拟先于重庆、成都、万县、泸县、昆明、贵阳、自贡、内江、南充、雅安十处举办,吸取经验,再推行于其他城市。

3.北京市　北京市财产重估评审委员会业已由工商局、工商联、税务局、市总工会、人民银行、地政局、建设局等有关单位组成,委员17人,内政府机关代表4人,市总工会代表1人,私营工商业代表12人。该会设常委会与秘书、组宣、重估等3处。自1月22日起工商联内开始办公。

该会为了照顾工商户目前季节性的业务繁忙,决定到2月12日(夏历正月初六)即春节以后再开始正式进行工商户财产重估。目前先大力进行一些宣传动员工作,提高一般工商业户对重估财产调整资本的认识,消除部分工商业户思想上现尚存在的一些不必要的顾虑。并聘请技术与工作人员,进行必要的准备工作。在正式普遍重估之前,先选几家有代表性的工商户做典型试验,以便了解情况,发现问题,草拟方案,作为将来推行的基础。

(四)工商界的反映

1.北京市　工商局认为:重估工作很繁重,必须先作典型试验取得经验后才能全面推行。并认为去除厂商思想上的种种顾虑是此事关键。

税务局方面了解:工商界很愿意重估财产。他们以为重估后直接税可能比现在的轻。他们希望1950年所得税的稽征能和重估工作结合进行。税局也认为重估后计税标准有变动,税收可能有些影响。又据反映:工厂对机器折旧问题很注意,现正请会计师研究。他们对机器全部价值已提完过折旧的,还想提折旧,这样所得额少些,税负可减轻。税局则认为不应再提。

工商联某负责委员谈:少数工商业者怕将家当全部摊开后,"政府是否会另出花样",而最普遍的顾虑是:"重估后账面上多出来的财产,劳方是否会要求分。"因此一方面想重估,一方面又有所顾虑。同样,对私营企业暂行条例第二十五条关于红利分配的规定也有顾虑;他们害怕和劳方协商。因此这位委员提出他的意见说:"重估财产办法和企业条例两文件,资方固然要学习,希望劳动部或总工会也发动劳方学习,让劳方尽量提问题,由劳动部统一解答。这样让劳资关系首先在思想上明确起来。"

机器工业公会负责人谈:重估办法规定重估后增值额不抽税,但调整资本税局仍要缴3‰的印花税。机器业重估后资本在5亿~10亿的约有10余家,这样每家须缴印花税150万到300万,(仍旧是个负担啊!)北京有名的铺子瑞蚨祥经理说:盘存希望准打折扣。以往很多存货不入账,入账的也多半打对折。有些货无人买,就不能照时价入账。(瑞蚨祥能维持一百多年,就靠提厚成这个制度。)绸布商业公会主委谈:北京工商业很守旧。取消厚成,完全公开财产不很习惯,也有些顾虑。但如大铺子领头做,也能做得好。瑞昌纱号经理反映:“北京商人受过日、伪反动政府几个时期的剥削,对现政府一致拥护。重估财产对商人即使有什么不方便,也是能接受的。”

2.上海市　工商局某负责同志谈:关于重估财产的问题,收到反映不多,因为(1)目前他们顶关心的是所得税和年奖问题;(2)办法公布为时不久,很多人还未来得及研究;(3)以为这是明年的事。

间接的反映:(1)大企业与小企业不同。小企业认为这件麻烦事,必须要请会计师来估。大企业认为这是件大事情,是否把家当公开出来,这是一个进退的关键,要经过股东老板慎重研究。(2)各业反映不同。工业估价可能偏高,因为对利润、工缴、折旧都有利;商业可能偏低,隐藏物资。(3)会计师想钻进评审委员会,趁此时机捞一笔钱。

绸缎商某人谈:“我们对重估财产调整资本办法很是拥护;惟一的遗憾是公布和执行得太迟,以致所得税未能在新的合理基础上稽征。”远东塑料厂的人说:“中央公布的办法是好的,但目前所得税额在重估以前结算,总是要吃一次亏。”

有的商人认为重估意义不大;现在重估了,将来物价又波动,则再要重估。反映出他们对物价稳定的信心不够。

(五)经验教训

从上述各地具体措施当中,我们可以看出中财委去年12月30日三项指示是正确的。这种工作极端繁杂,单靠工商行政机关是搞不好的,必须依靠工商界自己来推动。部分工商户对财产重估的意义认识不清的,应多作解释,消除他们的顾虑。其次,这项工作必须掌握重点。在地区上与大中小企业上都要有区别。首先着重工商业较发达的城市和较具规模的企业,其他较小城市乡镇和较小企业可以缓办或不办。此外,这种工作既繁复又缺乏经验,有些问题不是事先所能想到的。所以典型试验办法,各地皆可采用,以便吸取经验突破一点,作为全面推行的准备。最后,我国各地工商业户很多在旧历年终结账,尽管重估办法规定以1950年12月31日价格为估价标准,但这习惯应该照顾到。西北和北京市都有适当规定,其他各地也可斟酌采用。

(选自《工商情况通报》第7期,1951年1月25日)

第三节　企业登记管理

一、中央财经委员会关于公私医院应否缴纳工商业税和进行工商业登记一案的规定

自公布《工商业税暂行条例》规定医院诊所征收工商业税以来,各地的反映如下:

1.华东军政委员会报告:“医院对贫病免费,经常开支不足,大都由公家贴补;若再征收工商税,势必加重公家负担。”

2.武汉市提出:“私营医院诊所辅助政府推行卫生事业,如对其课税,私人之负担加重,政府之损失必大。”

3.东北人民政府卫生部呈:“……如此与人民医疗保健事业的基本方针似有抵触,我们认为公营医院诊所应予免税。”

4.兰州市医师公会反映:“医院诊所是自由职业,和学校性质相仿,不能视作工商业,且既有卫生部门主管,不应再参加于工商业部门内。”

5.沈阳市卫生局呈:“……一般私立医院诊所因为加入工商业联合会,受多方面领导,每日忙于开会、填表,影响医疗。而缴纳各种会费及税,负担太重,因此不得不变卖医疗器械;已有轻视技术冷淡医务工作的现象。种痘工作亦未按期完成任务。”

6.其他反映:“私立医院诊所收费,一般均遵照政府规定的标准,遇有贫病者尚须予以部分或全部免费。故业务非纯以营利为目的;且医院诊所有受政府委托担任防疫保健的义务。”

根据以上情况,经中央各主管部门会商讨论,提请中央财经委员会先后作了以下的指示:

甲、关于公私医院免纳工商业税的规定(财经计(财)字第5242号公函)

一、公立医院免纳工商业税。

二、私立医院诊所接受卫生行政机关之管理,

而具备下列各项条件者,方可免纳工商业税,否则不予免税。其免税条件如下:

1. 接受一定之战勤、防疫、保健等任务及负担一部免费病床、免费门诊者。

2. 确实按卫生行政机关规定之标准收费者。

3. 不对非就诊之病人售药者。

三、为便于统一执行起见,私立医院诊所免纳工商业税,自1951年1月1日起施行,所有1950年度应纳之工商业税,仍应一律交纳。

四、其他应纳之税捐,按规定办理。

乙、核定公私医院诊所不作为纯营利事业,因此,一律不必进行工商业登记,不参加工商联,其开歇业之核准,由卫生行政部门掌握管理。

(选自《工商情况通报》第9期,1951年3月1日)

二、中财委关于公营企业和公私合营企业应办理登记的指示

公营企业和公私合营企业应进行登记一事,经中财委先后颁布了两个指示,明确予以规定。其原文如后:

1951年3月30日(51)财经私字第36号指示:"《私营企业暂行条例》及其《施行办法》,已先后公布施行,各地区所颁布的工商业登记单行办法,应即废止。公营企业和公私合营企业,除另有法令规定者外,亦应参照上述条例及办法,向各市县主管工商行政机关办理登记;其公营及公私合营企业而为公司组织或由中央各部直接领导者,则应经由当地市县主管工商行政机关转报本委办理登记。"

同年5月4日(51)财经私字第58号补充指示:"……(上略)凡属使用公司名称或由中央各部门直接领导的公营企业,应经由当地市县主管工商行政机关转报本委办理登记,并发给执照。登记事项为:企业的名称,所营的事业,企业所在地,领导机关,开设年月,以及备考等事项;其分支机构亦同。登记费,每件人民币3万元。至于公私合营企业的登记,应依照私营企业暂行条例及其施行办法办理。"

根据上述两个指示,凡属公营企业(无论国营、省营机关或地方经营的一切公营企业)都应该遵照办理。又公营企业的组织方式、设立程序、内外关系,在中央没有制订专法以前或另有特别规定者外,原则上均应参照私营企业暂行条例及其施行办法的规定。至于公私合营企业一切亦均适用上述条例及办法;其转报登记所应备具之文件及登记费,亦与施行办法中关于私营企业的规定相同。

(选自《工商情况通报》第14期,1951年6月15日)

三、中财委关于企业登记费款的处理问题的指示

(1951年6月7日)

《私营企业暂行条例施行办法》公布后关于企业登记费款的处理,各地主管机关提出反映:(一)独资合伙企业的登记费款是否当作地方财政收入?要不要解缴省级?(二)一般资本很少的小规模营业,如果统照施行办法第二十四条的规定缴费,担负过重,可否减低其登记费率?(三)地方主管机关为了办理核转关于公司企业的登记案件,其所需邮、电、汇费以及办公费等应如何开支?兹经中央财委会于1951年6月7日发出第(51)财经私字第78号指示如下:

一、独资、合伙企业登记等费应作为省市地方财政收入,不转解中央和大行政区;省辖市及县是否留用,由省决定之。

二、公司企业登记等费属于中央财政收入应全数转解中央私营企业局。市县工商行政机关于收到该项费款时,应逐案全数交由当地或就近人民银行免收汇费及手续费代收转解。至市县工商行政机关为办理是项工作所需邮、电、办公等费,得作为行政费开支。

三、对行商、摊贩及小规模之营业(如小商店、小作坊等),可由市县工商行政机关根据私营企业暂行条例及其施行办法的精神,另订简单登记办法;其登记费率可斟酌地方情况作适当的规定;并列为地方收入。

(选自《工商情况通报》第14期,1951年6月15日)

四、中财委督促各省市工商厅局注意企业登记工作

(1951年6月25日)

中财委本年6月25日电行各地区财委注意督促办理企业登记。兹录原文如后:

私营企业条例及施行办法公布后，各地已依照办理者固属不少，但查多数地区尚未注意执行，公司组织前来登记者尚为数不多。查施行办法102条规定：本办法施行前业经设立的公司，应于本办法施行后，修正章程，依法申请登记；其限期由市县工商行政机关酌定，并呈报中央私营企业局备案，但不得迟于1951年底。希转知各省市工商厅局，加以注意督促执行。按办理登记与重估财产调整资本工作并不冲突，企业已经办理重估者，固可就重估后之资本申请登记，其未办理重估或正在办理中者，亦得就重估前之资本额先行登记，待调整资本后再为变更登记。如此可免重估财产工作影响登记工作之进行。

（选自《工商情况通报》第15期，1951年7月5日）

五、中财委关于核收及转解企业登记费的指示

关于企业登记费款的收解及在财政收入上的划分办法，中财委于1951年6月7日颁布了(51)财经私字第78号指示。

4个月来，各地工商行政机关对于公司企业登记往往不加审核，因而发生有不应转报中央而予转报者，有应收登记费而不核收者，甚有不照规定办法收费而予以照转者。对于汇款方法，亦不一致：有用票汇者，有用信汇者，有用邮汇者。对于汇款数额，有于文内注明者，有不注明者，有仅注明“汇汇”或“汇上”等字者。以致文到或款到时，无从查对，影响登记工作。这都是各地工商行政机关对企业登记法令不够熟悉，以及汇解方法未能划一所致。为改善计，中财委于10月3日又颁布了(51)财经私字第200号指示，通报遵照，兹转录如下：

一、市县工商行政机关于核收企业登记等费时，应切实按照私营企业暂行条例施行办法第二十四条规定办理。公司设立登记费，按资本额每2000元缴纳1元（但费款不足2万元者，应缴纳2万元）。公司增资登记费，按所增资本额每2万元缴纳1元（以原有资本已向中央缴费登记者为限）。其他各项登记（公司变更原核准登记事项，解散、添设或撤销分支机构，发行公司债等）每件缴纳2万元。另外公营企业及公私合营企业之转报本委登记者，公营企业每件登记费一律3万元，公私合营企业按照私营企业同一标准缴纳费款。

二、市县工商行政机关核转企业登记费款（包括公司、公营企业、公私合营企业），一律交由当地或附近人民银行免收汇费及手续费承做汇票（已另函人民银行总行通知各地人民银行照办），并于票面注明公司登记费（免与商标注册费相混），交中央私营企业局收。无论单汇或汇汇，必须附具清单（清单样式附发），检同汇票，随文封寄。

××市（县）工商局（科）汇解公司企业登记费清单　年　月　日　　第　号

公司名称	登记项别	资本总额(元)	缴纳登记费(元)	备考
以上公司企业登记费合计			元	

六、中财委关于公营企业登记收费规定的补充

关于公营企业的登记费，依照中财委本年5月4日(51)财经私字第(58)号补充指示为每件3万元，惟公营企业申请变更或解散登记时是否收取登记费，原指示并未规定。现特作如下补充：

公营企业申请变更，其所变更事项，足以影响原领执照所载（如企业名称、所营业务、所在地等。）任何事项之一，致须换发执照者，无论其为总机构或分支机构，一律收取登记费3万元。倘其变更并不影响原领执照所载事项（如总机构的领导机关），即无须换发执照，此种变更登记，以及申请解散的登记，一律不收取登记费。

（选自《工商情况通报》第19期，1951年10月20日）

七、中央贸易部制订《行商管理暂行通则》

（1951年11月14日）

中央贸易部根据全国贸易行政会议的决定，为了加强全国各地对行商统一管理，于本年11月14日制订《行商管理暂行通则》，通知各大行政区贸易部、华北五省二市工商厅（局）。是项通则在执行中应注意下列事项：

一、为进一步的畅通城乡物资交流，活跃社会

经济,因此行商的业务范围、经营地区,在原则上应不加以限制;但为照顾各地实际情况,及对某些物资因一时市场供求而发生变化所采取之临时措施,不在此限。

二、在执行上有不少问题涉及税务机关的税收手续,希各地与税务机关密切结合,以便管理行商工作的进行。

附:行商管理暂行通则

一、为促进城乡物资交流,活跃社会经济,保护正当工商业,促使行商从事正当经营,防止非法活动,特制定本通则。

二、凡在当地有正式户籍而无固定营业地址,经常从事城乡埠际间流动性的商品贩运者,谓之行商。各省市工商主管部门应根据本通则结合当地具体情况,制定管理办法进行登记,但固定工商业及其从业人员不得请求行商登记。

三、农民、渔民、猎夫、牧民及家庭副业生产者,出售其自产品或城市住户非以营利为目的而出售其自身使用或旧有物品者,不以行商论。

四、行商于营业前必须填具申请书与纳税保证书,向当地工商主管部门申请登记,经审核批准发给行商营业证后,应即持同纳税保证书向税务机关申请运销货物证明单,取得以上两项证件后始准营业。

行商营业证按照颁发式样(式样附后)由各地工商主管部门(县市以上)制发,并得收回工本费。

五、集镇农村(无工商管理机关)行商须在区政府办理登记,领取行商营业证,并向所属税务所申领运销货物证明单。

六、行商于经营业务时,必须随身携带营业证与连销货物证明单以凭查验。

七、行商营业证不得转借、出让、涂改、顶替,如有遗失应即呈报原发证机关按手续补领。

八、行商营业证每年换发一次,如中途变更原登记事项之一或全部变更者(变更住址、增减资金等),必须向原发证机关申请经核准后方可变更,凡领得营业证逾三个月无营业行为并不向原发证机关声明理由者,得撤销其营业证。

九、行商购销货物应遵守所在地的市场管理法规及临时商业税稽征办法,并不得在同一城市内买进卖出同一货物或居间介绍成交。

十、行商于经营业务时,如有违犯当地市场管理法规之行为,当地工商主管部门得根据其情节轻重,依《取缔扰乱市场投机商业的指示》精神予以惩处。

十一、为加强对行商教育指导,各地工商主管部门应根据实际情况组织行商联合会或小组。

十二、各省(市)人民政府工商主管部门根据本通则所制定之行商管理实施办法(各地区原有行商管理办法可根据本通则进行修正),均须报请各大行政区人民政府(军政委员会)批准并由大行政区人民政府(军政委员会)贸易部转报本部备案,华北五省二市由省(市)人民政府批准后由省(市)商业厅(局)报本部备案。

十三、本通则如有未尽事宜,得由本部随时修正之。

十四、本通则自公布之日起施行。

行商营业证式样(略)。

(选自《工商情况通报》第 21 期,1951 年 11 月 30 日)

八、中财委拟订《私营企业统一分类办法(草案)》

(1952 年 11 月 14 日)

由于全国各地对私营企业的分类缺乏统一标准,旧行业分类及同业组织,大多因循历史传统,并带有封建行帮性质,因此,既不能明确认识各行各业在现社会中的经营内容及其作用,而同一行业在各地所包括的范围又互不一致,这使得工商行政部门对私营企业的管理,国营经济对私营企业的分工领导、税务机关对私营企业制定统一的税目税率,以及计划统计机关对私营企业的调查统计等等,都发生很大的困难。兹因全国大规模经济建设即将开始,国家应逐步加强对私营企业的领导。为便利国家对私营企业的领导管理及计划统计,统一分类,调整组织应是重要工作之一。为此,中财委曾会同有关方面,拟定私营企业分类办法草案,于 1952 年 11 月 14 日发给各有关机关参考。

第一章　总　则

第一条　为便于对私营企业进行组织、管理、调查、统计起见,特制定统一的分类办法,作为全国各财经部门、各有关团体对私营企业进行分类的依据。

个体经济业户(不包括个体农民)之有固定资金,成为独立经营单位者,亦适用本办法。

第二条　私营企业依其在国民经济中所起的不同作用分为八大部:

1.工业之部　凡从事于自然财富的开发采集,开采品及农业产品的加工制造,以及制造品的复制与修理者属之;

2.商业之部　凡从事于工业产品与农业产品的贩卖者属之;

3.饮食业之部　凡从事于食品的烹饪调制并直接零售者属之;

4.建筑业之部　凡从事建筑、设计、营造及安装工程者属之;

5.运输业之部　凡从事货物运输、仓储以及为货物运输服务者属之;

6.服务业之部　凡以劳务直接服务于居民之需要者属之;

7.金融业之部　凡经营银行、钱庄、保险、证券买卖及投资业务者属之;

8.农业之部　凡以资本主义经营方式从事植物栽培或动物饲养者属之(个体农业不作企业论)。

第三条　同一企业兼营几种业务者,原则上依其主要业务进行分类。兹并就若干不易判别之点规定如下:

1.工业企业设立的批发或零售门市部,其所售商品限于本厂产品或虽附带经售非本厂产品但并不占主要地位者,作为工业企业之一部分,不单独作为商业企业论;但名为门市部,实际以经售非本厂产品为主者,不作为工业企业的一部分,应另作商业企业论。工业企业所设立的批发或零售门市部,即使以经售本厂产品为主,但其地点不在工业生产所在县市者,得另作商业企业论。工厂地址不在城市而在附近的城市中设立推销处销售本企业的产品者,仍作工业企业的一部分,不作商业企业论。

2.个体工业户虽零售其所生产的产品,或附带经售一部分非自己生产的产品,仍列作工业户。

3.商业企业附带进行包装、整理、干燥、挑选及修理工作者(例如国药商的切制药材,钟表商的修理钟表),或设有小作坊自制一部分产品(非主要部分)出售者,仍列入商业。

4.商业企业以贩卖建筑物之附属设备或贩卖机器设备为主,附带进行安装或修理工作者,仍列入商业,不列入建筑业。

5.农业企业为出售其产品而设立之门市部,作为农业企业之一部分,不另作商业企业论。但如农场设立饮食部供顾客直接消费者,此饮食部应作为独立企业,列入饮食业(如牧场设立牛奶店等)。

6.以手工业生产为副业的个体农业户,仍列作农业户。但以手工业生产为主附带经营一部分农业的个体经济,应列作个体工业户。

7.凡个体经济性质的捕鱼、伐木、采集野生植物、捕猎野生动物等列入个体农业。凡以企业进行的大规模的捕鱼及伐木等,则列入工业企业。

8.以车船载运旅客及行李(不运货物)者属服务业,以车船载运货物或兼运客货者属运输业。

第四条　私营企业依企业设立时预定的业务范围或事实上所经营的业务,由工商行政部门于其设立登记、转业登记或换领证照时,定其所属业别,并按照后列目录,规定该业所应属的门、类、目及分类编号,所有私营企业统计上的分类悉以此为基础。

个体业户由主管行政部门参照同一目录进行分业分类。

第五条　凡以企业或业户为单位的一切统计报告或登记资料,均应于企业或业户名称之下注明由主管行政机关所给定的分类号码,作为保管整理与综合时的指引号码。

第二章　工　业

第六条　私营工业企业依其规模分为大型企业和小型企业,其标准如下:

1.大型企业　有机械动力设备(蒸汽机、发电机、电动机或内燃机)职工人数在16人以上者,或无机械动力设备职工在31人以上者。

2.小型企业　有机械动力设备职工人数不足16人者,或无机械动力设备职工不足31人者。此处作为标准的职工人数,以进行分类以前3个月内平均实际人数为准,不包括资方及资方代理人(经理、副经理、厂长、副厂长及管理人事的主管人员)。有季节性的企业以旺季时平均人数为准,新设立的企业,依其资金设备的规模比较当地同类企业进行大小规模的分类。

第七条　私营工业企业依其生产技术机械化程度分为机械化工业和工场手工业,其标准如下:

1.机械化工业　有机械动力设备,且其主要作业过程已利用机器进行者(如火柴厂具有排梗机,造纸厂具有抄纸机,面粉厂具有钢磨者)。

2.工场手工业 无机械动力设备,或即有机械动力设备,但其主要作业过程未利用机器而利用手工工具进行者(包括未机械化的窑业、伐木业、矿山业)。

第八条 1.业主或其家庭成员参加主要生产劳动,不雇佣工人或学徒或虽雇佣而不超过3人,独立制造商品向市场销售者,为个体经济性质的手工业户,称个体工业户。

2.业主或其家庭成员不参加主要生产劳动,其活动仅限于管理雇佣工人(包括店员、学徒等)而进行生产者,作私营小型企业论。

3.接受企业主(或工厂)原料在家庭内为企业主制造半制品或成品者,非个体工业户,作厂外工人论。

4.不属于同一家庭的几个业主合伙经营工业生产,自身参加主要劳动,但未有生产合作社组织形式者,仍属于个体经济,其从业人员总数超过6人,即作为私营小型企业论。

第九条 私营工业企业与个体工业户依《工业生产部门标准分类目录》(以下简称标准目录)(附录一)进行分类;兼营几种生产的单位,依其主要生产进行分类。

第十条 根据私营工业现状与国家需要,特就标准目录中选择重点,编制《私营工业生产部门重点类目表》,(附录二)。综合私营工业统计资料时,凡重点类目表中所列举的,均须一一分列,不得混合。

第十一条 各大行政区、省(市)财委、工商行政机关及其他有关部门在本重点目录表外,为适应当地的需要,如有必要增加类目者,应由当地财委汇集各有关部门的意见,在标准目录的非重点类目中统一挑选补充之,必要时也可以将若干非重点类目合并为新类新目;不属于同一部门的类目不得合并。各地所补充的类目,自行规定编号(于部门号后加新类目的顺序编号,如"34+01"为食品工业部门中一个补充类目,余类推),并报上一级财委及国家统计局备案。

第三章 商 业

第十二条 私营商业依其型式分为坐商、行商及摊贩,其标准如下:

1.坐商,据有一定的建筑物为营业场所,从事商品之贩卖者;

2.行商,凡无固定营业场所,从事埠际间的商品贩卖者;

3.摊贩,不据有一定的建筑物而租用、占用或流动于公共场所,设摊从事商品贩卖者。

第十三条 私营坐商以批发为主者为批发坐商,以零售为主者为零售坐商。私营企业批发与零售的区别如下:

批发,凡以商品批售给批发商或零售商,或经常以生产资料趸售给厂矿者,称批发商。

零售,凡以商品直接售与消费者,称零售商。

第十四条 私营商业的型式,由工商行政部门于开业登记、转业登记或换发证照时,按照上述规定确定之。

第十五条 私营坐商依其主要经营的商品集团的不同,按《私营商业分类目录》(附录三)分为十二个部门,目录中有(☆)号者为重点类,综合资料时,须一一分列,不得混淆;其余部分由各大行政区、省(市)财委根据工商行政部门及其他有关部门的意见自行分类及编号(编号法同工业),并报上一级财委及国家统计局备案。但部门之间不得混淆。

第四章 其他各业

第十六条 下列各业暂不作统一分类,仅规定其范围如下:

(1)饮食业,包括范围:1.中西餐馆、食堂;2.冷饮咖啡馆;3.酒馆;4.包饭作;5.菜馆;6.各种小食铺(如烧饼、馄饨、熟面、包饺、元宵、油炸煎品等)。

(2)建筑业,包括范围:1.建筑设计;2.营造;3.安装;4.凿井工程,灌溉排水工程;5.泥水瓦木油漆作。

(3)运输业,包括范围:1.载货汽车☆;2.轮船☆;3.拖驳木船;4.大车;5.畜运;6.码头;7.仓库堆栈(包括银行所附设者);8.转运报关;9.打捞。

注:有☆号者系重点行业,此类行业应单独划分,不与其他各业混杂。

(4)服务业,包括范围:1.浴室、理发;2.娱乐场所(如戏院、剧场、游艇);3.洗染织补;4.喜庆殡葬服务棚彩乐队;5.旅行服务社,旅馆、公寓,大车店;6.广告社,广播电台;7.代客打字油印;8.出租车船、器具、家具等;9.照相画像;10.刻字缮写;11.公共汽车、电车、轮渡;12.报纸出版社;13.生水热水老虎灶。

(5)金融业,包括范围:1.银行、钱庄、银号;2.保险;3.证券买卖;4.房地产及各种投资公司;5.典当。

(6)农业、私人资本主义的农业企业,包括范围:1.繁殖公司;2.农场;3.牧场;4.牛奶场;5.养蜂场;6.育蚕制种场;7.家禽场;8.菜园花圃。

(本草案附录另行颁发)

(选自《工商行政通报》第2期,1953年1月20日)

九、中财委指示核准私营企业营业应注意的事项

为了使私营企业的经营配合计划生产,并便利于工商行政管理,私营企业暂行条例第十一条规定,企业于筹设前应先报请核准。因此,各主管业务机关在处理上,除应注意该企业本身经营是否具备一定条件外,尤应顾及市场供求与地区的需要。但据各方反映,各地主管机关与工商行政机关之间,对此问题颇多紊乱现象,归纳起来,有如下的情况:

(一)主管业务机关核准营业,只就其是否合于本身业务的标准与规定,而忽视了是否适应供求需要与应否发展?例如卫生部门核准药厂、药房,公安部门核准饭馆、委托商行等。

(二)有些行业有两个以上不同的主管机关,例如剧院、印刷业,须分别申请公安、文教两个部门核准,因此,有的核准而有的不核准,并且可能为了掌握市场关系,最后工商行政机关仍不予登记,从而造成各主管机关间意见分歧,使申请者无所适从;同时有些主管机关核准营业收取许可证规费,因上述的准驳不定,给予申请人不好的印象。

(三)有的主管机关单纯从本身业务出发,不同划分行业经营范围,在核准营业上与各有关机关配合不够,例如专卖公司批准饭店、花生、制面、摊贩、杂货等业售酒,也就影响了一般酒商的营业;因而使工商行政机关在管理市场方面增加了一定困难。

中财委鉴于以上情况,特决定下列应行注意事项五点,通知有关机关转行所属遵照:

1.私营企业所营业务,定有主管机关者,该主管业务机关在核准申请前,应先与当地工商行政机关会商核办,其未指定主管机关者,统由工商行政机关办理。

2.某些私营行业,规定须经两个以上主管业务机关核准者,各该主管机关应与当地工商行政机关会商核办,由工商行政机关统一发给许可营业证件。

3.私营企业应由专卖事业机关核准营业者,该专卖事业机关核准时应与当地工商行政机关洽商。

4.核准私营企业营业所发给的许可证件,除中央各主管部门于法令中另有规定者外,一般不收规费。

5.各主管业务机关、工商行政机关或专卖事业机关,为核准私营企业申请营业遇有意见不能一致时,应报请当地政府或财委决定之。

(选自《工商行政通报》第1期,1953年1月5日)

十、中财委关于中国人民在国外设立的企业在国内设分支机构应如何登记的规定

(1952年12月4日)

中国人民在国外投资开设的企业,其在国内所设的分支机构应如何进行登记问题,曾接上海、广州、天津等市工商行政机关分别函请处理,经我局拟定原则,征询中央各有关部门意见后,报经中财委批准,并于1952年12月4日发布(52)财经私字第79号通知各大行政区财委(计委)执行,其办法如下:

该项分支机构应划拨一定资本,改组为独立性的企业,其组织方式和对内对外关系以及登记手续,一般适用私营企业暂行条例及其施行办法之规定,企业主要负责人(董事或执行业务股东)必须有一人或数人在国内。但如情况特殊,且有利于我国内经济建设的需要时,得报经中央工商行政管理局核准,仍保持其分支机构的组织。

(选自《工商行政通报》第1期,1953年1月5日)

十一、上海市拟订公私营企业登记办法(草案)

一、企业应有固定厂所及适合其业务性质的设

备和资本。

二、企业名称专用以主要部分为限,其专用权随企业的歇业、解散而消灭。但因转让、合并或改变组织而承袭者,继续有效。

三、企业名称不得用“服务”“研究”等及其他不足以表示其为从事营利事业的字样;非工厂之企业不得称“厂”。

四、企业名称是否相同或类似,以主要部分区别之:

甲、有下列情况之一者,视为名称相同:

1. 主要部分相同。

2. 主要部分相同冠以“中国”字样。

3. 主要部分相同冠以“某记”字样。

4. 主要部分相同冠以一般习用的“园”“居”“斋”“楼”“堂”“馆”“社”“轩”等字样。

乙、有下列情况之一者,视为名称类似:

1. 主要部分相同冠以“老”“新”“大”“小”“真”“正”“东”“南”“西”“北”“真正”等字样。

2. 主要部分相同冠以“东”“南”“西”“北”“第一”“标准”等字样。

五、企业业务是否相同以主要业务区别之:

甲、有下列情况之一者,视为同类业务:

1. 主要业务完全相同。

2. 不论制造买卖(批发或零售)而经营之商品相同。

3. 主要业务与他人主要业务的一部分相同,或主要业务之一部分与他人主要业务相同。

乙、有下列情况之一者,视为非同类业务:

1. 经营多种不同商品,习惯上视为专业,其业务的一部分或经营的商品与他人主要业务或经营的商品相同。

2. 以相同原料制成商品而效用不同。

3. 虽为同业,但其生产品或经营的商品相互有显著的区别者。

六、企业申请设立、变更、歇业、解散或撤销登记,应备具申请书一式三份,及各项有关附件一份。如为公司组织,或虽非公司组织而其业务及产销计划有全国性者,并应加具申请书及附件各一份。如应送附件不全,经通知后逾15日不送而无正当理由者,撤销其申请。

申请登记书表,向所在地区政府购买,其工本费由工商局规定之。

适当季节需要的临时性企业,其营业期限连续不满3个月者,无须申请核准营业,但应于开业前向所在地区政府申请临时登记。

(选自《工商情况通报》第16期,1951年8月1日)

十二、北京市工商局对合伙契约研究改进

北京市合伙企业所订契约的内容,繁简不同。一般在对内对外关系上规定得多不明确,大多数订有“人力股”或“厚成”等,因此成了合伙人与经理厂长或职工方面的约定,实际上已失去合伙契约的意义。北京市工商局根据30户合伙契约的分析,有以下情况:

契约内对于所营事业、合伙人姓名、资本额和盈余分配等虽均有订定,但定有企业名称者占97%,定有企业所在地者占87%,定有执行业务者(投资人兼经理)占40%,定有退伙和除名规定者各占27%,定有转让规定和单独定有经理人者(非投资人兼经理)各占3%,定有决算手续者占10%,定有其他规定者占57%,至关于解散的事由则完全没有订定,就此可以看出目前的合伙契约是相当简陋的。

北京市工商局曾征求工商联、粮食、中西餐业等代表性较大的12个行业意见,他们一致反映要求政府制定合伙契约的统一格式。如织染同业公会反映“我们对于私营企业暂行条例施行办法第三十二条关于合伙契约的规定认为非常合理,如根据规定订定合伙契约,可以奠定企业基础;契约格式应当统一制定”。粮食业反映:“我们过去的旧合伙契约只将盈余和分配红利的办法载明,而不载亏累赔补办法,并且契约内容多不一致,有的甚至很不完整,难免发生纠纷。希望对于合伙契约,能由政府根据施行办法所载事项、计划统一格式。”中西餐业反映:“旧的合伙契约,格式不一,权益的规定不明、界限不清,时易惹起纠纷,应该有明确的统一格式”。

根据上列情况,草拟比较完备的合伙契约,以备各业参考,是很需要的。并且为了正确和顺利地执行私营企业暂行条例,促使工商业者对条例的学习和了解,先从改进合伙契约着手也是很必要的。

北京市工商局根据工商业者的要求,参照私营企业条例及施行办法的有关规定,初步拟订了合伙

契约草本(原件附后)。其内容分为“总则”、“出资及盈亏分配”、“执行业务”、“退伙除名”、“转让与解散”、“附则”等六章计十七条。市局还召集城区各工商科长和工商业代表会议,共同研究、并由工商界代表将草本携回,普遍征求工商业者的意见,据反映如下:

(一)一致认为这样的合伙契约,如果能由大家参考采用,可以消灭企业中一般发生纠纷的因素;对今后鼓励投资,巩固和发展私营企业是有相当作用的,并可更具体的发挥了私企条例的精神。

(二)有些工商业者,希望能在合伙契约内,增添“股息”的规定,或者准许合伙人每月提取生活费的规定。

(三)有些工商业者希望在合伙契约第八条“……但其他执行业务的合伙人,有一人提出异议时,应即停止执行”改为“……有一人提出异议时,经其他多数执行业务的合伙人同意时应即停止执行”。

(四)有的工商业者认为歇业或解散后,合伙人的连带无限责任,自登记后满五年而消减,认为时间太长。

合伙契约(草本)

第一章　总则

第一条　本号依照私营企业暂行条例第三条甲项第二款为合伙组织,负连带无限清偿债务责任。

第二条　本号定名为×××经营×××××业务设于××县市。

第三条　本号之对内对外关系除法令政策有规定者外,此契约所定之事项全体合伙人均共同遵守。

第四条　本号之负责人为执行业务的合伙人,监察权属于不执行业务的合伙人,申请核准营业及申请设立、解散的登记由全体合伙人为之,其他事项的申请登记,得由执行业务的合伙人推选一人为之。

第二章　出资及盈亏分配

第五条　本号资本总额为××××元

某甲出资×××元

某乙出资×××元

某丙出资×××元

第六条　本号于每届××时为总决算期,决算后由负责人某某向全体合伙人报告本年(期)度的营业情况,并提出决算表报与次年(期)度的业务计划请求通过。

第七条　在年(期)度末决算后如有盈余,除缴纳所得税,弥补亏损外,先提出百分之×作为公积金,其余依照下列比例分配之。

合伙人的红利百分之×

执行业务代理人(厂长、经理人等)酬劳金百分之×

改善安全设备基金百分之×

职工福利基金百分之×

职工奖励金百分之×

其他百分之×

如有亏损按出资比例分摊

第三章　执行业务

第八条　本号推定某甲、某乙、某丙为执行业务的合伙人;本号之通常事项得由执行业务的各合伙人单独执行之;但其他执行业务的合伙人有一人提出异议时,应即停止执行。

第九条　本号执行业务代理人(执行业务之负责人)如有违反政府法令或契约规定,致使本号亏损破产或使第三人遭受损失或亏损资本达三分之一以上未向全体合伙人报告者,应负法律责任。

第十条　本号聘任某某为厂长(经理);秉承本号负责人指示处理业务

经理姓名

籍贯

住所

略历

第四章　退伙除名

第十一条　本号合伙人之退伙除法令另有规定者外,得……方能退伙。

第十二条　退伙人与本号的结算应以退伙时的财产状况为准,不问出资种类如何,均以现金核算给还退伙人对于退伙前号中之债务在变更登记后二年内,仍负连带无限责任。

第十三条　本号之合伙人如有下列情形之一者,得经其他全体合伙人之同意议决除名:

(分列各款)

第五章　转让与解散

第十四条　本号合伙人的出资转让非经……不得以自己出资之全部或一部转让于他人。

第十五条　合伙人出资转让须遵守下列各项

限制：

(分列各款)

第十六条 本号如有下列情形之一者得经全体合伙人同意申请解散：

(分列各款)

第十七条 合伙人的连带无限责任自解散登记后满五年而消灭。

第六章 附则(其他必要事项)

第十八条 本契约为一式×份除送交工商局一份外由合伙人各执一份。订立合伙契约人

姓名　　　　籍贯

住所

略历

姓名　　　　籍贯

住所

略历

公证机关

一九五　年　月　日

(选自《工商情况通报》第15期，1951年7月5日)

第四节 颁布实施《商标注册暂行条例》

一、商标注册暂行条例

(1950年7月28日政务院批准)

第一章 总则

第一条 为保障一般工商业专用商标的专用权，制定本条例。

第二条 一般公私厂、商、合作社对自己所生产、制造、加工或挑选的商品，需专用商标时，应依本条例的规定，向政务院财政经济委员会中央私营企业局申请注册。

第三条 商标上的文字、图形，应特别显著并应有一定的名称和颜色。

第四条 下列条款的文字、图形，不得作为商标申请注册：

一、与中华人民共和国的国旗、国徽、军旗或勋章相同或近似的；

二、与联合国的名称、徽记、或红十字章及外国的国旗、军旗相同或近似的；

三、在同一类商品上所使用的商标，与他人已经申请审定或已经核准注册的商标相同或近似的(包括文字、图形、名称、读音)；

四、用外国文字作为商标的。但运销国外或由外国进口的商品不在此限(前国民党反动政府商标局注册的外国文字商标，重新申请注册，得暂准专用二年)；

五、与一般公用的标章相同的(如合作社、电信及铁路标志等)；

六、与久为人所使用或一般商业上所用的名称、符号、标记相同的；

七、与政府或展览会所颁发的奖章、奖状相同或近似的。但以自己所受奖的奖章、奖状作为商标之一部分时，不在此限；

八、用他人姓名、肖像或企业、团体等名称的。但已得对方承认时，不在此限。

第五条 已与中华人民共和国建立外交关系、订立商约之国家的商民，如需专用商标时，得在订立条约的规定范围内，依本条例申请注册。

第六条 已经审定及核准注册的商标和其他应公告的事项，登载于商标公报。

第二章 申请

第七条 商标注册的申请人应备具申请书、图样、印版及注册费，向中央私营企业局申请。如委托代理人办理，应附具委托书。

第八条 凡未取得工商业营业登记证者，不得申请商标注册。

第九条 以成业申请商标注册，应附送卫生行政机关的化验许可证或许可证的照片。

第十条 二人以上用相同或近似的商标，使用于同一类商品之上，分别申请注册时，应准最先申请的注册；如于同日申请，则准使用在先的注册。

第十一条 一人用两个以上近似的商标，使用于同一商品之上，而申请注册时，应指定一个为正商标，其他作为联合商标。

联合商标，应以实际使用的为限。

第十二条 已申请注册或已经核准注册的商标，均得转让给别人；但转让人和承受人应会同申请中央私营企业局核准移转后方为有效；连同营业一并转让者，并应附具转让营业的证件。

前项商标亦得作为遗产由继承人继承。继承移转,亦须申请核准,并应附具合法继承的证件。

第三章　审查

第十三条　申请注册的商标,经审定时发给审定书,经审查认为不合而驳回时,发给核驳通知书。

第十四条　完成审定手续的商标,经登载商标公报公告满四个月,无人提出异议,或提出异议,经审查不能成立时,始予注册。

第十五条　申请人对驳回有不服时,得自接到核驳通知书之日起四十天内,备具理由书,请求再审查;如经再驳回,即作终结。

第十六条　申请商标注册,经审查驳回时,应发还申请人的注册费。

第四章　注册

第十七条　已经核准注册的商标,发给注册证。

第十八条　商标从注册之日起,注册人即取得专用权,专用权的期限为二十年,期满得申请继续专用。

第十九条　商标的专用权,以核准注册的图样、名称以及所指定的商品为限。

第二十条　商标经核准注册后,如须变更注册事项,应申明理由,并附具证件,报请中央私营企业局核准后,登载商标公报公告之。

第二十一条　有下列情形之一时,即撤销其已经注册的商标,并通知商标专用权所有人或其代理人:

一、商标专用权所有人,自行变换其所注册的商标;

二、停止使用其所注册的商标已满一年;

三、商标专用权自行移转后已满六个月,未经报请移转。

第二十二条　在商标专用期间歇业或转业,商标的专用权即随之消减。

第二十三条　注册商标,因第二十一条或第二十二条的情事被撤销时,应登载商标公报公告之。

第五章　异议

第二十四条　已经审定的商标,在公告期内,他人认为与自己已经注册或审定的商标相同或近似时,得提出异议。

第二十五条　已经核准注册的商标,他人认为与自己注册的商标相同或近似时,得提出异议,但以登动商标公报之日起一年内为限。

第二十六条　关于异议事项,中央私营企业局应将原理由书抄发对方,限期提出答辩。

第二十七条　对异议的审定有不服时,得自接到异议审定书之日起四十十天内,提出再异议。

第二十八条　对于再异议的审定有不服时,得自接到再异议审定书之日起四十天内,向政务院财政经济委员会申请裁决,经裁决后,即为终结。

第二十九条　商标专用权所有人,认为专用权被侵害时,得向当地人民法院起诉。

第六章　附则

第三十条　凡申请商标注册、移转商标权利和变更注册事项、提出异议、再异议、以及其他有关事项,均应依照规定或指定的期限办理,如有违误,则不发生效力;但被认为确有正当的理由时,不在此限。

第三十一条　有下列行为之一时,依法惩处:

一、伪造、仿造已注册的商标;

二、未经注册的商标,冒称已经注册;

三、用欺骗方法取得商标的注册。

第三十二条　凡前在各地方人民政府注册的商标,于本条例公布后,均须换证,其办法另定之。

第三十三条　前国民党反动政府商标局注册的商标,应于本条例公布后重新申请注册,其处理办法另定之。

第三十四条　本条例经政务院批准施行,其施行细则由政务院财政经济委员会定之。

二、商标注册暂行条例施行细则

第一条　本细则根据商标注册暂行条例第三十四条的规定制定之。(以下简称注册条例)。

第二条　申请商标注册时,每一商标,填写申请书二份,一份连同注册费,直接寄交政务院财政经济委员会中央私营企业局,并附图样十张,印版一枚(印版亦可由中央私营企业局代制,附缴制版费)。另一份连同图样二张,送当地商业行政机关备案。

前项所称商业行政机关,在市为市工商局或商业局,在县为县人民政府。

第三条 商标图样,应用光洁耐用的纸张印制,长及宽不得超过十六公分(约合市尺四寸八分)。印版长及宽不得超过六公分(约合市尺一寸八分)。

图样颜色,以实际使用的为准。

第四条 申请商标注册时,应按商品分类表所定类别,在申请书内填明所使用的商品。

第五条 同一申请人以一种商标,使用于不同类的商品,须按类分别缴纳费件,申请注册。

第六条 各市县商业行政机关接到申请书时,如发现填报不实,或图样与实际使用不符,应提出意见,申报中央私营企业局。

第七条 中央私营企业局认为必要时,得通知申请人,另送关于商标的说明书、货样或其他附件。

第八条 商标注册的申请日期,以发寄地邮局的日戳为准。如不经邮局者,即以中央私营企业局收到之日为准。

第九条 关于商标申请事项,如与注册条例或本细则的规定不符时,中央私营企业局得通知依限补正。

第十条 凡在中国境内无住所或营业所者,申请商标注册,须委托在中同境内有正当商业或职业者为代理人。

前项申请为外国人时,应并呈国籍证明书。

代理人委托书、国籍证明书、或其他文件,须一律用中国文字,但得附呈现外文原本,以供参考。

第十一条 依注册条例第四条第四款、第七款或第八款但书的规定,申请商标注册者,应缴验证明文件。

第十二条 依注册条例第十一条规定与已经审定或核准注册的商标相联合者,应以审定或注册者为正商标。

与注册商标相联合者,申请时应附原注册证,经核准后,填注所联合的注册号数,盖印发还之。

第十三条 已经审定或核准注册的商标,其图形、文字及所指定的商品,不得变更。

第十四条 商标专用期满,注册人申请继续专用时,应于期满四个月前申请之。

第十五条 凡申请人姓名、商号、住所、或印章在申请中有更换时,应即报告中央私营企业局;并向当地商业行政机关备案。代理人有更换,或其住所、印章有变更时,应即报告中央私营企业局。

第十六条 提出异议及有关书件,以中央私营企业局收到之日为准。

第十七条 异议和再异议审定书,中央私营企业局应分送呈请人及其对方。

中央私营企业局无从送达的文件,均于商标公报公告之。自刊登公报之日起,满三十日即认为送达。

第十八条 凡经审定、核准、或注册的商标,中央私营企业局应将审定书、核驳通知书、或注册证,寄交当地商业行政机关转发。

第十九条 凡经异议撤销的注册商标,中央私营企业局应通知当地商业行政机关,转令缴还注册证,并于商标公报公告之。

因歇业、转业而消减商标专用权者,应由当地商业行政机关收缴其注册证,转送中央私营企业局注销。

第二十条 凡经注册的商标,应于商标上注明注册号数。未经注册者,不得冒用注册商标字样,或用于广告、招牌、及交易文件。

第二十一条 商标注册证有遗失或毁损时,注册人得声述理由,并附证明文件,申请补发。补发注册证后,其旧证于商标公报公布无效。

第二十二条 商标注册费及补证费规定如下:

一、申请注册 每件缴人民币五十万元。

二、申请移转注册 每件缴人民币三十万元。

三、申请补发注册证 每件缴人民币十万元。

前项费用,得依实际情况,随时增减,由政务院财政经济委员会定之。

第二十三条 本细则与注册条例同日施行。

附:商品分类表

第一项 工农器具:工业器具类 农业器具类。

第二项 机械器具及其附件:蒸气机类 内燃机类 防织机械类 矿山机械类 化学工业机械类 农业机械类 轻工业用机械类 工作机械类 及应属于本项之其他商品。

第三项 电气机械器具及其附件:电气机械类 有无线电收发机类 医疗用电力工具类 工业用电力工具类 家庭用电力器具类 测验仪器类 电线类 电池及蓄电器类 及应属于本项之其他商品。

第四项 运输机械器具及其附件:火车类 汽

车类 脚踏车类 升降机类 航空机类 船舶类 及应属于本项之其他商品。

第五项 理化医术测量照像教育等用之器具及其附件:理化试验用器具类 医术用器具类 测量用器具类 照像用器具类 教育用器具类 度量衡器类 计算器类 眼镜类 及应属于本项之其他商品。

第六项 金属及其半制品 钢铁及其半制品类 铜及其半制品类 锡铅及其半制品类 锌铝及其半制品类 镍或其仿造物及其半制品类 及应属于本项之其他商品。

第七项 金属及合金之制品:镕铸物类 打压物类 雕镂物类 编织物类 锁类及应属于本项之其他商品。

第八项 钢锋利器:针类 钉类 刀类 剪类 及应属于本项之其他商品。

第九项 不属他项之研磨料品。

第十项 不入别项之矿物。

第十一项 石棉及其制品。

第十二项 石及其制品:石及人造石类 石及人造石之制品类。

第十三项 水泥及土沥青石膏:水泥类 土砂类 土沥青类 石膏类 及应属于本项之其他商品。

第十四项 磁器陶器砖瓦 磁器类 陶器类 砖瓦类 及应属于本项之其他商品。

第十五项 玻璃及珐琅制品:玻璃及其制品类 搪瓷品类 景泰蓝类 料器类 及应属于本项之其他商品。

第十六项 化学品药类及医疗用品 化学品类 中药类 西药类 树脂胶类 矿泉食品类 医疗用品类 及应属于本项之其他商品。

第十七项 颜料漆:颜料染料类 漆类染料类 及应属于本项之其他商品。

第十八项 化妆用品:香水类 香油发膏类 润肤膏类 脂粉类 及应属于本项之其他商品。

第十九项 胰皂:香皂类 药皂类 粗皂类 及应属于本项之其他商品。

第二十项 洗刷料品:牙粉牙膏类 鞋粉革油类 洗刷用品类 及应属于本项之其他商品。

第二十一项 橡胶及其制品之不属于别项者。

第二十二项 皮革及其制品或其仿造品之不入别项者:皮类 革类 革制品类 及应属于本项之其他商品。

第二十三项 电木及其制品。

第二十四项 固体燃料。

第二十五项 引燃品:火柴类 自来火类。

第二十六项 油蜡及其制品之不入别项者:矿物油类 植物油类 动物油类 蜡类 蜡烛类 及应属于本项之其他商品。

第二十七项 肥料。

第二十八项 蚕茧及丝:蚕种类 茧类 丝类 丝棉类 丝线类。

第十二九项 棉及纱线 棉花类 棉纱类 棉线类。

第三十项 毛羽及纱线 毛羽类 毛纱类 毛线类。

第三十一项 麻纱线及不属于前三项之纱线类:麻纱线类 人造丝纱线类 交然纱线类 金银线类 及应属于本项之其他商品。

第三十二项 丝织品:疋头类 美术品类 毯类。

第三十三项 棉织品:疋头头 毛巾类 毯类。

第三十四项 毛织品:疋头类 毯类。

第三十五项 麻织品:疋头类 毯类。

第三十六项 不属前四项之织品 交织疋头类 交织美术品类 不透水织物类 毯类 及应属于本项之其他商品。

第三十七项 编捻绣品及绦带发络:绣品类 花边类 绦带发络类 编捻工艺品类 及应属于本项之其他商品。

第三十八项 冠帽鞋袜:冠帽类 领袖类 领带类 手套类 鞋类 袜子类 手帕类 纽扣类 及应属于本项之其他商品。

第三十九项 衣服:针织衣服类 衬衫类 西服制服类 童装类 雨衣类 及应属于本项之其他商品。

第四十项 寝具及不属于他项之室内装置品:床类 被褥枕垫类 帐帘类 地毯类 及应属于本项之其他商品。

第四十一项 钟表及其附件:钟类 表类。

第四十二项 乐器留声机及其附件 中药器类 西药器类 留声机类 及应属于本项之其他商品。

第四十三项 灯及其各件:灯泡灯罩类 手电

筒类　口光灯类　煤油灯类　及应属于本项之其他商品。

第四十四项　冷热水瓶及其各件。

第四十五项　纸及其制品：纸类　纸制品类。

第四十六项　笔：毛笔类　自来水笔类　铅笔腊笔类　粉笔类　及应属于本项之其他商品。

第四十七项　墨　墨及墨汁类　墨水类　油墨类　及应属于本项之其他商品。

第四十八项　打字机及印字机　打字机类　印字机类　订书机类　及应属于本项之其他商品。

第四十九项　不属别项之文具用品　印泥类　印台印油类　浆糊胶水类　橡皮类　及应属于本项之其他商品。

第五十项　书籍影片图书照片及其他印刷品：书籍类　电影片类　图书照片类　新闻杂志类　及应属于本项之其他商品。

第五十一项　运动游戏器具及玩具运动游戏器具类　儿童玩具类　及应属于本项之其他商品。

第五十二项　竹木藤草编及其制成品：竹制品类　木制品类　藤制品类　草编制品类。

第五十三项　漆器之不入别项者。

第五十四项　骨角牙介类制品之不入别项者

第五十五项　伞扇杖及其附属品：伞类　扇类　杖类　及应属于本项之其他商品。

第五十六项　刷梳及不属别项之头饰品：刷子类　梳篦类　头饰品类　及应属于本项之其他商品。

第五十七项　熏香料品：烧香类　蚊香类。

第五十八项　花焰爆竹。

第五十九项　酒及饮料：酒类　汽水类　果汁类　冰类　冰淇淋类　茶类　咖啡类　可可类　及应属于本项之其他商品。

第六十项　调味品：酱油酱醋类　调味粉类　及应属于本项之其他商品。

第六十一项　糖蜜及干点：糖类　蜜类　糖果类　饼干干点类　面包类　及应属于本项之其他商品。

第六十二项　兽乳及其制品：兽乳类　奶油类　代乳粉类　及应属于本项之其他商品。

第六十三项　不入别项之食料品：腌腊类　海味类　罐头肉食类　肉汁类　及应属于本项之其他商品。

第六十四项　谷蔬果品种籽及其制品　谷制粉类　面类　淀粉类　淀粉制品类　乾鲜果类　罐头果疏类　种子类　及应属于本项之其他商品。

第六十五项　烟草及烟具：烟丝类　卷烟类　雪茄烟类　烟具类　及应属于本项之其他商品。

第六十六项　不入别项之商品

三、各地方人民政府商标注册证更换办法

第一条　本办法根据商标注册暂行条例第三十二条的规定制定之。

第二条　凡前向各地方人民政府领得商标注册证者，均应自本办法公布之日起四个月内，将原证连同领证费五万元，图样十张，送交当地商业行政机关转寄中央私营企业局换领新证，如过期不换者，不保障其专用权。

第三条　经各地方人民政府审定公告，尚未给证的商标，自本办法公布后，应送由中央私营企业局重行审查，列表登载商标公报，公告四个月，始发给注册证。

领取注册证前，应缴领证费五万元。

第四条　经各地方人民政府发给审定书尚未公告者，应自本办法公布之日起四个月内，将原审定书连同领证费五万元、图样十张、印版一枚（印版亦可由中央私营企业局代制，附缴制版费），送交当地商业行政机关转寄中央私营企业局，经重行审查后，登载商标公报，公告四个月，始发给注册证。

第五条　各地方人民政府注册或审定的商标，如与他人有相同或近似时，得提出异议。前项异议，以使用先后的原则裁定之。

第六条　本办法公布前，经各地方人民政府临时登记的商标，或解放后无从申请登记的商标，在本办法公布后依限申请注册者，如与他人有相同或近似时，亦以使用先后的原则裁定之。

第七条　本办法如有未尽事宜，得由政务院财政经济委员会修改之。

四、前国民党反动政府商标局注册商标处理办法

第一条　本办根据商标注册暂行条例第三十三条的规定制定之。

第二条　凡经前国民党反动政府商标局（以下

简称前商标局)发给注册证的商标,原商标使用人,应自本办公布之日起六个月内,呈现缴旧证重新申请注册。

第三条　重新申请注册,应依商标注册暂行条例施行细则第二条的规定办理,并应附缴注册费五十万元(印版免送)。

联合商标与正商标同样办理。但非实际使用者,不得重新申请注册。

第四条　凡重申请注册的商标,其专用期限,从核准注册之日起,为二十年。

第五条　凡未与中华人民共和国建立外交关系的国家,其人民持有前商标局注册证而重新申请注册者,不予受理。

第六条　重新申请注册的商标,如违背现行商标注册暂行条例的规定者,不予注册。

第七条　重申请注册的商标,如系以外国文字为之者,除运销国外的商品外,须一律更换中国文字。但为照顾厂商起见,其原商标从核准发证之日起,暂准专用二年。

依前项规定运销国外的商品,须附缴证件。

第八条　前商标局发给的审定书,一律无效。其使用的商标,仍可重新申请注册。

第九条　依本办核准注册的商标,如与他人有相同或近似时,得提出异议。

前项异议,以使用先后的原则裁定之。

第十条　本办法如有未尽事宜,得由政务院财政经济委员会修改之。

五、商标注册书式

商标注册申请书

(适用于新申请书)

实际高二七公分(各种申请书尺寸均仿此)

申请人拟以　　商标用于第　项　类之商品,依法缴纳费件,即请核准注册。谨呈现

中央私营企业局

公司登记营业证号数

商号工厂名称　　图记

营业性质　　生产、制造、加工、拣选。

商品用途

使用主要原料

每月产量

申请人　姓名　名章　年龄　籍稽　住址

代理人　姓名　住址　名章

附件:商标图样十张,印板代制费人民币　　元,注册费人民币　　元

公元　　年　月　日

附注:

一、图样颜色浅淡,不便于制板者,必须另加黑色图样二张。

二、营业性质栏如为生产,即将制造、加工、拣选、等字样划去,其他类推。

三、申请人未经选任代理人者,代理人姓名免填。

四、于工厂、商号名称及姓名下签注后,须加盖正式图记名章,并须与名称相符,前后一致。

更换商标注册证申请书

(适用于各地方人民政府商标注册证申请更换者)

申请人前以　　商标用于　　商品,领有第　　号注册证。兹依更换办法第二条之规定,附缴原证,申请注册,即请核准。谨呈

中央私营企业局

公司登记营业证号数

商号工厂名称　　图记

营业性质　　生产、制造、加工、拣选。

商品用途

使用主要原料

每月产量

申请人

姓名　　名章

年龄

籍贯

住址

代理人

姓名

住址

附件:第　　号注册证一纸、商标图样十份、领证费人民币　　元

公元　年　月　日

附注:一、营业性质栏,如为生产即将制造、加工、拣选、等字样划去,其他类推。

二、于工厂商号名称及姓名下签注后,须加盖正式图记名章,并须与名称相符,前后一致。

商标注册申请书

(适用于国民党反动政府商标局注册商标重新

申请注册者）

申请人前以　　商标用于　　商品，领有第　　号注册证。兹依处理办法第二条之规定，附缴旧注册证，申请注册，即请核准。谨呈

中央私营企业局

公司登记营业证号数

商号工厂　名称　图记

营业性质　生产、制造、加工、拣选。

商品用途

使用主要原料

每月产量

申请人

姓名　　名章

年龄

籍贯

住址

代理人

姓名　　名章

住址

附件：第　　号旧注册证一纸，商标图样十份，注册费人民币　　元

公元年　月　日

附注：

一、营业性质栏如为生产，即将制造、加工、拣选、等字样划去，其他类推。

二、申请人未经选任代理人者，代理人姓名免填。

三、于工厂商号名称及姓名下签注后，须加盖正式图记名章，并须与名称相符，前后一致。

联合商标注册申请书

申请人经以　　商标用于第　项第　类之商品，申请呈准注册。兹拟添用　　商标作为前项商标之联合商标，依法缴纳费件，即请核准注册。谨呈

中央私营企业局

附件：

商标图样十纸

印板代制费人民币

注册费人民币

商号工厂名称　图记

原注册证

申请人

姓名　名章

年龄

籍贯

住址

代理人

姓名　名章

住址

公元　年　月　日

附注：如与已注册商标联合者，应附原注册证。

商标专用权承继让与移转申请书

前由　　呈准注册，发给第　　号注册证之商标，现因　　事由，拟将前项商标，移转于申请人专用，依法缴纳费件，即请核准注册。谨呈

中央私营企业局

附件：

原注册证　纸

证明文件　件

移转注册费　元

原注册人：

商号工厂名称　图记

姓名　名章

年龄

籍贯

住址

申请人：

商号工厂名称　图记

姓名　名章

年龄

籍贯

住址

代理人：

姓名　名章

住址

公元年　月　日

附注：申请人未经选任代理人者，代理人姓名住址免填。

代理人委托书

兹以　商标，用于第　项　类之商品，特选任　　为代理人，所有关于前项商标之一切程序均代表本人，即请核准备案。谨呈

中央私营企业局

商号工厂名称　图记

申请人

姓名　名章

住址

自贴印花

公元年　月　日

商标印版由本局代制者，每枚缴代制费二万五千(每两月调整一次价格)，如以铜锌版薄片寄局，每枚须缴垫版费二千元。

第三章　调整工商业,改善公私关系

第一节　清理公股公产

一、企业中公股公产清理办法

（1951 年 1 月 5 日政务院第 66 次政务会议通过）

甲、清理范围

一、本办法所称企业,系指公私合营企业,及有公股公产的私营企业。

二、企业中的公股、公产,不论已否由政府接管、代管或监管,均应依照本办法进行清理。

三、依照本办法进行清理之公股及公产(包括贷款、垫款及设备等)为下列各款:

(1)国民党政府及其国家经济机关、金融机关等在企业中的股份及财产;

(2)前敌国政府及其侨民在企业中的股份及财产;

(3)业经依法没收归公的战犯、汉奸、官僚资本家等在企业中的股份及财产,以及其他依法没收归公的股份及财产。

解放后人民政府及国家经济机关、企业机关对企业的投资,亦应转作公股,合并处理。

四、前条所列公股的所有权属于中央人民政府财政部。

五、中国银行及交通银行对企业的投资,在计算股权时,作公股计算;但其所有权仍属于原投资银行。

六、公私合营企业对另一企业的投资除前条规定者外,不作公股计算;其所有权仍属于原投资企业。

七、企业中的公股(包括清理后经双方协议转作投资的公产),由中央人民政府财政部委托交通银行统一管理。过去由中央及地方政府掌握的企业中的公股,在本办法公布后,均应按照规定办理移交。

乙、主管机关

八、对于公股公产的清理,由政务院财政经济委员会按照企业性质及规模大小,分别指定主管机关或委托大行政区或省(市)财政经济委员会指定主管机关负责进行。被指定之主管机关,应即会同其他有关主管机关与私股代表协商清理股权、产权及改组董事会、监察人等机构的原则,拟具清理方案,并依照下述程序送呈政务院财政经济委员会批准或备案,始能生效:

(1)凡属全国性或特殊重要性的企业,由政务院财政经济委员会指定主管机关负责进行清理,并即由该主管机关将清理方案送呈政务院财政经济委员会批准;

(2)凡属地方性的企业,由政务院财政经济委员会委托大行政区或省(市)财政经济委员会指定主管机关负责进行清理;并由该主管机关将清理方案径呈大行政区财政经济委员会批准,或经由省(市)财政经济委员会转呈大行政区财政经济委员会批准:在批准后,应由大行政区财政经济委员会呈报政务院财政经济委员会备案。

九、本办法所称政府主管机关为:

(1)业务主管机关　在中央为中央人民政府有关部、署、行,在地方为大行政区有关各部,省(市)有关各厅(局),或中国人民银行的区、分行,负责公私合营企业业务方针、生产和营业计划的指导及检查;

(2)投资主管机关　交通银行,负责公私合营企业公股股票的保存、股息红利的收解及财务计划执行状况的检查;

(3)工商行政机关　在中央为中央私营企业局,在地方为大行政区财政经济委员会、省(市)工商厅(局)或商业厅(局),负责调整公私关系。

十、在公私合营企业中,各主管机关应由所派公股代表及董事监察人,通过公私合营企业的股东会及董事会、监察人等行使管理权。

丙、公股代表、董事、监察人

十一、参加公私合营企业股东会之公股代表,及参加新旧董事会、监察人等机构的公股董监的名单,一律由指定的主管机关,会同其他有关主管机关拟具,依照下述规定,送呈政务院财政经济委员会批准任命或备案：

(1)凡属全国性或特殊重要性的公私合营企业的公股代表及董监名单，送呈政务院财政经济委员会批准任命；

(2)凡属地方性公私合营企业公股代表及董监名单，由大行政区财政经济委员会批准任命，或由省(市)财政经济委员会转呈大行政区财政经济委员会批准任命，并由大行政区财政经济委员会呈报政务院财政经济委员会备案。

十二、公股代表及董监在三人以上时，一般应以第九条所称三个主管机关共同参加为原则，并应指定一人为首席代表。

十三、规模甚小或公股甚少的企业，得不派公股董监，由当地交通银行在地方政府协助下，负责清理并管理公股股权。

丁、清理改组程序

十四、依照第八条规定之清理方案，呈经财政经济委员会批准后，应先改组旧董事会及监察人，使之暂时行使董监职权，除负责主持经常业务外，立即组织有公私双方人员共同参加的清估小组，清查公私股权、产权、点估财产、协商确定经营方式及公私双方投资比例，并调查该企业全盘情况，呈报指定之主管机关核定；核定后由指定之主管机关依照第八条规定程序，呈报上级财政经济委员会批准或备案。

十五、旧董事会及监察人改组时，所有公股董监代表，依照第十一条规定，由政府另行选派。私股董监除战犯、汉奸、官僚资本家和其他被依法没收股份财产的股东及其代理人应撤销其董监资格外，一律不予更动。

十六、旧有私股董监如无法召集开会，得由公私双方协商，组织临时管理委员会，暂时代行董监职权。参加临时管理委员会的委员，为公股代表及私股代表(私股董监)等，必要时得请职工会派代表参加。

十七、改组后的董事会及监察人或临时管理委员会行使职权后，军代表制或政府的接管、代管、监管工作应即结束。

十八、企业中的公私股权、产权清估完毕，双方投资比例确定后，应于两个月内召开股东会，私股股东均应依法参加，公股代表依照第十一条规定，由政府选派。股东会在投票表决时，一般应按股权多少计算；但在讨论有关公私关系问题时，应尽量采取公私协商方式，求得公平合理解决。

十九、公私合营企业应经股东会产生新董事及监察人，负责执行及监察该企业的业务经营及财务状况。公私董监人数，一般应按公私股权比例，由公私双方协商分配。公股董监依照第十一条之规定由政府选派；私股董监由股东会之私股股东选举。董事会在讨论有关公私关系问题时，亦应尽量采取公私协商方式，求得公平合理解决。

二十、公私双方如遇有不能成立协议之事项，应报请上级财政经济委员会或工商行政机关裁定。

戊、清理期限

二十一、本办法公布后，已由政府接管、代管或监管之企业，应由接管、代管或监管之机关，邀同其他有关机关及私股代表，协商第八条所规定之清理方案。私股代表亦得于三个月内自动向接管、代管或监管机关及地方工商行政主管机关提出申请。私股代表如不应邀参加协商，或逾期不申请者，由政府单独进行清理，并暂行代管其股权。

二十二、私营企业中确有公股公产尚未报告政府者，该企业的业务执行人应于本办法公布后三个月内，向地方政府报告公股、公产情况，申请清理；逾期不报告者，得依法予以处罚。

己、附　则

二十三、合伙企业中有公股者，于清理后得视该企业之具体情况酌情处理，如(1)改组为公私合营的有限公司或股份有限公司组织；(2)撤回公股纯由私人经营；(3)暂维现状，由交通银行掌握公股股权，或委托地方政府代为管理之。

二十四、公用事业中有公私股权者，得视重要程度，公私股权比例大小，酌定处理办法。

二十五、公私合营企业重估财产及调整资本，得参照《私营企业重估财产调整资本办法》之规定办理之。

二十六、本办法由政务院公布施行，修改时同。

(选自《工商情况通报》第8期，1951年2月15日)

二、中财委关于《企业中公股公产清理办法》的说明

《企业中公股公产清理办法》已于本年1月5

日提经政务院第66次会议通过,并于2月9日公布施行。兹就其基本精神以及若干必要的解释,说明如次。

甲、基本情况

解放后各地有公私产权存在的企业,大致有如下五种:(一)原有的公私合营企业;(二)本属私营企业,中经国民党政府或其国家经济机关、金融机关、战犯、汉奸以及官僚资本家的投资,解放后这些股份和财产被我接收;(三)抗战期间曾被敌伪侵占并投入资金、贷款、扩增设备,日寇投降后被国民党政府接收,解放后我们又从国民党政府手中接收过来。其中有应该发还私人而国民党政府没有发还的;也有不应发还,却由于企业主与当时国民党官僚勾结舞弊而非法发还了的;(四)官僚资本家所投资的企业,可是其中包括一部分非官僚资本家的财产;(五)个别企业主因为不明我们的政策而远避,由人民政府暂予代管,为了维持该企业的生产由我陆续投资、贷款或增益设备的。

上述企业自抗战时起,历经敌伪占领,国民党反动统治以及我人民政府三个时期,前后近14年之久,其中产权股权的变化,设备投资的增减,错综复杂,不难想见。解放后这些企业有的已由我接管、代管或监管,有的已经清理,确定公私股权比例,但大部分还没有清理。另一方面,有些私营企业,虽有公股或公产在内,然未经我们发现,致此项应予归公的部分仍为私人所隐匿。一年以来,这类公私产股权的纠纷层见迭出,实际上报到中央来请求解决的仅是其中极少数。据估计,全国尚待清理产股权的企业,不下两三千个单位,这是一个相当可观的数字。

乙、统一清理的必要

上列企业,我们应及时主动地加以清理,其理由是:(一)这些有私人产权股权在内的企业,如长期由政府军管或代管下去,不免引起他们对我保护民族工商业政策的疑惧,在政治上产生不好的影响;(二)阻碍私人经营的积极性;(三)许多有公股、公产在内的私营企业,还未向政府报告,这使国家财产遭受损失;(四)公私关系不明确,经营方式欠正常,形成自流,公私双方都没有好好过问,负起责来,驯至该扩大的不扩大,该改革的不改革,该结束的不结束,这对国家经济也是不利的。

解放以来各级人民政府关于这类企业,从没收官僚资本清理产股权到管理生产,确乎做了不少的工作。但是由于缺乏统一的规定,所以各地处理的步调办法都不一致,故由中央颁布统一的规定,及时清理,无论就端正公私关系,或保护国家及私人的权益来说,都是十分必要的。

丙、关于标题的解释

本办法冠以"企业中"三字,乍看不易明确,但当初定名确有其困难。因为我们若说只清理现有的公私合营企业,则此类企业公私股权比例应已确定,且有合法的股东会及董事会,用不着再去清理;如果指的是私营企业,则真正的私营企业显然无须且亦不应去清理的,要清理的只限于将来有可能但现仍未变成公股的公产(因须于清理后经过公私协商;所以本办法第一条即说明这里所称的"企业",是兼指公私合营企业及有公股公产的私营企业。

丁、主要精神

关于清理范围主要包括两类,即没收战犯、敌伪、汉奸官僚资本家的股份和财产以及解放后人民政府、经济机关、企业机关对企业的投资。关于战犯、汉奸、官僚资本家及反革命分子财产的没收,政务院同时发布一指示,对于办法中所说的"依法没收"加以程序上的规定,这是非常重要的。根据这一指示,战犯、汉奸、官僚资本家的股份或财产的没收,必须报经政务院批准,方得执行。除此以外的土匪、特务、恶霸、反革命分子亦须经省人民政府(或专署)批准执行。至于股权的计算,中国银行与交通银行对企业的投资,视作公股,但其所有权仍属原投资银行(因中交两行有私股存在);其他公私合营企业(如新华银行、中国实业银行等)对另一企业的投资,一般都不作为公股计算,其所有权仍属于原投资企业。换言之,我们只清理公私合营企业的母公司,而不清理其子公司。

关于主管机构,办法第九条规定分业务、投资及工商行政三个主管机关,这是因为有公私股权的企业都关系到业务、财务、公私关系三个方面,这三个机关共同参加,分工合作,更利于工作的推进。第十二条复有"首席代表"之设,这是为了统一公股意见,发挥民主集中的精神。不过,产股权案件每每牵涉许多部门,为了增进工作效率,有的地方曾以各有关单位代表合组一常设的清理委员会,定期集会,解决问题,参加的自不限于上举三个主管机关,这一方式,也可参考。此外,办法中还规定各主管机关不能直接去管理公私合营企业,而必须经由公股代表及董事,通过股东会及董事会行使其管理权。不论公方或私方的董监及其他业务执行人,都是对整个企业负责而不是单独对公方或私方负责的。

关于公私协商的原则,办法第十八、十九、二十等条规定股东会和董事会在讨论有关公私关系问题时,应尽量采取公私协商方式,董监人数也由双方协商分配,这和私营企业一切按股权多寡的表决方式迥乎不同。如此规定具有两重意义:(一)在私股占少数的企业,私方意见可有充分表达的机会,减除其顾虑;(二)在公股占少数的企业,公方仍可通过协商来实现国家的领导。本办法既一再强调公私协商的原则,则企业中公股代表或董监人数的多寡,已成为次要的问题。

关于小规模企业,例如饭馆、澡塘、戏院之类,过去多有汉奸、战犯、特务、官僚资本家的投资,解放后因没收官僚资本被我们接管的也不少,这些企业以合伙为多,就国家立场来说,实无合营必要。因之,办法又规定合伙企业于清理后得视其具体情况,改组为公司、公方撤股、暂维现状(因私方无力或不愿接受公方产股权)三种方式中任选其一,如此政府就不致陷入被动。至有私股在内的公用事业,例如电灯、自来水等,因与国计民生有密切关系,和一般私营企业的性质不尽相同,故规定可于清理后视其重要程度及公股比例大小,另定处理办法。

最后,中央前此发布过有关公股公产的指示,各级政府有的也订有单行章则,其中如有和本办法抵触的,应一以本办法为准。

(选自《工商情况通报》第 8 期,1951 年 2 月 15 日)

三、中财委关于清理公股公产指定主管机关的决定

根据《企业中公股公产清理办法》规定,所有经政府接管、代管、监管之企业,其中有私股未经清理者,应于 3 个月内由中央财委会指定主管机关或委托地方财委会指定主管机关进行清理工作。为此中央财委会曾于 2 月 12 日分电各地财委会汇报接管、代管、监管之企业、现已逾一个半月,各地报来的仍很少。兹为适应情况,加速清理起见,决定除(一)企业在二个大行政区以上有分支机构;(二)其产销关系足以影响全国;(三)经大行政区财委会认为必要者,仍应照规定呈报中央财委会指定主管机关负责清理外,其余概由各大行政区财委会自行指定主管机关负责清理。上项决定,已由中央财委会于本月 3 日电各大行政区财委会办理。

(选自《工商情况通报》第 11 期,1951 年 4 月 10 日)

四、中财委补充指示关于公股公产清理及领导关系之划分

企业中公股公产之清理,因为各地解放先后及情况不同,所以工作进度也是很不平衡的。在东北由于日寇长期统治的结果,国营企业比重较大,私营企业需要清理的情况不多;华北则由于解放较早,此项工作已将近结束;但在其他各大行政区,虽有部分清估完竣,然仅占少数。据交通银行总管理处统计,全国 2000 余(约计)公私合营企业中,各地已查清情况报告中央者不过 1252 单位。其中已清理完竣,成立董监会正式公私合营,或由一方撤股改组为公营或私营者,共计 98 单位;其余或正在清理,或尚未进行清理。如从整个工作发展过程来看,大体可分下列三个时期:

第一时期,是摸索阶段。初期因在军管时期,公私产权情况尚未明了,为维持生产,防止破坏,着重于军管或代管;后期才开始注意清理。但因为情况复杂,经验不够,当时还缺乏统一领导的方针,各地在执行清理公私产权时,公私协商的精神不够,在处理原则上宽严标准亦不一致,以致工作进展较慢,私股对我们也颇有意见。基本上这时期偏重于了解情况,摸索经验。

第二时期,统一清理。中财委于 1950 年 10 月 13 日发出《关于整理公私合营企业公股的决定》,决定公股股权应归中央财政部所有,而由中央财政部委托中国人民银行责成交通银行统一办理。今年 2 月 9 日政务院又颁布了《企业中公股公产清理办法》及《关于没收战犯汉奸官僚资本家及反革命分子财产的指示》。总的精神是使清理工作在中央统一领导下迅速展开。各地于接到中央指示后,积极进行,并在各地财委领导下设立了专门的执行机构,如华东组织了“华东区公私合营企业公股清理

委员会”,并订出《关于统一清理公私合营企业公股股权办法》;西南西北财委为加强并迅速完成清理工作,亦曾先后发出指示;中南财委更决定根据应予清理企业之多少,在中南区成立各级“企业中公股公产清理委员会”。这时期中央指示与规定均着重于公股清理之集中与统一掌握,而对清理后公私合营企业的领导,中央与地方如何分工,未有明确规定。同时由于强调管理,可能影响到地方政府对公私合营企业的经营积极性。

第三时期,为了配合今年财政会议后划分中央与地方财政收支及工业会议划分中央与地方工业的精神,中财委复于4月3日及4月23日先后发出《关于清理公股公产指定主管机关的决定》与《关于公私合营企业的领导及公股股权收益划分的补充指示》。前者规定清理公股公产的主管机关,除(一)企业在二个大行政区以上有分支机构;(二)其产销关系足以影响全国;(三)经大行政区财委认为必要者,仍依照规定由中财委指定主管机关外,其余概由大行政区自行指定主管机关清理(原指示载十一期本刊)。4月23日的补充指示,加强地方政府对公私合营企业的领导,目的在使地方政府能够挤出资金、干部、注意力来发展公私合营企业。兹将中财委4月23日指示原文列后:

“兹为迅速完成企业中公股公产清理工作,并加强地方政府对公私合营企业的领导,特再补充决定如下:

一、凡有公股公产之企业,除中央直接领导或委托地方政府代管者外,其余均由大行政区财委根据具体情况自行掌握或划归省市,作为地方企业管理。

二、公私合营企业由中央直接领导者,其股权及收益均归中央;委托地方政府代管者其收益15%归地方留用,其余上缴中央;划归地方政府者,其股权及收益全部归地方。

三、各地方政府领导的公私合营企业,其股权仍可委托所在地交通银行代管;无交行机构者归人民银行代管或由业务主管部门自行管理。

四、有公股公产企业之清理工作,仍依本委4月3日电示三项决定办理”。

这一补充指示是十分重要的。它与今年2月9日政务院颁布公股公产清理办法最主要的不同是2月9日的清理办法规定公私合营企业的股权及收益,完全集中中央财政部;补充指示中改为凡委托地方政府代管的,其收益15%归地方留用,其余上缴中央;划归地方政府者,收益及股权全归地方。这样一来,地方政府就可因地制宜加强领导,并更容易发挥它们对公私合营企业的积极性了。

(选自《工商情况通报》第13期,1951年5月25日)

五、天津市办理公股公产申报工作经过

天津市财经委员会为办理企业中公股公产申报工作,于5月12日由天津市人民政府公布了申报办法,指定市工商局为受理机关。并由交行指派工作同志协助工商局进行这项任务。

为了做好宣传动员工作,津市财委于5月17日发动工商联召开各行业主委座谈会,由财委主任及工商联主委分别作了报告,说明申报公股公产的意义,由各行业公会透过公会小组的组织,深入到每个企业单位。在这之前从5月12日到5月16日仅有10户前来询问手续。从5月17日起开始收到报表,到5月30日收到申报的企业共58户,报表计271笔,5月31日(申报最后的一天)因限期已到,这一天来报的有134户,报表300笔,6月1日至4日又陆续收到38笔(18户),这是在限期内经过口头或书面备案,或是过去不知道刚接到同业通知才来申报的。总计前来申报公股公产的共210户,申报表共609笔。这些案件已分转审核机关:计转外侨事务处6户计7笔,人民法院2404户计602笔。

据初步的统计,以官僚战犯及反革命嫌疑者为数最多。兹分类统计列下:

	公股	公产	合计
伪政府及各级机构等	3.8%	1%	4.8%
前敌国政府及侨民	4.9%	1.1%	6%
官僚战犯汉奸及反革命嫌疑分子	59.8%	7.1%	66.9%
已没收归公者	2%	0.3%	2.3%
已代管冻结者(包括敌伪时期)	19.4%	0.6%	20%
总计	89.9%	10.1%	100%

就申报表来看,以澡塘业戏曲影剧业和旅店业三个行业为最多,共有57户,占申报总户的27%,(澡塘业占9%,戏曲影剧业占6%,旅店业占12%。)这三个行业,在过去多半是与土匪恶霸反动会道门等反革命分子有密切关系的。其他各行业

合计 153 户占 73%。

这次办理申报工作所得经验如下：

一、在开始申报的初期，进行申报的人很少，一部分采取观望态度，存在着如下的各种顾虑：(甲)为什么要清理企业中的公股公产？是不是对所有企业要来一次清查？(乙)战犯、汉奸、官僚资本家都是哪些人？对于身份不明或有嫌疑的怎样办好？如果申报以后，经过审查不属于清理范围以内的，岂不得罪股东吗？(丙)申报后是不是就予没收？(丁)大企业股东很多，战犯、汉奸、官僚反革命分子各地判决的都有，如果因为了解不够全面，在期内未能申报，是否就要处罚等等情况。市财委针对这些情况，在报纸上作了解释，打消了工商企业家一些不必要的顾虑；并由市财委发表通讯，督促各企业执行人尽速申报，收到了很大的效果。

二、从企业业务执行人思想情况上看，报纸上公布申报办法以后，在思想上还不够明确认识，存在着观望和顾虑。经过市财委发动工商联结合各行业公会，透过小组，深入到每个企业单位，这样对于动员工作才起了相当的作用。(甲)因为工商联是工商业自己的组织，与政府机关有所不同，有顾虑的企业敢于暴露情况，而无所顾忌。(乙)想规避的企业，因为公会小组已经召集到了本身，无辞推托，所以就老实的申报了。(丙)较小的企业未注意政府公告，经过小组的发动，可以唤起注意。

三、各企业到工商局，提出认为有嫌疑的股东时，除对该企业尽量加以启发，解除其顾虑外，不作应否申报的决定，而由其自己决定，结果全都如期申报送请审核。

(选自《工商情况通报》第 16 期，1951 年 8 月 1 日)

第二节 没收战犯、汉奸、官僚资本家及反革命分子财产

一、1950 年各地官僚资本企业清理情形

本年 7 月中财委为了解各地人民政府清理解放前有官僚资本和敌伪投资的私人企业情况，特函各大行政区将所属各地该项企业清理情形汇报中央。兹根据这个初步报告，整理如后。惟此类企业都由各地人民政府于解放后自行接管处理，不一定报大区，故送来材料并非全部情况，只能提供参考。

一、综计各地所报此类企业共有 384 单位，其中以华东区为最多，计：

华东区	215 单位
西南区	61
中南区	27
西北区	7
北京市	51
天津市	23

二、上述 384 单位，依其业务性质分，计：

贸易	90 单位	水产渔业	3
交通运输	45	矿业	7
制造业	170	公用事业	14
银钱业	34	房地产	3
饮食娱乐业	10	其他	8

三、各企业资产设备经营规模相差甚大，应收归公的投资比重也极悬殊，从 0.001%～100% 都有。其中有半数以上单位是官僚资本、战犯、汉奸、匪特等以私人名义投资，伪政府机关或企业投资的约占 2/10，日寇及兼有伪政府或官僚资本投资的约各占 1/10。

四、各区此类企业由本区财委或由财委交由所属有关部、局、行或省、市、行署分别处理。处理情况计：

(一)清理完毕者 104 单位，其中决定：

1.公营者 8 单位。内 5 单位原为公私合营，清理后因公股比例甚大，或私方无意经营而改归公营。

2.继续公私合营者 55 单位。

3.发归私营者 20 单位。内 19 单位原为公私合营，清理后因公股比例太小或因管理不便而将公股撤出改归私营。

4.结束业务者 12 单位。内 8 单位在接管前已停业，4 单位无继续经营价值。

5.未决定者 9 单位。

(二)在清理中者 216 单位，其中正在了解情况者 140 单位，已查明公股，正进行股东登记、改组董监会及资产估价等工作者 76 单位。

(三)尚未着手清理者 56 单位，其原因或为负

责人远走,或为账册不全,或为机器物资全被搬走,或为已停业无清理必要。这些企业或代管、监管、或尚未过问。

(四)未据报明者8单位。

(选自《工商情况通报》第5期,1950年12月21日)

二、政务院关于没收战犯、汉奸、官僚资本家及反革命分子财产的指示

(1951年2月4日)

关于清理企业中的公股公产问题,本院财政经济委员会制定了《企业中公股公产清理办法》,业经本院第66次政务会议批准公布施行。兹就有关该办法第三条(3)款所规定对战犯、汉奸、官僚资本家以及其他反革命分子在企业中的股份和财产依法没收的程序,作如下指示:

一、凡公私合营企业和私营企业中有战犯、汉奸、官僚资本家的股份和财产,应予依法没收时,必须报经大行政区人民政府(军政委员会)审核后转请中央人民政府政务院批准,方得执行。在未得批准前,为了防止破坏、转移、隐匿,只能予以登记、冻结或查封,不得宣布没收。

二、属于前条以外的一般土匪、特务、恶霸、反革命分子在企业中的股份和财产,经县(市)人民法庭或人民法院判决没收时,应由省人民政府(或省人民政府特令指定之专署)批准执行;经省(市)人民法院或人民法庭判决者,得不经报请批准手续。

三、过去经由县(市)人民法庭、各级人民法院判决或各级人民政府决定没收的前两条所称之财产,业经执行而无异议者,不再变更。

四、企业中有本指示一、二两条所称之财产尚未经政府没收者,该企业业务执行人应按照《企业中公股公产清理办法》第二十二条之规定,向当地人民政府报告,否则依法处罚。

(选自《工商情况通报》第8期,1951年2月15日)

三、政务院关于处理无特别严重罪恶之汉奸财产的决定

关于曾任县一级职务或区一级职务无特别严重罪恶之汉奸财产是否没收一节,中南军政委员会曾呈请核示,业经政务院核复并分别抄知最高人民法院、最高人民检查署、政法委员会、财经委员会、西北、西南、华东军政委员会在案。兹将原令照录如下:

一、曾任伪县长、伪市长的汉奸,他们都是一个地方的首脑分子,得按罪行轻重,没收其财产一部或全部。至其他县区级小汉奸,无特殊严重罪恶者,其财产一般不没收。

二、如汉奸罪恶重大,属于必须惩治的反革命范围者,在判刑中可按《中华人民共和国惩治反革命条例》第十七条之规定,酌情没收其财产一部或全部。但该犯财产若不多(例如中农、小商贩、小手工业及其他贫苦的家庭情况),亦以不没收为宜。

以上两项,在没收反革命财产条例公布前可照此执行。

(选自《工商情况通报》第20期,1951年11月10日)

四、政务院关于处理战犯、汉奸、官僚资本家在企业中股份的通知

各地区对于处理战犯、汉奸、官僚资本家在企业中的股份时,必须遵照政务院1951年2月4日的指示办理。

据华东军政委员会呈送政务院的报告中反映:该会所属部门处理战犯或汉奸在企业中的股份、财产,有未遵照政务院1951年2月4日发布之“关于没收战犯、汉奸、官僚资本家及反革命分子财产的指示”中第一项规定办理事情。例如:交通银行华东区行曾先后接到华北分行及天津市财政局通知,接管已由天津市人民政府法院确定没收的汉奸王揖唐、焦世卿、黎世衡等在中南、金城、盐业银行的股份。但据他们通知内容,该各案件均未报经政务院批准没收,上海市工商局因核与规定程序不合,故不同意接管,现均分别改为代管。华东军委会对上述情况,除予以纠正及告知该区有关部门严格遵照规定程序办理外,并认为各地区对处理战犯、汉奸、官僚资本家在企业中的股份财产,除在政务院“关于没收战犯、汉奸、官僚资本家及反革命分子财产的指示”公布以前,已由各级人民法院或人民政府决定没收,经执行而无异议者,不再变更外,均必须报经政务院批准没收后,方得执行,不得径由当

地主管机关擅自核定没收，以免造成同一战犯、汉奸或官僚资本家在企业中的股份，有不同处理的混乱现象。政务院同意华东所提意见，并将上述意见通知各大行政区人民政府，各省、市人民政府转知所属有关单位遵照执行。

（选自《工商行政通报》第1期，1953年1月5日）

第三节　公私合营简况

一、上海市公私合营企业情况和问题

（一）情况和特点

上海目前共有公私合营企业486个单位，98%系接收国民党的官僚资本。其情况如下：

1. 工业计293家，占60%，其中轻工业计243家，占总家数的50%。其他一般公用交通文化事业61家，贸易金融业132家。

2.486企业单位中，解放后新投资的单位极少，只占12%。在这些合营企业单位中，由伪四行局直接投资的，只有1/5弱，其余大多为买入的股票，或没收汉奸战犯的股票。

3. 公股股权投资的比重在50%以上的有53家，30%以上的有22家，10%以上的有39家，10%以下的有372家，其中不少是公股股权仅占1%左右的。

4. 已由政府主管部门监管的有76家，公股比重大都在30%以上。

5. 已清理结束者39家，占总数的9.8%。

一般特点是公股投资单位非常分散（公股股权比重在10%以下的企业占总投资数的76%）。资本家经营方法，对政治认识及经营的态度和兴趣、企业内部的组织及发展的历史均各有不同。而且在过去10多年通货膨胀过程中，这些企业大多从事囤积，不注意正当业务的发展，内部机构又多臃肿，制度松弛，经营方式存在着严重的依赖性与盲目性；解放后，还未着手改造，困难也特别多。

（二）接管以后

解放后，凡公家投资比重在30%以上者，均由各主管机关分别性质予以接管或监管，共有76家；投资在30%以下的计400余家，大多尚未改派董监事执行公股权利，因此存在着这样的现象：

1. 各主管机关多把接管或监管的企业看同国营企业一样，直接由主管部门行政领导，很多没有改组董事会，不通过董事会来进行工作，不够尊重私股权益及与私股协商办事，很多单位有盈余而没有照发私股股息。

2. 公家股权少的单位，领导权完全落在私股代理人手中，公家不予过问，或仍保持原来的经营方式，未加改造。

3. 有些还停留在清理阶段，没有确定公私投资比率或尚未进行资产估值。

自中财委颁布《统一整理公股决定》后，上海主管机关已注意到重视私股权利，但基本上尚未全部扭转，已接收监管单位，大部分还没有改组或成立董事会。此较重要的合营工业单位有51家，属于工业部接管或监管者有22家，其中目前已成立董事会者仅4家，即南洋兄弟烟草公司，中国油脂工业公司，上海钢铁厂，新星机器厂。监管者10家，性质亦各有不同：公股大，或资方已逃跑，管理比较深入，并派遣经理的有中央制药厂等5家；公股少，管理较松的有天原电化厂等；私股比重大，公股接管不久，尚待公股派遣董事者有民丰、华丰造纸厂等。

目前正按各企业具体情况，改组其原有董事会，但目前已接管的76个单位中，成立董事会的还不到10%。这主要是对合营企业领导经验不够，一般主管熟悉于垂直的行政领导，不善于通过各合营企业的董事会来进行工作，或运用协商的方式更好的加强其领导。

（三）存在的问题

1. 干部思想问题：(1)在搞公私合营工作中，由于从机关到企业单位，大多数新老干部习惯于比较单纯的管理公营企业的经验，甚至习惯于老区的经验，要求资本家如同要求机关干部一样，不能灵活掌握原则性，往往纠缠在事务圈子里，不分大小轻重缓急，以致私股方面意见很多。(2)“公私合营企业是属于国家资本主义性质的”一句话，只是空喊。不知很好去研究政策，创造办法，更没有很好去组织交流经验；对企业既少检查，也缺乏批评。

2. 公私关系问题：(1)私股在思想上往往抗拒公股的领导，希望在股权大小上来决定谁领导谁，

不从经济成分上着想;不了解国营经济的领导作用。(2)私股抢领导权。私股方面有一套老的经营经验,但是这套经验已不合时宜,公股方面应如何掌握分寸,适当的进行斗争,也是一个重要问题。(3)有个别私股股东,还保持原来的旧作风,搞无原则的纠纷,钻空子,空喊一阵。

3. 工资问题:在合营企业中同时存在着公、私、劳、资四个方面,处理工资问题时,表现得最尖锐,私股企图拢络人心,用高工资收买部分工人,常在调整工资时发生很复杂的关系,使公方陷于被动。

4. 工作制度问题:改造一个企业管理方法时,往往牵涉到行政领导权的问题。政治觉悟不够的私股,感到难以忍受,甚至发生想用批评或打击工作干部来抵消改造的推动。也有个别私股中的管理人闹情绪的。这些企业的私股非但不愿好好的建立制度,相反的会起些抵消作用。

5. 组织问题:合营企业与纯公营或纯私营不同,如何根据不同性质,采取工厂管理委员会、劳资协商会或其他组织形式,尚待积累经验,继续研究。

(选自《工商情况通报》第15期,1951年7月5日)

二、上海公私合营企业中的公私关系问题

目前主管公私合营企业部门,对合营还没有系统的具体的工作方针、步骤和章则;干部作风上的偏向未能及时纠正;已有的经验未能及时总结,以致今天部分公私合营企业中公私关系不够协调,个别企业中关系甚至很恶劣。因此如何搞好合营企业中公私关系,如何对公股干部给以策略上工作方法上指导,以利团结私股,改造企业,成为当前领导合营企业的重要环节之一。

综合两年来的经验,在公私合营企业中,目前存在着几个基本问题:

(一)董事会改组及董事会的职权问题

各地解放已二年,合营企业应从速改组与建立董监事会制度。但如按一般常例,经过确定股权与召开股东大会,选举新董监,往往困难。应就旧董监事会基础上改组,将其中非法董监事予以撤换,按此名额派出公股董监事,先行成立。

董事会的职权为:(1)企业的方针、任务、计划的决定;(2)重要干部的任免;(3)经营管理的重大设施与重大改革的决议;(4)工作的定期检查与总结;(5)盈余分配等。

董事长在董事会已决定的方针下,对企业经常进行指导与督促,董事会要定期开会,经理应定期向董事会报告工作。

(二)产股权清理与确定股权比例问题

公私合营及私营的企业经历战争与政权变动,股权财产极为混乱复杂,主要情况为:

(1)部分私股从事反动的政治活动,其已明确为汉奸、特务、战犯、官僚资本者,自应予以没收,但亦有尚未明确其身份者。

(2)应该没收的私股,目前仍有化名不易清查,或隐匿未报者。

(3)上海过去为一投机市场,股票为投机筹码之一,变动极大。

(4)抗战胜利后,反动政府标售日汪敌伪产业,其中颇多非法窃取、隐匿的复杂情况。

(5)解放前后,不少合营企业的私股逃避资金或投机失败,或将企业的收益巧取豪夺,折成黄金、美钞或货物,而又高利贷予企业,形成企业的巨额负债。

(6)解放后公股比例较大的企业,政府予以接管或监督,为恢复生产,继续调拨设备,材料及流动资金,尚未决定清偿办法。

(三)盈余分配问题

盈余分配是一般私股对合营企业最关心的问题。我们应充分注意到鼓励私股投资的积极性,同时还必须从发展的观点来累积资金,壮大企业。其具体执行,可参酌私企条例精神协商分配。

其股权比例尚未作最后确定者一般可暂按现有比例分配,将来确定后,再行调整。如股权尚未查清,可暂缓分配,但亦可斟酌情形,先行垫发一部股红利和摊提职工福利金。

(四)企业管理方式问题

合营企业,在领导上既不同于公营企业,又不同于私营企业。其经营管理,在以公股为主或公私两主的企业中宜争取董事会的同意,一般的可成立以经理(或厂长)为领导,包括工人代表与技术人员

在内的工厂管理委员会，借以发挥其生产积极性；但个别公私合资企业，公股比例不大，行政由私股代表负责者，为及时解决劳资间的争议，亦可成立劳资协商会议，不论采用何种方式，皆应在董事会上做出决定。在经营管理上应逐步走向计划生产与经济核算制。

（五）政府主管机关对公私合营企业的领导关系

（1）公私合营企业的公股董监代表，视企业范围大小，分别由业务、财务、工商行政等主管部门派充。公股董监最好组织小组，指定首席代表（一般以业务主管机关为宜）为小组召集人，经常交换情况，研讨该企业的具体问题，以提高配合与领导的作用。有关公私关系的问题必须公股代表统一向私股洽商。

（2）政府主管业务机关，应根据具体情况要求合营企业按期呈送生产经营计划与表报及工作总结。这是保证实现国家经济建设计划的重要环节，应在股东大会上规定，并在有关组织章则内载明。

（选自《工商情况通报》第16期，1951年8月1日）

三、上海公私合营企业中公私关系的处理方法

公私合营企业两年来由于某些单位的工作方法上仍然存在着偏向，因而公私关系不够调协甚或关系恶劣，影响企业的正常发展。因此，在工作方法上给予公股干部以具体指导是有必要的，综合两年来的经验，在公私合营企业中的工作方法上主要的有以下几个问题：

（一）公私间的团结与斗争问题

在合营企业中，公私双方的共同目标是搞好企业，发展企业，多获利润，但公私双方的要求是有区别的，（1）在企业经营方针上，一般的私股往往着重追逐利润，对国家整个政策不够重视，而公股则要求企业的生产必须服从国家生产计划，要求改造企业的经营与管理。（2）在企业的管理上，私股熟悉旧的一套管理制度，对人对事往往局限于个人利害，公股干部则要求改造企业的经营与管理，但对新的管理方法尚未寻出规律，且对人对事都不够熟悉，因而在这些具体问题上常发生争执。因此在公私合营企业中应掌握正确方针，贯彻公私兼顾的原则，一方面要保证国家经济建设计划之实现，另一方面要照顾私股的正常权益，使二者相结合。在工作实际过程中，必须灵活掌握团结与斗争的政策，明确团结在于发挥私股对企业经营的积极性，自愿的执行国家的经济建设计划，改善经营管理。斗争则在于善于以国家的政策与正确管理企业方法，去教育、改造私股。

（二）如何具体去团结私方问题

首先要善于利用董监事会，董监事会是公私合营企业的权力机关，在企业的组织章程上应规定企业中一切重大问题与重大制度，须经董事会决定后方交正副经理执行。并由董事会定期检查其执行情况。然董监会对其日常经营与行政管理则不应任意干涉。要使公私双方都重视董事会的组织及其职权与决定，必须在董事会中贯彻民主协商精神，企业中的重要事项如组织章程之修改，经营结算，董监事名额之分配，董事长、正副经理之选任，经营方针，利润分配等，都要经过公私充分的协商。在协商中应尊重私股意见，宣传解释人民政府的各种经济政策，使私股消除怀疑、顾虑和对立思想。其次，是要依靠工人阶级，有些合营企业中的私股，利用部分职工的落后性如在个别待遇问题上，讨好职工，分化职工，这些情况显然妨碍职工对生产的积极性，有害公私关系。因此，公股干部必须依靠工人，发动工人群众，适当揭露和批评私股这种不正当作风，才能使企业的管理制度纳入正轨。另外，在部分建立了劳资协商会议的企业，应有分寸的掌握团结与斗争，一方照顾工人群众利益，一方教育和提高私股的认识，因劳资关系是否正常，对公私关系也是有很大影响的。

（三）工作的方式方法问题

公私合营的企业因比公营企业多一重公私关系，因而公股干部必须善于争取主动，重大问题应事先充分准备，周密考虑找适当机会主动提出，不能解决的问题亦要有适当的交待。在态度上应实事求是，诚恳负责。启发私股多提意见，遇事多利用董事会或与私股代表人协商，获得一致后再作决定。要使私股感到其意见被尊重，才会解除、减少其对投资权益有无保证的顾虑。遇有不同意见时，

公股干部对何者可让步,何者应坚持皆应以搞好生产工作,贯彻董事会决议为衡量标准。有利于搞好生产重大原则问题应坚持立场,向私股耐心说服解释,与工作无重大关系,对企业虽有小损失,但对团结私股长远利益有助的地方,应予适当让步。另外,在合营企业中私股方面亦有一些好的生产技术和经验,对这些技术与管理人员,必须争取其发挥积极性。对私股方面较进步的分子,应善于培养、团结,使其在公私间起桥梁作用,以减少私股对公股的误解和顾虑。

(四)党、政、工、团的配合问题

企业中的党支部(或党组)必须掌握企业全盘情况,使党、团、工会和公私股代表在党支部的领导下,一切重大问题取得内部一致的原则,各按自己的岗位,分别运用不同的方式,进行工作。公股在企业中的行政干部除负责行政工作外,应与私股进行统战工作。团及工会应发动和教育工人群众,建立劳动纪律,党政工团尤应注意搞好工管会或劳资协商会议,建立与贯彻正确的公私关系与劳资关系,只有上下分工配合,团结改造私股,才能办好合营企业。

(选自《工商情况通报》第17期,1951年9月5日)

四、南洋兄弟烟草公司
公私合营后情况

该公司自公私合营的新董事会成立后,即改组了管理机构,结束临时管理委员会,并呈准各地军管会结束对该公司各地分支机构的军事代表制度。现由总管理处会同交通银行组织清理审查委员会,进行产股权清理工作,并在上海补发1948年因时局关系而未能领到之股息。该公司在业务、经营、生产、管理方面,目前已大见起色。兹将该公司业务情况介结如次,以供参考:

(一)解放后的情况

解放后该公司资金异常困难。其主要原因是在解放前大部资财逃避国外,以致形成国内资金空虚,又以1949年营业亏损,造成了资金的极端困难状态。如汉口分公司在解放后仅存烟草万余斤,银元2000余元,及其他零星物料。然另一方面该公司在美国却存有外汇美金约138万余元。这批美金过去都由前董事长宋子安一手把持;到1949年秋间大部的签署运用权方始争回。但由于该公司犹豫迟疑,未能及时调回国内,致去年12月遭美帝国主义冻结。此外该公司尚在香港存有大量资金,计约有流动资金值人民币600亿元,美国烟草1000桶,及设备器材等,现正计划调回国内。该公司在解放后,国内各厂处于极端困难的状态,政府不得不竭力扶助:如上海人民银行给予总公司信用贷款,计1949年1月至1950年5月透支数最高额达人民币6亿元,1950年6~10月向人行做押汇达52亿;汉口公司所得的银行透支和定期贷款,总计亦不下50亿元;中原人民政府为照顾初接管时的职工生活,先后陆续投资折合烟叶50万斤;中南区贸易部并曾借予烟叶50万斤,以支持生产;重庆分公司近10年来一向亏折,为总公司一大包袱,后经西南区百货公司加工定货,重庆企业局并派人协助经营,生产情绪与生产状况均见好转,本年1月份起已能自给自足。

(二)关于供销方面

该公司一年来在供销方面已作了些改进。1.销货额:1950年总销额20755箱,与1949年总销额18424箱比较,增加了11.65%。2.购料:由偏重本市购买转向产地收购,并接受去年曾因一时购买盘纸烟叶太多,致积压资金的教训,不再盲目竞购,而是根据产销计划,配合原料供给来进行。

(三)关于生产方面

解放后由于职工们的生产热情提高,对生产效率与反浪费进行节约方面都获得了成绩。1.提高效率:如上海总公司曾动员职工组织车间委员会,由老工带头展开生产竞赛,提高产量,如过去每车每小时平均产烟35512支,现增至39122支。2.反浪费运动:如过去脱胶损坏的铅箔都废弃不用,现都设法予以整理付用;过去每盘纸卷烟55000枝,现可卷55755枝。

过去每条布带平均包烟3.5箱,现提高至5.4箱;又如锅炉修理后,增加效能50%,每月节省煤4吨。在节约上,职工曾作了不少合理建议:如过去木箱系采购木板自制,经职工指出购买现成的每只可节省两万元;如烟条匣外包大油封纸一向用六开裁制,后采纳职工意见改用八开,节省了纸张;各卷

烟车上的电热器,过去采用圆形滚式的,经常须用手拨动,职工们研究后,建议改用方扁式的,效能大增。由于上述生产效率的提高与反对浪费进行节约的结果,每箱烟的成本由最高24万元降至16万元。

(四)关于今后业务

今后决定以发展卷烟生产事业为中心,在国营经济领导下,执行计划性生产。1. 原料掌握上,争取国营烟草企业之合作,并偏重在产地收购、加工与复烤。2. 经营方面,以大陆为主,海外为辅,选择有利条件,重点发展穗汉分公司,维持沪港分公司为原则,海外的任务是巩固现有市场,输入原料、设备与吸收新技术。3. 财务方面,确立健全统一的会计制度,逐步推行经济核算制,并按月计算减低产品成本,核计实际财务情况;在资金运用上,拟密切配合与保证业务之贯彻,根据长远计划,统一调度和使用,在国内外分公司分配适当流动资金。4. 人事方面,主要工作是建立健全人事制度,明确划分职权和任免奖惩的考核标准,确定员额编制,改善工资制度,重视职工教育、卫生、劳保、福利,并组织工厂管理委员会,以推行管理民主化,搞好生产。

(选自《工商情况通报》第13期,1951年5月25日)

五、上海商业改组中的一般情况

上海部分商业在淘汰中,有些行业已自动转业。如棉花商业的花号,改变业务者已有17家,准备转业者6家。纱商87家已转业者14家,正在申请转业者5家,除停顿者外其余40多家亦亟待转业。国际贸易业,除了部分的组织联营,运销面粉、木材外,其余3/4尚在停业状态。

在改组过程中,有些较好的典型例子,如咸昌呢绒号资方连同职工自动转向冶铜工业;均益花号转向拉绒工业;永泰花号转向制药及帆布工业等。但也有许多还存在着观望坐吃,无信心的思想。

新新、先施、大新、永安四大百货公司一般都处于困难中,其中以新新为最,先施次之,永安存底较厚,但每月也有亏蚀,大新最近在积极改革业务,并赖游乐场收入以为挹注,获得初步好转。其困难原因主要是:(1)资金短绌,不能大量添购新货,而存货大都是滞销品。如大新存货中,绸缎、外国香水香皂、外国大衣呢、美国花纸等占了75%。先施存货中罐头、洋酒、唱片、电器等占了70%。因此,大都代厂商推销货品,如大新代销货占80%,佣金收入少,增高了成本。(2)人事臃肿,机构庞大。新新有职工506人。大新职工有414人,拥有26个部门及附业游乐场等。永安有职工共754人,全公司共有36个部门,职工中高级职员占18.83%。先施有职工442人,机构臃肿部门多,高级职员占20%。(3)营业清淡,高级消费品无出路,过去推销舶来品可得暴利,现在失去了销售对象与商品来源。特别是商品供应不全,目前一般名牌热门商品都无货或仅有少量供应,如新新供销的62种名牌商品有30种无货。

在商业改组过程中,资方的态度表现如下:

(1)对前途表现悲观,认为迟早要垮,不如及早公私合营。以四大公司资方表现最突出。

(2)徘徊观望,转业无信心。棉纱业认为转业于工业,资金不足,但转入其他商业又怕无前途,认为:"一动不如一静",不主动去找途径,宁可将资金存入银行按月生息,支付店内开支,存在一种坐吃等待思想。呢绒业对于转业顾虑甚多,认为本身业务尚能维持几年,如转业不慎,可能一年亦不易维持。华洋杂货业,一般资方认为经营历史悠久,如一旦转业感觉可惜,抱观望态度。目前除棉花业已有十余家转至土产行业,其中除经营土布者因开支少,较可维持外,大部因行业不熟悉,赚钱无把握,对于转业缺乏信心,希望政府指示方向。

(3)丢掉包袱,转移责任。如绸缎呢绒等业认为开支浩大,主要原因是由于职工臃肿,因此,准备裁员减薪。棉布业企图将剩余劳动力转移给政府负担。另外,棉纱业认为职工是个包袱,不要职工随同转业,并希望政府协助他们开办技术训练班,替他们解决问题。

(4)愿单独经营。棉花业中较有实力者,大多都能单独转业经营,其余资力较差的商号,感到单独搞企业实力不足,但同业间又不愿合作共同来搞,习惯于单独经营。如棉纱业不愿集中资金,合力创办较大的企业,深恐职权与地位的旁落。对于投资地方工业,又怕资金不易收回,受拘束不自由,以及红利分配等问题,顾虑重重,要求优先股和自由退股的权利。

另外,劳方态度方面的表现有:

(1)四大公司的部分职工认为有政府帮助不要

紧,越是困难就越会大力照顾。也有部分职工产生消极情绪,生活困难,工作不安心的情形。

(2)多数职工都积极希望学习后转业,以提高政治水平和技能。如棉花业参加学习的有83人,占该业现有职工半数以上,学习情绪甚高,棉纱与烟叶商等职工也有此要求,但也有不少职工,由于认识不够,表现不愿到外地工作或坐吃怕困难等现象。如呢绒业大商户的职工每月工资约200~300个单位,满足现状,不拟转业。另外,也有部分职工,因与资方有封建历史关系,不愿及早转业,抱有与资方同进退的思想。

上海市的商业在新民主主义的经济政策下,正在改组过程中,这是必需的。以上是目前改组中所表现的一些情况,特摘要整理供大家参考研究。

(选自《工商情况通报》第19期,1951年10月20日)

六、武汉市商业改组的情况与经验

武汉市在商业的改组中,已获得了不少成绩;商业过剩资金转入工业已是普遍的要求。据不完全的统计,由棉花、纸号、新药、百货、行商等商业资金转入工业的新建厂计有:(1)开明油厂:资本50余亿,日榨黄豆20万斤。(2)新亚造纸厂:资本30余亿,日产各种文化用、工商用纸1吨。(3)伦昌造纸厂:资本30余亿,日产各种纸张3吨,正安装机器中。(4)珞珈制药厂:资本10亿。(5)久安化学制药厂:资本暂定10亿,产氯化钠、氯化亚、汞制剂等药品,不日即可开工。(6)汉联制药厂:资本原为20亿,准备与湖北省营新建企业公司合营,资本改为80亿。(7)汉新机制帆布厂:资本1.5亿,日产帆布4000码,不日即可开工。(8)集成帆布厂:资本1.5亿,已开工。(9)一中电机织造厂:资本5亿,日产毛巾96打,不日即可试车生产。(10)联工钉丝制造厂:资本2.5亿,日产各种钉670斤,不日可开工。(11)汉新制钉厂:资本8000万,月产各种钉1万斤,已开工。(12)大中制钉厂:资本2.5亿,月产各种钉35700斤,即可开工。(13)中明金属制造厂:资本1.5亿,制造各种铜元条、铁元条等。(14)联谊化学工业社:资本1.1亿,月产单宁酸1200磅、硬脂酸120箱。以上各单位资本共计约240余亿。此外,目前尚有批花、棉布、百货、五金、竹木、国际贸易等业约500亿以上的资金正寻求方向准备转入工业生产。

目前上海某些工业亦开始内迁来汉,如中国煤气公司拟在汉口设分厂,资金约25亿,正积极勘查建厂中;而武汉原有企业亦在纷纷扩大设备。裕华纱厂新增纱锭3200枚,年可增产20支纱2170件;恒顺机器厂增添了10部工作母机;汉昌化工厂增加了牙膏的制造;砖瓦厂正准备安装电动力、改进品质、提高产量。更重要的是市人民政府最近为有计划帮助工商业者的经济改组,已统筹订出1952年武汉市所需要的重要机器向国外订购计划,这将给武汉的经济发展以极大的帮助。

在商业改组过程中,得到了下列一些经验:

一、发生转业问题后下决心直接转向生产是基本的方向,不能观望,更不应等待。经济改组开始时,有些人感到惶惶不安;有的则幻想等待市场发生与他们有利的变化;或者是想转业,但不是积极的直接转向生产,因而使自己业务遭受损失。如:久安化学制药厂去年下半年开始转业时,一部分股东犹豫不决,意见未能集中,拖延了很久,结果机器价格猛涨,待下定决心,已耗费了许多资金;武汉的香烟批发商,本应及早转业一部,但他们幻想业务会"好转",结果发展到现在资金损耗不少,弄得转又转不得、拖又拖不住,进退两难。

二、参观工厂生产是帮助转业者解决方向、技术、增强信心的好方法。如一中电机织造厂就采用派人去上海参观学习的办法,结果有了信心,下定决心制毛巾;并即在上海订购了全套机器,招聘了技术人员带回武汉,大大地缩短了筹备时间。久安化学制药厂、汉新帆布厂等也都是首先经过这样一个阶段,解决了转业的困难的。

三、劳动力的转业问题并不是不可克服的困难,主要在资方要有决心,破除顾虑、积极钻研去设法解决。如:一中电机织造厂转业前共有店员44人,经过动员说服后,在店员自觉自愿的基础上,只1人年老自动退休、3人自谋新工作、30人自愿参加直接生产当学徒,并表示由店员升为生产工人很觉高兴。久安药厂原有的13个店员亦全部转入生产,因企业新创工薪比原来稍低,准备吸收大部职工家属参加厂内工作,以资补助。当然有些机构臃肿的商业全部转入生产不很容易,但总不能认为是不可解决的问题。

四、合伙转业创立新的生产单位,事前必须采取大家协商共同想办法的方式,以解决有关转业的一切问题,否则大家有意见,拖延不决,便会遭受到不应有的损失。久安药厂开始转业时由一两个人包办,即曾引起了其他股东的异议,拖延了时日。

五、基本建设必须有周密的设计和正确的施工管理,否则将耗尽转业资金,而生产搞不起来。如伦昌造纸厂设计不周就盲目的向上海几个机器厂订机器,结果机器大小配不上,损失20余亿资金,延长基建工程半年以上。汉新帆布厂对厂址勘查不够,在一个水塘填起来的地方盲目施工,结果不得不到处打椿补救,多耗资金3.7亿元。又如棉花业转永大纱厂,原计划向上海租购两万纱锭,不先加调查研究便签订了极苛刻而又不合理的合同,又未经华东有关机关批准就搬来2000破纱锭,引起上海某纱厂的劳资纠纷,以致其余纱锭不能迁汉。筹备一年,结果计划破产。

(选自《工商情况通报》第21期,1951年11月30日)

第四节　调整工商业

一、华北局关于调整工商业和改善公私关系的政策问题向毛主席并中央的报告

(1950年5月31日)

毛主席批示:

5月31日报告收到。我认为你们现在所取调整工商业和改善公私关系的政策是正确的,望照此执行。

1950年6月2日

毛主席在中央人民政府委员会第七次会议上号召调整工商业和改善公私关系,华北局常委会又专门研究了这一问题,拟定研究和改进步骤:于5月5日开始,派张磐石去天津,李哲人去太原,直接检查了两市公私政策执行情形;并召集张家口、大同、保定、石家庄、邯郸、临清、新乡、安阳、运城、临汾、长治、归绥、包头、丰镇14个中小城市的市长或工商局长来华北局汇报。现将主要情况与我们的初步意见报告如下:

(一)目前华北工商业的总情况

华北各城市自解放至去年底,公私工商业一直都是恢复和发展的。私营工商户较解放前增加一倍到3倍,京、津两市各增加1/2左右,而工业增加大过商业,工业增加51%,商业增加12%。国营工业亦恢复不少,国营商业发展更快,可控制市场主要物资。发展原因:(1)三大敌人的束缚去掉了;(2)公家经过贷款、加工、订货、代销和代购扶持了私营工商业发展;(3)解放之初,物资奇缺,城乡人民、军队、干部均需买些东西;(4)去年物价4次暴涨,人们存货不存钱,有钱即买货。但在恢复与发展中,工业、手工业带有极大的盲目性,部分商业带有很大投机性,故发展中同时孕育了过剩的危机,注定了有些工商业必然要倒闭或转业。

3月中旬后,各地物价相继下落,4月上旬后渐趋平稳。在此大变动中,除少数投机分子外,全体人民包括正当工商业者在内,均表满意。打击了投机分子,提高了人民币的信用,扩大了人民币的阵地(如晋北银元市场已开始使用人民币),改变了重物轻币的心理,并打开了华北经济正常发展的途径。这是经济战线上很大的胜利,也是基本的主要的方面。事实证明中央统一财经、平衡收支、稳定物价的政策与措施,是正确的。各地亦均坚决执行了这一政策。

但随着货币回笼物价下落,亦发生了市场银根吃紧,农村货币奇缺,生产减缩,交易清淡,工商倒闭,城乡物资交流锐减,工农业产品剪刀差额增大,劳资纠纷增多,失业人口增加,私人工商业者疑虑惶恐观望不前等不景气现象。这是当前的困难。但这困难是有办法克服的:(1)物价平稳,群众拥护,工商业可以有计划地进行生产和流转。(2)华北土改完成,人民购买力虽低,但比过去已有提高,且将不断提高。(3)夏收有望,估计平均有七成年景。(4)有中央的统筹全局和及时指导。但问题是严重的,特别是公私关系中的若干问题,必须加以妥善的解决。

(二)工商业不景气的情况和原因

由通货膨胀到通货紧缩,由物价暴涨到物价下跌与平稳的大变动中,华北各大、中、小城市及集镇均发生了工商业大批倒闭的现象。其特点:大城市歇业少,如京、津两市4月份歇业者占总户数1%;

中小城市和集镇歇业多，歇业户一般地占原有户数平均10%左右，个别如临清歇业户占原有户数30%。小户摊贩、行商歇业少，大户坐商歇业多。工业、手工业歇业少，商业歇业多，如大同、保定商业歇业者达手工业歇业者的4倍。歇业后，有的资本赔光，散伙回乡；有的化成摊贩行商；有的搭门观望，等待二期公债过去再说，有的明不干暗干；也有少数转向大城市经营，但转向生产者极少。在目前情况下，某些商店垮台是应该的，合理的，但也有一部分确系正当工商业，不应垮台而垮台了。这些除客观原因外，和主观指导上的错误与工作上的缺点是有密切关系的：

第一、盲目扶植生产，供过于求。曾有一个时期对如火柴、肥皂、棉纱等，领导上没有综观全局，统一筹划，精确计算，而盲目地扶持私人生产，致使生产过剩。若干行业如京、津的火柴业、肥皂业，太原的棉织业、巾袋业等，相继不景气或关门。此种情况各城镇均有。遇到物价下跌，交易清淡，更加速其倒闭。

第二、国营贸易财大气粗，过火垄断：

(1)在经营范围上，国营贸易和合作社控制着一定阵地，有成绩。由于华北系老解放区，情况特殊，国营比重较大是自然的。但目前控制范围和数量则过大过多，未尽适当，甚至有垄断一切的现象。从华北目前主要市场经营情况看，公营比重太大，在粮食、棉花、纱布、煤炭、煤油、食盐等几种主要商品上，国营贸易加合作社经营平均达80%左右，有些物资在某些城市甚至达到100%。其他日用必需品，国营贸易亦经营较广，加之普设零售店，甚至摆摊子、上集赶会、游乡入户的推销货物，使私人感到道路很窄，“无什么可干”。

(2)在价格政策上，防止和限制投机分子捣乱是正确的，但垄断价格，限制给私人资本以正当利润则不对。华北不适当地垄断市场价格情形是严重的：批发价与零售价不分，如太原百货公司卖布，零尺比整匹便宜；地区价格差额无几，如各贸易公司由天津运货，照本出卖，私人贩运便要赔钱；代销手续费太低，代销的私商与合作社均表不满；原料价与成品价差额太小，致工业利润太低，轧花、榨油因此而倒闭者甚多。垄断价格使交易呆滞，公私交困。

(3)在税收公债上，加强税收、完成公债已作出很大成绩，但任务重，税目多，手续繁，更加分配不公，户与户、行与行、地区与地区之间畸重畸轻现象严重。一般小城镇重，大中城市轻；大户重，小户摊贩轻。因从上而下估派，大小户一块评议，小户多，大户少，小户挤大户，形成大户怕冒尖，由大化小，有“大干不如小干，小干不如摊贩”之说。一物一税原则解释不一，如纱征税3%，纱织成布再征货物税3%，白布染成色布再征税3%，提高了成本，影响生产与推销。货物评价高，且各地不统一。按规定交易一次征税一次，未将总店和支分店内部调拨与真正交易分清。如合作总社卖货给省社，省社卖给分社，分社卖给县社，县社再卖给区社或村社，村社最后将货卖给社员或群众，每经一级征税一次，这样使成本往往高过私商，影响商品流转，税额不固定，也影响私人工商业者不敢放手去经营。公债征收毛病更大：一是分配欠公，二是与税收挤得太紧，三是数目太大，石家庄与大同均相当于去年工商税收总数的一倍半到二倍半，太原则大5倍。干部普遍反映二期公债应缓发或不发，一谈到二期公债就都有谈虎色变之感。资本家要求豁免。

(4)在金融贷款政策上，公重于私、工重于商是正确的，但先公后私，只公不私，国营、公营贷款占80%至90%，私人贷款为数甚少，时间很短(一般3个月，周转不过来，特别是工业贷款需要半年以上)，对私人工商业笼统的采取“吃不肥饿不死”的办法(如山西)，尤其在物价下跌，私人正当工商业趋向倒闭而不加扶助，则是违反扶持发展生产的方针的。私人银钱号本身有很大投机性，但我们反对私人银号钱庄亦失之过火，值得研究。

(5)在劳资政策上，做到了重视工人工资福利，但失之于不以发展生产为前提。这次物价平稳生产减缩时，采取正当的减低工资，主动让步，借以维持生产，避免失业，除京、津做得较好外，其他许多城市未做好。如太原市工资本应降低，但该省劳动局因怕人说右，拖延不管，及至工人私自与资方协商自动减资，反说工人是右倾。订立劳资合同，各地亦多有缺乏民主、强迫资方接受合同的现象，资方解雇权未认真执行，劳方的抗议权却执行过火。

(6)各专业公司坚决完成回笼任务，使货币紧缩，物价平稳有成绩。但物价已经平稳、市场呈现呆滞状态之后，仍只吐不吞，甚至个别城市贸易公司明里维持牌价，暗中按市价或低于市价售货，对农民副业产品拖延不收，人民对此十分埋怨，则是实际放弃了对市场的领导责任。

(7)在原料分配上,亦是先公后私,只公不私。天津私营纱厂组织原棉采购委员会,花纱布公司参加领导,在采购上处处受限制,好花由花纱布公司收购,私营纱厂只能买红花,花纱布公司可多出钱买好花,私营纱厂多出钱则以违法论。太原私人铁业需要钢筋,政府不许到市场去买,但国营贸易钢筋反比市价高。其他城市亦有类似情形。

(8)此外,在加工、订货、成品收购上,利润太低,条件太苛,执行合同不守信用,交通运输亦只顾公不顾私等,都影响了和影响着公私关系。

上述种种情况并不是今天才有,而是早已存在,但严重发展起来,则以此次完成回笼任务为开端。为完成回笼任务,便对资本家特别对商业资本家展开了剧烈的斗争,由限制、排挤趋向垄断、消灭。其说法是:“商业不生产价值,商业资本比工业资本要提早消灭,要先进到社会主义去”,“推销成品是不能讲公私兼顾政策的,因商业资本在价格上是我们的敌人”,“今天的问题是谁战胜谁的问题”,因而,对私资“能排挤便排挤,能代替便代替”。这种错误思想之产生,是由于不了解私人资本主义在现阶段对发展生产的积极作用,和国营财大气粗看不起朋友。影响所及,有的私人工商业者便说:“三五年要实行社会主义”,“早归公,晚归公,早晚要归公,不如早归公”,“我们还是和平缴械吧”!有的更说:“难过五月节,过了五月节,过不了八月节”。此种左倾错误思想,据说来之有因,但查无实据,建议检查中贸部各种成文函电及口头指示,以便澄清思想。

同时在国营和省营、国营工业和国营商业之间,摩擦也很厉害。中心是上下关系和利润分配问题。此问题不解决,将会继续抵消力量,妨害经济建设的统一性和计划性,并减弱国家经济的领导作用。

(三)对　策

根据以上情况,建议采取如下对策:

第一、使干部透彻了解四个朋友必须合作,五种经济必须在国营经济领导下统筹办理的道理,纠正左倾情绪。目前主要关键在于正确执行公私兼顾、劳资两利政策,克服先公后私和只公不私,甚至企图消灭私人商业资本的错误思想。和资产阶级的斗争是不可避免的,但斗争是为了增强团结,而非排挤和消灭。

第二、消除私人工商业者的思想顾虑,重申政府稳定物价政策,不使物价暴涨暴跌。可考虑免发二期公债,以鼓励工商业及早复业。工人职员主动协助资方,适当降低工资,共同克服困难,维持生产。具体指导私人工商业者生产与经营的方向,对真正没有办法的正当工商业分别给以贷款、订货、加工、代购、代销等帮助。在价格上要使市价接近牌价,地区与地区间价格、批发与零售价格,均有合理的差额。专业公司要改不吞只吐为适当吞吐。银行贷款要适当延长生产贷款的时期,便于流转。

第三、划分经营范围。国营贸易除了有关国计民生的粮、煤、油、布和生产工具等主要物资必须掌握1/3到1/2外,其他商品应让给私人经营,并给以正当利润。集中管理摊贩,严格牌照税,使坐商归行。平衡地区间、行户间的负担,纠正畸轻畸重的现象。

第四、对私人工商业须有专门组织来领导。中央、省、县政府应设立专管机构,以便专门研究私人工商业,加强对他们的领导。反对放任自流和垄断排挤。工商联合会要普遍建立,并使之成为团结教育工商业者、研究改造工业生产和商业经营方向的组织。合同制要继续切实推广,劳资协商会要有条件地普遍去建立,但皆须民主平等,开诚相商。

第五、教育工人,无论在公私企业中均应把维护发展生产当成自己的责任,纠正不遵守劳动纪律、提出过高工资和福利要求。对经济工作干部,要加强他们对二中全会决议和四面八方政策的教育,使他们不仅学会业务,而且提高对经济建设的总路线总政策的认识水平,以保证正确地执行党的经济政策。

第六、调整国营与省营之间的关系,解决国营工业与国营商业之间争夺利润的矛盾。提议除重工业和规模宏大的轻工业应归中央直接经营外,其余国家工业应委托省营较为有利。国营工商业利润,政府应统一规定。教育经济干部克服本位思想,树立整体观念,克服地方思想,树立国家观念,使局部利益服从整个利益,局部利益与整个利益结合起来。

以上报告是否妥当,请指示。

二、贸易部关于调整零售价格的通令

(1950年6月1日)

中央人民政府贸易部于本月1日电令全国各地国营贸易公司将零售价格加以调整,以便使私营零售商能够获得合理的利润。

贸易部在研究了各地物价报告之后,发现目前各地国营贸易公司在掌握批发价格与零售价格上存在着一些不合理的现象。例如,有的地方批发价格与零售价格的差额很小;有的地方批发价格与零售价格相同;有的地方零售价格竟低于批发价格。这些不正常的现象都影响了正当私营零售商业的合理经营。为了纠正这些不正常的现象,贸易部特电令各地国营贸易公司立即调整零售价格。通令指出:在确定零售价格时,必须根据零售成本(包括批发价格、运费、杂费、税用和损耗等)及合理利润比例来规定,以便使私营零售商能获得合理的利润。同时,指示要求各地贸易行政机关自收到通令之日起,即确实检查并督促各地贸易公司严格执行。

三、贸易部关于公私联合购棉及棉花市场管理的指示

(1950年9月2日)

各大行政区贸易部、各省(市)商业厅(局)、各区级花纱布公司:

1950年全国产棉除民用纺絮外,估计可供纺织工业用者达1000万担强。依照全国纱锭需棉计算,此数勉可敷用,如依纱布销售情况及人民购买力估计(按今年产棉织成纱布计),亦可供全国人民需要。为使产销趋于平衡,除希各地贸易行政部门及纺织工业局对公私纱厂开工锭数、时间、产量等方面,按照生产计划予以严格规定外,在原棉收购工作上,必须吸取去年经验,大力推行公私联购工作,有组织、有计划地调配原棉,以防止盲目争购或发生原棉供需不平衡、棉价涨跌不定之不良现象。为此对棉花联购及市场管理工作特作如下规定:

(一)本统筹兼顾之原则,有计划地购配原棉,以保证纺织工业原棉的供给,并稳定棉价,必须加强并扩大棉花联购工作。

(二)在重要纺织工业城市,均应组织公私纱厂联合购棉组织,由当地贸易行政部门及纺织管理局负责领导,国营花纱布公司代表公营厂参加,私营纺织厂则应尽可能组织在联购机构中进行联购,统一制订联购计划,统筹资金,按出资比例分配原棉。凡已参加联购之各厂,不再自购或自行委托棉商代购。但各厂除参加投资外,得同时采用委托方式委托联购机构代购原棉。

(三)各地棉商可参加上述联购组织,但亦可另外自行组织棉商联购。后者之经营方式由参加棉商自行商定,各地贸易行政部门与国营花纱布公司应切实给予协助。以上两种办法可由各区自行决定采用,国营花纱布公司参加联购后是否还另外自购,亦由各市贸易行政部门领导各该联购机关讨论决定。

(四)凡各地参加联购之公私厂商,赴产地采购原棉,均应服从当地贸易行政部门的领导与管理。其遵守政府政策法令者,政府应给予指导与协助。某些较大的重点集散市场,在当地工商局领导下,可根据情况联合当地及外来厂商及联购组织组成棉花采购联合委员会,掌握市场价格与质量,避免盲目争购现象。

(五)为贯彻共同纲领"在国家统一的经济计划内,实行国内贸易自由"的原则,凡不参加联购之厂商均得自由赴产地进行采购。但应服从当地政府有关市场管理与棉价政策之一切规定,各地政府亦应予以便利及指导。

(六)各地棉商在收购原棉时,如有降低质量、哄抬市价、扰乱市场、进行投机及掺水使杂等行为者,当地政府应依法予以取缔。

四、中共中央批转陈云、薄一波、李富春同志关于财经方针的请示

各中央局、分局并各大区财委、各大区后勤部:

中央同意中财委1月15日来电关于1952年度财经工作方针和各项工作布置的报告。兹将陈、薄、李来电转发你们,并望各地依此方针和原则布置工作,切实执行。你们有何意见和困难,亦望随时电告中央或中财委。

中共中央

1952年1月17日

附:陈云、薄一波、李富春关于财经方针的请示

毛主席并中央:

中财委于1951年12月下旬召开了各大区财委副主任及中央财经各部党组负责人的会议,情况简报如下,请中央审查批示。

(一)去年工作的估计和1952年财经工作的方针:成绩方面,在中央领导全国各地党的共同努力

下，支持了抗美援朝，稳定了国内市场。缺点方面，在财经系统中存在着严重的贪污、浪费、官僚主义。对于财政支出管理工作不严，在工业、贸易和其他经济部门的基本建设和经营管理工作有严重的浪费。

1952年的财政方针：朝鲜战争可能结束，但应准备拖延。财政概算方案，应该放在和谈可能拖延并能继续应付战争的基点上。

工作重点：应在不放松收入的条件下，重点转向管理支出；应在不放松财政、金融和市场管理的条件下，重点转向经济工作（工业、农业、交通等）。财经干部比较熟悉的本领已用完，不熟悉的工作（如工业建设、计划经济等），放在面前，必须迅速努力学习。

（二）财政工作：

甲、城市各项税收：必成数63万亿元，期成数70万亿元。企业收入：必成数35万亿元，期成数40万亿元。农业税：264亿斤，实行依率计征。其他收入按概算草案进行。

乙、建立完整的省一级财政制度，重点试办县级财政制度。省级的一切收入（包括税收超额留成、地方粮和地方税及附加、地方企业收入、机关生产收入、地方结余款项、以及省级的一切开支），均须列入省的年度概算和决算。不能有预、决算以外的收支，不能有账外的账。

丙、在三反运动后，各级机关生产的管理原则，应该统一于同级的国家企业公司，像国营企业和地方工业一样，其收支受同级财政部门的统一支配，并列于同级的财政预、决算内，具体办法另定。

丁、加强财政监察工作。请求各地抽调大批县级以上干部，建立中央、大区和省的财政监察机构，重点考核财力使用的是否适当和有效。中央各行政部门事业费中之使用于各地者，均统一由中财部按期转拨各大区（由大区转省、市）财政机关统一掌管发放，大区及省、市财政机关负有审查、核发及监督责任。

戊、开始建立部队中随军银行，实行货币管理。

己、重点试办独立会计制度。

（三）决定下列12种物资的调拨与平衡计划，由中央掌管。计：生铁、钢锭、钢材、木材、煤炭、水泥、杂铜、电解铜、钨、锑、锡、新闻纸。并通过了1952年调拨计划。

（四）粮食调拨与征购：

甲、因为经济作物面积扩大，农民在土改后生活改善而多吃粮，去年北方收成不比前年好，因此，粮食情况一般是紧的，特别是粗粮；但是去年增产达150亿斤，国家手内掌握并能运用于市场的粮食，今年比去年可增70亿斤，因此，只需小心管理粮食，不要有恐慌心理。除同意东北购粮71亿斤（同时希望愈多愈好）外，各地均应按照中贸部购粮计划，努力完成，力求超过。并按照中财委计划，予以调拨。一切应调出粮食的地区必须调出，一切要粮的地区不应多要，必须把应付市场的机动调拨之权，归于中财委。只要统一调度而又谨慎从事，则全国主要地区的粮食市场，是可以稳定的。

乙、一切经济作物（棉、麻、烟、蔗、大豆等）播种面积，统应稳定于1951年水平。粮食播种面积只能增加，而决不能减少。为了防止农民对经济作物面积的盲目扩大，由中财部、中贸部会同有关部门研究后，公布经济作物的公粮负担额及经济作物与粮食的适当比价。目前经济作物的公粮负担额很低（例如棉田其公粮只等于收获额的6%），拟提高到10%到15%之间。其目的希望能达到既防止经济作物面积的盲目扩大，又不因此而缩小现有播种面积。

丙、征购粮食问题：由于今后若干年内我国粮食不是宽裕的，由于城市人口的增加，由于政府手内须有粮食储备（备荒，必须的对外贸易），因此国家征购粮食是必要的。只要使人民充分了解征购的意义，又能做到下列两点：1. 价格上公平合理；2. 只购农民余粮中的一定比例，则征购是可能的。决定目前先做准备工作，在1952年夏收时，用下述两种方式：1. 经过合作社的动员收购；2. 某一地区的地方政府下令征购，重点试办，以观成效。如试验成功，则1952年秋后扩大征购面，求得逐渐在全国征购。

（五）工业问题：

甲、工资：准备于1952年内按各地生活水平、劳动生产率等条件，对工资作必要的调整。照顾到已经长期存在的情况，暂时不强调工资上的产业顺序（如某业是第一等工资，某业是第二等工资等）。同一产业的工资，除铁道外，也不强调产业的一致，而以同一地区的各业工资水平为调整的标准。对于某些地区，因工人不愿去，而又必须鼓励工人去做工的地区，在中央批准之后，则可用地区津贴，鼓励工人去做工。调整时间须在民主改革和增产节约运动发展以后。各地调整方案,须交中财委批准。有些企业如果具备了一定条件(如定额)而调整性质又属于较普遍的增加工资者,则可以进行八级工资制。

乙、基本建设中已暴露了很大的浪费。经验证明:仅凭希望和热情而无必需准备,没有自己的得力干部,只靠资产阶级的工程人员去办,是必然要失败的。各地对于基本建设工作,必须切实执行中财委的规定。决定各地财委负责对过去本区的基本建设在本年2月份内作出总结,送中财委。

丙、增产节约运动,是财经企业提高业务的运动。要求今年6月底,各企业部门在增产节约运动的基础上,定出各该企业主要项目的"定额",报告财委。一则以此增加业务人员的知识,二则在此基础上力求继续前进。

丁、对于现由中央各部直管的国营厂矿,其管理职权规定如下:除生产计划、企业利润、折旧和投资的支配、原料产品的调拨、重要制度和重大技术措施的规定、及重要技术干部的调整,应归中央统一掌握外,其行政与政治领导,统归各大区管理。华北如何接管上述厂矿,由华北提出意见。

戊、全国正在进行的清理资财和核定资金的工作,应加紧进行,并须互相交流经验。

(六)公私关系:

甲、加工订货、对私厂产品的议价、对若干种私厂产品的统购,是国家所必须的政策,并用以反对暴利,限制资本主义中不利于我的因素。这个政策,必须坚持。统购项目应随国家需要而增加,如机制纸张、色布、轮胎,均应由中贸部规定办法,于今年内逐步统购。但同时保证私厂的合理利润,工缴费及利润低了的,应该提到适当程度。我们的政策,对有利于国计民生的私营工业的合理经营的部分,继续加以保护,而限制那些暴利违法的部分,对私营工业和私营商业的税收政策,仍应有所不同,应鼓励有利而无害或非不利于国计民生的私营工业。

乙、合作社必须有计划的发展,国营零售店及其零售品种,应该随稳定市场的需要而扩大。粮食经营中,国营比重应该增加。我们对私人商业的政策,在主要商品的经营中,在批发市场上,国营贸易必须继续扩大其领导地位;在零售市场上,则必须保持稳定的力量,若干不宜于存在的中间商的淘汰,是不可避免的。从人民经济的全局看来,不是不利,而是有利的。同时,我们在零售市场上保持了稳定力量之后,应该给私商以较多的零售地盘。

丙、对私商联营政策:

1. 纠正那种由政府强制组织联营的错误政策;

2. 过去联营曾有一定作用者,现在亦不许发展;

3. 私商自动组织者加以密切注视,如其垄断市场,则以经济斗争与行政管理两种办法对付之。由中贸部在各地三反高潮过后召集一次工商行政管理会议,讨论和传达这一个政策。

丁、因中间商淘汰需要转业的职工,必须加以协助。由国营企业、合作社、工商行政机关、劳动部共商转业办法。目前应进行下述三种登记:

1. 国营企业和合作社,需要新招雇的人数和类别;

2. 社会上需要转业的人数和类别;

3. 解放前失业、但尚未登记者,应由劳动部定出登记办法。我们对失业人员,不论其失业时间是属于解放前抑解放后,均应采取负责统筹的政策。但在介绍其职业时,应会同公安机关考核,区别出一般失业人员与被管制分子。

(七)共同商定1952年财经工作上需要特加注意的要点如下:

甲、厉行三反,增产节约;

乙、加强地方和军队的财政制度,贯彻财政纪律;

丙、拟定建设计划、准备干部,迎接建设;

丁、努力购粮,统筹调运。

此外,中财委与各大区及各部的关系,继续遵守下述三点:

1. 情况通报;

2. 大事协商;

3. 交流经验。规定各大区财委及中央财经各部每季须给主席写一扼要综合报告,且须首长亲自动手,不准秘书代办。专业会议的专题报告,照常进行。

五、中共中央转发北京市委关于处理不法工商户的报告并向各地提出几点意见

(1952年2月22日)

(一)同意北京市委2月20日报告。将这个报

告发给各同志参考。

(二)已告北京市委将守法工商户由1万户扩大为1.4万户左右,即是对有些小问题的工商户向他们当面指出,他们有小错误,这是不对的,改以后不要再犯,但因其问题不大,应归入守法资本家一类。这样处理,使守法面大一点,对我们有利。如同对50万元以下的小贪污分子,除若干情节严重者外,算作占小便宜不算贪污一样,对整个三反五反斗争是有利的。

(三)哪些是守法户,哪些是半违法半守法户,在实行处理时,除要资本家自报公议,并须由经理和会计分别签字于调查表格外,还一定要本厂本店工人店员讨论通过。对有些有小问题的算作守法户,对半违法的采取只退不罚政策,一定要向工人店员先说清楚,使他们懂得这样处理的必要性。

(四)在一个城市中公开向资本家和工人店员说明本市守法资本家有多少(在北京是1.4万户),半守法半违法资本家有多少(在北京是3万多户),其他严重违法及完全违法资本家有多少(在北京是2000多户)。必须在五反斗争正式开展约一个月左右,在工人店员群众斗争已经充分发动,工人阶级和资产阶级的界线已经明确划清,工会组织已经整理,资本家在工会中的走狗已经驱逐出去的时候,必须在这种时候才能开始公开宣布几类资本家的大概数目字,并实行分批处理,使资本家摸到我们的底。到了这种时候,也必须这样宣布使资本家摸底,并迅速处理,否则不利。目前北京、天津、济南、南京、重庆已经可以和应当这样做了,并须在本月底及3月上旬对这两类资本家基本上处理完毕。沈阳和武汉大概可在3月上旬做,中旬处理完毕。不可再迟。上海要3月上旬才能正式大规模发动五反斗争,最快要3月下旬或4月上旬才能这样做。上海迟一点发动五反对整个经济有利。其他城市,请各地同志酌情决定。

(五)城市中在处理了占95%左右的守法和半守法两大类资本家以后,人心就大定了,暂时停顿或半停顿或不活跃的经济活动就可恢复了;占5%左右的反动资本家就完全陷于孤立了,我们也就可以腾出手来从容地惩治这些反动资本家。因此,各城市市委市政府必须在适当时机,将主要力量放在处理前述两大类资本家方面。

六、中共中央对半违法半守法及严重违法的工商业资本家处理的指示

(1952年2月25日)

天津市委、各中央局、并转分局、省市区党委、告中央财委:

(一)中央同意天津市委2月14日的报告,认为这个报告是正确的。各城市市委市政府均应于开展三反和五反斗争的同时,注意维持经济生活的正常进行。如果在一个短时间内出现了不正常状态,亦应迅速恢复正常状态。

(二)为着维持经济生活的正常进行,除对没有问题的守法的工商户(在北京有一万户,在天津有一万几千户),应鼓励他们照常营业外,对于问题不大的半违法半守法的工商户,应于五反斗争开展后分作几批做出结论,安定他们。这一类工商户占全体工商户的绝大多数,在北京约占全体5万工商户中的3.7万多户。他们中大多数只有偷税漏税问题,一部分有侵吞盗窃问题,但不严重。对于这些人,应于发动工人店员、划清劳资界线、检举他们的偷漏、侵吞、盗窃,并多方诱导他们自己坦白其违法行为之后,给他们做出结论,叫他们补税1年,有侵吞、盗窃者退出侵盗财产,宣布免予罚款。这个"只退不罚"政策,可以安定绝大多数资本家,可以组成广大的五反统一战线。真正的五反统一战线只有在对这类资本家做出几批"只退不罚"的结论,并予公布之后,才能形成。这种结论,大约在运动开展一个月的时候就应做出两三批,而在一个半月至多两个月内必须做完。北京、天津两市必须于本月内做完。做迟了,很不利。

(三)上述两部分资本家,即守法资本家和半守法半违法资本家,占着全体资本家的95%左右,只有把他们争取过来,才能使占5%左右的反动资本家完全陷于孤立。故对半守法半违法资本家必须严守只退不罚(更不捉人)政策,并力争早作结论。有些人问题没有彻底弄清也就算了,如果要对这些人在这次斗争中彻底弄清一切问题,势必拖长时间,对整个局势不利。

(四)剩下大约占5%左右的资本家,又可分为

两部分：

(甲)严重违法但不是完全违法的资本家，这类人约占4%左右，我们的政策是进行检查、补税、退财、罚款，但不捉人。

(乙)完全违法的资本家，这类人约占1%左右。又分三类：

第一类，补税、退财、罚款、捉人，但不判徒刑。就是说，把他们捉起来，关几天，许其取保释放，随传随到。捉的目的只在打落其反动气焰，不在于判徒刑，因为徒刑判多了是不利的。这类人约占0.5%左右。第二类，补税、退财、罚款、捉人、判徒刑，直至没收其财产。这类人亦约占0.5%左右，不宜太多，尤其没收财产不可太多。第三类，判死刑、没收财产，这类人要极少。北京、天津拟共只杀10人左右，并且不要杀得太早。各地杀资本家要得到中央批准才能执行。因为杀资本家和杀反革命不同。必须慎重，否则不利。

(五)捉资本家一般必须具备三个条件，即第一，完全违法；第二，抗拒运动；第三，在资本家中人缘不好。如果只有前两条，没有后一条，我们将他逮捕必定不得人心。所谓"人缘不好"，就是在多数资本家看来他是不正派的。

(六)关于拨给加工订货任务问题，及其他和恢复或维持正常经济生活有关问题，请中财委速予处理。

七、中共中央关于在五反运动中对工商户处理的标准和办法

(1952年3月5日)

各中央局、并转分局，省市区党委，加直发山东、青岛、南京、华南、云南、新疆：

(一)中央批准《北京市委建议在"五反"运动中关于工商户分类处理的标准和办法》，认为这是正确的。其中除第七、第八两条由党内掌握不得发表外，其余各条将由政务院通过发表。各地党委所订处理标准和办法与此有出入者，照此修改之。各地如因特殊情况须作若干改变者应报中央批准。这个文件所采取的基本原则是：过去从宽，将来从严(例如补税一般只补1951年的)；多数从宽，少数从严；坦白从宽，抗拒从严；工业从宽，商业从严；普通商业从宽，投机商业从严。望各地党委在五反中掌握这几条原则。

(二)在五反目标下划分私人工商户的类型，应分为守法的，基本守法的，半守法半违法的，严重违法的和完全违法的五类。就大城市说，前三类约占95%左右，后两类约占5%左右。各个大城市略有出入，大体相差不多。中等城市则和这个比例数字相差较大。

(三)这五类包括资产阶级和非资产阶级的独立手工业户及家庭商业户，不包括摊贩。北京有摊贩4万户，将来要给以处理，但在此次五反中还来不及处理。各大城市也可以暂时不去处理摊贩，但对独立手工业户和家庭商业户最好给以处理，北京、天津两市正在处理。各中等城市在五反中最好对独立工商户及摊贩均给以处理。不雇佣工人店员(但有些人家带了学徒)的独立工商户在我国各大中城市数目很大，北京约占5万工商户中的38%，计1.9万户左右。他们中许多是守法的，也有许多是基本守法、部分违法的(即有小额偷、漏税，即所谓有小问题的)，也有少数是属于半守法半违法，即偷漏税额较大的，有的竟达一两个亿。有些家庭商店人手多，不雇店员，比雇上二三个店员的小资本家贸易额大得多，因此偷漏税也多些。北京的资产阶级有3.1万户，其中雇佣工人、店员3人以下的有1.75万户，占35%。我们既要在此次五反中处理这一大批小资本家，给他们做出结论，也应尽可能努力将和小资本家数目大体相等的独立工商户加以处理，给他们做出结论，这对于目前的五反和今后的经济建设都是有利的。这两种工商户一般都无大问题，给他们做结论是不困难的。做了结论以后，我们就获得了广大群众的拥护。但个别城市如认为先给其他工商户做结论，而将独立工商户的结论放在后面去做，较为方便，也是可以的。

(四)根据城市的实际情况，我们决定将过去所定的四类工商户改为五类，即将守法户一类改为守法户和基本守法户两类，其他三类不变。在北京5万工商户(包括独立工商户，不包括摊贩)中，守法户约占10%左右，即约5000户。基本守法户约占60%左右，即约3万户。半守法半违法户约占25%左右，即约1.25万户。严重违法户约占4%左右，即约2000户。完全违法户约占1%左右，即约500户。将完全守法户和有些小问题的基本守法户分开，又将基本守法户中偷漏税100万元以下的和偷漏税200万元以下的分别对待，即100万元以下者，

指出错误,免予补税;200 万元以下者,指出错误,免其 100 万元的数目,补其 100 万元以上的数目。这样做,可能发生很大的教育作用。

(五)行贿性质严重,必须严肃处理。但行贿的人很多,在北京,除掉小额回扣不算行贿,被人勒索不算行贿以外,尚有 1.3 万多户,约占工商户总数的 26%,即超过 1/4。其中,行贿 1 亿元以上者 169 户,5000 万元至 1 亿元者 172 户,3000 万元至 5000 万元者 195 户,1 千万元至 3 千万元者 642 户,1 百万元至 1 千万元者 3161 户,1 百万元以下者 8748 户。中央原定补退罚者限于 4%左右,补退罚捉者限于 5%左右,补退罚关者(包括杀几个在内)亦限于 0.5%左右,三项共计约 5%(中等城市则小于这个比例,有的只占 3%,有的还少些)。行贿者既如此之多,若只处罚少数人而对多数人不予处罚,则很不妥当,若均给处罚,则受罚者超过全工商户四分之一,打击面又太宽了。故于北京建议第六条中加上"情节轻微者除外"一句。北京拟于实行处理时将行贿 1 百万元以下的 8700 多户免予罚款,而于通知书上载明行贿错误,给以警告处分。此点亦请你们注意。

(六)各大中城市中,有些市委,对于各类工商户的情况极不明了,如何分别对待这些工商户的策略观点又不明确,工会和政府工作队(或检查组)的组织和训练甚为潦草,便仓卒发动五反,引起了一些混乱,望这些市委提起注意,迅速加以克服。此外,检查违法工商户,必须由市委市政府予以严密控制,各机关不得自由派人检查,更不得随便捉资本家到机关来审训。又无论三反五反,均不得采用肉刑逼供方法,严防自杀现象发生,已发生者立即订出防止办法,务使三反五反均按正轨健全发展,争取完满胜利。

(七)县区乡现在一律不进行三反五反,将来何时进行及如何进行,中央另有通知。个别已在县城试做五反、在区试做三反者务须严格控制,不得妨碍春耕和经济活动。中等城市也不要同时一律进行五反,而要分批进行,并须在严格控制下进行。这几点前已通知,现再重复说一遍。

附:北京市委建议在"五反"运动中关于工商户分类处理的标准和办法

一、守法户:

迄未发现有任何违法行为,本人也具结保证无违法行为,经审查结果估计无问题者。对于这类工商户的处理办法,即给以守法户通知书。

二、基本守法户:

(甲)根据本人坦白具结及政府已有材料证明,其违法所得(主要是偷税漏税,或小额偷工减料)总额在 200 万元以下,经审查结果估计纵有隐瞒,问题不大而又性质不恶劣者;

(乙)非法所得总额在 200 万元以上,但情节轻微,并彻底坦白者。

对于以上两种工商户的处理办法,只令其退出超过 100 万元的非法所得部分,100 万元以下者免退,并给以基本守法户处理通知书。

三、半守法半违法户:

(甲)偷税漏税、盗骗国家资财或偷工减料等违法所得总额在 200 万元以上,而其违法行为除使国家、人民直接遭受经济损失以外,无其他严重危害作用者;

(乙)情节虽较严重,但在"五反"中已彻底坦白并立功赎罪者。

对于以上两种半守法半违法户的处理办法是"补退不罚",并给以半守法半违法户处理通知书。

四、严重违法户:

(甲)偷税漏税、盗骗国家资财、偷工减料等违法所得数量较大,其违法行为有严重危害作用者或虽无严重危害作用,但拒不坦白者;

(乙)完全违法户,但尚非罪大恶极,且已彻底坦白,并有立功表现者,得减轻其处罚,列入本类工商户。

对于上述两种严重违法户的处理办法,除令其退出违法所得外,并按情节酌处罚金。

五、完全违法户(即极严重违法户):

(甲)对于国家社会建设事业(特别是国防军事设施),或人民安全有极严重危害作用的盗窃犯;

(乙)集体盗窃案的组织者和大盗窃犯;

(丙)借盗窃国家经济情报牟利,使国家人民遭受极严重损失,或有其他特别恶劣的犯罪行为者;

(丁)有严重违法行为,拒不坦白或抗拒运动者。

对于以上四种完全违法户的处理办法,应予法办,除令其退出违法所得外,并按其情节从重处以罚金或判徒刑,最重者可判死刑,并没收其财产的一部或全部。

六、除在公平交易中的小额回扣或被勒索而无违法所得不应认为行贿者以及虽属行贿但情节轻微者外，其他凡有行贿行为者，应按其情节处以罚金。拒不坦白者应加重其罚金。情节特别严重者，应加重处刑。

七、在对严重违法户及完全违法户施行处罚时，应采取工业轻于商业，一般商业轻于投机商业的方针。

八、对于半守法半违法户，严重违法户及完全违法户的补税、退财、罚款，一般应不使其厂店的继续经营受到严重影响，其不能一次缴完者，可酌予分期缴完。其款额巨大、缴出即严重影响厂店经营者，可即以此款作为官股，将该企业改为公私合营。有些厂店对国家和社会完全有害无益而国家又有办法代替者，除少数可采取没收办法者外，多数可用补、退、罚等办法使其无法继续经营，并强迫其转业。国家一时尚无办法代替者，不应轻易采取没收或强迫转业办法。

九、偷税漏税、偷工减料两项违法所得，一般只补退1951年的，1951年以前的免予补退。但拒不坦白及情节特别严重者，得酌情令其补退一年半或二年、二年半或三年。其他各项违法行为所得一般自中华人民共和国成立之日算起。惟隐匿侵吞敌伪财产应自日本投降之日算起。其中隐匿侵吞敌伪财产的数量不大，并对国家无严重危害作用者，可以不予追究。

八、贸易部关于扩大加工订货公私商业经营情况及今后意见向政务院财政经济委员会的报告

（1952年9月13日）

公私关系在“三反”“五反”运动过程中，曾发生了一些问题。但在根据中央正确的指示，采取了一系列的措施，如扩大加工订货、调整规格标准、酌量收购滞销产品、提高工缴利润、放宽行政管理、组织物资交流、减低银行利息及经政务院制定退财补税办法，并召开了全国工商联代表会议等以后，便逐渐走向正常，市场也逐渐恢复，私营工商业对生产和经营的积极性也逐渐提高。兹将目前情况及我们对今后的意见报告如下：

一、国家加工订货在大中城市和某些小城市的工业中甚至某些手工业中有了很大的扩展，并适当提高了工缴费和收购价格，使私营工商业迅速的得到了恢复，全国上半年国家加工订货总金额达9.2万亿元。比去年同期增加97%。上海订货厂商则由“五反”前的3000余家扩大到7000余家。今年上半年北京加工订货的金额，比去年同期增加114.22%。中等城市南郑市加工订货总值达17亿元，加上银行贷款19亿元，等于该市私营工商业全部资金的1%。但在某些中小城市由于产品质量差、销路小、还没有完全满足私人企业者加工订货收购的要求；同时因为各地进行了大量的加工订货，也使国营贸易积压了一部分品质低下不好推销的商品。

加工订货的工缴费一般已适当提高，私营工商业利润较前增加。以棉纱为例，上海私营厂商的纯利润率已达10.7%至16%；天津13.17%至19.64%；汉口11%至16.4%。

棉布的纯利润率，上海为9.68%至14.12%，天津为18.4%至26.83%。

棉纱棉布的利润，在加工利润中是不算高的，还有一些商品加工利润更高，如轮胎、造纸、麻袋等。以上是指中等以上的工业的情况，在小工业中，还有一部分设备差，产量低，其利润低于上述工业，尚未解决。

二、各种商品的地区差价和批发零售差价已开始进行调整。但目前还有些地区特别是初级市场和某些收购农产品的地区，若干干部还存在着包收思想和缩小地区差价排挤私商的错误做法，影响了正常的物资交流。如常熟小麦加合理费用运到上海，每担亏本3074元，上海纸价40万元，芜湖出售牌价41万元，差价仅有2.5%，天津与保定同，胜利外胎的差价只有6‰，以致私商束手。有些市场特别是中小市场对批零差价掌握较紧，差额小，甚至批零不分，如石家庄市将一般商品批零差价由8%至12%缩小至4%，杭州粮食公司曾一度取消批零差价，以致私商经营无利，最近各大区县已召开了物价会议进行检查讨论并开始纠正中。定于本月15日召开物价会议进行全面检查与调整。

三、公私经营比重近3个月来，在市场恢复中。国营贸易在批发方面是发展的，零售方面则采取维持目前水平的方针，因材料不全，全国比重的百分比还无法统计。

从商品经营上看，国家要掌握的有关工业生产的原料及人民生活必要的主要商品，国营公司的经

营比重较大,次要商品则私人经营较多。如上海今年上半年公私经营商品种类的比重(批发业务)如下:

粮食类公营占70.43%,白布公营占49.92%,纱公营占100%,燃料类公营占91.77%,钢铁类公营占77.85%,化工类公营占65.18%,百货公营占49.35%,副食品公营占38.51%。

四、统购统销及专卖商品仍限于很少数几种重要物资,如棉纱、牛皮的收购,猪鬃、大豆的出口等,私人资本家对此意见不大,但他们怕国家扩大范围和增加品种。

五、关于加工订货的规格标准问题:由于加工订货合同中对规格的规定不具体,缺乏明确的标准,"三反"后验收人员在验收中曾发生掌握过严退货过多的现象,经检查纠正后,退货率已大大减低,我们已遵照中财委的指示,组织力量自8月份起首先在上海、天津二大城市召开会议进行商订统一的规格标准。现在上海已选择了28种商品逐一加以研究,天津也召开了很多专业会议,但这个工作非常细致复杂,因此进行较缓,具体材料尚未审定,估计到年底可告一段落。

六、证照制度在防止不法商人抢购囤积曾经起过一定作用。目前在管理棉花、钢、锡和某些工业器材上,也还有一定作用。但目前各地的一般情况,则是证照种类过多,有不少地区对于零星土产的贩运,也采取了证照管理办法。制定与颁发证照的机关很乱,有的由大行政区的贸易部和省商业厅,也有个别市县工商行政部门自行制定公布,甚至有些地区是由非行政部门如运输机关、合作社、贸易公司掌握采购证的,这样企业单位于是越权限制私商经营、企图包购包销,因此减低了私商对城乡交流的积极性。同时也使许多土产没有做到应有的交流。中贸部曾几次指示纠正,并指出一般的不许采用采购证办法,即认为有必要时也只限于省一级以上才有权发给。但还没有贯彻下去。现仍在继续检查纠正中。

七、出口限价在过去对资本主义国家进行经济斗争上发挥了一定作用。但执行中因限价偏高,品种过多,并有时只限私商不限国营及地方土产公司。因而引起私商不满,并妨碍了国营贸易及私营出口商组织大批土特产出口。有些地方对私营进出口业批准经营范围,也有掌握过严的情况。

为了进一步贯彻公私关系政策,端正左偏或右偏现象,加强国营经济对市场的领导,并提高私营工商业生产和经营的积极性,我们提出以下意见:

一、加工订货问题:加工订货今后应继续进行,对于国家为了保证供应、领导市场必须掌握的商品,应进行长年的加工订货,不能放松。但在目前市场日趋活跃的情况下,在中小城市中和大城市的某些中小工业中,一般可以停止加工订货和临时收购,而采取组织物资交流会议的方法,组织合作社和私营商业把这些品质较低的工业品推销出去,以打开中小工业产品的销路,免除国营贸易的积压,并减少对名牌货与上海货的压力。

加工工缴利润,仍应贯彻陈主任在全国工商联报告的利润标准,并应确定统一的计算办法。按商品排队、逐项调整,过低者一定要适当调高,过高者(如轮胎、造纸、麻袋等)也要适当调低。

二、差价问题:各种差价的原则,过去中财委曾有明确指示,且仍适合目前情况,应仍坚持。执行中有缩小降低的情形者,应根据国家对各种物资的不同政策(国家统购统销的,掌握大部的,经营一部的,小部的,不经营的)在这次物价会议中重新审查,分别确定差价大小的标准,一般是国家要掌握的有关工业生产的原料及人民生活较重大的物资,差价宜较小,反之则宜较大。在批零差价上,我们准备陆续拟定一些具体商品的差价的固定而又略具伸缩性的百分比,在全国各地试行,以克服各地区由于无具体标准而产生的混乱现象。

三、公私经济比重问题:由于零售商业大部是资金较小,经营分散,职工众多,为了维持其营业,并使广大店员免于失业,维持目前比重的方针,仍应继续贯彻。国营批发商业,则可适当发展。这个问题关系重大而又复杂,且与合作社的发展计划有密切关系,建议中财委明确制定一年或几年内国营商业、合作社、私商经营的百分比及其经营金额的粗略计划,以便于分工与掌握。

至于商品经营的比重,主要物资国家比重应较大。次要物资则可多让私商经营。根据目前情况,统购统销的物资不宜再有增加。至于卷烟专卖如果条件成熟,可以于明年实行。

四、证照问题:使用证照之物资,应当只限于国家统购统销和中财委统一分配物资以及国家工业生产的重要原料器材之必须加以管理者,其余物资尤其是一般土特产必须立即取消证照制度。实行证照制度时必须由省掌握,大行政区批准。

出口限价的商品，应当缩小范围。对进出口商准许经营范围亦应适当放宽，特别在出口上应更大的放宽。关于这两点，我们从本年6月起已着手处理，还有待于普遍贯彻到每个口岸。

九、政务院财政经济委员会党组转报商业部党组关于市场恢复情况和对今后发展趋势的估计及意见的报告

（1952年9月21日）

主席并中央：

兹将中央商业部党组关于市场恢复情况和今后发展趋势的估计及意见送上，请阅。

（一）国内市场进一步恢复和发展，其中最重要的还是继续加强对初级市场的恢复工作，在中小城市对私商的管理应继续贯彻陈云同志在全国工商联筹备会议上讲话的精神。各级商业机关及各专业公司大力推销一切积压的工业品，特别注意推销中小城市的工业品和手工业品，给农民的滞销物资找到出路。改善经营管理加速贷款的调拨。

（二）推销工业品运动，两月来推销绝对数字虽有增加，但仍未完成计划，占工业品比重甚大的百货公司，每月仅完成计划的79%至80%。其中主要原因之一是工业品价格过高（如食糖、纸张、火柴、自行车、水泥、油料等），中财委党组拟在9月下旬全国财经会议上审查工业生产成本，降低工业利润，适当降低工业品的价格。

附：商业部党组关于市场恢复情况和对今后发展趋势的估计及意见的报告

中财委党组干事会并报毛主席及中央：

兹将市场恢复情况及我们对今后市场发展趋势的估计及意见报告如下：

（一）截至8月底止，全国市场一般已恢复并略略超过去年同期水平。恢复的过程大体是：5月份开始好转，6月份继续好转，但还低于去年同期水平；7月份大体与去年同期相等（有的市场略高，有的略低）；8月份则一般已达到并略略超过去年同期。我们估计今年8月份市场商品流通约比去年高5%到10%左右（上海高11%）。

市场上的特点是：国营贸易与合作社的发展很快，不论在“三反”“五反”期间和“三反”“五反”以后都在发展。“三反”“五反”期间是批发与零售都在发展，以后则是批发大发展，零售比重未增加或增加不大。以今年上半年为例，华东今年上半年国营贸易卖钱额比去年同期增加52%，合作社增加185%；北京市国营贸易增加46%，合作社增加169%；全国国营贸易卖钱额比去年同期增加35%，合作社零售增加157%。国营贸易是以批发为主的，合作社则主要是零售。7月以后，情况开始变化，以8月份为例，华东区国营贸易卖钱额比去年同期增加116%，合作社增加178%（比上半年比重略减）；北京市国营贸易卖钱额增加100%，合作社增加180%（比上半年比重略增）；全国国营贸易卖钱额8月份比去年同期增加57%（合作社未统计出来）。私营商业的情况，是从5月份起每月都在好转，但尚未达到去年同期的水平。据天津统计，6月份私营商业（包括工厂出售在内）营业额比去年同期减少38%，7月份比去年同期减少26%，8月份减少19%。上海亦有类似情况。一般是大城市恢复较快，中小城市恢复较慢。据我们分析，私营商业恢复较慢主要是三个原因：第一是今年上半年生意少，资金减少，存货减少，在批发贸易上的买方大减，而国营贸易则在今年春夏大量收购，积压很多，大力推销，因此在大中城市市场批发比重上发生了较大的变化。第二是有些私营商业在五反中垮了台，或大大减少，如营造业、电器材料业、五金业、汽车零件业、洋纸仪器业、木业等，他们过去主要以国家机关为交易对象，五毒最多，在批发市场上亦有一定位置，现在已不可能再恢复起来。第三是在中小市场中，中央的政策还没有全面贯彻下去，据我们检查结果，有不少中小城市掌握地区差价过小，使私商不好经营，有不少中小城市的国营贸易机关，批发零售价格一致，有不少地方证照种类过多，行政管理过严，有些中小城市虽未经过五反，但私商还怕再来一次五反，经营情绪不高。私营商业的恢复，表现了极不平衡的现象，有些行业大大减少，但有些行业的营业额，则已超过去年同期。据天津市典型调查，8月份私营百货业、货栈业、小饭馆业、干鲜果业、肉业、国药业、小旅店业、鞋帽业、西药业，营业额都超过去年同期。说明了自从五反以来，私营商业的恢复还包括了改组的过程。

（二）从现在的情况来看，说明自今年3月以

来,中央对恢复市场所采取的一系列的措施都是正确的,其中最为重要的,则是五反后处理退财补税的政策和发展城乡物资交流的政策。我们认为今年的城乡物资交流工作比去年有了许多重要的新的发展,第一是不少地方党委和政府,不仅是号召了而且切实领导组织了这一工作。因此使城乡交流大会的政策领导大为增加,使调整地区差价,适当放宽市场管理,收购滞销物资,供应名牌货,降低利息,扩大贷款,便利征税手续等一系列的从政治上鼓励资本家情绪,从经济上给他们一些实际利益的政策措施都通过城乡交流大会集中地表现出来,并使贸易、银行、税局、海关等部门在党委的领导下空前密切的结合起来;第二,是初级市场的城乡交流大会有了很大的发展,使大城市、中小城市和初级市场联系起来;第三,今年的城乡交流大会比去年计划性大为增强,表现在购销计划较前切合实际,合同增多,协议减少,现货现款交易增多,近距离交易增多。去年的交流大会只有城乡交流。今年则在中南有了内外交流,对于刺激各种土特产向资本主义市场输出有重要的作用。我们认为有了今年的经验,已经可以肯定城乡交流大会的形式是目前和今后一定时期内商业活动的重要形式,有利于解决产销矛盾,刺激生产发展,并使市场成为较为有组织、有领导的市场。在每年淡季和旺季,都有召开高级的、中级的和初级的城乡交流大会的必要。

(三)我们估计今后市场的发展趋势,从9月到12月是逐步上升的局面。在全年市场商品流转总额中,估计今年下半年可能占到70%左右。今年下半年市场商品流转总额估计比去年同期可能增大35%左右。在市场扩大中,国营、合作社及私营商业都会有很大发展,如果政策掌握得宜,估计私营商业在今后数月中恢复速度将会加快一些,比重也会略有提高。今秋全国物资的供应情况,总的说来,工业品是够用的,但名牌货不足,上海货不足,个别商品(如自来水笔、表)不足,而上海以外的其他城市生产品则大批积压在国营贸易、合作社和生产机关手里。农业生产中的商品部分,大部是有销路的,但有少数销路不畅,供过于求。我们认为今年秋收后市场工作上的总方针是:必须进一步发展城乡交流,并进一步有组织、有计划的来领导市场。在具体工作上,要在各地大中城市和广大的初级城市场上广泛的、有计划的在当地党委领导下召开城乡交流大会,其任务为广泛的推销一切积压的工业品(不是推销名牌货,因为已经供不应求了),推销当地的工业品和手工业品,并帮助农民的滞销物资找到销路。必须防止在旺季时追求名牌货、上海货,因而造成人为的物价波动的现象。防止私商利用交流大会与国家争夺国家必须掌握的农产品,必须巩固国营经济对于交流大会与市场的领导,防止在交流大会中盲目追求扩大交易额数字的现象。在交流大会中应当继续发扬私商的积极性,放手的让他们做生意,调整不符合政策的地区差价和批零差价,保持少数必要的证照,但应取消大部分不必要的证照。在交流大会上,应当继续鼓励私商组织小土产出口。对于这些小土产,在管理上宁宽勿紧,在价格上宁低勿高,以求打开国外市场,打开销路。今年秋后市场,如能正确掌握,估计物价在大城市和主要商品中可以保持完全稳定,但中小城镇和某些次要商品上,则仍有脱销危险,因此必须加强调拨工作,并防止国营贸易和合作社保守惜售思想的发展。今年物价总指数,估计到年底将保持96至97左右。

1952年9月18日

十、周总理与若干资本家代表人物的谈话纪要

(1952年10月)

(1952年10月间,全国工商联召开第二次常委会议,与会的各地资本家代表在会议期间,反映出资产阶级现存的一些思想顾虑,如资产阶级的地位、前途等,和私营工商业现存的一些问题,如市场问题、利润问题等。会后,周总理曾邀集若干资本家代表人物举行座谈,就政策原则方面予以指示。本记录是总理谈话中关于国内关系的一部分。)

经过三反、五反运动,全国工商联筹委会已经在6月间成立,建立了工商界的全国组织,今后在政治上要更加促进团结,共同纲领是我们团结的根本方针。听说各地在传达全国工商联会议的各项报告时,个别地方有若干出入,强调了一面,忽略了另一面,这种情形,在工作中随时都可能发生。既然是汇报情况,有困难当然应该讲出来。客观上既然存在着困难,讲出这些困难,甚或强调地说出困难,这也是许可的,不会因此而受到指责。但强调

地讲困难,应该还有另外一面,发展的一面,这就是说,必须注意局部与全体,目前和长远,这才是全面的,完整的。现在国家的方针、毛主席的方针是没有变的。我们的基本方针是共同纲领,是团结与发展。在团结的要求上反五毒,反五毒也是为了团结。

关于民族资产阶级的前途问题,过去我曾经讲过几次。刘少奇同志在全国委员会第三次会议时也曾经讲过,毛主席的方针是稳步前进,这是明确的。主席曾经讲过:"三年恢复,十年、二十年发展"。十年、二十年要照新民主主义经济发展,不能把时间说得那么准,马克思主义者不是刘伯温的"推背图"。

中国经济的五种成分是共同发展的,五种经济如人手的五指,当然,国营经济是领导的经济成分,发展的量会更大、质也会更高。私营工商业者从国家和人民利益来考虑,对于国家经济的发展,也应该是热烈欢迎的。

关于中国资产阶级的发展与中国进入社会主义的问题,我们应认识中国的民族资产阶级不同于帝国主义的垄断资产阶级。虽然资产阶级的本质相同但面目不同。中国的资产阶级也不同于东欧人民民主国家,因为:(一)东欧各国的资产阶级过去就掌握了政权,中国的民族资产阶级在1927年的大革命失败后,虽然一度参加了蒋介石的反动统治,但马上就受到排斥;(二)希特勒侵占东欧各国后,资产阶级就投降希特勒,组织傀儡政权,中国的民族资产阶级则一般没有和敌伪政权合作,许多代表人物并撤退到抗战后方;(三)苏联红军解放东欧后,东欧各国的资产阶级一部分逃跑了,一部分则留下捣乱,破坏人民的政权,这就使得东欧的人民民主国家不得不没收他们的企业。中国的民族资产阶级则是极少数跟随蒋,其许多代表人物参加了人民方面。在第三次国内革命战争中,中国的民族资产阶级一般地是同情革命,少部分参加,大部分中立。在全国解放后,三年来的合作中,是共过患难,共同渡过困难的,在维持生产、恢复战争后的创伤、改造旧的社会经济方面是尽过一定的力量,在国家建设的贡献中,又都有一份。这个历史发展,既不同于帝国主义国家,也不同于东欧各人民民主国家。中国的民族资产阶级是有其一定的发展前途和历史贡献的。

私人资本主义和国家资本主义,今后都将要得到发展,私营工商业,特别是工业,一定会随着国家建设的进步而发展,国家现在投资的重点是重工业,如燃料工业、机械工业;轻工业方面,私营工商业还有广阔的发展园地。国家工业的发展对私营工厂的改进和发展都有好处,譬如国家机械工业发展了,能大量生产纺织机、造纸机,对私营纺织业、造纸业的改进和发展都有好处。当然,在国营和私营之间,发展的速度是不同的,相对的比例,国营将会更大,但绝对数字国营与私营都将会不断增加,因此,不应该担心没有发展前途。

关于市场问题,私营商业方面,目前有一些困难,这也是一时现象。但土改完成后,农民的购买力是提高了,农业增产后,农产品是一定有出路的(如粮食、工业原料、土产、牧畜、油料作物等,不仅要供应国内市场的需要,还可以大量出口);农民则需要工业品,其中很大部分是生活资料。这不是国营贸易和合作社可以包下来的,农民购买力的提高,和对工业品需求的增加,也将刺激市场的活跃。这就联系到私营工业,也联系到商业问题,今后私营工商业都将得到发展,首先是工业,其次是商业,但私营工商业的发展是要受到一定的限制的。施复亮先生在天津讲演时,说到私人企业的资方三权只是相对的,不是绝对的,不是随个人的意愿为所欲为的,这种解释是妥当的。(按:施复亮先生在天津民建会的报告中,对于资方三权曾有如下的解释:"一些资方仍然保持着旧的资本主义观点,将三权绝对化,这是不行的。譬如财产所有权,即使在资本主义国家也不是'神圣不可侵犯'的,如修铁路特别是在战时便可以征用私人财产。固然在资本主义国家资本家还可以任意将商品毁掉,在新中国这样做是不行的,因为资本家的财产虽然属于他自己所有,但同时又是社会的财富,同样对经营管理权也应有新的认识,如经营有害人民身体健康的企业便会被取缔,一定要经营有利于国计民生的企业才有前途;对管理权应采取民主的方式行使,不能像过去那样独断独行。人事调动权固然属于资方,但行使时应不违背工会法及其他有关法令的规定。")

私营工商业者的发展,不应单为了享受,而应继续把企业扩大发展。听说目前有一部分拥有资财的人,大吃大喝,使餐馆舞厅的生意繁荣,这是表示部分人在政治上有苦闷、消沉的情绪。应该说服教育他们，使他们认识到有前途、有出路。……对于正当的工商业资本家，要使他们的政治情绪提高，使他们既愿投资和积极生产经营，又能得到利润。对于工业资本家要使他们得到的利润除了用之于扩大生产外，生活上还能保持较高的生活水平，将来在进入社会主义时，仍然保有其消费财产，总会比普遍公务人员和工人生活得更好。此外，还要照顾到那些三年来参加国家经济恢复工作有了贡献，今天因为社会经济改组（而不是因为危害国家遭到淘汰）而破产的人，他们如果没有消费财产，生活无着，国家应给予照顾，作出范例，使人感到“老有所归”。对正当的私营工商业者，不仅应使他们得到正当利润，刺激他们，而且要在政治上提高他们，使他们有政治希望，使他们认识到对国家多作贡献，将来有好处。

将来用什么方法走入社会主义，图案还不能说得很完整，但总的有一条路，即和平转变，中国经过了反帝、反封建的流血革命后，不会流第二次血。和平转变，这要经过一个相当长的时间，而且要使转变转得很自然，要争取做到“水到渠成”的境地，如像经过各种国家资本主义的方式，要使阶级消灭、个人愉快。现在谈“献厂”，没有必要，有人觉得如此正可丢包袱，这是一种消极态度。今天有人在忍着困难想办法，积极从事生产，国家与工商联都应该记上这笔账。鼓励生产，不仅要从经济上刺激，还应从政治上刺激，再加上文化享受，人就愉快了。

中国工业化，这是十年、二十年的问题，要努力做到水到渠成，使各个人各得其所，欲速则不达，必须稳步前进，现在谈“献厂”不仅做不到，而且会发生大毛病。将来要和平、愉快、健康地进入社会主义，要作很好的安排。

转业问题，不能太性急，如果勉强去转，就会产生错误。

国营工厂的技术改进和先进经验，是应该介绍给私营工厂的，不然，同是工人阶级，在国营工厂就掌握先进技术，在私营工厂就只能掌握落后技术，在整个工人阶级内部也将造成不团结。技术经验应该交流，随着经济建设的发展，私营工厂的人才还是远远赶不上需要的。工商业家，同时是中国人民中一分子，也是中国政权中一分子；除却少数反革命分子、破坏分子和若干五毒俱全的分子外，都不应该见外。

（选自《工商行政通报》第1期，1953年1月5日）

十一、中财委关于国营企业购买私营工厂机器及招请工人通知

（1952年10月15日）

中财委关于国营企业购买私营工厂机器及招请工人的问题于1952年10月15日发出（52）财经私字第81号通知如下：

接华北行政委员会行秘字第114号函抄件，以张家口企业公司机械修造厂等在北京购买私营工厂的机器设备及招请私营工厂的工人，均未与北京市工商行政部门联系，致使资本家有所借口，造成工人生产情绪不安。请转告各有关单位，勿径向各私营工厂收购机器，招收工人等情。本委同意该会意见。嗣后各地企业如有类此问题，必须先与当地工商行政部门取得联系，商洽同意后再进行，以免造成不良影响。兹抄附该会原函，请转知有关单位注意。

附：华北行政委员会函

接北京市财政经济委员会（52）财经私字第2029号报告称：最近张家口企业公司机械修造厂在北京市向私营群生铁工厂收买镟床五台、电焊机一台、电动机七台，招去工人160余名。中央燃料工业部所属矿业机械厂（厂址在张家口）亦在北京市宣传招收工人，现正与新联、建设、大众三个合营铁工厂联系。以上均未与北京市工商行政部门联系，即直接进行。最近张家口企业公司在北京市又向合营铁工厂商洽收买事宜，并宣传待遇好，借以招收工人；中南直属工程公司要收买中国水暖农具制造厂，华北基本建设工程公司亦正与义和顺、义合盛、义大、永大、五强、美丽、保利等铁工厂进行购买商谈；致使部分资本家借口资金缺乏，劳资关系不好等，常有找公家接管或提出与公家合作的要求，造成工人生产情绪极度不安，影响生产甚大。为此，特请你们转告各有关单位，如有不与当地工商行政部门联系，而直接向私营工厂收买机器、招收工人者，应即及时予以制止。并防止类似问题的继续发生。至于张家口企业公司收买的机器，如已购妥运去，可不再加追究。

（选自《工商行政通报》第4期，1953年2月20

日）

十二、中共中央下发关于调整商业的指示

（1952年11月15日）

各中央局、分局，并转各省、市、区党委，中央人民政府及人民团体各党组：

中央于11月12日通过了《中共中央关于调整商业的指示》现在发给你们。这个指示除刊登党刊外，应即印发至县委及有关各党组。县以上的各级党委及党组在接到这个指示之后，应立即进行专门的研究，拟出实行的办法，并召集县以上的国营商店和合作社工作的党员干部会议，进行传达和讨论，因为只有使所有负责商业和与商业工作有关的同志，都明确这一指示的精神，才能保证中央调整商业的政策，得以贯彻实行。

附：中共中央关于调整商业的指示

根据各地最近的报告，国内工商业自入秋以来，日见活跃，热门货供不应求，但在活跃的市场中，存在着各种不同情况：工业方面，公私主要产品与去年同期比较都有增加；商业方面，全国各地的营业总额亦有相应的增加，但公私经营的比重有了显著的变化，即公营商业与合作社商业的比重一般增加了，私营商业的比重一般下降了。从私营商业的营业金额来看，在一部分地区中保持或超过了去年同期的水平，但在若干地区中比之去年同期的营业金额则下降了或则尚未达到同期水平。商业中公私比重的变化是不可避免的。但私营商业营业金额的过急下降或过早下降，则一定会增加失业人员并影响城乡的交流和广大人民的生计。目前已在广大区域内形成了公私关系的紧张形势，失业人员已在大量增加，许多中、小工商业者家庭商店及摊贩已在埋怨我们。因此我们必须予以调整。

形成私商营业金额下降的原因来自两个方面：一方面，是在经济改组过程中，某些带操纵性的和为城乡交流所不需要的行业，受到了淘汰，这是应该的，不可避免的；另一方面，则由于我们商业政策上的缺点和错误，这种缺点和错误表现在下列几项：

第一、是国营商店的零售业务与城市合作社发展的速度，走的太快了。国营商店与合作社不但在批发业务方面，不但在主要商品方面，占住了阵地，而且在零售业务方面，在这一二年间，特别在五反运动以后，也发展得十分迅速。今年6月中财委关于国营及合作社零售商业不超过25%的规定，已在不少地方被突破，有些地方（关内）竟达到了60%。国营商店在不少大中城市中的批发起点，降得很低，把批发变成零售，排挤了私商的零售业务；而其所经营的商品不但包括了人民的日用必需品，而且包括了一些无关重要的商品，使私商小贩亦受到影响。某些县城与小集镇，国营商店组织流动推销组，以摊贩的形式深入农村，使中、小行商与坐商无法经营。

第二、是在价格政策上，批零差价不正确地缩小了。百货公司的批零差价一般是在8%至12%之间，有些还在8%以下。在地区差价方面，没有恰当地照顾到交通便利地区与偏僻地区之间的差别。在交通便利地区，地区差价可以小些，对于偏僻地区则应适当扩大差价，以刺激私商从事贩运，但事实上我们的地区差价却在这一方面，呈现了显著的缺点。第三次全国物价会议对批零与地区差价作了调整，但尚未贯彻下去，首先是批零差价的幅度很不够。

第三、私商在县镇和乡村进行贸易的时候，有一些是在进行投机倒把的，但合作社与国营商业方面，亦有许多违反党的商业政策的行为。不少乡镇合作社和国营商业的工作人员为了完成任务，经常利用其在政治上有利条件，去对付私商。他们经常通过区、乡干部，检查私商有无路条与采购证，给以留难，甚至敲锣打鼓，使用喇叭，动员农民不向私商作买卖；不少地方，当私商下乡收购时，立刻抬价，当私商下乡推销时，立刻降价，使私商不能办货或者无利可图。

上述情况反应了我们在商业工作中，存在着盲目冒进的倾向，这是由于许多同志在三反五反之后，又只看到资产阶级坏的一面，不了解资产阶级在现阶段仍然是一个不可缺少的力量，不了解我党团结资产阶级是一个长期的政策，尤其不了解经营商业的还有为数很大的小商小贩，而依赖私营工商业谋求生活的人，更以千万计，再加上城市和农村的手工作坊和家庭副业，牵涉到的人口就更为广大。如果我们在这个问题上采取粗暴的政策，不但不能充分利用私人资本利于国计民生的一面，使之服务于国家经济建设，而且势必打击到广大的小商

小贩,并使成千成万依靠私营工商业谋生的人丧失生活来源,而这些人的生活问题,在一个长时期内,又不是国家所包得了的。最近已有许多城市呈现出失业增加和就业困难的状况,必须引起重视。必须了解,只有在正确的经济政策之下,才能导致国家经济的发展和人民生活的改善,也才能引导我们稳步地走向社会主义。三年来,正是由于我们在1950年及时地调整了公私工商业关系,纠正了当时左的偏向,又由于我们在今年上半年进行了三反五反,打退了资产阶级的猖狂进攻,克服了当时右的偏向,才使我们能够在这样短的时间内,在经济战线上获得了辉煌的成绩,既保障了抗美援朝的胜利,又争取了国家经济的根本好转,既初步改善了人民的生活,又奠定了国家计划经济建设的基础。同样地,我们现在又必须克服当前存在着的在商业工作中的左的倾向,才能使我们即将开始的五年经济建设计划,得以顺利地实施。所以,立即对于公私商业的关系认真地进行一次全国范围内的调整,是非常必要的。

执行调整公私商业,是不是要恢复解放以前那种私商一统天下的局面呢?不,决不是这样的。三年来,我们打击商业中的投机成分,在主要商品的收购和批发市场上占了统治地位,在零售业务中保有稳定市场的力量,这些都是必须的、正确的,不能改变的。今后全国商业营业额的增加部分,其大部应归于国营商业与合作社商业,这也是肯定的。我们调整公私商业的方案,应该是保持目前私营商业的一般营业额,不使其下降。其目的在于避免店员过多的失业或使失业店员能够转业。在目前保持私商的营业额,不但无害于国营商业的领导,而且可以补助国营商业的不足,也使中小工业家、手工业者和农村家庭副业的产品找到较多的销路,不使他们发生困难。因而,这是目前国家经济政策所必须的。现将调整商业的办法分述如下:

(一)首先是价格问题,这最主要的是批零差价。为了使私商可以经营零售业务,日用品批零差价一般应扩大到10%至18%。批零差价扩大的办法,有的商品要适当降低其批发价格,有的商品要适当提高其零售价格,估计工业品价格调整的结果,是降低者少,提高者多。在提高日用必需品的零售价格时,国营商店与合作社要步调一致,同时提高。提高日用必需品的零售价格,虽免不了要增加城乡消费者的负担,但为避免店员和商贩的失业,对于全局来说,是必要的。

对于地区差价与季节差价,亦应加以适当的调整。在步调上,对于零售价格,各地可按上述规定,自行调整。至于批发价格、地区差价与季节差价的调整幅度,各地可提出意见,由中央商业部批准统一进行。

对于农业产物和农业副产物的收购价格,当然必须照顾到产地的成本与生产情况,但是同时又必须照顾到销地售价,只顾一方面的思想是错误的。解放以来若干经济作物,出口土产和小土产的收购价格,是偏高的。这种偏高,有的是由于客观的需要,由于刺激生产的需要,有的则是片面地从保护农民利益的观点出发的。但片面提高农产品价格的结果,私商无利可图,国营商业加重负担,有的时候,反因高价而卖不出。因此,片面提价,实际上并不能长期达到保护农民的利益,只有照顾到生产者、贩运者与消费者三方面,才能实实在在保护了农民的利益。中央商业部对于各种农业副产物,应规定适当的比价。

(二)其次是划分公私间的经营范围。在国营经济已经占领了商业方面的主要阵地和合作社已经广泛地发展的条件之下,适当地划分公私间在商业方面的经营范围,是有益无害的。划分经营范围的内容,就是国营经济和合作社,在巩固了主要阵地的前提之下,容许私人资本经营零售业务和贩运业务。为此,必须采取以下的措施:

甲、国营商业在大城市的零售店,要加以缩减,其缩减数量由各地具体规定。

乙、县镇的国营商店由省委掌握,要适当地但是坚决地收缩零售业务,多做批发;某些地区下乡的零售推销小组,应停止活动。

丙、国营商店的批发起点,要合理调整,克服过去那种变批发为零售的现象。

丁、供销合作社已经发展了的地区,其当前的任务是巩固并提高已成立的合作社,对于土改刚完成的地区,要稳步的适当的发展。地方国营贸易公司(或地方土产公司)的业务,要划归合作社经营。在城市里消费合作社要取消许多对市民服务的门市部,把主要力量放在工厂、学校与机关的合作社。在缩小零售店时,国营商店与合作社要在当地财委领导之下,密切配合、通盘打算。

戊、国营贸易公司与合作社,应减少那些不必要的经营,如在城市里,国营商店与合作社要减少次要商品的经营;在农村中,合作社所要收购的,主要应是粮食、主要经济作物与若干种主要出口物资,至于其他的次要土产,应当让出来给私商经营。就是对于粮食及主要经济作物的收购,在目前时期也要克服包收思想。以当前的情况而言,单靠合作社,还是来不及的,因此,仍应维持现在政策,保留20%至30%的粮食及主要经济作物,给私商经营。但还有一些滞销物品,公家如立刻停止收购,农民就有推销不出去的困难,国营商店与合作社,应该继续经营,但在购销差价上,必须让私商有利可图,以便私商能够经营。在零售方面,公私商业的比重就全国平均数来说,目前仍应按今年6月中央财政会议所规定的25%和75%的比例,如有增减,应报中央批准。

(三)为了保障人民利益,畅通城乡交流,为了提高私商经营的积极性,除了合理调整价格与适当划分经营范围之外,还应取消各地对于私商的各种不适当的限制。禁止各地交易所的独占垄断行为。在我们打击了私营商业的投机成分之后,在我们的五反运动获得巨大胜利之后,在我们站稳了工业生产(特别是重工业)、运输、金融、对外贸易、对内收购与批发等主要阵地之后,私商投机活动的范围及其能力已经大大削弱。我们必须认识正当的私商在今天有其存在的必要,必须给正当私商以经营的可能。当然,我们不应忽视私商再犯五毒和对农民抬价杀价的活动,因而就必须继续对私商进行必要的管理。在全国范围内调整公私商业之后,我们仍须注视这两个方面:一方面给正当私商以经营的可能,另一方面,防止私商的投机倒把。为了加强工商管理和调整公私关系的工作,各级政府的工商管理部门的干部不宜兼管国营商业或合作社的业务,才能起其应有的全面领导作用。其兼管职务,应另派干部接充。

过去三年,我们调整公私工商业的工作,主要是在工业方面,因而对于工业方面的公私关系,已经摸出了若干办法,当然,在这一方面,还是需要我们继续努力的。对于商业,我们虽然也做了一些工作,但尚未定出比较完满的办法,今后一个时期,我们要在这一方面加以努力。各地党委,在接到这个指示后,应立即进行专门的研究,分别新区老区,公私商业的不同比重,私营商业的好坏情况,具体规定调整公私商业的步骤,并将研究的结果和执行的情形报告中央。

十三、商业部关于中央调整商业指示发出后各地执行情况的通报

(1952年12月12日)

兹将自中央调整商业的指示发出后,迄今各地商业系统执行情况摘要通报如下:

一、大城市一般均已开始调整。我们已收到详细报告的有上海、武汉、天津、北京四地。调整内容是:扩大批零差价,调高起批点,缩减零售商店和合作社的门市部。由于各地情况不同,进行步调亦不平衡。扩大批零差价和调高起批点的工作,一般已经做完,紧缩机构正在进行,有些地方已经紧缩了第一批,现在准备紧缩第二批。在扩大批零差价幅度上,上海、武汉扩大的幅度较大,天津、北京扩大的幅度较低。各地都减少了一部分经营商品。调价后国营公司价格大致已与市价一致,或略低,个别商品高于市价。各地调整批零差价的幅度和缩减零售店的幅度是否已经完全恰当,目前尚难判断。

二、中小城市的调整情况收到尚不多。就已收到的材料来看,有些地方已在行动,如张家口、临汾、太原、长沙、武安、鄂城、黄石、宜昌、孝感和恩施等地,有些地方还正在传达布置,有不少地方尚无反映。各地行动内容都是扩大批零差价,调整起批点,撤销一些零售店及合作社门市部。至于季节差价和地区差价则尚未开始调整,目前我们正在准备调整方案。华北各地在建立百货批发站同时,在许多小城市中停止了国营百货零售,其他地区尚无此项报告。

三、在批零差价扩大和零售机构缩紧后,已出现下列情况:第一,国营零售额一般都减少了,上海反映在头几天减少13.64%,武汉百货公司减少15.74%,北京市百货公司亦略减;第二,国营批发额一般都扩大了。批零比例一般都有了变动,批发比重增加,零售比重下降。但批发加零售总额则有的地方较前增加了,有的地方减少了,很不一致。市场上国营商业卖钱总额,无大变化;第三,私商零售额有显著增加,特别是小城市停止国营百货零售后,有些百货商人卖钱额增加很大,增加了一倍或数倍。积极性颇高,通县、香河有些布店开始卖百货,并有开设新商店与增加雇人的现象;第四,各城市

都产生了私商从国营公司增加进货的现象，有些过去到大城市进货的商人，现在开始向当地公司进货，此类现象小城市比大中城市更普遍。

以上四种现象，说明了在调整商业后，在市场经济上已开始发生了变化。这种变化的趋势是向着政策要求的方向走的。但是变化究竟有多大，是否已合乎政策要求，今后还会怎样变化，目前还看不出来。我们现正密切注意中。

第四章　各国在华资产概况及管制

第一节　建国前后外商投资、经营概况

一、各国在华投资估计

单位:百万美元

国　别	1902年	1914年	1931年	1936年	1945年(日本投降前)
英　国	260.3	607.5	1189.2	1272.5	1688.7
日　本	1.0	219.6	1136.9	2007.5	6493.0
美　国	19.7	49.3	196.8	342.7	1003.5
法　国	91.1	171.4	192.4	338.2	365.3
德　国	164.3	263.6	87.0	135.6	158.0
比利时	4.4	22.9	89.0	86.8	160.0
帝俄白俄	246.1	269.3	273.2	66.0	16.0
其　他	0.6	6.7	78.0	179.6	236.1
合　计	787.5	1610.3	3242.5	4428.9	10120.6

说明:1.本表代表义和团运动,第一次世界大战,"九一八事变","七七事变"及日本投降前之外资状况。包括事业投资及政府借款,不包括宗教文化投资及军事赠予和大部分庚子赔款之退还部分。

1902～1931年根据Remer数字,1936年主要根据日本东亚研究所各种资料改编;1945年系1936年之估计减战争损失加战时增加。东北部分根据东北物资调节委员会资料改编。

2.1936年日本在东北投资有14.04亿美元;1945年则有55.95亿美元。1936年白俄在东北投资有5000万美元。

(选自《工商情况通报》第2期,1950年10月24日)

二、1936年—1950年上海外商进出口业概况

上海外商，以经营进出口业为最多。据日本东亚研究所调查，1936年外商进出口业共有660家。占全国总数46%，以英、美、德、法4国商人经营者为主。太平洋战争爆发后，英美进出口商无法继续营业，几乎全部停业，日本投降后始部分复业，惟家数已大为减少，各国力量的对比亦大有变化，由美国占优势，取代了英国的地位。

解放后至今尚存在的或领有进出口执照的外商行号，共有373家，其资本主或主持人包括28种国籍，兹分述如下。

1.英商——计98家。其中专营进口的32家，专营出口的20家，进出口兼营的46家。英商在华业务以进口为主，出口为辅。进口以化工原料、五金、机械及零件为主，其次为羊毛及其制品、麻织品、橡胶、西药、棉花等。出口以棉织物、蛋品、丝及其制品、动植物油、五倍子、猪鬃、茶业等为大宗。英商企业一般的实力较为雄厚，资本金以港币为单位者计41家，共7381.88万元；英镑为单位者计26家，共667万镑；其他则为数较小。解放后，部分英商负责人离开上海，业务委托他人代理；若干在华经商较久资产较多的英商，则四出钻营，希望打开局面，与人民政府取得联系。如怡和公司负责人凯司威（沪英商商会长），曾于上海解放后10天内向我要求代替英商进行集体登记并提出很多意见，甚为活跃。但自本年4、5月以来，英商为配合英帝国主义之对我不友善态度，多数借口营业困难，申请歇业，惟工商局均未批准。据贸管局资料，本年1月至5月核准英商输入货品共值126.99万美元，中以纤维类物品为最多，计32.11万美元，金属矿砂次之，计30.94万美元，石油第三，计24.52万美元。

2.美商——计96家。以专营进口者为最多，约占总数1/2。美商进口业务以石油、钢铁、机械、化工原料、颜料、西药、电气工具为大宗；出口则以猪鬃、生皮、羽毛、丝及其制品、棉布、棉纱、油脂、杂粮、大豆、茶、桐油、钨锑及手工业制品为大宗。一般资本亦较大，以美金为单位者共有70家，计1223.73万美元。就中如德士古、美孚、恒信、美隆等公司在美国国内已居垄断地位，资本雄厚，分支机构遍及各地，尤其渗入殖民地国家。抗日胜利后，由于国民党伪政府的卖国政策，更帮助美国资本在中国市场上建立大独占地位，凌驾战前的英国资本而上之。解放后美商回国者约占半数，目前活动较多的有石利路、赞多、宝兴洋行等。本年1～5月核准输入货品共值142.49万美元，以石油产品为最多，计50.57万美元。纤维类次之，计48.36万美元，特许进口品第三，计24.98万美元。

3.法商——计23家。其中专营进口的2家，专营出口的10家，进出口兼营的11家。进口以工业原料、五金、钢铁为主，棉纱布匹、丝织品次之；出口则以茶、大豆、麝香、羽毛、肠衣、手工业制品等为大宗。本年1～5月核准输入货品共值73.23万美元，以化工原料为最多，约占92%以上。

4.苏商——计21家。其中专营进口的5家，专营出口的8家，进出口兼营的8家。苏商原系无国籍白俄，第二次世界大战后始入苏籍。一般的规模颇小，资本额远较英美行商为逊。业务范围多为英美各国经营贸易，而非为苏联本国交流物资。本年1～5月核准输入货品仅值1.7万美元。

5.瑞士商——计22家。其中专营进口的6家，专营出口的6家，进出口兼营的10家。太平洋战争期间，瑞士商以中立地位继续营业，并代理华商进出长江中游各埠，或利用一般人逃避资金的企图，经营瑞士法郎汇兑。本年1～5月核准输入货品共值12.50万美元，以生产器材为最多，计6.16万美元，其次为金属矿砂，计3.77万美元。

6.印度商——计23家。其中专营进口的2家，专营出口的9家，进出口兼营的12家。营业以进口麻袋，出口丝茶、豆为主。麻袋市场，几为所独占。

7.其他——除上述各国进出口商外，尚有德籍、菲律宾籍、伊朗籍各3家；葡籍、丹籍、捷克籍，比利时籍各6家；澳籍、挪威籍、瑞典籍、希腊籍、叙利亚籍各4家；荷籍、意籍各5家；加拿大籍2家；波兰籍10家；芬兰、巴基斯坦、巴拿马、西班牙、犹太籍，及中朝合办各1家；无国籍者9家，合计90家。中以比利时商营业最多，主要为进口金属矿砂及特许进口物品。本年1～5月核

准进口货品共值22.37万美元。其中金属矿砂即占99%以上。其他各外商则资金甚小,营业不大。

(根据上海经济调查所:《上海外商概况》整理)

(选自《工商情况通报》第2期,1950年10月24日)

三、各大城市外商经营与税收情况

(一)目前外商经营及纳税情况

上海 外商截至1950年上半年共有718户(税收户数),内英181户,苏美各137户,新民主主义国家48户,其他215户。从业人员总计429844人,以英商26582人最多,美次之。资产亦以英美占首位,法次之,三国合计约占全部90%。其他国家大多是小商店或消费性企业。目前营业趋势:公用事业,电力有盈余,电车电话尚须政府帮助,自来水营业亦未能恢复解放前情况。工业中除英商等的纺织造船外,皆形清淡。进出口业前途暗淡,由于国外禁止若干生产器材原料的输出和受朝鲜战事的影响,已不甚活跃,航空已停。轮船则仅有太古怡和有不定期船只往来。1950年上半年全市外商营业总额17944亿余元,所纳营业税316亿余元,约为营业总额61.67%,又估征所得税128亿余元。征税方法,1950年2月以前采自报实缴,3、4、5月份改用民主评议曾有偏差。因接获各方反映,1950年下半年全部改为自报查账。

天津 现有外商258户,内苏商114户,新民主国家9户,美30户,英42户,其他63户。从业人员总计6542人,苏633人,新民主国家36人,美795人,英4424人,其他654人。营业情况:进出口及银行业在美帝宣布管制我在美财产前,业务相当活跃。轮船则除太古怡和有不定期船只往来外,其他西欧国家(如挪威等)间亦有船来。其他行业的业务则较差。1950年上半年全市外商营业总额5083亿余元,所得额308亿余元。所纳营业税189亿余元,约为营业总额之3.75%。征税方法:过去(1948年下期及1949年上下两期)采用民主评议,1950年上期,进出口和轮船业按查账征收,其余各业用平均率计征。

广州 外商32户(4户停业,实有28户),内英14户,美9户,苏1户,其他8户。从业人员610人,内英商313,美商239,其他58。各外商中进出口约占60%,余为影片公司、银行及其他小商店,但大部均以营业不振而亏损。1950年上半年营业总额246亿余元,所纳营业税4.4亿余元,约为营业总额1.80%;所得总额7.9亿余元,所纳所得税4亿余元,约为所得总额50.31%。征税方法:1950年以前采民主评议,1950年起改用自报查账。

武汉 有外商37户,现仅11户仍在营业(全为进出口商),计美2户,英8户,瑞士1户。从业人员488人,美商139人,英商334人,瑞商15人。1950年上半年营业总额207亿余元,营业税额5.2亿余元,约为总额之2.53%,另有以估计方法征收之所得税3.56亿余元。征税方法:1949年各进出口营业税部分采用特种营业税法,按月报缴,其他采用民主评议。1950年度除瑞士德昌肠厂参加肠商业评议外,余均用查账征收。

青岛 现有外商33户,大多是进出口商。内苏7户,新民主国家6户,美4户,英9户,其他7户。从业人员总计2194人,苏商70人,新民主国家47人,美商180人,英商1723人,其他174人。1950年上半年营业总额479亿余元,营业税额17亿余元,约为总额的3.75%。征税方法:1950年以前用民主评议,1950年起改用自报查账。

哈尔滨 现有外商583户,内苏联国营企业4户,苏联私商(大部系苏籍白俄及苏籍犹太人)549户,新民主国家15户、英1户、美2户、其他12户。经营商业者316户,主要以贩卖食品杂货为主,部分犹太人尚有经营皮毛者;经营工业者267户,制造机器零件及简单机器、酒、化妆品等。1950年上半年营业总额5.87余亿元,所纳营业税1470余万元,约为营业总额2.38%;所得总额4470余万元,所纳所得税714万余元,约为所得总额的15.87%。征税方法:自报查账依率计征的12户,民主评议的占50%弱,定期定额的占50%。

以上6地外商1950年上半年所缴税款总计669亿余元。其中以上海最多,占总数的66.43%,天津次之占28.24%,青岛再次之占2.68%,其余各地(武汉、广州、哈尔滨三地合计)占2.65%。如按国别言,以英商纳税最多占总额44.28%,美商次之占29.88%,其他资本主义国家占19.87%,苏商占5.24%,新民主国家占0.

73%。如依工商业别言,工业纳税约占40%,商业约占60%。

(二)外商税收中目前仍然存在的问题

1. 对外商的经营方式和情况不够了解,容易给他们以偷税漏税的机会。

2. 为配合查账计征办法而进行的查账工作,做得不够。对于懂得外文的查账人员的配备与指导外商建立会计账册等,均待加强。

3. 对法令的解释与宣传,做得不够明确与深入。

4. 在一些地区内税局和有关机关(如外事处、工商局等)的联系不甚密切,往往影响工作的推进。

(选自《工商情况通报》第8期,1951年2月15日)

四、在华外商银行概况

远在1857年,英商麦加利银行即已随着英帝的势力侵入我国。甲午战后,法、美、比、荷、意、俄、日等国金融势力亦相继入侵。到1925年时,外商银行在华的分支行已达161处,是它们发展的黄金时代。后因日帝发动太平洋战争,英、美、荷、比等国银行均被接收,业务一度停顿。日寇投降后以迄解放前,由国民党反动政府批准复业和新增的外商银行,又达39处。分属6国,计英18、美7、比2、荷2、法9、白俄1(属于15家银行)。自从外商银行侵入起,直到解放之前,它们大都是依靠了所享特权和优越地位来压榨我人民血汗以获取利润的,在我外汇市场上也一直占着领导地位。

解放前夕,各外商银行鉴于战局的严重和业务的清淡,曾有一部分撤退(美商),一部分将业务重心南移香港(英商),其余留存未动的(法、比商)也都紧缩业务,静以观变。解放后,留存的一些外商银行除一部分恢复营业外,有一部分对我人民政府政策不了解或因其政府授意而申请歇业(如美商花旗、大通、运通等),或虽已继续营业但采取保守态度而不积极经营(如英商麦加利)。截至最近止,在华外商银行仅存有17处,属于汇丰、麦加利、有利(以上英)、美国商业、友邦(以上美)、东方汇理(法)、华比(比)、荷兰(荷)等8家银行,分布于沪(8处)、津(4处)、京(2处)、青(1处)、穗(1处)、汕(1处)等大城市。各行从业员工(外人在内)共计1037人。目前除友邦(美)外,其余各外商银行都被指定为"指定外汇银行"。汇丰、麦加利、东方汇理、华比四行且被委为我国外代理行。

一年多来,在我人民政府法令管制下,外商银行在本质上已发生变化。它们已不复享有特权,既不能再利用它的特殊地位来榨取我人民的膏血,更不能操纵汇价以博取额外利润;相反的,在我金融管制机构的管制与领导下,使其为我对外贸易服务。但各地情况不同,外商银行在我金融界所占地位也不一样。天津的外商银行因当地进出口的频繁,在业务经营上比较活跃,所占比重最大,上海次之,其余各地所占比重较小。

目前外商银行的业务重心仍在外汇业务上,本币业务仅占着次要地位。外币方面以进出口业务(外汇买卖)为主,兼办代理我在国外的收付和国外汇款;本币方面则有存、放、汇等。它们的本币业务,一般看来和解放前没有很大的差别。外汇业务则有显著的变化:第一个现象是,出口业务增多,进口业务减少(这可以说是我人民政府实行"奖出限入"政策所收的实效)。第二个现象是,各外商银行在外汇买卖(尤其购入外汇方面)的绝对数字上,较解放前有了显著的增加(天津的四家外商银行买入外汇每月平均数字,在解放前1948年为83万余美元,解放后1949年为94万余美元,1950年4月前为220万余美元),但在整个外汇业务中的比重上反而相对地减低了(这也是我人民政府大力扶植出口的结果)。这里,我们可从天津公营、私营、外商银行三方面力量的对比上看出来。根据统计,出口业务(买入外汇)在1948年的力量分配是公四(强)私一(强)外商五(弱),1949年为公五(强)私二外商三(弱),1950年4月时为公七私一与外商二。进口业务(售出外汇),解放前1948年为公三私三外商四,1949年为公七私二外商一。1950年4月,国家外汇银行已掌握全部进口业务的绝对优势(占90%以上),外商则退至微不足道的地位。若再从1950年7~9月全国各地指定外汇银行的业务来看,无论在移存或提取外汇方面,外商都只占着很小的比重了。见下表:

指定银行移存提取外汇比较表　1950年4～9月

地区 \ 行别 \ 类别	移存			提取		
	国家外汇银行	华商银行	外商银行	国家外汇银行	华商银行	外商银行
天　津	92.14	3.23	4.63	92.39	4.52	3.09
上　海	49.86	26.50	23.64	95.09	3.01	1.90
青　岛	65.90	21.30	12.80	78.60	17.80	3.60
广　州	40.96	58.99	0.05	96.00	4.00	0
汕　头	71.73	20.43	7.84	99.96	0.04	0
北　京	71.44	14.49	14.07	99.99	0	0.01

沪、津两地外商银行所经营的外汇业务，以1950年上半年的数字来看，是很接近的。天津4家外商银行的外汇业务量(不包括易货数字)约为美金1142.9万余元。上海6家外商银行(荷兰、友邦两行不详)的外汇业务量约为美金1186万余元。1950年11月底止天津方面，4家银行存款余额共计人民币103亿余元，放款余额人民币416亿余元，两者成一与四之比(另有外币放款余额美金29万余元，英金11万余镑未计入)；上海方面，8家银行存款余额共计人民币509亿余元，放款余额人民币348亿余元(外币放款已折成人民币并计在内)，两者成十与七之比。这正说明天津各外商银行业务是比较活跃的。

至于损益方面，目前除天津、青岛两地因业务发达各行都有盈余外，上海和其他地区多半是亏损。如上海、北京的汇丰和东方汇理以及上海的麦加利等行都经常要靠天津各该行汇款接济开支的。上海各外商银行的业务和天津相比已有逊色，但从业员工则多过天津，这是它们亏损的主要原因。

固然外商银行在业务上的比重近年来是降低了，不过在下列各方面，还可有一定的作用：(一)在我对外贸易上必要的运用；(二)在我国家银行和国外联行还未建立经常可靠关系前，外商银行担任我国外代理行，可以代替我联行的任务；(三)可以利用它们的国外头寸为我"增加出口，争取外汇"而服务；(四)对我外汇头寸的周转，起着调盈剂虚的作用；(五)节省了我们不少办理外汇业务的人手和物力。不过，自从1950年12月16日美帝宣布管制我在美财产，并禁止在美注册船只驶来我口岸后，情势已有变化。今后外商银行在我国尚能发生如何作用，需要重新估价了。

外商银行的态度和反映，各不相同。以不同地区言，天津方面经营比较积极，对我政府的外汇管制和税收政策，一般反映较好。上海方面则因顾虑较多，经营积极性也较差。就不同国籍的外商银行的态度来看：英商银行仍旧多少带着自视优越的帝国主义色彩，表面表示合作而实质是观望消极。比商银行则利用它的小国地位，在帝国主义与人民阵营之间钻空子以博取利润。法商银行介于两者之间。荷兰银行最近也表示极愿合作。在业务经营上各外商银行所表现的是：华比最活跃，东方汇理次之，汇丰再次之，麦加利最不积极。不过华比所做业务较滥，东方汇理则比较正规一些，对我委托代办的业务，表示较认真的去进行。

目前存在的问题：(一)各有关机关彼此间的联系不够，有时不免削弱了管制的效能，并往往使外商银行有空可钻。(二)外商银行华籍职工思想落后(仍多少慑于外人威势)，职工会思想领导有困难。(三)仍有个别外商银行不遵守"指定银行统一外汇会计科目及转账手续"的规定，亟待教育说服以利管制。(四)对外商银行资料的搜集不完全，所以对它们的情况了解不够。

(选自《工商情况通报》第8期，1951年2月15日)

第二节　建国前后英、美、法三国在华企业投资简况

一、在华美籍工商业简况

天津美商现存30家，美孚于1908年在津设

立分公司,为美商来津的开始。30家中1920年以前设立者3家,1921~30年设立者7家,1931~1941年10家,1945年~1948年9家,1949年1家(上海美隆洋行在津设立分行)。以行业来分:有进出口16家,石油2家,轮船2家,保险、百货、房地产、毛纺织、汽车修理各1家,影片公司5家。30家职工共计798人,其中中国籍职员271人,工人460人,均为中国籍,故中国籍职工占总数91.6%,外籍职员67人占8.4%。两家石油公司(美孚、德士古)共有职工428人,占美商职工总数53.8%。从组织形式来看:有公司20家占66.7%,合资4家占13.1%,独资6家占20.2%。从银行所在地来看:30家中有25家总行在美国。

美国在津占有土地共36.46万亩,占全部外商(不包括外国团体及个人)土地31%。

在津美商有以下几个特点:(一)设立较晚,历史较其他外商短;(二)家数仅少于苏商和英商;(三)规模较大,其中公司组织者占2/3;(四)资金雄厚,活动能力大,其总行多在美国,且有很多为垄断性大企业;(五)主要为商业,工业只有2家,即美古绅毛纺织厂及美孚、德士古之制桶厂;(六)解放后一般美商经营消极,以贸易商论,1948~1949年美商营业额与英商相差无几,而1950年1~6月美商营业额只及英商营业额之1/3;(七)原有垄断性之二大石油公司,目前只兼做一些代我进口之生意。

重庆美商共计11家,以1926年设立之环球影片公司历史最久,1930年以前设立者3家,1931~1941年2家,1941~1945年5家,1946年1家。11家中经营石油业者2家,保险业1家,影片公司8家。11家职工现只有42人,均为公司组织,且多为美国垄断企业之分支机构。重庆美商最大特色是抗战期间设立的影片公司占了美商绝大部分。

广州美商除美孚、德士古二大石油公司外,只有3家影片公司,现有中国籍职员154人,外籍职员5人。

青岛美商除两大石油公司外,有进出口商2家。设立年月,以1914年设立之美孚石油公司为最早,1921~1931年设立者2家,1935年设立者1家。职工人数现有162人(内有外籍职员8人)。

武汉美商除二大石油公司外,有影片公司1家,职工人数现有142人。

杭州、宁波、厦门三地均只有美孚、德士古两家石油公司,其职工人数,杭州有17人,宁波有2人,厦门有38人。

南京、梧州、万县、九江四地各有美孚分支机构1家,其职工人数南京有40人,梧州有18人,万县有3人,九江有11人(上海的美商,见《工商情况通报第3期》)。

总括来说:美商除上海外,以家数论,以天津30家为最多,经营业务面最广,以进出口及与进出口有关之加工工业及轮船、保险为主,职工人数最多,经营业较他地美商活跃。重庆11家次之,经营业务面窄,职工人数不多。再其次为广州5家,青岛4家,武汉3家,杭州、宁波、厦门各有2家,南京、梧州、万县、九江各1家。以业务论:美孚及德士古2家石油公司均为垄断性企业,为在华美商中之主要成分,解放后因我控制外汇关系,各地石油公司均未输入石油,只销售存油维持开支(天津之美商石油公司曾为我国营石油公司进口石油),文化、经济双重侵略的工具——影片公司——亦因我限制美帝影片进口,而步入停顿状态。

(选自《工商情况通报》第4期,1950年12月6日)

二、在华美商情况简表

地区	各业家数											设立年月						职工人数		组织	
	总数	工业	公用事业	银行	保险	进出口	轮船	石油	房地产	影片	其他	1920年前	1921至1930年	1931至1941年	1942至1944年	1945至1948年	1949年后	中国籍职工	非中国籍职工	公司	非公司
上海	123	13	3	4	4	57	6	3	8	13	12	19	39	33		32		12793(其中工人8688)	539(其中工人60)	94	29
天津	30	2			1	16	2	2	1	5	1	3	7	10		9	1	731(内工人460)	70(内工人3)	20	10
重庆	11				1			2		8			3	2	5	1		42		11	
广州	5							2		3								154	5	5	
青岛	4					2		2				1	2	1				154	8	4	
武汉	3							2		1								142		3	
杭州	2							2								2		17		2	
宁波	2							2				1						2		2	
厦门	2							2										38		2	
南京	1							1				1						40		1	
梧州	1							1										18		1	
万县	1							1										3		1	
九江	1							1										11		1	
合计	186	15	3	4	6	75	8	23	9	30	13	25	51	48	5	43	1	14,145	622	147	39

注:1. 中国籍职工总数中把武汉人全部计入,实际上其中可能有外籍职员。

2. 资产情况,因计算困难,故未列入。

(选自《工商情况通报》第4期,1950年12月6日)

三、美商在华企业投资简况

(一)解放前概况

美商在华企业始于广州之公行,以运来鸦片和白银为主。鸦片战后,重心移至上海,投资中半数为航运。1877年其商船卖给招商局,投资乃以贸易最多。20世纪初,若干在华老商行相继倒闭,而托拉斯企业和美孚花旗银行等开始侵入中国。第一次大战后发展极速,尤其是金融业。其生产性之大企业如上海电力电话中国航空等则均在蒋介石政权稳定后设立。抗战胜利后,则以与中国官僚资本密切结合为特征,控制了全国企业。综合其发展趋势如下:

时　代	家　数	投资额(美金元)
1830年(广州时期)	9	3000000
1875年(鸦片战后)	50	7000000
1900年(庚子事变)	81	17500000
1914年(第一次世界大战)	131	42000000
1930年(九一八事变)	401	155112778
1936年(七七事变前)	600(?)	236901900

美商的特点:(一)金融投资独大,占第1位。前后开银行12家,解放前存5家,分属摩根和洛克菲勒二系。(二)资本集中于少数大企业,托拉斯活动显著。17个大公司占投资总额82%,而140家小企业只占1.4%。(三)经营上善用少数实权股操纵多数别国之无权股,如上海电力电话中航等均是。1936年其投资分配如下:(金融业包括保险及投资公司)

类　别	投资额(美元)	百分比(%)
金融业	75249300	31.7
贸易业	68147100	28.8
公用事业	61718700	26.1
制造业	21999000	9.3
交通运输	9787800	4.1
合计	136901900	100.0
非企业所有房地产	57323000	100.0

(二)解放后的变化

(一)大量歇业。解放后美商之撤退歇业者较别国为多。如天津,抗战前有158家,解放前有37家,现只存28家。上海的贸易商抗战前有274家,解放后有96家,现只有58家。汉口美商解放前有6家,现存3家。现美商总数不及其最盛时的1/3。美商银行已普遍撤退,只余上海2家。但其他大规模企业仍存在,故户数减少其投资并不比例减低。

(二)转移国籍。解放后美商纷纷将产业委托其他国籍人代管而离沪。已查知者有委托中国籍的15家。包括有75年历史之大商行茂生洋行。委托苏联籍者10家。委托英国籍者4家。委托加拿大籍者2家,即沙利文与胜家缝纫机公司。委托德国籍者4家,包括马迪汽车公司,委托葡、奥、意、法、挪威、瑞士、叙利亚及无国籍者12家,包括柯达、海京等公司。最近美光火柴公司亦拟转为瑞典籍。

(三)经营情况。解放后美商经营上消极怠惰远超过英商。银行事实上等于停顿,出口业务较为活跃,如石利路洋行对皮毛出口仍据优势。海宁洋行一度想争取蛋品出口,终为英商所排挤。余如赞多、宝兴、万记皆较为活跃者。进口方面,以石油最多,棉花次之,美孚与德士古主要以出卖存油维持,石油进口自7月中停止。1950年上半年天津美商进出口额只有130余万美金,占外商的7%。上海电力电话在大轰炸后美方消极异常,采"不理"态度,经我政府及工人努力修复,电力公司收支已可相抵,电话稍有亏损。解放后美国在华流氓阿乐满(与美各洋行及美国内政治上均有关系)曾一度投机活动,向人民政府试探,均告失败。

(三)现况分析

目前美商约有135家左右,连分支机构不足200家。其中以进出口最多,共69家。公司组织者占70%,足见其多属大规模者。职工总数约1.5万人,外籍者600余人。成立时期多在1920年以后及1931以后各年,历史远较英商为短。

投资数额,目前尚无可靠的调查。粗略估计,企业投资约有1.5亿美金,连非企业所有之房地产,不致超过2亿美金。其中65%以上在上海,而全部投资70%以上集中于公用及石油二项。上海三公用事业占美商固定资产的90%,流动资产的21%,土地面积的10%;三石油公司占固定资产的6%,流动资产的26%,土地面积的57%。主要企业的投资估计如下:(美金元)

1.上海电力公司	57000000
2.沪西电力公司	2254753
3.上海电话公司	20361365
4.慎昌洋行(资本)	1075000
5.海宁洋行(资本)	400000
6.中国纸版公司(资本)	1500000
7.美孚油公司(设备)	3000000
8.德士古油公司(设备)	1700000
9.中美油公司(设备)	348000
10.美古绅毛厂(设备)	100000
11.科发药厂(资本)	405720
12.美光火柴公司(资本)	500000

美国在中国所占有之土地,调查如下:(市亩)

上海	4740.878
天津	863.075
北京	4394.691
武汉	2273.159
广州	225.774
共计	12497.713

其中天津教会土地1359.163市亩亦大部为美国关系。又上海有一部分为估计数。

（选自《工商情况通报》第6期，1951年1月6日）

四、英国在华企业概况

（一）发展概况

1715年东印度公司在广州设行，为英国在华企业之始。怡和、仁记等随即来华。五口通商后，其重心移到上海。1845年取得沪租界，太古、安利等大洋行，麦加利、汇丰等银行，相继开业；香港则为航运中心。1895年《马关条约》确定外人在华可以设厂前后，工业投资开始发展，怡和丝厂和纱厂，瑞镕船厂等皆此时成立。

20世纪以来，大托拉斯兴起。英美烟草、亚细亚火油、利华肥皂等均于20世纪初来华，卜内门化学，邓禄普橡皮等则稍迟。矿业和公用事业也于此时迅速发展。1931年后则有新沙逊之兴起，代替哈同财阀地位。抗战期间，英国投资约减少30%。胜利后受美帝排斥，恢复不大。

年代（代表时期）	户数	投资额（百万美元）	占外商%
1836年（广州时代）	41	（?）	80%
1900年（20世纪初）	410	150.0	30%
1913年（第一次世界大战前）	590	400.0	37%
1930年（九一八事变前）	1027	963.4	38%
1936年（七七抗战前）	1031	1141.2	31%
1946年（胜利初期）	（?）	807.3	63%

（二）投资的特点

1.投资集中于商业掠夺性的企业，贸易运输金融共占64%；而金融资本的庞大尤为突出。生产方面，工矿合计不到15%，工业中且多为商业附属之修船打包出口加工等。占数额最大之卷烟和纺织，也以原料进口为基础。1936年的投资分配估计如下（家数不包括分支户）：

类别	家数	投资额（美元）	百分比
金融业	147	404202000	35.4
贸易业	331	260833000	22.9
运输业	21	61551000	5.4
房地产业	29	202300000	17.7
矿业	3	19541000	1.7
制造业	111	151102000	13.2
公用事业	18	41651000	3.7
合计	660	1141180000	100

2.资本的集中，尤其是大托拉斯和大家族的活跃，在英商中最明显。如地产中的哈同、新沙逊家族，工业中的安利家族（后为沙逊收买），航运和贸易中的怡和、太古，以及英美烟草、亚细亚火油、利华兄弟等托拉斯，都有很多的附属公司和投资公司。汇丰银行则为其经济侵略的总部，与十大集团资本相融。福公司、中英银公司等又为各财阀的投资机关。

3.地域的集中，与中国城市的畸形发展和工业的殖民地倚赖性关系至密。上海约占72%，尤以金融贸易为甚。上表因材料关系均包括香港在内，其投资约占15%。

4.超经济的掠夺，即土地的占有，也以英国最突出。在五大城市中，占外商土地的57%。且其土地以企业使用者最多，不如美法之偏重教会。上海英国地产公司土地，竟达外商地产商的80%。

（三）现况分析

目前全国英商约在200家以上，连分支机构约300余户。其中公司组织者占3/4以上，足见多属大规模企业。设立年份以1920年以前最多，故一般历史悠久。职工总数约38000人，不包括开业在内,该矿即有6万人。业务以进出口最多,约80家,分支机构以亚细亚、怡和、太古最多。工业次之,集中于上海。其情况如附表所列。

至于投资额,尚无可靠材料。上海调查填报共3700百亿人民币,似属过小。就趋势推测,其现有财产恐不足2亿镑或6亿美金。参考过去材料,其设备资产不过3000万镑,占主要数额的房地产存货及金融投资,目前均无法估计。依零星资料估计部分企业的固定设备如下:

公用事业(上海电车自来水自来火)2100万美元。

太古集专(太古、永光、太古车糖)1661.5亿元。

怡和集团(怡和、丝厂、纱厂、啤酒、公和祥)1716万美元。

英联、马勒二船厂,690万美元。

纶昌、宓丰、上海毛纺三纺织厂,515万美元。

开滦焦作二矿,315万镑。

(选自《工商情况通报》第9期,1951年3月1日)

五、在华英商情况简表

项目类别 / 地区	各业家数								设立年份						组织		职工人数
	公用事业	工业	金融业	进出口	航运业	房地产业	其他	总计	1920以前	1921至1930	1931至1941	1945至1948	1949以后	未详	公司	非公司	
上海	3	30	25	65	7	22	33	185	75	28	49	27	4	2	146	39	30507
天津		7	3	15	2	7	7	41	15	9	12	3	2		33	8	4424
广州		1		8			1	11	3	2	1	2		3	10	1	283
汕头			4	3	2		1	10						10	10		
重庆		1		3	1		3	8	3	1	1	3			8		78
青岛		1	1	5	1			8	5	2	1				8		1498
武汉		3		3	1		1	8						8	8		595
北京			1	3			2	6	3		1	1	1		4	2	101
厦门				3	1		1	5	2	2	1				5		138
南京		1		1			2	4	2		1			1	3	1	280
福州				2	1			3	2	1					3		37
杭州				1			2	3	1	1		1			3		2
宁波				1	1			2						2	2		5
九江				1	1			2						2	2		4
成都							1	1	1							1	21
梧州				1				1	1						1		14
哈尔滨		1						1						1	1		
合计	3	45	34	115	19	29	54	299	113	46	67	37	7	29	247	52	37973

附注:1.不包括开业,该矿有唐山、天津、北京、上海、秦皇岛等机构,职工约6万人。

2.一般系根据1950年下半年调查,惟广州系1949年底调查,又汕头、九江、哈尔滨系间接材料,设立年份职工人数等未祥。

(选自《工商情况通报》第9期,1951年3月1日)

六、在华英商怡和、太古两大公司简况

早在1715年英帝对远东经济侵略的触角东印度公司即已在广州设立代理处,独占了对我国的贸易。至19世纪初,随着英国工业的发展和海外市场的扩大,以怡和太古为首的一系列有组织的经济侵略机构便起而代替了该公司原有的垄断地位。怡和太古在华历史长久,投资范围广泛,其主要出资人多系英国议会或香港政府中的人物,所以在外商中一直占着重要的地位。

怡和于1832年在广州设立，以进口鸦片与棉毛织品和出口丝茶等为主要业务。鸦片战争后，英帝首先获得口岸通商特权。怡和随即在我各重要口岸和香港设立分行，并以上海为中心，展开活动，此后30年间垄断了中国丝茶的出口，并奠定了它在我国对外贸易中的地位。1858年英帝获得我内河航行权。太古乃于1867年在上海设立分行，经营我内河及沿海航运，兼营贸易。此后，两公司不断增资，在各大商埠遍设机构，并扩展至金融、保险、航运、码头仓库、造船等业。1895年后，两公司更投资于铁路和工矿。到第一次世界大战前，在我内河和沿海航运中也据有了垄断地位。此后两公司虽在业务上有不少变化，但始终是在不平等条约的特权卵翼下，不断发展。1941年太平洋战起，两公司在华企业被日寇没收。抗战胜利后，其各地分支机构虽已陆续复业，但由于内河航行权的取消和受美帝在华经济势力的打击，乃将其业务活动中心自沪移港，转向澳洲、日本、东南亚去发展，并从事空运投资。两公司的总公司资本：怡和为港币1602万元，太古为英镑50万镑。各分公司和它们的直辖附属事业，则无独立资本。

解放后，两公司仍继续营业。贸易方面，在舟山群岛未解放前，以天津为主。这期间怡和的进出口在天津外商中所占比重很大，可从下表看出：

时期	占外商进出口贸易总额	占英商进出口贸易总额
1949年3月～12月	10．66%	59．24%
1950年1月～5月	16．35%	77．33%

太古也于1947年投资设立太贸公司（总公司在香港，津沪设有分公司）以统一经营其在华进出口业务。

航运方面，在我大部海轮被蒋匪劫持的今日，我对外贸易所需的船只仍须租用外轮。因此太古代理的轮船仍占此期间天津全部进出口轮运总吨位的25．8%，居第一位，怡和则居其次。

工业方面，怡和投资的纱厂（厂设上海，经营棉毛纺织及出口。1938年计有棉纱纺锤174096枚，捻丝纺锤5030枚，羊毛纺锤4180枚，棉织机2891台，毛织机100台。战前有职工12731人，目前仅2181人）、啤酒厂（厂设上海，酿制啤酒并出口，战前有职工120人）、机器公司（分设津、沪，经营机械入口，战前有职工150人）和直属的丝厂（厂设上海，缫制丝绸，属于怡和丝部，战前有职工12108人）、打包厂（厂设上海，年可打包4～10万件，战前有职工250人）及冷气堆栈（设于上海，制造冻蛋、干蛋并出口，战前有职工500人）等，目前都继续营业。但怡和纱厂在本年上半年产纱仅及战前每年产量74282件的22%，只占上海全部私营厂产量的2．6%。啤酒厂战前年产10万箱，战时设备未受破坏，其产品仍能行销于上海和远东各大埠。太古制糖公司（经营砂糖精制并出口，沪港皆有工厂。战前沪厂年产糖10万吨，其在华业务由太古总代理。）所产的砂糖在我台湾未解放前仍占有一定的地位。永光油漆公司（经营油漆制造及出口，上海有厂，太古总代理其在华业务）的产品，目前销路亦甚广。

港湾设施方面，两公司在我沿海及内河各大埠（即两公司设有机构之地）均有码头仓库，设备都很优良，尤以上海公和祥码头仓库公司（怡和的投资事业，目前仍拥有职工1094人）设备最佳。其他各地两公司的码头延长及仓库容量均占全部外商的半数以上。1948年太古曾组织太古藏贮公司，统一管理在华仓库码头。

现怡和在华的机构仅津、青、沪、闽、汉（半停顿）各地继续营业，其余各处（渝、穗）均已停顿。太古在津、青、沪的主要业务是航运，代理其子公司业务，并代理远洋航运和海外保险；汉、穗、渝三地只营仓库码头；厦门、宁波两处

则已停顿。

（选自《工商情况通报》第6期，1951年1月6日）

七、英商在华的公用事业

英商在华之公用事业，有上海电车公司，上海自来水公司及上海自来火公司。电车公司占上海公共交通载客量50%。自来水公司占上海全市供水量55.2%。自来火公司独占上海之煤气供应。

（一）历史情况

上海电车公司于1906年成立。1905年前工部局与英国布露斯皮培尔公司签订电车建设经营合同。翌年该公司将合同权利让与上海电车公司，规定满35年后，工部局得收买其资产。

上海自来水公司于1880年以10万镑建立。总公司设在伦敦。1887年总公司及董事会移上海，伦敦只设事务所。

上海自来火公司成立于1900年，初由英人于1863年10万银两独资设立。1891年合并法商自来火公司。1900年改为有限公司，并在香港政府登记。1935年取得英法两租界40年之煤气供应专营权。

（二）资本情况

上海电车公司资本67万镑（按每镑4元折合268万美元）。上海登记之外籍股占7.48%；华籍股占5.23%。官僚资本之不记名股占0.26%；国营银行股占0.27%。余69.66%不详。又伦敦登记之股份占17.10%。

上海自来水公司资本1328923镑（折合5315692美元）；公司债6645000银元（按每美元合3银元折合2215000美元）。股份中，工部局占11.23%；上海登记之华籍股占10.32%；其他外籍股占14.43%。伦敦登记股占42.44%。不记名股占9.11%。此外关银股占12.47%。

上海自来火公司1863年设立时资本10万银两。1937年增资至560万银元（按每美元合2.93元折合1911263美元）。

（三）资产情况

上海电车公司资产约2694694美元（包括固定有形资产及流动资产，无形资产未计入）。该公司经理柏劳克1947年估计600万美元。本年7月底止账面固定有形资产810562镑（按每镑2.61美元折合2115567美元），包括轨道48.5公里，无轨线48公里，车辆342部等。流动资产至1950年6月底合579127美元。

上海自来水公司至1948年底账面资产2520326镑(已除折旧按每镑4美元折合10081304美元内地产237416镑合949664美元),包括干管198.36英里,支管15.4英里,水表26076个等。1946年公司估值430万镑(1720万美元)、1948年估值510万镑(2040万美元)。

上海自来火公司固定资产1936年底10144000银元(按每美元合2.97元折合3418855美元)包括房地产903367美元,机器1376094美元,高压管1129630美元等。

(四)营业情况

上海电车公司自1921～1941年获利298万镑(1192万美元),均已分红。1945～1949年亏23万余镑。解放后,公司浪费舞弊,员工过多(薪工占全部营业支出55%强)等现象仍存在,至1950年6月止计亏人民币213亿元(56.8万美元)。

上海自来水公司售水量1949年较1948年减少7.81%。1949年布水部分之修护费平均成本较前年增高2.60%。目前营业尚未恢复。

(五)解放后情况

上海电车公司职工有3554名,内外籍29名。英人控制行政。过去数十年来存在之滥搬倒车及舞弊等积习,现已根绝。惟仍入不敷出,若能减少浪费,降低成本,当可保本自给。

上海自来水公司计有职工1179名,内外籍54名。英人操纵大权。1949年7月曾要求保证其外汇需要。最近华籍职员多被调任重要职位,英人将退居幕后操纵。但其经理罗克表示仍将留任。

(选自《工商情况通报》第7期,1951年1月25日)

八、在中国的英美三大石油公司简况

英美三大石油公司美孚、德士古及亚细亚是世界性的垄断托拉斯；其分支机构与所控制产品遍布世界，以自产、自运、自销垄断世界石油市场。

美孚最先于19世纪末叶侵入我国，其次为亚细亚（1907年），侵入最晚为德士古（1919年）。三个公司在华总管理机构俱设上海，其分支机构遍设我国各重要城市，经销代理机构并深入我中小城市与乡镇。根据统计仅华东地区即有美孚经销商71处，德士古49处，亚细亚66处。

兹将其在华主要分支机构列表如下：

公司名称	总公司地址	在华主要分支机构
美孚	纽约	上海、南京、镇江、杭州、芜湖、青岛、福州、天津、汉口、厦门、广州、台湾、重庆
德士古	纽约	上海、汉口、青岛、天津、广州、台北、（以上称分公司）南京、重庆、杭州、长沙、厦门（以上称站）
亚细亚	伦敦	上海、南京、镇江、芜湖、青岛、天津、九江、宜昌、汉口、长沙、重庆、台湾、福州、厦门、汕头、广州

项别	进口油值（单位：万美元）	占外商石油进口总值%	占中国石油进口总值%
美孚	824	31.77	26.07
德士古	927	35.73	29.32
亚细亚	743	28.66	23.52
其他外商	99	3.82	3.13
合计	2593	100	82.04

三公司在解放前控制了我国绝大部分石油市场。兹将1948年1至8月外商石油进口值列表如下：

从这个统计可以看出三个石油公司垄断我国石油市场的实况。期间中国自己进口的不过500多万美元，仅及外商的1/5。三个公司中又以德士古最多，其次为美孚与亚细亚。

三公司在华并备有自用航运船只，在各主要港口设有码头、仓库、贮油池，运储极为便利。1938年时亚细亚拥有各种船只14艘，（包括油槽船）共重7678吨。美孚有油槽船9艘，共重5601吨，以及其他航运船4艘。德士古有油槽船2艘，共重826吨。据最近材料其各地贮油池容量如下表：

地区	美孚	德士古	亚细亚
上海	135104	133222	117410
南京	14301		
汉口	38227	11215	10986
宜昌			13154
青岛	47225	7804	6203
广州	31521	4767	7973
天津	50887	17180	8035
重庆			13102
厦门			14394
合计	317265	175188	191257

附注：1.单位：公秉——1000公升

2.各地生产炼制用油池未列入

（选自《工商情况通报》第4期，1950年12月6日）

九、美英三大石油公司在华财产和分配使用情况

美国美孚、德士古石油公司和英国亚细亚火油公司在我国财产，已由政务院命令征用，据各地征用前报来材料（尚不完全），其主要财产如下：

（一）油　池

	美孚		德士古		亚细亚	
	座	容量	座	容量	座	容量
上海	38	111216	58	109561	73	96191
南京		10615				
青岛	5	6000	3	5000	2	4390
广州	14	11421	4	5500	4	5500
汉口	11	10084	8	8696	6	10974
长沙	1	1000			2	1740
重庆	3	7688			6	9305
天津	9	41513	5	12752	8	15382
北京	3	241				
营口					8	23000
厦门						10684
九江					3	1533
宜昌						13154
总计	84	199778	78	141509	112	191853

单位：公吨

(二)制厅厂

	公司名称	座数	每日产量	备注
华东区	美孚	1	9000	
	德士古	1	6000	
	亚细亚	1	6000	
中南区	美孚	1	4000	
	德士古	1	4000	
	亚细亚	1	4000	
西南区	美孚	1	4000	
华北区	美孚	1	4900	
	德士古	1		损坏待修
	亚细亚	1		损坏待修
东北区	亚细亚	1	5000	
总计		11	46900	

注:厅,单位(厅非大桶)。

另外亚细亚公司在上海有制烛厂一所,日产洋烛36万枝。

(三)船　舶(附油罐车)

此项材料仅上海一地较为完全。约有:

	美孚	德士古	亚细亚	总计
小火轮	7	3	2	12
油轮	1	4	6	11
驳船	13	5	21	39
登陆艇式船	8	6	0	14
拖驳	2	0	8	10
备考	驳船包括铁驳三只	总共938.75公吨	另飞机加油船一只总共2544.07公吨	

其他各地计亚细亚在武汉有趸船5只。天津、宜昌各有趸船3只。九江、重庆、牛庄各有趸船2只,重庆有钢壳驳船1只,广州有拖驳1只,小电船小汽船各1只。

另外,亚细亚公司在各地油罐车计:汉口2辆,容量1750加仑;天津2辆,容量1750加仑;北京1辆,容量750加仑;广州3辆,容量2720加仑;南京1辆,容量3吨半。

(四)仓　库

仅上海一地材料较全。计有:(见下页表)

其他各地计亚细亚在天津有仓库11所(包括塘沽),牛庄8所,汉口7所,广州、重庆各5所,北京、梧州各4所,沈阳、宜昌各3所,南昌、营口各2所,长沙、九江、汕头、芜湖、昆明各1所。

(五)存　油

美孚:上海存飞机汽油1025加仑,汽油195加仑,机油545加仑,轻重柴油1260加仑,杂油350加仑。南昌存机油1060加仑。沈阳存各种油料79381公斤。

德士古:南昌存煤油1413大桶,294小桶(如按大桶53加仑,小桶5加仑折合共为89604加仑),机油20大桶(1060加仑),武汉存油3000大桶(159000加仑)。

亚细亚:广州存煤油428桶(每桶200公斤下同),汽油38桶,飞机油350桶,柴油164.47吨,其他油30000公斤。海口市存机油净重2258.82公斤。南京存柴油1桶,汽油4.5加仑。上海存航空汽油132万加仑,煤油172公吨,燃料油5233.31公吨,润滑油146吨。重庆存油料590桶。

	座数	面积	备注
美孚	28	582470(平方呎)	内露天堆栈10座面积363500平方呎
德士古	4	53490	可堆25998大桶及5300小桶另外露天堆栈6处可堆159972大桶
亚细亚	23	2884300(立方呎)	另堆场一所容129800立方呎堆棚二间容156500立方呎
总计	55		

(编者按:房屋、冻结存款及其他未统计)

上项财产之分配使用问题,经中财委邀集军委后勤部、中央贸易部、中国石油公司和外交部讨论,决定要点如下:

(一)美孚、德士古两公司在各地之财产已经管制而尚未征用者,可即由当地军事管制委员会或人民政府宣布征用,征用范围包括其总公司和分支机构之办公处及推销处以外的全部财产(存油仍征购)。其办公处的房屋、家具、档案等不在征用之列。其租与私人(不分中外籍)住用或资方人员及职工住用之房产,及办公处所用之交通工具等,除已空闲不用者可征用外,均暂不动。已租与我机关使用或由我机关借用之房产,亦可征用。所有尚未征用的财产,仍继续加以管制。

(二)美孚、德士古两公司在各地之油库及其有关设备(如油池、油罐、油车、油船、加油站及有关装卸储运石油之各种设备)和制造工厂(制厅厂、修理厂等)除在天津市的因不适军用交由中国石油公司使用外,在其他地区者,美孚系统的交由军委后勤部使用,德士古系统的交由中国石油公司使用。

(三)已经征用之亚细亚公司在各地之油库及其有关设备和制造工厂(制听厂、制烛厂、修理厂等),除在上海、重庆两地的交由中国石油公司使用外,在其他地区的均交由军委后勤部使用。

(四)已经征用之三个石油公司在各地之仓库、码头、由各地之使用部门(军委后勤部或中国石油公司)会同当地财委及外事处商拟使用分配办法,报中财委核定。其已由我国营企业或航运机关租用或借用者,应邀同各该机构共同商拟。

(五)三个石油公司在各地已经我征用之房地产,除关联于上述(二)(三)(四)条之财产者随同各该财产分配使用外,其余由当地财委及外事处会同有关机关商拟办法分配使用。其重要者应报中财委。

(六)已征用之三个石油公司在各地原有职工之解雇费由该三公司自行负责。

(七)在管制或征用过程中垫付之各项开支,由最后确定之使用部门负担。

(选自《工商情况通报》第15期,1951年7月5日)

十、法国在华企业投资情况

(一)历史概况

法帝国主义经济上侵入中国是在鸦片战役之后,于1844年强迫清廷签订黄埔条约,随之,其经济势力侵入上海、天津、汉口各大城市,1872年其规模较大的进出口行永兴洋行在上海成立分行,1878年宝昌制丝厂在上海成立,东方汇理银行上海分行于1899年正式开业。

甲午战后,清廷因付赔款,向国外举债,1895年法国邀同帝俄集资4亿法郎借与清廷,此后各种铁路借款,法国莫不参加。

法国吞并越南,复进窥我西南各省的资源,自1895~1899年数年之间,不断向我要求云南、广东、广西三省之采矿与修筑铁路权利。1910年完成滇越铁路,法国投资1.65亿法郎,其云南隆兴公司之采矿权,我于1911年始以白银150万两收买。

兹将法国历年对华投资情况列表如下(单位:百万美元):

年度	企业投资	占总额%	政府投资	占总额%	投资总额
1902年	29.6	32.49	61.5	67.51	91.1
1914年	60.0	35.01	111.4	64.99	171.4
1931年	95.0	49.38	97.4	50.62	192.4
1936年(注)	248.5	73.48	89.7	26.52	338.2

注:1936年之投资估计包括非企业的房地产在内。

1902年后,法国投资,年有进展,至1936年增加3倍半以上。在初期投资中,政府借款占50%以上,企业投资仅居次要。1914年欧战后政治性借款减少,企业投资增加。抗战8年,法国企业投资受损失,惟法政府此时曾贷给国民党政府巨额借款,故两相比较,前者减少而后者增多。

抗战以前,法国对华投资,首推铁道运输及公用事业,占总额27.87%,次为银行保险及进出口业,占27.09%,土地建筑物为19.17%,政府借款占25.87%。其投资大部分集中上海,约占总额62%,滇越铁路占34%,其他各地仅占4%。

(二)解放后情况

解放后法商锐减,如天津在1936年有59家,1947年减至21家,现仅有14家。目前在华总数共67家,其重要者如下:

东方汇理银行,现为法国在华惟一银行,1875年创办于巴黎,上海分行设立于1899年,嗣后天津、北京、汉口、广州、昆明、湛江各分行亦相继成立。业务以国际汇兑为主,现为人民银行指定经营外汇之银行,主要为办理出口结汇。汉口分行解放后停业,昆明、湛江分行亦未继续经营。

上海法商电车电灯自来水公司,天津法商电力股份公司。

永兴洋行　总行设巴黎,上海分行成立于1872年,天津、汉口亦有分行,在天津并设有蛋厂,经营中国土产出口。解放后天津分行多代国营公司出口,蛋厂则租与别人经营,汉口分行抗战时停业,迄未恢复。

中国建设地产公司　1902年在上海成立,资本银20万两,后又增至560万美金,在上海旧法租界内有房百余幢及地177亩左右。

东方修焊股份有限公司　总公司设巴黎,上海、天津、广州均为分公司,专门制造氧气、炭轻气、电石及其他修焊工业所需之材料与器具。解放后广州公司仅开工一次,上海天津公司继续营业。

中法求新制造厂,1924年设立于上海,专办船坞工程及建造修理船只,有船坞3处,机器房7处及翻砂房3处,解放后主要业务为代轮船公司修理船只。现有职工164人。

现将1950年法国在华企业及投资情况列表如下(单位:美元):

类别	家数	股资额
房地产	8	27647000
进出口	34	3047000
公用事业	2	9764000
银　行	1	1274000
工　业	8	196875
轮　船	1	15625
保　险	3	470
其　他	10	25500
总　计	67	41970470

以上系根据最近各地报告材料整理,与实际情况,可能尚有出入。

(选自《工商情况通报》第7期,1951年1月25日)

十一、法商在华的公用事业

法商在华之公用事业,有上海法商电车电灯自来水公司及法商电力股份有限公司天津分公司。上海法商自来水公司占上海全市供水量21%;电灯公司发电量占6.61%;公共交通载客量占25%。天津法商电力占全市供电量20%。

(一)历史情况

上海法商电车电灯自来水公司成立于1908年。总公司设巴黎。初由比商国际远东公司于1905年向法公董局申请办理。1908年法商继承比商专营权利,订期75年,经营水、电、交通三部门。

法商电力股份有限公司天津分公司的由来,早在1902年天津前法工部局经营电气事业,以亏累不堪,由法商布吉瑞于1910年以白银85000两标购。专营期50年。1916年组织电力股份有限公司。1946年设总公司于巴黎,并正式用现名。该公司一向拒纳营业税。1950年9月制水部开始缴纳。敌伪时期,并勾结日寇,压迫工人。

(二)资本情况

上海法电于1906年成立时资本300万法郎。至1947年累积资本达3.75亿万法郎(按每美元合119法郎折合315万美元)。记名股占1/3。股票均在法国发行流通,情况不悉。

天津法电资本1.5亿法郎(折合126万余美元)。法籍股占81.5%;英籍占8.1%;华籍占5.4%;其他外籍占5%。法股中,公司经理布吉瑞一家占总股额43.56%。

(三)资产情况

上海法电固定资产1949年底为人民币2738亿元(按21000元折合13038095美元),其中电厂固定资产为5914286美元,占45.4%。(包括发电设备21400千瓦;输配电缆120162公尺;架空线243344公尺等)水厂固定资产为4161905美元,占32%(包括水管149307公尺等);交通固定资产为2504762美元,占19.2%(包括有轨无轨车155辆及公共汽车718辆等);房地产价值457142美元,占3.4%(上列数字系根据历年币制变化换算,并非真正估值)。

天津法电固定资产,1934年估值1994927银元(按每美元3.37元折合591966美元),包括电厂一所,容量6400千瓦;铁工厂一所;制冰厂一所,日夜产冰13万余磅。

(四)营业情况

上海法电的账册,向不公开。历年盈余很大,均在国外作红利分光。巴黎总公司至1947年滚存盈余,自称为22186936法郎(按每美元合119法郎折合186445美元)。目前电、水二部互有盈亏。交通部分因冗员过多,亏累颇巨。8月份整个收支尚亏4亿余元。

天津法电因受营业范围限制,发电量仅及其容量之半。解放前,收支相抵后,其利润约占总收入之半。目前营业状况稍有下降,但其利润仍有30%。

(五)解放后情况

上海法电职工3224名,内外籍86名。法人独揽大权。对我采拖延埋怨态度。管理腐败,经营消极。最近公用局拟将公营公共交通公司某路线让由法电汽车行驶,扶助其营业,减少其亏本。

天津法电职工166名,内外籍11名。法人掌握行政。解放前,惧我没收其电厂,将历年盈余汇往越南。解放后,知我保护工商业政策,疑虑乃渐消失。

(选自《工商情况通报》第7期,1951年1月25日)

第三节 管制、冻结英美在华资产

一、管制清查美国财产,冻结美国公私存款

自1950年12月28日政务院颁布命令管制美国财产与冻结美国公私存款后,各地都依照执行。有的执行情况较好,有的也发生一些偏差。兹将政务院与财政经济委员会命令以及各地执行情况分别载述如下:

甲、政务院命令、中财委规定、周总理指示

(一)中央人民政府政务院命令(1950年12月28日)

美国政府于1950年12月16日宣布管制我中华人民共和国在美国辖区内的公私财产并禁止一切在美注册的船只开往中国港口,企图继其武装侵略我台湾,轰炸我东北,炮击我商船之后,进一步在经济上来掠夺中国人民的财产。

中华人民共和国中央人民政府鉴于美国政府这种对我国日益加剧的侵略和敌视行动,为了防止其在我国境内从事经济破坏和危害我国家人民的利益起见,特采取如下措施:

1.中华人民共和国境内之美国政府和美国企业的一切财产,应即由当地人民政府加以管制,并进行清查;非经大行政区人民政府(军政委员会)之核准,不得转移和处理(中央直属省、市报经政务院财政经济委员会核准之)。各该财产的所有者或其管理者应负责保护这些财产,不得加以破坏。

2.中华人民共和国境内所有银行的一切美国公私存款,应即行冻结。为维持正当业务及个人生活必须的费用,亦须经当地人民政府核准后始得动用。其动用数额,由政务院财经委员会另行规定。

以上命令从公布之日起立即施行。

(二)中央人民政府政务院财经委员会关于美国企业及个人存款申请动支的规定(1951年1月14日)

1.美国侨民之个人存款不超过人民币3000万元者,动支时不予限制。存款超过人民币3000万元者,每月得动支人民币1000万元。

2.美国企业存款不超过人民币5亿元者,动支时不予限制。存款超过人民币5亿元者,得由当地管制审查机关按其需要核准支付之。

3.外币的原币存款动支时,按前述规定照外汇牌价折算之。

(三)周总理的指示

周总理1月12日的指示内容如下:1950年12月28日发布的管制清查美国财产冻结美国公私存款的命令,是指美国的财产,美人的经济企业和美人的存款,其他接受美国津贴的学校教会医院等则不应视为美国所有,因此他们存款不应冻结,仍准动用。

乙、各地执行管制美国财产的情形

(一)华东军政委员会指示要点

政务院公布管制美国在华资产命令后,华东军政委员会即指示各地执行。兹摘其指示要点如下:

1.此次政务院决定管制中国境内之美国政府和美国企业的一切财产,使之不被移逃破坏,但不是接管和没收。此点对外宣传对内处理应加以区别,否则将陷于被动。但管制必须严格,以免转移和破坏。

2.管制工作必须有重点、有步骤进行。对所有物资仓库及生产单位应速进行管制,以免转移与破坏。其方式对一般非军事性企业,以派员监视管制,依据政务院命令,责令该企业负责人负责保管,不得破坏,否则依法严办。对仅有空架子及尚存在劳资纠纷之单位,可先进行了解其情况,并严禁转移财产及破坏。但暂时可以不必公开宣布正式管制。对一切被管制之生产单位,应责令其继续生产

或营业,不必停业。

3.凡属美人股本与华商或其他外商合股经营之企业,或系华商及其他外商的股本而向美国注册者(即使用美商名义)应经调查确实后分别处理,在未查明前暂照美商办理。

4.对美国人的财产管制,必须依靠于该企业现有的中国员工协同进行,因此须认真做好团结教育中国员工的工作。

5.对一般美国商店及美国私人住宅,一律不得进去清理财产,以免所得不多,反易引起纷乱。

(二)上海执行的情况

上海市根据政务院命令,华东军政委员会指示,随即召集有关单位分别执行。到目前为止,已实行管制的单位计有130多家。其中有规模较大的14家,其存款占全部存款的80%以上,计白利路公司62400万元。慎昌公司人民币、美金合计人民币834500万元。福斯公司77300万元。上海电力公司人民币、美金、英镑合计人民币8031306万元。沪西电力公司516407万元。上海电话公司643100万元。中国电气公司426800万元。友邦银行77200万元。美亚公司98000万元。美孚公司3104700万元。纸板公司356600万元。中美公司162000万元。运通银行美金折人民币150600万元。大来美金折人民币278963万元。合计人民币14819876万元。以上各企业存款业予以冻结。其余企业存款不足5亿之户,在财委1月14日规定未发布以前亦已全部冻结。

自执行管制以来,各单位职工情绪异常高涨,纷纷协助政府进行登记清点。管制人员并组织工人座谈会,以发动工人的积极性。在几个受管制的公用企业中,目前正进行革新工作,上海电力公司,上海电话公司和中国电气公司等机构已将账册、单据以及内、外行文,都一律改用中文。有些单位职员已提出技术学习和增加生产的计划。吸收党、团、工会、劳动模范和技术人员成立临时管理委员会,积极展开清查工作。

(三)天津执行的情况

天津市执行管制美国在华资产后,已按期报告者有44家,计有纯美资企业现尚开业者21户,已歇业者8户,有部分美资的企业并开业者15户。其详细分类如下:纯系美资企业现尚开业者:石油行2,地毯工厂1,进出口商11,汽车商2,保险商1,轮船代理商1,房地产商1,影片商2。有部分美资企业者计:进出口商6,轮船代理商1,房地产商5,汽车商1,旅栈1,汽水厂1。以上各户,在银行存款不多,总数仅百余亿元,美金5万余元。各方自存现金有人民币数亿元,存货约值人民币一百数十亿元。在市政府执行政务院管制命令后,外商纷纷提出问题请示,如:进出口还许不许做?存货可否自己销售?代美籍客户的寄存款项可否不受银行冻结?支取银行存款有何手续?自存现金可否自由动用?债权债务可否清理?合资企业是否受同样管制?报告隐匿或秘密转移资产者如何奖惩等。以上问题除分别报告中央与研究处理外,并当即经中央批准,采取了五项措施。兹摘其四项以供参考。

1.美孚、德士古油行将其储油设备场、房等征用,所存各种物料视需要征购之,其现有售油等收入及存款一律专户储存冻结,惟遣散员工,纳税及必需生活费等经审核后可支付。

2.对美籍企业之股权不动产及美古绅工厂与各汽车行等工厂设备,严格登记管制,不许转移。

3.对一般美籍商户的流动资金,不采事先批准的方式,而令其每月向政府作报告,如发现有贱卖贵买转移财产行为即彻查惩处。其收入现金存指定银行,但留其日常开支必须费用。

4.对有部分美资的企业,经审查其美股属实后,凡美资占少数者,责成该企业负责人,不使美股及其应得股息转移,并令其定期向政府报告业务,不加管制,凡美资占绝大多数者,即按纯美资企业办理。

(四)其他各地执行情况

广州:经人民银行冻结有关美国公私存款有120273万元,另港汇15000元(多为教会学校医院经常费用)。由华南外贸局负责管制美孚,德士古两公司房产,有事务所2,仓栈3,房屋6,汽油栈7,库内存款7.5亿元。该地工商联对政务院发布管制美国财产命令,发出声明,表示拥护。

重庆:重庆市军事管制委员会于1月11日宣布对该市美商美孚,德士古两石油公司及米高梅、华纳、哥伦比亚、20世纪等八家影片公司在该市的办事处分别实行管制,并任命了军事管制专员。该市各公私营银行也已将美国公私存款予以冻结。

青岛、河南、昆明市对各银行所存的美国公私存款实行冻结,并对前美国领事馆房舍及美商美孚石油公司所有仓库进行初步清查。青岛方面已饬令美孚、德士古、滋美、美隆四行不动产约720亿元,物资150亿(已被征用)银行存款3亿造表呈报,根据政务院命令,参照华东指示已将存款冻结。开封方面从省市及各专署均成立了管制美国在华财产委员会,所管制的全是教会、医院、学校、青年会等。

丙、外侨及我私营银行的反映

对我实行管制美帝在华财产及冻结其存款后,上海英商一方面因彼等财产较多,深恐被美帝牵累,表现甚为恐慌,甚至担心英美侨民将来会被送到集中营。但有的也表示极镇定,相信英政府不会与美帝一样,另一方面又认此为英国乘隙发展对华贸易之良机,如太古洋行经理浦乃武表示希望与我贸易部门,讨论今后航运政策。并希望我政府予英商以出入境便利。

部分美国侨民则认为事态严重,甚至有的还估计今年3、4月间,西欧会发生第三次世界大战。

我私营银行希望外商存款不移存入人民银行,上海银行经理说:"美商企业在华商银行的存款总数约为800亿人民币,分存上海、中实、浙一、新华、金城等数行,各行主持人均顾虑政府军代表将指示各美商企业将存款移人民银行,盼政府能照顾私营行庄,不作移存指示。

从以上各地执行情况看来,有些是执行得很好,如天津上海。有些发生很大偏差。如河南所管制清查冻结的全是教会医院学校青年会等非企业机关。其他各地也有类似情形。这与周总理1月12日的指示是不符合的,是应行纠正的。因为有些教会、学校、医院,虽然领受美国人的津贴,但仍应认为是中国人民自己的财产,不能把它当作美国财产看待。

其次根据上海、天津两地冻结存款执行的经验,我们冻结之执行应着重存款较多之户。上海美商企业共130余家,其中存额超过5亿人民币者仅14家,但其存额总额却占130余家存款总数80%以上。天津美商存款5亿以上者仅2家。但其存款总数亦占美商企业36家(内15家为美国与其他合资企业)的80%以上。故小户可以较宽,抓紧大户。

再者如华东与天津所指出如管制不好,易形成紊乱,使我陷于被动,反成包袱。故执行时应是着重先由其报告,然后重点检查的方法。不要一开始即组织大规模检查,这样会形成混乱,收效还很小。

(选自《工商情况通报》第7期,1951年1月25日)

二、美冻结我在美资金以后上海进出口商的一些反映

美帝宣布冻结我在美资金以后,私商损失总数约为美金1000多万,其中以进出口商损失最大,约为300余万,出口商损失较小,对出口已收汇票,早已用掉,进口商对美帝的无耻措施,表示非常愤慨,并即组织进出口物资紧急处理行动委员会筹措对策。在进出口业资本家的反映有:

向政府的建议

出口商德丰华行经理说:

(1)出口商都担心英帝会受美帝的压力,英镑可能亦冻结,虽然还有瑞士法郎,要做起来总有困难,目前出口商利用帝国主义矛盾还可做一点生意(对英镑法郎国家)但政府应设法马上用掉这些外汇,以免英镑再冻结时受到损失。(2)国营公司应领导私商组织联营,以货易货,将物资集中广州,以香港为桥梁,没有任何危险。(3)当局应切实考察东欧民主国家,如何进行贸易,用何种货币为交易标准。

在积极方面的表现

(1)太平洋贸易公司负责人谈:美汇冻结,是无耻的手段,对我们打击并不如它想象的大,我们只要找空子钻,钻得他顾此失彼,我们要以冷静的头脑来应付。(2)新华薄荷公司曹华明认为欧洲还不会冻结我国的资金,原因是欧洲小国家多,美帝难于控制。(3)广大药房经理闻美帝冻结资金后,极为气愤,大骂美帝无耻,当即将前所认捐的工商界抗美援朝大游行的费用交上。(4)惟一贸易行经理在美帝宣布冻结资金后检讨说:过去我对抗美援朝工作做得不够,以后一定要好好去做。

公会方面人员的看法

进出口业公会工作人员说:美帝冻结资金后,会员的思想情况有以下几种:

(1)认为进出口业前途暗淡,没有经营信心,准备歇业清理。

(2)有部分早想歇业但未经工商局批准的会员,借口资金冻结,以达歇业目的,或解雇职工,以

后劳资纠纷可能增多。

(3)有人正准备另辟途径,和新民主主义国家进行贸易。

(选自《工商情况通报》第7期,1951年1月25日)

三、征用英商亚细亚火油公司财产

1951年4月30日中央人民政府政务院发布命令如下:

为了我国家安全及公众利益起见,兹决定征用英国在我国国境以内各地的亚细亚火油公司除其总公司和分支机构之办公处及推销处以外的全部财产,并征购其全部存油。

该亚细亚火油公司的各地负责人,应即将其总公司和分支机构之办公处及推销处以外的全部财产(包括一切动产及不动产)造具清册,听候当地军事管制委员会及(或)当地人民政府处理。各该负责人应负责保护及移交这些财产,不得有任何偷窃、破坏、转移、隐匿等不法情事,否则定予严惩。

以上命令于公布之日施行。

亚细亚火油公司

亚细亚火油公司是世界石油托拉斯壳牌集团的重要子公司之一,成立于1902年,于1907年侵入中国。1913年成立了华北和华南两个总公司,在各大中城市约有30个分支机构。亚细亚原以运销点灯用的煤油为主,深入我农村小镇,有无数的经销处,如在山东一省就有30个特约经销行。解放后在上海、南京、镇江、芜湖、九江、青岛、福州、厦门、汉口、广州、长沙、宜昌、汕头、重庆、天津、营口等地还保持有机构,在华东的经销处还有66家。去年以来,有些地方已经结束。

亚细亚与美帝国主义的美孚、德士古在我国从事尖锐的石油倾销竞争,但也相互勾结攫取共同利益,并订立协议以提高垄断价格。如战前其瓜分华北市场的比率是亚细亚100,美孚120,德士古60。抗战胜利后由于美帝国主义独占中国和"美援"石油的倾销,亚细亚受到些打击。但1948年1~8月其进口油价值仍占外商的28.7%。解放后1950年1~5月亚细亚在上海的营业额占外商的21.7%,其存油则远较美孚、德士古为多。

亚细亚在沪、汉、津、穗、青岛、宜昌、厦门、重庆的贮油池容量达191257公秉(千公升),主要设备都在从上海到重庆的长江两岸。上海的高桥、上码头、下码头、杨树浦4个油栈有油池73座,容量837608桶(每桶42加仑);码头5座,仓库24座,棚栈36座,工场9个。其制桶厂每日可产桶6000只,造烛厂每日可造烛36万枚。在上海占地达1541.7亩。沿江而上,汉口有油池6座,容量10974吨,仓库7栋。九江有油池3座,容量1533吨。宜昌油池数未详,容量13154吨。长沙有油池2座,容量1740吨。重庆有油池6座,容量9305吨。在长江流域的21个城市,小至如武穴、鄂城、新堤等,都有亚细亚的仓库,共约36处。此外在天津、青岛、广州、厦门等也有相当的设备,在营口有完整的制桶设备。

抗战前亚细亚有轮船14艘(6678吨)航行我内河及沿海。还有许多拖驳趸船。沿海沿江码头10座,连护岸18处。解放后在上海还有油驳15艘,船只23艘,油罐车3辆,其他车36辆。亚细亚的房地产更是遍布全国,如属天津公司所管的即有北京、保定、开封、郑州、洛阳、石家庄、大同、定州、通州、榆次、邯郸、沙河、清化等地的房地产。长江流域更不必说了。

各地征用情况

这次征用亚细亚财产中央曾发出指示和补充指示,并召开过会议,所以进行相当顺利。各地均由军管会或人民政府领导,具体工作由中国石油公司执行,与外事处联系。对资方人员住宅暂缓处理,对其旧职员一律暂不处理,将来或留用或解雇。其存款不予征用。也不予冻结,征购油款也归公司,故旧职工的薪津解雇费等均由该公司负责。所有征用的财产应清点封存,报大行政区财委转报中财委听候处理,不得擅自分配。

各地事前都已组织好了执行小组或委员会,进行学习教育、调查警戒。上海、南京、广州、福州、汕头、汉口、重庆、青岛等地均于4月30日命令发布,当日即开始执行,长沙于5月3日执行。一般是先召集其负责人宣读命令,限期造具清册,然后清点财产。各地在执行这一工作时,大都掌握了依靠工人群众的方法。各地亚细亚的职工都热烈的欢迎接管人员,并自动组织起来协助清点卫护。上海职工的欢迎大会尤其热烈,职工代表坚决的提出了保证协助清点和卫护财产。上海在布置这工作时还强调了管制清点工作与镇压反革命运动的密切配合。天津的职工早已被英方全部解雇改为临时日工,对政府的措施也积极拥护。

现亚细亚的英方高级负责人只有上海的贝载和天津的劳伦斯,其余多已离境,有些地方没有负责人。在营口的制桶厂早经我借用,其余各地也有不少仓库房屋已经我租用或借用,现在也一并办征用手续。

各方的反映

征用亚细亚财产是对英帝国主义征用我永灏油轮等无理措施的一个反击。我们在政治上是处于主动地位,并掌握了"有理、有利、有节"的原则,所以国际舆论是对我们有利的,香港当局,始终不敢发言评论。美帝通讯社的反映,也只能认为是"报复行动"。纽约时报的评论虽妄测"伦敦与北平"之间"关系的恶化",但立刻解释英国在中国广大商业利益的许多顾虑和不安,并强调美英之间在这些问题上的矛盾。东京方面的美当局也有同样的反映,认为是中国对英国的"警告"。伦敦方面则一直沉默不敢作声。另一方面,英国人民访问中国的代表团则于5月2日正式声明,认为中国征用亚细亚的财产一举"是完全正当的"。代表团同时指出,香港英政府征用永灏轮是"毫无理由的,在和平时期各国间关系上几乎史无前例的行动",而且香港当局无偿的没收油轮,中国则宣布偿付亚细亚存油的代价。

据合众社香港电传,亚细亚在华的财产约值一亿美元。这说法未免太夸大,但对英帝国主义是一个严重的打击是可以肯定的。

在国内方面,各地人民都欢欣鼓舞的拥护这一决定,使政务院征用命令得以顺利执行。

(选自《工商情况通报》第13期,1951年5月25日)

第五章　工商行政管理工作简况

第一节　工商行政管理机构

一、政务院财政经济委员会关于“中央私营企业局”更名为“中央工商行政管理局”的通知

(52)财经私字第177号

(1952年11月22日)

各大行政区及各省市财委(计委):

本委为适应工作上的需要,经政务院批准,将“中央私营企业局”更名为“中央工商行政管理局”,省辖市以上工商局及省工业厅、商业厅,除受当地人民政府领导外,有关工商行政工作,并受该局指导,并建立定期的工作请示、报告制度。用特通知,即希转达。

(选自《工商行政通报》第1期,1953年1月5日)

二、中财委指示各大区财委设置私营企业专管机构

(1952年12月23日)

中财委于1952年12月23日指示各大行政区及省市财委设置私营企业专管机构,以便与本局建立经常工作联系和报告制度,并希工商厅、局指定专人为本局出版的“工商行政通报”半月刊写通讯与报道。兹将中财委指示刊载如下:

一、为了掌握私营企业的情况与变化,并能及时解决工商行政工作中一些政策上的问题,1950年政务院曾发布指示:大行政区财委应设置一专管的机构,但大多未能很好建立起来。中财委意见:为适应今后工作上的需要,在大行政区财委设置一个处,仍属必要。该处在大区财委领导下掌管这一工作,及时了解私营企业的情况和变化,以及公私关系、市场管理等问题之处理。各省工、商业厅均应根据自己的工作任务,设立有关之处或科,专其职责,以利工作之推行。

二、该局为中财委管理私营企业、公私合营企业、外资企业以及工商行政工作之机构。在目前其具体任务有公私关系、工商登记、商标注册、发明审定、矿业管理、度量衡管理、公产公股清理、外资企业之处理、公私合营企业管理、私营企业的情况、开歇业的统计及调查研究等。凡有关以上问题之处理,希根据中财委(五二)财经私字第177号通知转示各省市工商厅、局与该局建立经常工作联系。另外,对私营企业的生产经营、市场管理、公私比重变化、开歇转业、加工订货、联营合营、私营企业利润及盈余分配、公私合营、手工业、摊贩、行商等方面的情况与问题以及资本家动态、工商联工作等内容,按期编送月报、季报等综合性报告或专题报告,于1953年1月起,开始实行,其具体请示报告制度,该局另作通知。

三、该局于1953年1月起出版“工商行政通报”(内部刊物),内容为:工商政策法令和解释、工商行政工作经验介绍、工商情况报道等。为充实该刊内容,使其能在工商行政工作上起到一定的指导作用,希各省市工商厅、局指定有关科长以上干部一人,为该刊通讯员,随时将私营企业与工商行政工作中新发生的情况与问题为该刊写通讯和报道。

(选自《工商行政通报》第1期,1953年1月5日)

第二节　部分工商行政管理机构工作情况

一、上海市1950年工商行政工作总结

甲、一年来上海工商业的变化

一、从困难到初步好转:在5月以前,一般工商业遭遇滞销困难,情况非常严重。但自6月份起,

开始初步好转。

以开歇业数字为例:申请歇业工厂全年共1837家,1~5月占1414家,6月份起逐月减少,11月仅26家。申请歇业商店全年共7822家,1~5月占6000余家,6月份起逐月减少,11月仅82家。另一方面,工厂申请开工的5月只9家,9月增至286家;商业5月为105家,10月增达1211家。

其次,工业用电量如以上年12月数字为基期,4月以前最低时仅38.8%,6月份起逐月增加,11月份则约达122%。主要工业品产量,如以11月份与6月份比较,棉纺增40%以上,染织增30%,造纸增81%,丝织增34.6%,卷烟11月份产量超过上年23%。11月份棉纱销售量较上年12月超过47%。

二、逐步解除帝国主义束缚的影响:帝国主义者原认为经济封锁就可置上海经济于死地,但一年来的事实已粉碎了帝国主义的阴谋与幻想。以棉花为例,解放前上海棉纺业用棉量十分之六有赖国外输入,今年经国棉增产与计划调配,生产并未蒙受影响。他如以煤代替柴油,以国产羊毛代替进口羊毛,以破布竹浆代替输入木浆,乃至以麻袋木桶代替水泥用进口纸袋等,各种代用品多少也解决了原料供应的困难并维持了生产。产品的销售,亦逐步转外销为内销。同时,在美帝宣布冻结我国存款并加强出口管制时,香港市场大起波动,而上海市场则仍保持平稳状态。这些事实都说明上海工商业已初步摆脱帝国主义束缚的影响。

乙、一年来所做的几件中心工作

一、组织国营贸易领导市场:成立专业公司,掌握批发市价,并设置国营零售网,供应食米及面粉油盐煤油等必需品。在保证物资供应,稳定物价等方面,国营贸易已成影响市场的决定因素,投机私商已不可能再兴风作浪。

在市场管理方面:秋收后,为加强工业品与原料市场的管理,曾颁布棉纱交易管理规则,配合核售棉纱和取缔投机,稳定棉纱价格,同时采取议价方式,并进行检查与惩处违法商人,稳定煤、漂白粉、玻璃、硫酸、硝酸等价格。一年来筹设新型市场(代替过去商业资本独揽的市场)有纱布、米、糖、化工原料、新药、纸等市场;并曾公布了“加强市场管理取缔投机暂行办法”。

此外,通过区工商科使中小资产阶级了解政府政策法令,推动签订爱国公约,提高政治觉悟;并接管摊贩,扩大管理面,全市12万户以上摊贩,已登记8万余户。

二、统一加工定货审核工作:工商局于6月间成立工商辅导处,并与有关部门设置工商辅导联络组及审核小组,从事统一加工、定货、贷款与收购的审核工作。至7月份已建立贷款、花纱布加工、重工业定货等10个审核小组,6个巡回稽查小组。由于各方面配合进行,易于掌握全面情况,相互间能分明权责,能兼顾大、中、小厂商,以及注意“以销定产,以产定货”及淡季旺季等因素,因此初步调整了公私关系和部分工商业间的关系。殆朝鲜战局扩大后,为保证完成大量国防军需定货,根据“先军需后民需,先急需后一般”的原则,采用原料换取成品、改定规格、组织生产、分期发料、分期付款、分期收货等办法,保证了巨量军毯、军鞋、手套等紧急任务的完成。截至12月底止,总计审核加工定货合同2436件,照顾私营厂商1300家。在工作中的具体收获:(1)建立调整公私关系的组织机构,推动并协助国营企业确立全局观点,克服公私关系中无组织无计划的偏向,从而加强了对私营经济的督促和领导作用。(2)减少了私商加工订货中投机钻空子、倒账、呆账等现象,保证加工订货能“按时按质按量履行合同,货款两清”。(3)配合军需民用的需要,促进纺织、水泥、橡胶、钢铁等主要工业的生产量,保证机关部队的物质供应。

三、对私营工商业的指导:(1)防止盲目生产 一方面召开专业会议,根据以销定产方针分配生产任务,平衡产销;同时采用直接管制方式,如9月间棉纺复制工业盲目扩大生产,致原料成品供求失平,因此组织染织业复工审核小组,对申请复工厂家,予以严格审查。(2)动员收购土产 根据中贸部指示,动员组织私商收购土产,先后有水果、地货、瓷器、化学原料、蛋类等业成立下乡收购组织。(3)组织联营联购 至8月底联营组织共43单位,参加行业有26种。在降低成本、扩大信用、避免盲目竞争等方面,联营是有成就的。但也有些联营组织庞大,反增加会员负担。(4)改组同业公会 将330个同业公会改组合并为270个,并成立了公会筹备会。

四、进行工商业登记:3月初公布《上海市工商业登记暂行条例》,分期分业,有重点地进行,主要工商业先办,次要后办,工先于商。工作集中在同业公会办理。至年底止已完成登记262行业,新设厂店核准开业的6755家(其中商业4773家,工业1983家)。

丙、总结经验教训

一、一年来对工商业资本家的接触使我们更进一步认识他们中很多人在政府的正确政策教育下,有了进步,但也有不少人是善于钻政府的空子,看重其本身利益的。6月以后,政府大力调整工商业与公私关系,许多私商得到了好处,但不以为满足,反而更进一步提出过分要求,甚至否定国营经济的领导作用。在加工当中,利用国家物资去扩充其私人企业,而对政府应交的货物则拖延不交或掺交坏货,即是例证。因此我们觉得对其应有一定的扶助,但也决不可放弃领导与管理。

二、要充分运用工商界的自身组织,加强与工商联的联系;唯有这样,才能真正把我们的要求变成工商界的要求。在协助工商联建立初期,我们会打下一定的干部基础,故运用比较顺利。但同时我们深深体会,如果使用超过一定范围,忽视工商联是一个代表工商界的组织,生硬地通过它来执行政府的法令和完成政府所交付的任务,而不考虑如何在工商界中培养和树立它的威信,就会使工商界认为工商联是一个半官方执法机构,就会使它失去应有的作用。

三、要善于与工商界相处,尽量运用各种"协商会"方式来解决问题。例如通过"劳资协商委员会"解决年奖与工资纠纷问题;通过债权人与债务人的协商,解决搁浅与呆账问题;通过公私营企业座谈会,会商工缴标准,协议价格、原料供应及产量与分配等问题。但协商必须与说服同时进行,一面商量,一面说清道理,纠正他们不正确的看法。这样,不但能澄清私商不必要的顾虑,而且在另一方面,也常常使商人因此心悦诚服地遵行了政府的决定,减少工作中的阻力。

四、改造工商业是一件长期工作,要争取工商业内部的改造,首先必须坚持经常点滴的改造,多在商人中作思想酝酿,以累积基础,待时机成熟,再根据具体情况,颁布必要法令,运用行政权力,推动全面改造。本年10月31日本局颁布棉纱交易七项管制办法,基本上否定了该市场旧的交易制度,予纱商业务以极大的限制。但实施以后,市场反应良好,未引起任何骚动,主要就是由于该市场经一年来不断地改造,已奠定了进一步的改造基础的缘故。

(选自《工商情况通报》第10期,1951年3月20日)

二、广州市工商局1951年10月份工作总结(摘要)

广州市工商局为配合华南土特产物资交流大会,发动工商业界制订购销计划,在会内进行交易,推行明码实价,以稳定市场物价,明确生产方针与发展方向,对发展工商业,都收到了相当效果,特介绍于后:

广州市工商局为打开该市工业品的销路并与各地互换必需原料和必需品,以发展生产及满足市民的消费,通过了这次华南土特产交流大会,发动各行业制订购销计划,并组织了交易团,吸收公、私、合作社参加来具体执行这项计划,以便有组织、有领导、有计划、有步骤地在大会内进行总交流。为便利推进工作,交易团根据业务性质的不同,分成土产、百货、器材、什项等分团。在交易前,该团组成访问小组,访问大行政区代表团,了解交易情况,找寻交易对象,并征询他们对大会(以及广州工业品)的意见,以便改善工作,这样就取得了各方面的密切联系。自10月20日开始至10月31日止,共计成交总值达1336959万元(其中购入217537万元,销出1119422万元)。若干滞销货品都找到了销路,如手摇钻及钻床等从未运销东北,现已开始销售。若干工业品如电池、电筒、缝衣机、纸张、牙膏、针织品等,不但不能供应各地的需要,就是广州市本身消费也无法满足,甚至1952年的全年产量,都已预定一空。橡胶业目前生产量已超过解放前任何一个最盛时期,技术工人已感不足;油漆业今年8月比7月增加了1倍,9、10两月亦有增加;油墨业比5月增加5倍。这种供不应求的现象不但证明了广州市工业品的品质规格技术已大大提高,而过去工商界依赖外销,对内无信心的错误思想,通过了这次土特产大会亦得以纠正,从而提高他们的经营信心。

广州市场过去由于行规陋习,漫天要价,欺价骗价,假冒牌子,投机取巧等等旧的交易作风仍然存在,严重地影响了正当的工商业发展。为了稳定市场物价,取缔投机取巧,促进物资交流,在这次土特产展览交流大会期间,特在全市推行了明码实价运动。首先提出方案与工商联共同研究，决定先重点地选择了较主要的10个行业进行，取得经验后再推广到全面。由工商联发出号召，政府颁布布告，各区建立“明码实价推行委员会”。由区政府领导，公安局、税务分局、店员工会以及工商界派出代表参加组成。加强宣教工作，扩大影响，组织检查。工商界亦召开了动员会议，响应号召，各街成立推行明码实价检查小组，由街办事处领导，店员工人成立检查队，进行检查，表扬好的，批评坏的，借以推进工作。

这一运动在开始时由于未能深入展开全面宣教工作，因此，部分工商业家起了错觉，认为“明码实价”是政府“限价”或“统一牌价”，引起许多反抗思想。有的明码高价，如顾客说价太高时，他们便说这是政府规定的，不准还价；也有的明标暗不执行，迟迟不挂实价。经过及时的广泛深入宣传教育后，明码实价工作才渐纳入正轨。事实证明，明码实价制度对商人或顾客都非常有利。根据工商业界的反映，在这制度推行以后，麻烦减少了，生意却增加了，特别是零售生意有显著的增加：布店、杂货店等平均每天做多了230万元生意；估衣、绸缎过去平均每天只做40万元的生意，实价以后每天营业达一百余万元；就是市民也非常便利，过去大人对小孩是不能放心让他去买东西的，现在也放心让小孩去买了。商店的信誉提高，销路也打开了；如江西客人汇款来托购“水烟筒”便是一个例子。

其次，广州市工商局为扶助私营工商业的发展，召开了各行业代表会议。根据全国首届轻工业会议的决议，结合具体情况，分析与总结一年来的全市工商业生产发展的情况，订定了今后发展的方针。工业方面：对于原料供应无困难，销路无问题，品质合规格的都给予适当发展。与国计民生无关的工业和手工业则限制或停止其发展，劝导其转业，并决定了有的在原有的设备与能力上发挥使用率与效能，改善技术提高品质规格，限制新设厂；有的是限制增设新厂，允许其扩大资金，增添设备；有的是尽量允其增设新厂，增加生产。在商业方面：对国计民生关系重大必须由国营贸易全面掌握的行业，如木材、洋灰等劝其转业；对国计民生关系不大，国营贸易暂时不能代替的允许其维持；对国计民生有利的城乡交流和零售业务则鼓励其发展，并予扶助。这就明确了工商业发展的途径，打破了行业之间的敌对思想，取得了密切联系，交流了经验，也改变了过去以公养私的救济思想。经过这次会议以后，已有棉花批发、砖瓦灰、杉木运销及水泥代理等四行业着手转业为锌片厂、牙刷厂、电池厂及制钉厂等。这证明了在政府的正确领导下，工商业界还是能够积极想出办法的。与此同时工商局对工商业困难的解决与进行改造也积极进行，如检验植物油、调味物、电池、油漆、油墨等在部分仪器未齐全的情形下，该局创造了新的办法来代替，如试验时用电阻代替了价值昂贵的美国电珠。其次是改造新购电动天平的轮转砝码，精细度能达万分之一克，节约了称重时间，完成了检验任务。对工业原料的供应问题，通过国营公司与行业订立供求合约，有计划的进行调配，组织私厂联合向外贸局申请原料进口，通过整个行业联购方式逐步走向有计划的合约制，现在实行产销计划的有14个行业，供应的原料有50多种，并组织了手工业承接加工，扶助生产。

（选自《工商情况通报》第21期，1951年11月30日）

三、西北区1951年上半年商政工作总结（摘要）

（一）总的情况

1. 工商业增减变化：西北区以五大城市为例，西安市上半年工业户数比去年年底增加10%，商业增加8.3%；兰州市工业增加24%，商业增加38.5%；银川市4、5、6月工业增加2%，商业增加10%；西宁市上半年工业增加45%，商业增加18%；迪化市4、5、6月工业增加11%，商业增加8.2%。

2. 物资交流与市场购买力提高：以私营商业经营额为例，西安市37户典型材料上半年营业额比去年下半年增加65%；兰州市15户典型材料今年第一季度营业额比去年第四季度增加51%。在银行贷款方面，西安市上半年对私营工商业放款额占全部放款88%，其中用作经营土产山货及组织工业品下乡的贸易上，即占80%；从土产交流一项来看，仅各地在土产会议中订立合同协议即达540多件，包括120多种滞销土特产品，总值2500多亿。由于物资交流，市场上购买力已有了显著的提高，尤其是青海蒙藏人民粮食的消费均有增加；另外，绸缎、锦绣、花边细瓷、呢帽等较贵重物资，在少数民族地区亦大有销路。据商人反映：呢帽的销路比过去就增加了10倍以上。

3. 工商业者认识提高与改进经营管理：各地工商联与同业公会大部都建立了学习制度，组织进行政策法令学习，并交流改进业务经验，通过抗美援朝、镇压反革命运动，一般工商业者认识普遍地提高。例如兰州市工商界四天之内就完成了58亿应缴税款任务，并带头向全国各城市挑战。半年来西安、兰州、宝鸡等市已开始进行了重估财产调整资本工作；各主要城市分别召开了专业会议，西安、西宁两市相继推行明码标价公平交易运动，兰州、西安、银川、陕南、陕北以及宝鸡、三原等县市分别组织了手工业者及土产山货行联营。在划一规格提高质量方面，西安手纺业加工布匹由过去不合规格的20%降低到1%～2%，宁夏绒毛质量较前提高20%；在克服浪费、降低成本方面，西安市砖瓦业由过去每万砖成本价75袋面粉降低为55袋左右，减低成本27%；兰州市面粉联营统一购麦使成本减低20%。

4. 密切公私关系和加强民族团结：青海省贵德县土产公司发动各族人民挖掘药材，已开采大黄12万斤，赚得的钱“等价分账”，创造了民族团结的范例。该省都兰贸易公司组织包括有私商参加的贸易队，向32年对外断绝关系的果洛区进行贸易。新疆省贸易公司组织公私流动贸易小组普遍展开了游牧地区门市购销工作。甘肃省私商亦纷纷要求组织公私联营。陕西省土产会议时，国营企业带动私商参加订立合同协议，私商反映：“跟着公家走是不会吃亏的”。

（二）经验教训

1. 搞好公私关系：普遍发动各种经济力量，促进城乡物资交流，扩大土产推销工作。首先要求公公之间的关系必须协调一致，才能团结领导私商，放手扶助合作社发展。半年来部分地区一些公私营企业和机关部队等公公之间，在市场上发生对皮毛以及其他主要物资的抢购竞售情形，部分国营企业由于对当前工商联、同业公会等工商团体认识不足，没有积极主动发挥领导作用，因而放松了对政策的宣传教育，以及深入了解情况、密切公私关系、领导私商的重要任务，这是必须在今后加以纠正的。

2. 加强市场管理：半年来本区除国防建设军需用品（如牛皮）等项物资进行管理外，对某些供不应求的生产资料（如棉花、铜）或生活资料（如棉布）业已采取适当证照管理（如采购证、运输许可证等），以保证原料合理供应分配，生产继续进行。

3. 继续提高工商业者的政治教育：推动工商界认真学习政策法令，抓紧每一时期的社会群众运动，并与其本身业务改进相结合，订立爱国公约，经常检查执行情况。这一系列工作，必须通过工商联及同业公会辅导工商业做好密切联系和改造教育的工作，以期提高爱国主义的思想。例如兰州市在这一方面做得比较好，从而工商界才有带头向全国挑战竞赛纳税，订立不涨价公约等现象。西安市在这方面则做得不够。另外也有部分县市工商主管机关把工商团体看成政府的办事机关，平素对其采取单纯号召，缺乏具体指导，这些偏向，今后应迅予改进。

（选自《工商情况通报》第20期，1951年11月10日）

四、西安市工商局 1951年上半年工作总结（摘要）

（一）基本情况

半年来西安市的物价基本上是稳定的，工商业也在正常的情况下进行改造而获得进一步的发展。上半年工业共开业440户，歇业29户，实增411户。商业开业1012户，歇业241户，实增771户。另外有15家工厂正在开始筹备和进行基建工作，原有工厂在技术设备上亦有若干改进。工业方面上半年机器纺织、手工纺织、火柴、烛皂、砖瓦、面粉、漂染等工业生产量较1950年下半年产量，平均提高39.6%，除小型面粉厂及火柴业因各种条件限制发生困难而部分停业外，绝大部分工厂都有盈余。据5月份月报各业所获利润，计面粉业1.1%、纺织业9.0%、机器业7.4%、制革业4.0%、砖瓦业5.5%。商业方面，运销行栈、山货运输等有利于物资交流的行业，都有程度不同的发展，而一些机构臃肿，不能适合于目前经济需要的行业，则部分歇业或转业，如花行半年共歇25户、粮店49户、面粉店91户、小型面粉厂29户。

半年来，西安市工商局的主要工作是以发展生产和促进物资交流为中心，结合进行重估财产、明码标价、清理公股公产、完成贸易上缴任务等工作。这些工作都有其一定的收获，但也存在着一些缺点,急待改进和克服。

(二)工作中存在的缺点

1. 政策领导和思想领导不够:在这一方面,虽比过去有进步,但还不能贯彻到各种工作中去。在组织与推动工商联有系统的进行学习及通过各种专业会议,进行政策宣传上做得不够;对工商局内部工作干部,亦政策上、思想上,也未能加以足够的宣传教育。因而许多干部在实际工作中发现不了问题,对工商界各种思想动态未作到及时了解、系统反映。另外,在对一些不能适合于国计民生,盲目发展的行业(如花行、粮店、纱商、小面粉厂等)的处理上,事先未加强宣传解释,在工作进行中亦未能有计划的组织和指导其转业,因而工作陷于被动,造成一些不必要的盲目开而复歇的损失。

2. 未能充分利用各种可能组织的力量:由于干部缺乏,加以工作方法机械,不能充分利用各方面的力量,以致有些工作不能及时完成。如工商登记积累三百余件,始终未妥善解决。工商联生产委员会至今尚未正式成立,因此不能组织其担负起各专业会议的召开与进行的任务。

3. 缺乏经常的检查工作:各种工作布置后,随时与经常的检查不够,因而有时存在着单纯忙于开会做决议的偏向,不能从实践中修正不切合实际的计划。如私营大华机纺厂生产计划订的过高,未及时修正,结果纱生产仅达计划97%,布88%,没有很好的完成任务。另外,面粉生产上半年亦未完成计划,主要是因为没有及时检查,积极组织外销所致。

(三)几点经验

1. 工商行政部门领导生产必须加强及随时调整产销计划:据面粉、手工纺织、机器、漂染、印刷、砖瓦、五金器材、建筑材料、服装、油漆、木作、石作、度量衡、鞋帽、黑白铁、手工钢铁等17个行业的统计,半年来加工总值共173亿,订货总值共174亿。这在调剂生产上起了很大作用,特别是掌握了加工订货数字,克服了过去盲目产销、淡月滞销的困难。如砖瓦业3月间因西安大事修建,造成盲目生产与抢购以致市场一度混乱。经全面了解实际生产与需要数量,在专业会议上确定生产任务后,产销始趋于正常。而手工纺织业则因组织了定货,淡月滞销的困难才获得解决。

2. 政策领导与技术指导相结合才能发挥生产领导中的更大作用:半年来的经验,工商局本身必须掌握一部分技术人员,使技术领导配合政策,才能更好推动工商联组织各行业,使其发挥职工与专门技术人员的积极性,交流生产经验,提高品质。如建中、同丰、成丰、福豫等面粉厂,经过改进后,销路才好转。

3. 深入宣传政策结合爱国主义教育,是完成任务的基础:在抗美援朝与镇压反革命运动深入开展以来,重估财产、明码标价、清理公股公产等工作,都是结合这两大运动而获得良好成绩的。如重估财产工作至6月底即有1800户将重估完竣。明码标价是通过爱国公约的订立,坐商相互挑战而实现的。而这次在清理公股公产工作中共发现有股权关系者58家,部分公产者43家,除由于工作人员的努力外,主要的是镇压反革命运动深入开展,群众觉悟提高,进行检举的影响。

4. 通过公营与公私合营企业,对私营企业的管理,取得更大的效果:政府从公营与公私合营工厂的经营中,深入了解与掌握企业的情况后,对私营企业的管理才能达到更合理的地步。如华峰面粉厂被代管后,面粉业加工交换率由61斤小麦降到59斤,而各厂都自愿接受,不再乱喊"无钱可赚"了。

5. 适当解决职工问题依靠工人是发展企业的关键:在现有的可能条件下,适当照顾职工福利,解决伙食、宿舍、医药等问题以发挥其生产积极性,并发动职工揭发企业中过去存在的不合理现象,监督企业中的业务执行人一切不良行为与不正当经营,建立民主管理制度,企业才能获得发展。如华峰清理结果,发现仅资方代理人及经理贪污部分即达20亿元之巨。迄政府去年10月代管生产为止,厂内尚亏28000袋面粉,经过发动职工揭发,堵塞了贪污漏洞,生产走向正常后才转亏为盈。

(四)目前存在的几个主要问题

1. 私厂认识不够经营信心不高:部分私厂的高级职员,认为"企业盈余是老板的,权利是工人的,责任是厂方的"。因而经营不积极,问题不设法解决,单纯依赖政府与工会,希望改为公私合营企业,以致劳资协商会议开不好;工人生产竞赛搞起来而厂方却配合不上,影响了生产的提高,因此,今后应加强对工商联学习工作的领导,并经常组织这些高级职员召开座谈会,不断提高与改造其认识。

2. 工资合理化问题：工资是一个未解决的老问题，因工资未能及早合理解决，而现存工资制度又不适合于超额奖励办法，因而不能奖励与刺激生产。因此，改革工资制度便成了目前重要的工作之一。

3. 工商业资金缺少问题：西安市工商业一般资金皆不充足，以面粉业来说除成丰、福豫、华峰等工厂有三天至一星期的周转金外，绝大部分工厂那是靠临时周转。商业方面较大商户根据重估财产的初步了解，绸布业130户资金平均每户约5700万、百货业68户平均80000万、五金业87户平均15400万、粮食业143户平均1750万、运输业27户平均53000万、铜铁器业102户平均6200万、建筑材料业39户平均5000万。一般说资金都不够周转。因此，今后除应鼓励增资外，在有利于生产与物资交流，保证归还的原则下，由银行适当贷款加以调剂是很必要的。

（选自《工商情况通报》第19期，1951年10月20日）

第十三编　社会主义改造时期的工商行政管理

（1953 年～1956 年）

概　述

1952 年底，我国胜利完成了恢复国民经济的艰巨任务，财政经济状况根本好转，这就为大规模地开展经济建设创造了条件。1953 年国家提出了关于发展国民经济的第一个五年计划。经过三年多的恢复时期，社会主义的国营经济迅速壮大，在整个国民经济中起着主导作用。资本主义工商业和个体手工业、小商小贩也有较大发展，对国民经济的恢复和发展起到积极作用。但是生产资料私人所有制比重比较大，它同国营经济、集体经济公有制之间的矛盾日益突出，与国家迅速发展社会生产力和有计划地开展经济建设发生矛盾。

1953 年，中共中央公布了由新民主主义向社会主义过渡的总路线，“党在这个过渡时期的总路线和总任务，是要在一个相当长的时期内，逐步实现国家的社会主义工业化，并逐步实现国家对农业、对手工业和对资本主义工商业的社会主义改造。”国家采取了一系列的社会主义改造措施，使个体农业、个体工商业走上了合作化的道路，使资本主义工商业逐步纳入了各种形式的国家资本主义，到 1956 年基本上完成了生产资料所有制方面的社会主义改造。

管理私营工商业，是当时工商行政管理部门的主要任务。工商行政管理部门运用企业登记管理、市场管理、经济合同管理、指导工商联和摊贩联合会，以及统筹安排加工订货、协调公私关系等行政管理职能，同国家的经济措施，工人群众的监督紧密结合起来，促使私营工商业的社会主义改造顺利进行。

(一)

1953 年，随着大规模有计划建设国民经济的开始，工人、农民生活的逐步改善，城市人口和就业人数的增加，粮食、油脂、棉花、棉布和一些重要农产品、工业品出现了供不应求的紧张情况。许多富裕农民把粮食等重要农产品囤积起来，等待高价出售；城乡资本主义势力利用自由市场进行投机，追逐暴利，更加剧了重要工农产品的供求矛盾。中共中央和政务院及时确定了对粮食、油脂、棉花、棉布等重要工农产品实行计划收购和计划供应即统购统销的政策。

工商行政管理部门运用自己的职能，积极贯彻执行国家的统购统销政策：1. 解除私商疑虑，委托经销、代销。2. 整顿粮、棉、油初级市场。3. 具体安排粮、油、布行业销量的公私比重。4. 核定生产用布，清理登记私商现存棉布。5. 辅导私商“迁、并、转”。6. 进行复查工作，巩固经销、代销成果。

实行粮食等重要农产品和棉布的统购统销，不仅保障了城乡人民生活必需品的供应，稳定了市场物价，而且割断了资本主义与农民的经济联系，对于私营工商业和个体农业的社会主义改造，起了促进作用。对私营粮食、油脂、棉布行业实行委托经销、代销，为改造私营商业积累了经验。对经营同行业的私商，从大到小，从座商到摊贩同时进行安排。这使私商在货源上更进一步依赖国营经济，职工有了监督资本家完成经销、代销合同的任务。企业纳入了国家资本主义轨道，经济关系有了一定的变化。

(二)

社会主义改造以前，在座商、行商、摊商中都有一些专门从事批发经营的商人。1953 年底，中央直辖市及省辖市共有资本主义批发商 3.67 万户，从业人员 19.8 万人，资金 4.6 亿元。在国民经济恢复时期，私营批发商在沟通城乡之间、地区之间的物资交流，活跃市场方面，起过一定的积极作用。但是，它又具有较大的投机性和消极作用，同当时还不够强大的国营商业的发展和巩固，同国家有计划地发展国民经济相冲突。

随着国家对一些重要物资实行计划收购和计划供应，国营经济控制了大部分重要商品的收购环节和货源，私营批发业务日渐缩小。由于加工订货任务的扩大，国营商业又掌握了一大批工业品货源，在这期间，国家又停止了私商经营进出口业务，国营商业和供销合作社在批发环节中的力量大大加强了，私营批发商的货源日益困难，业务大为缩小。

从1953年下半年开始到1954年，又全面安排和改造私营批发商，采取“一面前进，一面安排；前进一行，安排一行”的办法，分别不同行业、不同情况，有计划有步骤地代替和安排，把改造和安排结合起来，引导他们转向有利于国计民生的事业。对他们的资金，给予适当出路；对其从业人员，给予妥善安排。安排和改造私营批发商的步骤，一般是先主要行业，后次要行业；先国营商业掌握货源的行业，后尚未掌握货源的行业；先大的批发商，后中小批发商。

全面安排和改造私营批发商的工作，是在各级党委和人民政府统一领导和部署下进行的。工商行政管理部门负责调查有关行业的情况，指导工商联和同业公会做好对批发商的政策宣传和思想教育工作，处理违法行为，研究在安排和改造中有关财务处理上的各种政策问题，掌握转业、歇业、变更经济性质等企业登记工作和市场管理工作等等。

（三）

在国民经济恢复时期，国家为扶持私营工业克服困难，迅速恢复和发展生产，对一部分私营工厂实行了加工订货、统购包销，收到了很好的效果。到1952年，全国加工订货、统购包销的产值，已达到私营工业总产值的56%。面对若干行业设备有余、工人有余，而任务不足、原料不足、生产困难很大的情况，1953年7月全国财经会议决定，有计划有步骤地扩大加工订货的范围，增加加工订货的任务，以维持私营工业的生产，把私营工业的生产纳入国家计划。

国民经济恢复时期，国家对私营工业的加工订货，由工商行政管理部门统一管理。社会主义改造时期加工订货有很大发展，仍然由工商行政管理部门负责安排私营工业的生产、调整工缴货价、管理合同和预付定金等项工作。通过这些工作，保证了加工订货任务按时、按质、按量完成，并且基本上把私营工业引上了国家资本主义轨道。具体做法是，由国家计划部门提出的生产任务和原料供应的控制数字，适当地分配给国营工业、合作社工业、私营工业。对私营工业生产的安排，由工商行政管理部门按行业召开私营工业专业会议，国营商业部门参加，逐厂、逐品种地落实生产任务和分配原料。任务落实后，由委托加工订货单位分别与各私营工厂签订加工订货、统购包销合同。对于少数私营小厂，因其产品数量零星，规格复杂，供求转变快，则分配其一定数量的原料，让其自产自销。

（四）

公私合营是中国对资本主义工商业进行社会主义改造的一种过渡性质的经济，是国家资本主义的高级形式。它经历了两个发展阶段，即个别公私合营阶段和全行业公私合营阶段。

在企业个别公私合营阶段，资本主义工商企业形成公私合营有多种情况。有的在解放初期，把没收汉奸、敌伪和官僚资本在民族工商企业中的财产转为公股，使企业改为公私合营企业。也有少数资本主义工商企业，由于生产经营上的困难，或者要求扩建，而自身无力投资，因而申请国家投资，将企业改为公私合营。也有的资本家在“五反”运动后，对违法所得，无力退赔，要求将退赔款作为国家投资，将企业改为公私合营。以上这类公私合营企业，国家都派进干部，掌握企业的领导权，并对企业进行了一系列民主改革和生产改革，促进了生产的发展，显示了公私合营的优越性。

1954年开始，国家加强了对资本主义工商业的社会主义改造，提出了有计划地扩展公私合营的方针。1954年9月，政务院公布了《公私合营工业企业暂行条例》，规定了国家资本主义工业实行公私合营的具体政策，推动了公私合营工作的健康发展。

1955年11月，中共中央讨论通过了《关于资本主义工商业改造问题的决议（草案）》，资本主义工商业的社会主义改造，从个别公私合营阶段，推进到了全行业公私合营阶段。1955年下半年，有的城市出现了按行业公私合营的方式，并在统筹安排的基础上，按照发展生产的需要，把改组和改造结合进行。全行业公私合营高潮，首先在北京开始。1956年1月1日到10日，全市共批准资本主义工业5266户实行全行业公私合营，资本主义商业的绝大部分也实行了公私合营。紧接着资本主义工商业集中的天津、上海、广州、重庆、武汉等大中城市，也只有一个月的时间，就全部实现了全行业公私合营。到1956年3月底，全国除西藏等少数民族地区外，都基本上完成了对资本主义工商业的社会主义改造。

在扩展公私合营工作中，工商行政管理部门按照国家的各项方针政策，指导清产核资，监督利润分配，参与人事安排，协调公私合营中的公私关系，促进了公私合营工作的顺利进行。

（五）

国家对个体工商业的改造，按照不同行业不同情况，根据自愿的原则，分别以各种不同的合作组织形式，把他们逐步引上合作化的道路。

工商行政管理部门在国民经济恢复时期，负责对个体工商业的管理和监督，保护其合法权益，教育其守法经营。在社会主义改造时期，除了日常的管理和监督外，主要广泛宣传党在过渡时期总路线、总任务，进行调查研究，反映情况，提出可行的政策性意见，引导他们走合作化道路。

对个体手工业的改造，开始是推动他们组成手工业供销小组或手工业供销社，其劳动工具仍由个人私有，分散进行生产，是手工业的低级合作组织。

1953年各级人民政府成立了手工业管理局以后，手工业的管理和改造工作实行归口领导，大量的手工业供销小组和手工业供销社，转变为手工业生产合作社，把原来劳动工具由个人所有变为集体所有，把原来分散生产变为集体生产。经过社会主义改造高潮，到1956年底，全国已有92%的手工业者组织起不同形式的合作组织，其产值占全部手工业总产值的93%。

对个体商贩的改造，开始是组织他们搞联购联销和联购分销，以后又帮助他们组成合作商店、合作小组。1956年社会主义改造高潮中，合作商店、合作小组成为对城乡商贩进行社会主义改造的主要形式。有一部分被带进了国营商业和供销合作社或者公私合营商业。到1956年底，全国城乡238.8万个体商贩，90%以上都已经组织起来。

第一章　实行统购统销,扩大加工订货

第一节　实行统购统销,稳定粮、棉、油市场

一、中财委关于继续贯彻执行禁止纱布自由运往东北的决定

中财委为目前仍应继续贯彻执行禁止纱布自由运往东北的决定,通知铁道部及有关部门遵照执行。兹将该通知(53)财经贸字第八四号的原文刊载如下:

铁道部铁商工(53)字第二四七号报告悉。关于纱布(包括手工土布)可否运往东北问题,本委意见:因目前关内外纱布差价仍很大,为了有计划的供应市场和防止纱布价格的波动,故仍应贯彻执行中财委1950年9月28日财经1298号电报的决定:东北纱布的供应统一由国营贸易公司负责调配,除国营公司外,其他公营企业、团体、机关、部队或私商一律禁止托运纱布去东北。托运时必须由当地工商行政部门商得国营公司同意后签发证明文件,始准启运。

上述办法是目前过渡时期的办法,中商部应积极设法调整关内外纱布差价,使之合乎商品流转规律,以待将来取消此一行政命令的限制。

以上希即遵照执行。

(选自《工商行政通报》第9期,1953年6月5日)

二、中央商业部关于限制私商对灯心绒运销东北的指示

中央商业部为限制私商对灯心绒运销东北以(53)商花字第九号函告天津市工商管理局应暂予限制。兹将该函刊载如下:

据北京市工商管理局工商管(53)字第四〇二号报告称:"(一)本市座商××行,欲往东北运销灯心绒,经请示中商部,电报仍本棉布禁运精神,不准运销,但事后该号将货运往天津转运大连,自4月10日至27日共运走13825公尺。(二)据××行职工张长贵来局谈称:曾经函询天津市工商局,该局以经群字第七四号函答复,灯心绒不是管制物资,可以自由出市。(三)关于棉布禁运东北,在京、津两市掌握尺度不一,致被私商钻了空子,在政治影响上也不好,请转知天津市工商局纠正为荷"。等情;关于私商由津运销东北灯心绒的情况,据该局以前反映:非仅××一家,尚有××、××、××等商号。本部认为:灯心绒的品名虽称为"绒",而实为棉织,属于棉布品类,似此私商利用京津管理办法的不同,取巧牟利大量运销东北,影响国贸国内外计划掌握,应仍暂予限制,但消费者少数携带可予例外。除本部工业商品局前在电话中曾与你局行政科联系外,即希速予酌情处理,以免分歧为要。

(选自《工商行政通报》第10期,1953年6月20日)

三、中财委对华东财委关于统一采购问题的补充意见

自华东财委取消了统一采购办法后,市场上呈现了混乱现象,各地专业公司在上海竞购物资和压价推销商品,减弱了国营企业对当地物资有效的组织控制和对市场物价的领导力量,市场上牌市价脱节,居间商的投机活动重新活跃。为稳定市场物价,避免商人投机及内部争购物资等混乱现象,关于统一采购问题,中财委曾于5月14日以(五三财经辰一〇九)号电各大区财委征求意见(华东、华北、西北财委均有复电)。根据上海半年来实行自由采购的经验看,实行统一采购办法仍有必要,不然将发生像上海已经发生的商人投机、内部争购等混乱现象。华东财委对于统一采购办法改变前后情况曾有所分析并提出了他们的意见,(华东财委所提意见附后)这证明了是正确可行的。对于今后各地各单位赴上海、天津、广州等大城市采购办法,除华东财委所提

五点意见外,中财委又补充了以下四点意见:

(一)军委系统:部队采购物资按中财委(五三财经物年字第九号)批复天津市财委文规定办理,即:过去部队在各大城市设立之采购机构,因"三反"中发生问题很多,故决定一律撤销;今后关于军用物资零星采购与零星加工订货,由军委总后勤部或大军区后勤部负责统一介绍到采购地区之工商行政管理机构进行采购;军委所属各部采购物资凡在千万元以上者,统由军委总后勤部负责审查介绍,在千万元以下者,由各部门自行介绍;各大军区采购物资,在500万元以上者,统由大军区后勤部负责审查介绍,在500万元以下者,由各单位自行介绍。志愿军采购物资问题,亦按上述办法由东北后勤部负责介绍。

(二)中央系统:中央各委、部、会、院、署、行可根据本部门采购业务之需要,以部或专业局为单位统一设立办事处(有些部、局因无经常采购业务或采购商品数量不大,不需要设立办事处者,可持本部门之介绍函件)通过采购地工商行政管理机构进行采购。

(三)地方系统:各大区财委,可根据本地区采购业务之需要,以大区为单位统一设立办事处;但如某些大区目前不需要设立办事处者,大区级及省、市以下各单位可分别经大区或省、市财委介绍,通过采购地工商行政管理机构进行采购。

(四)机关、学校在市场小宗的采购普通文具及零星日用品,可不必须按统一采购物资的办法进行管理。

附:华东财委对于统一采购办法的五点意见

(一)各专业公司系统来沪采购,必须由各该系统的上海供应机构统一采购供应或组织加工订货,不得在市场上直接与私商发生业务关系。

(二)各地机关、部队等采购单位来沪采购,除国家分配物资应另按统一分配办法申请和核配外,均由上海市工商局会同商业局,吸收税务局、海关、银行及有关专业公司参加,成立一个行政管理与业务指导相结合的管理办公室,进行统一管理。

管理办公室受上海市财委直接领导。

(三)各地采购单位来沪采购,均须首先向管理办公室联系,除专业公司系统外,并须提出经其本上级批准的采购计划(包括加工订货计划),管理办公室对采购计划加以审核后,则分别介绍专业公司承购,或市贸易信托公司代办,或经交易所向市场采购。

办公室在审核采购计划时,得依据市场总的供需情况,减少某些商品的供应量或暂不供应。各采购单位不得强求供应。

(四)银行对采购单位提款,专业公司系统,凭该系统的上海供应机构背书支付,所有机关、部队等的采购用款,凭管理办公室背书支付,非采购业务用款和零星用款,在规定的一定限额内,得由银行酌情付现。

(五)各采购单位如有不遵守上述规定,发生扰乱市场物价等情事,由办公室随时纠正制止;如属重大错误,得报请上级机关处理。

(选自《工商行政通报》第12期,1953年8月5日)

四、中财委关于继续执行禁止纱布自由运往东北的决定

1953年7月13日中央人民政府商业部、铁道部发出联合通知,略谓"奉中财委5月25日(53)财经贸字第八四号通知略开:'关于纱布(包括手工土布)可否运往东北问题,本委意见:因目前关内外纱布差价仍很大,为了有计划地供应市场和防止纱布价格的波动,故仍应贯彻执行中财委1950年9月28日财经一二九八号电报的规定,东北纱布的供应统一由国营贸易公司负责调配,除国营公司外,其他公营企业、团体、机关、部队或私商一律禁止托运纱布去东北。'等因;各地均应遵照贯彻执行。并根据中财委指示精神特作以下具体说明:

一、东北所需纱布,除当地产品外,统一由中国百货公司东北区各省市批发站按中央批准计划,向关内调配供应,托运时,根据中国百货公司东北区各省市批发站与关内中国花纱布公司各中央采购供应站,及各省市批发站所签订供应合同数量,凭当地花纱布公司证明,向路局托运。

二、中华全国合作总社按中央批准计划数,对东北各省市合作社之棉布调剂,在全国合作总社未提出全年各季度具体起货和运往省市社纱布计划前,仍照以往每批启运均由中央商业部函知中央铁道部(同时抄告当地工商行政部门)转达各地路局,

始可托运。

三、运往东北军需纱布,根据中国花纱布总公司与中央军需生产部所签订合同,分配各地花纱布公司供应之纱布,由当地花司开给证明进行托运。如志愿军由于紧急任务采购之布匹,由各地工商行政部门签发证明托运。

四、关于以前东北至关内在物资交流会上业已成交的纱布,如数量不大,需运往东北者应经所在地(如石家庄开物资交流会,东北沈阳有组织前来参加,购进纱布运往东北,需经石家庄市工商局同意)工商行政部门批准,始得托运;今后物资交流会不应再直接售纱布给东北任何部门。

五、如因特殊情况运往东北纱布,事先应报经中商部批准由当地工商行政部门签发证明文件,始准托运。”

(选自《工商行政通报》第12期,1953年8月5日)

五、中财委关于粮食市场管理的意见

自收购粮食以来,各地党、政领导机关及工商部门均重视了对粮食市场的管理工作,实行了粮食运输管理的办法,多数地区掌握适当,情况正常,国营粮食部门与合作社在市场收购的比重显著增加。但在少数地区,对于粮食市场管理工作还有掌握过紧,或单纯采用行政管理的办法,限制了群众买卖自由,造成粮食市场上不必要的紧张状态。市场管理是一项复杂、细致的工作,如果掌握不好,则将有损于国家与合作社控制粮源,不利于粮价稳定。目前各地早稻已先后上市,国家必须大力组织收购,掌握必要数量的粮食,以保证和调整粮食市场的需要,各地党、政领导机关必须加强对市场的领导。为了划清政策界限,正确地掌握市场管理工作,中财委提出以下意见,希各地财委结合具体情况,订出具体可行的办法。

一、在各级粮食市场上,对于不法私商囤积居奇、哄抬粮价、压价、截购等非法行为,必须严格取缔。但对消费者、农民小量的、非投机性的粮食交易不得限制。

二、实行运输管理以后,凡外地私商已购得的属于当地管理范围的粮种,除继续严格控制运输外,如非私商自愿出售,则国营粮食部门或合作社不得强制收买。

三、对于代客买卖的粮行应根据情况给以一定的手续费,促使他们为国营粮食部门服务,或有步骤地帮助他们转业,因为他们还有相当数量的在业职工,故不宜不加区别地令其停业,以免造成职工失业现象。

四、对于私营大、中型粮食加工厂,应根据国营粮食公司原料情况及经营上的需要,通过委托加工办法控制其经营,并逐渐改造使其适合国家需要,为国家服务。对小型加工厂、土磨房,则应根据当地粮食上市情况,参照公私经营比重,分配其在市场上收购一定数量的粮食,以调剂当地市场的供应。

(选自《工商行政通报》第13期,1953年8月20日)

六、中财委指示棉粮收购时的物资供应工作

当前在收购小麦中最突出的问题,是我们供应农民所需要的商品工作未能与收购工作相适应,特别是未能与大力扶植农民的生产工作相适应。在收购中只注意收购,没有考虑到在收购小麦、大批货币投入市场以后,怎样组织供应物资来及时使货币回笼。

这个问题,不仅是个别地区的情况,而且是目前全国普遍存在的问题,也是国营商业与合作社商业工作中如何为生产服务、为农民消费服务的重大问题。我们收购了农民的粮食,而农民拿到了钱买不到他们必需的生产资料和生活资料时,农民就会发生怨言,这是有关巩固工农联盟的问题。

今秋棉粮收购任务是十分艰巨的。在产粮区和产棉区如何做好供应工作,应该视为与棉粮收购同样严重的任务。为此,请各地财委领导粮食商业、合作等各有关部门进行研究,具体安排布置工作:

一、在做好棉粮收购计划的同时,必须做好农民所必需的生产资料、生活资料的供应计划。这不仅为生产服务,为农民消费服务应该这样做;为了完成这样巨大的收购任务,必须随时回笼货币,使现金能够平衡,以利于保证收购计划的完成,也非这样做不可。

二、在下乡收购棉、粮的同时,国营公司和合作社必须组织适合农村销售的货物,不断地随时充实棉产区的基层合作社与国营商店配合收购,随时满

足市场供应。除一般的应注意供应肥料、造农具的熟铁、小型农具及油、盐、布匹等日用必需品外,在产棉区应特别注意粮食的供应,因为棉农出卖了棉花,大部分是买进粮食;如果粮食不能充分供应,难免不使棉农售棉得不到正当的棉粮比价的实际利益而招致棉农不满,且可能会引起粮食市场的混乱。

三、各地国营公司和合作社执行充实棉粮区基层商店与合作社准备供应时,不能单纯从处理自己积压的冷背货出发,必须从整个农民供应工作上着想,供应那些为农民迫切需要的物资。如果忽视了这一点,也会使农民发生不满,而违反国营商业和合作社商业为生产服务、为消费者服务的方针。

(选自《工商行政通报》第13期,1953年8月20日)

七、中央关于实行粮食的计划收购与计划供应的决议

(1953年10月)

中央批示:兹将《中共中央关于实行粮食的计划收购与计划供应的决议》发给你们,请予认真执行。除迅速发至县委和城市区委外,可登党刊。

(一)

过去几年,由于在全国范围内实行了土地改革,从封建势力的枷锁下解放了农村生产力,发挥了农民的生产积极性,所以全国农业经济恢复较快,连续了几年的丰收,并在粮食供应方面做了许多有效的工作,从而使粮食生产超过了解放前的最高水平,粮食贸易由解放前的大量入口转变为停止入口并可以小量出口,同时保持了粮食市场的基本稳定。但是由于城市和工业的需要逐年增大,人民生活逐年提高,食用量增多,特别是由于粮食自由市场的存在和粮食投机商人的捣乱,使农村中的余粮户储存观望,等待高价,不愿迅速出卖粮食;反映到供销上面,则是国家粮食收购计划不能按期完成,粮食销售却远远超出计划,造成供销不平衡,市场紧张。这种情况,直到今年秋收之后,仍在发展。截至目前为止,全国的购销情况是:有的不能完成收购计划,有的虽然完成了收购计划,但销售数字却大大超过销售计划。这说明了粮食问题的极大严重性。如果不设法加以解决,那么在粮食战线上,不久就将不可避免地出现一个严重的供销脱节的混乱局面,以至形成牵动全面的物价波动,影响整个的国家建设计划。必须指出,现在全国商品粮食产量的增长速度,虽落后于粮食需要的增长速度,但是只要调度得法和措施得当,还是够吃够用,且能略有积余的。现在在供销方面所表现的紧张性,其本质是反映了国家计划经济与小农经济和自由市场之间的矛盾,反映了工人阶级领导与农民自发势力和资产阶级反限制的立场之间的矛盾,归根结底,是反映了社会主义因素与资本主义因素之间的矛盾。所以粮食问题不是采取枝节的办法所能解决的,而从根本上找出办法来解决这个极其严重的问题,就成为全党当前极端迫切的任务。

为了从根本上解决粮食问题,把粮食供应放在长期稳固的基础上,除了努力促进农业生产的互助合作化和技术改良,借以增产粮食,把粮食生产发展的速度逐步提高到足以保证国民经济向前发展的水平外,必须在全国范围内,采取如下的措施:(一)在农村向余粮户实行粮食计划收购(简称统购)的政策;(二)对城市人民和农村缺粮人民,实行粮食计划供应(简称统销)的政策,亦即是实行适量的粮食定量配售的政策;(三)实行由国家严格控制粮食市场,对私营粮食工商业进行严格管制,并严禁私商自由经营粮食的政策;(四)实行在中央统一管理之下,由中央与地方分工负责的粮食管理政策。上述四项政策,除少数偏僻地区和少数民族地区之外,必须全国各地同时实行。上述四项政策是互相关联的,缺一不可的。只实行计划收购,不实行计划供应,就不能控制市场的销量;只实行计划供应,不实行计划收购,就无法取得足够的商品粮食。而如果不由国家严格地控制粮食市场,和由中央实行统一的管理,就不可能对付自由市场和投机商人,且将由于人为的粮食山头的相互对立,给投机商人以更多的捣乱机会,结果计划收购和计划供应亦将无法实现。

实行上述政策,不但在现在的条件下可以妥善地解决粮食供求的矛盾,更加切实地稳定物价和有利于粮食的节约,而且是把分散的小农经济纳入国家计划建设的轨道之内、引导农民走向互助合作的社会主义道路和对农业实行社会主义的改造所必须采取的一个重要步骤,它是党在过渡时期的总路线的一个不可缺少的组成部分。

(二)

根据概略的计算,目前每年国家必须掌握着

700亿斤的商品粮食,才能有把握地控制粮食市场,满足城市人民和乡村缺粮人民的需要。故除了全国农业税收的粮食部分275亿余斤之外,还须向农民计划收购431亿余斤。这虽是一个很大的数目,但由于过去三年的丰收,农民手中存有若干余粮;今年年成不坏,粮食总产量相当于去年。而就农民拿出的粮食数字来说,1952年农民缴纳国家的公粮和卖给国家及私商的粮食,共约为670亿斤左右,今年实行计划收购,农民要拿出的粮食,所多不过30余亿斤,所以说这是可能的。

但是,粮食的计划收购(统购)涉及广大农民,首先是广大中农切身利害关系的问题,它不但会遇到投机商人的抵抗,遇到反革命分子的破坏活动,而且如果工作做得不够,还会遭受到一部分余粮户的反对。因此,在实行计划收购时,(一)统购价格必须合理。国家所定的统购价格,在大体维持现有的城市出售价格的基础上,以不赔不赚为原则。在此原则下,全国各地的秋粮统购价格将大体维持目前的收购牌价,只有对于某些大区之间的毗邻地点和其他个别地点的粮价定得不合理者,才予调整。目前统购牌价尚未颁布,各地的收购牌价,不得大区批准,一律不准提高。(二)统购价格及统购粮种,必须由中央统一规定,杂粮是否实行统购及统购品种,亦由中央规定,以便于合理地规定地区差价和调节品种比价,消除粮食投机的可能。(三)统购价格必须固定,以克服农民存粮看涨的心理。在既定的收购数字和收购价格下,农民可以分期交粮,分期取款;可以一次交粮,一次取款;也可以一次交粮,分期取款。而在后一种场合,可由银行给予较为优厚的利息。以上办法可根据地方情形,酌量采用。(四)实行统购同时,必须加强农村的物资供应,加强地方国营工业和手工业的生产,使农民出卖粮食所得之现款,能够买到生产和生活必需的物资,以便利农民。(五)统购面宜于稍大,不宜过小,才利于完成统购的任务。(六)实行统购必须进行充分的政治动员,并须采取由上级颁发控制数字和由群众实行民主评议的办法。在乡一级应将控制数字公布,使群众心中有数。(七)粮食入仓的运输,适用公粮入仓的运输办法。(八)为了帮助贫农解除困难,避免购粮资金的投放过分集中,应在1954年考虑实行粮食预购的办法。

应该指出,国家实行粮食计划收购,只是不利于奸商,不利于囤积居奇牟取暴利的粮食投机者和剥削者,不利于农民中那种资本主义的自发倾向;而对于所有农民,包括余粮户在内,都是有利的。这不仅因为农民得到了合理的粮价,得到了物价稳定的好处,更主要的是因为国家和粮食投机商以及农民的资本主义自发势力作斗争的结果,使农民摆脱投机者的操纵和剥削,并将加快地促进农民对于社会主义的觉悟,因而就可能加快地促进互助合作运动的发展,而农民只有走互助合作的道路,走社会主义的道路,才能最后地解除自己的贫困,过着一年一年富裕起来的生活,才能使商品粮大量的增加,供应城乡人民的需要。把道理向农民讲清楚,一定能够得到他们的拥护。因此可以说,实行计划收购,不仅没有损害农民的利益,而且保护了农民利益;不仅不会损害工农联盟,而且会加强工农联盟;不仅不会妨害农民的生产积极性,而且工作做好了,可以更大地发挥农民的生产积极性。

(三)

我们的计划供应(统销),不同于资本主义国家的配给制度,更不同于日本占领时代的配给制度。因为我们的供应是足量的,粮食品种是合乎人民健康需要的;而我们供应的范围不但是保障县以上城市,而且包括集镇,包括缺粮的经济作物区,包括农村人口中大约十分之一左右的缺粮户和每年都有的灾区粮食的供应。这就是说,我们保证供应的人口,仅在农村,即近1亿,加上城市,总数接近两亿。由于实行计划供应,这两万万城乡人民可以不受奸商的剥削,吃到所需的合理价格的粮食。所以,这是一个对于广大人民极其有利的措施。

实行计划供应,对于国家和人民来说,同计划收购一样,是一项没有经验的新的工作,一时还不可能定出一个统一完善的制度。所以在城市开始实行时,只能规定一些简便易行的办法,只能由简到繁、由宽到严,对有组织的群众,可通过其组织,对一般市民,可暂凭户口簿购买。在集镇、经济作物区、灾区及一般农村,对于缺粮户,则亦应采取由上级颁发控制数字和由群众民主评议的办法,使真正的缺粮户能够买到所需要的粮食,而又能够控制粮食的销量。对于旅店、熟食业、食品工业等,则按过去一定时期的平均实销量,定额给予供应,不许自行采购。以上具体办法,由各地根据实际情况确定。计划供应中,粮食品种的调剂,将成为十分重要的工作。对于主要城市和工矿区,给以适当数量的细粮，是必要的。但由于国家细粮产量不足，故须教育人民，有什么吃什么，吃得粗一些，以便于全国的统一调度和搭配。粮食加工必须提高纯度，降低精度，以节约粮食。这样做对人民的健康是有益无害的。总之，粮食计划供应能够更加有效地保障城乡人民的粮食需要，保障国家的建设，能够更加保证粮食价格的稳定和一般物价的平稳；而实行的结果，和计划收购一样，受到打击的也只是粮食投机商人，因此这一措施是会取得广大城乡人民的拥护的。但也必须看到，供应开始，人民一下还不习惯，有的还可能有顾虑，品种供应上不可能尽如人意，可能招致部分群众的不满，对于这些，需要我们在实行的过程中，找出更好的切实可行的办法和做充分的宣传教育工作。

为了实行计划供应，在城市和集镇上必须适当配置供应粮食的国营粮店、合作社或代销店，目前尚无此项供应机构者，应在实行计划供应之前配置完毕。

(四)

为了保证计划收购和计划供应政策的实施，必须实行粮食市场的严格管理，必须将粮食市场掌握在国家手里，粮食由国家统购统销。因此：(一)一切有关粮食经营和加工的国营、地方国营、公私合营和合作社经营的商店和工厂，必须统一归当地粮食机关领导，使事权专一集中。(二)对于私营粮商，必须采取严格的管制办法。所有私营粮店一律不许自由经营粮食，但可以在国家严格监督下，由国家粮食机关委托办理代国家销售粮食的业务，即只能起代销店的作用。小杂粮亦由国家经营，在国家尚未准备就绪前的一个短时期内，在有监督的条件下，可以暂时允许一部分粮商加以经营。(三)所有私营加工厂一律由国家粮食部门委托加工，或介绍给合法消费户按照国家规定的精度从事加工，不得自购原料，自销成品。(四)一切非粮食商禁止跨行跨业兼营粮食。(五)城郊农民运粮进城出售，由国家商店和合作社收购，不许私商购粮牟利。(六)在城市，居民消费量有余和不足间的调节，不同习惯不同粮种需要间的调节，可到指定的国家商店及合作社或国家设立的粮食市场卖出和买入(代销店不得经营此项业务)；在农村，农民缴纳公粮和计划收购粮以外之余粮，可以自由储存和自由使用，可以按照牌价售给国家，或在国家设立的粮食市场进行交易，并且完全可以在农村间进行少量的有无相通和自行交换。(七)为了切实管制粮商，取缔投机，各地应组织检查机构，进行经常的检查和监督；对于违犯国家法令的奸商，必须严格处理。

(五)

为了保证粮食的计划收购和计划供应政策的实施，必须由中央实行统一的管理，统一的指挥与调度。所有方针政策的确定，所有收购量与供应量，收购标准与供应标准，收购价格与供应价格等，都必须由中央统一规定或经中央批准；地方则在既定的方针政策原则下，因地制宜，分工负责，保障其实施。中央与地方的具体分工是：(一)粮食的收购和供应计划，由国家计划委员会颁布控制数字，各大区根据控制数字和当地情况，制订计划报中央批准，然后按照计划，负责收购、供应和保管。(二)按照计划拨给大区供应的粮食，全部由各大区负责掌握调度。(三)除拨给各大区的粮食以外，其他粮食包括各大区间的调剂粮、出口粮、储备粮、全国机动粮、全国救灾粮等，统归中央统筹调度。(四)各大区如遇自己不能克服的困难，中央负责解决。(五)中央认为必要和可能从地方调出一定数量粮食时，地方必须服从中央的调度。(六)计划供应的标准，由大区提出方案，报中央批准。(七)中央统一规定若干大小城市及各大区间毗邻地点的粮价，大区和省根据中央所定的原则，规定其他城镇的粮价，报中央批准。

(六)

如上所述，粮食的计划收购和计划供应，是关系到每一个城乡人民、特别是关系到每个农民的大事，这个工作做好了，就可以巩固工农联盟，在一个重要方面把广大农民引向国家计划经济的轨道而脱离资本主义的自由市场，就可以刺激农民的生产积极性，增加生产，就可以大大地减少浪费，节约粮食，就可以把农村工作大大地向前推进一步；而如果做得不好，政策掌握不稳，动员说服工作做得不够，就会引起群众的不满，甚至会在反革命分子的煽动挑拨下，发生一些大大小小的骚动事件，而尤其重要的，它将影响农村的生产积极性，产生大吃大用随意损耗粮食的浪费现象。因此必须动员全党的力量，向广大人民、主要是向农民进行充分的工作，才能完成这个极为艰巨的任务。

必须指出，实现这个政策的关键，在于教育党员和教育农民。在党员和农民群众还没有明了这个政策的必要性和重要性的时候，是会在党内和在农民中遇到抵抗的。所以必须由上而下，首先在党内召集一系列的会议，向各级干部和全体党员讲通道理，然后通过他们，去向所有农民讲清道理。必须使他们懂得党在过渡时期的总路线和总任务，即是要在大约三个五年计划内，或者说大约15年左右的时间内，将我们的国家建设成为一个伟大的社会主义国家，使我国由新民主主义过渡到社会主义。使他们懂得只有实行党在过渡时期中对于农业的社会主义改造的方针，即按照农民自愿的原则经过发展互助合作的道路，在大约15年左右的时间内，一步一步地引导农业过渡到社会主义的方针，才能一步一步地发展农业生产力，提高农业的产量，才能使所有农民真正脱离贫困的境地，而日益富裕起来，并使国家得到大量的商品粮食及其他农产品。使他们懂得，只有实行计划收购和计划供应的粮食政策，才能保证国家和人民的粮食供应，才能稳定物价，保障经济建设，才能打击粮食的投机奸商和囤积居奇的剥削者，才能把农民的个人利益和国家及全体人民的共同利益结合起来，才能把农民的目前利益和长远利益结合起来，才能引导农民抛弃资本主义的道路，而逐步地走向互助合作的社会主义的道路。使他们懂得，如果不实行计划收购和计划供应的粮食政策，听任粮食的投机行为和剥削行为自由地发展下去，即是说，听任农村经济按照资本主义的经济法则自由地发展下去，其结果，除了少数的投机者和剥削者变为资产阶级之外，绝大多数农民将会陷于被剥削、被奴役的贫困地位。所以必须实行计划收购与计划供应的政策，才是对农民有利的。使他们懂得，国家工业化的建设，是全体人民的最高利益，也是农民的最高利益，只有实现社会主义的工业化，才能够使国家有可能用机器来帮助农民发展集体农场，以便于大大地和迅速地提高农业生产率，并有可能供给农民以丰富的和便宜的生活资料。因此，大力帮助国家工业化的事业，拥护国家计划收购与计划供应的政策，乃是农民对于国家的一种重要义务，是农民爱国主义的一种表现。只要把道理讲清楚，农民是一定拥护的。

必须指出，实现这个政策，争取劳动农民，克服农民只顾个人利益不顾国家利益的这种落后方面，孤立从事粮食投机的少数分子，这是一件极其复杂极其艰苦的新的工作，故须全党动员全力以赴，才能做好这件工作。必须大量抽派得力的能够掌握政策的干部到农村中去。中央局、省委、地委及各级政府的负责同志，在计划收购的时间内除留少数处理日常工作外，应亲自到下面去，研究情况，掌握政策，创造并及时推广经验，尽可能地减少偏差和错误。特别是对于农村大约10%的落后地区和落后乡村，尤须十分注意掌握，并派得力干部坐镇，因为这是最容易出乱子的地方。

最后，在时间的安排上，为使工作做得充分，要求各地在1953年11月底以前，完成各级的动员和准备；并确定于12月初，在全国范围内同时开始农村的统购工作。至于城市的计划供应，则可根据各地情况，酌定适当日期，报经中央批准后，提早开始实行。

八、中央对外贸易部关于秋后收购工作的指示

目前正是秋收季节，新的农副产品已开始上市。我们必须做好秋后收购工作，这是掌握出口货源，从而完成本年第四季度和1954年第一、二、三季度出口任务，扩大内外交流，换回工业建设所需进口物资的重要关键；同时，只有做好这一工作，才能适应秋后广大农民推销农副产品的要求，支持某些受灾地区的生产救灾，扶助与推动明年农副业生产的发展，以增强工农联盟的巩固。

当前在出口货源上，一般来说均感到不足！这主要是由于客观上我国农副业生产发展的速度赶不上内外销增长的速度，加以今年某些地区灾害严重，因而呈现供不应求的情况；另一方面，主观上是各出口公司收购与进货计划未能很好完成，其中有些公司受了“积压过多，要泻肚子”的错误思想的影响，以致对若干商品没有按计划积极地进行收购，并在收购方式、规格、价格和经营管理工作上也存在一些缺点。这些问题，本部领导上是有责任的。另外，国营商业公司对部分主要商品如油脂、油料没有按计划拨交，连带地影响了某些出口公司的进货。同时又撤销了某些不应撤销的机构，让出一些不应让出的农副土产品，放松了对市场的管理，造成私商投机抬价抢购，使牌市价脱节，失去牌价在市场上的领导作用。这些都给国家收购工作增加不少困难。因此，为了解决上述各项问题，做好秋

后收购工作,必须采取如下的措施:

一、根据生产情况及内外销需要,对有关出口的农副产品自上而下作出相互衔接的收购、内销与出口计划,然后在当地财委统一领导下积极组织收购,坚决防止与克服抢购现象的发生。为此,建议各地财委应领导对外贸易部特派员、商业管理局、合作社和有关公司,联合召开农副产品收购会议,统一计划与步调,并组织签订收购合同或协议。同时对旺销顺销的商品,可适当扩大计划去收购,但须经当地财委批准,以防止乱抓;对若干滞销的出口商品,应按本部批准的计划积极去收购,不许擅自紧缩或扩大,以便既照顾农民销售要求,又不至造成国家积压;对有些出口商品农民要求销售而国外现无销路者,除各地土产公司与合作社组织物资交流,大力开展内外销,有关出口公司还必须积极寻找销路,设法外销;对某些为政治上照顾而需收购者(如支持生产救灾),可适当选择商品予以收购,但需事先报部批准;对若干现在虽不是旺季但内外销均需要的商品,仍应继续进行收购。

二、必须正确掌握收购价格。属本部掌握之出口商品收购牌价,在执行中如发现欠合适者,可随时提出具体意见,以便审核调整。所有兼营内销业务及和内地供应有密切关系的出口公司,必须在内外销兼顾与结合的原则下,一方面要做好对内地市场的调剂和供应,一方面要积极组织出口货源,保证出口任务完成,并应认真执行优货优价、劣货低价的政策,防止与克服随便提价压价、提级压级的错误作法。价格工作是一项极为重要而又复杂的工作,必须有专人掌握价格工作,遇有新的重要情况,除及时向上级报告外,并应协同有关部门,报请当地财委在既定价格政策之下因地制宜,及时处理。

三、必须正确掌握商品收购规格。根据国际市场的一般规格标准,并结合我国农民生产的具体条件和历史习惯,规定适当的规格标准去收购。合乎规格标准者,优价收购,组织出口;不合规格标准者,除内销亦很困难的商品与废品外,低价收购,设法内销。因为不合规格的商品是不能或很难出口的,故不能不照顾国外对商品规格质量的要求;但由于目前我国分散的小农经济占极大优势,因而也不能过分强调国外规格。因此在掌握商品收购规格上,一方面要防止与纠正不讲究规格质量、不顾国外要求、不管能否销售都要国家收购积压等迁就落后的现象;另一方面也要防止与纠正对规格定得过高过繁的脱离现象、脱离群众的错误。

四、必须做好从各有关部门(商业部、粮食部)的进货工作。为此,各出口公司应和各有关部门根据中央计划签订拨交合同,在可能条件下应争取早进多进;同时要了解内地收购和市场价格等情况,积极派人下乡按合同督促交拨,克服坐在口岸等货的消极懒惰思想。遇有问题,应本相互支持、合作互助、内外兼顾的精神,主动地、诚恳地协商解决,防止与克服本位主义思想与任何片面观点。除必须密切和商业部、粮食部联系外,还必须充分依靠合作社。要知道我国的农副产品是品种多、数量大、分布广,必须依靠合作社才能把分散的物资集中起来,组织出口,也才能巩固国营贸易经济对私商的领导。因此,各有关出口公司必须主动地与合作社签订好收购合同,并主动地向合作社干部讲清收购、出口政策和出口商品的规格;在资金上要按规定及时拨付,在技术上也要给合作社以必要与可能的帮助,并使合作社有一定利润;但也应要求合作社准确执行合同。

五、为了制止私商投机抢购和破坏国家政策的非法行为以便稳定市场,保证国营出口商品收购任务的完成,对外贸易各单位必须主动地配合有关部门,加强市场管理,调剂市场供应,适当调整地区差价;口岸海关对进出口商必须严格按照计划和法令审批出口,凡超计划出口者,必须事先报部批准;过去禁止对资本主义国家出口者,仍继续禁止;特许出口者,批准权仍归本部。同时,凡国营不经营或不能全部经营的有关出口的农副产品,应允许私商在国家政策法令下积极经营,并给予合理利润,以利生产并增加国家外汇收入。

六、财务计划必须和业务计划结合起来,财务工作要为完成业务计划服务;同时又督促业务计划的实现。为此,除将过去按月度作财务计划的制度改为按季度来作,以便能在季度计划内灵活调整外,并下拨一部分机动贷款,分由各特派员掌握,以备急需收购某些商品之用,并防止与克服收购不及时的毛病。

七、认真改善收购方式与经营管理。在收购方式上,态度要和气,买卖要公平,验收手续要简便,以节省农民的时间。特别要听取群众的意见,贯彻群众路线,并要向地方党政经常作报告,依靠地方党政及合作社将国营出口公司的收购价格、商品规格及收购办法，向广大群众进行普遍深入的宣传解释。对私商抬价抢购的违法行为，应及时予以揭露，并通过工商行政部门予以制止；其中违法行为严重者，应依法予以惩处。在经营管理上，必须抓紧保管、运输、加工三个环节，大力予以改进；并应注意防盗、防火、防湿、防潮。总之，要从各方面节省费用，减少伤耗，保证商品质量，及时组织出口，从而有效地加速商品流转，降低出口成本，保证完成和超额完成本年的上缴利润任务。

（选自《工商行政通报》第17期，1953年11月5日）

九、中央财政部、税务总局关于取消代购代销后几个具体问题的处理意见

（1953年11月9日）

中央财政部税务总局9月24日以（53）政一字第一八〇一号发文批复华东区税务管理局"关于取消代购代销后几个具体问题的处理意见"略称：

税制修正后，座商或行商从事代购代销业务应一律按进销货计税。但对其中几个具体问题，暂作如下规定：

一、较小集镇之工商业户，因资金短绌，规模较小，无独立向外埠采购能力，为节省费用，由各该同业公会名义集中采购，或组织联购组，雇用一、二人，代参加各户联购，以原价交货，费用分摊，经工商、税务部门批准者，可免按进销货处理。

二、工商业户一家到外埠购货，同业各户委托代购货物，纯属义务性质，经税务局核准者，可免按进销货处理。

三、乡镇居民或失业职工，本身无资金，依靠个人劳力肩挑或利用简单工具，如手推车、独轮车、脚踏车等接受委托，代为购运货物，仅按路程远近，货物轻重，收取力资，不自营贩售者，得视为个人劳力报酬，免予课征工商业税。

四、来往埠际间之班船、船夫（包括船老大）就其运输条件之便利，为了承揽货运，经常替座商购运货物，收取运费（亦称水脚、酬金）者，可就其所得运费按运输业税率2.5%课征营业税，不按进销货处理。

五、运输业失业工人组织生产互助组，专以脚踏车代商店、摊贩、机关、工会、学校到指定地点采购和运输货物；基层搬运工会组织部分搬运工人，由工会负责代办购运业务，仅收取运费，非从事贩售业务，经工商、税务部门核准者，可按运输业税率2.5%课征营业税。

六、信客（水客、巡马）一贯来往埠际间代客购送货物，收取佣金，确无贩卖行为者，可建议工商管理机关给以登记管理，暂就其所得酬金、佣金按牙纪业税率15%课征营业税。

（选自《工商行政通报》第18期，1953年12月5日）

十、中共中央关于在全国实行计划收购油料的决定

（1953年11月15日）

中央同意《中财委（财）关于目前食油产销情况及处理办法的报告》，并决定下列两点：

（一）批准中财委（财）提出在全国计划收购花生仁87.24万吨，芝麻31.1万吨，菜籽43.14万吨，及其他杂油料13.08万吨，以及对各大区所分配的数字，请各地即在计划收购粮食时一同收购，其中油菜籽则待明年春熟时另行收购。上述收购总数望能争取完成（炒花生可以限制，多用榨油）。至于个别品种如需调整，请与中财委（财）商定。

（二）为了适应统购统销的业务，请各大区、各省、市加强油脂业务机构。

附：中财委（财）目前食油的产销情况及处理办法的报告

主席并中央：

目前食油供应的情况是紧张的，特别在城市如上海、广州、唐山等地。食油供应紧张，不是一时的现象，而是较长时期带根本性的困难问题。主要原因是生产不足，产量只达战前76%，解放后生产恢复的速度慢，和内销、外销增长的速度快不相适应。3年来生产未增加，1952年比1951年增加了7万吨（油料皆折油——下同），仅增加3.8%，1953年又减产，竟低于1951年的水平，3年来内销每年增加约10万吨（根据几个省典型调查每年增长8%到10%），3年来的外销每年增加约在8万吨以上（非食用油未计在内），1952年比1951年增加11万吨，

1953年又比1952年增加近8万吨。在全国国民经济恢复以后,工农业生产一般的皆超过了战前水平,人民生活消费较为提高,国外需要我国出口的油脂量也大增,而油料作物生产仍大大落后于战前水平,便不能供应国内、外的需要,这种严重的产销不平衡,是目前食油紧张的根本原因。

1952年内销食油有积压,国营公司及合作社皆叫"油多",这是市场上一时不正常的现象。1952年初三反五反时,市场营业缩小,国营公司收购多,销售少,合作社在农村大量经营油饼,掌握的食油一时销售不出,便误认为食油数量过多,而社会生产量当时并无多大增加。1953年从第二季度起,由于在第一季度出口多至14万吨(1952年第一季度只出口4万吨),内销量又增大,市场便开始紧张,调度困难,许多地方市价高于牌价,私商投机活跃,估计1954年这种情况还会继续发展。由于1953年灾害减产,可供1954年内销数量比1953年估计要减少8万吨,加上由于人民购买力增长而增加的购油量,估计不会少于7万吨(中央商业部估算),因此1954年国内市场缺油的情况便会比今年更加严重,约计缺少15万吨左右。如果不采取必要的措施,照目前自由市场的收购与供应的方法继续下去,农民惜售,私商投机,黑市价高涨,产油区封锁缺油区,这些情况就会继续发展。如城市、工矿区得不到必要的供应,将会发生混乱局面,外销计划也难以保证,问题是严重的。

中财委(财)为此召开会议,研究了全国食油产、销的情况,并提出解决今后食油不足的措施,报告如下:

一、全国食油产销的基本情况

(一)全国食油生产情况:战前1935年产量为222万吨(油料折油),1952年只达到169万吨,较战前相差53万吨。油料作物总面积未减少,单位面积产量降低很多。菜籽产量比较战前相差很远,约当战前35%,芝麻相当战前63%,花生接近战前水平。解放以后,生产恢复很慢,1951年较1950年增长较快,1952年增长很少,1953年不但产量未增,而且低于1951年。产量增长不快的原因,主要是没有领导增产,农民只注意粮食增产,未重视油料。同时在经营政策与价格政策上有过误错。1952年误认为"油多";收购控制数字太少,收购价格也偏低,农民自然无心增产,加以今年灾害影响,减产较多,其中突出的是花生,山东、河北等花生的集中产区,皆告减产,估计1953年食油的总产量比1952年减少108000吨。

(二)食油出口增长情况:战前1936年出口总量为268000吨(较高的一年),1952年出口为26万吨(非食用油未计——下同),已接近战前,1953年增长至337000吨,比1952年外销增加接近8万吨,外销量约占产量21.3%,这是一个很大的数量。战前出口主要向资本主义国家,现在极大部分向苏联及新民主主义国家,1953年向苏、新国家出口26万吨,占总出口量70%。出口增加的原因,一方面是国外兄弟国家要得多,很难减少;一方面我们也需要以此增加外汇,换进基建设备(一吨食油可换四吨钢材),但1953年出口增加8万吨,是由于误为1952年油料积压,带有盲目性的。

(三)食油内销数量是逐年增大的:国营公司在城市的销油量1951年为20万吨,1952年为29万吨,1953为39万吨。合作社在农村销量也不断增加。合作社为了大量掌握油饼,在乡村就近榨油,因此乡村供油量也便增加了。农村销油增加使城市的食油供应更加紧张。但是另一方面可供内销的数量却又逐渐减少。1952年可供内销量是102万吨,1953年为97万吨,预计1954年可供内销量只有895000吨,少于1952年及1953年,1953年可供内销量不足还可以库存量弥补,油脂公司在1952年三季度末的库存量为91000吨,到1953年三季度末已减至32000吨,落在合理库存量以下。1954年度,收购减少,销售增加,库存不足,食油紧张极为严重,便无法弥补。

(四)公私比重的变化:三年来在外销与国内市场中公私比重起了很大变化。在油脂出口上,国营比重1951年占出口总量的75%,1952年增长至77%,1953年增长至87%。在国内市场中,收购方面1951年国营与合作社收购量占商品量的44%,1952年增长至64%,1953年则增长至74%;供应方面增长的比例,大体是相同的。社会主义成分已经逐渐增加。1953年下半年由于停止荫麻籽、芥菜籽等出口,私营出口商更加削弱。国内市场由于华东等地区的食油紧张,加强了对私商的管理,国营及合作社的阵地扩大,私营比重也更加缩小。

二、解决食油问题的措施

解决今后食油困难问题的根本办法是必须增加生产。为此,应积极增加各种油料作物单位面积的产量,并扩大菜籽的播种面积,利用未耕沙地多种花生。对不影响粮食产量的油料,如茶油、葵花籽、大麻籽、花椒油等尽可能增加产量。具体作法,农业部将提出今后增产的办法,并加强对油料作物生产的领导(农业部将另作报告),商业部需酌量提高油料的收购价格。

但增产是不能立刻见效的,为了缓和1954年食油市场的紧张形势,必须采取下列办法:

(一)实行计划收购(即统购):对油料作物的统购与粮食统购一同进行,不另订时间,也不另立名目,全国在1953年度(1953年10月到1954年9月),共统购花生仁87.24万吨,芝麻31.1万吨,菜籽43.14万吨,葫麻籽9.24万吨,芥菜籽1.24万吨,茶油25952吨。共折油68.5万吨,分配各大区的数目如下:

1.华北:花生仁10万吨,芝麻1.5万吨,菜籽6500吨,葫麻籽5.45万吨,芥菜籽1.24万吨。

2.东北:花生仁6.5万吨,芝麻1.5万吨。

3.西北:花生仁5000吨,芝麻4000吨,菜籽1.32万吨,葫麻籽3.79万吨。

4.华东:花生仁46.59万吨,芝麻5万吨,菜籽12.16万吨,茶油1052吨。

5.中南:花生仁19.35万吨,芝麻22.1万吨,菜籽16.82万吨,茶油2.49万吨。

6.西南:花生仁4.3万吨,芝麻6000吨,菜籽12.2万吨。

再加上由粮食部统购的大豆可榨油15万吨,合作社收购的籽棉可以榨油的15万吨,共30万吨,连前共可收购到食油98.5万吨。

(二)计划收购的办法:在花生、芝麻的集中产区,由各中央局根据各区所分配的油料收购数字,分配给各集中产区的省和地方(专区或县),与统购粮食一同布置,一同收购,以保证收购到必需的油料。在集中产区由于商品性高,统购的比率(即统购数量占产量的比例)可以较一般地区提高(大约花生占70%左右,芝麻占65%左右)。在花生、芝麻的一般产区则由各中央局根据各地油料作物的产量,除去在集中产区的收购数字,分配给各省一定数目,追加在粮食收购数字内,随粮收购,即在统购粮食时,一律允许农民交纳油料作物,规定合理的油粮比价,使农民乐于交纳油料作物以代替粮食。各种油料的收购价格,由中央商业部另行电告。

(三)对油商的管理:在统购区统购油料时不准私商收购油料。统购任务结束后,农民的剩余油料是否可以向当地榨油坊出卖或只准卖给国营公司或合作社,此点待研究后另行决定。在未实行统购油料的省区,则仍准私商购销油料。

(四)在食油供求紧张的情况下,1954年在大、中、小城市势将实行计划供应(统销)。但由于农村中缺油户比缺粮户更多,对农村人口的定量标准不易确定,定少了农民不满意,定多了无法供应。因此,对食油计划供应的范围及办法,尚待研究。同时食油计划供应的时间,可以略迟于粮食的计划供应。

(五)采取下列办法扩大油的来源:(1)扩大推销煤油8万吨,希望以此换出一部分燃灯植物油来供应市场;(2)以动物油来代替工业上一部分植物油的消费量;(3)尽可能提高榨油率,从原来供应土榨的油料中转出一部分供给机榨;(4)试行榨谷糠油、骨油等。

(六)为了缓和食油市场的紧张程度,1954年食油出口按照国家计划委员会规定的控制数字减少10万吨。

(七)目前国营与合作社的油脂业务机构是不统一的,为了适应统购并准备担负统销的任务,必须加强中商部的油脂公司,以此为中心来组织国营与合作社的油脂业务机构。

以上措施是否妥当,请批示。

十一、政务院关于实行粮食的计划收购和计划供应的命令

(1953年11月19日第194次政务会议通过)

为了保证人民生活和国家建设所需要的粮食,稳定粮价,消灭粮食投机,进一步巩固工农联盟,特根据共同纲领第二十八条"凡属有关国家经济命脉和足以操纵国民生计的事业,均应由国家统一经营"的规定,决定在全国范围内有计划、有步骤地实行粮食的计划收购(简称统购)和计划供应(简称统销),并规定办法如下:

一、生产粮食的农民应按国家规定的收购粮种、收购价格和计划收购的分配数量将余粮售给国家。农民在缴纳公粮和计划收购粮以外的余粮,可以自由存储和自由使用,可以继续售给国家粮食部门或合作社,或在国家设立的粮食市场进行交易,并可在农村间进行少量的互通有无的交易。

二、开始实行粮食计划供应时,可先规定一些简便易行的办法,逐步研究改进,使之趋于完善:(甲)在城市,对机关、团体、学校、企业等的人员,可通过其组织,进行供应;对一般市民,可发给购粮证,凭证购买,或暂凭户口簿购买。(乙)在集镇、经济作物区、灾区及一般农村,则应采取由上级政府颁发控制数字并由群众实行民主评议相结合的办法,使真正的缺粮户能够买到所需要的粮食,而又能适当控制粮食的销量,防止投机和囤积。(丙)对于熟食业、食品工业等所需粮食,旅店、火车、轮船等供应旅客膳食用粮,及其他工业用粮,应参照过去一定时期的平均需用量定额给予供应,不许私自采购。

三、计划收购和计划供应的控制数字,应根据国家及人民需要和农村粮食情况作适当的规定:(甲)大行政区控制数字由政务院财政经济委员会根据国家计划委员会编制的全国控制数字规定。(乙)省、专、县三级控制数字,由其上一级政府规定。(丙)区、乡(村)两级控制数字由县人民政府规定。乡(村)一级控制数字应向群众公开宣布,并领导和组织群众进行民主评议。

计划收购的粮食种类、规格,由省(市)人民政府拟定计划草案报大行政区批准,转报政务院财政经济委员会备案。

四、今年秋粮计划收购的价格,基本上按照现行的收购牌价;计划供应的价格,目前基本上按照现行的零售牌价。现行收购牌价及零售牌价有畸高畸低而且显著突出者,应按照如下的分工和程序,作适当调整:(甲)政务院财政经济委员会负责审查、调整中央所掌握城市的粮食价格,并制定调整粮食价格的原则。(乙)各大行政区行政委员会、内蒙古自治区人民政府、各省(市)人民政府、各专员公署(行署)和各县人民政府,负责依据政务院财政经济委员会所制定的原则,各自审查其所掌握城镇的粮食价格,拟定调整方案,大行政区报政务院财政经济委员会批准,省(市)报大行政区行政委员会批准,专、县报省人民政府批准,并均层报政务院财政经济委员会备案。

五、一切有关粮食经营和粮食加工的国营、地方国营、公私合营、合作社经营的粮店和工厂,统一归当地粮食部门领导。

六、所有私营粮商一律不许私自经营粮食,但得在国家严格监督和管理下,由国家粮食部门委托代理销售粮食。各种小杂粮(当地非主食杂粮),原则上亦应由国家统一经营,在国家尚未实行统一经营以前,得在国家严格监督和管理下,暂准私营粮商经营。

七、所有私营粮食加工厂及营业性的土碾、土磨,一律不得自购原料、自销成品,只能由国家粮食部门委托加工或在国家监督和管理下,代消费户按照国家规定的加工标准从事加工。

八、城市居民购得国家计划供应的粮食,如有剩余或不足,或由于消费习惯关系,须作粮种间的调换时,可到指定的国家商店、合作社卖出,或到国家设立的粮食市场进行相互间的调剂。

九、为了加强市场管理,取缔投机,各级政府应组织有关部门进行经常的检查和监督。对于违犯国家法令的投机分子,必须严予惩处;对进行投机和勾结、包庇投机分子的国家工作人员,应加重惩处;对破坏计划收购和计划供应的反革命分子,应依照中华人民共和国惩治反革命条例治罪。

十、各大行政区行政委员会、内蒙古自治区人民政府、各省(市)人民政府应即根据以上各项规定,参照各地的具体情况制定实施办法。各大行政区和内蒙古自治区的实施办法,报政务院财政经济委员会批准;各省(市)的实施办法,报由各大行政区行政委员会批准,并报政务院财政经济委员会备案。

以上各项,应即遵照执行。

(选自《工商行政通报》第18期,1953年12月5日)

十二、商业部对执行中央关于实行油脂统购统销决定的具体事项的通知

(1953年11月20日)

兹将11月15日中央关于实行油脂计划收购与计划供应的决定的具体执行事项,电告如下:

一、分大区、分省的计划收购数、计划供应数及区、省间调出调入的控制数字,我们正计算中,约在本月25日前后可电告。此项控制数字,系征求意见性质,并作为各大区、省分配任务之参考,由各大区、各省根据此项控制数字提出修正意见并编制具体计划。

二、油脂公司组织机构的设置意见及与合作社的联系与分工,我们正于合总草拟意见中,在本月28日以前可电告。

三、油粮比价及统购、统销价格,正在作具体计算,在25日左右可发出。

四、市场管理及计划供应的初步意见,在25日可发去,但因各地区情况不同,只能提出若干原则意见,不拟作统一规定,请各地根据中央决定精神,结合当地实际消费量,考虑本省(市)大、中、小城市(包括工矿区)和铁路沿线的集镇的消费定额与配售办法。

五、包装用品及储存设备,请各地根据新的任务,考虑现有的麻袋、大桶,以及油池能否解决业务需要,如不足时,请在节约的原则下,于12月上旬提出最低限度的需要计划。

六、计划收购所需资金我们正计划中,与计划控制数字同时电告。

七、因各地征粮在即,为求得油脂收购能与收粮同时进行,不另立名目,必须抓紧时间布置下达。为争取时间,请各大区商管局立即请示大区财委按中央决定分配征购数字,不必等待我们的控制数字。

八、请你们将讨论的意见、征购数字、管理办法、配售定额、开征时间随时电告我们。如有紧急事项,请随时用电话与我们联系。

十三、中财委关于加强对熟花生果(仁)市场管理的意见

由于各地对花生果(仁)的管理多系管生不管熟,致春节后市上生果(仁)逐渐减少,熟货日增。同时因熟果(仁)价高、畅销,致生果(仁)黑市猖獗,私商趁机牟取暴利,采取各种方法深入农村黑市成交,偷运出境,以遂其投机目的。如任其自由发展,则势必将助长农民的惜售思想,严重影响国家收购工作的进展和出口任务的完成。同时,熟花生果(仁)并非生活必需品,在此油源缺乏之际,为减少农村不必要的消耗及制止私商的投机暴利,各地须继续加强行政管理,以保证国家顺利收购,并为今后统购工作打下基础。为此,中财委特提出如下意见:

一、对贩运商不论生熟花生果(仁)一律不准贩运,如有发现,得视其情节轻重予以教育或适当处分。

二、专营炒锅业的批发商,应改作零售。经营其他行业同时又兼营炒锅者,应适当限制或禁止其经营花生果(仁)。

三、流动零售小贩及零售炒锅座商需购花生者,必须通过交易所批购,并在数量上加以限制。

四、教育农民自产生果(仁)应通过交易所成交。农民随身携带自产花生果(仁)外出而非出售者,不论生熟花生果(仁)最多不得超过20市斤,逾此数者应动员出售给当地合作社或油脂公司。

以上意见请各省财委会同有关部门结合当地具体情况认真研究执行。

(选自《工商行政通报》第26期,1954年5月20日)

十四、中财委(财)关于取消和限制各地公营单位在外埠滥设推销机构的指示

武汉市财委报告:根据不完全的调查统计,外地公营工厂企业、国营与合作社商业在该市设立推销机构的已有140个单位,其中工业部门有31个,商业部门109个。商业部门中长期驻汉的63个,临时推销的46个。这些推销单位来自15个省,绝大部分是省、县级以下的国营专业公司、合作社以及国营与地方国营厂矿。推销产品主要的有土产药材、生丝夏布、烟麻、皮张、木材、杂铜、油料、香烟、糖、蛋品等副食品、手工业品、五金机械等,多属武汉市属公司所经营。绝大多数单位未经该市行政部门批准,自行在市场活动,不遵守当地国营牌价和市场需要,随意赊销和互相抬价、压价、竞销、争购,有的本是内部交易,也经常通过私营牙行,不但听任经纪人从中剥削,甚或被欺骗而遭受巨大损失,也严重影响该市国营、合作社购销计划,增加统一安排市场的困难。

据统计,去年一年仅外地商业单位在武汉市推销金额即达5760余亿元,等于去年该市市属国营商业系统外销售实绩的17%强,而这些交易额中,委托私商代理的比重占得很大,据交易市场统计,去年6、8、10等三个月中共有7,531次交易,交易金额512亿,其中委托私商代理的次数即有5,800次,占77.02%,金额达219亿,占42.8%。付出佣金达43903万元。另外,由于私商的投机套购,使国家财

产遭受很大损失。如去年2月河南省合作社运武汉210万斤芝麻,被该市立生榨坊以每百斤16.57万元套取,随即以23万元的价格转手售给上海振达出口商,河南省合作社在这次交易中损失达一亿三千五百余万元。此外,赊销乱价的情况也很多,如赣西南造纸厂在该市赊销纸张;济南建新造纸厂推销有光纸较该市牌价低17%。

武汉市财委认为各地推销单位过去几年来在当地土副产品滞销的情况下,四出推销是需要的;但目前土副产品多是供不应求,为加强国家对各地供应的全面调剂,这种派出的推销单位已不需要。因此,建议在全国范围内:

一、撤销国营商业和合作社商业派驻各地之推销机构。

二、各地工业部门产品未为国营商业包销者,可允许其推销机构继续存在,但必须服从当地市场管理,并按照当地国营牌价推销。

中财委(财)除同意武汉市财委意见外,并提出以下补充意见:

一、各地国营土产公司及地方贸易公司在外区各城市设立的购、销机构应限期撤销。今后各地土产公司及地方贸易公司的土产购、销业务,将分别由中国土产公司统一计划或由土产公司系统召开内部物资供应会议解决,其必须到其他地区购、销者,应通过当地土产公司(无土产公司机构者,则为合作社或其他国营专业公司)统一进行,并服从当地工商行政部门的管理。

各地国营土产公司及地方贸易公司在外区各城市设立的转运机构如需要保留者,可以保留。

二、各地合作社在各城市设立的购、销机构,应限期撤销,只设立统一的合作货栈。今后各地合作社必须到各城市购、销者,应通过当地合作货栈统一进行,并服从当地工商行政部门的管理。

三、各城市之土产公司与合作货栈对于委托购、销单位应采取认真负责的态度,手续并应力求简便。

(选自《工商行政通报》第29期,1954年7月20日)

十五、中财委关于新麻上市后应加强市场管理的通知

中财委最近向江苏、河南、江西等省财委,发出关于新麻上市后应加强市场管理的通知:

今年麻袋用麻播种和生长情况均不够好,但各方面用麻数量都有增加,在供不应求的情况下,必须由国家统一掌握资源,进行计划分配。黄、洋、青麻非统购物资,私商很可能抬价抢购。现新麻即将上市,要求各省财委加强市场管理,禁止私商不按国家牌价乘机抬价抢购,以保证国家收购任务的完成。

(选自《工商行政通报》第31期,1954年9月1日)

十六、中财委对各地铁路供应商店若干业务问题的意见

铁路系统职工生活供应商店,几年来在供应全国铁路职工生活用品,为旅客服务,配合铁道业务的开展以及支援新线建设等方面均起了一定作用,也取得了不少成就,保证了数百万员工、家属的生活供应,并为广大旅客提供了更多的便利。

过去由于各国营商业部门本身任务繁重,几年来对铁路系统供应商店未能给予应有的帮助与指导,特别是粮、油统购统销及某些副食品供应紧张以后,更使各地铁路供应商店在货源和业务经营上产生了许多新的问题。随着国家大规模建设需要,交通运输业务的发展和社会主义经济计划性的加强,这些问题如不及时加以适当解决,势将增加全国各地铁路系统供应商店业务经营上的困难,为此,中财委特对各地铁路供应商店的若干业务问题提出如下意见,希各地财委研究执行:

一、铁路系统供应商店是社会主义经济性质,是国营商业在铁路系统内设置的零售商业机购,各地财委及商业行政部门应注意加强领导,使其在国家计划下更好地作好本身业务工作。

二、铁路系统供应商店主要任务是为铁路职工、家属及旅客服务,其售货价格的掌握原则:供应旅客者,应尽可能做到按当地国营公司零售牌价出售,无特殊原因(如成本高、费用高等)不得高于国营公司零售牌价;供应职工家属者,因其资金由国家拨给,不同于一般合作社或机关福利事业,因此亦不应再强调廉价优待,一般货物应逐步作到按国营零售牌价出售。

国营商业批发部门给铁路商店货物按当地一般的国营零售公司待遇作价批售。

三、各国营商业部门应按计划供给各地铁路商店货源，并在业务经营及价格政策等方面予以指导。各级商业部门有文件应发给当地铁路供应商店，召开有关会议时邀请其参加。

四、各地铁路供应商店在经营计划及业务政策，价格和市场情况等方面应定期向当地商业行政部门请示报告，并与各国营公司及合作社取得密切联系，争取其帮助和指导。

五、随着人民生活水平的提高和交通运输事业的发展，各地铁路供应商店应不断改善对旅客的服务，尤其对新线路（国营商业尚未深入的偏远地区），铁路商店更需注意保证沿线修路员工的生活供应。

（选自《工商行政通报》第 31 期，1954 年 9 月 1 日）

十七、中财委（财、资）关于国家资本主义棉布零售店挂牌的意见

（1954 年 9 月 3 日）

关于国家资本主义棉布零售店如何挂牌问题，本委意见：除保留该店原有牌号外，可挂某地花纱布公司棉布经销或代销店招牌，如贵阳市以贵阳市花纱布公司经销或代销店为名。

十八、政务院关于实行棉布计划收购和计划供应的命令

（1954 年 9 月 9 日政务院第 224 次政务会议通过）

为了保证棉布能够按照国家的计划进行生产和分配，进一步取缔市场投机，巩固物价稳定，决定自 1954 年 9 月 15 日开始，在全国范围内实行棉布的计划收购（简称统购）和计划供应（简称统销）。实施办法如下：

一、自宣布棉布实行计划收购和计划供应之日起，所有国营、合作社、公私合营和私营织布厂、印染厂和手工业生产的机纱棉布和机纱手纺纱交织棉布，一律由国营中国花纱布公司统购、统销，不得自行出售。在中国花纱布公司尚未设立机构的地区，此项统购、统销工作，由中国花纱布公司委托其他国营商业机构或供销合作社办理。

二、所有织布业和棉布复制工业生产周转所需现存的棉布，由当地工商或商业行政部门进行登记，并加以管理。

三、完全用手纺纱织成的棉布，由中国花纱布公司通过供销合作社进行收购，逐步纳入计划收购和计划供应的范围。在一定地区范围内，可允许手纺纱织布户和消费者直接进行少量的交换。

四、所有列入中央人民政府商业部计划供应范围的棉布及棉布复制品，不论花色品种和质量，在全国范围内，一律采取分区、定量、凭证供应的办法，实行计划供应。但人口特别稀少，交通不便的边远地区，经省、自治区人民政府批准，可暂缓实行。

五、全国各地人民消费用布的供应定量，应根据棉布的资源和不同地区城乡人民不同的购买力水平，在中央人民政府商业部规定各地区的控制数字范围内，由各省、自治区、直辖市人民政府具体规定。

六、工业用布、复制工业用布和船民、渔民等生产用布，按其正常生产和使用情况的需要量，经当地工商行政部门核准，由中国花纱布公司供应，并进行管理。

七、机关团体公用布和人民的各种特殊需要，如新生、结婚、死亡和灾害等用布，应在提倡节约的原则下，给予必要的供应。

八、购布凭证，不准买卖投机。

九、私营棉布批发商不得继续经营棉布的批发、贩运业务，现存的棉布一律由中国花纱布公司统购。各级人民政府对棉布批发商的从业人员，应积极辅导其转业；无法转业者，在当地人民政府领导下，由中国花纱布公司、供销合作社分别安置。

所有私营零售商、贩现存的棉布和属于计划供应范围的棉布复制品，应向当地人民政府工商或商业行政部门进行登记，按照计划供应的规定出售。国营商业通过国家资本主义的经销、代销等方式，对经营棉布和棉布复制品的私营零售商、贩，按计划供应棉布和棉布复制品，并管理其零售价格和商品质量，督促其努力改善经营，为消费者服务。

十、棉布实行计划供应后，所有国营零售商店、合作社零售商店和国家资本主义性质的零售商店、商贩，应一律按照当地人民政府商业行政部门所规定的零售价格出售。

十一、各省、自治区、直辖市人民政府可根据本命令制定因地制宜的管理办法,经常进行监督检查;对破坏棉布计划收购和计划供应的投机分子和反革命分子,应依法惩处。

十九、政务院关于实行棉花计划收购的命令

(1954 年 9 月 9 日政务院第 224 次政务会议通过)

为了保证纺织工业用棉,保证人民生活所需棉花的供应,决定从 1954 年秋季新棉上市时起,在全国范围内实行棉花的计划收购(简称统购)。实施办法如下:

一、凡生产棉花的农民,应按照国家规定的收购价格,将所产棉花,除缴纳农业税和必要的自用部分外,全部卖给国家。国家的棉花收购工作,统由国营中国花纱布公司经营,中国花纱布公司得委托供销合作社代理收购业务。

二、私营棉花商、贩,一律不得经营籽棉、皮棉的收购和贩运业务,其从业人员在当地人民政府领导下,由中国花纱布公司、供销合作社分别安置。私营絮棉零售商贩,继续由中国花纱布公司供应絮棉,维持经营。私营籽棉加工业,统由中国花纱布公司通过供销合作社委托加工,不得自购籽棉,加工自销。对棉农留种用的籽棉,供销合作社应给以加工的便利。

三、国家收购计划完成后,棉农留作自用部分的棉花,如有节余需要出售时,可由供销合作社继续收购。

四、中国花纱布公司和供销合作社应及时地供应人民需用的絮棉和手工纺织用棉。为了保证纺织工业按计划进行生产,应提倡节约絮棉,省用好棉,多用次棉,利用絮棉,手工纺织一般应维持现有产量,不宜发展。

五、各级人民政府应加强市场管理,经常地进行监督和检查,对违犯和破坏棉花计划收购的投机分子和反革命分子,应依法惩处。

二十、陈云副总理关于计划收购和计划供应问题在第一届全国人民代表大会第一次会议上的发言

(1954 年 9 月 15 日)

我完全同意周恩来总理的政府工作报告。

现在我就目前人民经济生活中大家关心的一个问题,就是国家对于粮食和其他一些最重要的日用品消费品实行计划收购和计划供应的问题,发表一些意见。

从 1953 年以来,我国市场上出现了若干种日用消费品供不应求的现象。1953 年上半年,在小麦遭受冻灾的地区,粮食的供求状况很紧张,下半年,食油、肉类在许多地方也供不应求,不少城镇中都要排队购买。适应当时的需要,中央人民政府在 1952 年 11 月,对粮食实行了计划收购(即统购)和计划供应(即统销),然后对食用植物油也先后实行了计划收购和计划供应;从 1954 年 9 月 15 日起,又对棉花实行计划收购,对棉布实行计划收购和计划供应。对粮食、油料、棉花、棉布的计划收购和计划供应无疑是一种重大措施。它关联到全国人民生活中最重要的吃饭和穿衣的问题,也关联到我国城乡经济生活的许多方面。计划收购和计划供应对我们国家目前情况来说,是很必要的,只有采用这种办法,才能保证我国人民生活日益增长的需要,才能制止投机活动,保证市场物价的稳定,才能使发展国民经济的第一个五年计划得以顺利地进行。

粮食、油料、肉类、布匹供不应求的原因是什么?是不是这些物品的生产量减少了?不是的。正相反,解放以来,粮食、油料、肉类、棉花、布匹的生产量都是上升的,而且粮食、肉类、棉花、布匹远远超过了抗日战争以前的最高年产量。抗日战争前五年的粮食平均年产量是 2800 亿斤,其中 1936 年产量是 3000 亿斤,可是 1953 年的粮食产量达到了 3300 亿斤。抗日战争前 1936 年是产棉量最高的一年,那一年的产量是 1600 多万担,可是 1953 年棉花产量已经达到 2350 万担。1933 年是棉纱产量最高的一年,产量是 244 万件,1953 年是 409 万件。1936 年全国养猪 6300 万头。1953 年就达到 9300 万头。只有油料作物是例外,虽然解放以来是增产的,但是还没有达到抗日战争前的最高水平。根据上述情况可以看出,粮食、棉花、肉类、布匹都已经大大超过了我国历史上的最高水平。就拿油料来说,1952 年的产量高于 1950 和 1951 年,1950 年到 1952 年食油供求情况是平稳的。但恰恰是 1952 年的产量比前两年提高以后,反而不够供应 1953 年的需要。这就可以看出供不应求的原因,不是因为这些物品的产量减低,是在产量增加以后,仍然发生供不应求的现象。

那么，供不应求的原因，是否因为出口多了？是否出口的数量超过了战前？五年来，我们是有一定数量的粮食、油料、肉类和其他农产品出口的。我们认为这是完全必要的。我国是一个经济落后的国家，一百年来受尽了帝国主义的剥削和压迫，人民掌握了国家政权以后，我们的重要任务，就是要改变我们国家经济的落后状态。这就是说，我们必须进口大量的机器装备，来建立我们的工业基础。以便在若干年以后，把我国改造成为一个高度工业化的国家。为了进口机器装备，我们必须用出口物资去交换。我国现在还是一个农业国家，能够出口的主要物品是农产品。如果在国内消费方面不能节省出农产品去出口，那么，我们就没有主要的出口物品。也就是说，我们不可能进口机器装备来进行工业建设。因此，全国人民应该自觉地节省凡属可以节省的消费品，以便供应出口。为了保证人民的需要，国家对于粮食、油料、肉类只准许一定数量的出口，对于其他农产品，那是应该尽可能首先供应出口，出口有余，再来供应国内需要。减少消费，当然是一件不舒服的事情，但是我们必须在两者中间选择一个：或者是暂时减少可以减少的消费，以便完成国家工业化，由此来建立我国能够进一步地发展农业和轻工业的基础，而使我们有可能在将来迅速地增加各种消费品的产量；或者是尽其所有在国内消费掉，因而不能建设工业，使我国经济长期处于落后状态。全国人民自然应该选择前者，不要后者。我们以为，不但是现在，而且是今后十多年内，我们只能采取节省国内消费、首先供应出口的办法，只有工业基础建立以后，工业装备的进口可以减少的时候，这种情况才能有所改变。

我们虽然出口了一定数量的粮食、油料，但是现在比战前出口的数量或是超过不多或是还有减少。粮食方面，1950 年到 1953 年的 4 年中，平均每年出口 31 亿斤。“九一八”事变以后，东北地区每年出口多少粮食没有确实材料，因此就难有战前的完整的全国出口数字。根据海关的统计，1927 年到 1930 年的 4 年中，那时既有大米、小麦进口，也有大豆、杂粮出口，如果拿扣除进口的净出口来计算，那么平均每年净出口是 23 亿斤。解放以后的出口量，比那一时期每年多了 8 亿斤，从全国粮食产量来说，这并不是一个大的数目。油的出口，战前 1927 年到 1930 年 4 年中，平均每年出口 24.6 万吨。解放以后 4 年中，平均每年出口 23.6 万吨，每年出口还减少 1 万吨。猪肉出口比战前略有增加。但是猪肉出口数量只占解放以来增产数量的 6%，占全国猪的产量的 2% 多一点。解放以来，粮食、油料、、肉类每年都有大体相等数量的出口，1950 年到 1952 年市场供求情况是平稳的，到 1953 年才发生供不应求的现象，因此，这些物品供不应求的原因，不能说是由于出口所造成的。

若干消费品供不应求的根本原因，是因为人民的购买力增长的速度日益超过这些消费品生产增长的速度。这些消费品的产量增加了，但是人民的购买力增加得更快。农民购买力提高的事实是很明显的。他们分得了地主的土地，几年的丰收，加上国家对于农产品的收购价格比起解放初期来已经有了很大的提高，因此农民的生活是改善了。过去吃得稀，吃得少的农民，现在吃得干，吃得多了；过去为了交租还债、被迫出卖口粮的农民，现在不但不卖口粮，而且无需急于出卖余粮了。城市工矿区和农村技术作物区的粮食需要量增加得很快，但是农民不急于出卖他们的余粮，这是 1953 年发生粮食供不应求的根本原因。城市人民购买力提高的事实也是明显的。几年来物价是稳定的，工资收入比起解放初期来已经有了很大的提高。最重要的是从 1953 年起，国家开始了规模巨大的经济建设和文化建设。全国就业人数又大为增加。这样，就大大增加了社会工资总量和城市人民的收入。正是由于城乡人民的收入增加了，才使产量增加了的粮食、油料、肉类、布匹发生了供不应求的现象。所以我们认为，有些人的看法是完全错误的。他们说，抗战以前国民党统治时期，对于上述几种消费品没有采取配给办法，现在反而采取计划收购和计划供应了，看来，现在不如过去了。事实正相反，上述几种消费品，比战前产量增加了。但是人民的购买力比生产增加得更快。国民党统治时期产量比现在低，当时不用配给，原因不是别的，就是因为那时只有军阀、官僚、地主、资本家有钱，几万万劳动人民的生活水平远远不如现在，那时是少数人能够吃饱、穿暖，现在是几万万翻身了的劳动人民都有饭吃都有衣穿。只要全国每一个人一年多穿一件衣服，一年就要多消费 3000 万到 4000 万匹布；多吃一斤肉，一年就要多消费 600 万到 700 万头猪；几万万人的消费水平提高，就会使增产了的消费品发生供不应求。这种情况难道可以说“现在不如过去”吗？正相反，这恰恰是证明了绝大多数人民的生活比过去好了。

增加生产是解决供不应求的根本办法。但是产量是不能立刻大量增加的。就现在条件来说,解决消费品供应的办法有两种:一种是听任这些消费品被囤积居奇,抢购涨价,那么,得到好处的将是投机商人,吃亏的是广大的消费者。另一种办法是实行计划收购和计划供应。这种办法,既保证商品所有者得到了合理的出卖价格,也保证消费者用正常的价格买到一定数量的消费品。因此,无论对于商品出卖者或广大消费者,是有利无害的。仅仅对于投机者不利,因为他们无法投机倒把了。因此我们采取后一种办法是完全正确的。

国家对于农民自用以外的剩余粮食、棉花、油料实行计划收购,是否不利于农民?我们认为,这对于全体农民是有利的。如果不是由国家计划收购而听任私商、富农操纵农产品市场,那就是走解放以前的老路。那时能够等待高价、囤积居奇的只是商人和富农,广大的农民是得不到丝毫好处的。正相反,在私商、富农操纵的市场上,农民只能是:出卖时被压价,买进时出高价。国家实行计划收购以后,农民就再不吃这种亏了。国家规定的计划收购和计划供应的牌价,是充分照顾了农民和消费者的利益的,是完全公道的。过去一年,国家在粮食收入和卖出之间,用于运费、杂费的赔贴,就有两万多亿元,世界上到哪里去找补贴农民和消费者的粮食商人?当然以国库补贴粮食的赔损,只能是暂时的现象;但是,仅仅这件事,就可以证明国家充分照顾了农民和消费者的利益。同时,国家出卖粮食的总数中,有三分之一以上是卖给缺粮的农民的。向国家买粮的农民,有1亿人口以上,他们或者因为种了技术作物,或者因为土地少粮食不够吃,或者因为受了灾,都在不同程度上需要国家供应粮食。因此无论从哪一方面说,农产品的计划收购,对于农民是有利无害的。

面粉、棉布、食油采取定量分配的办法,并不是所有的人都赞成的。定量分配,当然是对于消费的一种限制。但是我们目前采用的定量分配,还不是一种全面的严格的定量分配,实际上只是某类物品中,一部分品种实行定量分配。例如北方的面粉是定量分配的,分配量也不多,但是其他粮种并未定量分配。棉布是定量分配的,但是供应的数量足够保证每个人必要的衣着。购买力高的人,还可以自由购买丝织品、毛织品、麻织品,因为这些织物并未实行定量分配。食油是定量分配的,对某些城市和乡村的定量也很低,但是肉类和动物油并未定量分配。所以,这样的定量分配,并未全面限制人民的消费。定量分配比之自由购买,对消费者来说当然是一件不舒服的事。但是如果听任商人囤积居奇,抢购涨价,那么大多数人民不但要更加不舒服,而且许多人可能没有粮食吃,没有衣服穿。

计划收购和计划供应的政策,将来是否会改变?我们认为计划收购这个政策,今后要继续实行下去,是不会变更的。因为一方面由国家掌握各种货源是保证国家进行有计划建设所必需;另一方面,保证我国农民走向富裕生活的道路,不是发展农村资本主义,而是经过合作化走向社会主义。取消计划收购,等于放纵私商和富农去操纵农产品市场,农村的资本主义就会发展。计划收购是一种使全体农民不受人剥削、都能得到利益的社会主义的步骤。

计划供应只能是一种暂时的措施,只要工业和农业的生产增加了,消费品的生产增加到可以充分供应市场需要的程度,定量分配的办法就应该取消。但是应该看到,取消粮食、油料、布匹计划供应日子,并不会很快到来,因为粮食、油料是农产品,布匹的原料是棉花,棉花也是农产品,农产品增产的速度是缓慢的。我们要扩大农产品的产量,应该采取许多办法,其中一个主要的办法,是开垦荒地,扩大耕地面积。但是只有制造农业机器的工厂和其他有关工业建立起来以后,大规模地开垦荒地,才有可能。因此,我们便不能希望粮食、油料、布匹的计划供应会很快取消。相反的,为了适应供求情况,今后几年内还有扩大计划供应范围的可能。我们应该看到,计划供应并不是供应数量的减少,它是消费水平提高中的节制,就是说我们的消费水平在目前不能无限制的提高,只能是逐步提高。应该看到对生活水平提高中的节制,并不表示国家经济状况的后退,正是显示出国家经济状况的前进。这是国家经济发展的正常状态。

粮食、油料的计划收购和计划供应,已经实行了半年多。在过去这段时间内,证明了全国人民是赞助政府的。农民热烈响应了国家计划收购的号召。粮食、油料都超额完成了国家的收购计划。城乡粮食计划供应的情况是平稳的。人民同政府是合作的,国家在粮食方面也超额供应了城乡人民。

全国的市场物价是平稳的。但是这并不是说,政府在这一方面的工作没有错误和缺点,工作中错误和缺点是很多的。例如,粮食计划收购的数量,对某些农户有偏多偏少的现象;对供应农民的粮食分配,并不完全恰当;许多集镇尚未建立起国家领导的、没有私营粮商参加的粮食市场。由于国家没有掌握足够的食油,因此对农村食油供应就很少,许多地方的油榨坊尚未恢复榨油,所有这些错误和缺点,都要求我们在工作中加以改正。

目前一个严重问题是某些农村食油供应量太少。有人问,如何解决?可否减少城市中的供应量来增加到农村去?关于食油问题在农民中有几种不同的情况:有一部分人食油是有余的,有一部分人食油能够自给,有一部分人食油不够自给或者根本没有。农村中本来可以自行调剂,互通有无的。因为食油供应紧张了,这种调剂也减少了,这就更增加农村供应的困难。城市中食油分配的定量是不高的。以北京为例,每人每月平均不过十两,许多城镇还比北京少。从城市中减少供应量来供应农村。并不能解决农村的缺油问题。因为城市供应数量中能够减少的很有限,假定每个人每个月再减少一两,但是分到农村去,每个农民分得的还不到二钱。油料是从农村来的,解决农村食油不足的唯一办法,是增加油料的产量。为了达到这个目的,政府已经规定办法,要求过去大量种植油料作物的农户,必须照旧种植,而且要以更多的油料卖给国家,保证国家和城市人民的需要。要求过去未能种油料作物的农户,家家户户必须在地边上、荒地上广种油料作物,到明年油料收获以后保证家家都能达到食油自给,除此以外,并且希望以后能够逐步做到拿出一定数量的油料卖给国家。我们相信,只要政府规定出适当的办法,全国农民是能够同政府合作的,食油供不应求的情况是可以逐渐缓和的。

为了保障供应,为了巩固市场物价的稳定,在实行粮食、油料计划收购和计划供应的同时,国营商业对全国私营工厂的产品更进一步扩大了加工订货和统购包销的范围,这些措施是必要的,符合于全体人民利益的。但是,实行这些措施以后,在我国原有的商业关系中发生了一个重大的变化,这就是:国家对于某一种物品实行计划收购或者统购包销以后,这一行业的私营批发商就减少了货源,或者没有买卖可做。国家实行粮食、食油、棉布的计划供应以后,这些行业的私营零售商,就变成替国营商业执行代销、经销业务的零售商。目前国家对他们的政策是这样:对于私营批发商,他们能够继续经营的让他们继续经营;国营商业需要他们代理批发业务的,委托他们代理批发;能够转业的让他们转业;除此以外,无法经营的批发商从业人员连同资方实职人员在内,如果他们没有别的谋生之路,他们自己又愿意,经过训练,服从国家调配,可以由有关的国营公司和合作社依照国营商业和合作社商业的工薪待遇,吸收录用。对于私营零售商,只要他们诚实地遵守国营商业和合作社商业的规定,国营商业和合作社商业将尽可能地委托他们代销、经销。他们也可以得到合理的营业收入。但是凡属不遵守代销、经销的规定,犯有盗窃舞弊行为的人,国家将给以应得的处罚。

我对于计划收购、计划供应的意见就是这样,是否妥当,希望各位代表指教。

二十一、中财委(财)关于加强两广地区新花生统购工作的意见

目前广东、广西花生产区新花生已陆续上市,由于统购工作布置较晚,对花生市场管理办法未能及时公布,部分地区油脂公司与合作社代购合同尚未签订,以致花生上市后无机构负责组织收购与管理,私商小贩则大肆活动,高价抢购湿花生,造成不同程度的市场混乱现象。因私商出价高,故农民自行出售湿花生、熟花生的情况极为普遍,而且不满意国营收购牌价,不愿卖给国家。广东省各地虽已加强了市场管理,商贩不敢公开活动,但却改变为用深入农村收购、拦路交易或深夜进行买卖等方法偷运贩卖。上述情况不仅严重地影响油料统购工作的开展,且助长了小农资本主义自发势力的发展,在政治上经济上都是不利的。为此,中财委(财)特提出如下意见:

一、进一步贯彻中央对食油计划收购与计划供应的指示。一方面应配合总路线的宣传,教育农民把花生卖给国家,并教育农民尽量不要出售湿花生,说明出售湿花生价格不合适,国家保管困难,对个人及国家均不利,如农民因生活确有困难,需提前出售一部分湿花生者,经过调查属实,可采取预付部分定金的办法,解决其困难。另一方面应及时

公布花生统购办法，取缔私商经营贩运，而应由国家统一收购，并适当调整价格，以限制私商。禁止私营油榨坊(厂)自行采购油料。对私营油坊(厂)应进行登记，经登记许可之油榨坊(厂)应由油脂公司或合作社控制起来，委托其进行加工，在国家统购任务未完成前一般暂不批准私营油榨坊(厂)代农民加工或以油换料，亦不宣传互相调剂；俟完成国家统购任务后，可视需要批准一部分在国家或合作社控制下的油坊为农民加工油料，并组织提倡农民在国家领导的无私商参加的粮食市场进行互相调剂。为适当照顾当地食籽习惯，可允许农民就地少量零售自产的熟花生，必要时油脂公司或合作社也可批发给炒锅业一定的经营数量，但须严格规定其遵守国家规定价格零售。

二、由粤、桂两省财委转饬有关部门将收购牌价及时下达执行，并切实贯彻"优质优价"的原则，以鼓励农民出售质好货干的花生。为了便利收购，油脂公司及合作社应更加做好食油供应工作。

三、由粤、桂两省财委督促各地油脂公司与合作社密切配合，积极展开收购工作，及时签订代购合同，在重点产区应采取按产量派购的办法，并注意组织集体出售，以便结合预购合同的清理；在一般产区要做到"上市多少、收购多少"，以便国家能掌握充分的油源。

其他各地区花生产区新花生上市后，也请注意加强统购工作和市场管理，并应事先做好统购准备工作。

(选自《工商行政通报》第32期，1954年9月15日)

二十二、中财委批转中央商业部关于1954年下半年市场情况的分析和工作部署的报告

(1954年9月20日)

各大区、内蒙、省(市)财委并报中央：

兹将中央商业部关于1954年下半年市场情况的分析和工作部署的报告略加修改转发各地，望研究并进行工作的安排，本委除同意这一报告外，并提出如下几点意见：

一、今年长江淮河两岸遭受水灾和最近沿海地区受到台风袭击，灾情甚为严重，灾区粮、棉经济作物等农副产品受灾减产，这不仅直接减少农民的购买力，而且对工业原料，出口物资，国内市场供应和财政税收等各方面都要受到不同程度的影响，对这些情况要有足够的估计。各地对灾区农产品的收成应进行认真的摸底算账，既不准夸大，也不要缩小，作好第四季以至明春产、供、销的市场安排。当前国营商业与供销合作社应在当地党政领导下，积极作好灾区生产资料和生活资料的供应，积极作好灾区农副产品的收购，高度发挥社会主义商业为工农业生产、为人民服务的作用，使灾区广大农民情绪迅即安定下来，进行生产渡灾并制止某些灾区私商"乘人之危"高价出售，低价收购的投机暴利行为。

二、下半年国营商业与供销合作社的购销计划，任务是十分艰巨的，一方面是粮食、油料、棉花的统购及其他农产品的收购，在时间、地区和货币投放上都较集中，预计9月至12月国营商业与供销合作社的农产品收购计划将达75万亿元，其中主要产品的收购量，要占全年收购量的80%。必须完成农产品收购任务才能保证明年工业生产所必需的原料，保证出口和国内市场物资供应的需要，这是关系到国计民生，稳定市场的重大政治和经济任务。另一方面物资供应情况是粮、油、布实行计划供应，食糖、煤油、卷烟又是供应不足的商品，可以足量供应的是日用百货，尽管下半年社会购买力与可能供应的商品间的差额不大，但要使农产品收购与物资供应工作配合好，国营商业各专业公司就必须贯彻执行中央"城乡都需要的工业品应尽先供应农村"的指示，作好商品调拨，各地又必须从照顾全局出发，认真地审查进货计划，及时了解库存，大力推销库存充足的日用百货，减轻商品不足部分的供应压力。

三、对私营零售商的安排，城乡在下半年都要贯彻"总的踏步、着重改造"的方针，要向一切国营商业、合作社的干部指出对私营零售商实行各种国家资本主义形式的社会主义改造，以安定社会秩序，做好对居民的商品供应工作，是当前自己的任务，要认识到国家资本主义商业已不同于一般资本主义商业，它们是在社会主义商业领导和监督下遵守国营规定的计划和价格出售商品的，因此在营业额的比重上，虽然不让私商发展，但对货源的供应、品种的搭配务要照顾到使零售商能够维持以便逐渐地进行社会主义改造。

附：中央商业部关于1954年下半年市场情况的分析和工作部署的报告

中财委并报中央：

中央商业部在今年7月召开了各大行政区商业局长会议，讨论了三个问题：(一)1954年下半年市场情况的估计和工作上应采取的措施；(二)棉布计划收购、计划供应和棉花计划收购的实施方案；(三)大行政区机构撤销后中央商业部和各省市建立直接领导关系和干部上调问题。其中(二)(三)两项均已另有报告。兹将会议对第一项问题讨论的意见报告如下：

(一)1954年上半年的市场情况基本上是稳定的。

甲、在副食品供应方面：食油和猪肉基本上改变了去年冬季和今年年初市场不稳的局面，基本上保证了大中城市和工矿区的需要，完成了出口计划，并稳步地增加了国家库存量。这是由于食油实行了计划收购和计划供应，在猪肉和其他副食品方面，贯彻了中央“压缩中小城市和集镇的副食品消费，优先供应大城市及工矿区”的指示的结果。食油的计划供应，在城市基本上是成功的，在农村则尚存在着不少问题，在非产油地区农民对食油供应还是有意见的，有待于今后工作的改进(另有专题报告)。

乙、在农产品收购方面：基本上完成或接近完成了国家收购计划，主要农产品市场价格稳定，并在市场上制止了私商的投机、抢购，而由国营商业和合作社掌握了商品量的绝大多数。但有一部分小土产由于我们管理和经营不够，还存在着市场供求多变，价格时涨时落的情况。

丙、在日用工业品方面：基本满足了人民的需要，这是上半年销售淡季正常的情况。食糖供应不足，虽采取了提价的办法，但是城乡部分地区仍有脱销现象，商贩投机有所发展。

丁、农村生产资料如轮胎、五金材料的供应今年较去年均有显著增长，其中轮胎基本满足了农村的需要。成药下乡也有增加。但肥料、木材和某些农具仍然不足。

戊、属于市场商品部分的工业器材，存在着两种情况：一种是由于资本主义市场的外汇不足，和农产品原料供应不足，因而某些工业原料供应不足；一种是小型机器、小型变压器、电动机、水暖器材等生产资料生产过多，规格不尽符合需要，不易找到销路。这两种情况存在，就使得一部分工业生产发生停工减产的困难，并使商业部经营的这些商品形成积压。工业器材的供、产、销平衡是目前尚未完全解决并亟待进一步解决的重要问题(解决办法中央商业部已在今年工业原料供应会议报告中及其他报告中提出了建议)。除工业器材外，在药品中的针剂、片剂和一部分人民日常消费较少的小百货也存在着供过于求的情况，拟分别提出解决方案。

(二)1954年下半年市场商品供求情况的特点和工作要点：

甲、社会购买力和供应商品间的差额，在1954年下半年是存在的，据原来估计，差额可能在10万亿元左右。由于水灾严重，粮食和不少工业原料减产，现在估计差额可能缩小些；但农产品年景尚未最后确定，故差额究竟有多大，尚难最后定论。根据下半年的财政情况来看，财政收支可能是平衡的，可能不致动用上年结余，因而需要增加发行的货币为数尚不致很大，农产品收购资金，一般还可以保证，这种情况是有利于市场物价稳定的。由于水灾而引起的各种农产品生产量、商品量的变化和对今年各季及明年春夏市场情况的影响估计是不小的。由于目前材料尚少，我们还未作全面估算。大概要到9月底才能初步地估算出全面的情况。

乙、虽然社会购买力和供应商品间的差额不大，但在各种商品之间，存在着严重的不平衡，有多有少。由于棉花减产，1955年度纱布生产数字，估计将可能低于今年，因此由今年冬季到明年秋季纱布供应量是不足的，必须按照今后全年计划供应数字，掌握供应，不能超过。煤油由于进口不足，纸烟由于烟叶减产，食糖由于产量不够，都是今年下半年不足的商品，必须努力进一步掌握货源，并按计划掌握销售。猪肉因灾区猪源减少，在部分地区可能发生不足情况。油料估计今秋稍有增产，城市计划销售数拟按目前情况基本不变，适当增加农村与工业用油供应量，并继续充实国家库存。其他大多数商品如日用百货，药品中的针剂、片剂，工业器材中各项商品，均须贯彻积极推销的方针，防止和克服保守惜售思想，密切同合作社的联系，开展对私营零售商业的批售业务，同厂矿订立供应合同，以求充分供应人民特别是农民的需要。在商品调拨上，应着重注意执行中央“城乡都需要的工业品，应尽先供应农村”的指示。水灾严重的地区，原定的销售计划应适应新的情况作必要的修改。农业增产,销售可以增大的地区,应主动提出增加要货,灾情严重地区,不能完成既定计划者,应主动酌情减少要货,以求商品的合理分配。

丙、在农产品收购上,应争取做到对所有需要收购的农产品充分、及时的收购,积极筹划和调拨农产品收购的资金并特别注意及时收购水灾地区的农副产品。由于今秋货币投放是集中的,农产品收购时间,一般将较去年提早,因此必须及早将工业品提前调运到货币大量投放的地区,以供应货币集中投放时农民的需要。

丁、继续加强工业品的收购工作。在工业品收购和调拨上,必须进一步加强计划性,克服盲目性。目前在不少工业品中,供、产、销不平衡的情况还很严重,各级商业部门必须加强计划平衡工作,对某些供多销少的商品,积极提出安排生产、推销和收购的意见,以求减少国家资金的不合理占压。

(三)1954 年上半年对私营商业利用、限制和改造的情况是:

甲、在批发商业方面:国营商业总的情况是继续前进,在具体品种上有进有退。国营商业占批发比重已达到 70%以上,估计可能接近 80%。

乙、在城市零售商业方面:在执行"踏步"政策后,从 5 月份起,城市私营零售比重一般已停止下降,稳定在今年一季度的水平,私营零售商向国营批发机构进货日见增长。粮食、食油已通过国家资本主义形式进行全行业的改造,对其他行业改造问题,各地正在根据中央指示进行调查研究,并陆续开始吸收批发商从业人员参加国营商业工作。在具体执行"踏步"政策上,一般存在着三种情况:第一类是一些新城市、新工矿区(如甘肃的玉门,内蒙古的白云鄂博)私营商业很少,现在需要国营零售商业迅速发展,不需要"踏步"。第二类是有较大的基本建设或人口迅速增长的大中城市,如北京、郑州。一方面,由于私营批发商业大部被淘汰,这些城市作为资本主义批发商业集散市场的作用已大大减少,因而减少了由过去私营批发商业的繁荣而带来的流动购买力,但另一方面,这些城市由于基本建设增加、人口增加而新增了购买力,因而在执行"踏步"政策上是比较顺利的,在现有的公私比重上,私营零售商业在通过国家资本主义进行改造后大体上能够维持或稍有增减,不致引起严重的社会失业增加的现象。第三类是上海、天津、广州等大城市,过去作为资本主义批发集散市场的作用已大大消失,流动购买力减少很多,但新的基本建设增加不大,新增的购买力不够抵补减少的流动购买力,因而这些城市在目前与今后一定时期内就存在着社会商品零售总额下降的现象,因而即使停留在现有的公私比重上,不再前进,私营零售商业还有不少是难以维持的。

丙、在乡村零售方面:由于中央的指示还没有贯彻下去,今年上半年合作社在乡村的零售额和零售比重一般是继续前进的,超过了预定的计划,根据全国合作总社的典型调查,目前在乡村集镇中,特别是新解放区,私营商贩还有相当数量,目前已有不少难以维持生活。其中有一部分人,家里有足够的土地,可以转为农民,但有一部分人是无法转业的。根据重庆市统计:去年年底共有摊贩 2 万人,到今年二季度末,已增加到 4.5 万人,其中不少就是从中小城市和农村集镇被排挤出来的。如果让这种趋势发展下去,明年淡季城乡零售商安排将会发生更大的困难。

(四)根据上半年对私营商业利用、限制和改造的情况,我们认为下半年对私商的政策,在批发商业方面,可以继续前进,根据中央指示,前进一行,安排一行,对无法转业的批发商的从业人员,应由各国营公司在当地党政统一领导下经过训练后予以录用,其中有较严重的政治问题的人,可由国营商业出一定数量钱,请当地公安部门组织训练班,进行教育和改造。内蒙古、西北等地及内地各省商业部门,应当吸收一部分上海、天津等地的批发商的职工,以减轻上述城市安置工作的困难。在零售商业方面,在今年下半年应 继续执行"总的踏步,着重改造"的方针。在前述第一类新城市及新工矿区,应当继续前进,以求尽可能满足人民对商品的需要,不必让私商到这些新城市去自由发展。在第二类城市应当在踏步的精神下着重改造,在第三类城市除踏步及着重改造外,尚须区别行业和商品品种,采取多批一些商品和适当扩大某些次要商品的批零差价等办法,使私营零售商能维持生活,继续经营。由于市场情况目前已发生根本的变化,第二类、第三类城市中的人民购买力目前并没有显著增长,甚至有的还下降,因此国营商业和合作社商业的零售比重,在今年下半年一般不应增长或增长过多,而应当着重通过各种国家资本主义形式对私商进行改造。这并不是我们停止了前进,而是用另一种形式前进，这种前进是妥善的，可以避免增加社会失业，并有利于加强国营商业对市场的统一计划和领导，以进一步改造私营商业。我们认为"总的踏步，着重改造"的方针在今年下半年同样也适用于一般农村集镇，适用于合作社通过各种国家资本主义的形式对农村集镇商贩进行改造。对私营零售商的改造在同一地区内应全行业同时进行，过去在一个行业中选择几户作为批购对象的作法，只会发展几家大零售商而排挤掉更多的其他零售商，反而增加了安排的困难，故这种办法应当停止进行。由于布匹即将实行计划收购和计划供应，因此今年下半年在全国范围内必须对棉布商进行全行业改造，至于其他行业，可由各地自行选择重点行业进行改造，但我们对于全行业改造私商的工作，经验还是很少的，因此选择重点行业不要过多，并应随时总结经验，稳步前进，避免混乱。

以上各点，是中央商业部在今年下半年对市场问题的主要工作部署，是否妥当，请中财委审查批示并转发各地。并请批准以这个报告作为中商部今年第二季度的工作报告。

1954 年 9 月 2 日

二十三、司法部关于保障粮食、油料、棉花、棉布统购统销的指示

（1954 年 10 月 11 日）

目前正值粮食、油料征收、统购时期，又是实行棉花统购、棉布统购统销的开始，我们必须认识反革命分子和城乡不法资产阶级分子必然乘机破坏。因此，从司法方面保障粮、棉等统购统销工作顺利进行是十分繁重而艰巨的任务。各地人民法院应将这一工作列为今冬重点工作之一，坚决贯彻审判工作为国家中心工作服务的方针。特作如下指示：

（一）各地人民法院应根据过去粮食统购统销工作的经验和各地具体情况，订出工作计划，报请党委批准，并与有关单位通力合作，组织力量，运用巡回法庭深入任务重、问题多的重点地区，选择典型案件，大张旗鼓地公开宣判，以教育群众，及时打击犯罪活动。反对脱离中心工作，孤立办案或等待领导交任务的错误思想。

（二）组织干部认真学习有关统购统销的政策法令，严格掌握政策界限。必须正确打击的对象应该是破坏粮、棉等统购统销政策的反革命分子、投机奸商和反动地主、富农。对于群众中因不了解政策偶尔违法的行为，则应坚持教育方针。应把反革命分子的造谣破坏与个别落后群众不满情绪分开；应把奸商的囤积居奇与一般余粮、余棉户的待价惜售分开；应把一贯的粮食投机奸商与偶尔违法争购小量粮、棉的小商贩分开；应把粮、棉统购统销前和统购统销后的行为分开。防止打击不力和打击面过宽的偏向产生。

（三）在审判工作中，必须实事求是，弄清案情，严格按照情节轻重和政策法令正确判案。更应根据宪法和法院组织法规定的原则，保护当事人的合法权利。严禁乱捕乱押。反对认为多捕重判才能表现对中心工作服务有力的单纯任务观点；反对不经调查，轻易下判的草率现象；反对没有典型，硬找典型的错误作法。必须明确我们审判工作的职责是惩罚犯罪，保护善良，只有坚持原则，实事求是，才能贯彻"勿枉勿纵"的方针。

（四）过去事实证明：很多人民法院在保障粮食斗争中，除主要处理破坏粮食的案件外，还结合处理了其他的大批刑民案件，同时还进行了必要的组织、制度建设，特别是巡回法庭有了很大的发展。因此，各地人民法院在运用审判武器为中心工作服务的同时，必须开展本身业务的建设。

各地人民法院应认真总结这一工作的经验，以提高干部，改进工作。各省、市人民法院的总结应于 1955 年 2 月前报送本部。

二十四、中财委（财）对加强购棉工作贯彻快收快运精神的指示

今年因大部产棉区多雨，棉花生长期延迟，上市比往年为晚，大部省份在 9 月份不能完成收购和调拨计划。为了保证纱厂原料和市场絮棉的供应，中财委（财）特作如下指示：

（一）请各地财委加强对购棉工作的领导，并要求各地党委对购棉领导抓紧，在 9、10 月要切实贯彻快收快运精神。过去一个阶段，各级领导机关注意对棉布计划收购计划供应的准备工作是必要而正确的，但目前应分出力量对棉花计划收购及絮棉供应工作加强领导，并大力督促棉产区合作社收棉机构快收快运，保证机纺用棉和市场絮棉的供应。

（二）为了做好棉花计划收购工作，需要一系列

工作步骤，如评产、定量、售棉给证等是必要的工作，个别地区拟随证带购。但均应注意防止因手续太繁而影响目前快收快运的要求。为达到快收快运的目的，农民售棉可先给一收据，评比等手续待以后补办。各地银行对购棉资金应即时支付，保证收购棉花顺利进行。

（三）据反映，若干地区在9月15日后仍有私贩或土纺织户抬价与合作社竞购。请各地财委立即设法检查，棉花计划收购命令公布后，各地市场管理还存在哪些问题，并请通知各地，市场管理必须加强，严格禁止私商小贩收购和贩运棉花。对情节比较严重不遵照命令的私商，可处罚一二人以教育其他。这样对我们贯彻统购命令，及早掌握棉花，消除棉农的观望惜售等都有帮助。

（四）为贯彻多收籽棉充实油料，过去收购皮棉为主地区，今年改收籽棉为主后，合作社应把轧车迅速组织起来，收多少，轧多少，棉农自轧花留棉种者也可收购皮棉。

（五）为达到快收快运目的，各地合作社仓存皮棉，除花纱布公司指定留供当地絮用者可酌留一部分外，应尽速打包运交花纱布公司。检验工作亦应充实力量，提高效率，检验、并批、合证等手续，均以服从迅速调运保证机纺用棉为原则。

（六）10月上中旬产棉省份应以快收快运棉花为中心工作，国庆节休假期间，希望发动职工照常调运，勿使中辍。

（七）铁道部门对10月份运棉临时要车变更计划等问题，应予适当便利。

（八）因棉花供应紧张，絮棉原料也感不足，势将不得不动用纺棉供应民用，但多消耗纺棉又恐影响明年棉纺工业用途，因此，各地纱厂应将所存七、八、九级低级白棉、霜黄棉、抄斩花及其他不适合纺纱而能作絮棉用的各种废花，尽可能扫数交予花纱布公司供作絮用。厂与厂间存棉量不平衡的，也应作适当调剂。

（选自《工商行政通报》第34期，1954年10月15日）

二十五、财政部、商业部关于棉布实行统购统销后有关纳税问题的通知

（1954年10月20日）

关于棉布实行统购统销后的有关纳税问题，除棉布范围和纳税环节，土布等问题，责成税务总局与中国花纱布公司迅速研究另行解决外，现经我两部商定先就以下问题，统一规定纳税办法，希照办理。

一、经营棉布的公私合营、私营批发商、零售商贩、行商及私人囤布户现存棉布，凡由国营花纱布公司按照批发牌价或照批发牌价折扣收购，对出售户应否征收营业税问题，我们认为实行统购是对私营商业进行社会主义改造的一项政治措施，是带有强制性的，并且回收价格已经打紧。私营棉布商贩一次售完存布即行歇业或转业，不能视为一般的营业行为。因此决定：凡在1954年9月15日以后，将所存棉布按照规定价格售给花纱布公司者，一律不再征收营业税，9月15日以后已经征税的地区，凡能退还者原则应予退还。对此规定须向干部进行解释，不能理解为对私营批发商不纳税的照顾。

二、私营棉布零售商贩现存棉布，经按照规定登记后仍凭证出售者，于销售后缴纳营业税。

三、凡因统购统销经批准于1954年9月15日前后歇业、转业的私营棉布商，其在经营期间应纳的所得税，仍应按照税法规定于歇业、转业时一次清交完毕。

四、棉布实行统购统销后，私营棉布零售商、合作社或其他国营商业单位（如百货公司），接受花纱布公司委托代销棉布，已不会发生公私税负不平影响物价问题，为适应新的经营方式并简化计算手续起见，自1954年9月15日起，其纳税规定暂修改如下：

(1) 原由私营棉布商于销售后交纳的零售营业税，改为代销后，一律由花纱布公司汇总按每月实销数照统销价格交纳，不再由代销商扣交。花纱布公司只给代销私商代销手续费。至于由百货公司或合作社办理代销应纳的零售营业税，原则上由委托的花纱布公司汇交，但如有的愿由承办代销的百货公司、合作社代交者，亦可由各地自行商定；

(2)代销单位只就所收手续费交纳7%的营业税；

(3)采取经销方式者，经销单位应按进销货处理。花纱布公司委托销售时不纳营业税，由经销单位于出售后交纳营业税。

五、经向当地工商行政管理部门核准的工业用布及复制工厂等生产用布由花纱布公司按批发价格供应者，研究后另行规定。各地可暂按原办法执

行不变。

六、机关、团体公用布，因都是按零售价格供应，出售单位应照纳营业税。

二十六、国务院批转商业部关于棉布统购统销和棉花统购实施情况和存在问题的报告

（1954年11月16日）

各大区、内蒙古、省、市财委并报中央：

兹将中商部《关于棉布统购统销和棉花统购实施情况和存在问题的报告》转发各地研究执行。

棉布统销工作，在各级党政领导下获得城乡广大人民的赞助，但应在现有工作基础上，进一步改进城乡分等定量和布匹的花色品种的调剂工作，做到确能按城乡人民的基本需要保证供应。当前对各种特殊用布的照顾及国营公司积存的成服处理，中商部所提办法，都是必要的，应贯彻实施。

掌握原棉对本年度棉纺工业生产、供应，市场稳定及国家税收等各方面关系很大，望各地在今后两、三个月内集中力量做好棉花的评价、收购、轧花、打包等工作，努力完成棉花收购计划。

附：商业部关于棉布统购统销和棉花统购实施情况和存在问题的报告

国务院五办并报中央：

（一）棉布统购统销工作，由于各地党委、财委重视，大力领导和有关部门同志的积极努力，准备工作做得比较充分，自9月14日公布命令以来，全国广大群众基本满意，市场情况正常。这一个措施，不仅改造了棉布的自由市场，保证了人民棉布需要的有计划供应，而且经过了广泛的宣传教育工作，干部和群众又一次受到比较深刻的总路线教育。

在实施棉布统购、统销前，各地党委、财委吸收了粮食和油料统购统销工作中的经验，大部分地区均在党委、财委领导下，吸收有关部门，组织棉布计划供应委员会和办公室，加强了组织领导，这是使得这一工作能够有计划、有步骤地顺利进行的重要前提。

政务院命令规定：自9月15日开始实行棉布的计划收购和计划供应，有些地区在执行时间上不够一致，有的11日就公布，12日即凭票供应；我们原打算全国一律于12日公布，后来各大城市反映提早公布怕市场受到冲击，后决定于14日公布。在命令公布和发出布票短短的空隙期间，大、中城市曾一度发生较普遍的抢购现象，棉布销数较平时增加少则三四倍，多则七八倍，甚至个别城市个别商店有增加销售十倍以上的，不少私商的存布不论好坏，大量销售。一方面我们电告各地放手供应，一方面各地党政抓紧工作，很快发出布票，15日以后，大部分城市抢购现象就停止下来，棉布市场进入了计划供应的新轨道。

据各地反映：对棉布供应定量，极大多数人民表示满意，认为够用；对出生、结婚、死亡等规定给予照顾，认为“政府关怀人民生活，照顾周到”，有的劳动人民说：“共产党、毛主席的办法真多，为人民把啥心都操到了，棉布计划供应对国家对自己都是节约。”有的地区反映：人口多的用不掉；人口少的紧一些；一般的满意并拥护，单身汉和青年男女嫌少；不少农民对城乡定量差别有意见，经过宣传解释，算好三笔账（算过去用布、算现在用布、算目前购买能力），也就没有意见了。宣传工作深入和普遍展开的地区，绝大多数群众已经基本上解除了怕国家没布、怕没好布、怕涨价、怕定质定量平均搭配、怕固定买布地点、怕特殊用布不照顾等顾虑，而积极拥护棉布统购、统销政策。并开始计划自己的用布。

（二）私营棉布商已在各地党政领导下初步安排下来。全国棉布批发私商在7月初尚有665户，从业人员3846人，7月以后陆续处理，现在已全部结束业务，进行了安排，零售棉布私商主要采取了经销方式纳入国家资本主义轨道。在大中城市，零售布商一般都按中央的方针，认真安排，大部分私商都能遵照国家的政策安心经营，部分私商怕货色不全，怕营业额下降，因而经营消极。目前对零售商采取控制销货额的办法，不分季节，不论热闹区和冷僻区，不论大户小户，超过规定的销货额就不再供应货源。这种办法，机械执行尚有缺点，有时不能适应居民需要，不利于扩大商品流转，有待进一步设法调整零售的商业网来解决执行中的困难。在县城和乡村，对零售布商则有转业面过宽和维持面偏紧的情况。个别地区，采取急躁办法，着私商全部转业，市场由合作社包起来，这显然是和改造私商的政策不符的。这种情况，某些地区虽已开始纠正，仍应引起必要的注意。

另一方面，在棉布统购、统销的过程中，私商逃避登记存货、抽逃资金、抢购套购、抬价降价、以坏货充好货等违法行为，以及个别反革命分子乘机造谣、破坏等活动也时有发生，应引起严重警惕。

改造私商是一次较长时间的复杂的阶级斗争，今后对私营棉布商的改造工作，仍须加强。一方面要适当分配货源，安排其能够维持的营业额，树立并巩固"接受改造、前途光明"的思想基础，另一方面，必须加强教育和领导，督促其改善经营管理，建立必要的监督检查制度，防止其违法行为。

(三)关于1954年9月至明年8月底全国棉布供应总的指标，原规定1.6亿匹；后来看到棉花减产，陈云副总理指示修订为1.4亿匹，第一期仍定为10076万匹，但各地工业用布及对消费者实际发票，第一期都未发足(据估计约占85%，各地实发票数字尚未统计上来，需抓紧检查统计)。棉布统销以后各地实际销售情况，9、10月份计划均未完成。销售完不成计划的原因和第一期布票控制数未发足有关。同时供应办法中规定第一期布票可以移至第二期使用，第二期布票不能提前使用，因此一般不是急需用布的或第一期数量较少的，有可能移至以后去购买。办法中虽然规定布票可以相互调剂，事实上不到明年7、8月，相互调剂的可能性是很小的。这些情况，都会影响到今年第四季度布的销售计划的完成，对于配合冬季大量收购农产品，回笼货币来说，是极为不利的。为了改变这种局面，我们研究了第二期布票能否提前使用的问题。购买力较高的地区，农村定量有偏低的反映，第二期布票提前使用，在政治影响上和支持农产品收购上都是有作用的。从棉布库存情况看，如果第二期布票提前在第一期销售占50%，明年2月底库存约为3900万匹，是可以应付的。但问题的关键是在今年棉产量能否保证明年棉布生产计划的实现。对这一问题，拟再作短期间的观察，再来决定。

其次，有些地区因为看到目前棉布销售情况不好，同时部分消费者又有实际困难，就提出可否让消费者按布票多买10%到20%开源节的办法，我们认为这是不妥当的。棉布定量遇有特殊情况确有不足者，可以本节约的原则个别多发一点布票予以照顾，目前不宜采取不按布票额提高定量的办法。例如各地反映困难较为普遍的：单身汉定量低的无法调剂；南方北来的干部、学生和家属，因气候较冷，原有定量不够添置衣被；基本建设临时工没有按照工作地点的定量发给布票；分散各地的少数民族因衣着习惯不同用布较多和个别部门工作人员制服规定的定量较高等情况，应给以适当解决。拟请各地按具体情况，提出增加一定数量，经省商业厅批准，告中国花纱布公司备查，在省掌握的临时用布的控制数字内(原规定临时用布占总的控制数字4%是偏小的，可增加到10%)给予必要的照顾。

另外，棉布统销以后，有些地区服装业和缝纫业成品积压，维持困难，应分情况予以解决。某些城市由于过去盲目发展，目前已超过实际需要的服装业和缝纫业一部分应辅导其转业，一部分可改为代消费者缝制衣服，由消费者自备衣料。目前国营公司积存的成服(主要为棉制服)应拨出大部分供应北方棉产区或购买力较高的农村和城市，指定在少数国营公司或合作社门市部限量、限时出售，可由各省因地制宜订出少收折尺布票的供应办法，并向群众讲清楚(或利用地方报纸公布)，这是处理存货的临时措施，和一般出售成服的办法不同。

(四)今年的棉产量究竟有多少和国家宣布棉花统购后可以收购多少，这是明年纱布产销上的基本环节。

据农业部最近资料，今年棉花播种面积8330万亩，收获面积只7013万亩，减少1300余万亩；每亩平均产量以皮棉34.4斤计算，预计总产量为2416万担，较原计划产量2750万担减少334万担。其中减产较多的为：湖北减138担，河北、江苏、安徽、湖南等省各减30万—40万担。减产的原因，除水灾地区遭受灾害外，今年新棉收获季节普遍推迟，遭受霜害可能较往年为多，也影响棉花的产量和质量。

自棉花统购命令公布后，新棉的收购情况，到目前为止也不很好。9月份合作社收购约101万担，完成计划不到50%，交花纱布公司只68万担，为花纱布公司接收计划的40%。10月上半月公司接收72万担，不到原订月计划的20%。收购情况不好的原因是：棉花统购命令公布以后，具体办法和对农民进行宣传教育没有很快深入到基层，因此农民对统购措施存在观望、顾虑以至发生抵触思想。例如，我们提出"快收、快轧、快运"以支援纺织工业生产的口号，而有的农民则提出"快摘、快轧、快弹、快用"，这样不仅直接消耗一部分棉花，而且影响国家统购棉花的政策。目前不少干部对这种小农经济自发势力的危害性，还没有足够的认识，因而对农民所进行的教育，也就不够深入。其次，由于对棉花采取了统购的措施，因为供应人民需要不易掌握，没有实行统销，因此絮棉和手纺用棉不易控制，对手纺织布的掌握还缺少经验，在这方面也可能要多消耗一些原棉。此外，我们今年在收棉组织工作上也存在缺点，如轧花、打包工作准备不够，以致有些地区籽棉收得多而轧花、打包工作配合不上，发生一时脱节的现象。

1954年9月至1955年8月，初步估算共需棉花2145万担，其中纺织用棉1750万担，国家供应絮棉和手纺用棉330万担，军用30万担，出口15万担，损耗约20万担(各地对絮棉供应还要求增加30万担未计算在内)。收购计划原定2300万担，现在修订为2037万担，占棉产量2416万担的84.3%，这样民间留用棉只有379万担，比上半年估计的481万担还要少102万担。因此，如果产量不超过2416万担，则完成这个修订的收购计划是非常吃力的，还可能有困难。由于要求各地保证收购任务，可能估计灾情影响棉产量稍偏大，估计产量则稍偏小，实际产量可能多一些，则收购2037万担还不是没有希望的。但就是完成了这个收购计划，也还不足108万担，需要依靠进口，否则明年棉纱生产计划虽然已核减为465万件，仍将因原棉不足而遭到困难。如果再减少棉纱的产量，又将影响棉布、针织品生产的维持和棉纱的供应。

(五)根据上述棉花生产和收购的情况，我们认为在棉花统购工作上，必须采取下列措施：

(1)各地对今年棉花产量，须进一步摸清，以便决定明年有关花纱布产销的措施。目前应积极准备评产，以确定棉农应向国家交售的任务，这不仅有助于摸清棉花产量，也可以结合这一工作，对农民进行宣传教育，使他们较深刻的了解棉花统购对国家建设、对农民切身的关系，从而消除某些棉农观望惜售的情绪，踊跃将棉花卖给国家。在干部中亦要进一步教育，使他们充分认识棉农自发势力对棉花统购工作的影响，克服盲目乐观情绪，努力加强并改进收购工作，完成收购计划。轧花、打包、储运同收购工作脱节等现象亦要迅速扭转。

(2)关于进口外棉，据对外贸易部称，虽然外汇十分困难，但东南亚国家如巴基斯坦等需要向我国输出一定数量的棉花，交换物资，进口50万担左右是可能的。拟先进口50万担，其余不足之数，待国棉定产，到12月间再算一细账后，再行报请决定是否继续进口。

(3)絮棉和手纺用棉是棉花统购工作中关键性的问题，也是有关改造小生产者的比较复杂的问题，在这方面要多做一些工作。目前对必要的絮棉供应不能惜售，以扭转某些地区絮棉供应紧张的情况。手纺纱织布各地存在上市量减少的情况，目前不宜采取急躁收购或争购的办法。只要在非产棉区掌握维持供应必要数量的土纺用棉，一方面对手纺区增加机织布的供应(全国预计要增加300万—400万匹)，原来发的手纺纱织布布票允许购用机织布；另一方面组织力量摸清实际产销情况，加强市场管理，杜绝黑市和私商贩运，同时对允许土布生产者和消费者互通有无部分，控制在较小地区范围内，我们在收购手纺纱织布工作上，就可能转为主动。此外，为了支持收棉工作，应在棉区土纺织集中地区供应一部分零头布，不收布票。对手纺纱织布的价格、税率等问题，须进一步作研究。

以上报告和拟采取的措施，如认为妥当可行，请批转各地。

1954年11月10日

二十七、国务院(五办、八办)关于对粮食代销店保证金付息与缴存管理问题的意见

江苏省人民政府财政经济委员会向前中财委请示：关于粮食代销店应缴保证金的利率按何标准计算，利息由粮食部门所得抑由私商自得，以及缴存保证金的管理办法等问题，国务院第五办公室和第八办公室批复如下：

过去在商业方面业务往来中的保证金，是作为承受委托的一方对另一方因承受某种委托业务而提供的现金保证，因此，保证金的额度一般不超过承受方面在一定期内所承受的商品总值，由委托方面收取，不给付利息。自去年实行粮油统购统销以来，国家向粮食代销店收取保证金的意义，已经不仅在于作为代销商品的现金保证，更重要的是借以控制私商为国家代销而闲置的大部流动资金，防止其成为游资，影响市场。因此，为了鼓励私商多缴保证金，应本缴保证金多就可得到应有的利息的精神，按一般私企存款利率付给保证金利息。但因为各地的经济条件和粮商原有资金的情况不同，目前

各地向粮食代销店收取保证金的额度以及对保证金是否付息,办法是不一样的。为照顾此种情况,可按已实行的办法暂时维持。

关于保证金的缴存管理办法,在足以保证国家按需要掌握保证金存取的原则下,或者由私商直接送存银行开立专户,存取均经委托方面介绍或证明,或者由委托方面将保证金汇总后在银行开立专户储存,存取均由委托方面负责,各地可按具体情况酌定。

(选自《工商行政通报》第 40 期,1955 年 1 月 20 日)

二十八、商业部关于棉花、棉布邮寄包裹的几项规定

关于棉布实行统购统销,棉花实行统购以后邮寄包裹的问题,商业部已商同邮电部作如下规定:

一、棉布包裹可以群众实需零剪衣料为限,禁止邮寄整匹棉布。零剪数段满一匹者,不在此限。

二、棉花亦按群众实需暂以一套棉衣絮棉用量三市斤为限(只限絮棉,籽棉、皮棉概不收寄)。

三、棉花棉布制成品,如被褥、棉被套、成衣等可以不加限制。

(选自《工商行政通报》第 44 期,1955 年 3 月 31 日)

第二节 管理、调控其他重要工农产品市场

一、中财委关于各地牛皮管理办法的修正意见

关于牛皮管理问题,自中财委 1950 年 11 月 9 日发出"统一收购牛皮并禁止牛皮出口"的指示后,各地均先后颁发了市场牛皮管理办法。两年来,已获得一定效果,保证了军需及工业用皮的供应,稳定了牛皮价格。但由于各地区管理办法不统一,发生了一些毛病。表现在管得松的地区,私商暗中倒运,哄抬价格,浪费好皮,影响军需及工业用皮的供应。管得紧的地区,农民出卖牛皮困难,个别地区发生用牛皮煮胶、肥田的现象。制革业用皮的供应也常遭中断。国营公司也在统购统销的措施下,被迫好坏均要包收,使次牛皮难以处理。为了纠正上述现象,改进牛皮管理工作,对各地牛皮管理办法,提出以下修正意见。各大区财委可结合当地具体情况,对本区管理办法,加以适当修正,报中财委备查。

一、今后对牛皮管理的方针,必须是在既保证军、工需要,又适当照顾私营制革工业生产和牛皮持有者的利益的原则下进行。

二、以后只管理生黄牛皮、生水牛皮,对熟牛皮不加管理。

三、合乎军需及工业需用之好牛皮(根据牛皮产量情况、军需及工业需要量的变化,可适当放宽或缩小好牛皮的范围),必须首先满足军、工需用,统由中国畜产公司代购或由畜产公司委托合作社及其他国营贸易公司代购;军需及工业部门不得自购或另委托其他公私商贩收购。

四、主要牛皮集散市场,在当地工商行政部门领导下成立交易所(可根据当地情况单独成立或由同样性质的机构兼办)集中交易,对不合军、工需用之次牛皮由交易所负责加盖"验讫"戳记后准许自由贩运。

五、初级市场至集散市场间,无论好次牛皮准许自由贩运。

(选自《工商行政通报》第 9 期,1953 年 6 月 5 日)

二、中财委关于严格掌握煤炭产、运、销的指示

关于煤炭、焦炭产销不能平衡的问题,年来尚未解决。去年为了照顾各地公私营煤矿增产后销售困难,国家曾超计划进行了收购,不仅打乱了国家商业计划,并造成因积压而变质的严重损失。今年煤炭总的情况,根据生产能力来说,仍是产多于销。虽曾决定了减产计划,但仍应严加掌握,防止盲目生产和运销。兹提出以下意见:

一、生产方面:

(1)各地财委及有关部门,应严格的监督矿方,按照中财委规定的控制数字进行生产。

(2)凡列入国家统一分配各矿,应遵照中财委物资分配办法之规定,除由国家统一分配外,禁止随意在市场出售,否则打乱销售计划,可能造成市

场混乱。

(3)未列入国家统一分配各矿，必须在当地财委总的生产控制数字下，按计划生产。产品除由煤建公司按照其收购计划收购外，剩余产品情况特殊者可经大区财委按照统一的价格政策批准于省内销售。其余一律限定地产地销，具体办法请各地财委根据当地具体情况，协同有关部门商定。

二、市场方面：

为了有计划的调剂供应，以保证市场之稳定，由煤建公司(国家分配调拨者除外)依照计划进行区间调拨，各地工商行政部门应向越区越省推销的煤商说明国家政策，组织其近地销售，下乡推销，以调剂附近市民及农民燃料之供应。

以上各点，希各地财委根据当地具体情况研究执行。

(选自《工商行政通报》第10期，1953年6月20日)

三、中财委决定：《钨、锑、锡统购统销管理暂行办法》与《实施细则》均暂不实行

中财委于1953年1月10日以（五三）财贸字第十号命令颁发《钨、锑、锡统购统销管理暂行办法》；中央对外贸易部与中央重工业部又于4月21日以（五三）外贸署孔联字第三九号联合命令颁发《钨、锑、锡统购统销管理暂行办法实施细则》自该项办法与实施细则下达后，据各方面反映：目前在执行中尚有困难。其原因：

(一)废、杂锡统购统销牵涉面很广，民间手工业用锡过于分散，不可能集中申购原料，统一供应也有困难。同时，实行废锡统购统销后，私营熔炼业所需原料亦必须国营供应。民间用锡多由废、杂锡中提取，青铅又系国家统一分配物资，现在情况是供不应求，如实行废、杂锡统购统销，更会造成青铅供应的紧张情况。

(二)锡矿大部分为国营生产，仅部分的系私营生产，其产品均由国营机构收购提炼，并统一分配使用；锡砂国内使用很少，且均供应国营工业部门，外销现由国营公司统一经营；同时锑品外销不畅，现且有积压，目前问题，主要应是设法控制生产，以防过多积压。

根据以上情况，中财委最近作出决定，关于《钨、锑、锡统购统销管理暂行办法》与《实施细则》均暂不实行。为了加强对钨、锑、锡的管理，指出以下两点，各地仍应注意：

一、加强对钨砂、锑品、锡品(包括废、杂锡)的沿海口岸缉私工作，以防走私外销。

二、对于废、杂锡，为供应国家需要与满足群众出售要求，仍由对外贸易部委托合作总社，根据各区实际情况进行重点收购，各地并可结合当地情况制定废、杂锡市场管理暂行办法，由各大区财委批准实行，以稳定市场价格。

(选自《工商行政通报》第11期，1953年7月20日)

四、中财委(财)关于解决1954年度牛皮供应问题的意见(摘要)

由于过去皮革加工业利润过高(一般在30%至80%)，同时我们对制革业又未很好管理，所以公私制革业有盲目发展现象。如中南区从1953年4月到现在，公私营制革业增加了一倍；山东省德县所属11个基层合作社中，有9个社收进生皮自制熟革；北京市生产皮球的工厂1953年一月时只有九家，到12月就增立17家，皮球产量增加了4倍。同时，在个别地区，由于皮革加工业的发展，又造成了若干成品的积压。如北京市百货公司积压了一批篮球、排球和足球，约需2年以上才能卖完。此外，军、工需要也有所增加。这样就大大增加了牛皮的消费，造成牛皮供应紧张的情况。

牛皮供应紧张，不仅是今年的问题，而且是一个在相当长时期内存在的问题。为了完成收购计划，满足军、工需要，适当调剂民用，并保证今年出口任务的完成，中财委(财)提出如下意见：

一、首先加强市场管理，控制货源，为便于统一安排，防止私商捣乱，各大区和各省、市必须对熟皮加以管理。

二、必须采取全国统一调拨，支持大城市，适当照顾中小城镇制革加工业，在原料供应上必须加以控制，防止粗制滥造，盲目发展。对过去盲目发展起来的加工业作坊，可动员其转业一部，具体安排请各地财委根据当地实际情况统一解决。

三、开辟货源，节约原料，发展代用品，如骡、马、驴皮，野生皮，特别是猪皮潜力很大，如西南区即可有计划地发展猪皮制革。同时为了限制私商获取高额利润，便于代用品发展，中央财政部应即对熟牛皮加征

20%的商品流通税,免征猪皮20%的商品流通税,致于从何日起执行以及对猪皮是否公私均免征?牛皮加税后如何控制价格等问题,责由中央财政部与各有关部门会商后正式下达执行。

四、为了统筹调剂,本年中央计划从中南、西南、西北等区调出若干数量的牛皮交由中国畜产公司统一掌握。

(选自《工商行政通报》第33期,1954年10月1日)

五、中财委(财)关于牛皮增税后价格如何控制的意见

关于熟牛皮增税后如何控制价格问题,中财委(财)指示:在熟牛皮增税后,无论国营、合作社和私营加工制成熟牛皮和制成品的销售价格,因加工利大一般不应变动,如确实困难须调价者由大区省(市)财委根据各地具体情况作适当安排,但调整幅度不宜过大。

(选自《工商行政通报》第36期,1954年11月15日)

六、中央财政部关于免征猪皮商品流通税的规定

中央财政部为了鼓励私商改用猪皮,减少牛皮供应的压力,特规定猪皮制革及出口生猪皮在1955年11月1日以前暂予免征商品流通税,目前在开始推广猪皮制革期间公私均予免征,将来再考虑是否区别对待。

以上规定,自1954年11月1日起实行,除指示各地税务局与有关部门密切配合执行外,并指出各地应随时注意猪皮制革(特别对于私商部分)及出口生猪皮的成本、利润、销售等情况,以凭研究恢复征税或减税的问题。

(选自《工商行政通报》第36期,1954年11月15日)

七、国务院(七办、五办)关于进一步加强木材市场管理工作的指示

木材市场管理工作自实行"中间全面管理,两头适当控制"政策以后,华东、中南产区大部分省份及内蒙、陕西、河南等地均先后颁布了木材管理办法,从而基本上减少了大贩运商和大批发商在产销区之间的违法活动,对调剂公需民用木材,稳定市场和价格起到了一定的效用。但目前很多销区(包括产区内的销区)的木材市场尚未制定管理办法,存在多头推销现象,当木材公司供应不足时,便予私商以套购、竞销、进行黑市交易的空隙。同时,木材公司与合作社在城市与农村的木材供应工作上也还有不够衔接之处,以致影响木材供应工作的发展。为了加强木材市场的管理工作,国务院(七办、五办)已作出如下决定,指示各地财委遵照执行:

(一)尚未颁发木材市场管理办法的地区,各省、市政府应即根据本地区情况,制定并颁发木材市场管理办法,呈报国务院备案。

(二)国营木材公司为销区(包括产区内的销区)木材市场的领导机构。除供销合作社及依法登记之木商在国营木材公司领导下经营木材销售业务外,其他任何机关均不得在市场上出售木材。并严禁木商从事长途贩运,供销合作社未经国营木材公司的许可,也不得从事长途运销。

(三)各基建部门之基建剩余木材,各该部门不得自己在市场上出售,其中适于基建用材而本单位又有再建工程,应留下一年度使用。本单位已无工程,应由当地财委在各基建部门间进行调剂。实不能调剂者可论质定价拨交木材公司供应市场。

(四)各地人民政府为了监督检查木商有无偷运、囤积、抬价等违法行为,除由林业部门在产区设立木材检查站外,在销区市场地区当地工商行政部门于必要时可在交通要道设立木材检查站并与税务部门密切配合。

(选自《工商行政通报》第39期,1954年12月31日)

八、商业部关于加强烟叶管理的意见

近几年来烟叶生产虽不断增长,但仍赶不上国内卷烟生产、出口及市场供应的需要,去年以来供应即呈现紧张状态。今年不少地区烤烟受灾减产,晒烟产量亦有下降,因而社会储存量减少,估计明年烟叶供应将更趋紧张。根据这一情况,商业部除已采取措施,加强收购,扩大烟叶货源,统一计划分配卷烟所需烟叶原料,努力改善烟叶的经营管理,以争取

维持原有生产水平外，为了加强烟叶管理，已决定：

烤烟、晒烟由专卖公司统一收购，所有国营、公私合营、私营卷烟厂均不得向市场自行采购。经营烤烟的行、栈和贩运商为数很少，可以通过国家资本主义各种形式由专卖公司负责对他们进行社会主义改造，必要时得经过选择个别地吸收其中有业务能力和政治上可靠的分子参加工作。

对于晒烟，所有卷烟厂亦不许向市场自行采购，除专卖公司按计划收购外，由合作社收购，或组织私商在国营、合作社领导下进行联购与调剂。但在初级市场必须扩大有组织的成交，以便于领导与控制市场。

所有国营、公私合营、私营卷烟厂对统一分配的烤烟、晒烟和低次烟要积极使用，并教育职工积极研究与提高技术，保持卷烟质量，以适应市场需要。为了节省原料，对国内卷烟生产尽量扩大使用原烟(未经复烤的烟叶)，以减少复烤损失。

上述意见已经国务院(五办、四办)同意，并已通知有关部门研究执行。

(选自《工商行政通报》第 39 期，1954 年 12 月 31 日)

九、国务院(五办)关于加强晒烟市场管理，完成晒烟收购计划的指示

目前烤烟和收购情况均不甚好，必须引起各地注意。截至 1954 年 12 月上旬止，烤烟收购完成第四季度计划的 72%，晒烟收购仅完成第四季度计划的 50.72%，且晒烟市场特别混乱，许多地区反映：私商抬价抢购，烟丝厂商大量发展，如湖北省应山县广水镇烟丝商恢复与发展了 7 家，孝感县 7 个区合作社均于今年增设刨烟丝厂，河南新乡专区所属地区晒烟全部由合作社组织烟丝商刨制烟丝，天津私商到吉林省内抢购晒烟，其他地区亦有类此情况。同时由于烟叶不是统购商品，烟农囤积惜售，如河北省通县 3 户农民即存烟 1 万余斤。以上种种原因影响国营收购，使卷烟工业原料发生困难，出口任务不能完成，同时市场供应也很紧张，特别是对国家收入减少，影响经济建设。

为保证 1955 年按计划供应卷烟工业原料和完成出口任务并适当供应内销市场的需要，国务院(五办)特提出以下几点意见，指示各地根据当地情况，研究执行：

(一)国营商业和合作社所收购的晒烟应首先保证卷烟工业和出口的需要，当地烟丝生产，应适当压缩，对市场需用的晒烟可在扩大收购的条件下，适当照顾供应。

(二)各地财委与商业行政部门，除按计划保证烤烟收购任务外，必须立即采取措施并督促各业务部门加强对晒烟的收购和调拨工作，以保证完成晒烟的收购和调拨任务，1954 年完不成的部分，必须在 1955 年第一季度加强收购，务使完成收购任务。

(三) 比较大的烟丝厂，可由专卖公司试行包供包销，并掌握维持或适当紧缩生产计划，以达节制烟丝生产，节省烟叶，保证卷烟计划生产，并达到加强管理、改造的目的。

(四)由于经营烟丝利润过大，私商抬价抢购晒烟，影响国营收购计划不能完成，因此，各地工商行政部门对市场价格必须进行管理，统一收购价格，使私商按国营牌价，尽可能统一收购，酌情分配一部分给私营烟厂维持其生产。

(选自《工商行政通报》第 40 期，1955 年 1 月 20 日)

十、国务院(五、七办)对全国供销合作总社关于耕畜工作座谈会议的报告的批示

兹将全国供销合作总社“关于耕畜工作座谈会议的报告”转发各地。国务院(五、七办)同意这个报告中所提有关牲畜市场的管理、牲畜牙纪、畜贩、牛行的利用改造等问题的意见，希各地研究试行，并应继续总结这方面的经验，以逐步改进提高，在现有基础上加以推广。

必须认识，在国家尚未实现工业化以前，今后一个相当长的时期内，畜力仍是我国农业生产上的主要动力。我国现有耕畜，无论数量上质量上，都还不能满足农业生产发展的需要。因此，做好耕畜工作就更有它重要的意义，必须引起各地重视。目前牲畜工作，除应积极奖励牲畜繁殖，奖励农民喂养，从根本上解决牲畜之不足外，还必须加强现有耕畜的保护，做好地区间的调剂和市场管理与对畜商、畜贩的社会主义改造等工作。

牲畜市场是农村市场的一部分，根据国、合城乡分工的原则，供销合作社应该担负起这一任务。

因此，各地供销合作社应在当地党政与工商行政管理部门的领导下，根据需要与可能，积极地开展牲畜交易和牲畜服务性的业务，广泛地组织农民直接交流，稳步地对牲畜牙纪、畜贩、牛行进行社会主义改造，并有计划地经营部分耕畜，以调剂供求，掌握并稳定牲畜市场价格。这是一项新的复杂的工作，各级人民委员会，必须加强对这一工作的领导，并应组织有关部门力量，统一步调，配合进行。有些地区不去积极组织领导牲畜市场的管理工作，而单纯采取“禁宰禁运”的封锁政策，结果影响牲畜的正常流转，加剧了地区间的不平衡状态，今后应予纠正。

供销合作社在进行上述工作过程中，同时应加强菜畜交易和菜畜的市场管理工作。由于农业生产合作社的大量发展，采用新式农具，进行连片耕作和双牛并犋的结果，必然有部分老弱病残耕牛要被淘汰成为菜牛，需要出售；有些地区因为“禁宰禁贩”的关系，也积压了部分耕畜菜牛（如前中南地区曾积压15%的老废牛），需要出卖；再加上个体农民对耕畜向来有“春买秋卖”的经营习惯，也必须给他们找到适当的出路，使之能用的用，该杀的杀。所以在保护耕畜的原则下，应开展菜畜交易，把应宰的牛吸引到正当屠宰的轨道上来，这对养畜者和消费者以及出口都是有益的和必须的。因此各地供销合作社应密切配合国营公司，大力组织公私力量，适当地扩大菜畜贸易，取消对饲养菜牛的宰杀限制，以便利农民出售，满足人民肉食需要和保证出口货源。去年由于我们对这一工作注意不够，曾引起部分地区秋后耕畜、菜畜大量上市，价格反常，市场混乱，使大批耕畜遭到不应有的宰杀和运转。我们应吸取这一经验教训，防止类此现象的再度发生。

附：全国供销合作总社关于耕畜工作座谈会议的报告（摘要）

目前我国耕畜是量少、质弱、分布不平衡。据1953年底统计，全国约有骡、马、牛、驴7945万头。除放牧、运输又老弱幼小者外，耕畜仅有4212万头。全国耕地约有16亿亩，约需耕畜5000余万头。尚缺1000余万头。

据中央税务总局1953年底统计，全国牲畜交流数量全年达2469万头，农民就地调剂约占90%（其中很多经过牙行成交），通过贩运的约占10%，其中供销合作社经营的只占10%。故耕畜调剂基本上为畜贩、牙行所把持，这对农业生产是极为不利的。

在国家尚未实行工业化以前，耕畜在相当长的时期内，仍是我国农业生产上主要的动力。因此供销合作社应根据党在过渡时期的总路线及供销合作社在过渡时期的基本任务，担负起耕畜的调剂、牲畜市场的领导及对畜商、畜贩的社会主义改造等工作，其具体任务是：

（一）在当地党政和工商行政部门领导下，具体领导牲畜市场，负责对牲畜牙纪、牛行、畜贩进行社会主义改造，领导畜贩进行正当经营，取缔牲畜交易中的陋规恶习。

（二）调查农民对牲畜的需要，掌握产销情况和流转规律，办好牲畜交易及牲畜服务性的业务，组织农民直接交流，并有计划的经营部分牲畜，做好地区间的耕畜调剂业务。

（三）及时了解情况，根据有利于牲畜繁殖、养用和运转的原则，制定和掌握合理的价格政策，力求市场的稳定。

对牲畜牙纪、牛行、畜贩的社会主义改造与市场管理，基本上应按照党在农村对私营商业实行社会主义改造的各项具体政策和措施执行。根据12个省统计和估算现在全国约有6516个牲畜市场，大体可分为以下三类：

（一）牲畜产地的大集散市场，对地区间的调剂作用最大，约占牲畜市场总数的1%。今后这类市场的任务是奖励和扶持牲畜繁殖，办好牲畜交易和牲畜服务性业务，把牲畜输送到缺少牲畜的地区去。

（二）牲畜销地的集散市场，约占牲畜市场总数的19%左右，这类市场的任务应是了解牲畜流转规律，办好牲畜服务性业务，把牲畜吸引进来，分配出去。

（三）分散的就地调剂的市场，占牲畜市场总数的80%左右。其任务主要是办好牲畜服务性业务，解决农民间牲畜的互相串换。

目前大部分牲畜市场（占总数80%到90%）是由政府管理的（由税局或工商科设立交易所）。另一部分是在工商行政部门领导下，由供销合作社组织牲畜交流服务部，通过业务协助政府管理市场和对牲畜牙纪、牛行、畜贩进行社会主义改造。这种形式1951年开始试办，至今河南、安徽已有422个。根据河南漯河、清丰，安徽界首、夹沟等地的做法是：牲畜交流服务部一经成立，即对牙纪、牛行采取“包下来”的方针，原有牙纪、牛行即全部转为服务部的交易员（服务员），牛行经理变作交易员，会计作为服务部的临时雇员，其房、院及其他设备全部租给服务部使用。对这些人员经过登记审查后，即分别编成小组，接受供销合作社的领导并规定了各种制度和交易纪律。牲畜交流服务部的经费和交易员的工薪，是采取“以集养集”，“以集建集”的原则解决的，即从国家征收的牲畜交易税中取得一定的手续费，作为有关收税人员及管理费的开支；另外，服务部在组织成交业务中，由买卖双方或一方抽取一定比例的业务手续费［已征交易税的牲畜，不宜再向交易双方或一方抽取业务手续费。以免增加人民负担——国务院（五、七办）注］，作为服务部的各项开支［此项开支，应规定一定的范围，并受当地财政部门的检查和监督。——国务院（五、七办）注］。牲畜交流服务部主要办理下列业务：代政府收税；按照货源情况给各采购单位（包括畜贩）分配货源；代办装车押运等事项；并设置必要的住所、食堂、院场、粮草，以解决人畜住宿困难。

经过牲畜交流服务部这种形式活动的结果，初步地对牙纪、牛行进行了社会主义改造，取消了陋规，农民普遍反映满意。合作社牲畜服务业务的开展，全面掌握和安排了市场，使市场领导核心转移到了社会主义经济手里。我们认为这种形式，可先从较大的牲畜市场开始，取得经验后再逐步推广，小的牲畜市场亦可选择有条件的举办小型的或临时性的服务所。

牲畜牙纪、畜贩、牛行就其作用说，今后必须经过改造，加以利用。据13个省调查估计：现有牙纪41851人，大多数是中、贫农成份，除城市或较大市场有部分专业牙纪外，大都是农民兼营的。农民也大多数依靠他们的技术和经验来鉴定牲口好坏，评议价格。所以在牲畜交易中，是长期需要的。供销合作社对这些人应该加以组织和领导，逐步把他们改造成为供销合作社在牲畜交流业务中的服务员，而不应采取代替排挤的办法。但牙纪投机、骗人的恶习很深，在改造过程中应加以特别注意。

“牛行”一般都有一定的房间、场院、人畜食宿设备及经理、会计和牙纪等。但多年来的恶习陋规，已成了霸行霸市、欺骗农民的工具，必须加以改造。这种“牛行”多设在较大的集散市场，现在有的还在自营，但大部已为供销社牲畜服务部所接收。一般的中小市场，这种“牛行”已不存在或为数极少，主办牛行的人，属于地富、恶霸分子者已在“土改”、“镇反”运动中被打垮，剩下来的多是中农以下的成份。主办人员都有鉴定牲畜的技术和经验。供销社的牲畜交流服务部成立后，对其房院设备可以租用，经理、会计、牙纪可以经过登记审查分别雇用，逐步改造成为服务部的人员。另外与旧牛行合营方式亦可试办。仍愿单干者，不应强迫接收或合营，应从业务活动中加强监督和管理，防止其投机破坏作用。

畜贩将来是要消灭的。但目前还有必要充分加以利用并发挥其积极性。他们有一定资金，有鉴定牲畜的技术和经验，熟悉产销流转等情况。因此，必须善于去利用畜贩的这些优特点，充分发挥其资金、技术、经验的积极作用。目前对畜贩的改造，可根据党改造农村私商的方针政策，采用“联购”“合营”或合作小组等方式加以试办，然后逐步推广。至于短途贩运，即所谓东集买西集卖的“槽头贩子”，则应有步骤的加以取缔。中心问题是作好农民之间的自行调换工作，只要我们把牲畜市场组织得好，这些“槽头贩子”自然也就失去了活动的余地。

牲畜价格的变化完全受供求关系支配，是很不容易掌握的，应根据有利于牲畜繁殖，养用和流转的原则，见货论价，不能订死牌价。同时耕畜应高于菜畜（即已丧失耕作能力的），季节、畜种、地区间应有适当差价。由于评质论价，主要是通过交易员来做的，因此正确的教育改造牙纪则有特殊重要的意义。供销合作社应通过服务性的业务加以组织和诱导。

（选自《工商行政通报》第54期，1955年9月5日）

第三节　扩大加工订货，实行统购包销

一、中共中央对中财委关于对资本主义工业进行加工、订货、统购、包销问题的指示的批示（草稿）

（1954年3月）

各中央局、分局、省、市委、财委：

中央批准中财委《关于对资本主义工业进行加工、订货、统购、包销问题的指示》,原指示将由中财委公布施行,望各级党委督促有关的国家经济机关、工会部门、军委后勤部门等认真加以贯彻。

国家对资本主义工业的加工、订货、统购、包销(以下简称加工、订货),几年来已有很大的发展,经过加工、订货,已将资本主义工业的主要部分纳入国家资本主义的轨道,从而使资本主义工业在不同程度上有了适应国家计划建设的可能。目前,国家资本主义工业的高级形式——公私合营尚在逐步扩展,加工、订货还是国家对资本主义工业进行监督与控制的主要形式,做好加工、订货的工作,不仅有利于用资本主义工业设备供应产品、积累资金,并为促使和诱导资本主义工业并向公私合营发展准备了必要的条件。

必须指出:加工、订货目前是国家对资本主义工业进行限制与监督的重要方式,是特殊形式的阶级斗争。国家对资本主义工业的限制与监督,必然受到资产阶级不同程度与不同方式的反抗。为了加强国家对加工、订货工作的领导,需要系统地总结已有的经验,制定出必要的章程和办法,将加工、订货中公、私,劳、资的关系和权责,在国家法令上加以规定,从而更有效地贯彻党和人民政府对资本主义工业的利用、限制、改造政策。

中央除了同意中财委指示中公开的提出各项意见之外,我们在党内尚需注意以下几点:

(一)各级计划委员会在编制计划草案,进行平衡计算,以及检查计划执行情况时,要设法逐步做到将主要产品的加工、订货以及原材料供应计划一并纳入。有关各部必须在国家计划委员会统一领导下加强管理本单位的加工、订货计划与原料供应计划,以使产与销、原料与生产之间俱能达到平衡。

(二)各地依据国家需要和供、产、销平衡原则逐步扩大对资本主义工业的加工、订货是必要的,但目前加工、订货工作中仍然存在着一些盲目现象,某些地区、某些部门根据一地或一时的需要,没有全面的充分的考虑原料供应与产品销售的条件,一下子过分提高了资本主义工业的生产计划,因而使某些原料的供应或个别产品的推销发生很大困难。这些现象,必须由有关部门密切联系认真地逐步加以克服。

(三)军事部门除零星的及临时性的加工、订货得由海空等特种兵后勤部提出计划直接与当地财委或中财委商办外,凡对资本主义工业的主要产品和常年性的加工、订货,由军委总后勤部编制计划分别报告中财委和国家计划委员会。各大军区的加工、订货亦参照此项原则办理。

(四)为加强对加工、订货工作的领导,中央责成中财委(资)研究、掌握党对于资本主义工业加工、订货的方针政策。中财委(资)得协同有关部门召开加工、订货会议,对以往加工、订货工作进行总结,研究处理政策方针性的问题。

附:中财委关于对资本主义工业进行加工、订货、统购、包销问题的指示(草稿)

目前资本主义工业的主要部分,已经纳入国家资本主义的中级形式——加工、订货、统购、包销(以下简称加工、订货)。经过这些形式,国家限制着资本主义生产无政府状态的破坏作用,在不同程度上将资本主义工业纳入国家计划轨道,增强了国营经济的领导作用,并使有利于国计民生的资本主义工业获得一定程度的发展。经过这些形式,资本主义工业中的工人群众直接为国家的需要而生产,因而对自己的劳动增强兴趣,愿意增产节约,积极参与企业的经营管理,促进企业的改革。经过这些形式,国家限制着资本家追逐暴利的行为,使他们受到爱国守法和服从国营经济领导的教育,同时,使他们在生产发展、经营改进的基础上有合理的利润可得,并且只要他们积极做好国家的加工、订货,他们在国家的伟大建设中也就有其更积极的贡献。因此,国家对资本主义工业的加工、订货,是国家对资本主义工业进行利用、限制和改造的重要步骤,在目前对于发展社会生产力、保证国家和人民的需要,有重要作用,并且有利于为这些企业向国家资本主义的高级形式——公私合营发展准备条件。国家经济工作人员、资本主义工业中的工人群众、资本家与资本家代理人,都应该积极为做好国家的加工、订货而努力。

国家对资本主义工业的加工、订货,依以下原则进行:

一、统一领导,统筹兼顾:加工订货应遵照国家计划,在当地人民政府及财政经济委员会统一领导下进行。接受加工、订货的资本主义工业,应保证产品的品质规格,严格按量、按时交货。委托加工、订货方面,应使资本主义工业在合理经营下有合理的利润。

二、加工、订货与改革、监督资本主义工业的生产经营相结合:资本主义工业一般带有不同程度的落后性，不少企业产品成本高、质量低、不能按期交货，必须逐步促进其企业的改革。同时资产阶级唯利是图的本质必然会产生各种违法行为，如偷工减料、盗窃国家资财等，对国计民生起破坏作用，因此，进行加工、订货，必须采取措施，防止各种违法行为。

三、资本主义工业在大、中、小城市和大、中、小企业之间，在技术设备和经营管理上存在先进与落后的不平衡状态，应本鼓励先进，带动与督促落后的方针，不仅要逐步加强对大企业的加工、订货，还应对国计民生所需的中小工业加以兼顾，在加工、订货中逐步促进其改革。

四、应通过加工、订货，加强对资本家及资本家代理人的教育和改造工作。

(一)计划及原料供应问题

国家对资本主义的加工、订货，应根据产、销平衡的原则与原料供应的可能，逐步地尽可能地加强计划性。私营工业应积极地适应国家计划的要求，在产品的数量、质量、规格和交货时间等方面，保证国家加工、订货计划的完成。

一、国营工业、国营商业和合作社商业进行加工订货，应区别不同产品的产销情况，逐步而有计划的把短期合同变成长期合同，并注意季节性安排。凡加工订货计划有作季节性增减的必要时，其幅度以在淡季能维持一定的生产水准，在旺季能发挥现有生产能力为原则。某些产品确需扩大生产设备者，应通过调查研究，经国家计划委员会、中央专管部门或地方财委充分考虑，根据不同行业产品与国家总计划要求，审慎决定。

二、加强对资本主义工业生产设备的潜力和对人民需要的调查研究工作，以利增强加工、订货的计划性。资本主义工业亦应经常通过同业公会与工商业联合会提出有关工业生产潜力的资料，使主管机关及时了解其生产情况。

三、原料供应计划应尽可能地与加工、订货计划相结合。

(1)对重要原料，中央与地方均应在一定时间内逐步由有关专管机关，负责统一调度与供应。

1. 国家统一经营的原料，应按照国家建设的需要，计划分配，首先满足国营工业生产；国家加工订货所需原料，应根据需要与可能满足之。

2. 国内生产的原料，应大力组织收购，以利充分供应工业生产需要，并防止地区间调拨分配的不合理现象。

3. 需要进口的原料，依据国家计划，通盘筹划，由有关部门组织进口，及时供应。

(2)供应不足的稀少原料(包括国内不生产或少生产的原料)，应鼓励节约代用，并尽可能组织废品回收。

(二)工缴与利润问题

加工工缴和订货价格应使资本主义工业在合理经营下获得合理利润。目前加工、订货利润标准，仍应执行陈云主任于1952年在中华全国工商业联合会筹备代表会议上的讲话中所指示的原则，即："按照不同情况，保证私营工厂按其资本计算，在正常合理经营的情况下每年获得10%左右、20%左右，到30%左右的利润。这个利润是按正常合理经营的中等标准来计算的。某些工厂成本低，质量高，便可以得到比较多的利润。反之，某些工厂成本高、质量低，它们所得利润便会比这低一点。这是国家加工、订货的利润的标准，我们并不准备用这标准来限死一般私营工商业的利润数额。私营工商业，如果因为改善经营，降低成本，在适应社会需要，遵守国家规定，又照顾了人民消费能力的情况下，有些利润超过这个规定也是可以的、容许的。"在计算工缴货价时，接受加工、订货的资本主义工业，必须公开成本，严禁隐瞒成本，图取高利，逃避国家统计与监督的行为。

一、根据上述原则，对部分地区、部分行业中工缴利润偏高偏低的现象，应加以合理调整。根据奖励先进，推动落后的精神，对质量高或短期的紧急任务，其利润得酌量作较高的规定。凡质量低，供过于求，应酌量规定较低的利润。

对部分小型工厂某些次要产品加工订货工缴利润，如尚不能按上述成本计算办法进行核算，可按以上原则以协议价方法处理。

手工业产品的工缴利润，因资本额不易确定，可视具体情况，核定其单位产品利润率。

二、凡成本因素(如主要原材料的价格)有较大变动时，可根据此项因素及不同产品的利润情况，酌准调高或调低价格。

三、凡超过平均先进定额标准，而且确实由于工厂改进生产，而不是偷工减料或计算错误而获得的额外利润(包括节余的材料)即归工厂所有，以资鼓励。但在一定时期后(一般应为半年至一年)应重新拟定生产定额、原材料等定额，调整工缴货价。

四、国营商业进行收购时，可按常年平均利润计算收购价格。合同内可以规定常年收购价格，亦可参照季节规律确定淡旺季不同的收购价格，但从全年看，仍应符合常年平均利润。

五、对资本主义工业进行订货时，应充分运用资本主义工业自有资金，以节省国家资金。如需预付定金，仍应按中财委（五二）财经财字第二号指示不超过25%的原则办理。少付或不付定金者，得酌量提高其利润。但临时性的大批订货，原材料占总值比重较大，或有其他特殊情况者，可酌予提高；凡属特殊情况而须提高预付定金者，均应经当地工商行政部门批准，必要时并实施财务监督。

对手工业的预付定金，应视其自有资金的情况，按实际需要具体确定，可不受25%的限制。

（三）品质规格与合同问题

确定加工、订货的品质规格，应根据需要及生产的可能，实事求是，避免验收的过宽和过严，避免罚款的过苛和姑息，同时，必须严格防止偷工减料、粗制滥造等行为。加工订货合同在订立前应经过充分协商，尽可能做到明确具体。一经订立，双方必须共同遵守。如有特殊情况，必须变更或中止合同者，应经双方协商，或由当地工商行政部门仲裁决定。如因变更或中止合同而使对方遭受重大损失者，提出一方应予适当赔偿。

一、根据原料供应（数量与质量）、技术条件、生产设备和人民需要，定出产品的不同的规格标准，列入合同，并根据需要与可能逐步简化规格。

二、贯彻按质定价，好货好价，次货次价的方针。根据平均先进的标准，规定产品的次品率，并对次品与残品加以区别。凡超过规定次品率者，其成品亦得收购。此项次品收购时可规定合理的扣价办法，扣价幅度以扣除贬价出售的贬价损失为宜。但因生产残次品使国家遭受较大损失者，则应赔偿。

三、加工、订货较多的重点城市，应根据可能条件，在当地人民政府领导下逐步建立重点商品的公证或检验机构，以利于改进品质与处理验收纠纷。

四、违反合同的罚则均应在合同中明确规定。延期罚款必须根据具体情况，做到合理恰当，一般可略大于延交货品货价的利息（按所延时间及银行放款息计算）。私营工厂有偷工减料、盗卖成品、挪用原料等不法行为者，经委托单位提出，由当地工商行政部门议处，其情节严重者，由法院处理。

（四）增产节约和生产监督问题

资本主义工业中的增产节约运动是改革与监督生产，做好加工、订货的重要动力。各有关城市，应在共产党党委和人民政府统一领导下，结合有关经济部门的力量，依靠工人群众，团结、动员和教育资本家及资本家代理人，遵照国家加工、订货计划，继续开展增产节约运动，以提高产品的质量，降低产品的成本，节约国家原料，根据国家需要适当增加产量，完成国家的加工、订货计划，并防止和制止资本家的违法行为。

一、国家经济机关在对资本主义企业进行加工、订货的工作中，应与该企业或该行业中的共产党和工会的组织密切联系，在订立合同时应征求党和工会组织的意见，在合同订立后应将合同内容通知党和工会组织。党和工会组织则应发动工人群众讨论合同，并推动资方采取必要步骤，保证加工、订货合同的执行和加工、订货计划的完成。

二、资本主义企业中的工会组织，应采取适当形式和方式参加企业的经营管理，以推动资方积极改善经营管理，并防止资本家的违法行为。

三、在必要和可能条件下，由人民政府或国家经济机关选派干部驻在工厂或行业中，监督和领导加工、订货的进行，推动增产节约运动的开展。

四、接受加工、订货工厂的资本家及资本家代理人，应切实履行合同，积极改善经营管理，钻研技术，公开营业秘密和技术秘密，交流管理经验，在必要和可能条件下，改善技术设备和安全卫生设备，认真采纳和奖励职工的合理化建议。

五、国家加工、订货较多的行业，工商业联合会以及同业公会负有指导、督促资本家与资本家代理人遵守合同，做好加工、订货的责任，应经常了解并向国家经济机关和工商行政机关反映加工、订货中存在的缺点和问题，并在国家经济机关和工商行政机关指导下，组织技术研究和技术交流，指导和督促同业改善经营管理，对资本家及资本家代理人的不良的经营作风和违法行为进行教育或必要的批评斗争；同时，得代表资本家与资本家代理人的合法利益。国家经济机关和工商行政机关则应积极指导和协助工商业联合会、同业公会对资本家与资本家代理人进行教育改造工作。

六、国家经济机关和工商行政机关，在必要和可能条件下,可有准备地召开有职工、技术人员和资本家的代表参加的加工订货专业会议,检查加工、订货执行情况,讨论供、产、销的平衡问题并订立有关的联系合同,研究该行业生产上存在的关键问题,交流、总结与推广先进技术经验。

(五)统一领导与行政管理问题

加强对加工、订货工作的统一领导与行政管理,是逐步加强加工、订货的计划性与保证执行国家对资本主义工业加工、订货的各项政策的必要条件。

全国加工、订货较多的重点城市,在共产党党委和人民政府领导下,可由当地财委或工商行政机关统一管理当地加工、订货工作,必要时,可设立专管机构。其具体任务是:监督执行当地的加工、订货计划,合理的调度、组织与分配加工、订货任务,审核加工、订货合同,分别予以备案或批准,检查并监督合同的执行,必要时对成本和工缴利润进行审核,调解仲裁加工、订货工作中的纠纷与争议,会同有关部门,对接受加工、订货的工厂进行生产监督与行政监督,处理资本家在接受加工、订货中的违法行为。

二、商业部部长曾山关于加工订货问题的讲话(摘要)

国家商业工作几年来始终贯彻为工农业生产、为人民日益增长的需要服务的方针。同时也贯彻人民政府已定的对私营工商业利用、限制、改造政策的。国营商业对私营工厂加工订货,也是根据这个方针政策进行的。由于加工订货工作本身非常复杂,我们主观力量也还不够,因此,还存在不少缺点。今后希望各位在这方面不断提出意见,我们一定可以继续努力改进。

现在来谈以下几个问题:

一、关于加工订货利润的标准问题。几年来我们始终执行陈云副总理指示的:"按照不同情况,保证私营工厂按其资本计算,在正常合理经营的情况下,每年获得10%左右,20%左右,到30%左右的利润。这个利润是按正常合理经营的中等标准来计算的。某些工厂成本低、质量高,便可以得到比较多的利润。反之,某些工厂成本高、质量低,它们所得到的利润便会比这低一点"的原则。各位委员发言中提到加工订货私营工厂一般有利可图,也证实我们贯彻了这个原则。今后仍应继续坚持贯彻这个原则。但在实际执行中,由于计算生产成本的方法极为复杂,工厂设备和生产条件等又多不同,因此,仍不免有偏高偏低的现象。今后只有在不断改进工作中,逐渐做到更加合理。在新订加工订货合同时,任何一方,如认为过去有不合理之处,可以重新提出协商,加以调整。

二、关于因技术改进、提高劳动生产率后所产生的利润增加部分的处理问题。我们认为只要在保证产品质量的前提下,确实由于改进生产、减低成本而增加了的利润,在半年到一年(一般为一年)的期间,应归工厂所有。过了这个期间以后,再协商调整。

三、关于加工订货计划性的问题。我们加工订货的商品,大部分是供应社会消费需要的,而人民消费需要,是往往有变化的;同时在我国国民经济中农业比重大,不能没有季节性,农产品原料又不足,一部分依靠进口的工业原料,也往往不能及时进口,因此,表现在加工订货方面,就难以做到完全没有时多时少。1953年下半年以来,我们已经尽了最大努力,注意淡旺季生产的均衡安排,工作上虽已有了改进,但仍然是很不够的。今后工业方面统一安排后,情况可能会有好转,但估计仍然不是一下子就能做得完全好的。

四、关于遵守加工订货的合同问题。加工订货的合同一经订定,公私双方都应该严肃遵照执行。任何一方,如有充分理由,要求在中途变更合同或停止合同时,经过双方协商同意,可以变更;如仅有一方认为有充分理由,要求变更合同,而另一方认为对方所提理由不充分,双方意见有争执不能解决时,应由工商行政部门仲裁决定。如一方变更合同或中止合同而使对方遭受到损失,应由变更合同或中止合同的一方,赔偿对方因此而招致的损失。

五、关于加强同业公会领导问题。国营企业应该参加领导同业公会,但过去我们重视得还不够。今后必须加强这一方面的领导,并运用同业公会,促进同业改善企业经营管理,改进产品质量,并加强从业人员的教育。

六、关于商品检验问题。我认为应根据原料供应数量和质量、技术条件、生产设备和人民需要,订定产品不同的规格标准、或双方议定的样品标准,列入合同,共同遵守。同时应贯彻按质定价、好货好价、次货次价的原则。各委员中提到,国营商业对产品检验有时过严,有时很松,特别是要货供应市场时,就对检验工作放松。各委员谈的都是事实。这个问题的关键所在,是由于目前检验的办法,除了一部分商品已采取科学方法检验外,还有不少商品不能不凭眼(比如搪瓷制品、皮革制品等)、凭手(比如棉产区收棉和呢绒毛线产品)、凭嘴(比如茶叶、糖果、罐头食品等)、凭耳(比如乐器)来辨别质量。这种方法当然是不十分科学的,但在目前条件下,检验仪器不足,不少商品还没有适当的检验仪器,暂时还没有更好的办法来检验。现在加工订货中,正如各委员谈到的,产品品质虽有不少改进,但由于一部分厂方粗制滥造、不顾质量、只求数量多、利润大,乘国营公司加工订货中要货急迫,不可能件件检验,只能是采取抽查办法,所以往往使商品到了批发部门批售出去,到了合作社、零售公司、私人零售店出卖时,才发生问题,或者到了使用部门、消费者买回去使用时才发生问题。这种质量低劣、粗制滥造的例子很多。

由于有一部分工厂,只顾图利,不顾品质,粗制滥造的结果,不仅使国家遭受损失,而且对人民生活、生命关系很大。对商品检验放松,商业部领导上是有责任的,这是一个深刻的教训。接受这个教训,今后向任何工厂加工、订货或统购、包销时,必须在合同上载明产品规格和品质,并且要采取严格的检查办法进行检验。有些产品需要化验的一定要进行化验。同时我们也要求工厂方面,对产品品质一定要严格。凡对影响人民健康的食品、医药和影响生产的工业器材等方面的产品,要求十分严格;对人民日用消费品和穿的棉、麻、毛、丝的纺织、针织品等,也必须尽可能做到按一定的规格和质量生产,建议各工厂,必须有检验产品规格的人员,主持此项工作。产品规格和质量好,不仅商业方面便于出售,而且能取得购买者、消费者的满意,可以扩大销路,促进工厂扩大生产,保证人民日益增长的需要;同时也能保证工厂获得正当利润。这是社会主义制度下应该走的方向。

我认为:在今天新中国的环境下,私营工厂,只要能够为人民服务着想,在国营经济领导下,依靠职工,不断提高技术,改进产品质量,改善经营管理,克服目前许多缺点,就能够取得厂方应有的利益。同时也有利于对私营工业进行社会主义改造。

此外,委员中有人提到私营商业的改善经营管理问题。我认为私营商业自己必须努力改进经营管理、改善经营作风,因为这是针对着目前大部分私营商业还存在着旧的经营管理和不老实经营作风所必须采取的办法。比如私商在出售商品时价格比国营零售公司定得高,往往利用购买者不内行或老实可欺骗时,不是秤不足、尺码缺,就是以副牌冒充正牌或包装中掺杂、掺假,企图谋取高利。他们没有深刻了解到购买者只能上当一次,上了一次当,以后再也不愿到你店里买东西了。你以为采取那种旧作风会使自己谋取高利,实际适得其反,因为卖钱额下降而利润减少,以至生意越来越少。必须教育私营商业主:提高觉悟,改变自己资产阶级腐朽的不老实的经营作风,坚决学习国营商业和合作社商业老老实实的作风,真正做到货真价实、足秤、足尺码、童叟无欺,出售价格又能向国营看齐。这样,不但可以获得正当利润,而且由于改变了旧的经营作风,能够在人民群众中取得一定的信誉,也就能够使营业额有所增加。这是私营零售商正当的经营方向,也是私营商业进一步进行社会主义改造的必要的前提。

(选自《工商行政通报》第41期,1955年2月10日)

三、国家统计局、商业部、中央工商行政管理局修订报表中国家资本主义商业指标的补充通知

兹对有关报表中国家资本主义商业指标,根据各地反映,作下列修订补充,希望各地统计、商业行政、工商行政部门遵照执行。

一、为便于和公私比重计划表中所列代销、经销指标对照观察,并鉴于"全面进行改造者"与"其他个别进行改造者"在农村中区分困难,资料亦不易取得;在城市中则私商定期报表已有此二指标,公私比重报表可不列出,特决定将社会商品销售公私比重计算方案社商一号表原列"公私合营商业""全面进行改造者"与"其他个别进行改造者"三项改为"公私合营商业""代销"与"经销及批购"三项。

以上修改自1955年1月份起执行,原方案规定各省补报1954年分季报表及41城市补报1954年1至9月报表,未报者可按新修订指标编制,报送日期可延至本年4月底以前,已报者不必修改重报。

二、由于商业中国家资本主义形式尚在发展与摸索经验之中,关于经销与批购二种形式,一般来说国家对经销的管理较对批购为严,但各地实际情

况亦不一定如此，在划分时存在一定困难，为此特决定将1955年私营商业定期报表私商综2号表中的“经销”与“批购”二栏合并为“经销及批购”一栏，但“全面进行改造者”及“其他个别进行改造者”二大项仍保存不变。

三、1954年私营商业年报私商年综2号表中“全面进行改造者”及“其他个别进行改造者”二大项合并，其中“经销”与“批购”二栏也合并。

四、1955年商业部系统定期报表商基流6—1号表中“经销”与“批购”二栏合并为“经销及批购”一栏，其他不变。

五、确实私营商业的经销额那一部分属于国家资本主义，一般来说应视国营商业对私营商业是否通过一定的监督方式，如订立合同契约，建立代销经销或批购关系，对私商的货源及销售价格等方面加以控制，和私商按期提出计划等情况来决定，如商户按照这些条件销售商品，其商品销售数字应列入国家资本主义，否则应列入私营商业项内。

六、“全面进行改造者”的解释中所谓“一个地区内”应指一省、一市（中央直辖市及省辖市）一专区或一县而言。

七、酒在全国范围内已实行专卖，私商售酒要事先向专卖公司申请购酒证或承销手册，且要按国家牌价出售，即国家对酒商的货源、价格都有所控制，因此私商售酒的销售额应列入国家资本主义。如有未实行酒的专卖地区，倘私商售酒符合上述第五项条件者，其售酒的数字应列入国家资本主义，不符合者，不计入。

八、卷烟不论是否实行专卖，如私商经营卷烟合上述第五项条件者，其卷烟销售额应计入国家资本主义，不符合者，不计入。

九、国家对于私营饮食业及服务业与对于私营商业的社会主义改造具体方式不尽相同，且尚在摸索经验中，因此私营饮食业及服务业除专为公私合营企业者外，凡与国家建立代销经销或批购关系销售某些商品（如酒、卷烟）的销售额暂仍列在私营饮食业及服务业内，不计入国家资本主义。

（选自《工商行政通报》第41期，1955年2月10日）

四、1954年私营企业增产节约运动的基本情况

（兹刊载中华全国总工会私企工作委员会“1954年私营企业增产节约运动的基本情况”。今后国家将对私营工业进一步加强统一安排和社会主义改造的工作，为了适应这一工作的要求，各地工商行政部门必须在当地党委领导下，更密切地配合工会部门，继续在私营工业中开展增产节约运动，深入贯彻“改善经营管理、节约原材料、提高质量、降低成本”的方针，以保证按质、按量、按期完成加工订货任务，为公私合营创造条件。——编者）

1954年许多城市的私营工厂在党委、政府和工会部门的领导下，继续深入地开展了增产节约运动。据北京、天津、武汉、南京、唐山等12个大中城市的统计，第二季度以来，即有2400多家私营工厂开展了增产节约运动。

从发展趋势来看，增产节约运动是逐步深入的。私营工业开展增产节约运动以后，已取得了如下一些成绩。

（一）保证或基本上保证按质、按量、按期完成国家加工订货任务。如上海郊区开展增产节约运动的工厂，在第二季度有95%能完成国家加工订货任务。在北京市开展增产节约运动的工厂中，下半年有82家基本上消灭了交货误期现象，能全面完成加工订货计划的企业亦占70%左右。同时，产品质量也有所提高，如在第三季度，天津市针织业的二等品由30%左右减至10%以下。

（二）降低了工缴成本，为国家节约了资金；并克服了某些行业和工厂原料不足的困难。如上海市私营工厂的职工协助加工订货部门降低了4000种产品的工缴，为国家节约了3000多亿元。唐山、石家庄、太原、武汉等四个市的部分加工订货工厂，在下半年约为国家节约了370亿元的财富。为了节约原材料和提高质量，天津市还提出“在私营企业中开展以反浪费为内容的增产节约运动”，提出通过运动发动职工“查浪费、找关键、想办法、堵漏洞”。

（三）改善了经营管理，为公私合营准备了条件。据上海、天津两市59家工厂的调查，各厂都根据具体情况和实际需要，建立或健全了必要的制度，改善了经营管理。有一些工厂的原始记录已由产、质量统计增加到原料消耗、工时、缺勤统计，领料制度由领、退料等项目增加到保管材料，有些工厂还加强了行政管理系统的会议汇报，在一定程度上克服了无人负责现象。有些工

厂建立了工具保管、质量检查、机器检修和有关安全卫生的制度。在广州、天津、上海等地,还有领导、有重点地调整了工资,改进了不合理的超额奖金制度,取消了不合理的年终双薪或奖金制度。许多工厂通过这一系列的工作,都在不同程度上改善了经营管理,提高了职工群众的社会主义觉悟,为公私合营准备了条件,有的并已经实行了公私合营。

(四)在某些行业和企业中,已由单纯拼体力,凭热情,转入动脑筋、找窍门,学习和提高技术,把劳动经验与科学技术结合起来,使增产节约运动有了生动的内容。据北京、天津、唐山、太原等8个大中城市402家工厂4至9月的统计,职工群众提出了合理化建议2466条,其中70%被采纳实施,某些重要项目中,单一项全年节约的价值即达数十亿元。江西景德镇市根据瓷器产品供不应求的情况,组织了全市性(包括私营加工订货工厂)的以技术革新为主要内容的劳动竞赛,因而使产瓷任务超额完成,质量亦有所提高,改善了工场的劳动条件,并使某些手工操作改变为半机械化生产。

(五)加强了工人群众在企业中的监督作用。开展增产节约运动中,在较大的企业内部一般都建立了有党、团、工会负责人参加的增产节约委员会。在党组织领导之下,讨论公私合同、企业的生产计划、技术措施、原料供应、人事更动、财务计划等重大问题,推动了运动的开展。许多企业也由工会出面,通过劳资协商会议来进行以上这些工作。这样就加强了工会与工人群众对企业改善生产经营与资本家改造的监督作用。

各地一年来的增产节约运动,取得了如下一些经验:

(一)在开展增产节约运动中,工会组织必须发动群众,按照国家计划的要求,积极搞好生产和监督生产。争取完成和超额完成国家的加工订货任务。工会组织应参加公私合同的签订,并发动群众讨论公私合同,协助资本家把公私合同具体化,并与资本家签订劳资合同,具体贯彻了劳资合同,也就保证了国家的加工订货任务的完成。

(二)在开展增产节约过程中,可通过改善经营管理、改进生产技术来贯彻和推动对企业的社会主义改造。改善经营管理是搞好生产和监督生产的必要步骤。但每一项改革均必须取得群众的大力支持,使之成为群众自觉的要求,并在这个基础上来监督资本家积极执行,这样就可把改善经营管理与改造资本家结合起来。

(三)要深入广泛地向职工群众进行国家政策和社会主义前途的教育。必须不断地提高群众社会主义觉悟,使职工群众认识到为国家建设和人民需要而劳动是光荣的,自己的责任是重大的,认识个人利益必须服从整体利益,必须服从国家计划和社会主义政造;认识必须提高阶级警惕性。如此,才能对资本家进行切实的监督。

(四)要加强党和工会对生产的监督,实现管理民主化,打破资本家在企业中的专制和秘密。实现管理民主化的较好组织形式是建立增产节约委员会。根据工作体验,增产节约委员会便于我们在群众的关心和支持下贯彻党的政策和意图,能更好地通过协商方式来教育资本家,发挥其积极性。

(五)工会基层组织必须在党的领导下,健全领导核心,学习党的政策。只有深入生产,深入群众,才能发动群众搞好生产和依靠群众监督生产,才能更好地贯彻又团结又斗争的政策。此外,对培养积极分子,开好工厂委员会和工人代表会议,开展批评与自我批评,也都是很重要的。

以上经验证明了在私营企业开展增产节约运动,就能够把搞好生产、改善经营管理和改造资本家三项任务结合起来,因此也就能够具体贯彻党对资本主义工商业利用、限制和改造的方针。

1954年私营企业的增产节约运动也存在以下一些问题:

(一)不少行业和基层工会中,对根据具体情况提出不同要求的认识是很不够的。在生产正常的行业和基层工会,很多都停留在一般号召上,没有根据运动发展提出新的要求,对发动群众积极提高质量、节约原材料和教育职工群众警惕资本家的阴谋,都注意不够。在第二季度和第三季度中,某些行业突出的存在质量低和浪费大的现象,即说明了这一问题。在供产销存在某些困难的行业中,对生产不正常必然引起劳资关系紧张的情况估计不足,没有适应这一情况及时教育和关心工人,推动资本家研究克服困难、紧缩开支的办法,以维持生产和工人生活,这就或多或少地增加了克服困难中不必要的周折。

(二)不少私营工厂的劳动保护工作还没有根据可能的条件加强起来。因而公伤、死亡事故和职工集体患病的现象不断发生。某些私营厂工人的劳动条件十分恶劣，滥行加班加点的现象并未减少，这些都严重地影响到工人的健康和生命安全。资本家对此是不关心的。所以加强劳动保护工作实际上也是社会主义改造工作的一个重要环节。在开展增产节约运动中，不少地区对这一工作的重视是很不够的。

（三）对监督生产的认识、作法，表现了不全面和不一致。许多干部没有认识到监督生产也是阶级斗争，因此就没有很好地考虑把搞好生产、改善经营管理和改造资本家的工作紧密结合起来。质量低、浪费大和事故多的问题也反映了监督的不全面。在作法上，有些干部企图以简单的办法解决问题，有的又企图光靠开会解决问题，忽视了自下而上的发挥群众监督作用。此外，目前某些基层工会的监督组织形式不一，性质不明，关系不清以及工作秩序混乱，力量抵消，都是应及时研究改进的问题。

（选自《工商行政通报》第43期，1955年3月10日）

五、国务院转发中央工商行政管理局关于天津市工业生产安排情况和几个问题的报告

今年一月全国扩展公私合营工业企业计划会议中，对私营工业的生产，确定了"统筹兼顾、统一安排"的方针后，中央有关部门和省、市陆续采取了实际措施，以贯彻上述的方针，而且在若干地区已开始出现好转的情况。但是不可否认，目前私营工业在生产上存在的困难依然严重，部分行业停工、停薪、停伙的现象还未完全遏止，工人失业的数量亦还有所增加，这种情况，必须引起严重注意！

中央工商行政管理局在"关于天津市工业生产安排情况和几个问题的报告"中所提出的情况和问题，是带有普遍性的，兹将该报告转发各有关部门及各地研究处理。为了贯彻中央既定方针，克服当前困难局面，除报告中所提各点外，特再着重指出以下几点：

第一、今年的工业生产任务，中央各有关部门应即按照计划会议的决定，迅速将分配数字予以下达，同时抄报国务院第八办公室以便各地及时安排布置和督促检查。

第二、各级业务主管部门，应加强全面观点，反对本位主义思想，对一般干部尤应加强政策思想教育，明确适当安排私营工业的生产，是当前贯彻对资本主义工业进行社会主义改造的前提，在此基础上将对资本主义工业的生产安排和社会主义改造密切结合起来。

第三、充分运用社会力量，特别是通过民建会、工商联的组织，协助工作的进行，将会产生有益的效果。

希中央各有关部，各省、市、自治区在5月底以前，将生产安排工作做一次综合报告。如有重要情况和重大问题，希随时报告。

附：关于天津市工业生产安排情况和几个问题的报告

我们于3月下旬派部分同志去天津了解工业生产统筹安排的情况，兹就了解到的一些情况和问题，报告如下：

（一）

天津市根据陈云副总理在全国公私合营会议上的指示，先后由李耕涛、杨黎源同志向干部及资本家作了传达。于2月中旬开始，自各有关机关调集干部四百余人进行工作，分批制订全面的安排方案。

一、安排的方针与要求是根据统筹兼顾、各得其所，有所不同、一视同仁的原则，对各种经济成分的工业采取一条鞭的统一安排。通过安排，使一般私营工业能维持正常生产，有利可图、有利可得；对困难的行业，力求达到工人有饭吃，企业不赔钱或稍有利润。

根据这个方针，一方面开始制订全面的安排方案，一方面根据市委的指示，大力安排了第一季度的生产，并开始第二季度生产任务的安排工作。在安排过程中，天津市根据不同行业的情况，分别采取了由地方国营让出任务，贸易部门适当扩大进货、调济私私间的任务、使用代用品等各种措施，适当调整了某些产品的工缴货价，并根据有关部门的需要，安置了部分私营企业中难以维持的职工。但是，由于若干行业任务不足，计划变动不定、原料不足的情况依然存在，就使全面安排工作遇到很多的困难。

二、天津市共有地方工业（包括国营、公私合营、合作社营、私营）×××××户，职工×××××人。列入安排计划的共32个行业×××××户，占全市地方工业总户数的62%；职工××××

××人,占全市地方工业职工总数的75.80%。安排方案拟分3批进行,计划在5月底前可以全部安排完毕。对一般问题不大或户数分散、以自产自销为主的行业,则暂不列入安排计划之内,只采取加强管理的措施。

三、天津市为了替今后"一条鞭"的专业管理创造条件,目前对地方工业生产安排的领导机构是采取市、局、工作组三级组织。即:市委成立安排生产委员会,由市委地方工业部和市人民委员会各有关局、合作社等单位负责同志13人组成。委员会下设办公室管理具体工作。其次,又以4个工业局为主,会同工商局、合作生产联社、以及商业局等单位的负责同志组成4个专业委员会,分业进行统一安排。各专业委员会下各设办公室。同时,按行业和产品建立基层工作组,任务是:调查研究了解情况;提出全面安排方案;召开专业会议(吸收基层工会和资本家代表参加)具体协商工缴货价并订立合同等。

四、天津市认为:今年的基本情况是原料不足,产值增长不多,有的还要减少,而规格种类增加,质量要求更高,即使从国营让出一部生产任务还不能解决问题。为了使用有限的材料,生产更多产品满足人民需要,基本上应从改进生产,提高产品质量着手。因此决定与安排生产的同时,依行业(包括中央国营、地方国营、公私合营、合作社营、私营)开展厂际竞赛,把国营好的经验介绍给私营工厂。现时暂依行业成立13个专业委员会,以改善企业经营管理,交流经验,改进生产技术,提高产品质量为主要任务。

从总的来说,天津市的领导上对生产安排工作是相当重视的,抓的也较紧。但是由于计划数字经常变动,需要安排的面广,使很多行业的安排方案迟迟不能下达,引起了部分资本家的疑虑和情绪波动,他们反映生产安排是"可望而不可即",有的反映"再等几个月就受不了啦",有的甚至对经过安排能否真正获得好转,表示怀疑。

(二)

天津市在安排生产的过程中,初步暴露了如下一些问题:

第一、若干行业任务不足,在1955年度,仍然难于维持。国家计委下达给天津市的1955年生产任务,较1954年天津市生产实绩增加了8.6%。但因许多主要产品削减了,而且幅度较大(如棉布),许多产品虽有控制数字,但无实际任务保证(如机电)。因此,实际仅比1954年生产实绩增加3.6%左右,也就是大体上只能维持54年的生产水平。从公私之间的任务分配来看,私营厂的任务还低于1954年的水平。据天津市计委按照国家计委的控制任务初步测算的结果,地方国营工业系统1955年的任务较1954年实绩增加6.72%;而私营工业1955年任务较1954年实绩反下降0.23%(可比部分)。根据上述情况,天津市计委估计在1955年,私营工业将有20个行业9000多户,6万多工人(其中资本主义工业工人4万多人,手工业工人18000多人)受到不同程度的影响,其中将新增9200人的失业工人(不包括由国家发放补助工资来维持的职工数),地方国营工业的编余人员,亦将达1400多人。据市工商局调查,私营工业第一季度的产值(3月为预计)较去年第四季度下降了11.67%,1月份在7124户(职工90093人)私营工厂中,停工在10天以上的有684户(职工9514四人),停工20天以上有的346户(职工3966人);二月份停工10天以上的有512户(职工6955人)。第二季度若干私营工业行业难于维持的情况将更为显著。该局估计,私营工业全季情况较好,能开工70天的户数占全部私营工业户数的46%(职工人数占49%);能维持有60天开工日的户数占24.23%(职工人数占23.36%);而维持有困难的户数将占29.77%(职工人数占27.56%,约25000人)。因此,不论从全年或季度的情况来看,私营工业的困难情况仍属严重。

第二、财政任务的增加与生产任务不足有矛盾。如上所述,天津1955年的生产任务仅能大体上维持1954年的水平;但是天津市1955年的财政任务却有所增加。1955年地方国营工业上缴利润较1954年增加14.9%;税收任务增加12.31%。依目前天津市工业的生产情况,完成1955年的财政任务是有困难的,如棉纱、卷烟二项生产任务的减少,税收即减少了2000多万元。因而,如果地方国营让出部分任务来维持私营生产,地方国营就完不成上缴利润的任务,如果不让或少让,私营就更无法维持。

第三、在安排生产中,工业部门与商业部门步调脱节,控制任务和加工订货计划的经常变动,及上下不碰头等情况颇为普遍。首先是表现在国营工业和国营商业计划工作的脱节,如地方必须在年度到来之前确定生产计划,但商业部门的当年加工订货计划需要3、4月份才能下达;又如机电产品中的部管物资,在1954年原由五金站、交电站等商业部门负责加工订货,自今年开始,商业部门停止加工订货转由第一机械工业部负责,而第一机械工业部只给生产计划,既无具体销售对象,又无仓库、资金和干部,这就不能不影响工业生产。其次是表现在生产的不均衡,如变压器国家计委对天津私营工业全年控制任务为35000"千伏安",第一机械工业部实际布置的为25000多"千伏安",并要求在第二季度完成19000余"千伏安",其中4月份要完成8000多"千伏安",形成第二季度任务多而布置不下(还有其他方面来的临时任务),一、三、四季度则任务不足。影响任务不好安排的还有一个原因是地方工业部门与商业部门之间关于生产任务与收购任务的多少、工商利润的分配及产品规格质量好坏等问题的争论很多,对生产安排工作的进展,影响很大。

第四、对先进企业与落后企业之间维持的标准,中央提出的原则是:"奖励先进,照顾和督促落后,淘汰有害(如坏药等)。既不可只奖励先进而不管落后,也不可只照顾落后而阻碍先进,应以先进带动和督促落后,而不是排斥落后"。但在很多业务干部中间对这一问题却存在许多混乱思想和争论。有的认为先进是指国营,落后是指私营,有的认为产品质量低劣或行业过剩,未纳入国家计划的即是有害。此外,对具体如何照顾落后,照顾的程度如何,工缴货价的中等标准如何规定?以及到一定期限后不能改进是否予以淘汰?对于这些问题津市安排生产委员会虽曾作了解释,但很多干部在思想上并未彻底得到解决,这些有关具体的政策界限,尚需各有关主管业务部门根据中央指示的精神在工作过程中进一步明确交待。

第五、部分干部仍存有"宁左勿右"的情绪和片面观点,对统筹兼顾、全面安排的政策了解不够。分配任务时,片面强调优先发展社会主义经济,对私营工业的生产照顾不够。例如在分配1955年的面粉任务时,地方国营企业主管部门中个别负责同志对专业工作组所提的分配方案,认为是没有贯彻优先发展社会主义经济的精神,坚持地方国营企业要百分之百的满足生产能力,并得加上"先进因素",而却不考虑这样分配的结果,私营工业在下半年就要长期停工(按24万吨任务的分配方案为111天,按30万吨任务的分配方案为71天),后经市的委员会重新审查才调整了分配比例,地方国营发挥生产能力的94%,公私合营为86%,私营为82%(调整后私营全年尚需停工53天)。又如在医药方面,医药站只限定中央卫生部已经检验批准处方的27种成药进货,不扩大进货品种,结果形成天津出品的成药在农村脱销(据华北合作社反映,1、2两个月有9个省来信469封指名要天津出品而又不属于27种成药的其他成药),而私营工厂却因无任务而发生困难,工人生活靠国家发放补助工资来维持。还有些业务部门为了减少在分配生产任务时增加麻烦,只分配给与自己有加工订货关系的厂,不管过去没有联系的厂,或是只要大厂,不要小厂。如在电工器材业的165户大型厂中,交电站只负责安排43户,其他一概不管;又如医药站在26户片剂厂中,只管与自己过去有业务关系的12个较好的工厂。信托公司,不顾全面安排计划,自行与较好的私营工厂签订合同,形成少数厂任务集中,多数厂任务不足,影响了统一安排。

(三)

天津市在统筹安排生产中所暴露的一些问题据我们了解,是带有普遍性的。其中除关于生产任务、财政任务等问题,建议中央各有关部门根据全国情况,贯彻陈云副总理在全国公私合营会议上提出维持天津、上海合理利用其现有设备的精神,和对国营企业因让出任务相应地减少上缴利润的原则,进一步予以研究执行外,对统一安排生产的问题提出如下意见:

一、工业部门和商业部门的关系问题。天津市在这次统筹安排生产中暴露得特别尖锐,为了适当解决这一问题,(1)供销计划应与生产计划衔接。国营商业部门对每年的加工订货计划应尽可能提早提出,以便工业部门能在下年度开始前即布置好生产计划。(2)扩大加工订货量。天津市去年批发商的营业额(据税局统计)有2.7亿元,今年私营批发商已基本安排完毕,然国营贸易加工订货额只较去年增加了1.1亿多元,希望国营商业能把原批发商的营业额能列入今年加工订货总量之内以适平衡供销。(3)加强国、合商业的责任,目前国、合商业着重面对市场,面对消费者这是必要的,但同样应对工业生产予以足够的注意。因此,为使供销计划与生产计划密切结合起来,国、合商业部门的干部要坚决贯彻"面向生产、面向消费"的方针,这是平衡供产销、安排工业生产的重要关键之一。

二、就私营工业的全面范围的生产改组来看,沿海旧的工业基地,如上海、天津等大城市的私营工业,适当的往内地城市迁移一部分是必要的。这样,一方面可以解决沿海城市的私营工业过剩和维持困难的问题,一方面也可以解决内地工业不足的现象。迁移的办法,可根据具体情况,如机器人员全盘端,或只转移工人,又如私营工厂可以作为国家重点建设的附属工厂的即可作为附属厂。这样可以逐步减轻沿海旧工业基地的负担。但这个工作是复杂的,需要中央有关机关组织一定力量,进行系统的调查研究,统筹安排。

三、生产的安排,不仅是为了维持私营工业,还必须通过生产安排进一步实现对私营工业的社会主义改造。为此,除了结合安排生产开展厂际竞赛,以改善私营工业的经营管理,提高技术、改进生产外,还必须与当前扩展公私合营的工作和加强对私营工业经常的业务管理工作结合起来。并结合全面的生产安排工作,有计划有步骤地进行联营、并厂等生产改组工作,以求通过生产安排,给对私营工业进行全业改造创造条件。

四、安排生产的任务是繁重而艰巨的,不充分依靠和动员群众力量是做不好的。工会组织应当参加生产安排的工作与展开增产节约运动,对于职工应加强思想教育,号召保证生产任务的完成和对资本家积极进行监督。同时,也应当贯彻与资本家协商的精神,在这一工作上,把民建会和市、区工商联的力量加以运用也是很必要的。

五、目前部分干部中"左"的和本位主义的思想偏向是突出的,妨碍了党的政策的正确贯彻,亟须纠正。这是由于主管部门对干部的思想领导和政策教育薄弱所产生的。天津市委统战部对商业局机关干部曾进行一次关于资本主义工商业社会主义改造政策的测验,不及格的占75%。但很多具体政策,都是经过这些业务干部去进行的。因此加强对他们的思想领导和政策教育,及时批判各种思想偏向,以提高他们的政策思想水平,也是当前做好生产安排和对私营工业的改造的重要工作之一。

(选自《工商行政通报》第47期,1955年5月15日)

六、国务院颁发关于国外技术资料、图纸的申请和管理暂行办法的补充规定

关于国外技术资料、图纸的申请和管理暂行办法,已由前政务院颁发。最近国务院又作了补充规定,通知各地执行。规定如下:

现在对于1954年9月26日中央人民政府政务院颁发的"关于国外技术资料、图纸的申请和管理办法"作如下补充规定:

(一)国务院各部、会并指导所属单位认真将国外技术资料、图纸分为绝密、机密、一般三级。

(二)凡拟交私营企业使用的国外技术资料、图纸,除机械制图中一些专用符号(如硬度RC、公差符号$\frac{A}{H}$等)外,不得有产品名称、用途及其他与生产过程无关的文字。

(三)在中共各地党委领导下,结合公安部门和工业行政管理部门,将私营企业(接受加工订货的)划分为两类:

第一类,是工厂规模大,设备完善,技术条件较高,政治条件好,有发展前途的,可准予使用一般国外技术资料、图纸,并可在保证不涉及绝密资料、图纸的条件下,将机密资料、图纸的一般部件和零件,有条件地供给一部分。但国防工业,除少数零件、部件,确须交由私营企业加工制造并经主管部门(部、局)严格审查批准后供给部分资料、图纸外,一般不向私营企业加工订货,也不供给机密资料、图纸。

第二类,一般能接受加工任务的,只准予使用一般资料、图纸。

国外原文资料、图纸和绝密资料、图纸,一律不准供给私营企业使用。

(四)凡到私营企业加工订货或试制须供给国外技术资料、图纸时,必须首先经过地方工业行政管理部门按第三项规定审查同意,并报上级主管部门批准。

(五)委托私营企业加工的部门在和私营企业签订合同时,必须规定技术资料、图纸的保管和保密办法,使用完毕后,必须如数退回,不得描绘复制或抄录。

(六)国务院各部、会和各地工业行政管理部门,应根据此补充规定,制订具体的国外资料、图纸

供给私营企业使用的管理办法，严加管理，以便保守国家机密。

（选自《工商行政通报》第 50 期，1955 年 6 月 30 日）

七、陈云副总理关于商业工作与工商关系问题在第一届全国人民代表大会第三次会议上的发言

（1956 年 6 月 30 日）

在这次人民代表大会上有些代表对商业工作中的错误、缺点提出了批评，我们认为，商业中的错误、缺点是确实存在的。政府方面应该加以纠正。现在我就商业方面错误、缺点产生的历史条件以及我们曾经设想的改正错误、缺点的办法，发表一些意见。

大家知道，我们国家对资本主义工商业的政策，既不采取没收的政策，也不采取任其泛滥和让它任意剥削人民的政策。国家采取的是：对资本主义工商业实行利用、限制、改造的政策。执行国家这个政策的主要业务部门是商业部门。采取的主要措施是对多数工业品实行加工定货、统购包销，对主要农产品实行统购统销。几年以来，实行上述政策的结果基本上是良好的。许多原来不能开工的工厂，由于政府供应原料和加工定货、统购包销，而得以开工和获利。由于执行了加工定货、统购包销，保证了工业原料和工业产品的合理分配，因此，保证了大小工厂一般都能正常开工，避免了资本主义大鱼吃小鱼的竞争，制止了投机活动，保证了市场物价的稳定。又因为政府对资本主义工商业的政策不仅有利用它有利于国计民生的一面，而且也有限制它不利于国计民生的一面。就是说，应该让资本主义工商业得到适当的利润，但是不应该让它们得到过多的利润。我国大部分消费品是私营工厂生产的，解放以来，就许多方面来说，它们是处在极为有利的条件之下。大家知道，国产消费品是受到国家海关的税收政策和对外贸易管制的保护的。加工定货、统购统销以后，一般地说，私营工厂的生产是上升的。应该看到，我国人民经过了无数牺牲取得革命胜利以后，在人民政权给了资本主义工厂极为有利的条件之下，如果让资本主义工商业者不适当地得到过多的利润，那么不但会影响私营工厂工人的生产积极性，而且对于全国人民来说，也是不公道的。因此应该把资本主义工厂的利润限制在一定范围以内，不能让资本主义工厂不适当地获得过多的利润。因此商业部门把某些商品中没有让资方拿走的那部分利润，上缴国库，用来发展国家的建设事业，这是完全合理的。即使如此，也有不少合营工厂和私营工厂的工缴收入是不低的。根据 1955 年 5 月国务院第八办公室在上海的调查，1954 年底上海 241 户公私合营企业的统计，绝大部分是有盈余的。有盈余的 175 户，亏本的 33 户，清产核资在当时尚未完结因而还难于区别盈亏的 33 户。在盈余户中，平均计算，每户盈余额占资本额的 20%。盈余额超过 20% 的户数如下：百分之百以上的 18 户，51% - 100% 的 38 户，31% - 50% 的 34 户。可能由于当时公私合营企业分配到的加工定货任务较多，因而工缴收入较大；但是可以看出不少企业在加工定货中所得工缴收入是不低的。在另一方面也必须看到，加工定货、统购包销办法，在执行的时候，毛病很多。许多代表所举出的错误、缺点，确实是有的，而且在全国范围内都存在的。从工缴方面来说，虽然国营商业部门不断地调整工缴费用和收购价格，工缴和收价也逐步走向合理，但是确有不少商品没有给私营工厂以应得的利润。应该说，既要给私营工厂以必要的利润，又必须限制它的利润在一定限度以内，计算这样一篇账是一件非常复杂的事情。原料、管理费用、各种开支、全年生产的均衡程度等等方面，都可以有不同的计算方法，都可能发生偏差。不少商品，没有给私营工厂以应得的利润，就是由于这些标准计算偏严所产生的。从加工的计划性方面来说，由于国营商业的批发系统分工不细，管理商品种类太多，经验不够，加上国营商业过去采取自上而下分配商品的制度，所以加工数量时多时少，原料供应不当，某些商品品种减少，商品的花色不合销路等等毛病，确实普遍存在。加工定货、统购包销产生的另一个结果，就是许多工厂由于已经包销，它们就不像自销时候那样关心商品的质量。因为加工费是按成本加成的方法来核算的，又常常不能保证降低成本的工厂在一定时期内得到应得的利润，因此，许多工厂不热心于降低成本。6 年多的经验告诉我们，加工定货、统购包销的办法，它对保证生产、稳定市场起了巨大的作用，它对资本主义工商业社会主义改造起了历史的作用，因此它是正确的和必要的。

但是也应该看到,这是在一定历史条件下的一种特殊的管理生产的方法,这只能是一种过渡的暂时的办法。在定息形式的全行业公私合营以后,应该考虑采取新的更加完善的办法。全行业合营以后,政府正在研究新的办法。但是改变加工定货、统购包销是一件大事,为了避免生产方面的混乱,在没有定出妥善办法以前,对原有办法是不应该轻易加以改变的。

那么,政府正在研究中的是一些什么办法呢?我们暂时还没有规定出完全成熟的办法,但是可以大概提出下列的一些办法:

第一条办法:不是由商业部门用加工定货、统购包销的办法来管理公私合营工业,而是由工业部门组织专业公司来管理合营工业的生产和销售问题。这个原则,我在1955年11月1日全国工商联执委会关于全行业公私合营问题的座谈会上已经说过。工业专业公司接替商业部门管理合营企业的生产和购销任务以后,那时商业部门与国营和公私合营工厂之间的加工定货关系将改变为下列四种办法:第一种是继续采取统购包销的办法。例如人民需要的大宗商品,像布匹、油脂、红白糖、纸张、纸烟、火柴等等,这些商品种类虽少,但数量很大,占全部商品产值的大部分。同时,这些商品花色品种比较简单,所以应该也可以采取统购包销办法。第二种办法是商业部门对工厂产品采取选购的办法,也就是说,按照质量好坏和市场需要情况来选购。例如人民需要的零星商品,像毛巾、袜子、搪瓷、器皿、香皂、牙膏和其他日用百货等等,这些商品占全国商品的总值并不大,但是品种十分复杂,共有3万多种,由于各人爱好不同,花色经常变化,所谓货不对路,这里积压、那里脱销,绝大部分是这类商品。第三种办法,商业部门选购剩下的商品,工厂可以委托商业部门代销。商业部门代销时,应当用竞争性的较低的手续费来承担代销工作。第四种办法,商业部门选购以后剩下来的货物,工厂也可以自销。不论包销或选购,商业部门只应得到普通的商业利润;工厂从加工定货改变为买进原料,销售成品以后,工厂应该得到较多的工业利润。这种办法是工业生产的正常办法,毫无疑义,它对发展工业是有利的。同时,实行选购的结果,可以使工厂注意产品质量,关心消费者的需要,减少盲目生产。但是,应该注意到,合营企业中的几个工人、十几个工人的小工厂占合营工厂数量的绝大部分,组织这些小工厂进行生产和销售并不容易。因此,才成立不久的工业专业公司,必须好好准备,才能实现上述的办法。

第二条办法:国营商业、供销合作社内部的上下之间、地区之间的业务往来,必须是自下而上的选购关系,而不是自上而下的派货关系。国营批发站除了对一部分各地所争要的好货和某些求过于供的商品,需要按计划分配以外,其他商品都由各地的国营商店、供销合作社、合作商店、合作小组和私商自下而上地自由选购。这样做的结果,可能是:除了某些下级商店选购不妥,不合人民需要,因而积压以外,一般的可以避免货物调拨不对路的现象。因为下级商店在选购以后,可以选择最经济的运输方法,也就可以不受行政地区的限制而避免迂回运输的现象。因为实行了自由选购,好坏商品搭配的办法也就不存在了。

第三条办法:由于降低了商业部门的批发利润,增加了工厂的利润,因此,现在商业部批发机构的一部分上缴利润指标,应该移交给工业部门的各个工厂来承担。

第四条办法:银行应该改变现金管理和放款、结算办法中那些繁杂机械的办法,应该采用我国银行中原有的那些灵活的支付办法。一切国营企业和大的合营企业,必须继续实行现金存入国家银行的规定。

第五条办法:商业部门虽然对工厂实行了选购,但是多数商品仍然是由商业部门买进的。为了防止商业部门在实行选购以后,可能发生不积极进货来供应市场的情况,因此,必须规定,国营商业部门和供销合作社仍然负着保证城乡供应和稳定市场物价的责任。

第六条办法:除国家统一调拨的原料以外,一切原来由采购部和供销合作社供应的原料、仍然由采购部和供销社统一采购和供应。但是无论农产原料、工厂生产的原料或者进口原料,数量方面,都应该根据国家计划委员会规定的计划统一分配。质量方面,除若干供不应求的品种必须按国家计划分配外,其他品种都应该按质论价,由用货部门实行选购,不准搭配。

第七条办法:国境以内,任何地方都不得采取互相封锁的办法。不得阻止外地商品进入本地,不得阻止当地商业机关向外地采购。应该允许全国任何地方的商品进入任何一地去销售。

第八条办法:选购的办法带有督促落后工厂改进生产的作用,这是必要的。但是又应该规定,暂时不在计划以外增加先进工厂的产量,以便目前在生产上还落后的工厂在一定时期内有机会改进生产,降低成本和提高质量。首先是落后工厂有向先进工厂看齐的责任;同时,先进工厂也有帮助落后工厂改进的责任。因此,不论是沿海或内地,工厂的生产方面和增加设备方面都应该在计划的平衡范围以内进行,而不应盲目从事。

以上这些是我们设想的办法。

实行这些办法是工业生产、商业经营和工商关系上的一种大转变。实行以前,如果没有准备,将会产生很大的混乱。因此,必须对某些商品先行试验,即令试行有了良好结果,其他商品也只能分期分批地、有准备有步骤地实行。这样做的目的是为了避免混乱。

有人问:实行选购以后,内地的某些生产上落后的工厂是否会被上海、天津等地设备好的工厂挤垮?我们认为,只要把上海、天津设备好的工厂的产量限制在国家计划指标以内,那就给了内地生产上还落后的工厂以改进生产来推销商品的机会。这样做并不违背发展和扶持内地工业的方针,用选购办法来督促内地落后工厂的进步,正是为了发展内地工业。当然那些不肯努力改进生产,一扶再扶也扶不起来的落后工厂,那就应该淘汰改组。这种淘汰改组,对国家和人民是有利的。

有人问:实行选购和工厂自销以后,市场物价是否会波动?我以为不会。大家知道,全国资本主义工商业已经实行了公私合营,小商贩大部分实行了各种程度的合作化,社会主义经济已经在市场上占了绝对的领导地位。商业与工业之间,从加工定货改为选购,商业内部从自上而下的派货改为自下而上的选购,这仅仅是社会主义企业内部销售关系的一种改变。一切有关国计民生的商品,像粮食、布匹等等,仍然由国家计划分配。在我们这里没有通货膨胀。所有这些,都说明我们是在巩固的社会主义基础上实行一定程度的自由推销和自由选购。也就是计划经济范围内的自由市场。因此,我认为只能有实行选购的商品在国家批准的幅度内的价格上的摆动,决不会波动全国的物价。

有人问:商业利润中的一部分转到了工业部门;实行选购以后,落后工厂的产品为了竞争,它们将不顾一切地跌价,这样,国家的企业收入利润是否会减少?回答是这样:如果不采取具体办法,国家的企业利润收入是可能减少的。如果商业部门开列出由商业利润转给工业部门的一张账单,列举各个工厂各种商品转移利润的大概数字;如果工厂的产品涨价和跌价要经过一次批准手续;如果财政部能够设计出一种简单易行的税收办法,把商业部门转给工业部门的利润中的一部分用适当的税收形式预先在工厂中征收,那么,暂时减少了的商业部分的上缴利润,绝大部分可以从工业利润和税收中缴回国库。

有人问:如果实行了上述办法,合营企业中公私关系将变坏一些或者更好一些?我们以为,毫无疑问,公私关系将更好一些。无论是工业方面或者是商业方面原来私营企业中许多良好的经营方法,都将更加被重视。私方人员原有的生产技术和经营管理知识中的有用部分,将更快地获得发挥的机会。

所有上述的意见,都只是一种设想。这种设想还必须在政府内部和工商界内部展开讨论,加以研究,我们应该努力找到一种尽可能完善的办法。

结束这个发言的时候,我还顺便说明一个问题。有几位代表认为如果要完成政府今年的财政计划,那么合营企业1956年的收入将是20亿元。他们认为完成这个数字是困难的。他们是这样计算这个20亿元的:(一)工商所得税11亿多元;(二)国家对合营企业的投资6亿元;(三)定息支出1.6亿多元;(四)上缴国库2亿元。应该说,由于政府供给的材料不充分,代表们还不知道上述各项数字的内容,这是政府工作的缺点。我应该说明以下几点:(一)1956年度国家预算所列的工商所得税11亿多元,其中预计来自供销合作社的是5.8亿元,来自手工业生产合作社的是7000多万元,两项共计6.5亿元。这就是说,合营企业只负担所得税4.4亿元,而不是11亿多元。大家知道,所得税是合营企业在合营以前,历年都缴纳的,而且今年合营企业所得税的负担数字比上年减少了。(二)支付合营企业今年的投资6亿元,支付定息1.6亿元,上缴国库2亿元,这三项共9.6亿元的支出,虽然都来自合营企业,但是其中有3.7亿元并非来自合营企业1956年的当年收入,这就是:解放以来历年公股积累的收益9000元;1955年年底以前合营企业历年盈余中提存的公积金2.1亿元;1955年年底以前历年折旧基金4000万元；另有合营企业的多余流动资金3000万元。在国家建设和合营企业需要投资的情况之下，政府动用这3.7亿多元是必要的。这也就是说，今年合营企业的投资、支付定息、上缴国库三项支出9.6亿元中，来自合营企业1956年当年的利润收入只有5.9亿元。而1956年度为了扩大公私合营企业而预计的投资是6亿元。(三)因此，由合营企业1956年度当年收入中支出的数字，只有工商所得税4.4亿元和利润5.9亿元，两项约计10.3亿元，而不是20亿元。这个10.3亿元，再加上政府向合营企业调用1955年年底以前的公股历年收益、公积金、折旧基金、多余流动资金3.7亿元，那么，1956年合营企业的支出是14亿元。这14亿元的预计分配用途是这样：缴纳所得税4.4亿元；投资于合营企业6亿元；支付私方定息1.6亿元；上缴国库2亿元。根据上述计算，我以为完成国家对合营企业的财政收支计划是可能的。

(选自《工商行政通报》第73期，1956年7月20日)

八、商业部、纺织工业部、食品工业部、轻工业部、中央手工业管理局关于目前加工订货工作中几个问题的联合通知

自今年1月以来，私营工商业已经实行了全行业公私合营，手工业已经实行了合作化，生产关系和市场情况均发生了根本性质的变化。为了适应这一变化，促进生产力的进一步发展，供应市场更多、更好的产品，目前已有必要也有可能对工业、手工业产品的加工、订货、收购、包销等环节重新加以考虑，根据当前及今后的需要，制定一些切实可行的办法。

鉴于上述工作牵涉的方面很广、情况复杂、需要一定的准备时间，为解决当前存在的若干问题，特先作如下规定，各地工商部门，应当在当地人民委员会的领导之下，坚决贯彻执行。

(一) 在1956年1月1日以后降低工缴费和出厂价格的，一律恢复原状(提高出厂价维持提高水平不动)，并将因降低而少付的工缴货价自降低之日起，全部退还给生产单位。1956年内的工缴货价一般不再变动。

(二) 工业产品，必须标贴生产企业的商标和生产企业的名称，凡有检验机构或联合检验机构的生产企业，其产品的质量和配方，由生产企业负责，产品出厂的时候，商业部门不再检验。商业部门原来负责检验出厂产品的人员，如当地人民委员会认为必要，可调一定数量给有关的工业部门。自1956年9月1日开始，生产单位出厂的产品，应当附送说明书，说明产品的性能、生产时间、有效时间、运输和保管过程中应当注意之点。以后产品出售后，如发现质量不好，应当由生产企业负责包退包换，一切费用由工业部门负责偿付(由于运输、保管过程损坏，或者是过期失效的，由商业或其他有关部门负责)。

(三) 工商计划衔接问题：

(1) 由国家计划委员会或者是由中央工、商各部联合下达的产品计划，工业部门应当保证生产任务的完成，商业部门应当按照计划收购并负责保管提运。超产或由于不可克服的原因而完不成生产计划的产品，由工、商双方协商解决。(2)由地方计划委员会或者地方工业机关联合下达的产品计划，原则上按(1)条的办法办理。(3)未列入生产计划的各类小产品，在数量指标上尽可能地将其中的大部分生产固定下来，至少一季不变，工业部门保证完成生产任务，商业部门负责收购。另一小部分，为了适应市场的需要，可以一个月编一次计划，但应当在半个月至一个月前提出，以便生产企业申请原料进行各项准备工作。为此，各地商业部门应向工业部门提出对这些小产品的轮廓需要，工业部门应当在这些行业里妥善地安排生产，使一部分工厂生产固定下来；另一部分工厂(规模可以小些，但是技术条件不能太低)生产比较机动，并在资金和原材料方面对这些工厂予以充分支持，以适应市场的需要。

以上在产量计划指标不变的原则下，花色品种规格的变化是必要的，商业部门可以根据市场需要的变化提出要求，工业部门在可能的条件下，应尽力满足商业部门要求，因改变花色品种规格而影响工业成本提高或降低时，由工商双方协商合理解决。如果因为改变花色品种而需要改变设备的时候，经过工商双方协商由商业部门酌予补贴。

上述三项规定除第一项应立即执行外，(二)、(三)两项规定各地如有认为准备时间不够，可以由当地人民委员会规定具体执行的日期。并告中央

各部门备案。

工商部门的负责干部，应当对广大职工进行教育，强调团结合作，充分协商，为发展生产和适应市场人民需要而努力。

（选自《工商行政通报》第77期，1956年9月15日）

第二章　改造和安排私营商业

第一节　全面安排和改造私营商业

一、中央对外贸易部关于私营进出口商兼营国内贸易的处理办法

为使进出口商能集中力量专营国际贸易业务，原则上不应兼营埠际贸易（指在国内买进卖出而言，至于为出口而收购或进口后出售者不视为国内贸易），但应分别下列情况予以不同处理：

一、以国内贸易业务为主，但以往为鼓励出口及照顾工厂生产需要而批准其兼营进出口贸易之厂商，不在此限。

二、进出口商附设加工厂，其生产既供其自行出口，亦在国内出售者，仍准照旧经营。

三、过去专营进出口业务，因其经营范围内之商品发生变化，以及目前出口亏损，进口额度减少，致经营发生困难而又不愿放弃进出口商的资格，要求兼营国内贸易，以便暂时维持者，均不应准其兼营，可分别做如下处理：凡有经营能力，对扩大土特产品出口及争取进口有作用者，应通过进出口的具体组织工作及签发许可证，使之能继续经营；对无经营能力或能力不大且要求兼营埠际贸易者，应说服其转业，并可通过许可证的控制，促使其自行转业。

（选自《工商行政通报》第11期，1953年7月20日）

二、中央工商行政管理局关于调整商业后各地私营商业淡季经营情况很好及存在问题向中财委、中央的报告

（1953年6月30日）

今年第一季度的私商营业额，一般超过去年同期，且接近前年同期。但各地情况不尽相同，归纳起来，可以分成三类：第一、以大工业为主的大城市，工业品供不应求，如上海浅色布、府绸、针织品、衬衫等行销货，须先付定金3至7成，才能购得期货。其中内衣汗衫的产量，4月比3月增加，并超过1951年同期1倍以上；铝锅4月份供应量比3月份增加了9倍；过去二、三年曾经没有销路的华达呢、精纺呢绒现在成为争购对象，且因原料缺乏形成缺货。重工业方面的工具机、柴油机、锅炉、电机等，由于基本建设的需要，比去年同期增加了8成到4倍，较1951年同期增2到3倍。因为工业品畅销，带动了商业的繁荣，因此上海的工商业营业额是每月在上升着。今年4月份工商营业额1.12万余亿，5月份估计可达1.13万余亿。5月份的这个数字比1月份（农历年底的旺月）增加4.18%，比2月份增加42.96%，比3月份增加18.94%，比1951年同期增加71.34%。天津较上海略差，但发展趋势是类同的。第二、手工业与商业都相当大的城市，商业是活跃的，但手工业仍有困难。以武汉市为例，3925个重点商店营业额，以3月份为基期（1.966亿），4月份增加了16.18%（2.284亿），5月份减少5.97%（1.770亿）。但工业中的染整、织布、机器等业，困难很多，迨政府扩大加工订货后才逐渐好转，但原料困难、资金短绌、管理腐败的业户，及质差价高的产品，还是停滞不振，尤其手工业困难更多。重庆、成都、昆明等地的情况，大体同于武汉。第三、以商业为主的小城市，今年的营业好转得特别快，以芜湖为例，市场公私营经济的经营情况3、4、5月逐月上升，私商说："这不但是解放以来所未有，而且是解放以前所未有。"

从行业来说，商业一般是好的，当然，现代化的大工业比商业还来得更好，但技术落后、成本高、品质低的工业，困难仍是不少的。如广州的火柴业，每件成本比外地高出一、二万元，因而销不出去，积压了该业流动资金83%，目前该业已陷于半停工状态。北京市染织业的"大布"，因受上海（质好）、高阳（价贱）的排挤，亦陷于困难。因此，改善技术，提高质量，降低成本是当前私营工业尤其是落后地区

工业的主要问题。

在公私关系上，第一季的国营营业额，个别地方有了增加，部分保持平衡，有些地区（如西南、中南）反而下降。八大城市的棉布交易量，4月份国营占46.09%，比3月前的54.77%降低了8.68%（1952年10月国营占77.04%）。中小城市如南通国营批发比重，4月比3月下降了5.77%。其下降原因很多，主要是私商抓住了市场变化的特点，以远距离联购、赊购赊销、使用期票（有的地方期票从一星期发展至二、三个月）、备货足、品种多来扩大经营；而国营商业担负了稳定市场与收购任务，同时开始经济核算要计算盈亏，确有不少经营单位，害怕资金积压，不敢进货，因而形成品种减少，不能满足市民需要的现象。如长沙棉布批发商经营的173种布匹中，花纱布公司只有28种。市民在国营买不到东西，自然趋向私商购买了。国营商业还有一个弱点，这就是费用率较私商为高。如湖北广水私商直接向上海厂联购，费用率仅1.5%，而国营要1.886%（不包括武汉站利息和市内运杂费），在淡季不淡的过程中，包含着某些地区的国营落后于私商的事实，这是值得我们注意的。

今年淡季稳渡的主要原因如下：

（一）土地改革后，地主阶级封建剥削被消灭了，农民的生产品除缴公粮外，均归其自己所有，加之过去几年农产丰收，购买力就有显著增加。农民购买力提高的结果，对工业品的要求，不仅数量上有了增加，在品质规格上也有了新要求。

（二）年来国民经济的工农比重有了变化，工业比重从解放前的10%，增加到去年的28%。因之，依靠工业生产的人口有了增加，同时，工业职工的待遇，在这几年是有所提高的。今年经济建设开始，国家对基本建设的大量投资，不但扩大了基建材料的需要，而且扩大了日用必需品的需要。

（三）“三反”“五反”已胜利结束，今年市场没有暂时停滞的现象。

（四）调整商业后，私营商业得到了一定程度的发展。他们因为有利可图，纷纷进货。由于私商的纷纷进货，吸储了一部分商品，从而就促使淡季情况的好转。

从部分城市的情况来看，今年的淡季是稳渡的；入秋以后的市场将走向更加活跃，旺季可能更旺，但市场需要工业品的压力，亦会比现在更为严重，从而，私商的投机操纵的活动，亦会更加活跃起来。据各地反映，私商的各种破坏行为已在抬头，如在初级市场上抢购有销路的土特产品（如四川的麦冬、川芎），在中小城市对国营公司缺货的商品任意提价（如山东胶东把国营缺货的电筒从1.5万元提高到2.2万元），在大城市的中小工业，则以种种方法，拒绝加工订货，上海私营工厂的作法是“先民营，后中百”，次货充好货的现象，也普遍发现。粮食方面，出现了不法私商哄抬粮价、囤积拒售等投机行为，有灾地区尤为严重。这种情况暴露了我们有些地区的物资调拨和供应上还有缺点，同时又暴露了调整商业后某些地方在市场管理上过分放松的毛病。因此，除事前准备供应物资外，对市场管理应更加注意和警惕。对于这方面，我们建议：

（一）为了便于管理，各地对于必须控制的物资（如粮食等），应以集中交易为原则，因而，在需要与可能之条件下，各地可设立某种集中交易的物品交易所，但不宜过滥。

（二）议价核价等办法，在物价不稳定时，是管理市场的武器。目前固可少用或备而不用，但不应公开取消。对私商抬价杀价等行为，必须严加取缔。

为了进一步了解冬麦登场后市场情况及目前初级市场的行政管理，我们已组织了两个工作组分赴江苏、湖北两省，在当地商业厅领导下，进行典型调查。

以上作为我局5月份的综合报告。

三、商业部对私营批发商恢复纳税后应注意问题给各大区省市商业厅局的指示

（1953年7月29日）

本月19日（53）财吴午××号电已规定对过去经批准的私营专业批发商自8月1日起一律缴纳一道营业税。因之各地市场价格可能引起变化。兹为防止市场可能发生的问题，本部特再补充通知如下：

一、各地应大力组织货源，增加品种，照现牌价充分供应市场需要，以物资力量稳定市场，坚决防止并克服脱销现象。

二、各地工商行政部门，应密切注意市场动态，坚决防止私商经营商品乘机抬价。对投机抬价行为应加适当限制和管理。

三、各地行政部门并应根据中财部通告中的精

神,配合税务局进行必要的宣传解释。

四、各地地区差价不合理者,仍应依照全国第四次物价会议精神,继续进行调整,不应因规定专营批发商纳一道营业税而不恰当的扩大地区差价,以致批零见面的商人获得高利,而使国营和合作社商业陷于被动。

以上请分别研究执行,并请注意市场情况变化,将执行的问题及时电告。

四、中财委关于专营批发商照旧纳税后注意稳定市场物价给各大区省市财委的指示

(1953年8月8日)

今年1月修正税制的错误，助长了批发商特别是大批发商的发展。严重地影响了国营商业与合作社商业批发阵地的下降，为了纠正这一错误措施，巩固与发展国营商业批发阵地，中央财政部已通知自8月1日起对于过去已经批准不纳税的专营批发商，仍一律令其照旧纳税。执行数天来，据各地报告由于私营批发商企图抓住他1月来已得到的高额利润不愿退让，而提出批发要纳税就要提高物价，以达到其唯利是图获取高额利润之目的，致使市场物价曾发生若干混乱现象，有些批发商正在乘机抬高物价，甚至上涨幅度超过征税幅度；有些批发私商停止出售货物，不挂牌价；有些批发零售兼营私商提高批发价，将批发转为零售；有些批发私商向市场管理机关提出质问：今后是否仍按公私一律平等纳税原则，国营公司是否纳税。近数日来，国营公司布匹、百货批发卖钱额亦呈逐步上升象征。根据最近几天情况，证明了对批发私商照旧征税的措施，是我们对大批发商的一个必要的斗争武器，但同时应好好的注意市场情况的变化，如果不切实注意稍有疏忽，市场价格在布匹、百货、土产上都有可能继续发生某些波动，国营公司与合作社商品也有脱销危险。因此，请各大区、省、市财委加强领导掌握，并按照中央商业部7月29日电报，大力组织货源，充分供应合作社，国营零售公司以及适当地供应零售私商。对大城市的大批发私商，原则不供给他货物，以免他抓住我们应市缺乏的商品来投机取利，扰乱市场物价。我们国营商业与合作社应保证市场供应，稳定物价，坚决防止并克服脱销现象，并请将执行情况及意见，随时电告。

五、中财委批复商业部对批发商恢复征税后的市场动态及拟采取的措施的报告

(1953年9月13日)

中商部并报主席、中央:

我们同意中商部8月22日电关于恢复批发商征税后对市场动态反映的看法。其中所提对市场拟采取的两点措施,即:

(一)对于纱布、百货大批发商,特别是在大城市,应采取坚决淘汰的政策和办法,因此而被遣散的职工,大部分经过训练后可由国营商业设法吸收;(二)对中小批发商,则暂时适当放松,采取分别对待。我们认为这样的步骤和措施原则上是适当的。但在具体执行时,对纱布和百货大批发商淘汰的办法,宜分别对待;纱布关系民生重大,且大部货源已为国营掌握,私营批发商职工数少,采取较坚决的淘汰步骤问题不大;而百货则品种繁多,牵涉的面较为广泛,职工人数也较多,故宜先从关系民生较大的主要商品着手,以便有计划有步骤地进行改造和淘汰。这样,才不致因一时职工失业过多,国营商业吸收困难,使我们工作陷于被动。

附件:商业部对批发商恢复征税后的市场动态及拟采取的措施的请示报告

中财委陈主任并报毛主席、中央:

兹将8月1日至15日恢复批发商征税后的市场动态,根据我们搜集到的材料,综合汇报如下:

(一)批发私商一般在7月27、28日,就知道了要从8月1日起恢复纳税,因此从7月27日起,各地市场即发现批发私商抛售存货,企图逃税,欺骗零售商赶快买货,不买就要涨价。在这几天中,各地批发私商的卖钱额,一般都上升很大,如北京市中华百货售品所平时每日销货额只是1000万—2000万元,7月30日、31日突增至1.2亿—1.3亿元,长沙、广州百货批发商并在这几天大量赊销。

(二)8月1日批发征税后,批发商的动态有以

下几种：

(1)有些照常开门营业，有些准备暂时不营业，经工商局干涉后一般亦均开门营业，但营业不那样积极，有些畅销货不挂牌，卖钱额下降，少数拒售，观望国营公司是否涨价。

(2)部分批发商私自或集体调高批发价格，但经工商局管理，工商联劝阻、或店员干涉后又恢复原价。

(3)批发商赊销期款活动已开始收缩和停止。品种花色方面已不愿给顾客随意选择。

(4)质问政府工作人员："国营商业纳税不纳税？不纳税是否违反公私一律的原则"，"政府过去提出的原则是保税不加税，现在的措施是加了一道税，与原来精神不符"，"工厂二道税变不变"(意即是否退回工厂交一道税的老路)。要求准许按所征税率提价；要求1952年存货已补税而未出售者准予退税；要求委托加工由厂代缴之一道商业税改为自缴；要求国营公司同样纳税，调高价格，调高起批点；要求允许降低批发商的起批点，使他们能变相的变为零售；要求政府协助在闹市解决店址以转为零售；要求政府指示转业方向等。

(5)零售商对这一措施一般表示拥护，批零兼营商一般也拥护，认为过去税负不平衡，现在平衡了，有人说：过去政府是照顾大资本家与发展大资本家，挤得小商人无法经营。

(6)在批发商服务的店员中间，一般反映税是合理的，但有部分人有些顾虑，怕资本家关门，怕失业；少数个别的落后分子则与资方一起骂税务局，有些人对国营商业不纳这一道税，又不让私商涨价，也想不通。有些积极分子在群众向他追问时，感到无法解释，有些苦闷。

(三)国营商业在8月1日到5日批发额激增，如太原花纱布公司平时每日批发布为1400多匹，8月5日激增至4600多匹。上海百货公司肥皂8月初每日销量比7月底每日增加3、4倍。我们估计这种情况不完全是正常的：可能一方面因批发商观望，少卖货，因此零售商就集中到国营商店进货；另一方面是零售商怕加税后国营商店要加价，因此想多进些货投一下机。8月5日以后，情况趋向正常，国营批发额在纱布与百货方面根据典型调查是增加的，私营批发商则是下降的。公私批发比重在起着有利于我之变化。估计这一趋势还会继续发展。

(四)在批发税复征后，受打击大的是经营机织布匹的批发商(经营土布者利还相当可观)，百货批发商次之，土产、海货等行业一般没有受到什么打击。过去批准之免征户主要是布匹批发商。如汉口批准的14户中，棉布业12户，长沙19户中，棉布业9户，郑州112户中，棉布业57户，天津400多户中，棉布业占一半。因为所有的批发商都加了税，经营机织布匹、百货批发商不分大、中、小都受到了当头一棒，因此在政策上就产生了一个问题，即大批发商资金大，经营力强，他们还要钻国营商业的许多空子来保持继续经营或维持下去，短期内还不会死掉，我们工作上还有许多缺点，如调拨不合销路，调拨不及时等，使他们还有空子可钻；工业资本家是与他们来往密切的，虽然我们扩大了加工订货，但还有一批残次货和作坊、小工厂的产品会供给他们货源，而且还可能拉拢某些私营厂商故意做出残次货来供给他们。但其中有些是要改为零售或转业的，否则会坐吃山空。因此就有可能造成首先对一部分中小批发商打击重，对大批发商反而较轻，只是达到削弱的结果，这与中央确定的首先淘汰大批发商的方针可能不太符合。因此我们考虑在商业政策和工商行政管理上还要采取一些符合党的政策要求的补助措施。其具体办法如下：

甲、对于纱布百货大批发商尤其在大城市中应首先采取坚决淘汰的政策：国营商业不供给他们货源，不准许他们提高商品价格，并设法使其自行转业(以转工业为上策或转成零售商)，大批发商资金不少，人数不多(天津纱布大批发商约40家，职工只有200人左右)，如果大批私商不能经营了，其职工的大部分经过训练后国营商业可以吸收，估计不会增加社会失业。

乙、对于纱布百货中小批发商，则暂时适当放松。其中有些在国营公司进货并向农村小贩转手批发的批发商，还应准许他们继续经营暂时存在，在首先供应合作社及国营零售、商店货源后，把一小部分商品批发给他们，在维持其生存限度内，允许他们在转手批发时略加一些价格。有些是在当地私营工厂进货的，其中有些不便于立即加工订货的商品(规格太坏、质量太低，过于分散的)，也可以让一些给他们经营，有些是经营国营公司目前尚无力经营的小商品(如拉链、纽扣等)的，在加税后确有亏损时，也可准许他们按照加税的幅度稍提一些价，但只能在纳税额以下为限(凡有利润者一律不得允许提价)。有些愿意转为零售商的，也可以逐步开放使之转为零售商。

我们估计这样做，就可以收到首先挤掉纱布百货大批发商之效，而且步骤不致过急，打击面不致过宽。至于具体掌握，则须请各地党委、财委因地制宜。

以上各点是否妥当，请予指示。

1953年8月22日

六、中财委关于防止私商套购国营商业畅销货抬价牟利的指示

自各大城市国营商业加强控制货源及对私营批发商实行照纳税的措施以后，私营厂商在市场上的活动又发生新的变化，私商为了保持继续经营，获取高额利润，而乘机套购国营公司的畅销主要商品。如山东省青岛市6家私商于8月初将该市百货供应站进货1万磅的毛线套购了5500磅，锦生号7月份套购大连百货公司的胶鞋3000打；张店私商以零售价格多次将百货商店的胶鞋套购完了以后，以高出牌价9000元抬价出售。这一情况，不仅个别地区发生，在全国各地都会发生的。这是一个有关巩固国营领导阵地，制止私营批发商投机牟取暴利与稳定市场物价的问题。各地财委必须充分注意这一情况，加强市场管理工作，及时教育国营贸易合作社干部，改进业务经营，大力控制货源，一面要随时警惕私营批发商在市场上的套购，抬价，拒售等非法投机活动；一面要随时了解自己经营的主要商品在市场上所起的变化，做到心中有数，以便及时对私营批发商展开斗争。对适合市场需要而畅销的时令货与供不应求的商品，要防止被大批发私商套购去抬价出售，牟取高利，从而破坏市场物价的稳定。因此，凡国营公司批发站对某些市场需要量很大，存量不多的商品（如白糖），只应批发给合作社与国营商店应市零售，或直接供应工厂生产使用，以免私营批发商抓住我们应市缺乏的商品来投机牟利。

（选自《工商行政通报》第14期，1953年9月20日）

七、中财委副主任李维汉在中财委第六办公室召开的对私营商业改造问题座谈会上的发言（记录）

（1954年1月16日）

目前私营商业基本上已和外国隔断了联系，与国内工业、农业的联系也将要逐步地被缩小被隔断，这样使私营商业直接从私营工厂与农村来的资源（包括产品和原料）将愈来愈小。而城市中的国营商业和合作社商业也将逐步发展。新发展的工矿区将随着社会主义工业化的发展不断出现。国营商业与合作社商业要预见到这一发展情况，必须和工业的基本建设开始的同时，来规划商业网的设置。使这些新市场一出现，商业阵地都为国营商业、合作社商业所掌握。我们原则上是不要私营商业到新发展的工矿区去的（由于私营商业的存在难免会去一些的），假如我们对新工矿区市场控制不住，而一般城市的私营商业活动范围又逐步地被紧缩，势必把私营商业挤到新工矿区市场去，例如：有的新工矿区市场由于国营商业供应不足，曾有动员私营商业到那里去发展的情况。这样使我们在改造私营商业上发生了一般城市私营商业改造完了，而不断出现的新工矿区的私营商业又再生长出来又要进行改造，结果是改造不完的。因此，必须把新工矿区的缺口堵住，这样才便于我们把私营商业限制在原有的市场范围内进行改造。

首先应结合各方面情况，考虑确定私营商业在三个五年计划内的活动范围（能活多长）。这样对私营商业改造的步骤、方针也就容易确定了。

改造私营商业和改造私营工业是显然不同的。如工业基本上可以通过公私合营办法把私营工业的企业和人一起改造过来。而商业呢？大致上可分为三类情况：

第一，无疑问其中是有一部分的企业和人是可以一起改造的（如：粮食代销店），中等批发商能否变成国家资本主义（如：代理批发）的形式再变为社会主义性质的商业呢？或者只能“排除”呢？如果也可以经过国家资本主义形式加以改造就更好了。这方面我们经验不多，但不要把这个门堵死为好。夫妻商店是否有可能走合作社道路，此路也不要堵死，需要进一步加以研究。

企业改造是容易的，因为资金、“码头”（指企业机构）是有用处的，而主要的是改造人，因此，问题是可能不可能把人改造过来。

企业和人一起改造过来是有可能的，但并不是整个行业都是这样，譬如，在同一行业中有一部分多余的企业是要被淘汰的。

第二，有一部分商业是不可能避免要被淘汰的，企业本身不应存在，也不能接过来改造，但其中

人员(包括资本家)吸收过来是能够教育改造的。吸收过来放在哪里合适呢？这些人适宜于搞商业，因材使用，主要由国营商业吸收，也可分配到合作社商业或到集体农庄当会计去。

这么多的人，可能不可能吸收呢？当然在一两年内是吸收不了的，如果从长远发展来看(合作社、新市场不断发展)，只要有计划逐步的吸收，我想是能够吸收的。况且这许多人又不是一下子吸收。

吸收进来的资本家能不能改造呢？这主要靠我们做工作了，譬如说：目前国营商店是一个干部带三个店员，假如私营商店平均每户有一个资本家和三个店员，而三个店员经过工会教育也能相当于干部，那么便是三个干部带一个资本家，如果这个资本家既不反革命，又愿意守法，三个带一个，再加上我们政治、经济的优势，如果这样我们还不能改造他，那是不可设想的了，这就不是马克思主义者。

为了在两个五年计划之内去做好这件工作，必须是：国营商业和合作社商业的发展，同时一方面要有代替私营企业的计划，另方面也要有改造私营商业人员的计划，这个计划就需要长期的、统盘的来考虑，如：发展多少？挤掉多少？同时又要设想被挤掉的出路，如何安排问题，等等。如果从一个国营商店说可能不去设想这些，而从整个国家来说就需要一个根本设想，要有全局观点，政治、经济相结合的观点，这样才能符合国家过渡时期总路线的精神。假如国营商业和合作社商业光有发展和代替的一面，而没有改造私营商业人员的一面，那么"吸收相当大的一部分人"这句话也就不能实现。

第三，企业不能存在，人也不能改造，估计这是少量，我们必须争取做到尽可能是少量，因为，既不是杀掉他们，总要给他们饭吃。

改造过程又是怎样呢？照陈云同志的指示："用他们(指私营商业)的资金、摊摊(指企业机构)尽可能来养活他们自己。国家只要把他们管起来。"这就是说，国家应当造成各种条件逐步地把他们纳入国家计划的轨道并加以监督进行社会主义改造，如果要挤掉他们的时候，必须同时要考虑到他们出路如何安排，总之是应该采取积极态度，不能说："你们愿意接受改造，但你们滚蛋。"如果他们的出路还没有找到，那么只有让他们暂时在现有情况下维持生活，否则会使市场搞得很混乱，社会上又会发生很紧张的局面。这些我是从总路线角度来看的，还需要进一步的调查，希望大家继续研究。

对私营商业的改造需要有一个公开性的文件，这个文件(指沙千里、吴雪之副部长起草的对私营商业社会主义改造的意见)基本上是写得不错的，比上次的稿子有很大进步，但问题应如何提法，譬如向商业资本家指出：私营商业是无出路的，而你们的人员是有出路的。或说：如果国家需要逐步排除你们时(意思是这样)国家会给你们安排出路的，这样使他们知道私营商业的路子越走越窄，打消他们发展私营商业的念头，另方面也使他们知道人员还是有出路的，譬如：粮食代销店办法消除了他们的顾虑。

改造私营商业究竟要用多少年时间，需要有个轮廓的估计，这样使我们的工作有了目标，计划、步骤、办法也就容易考虑，文章也就容易写了。我的估计这一改造工作不要十年就能完成的。

至于公私联购(公不出资本，仅领导私营经营)，可以作为国家资本主义的低级形式。私营商业采用哪些国家资本主义形式来改造，还需要进一步调查研究。但公私合营形式肯定不是改造私营商业的主要方向，现在需要把已经公私合营的商业的经验加以总结，究竟利弊如何？要具备哪些条件才能公私合营等，然后再考虑商业搞不搞公私合营问题。

把这个文件修改一下，发到各地党委去征求意见，最后根据各地意见加以研究和修改送中央审查批准，至于文件的研究、起草、修改等工作主要请中央商业部负责。

目前各地市场相当紧张，私营商业发生一些波动，因此，建议中央商业部切实研究一下安排的措施，如：有些电报(如：浙江、湖南关于市场安排的意见)加以研究后须表示态度或通报各地，最后希望各地代表对这个文件的根本性问题很好的加以研究。

八、商业部关于对私营商业采取利用、限制、改造方针的意见(草稿)

(1954年3月2日)

(一)我国的革命运动在中国共产党领导下已经胜利地推翻了帝国主义、封建主义和官僚资本主义的统治，建立了新民主主义社会。就在这个光荣任务完成之后，开始进入了一个新的时期，即逐步过渡到社会主义社会的过渡时期。依据毛主席的指示，我们国家过渡时期的总路线和总任务，是要在一个相当长的时期内，逐步实现国家的社会主义工业化和国家对农业、手工业和私营工商业的社会主义改造。也就是要充分发展社会主义成分，并把非社会主义成分逐步改造，最后使社会主义成分基本上成为我国唯一的经济基础，把我国建成一个没有剥削、没有阶级的伟大的社会主义的国家。

根据国家总路线、总任务，私营商业是我国过渡时期必须逐步进行社会主义改造的一个重要部分。就整个商业而论，在这一过渡时期，特别是四年来社会主义的国营商业和合作社商业已经日益壮大，在商品流通中占有领导地位。资本主义性质的私营商业在不同程度上也有所发展，发挥了有利于国计民生的积极作用，并受到了一定的限制，从而准备了社会主义改造的条件。

国营商业是国家经营的，是属于全民所有的，是社会主义性质的经济；合作社商业是集体所有的，同样是社会主义性质的经济；在过渡时期必须不断增长，最后在商品流通中占有统治地位，以适应国家的社会主义工业化的要求。当然，国营和合作社商业的发展不是盲目前进，而要与国民经济各个部门有计划的按比例发展的要求相适应，并与国家对私营商业实行社会主义的改造相结合的。

私营商业是私人经营的，以达到私人利益的目的，是属于私人所有的，是资本主义性质的经济。虽然具有二重性，有其积极的一面，对扩大商品流通，促进生产，供应需要，增加国家工业化资金积累，维持劳动者就业，训练职工起着一定的积极作用，但由于其资本主义的本质，唯私人利益是图，投机倒把，囤积居奇，甚至预购青苗进行封建性的剥削，对国计民生发生破坏作用。而且私营商业为资本主义所有制服务，与国营商业、合作社商业为社会主义所有制服务存在着基本的矛盾，而资本主义所有制和资本主义的生产社会性之间的矛盾，资本主义生产和市场的无政府状态和国家有计划的经济建设之间的矛盾，资本主义企业内部的工人和资本家之间的矛盾，都是不可克服的。由于上述的矛盾，影响到扩大再生产，影响到工业品在市场上供求不相适应，影响到国家计划受到破坏，如果不改变这种情况，社会生产力就不可能获得充分合理的发展，以适应国计民生的需要，我国的社会主义工业化就不可能全部实现。所以，国家对私营商业实行社会主义的改造是必要的，也是可能的。这是因为我国已经建立起工人阶级领导的人民民主专政的国家政权，已经建立了强大的社会主义的国营经济，民族资产阶级亦承认工人阶级的领导地位。再加全国广大人民的觉悟，要求改造资本主义经济，并使许多和资本主义有联系的人士也逐渐认识到社会主义确是大势所趋，人心所向。

(二)根据1952年统计，全国私营商业有座商187万户，人员437万人，摊贩222万户，人员253万人；还有行商30万户，从业人员33万人；共约723万职工和大小资本家。这可以看出私营商业数量庞大，人员众多，在国民经济中还占着一定的位置。我国私营商业的另一特征是分散复杂：从大小城市以至广泛的村镇，都有各种各样、大小不同的私营商业分布在每一个角落。就其经营方式及对市场的影响加以划分，就有下列几种类型：

(1)零售商：一般向批发商进货，少数直接向工厂作坊进货或向农村采购，并对居民日常需要作零星供应。有专门经营一种商品的，也有兼营几种以至经营多种商品的。有固定店铺的零售商，也有逢集赶圩的零售商，有肩挑叫喊的流动小商贩，有摆摊的小商贩。有雇佣职工的，也有利用家庭劳动的夫妻商店。对于供应居民日常生活的需要，有其一定的积极作用；但由于其唯利是图的本质，盲目性投机性虽略逊于批发商，但遇到市场供求失调的情况，每每囤积不售，或抬高售价，谋取暴利。

(2)批发商：直接向本地或外地工厂作坊进货，或直接向农村采购农产品，与私营工业生产或农业生产有密切联系，掌握较多的产品，营业额大，并将掌握的产品对私营零售商及摊贩进行批售，或从事城与城之间的贩运(行商)。在大城市有大批发商，也有转手的二批发商、三批发商；也有从事国际贸易的进出口商。批发商是中间性商业，盲目性与投机性大，危害市场物价稳定的影响也大。他们是对抗社会主义经济，阻碍私营工业走国家资本主义道路，发展私人资本主义的杠杆。其中从事城乡之间贩运的中小批发商，在扩大商品流转方面，在一定时期内，一定程度上，还有它一定的积极作用。

(3)服务性商业：有办理交通运输业务如运输行、报关行；有文化娱乐业如电影院、剧场；有生活服务业如旅馆、理发店、浴室等。

此外，有自产自销私商，即自己制造自己推销的私商，亦即经营生产事业而将产品自行销售的。一般工厂经营商品生产同时自设门市部或营业所进行批售或零售，推销其产品。有以商业为主而附设制造部门的，亦有手工业工场作坊一面制造一面推销的。

以上仅是大体的划分。由于私营商业类型不同，性质不一，因此在过渡时期对私营商业的社会主义改造不仅要有步骤有计划的进行，而且必须区别性质类型及其对于国计民生的关系实施利用、限制与改造的政策，即利用其有利于国计民生的积极作用，限制其不利于国计民生的消极作用，并根据必要与可能的条件，逐步通过国家资本主义的道路进行社会主义的改造，以便最后变资本主义所有制为社会主义全民所有制。特别是我国私营商业面广人众，情况复杂，实行社会主义改造是一个艰巨复杂的工作，需要一个相当长的时期。如果不认识这一点，而急躁冒进，必然不利于国家总路线的贯彻实现，给国家带来不必要的困难。当然，这不是说可以任其自流，或停滞不前，这样，显然也是不对的。目前的原则，凡是有利于国计民生，对供应人民需要能起积极作用的私营商业，应该是：

(1)国家有需要并有可能，而私营商业也有条件，并自愿的，可以根据具体情况分别行业的性质，对国计民生的关系，分别先后缓急，逐步纳入国家资本主义的轨道。

(2)国家暂无需要，而私营商业还不具备条件或还不愿意的，则首先要使私营商业遵守国家的政策法令，接受国家管理，服从国营经济领导，及工人阶级的监督，安于合法经营，发挥爱国守法积极为国家建设和人民需要服务的精神。私营商业如果做到了这一点，那么就已不同于一般的私人资本主义的商业，而开始带有国家资本主义的性质了。

根据以上原则，除自产自销私商的制造部门属于私营工业或手工业改造范围，其附设的销售部门可随着制造部门的改造而同时改造，对于私营批发商、私营零售商，及服务性商业的具体政策，应该是：

(1)零售商业：随着三、四年来国家经济的逐步恢复和发展，工农业生产不断上升，人民购买力继续高涨，私营零售商业这几年来也有不同程度的发展。从1953年起，国家开始进行大规模的经济建设，人民需要不断提高，因此，估计在一定时期内私营零售商业的营业额还有相当大的数目，除一部分无益于国计民生的(如迷信品等)必须转业外，国家应规定合理的批零差价或手续费以及供应一定的货源等，使其继续经营，维持其营业额的恰当水平，部分零售商业营业的绝对额也可能有所增长。要使私营零售商业成为主要从国营商业批购商品或向国营公司订立合同，代销或经销指定商品，向居民销售的零售网，并逐步纳入国家资本主义轨道，实现社会主义的改造。国家对私营零售商业社会主义改造将较批发商的改造时期为长。对私营零售商业中夫妻商店的改造要视其整个行业改造的具体情况，确定其先后缓急。至于新工矿区的零售商业，国营商业与合作社商业应积极负责，大力展开，以免资本主义因素盲目发展，日后还来进行社会主义改造。

(2)批发商：批发商中从事城乡之间贩运的小批发商(一般很少向生产工厂及产地进货，多在大批发商或中批发商以及国营批发站与国营公司进货，转手贩卖给不远的小城镇中的零售商与摊贩；有时有兼营零售的)和一部分中批发商(批售对象是小批发商、零售商或摊贩，进货则有向工厂的，有向大批发商，也有向国营批发站与国营公司进货的)在扩大商品流转方面，在一定时期内，还有它一定的积极作用，应根据不同的行业，不同的情况，有区别有领导的正确予以利用，并严格限制其盲目发展和投机消极作用，然后在一定时期内有步骤的妥善引导其转业，或通过国家资本主义各种形式予以改造。

批发商中有极小一部分为数不多的大批发商，它的营业比较大，其资本主义投机作用也较为严重，而成为自由市场主要的支持者，且在商品流通中的积极作用很小；因此在实现国家对私营商业社会主义改造的过程中，不可避免地要进行转业改造。但应该了解这也是一个复杂工作，要在一定时期内有计划的进行改造，首先必须分别行业、大小、对国计民生的关系，然后依据需要与可能，有区别、有计划的稳步进行，至于目前急需转业的批发商，其人员和资金也须适当地予以安排；可视不同条件，分别采取如下的办法：(1)鼓励企业连同资金和职工转向有利于国计民生的工业或国家资本主义工业，这应该是批发商转业的最有前途的好办法，国营商业对于这类转业的工业，应尽可能向其订货，以至包销其全部产品。(2)转向手工业。(3)转向服务性行业。(4)转向国营和合作社商业经营不足的行业。(5)转为批零兼营或零售。(6)投资于投资公司。

急需转业改造的除积极指导其实行上述各种办法外,如还不能获得解决时,其人员的处理,国营与合作社商业应根据需要吸收其中能够担任工作者的相当大的一部分,为国营与合作社商业服务。人员中的资方如政治条件清楚的,业务上确有能力的,经过审查,亦可酌情吸收。其资金亦应妥予安排。

如果估计到采取以上种种办法后,尚不能妥善安置时,就应该暂时采取继续利用、限制和加强管理的办法,稍迟一步俟确定妥当安置办法后再行转业。

(3)服务性商业与摊贩:服务性商业除了近代化交通运输业,规模较大的文化娱乐及若干大的服务企业,有条件通过国家资本主义形式达到社会主义的改造以外,其余中小服务性商业、零售商业中流动或固定的摊贩,则应加强领导管理,鼓励并监督其遵守国家法令,服从行政管理,端正经营作风,树立新的商业道德,努力为人民需要更好地服务。

(三)为了实现对资本主义商业的利用、限制和改造,很大一部分主要是资本主义零售商业可以通过国家资本主义的形式,这类形式是多种多样的,有批购、经销、代购、代销、专业代销、联购、公私合营以及其他形式。

(1)批购:私营商店向国营公司以现款批购各种商品,按照国家规定的牌价出售。逐步做到按期向国营公司提出批购计划,在国营公司的领导下逐步纳入国家计划轨道之内。这是一种可以普遍用的形式。

(2)经销:私营商店向国营公司订立经销合同,经销指定的商品,按照国营公司规定的计划以及规定的牌价出售,将私营商业基本纳入国家计划。

(3)代销:国家统购统销商品,国营公司得视当地人民需要,国营与合作社商业网设置情况,委托私营商店代销,私营商店仍可经营其原来业务。代销此类商品,必须遵照国营公司的供应计划和规定的价格出售,同时缴存保证金,获得代销手续费。

(4)专业代销:国营公司委托私营商店按照规定的牌价代理销售国营公司经营的商品,私营商店接受委托任务后,自己不再经营其他任何业务,全部货源由国营公司供给。专业代销店按照国营公司规定的计划、价格以及业务制度进行代销。同时缴存保证金,获得代销手续费。这一形式是比较高级的形式。

(5)代购:国际进出口贸易,或国内贸易方面,如土特产等某些商业,国营公司可以委托其代为采购。私营商业按照委托单位规定的品种、规格、数量及价格进行收购。代购的商品,全部交给委托单位,并获得规定的手续费。

(6)联购:在国内贸易方面,如土特产等某些商业可以由同一地区同一行业自备资金组织起来,国营公司派员参加,按照商定的计划赴产地联合进行收购,将购到的物资在市场上按照规定价格联合或分别供应。或在产地对某一种货源由国营公司、合作社与私营商业联合进行收购,按商定的比率将购到的产品进行分配,分别运回,供应市场需要。

(7)公私合营:由国家投资与私人资本合营并由国家指派专职干部参加领导的一种形式,只适合于大城市规模大的个别零售商业。在私营商业的社会主义改造中,不是发展的方向。

对私营商业的利用、限制和改造,除通过上述各种国家资本主义形式外,在实践过程中还可能创造其他的形式。

商业方面的国家资本主义形式,是同时体现对私营商业利用、限制和改造的方针的,因为凡愿意接受改为国家资本主义形式的私营商业,其有利于国计民生的积极作用,在国营商业领导下,充分为社会主义经济所利用;同时逐步纳入了国家计划,在市场管理、价格政策以及商业利润等方面,也受到一定的限制;而通过国家资本主义形式,也就可逐步实现社会主义的改造。

上述国家资本主义形式,在实践过程中可以是低级的,也可以是高级的。低级与高级的区分,主要是依据社会主义经济对私人资本主义企业生产诸关系(生产关系、交换关系、分配关系)的联系与掌握程度而定,亦即对其供、销的掌握程度不同而互为区别。例如批购形式,私营商店如不定期向国营公司批购商品,其经营计划、资金运用、销售价格仅部分接受国家的监督管理,部分纳入国家计划轨道之内,那是低级的国家资本主义形式。要是私营商店有计划接受国营公司委托专业代销商品,而其经营计划、销售价格包括经营利润以及销售对象,全面接受国家的监督管理,完全纳入国家计划轨道,特别是资金运用方面,社会主义经济能对其进一步的联系与掌握,那就是高级的国家资本主义形式。

(四)如前所述,目前私营商业,不仅数量庞大，而且人员众多。其中有许多人员包括资本家、资方代理人、业务人员，熟识商业管理和商业技术的，只要从政治上对他们加强教育和领导，提高他们对新商业的认识，培养他们诚诚恳恳为生产为人民需要服务的新道德，铲除他们那种唯利是图的旧观念，树立起接受国营经济领导，服从国家计划的优良作风，从而端正经营思想，提高政治觉悟，实行爱国守法，积极搞好企业，力求在过渡时期对人民需要有切实的贡献，愉快地接受改造，可能逐步成为社会主义的公民或社会主义的工作者。要是消极怠工，甚至分散资金，挥霍无度，对新社会没有积极的贡献，无疑的将会被新时代所遗弃。

总之，国家在过渡时期对私营商业采取利用、限制和改造的方针，很大一部分可以逐步通过国家资本主义的形式，实现社会主义的改造。私营商业和其从业人员包括资本家在内，在总路线灯塔照耀下，前途是十分光明的。

九、中央财政部税务总局配合工商行政管理的几项措施

（1954年4月~5月）

（一）关于私营座商在其所在地以外之地区间从事经营，限制发给固定工商业销货证明单的规定

（税务总局1954年4月29日（54）政一字第471号通知）

接中央工商行政管理局函略称：私营座商在其所在地以外之各地区间从事经营者，如甲地座商在乙地购货，直接运至丙地销售，应经该座商所在地工商行政部门的批准，未经批准者，请税务部门不予核发固定工商业销货证明单等语。本局同意中央工商行政管理局意见。兹重新规定有关甲地座商到乙地购货，去丙地推销发给销货证明单的范围，应以持有当地工商行政部门的批准证明者为限，否则不得核发。各地税务机关，遇有未经工商行政部门的批准，亦未领有税务部门核发销货证明单的私营座商，在该座商所在地以外之各地区间从事经营者，除通知当地工商行政部门处理外，其销货应照课临时商业税。

（二）关于行商不准联营、合营、合伙、合资等课税问题的通知

（税务总局1954年5月6日（54）政一字第502号通知）

接中央工商行政管理局（53）工商行字第560号抄件称："行商不应组织联营、合营及雇用工伙"；又接（54）工商行字第一五四号函略称："今后对行商合资应视同合伙，加以制止"；并在工商行政通报第二十一期问题解答中答复："行商不得合资经营，今后凡行商申请合资者，应一律不予批准。"因此，今后各地税务机关如发现行商有联营、合营、合伙、合资、雇用工伙等非法情事，除函知当地工商管理部门处理外，其相互间应按销货处理，照课临时商业税。

（三）关于转知中央工商行政管理局对行商必须经过批准始能函购或托销的通知

（税务总局1954年5月7日（54）政一字第509号通知）

接中央工商行政管理局来函称："根据行商管理暂行通则第六条'人随证'的精神，并便于行政管理，对行商函购及托销货物原则上不应允许。如因特殊需要，必须进行函购或托销货物，而无投机行为者，应经当地工商行政部门及税务部门批准，按税务总局（53）政一字第585号'关于行商函购及托销货物问题处理的通知'办理（见中央税务公报1953年第9期第6页——编者）。对经常进行函购及托销货物之行商，可引导其转业。"等语。本局同意中央工商行政管理局的这一规定。希即转知所属照此办理。

（选自《工商行政通报》第28期，1954年7月1日）

十、中国人民银行总行对私营工商业的业务及其领导问题的意见

中国人民银行总行对私营工商业的业务及其领导问题的意见，已经中财委审核同意，批转各地研究执行。其意见如下：

一、国家银行对私营工商业的业务，是执行国家对私营工商业利用、限制和改造政策的工具。各地银行应在当地财委统一领导下，与有关部门密切结合，通过各种信贷活动和金融管理工作，正确地发挥私营工商业有利于国计民生的积极作用，限制其对国计民生的破坏作用，促进其逐步走向国家资

本主义道路。在具体工作中,各地银行必须时刻警惕过去曾经发生过的单纯追求业务数字,片面地从业务方式出发的资产阶级银行观点;同时,也要注意防止某些干部不愿意和资本家打交道的情绪和不了解银行工作是我们改造私营工商业的工具,从而放弃这一武器的"左"的偏向。

二、截至现在止,银行在全国共吸收私营工商业存款约×××××亿元。这批资金,一方面对有利于国计民生的私营工商业户适当地进行了资金调剂(共放出×××××亿元左右),便利于国家对它们进行改造,有利于市场稳定;同时,对其他经济成分的资金周转,也起了调剂和支持作用。目前由于私营商业阵地逐渐缩小,国家对私营工业的加工、订货任务逐渐扩大而游离出来的资金和一般私营工商业的利润,正在转向工业、存入银行和从事投机之间寻找出路。各地银行应在当地财委统一领导下,进行必要的调查研究工作,配合有关部门对这些闲置资金进行疏导。分别情况,积极推动其转向工业生产,打击其从事投机活动,积极争取其在银行存款。应当指出:这些资金估计不可能全部存入银行,且各地私营工商业资金闲置情况不尽相同,存款增加就全国来说也是有一定限度的。但必须经常重视并积极争取。这对集中资金,扶持生产,壮大社会主义经济和稳定市场均有重要作用。

在放款方面,对公私合营企业,应在放款条件及其他方面,予以适当的便利和优待。同时并按其接受国家领导的不同程度,逐步进行一定的信贷监督,以协助其完成计划,节约资金的使用。对国家进行加工订货的私营工业的贷款,主要是要帮助其完成生产任务,保证国家控制其产品,并在充分利用其自有资金的条件下,才能贷给,以防止其套用国家资金。凡当地财委有计划准备公私合营的私营工业,主要应视其产品的供产销情况,在充分运用自有资金尚感不足时,银行可予以适当周转的便利,但必须注意加强监督。

银行对私营工业的贷款,只限于在为生产过程中流动资金周转之用,设备所需资金,一般不予贷款。

对私营商业贷款,应根据国家需要,国营经济暂时不能完全代替的如小土产经营商,滞销物资的出口商,初级市场的小批发商,零售商,结合各地市场情况,予以适当周转的便利。对其他商业应掌握一般不予以贷款的原则。

各地银行应经常密切注意金融市场的情况,对非法私营拆放应严格禁止,厂商拆借应很好研究,根据不同情况,加以适当管理。票据流通及金融活动,必须加强行政管理。并将这方面的经验和情况,随时上报。

三、银行对私营工商业的业务,既为国家对私营工商业政策的一个组成部分,因而各地银行必须严格执行当地党与政府对私营工商业的统一领导及其在各个时期的具体措施。要既能正确地执行中央的政策方针,同时又能做到因地制宜。因此,总行对私营工商业的业务,今后主要的进行如下四项工作:(一)传达中央规定的方针政策;(二)审批年度季度信贷指标;(三)重点检查执行情况,交流工作经验;(四)制定必要的带全国性的制度办法。至于经常的领导管理工作,各地银行均应在各党委和财委的统一领导下组织进行。

(选自《工商行政通报》第28期,1954年7月1日)

十一、各大区财委副主任会议关于改造私商与活跃初级市场的四项意见(记录)

(1954年5月18日)

一、对大、中城市私营批发商处理办法的意见

(一)能继续经营者,暂维持其继续经营;能转业者,辅导其转业;能作二批发商或受国营商业委托代理批发业务者,利用其为国营商业的批发经销店或批发代理店。此项批发商,系指专营批发商和以批发业务为主的批零兼营商,一般批零兼营商则按零售商处理。

(二)上述办法未能解决问题的私营批发商业,要求国家处理者,其从业人员中的职工,可经一定时期的学习与训练,由国营商业各部门吸收安置。其待遇亦照国营商业的规定。

(三)职工的学习与训练,应在各地党委统一领导下,由有关国营商业部门负责组织,训练经费除资本家能负担者应由其负担一部分外,主要的由国营商业各部门负担,在业务费内开支。

(四)职工学习与训练完毕,由国营商业各部门分配工作;当地分配有困难时,得在全国范围内统一调配。职工应服从其调配。

(五)对资方代理人的处理一般与职工同。

(六)由国家负责处理职工的私营批发商,其资金应存入人民银行,存款使用受工商行政管理部门的指导,利息由存款人自行处理。

(七)上项私营企业原有的营业场所及设备,处理职工的国营企业如有需要,有优先租赁权。

(八)资方从业人员(不包括不参加生产经营的股东)除能自行另找职业、年老并可能维持生活者外,其要求参加工作者,得经过学习与训练,由国营企业各部门陆续吸收,分别安置在没有机密性的国营商业、粮食、银行和合作社等系统的门市营业单位。

(九)组织资本家的学习与训练工作,在各地人民政府指导下,由当地工商联负责办理。

(十)私营批发商业的劳资关系问题,如解雇、退职金等,一律由资方依照原有法令规章负责办理。

二、对零售商处理办法的意见

(一)对现有城市零售商,尽可能通过各种形式的国家资本主义,维持其继续经营,并进行改造。

(二)对零售商的处理,采取逐行逐业安排的办法,处理每一行业时,应将该行业座商、夫妻店和摊贩统一安排处理。

(三)国营商业可运用分配货源、调整批零差价及逐步统一市场价格(国营商业、合作社商业和私营零售商的零售价格的统一)等办法,维持私营零售商一定的营业额,使能勉强维持生活。

(四)国营商业和合作社商业为了维持现有私营零售商必要的营业额,对某些商品的经营,可作必要的适当的退让;但必须继续扩大加工订货,进一步掌握货源,并保持足以稳定市场的必要的零售营业额,防止右倾机会主义倾向。

(五)零售商(包括座商、夫妻店、摊贩)的数量,不能再有发展,对于开业的申请,一般不予批准,对摊贩的管理尤须加强。

(六)实行国家资本主义后,各地工商行政管理部门须加强市场管理,严厉取缔一切投机倒把的违法行为。店员工会应配合地方政府,加强对资本家的监督和教育。国营商业并可适当运用工商联及原有同业公会组织,加强业务管理,政府应制定有关管理国家资本主义零售商的法令。

(七)1954年10月以前,各大城市除粮食、油脂外,再处理一、二个主要行业,并连同粮食、油脂宣布其为国家资本主义商业,以安定人心(在条件具备的地区,亦可同时多处理一、二个次要行业)。各省中等城市在此期间,可试办一两个行业,并可在小的县城与较大的集镇,选择不同类型,进行试点工作,以便取得经验。

三、关于活跃初级市场、安排集镇私商的几项措施意见

(一)有计划地普遍建立在国家领导下、没有私商参加的农村粮食交易市场,并重点试办食油交易市场。

(二)在合作社领导下,组织小型物资交流会,吸收私商参加。

(三)合作社对于主要土产的收购,应逐步做到全面掌握,并根据可能,分配一定数量给私商贩运。

(四)若干次要小土产和杂品,私商尚在收购或能收购,合作社可以缓进的,暂缓前进。

(五)合作社应组织货郎担子,深入收购零星杂货、小土产,推销零星日用品;并在初级市场某些中心集镇,设立小百货及杂货市场,以满足农民需要。

(六)集镇上的私营零售商,可采取与城市私营零售商相同的国家资本主义的方式或其他方式(包括吸收到合作社工作、转入手工业等),大体维持下来。摊贩中长期以此为生者,亦应加以适当安排。

(七)某些地区间的相互封锁现象,必须取消。非经省级以上财委批准,不得任意规定统购、限购、禁购等办法。

四、关于粮食问题的几项措施意见

(一)粮食统销:城市粮食统销大体已经稳定下来,销量正常。农村、集镇统销,也基本上已经确定下来。但某些地区对统销工作还做得不够,农民的恐慌心理尚未消除,在这些地区,必须进行计划供应的补课工作。

(二)充实粮源问题:今年小麦可能丰收。为了充实粮源,要求各区在原分配小麦收购计划数基础上超额收购,超过多少由各区按实际情况确定,报中财委(财)备案。各区对收购计划数,只准超过,不准减少。除浙江、福建、苏南、皖南、两广、湖南等地区动员群众尽量出售外,其他地区可采取随征带购或依地亩产量派购办法。

对早稻、中稻和早秋杂粮,在夏征地区,采用随征带购办法,在不进行夏征地区,可按亩产量等情况,采取预征或派购办法。

在实行上述随征带购、派购或收购时,应填发购粮执照,以便在秋季统购时,统一计算农民全年交售任务。

(三)建立粮食市场问题:各地应有计划地广泛地建立在国家领导下没有私商参加的粮食交易市场。这种粮食交易市场的作用有四:(1)便于农民卖出余粮;(2)便于农民之间进行品种调剂;(3)可以安定人心;(4)可带动其他物资的交流。市场交易要有控制地进行。要限人,不准粮商及粮食投机者参加;要限价,卖出价可高于统购牌价2%至3%,买进者加税款及手续费不能低于统销价;要限量,规定一次买进不超过若干斤。办法可以因地制宜。此外,集镇熟食业、复制业所需的粮食,除国家适量供应外,可经过批准在粮食交易市场进行采购,但当地须注意控制。

(四)关于菜籽统购问题:菜籽已开始上市,必须按照中央商业部分配的任务,抓紧统购,一般地采用按地亩派任务的办法,在集中产区要求统购产量的80%,分散产区也不应低于70%,可随夏征带购。

(注:此项记录文件由大区财委副主任会议秘书组整理印发,未经中央正式批准,仅供参考)。

十二、商业部副部长姚依林在第五次全国物价工作预备会议上的报告(摘录)

(1954年6月)

(二)有关对私营商业利用、限制、改造的价格问题

在这次会议上,大家讨论了地区差价、批零差价、进销差价等问题,并已起草了一个文件(草案),我不准备讲很多。

讨论这些问题总的精神是:如何从物价政策上配合执行5月中财委召集的大区财委副主任会议关于对私营商业的各项决定。由于国家对工业品扩大了加工、订货、包销,基本上掌握了工业品的货源;由于实行了粮食、油料的计划收购与计划供应,并加强了对其他重要农副产品的收购,国家就掌握了农产品的主要货源,使我国整个市场的关系发生了根本性质的变化。这种变化为国家对私营商业实行社会主义改造提供了极为重要的前提,使整个商业工作更进一步地适应国家建设的需要。但这种变化也会使商业中的公私关系日趋紧张,使私商的经营发生困难。目前大城市有十几万从事私营批发商业的人员,因为没有货源而没有生意可做,集镇私商的营业额也日益缩小。在城市中由于粮食、食油实行计划供应,国营商业、合作社为了供应大中城市和工矿区的副食品,扩大了经营范围,再加上不适当地或过多地扩大零售额,公营零售比重迅速增加,私营零售额迅速下降。在城乡交流方面,由于农村宣传总路线的影响,私商难于下乡,合作社对一般土产一时又无法全部经营,因此某些次要农副产品也存在着阻塞现象。这些就是目前商业方面公私关系上存在的主要问题。

1952年11月调整商业时所采取的办法,是放宽当时过紧的批零差价,减少国营与合作社商业的零售机构与零售品种,使私营零售商能维持营业,放宽地区差价,让出一些品种,使私营批发商能继续贩运。这些办法在当时是必要的,正确的。但目前市场情况比1952年冬季已有很大变化。由于许多商品供不应求,国家已经掌握了绝大部分工业品货源,实行了粮食、油料的计划收购与计划供应。为了稳定市场,国家不能将已经掌握的工农产品的货源让给私营批发商。所以1952年调整商业时所采取的办法目前已不能适用,而必须根据市场关系变化的新情况,对私营商业积极地稳步地进行社会主义改造。对目前无法经营的私营批发商从业人员的处理办法,只能是一部分转业,大部分由国营商业收用。解决私营零售商困难的办法,除一部分必需与可能转业的以外,一般只能采取就原有行业逐渐改造为国家资本主义零售商的方式,进行社会主义改造。

在1954年下半年,应当从物价政策上配合执行大区财委副主任会议的这些决定。

批零差价方面的要点

(一)集中力量解决准备在今年下半年将全行业私营零售商改造为国家资本主义形式的一两个主要行业的批零差价问题。

所谓全行业,是指包括私营座商、摊贩与夫妻小店而言。要尽可能使他们全部(除必要与可能转业者外)勉强维持生活,因为零售商人数很多,全国

有700多万人,如果不采取除必要与可能转业者外,尽可能全部勉强维持生活的办法,就会增加很大一部分社会失业。

在进行全行业改造时,要争取做到在一个城市中统一零售价格,使国营商业、合作社商业与私营商业的零售价格一致。实行了对全行业私商改造的商品,对城市合作社优待是可以考虑取消的。但是对其他还没有实行全行业私商改造的商品,对城市合作社优待还是有必要保持的。过去对城市合作社优待,使合作社价格低于市场价格与国营商业的价格,对于稳定零售市场,壮大社会主义商业是有作用的,目前也还是有一定作用的。但目前的情况已经开始发生变化,变化到我们已经有条件有必要对私营零售商逐行逐业逐步进行全行业的社会主义改造,对城市合作社的优待可以考虑随着一个个行业的改造而逐步取消,但这是需要较长时间才能解决的问题。今年下半年在全国范围内,只能选择几个主要行业进行行业改造,通过全面算账、计划分配货源、搭配热货、逐步统一价格、调整批零差价的办法,达到维持这个行业的私营零售商一定的营业额,使他们勉强维持生活。全国各地批零差率不一定完全一致,但政策界限必须统一。要做到使私营零售商勉强维持生活,必须掌握住以下两个方面:1. 分配多少货给他们,搭配多少热货? 在这方面我们还要摸索一个较长的时期;2. 批零差价掌握多大? 这是各地需要研究解决的问题。对于全行业的私营零售商引导他们走国家资本主义道路,进行社会主义改造,必须建立严格的价格管理与检查制度,组织专门的检查机构,并吸收与组织店员参与检查工作,要求一切代销商与经销商执行国家规定的商品品质、度量衡与统一的价格。粮食和食油的批零差价与手续费如有不适当的地方,在今年下半年也应加以修正。在这个工作上,做物价工作的同志要注意两点:1. 批零差价不要搞得过紧,使接受改造的零售商不能勉强维持生活;2. 批零差价不要搞得过宽,使他们获得过大利润,加重消费者不必要的负担。

(二)对于今年下半年还不准备对全行业私营零售商通过国家资本主义进行社会主义改造的行业,应保持1952年调整商业时确定的批零差率,这个差率基本上是适当的,一般不应变动。有的地区认为目前有些商品的批零差价过紧,要求放宽,否则有些尚未实行全行业改造的私营零售商不能维持生活。我们认为,在各城市党委、财委批准之后,对现行的某些商品的批零差价作某些必要的变动是可以的,但应在中央所规定的批零差率范围以内变动,不宜突破中央在调整商业时所规定的批零差率,否则就容易造成混乱,而且不利于对几个主要行业进行全行业的改造。对此,必须慎重从事,摸索前进。

(三)对于今年下半年还不准备对全行业私营零售商通过国家资本主义进行改造的行业的价格管理,应当采取过去的办法,即他们的价格与国营商业的价格相近时,可以允许,相差过大时,就应当加以管理。

(四)对全行业的私商实行改造的商品,可以考虑取消批发起点,因为这类商品已经没有自由市场的批发商业了,批发起点在政策上已无实际意义。对还没有全行业实行改造的,批发起点还要保持,不要急于改变。

地区差价方面的要点

在大城市与大城市之间,大城市与中等城市之间的地区差价,今年下半年一般不要变动。不合理的情况是存在的,但一般不是太不合理的。一年来的经验证明:目前的城城差价基本上还是符合于政策要求的,即有利于国营商业批发阵地的前进与稳定物价,并能使国营商业获得一些积累。因此,下半年不必急于改变它。当然,对于地区差价的执行情况,进行检查,并加以分析研究,以备将来有步骤地修正其不合理之处,是十分必要的。在中等城市与小城市之间的地区差价,存在着一些不合理的情况,其中问题不大的一般不动,个别特别偏紧偏宽的,经过各省研究,可以个别变动,但一般稍紧稍宽的也不必变动。城乡差价目前偏宽的也有一些,但偏紧居多。我们认为在今年下半年应当把城乡差价倒挂部分改变过来(城乡倒挂,指乡村合作社工业品零售价低于城市国营商业零售价而言),因为这种现象是明显不合理的。城乡拉平是否合理呢? 有合理的地方,也有不合理的地方。在城市附近的乡村,工业品价格拉平,大体上是合理的,但离城市较远的乡村,工业品价格与城市拉平,就不合理了。合理的部分应该保持,不合理的部分应该修正。我们主张今年下半年在全国范围内只要求统一解决这个问题。如果各地认为还可以而且需要解决其他问题时,经过慎重考虑成熟,有把握的也可以解决,但不作统一要求。至于城乡差价到底多大合适，由于商品与地区条件不同，不能作统一规定，须请各地研究决定。在会议上有的同志提出：国营商业对农村合作社的优待大了一些，以致合作社在乡村的零售价格低于城市的国营商业零售价。这说法，对于一部分情况是合适的；但也有另一方面的情况，即有些地区的基层社现在还是赔钱的。因此，对有些同志要求降低对农村合作社的优待问题，目前不作决定。各地可以研究这一个问题，如果认为由于对农村合作社优待过多，以致影响到价格政策的执行时，请各地商业厅与省合作社共同研究，提出意见。中央商业部也准备与全国合作总社研究这个问题。

进销差价方面的要点

（一）今年许多地方根据陈云主任1952年在全国工商联会议上规定的原则，核算了对私营工业加工、订货的成本，降低了偏高的进货价，这是对的。因为去年夏季我们紧急组织货源，扩大加工、订货时，给工业资本家的利润有不少商品是偏高的，不符合陈云主任规定的原则，使国家受到一定的损失，因此今年进行审核，把偏高的利润适当降低，是必要的，但必须防止不要做得过分，应当使接受我们加工、订货的工业资本家能得到合理利润。如果搞得过分了，以后还是要调整的。搞得过分了有两条坏处：一是我们在政治上被动，使资本家有抵抗我们加工、订货的借口；二是加工、订货不巩固，因为在经济上给资本家以合理利润还是目前巩固加工、订货的必要条件之一。在今年下半年，必须巩固与扩大加工、订货，使我们能掌握货源，并便于对资本主义工业逐步进行改造。

（二）进货价降低了，销货价怎么办？今年下半年进货价降低了，不要急于降低销货价。今年上半年存在着一种自发的趋势，就是进货价降低了，销货价也随着降低。销货价降低，有的是由于私营工厂进价降低了，有的是由于费用降低了，有的是由于中央站或二级站调拨价降低了，这是不妥当的。因为这样就会造成价格上的混乱，并可能影响到商品平衡的情况。在进货价降低后，应当根据每种商品的不同情况，研究清楚，采取以下三种办法处理：一是进货价降的不大，进销差扩大不多者，销价一般不变，二是进货价降低，进销差过大，但由于商品供不应求，销价不能降低者，可考虑增加税收；三是进货价格低，销货价可以下降者，经过谨慎研究，提出意见，由上级批准后，可以适当降低。关于这个问题，请各有关总公司研究后，提出意见，没有研究成熟，不要轻易变动。

今年下半年物价工作做好了以上各点，就大体上可以符合于政策要求，符合于2月厅（局）长会议的决定。

我们要求物价工作发现问题要早，但在动作上要稳重，无把握的和不必要的，不要轻易变动。发现了不合理的情况，应当研究，并向上反映，但不一定马上就变。

（三）几个具体问题

物价工作制度有个草案，请大家带回去讨论后，提出意见修正，不再详说。

（一）中央已决定撤销大行政区机构，物价制度也会有相应的改变，但必须注意一条，不要变乱了。根据中央5月23日批准中央商业部的报告，今年我们的动作是最慢的。大行政区商业局及各区公司一般在渡过旺季后方才取消，这是由于：1. 接受了去年的经验教训，动早了、动快了，是会乱的；2. 今年下半年任务十分繁重，如果在旺季把机构作大变动，会影响任务的完成；3. 商业机构变动时，情况非常复杂，根根线条都不能打乱，将来变动时要一条一条线都拉上来，衔接好，一根也不要乱。因此不管其他部门如何变，要求物价部门的同志在今年下半年严守自己的岗位，继续安心工作。但目前可先走一步，就是请各地讨论，把应该放到省（市）去管理的价格，经中央商业部批准后，可以放下去。

（二）物价工作是很重要的工作，中央指出：稳定市场物价对保障国家计划建设具有决定性的意义。我们目前的工作水平是不高的，一般是解决日常问题多（这是必要的），但是解决根本性的重大问题则用力不够。目前摆在我们面前的根本性问题是：

1.在供不应求的情况下，今后两三年内，物价趋势是什么？我们如何保障物价的稳定？

2.在今后两三年内，我们如何具体执行稳定农产品价格和逐步降低工业品价格这个长期的基本方向？

3.根据国家计划的要求，在稳定粮价的前提下，如何规定各种农产品与粮食之间的长期合理比价？

4.总结从物价工作上配合执行对私营商业改造的经验。

以上这些是我们今后一年或更长一些时期内要研究解答的主要问题。要环绕以上问题，组织有系统的调查研究工作。中央商业部物价局要组织这一工作，各地商业部门特别是做物价工作的同志必须研究这些问题。

（三）这次会议如何传达讨论？中央商业部打算不再召开第五次物价会议，请各大区分别召开。大区开会时，要求各省（市）商业厅（局）长，或副厅（局）长参加，因为这是一个重要的政策问题。请各大区商业局长主持召集这个会议。希望会议能在7月初召开。东北因机构变动较大，可以稍晚。

十三、中共中央关于加强市场管理和改造私营商业的指示

（1954年7月13日）

各中央局、分局、省委、市委、地委、县委，中央和军委各部，中央人民政府各党组，志愿军、各大军区、省军区并转团以上党委：

一、从1953年全国开始大规模经济建设以来，我国市场上发生了许多新的情况，其中主要的一点是许多商品供不应求。这是由于国家大量资金投入经济建设和文化建设，增加了就业人数，增加了社会工资的总量，同时农业增产，农产品收购价格提高，就使全国人民的购买力在恢复时期已经普遍提高的基础上更加迅速地增长起来，因而产生了社会购买力增长的速度日益超过消费品和农业生产资料生产增长的速度的新趋势。这种趋势将是长期的，并且在一定时期内，社会购买力与供应商品之间的差额还是会继续扩大的。人民购买力的增长走在消费品和农业生产资料生产增长的前面，向工业农业生产提出日益增多的要求，并推动着工业农业生产不断地向前发展，这是社会主义经济制度优越性的一种表现。但是因为我国目前还存在着大量的小生产者和大量的私商，我国市场情况非常复杂，所以我们对于由许多商品供不应求所造成市场的紧张情况，和使市场上存在着不稳定的可能性，必须引起充分的注意。市场的稳定是进行经济建设的必要前提。因此，在供不应求的情况下，继续保持市场的稳定，以保证经济建设的顺利进行，是建设时期商业工作的重要任务。

二、解决商品供应不足的困难的根本办法是积极增加生产，但由于目前增产的速度特别是农业增产的速度有着一定的限制，因此又必须从商业的收购与供销两个方面，采取适当的措施，以反对私商的囤积和投机，并防止小生产者的惜售和消费者的抢购。1953年夏季以后，国营商业扩大了工业品的加工、订货和包销的范围，1953年10月又实行了粮食和油料的收购和计划供应，并加强了对其他主要农产品和农业副产品的收购工作。实行这些措施就使国家基本上直接掌握了工业品和农产品的货源，同时也扭转了粮食、油料的销售大大超过粮食、油料的计划收购的紧张局面，继续保持了粮食和油料市场的稳定。经过计划收购来掌握货源，经过计划供应来控制供销，这是在许多商品供不应求的情况下，继续保持市场稳定的两个必不可少的步骤。因此，今后国家实行计划收购和计划供应的商品品种，将不是减少，而是逐渐增加。对此趋势，全党均应有明确的认识，并做好充分的准备；特别是在今后加强农产品计划收购工作的同时，对于计划供应品种的增加，计划供应范围的扩大和计划供应方法的改进，应当引起足够的重视。必须了解：在工业和农业生产的主要货源已由国家直接掌握以后，如果对某些供应不足的主要商品在市场上的销量，不采取计划供应的方法，加以适当的控制，并依据国家建设和人民生活各方面的需要，认真地进行合理的分配，那么，继续保持市场稳定的目的仍是不能达到的。

三、实行上述措施后，我国整个市场的关系发生了根本性质的变化。国营商业已在批发环节上逐渐排挤私营批发商，到1953年底，国营批发比重已经达到70%左右；私营零售商的主要部分已不能像过去那样依靠从私营批发商或从生产者方面的进货，而必须依靠从国营商业、合作社商业方面的进货，来维持它们的营业；国营商业和合作社商业已不仅要为公营商业系统，进行组织货源和组织供应的工作，而且必须对私营零售商担负起同样的责任；因此，我国旧的自由市场的活动范围已经大大缩小，国营商业对整个市场的统一管理和对私营商业的领导和监督，已经日益加强和巩固。这种市场关系的变化和改组，为国家对私营商业实行社会主义改造造成了极为重要的前提，使整个商业工作更进一步地适应国家建设的需要，这是非常有利的。但这种市场关系的变化和改组也必不可免地使商业中的公私关系日趋紧张，使私商的经营发生困难。目前大城市中有十余万从业人员的私营批发商，因为没有货源而没有买卖可做；集镇的私商，因为主要农产品和农业副产品由国家扩大收购，他们的营业额已经日益缩小；在城市中，由于粮食和油料的计划供应，一般的减少了私商的销货量，由于

国营商业和合作社商业扩大了经营范围,再加上不适当地或过多地扩大了零售额,公营零售比重迅速增加,私营零售比重迅速下降,私营零售商的情绪已经惶惶不安;在城乡交流方面,由于农村宣传总路线的影响,私商难于下乡,合作社对一般土产一时又无法全部经营,因此某些次要农产品和农业副产品也存在着阻塞现象。所有这一切就是目前私商困难的具体表现。中国私营商业的从业人员数量很大(座商和摊贩的从业人员共有7百万至8百万人),对他们盲目地加以排挤,一律不给安排,不给生活出路,势必增加失业人口,造成社会混乱,这是错误的。

1952年11月,对于"三反""五反"以后市场交易暂时呆滞所造成的私商困难,中央曾采取调整商业的办法给予解决。中央关于调整商业的指示规定:放宽当时过紧的批零差价,减少公营商业的零售点和零售品种,使私营零售商能够维持营业;放宽地区差价,让出公营商业经营的某些商品品种,使私营批发商能够继续贩运。这些办法在当时是必要的和正确的。但是,目前市场上许多商品供不应求的情况已经出现,为了稳定市场,国家再不能把已经掌握的工业和农业产品的主要货源让给私营批发商;目前批零差价的幅度,除某些商品尚需调整外,大部分是适当的;同时由于今后一个长时期内,计划供应的商品种类还要增加,公营商业的零售点和零售品种亦无法减少;所以1952年为调整商业所采取的那些办法已经不能适合目前的情况,不能再度采用。目前正确的方针必须是充分利用市场关系变化和改组的有利条件,对私营商业积极地稳步地进行社会主义的改造,采取一面前进、一面安排和前进一行、安排一行的办法,把现存的私营小批发商和私营零售商逐步改造成为各种形式的国家资本主义的商业。

必须指出:对私营商业实行社会主义改造,是一件非常艰巨的工作,它将受到私商各种各样的抵抗,在整个改造过程中,我们和他们之间的限制和反限制的斗争,是很复杂和尖锐的。现在,批发环节上逐步排挤私营批发商的斗争,虽然基本上已经得到了解决,但对他们的人员的安排和资金的处理,仍需进行妥当和切实的工作,才能巩固已得的胜利。今后,更为复杂更为困难的问题是改造私商零售商的问题,这不仅是因为他们数量很大,而且是因为他们和小资产阶级自发势力还有着广泛的联系。要把他们逐步纳入国家资本主义的轨道,不经过适当的斗争是不行的;即在把他们改造成为国家资本主义的零售商以后,如何继续改造他们的经营管理,如何合理划分供应网,如何防止他们掺杂掺假,反对他们制造黑市,以及如何严格监督他们遵守代销和经销的各种规章制度等方面,都是不可避免地要进行经常的和长远的斗争的。我们将来还要把私营零售商从业人员的大部分逐步改造成为国营商业和合作社商业的职员,所以对于他们必须系统地进行教育训练和思想改造的工作。

四、根据上述情况和方针,对私营商业的改造和安排,特做如下具体规定:

第一、对私营批发商。以零售为主而兼营批发和零售的批发商,一般的转为零售商。专营的批发商或以批发业务为主而兼营批发和零售的批发商,其中凡能继续经营者,让其继续经营;凡为国营商业所需要者,可以为国营商业代理批发业务;凡能转业者,辅导其转业;经过上述办法仍无法安置者,其职工连同资方代理人可经过训练,由国营商业录用。其职工已由国营商业录用的私营批发商,原有资金应受工商行政机关指导,使用于有益事业。资方实职从业人员,除能自找职业或年老而可维持生活者外,要求参加工作者,只要没有政治问题,经过训练后,可由国营企业陆续吸收,分别安置于没有机密性的商业、粮食、银行和合作社等门市营业单位,以便进行改造。

第二、对城乡私营零售商。除一部分必需和可能转业的以外,一般的应逐步地把他们改造成为各种形式的国家资本主义的零售商。国营商业应该采取分配货源、搭配热货、调整批零差价、逐步统一公私售价等办法,保持私营零售商一定的营业额,使他们能够维持生活。为了维持必需的私营零售额,国营商业和合作社商业对某些商品的经营比重,在零售方面,可以作适当的退让。但必须保持足以稳定市场的营业额,防止不适当的过多的退让。国营商业在批销商品时,应该对当地同一行业的全体座商和摊贩同时安排,但不要过多地给摊贩批销商品,以免挤掉了座商。对全部摊贩的改造,是一项更加复杂的工作,只能在处理了座商之后,才能作全盘处理。各地除经营粮食和食油的私营零售商已经采取代销形式和经销形式,改造成为国家资本主义的零售商外,今年下半年各大中城市中应再选择一个或两个行业的私营零售商，同样采取代销形式和经销形式，把他们改造成为国家资本主义的零售商。与此同时，应把这些改造私营零售商的办法，向社会宣布，以安定各业私营零售商的经营情绪。在县城和集镇上改造私营零售商的工作，可以首先选择适当行业，进行试点，以便取得经验后，再逐步加以推广。

根据目前国营商业和合作社商业在城乡经营范围上的不同情况，两者对私营零售商的改造和安排应做如下的分工：大、中城市私营零售商的改造，由国营商业负责；集镇私营零售商的改造，由合作社商业负责；一般小县城私营零售商的改造，哪些由国营商业负责，哪些由合作社商业负责，或者由双方共同负责，应由省委根据具体情况作出决定。合作社商业在安排私商中如遇困难时，国营商业应尽力给以帮助。

第三、对私营进出口商，基本上应采取对私营批发商的上述处理原则进行处理。同时，国营对外贸易机关应尽量采取联营、经销、代进、代出等国家资本主义的形式，对私营进出口商实行社会主义改造，使他们能在国营对外贸易机关的领导和管制之下，发挥其对资本主义国家进出口贸易的应有的积极作用。

第四、为了畅通城乡交流，活跃初级市场，各地应根据情况采取如下的具体措施：(一)广泛建立国家领导的没有私营粮商参加的粮食交易市场；(二)举行初级市场的物资交流会；(三)组织货郎担子为合作社代购代销；(四)取消某些乡、镇人民政府所规定的不适当的市场管理办法，以解除相互封锁；(五)对一般小土产，可以组织公私联购，或由合作社统一收购后按比例批给私商。

第五、为了缓和私营零售商营业额下降的趋势，在1954年旺季到来以前，国营商业和合作社商业的零售营业额，一般地应停止在目前的水平；个别地区和个别行业的公营零售额，则可以有进有退，但在前进时，对该地区该行业的私商仍须根据上述国营商业和合作社商业分工的原则，分别加以安排。

五、为着适应目前市场情况的变化和切实执行改造私营商业的政策，全国市场的领导必须统一，全国商业工作的步调必须一致。因此：

第一、中央商业部应该成为全国国营商业、合作社商业和私营商业的统一领导机关，负责制定商业各部门和各地区商品流转的主要计划，掌握公私经营比重，确定商品价格方案。

第二、城乡市场根据国营商业及合作社商业分工负责的原则，划分经营范围。即大、中城市和工矿区的市场归国营商业负责；集镇和农村的市场归合作社商业负责；一般县城及大的集镇由各省委根据不同条件划归国营商业或合作社商业单独负责，或由国营商业、合作社商业双方共同负责。中央商业部和合作总社应根据上述原则，另行议定分工方案，逐步实现。各地手工业生产合作社的产品，仍由合作社经营。为了加强县一级对市场的领导，各县都需建立和加强县财委机构，并加强这一机构和省级国营商业部门的联系，以编制商品购销计划，掌握国营商业、合作社商业和私营商业的经营比重，统一安排私商。

第三、城乡市场必须互相支援。副食品供应不足时，应压缩中小城市和集镇的副食品的消费，优先供应大城市及工矿区；城乡都需要的工业品，应尽先供应农村，以利农产品的采购。

第四、关于各种商品国内市场销售和出口的关系，除粮食油料等物资特殊规定限量出口外，其他物资在今后一个相当长的时期内的一般方针，应当是国内市场的销售服从出口的需要。有些商品如肉类，应该压缩国内市场的销售，保证出口；有些商品如水果、茶叶和各种小土产，应尽先出口，多余的再供国内市场的销售。只有这样，才能保证必要的出口，以换回国家建设所必需的工业设备。

六、各级党委必须加强对商业工作的领导，加强各地国营商业及合作社商业的机构和干部。各级党委应向党员干部讲清楚许多商品供不应求的情况和原因；讲清楚盲目提高农产品的收购价格，会更加扩大社会购买力和商品供应之间的差额，因而将更加助长商品供不应求的趋势；讲清楚计划收购和计划供应是稳定市场、保证建设所必需的办法；讲清楚若干物资首先供应大城市、工矿区和出口的必要；讲清楚对私商不能只挤不管，必须以国家资本主义的方式来改造私商的道理。

各级党委接到此指示后，应即进行研究，规定执行的步骤。

十四、第五次全国物价工作预备会议对物价工作中几个主要问题的意见(摘录)

(1954年11月第五次全国物价工作预备会议讨论通过)

(五)物价工作如何贯彻对私营工商业的利用、限制、改造政策

国内工业产品进销差价如何掌握?

过去我们对于进销差价的政策意义以及掌握原则是不够明确的。各地在掌握进价方面有以下三种情况:

1.主要商品进价,多是根据陈云主任1952年在全国工商联会议上指示的保证私营工业按其资本计算,核给10%左右、20%左右、30%左右年利润的原则商定的;

2.少数商品进价,不分国营工业与私营工业,都是按照工业利润高于商业利润的原则商定的;

3.在1953年夏季全国财经会议后,有些地区的某些公司,为了急于掌握货源,对进价采取了按国营商业批发销售牌价打折扣的办法。

在掌握销价方面,有的是在进价的基础上,结合产销情况及各类商品关系国计民生的大小,有区别地制定销价;但也有不少单位按照进价加费用定额与利润定额的办法制定销价,进价降低即降低销价,进价提高即调高销价,将进销差价的意义理解为单纯进价加费用加利润的技术性问题。这种现象在经济恢复时期国营商业对工业品货源控制比重还小的情况下,是可以允许的,但根据目前的新情况,这种单纯的进价加费用加利润的作法就不够恰当了。

正确掌握进销差价,应该区别进价和销价,贯彻不同的政策要求。就是说,应在为生产服务,保证工业生产按计划发展,保证工业合理的生产利润的前提下,制定进价;然后在合理进价的基础上,根据不同商品的产销情况及关系国计民生的大小,在既利于保证需要,又利于掌握市场和积累资金的前提下,制定销价。各类商品的进销差价是否合理,应该看对各类商品的进价和销价的制定是否贯彻了以上的政策,而不应该只从差价幅度的大小来衡量。根据以上精神,对进销差价确定如下的掌握原则:

进价方面:对私营工业与国营工业的进货价格,在政策上应分别对待,同样商品的收购价格不一定完全一样。

对于私营工业加工、订货、收购、包销商品的进货价格应贯彻陈云主任1952年6月24日在"中华全国工商联合会筹备代表会议上的讲话"中所指示的原则,就是:"按照不同情况,保证私营工厂按其资本计算,在正常合理经营的情况下,每年获得10%左右、20%左右、到30%左右的利润。这个利润是按正常合理经营的中等标准来计算的。某些工厂成本低,质量高,便可得到比较多的利润。反之,某些工厂成本高,质量低,它们所得到的利润便会比这低一点,这是国家加工订货的利润的标准。我们并不准备用这一标准来限死一般私营工商业的利润数额;私营工商业,如果因为改善经营,降低成本,在适应社会需要,遵守国家规定,又照顾了人民消费能力的情况下,有些利润超过这个规定也是可以的,容许的"。在贯彻执行上述指示过程中,还应贯彻分等论价,鼓励先进,照顾多数的原则。因之,国营商业对私营工业的加工、订货不应根据工业利润高于商业利润的原则。私营工业现有利润偏高者,应逐步改变,利润偏低者,应适当增加。对私营工业的成本要核实,对利润审核不应过于苛求,以利巩固和扩大加工、订货的进行,使我们在政治上、经济上都处于主动地位。按销售牌价打折扣的办法,原则上不应继续采用,现在按此办法执行者,应根据陈主任的上述指示和主要与次要商品,有计划、有步骤地对私营工业的成本、利润进行审核,逐步改变过来(打折扣的办法对于某些关系国计民生小的而成本不易核实的小商品,在一定时期内还是可以采用的)。

关于对公私合营工业产品的进货价格,请各地根据不同情况,具体研究安排。

至于对国营和地方国营工业产品的进货价格,一般应贯彻工业利润高于商业利润的原则。国家统一调拨物资应服从统一调拨价格。两部协议价格和合同价格,应继续贯彻执行。在执行中,各地可根据不同情况,分别采取以下办法:

甲、有正常利润者,工业商业皆应有利润,工业利润要大于商业利润。

乙、某些生产成本暂时较高,利润很小的产品,只要为人民需要,可采取工业有微利、商业暂时保本办法核定进价。但应要求工业方面在一定时期

内,努力改进生产,降低成本,使国营商业由保本转到有利润。

丙、新建国营和地方国营工业中的个别工厂的产品,为人民需要,但因初创,成本较高,短期内出售赔钱,原则上应由工业方面贴补,商业保本;但也可考虑暂时由商业方面贴补,同时要求工业方面限期改进,降低成本,使商业部门逐步由保本转为有利润。至于目前工业有利润,商业赔钱者,应加改变。

丁、某些品质相同的同一商品,向私营厂进价较低,向国营、地方国营厂进价较高,如因核低私营厂进价而随之适当降低了牌价者,只要从国营、地方国营工业进货的进销差价中商业仍有适当利润,对国营、地方国营工业进价可不变;如工商业利润分配很不合理,则应经过协商或报请当地财委,适当降低进价。

销价方面:对销售牌价的制定与调整,除在上述合理进价的基础上,进行商业成本核算外,还必须考虑以下几个因素:

甲、对国计民生关系大小。这要区别主要生产资料或次要生产资料,主要生活资料或次要生活资料,人民大众的必需消费品与高级消费品。一般前者价格不应偏高,后者可稍高。

乙、产销情况。在一般情况下,供求适应者,价格应掌握适当,供不应求者,价格可稍高(如有的商品销价调高影响对私营工业加工、订货时,可考虑用加税办法解决),供过于求者,价格可稍低。

丙、原料供应情况。在一般情况下,原料供应充足者,价格可稍低,原料供应困难者,价格可稍高。其次还要区别国产原料与进口原料,用国产原料者,价格可稍低,用进口原料者,价格可稍高。

丁、要有长期观点。不仅要看到当前一般情况,还要看到以后的发展变化趋势。

戊、各地在制定销价时,要照顾地区间的平衡,并考虑到邻区生产。

己、要根据国营商业对各种商品货源掌握程度的大小,和经营比重的多少。要有利于扩大货源的掌握。

庚、根据国家对不同手工业生产的不同政策,如有国家需要发展的,有需要维持的,还有需要限制的。在制定销价时,要符合这些政策。

辛、适当照顾有关商品间的比价。

上述所列各点,应认识为一个相互密切关联的整体,而不应该片面强调某一点来制定销价。只有全面而周到地照顾到上列各点,才能在合理的进价基础上,确定符合价格政策的销售牌价,才能合理地掌握进销差价。至于进口商品的销价,应在有利于国内生产发展的原则下制定;国内有生产者,以国产品价格为基础,按品质差价制定销价;国内不生产者,按进口价加内外贸易各项费用,再加利润,并参考国产类似商品价格及其原有价格水平制定销价。

地区差价如何掌握?

地区差价应按国家对各行业私营批发商的不同政策,分别进行掌握。统购统销的商品已根本上排除了私营批发商。国营商业需要继续扩大批发比重的商品,应限制与排挤私营批发商;国营商业暂不需要扩大或不作很大扩大的商品,则应暂时维持私营批发商的一定经营比重;国营商业批发比重尚小的商品,则应利用私营批发商经营。目前地区差价的情况是:有些地区的某些商品偏紧,这样固然排挤了应排挤的私营批发商,但对应暂时维持的私营批发商也排挤了一部分,并使国营商业应有的合理利润也未完全得到。对此,应根据国家政策,逐步加以改变。根据以上政策要求,各类商品的地区差价具体安排如下:

1.国家统购统销的商品和国家已全部掌握货源,并有可能进行全国范围内的调剂,不需要也不允许私营批发商贩运的农产品,国营公司应以有合理利润为原则。地区差价应根据不同商品的情况,分以下两类掌握:

甲、有些商品在产地基本上只收不销,在销地直接卖给工厂,基本上不零售,如棉花、烤烟等,从收购到销售,国家应保持合理利润。

乙、有些商品在产地有收有销,在销地按统销价(即零售价)出售,除一切合理开支费用(包括代销手续费)外,应有合理利润(利润率不应不分地段、远近,而掌握一个幅度)。

以上两条,在城城、城乡两个环节具体计算时,应掌握初级市场收购价到集散市场收购价,除运杂费、在途利息、伤耗,并酌加经营管理费用外,保持不赔不赚的原则,集散市场收购价到销售市场的交厂价(棉花、烤烟)或统销价,除一切必须合理费用(包括给代销者的手续费)外,应保持合理利润。

目前除符合以上原则的商品和地区不变外,某些农产品在某些地区,由于收购价偏高,形成地区差价偏紧，国家经营赔钱，应适当降低产地收购价，但应有步骤地进行调整。

2.目前国家掌握了全部货源的工业品和掌握大部分货源的工农业品，须要进一步将私商从批发环节中排挤出去的，地区差价的掌握应根据以下原则：

甲、私营批发商贩运无利（即能够排挤现有批发商及已被排挤掉的批发商不能复活）。

乙、适当防止自运零售商到外地进货。

丙、在能达到以上两个目的的前提下，国营公司，应根据不同商品为国家提供不同幅度的合理积累来计算（某些工业器材中的原材料，在以上原则下，尚可考虑对销地工厂给予适当照顾）。

目前此类商品的地区差价，一般较这项原则尚偏紧，但不必马上放宽，其中有些商品进销差价很紧，地区差价比很小（私商已无法贩运），国营公司不能从各流转环节取得应有的利润（少数甚至赔钱），可考虑调低进货价格，或者根据各方面条件，考虑适当调高销地价格，使国营商业在排挤了批发贩运商的条件下，得到适当的积累。

3.公、私各有经营，国营商业并在一定时期内暂不拟扩大的经营或稍有扩大经营的商品，应暂维持私商的一定经营比重，但也不应使其发展。地区差价掌握应以私商的合理经营费用计算；向产地进货者，工业品以厂价（并参照产地牌价）计算，农产品以收购牌价计算，向转运市场进货者，应以当地销售牌价计算，除一切必要合理开支费用外，以有微利为原则。各地根据当地具体情况，多系批发商经营的商品，应加批发营业税；多系自运零售商经营的商品，即可不加批发营业税。目前这类商品地区差价偏紧的地区，应从进货价、产地牌价、销地牌价几个环节考虑调整，以适应上述原则要求，便于在一定时期内利用私商，扩大物资交流。

4.目前私商经营较多，国营商业经营较少，并暂不准备继续扩大经营或稍有扩大经营的少数商品，在地区差价掌握原则上，应以私商合理经营费用计算，除一切必须合理开支费用及批发营业税（无税者不加）外，应有合理利润。目前在这类商品上，如不符合这个原则，应从各个环节慎重调整，以便扩大物资交流。

以上四条掌握原则，各省（市）可根据本地区的具体情况进行掌握，由省（市）商业厅（局）提出具体方案报当地财委与中央商业部批准执行。

关于无国营商业机构的小城镇零售价格的掌握，应由合作社商业负责安排。兹对工业品零售价格掌握，提出以下几点意见：

甲、小城镇零售价格高于进货城市的国营公司零售价格，一般是合理的，少数偏宽、偏紧的可考虑调整，一般以不动为宜。

乙、小城镇零售价格与进货城市的国营零售价格持平者，要根据不同情况处理。如当地小贩自城市国营公司以批发价进货，到当地零售，可以维持生活者，合作社零售价可不变动，如小贩不能维持生活，应在照顾合作社有合理积累与不妨碍对零售小贩进行社会主义改造的原则下适当修改。

丙、小城镇零售价格低于进货城市的国营公司零售价格，这对许多商品供不应求的情况是不利的，而且如此掌握价格也是不合理的，应加修正。

批零差价如何掌握？

一年来各地执行的批零差价，基本上仍是调整商业时中央所确定的总原则与中央商业部所规定的差率。现在看来，基本上是正确的，符合于目前所需要的既有利于国营与合作社零售商业的发展、又能保持现有私营零售商与摊贩的绝对销售金额不致下降的原则。目前主要商品的批发业务绝大部分为国营商业所掌握，但私营零售商业仍占很大比重，用国家资本主义方式改造的重点是私营零售商业，因此，在1954年进一步研究与正确安排批零差价是十分必要的。兹提出以下掌握意见：

1.统购统销的商品和即将准备统购统销的商品，应根据全行业的情况（包括座商、摊贩、夫妻店）定出全行业的批零差价或手续费。这个批零差价或手续费，应按大多数私营零售商的经营情况和货源情况，使他们能够勉强维持生活。

2.未统购统销，而国家已掌握大部分货源，私营零售商多向国营公司进货的商品，仍应执行调整商业时的批零差率，但各地可根据当地情况，确定具体差价，使大多数零售商能够维持生活，少数经营好者有一定利润，少数经营不大好者也能勉强维持生活，个别经营不好者维持不住。各地现行批零差价一般不宜变动，少数偏宽者，如不十分必要，可暂不紧缩；偏紧而应扩大者，要认真研究，稳步调整，防止偏宽。对这类商品的私商零售价格的管理，应号召其执行国家牌价。对关系国计民生较重大的商品价格管理应严，对较次要商品价格的管理，可适当放宽。与国营牌价距离不大者，不必强求一致;距离大者,必须管理。

关于批发与零售界限划分问题,可考虑研究重要商品在批发零售的划分上,由现行的按数量划分改为按对象批发(必要时批发起点仍可保留)。对此,各地应进一步研究,并由中央商业部指定一个省进行试点,总结经验,而后逐步推广。

当前牌市价格掌握问题

随着社会主义商业力量的不断增长,牌价在市场上的领导作用日益加强,今后牌市价格是会逐渐向吻合趋势发展的;但是,由于私商与小生产者个体经济的存在,牌市价格不一致的现象也是难以完全避免的。对此问题的处理,为在全国范围内基本上取得统一步调,特提出以下意见:

1.凡由各级人民政府公布的商品价格,如统购统销价格,专卖商品价格,国营商业、合作社商业和私营商业都必须严格执行。凡经过政府核定后的商品价格,私商亦必须切实执行。

以上商品价格都为国家法定价格,如有抬价、变相抬价及以黑市价格出售等行为,均应根据不同情况,依法论处。

2.统购统销商品,在国家领导下的没有私商参加的交易市场上,农民之间进行交换的价格,应加以限制,即卖价可稍高于统购价(但不得高于统销价),买进时加上税款和手续费,不能低于统销价。

3.向国营商业批购批销、批购零销、经销、代购、代销及公私联购等国家资本主义商业,应执行国家牌价,并在合同中加以规定,违反时根据合同处理。

4.对于关系国计民生较为重要,目前尚允许私商经营一部分的商品价格,国家可通过市场管理、议价以及在市场上用商品干涉的办法,加以领导,并应向私商进行教育,号召服从国营公司牌价,如不服从,必要时工商行政部门应加干涉。

5.国营商业经营比重小和国营商业尚未经营的并关系国计民生不大的商品,从原则上讲,私商也应服从牌价和遵守国家稳定市场物价的政策,但在市价脱离牌价不大的情况下,不一定干涉(但不得承认其合法),如脱离幅度过大或过分抬价,从中谋取暴利,即应加以干涉。

十五、中财委关于处理批发商资金问题的指示

中财委(财、资)近接华南财委及中南财委关于由国家负责处理职工的批发商资金是否应强制存入银行等问题的请示,业经答复并指示各大区财委如下:

对批发商资金处理问题,应遵照中央关于加强市场管理和改造私营商业的指示处理,即:"其职工由国营商业录用的批发商,其原有资金应受工商行政机关指导,使用于有益事业"。所以这样办的目的,在于促使这部分资金用于对国家有益的事业,防止用于投机活动及不利于国家对市场的管理和有计划地发展国民经济的要求。因此,这部分资金的所有权属于资本家,但如何使用却必须受国家的监督。存入银行只是监督的方式之一,首先应指导其用于其他有益的事业,如不可能时则可指导其存入国家银行,但监督存入国家银行的方式可以灵活,视具体情况而定。当国家接受这部分批发商的要求,负责处理其职工时,应同时向他们(批发商)讲明国家指导其资金使用的意义,通过协商促其用于有益的事业或自愿将资金存入银行,对某些资本企图利用各种办法和借口逃避、浪费资金,解雇职工,妄图把包袱推给国家者,可以通过工会或工商联予以揭露,达到促其资金用于有益事业,或存入银行指导其使用的目的。为便于组织执行,各省、市人民政府可以先规定具体办法,但只应内部掌握,不必公布。此外,还须注意不要把要求这部分批发商的资金存入银行,作为由国家负责处理其职工的交换条件,以免降低国家安排私商,处理职工问题的政治意义,并免形成被动。

至于这部分批发商将资金存入银行后,若只靠利息不能维持生活而必须动用一部分资金时,可由工商行政机关酌情允许。

(选自《工商行政通报》第31期,1954年9月1日)

十六、中财委对私商休闲资金管理问题的意见

关于对私商休闲资金如何管理问题,人民银行总行曾请示中财委。经中财委批复,除原则上同意所提意见外(附后),并指出下列各点:

在国家改造私商的过程中,私商休闲资金是会继续增加的;各个歇业私商的具体情况、资金多寡、及其对社会的影响程度都是不一样的,因此,如何有分别的对其休闲资金加以有效的控制和利用,是

个很重要的问题。各地可根据中央《关于加强市场管理和改造私营商业的提示》具体拟订管理办法，经当地财委批准后执行。

对国家规定其存入银行的歇业私商的资金，不必给予较优待的利率，可按私企存款利率付息。因为私企存款利率已不低于目前投资公司的股息，也适合中央所规定的对这部分资金首先指导其用于对国家有益的事业，在未能投入正当事业之前，可规定其存入银行的原则。

关于这部分存款如何开户的问题，应在既利于国家控制掌握，又便于指导其使用的原则下，由各地根据具体情况确定，全国不必统一。

附：中国人民银行总行请示有关对私商休闲资金管理的几个问题及处理意见

(一)在私营商业的改造过程中，批发商阵地将较快地为国营商业所代替；零售商将逐步改为国营商业的代销、经销机构；有些行业将被淘汰。随着这种情况的发展，私商的闲置资金迅速增加，如不加以有效的控制就可能影响市场稳定。中央及中财委对管理批发商资金问题已有原则规定。具体实施办法，应由当地工商行政管理机关及商业主管部门和银行，共同根据地方情况制定，经财委批准执行。中央工商行政管理局与总行可将各地所定的较好办法组织交流。必须全国统一者由中财委规定。

(二)银行应配合工商行政管理机关及商业主管部门，在下半年着重对国营商业录用其人员的批发商的资金，予以适当管理。对这些资金首先是由工商行政管理机关指导其用以对国家有利的生产事业，在未能投入正当事业之前，应规定其存入银行，在一定数额以上者(如1000万或500万以上，各地可按具体情况决定)由工商行政机关批准动用，在此数以下者可由银行问明动用事由正当即可付给。并为照顾这项资金所有者起见，银行适当的给予优待的存款利息，较优于一般工商存款，使这类商业资本家在生活上有所补助，这样做，我们在政治上也比较主动。但各地投资公司股息的规定只在六、七厘左右，为不妨碍投资公司或合、私企业的吸收股金，又不宜采用较高的储蓄利息。同时这类商业存款也应促进它及早用于有益事业，不鼓励其存期太长，因此，拟定：凡活期存款一律须存活期存折月息四厘五，存定期满一个月及一个月以上三月以下者月息六厘五，存三月以上者月息七厘五，以上利息规定均已比之一般工商业存款息有所优待。开户时存期可自由选定，如定期提前提取者一律按实际存期低一档计算。

(三)关于上述存款开户问题，据华东行意见，要求这类存款在全国范围内应一律以专户存储，并在该商字号下设立分户，即每一股东一户的办法。这样做的好处是：既便于分别指导其正当投资，又便于个别批核其用途；全国统一办法，口径一致，不致为私商所借口；缺点是：资金可能化多为少逃避管理，留有抽逃资金的空隙，银行工作亦不易应付；但如工商部门能监督管理严密，分户也无不可。总行意见，各地可按具体条件灵活掌握，不一定强求一致。有些批发商户有条件(如资金已分配于各股东者)则可进行专户、分户；反之，则仍以商户储存，不另分户，提存时亦以该字号名义提取。

(选自《工商行政通报》第36期，1954年11月15日)

十七、商业部部长曾山在第二次全国省(市)计划会议商业组会议上的报告(纪要)

(1955年1月8日)

我今天只谈商业工作当中国营商业、合作社商业和私营商业怎样安排的问题，有些中央还没有最后决定，仅提供同志们讨论时参考。

(一)目前城乡商业情况

1.城乡都紧张、乡村比城市更紧张。

甲、城市在工业品的收购和对居民工业品、副食品的供应上一般还正常(从满足城市的需要来说，还是不够的)，但由于国营和合作社商业前进快，使对私营商业的关系紧张。

乙、乡村紧张表现在要收购的农产品收不起来，供应有困难，对私商挤得猛。棉花1954年比1953年同期少收300万担左右；商品供应很困难，农民拿到布票买不到布，油亦很难买到，最近放下去四五万吨油卖不出去；前一向从山西开始喊脱销，我们商业部有积压，11月份以后，供应情况好一些；农村私商还没有得到适当安排。

丙、在公私比重方面。国家统计局1954年底统计：国营和合作社商业在批发上已占88.45%；零售上已占57.54%（纯商业的数字：国营和合作社商业66.25%；私营商业33.75%）。

2.批发环节和零售环节是通畅还是阻塞？

我认为：

甲、批发环节基本上是通的。仅就商业部系统来说，1954年销售总额206万亿元，虽然只完成计划的94.58%，但与1953年比较，仍增加26.12%，12月中旬每天卖钱额（主要是批发卖钱额）已到9800亿元，不通是卖不到这么多的。

乙、虽然批发环节基本上是通的，但还有许多零星商品通得不够好，批发中分发商品还有缺点。由于对各地产销情况未及时摸清，我们分发商品的机构和工作都赶不上，分发商品环节上还有走弯路和调运不及时的现象。

一般比较大宗和人民必需的主要商品基本上是通的，但许多零星商品则一部分通（有小批发商的），一部分不通（如顶针、线、小姑娘带的花、死人用的寿衣等没人经营），不能很好地组织下乡；乡村也有不少小土特产上不来，有的只上到乡镇，数量少就在乡镇被消费掉了或停住了。

丙、城市商品流通，不论在批发或零售上一般都能供应得上，脱销情况比较少，除了少数确因货源不足或属于掌握出售（计划供应）的商品，市民只能买到一定的数量外，一般要什么东西都还能买到。至于国营和合作社生意好，私营商业生意差以及排队拥挤买东西的现象，也是有的，不过没有像乡村那样严重。

丁、乡村商品流通得差些。虽然我们了解情况不够，但从几种主要商品来看，是可以说明这个问题的。

第一、粮食供应相当紧张（这可能在收购方面也还存在一些问题）。

第二、食油没有按计划供应出去（仅完成计划的70%到80%）。

第三、农民拿到布票买不到布，对我们有意见。

我们曾派了工作组到河南去了解情况，目前乡村公私关系较城市紧张。如农民反映“合作社忙死，私商闲死，群众挤死”。买什么都要排队，到处是“龙”，比城市情况严重。据统计1953年农村私商从业人员436万人。现在估计只有336万，挤掉100万人。因此某些地区乡村1000个人里面只有一个二个做生意的，苏联是1.4%到1.5%，据苏联专家说，中国交通不便，可能要2%才能适应，少得太多不能适应。

3.在公私关系上的紧张情况及其所产生的后果。

甲、城市批发商极大部分已被代替，其中有些我们不能代替或暂时不必代替的也代替了。私营批发商从业人员（包括资方实职人员）共有13万人，除已解决的4.2万余人以及能够维持和需要保留的3.4万人外，其余5.6万人在今后半年内必须全部包下来，妥善安排他们的工作。

乙、城市零售商挤得猛了，挤得快了，价格也有问题。目前私营商业有的由大变小，有的坐商变摊贩，有的吃老本，所以如果不设法解决，到了春节以后，将要发生很大的困难。

丙、乡村零售环节上，挤得更猛。合作社已感到负担不了。合作社除了负担对5万万人民的供应外，还要负担农村各种农产品的收购任务。因此，在收购上，不仅次要农产品的收购放松了，连大宗的棉花，1954年也较前年少收了。现在有的地区乡村人口1000人只有1个或2个人经商供应，这是不够的。我初步设想（可能不对），城市要有5%，乡村有8‰，才差不多，对分发商品才有好处，不按这一概念来安排，挤得猛了，是不行的。

去年的零售卖钱额，计划国营和合作社占172万亿元，结果预计达到220万亿元，超过48万亿元，其中商业部系统超过计划34000亿元，粮食部系统超过计划66000亿元，合作社系统超过计划343000亿元，其他国营商业超过计划30000多亿元。这就是说，社会主义零售额冒进了，过多地占了私营零售卖钱额。我们假使把超过的48万亿元，用15%的毛利来计算，即有72000亿元，换句话说，相对的减少私商毛利72000亿元，又假如以毛利中5%为工资以外的其他开支，余下的10%为纯利的话，则应有48000亿元；又假如每一私营零售商的从业人员每年工资所为得400万元，这一数字就可能养活120万人。

综上所述，由于我们零售前进过猛而冒进了，挤掉了120万人的“饭碗”，同时表现在乡村中农民需要的许多商品供应不上，收购还有部分收不起来，批发环节上商品也有分发得不好的缺点，这些就构成了城乡，特别是乡村商业战线上最突出的紧张情况。

(二)产生城乡商业战线上紧张情况的原因

1.对党中央7月《关于加强市场管理和改造私营商业的指示》贯彻差。在批发方面基本上执行了中央指示,但对应保留的小批发商或城乡之间的小商贩利用不足,对吸收批发商职工是注意到了,但对批发商小老板和尽可能按原有行业加以利用则有不周到之处。在零售方面,对"踏步"和着重安排市场和对私商改造的政策有些地方根本没有执行,有些地方虽做了一些工作,但仍未踏住,冒进倾向严重。这种现象乡村比城市更加厉害,但城市也有冒进,冒进的性质是相同的,只是程度上的差别而已。

2.第二个原因,主要是合作社零售价格过低,由于国营商业对合作社的优待,以及税收低,利息低,又没有上缴利润的任务,因此合作社零售价格往往低于国营商业的牌价,而私商零售牌价又比国营牌价还高,他们又有一贯的唯利是图,欺骗顾客的不老实的作风,再加上总路线的宣传教育,人民对国营商业和合作社的信仰提高了,不愿意到私商铺子里去买东西,结果私商就越来越站不住。

(三)今后商业方面的方针和任务

第一、批发环节业务不能退让,货源必须由国营商业和合作社掌握起来。其中工业产品及供应城市和工矿区的农副产品及若干手工业品由国营商业部门掌握分配。手工业产品的大部分以及农民需要的耕畜、农具、肥料等由合作社掌握批发分配。

城市中的小批发商,城乡之间短途贩运的小商贩,要允许他们经营国营商业和合作社不经营的零星商品,或目前国营商业和合作社经营不过来的商品。为此目的,必要时还要有组织有意识地搭配一些商品,使其有利于经营国营商业和合作社不经营或经营不过来的零星小商品的小批发等贩卖业务。

凡被代替的批发商从业人员,城市全由国营商业部门归口,分行业接收,交由各该有关公司分配使用,以便发挥、利用他们的长处。此项接收人员首先在本城市由同行业的公司安排录用,如果人数过多,用不了这样多的人,也可以采取天津的办法,经过短期训练后输送外省或新建设城市的国营公司去使用。这一任务,中央指示务须在1955年6月底前保证全部完成。

乡村批发商的处理安排归合作社负责。

第二、关于城乡零售商问题。必须维持现有私营零售商继续经营零售业务。因为:(1)这是保证城乡人民需要和商品分配所必需;(2)私营零售商的现有从业人员目前和今后二三年内转业有困难,我们是搞社会主义,要让他们(包括职工和家小)有饭吃,因此必须维持他们继续经营来维持生活,这比国家拨救济粮、发救济费要好得多;(3)私营零售商里,农村的336万人,只有7万人够得上叫资本家,绝大多数基本上是靠自己的劳动力,不雇人的夫妻店及小商小贩,城市摊贩里面这种人也不少,因此对这种小资产阶级和独立劳动者,我们更不能只是挤而不作安排。

第三、如何维持私商的经营

1.按城市和乡村的卖钱总额,按各地私商机构、人员和费用水平的具体情况,在保证零售价格稳定的基础上,维持私商从业人员维持生活所需的卖钱额。依据这一原则,请由当地党委批准,控制社会商品零售额的公私比重。这个比重大体上可保持三年不变。从今年起直到1957年,每年社会卖钱额的增长部分,暂定亦可按上述既定公私比例进行分配。中央过去决定每年社会商品零售额增加部分主要归国营商业、合作社商业这一指示暂不执行。

这样做会不会犯右倾机会主义呢?我认为只要资源掌握在国营和合作社等社会主义经济手里,批发阵地不让,私商就不能调皮,大问题不会出,即使小错误出了一点,也能迅速地改正过来。维持现有零售商,其好处至少有二条:(1)有助于商品分配,使人民便利,得到他们所需要买的东西;(2)公私紧张情况能够得到缓和,使目前城乡共约1000万私商有事作,有饭吃,其家属生活有着落。

2.正确地按比例分配国营、合作社和私营零售商一定数量的货源。城市由国营批发部门采取主要以批发商品经销的国家资本主义形式来维持私营零售商的经营,以利用他们的人力和资金,只有在资金确实有困难的情况下,才采取代销的办法来维持。同时必须注意做好以下各点:

(1)城市一般的不采取商业方面单户合营的做法,就是批销、经销和代销,也应从全城内一行一业的作全盘安排。

(2)城市中也可以试办把现有的肩挑小贩组织

起来，第一步给以批销，并给一定数量的代销业务，来维持他们最低的生活（最好采取北京市人民市场的办法，把小摊贩组织起来，不要让他们满街乱跑，或分别里弄街巷，划定营业地段）。

(3)城市的坐商、肩挑小贩、摊贩应实行严格登记，发给营业执照，不经批准不准开业。要取缔无执照经营的摊贩、商店。

3.合作社的零售价格向国营公司零售价格拉平，私营零售价格也要促使他们向国营公司零售价格看齐。

以上办法，可以把城市零售商基本上纳入计划，以便一步一步地进行社会主义改造。因此我们采取这些办法，好像有所退让，但实质上是使我们可能达到全行业改造的目的。从战略上看，我们已经站稳了，我们可能以社会主义商业为主干，配置巨大的商业网，使私营商业从经销代销到社会主义，这无论如何应该说是大大地前进了。当然，这样安排是否就会把城市中私商的全部问题解决了呢？我们认为困难还是有的，特别是几个大城市因商业流转环节起了变化。流动购买力没有了，卖钱额增长少，甚至没有增长，其中服务性行业更因生意差，营业额下降，困难更大，这样必须从各方面（比如劳动力调配以至发一些救济费等）来协助解决，单从商业一个系统，还不能解决全部困难问题的。

最后，还必须指出，这样对私商的安排，决不是很顺利的，还要进行各种说服教育，以至必要的斗争，特别对私商那种欺骗购买者、高价出售、掺杂、掺假，尺码秤斤不足等做法，必须逐渐纠正，私商开支庞大、唯利是图的思想行为必须转变，同时还必须向私商不断宣传，加强教育。

第四、乡村私商由合作社负责安排，供给货源，并担负改造任务。

1.乡村现有零售商约336万人左右，其中只有7万多私商够得上称资本家，极大多数是小商小贩、夫妻店、货郎担子，通过他们分发商品就能深入穷乡僻壤。因此他们的推销能力和收购零星土产、废铜烂铁的作用很大。轻视这种力量，不仅对他们的生活维持缺乏统一安排，有碍社会主改造，同时对扩大商品流转也是一个很大的损失。

2.现在全国供销合作总社提出并且经过试点，证明乡村中把广大小商贩组织起来走合作化的道路，充分利用他们并批售商品给他们推销，委托他们根据合作社规定的价格收购零星土产和废物是可行的，至于是否都搞合作化，还需要加以研究，但要维持他们并且使他们有事做、有饭吃则是肯定的。必须严格纠正把他们完全当作敌对阶级，更须要严格纠正单纯排挤、不加安排的错误思想和行为。

3.采取各种各样的办法，一步一步地引导他们前进，完成社会主义改造。

我的报告完了。以上意见，是我对中央7月《加强市场管理、改造私营商业指示》精神的理解和中财委1954年9月20日批转中央商业部《关于1954年下半年市场情况的分析和工作部署的报告》中"总的踏步、着重改造"的具体意见，仅供参考。如有不当之处，请同志们加以指正。

十八、中共中央关于进一步加强市场领导、改造私营商业、改进农村购销工作的指示

（1955年4月12日）

（一）

随着工农业生产的向前发展，国家在1954年超额地完成了粮食、油料的统购任务，加强了其他农产品的收购，扩大了工业品的加工定货，国家掌握了主要工农业产品的货源，加上粮食、油脂、布匹统销的措施，因而在许多商品供不应求的情况下，稳定了市场，基本上满足了广大人民的需要，特别是保证了城市、工矿区供应和出口的需要，支援了国家的工业化。这是一年来我国财经战线上的重大成就，也是目前市场情况的主要方面。

但是另一方面，1954年入秋以来，城乡市场上出现了若干严重的情况，这就是：(1)城市私商的营业额大部下降，经营困难，失业增加，不少私商有赔累，靠吃老本维持。其中批发方面，国营商业所占经营比重，已达88%以上，私营批发商已大部为我排挤代替。对已排挤的批发商从业人员，各地虽根据中央7月指示，部分地进行了安置，但很多还未安置或未安置妥当，问题还待进一步解决。在零售方面，国营商业和合作社商业所占经营比重，已达57.54%。私营商业的零售营业额，据8大城市1954年第四季度统计，只有上年同期的63.11%。1954年全年，私营商业的总营业额，包括批发和零

售,为1953年的54.53%;其中,第四季度的营业额(缺西安数字)和1953年第四季度比较,只有46.1%。不论批发和零售,私商营业均日益萧条,据调查,天津52个行业9573户中,赔累者4391户;武汉440户中,赔累者250户;广州28个行业4185户中,赔累者2544户。赔累户数占总户数50%至60%。私商生活难于维持的,1954年11月仅上海一地即达12万人。惶惶不安的情绪继续发展。(2)农村私商多数无法经营,农民要的某些必需品不容易买到,国家要的农产品收购也有困难,农民的生产情绪很不安定,农村情况相当紧张。据全国供销合作总社初步估计,一年来农村私商被排挤了的有69万户、100万人左右,这个数目约占1953年底农村全部私商从业人员的22.2%。社会主义商业在农村中的零售比重,从1953年底的44.2%,到1954年底,上升为60.28%。1954年一年内,供销合作社的零售额超过计划34亿元,超过原计划将近1/3。这个数目主要是在农村。农村中许多无法维持的商贩,转业无路;有的流入城市,增加城市的困难;许多能够勉强维持的,营业也日渐清淡。同时,农村里食油、粉条、豆腐、熟食等供应不足,糖、煤油和其他工业品,有的也供应紧张,到处排队,不少地方十多种商品都要排队才能买到,有的要跑得很远,农民反映"合作社忙死,农民等死,私商闲死"。因为农民有钱买不到东西,就不愿意卖出自己的农产品,这样,回过头来又影响着1954年下半年国家棉花、烟叶、油料等收购计划的完成,从而影响工业生产和工业品的供应。特别严重的是,不少地方,农民杀牛、杀母猪、小猪的现象相当普遍,积肥不热心,春耕准备不积极,生产情绪不高。

可以看出:目前城乡的情况是紧张的。城市紧张,农村更紧张。城市紧张主要表现在公私关系方面,乡村则收购、供应、公私关系和农民同国家的关系都很紧张。这种情况除部分地区外,是普遍存在的。不少地区已引起注意,并开始着手解决。必须指出,这种情况如果让其继续发展下去,将不仅严重地影响城乡经济的活跃,影响农业生产的发展,影响正常的社会秩序;而且由于农民滋长着对我不满的情绪,也将严重地影响工农联盟,以至影响整个社会主义建设和社会主义改造事业的正常进行。

(二)

由于国家对私营商业实行社会主义改造,市场关系进一步发生着根本的变化和改组,由于农民觉悟提高后,他们同私商的来往逐渐减少,因此不可避免地要使城乡公私关系日趋紧张,使私商的经营发生困难。由于一定时期内,我国农业增产的速度赶不上工业生产发展的速度,由于社会购买力继续提高,许多商品供求之间的差额继续扩大,为了保持市场的稳定,以保证经济建设的顺利进行,不得不加强农产品的计划收购,并增加计划供应的品种,扩大计划供应的范围,这就不可避免地使社会主义经济同小农经济自发习惯之间的矛盾日益显著,因而形成我们同农民之间的紧张关系。

这种紧张情况,在国家工业化和社会主义改造的过程中是不能完全避免的,1954年严重的灾害也有影响。但我们的工作如果做好了,紧张的程度可以有若干缓和;反之,工作有毛病,也会更加助长这种紧张。这一点中央是早已看到了的。1954年5月,中央曾责成当时的中财委进行了专门的研究,并于7月发出了《关于加强市场管理和改造私营商业的指示》;有关同农民的关系问题,中央也曾一再提示。这些指示所提出的方针是正确的,这个时期的许多工作也取得了成绩,这是应当肯定的。但同时必须承认,这个时期我们在工作上也存在着缺点。这就是:首先,我们的批发没有组织好。我们注意并且解决了如何将商品掌握到手的问题,但对如何通过批发系统将这些商品分配出去的问题,特别是如何抓紧这一环节,适当地统筹安排公私商业、改造私商的问题,却没有足够注意,没有明确地加以解决。第二,国营和合作社的零售进得太快。我们决定要原地踏步,但相应的具体措施不够、不及时;对于新情况下私营零售商的货源供应,对于公私商业、国营和合作社商业之间价格悬殊等问题,没有及时解决;特别是因农村集镇供销合作社不做批发,多做零售,更使得私商困难维持,使得我们的零售阵地不但未能原地踏步,反而前进了很多(当然其中很多并不是有意识的前进,各地前进的程度也不同)。第三,在农村购销工作上,对于如何有利于充分发挥农民的生产积极性注意不够。有些地方在粮食统购中对产量估计偏高,留量不足,不少地方统销工作没有及时搞好,对农民副食品和饲料等的需要照顾不够,许多重要物资供应不及时等,这些是我们工作中的主要缺点。另外,还应指出,许多业务部门,对于过渡时期社会主义改造工作的艰苦性和商品交换的复杂性估计不足,对广大干部思想解释工作不够，因而干部中对私商改造存有简单从事的思想，对于供不应求的物资有惜售的思想，加上具体业务中的其他缺点和某些干部的强迫命令作风等，所有以上这些，都是构成前述紧张情况的主观因素。

（三）

根据以上情况，中央认为：

一、工农业产品的主要货源已为我所掌握，私营批发商业已大部为我所代替。我们掌握了货源，掌握了批发环节，就有足够的力量控制市场，就能够有计划地组织整个社会商品的流通，有效地对城乡私营零售商业进行社会主义改造。必须肯定，掌握批发环节是社会主义商业工作的重要关键。在这一环节上，目前我们的工作还有缺点，机构和制度还不能适应客观的需要，必须继续加以整顿和加强，不能放松。对于已经代替的私营批发商，应继续贯彻吸收使用的方针。

二、在城市零售阵地上，社会主义商业前进过多的部分，应该考虑作必要的退让，使所有私营零售商能够在可以维持的水平上，继续经营，以维持生活，并使其服务于商品流转；然后在这个基础上，进一步贯彻逐行逐业安排改造的方针，通过国家资本主义的各种各样形式或其他方式，加以改造，经过一个相当长的时期，使他们逐步过渡为国营商业的分销处、门市部，或由国家吸收使用其人员。

三、农村的小商贩担负着收购、分配和短距离运输等三种重要的社会任务。他们之中，绝大多数人的生活来源是依靠或者主要依靠自己在商品流转过程中的劳动，他们是劳动人民，性质上有别于商业资本家（城市小商小贩也有相似的性质），但是他们分散落后，无领导，无计划，自发性很大，在目前情况下维持也有困难；而且从商品流通所需要的商业人数来看，目前农村商业人员，包括全部私营商贩在内，人数并不算多。因此，在农村除了少数商业资本家可用经销、合营等形式加以改造外，对于上述小商小贩，改造的方针应该是：根据自愿的原则，在供销合作社领导和计划下，通过各种形式加以组织，使之经过互助合作的道路，分担农村商品流转的任务，并逐步过渡为供销合作社商业。

四、统购统销方面，除了加强对农民的教育，提高农民的社会主义觉悟，并改进工作以缓和农民对这一社会主义措施的抵触情绪外，为了刺激农民的生产积极性，有必要根据国家的需要和农民的可能，规定一个适当的购销数字，并实行定产定购定销的办法，春耕以前向农民宣布，使农民心中有数，努力进行生产。同时，对统购任务完成后农民的多余产品，应根据市场管理的原则，允许并组织农民自由买卖。对其他一般农产品的买卖，不能滥加限制。在供应方面，则应尽可能地满足农民需要，尽可能地给农民以方便。

上述方针是中央1954年7月《关于加强市场管理和改造私营商业的指示》的进一步具体化，是符合于目前客观情况和党的总路线的要求的，是可行的，必要的。

必须看到，我们在掌握了批发环节的基础上，把私营零售商纳入国家计划的轨道，把乡村商贩组织在供销合作社周围，这实质上将是大大地前进一步。我们提出将农村商贩“包下来”，将批发商吸收过来，并在零售阵地上作适当的退让，对公私商业，统筹兼顾，统一安排，其目的不但是为了缓和目前的紧张情况，而且也是为了有利于对私营商业的社会主义改造。目前私营商业的从业人员，包括饮食、服务性行业在内，在农村约有300余万，在城市约有600余万，其中批发的从业人员约10余万。这些人原来都是靠经商为生的，他们千方百计推销商品，维持生活，有我们所不具备的长处和经验，他们还有一定的资金和设备。只要他们遵守政府法令，服从国营经济领导，并接受社会主义的改造，就应该给予生活出路，或让其能够继续经营，使他们有饭吃，使他们的长处、经验、资金和设备得到利用。必须肯定，今后国营商业和合作社商业，一般不得在现有私商以外，另外吸收人员；除有必要，一般不得在现有的私商设备以外，花钱新置设备。对于转业不久生活仍确实无法维持有条件转回来的私商，亦可按现有私商处理。应该懂得，工人阶级当了政，必须负责对社会各阶级的生活出路进行适当安排，这样做，是适合国家利益，有利于工人阶级的。还要看到，目前零售商已经受到若干的限制，特别是为国家经销代销的部分，性质上已有很大改变，因此对公私比重的概念，不能不作新的了解。社会主义商业有无前进，主要应看对整个社会商业的计划领导程度，对私营商业改造的进展程度，而不能仅仅计算国营商业和合作社商业本身的营业额。这一点是重要的。

其次，统购统销政策在调节供需，稳定市场，保证建设,切断农民同资本主义联系,推动社会主义前进等方面,其作用是巨大的。但统购统销的措施,使农民经济生活发生极大的变革,它同农民的资本主义自发倾向发生抵触,我们工作上如有缺点或发生错误,就必然要助长这种抵触的情绪。要求产品归自己支配,这是农民的一般倾向。如果他们不知道国家究竟要统购多少,如果对于他们努力增产的部分,国家统购时不给予必要的照顾,其结果就必然要影响农民增加生产的积极性,而我国目前的农业生产是经不起任何挫折的。为了使农民生产有计划,城乡供应和出口需要有保证,使农民大体上知道自己生产多少,卖出多少,自留多少,国家供应多少,从而情绪稳定,心中有数,放手发展生产,那么规定一个适当的数字并进一步采取定产定购定销的办法,就十分必要。

同时,农产品的统购数目,应尽可能限于国家必要的部分。农民自己的需要,例如食油和猪肉等,除特殊情况外,最好由农民自己解决;农村的调剂,依靠供销合作社的收购供应和农民之间的有无调剂。对于农民的经济生活,不能限制过死过严,不能企图单纯用行政手段,过多地加以干涉;如果那样,不仅在经济上行不通,政治上也将遭受损失。在我国目前的情况下,农民的资本主义自发倾向已经受到一定的限制,我们的作法应该是:就农民增加生产、改善生活的要求,积极地引导他们努力生产,逐步进入合作化的道路。

(四)

根据上述情况和方针,中央认为为了缓和目前城乡的紧张情况,必须采取如下措施:

第一、对私营批发商:(1)仍按中央1954年7月指示规定,能继续经营者,让其继续经营;为国营商业所需要者,可为国营商业代理批发业务。(2)目前无法经营或经营困难的私营批发商,应按行按业将其所有人员包括资方实职人员在内,吸收到国营批发的机构内安置使用,以充分运用并吸收其原有的经验、技术和业务关系,利用其资金和设备。对这些人基本上应在原地区吸收使用;必要有所调整时,亦应限于距离不远、条件相近的地区;目前已在训练中的批发商从业人员,亦应按上述原则迅速处理。(3)目前经营有困难,但抽出部分职工,减少开支,尚能勉强维持者,可采取部分改造办法,吸收部分职工,使他们继续经营。(4)次要商品的小批发商和城乡之间短距离贩运的小商贩,应充分加以利用,使他们经营国营商业、合作社商业所不经营或不可能经营的商品。(5)对私营进出口商,基本上仍应采取上述对私营批发商的处理原则,进行处理。

第二、对城市零售商:除仍贯彻中央1954年7月指示,通过各种形式的国家资本主义逐步改造安排外,(1)在国营商业和合作社商业前进过多或私商维持困难的城市,应适当采取撤点、撤品种、调整批零差价、确定批发对象和给予部分贷款等办法,使其能维持经营。(2)国营商业应改进批发工作,增设批发据点,改善对私营零售商的批发业务。对于冷、背、残、次商品,可用代销、低价等办法处理,不得硬性搭配。(3)各城市可根据当地具体情况,各自定出一个一面可以稳定市场价格、一面能够维持私商经营的公私比重,作为调整公私商业的尺度,在一个时期内基本不变。由于社会购买力增长而增加营业额,私商亦可得到一部分。(4)这些私营商业的从业人员过渡成为国家的工作人员时,其劳动所得的形式可以是多种多样的,也还可采取基本工资加奖励工资的办法,以保持其原有的长处和积极性。(5)对城市摊贩,除按上述办法维持其生活外,进一步的改造形式,各地可作典型试办,以便经过一个时期取得经验,再行推广。对饮食业和服务行业,因情况了解不够,要求各省市注意组织力量,进行调查研究,并提出改造的意见。有的地方,拟设法利用私营饭馆作为机关团体食堂的意见,是可以采用的。

第三、对农村集镇私商:仍按中央1954年7月指示,由供销合作社负责安排,负责供给货源,限期将合作社零售价格和国营商业零售牌价拉平,并适当调整批零差价,使私商的售价能够和合作社接近或一致,以维持私商一定的营业额。在农村集镇,县、区供销合作社的出售任务,应主要放在批发方面,而在零售方面作必要的退让,以便维持私商经营,并在此基础上抓紧进行改造。改造的组织形式,主要有以下几种:(1)对农村小商小贩,有一定资金、一定设备、自愿组织起来的,可在供销合作社领导下,采取"统一进货、分散经营、各负盈亏"的方式,同供销合作社联系,组织为经营小组;或采取"统一管理、统一经营、统一核算"的方式,组织为合作小组或合作商店;其他小商小贩、偏僻地方的小商店和货郎担,可由供销合作社同他们建立代销代购的联系,作为合作社的代销处、代销员和代购员。采取以上各种形式组织农村集镇商贩时，必须同时对未组织起来的私营商贩的营业额也加以适当的照顾。(2)对农村商业资本家，一般可由供销合作社同他们建立经销代销关系；其中在全行业改造的前提下，有条件的可试办一种合营方式，将资方的资财，适当作价入股，并吸收其人员，共同经营，分给一定利润，逐渐将他们变成合作社的门市部。

第四、对农民关系方面：(1)粮食的计划收购，按中央所发关于迅速布置粮食购销工作，安定农民生产情绪的指示办理。油料的计划收购，也应事先将国家需要收购的数字向农民宣布，发动农民普遍种植，一部分卖给国家，一部分自己使用。关于生猪的收购，采取派养派购的办法，国家需要的数目，要农民喂养；农民多养的部分，归农民自己处理。对于油料和生猪，管理上采取统一领导分级负责的方针，中央商业部所负责的部分，限于三大城市供应、出口需要和必要的周转需要，其余由地方负责安排。(2)在供应方面，供不应求的副食品，优先供应大城市工矿区；城乡都需要的工业品，优先供应农村；除粮食、油料按计划出口外，若干出口需要的商品，内销服从外销。在农村集镇，熟食、饲料、豆腐、粉条等所需要的粮食，应看作是必不可少的需要，必须适当供应，必须在不过分消耗粮食又能切实满足需要的原则下，适当地放宽供应尺度。同时并大力作好粮食、油料、布匹、食糖的供应工作。对手工业所需的铁、木、竹、皮革等原料，应由有关部门负责订入自己的计划，组织供应。(3)在当地政府领导下，以供销合作社为主，负责恢复原有的农村集市，以便农民能够出卖完成国家统购任务后的多余产品和其他产品，以互通有无，调剂供需，减轻国家的供应负担；在城市也可以开辟若干农民市场，以便农民进城出卖自己的产品。但农民利用农闲，买进卖出，经营商业的行为，则应通过货源和价格的掌握，适当地给以限制，以免农闲拥挤，农忙中断，影响正常的商品流通，并影响农业生产和农业合作化运动。对于富农兼商，有条件的可令其弃商就农；弃商有困难的，仍应就地维持。对于富农向经商方面发展的倾向，更应限制。(4)除国家正式公布的统购统销商品外，任何机关都不得擅自宣布其他商品的统购统销。对于供不应求的包干商品如煤油等，各地可按具体情况，实行限量供应或定量分配办法，以免排队拥挤。

（五）

鉴于目前供销合作社既要负责农村供应，负责农村私商的改造，又要受国家委托办理统购统销的业务，并办理其他各种各样农副产品的采购，任务十分繁重复杂。为了减轻他们所担负的若干主要农产品的收购任务，以便他们加强供销业务和其他收购任务，并为了使整个组织机构适应客观情况的需要，除粮食由粮食部直接采购，油料、生猪由商业部负责采购外，决定另行成立农产品采购部，负责主要农产品的采购，并逐步把统一掌握国家农产品采购计划的责任担负起来。同时，建立这一机构，也可以逐步减轻各级党委在农产品采购方面的事务负担，减轻商业部和对外贸易部的部分负担。但因机构建立后，短时期内还不可能负担所有主要农产品的采购任务，因此决定先将棉花、烟叶、麻等产品的采购、计划和分配的工作，交采购部负责。其他农产品的采购，以后看情况逐步移交。业务转移时，即连同原有人员设备，一并移交。关于地方采购机构的设置，决定先在采购品种较为集中的几个省份建立采购厅，其他省份俟需要时再行建立。采购机构应深入集中产区，设站直接采购；分散产区可仍委托合作社负责代购。

今后商业部门的工作，应该把更多的注意力放在批发方面，不仅国营商业如此，合作社商业也应如此。而在这一方面，目前我们的机构和制度，还远不能适应客观的需要。把千万种商品，收购进来，发运下去，分配到各个零售单位，是一项十分繁重复杂的工作；而我们原有的批发机构，人员少，经验不足，分工不细，很难适应这种新的情况。同时，这些商品的分发，已经改变了旧的批发规律，全部由国营商业自上而下进行调拨，完全采取这种流转方式，很难适应各个地区的实际需要。因此必须集中力量，加强批发。必须充实批发机构，增加人员，摸清产销情况，增加计划品种，加强批发工作的计划性；必须按照商品流转规律，改进调拨方法，逐步扩大自下而上的直接采购；以努力作好城乡交流、地区调拨、适时供应等方面的工作，这是国营商业的主要任务。

今后商业部的任务，除努力做好上述工作外，还须负责市场的统一领导和安排，负责整个社会商品的流转计划，负责掌握物价、城市供应和城市私商的改造,并作好加工订货和收购的工作。今后供销合作社的任务,除了进行批发业务外,主要是负责对广大农民的供应和农村私营商贩的改造,还有其他农产品的采购业务。在这种新的情况下,国营商业和合作社商业各部门应充分认识自己所担负任务的重要性,具体地贯彻前述方针和措施,分别作好自己的工作。并加强经营管理,节约费用,积累资金。这样,不仅目前的紧张情况可以缓和,而且可以将我们的工作大大向前推进一步。

必须指出,改造私营商业是一件艰苦的工作,其复杂程度不下于对私营工业的改造。商业资本家是唯利是图的,不要以为这样一来,他们就会满足,就不再采取各种各样的方式进行反抗了。他们还会进行囤积居奇、制造黑市、掺杂掺假、大斗小秤、尺码不足等违法破坏活动。不在这些方面注意警惕,进行经常的和长远的斗争,并进行系统的思想改造,是错误的。小商小贩带有很大的投机性,这是他们和劳动农民显著不同之点。不看到这一点,并经常地进行批评、教育和斗争,也是不对的。特别应该注意到的是,在进行资本主义的商业改造同时,必须高度警惕,防止腐朽的资产阶级思想对我党党员和国家工作人员的侵蚀。其次,对于农民,则应继续加强社会主义前途的教育,不断提高其社会主义觉悟。另外,对于城乡私营商贩,有必要划分一下成份,以便区别不同对象,分别进行改造。其中有些逃亡地主、旧官吏和反革命分子等,应在划分成份中清理出来,加以处理。但要注意,划分城乡私营商贩的成份,应掌握宜宽不宜紧的精神,步骤上宜稳不宜急,作法上先典型试验,创造经验,不能一下铺开,更不要形成运动。

商业工作已越来越对生产和人民生活有决定性的影响。商业的任何环节发生问题,就会影响工农业生产,影响人民生活,这就是两年来各级党委在这方面使用很大力量的原因。现在商业工作已经有了一定进步,我们已经能够在改进工作、改造私商等方面提出较为系统的意见,就是这种努力的结果。但是商业工作业务复杂,牵涉很广,变化很快,不随时注意情况的发展和变化,具体地加以领导,及时解决,那一定还要发生问题。因此要求各级党委继续加强对市场的领导,经常关心商业工作。目前还没有成立财贸工作部的县以上党委,应从速建立,有较大集镇的区委,必须有一委员负责这一方面的工作,以便统一领导财经各部门的工作,使能步调一致,协同动作。地委、县委的财贸工作部,可同时作为专署、县人民委员会的财贸办公室。农村基层供销合作社可逐步以企业为单位建立支部,以加强党的工作。同时,各级党委必须注意加强各级商业行政机构,加强商业部门的干部配备,并进一步加强对他们的政治教育和政策教育。

十九、国务院第五办公室关于对私商贷款的指示

(1955年4月30日)

为了配合统一安排私商的措施,决定增加银行对私商的贷款2000万元,连同已贷出的1000万元共计3000万元。此项贷款指标已由总行统一分配各地,希各地在这个控制数字内掌握运用,并注意下列几点:

一、目前解决私商困难的主要办法,是有计划地调剂货源,维持私商一定的营业比重。只有这样才能利用私商在商品流通中的积极性,便于对他们的安排和改造。在对私商安排和改造过程中,除调整营业额外,对资金确有困难的私商,给以适当地贷款扶持,以利商品流转,也是必要的。各地在执行中必须掌握实事求是的精神,既不要卡得过紧,观望不放,忽视对私商的必要扶持,也不可盲目地或过多地贷放,助长私商单纯依赖国家的思想,甚至于抽逃自有资金,投机取巧。这两种偏向都是不利于国家对私商的安排和改造的。

二、对私商贷款必须掌握用途正确和"有借有还"的原则。贷款原则上只能用于进货,用于商品流转。银行可按其申请贷款的用途,加以审查和监督,但不必强调按项目的专款专用。对有货源,有销路,有一定自有资金的私商,在维持其一定营业比重的基础上,银行可适当地给以贷款。贷款期限可酌予延长,但必须有一定保证,使其按期归还。对逾期贷款,必须积极督促其归还,还款以后还可以根据需要再贷。但要防止只贷不还,贷款用于救济,消耗国家流动资金的偏向。

三、这次贷款的主要对象,是城市私营零售商和集镇乡村的商贩。对于采用经销方式的零售商,可给以贷款扶持,对于采用代销方式的零售商,一般不予贷款。对农村商贩的贷款,应与供销合作社对私商的组织改造工作密切配合,对经销户、经营

小组、合作商店等，可根据实际情况，给以适当贷款。城市批发商一般资金有余，不需要贷款，个别资金有困难而又应该维持其经营的，由各地酌情贷放。

四、各地应把银行对私商的贷款工作，与统一安排私商的工作组织在一起，按行业统筹计划，确定贷款制度，确定贷户，这样可以使贷款放得适当，不致过多过滥。如单由银行去做，不仅浪费人力，而且在贷款掌握上也是很困难的。

以上各点，希各地根据具体情况研究执行。

二十、国务院关于工商联经费负担办法的若干规定

目前各地工商联(包括同业公会，下同)经费收支存在以下情况和问题：(一)随着私营工商业特别是私营商业营业额下降和私营批发商被代替，不少地方尤其是中、小城市，工商联经费收入锐减，不够开支，有的甚至发不出职员薪金(如郑州1954年夏季较1953年秋季减少49%，济南减少41%。浙江省调查67个市、县工商联，1954年1至9月入不敷出的有52个单位)；(二)有些地方，公私合营企业比照国营企业交费，或竟包括在国营企业和合作社负担比例内，对会费负担偏低；(三)若干城市，私营工商业内部负担不平衡，尤其是按工缴费计算会费的，较之按销货额计算的，负担偏低(如大同市1954年夏季加工总产值141亿元，是项加工工缴费23.4亿元，生产总值合工缴费的6倍多。但不少地方按工缴费计算的会费率只较按销货额计算的会费率高一倍，上海则只高半倍)；(四)不少地方已建立手工业劳动者协会，要求明确手工业劳动者协会是否要向工商联交纳会费；(五)国营企业和合作社负担工商联经费的比重，各地悬殊很大；(六)工商联机构臃肿，薪金很高，福利较多，浪费很大，贪污现象也较普遍。

工商业联合会在协助国家推行对资本主义工商业的利用、限制和改造的政策，代表私营工商业者的合法利益，协调阶级关系上，过去曾起了相当作用，今后仍然具有重要作用。因此，必须采取适当办法，帮助它们克服目前在经费上遭遇的困难，维持其必要的开支，以利于国家对资本主义工商业的利用、限制和改造。1954年2月，前政务院财委六办曾根据若干地方关于国营企业和合作社对会费负担过重的反映，拟了一个新的负担标准发至各地征求意见，各地意见也曾陆续报来。但因情况改变，所拟的标准已不完全适用，致未能修正发出。目前，随着手工业劳动者协会的陆续成立和小商小贩改造道路的明确化，有一系列关于工商联组织的问题，需要从根本上加以研究。因此，工商联的经费负担问题，目前还不能全盘解决，而只能暂时采取如下办法加以处理：

一、工商联应适当精简机构，力求克服浪费，节约开支：

(一)各地工商行政部门应对工商联的预决算加以适当控制，并督促工商联健全财务制度，以克服铺张浪费现象，杜绝贪污。

(二)工商联职工过高的薪金和福利，经过教育取得他们的同意，可以逐步地加以适当调整；但在调整中应照顾到历史上形成的情况，照顾到职工生活的实际困难，不要一下子同国家机关或人民团体拉平。

(三)在对批发商按行业进行改造时，对同业公会和工商联作这方面工作的人员，国营商业和合作社应按分工归口的原则加以录用。手工业劳动者协会建立后，应负责吸收适当数量的工商联和同业公会中做手工业工作的人员。

(四)对今后使用工商联经费举办学校，应予控制。

二、公私合营工业在产值上已接近现有的私营工业的一半，今后仍将继续增加。为着维持工商联必要的经费开支，公私合营企业对会费的负担不宜减轻，原则上应与私营企业同样负担，个别企业因产品涉及国家机密，不便计算会费时，可由有关部门协商确定。

三、平衡私营工商业内部的负担，特别是使按工缴费和代销手续费计算者同按销货额计算者在负担上接近平衡。

四、在手工业劳动者协会加入工商联为团体会员，并仍由工商联对手工业者进行业务工作的地方，手工业劳动者协会应向工商联交纳适当数量的会费。手工业劳动者协会已加入手工业合作社联合社为团体会员者，手工业劳动者协会应向工商联交纳的适当数量会费，由联社汇总交纳，手工业劳动者协会可不单独交纳。

五、关于国营企业和合作社负担工商联经费的比重：工商联经费的主要部分应由私营企业和公私

合营企业负担,这在目前是必要和可能的。但参加工商联的国营企业和合作社负担适当数量的会费,有利于在政治上团结、教育和改造私营工商业者,也为维持工商联的存在所必需。鉴于私营工商业相对地甚至绝对地下降,而国营和合作社经济的比重则迅速增加,国营企业和合作社对工商联经费的负担,总的说来,不可能有多大的减轻,而且必须根据各地工商联经费困难的情况适当增加,以利于维持工商联必要的开支。事实上,工商联既有存在的必要,而工商联的开支又主要是用在为国家服务上,在工商联经费发生困难的情况下,如果我们不采取适当增加国营企业和合作社负担的办法,势必要由国库补贴,其结果还是一样的。为此,并根据前政务院财委1953年1月23日(53)财经字二五一号电关于国营企业和合作社共同负担工商联经费的三分之一的规定,提出以下原则:

(一)全国工商联和省工商联的经费,国营和合作社仍负担三分之一。

(二)直辖市工商联的经费,目前未发生困难,国营企业和合作社可基本上维持现行负担比重。

(三)在市、县由于国营企业和合作社对工商联经费的负担,各地比重悬殊很大,工商联经费困难的程度也不相同,不规定统一的负担比例,但国营企业和合作社必须根据工商联经费困难的具体情况,在原负担数的基础上适当提高负担比重,最高以不超过三分之一为原则,个别因国营和合作社经费比重很大,不超过三分之一就不能维持工商联必要开支的地方,经当地人民委员会确定,也可以适当超过。各省人民委员会应根据具体情况,按上述原则分别规定市和县国营企业和合作社的负担比重。

关于国营企业和合作社间的分配,也应依照前政务院财委1953年1月23日的规定,根据国营商业和合作社的分工加以调整。在合作社业务移交国营商业经营的城市,合作社应负担的部分由国营商业负责(可仍以合作社的名义交纳);国营商业不经营的城市,国营商业应负担的部分由合作社负责;国营商业与合作社共同经营的城市则双方适当分担。其他国营企业分担的比重原则上不变,但可由各级人民委员会根据具体情况作必要的调整。

(选自《工商行政通报》第48期,1955年5月31日)

二十一、城市国家资本主义商业管理暂行办法(草稿)①

(1955年5月)

第一章　总　则

第一条　为了贯彻中华人民共和国宪法第十条第二款的规定,特制定本办法。

第二条　国家资本主义商业是在社会主义商业领导下的社会主义成分同资本主义成分按照不同条件,采取各种形式,在不同程度上进行联系或合作的企业。

第三条　国家资本主义商户在国家行政机关的管理、国营商业的领导和店员的监督下,必须积极经营,提高服务质量,树立新的商业道德;逐步改善经营管理,降低不合理的费用开支,减低商品损耗率,研究购买者的需要,为扩大商品流通,做好对购买者的供应而服务,并努力争取最后被改造为社会主义商业创造条件。

第四条　国家资本主义商户必须接受国营商业的计划领导,逐步改变盲目经营。依照规定,按期造送进货和销货计划、财务和费用计划,经国营公司批准后根据国家规定的法令认真切实执行。

国家资本主义商户必须按期将每月进货和销货实绩、库存和费用开支、盈亏等情况,按照规定的表格及时据实向国营公司填报。不得捏造虚报。

第五条　国家资本主义商户必须遵守国家的价格政策,必须按照国家的牌价、国家核定的价格或符合国家价格政策的合理价格出售或收购商品,并切实执行明码标价和其他便于国家和购买者监督的制度。

第六条　国家资本主义商户在国营公司的领导和协助下,须逐步建立必要的计划、统计、财务会计和物价等项制度,并根据企业条件设置专职或兼职的专管人员。不能设置专人管理的小商户,可视行业具体情况,数家商户联合设置,以利国家对他们进行领导、检查和监督。

第七条　国家资本主义商户为改进经营管理,在国营公司的领导、在店员工会监督和在工商业联合会的指导下,应建立店务委员会或经营管理小

① 这个暂行办法(草案)是商业部办公厅于1955年春起草的,5月在重庆调查后作了修改。由于北京市西城区棉布业全行业公私合营试点工作的开始,这个草案没有正式下达。

组，由资方和职工根据业务范围大小，推定若干人共同组成。委员会或小组的主要工作是：负责审查企业购销计划，财务费用计划和各项表报，检查价格执行情况，研究改善经营管理等。正副主任（组长）由资方和职工分别担任。

小商户可按各地商业行政部门的规定，逐步组织数家商户联合管理小组，进行上款规定的各项工作。

第八条 国家依照法律保护国家资本主义商户的财产和应得的利润。他们应遵照国家的规定分配他们所得的利润。除缴纳所得税、提取公积金、福利金外，资方和资方代理人所分得企业利润的部分，一般不得超过25%，并应逐步提高公积金在利润中的分配比例。各地商业行政部门会同有关部门，根据国家规定的原则，结合具体情况，规定不同行业的分配比例或分配比例幅度，以资遵循。

第九条 国家资本主义商户必须遵照中华人民共和国宪法第十条第三款规定：不得有消极经营，抽逃和浪费资金；不得抢购，囤积拒售；不得抬价压价，以次充好，掺杂掺假，短尺少秤，缩减分量等；不得盗窃国家资财，盗用国家资金，偷税漏税；不得乱加、乱扣工资，破坏职工团结，挑拨店员同国家的关系；不得采用各种方式直接地或间接地拒绝店员和购买者的监督，不得对店员的检举、监督采取任何方式进行打击报复等投机倒把、抗拒社会主义改造的违法行为。

对违反上款各项规定的国家资本主义商户的资方或资方代理人，国家机关应严肃地加以处理。有关机关可视违法情节轻重，给以批评，口头或书面警告，采取在一定期间内减少他们进货金额或罚以停业若干天等办法，促使他们改过自新。对违法情节严重和屡罚不改、怙恶不悛的商户，由人民法院依法严惩。

第十条 国家资本主义商户，在国营商业的组织领导和他们自愿的基础上，积极接受国家对他们在行业上和地区上商业网的逐步调整和实行并店合营，以适应城市建设发展和消费者的需要，并视条件逐步按行业组织全业地方性的公私合营股份有限公司或其他高级国家资本主义形式，以便进一步接受改造，为过渡到社会主义商业准备条件。

第十一条 国家资本主义商户的资方和资方的代理人在国营公司的领导、工商联合会的协助和店员工人的监督下，应端正经营思想，爱国守法，努力学习，积极接受思想改造，为企业和个人争取最后被改造成为社会主义商业的企业和工作人员准备条件。

第二章 经 销

第十二条 经销是国家资本主义商业的一种形式。经销商户应以现款向国营公司进货，按照国营公司批准的进货计划进行经营；遵照国家的规定和国家的零售牌价、核准的零售价格和符合国家价格政策的合理价格出售商品，赚取批零差价。

第十三条 全行业绝大部分商户从国营公司进货占他们全部进货总值60%以上的行业，可正式被宣布为全行业经销，悬挂"中国××公司××市公司××（行业名称，如棉布、百货）经销商店"等字样的招牌。

全行业绝大多数商户销售的一种或几种大宗商品已全部或大部分向国营公司进货并已建立经销关系的，虽然这些商品总值占他们进货总值的比重不大，也可被宣布为一种或几种商品的全行业经销，悬挂"中国××公司××市公司（经销商品名称如酒）经销商店"字样的招牌。

商户原有的字号招牌，不能撤换。已实行并店合营的商户，可选定一家商户原有字号名称或另定新名作为联合企业字号招牌，并须依照法律向工商行政部门登记。

第十四条 经销商户所经营的商品，凡属国营公司经营且有货的，须全部向国营公司进货；凡属国营公司未经营的或已经营而暂时缺货的，但为市场所需要的商品，可事先提出计划，经国营公司批准后，向市场进货。从市场购进商品的销售价格应遵照国家价格政策，按进货成本加合理的批零差价计算，报经国营公司批准后执行，或按国营公司规定的批零差率，自定合理价格出售。

第十五条 全行业绝大部分商户从国营公司购进的商品额虽尚未占到他们进货总额60%，但已同国营公司建立经销关系的行业，也应按本章各条规定办理。

向国营公司进货极为零星的行业和商户经国营公司的同意，可暂时不全部按本章各条规定办理。

第三章 代 销

第十六条 代销是国家资本主义商业一种中级的形式。代销商户按照国营公司批准的进货计划、销售计划和国家零售牌价或国营公司规定价格代替国营公司销售商品，赚取手续费。

第十七条 代销商户一般应是具有较健全的企业管理制度的商户或经合并的联营户。经营落后，企业管理制度不健全，屡次违法的商户，一般暂不接受为国营公司的代销商户。代销商户应遵守下列各项规定：

甲、代销商户须按代销金额向国营公司缴纳一定比例的保证金。保证金的比例暂由各地商业厅局根据不同地区，不同行业的情况加以规定。如资金短绌，确实无力缴纳保证金而有其他保证条件的商户，经主管国营公司审核批准，可暂不缴纳保证金。

乙、代销商品的各种损耗率暂由各地国营公司依照各专业总公司规定，根据不同商品、地区和时间的具体情况加以规定。代销商户须尽力减低损耗。对减低损耗有显著成绩的商户，可在手续费外另给一定的精神或物质奖励；对于损耗过大的商户，应酌予罚款。

丙、代销货款应按国营公司规定，切实执行。各地商业部门可根据具体情况和条件，规定当日结清，当日解缴人民银行的国营公司代销专户；或当日结清，次日上午解缴等办法。

丁、专业代销商户全部商品为国营公司代销的，一般非经批准，不得自营业务。

戊、代销一部分国营公司的商品又另有自营业务的代销商户，须将代销商品和国营商品分柜陈列，分别储存，并须建立代销专账。

凡是符合上列各项规定的专业代销户可悬挂“中国××公司××市公司××(商店原有名称)专业代销商店”等字样的招牌。部分商品代销的商户可悬挂“中国××公司××市公司××(代销商品名称)代销商店”等字样的招牌。

商号原有的字号招牌的处理同第十三条第三款规定。

第十八条 代销手续费暂由各地商业厅局根据不同行业、不同商品和不同时期的具体情况加以规定。在同一地区、行业和时期内一般应是同一手续费率。

第十九条 代销商户所经营的商品，是国家神圣不可侵犯的公共财产，代销商户必须严格遵守中华人民共和国宪法第一百零一条的规定，必须加以爱护和保卫，妥善保管。如有损坏、变质等情况须即照价赔偿。

第二十条 代销商户除执行总则第六条所规定的表报制度外，并须将每日的销货金额、数量和库存数量，按照规定的表格向国营公司填报，派有驻店人员或联络人员的专业代销户，可按国营公司的规定办理。

代销商户须接受国营公司驻店人员或联络人员的领导、检查和监督，不得借故拒绝。

第廿一条 代购商户原则上可适用本章各条代销的规定。

第四章 经批、代批

第廿二条 经批、代批是国营公司根据业务需要和私营商户的具体条件在少数私营批发商和大型零售商户中改造成为进行批发业务的国家资本主义商户。

第廿三条 经批、代批商户，按照国营公司批准的销货计划和国家的批发牌价或核定的批发价格，对指定的或未指定的商户进行批发业务，而赚取经批差价或代批手续费。并可悬挂国营公司经批、代批招牌。

第廿四条 经批、代批商户须遵照国营公司的指示，进行商品分配，不得有徇情营私行为。

第廿五条 有关经批和代批的其他事项，基本上同第二章和第三章关于经销和代销的各项规定。

第五章 附 则

第廿六条 对已同国营公司建立经销、代销等关系的城市小商小贩：如为已组织的联营商户，一般应适用于本办法各项规定；一般独立经营和联购分销商户，应根据具体条件采用本办法中的必需的和可行的各项规定进行管理。

本办法不适用于一般公私合营商业；但适用于公股比重小的或无公股代表参加管理的公私合营商业。

本办法不适用于经济情况特殊的少数民族地区。

第廿七条 各城市人民委员会可根据各地不同行业、不同条件，对本办法规定的各项制度采用逐步进行的办法，并可根据本办法的精神，制定具体补充规定。

第廿八条 本办法由国务院发布施行，其修改同。

二十二、国务院批转商业部、中华全国供销合作总社、中央工商行政管理局关于改进初级市场管理工作的报告

现将商业部、中华全国供销合作总社、中央工商行政管理局"关于改进初级市场管理工作的报告"发给你们。报告中所反映的问题值得引起注意,报告中所提的当前初级市场行政管理的基本任务及具体工作的意见也是适当的。为了加强初级市场的管理工作,以贯彻国家当前对初级市场行政管理的方针政策,希各地结合具体情况,研究执行。

目前初级市场存在的管理过严过死的偏向,必须迅速予以纠正,但同时也要防止因此而产生束手束脚不敢管理的现象。各地应在党委统一领导下,遵照党中央 1955 年 4 月 12 日"关于进一步加强市场领导、改造私营商业、改进农村购销工作的指示",加强对初级市场的管理,并注意加强对干部的政策思想教育工作。

附:关于改进初级市场管理工作的报告

今年 1、2 月间计委召开的第二次全国省、市计划会议,合作总社召开的农村私营商业改造工作会议,和商业部召开的商业厅局长会议,都提出了整顿和加强初级市场的管理问题。经我们会同有关部门研究,并约集部分省和县的工商行政干部进行了讨论,现将我们的意见报告如下:

当前初级市场在管理方面主要的偏向还是管理过严过死。有些地区不分主要物资与次要物资,不区别交易性质和管理对象,乱定规章,甚至随意宣布统购、禁运。这不但影响城乡物资交流和农民小土产的销售,助长了某些商品供求的紧张,也增加了安排和改造私商的困难,并招致农民的不满。但也有少数地区放松管理,形成自流,甚至听任私商抢购统购物资,个别地区在纠正管理过严的偏向后,又出现了束手束脚不敢管的现象。

形成这种现象的原因,主要是由于不少县、区干部从总路线宣传以来,对当前初级市场管理工作的任务和政策认识不足,强调了对私商限制的一面,没有认识到在社会主义商业已成为市场交易主体的新情况下,通过行政管理来配合国营、合作社商业改造私商,和利用私商活跃城乡交流的一面,特别对于巩固和发展国家粮食市场、组织和领导农民贸易的工作已是当前初级市场管理方面的一项重要任务重视不够。

其次,目前初级市场管理工作的范围和职责不明确,表现了某些混乱现象。有的什么都管,乱管,有的只是碰到问题临时处理,甚至不管,同时在制定市场管理办法和处理私商违法上也缺乏一定的制度。

最后,初级市场管理机构不统一,不健全。县工商科人少事多,对集镇的领导薄弱,在区和集镇上一般设有市场管理委员会,但多没有具体办事人员,以致往往流于形式,或形成多头。如合作社、税务所、国营公司、银行等都根据自己业务的需要进行市场管理。有的地方则无管理机构。

今后在全面安排市场,并对农村私商小贩逐步进行社会主义改造过程中,必须相应地加强对初级市场的组织与管理工作,明确初级市场管理的任务和工作范围,整顿市场管理机构。为此,特提出意见如下:

一、当前初级市场行政管理的基本任务是继续稳定市场,活跃城乡交流,严格取缔投机,保证国家购销计划的完成,并通过行政管理协助国营、合作社商业对私商进行社会主义改造。

加强初级市场的管理,在于使市场各种交易活动符合国家经济政策的要求,一方面要限制私商的盲目性和破坏性,另一方面还必须活跃城乡经济,保证工农业产品的正常流转。市场管理工作必须适应客观经济情况发展的要求,配合国营、合作社商业的经济措施。目前市场情况已有了很大的变化:市场已基本上稳定,社会主义商业已成为市场交易的主体,私人商业是居于从属的地位。在市场改组的过程中,新的交易关系已逐步建立,或建立的还不够完善,也就使城乡物资交流受到某些影响。在这种情况下,打击投机、限制私商的盲目性仍是市场管理的一个重要方面。但另一方面,也必须善于利用私商为城乡交流服务,并积极地推动它们接受社会主义改造,用行政力量来配合国营、合作社经济,建立新的交易关系和交易网。

初级市场是农村经济的中心,城乡商品结合、工农经济结合的桥梁。在初级市场上任何经济措施必然要涉及到农民。因此,市场管理工作要时刻注意贯彻巩固工农联盟的方针,关心农民的生产需

要、生活需要和对他们产品的收购。应当重视巩固国家所设立的粮食市场和组织农民贸易工作,这将日益成为市场管理的重要任务。

在进行市场管理工作中应注意研究、掌握市场变化和商品流转的规律,正确地估计社会主义商业在市场上的领导作用,使行政管理能够更好地配合国家经济措施。市场交易是十分复杂的,在具体措施上必须要区别主要物资与次要物资,区别管理的对象,区别交易的性质,分别不同情况来进行管理。

二、当前初级市场行政管理的范围和具体工作如下:

(1)通过行政管理,协助国营、合作社商业继续稳定市场物价。在价格管理上,对统购统销及专卖商品的价格应严格监督私商执行,对经销、代销的商品应监督私商遵守牌价,对其余商品可准许稍高或稍低于牌价。必要时对某些商品可通过"议价"的方式加以适当的掌握,但"议价"范围不宜过广(一般应经县人民委员会批准),并应使私商有一定的利润。

(2)贯彻国家各项物资管理法令,管理私商经营范围。

在物资管理上,对中央规定统购统销的物资和供不应求的主要工业原料应严格管理;对其他国家有收购任务的物资,应在保证国家收购任务的原则下,准许私商经营,或委托私商代购;对国营、合作社商业经营较少或未经营的某些零星工业品和小土特产品,应在国营、合作社商业领导下,推动和组织私商从事经营贩运。非经中央批准,不得对任何物资宣布统购或禁运。

初级市场的私商多系一揽子经营,不应强调专行专业,对私商的经营范围,应照顾习惯、季节性和经营特点,不宜限制过严。

有关限制私商购销范围、对某些物资如必须规定集中交易或实行证照管理时,应由省规定,或由县根据当地情况研究提出意见,经专署审查同意后,报经省人民委员会批准执行。

(3)防止与处理私商的投机违法行为,整顿市场秩序,管理度量衡器的使用。

对私商投机违法行为除应由法院处理者外,进行行政处分时,对情节严重需给予罚款、没收违法物品及吊销营业执照等处分,应报请县人民委员会批准以后执行;对情节较轻,或有明文规定的处分,区(镇)可作处理并报县人民委员会备案。

(4)会同有关部门管理国家设立的粮食市场。

国家设立的粮食市场(包括油料、棉花、土布等市场)是没有私商参加的新型的市场,必须进一步巩固与发展。在管理上,一方面要禁止私商参加交易,防止私商制造黑市,另方面应当协助有关部门,帮助农民进行互通有无的调剂,加强宣传教育,解除群众上市售粮的顾虑。

(5)组织与管理农民贸易。

农民贸易将是一种广泛的长期存在的贸易活动。对农民贸易应很好地加以组织,主要是指导农民参加各种集市,帮助他们解决推销、运输、检验、评级定价以及食宿等问题。对农民贸易不应硬性规定集中管理。应区别农民自产自销与农民贩运商品。对农民自产自销不鼓励其长途运销,但应照顾习惯和物资流转规律,不能硬性划定路线范围。至于贩运商品的农民贸易,将随着农业生产合作社、供销合作社和对私商改造工作的前进,而逐步缩小。但也不能操之过急,过早地不适当地加以限制和代替。

(6)领导与管理商品交易所,改进交易制度。

对交易所的组织,应进行必要的整顿。其无存在必要者,可予撤销。目前尚需存在者,应当精简机构,节约开支。对裁减的人员,要妥善安置;对现有的工作人员应加强政策思想教育。

(7)协助国营、合作社商业展开城乡物资交流,并组织私商参加小型物资交流会。

(8)对私商宣传政策法令,进行爱国守法教育,推动社会主义改造工作的进行。

(9)办理登记、发照、调查、统计及其他行政事宜(开歇业须经县工商科批准发证)。

(10)协助税务部门完成税收任务。

三、为了贯彻执行上述工作任务和改善初级市场的管理工作,各地应当结合当地具体条件,适当整顿和加强初级市场的管理机构。在区(镇)可组织市场管理委员会,以统一初级市场各有关部门的步调,由区长或副区长任主任,合作社主任或副主任任副主任,如设有区助理员者可担任秘书,吸收税收、银行、粮食、公安等有关部门的负责人为委员。对有关市场管理的重要事项,应通过市场管理委员会共同进行研究解决。有些地区已设有市场管理所、工商行政管理所、交易管理所等机构者,仍可根据需要保留并加强对其领导。

初级市场管理工作应尊重县、区党委的领导。

市场管理部门应加强对市场情况的调查研究工作，及时将重要情况和管理措施向党、政领导机关请示报告，并在党委统一领导下，进行配合协作，做好市场管理工作。

以上意见，如属可行，请批转各省、市、自治区人民委员会，结合具体情况，研究执行。

（选自《工商行政通报》第52期，1955年7月31日）

二十三、国务院第五办公室批转财政部关于对私营商业改造中征税问题的意见的报告

兹将财政部"关于对私营商业改造中征税问题的意见的报告"发给你们。请即按此执行，并希将执行中的情况与问题随时告诉我们。

附：财政部关于对私营商业改造中征税问题的意见的报告

私营商业经国家安排改造后，其业务经营已纳入国家计划，利润已受到限制，税收工作究应如何配合改造，各地反映甚多。此问题经五届全国税务会议讨论，一致认为税收必须配合对私营商业实行社会主义改造，但税收上的配合，一方面要有利于国家安排改造措施的贯彻，另一方面也要起限制和调节利润的作用，并适当地照顾国家的收入。根据上述精神，经与有关部门研究，拟将私营商业为国营、合作社商业代购代销（包括代批，下同）有关纳税的规定作如下的修改：

一、修改代购代销按进销货征营业税的规定。代购代销按进销货征税，原是为了限制私商利用代购代销形式，逃避国家税收；但经过改造后的私商，已转向国营和合作社商业进货，想利用代购代销形式逃税已不可能；同时现在国营、合作社商业委托私商代购代销，除国营、合作社商业本身仍交纳一道零售营业税外，在付给私商手续费中，一般都未再给私商安排零售营业税，如我们仍按进销货征税，私商无力负担，将增加安排改造的困难。因此，今后凡国营、合作社商业委托私商代购代销的商品，一律改按代购代销关系征税，即不分工业品、农产品，均由国营、合作社商业负责交纳零售营业税（私商代批已按加工商征过营业税的工业品，不再征批发营业税，零售营业税仍在零售后照征），对私商只就其所得手续费，按7%的税率征营业税（私商代销粮食及属于商品流通税范围的商品，其所得手续费，仍按原来规定不征营业税）。这样修改后，私商给国营、合作社商业代购代销同国营、合作社商业相互委托代购代销税负相同，有利于安排改造。至于私商相互之间委托代购代销，为防止逃税，仍照原来规定按进销货关系征税。此外，为了防止私商拖欠税款，并为了简化征收手续，对私商应征的税，已在原则上商得商业部和全国供销合作总社的同意，可以由国营、合作社商业在付给私商手续费时代为扣交，月终后汇总向税务机关交纳。具体办法再由省、市税务局与当地国营、合作社商业机构商定。

二、修改起征点的规定。这一规定当时原是对每月收入不多的小型工商业户及摊贩的一种照顾。但目前私商给国营、合作社商业代购代销所得的手续费，一般的每人每月都在20元至40元之间，如仍按原规定每月收益额不满60元者不征税，则绝大部分都达不到起征点，免税范围过宽；而且国营、合作社商业在安排私商的手续费时，已把手续费营业税因素考虑在内。因此，拟将原来按收益额征税的超征点作如下修改：(1)私商受国营、合作社商业委托代购代销每月所得手续费不满30元者免征。(2)一般未改造的小型工商业户及摊贩仍按原规定办理，即每月销货额不满90元、收益额不满60元者免征。

三、小商小贩经过互助合作化道路组织起来以后，除合作社已在核定其费用和利润时予以照顾外，并且由于货源有保证，银行贷款有优待，牌子比较吃香，营业情况一般都很好，它比未组织起来的小商小贩所得利润要多，经与供销合作总社研究，认为在税收上不必再予照顾，因此，对于组织起来的合作商店、合作小组拟均按独立单位征收营业税和所得税。

四、私营商业向国营、合作社商业批购零销或经销、经批国营、合作社商业的商品，应征各税仍按原规定办理。

五、在所得税的征收方面应坚决贯彻所得多的多收、所得少的少收，无所得的不收的原则。所得税的计算，如国营、合作社商业对被改造户的工资、费用已有安排标准，并经当地财经领导机关同意，可在安排标准内按实支数准予列支，如税务机关发

现有安排标准过高的,可提出意见,由安排机关考虑作必要的调整。对小型户的所得税可规定一定的比率与营业税合并征收,以简化手续。对于推销员、货郎担拟只就所得手续费征收营业税,免征所得税。

以上意见如属可行,拟请转批各省、市、内蒙古人民委员会财粮贸办公室布置执行。至于修改税法的规定问题,拟俟报告批准后,再由我部另发通知。

(选自《工商行政通报》第56期,1955年10月20日)

二十四、商业部部长曾山在党中央召开的资本主义工商业改造会议上的发言

(1955年11月23日)

我完全拥护毛主席10月29日在全国工商业联合会执行委员会委员的座谈会上的指示和陈云同志在这次会议上关于改造私营工商业的报告,完全拥护刘少奇同志、周恩来同志的发言。

党中央、毛主席英明地规定了对资本主义工商业采取利用、限制、改造的政策,通过国家资本主义的各种形式,把资本主义所有制改变为全民所有制,不采取没收资产阶级生产资料的办法,而采取向资产阶级实行"赎买"的办法;不是由国家另外用一笔钱向资产阶级的生产资料进行"赎买",而是在十几年时间里,从工人阶级所创造的利润中分一部分给资产阶级,逐步进行"赎买"。

6年来的事实证明,这个政策和办法是完全正确的。它保证了生产的恢复和发展,保证了城乡人民需要的供应,有利于我们进行有计划的工业化建设和对农业、手工业顺利进行社会主义改造。这个政策和办法,不仅对解放后新中国建设社会主义有极其重大的意义,而且对世界上殖民地、半殖民地国家的人民也有极大的启发和鼓舞作用。因此,毛主席说,不仅我们的农业合作化运动具有世界意义,我们对资本主义工商业改造的办法也具有世界意义,这是完全可以理解的。

党中央、毛主席在六中全会(扩大)作出了关于农业合作化问题的决议以后,紧接着提出对资本主义工商业改造的全面规划问题,这是党中央、毛主席根据既定方针,进一步改造资本主义工商业的又一个重要步骤,应该引起全党重视,并应该迅速定出全面规划,积极贯彻执行。现在我对城市私营商业全面改造的规划问题,发表一些意见。

(一)

1955年2月全国财经会议关于安排和改造城市私营商业的决定,已经基本上在全国范围内贯彻执行。据全国32个大、中城市的统计:1955年8月份社会商品零售总额中,国营商业(包括城市消费合作社)占51.51%,各种形式的国家资本主义商业占23.34%,私营商业占25.15%。这就是说:已经接近半数的私营商业分别纳入了各种形式的国家资本主义轨道,社会主义性质的商业和国家资本主义性质的商业已经占领了城市商业零售阵地的四分之三。从行业上来看,关系国计民生较大的粮食、油脂、布匹等统购统销商品,已经实行了全行业的经销、代销,百货、文化教育用品、肉类、烟、酒、西药、茶叶、石油、煤炭等行业也已经全部或大部分实行了全行业的经销、代销;在主要行业中,我们工作的薄弱点,是在蔬菜、国药、杂货和公共饮食业方面。经过了1955年春夏对城市私营商业的安排和改造,私营商业原来经营困难的情况已大大减轻,除上海、天津、广州等大城市由于社会商品零售额续有下降,一部分行业中人多事少,还存在着不同程度的困难外,多数城市的私营零售商业已经能够维持,不少的商店获得了利润,一部分较大的资本家商店由于资本多、牌子老、地段好、花色品种多,生意做得大,还获得了较多的利润。在安排和改造中,资本家的态度一般是接受改造的,其中有一批骨干分子,还起了一定的积极作用,但还有一部分资本家存在着坐待安排的消极情绪,还有抽逃资金、偷税漏税、抬价出售、掺假掺杂、短尺少秤、偷工减料、腐蚀职工,以至开除店员积极分子等抗拒社会主义改造的违法行为。广大店员职工则绝大多数是积极地拥护对私营商业的改造,愿意早日进入国营商店当职工的。他们在改善商店的经营管理、降低费用、监督资本家的违法行为方面,起了大的作用。在资本家商店内部,阶级斗争已经进一步深入;在不少代销商店中,店员职工在国营商业的支持下,已经掌握了或者部分掌握了商店的领导权。特别是在少数商店开始公私合营以后,职工在协助国营商业领导和团结资方、改善经营管理等方面起

的作用更大。在城市私营商业中，除了资本家商店外，还存在着为数很多的小商小贩，他们对经销、代销一般是欢迎的，多数人对组织合作商店和合作小组的办法是拥护的，有些城市已经组织了一部分合作商店和合作小组。但由于小商小贩为数很多，而又分散，我们对他们的管理和教育尚未深入，因此，投机违法行为还相当普遍。8个月来对私营商业安排和改造的情况说明：1955年2月全国财经会议安排和改造私商的决定是正确的，各地在执行中，虽然在不同地区、不同行业中曾经发生过一些偏"左"偏右的现象，但总的说来是健康的。把私营零售商全行业纳入经销、代销的做法，曾经有效地解决了我们在掌握批发环节以后对私营零售商利用不够、社会失业增加、消费者购买不便等矛盾，并把私营零售商初步纳入了国家计划的轨道，限制了他们的投机活动和剥削范围，为今后进一步改造私营商业开辟了道路。但是从各地的实际经验看来，只采用经销、代销的办法，显然已经不能适应目前商品流转的需要和进一步改造私营商业的要求了。目前各地普遍发生公私比重计划不易贯彻，私营大商店和小商店之间的营业额不易平衡，有些较大的资本家商店得利过多，有些小商小贩仍然不易维持，商业网设置不合理，对私商的政治工作难于进行，许多经营小商品的行业难以归口管理，等一系列的新问题。所有这些，说明只采用经销、代销办法已经不能适应目前客观的需要。这种情况，迫切要求我们进一步提出改造私营商业的全面规划和办法。

（二）

根据以上的情况，我认为党中央对私营工商业改造的政策是十分明确的。现在摆在我们面前的改造私营商业的任务是：如何把这样广大的分散的城市私营商业进一步组织起来，逐步消灭商业范围内的资本家所有制和资本主义剥削，逐步把他们改变成为社会主义的全民所有制。关于这个问题，必须根据党中央、毛主席的指示和此次陈云同志报告的精神，作出一个全面的规划，并加以贯彻执行。目前社会主义工业建设和对资本主义工业的社会主义改造正在大踏步地前进，农村中合作化运动的高潮已经到来，对资本主义商业的社会主义改造，必须保证做到与工业、农业的社会主义改造相适应，务须争取做到不落后于工业和农业的社会主义改造。因为只有积极进行对资本主义商业的社会主义改造，才能适应今后数年内社会生产力迅速增长、社会商品流转额迅速扩大和人民物质生活日益增长的情况，才能保证城乡间、工农间商品交换的不断发展，保证城乡和新建工矿区的物资供应，保证在许多日用消费品特别是副食品继续供不应求的情况下稳定市场物价，安定和逐步改善城乡人民的生活，才能有力地配合对资本主义工业和对农业、手工业的社会主义改造。否则，商业工作就不能适应社会主义建设和社会主义改造的要求，而成为社会主义工业化和农业合作化的绊脚石。目前，全国社会主义工业化，农业、手工业合作化和对资本主义工业进行社会主义改造的迅速发展，已经为商业的社会主义改造提供了极为有利的客观形势，社会主义的批发商业已经占了市场批发商品总额的90%以上，社会主义的零售商业已经超过了市场零售商品总额的一半，我们在改造私营商业上，已经具有了强大的物质力量和一定的工作经验。全国国营商店、资本家商店的广大店员职工和多数小商小贩，是热烈拥护对私营商业的社会主义改造的；全国的广大消费者，特别是广大的职工群众和劳动农民，是积极赞助对私营商业的社会主义改造的。以上这些，都是我们积极进行对私营商业的社会主义改造的有利条件。当然决不能说，在改造私营商业的过程中不会遇到困难。应该看到：改造私营商业，是要消灭剥削，改变所有制，斗争是尖锐的、复杂的，困难是不少的；但是只要我们遵照党中央、毛主席所指示的"全面规划、加强领导"的方针，遵照陈云同志在此次会议上报告的六项办法，充分地发动并依靠全体职工努力工作，困难是可以克服的。

（三）

对城市资本家零售商店进行社会主义改造的基本形式是通过全行业的公私合营过渡到国营商业。这是一种最好的过渡形式。北京市已经有棉布、百货两个全行业公私合营，上海已经有绒线全行业公私合营试点成功的经验。全行业的公私合营，包括以下内容：(1)大、中城市在商业局领导下，由原有的国营专业公司担任改造私商、调整商业网和领导公私合营的任务。原来没有国营专业公司的，可以另行成立专业公司。通过专业公司的领导和推动，加上职工的要求督促、工商联合会和同业公会的协助和资本家中间一部分积极分子的活动,把全城市所有的资本家商店全行业组织成为公私合营零售商店。专业公司同时要成为这个城市一个行业或几个行业的国营零售商店(包括消费合作社)、公私合营零售商店、合作商店、合作小组和私营零售店的总领导机构,并应加强对这些零售商店供应商品的批发业务。(2)资本家所有的资本,包括固定资产与流动资产在内,一律折价在公私合营商店入股,按股给以固定的股息。公私合营商店的一切营利,除上述固定股息分配给资本家个人外,其余一律作为国营商业的积累,上缴国库,不再分红。职工福利金和奖励金由公私合营商店按国营商业的办法支付。实行这种定息办法的好处,在于使资本家的资本收入和他们的企业经营相分离,既便于我们充分发挥公私合营企业的效能,而又不致使资本家所得的利润增大,并便于按照消费者的需要全盘调整商业网。(3)国营商业必须切实地掌握对公私合营企业的领导权。在公私合营企业及其门市部中,必须由国家派去的干部或由职工中提拔的积极可靠的人员担任经理或副经理、会计科(股)长和政治工作人员,并妥善地安置全部实职人员,包括资本家和资方代理人等的工作。对资本家中间有代表性的进步的人物,亦可给予董事、经理或副经理、科长的职位或其他适当的地位和待遇。(4)全行业的公私合营必须和全盘调整商业网相结合。在全行业公私合营后,应按照消费者的需要和商品性能对全市的商业网设置作出全面规划,有步骤地进行调整,逐步改变目前商业网设置上不合理的状态,做到有利于扩大商品推销,便利消费者购买。在商业从业人员过多的城市,商业网的设置可以从宽,即按照社会主义节约的原则只需要设置一个商店的地方,可以暂时多设置一两个商店,同时也要防止过多的设置商店,浪费国家的资金和财力。在一个城市中,不仅可以一个行业成立一个全市的专业公司,而且可以考虑两三个行业合并成立一个专业公司;不仅可以组织专业商店,而且可以按照消费者的需要和习惯组织综合商店。在小城市中,可以考虑把若干个行业合并组织成为两个或三个综合性的专业公司,分别设置专业门市部和综合门市部。在调整商业网的时候,应当充分利用私营商店原有的房屋和设备,除新发展的工矿区外,一般不应增添新的房屋和设备。

除了公私合营的形式以外,通过代销把资本家商店直接改为国营商业的形式也是可以采取的。这种形式包括以下内容:(1)资本家商店全部或极大部分代销国营商业的商品,资本家的流动资金以保证金形式存入人民银行或转入公私合营投资公司,给以利息或定额股息。(2)由国营商业派代表参加经营管理的领导,进行监督,并由国营商业代表、资方代表和职工代表共同组织经营管理委员会,通过这种管理机构掌握这个商店的领导权。经过一个时期后,在职工的要求督促、工商联和同业公会的协助和资本家中一部分积极分子的同意下,把代销商店改为国营商店,由国家租用它的合用的设备,录用它的工作人员。天津已经有一部分粮食代销店通过上述形式改成了国营商店。

在城市中,除了资本家商店外,还存在着人数很多的小商小贩,对他们进行社会主义改造,应当同资本家商店有所不同。

对小商小贩中间的座商,可以分别采取不同的办法,对他们进行改造。在棉布、大百货、五金等资本家商店很多的行业中,可以采取吸收他们加入公私合营商店的办法,这是北京组织棉布全行业公私合营时所采取的办法。他们的资金可以折价入股,给予定额股息;他们本人可以加入公私合营商店为店员;凡过去实际参加商品流转劳动的小商人家属,应按具体情况给以安置(不宜于参加工作而生活困难者,由公私合营商店给以必要的补助)。经验证明,在参加公私合营商店时,小商人虽然关心他们的资金如何处置,而更关心的是他们本人的工作和家属的生活问题,只要我们能够吸收他们当店员,按照国营商店的店员工资标准评定工资,并对他们中间实际参加商品流转劳动的家属适当安置,他们中间多数人是愿意接受社会主义改造的。在蔬菜、屠牲、饮食等行业中,资本家商店很少,主要是小商小贩,资本一般比较小,对他们的改造,可以采取在国营专业公司的领导下,把几户或者更多户数的小商店联合起来,组织成为合作商店的办法,这是重庆市把屠牲业全行业190余家组织起来所采取的办法。他们的资金可以折价作股,给予定额股息,不另分红;他们本人可以参加合作商店工作,工资多少和他们的家属如何安置,由他们在专业公司的领导下协商解决;合作商店的纯利,除纳税外,可以参照国营商店福利金的数额,提取一部分公益金和奖励金,归他们自己支配,剩余部分全部作为公积金,存入国营专业公司,经过国营专业公司批准后,可以提取公积金的一部分,作为装修门面、增添设备之用，在合作商店解散或过渡为国营商店时，此项公积金亦不再发还。此外，还可以根据各城市小商小贩中间座商的具体情况，采取其他适宜的形式，进行社会主义改造。

对摊贩的社会主义改造，一般可以通过合作小组的方式把他们组织起来，经过一个时期，过渡为国营商业的店员或国营摊贩。国营商业应当按照摊贩所经营的商品的性能，按照消费者的需要，分别决定吸收他们成为国营商店的店员，或者在指定的国营商店领导下，划定活动的区域，成为流动的或固定的国营摊贩，推销国家的商品，给以一定的计件工资形式的手续费。这种以计件工资的形式给手续费的办法，有促进摊贩积极推销商品的好处，因此应该广泛地采取。在城市摊贩中，有一部分人适宜于较长期地保留合作小组形式（例如饮食业流动摊贩），也可以较长时期地保留，不必急于去把他们改造成为国营商店或国营摊贩；有些经营零星商品，又是很分散的固定摊贩和经营很次要的零星商品的流动摊贩，可以先把他们组织合作小组，安排经营、安定他们的生活，不必急于去把他们改变为国营摊贩。由于城市摊贩的生活目前一般还很贫困，他们的收入是很不稳定的，只要我们采取上述办法对他们进行改造，他们中的绝大多数人是会积极地接受改造的。

对资本家商店进行改造的过程中，必须从政治上和经济上造成有利于改造的形势，迫使资本家接受社会主义改造，同时，必须采取企业改造和人的思想改造相结合的方法。即一方面要在公私合营以前，对资本家和他们的代理人充分地进行宣传教育工作，鼓励他们爱国守法，接受改造，并在他们中间培养与选拔积极分子，越多越好，使他们起一定的带头作用、骨干作用和桥梁作用，协助我们推动与组织对私商的改造工作。另一方面要在公私合营以后，给他们以适当的工作岗位，经常同他们接近，对他们进行教育。他们在工作中遇有困难，要协助解决；他们工作做得有成绩，要给以鼓励；他们有缺点，要诚恳地对他们进行批评和教育，要使他们感觉到，我们对他们是仁至义尽的，他们应当精神愉快而努力工作。如果发现他们有错误时，还应推动在他们内部展开批评和自我批评。采取这些办法，使他们能够从实际工作和教育中，得到更多的改造和更大的进步。对小商小贩的改造，更应当采取说服教育的办法，对于确实一时不愿参加公私合营或者不愿组织起来的少数人，应当耐心地等待一下，目前不要急于强制他们参加，对于他们照旧供应货源，让他们经销、代销国营公司的商品。等到全行业合营已经基本实现以后，这些不愿参加的少数人的问题，也就比较容易解决了。

当然，由于改造私营工商业是一个最后消灭剥削阶级，改变所有制的阶级斗争，因此资产阶级中间必然有一部分人要来阻碍改造，我们必须采取各种有效办法，从各方面努力来克服这种阻碍。也应当估计到，其中必然有少数反革命分子，会用各种各样的办法来破坏社会主义的事业。因此，我们必须提高警惕，加强政治工作，严密各种制度，以防范这些反革命分子的破坏活动，并及时发现和清除他们。

（四）

对私营商业进行社会主义改造的步骤，应当从主要行业入手。所谓主要行业，就是指：(1)目前商品供不应求的行业，(2)资本家商店较多的行业，(3)对国家重要建设、国防建设、国计民生和人民供应关系较大的行业。这就是说，在1956、1957年两年内，首先应进行各主要行业的改造。据我们的初步考虑，要求在1957年底以前，将城市中全部（或接近全部）资本家商店改造为公私合营商店（其中一部分可通过代销直接改变为国营商业），将小商小贩中的座商部分的70%以上改造为公私合营商店或合作商店，将小商小贩中的摊贩部分的50%以上组织成合作小组，其中一部分通过合作小组的形式直接过渡为国营商店的店员或者过渡为国营摊贩。在1961年底或1962年底以前，公私合营商业，争取基本上过渡为国营商业，小商小贩中的摊贩部分争取95%以上可以过渡为国营商业店员和国营摊贩或组织成合作小组，还剩下一小部分经营很零星的商品的摊贩和很小的饮食业摊贩，以后继续加以改造。小商小贩中的座商部分将全部（或接近全部）改造为国营商店或合作商店。

目前还有一部分小批发商和二批发商（约占市场批发总额的9%）尚未进行改造，有些已经代替了的批发商从业人员尚未吸收安置。对这些批发商的改造，应当和对零售商的改造同时进行，就是说：一方面要发挥这些小批发商原有的组织零星商品流转的长处（如北京市东晓市场的小批发作用），同时要完成对这些小批发商和二批发商的社会主义改造的任务。

在改造私营商业的时候,除了着重人的思想改造外,需要特别注意的问题是:要做到质和量并重。毛主席指示:在农业合作化过程中,要做到"三不叫"。我们在私商改造的过程中,务必做到使这些已经经过改造的行业,不仅不减少经营商品的品种,而且应该增加经营商品的品种,特别是过去由私商、小贩去采购的零星商品,国营商店和公私合营商店也应当同样去继续采购;不仅不应该降低对消费者服务的质量,而且应该提高对消费者服务的质量;不仅不应该妨碍商品流转的扩大,而且应该有利于扩大商品流转。因此,在着手改造一个行业的时候,必须事先经过调查研究,进行周密的布置,经过充分的准备工作;在改造过程中和改造完毕以后,必须对改造工作的质量,进行详细的检查,规定必要的制度(对于私营商店原有的制度中有利于扩大商品流转和提高服务质量的部分应加以保存,不应随意取消),及时地克服工作中的缺点,规定改进工作的办法,达到改进工作的要求。

(五)

在进行社会主义改造的过程中,对资本主义商业(包括资本家商店与小商小贩)现有的从业人员,除本人不愿参加工作或有政治问题者外,原则上应当采取全部包下来的方针。但目前全国各大、中城市商业从业人员,总的说来是多的,而且分布极不平衡。在上海、天津、广州等地,一般是人多事少,安置不下,在边远省份,特别是新工矿区和扩建规模很大的城市,则人不够用,需要招收新人员。有些行业人浮于事,有些行业人员不足。因此在改造过程中,除商业人员过多的城市必须尽量在本地安置外,还必须同时进行规模相当巨大的人员调配工作。建议党中央和省、市党委规定各地商业部门除了党委调给的领导骨干外,招收新人员时,必须首先招收现有的商业从业人员;并建议党中央规定对上海、天津、广州过多的商业从业人员,在中央组织部领导下,由中央商业部、中央劳动部负责进行全国性的调配;各省商业厅在省委、省府领导下对本省内现有的商业从业人员,则在本省范围内进行调配。在今后数年中,必须将沿海大城市中过多的商业人员陆续迁移一部分到边远地区和新建的工矿区,以充实与发展这些地区的商业。

改造私营商业需要大量的干部。干部的来源除首先从商业部门本身解决外,我们要求城市党委给增调一部分坚强的党员领导骨干。为了做好对城市私营商业的改造工作,我们要求各省委、市委加强对商业工作的领导,加强党对商业工作的方针、政策、政治工作和经营管理的领导。

以上各点是否妥当,请中央和各位同志指正。

二十五、私营商业改造领导小组关于处理债权债务问题内部掌握的原则

(1956年2月19日)

公私合营商业的财产清点估价及复查工作已经结束,目前主要的工作是处理合营企业的债权债务问题。而债权债务的处理工作,关系到每一个资本家的切身利益,牵涉面广,情况复杂,是一场艰巨的复杂的斗争。因此,在处理的过程中必须贯彻中央既定的"宽"与"了"的精神与"公平合理,实事求是"的原则,以利于对资本家进行教育和改造。

债权债务的处理,除根据上级指示的各项原则进行外,现就几个主要问题提出如下的初步意见,作为内部掌握。

关于债权方面

一、应收账款。应收账款一般是指商场买卖赊销后的应收货款。应收账款情况复杂,如按时间划分有新欠和旧欠;如按类型划分有工业欠、商业欠、手工业欠;如按地区划分有国内欠和国外欠。债务人一般有四种情况:(1)有能力归还;(2)虽有能力归还,但归还后会影响经营;(3)归还后则成破产户(业不抵债);(4)因已歇业、逃亡、扣押或下落不明而无法归还者。债权人也有几种情况:(1)本企业有资金,债务收不回对企业经营影响不大者;(2)目前资金周转有困难,如债务收不回则影响企业经营;(3)债务不收回则成破产户(业不抵债)。根据以上情况来看,债权债务牵连到工业、手工业及商业,情况极为复杂。目前全国各地对资本主义工商业进行了全行业公私合营,因此私私之间的债务,大部分亦是公私合营之间的债务,如果每户均以现金进行清理,则会发生先收回债权,抑先清还债务的问题,互相牵连,引起混乱。因此,为了减少工作的复杂性,可采用下列办法:

1.偿还债务后不影响经营者,全部以现金清还。

2.偿还债务后对经营有影响者,如债务人属商业、饮食业、服务业的定息户者可采用持债入股办法。(即将债权人的应收账款投入债务人的企业,定股计息)

3.债务人属商业、饮食业、服务业的非定息户,具体情况分别处理,原则上由原企业资方进行催收,有困难者双方协商解决。

4.债务人属工业或手工业者,原则上应全部归还,由原企业资方负责催收,如清还后影响生产者可作为合营企业的债权,经双方协商分期分批归还,收回始计息。

5.债务人确实破产(包括破产、逃亡、扣押等),经提出证明,不能收回者,作呆账处理(协商时暂列作待处理财产),经工作委员会批准后,可在资产负债表中剔除,不列作投资。

二、职工欠款。原则上一律清还,现在有能力的现在归还,目前有困难可分期分批归还(时间不宜过长),如分期归还仍有困难的,由劳资协商解决,减还部分或全部免还。

三、资方透支,应分不同情况处理:

1.属于抽逃资金性质的,原则上应偿还,可以从合营前未分的股息红利或盈余滚存中清偿,如仍不足,也可在合营后由其股息项下扣还,"五反"前抽逃者,处理从宽。

2.属于本人生活确有困难而透支的,目前无法偿还,可在合营后的股息项下分期偿还一部,或全部免予偿还。

3.小厂店资方,无固定工资,家用与企业开支不分的,一般可免予偿还。

关于资方借支原则上应全部归还企业作为私股股本(不得以减少股本作为清还),如目前归还确有困难,资方申请并详述情况,经协商小组研究同意,可由资方立据分期归还或在股息与未中签公债利息中分批扣回;如确属生活困难,无能力清还的,由协商小组提出意见,经工作委员会审查批准,可酌情减还或免还;如资方借支确用于土改退租退押而现在又无能力归还的,可免予清还,但要减除其本人股本。

四、抽逃资金和账外资产及海外资金的处理原则:

对于私营企业隐匿的敌伪财产、抽逃资金、在海外的财产,可以责成资本家自行清理报告,从宽处理。对于隐匿的敌伪财产,原则上按资本家自行清理报告的资财和数目作为公股。对于抽逃的资金,资本家报告以后,能归还的归还,不能归还的要资本家承认错误,免予归还。在海外的资财能够调回的,鼓励资本家调回;调回以后,原则上转为投资,也可以给资本家留下适当部分,由他们自行支配,实在不能调回的,不要追逼。

资本家自行清理报告上述隐匿敌伪财产和抽逃资金行为的,免予处罚。

对企业账外资金一般应教育资方,动员其主动调回增资,争取立功;对仅有怀疑,查无实据者,不得盲目乱追,以免造成混乱;对海外资金,如属海外联号性质,在国内企业合营时,在海外的企业,一律不要处理,凡通过联号关系将国内资金抽逃到海外者,可经过教育,动员资本家自动调回,调回前列作待处理财产,但属于正常业务往来性质者,不在此限,应注意加以区别,以免影响对外贸易及侨汇,凡属海外资金处理,必须征得外贸、侨务、银行部门同意及当地党委批准。

五、各种预付款。应查明性质,如继续有效的预付费用(保险费、房租等),预付货款等,可转作合营企业债权,并作企业投资计息。其他则参照第一项原则处理。

六、公债、有价证券、短期投资的处理原则:原私营企业资金购入之公债,在合营后仍列为私股股金,但在未还本前应作为闲置资产,暂不分股息,公债利息则归私方,及至该项公债还本投入合营企业时,方予分息。至于资方用个人工资及分得股息红利或其他私人财产购置之公债,则归个人自由支配。

七、存出保证金(如水电按金等)。如合营企业需用者,转作合营企业的存出保证金。如合营企业不需用者,由原企业按契约规定收回后作投资。

八、对外投资。如属投资于国内商店企业者,一律不再转回本企业核资计息,只作本企业私股对外投资。如属海外投资(包括港澳),按闲置资产办法处理。

九、暂付款、其他应收款。应分别性质,迅速转账,如一时无法清结者,经查明属实可转作合营企业的债权,并作私股投资。

关于债务方面

一、银行借款、欠国营公司货款。一律由原企业如数清还，目前确有困难，一时无法偿还者可转作合营企业负债。

二、应付五反退补，根据以下原则处理：

1.资产大，五反退补数少，转公股后资本家仍有相当股份者，所欠之五反退补全部转为公股。

2.资不抵债者，按其清产核资后实际资本额结合资本家的具体情况（资本大小、资方表现，在工商界的代表性等）留一部分作为私股，部分转为公股，不能清缴之五反退补则予减免。

3.资产确实很少，合营后全部作为私股也没有多少的，原则上不转公股，所欠退补数减免。

4.凡五反定案的逃资套汇，在合营清产核资时可结合企业具体情况处理：如查明能调回者，可动员其调回，调回后除外汇交回国家外，可作为企业投资，如查明确无法调回者，一律予以减免。

5.对无力退补的判刑劳改、公开管制的反革命分子、刑事犯、地主阶级分子以及故意逃往港澳者不公开减免，仍应作内部存记挂账处理。

6.处理以上问题时如遇资本家对五反定案有意见时，不要直接答复，要摸清情况提出意见交五反处理组，由五反处理组处理。

7.以上处理均由各工作队提出具体意见报经工业、商业、交通运输业私改办公室批准通知五反处理组，并办理具体减免和转公股手续。

8.凡已决定减免的工商户，一律由五反处理组通知有关领导公私合营单位召开退补户会议公开宣布减免，并发给减免证。

三、关于欠税问题，根据以下原则处理：

1. 私营工商业所欠税款（包括违章罚金），属于合营前的应由原企业负责交清。

2.企业有流动资金，缴税后不影响生产经营及定股者，应全部交清欠税。

3.属定息户企业缴清欠税有困难者（在税务上又同时有新欠旧欠，包括营业税、所得税其他各项税及违章罚金等），应根据“旧欠从宽，新欠从严”；“罚款从宽，税款从严”，“营业税从严，所得税从宽”的原则，并参照其一贯的表现，按下列规定适当减免或转作公股投资。

(1)资产大，无现金。如将欠税转作公股后，资本家仍可保留一定的私股投资者，其所欠税款应全部转作公股投资。

(2)有资产，现金不多，除将现金缴税外，其余欠税转作公股投资；但如果因此引致资本家股金过少时，可酌情将所欠税款减免一部分或全部。

(3)如因工作委员会批准应收账款，作呆账处理或批准减免其他费用（如房租、工薪等）而影响企业所得时，其已核定的税款，一律不退不补。

(4)滞欠税款处理范围不包括1955年所得税及1956年合营前各种税款在内。上述税款应全部缴清。

按以上处理原则，由各工作队提出具体意见及数字，征得经管税务局（所）同意后，报本公司私改办公室备案。如双方意见不一致时，应加具意见报商改办公室债权债务处理小组研究决定。由税务局（所）办理入库、减免及转作公股投资等具体手续。

总之，上述对公欠款的处理，原则是凡所欠银行贷款，国营公司货款等，应如数清退；欠国家税收、罚款、五反退补，自查补报，如属计算过苛，处罚过严，或证据不足，属于明显不合理部分，应主动减免（但不宜公开纠偏）；至于合理税收、罚款、退补等，则应严肃追缴。但其中确有困难或以后表现良好者，亦可依税法酌情减免，罚款及退补等的处理，更宜从宽。

四、股东垫款，应动员其转为投资。如股东生活确有困难或另有债务者，可允许酌量退还，或转为合营企业的负债，协商分期归还。如属向亲友借来的垫款而必须归还的，原则上予以退还。如股东的亲友愿意投资者，欢迎其转作投资。（如果债权人不是资本家，债权转作投资的时候，不可将他们的成份改变为资本家。）

五、应付费用

1.应付房租。欠房租的情况很普遍，数字大，牵涉的阶层较多，加上有部分小业主是靠房租维持生活的，所以在处理中首先由原企业资方与业主双方协商解决，不能解决者，应分别不同情况不同对象予以妥善处理：

(1)欠公的房租，如属公逆产及代管部分，根据企业具体情况全部归还转作公股或酌情减免。如属代理部分原则上应归还或分期归还。

(2)欠资本家及本企业资方的房租，原则上动员其转作投资，如生活有困难，可协商分期归还部分。

(3)欠置业公司的房租，可动员用转账入股办法转作投资。

(4)欠华侨（侨眷）、小业主的房租，应如数归还。如房东以收租为生，但企业目前归还有困难者，由原企业与房东协商分期归还。如企业归还有困难而房东又有其他生活费用来源者，如本人自愿，可同意其持债入股，但不得勉强。（其投资按解放后华侨投资办法处理，如果债权人不是资本家，债权转作投资时，不可将他们改变为资本家）

2.应付工薪。处理时可根据几方面的情况考虑：(1)属新欠抑是几年积欠的；(2)过去工资水平是否合理及过去企业的营业情况；(3)对象的生活情况；(4)目前的企业经营情况等。按分期归还、放弃或转作投资等办法处理：

(1)应付资方工薪，原则上应动员其转作投资，如其生活困难，可协商归还部分或全部。

(2)应付职工工薪，在生产正常情况下所积欠工资而工资又不是偏高者，一般应如数清还，如过去工资偏高或虽不偏高但因营业不好而积欠的，经劳资双方协商，取得工人同意者可适当减还一部分，但应保证清还。

3.应付文教费、失业工人救济金、工商联会费。如确有困难者，可通过协商，取得当事双方同意，可酌情减免。

六、应付账款。可参照“应收账款”的原则处理。

七、暂收款、各种预收款。应迅速处理或转账，结束本账目。如目前无法了结而合营后继续有效的经查明属实，可转作合营企业负债或转作对方投资，冲抵私方股份。

八、公积金。原私营企业公积金一般转为私股投资。（但账面为公积金，实际上来源不属于公积金的，可按具体情况另行处理。）原企业原有公股，应当按原来的公股股份的比例，转作公私双方对合营企业的投资，如原企业工人福利较差的，可适当提取10%至15%作为工人福利。

关于业不抵债户的处理

业不抵债户经过以上办法处理后，估计大部分可保留部分资产，参加合营。如仍业不抵债，而资方在工商界中又有一定的代表性，或是先进核心分子应予以照顾，酌情保留部分资产，投入合营企业。但确需破产者亦可采取“破产办法”处理，其全部职工与资方实职人员应由归口公司负责予以安排。凡属破产户，由工作队提出具体情况和处理意见，报市商改办公室批准后执行，一般尽量不采取破产办法处理。

关于股权的清理

在清理原企业的债权债务过程中，对原企业的股权也应进行清理。清理办法，各公司可根据具体情况参照棉布与进出口行业清产核资办法定出股权清理办法。

对职工股金的处理，应根据下列原则处理：

1.职工股金如系劳动所获（如将资方积欠之工资转作股本或作为被雇用条件所入之股金等）应予清还，如数量较大，一次退还影响企业生产经营，可分期分批退还。

2.资本家收买拉拢工人所奉送股份，如实有资本者，可教育工人献股；如属实无资本的干股、红股，应对工人进行教育，予以取消。

3.职工股金如系家庭遗产，其股金来源属于劳动所得，可以退股；如属祖先为资本家而遗予者，可以动员其献股，其中家庭生活困难而本人要求退股者，亦可退股。

4.职工退股应以自愿为原则，个别职工由于觉悟不高，不愿退股者，应予等待，加强教育，不得强迫。

以上各项处理原则，如与上级规定有抵触者，一律按上级规定办理。

二十六、关于私营商业社会主义改造问题的几点说明

（1956年7月商业厅局长会议讨论私营商业社会主义改造问题的小结）

1956年下半年对私营商业进行社会主义改造，主要应贯彻执行陈云副总理对于全国私营工商业改造汇报会议的总结。此外陈云副总理在全国人民代表大会上的发言和1956年4月中共中央批转的商业部党组关于改造问题的报告，也都说到了一些在陈云副总理总结中没有说到的问题。这三个文件都是适用的，应当以总结为主，以其他两个文件为补充，应当综合起来看，不应当分割来看。

商业厅局长会议的讨论中，大家提出了在执行中的不少具体问题。根据大家讨论的结果，作以下几点说明。凡是陈云副总理总结中已说到的问题，一般不再重复。

(一)关于夫妻店和小商贩问题

(1)今年3月厅局长会议，解决了小商小贩的

一个重要问题，即小商小贩在什么条件下可以集中、合并，什么条件下需要分散经营的问题，充分地估计了小商贩在商品流转中的作用，这是正确的。但小商小贩的另一个重要问题没有得到解决，这就是：分散经营的小商小贩，在货源上、资金上、税负上，组织起来走向社会主义上还存在着问题，如果不解决这些问题，小商小贩的生活和改造问题就没有彻底解决，也就不能正确地发挥他们在商品流转中的作用。在3月厅局长会议上，我们把小商贩的困难看成只是季节性的困难（这是存在的）和由于城乡市场的分割所造成的困难（这也是存在的），而没有充分认识在全行业公私合营后，小商贩的经济地位已经起了根本性的变化，工业、手工业、农业和较大的商业已经公私合营或合作化了，小商贩的货源必须依靠我们去供应（由我们直接供应或代为组织），银行信贷和税收制度必须彻底改变，小商小贩的社会主义要求还没有满足，因此必须积极组织合作小组（那时我们把它叫做互助小组）。陈云副总理在全国人民代表大会的发言中指出："这些小商贩困难来自两方面：一方面因为公私合营商店和合作商店的营业额的扩大，不仅包括了本年度比上一年度社会零售额增加了的部分和国营商业、供销合作社让出的部分，而且包括了那些从代购代销的小商贩营业额中挤出来的部分。另一方面是因为国营商业、供销合作社在这次社会主义改造的高潮中对小商贩的营业没有很好的照顾，缺乏全面安排，而且在小商贩的营业额开始下降的时候，也没有引起足够的重视，没有及时加以解决"。这个分析和批评是完全正确的。

（2）对全国240万户小商贩的基本的组织形式采取合作小组的形式。这种合作小组就是中共中央批准的商业部党组报告中所说的互助小组，当时规定的互助小组的几项任务也完全适用。合作小组可以"联购分销，各负盈亏"，也可以"分散经营，各负盈亏"。在经济上需要"联购"的就"联购"，不需要"联购"的就可以不"联购"。要把这种合作小组，同过去我们组织过的"联购联销，共负盈亏"的合作小组（实际是合作商店）加以区别。各地现有的各种名称，可以统一，但如群众已经习惯于原有的名称（例如在城市中已经有许多小商贩挂上了公私合营的招牌，实际上还是分散经营，各负盈亏），也可以不统一。但在性质上是必须区别的。

（3）合作小组的组织步骤，目前应着重从困难行业和困难户着手。争取在今年三季度末以前，基本上把困难行业和困难户组织起来（少数小商贩人数很多的地方时间可以长些），在今年年底或明年一季度末，把现有的全部小贩基本上组织起来。组织时，要根据自愿的原则，分期地、分行分业地逐步进行。

（4）中心店一般可以不专设，指定某一个国营批发部、国营零售店或公私合营零售商店为中心店，设置专人负责，管理若干个合作小组。每个中心店管理的合作小组不宜过多。少数行业可能也还需要专设中心店。在小城市中也可以由一个公司（例如贸易公司）来统一领导各个合作小组中心店。中心店的人员开支，应由专业公司贴补。

由国营零售商店、公私合营零售商店兼营的中心店可以办理代专业公司向小商贩转批商品的业务，由国营专业公司给予手续费。但小商贩有些货源，是需要自己进货的，或与中心店经营的商品品种不合的，因此中心店除了直接供货外，还需要帮助小商贩组织货源，由小商贩自己去进货。

有些地方主张分区成立专门对小商贩的综合批发店。好处是使小商贩不必多头进货，缺点是增加一道批发环节，而且品种不易齐全。我们认为可以先选择一两个商品复杂的行业（例如食品杂货）试办一下。

有不少城市曾有小批发商或小批发市场，在公私合营后，应当保存或恢复其中必要的部分。它的作用是：（1）向外地采购零星商品供应当地需要。（2）经营一部分当地小商贩需要的商品的二批发业务。

各地中心店的设置方法不必统一，可以根据本地情况自行决定。只要能实现陈云副总理总结中规定的任务，又在可能范围内尽量减少流转环节与节省费用，就是可取的。

（5）小商贩税收办法，大家讨论基本上同意财政部草拟的新办法。财政部已经同意：小商贩中的困难行业和困难户，无力缴纳定期定额税时，经过当地党政机关核定，可以减免。中心店代合作小组缴纳税款（包税）时，可以请税务机关派员协助，以免过分增加中心店办事人员，加大费用。

（6）对小商贩的贷款办法，大家讨论，基本上同意人民银行商业信贷局草拟的新办法。还有一些细节（贷款利息、透支户、主管公司的定义，未组织起来的单干户如何贷款等）由商业部财务局与人民银行协商解决。

以上两个文件都争取在7月底以前发出。

(7)在银行贷款问题解决以后，尽量做到以现款代销为主，以欠款代销为辅。现款代销的手续费就是批零差价。欠款代销的手续费是批零差价减去商品利息和税款。现行手续费低于此的应当扩大到这个水平。现款代销办法是优于欠款代销的，它便于发挥小商贩的经营积极性，节省资金，加速周转，明确责任，简化手续，对国营商业和小商贩都有好处。欠款代销在一定情况下仍可保存，以利冷背残次商品的推销。

(8)国营商业、公私合营商业、合作商店、合作小组在零售商品经营上要有分工。分工办法不要主观规定，要研究旧商业中原有的分工办法。过去有些商店只卖高档货和中档货，有些商店主要卖中档货和低档货，有些大的百货店不卖零星百货，有些大食品店不卖零星食品，有些商店以卖几类商品为主，其他商品为辅，有些商店经营的商品，有很大季节变化。过去的分工办法是适应客观的经济规律自然形成的。各地应当去研究这些旧有的办法，对其中合用的加以恢复。只有这样，才能发挥各种类型的商业机构的潜力，减少国营商店过分拥挤的现象，适当平衡劳动效率，充分运用在对私改造中保存下来了的大量的公私合营商业和小商业，为便利居民购买服务。我们要求各大、中城市选择一两个行业，在今年下半年内进行试点。

(9)每户每月收入10元左右、20元左右、30元左右、40元左右，目前是内部掌握标准，暂不向外公布，将来可能向外公布。有些地方个别以其他职业为主要收入，兼营一些零星商品的贩卖的小商贩，原来收入就在10元以下的，也可以低于10元，但一般应以10元左右为起点。有些地方原来就高于40元左右，应当按原有的标准去维持，不要降低。要争取全年平均能保持这个标准。不能保持的，要采取吸收一部分和迁移一部分的办法，把小商贩完全安排下来。城市中现有的半工半商的临时工，暂时不急于组织成合作小组，但在他们没有工作，临时当摊贩的时候，也可以供应他们一些商品。

(10)大家所反映的城乡市场分割问题，放在讨论市场问题的时候一并讨论。

(11)小商贩的货源困难分成两种。一种是我们所能解决的，要求我们积极解决。一种是我们不能单独解决的，要求我们积极帮助。有些是帮助了可以解决的，有些是帮助了还不能解决的(例如作为副食品和饮食业用粮的指标，手工业品和某些小土产)，我们就必须积极向党政机关提出建议，要求帮助解决。中央粮食部是赞成适当放宽饮食业和副食品的用粮指标的，请各地检查一下用粮指标是否已达到了中央粮食部规定的额度，如果已经达到了粮食部规定的额度还不够时，可以打电报给我们，与中央粮食部商量请他们适当增拨一些。手工业品过去有一部分是通过小商贩推销的，为了恢复这种产销关系，应当请各地党政领导乘这次讨论手工业与各方面分工办法的时机，一并提出意见，以便在手工业管理局召开的会议上加以解决。

(12)合作小组的进一步改造问题。

陈云副总理在全国人民代表大会的发言中指出："这些分散在居民区中的小商贩是我国商业中今后长期需要的一种经营服务形式"。"这也是今后相当时期内实现小商贩的社会主义要求的合理办法"。因此，240万户小商贩中将会有相当大的一部分，要以合作小组的形式保存一个相当长的时期。

在今后两三年中，合作小组除了有相当大的一部分保持这种形式外，还有一部分需要陆续发生以下的变化：(1)有一小部分被国营商业或其他部门吸收迁移了；(2)有一小部分进一步组织起来成为合作商店，或公私合营商店(在大、小城市中的集中固定摊贩，一般是适宜于逐步组织为合作商店或公私合营商店的)，将来变成国营商店。但在今年下半年，我们的任务是安排小商贩与组织合作小组，一般不要把重点放在组织更多的合作商店和公私合营商店。

(二)合作商店问题

一、肯定合作商店的形式是一种必要的形式。可以稳定下来，不要随意变动，将来可以直接过渡为国营商店。现在一般不要把合作商店转为公私合营商店，也不要急于去转成国营商店。

二、合作商店过去一般没有工资制，现在要评定工资。陈云副总理总结中指出：低于国营商业增薪后10%至20%标准，就是合作商店评定工资的标准。现在的实际收入已经高于这个标准的，在评定工资时不要降低。评定工资时要根据按劳取酬的原则。

三、合作商店的纳税问题,会议上有三种意见。第一种意见是在保证工资水平以后,照纳营业所得税,无力缴纳的,可以减免(总结中的办法);第二种意见是同意第一种意见,但主张在税率上有一个折扣优待;第三种意见是按小商贩的办法扣免征点,小商贩以90元为免征点,如果10户组织成1个合作商店,就是900元的免征点。财政部准备采取第二种办法。

四、合作商店的费用范围和费用率,按商业部门的现行办法来规定,不按税局过去的规定。

五、合作商店已经实行分红的,继续实行分红;已经实行定息的,继续实行定息,如果社员愿意改成分红也可以。分红办法和劳动返还金办法,与全国供销总社的规定一致,定息息率,由各地比照全国供销总社股金分红办法自行规定。

六、盈余分配比例由各地根据当地情况及各行业不同情况自定。

七、合作商店的原有辅助劳动,需要适当安排。在确定工资后,如果参加合作商店的成员的收入已经与合作前相等或比合作前多的,可以暂不安排。收入比合作前少的,必须设法安排。安排的办法,除了:(甲)组织他们从事原有的副业;(乙)除吸收他们到合作商店或国营商店中作辅助劳动外,请各地考虑可否在取得合作商店或成员同意的条件下,集中一部分合作商店的公积金,在需要的地区,开设一些新的商店或食堂,来安置合作商店一部分多余的劳动力。

八、合作商店的公积金,今年不上缴,存在合作商店内,经专业公司批准动用,但有些合作商店盈余很大,公积金很多,在合作商店本身的需要(基本建设和流动资金)已经基本上满足之后,请各地考虑在取得合作商店成员同意的条件下,有无可能动用一部分公积金为合作商店和合作小组成员举办一部分集体的福利事业。

九、合作商店如果发生亏损的情况,可以动用本店的公积金弥补。合作商店如果营业情况不好,不能全数支付工资或发付股息时,国营专业公司不贴补。但国营公司应采取分配货源,临时地或正式地吸收他们一部分人到国营公司工作等方法帮助他们克服困难。

十、小业主和资本家的划分问题,合作商店转为全民所有制时的股金处理办法问题,都留到将来再解决。

(三)管理制度问题

一、会议讨论基本上同意商业部会计局起草的公私合营商业企业会计制度,修正后发给各地试行。这个会计制度是大大简化了的,是易于推行的。但是,还需要指出以下各点:

(1)这本会计制度中所列的会计科目,各地可以根据当地各行业、各种类型商店的不同情况加以合并、减少。如果需要增加科目时,应报告省、市商业厅、局批准并报商业部备案。

(2)这本会计制度是按照复式簿记制定的,如果有些商业企业不会使用复式簿记,也可以使用单式簿记。

二、公私合营企业财务管理的几项原则规定,根据会议讨论的意见修正颁发。

今年的公私合营商业利润,一律不上缴商业部。其中60%至80%,应留在当地经县、市商业局统一支配;20%至40%上缴到省,由省商业厅支配。使用范围,除了弥补公私合营企业亏损及为合作商店、合作小组担保贷款所发生的损失,增拨合营企业的流动资金外,并得用于修建职工宿舍、营业场所、营业设备、仓库、猪圈、菜窖等各项基本建设。这笔款项,完全由各地自己掌握安排,但应当使用到迫切需要的方面,严格防止铺张浪费。这只是今年的一项临时措施,明年再作规定。

三、同意会议讨论的意见,与国家统计局及其他有关单位协商,颁发一个统一的公私合营商店、合作商店统计制度,克服目前许多部门都向公私合营商店、合作商店要统计表报的混乱现象。

(四)新建城市和新工矿区问题

一、商业部过去对新工矿区工作重视不够。新工矿区商业网和物资供应的增长与新工矿区的发展很不适应,这是新工矿区供应工作做得不好的主要原因。今年1月虽然召开了新工矿区物资供应会议,但由于基本建设拨款,未能相应增加,近半年来新工矿区供应工作的改进仍然不大。

二、为了改进新工矿区的供应工作,除第二个五年计划应作全面规划外,我们已报告国务院请求在今明两年拨款1.5亿元从事新工矿区商业基本建设,并从上海、天津、广州三大城市抽调商业从业人员9万人支援新建区。在国务院批准这个规划以前，我们已经国务院（五办）批准，从预付待摊费用中拨付一部分新工矿区的基本建设款（今年摊完，相应调整有关省市利润指标），准备从今年的超额利润中抵补。拟在这次会议上加以分配。

三、支援新工矿区是一切商业工作有基础的城市的任务，首先是各大城市和中等城市的任务。许多新工矿区是平地兴建的，这些地区原有的商业基础无论在人员数量上和技术力量上都很薄弱，必须依靠全国各地的支援。各大、中城市对此应有充分的思想准备和组织准备，有计划地动员商业人员到新工矿区去工作。原有的大、中城市的商业工作是较有基础的，对商业人员的培养和生长比较容易，从现在起，在各个行业中，都应该有计划地培养练习生（带徒弟）。除对多余的小商贩中我们在业务上有需要的人应当吸收外，从明年开始，还应当有计划地吸收一批具有初中毕业以上文化程度的家庭妇女和高小毕业程度的青少年作为练习生，要注意定出制度，从政治上和物质利益上鼓励有技术的工作人员，尤其是饮食业厨师带徒弟。

四、根据陈云副总理的总结，在新工矿区商业和服务业的基本建设，应看作生产性建设的一部分。各地商业部门应当要求当地党政机关在基本建设排队中给予必要的条件和加强领导，以利保证商业和服务业基本建设如期完成。

五、“调出人员的地区，对调配的人员，其经营技术，不能低于二三等”，应当作为调出人员地区在调配人员时的一项原则。我们对这项原则的理解，是调出人员，一般应有中等水平，在原店迁移时，迁出的商店（包括大商店和小商店）也应当是中等标准的。

六、地质勘探队、森林采伐队、小型的单独施工单位的物资供应问题是目前迫切需要解决的一个问题。应当由他们自己编制供应人员，有自己的流动资金和设备，商业部门应当指定一定的供应机构，按批发价负责供应他们所需要的商品，零售价由他们自己规定。机关、学校、工厂的职工食堂，一律不由商业部门统一办（已办的不要取消），由他们自己办，以发挥各部门的积极性。但我们应负责保证这些职工食堂的必要的商品供应。

七、在讨论中，不少同志对基本建设制度提出批评和改进意见，准备专门召开一次会议，讨论这个问题。

（五）对资方人员的人事安排和在企业中的共事问题

1.1954 年 1 月 1 日以后歇业的批发商，包括职工和资方人员都应当吸收安置。对于其他应当吸收的人员，中央也已经有了一个规定，应当贯彻执行这个规定。

1954 年 1 月 1 日以前歇业的批发商，是不是也都包下来？不宜于这样规定。1954 年 1 月 1 日以前批发商歇业的原因是复杂的，其中有相当一部分并不是由于国营批发前进而造成的，因此不能采取由商业部门一律包下来吸收安置的办法，应当在社会就业中加以解决。其中现在还没有职业而我们在业务上又有需要的人，可以吸收。因统购统销失业的职工和私方人员，现在尚无职业的，采取两种办法来安排，一种是安排作经销、代销商，一种是吸收。只吸收业务上有需要的人，不是一律都吸收。

社会上有技术的商业人员，现在没有职业而我们在业务上有需要的，可以吸收。有些有高级技术的商业人员，转业不当的，也可以同转业部门商量，在取得他们同意后，回到商业部门来工作。

过去在私营商业困难时期动员回家的人，也在社会就业问题中加以处理，我们只吸收其中在业务上有需要的人。

在全行业公私合营中，对一切合营企业内和合作商店内年老的、有病的职工和私方人员都要采取包下来的办法，现在不动员退休。从个别企业来看，可能很不合理，甚至很难处理，但是从全局来看，有必要这样做。

2.在企业中与资本家共事，发挥他们的长处，克服他们的短处，在工作中改造他们，是今后公私关系的关键问题。一切商业部门，特别是企业部门，都要进行这件工作。陈云副总理的总结和在工商联座谈会上的发言中，对此已有详细说明，应当贯彻执行。

有些同志反映党委各有关部门对资方人员的吸收和使用标准不完全一致，这种情况在初期是难免的，我们有责任向党委反映这种情况，请求规定统一的标准。

合作小组中心店，管理了公私合营企业的县市专业公司（或大城市中专业公司的区管理处），以及私方人员较多的基层业务单位，都要设立管理私方人员的教育和干部工作的机构（科股）或专职人员。这个机构，可以并在人事科内，也可以分设，但应归政治副职领导,要建立经常工作,要注意改变目前人事机关只管职工工作而不管私方人员工作的现象。在今后数年内,设置这种专职机构和专职人员是十分必要的。系统中私方人员较多的省公司、总公司,在政治副职领导下,也有必要设立研究私方人员的机构,以便各级企业领导部门能够经常了解对私方人员团结、教育、改造的情况。各级商业行政部门的政治副职,都应当注意对私方人员的团结、教育、改造工作,把这个工作提到商业行政部门的议事日程上来。

3.百货总公司首先成立业务改进委员会。各地可在百货公司或针棉织品公司中,成立业务改进委员会。大城市中有几个商业局的地方,在每个商业局的范围内,可以选择一个公司成立业务改进委员会。目前暂时只在中央、省、大、中城市设立。在今年下半年内成立起来,总结经验,明年再逐步推广。人数不要太多,不是安插闲人的机构,应当做到把行业中最有经验的国营商业干部、私方人员、职工吸收在内,真正起到帮助改进业务的作用。

4.在商业部所属的一部分总公司内,首先配备一部分资方人员担任领导工作。

(六)公私合营企业、合作商店、合作小组的福利问题

1.公私合营企业职工和资方人员的工资,如果高于当地相同的国营企业标准的,一律不降低的原则,必须坚决贯彻。这是中央已经向全国宣布过的问题,不能改变。在职工中要进行解释说明这样做对于促进社会主义改造和迅速稳定公私合营企业中的生产和经营,是有利的。

2.公私合营商业中职工和资方人员工资低于国营商业的,如何提高的问题,今年8月总工会召开专门会议讨论。公私合营商业中职工实行劳动保险问题,不久也要提出讨论。请各地积极准备方案。

3.公私合营商业职工的福利金,凡是已经实行了国营商业制度的,不再改变。低于或高于国营商业的,目前暂时保持现状,等8月工资会议再作规定。

4.资本家的疾病医疗制度按陈云副总理总结中的规定(定股资金1000元改为2000元)。已经实行了公费医疗制度的,不再改变。

5.合作小组在全体成员自愿和可能的条件下,可以提取一部分公益金,举办小组的集体福利事业,特别是补助生、老、病、死、伤、残的需要。

发言中有一些不属于对私商改造的问题,在小结中后有述及。

手工业中有些行业划归国营商业管理的问题,在这次会议上,只是初步交换意见性质,要等到手工业管理局召开会议决定以后,才能决定办法与步骤。在手工业管理局召开会议以前,还要征求各地党政机关的意见,各省市的意见,可以首先在当地提出讨论。

这个文件只是对私改中若干问题的一般的原则规定,各地可以根据陈云副总理总结的精神和这次会议上讨论的精神,根据当地的情况来部署工作。

二十七、商业部关于公私合营商业企业财务管理的几项原则规定

(1956年8月17日)

商业部于8月17日发出了“公私合营商业企业财务管理的几项原则规定”,兹全文转载如下:

根据国务院(56)联五办字第44号指示“公私合营商业企业的财务管理同意交由国营商业部门统一办理”的规定,为使公私合营商业企业(以下简称合营企业)在国家统一计划的指导下,充分发挥其经营积极性和创造性,并便于扩大商品流转,加速资金周转,以完成国家给予的经济任务,支援国家经济建设,特按简单易行的精神作以下原则规定:

(一)定股定息的合营企业

一、财务计划指标:

1.合营企业应于年度开始前提出下年度的资金(其中贷款额若干)、利润、销货额(附属生产企业生产总值)、费用四项财务计划指标数字,报经当地国营商业专业公司(下称主管公司)审核批准后执行并逐级上报各该省、市商业厅、局,同时各省、市公司应抄报各该专业总公司。各省、市商业厅、局汇总后上报商业部备案。季或月度计划指标数字如何编制和审核由当地主管公司规定。财务计划表格,由各主管公司本简易可行的精神并能反映上述指标数字的原则自行规定。

2.各地商业行政部门和主管公司对合营企业的各项财务指标数字完成情况,应进行监督检查。

二、资金

1. 合营企业各项流动资金，以清产估价后的实有流动资金为基数；在经营过程中如发生资金不足时由银行贷款解决，如有多余时可由主管公司在系统内对资金过少单位进行调剂。

2. 合营企业需要贷款时，由主管公司核准后向银行办理(贷款办法另订)。

3. 合营企业的现金收入，应继续实行存入国家银行的规定，但为简化手续，节省时间，便利经营起见，其现金收入额过小的可不交存，次小的可不每天交存，大的可以一天交存一次，并可自由取款，银行不附带条件，也不向银行报送表报。

4 固定资产与低值及易耗品的划分批准可按照国营商业规定执行。固定资产应于每季末按照账列价值摊提基本折旧准备，但不提取基金及作资金冲减处理。基本折旧率由合营企业提出经主管公司批准后执行。

5. 低值及易耗品的摊销办法，按照国营企业的规定执行，但有特殊情况者，可由主管公司根据实际情况自行规定。

6. 固定资产变价收入可不上缴，暂由合营企业留存本单位使用。

7. 固定资产的大修理费用，可在合营企业费用内列支，不另提取大修理基金，大修理费用应于事先经主管公司批准后方得开支。

三、利润的上缴与支配

1. 合营企业的独立核算单位，为利润上缴与所得税交纳的单位。

2. 合营企业单位的利润于每季终了后根据季度结算实际数交纳所得税后上缴直属管理单位(如中心店、区店、总店)，管理单位汇总后(如统一掌握企业奖励基金及代发股息者可于汇总时扣除)上缴主管公司，主管公司扣除私股股息、合营企业奖励基金和对个别发生亏损的单位进行弥补后，其余全部上缴当地商业局。利润上缴具体日期，由商业局自行规定。

3. 1956 年度合营企业的利润，一律不上缴商业部。北京、天津、上海三市全部缴至市商业局支配。省辖县、市商业局于弥补所辖合营企业间的亏损后，则将汇总的净利润留存 60% - 80%，其余 20% - 40% 于季度终了后上缴各该省商业厅，具体比例和上缴日期，由各省商业厅根据实际情况请示省人民委员会自行规定。各级商业行政部门对留存的利润有权作下列各项支配：

(1) 各省商业厅弥补县、市间合营企业的亏损。北京、天津、上海三市商业局弥补本市合营企业间的亏损；

(2) 弥补国营公司为合作商店、合作小组和小商贩担保借款所发生的损失；

(3) 统一举办的合营企业干部训练班经费开支；

(4) 增拨所辖合营企业的流动资金；

(5) 拨付修建职工宿舍、营业场所、营业设备、仓库、猪圈、菜窖等各项基本建设款项。

四、企业奖励基金、福利基金的提取与使用

1. 企业奖励基金提取标准，可参照国营商业企业奖励基金提取办法的规定执行。(可征询原企业资方负责人意见)

2. 福利基金的提取办法，在没有统一规定以前，凡是已经实行了国营商业制度的，不再变更；低于或高于国营商业的，目前暂时保持现状。

3. 上项基金的掌握和使用，由主管公司根据具体情况自行规定，并报经当地商业行政部门批准后执行。

五、合营企业及管理机构的经营管理费开支标准和审批程序，由当地商业行政部门本节约精神并根据国营公司标准自行规定。

(二)合作商店、合作小组

一、合作商店、合作小组均由当地归口主管公司负责领导管理，负责安排其营业额，但其经营成果均是共负盈亏(合作商店)或自负盈亏(合作小组)，归口主管公司不负盈亏责任。

二、合作商店、合作小组经营中所需要的资金，除自有资金外，不足时可向银行贷款(贷款办法另订)。

三、合作商店的费用开支及摊销期限由本单位提出，报经归口主管公司批准后执行。合作小组的费用开支自行掌握。

四、合作商店在除去工资和费用开支后，其盈余部分于分配时应适当提取公积金和公益金，作为该商店的修缮、购置、职工特殊困难和临时救济等开支。合作小组亦应按照收入情况，在全体成员自愿和可能的条件下，提取一部分公益金，举办小组的集体福利事业，特别是补助生、老、病、死、伤、残的需要。提取标准由当地归口主管公司根据实际情况自行规定，报当地商业局批准执行，并应按多盈多提，少盈少提，不盈不提的原则办理。

(选自《工商行政通报》第 78 期，1956 年 9 月 30 日)

二十八、商业部、供销合作总社、中国人民银行总行关于对公私合营商店、合作商店、合作小组信贷做法的指示

(1956年9月7日)

合营商店、合作商店和合作小组是在不同程度上具备了社会主义性质的商业,是过渡时期商品流通领域中不可缺少的力量,需要很好地发挥它们的积极作用。它们一般存在着周转资金不足的问题,特别是小商贩在这方面困难更多一些。银行信贷必须适应整个安排,支持其商品周转资金的需要,以充分发挥其经营积极性。在放款的做法上,应该本着"宽和简"的精神,简化手续、减少审批层次和报表,作到及时迅速地发放贷款;同时也应防止盲目支持扩大经营的偏向。根据以上原则,制订合营商店、合作商店、合作小组放款做法如下:

一、合营商店(指定股定息的合营商店,下同)、合作商店、合作小组和尚未组织起来的小商小贩的贷款,均应在季前由主管的国营专业公司或供销合作社,或是由其指定的总、区店、中心商店(简称主管业务部门),按不同的组织形式汇总提出贷款计划额度,并附分户贷款额度清单,按银行规定的报送期限,送交当地银行。经当地银行同意后,编入综合信贷计划。在计划下批前,可暂按上报计划草案中所列数字掌握放贷。对于合作商店、合作小组和小商小贩的贷款计划,主管业务部门事先提出或附送分户清单如有困难时,可由主管业务部门提出总的额度,或由银行匡计后按季编入信贷计划。以后合作商店等申请贷款时,由其主管业务部门逐笔审核,提出贷款额度,银行凭以贷放。

二、合营商店、合作商店、合作小组和小商小贩的放款指标,由银行统一掌握。借款单位在季中如因进销不平衡和扩大业务等,致需增加放款额度时,经主管业务部门审核后向银行提出,银行同意后办理。

三、基于目前对合营商店、合作商店、合作小组的放款,还不要求借款单位对贷款和自有资金的运用范围进行划分,特决定放款的方式分为"活存透支"和"定期放款"两种。

四、关于"活存透支"放款方式。

1. 借款单位只在银行开立一个"活存透支"户。在核准的季度透支限额以内的贷款和自有资金统在此户内收支。此种帐户可凭支票或其他支款凭证支取。

2. 此种放款方式,以国营商业领导的定股定息独立核算的合营商店为对象。

3. 此种放款额度根据季度贷款计划按季确定。

4. 在季中因进销不平衡和扩大业务临时增加的放款,在银行方面可以合并在一个活存透支户内收支;也可另开帐户处理,由分行自行决定。在企业内部,均可用一个科目处理。

5. 此种放款应该如何贴花问题,已请税务总局考虑,该局将另有指示下达。各省市厅(局)、行可与当地税局联系,在指示下达以前,借款单位暂不贴花,俟税务总局规定后照章补贴。

6. 银行会计核算手续,总行另有规定。

五、关于"定期放款"放款方式。

1. 每笔放款数额及期限,由借款单位提出,经主管业务部门根据实际需要审核确定,银行在贷款计划范围内凭以贷款。期限最长不得超过一年。贷款到期前,资金如有多余,可以提前还款一部或全部。偿还后,在原计划贷款额度范围内,可根据需要按上述规定手续再办理借款。

2. 此种放款方式,以合作商店、合作小组、小商小贩以及供销社领导的合营商店为对象。放款金额可转入其存款户或直接支付现金。

3. 借款的借据,按实际借款期限订立。借款到期如仍需要继续借用时,应在事先经过主管业务部门审核,并经银行同意后,给予办理转期手续;转期的期限,主管业务部门可在一年的范围内,根据借款单位实际需要确定。

4. 对合作小组贷款时,直接发放给谁,可由各省市厅(局)社、行根据本年7月28日国务院关于对私营工商业、手工业、私营运输业的社会主义改造中若干问题的指示中有关规定的精神,结合具体情况共同协商决定。

六、服务性行业因修缮或添置设备,需要贷款时,应经国营专业公司或供销社县社审查批准,始可申请贷款。期限最长也为一年,其放款具体做法可照上述"定期放款"方式办理。

七、合营商店、合作商店、合作小组和小商小贩如发生亏损(即资产不抵负债),以致贷款到期无力归还时,应由主管的国营专业公司或供销

合作社负责偿还。银行在日常工作中，如发现贷款的店、组有亏损情况时，可即提请主管业务部门检查处理。

八、由于合营商业面广、户多，随着对其放款的开展与部分采取了新的放款方式，首先要求主管业务部门和银行密切配合，在贯彻政策的基础上，加强放款计划的编制审核工作。既要克服宽打窄用浪费指标；也要防止估计不足，影响商品流转。同时还要注意检查实际效果，不断改进工作。其次要加强内部组织工作，建立必要的工作制度，避免发生紊乱和错误。

（选自《工商行政通报》第78期，1956年9月30日）

二十九、商业部关于在商业系统建立业务改进委员会的通知

（1956年10月8日）

几年来，我国社会主义商业已经积累了不少的经验，但从继承我国多年来商业上一切优良传统，以发挥商业在社会主义建设中应有的作用，还是做得很不够的。同时在全行业公私合营和定息以后，不少私营商业人员丰富的商业工作技术，经验和经营能力，也没有完全得到发挥。为此，商业部决定在县级以上的一部分专业公司和批发站内，设立广泛吸收有实际经验的私方人员和职工参加的业务改进委员会。为了使业务改进委员会更好地发挥它应有的作用，委员们必须是有丰富的实际经验的人，同时应当注意给他们充裕时间进行工作。

由于我们在这方面还缺乏经验，宜采取由点到面逐步推广。目前先由百货、中药材两个专业系统中进行试点，其他专业系统也可以选择一、两个城市进行试点，待取得经验后，再逐步推广。各级商业部门在接到通知后，应当根据草案和当地具体情况制订具体的工作细则，进行试点，并在取得一定经验后，总结上报。

附：商业系统建立业务改进委员会组织简则草案

一、为了改进和提高商业工作，满足人民日益增长的需要，社会主义商业企业应当总结和推广我国商业中原有的一切优良传统和有用的经验、技术。为此，商业部决定在县级以上的一部分专业公司和批发站内，设立广泛吸收有实际经验的私方人员和职工参加的业务改进委员会。

二、业务改进委员会的组织设置，根据各专业系统的不同情况，分为下列三类：

1. 百货、文化用品、针织品、纺织品、糖业糕点、五金、交电、化工、医药、中药材十个专业系统的总公司、省公司和市公司、各级批发站都可以设立。

2. 食品、专卖、饮食业、蔬菜、食品杂货、广告、贸易七个专业系统除市级公司设立外，总公司和省公司可以不设立。

3. 石油和煤建两个专业系统一般可以暂不设立。

三、业务改进委员会是一个常设机构。委员会设主任一人、副主任一人或数人，委员数人，并根据具体情况设置秘书和办事人员一人或数人。各单位可以根据本身业务范围拟定编制，报请同级主管机关批准。委员会专职人员应列入各单位的正式编制。

主任委员由企业部门领导人员充任，副主任委员和委员从公私合营企业和国营商业工作人员中选聘从事多年商业工作、富有业务经验的私方人员和职工充任。秘书和办事人员从现有干部中调派。

业务改进委员会的委员除主任委员由企业领导人员兼任外，其他委员可以专任或兼任。私方人员在公私合营企业中担任重要职务不能担任专职的，可以兼任总公司的委员可以有部分在地方工作。

四、业务改进委员会应该研究国营商业、公私合营商业、合作商店和合作小组有关进货销货计划，经营品种花色，商品规格质量，储藏包装运输，商品广告、陈列，商业网设置等各方面的业务问题，研究领导上交办的问题和各业务单位请求研究的问题，随时向领导上或有关业务单位提出改进意见和参考资料。

五、业务改进委员会所提出的意见，采取由全体委员充分讨论取得一致意见的方式，对某一问题有分歧意见时，应将不同的意见同时提出。每个委员还可以用个人名义提出建议。各企业应认真研究他们的意见，凡是对改进工作有利的意见，都应该采纳，并由本单位认真执行；对于不打算采纳的意见，应向委员会说明原因。

总公司和省公司业务改进委员会应有部分委员经常到下级公司、批发站了解情况。

委员会对本单位同级业务机构和下级单位不直接进行指导。上级机构和下级机构的委员会之间没有领导关系。

六、为了充分发挥全体委员工作的积极性，各单位应当加强领导委员会有计划地进行工作。并给以下列便利条件：

1. 凡是委员会工作范围内有业务上方针、政策、办法和工作上需要研究的文件和其他有关资料，都应当给他们阅读；工作上需要参加的会议，应当通知他们参加。

2. 委员会为进行工作向本单位各业务机构或下级机构索取材料时，经公司办公室正副主任核转后，应该及时整理供给。

3.委员到下级企业了解情况时，应当派遣必要的人员协助工作。下级企业对他们所需要的材料，应当按照本条1.项的原则供给。

七、专区辖市和县公司业务范围较小的，不设业务改进委员会，可设兼职业务顾问一人或数人。业务顾问的职责范围可参照第四、第五两条规定办理。

八、从私方人员中选聘委员应当由各级工商业联合会和民主建国会推荐选聘。委员的任命，专业总公司用部长名义聘任；省、市、县公司和批发站用所在地厅长、局长名义聘任。

聘任的委员原来在工商业联合会担任有职务的，仍应当继续担任。

九、专职委员的资方人员根据实际业务能力可以规定适当的薪资，如果他们原有的工资较高，应按原有工资发给。各单位应该切实关心他们的生活和工作的物质条件。

兼职委员的私方人员按他们的较高工资的职务支薪，必要时，可以发给他们适当数量的车马费。

十、本简则有未尽善处，商业部得随时加以修改。

（选自《工商行政通报》第80期，1956年10月31日）

第二节　城市私营商业的社会主义改造

一、商业部党组关于1955年安排和改造城市私营商业意见的报告

（1955年3月7日）

中央、毛主席：

兹将这次全国财经会议讨论的“关于1955年安排和改造城市私营商业的意见”报告如下：

（一）私营批发商

一、全国私营批发商情况

1953年末统计，全国有私营批发商36385户，从业人员197990人，其中职工118024人，共有资金46082.79万元。

1954年已经处理的私营批发商11813户，从业人员72295人，其中职工43543人。资金14.302万元。

1954年末各地报来的统计，全国还有私营批发商26055户，从业人员131753人，其中职工76679人。资金36.418万元。

二、对私营批发商安排和改造的意见

根据中央历次指示的精神，为了促进工农业生产发展，满足人民日益增长的需要和稳定市场物价，保证社会主义商业掌握商品货源和加强批发业务，必须对私营批发商积极地、稳步地进行社会主义改造。采取一面前进、一面安排和前进一行、安排一行的办法，分别不同行业和不同情况，安排和改造相结合。在具体作法上，大体上可分为三类：

1. 属于国家统购统销商品范围的行业，或货源已由国营商业、合作社商业全部或绝大部分掌握，私营批发业务停顿的行业，应由国营商业全行业包下来进行改造，尽可能按行业吸收使用，其中有的根据需要可改为二批发，为国家代批经批。

2. 部分货源已为国营商业和合作社商业掌握，而其余部分货源又为国营商业和合作社商业一时或较长时期内不能代替者，应使私营批发商继续经营，并对其进行部分改造（对其中的困难户可改为二批发，或吸收其部分人员）。

3. 国营商业、合作社商业掌握货源较少或尚未掌握货源的行业的私营批发商和批零兼营商，应使其继续经营。其中目前营业清淡或下乡困难、资金周转困难者，可适当帮助其解决困难，以便加以利用，并逐步进行改造。次要商品的小批发商和城乡之间短距离运输的小商贩，应充分加以利用，使他们经营国营商业、合作社商业所不经营或不可能经营的商品，鼓励其继续为城乡交流服务。

从事城市与城市间批发业务的行商，应区别不同情况，按上述三类原则分别处理。

去年已被代替但尚未处理妥当的批发商或转业未安妥的人员,应在今年上半年重加安排和处理。

对于尚需继续维持的私营批发商,应通过工商联及同业公会进行教育,为进一步改造打下基础。

三、对已被代替的私营批发商的从业人员、资金、房产的安排和处理

(甲)人员安排

1. 私营批发商从业人员,应由国营商业各部门包下来吸收使用。自愿退休或另找工作者,听其自便。能够转业者,可领导组织其转业,但因转业路窄,不应强调动员转业。

2. 应由国营商业吸收的私商从业人员,尽量在原地区安置使用,首先充实本行业国营批发部门。

3. 私商从业人员中,年老力衰无法担任工作,其能维持生活者,可劝其回家;回家生活无着者,可吸收其能担任商业工作的子女参加工作维持其生活;无依无靠,回家无法生活者,按社会救济办法救济。

4. 私商从业人员,有严重政治问题者,由公安部门处理。政治问题不严重者,应吸收分配到无机密性的零售门市部工作,并对其继续进行审查和教育。

5. 担任实职的资本家及资方代理人,除本人不愿参加工作者外,原则上应全部吸收。其中有代表性的、有社会地位的人,应依据具体情况,在生活上、职务上给以适当照顾(如担任专业公司专员、顾问等)。

6. 大城市及各省经过市委或省委决定,可以办私商从业人员短期训练班(包括职工、资方代理人、小业主),领导干部由省、市委指派,经费由归口的国营专业公司支付。资方实职人员,可由工商联组织训练班另行训练,经费原则上由资方支付,经过训练的人员,仍应按本人熟悉的行业,由国营专业公司分配工作。原来业务经验不多者,可以按需要调动,分配工作。

7. 社会主义商业部门充实机构人员时,除补充党团员骨干干部外,只应吸收私商从业人员。

(乙)资金处理

1. 私营批发商的资金,应引导其存入人民银行并以适当方式监督其使用,或投入投资公司和有益于国计民生之事业,存款利息归存款者所有,小批发商资金不多者,可根据各地实际情况从宽处理。

2. 私营批发商所存商品,可由国营专业公司按公平合理原则作价收购,或在国家监督下由私商自己出售。

3. 私营批发商现有商品和资产不抵债务者,照原中财委《关于破产清债的处理程序》办理。

(丙)房屋处理

1. 私营批发商的营业房屋和职工宿舍,国营公司有优先租赁权。

2. 私营批发商的经营设备,国营公司有优先租用权。资方自用者,留作本人使用。

(二)私营零售商

一、城市私营零售商的基本情况

1954年末全国大、中、小城市(2万人口以上,其中缺内蒙古、新疆、青海、热河、西康5地)估计共有私营零售商及摊贩(纯商业)1412187户,从业人员2094749人,资金56.50万元;每户平均有从业人员1.5人,每户平均有资金400元。其中:上海、天津、北京、广州、武汉、重庆、西安、沈阳8个大城市共有私营零售商贩534879户,占城市零售商总户数的37.87%;从业人员799947人,占城市从业人员总数的38.19%。

城市私营零售商的营业额,一年来下降很大,其降幅大体上是:大城市大于中等城市;座商大于摊贩。

二、对城市零售商安排和改造的意见

继续贯彻中央1954年7月指示,根据各省、市具体情况和私营零售商不同行业的特点,通过经销、代销等各种形式逐步安排和改造。并采取如下措施:(1)各城市应按行业定出一个既能稳定市场物价,又能维持私商经营的零售营业额和相应的公私比重,作为安排公私商业的尺度,并采取具体措施,做到在二三年内基本不变(新建立的城市和工矿区例外)。但须积极地、稳步地对私营商业进行全行业的社会主义改造,逐步增加经销、代销的比重。由于社会购买力增长而增加的营业额,私营商业亦可得到一部分。(2)在国营商业和合作社商业前进过多或私商维持困难的城市,应适当采取撤点、撤品种、适当供应热销货、调整批发起点以至适当调整批零差价等办法,使私商能维持经营。(3)对城市小商、摊贩,除按上述办法维持其生活外,应进一步把他们组织起来,划定他们的营业区域,管理和教育他们遵照国营公司零售牌价进行营业。

三、几项具体办法

1. 各省、市在制定公私零售比重时，应当按行业按户大体规定能够维持经营的营业额。其中应考虑到各户经营的不平衡情况，和各种商品不同季节的销售情况，一方面要进行必要的安排和调剂，另一方面又要注意适当保持经营较好户的积极性，以利实现对全行业的安排和做好对居民的供应工作。给私营商业的利润，应以有薄利为原则，由各省、市委按当地实际情况规定。

2. 调整批零差价。应在中央商业部规定的批零差价幅度内结合当地实际情况进行。在调整批零差价时，一般是大部调高零售价，小部降低批发价，但不是十分必要时，不要轻易调整。

3. 加强国营商业对零售商的批发业务。在大、中城市中按零售网的分布情况和商品性质可建立国营中心批发店或专业批发部，担负对该店营业区划以内的零售店分配货源，掌握物价，调剂营业额、调整供应网的责任，并协同各方面对私营零售商有步骤地进行社会主义改造。

4. 对私商增加热销货的批售，以维持其经营所必需的卖钱额。

5. 凡经销、代销商品占私营零售店经营额的60%以上的，可宣布其为国营商业的经销店或代销店，挂上牌子。凡经销、代销某一种商品的，可以挂该种商品经销、代销的牌子，借以加强对他们的管理、改造工作并转换群众对他们以往的看法。

6. 逐步实行商品按对象批发。对私营零售商规定适当的批发起点，对消费者按零售价出售。

7. 对于零售商应原地维持经营。若干大城市部分行业零售商从业人员过多，实在维持不下的，可经市委批准吸收一小部分，并尽可能就地安置。

8. 城市零售商资金短绌、周转困难者，由人民银行酌予贷款。

四、关于摊贩、饮食业与服务行业，因情况了解不够，要求各省、市组织力量进行查研究并提出意见，以便采取有效办法进行改造和处理。

(三)城市私商划阶级问题

城市私商划阶级，是一件十分复杂而细致的工作。要做好对城市私商的社会主义改造工作，必须把城市私商的阶级情况划分清楚。我们对这一工作是完全没有经验的，因此目前难以提出划分阶级的具体办法。要求各大城市党委和各省委领导与组织力量，选择一定的大、中、小城市、一定行业，进行试点，取得经验，提出办法。

(四)安排和改造城市私商的组织领导问题

对私营商业的安排和改造，是艰巨而复杂的，又是长期的斗争与教育过程。必须在省(市)党委的统一领导下，由当地国营商业部门主持具体工作，依靠城市区委，协同店员工会与有关部门，动员国营商业和私营商业中的党团员以至全体职工协力进行工作。

大、中城市有区政府组织者，应在区政府内设商业科或专管商业工作的干部管理商业工作。

城市工商行政部门，应清理登记现有的批发商、零售商、行商、摊贩等户数、人数、资金，发给营业执照，防止私商滥增人员，限制私营商业、摊贩的随意发展，并指导工商联及同业公会，协助商业部门对私商进行改造。

对私商进行社会主义改造，要把对企业的改造和对人的改造结合起来。随着对私营批发商业的改造工作的进展，有一批资产阶级分子、小业主将被吸收到国营商业内部参加工作，这就要求我们认真加强对他们的教育、监督和改造。一方面应该充分发挥他们的技能，学习他们的业务经验，帮助他们作好工作；另一方面，又要严格划清无产阶级和资产阶级的思想界限，批判他们的资本主义经营思想，教育他们逐步克服从旧社会带来的坏思想、坏作风。对经过国家资本主义的各种形式进行改造的零售商和二批发商，必须结合企业改造进行思想改造工作，一方面要改造企业内部的管理制度，改善经营管理，逐步降低费用开支，为使它们最后变成先进的社会主义企业准备条件，另一方面，要加强对职工群众的教育，发动和组织他们对资本家进行监督；要改造资本家和资本家代理人的思想，彻底革除投机倒把、掺假掺杂等不良的经营作风，树立新的商业道德，培养他们为人民服务和爱国守法的思想，使他们接受社会主义改造，为最后把他们改造成为社会主义商业的工作人员准备条件。为此，要善于运用工商联、同业公会这些组织来对他们进行必要的工作；如组织同业间的批评、监督，组织经常学习和定期召开讲习班等。各级商业领导部门，应有负责干部(商业厅、局应有副厅长或副局长，专业公司、批发站应有副经理）专门掌管这一方面工作，并设立必要的对私营商业改造的机构，以加强国营经济的领导作用。

（注：以上对城市私营商业安排和改造的意见不适用于少数民族地区。）

以上报告当否，请批示。如认为可行请批转各省、市党委。

二、中国专卖事业公司关于“对私营卷烟零售商进行安排和社会主义改造的方案”

（中国专卖事业公司关于“对私营卷烟零售商进行安排和社会主义改造的方案”，已由商业部批转各省（市）商业厅（局）、内蒙商业部，要他们结合当地具体情况，请示各地省（市）人民委员会批准后贯彻执行。）

对私营零售商实行社会主义改造，是党和国家过渡时期总任务的一部分，是国营商业重要任务之一。通过对私营零售商的安排和改造，稳定市场，消灭投机，合理分配商品，保证城乡人民需要，并逐步把广大零售商纳入国家计划轨道，最后将他们改造成为社会主义商业。

对卷烟零售商的安排和改造，1954 年大多数省市在当地党政领导下，重点的实行了计划批购，收到一定成绩，并摸索了一些经验。如上海在实行卷烟批发定点供应的基础上，核发购卷烟证，并实行了计划批购；天津对卷烟零售商发给供销手册，实行计划批购；武汉市责成卷烟零售商按月报送计划，并将全市私营卷烟零售商组织成了 519 个联购组，实行了联购分销；东北区县城以上均实行了按承销手册的规定供应和固定供应；吉林全省和抚顺市已贯彻到乡村中；辽宁、黑龙江、吉林三省并重点的进行了计划批购试点工作；山东、安徽、浙江的重点县市试行了购卷烟簿的方法供应，并让私商编造计划；江西、广西、湖南、湖北、四川已进行了计划批购试点，有的重点实行了凭证购货或让零售商按月提报计划，有的把私营零售商组织联购组。有些省份对卷烟零售商的改造尚未开始进行。

鉴于以上情况，为进一步全面的对卷烟零售商进行安排和社会主义改造，根据中央对私营零售商安排和改造的精神，结合 1955 年卷烟供求的特点，特提出如下意见：

（一）各省、市应结合工商行政部门登记现有的私营零售商（包括摊贩）户数、从业人员、资金，并进行全面安排和改造。同时将登记情况于 9 月底前报总公司备查。

（二）各省、市应根据 1954 年私营零售商正常销货额，订出一个既能稳定市场价格，又能维持零售商一般生活水平的公私比重，作为安排公私商业的尺度。在分配货源上应对私商适当增加热销品种，以维持其经营所必需的卖钱额。

（三）在今年 4 月至 8 月卷烟货源不足，私营零售商如确难维持，可根据国务院（五办）1955 年 4 月 26 日批转商业部“关于加强烟叶收购和四至八月份卷烟供应初步意见”的报告的规定，适当紧缩国营和供销合作社零售额，以维持私营零售商一定的零售额，减轻其困难。如采用以上办法私营零售商的生活仍难维持时，大、中城市在 6 月份以后，8 月份以前在批发价不变的基础上可适当扩大批零差价 1% 至 2%（一般不应超过 8% 至 12% 的规定幅度，如个别城市提到 12% 仍难安排时，经商业部批准可将幅度扩大到 14% 以内，但到 9 月货源增加后，6 月至 8 月间扩大的幅度必须调回）。县城、乡镇的零售商，如生活无困难时，批零差价一般可以不动。

（四）全面实行计划批购。计划批购的内容包括：划区供应、凭证购货、固定批发对象、取消（或降低）批发起点、执行国家规定的零售价格等项。

1.划区供应：将所有私营零售商分街、分巷、分片划入每一个批发单位的供应范围。

2.凭证购货：各省、市要规定和印制购货凭证（在购货凭证上要规定私营零售商必须遵守的条件），由基层批发单位按照供应范围填发给零售商。对于已经直接向我们进货而无经营卷烟证照的商户，经当地工商行政部门同意后，可以发给暂时购货凭证，以资区别。

在实行凭证购货后，所有私营零售商到指定的批发单位购货时，必须携带购货凭证。取货后，由该批发单位在凭证上登记购货数量、金额，并加盖销货图章。

3.固定批发对象，取消（或降低）批发起点。在实行凭证购货后，一律凭证购货，对无购货凭证的卷烟商和消费者概不批发。同时，各地原规定之五条、三条等批发起点，亦应随着购货凭证提报计划的推行而改变,以便利零售商经营和便利国营批发业务为原则。

4.提报计划:在划区供应和实行凭证购货的基础上,城市及县城私营零售商应逐步实行按月提报进销计划,我们对其提报的计划要进行审查,根据货源情况,结合对私营零售商维持和安排的精神进行合理分配。

对于提报计划,私商顾虑很多,怕计划大了完不成,小了不够卖,并有不少私商想摸我们货源的底,到底是充裕还是不足,因此,我们一方面要做好宣传解释,端正他们的认识,让他们实事求是地编造计划,尽可能做到接近准确。另一方面我们要警惕其投机行为。

5.执行国家规定的零售价格,必须教育所有卷烟零售商均须按照国家规定的零售价格明码出售,不得私自抬价或降价。对投机抬价的零售商,通过同业公会开会批评以达到教育改造的目的。经教育不改者,应依法给以必要的处分。在价格管理上要作到:在货源不足时尽可能做到打击黑市投机,在国营和供销合作社零售比重较小的情况下,能稳定市场。

6.至于实行计划批购的时间、进度由各省具体安排。总的要求在三季度内基本作到全面实现。

(五)凡实行卷烟计划批购的地区的零售商,可以挂卷烟零售经销、代销商的牌子。借以加强对他们的管理、改造工作。

(六)适当调整批发机构,作到使私营零售商购货便利。具体办法:

1.根据市场需要在适当地区增设批发部或推销处。

2.选择地点适中、合乎需要的零售座商(或二批发商)户,委托代理批发业务,经常注意加强管理、教育改造。

(七)对私营零售商实行社会主义改造,必须将企业改造和人的改造结合进行,一方面要改善他们的经营管理,实事求是地逐步降低费用开支,另方面要加强对他们的教育。其次,把城市私营卷烟零售商组织起来,编成小组,以便领导、教育和宣传国家政策;第三,要结合工商联、同业公会来对他们进行必要的工作,如组织同业间的监督、批评,组织学习和定期分片召开会议。通过一系列的教育和思想改造,为最后把他们改造成为社会主义商业的工作人员准备条件。

(八)对私营零售商的安排和改造,是艰巨而复杂的工作,各省、市公司必须在当地党政统一领导下,根据上述内容和要求结合具体情况制定具体方案,并有一个副经理负责掌握这一工作,以保证这一任务的实现。

(选自《工商行政通报》第50期·1955年6月30日)

三、中共中央转发曾山同志关于了解南昌市鸿泰百贸专业代销店情况的报告

(1955年6月3日)

上海局、各分局、各省市委,并告五办、商业部、合作总社党组:

曾山同志5月30日报告很好,现转给你们参考,同时,望商业部和合作总社党组将南昌鸿泰百货店的经验下达,并嘱各地仿效试办。

附:曾山同志关于了解南昌市鸿泰百货专业代销店情况的报告

商业部党组并报五办、总理、各副总理、中央、毛主席:

我们在南昌了解市场中看到的一家百货专业代销店,对私商改造,如何经过国家资本主义形式逐步过渡为社会主义商业,提供了一些具体办法,对我们很有启发。该店名鸿泰,原经营棉布批发兼百货零售。解放时有资金合旧币3亿9000万元,职工40人。解放后因经营不善,人员过多,加上棉布批发业务为国营商业代替,总路线公布后,群众又不愿到私营商店里买货,以致营业额日益下降,亏累日增。虽在1951年时经劳资协商已解雇店员11人,工会调走3人,但26个职工的工资加上其他费用,每月还须新币2200元左右。1954年5、6月间,不但工资无法发放,职工伙食也发生了问题。资方对维持企业已无信心,只想丢掉职工包袱。

当时职工看到上海丽华公司为百货公司代销后,营业好转,纷纷要求经理向南昌市国营百货公司申请代销。国营百货公司经理是有顾虑的,他认为国家不能白白拿钱给私商去做生意,后经市委批准,才接受了鸿泰代销的申请,于1954年6月21日

开始代销。代销后，营业逐步上升，9月以后，并稍有微利。今年虽进入淡季，每月仍能保持2万元左右的营业额，仍略有盈余。经过代销，资方与职工信心都很高，经营情绪积极。

在国营商店和鸿泰的代销合同上，不但规定了代销商品的范围、手续费、保证金，还规定按季按月要编制代销商品的流转计划，规定每月要送各种报表(共有9种)，规定要按国营公司零售牌价出售，并须在商品上标价。此外，还规定代销货款，应于当日全部解缴国营公司指定的人民银行专户，不得遗留或挪用，并将缴款凭证送国营公司核对，是否与当日销货日报相符，还派驻店代表，对代销店经营管理进行监督指导，对代销商品价格、财务和商品保管情况，进行检查。这些规定，大都能够执行。惟由于驻店代表系兼职，本身业务过忙，在代销初期还能到代销店办公，以后只能二三星期去一次。因此，职工反映二三星期去一次，对他们经营管理的改善和政治思想的提高，帮助太少(我想如能派专职驻店代表，作用还会更好)。

代销后在经营管理方面有显著的改善。首先是调整了工资(经理自动降低工资)，节省了费用(从每月2200元，降到840元)；其次是建立了分组管理责任制，各组分别管理商品出售，每晚盘点、对账；第三是规定了每星期开一次小组生活会，检查劳动态度和对制度执行情况，还有不定期的业务学习。

代销店除生财家具外，全部商品是国家所有的；手续费是按照出售商品的总金额以4.5%计算的(现在营业额扩大了，手续费可缩小到4%或3.5%就可维持，不然可减少其营业额，以利安排其他私商)，实际上已是工资的另一形式；资本家的利润，已完全受到限制；加上驻店代表的督促指导，职工主人翁觉悟进一步提高，商店的内部关系已起了变化。通过这种形式，将来过渡到国营商店，是易如反掌的。

当然，这种形式目前还不宜普遍推开，但各地可作典型试验，经过研究总结后，再逐步地、有计划地推进。

四、中共中央转发曾山同志检查上海私营商业改造情况的报告

(1955年6月19日)

中央同意曾山同志6月8日的《检查工作报告》，现转发给你们参考。

(一)曾山同志报告中指出，上海私营商业零售比重(包括国家资本主义成分在内)，已从去年年底60%左右至今年5月底上升为70%左右，私营零售商的困难面已大为缩小，私营比重且在继续上升，这种情况必须引起各地党委的注意。从2月财经会议以来，全国各地执行了中央关于安排与改造私营零售商业的指示，在大城市与中等城市中，由于传达较早，各省市领导上抓得较紧，一般已收到了显著成效。当前在城市中应注意的问题是：凡是私营零售商的困难面已经大大缩小了的地方，国营和合作社商业在零售比重上的退让，就应当停止。在现有的零售比重上稳定下来，在今后一定时期内保持不变，应当事先防止我们作过分的、不恰当的退让，而造成私营商业不应有的上升，助长他们的投机活动；特别是要防止旺季到来时，由于人民购买力增加而造成私营商业营业额突然增长过多的现象。各地在执行中，应当对每个行业的情况进行具体分析，凡是已经大体上可以维持的行业就应当坚决停止撤点、撤品种、让营业额等退让措施，维持现有的公私比重不变(目前多数主要行业是这样的)。凡是目前还存在着较大困难的行业，还可以慎重地稳步地再退让一点(某些城市交电、五金、汽车零件、医药等少数行业还存在这一情况)。凡是已经退让得过多的行业，应当适当地前进一点(这在少数城市、少数行业中也是存在的)。现在农村中安排和改造私营商业也普遍开展了，但由于2月财经会议决定传达较晚，各地情况不平衡，对大中城市的指导精神也是适合农村安排私商原则的。

(二)凡是对私商的安排工作已经收到了效果的城市，对私商零售的工作，应当转移到以改造为主。改造工作的主要内容，是进一步加强国营商业在城市的批发业务，设置以区为单位的专业中心批发店，加强国营商业批发机构对城市零售商的领导和监督，逐步进行商业网的全盘调整，有重点地典型试办对城市小商小贩组织起来等工作。以求逐步做到调整各行业中某些大小户间的不平衡情况；逐步做到城市零售商业网的设置能便利消费者的购买；逐步做到对私营零售商能结合居民需要逐户进行按计划分配货源和领导、监督，促使他们改善经营管理，降低不合理的费用开支；坚决制止他们投机、囤积以及乱加乱扣工资分裂工人阶级等违法行为。这种改造工作，不仅是经济工作，而且是一项极为复杂重要的政治工作。因此，商业行政机关

和各国营批发机构、加工订货机构以及国务院八办所属的省市机构,不仅要在经济上负责合理分配货源,而且要在各地党委领导下,担负对私营零售商进行改造的政治工作的责任,必须在加工订货机构和批发机构中立即加强改造私营商业的政治工作,使经济工作和政治工作密切地结合起来,以便在经济上和政治上对资本家都贯彻又团结又斗争的方针。上海部分批发部已经建立了对私商改造的联络员制度,一个人负责二三十户,经常检查私商业务情况,并负责进行管理教育和监督的做法,就是进一步对私商改造的适宜的组织形式之一。但这种批发机构的联络员应当如何对私商进行检查和监督?他们对资本家的违法行为和投机行为可以而且应当采取一些什么办法和他斗争?这在政治和经济任务上,在政策界限上,都应当有进一步的规定和交代。希望各城市党委领导国营商业部门、统战部门、劳动部门和工会讨论决定适合于当地各行业具体情况的步骤与办法,并不断总结这方面的经验。

附:曾山同志检查上海私营商业改造情况的报告(节录)

(三)上海对私营商业的安排和改造工作,在市委加强领导、第一商业局负责组织、各国营公司具体执行下,已收到显著效果。私营零售商营业额上升,但摊面大大缩小,公私比重公退私进,国家资本主义商业成分相应上升。国营商业通过安排市场,改进批发业务,扩大了社会商品流转,因此,公营零售比重虽然下降,第一季度总的销售任务还是超额完成了。上海的市场情况表明,2月财经会议决定的政策,是正确的。

但必须注意,私营零售比重(包括国家资本主义成分)从去年年底的60%左右,到今年第一季度上升为66%以上,5月底到70%,从趋势看,还在上升。总的说,私营比重到70%,已经差不多了,原则上公私比重国营不应再让,虽然个别困难行业还须继续调整,但有些困难户主要应从本身改善经营、降低开支来解决。如果不注意到这一点,不对国营商业退让适当加以掌握,私营商业还要继续上升的。这样,到了旺季,私商就要翘尾巴和采取各种各样办法进行投机活动,有使上海市场零售物价造成不稳定的可能。

凡职工多的私营零售大商店,比如丽华公司、永安公司和三大祥等零售商号,应加强其中党支部的领导,建立职工会对资方监督和协助改善经营的制度,健全国家资本主义商业的制度(江西鸿泰代销制度可作参考)。

以上关于零售商安排和改变的意见,已向市委提议,让他们考虑。

其次,上海对私营批发商的改造工作也是积极的。进行全业改造和部分改造的已有34个行业,2500多户,从业人员1.3万左右,其中职工8000多人,绝大部分已由国营公司吸收使用;唯对在训练班训练中的资方实职人员300多人(在工商联学习的还有270多人)尚未分配工作,已告上海第一商业局胡铁生同志,务须在6月底前分配他们的工作。对第二批改造的资方实职人员2000多人,则仍应采取自愿的原则,先由工商联组织学习,然后到国营举办的训练班,经过相当时间的教育和了解其历史简况后,再分配使用。

(四)上海市批发工作的改进,基本上是根据陈云同志的指示进行的。市内国营批发机构,已从去年的110个,增加到168个;工作人员已从5078人,增加到9916人。特别是百货公司,去年上半年只有2个综合性的批发部,现在已发展到8个专业批发部,34个专业批发所(分设各区),2个代批店。批发机构分细,人员增加,对分发商品扩大流转,对私商进行改造,起了很大作用。部分批发部,已建立了对私商改造的联络员制度,一人负责二三十户,经常了解私商业务情况,并负责管理教育和一定程度监督的责任。大部分批发部,都设有样子间和货仓,私营零售商购货十分方便。百货第三批发部,更创造了"库存格",利用这个格子,对当天库存的呢绒、毛线的数量、品种、颜色可以一目了然。这种方法,简便易行,可使经理和营业员掌握进、销、存情况,做到心中有数,避免货账不符。已告各批发部研究和推广这个方法。

五、商业部、中央工商行政管理局批复上海市第二商业局关于私营饮食、服务业的情况及安排和改造的报告

从上海市私营饮食业和服务业的情况看来,

目前的困难显然是由于过去这些行业的畸形发展所致。这种困难情况，在天津、广州等大城市，也会有不同程度的存在。在对私营饮食业和服务业进行安排和改造时，指导思想上必须明确：经过几年来各种社会改革运动，社会风气已根本改变，消费对象已和从前大不相同。如果饮食、服务行业不能适应城市广大劳动人民的需要，很好地为他们服务，而仍保留着旧有的做法，就难于维持下去。因此，在大城市里，高级的饮食、服务业，除适应国际友人的需要应保留一部分外，一般都应做到价格适当，服务周到适合民居需要，如果价格过高（例如洗一次澡最高要三元，理一次发最高要1元多）就没法吸引消费者，营业上就难于维持。上海机关团体几年来食堂、理发、浴堂等公共福利设施的不断增加，固然有若干盲目性，但也说明目前私营饮食、服务业的困难户，如不进行内部的必要改革，改进经营管理，改善服务态度，调整价格，并合理调整分布网，适当合并、迁移一部分，淘汰一部分，那就很难有出路。

至于输送一部分过剩人员到新兴工矿区去，是相当复杂的组织工作。我们建议上海和其他大城市，要做到有组织的输送，避免坏人混入新工矿区。因为新兴工矿城市大都是工业的重要基地，如果不经过适当审查，有组织地将这些人员输送，是不妥当的。

关于饮食业的领导，国务院（五办）已决定由商业部系统负责。服务业如何归口问题，请依照北京市办法，由市人民委员会成立一个旅馆和其他服务行业的管理机构，暂时统一管理，俟请示国务院（五办、八办）后，再作统一规定。

附：上海市第二商业局关于私营饮食、服务业的情况及安排和改造的报告

（一）基本情况

本市21个私营饮食、服务业（交通运输、文娱金融等服务业由有关部门归口，未包括在内）连同西服、时装、成衣、机制缝纫4个衣着手工业共25387户，从业人员106355人，内职工65372人，平均每户从业人员约4人，其中除沐浴、旅店（平均每户从业人员在60人以上）及部分酒菜业外，一般均以中小户为多。根据统计，25个行业从业人员在9人以下的有24510户，占总户数的96%，其中不雇用职工的夫妻店有6460户，占总户数25%，雇用职工3人以下的有16312户，占总户数64%。

这些行业情况复杂，包罗很广，其中有关系市民衣食住行的（旅店、旅社、糕团点心等）；和为工业（广告）和商业（客庄、茶楼）服务的；也有属于居间代理性质的（转运报关）；有关系广大人民生活需要的（油饼馒、熟水等）；也有属于高级消费为少数人服务的（西菜咖啡、西服、时装）。

25个行业52年营业额为14763万元。53年21756万元，比52年增加47%。54年营业额17473万元，较53年减少20%，其中3季度为3887万元，比53年同期减29%，4季度为4051万元，比53年同期减35%；55年一季度营业额为3967万元，比54年同期减23%（以上与同期社会零售流转额下降幅度比较，均大出一成左右），其中下降多的为酒菜业，较去年同期减41%，厨房业较去年同期减55%，转运报关业较去年同期减63%。

（二）目前困难情况和原因

目前饮食、服务业的基本情况是：半数以上严重困难，有酒菜、西菜咖啡、厨房、沐浴、理发、洗染、成衣、西服、时装、机制缝纫、转运报关、旅店、旅社、客庄、广告等15业；部分情况正常，有粥店、面团、糕团点心、油饼馒、洗衣、镌、熟水等7业；部分勉强维持，有照相馆、茶楼、打包等3业，营业发生困难难以维持的，估计有1万户，从业人员25000人，其中已经陷于停业和半停业状态的有3577户，职工10863人。

饮食服务业的困难，主要是社会主义改造加深，国民经济改组过程中的社会风气转移，部分服务对象消失，及市场购买力变化的一种反映。其具体情况和原因如下：

1.由于商品流转环节变化，批发商受排斥，外地流动购买力减少，致一部分服务对象消失。营业大受影响的有客庄、旅社、转运报关、茶楼、广告、酒菜、西茶咖啡、厨房、理发、沐浴、西服、时装等业。如本市旅店、旅社、客庄3业，53年8月份外埠私商住客累计有131384人，54年8月份减为38692人（减55%），今年以来，更大为减少。广告商业以工业品大部包销，私商不需要广告宣传，一季度营业较去年同期减55%，比53年同期减37%。大户荣昌祥已积欠职工工资在

2个月以上,小户广益(3个职工)已三停。转运报关业因私商委托承运减少,有80%以上企业户负债超过资产,虽经分批吸收包下709人,但仍有半数以上的企业欠薪在4、5个月以上。最近资方出走的有宝聚祥和恒昌公二家。厨房业以工厂批发所合并、字号停歇,批发商纷纷改造,写字间包饭的减少,纷纷歇业,黄浦区全业67家,严重困难的有33户,已歇业的有10户。

目前这些困难户的职工和部分店主,大多依靠社会救济,典当衣物,和做小贩来维持,有些并以输血来贴补生活,如1954年向本市输血公司登记卖血的,有17%系服务业的从业人员,共1500人左右。

2.社会风气转移,部分行业没落淘汰。成衣业以一般市民改穿人民装,全业7802户中,严重困难的在5000户以上。据提篮桥区调查,该区有半数成衣摊,在吃粥维持,其中如盛鸿记资方家属3人、职工2人,1954年全年吃粥未吃过饭,食油券全部退缴派出所,职工全年收入不到10元。唐仁兴成衣铺(资方3人、职工1人)1月份营业收入只1元5角,靠做小贩卖板刷贴补生活,李鸿发成衣铺资方刘金瑜跳黄浦自杀(经救未死)。此外如旅社、咖啡店,以公安局取缔阿飞和不正当男女关系后,主要对象消失,营业亦一落千丈。时装业以社会风气崇尚朴素,营业锐减,如过去在本市负有盛名石门一路一带的时装业,70户中能正常维持的仅10户;依靠坐吃企业资金、变卖生财来贴补开支的有33户,半停顿、欠薪、伙食也发生问题的有27户。酒菜业因大吃大喝现象减少,也影响营业清淡,目前有280户发生因难,占全业37%左右,其中老闸区以筵席为主的京、苏帮酒菜馆,如会宾楼、悦宾楼、南华燕云楼、荣华楼等,职工每月收入最低时仅二、三元左右。

3.行业户数和从业人员严重过剩,加之大化小、店化摊、摊化流动和相互间盲目跌价竞争的趋势有增无已,促使困难加深。理发业在抗日战争时期,仅1000余家,现有4000家,从业人员2.1万人,加上摊贩、拎包和机关理发等从业人员共3.4万人,过剩1万余人,成衣业1.5万人,至少过剩1万人,机制缝纫业1.1万人,也过剩5000人(家庭妇女作为副业生产的尚在增加)。同时店化摊、摊化拎包,相互跌价竞争,如理发业大中华,老板和3个职工,4人都出去拎包理发,价格跌至5分钱理一次发,比摊贩尚便宜,嵩山区副特级逍遥理发店理一次发从9角跌至4角5分,较副乙级尚便宜5分,机制缝纫业因营业清淡,竞相把缝纫机搬在马路弄堂口摆摊营业,价格比店便宜三成左右等,均使店的营业更趋清淡。此外,酒菜、西菜咖啡、厨房、沐浴、旅店、旅社、西服、时装等业因部分营业对象消失,从业人员过剩的情况也益形突出。

4.经营方式落后,经营管理腐朽,机构臃肿,开支大,收费高,资金少,且集中在一、二个市区,更加重了困难。如老闸区一个区就有菜馆105家,旅馆96家,理发室114家,浴室15家,形成"粥少僧多"。又如浴德池职工188人,几个人招待1个顾客,收费连扦脚、擦背要3元左右。理发店"上四级"最高收费1元零5分,和机关理发室相差5倍。很多店且因为过去把大部资金耗于装潢设备,流动资金短少(如酒菜业全部资金就是盆子、桌子、椅子、房子、炉子,号称"五子登科"故营业一清,困难也就更形突出。此外,旅店业东亚、新亚、一品香等,内部经营管理腐朽,因此即使房间全部卖足,还是亏本。

5.社会主义性质服务业的增长,使部分私商受到一定影响。几年来机关、工厂、团体、学校等福利设施(食堂、理发、浴室)不断发展和扩建。如据不完全材料,全市福利理发室有1800个,理发人员5000余人,约占全业理发人数的六分之一,且由市于价格便宜,部分对外营业,估计营业额占全市理发业营业额的30%,厨房业因机关、工厂、学校均自办食堂,营业也大受影响,沐浴业很多单位自建浴室,如最近港务局拟在董家渡、汇山码头等7处,拨款60万着手兴建(已予制止)。机制缝纫业本已过剩,除民主妇联、民政局等所组织的家庭妇女、军烈属、失业工人等生产缝纫组还在继续发展外,部分国家企业、工厂,也有自设家属缝纫工场的情况。如澳门路、安远路纺管局二个宿舍,皆有缝纫生产小组,组织职工家属参加,营业对象扩大至其他国营工厂和托儿所内,价格低于市场二成左右,且不纳税。其中普陀区澳门路一个组,每月营业额即达2000元,而该区91家私商全部营业额仅2万元(每家平均仅200元左右)。

自去年11月以来,根据市委指示,我局会同有关单位对服务业在业职工进行救济，推动私商改变经营方针和改善经营管理，并组织有关单位通过加工、收购（酒菜、西菜咖啡加工腊味、糕饼；西服、时装、机制缝纫三业加工服装）、托运（转运报关）、包租（旅店、旅社、客庄）、特约服务（理发、沐浴、酒菜、旅店、旅社、衣着等业）等办法，对具有一定维持条件的大中型困难户，予以维持安排。同时又吸收和组织对外输送了1400余人，但整个困难问题，并未得到根本解决。不少行业因人员严重过剩，和旧的对象消失，困难还在继续发展中。同时由于饮食、服务业国营并不经营，难于采取让阵地的办法来安排，相反估计在今后相当时期内，一般市民对饮食、服务业的购买力，还可能随着本市人口的紧缩而趋减少，特别是饮食业因粮食配量的压缩和副食品、油脂供应等紧张的因素，困难还会继续增加。

（三）安排与改造的意见

鉴于本市市场发生根本性变化，饮食、服务业人员过剩，难以全面安排维护下来，因此根据本市总的紧缩方针，我们对饮食、服务业基本的意见：维持为广大人民所需要的，淘汰不需要的，吸收与输送过剩人员，推动改善经营管理，有条件有重点地进行合作化，并把少数改造为国家资本主义企业，以贯彻安排与改造相结合的方针。

（1）对广大人民需要、有利生产和商品流转、目前尚可维持、而暂时又不能代替，仍需要加以利用的（如油饼馒、糕团点心、粥店、面团、茶楼、镌、洗衣、熟水、打包等），继续予以维持，并加强管理，以贯彻利用、限制、改造的政策。

（2）对属于高级性消费，与一般购买力水平有一定距离，但从长远看，还有一部分需要的（如酒菜、西菜咖啡、旅店、旅社、西服、时装、洗染、沐浴等）；积极推动转变服务对象；改善经营管理和提高服务质量，予以维持安排。一部分确无可能继续维持的，予以批准歇业。

（3）对本市过剩，而外地需要的（如理发、机制缝纫、以及部分西装、时装、酒菜、照相、洗染等），组织对外输送。

（4）对属于居间代理性质以及因社会风气转移，不合需要的（如广告、转运报关、厨房、成衣、客庄等），予以逐步淘汰，对其人员尽可能作适当安排。

（四）目前具体措施

（1）组织转变服务对象，和加强对机关、工厂、企业等单位福利设施的管理，使和安排与利用私营服务业原有的设备和人员相结合：继续根据需要，组织有关单位通过加工、收购、托运、包租等办法，对一部分具有一定条件需予维持的服务业，予以维持安排，同时加强对机关福利设施的管理；制止新建和扩建、限制对外营业，并对严重影响私商业务的，予以调整，使适当让出阵地，以贯彻市委“安排、改造与利用私商现有的设备和人员相结合”的指示。目前各区已开始分别召开部分工厂、企业单位的福利干部会议，协商撤销一部分设施，并推动组织与私商挂钩，安排私商。长宁区新中华剪刀厂、虹口区公私合营茂昌冷藏公司，原拟以数万元—10万元兴建浴室，现均同意停止兴建，邑庙区税务分局和合作社，经联系亦同意撤销机关理发室，与附近私商“挂钩”。

（2）加强对劳资双方的思想教育、推动企业改善经营管理：目前服务业劳资双方，对行业困难的原因和前途还认识不清，大多数尚存在着等待政府安排的思想，对于行业本身企业经营的腐朽，也是促使企业困难原因之一，认识不足，但根据前一阶段工作情况来看，本市酒菜、西菜咖啡二业经重点推动改善经营，老闸新雅饭店、常熟区美雅酒家、提篮桥区百老汇饭店及蓬来区鸿运楼等，均由亏转盈（其中新雅饭店一季度营业额比去年第四季度上升5倍，每月节约开支金额为1805元，占固定开支15%）。沐浴业有50户改为统一堂口拆账后，也改变了过去职工间互不团结、争拉顾客的现象。旅店业金山旅馆，初步革除了内部陋规和进行了工资改革后，企业由亏损转为保本，等等类似事例很多。因此我们认为有必要来进一步加强对服务业劳资双方的思想教育，在他们中间普遍树立服从国家计划和正确为工业生产和广大市民服务的观点，从而促使其努力改善经营作风，转变服务方向和树立新的服务态度（如遵守加工合约，根据消费者需要，调整营业时间，调整分布网，及增加或改变品种规格等）；并逐步革除内部不合理的陋规，减少浪费和改善企业的经营管理（包括调整部分不合理的拆账制度与改革工资制度），以争取营业好转和推动企业逐步进行改造。

（3）合理调整分布网，部分予以歇业淘汰：凡关系工业生产，和劳动人民生活关系密切，及虽属于高级性消费，但从目前和长远来看，均有一定需要的，尽量予以维持；其中地区分布过分集中不合理的，协助迁移至不足地区（如新建工人区等）；有条件合并而可促使企业经营改善的，在自愿的基础上，组织进行合并，凡属于为私营商业活动服务，及属中间代理性质，而目前已趋淘汰，无法继续维持的，如广告、转运报关、客庄、茶楼等，经劳资双方协议申请，实事求是地同意批准歇业。人员严重过剩的，如理发、沐浴、机制缝纫、成衣业等，其营业确系无法继续维持的，亦根据具体情况，同意歇业，或紧缩部分人员，对歇业后的从业人员，一部分根据需要与可能，组织有关单位归口和吸收包下；另一部分有条件回乡的，鼓励回乡生产或退休养老；能自行找出路的，由其自谋生活；确实无法安排的，由民政和劳动部门予以救济。

(4)大力组织输送：根据本年2、3月间我们派出东北、西北2个访问工作组到哈尔滨、长春、西安、兰州等12个城市访问的结果，证明外地新兴城市对理发、食堂、澡堂、服装店、洗染店、照相等业人员普遍存在不足情况，如哈尔滨市理发、沐室排队情况很严重，该市人代会曾几次提出讨论，要求政府解决；西安、洛阳等地缺乏情况更为严重（详见我市外地访问报告）。输送的方式，经初步研究，我们认为可采取：1.由本市和外埠各地密切联系组织调配输送；2.结合本市紧缩的要求，某些工厂和学校的内迁，适当配备成套的服务人员，随同一起内迁；3.由各地提出需要数量，我们有领导地鼓励私商自行迁店和职工转地就业，或组织合作化后迁移，这是一种简单可行、不需要政府大量投资而短期内即能见效，对于本市与外市均有利的办法（根据1—4月份片断的了解，已有150多个理发工人，自发的分赴洛阳、西安、内蒙古、新疆等地工作。且因本市服务业工人技术水平一般较高，颇受外地欢迎）；4.培养青工转业（仅理发、酒菜二业即有8335个青工）；5.组织劳动力对外输送（如沐浴业的擦背、扦脚工人和厨房业的厨师等，一般皆身强力壮，可作为普通劳动力组织输送）。

在输送工作中存在的困难是：各地有需要的城市，目前大都忙于工矿建设，对当地如何增设生活服务部门，有计划吸收一部分外地人员，暂时无暇顾及；同时由于一般对流入人口管理控制很严，对于私营服务业的新的开设，在行政管理上严加限制，以及实施粮食定量供应等原因，因此私商或职工的自行转往经营，也存在很多困难。同时还希望能通报各兄弟地区，对本市经介绍迁往的人员或企业，在行政管理上适当放宽尺度，和予以一定协助，以利本市输送外流工作的顺利进行。

（选自《工商行政通报》第55期，1955年9月25日）

六、商业部批转上海市第二商业局对摊贩整理和改造的报告

上海市第二商业局“对摊贩整理和改造的报告”很好。报告中对摊贩按其经营商品和性质的分类统计，对摊贩特点的分析，对目前存在的严重问题的提出，都很明确。使我们对上海摊贩的基本情况，有了进一步的了解。

摊贩大部分属于个体劳动者，目前在大、中城市不但维持了不小的一部分就业人口，同时对一部分社会商品的供应分发和推销收购，也起着一定作用。但摊贩中出身成分和政治情况十分复杂，投机性也很大，必须进行整顿清理，加强管理和改造。上海提出“组织起来，加强教育，严密管理，限制发展，区别不同情况，逐步进行改造”的方针，我们认为是正确的。所提整顿、清理、加强管理和改造的具体措施，也是必要的、可行的。特别是对混杂在摊贩中间的一部分反革命分子和危害治安的分子，应该坚决把他们清除出来，其中首恶的必须镇压法办。不这样做，不但影响社会治安，也影响正当摊贩社会主义改造，商品经营和商品的供应、分发工作，以至阻碍着对他们进行社会主义改造。

兹将上海的报告转发你们，望各地大、中城市，参照上海的办法，对当地摊贩，切实进行调查、分析、整理，加强管理和改造，并将经验随时上报。

附：上海市第二商业局对摊贩整理和改造的报告

(一)概况

根据摊贩民改资料，目前全市摊贩共195968户，其中固定摊102304户，占53.22%，流动摊

91666户，占46.78%。全部摊贩人员为214353人(不包括向劳动局登记失工设摊的24570人)，占全市人口3.06%，占私营商业从业人员38.01%。根据税务局资料估计，54年摊贩营业额共38.217万元，占私营零售总额的25.54%。55年一季为11835万元，占私营零售总额32.42%。

摊贩分布地区，以闸北区19590户(20679人)为最多，其次蓬莱区16936户(19246人)，嵩山区14768户(17891人)，和普陀区13115户(13662人)；最少的为黄浦区4545户(5189人)，徐汇区4848户(5848人)和北四川区4932户(5501人)；9个郊区共10078户(10427人)。全市摊贩经过民改，基本上已初步组织起来，目前共有400个摊贩委员会和6825个基层小组。参加群众达10万以上，摊贩干部有15767人。

摊贩按其经营商品与性质可分为五类：

(1)副食品类(经营猪肉、牛羊肉、水产、蛋、家禽、腌腊、蔬菜、咸菜、豆芽、豆腐、筋粉等)计65759户，共66554人，占总人数31.05%；1955年一季营业额6626万元，占摊贩总营业额55.99%。

(2)其他食品类(经营水果、卷烟、糖果等)计21544户，共21544人，占总人数100%；1955年一季营业额793万元，占摊贩总营业额6.70%。

(3)百货什商类(经营日用百货、家用什货、文教艺术用品、五金交电，旧荒货、棉布、煤薪炭、木材等)计41483户，共42113人，占总人数19.65%；1955年一季营业额1970万元，占摊贩总营业额16.65%。

(4)饮食类(经营菜饭面食、米饭豆浆、大饼油条、糕团、饼馒，零食点心等)计25042户，共36416人，占总人数16.99%；1955年一季营业额2045万元，占摊贩总营业额17.28%。

(5)艺工服务类(家庭艺工服务、文化服务、成衣、理发、鞋匠等)计42140户，共47726人，占总人数22.6%；1955年一季营业额410万元，占摊贩总营业额3.39%。

(二)特点

(1)在阶级上属于个体劳动者的范畴，但出身成份和政治情况极为复杂：摊贩大部分属于个体劳动者的范畴(流动摊贩基本上是一人一户，固定摊贩平均五户合不到一个雇佣人员)，其中大部是小商小贩，依靠自已从事商品贩卖中的劳动为生活主要来源，部分是手工业劳动者和农民兼营摊贩为副业的，也有少数为资本主义性质和“黄牛”投机商贩。由于社会经济改组的深化，各种没落阶层不断渗入，其出身成份和政治情况极为复杂。根据典型调查，在固定摊贩中职业摊贩(解放前设摊的)占44.99%，失业工人、店员占17.3%，农民占7.18%，家庭妇女占6.81%，小厂店老板及掮客占4.42%，手工业者占3.09%，学生、自由职业、复员军人占2.55%，敌伪军政人员、地主占2.63%，其他占11.03%。在流动摊贩中，职业摊贩占24.77%，失业工人、店员占24.7%，农民占17.92%，小厂店老板及掮客占6.9%，手工业者占4.67%，家庭妇女占4.58%，学生、自由职业、复员军人占3.74%，敌伪军政人员占3.22%，其他占9.90%。又据全市民改结果，摊贩中属于“五类反革命”的有2983人，占总人数1.3%以上，连同其他反动党团、伪军政宪阶级敌对分子及可能危害治安分子等，共45298人，占总人数19%以上，其中流动摊有以上问题者比较大，占流动摊贩总人数27%，固定摊则占15%。

(2)在生活上较为贫苦，尤以流动摊贩为甚：

摊贩的生活，除少数较优裕外，大多数都较贫苦，尤以流动摊贩为甚。如据典型调查，流动摊贩中每月收入在15元以下者占34.38%，15元到30元者占54.23%，31元到50元者占8.23%，51元到100元者占2.31%；其中严重困难依赖救济、借贷或典当过活者占23.15%，勉可生活不致冻馁者占63.84%，生活无困难者占13.01%。在固定摊贩中每月收入在15元以下者占12.21%，15元至30元者占38.37%，31元至50元者占25.89%，51元至100元占16.14%；其中生活严重困难者占9.95%，勉可维持者占55.43%，生活无问题者占30.14%。很多流动摊贩资本极小，或即以救济费做本钱，因此往往连下几天雨，没有生意，本钱吃光，生活就发生困难。据新成区牯岭路派出所统计，今年1至3月临时救济96户中摊贩占38户，其中30户是流动摊，又秣陵路冬令救济176人中，流动摊贩占80%，但也有少数摊贩收入很好，如黄浦区沙市路杨君国涮羊肉摊，雇用5个职工，每月毛利达1200元。宁波路菜场严耀发家住小洋房、用煤气。

(3)面广分散，流动变化性大，与自由市场关系密切：

摊贩经营商品的变化性很大，尤以流动摊贩为甚，颇难于监督和管理。如据调查，淡水路一摊贩朱万成，一年四季有四变：春天擦皮鞋、卖炒货；夏天卖棒冰、扫帚;秋天卖柴爿;冬天卖水果、蔬菜。很多流动摊在流动地点上,也早、中、午晚一天三变,如饮食摊清早在机关、工厂、学校附近,下午在戏院、公园门口,晚上赶闹市;玩具糖果摊,上午在学校门口,下午在戏院、公园门口;百货什品摊上午群集菜场周围,下午到工厂及机关宿舍附近。很多工厂在发薪日、厂礼拜、星期日,摊贩群集,如杨浦区国棉十二厂、仁德纱厂,每逢发薪日子,工厂门口集有百货、饮食等流动摊贩百余人。又摊贩经营的商品,与自由市场关系密切,国营控制货源的比重不大。根据重点调查,在流动摊贩中,货源由国营公司及合作社掌握的仅占21.80%,向私营厂店进货的占36.90%,向郊区农民进货的占8.58%,自产自销占3.63%,其他(如向居民收购旧货废料及部分艺工服务摊无所谓货源者)占28.85%。固定摊中,货源由国营公司及合作社掌握的占59.28%,向私营厂店进货的占23.62%,自产自销的占3.61%,其他占13.49%。因此如单纯依靠经济力量,对摊贩进行管理和改造,也比较困难。

(4)经济上尚有一定作用,但经常滋长资本主义的自发性和投机性:

摊贩在经济上的作用,主要是目前维持了颇大一部分的就业人口,如按每一摊贩平均负担二口计算,总共依赖摊贩为生活的,约有70余万人,占全市人口十分之一。其次摊贩对商品供应分配及推销收购,亦起着一定作用。如目前每天共有9千多个伙食团和一百余万家庭妇女上小菜场采购副食品,这一项繁重的供应分配工作,主要由摊贩来负担。又时令货如水果、海鲜等大量上市时,目前也需要成千成万的摊贩来大力推销分配。再如收购旧货及整理荒货,在若干工业原料和商品供应不足的情况下亦有一定作用。此外,有些摊贩还从事饮食加工和修理等手工性劳动,如艺工摊为广大市民补鞋、理发及修理旧铜旧钢铁等日用器皿;饮食摊每天供应劳动人民早餐、夜点。但另一方面,由于摊贩在旧社会中长期经营商业,沾染投机恶习很深,往往掺杂掺假,瞒价耍谎,使小秤,特别是其中有一些摊贩专事行骗,如类似赌博性的康乐球摊、高字夫摊,专卖假货的"百宝箱""大包摊",以及走私和小偷勾结的"铜包"及旧荒货摊等,危害性很大。更由于摊贩是小商品经营者,经常滋长着资本主义的自发性和投机性,因此每当若干商品供不应求时,摊贩就一方面乘机抬价收购,另一方面又以黑市高价出售,破坏市场管理和供应计划。如1953年春节前,黄岩蜜橘货源较少,有1万余摊贩排队抢购,并有200余"黄牛"摊贩有组织的强抢硬买,造成市场混乱,人民警察劝阻,反而被打。今年2月份因天气寒冷,蔬菜货源不足,很多固定摊贩转化为流动摊,场外交易活跃,有的下乡搜购,有的拦路抢购。

(5)解放几年来不断增加,各方面人员大量渗入:

解放几年来,摊贩一年比一年增加,其中以53年较为平稳,1952年和1954年均发展很大;又固定摊因为登记管理等关系增加较慢,流动摊则增加甚快,其数字如下:

年别	固定登记摊户数	定比	流动摊浮摊户数	定比	共计	定比
1950	87368	100	30000	100	117368	100
1951	93596	107.13	31000	103.33	124596	106.19
1952	87683	100.36	75000	250.00	162683	138.61
1953	90233	103.28	69000	230.00	159233	135.67
1954	99631	114.04	87000	290.00	198831	159.01
1955.3	104302	119.38	91.666	305.55	195668	166.96

摊贩之所以逐年增加,一方面是反映了我国建设开始不久,城市和乡村都暂时还存在部分劳动力过剩的现象;另一方面,随着我国社会经济改组的不断深化和扩展,一部分没落阶层在生活上失掉旧时依据不断地补充到摊贩中去,也是构成摊贩增加的主要因素。其人员具体情况:(1)随着对私营工商业社会主义改造的加深,私商活动范围受到压缩,部分私营工商业发生困难,从业人员转为摊贩:如据劳动局统计,登记失业职工中即有24570人靠做摊贩维持生活。老闸区沐浴、理发、酒菜等业不少在业职工,因营业清淡,早、晚兼做小贩。此外,随着商品流转环节改变,很多掮客、居间人、小资本家也转化为摊贩,如城隍庙、金家坊去年夏天仅有12户摊贩,到年底即增至90户,大都是掮客或小资本家。(2)外地流入的很多,特别是农村人口:今年春天部分地区缺粮,去年夏天部分地区灾情严重,农民流入很多,如安徽省还买了车票、发了路费送灾民来上海做摊贩谋生。此外,中小城镇对

私商进行改造,小资本家亦有流入上海做摊贩的,如普陀区曹阳路一带即有泰州榨油坊主钱锡高,盐行资方宋青山、阜宁南货行资方卞骏祥、温州美最时钟表店老板李锦昌等。此外在嵩山区并曾发现合肥市和浙江余姚浒山区政府,分别出具证明,介绍该地摊贩来上海设摊。(3)没落阶层转为摊贩的,有舞厅、妓院、旅社等在公安局给予整顿后,部分人员流为摊贩;又如反革命分子家属及判刑期满的分子,无事可做,也做摊贩。

(三)存在问题

1.发展趋势有增无已,各种残余反革命分子和社会渣滓分子厕身其中,危害性很大。由于摊贩的经营简单,只要少量资金,不需特别技术和强度劳动,就能设摊;且其开支省,易于立足,加之管理不严,对无照营业无所限制,因此一部分城乡过剩的劳动力以及社会经济改组中的淘汰分子,都不断地渗入和补充进去。根据调查,1950年后,新设摊的共7.8万余户,计增加了七成,而在增加的摊贩中,外来人口又占45%左右,其中农民占80%,农村人口流沪的原因:有的因农村地少人多,有的因不愿从事农业生产,羡慕上海谋生容易;也有的系个别农村青年逃服兵役或有其他问题逃亡来沪等。此外以摊贩为掩护,混进摊贩队伍的,还有特务、惯盗、惯偷、私娼老鸨、反动军官、反动道会门头子、逃亡地主、地痞流氓、机关开革人员等。如江宁区热水瓶小贩×××,原系戴笠部下,现经常利用中百热水瓶批购代表身份召开会议进行活动,经济宽裕,形迹可疑;闸北区摊贩张阿根,妻系私娼,本人是个流氓,解放前一贯勾结盗窃扒手坐地分赃,现仍不改;嵩山区卖膏药的白茂莲,经常聚众殴打,1952年曾伙同6人轮奸一妇女。由于这一支庞大队伍成分复杂,且不是按市场需要发展起来的,因此如果继续任其自流,不加清理整顿,并加强管理和严格限制发展,则不仅影响市场安排和对私商的社会主义改造,而且促使人口畸形集中,增加城市供应和管理上的困难,并成为社会治安的一大漏洞。

2.对流动摊贩管理不够严密:流动摊贩一般存在妨碍清洁卫生、破坏交通、市容、偷漏税收及破坏市场管理和计划供应等情况。群众反映有八不管现象(开歇、税收、经营范围、价格、设摊地点、卫生条件、政治教育与成分好坏等方面,均无人管)。很多流动摊贩停歇所在,满地瓜皮果壳,甚至出售变质食品,影响人民健康。同时他们到处流窜,往往充塞道路,阻碍交通,又因摊贩设摊大多什乱无章,帐篷乱搭,也影响市容整洁。他们对于计划供应物资也不大遵守管理规定。此外,一般由于账册不全或者没有账册,偷漏税收很大,如北四川路区辽宁路旧货市场,每月营业在10万元左右,应缴纳税款4000余元,全部逃漏,亟需加强管理。

3.管理多于教育,有关部门在步调上不够一致:经过民改,摊贩觉悟虽已有所提高,并初步按条条组织起来(指固定摊贩),但由于对他们尚缺乏全面领导和进行经常思想教育;组织起来之后又缺乏明确的工作方向;同时有关机关使用多,对他们的利益和要求考虑少,各自从自己的业务角度出发加以管理,在步调上不够统一一致。因此摊贩的意见比较多。干部和群众的积极热情未能巩固。很多委员会成立之后有名无实,有些甚至发生贪污和挪用公款的情况。有些群众反映:"组织后,福利工作反不如过去"。当干部的则认为:"摊贩干部不如里弄干部,几面不讨好"。此外,很多摊贩对前途看不清楚,有的对计划供应、货源分配有抵触思想;有的要求转业,如嵩山区蒋志明说:"年青力壮,为啥不要我劳动,情愿不要救济费,只要工作做。"有的要求安排改造,如批发商一样,由政府吸收安排。

(四)安排改造意见

摊贩大部分属于个体劳动者,他们一般仅有少量或没有资金,靠自己从事商品流转过程中的劳动为生活的全部或主要来源。刘少奇同志在关于宪法草案的报告中说:"在劳动人民中,除工人、农民外,我国还有不少的城市和乡村的个体手工业者和其他非农业的个体劳动者,他们是依靠劳动过活的,或者主要地依靠劳动过活的,工人阶级必须如同团结农民一样,很好地团结这些劳动人民共同建设社会主义。团结这些劳动人民,是属于工农联盟的范畴之内的"。因此,对待摊贩,也就应当和对待私营工商业资本家有原则的区别,不能采取硬性排挤代替,乃至剥夺的办法,而是团结教育和组织他们走合作化的道路。但另一方面,由于他们长期从事商业活动,具有很大的投机性和资本主义自发倾向,且因城市摊贩成份和政治情况复杂,故又需区别不同情况,加强管理监督,和进行必要的整顿和清理,以纯洁队伍和限制盲目发展。综上所述,对摊贩的基本方针:"组织起来,加强教育,严密管理,限制发展,区别不同情况,逐步进行改造。"

1.对摊贩进行全面的整顿和清理:结合上海城市紧缩人口方针,对摊贩进行全面调查摸底,并按其成员不同情况进行清理，以逐步紧缩摊贩现有人数。整顿清理方针为：对混杂其间的反革命和危害治安首恶分子，坚决予以镇压；对社会游离分子分批予以收容；对农村流入人口，大力动员回乡生产；对可不设摊的说服教育其放弃经营；对妨碍交通、市容、卫生及带有赌博欺骗性的则勒令改进和取缔，情节恶劣的予以处理；并视可能动员组织输送一部分劳动力至外地垦荒。在进行整理方法上，对固定摊逐行逐业按条条整顿；对流动摊贩，则会同公安、民政等部门，依靠里弄基层组织按块块进行。根据前一阶段的重点调查，估计流动摊贩中有20%的农村人口，可以动员回乡，10%的游民应予收容；固定摊贩中有百分之五的农村人口可以动员回乡；3%的游民应予收容；此外，整个摊贩中还有约1．3%须镇压法办；有8%至13%可动员放弃设摊。

2.加强组织教育：为使经济工作能和政治工作结合，并把广大摊贩组织起来，便于我们进行教育、管理和改造，应在摊贩全面整顿和原有的组织基础上，以户为单位，按商场、菜场、行业和路段，组织编成小组，并健全各级行业和地段委员会，以加强领导。摊贩群众组织的任务是在党的统一领导下，大力开展对摊贩的政治教育，提高他们社会主义的思想觉悟，使相互监督，遵守政府法令，和协助我们掌握情况动态，并办好摊贩本身的文化、福利，反映摊贩的意见和要求，以密切广大摊贩和政府的关系。

3.结合经济措施，加强行政管理：在货源核配上，对国营掌握的商品，逐步建立凭卡购货办法，以使摊贩经营纳入国家计划轨道，并从而限制新的摊贩的增加，和对原有摊贩逐步进行改造；对国营尚未控制的商品，则加强对进销货的检查。在价格管理上，根据供销情况正确掌握与扩大议价和核价范围，并继续推行明码实价。在税收上，则根据合理负担原则，加强检查。与此同时，并有领导地对摊贩进行教育，使树立服从国营经济领导，为广大市民服务，公平交易、货真价实的新的经营作风。

4.逐步进行社会主义改造：初步意见可采取下列几种方式：(1)联摊批购或联购分销(即经销、经营小组)：对国营商业掌握货源的商品，在建立凭卡购货的基础上，逐步推动摊贩按行业试行联摊批购(统一进货，分散经营，各负盈亏)，如目前全部蛋摊、猪肉摊，以及吴淞区的鱼贩均已实行，其好处在能降低进货成本(约20%—50%)，并节省劳动力，使老年或妇女得到照顾。这一形式带有社会主义萌芽的性质。(2)合作小组、合营商店(即联营小组)，为半社会主义性质，如本市老城隍庙食品联营组、周家桥三角场鱼贩联营组，他们是自发组织起来的，均系集资合营，共负盈亏，并有福利、公积金。其优点，除降低成本和节省劳动力外，并还能提高经营能力和服务质量，对参加成员的生活，给予较多保障，同时在经营作风上亦有所提高。今后可视条件许可，在菜场摊贩中有重点地试行，艺工、饮食摊中亦可推广。(3)代购代销：由国营或合作社委托代购、代销指定的商品，而摊贩从中赚取一定的手续费或相当于手续费的差价，如不经营自营业务，即为社会主义性质。目前某些废品业中已部分开始实行，由合作社委托代运及代为收购和整理废品。今后副食品和食品摊中亦可推行。

5.加强组织领导力量：由于摊贩面广人多，成份复杂，流动变化性大，在货源、治安、卫生、交通、税收、用粮等方面，和各有关部门间关系密切，要进行全面整顿，深入摸底，加强组织管理和经常的教育，必须动员各方面力量，共同进行。同时，各区如何在区一级建立相应专管机构，以便在区委和市级主管部门双重领导下，全面开展工作，亦是目前工作中需予解决的一个问题。

(选自《工商行政通报》第56期·1955年10月20日)

七、中共中央批转商业部党组《关于全面改造城市私营商业的初步规划的报告》

(1956年1月8日)

上海局，各省、市委，自治区党委：

中央批准商业部党组《关于全面改造城市私营商业的初步规划的报告》，现将这一报告转发给你们，望各地党委领导商业部门贯彻执行。商业部的《关于全面改造城市私营商业的初步规划》及其附件，亦一并转发各地参考。

附：商业部党组关于全面改造城市私营商业的初步规划的报告

中央、毛主席：

商业部在11月10日召开了全国商业厅、局长会议,讨论起草了全面改造城市私营商业的初步规划。由于这次会议恰巧与中央召开的讨论工商业改造的会议同时举行,因而获得了很大的教育和启发。

这个文件有以下几个要点:

(一)我们完全拥护中央和毛主席关于改造私营工商业的指示和陈云同志提出的六项办法。这个文件,是根据中央召开的会议的精神起草的。

(二)在对私营商业改造的进度上,预定在1957年底以前,做到将城市中全部(或接近全部)资本家商店改造为公私合营商店(其中一小部分可通过代销直接改变为国营商业);将小商小贩中座商部分的70%以上改造为公私合营商店或合作商店,将小商小贩中摊贩部分的50%以上组织成合作小组。这样,估计在1960年以前,除了还剩下一部分经营很次要商品的小贩(大体上相当于小商贩总数的5%)尚须保持分散的个体经营形式,以便组织国营商业所不能经营的多种多样的商品供应人民需要外,城市私营商业都具备了过渡为国营商业的条件,随时可以根据中央的决定改变成为国营商业。此外,还有一部分私商在1960年以前已经通过代销的形式或其他形式改变为国营商业。

(三)对资本家商店进行改造的主要形式是全行业公私合营的形式,并辅之以代销的形式。对小商小贩进行改造的形式是多种多样的,其中主要是合作商店、合作小组和参加公私合营(大带小)两种形式,并辅之以代销、由国家直接吸收录用或采取按件工资成为国营摊贩等其他形式。

(四)对私营商业的一切从业人员,除自己不愿来的和有严重政治问题者外,原则上采取全部包下来的办法。包下来了以后,要进行教育审查,要在中央组织部领导下由商业部、劳动部负责进行全国性的人员调配。摊贩在组织起来以前,要进行整顿工作。

(五)改造工作要注意质与量并重。在改造时必须做到:职工积极参加改造工作,资本家大多数愿意接受改造,有一部分人积极参加改造;改造后商品品种不能减少,对消费者服务的质量不能降低;在改造中与改造后商品流转不能受到阻碍。要在这几方面订出一些新的办法、制度。在规划时和进行工作时都要特别注意到这几方面。

(六)商业部拟于1956年2月中旬召开厅局长会议,交流对城市不同行业的私商进行全行业改造的经验。

由于全面改造城市私营商业的初步规划及其附件较长,为了节省中央负责同志的时间,特将其中要点摘出,是否有当,请审查批示。

1955年12月6日

附件1:全面改造城市私营商业的初步规划

(一)

1955年2月全国财经会议关于安排和改造城市私营商业的决定,已经基本上在全国范围内贯彻执行。据全国32个大、中城市的统计:1955年8月份社会商品零售总额中,国营商业(包括城市消费合作社)占51.51%,各种形式的国家资本主义商业占23.34%,私营商业占25.15%。这就是说:已经有接近半数的私营商业分别纳入了各种形式的国家资本主义轨道,社会主义性质的商业和国家资本主义性质的商业已经占领了城市商业零售阵地的四分之三。从行业上来看,关系国计民生较重大的粮食、油脂、布匹等统购统销商品,已经实行了全行业的经销、代销,百货、文化教育用品、肉类、烟、酒、西药、茶叶、石油、煤炭等行业也已经全部或大部分实行了全行业经销、代销;在主要行业中,我们工作的薄弱点,是在蔬菜、国药、杂货和公共饮食业方面。经过了1955年春、夏对城市私营商业的安排和改造,私营商业原来经营困难的情况已大大减轻,除上海、天津、广州等大城市由于社会商品零售额续有下降,一部分行业中人多事少,还存在着不同程度的困难外,多数城市的私营零售商业已经能够维持,不少的商店获得了利润,一部分较大的资本家商店由于花色品种多、地段好、生意做得大,还获得了较多的利润。在安排和改造中,资本家的态度一般是接受改造的,其中有一批骨干分子,起了一定的积极作用;有一部分资本家存在着坐待安排的消极情绪;还有少数资本家存在着抽逃资金、偷税漏税、抬价出售、掺假掺杂、短尺少秤、偷工减料、腐蚀职工,以至开除店员积极分子等抗拒社会主义改造的违法行为。广大店员职工则绝大多数是积极地拥护对私营商业的改造,愿意早日进入国营商店当职工的。他们在改善商店的经营管理、降低费用、监督资本家的违法行为方面,起了大的作用。在资本家商店内部,阶级斗争已经进一步深入;在不少代销商店中,店员职工在国营商业的支持下,已经掌握了或者部分掌握了商店的领导权,在商店开始公私合营以后,职工在协助国营商业领导和团结资方、改善经营管理等方面起的作用更大。在城市私营商业中,除了资本家商店外,还存在着为数很多的小商小贩,他们对经销、代销一般是欢迎的,多数人对组织合作商店和合作小组的办法是拥护的,有些城市已经组织了一部分合作商店和合作小组。但由于小商小贩为数很多而又分散,我们对他们的教育和管理尚未深入,因此,还有一些投机违法行为。8个月来对私营商业安排和改造的情况说明:1955年2月全国财经会议安排和改造私商的决定是正确的,各地在执行中,虽然在不同地区、不同行业中曾经发生过一些偏“左”偏“右”的现象,但总的说来是健康的。把私营零售商全行业纳入经销、代销的做法,曾经有效地解决了我们在掌握批发环节以后对私营零售商利用不够、社会失业增加、消费者购买不便等矛盾,并把私营零售商初步纳入了国家计划的轨道,限制了他们的投机活动和剥削范围,为今后进一步改造私营商业开辟了道路。但是从各地的实际经验看来,只采用经销、代销的办法,显然已经不能适应目前商品流转的需要和进一步改造私营商业的要求了。目前各地普遍发生公私比重计划不易贯彻,私营大商店和小商店之间的营业额不易平衡,有些较大的资本家商店得利过多,有些小商小贩仍然不易维持,商业网设置不合理,对私商的政治工作很难进行,许多经营小商品的行业难以归口管理等一系列新的问题,就是只采用经销、代销办法已经不能适应目前客观需要的反映。这种情况,迫切要求我们提出进一步改造私营商业的全面规划和办法。

(二)

根据以上的情况,目前摆在商业部门面前的任务是:对于如何把这样广大的分散的城市私营商业进一步组织起来,逐步消灭商业范围内的资本家所有制和资本主义剥削,逐步把他们改变成为社会主义的全民所有制问题,需要根据党中央和毛主席的指示和中央最近召集的省市负责同志会议的精神,作出一个全面的规划,并加以贯彻执行。目前社会主义工业建设和对资本主义工业的社会主义改造正在大踏步前进,农村中合作化运动的高潮已经到来,对资本主义商业的社会主义改造,必须保证做到与工业、农业的社会主义改造相适应。因为只有积极进行对资本主义商业的社会主义改造,才能适应今后数年内社会生产力迅速增长、社会商品流转额迅速扩大的情况,保证城乡间、工农间商品交换的不断发展,保证城乡和新建工矿区的物资供应,保证在许多日用消费品继续供不应求的情况下稳定市场物价,安定和逐步改善城乡人民的生活,并配合对资本主义工业和对农业、手工业的社会主义改造。否则,商业工作就不能适应社会主义建设和社会主义改造的要求,而成为社会主义工业化和农业合作化的绊脚石。目前,全国社会主义工业化、农业、手工业合作化和对资本主义工业社会主义改造的迅速发展,已经为商业的社会主义改造提供了极为有利的客观形势,社会主义的批发商业已经占了市场批发商品总额的90%以上,社会主义的零售商业已经超过了市场零售商品总额的一半,我们在改造私营商业上,已经具有了强大的物质力量和一定的工作经验。全国国营商店、资本家商店的广大店员职工和多数小商小贩,是热烈拥护对私营商业的社会主义改造的。全国的广大消费者,特别是广大的职工群众和劳动农民,是积极赞助对私营商业的社会主义改造的。以上这些,都是我们积极进行对私营商业的社会主义改造的有利条件。当然决不能说,在改造私营商业的过程中不会遇到困难。应该看到:改造私营商业,是要消灭剥削,改变所有制,斗争是尖锐的、复杂的,困难是不少的,但是只要我们遵照党中央、毛主席所指示的“全面规划,加强领导”的方针,充分地发动并依靠全体职工努力工作,困难是可以克服的。

(三)

对城市资本家零售商店进行社会主义改造的基本形式是通过全行业的公私合营过渡到国营商业。这是一种最好的过渡形式。北京市已经有棉布全行业公私合营、上海嵩山区已经有绒线全行业公私合营试点成功的经验。全行业的公私合营,包括以下内容:(1)大、中城市在商业局领导下,由原有的国营专业公司担任改造私商、调整商业网和领导公私合营的任务。原来没有国营专业公司的行业,可以成立新的专业公司。通过专业公司的领导和推动,职工的要求督促、工商联合会和同业公会的协助和资本家中间一部分积极分子的活动,由国营商业投入一部分商品作为资金,把全城市所有资本家商店全行业地组织成为公私合营商店。国营专业公司应当成为这个城市一个行业或几个行业的国营零售商店(包括消费合作社)、公私合营零售商店、合作商店、合作小组与私营零售店的总领导机构,并应加强对这些零售商店供应商品的批发业务。(2)资本家所有的资本,包括固定资产与流动资产在内,一律折价在公私合营商店入股,按股给以固定的股息。公私合营商店的一切盈利,除上述固定股息分配给资本家个人外,其余一律作为国营商业的积累,上缴国库,不再分红。职工福利金和奖励金由公私合营商店按国营商业的办法支付。实行这种定息办法的好处,在于使资本家的资本收入和我们的企业经营分离,既便于我们充分发挥公私合营企业的效能,又不致使资本家利润增大,有发展资本主义的危险,并便于按照消费者的需要全盘调整商业网。(3)国营商业必须掌握对公私合营企业的领导权。在公私合营企业及其门市部中,国家应派去干部或由职工中提拔积极可靠的人员担任经理或副经理,会计科、股长和政治工作人员。对原有的资本家和资方代理人,应当妥善地安置他们的工作,一般不应降低他们的工作职位,必要时可以多设副经理,并应加强对他们的领导和教育,发挥他们的工作积极性,学习他们有用的工作经验和技术知识。对资本家中间有代表性的、进步的人物,亦可调到专业公司及其区管理处担任经理、副经理、科长或副科长的职位或给予其他适当的地位和待遇。(4)全行业的公私合营必须和全盘调整商业网相结合。在全行业公私合营后,应按照消费者的需要与商品性能对全市的商业网设置作出全面规划,有步骤地进行调整,以求逐步改变目前商业网设置的不合理状态,便利于消费者的购货(在商业从业人员过多的城市,在商业网设置上应当从宽,即按照社会主义节约的原则只需要设置一个商店的地方,可以暂时多设置一两个商店)。在一个城市中不仅可以一个行业成立一个全市的专业公司,而且可以考虑两三个行业合并成立一个专业公司;不仅可以组织专业商店,而且可以按照消费者的需要与习惯组织综合商店。在小城市中,可以考虑把若干个行业合并组织成为一个或两个综合性的专业公司,分别设置专业门市部和综合门市部。在调整商业网时,应当充分利用私营商店原有的房屋和设备,除新发展的工矿区外,一般不必增添新的房屋和设备。

除了公私合营的形式以外,通过代销把资本家商店直接改为国营商业的形式也是可以采取的。这种形式包括以下内容:(1)资本家商店全部或绝大部分代销国营商业的商品,资本家的流动资金以保证金形式存入人民银行或转入公私合营投资公司,给以利息或定额股息。(2)由国营商业派代表参加经营管理的领导,进行监督,并由国营商业代表、资方代理人和职工代表共同组织经营管理委员会,通过这种管理机构掌握这个商店的领导权。经过一个时期后,在职工的要求、督促,工商联和同业公会的协助与资本家中一部分积极分子的要求下,把代销商店改为国营商店。其合用的设备可由国家留用,给以定额利息。其工作人员由国家录用。天津已经有一部分粮食代销店通过上述形式改成了国营商店。

以上两种形式都是在对资本家商店进行社会主义改造中可以采用的形式,但全行业公私合营形式比代销形式的适用范围更加广泛,不仅适用于全部由国营批发商业掌握的商品,而且适用于一切不宜于通过批发环节的零星商品和饮食业、服务业。因此,在对资本家商店进行改造时,一般应以全行业的公私合营形式为基本形式,但已经实行全行业代销的商品(如粮食、棉布),也可以通过代销形式直接改为国营商店。

在城市中,除了资本家商店外,还存在着人数很多的小商小贩,对他们进行社会主义改造,应当与资本家商店有所不同。

对小商小贩中间的座商,可以分别采取不同的办法,对他们进行改造。在棉布、大百货、五金等资本家商店很多的行业中,可以采取吸收他们加入公私合营商店的办法,这是北京组织棉布全行业公私合营时所采取的办法。他们的资金可以折价入股,给予定额股息;他们本人可以加入公私合营商店为工作人员;凡过去实际参加商品流转劳动的小商人家属,应按具体情况给以安置(不宜于参加工作而生活困难者,可由公私合营商店给以必要的补助)。经验证明,在参加公私合营商店时,小商人虽然关心他们的资金如何处置,而更关心的是他们本人的工作和家属的生活问题,只要我们能够吸收他们当店员,按照国营商店的店员工资标准评定工资,并对他们中间实际参加商品流转劳动的家属适当安置,他们中间多数人是愿意接受社会主义改造的。在蔬菜、屠牲、饮食等行业中,资本家商店很少,主要是小商小贩,资本一般比较小,对他们改造,可以采取在国营专业公司的领导下,把几户或者更多户数的小商店联合起来，组织成为合作商店的办法，这是重庆市把屠牲业全行业190余家组织起来所采取的办法。他们的资金可以折价作股，给予定额股息，不另分红；他们本人可以参加合作商店工作，工资多少和他们的家属如何安置，由他们在专业公司的领导下协商解决；合作商店的纯利，除纳税外，可以参照国营商店福利金的数额，提取一部分公益金和奖励金，归他们自己支配，剩余部分全部作为公积金，存入国营专业公司，经过国营专业公司批准后，可以提取公积金的一部分，作为装修门面、增添设备、弥补亏损之用，在合作商店解散或过渡为国营商店时，此项公积金亦不再发还。此外，还可以根据各城市小商小贩中座商的具体情况，采取其他适宜的形式，进行社会主义改造。

对摊贩的社会主义改造，一般可以采取合作小组的方式把他们组织起来，经过一个时期，国营商业应按照消费者的需要和摊贩所经营的商品的性能，将其中的少数人吸收成为国营商店的店员，大多数可在指定的国营商店领导下，划定活动的区域，成为流动的或固定的国营摊贩，推销国家的商品，给以一定的计件工资形式的手续费。这种以计件工资形式给手续费的办法，有利于促进摊贩积极推销商品，改善服务态度，因此应该广泛采取。在城市摊贩中，有一部分人适宜于较长期地保留合作小组形式(例如饮食业流动摊贩)，也可以较长期地保留这种形式，不必急于去把他们改造成为国营商店或国营摊贩；有些很分散的固定摊贩和经营很次要的商品的流动摊贩，在组织上应当放后一步。由于城市摊贩的生活目前一般是很贫困的，他们的收入是很不稳定的，只要我们采取上述办法对他们进行改造，他们中的绝大多数人是会积极地接受改造的。

对资本家商店进行改造的过程中，必须从政治上和经济上造成有利于改造的形势，迫使资本家接受社会主义改造；同时，必须采取企业改造和人的思想改造相结合的方针。即一方面要在公私合营以前，对资本家和他们的代理人充分地进行宣传教育工作，鼓励他们爱国守法，接受改造，并在他们中间培养与选拔积极分子，越多越好，使他们起一定的带头作用、骨干作用和桥梁作用，协助我们推动与组织对私商的改造工作。另一方面要在公私合营以后，给他们以适当的工作岗位(对其中进步的、积极的分子在分配工作上应与一般的资本家有所区别)，经常同他们接近，对他们进行教育，并推动和启发他们相互间开展批评和自我批评。他们在工作中遇有困难，要协助解决；他们工作做得有成绩，要给以鼓励；他们有缺点，要诚恳地对他们进行批评和教育；他们有长处，要向他们虚心学习，要使他们感觉到，我们对他们是仁至义尽的，他们应当精神愉快而努力工作。使他们能够从实际工作和教育中，得到更多的改造和更大的进步。对小商小贩的改造，要应当采取说服教育的办法，对于确实一时不愿参加公私合营或不愿组织起来的少数人，应当耐心地等一下，目前不要急于强制他们参加，可以照旧供应货源，让他们经销、代销国营公司的商品。等到全行业合营已经基本实现以后，这些不愿参加的少数人的问题，也就比较容易解决了。

当然，由于改造私营工商业是一个最后消灭剥削阶级，改变所有制的阶级斗争，因此资产阶级中间必然有一部分人要来阻碍改造，我们必须采取各种有效办法，从各方面努力来克服这种阻碍。也应当估计到，其中必然有少数反革命分子，会用各种各样的办法来破坏社会主义的事业。因此，我们必须提高警惕，加强政治工作，严密各种制度，以防范这些反革命分子的破坏活动，并及时发现和清除他们。

(四)

对私营商业进行社会主义改造的步骤，应当从主要行业入手。所谓主要行业，就是指：(1)目前商品供不应求的行业，(2)资本家商店较多的行业，(3)关系国家重要建设，国防建设，国计民生与对人民供应等较大的行业。这就是说，在1956年、1957年两年内，首先应进行各主要行业的改造。要求在1957年底以前，将城市中全部(或接近全部)资本家商店改造为公私合营商店(其中一部分可通过代销直接改变为国营商业)，将小商小贩中的座商部分的70%以上改造为公私合营商店或合作商店，将小商小贩中的摊贩部分的50%以上组织成合作小组，其中一部分通过合作小组的形式直接过渡为国营商店店员或国营摊贩。在1960年以前，公私合营商业，争取基本上过渡为国营商业；小商小贩中的座商部分全部(或接近全部)改造为国营商店或合作商店；小商小贩中的摊贩部分的95%左右组织成合作小组，其中有一部分过渡为国营摊贩。此外，还剩下一部分(大体上相当于小商小贩人数的5%左右)经营很零星的商品的摊贩和很小的饮食业摊贩，还需要保持分散的个体经营形式，以便组织国营商业所不能经营的多种多样的商品供应人民需要。

目前还有一部分小批发商和二批发商(约占市场批发总额的9%)尚未进行改造,有些已经代替了的批发商从业人员尚未吸收安置。对这些批发商的改造,应和对零售商的改造同时进行,在改造时,必须继续保存与发挥小批发商原有的组织零星商品流转的长处(如北京市东晓市场的小批发商在城乡交流上目前还具有一定的作用)。

在改造私营商业的时候,需要特别注意做到质和量并重。我们在私商改造的过程中,务必做到全体职工积极参加改造工作,资本家大多数愿意接受改造,有一部分人积极参加改造;已经经过改造的行业,不仅不应该减少经营商品的品种,而且应该增加经营商品的品种,特别是过去由私商、小贩去采购的零星商品,国营商店和公私合营商店也应当同样去继续采购;不仅不应该降低对消费者服务的质量,而且应该提高对消费者服务的质量;不仅不致妨碍商品流转的扩大,而且应该有利于扩大商品流转。因此在着手改造一个行业的时候,必须事先经过调查研究,进行周密的布置,经过充分的准备工作;在改造过程中与改造完毕以后,必须对改造工作质量,进行详细的检查,规定必要的制度(对于私营商店原有的制度中有利于扩大商品流转和提高服务质量的部分应加以保存,不应随意取消),及时地克服工作中的缺点,规定改进工作的办法,达到改进工作的要求。

(五)

在进行社会主义改造过程中,对资本主义商业(包括资本家商店与小商小贩)现有的从业人员,除本人不愿参加工作或有严重政治问题者外,原则上应采取全部包下来的方针。但由于现有的私营商业从业人员政治情况十分复杂,在吸收录用时,应经过一定的政治甄别。其中证据确凿的反革命分子和反革命嫌疑重大者,应由公安部门处理;有问题但不严重的,应在吸收后调训,进行审查,弄清问题。在全国各大、中城市和专区一级商业部门,应组织商业职工学校,在各级党委财贸部的领导下,担负对商业职工的政治教育与审查工作。

现在城市摊贩中,人数多,成分复杂,在组织摊贩参加合作小组和吸收他们成为国营商店的工作人员以前,应当对现有摊贩,分行业或分市场进行整顿工作。

目前全国各大、中城市商业从业人员总的说来是多的,而且分布极不平衡。在上海、天津、广州等地,一般是人多事少,安置不下,在边远省份,特别是新工矿区和扩建规模很大的城市,则人不够用,需要招收新人员。有些行业人浮于事,有些行业人员不足。因此在改造过程中,除商业人员过多的城市必须尽量在本地安置外,还必须同时进行规模相当巨大的人员调配工作。建议党中央和各省、市党委规定各地商业部门在招收新人员时,除各地党委调给的领导骨干外,必须首先招收现有的商业从业人员,并建议党中央规定对上海、天津、广州过多的商业从业人员,在中央组织部领导下,由中央商业部、中央劳动部负责进行全国性的调配。各省商业厅在省委、省人民委员会领导下对本省内现有的商业从业人员,在本省范围内进行调配,以便在今后数年中,将沿海大城市中过多的商业人员陆续迁移一部分到边远地区和新建工矿区,以充实与发展这些地区的商业。

参加国营商业及公私合营商业的私营商店职工的工资,应按国营商业工作人员的工资标准重新评定。由于有一部分私营商店的职工工资目前高于国营商店职工,在评定后,可以酌情保留一部分工资,留待以后逐步解决。资本家实职人员的工资,也应按照其工作能力与政治表现根据国营商业工作人员的工资标准重新评定,其高于国营商店工作人员工资的部分,也可以酌情保留一部分。摊贩的收入,目前有不少人是低于国营商店工作人员的工资的,在吸收摊贩参加国营商店工作时,其工资标准一般应向国营商店工作人员的较低工资看齐,不应偏高,以便于进行人员调配。

改造私营商业需要大量的干部。干部的来源首先应从商业部门本身解决,并要求城市党委增调给一部分党员领导骨干。各省和各城市商业干部学校应大量地举办短期训练班,训练公私合营企业的领导干部。

加强公私合营企业与合作商店、合作小组中的政治工作是一项十分迫切的任务。关于公私合营企业中的政治工作的任务和组织形式,另行规定。

为了做好对城市私营商业的改造工作,要求城市党委加强对商业工作的方针、政策、政治工作和经营管理的领导。

(六)

各省商业厅、市商业局应当根据商业部对城市私营商业改造的初步规划定出本省、本市的规划,报请省委、市委批准后,在省、市委领导下,贯彻执行。在制定规划的时候,除了应当对本地的私营商业的情况进行充分调查研究并规定改造方法、步骤外,还必须考虑到以下几个方面:(1)应当充分考虑本省、本市在第一个和第二个五年计划中在商品流转方面的任务,对私营商业的改造必须与商品流转任务相适应,有利于积极扩大商品流转,畅通城乡交流,严格防止由于对私商进行改造而发生商品流转阻滞的现象。(2)对于城市中零售商业网和相应的批发商业网的设置,应当作出长期的、全面的规划,防止由于没有规划或规划不当,造成消费者的不便与在商业网调整中的不应有的浪费。在规划城市商业网时,应当从有利于扩大商品推销,便利消费者购买的原则出发,同时要考虑到适合于经济核算的原则。(3)组织多种多样的商品来满足人民需要,是商业工作的一项很重要的任务。资本家商店和小商小贩过去在这方面起了一定作用,在对资本主义商店进行社会主义改造时,必须彻底地消灭他们过去那种唯利是图的经营方法,而发扬他们积极推销商品等特点和优点。因此过去由私商小贩去采购的零星农产品和手工业品,国营商业和公私合营商业也应当同样地去继续采购,私营饮食业和食品业过去所创造的合乎人民需要的特殊的烹调方法和食品制造方法,我们也必须加以保持,并在经过详细研究后,加以改造。(4)在改造私营商业的同时,在城市周围与城市内必须组织农民市场,以便农民出售其剩余产品供应城市消费者。各地必须摸索、创造组织农民市场的经验。(5)少数民族地区中,除西藏与藏族地区外,这个文件的各项规定,在原则上可以适用,但实施步骤上应适合于不同民族的具体情况。

附件2:各省、市、自治区对城市私商全行业改造的试点计划

商业部拟于1956年2月中旬召开厅局长会议,这次会议的一个重要议题是交流对城市不同行业私商全行业改造的经验。在试点中应当特别注意总结的是:(一)改造的形式;(二)商业网设置的规划;(三)劳动工资制度的改进;(四)如何做到不减少经营商品品种,并改进对消费者的服务质量。

各省、市、自治区应在1956年2月底以前完成的试点计划如下:

上海市:(1)小百货。(2)珠玉。(3)无线电。(4)猪肉。(5)蔬菜。(6)寄售。(7)仓库。(8)打包。

北京市:(1)百货。(2)文化用品。(3)蔬菜。(4)新药。(5)液体燃料。(6)茶叶。

天津市:(1)新药。(2)糕点。

四川省:(1)猪肉。(各种组织形式、过渡形式,包括:公私合营零售;公私合营采购、合作商店、合作小组等)(2)选一城市进行百货合营,并在一两个门市部下组织国营摊贩。(3)选一个县城进行全县(城厢区)的改造。(4)重庆市:一个居民段的油蜡杂货业的全业改造;城乡贩运商合作小组。(5)成都市:新药;一种饮食业。

贵州省:(1)贵阳棉布百货业。(2)选一县城城厢试行综合的改造。

云南省:(1)昆明棉布。(2)个旧饮食业。(3)下关土杂货。

广西省:(1)南宁一个区的饮食业改造。(2)南宁棉布代销过渡。(3)选一个县城城厢试行综合的改造。

广东省:(1)广州市新药。(2)汕头水产业。(3)惠阳或江门饮食业。

江西省:(1)南昌一个区的饮食业改造;一个居民段的南杂货全业改造。(2)选一个县城城厢试行综合的改造。

湖南省:长沙百货合营,并在一二个门市部下组织国营摊贩。

湖北省:(1)武汉市:医药;绸布;湘绣。(2)一个县城城厢的综合改造。

河南省:(1)郑州蔬菜。(2)选一个县城城厢饮食业改造。

河北省:(1)保定、邢台饮食业。(2)石家庄棉布(连摊贩)合营。(3)唐山五金。(4)一个县城城厢的综合改造。

山西省:(1)太原棉布、饮食业。(2)一个县城城厢的饮食业改造。(3)一个城市的酱园业改造。

陕西省:(1)西安:棉布;百货。(2)一个中等城市杂货业的全行业改造。

甘肃省:兰州市一个区或一个居民段的杂货业改造。

山东省:(1)济南:食品;糕点;杂货(一个区)。(2)青岛百货。(3)泰安试行综合的改造。

安徽省:(1)合肥一个区或一个居民段的杂货业改造。(2)蚌埠一个区的饮食业改造。

江苏省:(1)南京鸡鸭。(2)常州水产。(3)扬州酱园。(4)苏州小吃。(5)丹阳饮食业。

浙江省:(1)杭州:国药;饮食业(一个区)。(2)宁波:水产鲞鱼;木材。(3)金华猪肉。

福建省:(1)福州一个区的饮食业改造;一个居民段的杂货业改造。(2)选一个县城城厢试行综合的改造。

辽宁省:(1)沈阳:百货;鲜肉。(2)旅大:燃料业;一个区或一个居民段的食品杂货业。(3)一个县城城厢的饮食业。

吉林省:(1)一个中等城市的棉布和文化用品。(2)一个县城城厢的综合改造。

黑龙江省:(1)哈尔滨:百货合营并在门市部下组织国营摊贩;新药。(2)一个县城城厢的综合改造。

内蒙古自治区:呼和浩特:饮食业;煤炭;国药。

以上各地试点在成功以后,就应当立即布置展开全行业公私合营或其他改造形式的工作。

附件3:商业职工学校组织纲要

一、训练对象

(1)公私合营商店职工。

(2)合作商店和合作小组的从业人员。

(3)国营商店未经过政治学习和政治审查的职工。

二、训练任务

(1)基本的政治、时事、政策教育。国营商业的质性和基本制度。

(2)政治历史问题的审查。

三、设置地点

(1)大城市。

(2)中等城市。

(3)专员公署所在地。

四、学校规模

(1)专员公署所在地100至200人(专区所属各县均集中于专区训练)。

(2)大城市、中等城市相当于当地全部商业从业人员的3%至4%。

(设置的地点和训练人数由各省、市(直辖市)商业行政部门提出计划并经当地党委同意后于1956年1月底以前送商业部批准。在今后两年内,首先应训练公私合营商店和合作商店、合作小组职工中的积极分子。)

五、领导关系

(1)在大、中城市请市委财贸部或市委商业部领导。

(2)在专区请地委财贸部领导。

(3)如党委财贸部或党委商业部认为商业行政部门有能力领导时,也可责成商业行政部门领导。

(4)请商业工会派人参加职工学校的领导工作。

六、干部来源

(1)从商业部门抽调从事政治工作和审干工作的一部分干部担任领导骨干。

(2)不足时请当地党委配备。

(3)鉴于商业职工学校工作的长期性,上述干部必须专任。

七、经费

(1)教职员工薪金,学校行政费和设备费,由财政拨款。开支标准与省、市商业干部学校相同。由各省商业厅及直属市商业局在1956年1月底造报预算经商业部批准。

(2)学员按原工资待遇,由原在的企业单位发给。如有的合作商店或合作小组,因经营能力负担不起时,由领导该合作商店或合作小组的专业公司给以必要的补助。

八、基本建设

(1)专区和中等城市办职工学校所需校舍尽量租用市内或城市附近农村民房和利用私人商店铺面。

(2)大城市请当地政府调剂校舍。不足部分可由省、市商业行政部门造报预算(参照规定的建房标准),在1956年1月底以前报商业部批准。

(3)在大、中城市的学员为走读。在专区的学员为住校或走读(宿舍须利用现有房屋及城郊农村房屋)。

(4)省、市商业干部学校的房舍如有多余时,可拨一部分给职工学校用。但因职工学校与干部学校的任务不同,在学校行政领导上必须分开。

九、教材

教材由当地商业行政部门决定。商业部不做统一规定。

十、训练时间

一般的一年可训练二期或三期,受训学员一期审查未清者,可继续留校审查。

商业职工学校房屋建筑标准

一、教室

每个学生按1.3平方公尺建筑面积,每平方公尺造价按人民币25元到40元计算。

二、办公室

按每个工作人员7平方公尺建筑面积,每平方公尺造价按人民币25元到40元计算。

附注:以上是走读的标准,不设教职员及学生宿舍。不设礼堂和饭厅。

附件4:关于几项具体问题的规定

(一)代销保证金应给股息,股息由储存单位支付(存在银行的由银行支付;投入投资公司的由投资公司支付)。代销手续费只包括工薪和费用,不给利润。属于奖励推销的商品,如因超过销售计划致使代销商店所得手续费过多时,可在其多得的手续费中提取一部分奖励工资,其余一律上缴国库。

(二)私营商业在公私合营前原有公积金的处理办法,采取与工业部门相同的办法,执行国务院(八办)的规定。

(三)公私合营商业的国家投资,不采取工业公私合营时由国家另外拨款,通过交通银行投资的办法,采取由专业公司拨给商品代销的办法,其会计处理办法由商业部总会计处另行规定。

(四)公私合营商店股票由各城市的有关专业公司发行(如国务院八办有统一规定时,按国务院八办的规定办理),董事会一般不在某一个公私合营商店中设立,可在专业公司领导下,成立全行业的公私合营零售商店联合董事会。

(五)公私合营商业私股资金,各专业公司的使用权限如下:

(1)在1956年内,私股资金可由归口改造的专业公司在本公司领导的企业范围内调剂使用,调剂使用的权限包括基本建设与大修理在内。从1957年起,调剂使用的权限不再包括基本建设与大修理。在1956年内,动用私股资金进行基本建设时,须由省市商业厅局造具计划报请省或直属市财粮贸办公室批准后才能动用。基本建设应尽量利用私商原有的房屋设备,必须修建时,应严格遵守节约原则,防止浪费。

(2)私股资金只限于归口改造的专业公司在本公司范围内调剂,不得跨行业使用。如果有些行业资金不足,需要由国家投资或贷款时,流动资金以银行贷款解决,固定资产须追加基本建设计划。各地需要追加的基本建设计划,在1月底报送改造私商规划时一并送到商业部。

(六)各省市可在省商业厅、市商业局的领导下,成立一个或数个综合性的贸易公司,作为各县市综合性公司、饮食业公司、服务业公司的领导机关。新成立的专业公司的利润,通过省贸易公司上缴国库,上缴办法及会计处理办法由商业部财务局和总会计处另行规定。

(七)私营商店在外地有分支机构的,在进行改造时一律就地处理。

(八)关于人员调配:(1)各省内城、乡间的人员调配,由各省自行规划。(2)除上海、天津、广州外,其他省、市多余的商业人员,一律在本省内调剂,不外调。(3)需要调进商业人员的省,请作出一个1956年到1962年的规划,内容包括需要多少人,需要什么样的人,什么时候调进等项目。需要调出人员的上海、天津、广州等市,也须作出规划,内容包括调出多少人,调出什么样的人,什么时候调出。商业部准备在1956年5月召开会议,专门讨论人员调配的规划与办法。

八、中共中央批转商业部党组《关于对城市私营商业社会主义改造中几个问题的报告》

(1956年4月4日)

上海局,各省、市委,中央各部委,国务院各部党组:

商业部党组3月28日关于对城市私营商业社会主义改造中几个问题的报告是正确的,发给各地参照执行。

附:商业部党组关于对城市私营商业社会主义改造中几个问题的报告

中央并毛主席:

兹将今年3月商业部召开的全国各省、市商业厅局长会议对目前城市私营商业社会主义改造中的几个问题的讨论意见报告如下:

(一)全国各大城市和不少小城市都已经一次批准城市私营商业实行全行业公私合营,工作进展的步骤很快,总的情况是好的,但也发生了一些问题。问题主要表现在对各种类型的私营商店如何具体地进行安排和经济改组,缺乏必要的研究和准备,各地区、各部门对于应当怎样去进行经济改组,认识还不完全一致。因此不少地方的商业部门对不雇工的,或只雇了一两个工人的小商店规定了固定工资,取消了他们过去分别单独核算的办法,实行统一核算,使他们经营积极性不高,依靠国家吃大锅饭；不恰当的并店，使居民购买不便。银行过早的实行货币管理，使这些小商店不能向原有的进货关系去进货。物价部门在统一规定市场价格中，没有注意到优质优价的原则，使得有些商品质量降低；对于零星商品的批零差价规定得过紧，没有注意到销售零星商品占用劳动力较多，因而零星商品的批零差价必须大于值钱的大商品的特点，使有些公私合营商店和小商小贩收入减少，甚至因此而难于维持。有些专业公司和公股代表，没有经过充分研究，过早地改变了原有私营企业的进、销货制度和经营管理制度。此外，商业工作和工业、手工业的联系十分密切，在工业、手工业改造中某些不完全妥当的措施，势必也要影响商业；在手工业组织起来以后，把有些应该分散生产的产品，不恰当地集中起来生产，把有些应该分散出售，自由订价的商品改造成了统一加工订货，统一订价。过去手工业者是十分关心市场销路和产品质量的，现在有些人不大关心了，这是使得零星商品品种减少，花色减少，原来干零活的手工业者不再承揽零活的原因之一。在小工厂方面，也有一些类似的情况。根据各地的反映，在停止这些混乱现象的继续发展上，中共中央1月26日的电报指示和2月初国务院公开发布的决定，起了很大的作用。各地在接到这个指示以后，一般已经转入对各行业具体情况的较细致的调查研究，以便根据中央和国务院指示的各项原则，积极而慎重地进行经济改组工作。

(二)在城市商业经济改组中最大的问题，是必须明确规定对不雇佣工人的或只雇佣一个工人的小商店的改造形式问题。

小商店的形式，是我国商业中一种特别发达的形式。小商店的营业额，在社会商业中占有相当大的比重(特别是百货、杂货、烟、酒、食品杂货、油盐酱醋、饮食业等与居民日常需要关系十分密切的行业，小商店的营业额，可以占到该行业全部营业额的三分之一到二分之一)。小商店的户数，远远超过资本主义商店的户数，在大城市中约占坐商总户数的70%，在中、小城市中所占的比重更大。小商店的分布面很宽，与居民接近，一般有较固定的主顾；出售商品很零星；没有固定的作息时间，随时可以做生意；对熟悉的消费者可以赊销，可以送货；有不少小商店依靠家庭的辅助劳动。对于这些小商店的改造工作，应当根据他们经营的商品的特点和他们在商品流通中的不同作用，区别对待。我们在对小商店的改造中，必须一方面注意通过全面的统筹安排来维持他们的生活和经营。并注意发挥他们的经营积极性，另一方面注意加强对他们的教育和管理，防止和克服他们的投机行为；必须一方面注意在政治上和经济上改造他们，逐步改变他们的性质，另一方面注意在改造中不要使消费者感到不便，要继续保持这些小商店使消费者购买便利的优点。

有一部分小商店，是可以适当合并或适当集中的，这些小商店经营的商品，一般不属于人民日常需要的商品。其中一部分是经营生产资料的(例如医疗器械、印刷材料、电气材料等)，一部分是经营不为人民每天所需要的生活资料的(例如文化教育用品、乐器、钟表、眼镜等)。有少数商品，例如绸布、西药，虽然与人民生活关系很密切，但适宜于开较大的商店，花色品种齐全，便于挑选，也可以适当合并集中。合并与集中有两种办法，一种是把小商店合并于公私合营定股定息的资本主义商店(大带小)，一种是把几家小商店合并起来，组织公私合营商店或合作商店。凡是合并、集中了的小商店，都应当定股定息，独立核算，逐步实行计件工资制。

以上这些小商店，行业虽然不少，但户数不多。在小商店中户数量多的，是日用杂货、食品杂货、油盐酱醋、纸烟等几个行业。他们分布最广泛，与居民联系最密切，而且互相兼营。这些小商店除了个别的以外，一般是不能合并或集中的，现在有些地方合并、集中了一部分，使居民感到很大不便，其中有些已经退回去了，有些正在酝酿退回去。对于这一类小商店，应当明确规定，通过代销的形式进行改造，逐步做到他们经营的商品大部分代销，小部分自营(从手工业者和农民市场直接进货)，使他们通过代销，取得相当于工资的手续费，把代销的形式，作为公私合营的一种形式，仍然挂公私合营的招牌。他们的货架、柜台、桌椅目前仍然可以归他们私有，由他们从代销手续费所得中自己去添置修补，这样他们在使用上更节省，而且可以减少国家一大笔投资。对于这一类小商店，有些地方已经定股定息，发了固定工资，应当改成代销。有些地方把他们组织成合作商店，实际上仍然是分散经营，自负盈亏，也可以考虑改成代销。

饮食业的小商店(面铺、小饭铺)为数很多，在北京，其营业额约占全部饮食业营业额的三分之一，他们不能代销(因为他们自己加工)，其中有一部分比较集中的可以组织起来合营并店，定股定息或参加合作食堂，但有相当大的一部分不能合并组织(他们的分散存在,对居民非常方便),只能在国营专业公司的管理下由他们自营。国营专业公司的管理包括:(1)确定营业额;(2)分配货源;(3)规定价格和质量标准;(4)其他,如卫生条件等。估计这种在国营专业公司管理下自营的形式,在饮食业的小商店中还要保持一个相当长的时期。

对于以上各种类型的小商店除并店,定股定息的公私合营或合作商店外,都应当把他们按地区、按行业组织成互助小组,由专业公司或其区管理处设专人领导。这些互助小组的工作是:1.进行政治教育;2.在进货上互助(不是完全统一进货,而是为了调节劳动力,进行互助);3.逐步举办福利事业(在代销手续费中提成),补助生老病死及伤、残的需要;4.配合国营公司进行监督管理。

以上的分析一般是适用于大城市和中等城市的。至于五六万人口以下的县城和小城市,则和大、中城市的情况有些不同。小城市的特点是:面积小,街道短,热闹的街道只有一两条,多半是在十字路口,集市附近,商店的生意主要靠农民进城,而不是靠本地居民。在小城市的分散的居民区,由于购买力低,商店很少,多半是摊贩。因此在小城市里,小商店的合并和集中的条件,比大、中城市要好一些。我们对小城市商业的改造办法,是集中在大街闹市上的商店,一般可以采取并店、合营或组织合作商店的办法,把小商店并成较大的商店,有些不同行业的商店,只要经营品种相接近(例如烟和酒),也可以合并。此外,也还有一些由于分散供应当地居民而不宜于合并、集中的小商店,可以同大、中城市一样,采取代销和大部分代销,小部分自营的方法,进行改造。由于农村商业网的发展,在小城市中有一部分行业,过去是依靠下乡收购或下乡供货的,例如干鲜果品、废品等,现在发生了困难,对于这些困难行业,应当结合城乡商业网的调整,在当地党政的统一领导下,结合供销合作社统一安排。其中有些人可以到县以下的集镇和乡村去做小商贩,或者回乡参加农业生产,并兼营一部分代购代销的业务。浙江省委规定了每80户农村居民应当有1个小商店,河北省委规定了每120户农村居民应当有1个小商店,我们认为这种规定是好的,各地可以根据当地的经济情况,具体规定。

(三)在城市商业经济改组中另一个重要问题,是保持原有的资本主义商店或小商店在经营上的优良特点的问题。所谓优良特点,是指:(甲)加工和销售质量高的商品(在食品和饮食业中这种情况很多,在工业品中也有一部分)。(乙)专业经营或着重经营某一类商品,其中有若干商品是国营公司不经营的。在公私合营后,我们必须保存这些商店的商品质量和经营的优良特点。除了在思想上应当明确认识这些优良特点是民族遗产的一部分,必须加以继承、发扬外,还必须在组织上采取以下的办法:

(1)指定原来的经理或副经理或最有经验的职工专门主持这件工作。

(2)对他们自己生产的或自己组织加工的产品,应当贯彻执行优质优价政策。质量好的商品,价格可以比一般商品高一些,使生产和销售质量好的商品的单位,能获得比正常利润稍多一些的利润。

(3)保证其特有的原料供应。除商业部门应当注意保证外,其他原料供应部门,例如粮食部、农产品采购部,也应当加以注意。

(4)凡原来为这些商店加工的手工业或小工厂,应当拨给他们作为附属工厂,作为这个公私合营企业的一个组成部分。

(5)尽可能逐步实行计件工资制度,不可能实行计件工资制度的,应当实行奖励工资制度。

(四)除了以上两个主要问题以外,我们还讨论和解决了以下几个问题:

(1)为了实现对城市私营商业进行社会主义改造的任务,在国营商业的组织机构方面,必须进一步专业分细。商业部门过去管理的是主要商品,主要行业,对社会上许多行业情况还不很清楚。在全行业公私合营后,我们已深刻地感觉到现有的组织机构已经不能适应领导社会上各行各业的需要,迫切需要成立若干个新的专业公司,使社会上各行各业,都有专门机构负责领导。有人设想不必把公司进一步专业分细,只要成立几个一揽子的商业厅或商业局,就可以了。我们认为这种想法是不全面的,如果实行这种想法,就一定会招致商品品种的简化和服务方式的简化,不利于扩大商品流通。

(2)对于小商品的批零差价,应当作必要的调整,因为出售这些小商品花费的劳动力多,因此批零差价和代销手续费,都应当高于值钱的大商品。目前公私合营商店和小商店零售价高于国营商店的,暂时不要变动。各地应当责成同业公会根据过去的资料和目前的情况,议定合理的批零差价和代销手续费幅度(在没有同业公会的地方,可以责成工商联或组织同行业的某些有代表性的私商来协商),报告专业公司和商业局审查批准施行,可以突破原来商业部规定的小商品批零差价18%到25%的幅度。

(3)国营商店和公私合营定股定息的商店之间,应当有适当的分工:1.实行定股定息后,在一个行业范围内,资金、劳动力、营业额都可以统筹调剂。2.在商品经营上应当作必要的分工。3.在某一地段的商业网设置上,可以作必要的分工和调节。分工的目的:(甲)便利消费者的购货;(乙)适当减轻目前国营商店过分拥挤,某些公私合营商店生意清淡的不平衡状况;(丙)便于具有优良特点的公私合营定股定息商店继续保持与发挥其特点。

(4)在服装鞋帽等行业中,有一部分手工业产品是不适宜于由国营商店加工包销的,这些产品应当由手工业合作社自销,以保存手工业者关心市场销路和产品质量的特点。经营这些手工业产品的小商店,可以参加手工业生产合作社为社员,他们的店铺可以改成手工业生产合作社的门市部;也可以不参加手工业合作社,而成为手工业合作社的代销店,由手工业合作社去负责管理和改造。

以上各点是否妥当,请中央指示。

1956年3月28日

九、商业部关于城市私营服务性行业的社会主义改造的意见(修正稿)

(1956年4月9日)

城市服务性行业是许多行业的总称,这些行业不创造社会产品、也不出售商品,而是通过对人民的服务性的劳动,取得服务费的收入。服务性行业与人民生活有密切的关系,他们的服务性的劳动,是为了提高人民的文化生活和物质福利所必要的劳动,随着人民生活水平的不断提高,人们对这类行业的需要也在日益增长。城市的服务性行业虽然在性质上与商业和饮食业有所不同,但在经营方式上也与商业和饮食业一样,存在着资本主义的店铺、小业主的店铺和个体劳动者。在资本主义店铺中,存在着资本家对雇佣工人的剥削。因此在社会主义改造的高潮中,各地对主要的服务性行业,也同对资本主义工商业一起进行了社会主义改造,改造后总的情况是好的。由于我国还没有建立主管城市服务性行业的行政机关,因此中央在去年10月决定暂时将几个主要服务性行业的社会主义改造,责成商业部主管。这种情况是暂时的,将来是要建立主管城市服务性行业的行政机关的。由于我们过去从来没有研究过服务性行业的问题,不了解情况,因而在社会主义改造高潮到来的时候,对服务性行业的改造未能做出全面规划,未能定出在改造工作中有关的政策措施,这是各地在对服务性行业改造中发生问题较多的一个原因。通过这次召开的汇报会议,我们初步了解了五个主要的服务性行业(旅店、理发、浴池、洗染、照相)的情况,提出了以下的意见。由于我们了解的情况不够,经验不足,这些意见未必适用于一切地区,只是供大家研究参考。

凡是从事对服务性行业进行社会主义改造的部门,应当明确树立以下的指导思想,就是我们务必做到凡是经过改造的企业,必须便利人民,为人民服务得更好,应该根据人民的需要来决定我们的组织形式和工作制度,而不是由我们决定一套组织和制度,去强迫人民接受。正因为这样,我们就必须注意保持服务业中为人民所欢迎的原有的优良的组织形式和工作制度,必须注意保持并不断改进原有的服务质量。必须批判那些本来消费者用不着排队的,经过改造以后反而要排队了,本来消费者感到手续简便的,在改造以后反而手续麻烦了的做法,这种做法是只考虑了我们自己经营上的便利,而违反消费者利益的,因而是错误的。我们必须做到一切经过改造的企业,都能发挥经营上的积极性,这就要求我们不仅应当注意加强政治教育工作,而且应当研究采取一种正确的经营管理制度,使这种经营管理制度有利于提高服务质量,提高技术,有利于发挥一切工作人员的积极性。

现在我们分行业地提出如何进行社会主义改造的意见。

(一)关于城市旅店业的社会主义改造问题

一、基本情况:

(1)城市旅店业是以房屋、设备供应外来流动人口居住的服务性行业。在上海、广州两个城市,主要是资本主义户,在其他大、中、小城市,不雇工或只雇一两个工人的小户多,资本主义户少,在小户中连家店又占很大的比重。在大城市中,不雇工的或只雇了一个、两个工人的连家店约占30%—40%,在中等城市中约占60%—70%,在小城市中几乎全部是连家店。因此对这些小旅店的政策,是对旅店业社会主义改造中的重要问题。较大的资本主义旅店的服务对象,过去主要是商人,现在主要是干部。小旅店的服务对象,主要是小商贩、手工业者、进城的农民和过路的客人,也有一小部分是干部。小旅店在经营上的季节性很大,农忙时闲,农闲时忙,所以有不少店主兼营农业、副业或作临时工,而且绝大部分需要家庭辅助劳动。由于城乡物资交流情况的变化,社会上不正当娱乐的减少,除了正在发展中的城市外,旅店业的营业额是下降的,其中小旅店下降更大,这是在社会经济改组中的一个不可避免的现象,也是我们面临着的一个困难问题。但是从今后长期来看,由于经济的发展,旅店业的营业额还是会逐步增加的,社会上不仅需要大旅店,而且也还需要相当数量的小旅店,目前农民进城大量减少,农村运输业停滞的现象,也还只是暂时的现象,今后是会逐步改变的。

(2)目前各地采取的几种社会主义改造形式:

对资本主义性质的旅店,各地一般都采取了或准备采取公私合营、定股定息的形式。这些旅店有职工监督,有账簿或者可以建立账簿,采用公私合营、定股定息的形式,是可以行得通的。

对小旅店,特别是连家店(雇一两个工人或不雇工的),各地目前的改造形式有很大不同,大体上有以下几种形式:

甲、宣布了公私合营,由专业公司领导,在业务上交专业公司监督,有困难由专业公司适当救济,自负盈亏的形式,天津、西北、西南各城市都是采取这种形式。

乙、参加公私合营,同资本主义旅店一样,一律定股定息、统一计算盈亏的形式。东北、河北各城市多半采取这种改造形式。(上海也是采取这种形式,但因主要是资本主义户,小旅店很少,不能代表一般。)

丙、组织全行业的合作社,统一管理,分散经营(部分合并),共负盈亏的形式。中南的某些地区采取了这种形式。

丁、宣布了公私合营,实际上自负盈亏,但对其中雇工一人至二人的小旅店把雇佣关系改成店主与工人的合作关系。这是北京市福利公司提出来的意见,他们准备试行这种形式。

在会议上,各地代表对以上各种形式进行了讨论,意见未能完全一致。特别是由于各地对旅店业的改造一般刚刚开始,还缺乏实践经验,大家都没有充分理由来说服对方,因而不容易取得一致,目前也不必强求一致。

二、当我们考察了目前旅店业的基本情况和各地区对于旅店业进行社会主义改造的形式的不同意见以后,认为有必要明确以下各点:

(1)对资本主义的旅店,完全可以采取公私合营、定股定息的形式。凡是实行公私合营、定股定息的企业,应当成为实行经济核算的企业,但在核算方法上,可根据企业大小之不同,分别采取全面核算制或简易核算制。

(2)没有雇工的小旅店,店主在阶级成分上属于小资产阶级,是劳动人民的一部分,没有对雇佣劳动的剥削。他们有些人有少量的房产,有些人没有房产,完全依靠租来的房子,从事旅店业的服务性的劳动。他们的自有资金很少,主要是一些旅店设备,这些自有资金在性质上仅属于他们的谋生手段,不同于资本家的资本。在人民政府的管理下,他们的租金是由政府规定的,这个租金的规定限制了他们的收入,使他们只有可能取得大体上相当于工资的收入,没有可能积累资本,成为剥削者,除了租金收入以外,他们现在已经基本上不可能从事投机性商业或其他非法活动,不可能发洋财。在以上的条件下,这种小旅店的存在,对我国的经济是有利无害的,不仅现在需要他们,而且在今后一个相当长的时期内,也还需要他们,他们本身也会逐渐提高,我们完全没有必要急于去改变他们目前的经营形式。

(3)从以上的分析出发,目前对于这些没有雇工的小旅店的主要的改造形式是把他们分地区组织起来成为在专业公司管理下的互助小组。专业公司应当管理他们的租价;规定他们应当遵守的必要的卫生条件;通过互助小组领导他们的政治学习;通过互助小组领导他们自己提取一部分公益金举办福利事业,补助伤残和生老病死的需要;在他们营业情况不好的时候,应当帮助他们从事一些副业谋生,或组织他们中间的一部分人还乡生产。在十分必要的时候,也可以从大旅店的盈余中提取一小部分钱对他们进行救济,或帮助他们改善卫生条件。

在把他们组织起来以后,究竟是统一计算盈亏还是由他们自负盈亏呢?从纯商业方面所得的经验,我们认为应当由他们自负盈亏,而不应当统一计算盈亏。因为由他们自负盈亏,更便于刺激他们的劳动积极性,更有利于提高他们的服务质量,不致使他们发生“干不干、一斤半”的思想,躺在国家身上吃大锅饭。而且采取自负盈亏的方法,可以减少在管理上的许多困难。我们认为,在组织起来以后,并不是统一计算盈亏就一定比自负盈亏更好一些。一定的制度,必须适应于一定的经济情况。凡是适宜于并店合营的企业,在组织起来以后,就可以并店合营,统一计算盈亏,凡是不适宜于并店合营的企业,在组织起来以后,就应该分散经营,自负盈亏。小旅店一般是属于后一种。因为小旅店除个别与大旅店毗邻或相互毗邻的以外,一般是不能并店的,一般是需要家庭辅助劳动的,统一计算盈亏,必然发生管理上的困难,采取发工资的办法,会使一部分家庭劳动力闲置起来。使小店主一个人的工资收入,低于全家劳动时的租金收入,对小店主本人也是不利的。

有些同志认为,采取这种自负盈亏的办法,是我们“只吃肉、不吃骨头”,不合乎全行业包下来的方针,这种说法是不全面的。我们必须采取包下来的方针,问题在于如何“包”法。一种“包”法是不论赚钱赔钱,不论工作好坏,一律照发工资,这种“包”法是不合乎经济规律的,实行这种“包”法对国家、对消费者、对小店主三方面都不利。首先,从国家方面来说,我们应当鼓励小店主依靠他们自己的辛勤劳动吃饭,而不是依靠躺在国家身上吃饭;其次,从消费者来说,这种“包”法只会促使服务质量下降,违反消费者的利益;最后,从小店主本人来说,他们的工资收入未必都能维持全家的生活。另一种“包”法就是积极地领导他们办好自己的旅店,由他们自负盈亏,组织他们进行互助,必要时给予适当的物质帮助。如果在一个城市中,小旅店实在太多,安置不下,就应当设法让他们兼营一些其他商业,从事一些副业劳动,吸收他们中间一部分人参加工作,甚至动员一部分人还乡生产,这是统筹兼顾的正确办法。当然,执行这个办法,需要进行细致的组织工作,并且需要一定的时间,因此在一定时间内,对于十分困难的户给以适当的救济,还是必要的。

(4)有些小旅店是有雇工的,凡是雇工一人或雇工两人的小旅店,一般不应看作资本主义企业,不必去“公私合营,定股定息”。可以同不雇工的小旅店一样,采取组织互助小组、自负盈亏的形式进行改造。至于这种雇佣关系是否应当改成合作关系或如何改成合作关系的问题,可以等将来再行决定,各地可以进行研究,并个别地进行试点。在原则上,把雇工关系改成合作关系是可以的,但在旅店业中能否行得通,如何做法,我们还没有实践经验,还需要经过典型研究,总结经验再来决定。这个问题不仅在旅店业中存在,在纯商业、饮食业和其他服务性行业中也存在,是一个带普遍性的问题。

(5)凡是对小旅店还没有着手改造的地区,一般可以按照这个精神结合当地情况进行改造。至于已经把小旅店全部实行公私合营、定股定息或已经把小旅店组织成统一核算、共负盈亏的合作社的地区,目前也不必急于去改成各负盈亏的形式。因为我们的经验还不多,不妨保留几种形式,总结经验。一切已经把小旅店统一核算了,发了工资的地方,应当认真去解决存在着的问题,改进当前的工作,如果经验证明这种方法是可行的,将来各地也可以进一步学习他们的经验,如果发现了不能克服的困难时,也可以随时说服群众部分地或全部地改成组织互助小组,各负盈亏的形式。

(6)在不同地区存在着不同的具体情况,在决定改造形式时,应当考虑到这些不同情况。例如:有些在发展中的城市,原有的旅店很不够,可以考虑把现有的小旅店的一部分进行扩建,公私合营、定股定息,或建设新的旅店,把原有小旅店的人员吸收过来,成为国营旅店的工作人员(但是仍应保存一部分小旅店,他们仍然是有作用的)。有些地方小旅店生意很好,赚钱较多,除了维持从业人员生活外,还可以有一定的积累,在这些地方,互助小组除了提取公益金外,还可以提取一定数量的公积金,以便由服务业公司统一筹划,作为对某些小旅店进行扩建或新建之用。总之,一切有利于改变经营性质,同时又有利于改进为消费者服务质量,有利于改善经营管理的形式,都是可以考虑采取的。

(7)在改造中还应当注意的一个问题是不要在旅店业中过分强调专行专业。原来旅店兼营其他业的(例如兼营饭食、烟酒等),应当保留,不要去急于取消,因为这些旅店之所以兼营其他行业,往往是有一定理由的,改变了不利于对消费者服务,而且往往使得这些旅店难于维持经营,对于过去没有兼营的,不要急于提倡兼营,以免排挤了其他商业。但对个别特别困难的户,可以当作一种救济办法允许他们兼营部分其他商业。

(二)对理发业的社会主义改造问题

一、基本情况:

1.理发业是依靠手工劳动的服务性行业,劳动的协作性不大,除了少数高级理发馆外,服务网的分布一般适宜于分散,接近居民。理发业的设备简单,需要资金不多,所以资本主义户少,小户特别是连家铺多,理发摊子和流动的个体劳动者多。理发业的资本家和小业主多半是理发工人出身,多数自己参加劳动。在业务经营上,有一定的季节性,夏季旺,冬季淡,假日忙,平日闲;机关、工厂、学校下班以后忙,上班的时候闲。

2.各地对私营理发业进行社会主义改造的情况是:

甲、多数地区对资本主义户实行公私合营、定股定息;对小户和理发摊子暂时不管。

乙、对资本主义户公私合营、定股定息;对失业的理发工人组织合作社;对小户组织联营组(就是互助小组),对理发摊子暂时不管。这是武汉采取的形式。

丙、对少数高级理发店公私合营、定股定息;对一般资本主义户解除劳资关系,以店为单位组织合作社;对小户和理发摊子暂时不管。这是北京准备采取的形式。

丁、组织理发合作社,统一计算盈亏。这种形式又分为三种不同情况:

1. 把全市所有的理发人员组成一个大社,统一计算盈亏,统一调配劳动力,统一调整服务网(包括理发馆,固定与流动理发摊)。工人入股,资本家的资本入社(资本家本人不作社员),一切照手工业合作社章程办事。这是郑州采取的形式。

2.全市所有的理发座商组成一个合作社,统一计算盈亏,统一调整服务网,并缴纳股金,入社费等。对流动理发摊暂时不管。这是黑龙江省一部分城市采取的形式。

3.把全市理发座商分区组织若干个合作社,统一调整服务网,由区合作社统一计算盈亏,全市不统一计算盈亏。这是西安市采取的形式。

不少地区在组织理发合作社过程中发生了以下的问题:

(1)过分地集中并店,居民理发不便。甚至有的地方把二三十里以内的流动理发担都集中到城里,使农民跑几十里路去理发。

(2)把好理发馆的技术高的工人打乱分配给各个理发店,取消了理发的等级差价。全市统一成一个价,大大降低了服务质量。

(3)管理困难,财务混乱。理发工人在入社后收入减少。

为什么会产生这些混乱现象呢?我们认为最主要的原因,是没有从实际出发,采取一种最有利于满足人民需要的正确的组织形式,而是从概念出发,不重视人民的需要,以为"集中起来生产"一定要比"分散生产"更加"高级"些,统一计算盈亏一定要比分散计算盈亏更好一些,盲目地追求"高级形式",套用手工业生产合作社的一套办法和制度。这些不切合实际的办法,是应当迅速改正的。

二、对私营理发业的社会主义改造,适宜于采取以下形式:

1.在大城市中,由于户数多,管理困难,对资本主义户中的高级的或大的理发店可以定股定息,公私合营。对较小的资本主义户,可以解除劳资关系,改组成独立的合作社,在服务业公司的领导下,由这些合作社独立经营,自负盈亏。资本家可以参加劳动,他的资金可以定息。从合作社的盈亏中可以提取一定的公积金,作为增加设备和改善卫生条件之用。此外可以提取一部分公益金作为福利费。职工与合作社之间,仍然可以采取现有的分账制。在中等城市和小城市资本主义户数不多,管理上没有困难时,也可以全部定股定息,公私合营。

2.对不雇工的或雇佣一两个工人的小理发店可以组织互助小组,独立经营,自负盈亏。其中少数集中在同一地点的小户在不影响居民方便和他们自愿互利的原则下,也可以组织成为小型的合作小组,实行合并和统一计算盈亏,便于积累公积金和改善卫生设备。但多数小户是不适宜于并店的。因为理发店的服务网适宜于分散,过分集中了,对居民是不便利的。

3.固定的和流动的理发摊子不应合并合营,应当把他们组织成互助小组,分散经营。理发摊子的从业人员在有闲空时可以到固定理发馆去做临时工,以减少忙闲不均的现象。

现在各地的理发店过分集中了的,应当适当分散。把流动摊子改成固定摊子的,应当恢复。把高级理发师打乱分配了的,应当把他们再召集回来,重新组织高级理发馆。把全市的理发价格统一成为一个价的,应当恢复原有的差价。差价过小,以致造成一部分理发店过分拥挤,另一部分理发店生意清淡的,应当适当地扩大差价。必须贯彻执行优质优价政策,对不同的设备条件,不同的技术水平,规定不同的服务价格,是合乎经济规律的,是为人民所拥护的,只有这样,才能提高技术水平,提高服务质量。把不同的技术水平和不同的设备条件统一规定成一个价格的做法是违反经济规律的,是极不利于提高技术水平和服务水平的。从表面上看来这似乎是"为消费者服务"的。但它实质上严重地违反了消费者的利益,是完全错误的。由于在理发业的社会主义改造中许多地方出现了较为严重的混乱状况,因此就有必要提起各地商业行政部门注意,应当对理发工人和消费者进行公开解释,迅速改变这种混乱状态。

(三)洗染业、照相业、浴池业的社会主义改造问题

由于对服务性行业进行社会主义改造的一般原则,已经在前两个行业中加以说明,在这里,只对洗染、照相、浴池这几个行业的改造问题,简单地提出一些意见。

一、洗染业小户多,资本主义户少。像上海这样的大城市,雇佣3个职工以上的资本主义户仅占总户数的20%,中,小城市绝大多数是不雇工的家庭户。此外,各地还有不少副业性质的家庭洗衣。一般户设备简陋,技术低。高级洗染店缺乏,技工不足。

对洗染业的社会主义改造办法是:

1.资本主义户和家店能够分开的小洗染店,可以公私合营,定股定息。把家店可分的小洗染店也都实行公私合营、定股定息的原因,是由于小洗染店设备简陋,技术低劣,在公私合营后,可以拿技术设备较好的大洗染店为基础,采用以大带小的方法,把小户适当地合并集中,组织较大的洗染作坊,便于充实设备,提高技术,改善卫生条件。

2.家店不分的小洗染店和以洗衣为主要生活来源的洗衣坊,可以考虑按地区为单位分别组织合作小组。实行统一收活,分散洗衣,采取计件工资的形式。这样可以安置家庭工,可以节省分散收活、分散交活的人力,可以适当提取公积金和公益金作为集体福利和改进设备之用,而且完全具备实行计件工资以发挥工人的积极性的条件,同时也便于国营公司的领导和管理。但是也可以考虑采取组织互助小组自营的形式,请各地加以研究,根据当地的具体情况决定。

3.没有营业执照的家庭洗衣,完全是副业的性质,不必加以组织与限制。

二、照相业户数少,技术性大,一般是座商,部分城市有流动摊商。从业人员中多数具有技术和文化水平,业主大部是内行出身,参与劳动。这个行业在全国是供不应求的(只有上海、广州两地过剩),特别是高级技术人才不足。

对照相业进行社会主义改造的办法是:座商,包括资本主义户和小业主在内,基本上可以全部公私合营、定股定息。其中有些没有固定设备的小照相馆,可以适当合并于设备多、技术高的大照相馆。少数家庭户,由于辅助劳动较多,不能并店、合营的,可以组织互助小组,挂上公私合营的牌子继续自营。

对流动的摊商,可以编成互助小组由他们自营。在国营和公私合营照相馆有需要时,也可以根据需要吸收他们参加国营和公私合营照相馆工作。

在大、中城市,应当适当集中一部分优良的设备和技术人员,组织高级照相馆,高级照相馆的出品,应当贯彻优质优价的政策。

三、浴池业绝大部分都是资本主义户,仅在少数地区如广州、武汉有极少数家庭户。对资本主义户可以全行业公私合营、定股定息。广州、武汉等少数地区的家庭浴室,可以组织互助小组,由他们自营。

(四)其他行业的改造归口问题

根据到会同志的汇报,目前各地划归服务业公司的共有59个行业(包括109个类型)。各城市有多、有少,很不一致,行业归口和改造情况是相当混乱的。这主要是由于在社会主义改造的高潮到来时,对于各行各业的归口问题还没有全部确定下来的缘故。这个问题在这次会上不能做出决定,我们拟将这次会议上大家反映的情况向中央十人小组汇报,等十人小组决定后再通知各地。目前大体上可以明确的是:

1.根据中央对资改造十人小组1956年3月26日《关于服务性行业归口改造问题的批复》,旅店、浴室、理发、洗染和照相五个行业归商业部门负责改造(以后城市服务部成立即由城市服务部负责改造)。对于这些行业中已经组织的手工业合作社

(组),可暂由手工业部门领导。其中已经移交国营公司的就不必再交回去。至于五个行业中有划归其他国营公司改造的,一律移交福利公司归口。

2.明显地不该划归服务业公司而应由其他部门归口的(例如剧院、电影院、养蜂、养鸡鸭、养牛羊等),各地应向当地党政汇报,经当地党政批准后移交给其他部门负责改造。

3.有些行业在性质上虽然不适宜于归服务业公司归口改造,但暂时无口可归,由当地党政暂时规定由我们负责的,我们应当暂时负责加以管理。

至于对旅店、浴室、理发、照相、洗染以外的其他服务性行业应该采取什么改造形式的问题,由于大家还未很好研究,现在还提不出具体意见。希望大家根据这次会议的精神和本地的实际情况,摸索改造的经验,告诉我们。

以上对五个行业的改造形式的初步意见,请到会各同志讨论修正。

十、国务院第五、八办公室批转国务院八办、中央工商行政管理局上海工作组关于上海市改造私营批发商中遗留问题的报告

(1956年8月10日)

"国务院八办、中央工商行政管理局上海工作组关于上海市改造私营批发商中遗留问题的报告"中所提出的意见,我们同意,兹转发你们参考。

就目前情况来看,各地私营批发商改造工作已大体结束,从业人员也基本上作了安排;最近有的地区对已被代替还没有安排的私营批发商,正在进行吸收;有的地区对吸收的私营批发商安排待遇中的突出问题,正在设法加以解决。这些措施都是必要的,应当尽速予以贯彻。

但是,对吸收的私营批发商人员,原有安排不当,待遇过低的情况,还存在,还没有得到应有的改变,有些转业的私营批发商的遗留问题还没有得到应有的解决;在最近国务院第四、五、八办公室召开的工商座谈会上,工商界人士又提出了私营批发商改造中的一些遗留问题。因此,凡是处理过私营批发商(包括私营进出口商)的地区,对处理私营批发商的工作需进行一次检查,并对存在的问题迅速加以处理。

附:国务院八办、中央工商行政管理局上海工作组关于上海市改造私营批发商中遗留问题的报告

今年3月我们在上海作调查研究工作期间曾就上海市改造私营批发商的工作作了一些了解,现将当时了解的情况、问题和我们的意见简报如下:

1.资方人员的安排问题。在改造批发商中,对资方人员基本上是本着"包下来"的精神处理,但当时掌握较紧,国营吸收的只占歇业户资方的72.1%,到1955年底实际分配工作的只占44.2%。例如棉布业批发商是吸收人员较多的行业,但仍有28人未予安排。其中因五反退补数字超过1万元而不安排的1人;因一户2人已吸收1人就不再吸收的有5人;因另有企业不予吸收的3人(其中1人虽另有企业,但无职无薪,职工也不让他进店);因政治历史复杂不吸收的3人(其中1人公安局认为已坦白清楚);年老体衰不吸收的15人(其中有些人还可工作);还有1人系区人民代表、民建市分会委员,因非企业实职人员,不予安排。在全行业公私合营以后,已有一些过去未安排的批发商要求重予安排。

我们意见,对于1954年1月1日以后被代替的批发商人员,除了已有职业或者因有反革命问题依法应予立即逮捕的以外,都应该由国营商业部门予以安排。对于现在仍在训练班学习的人员,应该在短期内分配工作。

2.已安排人员的职位待遇问题。在改造批发商的时候,对吸收的资方人员一般是安排为营业员、办事员,也有一些安排为勤杂人员。待遇一般是先按月付给160个工资分,3个月后评级定薪,一般是23—25级,以24级为最多。他们的工资收入,大都比在私营时期降低很多。以棉布业批发商为例,改造前他们在原企业的收入一般是60、70元至100元,平均收入为83元;进国营以后,工资一般是48元至58元,平均为52元,比改造前减少37%。这些人中,改造以后有24人生活困难,占吸收人数的12.6%,且有扩大的趋势。他们的家庭负担一般都比较重,过去可资贴补家用的一部分剩余资金和积蓄现在已逐渐耗光,生活发生困难。

我们意见,在已吸收的批发商人员中,对于有技术、经验和业务能力,吸收以后安排的地位偏低,

以及工作安排和本人特长不相符合的，应当根据量才录用的原则，重新安排适当的职位和工作。对于参加工作以后表现好、工作有成绩的资方人员，应该加以提升。对于原来安排不当的资本家代表人物，应当首先加以处理。对于因为安排不当而重新调整了职务的人员，应当按照新的工作职务调整薪金；对于因为工作有成绩而提升的人员，薪金也可以作相应的调整。对第1项吸收进来的人员和新从学习班分配工作的人员，他们的安排待遇问题，也应当按照以上精神办理。

3．转业外埠中的问题。在改造批发商的时候，有一部分人员经动员转业到外埠，他们一般待遇低、工作苦，特别是家眷还在上海的，收入不够维持。例如转业到蚌埠安徽大旅社的职工反映没有家属宿舍；家眷在上海，又不准请假回来；每月150分（合33.33元），伙食要9—12元，不够维持家用。又如转业到湖南湘建企业公司瓷器厂的有职工190人，资方54人，80%以上是安排在车间里，一个大学毕业的和一个工业专科学校毕业的都安排为坯工，有100多人要请假回来，情绪很坏。

以上情况表明：批发商转业外埠在人员安排，薪金待遇和家眷安置上仍然存在不少问题。我们建议，接受转业人员的地区有关部门进行一次检查，并根据上述调整批发商人员职务、待遇的原则进行调整。对于有批发工作经验、显然不适宜从事工业生产或者其他工作的转业人员，应当由当地人民委员会调整他们的工作，以便充分利用他们的技术和经验。对于转业人员的家属宿舍要积极设法解决；如果转业人员要求把家属搬到工作地区，录用部门应当予以帮助和照顾；其中家属迁移旅费确有困难的，酌情予以补助。

在安排批发商私方人员和调整他们的职务待遇等问题的时候，对原来未作安排或安排不当的批发商中的职工，应当同时加以安排和调整。

4．批发商的资金、存货和债务处理问题。上海市1954—1955年改造的批发商的资金，除转业250万元外，投入投资公司的有372万元（至3月中旬止），存在银行的还有317万元（至2月底止）。为便于将来统一处理这部分资金的所有权，我们意见，对于存在银行的资金，可动员他们转入所属的专业公司予以定息。

批发商尚有许多存货没有处理，其中主要是五金、交电、汽车材料等，大都是目前不易脱售的残次品和滞销货，现在组织了70—80人的联销处，实际很难销出。我们意见，对于这些存货，可以改变原来的先变卖后投资的办法，而按全行业公私合营清产估价的办法作价入股，参加公私合营。批发商的债务清理工作也进行得很慢，经去年9月发动检查清理以后，7个区24个行业中尚有对公欠款290余万元，宕账35万余元。过去资本家挪用账款和私用货款等现象比较严重，有关部门在处理债务上也掌握较紧。应根据“从宽处理，尽量了结”的精神，把这部分债务尽速加以处理。

（选自《工商行政通报》第76期，1956年8月31日）

十一、文化部关于加强对于民间和私营文化事业、企业领导管理和社会主义改造的报告（摘要）

文化部最近向国务院作了一个“关于加强对于民间和私营文化事业、企业领导管理和社会主义改造的请示报告”，经国务院同意并于8月16日批转各地研究执行，兹摘要刊载如下：

民间和私营文化事业、企业，行业众多，队伍不小，情形复杂，从业人员估计全国在20万以上，以经济性质和阶级成分说，它们多数是独立劳动者、个体所有制的小商小贩和集体所有制的班社；只有少数是资本主义性质的工商业。为了充分地重视和调度这一支文化队伍的力量，加强对他们的领导管理，对于一些必须进行社会主义改造的企业积极地而又稳步地进行社会主义改造，发挥它们工作上和经营上的积极性，更好地为社会主义服务，是有很重要的意义的。

几年来，各地对民间和私营文化事业、企业在不同程度上都做了一些安排和改造工作，取得一些成绩和经验。但总的说来，思想上是缺乏国家文化事业的整体观念，有重公轻私的偏向，对民间和私人经营的这支文化队伍的力量和作用估计不足，没有充分地认识到发挥它们的积极作用以满足人民群众日益增长的文化生活需要的重要意义，因此，到今天还没有认真地把民间和私营的文化事业和企业领导和管理起来。在去冬今春社会主义高潮到来时，指导思想上又曾有过急躁情绪，以致少数地方在某些行业的处理上发生了一些冒进现象。如个别城市将民间职业剧团全部或大部分改为国营,这虽有许多积极意义,但在作法上确实急了一些。对于新书发行业,有的地方把夫妻店也采取统一的清产核资和固定工资的办法,使它们产生了依赖思想,降低了经营积极性。对于图书租赁业,个别城市竟把它们一律改为国营。在古旧书收售业方面,有的采用对新书业的一套作法,公私合营,清产核资,对古书论斤或论本计价,甚至把它们一律改为新书业,完全没有照顾到古书业的特点,影响了业主的经营积极性和生活,不利于保存和流动古书。以上偏差有的已经纠正,但还需要进一步地克服和防止。

民间和私营文化事业、企业,是我们国家长期积累起来的宝贵财富,也是今天国家整个文化事业的重要组成部分,是一支不可忽视的力量。无论从当前满足人民文化生活需要以及今后发展和繁荣文化事业着眼,对于他们都必须加强领导管理,实行统筹兼顾,全面安排,使他们各得其所,人尽其才。那种重视国家举办的文化事业、企业,轻视民间和私人举办的文化事业、企业,对民间和私营的文化事业、企业看成可有可无,置之不理,或者只要好的,不要差的,需要的留下来,不要的推出去的想法和做法,表面上看来很急进,实际上是放弃国家对它们的领导,势必损害国家整个文化事业的发展。这种偏向,必须坚决地予以克服。各地文化部门必须在省、市人民委员会的领导下,根据中央对私营工商业进行社会主义改造指示的原则精神,结合文化事业的发展的长远规划,针对各行各业的具体特点,分别情况,加强政治领导和行政管理,积极地稳步地进行社会主义改造,提高他们的艺术和业务水平,改善他们的艺术活动和服务态度,维持各项事业、企业的经营积极性和从业人员的生活,使他们更好地为人民群众服务。为此,应当特别注意下面几项原则:

第一,多数民间和私营文化事业、企业是为社会文化服务的行业,而且具有精神劳动和艺术活动的特点,主要的应当加强对他们的政治领导,适当地安排这些行业的从业人员的工作和生活,推动他们进行思想改造,帮助他们提高艺术水平和改进服务态度,充分发挥这些行业的积极作用,而不应当机械地搬用改造一般私营工商业的办法,来对它们进行经济上的社会主义改造。同时,应当严格地区分民间举办的文化事业和私营的资本主义性质的文化企业,对于不同经济类型的事业和不同阶级成分的个人应当有不同办法,决不能一律以资本主义性质企业对待。

第二,对于各项文化事业企业应当在现有的工作基础上,根据客观条件和主观力量,分别轻重缓急,有准备地、有计划地、有步骤地分批分期进行改造,既要反对放任自流,又要防止急躁冒进。在时间和步骤上,不必强求整齐划一,也不必向其他私营工商业的改造看齐。

第三,在改造过程中,必须服从当地党政统一领导,因地制宜,统筹安排,并且应当同有关部门和有关方面密切配合和协作。社会文化网的分布与调整、多余的人员的转业安置等,都应当由当地党政领导机关根据当地具体情况,同整个社会安排,城市规划及其他有关行业的改造和发展结合起来,进行统一的合理的安排。

第四,必须保持和发扬各个行业在艺术活动上、劳动协作上和经营方法上的优良传统、特长和风格。鼓励业主和从业人员的积极性和创造性。对于其中有一定成就的艺术人才和其他专门人才,应当在政治上、生活上给予照顾,并且鼓励他们带徒弟,培养新的力量。

第五,对于文化和艺术方面的人员,包括失散在社会上的,应该根据他们的身体和才能情况,对他们的生活和工作进行确实和适当的安排,防止单面强调他们政治落后,无才无艺,因而把他们推出不管,或者强令转业的偏向。

对于各行业加强领导管理和社会主义改造,具体意见是:

(一) 民间职业剧团。它们绝大多数是集体所有制的共和班,只有极少数是由业主经营,雇用演员,具有剥削性质。这类剧团全国共二千多个,对于它们,应该肯定主要的不是经济上进行改造,而是要在政治上、艺术上和经营管理上加以提高和改进。对于极少数具有剥削的剧团,应当通过对于剧团内部的工作,创造条件,逐步地改变为集体所有制。

(二) 美术画像业。从业人员一般是属于个体劳动的美术工作者,业主资本较小,大部分本身参加劳动,只有少数具有剥削关系。对于这一行业的改造,应看它的经济性质分别对待,办法如下:(1)对资本较大的有劳资关系的户,可实行公私合营。已有国营美术服务社或装饰公司的省市,如果某些户的业主和从业人员要求参加国营机构的,也可全部吸收参加，按照他们的业务能力分别安排工作，业主的资金可按定息办法处理。(2)对资本少，自己参加劳动的独立劳动的美术工作者，如果他们自愿和适宜组织起来的，可帮助他们成立合作社或合作小组。对适宜独立劳动或不愿参加合作小组的，应该允许他们继续独自经营或从事独立劳动。不论是参加合作小组或独立劳动的，都应该注意给予他们加工业务，使他们能够维持生活。

（三）游艺场、书场。除大中城市极少数几家是资本主义性质的行业外，其余大部分都是设备简陋的木棚、席棚，资金微小，自己参加劳动。对于这一行业应该加强领导管理，帮助改进活动内容，并且区别不同性质分别予以改造，不宜于一律改为国营或全行业公私合营。具体办法：(1)对一般无劳资关系以演唱卖艺为主的小型游艺场、书场，仍应保持其独资经营；其中要求合营的，可给予公私合营名义，但收入仍归他们自己所有，分账制度暂时可以不变。大型有劳资关系的，可参照影剧院改造办法实行公私合营。茶社应划归福利公司或管理服务业的部门统一改造。(2)文化部门对所有游艺场、书场都应该加强领导管理，主要的是积极帮助他们逐步地改进说唱内容，充实文娱活动项目，原有的文娱项目凡是没有严重毒害的都应该予以保存，逐步做到文娱内容和形式丰富多彩。(3)少数城市游艺场、书场过分集中，影响营业和收入，应慎重地、有计划地逐步调整。房屋有倒塌危险而现在又需要存在的，可以少量投资，改为公私合营，或给予少量贷款，以继续维持营业。

（四）影院剧场。它们在经济上和经营方法上是属于资本主义性质的服务业，一般都有劳资关系，应进行社会主义改造。改造办法：(1)一般可采取公私合营，清产核资、定股定息；少数合作经营的，目前仍可保持合作经营方式。房地产和主要设备属于国家所有而租给私人经营，资方产权较少而又要求国营的，目前即可考虑直接转为国营，对资方资产可经过清产核资按定息办法处理。为了进行这种改造工作，在影剧院较多的大城市，可成立管理影剧院专业机构负责办理，一般中小城市可由文化部门派公方代表或由当地国营影剧院负责改造。(2)有些影院、剧场工资过高，福利过多，收入分成不合理，目前不宜急于改变，应该根据中央公私合营企业工资会议决定的精神，在当地人民委员会的统一领导下，在摸清情况后，逐步调整，使之渐趋合理。(3)有些城市影院、剧场太过集中，分布不合理，应结合影院、剧场发展的全面规划，慎重考虑，逐步调整。有些院场房屋有倒塌危险，而地点适宜，为群众所需要，可考虑投资修建，也有些院场地点不适宜，不为群众所需要，如果房屋破烂，就不必在原地修建，可以将资方的资金，转移到劳动人民集中而又缺乏影院、剧场的地点新修。

（五）出版业。基本上已全部国营和公私合营，今后应加强领导管理。(1)名义上保持公私合营，而且确有一定私股，而实际上已由国家管理的报纸、杂志，有的现在提出要求改为国营的，目前仍可保持公私合营；某些由大学教授或医生合办的进行学术研究的同人杂志，现要求国家接办，可仍维持同人杂志继续出版。对上述报纸、杂志、出版社应分别地由政府文化部门和学术团体加强领导提高出版质量，但应注意保存它们原来的风格和特色。(2)宗教出版社现在还有十多家，因涉及宗教问题，不适宜采用对资本主义工商业改造办法，建议由宗教事务委员会通告全国性或地方性的宗教团体接办或加强领导，主要是掌握书籍的编辑内容。同一宗教而有几个出版社的，也应通过宗教团体加以适当调整和合并，如果有反革命分子借宗教为掩护进行反革命活动的，在反革命案破获时就应该将他们所举办的出版社予以取缔。(3)对于出版古籍、唱本、年画的个体经济性质的木版出版业者，可按其常年生产性质和季节性副业生产性质，采用生产合作社或合作小组的方式积极地进行改造；其中少数规模较大的，也可以实行公私合营。无论采取那种方式，都应当领导他们改善出版内容，凡是有益无害的应该允许继续印刷出版，凡有严重毒素的就不要再去翻印，不要对旧的唱本、年画一律粗暴地加以禁止。同时，应当帮助他们组织新的内容健康的书稿画稿出版。

（六）新书发行业。它们已全行业公私合营或已成为新华书店代销的分支机构。对这一行业的改造：(1)对资本较大，有劳资关系的，可清产核资，定股定息。(2)对个体经济性质的书铺书摊可给予公私合营的名义，但仍保持代销，取手续费办法。新华书店对它们供应书籍在品种和折扣方面应给以照顾，保证他们有维持生活和营业的必需的收入。对已经改为定息付工薪办法的，如果有人自愿恢复代销取手续费的办法，应该予以接受；但决不要勉强动员。对它们之中有多余人员的，国营书店应设法吸收安置。(3)在少数书店书摊集中的地区,可以通过书业同业公会,发动他们组织合作小组,以便利统一进货,调剂存书,增加营业和收入,并在可能情况下逐步举办福利事业。合作小组在经济上是自负盈亏还是共负盈亏,可以根据具体情况和自愿原则确定。书店书摊并不集中,没有必要组织合作小组的,就不必加以组织,可以由新华书店通过代销经销关系,进行统筹安排。(4)在新华书店发行力量不足的地区,可根据图书发行网发展的需要,逐步地将私营书店、书摊改为国营书店的门市部或书亭,并且吸收他们的从业人员参加国营书店工作。(5)新华书店应积极改进批发办法,减少层次,简化手续,及时供应新书,增加图书品种,协助他们提高营业额。对于发行网的调整,应当在彻底摸清情况,经过慎重考虑以后,进行全面规划和安排,要注意保持便利读者的特点,不要随便撤销原来私营书店所建立的据点,以利书刊的流通。

(七)古书收售业。他们往往自己是或所雇的职工是有鉴别古书能力的专业人员,了解古书的收藏情况,并与学术机关、学者专家有密切的联系,起着流通古籍,便利学术研究工作的作用,是不可缺少的一个行业。它们经营的特点是,要有专门的业务技术,备货时间长,资金周转慢,利润比较高。这一个行业将会长期地存在下去,以为它们可有可无、可以一律改为新书业或其他行业,显然是不正确的。对于这一行业,目前主要地是要从行政上加强领导、管理和监督,防止珍贵的古典文籍流失和非法出口,并且推动他们逐步地从事合理的经营,发挥它们的特长和积极性,满足学术研究工作者的需要。因此,在目前一般地可以暂时允许它们保持原有经营方法不必急于从经济上加以改造。有些已经批准公私合营的,可保持公私合营名义,实际上仍为独资经营;对于真正自愿联营的,可以允许联营。批准合营以后,凡没有清产核资的,暂不必清产估价;已经清产核资的,也不必实行定息,都只要注意掌握它们的图书目录即可。如果在清产核资中因估价偏低,书籍已经出售,业主已经遭受了损失,那就应该酌情补偿。已经改为新书业的,应该看具体情况,包括市场从业人员技术和古书留存等等条件,决定是否仍改为古书业。另一方面,文化部门应当积极地调查研究古书业的情况,制定简单易行的办法,规定古书业者按期填报古书的收购和销售情况,保持原有的同行业的议价制度,如发现珍贵古籍,就以合理价格予以收购,防止流失和出口。但也不要限制太多,使古书业者无法营业。同时,文化部门应当在重要城市设立国营的古旧书店(可以由原有私营的古旧书店改为国营的古旧书店)与有关各方面建立联系,掌握古书流通规律,以比较合理的价格收购和销售古书,扩大古旧书的流通,同时逐步地削弱私营古书业者的垄断性。但也不要操之过急,使私营古旧书业无利可图。应该认识,古旧书的主顾本来不多,书价也并没有一定标准,如对价格要求过严,私营古书业者是很难维持生活的。此外,对于该行业中有真才实学的专家和加工装修的技术人员,政府和国营企业应酌情吸收一些进来。

旧书店大都兼营古书,其经营的书籍品种虽有不同,但在经营方法上具有许多和古书相同的特点,目前大体是可参照对古书业的办法进行改造。

(八)图书租赁业。它们绝大多数是小商小贩,本小利微,分散很广,拥有大量读者,在图书流通上现在还起着一定的作用。在改造中一般可给以公私合营名义,实际上保持独立经营,依靠收取图书的租金维持生活。对于确实不能维持生活的,应该给予适当的救济,但是必须严格禁止他们出租反动、淫秽、荒诞的书刊。新华书店应继续加强同它们的联系,在批销图书时,给他们以优待折扣和方便条件。拥有大量租书铺摊的大城市,如北京、天津、上海等,可以考虑在全市或分区成立国营的租书公司,购置一批图书,以极低租费出租图书给租书铺摊由他们转租读者,从中取得一定利益。这样实际上已将租书铺摊组织起来,并且由国家控制了书源,有利于改造。对于已经改为国营的,不必勉强改为自营,但应考虑采取按营业额计算工资(即计件工资)或基本工资加奖励的办法,以加强他们的责任心和积极性。有些租书铺的人员可担任文化馆、图书馆及其他工作的,可由国家吸收。有些在农村有家业,愿意回乡生产的,可协助他们回乡。但不愿意回乡的,不准强迫动员回乡。总之,要因地制宜,用多种多样办法,进行安排和改造,不能强求一律。

(九)文物业。它们主要集中于大城市,货源过去一部分是流散的传世文物,又多是从地下盗掘的。今后文化部门应继续加强保护文物的政策法令的宣传,对该行业应切实了解它们收售文物的情况,加强领导和监督。如果发现珍贵文物,就以合理价格予以收购。对于该业中有较高鉴别古物能力的专门人员，可以与有关部门协商，逐步吸收他们参加国家文物研究和保管工作。至于对这一行业的经济改造工作，因为他们除经营金石、陶瓷、碑帖、字画外，绝大部分兼营珠宝玉器、特种工艺品，其发展前途，应向特种工艺品的经销方面转移，因此建议由商业部系统统筹安排，负责改造。

还有许多行业同文化工作有关，以前归口不明确，或虽已归口但不很妥当，需要重加明确规定：

（一）目前归口于其他部门的书刊印刷厂（零件印刷厂除外）、书刊装订合作社、电影机制作修配厂、幻灯片制作所等，同文化部出版印刷、电影放映、社会文化事业的发展关系密切；为充分发挥这些行业的作用，建议划归文化部门统一安排，负责改造。同时建议，零件印刷厂中如有条件和有余力印刷书刊的，应尽可能承担印刷书刊的任务，并且列入国家计划。

（二）已经归口在地方工业部门的幻灯机制造业、放映炭精制造业等，这些行业的产品各地都迫切需要。建议地方工业部门责成这些行业保持原有的品种的生产，并且为了满足使用单位日益增长的需要，考虑加以适当的扩建。

（三）特种美术工艺品（刺绣、雕刻、织锦、珐琅、漆器、陶瓷、沙盘模型、商业广告社等）和文化艺术用品业（乐器、戏装、绘画、颜料、宣纸、湖笔等），有的地区已归口于文化部门，但是他们的生产，对国民经济有较大的影响，而且决不是文化部门力量所能单独领导和管理，因此建议分别划归手工业合作总社和地方工业部门负责改造，并且保持原有品种增加新品种和适当地增加生产提高质量。但在有关美术创作、艺人的业务进修和新的工艺干部的培养方面，文化部门应予以协助；对文化艺术用品的规格，供求数量等方面，文化部门可以提出计划和要求。

民间和私营的文化事业、企业，大都是地方性行业，地区之间又极不平衡，就是同一地区不同行业所存在的问题也不相同；同时这一方面的改造工作，又同整个城市规划，对私改造经济改组和社会就业问题密切关联，所以，改造的办法和步骤，不宜要求在全国范围内整齐划一。因此，对于民间和私营文化事业、企业的改造，由各地人民委员会统一领导，统筹安排，改造的具体步骤和措施，也由各地人民委员会根据中央的方针政策，结合当地具体情况，因地制宜，作出决定。各地文化部门应该设立专门的机构或指定专人负责具体的改造工作。

（选自《工商行政通报》第77期，1956年9月15日）

第三节　农村私营商业的社会主义改造

一、中华全国供销合作总社党组关于对农村私营商业进行社会主义改造的报告

（1955年3月7日）

中央、毛主席：

对农村私营商业进行社会主义改造，是国家过渡时期总任务的一个组成部分，是供销合作社的基本任务之一。为了总结经验，确定对农村私营商业进行社会主义改造的方针、政策和方法，全国供销合作总社于1955年1月11日至21日召开了农村私营商业改造工作会议。参加会议的有各大区、各省和3个中央直辖市郊区供销合作社的主任或副主任、部分试点县、基层合作社主任以及有关部门的代表。会前有19个省作了农村私商改造的典型试验工作；会中并收到了34个试点总结材料。会议听取了12个试点地区的经验汇报以后，曾着重研究了关于安排和改造农村私商的几个问题。这些问题并已经2月全国财经会议讨论通过。

第一、一年来农村市场变化的根本情况

由于中央、各级党委和政府的正确领导，采取与贯彻了各项重要的经济措施，使农村市场在加强城乡联系、密切城乡结合和巩固工农联盟方面起了很大的作用。

由于统购政策的贯彻，约占农村收购总额42%左右的粮食、油料及棉花等商品，脱离了自由市场；加以重要工业原料和主要副食品也已大部分为合作社所收购，因此农村中70%的农副产品商品量已为国家和合作社所掌握（1953年为57%）；私商在农村中所收购的仅为一些次要的农副产品及手工业产品。

由于统销政策的贯彻，约占农村零售总额24%

的粮食、油脂、棉布等商品脱离了自由市场,又由于国营商业扩大工业品的加工订货、基本上占领了批发市场,工业品在农村已绝大部分依靠供销合作社推销,主要农业生产资料也大部分由合作社供应,因此国营和合作社商业在农村零售总额中的比重由1953年的44.2%上升到1954年的60.59%,已超过了1957年预定的指标;而私商同期内所占零售比重(包括农民及手工业的自产自销),则由55.8%下降到39.41%。

自中央于1954年7月发布《关于加强市场管理和改造私营商业》的指示后,近半年来,各地对农村私商开始进行了不同程度的安排和改造。估计至1954年底全国农村通过各种形式进行改造的私商约有20万人,其中棉布商约有8万人,部分地区并对屠宰、百货、糖、油、南杂、代理等行业亦进行了安排试点,并取得了一定经验,它对今后农村私商的改造工作打下了初步的基础。

以上说明,一年来,在农村市场展开供销业务,支持国家工业化和促进农业、手工业互助合作以及对私营商业的社会主义改造等方面是取得了很大成绩的,这是主要方面,应该肯定。

但由于对农村私商改造工作尚未引起足够重视,加之经验不多,对干部的政策教育不够,因而各地在安排市场、改造私商工作中普遍发生了排挤太多的现象。初步估计,一年来全国农村私商被排掉的近69万户,100万人左右,约占1953年底450万从业人员的22.2%。其中纯商业被挤掉65万人,占1953年底328万从业人员的19.8%(其中棉布商被排挤在50%以上);饮食业被挤掉35万人,占1953年底92万从业人员的28%。被挤掉的私商由于转业困难,致使有的明转暗不转,有的流入城市变为摊贩或游民;有的转入农业无力生产;有的已由政府拨粮救济。对安排的经销户,营业额也扣得过紧,加以合作社零售价偏低,致使私商卖钱额普遍下降,难以维持。尚未安排的私商,业务清淡,经营消极,亏本现象到处发生,停业、半停业户续有增加。如不及时采取有效措施,今春淡季到来时,情况将更加严重。

私商既大批被排挤,加之统购统销物资的品种增多,农民买卖商品又主要集中到合作社,因而加重了供销合作社的购销任务。结果任务过于繁重,现有人员、机构很难胜任,合作社门前到处排队,形成了“合作社忙死,私商闲死,群众等死”的严重现象。同时,在不少地区有些商品发生不合理的脱销和积压,农副产品的收购计划也完成得不好。因而影响到城乡物资交流。

产生以上问题的原因是多方面的,除了由于总路线的宣传教育、统购统销政策的贯彻及农业互助合作社运动的发展,群众觉悟普遍提高,不愿和私商进行交易、社会主义的经济因素的急剧增长、私商活动范围的日益缩小是一个必然的不可避免的趋势外,从我们的工作方面检查有以下主要原因。

对于中央安排和改造私商的政策精神领会不深,在执行中有抵触情绪。过分地强调农村大部分私商兼有土地,多数可以转业,对“踏步走”的精神,机械地了解“要踏步就不能前进”,和“要前进就必须排挤私商”。这是和中央1954年7月提出的对转业应该根据“必需与可能”,“把私营零售商从业人员的大部分逐步改造成为国营商业和合作社商业的职员”及“一面前进,一面安排”和“前进一行,安排一行”等的指示精神不符合的。所以产生这种错误的思想根源,主要是把农村中绝大多数的小商小贩当作商业资本家看待,害怕多照顾了私商,会失掉阶级立场,安排就有可能犯错误,不安排就不会犯错误。在“宁左毋右”的思想指导下,不停止地扩大自营零售业务,过多地排挤私商,因而就不能认真贯彻中央全面安排农村市场和改造私商的方针。

在执行统购统销任务中,不少人认为统购物资“越多收越好”,因而有些不应该统购的商品也统购了,有的把农民口粮也收购了;认为统销物资“越少卖越好”,因而统销和控制销售的商品层层控制,层层留机动数字,应该供应的供应少了,以致造成供求的紧张情况,引起农民不满;又由于过分地强调了农民自发趋势,因而对农民完成统购和收购任务后的剩余农副产品的市场交换限制过严过死,这就进一步助长了农村的紧张情况。

城乡物资交流要经过千万条线来实现,是多少年来自然形成的。不可能设想很快地把所有私营商业加以代替,由供销合作社来担负农村的全部购销业务。正因为我们没有这样认识问题,就不可能把私商组织在我们领导下,来为城乡物资交流服务;只是在购销业务中不断地排挤他们,而我们又代替不了,致使城市和乡村、工业和农业之间的结合,发生了一些阻滞现象。这种阻滞现象是不利于农业生产,也不利于工业生产,因而也就不利于工农联盟的巩固。为了把城乡商业结合工作做好,就必须很好的把私营贸易、农民贸易在我们领导下，有计划地加以组织和改造来为城乡物资交流服务。

过去由于我们领导上对待农村私商缺乏阶级分析，对农村私商在扩大商品流转中的积极作用认识不足，因而产生了以上严重问题和错误，这首先应由全国供销合作总社负责。

第二、对农村私营商业改造的政策

目前我国农村中有四种形式的贸易，即国营贸易、合作社贸易、私营贸易和农民贸易。

国营贸易：是属于全民所有制的社会主义经济。它是各种贸易的领导核心。

合作社贸易：是属于集体所有制的社会主义经济。它在国家商业部门统一领导和计划部署下，根据国、合城乡分工原则，接受国家委托，负责对农村市场的领导和安排，其中主要是对公私零售比重的掌握、农副产品的收购、价格政策的执行和对农村私商的改造。

私营贸易：根据目前农村的阶级分析，从事私营贸易活动的主要有小商小贩、商业资本家和富农兼商三类。这是社会主义改造的对象。

小商小贩：这是农村私商中人数最多的一个阶层。他们一般没有或仅有少量资本，开设小规模商店或肩挑叫卖和街畔摊售，“他们一般不雇店员、或者只雇少数店员”，以自己从事商品流转过程中的劳动为生活的全部或主要来源。

毛主席在《中国社会各阶级的分析》中，把小商人划为小资产阶级，小贩划为半无产阶级，另在《中国革命和中国共产党》一书中，也是将小商人列为农民以外的各种类型的小资产阶级之一。

刘少奇同志在第一届全国人民代表大会第一次会议上关于中华人民共和国宪法草案的报告中说明：“在劳动人民中，除工人、农民外，我国还有为数不少的城市和乡村的个体手工业者和其他非农业的个体劳动者，他们是依靠劳动过活的、或者是主要地依靠劳动过活的。工人阶级必须如同团结农民一样，很好地团结这些劳动人民共同建设社会主义。团结这些劳动人民，是属于工农联盟的范畴之内的。”

小商小贩既然是农村中的小资产阶级和半无产阶级，它和商业资本家有所区别：商业资本家是属于剥削阶级，而小商小贩是商业劳动者。因此把小商小贩和商业资本家一样看待是错误的。某地小商人编有一首打油诗：“前世作了恶，今世跑破脚，扁担不离肩，还说是剥削。”也充分说明了这一问题。

小商小贩也不完全同于农民、手工业者，因为农民、手工业者是从事于生产的劳动，而小商小贩是从事于商品流转中的劳动。他们和农民、手工业者因为农民手工业者的共同点：是劳动者又是私有者；但他们比农民、手工业者的自发性更大些，更容易接受资产阶级的思想影响。

小商小贩是商业劳动者，能够深入到任何偏僻乡村，具有吃苦耐劳的习惯。他们担负着很重要的社会任务：一是收购任务；二是分配任务；三是短距离运输任务（这是汽车、火车、轮船做不到的）。缺少了这三种劳动，对社会影响很大。但他们有几百万人，很分散、无领导、无计划，有很大的自发性，因此应团结、教育他们，并经过组织起来加以改造。根据宪法第九条规定：“……国家指导和帮助个体手工业者和其他非农业的个体劳动者改善经营，并且鼓励他们根据自愿的原则组织生产合作和供销合作。”把小商小贩在供销合作社领导和计划下，加以组织，经过互助合作道路，分担农村商品流转任务，逐步过渡为供销合作社商业，即变成供销合作社的附属企业、门市部、分销店和流动购销员等。

因此对小商小贩实行社会主义改造，就不应采取剥夺和硬性排挤代替的办法，而应采取团结帮助、教育改造并予以货源支持等办法，鼓励他们积极经营国营商业、合作社商业所不经营或不可能经营的商品；领导他们和工人阶级手拉手地进入社会主义社会。通过各地典型试验，也证明了通过互助合作道路对小商小贩进行社会主义改造是完全可以行得通的。

斯大林在联共第十三次代表大会的总结时曾说：“为了在贸易方面巩固起来，完全没有必要把最后一个村庄最后的一个小商人都驱逐出去，而只有把每个县变为苏维埃商业的基地，使一切小商人都不得不围绕着每个县的合作社——苏维埃商业的周围而旋转，如同各行星绕着太阳转一样。”

商业资本家：他们占有商业资本，雇佣工人或店员，以进行商品流通、取得利润，作为收入之全部或主要来源。目前农村中商业资本家人数不多（1953年底仅占私商中1.7%），资本也不大，而且也在日趋下降和逐步分化中。

作为一个剥削阶级来说，商业资本家应通过国家资本主义的过渡形式进行改造。但由于在农村的商业资本家人数不多,资金不大,且又分散;同时对他们进行社会主义改造工作是由供销合作社负责,因而可以经过经销、代销和合营等过渡形式,逐步过渡为供销合作社商业。他们人数虽少,但业务经验较多,设备较全,为了更好地组织商品流转,必须把他们很好地利用起来,供销合作社也有可能把他们利用起来。

富农兼商:富农兼营商业者南方多于北方,晚期土改地区多于早期土改地区。由于中国富农经济原来就不发达,土改后富农经济一般又是下降的;加以供销社的逐年发展以及国家统购统销政策的实施,目前富农兼营的商业在农村商业中所占比重很小,并且日益下降。

对于富农兼商,有条件的可令其弃商就农;弃商有困难的,仍应就地维持。对于富农向经商方面发展的倾向,更应限制。

农民贸易:作为小生产者的农民,他们生产的农副产品,除国家统购和国营商业、合作社商业收购外,也还有一部分产品要在农民之间进行"以有易无"的相互交换或出卖给消费者。这种贸易叫做"赶集"(圩、场),它在贸易中所占比重虽不大,但对增加农民收入、刺激农民生产积极性,更多地保证城镇居民对农副产品的需要却有着重要作用;它将是一种广泛地长期存在的贸易形式。这种贸易应该有组织、有计划地在城镇开辟它的市场,加以很好的帮助、领导和管理,发挥其积极作用。在城市也可以划定地区建立市场,设置经纪人、保管人等,加以试行。对他们不应限制过严,管得过死,要采取简单易行而又适合具体情况的办法,便于他们出售产品,以更好地沟通城乡物资交流,增加城市农副产品的供应。至于有些农民在农闲或市场有空隙时兼营少量商品的贩运,也叫做农民贸易,但这不同于出卖自己生产的农副产品的农民贸易,是一种贩运商品的农民贸易。它将随着农业生产互助合作、供销合作社的发展和对私商改造工作的前进,而逐渐缩小。但也不能操之过急,过早地不适当地加以限制和代替。

以上是农村现有几种贸易形式,它们都在城乡物资交流中起着不同的作用。如果处理得正确,就有利于农产品的收购和工业品的推销,促进工农业生产的发展,从而有利于工农联盟的巩固;反之,就会得到相反的结果。

在过渡时期中,随着社会主义建设和社会主义改造的前进,各种贸易形式是在不断变化着。国营贸易将会采取不同方式,日益加强对农村贸易的领导作用;合作社贸易将会不断扩大它在农村的贸易阵地;私营贸易必然要继续缩小它的活动范围,改变它的性质,最后改造为社会主义商业;农民贸易,随着农副业生产的不断发展,将是一种长期存在的贸易形式,同时将不断缩小其商品贩运部分。这种不同性质的改变,尤其是私营贸易性质的改变,其目的是为了更好地组织商品流转,更好地为社会服务。凡是不利于商品流转的任何措施,都是要加以防止和反对的。

必须指出,对私营商业进行社会主义改造,是一件非常艰巨的工作,也是一个复杂的长期的斗争。商业资本家是唯利是图的,在改造过程中,他们依然会进行囤积居奇,制造黑市、掺杂掺假等违法活动,来和我们对抗;他们也可能利用和我合作的招牌,以伪善的面孔,掩盖其违法行为或破坏合作社的信誉;如果我们不在这方面加以警惕,与之进行经常的、长远的斗争,并对他们进行系统的思想改造,那是错误的。对待富农兼商的也应该像对待商业资本家一样,提高警惕,进行经常的斗争。小商小贩是比较容易接受资产阶级的影响,带有相当大的投机性,这是他们和农民显著不同的地方,不看到这一点,不注意对他们进行经常的批评和教育,也是不对的。对待农民,也必须继续加强社会主义的前途教育,不断地提高其社会主义觉悟,并加强对农民贸易的领导和管理。

第三、对农村私商改造的组织形式

根据各地试点经验,对农村私商改造形式的划分,应根据其内部的占有关系的改变而定,即私商改造后和供销合作社结合的情况及他们所有制的改变程度来确定。由于对小商小贩和商业资本家的政策不同,因而在改造的组织形式上亦有所不同。目前农村私商改造的组织形式大体有以下几种:

对小商小贩改造的组织形式

经销、经营小组:经销是小商小贩以户为单位或由一定户数联合起来按计划从供销合作社进货,按规定价格出售。经营小组是由一定户数的小型座商、摊贩,在供销合作社领导下,根据地区特点和市场需要,自愿组织起来,按照计划统一进货,服从供销合作社价格领导,分散经营并各负盈亏。经销、经营小组,其业务经营已纳入合作社计划轨道,一般执行合作社价格,带有社会主义的萌芽。

合作小组(合作商店)、合营:合作小组(合作商店),是一定户数的小商小贩在供销合作社领导下组织起来,实行统一计划、统一经营、统一核算,这种形式是具有一定资金、一定技术的小商人所普遍采用的。组织时可根据情况不必强调专行专业,只要大体相近的行业即可组织起来,这不仅符合农民购买习惯,而且在某种程度上还调节了已组织起来的各行业淡、旺季经营的不平衡性。合营,是供销合作社出一定资金、派遣领导干部和具有生产性或加工性、服务性等行业进行合营。以上两种形式因有公积金积累或有供销合作社资金渗入,所有制已有一定程度的改变,社会主义因素并将继续增加和扩大,因而是属于半社会主义性质。

代购、代销:是供销合作社委托小商小贩代购、代销指定的商品,他们向合作社缴纳一定的保证金,赚取一定的手续费或相当于手续费的差价。凡资金少或没有资金而有经营技术或自营业务困难的小商小贩,根据当地市场需要,一般均可和供销合作社建立代购、代销联系。这种代购、代销如果不经营自营业务,其性质就是社会主义性质。他们同供销合作社干部所不同的只是工资支付形式不同。只要对他们监督管理得好,实际就等于供销合作社的分支机构和工作人员了。这是较长时期存在的一种形式。

对商业资本家改造的组织形式

一般的不能把他们和小商小贩组织在一起,又不能把他们单独组织成一个合营企业。对商业资本家一般可由供销合作社和他们建立经销代销关系,即供销合作社把已经掌握货源的商品,委托商业资本家经销,他们以现款向供销合作社进货,按期造送销货计划,并执行供销合作社规定的零售价格或给予一定的手续费,委托商业资本家代销。

在全行业进行改造时,有条件的可试办"合营"方式,将资方的资财,适当作价入股,并吸收其人员共同经营,适当地分给一部分利润,随着公积金的不断增加,逐渐改变其所有制,逐渐将他们变成供销合作社的门市部或附属企业。

农村私商社会主义改造的组织形式,应根据不同行业特点、市场需要、私商具体情况及合作社的工作基础,分别地采取上述各种不同形式,进行社会主义改造。

根据各地试点经验,对农村小商小贩采取各种不同的组织形式进行改造,有以下的优越性:

组织起来,小商小贩认为他们是积极地劳动人民了,消除了和供销合作社的对立情绪,并且主动地积极地要求供销合作社领导他们进行改造,以便为社会主义建设服务。供销合作社干部也认为他们不是商业资本家,可以经过互助合作的道路进行社会主义改造,再不怕犯丧失立场的错误了,因而纠正了只排挤、代替、"宁左毋右"的思想,并把过去和小商小贩相互之间的对立情绪,改变为供销合作社的领导协助改造同小商小贩的自我改造互相一致的关系了。

组织起来,他们的供应、采购、运输等业务活动纳入了供销合作社的计划轨道,克服了经营的分散性和盲目性,并可逐步割断他们和资本主义的联系;同时由于价格管理的统一,对稳定市场也起了一定的作用。

组织起来,农村私商分担了农村中一部分的商品流转任务,进一步沟通了城乡物资交流,活跃了农村初级市场;同时也便利了群众的购销要求,因而改变了农村市场上的"合作社忙死、私商闲死、群众等死"的严重现象。

组织起来,利用和发挥了私营商业的机构、人员、资金及设备的作用,并给今后合作社在设置和增添零售网、人员、资金、设备等方面带来了很大的节约;由于统一运用资金和分工协作,改变了过去分散经营时"有人办货、无人卖货"以及因缺钱、没钱而不能及时组织货源的困难。

组织起来,可逐步扩大公共积累,不断增加社会主义因素,给过渡为供销合作社商业创造了条件。同时也提高了他们的劳动热情,扩大了经营额,改善了经营管理,降低了费用,增加了收益。从而解决了他们的困难,安定了他们的生活。

组织起来,便利了供销合作社通过业务活动和政治活动对他们的企业、人员有领导地进行集体主义、社会主义的思想教育,改造他们的思想意识和经营作风。合作社工作人员也可以从私商那里学到经营技术。

把农村小商小贩组织起来是一件新的工作,在开始试行时,他们必然会产生许多顾虑。因此,就必须深入地进行政策教育和思想动员,培养典型,做出样子,才能使这项工作顺利进行。同时,在初步改造之后,如何继续改善他们的经营管理,如何合理地部署贸易网,如何继续不断地向他们进行系统的教育训练和思想改造工作,特别是将来如何把他们大部分从业人员逐步改变为供销合作社的工作人员,这些,还都是非常复杂的工作。此外,也应注意由于组织起来以后影响未组织起来的私营商户的营业。

对企业的改造,包括所有制的改变及经营管理的改善。

对合作小组和合营商店,改变所有制的主要条件就是不断地扩大公积金积累。因此,合作小组或合营商店在资金分红方面应该掌握先多后少的原则,逐步扩大公共积累,以改变其所有制。

改善经营管理就是把企业中所有人力、物力组成一个完整的有机体,有计划地进行业务活动。为了达到这一目的,就必须逐步地建立一些必要的制度,如会计、统计、计划、检查等制度。

以上几点企业改造的内容应区别对象,有简有繁,不必一律。对企业改造是一件复杂的工作,因之不能操之过急,要求过高。在具体进行时,各地应根据具体情况加以灵活运用。

对人员的改造,主要是加强领导他们进行学习,改造思想。学习的内容是:学习合作社的基本任务,提高他们对为农业生产服务,支援国家工业化,服从国家领导的认识及其重要性;学习新商人经营思想与作风,肃清资本主义唯利是图的经营思想的影响,树立为人民服务的“秤平、斗满、尺码足”、“货真价实、童叟无欺”的商业道德。

人员改造也是一件极其复杂的工作,因而,各级供销合作社应把它摆到重要日程上来。县级联合社可根据地区具体情况,举办短期训练班;负责改造工作的基层合作社,应积极地加强对他们的学习领导。在具体进行上,亦应本着先简后繁、先松后紧的原则去领导他们学习。

此外,在试点中已发现有恶霸地主、反动军官、特务宪兵、反动党团骨干、反动会道门头子及其他属于政治问题的反革命分子。估计在改造工作过程中隐藏的反革命分子将会更多地暴露出来。对于私商中五个方面的反革命分子,应在改造工作中加以清理,并通过政府公安部门审查,严重者由公安部门处理。公安部门认为不须要处理的,仍应予以安排。

第四、对农村私商改造方案

对农村私商的改造方案,是根据中央1954年7月关于《加强市场管理与改造私营商业》指示的基本精神,结合目前农村市场情况,从整个农村商品流转需要出发,本着统筹兼顾、全面安排、积极改造的方针,和以下三条基本原则提出的,这三条基本原则即:第一、进一步活跃城乡物资交流,逐步满足农民日益增长的购销要求,促进农业以至工业生产的发展,加强城乡商品结合,以巩固工农联盟;第二、保证社会主义商业经济成份在农村中不断增长,将农村私营商业由供销合作社“包下来”,使其人员、资金、设备、技术为社会服务,并逐步改变他们的私人所有制为合作社所有制;第三、要使供销合作社能够抽出一定的时间整理内部,从而在思想上、组织上、经营管理上、服务质量上进一步巩固提高,以便更好地担负起安排农村市场和改造私营商业的责任。

1954年底,全国农村私商初步估算共约241万户,350万人,流动资金3.4亿元。其中纯商业185万户,263万人;饮食业36万户,57万人;服务业20万户,30万人。

供销合作社职工有80万人(包括2万人口以下县城的县联社干部),连同国营商业在农村中职工约17万人,共计97万人。合作社零售网共有147088个,另有流动供销组织17534个。

以上农村国、合、私共有商业人员447万人(其中纯商业360万人),约占全国农村5亿人口的0.89%。这与苏联目前全国商业人员平均已占居民1.4%到1.5%(莫斯科州农村占1%)的比例相比,是低的。虽然苏联居民购买力比我国高,但苏联交通方便,商业人员的工作效率也比我国高。

就全国来说,目前农村公私营商业人员和社会商品流转需要,大致平衡。因此,不能再将现有私商继续排除,另起“炉灶”,必须把全部私营商业的人员、资金及各种设备“包下来”,通盘安排,有步骤、有区别地进行改造。至1957年,要求将私商纯商业及饮食业的70%左右,通过各种形式进行改造。

关于今后商业网的安排,将根据整个农村供销需要,采取以供销合作社在集镇所设一定数量的门市部为核心,把小商小贩组织起来作卫星的部署作统盘的安排。要求各省供销合作社,根据便于群众购销、活跃农村经济、保证市场批发、稳定零售价格和便于对私商改造等原则,并结合当地具体情况,制订商业网的安排计划,逐步实现商业网的合理调整。初步计算：至1957年，零售门市部，大中集镇设3至5个，小集镇设一、二个或者不设，每个门市部平均3人，则全国3.6万个集镇约需27.5万人；每一、二个乡设一个分销点计算，又需26万余人；商业合作小组估计约达140万人；平均每两个乡左右设一个货郎担，需10万人；除集城附近居民外，每1万人左右的地区需要一个油挑子，至少需要有2万人串乡送油，其他单线联系者约为30万人；集镇农副产品收购站及乡村收购点约需20万人，以上共计约为255.5万人。加上基层社批发、加工、行政人员及2万人口以下县城的商业人员，则全国农村共需360万人左右，和现有纯商业人员基本相平。

在公私比重方面，根据整个农村市场购买力和对私商改造中所需营业额的调整（即因改造后进销差价降低，需增大营业额），对1955年度拟作如下安排：

全国农村本年购买力将达253亿元，除去农民及手工业自产自销22亿元外，根据全面安排的精神，私营纯商业及饮食业约需安排到94亿元，国营经济28.5亿元，其余108.2亿元为合作社自营零售额。如此，公私比重为：社会主义及部分集体所有制的社会主义经济占67.93%（其中占国营11.27%，合作社占42.8%），自由市场占32.07%，除去农民手工业的自产自销外，未改造的私营商业占23.3%。这样，合作社自营零售业务较上年有下降，但被改造的私营商业将占比重13.86%，同时，合作社将大力开展对私商的批发业务，因此，社会主义经济不仅没有后退，而是采取另一种形式前进了一大步。

附：公私比重安排表

	1954年预计		1955年预计	
	绝对额（万元）	比　重	绝对额（万元）	比　重
社会零售总额	2226044	100.00	2528155	100.00
国营经济	246268	11.06	285042	11.27
合作社经济	1115799	50.12	1082487	42.80
其中：合作社商业	1102670	49.53	1066404	42.16
改造中的私营商业	42265	1.91	350531	13.86
未改造的私营商业	582194	26.15	589297	23.30
农民手工业自产自销	239518	10.75	221798	8.77

以上安排，由于各地具体情况不同，应因地制宜、正确的掌握（少数民族地区不适用本方案）。

关于1955年的实施意见：

由于当前农村市场已很紧张，商品流转有某些阻滞现象，因此，首先必须立即采取一切有力措施，将现有私商维持下来，以活跃农村市场；然后有步骤、有区别地积极进行改造。要求在本年内将现有私营纯商业及饮食业的25%至30%左右，以各种不同形式进行改造，在具体行业上，由各省根据当地具体情况规定执行。

合作社的干部，商业网一般应停止增加。如果必须增加人员时，除领导骨干外，应在现有私商人员中有条件的录用，不再吸收商业人员以外的其他人员。

1955年的私商改造工作，必须先从全面安排入手，各省合作社应即贯彻以下措施：

目前供销合作社的自营零售业务，除个别地区外，不是"踏步"，而是要适当地退让。在合作社占比重过大而私商又很紧张的地区，须作坚决退让。在经营品种上，合作社未经营的商品，一般不要再插手，合作社所经营的零售商品，应即适当让出一部分批给私商经营。

立即展开对私商的批发业务，首先要制订批发计划，并迅速解决批发中的具体问题，如组织货源、批发关系、合作社资金、批发机构设置、计划衔接以及作价等问题，以使安排私商工作顺利展开。但须注意防止发生私商将批购货物囤积起来的现象。

广泛利用小商小贩，以货郎担、油挑子等形式（可以不再试点），串乡代购、代销。

为了吸取经验，教育干部，还必须继续进行典型试验。在继续试点中，各省可根据具体情况，采取按行业分别进行或各行业同时进行试点的办法。无论采取何种办法，均应根据新的基层社商业网部署的方案的原则进行。基层合作社零售网和收购网的分布和调整、收购方面如何组织合作小组（合作商店）以及如何进行对商业资本家的改造，尚缺乏经验，这都是很复杂很细致的工作，各省均须进行试点，以总结经验。各省要按着省、专、县各级社的具体情况，分别提出如何试点和如何逐步推广的进行步骤和计划。

各省、县合作社为了明确思想，统一认识，总结经验，制订全年改造计划，必须召开一定的会议，将精神和作法，认真地逐级地贯彻到基层单位。

为了顺利展开对农村私商的社会主义改造工作，省、专(或县)应抽调一定数量的干部，组成工作队，通过会议或试点进行训练，作为骨干。要求在党委统一领导下，以供销合作社为主结合其他有关部门统一行动。

在具体安排中，既要改变过去对私商一味排挤、代替等错误作法，同时又必须注意防止片面利用，单纯照顾，不顾客观需要，盲目地发展私商和忽视对他们的教育、监督等偏向发生。

第五、对农村私商改造的组织领导

农村初级市场是农村的经济中心，是商品集散、城乡结合、工农结合的桥梁。供销合作社今后不但要发展自己的业务，而且还要加强整个农村各种商业成份的组织和领导。这个任务是艰巨的，又是复杂的，而且只许作好，不许作坏。在具体进行时，必须通过经济工作进行，不应以行政命令代替。私营商业的社会主义改造工作，并不是一个部门的工作，而是一项牵涉到各个有关方面的工作。因此，必须在各级党、政统一领导下，组织合作社的各个有关部门共同进行。

近半年来，由于我们合作社系统在领导农村市场、改造私商、业务发展等各方面的工作，都缺乏一个全面的统一筹划，以致方针政策未能很好贯彻，成功经验未能迅速总结推广，偏向未能及时纠正。今后为了更好地统一领导，全面地安排农村市场、改造私商，特提出下列几点：

在理事会统一领导下实行“各业归口”。对私商各行业的改造工作以供销合作社有关业务部门为主，其他部门配合进行。县以上联合社各部门具体分工是：

业务(供应、推销及其所属业务单位)各个部门：负责分别掌握各有关行业在各个时期的购销比重，组织分配货源，并进行对私商的批发以及私营商业人员的变化情况，对私营人员、企业及所经营的商品品种的安排改造。

组导部门：负责对各种改造组织形式的研究、检查和总结；协助各有关部门贯彻民主管理制度，研究设置和调整零售网的公私人员比例。

干部部门：负责审查农村市场私商被改造人员的成份，研究规定吸收人员的条件。

干部教育部门：负责了解掌握被改造者的思想动态；搜集、汇编对私商宣传教育提纲和教育方法等；训练教育已组织起来的人员。

财务会计部门：负责贯彻和督促被改造户建立财务、会计制度；掌握计算批零差价；向被改造户逐步贯彻资金、费用定额。

计划部门：负责研究、掌握农村购销公私比重，综合平衡农村各种贸易计划；掌握私营商业基本情况(户数、人数、资金、营业额)；调查统计重点集镇的购销公私比重。

办公(秘书)厅、室、科：负责协助理事会综合总结全面私商改造情况；组织监察和督促各有关部门统一行动并检查各有关部门对私商安排改造的进行情况；总结和交流经验。

对农村私商进行社会主义改造，是合作社长期的繁重的任务，由于这是一个极为重要的中心工作，工作初期又缺少经验，为便于集中统一领导，更好地开展这一工作，各级联社可根据具体情况，抽调有关部门的干部，建立临时办公室，在理事会直接领导下组织各部门力量，互相配合进行工作。但业务工作必须“归口”去作。

基层社可根据“社”的大小，工作繁简，干部条件等分别试用下列两种办法：

按行业成立专业门市部，由各专业门市部分别负责对各该行业私商的改造及业务领导。农村货郎担则可分别划归乡村分销处领导。

指定专人成立小组，在主任(副主任)直接领导下进行对私商的改造及业务领导。

为了更好地实现对农村私商的改造，供销合作社必须逐步扩大批发业务。组织和掌握货源，扩大基层的批发业务，是供销合作社对农村私营商业实行社会主义改造的极为重要的关键。只有这样，农村自由市场才能逐步缩小，合作社才能对整个农村市场进行统一安排，才能对私商进行有效的领导、监督，从而才能使供销合作社的商业工作，更进一步地适应整个国家商业工作的需要。对于安排改造私商的批发重点，究竟放在基层社还是放在县社，希望根据当地具体情况来确定。但无论哪一级搞批发业务，当货源不足的情况下，都必须鼓励或指定私商寻找和组织货源，以保证市场供应的不间断。

为了有计划地掌握农村的购、销经营比重,对未组织起来的零售商的货源,除其自找货源外,供销合作社亦应向他们进行批发;对未组织起来的收购私商,也应适当地加以领导。由于未组织起来的私商活动范围日渐缩小,因此对他们管理不要过严过死,应允许并鼓励他们积极经营,以弥补合作社力量之不足,但对哄抬价格、扰乱市场、走私偷运、囤积居奇等违法活动,则应协同有关部门严加禁止,并进行思想教育。

鉴于供销合作社任务的繁重,除请求各级党委加强对供销合作社的领导外,为了提高基层社的战斗力,根据党章规定,基层社作为一个企业应该建立单独支部,在区委领导下以保证其胜利地完成自己所担负的任务。

以上报告,请审核批示,并请转发各地。

二、中共中央转发全国供销合作总社党组关于当前农村私营商业的安排和改造问题的请示报告

(1955年6月4日)

上海局、各分局、各省(市)委,并全国供销合作社党组:

中央同意全国供销合作总社党组《关于当前农村私营商业的安排和改造问题的请示报告》,兹转发各地参照执行。

目前市场正处于淡季,各级党委应迅即采取有效措施,首先对私营零售商困难户(包括小商小贩在内)加以安排,然后在全面安排私商,活跃市场的基础上,再进一步对私商进行划阶级、排队算账等细致的工作。

展开供销合作社对私商的批发业务,是安排和改造农村私商的主要关键。各级党委应积极督促供销合作社集中主要力量,迅即开展这一工作,并协助解决有关具体问题。同时密切注意私商在批得合作社货物后可能进行的囤积投机等非法行为。

活跃市场,安排和改造私商是一项繁重而复杂的工作,各级党委必须加强对这一工作的领导与检查。各级有关部门,必须在党委统一领导下,密切配合,统一步骤,协同动作。某些地区供销合作社零售比重虽稍有下降,但国营商业零售比重仍继续上升,致私商仍有不能维持的现象,以及某些国营公司限制供销合作社对私商批发的错误作法,必须采取有效措施,迅予纠正。

此件及附件可登党刊。

附:全国供销合作总社党组关于当前农村私营商业的安排和改造问题的请示报告

中央:

中央财经会议后两个月以来,不少地区供销合作社通过调整零售差价、退让商品品种、撤销零售点、紧缩零售额、组织交流会,尤其是开展对私商的批发业务等必要措施,对农村市场作了某些安排。如河南全省已有87%的基层社,江苏已有97%的县社及76%的基层社建立了批发机构;广东省98个县中已有35个县对私商作了安排,江苏40个县已安排私商6539户,估计占纯商业困难户的65%。其他各省亦有不少重点县或基层社进行了安排改造工作。凡是作得较好的地区,供销合作社零售业务一般已停止前进,市场公私紧张情况开始缓和,私商困难户逐渐减少,农民排队现象亦有改变。

但是从全国范围看来,一季度全国供销合作社零售实绩32亿2千2百53万元,较去年同期增加32.8%,超过各省所报一季度计划13.3%,已占全年计划30.2%;而对私商批发总额仅3亿元,与零售业务甚不相称,说明合作社零售业务尚未踏住,对私商安排改造工作尚未全面展开。各地工作发展很不平衡,大体可分为以下三类地区:

(一)领导重视,政策贯彻较透,安排工作进展较快,批发业务已普遍展开,私商困难户已大体安排下来,市场紧张状况有所扭转。但这类地区所占比重不大。(二)政策贯彻不深不透,干部思想仍未切实扭转,工作仍停留在调查或试点阶段,全面安排和对私商的批发行动过于迟缓,因而尚有不少私商处于困难状态。这类地区还占多数。(三)政策尚未贯彻到基层社,市场安排尚未着手,合作社零售业务继续前进,私商经营困难和停业现象续有发展,这类地区为数亦少。因此总起来看,当前农村私营商业仍然是困难的,市场公私紧张情况尚未完全消除。

影响全面安排工作迅速普遍展开的主要原因有以下几个方面:

一、方针政策的贯彻还不深入，结合各地实际情况和针对干部具体思想顾虑进行说服教育做得不够，一般道理讲的多，具体政策界线和工作办法交代得少。有些地区甚至简单采取“会议搬家，照转文件”的方法向下传达政策和布置任务，致使不少干部对政策精神缺乏全面了解，思想抵触尚未彻底扭转过来。

现在已到了市场淡季，当前迫切问题是采取迅速有效措施，将经营困难的私商先维持下来，在全面安排的基础上逐步进行改造。由于我们对这一问题抓得不紧，许多地方行动过于迟缓，花费过多时间搞试点，在安排方面对于生活标准、批零差价、经营范围等扣的过紧，强调“大调查，细尅底”。江苏丹徒县谏壁合作社，7个干部经过一个多月的摸底算账，只安排了两个职工；无锡县的八趾合作社，计算私商维持标准时，除分行、分户计算外，在分户计算时，还要区别大人、小孩，有子女在学校读书还要区别中学生、高中生、初小生。有的地方在核定毛利率时，竟将各户私商1954年全年账簿拿来逐项进行核算，在计算公私比重时，花费很大时间“复核”1954年实绩。结果旷日持久，大大延缓了对私商安排和改造工作的进展。

个别地区也发生不区别商品性质，不考虑私商是否接替得了，市场供应会不会发生问题，盲目退让的偏向。浙江海宁县斜桥区除让出主要百货16种(胶鞋、热水瓶等)，布匹8种及全部南北货外，二季度并拟将私商本来不经营的化肥、农药药剂批发给私商。这种作法，不仅造成思想混乱，影响市场正常供应，并且也增加了对私商安排改造中的困难。

二、若干具体问题未能及时解决，批发业务仍未普遍开展。

1.货源问题：目前供销社对私商批发的商品，大部分是由国营公司批进的工业品，积极地多方面地组织零星工业品及地方手工业品货源还做得甚少，县以上供销社在这方面对基层社的支持和帮助也很不够。不能适应小商小贩经营品种零星的特点。如河北顺义县牛栏栅合作社对私商批发的品种，仅烟酒即占其批发总额的51%，棉布占22.5%，而杂货仅占8.23%，百货占1.88%。另一方面又没有鼓励小商小贩自己开辟货源，相反还常常限制私商自行采购，或对私商自找货源的零星商品核定价格过低，使私商无条件经营，这样就更增加对私商安排的困难，且影响群众需要的供应。有些地区对私商批发硬性搭配冷背货等做法，也影响小商小贩向供销社进货的积极性。

2.批零差价不合理，主要是偏紧。有批零差率规定的商品一般都是按最低差率执行，特别是小商贩经营比重最大的细小商品规定差价过低，使其经营困难，甚至无法经营。如河北束鹿县旧城镇合作社，红花牌黑色发卡的批零差价10%，批发价每个9厘，零售价1分，卖1000个才赚毛利1元，钢针要卖1000包才能得毛利4元。

3.基层社批发机构薄弱，干部经验少，资金不足，不能适应大力开展批发业务的要求。因而制度手续过严过乱，如浙江海宁县有的集镇基层社对私商要货计划的审核与批复，要经12道手续，甚至还要经过县工商科批准。

三、有关部门的配合问题。农村私商改造工作，供销社较其他部门走的快些。根据重点集镇公私比重材料，供销合作社占农村市场比重稍有退让，但国营商业仍继续前进，以致供销社让出的阵地私商得不到。四川18个集镇供销社2月份退让比重7.9%，国营却上升了7.7%。河南、四川、辽宁、湖南、湖北、福建、广西、浙江、江苏、广东、山东、河北12个省37个集镇材料，今年一季度供销合作社占市场零售比重比去年12月下降7.1%，而国营商业增加4.4%。在批发业务方面，有些地区国营公司限制甚至不准合作社对私商批发，石家庄公司干部说：“合作社搞起批发，我们还有啥事干”。山东益都县花纱布公司为完成销售计划，不顾合作社已批准私商的经销计划，过多地向经销户批发，致有些私商钻了空子营业额大增，合作社难以掌握。粮食部门对熟食业及复制业原料控制过紧，使合作社对这些行业私商的安排遇到困难。在税收方面，不少地区反映，对代购、代销户仍照征营业税，如河南密县一小商贩代销手续费只9元，要征税22元，因此该地代销户普遍不愿代销。在市场管理方面，过严、过死的现象也相当普遍，如云南盐兴县郎井规定商贩到合作社批进货物要送至税所检查登记，安宁、双柏规定农村私商一律要开发票，八街有两户小商贩将子女停学去开发票，增加了对私商安排改造中的困难。

经验已经证明开展批发是安排和改造私商的主要关键。在目前淡季，更必须抓紧这一环节，集中主要力量迅速开展各地供销合作社对私商批发业务,首先将困难户安排下来,划分成分,算收入等细致工作,均应留待进一步改造工作中去进行。为了充实批发力量,必须协助县社基层社积极扩大与组织货源,特别是零星商品。对于私商批发商品,供销社应当根据既能安排与改造私商,又能稳定市场和保证供应的原则对所经营的商品进行排队,大体可分为:(1)批零全作的。如化肥、饼肥、大型农具、农药等,不让给私商作;(2)只批发不零售,零售全部让给私商。如小百货、小杂货及各种细小商品等;(3)批零兼营,我们维持一定零售比重。如布匹、百货、副食品和一般生产资料;(4)批零全不作的,全部由私商经营。如某些自产自销的手工副业产品及生产分散,数量零星,我们无法控制的商品。如果市场情况有变化,可以第三类或第二、第四类商品来调整,因为这些商品是可进可退的。基层社批发机构的设置,根据最近时期各地经验,有条件的应与零售业务分设机构,如因业务太小单独设置不合算时,账目亦必须严格分开,以免发生混乱或贪污等弊端。批零差价偏紧情况,应作合理调整,细小商品差价大些是合理的,一般不必由我们规定零售价,以鼓励私商自找货源。

小土产有很大一部分是由小商小贩经营的。据反映,目前农民手里的小土产,有不少不能脱手,而出口及城市工业特别是手工业原料急须这些物资。因此,除了首先须安排困难户外,我们还需特别注意委托他们代购,要防止手续费偏低、差价偏紧的倾向,以鼓励他们积极经营,增加农民收入,刺激农民生产积极性,进一步活跃城乡交流。

另一方面,根据各地材料反映,私营商业困难的原因是多方面的,虽然国、合零售业务前进过快,是其一个重要方面,但由于国家正处在过渡时期,社会经济正在改组过程中,私营商业本身还不能不出现许多困难,如在某些地区或某些行业,商业人员过多,某些行业的资源或原料已确难解决(如皮麻业、食品加工业),市场需要已有改变,某些行业已渐被淘汰,以及有些私营商业人浮于事、资金过少或已丧失劳动力,等等。这些不是短期内所能解决的,同时也不是供销社控制零售、退让零售比重和开展批发等办法所能解决得了的。在安排时,必须区别不同具体情况来进行:(1)对于因合作社业务前进过快而造成困难的私商,必须由供销合作社在不影响市场稳定的原则下,采取一切必要措施,如在零售方面适当让出比重、退让品种、撤点、组织经销代销、开展批发或个别吸收等办法,加以安排,使其能够维持经营。(2)凡某些集镇,由于商业网原来分布即不合理,或集散作用改变,现有商业人员已有过剩,在一个小地区内确已无法安排者,应由供销合作社提出调整的方案,报请地方党委及政府协助进行动员和解决。(3)凡货源由国营商业掌握(如粮食、某些统销物资),而私商发生困难者,由供销社与有关国营公司协商解决办法,如因国家需要或其他原因,该项货源无法供应者,此类私商应由党和政府协助研究适当安排办法。(4)有些老弱残废,已无经营能力,生活又很困难的,应以其他办法处理。

目前正是春耕紧张时期,各地党委正集中力量贯彻粮食三定政策及领导农业互助合作运动,工作十分繁忙。但安排和改造农村私商亦是关系活跃当前农村经济的一个重要问题。而且必须国营商业、税收、银行、工商行政各有关部门与供销合作社步调一致,密切配合,才能做好。因此我们希望各地党委能抽出一定时间,加强对这一工作的领导,协助解决统一动员及解决与有关部门相互配合问题,使各地农村市场的安排工作迅速开展起来。以上报告,可否批转各地?请示。

1955 年 5 月 9 日

三、张启龙同志就"对改造农村私商问题"在党中央召开的资本主义工商业改造会议上的发言

(1955 年 11 月 23 日)

我完全拥护毛主席和少奇同志、恩来同志、陈云同志关于改造资本主义工商业的指示,现在根据这个指示,对改造农村私商问题提出以下意见:

(一)

一年来,各地供销合作社对农村私营商业的安排和改造工作,基本上贯彻了 1955 年 2 月全国财经会议的精神。由于各地党委的积极领导,由于供销社干部的努力工作,对农村私商的社会主义改造已经取得了一些成绩。全国农村私营纯商业及饮食业约计 300 万人(其中包括商业资本家约 4 万人),预计到 1955 年底,纳入各种改造形式的将达 85 万人,约占农村私商总数 28%左右。其中参加经销、经销小组的约占 60%,合作商店(小组)18%;代购、代销、代购兼代销 21.5%;合营 0.5%。

但同时在安排改造工作中都还有不少缺点和问题。由于我们对中央和少奇同志过去关于改造农村私商给我们的指示贯彻不够,有些地区对"积极改造"的方针体会不够,认识不清,改造进度过于缓慢,改造工作大大落后于小商小贩对改造的要求,以致不少小商小贩已自发地组织起来,却得不到领导。在安排改造中,有些地区行业与行业之间、户与户之间肥瘦不均;在给私商分配的经营额中,少了叫闲,多了完不成,影响市场供应。有些地区由于对私商人员的改造做得不够,已改造的私商,掺杂掺假、投机取巧、违反制度等现象也不断发生。因此,毛主席和中央负责同志关于改造资本主义工商业的指示,是同样适合于对农村私商的改造的。这次会议的召集是适时的和十分必要的。

(二)

为此,进一步改造农村私商也必须采取全面规划,主动、积极和认真地抓紧领导的方针,把农村私商的改造推进到一个新的阶段,同国家社会主义工业化的发展和农业合作化的高潮相适应。我们改造农村私商的计划任务大体如下:到1957年上半年把农村私营纯商业及饮食业基本上纳入合作商店和合营形式,即基本上完成半社会主义的改造,并且将一部分组织和过渡成为完全社会主义的合作社商业(主要是代购、代销),到1960年底,再把合作商店和合营基本上过渡成为供销合作社商业,并且把农村私商分别改造成为供销社的编制人员和非编制人员,即基本上完成对农村私商的全社会主义改造。

到1956年底,要求把现有农村私商的65%左右纳入各种改造形式,其中有关国计民生较大的行业,如饮食业中的饭食部分、布匹、百货、屠宰、主要副食、建筑器材、文具纸张和收购商贩等,要基本上达到全行业纳入合作商店、合营和代购代销形式。并且应该开始进行过渡成为供销合作社商业的试点工作。

这一改造计划,我们认为是有充分有利的可能条件做基础的:第一,社会主义商业在农村的商业阵地,批发方面已占绝对优势,农副产品收购和零售方面已占基本优势。预计1955年国营和合作社商业农副产品收购将占75.2%,农民贸易占11%,未改造的私商占13.8%,国营商业、合作社商业和改造中的私商零售合计将达71%,农民贸易占11%,未改造的私商占18%。这种情况已迫使私商清楚认识,大势所趋,他们已非依靠社会主义商业找出路不可。第二,由于总路线的反复宣传,统购统销政策进一步深入贯彻,由于部分私商组织起来接受改造后表现了他们的优越性,特别是由于毛主席关于农业合作化问题的指示和党的六中全会决议的公布,以及全国农村进入农业合作化高潮的影响下,再加大部分农村小商小贩都已具有要求和迫切要求改造的热情。第三,供销合作社有着自上而下系统的普遍的商业网和机构,同时基层供销社的大部分干部在各地党委的领导和培养下,经过一年来的私商改造工作,已经积累了不少经验。

(三)

为使对农村私商的改造工作在比较短的时间内取得更大的进展,我们准备采取以下措施:

一、加强宣传教育工作充分做好思想准备。第一,必须在供销社系统内统一思想认识。这次会议上毛主席和中央其他负责同志的指示,以及11月22日人民日报社论和其他有关文件,我们都须很好地学习,并且召开会议向下传达,认真贯彻。

其次,必须加强对农村私商的宣传教育。说明农村小商小贩只有放弃小私有制,接受社会主义的改造,过渡成为供销合作社商业,才是他们的光明前途和幸福的命运;说明我们对小商小贩的资金是要分期退还的。说明商业资本家只要放弃了资本主义所有制,接受社会主义改造,他们就可以成为自食其力的劳动者;并且还要说明对农村私商的收益是要逐步实行按劳取酬的办法的。总之,应该针对农村私商的各种顾虑;反复进行教育,既要鼓励他们的积极经营自我改造等积极性的一面,又要批评和纠正他们的掺杂掺假、投机取巧等消极性的一面,以不断提高他们的社会主义觉悟。

二、充分做好组织准备。第一,制定分批分期的改造农村私商的全面规划,按照逐行逐业改造的一般原则,针对农村私商跨行跨业比较多的特点,也可对几个有关行业进行全行业的改造。根据各行各业的具体情况,把将来可以过渡为供销合作社编制人员的,大体规定占农村私商总数40%至45%;把将来只能用领取手续费或相当手续费之差价的办法,作为供销合作社代销员或代购员的非编制人员,大体规定占私商总数50%以上。第二,培养大批改造私商的干部。第三,巩固提高已经组织起来的各种改造形式。第四，加强民主管理，健全供销合作社的监事会工作，建立和健全工会工作。

三、充分注意运用和发挥工商联的作用和力量，有计划地培养私商中大批的进步核心分子，以便有效地推进改造工作。

四、改造私商必须同供销社业务经营管理上的全面规划密切配合好。必须积极寻找货源，并且应该采取尽量减少流转环节同便于进货相结合的方法，有计划地组织分配货源给私商，作为改造私商的物质基础。必须结合农业合作化高潮的发展，把农村商业网，即批发网、收购和零售网，进行必要和可能的调整。

（四）

在进一步改造农村私商中，我们固然已有着充分有利的条件，但我们应该有足够的估计是会遇到许多困难的。我们相信在中央和毛主席的正确领导下，是有充分信心完成改造农村私商的历史任务的。

四、中华全国供销合作总社关于调整农村商业网的几点意见

中华全国供销合作总社最近提出了关于调整农村商业网的几点意见，兹摘要刊载于后，以供各地参考：

调整商业网的工作，必须首先制定计划，组织力量，有步骤地进行：

一、做好调整商业网计划，找出下伸和分细的依据。首先必须掌握集镇与农村1955年的销货情况，分析现有商业网的赔赚情况和服务农户的多少，再依据今后购买力增长比例，群众需要的变化，来制订周密调整商业网的计划。计划做好后，要在社内反复讨论，在群众中进行广泛的宣传，以取得群众的支持。

二、必须配备领导干部，增加业务人员，以适应调整商业网的需要。各地供销合作社除抽出较好的售货员作骨干外，农村私营商业是解决人员不足的主要来源。因此，对私商人员应该进行一次排队，摸清他们经营的特点和个人的具体条件，从扩大城乡物资交流满足群众需要出发，确定哪些人不动，哪些人迁移，哪些人可以过渡，根据排队的结果，统一配备人员；也可以选择有过渡条件的私商人员，先在一定地区流动，熟悉以后，改为代销店，为将来建立分销店打下基础。总之，私商人员下伸，应当尽量照顾到熟人熟地熟行业，这是一个很重要的问题。

三、商品分工是调整商业网的主要内容之一，特别是摊子多了，如不正确解决这一问题，会造成大量积压，不能更好地满足群众需要。乡村的分销店，是接近群众的小商店，经营的商品以油、盐、酱、醋、煤油、火柴等日常必需品为主，兼营一些小百货、小文具、小家具等，较大的分销店，也可以经营些白布、色布、小农具、家庭用具等。种类复杂或价值高贵的商品（如花布、大件针棉织品，选择性较大的文具，新式农具等）应由集镇上专业商店集中经营，这样才能做到品种、花色、式样齐全，使群众有充分挑选的可能，有些经营技术性大的生产资料，可以由县社在县城或中心集镇设立大型专业商店，集中经营，以适应农业初步技术改革的需要。适于分散经营或流动经营的商品（如烟、酒、小百货、小杂货和小文具等）应充分利用代销、经销店和流动贸易经营。只有如此，才能使固定与流动组织，专业的与混合的、经常的与季节的，很好地配合起来，满足群众多样性的要求。

四、对分销店的设置，必须慎重选择确定。一般应设在原有乡和中心乡所在地，但事前还要很好地与群众和村、乡干部充分商量，根据群众意见，确定地点，因为设点容易撤点难，选择不好再搬动，不仅造成人力物力的浪费，而且增加许多不必要的麻烦。如群众认为一个分销店不够时，应适当设置代经、销店和流动贸易，以补分销店的不足，对个别分销店设置地点不适宜，也可以召集供应区的社员和群众代表，以及村、乡干部充分协商，说服原设分销店村庄的群众，确定新的地点，如原设分销店的村庄，有条件设代销店者，分销店撤销后应尽量设代销店。

五、调整商业网的最终目的是为了扩大商品流转，满足群众需要，因而在调整过程中，绝不能影响业务的开展，私营商业的商业网是长期形成的，必须经过详细研究后再作调整，不要轻易并店迁移，改变行业，或变更原来的供销关系。在商业网调整过程中，还必须注意保存私营商业原来的经营特点，帮助他们扩大经营品种，尤其是他们原来经营

的细小商品的品种,决不能因为增加了大件商品而减少小商品。

(选自《工商行政通报》第 71 期,1956 年 6 月 20 日)

五、中华全国供销合作总社副主任邓飞就农村私商改造情况和对今后工作的意见在全国供销合作社第一次先进工作者代表会上的发言

(1956 年 7 月 7 日)

半年来,全国各地经过农村私商改造工作的高潮,绝大部分农村私商已经组织起来,在深入改造的过程中各地对各种改造形式也作了初步调整。到目前为止,在全国农村现有私商 226 万人中,约有 40%左右参加合营或合作商店,约有 52%左右给供销合作社代购代、销经销或自营,约有 8%左右已吸收为供销合作社的职工。

经过安排和改造,农村私商的困难人员已由去年同期占总人数的 15%到 30%,降为今年的 5%到 10%,困难的程度也有所减轻;纳入各种改造形式的商贩都在不同程度上发挥了经营积极性,改善了经营管理,提高了服务质量;各地还结合安排改造工作,采取各种办法初步进行了商业网的调整,使商业网更接近了群众,便利了群众购销,扩大了农村的商品流转,支持了农业生产。这些成绩是主要的方面。

但是,工作中也存在着一些缺点和问题,主要是:由于部分供销社在深入改造过程中对组织合营、合作商店以外的小商贩的营业照顾不够,缺乏全面安排,因而有 10%到 20%的小商贩目前在业务经营上还有不同程度的困难;对农商兼营户的安排注意不够,以致不少人弃商转农,不适当地减少了商业人员,使购销业务受到一定的影响;在商业网下伸的工作中缺乏全面规划,有些点下伸的人员过多,不符合核算,有些下伸的点经营品种太少,不能完全满足群众需要,还有少数地区对商业网下伸的工作,至今还没有抓紧进行;有些地区对于组织形式不妥当的,还没有很好的调整,组织过大、过于集中的现象还没有适当改变;不少合营、合作商店中,对于辅助劳动力还缺乏安排,工资方面也存在着平均主义等不合理现象。这些问题都需要进一步地妥善地解决。

根据陈云副总理在第一届全国人民代表大会第三次会议上发言的精神,结合当前农村私商改造工作的具体情况,我们认为当前农村私商改造工作总的要求是继续统筹安排,使他们都能得到合理收入,同时进行深入的改造工作,做好供销业务,更好地为群众购销和农业生产服务。现将各种改造形式的主要工作内容和做法分述如下:

(一)合作小组

目前采取经销、代购代销和分散自营方式经营的小商贩共有 117.5 万人,约占私商总人数的 52%左右,估计共为 100 万户,如果以每户 4 口人计算,连依业人员共为 400 万人左右。他们中间的很多人提出了四个要求,一是要求供应货源,二是要求借贷资金,三是要求简化税制,四是要求进入社会主义。我们认为这些要求都是合理的,是应该逐步加以解决的:

(1)今后对农村小商贩安排、改造所采取的办法是:在自愿的原则下,逐步地、分期地、按行业或按地区把他们组成合作小组。这种合作小组不是统一经营、统一核算,而是分散经营、各负盈亏。合作小组的经营方式:有的可以联购分销,有的是部分联购分销,有的是代购代销,还有些是自购自销,这要看行业情况、经营特点、商品来源而定。合作小组组织的范围:原则上凡有组织条件的经销、代购代销户或自营的夫妻店、连家铺、摊贩、挑贩等小商贩都可以参加这种合作小组,但不可能个个都组织起来。为便于领导管理,组织不要过大,一般以几户、十几户、二十户左右组织在一起为宜。在组织的步骤上,可以先从困难行业和困难户入手,逐步扩大。组织合作小组就是把他们都管理起来,进行统筹安排和改造。要注意把他们好的经营特点保留下来,发挥他们的经营积极性。

(2)基层供销社应该指定中心商店,作为领导合作小组的核心。这种中心商店不是新建立,而是在原有机构的基础上加以分工负责:一、集镇上,一般以原来的综合商店(综合批发部)或专业商店作为中心商店,负责所属行业私商的业务安排,就是能专业的按专业系统领导,其余都归一个综合商店

领导;二、乡村中,一般以原来的分销店即综合商店作为中心商店,分片包干,领导所属地区的小商贩。原来集镇上合营、合作商店下伸到乡村的分支机构,今后也可以逐步转为独立核算单位,划归各该地区的中心商店领导和安排;三、在私商少、基层社又小,没有综合和专业批发机构的地区,也可以不指定中心商店负责,而以基层社的业务部门为主,有关部门配合,负责直接领导这个基层社范围内的合作小组。中心商店的任务是:一、解决合作小组的货源,在国营商业配合下,搞好对小商贩的批发业务,国营商业和供销社没有货源的,要帮助和鼓励他们自找货源,并给予他们各种方便,要注意合理分配货源,不能硬性搭配冷背、残次商品。二、小商贩资金发生困难时,要帮助他们向银行借款。各中心商店应按审定的业务计划,结合小商贩过去的经营情况,提出所需要的贷款指标,统一汇总交由银行分别贷给各商户,贷款期限今后将适当延长,但一般不超过一年。中心商店应主动检查督促他们按期归还贷款。三、可以替小商贩向税务机关代缴税款(包税),采取定期定额办法,营业税、所得税合并在一起缴纳,由中心商店根据安排的销货计划和手续费或差价率,提出小商贩全年的纳税额,全年一次核定,以户或以小组为单位分期缴纳。今年可以从开始时起核定到年底,今后至少一年不变。四、通过合作小组对小商贩进行政治思想教育工作,并以会议等方式领导他们研究业务、开展互相批评、进行必要与可能的学习等,但不要过多地以开大会的方式进行教育,以免影响他们的业务经营。基层社理事会应加强对中心商店的领导,财务计划等有关人员应协助配合,进行工作。中心商店所有开支,不由合作小组负担,全部由供销社负责。中心商店不独立核算。

(3)实行供销社和小商贩之间销售商品的分工,即供销社经营什么商品,各种改造形式和自营的小商贩经营什么商品,大体上要划分范围。集镇上主要是商品分工;乡村中应以地区分工为主兼顾商品分工的办法,适当划分经营范围。商品分工应注意:供销社划出商品后,必须保证市场供应不发生脱销,划出的商品要适合小商贩经营,以做到分工后群众购买仍然方便。各地应该进行商品排队,根据具体情况,按商品或按类适当进行分工。

(4)适当提高代购代销手续费率和扩大小商品的批零差价。目前各地的代购代销手续费虽然有了一定的提高,但有些商品的手续费仍存在偏低现象,应该适当提高。目前小商品差价不合理的现象,不但影响了小商贩的经营收入,而且影响了群众的需要,各地应该会同当地国营商业部门共同研究,适当地加以扩大。并注意对小商品的价格不要管理过死。

(5)通过以上办法解决小商贩的问题,要求达到一个目的,即按照不同地区和小商贩的不同情况,使他们都得到合理的收益。

(6)实行上述办法后,小商贩过于集中的地区或过剩的行业在安排上仍有困难的,可以由供销社吸收一部分,合并一部分,还可以向外地迁移一部分,以便把小商贩完全安排下来。

(7)在保证组员得到一定收入的前题下,可以根据需要定期或不定期地在他们的收益中提取一定比例的福利基金,由中心商店或合作小组代为保存,经过组员的民主讨论,用于解决小商贩难以解决的特殊困难。

(8)合作小组的管理制度要力求简便,不能规定繁杂的报表制度,每月只报要货单和经营总额即可。现在已规定的繁杂报表应该取消。

(9)代销户向供销社缴纳的保证金,供销社应付给利息,利率可按供销社由银行贷款的利率计算,过去低的应提高到这个水平。

(10)各地可以仿照广东省的办法,有准备地召开小商贩会议。省社、县社、基层社都可以召开。要认真听取小商贩的反映和意见,切实解决他们的实际困难问题。

(二)合作商店

合作商店包括原来统一核算、共负盈亏的合作小组,今后统称为合作商店。

(1)合作商店是由若干户商贩组织起来,实行统一核算,共负盈亏的一种组织形式。组织合作商店的主要对象是集镇上的小商店和某些固定摊贩,大约占农村私商总人数的30%左右。组织起来的合作商店根据参加的人数多少和商业网分布的需要,其中有些店、摊可以合并,并分设几个门市部。原来的合作商店如果过大,可以按行业或按地区分成几个合作商店。

(2)在改造高潮中,有些商户参加合作商店以后,由于收入减少,生活发生困难要求退出的,应当批准他们退出。但绝对不能强迫他们退出。他们退出以后，不能歧视他们，应该在业务上加以妥善安排。

(3)合作商店不论采取哪种工资形式，应该在扩大商品流转、改善经营管理的基础上，逐步适当提高工资水平。工资调整是很细致复杂的工作，必须认真作好调查研究，有准备有步骤地进行。在调整的步骤上，根据业务经营情况和可能条件，可以一次或分几次调整。

(4)合作商店的盈余分配对某种工资形式（如基本工资结合劳动返还、死分活值等）来说，直接影响其工资水平。因此，对合作商店的盈余分配应该灵活掌握，不宜把比例定得太死。为了保持其一定的工资水平，应该在支付工资以后再确定公积金提多、提少或不提。

(5)合作商店的股金分红，仍掌握稍高于银行定期存款的利息；为便于掌握，分红的比例按全年计算最高不超过股金的10%。已经定息的不变，但店员要求时，也可以改为股金分红。

(6)在开支工资以后，如果无力缴纳营业税的，可提请当地党政机关核定，予以减免；但原有公积金积累的，可由公积金弥补，不应该要求减免。应该加强合作商店的经济核算，节约流通费用和管理费用。

(7)在组织合作商店时，一部分连家铺，即有辅助劳动的商贩，参加了合作商店，对于他们原来的辅助劳动，除了已经就业的以外，应该尽可能地吸收在合作商店作辅助劳动，或在其他方面作适当的安排。对于已参加合作商店的年老者，不能排斥他们。

(8)合作商店应在费用中按工资总额提取一定比例的福利金，以解决店员的某些特殊困难，但在目前全部解决这些困难还不可能，只能作为辅助性质的解决。

(9)合作商店应当本着力求简化的精神，逐步建立必要的计划、统计、财务、会计等制度，以不断改善经营管理。主要要求按月报送资金数（包括贷款和存款）、经营总额（包括进、销、存数字）、费用和盈亏数字。目前已经规定的过繁的表报制度，必须加以简化或废除。

(10)合作商店的货源，除由当地国营公司、合作社供给的以外，应当允许他们向外地自找货源，合作社和有关部门要给予他们各种方便。

（三）合营商店

合营商店包括农村商业资本家和一部分小商贩。

(1)定息问题。合营企业按从简从宽原则实行定息，息率一律年息5厘，即年息5%，不分工（加工企业）商、不分大小、不分地区、不分行业、不分流动或固定资产、不分新老合营企业，统统一视同仁。个别企业可以提高。已经实行定息的老合营企业的息率，高的可以不降，低的提高到5厘。争取在今年7、8月份发给上半年的利息，今后按季发给。

(2)人事安排。对合营企业中的私方从业人员及职工，应该全部包下来，安排适当工作。根据量才使用的原则，安排他们担任正职或副职都是可以的。应该注意事先与私方代表做好协商工作。

(3)在企业中要能够与资本家共事。我们要把资本家改造成为劳动者，最主要的办法是在企业中、在工作中改造他们。因此，在企业中与资本家共事，是改造人的关键问题。为了与资本家能够共事，就需要采取一些办法：

一、首先要明确对资本家的认识，要在干部中进行教育。合营和资产定息以后，企业中经营关系改变了；资本家本人也开始改变了，他现在又是资本家，又是国家公务人员（半私半公）。我们应该看到这些变化。私方人员有业务知识，有技术，有经营能力，对建设社会主义商业是很有用处的。对于这些都应该有正确的认识。

二、要建立一些适合于合营企业公私之间共事的办事制度。对于应该让私方人员参加的会议和需要让私方人员看到的文件，应该让他们参加和看到，今后通过政府业务部门下达的有关业务方针政策的文件，应该都让私方代表看到，并组织私方人员学习报纸上发表的业务材料。

三、在合营商店中保持企业民主管理机构，如民主管理委员会，使私方人员能够随时反映出对企业管理等方面的意见。

四、对私方人员要具体分工，在分工的职务内应该有职有权。

五、为具体了解与解决目前共事关系上存在的问题，各地应该分别召开公股代表、私方代表的专业会议（私方代表会议主要由工商联主持召开，并综合研究提出的问题），以便切实改进工作。

六、对于社会主义竞赛,私方人员一般地应和职工群众一起参加。

七、在合营企业中公方代表、私方代表、工会及有关组织等方面,应该共同努力,把共事关系搞好。

(4)工资福利问题:

一、工资问题:合营企业中职工和私方人员的工资,如果高于当地相同供销社企业的,一律不降低(不降低实际工资,但可以修改落后的经营定额),低的可以适当提高,一次提或分两次提,每次提多少,请各省(市、区)先作出具体方案,经研究和统一平衡后执行。

二、福利问题:合营企业中职工的疾病医疗及病假期内的工资待遇,参照供销社职工的疾病医疗和病假期间的工资待遇的规定办理;合营企业中核定资产在2000元以下的私方人员,本人疾病医疗和病假期间的工资待遇,应该按照本企业中职工待遇的规定办理;核定资产在2000元以上者,确有困难的,也可参照办理。

(5)合营商店的盈余,应在决算后上交供销合作社。

(6)凡已吸收为供销社职工的人员,其资金一律按年息5厘付息(包括从合作商店、合作小组和个体经营户中吸收的)。

(7)对于合营企业中的辅助劳动的安排、组织形式的调整、经营管理制度的建立与健全等,可参照合作商店的办法办理。并逐步加强合营企业的经济核算,以增加社会主义的积累。

(四)继续加强对农村私商改造工作的领导

(1)为保证上述工作的顺利进行,各地供销社必须注意继续加强对农村私商改造工作的领导,应该认识农村私商工作改造的任务还很繁重,私商纳入社会主义改造以后,还需要使他们进一步改善经营管理,搞好供销业务,促进企业的改造与人的思想改造,这是艰苦的工作。因此,各级供销社都必须继续重视对农村私商改造工作的领导。要注意经常进行对干部的政策思想教育,使他们明确各个时期的政策、方针和做法,以利于工作的进行。

(2)县以上合作社的私商改造机构要保留,基层社应该有专人负责,但私商少的地区也可以兼管。县以上合作社私商改造办公室的工作任务是:综合情况、研究政策、督促检查、联系各方。它也就是理事会之下的一个综合部门,各项专业工作应该由各有关部门分工归口负责进行。

(3)随着农村私商改造工作的深入发展,供销社按业务归口领导就更加重要,各级社应该认真贯彻执行。为贯彻归口领导:一、各有关部门要有人负责;二、要明确归口部门的工作任务;三、要有各个时期的工作计划,并提出实现计划的具体措施;四、执行中要有检查有总结。私商改造办公室可以通过碰头会等方式把各有关部门的工作结合起来,各有关专业部门还应该通过专业会议等方式把工作贯彻下去,并加强具体指导。

(4)基层社仍按专业商店、综合商店或直接管理等归口领导方式,以业务部门为中心,有关部门密切配合,在理事会统一领导下进行工作。

(5)在进行企业改造的同时,必须加强思想教育工作。教育的内容,主要是社会主义前途、私商改造政策、商业政策和新商人道德的教育。教育的方法,除采取集中训练和会议方式外,主要是通过日常业务,结合具体事例进行教育。同时注意培养他们的专业技术,提高他们的业务知识。并动员那些文盲或半文盲的小商贩积极参加扫盲学习。

以上工作,各级供销社必须在7、8月间贯彻下去。工作重点首先应该放在把小商贩维持下来,按照前述规定标准,保持他们的合理收入。应该认识,安排小商贩有必要的收入,解决他们的困难,不但具有很重要的经济意义,而且具有很大的政治意义。为此,必须根据统筹兼顾的精神,统一安排农村市场的经营额,并对安排不妥当的加以适当调整。希各地注意随时总结交流工作经验,以便及时指导工作的进行。

六、中华全国供销合作总社关于农村私商改造情况和今后意见的报告

(1956年9月)

中华全国供销合作总社于今年6月底,召开了全国第五次农村私商改造工作会议,汇报了各地农村私商的改造情况,并着重讨论了今后改造的意见,会后由合作总社将会议的主要情况与意见报告中央。经中央同意于9月3日批转各地参照执行。兹将原报告刊载于下:

为了贯彻陈云副总理在全国私营工商业改造汇报会议的总结精神，全国供销合作总社于6月25日至7月5日，召开了全国第五次农村私商改造工作会议，讨论了陈云副总理的总结，兹将会议汇报的情况和讨论的意见报告于后：

第一部分：目前的情况和问题

（一）组织改造情况

到目前为止，全国农村私商绝大部分已经组织起来了，各地对各种组织形式也作了初步调整。全国农村私商现有226万人（包括纯商业及饮食业，部分地区包括服务业）。其中：合营24.5万人，占10.8%；合作商店64.6万人，占28.5%；经销和代购代销的69.8万人，占30.8%；过渡及吸收为供销社职工的19.4万人，占8.7%；其余未组织起来的47.8万人，占21.2%，多是经营供销社不经营的零星商品，或是不常年经营的季节性小商贩。

从上述全国情况来看，各种组织形式之间的比例是比较适当的，但是地区之间很不平衡，少数地区的调整工作尚未很好进行，部分地区过于集中的现象也未适当改变。另外有的地区在调整中工作粗糙，做法简单，甚至有强迫拆散的现象，引起某些人的不满。

农村私商转入农业的现象，在某些地区仍未停止，商业人员继续减少，已使购销业务受到一定影响。

（二）对私商的安排情况

农村私商经过各种形式的改造，困难面已经缩小，困难人数由去年同期占总人数的15%—30%降为今年的5%—10%；困难程度也有所减轻。从地区上来看：私商人员多的地区困难多些；私商人员少的地区困难少些。

目前有困难的主要是经销、代购代销和自营的小商贩，困难人数约占总人数的10%—20%。这些有困难的小商贩，正如陈云副总理指出的一样，在他们之中有一种舆论，埋怨政府，说："放错了鞭炮，鼓错了掌"，"共产党嫌贫爱富，富的要，贫的不要"。他们困难的原因主要是：一、合营和合作商店的业务扩大了，挤了小商贩一些；二、对小商贩注意较少，照顾不够，在货源上控制较紧，批零差价与手续费仍然偏低；三、原来农商兼营的，农业合作化后，土地入社不分红了，本人不能参加农业社劳动，家庭又无劳力入社，也有一些不常年经营的因为不能参加农业社劳动，农业收入减少。这些小商贩提出了四大要求；一、要货源；二、要资金；三、要照顾税收；四、要社会主义。

合作商店的经营额一般是上升的，但店员的收入是增加的少，保持原有水平的多，减少的亦少。减少的原因有四：一、是有些辅助劳动未得到适当安排；二、是工资规定不够合理，有平均主义现象，甚至有按家庭人口多少规定工资的偏向；三、是公积金提得多了一些；四、是增加了不必要的行政管理人员的费用，或增加了不必要的设备的开支。结果虽然企业的经营额有所上升，但某些人收入却减少了。因此有的人说："红旗竞赛肚子不饱，营业增加收入减少"。

合营商店的经营额与店员的收入，比合作商店要好一些，他们绝大部分人还是安心的，认为合营后生活有了保证。但也有极少数人的收入减少和工资偏低，他们要求调整工资和安排一部分辅助劳动。

农业合作化后，赶集人数大大减少，集镇市场起了变化，经营方式未相应改变，因而集镇上的私商经营受到一定影响。

（三）商业网下伸情况

到目前为止，商业网下伸工作：大部分地区正在进行；少数地区已初步结束；也有些地区尚未或刚开始进行。据10个省的不完全统计，已下伸到农村中去的共有7.5万多个点（包括一部分流动供销员，总的数字实际上还要多），其中供销社下伸的9%，合营、合作商店下伸的1.3%，经代销户下伸的89.7%。除此以外，还采取增加农村原有商店人员或业务下放的方式，扩大农村中原有商贩的经营品种。

经过调整以后：商业网更接近了群众，大大便利了群众购销，支援了农业生产；也结合安排了私商，更好地发挥了他们的积极性，适当增加了他们的营业额和收入；同时也扩大了商品流转和供销社的经营额。

在商业网调整工作中，部分地区缺乏全面规划：有些下伸点的人员太多，分布点太少，不符合核算；有些在商品上集镇与农村之间缺乏明确分工，某些大型生产资料与选择性大的商品也放下去了，结果积压了资金；也有些下伸的点经营品种太少，不能满足群众日常必需品的需要；在动员商贩下乡设点的工作中，个别地区曾有强迫命令现象，使他们不满；不少地区对调整采购网及饮食业网注意不够;还有些地区,不适当地发展了农业社的五保人员,影响对农村私商的安排;在商业网下伸以后,有的地区领导管理工作未跟上去,出现无人管理与不了解情况的现象。

(四)领导问题

第四次农村私改会议以后,许多地区抓紧进行了对私商的深入改造工作,取得了一定成绩。但也有的地区在高潮以后,某些干部产生了松劲思想,有的认为私商改造工作已经结束了,放松了对这一工作的领导;有的地区不适当的撤销私改机构,或抽走私改专职人员。因此不但情况不能及时掌握,而且发生的问题也不能及时解决。

供销社内部按业务归口,在部分地区仍未很好贯彻,也影响了私商改造工作的进行。

对私商的思想教育工作有的地区重视不够,私商组织起来后,贪污舞弊,少秤短尺,掺杂掺假等旧的经营作风仍然不断地发生。

有的地区对农村私商的具体情况及其特点考虑不够,对其规定的各种制度过于繁杂,使小商贩很难执行。

第二部分:今后的意见

根据陈云副总理对于全国私营工商业改造汇报会议的总结精神,结合当前农村私商改造工作的具体情况,经过讨论研究后的意见如下:

(一)合作小组

据统计,目前采取经销、代购代销和分散自营方式经营的小商贩共有从业人员117.5万人,约占私商总人数的52%左右,估计共为100万户,如果以每户4口人计算,连依业人员共为400万人左右。如前所述,虽经过安排和改造工作,其困难面缩小了,困难程度减轻了,但在货源、资金、税负以及满足他们的社会主义要求等方面,还有许多问题需要我们进一步适当解决。

① 今后对农村小商贩安排、改造所采取的办法是:在自愿的原则下,逐步地、分期地、按行业或按地区把他们组成合作小组。这种合作小组不是统一经营、统一核算,而是分散经营,各负盈亏。其经营方式:有的可以联购分销;有的是部分联购分销;有的是代购代销;还有些是自购自销,这要看其行业情况,经营特点,商品来源而定。组织的范围:原则上凡有组织条件的经销、代购代销或自营的夫妻店、连家铺、摊贩、挑贩等小商贩都可以参加这种合作小组;但不可能个个都组织起来。为便于领导管理,组织不要过大,一般以几户、十几户、二十户左右组织在一起为宜。在组织的步骤上,可以先从困难行业和困难户入手,逐步扩大。合作小组也就是社会主义的了。组织合作小组就是把他们都管理起来,都作统筹安排和改造。要注意把他们好的经营特点保留下来,发挥他们的经营积极性。

② 基层供销社应该指定中心商店,作为领导合作小组的核心。这种中心商店不是新建立,而是在原有机构的基础上加以分工负责:一、集镇上,一般以原来的综合商店(综合批发部)或专业商店作为中心店,负责所属行业私商的业务安排,即能专业者按专业系统领导,其余都归一个综合商店领导;二、乡村中,一般则可以原来的分销店即综合商店作为中心商店,分片包干,领导所属地区的小商贩。原在集镇上合营、合作商店下伸到乡村的分支机构,今后也可以逐步转为独立核算单位,划归各该地区的中心商店领导和安排;三、在私商少、基层社又小,没有综合和专业批发机构的地区,也可不指定中心商店负责,以基层社的业务部门为主,有关部门配合的方法,负责直接领导该基层社范围内的合作小组。

③ 中心商店的任务:一、是解决合作小组的货源,在国营商业配合下,搞好对小商贩的批发业务,国营商业和供销社没有货源的,要帮助和鼓励他们自找货源,并给予他们各种方便,要注意合理分配货源,绝不能硬性搭配冷背、残次商品;二、是小商贩资金发生困难时,代他们向银行贷款,而且负责保还。各中心商店应按审定的业务计划,结合小商贩过去的经营情况,提出所需要的贷款指标,统一汇总交由银行分别贷给各商户,贷款期限今后将适当延长,但一般不超过一年。中心商店应主动检查督促他们按期归还贷款;三、是可以向税务机关代交税款(包税)。采取定期定额办法,营业税、所得税合并在一起交纳,由中心商店根据安排的销货计划和手续费或差价率,提出小商贩全年的纳税额,全年一次核定,以户或以小组为单位分期交纳。今年从开始时起核定到年底,今后至少一年不变。四、是通过合作小组进行对小商贩的政治思想教育工作,并以会议等方式领导他们研究业务和开展互相批评,进行必要与可能的学习等,但不要过多的以开大会方式进行教育,以免影响他们的业务经营。基层社理事会应加强对中心商店的领导,财务

计划等有关人员应协助配合进行工作。中心商店所有开支,不由合作小组负担全部由供销社负责,中心商店不独立核算。

④ 实行和供销社之间销售商品的分工,即供销社卖什么商品,各种改造形式和自营的小商贩卖什么商品,大体上要划分经营范围。集镇上主要是商品分工;乡村中则应以地区分工为主兼顾商品分工办法,适当划分经营范围。商品分工中应注意:供销社划出商品后必须保证市场供应不要发生脱销;划出的商品要适合小商贩经营,以作到分工后使群众购买仍然方便。各地应该进行商品排队,根据具体情况,按商品或按类适当进行分工。

⑤ 适当提高代购代销手续费率和扩大小商品的批零差价。目前各地代购代销手续费,虽有一定的提高,但有些商品仍存在偏低现象,应该予以适当提高。目前小商品差价不合理现象,不但影响小商贩的经营收入,并且影响到群众的需要,各地应该会同当地国营商业部门共同研究,加以适当扩大,并注意对小商品的价格不要管理过死。

⑥ 通过以上办法,解决小商贩的问题,要求达到一个目的,即按照不同地区和小商贩的不同情况,使他们都要得到合理收益。其收益标准,一般可分别掌握在每月收入 10 元、20 元、30 元、40 元左右。所谓 10 元左右,是因小商贩中还有其他收入,以商业作为副业的。小商贩的收入,较此高的不降:低的要提到这一标准。

⑦ 经过上述办法,在小商贩过于集中的地区或过剩的行业安排上仍有困难的可以由供销社吸收一部分,合并一部分,还可以向外地迁移一部分,以便把小商贩完全安排下来。

⑧ 在保证组员一定收入的前提下,可以根据需要定期或不定期的在其收益中提取一定比例的福利基金,由中心商店或合作小组代为保存,经过组员的民主讨论,用于解决小商贩难以解决的特殊困难。

⑨ 对合作社小组的管理制度上要力求简便,不能规定繁杂的报表制度,每月只报要货单和经营总额即可。现在已规定繁杂的报表应该取消。

⑩代销户向供销社交纳的保证金,供销社应付给利息,利率可按供销社由银行贷款的利率计息,过去低的应提到此水平。

⑪各地可以仿照广东省的办法,有准备的召开小商贩会议。省社、县社、基层社都可以召开。要认真听取小商贩的反映和意见,切实解决他们的实际困难问题。

(二)合作商店

合作商店包括原来统一核算共负盈亏的合作小组,今后统称为合作商店。

① 合作商店是由若干户商贩组织起来,实行统一核算,共负盈亏的一种组织形式。合作商店主要对象是集镇上的小商店和某些固定摊贩,大约占农村私商总人数的 30% 左右。组织起来的合作商店可以根据参加的人数多少和商业网分布的需要,其中有些店、摊可以合并。并分设几个门市部。原来的合作商店如果过大,可以按行业或按地区分成几个合作商店。

② 有些商户在参加合作商店以后,由于收入减少,而生活发生困难要求退出的,应当批准他们退出。但绝对不准强迫他们退出。他们退出以后,不能歧视他们,应该在业务上加以妥善安排。

③ 合作商店不论采取那种工资形式,应该适当提高其工资水平,其标准可掌握低于当地供销社增薪后的 10% - 20% 的水平,现在高的不降,低的提高。工资调整是很细致复杂的工作,必须认真作好调查研究,有准备、有步骤的进行,在调整的步骤上,应该根据其业务经营情况和可能条件,可以一次或分几次调整。

④ 合作商店的盈余分配对某种工资形式(如基本工资结合劳动返还,死分活值等)来说,直接影响其工资水平。因此对合作商店的盈余分配应灵活掌握,不宜把比例定得太死。为了保证其上述工资水平,应该在支付工资以后再确定公积金提多、提少或不提。

⑤ 合作商店的股金分红:仍掌握稍高于银行定期存款的利息;为便于掌握,其分红的比例按全年计算最高不超过其股金的 10%。已经定息的不变,但店员要求时,也可改为股金分红。

⑥ 在保证其上述工资水平以后,如果无力缴纳营业税的可提请当地党政机关核定,予以减免。但其原有公积金积累,可由公积金弥补,不该要求减免。至于所得税的费用率,由供销社实事求是的提出,供税务部门作为征税的根据。应该加强合作商店的经济核算,节约流通费用和管理费用。

⑦ 在组织合作商店时,一部分连家铺即有辅助劳动的商贩,参加了合作商店,对于他们原来的辅助劳动,除了已经就业者以外,也应当尽可能的

吸收在合作商店内安排为辅助劳动，或在其他方面作适当的安排。

⑧ 合作商店应在费用中提取工资总额5%—7.5%的福利金，以解决店员某些特殊的困难，但在目前全部解决尚不可能，只能作为辅助性质的解决。

⑨ 合作商店应当本着力求简化的精神，逐步建立必要的计划、统计、财务、会计等制度，以不断改善经营管理。

主要要求按月报送资金数（包括贷款和存款）、经营总额（包括进、销、存数字）、费用和盈亏数字。目前已经规定过繁的表报制度，必须加以简化或废除。

⑩ 合作商店的货源，除由当地国营、合作社供给者外，也应允许他们由外地自找货源，合作社以及有关部门应该给予他们各种方便。

⑪原在商店中的被管制分子、地主富农分子、政治嫌疑而未逮捕的分子，已在合作商店中的，不能排斥他们。另外，对于已参加合作商店的年老者，更不能排斥他们。

⑫合作商店将来转变为供销合作社企业时，不需要再经过合营阶段，但现在不要变动，使其稳定下来。

（三）合营商店

合营商店包括农村商业资本家与一部分小商贩占农村私商总人数的10.8%。

① 定息问题：合营企业按从简从宽原则实行定息，息率一律年息5厘，即年息5%，资产倒挂户也给5厘。不分工（加工企业）商、不分大小、不分地区、不分行业、不分流动、固定资产、不分新老合营企业统统一视同仁。个别企业可以提高。已经实行定息的老公私合营企业的息率，高的可以不降，低的提到5厘。定息超过6厘的企业，应报中央批准。争取在今年7、8月份发给上半年的股息。今后按季付息。

② 人事安排。对合营企业中的私方从业人员及职工，应该全部包下来，安排其适当工作。资本家在加工企业、商店、业务部门和管理机关中，任命为正职或副职的问题：在商店（基层店、门市部）一般地任为正职是适宜的，在加工企业中也可以任正经理；在业务部门和管理机关中，不能说资本家不能任正职，不能说资本家只能任副职。但要照顾目前的具体情况，如公股代表认为安置他们正职有困难，或私方认为正职不好办事，先让私方人员任一下副职，以便于更能发挥作用，便于共事，等工作做好了，将来再提为正职，也是可以的。

对于企业改组和人事安排工作，首先由资方、工商联、同业公会、小组提出意见，私提公批。这样做法，现在看来比较好。如果他们提出不适当，还可以和他们商量。

③ 在企业中要能够与资本家共事。我们要把资本家改造为劳动者，最主要的办法是在企业中间进行改造，在工作中改造他们。因此，在企业中与资本家共事，这是改造人的关键问题。为了与资本家能够共事，就需要采取一些办法：

一、首先要明确对资本家的认识，在干部中要进行教育。合营和资产定息以后，企业中的经营关系改变了；资本家本人也开始改变了，他现在又是资本家，又是国家公务人民（半私半公），应该看到这些变化。资本家的资金设备是财富，人也是财富，他们有管理企业的知识和经验，而且人的财富不下于资金设备的财富。我们对资本家，究竟看作是包袱，还是看作财富呢？应该看做财富。他们有业务知识，有技术，有经营能力，对我们是很有用处的。他们又愿意干，为什么不利用他们呢？因此，对现在资本家，应该有正确的认识。

二、要建立一些适合于合营企业公私之间共事的办事制度。比如什么会议资方人员能参加，什么文件资方人员能看，这是很难列举的。重要的是规定什么会议不能参加，什么文件和表报不能看，那些属于保密范围，加以明文规定，使干部便于掌握。公股代表中有一种情绪，认为"左"一点不要紧，右一点是立场问题。他们也确有很多困难。因此规定明确了好办事。在企业中有什么秘密呢？企业原来是他们的，资本家知道的比我们多。保密范围要划一界限，否则公股代表不好办事。今后对通过政府业务部门下达的有关业务上方针、政策的文件，应该都让私方代表看到，并组织私方人员学习报纸公开发表的业务材料。

三、在合营商店中保持企业民主管理机构。如民主管理委员会，使私方人员有地方讲话。

四、对资方人员要具体分工，在分工的职务内应该有职有权。

五、为具体了解与解决目前共事关系上存在的问题，各地应该分别召开公股代表，私方代表的专业会议（私方代表会议主要由工商联主持召开，并综合研究提出的问题),以便切实的改进工作。

六,对于社会主义竞赛,资方人员一般地应和职工群众一起参加。

七、在党委领导下,各级供销合作社与工商联组织,要召开定期或不定期的座谈会,可以直接听到他们对我们缺点的批评,对改进我们的工作,大有好处。在合营企业中公方代表、私方代表、工会、党组织等四方面,应该共同努力,把共事关系搞好。

④ 这合营企业中小业主家店不分的房屋,应该根据原业主提出的意见处理。对于家店相连的房屋除原有店面、作场、仓库以外,其余房屋都归原业主所有,这是小业主生活资料的主要部分。现在某些地方作的偏紧,是有不合理情况的,应该加以改变。小业主献股现在一般的不接受,以免造成被动。

⑤ 工资福利问题

一、工资问题:合营企业中职工和私方人员的工资,如果高于当地相同供销社企业的,一律不降低(不降低实际工资,但可以修改落后的经营定额);低的可以适当提高,一次提或分两次提,每次提多少,请各省(市、区)先作出具体方案,经研究和统一平衡后执行。

二、福利问题:合营企业中职工的疾病医疗及病假期内的工资待遇,参照供销社职工的疾病医疗和病假期间的工资待遇的规定办理;合营企业中核定资产在2000元以下的资方人员,本人疾病医疗和病假期间的工资待遇,应该按照本企业中职工待遇的规定办理;核定资产在2000元以上者,确有困难的,也可参照办理。

⑥ 合营商店的盈余,应在决算后上交供销合作社。

⑦ 凡已过渡和吸收的人员,其资金一律按定息5厘付息(包括从合作商店、合作小组和个体经营户中过渡与吸收的)。

⑧ 对于合营企业中的辅助劳动的安排、组织形式的调整、经营管理制度的建立与健全等,可参照合作商店的办法办理。并且逐步加强合营企业的经济核算,以保证社会主义的积累。

(四)继续完成农村商业网的下伸工作

① 商业网没有调整好的地区,应在旺季前基本上调整好。首先要作好商业网下伸到乡:下伸点一般地区以固定为主,另外组织流动作为辅助,一般采取购销兼营,使农村居民能就地就近买到日常必需用品和出卖零星土产品,下伸方式和人员,可由集镇私商调下去,供销社派下去或组织当地商贩三种办法结合进行。各地在商业网下伸时,应同时注意对采购网和服务业网饮食业网的调整。

② 因集镇与农村分工不明,部分地区下伸人员过多,摊子过大,已经影响企业核算和个人收入者,可以适当调整。同时,对有些品种不全,业务过小的分销店,必须充实和加强,以满足群众需要。各地应根据群众需要和购销特点,逐步确定各乡村购销点的经营品种和范围。

③下伸到农村中的各种购销点,不论其组织形式和核算关系如何,其业务活动应受供销社农村中心商店的统一安排和领导,以防止无人管理与不了解情况的现象。

④ 某些地区城市私商过多,需要进行城乡调剂者,应掌握以下精神进行:一、原则上按城乡分工作统筹安排;二、如城市私商确属过多而农村又需要时,由县人民委员会统一平衡,可以适当下调,或组织部分商贩下乡供货;三、组织城市私商下乡,应根据统一规划进行,并与供销社统一安排结合好,防止盲目乱串;四、城市私商下乡,必须执行当地统一价格,并服从市场管理。

⑤ 私商继续弃商转业的现象应该停止下来,在私商人员少而又转业过多的地区还应适当恢复一部分。目前对历来就靠农商兼营维持生活者,应允许他们兼营,不能一下子截然分开。各地应采取措施,以便保持居民购销所需要的商业人员的数量。

(五)继续加强对农村私商改造工作的领导

① 农村私商改造工作的任务还很繁重,私商纳入社会主义改造以后,还需要使他们进一步改善经营管理,搞好供销业务,促进企业的改造与人员的思想改造,这是艰苦的工作,因此,各级供销社都必须继续重视对农村私商改造工作的领导。

② 要注意经常进行对干部的政策思想教育,使他们明确各个时期的政策、方针和作法,以利于工作的进行。县以上合作社的私改机构要保留。基层社应该有专人负责,但私商少的地区也可以兼管。私改办公室的工作任务是:综合情况、研究政策、督促检查、联系各方。也就是理事会之下的一个综合部门;各项专业工作应该由各有关部门分工

归口负责进行。

③ 随着对农村私商改造工作的深入发展，供销社按业务归口领导更加重要，各级社应该认真贯彻执行。为贯彻好归口领导：一、各有关部门要有人负责；二、要明确归口部门的工作任务；三、要有各个时期的工作计划，并提出实现计划的具体措施；四、执行中要有检查有总结。私改办公室可以通过碰头会等方式把各有关部门的工作结合起来；各有关专业部门还应该通过专业会议等方式把工作贯彻下去，并加强具体指导。

④ 基层社仍按专业商店、综合商店或直接管理等归口领导方式，以业务部门为中心，有关部门密切配合，在理事会统一领导下进行工作。

⑤ 在进行企业改造的同时，必须加强思想教育工作。教育内容，主要是社会主义前途、私商改造政策、商业政策和新商人道德的教育。教育方法，除集中训练和会议方式外，主要是通过日常业务，结合具体事例进行教育。同时并注意培养他们的专业技术和提高其业务知识。

以上工作，各级供销社必须在7、8月间贯彻下去。工作重点首先应该放在把小商贩维持下来，按照前述规定标准，保证他们的收入。应当认识，安排他们必要的收入和解决他们的困难，不仅具有重要的经济意义，而且具有很大的政治意义。为此，必须根据统筹兼顾精神，统一安排农村市场的经营额，并对安排不妥当的，加以适当调整。希各地注意随时总结交流工作经验，以便及时指导工作的进行。

（选自《工商行政通报》第79期，1956年10月15日）

第四节　部分地区私营商业改造工作报告

一、中财委（财资）批转山东财委对处理改造批发商中若干问题的请示报告并对歇业批发商资金管理提出处理意见

（1954年9月17日）

山东财委把最近几个城市对私营批发商进行社会主义改造的工作做了检查，指出对批发商的处理和改造是一个复杂尖锐的阶级斗争。而资金管理问题，又是资本家反对我们限制的斗争焦点；在具体做法上介绍了济南的经验，同时对处理资本家抽逃资金问题，提出了加强职工监督、正面教育，而对个别严重抽逃资金故意搞垮企业的分子则进行个别处理的意见。我们认为山东财委的意见和作法基本上是适当的。特将原报告转发各地参考，并对于歇业批发商户（不是对一切私商）的资金管理，提出下列意见，请各地加以研究：

（一）资金管理的原则，应按照中财委（财、资）8月6日财经未26号电“……存入银行只是监督的方式之一，首先应指导其用于其他有益的事业，如不可能时则可指导其存入国家银行……”的规定办理。

（二）股东垫款和股金不完全相同，对股东垫款原则上应尽可能动员其用于有益的事业或存入银行，而不宜硬性规定存入银行，股东中确有生活需要或其他正当原因者，可酌情允许其收还垫款的一部或全部。

（三）职工训练费应根据今年5月大区财委副主任会议规定“训练费除资本家能负担者应由其负担一部分外，主要由国营商业各部门负担……”的原则办理，不必硬性规定在公积金项下开支。

（四）私营企业的盈余，原则上应进行分配，如果1952年以前（包括1952年）的盈余迄未分配，实际上已成为企业的流动资金，应采取说服的办法（也可通过工商联民建会等进行此项工作），动员其用于有益的事业或存入银行；但资本家中，生活确有需要或确有其他正当原因者，可酌量分配。

为了对私营批发商改造工作进行得好，要领导有关的干部加强学习《中共中央关于加强市场管理和改造私营商业的指示》，提高政策思想，以便更好地做好这一工作。

附：山东财委对处理改造批发商中若干问题的请示报告

分局、华东财委（财、资）、中财委（财、资）。并告各专、市、特财委并转专、特辖市财委：

我省对私营商业的改造工作，在几个主要城市已开始陆续行动，根据济南、青岛两市最近的报告，在第一批处理29户批发商的歇业与转业当中，发现若干问题，其中比较突出复杂的是资金管理问题，现将几个主要情况和问题报告如下：

一、对批发商处理与改造的情况

(一)对批发商进行改造的作法:济南是按照"先转后包"的精神进行的,即除目前能维持者暂时维持其继续经营者外,对不能维持的批发商,首先动员,帮助其转业,其无法转业者,按照"归口包干"的原则,由国营公司包下来。具体做法分四个步骤:第一,分别召开批发商与店员会议,进行教育指明方向;第二,组织私商自己进行酝酿;第三,运用工商联、同业公会进行辅导;第四,由工商行政部门审查批准。经过这样处理之后,私商情绪一般都较稳定。

青岛市的作法是,采取在经营困难的批发商中,选择了10户,通过工商联动员其歇业的办法,并宣布资金存入银行,由于没有经过充分酝酿,私商接受有的勉强,并引起一部分私商情绪紧张,如有的反映说:"我这一步进入社会主义了!"

对这一问题省财委(财)已告青岛改变这种做法,并通报了济南的经验,告其参照办理。

(二)职工店员与资本家的思想动态:私营商店店员的思想情况,一般的认为"转工业吃苦,工资待遇低","到国营公司去劳动纪律严,工作累,工资低"。这些顾虑在老年店员中较为突出。在青年店员中则不少人表示高兴,"到国营光荣",愿到国营公司去。

资本家一般不愿转业歇业,其规律是:首先要求给国营公司代批,其次是愿转为零售,代批与转零售无望时,始转向工业,大、中批发商普遍不愿转向服务业,认为"那不是正经买卖人干的",只有在确无转业条件时,才肯歇业。

(三)根据这次处理批发商的了解,从去年宣传总路线以来,资本家抽逃资金的现象较为普遍严重,花样很多,如长支借款;增加资方从业人员和家属吃干薪;伪装外地进货转移资金,两个商店的资本家互相借款,互相抵消,扩大赊销,准备歇业后收回自用;挥霍浪费,大量购买生活资料等。对此严重情况有的地区提出要"依法处理",烟台并拟公布一个处理办法(已告其暂停公布)。

(四)国营商业部门的干部政策思想尚存在一些问题:主要的是对接收资方从业人员阻力较大,认为"私商唯利是图不易改造,安置在任何工作岗位上也不放心"。"失业职工尚无法安置,为会么接收私商?"特别是济南市现在正在整缩机关,有些能力较弱不适于做机关工作的女同志,有的动员其转为家属,因之更思想不通,提出"我们的饭先给干部吃,还是给私商吃?"(当然也必须妥善安排)济南财委已根据这些情况进行了教育,帮助解决。

从这一段的工作中看出的问题主要有以下三点:第一,对批发商的处理与改造是一个复杂与尖锐的阶级斗争,而资金管理问题,又是资本家反对我们限制的斗争焦点;第二,关于私营商业的改造问题,对干部的教育和对私营商业的店员、资本家的宣传,还不够深入,若干政策、原则问题还较模糊,对华东财委指示的"五条阵线",从政策思想、行动步骤组织起来还很不够,因此,在各方面还存在许多阻力;第三,对私商的斗争策略不够稳妥,存有急躁情绪,对资金管理缺乏从正面积极意义上讲明道理,因而使私商发生了许多顾虑。这些问题还须在今后工作中继续加以解决。

二、对今后批发商处理改造的意见

(一)继续深入进行宣传教育工作,首先在干部中加强教育,深入学习中财委与华东财委关于改造私商方面的指示,反复说明改造私商的意义、政策和具体做法,做到使干部思想明确,贯彻有力。国营商业部门的整编,我们意见不应与行政部门相同,主要应提高干部思想,加强学习,提高工作效率,一般不要裁减人员(总员额仍不足),以免引起混乱,对店员与资本家,要逐步通过党、团、工会与工商联进行教育,指明方向,使其对转业采取积极态度。

(二)在具体做法上,可采取济南的经验,首先召集会议讲明前途,指出方向,经过私商内部充分酝酿,由同业公会与工商联出面辅导,政府从旁指导,经过酝酿成熟后,由其自动提出转业或歇业,报请工商行政部门审查批准。克服急躁情绪,并注意不使私商摸到我们的"底"。

(三)对资金管理中若干政策性问题的处理意见:对于资本家抽逃资金,主要先发动职工店员监督,与正面进行教育,不公布"依法处理",造成被动,对于个别查明属实的严重抽逃资金故意抽垮企业的分子可以适当予以处理。关于批准歇业私商的资金存入银行予以管理问题,要首先从正面积极意义上对资本家进行宣传,说明其资金所有权仍然属于资本家的,存于银行是为了便于在政府指导下有计划的投入生产或举办有利于国计民生的事业。其他正当用途亦可准予动支;另一方面也要指出,对资金实行管理也是为了限制某些资本家趁机抽逃资金,进行投机、囤积、扰乱市场等违法行为,对投机违法者,政府要依法处理。说明这样做对国家与资本家本人都有好处,以打破资本家存在的怀疑和顾虑。其中几个具体问题的处理意见如下:

1.歇业的批发商存于银行资金所包括的范围:甲、企业的股金(资本); 乙、股东垫款;丙、公积金除去开支(如劳、资方训练费,老弱职工补助费)以后的剩余部分;丁、1952年以前(包括52年在内)未提出分配的盈余;戊、存货变卖的现金。

2.长支、借款的处理:原则上由业户按结账手续办理,如果发生纠纷,可分情况加以掌握。甲、资本家的长支、借款由其盈余分配中扣回,乙、职工的长支、借款由劳资双方协商解决。

3.资金存于银行的期限和计息问题:我们的意见,请中国人民银行总行规定统一的计息标准为好,存期长短由资方选择,但资金的动支,资方需服从工商行政部门指导。

4.一般国家工作人员在私营商店投资的处理:我们意见一律发还本人,并可动员其转入银行储蓄,完全由本人支配,不在管理限制之列,但不准再投入商业。

5.债权、债务的清理问题:甲、债权方面,资本家一般要求自己清理,企图逃避管理。我们的意见,得酌情由劳、资双方和同业公会共同成立一清理小组负责办理,并将清理的款项陆续存入银行。列入资金统一管理;乙、债务按中财委的规定办理,首先还工资欠款,其次是税款与银行贷款,如银行有抵押者先还银行贷款,再次,五反退补。

6.(略)

以上是否适当,请予批示。

1954年8月11日

二、中财委转发华东局批转华东财委关于目前私商改造工作情况和今后意见的报告

(1954年9月28日)

各中央局、内蒙古分局、省、市党委及各大区、省、市财委并报中央:

我们基本上同意华东财委9月4日关于目前私商改造工作情况和今后意见的报告,并同意华东局对这个报告的批示。特转发各地参考。

附:华东局批转华东财委关于目前私商改造工作情况和今后意见的报告

山东分局、福建、浙江、江苏、安徽省委,上海市委并报中财委:

华东财委9月4日关于目前私商改造工作情况和今后意见的报告我们同意,特转发各地,望根据当地的具体情况研究执行。

经过近3个月工作,我们已摸索到一些改造私商的门径,虽然问题还是很多的,但其基本规律,问题的性质,解决的方针原则大体是差不多了。只要我们既不停止不前,又不急躁冒进,而根据自己的需要和客观的可能,实事求是地稳步前进,我们是有可能顺利地按照党在过渡时期的总路线完成对所有私营商业的改造任务的。

对批发商的改造,其目的是为了尽速地把私人批发业务取消,代之以国营批发业务,以便使国营商业能够按国家计划尽速地把一切可以掌握和必须掌握的货源掌握起来,以保证市场物价的稳定和实现物资供应的计划性。货源和货物计划供应是保证国家社会主义改造和社会主义建设不可缺少的条件,也是当前阶级斗争的一个重要的工具,对此必须有明确的认识,否则就要犯错误。因此根据这一原则,就不能把一切可以维持下来的批发商都维持下来,更不是采用公退私进的办法使批发商维持下来,而是根据当前国营商业是否需要代替和能否代替来确定,凡是国营商业在目前需要代替又能够代替的行业,我们就不能停止不前,而应继续前进,当然更不允许退后一步。只有那些在目前国营商业尚不需要,或尚不十分需要代替者,或者虽然有需要,甚至虽然有十分需要,但主观力量还来不及代替者,这些行业中的某些户就只好让私商暂时维持下去。这就是批发商还有一部分必须维持下来的原则。

批发商是私营商业中势力较大较有地位的行业,他们的工资待遇都高过于一般零售商,这是处理批发商较为困难的一个因素。各地在处理批发商时必须照顾这二点,除了目前尚需维持和尚能维持者外,凡能转业者,应使之确实的转过去,不能转

业者，就不要硬转，而把职工由国营公司先包下来再行分别处理，对资本家和资方从业人员则分别组织学习，并逐步使其就业，而且在其学习过程中就应考虑他们的出路，除了那些有现行反革命活动或已具备逮捕法办或集中劳改条件的分子外，我们都要替他们找个出路，而不应采取推出门了事，或推给工商联了事的办法。根据这些资本家和资方从业人员的情况看来，其中经过训练后能吸收参加国营企业充任职员或技术人员者为数不多，过多吸收他们作为国营商业的工作人员也不甚妥当，一开始就要他们去参加农业或工业的体力劳动恐也不妥。目前在若干行业中增加一些零售商还是可能的，因此转入零售商是办法之一，各地党委应即着手进行调查研究，从多方面去考虑，提出办法，以便逐步得到合理解决。

对零售商的改造，则要注意有计划、有步骤地前进。粮食、食油、棉布三个行业改造以后，就要认真研究如何进一步的进行改造工作，防止只停留在现行状况而不前进的偏向，这是很大的危险。至于如何前进，还是一个尚无经验、尚待解决的问题，因此希各地党委争取在年内把这三个行业进一步的改造作出显著的成绩来，以便明年继续前进。在零售商中的摊贩，一般只暂时维持，应抓紧对他们进行社会清理工作，把混入在摊贩中的各类反革命分子——逃亡地主还乡团、国民党党政军人员等原来不是职业摊贩的分子清理出来，分别加以处理，以扭转目前摊贩不断增加的现象。但对从摊贩中清理出来的那些非职业摊贩，也必须采用负责态度加以处理，不能采取推入社会不问其死活的态度，这样做，就会增加社会混乱，造成另一方面的困难，必须注意防止。

总之，不管批发商、零售商或摊贩，在改造过程中和改造以后，都要给他们以自食其力的出路，不要以为他们手上还有钱，还有办法能够生活下去，其实他们手上的钱，除少数大户以外，一般的都是不多的，如果我们不注意他们的出路，让他们坐吃山空，很快就会变为社会乞丐，就得收容到生产教养院去。因此我们要从对人民服务、对社会负责的态度出发，指出他们的出路，帮助他们找出路，告诉他们坐吃的结果是降为乞丐进生产教养院，只有尽早的找到自食其力的出路，努力改造自己，才是最正当的、光明的前途。

以上意见及华东财委报告中所涉及到的方针政策部分，请中财委审查批示。

1954 年 9 月 8 日

华东财委关于目前私商改造工作情况和今后意见的报告

华东局并报中财委：

自6月上旬华东私商改造会议以后，除安徽因突击救灾工作，未能及时展开外，各省市党委与财委均很重视，召开了专门会议，传达研究，并结合实际情况，进行具体的工作布置。从全区的情况来看，工作进度不平衡，一般的是棉布零售商的改造工作较快；批发商的处理工作较迟缓。省属市的工作进度较快，专署属市较慢。农村集镇私商的改造工作，各地均进行了典型试验，目前正在展开棉布零售商的改造工作。在 9 月半以前，39 个市和部分集镇的棉布零售商改造与棉布批发商处理，基本上可以争取完成。部分集镇至 9 月底，始可完成任务。

为了研究情况与交流经验，我们于 8 月 24 日至 30 日召开了 5 省 7 市的私商改造办公室主任的座谈会议，现将会议中讨论的问题和我们的意见，报告如下：

第一、关于批发商的处理问题

除安徽 6 个市的计划尚未最后确定外，根据 33 个市的材料（上海系 6 个重点行业，福建系 16 个重点行业），列入计划的批发商共 5870 户，从业人员 30507 人，其中职工 16687 人，资本额 4693 亿。分类排队的情况如下：

（甲）暂维持其继续经营者共 3384 四户，占总户数 57.65%。

（乙）改造性质，变为代批或经批者共 158 户，占总户数 2.69%。

（丙）组织转业者共 948 户，占总户数的 16.15%。从业人员 6437 人，其中职工 3919 人，资本额 1682 亿。

（丁）由国家处理者共 1380 户，占总户数 23.51%。从业人员 7958 人，其中职工 4616 人。资本额 900 亿。

由于转业的具体困难较多，原定的转业计划很难完成，恐尚需处理一批。估计第一步需由国家处理的职工，约在 7000 人左右。根据目前的工作情况，在批发商的处理工作中，应注意掌握下列的几个主要问题：

(一)对批发商处理的方针问题：

在各省市的初步计划中，维持批发商继续经营的面均较大，平均全区为57.65%。不少省市在70%左右。有的甚至将主要的批发行业亦列入维持计划，有些尽量扩大维持面，缩小处理面的倾向。

对批发商处理工作的基本精神是采取代替政策，在具体掌握上是分步前进，以免我们工作来不及，陷于被动。但是，不能只注意于安排而勉强的扩大维持数量。必须明确掌握下列的精神：

凡国营公司已控制货源，批发商经营困难的主要行业，应坚决的采取全业处理的原则。对某些次要的已为国营公司掌握部分货源的行业，根据主观需要与具体条件，可以采取全业批发商同时处理或分批处理(处理一部分，保留一部分，以现有私商所占比重可以勉强维持为限)的办法，不能退让比重。对某些供应紧张的商品及地区性的主要商品，根据需要，应有计划的继续前进，扩大掌握货源。零星的小土产与杂品，如批发商确有困难，目前又不能代替者，始可以适当考虑减少经营，组织私商贩运。对于确定暂予维持经营的批发商，除采取适当的使之能维持经营的必要措施外，应明确分业归口，加强管理，防止让其自流。以便今后能根据市场情况与需要，有计划的扩大控制货源，逐步前进，为下一步的处理工作准备条件。

(二)组织批发商转业问题：

从目前的情况来看，一般的是进度迟缓，困难较大，成功者少，陷于胶着状态者多。现各地已转业124户，仅占原定转业计划的13%左右。其原因有三：

(甲)资金少，人员多。

(乙)转业方向虽多，但具体困难亦多。不少地区反映："转业的路看起来很宽，走起来很窄"。

(丙)职工与资本家对转业的态度消极，思想顾虑多。转业工作，在客观上确实存在一些困难，必须充分估计，如确实无法转业者，不能勉强。对于少数具有转业条件，因职工不能全部安置而造成困难者，可以吸收一部分职工。但不要公开宣传，只可内部掌握。有些转入新建的工厂与服务行业，在修建过程中，如资金有困难，劳资的工薪，可以参照工厂停工时期的工薪处理办法，适当的减少发给，以免资金消耗。并可根据需要与可能，采用公私合营的形式。

(三)对职工的吸收与处理问题：

对职工的吸收标准，不少地区掌握过严。部分省市的计划中，"自找出路"与不合吸收条件的职工，占处理的职工总数的30%左右。其原因主要是强调了政治条件与工作能力。我们认为仍应贯彻中央与华东局指示的精神，宜宽不宜紧。据最近了解，不少职工因按国营薪给标准待遇，降低工资的幅度甚大，不满情绪颇为浓厚，如再扩大安置与自找出路部分的数量，势必造成在处理批发商工作中的职工阻力，增加困难。除需逮捕与管制的反革命分子外，应尽可能的吸收，分配工作。有条件自找职业者，亦应加以掌握，使之转好。确已失去工作能力，无法工作者，应通过退职金、解雇费及救济补助等方式，妥为安置。对政治情况复杂及嫌疑分子，可以暂不分配工作，集中教育训练，进行审查，今后依据审查结果陆续分别处理。

(四)批发商的资金处理问题：

资金问题，是批发商与我斗争的焦点之一。私商采用许多方法和借口，抽逃与分散资金。由于资金的情况复杂，具体政策问题亦多，各地的情况不一，因此，对若干的具体问题，不可能作出统一的规定，请各省市党委与财委根据实际情况灵活掌握。现提出下列两个意见：

(1)根据中央、中财委和华东局指示的精神，由国家处理的批发商，其资金的所有权属资本家，如何使用则受国家工商行政部门监督。首先要诱导其从事于国家有益事业，如诱导不成，则监督其存入银行，但方式要灵活，不可简单从事。应在接受批发商处理要求时，向资本家与职工说明国家指导资金使用于有益事业和存入银行的意义，晓以利害，并通过协商方式以达到目的。最好能推动民建会、工商联及资本家进行酝酿讨论，由他们提出资金管理的办法与要求，以争取政治上的主动。如资本家抽逃与分散资金，则可通过工会、工商联给以揭露，批判其不法行为。个别情节严重者，由省市党委掌握，应给以必要的惩办。

(2)在掌握上，既要防止"管得太死"的急躁和工作简单化的偏向，又要克服不敢管理，让其泛滥的畏缩情绪。对具体问题的处理，则应有宽有紧。主要的问题要紧，次要的问题要宽。流动资金管理要紧，固定资产及账外资产要从宽。账外资产能归者即归账，不能归账者不要追逼。房地产可由当地房地产管理部门加以管理，国家可以优先租用。

(五)对资方从业人员的学习与处理问题:

资方从业人员,除能自找职业,年老并能维持生活者外,其要求参加工作者,应由工商联负责组织学习,不宜由政府出面。组织学习的方式,一般的以集中上大课、分散自学讨论的办法为好,不宜举办专门的训练班。在学习过程中,应组织一定干部加强掌握,了解情况,以便今后能有计划的陆续处理。对于具有一定代表性的人物及比较进步的分子,在省市党委统战部的统一掌握之下,可以分别先行安置工作。鉴于资方从业人员的人数较多,情况复杂,建议各省市领导小组与党委统战部加以研究,制订掌握学习与今后陆续安置的方案。

(六)批发商处理工作中的几个初步经验:

(1)批发商处理工作是极其尖锐的阶级斗争,要有充分估计,不可麻痹。处理批发商即是消灭其存在,必然会引起各种形式的反抗。不少批发商反映,现在是"人财两空",极为不满,在许多问题上和我们进行剧烈的斗争。在前一个时期,我们对此估计不足,认识不明确,以致有些地区采取了简单化的作法,遭遇到极大的困难,无法前进。因此。对批发商的处理工作,必须作好足够的准备,克服"轻敌思想",不要无准备的轻率出击。目前部分地区偏重于零售商的改造,对批发商处理工作重视不够的情况要迅速改变。

(2)内部的摸底排队工作和工商界代表人物的协商要适当结合。运用各种方式,讲清道理,并透露我们的意图,提出"题目",由他们去做"文章",以实现我们的要求。协商工作做得好,可以大为减少阻力,于我有利。

(3)加强职工教育,充分运用劳资协商的方式。我们的政策与意图,要为职工所了解与掌握。并依靠职工,通过劳资协商变成为劳资双方的协议,这是掌握主动的一个重要条件。

(4)要认真做好资本家的自愿申请工作。把我们主动的进行处理工作的意图,变成为由他们提出申请的形式,这样,可使我们居于有理有利的地位,可以避免与减少资本家的叫嚣和抵抗。

(5)在进行具体的处理工作时,要三管齐下:

(甲)职工的监督与督促;

(乙)工商行政部门的管理与审核批准;

(丙)工商联的辅导作用。对不同问题的处理,要灵活运用不同的方式与面目出现,以保证我们的全部意图顺利贯彻。

第二、关于棉布零售商的改造问题

全区39个市的棉布零售商,共有5781户,其中坐商2066户,摊贩3715户;从业人员16456人,其中坐商12633人(其中职工7740人),摊贩3823人;资本额479.6亿,其中坐商441.4亿。其特点是户数多,人员多,资金少。根据现在交的材料,极大多数城市的棉布零售商,均可通过改造,争取全部或极大部分维持下来的条件。

(一)对棉布零售商改造的两种做法和意见:

各省市对零售商的改造工作,基本作法均大致相同,但在如何对待私商现有的费用开支问题上有两种不同的做法:

(1)从维持私商现有的费用开支水平出发,让出一些卖钱额,以安排私商的营业计划。对其经营管理费用的改进,留在改造性质以后再逐步进行。

(2)在改造性质时,与改善经营管理、降低不合理的费用开支适当结合,根据可能条件下所降低的费用开支标准,作为计算私商保本营业额的基数,让出卖钱额。

上述两种做法,各有好处。第一种做法可以减少改造性质时的阻力,缩短时间,易于掌握。第二种做法,在改造性质时,可以压缩一些不合理的开支,为今后进一步推动经营管理的改进,准备一些条件。我们认为上述两种做法,要根据不同地区、不同行业的能否维持,私商费用开支的高低和工作是否来得及等具体条件,分别采用。但在工作进行中,需注意掌握下列的问题:

(甲)第一种做法,必须在教育中正面的讲清楚改善经营管理的意义与政策,改造性质与企业内部经营管理改革的关系,并应指出在挂牌以后,私商能否维持,决定于改善经营管理的工作是否相应的前进。同时,在改造性质后,改善经营管理的工作,亦需及时跟上,以免产生副作用。

(乙)第二种做法,必须正确掌握降低经营管理费用的逐步前进的原则。要照顾职工的觉悟水平与可能条件,不能过高要求。对现有的管理费用要分类分别对待,不能平均下降。在具体做法上,应从思想教育入手,通过职工及资方的充分酝酿讨论,提出计划,不能按内部预定匡计的标准去硬套。防止急躁情绪及包办代替的偏向。

(二)棉布零售商改造工作中的几个初步经验:

(1)认真做好思想上、组织上与材料上的准备,是顺利展开工作的前提条件。特别是调查研究与摸清情况是极为重要的准备工作。各地的经验均证明了,加强干部教育,及时澄清思想混乱,是正确贯彻政策、保证工作胜利前进的关键。为此,必须建立强有力的组织领导,并应及时解决有关部门的分工与配合,防止相互牵制与推诿。在工作展开之前,应首先摸清私商的经营情况与费用开支标准,这是制订计划的依据。有些地区,停止于简单的估算,待工作展开以后,始发现计划不正确,重新摸索,这是各地计划多变与摇摆不定的原因之一。其次要注意研究职工与资本家的态度和思想情况,特别是摸清职工的情况十分重要。

(2)必须明确依靠职工的思想,做好职工工作,这是私商改造工作中的重要关键。目前职工的思想情况较乱,怀疑观望,顾虑甚多。因此,职工的教育与组织工作应作为工作重点之一先行一步。举办积极分子训练班,召开职工代表会议等方式均可采用。并应坚持贯彻耐心教育,培养积极分子,带动中间与落后分子的方针,不能急躁。目前店员工会的组织情况与工作情况和私商改造任务不相适应的矛盾,相当普遍,要求各级党委与工会部门大力支持与帮助。

(3)改造私商的具体政策必须与职工和资本家见面,反复讲清。改造性质必须具备的条件及改进经营管理的精神,应具体的进行教育。以免引起把私商改造看成为履行批准手续,挂牌子的简单化的误解。有些地区,由于对改造私商的具体政策教育不够,以致部分职工与资本家,对改造以后的营业额上升,抱有幻想与奢望。

(4)进行工作的步骤,一般要分三步走:

第一步是宣传教育,组织力量,制订计划。

第二步是劳资酝酿,充分讨论,进行劳资协商。

第三步是资本家申请,分户审查,批准挂牌。挂牌的时间,一般的应一齐挂牌为好,如需分批,也不能拖得太长。挂牌的方式可以召集必要的会议正式宣布,但不应举行庆祝大会或类似庆祝大会形式的仪式。个别县市对批购户所采用过的组织腰鼓队,挂红披绿的将牌子送去的作法是不正确的,必须纠正。

(5)加强组织领导是私商改造工作胜利开展的保证。实践证明,由省市党委指定专人负责,组织领导小组与办公室,在主要城市抽调干部,成立工作队的方法,是完全必要的。凡是组织领导较健全的地区,工作就顺利展开。凡是把工作推给业务部门的地区,则偏差较多,进度亦较迟缓。

(三)在零售商改造中的几个具体问题的意见:

(1)公私比重问题:让出卖钱额的偏紧情绪,在目前仍较普遍。零售商经过改造后,不能再用原来的公私比重观念去对待,适当的让出比重是完全必要的。让出多少,应以使私商能维持下来和国营、合作社要保持一定的零售额与零售点,以领导市场为掌握的界限。但各地区各行业的情况不一,不能划定统一的比例,应由省市财委具体研究确定。部分地区因对私商的底未摸透,怕让出的比重不恰当而犹豫不决。我们认为公私比重升降的主动权掌握在国营手里,不应顾虑太多。问题的关键在于让出卖钱额以后,如何具体掌握。因此,国营公司应加强检查,研究让出的比重是否恰当,便于及时适当的调整。

(2)利润问题:在会议中,各地的同志均大致同意给以一定的利润,但给多少,如何给法,无具体把握。初步研究,提出下列的意见:

(甲)利润计算的标准,应以实际参加流转的资金为当。

(乙)利润的幅度,可参照银行定期私营企业存款的利息标准,年利率7.2%至9%左右去考虑。

(丙)不同地区与不同行业,要分别对待,不应强求一律。关于夫妻店与摊贩,目前以勉强维持生活为主,以后再说。

(丁)利润的分配不宜强调"四马分肥"的原则。除所得税外,职工的福利要适当照顾,余归资本家所得。利润问题带有重大的政策性,已建议各地进一步的摸清情况,提出意见,以便进行专题研究。

(3)棉布零售商行业中的大店问题:据各地反映,少数大店,费用过高,在行业中所占的营业额比重甚大,如照现有的费用水平维持,将使全业安排增加极大困难。如上海的三大祥,占全行业营业比重29%,每人每月平均费用开支在230万以上。苏州的三家大户,占全行业比重50%左右,每人每月平均费用开支在160万以上。因此,适当的降低这些大店的经营管理费用是必要的,不能完全迁就。但是,必须注意加强职工工作,这些大店的职工多,又较集中,不能造成职工与我的紧张关系,必须在争取与团结职工的原则之下,逐步前进。在做法上,除采取内部适当控制货源,控制计划,促使其逐步降低费用外,必须将改善经营管理的具体政策与意义,进行正面的思想教育,尤其是对职工,更应反复讲清楚,以免陷于被动。

(4)困难户的处理问题:对于困难户,一般的应结合改造,尽量争取维持下来。维持的方法可以因地制宜的采取多种多样的方式,但要分析其造成困难的历史原因,有区别的对待。据各地反映,某些困难户的多余职工难免要吸收一些,因中央尚无指示,未作肯定。如各地确有此需要,应由省市财委专题报告,请示中财委(财)考虑决定。

(5)全业未改造的零星批购户的挂牌问题:全业未改造的零星批购户不宜挂牌,这会助长行业内的自由竞争,并挤垮未挂牌户,增加以后全业改造的困难。现已挂牌的,要加强管理与整理的工作。

(6)摊贩问题:目前摊贩的人员众多,情况复杂,分散流动,并在不断地发展。各地领导要引起重视。我们意见,应贯彻华东局指示的加强管理、整理与逐步改造的方针。因此,应组织专门干部,研究情况,提出方案。并应进行民主改革工作。摊贩的同业组织,要建立起来,便于管理。建议各省市以棉布摊贩为重点,研究管理与改造的方法和经验。

第三、关于农村集镇私商的改造问题

农村集镇私商的改造工作,各省均在进行典型试验。由于我们重视不够,缺乏具体指导,又未进行检查了解,因此,试点的情况与经验,亦难以集中起来。据会议中的反映,部分地区在试点工作中有些偏向,主要是部分干部,存在着偏紧情况,强调转业,不愿维持与改造,思想上有些阻力。

(一)应认真贯彻全国合作总社指示的“控制自营业务,着重采取国家资本主义前进的原则”的精神,要防止对私商采取“挤而不改”或“只转不改”的偏向。希各省财委根据实际情况,研究确定具体执行的方案。

(二)对棉布零售商的改造,因时间紧迫,应采用由粗到细的作法,首先将其纳入计划,建立经销合同。其他的各项细致工作,留待改造性质以后再去进行。目前部分地区的合作社干部,不愿意对改造后的棉布零售商让出一定的卖钱额,使之维持下来的偏紧情绪,应通过教育,加以克服。

(三)几个具体问题的意见:

(1)转业问题,要实事求是,能转者要领导转好,不能转者不要强求。要改变目前存在的不顾条件,强制转业的偏向。除富农兼商者肯定要转外,其他的半农半商户,要照顾可能条件,不要“猛转”,并应做好充分的教育工作与组织工作。转入手工业,要慎重考虑供、产、销的平衡与技术条件,不能盲目。

(2)零售商改造的维持标准,经过初步研究,宜以略低于合作社干部工资标准为界限,但对个别家庭负担重,生活确有困难者,应加以照顾。因各地的情况不一,请各省财委结合实际情况具体确定。

(3)人员吸收问题:不能转业或不能转性质的职工,一般的应由合作社包下来,安置工作,不要使之流离失所。

第四、对今后工作的意见

(一)加强已改造的粮油、棉布零售商的管理,逐步加强改善经营管理,调整供应网和人员的思想改造工作,应成为私商改造工作中的中心任务之一。目前对改造以后的零售商存在着的某些松懈麻痹情绪,必须克服。

加强组织领导与组织建设,是巩固胜利与深入改造的关健。根据华东局指示和会议的讨论,提出下列意见:

(甲)国营商业部门应有负责干部主持私商改造工作,除有关各项业务工作由现有的各个业务部门负责外,并应建立政治机关,以加强领导。

(乙)国营公司应根据改造行业归口的具体任务,将现有批发部门划分为若干批发站或增设一些批发部,以加强控制。

(丙)改造的行业,工会和青年团的基层组织,应按行业建立,以加强组织上的保证作用。

(丁)加强同业公会的领导。要根据分业归口的原则,逐步调整机构。国营公司经理应担任同业公会主任委员(或担任副主任委员——中财委注),或派专职干部参加领导。

(戊)改造了的行业,应建立相应的改善经营管理的组织。较大的店可建立委员会,小店及夫妻店可把若干户,编成小组,吸收职工参加。具体名称暂不统一规定,各地可因地制宜的先行试用。

(己)国营公司应设立专职检查员,加强检查工作。

(庚)在会议中,各地同志均建议与要求省市党委能建立财经部或商业部,以加强领导。请华东局审查指示。

对经销店的管理,各省市可拟定暂行的管理办法。其内容以服从国家计划和管理;接受职工群众的监督;树立新的经营作风及必要的奖惩办法为重点。建立制度要由简到繁,目前应认真地建立检查、计划统计与教育学习制度。

(二)认真检查与总结粮油、棉布零售商改造工作的情况和经验,以教育干部。并希各省市在棉布零售商改造工作全部完成以后,着手研究下一步的工作计划。

(三)加强对批发商处理工作的领导。对前一阶段的工作,要进行一次检查,以便发现问题,及时解决。已确定转业与处理的批发商,应争取时间分批完成,防止旷日持久。

(四)农村集镇的私商改造,在目前应集中力量做好棉布零售商的改造工作,必须争取9月底以前全部完成。并应组织力量,进行试点工作,为今后逐步展开做好准备。建议每一个县争取在今年年底以前做好一个集镇的典型试验,以摸清情况与积累经验。

(五)鉴于改造私商的工作,是数年之内的中心任务之一,因此,建议各地参加工作的干部,适当地固定下来,减少流动性,以便积累经验和有利于今后工作的开展。

(六)对尚未改造的零售商行业与暂予维持的批发行业,要明确分业归口,加强管理。并应进行调查研究,摸清情况,以便于及时研究和制定今后的改造方案。

鉴于国营商业部门与合作社在私商改造工作中的任务十分繁重,目前的组织形式与干部力量均不相适应,要求各地党委给予支持。

以上报告和意见,是否妥当,请华东局、中财委(财)审查指示。

1954年9月4日

三、中财委、统战部转发河北省财委、统战部关于改造私营商业工作会议的报告

(1954年11月11日)

各大区、内蒙、省、市财委,统战部并报中央:

河北省委批转省财委、统战部关于改造私营商业工作会议的报告,很好,特转发各地参考。我们认为这类会议可以发现和解决许多问题,并提高干部对政策的认识,使改造私营商业的工作减少混乱。各省市虽大多都已开过这类会议并作出报告上报,但有些地方还未举行,我们认为这项工作还没有上轨道的省市,能够召开这类会议,根据中央有关指示,明确交代政策,统一思想认识,并交流经验,分析情况,解决问题,是有好处的。已经开过会议的各地,对于私营商业改造和安排工作中,特别是最近棉布统购统销、棉花统购对私商和从业人员的安排,可能还存在不少问题,应加注意,及时采取措施,予以处理。属于重要的情况和经验,并请报告我们。

附:河北省委批转省财委、统战部关于改造私营商业工作会议的报告

各市、地委,峰峰矿委,并报中财委、中央统战部、华北地区工作部:

省委同意这一报告。望各地、市党委根据报告中所指出的方针政策精神和对改造布商的具体措施,认真研究执行。并将执行中的问题及时上报。

1954年9月10日

河北省财委、河北省委统战部关于改造私营商业工作会议的报告

省委:

8月20日至25日我们以6天时间召开了改造私营商业工作会议。参加会议的有:各市、地委统战部长,市财委秘书长,市、专工商局(科)长等46人及省级有关单位负责干部70人。兹将会议情况报告如下:

一、会议是以研究贯彻《中共中央关于加强市场管理和改造私营商业的指示》为中心,并着重的安排了对私营棉布商的改造工作。经传达讨论《中共中央关于加强市场管理和改造私营商业的指示》和我省草拟的《关于私商改造的意见》后,与会干部达到了思想认识一致,政策思想有所提高。根据中央指示精神,审查了各地初步拟定的布商改造方案。最后,对政策思想和布商改造的具体执行问题,统一作了结论。由于大家较全面的领会了中央指示精神,发现与解决了布商改造计划中许多问题。与会干部一致认为会议适时、必要、解决问题。

二、在讨论和审查各地改造布商方案中,暴露

出过去对私商改造政策的接受和掌握上，存在着不少问题。较普遍的是：(一)对中央“逐步”改造的精神领会不足，存在着程度不同的急躁冒进情绪，有的提出今冬除改造棉布棉花商全行外，还进行新药、五金等行业改造。(二)对城乡批发商处理原则混淆，对批发商和零售商的政策界限不清：邯郸专区提出首先将职工店员全部由国、合包下来，独立经营者和资本家，只要年轻、有能力、有培养前途即吸收录用。通县专区对零售商也提出“留、转、包”的精神，并计划吸收100名零售商店员。(三)在布商安排中，缺乏全面安排市场和照顾供求需要的精神，排挤面过宽：如唐山专区不顾当地情况，机械规定各县维持比数，昌黎拟留16%，抚宁拟留17%，卢龙拟留5%。邢台专区共有棉布商505户，仅计划留120户，其余均转业，致有的县仅留一两户，威县、清河、巨鹿、内丘等4县一户不留。宣化市共有布商68户，只计划留20户。(四)重排挤轻安置甚至推出不管。各地普遍提出对家有土地的棉布商贩，不问有无耕作能力，即一律转入农业生产。不少地区只有排挤数字，没有安置办法。张家口市曾笼统提出凡商人家中土地能收入300斤粮食者，即令回家种地。(五)转业方向不明，多避繁就简、避难就易。除绝大部分“打回老家去”转农业生产外，有的盲目提出转向我已控制绝大部分或私商已发展过剩的行业。通专安置布商28户转入烟酒业；张家口市要安置转入缝纫业；秦皇岛市则提出转五金、茶叶行。

此外对维持私商经营的标准，各地认识和掌握上也颇不一致。不少地区存有“一律拉平”的想法。有的提出在棉布商改造前，首先把开支降下来，不降者不给批货。有的先试办降低生活水平，被资本家钻空子，挑拨工人与政府关系。改造安排步骤不统一，有的则先摊贩后坐商，有的由城市到乡村，有的则先农村后城市，也有的城乡一齐干。在批发、零售商安置步骤上，也先后互不一致，突出的表现了对这一复杂繁重的任务认识不足，有的企图在宣布统销前的短短时间内，将所有私营棉布批发、零售商和行商摊贩，完成安置维持、转业、吸收等全部处理工作，如非会议统一安排，很可能造成混乱。

三、针对以上情况，依据中央指示精神，会议结论中明确了以下问题：

会议进一步体会到，棉布计划收购、计划供应不仅是经济改组中的重大措施，而且是对资本主义布商改造的重大政治任务。这是解决除吃以外的牵扯到广大人民的最大的一项穿的问题，也关系到棉布商和其有关行业的生活问题。必须了解这是对资本主义商业的一场严重的阶级斗争，是复杂而艰巨的任务。因此，决定今年下半年要集中力量完成这一工作，并对已改造的行户做好巩固工作，其他行业的改造，采取稳一稳的方针，以防四面出击，造成被动。我省棉布商情况是：

全省私营棉布商共10987户，16666人，其中棉布坐商2282户，占总户数20.77%，6793人，占总人数40.76%，摊贩8348户，占总户数75.98%，摊贩人数9475人，占总人数56.85%。此外尚有行商324户，398人。全省棉布坐商中，专营批发和批发为主兼营零售的批发商仅81户，占坐商总户数3.54%；零售和以零售为主兼营批发者2201户，占96.44%。

布商分布情况：县城以上城市共3719户，占总户数33.87%，5201人，占总人数31.27%。在全省布商中，有资金三五百万元以下者5521户，其中靠土地能维持生活者共3379户，占农村总户数的46.49%。这是我们安排布商转业的有利条件。

为作好棉布统销和私营布商全行的改造工作，针对以上情况，提出了如下具体措施：

(一)对棉布批发商：全省棉布批发商共81户，且绝大部分是批零兼营商，专营批发商占极少数，要尽量辅导其转业，转入工业、运输业、服务性的行业和基本建设；亦可转为零售商，但不宜多，多则妨害对零售商的安置。对实不能转业又无生活出路者，国家分别安排，对其职工有工作能力的，国、合商业分别吸收录用，资方能自行设法的，要动员其自行设法；从业人员中的老、弱、病、残，应由资方发给遣散费，以维持其一定生活或收其子女代替劳动。如仍有困难者，则可由商业部门一次出钱，交社会部门负责救济。职工被国家吸收后，其原有资金(500万元以上者)存入国家银行，加以监督管理。农村集镇批发商转业较易，一般的动员转业。

棉布行商：多进行城城、城乡间贩运经营，只作批发不作零售，其投机性很大，应同于批发商处理。但行商人少资金大，适于转业，一般的不应改为零售商。

土布贩运批发商：多系家有土地或本身是农民兼营土布贩运，一般应转入农业生产。但为适应市场需要，对转业困难者，在山区或销土布地区，可维持少数户,为国家经销土布零售(转为坐商、摊贩或货郎担子);在产土布区,可利用其经营土布技术,以代办关系由合作社使用一部,给一定手续费,代国家收验土布。

(二)对私营棉布零售商,按照中央指示:除一部分必须和可能转业者外,一般的要改造成为国家资本主义的经销零售商。要掌握坐商与摊贩全盘安排的精神,根据城乡不同情况,在保证市场需要的原则下分别处理。

中等城市除一部分必需和可能转业者外,要采取经销形式作到最大限度的维持;在县城、集镇和农村,视市场需要,将必要维持的户以经销形式维持下来,对家有土地有耕作能力并依靠土地维持生活者,可逐步辅导其转向农业生产。对家中无地的职业商人,要做到维持,不应强调转业。

在具体掌握上要全面算账:(1)利用私商人力、物力、财力,在国营、合作社外围为计划供应服务,比由国家包起来或挤掉后由国家救济哪个合算?(2)私营坐商、摊贩有多少能够转业,转什么?容量多少?(3)根据不同地区棉布供应量、市场供求需要,确定维持私商户数,把必要维持的户维持下来,再根据必须与可能转业的进行转业,以免盲目排挤造成社会问题。在计划供应开始,暂时多维持一些,将来再逐步处理,这不仅对市场供应安定人心有好处,也可防止工作被动。对必需而又可能转业的,要积极辅导其转业,强调不开收编的口。因此,要批判盲目排挤不按政策办事和企图将全部私商由国家包下来的思想和作法。

对布摊小贩:除必须与可能转业者外,城市可采取组合(几个摊贩组成一户)办法为国家经销。农村集镇可改造为布车、货郎担子,指定范围串乡为国家经销。但在国、合批售商品时,不可过多的给予商品,以免挤掉坐商。

(三)维持棉布商生活的标准:一般的应给予合理的费用开支,其工资水平,中等城市一般不超过国营商业和合作社职工(售货员)生活水平;县城维持相当居民水平;农村相当于当地农民生活水平。但因目前私商工资水平均高于上述标准(有的高于国、合职工两三倍),必须通过工作逐步的使之降下来,但不能抽肥补瘦、强求一致、机械拉平。要根据不同地区、不同行业、不同户的经营情况,从实际出发,灵活掌握。为了使更多的零售商贩维持经营,避免造成社会失业,我们提出了以下办法:(1)教育私商逐步降低其过高费用开支;(2)绸缎商暂允许继续经营;(3)经销户兼营其他商品者,仍允许其继续经营;(4)对降低开支后维持仍有困难者,适当让与一些营业额。

(四)与棉布有关的纺织工业、加工成衣、服装贩卖、印染、百货、鞋、帽及其他以布加工的复制业,约十余个行业,会议一致认为因其牵扯面很广,对上述有关的行业必须注意安置。因此,除在计划供应开始,要进行原料成品登记以后用布须造报计划批准供应外,不能维持者必须予以妥安置。

(五)对私营棉花商的处理改造问题:取消私商小贩收购贩运棉花。存棉登记,列入国家计划收购。除家有土地辅导其转入农业生产外,合作社要根据条件吸收一部分,其余辅导转业。

絮棉商:经营其他商品兼营絮棉,且依靠其他经营能维持生活者,取消其兼营絮棉;专营絮棉或以絮棉为主又无转业条件者,根据需要为国营公司、合作社经销,尽量维持其经营。

套花商:进行登记,限定地区,指定套花质量,允许继续经营。有转业条件者,动员其转业。

私营弹、轧花房:要尽量组织为国营公司、合作社加工,不能满足时,亦可为群众加工絮棉和自留种棉,但不准自买、自轧、自弹、自卖,并保证把群众所轧自留种棉的皮棉和自用絮棉之棉籽卖给国家。

四、步骤安排:为实现上述措施,摆好棉布计划供应工作步调,避免发生混乱,对布商改造分两步走,9月15日前,零售布商全面实行经销,计划供应开始后,再进一步安置处理。即:9月15日前先把棉布批发商、行商及棉花贩运商,加以安排:收回证照,停止批发贩运业务,作适当安置处理。在城市县城和较大集镇,对所有零售布商,都正式宣布全行改造,订立经销合同。农村、集镇由于布商多而分散,计划供应前尽量改为经销户,在灾区以生产救灾为中心,结合进行棉布计划供应和改造布商。9月15日棉布统购统销后,在作好计划供应的前提下,再有步骤的对必须与可能转业者进行安置。对确定今后维持的户,即宣布为国家资本主义棉布零售商,再正式挂牌。在具体步骤上先布业后与棉布有关的行业,先坐商后摊贩,各地应根据这次会议结论,重新拟定改造布商方案。对私营布商全行改造的工作,要求12月底前完成。

五、组织领导问题:

为了作好棉布计划供应和棉花的计划收购工

作,省委已指示各地加强各级党委对这一工作的统一领导,有关部门必须在党委统一领导下,统一步调、统一作战,防止各自为政,重要问题要经过党委讨论审批。会议并决定在实行棉布计划供应阶段,省、市(专)、县都以财委为主,成立办公室,各级党委要指定一个党委委员掌握办公室工作。规定宣布棉布计划供应前,各县召开一次三级干部会议,市可视需要召开人民代表会议或政协委员会议,专门讨论关于棉布计划供应和改造棉布商问题。在工作进行中,首先要做好工人的宣传教育工作,依靠发动工人群众的支持,并发挥有关部门的作用,并注意使用工商联、民建会等组织力量。防止和纠正单打一的简单从事的工作方法。

以上不妥之处,望上级指示。

1954 年 9 月 9 日

四、国务院(五办)转发天津市财委关于私营批发商改造工作的报告

(1954 年 12 月 8 日)

兹将天津市财委《关于私营批发商改造工作的报告》转发你们。天津市财委在私营批发商改造工作上做得比较细致,其经验可供各地参考。

从这一报告看来,在对私营批发商改造工作上,必须首先考虑到保持商品流转的畅通。即国营商业是目前需要而又能代替的行业。我们就不能停止不前,应该继续前进。目前国营商业对某些行业尚不需要或尚不十分需要代替的,甚至虽有需要,但主观力量还不及代替者,就不应急于去排挤,否则会出现商品流转阻塞,上面积压、下面脱销的不正常情况,对促进工农业生产的发展和保证居民的需要都为不利。天津市财委应即检查天津市国营商业各中央批发站的组织机构和人员的情况,对已改造了的批发行业,在商品分配上的力量能否胜任,弱的要加强,不足的要充实。

关于天津批发商从业人员的安置问题,12 月 2 日已由中商部召集河北、山西省商业厅、内蒙贸易部及天津市财委的代表开会。作了研究,并共同商定如下处理意见:

一、于 1955 年一季度前,接收的天津批发商从业人员为 6000 人,此外由天津市自行妥善安置,分配安置在国营商业系统:河北省接收 3500 人,山西省接收 2000 人,内蒙古接收 500 人。

二、必须正确地对待批发商业中的店员,应该认识到私营商店的店员是属于工人阶级的。天津解放较早,他们几年来受了党和人民政府的教育都有一定的政治认识,绝大多数在历次社会改革运动中出过力,他们是依靠党和拥护人民政府的。因此,要和工人阶级同等看待,不应有所歧视,不应把店员混同于商人。分配工作后,应作为正式工作人员,不应列为编外人员。

三、待遇问题:对接收的店员,有的经天津市财委审定后即可直接分配工作;有的可以有一个实习期间,在实习期间按 130 分到 150 分发给工资,实习期满正式录用后多不退少应补。在分配工作时,应按其业务能力、政治觉悟恰当的定职,不能一律按练习生看待。评薪时按职定薪,应和国营商业原有职工一样看待。

四、对接收的店员的年龄、健康条件以及小业主和资方代理人工作分配问题,由天津市财委秉承天津市委的指示慎重研究决定后,河北、山西、内蒙古即予接收,请天津尽可能照顾接收方的实际困难。

关于工业原料分配应适当照顾天津市的现有设备。以免因原料供应不足造成工作停工和半停工现象增多,影响工人生活困难,零售商难以维持的意见,已着中商部研究妥善安排。

附:天津市财委关于私营批发商改造工作的报告

根据中央关于加强市场领导和改造私营商业的指示,本市在市委的领导下,于 5 月底由有关部门成立了私商处理委员会。委员会下成立了办公室。并按"归口"原则由各国营公司分别成立了不同行业的处理小组。几个月来根据"充分准备,稳步前进"的方针,进行了一系列的工作。截至 9 月底,已处理了纱布、猪栈、纸烟、医药、购销油、粮食、牛羊寄庄、茶叶 8 个行业(另尚有五金 24 个行业的个别户),正在处理的有百货、转运、南北土产、货栈、汽车运输、麻袋、木材、猪肉、牛羊肉 9 个行业;摸底后正研究安排方案的 12 个行业。尚有 18 个行业拟在下一批处理。兹将工作情况及我们的体会报告如下:

一、10个月来处理批发商概况

根据1953年底统计，全市共有批发商4285户(包括以批发为主的批零兼营商及自营比重很大的货栈业在内)，从业人员22600人(职工14558人，资方及资方代理人8042人)，资金约6000亿元，另外报关、转运、汽车运输等服务性行业589户，2576人。截至今年9月底的10个月中(本市从去年11月起就已开始进行批发商处理工作)，连同服务性行业在内，共处理了667户、3891人，资金1214亿，加上正在进行安排的1169户、6284人，资金657亿，总计已处理及即将处理完毕的共1836户、10175人，资金1871亿。其安排情况如下：

已正处理 户人资数		合计	%	留	%	变	%	转	%	包	%	其他	%
已处理	户数	667	100	33	4.95	35	5.25	342	51.27	238	35.68	19	2.85
	人数	3891	100	229	5.89	54	1.38	1992	51.2	1399	35.95	217	5.58
	资金数(亿)	1214	100	89	7.33	2	0.16	616	50.74	501	41.27	6	0.5
正处理	户数	1169	100	527	45.08	120	10.27	42	3.59	475	40.63	5	0.43
	人数	6284	100	3001	47.76	211	3.36	188	2.99	2860	45.51	24	0.38
	资金数(亿)	657	100	378	57.53	5	0.76	28	4.26	244	37.14	2	0.31
合计	户数	1836	100	560	30.50	155	8.44	384	20.92	713	38.84	24	1.30
	人数	10157	100	3230	31.74	265	2.61	2180	21.42	4259	41.86	241	2.37
	资金数(亿)	1871	100	467	24.96	7	0.37	644	34.42	745	39.82	8	0.43

注：留——暂时维持继续经营的。　变——改变营业性质，成为国家代批或经批的。　转——转向工业、零售或其他行业的。　包——由国家包下来的。其中已处理行业店员占68.3%。资方(包括小本出资经营人)占31.7%。　其他——系包括回总号、自愿回乡、自愿不参加工作等。

余下批发商共有3000余户，15000余人，资金3000余亿，尚待处理(由于8月份津市重新划分行业后有一部分批发户转划工业及零售。同时在这一阶段有些户申请歇业，许多商户因缴税、退赃购买公债与企业消耗而减少了资金，因此已处理、正处理及未处理的户、人、资金总数与1953年底统计数字略有出入)。尚待处理的批发商中，正在研究方案的12个行业，计815户，4319人，1169亿；尚须摸底的18个行业，计2192户，10274人，资金2323亿。

二、工作是怎样进行的

对批发商处理安排一般都按下列步骤进行：

(一)调查研究、摸清底细，制定安排处理方案：

调查研究是逐步进行的。尽量使内部有关单位现有材料，不足时由国营商业通过业务关系，行政部门通过指导工作关系，工会通过基层组织等侧面了解摸底，既掌握了必要的材料，又防止了私商产生不必要的思想波动。调查研究主要抓住三个环节：甲、1953年四季度以来经营变化情况和目前国营、合作社商业是否需要及可能代替，据此确定暂时维持与处理安排的界限；乙、对不能继续经营而拟转业者，应认真审定其转业条件；丙、必须由国家包下来的结合工会、税务局等单位将人员、资金、营业设备等情况仔细研究。最后根据上述情况制定安排方案。

安排方案由处理小组提出后，一般先在区级机关研究，统一认识后再在私商处理委员会及市级有关单位中，经过反复研究，意见一致后再报财委批准。

(二)组织有关单位具体贯彻实现方案：

方案的组织实现是一件很重要的工作。首先由处理委员会办公室召集区财委等有关单位针对不同行业研究确定不同的实现方式方法。一般方法是：通过工会对职工讲清政策，指明前途、解除顾虑，并布置职工向资方进行动员，推动资方主动提出要求；对资方除由工商行政部门正面讲明政策进行爱国守法和接受社会主义改造的教育外，在进行中并用拉住进步、争取中间、孤立落后、打击顽抗的办法，有意识地分化资产阶级力量，争取工作主动。对于转工业者分别进行辅导，对包下来的户是先职工后资方，先重点后一般，有区别、有步骤地进行。

(三)加强经常工作，继续改造安排

方案逐步实施之后，要及时将处理安排工作转入善后经常工作，对留下的户要加强行政管理，相机继续安排。对变性质的要由国营公司加强业务领导继续改造，转业的要注意安定其生产经营，包下来的要很好安排人事、抓紧政治提高工作。上述工作由各单位负责进行，办公室也随时检查与协助把批发商最后处理完毕。

三、处理批发商中的几个具体政策问题

在对批发商具体进行“留、变、转、包”中，应该掌握下列原则：

（一）凡国营公司已控制全部货源，批发商已不可能也不必要继续经营的主要行业，如粮、油、布、茶、盐、猪栈等行业，应坚决进行全业安置。其中某些商品，针对行业的经营特点与国家需要，可将条件适当的若干批发商改变性质，成为国家资本主义的二批发。如纸烟业，因全市零售商贩有7000户—8000户之多，散布各处，购货零碎，国营完全直接供应有困难，仍将30户批发商改变为国营代理批发，全部自国营进货，代国家配货批售，并服从国营计划控制与价格领导。猪肉业中的头蹄下水因销售对象分散并需经过一定的整理加工，国家一时代替不了，所以也拟将经营该商品的私商转变为国家资本主义性质的二批发。

对于国家还没有全部控制货源的行业，对其中不需要马上代替的若干户采取了继续维持经营的办法。如在已处理的新药业中有17户经营牙科材料或次要成药；有16户运销边远地区；百货业中有42户经营零星小百货，他们尚有一定作用和维持条件，已让他们继续经营了。

（二）对不能继续维持经营的批发商，其处理的第一个办法就是转业。首先是转工业。根据这一段工作体会，商业转工业是有很多困难的，必须慎重，不可盲目，以免造成一转再转，转而后垮的结果。为此，就必须强调行政负责组织转业，照顾产销平衡，防止草率安排，对私商自己要求转业的，必须严加控制，以防止其别有企图。在处理委员会成立前，曾有不少商户由于盲目转业，转后困难很多，甚至垮掉。处理委员会成立后，接受了过去的教训，慎重处理。在已安排的8个行业中，转工业者49户，从业人员232人，资金66亿元，一般转入的是对产、供、销平衡，经过慎重考虑，并认为有发展条件，有长期加工订货或为改进技术设备而需要增加资金、人员的工厂。因此转业后生产经营比较正常。除转业的组织与指导外，并应注意转业过程中具体问题的处理，如人员不能全转时即代为安置一部分，存货协助处理；转业后国营企业加以照顾，有关部门加以指导等，以使转业对社会有利，对安排私商有好处。

对于批零兼营或人多钱少的家庭买卖，不便作其他安置的批发商，可根据条件转营零售，以维持生活。如纸烟、牛羊寄庄、茶叶等即有条件地安排了10余户转为零售，可以维持正常经营。但批发商转零售必须能维持并与改造私营零售商的工作结合进行，不应由于盲目转零售而产生更多新问题，如纱布业小批发商贩转入零售后，因布源有限，有的维持仍困难，应引以为教训。

此外，外埠在津的商业分支机构应动员其撤回安排，原籍为农村的批发商人，要求歇业转回家者，也应准其歇业登记。

（三）采取以上办法仍无法安置又无法自谋生活者，即由国营商业部门根据具体条件负责安置其人员，投资公司吸收其资金。

1.私营批发商从业人员的安排是个很大的问题。一般青年店员比较进步，愿进国营，但有顾虑，老店员顾虑更多（怕外调、怕劳累、怕待遇低、怕学习）；资方一方面有以上顾虑，一方面又想把职工包袱甩掉，自己留下资金；国营商业部门则怕背包袱出事故（因商业组织成分已相当复杂，如再吸收大批批发商人员，人事管理确实困难很多）。为妥善安排批发商人员，除应分别对上述人员进行教育外，对吸收条件必须适当，不过严也不过宽，对职工能够吸收者即吸收，不使社会增加不必要的失业。吸收条件：（一）自愿申请参加国营工作，（二）服从国营商业薪金待遇与组织调配，（三）无严重政治问题（经公安局审查同意），（四）非老弱病残而失去劳动力者。合乎这四个条件者，由国营公司分别审查录用。对实职资方除必备以上四项条件外，还必须：（一）无其他谋生之路，（二）企业资金处理正当，（三）不参加其他企业经营者。批发商从业人员如因本人年老病残，失掉劳动能力又无其他谋生条件，为照顾其生活，可由其子女代替。

在已处理的8个行业中，吸收店员条件一般适当，已扭转了初期掌握过严的现象。对纱布、猪栈、牛羊寄庄、纸烟、油脂等业中的实职资方（包括小本出资经营者），因他们本人资金不多，迫切要求工作，符合吸收条件，尤其猪栈、牛羊寄庄业资方一般在店员中参加实际劳务，有相当的业务技术，国营公司吸收下来是适合开展业务的迫切需要的。

2.对批发商从业人员一般采取了先作社会审查，再训练录用的办法。训练方式，一般均根据本公司业务需要作半个月到一个月的短期集中学习，也有的（如茶叶公司）训练时间为3个月，一面进行思想改造与审查，一面进行业务政策教育。

实职资方的训练问题，目前凡已经过详细审查确定吸收录用者，因各业人数较少即由各公司分别训练(有的和店员一起听课,分别讨论)。这样既便于公司进行系统的审查工作,也对公司以后的分配管理有利,对安定私商情绪也有好处。至于资方之要求工作而又不能马上吸收的,如果他们愿意,可由工商联负责作准备性的训练学习。

3.关于录用人员评定工薪问题:私商店员原有工资高低不同,已安排的行业中,粮、油、猪栈、牛羊寄庄等业一般低于或相当于国营平均水平,棉布、新药、百货则较高出很多,这问题是涉及广大店员和私商改造的政策问题,必须慎重。上半年五金公司吸收已评定薪级的62人中,绝大部分是23级(工资43.5万元)及24级(工资38.5万元),平均仅43万元,较他们原来平均工资86.7万元(不包括福利及年终双薪)相差一半,比公司干部水平也偏低。我们认为私商店员一般都有几年工龄,参加了工会,有的有相当的业务知识与能力,甚至有较高的业务技术(如新药业),在"三反五反"等历次社会改革运动中出过力,现在又是对批发商改造斗争的重要力量,今后参加了国营公司工作,对他们如一律按练习生看待,待遇从头作起,恐是不妥当的,并将会增加批发商改造工作中的阻力。经研究,对吸收人员评定工资可先定薪不定级,定薪原则应按国营商业薪资待遇,依其业务能力、政治表现,并参考行业原有工资水平评定,有特殊业务技术水平者按其技术水平另行照顾。

4.关于由国家包下来的批发商资金出路问题,我们主要的采取了指导其投入投资公司的办法。这样,资本家可获得一定红利股息。一般乐于接受,国家也便于集中有效地使用。现在投资公司已集中批发商现金354亿元,估计今冬明春尚可吸收570亿元,除转投一部分于工业外,准备尽先筹建津市缺乏的仓库。这样既将资金用于急需之地,又为安排私商创造了有利条件。

监督指导资金使用是一场复杂的斗争。目前资本家有的用长支、挪借等办法抽逃资金,或以小恩小惠拉拢腐蚀店员,挑拨店员与政府的关系,因此处理资金既不要管的太死,也不要疏于管理。原则上,资金在1000万以下的应令其存入银行,使用时经所在机关批准,银行始得支付;资金在1000万元以上的,如生活上有需要,经处理单位核定可酌留一部存入银行(内部掌握不得超过1000万元),其他资金全部投入投资公司。此外,职工由国家负责处理,资本家本人虽未予安置,或不愿参加工作,但其资金过大,得动员其投入投资公司一部分;如本人年老钱数也不多,可以听之。

四、工作中的体会

(一)改造批发商是一项尖锐的斗争。我们必须善于利用市场关系变化的条件,使其就范接受改造。对某些有害无利需要迅速处理的批发商则应有计划地割断其和各种经济方面的联系,如对工业方面,应继续加强加工订货工作,控制货源;农产品方面要大力贯彻国家统购统销政策,对零售商方面系统地展开社会主义改造,使之纳入国营经济控制领导之下。这样批发商失掉其存在的基础和活动能力,才会低头接受改造,服从安排处理。但他们还要拖延逃资甚至反抗,因此处理当中尚须使用行政力量,依靠职工打击其不法行为。当然,进行爱国守法教育,指明前途也是很重要的。

(二)处理批发商必须和稳定零售商结合进行,这是对私商改造斗争的两个方面。津市零售商面宽人多,关系很复杂,对他们必须采取改造与维持的方针,使其经营正常,有饭可吃,情绪稳定,这样来分化商业资产阶级力量,以便我们可以腾出手来,集中力量处理批发商。而在处理批发商中又应有意识地拉住进步的,争取中间的,孤立落后、打击顽固的,对不同户、不同人分别对待。适当处理,减少对我们工作的阻力。

(三)改造批发商是复杂的政策性很强的问题,应当积极地慎重地进行,不可急躁冒进,草率行事。安排工作强调深入调查研究,系统掌握材料,作到思想明确、方案具体、步骤清楚、力量统一,就能使工作有效果地进行。但在这方面还是有缺点的,如工作进度迟缓,使用工商联不够,及时总结经验差等,应于今后改进。

五、几个问题

(一)城乡交流问题:批发商是必须坚决地、有步骤地消灭的,但是应该承认,我们的分配力量还没有很好地解决。据调查,国营商业的基层商业网还很不健全,力量十分不足,以致使整个商业系统形成"葫芦腰"状态,上面积压,下面脱销,不能很好地为工业生产和人民需要服务。因此,在批发商被消灭,旧有的商业网被打破后,我们的分配机构必须立即跟上去,是一项刻不容缓的任务。

(二)批发商从业人员的安置问题:在处理批发商中需由国家包下大批从业人员。这些人员在天津这样一个旧的、又不是重点发展的城市里,是不可能完全容下的。因此,要求中央对批发商从业人员应作统一安置,在地区间调剂,从现在到明年二季内要求调出8000人。同时对调出人员要求根据其实际能力给予适当待遇,以稳定其情绪。

(三)根据中央指示,必须把零售商稳定下来。但现在天津由于原料不足、推销不畅等原因,停工、半停工增多,工人生活困难,因而零售商也很难维持,我们认为解决这一问题必须从发展生产上着手,希望中央今后在原料的分配上,适当照顾天津市现有设备的需要。对各地的发展,不仅在基建指标上掌握,而且也应在生产指标上予以严格控制。

以上是否妥当,请核示。

1954年11月26日

五、中共中央批转全总党组关于加强私营商业中店员工会工作的请示报告

(1955年8月3日)

全总党组并上海局,各省市委、自治区党委,中央各部委,国家机关各党组,人民团体各党组:

全总党组《关于加强私营商业中店员工会工作的请示报告》中所提出的各项意见,是正确的。这种经过调查研究以解决工作中重大问题的工作方法也是好的。兹转发你们参考。

目前,在资本家零售商业中的从业人员有200万人左右,此外,还有小商小贩几百万人,私营商业在我国市场上仍占相当大的比重(1954年占全国社会商品零售总额的42.8%),因此,正确地贯彻党对私营商业的社会主义改造的政策,使之服务于社会商品流转,满足人民生活的需要,是有重要意义的。而组织和教育广大店员工人自下而上地支持国家对私营商业进行社会主义改造,监督资本家遵守政府法令和经销、代销规章,改善经营管理,降低不合理的费用开支,则是对私营商业进行社会主义改造的重要条件,也就是店员工会的重要任务。各级党委应指导各地工会组织加强这方面的工作。

报告中所提对大中城市的个体商业劳动者进行改造的各种具体方式,在大型商店建立"改善经营管理委员会"等意见,各地可根据具体情况加以试行,并总结经验报告中央。

全总党组原报告附后。此件及附件可登党刊。

附:全国总工会党组关于加强私营商业中店员工会工作的请示报告

中央:

为了加强私营商业中的店员工会工作,全国总工会政策研究室在北京市协同地方工会进行了将近半年的调查研究。现将"调查报告"送上,并将调查报告的主要内容简述于次:

(一)

私营商业行业繁杂,人员众多,拥有相当数量的资金和设备,具有一定的经营经验和长处。建国以来,在社会主义经济的领导下和人民政府的管理下,对扩大社会商品的流转,维持劳动者的就业,增加国家工业化资金的积累(税收),都起了一定的积极作用。

私营商业就其实现商品价值的社会机能来说,分为批发商业和零售商业两类。私营批发商是私营商业中的主力,争夺货源,操纵物价,扰乱市场,主要是批发商办的事。这种私营批发商业现已大部为国营商业所代替。私营零售商人员多,分布广,与广大消费者有密切的社会联系,历史上逐渐形成的商品供应网,还可以为我们利用。在目前由于国营商业和合作社商业的不断壮大,特别是工农业产品的主要货源已为我掌握,私营零售商已经愈来愈多地依靠向国营商店进货,通过各种形式——代销、经销与国营商业发生了联系,正在改变为各种形式的国家资本主义性质的商业。

正由于党对私营批发商和零售商采取了积极的改造政策,所以在商品供不应求的情况下,我们才有足够的力量控制了市场,稳定了物价,有计划地组织了整个社会商品的流通,基本上满足了人民的需要和保证了工农业生产的正常进行。

在国家对私营商业进行社会主义改造的过程中,工会组织在党的领导下,发动了广大店员工人从下而上地给予了直接的支持。工会今后的任务,即在对私营商业进一步改造的斗争中,继续教育店员工人,予以更有力地支持;经过国家资本主义的道路,最终改变私营商业为没有资本家、没有投机者参加的社会主义性质的商业。

（二）

在私营商业中从事劳动的店员工人，一部分受雇于商业资本家；一部分以学徒或助手的性质受雇于一般个体商业劳动者。两者的比例，据北京市百货业的调查前者占69.3%，后者占30.7%。工会在发动店员工人实行对私营商业的社会主义改造的具体活动中，对这两部分工人应当有所区别。

商业资本家所经营的商店，一般经营的规模较大，雇佣的工人也较多，据有一定的铺面，对它实行社会主义改造的时候，完全可以以店为单位，经过经销、代销或公私合营的形式，逐步改变为国营商业的一个分销店或门市部。

至于一般个体商业劳动者，情况则有所不同。其中密集在一个地区形成商场的小商人，一般资金很少，人手很缺，加以同行竞争，存在的困难是很多的。因为人员过少，“顾了办货即顾不了看摊”，“顾了看摊即顾不了办货”，因此不得不以自己的妻子、儿女或雇请一个人充当助手。因为资金短少，“经营了这样即经营不了那样”，或“样样都经营，样样都经营得不多”，“品种经营不全，不足以招引顾客上门”，“每样品种数量不多，顾客没有挑选的充分可能”……总之，顾此失彼，矛盾重重。克服这些矛盾的最好办法是：组织起来，进行改造。

走组织起来的道路，在过去广泛依靠自由市场的条件下，彼此争夺有利货源和顾客的竞争很剧烈，一般是不大可能的。但目前私营零售商业由于愈来愈多地依靠向本地国营商店进货，经营的品种、数量、价格及利润，都受到了一定的限制，组织起来就成为可能的了。组织起来，一方面可以克服劳力不足，资金不足，减少同行竞争等现象；另一方面也便于国营商业对它们的联系和监督，对它们实行进一步的改造。现在他们中已经有一部分人（如北京市劝业场）倡议在自愿的基础上组织起来，第一步实行“统一进货、分散经营，各负盈亏”，或“统一进货、分类专销，各负盈亏”，进而“统一管理、统一经营、统一核算”。这一形式，我们认为对在大中城市聚集在一起的小商人是适宜的，可以试行。

另外还有一部分散处在居民区的小零售店。这类商店一般经营规模很小。由于他们接近居民，所以非常熟悉居民的需要．经营商品种类很齐全，全属居民家庭用品。由于他们很接近居民，所以在便利居民上极突出。对顾客：“多买即多卖”，“少买即少卖”，“随买即随卖”，“现钱也卖，短时期赊欠也卖”。像这类小商店，完全可以以店为单位，视国家掌握货源的程度，逐渐地经过部分商品经销和绝大部分商品经销，一直改变为国家经销店或代销店。这样做并不是不可能的。

还有一部分数量相当大的流动小贩，他们有简单的推车或挑担，沿门兜售，送货上门。对推销低值易耗品、残货次品、手工业品、收换废物、修补家具等，有相当的作用。对这类小贩，可视其具体情况，由国营商店或合作社商店吸收其为经销员。有些带有手工业性质的还可以吸收他们参加手工业生产合作社。

（三）

当前私营零售商业愈来愈多地改变为国营商业的经销、代销店之后，由于其性质的改变，群众眼中对私营商业的看法也随之发生了变化，顾客较前普遍增多，营业额较前显著增长。在这种情况下，理应说“生意兴隆、财源茂盛”。但事实则不然，不少商店，入不敷出，亏本负债的现象仍然存在。究其原因：在于私营商业改变为经销、代销店之后，商品种类和数量、出售价格和利润都受到了严格限制，但建立在以往投机取巧、欺骗顾客、牟取暴利基础上的浩大开支，则没有紧缩和改动。如果能够积极改善经营管理，紧缩不必要的开支，降低管理费用，不但可以平衡收支，而且可以有盈余。据我们对北京市中华百货售品所、丽都、大华公司、新华、仁昶等十二个商店的调查和核算，这样做是完全可以行得通的。但是，资本家并不愿意这样做。相反的，资本家在叫嚣“利润率太低”，要求扩大批零差价，或逼迫店员降低工资，取消福利；更恶劣的是有些资本家竟引诱职工，违背经销、代销的规章，暗地进行违法活动。因此，发动店员工人，推动资本家积极改善经营管理制度，降低管理费用，严格监督资本家遵守经销、代销的规章，便是目前私营商业中店员工会组织极重要的任务。目前有些大型商店建立了“改进经营管理委员会”，参加这一委员会的有商店中的党、工会、青年团、积极店员和资本家。委员会有权讨论本店在一定时期向国营商店进货和销货的计划，讨论制定、改进经营管理制度的具体措施，严格现金管理，监督执行国家所规定的一切经销、代销章则等。这一经验，我们认为可以试行。

（四）

有关私营商业中店员工会基层组织建设的几个问题：

一、思想教育。私营商业中的店员工人，其中有相当一部分人，由于私营商业受社会舆论的鄙薄，顾客稀少，营业惨淡，因而很不安于现职，一心向往于国营商业。每逢私营商店经营不佳，不是积极设法改善经营管理，而是暗暗祝福："可以脱身了"。原因是这部分工人还不太了解我们党对私营零售商改造的政策，并不是逼其关门歇业，而是"就地利用，限制改造"。此外，还有一部分工人特别是一部分较高级的店员，与资本家非亲戚即朋友，工资待遇也较高，一切仰资本家的鼻息，可说是资本家在店员工人队伍中的代理人，常常在工人中散布资产阶级反动思想和包庇资本家的违法行动。为了发挥工人阶级在改造私营商业中的积极作用，工会组织必须进一步加强私营店员工人的思想教育，特别是党对私营商业的各项具体政策的教育。运用群众的自我教育方式，即开展批评与自我批评的方式，严肃地批判资产阶级的反动思想及其给予工人群众的影响。

二、组织整顿。私营商业中的店员工人差不多都加入了工会，在历次运动中证明它是一个有力量的组织。但由于在发展会员过程中缺乏必要的限制，致使许多在解放后化身为"店员工人"的反动人员混入了工会，并部分地窃取了基层组织的领导权。据北京前门区387名店员的调查，其中属于过去军、警、宪、特等反动骨干的占11.1%，又据174个基层主要干部（正、副主任）的调查，过去国民党员、三青团员、中统特务、清共先锋队、伪警宪、伪甲长等共计62名，即占35.6%。基层组织领导岗位由这些人占据、把持，自然对党的政策的正确执行和密切联系群众不能不是一种障碍。所以经过民主的方式，认真地加以审查，把反动分子从领导机关中清除出去，保证基层组织领导成分的纯洁，就十分必要。

三、基层组织形式。私营商业中的店员工会的基层组织形式，现在一般是按地区不分行业组织在一起的。采取这样的组织形式的好处，是便于以片集中办理统一性的问题，严重的缺点，是与党对私营商业实行逐行逐业改造的要求不相适应。就因为这样，有人提议重新采取按行业组织基层的办法。采取这种组织形式，虽较便于配合国家按行业进行对私营商业的改造，但由于同行业的商业插花似的散处在各个街道，按行业组织基层，集会一次都不大方便；集中受教育，过组织生活也不大可能。解决此问题，最好还是采取二者兼顾的办法，即按片不分行业组织基层，在基层组织下边，可按行业组织小组。为了适应对私商的逐行改造，可由区或市定期召开行业代表会议。行业代表会议的绝大部分代表可以与基层的行业小组长相合一。代表会议的目的是研究讨论统一同一行业的社会主义改造步骤，交流对同行业私商实行社会主义改造的经验等。

四、领导关系。私营商业社会主义改造过程中的工会工作，主要是依靠地方工会来进行的，因为有很多政策性的问题是要依靠当地党委来解决的。所以，省、市工会应当负责。不过市工会联合会应当抓住店员工会来进行工作，店员工会必须重视私营商业中的工会工作，而且应该设立专管部门去作，坚决克服只管公不管私的倾向。

（五）

几个具体问题：

一、私营店员中的工资情况，因行业不同，规模大小不同，营业情况不同，高低极不一样。一般情况是：大商店店员工资高，小商店店员工资低，营业情况好的行业工资高，不好的行业工资低。较之同一性质、规模相近的国营商业，一般情况是劳动生产率低，工资所得高。按工资绝对数量说，大的私营商店的工人工资高于国营商业，小的私营商店工人工资则低于国营商业，所以小的商店工人向往于国营商业，大的商店工人则怕去国营商业，小的商店工人乐于拥护国家对私营商业的社会主义改造，大商店的店员则有不少人留恋着自由市场。为国营商业经销、代销后的小商店困难不大，大的商店则入不敷出。为了工人阶级队伍的团结，为了促进私营商业的社会主义改造，私营商业中的店员工人工资应随着经销、代销店的发展，结合经营管理的改善，凡高过国营且影响本店收支平衡者，应加以适当降低，凡工资低于国营太多者亦应作两种不同的处理：一种是私营商店不赚钱者，暂时不增加工资；另一种是私营商店赚钱者，则应作适当增加，作到逐步向性质相同、规模相近的国营商业中店员的工资看齐。那种高而不减怕得罪工人的思想是不对的，同时，不分具体情况，一律减低，低也不增的思想也是错误的。

二、疾病医疗。店员工人中疾病医疗费用问题，现在属于流行时症、突发疾病者，都是由业主负责的，问题不大。至于宿疾陈疴、慢性病、职业病则没有一定的办法，有的由业主完全负责，有的则全由工人自理，按实际情况这两种办法都有困难。根据北京的经验是：凡属慢性病所需的医疗费用，一部分由业主按所属行业缔结的劳资合同规定支付，一部分由本人自理，十分困难者由工会酌情补助。因病不能继续工作而退职者，经工会同意，劳动部门批准，由业主发给解雇费，本人困难者由当地政府作为社会问题解决。

三、老弱安置问题。在改造私营商业过程中，店员工人中有些因年纪很大，身体过弱，国营商业部门难以吸收者。如何安置他们，没有很好解决。国营商业部门推给劳动局去管，劳动局又推给民政部门、工会去管，结果谁也不管。我们意见是：对这部分工人必须共同负责，不能坐视不理，劳动局应负主要责任，工会积极协助。所需安置费用，首先应由所属商店的资本家按规定发给解雇费和退职金，其次由劳动局掌管的工人失业救济金支付，不足者按中央规定由有关国营商业部门负责。安置后，生活继续发生困难者，由所在地区的民政部门作为社会救济问题解决。

四、“四马分肥”中工人所得部分的使用问题，办法很不一致。有的按人将钱平分了，有的全部存在银行未动，有的胡支乱用，随便借支，有的充作了互助金。究竟应怎样动用才好，根据北京的经验大体可采用如下办法：(一)抽50%左右作为职工奖金，经过评定奖给职工个人；(二)抽20%左右做为工会会员困难补助金；(三)抽20%左右充作集体互助基金，以备职工临时借用，但需定期归还；(四)其余用作集体文娱活动费。

上述报告未知妥否？请示。

1955年7月6日

六、国务院批转天津市人民委员会关于对私营粮食、纱布两行业进行双重改造的总结

兹将天津市人民委员会关于对私营粮食、纱布两行业进行双重改造的总结，略加修改，转发你们。

我们认为：天津市粮食、纱布两行业双重改造的总结报告很好。这份报告，反映了粮食、纱布两行业实行经销、代销后的情况和问题；较系统地总结了双重改造的经验，这些经验，对指导当前私营零售商进行社会主义改造和加强经销、代销店的领导是有益的，可供各地参照。

从天津粮食、纱布两行业双重改造工作的实践证明：对私营零售商的社会主义改造，必须贯彻安排和改造相结合的方针。也就是说，既要维持其正常经营，并使之有微利可得；同时又要积极而稳步地进行对企业改造和对资本家的思想改造。这一方针，自本年2月全国财经会议以来，由于各地的重视和认真的执行，已收到显著的效果。但有些地区，却存在着只重视安排，而忽视改造的偏向，主要表现在只顾维持现有的经营水平，对改善经营管理，降低费用开支，缺乏积极的领导；抓住了业务工作，而放松了对资本家的思想教育和改造，因此，这不仅助长了商业资本家消极等待、依赖照顾的错误思想和违法行为，同时也增加了国营商业部门对整个市场安排的困难，显然，这对社会主义改造是不利的。必须指出：在私营零售商经营困难、公私关系紧张的情况下，首先进行安排是必要的，但如果把它理解为只安排不改造，那是错误的。今后，当私营零售商的经营已有好转，国营和合作社商业零售比重退到相当限度的情况下，应当及时地转移到以改造为主，着重对私营零售商的改造工作。个别地区还需加强正确的安排，解决某些行业中的困难，同时进行双重改造。

报告也明确了对私营零售商的社会主义改造，不但要改造企业，而且要改造人，这两方面的改造，是相互关联、相互影响、相互推动的；但在具体工作中，往往抓紧了企业改造，而忽视了人的改造，这种“重业务轻政治”的倾向，显然是对企业改造和对人的改造相结合的关系认识不足。其次是抓住了一般的学习会和教育工作，而放松了通过企业改造进行对人的思想教育和改造。必须指出：对资产阶级分子(即资本家及其代理人)的改造，是一件严重的政治工作，也是我国具体条件下的一种阶级斗争，它和企业改造工作具有同等重要的意义。因此，对私营零售商的双重改造工作，不但要做好企业改造，而且要在企业改造的每一个步骤上，贯串着对资本家的思想教育和改造，只有这样，才能够有效地改造企业，有效地改变资本家的资本主义的经营

思想，才能够通过国家资本主义的经销、代销的形式，为最后转变为社会主义商业创造条件。为了做好对资产阶级分子的改造工作，首先要通过具体的业务改革去进行思想教育，通过政治思想教育，改变资产阶级唯利是图的经营思想，逐步树立起爱国守法和为人民服务的观点，进一步推动企业改造；其次要善于运用既团结又斗争的策略，做到有表扬有批评，发挥他们的积极作用；对部分资产阶级分子抗拒改造和严重的违法行为，应进行严肃的斗争，并依照法律给予惩处；第三对资产阶级分子的教育和改造工作，不仅要在企业内部进行，同时要充分运用民主建国会、工商业联合会、同业公会和工商界的先进分子，从工商界内部开展互相教育和批评，协助政府对私营零售商进行社会主义改造。

此外，在报告中亦提出了一些新的问题和经验，例如：建立国营中心店、组织经营管理委员会、代销店的发展方向等，兹就这一类问题，提出几点意见，供各地研究：

一、在大、中城市按零售网的分布情况和商品性质，适当结合行政区划建立国营中心店，或其他地区类似的国营商业批发机构，是必要的，也是可行的。这一机构，对加强国营批发业务、掌握商品售价、调剂供求、调整供应 网、贯彻对私营商业进行双重改造是能够起重大作用的。

二、经营管理委员会是一个较好的组织形式，在户大、职工多、党、团、工会组织较健全的企业，可以单独组成；由于私营零售商一般是户小，分散，也可采取若干户联合组成。其性质和任务，是在国营中心店的领导下，依靠职工，团结和监督资方，并通过协商，以推动双重改造。在组织成员上，对联合组成的经营管理委员会，中心店应派干部参加，以确保社会主义成分的领导。这一组织的优点：一方面可以发挥职工群众的积极性，实现“寓监督于领导”；另一方面，亦可教育资本家，提高经营和接受改造的积极性。

三、变代销店为“国营门市部”问题。私营零售商的改造工作正在逐步发展和深入，许多私营行业正在逐行逐业地被纳入经销、代销等国家资本主义的轨道，需要在这一方面集中力量，把经销、代销工作搞好，摸索出一套双重改造的经验。必须经过内部改革生效以后，才能为妥善地过渡到国营商店准备条件。因此，条件不成熟而过早地将代销店转变为国营商业的思想是不恰当的，目前为了取得经验，选择个别大户职工多和内部经营管理经过了改革，一切都接近国营零售公司不远的代销店在资方自愿的基础上改为国营商业门市部来进行试点是可以的，但必须慎重研究经过省、市人民委员会批准，并有强的干部切实领导和掌握。

目前，随着对私营商业安排和改造措施的贯彻，各种形式的国家资本主义商业有了显著的发展，新的问题日渐增多，阶级斗争也更加深入，更加复杂、尖锐，因此，望各地对当前国家资本主义商业的双重改造工作，认真地进行研究改进，定期总结，并将总结的情况报告我们。

附：天津市人民委员会关于对私营粮食、纱布两行业进行双重改造的总结

天津市私营粮食、棉布零售商在解放初期和这两业的私营批发商互相勾结，囤积拒售，投机倒把，波动物价，谋取暴利，危害人民生活。政府当时为了稳定市场，安定民生，曾一面积极发展社会主义经济，扩大国营阵地，另一方面加强了行政管理，打击投机，经过一年多的努力，大大地限制和削弱了它们的破坏行为，使得粮食、纱布市场渐趋稳定。

自1953年总路线公布，粮食实行统购统销政策以后，由于粮食货源为国家全部掌握，对该业私营批发商即采取了全部代替包下来的政策。私营粮食零售商(324户，从业人员1182人)户小分散，家庭户多(约占36%)，资方一般均参加劳动，工会在该业中的组织亦较薄弱，但分布于全市各个角落，对供应市民需要上还有一定作用，因此采取代销的形式将全行业纳入了国家资本主义轨道。

1954年9月实行棉布统购统销时，经过对私营棉布批发商的处理和并户抽人后，零售座商尚有160户，从业人员785人，其中劳资户约占一半，家庭户约占40%左右，余为合伙户，摊贩642户。该业分布较广，对供应市民需要也有一定作用，当时根据该业情况，按全行业“一条鞭”的改造政策，分别改为经销、代销店，纳入了国家资本主义轨道。

粮、布零售商实行经销、代销后，经营情况和企业性质发生了很大变化，主要表现在：按统销的政策计划分配；货源全部来自国家并按国营牌价出售；企业经营计划性大为加强。特别是代销店原有的大部分(80%以上)资金，以保证金的形式存入国家银行，代销的商品完全属于国家所有，资本家不

可能再用它的资本从事于资本主义的盲目经营和投机,职工在企业中已由监督的地位变为以主人翁的姿态参加管理。经安排后有不少的户根据经销、代销合同一般都能改善经营管理,贯彻政策,在对人民的供应工作上起了一定的作用,但仍有部分户利用各种机会破坏国家对经销、代销的管理和粮、布计划供应的政策。因此政府为了贯彻粮、布统销政策,对经销、代销店必须按照企业改造与人的改造相结合的政策,在企业内部经营关系和与消费者的关系方面进行改造,并在企业改造的同时结合人的改造,来提高其政治业务水平,以便为今后进一步进行社会主义改造打下有利的基础。

一年来,我们对粮、布经销、代销店主要做了以下几项工作:

(一)根据中央安排和改造相结合的方针,我们首先对该两行业进行逐户调查摸底,确定维持其正常经营并有微利可得的必要的营业额,使其经营和从业人员的生活得到安定,以便发挥其积极性,接受社会主义改造和国营经济的领导。经过一年来的事实证明,中央的政策是正确的,如果没有妥善安排,则进行社会主义改造是不可能的。对粮、布经销、代销店营业额的确定,我们是在逐户进行调查后,反复研究。首先在保证市场物价稳定和正常供应的原则下,根据现实开支,积极领导,改善经营管理,降低费用开支,使之逐步合理;其经营利润,稍高于定期存款利息;对不同户,不同地区间的不同开支情况分别计算,三六九等,有高有低,鼓励进步,照顾落后,不能强求一律等原则来确定维持每一行业必要的营业额与比重的。

为了保障并平衡其既定的营业收入,对粮食代销店是根据代销手续费的多少,合理地划定供应范围,固定销售对象,并着手调整零售网,以保证收入。对棉布经销、代销店是按不同地区供应适合其销售的商品,并通过机动布的供应来调剂大部分经销、代销户的收入。粮、布两业经过这样安排后,经营情绪一般是稳定的。

(二)为了便于贯彻对粮、布经销、代销店安排与改造的政策,并加强对其批发业务,我们根据全市代销店的分布情况,结合行政区划,建立了中心粮、布店。中心店受主管局或公司和区人民委员会双重领导,这样既便于计划供应政策的统一贯彻,克服店多、分散、公司管不过来的缺点,而且区级领导机构亦可结合本区具体情况妥善推动改造工作。中心店的任务一方面是加强对所在区经销、代销店的批发业务,解决户小人少而且分散的经销、代销店在进货上的困难问题,同时分区掌握,亦能更好地根据居民的需要及时加工调拨,调剂花色品种,合理供应,防止了积压浪费国家资金的现象。另一方面并担负着对所在区本行业经销、代销店的安排改造工作;中心店设有负责安排改造工作的机构,专职专人,以人定户,分工掌握各户的经营情况和劳资双方的思想动态,结合实际问题有步骤地进行双重改造,促使其改进经营管理,端正经营作风,有计划地改进了工作,初步克服了过去只顾发展业务,而发生问题互相推诿无人负责的现象。经过一年来的实践的结果,中心店一般地是起到了这样的作用,因此我们认为中心店的建立是加强国营批发业务和改造私营零售商的一个必要组织。

为了进一步加强对经销、代销店的改造,我们选择了3个区,分别对69户粮食代销店组织了4个“经营管理委员会”;对棉布代销店4户及较大的经销店4户每户组织了“经营管理委员会”的试点工作。根据粮食代销店的特点来说,不适于在一个代销店内部建立组织来加强社会主义改造,因而我们以若干代销店联合组成的办法,试行了两种组织形式:一种是在中心粮店领导下,通过工商联启发资本家自愿组织起来,并以资方为主吸收职工来参加的组织(名为“粮食代销店改善经营管理委员会”),委员人选是内部确定后,召开劳资双方全体人员选出,资方当主任。另一种是中心粮店和职工领导的、吸收资方参加的组织(名为“粮食代销店经营管理委员会”),委员人选是内部确定后,召开劳资双方全体人员宣布通过,主任由中心粮店派干部兼任或由表现积极、能力较强的职工担任。试行的结果证明,后一种形式,由于中心粮店派干部参加领导,更便于推动工作,有利于双重改造工作的进行。在较大的棉布经销、代销店中,我们采取了在企业内部建立了“经营管理委员会”,其组织过程和“粮食代销店改善经营管理委员会”相同。这几种组织形式虽有不同,但其性质和任务基本上是一致的,是在中心店的领导下,依靠店员,团结和监督资方,贯彻政策,了解掌握各店经营情况和思想动态,协商研究处理问题,以推动社会主义改造的一个民主管理机构。委员会的具体任务是检查各店对代销合同及管理办法的执行情况;根据群众意见,督促改善经营管理,领导资方学习,提高其业务经营水平,树立为人民服务的思想作风,以利于双重改造工作的推进。各委员会成立后,委员进行了分工,并建立了定期的会议汇报制度,经过这一段试点证明:建立这样的组织,初步解决了中心店因户多分散,情况动态不能及时掌握,贯彻政策往往采取行政命令生硬布置的缺点,一般地提高了劳资双方的积极性,对政策措施经过讨论研究后也取得了认识上的一致,减少了不必要的顾虑,使得许多工作能以顺利进行。

在粮、布两行业的改造中,为了更好地依靠工会组织,领导店员推动工作,经我们和工会研究后改变了过去按区划片的基层工会混合组织,成立了按区、按行业的单一组联,这样不但便于工会领导教育该两行业的店员,有力地贯彻统销政策和推动具体的改造工作,而且可以密切行政领导与该两行业店员工会的联系,克服混合组联时只能进行一般的教育,而不能密切配合解决该两行业在进行改造中遇到的具体要求的现象。

(三)私营粮、布零售商经销、代销后,我们着重以下二个方面进行了企业的改造:

在经营关系方面,由于企业性质发生变化,贯彻了计划供应的原则,逐步代替了资本主义盲目追逐利润的经营方式。企业的收入在经销户是来自国家既定的营业额和批零差率;在代销户则主要以国家规定的手续费为其收入。特别是经营管理委员会成立以后,职工实际上参加了领导,改变了原来在企业中的地位,这就启发了他们的主人翁感,提高了他们的主动性和积极性,许多职工在企业中积极贯彻政府的措施,并主动向资方提出改进意见,带动资方关心企业,提高了经营信心,推动着资方共同改善经营管理,开始改变了过去资本家在企业里独断专行,不参加实际工作,坐享其成的经营方式和作风,这就为改善经营管理,改善服务态度和密切与消费者的关系创造了有利条件。

与此同时,我们在企业内部参照不同类型户的具体情况,根据需要和可能,逐步推行了社会主义的经营管理制度,首先根据国营经济加强对经销、代销店领导的需要,初步地建立了业务表报和进销货检查以及计划托运、安全保管等制度,开始克服了私营企业经营混乱的现象,避免了积压、脱销,加速了商品周转。其次,在财务会计和开支方面适当地统一了会计科目,这不但便于我们能够及时地了解其经营情况,而且还克服着私人资本主义企业开支混乱,资本家弄虚作假的弊病,为今后经销、代销店的合理经营创造了有利条件。此外实行了考勤和值班制度,加强了从业人员的工作纪律;不少的店还规定了定期召开业务会议制度,会上研究如何改善经营管理,并进行批评表扬,推动了工作。对粮食代销店我们正在着手进行通过零售网的合理配置,来解决代销店分布重叠,疏密不当的问题;同时改变按销售金额付给手续费的办法,实行按斤计算,使之更符合于按劳取酬的原则;并适当扩大各店的供应人口,以便于合理发挥其劳动效率。这些制度的建立,就使得先进的社会主义的企业管理制度逐渐代替着旧的资本主义管理制度。

在与消费者的关系方面,为了使经销、代销店树立起为广大消费者服务的观点,我们根据消费者的意见,首先建立了量器的定期检查,教育了从业人员严格取消欺骗消费者的作风,一般地做到了秤平、斗满、尺码足;同时在粮食方面,为了便利消费者购买,分别调整了各店的营业时间,并建立值班制度,做到了随买随卖。许多粮食代销店过去由于营业设备简陋,苫盖不严,粮食里常常发现鼠粪灰尘,这不但影响了消费者的健康,并且浪费了粮食,因而根据消费者意见,经常打扫注意苫盖,捕鼠防潮,加强了卫生保管,不少经销、代销店由于过去对消费者服务态度不好,特别是粮食行业在敌伪时期,把持垄断、哄抬价格、欺骗惜售,深为消费者不满,改为代销店以后,群众印象犹深,因此教育他们用实际行动迅速改变服务态度是十分必要的。我们除了让各店设立了意见箱和意见簿,定期访问居民委员会,征询意见,了解需要外,并号召协助对妇幼送粮。在棉布经销、代销店还开展了“服务良好月”运动。经过上述工作后,在粮、布经销、代销店中,初步树立了态度和蔼,挑选不厌的服务作风,密切了与消费者的关系,开始改变了群众的看法,受到了群众的欢迎。

(四)为了做好企业改造,必须进行人的改造,人的思想改造做得好,则又推动了企业的改造,因此企业改造与人的改造是相辅而行,互相影响,互相推动的,是对私营企业社会主义改造的两个组成部分。当国家实行粮、布计划供应后,私商迫于大势所趋同国营公司不得不建立了经销、代销关系,但其思想情绪形形色色,经过我们合理地确定并保障其营业收入后,某些私商的抵抗情绪和消极态度有了转变。如六区第二十五粮食代销店经理邢长治说："改为代销店以后我感到没前途，吃不上饭了，消极怠工懒得干活，看到政府真的照顾，我才感到自己看法不对，今后下定决心一定给人民多做些事情。"经营管理委员会成立后，组织资本家成立了学习小组，在中心店的掌握下，使用区工商联、同业公会等组织通过讲大课，组织讨论等方式进行经常学习。学习重点是选择总路线、宪法以及报纸上有关对私商改造的材料，结合思想情况，进行爱国守法教育；并通过一定会议，对奉公守法积极接受改造的给以公开表扬，鼓励进步；对挪用公款、以次顶好、掺杂掺假、套购贩运破坏统销政策等违法行为，均分别情节性质，召开了行业大会，给以应得的处分，作了严肃处理，使他们进一步正确认识政府在过渡时期对私营零售商利用、限制、改造的政策。经过这段学习后在这两个行业中有许多资本家基本上克服了"前途迷茫"、"搞垮完事"、"吃光耗净"、"走投无路"、"彷徨不安"、"心中无数"等思想，这种情况不仅推动了企业的改造，对其他私营零售商的改造也起了良好的榜样作用。同时我们还领导资方参加实际工作，学习业务，以提高工作能力，为将来改造成为国家商业工作人员准备条件。

虽然我们进行了以上工作，取得了一些成绩，但还是有缺点的，在有些户中由于我们工作抓得较紧，各种制度执行较好收获也就比较大，但仍有不少户作得还不够，有些制度建立后没有认真执行。有待于今后加强。

工作中的体会和问题：

一、私营零售商的社会主义改造，一年多来我们从粮、布两行业中体会到，正如陈云副总理所指示的"不能一脚踢开，另起炉灶"，因为他们在社会商品流通过程中，和消费者确有广泛的联系，在商品供应上还有作用，只要我们安排得当，使用合理，他们不但可以在国营经济领导下，对商品供应发挥作用，而且是能够接受改造的。否则，一脚踢开，势必造成很大的社会问题。但从粮、布两行业来看，资本主义占有不小的比重，他们是唯利是图的，其中夫妻店、合伙户也和资本主义有着长时期的千丝万缕联系，因此在改造中就必然发生反限制、反改造的尖锐复杂而深刻的斗争，所以我们应该加强对有关干部的政策思想教育，让他们充分地认识到这个斗争的特点，必须提高警惕，根据安排和改造相结合的政策，稳步从事，既不可急躁冒进，又不能停滞不前。为了妥善改造他们，一方面需要给以维持其正常经营和安定从业人员生活所必须的一定的营业额，保证其有合理收入，这样才能发挥其作用和接受改造；另一方面对不服从国营经济领导和不遵守经销、代销合同的，应及时揭露进行斗争；对少数坚拒改造，顽固反抗的分子，要根据情节严肃处理。

二、在粮、布两业中，夫妻店和合伙户占很大比重，他们只有少量资本，一般不雇或很少雇工，并参加经营，因此对这些人不能一律以资本家论，应该区别对待。对他们应通过教育启发觉悟，提高认识，鼓励进步，使他们很好地接受改造。但我们在工作中，开始时认识不足，把他们和劳资户一般看待了，这是不妥当的，今后应该改正。

三、我们对零售商进行社会主义改造，应该重视企业改造，但也必须重视人的改造，两者不能偏废，必须并重进行。在我们这段工作中，某些中心店仅抓紧了企业的改造，而忽视了人的改造，这正是重业务轻政治的倾向，在对私营零售商改造工作中的具体反映。在进行企业改造和人的改造中，使用社会力量不足，各有关单位配合不够密切，不重视统战政策，遇事缺乏协商，而多以行政布置的方式处理问题，这是今后工作中应该注意纠正的，资本家把工商联、同业公会看作他们自己的组织，我们应该充分使用这个组织来了解情况，团结资产阶级中的积极分子，以便于政策的顺利贯彻。

四、改造零售商结合行政区划和户数的多少建立中心店，设立专管改造的机构，以人定户，分工负责，这不但对推动改造工作有利，同时还加强了国营批发业务，便利了零售商进货，因而我们认为这是在目前安排和改造私营零售商的一个有力的组织机构。但是由于中心店干部的政策业务水平不高，而在工作上表现有急躁情绪和方式简单的现象，如有的干部对代销店的改造采取行政命令的方式，存在着单纯从主观出发，不愿经过长期改造的过程，而将代销店过早地消灭的思想，这些都是对改造工作不利的，有待于今后工作中改进的。零售商一般是户小分散，建立若干户联合组成的改善经营管理委员会是必要的，也是一个较好的组织形式。根据试点中体会，中心店派干部参加委员会担任领导，则更便于推动工作，今后拟有条件地全面推广。但在委员会的成员人选和委员会的工作方法上，均应注意多协商，多研究，取得思想上的一致，不应采取行政命令的方式，这一点在我们试点工作中作得很差，有待今后工作中纠正。随着社会主义改造的日益深入，基层店员工会应改变混合组联为单一组联，这样便于加强对店员的教育和参加改善经营管理委员会的实际领导。

五、为了指明代销店的发展方向，树立旗帜，应选择经营管理较好，职工觉悟较高，资本家表现进步的个别代销店，在资本家有真诚要求的情况下，变代销店为国营商业的门市部。

以上报告当否请指示。

(选自《工商行政通报》第54期，1955年9月5日)

七、中央工商行政管理局批转辽宁省商业厅关于安排和改造私营商业工作应加强行政管理工作的通报

辽宁省商业厅今年6月份在检查部分市、县对私营商业的行政管理工作中，发现了不少问题，并针对这些问题及时提出改进的意见，我们认为这种做法是必要的。这些问题在其他地区，特别是中小城市和县镇，也可能发生。兹将辽宁省商业厅"关于安排改造私营商业工作应加强行政管理工作的通报"加注了我们的意见，供你们参考。必须指出：行政管理是对私营商业进行社会主义改造的一个方面，有的地区在全面安排市场和行业归口以后，放松了对私营商业的行政管理，这是不对的。目前旺季即将到来，随着市场的活跃，必须防止和制止私营商业的投机违法活动。针对各地具体情况，注意加强对私营商业的行政管理工作，配合国营、合作社商业稳定旺季市场，畅通物资交流活跃城乡经济，并推动社会主义改造工作的进行。

附：辽宁省商业厅关于安排和改造私营商业工作应加强行政管理工作的通报

今年6月份省商业厅检查了部分市县对私营商业的行政管理工作。从总的来看，大部地区是按照省委2月城市商业工作会议和3月私营工商业工作会议要求来检查与改进了这项工作，取消了一些过严的管理办法，有些地区纠正了限制私商从外地进货的办法，取消了不合理的市场交易制度，改进了议价工作和放宽了某些行业的兼营范围等(小城市特别是初级市场，对私商的经营范围，不能强调专行专业；但在较大城市核定私商兼营范围时，需通盘考虑，以免影响其他行业的安排，并便于归口改造。——中央工商行政管理局注)。这些做法是必要的，对安排改造私营商业以及克服在城乡物资交流中的"大通小塞"现象，都起了一定的作用。但是还有不少地区在行政管理工作上严重地存在着两种偏向：

第一种偏向是：只顾安排维持私商，忽视了对私商的管理。主要是由于某些地区领导上对此工作缺乏重视，在部分干部思想上对这一工作存在一些不正确的认识。有的认为"行业归口后管理工作是公司的事了"，特别是初级市场的管理人员认为"市场管理是合作社的事了"；有的地区还提出"撤销集镇市场管理所"；有的单纯地把管理工作理解为限制私商的工作，认为"目前安排私商尚有困难，不能再限制了"；还有的说"现在私商没有违法行为，只有消极经营情绪"。因此思想上缺乏警惕，所以在安排改造私人商业时，对其破坏行为没有及时制止。如营口市安排市场把一些商品品种全部让给私商经营后，私商便乘机抬价出售，如金龙钢笔高出国营零售价14.5%，茶叶16.5%，袜子10%……，但商业局却未能及时加以管理。沈阳市在停购白条猪时，私商杀价收购，收购牌价每斤4角5分，私商杀到3角也未加以管理。

第二种偏向是：某些地区为了便于安排和改造私商，依然采取行政手段限制私商从外地进货。有些地区规定新药业不论从当地或外地进货，毛利一律为20%，使私商从外地进货无利可图，造成市场畅销的涕涕粉杀虫剂等药品脱销；有些地区规定干鲜果品业从外地进货时，必须报请商业局批准；还有些地区命令禁止食肉业到市场买猪，禁止毛皮业买皮张等，形成变相统购。此外，不少地区依然在进行全面议价，对一些较次要的商品也强求执行牌价。如有的地区规定30个行业(包括摊贩)内实行议价，还规定经营鸡蛋、鸭蛋、猪、牛下水要按牌价出售。还有少数地区对农民贸易(主要是出卖自产品)当作资本主义自发势力进行限制。有些地区农民到城镇出售少量自产的大麻，市场管理所也强迫农民按牌价卖给合作社；有的地区在缓购活猪期间，农

民到市场低于牌价出售猪肉，商业科要农民必须按牌价出售，结果农民在卖肉时按牌价卖却多给消费者二两，农民反映说："食品公司不收，又不叫我们贱点卖，卖不了给商业科送去"。

因之，目前各地进行全面安排改造私营商业，做好行政管理工作是十分必要的。为此：

一、必须根据省委几次私营工商业工作会议的要求，检查和克服对私营商业管理工作的缺点，并研究与改进这项工作。特别是加强对负责改造和管理私商的干部及市场管理人员的思想教育工作，使其明确认识：管理的目的主要是为了加强市场的计划性，克服盲目性，并通过管理工作，向私营商业的违法、破坏行为作斗争，从而推动他们接受社会主义改造。同时要明确认识：加强对私营商业进行社会主义改造，阶级斗争是愈趋复杂和尖锐化，因之管理愈需加强而不是削弱。但是行政管理不是万能，在加强管理时还须相应地采取措施，如以经济措施为主辅以行政管理的方法、管理组织教育相结合的方法，才能使管理工作发挥作用。（市场管理的目的是稳定市场，活跃城乡交流，严格取缔投机，保证国家购销计划的完成，并通过行政管理协助国营、合作社商业对私商进行社会主义改造。因此，一方面既要加强管理，和私商的投机违法行为进行斗争；另方面还必须注意畅通物资交流，活跃城乡经济。——中央工商行政管理局注）。

二、必须纠正某些地区采取用行政手段限制私商从外地进货的错误作法。私商从外地进货是有不同的原因，应针对不同情况加以分析研究，来区别对待。如锦西县高桥镇国营店让出百货类商品23种，但只有9种能够向私商批发，到目前还有10种无货。在这种情况下，私商从外地进一些国营缺货的商品是允许的，限制是不对的。我们应从加强国营批发业务，组织货源供应，再按照需要与可能的条件来动员私商向国营进货。如果某些商品由于批零差价偏紧，私商向国营进货无利可图，在可能时应解决批零差价方面存在的问题。如果同样商品，私商从当地国营进货有一定利润可得，但私商为了谋取厚利从外地进货，应通过其行业组织，说服教育，动员向国营进货。并应通过工商联组织私商学习，批判高抬价格的暴利思想，对主要商品可参照给私商的安排利润实行议价，使其维持在一定的利润水平上。

三、对私营商业的价格管理总的是贯彻国营牌价领导市价的方针。目前主要还是区别情况加以管理，以逐步使主要商品的牌市差价趋于一致。私商为国营经销、代销时，必须按牌价出售。私商经营和国营同样的商品（包括外地购入的商品）在有一定利润可得时也可按照国营牌价出售，但应通过工商联协商，不能硬性规定。私商经营国营缺货的商品（包括规格、质量、色泽等），必要时对主要品种可采取明码实价为主辅以行业议价的办法，通过组织教育工作进行管理。但必须防止议价的行业和商品过多，利润计算粗糙，利润率规定过死，被私商钻了空子。

四、各地尤其是农村县份，目前应结合市场安排研究一次旺季的市场管理问题。首先是对农、副、特产品的市场管理，应按照省对各种产品采购措施的具体要求，研究规定市场管理办法，请当地党政批准执行，并送省商业厅备案。（我们认为各种管理办法，仍以由省批准为宜。——中央工商行政管理局注）其次是对摊贩市场管理问题，应在整顿的基础上进行登记发证和规定管理办法，因对摊贩管理经验不多，要求各地及时总结经验，以便推广。再次是对农民贸易不得随意干涉和限制，应设一定的交易场所加以组织和领导，以防止私商的欺骗违法收购；对国家领导不准私商参加的交易市场（如粮食、油料等）必须取缔私商交易；对某些国家大量收购的物资可通过宣传教育，动员农民卖给国家。

（选自《工商行政通报》第55期，1955年9月25日）

第三章　在公私合营中协调公私关系

第一节 《公私合营工业企业暂行条例》的颁布和公私合营的扩展

一、中财委关于公私合营企业定义的解释

(1953 年 2 月 24 日)

关于公私合营企业的解释问题,各地颇不一致,以致在管理、计划和统计工作上发生混乱。为统一解释公私合营企业,以利于管理、计划和统计工作,中财委于 2 月 24 日(53)财经工商字第七号作如下说明:

一、中央人民政府政务院关于"国营企业"等名称用法的规定中指出:凡政府与私人资本合资,政府参加经营管理的企业,称"公私合营"。这里提出了构成公私合营企业的两个重要因素,即:(1)公私合资;(2)政府有一定的代表参加经营管理。这就是说,并不是只要合资就可称公私合营,也不是对公私资本比重大小,丝毫不加考虑。只要国营企业中有少许私股或私营企业中有少许公股,均可称为公私合营。在确定某一企业是否为公私合营时,除了根据以上两个因素外,公私比重的大小,也需要加以考虑的。

二、根据以上原则规定和企业的具体情况,分别确定其是否为公私合营企业。

(一)企业公股所占比例在 10%以下,且国家未派专职干部参加经营管理者,可视同私营企业;反之,企业私股所占比例在 10%以下,私股并未参加经营管理者,在计划及统计工作中亦可视同国营(或地方国营)企业。

(二)某些企业公股虽超过 10%,但其规模甚小,影响国计民生不大,且国家未派专职干部参加经营管理者,仍得视为私营企业。但某些重要企业公股虽不超过 10%,政府已派专职干部参加经营管理者,亦可视为公私合营企业。凡是公股已达 10%以上,国家应该参加经营管理的重要企业,不论目前管理状况如何,亦得视为公私合营企业。

(三)政府与私人共同出资举办的慈善救济事业(如救济性的工厂),不必列入公私合营企业。

(四)企业公股的计算应包括中国、交通两行的股份在内。其有公股又有政府代管股者,在计算股权时,代管股得作公股计算。但企业中没有公股,仅有政府代管股,由交通银行代行股权者,不能视为公私合营企业。

(五)由于特殊原因,过去已视同国营或公私合营之企业,且已获得私股同意者,虽与上述规定略有出入,仍可不加变更。

三、目前各地公私合营企业情况极为复杂,很难只根据几个固定的原则去解决复杂的实际问题。因此,各地在确定某些公私合资的企业是否列为公私合营企业时,除性质十分明确者外,均由各省市财委根据上述原则审定,必要时并与私股协商决定。

四、此解释与过去解释有出入时,以本解释为准。

(选自《工商行政通报》第 5 期,1953 年 3 月 20 日)

二、公私合营工业企业暂行条例

(1954 年 9 月 2 日政务院第 223 次政务会议通过)

第一章　总　则

第一条　为着鼓励和指导有利于国计民生的资本主义工业转变为公私合营形式的国家资本主义工业,逐步完成社会主义改造,制定本条例。

第二条　由国家或者公私合营企业投资并由国家派干部,同资本家实行合营的工业企业,是公私合营工业企业(以下简称合营企业)。

对资本主义工业企业实行公私合营,应当根据国家的需要、企业改造的可能和资本家的自愿。

企业的公私合营,应当由人民政府核准。

第三条　合营企业中，社会主义成分居于领导地位，私人股份的合法权益受到保护。

第四条　合营企业应当遵守国家计划。

第二章　股　份

第五条　对于企业实行公私合营，公私双方应当对企业的实有财产进行估价，并将企业的债权债务加以清理，以确定公私双方的股份。

第六条　对于企业财产的估价，公私双方应当根据公平合理的原则，参酌财产的实际尚可使用的年限和对于企业生产作用的大小，协商进行。

企业财产的估价，应当有职工的代表参加；在必要的时候，由人民政府工商行政机关派人指导。

第七条　合营企业可以吸收私人投资。

第八条　合营企业的股东对于合营企业的债务负有限责任。

第三章　经营管理

第九条　合营企业受公方领导，由人民政府主管业务机关所派代表同私方代表负责经营管理。

第十条　合营企业有关公私关系的事项，公私双方代表应当协商处理；遇到有重大问题不能取得协议的时候，应当报请人民政府主管机关核定，或者提交合营企业的董事会协商后报请人民政府主管机关核定。

第十一条　公私双方代表在合营企业中的行政职务，由人民政府主管业务机关同私方代表协商决定，并且加以任命。他们在企业行政职务上，都应当有职有权，守职尽责。

第十二条　合营企业对于企业原有的实职人员，一般应当参酌原来的情况量材使用；对于在企业中有劳绩但已丧失工作能力的原有实职人员，应当给以适当照顾。

第十三条　合营企业应当采取适当的形式，实行工人代表参加管理的制度。

第十四条　合营企业对于工资制度和福利设施，应当参酌企业原来的工资福利情况、合营企业的生产经营情况和国营企业的有关规定，逐步改进，逐步向相当的国营企业看齐。

第十五条　合营企业在生产、经营、财务、劳动、基本建设、安全卫生等方面，应当遵照人民政府有关主管机关的规定执行。

第十六条　同行业的或者在生产上有关系的合营企业，在必要和可能的条件下，经过公私有关方面的协议，并得到人民政府主管业务机关的核准，可以实行联合管理或者合并。

第四章　盈余分配

第十七条　合营企业应当将全年盈余总额在缴纳所得税以后的余额，就企业公积金、企业奖励金、股东股息红利三个方面，依照下列原则加以分配：

（一）股东股息红利，加上董事、经理和厂长等人的酬劳金，共可占到全年盈余总额的25%左右；

（二）企业奖励金，参酌国营企业的有关规定和企业原来的福利情况，适当提取；

（三）发付股东股息红利和提取企业奖励金以后的余额，作为企业公积金。

第十八条　公股分得的股息红利，应当依照规定上缴；私股分得的股息红利，由私股股东自行支配。

企业公积金，应当以发展生产为主要的用途，由合营企业依照国家的计划投入本企业，或者投入其他合营企业，或者依照本条例第二条的规定投入私营企业实行公私合营。

企业奖励金，应当以举办职工集体福利设施和奖励先进职工为主要的用途，由经理或者厂长同工会商定预算，提交本条例第十三条所规定的适当形式的组织和职工代表会议通过后使用。

第五章　董事会和股东会议

第十九条　合营企业的董事会是公私双方协商议事的机关，对下列事项进行协商：

（一）合营企业章程的拟定或者修改；

（二）有关投资和增资的事项；

（三）盈余分配方案；

（四）其他有关公私关系的重要事项。

董事会听取合营企业的生产经营情况和年度决算报告。

董事会重要协议，应当由合营企业报告人民政府主管业务机关并请求批准。

第二十条　规模较大、股东较多的合营企业，一般应当设立董事会。公私双方董事的名额由公私双方协商规定。公方董事由人民政府主管业务机关派任，私方董事由私股股东推选。

董事会应当定期开会。

第二十一条 规模小、股东少的合营企业,可以不设立董事会;本条例第十九条规定的有关公私关系重要事项,由公私双方代表协商处理,他们的重要协议,应当由合营企业报告人民政府主管业务机关并请求批准。

第二十二条 董事会可以定期召开私股股东会议,报告董事会的工作、处理私股股东内部的权益事项。

在不设立董事会的合营企业中,公私双方代表可以协商召开私股股东会议,报告有关公私关系的重要事项、处理私股股东内部的权益事项。

第六章 领导关系

第二十三条 合营企业应当分别划归中央、省、直辖市、县、市人民政府主管业务机关领导。

第二十四条 人民政府工商行政机关负责管理合营企业有关工商行政的事项。

第二十五条 人民政府财政机关和所属的交通银行,负责监督合营企业的财务。

第七章 附 则

第二十六条 本条例并适用于运输企业、建筑企业的公私合营。其他实行公私合营的企业,可以参照本条例的有关规定办理。

第二十七条 个别的合营企业,由于情况特殊,需要采取同本条例第九条、第十七条规定不同的办法的时候,应当经过公私双方协商同意并报请省、直辖市以上人民政府批准。

第二十八条 本条例由中央人民政府政务院公布施行,修改时同。

(选自《工商行政通报》第32期,1954年9月15日)

三、中财委副主任李维汉关于《公私合营工业企业暂行条例》的说明

(1954年9月2日)

总理:

现在将《公私合营工业企业暂行条例》提请政务院审核。

对资本主义工商业的社会主义改造,是国家在过渡时期的总任务的重要组成部分。国家对资本主义工商业实行社会主义改造,是鼓励和指导它们转变为各种不同形式的国家资本主义经济;逐步以全民所有制代替资本家所有制。由于几年来实行国家资本主义政策的经验,特别由于过渡时期的总路线和总任务的教育,人们愈来愈认识到:经过国家资本主义的不同形式逐步完成对资本主义工商业的社会主义改造,是较健全的方针和办法。

资本主义工业,经过国家几年来的利用、限制和改造,大部分已经转变为各种中级形式(加工、订货、统购、包销)的国家资本主义经济。据中央工商行政管理局统计,北京、天津、沈阳、上海、武汉、广州、重庆、西安八大城市私营大型工业1954年第一季度的总产值中,加工、订货、统购、包销的产值占86.4%。经过国家资本主义的各种中级形式,国家逐步地加强了对大部分资本主义工业的原料供应和产品销售的掌握,在不同程度上将它们的生产纳入国家计划的轨道,在不同程度上限制着它们的生产无政府状态的破坏作用,发挥了它们的有利于国计民生的积极作用。经过这些形式,一部分企业中的共产党组织和工会组织对于生产的领导和监督加强了,或多或少地促进了这些企业的各项改革。经过这些形式,企业中工人群众的劳动主要地是为国家的需要而生产,只有较小部分是为资本家的利润而生产,这就使工人群众对自己的劳动感到有兴趣,他们的劳动生产率因此提高了一步。经过这些形式,企业中的资本家不仅能够分得合理的利润,并且更为直接地受到爱国守法和服从国营经济领导的教育。由此可见,国家资本主义的中级形式是国家对资本主义工业进行利用、限制和改造的重要步骤,它在一定时期以内在发展生产、供应需要上,在为这些企业向国家资本主义的高级形式发展准备条件上,都起了相当重要的作用。国家经济工作人员、资本主义企业中的工人和职员、资本家和资本家代理人,都应当继续为更好地完成国家的加工、订货、统购、包销任务而积极努力。

但是,资本主义工业在转变为国家资本主义中级形式以后,企业仍是资本家所有,企业的经营管理仍是按照资本主义的方式。因此,公私矛盾、劳资矛盾和其他许多矛盾都不能获得更有效的处理。在公私关系上,虽然有一部分资本家在人民政府和国营经济的领导下能够服从国家的利益,在完成加

工、订货、统购、包销任务的过程中表现了他们的积极性，但有很多资本家则不是采取这种态度，而还是采取唯利是图的态度。他们虽然接受了加工、订货、统购、包销，但不按照国家的要求，也即是不按量、按质、按时间完成任务。同时，他们不关心经营管理的改善和技术的改进，以致产品质量很低，成本很高，浪费十分严重，有些在自销的时候是名牌货的，在国家包销以后，竟因质量降低变成滞销货。还有许多资本家继续进行偷工减料、以坏顶好、虚报成本等违法活动。部分资本家用增加工资的办法笼络少数落后职工，并借以提高工缴利润。部分资本家甚至采取各种方法进行抗拒。此外，资本主义的经营管理方式妨碍着国家对于企业生产能力的统计和利用，因此，一方面使企业的生产潜力不能得到适当发挥，另一方面又造成生产上的某些盲目混乱。在劳资关系上，资本主义的腐败的经营管理方式以及由此产生的工资制度、工时制度的混乱状态，日益成为提高职工群众的劳动热情和生产革新精神的严重障碍，并且对这些企业的生产起着很大的消极作用，对国营工厂的工资制度、工时制度和工人阶级内部的团结等方面，也发生了极其不利的影响。这些矛盾的存在和发展，限制了企业劳动生产率的提高和社会生产力的发展，也限制了对资本家和资本家代理人的教育和改造。这样，便需要将这些工业由国家资本主义中级形式逐步发展为高级形式，即公私合营形式。

当国家资本主义中级形式或者一般资本主义企业转变为公私合营的时候，企业的生产关系就要发生下列重要的变化：(一)企业私有改变为公私共有，社会主义成分在企业内部同资本主义成分合作并且居于领导地位。在合营企业中，私人股份的合法权益依然存在并且受到保护，但资本家处于公方领导之下，改变了他们在私营时期支配企业的地位。(二)合营企业的经营管理不再采取资本主义方式，而将逐步向国营企业看齐，完全以发展生产、保证需要和国家计划的要求为指导方针。这就是说，社会主义基本经济法则和国民经济有计划发展的法则，将在合营企业内起直接作用。许多企业在公私合营以后根本改变了经营管理方针，使企业的生产符合国家的需要，并使企业状况得到重大的改进。例如：民生公司在公私合营以前非高价不接受国家的运粮任务，宁愿船驳放空，压沙填水；公私合营以后降低运价为国家运粮，使川粮大量外运，同时也发挥了船驳的运输潜力，推动了增产节约运动，使企业由亏损累累变为有盈余。(三)工人在企业中的地位改变了，公方和职工群众结合一起居于企业的领导地位；因此，职工群众对待企业采取了主人翁的态度，劳动积极性和劳动生产率大大提高。在筹备公私合营的过程中，许多企业的职工和技术人员欢欣鼓舞地用自己劳动的积极性和创造性迎接企业的合营。例如上海信谊药厂的工人为迎接公私合营，以 9 天的时间重建了大炉(以前拆砌一次大炉要 3 个月的时间)，技术人员也试制成功抗结核菌的药品。天津北洋纱厂在筹备合营过程中，工人群众月月都超额完成生产计划，并且积极协助财产清估工作，为了使国家投资增装的 8800 枚纱锭早日投入生产，他们更加发挥了劳动积极性和创造性，不断提高工作效率，提前完成了安装工作。(四)资本家和资本家代理人得到公方直接、经常的领导和教育，得到职工群众的帮助和监督，因而有可能在实践中学习新事物和新思想，逐步改造自己，正确地发挥他们的才能和积极作用。(五)在盈余分配上，企业利润除小部分用来发付股息红利和适当改善职工福利外，大部分可以根据国家计划，用于发展生产。由于企业在公私合营以后，经营管理改善，职工劳动热情提高，企业利润一般较私营时增加，可以积累更多的资金，用来扩大生产。例如唐山华新纱厂在公私合营的 5 年间，不但给股东发付了股息红利，而且扩充了生产设备，这些新扩充的生产设备，差不多等于合营前 30 年间投资建设的一倍。

企业生产关系上所发生的如上的重要变化，使公私合营企业成为半社会主义性质的企业，具有了国家资本主义中级形式不能比拟的优越性。合营企业的这种半社会主义性质和它的优越性，是同社会主义成分本身的优越性及其在企业中的领导地位和领导作用分不开的。合营企业发挥了社会主义成分的优越性和社会主义成分的领导作用，就能正确地团结职工提高劳动生产率，就能有效地教育资本家和资本家代理人接受经营管理的改革，就能提高产品的质量、降低产品的成本，并且根据国家的需要和可能增加产品的数量，同时也就使企业获得较多的利润，积累资金，扩大再生产，使职工生活获得必要的改善，而且也使资本家有合理的利润可得。国家对企业实行公私合营，要投入必需的资金，这就同私人股份形成一定的公私股份比例，但社会主义成分在合营企业中的领导地位和领导作用以及这种领导地位和领导作用的不断增强,不是取决于国家投资的数量,而是取决于国家政权的性质和社会主义经济在国民经济中的地位,取决于企业中公方代表同职工群众的结合和他们对于资本家及其代理人的教育改造工作,取决于这种领导能够确实地推动企业向前进步。至于国家投资多少,则要根据国家的计划和企业的具体情况决定。

在公私合营企业中,由于社会主义成分居于领导地位,解决了或者进一步解决了国家资本主义中级形式在公私关系上和劳资关系上所不能解决的某些矛盾。但两种所有制即生产资料的全民所有制和资本家所有制间的这个根本矛盾,还没有完全解决,需要在以后逐步加以解决。公私合营是便利于进行双重改造的形式,即便利于改造资本主义企业和改造资产阶级分子,并使两种改造结合起来同时进行的形式。在合营企业中,将不断地改造和改善企业的经营管理,贯彻国家的计划,更好地发展生产,供应需要;不断地提高职工群众的觉悟性和组织性;不断地教育、改造资本家和资本家代理人,循此前进,公私合营企业中的社会主义成分将不断增长,为从容地和妥善地转变为社会主义企业准备条件。

几年来,在人民政府的鼓励和指导下,资本主义工业转变为公私合营企业的已有相当数量。1953年公私合营工业的生产值较1949年增加了8.17倍,但公私合营工业的产值在全国工业总产值中的比重还是很小的,即如1953年也还只占6%。全国的资本主义工业,按产值计算,1953年还只有12%左右实行了公私合营,其余的88%左右还是私营的(其中大部分属于国家资本主义中级形式)。由于私人资本主义企业中的种种不可克服的矛盾日益暴露和日益发展,由于国家资本主义中级形式企业中资本主义原有的矛盾不能获得更有效的处理,由于公私合营的优越性在人们中间获得日益广泛的认识,特别是由于过渡时期总路线和总任务的宣传教育,使人们对于经过国家资本主义逐步完成对资本主义工商业的社会主义改造的道路,有了愈来愈清楚的认识,不但资本主义企业中的广大职工群众热烈地要求对他们的企业实行公私合营,就是有眼光的资本家中也有愈来愈多的人申请公私合营。在这样的情况下,人民政府就有必要和可能依据国家的需要、企业改造的可能和资本家的自愿,有计划地鼓励和指导有利于国计民生的资本主义工业企业转变为公私合营企业,以逐步完成社会主义改造。

发展公私合营,是一件十分复杂的工作,这不仅因为合营牵涉到公、私、劳、资等各个方面的关系,而且由于各地各业以至每个企业都有特殊的情况;因此,发展公私合营,必须采取积极和稳步的方针。在执行这个方针时,不仅人民政府的有关部门需要进行一系列的复杂的工作,同时需要有关的民主党派和人民团体积极地参加工作。几年来,在公私合营的工作中,有了不少的有益经验可以集中起来,同时也有一些政策性的规定需要综合起来。《公私合营工业企业暂行条例》主要就是这些有关的主要政策和经验的综合。有了这一条例作为公、私、劳、资等方面的共同准则,我们相信今后的公私合营工作一定会有更健全的发展。

现在将条例中几个主要政策问题概略地加以说明如下:

第一,对资本主义企业实行公私合营,应当根据国家的需要、企业改造的可能和资本家的自愿。因此,人民政府对扩展公私合营工业需要有计划、有步骤、有区别地进行。人民政府鼓励和指导资本家们对自己的企业进行必要和可能的改革,为实行合营准备必要的条件。公私合营企业既然是社会主义经济直接领导下的社会主义成分同资本主义成分合作的企业,就应当注意启发和促进资本家的自愿。这在一方面要由人民政府和有关方面向资本家们广泛、深入地宣传国家在过渡时期的总任务和经过国家资本主义逐步完成由资本主义到社会主义的改造方针;在另一方面,要认真办好公私合营企业,使资本家们更加普遍、深刻地认识公私合营企业的优越性,从而增强对于实行公私合营的积极性。

第二,企业实行公私合营,应当包括企业原来的实有财产,不允许有任何分散资产、逃避资金的行为。对企业原有财产的估价,应当根据公平合理的原则,实事求是地进行。对逾龄或未逾龄机器可以参酌其实际尚可使用年限,对其他财产主要参酌其对企业生产作用的大小,进行适当估价。对于呆滞材料和其他为合营企业所不需要的资产,可经公私双方协商,打适当折扣,或列作私股的待处理财产,俟企业合营后继续加以处理。财产的估财一般应以现值为标准,但如果1950年重估财产的结果接近现值，并经公私双方同意，也可以不重新清估，即以1950年的核定数字为基础，根据资产折旧和其他实际变动情况作必要的调整。清产估价是一件十分复杂的工作，关系到合营企业的经济核算和股息红利的分配，应当依靠工会组织和广大职工群众的积极参加，认真地清查核实，同时应当经过公私双方充分协商(必要时可以邀请有关的人民团体派人参加)，尽可能地做到公平合理。

第三，公私合营企业受公方领导，由人民政府主管业务机关所派代表同私方代表负责经营管理。合营企业不是普通的合股企业，它是社会主义经济直接领导下的、社会主义成分同资本主义成分合作的企业。在合营企业中，公方居于领导地位，私方要接受公方的领导，这是确定不移的；同时，私股的合法权益受到保护，私方代表也负责参加经营管理。在经营管理方面，有关公私关系的问题，应当由公私双方代表(不限于直接参加经营管理的人员)协商处理，在重大问题上发生争议时，应当报请人民政府主管机关解决，如果有必要和可能，也可以提交合营企业的董事会协商后报请人民政府主管机关核定。公私双方代表在合营企业中的行政职务，由人民政府主管业务机关同私方代表协商决定，并且加以任命。在企业行政关系上，私方代表既然也是企业的负责人员，就应当在公方领导之下合理地行使其职权，守职尽责，并努力学习，改造自己；公方代表则应当重视私方代表的职责，积极地、耐心地帮助他们在工作上作出成绩，并使他们在思想上、作风上逐步获得改造。合营企业的公方代表和合营企业的主管业务机关，都要善于把领导私方代表合理地行使职权、发挥技能和领导他们进行学习和自我改造密切地结合起来。人民政府对于合营企业中的私方代表采取上述各项政策，不仅是因为国家保护私股的合法权益，更重要的是要在对资本主义企业进行社会主义改造过程中使他们在公方代表的直接领导下和工人群众的监督、推动下，在生产经营的实践中重新学习、改造自己，从而使他们在国家的社会主义改造和建设事业中，能够有所贡献，并获得光荣的前途。如果私方代表有“合公营私”或其他违法行为，则应当对他们进行必要的斗争，并且应当依法处理；如果有破坏生产和其他反革命活动，更应从严处理。

第四，合营企业对于企业原有的实职人员，一般应当参酌他们原来的情况量材使用，使他们各得其所。应当教育和帮助他们认真地工作，积极地进行自我教育和自我改造，争取为国家建设贡献更多的知识和才能。对于工程技术人员和其他专家，只要他们“诚实工作，通晓本业并酷爱本业”(列宁)，就应当充分加以爱护，重视他们的意见，帮助他们正确地发挥专长，并且通过他们的生产和技术的实践，耐心地帮助他们进行自我教育，逐步克服资产阶级的影响和习惯。

合营企业对于在原企业中有劳绩但已丧失工作能力的实职人员，可以参照劳保条例或采用其他办法，给以适当照顾。

有些企业在准备公私合营的时候，资本家任意安置私人，对于这种行为，应当加以批判和防止。

企业合营前的资本家代理人继续在合营企业中担任实职的，如果担任了私方代表，他们的生、老、病、死、伤、残等问题，由合营企业比照劳保条例的标准给以适当的物质保障，这项费用可列作合营企业的开支；如果不是担任私方代表，可以享受一般职工的劳保待遇。

第五，资本主义企业的工资制度，如前所述，一般都是混乱的，不合理的。福利设施在各业各厂之间也很不一致，福利设施缺乏的企业中，职工的生活条件和工作条件未能得到可能的改善。企业实行公私合营以后，必须在这方面逐步进行改革，逐步向相当的国营企业看齐。但工资制度的改革是一个十分复杂并关系广大职工生活的问题，必须参酌企业原来的工资福利情况、合营企业的生产经营情况和国营企业的有关规定，在企业改革和生产改进的过程中，经过对职工群众的耐心教育，取得他们的同意，逐步进行，不可急躁处理。

第六，资本主义企业的经营管理制度，如前所述，带着极大的腐败性和落后性，严重地阻碍着生产力的提高和发展。企业实行公私合营以后，必须改革旧的资本主义的经营管理制度，推行社会主义的先进的经营管理制度，由于社会主义成分在合营企业中居于领导地位，这种改革不仅是必要的，而且是可能的。但由于合营企业是社会主义成分同资本主义成分合作的企业，而且由于旧的经营管理制度有了长期的习惯，在进行改革时，必须是稳步前进，不可急躁从事。一方面，要依靠工人群众的觉悟性和组织性，依靠他们的自下的监督和自上的参加管理。企业公私合营后，应当采取适当的形式，实行工人代表参加管理的制度。另一方面，要对私方代表进行充分的协商和教育。合营企业在经营管理上逐步进行改革的过程,也就是逐步教育、改造资本家和资本家代理人的过程;对于私方代表及其他有关人员的资本主义的经营管理思想,需要通过经常的公私协商和民主讨论,耐心地进行批判和教育,指导和帮助他们逐步改正。

第七,合营企业每年的利润,在依法缴纳所得税后,应当就企业公积金、企业奖励金和股东股息红利三个方面,加以合理分配。股东的股息红利,加上董事、经理和厂长等人的酬劳金,共可占到全年盈余总额的25%左右。其中私股分得的部分,应当听私股股东自行支配。企业实行公私合营以后,由于生产关系有了重要的改变,由于生产经营的改进,企业利润一般会比私营的时候增多;因此,依照上述原则进行分配的结果,私股所得也会比私营的时候增多,但合营企业如果获得国家的特殊优待,例如原料由国家按照调拨价格供应,但产品的售价并未按照国家调拨价格计算,因而产生了超额利润,这个超额部分应当缴还国家。合营企业分配盈余的时候,如果过去有了亏损,应当在缴纳所得税以后先弥补亏损,然后依照上述原则进行分配;如果亏损较大,可以分年弥补,以便适当照顾职工福利和适当发付股息红利。

现有的合营企业中,有个别企业经公私双方协议,采取保息的办法,即私股方面每年领取定额的股息,不参加企业的经营管理,也不负企业盈亏的责任。采取这种保息办法,如果是出于私股方面的要求,经过公私双方协商同意后,应当报请省、直辖市以上人民政府批准。

合营企业的公积金,应当以发展生产为主要用途,依照国家计划用于本企业,或者投资于其他合营企业(包括新建合营企业),或者投资于其他私营工业企业以实行公私合营,过去有些合营企业对公积金的使用带有盲目性,造成生产发展的不均衡和建设资金的浪费。今后,为要做到适应国家计划的要求、防止资金浪费和生产发展的不均衡现象,公积金的使用应当由合营的省、直辖市以上主管业务机关加以必要的管理和指导。合营企业公积金的所有权属于合营企业,由公积金投资取得的合法收益亦归合营企业所有,但公积金的使用,不论是用于本企业作为流动资金和固定资金,或者是投资于其他公私合营企业(原有或新建)和准备进行公私合营的企业,都应当服从国家计划。

第八,合营企业的董事会是公私双方协商议事的机关,应当适当的发挥它的作用。规模较大、股东较多的合营企业,一般应当设立董事会,并应当定期开会,公私双方董事名额,由双方协商规定。独资企业或者规模小股东少的企业,在公私合营以后可以不设立董事会,但公私合营工业企业暂行条例第十九条所规定的有关公私关系的重要事项,仍应当由公私双方代表协商处理。

合营企业董事会可以定期召开私股股东会议,报告董事会的工作,协商处理私股之间的权益事项。在不设立董事会的合营企业中,由公私双方代表协商召开私股股东会议,公方代表可以参加会议,给以帮助。

合营企业和它的董事会,应当担负教育和改造私股股东的责任。私股股东会议是合营企业和它的董事会联系私股股东并向他们进行教育的重要形式之一。董事会和公私双方代表都应当通过股东会议或股东座谈会等方式进行工作,注意他们的要求和意见,并用企业改造的实践来教育他们,使他们在社会主义改造的过程中逐步获得改造。

以上是关于《公私合营工业企业暂行条例》的一些说明,请求政务院通过这个条例,并予以公布。

四、中财委(资)关于公私合营工作若干问题的意见

中财委(资)关于公私合营工作中若干问题的解决意见,已发至各地供内部掌握试行,兹摘要转载如下:

一、关于合营企业超额利润的处理问题

目前部分地区的部分企业,超额利润甚大,如按"四马分肥"原则分配盈余,资本家所得过多,应采取适当办法,对企业利润和对资本家所得加以限制:(一)对某些产品适当地提高原料供应价格,降低成品的收购价格。(二)合营企业如因获得国家调拨原料,成品应按调拨价格收购,如向自由市场出售成品,应将价格差额部分缴还国家。(三)将来按累进原则征收个人所得税(中央正做研究)。(四)逐步采取定值定息的办法。

二、对企业原有公积金的处理问题

私营企业的公积金,主要有三个来源:一是企业

盈余,从中提取一部分作公积金;二是历年盈余未分或少分投入基本建设后列作公积金;三是1950年重估财产时,将重估后的增值部分提出若干作为公积金。根据宪法草案的精神,以承认公积金属于资本家所有较为适当。因此,企业合营后,可以将企业的公积金列作私股,但可根据企业原来的职工集体福利设施情况,经公私协商同意,从公积金中提出适当部分作为企业职工的集体福利基金。这样在政策效果上,公私界限分明,对诱导资本主义工业纳入公私合营和私营企业的积累公积,都会起推动作用。

三、对企业原有的呆滞材料和呆滞资产的处理问题

企业进行公私合营清产定股时,对企业原有呆滞资产与呆滞材料的处理,应经过公私协商打一定折扣,作价列入私股,其中一部分也可根据具体情况列作待处理的财产,俟合营后,陆续加以处理,随时处理,随时将所获价款列作私股股本。

四、企业原有土地的估价问题

由于目前国家还在征收房地产税,对企业原有土地完全不作价,是不适当的。因此,对与生产有关的土地应适当作价,对与生产无关的土地,可暂不作价,作为合营企业的待处理财产之一,随时处理,随时将所获价款列作私股股本。

(选自《工商行政通报》第32期,1954年9月15日)

五、出版总署关于统一和加强对国营、地方国营和公私合营新闻出版企业的管理的规定

出版总署为了加强对国营、地方国营及公私合营的新闻出版企业的领导和管理,已于1954年9月10日发出通报规定全国国营、地方国营和公私合营的报社、杂志社和出版社的企业经营,原则上均由该署及各地新闻出版行政机关(或兼管新闻出版行政事务的文教机关,以下一律简称新闻出版行政机关)统一管理。其具体办法摘要如下:

(甲)中共省(市)以上党委所直接领导的报社、杂志社和出版社的企业经营,属于中央一级者由出版总署直接管理,属于省(市)一级者由各省(市)新闻出版行政机关统一管理;省属市和专区党委所领导的报社、杂志社的企业经营,由省属市文教(化)局(科)和专区文教(化)科统一管理。但这些企业的编辑部业务和干部工作仍由各级党委直接领导。

(乙)各级国家行政机关的业务部门和人民团体所办的新闻出版企业的管理,除财务计划和基本建设原则上可由各该业务部门和人民团体直接管理,同时受同级出版行政机关监督外,也适用上述(甲)项规定。

(丙)少数民族自治区域的新闻出版企业的管理系统,应参照上述原则,由该企业单位所在地的新闻出版行政机关提出管理方案,报请当地党政领导机关研究解决。

(丁)公私合营的新闻出版企业,凡是没有政府业务部门或人民团体直接管理者,应由新闻出版行政机关管理;凡已有政府业务部门或人民团体直接管理者,适用上述(乙)项规定。

以上规定不包括军委系统所属新闻出版企业单位。

(选自《工商行政通报》第33期,1954年10月1日)

六、公私合营南洋兄弟烟草股份有限公司章程

(1955年1月18日)

第一章　总　则

第一条　本公司为公私合营形式的国家资本主义工业企业,依照公私合营工业企业暂行条例订定本章程。

第二条　本公司定名为"公私合营南洋兄弟烟草股份有限公司",设总管理处于上海,并按业务情况设立制造厂及分公司于上海、汉口、广州、重庆、香港等地。

第三条　本公司接受中华人民共和国轻工业部食品工业管理局之领导。在公司内部社会主义成分居于领导地位,私股权益受合法保护。各分支机构依据轻工业部食品工业管理局已未直接领导的情况,受轻工业部食品工业管理局或当地工业局及总管理处双重领导。

第四条　本公司总分机构遵照国家计划以经营各种机制卷烟为主要业务。

第二章 股 份

第五条 本公司资本额定为人民币×××亿元,分为×××万股,每股人民币×万×千元,必要时发行优先股。

第六条 本公司根据生产发展的需要,经公私双方协议,并经有关人民政府主管机关核准,可以增资或吸收其他合营企业和私人投资,并可与同行业的企业或生产上有关系的企业实行联合管理或合并。

第七条 本公司股票为记名式,由董事会推选董事五人署名盖章,加盖公司图记,编号填发之。

第八条 股票户名应用股东真实姓名,联合出资或以机关团体为出资人者,应推定代表人,并将姓名、籍贯、年龄、职业、住所报送本公司,变更时同。

第九条 股东应填具印鉴式样送交本公司备查,原股份过户、领取股息红利、转让股份或行使股权及与本公司书面往来时,均以留存印鉴为凭,变更时亦须通知本公司。

第十条 股票因转让,继承等情事而移转其所有权时,应由授受两方填具过户申请书,并加盖原印鉴,俟本公司将受让人姓名、籍贯、年龄、住所等记载于股东名簿,并于股票上记载其姓名后方为有效,股东请分合股票时亦应叙明理由,填具申请书并加盖原印鉴,方可向公司换领新股票,凡未办理过户手续者,本公司仍认股票原记名人为股东。

第十一条 股票或印鉴如有遗失或毁灭事情,应即将毁失原由,书面报告本公司,并自行登载通行日报一天,声明作废,自登报之日起经过一个月而无纠葛发生时,始得邀同保证人出具保证书,声请补发新股票或更换新印鉴,并经本公司审核无讹后换发之。

第十二条 股票过户每张酌收手续费,换领或补发新股票时每张酌收印刷费。

第十三条 每届股东会议,于公告开会之日起,至闭会之日止,停止股票过户。

第十四条 股票对本公司债务负有限责任。

第三章 董事会和股东会议

第十五条 本公司董事会设董事19人,除公股11人由轻工业部食品工业管理局指派,并依本身职务关系得随时改派外,私股董事8人,由私股股东推选之,任期3年,连选得连任之,遇有出缺,以次多数填补。

第十六条 董事会设正副董事长各1人,由公私双方协商分任之。

第十七条 董事会每年召开一次,由董事长担任主席,必要时得由董事长临时召集之。

董事会是公私双方协商议事机关,对下列事项进行协商:

一、本公司章程的拟订或修改;

二、有关投资或增资事项;

三、盈余分配事项;

四、分支机构之设置或裁并事项;

五、房地产买卖及基本建设控制数字的拟定事项;

六、其他有关公私关系的重要事项。

董事会听取本公司的生产经营情况和年度决算报告。

董事会重要协议应报告轻工业部食品工业管理局,并请求批准,遇有重大问题不能取得协议时,报请轻工业部食品工业管理局核定。

第十八条 董事会休会期间由公私双方代表协商解决有关公私关系事项,并报请上级主管机关核准。

第十九条 董事因事不能出席董事会议时,得委托他人代理之。

第二十条 董事会负责每年召开私股股东会议一次。

私股股东会议以代表私股股份二分之一以上的出席方为有效,私股股东因事不能出席时,得出具委托书委托代表出席。

私股股东会议由董事会报告工作,处理私股股东内部权益事项,选举私股董事,选举权及表决权均每股一权。

第四章 经营管理

第二十一条 本公司由轻工业部食品工业管理局所派代表与私方代表负责经营管理。

第二十二条 本公司总分机构厂长级以上人选,由公私双方代表协商,报请上级主管机关核准并加以任命。

第二十三条 本公司实行工人代表参加管理的制度。

第二十四条 本公司对于工资制度和福利设施,参酌国营企业的有关规定和本公司的生产经营情况,逐步改进。

第二十五条 本公司在生产、经营、财务、劳动、基本建设、安全卫生等方面，应遵照有关主管机关的规定执行。

第二十六条　本公司有关工商行政事项受工商行政机关管理。

第二十七条　本公司的财务受政府财政机关和交通银行监督。

第五章　盈余分配

第二十八条　本公司每年1月1日至12月31日为一会计年度，每月终了决算一次，如年终有实现盈余，除缴纳所得税及弥补以前年度亏损后的余额，就公积金、企业奖励金、股东股息红利3个方面依照下列办法加以分配：

一、股东股息红利加上董事、经理等的酬劳金，共可占到全年盈余总额25%左右。

二、企业奖励金参酌国营企业的有关规定提取之，一般可占全年盈余总额百分之×左右。

三、发付股东股息红利和提取企业奖励金以后的余额，作为公积金，一般占全年盈余总额百分之××左右。

第二十九条　本公司公积金应以发展生产为主要用途，依照国家计划投入本公司或其他合营企业及私营企业实行公私合营。

第六章　附　则

第三十条　本公司公告方法以登载总管理处所在地日报或以通函行之。

第三十一条　本章程如有未尽事宜，悉遵照政府法令规定办理之。

第三十二条　本章程遇有与政府法令抵触时，得随时修改之。

第三十三条　本章程经董事会通过并经中华人民共和国轻工业部核准后施行，修改时同。

（选自《工商行政通报》第42期，1955年2月20日）

七、国务院第八办公室副主任许涤新关于公私合营工作问题的讲话（摘要）

一、一年来公私合营工作的情况

公私合营企业1954年一年扩展了700多家，这些企业中由于社会主义成分居于领导的地位，工人的劳动积极性提高了，因此，生产一般都有了提高，经营管理亦有不断的改进，显示了公私合营企业的优越性。

一年的工作经验证明：将国家需要的、有改造条件的10个工人以上的私营工厂，基本上（不是一切）纳入公私合营的轨道，是完全正确的。

目前在干部及工商界中，有一些人认为对私营工业进行社会主义改造，不一定要经过公私合营的道路。他们认为接受加工订货，即已纳入国家计划轨道。这些工厂的生产，不一定比公私合营差，合营不合营，对国民经济的影响不大。有些资本家完全从私有财产观念出发，怕企业合营后，不能像过去一样，自由地支配企业。一年来的工作，证明这些看法是不正确的。

加工订货可使企业生产纳入国家计划的轨道，这一工作是很重要的，但因为社会主义成分与资本主义成分是在企业外部的结合，因而它不可能改变企业内部的生产关系，对企业及人的改造亦没有公私合营有力。

事实证明，对资本主义工业进行社会主义改造，主要将通过国家资本主义高级形式——公私合营来实现的方针，是完全正确的。

从过去一年的情况来说，我们对于公私合营工作，基本上是成功的。主要表现在：对于新扩展的合营企业，一般的都能做到发动了职工群众，提高了他们的社会主义觉悟，改善了企业的经营管理和产品质量，并对资本家及资本家代理人进行了团结教育和改造工作；其次，对原有公私合营企业进行了整顿，树立了社会主义成分的领导，并对公私关系进行了适当处理，使私股权益得到适当保障。但还存在着一些缺点：(1)在进行企业改造时，对资本家及其代理人的改造注意不够，少数企业在人事安排上不尽妥当，有些企业，私方代表还未能“有职有权”“尽职尽责”。这问题应引起重视。(2)有些企业在合营后，不顾供销平衡，盲目增加产量，致质量下降。这是主观主义的做法，加重了供销平衡的困难。(3)对于原有合营企业的整顿工作做得不够，有的还未进行整顿，有些则整顿了尚未巩固。

在公私合营工作中，资本家的态度是不一致的。有的积极要求合营，并在合营后能积极的工作，目前这种人在增多，我们很欢迎这些人，希望他们更加积极，进一步发挥带头和桥梁作用。但亦有一些人把合营作为丢包袱的办法，而不去努力创造条件；还有一部分资本家用种种办法来抗拒社会主义改造，例如消极怠工、抽逃资金、用加薪的手段腐蚀拉拢部分落后职工，有的更加恶劣，破坏生产设备，抗拒把企业纳入公私合营的轨道，这些情况，无疑地增加了我们工作的困难。

二、几个具体问题

（一）关于企业合营前的公积在合营时如何处理的问题，工商界朋友有三种看法：(1)主张属于原来私方所有；(2)按照过去旧的惯例，企业招新股，旧股要打折扣，以优待新股，因此主张在合营时将公积拿一部分作为公股；(3)有的认为在合营时公私双方都拿出同样比例的数目作为公积，形成公私合营企业的公积金。本质上，第一、第三两种意见是一样的。

根据宪法的精神，我们认为企业原有公积金，在合营的时候，原则上应列作私股，但可根据企业原来的职工集体福利设施情况，经过公私协商，从公积中提出适当部分作为企业职工的集体福利基金。

（二）股东垫款问题：股东垫款，按其性质来说，与股东投资不同，但很多垫款都是长期的，大多已变成生财设备。如果在合营时大家都将垫款抽走，必然会削弱企业的资金，使企业生产经营受到影响，同时还增加了国家的负担。因此从全面来考虑，股东垫款在原则上是不应抽回的，一般即作为投资，如个别情况特殊，生活确有困难的，经公私协商同意，可予一次或分期归还。股东从别人挪借的垫款，亦应动员其转作投资，如确有困难，经公私双方协商后，一次或分期归还。

（三）公私合营企业的利润分配问题：公私合营企业的利润一般都比较高。根据1954年6月对94户的调查，1953年有盈余的716户，其中50%以上的户数，利润率在30%以上，有85户的利润率超过100%，17户竟超过200%，股东所得，有的分到四分五厘。

利润率高的原因：主要由于企业合营后工人劳动积极性有所提高，由于企业的经营管理有了改善，由于某些物资享受了国家调拨价的优待。

我们意见：公私合营企业的利润一般可按照“四马分肥”的原则分配，利润特高超过一般标准的，应经公私协商，多提公积。如果由于国家特殊优待（如原料由国家按照调拨价格供应，但产品售价并未照国家调拨价格计算）而获致超额利润时，对其确可计算的部分，应归国家所有。

合营企业的利润多数是分配的，问题发生在部分企业在分红的同时，动员私股将利润转作投资，结果私方未拿到现金。这种办法是不好的。在企业有盈余时，应按“四马分肥”的原则进行分配，私股应得部分，让其自行支配。如私方愿意，存入银行或投资，听其自愿，不应勉强从事。

（四）在合营企业中需不需要资方代理人，我们认为是需要的。因为在合营企业中，有社会主义成分，也有资本主义成分，既然有资本主义成分，既然有私股，就需要有人去代表他，如无资方代理人，则公私协商就有困难。资方代理人的作用在企业合营后显然有变化，例如不需要再代表资方去跑劳动局或国营公司，但从公私关系来说，资方代理人是不可少的，在社会活动上，亦需要他们去推动、影响其他私营企业的资方与资方代理人。对于资方代理人，应加强思想教育工作，在政治上和生活上都要加以照顾，他们的生、老、病、死等费用，可以比照劳动保险条例之标准，由企业开支。

（五）企业合营后，对于人的改造工作做得很不够，我们应按周总理在全国人民代表大会上政府工作报告的指示办事。对于资产阶级分子的改造，长远的目的是要把他们改造成为社会主义社会的公民，目前则以爱国守法，接受社会主义改造，接受社会主义成分的领导为主要内容，只有做好人的改造工作，才能彻底改造企业、彻底纠正唯利是图的资本主义经营方针。为了做好这方面的工作，提出下列几点：(1)公方必须贯彻国家对于资产阶级的合法权益政策（如人事安排、清产定股、利润分配等）。(2)企业内部应兴应革的事，尽可能的要在事前与私股充分协商，理由是：私方对企业情况熟悉，有经验。(3)根据资方的能力、职位，分配他们以适当工作，使其有事可干，有职有权。有困难应帮助他们解决；有缺点应指出；有错误应批评；有成就应表扬鼓励。(4)在合营企业中，对进步、中间分子固然要团结、教育，使用他们；对于落后分子，亦不应放弃使用和改造，应该争取他们倾向进步；对顽固破坏分子，要保持警惕，并采取适当的办法加以惩处。

（六）过去一年，各地扩展合营的原则是根据国家需要、企业改造可能和资本家的自愿来进行。在进行这一工作时，有些地方酝酿得较好，有些地方做得较差,因此,就有"政治合营"的批评,这种批评是值得我们注意的,政治方面当然要照顾,但其他条件也是要考虑的。希望工商联、民建会能协助推动,事前做好酝酿工作,使政府在扩展公私合营企业时,做得更周到些。

(七)去年合营一般是搞大的,方式是"吃苹果",各方面对此有些意见,认为大的合营后,中小的企业更困难。

在合营大企业的时候,必须照顾到中小企业,应有计划地逐行逐业进行安排。全业安排并不是全部合营。对于中小企业,可结合公私合营,有领导地进行私私合并,再搞公私合营,或由公私合营厂以大带小的办法,逐步吸收。有的行业,厂少而集中的,则可一起公私合营。至于那些设备太坏,没有改造条件的企业,则可有计划有步骤地吸收其人员,淘汰其企业。

(八)商业方面的公私合营问题:按照政务院颁布的公私合营工业企业暂行条例的规定,公私合营主要是工业。照目前的情况来看,在商业方面,公私合营不是方向。商业的改造方式,主要是代销及经销。

(九)增产节约委员会问题:工商界的朋友提议按行业建立增产节约委员会,这意见很重要,但这方面我们缺乏经验。上海方面正在着手进行这工作,将来在取得经验之后,可以逐步推广。

(选自《工商行政通报》第41期,1955年2月10日)

八、国务院关于扩展公私合营企业工作中的几项通知

国务院最近对1955年全国各地第一季度扩展公私合营企业进度情况和公私合营工业企业1954年度盈余分配等问题,发出如下通知:

一、根据上海、天津两市和河北等21个省的统计,第一季度公私合营扩展计划只完成了户数的3.07%七;产值的5.5%。从这个不完整的数字看,进展得很缓慢。究其原因,除第一季度若干行业生产困难,各地将主要力量投入了生产安排的工作外,全国扩展公私合营的计划和计划会议的正式文件下达较迟,也有一些影响。1955年全国扩展公私合营工作的任务,在户数上比1954年超过了2倍,地区分布较广,中小户数增多,因此,涉及的问题也较前复杂,任务较前繁重。如再不抓紧扩展工作,势必前松后紧,甚至可能草率从事,对此,应加注意防范。希各地妥善加以安排,以便按计划完成扩展任务。

二、个别地区在扩展公私合营工作中,把私营厂矿直接改组为地方国营,这就混淆了党对资本主义工业实行改造的最后目标与当前的政策界限,可能造成不良影响;而且采取这种作法,事前既未请示,事后又未报告,更属不当。应引起各地注意,并加以检查。

三、关于公私合营工业企业1954年度盈余分配问题,地方工业部和中央工商行政管理局曾在今年2月通知各地及时进行分配,并将分配结果及分配中存在问题上报,现除重庆市已将分配情况上报外,其他省、直辖市均未报来。

以上,希各地人民委员会督促有关业务部门进行一次检查,并将第二季度公私合营扩展计划执行情况,扩展中的主要问题和处理意见,今后工作安排,以及盈余分配等问题,均应及时报告。

(选自《工商行政通报》第51期,1955年7月12日)

九、商业部党组转报北京市棉布、百货全行业公私合营试点工作的报告

(1955年10月18日)

中央、毛主席:

商业部党组关于对城市私营零售商业改造的组织形式问题,讨论过多次,认为一年来在上海、北京、武汉、南昌等城市个别行业中试行的公私合营和代销方式,就对私商改造的效果来说,比批购、经销方式前进了一步。私营零售商改变为公私合营或代销以后,应建立必要的统一制度;必须制订进货和销货计划;必须明码标价,按照国营零售牌价出售商品;出售的货款必须当天解缴人民银行;职工也可以参与业务领导。在公私合营的企业中,国营商业并可以派干部直接参与领导和管理,既能发挥职工的积极性,又能运用原有好的经验,有计划地督促他们进一步改善经营管理和服务态度。但缺点是:过去仅就某一行业的个别户试行公私合营或代销,就出现合营户或代销户和同行业的其他私商之间营业极不平衡,增加我们统筹安排的困难,

因此这种做法,还不是对私商实行全行业改造的理想办法。为了进一步摸出更好的对城市私营零售商改造的组织形式,我们曾提出是否可以试行全行业公私合营的方式,并将这个意见向李先念同志口头汇报,经他同意后,即在北京先行试点。北京市第一商业局在北京市人民委员会、中共北京市委的领导下,开始在北京市西单区对全区私营棉布零售业和东单区对百货零售业 9 户进行公私合营的试点工作,拟取得经验后在全行业中推行。从试点工作的报告看来,工作进行是很顺利的,不仅职工拥护,资本家在职工积极推动下也赞成。这不仅是由于政治上的优势,他们认为合营以后有光明的前途,还由于社会主义商业控制了货源,对私营棉布和百货零售商业普遍实行了批购和经销,逐步促进了这些零售商业的并店联营,适当地调整了旧有的商业网,在并店联营过程中,已经进行了工资调整,进行了清产核资,建立了一定的制度,初步改善了经营管理。所有这些,就给今天实行公私合营创造了有利的条件。

从北京市棉布、百货公私合营的试点工作中可以看出:这是对私营零售商业进行全行业改造的较好的组织形式,不但可以统筹安排,而且可以从企业内部对私商进行改造。但我们认为以下三个问题必须解决:第一,是公私合营企业利润的掌握问题,也就是我们采取了合营方式以后,如何对资本主义商业实现社会主义改造,而不是让资本主义发展的问题,必须防止资本家借合营之名,获取更多的利润收入。公私合营以后,除了开支费用以外,给以一定的利润是必要的,资本家的股金收入一般亦可稍高于人民银行对私营企业的存款利息。合营以后,由于我们能派干部深入企业参加领导,为人民服务的经营方针逐渐增长和树立,合营企业的零售卖钱额必然扩大。但我们决不应允许随着零售营业额的增加而增加其超额利润收入,使资本家得到过多的利益。因此,我们认为:公私合营企业应该采取以现款按零售牌价向国营公司进货,而由国营公司给以一定手续费,来达到限制资本家的收入,这是一种经销形式、代销实质的比较好的方式。手续费的标准应根据销货计划、企业开支和一定的盈余在每年年初核定(一般的少于批零差率),如果企业盈余过大或不够开支,就可以在一定期限内酌情变更手续费,加以调剂。另外,为了启发资本家的经营积极性,公私合营企业除给国营贸易公司代销商品外,还可以根据市场需要,允许其直接向本市或外埠工厂或手工业户购进国营商业不经营的商品或者加工一部分商品,对这一部分商品的经营比例和利润我们应该适当掌握,必要时可以采取降低红利,增加企业公积金分配比例的办法,限制资本家获得过高的利润。由于我们对公私合营企业的经营和改造还缺乏经验,因此我们认为这些办法开始都可采用试行,总之要做到既可以保持合营企业一定的收入,对经营好的给予适当奖励,发挥职工积极性,充分利用其技术,扩大商品推销,又可以避免资本家获得过多的利润,防止发生挂着国家资本主义的牌子,实质上发展资本主义的右倾危险。第二,是从业人员的工资问题。近年来,不少私商在人民政府管理下,不能再采取压榨职工的做法,转而采取提高从业人员的工资,增加变相福利,贿买工人,分化工人阶级的做法。这就使得一部分私营商店(特别是大户)从业人员的工资,比国营商店的职工工资高。因此,在合营前,必须促使私商按国营商业职工的工资水平为标准,经过从业人员共同评比,作合理的调整,否则合营后会使我们和职工之间发生矛盾,使工作陷于被动。但是降低工资直接影响职工的生活,私营商业的工资福利问题又十分复杂,并且目前国营商业职工工资标准有平均主义的毛病,因此我们在评定私商从业人员工资时,应照顾他们的业务经验、技术能力、工龄长短、服务态度等条件,他们的工资标准可稍高于国家标准。并且不可一下降低过多,应该有领导地、有步骤地进行,很好地进行政治思想工作,不应简单急躁,致引起广大职工的抵触情绪。资本家薪金应适当照顾,一般可高于国营的干部,有代表性的和有业务经验的资本家可原薪不动或少动;资方代理人和资金极少的资方实职人员生活有困难时,可经过民主评议后进行补助。第三,是干部问题。合营以后,要使工作巩固和开展,需要派出政治上、业务上都强的干部,去参与领导合营的企业。除了由党委在其它部门抽调部分干部外,必须有计划地从国营商业和私营商店中抽出一部分党员、团员优秀分子,经过短期训练后,派到合营企业中去加强合营商店的领导。

北京市第一商业局在试点工作中,提出有关清产核资问题,机构设置与人事安排问题,工资福利与国营商业职工同等待遇问题,全行业合营的范围问题,我们认为其意见都是可行的。

附送北京市第一商业局关于棉布、百货全行业公私合营试点工作的报告。请中央审查批示，如认为可行，请批转这个报告给各省(市)研究参考。各省(市)如果具备一定的条件，经省、市委批准，也可选择一个城市，先在棉布、百货、或其他行业全行业实行公私合营试点工作，以便取得经验，全面规划，有计划地发展，以利进一步对私商进行社会主义改造。

附：北京市第一商业局关于棉布、百货全行业公私合营试点工作报告

一、公私合营试点工作进行情况

(一)1954年我们曾对大有粮店、瑞蚨祥布店、稻香春食品店、桂香村食品店、同仁堂国药店、南庆仁国药店、六必居酱园、天源酱园、天义顺酱园和永长顺酱园等较大的10户资本主义零售商进行了公私合营工作。这些商店公私合营以后，在对企业和资产阶级分子的改造，对职工积极性的启发，在满足消费者的需要等方面，都收到了一定的成绩，但由于我们所进行公私合营的是一个行业中的个别户，因此公私合营后一般营业额上升很多，对附近私商的营业影响较大，增加了我们对全行业统一安排的困难。因而以后就停止了对私营商业的公私合营工作。

今年上半年，我们在对私营商业的安排和改造过程中，由于私商本身资金、经营技术、地点等条件的不同和我们所采取的一些措施计划性不够，私商在行业与行业间，地区与地区间，户与户间出现了营业不平衡状态，一般大户发生了过肥现象。6月份我们采取了控制大户营业额的措施后，私商业务减少，国营商店忙不过来，资本家和职工表示不满。事实证明：单纯从营业额上控制的办法是不利于商品流转的，必须从提高社会主义改造形式来达到全行业的统一安排，因此在中商部及市委指示下，在目前私营棉布业联营并店的基础上进行全行业的公私合营。这样可以进一步加强对私商的改造，加强对私商的领导和管理，推动全行业的双重改造，充分发挥职工和资本家的经营积极性，全盘调整商业网，更好的为生产、为消费者服务。为此，8月份我们选择了西单区棉布店和东单区百货业9户，进行公私合营的试点工作。

(二)西单区棉布店全区原有14户(已合并为7户)，从业人员96人(内职工53人)，资产净值114826元(其中流动资金63000万元)，1955年上半年营业额共663018元，获纯益13948元，其中4户盈余14096元，3户亏148元。公私合营工作是在资本家酝酿提出全区并店的基础上进行的。东单区百货业王府、大华、中华、丽都、东升玉、同和成、大同、利新和德泰祥9户共有从业人员154人(内职工130人)，资产净值386795元，今年上半年营业额1859800万元，获纯益80410元，他们的经营技术较好，经验较多，部分商品的花色式样新颖，上半年他们都赚钱。

棉布业的费用开支已经普遍降低过，西单区棉布业目前平均工资为49元(包括伙食、福利，下同)，百货业的费用开支基本上还没有动，东单区百货业9户目前平均工资为73元，由于棉布业工资接近国营公司水平，采取了先合营后评定工资的办法。百货业工资较高，需先降低工资后再合营。西单区棉布店已自9月1日正式宣布公私合营，目前正进行清产核资工作，其他各区已做准备工作，预计在9月份内全部完成全行业的公私合营。东单区百货业9户降低工资的工作已达成协议，并在9月10日宣布公私合营。按目前情况看，棉布是统销商品，经营较简单，过去对各户的计划控制和管理较有基础，进行全行业公私合营是进一步进行社会主义改造的较好方式。百货业经营品种复杂，户数多，牵连面广，尚待从试点工作取得经验后，进一步研究推行。

(三)公私合营工作是在区委领导下，结合有关部门成立党组，由花纱布、百货公司出面进行的，现在已进行了以下工作：

1.降低工资问题：降低工资工作是一项复杂的工作，在合营过程中，由于有关部门的积极配合，资本家和职工认识到是大势所趋，进行较为顺利。东单区百货业9户目前平均工资每人每月为73元，其中最高143元，最低35元。评定工资工作是参照百货公司门市部的各种从业人员工资为标准，结合私商从业人员的工作能力进行评定的，正副经理由17级到19级(行政部门级别，下同)，正副股长由19级到22级，售货员由21级到25级，练习生由24级到27级，炊事、勤杂由23级到27级。评定后平均51元(不包括附加工资)，最高81元，最低35元，平均下降32%。按各户计算，因过去高低不同下降幅度有大有小，如王府百货公司原平均73元，下降为

50元,下降30%,利新原平均113元,降为55元,下降51%。西单区棉布店目前平均工资49元,最高65元,最低30元,基本上接近国营公司水平,但户与户不平衡,拟暂时不动,清产核资后再参照花纱布公司的从业人员的工资标准进行评定。依目前各户水平看,评定后有些户要提高,有些户要降低,按各人抚养的家庭人口看,降低工资后有问题的有3户,其中原华盛布店小业主1人每月支薪金65元,因家庭人口多,评薪后将不够维持生活,百货业大同(经营毛衣)是家庭商店,共有15人,合营后拟有3人参加经营,恐不够维持生活,均拟进一步研究解决。其他各户有的生活水平虽较前要降低,但生活是可以维持的。

2.机构设备及人事安排:西单区棉布店合营后,设立了公私合营西单区棉布店一处,根据便利群众购买的原则设6个分店,全行业合营后,拟设总店一处,各区设区店一处,下设若干店。在合营并店中,资本家除顾虑个人资产、地位外,还表现愿意保留自己的字号。

人事安排是资本家最关心的问题,我们对原企业的正、副经理根据工作需要和他们的工作能力,安排了适当的位置,西单区棉布店合营后,原经理、副理除到区店任经理、副理、股长等职外,其余基本上各在原企业不动,分任各店正、副主任,这样安排后,原华昌经理因年岁已大,调到区店任总务股长,扭转了过去随便不到柜的情况,而按时上下班了。原宏伦布店经理刘俊峰仍留任宏伦做主任后,他说:“只要不离宏伦,搞什么都行”。西单区棉布店合营后,区店设正副经理4人,经理由原恒兴祥经理李仲杰担任(同业公会副主委),公股派一副理,另2人由原丽丰祥副理刘维三和原华光经理郑明伦分任。各店除私方任主任外,由公股派副主任1人。百货业大户合营后,设正副经理4人,经理由原大华经理赵宜之(同业公会主委)担任,原王府经理马棣如担任第二副理,公股派副理2人,各店主任由留下来的经理、副理担任,公股各派副主任1人。西单区棉布店和东单区百货业9户合营后,对原企业的从业人员基本上可以全部安排下来,量才分配适当工作,其中只百货业1个职工因年老多病,准备退休,拟酌发补助金外,并吸收其子女1人参加合营商店。

3.清产核资:清产核资是资本家向我们斗争最尖锐的一环。商业中的固定资产虽较单纯,但我们对这一工作的进行是很慎重的。西单区棉布店由公私股代表和职工代表组成工作组,进行这一工作,现在资产已清点完毕,正由三方面分别估价中。根据目前情况,资本家对固定资产的估价有些是高的,我们干部则有宁低勿高情绪,如丽丰祥资本家对其家具估价1400元,我们估价900元,相差500元之多,经过多方面核对后,发现私股估价有些稍高,我们估价则一般偏低,这一工作尚需进一步依靠职工,并对私股和公股干部进行教育,本公平合理、实事求是的精神进行协商。百货业9户的清产估价工作正在进行。

关于公股的投资问题,除将现有原企业的逆股作为公股,计西单棉布业有逆股2500余元,东单百货业九户有逆股2.2万余元外(王府2.1万多元,大华300元),公股拟视需要再投资一部分。

(四)资本家和职工对公私合营一般是欢迎的。资本家在合营过程中基本上可分三类:第一类是积极拥护的,如百货业同合成经理祁志山说:“不管薪金多少,争取光荣第一。”百货业大户大华经理赵宜之和王府经理马棣如对公私合营也表现积极争取。第二类是“随大流走”的,如大同经理张爱五对赵宜之说;“你怎样走我随着你走”,本来他家庭人口很多(共15人),也参加了合营,利新也有这样的情绪。第三类是有顾虑的,主要表现在对合营后的生活待遇方面,如大华副理王长年看到国营公司工资等级表时不满说:“工人工资大是资本家造成的,个人开支大是父母造成的,我今后得节育,少生孩子。”并说:“这次我可惨了,得降下一半来,除去房租、伙食还有什么钱!”也有的资本家提出长支、公积金、盈余分配等问题向我们摸底。总之,资本家对公私合营一般是争取的,但对降低薪资有顾虑。在职工方面,经过党、团及工会干部和职工的动员教育,讲明资本家过去腐蚀、拉拢工人的恶劣行为,提高了职工的认识,绝大多数对公私合营积极拥护,并提出保证做好合营工作,对降低工资问题也表示服从。但少数负担较重的店员有顾虑。王府的职工高春桂说:“合营后我要吃窝窝头了,我就是吃窝窝头长大的。”个别职工也有说怪话的,如东升玉炊事员崔和说;“看谁不降谁是孙子,咱们比着降,哪怕落成五分钱,叫我老婆靠人也没有关系。”

(五)进行全行业的公私合营,需要我们派出大量的干部,仅棉布业全市估计需要七八十个分支机构，目前我们的干部力量是不能适应的。为了解决我们的干部不足，西单区棉布店及百货业9户合营后拟由职工中提拔部分党、团员积极分子为骨干，为了做好全行业的合营工作，除我们训练一部分干部外，请党委协助调配一部分骨干。

二、公私合营中有关几个政策问题的意见

棉布、百货两行业进行公私合营，在清产核资、降低工资和人事安排工作中，有关几个政策问题还不够具体明确，特提出请指示。

（一）关于清产核资问题

1.公积金处理问题：

私营商店凡执行"四马分肥"的户，一般都有公积金，如棉布业有公积金14.7万元，百货业有公积金10.9万元。在进行合营时，我们认为商业户合营前的公积金可参照工业合营原则处理，即原有公积金原则上列作私股，并应根据职工工资福利情况提取10%左右作为职工的集体福利及弥补借支与解决困难之用。但是，公积金的问题比较复杂，我们拟动员资本家将公积金转为合营以后的企业公积金，以后再研究处理。

2.盈余滚存处理问题：

私营商店的盈余滚存，其中有的只有资方"一马"，有的还包含着"三马"，因而情况相当复杂，棉布业有盈余滚存2.5万元，百货业有盈余滚存3万元。这些盈余滚存户，一般的资本家和职工都有借支。因而考虑到，属于"一马"的，除同意其提出作偿还借支外，余数列为私股，属于"三马"者，按三马分肥后，资方所得，除抵还借支外，亦列为私股，职工所得，酌情扣除借支部分，公积金部分，按上述公积金处理原则办理。

3.呆账及呆滞物资处理问题：

一般较老的商店，均有些呆账及呆滞物资。乍看，破东西烂账，不值什么，事实上这正是资本家抽逃资金的手段，呆账应该收回，物资应该变卖，因此列为"待处理"科目转入合营企业。收回现款时及时转作私股股本。

4.资方长支及劳方借支处理问题：

资本家长支，就是变相的抽资，同时资本家为了达到这个目的，收买、拉拢落后职工，鼓励其大量借支。在合营前对此问题应严肃处理，否则，对资本家抽资将起助长作用，因此，无论资方长支、劳方借支，原则上应如数追回。劳资双方偿还此项借款，除用公积金及盈余滚存所得部分外，不足时，可由本年截至合营前结算出之股东红利和职工福利奖金中抵拨。如资方仍偿还不清者，应从今后分得的红利中抵拨，但长支部分不计算股息红利，如属于大量抽逃资金，则应向其本人追缴。职工仍偿还不清者，可作为对原有企业股东的负债，避免我们和职工的直接矛盾。但职工如属于生活困难的正当借支，用上述办法仍偿还不清者，应适当予以照顾。

（二）关于机构设置与人事安排问题

1.机构设置及名称问题：

全行业进行合营后，应本精简节约原则设置机构，市设总店，区设区店，区店之下再设若干分店，市总店和区店，不经营具体业务。为了保留原有企业在历史上的商誉字号及便于消费者购货起见，我们认为商店合营后，除市店与区店外，其他商店均可保留原有名号，并都冠以"公私合营"字样。至于为了调整商业网，必须撤点并店者，两个字号不能同时保留，可协商解决。

全行业公私合营后，股东人数增多，加以今后拟逐渐作到以市店统一结算盈亏，因而有设置董事会的必要，这样对公私双方，协商人事安排，革新制度，分配利润都有好处，此外，对安排经理、副理有困难的资方，亦可从董事会人选中予以照顾。

2.人事安排问题：

对合营并店后的资本家，除少数年老有病必须退休另有照顾外，一般的均须妥善安排，尽可能保持原位不动。如原担任商店正副经理者，合营后尽可能安排其担负正副主任职。如因几户并店后，资方人数过多，难于安置者，可调到市店或区店担任正、副股长职。

对于资方代理人与资金极少的实职资方人员，凡经并店合营后已不担任正副经理职务与一般职工从事同样工作，而且态度较好，本人又要求参加工人队伍者，可准其归队。至于是否加入工会，则由工会组织根据其改造情况进行审查决定。

（三）关于工资福利问题

1.关于年老力衰的职工处理问题：对于年老力衰的职工一般应安置使用，怕背"包袱"的思想是不对的。如处理不当，会增加这些人对接受社会主义改造的顾虑，影响今后对改造工作顺利进行。这些人总的人数不多，而且有一定的业务经验。因此，

一般地均应安置使用;如个别确已丧失劳动条件自愿退休者,可按劳动保险条例处理。

2.工资福利的调整问题:

私营商业中工资、福利很不合理,同样技术作同样性质工作者,甲店与乙店就悬殊很大。应作适当的调整。调整意见如下:

甲、工资:公私合营企业职工工资一般地应与国营拉平,但须照顾到业务熟练、技术能力、服务态度、工龄长短等条件,评薪定级时应予照顾,并且不应一下降低过多。

乙、福利:合营后原企业各式各样的不合理的福利制度,应予取消,另由企业行政与工会负责研究建立与国营大体相同的福利制度,其费用由四马分肥中的一马开支。无此项基金者可预支,年终结算扣除。

(四)全行业合营的范围问题

一般行业,大都包括劳资户、合伙户、连家铺及摊商四个类型。我们认为进行全行业公私合营时,目前应先组织劳资户、合伙户;连家铺资金很少、人多,他们家庭负担很重,不愿合营,所以一般不应先组织他们,可在外面暂时用业务维持,创造条件。摊商原则上不组织公私合营,可组织联购联销或合作小组。郊区棉布业现划归郊区供销合作社负责改造,为了创造全行业合营经验,拟仍划归花纱布公司进行改造,摊商也由花纱布公司负责组织联购联销。

1955年9月27日

十、北京市资本主义工商业全部实行公私合营

北京市资本家在全国工商联会议后,接受社会主义改造的情绪空前高涨,北京市人民委员会即抓紧这一有利时机,趁热打铁,全面地迅速地推进了全业合营工作。1956年1月1日至9日,有资本主义工业企业1276户,私营座商1835户实行全行业公私合营。1月10日又有35个私营工业行业3990户(包括4至9人的小工厂),42个私营商业行业(包括饮食服务业)13973户,共17963户全部实行公私合营。从此,北京市的资本主义工商业已经全部实行公私合营,也是全国第一个全市资本主义工商业实行公私合营的城市。

北京市和区,都在中共市委和区委的领导下,成立了五人小组,专业局在中共党组领导下,成立了办事机构,来进行这一运动。各行业成立了行业公私合营工作委员会,由公方代表,资方代表和职工代表参加组成,具体进行合营工作。市工商联、同业公会也都协助主管业务部门进行资本家方面的教育动员和联系工作。

在工作的步骤上,是先将资本主义工商业全部实行公私合营。先批准挂牌合营;批准后即进行清产定股、人事安排等工作,以上工作基本就绪后,就立即着手进行经济改组工作。目前,已合营的企业,生产经营、从业人员一律照旧不动。这样做的好处是稳定人心,进展很快,快而不乱。对合营的申请,由区人民委员会接受,但采取集中开大会由市人民委员会宣布批准的方式,10日,17963户的实行合营,就是这样进行的。采取这种方式,显得非常隆重,到会的干部、职工和资本家都受到很大鼓舞,动员力量很大。对清产定股的工作,是正确执行"公平合理、实事求是"的原则,要求做到不重点、不漏点、不高估、不低估。具体做法是采取资本家自填自报,由同行业资本家组织小组相互评议,职工协助和监督,行业公私合营工作委员会批准的办法,以加强资本家的责任。这个办法实行情况也很好,资本家一般都填报得比较认真,而且也进行得较快。目前合营、清产定股、人事安排、思想教育等工作,都正在紧张地进行。

(选自《工商行政通报》第61期,1956年1月15日)

十一、中共中央统战部、国务院(八办)转发陈云同志对于私营工商业公私合营中的三个问题的讲话要点

(1956年1月27日)

兹将陈云同志最近在中央召开的关于知识分子问题的会议上,对于私营工商业公私合营中的三个问题的讲话要点转告你们,可以作为处理有关问题的依据,如果有不同的意见请报告我们。

第一,北京市公私合营的方法。北京市的方法是先收编后改组。工商业者天天敲锣鼓、放鞭炮,要求承认公私合营。按照原先的打算是先清产核

资、安排生产、企业改组、人事安排,做好了这些以后,再宣布公私合营。但是他们要求的很厉害,天天敲锣鼓,迎接公私合营,就只好倒个头,先承认了公私合营,再来进行清产核资、生产安排、企业改组、人事安排。我以为,在有了相当准备工作的地方,是可以这样做的。这样做了以后,不要以为公私合营的工作就完成了,而是刚刚开始。批准合营以后,必须逐行逐业地进行工作,把每一个行业的清产核资、生产安排、企业改组、人事安排统统做好。

第二,商业的公私合营中间,可以有一种经销、代销的形式。并不是企业合营以后都要实行定息,都向公家拿工资,可以有一种经销、代销的形式。北京市的坐商铺子,一共有2万户,真正雇用一个店员以上的不到1万户,1万户以上是不雇用店员的夫妻店。现在这些夫妻店都成了公私合营,其中很明显地有一部分是可以实行定息拿工资的,像布店,商品比较单纯,铺子也比较大。但是有极大的一部分,暂时只能够实行经销、代销。譬如在我住家的对面,就有一家杂货店,它的特点是:一是品种适合附近居民的需要,普通东西样样都有,它有文房四宝,也有针针线线,还有信纸信封,也还代卖邮票。二是可以零卖。譬如你要买信封,到百货商店一买就得10个、50个,它这里一个信封、两张纸都可以卖。你要买线,可以不用一团一团地买,2分钱3分钱都可买。三是它的营业时间不是8小时工作制,你半夜叫门买东西,他也起来开门。这样的店铺是完全适合当地居民需要的,如果在这种铺子里头,一下子改成工资制,每月拿35块、40块以后,那种晚上开门卖东西,3分、2分钱的零星生意他也就不做了,他觉得反正每月有一定工资,何必做这个麻烦事呢?所以,工资制的办法是不能刺激他们经营的积极性的。如果从经销的批零差价和代销的手续费来看,这实际上是近乎工资制的办法,这种办法,是可以刺激那种夫妻店的经营的积极性的。有许多店铺子,在一个长时期内,是要采取这种近乎工资制的形式的。

那么,既是要搞经销、代销,为什么又叫公私合营呢?经销、代销可不可以叫公私合营?我以为可以。现在是我们落后于形势,上次在中央召开对资改造会议的时候,还打算是资本主义的工商业实行合营,其他的都叫经销、代销,决议草案也是这样写的,开会的时候也是这样讨论的,但是,这个新形势来的时候,锣鼓鞭炮一齐来,大小铺子家家门口挂一块"迎接公私合营"的红布,天天递申请书,在这种形势下拒绝接受公私合营是不近情理的。夫妻店在北京市占私营商业的50%以上,如果只有资本主义的商店才有公私合营,夫妻店不公私合营,这样公私合营的数量就要少的多。尤其是中、小城市和小集镇,雇用工人、店员的很少,所以对这样大量的夫妻店要有一个办法。北京市的夫妻店觉得代销店不过瘾;叫公私合营代销店,从名义上看,比以前的国营商业代销店还后退一步,他们也不干,还叫国营商业代销店也不行,他们要求干脆公私合营,最后的结果,还是叫公私合营好。

我们对于这样大量的夫妻店,将来总有一个进一步改造的办法。将来既要改造,他们今天又来登门请求,我们就统统答应下来,统统管起来。管起来是有好处的。一管之后,连反革命分子我们也可以管到。因此,应该大胆地进行公私合营,趁此机会把它管起来。

为什么说经销、代销也叫公私合营?因为第一货源是我们的,它们不是国营企业的,就是手工业生产合作社的;第二它的经营计划大体上要受国家的支配;第三它要受专业公司的管理。这样,我们同夫妻店的关系就是一种公私合营的关系。但是我们应该对这些公私合营的夫妻店说清楚:我们可以接受你公私合营的要求,可是实行的办法现在还是经销、代销。要告诉他们,经销、代销是一种按件工资的办法,按件工资制度,在社会主义企业里头都要实行的。应该先把这一点讲清楚了再来合营。

第三,已经合营了的工厂、商店,在一个时期内,不要变动它原来的生产经营办法。这些企业,有它不合理的部分,但也都有合理的部分;而且每一个厂,每一个店所以能够存在,一定有它特殊的地方,它们哪些是合理的,哪些是不合理的,我们一时搞不清楚,如果变的快了,就可能搞错,所以暂时不要变。就是不合理的,一时不变,也没有什么大妨碍,等我们看清楚了之后再变。因此,就必须做到以下三点:头一点,保持原有的规格品种。好的规格、品种不能改变,要保持。第二点,不要随便去并厂、并店。以大带小并不是所有小工厂都要并,很多小厂制造的东西是很好的。调整商业网也是需要的,但是要经过很好的研究,有时候调整了,但居民却不满意,因为我们并不了解居民的需要,一定要经过研究以后再调整。第三点,不要轻易进行人事的改变和改变服务制度，这些都要慢一点改变。听北京市的同志说，一个行业刚刚合营了，我们的专业公司就下了个通知说什么工作制度是八小时。它原来晚上是开门的，我们搞八小时，怎样能行呢？马上要停止，不能这样搞。这种暂时不变的办法，才能使我们有时间去研究、考察，经过研究、考察之后，再去改组才能适当。又比如卖汤团、卖馄饨的，那一些小的担子，要不要组织呢？应该组织起来，但是这个组织的办法要很宽很宽，只要他们登记一下，宣布加入合作社就行了，他可以挂一个合作社员的牌子，还是照旧卖他的汤团、馄饨。如果搞起了合作小组以后，硬要他一切要照合作小组办，要开会，劳动要合理化，种种条件出来之后，他们的买卖就会做不成了。必须说明，我们在长时期内应该保存这种小贩的形式。

十二、地方工业部关于私营工业改造座谈会的报告

（1956年5月）

地方工业部于今年3、4月间召集了各省、市工业厅、局及部分专区、县、镇对资改造工作的负责同志，汇报了各地私营工业全业合营的情况，并着重讨论了当前生产情况和生产改组的问题。会后地方工业部将座谈会讨论的主要情况和意见报告中央。现经中央原则同意并已批转各地研究执行。兹将原报告刊载如下。

（一）

今年1月上、中旬，全国大中城市普遍掀起了资本主义工商业社会主义改造高潮，到了下旬，这一运动即已推向农村城镇。截至目前，全国大中城市和大部分省份的私营工业已全部批准公私合营，据初步统计，如果以1955年尚未公私合营的私营工业为基数，则1956年1、2月份公私合营户数约达70%，职工约达80%，产值约达90%，各地并在批准合营后立即着手进行了清产核资和一部分人事安排工作。

各省市党委都加强和统一了对这一运动的领导，许多省市都调配了很大一部分干部。经过短期学习后投入工作。运动中工人群众表现了高度的社会主义积极性，他们在推动资本家接受改造，做好清产核资工作和推动运动发展上，起了极大的作用，这一积极性很快地就表现到提高和改进生产方面来，开展了劳动竞赛，合理化建议，发明创造、改进工具、改进操作方法的事例大大增加，突破定额的生产小组和个人日益增多，工人劳动生产率的提高从百分之几到一倍至数倍的都有，不少过去次品出得很多的工人，把次品率降低以至降到最低限度，不少地区新合营的企业在春节假期一过，立即做到全勤，这是往年所未有的。全业合营后群众性的生产运动已经形成新的高涨。

资本家在运动中也表现了很大的接受改造的积极性，在清产核资中一般都表现积极，争取立功，对于把他们全部包下来的政策普遍表示满意，经过这个运动，许多中间分子走向进步，进步分子大大增多，落后分子比从前减少了。

但在这次高潮的形势下，一次批准私营企业实行合营后，有些地区发生了一些急于改组改造而放松生产领导的现象，由于有些干部存在急躁情绪，急于并厂集中，以致有的把服务、修配行业集中起来，使群众感到很不方便；有的把产品性质不同、工艺性质不同的（如羽毛球和金笔；电池、肥皂和轧花；手工捻线和机器合线等）合在一起；有的把两个相距几十里的工厂迁并到一起，造成了生产上的混乱；有的把个体手工业、家庭手工业搬到工厂集中生产，使他们的生产下降、收入减少；有的厂虽然应该合并，但由于没有规划或准备不足就实行并厂，也产生了厂房不足，机器安装不下，仓库不够用，原材料堆在露天，动力不足，工资发不出，以及工人离厂太远，交通不便，没有宿舍食堂，喝冷水、吃冷饭，睡门板、上厕所排队，干部不团结，工人互不服气等一系列问题。这些问题已引起各地注意，不少地区已进行了纠正。在国务院"关于目前私营工商业和手工业的社会主义改造中若干事项的决定"下达后，情况已经进一步稳定，集中并厂现象已经停止。现在的情况是：大部分省、市基本未动，动的只是少数，其中以辽宁、河南、黑龙江、安徽、陕西、云南等省动的面积较大。已经并厂的，并好和并坏的都是少数，大部分是好坏情况不明，还须继续检查。

总的说来，运动的发展是健康的，通过这个运动，新公私合营的企业不论在政治上、生产上都出现了一片新气象；证明了党对资本主义工商业实行和平改造方针是正确的。但在改组和生产中存在的问题，必须迅速解决。

（二）

今年地方工业的生产安排，由于去年农业的丰

收和社会主义高潮的到来，各行各业的生产任务一般都比去年有了增加，大部分可以吃饱，有些行业(如印刷、机械农具、玻璃杂品、木器制作等)有"吃不了"的现象，有困难的只是部分地区的少数行业。这是生产上的有利条件，也是对私营工业改造的有利条件。

但是，群众性的生产高潮起来后，生产上出现了一些新的情况和问题：(1)计划平衡问题。有些产品生产增加后，原料供应感到不足(各省、市反映供应不足的原料包括金属材料、化工原料、皮毛产品以及油料、烟叶等不下四五十种)；有些产品由于劳动生产率提高，在前后工序、主次工种之间开始出现不衔接、不平衡的现象；有些产品季节间的生产任务分配不平衡(如天津针织业第1季度任务占全年的30%以上)，或销路还没有把握(如烟、酒、双轮双铧犁)，目前生产增加很大，以后季度又有停工减产的危险。必须加强计划平衡工作，对于销路不确实或原料有限制的产品必须及时调整，防止盲目增产。(2)质量品种和生产安全问题。生产高潮中，一般企业在劳动生产率上提高的多，质量和品种改进的少(据天津第一轻工业局对75种产品质量的检查，1956年第1季度比1955年第4季度提高的18种，维持去年第4季度水平的30种，新下降的达27种)，事故也比去年增多。应该及时地把群众的生产积极性引导到提高质量、增加品种方面来，同时对产品质量进行一次深入检查，通过主要产品的专业会议，摸清质量不稳的原因，研究提高质量的关键所在，采取措施，帮助落后的赶上先进的并达到共同的提高，劳动保护和安全教育工作也必须相应地加强。(3)流动资金问题。私营工业本来资金薄弱，全业合营后赊欠关系停止，在生产任务增加的情况下，普遍感到流动资金不足，需要同时采取：(甲)行业内部调剂；(乙)人民银行贷款；(丙)交通银行下放流动资金；(丁)财政补助等几种办法来加以解决。(4)工商关系问题。私营工业全部合营后，商业部门的加工订货办法已不能完全适应生产发展的新情况，工商部门之间的争执增多，建议逐步采取若干根本性的措施(如改善原料的供应、使工商之间的计划衔接，把加工逐步改为订货关系等等)来解决这一问题。但在目前必须首先强调维持原来的供销关系不变，积极解决有关工商双方的各项争议，以便于逐步调整产供销关系。(5)修配协作问题。今年机械农具生产任务扩大后各地纷纷将铁工、翻砂等修配厂改组生产农具，部分工厂中的修理人员也被抽调，以致许多工厂机件坏了找不到地方修配，影响生产。建议第三机械工业部适当减少农具的生产任务，恢复原有的修配协作关系。

加强对生产的领导，正确地掌握和推动生产高潮的发展，是批准私营工业全部合营以后的首要任务，必须在原地生产和不打乱原有生产经营制度和供销协作关系的基础上，紧密地依靠职工和技术人员，充分发挥资本家的积极性，集中全力做好生产经营工作，这是进一步做好改造工作的前提。新合营工业小厂多，一般质量不好，在领导生产上必须紧紧围绕着提高质量这一中心，逐行逐业地制定质量标准，建立和健全操作规程和检验制度，解决有关质量的技术关键问题，并以此结合进行各项企业的改革。

(三)

这次新合营的企业，除上海有少数大厂外，绝大部分是小厂，每厂平均不过15人，从城市到乡镇，分布面很广。因此一般地存在着经济上、政治上的许多弱点，如设备落后，手工性大，工序不全，不能独立进行生产，经营管理混乱，劳动条件差，党团工会的基础薄弱，工人和资本家受到政治教育较少等等。对于这些小厂，合营后最迫切的问题是要搞好生产经营。为要搞好生产，有些是需要进行必要的改组，但是许多小厂并不是都要合并，有些是现在不需要合并，有些是长期不需要合并的。可以并厂的只是那些厂房设备有条件，先进设备可以代替落后设备和手工生产，工序可以平衡衔接，变厂外协作为厂内协作，以及集中生产而不致影响品种和供销协作关系的少数行业和企业，致于农村县镇工业是适应农村经济需要而发展起来的，行业少、户数不多，一般更没有并厂的必要。迁厂也应慎重，不要盲目乱搬。

因此，对新合营企业的生产改组，几年以内，可能是大部不动，小部调整，就是说：不迁不并的是多数，需要合并调整的少数，需要迁厂为数更少；而需要并厂的，一般说来：大城市多一点，中等城市少一些，专区和县镇应该基本不动。

生产改组是一项极为细致和复杂的工作，特别是由于小厂多而分散，情况复杂，需要摸清行业的情况，考虑多方面的条件，决不能贪多图快，必须做到只能改好，不能改坏，好坏的标志主要是生产的好坏，因此，在步骤上，应该是先抓生产，通过生产摸清情况，做好改组规划和一切必要的准备工作之后，才能有领导地进行改组。在方法上必须是分期、分批、有准备、有步骤地进行，不能采取运动突击的方式。

根据各地情况和经验来看，凡是：工艺性质相近或工艺过程相联的同一类型的产品，根据"以大带小，以先进带落后"的原则，采取平衡设备，集中使用技术力量，合理调整劳动力和加强管理等措施后，能够达到提高产量、改进质量和降低成本的目的，并在尽量不花钱或少花钱的条件下是应该并厂的。这样的并厂对生产显然是有利的。但在并厂中要注意保留私营工业中的名牌厂、名牌货、适合人民需要的花色品种、优秀的工艺传统和特种产品以及便利群众的门市部和各种优良的生产经营制度等等，原与私营工业有协作关系的家庭手工业，小厂业主的家属原来担任辅助劳动的，必须加以照顾，不使他们的收入减少。少数民族、宗教团体、华侨企业、外侨投资的企业必须结合党的政策慎重处理。

除少数行业和企业按照上述原则和条件可以并厂（集中生产，统一经营）外，其余的绝大部分主要是采取"联"的办法，也就是说，采取"原地生产，单独经营"或"分散生产，分别核算，或统一计算盈亏"的形式，先管起来进行企业内部的改造。需要并厂而厂房等条件不完全具备，也可以先采取"统一核算、部分集中生产、部分分散生产"的形式，有条件时再进一步集中生产。

为了保证改组工作能够有计划、有步骤、有领导地进行，各地应有全年分期分批改组的规划，各行业应有具体改组规划，需要并厂的应有具体行动计划，以便在改组前做好思想、组织、生产、人事安排和生活方面的准备工作。改组规划和行动计划应经过职工和资本家的讨论，并按照一定的程序，经过审查批准后方可执行。

为了做好新合营企业的生产经营和改组改造工作，加强干部、工人和资本家的教育，具有重要的意义。

目前，在某些干部中，对于生产改组的复杂性认识还不足，或者急于并厂，或者坐等半年后进行改组，而不深入抓生产，这些现象应引起各地注意，对干部和工人还必须加强统一战线政策的教育，以便加强对资本家的监督和教育，使他们从工作中得到改造。对工人除了应该有计划地培养和提拔一批积极分子担任领导工作外，又须要建立和加强党团工会工作，加强政治和技术教育。

（四）

目前在改造工作中还有以下几个问题需要解决：(1)工业与手工业改造范围划分，各地做法不一，有的把雇佣3人以下的手工业一律带进公私合营，有的4～9人的也走合作化道路。工商归口上也各有不同，如酱醋、糕点、食品等行业有归工有归商，建议作大体的规定。(2)据各地反映，清产估价虽有个别偏高，但一般偏低，似有必要对偏低的进行一次复查。个别地区曾采取增资、捐献等方式挤逼资本家非自愿地拿出一些房产、现金及其他生活资料，建议各地迅速彻底纠正，在原则上除个别特殊者外应一律退回原主。(3)此次改造中的小业主，不仅关心定息，更关心工作安排，因为工资收入是他们生活的主要来源。而且这些小业主中，有不少是有技术和经营能力的，他们今后在企业中工作是在专业公司的引导之下，工人群众的监督之下。因为他们懂得技术和有经营经验，因此应该将他们看作是一笔财富，而不要当作包袱，因此，各地应当注意人事安排，安排之后，应注意对他们的教育和使用。(4)新合营工厂工资高低悬殊，制度不合理，如果一年不动对生产不利，建议根据"高的不降，一般不动，低的适当调高"的原则在最近半年内做一次调整，各地应在第二季度摸清情况，提出方案以便中央统一考虑。(5)各地在建立专业公司中有机构重叠分散力量的现象，我们认为应区分情况：大城市工业行业多、户数多，可设专业公司；中等城市户数多的行业也可以设专业公司，户数少的行业可以不设；小城市及县镇可只设工业手工业科，统一管理工业和手工业。

（选自《工商行政通报》第69期，1956年5月25日）

十三、当前工商界存在的若干比较突出的问题

（1956年7月全国商业厅局长会议大会文件）

在陈云副总理报告之前，工商界一般认为最关心的就是工资福利和人事安排问题，其次就是工缴利润问题，因为这个问题影响生产的正常进行和工

资、定息的发付问题。当然工商界还存在其他一些问题，不过这几个问题根据各地反映材料来看，是最关心和突出的。在陈云副总理的报告公布后，情况起了变化，这些问题基本上可以得到解决，但估计工缴利润和公私工作关系问题将成为今后一个较长时间内工商界较关心的问题。

兹将当前工商界几个较突出的问题扼要综合如下：

一、关于定息问题

(一)主要情况

在陈云副总理报告前，工商界对定息问题主要有三种思想情况，即：

1.认为不一定会拿到，抱无所谓态度，特别是中小企业，更感到定息对他们关系不大。

2.所谓“坐三观四”，即根据工商业实际情况，只能取三厘，但希望能定四厘。这个思想在上海等大城市较有代表性。

3.见到合营后业务不断上升，开始有“争多嫌少”的思想。如南京前进印刷厂私方看到第一季度盈8万元，缴所得税2万元后，还盈6万元，估计今年全年能净盈24万元；因此，他们原来估计定息三厘，现在算一算，感到太少了，认为应当定五到六厘。其他行业也有人提出要六厘的。有的则认为过去几年来从未拿过红利，对企业积累资金贡献很大，因而也提出要定得高些。

自从陈云副总理的报告在报上发表以后，各地均感到皆大欢喜，特别像上海则感到“喜出望外”！例如有人说：“上海各行业没有一个有五厘资格的，真是出乎意料之外。”有的感到定息提高了，将影响上缴利润，今后一方面要完成上缴利润，同时要保证发息，因此，感到责任重大，必须更认真地搞好生产经营。有的认为“十年股息三年拿”，不要乱用，有的提议购买公债，有的提议在自觉自愿的基础上拿出一部分帮助中小困难户。

(二)存在的问题

1.老合营户认为吃了亏。

过去合营的户，有的采取定息，而且息率不到五厘，虽然今后可提高，但感到过去已吃亏。同时据反映，过去核资核得过紧，今后虽将息率提高，但因核定的资产不能调整，仍然较新合营的吃亏。例如老合营户上海闸北水电厂定息原为四厘，较其他同业定得高(其他同业为二厘到二厘半)，据说主要因其核定资产时原3000万元只核定为945万元，所以将息率定得较同业高些。现在一律提高为五厘，但该厂资产重新核定或调整认为不可能，感到仍是吃亏。

2.定息虽高，但核价过低。

问题反映在非生产用的房地产估价问题上，据说一般这方面的资产估价特别低。例如上海某毛纺厂房地产残值13万元，作价只3.5万元，因此工业方面都有不满思想反映。

二、关于工资福利问题

(一)主要情况

一般中小企业最关心的不在定息问题上，而在工资福利问题上，这一问题所关系到的面较大。主要情况如下：

1.收入不够维持生活，要求从速调整。综合各地所反映的情况：

(1)原来一般工资较低，过去靠长支补贴家用和生育疾病医疗等开支，合营后维持原薪，长支又不可能。这部分人认为合营后业务好了，不调整工资劲头提不高。

(2)不少人过去为克服企业困难减薪，生活困难，要求恢复原薪。这个问题也较普遍，例如上海机器工业反映，去年业务差，60%以上都降低工资。降低时有三种不同情况，一种是经过劳资协商、订立协议，说明在业务好转时即恢复原薪，目前对这一种情况减薪的已恢复。另一种是资方带头减薪，但有的劳方则未减。此外，第三种情况是有钱就全付，没钱就少付或不付。可是目前后两种情况公司说一律不恢复，有困难可提出。一般反映，认为应根据实际情况恢复原薪。

(3)有些中小企业过去资方未规定一定的薪给标准，要用就向企业支取，合营后则暂支生活维持费；有的虽原有工薪定额，但合营后也只暂支维持费。因此，收入较前减少，要求从速调整薪给标准。

(4)企业经过改造，评定的薪给过低，生活发生困难，过去转业的批发商在这方面意见更大；小商小贩直接过渡至国营或合作化后，也存在工资过低的问题，要求从速调整。

2.同工不同酬，感到不合理。一般私方人员按原薪支薪，由于过去行业工资高低不一，因此，低的就不满，认为薪津与职位不相称，不符合“按劳取酬，同工同酬”的原则。这些情况在统一计算盈亏的业户间显得更为突出。同时,在私方与职工间也显得不平衡,有的私方的工资高出职工和公股代表甚大,私方感到不安;有的则负责私方人员的工资较一个普通的职工还低,甚至比职工少一半,影响生产经营情绪。

3.薪给较高的顾虑工资改革和调动工作或经济改组,怕降低薪给,这同薪水低的要求正相反。但在调动中据反映一般降低工资的占大多数。例如杭州印刷业部分私方人员调至厂里,薪金随工作调动作了调整,其中增加的只有3人,而减少收入的有16人,减得最多的达原薪43.47%,以致引起一般工商界的不满和错觉,认为调动工作就要减薪。

4.各地对私方人员的福利待遇不一。如南京市为照顾私方人员生活困难,采取福利、补助、借支等办法。私方人员一有困难即向企业行政提出,都能及时解决。该市工商界由于合营后在业务上、生活上解决了困难,因此,困难面已从原来80%降低至2%。但有的城市则反映,医疗和子女教育费无着;有些私方人员不愿加紧工作,害怕患病,因在患病期间不仅医疗费无着而且还要扣薪。

(二)存在的问题

陈云副总理报告后,一般均甚兴奋,认为政府的照顾是无微不至的。但还存在如下几个问题:

1.对报告中"企业核定资产在2000元以下",系指个人还是指一个企业,感到还不明确。如系指企业则照顾面很小,如系指个人,则照顾面又似乎较大。又如果企业合并以致资产超出2000元,是否还能按这办法享受待遇?如果说不能,则合并起来的私方人员就会感到不满。

2.倒挂户及资产恰巧在二千零几十元的户如何处理问题。过去政府为了照顾倒挂户曾给以几千元的资金(如有一厂给以3000元),当时认为政府的确照顾,现在因不能享受劳保待遇而反感到冤枉了。又有的户资产仅2030元,希望政府对这些户放宽尺度,同样适当照顾。

3.有的把陈云副总理报告中所指出的资方人员认为包括资代在内,因此提出有些厂的资代已享受比照劳保的待遇,但资产超过2000元,今后是否要倒回去?所谓资方人员是否包括资代?请中央解释,否则对资代积极性影响很大。

4.有人并提出"工资宕账问题"及"家属工资"问题,都希早日明确解决。

三、关于人事安排问题

主要存在着下列几个问题:

(一)副职较多的问题。有些城市安排正职的较少甚至没有,私方人员中间有条件担任正职者,也不放手安排为正职。(上海即有此反映)对于这一问题,在陈云副总理的报告具体贯彻执行后,当可有所改进。

(二)不能做到"人尽其材"的问题。主要表现在下列两个方面:

1.安排的工作没有很好考虑充分发挥私方人员的作用,原担任经理、厂长的,却分配做过重的体力劳动,如写蜡版、搬运笨重物件等。又据武汉反映,对过去转业的批发商在工作安排上更受歧视,认为很多安排得并不恰当。

2.安排工作没有考虑私方人员的实际才能、业务经验与志愿。例如上海唐拾义药厂的资方代理人黄益寿,原来是学医的,缺乏企业业务经营能力,他本人不愿担任行政负责工作,合营时他曾填表说明他的第一志愿为医师,第二志愿担任化验,但仍安排搞行政工作;又如武汉市反映,原熟悉五金业务的人,很多调往搞煤建公司。

(三)歇业户纷纷要求安排就业的问题。他们反映"先跑先吃亏,后跑占便宜"(上海等地均有此反映)。

(四)人事尚未明确的问题。认为没有任命,"名不正、言不顺",不敢大胆负责(武汉化工业、仓库运输业等反映)。

(五)原来不在职股东要求安排工作就业问题。

(六)调动人员时事先没有联系的问题。主要有下列两种情况:

1.事先与被安排的人没有联系,以致安排不恰当。

2.事先与调动单位没有联系,没有考虑该厂店的实际情况,以致将在该企业能起作用的人调走而调到另一企业不能起更多的作用,反而影响业务。

(七)一般反映不愿意安排在本企业的问题。有的因看到自己的原有资产,感到"触景生情",留恋私有制,因此要求调走(南京反映);有的则因企业劳资关系不好,在原企业工作劲头提不出来(上海反映)。

四、关于公私工作关系问题

主要存在着下列几个问题:

(一)私方感到政治上受歧视。除了感到会议不能参加,文件不能传阅,对外不能接谈,职工搞工作瞒着他们等受到歧视外,更特出的就是武汉市原戴华记颜料号老板安排在中联厂内工作,厂里失火而戴竟被诬陷(据说因为戴是转业批发商)。结果经公安部门查明实系某职工并加逮捕后,才未被牵累。但最近戴参加业余政治学校,请假两次,竟被扣工资两天;参观苏联展览馆也要作请假论,劳动节也未准出去。一般工商界对此颇不满。

又如上海诚孚铁工厂合并后,有些私方人员曾反映对生产上和人事安排上的意见。但厂内即广播称"不法资本家进行挑拨离间"等一类说法,使私方人员再也不敢提意见,而只在公会纷纷发牢骚。

同时各机关有事只找公方或职工谈,而当私方人员接谈时也不受重视,因此思想上很苦闷,认为处处"不吃香",受歧视。

(二)私方感到有职无权的问题。认为情况不能了解,上面命令下来,下面(指职工)又推不动,但责任要负,感到是"吃夹心糖饼"。武汉市反映,私方人员是"孤军作战"(上海称"四面楚歌"),总是常常碰钉子,认为"光吃熏鱼面"(意即吃批评受训斥)不能解决问题。公方是外行,态度生硬,偏听职工一方面的话,只要职工说不行,私方就没办法;但对上面的指示又不能还价,责任却要负;其他城市也有这一反映,如上海市有人想退休,感到搞工作无兴趣。

(三)关于工作忙乱,报表过多,会议过长,感到时间不够用,精力和能力跟不上的问题。各地普遍有此反映。

(四)对公方代表所谓"就地取材"(意即从本企业职工中提拔为公方代表)的问题。一般对此并不反对,但希望"易地使用",认为本企业职工担任公方代表不如从外面派来的"生面孔"好共事。

(五)企业内私私之间互不服气的问题。上海、南京等地均有反映,并认为由于私私间的不团结,也就增加对公方代表的猜疑,影响公私工作关系的不正常。因此,这个问题也应引起各方面的注意。

五、关于工缴利润问题

(一)主要情况

工缴利润问题过去系公私关系问题,目前已基本上转化为工商关系问题;但由于私方人员仍负有企业行政管理的责任,一方面要完成利润上缴,同时工缴利润对工资与定息的发放,以及福利待遇的改善都有密切的关系。所以,私方人员对这个问题也就愈来愈重视起来。现在一般反映工缴利润有很多问题,这不仅在大城市如此,即中小城市也有此反映。

(二)存在的问题

工缴利润的问题是多方面的,现将较突出的综合如下:1.工缴利润过低,以致亏本。例如上海市印染工业反映,该业在今年3月份以前生产正常,自3月份以后由于调低工缴,有些工厂都亏本。又如长沙市反映,打稻机每台加工费只6元多,要贴本3元。

2.调整不宜过快。上海市反映,不断调整工缴在过去是限制资方的剥削,在今天是促使生产的不断改进,这是正确的。但应严格贯彻中等先进标准,让大家能有透一口气的时间,如果调整过快,则落后厂既跟不上,中等厂会感到透不过气来,而先进厂也会感不到兴趣,对刺激生产反而不利。

3.工商利润相差悬殊,影响生产。例如上海市反映,安安蓝工业净利每担只76.7元,而商业毛利达370元,以致售价比进口货还贵,纺管局就因此很少采购。长沙市也反映该市存在着工业利润过低而商业利润很高的现象。该市有的商业部门并以拒付货款强迫工业降低货价,如铬酸每吨价7000元,商业利润就有2800元,而加工利润每吨只6元。该市机械工业部要直接订货,但化工原料公司不允。

4.验收问题。这一问题同样能影响工缴利润问题。因为即使工缴利润合理,但由于验收无科学标准,常发生好货验成次货甚或返工,以致造成亏损,工缴利润无着落。

5.任务和花色品种规格常变的问题。由于任务不正常,或花色品种常变,生产技术无法掌握,但商业部门对工缴利润的核算并不考虑这些因素,因此,一般认为不合理。有时任务增加,工缴利润即行核减,但任务减少时,工缴利润却从此就不提高。同样,花色品种规格有改变,成本提高,但工缴利润未相应地提高。

6.试制新产品的工缴利润问题。较突出的,据上海市染料工业反映,有些新产品商业部门核定工缴时系按照大量生产核算,如新产品玫瑰红色基核定工业利润每担仅58元,而商业利润却达400元;没有照顾到试制的新产品还不能大量地和正常地生产,缺乏把握,同时试制时损失也较大。长沙市对此也有反映,认为工缴利润太低,无力试制新产品。

针对上述这些问题,上海有些工业部门拟考虑由自己核定出厂价格。

六、关于经、代销户的问题

主要有如下几个问题:

(一)资金问题。一般感到缺乏资金,甚至完全没有资金。所谓"资少人多(指家庭人口),营业清淡"。据长沙市反映每月平均每人收入不过4元多(指困难户)。

(二)货源问题。这里包括着货源缺,花色品种不齐全,搬运和保管不善以及分配不当等问题。

(三)销路问题。这一问题与下列几个因素有关:

1.与农民消费者的关系,特别是中小城市,更有直接的关系;由于农民已不大进城购物(主要因零售网逐渐下乡),影响了一部分的销路。

2.与合作化的关系。

3.国营、公私合营的影响。虽然国营和合作社为了照顾经、代销户而让出一定营业额,但由于国营与公私合营企业规模较大,品种较全和质量较优等关系,一般消费者还是不愿上经销、代销户去购货;同时由于国营与合营企业开展社会主义竞赛,也影响了经、代销的业务。

4.商业网分布不合理。虽然给以营业额,但仍营业清淡,所以还需考虑调整商业网,进行经济改组。

5.价格问题。目前价格有些混乱,有国营的牌价,有合作社的价,也有农民直接出售的价;而合作社又常自动调低售价,以致各方面售价不一律,影响业务。据湖南省反映,该省供销合作社联合社按批发价零售,对经、代销户影响很大。此外,一般反映批零差价或手续费订得太低,影响经营积极性。

(四)银行贷款问题。小户贷款困难,借款无门路,同时反映贷款手续麻烦,尺度与期限过紧等问题。

(五)批发起点问题。一般反映起批点过高,影响经销户进货。

(六)与摊商间的矛盾。摊商常贬价竞售,感到挤了坐商。

(七)合营户与经、代销户进货上有差别待遇的问题。有些公司干部思想上认为合营户的利润是上缴的。经、代销户只要给维持就行了。因此,在进货方面发生差别待遇,甚至造成合营户发生积压,完不成计划,而经、代销户货源不足的不合理现象。

七、债权债务处理中的问题

(一)反映的问题

1.零星债务难于解决。零星债务数小面广,虽经过一再协商,由于没有现款,对方又不要股票,因而难于及时解决。(武汉、重庆)

2.能否以公债抵债的问题。公债条例规定公债不能抵债,但有的业不抵债户没有流动资金,须动用公债,希望明确解决办法。(重庆、保定)

3.担保赔款的规定不明确。债权债务处理办法中,对担保赔款问题究竟如何处理,没有明确规定。(重庆)

4.与合作社企业及调离他方的工人协商有困难。转入合作社的同业,有的不愿接受区会协助处理,有的没有学习债权债务处理办法,不重视,因此协商有困难。对已离厂他去的工人,难于找到,也无法进行协商。(上海、重庆)

(二)意见与要求

1.对于零星小债务,因没有现金,不能解决,债权人时来催索,影响工作情绪,希望专业公司或合营商店协助,暂垫少数现金,以便及时解决。(重庆)

2.对外埠营业赊欠,应优先偿还,希望新企业协助解决一部分或通过工商联与外埠联系解决,以免影响货源。(武汉、重庆)

3.希望能够以公债偿还债务。(重庆、保定)

4.账外投资户以房子已投了资,资债相抵有余,希望新企业代为偿还。(重庆)

5.资大于债的企业,对于所欠工资,不论生产工资或停工工资,均应付给,否则减付工资,资产增大,是加大剥削,这是不合理的。(重庆)

十四、国务院第四办公室关于公私合营工业改造汇报会议的报告

(1956年8月24日)

国务院第四办公室"关于公私合营工业改造汇报会议的报告"经中共中央同意,并已于8月24日转发各省市研究,参照执行。兹将报告刊载如后:

国务院第四办公室于7月10日开始，先后召开南、北各省市工业厅(局)长汇报会议。会议反映的主要情况和问题如下：

一、各省市生产改组的情况不同，一部分地区，根据“大部不动，小部调整”的精神，稳步地进行了和进行着改组工作，一般是先联后并，并得较少(如上海、天津、山东、武汉等地)。另外一部分地区根据当地生产需要和经营管理情况，有计划地进行了一些并厂工作，有的合并了1/3左右(如湖南等省)；有的合并了1/2左右(如北京、吉林、黑龙江、贵州等省市)；有的合并了2/3左右(如安徽、辽宁、河南等省)。这些工厂大部分是在第一季度合并的，也有一部分是在第二季度合并的。

据各地汇报，在已经合并的工厂中，基本上并对了的占多数，有一部分并得过早过急，还有少数是并错了的。除了已经合并的以外，其余的目前还是采取“联”的形式，也有的是单独合营。

第二季度各省市以搞好生产为中心，开展了劳动竞赛，调整与充实了管理机构；建立了一些必要的制度。

有的地区过早地撤销了对私改造工作机构，干部调做其他工作；在对私改造工作方面，有些松劲的现象。

二、目前在公私合营工厂的管理分工方面，有一个行业分由几个部门管理的情况，在生产计划、供销安排、改建扩建等方面有些脱节现象。在大城市工业局(包括专业公司)和区委之间对企业的领导分工，有的还缺乏具体规定，有的虽有规定还不明确，问题不能及时解决。此外，对联起来的工厂的管理办法、工业专业公司的经费来源以及业务改进委员会的机构和任务等方面也提出了一些问题。

三、在生产经营方面，存在的问题首先是工业和商业之间存在着若干急待解决的问题，主要是全行业公私合营，特别是实行定息之后，商业部门如何及时地改变过去对私营工厂的加工订货办法(过去这些作法是有作用的，必要的)，以适应生产关系的变化，促进生产力的发展。

其次，是资金困难。很多公私合营工厂，在私营时期资金就有困难，公私合营之后，联销关系和预收订金没有了；随着产量扩大，流动资金需要增加；1956年上半年定息即将发放；过去拖欠职工工资需要归还；若干劳动条件和职工生活问题急待解决；同时，在生产改组中也需要一部分改建扩建投资；这些，都是迫切需要解决的。

第三，是原材料供应不足，如钢材、水泥及化工原料等尤为紧张，影响了生产和基本建设。部分新公私合营工厂所用的国家分配物资，须按市场价格采购，其产品则按调拨价格卖给国家，因而长期赔累。

第四，是机器修理困难，因为私营时期很多设备就很落后，加之生产任务紧张，修理任务增大，若干机器修理厂改做别的产品，以致机器修理工缺乏，修理机器的原材料也没有着落，若干危险锅炉(有人称为“定时炸弹”)还在继续使用，企业管理人员对此顾虑很大。不少机器缺乏防护设备，随时有发生事故的可能。

四、公私共事问题：有些企业公私共事搞得较好，资方人员在工作和学习方面，都比较积极，但目前的主要情况是若干在工厂担任工作(尤其是负责工作)的资方人员，有所谓：“一脚门里，一脚门外”、“真主意、假商量”的说法，很多资方人员是有职无权的。资方人员怕碍事、怕公方不信任不支持、怕工人有意为难、怕犯错误、怕丢面子、怕负责任等。公股代表怕丧失立场，不敢和资方人员打交道、怕党委和上级领导不支持、怕职工群众有意见、怕资本家钻空子、怕不懂业务出洋相等。有的公股代表说：“我所处的地位是起早了得罪丈夫，起晚了得罪公婆，左右为难”，“哪些应当有所不同？哪些应当一视同仁？不明确”。党政工团对资方人员的看法不一致，有的职工对资方人员担任负责工作思想不通，有的反映：“过去资本家压迫我们，现在仍然领导我们”。资方人员在日常工作中，看文件、报表，参加会议等方面，还没有比较具体的规定，执行中有很多困难。

五、职工生活问题：目前亟待解决的问题是部分工人的工资很低，某些小厂的工人医疗费用和病假、产假工资不能解决，家庭生活困难得不到补助。在私营时期拖欠职工的工资，清产核资的时候，已经划归企业负责归还的，有的至今仍未归还。

上述问题，经过会议研究，集中起来，有以下几点意见：

一、生产改组问题

(一)目前各省市应该首先对改组后的工厂进行一次全面的检查，主要是看生产情况，人事安排、职工生活与劳动条件以及满足社会需要、为群众服务等方面有无问题和问题大小。对那些并得对的工厂,要抓紧改进和提高生产这个环节来加以巩固和提高。对那些准备不足、条件不完全具备而并得过早过急以致厂房宿舍拥挤,职工生活劳动条件太差、管理混乱、生产下降的工厂,应该积极地采取措施加以解决。对那些不应该合并而合并的工厂,应该根据行业的特点和具体情况,有计划地适当地分散;少数需要而退回原状又没有困难的,也可以退回。对那些基点厂选择不当或联得不妥,对生产不利、管理不便的也应当作适当的调整。

必须看到,随着人民物质文化生活水平的逐渐提高,不仅要求提高日用品的产量和质量而且还要增加品种和花色。为了供应人民以更多的、更好的、更多样的日用品,工业方面就不仅需要有很多的工厂比较固定地生产大宗的产品,而且还要有若干工厂能根据市场需要,机动灵活地改变自己的产品。应当承认:在过去合并工厂的时候,虽然做到不减少甚至还可以增加品种和花色,但是在将来改变产品的时候,小厂是比大厂更为方便的。因此,在今后的生产改组过程中,应当尽可能地保留相当数量的,具有一定生产技术条件的小厂,以适应日益增长和变化的市场需要。

(二)目前正在进行改组和制订改组规划的地区、行业,除了对少数困难的行业、企业先进行改组有利于克服困难外,应该及早按行按业定出全面的改组规划,积极准备和创造条件,因地制宜,采取不同的改组形式,分批分期地稳步进行改组。

(三)今年下半年各地除检查处理改组中的遗留问题和继续进行改组外,在已经初步改组的工厂中,应该根据新公私合营工厂的生产需要和企业特点,调整组织、保留合理的和建立必要的管理制度,逐步加强生产管理。同时,选择典型,研究和总结怎样领导新公私合营工厂生产的经验,以及进行企业改革和私方人员改造的经验,特别是在“联”的形式下基点厂应该怎样管理生产、进行政治工作的经验;并结合长远规划,着手研究一、二个行业的发展方向、技术改造、干部培养、职工和私方人员的教育等问题,拟订进一步改组的规划。要求各省市在下半年内对上述各点都要总结出一个到几个典型材料来。

(四)采取“联”的形式的企业,原则上一律定息,但是少数带入合营的连家厂、修理摊贩等,因为家庭辅助劳动不能安排,或者定息以后会影响其生产经营积极性的,是否可以暂不定息,采取由其自负盈亏的办法(实际上是计件工资),请各地加以研究。

(五)公私合营厂和地方国营厂合并,在政策步骤上,应当慎重研究。凡是合并的一般以挂公私合营的牌子为好,但公私合营的小厂并入地方国营工厂,经过省市研究,将地方国营牌子改换为公私合营牌子确有困难的,也可以继续挂地方国营牌子,已经挂两块牌子的,可以不变。挂地方国营牌子的,其投资、利润、计划、统计等按地方国营厂的办法处理;挂公私合营牌子的,按公私合营厂的办法处理(并入地方国营的公私合营厂其利润上缴和基本建设投资都应转给地方财政,并入公私合营的地方国营厂其利润与投资亦应转给交通银行);挂两块牌子的,由当地人民委员会决定按哪一种办法处理。

(六)中央各工业部门和各省市应当及时交换长远规划的初步意见,以便恰当地制定生产改组和技术改造的规划。

二、对公私合营工业的管理问题

(一)一个行业由几个部门分头管理的,建议由省市平衡机关(或由人民委员会指定的机关)负责对全行业的产供销安排和生产能力的平衡。

(二)各地工业专业公司多设少设、设与不设的情况不一,意见也不一致,关于这个问题,需要慎重考虑,请各省市加以研究。工业专业公司直接管理企业,所需经费暂仍由所管的企业(包括地方国营和公私合营企业)摊提(不超过总成本的千分之一到千分之五)各项开支制度,按照企业的规定办理。

(三)大城市和工业较多城市的区一级行政机构,是否可以管理一部分工业,请市委决定。

(四)采取“联”的形式的公私合营工厂,必要时可以由基点厂和有关厂的干部、私方、职工代表组成民主管理委员会,负责研究生产安排和生产经营中需要解决的问题。单独合营和已经合并的新公私合营工厂,也可以成立民主管理委员会。

(五)工业厅、局和专业公司在1956年下半年应当典型试办业务改进委员会,吸收有经验、懂技术的干部、私方人员和职工参加,取得经验后逐步推广。

三、生产经营问题

（一）选购自销和代销问题：会议根据陈云副总理在这次人民代表大会上关于工商关系的发言，讨论了选购自销和代销问题，提出了一些意见，转请有关部门考虑。

（二）工业和商业之间的问题：中央工商有关部门最近联合签发一个有关这个问题的通知，对目前需要解决的一些问题，作了若干规定。各地工商部门应当在当地人民委员会的领导之下，坚决贯彻执行。

（三）关于公私合营工业企业的流动资金和基本建设投资问题：

(1) 公私合营工业企业的财务应当按照国家规定受交通银行监督。中央和地方公私合营工业企业的利润、折旧等收入和基本建设等支出，应当按照国务院（五、八办）批准的“对公私合营企业财务管理的若干规定”通过交通银行办理。

(2) 各省市的公私合营工业系统的收入（包括专户资金），应当尽先按照国家计委核定的指标，用于拨付基本建设和新产品试制、技术组织措施、零星购置费三项费用投资；其次按照预算中已经核定的财政任务数上缴地方财政；再次按照交通银行总管理处提出并经批准的资金调度方案由交通银行进行调度；然后再按照流动资金计划（以工业厅、局或公司为单位会同交通银行核定）拨付流动资金。流动资金不足的部分，首先由工业部门自己设法解决；解决不了的，请人民银行贷款解决。

(3) 公私合营工业需要支付定息、补发工资、归还由企业负责的拖欠职工工资、补提附加工资、补提企业奖励基金、工业专业公司经费、资方训练班费用等，除由企业自己设法解决或由专业局或公司统筹调度外，如仍有不足，建议由人民银行给予贷款。这些开支，应当分别按照规定列入核算项目之内。此项贷款，经工业厅、局或工业专业公司统一做计划，保证还本付息，由企业或工业专业公司、工业局向银行贷款。人民银行在这些贷款的使用范围上不要加以限制，也不需要抵押，贷款的时间适当延长，利息适当照顾，手续尽可能简化。

以上各点只是为了解决 1956 年下半年的紧迫需要。各省市工业厅、局应当会同财政厅、局在 1956 年 8 月份召开公私合营工业财务会议，研究支付定息、改建扩建投资等开支以及建账等问题。

（四）1957 年可否将公私合营企业的流动资金、上缴利润、基本建设投资（包括为了提高产品质量而添置检验设备的投资）等列入省市计划，以及货物税、商品流通税的征收问题，建议财政部作统一的研究和规定。

（五）建议国家经济委员会和各省市考虑在编制 1957 年计划的时候，将地方公私合营企业的生产计划和分配物资的申请计划，包括在省市的计划之内。

（六）关于机器修理问题

(1) 目前各城市的危险锅炉急需修理，地方工业的机械厂应当在今年下半年内替本市的危险锅炉作一次普遍的检修和必要的更换。本市不能解决的，请第一机械部的有关工厂在技术上加以支持。修理锅炉所需要的器材，由省市在申请的分配物资中调剂解决。

(2) 农具任务核减之后，请各省市在机器工业规划中，将机器修理的需要规划在内，原来从事专业修理的，在改组中要注意恢复和发展以往的协作关系，满足各个专业的修理要求。有修理能力的手工业生产合作社，也应当担负一部分修理任务。

四、关于公私共事问题

（一）应该认识资本家中间大多数是有生产技术知识和经营管理能力的，是社会主义建设所需要的。几年以来，资产阶级分子已经得到了一定的改造。在全行业实行公私合营和定息以后企业的性质已经起了根本的变化。绝大部分的资本家表示愿意接受和平改造的政策；虽然他们还存在着资产阶级的思想和作风，但是经过教育和改造，其中大多数是可以逐步改变过来的。因此，在公私合营企业中，应当加强统战政策的教育，向广大职工说明，不能把有用的资本家当作包袱而要当作财富；改造资本家为社会主义服务，是对工人阶级有利的事情。

（二）对在企业工作的私方人员，应当在集体领导下进行具体分工，使他们有职、有权、有责；公方代表不要代替他们的工作。要教育干部和职工，在私方人员的职责范围内，服从他们在职务上的领导。在企业内部定期召开公私双方的座谈会，提倡对不同意见的充分讨论，私方所提出的批评和建议，应该认真地加以处理。帮助他们在生产实践中树立起依靠群众、重视产品质量和生产安全的观点。当他们有成绩的时候，要予以鼓励；当他们有缺点和有错误的时候，要予以适当的批评。

（三）有关生产经营、经验交流的文件和刊物，尽可能用行政机关的名义发出，以便资方人员阅读。工业管理部门召开生产业务会议的时候，应当通知有关的私方人员参加；检查工作的时候，不仅要向公方代表了解情况，而且要向有关的私方人员了解情况。

（四）各级工业管理部门应当指定一位副职并设立专管机构负责对私改造工作，经常和统战部、工商联、民建会取得联系，了解私方人员的工作情况和思想情况，进行个别谈话，定期召开座谈会，及时解决公私共事中存在的问题。同时，提倡在私方人员的座谈会上，进行彼此之间的批评与自我批评。

（五）适当安排私方人员的业务工作和社会活动。

五、工资福利问题

（一）公私合营企业的工资福利问题，中华全国总工会等部门将于8月上旬召开专门会议研究。在没有统一调整之前，对于目前工资过低生活困难的职工，可以先予适当补助；但是不要为今后的工资调整造成困难。

（二）公私合营工业企业自定息之日起按照地方国营企业的办法提取企业奖励基金和附加工资，过去企业已经借支这两方面经费的，应当在提取的企业奖励基金和附加工资中扣还。少数企业在提取了企业奖励基金和附加工资以后，还不能完全解决职工劳保福利需要的，由当地市委决定解决办法。

（三）公私合营工业企业应当会同当地工会组织，研究职工的劳保待遇问题，尽可能实行劳动保险。在劳保待遇尚未解决之前，首先要解决职工本人的医疗费用和病假、产假期间的工资，以及家庭生活困难的补助。享受劳保待遇的职工，他们过去所享受的有关劳保范围内的待遇，应当合并到劳保待遇中去，以免重复。

（四）在私营时期，资本家拖欠职工的工资，在清产核资的时候，已经由私股中扣除，划归企业负责归还的，应当根据具体情况和工会协商，在支付定息之前，至迟在支付定息的同时，归还全部、大部或一部。

（选自《工商行政通报》第78期，1956年9月30日）

十五、国务院第四办公室主任贾拓夫关于目前公私合营工业的情况和若干问题在全国公私合营企业工会基层干部大会上的报告

（1956年11月23日）

今年1月以后，全国资本主义工业随着社会主义改造高潮的到来，已经实行了全行业公私合营和定息制度。现在我将目前公私合营工业中的情况、问题和一些初步看法和大家谈一谈，供这次会议研究。

（一）关于增加产量、品种和提高质量问题

资本主义工业自实行了全行业的公私合营之后，生产关系已经发生了根本的变化；因而：(1)广大职工的积极性和创造性普遍高涨；(2)产品的产量一般都有增加；(3)很多产品的质量也有不同程度的改进；(4)不少工厂的生产技术和经营管理制度有所改进；(5)多数资方人员在生产技术和经营管理方面的积极性也有所发挥。这些都表现了社会主义的优越性，为我们继续从各方面挖掘公私合营工业的生产潜力创造了有利的条件。

但是，我们不仅要看到这些已有的成绩，更重要的还要看到目前的问题和工作中的缺点。

如果要进一步发挥公私合营工业的生产潜力，适应市场需要，就要解决有关生产方面一系列的问题。首先，要解决原材料的供应。目前各地普遍反映五金、化工原料、纱、布、木材、纸张和一些农产品（如竹、丝、麻、皮张等）供应不足，有的工厂不能增产，少数工厂甚至有局部的、暂时的停工待料现象。生产必需的某些器材，在供应上也同样感到紧张。因此，我们必须首先在保证质量的前提下合理地节约原材料，努力来解决原材料和各种器材的困难，在厉行节约的基础上开展增产运动。其次，是许多地方感到电力不足。现在各地正在调整负荷、节约用电方面挖掘潜力，少数地区正在设法增加供电设备。第三，是资金不够。在目前要大量增加投资是

有困难的，但对现有有限的投资还可以考虑使用得更合理些。有的地区提出建设新厂和发挥现有工厂潜力的投资比重应当如何划分？这是一个很有意义的问题。有些工业较多的省市，打算将投资的一部分或大部分用于发挥现有工厂的潜力是可以考虑的。第四，是机器修配问题。有的工厂由于临时发生的机器故障得不到修理，或者是损坏了一两个零件，不能及时修配，以致停工待修。有的城市机器工业的产值中过去是六成修理、四成制造，现在只有两成修理了。这个问题各地正在研究，着手解决。我们认为，应该由中央和各地主管机关重新平衡，设法再恢复一部分修理业务，以便保证生产上必要的修配任务。各个工厂现有的机器修理力量，也需要重新加以组织，充分发挥它们的作用，有些工厂的修理车间不仅可以解决本厂的修配困难，还可以解决其他工厂的修配困难。最后一个问题是有些工厂感到技术力量不足。这个问题，主要地应当由各行业和企业中自行培养和调整来解决，但对那些本身无力解决的企业，也可以由国家主管机关在可能范围内有计划地调配一些。当然，这是一项长期的工作，应当订出长远的计划来逐步加以解决。

在生产方面，不仅是数量问题，同时必须注意质量和品种问题。

从产品质量和品种花色来看，不少工厂的产品质量有所提高，品种也有增加或者是没有减少，但是也有些产品的质量是下降的，品种也在减少。前地方工业部1956年上半年根据14个省市141种产品的统计，质量上升的有30%，质量一般稳定的有50%，质量仍然不好甚至下降的有20%；有些工厂的产品品种比合营时期减少了，有些工厂的产品比合营时期虽然没有减少，但是比起历史上生产的品种来说，就减少了很多。产品质量下降的原因，除过去已经作过一些分析外（如原料、技术和价格等），从目前来看，是由于在很多产品供不应求的情况下，又发生了粗制滥造的现象；有些工厂采取计件工资的办法，但是没有抓紧产品检验工作，也助长了质量下降的趋势。根据已有的经验，提高产品质量需要全体职工的不断的努力，需要采取一些技术和组织措施，还需要在原料、价格、管理制度特别是工资奖励制度方面进行一系列的经常工作。

有些产品品种减少的原因是有的工厂注意增加产量忽视品种花色，满足于不比公私合营时的品种减少，而不去进一步研究历史上的品种花色和协作关系。特别值得注意的是在劳动组织方面，有些缝纫、鞋、帽等行业的工厂采取了大流水的办法组织生产，使产品品种减少。假如一个缝纫工厂有110台缝纫机，在制造棉衣的时候，50台做棉衣面子，40台做衣里，20台将里面缝在一起，这样做虽然可以提高工人的熟练程度，提高产量，可是这个工厂在同一个时期就只能生产一种产品了。但是有些工厂采取了小组流水的办法（例如以三四台缝纫机做一种产品），品种花色就有显著增加。例如：天津市第二针织厂的制造车间，采取小组流水的办法，仅卫生衣一项就可以由每季生产二三十种增加到五六十种；上海五和织造厂采用灵活的劳动组织，也增加了花色品种。有些工厂采取比较灵活的劳动组织，就可以适应市场变化的需要，来了数量大、品种少的任务，仍然可以组织大流水生产，任务不大或品种校多的，就可以组织小流水生产。有的工厂为了适应小批的多品种生产，还抽调技术较高的工人组织机动小组；也有的小厂有专门应付零活的流动工人。这种大流水、小流水、机动小组和个人的灵活的劳动组织，对增加品种花色是有好处的。由于花色品种经常变动，劳动生产率上升的幅度要慢一些，在开始的时候，有的甚至还要下降，这对成本和价格可能发生一些影响。如何解决这个矛盾，还需要进一步加以研究。但无论如何，我们必须努力使产品产量增加和品种的增加及质量的提高结合起来，任何片面的做法，都是错误的。

（二）关于公私合营企业的生产改组问题

从生产改组工作来看，各省市进行的情况有所不同，一部分地区根据"大部不动、小部调整"的精神，稳步地进行了和进行着改组工作，一般是先联后并，并得较少；另一部分地区的改组并厂工作，则牵动的面较大，从1/3到1/2、2/3左右。这些并厂工作大部是在第一季度并的，也有在第二季度并的，第三季度以来就很少了。总的看来，由于进行了一些必要的生产改组工作，使不少工厂的产量、质量有所提高，成本也有所降低，照顾了社会需要，改善了一些劳动条件和职工生活。有些工厂在过去不能做的产品，现在可以做了，过去只做一些部件的，现在可以制造成品了。这些都说明在一定范围、一定程度和一定条件下进行适当的生产改组是必要的，也是可以的。但同时也应该看到，在生产改组工作中，是存在着很多问题的。有些行业不同的工厂不应该合并的合并了，以致产品复杂，难以管理；有些联合起来管理的工厂，特别是自产自销的工厂，不应该统一计算盈亏的，也统一计算盈亏了，这就约束了各个生产单位在经营管理方面的积极性和灵活性；有些工厂虽然可以考虑合并，但是还不具备合并的条件就过早地合并，弄得厂房拥挤，工伤事故增加，宿舍、交通、伙食、茶水、厕所等问题都不能及时解决，职工的意见很多；有些工厂可以合并，也有条件合并，但由于计划不周，准备不足，仓促合并，造成返工浪费、停工过多等损失；也有不少工厂在改组过程中片面地进行改组，没有照顾到其他方面的需要和配合，于是打乱了原有的协作关系。这些问题，目前有的已经解决，有的还要继续抓紧解决。

为了解决这个问题，我提出以下几点意见：

1. 各省市应该继续对改组后的工厂进行一次全面的检查，主要是看生产情况（产量、质量、成本）、人事安排、职工生活、劳动条件以及满足社会需要、为群众服务等方面有无问题和问题大小。对那些并得对的工厂，要抓紧改进和提高生产这个环节来加以巩固和提高。对那些准备不足、条件不完全具备而并得过早过急，以致厂房宿舍拥挤、职工生活劳动条件太差、管理混乱、生产下降的工厂，应该积极地采取措施加以解决。对那些不应该合并的工厂，应该根据行业的特点和具体情况，坚决地适当地加以调整；如果需要退回原状而又没有困难的，也可以退回。对那些基点厂选择不当或“联”得不妥、对生产不利、管理不便的，也应当作适当的调整。

2. 目前正在进行改组和制订改组规划的地区、行业，除了对少数困难的行业、企业先进行改组以有利于克服困难外，一般地应该稳步前进，即使对那些有必要与可能进行改组的企业，也应该及早按行业定出全面的改组规划，积极准备和创造条件，因地制宜，特别要吸收前一批企业的改组经验，采取不同的改组形式，分批分期地稳步进行改组，再不要盲目地无准备地并厂。

3. 为了供应人民以更多、更好、更多样的日用品，工业方面就不仅需要有很多的工厂比较固定地生产大宗的产品，而且还要有若干中小工厂能根据市场需要，机动灵活地改变自己的产品。在改变产品的时候，小厂是比大厂更为方便些，因此，在目前和今后的生产改组过程中，必须保留相当数量的、具有一定生产技术水平的小厂，以适应日益增长和变化的市场需要。这一点必须注意。

4. 目前各地除检查处理改组中的遗留问题和继续进行改组外，在已经初步改组的工厂中，应该根据新公私合营工厂的生产需要和企业特点，调整组织、保留合理的和建立必要的管理制度，逐步加强生产管理。同时应该选择典型，研究和总结怎样领导新公私合营工厂生产的经验，以及进行企业改革和私方人员改造的经验，特别是在“联”的形式下基点厂管理生产、进行政治工作的经验；并结合长远规划，着手研究一、二个行业的发展方向、技术改造、干部培养、职工和私方人员的教育等问题，拟订进一步改组改造的规划。

5. 采取“联”的形式的企业，原则上一律定息，但是少数连家厂、修理摊贩等，因为家庭辅助劳动不能安排，或者定息以后会影响其生产经营积极性的，是否可以暂不定息，采取由其自负盈亏的办法（实际上是计件工资），各地可加以研究。

（三）关于企业管理问题

从经营管理来看，公私合营工厂特别是新公私合营的中小型工厂管理问题，还是一个需要继续加以研究和解决的问题。有些工厂，在私营时期管理人员约占全厂职工总数的 10% 左右，公私合营以后，这些工厂的管理人员一般有所增加，有的增加很多。为什么比过去增加了呢？这是由于安排了私方人员，加上公方代表进厂和提拔了一批工人做管理工作。在企业的管理机构方面，一般地也比过去增加了许多，其中有一些是并非急需或不必要的。在管理人员的分工方面，有的私方人员在私营时期各项管理工作都兼做，有的小业主除担负管理工作外，还参加一些辅助劳动。公私合营之后，机构较多，分工较细，原来兼做很多工作的，现在减少了很多或只做一件事了；原来参加一些辅助劳动的现在不参加了。这种管理人员增多的状况，需要有关部门加以研究解决。

公私合营厂特别是小厂普遍反映：报表多、会议多、手续复杂。上海有一个小袜厂，下面有 10 个代管厂，仅财务报表，每月就要做 90 几份（每份 3 张），为什么要这样多呢？因为要表的单位很多，有税局、交通银行、人民银行、收购商品的商业公司、工业局、工业公司、中心厂、代管厂留底，每个单位都要全份(中心厂和代管厂共 11 份)。这些表究竟有什么作用呢？是否可以简化一些呢？都值得研究。天津有一个针织厂在计算车间成本的时候,原来需用几十张表格,经过财务人员的钻研,用一种表格就可以代替,既便于核阅,又可避免几十张表格汇总的差错。有的工厂 1 个月的财务决算要做 60 几张表格,据说其中属于必需的只有几张,其余的附表只有参考意义。这些附表过去认真去参考的人并不很多,只是占满了很多橱柜,常年淹没在灰尘中。以上所列举的只是财务报表一项,如果加上其他表格,就更多了。希望有关部门对各项表格进行一些典型调查和研究工作,有计划地逐步地减少一些。会议很多,也是比较突出的现象。有一个小厂的厂长,一个月有 20 多天在厂外开会,布置一件工作往往是市、工业局、工业公司、区、工会都要开会,厂内的会议也不少,这些会议有很多是重复的,有不少是准备不充分的,耽误时间很长,解决问题不多。不少公私合营工厂只有一个公方代表,成天被会议拖住,没有时间研究生产,更难下厂去了解情况。所以精简厂内外会议,已成为公私合营工厂中一个值得重视的问题了。公私合营小厂,由于权力很小,很多问题要向上请示,一件事情要跑几个机关,办很多交涉,有时候还互相推诿,结果增加了很多的工作量,还不能及时解决问题,这也是值得上级机关研究和解决的问题。在全行业公私合营的时候,对小厂管理没有经验,有些小厂就搬用国营大厂的一套管理办法。现在看来,这些办法有很多是不适合小厂特点的。有的同志将资本主义的生产关系和资本主义的生产管理制度混为一谈。在社会主义改造中,改变了资本主义的生产关系,这是对的;但对资本主义的生产管理制度不加区别地一律否定,这是不对的。应当否定其不合理的部分,保留其合理的部分。应当总结现有的经验,研究出一套管理办法,大厂和小厂,加工订货和自产自销,机器和手工、制造和修配服务等工厂,都要有所区别,采取多种多样的不同办法来管理这些工厂。上海普陀区召开小型座谈会交流小厂管理经验的办法,是值得重视的。至于怎样解决,请同志们研究。

(四)关于企业行政领导如何贯彻群众路线问题

公私合营工厂的行政领导问题,主要是如何在企业党委领导下依靠工人阶级,团结资方人员,共同搞好生产,而最基本的是如何走群众路线问题。在此基础上做好团结、教育和改造资方人员的工作。

新公私合营工厂的公方代表,多数是在全行业公私合营初期,从各方面抽调来的,也有一部分是从本厂职工中提拔的,这些同志一般都是积极工作的。不少公方代表在党委领导下能够依靠职工搞好生产,注意团结、教育和改造私方人员;但是也有些公方代表由于情况不熟悉,经验不够,在工作上还存在很多问题,也遇到了不少困难。这些问题在公股代表会议上已有反映,在全国总工会最近召开的三次公私合营工会工作座谈会上也有了较多的反映。

走群众路线是我们党的宝贵历史经验。各个单位能不能走群众路线是一切工作成功和失败的关键。公私合营工厂的行政领导目前有两种做法。一种是依靠群众的做法,表现在若干重大问题上除需要请求工厂党委讨论外,还要事前和群众进行充分商量,事后听取群众的反映。这样做不仅可以纠正主观片面之处,而且可以将领导意图变为群众的意见,执行起来就会很顺利,对某些不适当的措施也可以及时地加以改变;对职工的福利也可以做到及时关心和适当解决。这样既搞好了生产,又加强了团结。这是符合党的工作路线的做法。可惜能够真正这样办的还不多。另一种是脱离群众的做法,表现在若干重大问题上只是单纯地行政命令,事先不和群众商量,事后不及时收集群众反映。下面意见纷纷,工厂行政上还不知道,有的甚至不闻不问,某些错误的措施不能得到及时纠正;对职工福利漠不关心。对那些应该做而又可以做的事情没有抓紧去做;对那些应该做但是目前还不具备条件的,既没有向群众说清道理,也没有逐步实现的打算。发生了问题,则互相埋怨、互相推卸责任。事实已经证明:在工厂企业中执行若干重大措施之所以出毛病,病源就在这个地方。这一点是值得我们引以为戒的。要改变这种情况,必须提倡前一种做法,防止和纠正后一种做法。首先必须在行政领导上明确依靠工人阶级的思想和贯彻民主管理制度,这是公私合营企业进行工作的基本路线或基本方针,绝不能单纯地依靠行政命令。凡是存在着脱离群众倾向的企业和领导者,都应该进行深入的检查,发动广大工人对行政领导进行批评,提出建议;企业领导者应该虚心地倾听和研究群众这些批评和意见，发觉领导上的缺点或错误后，应该向群众进行自我批评，并和群众一起讨论改正缺点和错误的办法，努力加以改正。

其次为了增强工厂的管理民主化，必须有组织、有制度地吸收工会和职工代表参加行政管理工作，经常征求意见。不少工厂采取民主管理委员会的组织形式是正确的，必须普及并发挥其作用。民主管理委员会应该由党委、行政、工会、青年团、工程技术人员等有关方面的代表组成，根据工厂党委或上级机关的指示，充分讨论工厂行政管理方面的重要措施和重大问题。有些人数较少的企业中，可以组织民主管理小组。民主管理委员会或民主管理小组必须有准备地定期开会，不能用少数人的碰头会去代替民主管理委员会，更不能长期不开会，使之流于形式。

除了民主管理委员会的形式之外，还要定期召开职工代表大会或者是职工大会。行政方面的负责人应该向这些会议报告生产情况和问题以及解决问题的意见，并听取职工的批评和建议。

行政必须依靠群众，而群众和代表群众的工会，也有协助、监督和支持行政之责。希望工会组织协助工厂行政搞好生产，加强对职工的思想教育。据公私合营工会工作座谈会上的反映，有些单位在今年年初公私合营高潮中曾对职工进行了一些思想教育工作，收效很大；但在人事安排、支付定息等措施之后，对这些方面的政策教育不够，加之对工人干部提拔不够，不少工厂没有认真贯彻民主管理制度，因此，职工对此很有意见。这些意见是正当的，合理的，也是完全可以理解的，必须切实解决这些问题，消除这些缺点，以便能真正发挥工人的积极性。除了提拔工人干部和管理民主化方面需要进行补课工作外，加强对职工的思想政策教育是公私合营工厂工作中的重要环节。必须看到：公私合营工厂在党委领导下的团结一致，在批评与自我批评基础上的团结一致，是依靠群众和搞好生产的基本保证。

目前在公私合营工厂中，由于某些行业的生产任务不足，手工操作的劳动生产率很低，还有少数职工的工资不能很好解决，他们的生活是有困难的。这是值得我们严重注意的问题。应该在行政和工会密切合作的条件下，适当地逐步解决这些问题。有的工厂党委、行政和工会学习了鞍山经验，对困难职工的家庭一一进行访问，解决这些职工最迫切的需要，如没有棉衣、棉被、屋顶漏水等问题适当解决后，群众反映很好。我们认为各工厂都应该这样去做。目前许多公私合营工厂的工资是较低的，而工资问题基本上要通过提高生产来逐步求得解决。对困难职工的紧迫需要，应当尽可能予以照顾。若干必需而又可能解决的职工福利问题也应当努力加以解决。如有些工厂没有厕所或者是厕所过小，上厕所排队，像这一类问题既属急需，花钱又不多，应当尽力设法解决。有些工厂环境卫生很坏，宿舍很脏，臭虫、蚊子很多，可以组织群众力量，经常加以扫除。有的工厂劳动条件很差（如石粉厂、银硃丹粉厂，有毒尘烟充满厂房），需要设法解决。一时不能解决的要向职工群众解释，逐步解决。

（五）关于公私共事问题

在公私合营工厂中，还要继续做好统战工作，妥善地处理公私共事问题。现在我们已经安排了私方人员在工厂工作，就应该很好地发挥他们的作用，对他们进行团结、教育和改造工作。这就不仅要求公方代表做统战工作，而且工会组织和广大职工群众也要做统战工作，只有大家去做，才能把这件工作做好。过去几个月各地在这方面都做出了一些成绩，但是也还有些问题。有些工厂对私方代表人物和多数一般私方人员作了适当安排，但对个别中小私方人员的安排还有不够妥善的地方；私方人员的职务一般虽有安排，但如何帮助他们进行工作，使之在职责范围内有职有权有责，以充分发挥他们的积极性，这方面还须作进一步努力；有的私方人员职务和工作问题虽然大体解决，但是还有若干较突出的思想问题没有解决或解决得不够。最近还发现有个别私方人员发生了一些不良倾向，如一个小厂的私方人员向会计借款，会计不借，他说："这是我的三权，你如果不借，我就开除你！"也发现个别私方人员有贪污盗窃的现象。这些都需要分别不同情况，通过教育、批评和必要的斗争，加以适当解决。对违法行为要作适当的处理，逐步消除这些消极因素。

现在，我就公私共事问题，提出几点意见，请同志们考虑：

一、对私方人员应当有正确的估计，私方人员中的大多数具有生产技术和经营管理的知识。这些知识是国家的社会主义建设所需要的。解放以来，私方人员经过了七年的改造过程，他们中间的绝大部分表示愿意在工人阶级领导下走社会主义道路。当然也要看到在改造过程中私方人员还会带来一些消极因素，他们中间也会有一小部分人不愿意接受改造，不过这部分人将来也会发生变化的。总的说来，应该把他们大多数人有用的技术和知识看成是国家的财富，不应当把他们当成包袱。必须通过各种不同的方式，加强对私方人员的教育改造工作。通过学习生产实践与社会活动，使他们懂得社会发展的规律，认识剥削的可耻，并且能够在日常工作中接受党的领导和工人阶级的监督，积极工作，树立依靠群众、重视产品质量和生产安全的观点，积极地进行自我改造，成为自食其力的劳动者。

二、搞好公私共事关系，首先必须明确分工，让私方人员在分工范围内有职有权。应该根据私方人员的特长来分配他们的工作，使他们能发挥专长，并培养他们独立工作的能力，提高他们的业务水平。公私双方人员之间，应该在工作中做到开诚相见、遇事相商、有过相劝，不要"相敬如宾、相对无言、相安无事"。

公私双方人员之间生活上的交往是不可避免的，要敢于接近他们，了解他们，才能更好地团结、教育和改造他们。在这种生活交往中，应当是不占便宜，有来有往，合乎人情，照顾影响。但对私方人员任何必要的照顾，都应当在事先或事后向工人讲清楚，取得工人的同意或谅解。

三、为了搞好公私共事关系，也需要规定一些必要的制度和办法。比如作为国家公务人员的私方人员，可以允许他们阅读他们职务范围内的行政文件和报表，可以参加他们职务范围内的会议。企业和行政已有的董事会也可以继续保留，协商公私共事关系，联系股东，调整私方人员之间的关系，教育私方人员及分配定息等。

四、为了便于结合生产实践进行改造教育工作，私方人员尤其是有技术的人员，一般以厂内活动多于厂外活动为好。厂外活动过多，对企业和他们个人都不利。但某些社会上层人物，民主人士，他们的厂外活动必须占用较多的时间，这也是工作上所需要的；企业公方应当与私方人员及有关方面协商，对他们的厂内、厂外的活动作妥善安排。

五、在公私合营工厂中，对私改造工作是全党的工作，必须大家动手。企业中的党组织应当经常注意这件工作，定期和私方人员座谈公私共事方面的问题。工会组织应当发动职工和私方人员积极参加社会主义竞赛，经常进行政治教育和统战政策教育，协同党和行政做好教育改造私方人员的工作。青年团应当加强对私方青年人员的教育工作。工会和青年团还应当注意进行私方人员的家属工作。工会和青年团的文娱、体育、学习活动，以及职工生活检讨小组会，可以允许私方人员参加或列席。

以上我所讲的这五个问题，是当前公私合营企业里的主要问题。研究和解决这些问题，正是为了把公私合营企业的生产管理工作搞好，因此，工会组织特别是公私合营企业的工会组织，也要关心这些问题。希望大家对这些问题加以认真研究讨论，以便把一切积极因素调动起来，克服困难，改进工作，提高生产水平和管理水平，并在提高生产的基础上逐步改善职工的生活，真正充分地发挥社会主义企业的优越性和生产潜力。这就是我们在公私合营企业中一切工作的总目标。

（选自《工商行政通报》第 86 期，1957 年 3 月 5 日）

十六、赖若愚同志在全国公私合营企业工会基层干部大会上的总结报告（摘要）

（1956 年 11 月 29 日）

公私合营企业中的职工和工会干部，对企业各方面的工作都有些意见。这些意见之所以发生，主要有这样三个原因：

一、属于思想认识问题。由于职工群众对赎买政策的理解不透彻，因而对团结教育资本家的一些措施不服气。

二、属于管理制度问题。合营前工会和职工群众在企业中有很高的权力；合营后由于党、政府和工会的疏忽，这种历史传统没有继承下来，工会和职工的权力大大降低了。

三、属于生活福利问题。过去遗留下来的有关劳动条件、生活条件的一些问题未解决；合营后又产生了一些新的问题。

通过这次会议，对于赎买政策的认识问题，可以说比较透彻地解决了。听了陈云同志的报告后，大家都感到这次回去有把握说服群众了。当然，这个问题的彻底解决，还有待于我们在群众中做更多的解释工作。关于管理制度问题，这次会议在原则上肯定了：必须实行民主管理，恢复或建立工人管理委员会。既然原则确定了，问题就已解决了一半。生活福利问题这次也得到部分的解决。工资改革问题，王榕同志做了专门报告。欠薪问题，国务院在今年3月已有指示，清产核资时已确定的欠薪，统统由企业归还。其他问题陈云同志也讲了一些。当然问题仍然很多。

这次会议全总认为是很重要的，我想同志们也会这样认识。这次会议之所以重要，一方面因为敲锣打鼓庆祝合营之后，这是第一次合营企业的工会工作会议。这一期间，出现了很多问题，这次大会研究、讨论了这些问题，就会使资本主义企业的社会主义改造更顺利地完成；另一方面是我们对这次大会抱有很大的希望。因为在社会主义企业中工人如何参加管理、工会如何工作，是一个没有解决的问题。通过这次会议，如果我们首先要在合营企业中创造出一些经验，就可以进一步解决国营企业中的问题。因此，这次会议的意义比它本身要解决的问题还要大些。

下面我准备就以上所说的问题说明一下。

一、关于民主管理问题

这次会议对于民主管理问题，只是确定了原则，解决得还不够具体。确定的原则是：必须实行民主管理，民主管理的组织形式一个是职工代表大会（或职工大会），一个是工人管理委员会。

管理委员会的性质究竟怎样？对这一问题我提出一个初步意见：管理委员会是职工群众和工会参加企业管理的组织。在国营企业没有这样的组织，工人实际上没有参加企业管理，而是由国家管理。即从中央的工业部、地方的工业局、工业厅……来管理。这样的集中管理是需要的，但是缺乏民主，工人不能真正感觉自己是企业的主人翁。那么，设想一下，如果只是由职工自己管理，而没有集中管理，每个基层都成为独立单位，那行不行呢？当然不行，那样，就不可能实现国家的统一计划，就不能建成社会主义。所以这两方面应该结合起来，即一方面集中统一管理，一方面基层应有一定的独立性。所以工人管理委员会应该是职工和工会参加管理的组织，而不能是代替行政的组织。

如果确定它的性质是这样的，那么它应该有什么样的权力呢？它应在厂长之上还是在厂长之下？或是和厂长平行呢？如果它在厂长之上，那就不是参加管理，而是直接管理了，这就和国家的统一管理有矛盾。如果放在厂长之下，就可能不起作用，我认为和厂长平行比较合适。在和厂长平行的地位上，我认为它的权力应该有这样一些：

1．有权检查和了解企业各方面的工作，有权要求行政负责人做工作报告。

2．有权讨论企业内的各种问题，并作出决议。这些决议如果和上级命令、指示不相冲突，一般地说厂长应该执行。但厂长可以有不同意见。发生这种情况时，可以重新讨论。如果重新讨论还不能求得一致时，厂长可以不执行，但必须报告上级行政和工会请求指示。

3．对科、股长以上领导人员的任免提出意见。

工人管理委员会应该怎样组成？厂长是否作为管委会委员？现在有两种意见：一种是由工人组成，开会时邀请公方和私方代表参加；一种是工人、公方和私方代表及其他方面人员都参加为委员。管委会委员的产生也有两种意见：一种是在职工代表大会上选举产生；一种是除选举一部分工人委员外，再聘请厂长（经理）、私方代表参加。我看两种都可试验一下。

职工代表大会和工会会员代表大会的关系如何呢？工会和管理委员会的关系如何呢？有的同志提议：工会委员会和管理委员会合而为一。这个意见可以考虑，但也有缺点，即工会可能放松其他方面的工作，使工会组织官僚化。我的意见是职工代表大会和工会会员代表大会应分开，工会委员会和管理委员会应是两个组织，分别在会员代表大会和职工代表大会上选举产生。但一般说可选举工会主席为管委会主任，工会委员一般也应当被选为管委会委员。管委会在进行工作的时候，向上要找上级工会，向下要和车间工会联系。职工代表大会代表实行常任制之后，管委会还可与职工代表联系。职工代表大会可由工会召集，实际上从来就是工会召集的。

私方人员可否参加职工代表大会？可以。因为他们一方面是资本家，另一方面又是国家工作人员。职工代表大会上如果把私方人员选进管委会，也无妨碍。不选进去，开会时选派代表参加，也是可以的。

党如何领导管委会？主要是通过管委会中的党员来实现领导。

管理委员会的会议不应过多，一般以一月一次为宜。

以上几点意见可以试验。因为没有经验，所以作法上暂不要求一致。经试点后，从比较中再去总结经验。

关于工会监督问题，提出了很久，总是没有很好解决。主要是工会没有一定的权力。实行民主管理之后，监督问题就可得到解决。在合营企业的监督与私营企业对资本家的监督，有本质上的不同。私营企业里工人和资本家的关系是阶级对立的关系，监督就是阶级斗争的一种形式。而在合营企业里，由于企业性质发生了根本变化，工人、工会和公方代表的关系已经是同志合作的关系了。工人和公方代表是属于一个阶级的。在这种情况下是否还有监督呢？还有。但性质变了。因此监督不是阶级斗争的方式了。从公方代表的角度来讲，监督是依靠群众办好企业的方式。从工会角度来说，监督是发动群众帮助公方代表办好企业的方式。是否这种监督就没有斗争呢？有监督就有斗争。不过不是阶级斗争，而是向缺点错误和官僚主义进行斗争。这种斗争是工人阶级内部的事，主要的方法是批评和自我批评。虽然有时斗争也很尖锐。工会应采取积极办法实现这种监督。监督并不意味着对立。工会和行政有统一的地方，也有矛盾的地方。工会一方面要揭露和批评行政的缺点和错误，一方面要帮助和支持公方代表。工会应当设身处地地体谅公方代表的处境和困难，帮助他们克服困难。

二、生活福利问题

全行业合营之后，许多厂店改组合并，国营和合营、老合营与新合营、新合营与新合营互相合并，福利问题是很复杂的。在解决福利问题时要分别情况对待。迫切要求解决而又能够解决的，如厕所问题和女工保护问题等，一定要解决。合营以前的小厂，女工生孩子没有产假，奶孩子的没有喂奶时间，合营后应该解决。组织家属与居民合作搞托儿站、幼儿园，费事不大，也可解决些问题。

合营后最大的问题是劳动保险问题。在尚未实行劳动保险的企业，工会可以和企业行政协商，采取劳动保险合同的办法解决问题。当然，工会应进行艰苦奋斗、克勤克俭的教育；不过从工会来说，必须时刻关心群众的生活。如果只对工人进行教育而不关心工人的生活，教育的作用也不会大。

三、宣传教育问题

陈云同志提议在公私合营企业里广泛进行一次赎买政策的宣传解释。这次会议的报告，特别是陈云同志的报告，可以仔细地传达。工人对赎买政策的意见很多，为了澄清工人的思想，各地要组织一些报告会、座谈会，反复地进行解释。各地还可以利用报刊进行宣传。

（选自《工商行政通报》第83期，1956年12月31日

第二节　清产核资，确定公私合营企业股权

一、中财委关于私营工商业及合营企业认购1954年国家经济建设公债中若干问题的解释

武汉市财委对中财委关于私营工商业界认购1954年国家经济建设公债办法的指示中第三项："公私合营企业所投资的公私合营股可认购公债"及第五项："有分支机构的以由分支机构于所在地认购为原则"两点要求进一步明确解释并提出若干意见。此外，对认购公债缴款时可能发生向银行贷款问题，亦提出三项处理意见。兹经中财委解释如下：

（一）公私合营企业有分支机构分设各地而统一计算盈亏者，由总机构参照指示第一项有关原则统一决定认购总额，再根据各分支机构实际营业情况分配，由分支机构在当地认购缴款。私营企业有分支机构在外地，不论统一计算盈亏与否，均应执行指示中于所在地认购的原则，以便掌握。

（二）无股息红利亦无公积金提存的公私合营企业，其所认购的公债，暂归企业所有，在今后分配股息红利时搭配给私股。

（三）公私合营企业投资于其他私营或公私合营企业的公私合营股可认购公积，归该企业所有。

（四）银行信贷指标是根据企业生产及社会商品流转的情况制订的，对因购公积而要求贷款者，原则上不贷。如私营企业无股息红利，有公积金但

已用于扩充生产设备或实际上已成为其流动资金之一部分，购买公债后缺乏流动资金，因生产周转发生困难要求银行贷款，各地人民银行得在其核准的私营企业信贷指标范围内酌情贷给。至1953年无股息红利和公积金，亦无流动资金，自愿认购公积者请求贷款，银行不应贷给。

（选自《工商行政通报》第23期，1954年3月20日）

二、中财委关于“五反”违法破产户清偿程序等问题的解释

（1954年7月13日）

中财委据中南财委请示关于私企破产户清偿合营银行贷款与“五反”违法破产户清偿程序等问题，于1954年7月13日以(54)财经财(财)字第102号批复如下：

一、中财委1953年2月27日财经丑二四七号电报精神，对私企破产户的债务清偿程序应解释为：1.工资；2.银行抵押贷款；3.税款；4.“五反”退补、定金退款及其他债务(包括银行无抵押贷款)。合营银行贷款可以按照国家银行贷款办理，即：合营银行的抵押贷款可比照人民银行抵押贷款处理；合营银行的无抵押贷款可放在第四位清偿。

二、上项规定的私企破产户的债务清偿程序，对“五反”破产户亦适用。关于具体处理私营工商业户的“五反”遗留问题，中央3月份已有指示，可参照办理。

（选自《工商行政通报》第30期，1954年8月10日）

三、中财委(财、资)关于利用私营工商业国外资金问题的指示(摘要)

一、我国私营工商业解放前曾在国外保有大量外汇资金，解放后除个别户自愿调回外，均未调回。上海市人民银行根据80重点户、3000万美元国外资金进行分析，其中工业户约占十分之九，商户约占十分之一；工业户中又集中在少数纺织、丝绸、毛纺、卷烟、橡胶、机器等行业，约占87%以上(以上统计系很粗略数字，仅供进一步调查研究参考)。其他天津、广州、武汉等地私营工商业，估计亦有一定数量的国外资金。

二、目前国家已进入有计划经济建设时期，外汇资金需用日多，因此，如何有计划地利用私营工商业这批外汇资金，为国家工业化服务，应成为对私营工商业实行“利用、限制、改造”政策中需加研究的问题之一。

根据我国现阶段的具体情况，我们可以结合公私合营形式的推行，有条件、有区别、有计划地进行适当的诱导动员工作。对有条件调回者，应用各种适当方法争取并帮助其调回；对于目前确无调回条件者(如国内资方代表确无调动外汇之权)，除应在可能范围内创造条件外，则不应强迫。

目前各地对私营工商业进行公私合营工作中，均应给予公股代表一个对私股方面国外资金进行调查摸底和有条件地进行诱导动员的任务。凡有条件调回者，应争取其调回入股；目前调回确有困难者，则可争取其在清估财产中先行登账，暂不列作为私股股本，以后视情况帮助其创造条件，逐步调回，再作为私股股本。对调回之外汇资金或物资，在折价或其他方面，在可能条件下可酌给某些必要的优待，同时并可考虑将调回的资金不全部入股，留下若干归所有者支配，以资鼓励。

三、利用私营工商业国外资金，是一个复杂艰巨的斗争，目前我们对私营工商业国外资金的情况不熟悉，因此各地应选择条件较好的企业，先行试点，俟深入摸清情况取得经验后，再行稳步推广至其他企业。

（选自《工商行政通报》第33期，1954年10月1日）

四、财政部、中央工商行政管理局关于在私营工商业中作好推销公债工作的指示

（1955年2月12日）

为了作好在私营工商业中推销公债的工作，财政部、中央工商行政管理局于2月12日联合颁发了“关于在私营工商业中做好推销公债工作的指示”，通知各省(市)财政厅(局)、工商行政部门、内

蒙古财政部及工商行政部门等有关单位研究执行。兹将指示全文刊载于后：

1955年国家经济建设公债业已开始发行，私营工商业者（包括股东及资方代理人）和公私合营企业的私方，分配公债推销数额25000千亿元，比1954年分配数约减少了5000亿元。这是因为去年私营工业中部分行业生产任务不足、原料不足，有停工减产的情况，私营商业中的大批发商基本上被排挤，私营零售商中亦有一部分被国营商业及合作社所代替，营业额显著下降，私营工商业的盈余面缩小了，部分行业目前还存在着不同程度的困难。为照顾上述情况，1955年的公债对私营工商业适当减少分配数额是必要的，即在减少分配数额之后，估计仍有不少私营工商业者会在公债问题上叫苦的。但另一方面也有一些有利的因素：首先是今年国家对私营工商业进行统筹安排后，估计其生产及经营情况会有好转，其次是私营工商业还可从国家在1955年偿还的公债本息中收回1万亿元左右，这就会提高他们认购公债的信心。以上这些，说明今年在私营工商业中推销公债有困难的一面，但只要分配数字恰当，并积极加以推动，是可以胜利完成任务的，但不必强调超额。为了把这一工作做好，特再对私营工商业认购公债的办法，提出以下几点意见，请各地研究执行。

一、凡按“四马分肥”原则或企业旧有习惯给股东分配股息、红利的企业，先由企业认购，然后依据企业实际情况，将其一部分由资方股息、红利中支付（股东在国外的，可由企业或其代理人代为认购），不足部分由企业公积金支付。由股息、红利和公积金各担负多少，不作机械规定，在股息、红利多则多担负的原则下，由企业董事会或企业的负责人依据企业实际情况适当分配。由公积金支付的公债，即归企业所有。由股息、红利项下支付的部分，于分配股息、红利时搭配给股东。股息、红利多的多搭配；股息、红利少的少搭配。股东分得的现金一般地要多于公债，但自愿多购者可以多购。对投资少并赖股息、红利维持生活的小股东不采取搭配办法。无股息、红利可分的企业，可全由公积金出账；公积金亦不够或无公积金者，由企业酌情认购，但以不影响企业的生产经营为原则。由企业认购的公债即归企业所有。

二、家庭商店及小型企业，可根据其生产经营情况，由企业认购。

三、公私合营企业按“四马分肥”的原则分配盈余，私股应得部分应该认购公债（公私合营企业有盈余时，应该认真贯彻按“四马分肥”原则，给私方分配股息、红利）。私方股息、红利多者多购，少者少购。私方分配股息、红利时，亦应依照股东所得现金一般应多于公债搭配的原则。

四、私营企业中的经理和其他资方代理人同公私合营企业的私股代表，可从自己的薪金、酬劳中认购。

五、向私营企业或公私合营企业的私方推销公债，要根据其实际可能；如十足认购原分配数确有困难，各地公债推销委员会可请示当地党委，在已分配的总额中就各阶层间进行适当调整。向企业推销时，应依据其营业额、所得税额并结合其实际经济情况，不可简单依据营业额分配；向个人推销时，亦应依据其实际经济情况，不可简单按其收入分配。各地可考虑由工商联合会和同业公会协商数字，然后以适当方式，分别认购。在认购过程中，必须贯彻民主协商和自愿、量力的原则。

六、认购公债时间，一般应依照国务院“关于发行1955年国家经济建设公债的指示”规定的时间于3月底以前结束，但因估计到目前私营工商业中有些行业生产经营上尚有困难，国家虽有统筹安排的措施，不会马上就有显著好转，这对推销公债工作有一定影响。为照顾此种情况，有些地区有些行业如在3月底以前结束认购有困难时，亦可由公债推销委员会酌予延长，但最迟不能超过5月底。

七、私营工商业的资方或企业认购公债后，应做出一次或分期缴款的计划，除资方以个人积蓄认购的部分外，其余均可由企业暂先垫缴，缴款的时间，亦应根据国家对私营工商业统筹安排后的生产经营情况灵活掌握，对有力缴款而故意拖延不缴的应抓紧督催入库，确有困难的则可酌予延长，但最迟不得超过10月底，并须与税务机关征收所得税的时间适当错开，避免挤在一起，影响私营工商业资金的正常流转。

上述各项办法已对私营工商业者认购公债给予了各种便利，可以预计，私营工商业在国家统筹安排后生产经营好转的情况下，一定可以完成推销任务。但也必须认识到这一任务仍是艰巨的，是必须经过各方面努力才能完成的,因此,各级财政税收机关及工商行政部门必须在当地公债推销委员会统一领导之下,密切配合这一工作,并请民建会同工商联的组织积极协助,做好宣传动员工作,要使私营工商业者能够在改进生产经营的条件下,踊跃认购公债,积极完成任务。同时,对于资本家借口认购公债造成变相的分散资金,或其他损公利私的行为,必须予以防止和纠正。

各地对私营工商业推销公债的情况和意见,请随时向上反映。并在结束后加以总结,使这一工作获得不断提高。

(选自《工商行政通报》第42期,1955年2月20日)

五、中共中央关于停止动员资本家把账外资财投入合营企业的指示

(1956年1月24日)

最近据辽宁、四川、江苏、广州等省、市的电话汇报,有些城市正在动员资本家把账外资财投入合营企业,并且已经发生很不好的做法和结果。四川省自贡市工商联开会,大小户互相挤账外资财;沈阳市在动员资本家拿出账外资财投资的时候,两个资本家互相检举,事后其中一人自杀;辽宁铁岭县把拿账外资财作为合营条件之一,并提出"挖潜"的口号;营口市棉织业在合营的时候,干部在一些连家小铺中翻箱倒柜,引起一部分资本家不必要的顾虑;江苏省兴化地区合营时,动员一户木匠拿出账外资财增资,他拿出300元后还嫌少因而自杀;广州有一资本家将其母亲准备买棺木积蓄的银元200元拿出投资;至于以皮衣、手表、手镯、戒指以至资本家拿出老婆结婚时的嫁妆等投资的,在辽宁、四川、广州都曾发生过。这些现象发生后,有些已经省、市领导发觉纠正。但在政治上都已产生不良影响。

按个别资本家自愿将某些账外资财投入合营企业,不能看做是党和政府的政策和要求。因此,我们不应当号召和动员资本家这样做,各地党委必须一律停止这种动员和号召,对于资本家间的互挤账外资财,也要以适当的方式加以纠正。对于确是资本家自愿拿出的账外资财,在不影响他们的家庭生活而又对企业有用的情况下,可予以接受,作为对合营企业的投资;但是也不要在报纸上和口头上多加宣传,而可以在清产核资告结束的时候,加以宣布,并作适当表扬。

六、中共中央关于私营企业实行公私合营的时候对财产清理估价中若干具体问题的处理原则的指示

(1956年1月24日)

上海局、各省委、自治区党委、各直辖市委、并下达到市委、县委、镇委:

对于企业财产的清理估价,是私营企业实行公私合营的一个重要环节。鉴于实行全行业合营的时候,我们面对着为数众多的包括大、中、小的企业,它们的财产关系甚为复杂,在处理的时候需要有更多的灵活性,因此在由国务院公开发布的《关于私营企业实行公私合营的时候,对财产清理估价几项主要问题的规定》只能就私营企业的生产资料和财产方面的主要问题加以规定,而把其余的一些比较次要的,需要更多地照顾具体情况的问题,放在党的内部指示中加以规定。现在资本家和其他私营工商业者的绝大多数都已经愿意实行全行业合营,并且愿意实行定息,而在北京等城市的清产过程中,资本家的自报自评也大多数能够实行政府所规定的"实事求是,公平合理"的原则,这样就大大地加快了社会主义改造的速度,有利于生产经营的改进。因此,在对私营企业实行清产核资的时候,应当采取"宽"和"了"的方针。所谓"宽",就是对于清产核资中有关公私关系方面的问题,凡是可以从宽处理的即可从宽处理。所谓"了",就是对于企业原来的各种债务和财产关系包括敌伪财产、对公欠款、抽走的资金和呆滞物资在内,根据从宽处理的方针、国务院的规定和内部指示,尽可能地加以了结,以利于对资本家和其他私营工商业者进一步进行教育和改造。

现在将应当在内部指示中规定的各点列举于后,望各地党委结合着国务院公布的规定,付诸实施。

(一)财产清理估价的时候,对于不需要的机器设备和呆滞物资,要适当估价,尽可能不列作待处理财产。已经实行公私合营的企业,如果有这一类

待处理财产的，应当指定专人负责，尽速加以处理。

（二）企业的土地，不论是否同生产有关，均要适当估价。已经合营的企业，如果在财产清理估价的时候，将土地列入待处理财产的，也要适当估价，尽速加以处理。地产税按照所估的价格计算征收，由公私合营企业负担。

（三）对私人的债务，原则上由原企业进行清理偿还。偿还有困难，而债权人愿意将债款转为投资的，可以鼓励他们转为投资（决不要勉强），否则转为合营企业的负债（如果债权人不是资本家，债款转作投资的时候，不可将他们的成分改变为资本家）。

（四）对公债务，由原企业进行清理偿还。偿还有困难的，可以转为公股或者转为合营企业的负债。

（五）股东自己在企业的垫款，原则上转为投资；如果生活确有困难，或者另有债务，可以允许酌量退还，或者转为合营企业的负债，协商分期退还。如果是股东向亲友借来的垫款，必须偿还的，原则上予以退还；如果股东的亲友愿意投资，欢迎他们将此项垫款投入合营企业（如果垫款人不是资本家，债款转为投资的时候，不可将他们的成分改变为资本家）。

（六）企业的债权，一般列作投资，作为合营企业的债权；债务人已经破产，确实不能收回的，不列作投资。

（七）股东或者资方代理人借用企业的款项，原则上应当一次或分次偿还，如果生活确有困难，无力偿还的，酌情予以减免。

（八）资产不抵负债的企业，如果无法偿还，可以依法破产清理，破产户的职工和资方从业人员，由业务主管机关负责分配适当工作。如果需要照顾，可以适当减、免“五反退补”、罚款等对公欠款。如果其他企业愿意帮助资产不抵负债的企业偿还债务，可以允许。

（九）由原企业或者由企业公积金所购的公债，可以采用下列两个办法同私方协商处理：(1)将公债作股定息，公债利息归合营企业；(2)将公债作股暂不给息，公债利息归资本家，公债还本后，给以定息。

（十）私营企业1953年到实行公私合营以前，应分而未分的盈余，应当参酌企业财务情况，进行适当分配。资本家所得部分，让他们自行支配。

（十一）对于私营企业隐匿的敌伪财产、抽逃的资金、在海外的资财，可以责成资本家自行清理报告，从宽处理。对于隐匿的敌伪财产，原则上按资本家自行清理报告的资财和数目作为公股。对于抽逃的资金，资本家报告以后，能归还的归还；不能归还的，要资本家承认错误，免予归还。在海外的资财能够调回的，鼓励资本家调回，调回以后，原则上作为投资，也可以给资本家留下适当部分，由他们自行支配，实在不能调回的，不要追逼。

资本家自行清理报告上述隐匿敌伪财产和抽逃资金行为的，免予处罚。

以上各项处理原则，如果发现有行不通的地方，或者发现新的情况，需要另作处理，请连同你们的意见报告中央。

七、国务院关于私营企业实行公私合营的时候对财产清理估价几项主要问题的规定

（1956年2月8日国务院全体会议第24次会议通过）

私营企业实行公私合营的时候，应当根据公平合理、实事求是的原则，对企业的实有财产进行清理估价，确定私方的股额。现在将财产清理估价中几项主要问题的处理，作如下的规定：

一、对机器、设备，按照新旧程度，参照国营工业部门的出售价格进行估价；如果原来是向国营商业部门买进的，可以参照国营商业部门的牌价进行估价，如果没有上述价格，由公私双方协商估价。

机器设备的新旧程度，可以用“重新鉴定的尚可使用年限加实际已使用年限等于全部耐用年限”的算法来计算；如果不适于采用上述的算法，也可以由公私双方协商估算。

二、对房屋、其他建筑物和可资利用的铺面装修设备，按照它的新旧程度，参照当地房地产管理机关的估价标准进行估价；如果没有上述价格，由公私双方协商估价。土地也应该进行适当的估价。

三、对企业使用的矿藏，不予估价；对开发矿藏可资利用的设备，应予估价。

四、对工具、生产经营用的器具，一般按照它的新旧程度，参照国营商业部门的牌价或者市价进行估价；如果没有上述价格，由公私双方协商估价。

五、对成品，一般参照国营企业收购价格减去应付税款进行估价；对在制品，一般参照国营企业收购成品价格减去应付税款，再按照完工程度进行适当的估价；如果没有国营企业收购价格，由公私双方协商估价。对质量低劣或者滞销的成品、在制品，参照上述办法酌打折扣进行估价。

对原材料、机物料等，一般参照国营工业部门的出售价格进行估价；如果原来是向国营商业部门买进的，可以参照国营商业部门的牌价进行估价；如果没有上述价格，由公私双方协商估价。

对商业企业的商品，一般按照国营商业部门的批发价格进行估价；如果没有该项批发价格，由公私双方协商估价。对质量低劣或者滞销的应该降价出售的商品，由公私双方协商酌打折扣进行估价。

六、对企业的呆滞物资，由公私双方协商，酌打折扣，作价入股。

七、对企业原有的公积金，一般转为私股股份；如果企业原有一部分公股，应该按原来的公私股份的比例，转作公私双方的股份。如果企业原有的职工集体福利设施较差，可以从公积金中提取适当的部分，作为公私合营企业的职工集体福利基金。

八、对原由企业资本项下支出的职工集体福利设备，应该估价作为私股股份；如果企业原有一部分公股，应该按照原来的公私股份的比例，转作公私双方的股份。对原由奖金举办的职工集体福利设备和由企业盈余项下提取的职工福利基金等举办的职工集体福利设备，应该转为公私合营企业所有，不作为私股股份。

九、对家、店（厂）不分的企业中，属于生产、经营专用的生产资料，应该清理估价，作为私股股份；属于家庭专用的生活资料，应该归原业主所有。对生产、经营和家庭使用难以划分的财产，例如房屋、家具等，可以由原业主提出意见，在照顾原业主家庭正当需要的原则下协商处理。

十、企业实行公私合营的时候，如果需要迁移、合并，应该按照迁移、合并以前的情况，对企业的机器、设备、房屋、土地和其他建筑物，予以估价。迁移、合并的费用，由公私合营企业负担。

十一、根据1956年12月政务院财政经济委员会《私营企业重估财产调整资本办法》进行过重估财产的企业，重估结果比较合理的，经公私双方协商，可以作为估价的基础；同时根据资产折旧和其他变动的情况，作适当的调整。

十二、在本规定公布以前，已经进行过财产清理估价的公私合营企业，对原来清理估价的结果，不应该变更。

公私合营企业对私股的待处理财产，应该尽可能加以清理，作价入股。

十三、为使私方在公私合营后安心工作和接受改造，对企业原有的债务关系、财产关系和其他有关问题，需要尽可能在财产清理估价的时候清理了结。

八、国务院批转财政部、中央工商行政管理局关于今年在私营工商业户中推销公债的请示报告

同意财政部、中央工商行政管理局“关于今年在私营工商业户中推销公债的请示报告”，现在发给你们研究办理。

附：财政部、中央工商行政管理局关于今年在私营工商业户中推销公债的请示报告

为了在私营工商业户中做好公债推销工作，对今年工商业户的认购公债方法，提出如下几点意见：

（一）除了动员工商界用一部分股息红利来购买公债外，还可鼓励资本家和资本家代理人用一部分薪金来认购公债。

（二）小商小贩人数众多，购买公债的潜力不小。特别是去年进行全行业安排以来，很大部分的小企业得到了国家的照顾，并且有了一定的利润。部分小工业和小商业在合作化以后，营业额也上升很快。因此，今年应适当地扩大在他们中间的推销面，这在扩大公债的政治影响上，也有好处。但应实事求是，不要使这些人，感到困难。

（三）新近公私合营的企业，可以准许他们拿出一部分私营时的公积金来购买公债；但公积金已作股投入合营企业的，不要再动用。用这种企业公积金购买的公债，应作为私股投资，归企业所有。

（四）今年国家将偿付工商界的各种公债本息仍可以动员他们认购新公债，但其中原属企业所有的部分，购买了公债，仍归企业所有。

（五）根据以上办法，如果有些地区，经过核算摸底，仍然不能完成任务的时候，可以酌情在旧公私合

营企业中动用一部分公积金来购买公债,这部分公债为企业所有。但只要能完成任务,以少动用或不动用此项公积金为好。

尚未实行合营的私营企业,其认购公债办法,仍照去年的规定办理。

(六)私营企业已陆续实行公私合营,公债推销委员会要同公私合营企业的公股代表密切联系,公私合营企业的公股代表,应当积极推动私方认购公债,并给私股以认买公债的便利。

(七)某些地区如果感到工商界推销任务确实过大时,应本实事求是的精神,在阶层间做适当的调整。

以上意见请审查,如无不妥,拟请转发各地研究办理。

(选自《工商行政通报》第64期,1956年3月5日)

九、国务院关于私营企业实行公私合营的时候对债务等问题的处理原则的指示

(1956年3月30日)

各省、自治区、直辖市人民委员会:

为使私方在公私合营后安心于工作、接受改造,在私营企业实行清产核资的时候,对企业在私营时期遗留下来的有关公私之间和劳资之间的债务问题,应该本从宽处理的精神,尽量予以了结,做到一般私股能够保留适当的股权,以免造成负债过多户的大量破产现象。现在将债务等问题的处理原则,指示如下:

一、资本家在公私合营的时候自动将资财投入企业,不管是个人的财产或者是过去抽逃的企业财产,一律不查问来源,不补税(已补缴了税的也不退税)。

二、企业过去积欠的税款,应该在公私合营的时候缴清;缴清确实有困难的,可以转为公股,因为欠税而加征的滞纳金,一律从宽处理,可以少收或者不收。

三、对于私营企业1955年度所得税的各种计算标准,应该掌握从宽的精神做好汇算清缴。企业在公私合营中清估财产的结果,资产的数量比原账面增多或者减少的部分,和资产的价值比原账面升值或者降值的部分,一律不列入原企业的损益内计算所得税。

四、原企业所借用的银行贷款(包括公私合营银行的贷款),尚未到期的一律按原来的期限转为对公私合营企业的贷款(合营前的应付利息由私方负担);已经到期或者逾期未还的,应该在合营的时候由私方还清;还清确实有困难的,可以转由合营企业偿还,或者转为公股。过期贷款的罚息在必要的时候可以适当减免。

五、对于"五反"退补,应该掌握从宽的精神,迅予结案。私方无力清缴的"五反"退补款,可以转为公股。如果需要照顾,可以根据情况酌量减免。

六、企业在私营时期,对国营企业加工订货中的"工暂作价"、亏料余料、延期罚款、"高额利润退款"以及"次货折价"等问题,应该在实行合营清产核资的时候结算清楚,多退少补,原来加工合同规定有不尽恰当或不尽合理的,要从宽处理。如果结算后要私方退还而私方有困难的,可以转为公股。如果需要照顾,也可以适当减免。

公私合营企业,在私营时期的产品,按照合同规定去回修的时候,如果私方保留有回修准备金的,回修的费用,应该在准备金中扣除,多余准备金,可以转为私股;如果没有准备金的,回修的费用,应该由公私合营企业负担。

七、原企业拖欠职工的工资,原则上应该在合营的时候偿还,如果企业的资产已经不抵负债或者资财所余无几,经过劳资协商,可以少还或者不还。确定偿还的工资,如果不能用现款还清,可以转由公私合营企业代为分期偿还。

停工减产期间所欠的工资,经劳资协商,可以少还或者不还。

职工在企业中的长支,原则上也应该偿还;但是要分别情况,对生活确实困难的职工,经过协商,可以减少或者不还。

八、其他有关公私之间和劳资之间尚未了结的债务问题,也应该按照上述精神在清产核资的时候,尽量处理了结。以后不再追算旧账。

九、以上各项处理原则,如果发现有行不通的地方,或者发现新的情况,需要另作处理,请连同你们的意见报告国务院。

十、财政部关于转作公股的欠税和贷款账务处理的办法

财政部最近对各地执行国务院"关于私营企业

实行公私合营的时候,对债务等问题的处理原则的指示”,将欠税和欠银行贷款,转作合营企业公股时,其财务的处理,规定了如下几项办法:

一、转作公股的欠税和贷款,一律不再收款,只由主管合营企业的部门,给税局和银行开转账收据。主管公股股权的部门,除商业部和供销合作社系统外,其余均由交通银行办理。

二、欠税转账收据,只作税局登记统计报告根据,不顶今年税收任务、欠贷款转账收据,由各地人民银行分行报总行核减法定基金,不通过预算。

三、转作公股的欠税和欠贷款,经主管公股股权的部门开出转账收据后应向合营企业办理投资手续。

(选自《工商行政通报》第66期,1956年4月25日)

十一、国务院关于对清产核资进行一次复查工作的指示

(1956年4月28日)

私营企业实行全行业公私合营以后,对企业财产的清理估价,各地大体上采取资本家自估、自报、同业互评等方式,工作一般进行得很顺利。但根据各地情况,一般有偏低现象。造成偏低原因,主要是资本家表示积极,故意压低,也有的心存疑虑,宁低勿高;其次是同业互评时,彼此挤压;而职工、干部在协助监督时,怕国家吃亏,抓得比较紧。

对企业进行清理估价,确定私方股额是国家处理资产阶级的生产资料的一项重要工作,应该实事求是,公平合理地处理,尽量了结。他们估低了财产并不合乎国家政策的要求。对我们非但无利,而且在政治上有害。

因此,各地对资本家的财产清理估价工作,如果尚未结束,应该坚决贯彻上述既定的方针,如果已经结束,应当根据具体情况,有重点地进行一次复查。在当地,先找出问题较为突出需要加以调整的若干行业,深入了解情况,摸清问题所在,加以改正;然后,对其他行业需要加以调整的,都应加以调整。

复查工作不要形成普查,也不是进行“纠偏”。复查的时候,要向资本家和职工、干部进行充分的宣传教育工作,交待政策,实事求是地进行。

复查的情况和问题,请随时电告国务院第八办公室。

十二、中共中央关于退还工商业者在高潮中增资问题的指示

(1956年4月28日)

各省、市、自治区党委:

在今年1、2月全行业公私合营高潮中,许多私营工商业者和家属把自己的黄金、美金、人民币、宝石、戒指、以至房产等投入企业作为增资,其中一些人确是出于自愿而且在增资后其家庭生活并不发生困难。但大部分人是在动员的情况下被迫增资或勉强增资的,结果使他们的家庭生活发生了困难。国家在经济上的所得甚少,而在政治上则非常不利。为此,特指示如下:

(一)凡在高潮中因增资而使家庭生活发生困难的,应将其增资部分,一律主动退还。只有对个别增资后生活并不困难而本人坚决表示不接受退还的人,才可不退还。

(二)凡应退还的增资项目,不论是黄金、美金、宝石、戒指、人民币、房产等,都应将原物坚决全部退还。如果因故不能退还原物时,也应公平合理地折价偿还。

(三)在进行这一工作时,应在干部和工商界群众中进行适当的政策教育。对退还增资的工商业者,在政治上、工作上不得加以歧视,不应讥为落后。对在高潮中动员别人增资的积极分子,应肯定他们用心是好的。同时教育他们从工作中吸取必要的经验教训。防止某些人对他们的抨击。

十三、中共中央关于退还工商业者在高潮中增资问题的补充规定

关于工商业者在今年社会主义改造高潮中对公私合营企业的增资,中央曾指示各地应一律退还。现中央根据各地的执行情况,又作了如下补充指示:

(一)对于工商业者在高潮中对公私合营企业的增资,不论是现金或者其他实物,都应当一律退还原主。其他有些实物,如机器、原料等如果由于企业生产的合理需要,或者由于使用的情况(如已经安装的机器,或已经消耗的原料等)而不能退还

原物时,应当折价退还。

(二)高潮以前工商业者的增资,不退;高潮中以原在企业的垫款作为增资,而并非以现金、实物增资的,不退。

(三)对个别工商业者在我们明确告以退还增资的政策后,仍然坚决要求不退还他们的增资的,公私合营企业或者专业公司必须报经主管业务部门审核批准,才可以接受他们的要求,不予退还。不属于这一特殊情况的,应当按照(一)项规定,坚决全部退还。

(选自《工商行政通报》第71期,1956年6月20日)

十四、国务院批转财政部、中央工商行政管理局关于对工商界推销公债存在问题的请示

国务院同意财政部、中央工商行政管理局关于今年对工商界推销公债存在的问题中所提四点解决意见,现在将原件发给你们,希按照执行。

附:财政部、中央工商行政管理局关于对工商界推销公债存在问题的请示

1956年国家经济建设公债在私营企业(包括公私合营企业的私方)中的推销情况,截至4月底,东北各省及北京、天津、山东、河南、陕西、四川、江西等12省、市认购工作已经基本结束,其他各地5月份大体上也可以结束认购工作。到4月底,全国工商界已经认购公债×××万元,完成核减任务的74.8%,已交款×××万元,为认购数的11.2%。据我们了解,今年分配给工商界的公债。在核减任务以前,各地为了完成任务,使工商业者动用股息红利购买公债的部分所占的比重,有的确实过大;核减任务后,一般的都可以降低工商业者动用股息红利买公债的比重,完成任务已经问题不大,但少数仍有困难,根据陈云副总理指示,必须使工商业者于动用股息红利购买公债之后还能拿到一定数额的现金,由他们自己支配。现在为了进一步解决这个问题,特提出如下意见:(一)工商业者动用1955年股息红利买公债,一般应在50%左右,有些资本家所得股息红利多,他们愿意多购买的,可以多买,但最高不要超过80%。有些资本家所得股息红利少,生活有困难,也可以少买或不买;(二)动用1956年定息买公债,最高不能超过今年定息的50%,如果股息收入少,生活有困难,也可以少买或不买:(三)如果有动用1955年股息红利或者动用1956年定息购买公债超过上述比例的,应该坚决减下来,以保证工商业者在购买公债后还能够拿到一定的现金;(四)今年工商界在改造高潮中,将1955年股息红利全部作为合营企业增资的,应当一律退还。如企业已将此项增资全部认购公债的,在退还的时候,可以退还部分的现金和部分的公债,这样,就需要减少企业原来认购公债的数字。如果个别工商业者在我们明确告以退还增资的政策后,仍然坚决要求不退还他们的增资的,公私合营企业必须报经主管业务部门审核批准,才可以接受他们的要求,不予退还。对于这些不退还的增资,如已认购公债的,可以让其把认购的公债,作为投资,不必变更。按照以上各点处理的结果,如果有些地方完成核减以后的公债任务还有困难,应当采取实事求是的态度,能认购多少就认购多少。

以上意见请审查,如无不妥,请即批转各省、自治区、直辖市人民委员会研究执行。

(选自《工商行政通报》第73期,1956年7月20日)

十五、中共中央关于公私合营企业的房产估价问题的指示

(1956年7月1日)

上海局、各省、自治区、直辖市党委并抄国务院有关各部党组:

关于公私合营企业的土地清估价格,中央同意陈云同志在对资改造十人小组汇报会议所作的总结,按照税务局收税的估价作价。对公私合营企业房屋、其他建筑物和可资利用的铺面装修设备的清估价格,国务院《关于私营企业实行公私合营的时候对财产清理估价几项主要问题的规定》中规定:“按照新旧程度,参照当地房地产管理机关的估价标准进行估价;如果没有上述价格,由公私双方协商估价。”在具体执行中,如果依照上述规定同资方协商估价以后,资方没有意见的,就不要变更,如果估价过分偏低,可以适当调整;如果根据当地情况

按照税务局收税价格比较合理的,也可以按照税务局价格估价。

对小业主房屋的处理,原则上应该从宽。关于家店(厂)不分的企业所有的房屋,除铺面、厂房、栈房作为合营资财以外,其他房屋都应该作为生活资料归业主所有。在具体执行中,对于实在难于分开的房屋(如楼上是业主住,楼下是铺面),应该本从宽的精神处理。如果过去已经将铺面作为业主所有的,不要再加变更。有的企业,为了扩大营业,租用了业主所住的房屋,要业主另租房屋居住,在这种情况下应该由企业担负业主另租房屋的租金。有的企业的房屋是租用的,在合营以后,一般应该允许业主继续居住;如果必须业主迁出居住,在定薪的时候,要照顾到他们所付的房租。

凡属处理上项问题有错误、缺点的地方,应该按照上述处理原则,检查改正。

十六、国务院批转中央工商行政管理局《关于公私合营企业清产定股以后发给私股股东领息凭证的意见》

(1956年7月24日)

同意中央工商行政管理局《关于公私合营企业清产定股以后发给私股股东领息凭证的意见》。希各省、市按照这个意见内规定各点,对实行定息的公私合营企业私股股东发给领息凭证。

附:中央工商行政管理局报告意见

公私合营企业在清产核资实行定息以后,资本家要求有一个凭证,我们意见:可以由合营企业或专业公司发给他们一个领息的凭证,使他们明确知道核资以后,在他个人名下的股额及企业的息率。具体办法如下:

一、股东领息凭证的形式不必统一,由各地结合实际情况,自行确定。老合营企业已经发了股票的,私股股东可以凭股票向企业或专业公司领取股息,不必另换凭证;如果私营企业合营前原来就有股票、股折或其他投资证件,而私股股东要求不换发新凭证的,也可以凭原企业的投资证件,按照合营后新核定的股额向企业或专业公司领取股息。

二、发给私股股东领息的凭证,在手续上应力求简便。只要私股股东具备确实的投资证明,企业或专业公司就可以发给凭证。凭证上只要简单地写明股东的姓名、地址、职业、核定的股额、息率等项目就够了,不应增列其他具有限制性质的规定。

三、私股股东领取股息或凭证的时候,如果本人不能亲自来办理,可以委托别人代办,但被委托人必须持有委托人的委托证件。

四、需要发给私股股东一个凭证的企业或专业公司,如果在7、8月发息前来不及做好发凭证的工作,可以先发息,以后再补办发凭证的手续。

以上意见,如属可行,请批转各省、市、自治区人民委员会指定有关部门研究办理。

十七、中国人民银行总行、交通银行总管理处关于合营企业贷款问题的联合通知

(1956年8月10日)

中国人民银行总行、交通银行总管理处曾于今年4月11日、7月6日,根据财政部对公私合营工业企业财务管理的若干规定,作了二次有关对合营企业的贷款指示。最近,又根据"国务院关于对私营工商业、手工业、私营运输业的社会主义改造中若干问题指示"的精神,作了如下的几项规定,全文刊载于后:

1956年,国家对公私合营企业的预算支出,实行以收抵支的办法,这是适应当前改造任务和保证国家预算执行的必要措施。由于目前合营企业流动资金普遍不足,占用了应当缴、存的资金,因而大部分地区的合营企业预算收入收得不好,影响了改造资金和生产资金的按计划拨付,迫切需要加以解决。为此总行、总处根据各地反映的情况,就有关合营工业企业贷款问题,本宽简精神,再作补充指示如下:

一、合营工业企业流动资金定额核定后,定额以内流动资金的不足部分应当由当地交通银行尽可能拨足。如果有些省、自治区、市合营企业预算支出大于合营企业预算收入,或者预算收入的实现与预算支出的拨付在时间上不能完全适应,因而交

通银行一时不能拨足企业定额流动资金时，在1956年度内，可以由当地人民银行根据企业生产周转的实际资金需要情况，暂时予以贷款支持（仍采取财务轧差做法）。

二、合营工业企业定额以外的和尚未核定定额的流动资金需要，只要企业在国家计划范围以内进行生产，应当由当地人民银行贷款满足其生产周转的合理需要（小型合营企业生产未纳入国家计划但产供销正常的也可照此办理），但应注意节约资金使用，防止盲目生产。

三、凡符合以上原则的流动资金需要，不论用于购买原材料、辅料、支付工资等直接生产费用和各项间接生产费用，以及补缴1956年上半年利润和基本折旧基金、缴纳税款、进行工资改革等，都可以贷款。目前由于补发工资、补提附加工资、补提企业奖励基金、支付定额股息、归还由企业负责的拖欠工资、上缴专业公司经费、支付私方人员训练班费用等所需资金，除由企业自己设法解决或由工业厅（局）工业专业公司商得交通银行省区分行同意后统筹调度外，如仍有不足，也可以适当的给以贷款。

四、上述各项贷款，可以由工业厅、局或专业公司统一提出借款计划并保证归还贷款本息，由人民银行对企业贷放；如工业厅、局、专业公司统一提计划有困难的，也可以直接对企业贷放。

五、当地交通银行陆续收到企业缴存的或总处调剂的资金时，应考虑资金运用和周转情况后，随时拨付企业定额流动资金，并通知当地人民银行对企业收回这一部分的贷款。

以上各点，希会同研究布置执行。如有具体问题，可在当地党政领导下根据以上原则协商解决。

（选自《工商行政通报》第76期，1956年8月31日）

第三节　盈余分配与财务管理

一、中财委关于1953年度私营企业盈余分配问题的指示

（1954年3月2日）

1953年度私营企业的盈亏情况，根据若干城市反映：工业方面一般是盈余户增多，盈余额增大，亏损户减少；商业方面，虽然地区、行业之间情况不一，但自去年第三季度后，由于国营商业的扩展和对私营批发商的限制和排挤，因此，部分批发商已由去年上半年的大量赚钱变为下半年的亏累或歇业，零售商的情况则是盈亏不一。部分资本家（特别是商业资本家）对社会主义改造抱有疑虑、抗拒情绪，因而经营消极，想借分红抽逃资金。因此，1953年度的盈余分配已成为资本家和我们斗争的一个更形尖锐的问题，对此，我们一面既要严肃的处理，防止资本家借口分红抽走资金，一面又要依照中央已定的方针，使资本家能够得到适当的利润，以便结合总路线的宣传教育，责成他们积极地进行生产经营，接受社会主义的改造。

关于私营企业的年终盈余分配办法，私营企业暂行条例的有关规定与目前情况已不适合。在新条例未公布前，为便于各地掌握，特提出如下意见，希各地根据具体情况研究执行。

一、对较大企业的盈余分配，应根据“四马分肥”的原则，由劳资双方协商决定。除依法缴纳所得税外，盈余多者应适当提高公积，以利于积累资金；企业职工待遇差、资方所得少者，公积亦可酌量少提。商业户今年如有盈余应鼓励其适当地提存公积。

资方所得（包括股息、红利、董监事执行业务的合伙人及经理厂长等酬劳金）可占到盈余总额的25%左右。资方所得部分由其自行处理。

职工所得部分（包括职工集体福利补助金与职工奖励金）应视企业的工资及福利设施等情况而定，一般应保持过去的水平，不要过分提高。集体福利补助金，一般不得作为个人分配。

二、不具备“四马分肥”条件分配盈余的小规模企业，仍可按惯例办理。无惯例或惯例不合理者，可通过该同业劳资双方协商行业的分配办法，报工商行政机关核准后实行。

三、各地应在财委统一领导下，根据上述精神，结合当地情况，对1953年私营企业的盈余分配，拟定分配原则，作适当的处理。对处理原则，可邀集工商联、工会及有关方面代表座谈，取得一致，并采取适当步骤公布和实施。

规模较大的企业，其分配方案经劳资双方协议后应报工商行政机关备案。企业劳资双方如对分配方案不能达成协议，应报请工商行政机关与劳动

行政机关处理。

四、某些地区如对当地私营工商业1953年度盈余分配办法已有规定，而与本指示所定原则不相抵触，仍可按照原规定办理。

（选自《工商行政通报》第23期，1954年3月20日）

二、中财委关于私营企业和公私合营企业盈余分配问题的补充指示

为催促各地执行关于私营企业和公私合营企业盈余分配的指示并请报告有关的问题与情况，中财委通知要点如下：

对于私营企业和公私合营企业的利润分配，容许股东的股息、红利占到缴纳所得税前盈余总额的25%左右（在公私合营企业中，公私双方再按股份比例分配），这是国家对资本主义工商业利用、限制和改造政策中一个具体政策。所以要采取这样的政策是把它当作向资本家进行赎买的一种手段，以便把私营工商业吸引到国家资本主义和国家计划的轨道上来，以便鼓励有利于国计民生的私营企业的积极性，供国家更好地利用，并由此逐步实现国家对资本主义工商业的社会主义改造的目的。正确地运用四马分肥的政策，分给资本家一定的企业盈余，划清容许他们获得的和不容许他们获得的界限，即能够使我们在同资产阶级的斗争中居于更主动的地位，即能够更有力地反对并制止他们各种各样的分散资财、消极躺倒等等抵抗社会主义改造的行为。根据这样的意图并便于各地掌握此项工作起见，中财委（劳）（资）曾于3月2日发出关于1953年私营企业盈余分配问题的指示。对于公私合营工业的利润分配问题，中央于3月3日曾转发天津市关于公私合营工厂利润分配和建立与健全董事会的报告的指示中更作了明确的指示。据了解，在私营企业和公私合营企业的利润分配中，还存在着与上述指示的原则抵触的混乱现象，这是不利于国家对资本主义工商业的社会主义改造工作的。对此，应请各地财委密切注意，加强掌握，采取有效办法，贯彻上述指示的精神。特别要在有关的政府工作干部、国营企业和工会工作干部中将此项政策交代清楚，以便统一步调，一致执行，并防止资本家利用空隙，进行违法活动。在执行中如发现较为重大的问题以及可供全国参考注意的情况，亦希随时上报。

（选自《工商行政通报》第26期，1954年5月20日）

三、国务院（八办）转发中央工商行政管理局《关于对私营企业1953年度盈余分配情况的报告》的批示

对私营企业的利润允许进行合理分配的原则，对具有相当规模的企业允许私股股东分得的股息红利等共可占到全年利润25%左右的原则，是国家对资本主义工商业实现利用、限制、改造政策的具体措施之一，必须予以正确贯彻。中央工商行政管理局《关于对私营企业1953年度盈余分配情况的报告》中所提出的情况和问题应当引起各地的注意。

兹将此报告转发，希望各省、市人民政府暨财委能对1953年度的盈余分配情况进行一次检查并采取适当的措施，并注意做好1954年利润分配的准备工作。对于此项工作，各地应当切实加以领导和掌握，同时必须有一主管机关，系统地掌握情况，督促、检查有关政策法令的执行。

附：中央工商行政管理局关于对私营企业1953年度盈余分配的检查报告

关于1953年度私营企业的盈余分配，自中财委今年3月间发出指示以后，大城市如天津、北京、广州、重庆、武汉的一部分大型企业已按“四马分肥”的原则进行了分配，上海市也已开始进行。惟中小城市按照这个原则分配的一般说是不多的。兹就初步了解到的情况简要报告如下：

1953年度私营企业的盈余情况，一般是盈余面广，利润大。根据税务总局统计，北京、天津、上海、武汉、广州、西安、重庆、沈阳八大城市的自报查账户和民评户共有22万余户，其中亏损的仅6800户，而盈余户则占96.9%，盈余额134990亿（税务局计算盈余是剔除了不合理开支的，较企业账面盈余为大），平均占盈余户营业额12.33%，比1952年的10.51%略高，比1951年的15.04%低一些。其中天津、西安较高，为14.2%，沈阳最低，为6.60%。

在盈余分配方面，根据不完全的材料：北京、天

津、重庆、广州的情况如下：(见下页表格)其他如武汉240户、石家庄446户、锦州148户、营口114户等也已按“四马分肥”的原则进行了分配。上海市私营企业的盈余分配推动的较迟缓，目前棉纺及染织两业已订出了行业分配办法，大体上根据企业的账面盈余经过合理调整后再按“四马分肥”的比例分配，此外，还有四十几个行业正在进行。

已经分配的地方，大型企业资本家拿到股息红利之后，多数是满意的。这改变了他们“总路线公布后买卖赚钱不归我们了”的思想。独资企业和资方在企业中长支较多的，则愿意按老办法分配，这样，资方可多分一些。也有擅自分配的。尚未分配的地方(如上海)资本家看到公私合营企业盈余分配了，私营还没有分，说是政府企图迫使他们走上公私合营，有的说“四马分肥”是“北京话”好听不实惠。资本家内部矛盾也很大，有些参加企业经营管理的主张少分。

职工对集体福利问题开始时在思想上有抵触，他们说“三马肥，一马瘦，瘦马还割肉(提了集体福利)”。天津有些工人愿意把集体福利金分掉，说：“交工会证也不交集体福利金”，但经过说服教育之后，这些问题基本上已得到了解决。

根据我们的了解，目前盈余分配中主要的问题是：第一，各地多只掌握了少数“四马分肥”的大户，对中小户则放松了掌握。如北京、天津、重庆、广州、武汉五市的查账户和民评户有盈余的共8万多户，有领导、有掌握地根据“四马分肥”原则分配利润的业户只有5000多户，不到7%，其余按惯例或其他办法分配的企业各地都未加以掌握领导。中小城市管理更差，这些未掌握的业户中，滥分盈余的情况还是相当严重的。第二，在已掌握的“四马分肥”户中，一般是偏紧的。如上海规定分配盈余应有利于生产经营；武汉规定：盈余少的、1954年第一季有亏损的、没有旧例账册不健全的、盈余已用于退赃或已用于安装机器设备的，都可以不分。第三，已按“四马分肥”原则办理的业户中，大体是公积金较高(一般在30%以上，有达40%以上的)，而劳资双方所得较低；资方所得部分都在25%以下，广州为10%，劳方所得也有不到5%的。此外，在确定盈余额上也不一致，有的是按账面盈余，有的则按税局计算的盈余(石家庄、营口等城市)，上海是按企业账面盈余再加调整(提出非经营所得及不合理开支等)。盈余额不同，分配的实际所得也就有很大差别，如上海估计调整后的企业账面盈余只有税局计算的盈余的14%左右。各地主管盈余分配的审批机关也不一致，有的是工商局，有的是劳动局，有的是财委直接掌握，这在工作上也有一定的不利。

地　区	北　京		天　津		重　庆		广　州
业　别	工　业	商　业	工　业	商　业	工　业	商　业	工商业
户　数	446	552	3788(以劳动局掌握的25户工业46户商业为例)		106	116	3727
盈余额合资本(%)	98.00	104.01	33.32	58.82	42.19	112.57	103.11
所得税(占全年盈余的%)	33.83	34.70	37.13	35.81	43.59	39.34	39.20
公积金(占全年盈余的%)	30.61	31.84	29.76	43.19	19.08(另有弥补亏损14.65)	27.79(另有弥补亏损3.77)	40.21(另有弥补亏损2.83)
职工福利、奖金(占全年盈余的%)	12.03	10.85	13.27	8.25	4.27	4.91	7.50
资方股息、红利(占全年盈余的%)	22.74	22.00	19.84	12.67	18.41	23.81	10.26
资方所得合资本	二分二厘三	二分二厘九	六厘六	七厘五	七厘七	二分六厘七	一分零五

在干部中间还存在着“能不分就不分”“能拖就拖”的思想，认为这是资本家的事，没有积极主动去掌握，一般是采取自流的态度。“四马分肥”原则的实质，是国家对资本家进行“买卖”的一种手段。同时又是对资产阶级剥削的一种限制。通过合理的盈余分配，一方面可鼓励他们接受社会主义改造和生产经营的积极性，一方面可以使我们站在更为主动的地位对资本家的牟取利益等活动进行教育和

斗争。盈余分配是尖锐的阶级斗争,在这一斗争中,我们必须争取主动,我们只有积极地去领导他们依照政策法令进行合理的分配,才能够更好地防止和禁止资本家用种种方法抽逃资金、腐蚀职工来滥行分配,并且还可以利用部分比较进步的资本家的积极性来配合我们对资本家违法活动进行教育和斗争的工作。对于此项工作,我们必须加强领导,不能听之任之。

1954年快要过去,为了贯彻中央"四马分肥"的政策,要求各地对私营企业1953年的盈余分配进行一次检查和总结,并为1954年做好准备。

以上意见当否,请予指示。

(选自《工商行政通报》第39期,1954年12月31日)

四、国务院(八办)关于处理公私合营企业超额利润问题的意见

中共武汉市委统战部曾就公私合营企业超额利润的处理问题请示国务院第八办公室,八办答复如下,并转知各地:

关于公私合营企业超额利润的计算和处理原则,目前正在研究,在尚未有统一规定前,各地可暂按以下原则办理:公私合营企业的超额利润部分,凡于年终结算所得税时能够事先分别计算提出者,应全部缴还国家(属于地方的公私合营企业,作为地方收入),不另计征所得税。否则,可先就企业利润计征所得税;课税后如计算出超额利润须缴还国家者,可就扣除已征所得税后的余额上缴;已征税款不再退还。

(选自《工商行政通报》第39期,1954年12月31日)

五、财政部副部长吴波关于税收问题的讲话(摘要)

1952年6月间陈云副总理在全国工商联筹备会上的讲话中,曾指出我们在征收所得税上,对个别行业厂商计算偏高,个别税务人员态度不好,并指示今后对于计税不当、偏高偏低的,要经过复议,多退少补;对于民评户,选择典型应该经过协商,力求适当。以后财政部又根据陈副总理的指示精神,对各级税务机关发出了指示,着重说明了我们税收计划中的政策和任务一致性,并要求各级税务机关在征收工作中,必须对税源多作调查,多和工商界及其他有关方面进行协商。两年来,税务机关在加强税源调查以及和工商界协商办税方面是有成绩的,有进步的。在税务干部中依法办事的观念已经加强了;另一方面,工商界经过"五反"和国家过渡时期总路线学习,对守法纳税的认识也逐渐提高。同时各地工商联、民建会对我们的帮助也是值得称道的。

但必须承认,我们税务工作中的缺点仍然不少,对陈副总理指示的精神仍贯彻不够,例如,在征收所得税中还存在着某些计算不当、选择典型不适当以及协商不够的现象,今后必须继续改进,而这种现象又和税法上的某些规定不够具体是有关连的。由于税法规定不够具体,下面执行中就难免发生解释宽严不一、互相矛盾的现象。固然,所得税的计算工作十分复杂,再加上全国的经济情况很复杂,有些规定很难具体化,还只能采取因地制宜的办法,由各地税务机关和工商界协商解决,但从主观上检查,几年来各地税务机关在征收工作中已经摸到了一些规律,积累了一定的经验,如果好好加以总结,把某些能具体的再具体化一点,以减少下面在执行中的困难,还不是完全没有可能的。在这一方面我们还做得不够,这是我们领导机关工作的缺点。

以下答复几个具体问题:

一、关于所得税开支标准解释从严的问题

(一)费用列支问题(包括工资、奖金、福利费):由于各行各业都无一定标准,很难作统一规定,目前情况是一地一个样子、一个行业一个样子、甚至一户一个样子,而且"五反"以后,由于不少工商业随便扩大开支,更使得各地各行业工资的高低、奖金福利的多寡悬殊很大,很不合理,即在总路线提出后,有些工商业仍有扩大开支的现象,为了保护国家税收,税务机关在计算所得税时便不得不加以控制(当然剔除过严的地方也是有的)。例如:

工资:最高的每月有拿几千万元的,最低的只拿十几万元。广州某进出口企业,"五反"后调整工资达13次之多,劳方增到420%,资方增到825%。还有一个工厂,股东21人都当副经理,挂名拿高薪。

奖金:一般有十多种,其中生产奖金数量很

大,有的企业为了多得奖金,故意降低生产定额,形成变相分红。据上海市1953年3月对27家企业的调查,其中:奖金等于工资10%至20%的7家,21%至30%的3家,31%至40%的1家,41%一至50%的4家,51%至60%的2家,61%至70%的3家,71%至80%的1家,81%至90%的2家,91%至100%的1家。此外尚有150%、174%、694%的各1家。

福利费:据天津调查,有36六种之多。简单举例:某工厂除年终双薪、增产奖金外,另有福利费13种之多;某工厂全年支出奖金24亿元,另外每人还补贴伙食396万元;某工厂专就发工作服、制服一种,一年之中就给每人发了布的四套、防雨布的一套、呢子的一套、皮袴一件。

以上这些不合理的开支,不仅对国家税收有影响,而且对企业经营和工资改革都无好处,它不利于职工的团结,也不利于国家对私营企业进行社会主义改造,在计算所得税时是应该剔除的。在1954年所得税汇算时可采取以下解决办法:(1)一般仍按1953年汇算时的标准列支;(2)1954年调整工资经劳动部门批准的可以列支;未经劳动部门批准但未超过一般同业水平的,亦可列支。当然这样做,并未解决目前工资、奖金福利中存在的问题,但这个问题,只有随着企业的工资改革逐渐设法解决,要想一下子解决是不可能的。

(二)费用支出和资本支出的问题(包括低值易耗品和增加设备的划界、大修理和小修理的划界):这个问题亦很复杂,由于轻、重工业的性质不同,企业的大小不同,目前亦是很难订出统一的标准。例如,价值二、三百万元的小马达,在大的企业里可以当作低值易耗品处理,而在小的企业就有可能是主要的动力设备。又如价值高的可能是易耗品,而价值低的又可能不是易耗品。又如大修理小修理划界问题,就牵涉到是否增加设备的价值,增加效率或是否延长设备的使用年限等等,这些问题过去只能根据实际情况,由各地税务机关和工商界协商解决,1954年所得税汇算仍只能采用这个办法,由税务机关和工商界协商确定。从1955年起,准备责成税务机关选择某些条件比较好的行业(如纺织、卷烟),分类排队,摸一摸底,看是否能在同一行业中找出一个大体适用的标准,逐步解决这个问题,同时要求工商联和同业公会必须对税务机关加以协助。

二、在估征所得税时关于存货估价及原材料消耗定额上所发生的问题,如果计算过严,确有不当之处,可在1954年所得汇算中进行调整。

三、标准纯益率问题

座谈会反映有些地区的行业在确定纯益率时选择典型不当，产生偏高现象，我们对此当和第二个问题一并进行检查，要各地税务机关切实遵照陈副总理指示的精神办事，在1954年汇算时，必须实事求是的进行调整。即对民评户：(1)选择典型必须多调查，并和工商界充分进行协商，力求适当；(2)纯益率应该依照税法规定，分类型、分等级，使能大体符合各种经营情况不同的工商业户；(3)加强复议委员会的工作，解决评议中所发生的偏高偏低现象。对于查账户如确定的纯益率不恰当，则应在1954年汇算时按实际计算结果，多退少补。

此外还必须说明,民主评议的本身就是不完全科学的,但目前不采用这个办法还不行,今后随着国家资本主义经营形式的发展,税务机关应当逐渐减少民评户,增加查账户,同时并在现有基础上把民评工作质量再加提高。

四、政策与任务关系的问题

我们工作中是有缺点的,但必须说明政策和任务是一致的。财政部过去在给各级税务机关指示中,曾明确指出:“我们的税收计划是根据税源与税法制定的,因此,政策与任务是完全一致的,由于我们对税源还不太摸底,计划不够准确,或者计划差不多,而后来税源起了变化,其实收数超过或低于原计划数是必然的,完全允许的。如果经济变化,税源扩大了,虽然超过计划很多,但距应收的数还很远,这不能算完成任务,反之,税源缩小了,如根据政策把应收的十足收齐,即使没有完成原计划,也应该算是完成任务”,这已经说得很明白了。

五、守法违法界限问题

在这里必须说明，由于税法上某些规定不够明确，各地解释不一致，有些工商业户的漏税是出于无意，或被税局错征的也有,但另一方面,也有一些不老实的工商业户利用我们工作中的缺点有意钻空子,守法违法的界限难以划分就在此。为了解决这个问题,今后:(1)凡税法有明确规定应纳而未纳的税,就是偷税,应算违法;(2)税法规定不够明确又不能判明是有意钻空子,这样的漏税,不算违法。至于税务机关因解释不一致而错征的,经查明后应该随时纠正。

(选自《工商行政通报》第41期,1955年2月10日)

六、中央工商行政管理局、地方工业部关于作好公私合营工业企业1954年度盈余分配工作的通知

根据公私合营工业企业暂行条例的规定,对公私合营企业的盈余适当进行合理的分配,使企业的利润在保证用在国家的资金积累、企业的生产、职工的福利之外,并使资本家有一定的合理利润可得,这是促使资本主义工业走向公私合营形式以接受社会主义改造的重要措施之一,也是对那些接受社会主义改造的资本家的一种“赎买”。为了使1954年的盈余分配工作能正确地贯彻党对资产阶级的政策,各地工业部门和工商行政部门应对公私合营工业企业1954年的盈余情况进行了解,并在当地党政统一领导和布置下督促未分配盈余的公私合营企业,按公私合营工业企业暂行条例的规定,及时地合理地进行分配,对已分配了盈余的亦应进行检查。请将盈余情况、分配结果及存在的问题和解决的办法随时报告我们。附公私合营工业企业1953年度盈余分配情况,供作参考。

公私合营工业企业1953年度盈余分配情况

公私合营工业企业1953年度大都有盈余,且盈余额较大。根据904户的调查统计材料来看,其中有盈余的716户,亏损的仅48户,余140户为不单独计算盈亏的分支机构和无盈余的企业。上述716户1953年度利润总额为20326亿元,平均占资本总额的31%(占资产净值约为11%)。其中利润率不足30%的计351户,30%—50%的129户,50%—100%的143户,100%—200%的68户,200%以上的17户,最高有达535%的(另有8户未报资本或未调整资本,没有计入)。

公私合营工业企业的盈余,历年均呈逐步上升趋势,据交通银行对有盈余的63户典型调查结果,如以1950年盈余额为100,1951年为113,1952年为228.6,1953年为306.9;天津市1954年度11户的调查,利润都较1953年增加(12月份系预计数),最低增加15.9%,最高达140%。

形成利润较大的原因之一是统计中有不少是公积金很大的老合营企业和尚未清产定股的合营企业,因而利润额同资本额相比就显得很大,除这种统计上的原因外,主要由于:(一)公私合营企业的优越性。企业合营后生产关系发生变化,生产力提高,改善了经营管理,产量增加、成本降低,特别是许多企业的劳动生产率随着增产节约运动的展开而不断提高,必然促使合营企业获得较大的利润。(二)加工订货工缴货价核价有的偏高或售价偏高。(三)国家对合营企业较对私营企业优先分配生产任务及供应原材料,人民银行给予低利贷款等。(四)国家按调拨价格供应合营企业原材料,但产品的售价未按照国家调拨的价格计算,其所产生的差价部分未按规定上缴,而列为盈余。

截至1954年6月底止,盈余户中已分配的为473户,占盈余户的66%,未分配的占34%;未分配的原因:主要是分配方案已请示领导机关但未获批复,另外由于敌产处理、股权登记、财产清估等问题未解决而影响分配的。

已分配盈余的473户的利润总额为15007亿元,其中所得税平均占32.2%,公积金占22.9%,股息红利占21%,企业奖励金占6.8%,余2566亿元未作处理。股息红利3146亿元中,公股按股份59.79%计算可得1881亿元,私股按28.01%计算可得884亿元,余381亿元为合营股及代管股所得。作为对资产阶级“赎买”来看,合其资本总额的5.7%,即资产阶级能得到五厘七毫的平均利润。

自从中央明确了“四马分肥”的盈余分配原则以后,各地领导部门都重视了这一工作,对1953年度的盈余一般都作了分配,因而扩大了政治影响,这对今后扩展公私合营工作是有利的。但有些企业在分配方法和比例 上与“四马分肥”的原则尚有很大出入。表现在:不少企业不是按所得税、股息红利、企业奖励金和公积金这四个方面来分配,而只是分配其中的两个或三个方面,或者虽按四个方面分配,而各个方面的分配比例不尽恰当,失之过高或过低。如除缴纳所得税外,余数全部作为股息红利分配的有30户,全部作为公积金分配的7户,只分配股息红利和公积金而不分配企业奖励金的12户,只分配股息红利和企业奖励金而不提存公积金的44户,只分配公积金和企业奖励金而不分配

股息红利的10户;在分配比例上,股息红利占利润额31%以上的151户,不足20%的165户,公积金占41%以上的42户,不足20%的218户。

产生以上现象,有其客观原因,如公私合营工业企业暂行条例公布较晚,有些企业已按旧协议或私营企业暂行条例的规定作了分配,也有些因以往多年未分红,并在一次多分的。在企业奖励金方面,有的由于仍然按照旧协议来分配,形成比例较大,或者由于尚未建立正规的福利提存制度,一直由企业行政开支,致少提或不提的。

应当指出,还有某些干部对盈余分配的政治意义和经济意义认识不足,以致在具体掌握上发生过紧过宽的现象:一种是资本家所得过多,公积金提取过少,如广西某合营厂股息红利占利润总额79%,公积只占5%,鞍山某铁工厂股息红利占到利润额的57%(竟达资本额的1.5倍),公积金仅占6.4%。另一种是单纯强调企业生产需要,多提公积,如四川某水电厂,公积金占利润额的69.2%,股息红利仅占7.7%。又如江苏某些厂对股息红利的分配,是根据以往股东所得数额,掌握逐年慢慢增加的原则,对利润率正常的也不完全按25%左右的标准分配。另有些企业虽然分配了,但分配后用种种办法不让资本家拿走或少拿走。资本家拿不到钱,有的说:"到底是不是没收了","公股一只手发股息,一只手叫私股拿出钱来"。

盈余分配工作中,各地提出了在高额利润下如何掌握分配标准的问题。有的将股东所得约束在银行利息左右,对这个问题究竟应掌握什么标准来正确的进行分配,还有待进一步研究。

(选自《工商行政通报》第43期,1955年3月10日)

七、中央工商行政管理局转发天津市《关于处理1954年私营企业盈余分配办法》的批示

兹将天津市工商局报送的私营工业和商业1954年盈余分配两个办法及所附说明,转发各地。作为进行1954年度私营企业盈余分配工作的参考。

对私营企业利润进行合理的分配,是国家对资本主义工商业实现利用、限制和改造政策的一项具体措施,通过合理的分配盈余,可以鼓励资本家接受改造和生产经营的积极性,也有利于限制他们滥分资金。1953年度盈余的分配工作,有些地区布置得较迟,掌握推动不够,今年应当积极地抓紧进行。

1954年度私营企业的利润情况有了很大的变化,与1953年比较,一般是利润降低了,盈余面缩小了,尤其是私营商业方面比较显著。天津市所订的盈余分配办法适当地掌握了公积金的比例,以适应1954年度私营企业利润的情况,这是必要的。根据"四马分肥"的原则,私营企业的盈余分配,应该掌握股息红利(包括董监事及经理、厂长等酬劳金)占到盈余总额的25%左右。天津市的分配方法是除缴纳所得税外,先提公积金,其余额再由劳资双方按一定比例分配。这种方法在正常情况下是可以符合上述原则的。但有些地区,有些企业,税局计算所得税时的盈余额和企业账面的盈余额相差较大,因而所得税所占账面盈余的比重显得较高,应用天津市的分配方法就不易掌握资方所得可占到盈余总额25%左右的原则,劳方的福利奖金也受到影响。为此,可考虑采取除缴纳所得税外,其余额按公积金、股息红利和福利奖金三方面同时进行分配的办法。

1954年度私营企业利润的另一情况是行业间不平衡的现象也比去年为甚,天津市规定对盈余特大者其分配办法须另报工商行政机关说服劳资双方多提一些公积,在内部掌握上提出一般以盈余达资本额70%或以上者为宜。但应考虑到对盈余特大的解释不宜单看其利润与资本的比例,而要兼顾到企业实有财产的大小(有些私营企业的实际财产价值可能与资本额相差很大),资方人数的多寡等具体情况;特别对于盈余较小的,如采用经销代销的国家资本主义商业要灵活加以掌握。

此外,对职工福利奖金的分配使用和旧有年终双薪的处理,天津市所规定的办法不一定完全适合其他各地情况,处理这一问题时,须根据当地具体情况并照顾到上年度的实例;最好由工会与劳动部门研究拟订方案,报当地党委和政府批准后实行。

各地盈余分配的结果及经验,希总结后报送我们。

附:关于处理1954年私营工业利润分配办法

一、为了正确贯彻国家在过渡时期对私营工商

业的利用、限制、改造的政策,根据私营工业的具体情况,适当处理本市私营工业 1954 年年终的利润分配问题,特制定本办法。

二、本办法的分配比例,是根据中央对私营企业的利润分配的指示精神,视本市工业 1954 年的实际利润情况,及企业的不同规模类型而制定之。

三、根据上述原则,对具有相当规模的工厂 1954 年年终利润分配问题的处理,应按照各企业的不同盈余情况,可在以下两个不同比例的分配办法中,选择一种办法处理。

第一个办法:除缴纳国家所得税及提取 25% 左右的公积金外,余额以劳方 40,资方 60,或劳方 35,资方 65 的比例分配。

第二个办法:除缴纳国家所得税及提取 30% 左右的公积金外,余额以劳方 40,资方 60,或劳方 35,资方 65 的比例分配。

四、1954 年盈余特大情况特殊的个别私营工厂,盈余分配的比例,须呈报工商行政机关指导劳资双方按照本办法的精神,根据企业具体情况进行协商,确定分配比例后处理。

五、一般小作坊小工厂,账目不健全,无法计算盈余,不具备按国家所得税、企业公积金、职工福利奖金、资方的股息红利等四方面分配条件者,应按旧例分配之。但在分配时,一定是在不影响其生产的情况下进行。如旧例不合理时,可由劳资双方协商合理调整解决之。

六、资方所得应听其自行支配。

七、劳方所得福利奖金,应分为两部分,即:集体福利部分与生产奖励部分。生产奖励部分占全部福利奖金比例不得超过 50%,但企业人少而福利奖金多者,生产奖励部分,一般不应超过基本工资总额 15%,并应根据职工对生产贡献,采取评奖办法发给。其余部分,即为集体福利部分,集体福利部分的使用,按工会规定办法处理。

八、公积金为本企业积累资本,扩大生产及弥补亏损之用,不得随意提出。公积金使用之当否,职工有权监督。

九、凡实行本条例的工厂,过去旧有的年终双薪、花红或馈送等一律取消,不再发给。

十、本办法只适用于 1954 年私营工业的利润分配。凡分配盈余的工厂,必须事先经劳资双方协商同意,并报经工商行政机关批准,始得分配,不得私自分配。

十一、本办法的解释权,属于天津市人民政府工商局。

关于处理 1954 年私营商业利润分配办法

一、为了正确贯彻国家在过渡时期对私营工商业的利用、限制、改造的政策,根据私营商业的具体情况,适当处理本市私营商业 1954 年年终的利润分配问题,特制定本办法。

二、本办法的分配比例,是根据中央对私营企业的利润分配的指示精神,视本市商业 1954 年的实际利润情况及企业的不同规模类型而制定之。

三、根据上述原则,处理私营较大型商店 1954 年的年终利润分配问题,应按照各企业的不同情况,可在以下两个不同比例的分配办法中,选择一种办法处理。

第一个办法:除缴纳国家所得税及提取 25% 左右的公积金外,余额以劳方 40,资方 60,或劳方 35,资方 65 的比例分配。

第二个办法:除缴纳国家所得税及提取 30% 的公积金外,余额以劳方 40,资方 60,或劳方 35,资方 65 的比例分配。

四、1954 年盈余特大的个别私营商店,情况较特殊者,盈余分配的比例,须呈报工商行政部门指导劳资双方按着本办法的精神,根据企业具体情况,进行协商,确定分配比例后处理之。

五、一般独资或合伙经营的小商店,没有雇用店员或雇用少数店员,主要由股东自己经营,而又没有实行按国家所得税、企业公积金、职工福利奖金、资方的股息红利等四方面分配的必要者,应按旧例分配之。但在分配时,一定是在不影响其经营的情况下进行。如旧例不合理时,可由劳资双方协商合理调整解决。

六、资方所得应听其自行支配。

七、劳方所得部分,分为两部分,即:集体福利部分与个人分得部分。个人分得部分,一般不得超过相当于两个月的工资水平。某些商店工资很低者,可适当多提一些。除个人分得部分以外,其余部分即为集体福利部分,集体福利部分的使用,按工会规定办法处理。

八、公积金为本企业积累资金扩充经营及弥补亏损,或作为其他事业投资之用,不得随意提出。公积金使用之当否,职工有权监督。

九、执行本办法的店铺,过去旧有的年终双

薪、花红或馈送等，一律取消，不再发给。

十、本办法只适用于1954年私营商业的利润分配，凡分配盈余的商户，必须事先经劳资双方协商同意，并报经工商行政机关批准，始得分配，不得私自分配。

十一、本办法的解释权属于天津市人民政府工商局。

关于处理1954年私营企业盈余分配办法的说明

一、1954年盈余分配办法是根据今年私营企业盈余普遍下降的实际情况，结合去年实行盈余分配的经验，按1953年私营商业利润分配办法的规定稍加修改制定的。为便于掌握起见，分别制定了工业、商业两个分配办法，基本精神是一致的。但具体规定上根据工商业不同情况有所区别。

二、办法中第三条所规定分配盈余的对象，必须是账目比较健全，能算出盈余的较大企业户，工业利润分配办法中所规定"具备相当规模的工厂"，是指有动力设备16人以上或无动力设备30人以上的大型工厂。凡具备相当规模的工厂，一般的须按此办法执行。虽不具备上项规模，但有条件执行本办法者，亦可实行。

三、第三条所规定之比例办法的具体运用，似应掌握在生产经营正常的条件下职工所得一般保持过去水平，不宜过多压低或提高，资方所得一般应不低于银行企业定期存款利息(年息7厘5毫)的精神为宜，因此在今年总的盈余情况远不如去年的情况下，公积金的分配比例一般要较去年为低，由于今年商业的盈余情况较工业差，根据其利润情况，商业中公积金的分配比例确定在25%左右到30%较适合。因此，商业中第一个分配办法"提取25%左右的公积金……"适用于一般商业户；第二个分配办法"提取30%左右的公积金……"适用于少数赚钱较多的行业中，如糕点业、国药业。工业中第一个分配办法"提取25%左右的公积金……"一般工业户可以适用；第二个办法"提取30%左右的公积金……"可以在部分赚钱额多的工厂中实行。

资方分配的所得部分一般应掌握占利润总额的25%上下，即上不超过30%，下不低于20%。

四、办法第四条规定的原因，主要是因个别企业利润特别大。所谓利润特别大，我们认为在70%或以上者为宜。如广林车具工厂本年盈利20余亿，资本额仅24亿，乐仁堂本年盈利14亿，达仁堂本年盈利22亿，如果只按第三条办法则劳资双方分走太多，故又规定对个别工厂商店盈利特多者，要经工商行政机关指导。为限制私营企业的过高利润可在积累资金改进生产管理的理由下尽量说服劳资双方多提一些公积金，由劳资协商提出，资方所得应在利润总额25%以下。但对工业户确切因创造发明盈余特多者，我们考虑为鼓励劳资双方经营情绪，则不必强调多提公积金，可使劳资盈亏适当地多得一些。

五、在某些不具备实行"四马分肥"的小型工商业户，可按惯例分配，我们掌握上应根据职工平时工资和福利的高低参照实例处理。职工工资及平时福利过低者可多提，过高者可少提，以保障职工收入，避免畸高畸低现象。

六、第七条劳方所得部分的处理问题，在工业分配办法中是根据工会联合会规定的"私营工业职工福利奖金处理办法"而定，在商业分配办法中，职工个人分得部分一般不超过二个月工资，是根据去年实际执行的办法而规定，但去年执行中发现职工对两个月工资水平有意见，故后期掌握上放竟为三个月，因此在今年的掌握上亦应灵活。

七、办法第九条关于旧有年终双薪、花红、馈送一律取消问题，应掌握去年已实行"四马分肥"者，今年仍要实行，赚多多分，赚少少分，不赚不分，不得恢复旧例。

八、盈余额可按账面结算的盈余确定，但对其中显著不合理且数字很大者，可适当加以调整。例如：元兴、新华工厂股东挂名薪金每月支出2800万元，光明染厂经理治丧费2000余万元等。

(选自《工商行政通报》第43期，1955年3月10日)

八、国务院关于加强对公私合营企业的公股和代管股的股权、股息红利及企业公积金的管理、监督工作的通知

国务院关于加强对公私合营企业的公股和代管股的股权、股息红利及企业公积金的管理、监督工作的通知，已批发中央及各地有关部门。全文如下：

随着国家对资本主义工业的社会主义改造工

作的逐步深入,资本主义工业已有越来越多的户数转变为公私合营企业。根据国家规定的少量资金驴打滚、翻几番的方针政策,我们今后对扩展公私合营企业的投资,必须少从国库开支,多从合营企业的资金积累中去筹划。为此必须集中管理公私合营企业的公股和代管股的股权、股息红利及企业公积金,希望各地各有关部门严格执行下列事项:

一、公私合营企业中的公股和代管股股权应一律集中交通银行统一管理。凡未办理集中手续的合营企业必须根据1950年10月13日前中央人民政府财政经济委员会发布的关于统一整理公私合营企业公股的决定,立即将股权清理集中交通银行管理。

二、公私合营企业中公股的股息、红利统由交通银行收解上缴该行总管理处。

代管股的股息、红利应交由交通银行专户存储。

三、公私合营企业所提的公积金应专户提存交通银行,其中的一部分可以作为调剂公私合营企业流动资金之用。合营企业的流动资金,应根据实际需要,本节约原则,由财政部门与业务主管部门(中央为主管局,地方为主管厅、局)会同核定定额,如企业自有流动资金不足定额时,可以由交通银行在公积金专户中拨付企业使用。

四、各省市应加强对交通银行的领导。

(选自《工商行政通报》第45期,1955年4月15日)

九、中共中央关于对公私合营企业私股推行定息办法的指示

(1956年1月31日)

上海局、各省、自治区、直辖市党委:

对公私合营企业的私股推行定息办法,是国家进一步加强社会主义改造的一项重要的政策措施。实行定息虽然仍要从工人所创造出来的价值中分一部分给资本家,但是这比起"四马分肥"的办法,已是前进了一大步,因为定了息,就能够把资本家的利润限制在一个固定的息率上,而不是让资本家随着企业的生产发展、盈余增加,水涨船高地分取利润。除此以外,定息的最重大的意义还在于促进企业内部生产关系的进一步改变。由于实行定息,企业的管理权力实际上已经完全转到了国家的手中,企业可以按照社会主义的原则,进行经营管理。这种重大的变化,不仅会使工人的生产积极性大大提高,而且为国有化进一步准备有利条件。中央鉴于定息是向资产阶级特别是大资本家继续进行赎买的一个重要方式,而各地各行各业的情况又相当复杂,在具体工作中,既要体现国家对定息的总方针,又要照顾到各地区各行业的不同情况,以吸引和教育资本家接受这个政策,对此,除即将由国务院公布关于对公私合营企业推行定息办法的决定外,特提出以下各点,要求各地党委结合当地情况,认真研究执行:

一、全国的年息总幅度定为一厘至六厘。起码定在一厘,为的照顾过去获利在一厘以下的以至亏损的户,这样做,花钱有限,影响很好。最高定在六厘,为的照顾少数对国计民生作用较大或有特殊技艺贡献而利润高的业户。低有一厘、高有六厘的幅度,能够适合各地区各行业的实际情况,使我们在处理这个问题的时候,比较机动,同时,对国内国际各方面来说,也可以取得更好的影响。在一至六厘的总幅度中,估计定在三厘、四厘的会占相当比重,但是,各省市对各行业在定息的时候,要有适当的安排,使省、市之内一厘、二厘、五厘、六厘都有。

二、在具体定息的时候,一般应当根据实得(指1953年宣布"四马分肥"以来的资方实际所得),参照应得(指按"四马分肥"原则应当分配给资方的合理利润),在一厘至六厘的幅度内,实事求是地加以规定。定息的结果,一般的不要使资本家的所得少于他们以往的实得,有些业户可以较以往的实得还要多些;只有某些业户过去"四马分肥"分得偏高的,定息的时候,才应当适当降低。个别公私合营企业在过去清产定股的时候显著偏低,对它们的财产清理估价的结果不予变更,但是在定息的息率上可以予以适当照顾。

三、各地在研究定息方案的时候,如果感到对于个别业户需要定息在六厘以上,或者资本家要求高过六厘而认为可以考虑的,在向资本家表示正式意见以前应该由省、自治区、直辖市党委向中央请示。

四、华侨在国家经营的投资公司中的投资,仍按年息八厘的规定发给股息,不因定息的规定而改变,这一点,应当对外说明。

五、同一行业内部的息率可以相同,也可以不相同,要看行业内部的企业的具体情况而定,不应

当从主观要求出发，简单从事。很多行业的内部可以规定一个息率。若干行业之中，有的合营企业的产品质量特别好，在技艺上有特殊的贡献，过去的利润也比较高，对这样的企业，就可以定息略高一些，同行业中的其他企业不具备上述条件的，就不宜定得一样高。

六、为了做好定息工作并使全国有必要的平衡，不致偏高偏低，须采取一定的程序：(1)首先由各省、自治区、直辖市党委把本行政区内各行各业进行排队，拟出定息方案，召集所属业务主管机关和市(省和自治区所属)区(直辖市所属)负责人员加以讨论，初步确定后，报告中央审核。(2)中央方面，在对资改造十人小组指导之下，商业以国务院五办为主，工业和交通运输等业分别以国务院三办、四办、六办为主，对各省、自治区、直辖市党委提出的初步方案加以审查，然后发还各省、自治区、直辖市党委。(3)各省、自治区、直辖市党委将经过审查发还的初步方案发给需要进行定息工作的地方，作为内部掌握的根据，同资本家进行协商，如果确有必要，可以对上述的初步方案作必要的修改。公私协商取得一致意见以后，依照国务院关于对公私合营企业推行定息办法的决定所规定的程序办理。

七、对公私合营企业 1955 年的利润分配，如果私方要求实行定息办法，应当同意；如果私方还有顾虑，不要勉强他们实行定息，可仍按"四马分肥"的原则或者惯例分配私股股息。

八、全业合营已在很多地方形成群众性的运动。在这个基础之上推行定息，易于取得很好的效果。但是这是一件较复杂的工作，不可疏忽大意，应当对干部、资本家进行教育，统一对定息政策的认识，鼓舞资本家接受改造的热情。具体工作中，要注意同资本家充分协商，并运用工商界骨干分子协助，作好此项工作。

十、国务院关于在公私合营企业中推行定息办法的规定

(1956 年 2 月 8 日国务院全体会议第 24 次会议通过)

为了适应私营企业实行全行业公私合营的新情况和进一步进行社会主义改造的需要，对公私合营企业的私股推行定息办法，是必要的和适当的。现在把推行定息办法的几个主要问题作如下的规定：

一、定息，就是企业在公私合营时期，不论盈亏，依据息率，按季付给私股股东以股息。

二、对全国公私合营企业私股实行定息的息率，规定为年息一厘到六厘。

三、根据国计民生的需要和各行业、企业的具体情况，在前条规定的息率幅度内，地区之间、行业之间，可以定出不同的息率，也可以定出同一的息率。同一地区的行业内部可以定出同一的息率，如果确有必要，也可以定出几个不同的息率。

国务院业务主管部门认为对某些行业有规定全国统一的息率的需要和条件的时候，经过公私双方协商，可以提出方案报请国务院审核决定。

四、省、自治区、直辖市的公私合营企业定息的工作，应该分别在省、自治区、直辖市的人民委员会的统一领导下进行。公私合营企业实行定息的时候，应该由公私双方在当地业务主管机关、工商行政机关的领导下，按行业进行协商，提出对本行业定息的意见，报请省、自治区、直辖市人民委员会核报国务院主管部门审核决定。

五、个别公私合营企业，如果情况特殊，息率需要高于六厘的，由省、自治区、直辖市人民委员会核报国务院批准。

六、暂不实行定息的公私合营企业，可以按照 1954 年 9 月政务院《公私合营工业企业暂行条例》所规定的盈余分配原则或者按照惯例分配股息。

十一、国务院(五、八办)转发财政部《关于公私合营企业财务管理的若干规定的请示报告》

(1956 年 3 月 3 日)

同意财政部《关于公私合营企业财务管理的若干规定的请示报告》，现在发给你们，请按照执行。

附：财政部关于对公私合营企业财务管理的若干规定的请示报告

国务院五办、八办：

自从国家对资本主义工商业的改造工作进入高潮以后，全国的私营工商业已经按行业全部实行

公私合营,并且正在推行定息的办法。这种新情况给合营企业财务管理工作提出了许多新的问题,要求及时加以解决。要求合营企业的财务管理工作,必须立即跟上去;但由于现在正处在由"四马分肥"到实行定息的转变时期,情况复杂,变化很快,马上还难搞出一套比较完善的办法,为了防止合营企业的财务发生混乱,使改造工作受到损失,拟根据国务院颁发的有关这一方面的规定和目前的新情况,先就合营企业财务管理作出若干必要的规定,以便在工作中有所依据。这一规定的草稿,我们曾邀请中央各有关部门进行过讨论,并且在最近召开的财政会议上征求过各省、区、市财政厅、局长的意见,大家都表示同意。现在送请审查。如属可行,拟请即予批转中央有关各部和各省、区、市人民委员会照此办理。至于商业部系统所属合营企业的财务如何管理,因须结合整个私营企业的改造、安排,通盘考虑,已经得商业部同意,由他们另行提出意见,会同我们共同研究下达。

对公私合营企业财务管理的若干规定

一、合营企业的财务工作,由主管业务机关和主管专业公司领导管理,由财政机关授权交通银行进行监督。

二、国家对合营企业的预算收入和支出,采取分级管理和以收抵支的办法,收支相抵以后的差额,分别列入中央预算和省、自治区、直辖市预算。合营企业预算收支的具体工作,统一由交通银行办理。

三、中央和地方对合营企业的投资,都须以本级预算的合营企业收入(包括属于"四马分肥"企业的公股股息红利、属于定息企业的上缴利润、基本折旧基金、固定资产变价收入及多余流动资金)分级统筹解决;如资金不足,可以运用交通银行收存的各项专户资金,在同级范围内进行调剂;同时交通银行总管理处对各分支行收存的专户资金,可以根据各地资金的多余和不足情况,在全国范围内作统一的调度。

对合营企业的投资,属于动用预算收入的,由交通银行拨付作为政府投资,属于运用专户资金的,作为交通银行投资。

四、合营企业资金的上缴和下拨,由统一计算盈亏的专业公司或单独计算盈亏的合营企业向交通银行办理。

五、采取定息办法的合营企业的财务,按下列规定办理:

1.合营企业的利润,应当按月照计划数扣除所得税、企业奖励金和应付的私股定额股息后,解缴交通银行,并按季度和年度的实际利润数进行结算,多缴的抵作下期利润,少缴的补缴。

2.合营企业对政府资金以外的所有股份,应当按规定的息率和发付时间付给股息。

3.合营企业如有核定的计划亏损,由交通银行拨付弥补。

4.合营企业提取和使用企业奖励基金,应当参照同行业国营企业的规定结合企业的具体情况,经过主管业务机关核定后办理。

5.合营企业应当依照主管业务机关核定的折旧率,按月照计划数提取基本折旧基金和大修理折旧基金,并按照季度的实际数调整。基本折旧基金应当解缴交通银行;大修理折旧基金应当专户存储中国人民银行。

6.合营企业的固定资产变价收入,应当随时解缴交通银行。

7.合营企业的流动资金定额,由主管业务机关会同交通银行参照同行业国营企业的计算方法进行核定,多余部分,应当解缴交通银行;不足部分,由交通银行核实拨付。

8.合营企业定额以外的流动资金,按照中国人民银行贷款办法的规定,由中国人民银行贷款解决。

9.合营企业定息以前的公积金、基本折旧基金、固定资产变价收入及多余流动资金,定息以后,在没有明确规定统一处理办法以前,应当继续在交通银行专户存储,但不计利息。

10.合营企业的成本计算,应当参照国营企业的规定办理。

六、采取"四马分肥"办法的合营企业的财务,按下列规定办理:

1.合营企业的待分配盈余、公积金、基本折旧基金、固定资产变价收入及多余流动资金应当专户存储交通银行;大修理折旧基金应当专户存储中国人民银行。

2.合营企业自有流动资金不足定额时,可以使用本企业公积金存款补充。定额以外的流动资金,由中国人民银行贷款解决。

七、专业公司或合营企业如不按规定解缴应当上缴和应当专户存储的资金时,交通银行可以通知中国人民银行在该缴纳单位结算户内扣缴。

八、合营企业的基本建设、技术组织措施、新种类产品试制和零星基本建设,都参照国营企业的规定办理,资金由交通银行根据批准的计划核实拨付。其中基本建设资金由交通银行转拨建设银行,由建设银行对施工单位进行拨付和监督;工程完竣或年度终了时,再由建设银行和交通银行进行结算,资金如有多余,应当交回交通银行。

九、专业公司的开办费,应当由所属企业共同负担,但在专业公司的筹备期间,可以由交通银行垫付,俟专业公司成立即行归垫。

十、参加私营企业实行合营工作的干部训练和合营时企业多余职工的训练,其训练机构和教职员的工资以及房租水电、办公等费用,由交通银行根据各省、区、市人民委员会批准的用款计划核实拨付。

十一、合营企业的调拨物资差价,发生在定息以前,仍按照国家计划委员会的规定,由主管业务机关收缴国库;定息以后,不再计算调拨物资差价。

十二、合营企业由主管业务机关批准的固定资产的调入和调出,以增加或减少政府资金(公股)方式处理。

十三、合营企业应当根据生产、销售、劳动、成本和基本建设等计划编制财务计划。计划的报送、汇编、审批程序按照国营企业的规定办理,原送财政机关部分,改送交通银行。

十四、合营企业应当按月份、季度、年度编制决算报告,报告的报送、汇编、审批程序按照国营企业的规定办理,原送财政机关部分,改送交通银行。

十五、个别合营企业的财务计划,如果在1956年年度开始时已经列入主管部国营企业财务计划以内的,以及在经济改组中,个别国营企业将私营或合营企业并入国营企业作为一个车间或一个组成部分已经无法分编财务计划的,在财务上,除应当按期给私股发付定额股息外,其余都可按照国营企业财务管理的办法直接向财政机关办理,不适用以上各项规定。

十二、国务院批转中央工商行政管理局关于公私合营及私营企业1955年度盈余分配问题的意见

国务院同意中央工商行政管理局所拟关于公私合营及私营企业1955年度盈余分配问题的意见,现将原报告转发给你们,请参照办理。在执行中,如有问题和意见,请电告中央工商行政管理局。

附:中央工商行政管理局关于公私合营及私营企业1955年度盈余分配问题的意见

近来接到不少地方询问关于公私合营企业及私营企业1955年度的盈余应如何掌握分配问题,经我们研究,提出意见如下:

1955年以前已经公私合营的企业,他们在1955年的利润分配,可根据具体情况经过公私协商,来妥善处理。如私方积极要求实行定息办法,可以同意;如私方还有顾虑,可仍按“四马分肥”的原则或者惯例来分配私股股息,不要勉强他们实行定息。

私营企业,1955年当年实行公私合营的企业和1956年才实行公私合营的企业,他们在1955年度的利润,一般可按照“四马分肥”原则或惯例进行分配。有些企业需要弥补亏损的,可以在弥补亏损后再行分配。

私营企业和公私合营企业自1953年以来的应分而未分配的盈余,应当根据“四马分肥”的原则或惯例,参酌企业的财务情况,适当进行分配。

(选自《工商行政通报》第65期,1956年3月25日)

十三、中共中央关于公私合营及私营企业1955年度盈余分配的指示

(1956年4月16日)

上海局、各省、自治区、直辖市党委:

最近有些地方在分配1955年度私营企业盈余时,对资本家的股息红利掌握得偏紧,这是不妥当的。兹特指示如下:

一、1955年度私营企业及公私合营企业的盈余分配,应根据“四马分肥”的原则办理,其中资本家的股息一项,至少占到企业盈余总额的20%;

二、如果所得税所占企业盈余的比重过大,可以酌减企业公积金的比例;

三、1955年度的盈余已经进行分配的地方,要根据以上精神进行复查,如果资本家所得的股息红利低于盈余总额20%的应适当调整;

四、为了推销1956年公债,资本家应得的股息,有一部分须购买公债,但应根据企业情况,分给他们一定数量的现金,由他们自行支配。

以上意见在执行中如有问题,请连同你们的意见电告。

十四、国务院第八办公室关于国外华侨股东领取股息红利的规定

国务院(八办)关于国外华侨股东领取股息红利的规定如下:凡是国外华侨与港澳同胞在国内企业(包括国家经营的投资公司、公私合营企业和私营企业)的投资,如股权已办登记,其股息或红利(包括实行定息前的盈余分配),均可由投资人委托国内的代理人(不限直系亲属)代为领取。

(选自《工商行政通报》第69期,1956年5月25日)

十五、中共中央关于公私合营企业定息办法的若干指示

(1956年7月1日)

上海局、各省、自治区、直辖市党委,并抄国务院有关各部党组:

关于公私合营企业的定息办法,中央同意陈云同志在对资改造十人小组汇报会议所作的总结,并由陈云同志在全国人民代表大会作了发言,不分工商,不分大小,不分盈户亏户,不分地区,不分行业,统一规定为年息五厘。个别需提高息率的企业,仍然可以超过五厘。兹对定息和发息中的几个具体问题指示如下:

(一)对某些企业需要超过五厘定为六厘的,由省、自治区、直辖市党委审核决定后报中央对资改造十人小组备案;对个别合营企业定息需要超过年息六厘的由省、自治区、直辖市党委报中央对资改造十人小组批准。请将需要超过年息六厘的合营企业,迅速上报,以便中央平衡决定。

(二)一定要在本年7月或者8月发息一次(上半年的定息)。定息一般自本年1月1日起计算。但是如果今年合营的企业,在合营的时候已经对合营前的盈余分配作了处理,或者资方要求对合营前的盈余仍然按"四马分肥"或者惯例分配,则定息的起息日期,可以由公私双方协商确定。

十六、商业部关于公私合营商业企业财务管理的几项原则规定(草案)

(1956年7月)

根据国务院(56)联五办字第44号指示:"公私合营商业企业的财务管理同意交由国营商业部门统一办理"的规定,为使公私合营商业企业(以下简称合营企业)在国家统一计划的指导下,充分发挥其经营积极性和创造性,并便于扩大商品流转,加速资金周转,以完成国家给予的经济任务,支援国家经济建设,特按简单易行的精神作以下原则规定:

(一)定股定息的合营企业

一、财务计划指标

1.合营企业应于年度开始前提出下年度的资金、利润、销货额、费用四项财务计划指标数字,报经当地国营商业专业公司(下称主管公司)审核批准后执行,并逐级上报各该省、市商业厅、局,同时各省、市公司应抄报各该专业总公司,各省、市商业厅、局汇总后上报商业部备案。季或月度计划指标数字如何编制和审核由当地主管公司规定。财务计划表格,由各主管公司本着简易可行的精神并能反映上述四项指标数字的原则自行规定。

2.各地商业行政部门和主管公司对合营企业的各项财务指标数字完成情况,应进行监督检查。

二、资金

1.合营企业各项流动资金,以清产估价后的实有流动资金为基数;在经营过程中如发生资金不足时由银行贷款解决,如有多余时可由主管公司在系统内对资金过少单位进行调剂。

2.合营企业需要贷款时,由主管公司核准后向银行办理(贷款办法另订)。

3.合营企业的现金收入,应继续实行存入国家

银行的规定,但为简化手续,节省时间,便利经营起见,其现金收入额过小的可不交存,次小的可不每天交存,大的可以一天交存一次,并可自由取款,银行不附带条件,也不向银行报送报表。

4.固定资产与低值及易耗品的划分标准可按照国营商业规定执行。固定资产应于每季末按照账列价值摊提基本折旧准备,但不提取基金及作资金冲减处理。基本折旧率由合营企业提出经主管公司批准后执行。

5.低值及易耗品的摊销办法,按照国营企业的规定执行,但有特殊情况者,可由主管公司根据实际情况自行规定。

6.固定资产变价收入可不上缴,暂由合营企业留存本单位使用。

7.固定资产的大修理费用,可在合营企业费用内列支,不另提取大修理基金,大修理费用应于事先经主管公司批准后方得开支。

三、利润的上缴与分配

1.合营企业的利润采取逐级上缴和分配的办法,即合营企业单位于每季度终了后15天内根据季度结算实际数交纳所得税后上交直属管理单位(如中心店、区店、总店),管理单位扣除管理经费后(如统一掌握企业奖励基金及代发股息者亦应同时计扣)汇总上缴主管公司,主管公司扣除私股股息,合营企业奖励基金和对个别发生亏损的单位进行弥补后,其剩余部分应同时报告县商业局,县商业局可设立登记簿予以登统,并有权对这部分利润进行统一的调度以弥补其他所属合营企业单位的亏损。弥补后的净利润即由主管公司以70%留存本单位,30%汇交省公司,省公司于季度终了后30天内汇总上交省商业厅(北京、天津、上海三市的主管公司可直接上交各该市直属商业局)。商业厅除弥补个别县的亏损外于季度终了后60天内上交商业部。商业部于弥补个别省市的合营企业亏损后在年度终了后90日内上交国库。

2.留存各主管公司的70%利润部分,当地商业行政部门有权调度作为增拨其他合营企业单位的流动资金、基本建设款、拨补亏损和统一举办的合营企业干部训练班经费开支之用。主管公司在取得当地商业行政部门批准后亦可作下列各项支出:

(1)增加本系统合营企业的流动资金;

(2)拨付本系统合营企业必要的基本建设款;

(3)弥补为合作商店、合作小组担保贷款所发生的损失。

3.各级单位(包括企业、行政)于每季终了后60天内将利润收支和结余情况列表逐级上报商业部。

四、企业奖励基金、福利基金的提取与使用:

1.企业奖励基金提取标准,可参照国营商业企业奖励基金提取办法的规定执行。(可征询原企业资方负责人意见)

2.福利基金的提取办法,在没有统一规定以前,基本上按各该行业以往福利规定,维持现状,暂不变动。

3.上项基金的掌握和使用,由主管公司根据具体情况自行规定,并报经当地商业行政部门批准后执行。

五、合营企业及管理机构的经营管理费开支标准和审批程序,由当地商业行政部门本着节约精神并根据国营公司标准自行规定。

(二)合作商店、合作小组

一、合作商店、合作小组均由当地归口主管公司负责领导管理,但其经营成果均是共负盈亏(合作商店)或自负盈亏(合作小组),归口主管公司不负盈亏责任。

二、合作商店、合作小组经营中所需要的资金,除自有资金外不足时可向银行贷款。(其贷款办法另订)

三、合作商店的费用开支及摊销期限由本单位提出,报经归口主管公司批准后执行。合作小组的费用开支自行掌握。

四、合作商店在除去工资和费用开支后,其盈余部分于分配时应适当提取公积金和公益金,作为该商店的修缮、购置、职工特殊困难和临时救济等开支。合作小组亦应按照收入情况提取公益金,作为集体福利开支之用。提取标准由当地归口主管公司根据实际情况自行规定,并应按多盈多提,少盈少提,不盈不提的原则办理。

十七、商业部关于颁发公私合营商业企业会计制度的指示(修订稿)

(1956年7月)

为适应公私合营商业企业会计核算工作的需

要，根据第四届全国商业厅局长会议的精神，本着简明易行，又能反映主要经营业务指标的原则，拟订《公私合营商业企业会计制度》，兹随文附发，并作如下指示：

一、本部拟定的《公私合营商业企业会计制度》只适用于定股定息的公私合营商业企业及其管理机构。制度中只规定会计报表和会计科目两部分，至于会计账簿和会计凭证，可由各公私合营商业企业本着简明易行的原则自行规定使用（可使用新式簿记，也可以使用单式簿记记账）。

对经营规模大，并有详细会计核算基础的公私合营商业企业单位，可仍采用原有的核算方法，对原有好的核算方法应予保留。

各国营主管公司应按制度中规定的会计报表格式及程序按期上报，以掌握销售额、资金、费用和利润等项指标为原则，不得另增加其他财务或会计报表。

二、实行定股定息的公私合营商业企业能单独进行会计记载和填制报表者，应实行独立核算，计算盈亏；不能单独进行会计记载或填制报表者，可由国营主管公司或公私合营的管理机构根据行业具体情况采用流动会计员或组织临近同行业的公私合营企业帮助进行独立核算；如仍不能独立核算者，必须采用报账制时，可由国营公司根据能分别掌握基层企业的主要经营指标的精神，自行规定。

三、商品和原材料成本计算的方法，未设立或未全部设立商品和原材料明细分类账者，可采用期末盘存倒挤成本办法（即上期末结存金额 + 本期进货总金额 - 本期末实际盘存金额 = 本期销售成本金额）。设有商品和原材料明细分类账者，可采用最后进价计算成本；有条件者亦可采用加权平均法或库存数量加权平均法计算成本。采用何者为宜，可由国营主管公司根据实际业务情况决定之。

四、凡公私合营企业代理购销业务，可另设登记簿，按《公私合营商业企业会计制度》会计科目中规定的附列项目进行登记。除所收代理款项、销售进款、手续费收入、费用开支应作会计记载外，其代购代销额只作登记不作会计记录。

五、公私合营企业管理机构的行政管理费，可先向所属公私合营企业暂借一定数量的备用金，平时开支即列入各有关费用科目，在所属上缴利润中抵支，不向下级分摊，以简化处理手续。

六、公私合营商业企业应定期进行财产清查与核对，每季一次。在清查过程中发现财产溢余或短缺应及时处理，处理权限由各市、县商业行政部门自行规定。

七、公私合营商业企业的职工调动工作时必须办理财产移交手续，俟交接清楚，会计人员审查无误经企业主管人批准后，始得离职。

八、会计凭证、账簿和报表应由原企业的会计部门或专人妥慎保管，不得涂改或销毁，以备检查。

九、合作商店的会计核算工作，亦可参照制度中有关规定试行。

十、各国营主管公司在试行前应组织所属公私合营企业有关人员进行学习，并于 1956 年 10 月 1 日起正式执行。

附：公私合营商业企业会计制度

为了反映和监督公私合营商业企业的经营过程和财务成果，本着简明易行，又能反映经营业务主要指标的原则，特拟定本制度。本制度分会计报表和会计科目两部分。

第一章　会计报表

第一节　会计报表的一般规定

一、公私合营商业企业（以下简称合营企业）的会计报表规定为：

（一）资产负债表（合商会一）；（二）损益表（合商会二）。

二、合营企业于月度终了时，基层企业可只办理平衡试算，将销售额、库存商品、费用、银行借款等主要指标报告国营主管公司以了解经营情况，不再编制或逐级汇总上报会计报表。季度终了时应进行结算，然后将销售总额、库存商品、资金（其中私股资金）、费用总额、利润（亏损）总额及银行借款六个指标报告国营主管公司，国营主管公司汇总上报省、市自治区公司或省、市自治区商业厅、局。省、市公司或省、市自治区商业厅、局应用电报分别上报专业总公司或本部。年度终了时应进行决算，并编制资产负债表和损益表，逐级汇总上报。

三、年度会计报表的报送程序，基层单位应按期报送国营主管公司，国营主管公司应予单独汇总上报，专业主管公司逐级上报总公司，抄报当地商业行政部门（当地商业行政部门对各专业主管公司抄报的合营企业会计报表不汇总上报）；地方主管公司上报省、市自治区商业厅、局；各专业总公司和各省、市自治区商业厅、局根据所属上报合营企业会计报表予以单独汇总上报本部。

四、会计报表报送时间规定如下：

(一)各基层企业单位季报于季度终了后10日内,年报于年度终了后15日内报出。

(二)各国营主管公司季报于季度终了后15日内,年报于年度终了后20日内报出。

(三)各省、市自治区专业公司季报于季度终了后25日内,年报于年度终了后30日内报出。

(四)各省、市自治区商业厅、局季报于季度终了后30日内,年报于年度终了后35日内报出。

(五)各专业总公司季报于季度终了后35日内,年报于年度终了后45日内报出。

以上报出时间,其送达机关在当地者以送达日期为准,其送达机关在外埠者以发出电报日期或邮戳所示日期为准。

五、会计报表报送份数,各级单位以两份为限,各专业总公司及各省、市自治区商业厅、局报送本部时,均应报送两份。各级单位内部财务及统计部门需要报表时,可由会计部门抄送。

六、会计报表编制后,均应详加审核,并由合营企业单位负责人和会计主管人员签名、盖章并加盖企业公章。上报时,应装订成册,加具封面封底,载明企业名称、报告期间及报表的名称和页数等。

七、会计报表中需要加以说明的问题,应用书面文字说明,随同会计报表一同上报。

第二节　会计报表的格式和编制说明

资产负债表

编制单位：　　　　年　　月　　日　　　　(合商会一)

资产	行次	金额	负债	行次	金额
库存商品	1		银行借款	18	
库存原材料	2		公股资金	19	
生产与加工	3		私股资金	20	
包装物料及用品	4		公积金	21	
低值及易耗品	5		拨入弥补亏损	22	
待摊费用	6		所属上缴利润	23	
库存现金	7				
银行存款	8				
应收款	9				
待处理损失	10		应付款	24	
暂付款	11		待处理溢余	25	
固定资产	12		暂收款	26	
缴上级利润	13				
拨出弥补亏损	14				
其他提出资产	15				
亏损	16		利润	27	
资产共计	17		负债共计	28	
附列资料： 商品进销差价 低值及易耗品摊销 固定资产折旧			库存代购商品 库存代销商品 库存代管代运物资		

企业主管　　　　会计主管

一、资产负债表的格式和编制说明

(一)编制本表的目的,在于使企业和上级得以根据本表的反映,了解企业在一定时期的资金来源和资金运用情况,借以检查企业的财务状况。

(二)本表分为左右相平衡的资产负债两方,负债方表示资金来源情况,资产方表示资金运用情况。

(三)本表应根据总分类账及有关明细分类账户和有关记录的本期余额编制。

(四)本表有些项目与科目表内规定的科目名称不同,在编本表时必须按下列说明填列：

1.资产方库存商品项目,执行金额核算制或售价记账法的单位应将商品进销差价减除后填列。

2.资产方低值及易耗品项目应将低值及易耗品摊销减除后填列。

3.资产方固定资产项目应将固定资产折旧减

除后填列。

4.资产方缴上级利润和拨出弥补亏损项目,根据“资金缴拨与结算”科目之“缴上级利润”和“拨出弥补亏损”子目的本期余额填列。

5.资产方待处理损失项目,应根据“待处理损益”科目“待处理损失”子目之本期余额填列。

6.负债方拨入弥补亏损和所属上缴利润项目,应根据“资金缴拨与结算”科目“所属上缴利润”和“拨入弥补亏损”子目的本期余额填列。

7.负债方公股资金、私股资金和公积金、私股资金项目,应根据“资金”科目“公股资金”、“私股资金”和“公积金”三子目的本期余额填列。

8.负债方代处理溢余项目,根据“待处理损益”科目“待处理溢余”子目的本期余额填列。

计划销售额:

损益表

计划费用额:

计划利润额:

编制单位: 年 月 日起至 年 月 日止 (合商会二)

项目	行次	金额
商品销售收入	1	
商品销售进价	2	
商品销售损益	3	
饮食业收入	4	
饮食业支出	5	
饮食业收支差额	6	
服务业收入	7	
服务业支出	8	
服务业收支差额	9	
储运业收入	10	
储运业支出	11	
储运业收支差额	12	
减:商品流通费	13	
其中:工资	14	
减:税金	15	
营业损益	16	
加或减:营业外损益净额	17	
经营纯损益	18	

补充资料:

(一)依照规定本年度利润应分配如下:

缴上级利润

私股股息

提留企业奖励基金

所得税

合 计

(二)依照规定本年度亏损应弥补如下:

由上级弥补

由企业下年利润中弥补

合 计

企业主管 会计主管

9.资产方应收款及暂付款和负债方应付款及暂收款项目,根据“应收应付款”或“暂收暂付款”科目内各户借方余额合计和各户贷方余额合计分别列入资产方或负债方,不得相互抵销。

10.本表之附列资料各项,除商品进销差价、低值及易耗品摊销和固定资产折旧三项应根据有关科目余额填列外,其他三项应根据各有关备查登记簿所列项目的本期余额填列。

二、损益表的格式和编制说明

(一)编制本表目的,在于反映一定时期内损益情况,以考核企业全部经营所形成的财务成果。

(二)本表根据“损益”科目下各子目及有关计划数字编制之。

(三)本表各项目填列方法如下:

1.“商品销售收入”项目,应根据“商品销售”科目本期贷方发生总额填列。

2.“商品销售进价”项目,应根据“商品销售”科目本期借方发生总额填列。

3."商品销售损益"项目,应根据商品销售额与商品销售进价之差额填列。此项数字应与商品销售科目本期余额相符。

4."饮食业收入"项目,应根据"饮食业经营收支"科目本期贷方发生额填列。

5."饮食业支出"项目,应根据"饮食业经营收支"科目本期借方发生额填列。

6."服务业收入"项目,应根据"服务业经营收支"科目本期贷方发生额填列。

7."服务业支出"项目,应根据"服务业经营收支"科目本期借方发生额填列。

8."储运业收入"项目,应根据"储运业经营收支"科目本期贷方发生额填列。

9."储运业支出"项目,应根据"储运业经营收支"科目本期借方发生额填列。

10."饮食、服务、储运业收支差额"项目,应根据有关项目经营收入与经营支出之差额填列。此项数字应与饮食业、服务业、储运业经营收支科目本期余额相符。

11."商品流通费"项目,应根据"损益"科目"商品流通费"子目本期结余额填列。其中:工资项目,应根据"工资及辅助工资"细目本期余额填列。

12."税金"项目,应根据"损益"科目"税金"子目本期结余额填列。

13."营业损益"项目,应根据"商品销售损益"或各项经营收支差额减费用和税金项的差额填列。

14."营业外损益净额"项目,应根据"损益"科目下各有关子目的本期结余额合计数填列。如有数字较大者应另以文字说明。

15."经营纯损益"项目,应根据"营业损益"项加或减"营业外损益净额"项之数(即16行或加减17行)填列。

(四)本表右上角各项计划数应根据有关计划数字填列。无计划者可不填列,计划销售额包括商品销售、饮食、服务、仓储业务经营收入。

(五)补充资料各项填列方法如下:

1.缴上级利润、私股股息、提留企业奖励基金,所得税四项由合营企业按照规定计算应缴上级利润、应付私股股息、应提企业奖励基金和应付所得税数额填列,作为上级处理盈余分配的参考。

2.由上级弥补和由企业下年利润中弥补项,由合营企业按照规定填列。在企业经营亏损、私股股息和企业奖励基金仍须支付和提留的情况下,应付私股股息和应提留企业奖励基金数额应加入亏损计算填列。

3.汇总单位对以上两方数字应分别加总填列,不得抵销填列。

(六)本表项目栏1—12各行次所列项目,可按照合营企业的具体业务印制,无该项业务的合营企业,在印制本表时可不印制。

第二章　会计科目

第一节　会计科目的一般规定

一、本制度所规定的会计科目分为资产、负债、经营及财务成果四类,共计25个科目,21个子目和9个细目。

二、凡增设科目须报本部批准后,方能增添。凡增设子目或细目时,由国营主管公司报请省、市、商业厅、局批准后方能增添。

三、附列项目不得与其他科目对转,以免与自有财产混淆。

四、为便利日常核算工作,会计科目、子目和细目均编有一定代号,各单位在编制凭证上对会计科、子、细目的运用,可尽量利用代号,以简化手续。

第二节　会计科目表

科　目	子　目	细　目
1. 资产类		
01 库存商品		
02 商品进销差价		
03 库存原材料		
06 包装物料及用品		
07 低值及易耗品		
08 低值及易耗品摊销		
11 生产与加工		
16 待摊费用		
21 库存现金		

续表 1

科目	子目	细目
22 银行存款		
26 应收应付款		
27 待处理损益		
31 暂收暂付款		
36 固定资产		
37 固定资产折旧		
41 资金缴拨与结算	.1 缴上级利润	
	.2 所属上缴利润	
	.3 拨出弥补亏损	
	.4 拨入弥补亏损	
42 其他提出资产	.1 存出保证金	
	.2 其他投资	
	.3 公债	
	.4 预缴所得税	
	.5 预提款项	
	.6 固定资产清理	
2. 负债类		
46 银行借款		
51 资金	.1 公股资金	
	.2 私股资金	
	.3 公积金	
52 特种基金	.1 企业奖励基金	
	.2 福利金	
3. 经营类		
56 商品销售		
57 饮食业经营收支		
58 服务业经营收支		
59 储运业经营收支		
4. 财物成果类		
61 损益		
	.1 销售损益	
	.2 商品流通费	.1 运费及装卸搬运费
		.2 保管包装及整理费
		.3 商品定额损耗
		.4 商品超额损耗
		.5 利息
		.6 工资及辅助工资
		.7 附加工资
		.8 办公费
		.9 其他
	.3 税金	
	.4 其他业务损益	
	.5 财产损失	
	.6 杂项损益	

续表2

科　目	子　目	细　目
附列项目：		
1. 库存代购商品		
2. 库存代售商品		
3. 库存代管代运物资		

第三节　会计科目说明

一、资产类

01 库存商品

1. 本科目核算合营企业库存商品及饮食业库存制成品收入支出和结余情况。

2. 本科目设明细分类账，应按品名、规格分户记载；在零售部门实行金额核算制的单位，应按物资负责人分户记载。

3. 购入、调入、加工收回、盘点溢余、销货退回、重估增值之数记入借方；销售、发出、进货退出、盘点亏耗、损失、重估减值之数记入贷方。

02 商品进销差价

1. 本科目核算商品采用金额核算或虽采用数量金额核算以售价记账的单位，在购进、调进及加工商品收回时，其原价与规定零售价的差额，以及售价变动而发生的新旧售价的差额。

2. 本科目按物资负责人记载（如一个负责人所管商品的利润率悬殊者可按利润率大小分类分户记载）。

3. 期末计算本期已销商品的进销差价时，可将本期销货金额加期末库存金额之和，除本期商品进销差价期末余额，再乘本期销货金额，即等于本期已销商品的进销差价。

$$本期商品进销差价=\frac{本期商品进销差价期末余额}{本期销货金额+本期期末库存商品金额}\times 本期销货金额$$

4. 期末冲转已销商品的进销差价金额时，如本科目余额为贷差时以红字（借）商品销售（贷）商品进销差价；余额为借差时则以蓝字（借）商品销售（贷）商品进销差价。

5. 凡原价小于售价或原售价小于新售价之差额记入贷方，反之记入借方。

03 库存原材料

1. 本科目核算会计独立的工厂和饮食业自制成品的库存原材料。

2. 本科目设明细分类账，按品名规格分户记载。

3. 工厂或饮食企业的库存原材料应按实际购进原价（不包括购进费用及税金）记账，（借）库存原材料（贷）银行存款或其他适当科目。生产车间领用原材料进行生产时，（借）生产与加工（贷）库存原材料。由生产车间退回原材料时，应以红字冲转原分录。

4. 清查仓库发现库存原材料有溢余时：（借）库存原材料（贷）损益——杂项损益；亏损时：（借）损益——财产损失，（贷）库存原材料。

5. 饮食企业的生产部门领用库存原材料制造饮料食品时，平时在库存原材料明细分类账上可只记发出数量，定期（每周、每旬或月底）计算出耗用原材料及结存原材料的金额由本科目转入“生产与加工”科目（经营业务简单的饮食业使用的库存原材料，可直接转入“饮食业经营收支”科目借方）。

6. 饮食企业的库存原材料发生的废料或由生产部门退回废料时，转入“饮食业经营收支”科目借方。

7. 购入、调入、盘点、溢余、重估增值或其他原因增加之数记入借方；出售、领用、盘点亏损、重估减值或其他原因减少之数记入贷方。

06 包装物料及用品

1. 本科目核算用于商品包装的纸张、麻绳、纸袋、木箱、木桶、铁桶、麻袋以及日常使用和暂时储存的物料、燃料、事务用品和饲料等。

2. 专为储存而用之容器，应按其价值及使用年限，依照规定标准分别以“低值及易耗品”或“固定资产”科目处理，不应包括在本科目内。会计独立核算的加工厂和饮食业购入的物料、燃料应以“库存原材料”科目处理，亦不得列入本科目。

3. 为了正确反映包装物料及用品使用损耗程度，凡只能使用一次者即全数摊入商品流通费子目或其他有关经营收支科目内；能使用一次以上者，应视其损耗程度分期摊入有关费用或经营收支科目内，其具体的管理与摊销办法，可由国营主管公司自行规定。

4. 包装物料及用品废弃出售收入现款时：

(借)库存现金或银行存款(贷)损益——杂项损益。结转成本时:(借)损益——杂项损益(减去损耗的残值)及损益——商品流通费或××经营收支科目(损耗部分)(贷)包装物料及用品(账面净值)。

5.购入、调入或其他原因增加之数记入借方;出售、领用、摊销或其他原因减少之数记入贷方。

07 低值及易耗品

1.本科目核算价值低于人民币200元或价值虽满200元但使用期限不满一年的各种低值及易耗品。

2.开始使用的低值及易耗品按五成法(50%)或分期摊销时:(借)损益——商品流通费或其他有关经营收支科目,(贷)低值及易耗品摊销(何种低值及易耗品按五成法摊销或分期摊销可由国营主管公司决定)。

3.废弃时,除将已提摊销与本科目冲转外,其残值在未处理前仍保留在本科目内,俟出售时再转出。

(一)冲转已提摊销时:(借)低值及易耗品摊销(贷)低值及易耗品。

(二)出售低值及易耗品时:(借)库存现金或银行存款(贷)损益——杂项损益;然后再:(借)损益——杂项损益(贷)低值及易耗品(残值部分)。

4.购入、调入或其他原因增加之数记入借方;出售、拨出、耗用、摊销或其他原因减少之数记入贷方。

08 低值及易耗品摊销

1.本科目核算各种低值及易耗品在开始使用时按规定所提的摊销金额。

2.摊销时与商品流通费子目或其他有关经营收支科目对转之数记入贷方;低值及易耗品出售、拨出或废弃时与"低值及易耗品"科目冲转之数记入借方。

11 生产与加工

1.本科目核算以自有原材料或库存商品自行或委托其他单位进行加工时所拨付的原料、物料、工缴、税金及应负担的加工损失和收回成品的成本。

2.凡进行加工商品原材料等退回时,应以红字借本科目贷原来付出的科目。

3.产成品或加工商品收回入库或交门市部出售时,可按产成品或加工商品零售价或估计成本价转入"库存商品"科目,俟月终将实际成本算出后,再按存、销比例调整销售和库存。如采用按实际成本核算者,为了解决收回成品时尚未算出实际成本的困难,可于收回成品时先按数量借入"库存商品"(以数量贷入本科目),销售时可先按售价记入"商品销售"科目的贷方,(同时将数量记入"库存商品"科目的贷方)月终算出实际成本后,再按实际成本价由本科目将金额补记入"库存商品"科目;其销售部分的销售成本金额再由"库存商品"科目转入"商品销售"科目。

4.简单的饮食业(如小型饭馆)、服务业(如钟表修理、自行车修理等)的生产,可不通过本科目,直接以"饮食业经营收支"和"服务业经营收支"科目处理。

5.领用原材料、饲料、支付工资、生产费用及应负担废料损失之数记入借方,转出产成品或盈亏及发生非常损失之数记入贷方。

16 待摊费用

1.本科目核算按规定一次支付而应由以后各月负担的各种费用。

2.本科目的余额应按费用负担的月份,逐月摊入生产与加工或各适当费用及经营收支科目。

3.支付之数记入借方,按期摊销之数记入贷方。

21 库存现金

1.本科目核算库存备用现金的收付及结存情况。

2.未能于当日存入银行的非备用现金和未存入银行的限额支票等等也以本科目处理。

3.收入之数记入借方;付出之数记入贷方。

22 银行存款

1.本科目核算送存银行收账或经银行代收转入企业存款户的款项,以及企业奖励金、福利金及存入银行的限额支票等款项的存入、支出及结存情况。

2.本科目的记录,必须按期与银行的对账单相核对,如有不符应立即会同银行查明更正。

3.存入之数记入借方;提出或支出之数记入贷方。

26 应收应付款

1.本科目核算应收及应付的往来款项。

2.本科目为资负共同科目,在编制资产负债表时,应按明细分类账将借差各户的合计数列入资产方,贷差各户的合计数列入负债方。不得以各户的余额相互抵销。

3.本科目应按应收或应付账款的对象分户记载。

4.发生应收之数记入借方;收回或冲转应收之数记入贷方;发生应付之数记入贷方;偿还或冲转

之数记入借方。

27 待处理损益

1.本科目核算由于原因责任不明,尚待追查或虽原因责任已明,尚未确定如何处理的一切财产损失或溢余。

2.本科目应按损失和收益分户记载。

3.本科目为资负共同科目,在编制资产负债表时,应将待处理的损益分别计算,将损失数列在资产方,收益数列在负债方,不得相互抵销。

4.短缺及查明溢余原因处理之数记入借方;溢余及查明短缺原因处理之数记入贷方。

31 暂收暂付款

1.本科目核算暂收款项和暂付款项。

2.本科目为资负共同科目,在编制资产负债表时,应将各户的贷差余额相加列入负债方,借差余额相加列入资产方。各户余额不得相互抵销。

3.支付或由其他科目转入之数记入借方;收入或冲回之数记入贷方。

4.本科目按暂收款或暂付款对象分户记载。

36 固定资产

1.本科目核算企业所有使用中的一切固定资产。

2.本科目内所列资产的账面价值应按下列规定的价格分别予以记载:

(一)新建或新购的一律按建筑制造成本或购进价格(包括购进费用、安装费或税金)记载。

(二)合营前原有的固定资产应按清产核资的重置完全价值记载(即购入全部的购进价格),其现值与重置价的差额应以固定资产折旧科目处理。

(三)由其他合营企业拨入的一律按拨出单位的账面价格记载,其账面价值与原值的差额亦应以固定资产折旧科目处理。

3.本科目明细账应按每一固定资产名称分户记载。

4.购置、拨入或其他原因增加之数记入借方;拨出、停用、清理或由其他原因减少之数记入贷方。

37 固定资产折旧

1.本科目核算固定资产由于使用而发生的价值损耗。

2.本科目可按固定资产品名分户记载。

3.摊提之数记入贷方;(借记损益——商品流通费)由于固定资产拨出、停用、清理等而冲转之数记入借方。

41 资金缴拨与结算

1.本科目核算合营企业利润或亏损的缴拨与结算。

2.本科目设立以下各子目:

(1)缴上级利润:本子目核算缴上级利润。

(2)所属上缴利润:本子目核算收到和冲转的所属上缴利润。

(3)拨出弥补亏损:本子目核算拨给所属单位的弥补亏损。

(4)拨入弥补亏损:本子目核算拨入的弥补亏损。

3.上级单位汇总资产负债表时,应与下级单位的有关子目进行抵销。

4.上缴、拨出之数记入借方;拨入及收到所属上缴之数记入贷方。

5.本科目应按各子目分户记载,编制资产负债表时,应将缴上级利润及拨出弥补亏损各账户借方余额列入资产方,所属上缴利润及拨入弥补亏损各账户贷方余额列入负债方。

42 其他提出资产

1.本科目核算因提出不能参加周转的资金,包括存出保证金、其他投资、预交所得税、固定资产清理和预提各种款项等。

2.本科目设立以下各子目:

(1)存出保证金:本子目核算企业缴纳的电表、水表、电话机的押金,以及代售商品按规定应交存的保证金等。

(2)其他投资:本子目核算对其他企业的投资。

(3)公债:本子目核算清产定股时企业购买的国家公债。

(4)预交所得税:本子目核算依照税法规定预缴的所得税。

(5)预提项款:本子目核算由合营企业管理机构预提的企业奖励基金等。

(6)固定资产清理:本子目核算固定资产发生废弃、变卖、短少、毁损及移作流动资产时有关固定资产的原价、折旧、清理费用和清理收入等。

3.存出、投资、预缴、预提及清理支出等而支出之数记入借方;收回冲转之数记入贷方。

二、负债类

46 银行借款

1.本科目核算向银行借入或偿还的各项短期借款。

2. 借入之数记入贷方;到期归还之数记入借方。

51 资金

1. 本科目核算核定、提存和拨入的各项资金。

2. 本科目设立以下各子目:

(1)公股资金:本子目核算由国营主管公司投入的流动资金或固定资金,以及合营企业因欠税、欠国家银行借款、未清偿的五反罚款等转作公股的资金。

(2)私股资金:本子目核算合营企业经清查核资,核定的私股资金(包括流动资金或固定资金)。

(3)公积金:本子目核算归合营企业的原有公积金及原私营企业由职工福利金内开支购建的福利设备归合营企业所有的资金。

3. 拨入、核定及其他原因增加之数记入贷方;拨出、转出及其他原因减少之数记入借方。

52 特种基金

1. 本科目核算按照规定提存企业奖励基金和福利金。

2. 本科目设立以下二子目:

(1)企业奖励基金:本子目核算提存、支用、拨出、拨入的企业奖励基金。

(2)福利金:本子目核算提存、支用、拨出、拨入的福利金。

3. 提存、拨入之数记入贷方;支付、拨出之数记入借方。

三、经营类

56 商品销售

1. 本科目核算商品销售收入,商品销售进价和毛利或毛损的情况。本科目贷方表示销售收入总额,借方表示销售进价成本总额,贷方余额表示销售毛利,借方余额表示销售毛损。月终时应将本科目余额转入“损益”科目“销售损益”子目。

2. 凡代理购销的商品,不论是否经由本单位办理结算手续,均不作为销售,不以本科目处理,应设立代理商品备查簿登记,期末填入资产负债表中的附列项目内。

3. 不随同商品出售的包装物料及用品、废料等亦不以本科目处理。

4. 代理商品的会计分录及应注意事项:

(一)收到代售商品时:不作会计分录只登记代理商品备查簿代售商品户的借方。代售商品销售时:(借)库存现金或银行存款(贷)暂收暂付款,同时登记代理商品备查簿代售商品户的贷方。

扣除应得的手续费时:(借)暂收暂付款(贷)损益——杂项损益。

(二)代购商品收到代理款项时:(借)银行存款(贷)暂收暂付款。购入代购的商品时:(借)暂收暂付款(贷)银行存款,同时登记代理商品备查簿代购商品户的借方。

扣除应得的手续费时:会计分录与代售商品同。

商品交付时:只登记代理商品备查簿代购商品户的贷方,不作会计分录。

如代购资金与购入的代购商品无法与自营的分开,可作自营购销处理,不必另设备查簿。

(三)代理单位计算费用水平时:可将本期代购商品备查簿中各户借方发生总额或代售商品备查簿中各户贷方发生总额加入自营销售总额内计算本期商品流转额。

5. 销售收入及转入商品销售子目毛损之数记入贷方;结转的销售成本和转入商品销售子目毛利之数记入借方。

57 饮食业经营收支

1. 本科目核算专营或兼营饮食业务出售外购商品或自制成品的销货收入,外购商品的原价或自制成品的成本及费用和税金。(如有主营商品销售业务而兼营饮食业务者,其兼营部分的收支能划清者,其收支以本科目处理;其不能划清者,即作商品销售和商品流通费处理,不用本科目。以下“服务业经营收支”和“储运业经营收支”如有兼营者亦同此处理)。

2. 支付费用、税金、按期摊销费用、期末转入外购商品成本之数记入借方;销售收入或将期末全部毛利转入损益科目其他业务损益子目之数记入贷方。

58 服务业经营收支

1. 本科目核算旅馆、浴室、照像馆、理发馆、洗染坊等服务业的经营收入支出及钟表、自行车等行业代修理的收支和成本。

2. 凡专营服务业支付的一切费用、税金及兼营服务业可以划清的费用、税金均记入借方;服务收入及期末将全部毛利转入损益科目其他业务损益子目之数记入贷方。

59 储运业务经营收支

1. 本科目核算仓储企业(包括货栈)、运输企业代管运输物资等所取得的收入和支付的一切费用及税金。

2. 支付、应付和预付摊销之数记入借方；年终余额转入损益科目其他业务损益子目之数记入贷方。

四、财务成果类

61 损益

1. 本科目核算合营企业在一个会计年度内所发生的收益和损失的全部财务成果。

2. 本科目设立以下各子目：

(1)销售损益：本子目核算由商品销售科目转来的损益数字。

(2)商品流通费：本子目核算在经营过程中因商品的购进、运输、保管、销售等业务而发生的各项费用。本子目设立以下各细目：

①运费及装卸搬运费：本细目核算商品在运输中自装货完毕起至到达目的地卸入仓库货场止，整个运输过程中所支付之运费及装卸工人的搬运费、过磅费等。（所属仓库之间及仓库内部的搬运费不得列入本细目，应列入保管包装及整理费。）

②保管包装及整理费：本细目核算商品在储存中为保持其质量与数量避免损坏所开支的保管、包装费用，及分类、分等和整理所支付的费用。

③商品定额损耗：本细目核算商品在运输、保管、销售各流转过程中，因现有条件和商品性质关系所发生一定程度的自然和不可避免的而不超过定额的损耗。

④商品超额损耗：本细目核算商品在运输、保管、销售各流转过程中，因现有条件和商品性质关系所发生的自然和不可避免的而超过定额的损耗。

⑤利息：本细目核算因业务经营需要，向银行或其他单位借入款项按规定利率支付的利息。

⑥工资及辅助工资：本细目核算对工作人员支付的工薪及依照规定支付的加班津贴及夜餐费或冬季烤火津贴等辅助工资。

⑦附加工资：本细目核算按规定开支的工会经费及丧葬补助费或福利金。

⑧办公费：本细目核算办公用文具印刷费、资料书报费、灯炭水电烤火费、旅差车马费等。需要详细核算的单位可另设补助登记簿分户记载。

⑨其他：本细目核算因工作需要，并为以上各项费用不能包括的其他费用，如修缮、租赁、邮电、汇费、招待费、固定资产保险费、市场管理费、工商联会费等。

(3)税金：本子目核算依照税法所缴纳的一切税款。

(4)其他业务损益：本子目核算由“饮食业经营收支”、“服务业经营收支”、“储运业经营收支”等科目转来的损益数字。

(5)财产损失：本子目核算除商品、产成品定额或超额损耗经批准报销以商品流通费子目处理外，其他经批准报销的财产损失：包括盗窃、翻车、沉船、水灾、风灾、火灾、爆炸、变质霉烂、罚款及赔偿、坏账损失及其他财产上的损失。

(6)杂项损益：本子目核算不属于以上各子目的损益，如利息收入、手续费收入、罚款收入、其他收入、其他投资损益、废料出售估价与售价的差额、固定资产清理的溢余亏损等。

3. 收益之数记入贷方；损失之数记入借方。

附列项目

(1)本项目为核算合营企业各项代理购销业务，或代管代运物资的情况。

(2)各项目只作备查登记，而不能与其他表内科目互转。

(3)各项目应按实物结合代理的对象分户记载。

(4)各项目说明如下：

①库存代购商品：本项目核算其他单位委托本单位代购的商品，购入之数记入借方；交付托购者之数记入贷方；其借方余额表示库存代购商品。

②库存代售商品：本项目核算其他单位委托本单位代售的商品，收到之数记入借方；售出或退回之数记入贷方；其借方余额表示库存代售商品。

③库存代管代运物资：本项目核算本单位代委托人保管和运输的物资，受托代管代运之数记入借方；交付委托人之数记入贷方；其借方余额表示库存代管代运物资。

十八、财政部税务总局关于修订公私合营企业所得税开支计算问题的通知

（1956年9月6日）

为使公私合营企业工商业所得税的计算，与企业主管部门颁发的会计制度趋于一致，以简化手续，便于企业核算，经报请财政部批准自1956年度起，凡按照主管业务部门所颁发的会计制度设立账簿结算盈亏的公私合营企业，不论已实行定息与未

实行定息的业户,都可按其主管业务部门所审核同意的会计年度决算计算交纳所得税(在主管业务部门尚未审核确定前,可暂按企业会计结算的利润额预交税款,俟会计决算批准后,予以调整)。以前季度已按过去办法征税的暂不退补,等年度终了时,一并按此规定汇算清交。各季度的所得税预交,仍可按照企业季度决算或计划利润先交。为了正确地结算纳税,税务机关应按照企业主管业务部门规定的会计制度,对企业的决算进行检查,如发现与会计制度规定不一致影响所得额的,应提请企业重行核算,以尽到税务机关在财政上的监督责任。

(选自《工商行政通报》第 79 期,1956 年 10 月 15 日)

第四节　人事安排与工资福利

一、财政部关于私营企业进行合营阶段下厂干部工薪费用开支问题的通知

(1955 年 9 月 10 日)

关于私营企业在进行合营阶段中,派下厂搞合营工作的干部,其工薪费用等如何支出问题,经财政部请示国务院第八办公室后,在9月10日以(55)财交吴字第四三号通知发给各省、直辖市和自治区,认为此项费用属于公私合营筹备费性质,因此,下厂干部不论将来留在合营企业或调回原单位,其下厂期间的工薪费用,均应暂由下厂干部所在之私营企业垫支,人数应适当掌握,俟合营后由合营企业开支,分年摊销。合营筹备阶段结束仍回原单位干部,在回到原单位以后的工薪费用,应由原单位开支。开支办法应对进行合营的企业说明。不应由公私合营企业投资指标内开支。

(选自《工商行政通报》第 55 期,1955 年 9 月 25 日)

二、中共中央关于安排原私营企业实行公私合营时候的私方在职人员的指示

(1956 年 7 月 10 日)

中共中央最近发出了"关于安排原私营企业实行公私合营时候的私方在职人员的指示",通知各地遵照执行。全文如下:

自资本主义工商业全行业实行公私合营以来,各地对原企业的私方在职人员,采取了包下来给以安排的方针。这一措施不仅使资产阶级分子接受社会主义改造的积极性大为提高,而且使我们能够更有秩序地把私营企业接管过来。但是,在执行这一政策中还有缺点,主要表现在部分地区,部分行业,对私营企业的某些在职人员,如董事、监事、老弱人员和政治嫌疑分子,没有给予安排。对原来在企业从事辅助劳动的家属,一般安置得很少,因而影响了他们的生活,使他们动荡不安。

高潮以前,实行公私合营的某些企业和被国营商业所代替的某些私营批发商,也存在着对少数私方在职人员没有加以安排的情况。

资本家和小业主在参加公私合营以后,事实上已经将他们的企业交给国家,因此,国家对企业合营的时候的在职人员必须全部包下来,在工作上给以安排。对于应该包下来的人员,如果不加安置,他们就不可能自行找到生活出路,这样做法,显然是不得人心的。同时企业原有的私方人员,一般都有经营能力和生产技术经验。对于企业来说,这种人是很有用处的。

为了贯彻对公私合营企业在职人员的包下来的方针,各地对下列几种人员,必须迅速地积极地加以安排:

一、私营企业(包括资不抵债户)实行公私合营的时候,所有在职的资本家和资本家代理人;企业的董事、监事;在职的私方老弱人员;私方在职人员中政治嫌疑分子和其他坏分子(除立即逮捕的以外);判刑缓期执行的或者刑满出狱的私方原来的在职人员;老公私合营企业在职人员,当时没有得到安排,现在没有职业的——对以上人员都应该包下来,安排工作。

二、原来在企业从事辅助劳动的家属,在公私合营以后,应该尽可能安排他们继续担任企业的辅助劳动。

三、1954 年以来被代替的私营批发商,过去未安排而现在还没有职业的,应该给予安排。

四、重要企业的创办人,年老不能工作而生活有困难的;或者他们的家属,现在生活没有着落的——对于这样的人,要适当安排或者在生活上给予照顾。

五、粮、油、布实施统购统销以后，粮、油、布业在职人员，当时没有安排，至今还没有职业因而生活困难的；企业在私营的时候，我们动员他们转业，后来转业转垮了，生活没有着落的——对以上的人员，有关部门应该尽可能给予业务上的安排如经销、代销等，或者吸收人员，或者采用其他方式加以安排。

此外，原为私营企业服务的会计人员（会计师、流动会计）、经纪人、运输报关行（托运行）人员，在私营企业实行全行业合营以后，没有业务因而引起生活困难的，有关部门也应该为他们安排业务，或者吸收他们参加工作。

（选自《工商行政通报》第75期，1956年8月15日）

三、国务院关于处理私营企业改为国营企业以后遗留问题的若干规定

（1956年7月14日）

各省、自治区、直辖市人民委员会：

在私营工商业社会主义改造高潮中，有不少地区把部分私营企业改为国营企业。对这些企业的原有财产、人员安排和工薪福利等问题的处理，各地作法不一，还有些遗留问题需要处理，为此，特作如下规定：

一、对原企业财产应该按照本年2月国务院《关于私营企业实行公私合营的时候，对财产清理估价几项主要问题的规定》实行估价定息；如果企业财产已由国营收购或已发还业主，则不再变更。

二、原企业全部从业人员应该由国营企业吸收录用；对原来参加企业辅助劳动的家属，应该照旧吸收参加辅助劳动，或者作其他适当安排（如在可能的条件下，到国营企业作临时工，或者由国营企业给他们作些加工业务等）。各地对于直接改为国营企业的原私方人员的安排工作应该进行检查。应该吸收而没有吸收的，要迅速加以安置；安置显然不妥当的，要作适当调整。

三、原企业从业人员进入国营企业以后，对他们的薪金一般应按原薪支付，高于国营的不予降低，低于国营的，将来在职工调整工资的时候，按照国营企业工资标准一同调整。目前是暂支的，应该按原薪付给他们薪金；对原来没有固定工资标准的，按照现任职务，并依国营企业工资标准，核定薪金。

四、原企业从业人员进入国营企业以后的福利待遇和困难补助，按照所在的国营企业对职工的规定办理。

四、国务院第八办公室副主任许涤新在合营工厂公方代表座谈会上讲话要点

（1956年8月）

一、在全面合营和定息后，企业中生产关系的改变

（一）私营工业在1955年底有88800户（合营户5000户左右不计在内）；131万人；产值72.66亿元。截至1956年6月底，已经改造的（包括合营、手工业合作社），户数占97.3%；职工人数占97.1%；产值占99.1%。

（二）商业方面，参加公私合营的从业人员约45万人，饮食业9万人。

（三）在全面合营和定息之后，企业生产关系起了根本变化：

1. 资本家生产资料所有制只有一个取得定息的权利，而这个定息，同企业利润的大小，失去了联系。

2. 企业的经营管理，就更能按照社会主义的原则来进行——在国家直接管理下，按社会主义制度来生产经营。

3. 过去资本家有三权，那是以资本家私有制为基础的；现在资本家的职权，不是过去的三权，而是国家管理下的公务人员的职权。资本家行使职权，主要是为国家做事。资本家的职权是国家给他们的。

当然资本家还具有两重身份。一面是公务人员，一面是资本家。从发展的过程来说，他们正在从两重身份转化为一重身份——公务人员的身份。

二、对资产阶级的看法

（一）民族资产阶级不同于官僚资产阶级，他们要求反帝反封建反官僚资本，在解放后承认并接受工人阶级对国家政权的领导地位。

（二）民族资产阶级分子中的绝大多数人，大约80%左右，对生产技术和经营管理有经验、有知识，这是有利于社会主义建设的。当然，他们还有消极的一面，如损人利己、投机取巧等等。1949至1950年统一财经和稳定物价的斗争，1952年五反运动，打退他们的猖狂进攻，使他们低头，为这次高潮准备了有利条件。

（三）资产阶级同资产阶级分子之间，并不完全一致，阶级要灭亡，但个人并不跟着阶级一齐完。在党的正确政策之下，资产阶级内部起了分化，他们中的大多数人愿意接受社会主义改造。资产阶级分子绝大多数人是能够改造的。如果不相信资本家的进步，认为他们在作假，那就等于否认了党和国家对资本主义工商业和平改造的政策和工人阶级领导民族资产阶级的能力。

（四）全行业公私合营，实行定息之后，资产阶级绝大多数人，在国家管理下，为国家人民做工作，我们能利用他们的能力和经验；但是，他们有资本主义的思想意识和工作作风，他们现在把这些毛病带到工作中来了，这是消极的一面。

看不到前面三点，就会犯左倾的错误；看不到第四点就会犯右倾的错误。在我国的条件下，全面来看，资本家的积极作用，是矛盾的主要方面，对于他们的毛病应在改造过程中加以克服。他们的毛病，是可以克服的（当然不是全部的人都如此），因此从总的方面说，应该把他们当作国家财富，而不应把他们当作包袱。

为了建设社会主义，必须调度一切积极因素。因此，我们应该使用资本家，使他们在工作中发挥更大的作用，以利于社会主义建设。这才是符合工人阶级长远利益的，这是真正的工人阶级的观点。

三、和平改造是我国条件下特殊形式的阶级斗争

（一）和平改造的目的，是通过国家资本主义的形式，用全民所有制逐步代替资本家所有制，并把资产阶级分子改造成为自食其力的劳动人民，就是要消灭资产阶级和资本主义剥削制度。

（二）用没收的办法，也可达到消灭阶级的目的，但由于民族资产阶级在民主革命阶段和社会主义革命阶段的态度，由于中国国民经济的特点，采用没收的办法来对待民族资产阶级，是不适宜的。

（三）实行全面合营和定息制度，是对私营工商业的社会主义改造的决定性的胜利。对于资本家的热烈要求合营，迎接高潮，在政治上应该给以适当的估价。

（四）我们为什么能取得这样的胜利，在政策方针上的体会：

1. 在接受社会主义改造的大前提下，要照顾他们的合法利益。赎买政策的前提是要他们接受社会主义改造。离开这个前提是右倾的错误；不照顾他们的合法利益，是“左”倾的错误。资本家如果没有活路，没有前途，他们就会抵抗改造，对于顺利地消灭阶级，是不利的。因此，在资本家接受改造的前提下，对资本家的待遇，斤斤较量，是不对的。有的同志辛辛苦苦想替国家多挣几个钱，拼命去克扣资本家的开支，或者不照政策去处理利润分配，想法虽不坏，但却与党和国家的政策相违背的。

2. 对私改造是逐步进行而不是一步登天，而且，在进行过程中，还要有调整。

3. 在我国条件下，特别在五反以后，说服教育是阶级斗争的主要形式。有团结有斗争，斗争为了团结；有鼓励有批评，批评要与人为善。当然，对反革命要依法处理。

4. 在改造中有关公私关系的问题，要同资本家协商办事。协商办事，并不影响工人阶级的领导，反而可以使领导做得更好。

（五）和平改造对于国家和工人阶级的好处：

1. 利用资本家的能力和企业，协助国家恢复国民经济和进行社会主义建设；

2. 可以取得充分的日用品，来同农民交换农产品，巩固工农联盟；

3. 维持劳动就业；

4. 争取资本家中的多数人，减少阻力，顺利地达到消灭阶级的目的；

5. 有利于国内团结，共同反对帝国主义。

四、关于改造资产阶级分子的几个问题

（一）对合营企业的在职人员，要贯彻中央包下来的方针，包下来就要安排工作，方针是“量才使用，适当照顾”。对不学无术，年老体衰的资本家，如果是在职资方，还是要养下来；对不学无术的可以进行教育。有代表性的，还要安排适当职位，并且要根据他们的进步与成绩，加以提拔。

（二）搞好公私工作关系问题：

1. 搞好工作关系是为了社会主义的利益，搞好工作关系有利于改造资本家，并发挥资本家的积

极作用。

2. 对正职私方人员，社会主义领导如何体现？社会主义的领导体现在党和国家的政策，国家的经济计划。用说道理的办法来实现党委的决议，如果资本家的话是正确的，我认为要考虑并接受他的主张。服从私方正职领导，是服从党和国家的政策。

3. 支持私方，做出成绩。

4. 为搞好工作关系，要使私方人员能做好工作，私方人员按照职位应该参加行政业务会议；根据需要负责行政的私方领导人员，列席企业党的有关会议；同时按照职位需要，让私方人员阅读有关文件。

5. 协商办事，有鼓励有批评，吸收他们的正确意见。

6. 资本家的社会活动同企业工作的安排问题；社会活动也是一种改造方式，大多数人是以企业改造为基地，但不能把他们完全限制在企业中，他们有一部分人要用一部分时间参加社会活动，有一部分人要用较多的时间参加社会活动，至于具体如何安排由各地民建、工商联会同本人研究，向业务部门提出时间分配的方案，公股代表要支持私方人员参加社会活动，这是我们所需要的：

(1)在社会活动中，他们能够推动中间落后分子；

(2) 在北京、上海、天津、广州等城市，资本家还可帮助做国际宣传。

7. 同资本家在日常生活上来往，是改造他们并且发挥他们积极作用的必要条件。同意按四办周副主任的“不占便宜，有来有往，合乎人情，照顾影响”的原则办事，但要打开局面，使工人群众都来共同做这一工作。不同资本家来往，不是坚强，而是脆弱。

（三）公股代表的困难：“业务重重，意见纷纷，左右为难，上下夹攻”，这种情况是存在的，表现在：

1. 怕丧失立场，搞得不好，“不进医院便进法院”。

2. 认为上面要求多，帮助少，指责多，鼓励少。有同志认为统战部只找资本家，不找公方，我要说明的是：公方代表有业务部门领导，统战部如不找资方，资方就没人去管。如果资本家反映不合事实，当然可以顶回去；如果对，就应接受。我们欢迎公股代表向统战部、八办提意见。

3. 现在不但私方看不到文件、公方也不能及时看到文件，使公方在工作上被动。

4. 党政工团意见不一致，这也是很大的压力。

我认为：公股代表的工作比国营企业还艰巨，任劳任怨是免不了的。为了做好工作，我提议：

(1) 必须取得党委的支持，取得工会的拥护。

(2) 调度一切积极因素，搞好工作关系和生产任务。

（选自《工商行政通报》第77期，1956年9月15日）

五、国务院关于新公私合营企业工资改革中若干问题的规定

（1956年10月12日国务院全体会议第39次会议通过）

全国各地私营企业实行全行业公私合营以后，企业的性质发生了根本的变化，已成为新的公私合营企业，职工的劳动热情普遍高涨。半年多以来，新公私合营企业的生产、营业情况已有很大改善，但是原有的混乱不合理的工资状况，却障碍着生产的进一步提高和社会主义经营管理原则的贯彻执行。为了改变新公私合营企业中混乱不合理的工资状况，逐步建立起社会主义的工资制度，国务院决定对新公私合营并且已经定股定息的企业的工资制度，在今年下半年进行一次改革，并且根据在发展生产、提高劳动生产率的基础上逐步改善职工生活的原则，考虑到企业生产、营业、成本等方面的情况和财务开支的可能性，适当地提高现行工资待遇比较低的工人、职员和私方人员的工资水平。现在，对工资改革中的若干问题，作如下规定：

一、关于工资改革的方针问题

新公私合营企业的工资标准和工资制度，应该逐步向同一地区、性质相同、规模相近的国营企业看齐。新公私合营企业的工人、职员和私方人员的现行工资标准，同当地同类性质的国营企业的工资标准相比较，高了的不减少，低了的根据企业生产、营业情况和实际可能，分期地逐步增加。现行工资标准高于新定工资标准的部分，给予保留。保留的工资，今后应该随着提高工资标准和升级逐步抵消。

新公私合营企业的工资制度，应该根据按劳付酬的原则进行合理的调整，但又要从实际可能

出发，采取适当的步骤，逐步地达到统一合理。对原有的工资制度，要注意吸取其合理的因素。在这次工资改革中，要求企业内部的工资制度能够达到基本上统一合理；行业之间、行业内部以及各类人员之间的工资悬殊的状况能够有所改善。

二、关于工业、建筑和交通运输企业工人的工资制度问题

（一）工资标准问题。工资标准，应该根据企业的设备、技术水平和现行工资标准等条件参照当地同类性质的地方国营企业的工资标准制定，在同一地区的同一行业可以实行两种或者三种工资标准。条件与当地同类性质的地方国营企业大致相同的，可以采用地方国营企业的工资标准；条件差的，工资标准应该低于地方国营企业；个别企业条件高的，可以规定较高的工资标准。如果当地没有同类性质的国营企业，可以参照性质相近的国营企业的工资标准制定。少数有特殊技能的工人，可以单独规定较高的工资，或者发给技术津贴。

（二）工资等级制度问题。新公私合营企业工人的工资等级制度，原则上也应该向国营企业看齐，如果执行确有困难的时候，可以根据需要在某些等级或者每级的中间附加半级。有些轻工业企业，某些工种内部技术差别不大，工种之间又没有直接升级关系，可以按工作规定工资（工种内部不再划分等级，即独立工资制）。

各行业工资等级数目的多少和各等级之间差额的大小，主要应该根据技术复杂程度来确定。在规定各行业的工资等级制度的时候，应该区别机械化生产、半机械化生产和手工生产，因为技术复杂程度不同，工资等级的数目和各等级之间的差额也应该有所不同。

技术等级标准一般地应该参照国营企业，但必须切合实际。如果当地没有同类性质的国营企业，应该自行制定技术等级标准。如果这样做还有困难的时候，可以采取“技术站队”的办法来评定工人的工资等级。

（三）计件工资制和奖励工资制问题。旧的计件工资制应该加以改革。一般应该根据新定的工资标准和劳动定额，重新规定计件单价，并且建立定期审查和修改定额的制度。如果原来计件工资的收入高于新定计时工资标准较多的时候，可以参照同类性质的国营企业实行计件工资标准，或者从定额上给予适当照顾。对各种不合理的奖励工资制度，应该积极地以合理的奖励制度来代替；不够完善的奖励制度，应该加以改进；奖励指标已经落后的，应该根据实际情况加以修改。

至于实行提成或者拆账制的少数工业企业和交通运输企业，应该改行计件工资制或者计时奖励工资制。

（四）学徒的转正和升级问题。对学徒应该普遍进行一次考工或者技术鉴定，凡具备转正和升级条件的，一律给予转正或者升级。今后对学徒应该建立每半年考工一次的制度。

三、关于商业企业的工资制度问题

（一）纯商业企业的工资制度问题。新公私合营的商业企业的工资标准，由商业部负责改造的，应该参照国营商业的工资标准；由供销合作社负责改造的，应该参照供销合作社的工资标准。在同一地区的同一行业，可以实行几种不同的工资标准；凡现行工资标准过低的企业，为避免一次增加工资过多，影响企业的营业，可以实行较低的工资标准；凡经营特种商品，职工技术、业务能力较高，现行工资标准也高的企业，可以规定较高的工资标准。商业企业附属的加工厂，应该参照当地同类性质的地方国营工业的工资标准和工资制度制定自己的工资标准和工资制度。

在公私合营的纯商业企业中，应该积极建立计时奖励工资制度。对原有的“厘金”、分红或者提成，应该逐步以奖励制度来代替。

（二）服务业的工资制度问题。对实行提成、拆账或者分红制度的服务业、饮食业，应该保存这种制度，根据实际情况，改进提成的比例和分配的方法。

四、关于职员和工程技术人员的工资制度问题

企业职员和技术人员的工资标准应该根据他们所担任的职务来规定。各种职务的最低与最高工资标准，应该大体上向当地性质相同、规模相近的地方国营企业看齐。技术水平较高的技术人员，应该发给技术津贴；对企业有重要贡献的高级技术人员，应该发给特定津贴。

五、关于私方人员的工资待遇问题

私方人员的工资待遇，应该按照对职工工资的

同样原则处理。在评定工资的时候，除了按照现任的职务和工作能力以外，还要充分考虑到他们的技术能力和经营管理的经验，并且适当照顾他们的现行工资水平。

对于原来没有固定工资的小业主，应该根据现任职务和工作能力，并且适当考虑他们原来的收入情况来评定工资。小厂店业主的家属，原来担任辅助劳动的，已经作为全劳动力参加劳动的，可以吸收为正式工作人员，按标准评定工资；只有部分时间参加劳动的，可以按月发给必要的生活费用，不列入在册人员。

对于董事长、董事、监事等私方人员，如果没有兼任其他职务的，可以由企业发给薪金；如果兼有其他职务而原来有车马费的，可以继续由企业发给车马费。董事会的工作人员（如秘书、办事员、打字员等），应该按照企业同类工作人员的工资标准评定。

六、关于变相工资问题

对于变相工资应该区别性质、分别先后，并且根据各企业的实际情况具体处理。已经取消的不再恢复。属于福利性质的，应该保留，办法不合理的应该改进。有些变相工资待遇，可以逐步地建立合理的制度来代替，有些可以部分或全部并入工资标准。对于关系职工生活比较大的伙食项目，一般地应该并入工资标准，现行工资标准高的企业，可以部分或全部作为金额保留，制度取消。

七、关于按新工资标准补发工资问题

为了鼓舞职工的生产积极性，新的工资方案不论在那一月份宣布，新定计时工资标准高于现行工资的部分，一律从1956年7月1日起补发。合营前经过工资改革的企业，在这次工资改革中，对职工升级应补发的工资从7月1日起补发。早已胜任技术工人工作的学徒，因转正、升级应补发的工资从7月1日起补发。

八、关于工资改革的组织领导和时间问题

各省、自治区、直辖市人民委员会，应该根据本规定，制定本地区新公私合营企业的工资改革方案，报国务院批准执行。工资改革的经常工作，由各省、自治区、直辖市人民委员会所属劳动工资委员会或工资改革办公室统一领导进行。遇有重大政策和方针问题，应该及时报告国务院，各项具体问题可以自行处理。

新公私合营企业的工资改革工作，一般应该在1956年年底以前完成。

（选自《工商行政通报》第80期，1956年10月31日）

六、国务院（八办）关于私方人员的疾病医疗和病假期内的工资待遇问题的意见

（1956年11月24日）

国务院1956年7月28日“关于对私营工商业、手工业、私营运输业的社会主义改造中若干问题的指示”公布以后，天津、上海和广州等地对其中关于本人股金在2000元以下的私方人民疾病医疗和病假期间的工资待遇办法，提出若干具体问题，要求解释，现在就这些问题，提出如下意见：

一、国务院“关于对私营工商业、手工业、私营运输业的社会主义改造中若干问题的指示”，是在1956年7月28日公布的，因此，对私方人员疾病医疗和病假期间的工资待遇办法，应从该指示公布之日起实行。

二、私方人员已经安排在国家机关或国营企业内工作的，不论他们在原企业的投资多少，他们的疾病医疗和病假期间的工资待遇，都一律按照国家机关或国营企业中干部或职工的待遇办理。

三、公私合营企业中私方人员的疾病医疗和病假期间的工资问题，应根据他们在企业合营时的核定资产情况，分别处理：

(1) 私方人员在两个和两个以上企业都有股金时，可不必将他们的股金合并计算，仅按他所参加工作的企业单位的股金计算。

(2) 一个家庭以“堂名”或“记名”在企业有股金，如果家庭成员（夫妻、父子等）都在企业担任实职，他们原来又是分开投资的，可以分别计算他们的股金额。原来没有分开而有代表人的，其代表人按2000元的标准处理，其他家庭成员按本企业职工待遇办理。

四、公私合营企业私方人员家属的疾病医疗费

用，一般不能比照企业职工家属的待遇办理，但如果过去对他们的医疗费用已规定比照企业职工家属办理并一直保持到现在的，可以不必变更。

五、计算私方人员病假期间工资时，他们的工作年限，以在公私合营企业工作的时间计算。他们病假期间的工资和因按工作年限计算在生活上有困难须要补助的费用，均由企业行政方面开支。企业行政方面不用提缴私方人员的劳动保险金。

六、女私方人员在生育期间的工资待遇，不论其核定的股金多少，一律按照她们所在企业的女职工同等待遇。

（选自《工商行政通报》第 82 期，1956 年 12 月 15 日）

第四章　对资本主义工商业的全面改造

第一节　全面改造资本主义工商业的政策

一、中共中央关于资本主义工商业改造问题的决议

（1956年2月24日）

（这个文件曾经在1955年11月16日至24日中央政治局召集的有各省委、自治区党委和市委的代表参加的会议上，进行了讨论，并且作为草案通过。1956年2月24日，中央政治局会议作了个别的修改，追认为正式决议。）

（一）

从中华人民共和国成立到现在，社会主义经济和资本主义经济的力量对比，发生了巨大的变化。经过三年的恢复工作，加上三年的有计划的建设工作，我们已经在经济上大大地巩固了和扩大了社会主义的阵地，大大地削弱了和缩小了资本主义的阵地。特别是社会主义工业化的成就，农业合作化的大发展，粮食和工业原料的统购统销工作的胜利，使社会主义经济成分对于资本主义经济成分取得了决定性的优势地位。同时，资本主义企业中的生产力和生产关系的矛盾，现在已经暴露得特别突出，资本主义生产关系如果不进一步地受到改造，就不可能提高生产力来适应人民的需要，并且会使生产力受到重大的破坏。因此，我们现在已经有了充分有利的条件和完全的必要把对资本主义工商业的改造工作推进到一个新的阶段，即从原来在私营企业中所实行的由国家加工订货、为国家经销代销和个别地实行公私合营的阶段，推进到在一切重要的行业中分别在各地区实行全部或大部公私合营的阶段，从原来主要的是国家资本主义的初级形式推进到主要的是国家资本主义的高级形式。在一切重要的私营行业中实行全部或大部的公私合营，使私营工商业分别地、同时是充分地集中在我们国家和社会主义经济的控制之下，这是资本主义所有制过渡到完全的社会主义公有制的具有决定意义的重大步骤。在这样的情况下的公私合营企业，那就不仅是半社会主义的，用列宁的话来说，“那就已经是四分之三的社会主义了”。

（二）

在国民经济恢复时期的末年，即1952年的三反五反的斗争，开始造成了我们国家有可能完全控制资本主义工商业的局面。在三反五反运动以前，由于资本主义经济在整个国民经济中起着巨大的作用，工人阶级还没有对于资产阶级进行激烈的斗争，资产阶级就还保持着很大的威风。三反五反的斗争唤起了工人阶级的高度自觉，打退了资产阶级用“五毒”行为向国家机关和工人阶级的猖狂进攻，使资产阶级原有的威风在绝大多数企业中扫地以尽；在一部分中小企业中资本家虽然还有一些余威，但是也比过去大大低落了；这就使得工人的监督从此在很多企业中逐步地建立起来，很多资本家实际上丧失了或者基本上丧失了控制企业的权力。这是一个根本的变化。这个变化说明：作为一个阶级来说，资产阶级已被工人群众和工人阶级所领导的国家的威力所压倒了。中国资产阶级现在处在下列的条件下：(1)国内有一个强大的以工人阶级为首的人民民主专政；(2)日益强大的社会主义经济和社会主义经济在整个国民经济中的领导地位和领导作用；(3)工人群众的觉悟和他们的高度的组织力量；(4)农民站在工人方面，同工人结成了巩固的联盟；(5)资产阶级在经济上已经失掉了独立存在的条件，而且本身矛盾重重，整个阶级已经陷于分崩离析；(6)苏联的援助和强大社会主义阵营的存在，以及其他国际的条件；等等。这些条件，就使得资产阶级除了向工人阶级屈服，把态度放“文明”些，比较老实地执行我们国家给予的任务，走上我们党所指出的改造的道路以外，再没有其他的出路。整个的形势已经很明白：在资本主义企业中的工人职员群众已经不愿意照旧生活下去，资产阶级

也已经不能照旧生活和控制下去,而党的任务就是必须贯彻执行党在过渡时期的总路线,主动地、积极地、认真地抓起这个改造资本主义工商业的领导,使资本主义工商业的改造工作,能够同社会主义工业化和农业合作化这两方面的工作互相适应,以便逐步地达到建成社会主义社会的目的。

(三)

事实已经证明:我们同民族资产阶级建立联盟的政策,不论是在民主革命时期,或者是在中华人民共和国成立以后,都是必要的,正确的,是符合工人阶级和全体人民的利益的。这种联盟的结成,一方面,取决于民族资产阶级的态度;如果他们不需要并且拒绝这种联盟,而简单地敌视我们,当然就不可能有这种联盟。另一方面,如果我们在需要并且可能结成这种联盟的时候,不去提出这种政策,或者关于政策的许多重要问题规定得不正确,那么也就不可能有这种联盟,即使结成了联盟,也将得不到应有的对于人民有利的结果。所以,要同民族资产阶级建立联盟,除了对方的条件以外,还要看我们的政策。在民主革命时期,我们利用了民族资产阶级同帝国主义和国民党的矛盾,对于他们不满意反动统治和愿意参加反对帝国主义、反对国民党反动统治的斗争这一方面,采取了联合的政策;对于他们的动摇性和妥协性,则采取了批评和斗争的政策。我们实行这种又联合又斗争的政策,结果就在政治上充分地孤立了敌人,并且在一定程度上坚定了民族资产阶级跟我们走的态度。显然,我们的这种政策是成功的。在中华人民共和国成立以后,即在人民推翻了帝国主义和国民党的统治以后,我们的方向是发展社会主义,但是资产阶级所怀的愿望却是发展资本主义。这当然是矛盾的。在这种情况下,我们同民族资产阶级的联盟由于下面的理由还是继续存在下来:(1)民族资产阶级表示拥护人民共和国,拥护共同纲领和宪法;表示愿意继续反对帝国主义,赞成土地改革;(2)我们已经同民族资产阶级有过统一战线的历史,如果他们不愿意破裂,我们就不能随便抛开他们而使人民不容易理解;(3)我们开始在全国执政的时候,国民经济已经遭受了帝国主义和国民党反动统治的严重破坏,我们面对着一个恢复国民经济的重大任务,同时又由于我国经济很落后,小生产占优势,我们有必要同愿意接受国家资本主义的民族资产阶级形成经济上的联盟,利用资本主义工商业的有利于国计民生的积极作用,限制他们的不利于国计民生的消极作用,加速恢复的工作,借以取得更多的工业品去和农民交换农业品;(4)我们采取节制资本、逐步改造私有制的办法,将便利于我们党和工人阶级能够有一个学习过程和准备阶段去学会管理工商企业的本领,并使资本主义制度过渡到社会主义制度的时候,尽量地避免破坏和损失;而且在革命胜利后的一个时期内,我们党和工人阶级又正忙于接管官僚资本主义的企业和进行土地改革,缺乏干部,对于为数众多的私营资本主义企业也接不上手。因为上述的种种关系,我们在取得政权之后,就不应该没收资本主义企业的财产。同时,也因为上述各项理由,我国的工人阶级,在我们党的领导之下,在同农民以及城市小资产阶级结成了一个巩固的联盟的基础之上,又同民族资产阶级结成了另一联盟。显然,我们采取这种联盟的政策收到了显著的成效,不但在政治上继续最大限度地孤立了敌人,而且在经济上有了很大的益处。在这样的一些条件下,我们就有可能依靠国家机关的管理、国营经济的领导和工人阶级的监督,采取和平的办法,逐步地改造资本主义工商业,逐步地经过各种不同形式的国家资本主义转变资本主义的私有制为社会主义的全民所有制。

但是这样做,并不是不要付出代价的。为了结成和继续这个联盟,为了借助国家资本主义达到社会主义的目的,我们就需要对资产阶级偿付出一笔很大的物质代价。这就是对于资产阶级私有的生产资料,不是采取没收的政策,而是采取赎买的政策。这是从我们中国特殊历史条件中产生出来的政策。这种政策并不违反马克思主义的原则。马克思、恩格斯和列宁都曾经认为在某种条件下采取赎买政策,是可以允许的,是对于工人阶级有利的。我们的赎买办法,就是从中华人民共和国成立的时候起,在大约10年左右的时间内,工人阶级在为了满足人民群众和国家的需要而生产的同时,也为资产阶级生产一部分利润。在企业利润的分配中,资本家所得虽然不到四分之一,但是如要以10年左右的时间计算,这笔利润的数目,就可能达到20亿左右人民币。这是逐步的赎买,不是一下子赎买。也不是由国家另外拿出一笔钱来进行赎买,而是由工人阶级在10年左右的时间内用给资本家生产一部分利润的方法进行赎买。这种赎买的办法,已经实行了6年，还将继续到一个必要的时候。除了对于资产阶级的生产资料进行这种办法的赎买以外，对于那些有技术才能和有管理企业的能力因此使企业能够供给国家更多工业品的资本家，还给予较高的薪水，同时，直到现在还有许多资本家用职员的名义在企业中支取相当高的薪水，其中有一些人是没有能力而挂名支薪的。这些，在过渡时期，也是属于一种赎买的性质。这种赎买，也是必要的。

（四）

这样，我们对于处理资本家的生产资料所有制和处理地主的土地所有制，二者之间有着很大的差别。对于地主阶级，我们是在无偿地没收他们的土地及其他生产资料之后，再在劳动中教育和改造他们本身，并且在一定的时间内剥夺他们的选举权。对于资产阶级，我们则是在同他们联合的过程中，用赎买的办法逐步地改变他们的所有制，同时又逐步地教育和改造他们本身，不剥夺他们的选举权，以便充分地利用他们的能力来为国家服务。我们对于资产阶级，第一是用赎买和国家资本主义的方法，有偿地而不是无偿地，逐步地而不是突然地改变资产阶级的所有制；第二是在改造他们的同时，给予他们以必要的工作安排；第三是不剥夺资产阶级的选举权，并且对于他们中间积极拥护社会主义改造而在这个改造事业中有所贡献的代表人物给以恰当的政治安排。在资产阶级没有别的出路的条件下，这是他们能够接受的方案。资产阶级中不仅有相当一批代表人物，而且这个阶级中的绝大多数人，已经公开表示接受这样的方案。这种做法就是使得我们有可能在阻力较少的道路上逐步地实现资本主义企业的社会主义变革。

（五）

在资产阶级队伍中，除了有百分之几（可能有5%左右）是属于具有严重情况的反革命分子或者其他坏分子以外，一般地存在着进步的、中间的和落后的这样三个部分，即存在着左派、中间派和右派。因此，他们对于接受改造的态度，并不是完全一致的。这三部分人大约占资产阶级队伍的95%左右。这是就整个资产阶级来说。就除了百分之几的反革命分子以外的资产阶级来说，根据若干地方的调查，在目前的情况下，这三个部分之间的比例大约是这样：比较进步的分子，约占20%左右；处在中间状态即所谓“随大流”的分子，约占60%左右；落后分子（包括顽固分子）约占20%左右。我们在这方面的任务是：第一，要把其中更加进步和更加靠拢人民政府分子组成为推动工商业资本家积极接受社会主义改造的核心力量，并且适当地扩大这种力量；第二，要把其中的中间分子和落后分子用教育方法逐步地争取过来，使他们中间的多数提高觉悟，有所进步，使落后分子一年一年地减少下去；第三，分化那些顽固分子，使最顽固分子孤立起来。

要做好这些工作，首先我们必须根据党的又团结又斗争的政策，采取鼓励和批评相结合的工作方法。这就是我们对于资产阶级队伍中的几部分人的实际情况，必须采取实事求是，全面分析，分别对待，灵活地运用党的又团结又斗争的政策，对于他们中的好人好事加以鼓励，对于他们的错误和缺点加以批评，有多少好人好事就说多少好人好事，有多少错误缺点就说多少错误缺点。对于落后分子本身，也应该加以分析，即他们除了落后的一面之外，也还有其他的一面，例如，他们也接受加工订货，买公债，缴纳所得税，参加抗美援朝运动，等等。我们这样做，我们就有了充分的理由，我们的讲话就有充分的说服力，我们就可以充分地保持自己的主动性。只有批评没有鼓励，或者只有鼓励没有批评，这些都是片面的，都是没有说服力的。因此，我们必须采取又鼓励又批评的方法，并且根据情况的变化，有时着重鼓励，有时着重批评。在批评的时候，也要对他们指出改正的希望。所有这些方法，都是为着达到团结他们，改造他们，最后达到消灭资产阶级这一个剥削阶级的目的。

其次，为着做好这些工作，我们必须采取企业改造和人的改造相结合的工作方法。这就是说，在改造资本主义企业的过程中，必须注意采取教育的方法，组织资本家的学习。逐步地改造这些资本家，将他们由剥削者改造成为自食其力的劳动者。有两种教育办法。三反五反的群众斗争，是一种教育方法，但是那是一种激烈的，不和资本家协商的方法。当着人民政权和工人阶级因为资产阶级的猖狂进攻而给予他们这样一次重大的从外部强加的但是完全必要的教育之后，资产阶级的进攻和反抗已经基本上被打垮，情况已经发生变化，这就创造了一个使我们有可能采用另一种教育办法的条件，这就是采用讲演、上课、座谈会、学习班以及在适当的时机引导资本家内部开展批评和自我批评等方法,加强对于资本家的教育,使他们了解由资本主义过渡到社会主义是必然的不可抵抗的历史规律,了解爱国主义和社会主义的联系,了解时事和国家的政策,了解资产阶级接受社会主义改造是他们唯一可能的出路。在对资本家进行教育的时候,引导资本家自己进行批评和自我批评这一种方法,值得特别注意。这个方法应当有领导地普遍地加以推广。根据许多地方已有的经验,由于我们国家的政治的和经济的各种因素,再加上我们加强组织资本家本身的学习,就有可能促使资产阶级中间的进步分子的数量逐渐增加,中间分子和落后分子的数量逐步缩小,并且大大减少许多资本家的违法行为。因此,在我国的条件下,不承认资本家这个阶级的绝大多数(90%以上)有用教育方法加以改造的可能,忽视或者否认宣传教育的方法在改造资本家的问题上的重大意义,这就是不承认中国革命的特殊条件,不承认工人阶级领导的人民民主专政的强大力量,不承认中国共产党强大的威信和能力,不承认中国共产党的同资产阶级结成联盟和采取国家资本主义作为过渡形式这一根本政策的正确性,这种观点无疑是完全错误的。

(六)

根据前面所说的关于改造资本主义工商业的方针、任务和工作方法,我们的党应该采取以下的一些重要措施,开展这个工作:

第一,中央有关各部和各省、各自治区和各城市的党组织,必须加强领导,进行充分的思想准备工作和组织准备工作,按照私营工商业的不同地方和不同行业的具体情况,提出关于把一切重要行业的私营工商业逐行逐业,分批分期,纳入公私合营的全面规划。这种全面规划需要包括以下各项:(1)统筹安排各行业的生产和经营。为此,对于各行业的公私企业之间、私营企业之间、近代工业和手工业之间、地区之间的关系,要有适当的调节;同时,对于各行业的私营企业要加以必要的或大或小的改组。(2)建立各行业的专业公司(有的是一个行业的单一公司,有的也可以是几个行业的综合公司),以便把资本主义工商业按照全行业公私合营的轨道组织起来。这种专业公司要担负改造资本主义工商业的经济上的任务,也要担负改造资本家的政治教育上的任务。(3)准备由原来的按企业所得利润的一定比例分配给资本家利润的办法逐步过渡到有分别地按资本定息的办法。这种定息的办法实际上是将企业交给国家的专业公司直接管理,而使企业的生产关系发生根本性的改变,因而将大大地提高工人职员群众的积极性。

除了资本主义工商业的改造以外,对于个体手工业的改造,一般地应该采取合作化的形式。但是根据各行业或者各地区的某些具体情况,有些个别的或部分的小手工业也可以和资本主义工商业一起实行公私合营。小商业的改造,在乡村中一般地应该采取合作化的形式,在城市中一般地可以在长时间内替国营商业和合作社商业执行代销经销的业务,这种代销经销的形式应该作为公私合营的一种形式。

应该使上述的两种改造,即资本主义工商业按照全行业实行公私合营的改造和小手工业、小商业采取合作化及其他形式的改造,在第一个五年计划期间内,即在1956年和1957年,争取达到90%左右,并且准备在第二个五年计划期间内,争取逐步地使公私合营的企业基本上过渡到国有化。

第二,要向全党和工人群众进行教育,使全党和工人群众了解党的关于改造资本主义工商业的正确方针。把资本主义工商业经过国家资本主义,改造成为全民所有制,把工商业资产阶级分子加以长期教育和妥善安排,使他们由剥削者逐步地变成自食其力的劳动者,这些都要依靠党的领导和工人群众的监督。工会应该善于去做改造资本家的这方面的工作。

第三,要把资本家的学习组织扩大到一切大中小城市(大中城市包括市、区两级)和一切行业。学习的课程要包括时事和国家的政策,社会发展史,政治常识等项目。党委和政府的负责人要关心这个工作,亲身出马向私营工商业者讲话。党的统一战线部门和宣传部门要负责管理这项教育工作。应该编辑一种适合于资产阶级的情况而可以供两年至三年之用的课本。这种课本要说明只有实行社会主义才能建立一个强大的光明的中国,而任何个人如果关心自己的命运,就必须同祖国的这个伟大前途结合起来。

不论是组织资本家学习,或者在他们当中进行其他活动,都应该充分地利用和帮助工商联合会和民主建国会这一类资产阶级的团体去做工作。

第四,除了关于时事和社会发展史等的学习以外,还应该在今后几年内给资本家和他们的家属以学习技术的机会,使他们在放弃剥削之后,有可能变为有用的劳动者。

第五,青年团和妇女联合会应该向资本家的子女和家属进行教育工作。

第六,加强资本主义企业中的党组织,以便加强党在这个改造工作中的领导作用。

(七)

六年以来,党和人民政府所进行的改造资本主义工商业和教育资本家的工作,是得到了很大的成绩的。这些成绩为今后这个改造工作的全面的和迅速的发展,开辟了道路。除了党的方针政策正确和干部们工作努力之外,在这个问题上,党内也有过右的偏向和"左"的偏向。右的偏向,主要的是在三反五反的斗争以前,有一批干部对于资产阶级做无原则的妥协,没有同资产阶级划清阶级界线,被资本家所腐蚀。在三反五反的斗争以后,有些同志依然没有从三反五反中取得教训,右的偏向还是存在的,有些同志仍然被资本家所腐蚀,丧失党的立场,同化于资本家,例如上海民生药厂和铅笔一厂所发生的一类事件,各地都可能找到一些例子。这是很不好的,必须教育他们,加以纠正。并且应当指出,资产阶级分子腐蚀我们和我们反对资产阶级分子对于我们的腐蚀的斗争将是长期的,这个问题不是很快就可以完全解决的。但是在三反五反以后,党内在这个问题上明显的右的偏向已经不是一个主要的偏向,被腐蚀的事件是存在着,但不是很多的。在党内发生最多的是一种用"左"的形式出现的偏向。三反五反以后,资产阶级已被孤立,心中惶惶无主,想靠拢我们,但是许多同志不了解这种变化,他们被三反五反的斗争吓怕了,因而对于资本主义所有制和资产阶级的改造问题存在着悲观主义,怕同资本家接触,有些人对资本家采取若即若离的态度,有些人采取"敬鬼神而远之"的态度。他们对于资产阶级的实际情况不作全面分析,以为如果要说到资产阶级除了消极的一面之外还有积极的一面似乎就要"伤害马克思主义",他们也没有主张没收资本主义企业,但是又不相信党、群众和国家的力量可以用和平的方法去改造资本主义所有制和资产阶级分子,或者只是企图用"挤垮"的简单方法去回避改造资本主义工商业的实际任务,因此,放任自流,使自己陷于被动。这种倾向在表面上是"左"的,在实质上却是右的。我们必须纠正这种错误的消极的偏向。不是放弃对于改造资本主义工商业的领导,而是应该全面规划,加强领导。不是放任自流,若即若离,"敬鬼神而远之",而是应该采取主动的积极的认真的态度,提出一整套关于改造私营工商业的宣传教育的办法,使资本主义企业和资产阶级分子尽可能广大地和尽可能迅速地获得改造。这样做,反而可以较快地减少资本家的疑虑,把他们的心大体上安定下来,从而能够有秩序地加速私营工商业的改造过程。当然,这仍然是一个复杂的阶级斗争,不会不遇到许多资本家的动摇、犹豫、埋怨、以及少数人的抵抗,但是,如果我们采取上述这种主动的积极的认真的态度和各项具体办法,将会削弱他们的动摇和抵抗,抽逃资金等项违法事件也将会减少。同时,由于我们采取了这种主动积极的认真的态度和各项具体办法,又对一切同资本家接触的党员加强教育和监督,党内右倾的危险性也将较易于防止,被腐蚀的党员可能反而要少些。毫无疑问,我们的一切正确的方针、政策和办法,一定会在工人阶级和人民群众中起动员的作用,会使一切最顽固的资本家陷于孤立,会使我们的社会主义事业取得最后的胜利。

二、中共中央关于对目前资本主义工商业改造应注意问题的通知

(1956年1月26日)

上海局、各省、市委、自治区党委并转各地委、县委、镇委:

目前私营工商业和手工业社会主义改造已经进入全国高潮,中央认为各地有必要注意下列各点:

一、北京市所采取的现为全国各地仿行的办法,即,先批准公私合营,以后再做行业的生产安排、企业改组、人事安排等工作,这种办法在对公私合营工作有了相当准备的地方是可以这样做的。但这绝不是表示公私合营工作已完成,而只是合营工作的开始。因此,批准公私合营以后,仍然需要对各行各业妥善地进行生产和人事安排。

二、对一切已经批准了公私合营的企业中,原有的制度,包括进货办法、销货办法、管理制度、会计制度、工资制度,暂时原封不动地保留下来,不要改变。在私营工商业原有的经营技术方面,有许多

是不合理的，将来应当加以改变的，但也有不少是合理的，是需要保留的，我们应当对资本主义工商业经营技术中有用的东西，看成是民族遗产，把它保留下来，决不应该不加分析地全盘否定。北京市东来顺羊肉店和全聚德烤鸭店合营后，不适当地变动了这些店的原有货源甚至操作方法，使食品质量下降，顾客不满，这应该引为教训。因此，调整商业网，并厂、并店等除确实已经作了仔细的研究、统盘规划好了的以外，都暂缓进行，应该经过一个时期考察研究，才有可能恰当地、有步骤地进行生产改组和商业网的调整。

三、对商业中不雇用店员的小商店，如果他们要求公私合营，可以批准公私合营，但是对于这类小商店中的绝大部分，为了刺激他们在经营方面的积极性，对他们的资金暂时不要采取定息的办法；对店内参加劳动的人员，暂时也不要采取发工资的办法。在一定时期内，有些小商店应该保留他们原有的独资经营的形式，有些小商店应该让他们代销国家的商品，他们原有向国营商业以外的手工业者和小工厂的进货关系，应该责成他们继续加以保持。凡是代销国家商品的小贩，必须实行卖多少货给他们多少手续费的办法，不能实行按月工资制。应该向小商店和小贩说明：实行代销的办法，是公私合营的方式之一，代销的手续费，类似计件工资制，而计件工资制是社会主义企业的主要工资制度，只有这种工资制度，才能鼓励生产和经营的积极性。

四、手工业合作化中，应当保持过去手工业者十分关心他的产品质量和市场销路的优点，因而组织形式上，凡是不适宜于集体生产的，应当保持他们分散生产的形式。现在有些地方采取了由国营商业全部包销手工业产品的做法，这是一种危险的做法。其结果将使广大手工业者不再关心产品的质量。应当规定，在手工业产品中，适宜于由国家包销的，只是由国家供给原料进行加工定货的产品，其他产品只能由手工业合作社或手工业者自己推销，或者由商业部门根据产品质量，按照市场需要，自由选购。

五、城乡小贩中，有一部分是分散的肩挑小贩，对这些人的组织和改造，应该暂缓进行。为了适应人民的需要，对这些小贩需要长期保留他们现在的经营方式。因此，今后在组织他们的时候，应当采取一种适当的形式，例如只要到合作社或国营企业的某一部门登记一下即可。不要把同类挑贩组成统一资金的合作经营的形式。

六、应该看到，如果我们不立即采取切实有效的办法，那么在私营工商业和手工业社会主义改造中，就有降低产品质量和减少经营品种的危险。因此，各地必须与私营工商业的劳资双方和手工业者，具体研究产生这种现象的原因，定出纠正的办法，保证不降低产品质量和不减少经营品种。

三、国务院关于目前私营工商业和手工业的社会主义改造中若干事项的决定

（1956年2月8日国务院全体会议第二十四次会议通过）

为了满足广大私营企业的工人、店员、工程技术人员、手工业者和工商业者加速社会主义改造的热烈愿望，从今年1月起，许多城市的人民委员会对于私营工商业和手工业的社会主义改造工作，已经不是分期分批进行，而是采取了一次批准私营工商业全业公私合营和手工业全业合作化的办法。这种办法在有了准备工作的地方是可以采用的，因而也是正确的。但是，因为在批准合营和合作化之后，时间太短，私营工商企业和个体手工业的数量又大，有关供、产、销的安排和企业改造等各项工作还来不及进行，因此在工商业和手工业某些方面，就出现了一些供、产、销脱节的现象。例如，有些手工业户因为等待生产合作社的统一经营，就不接受商店的零散定货了，有些新的公私合营工厂因为等待重新安排生产，工厂和工厂之间原有的生产协作关系中断了，原来存在于工业、手工业、商业之间的赊销关系也停止了，因而形成一时供、产、销脱节的现象。在这个期间，某些国营商业、国家银行和税务机关采取了若干不恰当的做法，也给予生产经营一些不好的影响。例如：要求新的合营企业和手工业合作组织执行一些暂时还不适合的管理制度和表报制度，这样就打乱了那些新的合营企业和合作组织原有的比较好的经营习惯；某些国营商业的专业公司错误地缩短合营商业的营业时间，就使顾客感觉不如从前方便了；由于对保持原有好的花色品种没有采取切实的有效的办法，手工业方面减少产品品种的现象和商业方面减少经营品种的现象也

发生了。所有这些现象,虽然还只是个别的,但是都不利于生产经营,都不利于国家和人民。为了改变这些现象,为了使我们有充分时间去逐行逐业地顺利地完成社会主义的改造工作,国务院决定:

一、私营工商企业从批准公私合营到完成改造,需要相当时间,因此在批准合营以后,一般在6个月左右的时间内,仍然应该按照原有的生产经营制度或习惯进行生产经营。企业的生产经营和财务工作等,仍旧由原企业主继续负责,企业原有人员原来担负的职务也一般的不要变动。原企业主应该以对国家高度的责任心来管好企业,专业公司派出的工作组应该积极协助原企业主做好生产经营工作。

二、企业原有的经营制度和服务制度,例如进货销货办法、会计账务、赊销暂欠、工作时间、工资制度等,一般在半年以内照旧不变。

三、企业原有的供销关系要继续保持,原来向哪里进货销货的,仍旧向哪里进货销货;进货销货的双方,必须密切合作。原来出口的手工艺品,必须继续出口,手工艺品所需要的国外原料,必须尽可能地继续进口。

四、各企业之间原有的协作关系,例如:加工、修理、供应配件、零件等,必须继续保持,不得随意变动。

五、对于为数极大、分布极广的小商店,如果他们要求公私合营,政府可以批准他们的要求。但是,这些小商店的经营方式,仍然应该继续保持目前的代销、代购、经销和自营的办法。将来这些小商店的代销、代购的经营比重是会逐渐增加的,但是他们仍然可以自己经营一部分国营商业和合作社商业所没有的商品。国营商业和合作社商业对于这种小商店,不论他们是已经合营的或者是尚未合营的,都应该按照全行业统筹的原则,安排他们的营业。各地在改造坐商期间,对摊贩和肩挑小贩如果还来不及进行组织和改造,就应该暂缓进行这项工作。为了适应人民需要,对于大部分肩挑小贩现在的经营方式需要长期保留,不要采取把同类肩挑小贩都组成为统一资金的合作经营方式。今后对许多行业的肩挑小贩进行组织和改造的时候,应当采取一种简便的形式,例如可以采取要他们到合作社或者国营企业的某一部门进行简单登记的办法。

六、参加合作社的个体手工业户,必须保持他们原有的供销关系,一般应该在一定的时间内暂时在原地生产,不要过早过急地集中生产和统一经营。手工业中的某些分散、零星的修理和服务业,应该长期保留他们原有的便利群众、关心质量的优点。某些具有优良历史传统的特殊工艺,必须加以保护。某些适合于个体经营而本人又不愿参加合作社的手工业户,应该维持他们原有的单独经营方式。

七、私营工商业和手工业在社会主义改造中,都必须保持产品质量和经营品种,对于已经降低了质量的产品和已经减少经营的品种,必须迅速恢复。所有合营的工厂、商店和手工业合作组织,都必须指定经理或一位副经理专管产品质量和经营品种的工作,保证不降低质量,不减少花色品种。

八、各地国营工业、商业部门应该迅速筹备建立各行业的专业公司,尚未建立的应该首先成立筹备组织,已经建立的,应该加以充实,以便使社会主义改造工作和业务工作有分工管理的机关。

各地应该根据上述各项规定的原则,结合当地情况,对各行各业定出安排和改组的具体措施。对于某些行业中存在的突出不合理的情况和困难问题,为了便利于生产经营,应该及时加以调整解决。凡是已经有了充分准备,已经作了详细研究并且提出了统盘改组规划的行业,经过省(自治区)市领导机关的批准,就可进行改组。但在改组规划中,对于资本主义工商业的生产技术和管理办法,必须进行全面分析,对于其中不合理的部分,应该逐步加以改革;对于其中合理的部分,应该在合营企业和国营企业中充分加以运用。我们应当将资本主义工商业、手工业的生产技术和管理办法中有用的东西,看成是民族遗产,把它保留下来,决不应该不加分析地全盘否定。

以上各项,各地必须立即坚决执行,应当向政府工作人员、广大工人、店员、工程技术人员、手工业者和工商业者进行广泛的解释,动员他们同心协力做好企业的生产经营工作,圆满地完成私营工商业和手工业的社会主义改造。

四、国务院关于对私营工商业、手工业、私营运输业的社会主义改造中若干问题的指示

(1956年7月28日)

各省、市、自治区人民委员会:

今年1月间,全国各地私营商业、手工业、私营

运输业的社会主义改造运动达到了高潮,资本主义企业实行了全行业的公私合营,个体劳动者的企业实现了各种不同程度的合作化。到目前为止,参加社会主义改造的人数,约占私营工商业、手工业、私营运输业的80%。私营工商业、手工业、私营运输业由资本主义的、个体的生产经营制度转变为公私合营的、合作化的生产经营制度,这是生产关系的一种根本变化,这是我国社会主义改造的伟大胜利。这次社会主义改造的过程,大体是正常的,各地生产和经营都正常地进行,并且在不断地改进。但也有不少地区曾发生过某些混乱现象。在这个改造中,还有许多问题需要解决,现在国务院就目前需要解决的若干问题,作如下指示:

一、对于小商贩业务安排问题

第一,对于没有参加定股定息的公私合营商店和合作商店的小商贩,应当在自愿的原则下,根据当地情况,逐步地、分期地、分行分业地把他们组成分散经营、各负盈亏的合作小组。这种合作小组不但适用于商业的各个行业,同时也适用于饮食业和服务性的行业。在步骤上,应当先从困难行业和困难户着手,逐步扩大。

第二,国营商业和供销合作社,应当在国营商店、供销合作社商店、合营商店中指定一个店作为每个合作小组的批发店,在业务上领导合作小组。这个批发店对合作小组的任务是:负责供应货源;代向银行借款,解决资金困难;汇集小组成员的应缴税款,代向税局缴纳。合作小组的税款今后应当严格实行一年不变的、定期定额的收税办法。批发店的开支,全部由国营商业和供销合作社负担,不由合作小组负担。

第三,国营商业、供销合作社、合营商店、合作商店之间,在商品的销售上,应当适当分工。有一些商品,应当主要分配给合作小组。有些商品的批零差价,应当扩大。

第四,国营商业和供销合作社应当负起责任,按照各地小商贩不同的收入情况,区别小商贩中依靠商业为主要收入或者以商业为辅助收入的不同对象,必须负责做到使各地各类小商贩都能获得必需的收入。

第五,在实行上述办法以后,一个地方和一个行业中,如果仍有困难,可以由国营商业、供销合作社吸收一部分,合并一部分,或者向外地迁移一部分,以便把小商贩完全安排下来。

二、关于手工业生产合作社、运输合作社、合作商店方面的问题

第一,手工业生产合作社、运输合作社社员的收入不应当比参加合作社以前的劳动收入降低,应当在改善生产经营的基础上,努力做到比合作化以前的劳动收入有所增加。合作商店成员的工资,比国营商店和供销社商店高的不降低,低的应当逐步地适当地提高。为了保证上述各类合作企业成员的劳动收入不降低,每月先开支工资,然后根据剩下的盈余多少,再定公积金的数量。

第二,上述合作企业的成员,如果因为参加了合作企业,收入减少,生活困难,要求退出合作企业的,应当批准他们退出,但是绝对不准强迫他们退出。退出的时候,他们的股份包括生产资料和现金应当退还。

第三,手工业生产合作社的产品,当地产当地销的可以自销,但在价格上要服从市场管理;远销的由国营商业或供销合作社选购,或者由生产合作社自销。手工业合作社所用的原料,经过当地政府批准可以自购,但不准抬价抢购;所需外来的原料,国营商业和供销合作社应当积极供应。各地必须把手工业生产合作社的产、供、销计划,纳入地方工业计划之内。

第四,运输合作社的组织形式,不要强求一律。不要勉强组织木帆船、大车等工具不分红的合作社。已经组成了工具不分红的运输合作社,如果社员要求工具分红,应当改变为工具分红。适应社员的要求,也可以组成统一分配货源、统一运价、统一调配同时又有公共积累的合作小组。

三、适当解决小业主方面所存在的问题

第一,原来是家厂不分、家店不分的私营企业的房屋,在实行公私合营以后,应当根据业主提出的意见处理。凡家厂相连、家店相连的房屋,如果是由业主租入的,应当由合营企业续租;如果是业主所有的,则除原有铺面、厂房、栈房应当清产核资,成为合营企业的资财以外,其余房屋都应归业主所有。如果铺面已归原业主,不再变动。

第二,小业主中间,缺乏劳动力依靠生产工具为生的车主、船主,当他们的车辆船只参加合作社以后,必须吸收他们到企业内加以适当安排。小业

主的汽车调到外地的时候，一般是人随车走，由所在地的交通部门安排；如果本人不能去外地，则由当地交通部门按其过去收入状况，负责安排。

第三，小业主企业资财的处理办法：小业主的企业参加公私合营企业的，或者改变为国营企业的（如粮食店、肉店等），他们的资财都按定息办法处理。小业主的企业参加合作商店的，依照全国供销合作社对合作商店所规定的办法，按股金分红。有些合作商店，已经实行定息，可以不变。小业主加入了手工业生产合作社或者运输合作社，如果他们投入的资财超过了应交的定额股金，而手工业生产合作社或者运输合作社又无力偿还他们超过应当交纳股金部分的资财，那么可以把超过股金部分的资财采取作价、存社、付息的办法。

第四，小业主可以担任手工业生产合作社、运输合作社的理事、监事和社内的其他领导职务。他们的工资，应当按照技术标准来评定，不应当被歧视。鼓励有技术的手工业小业主带徒弟，应当给他们适当的酬劳金。

四、公私合营企业的私股定息问题和公私关系问题

第一，全国公私合营企业的定息户，不分工商、不分大小、不分盈余户亏损户、不分地区、不分行业、不分老合营新合营，统一规定为年息5厘，即年息5%。个别需要提高息率的企业，可以超过5厘。过去早已采取定息办法的公私合营企业，如果它们的息率超过5厘，不降低；如果息率不到5厘，提高到5厘。本年7、8月间，应当发给1956年度的第一、第二两季的私股利息。

第二，工商业务主管部门应当经常召集合营企业的公股代表和私股代表分别举行会议，有时，也应当召集公私双方代表在一起举行会议，收集意见，进行教育，解决他们在处理公私关系中所遇到的困难。为了使上级业务部门规定的业务方针、政策和办法，都能为公私双方有关人员所熟悉，业务部门应当负责下达这些方针、政策和办法，并且尽可能地把它们的要点，在报纸上公布。

第三，中央和省市两级的工商业务主管部门的领导人员，应当分别定期邀集当地工商联、同业公会、民建会的负责人员举行座谈会，就公私关系中各个方面的有关问题交换意见。待中央和省市两级座谈会广泛推行并且取得经验以后，再逐渐把这种座谈会推行到县城集镇。

第四，在业务主管部门的领导下，广泛吸收有经验的国营企业的领导人员、职工、店员和私方人员组成各行各业的业务改进委员会，改进业务工作。

五、职工和私方人员的工资福利问题

第一，全行业合营以后的公私合营企业中职工的工资和私方人员的工资，高于当地相当国营企业工资标准的，不降低。低于当地国营企业工资标准的，根据生产经营情况和企业的条件，分期地逐步增加。中央和地方的有关部门，应当在今年8月工资改革会议上提出方案，经过批准后予以实行。国务院已经决定，上述公私合营企业的工资改革方案，不问在哪个月份实行，新定计时工资标准高于现行工资的部分，一律从1956年7月1日起补发。

第二，公私合营企业中的生产安全设备和卫生设备，应当逐步加以改进。

第三，公私合营企业中的职工，目前尚未实行劳动保险的，应当由所在企业解决他们的疾病医疗费用和病假期内的工资。私方人员由于疾病医疗而引起的困难，应当加以帮助。企业核定资财的时候，本人股金在2000元以下的私方人员，本人疾病治疗和病假期内的工资支付办法，都按照所在企业职工的待遇办理。企业核定资财后，本人股金虽然超过了2000元，只要确有困难，不论他的股金有多少，也可以参照所在企业职工的待遇办理。现在私方人员的疾病医疗和病假期内的工资支付办法，已经按照职工待遇办理的，不改变。公私合营企业原来设有医务所的，应当像对待职工一样准许私方人员去医治。

六、企业改组和人事安排问题

第一，企业改组工作，必须慎重地进行。业务部门应当同私方人员和职工共同协商拟出改组方案，不受时间的限制，分期分批地进行改组。今年春天社会主义改造高潮的时候，如果那些工厂、作坊、商业、运输行业合并得太多了的，或者统一计算盈亏的单位太大了的，应当有准备地加以适当调整。使企业的组织形式，适合于生产经营的需要。

第二，为了克服工商业中原来供销关系和协作关系方面人为地割裂的现象，国务院第四办公室和第五办公室，应当对某些工业企业、某些手工业企业、某些商业企业间的隶属关系重新规划，根据生

产和经营的习惯和几个月来的经验,定出调整方案,使企业的组织形式和管理关系,适合于生产经营,便利于人民的消费。国务院第七办公室应当对农村手工业者同农业生产合作社的关系,农村手工业副业同城镇手工业合作社之间的关系,研究出一种适当的解决方案,使它既有利于农村手工业者,又有利于农业生产合作社;既能发展农村的手工业副业生产,又不妨害城镇手工业合作社的生产和社员生活。

第三、对私营企业实行公私合营时候的所有在职人员,都应当根据量才录用、适当照顾的原则,加以安排。合作商店、手工业生产合作社、运输合作社成员的家属,小业主的家属,如果她们过去都是企业的辅助劳动,那么,应当继续吸收她们为企业的辅助劳动或者作其他的适当安排。各地合营企业的人事安排方案,可以先由工商联、同业公会和私方人员提出意见,再由有关业务部门审查批准。过去有些企业对私方人员的人事安排,如果有不妥当的地方,应当进行检查,加以调整。

五、国务院关于私营工商业、手工业、私营运输业的社会主义改造中若干问题的补充指示

(1956年7月29日)

各省、市、自治区人民委员会:

1956年5月14日到6月9日分两次召开的全国对私营工商业、手工业、私营运输业改造汇报会议上所提出若干重要问题的意见和办法,国务院认为是正确的、必要的。会议记录当时已分发各省市参考。国务院于7月28日发出专门指示,列举各项办法,通知各地认真贯彻执行。现再提出以下各点,望各级政府研究执行。

一、对夫妻店、小商贩必须负责安排。保证他们正常的经营和必要的收入。各地国营商业和供销合作社,应当指定批发店,按照不同地区和商贩的不同情况,保证合作小组内每户夫妻店和摊贩每月达到40元左右、30元左右、20元左右和10元左右的收入。现在夫妻店小商贩的收入高于上述数字的,不得予以降低。规定有10元左右的收入,是因为有一部分小商贩每月还有其他收入,而是以商业作为副业的。这一指示,各个商业部门必须切实认真地执行。

二、对手工业生产合作社和个体手工业者,必须根据统筹兼顾的方针,全面安排,保证他们正常的生产和得到必要的收入。有些地区国营商业、供销合作社收购价格和工缴费偏低的情况,应当加以调整。手工业生产合作社社员的现有工资水平较低,福利也很少,合作社每月收入,应首先保证发工资,其次应解决社员的疾病救济,有余的时候,再定公积金的数量。手工业生产合作社的工资改革问题,极为复杂,各省、市人民委员会应在最近期间,切实领导手工业管理机关,加以研究,提出方案。

三、参加公私合营企业和合作社企业小业主的资金和财产,现在都分别按定息、分红、存社付息等办法处理,将来如何还本,还待进一步研究,暂不做决定。公私合营企业小业主如果要求献股的,现在不要接受。

四、关于私营工商业改造工作的领导问题。国务院、各省市的财经各部门必须直接管理对私营工商业改造工作。中央各工业、商业、手工业、交通运输业的有关部门在今年8月,必须召开一次关于对私营工商业改造问题的会议,布置工作。并且需要认真讨论一下公私双方在企业内部共事的问题。

以上各条,请各地加以研究,并且望传达到县、镇人民委员会。

六、国务院第五、八办公室转发财政部关于对私营工商业在改造过程中缴纳工商业税的暂行规定

(1956年8月3日)

现将财政部"关于对私营工商业在改造过程中缴纳工商业税的暂行规定"发给你们。我们同意财政部的此项规定,请按照执行。并请将执行中的情况和问题随时告诉我们。

附:财政部关于对私营工商业在改造过程中缴纳工商业税的暂行规定

(一)公私合营工业

一、公私合营工厂,在并厂之后统一核算盈亏的,应该按照大型工业缴纳营业税,并以总厂为纳

税单位。总厂所属各分厂、车间之间互相调拨原材料、半成品、成品以及相互进行加工、修理等业务，都不纳营业税。如果目前按大型工业纳税有困难的，各地可以由负责对私营工商业社会主义改造工作的有关部门提出意见，经税务机关报请当地人民委员会批准，在应纳税额30%范围内给予一定时期的减税照顾或者暂按小型工业纳税。

二、公私合营工厂，如果只是统一管理，仍然分别核算，自负盈亏的，应该由各厂分别纳税；各厂相互销售原材料、半成品、成品以及相互进行加工、修理等业务，都应该照现行规定缴纳营业税。

（二）公私合营商业

一、公私合营商业批发单位批发工业品、不纳批发营业税；但是批发属于加工收回的商品，除已纳商品流通税的商品外，仍然应该缴纳批发营业税。

二、公私合营商业批发单位批发农产品，给本系统的批发单位，不纳营业税。对外销售或拨售给本系统的零售单位，如果是自己组织货源的，应该照章缴纳批发营业税；如果是向国营商业、供销合作社进货的，应该由国营商业供销合作社缴纳批发营业税，公私合营商业批发单位将此项由国营商业、供销合作社进货的商品再转批（不论对外或对内）的时候，不纳批发营业税。

三、公私合营的总店或区店为其所属各门市部组织货源，按照前两项批发单位的纳税规定处理。

四、公私合营批发兼零售单位，凡是批发和零售部分能够划分的，批发部分按照前一、二两项规定办理；凡是批发和零售部分不能划分的，一律按零售纳税。

五、公私合营商业的零售单位，仍然按照现行规定缴纳零售营业税；但采取报账制度的，经税务机关核准，也可以在它的上一级核算单位汇总缴纳。

六、在统一核算单位内，各个报账制公私合营零售单位间，相互调拨货物，不纳营业税。统一核算单位之间及独立经营、自负盈亏的公私合营零售单位之间，相互拨售货物，应该按进销货纳税；但是如果由专业公司统一调剂货源，事前经税务机关核准的，可以不纳营业税。

七、国营商业委托公私合营商业代购、代销、代批，除由委托单位照章纳税外，代理单位仍然按照手续费收益缴纳营业税。

公私合营商业经国营商业部门批准，委托私营或公私合营商业代购、代销、代批的，也按代购、代销处理，不按进销货纳税。

八、公私合营的联购联销组织，按独立单位纳税；联购分销组织，由各分销单位分别纳税。联购组织购入的商品分配给各分销单位时，不纳营业税。

九、公私合营商业，如果是实行并店的，应该按照工商业税暂行条例第十一条的规定确定适用的税率，即：兼营两种以上的行业，分别按它的不同税率纳税；不易分别者，按较高的税率纳税。

十、由供销合作社负责改造的合营商业单位，可以比照以上各项规定办理。

（三）合作商店、合作小组和小商小贩

一、合作商店（指组织起来，统一核算盈亏的合作商店或联营组织）

1．合作商店应该分别缴纳营业税和所得税；但是它们在经营上有困难的，应该按照以下规定处理：

（1）合作商店一个月实际所得毛利尚不够支付工资的，可以免征营业税；

（2）合作商店一个月实际所得毛利虽够支付工资但不够纳税的，可以减征或免征营业税；

（3）合作商店一个月实际所得毛利够支付工资，也够纳税，如果经营上还有困难，它们应当缴纳的所得税，还可以在30%的范围内给予减税照顾。

2．合作商店的营业税按以下税率计征：

（1）依营业总收入额计算的，都按3%的税率计征；

（2）服务性行业中的一般服务性行业如修理、理发、浴室、旅店、洗染及饮食业等都按3%的税率计征；婚丧服务、介绍服务等都按5%的税率计征；

（3）接受国营商业、供销合作社及公私合营商业委托代购、代销、代批所得手续费收益，都按7%的税率计征。

3．合作商店的营业税，一律采取由商店自报由税局核实的方法按月征收。

4．合作商店的所得税按季缴纳，由税务机关根据商店全季的营业额和国营商业、供销合作社对它们安排的毛利率（或批零差价）求出毛利额，再减

去企业的各项开支(根据国营商业、供销合作社按行业核定的费用率计算)求出所得额,计算征收所得税。

二、合作小组(指组织起来,不统一核算,自负盈亏的合作组织或联营组织)

1. 合作小组应该缴纳的营业税,比照合作商店的税率依营业额计算缴纳,不再缴纳所得税。

2. 对合作小组征税一律采取定期定额的办法,由国营商业、供销合作社根据合作小组各成员的销货计划,提出小组各户全年的纳税营业额,汇总报经当地人民委员会批准,税务机关应该根据批准的营业额,按照适用税率计算出各成员户全年应纳税额,分别淡旺季节核定税款分月缴纳,在当年内不作调整。

3. 合作小组各户应缴纳的税款由当地国营商业,供销合作社所设立的中心店汇集代交,税务机关指定干部经常的进行纳税辅导工作,在中心店尚未建立时,可由合作小组汇集代交。

4. 合作小组销售应纳商品流通税商品的营业额不再缴纳营业税和所得税。

三、个体经营、自负盈亏的小商小贩(包括已批准公私合营,但仍独立经营自负盈亏的小商店),营业税和所得税,都可以按照合作小组的纳税规定办理。

四、合作小组的组员户及个体小商小贩的纳税起征点,凡是每月销货额不满90元,收益额不满60元,接受国营商业、供销合作社及公私合营商业委托代购、代销、代批的手续费收益不满40元的,不纳营业税和所得税;已经达到纳税起征点但在经营上还有困难的个别户,税务机关仍然应该给予适当照顾。

五、一律废止民主评议的征收方法。

(选自《工商行政通报》第76期,1956年8月31日)

七、国务院关于处理各地服务性质私营运输行业的意见

(1956年8月9日)

据16个省、市的不完全统计,全国共有私营运输商行的从业人员4000余人。这些商行分别经营代客报关、代揽货物载运、代办托运等不同业务。一般没有或仅有少数运输工具,资产不多。但大多数从业人员熟悉运输业务,行业改造以后,应当安排工作。

目前大部分省、市已对这一行业进行改造,部分地区尚未进行或正在进行改造。已经进行的,一般采取如下三种方式:资产不多,有一些运输工具的,和专营运输的私营运输业一起组织公私合营企业;资产较少,没有或者极少运输工具的,根据为谁服务,归谁接收的原则,由国营运输部门或者其他国营企业负责接收,资产定息,从业人员变为国营企业职工;此外,也有并入当地运输合作社的,但为数不多。

已经接收、改造,安排妥当的,不再变动。对安排后生活仍然困难,或者尚未进行和正在进行改造的地区,可按以下原则处理:

一、没有进行改造的,一律由交通运输部门包下来,根据为谁服务,归谁接收的原则,由铁道部、交通部和地方交通部门负责接收,资产定息,从业人员由接收部门负责安排。

二、这个行业的很多从业人员,熟悉运输业务,应妥善安排,量才录用。对原来在企业从事辅助劳动的家属,应当尽可能安排他们继续担任企业的辅助劳动(但不包括已经转业现在有职业的人员)。已经公私合营的企业,但业务清淡,收入甚微,生活确有困难的从业人员,应当由主管业务领导部门负责,尽可能给予业务上的安排,以维持他们的生活。

(选自《工商行政通报》第76期,1956年8月31日)

第二节 有关资本主义工商业社会主义改造的报告和讲话

一、商业部关于对资本主义工商业的社会主义改造工作的报告

(1954年)

从中华人民共和国成立起,我们的国家已进入由新民主主义社会到社会主义社会的过渡时期。“我们的总任务是:团结全国人民,争取一切国际朋友的支援,为了建设一个伟大的社会主义国家而奋斗,为了保卫国际和平和发展人类进步事业而奋

斗。”(毛泽东主席:《中华人民共和国第一届全国人民代表第一次会议开幕词》)

为了建成社会主义,需要逐步地实现国家的社会主义工业化,逐步地完成对农业、手工业和资本主义工商业的社会主义改造。在中国共产党的正确领导下,由于全国人民的团结奋斗,我们的国家在上述各个战线上都已取得一批伟大的成就。现在,专就对资本主义工商业进行社会主义改造的情况向同志们作概括的报告。

(一)

对资本主义工商业的社会主义改造,就是要实现社会主义的国有化,消灭资本主义的剥削制度和资产阶级。不这样,就不能建成社会主义社会。这是马克思列宁主义的普遍真理,并且为苏联的经验所证明了的。

用什么方式、方法和步骤来实现社会主义国有化?列宁在1921年10月29日《论新经济政策》的报告中说:掌握了政权的工人阶级,可以用最极端的手段在一个短促的时间内剥夺资产阶级,也可以用国家调节的办法经过一个长的时期来逐步地慎重地过渡到新的社会经济关系上去,究竟采用什么方法,要依据阶级斗争发展的条件而定。苏维埃政权在1917年末和1918年初,曾试图“过渡到新的社会关系上去,并且尽可能逐渐地和尽可能没有特殊破坏地尽量适应于当时既存的阶级关系。”列宁说:“我们曾经向资本家建议:‘服从国家调节吧,服从国家政权吧,这样就可以不必完全废除适合于人民的旧利益,习惯与观点的那种条件,而可以得到用国家调节的办法来逐渐的改变这一切’。”但是俄国资产阶级不是接受和服从国家的“调节”和“监督”,而是提出了苏维埃政权本身的存亡问题,企图在国际帝国主义的援助下用战争推翻苏维埃政权,使列宁提出的逐步过渡的办法成为不可能。于是苏维埃政权也就采取用“赤卫队攻击资本”的极端的办法剥夺了资产阶级,并且最终粉碎了他们的军事反抗,然后在此基础上于1921年转到新经济政策,即由“强袭”的策略重新转到长期“围攻”的策略。

由于中国原来是受帝国主义压迫的半殖民地国家,中国的资产阶级具有一些不同于俄国资产阶级的特点。中国的资产阶级分为两个不同的部分。一部分是买办的封建的垄断资产阶级(官僚资产阶级),是直接为帝国主义国家的资本家服务并为他们所豢养的阶级,并且和中国农村中的封建势力有着千丝万缕的联系。因此,他们是中国新民主主义革命的对象和敌人,并在新民主主义革命中被剥夺了。在没收官僚资本后,就使人民政权掌握了国家的经济命脉,使国营的社会主义经济成分成为国民经济中的领导力量和国家实现社会主义改造的物质基础。

另一部分是民族资产阶级(主要的是中等资产阶级)。它们受帝国主义的压迫,又受封建主义的束缚。所以,一方面虽然处在帝国主义时代,他们还在一定时期中和一定程度上保持着反对外国帝国主义和反对本国官僚军阀政府的革命性,另一方面他们在经济上和政治上又是十分软弱的。由于民族资产阶级的这种两重性格,他们虽然在1927年以后,1931年(九一八事变)以前,跟着大资产阶级反对过革命,但是他们在解放前基本上没有掌握过政权,并且在工人阶级领导下参加了民族民主革命,而在新民主主义革命胜利之后又承认工人阶级对国家的领导地位,在国家领导下参加了爱国运动和经济恢复工作。经过“三反”“五反”的严重斗争,许多资本家提高了觉悟,他们表示愿意接受社会主义改造。这些都是中国民族资产阶级所不同于中国官僚资产阶级,也不同于俄国资产阶级的特点。同时,中国原来的经济地位是十分落后的,现代工业的产值在1949年只占工农业总产值的17%,小生产经济在国民经济中占了绝对的优势。在这种条件下,中小资产阶级所代表的资本主义工商业的存在和发展,在新民主主义革命胜利后,即在过渡时期中,是不能完全避免的。资本主义工商业还具有于国民经济有利的积极作用和于国民经济不利的消极作用两个方面,国家需要尽可能地利用资本主义的积极性,以利于扩大生产,积累资金,训练技术人才,维持社会的就业,协助社会主义商业扩大商品流转,供应人民需要。由于上述中国民族资产阶级的特点和经济上的原因,并由于我国工人阶级领导的人民民主国家制度已经巩固,日益强大的社会主义的国营经济已成为整个国民经济的领导力量,而资本主义经济已不占统治地位,我们有可能和必要采取列宁所说的逐渐而慎重的过渡办法,经过一个相当长的时期,并通过适当的过渡形式,即采用利用、限制和改造的政策,达到社会主义的国有化,消灭资本主义的剥削制度和资产阶级。

中华人民共和国宪法规定:“国家对资本主义

工商业采取利用、限制和改造的政策。国家通过国家行政机关的管理、国营经济的领导和工人群众的监督,利用资本主义工商业的有利于国计民生的积极作用,限制它们的不利于国计民生的消极作用,鼓励和指导它们转变为各种不同形式的国家资本主义经济,逐步以全民所有制代替资本家所有制”。

国家资本主义是利用、限制和改造政策的统一,是对资本主义工商业进行社会主义改造的过渡形式。在以工人阶级为领导的国家管理下的国家资本主义,同资产阶级统治下的国家资本主义具有根本不同的性质。这就是列宁所说的“我们能够加以限制,我们能够规定它的界限的一种资本主义”。在国家资本主义经济中,一方面,资本家的所有制还没有废除,资本家还有利可得,另一方面,资本家已不能为所欲为地唯利是图,资本主义剥削已在不同程度上受到限制。经过国家资本主义这种过渡形式,就可以为将来用全民所有制代替资本家所有制造成有利的条件。

经过国家资本主义这种过渡形式来逐步达到以全民所有制代替资本家所有制,就不能不对接受国家资本主义的文明资本家进行“赎买”,使他们在一定时期还有利可得,即保持一定程度的剥削,这是符合工人阶级和劳动人民的长远利益的。这样做,有利于联合民族资产阶级来共同反对帝国主义的侵略,保卫国家的独立和世界和平;有利于逐步削弱资产阶级对社会主义改造的反抗,避免一切可以避免的破坏,并利用资本主义在经济上的积极作用来推进国民经济的向前发展,利用资产阶级分子的技能来为国家建设服务;也有利于国家从容地改造和安排为数众多的小资本主义企业,而不致使国家一下子就“肩负起替千百万人为的新的失业者安排工作和保证生活的难以置信的重担”(斯大林:《论共产国际纲领》)。

全国解放以来,中华人民共和国就对资本主义工商业实行了利用、限制和改造的政策,并且已经收到显著的效果。同时也还存在许多缺点和困难,需要进一步地克服和改进。

(二)

中国的资本主义工业,据不完全的统计,1952年有20多万户,职工254万人,产值占全国工业总产值的41%。在机器制造、金属品加工、化学加工、建筑材料、橡胶、造纸、火柴、食品、棉纺织、印染、针织、文教用品和日用品制造等工业部门,资本主义工业都占有相当地位。但是具有很大的分散性和落后性,在上述2000多万户中,大型工业(雇佣15个职工以上有动力设备的工厂和雇佣30人以上的手工工场)只有1.7万户,雇佣工人和职员50人以上的企业只有5542户,雇佣工人和职员100人以上的只有2022户,雇佣工人和职员500人以上只有50户。同时,从产值看,1953年现代工业占69%,工场手工业占31%;但从企业数目上看,则工场手工业占了绝对多数。在地区分布上也很不平衡,上海、天津两市的资本主义工业产值即占了全部资本主义工业的一半左右,其他也多数分布在沿海各省。

目前资本主义工业,就产值说,绝大部分已被纳入国家资本主义的轨道。国家资本主义在工业方面的发展,是数量逐年扩大,形式逐步提高。在解放初期,主要是国家资本主义低级形式,即国营企业通过市场活动收购资本主义企业的产品,收购的数量也不大。从1950年起,据12大城市的统计,收购这种低级形式就不占主要地位,而加工、订货、统购、包销这些国家资本主义中级形式则逐年发展,从产值计算1953年较1950年增加4倍,占了资本主义工业总产值的58.7%。这里所谓加工,就是国家以自已的原料委托资本主义企业加工制成成品,付给企业以原料以外的成本费和适当的利润。所谓订货,就是国家向资本主义企业订购其产品(如某种规格的机器)。所谓统购,就是国家以行政命令对某种产品(如棉纱)实行统治,只许国营商业收购,不许工厂向市场出售。所谓包销,就是个别资本主义企业的产品(如黑白牌牙膏)依照合同由国营商业专利销售。所有这些中级形式都有一个共同的基本特点,就是社会主义经济成分采取各种形式自外部与资本主义企业进行联系和合作,社会主义经济成分在基本上掌握了资本主义工业的原料供应和产品销售,而生产则在工人的监督下由资本家负责,部分企业并由国家派入代表进行监督。

国家资本主义的中级形式曾经起了相当作用,在今后一定时期中也还有重要作用。经过国家资本主义的各种中级形式,国家对资本主义工业的原料供应和产品销售逐步加强掌握,在不同程度上将它们的生产纳入国家计划轨道,在不同程度上限制它们的生产无政府状态的破坏作用,发挥他们有利于国计民生的积极作用。经过这些形式,资本主义企业中工人群众的劳动变为主要地是为国家的需要而生产，只有较小的部分是为资本家的利润而生产，这就使工人群众对自己的劳动感到有兴趣，在此基础上，工人的劳动生产率逐步提高了，一部分企业中的共产党组织和工会组织加强了对于生产的领导和监督，或多或少地促进了这些企业的各项改革。经过这些形式，国家限制了资本家的利润，使他们只能在生产发展、经营改进的基础上得到合理的利润。由此可见，国家资本主义的中级形式是国家对资本主义工业进行利用限制的重要步骤，不但在发展生产、保证需要上起了相当作用，而且可以为这些企业向国家资本主义高级形式的发展准备条件。例如资本主义工业中最大的和最重要的棉纺织业，从 1950 年起，其棉纱就全部由国家进行加工或统购。这个措施消灭了棉纱的投机和价格波动，保障了人民生活最必需的棉布的供应，并使该业在几年来生产获得很大发展，上海的私营棉纺厂 1950 年生产了 41 万多件纱和 930 万匹布，1952 年提高到 67 万件纱和 1500 万匹布。

但是，资本主义工业在转变为国家资本主义中级形式以后，企业仍为资本家所有，企业的经营管理仍是基本上按照资本主义的方式，因此，公私矛盾、劳资矛盾和其他许多矛盾都不能获得有效的处理。在公私关系上，虽然有一部分资本家在人民政府和国营经济的领导下能够服从国家的利益，在完成国家的加工、订货、统购、包销的任务上表现了他们的积极性，但有很多资本家则还是采取唯利是图的态度。他们虽然接受了加工、订货、统购、包销，但不按照国家的要求，也即是不按量、按质、按时完成任务。同时，由于在国家进行加工、订货、统购、包销后竞争消失了，他们就不关心经营管理的改善和技术的改进以致产品质量很低，成本很高，浪费很严重，有些在自销时是名牌货的，在国家包销以后，竟因质量降低变成滞销货。还有许多资本家进行偷工减料、以坏顶好、虚报成本等违法活动。部分资本家甚至采取各种方法进行抗拒。这种种现象对国家经济建设和国防建设时常发生很大的危害作用，如启新洋灰厂的产品一度质量不合规格，已严重影响许多基本建设工程和国防工程的质量。此外，资本主义的经营管理方式妨碍着国家对于企业生产能力的统计和统筹利用，因此，一方面使企业的生产潜力不能发挥，另一方面又造成某些盲目发展和生产能力过剩的现象。在劳资关系上，资本主义的腐败的经营管理方式以及由此产生的工资制度、工时制度的混乱状态（如一部分企业工资偏高，变相工资种类繁多，平均主义，同工不同酬等），日益成为提高职工群众的劳动热情和生产革新精神的严重障碍，对国营企业的工资制度和工人阶级内部的团结等方面也起着极其不利的影响。例如上海新裕纱厂在私营时有很多技术人员，仅工程师、车间技术人员就有 37 人之多。但在腐朽的资本主义管理制度下，他们并不做技术工作，而是每天忙于开条子、查工钱、处理人事纠纷等事务工作。即使他们提了一些技术上的建议，资本家也不予采纳。所以该厂产品质量低，棉纱断头率很高。上述这些矛盾的存在和发展，限制了企业劳动生产率的提高和社会生产力的发展，也限制了对资本家和资本家代理人的教育和改造。这样，便需要将这些工业由国家资本主义中级形式逐步推向国家资本主义高级形式，即公私合营。

公私合营企业是由国家投资并由国家派干部同资本家合营的企业。当资本主义企业转变为公私合营之后，企业的生产关系就发生下列变化：（一）企业由私有变为公私共有，社会主义成分在企业内部同资本主义成分合作并居于领导地位。在合营企业中私人股份的合法权益依然存在并受到保护，但资本家处在公方领导之下，改变了他们在私营时期支配企业的地位。（二）合营企业的经营管理不再采取资本主义方式，而将逐步向国营企业看齐，完全以发展生产、保证需要和国家计划的要求为指导方针。这就是说，社会主义基本经济法则和国民经济有计划发展的法则，将在公私合营企业内起直接的作用。许多企业在公私合营以后根本改变了经营管理方针，使企业的生产符合国家的需要，并使企业状况得到重大的改进。例如：民生轮船公司在公私合营以前非高价不接受国家的运粮任务，宁愿船驳放空，压沙压水；公私合营以后降低运价为国家运粮，使川粮大量外运，供应全国人民的需要，同时也发挥了船驳的运输潜力，推动了增产节约运动，企业由亏损累累转为有盈余。当然，公私合营企业的资本家和资本家代理人的资本主义经营思想虽然在受着改造，但是不可能一下子改变的，因此在公私合营企业内部就要经常发生资本主义经营思想和社会主义经营思想的斗争。所以社会主义基本经济法则在公私合营企业内的作用是要经过斗争，经过对资本家、资本家代理人和技术人员、高级职员的教育来实现的。(三)工人在企业中的地位改变了,公方和职工群众结合一起居于领导地位。因此,职工群众对待企业采取了主人翁的态度,劳动积极性和劳动生产率大为提高。在筹备公私合营的过程中,许多企业的职工和技术人员欢欣鼓舞地用自己的劳动热情和创造性迎接企业的合营。例如上海信谊制药厂的工人为迎接公私合营,以9天的时间重建了大炉,而在以前拆砌一次要3个月的时间,技术人员也试制成功抗结核菌的药品。天津北洋纱厂在筹备合营的过程中,工人群众月月都超额完成生产计划,为了使国家投资增装的8800枚纱锭早日投入生产,他们更加发挥了劳动积极性和创造性,大大提高了工作效率,提前完成了安装任务。(四)资本家和资本家代理人受到公方直接、经常的领导和教育,得到职工群众的帮助和监督,因而有可能在实践中学习新事物和新思想,逐步改造自己,正确发挥他们的才能和积极作用。例如永利化工公司南京厂资本家代理人侯敬思在该厂公私合营前任厂长,每天忙批准借钱、批准请假、处理吵架纠纷就忙不过来,在公私合营后担任了生产副厂长,发挥了他的作用。民丰纸厂资 本家代理人吴贤哲,在企业合营后对生产抱着消极态度,经过教育,他积极学习苏联先进经验,改装了造纸机压力流浆箱,对生产起了积极的作用。上海新安电机厂资本家孙鼎,为了争取企业财务好转,提出要国家提高加工价格,经公方代表告诉他应当用减少浪费、降低成本来求得解决,孙鼎由此体会到:"这两个思想出发点一念之差,就深深地划开了社会主义思想和资本主义思想的一道鸿沟"。上海中华造船厂资本家杨俊生(中国的造船专家之一),不愿依照上级的决定,将该厂设计的船只图样交给别厂去制造,经过以美国垄断组织收买图样放在保险箱里和苏联推广新的创造发明的事实对比进行教育后,就将图样交出,并由此体会到社会主义思想和资本主义思想的本质对立。1953年该厂曾接到一项制造朝鲜前线所需的汽车轮防滑链条的紧急任务,他认为不可能在这样短期内完成,但经工人讨论,创造了新的工具,使任务提前完成。他由此体会到技术与劳动结合的必要。这些例子都说明在公私合营企业中对资本家和资本家代理人不断进行教育是可能的。当然这是一个长期的教育和斗争的过程,不是短时间内经过几次教育就能解决问题的。(五)在盈余分配上,企业利润除了四分之一左右用来发付股息红利(包括公股和私股),大部分可以根据国家计划用于发展生产,并适当改善职工福利。私营企业实行公私合营以后,由于经营管理改善和职工的劳动热情提高,企业利润一般较私营时增加,可以积累更多的资金用来扩大生产。例如唐山华新纱厂在公私合营的5年间,不但给股东发了股息红利,还以本厂积累的资金扩充了生产设备,这些新扩充的设备差不多等于合营前30年投资建设的一倍。

企业生产关系上所发生的如上的重要变化,使公私合营企业成为半社会主义性质的企业,具有国家资本主义中级形式不能比拟的优越性。公私合营企业的这种半社会主义性质和它的优越性,是同社会主义成分的优越性及其在企业中的领导地位和领导作用分不开的。公私合营企业发挥了社会主义成分的优越性和领导作用,就能正确地团结职工提高劳动生产率,就能有效地教育资本家和资本家代理人接受经营管理的改革,就能提高产品的质量,降低产品的成本。并且根据国家的需要和可能增加产品的数量,同时也就使企业获得较多的利润,积累资金,扩大再生产,使职工生活获得必要的改善,而且也使资本家有合理的利润可得。例如前举永利化工公司南京厂,1954年与1948年比较,产量提高到5.86倍,劳动生产率提高到4.25倍,成本较1950年降低48%,企业利润由1951年81亿元提高到1953年614亿元。国家对企业实行公私合营,要投入必需的资金,但社会主义成分在公私合营企业中的领导地位和领导作用以及这种领导地位和领导作用的不断增强,不是取决于国家的投资数量,而是取决于国家政权的性质和社会主义经济在国民经济中的地位,取决于企业中公方代表同职工群众的密切结合和他们对于资本家及其代理人的教育改造工作,取决于这种领导能够确实地推动企业向前进步。

在公私合营企业中,由于社会主义成分居于领导地位,解决了或者进一步解决了国家资本主义中级形式在公私关系上和劳资关系上所不能解决的某些矛盾。但生产资料的全民所有制和资本家所有制间的这种根本矛盾,还没有完全解决,需要在以后逐步加以解决。因此,在公私合营企业内部还存在着复杂而尖锐的斗争。资本家们不甘于失去在企业中的领导地位和服从社会主义成分的领导,他们采取拉拢和收买高级职员和技术人员的办法，采取挑拨工人群众同国家在企业中的代表间的关系、挑拨干部相互间的关系的办法，甚至采取腐蚀国家代表及共产党、工会组织的主要干部的办法，企图篡夺企业的领导权。他们在企业经营管理的方针上，不是从发展生产、保证需要和服从国家计划出发，而是从唯利是图出发。他们对企业资本主义的经营管理制度不愿进行改革，甚至阻挠改革。他们在清产定股、利润分配上也总想多争取一些利益。这些斗争的过程，也就是不断地改造企业和改造资本家及其代理人的过程。公私合营是便利于进行双重改造的形式即便利于改造资本主义企业和改造资产阶级分子，并使两种改造结合起来同时进行的形式。在合营企业中，将不断地改造和改善企业的经营管理，贯彻国家计划，更好地发展生产，供应需要；不断地提高职工群众的觉悟性和组织性；不断地教育、改造资本家和资本家代理人。循此前进，公私合营企业中的社会主义成分将不断增长，为从容地和妥善地转变为社会主义企业准备条件。

几年来，资本主义工业转变为公私合营的已有相当数量。1953 年公私合营工业的产值已达到 1949 年的 9 倍多。但公私合营工业的产值在全国工业总产值中的比重还是很小的，1953 年只占 6%。全国的资本主义工业，按产值计算，1953 年还只有 12% 左右实行公私合营，其余 88% 左右还是私营的(其中大部分属于国家资本主义中级形式)。由于私人资本主义企业中的种种不可克服的矛盾日益暴露和发展，由于国家资本主义中级形式企业中资本主义原有的矛盾不能获得更有效的处理，由于公私合营已经证明有很大的优越性，国家从 1954 年起在全国范围内进行了有计划地扩展公私合营的工作，根据国家的需要和资本家的自愿，将 673 户较大的资本主义企业改造为公私合营企业，使公私合营工业的产值在全国工业总产值中的比重提高到 12%。至此，全国资本主义工业，按产值计算，已有三分之一实行了公私合营。

在扩展公私合营的过程中，我们对职工群众进行了深入的共产主义的教育和政策的教育，使职工群众的觉悟大大提高了一步。经过这种教育，职工群众热烈欢迎企业的公私合营，热烈欢迎国家派入企业的干部，并大大提高了劳动热情。很多优秀的工人被提拔到企业的各种领导岗位上来。这些对于树立和巩固社会主义成分在企业中的领导地位，具有重大的意义。同时我们对资本家和资本家代理人也进行充分的教育，经过这种教育，大多数国家计划合营的企业，资本家自动提出了要求合营的申请。对于他们在企业的职位，参照他们原有职务和他们的能力、社会地位、政治表现作了恰当的安排，使他们在生产经营中发挥其积极的和有益作用。对于企业的财产则在职工代表参加之下进行清点，并依照公平合理，实事求是的原则经过与资方协商进行估价，然后在此基础上确定公私双方的股份比例。

国家对资本主义工业的社会主义改造，今后将主要经过公私合营来进行，并将在今后若干年内将国家需要的，有改造可能的雇佣 10 个工人职员的资本主义工业企业，基本上纳入公私合营的轨道。

如上所述，我们对资本主义工业的社会主义改造的工作，已经取得了重要的成绩。但是也发生过并且还存在着很大缺点。我们最主要的缺点是：第一，我们在相当长的时期中，没有从统一的国民经济的观点，并根据保证优先发展国营经济和利用、限制、改造资本主义经济的政策，对国营、合作社营、公私合营和私营的工业加以统一管理和统筹安排。因此，在某些行业中，当私营工厂还有很大的生产潜力时，又去新建或扩建了一些国营或私营的企业，不但造成了资金的浪费，而且引起了供应、生产、销售的不平衡和工人失业。这个缺点，目前正在采取有力的措施加以纠正。第二，我们在对资本主义工业进行社会主义改造的过程中只重视了对企业的改造，而对资产阶级分子的教育和改造则注意得很不够。事实上，对资本主义企业的改造和对资产阶级分子的改造是统一而不可分离的，我们不但要改造资本主义企业，使他们最后改造为社会主义的企业，而且要改造资产阶级分子的思想，使他们在社会主义改造的过程中尽可能地起积极的和有益的作用，并尽可能地使他们在将来被改造成为社会主义社会的公民。

(三)

私营商业(包括商业资本家和小商小贩)据不完全统计，1952 年约有 430 多万户，从业人员(包括资本家、小商小贩和店员)共约 700 多万人，其中，经营批发业务的约 20 万人(1955 年初统计，私营批发商已经只有 10 万人)。私营商业的特点是户数多、人数多、资金少(城市零售商每一个从业人员平均只有资金270元左右)、规模小(城市零售商每户平均只有1.5人)。城市零售商中不雇佣店员的家庭商户和摊贩的数量很大,在农村私商中只有不到2%的商业资本家,其余大都是没有资金或只有极少资金,不雇佣店员,依靠从事商品流转中的劳动为生活的全部或主要来源的小商小贩。

国家对私商的社会主义改造,经历了两个主要的阶段。在我国国民经济恢复时期中(1949—1952年),国营和合作社商业主要致力于逐步扩张和巩固自己在市场上的地位,保证与国计民生有重大关系的商品的供应以稳定市场和物价,并组织和私商在国家的行政管理下积极参加恢复为长期战争所破坏的城乡物资交流,以利于整个国民经济的恢复和发展。在这个时期中,社会主义商业打破了私商对市场的统治局面,并在最重要的商品的批发贸易上取得了主要的地位,在零售贸易方面保有稳定市场所必要的比重;但社会主义商业还没有垄断和控制工农业主要产品的货源,私营批发商还占有一定的比重,同时,由于城乡交流的逐步恢复和工农业生产的逐步发展,国内市场不断扩大,所以私营零售商业虽然有一部分阵地为社会主义商业所代替,但其总的营业额仍是增加的,私营商业对资本主义工业和手工业及对农民小生产者的联系也还大部分保持着。在这种条件下,虽然已有一些国家资本主义的萌芽形式出现,但要以国家资本主义为主要手段来对资本主义商业进行社会主义改造,还是不可能的。

在国家进入有计划的经济建设时期以后,国家以大量资金投入经济建设和文化建设,增加了就业人数和社会工资的总量,同时农业增产,农产品收购价格提高,全国人民的购买力在恢复时期已经普遍提高的基础上更加迅速增长起来,因此,产生了社会购买力增长的速度日益超过消费品和农业生产资料增长的速度的新趋势,市场上许多商品供不应求。自由市场的存在和投机商人的捣乱,更不能不加深这一矛盾的严重性,而造成保证供应的困难。为了保证人民的需要,稳定市场物价,消灭投机,国家对粮食、食用油脂、棉布先后实行了计划收购与计划供应,并同时对资本主义工业扩大了加工、订货和包销,进一步地掌握了工农业主要产品的资源和商品流转中的批发环节,使有组织的市场逐步扩大,自由市场逐步缩小。对农产品的计划收购和计划供应,对资本主义工业的加工、订货、统购、包销的发展,不但稳定了市场,保证了供应,推进了商业方面国家资本主义的发展,而且根本改变了国营商业的地位。在经济恢复时期,社会主义商业只占国内市场的一小部分,现在已经占了主要部分,成为全国商业活动各方面的领导力量了。私营批发商已绝大部分被国营商业所代替,私营批发商的营业额在全国批发贸易营业总额中所占的比重,已由1953年的30%左右下降到目前的11%左右。私营商业同农民小生产者,同城市工业和手工业的经济联系已经很大程度被割断。有计划地、有步骤地和有区别地代替私营批发商,这是我们的坚定不移的方针,也是对整个私营商业胜利地进行社会主义改造的关键。因此,私营批发商绝大部分被排除,这是我们在商品市场上所进行的"谁战胜谁"的斗争中的一个大胜利。但是,由于批发业务和经营品种骤然大量增加,国营商业批发业务的机构和经营能力还不能适应工作的要求,以致在某些次要商品上发生一些流通阻滞,此处积压彼处脱销等现象,同时私营批发商被代替以后,其从业人员的生活问题,国家不能坐视不理。因此,对那些经营的业务已经为社会主义商业代替了的私营批发商的从业人员(包括店员和资本家),必须由国营商业按行按业地加以吸收,变为国营商业批发机构的工作人员,使他们得到工作的机会,这样就有利于充分运用他们原有的经验、技术和业务关系,以改进国营商业批发业务的经营能力。对经营次要商品的小批发商和城乡贩运商,可以在社会主义商业的领导和监督下,让他们继续经营那些国营和合作社商业还不经营或不可能经营的商品。对目前还能继续经营的小部分批发商,也可以暂时让其继续经营,或将他们改变为替国营商业代理批发业务。

国营商业在批发环节上基本上排除和代替了私营批发商之后,私营零售商就必须在货源上依赖国营和合作社商业了,私营零售商的生存已基本上要由我们决定了。但由于我们对零售商的安排和利用曾注意不够,在货源供应上抓得紧了一些,同时消费者由于不信任私商,也多愿到国营商店和合作社买货,所以私营零售商的营业额在1954年大量下降,很多私商不能维持,失业增加,形成"私商生意清闲,国营商店和合作社忙碌,群众拥挤排队"的现象。这个经验表明:我们对私营零售商业不可能像对私营批发商那样采取排除和代替的方法。事实上,要代替私营零售商,就要负担起替700多万从业人员和他们的家属(总计几千万人)解决职业和生活问题的重担,这是不可设想的。因此对城市的私营零售商,主要地必须经过国家资本主义的各种形式逐步加以改造。在粮食、食油、棉布实行计划收购与计划供应后,这三个行业的私营零售商已在全国范围内整个行业纳入国家资本主义轨道。在其他行业的零售商中,国家资本主义也已经有很大的发展。私商从业人员中,绝大部分是依靠零售商业为生的。对粮食、食油、棉布商业的改造经验表明:对零售商实行国家资本主义,需要按行业全业进行,因为市场的组织化和计划化需要按商品类别进行。而且只有将整个行业而不是将个别商店转变为国家资本主义,才不致造成少数商店营业增加多数商店因而停业,造成大批失业的现象。

由于商业情况复杂,国家对商品的掌握程度不一,商业方面的国家资本主义需要有多种形式来适应不同的情况,在改造城市零售商中,比较发展了的国家资本主义形式有:

代销——国营或合作社商业以国家或合作社的商品,委托私商代为销售,代销店要按照国家计划、国营商业的牌价和其他规定条件出售代销商品,取得手续费,代销商自有的资金的一部或全部缴存国家银行作为保证金。

经销——国营或合作社商业以国家全部或大部分垄断的商品卖给私商,由私商按国家规定的价格和其他条件出售,取得批发和零售之间的差价。

批购零销——私商向国营或合作社商店批购商品,按国营商店的牌价或市场管理机关核定的价格出售,取得批零差价。(编者按:"批购"是1953年开始实行国家资本主义形式的名称,实行上与"经销"没有多大差别。1955年已统一称为"经销")

此外,还有"公私合营"(主要是对带有加工性质的商业)等形式。

私营商业被纳入国家资本主义轨道后,就在不同程度上限制了资本主义的盲目性,将他们逐步纳入国家计划,协助社会主义商业分担社会商品的分配供应。他们销售多少、销售什么、价格多高、利润多大,这些都要由社会主义国营商业来决定了。这种特点,在比较高级的代销商店中特别显著:代销商店中,因为商品是国家所有,私商的大部分资金已作为保证金存入国家银行,资本主义所有制已发生重大变化,商品的价格和销售计划完全受社会主义商业控制,从而限制了私商的盲目经营和商业利润;企业内部职工的地位改变了,职工的劳动主要的已经不是为资本家利用来追逐利润,而是为完成国家销售计划,为供应居民需要服务;代销店中不仅职工的领导和监督作用将逐步增强,而且还将受到消费者的经常和广泛的监督。由于国家资本主义代销店具有上述优点,在经过长时期教育、改造工作后,就有利于将代销商店转变为社会主义的销售机构,将私商从业人员改变为国营商业的工作人员。

在我国的农村集镇中,大约有300多万从事商业活动的小商小贩,他们一般没有或仅有少量资本,不雇佣店员或只雇佣极少的店员,以自己从事商品流转过程中的劳动为生活的全部或主要来源。他们不是商业资本家,而是农村中的小资产阶级或半无产阶级,在社会商品流转中,他们担负着收购、分配和短距离运输的重要任务;在幅员辽阔、交通不便的广大农村,他们的作用是社会主义商业在长时期无法代替的。我们过去对农村小商小贩这些特点认识不足,把他们和资本家一样不加区别地加以排挤,造成他们对合作社的对立。他们说:"前生做了恶,今生跑破脚,扁担不离肩,还说我剥削",反映了他们的不满。现在已经明确:对农村的小商小贩今后要在合作社商业的领导和计划下,加以组织,经过互助合作道路,逐步改造为合作社商业,即变成供销合作社的附属企业、门市部、分销店和流动购销员等。经过互助合作的道路,将农村的小商小贩组织起来后,就可以充分利用他们原有的机构、人员、资金和设备,将他们的供应、采购、运输等业务活动纳入合作社商业的计划轨道,逐步克服他们经营的分散和盲目性,逐步割断他们与资本主义工业、商业的联系,使他们像行星环绕太阳一样,围绕在合作社商业周围,在农村市场的商品流转中分担一部分供应与分配的任务,并在长期的教育、改造后将他们改变为合作社商业的工作人员,商业方面的国家资本主义目前已有很大的发展,但将私营商业纳入国家资本主义的轨道后,如何将旧有的商业机构改造为社会主义的分配、供应机购,如何对广大数量的资本家和小业主进行监督、教育和改造,还是非常复杂和艰巨的工作,目前,我们还缺乏完整的、系统的经验,需要在今后的工作中逐步地加以解决。

(四)

经过国家资本主义逐步实现对资本主义工商

业的社会主义改造，是长期的、复杂的、尖锐的、"谁战胜谁"的阶级斗争。正如列宁所说，国家资本主义"是阶级斗争另一形式的继续，决不是用阶级和平来代替阶级斗争"(《论粮食和税》)。

在中华人民共和国成立之后，随着官僚资产阶级和地主阶级的消灭，工人阶级同民族资产阶级之间的矛盾就逐步变为国内阶级关系上的主要矛盾。工人阶级和其他劳动人民几年来一直在同民族资产阶级进行着极复杂和极尖锐的斗争。在全国解放初期，资产阶级利用通货膨胀和物价不稳定的情况，大肆投机活动。1950年国家统一了财政经济工作的管理和领导，平衡了财政收支，制止了通货膨胀，稳定了物价，从根本上打击了资产阶级的投机活动，并接着用加工、订货、包销、收购等方法，帮助资本主义工商业克服在物价稳定和下跌时所遭遇的困难，将资本主义工业的一部分纳入国家资本主义中级或低级形式。从1950年冬天开始的抗美援朝、土地改革和镇压反革命分子三大运动，虽然主要的锋芒是直接向着美帝国主义和国内的封建阶级和残余的反革命分子，但同时也割断了民族资产阶级同封建土地制度的联系，清除了不少混迹于私营工商业者中的反革命分子，批判和逐步清除了恐美、崇美、亲美的资产阶级思想，在很大程度上割断了民族资产阶级同帝国主义的联系。1951年，资产阶级用偷税漏税、偷工减料、盗窃国家财产、盗窃国家经济情报和行贿国家工作人员的方法，向工人阶级和国家机关、国家企业举行了猖狂的进攻。针对这种情况，国家发动了伟大的"三反""五反"运动，打退了资产阶级的猖狂进攻，使民族资产阶级受到一次强有力的服从工人阶级领导和守法的教育。"三反""五反"运动和同时进行的知识分子的思想改造运动，在人民群众中揭露了资产阶级的丑恶面貌，批判了资产阶级的腐朽思想，大大缩小了民族资产阶级对人民群众的政治影响。1953年，在市场上出现了供不应求的趋势的情况下，私营批发商利用国家税制改革工作中的某些缺点和国营商业因为推行经济核算制而一度放松市场领导的机会，大大活跃起来，许多私营工业的资本家也企图逃避国家的加工、订货和包销，而到自由市场去追逐高利。在这种情况下，国家实行了主要农产品的统购统销，并克服工业资本家的抗拒，扩大了对工业品的加工、订货和包销。这些措施根本改变了国营和合作社商业的地位，基本上排除和代替了私营批发商，促进了国家资本主义的大量发展，从而在很大程度上割断了民族资产阶级同农民和手工业者之间、资本主义工业同私营商业之间的经济联系，使资本主义企业不得不依附于社会主义经济的周围。

经过这些严重的斗争，民族资产阶级不但受到了很大的教育，在政治上和经济上已被孤立、被削弱。而且在另一方面，由于以工农联盟为基础的人民民主专政的巩固，由于社会主义经济不断发展和壮大，由于个体劳动者日益走上合作化的道路，由于马克思列宁主义尤其是党在过渡时期的总路线的宣传，由于工人群众的觉悟性和组织性日益提高，又由于苏联和各人民民主国家的国际支援，工人阶级在政治上、经济上的优势日益强大，社会主义已是大势所趋，不可抗拒。由于这样有利的国内阶级力量对比，再加上我国所处的国际的条件，我们就有可能经过正确的政策，团结民族资产阶级，逐步接受社会主义改造。

但是，我国原来是受外国帝国主义压迫的国家，由于这种特殊的历史条件，中国工人阶级同民族资产阶级之间，就不但有斗争，还曾经有过并且现在还存在着联盟的关系。这是一种以工农联盟为基础而又较工农联盟更为广泛的联盟，即劳动人民同可以合作的非劳动人民的联盟。工人阶级同民族资产阶级的这种联盟的关系，虽然不是中国革命的基础，但对中国的民族民主革命有很大的影响，对于实现社会主义事业也是需要的，而且仍然有存在的可能和基础。因为帝国主义还严重地包围着我们，美帝国主义还侵占着我国的台湾，庇护着蒋介石卖国集团，它们无时无刻不在企图颠覆我们的国家，实行复辟，从而变中国为殖民地。而在国内:在社会主义已成为大势所趋的条件下我们在社会主义改造的过程中，对民族资产阶级在经济上实行"赎买"，即允许他们还有利可得;在政治上允许他们有一定地位(但不能在国家政权中占主要地位)，允许他们的代表人物参加国家政权和统一战线组织，同他们协商国家的重大问题特别是对资本主义工商业的社会主义改造问题，并在改造步骤上让资本家们有必要的时间在国家工人阶级领导下逐步接受改造，资本家们只要明白大势所趋，愿意接受社会主义改造，不违法，不破坏人民的财产，那么，他们不但在今天有利可得，他们的政治权利不被剥夺，而且将来资本主义工商业国有化以后，他们的工作和生活也将得到适当的安排。在上述国际国内条件下，在这种正确的政策下，凡是不愿做殖民地奴隶的爱国资本家们就有在工人阶级领导下团结起来接受社会主义改造的可能。

事实上，几年来我们已经在保持同民族资产阶级联盟的条件下，进行着社会主义改造的工作。这种联盟不但没有妨碍我们的社会主义改造工作，而且大大有利于这种工作的进行。在民族资产阶级中，已经出现了一批先进分子。他们看清了国家的前途，明白了社会主义是大势所趋，他们靠拢共产党和人民政府，爱国守法，积极接受社会主义改造，并在共产党和人民政府领导下推动其他资本家爱国守法，接受社会主义改造。他们已经成为民族资产阶级中的进步骨干。如果没有他们的带头和帮助，我们的社会主义改造工作无疑要遇到更多的困难。这样的先进分子目前还是少数，但在继续增加中。我们的任务就是要培养出更多的这样的先进分子来，而且正在进行着这种培养工作。民族资产阶级中的大多数人也正在接受着社会主义改造，但他们接受社会主义改造的态度是比较被动的，而且还对社会主义改造有很多的疑虑和不满，其中还有不同程度的违法行为。这些人是中间分子。我们的任务就是教育和争取他们，不断解除他们的顾虑，对他们作必要的等待，同时克服他们的违法行为。民族资产阶级中也出现了一些坚决反抗社会主义改造的分子，他们破坏生产设备，杀害工人，散布各种反动谣言，有的甚至已经投奔外国帝国主义去了。这种人在目前是极少数，今后也必然还会有一部分人走上这条道路。我们对于这种坚决反抗改造的分子已经加以应得的打击，今后也要继续打击新出现的坚决反抗改造的分子，同时应加强工作，使这种坚决反抗改造的分子尽可能地减少。这样，民族资产阶级中一部分先进分子积极接受社会主义改造，大部分中间分子逐步被教育、诱导着接受社会主义改造，而极少数人则坚决反抗改造的分化趋势，今后可能继续加强。

毛泽东同志在1949年所著《论人民民主专政》中指示我们：在消灭了我国最主要的剥削阶级——地主阶级和官僚资产阶级以后，“剩下一个民族资产阶级，在现阶段就可以向他们中间的许多人进行许多适当的教育工作。等到将来实行社会主义即实行私人企业国有化的时候，再进一步对他们进行教育和改造的工作。人民手里有强大的国家机器，不怕民族资产阶级造反”。几年来，我们遵照毛泽东同志的这个指示，已经对民族资产阶级进行了大规模的教育工作，今后将继续结合对企业的改造加强这种教育工作，以利于实现社会主义改造，消灭剥削制度，把我们的国家建设成一个伟大的社会主义国家。

二、李维汉同志就“改造资产阶级分子工作中几个问题”在党中央召开的资本主义工商业改造会议上的发言

（1955年11月23日）

毛主席的指示、决议（初稿）、中央负责同志的报告和讲话，对改造资本主义工商业的根本估计和党在这项重大工作中带有根本性的方针、政策和措施，都作了明确透彻的交代，进一步武装了我们的头脑，鼓舞了我们的勇气，作为这一个战线上的一个工作人员，我感到非常兴奋。我认为只要大道理清楚了，党委会抓住了，事情就一定会改变一个样子。我相信经过这次会议和在会后的普遍传达，一定会在这方面形成一支比以往更主动、更积极和更有能力的队伍。

我现在只就改造资产阶级分子工作中的几个问题提供一点意见，在大道理下面讲几点小道理。有错误和不妥的地方请予指正。

（一）对资本主义工商业进行社会主义改造，就是要对资本主义企业和资产阶级分子，都按社会主义原则逐步加以改造，以为最后地改变所有制准备成熟的条件。按社会主义原则改造企业，就是要使企业服从国家计划管理，逐步以社会主义的生产关系代替资本主义的生产关系，以社会主义的经营、管理方法代替资本主义的经营、管理方法。按社会主义原则改造资产阶级分子，就是要教育他们从剥削分子或者半剥削分子，逐步地改变成为自食其力的、按劳取酬的工人。改造资本主义工商业的这两个方面的工作，又叫经济工作和政治工作，它们是互相影响而不可分离的统一体，我们曾经把它叫作“双重改造”。切不可以把这两方面的工作互相对立起来，经济部门不问政治工作，政治部门不问经济工作，或者彼此各不相谋地去作。这样是不利于改造资本主义的所有制和改造资产阶级分子的。当然，适当的分工是需要的，但是必须通力合作，统

一领导。

毛主席向全国工商业联合会的委员们说，在将来实行全民所有制的时候，要做到瓜熟蒂落，水到渠成，并且说一定要同他们商量。我这样理解，和平改造资本主义工商业的关键在于改造资产阶级分子，而改造资产阶级分子要比改造企业难，因为要做到他们愿意改变所有制，如果我们放松了改造资产阶级分子的工作，必然要带来很多麻烦，以致不得不推延最后改变所有制的时间。

六年来，改造企业和改造资产阶级分子的工作都有很大的成绩，但比较起来，改造资产阶级分子的工作落后于改造企业的工作。合营企业的优点之一，是由于社会主义成分在企业中居于领导地位，给改造资产阶级分子的工作提供了有利条件。但是，就在合营企业中，这种落后情况也相当普遍。资本家在议论“共产党只要企业不要人”，他们的“吊桶”那么多，都是替自己的今天和明天担忧。这对于我们很不利。落后的原因，从主观上说，主要是思想认识方面的，我们应当根据决议（初稿）的精神，统一思想认识，并在实际上采取有效的步骤和办法，来加强这方面的工作。经过这次会议之后，全行业合营、定息制度和专业公司等重大措施即将逐步展开，为了争取尽可能多的人们愿意接受这种重大措施，为了合营以后能够继续顺利地进行双重改造，要求各地党委认真地加强这方面的工作，使能赶得上形势发展。

（二）要以合营企业为基地，结合着企业改造，结合着新的工作（即劳动）和学习，有系统地对资产阶级分子进行教育改造工作。因为全部至少极大部分资本主义工商业都要在两年至三年内纳入公私合营形式，资产阶级的基本队伍，即企业内实职资产阶级分子，将全部至少极大部分在两三年内变为合营企业的职员，因此合营企业便成了教育改造资产阶级分子的基地。

在公私合营形式上的企业改造，首先是资本主义所有制在很大程度上的社会主义改造，这种企业已经是“四分之三的社会主义”企业了，即已经合营了之后，即转入经营、管理方法上的改造，即是经营、管理方法上社会主义路线同资本主义路线之间的斗争。在开头一定期间内，这是合营企业中主要的阶级斗争形式。为了确立社会主义成分的领导地位，为了发展生产力和发挥合营企业的优越性，并使企业的社会主义改造能够继续前进，我们必须主动地、有准备、有步骤地进行这一斗争，取得胜利。但是同时，在这一斗争过程中，我们又必须耐心地教育资本家和资本家代理人等，帮助他们逐步地认识这两种制度和两种方法的好坏优劣，批判和抛弃旧的（即资本主义的），站到新的（即社会主义的）这方面来。这样，他们在企业合营的时候过了一关，又在这时过了一关。过了这两关之后，改造他们的工作，就会更加顺利了。帮助他们顺利地过这第二关是完全可能的，因为他们的企业已经合营，他们除了争取成为国家的职员外，再无别的出路，而帮助他们过了这一关，他们就会感觉到当上了国家的干部，掌握了自己的命运，这以后继续向他们进行教育工作就会要容易得多了。

从新的工作即从劳动中来培养他们的劳动观点和劳动习惯，提高他们的工作技能，同时结合着工作时间以外的政治教育和思想教育，这应当成为改造资产阶级分子的经常的和根本的方法。但是要做好这件事情，我们必须给以必要的条件，并要认真地加以领导和帮助。这首先要安排他们以适当的工作，并且使他们有事可做；在工作中帮助他们克服困难，做出成绩，吸取经验；做好了，做坏了，公平对待。如果让他们坐冷板凳，吃干薪，站在劳动之外，或者对他们的工作放任自流，不给以必要的指导和帮助，都不可能达到改造他们的目的。政治教育和思想教育也是这样，要靠我们把它当做一件重要工作，认真地去做，才能收到应有的效果。

以企业内部的教育工作为基础，还要适当地结合着企业外部对他们本人和对他们家属进行的教育工作。企业外部怎样对他们自己和对他们的家属进行教育工作，又怎样同企业内部的教育工作相结合，需要进一步地了解和研究。

（三）要进一步从资产阶级中分化和培养出更多的积极接受社会主义改造的核心分子，适当地使用和对待他们。几年来，这种核心分子的数量逐渐增多，质量也有所提高（因口径不一致，管理工作缺乏，没有能够统计出一个适当的数字），他们靠拢党和政府，在爱国运动和社会主义改造中起着不同程度的积极作用。他们大都是资本主义工商界的台柱，却能在社会主义改造中采取比较积极的态度，由此可以看出资产阶级的孤立和瓦解已经达到了怎样的程度。对他们的积极作用，一定要有足够估计。但是，这种核心分子的数量，在地区之间和行业之间，还很不平衡。我们在培养核心分子的工作上还有很大缺点，一无规划，二缺管理，三在使用和对待上也有不少缺点。

要以市为单位订出培养核心分子的计划，照顾到各行各业，首先抓住准备全业合营的行业。核心分子的标准，建议把以前的对进步分子的标准略加修改，成为这样几项：认识和掌握他们自己的命运，必须和整个社会的前进方向相结合，靠拢共产党和人民政府，在爱国守法和接受社会主义改造中起带头作用、骨干作用和桥梁作用。这是否恰当，请大家考虑一下。

要建立管理的制度和工作。统战部门应当把这项工作当做干部工作中的重点，有相应数量的专职人员担任工作。

要正确地使用和对待他们。目前，骨干分子的“吊桶”不一定比普通资产阶级分子少多少。他们还有自己在工作关系上的特殊的“吊桶”。有这样些反映：要办差事，不同他们商量；要传达政策，不把政策交代明白；上司多，派差忙，上头千条线，下面一条绳，特别是对企业内部和外部的工作两头不讨好；一次带头，次次要带头；甚至违法漏税也要带头；做了工作，批评多，鼓励少；代表合法利益，怕两头不讨好；反映意见，怕沉沉帽庄；领导批评群众骂，回到家里老婆不说话，企业垮了，吃饭没办法（主要是中小）；等等。我们不应当轻信资产阶级的话，但是也不要一笔抹杀，不加分析。资产阶级核心分子也是具有两重性的，既有不同程度的积极性一面，又有不同程度的消极性一面，但是他们的积极性一面一般大于消极性一面，基本上靠拢共产党和人民政府，可以说是从资产阶级队伍里逐步分化出来的特定意义上的国家干部。因为他们还是资产阶级分子，具有不同程度的消极性，对他们不应当估计过高，要求过多，或者盲目信任。但是，如果他们确实具备了上述核心分子的标准，则把他们当做国家干部，给予适当的信任，同他们商量办事，积极地领导他们，教育他们和关心他们，应当是利多害少，行得通的。

（四）决议（初稿）指出了资产阶级分化的特点和我们的任务。在划分上，还有分为进步、中间、落后和反动四个部分的，这样划分，似乎更与决议（初稿）提出的任务相适应。怎样分好，还可研究。我还想补充说几句。几年来，资产阶级越来越孤立，从而这个阶级越来越分化，并且越来越向着有利于社会主义的方向分化：第一，进步分子逐渐增多。第二，左右摇摆的中间分子虽占大多数，但是总的趋势是逐渐向左转，当着进步分子真正积极起来，并且向他们做了适当工作的时候，他们往往可以跟着上来。第三，落后分子固然受反动分子（即具有严重情况的反革命分子及其他坏分子）的影响，但他们主要地要看中间分子的态度，如果人数众多的中间分子左转了，落后分子觉得自己快要孤立无援，也得勉强跟上去；我们应当使他们逐步地离开反动分子。第四，反动分子不仅是可以孤立的，而且也是可以分化的；反动分子中也有一些不同的情况，我们也应当分别处理。上述这些情况出现在社会主义改造的全行业合营运动中，我想已经可以证明改造资本主义工商业的高潮已经到来了。

我同意决议（初稿）所指出的三项任务。同时，根据上面的分析，中间分子人数最多，举足轻重，必须争取，而他们逐渐向左的趋势，又利于争取，我提议把争取中间分子当做主要的目标，动员各方面的力量去作，首先争取他们中间代表性多的人物（这不是说要放弃对于落后分子特别是对于进步分子的工作）。我觉得在教育改造资产阶级分子的工作中，对人来说，要抓住两个环子，第一，培养核心分子，即运动的骨干。第二，争取中间分子，即运动的主力。要在工作上把两部分力量结合起来，推动核心分子去做争取中间分子的工作。核心分子如果脱离了大多数，就无所谓核心，所以他们必须用主要的力量去向中间分子做工作。做到了这一层，壮大进步力量，扩大核心分子队伍，缩小落后分子，孤立和分化反动分子，就容易做到了。

目前，各民主党派和无党派的进步分子中，有相当多的一部分人是同中间派和右派疏远的。这种情况在某种程度上是受了统战部门一部分工作人员的影响，因为统战部门的这部分工作人员平常也只喜欢同进步分子往来，不喜欢同中间分子和右派分子往来。这种情况，已经损害了我们的工作，不应该让它再继续下去。

（五）对处理具体政策性的问题也想提一点意见。要把党的带根本性的方针、政策和重大措施付诸实行，变成实际，不能不遇到许多具体政策性的问题，需要加以处理。这些问题大半反映着公私关系上各个侧面的矛盾，小部分反映着劳资矛盾，也有私私矛盾和公公矛盾。一般地和根本地说来，都属于阶级斗争的具体策略问题。我们必须从工人阶级的立场和观点来考察它们。

国家资本主义,总的说来只是过渡形式,生命虽不长,但是它的具体形式和内容则不断发生变化。因此,在具体政策性问题上,我们的头脑切不可硬化,而要经常保持从发展看问题的观点,尤其目前,在全国即将采取全行业合营、定息制度和专业公司等新的经济措施的时候,需要把实行具体政策重新排一次队,作一次审查,应当发展的要加以发展,应当修改补充的要加以修改补充,更要注意发现新的问题,提出新的对策。我们大家都要参加这项工作。

在同资产阶级分子的关系上,还需要区别哪些方面应当加快步子,哪些方面可以慢一点来;什么应当扣紧,什么可以放宽。要资产阶级分子四面不通风是不行的,不反抗就会躺倒。党的政策,是对他们网开一面,给以出路,逐步改造。总的说来,对于资本主义的剥削制度是要逐步加紧地予以消灭的,而对于人即资产阶级分子则予以宽大的待遇,对他们实行赎买,并把他们包下来,使他们有工作,有政治权利,有经过教育改造为工人阶级一分子的光荣前途。同是资产阶级分子,对于他们反抗改造、破坏社会主义建设的行为应当严予制止,而对于一切愿意接受改造的人们的工作机会、生活条件、政治待遇等,则可以而且应当适当从宽,借以换取和鼓励他们接受社会主义改造的积极性。同时,我们每一重大的前进步骤,必然牵动公私、劳资关系的许多侧面,需要我们就这些侧面的政策问题分别主次,统筹安排。当我们在主要方面或者主要环节上进得较大、较快的时候,在次要方面和次要问题上,就不妨有意识地放宽、放慢一点,以利于主攻方面。在以往,在实际工作中不讲策略、不分主次,宁紧偏急的情况是不少的。这种情况,需要加以适当改变。改变这种情况的办法,一方面向同志们讲清楚道理,使同志们懂得原则性与灵活性相结合的道理,并学会运用它;另一方面,在许多实际问题上,凡是有了条件可以制定处理办法的,要尽量定出一些办法。

最后,一切具体政策性问题,不论大小,如果它带有普遍的性质,即应当放在全国水平上来解决,地方和部门可以主动创议,但是必须报经中央审定,以免各自为政。

(六)对资本主义工商业的社会主义改造,要经过激烈而复杂的斗争,因为这是“谁战胜谁”的斗争,资产阶级不会自动地退出历史舞台,他们的接受改造是由于大势所趋的形势和我们的政策所决定的,有一小部分人还一定要抵抗。但是事情的另一个方面,即就在同一过程中,出现了经过教育和必要的斗争之后,他们中的大多数人不能不接受改造,并且逐步有进步,并涌现出了成批的进步分子。总结六年来的工作成绩,可以说,资产阶级分子的大多数已经接受了公私合营或者准备接受公私合营这样一种改造,而在社会主义改造的道路上前进了一大步。这种情况表示了什么呢?表示了资产阶级的阶级力量大大削弱了。一方面很大削弱,另一方面很大进步,而且在社会主义改造前进的道路上还会继续削弱,继续进步,那么可不可以说这个阶级斗争是越来越激烈,越来越复杂呢?没有疑问,阶级斗争仍然要继续下去,而且仍然是一个激烈而复杂的阶级斗争,但是,可不可以说,它将沿着越来越激烈、越来越复杂的公式发展下去呢?这样的看法和办法是有过的。资产阶级既然是一个要被消灭的敌对阶级,资产阶级分子即不可能再有什么积极性,而对付他们的办法就是斗争为主,斗争、斗争、再斗争,而且斗争的激烈程度也要越来越厉害。但是,这同几年来我国阶级斗争的实际形势和党的政策,都是不相符合的。

这个阶级斗争的具体的方式和方法是复杂多样的,不仅决定于阶级斗争的性质,而且决定于阶级斗争的发展形势,随着阶级斗争形势的变化而发生变化,我们应当灵活地运用各种的斗争方式和方法。教育也是阶级斗争的一种方式和办法。在和平改造过程中,一般说来,阶级斗争的方法是采取以教育为主、斗争为辅适当呢,还是采取以斗争为主、教育为辅适当呢?这个问题也和上述关于整个阶级斗争形势的估计一样,从决议(初稿)中可以找到适当的答案。在这里还想引证毛主席在两个地方的指示:

在《论人民民主专政》上他这样说:

“剩下一个民族资产阶级,在现阶段就可以向他们中间的许多人们进行许多适当的教育工作。等到将来实行社会主义即实行私人企业国有化的时候,再进一步对他们进行教育和改造的工作。人民手里有强大的国家机器,不怕民族资产阶级造反。”

在中国人民政协第一届全国委员会第二次会议上他这样说:

“人民民主专政有两个方法。对敌人说来是

用专政的方法，就是说在必要的时期内，不让他们参与政治活动，强迫他们服从人民政府的法律，强迫他们从事劳动并在劳动中改造他们成为新人。对人民说来则与此相反，不是用强迫的方法，而是用民主的方法，就是说必须让他们参与政治活动，不是强迫他们做这样做那样，而是用民主的方法向他们进行教育和说服的工作。这种教育工作是人民内部的自我教育工作，批评和自我批评的方法就是自我教育的基本方法。”

可见，在人民民主统一战线内部即在人民内部，包括资产阶级分子在内，一般地可以而且应当以教育说服工作为主。六年来的经验证明了毛主席指示的正确。在这个期间，对整个资产阶级采取斗争为主的方法，只是在三反、五反运动期间。此外，一般以教育为主，不放弃必要的斗争。这就是说，除了大约占百分之几的具有严重情况的反革命分子及其他坏分子以外，其余的应当肯定是可以用又鼓励又批评的教育方法加以改造的。批评就是对于他们的主要斗争方式。当然还要加对违法者给予罚款等一项斗争方式。大势所趋，允许我们这样做，尤其现在的形势，更有利于我们这样做。我们这样做，政治上很主动，很能服人。

（七）请各地党委进一步加强对统一战线工作和统战部门的领导。我们党的统一战线工作有很大成绩，是中央领导下全党作起来的。统战部门参加了一部分工作，有一分成绩，但是我们的工作成绩同党的总路线要求是不相称的。这不仅表现在改造资产阶级分子的问题上。中央统战部的工作落在形势发展的后面，对形势的发展也有估计不足的地方。有一些应该由中央统战部提出或解决的问题，中央统战部没有提出和解决，或者提出和解决得不及时。各级统战部包括对资本主义改造工作办公室在内，应当依照中央指示，结合着学习六中全会文件，在党委领导下，切实地检查和改进自己的工作。

统战部门的工作是有困难的，(1)党内对统一战线工作的认识不一致，有不少的同志把统一战线工作放在一个可有可无的地位，把改造资本主义工商业和资产阶级分子看成可抓可不抓的工作，对民主党派和民主人士一嫌二怕，甚至埋怨统战部惹来麻烦，而处理问题的时候，则采取宁左毋右或者放任自流的态度。这类情况存在的时候，无疑的使党的工作受到损失。统战部工作人员对这种情况，有许多同志能够根据党的路线理直气壮地进行工作，但是也有一些同志却错误地采取了多一事不如少一事的悲观态度。应当改变这种情况，使统一战线工作和改造资本主义工商业的工作提到党的工作中应有的重要地位上来。而要做到这一点，只有依靠党委和党委负责同志出面抓，在党内进行必要的教育工作以统一认识，并在组织上采取必要的措施使能贯彻。

(2)统战部门的工作主要是政治工作，关系复杂，政策性很强。正因为政策性强，只有保持党委的密切领导，才有可能做好工作，少犯错误。各级统战部必须坚决遵守向党委请示报告的制度，决不可闹分散主义和独立性。同时希望各地党委对统战部工作定期加以检查，对各个方面的重大问题及时予以指示，并有一负责同志代表党委管理统战部工作。对改造资本主义工商业的工作，建议仿照中央办法成立一个由党委负责同志为首的小组或委员会。

(3)统战部门工作人员的数量和质量，有太少和太弱的情况。有许多省、市统战部的负责同志不止一次地批评中央统战部对他们的干部配备问题支持不够。我请求各地党委加以注意，把统战部包括对资本主义改造工作办公室在内的组织情况工作情况，加以检查，如果确有少了、弱了的情形请设法充实它，增强它。

三、陈云副总理在全国工商业者家属和女工商业者代表会议上的讲话要点

（1956 年 3 月 30 日）

（一）资本主义工商业公私合营后的生产改组工作

公私合营以后，要进行企业改组。企业改组，并不是都要并厂并店。从今年 1 月起，北京及全国各地全行业合营后，很多工厂、商店并起来了。有些并得是对的，也有些并得不对，工厂商店方面并得不对的是少数，并得数量较大的是手工业。手工业方面并起来容易，并得多，并得不合理的也多。例如，北京将修理脚踏车的合并起来了；有些地方

将剃头铺与剃头担子合并了,对老百姓很不方便。这是盲目的集中、盲目的合并。这情况的出现,是因为有些人认为合起来是高级,一个人单干是低级,低级到不了社会主义。此外,国营企业管理工厂、商店的人,也只顾到管理的方便,没有估计到老百姓的方便。但像我这样的中央方面担负对资改造工作的人,事先没有注意,首先就有责任。

并错了的现在怎么办?并错了而应该退回去的,还要分开来,退回去。

从1956年1月开始经过2个多月以后,得出一条经验:就是公私合营以后,工厂、商店不能大合并,一个行业内也不能大小企业都合并,只能在原来基础上,合并一部分。今后大体是:大部不并,小部调整。调整也不一定是合并,如生产不好的,可以将人抽出,并到大厂去。大部不并,并不等于原封不动。因为第一,从前是私营,现在是公私合营,已经变了;第二,从前是各管各的,现在由专业公司统一领导。从这一点说,也变了。这种情况不是在短时期内存在,在10年以至10多年中,这种情况都不会改变。

现在全国还有很多行业没有改组,很多工商业者还在等待。我的意见,不要等,可以安心现在的工作,绝大多数的企业不会合并。

(二)公私合营以后工厂商店的工作应比合营以前作得更好

企业合营以后应比以前办得好,但不能太乐观,说一定好。现在已经出现合营后比过去质量降低,品种减少,管理马马虎虎的情况。这种情况虽还是少数,如不注意,会发展。出现这种情况的原因:(1)是因为工厂为了生产得多、生产得快,所以只愿意生产大路货;(2)是因为没有利润刺激了,定息后,好也这样,不好也这样。

全国工商界和全国作经济工作人员要对下列三件事比合营前办得好一点:(1)提高产品质量;(2)在原料、销路有可能的条件下,增加生产;(3)不要减少品种。

提高质量,增加品种的办法:

(1)准备有步骤地、有计划地、分批地,对有些商品(如百货中的一部分)试行不统购包销。对这些东西,好的就要,不好的就不要,这样可以刺激企业管理人员,提高质量规格,增加品种。

(2)对商品的设计人员,如工厂的工程师,时装店的设计师,给予奖励金。

(3)优质优价。质量好的价高,不好的价低。

(4)要设置专职管理质量不降低和品种不减少的工作。这种工作大体可由私方的经理或副经理担任。

(5)好的东西,要给好的原料。

(三)合营企业中资方与职工干部的安排问题

现在全国各地对资方与职工干部的安排不一律。已改组的,已安排了;未改组的,还未安排。现在小城市大部分改组了,大中城市大多数还没有改组。专业公司一般还未组织好,因而还有很大一部分资方人员没有安排。

现在工商界还有很多人内心七上八下,担心下面三点:(1)安排不安排?(2)今天安排,明天还安排不安排?(3)安排得高还是低?

政府的看法:工厂商店的资方人员,绝大部分(90%以上),是懂得一点技术的,是有业务经验的。他们对国家和社会主义建设是有用的。所以要安排他们是因为他们有技术和业务知识,对国家人民有好处,是国家的需要。这种政策是确定不变的。工商界每个人都会得安排,都能安排得比较好。今天安排,将来也安排。一个人好事做得愈多,他的结局也会愈好。政府安排工商界的目的,就是要将他们改为自食其力的劳动者,成为社会主义企业的干部。

安排职务的大小高低,要根据每个人的情况,尽可能安排得合理。但更主要的是决定于工商界自己的态度,对国家人民贡献的大小与其职务是成正比例的。

关于职务安排问题,还要提醒工商界,企业公私合营了,由小变大了,原有的经验能力虽有用处,但是不够用了,因而工商界现在有学习(政治学习和业务学习)的任务。

(四)资方人员的工资问题

现在有些公私合营企业资方的工资比同一级国营企业的干部高,政府的政策是不降低。个别工资不合理,降低了生活没有问题,而且自己也同意降低的,可以降低。但这仅仅是极少数。私方职务与国营企业干部相同,但工资比国营低的,暂时不提高。将来职工的工资提高了,资方也跟着提高。

对那些家庭人口多、开支大、不能维持生活的，政府的办法是：资方的家属原在企业中参加附属劳动的，尽可能安排在企业内；企业用不了的，由专业公司组织厂外加工或做临时工作。如果还不能解决，政府可以与工商联、专业公司共同商量，找出办法，进行救济。

在全行业公私合营当中，有些工商业者和家属将黄金、美金、人民币、金钢钻、房产等拿出来增加资金，这是好事，但如果提倡得不适当，就会发生偏差。现在有些地方已经发生强迫命令的现象，不应增资的也增了。已经捐献的房子、钱，捐献后造成了困难的，要赶快退回去。有人提出愿意放弃定息，这不要提倡。大小户都不要捐献，不要放弃定息，把钱留下，家里也有想不到的用途。

（五）夫妻店为什么公私合营后，还要采取经销、代销的办法

夫妻店分两种：(1)可以合并的，如卖打字机、计算机、照相机的，店很小，不用店员，合了以后对老百姓没有什么不方便。(2)不能合并的，只能采取代销办法。这些店主要的行业是小杂货业，卖油盐酱醋的，大部分分散在居民中间，相当平衡，而他们的经营方式、时间和品种，与大铺子不同。并了对老百姓不方便。代销的办法对夫妻店本身、居民、公家都有好处。代销可以叫公私合营，因为：(1)货源是国家的，社会主义的；(2)受专业公司的领导、管理；(3)销售计划大体上合乎国家计划的。这样的夫妻店从某种意义上说，社会主义因素很高，因为代销手续费实际上是按件工资形式。

以后不要分经销、代销，都叫代销。现款代销比欠款代销好，因为货是他用钱买来的，比较欠款代销更爱护商品。

到社会主义社会后较长时期内，还需要夫妻店，因为老百姓还要买小杂货、油盐酱醋等。夫妻店不要担心，是可以进入社会主义社会的。夫妻店中也有一部分是困难的，资金少、货少，不够开支。政府一定要帮助他们解决困难。多给他们货，特别困难的，增加手续费；再解决不了的，还可以合并，吸收其人员加入国营或公私合营企业工作。

总之，公私合营以后，对夫妻店采取代销的办法，决不是政府只要大的，不要小的，只要肉，不要骨头。大小都要安排，都要改造，都要有饭吃。老百姓有权利向政府要饭吃，政府也要给老百姓想办法。

（选自《工商行政通报》第66期，1956年4月25日）

四、国务院第八办公室副主任许涤新在全国工商业者家属和女工商业者代表会议上的讲话要点

（1956年3月30日）

在这次会议中，陈云副总理、李烛尘副主委和邓颖超同志，都向大家作了报告，他们的报告，都讲得很好，我完全同意。我对于下列一些问题提出个人的看法，来同大家商量。

（一）关于公私合营企业中私方人员的工作态度和公私间的工作关系问题

在这次社会主义改造高潮以后，全国的私营工商业，基本上都纳入了公私合营的轨道，这些纳入公私合营轨道的企业，私方人员，成为合营企业的工作人员，同公方人员在企业内部共同工作。很多私方人员在企业实行公私合营以后，对于生产经营，采取积极的态度；同时还有一些私方人员，在企业公私合营以后，对于生产经营，采取不正确的态度。他们主要的缺点是怕负责。他们怕担子太重，怕干不了，怕犯错误；有的私方认为定了股息，又定了工资，国家既然这样包下来，出力不出力，还不是一样，因此，在公方干部下厂以前，他们是在等待；在公方干部下厂以后，他们又在依赖，分配给他们的工作，不出主意，不用脑筋。有的私方，认为自己强，骄傲自负，不服从公方领导；有的私方甚至挑拨工人和公方的关系。某些私方人员这种不积极的态度，不利于企业的生产经营的改进，也不利于自己的思想改造。

在企业合营以后，私方人员同公方人员在企业内部共同工作，因此，公私之间，就存在着一种工作关系。这种工作关系要搞好，需要公私双方的共同努力。因为某些私方对工作抱着不正确的态度，这就影响了公私双方的工作关系。当然，在某些地方，公方干部在工作方式上是有缺点的。我们告诉企业的公方干部，要重视私方的经验和能力，要充分发挥私方人员的积极作用，要帮助资方人员改正缺点和错误，帮助他们做出成绩；同时，我们希望私方人员要认清公私合营后自己的责任，认真负责，主动地积极地缩短公私双方之间的距离，搞好工作

关系。资方人员采取对国家负责的态度,敢于向公方干部提意见,一次说不通,可以两次三次地说。公股干部是讲道理的。如果实在有问题,可以向业务主管部门反映;或者向统战部、八办谈一谈。只有搞好了工作关系,才能使企业在合营后比合营前作得更好。这是很明白的事情,公私双方的工作关系如果不搞好,改造企业,改善生产经营,就难于顺利地进行下去。因此,我们希望工商业者的家属,要帮助自己的亲人,鼓励他们对工作采取积极态度,主动地积极地搞好公私双方的工作关系。

(二)在改组合并中,原来大厂的私方和原来小厂的私方间的关系问题

在改组合并的过程中,有些城市的行业,特别是手工业,合得不好,或者合错了,陈云副总理告诉我们,并错了的,还要分开来,退回去。政府对于经济改组的基本方针是大部分不变动,小部分调整。对于这个问题,可能有人就怀疑以大带小,以先进带落后的方针是否正确。因此,我需要对这个问题说一说。我认为以大带小,以先进带落后的方针是正确的。我国的私营工业,有不少小厂的生产设备很落后(当然亦有一些小厂的生产技术很不错的),这些工厂,如果有条件合并,那么,大厂、先进厂就可以在生产技术上,帮助他们改进。有不少企业,因为合并得好,取得了很好的成绩。成绩就是:减低成本提高质量。不少合并到大厂去的职工,为什么很高兴?除了为了欢呼社会主义改造的胜利以外,就是因为合并到大厂后,能够提高生产技术。有一些小厂的资方人员,也因为合并后,能够解决困难并能够提高自己的生产技术和经营管理,而感觉到高兴。当然,小厂合并到大厂去了以后,问题很多,开始会影响到大厂的生产,但逐步改进,这些缺点就可以渐渐克服下来。在这里,大厂的负责人,负担可能很重,工作可能很辛苦,但是,这种辛苦是替国家和人民服务的辛苦。我们希望大厂、先进厂的负责人,对于已经合并到自己厂里的小厂,更好地做好团结和带动的工作;我们希望已经并进到大厂去的小厂原来负责人,要好好向先进厂学习,提高自己的生产技术。这是一面;还有另一面,小企业和它们的负责人,也不是没有优点的。他们在工作和生产方面,也有值得大企业学习的地方。因此原来大企业和中小企业的资方负责人,应当互相尊重,互相帮助,更好地团结起来,搞好企业在合并后的生产经营。

(三)关于代销的看法

关于代销问题,朋友们担心的是代销是否比公私合营差一等;代销的货源有没有保障;代销若仍用民主评议或定期定额,感到不方便。关于前面两点,陈副总理已经说得很清楚了,经销代销在政治上,并不比公私合营低一等;在统筹兼顾的方针下,经销代销店的货源,是不至于发生问题的。现在我只打算对于代销户的税收问题说一说。现在税收部门对于代销户,开始逐步废除民主评议和定期定额的征收方法。对代销户,根据国营企业和合作社的资料,核实征收;有条件的逐步推行由国、合企业代扣税款的办法;对小型户的所得税,采取依照营业额,参酌企业经营利润的大小,分别按月定率征收办法,年终不再汇算。总起来说是“定率并征,国合代扣”八个字。当然,那些不从国合进货的商店它们的营业税与所得税就没法由国合代扣。

(四)在合营高潮中,因增资而发生困难的处理问题

解放以来,有不少人对企业的经营采取积极态度,设法解决企业困难,如增加资金,账外资财入账等等,我们认为他们的做法是对的。在这次社会主义改造高潮中,也有不少人把家里的黄金、美金、人民币、宝石、戒子、金钢钻以至房地产,拿出来增资。他们这样做,动机是好的,是热心的表现。但是有一些人,在这次高潮中,因为把房子和钱拿出来增资以后,收入减少了,生活发生了困难。陈副总理告诉我们:增资后造成困难的,要赶快退回去。有人就问,“在什么条件之下才能退回去?”各地的情况不同,各人的情况不同,在这里,要把条件一一说出来是有困难的,我认为这不是条件的问题,而是原则的问题。对于这一点,我的体会是这样:因为增资而造成困难的人,可申请退回,这是以增资者本人之是否困难作为标准,而不以东西作为标准。对于增资后造成困难而申请退回的,我们不能说他们落后,不光彩,因为积极不积极,进步不进步,不单单看这一点。在高潮中曾经动员别人增资的积极分子,用心是好的,他们总想要替国家做事,但在他们所动员的人中,可能有些人因为增资而发生困难,现在这些人要申请退回了,我们不应因此就责备积极分子,只要求大家从工作中吸取经验教训,实事求是地处理问题。

(五)关于定息问题

关于定息问题,代表们也很关心。定息究竟定多高?国务院颁布的规定中已经说得很明白,高到6厘,低到1厘。低到1厘,照顾到过去的困难行业企业。过去有些行业没有利润的,有些行业不但没有利润,甚至要亏老本的,在定息以后,都有定息可拿,至少1厘。原来有盈余的,定多高,那就要看具体情况。高的可以高到6厘,也有突破6厘的企业和行业。现在各地开始在研究方案,希望各地工商业者帮助政府来搜集材料,研究方案。

有人问:老公私合营企业过去的股息分不分?老公私合营企业从1953年以来有盈余的,就应该分。有些老公私合营企业中过去有盈余但未分配,可能是干部和私方代表同意把盈余弄去扩大生产。我们认为老公私合营企业从1953年以来有盈余,而现在还能够分的,应该分。

毛主席指示我们:"大约再有三年的时间,社会主义革命就可以在全国范围内基本上完成"。对于这句话如何去理解呢?我个人的看法,认为这是指生产关系的变革而说的。在农业和手工业方面,从个体经济到初级生产合作社,到高级生产合作社,这是生产关系变革的过程;在资本主义工商业方面,从资本家所有制,到公私合营,到社会主义的国营,这亦是生产关系变革的过程,这些过程大约三年时间,在全国范围内,基本上就可完成。在全行业公私合营和实行定息以后,企业的经营管理,就更可以按照社会主义的原则来办事,基本上,它同国营企业就差不多了。至于定息是否在那个时候就取消,那就要考虑到资方人员的生活问题,那就要看看当时的具体情况,要做到水到渠成,瓜熟蒂落。如果那个时候,某些地方,某些行业的人,为维持必需生活,还需要定息,那就还要支付定息。国家对于这个问题,是不会不考虑到当时的具体情况,就贸然停止定息的。过渡到社会主义社会是好事情。社会主义的生活不是一部分人好,一部分人不好,而是共同富裕,大家都好;社会主义社会的生活,比现在的生活,来得更好,而且越来越好。了解了这一点,就可以了解国家对定息问题的处理方针了。

(六)如何改变工人对资方人员的观感问题

在公私合营以后,因为社会主义经济成分的领导,企业原来的劳资关系,起了变化。工人群众对于企业的关系,不能叫做劳资关系,因为在企业中占领导地位的是社会主义成分。但是,因为生产资料私有制还存在着,因为资方还要从企业取得定息,因为资方同工人之间还存在着一定的剥削关系,因此,劳资之间,阶级关系还存在着。

在资本主义的剥削制度下,工人是被剥削被压迫的,而压迫和剥削工人的人,就是资本家,因此,工人必然要反对资本家。我们对工人说:"你们要采取积极态度来对待资本家";工人回答说:"你们叫我们对资本家采取积极态度,可是你们知道不知道过去他们是怎样压迫我们,剥削我们的?"在现在,为了做好企业的工作,在将来为了做一个自食其力的劳动人民,就必须搞好工人和资本家的关系。为了搞好工人和资方人员的关系,为了改变工人对资本家的观感,党、团和工会应该教育工人群众。这是毫无疑问的;但单单这样还不够,还需要资方人员采取主动积极的态度,去改变工人群众的观感。这一点对工商界来说,非常重要,因为在企业合营后,资方仍然要同工人接触,要做工作;其次,资方人员将来都要变成为自食其力的劳动者。因此,就需要改善资方人员和工人群众间的关系。得到工人群众的同意,事情就好办了。因此,我希望你们把这种事转告你们的亲人,在工人群众面前,不要消极躲避,而要主动地积极地去接近他们,向他们学习,问问他们究竟对你们有什么不满,过去有什么对不起他们的事情。如果你们暂时还不愿意直接找工人群众谈,那么,可以找工会或党团的干部去谈。工人是讲道理的。在今天,私营企业大体上已经合营了,工人群众对资方人员的态度已经有所转变,只要资方人员采取主动积极的态度,那么,进一步改变工人群众的观感并不是很困难的。在这上面,不要讲面子,对就是对,错就是错。事情说通了,问题也就解决了,工人对资方人员的观感也就更加改变了。各位代表,我希望你们要好好地帮助你们的亲人,做好这件事。

这次全国工商业者家属和女工商业者代表会议,开得很成功。代表们听了很多报告,交流了很多经验,比以前懂得了更多的道理。我们通过了这次会议,通过各位代表的努力,就能够把会议的要求,贯彻到各地去;就能够把社会主义改造事业,做得更好,更深入了。在这里,我向各位代表,提出两点意见:

第一,代表们比过去懂得更多道理,责任就更重。因此,就更需要做更多的工作,团结更多的人,来替国家和人民做事。为了做好团结工作,自己就不能骄傲起来。如果认为自己到北京来开会,见到毛主席就看不起别人,看不起工人家属,那就错了。

第二,代表们都要求自食其力,要学习,要节约,要劳动,这是进步的要求,但这些只能当做奋斗目标,有步骤地来实现。现在各地政协正在加强对工商界的教育,准备开办短期讲习班。工商业的家属,如果条件许可,也可以参加学习,但全体工商界家属并不完全能参加这种讲习班,不参加短期讲习班的,在民主妇联,民建会和工商联的领导下,仍可进行学习。不过,学习不是一下子就学好,生活方式不是一下子就能改变。因此,对于这些工作不能操之过急。同时,在代表们中间,在各地工商业者家属中间,彼此的条件并不完全相同,在实现上述的要求的时候,也不能大家完全一样。这就要求我们实事求是地来处理这些问题。

(选自《工商行政通报》第 66 期,1956 年 4 月 25 日)

五、陈云副总理关于私营工商业的社会主义改造问题在第一届全国人民代表大会第三次会议上的讲话

(1956 年 6 月)

我现在就私营工商业的社会主义改造问题发表一些意见。

在今年 1 月间,全国各地私营工商业和手工业的社会主义改造运动达到了高潮。到目前为止,除了少数边疆地区以外,全部资本主义工商业都实行了公私合营。手工业一般地也都实现了各种不同程度的合作化。私营运输业或则实行了公私合营,或则实现了合作化。小商店和摊贩的改造有下列的几种不同形式:约有 15%左右小商店参加了定息形式的公私合营;约有 25%左右联合起几户或者几十户组成了统一经营共负盈亏的合作商店;约有 60%左右现在或者正在替国营商业和供销合作社代购代销,或者在代销以外自己经营一部分国营商业和供销合作社没有经营的货物。

工商业、手工业、运输业由私营的、资本主义的、个体的生产经营制度,转变为公私合营,转变为社会主义性质的合作社,这是一种带根本性质的改变。过去 6 年来人民政府和全国人民作了重大的努力,为这样的改变准备了充分的条件。企业的私有制向社会主义所有制的改变,这在世界上早已出现过,但是采用这样一种和平方法使全国工商界如此兴高采烈地来接受这种改变,这是史无前例的第一次。应该说,我们国家对私营工商业、手工业、私营运输业的社会主义改造,已经获得了伟大的胜利。这是社会主义的胜利,这是我们国家和全国人民走向繁荣、富强、幸福生活的胜利。全国人民应该像庆祝全国农业合作化一样,热烈地庆祝这个胜利。

但是能否说,私营工商业、手工业、运输业的社会主义改造已经完成了呢?是否在改造中已经没有问题了呢?能否说改造中没有错误和缺点呢?不是的。一次批准公私合营和合作化,并不是改造已经完成,而还是改造的开始。在这个改造中还存在着许多问题,要求我们对它们逐个地加以解决。为了使我们能够从容地分期分批地解决这些问题,今年 2 月 8 日,国务院作了决定,要所有私营企业和手工业在批准公私合营和合作化以后,一律照旧经营,半年不动。应该承认,这样一种广泛、迅速而缺乏经验的改变,工作中不可能没有错误和缺点,错误和缺点是不少的。国务院的决定使我们有可能尽量地减少并且迅速地纠正这些错误和缺点。

现在我要讲的是下面五个问题:一、关于一部分小商店、摊贩、挑贩的生活困难和业务安排的问题;二、关于适当解决小业主方面所存在的问题;三、关于公私合营企业的定息问题和公私关系的问题;四、关于公私合营企业中职工和私方人员的工资福利问题;五、关于企业改组方面的问题。

第一,关于一部分小商店、摊贩、挑贩的生活困难和业务安排的问题

小商贩是商业中的独立劳动者,在全国约有 240 万户,每家以 4 口人计算,就将近 1000 万人。前面说过,其中一部分参加了公私合营商店和合作商店;一部分替国营商业和供销合作社代购代销或部分自销。前者的营业额比之单独经营的时候是大大地增加了,他们的营业没有困难;现在有困难的是后者中间的一部分,他们的户数约占整个小商贩 25%左右,少数地方有占 50%的。这些小商贩的困难来自两方面:一方面因为公私合营商店和合

作商店的营业额的扩大，不仅包括了本年度比上一年度社会零售额增加了的部分和国营商业、供销合作社让出的部分；而且包括了那些从代购代销的小商贩营业额中挤出来的部分。另一方面是因为国营商业、供销合作社在这次社会主义改造的高潮中对小商贩的营业没有很好的照顾，缺乏全面安排；而且在小商贩的营业额开始下降的时候，也没有引起足够的重视，没有及时加以解决。

在没有参加公私合营商店和合作商店的小商贩中，有很多人提出了四个要求：一是要求供应货源；二是要求借贷资金；三是要求简化税制；四是要求进入社会主义。我们认为这些要求都是合理的，是应该逐步加以解决的。

现在政府准备采取一种办法，来解决他们的生活困难和业务安排问题。这个办法就是在自愿的原则下，逐步地、分期地、分行分业地、把他们组成分散经营、各负盈亏的合作小组。同时由各地商业部门在现有的国营商店、供销合作社和公私合营商店中指定一个商店，作为合作小组的批发店。这个批发店的任务，一是给合作小组供应商品、寻找货源；二是替合作小组向银行借款，解决资金困难；三是汇集合作小组每个成员应缴的税款，代向税局交纳。这种税款今后应该由税局实行严格的、一年不变的、定期定额的收税办法。这个批发店的开支，全部由国营商业或供销合作社支付，不由小商贩负担。商业部和供销合作社应该负起责任，按照各地小商贩不同的收入情况，区别小商贩中依靠商业为主要收入或以商业为辅助收入的不同情况，采取各种办法，使各地的各类小商贩都能获得必需的收入。同时，必须把安排小商贩，作为安排全部商业工作的重要部分。

有人问：为什么政府不把全部小商贩都组成公私合营商店，或组成合作商店？大家知道，小商店、摊贩、挑贩中的广大部分是散布在居民区中间的。这些分散在居民区中的小商贩是我国商业中今后长期需要的一种经营服务形式。如果把它们统统收缩起来，合并组成集中的公私合营商店和合作商店，那就不便于居民的消费。如果仍让他们分散经营，而由国家给以固定工资，那就不能保持他们经营的积极性。同时，还有一部分小商贩，他们现在的收入高于公私合营商店和合作商店从业人员的收入，当他们不愿意参加的时候，也不能勉强地把他们合并到公私合营商店和合作商店中来。因此，安排这些小商贩的正确原则是既要照顾居民消费的方便，又要保持小商贩经营的积极性，使他们获得适当的收入。我们认为政府现在准备采取的办法，就是当前实现这个原则的最好办法，同时，这也是今后相当时期内实现小商贩的社会主义要求的合理办法。采取这种办法，可以使广大的分散的小商贩，经过批发店领导合作小组的形式，同社会主义经济密切地联系起来，并且使小商贩从国营商业、供销合作社领取代购代销的、计件工资性质的手续费。这样，就能够使这些小商贩逐步地成为社会主义商业的一个组成部分。

第二，关于适当解决小业主方面所存在的问题

我国的工厂、商店、运输企业有大的、也有小的。大的资本主义的企业在生产和业务上占有特别重要的地位，这是很明显的；但是，雇佣少量职工的小的企业的数量，远远多于大的企业。目前，不仅大企业实行了公私合营，而且小企业也实行了公私合营。这就是说，大量的小业主参加了公私合营。小业主的地位，在解放以前是极不稳定的，在资本主义的大鱼吃小鱼的竞争中，小企业时刻遭受着破产的威胁，因而，小业主随时存在着失业的危险。那时小业主中有为数不小的一部分人，非但没有可靠的利润收入，而且常常得不到正常的工资。解放以后，我国的小企业的业务得到了政府的安排，大鱼吃小鱼的威胁早已不存在。公私合营以后，他们可以得到定息的收入，而且只要好好地工作，他们再也没有失业的威胁了。正因为这样，全国的小业主热烈地欢迎公私合营。但是，小业主的定息收入不多，工资也不算高，因此，政府业务部门对于那些与小业主生活密切有关的问题，应该给以妥善的解决。

首先是房屋问题，房屋是小业主生活资料中的主要部分。国务院1956年2月8日对公私合营企业财产清理估价问题的规定中，曾经指出：凡属家店不分或者家厂不分的小企业的房屋处置问题，应该按照业主的意见办理。现在应该再具体规定，凡属家店、家厂相连的企业，除了原有的铺面、厂房、栈房作为合营资财以外，其他的房屋都应该作为生活资料归业主所有。凡属处理房屋方面有错误、缺点的地方，必须切实改正。

其次，许多小业主的家属，原来参加企业的辅助劳动的，公私合营后应该照旧吸收他们为辅助劳

动，或作其他的适当安排。

第三，关于公私合营企业的定息问题和公私关系问题

关于定息问题，国务院1956年2月8日对公私合营企业实行定息办法曾经规定息率由1厘到6厘，即年息1%到6%，并且指出在不同地区、不同行业以至同一行业的不同企业中，可以采取不同的息率。5个月来，许多方面的意见都认为规定息率的时候，需要简单一些和放宽一些。我们认为这种意见是正确的、可行的。在息率方面，我们认为可以不分工商、不分大小、不分盈余户亏损户、不分地区、不分行业统一规定为年息5厘。即年息5%。个别需要提高息率的企业，仍然可以超过5厘。过去早已公私合营，但是采取按比例办法分配利润的企业，同新合营的企业一样定息5厘。过去早已公私合营，并且已经采取定息办法的企业，如果它们的息率超过5厘，照旧支付，不予降低；如果它们的息率不到5厘，提高到5厘。各地公私合营企业和政府的业务部门，应该积极准备，力求在本年7、8月间发给利息一次。

关于公私关系问题。全国资本主义工商业实行公私合营以后；在大量的公私合营企业中，公私双方的代表共事得好或者不好的问题，是关联到企业生产经营的一个大问题，也是关联到能否发挥资方人员在生产中的作用和能否有效地把资方人员改造成为劳动者的重要问题。

这个重要问题的解决，目前应该从下列几个方面着手：

首先应该看到，中国的民族资本家和私营工商业者，对企业的生产技术和经营管理是有经验的，他们对于我国工商业的管理工作是有用处的。对于他们的生产技术和经营管理知识，我们应该进行分析，凡属不合理的部分，应该逐步加以改变；凡属合理的部分，不但在公私合营企业中应该继续发挥它的作用，而且在国营企业中也应该充分加以运用。我们应该把资本主义工商业、手工业的生产技术和经营管理知识中一切有用的东西，看成是民族遗产，把它保留下来。吸收这些有用的民族遗产是我们的责任，对于这些民族遗产采取否定一切的粗暴态度是错误的。

其次，大量的资本主义工商业在今年1月才转为公私合营，大量的资方人员和公股代表在企业内部都还缺少双方共事的经验，为了使双方共事共得好，各地的党政机关应该领导业务部门经常总结这一方面的经验，并且根据这些经验的总结，逐步地定出公私双方共事的制度和办法。上级业务部门规定的业务上的方针、政策和办法，应该使企业中公私双方有关的管理人员，都能熟悉。各地应该召集公股代表和私股代表分别举行会议，收集意见，进行教育，解决他们在处理公私关系中所遇到的困难。有时，并且应该召集公私代表在一起举行会议，向他们进行教育。中央和省市两级政府工商业务部门的主管人员应该定期地同当地工商联、同业公会和民建会的人员举行座谈会；交换公私关系中各个方面的有关问题。

再次，公私合营企业中公私关系的改进，还必须向职工群众进行教育，说明团结资方人员，发挥他们的长处，把资方人员改造成为劳动者，是有利于工人阶级和全国人民的。同时，也必须使资方人员采取积极态度同公股代表进行合作，同职工群众加强团结。如果职工群众对资方人员过去的行为有不满的地方，资方人员就应该在适当场合主动地恰当地进行自我批评，公股代表也应该协助资方人员在职工中进行解释，使全体职工与公私管理人员团结一致进行生产和经营。应该看到，这种团结要经过一定的过程，这是一个对于职工群众、公股代表和资方人员的教育过程，也是把资方人员改造成为劳动者的过程。我们相信经过各个方面的努力，公私合营企业中的团结，一定可以实现。

第四，关于公私合营企业中职工和私方人员的工资福利问题

公私合营企业中许多职工写信给有关机关，说他们企业中的工资待遇高低差别太大；说他们的工资比国营企业的工资低，要求政府加以调整。根据现在的初步材料看来，有些公私合营企业的职工工资比同类的国营企业的工资标准高，也有些合营企业特别是小工厂和商店，比同类的国营企业的工资标准低。大家知道，私营企业之间原来的工资标准是极不一致的，各种待遇也很不相同，要把公私合营企业中过去遗留下来的极不一致的工资待遇，立即统一起来，或者把公私合营企业的工资待遇立即同国营企业的工资标准统一起来，都是不可能的。全国解放将近七年，国营企业的工资标准也还没有完全统一。我们应该看到公私合营企业工资标准的逐步调整，需要有几年的时间。至于目前因为企业合并而产生的、同一企业中相同工作的职工

所得工资待遇相差过大的问题，这是应该在可能范围内加以调整的。调整的方针应当是，在公私合营企业中职工的工资同当地同类的国营企业职工的工资比较起来，高了的不降低，低了的根据生产情况和企业的可能，分期地、逐步地增加。中央和地方的有关部门，应该在今年的下半年提出一个方案，经过批准后，予以实行。

许多私营企业的生产安全设备和卫生设备原来是很差的，在合营以后应该逐步加以改进。

手工业生产合作社、运输合作社的社员的工资收入，不应该低于他们入社以前的劳动收入，而应该在努力生产改善经营的基础上，做到比合作化以前的劳动收入有所增加。如果有些手工业生产合作社、运输合作社因为提取公积金过多，而使社员收入比加入合作社以前的劳动所得减少了的话，那么就应该减少公积金来增加社员的工资。合作商店如果也因为提取公积金过多，而使工作人员的工资过低了的，同样应该减少公积金，把工资增加到适当的程度。

公私合营企业中资方人员的工资，也将根据对职工工资的处理原则来加以调整。

公私合营企业私方人员的疾病医疗，应该加以帮助。企业核定资产在2000元以下的私方人员，本人的疾病医疗和病假期内的工资支付办法，都应该按照本企业中职工的待遇同样办理。同时，企业核定资产虽然超过了2000元而有困难的私方人员，本人的疾病医疗和病假期内的工资支付办法，也可以参照本企业职工的待遇办理。

许多工商界人士提议，有关方面共同协作，筹集一批款项，以便对工商业者发生困难的时候进行救济。我们赞成这个提议。希望全国工商联草拟办法，提出方案，政府方面可以给以协助。

第五，关于企业改组方面的问题

政府对私营工商业社会主义改造的计划，本来是准备用两年时间，在全国各地按行按业、分期分批地来进行的。今年1月工商业社会主义改造高潮到来以后，政府改变了原定计划，在全国各地一次批准了私营工商业、手工业、运输业的社会主义改造。为了适应当时的要求，这种改变是必要的。但是这样迅速的改变，使许多业务部门和许多地区来不及积累全行业公私合营的经验，因此就在敲锣打鼓的那些日子，许多地方有不少的工厂、手工作坊、商店、运输业纷纷合并，有些不应该合并的合并了，有些可以合并的也合并得太大了。总之，是并得过多，统一计算盈亏的单位太大。国务院2月8日的决定停止了这种盲目合并的趋势。

私营工商业、手工业社会主义改造中出现的另一个问题，是人为地把工商业的原来的供销关系和协作关系割裂了。工业、手工业、商业、运输业的社会主义改造工作，不能由一个部门管理，而只能由各个业务部门分工管理。这种分工管理是必要的，合理的，问题是发生在分工管理的部门之间，缺少工作上的密切配合。同时有些企业应该隶属哪一个部门管理，也还划分得不适当，因此，工商业的原来供销关系和协作关系出现了割裂的现象。例如，同一个工业的行业中，过去对于大小企业的生产是一起安排的，它们在业务上是有密切的联系；但是现在因为4人以上的企业归工业部门改造，3人以下的企业归手工业部门改造，而工业和手工业两个管理部门对他们生产业务的安排，步调常常不一致，因此，他们之间原有的关系被分割了。再如，原来商业中的服装鞋帽店是有固定加工的手工作坊的，在社会主义改造中，服装鞋帽商店归商业部门改造，承制服装鞋帽的手工作坊归手工业部门改造，而不少承制服装鞋帽的手工作坊，又在这次手工业合作化运动中被合并了，这样就使商店和手工作坊之间原有的加工关系中断了。像这样不合理的割裂现象还很多，其中以手工业和各个方面的矛盾也最多。为了改正这种人为的割裂，政府的有关部门正在采取措施加以调整。

我们认为企业改组工作，不能性急，必须经过充分准备。国务院半年不动的决定，制止了当时的某些混乱，使业务部门有时间来研究和摸索企业改组方面的经验和办法。但是，这不是说半年期满以后，各行各业就都能够进行改组。不是的，所有工业、手工业、商业、运输业的企业改组，都不应该受时间的限制，都必须经过充分准备，都必须是各行各业分批分期地逐步改造，都必须结合生产安排并在有利于生产的条件下进行。目前各地和各业务部门的任务是对于没有改组的企业准备各行各业的改组方案，对于合并错了的企业，则应该有准备地逐步进行调整。

对公私合营企业改组和私方人员安排问题，应该注意到这样一个事实，就是，职工和私方人员对原来私营企业和私方人员的情况是要比公股代表熟悉得多。由他们提出的企业改组和人事安排的方案,一般是适当的。因此,一切公私合营企业中的业务改组和私方人事的安排,可以由相应的工商联、同业公会和私方人员先提意见。已经改组了的企业,过去没有征求过私方人员的意见,而私方人员又认为业务改组和人员安排方面有不妥当的地方,应该向私方人员重新征求一次意见,只要是处置不当,就应该加以改变。同样的,业务改组和人事安排也必须征求职工和技术人员的意见。我们应该吸收各方面的意见,以便把企业改组和人事安排的工作做好。

大家知道,私营工商业、手工业、私营运输业的社会主义改造,是一件复杂的巨大的工作,过去5个月我们的工作已经获得很大的成绩,但是今后还有许多问题要解决,许多工作要做得更好。我们的社会主义改造工作,必须达到这样的目的:公私合营的企业必须比资本主义的企业办得好,合作社的企业必须比个人经营的企业办得好。对于各种各样的个体经济,都应该按照自愿原则用合作化的形式帮助他们逐步地组织起来。我们对民族资本家接受社会主义改造的愿望和行动,表示热烈地欢迎。我们要认真地帮助他们改造成为社会主义社会的劳动者。公私合营企业、合作企业的职工和从业人员的劳动收入,不应该比社会主义改造以前降低,而应该在努力生产改善经营的基础上逐步有所增加。要达到这样的目的,需要公私合营企业和合作企业中全体职工、工程技术人员、公私双方人员的共同努力。我们应该达到这个目的,我们可以达到这个目的。

(选自《工商行政通报》第72期,1956年6月30日)

六、国务院第四、五、八办公室召开工商界座谈会纪要

(1956年7月6日至9日)

国务院第四、第五和第八办公室在7月6日到9日召开了一次工商界座谈会。参加会议的有各省市工商界人士140余人。包括全国工商联、民建会正副主任委员、执行委员、中央委员和这两个组织的省市负责人。会前,由民建中央常委会和全国工商业联合会两单位联合邀集全国人民代表中工商界人士,分工业、商业、国际贸易、综合四组举行了工商问题座谈会,进行了充分的酝酿。在会上,有工商界人士17人发言,对私营工商业改造工作和政府其他有关的工作,坦率地提出了许多意见和批评,这次座谈会,政府各部门很重视。国务院副总理陈云、国务院副总理第五办公室主任李先念、第四办公室主任贾拓夫等都参加了这次会议。参加会议的还有有关工业、商业、对外贸易、交通等部的部长、副部长,和他们所属的专业局局长和专业公司经理。政府有关部门的负责同志对他们所提的重要意见和问题都认真地作了答复。现在把陈云副总理和其他有关部门负责同志的发言摘要刊载如下供各地参考。

国务院副总理陈云的发言

这次座谈会是开得很好的,反映了工商界许多意见,也交换了一些意见。

在今后一个时期内,工商界和政府的关系中,什么是中心问题呢?我看是公私关系问题,公私双方共事的关系问题。会议上提出许多意见,例如关于人事安排、工资待遇、清产核资、公债等等问题。这些问题将来也还会有;但是公私共事关系问题的比重,将会迅速地增加。

公私共事的关系问题,是工商界的切身问题。工商界注意这个问题,是完全有理由的。

这个问题,也是政府方面,首先是工商业务部门的重大问题。关系到如何团结全国工商业者使他们发挥作用,并帮助他们进行思想改造。这个问题在政府各业务部门并不是都已经引起注意了。有些同志还不愿意和私方人员共事,嫌和他们在一起麻烦。今后这个问题不是你愿意不愿意的问题,而是必须解决、推不掉的问题,现在不注意这个问题,工作就要受损失,将来就要作检讨。

统战部与工商联过去在公私关系方面做了许多工作,今后这不单是统战部门的工作,政府工商各业务部门在这方面的工作比统战部门可能还会多,首先,应该由工商业务部门担负起来。但是,如果公私共事关系搞好了,其他像安排、待遇等问题就会减少;因为共事关系搞好了,有问题可以随时在地方上就解决了,提到中央的就会大大减少。

需要采取些什么措施,搞好公私共事的关系呢?

(一)中央、省市两级政府的工商业务部门与工商联、同业公会、民建会定期举行座谈会。这个

座谈会应由工商业务部门定期召集,工商联、民建会可以督促、建议。座谈会可以是大型的,也可以是小型的。大型的像这一次的座谈会,小型的例如请工商联主任委员,副主任委员和民建会的领导人员来座谈,或者请工商联、民建会的领导人员加上部分地方组织的负责人。大会有好处,可以集思广益。小会也有好处,可以充分发言,反复讨论。

我赞成召开中小工商业者的座谈会,因为中小工商业者在工商界中占多数。我也赞成召开专业性质的座谈会。不同地区,规定不同时间,按照需要,可长可短,有的地方一年二三次,有的地方一年五六次。这样的座谈会,从中央、省、市、县和集镇都很需要,但是,不可能同时并进,需要先在中央、省市两级来开始。开好了,再推广下去。

我认为任何一次座谈会,都必须预先通知,预告座谈内容,让工商界方面有充分的时间来准备意见,匆匆忙忙开会,是开不好的。

座谈中涉及到的问题,能解决的就加以解决。但是,也不要希望每个问题都由工商业务部门全部答复,有些问题应该作为研究参考,为了酝酿成熟,有些问题可以暂时议而不决,以后再来决定。

(二) 在工、商业务部门领导下组织业务改进委员会。应该是按行按业的设立,有的中央和地方都可以组织,如纱布业业务改进委员会;有的只有地方有,中央不必都设。如广州、上海、天津等地,可以设外贸方面地方性的业务改进委员会;也有的专门设在中央的,只个别地方设立,一般地方可以不设。如工业方面的制糖业。

参加业务改进委员会的人员,少数在中央,多数在地方。也就是,有一部分人以中央的业务改进委员会的工作为主,他们有时到地方视察;但是多数的人是以地方为主,必要的时候到中央开会。多数人留在地方的目的,是使他们便于联系地方,掌握情况,避免和地方脱节。这种业务改进委员会,将来在各行各业都应该有,但是也不可能一下子都建立起来。我的意见先在几个专业公司试行,取得经验,再加以推广。

(三) 分别召集公私合营企业中公股代表和私股代表的专业会议,专门讨论公股、私股代表的各方面有关问题。为什么要开公股代表会议?我认为很重要。一方面绝大多数企业都合营了,总结经验,加以推广是需要的;但更重要的是大多数公股代表同私方相处的关系有问题,我相信公股代表中在公私共事问题上顽固恶劣的是极少数的,大多数是客客气气。这种客客气气就反映了公股代表有他们的困难。困难在什么地方?第一,企业里面有公股代表、私方、职工和党委等四方面。这四个方面所处的地位不同,对每个问题的看法和意见不一定相同。不同的看法和意见,不一定只在公私之间,而且也可能在业务人员与党委、职工之间,有不同的看法,这是可以理解的。并不奇怪。只要经过反复讨论是能取得一致的。但是公股代表在各方面有不同看法的处境中,工作就有困难。第二,公私合营工作虽然几年了,但是公私共事关系方面只有大的原则还没有一定的章程和制度。没有规定具体办法。公股代表对什么事应该做,什么事不能作,不够明确。由于以上这些情况,公股代表是既怕“左”,又怕右;“左”了不好,右了又怕丧失立场。所以需要召集公股会议,为的是对他们进行教育,解决他们的困难。公股代表会议的任务,简单说,就是总结经验,规定办法。

私股代表也需要开专业会议,在最初第一二次由各地工商联来召集较好,便于他们发言,提出问题,提出办法。这种私股代表专业会议,各省、市都可以开一两次,每次参加人数多少,什么人参加等等问题,都请工商联加以斟酌。

公股代表会议开始是小型的,比如 10 人左右,以便深入讨论。

公股、私股这两种专业会议,在 8 月 15 日以前都应该有一个初步结果。政府方面,国院四办和商业部各召开一次。现在商业部预备在 7 月中旬开,工业部准备在 8 月上旬开。私股代表会议何时开,请全国工商联考虑,加以布置。如果时间仓促的话,每地也不必都开。所提意见请他们交给地方,同时交给全国工商联。如果能这样做好,下次我们开会就可以着重讨论公私共事关系问题。

(四) 业务部门的有关业务方针政策的文件,要给私方领导人员看到。现在的情况是有许多私方人员看不到有关业务的文件。原因来自两方面:第一个原因是,应该给私方看的,公方没有让私方看;第二个原因是,过去业务部门不少的文件是经党委下达的,既是党的文件,私方人员自然看不到了。为什么要经党委下达?大家都知道,各种政策下达后,地方需要有个单位来平衡,这是必需的,不这样做,就要发生混乱。什么人来管这些事呢?就是地方党委。所以许多工、商业务部门的文件要下达到地方党委,不如此,工作就排不上队;今后还需要这样做。正因这些文件经过了党委,就变成了党的文件,公股代表就不敢给私方看。今后改正的办法,一方面仍经过党委下达,另方面也用政府各业务部门名义下达。这样做了还不够,还不能使每个私方代表都能看到应当看的文件。现在业务方面的文件不仅不能使每一个私方人员都看到,就是公方人员也不能每一个人都看到。所以今后还要将文件要点(不是原文)登报。我们并没有很多业务秘密。如此办,这不但私方人员需要,广大职工也需要

(五)公私关系的改进,公股代表是主要负责人员。但这不仅仅是公股代表一个人的事,公私关系是在企业中,企业中有四个方面,必须是公股代表、私方、工会、党委有关方面共同努力。只有这四个方面在每个问题上认识一致了,才能够完全改善公私关系。这就是说,不仅要公股努力,还要私方的努力和工会与党务部门的认识一致,才能达到目的。

以上讲的这些办法,统统是为了改善公私关系。虽然改善公私关系还需要经过一个时间和过程,但是我认为是能够做到的,有以下的原因:

第一,生产关系已经根本改变了,私方发表意见没有什么顾虑了,职工也容易理解。

第二,私方人员在生产技术和经营管理上是有一定能力和经验的。他们参加企业管理工作后,对国家是个包袱、还是财富?应该看做是财富。这个财富至少不比生产资料价值低。他们对国家经济建设事业是有帮助的。

生产关系有了改变,对私方人员看做财富,在这种认识之下,减少了公私共事的隔膜,公私关系就可以改善。现在公私双方团结的情况比较以前已经大大增进了。现在再附带谈两个问题:(一)中药业应归哪个部门领导问题?联合诊所的药柜和中药铺是有矛盾的。中药业原来归供销合作社管理,后来改归商业部门管理,现在正考虑中药铺是否归卫生部门管理比较好。因为联合诊所是县区级卫生部门主要医务机构(还不是区卫生所)。我国中医多,老百姓看病愿意找中医,中医和药铺联系上有历史习惯,有坐堂医生。卫生部应当把所有的药铺都管起来,统一安排。这个意见,国务院未经讨论,还未定案,请工商界加以考虑,希望能在七、八月中提出意见。(二)这次座谈会上提出大成行和中国铅笔公司的问题。应当加以调查。所有这些和工商界认为还应提出的其他案件,都请提出书面意见以便交给有关机关复查复议,弄清事实,使处理不恰当的问题,得到合理解决

国务院第四办公室主任贾拓夫的发言

(一)这次会议开得很好。我还是第一次参加这样的会,感到大有益处。过去我们业务部门只开专业会议,业务主管人员听业务部门内反映的意见多,听其他有关方面反映的意见少,这样就使我们对许多业务工作问题的看法和处理,往往不能全面,不能贯彻,甚至要发生偏差。最近陈云副总理指示我们:要听四方面的话:业务部门、工人、党委、资方。这是完全正确的,这样我们就可以把对同一问题的各方面不同的意见集中起来,经过分析批判,得出正确或比较正确的决定。然后执行。如果在执行中发现这种决定有行不通的地方,只要我们能随时倾听各方面的意见,也可以及时的加以注意和改正。其实这也就是党中央和毛主席经常教导我们的群众路线的工作方法。业务部门能否在目前条件下把自己的工作做好,我认为这是有极大重要性甚至在某种意义上是有决定性的一条。这也是克服我们工作中常常发生的主观主义和官僚主义最有效的方法之一。应当引起所有业务部门同志首先是负责同志的严重注意。今后这种会议在中央和省市两级经常化,是完全必要的。同时,我们必须认识,工商联和民建会是党和政府联系广大工商业者的桥梁,它是在过去已经起了很好作用,今后还要起积极的作用,我感到我们许多业务部门的同志对此认识不足是不对的,今后必须加以改进。

(二)私营工业在全行业合营后产生了许多新的问题,对这些问题的正确认识和正确处理是对社会主义改造事业的推进和合营企业的生产发展有决定意义的步骤。大家已就人事安排,工资福利,公私关系及工商关系等方面提出了许多意见,说明这些问题是当前迫切需要进一步加以解决的。但我想关于合营后的生产安排和生产改组问题也是一件大事,应当引起我们极大的注意。因为这个问题解决的不适当,就会使其他许多问题的解决增加困难,反之,这个问题解决得好,就会帮助和推动其他问题适当的解决。大家知道,这次高潮中新合营的企业,除上海有少数大厂外,绝大部分是小厂,每

厂平均不过15人，从城市到乡镇，分布面很广，有许多先天的弱点，如设备落后，手工操作多，工序不全，不能独立进行生产，经营管理混乱，劳动条件差，党团工会的基础弱，工人和资本家受到的政治教育较少等等，因此，对这些厂在合营后最迫切的问题是如何搞好生产经营，如要搞好生产经营，有些厂是需要也可能进行适当改组的，但是也有许多小厂并不是都需要合并，有些是现在不需要合并，有些是长期不需要合并的。可以并厂的只是那些厂房设备有条件，先进设备可以代替落后设备的手工生产，工序可以平衡衔接，能转变厂外协作为厂内协作，以及集中生产而不致影响品种质量和供销关系的少数行业和企业。至于农村县镇是适应农村经济需要而发展起来的，行业少，户数不多一般更没有并厂的必要，迁厂也要慎重，不要盲目乱搬。目前必须看到生产改组是一件极为细致和复杂的工作，特别是由于小厂多而分散，情况复杂，需要摸清行业的情况，考虑多方面的条件，决不能贪多图快，因此，在步骤上应该是先抓生产，通过生产摸清情况，做好改组规划和一切必要的准备工作之后，才能有领导的进行改组。在方法上必须是分期分批，有准备有步骤地进行。不能采取运动和突击的方式。

根据各地的情况和经验来看，凡是工艺性质相近或工艺过程相联的同一类型的产品，根据“以大带小”，“以先进带落后”的原则，采取平衡设备，集中使用技术力量，合理调整劳动力和加强管理等措施后，能够达到提高产量，改进质量和降低成本的目的，并在尽量不花钱和少花钱的条件下是应该并厂的，这样的并厂，对生产是有利的。但在并厂中要注意保留私营工业中的名牌厂、名牌货，适合人民需要的花色品种，优秀的工艺传统和特种产品以及便利群众的门市部和各种优良的生产经营制度等。还要注意原与私营工业有协作关系的家庭手工业，小厂业主的家属原来担任辅助劳动的必须加以照顾，不使他们收入减少。除少数行业和企业按照这些原则和条件可以并厂外，其余的绝大部分主要是采取“联”的办法，也就是说，采取“原地生产单独经营”或“分散生产分别核算或分散生产统一核算”的形式，先管起来进行企业内部的改造，如果需要并厂而厂房等条件不完全具备的时候，也可以先采取“统一核算，部分集中生产，部分分散生产”的形式，以待有条件时再进一步集中生产。为了保证改组工作能够有计划有步骤有领导的进行，应按地区有全业分期分批改组的规划，小行业应有具体的改组规划，需要并厂的应该有具体的行动计划，以便在改组前做好思想、组织、生产、人事安排和生活方面的准备工作。这种改组规划，必须经过公方、私方和工人三方面的讨论，并按照一定的程序经过审查批准后方可执行。某些厂房、设备破旧不安全的企业，可以提前改组，以保证安全。至于进一步如何进行技术改造，那应该在上述初步改组的基础上结合长远规划再考虑。我们希望工商联和民建会的成员对各地的生产改组和生产安排，加以更大的关心和注意，积极的发表意见，以便使各地的改组规划和改组工作能够沿着正确的方向前进。

（三）这次会议对工业方面也提了不少意见，特别是纺织和制革方面较多，我们已责成有关部门加以认真研究和解决。因为时间关系，就不在这里详说了。

国务院第八办公室副主任许涤新的发言

（一）关于定息

1.今年7月或者8月，一定要发上半年的定息，以后按季发息。核资工作尚未做好，私股股额尚未确定的行业或企业，可以对私股暂发一定数额的股息，等到股额确定以后，再按实调整，在第三季领息时补算。

2.公私合营企业的定息，一般从本年1月1日起计算，但是，如果今年合营的企业，在合营的时候，已经对合营前的盈余分配作了处理，或者资方要求对合营前的盈余仍然按“四马分肥”或者按惯例分配，则定息的起算日期，可以由公私双方协商确定。

3.公私合营企业私股的凭证，是要发的，我们的意见：凭证仍和企业保持联系为好，因此，主张凭证由企业或专业公司发给。凭证的形式不必统一，老公私合营企业已经对私股发给股票的，就不必再发新的凭证。

我们同意：在7、8月间，凭证来不及发的，可以先发股息，后办凭证手续。

4.核资定股以后，企业原有资产中的公债，如何处理？因为公债利息四厘，定息定为五厘，这一部分资金（以公债形式存在的）的利息，按什么标准支取，有人主张“定股暂不定息”，意思是说，先按公债利息支付；公债到期后，再按定息支取。我们认为:企业原有财产,包括公债在内,既已核资定股,就应当一律按照五厘支付定息。这就是不管到期不到期,用公债投在企业中的那部分资金,如同其他部分资金一样,定息五厘。个别企业定息超过五厘的,按它们所定的息率付息。

5. 老公私合营企业对私股的待处理财产,应该尽可能地加以清理,作价入股。这是国务院今年2月8日“关于私营企业实行公私合营的时候对财产清理估价几项主要问题的规定”中所规定的。现在要说明的是这项待处理财产的清理估价,应照上述规定办理。

(二)关于人事安排

1. 在资本主义工商业实行公私合营的时候,对私方在职人员包下来的政策,各地正在贯彻。贯彻包下来的政策,有利于对私方人员进行教育改造,也有利于企业的经营管理。但是,好事不能一下子就做完。企业已经实行公私合营了,所有这些企业的全部私方在职人员,首先应当包下来,量才录用。如果不用尽力量把这一部分人包下来,很好地加以安置,反而分散地使用力量把上述人员以外的私方人员,例如过去自己歇业的私方人员等同时包下来,这是不是公平合理呢?我看,可能是不够公平合理的。当然,我并不是说,对合营时在职人员以外的私方人员国家不管他们,不是的,逐步扩大就业,这是在我国的宪法上有了明确规定的,国家要分别采用社会就业的方式去解决,或者以别种方式帮助他们解决一些生活困难。现在还有不少失业工人也是用社会就业方式来解决的。

2. 对于实行公私合营的企业(包括资不抵债户),在合营时,所有在职的资本家和资方代理人;企业的董事、监事;在职的私方老弱人员,都应当量才录用;此外,判刑缓期执行的、或者刑满出狱的私方原来在职人员;出身于地主富农的在职人员;也要包下来安排工作。至于老合营企业在职人员,如果当时没有安排,现在没有职业,同样地也要给以工作。

3. 对于已经得到安排,但安排得不合理的,各地业务部门要进行调整。这是一个相当复杂细致的问题,对于工商界私方人员的特点、能力和业务经验,主管业务机关不可能了解得很深刻,而各地工商联、民建会则在这方面可能了解得比较深刻,因此,对于安排得不合理的问题,要求各地工商联民建会协助业务部门,做好这一工作,要求工商联民建会进行调查,发觉问题,提出意见。

(三)关于公私合营企业私方人员的疾病医疗问题

陈云副总理在人代会的发言中,提出“企业核定资产在2000元以下的私方人员,本人的疾病医疗和病假期内的工资支付办法,都应该按照本企业中的职工的待遇同样办理。同时,企业核定资产虽然超过了2000元而有困难的私方人员,本人的疾病医疗和病假期内工资支付办法,也可以参照本企业职工的待遇办理。”

陈云同志发言中所提的2000元,是指私方人员的个人股金,而不是指一个企业的整个私股股金,这一点,陈云同志在前几天的座谈会上已经说明过了。

对于陈副总理所提的这个办法,有的朋友要求把范围扩大,有的主张取消2000元的界限;有的主张把2000元提高到5000元。

我们研究过这个问题,也曾考虑过如这次会上所提的意见,研究的结果,感到在资产阶级还存在的时候,没有一个界限是不好的,在现在,资本家还有定息,如果全部人员都同职工一样,享受这个待遇,在职工群众方面看来,是很难理解的。

我们认为2000元界限,在现在看来是比较妥当的,因为差不多90%左右的资方人员都享受了这个待遇;而2000元以上的私方人员(这不限于5000元,也可在5000元以上)如有困难,本人的疾病医疗和病假期内工资支付办法,也可参照本企业职工的待遇办理。原企业设有医疗所,资方人员已经参加医疗的可以继续享受。

至于私方困难的条件是什么?私方人员对于彼此之间有无困难,困难多大,那是最清楚不过的,加以现在大家的觉悟都已经有所提高,我们相信这个问题是能够实事求是地得到解决的。

(四)关于董事会和董事的待遇

1. 董事会还要存在,它的任务是对私方人员进行协商和教育。这种任务作用,说明董事会仍有需要。

2. 对于企业原来的董事会,它的董事,过去有车马费的,照样支给;过去有车马费而合营后取消的,可以恢复车马费。

3. 专业公司董事会的董事,可以给车马费;董事如果没有兼职的,可以发工资。

(五)公私合营企业私方人员的社会活动同企业工作时间的安排问题

1. 在原则上,社会活动同企业工作必须兼顾,大家都搞社会活动不搞企业工作，是不可能的；大家都搞企业工作不搞社会活动，也是不可能的。陈副总理已经指示我们"三七开；倒三七；对半开"。还有一些人可以全部搞社会活动的。

2. 如何安排这个比例呢？我们提议由各地工商联、民建会进行调查，提出一个方案，请当地业务部门和统战部门协商解决。

(六)资方代理人摘帽子问题

对这个问题，我们认为暂时不处理为好。

这个问题，陈毅、李维汉同志等在今年工商界青年积极分子大会上讲得很多，到会的同志很同意他们的看法，因此，我不打算再在这里多说了。胡厥文先生曾经引孙悟空的比喻来说明改造到瓜熟蒂落，帽子自然会掉下来。我们同意他的看法。

资方代理人过去做了很多工作，希望把好事做到底吧。

(七)关于1955年企业的利润分配

1.1955年私营企业和公私合营企业，如果有盈余的，应该根据"四马分肥"的原则或者惯例办理，一定要分。现在有些企业借口缺乏流动资金而不分，是不对的，缺乏流动资金并不能作为不执行"四马分肥"原则的理由。企业要设法分配1955年的盈余。

2.分配去年的股息，要使股东得到一部分现金。

3.对于1955年盈余没有分配的企业，请你们对主管部门反映情况，以便处理。

(八)关于工商联的问题

1. 我们同意工商界许多朋友的看法，在社会主义改造高潮到来以后，工商联不是没有事情可干，而是，工作的内容更加深入了。关于今后工商联的任务，现在"全联"方面正在讨论。

2. 工商联的经费，由"全联"研究提出办法来解决。

3. 工商联的机关干部，现在应当把他们作为国家干部的一部分，加以对待和使用，他们的政治待遇和物质待遇，原则上应当同其他国家干部一视同仁，对他们歧视是不对的。

商业部部长曾山的发言

各位朋友、各位同志：

在这次座谈会上，各位提出了不少宝贵的意见。现在我仅就商业方面的几个问题，发表几点意见。

(一)关于小商小贩问题

我们完全同意陈云副总理在全国人民代表大会上的发言。发言中规定的办法贯彻执行后，小商小贩现有的困难，基本上可以解决。除了陈云副总理在发言中已经说到的以外，我们还准备实行以下的办法：

1.国营商业、供销合作社、公私合营商业和小商小贩之间在销售商品上应当大体上有一个分工。有些由小商小贩出卖的零星商品，国营商业、供销合作社、公私合营商业在零售方面可以少卖或不卖。零星商品的批零差价应当适当扩大，恢复与全行业合营以前相类似的状况。

2.国营商业和供销合作社指定的合作小组批发站(或称中心商店)，应当按照各地小商贩不同的收入情况，区别小商贩中依靠商业为主要收入或以商业为辅助收入的不同情况，使各地各类的小商贩都能获得必需的收入。采取的办法，除了陈云副总理已经指出的各项办法外，在小商贩不能维持的地方，可以适当扩大代购、代销费。

3. 通过以上办法，在一个地区和一个行业中，仍有困难的，由国营商业、供销合作社吸收一部分，合并一部分，还可以通过调整商业网向外地迁移一部分。以便把小商贩完全安排下来，使他们得到应得的收入。这个措施，也包括服务性行业在内。

4. 公私合营商店和合作商店原有的辅助劳动，现在还未安排的，尽可能吸收安排为辅助劳动，或安排作其他工作。

5.由于农业生产合作化的高潮，农民要求商业网下乡，挑担子，设铺子，都很欢迎。这些人的来源，可由县城、集镇合作小组派下去，并吸收农村中原来的经商户作为供销合作社的经销、代购、代销店或流动的肩挑小贩。

(二)关于工商关系及选购问题

我们完全同意陈云副总理在全国人民代表大会上的第二次发言。我们认为陈云副总理提出的八条办法是克服目前工业生产中花色品种减少、产品质量下降的现象和商业中货不对路、这里积压、那里脱销的现象的主要办法。在实行这种办法之初，由于经验不足，困难是会有的，市场上也可能发生某些混乱现象。但只要全国各地工业、商业部门和工商界人士在一起共同协商，实事求是地商定妥善可行的办法，从小规模的试验开始，有步骤的逐步试办,我们相信困难是可以克服的,市场上的混乱现象是可以减少的,新的商品流通的规律是可以摸索出来的。在实施办法上,我们有以下几点意见:

1.继续采取统购包销办法的大宗商品,从现在起,就可以由工、商两部门协商,把加工订货办法逐步改成作价收购办法,把商业利润的大部分转移到工业方面。我们建议首先从棉纺织业做起。

2.实行选购的商品,可在今年下半年重点试办若干种。具体品种请工业部门提出意见。在试办的初期品种不宜太多,以免对生产和市场的影响面过宽,但也不宜过少,以免选购的单位不够往返路费,无法达到选购的目的。

3.适宜于实行选购的商品,但目前还不立即实行向工业生产部门选购的,我们拟选择针棉织品先行试办商业部门的内部选购。即商业部门对工业部门仍然采取完全包销的办法,但在商业部门批发站、国营商店、供销合作社、公私合营商店、合作商店与合作小组之间,完全开放在一定计划指标控制下的自由选购。

4.凡是实行选购的商品,我们认为工厂可以自销,也可以委托商业部门代销;可以批发,也可以零售;可以由一个工厂自己推销,可以几个工厂联合推销。采取以上任何一种办法为宜,应当由工厂根据经济原则来确定。商业部门认为工厂多设推销机构对工业专心改善生产是有一些妨碍的,同时也会使市场混乱,因此对于选购剩下的商品,商业部门将以竞争性的较低的手续费来承担代销工作,尽量做到工厂乐于委托商业部门代销。为了使商业部门在销售上有积极性,我们将在各地组织专门为工厂推销服务的代销商店,这种代销商店只依靠很低的代销手续费来维持开支。

5.同意为选购商品设立邮购部,并经常召开物资交流会。

以上只是我们的初步意见,提供各位参考。商业部现已召开各省市商业厅、局长会议,拟对这个问题作专题研究。我们希望工业部门和工商界人士也广泛地展开讨论,以求共同拟订出妥善的实施办法。

(三)其他几个问题

1.已经分配工作的批发私商,分配得不恰当的,或薪金待遇过低的,责成分配地点的商业厅局和专业公司加以调整。其中有业务经验的人,应当分配到从事原来业务的工作岗位。凡是应当安置而尚未安置的批发私商,应加以安置。

2.目前首先解决国营商业的工时问题,在大中城市中实行八小时工作制,但必须采取各种办法,达到不减少商店对外营业时间。在取得经验后,再解决定股定息的公私合营商业和合作商店的工时问题。经销、代销小商贩的工时,不宜于作统一规定。

3.省、市以上各商业专业公司和批发站,都准备立即着手组织业务改进委员会,在企业负责人的领导下,吸收有经验的国营商业工作人员、私方人员和店员参加,以便学习我国商业中原有的有用的经验来改进和提高商业工作的水平。

以上各点,请各位指正。

对外贸易部部长叶季壮的发言

这次座谈会上,对于对外贸易工作提出了若干批评的意见和改进的建议。其中有很多好意见,我们很欢迎,并且希望能够经常听到各方更多的批评意见,帮助我们进一步改进对外贸易工作。

开国以来,对外贸易工作有了很大发展,现在同60多个国家有着贸易关系,在对外贸易发展过程中,我们先后根据共同纲领和宪法的规定,贯彻执行了:对外贸易管制和保护贸易的政策,在平等互利的基础上同任何国家进行贸易的政策,以及利用、限制、改造私营进出口商的政策。这样执行的结果,我国对外贸易就由殖民地半殖民地的对外贸易转变成为独立自主的对外贸易,防止了帝国主义对我国进行经济侵袭,基本上肃清了帝国主义在中国的经济势力,配合外交活动展开了对资本主义国家的对外贸易斗争,并且加强了同兄弟国家经济上的互助合作;在保护我国工农业生产的迅速恢复和发展以及加强国防建设方面,起了一定的作用。在进出口业务的改进和提高方面,也取得了不少成绩。国营对外贸易公司是年轻的组织,许多业务领导人员和工作人员,过去根本没有学过和做过对外贸易业务,几年来,由于他们在工作中的积极钻研,业务知识已经初步具备了一些,当然还很不够。

开国以来,私营进出口商对国家是有贡献的。他们售出和买进了不少商品,对国家经济建设和市场供应都起了有益的作用。几年来,国家对私营进出口商采取了利用、限制、改造的政策,但私营进出口商的发展是经过不同的阶段的。解放初期,由于排挤了洋商在对外贸易中的垄断地位,使私营进出口商能够发展起来;抗美援朝开始以后,国际市场物价飞速上涨,买卖获利机会转多,同时因为那时远洋贸易一时受到阻碍,近距离贸易骤然增加,因而当时私营进出口商得到更大的发展。自从1952年下半年以后直到现在,国际市场物价不断下跌,买卖上赚钱的机会不多,而且一般是容易亏本的,特别是出口业务,绝大部分要亏本,这种情况,人所共知。当时我们政府为了扶持进出口商,采取了代购代销、给予一定手续费的办法,维持了大部分私营进口商。可是由于国家统一对外谈判的业务一天天多起来,各口岸的贸易业务就相应减少,因此在私营进出口商所经营的近距离的对资本主义国家贸易的业务中,就显出人多事少的现象,这时,尽管通过代购代销的办法维持了大部分商号,但还是有一小部分商号垮了。同时由于国营公司委托私营的代出代进,有的分配不均匀,有些地方所给的手续费少了一点,这也是使某些私营进出口商遇到困难的原因之一。为此我们在1954年和1955年曾专门进行过几次检查,订出全面安排业务的办法,直到现在还在执行着。

根据上边所说的来看,我们在对外贸易方面,是作了些工作的,几年来对外贸易工作的一些措施,现在看来,基本上是符合国家规定的总路线和总政策的。

但是,在另一方面,在对外贸易工作中的确存在着许多严重的缺点和个别的错误。各位朋友所指出的缺点和错误只是其中的一部分。概括起来,目前存在以下几个主要问题:1.在公私合营的进出口企业中组织机构和人事安排还欠妥善;2.由于对国外市场了解不完全,在国内与有关部门配合不够好,致使出口货源和供应还有不少问题;3.某些出口商品的品质规格还不够好;4.业务经营管理水平还不够高;5.在对待侨商的工作中还有些欠周到之处。我现在分别说明这些问题的情况和解决这些问题的意见。

(一)关于发挥公私合营进出口专业公司的作用问题

为了充分调动公私合营进出口专业公司和私营进出口商从业人员的积极因素,准备作以下工作:

1.以商品为对象,把现在的合营公司再分得细一点,以发挥合营公司的特长。目前 合营公司并店太大(天津8个,上海7个,广东省24个,共包括835家商户),分工太粗,以致不能发挥特长,不容易适应国内国外各种各样的业务要求。因此,我们根据陈云副总理 指示的原则,决定在定息的基础上,适当恢复一些进出口商号,对外以原字号出现,按其特长,分给其一定商品(如仪器、图书资料样品、某些文教用品、化学试剂、手工艺品、日用百货、小土产等),规定其每年任务,领导其积极经营。公私合营的进出口公司,都算为国营公司的支公司,受口岸各有关分公司领导。

2.国营总公司适当下放业务,充分发挥国营分公司和公私合营公司的作用。按照过去的情况,业务较多地集中在总公司还可以;现在情况变了,过多地集中的作法已不能完全适应新的情况,而且适当下放的条件也已具备。因此,在对资贸易方面,总公司除了掌握一些由中央调拨供应的、大宗的商品,以便集中同亚非国家、西方国家以及各外国民间团体谈判外,其余都下放到各省市国营进出口公司和公私合营公司经营,中央谈判的,但对方国家是私商经营的,也可以下放,有些大宗商品如自行车、缝纫机等,也可下放,以发挥各口岸国营进出口分公司和公私合营公司的积极性,并改变公私合营公司无事可做或人多事少的现象。具体办法,另行讨论和决定。新办法实行之后,合营公司的业务活动、盈亏仍然统一由总公司核算。总公司要定期派人到各地检查督促业务的进行。

3.为了把对外贸易业务搞好,拟在各口岸和某些省对外贸易局成立业务改进委员会,吸收公方和私方在对外贸易工作上有专长有经验的人员参加,定期研究和检查业务工作,发现问题,提出改进方案和办法,供领导上参考采用。在各级企业里,成立业务研究室,吸收公私两方对业务有经验的人员参加,研究商品行情、销路、品质、规格、包装和经营方式等问题。拟选拔一批比较好的私方人员到对外贸易各级行政和企业内,担任一定领导工作。这一工作已经进行了一部分,还要继续做。

4.为发挥进出口商和职工的作用,准备在公私合营的企业中选调一批有一定业务知识和文化水平的人员,到对外贸易学院或各口岸的对外贸易干部学校学习,培养对外贸易专业人才和翻译人材。

(二)关于出口货源供应问题

随着我国工农业生产的发展,出口货源供应,逐年都有所增长,保证了出口任务的完成,并换回国家建设所必需的大量物资。外贸部门几年来在出口工作上一般说来都是能够按照出口合同规定执行,对国外交货情况一年比一年进步。但是有没有不按合同交货的现象呢?这种现象个别还是有的。原因是:(1)有的商品出口计划订的偏大,结果货源不能完全收购上;(2)内销比较紧张时,往往削减外销,使对外合同的履行受到影响;(3)个别公司和个别干部对遵守合同信用的重要性认识不足,的确曾经发生过不按照合同规定的数量、质量和时间交货的现象。我们一发现这类情况,都立即进行了检查纠正,并且通报进行批评教育。今后我们仍将继续加强对干部的思想教育,使他们充分认识到按照合同规定交货,是我们法律上的责任。

在出口方面是不是有盲目出口的现象呢?总的说来,我们每年出口都是根据国外需要情况,订出计划来组织出口的,但是由于我们对资本主义市场情况的变化了解不够全面、不够及时、不够准确,因而在出口工作上还存在着一定的盲目性。例如:1955年我们对新加坡和马来亚市场出口的啤酒在上半年只出了3000多箱,食品罐头在上半年也只出了395吨;但是到了下半年,由于亚非会议的影响,华侨纷纷竞购国货,而我们的公司对国外市场情况了解不够,同时错误地认为侨商大量订货是符合当地供需情况的,对国外侨商的订货基本上采取了有求必应的态度,按照侨商的要求盲目大量发货(如去年六七月间,马来亚永美、南康、丘宗庭等侨商曾来信要求多供啤酒,不同牌号,不问数量,全部接受),没有很好加以掌握和控制,没有对侨商说明去货太多,会发生供过于求的现象,因此,啤酒出口了51000多箱,罐头出口了994吨;再加其他资本主义国家的啤酒、罐头在这些市场上大量倾销,而我们出口的某些品种不完全适合国外消费者的口味(如红烧扣肉、鸡罐头等),因此造成积压,购进商为了避免资金积压,纷纷低价抛售,使他们在经济上受到一定损失。这种现象,固然主要应由侨商负责,而我们因为没有预见到可能发生的后果,没有提醒侨商注意坏的情况到来的可能性,我们也应负一定责任。对这些问题,我们为了照顾侨商的困难,都已采取了必要的措施(啤酒在去年10月就已停止发货,到今年5月底止,在星马市场上还积存3000多箱,其中大部分已经变质,已与新加坡包销商中南、南康等负责人商妥,进行换货,将已变质的货退回国内处理;对积压的罐头,也已通知香港总代理处与包销商洽商,凡是变质不能销的也可以退换)。现在我们正继续采取着如下改进措施:(1)尽可能按照国外市场客量均匀组织出口;(2)和国外侨商保持密切联系,同时要求侨商向祖国购货时一定要考虑到当地市场容量,他们对此应该比国内了解得更清楚。

关于有些朋友反映,有的出口物资库存积压很多的问题,实际情况是这样的:外贸部门为适应商品周转上的需要,每年都按计划保持一定的库存物资。但是其中还有少数物资是积压的。这些积压物资,有一部分是计划以外的,是为了照顾地方困难而收购的不合规格的物资(如1954年水灾后死牛很多,收购的牛皮也大量增加,按照上级指示,牛皮主要是供应军需的,除经核准作为民用或出口之外,不能随便移作他用,当时军用皮革减少了,因此积压起来)。当然,库存变质的部分,没有及时处理,是与仓库管理工作上存在官僚主义分不开的,主管机关应该不能逃避责任。我们很重视毕鸣岐先生所反映的天津库存皮张的情况。关于这件事情,今年5月份外贸部门和各有关部门曾共同到天津检查过,当时天津库存皮张有600万张,其中有440万张是合乎对苏联和人民民主国家出口的,正在挑选交货;有160万张有问题,其中:有40万张虽是等外皮,仍可按质论价向资本主义国家出口(现已出口20万张);有14万多张已失去制革或制裘价值,只能用作熬胶;其余106万张只能移作内销。实际情况如此。

为了保证今后货源的供应,我们的意见是:

1. 支持生产,努力增加出口商品,是外贸部的责任。外贸部门要根据国外需要情况,配合有关部门有计划的组织出口物资的生产,但也不能盲目地发展,造成积压。对于目前在国外没有销路的物资,只能先组织试销,等销路打开以后再发展生产。像女工地毯,过去主要销往美国,目前由于美国限制进口,并且由于资本主义国家经济困难,近年来其他西方国家也在加强限制进口,女工地毯外销,困难很多,因此在什么程度上恢复和发展女工地毯生产,似应慎重考虑。

2. 出口是为了进口,我们的出口原则,一般的是内销服从外销,但有关人民生活的必需品如粮食、油脂、肉类和某些缺货药材等是实行限量出口的。在实际执行中,我们对国内十分急需的一些物资,是尽可能顾到国内市场需要的。例如,今年中药材出口计划数量就比去年有所减少，其中国内需要的主要品种如麝香、鹿茸、茯苓、白术、黄连、山药等减少了30%。药材是关系广大人民生命的，如果国内确实需要很多以致供不应求时，自当按照实际情况减少出口或停止出口。

3. 严格遵守对外合同信用，从各方面保证出口合同的履行。但国内国外情况变化很多，如钢铁、水泥等，去年国内大量积压，有关部分要求多出口，但在与国外签订了合同之后，由于国内基本建设大大增加，又发生货源不足的现象，不能不取消合同或延期交货。根据我们国内情况，这类事情，将来也还有可能重复发生的。为了保护合同对方的利益，我们规定了一条原则，其原则是：万一影响到合同的履行时，我们必须根据合同规定，负赔偿责任。

(三)出口商品规格质量和包装问题

有几位朋友提出我国出口商品质量、规格、包装不好需要改进。这个意见很重要。物美价廉是打开和巩固出口商品销路的关键。我国许多出口商品的质量、规格和包装是好的，得到许多国家政府、商人和消费者的称赞。但是也有一些出口商品的质量、规格、包装还很差。如出口商品中曾发现过下列的个别现象：绸缎花样、颜色古老，染色牢度不够；出口罐头有不卫生现象；出口玻璃变质和粘在一起；出口铁丝有软有硬，每批品质不同；出口金笔，笔杆变软发弯，形成“龙头拐杖”；出口瓷器，铁钉包装不牢，不便远洋运输；出口茶叶的包装，不适合于潮湿地区的保管。此外，也还有不能按照合同交货的个别现象。上述情况虽然是个别的，而且有的已经在改进中，但是已经在经济上和政治上造成一定的损失，我们对此，绝没有因为是个别毛病而加以忽视，相反的，每有发现即认真处理。在工业品出口方面我们已与有关部门商定了几条办法，并经国务院批准实施。这些办法的要点如下：

1. 为了改善出口商品的质量规格，改善包装，各有关工业部门应当有专管出口供货的机构，督促出口工业品的生产和供应货源的工作。并指定专门工厂或专门车间来生产出口的商品。

2. 各有关工业部门与外贸部对于有关出口商品计划，要衔接起来，以避免不能按照合同出口的现象。

3. 不断提高质量、改善款式、包装，并要附印中外文科学说明，使能适合外销。质量不好，规格不合的商品，不准出口。

以上办法我们正在会同有关各部具体布置执行。

(四)经营方式和管理办法

几年来在进口、出口、运输、商品检验和海关工作方面都有不少进步。有些过时的行政管理制度和办法也在不断改进着。但是在执行中还存在着很多缺点，如果没有按制度执行，请各位具体提出来，我们当检查纠正。目前经营上主要缺点，正如有几位朋友所说的是对国际市场情况了解不够全面、不够及时，经营方式有些呆板，答复函电比较迟缓。

怎样改进呢？我们打算继续贯彻执行以下办法：(1)加强对国际市场供销情况的调查，更加有计划地出口，在价格适当的基础上，稳价多销，以便继续扩大国外市场。(2)我们曾经规定了各公司限时答复国外函电的制度，今后当严格检查督促各公司执行，反对拖延积压。(3)慎重成交，严守合同信用，如有违反，应负法律上的责任。(4)在新的形势下，根据不同商品不同市场的情况，灵活采取各种便利于开展贸易的买卖方式和支付办法，进一步去掉一些过时的办法。(5)根据新的情况，简化经营手续，督促商检局和海关严格执行制度，尽量缩短报验的时间。(6)接受建议，同交通、铁道两部研究，加速装卸车船的时间，改进运输计划制度，以提高工作效率，加速商品流转。

(五)关于侨商问题

侨商热爱祖国，几年来愿意在我国对东南亚和港澳地区的贸易方面对祖国有所贡献，我们是热情欢迎的。几年来我们也注意到在适当的条件下使侨商增加业务，发挥他们为祖国服务的积极性。

关于侨商问题，过去在中财委研究华侨回国投资问题时，陈云副总理早就指出过，必须十分慎重，首先要在有把握不至于赔本的条件下才好接受他们的投资。几年来，我们在贸易方面也十分注意这个原则。由于进出口生意风险很多，特别从1952年下半年以后，国际市价基本上趋向不断下降，不论进出口货物，在买卖过程中，常常落价很大，很容易亏本，因此更是十分慎重。

六年多以来，总的来说，华侨经营祖国商品一般的是可以赚钱的，特别是抗美援朝期间，港澳华商大多数是获利的。当然也会有个别赔钱的。赔钱的原因很多，有的是由于侨商盲目经营所致，例如经营中缅贸易的茂恒商行某些业务的亏本问题，经过有关方面检查，主要是该商号经营不善所致。1951年该号在经营棉花业务获得相当的利润后，1952年就主观上估计棉价仍会大涨，未经国营公司委托，采购了棉花2万件，后来棉价下跌，该商号亏了本。后来他们也已承认这是自己经营不善所造成的。该商号在1955年也有类似事情发生，很明显，这是该商号盲目经营所造成的。有些侨商的赔本，虽然与国营公司方面缺点有些关系，但主要还是他们自己经营不善，如上述关于罐头、啤酒经营的例子。由于国营公司的错误而造成侨商的损失，是不是有呢？我说可能有。特别是在某些地方国营公司确实曾经发生过这样的事情。如陈祖沛先生反映：梁灿辉先生的大德行，1955年该商号最后一笔交易是向广东海产公司买了三宗货物，其中两项是赚钱的，一项是赔钱的，估计总共可赚15万港币。但因广东海产公司收不上货来，结果赔钱的货是交了，赚钱的虾米，只交了一半。这个时候，正好国营食品出口公司从另一小口岸出口了一部分虾米。虽然没有事实证明是海产公司有货不交，但广东海产公司不履行合同规定的义务，无论如何都是有责任的。又如陈祖沛先生反映：福建侨商林诚致出口一批福建柑子，货到坏了，亏损港币5万元。这件事责任如果在于地方国营公司的话，则公司必须负责赔偿，我们当通知地方有关机关查明处理。此外，也还有许多其他致使侨商亏本的原因，如上面所说的国际市价不断跌落、国营远洋贸易发展，进货价格一般的比港澳华南就地进货价格低廉等，都是比较主要的原因。

其次，我们要十分慎重处理的是侨商与驻在国的关系。因为侨商同祖国直接做生意，在东南亚许多国家的商人看来是与他们有利害矛盾的，因而他们是有顾忌的，特别是有许多国家政府的法令对侨商营业加以严格限制。我们在海外的侨商既然有遵守侨居国的法令的义务，而我国政府基于和平共处五项原则又不应干涉别国内政，所以我们照顾侨商时绝不能违反我们的外交政策。

这里，我还要讲一讲橡胶问题。自从橡胶解禁以后，许多侨商纷纷要做橡胶生意，我们当然是欢迎的，但是国家橡胶用量和储备量是有限量的，同时由于各种原因，必须分向各个国家购买，因此，我们可以购买的数量与侨商要求购买的数量，可能有个距离，这些情况必须请大家予以谅解。

关于港澳华商进口的禁运物资，政府基本上是给予便利的，因为我们也完全了解，这些物资运到国内并不容易，更不应令他退回去。关于这个问题，在反禁运开始的时候，中央贸易部对有关贸易局和公司曾有过明确的指示，各口岸在执行时的确是多方给予照顾的，当时几乎宽到“来啥收啥”，有些货物根本没有许可证就自动运入，很多货物没有经过检验就收下来了。但是后来发觉进口物资中有滥竽充数的现象，有的品质低劣，有的已经损坏，也有用假货冒充的，而且价格极高，运到内地后各用货部门拒绝接受，外贸机构受到责难，因而不能不在进口时加以检验，在此情况下，口岸的贸管局、海关和商检局在执行时掌握过严是可能的，据我们所知道的对西药的规格等曾有掌握过严的情形，我们也曾迅速给以纠正。但这只是个别现象，特别是对石油、五金等类物资，一般的还是执行了以前中央贸易部的指示尽量给予方便的。我在这里再一次郑重申明，如果确有商人因为被外贸机构无理阻难而受损失的，请将事实写来，我们定必复查、合理处理。

总之，我们工作的缺点是不少的，需要经常得到各方面的批评和建议，才能得到改进。我们欢迎原进出口商中的人员来我们行政和业务部门参加领导工作，并且愿意互相学习，互相帮助，共同努力做好对外贸易工作。

最后，我要说一下，毕鸣岐先生所提和天津外贸局关系的问题，我们很重视毕鸣岐先生这些反映，我们李哲人副部长很快就向天津有关各方面进行查询，可是根据天津的反映情况却不一样。我们很重视这个事，我们已通知了天津必须根据实事求是、团结合作的原则，把这个是非弄清楚，以便于今后大家好好的共同工作。

财政部副部长吴波的发言

（一）税务干部的作风问题

在这次座谈会中，有的先生对我们税务工作提出了批评，我认为很好。我们的税务工作确有缺点，而且缺点很多，例如：有些税务干部作风生硬，不民主；征税的时候，有时强调税收任务，超过了政策界限，把不应当征税的也征了税等等；这些情况都有。甚至于在税务工作还发生过严重的强迫命令、违法乱纪的情况。虽然这几年来我们对这些问题进行了检查，不断作了纠正，在工作上有所改进，但是缺点仍然不少。产生这些缺点的原因，我认为除了由于经济情况复杂，税法上有些规定不够具体，在执行中容易发生偏差外，主要的还是由于我们对于政策和任务的一致性贯彻不够，对于和工商界协商办税的精神贯彻不够，而所以贯彻不够，则又是因为我们领导机关对下面检查不够。这些缺点主要应当由我们领导机关负责。自从资本主义工商业改造进入高潮后，为了在税务工作上配合改造，我们正在研究彻底解决这个问题，例如现在已经决定：今后征税一律停止采用民主评议的办法，对合营企业和合作社（包括合作商店）一律采用查账征收的办法，对小商小贩一律采用简单易行的定期定额征收的办法；在所得税上对于企业开支的计算标准也放宽了，今后可以比照国营企业的标准办理，或者按照主管企业部门所规定的标准办理。这些办法，有的已经通知下去，有的正在发通知，今后仍然希望工商联和民建会的朋友们对我们多多反映情况，多提意见，以便更好地加以贯彻。

（二）回答几个具体问题

1. 税务上的问题。毕鸣岐先生对天津市税务工作所提的一些具体问题，例如，福安商行进口橡胶征税的问题，根据我们了解，和毕先生所说的情况还有一些出入，为了把这些问题彻底弄清楚，我们准备再进行复查，以便公平合理的解决这个问题。

2. 工商界的公债任务问题。今年年初计划对工商界推销公债2亿元，后来因为听到工商界反映有些重，已经由2亿元减到1.54亿元。公债任务减少后，有些地方反映完成任务仍有困难，为了彻底解决这个问题，现在我们又采取了以下几条办法：

(1) 工商业者动用1955年股息红利买公债，一般应当在50%左右，有些工商业者所得股息红利多，如果愿意多买的，也可以多买，但最高不能超过80%，有些工商业者所得股息红利少，如果生活有困难，也可以少买或不买；

(2) 动用1956年定息买公债，最高不能超过今年定息的50%，如果股息收入少，生活有困难，可以少买或不买；

(3) 如果动用1955年股息红利或者动用1956年定息购买公债超过上述比例，应该坚决减下来，以保证工商业者在购买公债后还能拿到一定的现金；

(4) 根据以上几条办法去做，如果有些地方完成核减以后的公债任务还有困难，应当采取实事求是的态度，能认购多少就认购多少。

这几条办法已经通知下去，请各位考虑这样做，能不能解决问题。

华侨事务委员会副主任方方的发言

（一）由于资本主义体系的经济危机，资本主义市场的日趋狭窄，以及某些侨居地政府为了发展民族经济，限制华侨所经营的企业，造成广大华侨在国外的经济处境日益困难，如经营范围的缩小，税收的加重，商品售价的限制等，都使得华侨企业的生存和资金出路产生了新的困难。

国家为了保护华侨的正当权利和利益，并根据国家的基本政策，和可能照顾的限度定了优待华侨投资的办法，以积极为华侨解决这一迫切的问题。

几年来，华侨回国投资的资金虽然不大，但对侨乡地方经济建设的发展，也起了一定作用。因此，我们必须加强对华侨投资的辅导工作，并请求国务院根据广东、福建所颁布的优待华侨投资的条例，即：华侨向国营华侨投资公司投资的股金，到社会主义建成后仍为投资人所有，投资股金，股息年利八厘，对于要求就业的华侨股东，也根据企业的需要和可能，优先安置他们工作。

（二）但是对于解放后，华侨向私营企业投资的资金，应否和国营华侨投资公司享受同样待遇，有关地区虽屡次反映这种要求，但中侨委与有关部门磋商之后，一致认为：此类企业，在合营之前尚未纳入国家经济规划之内，加以情况极为复杂，有的赚钱不少，有的亏本；有的解放前后各投资多少分不清楚；有的是纯侨资企业，有的是部分侨资；有的是国内外联号，资金经常来往调拨；且解放时逃资出国，数量不少，更难于区别。因此，过去对此类企业，采取适当帮助，盈亏自己负责的办法，现在，在全业合营以后，如果要和国营华侨投资公司同样待遇，还值得研究。

目前此类投资人绝大多数的要求，是在全行业合营时，对于在企业内工作的从业人员，要适当的安置他们的工作，以保障他们的生活和职业。股息的幅度，也要求稍高于国内一般企业的定息标准。这些要求，主要的陈云副总理在此次人代会发言中已经加以解决。我们将督促各地坚决加以贯彻执行，对个别仍有困难的，再另行研究解决。

（三）今年1、2月份，我们曾经采纳广东、福建建议，以草案形式提出，解放后华侨投资的私营企业合营之后，可以定为年利股息八厘的初步意见，用以征求有关方面的意见，但有的地区在我们未将磋商结果告诉他们，就向外宣布了，这是由于我们没有再三明确交代所造成的缺点，今后应该注意。

中华全国总工会书记处书记栗再温的发言

(一)职工与私方人员关系问题

工会几年来根据国家对资本主义工商业社会主义改造的政策，在职工中提出团结私方搞好生产的方针。我们认为各级工会组织对这一方针基本上还执行得好。当然不是所有的私营企业都是如此。而在职工少，工会工作弱的厂店中，团结私方搞好生产的方针贯彻得不好。职工与私方人员的紧张情绪还是存在的。从工会方面检查，工会工作有缺点，工作做得不够。

在全国社会主义改造高潮中，全国总工会为了解决新的公私合营企业中职工团结问题，职工与私方人员的关系问题，即时向工会各级组织发出指示，并同时在1月3日、21日的工人日报连发社论，向全国职工阐述团结、教育、改造私方人员的重要意义。这不是说工会发了指示和社论就够了，问题就解决了。各位提出，要工会对职工进行团结私方人员的教育，这个意见很好，我们一定在这方面加强工作。劳资双方斗争了这么多年，私营企业社会主义改造实行公私合营后，想把历史上遗留下的劳资关系的一切痕迹一下子消除掉是不可能的。现在确有一部分工会干部和职工，不愿和私方人员接近，不愿去做团结、教育私方人员的工作。对受过剥削和压迫的职工来说，有这种情绪是可以理解的，但是这种情绪我们认为对伟大的社会主义建设事业却是不利的；抱着这种情绪就不能积极地去进行团结私方人员把生产和经营管理工作搞好。

我们指导下面学会做好团结、教育、改造私方人员的工作，对公私合营企业中的私方人员，他们稍有进步应予鼓励，有困难应予帮助，有缺点首先应该耐心教育，启发进行自我批评。批评时，一定要实事求是，与人为善，讲清道理，指明方向。

现在公私合营企业中的职工与私方人员的关系，不像合营前那样紧张，但阶级对抗情绪是存在的。这一点，需要双方进行比较长期的教育工作才能逐渐克服的。把去年全国总工会和民建会中央委员会共同协商的民建会各级组织和相应的工会组织建立联系的工作做好，双方反映情况提出意见，这样做有好处。

据我们了解，职工们对积极工作的私方人员是满意的，他们的关系也是好的，可是对工作不负责的私方人员则表示不满。

职工与私方人员关系只有共同在搞好生产和经营管理的目标下，为建设社会主义的事业才能解决得好。发生问题展开讨论，展开批评与自我批评的方法才得解决。

(二)关于私方人员参加社会主义竞赛和荣誉称号问题

建设社会主义是全国各族人民的事业。为了迅速把我国建成社会主义社会，大家都应该积极地参加社会主义竞赛，把本企业的工作做好。私方人员毫无问题的应该积极地参加社会主义竞赛，把自己的智慧和能力发挥出来，贡献于社会主义建设事业，这是全国职工和全国人民所欢迎的。不少的私方人员是这样作了的。谁也不应该打击私方人员参加建设社会主义竞赛的积极性。

这几年来，在国营、公私合营、私营企业中开展竞赛，完成任务方面是有成绩的，但工作中还存在许多缺点。就奖励和荣誉方面发生的问题来看，奖励标准不一致，有宽有紧。荣誉称号也是很混乱的、不统一的。

全国总工会为了解决上述问题，全总提出的有关生产的发明、技术改进及合理化建议的奖励暂行条例，由前政务院通过发布。这个条例，在一切国营、公私合营、合作社及私营企业中都适用的。据我们了解，还贯彻得不好。同时在执行过程中问题不少。主要是奖金问题，应给的不给，或者少给。

为了解决荣誉称号问题的混乱不统一现象，我们已向政府提出了一个建议。估计政府会考虑这个问题。

私方人员在生产和经营管理上有贡献，属于有关生产的发明、技术改进及合理化建议的，应按照前政务院发布的奖励条例办事。关于厂长副厂长的奖金，条例中规定由上级机关决定。

私方人员在生产和经营管理上有贡献的给予荣誉称号问题，有些地方已经提出这个问题。根据各地的情况看，职工群众对这个问题的意见颇多，尤其是对少数私方人员由于过去对职工群众不好，他们虽然今天在生产和经营管理上有贡献，这是好的。但群众对他意见很大。我们考虑为了做好对他们团结、教育、改造工作,也为了解决他们和职工的关系,逐步地缓和群众对他们的对抗情绪,我们认为在企业内部可以口头表扬,不给予荣誉称号。这样做有好处。

至于其他私方人员,凡是在生产和经营管理上有贡献,应该根据其贡献大小除应给物质奖励外还应给予荣誉称号的,可以给予先进生产者或先进工作者的荣誉称号。

(三)私方人员的福利问题

我同意政府提出的办法:公私合营企业中私方股金在2000元以下的,本人的疾病治疗和病假期内的工资支付办法,按照本企业中职工的待遇同样办理。股金在2000元以上确有困难的,也应当加以照顾。

我认为这种办法的规定是适当的。因为这种办法规定以2000元为界限,使90%以上的私方人员都能享受到这种待遇。同时又规定了2000元股金以上的私方人员确有困难还给照顾。这对有2000元以上股金而确有困难的私方人员的问题也得到解决。

政府对私方人员福利办法的规定,我们还要在广大职工中进行解释工作,我们估计经过一番解释工作。绝大多数职工会同意政府的办法。但还可能有少数职工说怪话:"无产阶级不如资产阶级"。这是我们预想到的。因为职工过去曾有此种反映。这也和工商界所反映的"老合营不如新合营"相类似的思想反映。

如果再提高到3000元到5000元甚至不管股金多少都和职工一样的待遇,我们在职工群众中就很难进行解释。因为那是不合理的。

目前职工的生活主要来源的工资水平是不高的。现在政府已决定进行工资改革,经过改革后,职工的工资会比过去有所增加。增加的工资总额有12亿多,平均每人每年增加80元,也就是说每月增加6元多。

1955年全国职工每人每月平均工资为47元。全体职工中每月收入在50元以下的约占65%左右。

职工中独身者估计有10%左右,他们的困难不大。其余职工都有夫妻老小。职工中由于收入少人口多生活十分困难需要经常救济的人,一般有10%左右,也有少数单位生活困难的职工达到20%左右。在企业中,救济费的来源主要是会员交的会费中拨出20%,一年约1300万元左右。其次,企业奖励金的5%,1955年约800多万元。另外,组织互助储蓄会,发动职工储蓄互助借贷,解决职工临时困难,群众欢迎,效果很好。

职工的生活状况是这样。作为情况介绍,使资方人员也了解职工方面的情况,就可以取得谅解了。

(四)关于公私合营企业中职工的工资问题

这个问题与私方人员的工资待遇虽然不尽相同,但是密切相连的。工会同意陈云副总理宣布的方针:

1. 公私合营企业中职工的工资如果高于当地同类的国营企业标准的一律不降。

2. 公私合营企业中职工的工资低于当地同类的国营企业标准的,根据生产情况和企业的可能,分期地、逐步地增加。

公私合营企业中资方人员的工资,也根据上述原则来加以调整。

原来私营企业之间的工资标准极不一致,各种待遇也很不相同,有些是很不合理的。老合营企业的工资有些地方过去进行过调整,但作得也不是完全合理的。新合营企业,由于并厂并店使合营企业中的工资不合理情况显得更突出了。这种不合理的工资情况不加改变,既不利于生产,也不利于职工团结。为了解决这个问题,政府已委托全国总工会与有关方面共同组织力量加以研究提出方案(这一方案包括工人、技术人员、职员和资方人员),准备在8月间召开会议。全国总工会已经着手进行准备,各地也正在进行准备工作。这个工作是极其复杂而艰巨,希望各有关方面用大力协助。

(五)过去的资方代理人参加工会的问题。我们的意见,他可以根据工会章程申请,经过一定的入会手续办理。

(选自《工商行政通报》第74期,1956年7月25日)

七、李维汉副委员长就继续扩大和巩固人民民主统一战线在第一届全国人民代表大会第三次会议上的讲话

(1956年7月)

我现在就统一战线工作发表一点意见。

目前,我们正处在社会主义革命和社会主义建设的高潮之中。国家对农业、手工业和资本主义工

商业的社会主义改造都已经取得了决定性的胜利，社会主义工业化也获得了重大的成就，使我们国家的城乡生产关系和政治形势起了根本的变化。这是六年多来全国各民族人民在各个战线上努力奋斗的结果，也是同以共产党为首的人民民主统一战线的作用分不开的。我国人民民主统一战线，在动员和团结全国人民完成国家过渡时期总任务和反对内外敌人的斗争中，已经发挥了它应有的作用。如果没有正确的统一战线政策和基本上正确地执行了这个政策，团结和动员了一切积极力量，克服了消极因素，要在社会主义改造尤其是资本主义工商业改造方面，取得像今天这样又快又大的成就，是很难设想的。

现在，国家过渡时期的总任务还没有完成，要在全国范围内基本上完成社会主义革命还需要几年的时间，基本上实现国家的社会主义工业化还要有更长的时间，反对内外敌人的斗争任务也没有减轻，争取和平解放台湾的斗争还要继续努力。在保卫世界和平的运动中，我国的人民民主统一战线还要继续发挥它的作用。因此，我们今后的任务是要继续巩固和扩大人民民主统一战线，团结一切可能团结的力量，为共同的目标奋斗。如同毛主席已经明确指出的，“我国人民应该有一个远大的规划，要在几十年内，努力改变我国在经济上和科学文化上的落后状况，迅速达到世界上的先进水平。为了实现这个伟大的目标，决定一切的是要有干部，要有数量足够的、优秀的科学技术专家；同时，要继续巩固扩大人民民主统一战线，团结一切可能团结的力量。我国人民还要同世界各国人民团结一起，为维护世界的和平而奋斗。”（在1956年1月25日最高国务会议上的讲话）

六年多来，随着国内阶级关系的变化，特别是社会主义革命高潮来到以后城乡生产关系的根本变化，人民民主统一战线的政治面貌和内部关系也发生了根本变化：(1)人民民主专政的基础——工农联盟已推进到新的即社会主义的基础上，成为牢不可破的联盟。(2)知识界的面貌已经发生了根本的变化，知识分子的绝大多数已经是国家的工作人员，从他们的社会地位说来，他们早已是工人阶级的一部分，他们的政治立场现在也日益转到工人阶级的立场上来。(3)大多数资本家和资本家代理人开始成为公私合营企业和一部分国营企业的公职人员，他们同职工间的关系，从资本主义制度下的劳资对立开始改变为社会主义制度下的共同工作的关系。(4)各少数民族都在不同的条件下前进，大多数的少数民族已经先后走上了向着社会主义过渡的道路。(5)各民主党派已经接受社会主义，并且采取了为社会主义服务的政治路线。这些变化，反映了我国广大人民在政治上、思想上社会主义一致性的扩大和增强，反映了人民民主统一战线的更加巩固和扩大，并且为继续巩固和扩大人民民主统一战线创造了极为有利的条件。

人民民主统一战线内部，仍然存在着阶级矛盾和阶级斗争。这首先是因为社会主义改造还没有完成，资本主义所有制还没有完全改变，资产阶级作为阶级还没有消灭。再则，知识分子队伍中的政治上和思想上的各种分野和变化，知识分子的自我教育和自我改造，也是阶级矛盾和阶级斗争的一种反映，人民民主统一战线内部的阶级矛盾和阶级斗争，将继续从政治、经济、文化和思想等各个方面表现出来。同时，因为知识分子的绝大部分早已是国家的工作干部，而资产阶级分子的大多数也开始成为合营和国营企业的公职人员，今后的阶级矛盾和阶级斗争将要更多地从机关、学校和企业的业务、工作和学术研究上反映出来，表现为观察和处理问题的不同的立场、观点和方法，不同的思想和作风。这就是说，人民民主统一战线内部阶级矛盾和阶级斗争的表现形式，也跟着阶级关系的变化而发生了一定情况的变化。

在人民民主统一战线内部，由于阶级矛盾和阶级斗争继续存在，就需要按照社会主义的目标和原则，继续执行又团结又斗争的政策，斗争是为了团结，为了增强社会主义的一致性。另一方面，又由于阶级关系以及阶级矛盾和阶级斗争的表现形式都发生了新的变化，今后在处理阶级矛盾和阶级斗争的时候，就更有利于使用说服教育的方法，把它作为主要的方法。所谓说服教育的方法，就是讲道理的方法，竞赛的方法，批评、自我批评和又鼓励又批评的方法。说服教育既然成了处理阶级矛盾和阶级斗争的主要方法，教育和学习由此也就成了统一战线工作中的中心工作。主要从两个方面来进行教育和学习，即一方面从工作和业务的实践中学习，另一方面进行政治和理论的学习。配合着这两个方面的学习，适当地参加社会生活的观察和实践。

教育和学习的目的，对于知识分子，是要帮助他们继续进行自我改造，逐步做到他们的思想能够同他们已经改变了和正在改变着的社会地位相适应；对于资产阶级分子，是要帮助他们对最后改变资本主义所有制获得思想准备，并且把自己逐步改变为名副其实的劳动者。

为了适应各界民主人士和工商业者对政治学习和理论学习的要求，中国人民政治协商会议全国委员会于1956年3月27日发布了"关于组织各界民主人士和工商业者进行政治学习和理论学习的决定"。决定中包含的教学方针是：(1)参加学习与否，必须按照自愿原则；(2)必须贯彻自由思考、自由辩论的教学方法；(3)不查历史、不查思想；(4)在学习条件上党外人士和共产党员一视同仁。这个决定正在各地实施。要使这个决定能够圆满地实现，必须请各省、各市、各自治区的负责同志注意加以领导和帮助。

正确地处理机关、学校和企业内部的合作共事的关系，是帮助人们进行自我教育和巩固人民民主统一战线的一个重要的关键。由于中国共产党在国家生活中的领导地位，机关、学校和企业内部合作共事的关系，主要是共产党员同党外人士之间的关系。共产党员在这里要采取主动的态度，负起主要的责任，同时，党外人士也有他们自己的责任。目前有两种类型的合作共事关系。一种是机关、学校和国营企业中共产党员同一般党外人士间的工作关系，这里，主要又是同党外知识分子的工作关系。这种工作关系已经有了几年的历史。由于这方面的绝大部分知识分子已经是工人阶级的一部分，这方面的关系基本上就已经成为工人阶级内部的关系。因此，一般地说，共产党员在这方面应当同党外人士建立起社会主义的互助合作关系；彼此间的矛盾和分歧，也要采取同志的态度加以处理。这方面的关系，几年来是有进步的，在中共中央召开了知识分子问题会议以后，各方面更有许多改进。但是问题还不少，问题的主要方面，首先是要共产党员充分信任党外人士，保证他们有职有权，帮助他们尽职尽责。这需要分工负责，使党外人士充分有事作，有作事的条件，并且获得必要的支持和帮助；需要同党外人士商量办事，并且使党外人士有充分发表意见的机会，彼此开诚相见，沟通思想。要使这方面的工作关系进一步改善，除了思想认识方面的问题要加以澄清外，还需要在工作制度上有所改进。

另一种是公私合营企业和一部分国营企业中，职工和共产党员同资产阶级分子间的共同工作关系。这种关系绝大部分是在社会主义改造高潮中建立起来的，是一种新的关系。这种关系的建立，反映着企业原来的资本主义生产关系的根本改变，反映着资产阶级分子向着劳动者的逐步过渡。但是，这种改变现在还没有完成；这个过渡，就大多数人说，现在还只是开始走了第一步。因此，这种共同工作的关系同时又是阶级关系。正确地处理这种关系，有重要的政治意义。企业中的职工、共产党员和资方人员都应当有这样一个共同的认识，就是：企业是进一步团结、教育和改造资方人员的主要基地。资方人员过去长期从事工商业，在企业中继续工作和学习，逐步改造成为名副其实的劳动者，这比较起来是对他们最为便利的途径。

资方人员属于民族资产阶级，他们与官僚资产阶级分子不同，在经营管理、科学技术或者生产技能上，大多数人具有一定的能力和经验。经过几年的教育，资方人员普遍地提高了觉悟，逐渐增多地出现了大批的接受社会主义改造的积极分子和相当数量的进步核心分子；社会主义改造高潮到来之后，这种积极分子有从少数发展为多数的趋势，进步核心分子也在日益增多。这就是说，绝大多数的资方人员已经是我们国家的积极因素，再经过必要的教育改造之后，可以成为参加社会主义事业的重要的积极因素。这些情况，是在企业中同资方人员建立和发展合作共事关系的政治基础和有利条件。

但是，为了巩固这种合作共事关系，我们还必须用坦率的态度指出另一方面的情况，由于资方人员曾经长期直接地剥削和压迫工人，在职工群众中积下了阶级的恶感。解放以后，不少资方人员又曾经一度肆行"五毒"，向工人阶级猖狂进攻。大家知道，由于这种猖狂进攻，共产党和人民政府领导工人阶级进行了有历史意义的"五反"斗争，这一斗争不但教育了工人群众和国家工作人员，而且教育了资产阶级分子。也正由于大多数资产阶级分子在这一次斗争中认识了五毒罪行对于祖国和人民的危害，认识到接受工人阶级领导和走上社会主义道路的必要，才使今天的社会主义改造有可能采取更为温和的形式。当然，就在五反以后，甚至就在企业合营以后的一个时期中，大多数资方人员在经营管理方法上的资本主义的传统和习惯，也还没有从思想上和实践上完全改变,这就不能不给企业带来某些不利于社会主义的消极因素。这些情况,都是建立和发展这方面合作共事关系的困难和不利条件。

由此可以明白,要适当地建立和发展这种合作共事关系,需要作很多工作,需要相当长时间的努力,逐步前进。一方面,企业的职工首先是公股代表和共产党员,要充分地认识和估计到资方人员的积极作用和可以逐步改造成为劳动者的可能性,根据党和人民政府的政策,根据工人阶级解放全人类的伟大精神,负起积极团结、教育资方人员的责任,鼓励和帮助他们发挥有利于生产、经营的积极性,并继续进行自我改造。为此,要根据"量材使用、适当照顾"的政策,对他们的职务和工作加以适当的安排;要吸收他们的代表参加民主管理机构,并且使他们对分工负责的事情有职有权;要吸收他们参加企业的改组和改革,参加社会主义竞赛。在工作中要给他们以应有的信任,发挥他们的长处,并且帮助他们做出成绩;要同他们商量办事,认真地考虑他们的意见和批评。要规定适当的制度,使资方人员有可能参加应该参加的行政业务会议,阅读有关的行政业务文件。对他们的成绩和积极作用,要一视同仁地给以奖励和表扬,对他们的缺点和错误,则要采取与人为善的态度,帮助他们认识和改正。在这些工作中,公股代表和共产党员要注意争取工商业联合会和民主建国会的帮助,并要给资方人员以必要的时间,使他们有可能参加政治和业务的学习,参加工商业联合会和民主建国会的活动和其他社会生活的实践。企业中的公股代表和共产党员要作好这些工作,是有很多困难的。他们大多数是初次同资方人员合作共事,政策知识不够,实际经验缺乏,加以具体制度太少,上下左右的看法又不常一致,而同资方人员的关系又不仅是共同工作关系,还同时是阶级关系。因此,他们觉得这是一种困难的工作,并且心里有许多顾虑。我们要求一切有关的党组织和政府领导部门,经过各种有效的措施,在思想上、组织上和实际工作上,对企业中的公股代表和共产党员给以及时的指导,并给以充分的支持和帮助,使他们有信心并有办法把这项工作作好。

另一方面,我们希望资方人员深刻地认识:在企业中合作共事,既需要发挥自己的积极作用,努力参加生产和经营,做出成绩;又需要努力进行自我改造,在思想认识和工作实践上破掉资本主义的一套,立好社会主义的一套,争取从资方人员逐步地变成名副其实的劳动者,使他们同职工之间从两重性的工作关系变成完全的社会主义的合作互助关系。资方人员的自我改造还是一项重要而又艰巨的工作,轻视或者忽视这项工作的重要性和艰巨性,都是错误的。因此,为要达到上述的目的,除了需要公股代表和共产党员的积极努力以外,资方人员也需要在工作和学习中,主动地和诚恳地去接近公方人员和共产党员,争取他们的帮助和支持;需要主动地去接近工人群众,在必要的时候主动地向工人群众进行恰当的自我批评,更要依靠自己的诚实行动去改变工人群众的观感。资方人员需要向工人群众学习;要把自己改造成为劳动人民,首先要向劳动人民学习,我们希望资方人员能够了解这个真理。资方人员如果能够采取这种积极、主动而又真实、诚恳的态度,就造成了一定的条件,有利于克服上述合作共事关系中的某些消极的和困难的因素,使这方面的关系能够比较正常地建立和发展起来。当然,像前面所已经一再指出的,在建立和发展这种关系上,公股代表和共产党员负有更多的责任,需要做更多的工作,这是没有疑问的。

这里,还要着重地指出一点,在上述两种合作共事的关系中,共产党员不仅要热忱地帮助党外人士作好工作,进行自我教育,而且还必须虚心地向党外人士特别是知识分子和资方人员的长处学习。共产党员"要向那些有专门知识的人(专门家)和有调整大经济经验的人(资本家)学习","聪明的共产党员决不怕向资本家学习"(列宁)。我们共产党员必须承认,我们不懂得而党外人士懂得的东西,是很多很多的。对于党外人士所具有而我们所缺乏的一切有用的知识和经验,我们必须有一个决心,又有一个谦虚态度,经过各种适当的形式,去向他们学习,我们这样作了,同时又有利于改进和巩固我们党外人士和资方人员的合作。

各民主党派、人民团体、各界民主人士和人民政治协商会议,在巩固和扩大人民民主统一战线的斗争中,已经起了应有的作用,今后还需要发挥更多的作用。这里,我只想就民主党派工作说点意见。多年来的经验证明,各民主党派不但在团结和动员一切积极力量方面起着重要的作用,而且在互相监督方面也起着重要的作用。中共中央已经提出了共产党和各民主党派长期共同存在,互相监督，首先是对共产党起监督作用的方针。这是一个重大的方针，这个方针的提出，同时就是再一次地宣告，同党外人士实行民主合作，是共产党的一条："固定不移"和"永远不变"的原则。有人说，"共产党里面有人不重视民主党派，民主党派里面也有人不重视民主党派"，我觉得这不只是若干人的观点问题，同时也是一种社会现象的反映。我们应当宣传长期共存和互相监督的方针。这既可以帮助人们澄清他们对于民主党派的政治作用和历史地位的怀疑，又足以鼓舞各民主党派的成员更多地从事有益于人民的活动。一方面，认识和估计澄清了，另一方面。有益的事情作得多了，人们的观感就会进一步发生变化，民主党派的意见就会更加受到各方面的重视，它们的工作和活动就会更加受到各方面的支持。几年来，各民主党派都有很大的进步和成绩，在社会主义革命高潮到来之后，它们先后召开了代表大会或者中央会议，讨论和决定了它们各自的组织和工作的方针。中共中央赞同它们的方针，中共的各个有关的组织和党员将继续对各民主党派的工作给以友谊的支持和帮助。

目前，统一战线工作中存在着许多问题。有些问题是随着我国政治形势的根本变化而发生的，它们是新的事物和新的矛盾的反映。有些问题反映着新旧事物间的矛盾，那些在过去情况下很适用而现在需要加以改变的办法和规章，属于这一类。还有一些问题则确实反映着我们工作中的缺点和毛病。对于各方面的问题，我们都需要分别地和逐步地加以研究和处理。这里，我只想谈谈某些共产党员方面的缺点和毛病。例如在工作关系上不尊重党外人士(资方人员在内)的职权，不支持他们行使职权，而独断专行，把别人搁在一旁；不愿同党外人士商量办事，不容许不同意见和反对意见，而把自己的意志强加于人，更不要说向别人的长处学习。有这种缺点和毛病的同志还保存一种狭隘的关门主义或者宗派主义的作风，他们还不了解毛主席所指示的，"国事是国家的公事，不是一党一派的私事。因此，共产党员只有对党外人士实行民主合作的义务，而无排斥别人、垄断一切的权利。""共产党员应当同党外人士实行民主合作，不得一意孤行，把持包办。""共产党员必须倾听党外人士的意见，给别人以说话的机会。别人说得对的，我们应该欢迎，并要跟别人的长处学习；别人说得不对，也应该让别人说完，然后慢慢加以解释。共产党员决不可自以为是，盛气凌人，以为自己是什么都好，别人是什么都不好；决不可把自己关在小房子里，自吹自擂，称王称霸。"有些同志对民主党派和一部分人民团体的权利尊重不够，他们还不了解一切民主党派和人民团体在法律上居于平等地位。我国的民主党派和人民团体在政治上有着互相协商、互相帮助和互相监督的传统，我们应当继续发扬这个传统。为要发扬这个传统，就必须严格地尊重各民主党派和人民团体在宪法赋予的权利义务范围内的政治自由和组织独立性，任何党派和团体对其他党派和团体的这种自由和独立，都没有权利加以干涉。有的同志对进步人士是欢迎的，但是对处在中间和落后状态的人士就不甚欢迎，甚至敬而远之。他们还不了解，我们党的政策是，除了反革命分子和其他坏分子外，共产党员应当热心同一切党外人士实行民主合作；从对中、上层方面的统一战线工作说，共产党员更应当同进步人士一道向处在中间和落后状态的人士多多地进行工作。有的同志对党外人士的进步估计不足，在同党外人士的关系上，只注意了有所区别一面，忽视了共同性和共同性逐渐增多的一面，因此，缺乏按照社会主义原则互相帮助、互相学习的热忱；在许多应当一视同仁的地方，反而采取了区别对待的办法。有的同志对民主党派和同党外人士合作的必要性和长期性认识不足，从而对统一战线工作常常发生动摇，尤其在群众革命斗争的巨大浪头上每每发生这种动摇。这些同志还不了解下面这个真理：无产阶级只有解放全人类才能完全解放自己；还不了解毛主席所指示的，"共产党同党外人士实行民主合作的原则，是固定不移的，是永远不变的。只要社会上还有党存在，加入党的人总是少数，党外的人总是多数，所以党员总是要和党外的人合作"。也还有某些同志，他们在敌我界限的问题上，在重要原则性的分歧上，不严肃地加以区别，不诚恳坦白地辨明是非，而采取了庸俗的自由主义态度。上述这些是比较严重的缺点和毛病。当然，所有这些缺点和毛病一应俱全的同志只是个别的，但是确有一些同志，包括某些统一战线工作部门的同志在内，是具有上述一种或者几种缺点和毛病的。这些缺点和毛病也不简单地是由于个人的原因，也是一种社会现象的反映，这就需要我们反复地进行宣传教育，但是，我们做得很不够。

为了适应我国政治形势的根本变化，今年3

月,中共方面举行了第五次全国统一战线工作会议,讨论了统一战线工作的任务和方针,并决定全面地检查一次统一战线工作(包括民族工作和这个发言中没有讲到的工作和问题在内)。我们已经开始进行这种检查。因为统一战线工作是大家有份和大家关心的事情,同时为了发挥监督作用和集思广益,我们邀请各民主党派和民主人士共同进行检查,欢迎各方面的朋友揭发和批判共产党员特别是统一战线工作部门的缺点和毛病。我们不仅要揭露缺点和毛病,加以改正;还要发现和推广先进经验,发现和解决新的问题。我们不仅要沟通思想,明确政策;还要在实际工作上和制度上找出一些适当的措施。为了进一步改进关系,增强团结,为了动员积极因素,并克服消极因素,总之,为了继续巩固和扩大人民民主统一战线,这就是我们检查统一战线工作的目的。我相信经过各方面的共同努力,我们能够达到这个目的。

我的发言只讲了统一战线工作的几个方面,还有一些工作和问题没有讲,不是因为那些工作和问题不重要,而是因为不可能一次都讲到。请对我这个发言的内容,加以批评指正。

(选自《工商行政通报》第73期,1956年7月20日)

八、陈云副总理在全国工商业联合会第二届会员代表大会上讲话纪要

(1956年12月15日)

各位朋友:

全国工商业者在解放以后,无论在国民经济恢复时期和第一个五年计划建设开始以来都对国家作出了贡献。在国家建设的成绩中,工商界的朋友们也都有一份。全行业公私合营以后,近一年来,工商界方面又有了很大进步。表现在:工商界中积极分子的比重增加;许多人踊跃地参加了社会主义竞赛;掀起了一个广泛的学习热潮,而且收到效果。在这次全国会员代表大会以后,我相信,这种积极性将会有更进一步的发挥。祝贺大会成功!

今天我讲五个问题:一、定息问题。二、小型工商业者方面的问题。三、在公私合营企业恢复和建立企业管理委员会问题。四、公私共事问题。五、市场问题。

第一,关于定息问题

毛主席在和出席这次大会的各省市代表团负责人座谈时,曾经谈到中共中央有这样一个意见,即从今年起定息时间可以定为7年,如果那时,工商业者还有一部分人有困难,还可以拖一个尾巴。这个意见,已经传达,就不多讲了。

提出定息7年这个意见,在目前是有必要的。有些工商界人士引证毛主席曾在1956年1月在最高国务会议上讲过:"大约再有3年的时间,社会主义革命就可以在全国范围内基本上完成"。他们以为定息大概就是3年。所以有人想在这次会上可能要来个放弃定息运动?现在说明定息定为7年,可以使工商界人士不必担心现在会来一个放弃定息的运动,而安心于各种建设工作。当然,这在工人群众方面是可能有怀疑的,还需要在职工群众中进行一次广泛的解释。本来对于赎买政策,在一部分职工中就有怀疑,现在定息7年就更加需要宣传解释。我们相信,经过解释工作以后,是可以说通的。

第二,小型工商业者方面的问题

首先要说明小型工商业在全部工商业中所处的地位。我们知道大型工商业是很重要的,但是中小型工商业在全部工商业中也是不可缺少的。大工厂是生产中的骨干,小型工商业也是生产方面和流转过程中必不可少的组成部分。只有大型的,没有小型的,便不能适应社会的需要;而且小工厂、小商业人数很多。如果说,大的企业是国家的财富,肩挑小贩也是一种财富。总之,无论大型或中小型,都应该按照他们的具体情况,把它们安排在适当的地位。

现在有一部分小型工商业者要求放弃定息,这是有原因的。因为对他们来说,定息所得不多,希望早一点加入工会,以便享受劳动保险待遇。我们认为,他们这种意思是好的,不能说这是一种"假积极",也不能说这是一种"投机"。我们不反对他们要求放弃定息,但是我们希望他们在放弃定息以前,先要考虑以下几个问题。

一是关于加入工会问题:全国总工会曾经表示过意见,认为工商业者在放弃了定息以后,可以加入工会。我的看法是,大部分工商业者在放弃定息后可以被吸收入工会;但是,某些人在一定时期内

暂时不能加入工会,这并不是不可能的。因为过去劳资双方在企业中是对立的,大工厂如此,小企业也有同样情形。要看到,工会是工人的群众组织,加入工会必须经过基层工会通过,政府和上级工会是不能强迫基层工会通过的。现在,应该给工会一个准备时间,做些工作,以便将来吸收他们入会,得以顺利通过。放弃定息加入工会,切不可来个运动,只能个别解决。

二是关于享受劳动保险待遇问题:要考虑到目前合营小企业中(职工100人以下的),一般的尚未实行劳动保险条例。现在的情况是,有些工厂规定有不完全的劳保合同,有些工厂还没有。一般的工厂也还没有实行国家颁布的劳保条例。以前没有实行劳保的1957年也不可能实行。将来肯定的是要实行的,但那一年实行还不能定。现在对2000元股金以下的资方人员已经有了"本人疾病治疗和病假期内的工资支付,参照职工待遇办理"的规定,要考虑到放弃定息以后,劳保条例未实行,所得不会比现在为多。因此,一方面劳保收入不增加,一方面减少了定息收入,这样是否合适?同时,应该看到,定息收入少的人,工资收入也少,这样的人占多数,因此,他们的定息收入,在生活费用中占有一定比重。

三是关于还本问题:也可能有人问,放弃定息了,可不可以还本。在这一方面政府是不能归还工商业者的资金的,这是肯定的。

从上述三点来看,小型工商业者在考虑放弃定息的时候,希望能慎重处理。另外,工商界要不要划分成分的问题,我认为,可以划,也可以不划。至少暂时可以不划,请大家回去考虑一下。

总的看来,加入工会是可能的,劳动保险条例将来也会在不少合营企业中要实行的,都是有希望的,但不要着急。

再谈一谈关于福利问题,这主要是关系小型工商业者方面的问题。

有人提出,就业问题。1954年和1955年工商界失业的人,股东中没有工作而定息又太少,如何解决他们的就业问题。现在工人和其他阶层中都有失业的人,这只能在社会就业的问题中去解决。有些地方如广州、上海解决这一问题困难些,有些地方如基本建设多的地方解决这一问题就容易些。

有人提出过去降低了工资的,要求恢复的问题。他们说,当时降低工资是起模范作用,是起先进作用。而没有降低的以后宣布一律不降。使他们认为"先进不如后进","模范不如不模范"。我们认为,降低的工资不能恢复。因为当时降工资,不单是资方降低,而且许多职工也降低,不单是私营企业降低,国营企业如邮政、棉纺也有降低,如果一个方面恢复,便都要求恢复,问题极为复杂,牵动很大,所以不能翻案。曾有职工发问:"过去降低工资如果不错,以后原薪不动是否错了?"反之,"如果原薪不动没有错,过去降低工资是否错了?"我们认为,过去降低工资是由于企业困难,并提倡和国营看齐,这样做不能算错,这次原薪不动是一种特殊的处理,也没有错。

有人提出2000元股金以下的工商业者病假工资补助中有关工龄计算问题。按照劳保条例规定,非工会会员的有些补助费按工资六折计算,而工龄不到二年的病假期内工资又打对折,便成为只能按三成计算,补助太少。这是应该解决的实际问题。将交政府有关部门和工会加以研究,提出解决办法,现在还不能答复。至于有些地方反映,公私合营企业还未实行2000元以下的疾病医疗和病假工资补助办法,这是不对的,应该实行。关于小型工商业方面我所要说的就是这些。

第三,在公私合营企业中恢复和建立企业(工厂)管理委员会问题

这个问题提出以后,有些资方人员发生疑虑,有些公股代表也有怀疑,需要加以说明。在公私合营企业中恢复原来在私营时期的企业管理委员会(有些工厂叫做民主管理委员会)是有必要的。这种管理委员会在私营时期中,对生产、对企业管理、对推动私营工商业者的社会主义改造,都有过很大作用。那时,管理委员会有很高的权力,工会对企业管理也有很高的权力,发扬了工人的积极性。在企业的公私合营高潮中,工人群众是热烈欢迎的。合营以后,工人群众又积极地广泛地参加了劳动竞赛,但是企业的公股代表和领导机关忽视了过去私营时期的企业管理委员会的作用。因此有些工人群众感觉:"工人现在没有权力了"。我们认为,合营企业的管理委员会应该恢复或者建立起来,而且应该有相当权力。但是如何组织、如何工作要由政府和总工会共同研究,加以规定。今后的企业管理委员会固然应该有相当权力,但又必须和企业行政领导很好的合作。这种组织应该做到依靠工人(工人是工厂中最重要的组成人员),团结私方,发挥各方面的力量。

第四,关于公私共事关系问题

公私共事关系是工商界中一个很重要的问题。今年7月以后,省、市一级的政府和工商联的座谈会已经普遍开过,有少数地方,县级也开过。公股代表和私方人员之间的关系也有了进步,公私关系好的企业比重在增加。在公私合营企业内发生共事关系的,有三个方面:即公股代表、私方人员和职工三者之间的相互关系,但公私共事的关键还在私方和职工的关系。

在公股代表方面:今年7月以后,和私方关系有了改进。公私关系好的企业虽然还不占多数,但比重在增加。关系不好的也是少数,多数是居于中间状态。各个专业公司对公私共事问题,一般的对他们所管理的合营企业还没有具体领导,需要改正。

在职工方面:有些企业职工在公私共事问题上是做得好的;但许多企业的职工在这一方面还有一股气,表示不满。我们考虑有三个原因:(一)原来企业管理委员会未发挥作用,在有些企业内实际上不起作用,工人觉得权力比以前小了。(二)职工对赎买政策没有完全了解,他们说:"对赎买政策通,但是对具体办法不通"。因此发出以下的议论,如:"为什么资方仍当厂长、经理,工人却提拔很少?""坐轿子的仍然坐轿,抬轿子的仍然抬轿。""有本领的资本家当厂长、经理是可以的,没有本领的为什么也要安插?","资方家属要安置,失业工人登记了几年还未安置。""为什么对资本家定息说发就发,增资说退就退,而对工人的要求,答复得很慢"等等。总之,工人对赎买政策还未完全明了,需要加以广泛的解释。(三)合营并厂以后,有些企业中职工生活困难增加了。比如:饭堂、厕所、宿舍等等都容纳不下。有些企业本来可能办的职工福利事业,也没有办。这些都是工作中的缺点。可以说,职工方面的工作做不好,企业中的共事关系便搞不好。在这种情况下,公股代表感到三面受气,受私方、受职工、受上级专业公司三面的指责,所以公股代表繁忙得很,很多人累瘦了,有的人要求调换工作。资方人员到车间工作也常碰钉子,感到很为难。

在资方人员方面:资方已注意了和公股代表的关系,但对和职工改善关系注意得不够。一部分人表现是积极的,许多人抱着"不求有功,但求无过"的应付态度,也有少数人竟挑拨职工和公方代表的关系。必须明了:企业内部共事关系的关键问题,是改进资方和职工两方面的关系。公方和私方之间的关系,公股和职工之间的关系,虽然还有许多缺点和困难需要克服,但是都比较容易处理,难以处理的还是资方和职工方面的关系。各方面关系如不融洽,企业的生产经营便搞不好,这是肯定的。资方人员和职工关系不改进,资方就不能得到融洽的工作环境。我们认为,资方和职工的关系是可以改进的。但要估计到历史遗留下来的对立情绪,不可能一下转变过来。但是,大家应当共同努力,逐渐转变这种对立情绪。

今后政府和工会对于工人方面应当做好以下工作:广泛地进行一次对赎买政策的解释;恢复和建立企业管理委员会,发挥它的作用,并提升一些工人干部到企业的领导职位上来;要举办一些应办而可以办的福利设施。同时也希望资方人员在改进公私共事关系中采取积极的正确的态度。所谓积极,"但求无过"的态度是不对的,而应该是积极工作,不怕碰钉子。只要坚持积极的工作态度,最后总会被人了解的。所谓正确的态度,要避免一切不利于团结的言论和行动。要纠正少数私方人员不正确的行为。那一种拉拢一方反对一方的做法只能坏事。必须做到使公方、私方、职工三个方面团结起来。在这一方面,全国工商联可否拟出几条标准作为向私方人员的要求。比如,对职务方面要守职尽责;对职工方面要靠拢工人;对学习要积极努力;贡献经验,贡献能力又要改变旧思想旧作风;对人对事,一切从国家和人民利益出发,努力改造自己,以便为社会主义建设服务等等。

第五,关于市场方面问题

农村自由市场方面问题。根据在部分地区开放了农村自由市场的情况来看,好的方面:过去已经停止生产的农村土特产,恢复了生产;城乡的物资交流比较以前活跃了;同时也暴露了国营和合作社商业经营上的弱点,比如按行政系统设置流转环节,常发生迂回运输等,迫着他们不得不改进工作。另外,也发生不好的情况或者是新出现的问题:在开放自由市场的初期,不应该开放的农产品也开放了,有些地区造成"开放无边"。由于市场开放,一时发生了某些农副产品价格混乱的现象。农民贸易超出一定范围。在新的情况下需要有新的市场管理办法。小商小贩自从实行了负责供应货源、帮助贷款,定期定额征税的办法以后,又由于农村市场开放，收入增加很多、影响到合作商店和公私合营商店人员的稳定。针对以上情况，中央有关部门准备在明年1月8日召开全国农村市场会议，解决上面提出的问题。根据今年10月，九个省汇报会议的讨论，初步拟定了以下几个办法，提供各地参考。(一)规定开放界限，只对小土产一类实行开放。我国农副业产品从国家采购方面来说，大体可以分为三类：第一类是国家法定统购的；第二类是国家委托国营或合作社商业统一收购的；第三类是自由采购的小土产。今后准备逐步扩大第一类和第三类商品的范围，缩小第二类的范围。也就是将来只规定国家统购和自由采购两类商品。(二)掌握价格的办法：第一类产品在市场上销售时不能高于国家统销的价格；第三类小土特产销售价格，有些不管，有些在涨价过分时，由地方政府议定价格，分配货源。(三)农民贸易只限于自产自销，也可以远销，但不能作纯商业的贩运。(四)国营和合作社商业应改变领导市场的方法，基本上转变到用建立农产品交易所、行栈、过儎行等一类机构去领导自由市场，还可以想出其他适当的办法。(五)对小商贩中一部分赚钱太多的看法，小商贩营业一般的已有了好转，赚钱多的只是一部分，也还有一部分困难户。目前是旺季，赚钱多，到淡季情况如何，还需要再观察一下。而合作商店的货源供应是可靠的，合营商店的前途是稳定的，从总的方面来说，并不会比小商贩的营业为差，不要只看一时的现象，应该从全面去比较观察。

在城市中有所谓地下工厂问题(即无工商业牌照的小工厂)。这一种工厂，在上海、天津等大城市，历史上就有的，未曾中断过。它们平常利用废料，生产一般工厂所不生产的东西。在全行业合营和合作化以后，很多企业生产的产品减少了或原来担任修理的也不接受修理了，地下工厂便适应社会这种需要而产生。目前地下工厂有了增加，但并不算很多。另外，也有些是干投机倒把的，这是少数，但是需要加以取缔。因此不能一概抹杀它们的作用。我们应当区别对待，对大多数地下工厂应当承认它们有存在的必要。对那些工厂允许私人开设，那些不准开设。这要研究原料和销路研究之后，才能决定。

再谈一谈钢材和其他工业原料供应不足的问题。国内钢材生产的情况是增长的。例如今年全国产钢450万吨，已超过原定五年计划最后一年生产指标412万吨。但是，今年基本建设的规模和过去几年比又是特别大的一年，增长的速度很大。今年基本建设大部分是正确的、合理的，但是也有一部分超过了应有的规模。目前废钢铁出现黑市，市场上钢材供应不上，其他原材料也有紧张现象，说明生产赶不上基本建设规模的需要，也就证明今年基本建设大了一些，投资大概多了15亿元左右。如何办呢？明年应当努力增产。同时明年基本建设的规模不能增加，大体只能保持今年规模或略有缩小，要能做到建设规模的大小和原材料的供应相适应。现在紧张的情况，大体上需要一个时间才能缓和下来，因为我们不能退得太急。

再谈一谈猪肉供应问题。有朋友告诉我，现在广州猪肉供应很紧，实际上全国都如此。解放以来猪是增产的，到1954年6月以后两年多以来是减产的。抗战以前，全国产猪约6000万头；解放以后1950年产猪已达6000万头，1951年产7000万头，1952年产8000万头，1953年产9000万头，1954年6月达到10000万头。但是到1955年6月降到9000万头，1956年6月又降到8000万头(以上都只计大数)。过去7年，5年向上，2年向下。为什么减产呢？主要是饲料困难和收购价格偏低两个原因。自从1953年秋粮食统购统销以后，饲料供应不足，加上1954年大水灾，饲料发生困难。加上1955年下半年农业合作化进入高潮，农民养猪心存观望，猪的产量逐渐下降。而收购价格在农业合作化以后，由于农民个人养猪不是为着肥田，而是为了获利，猪的价格就显得偏低。没有及时解决这两个问题，影响到猪的减产。同时，加上城乡购买力提高较快，猪的出口又有增加，供求不相适应，便发生猪肉供应普遍不足的情况。解决供应不足的办法：首先是设法增产。各个农业合作社要负责安排农民养猪的精饲料和青饲料，国家必须适当的规定猪的收购价格。其次，目前救急的办法是暂时减少一部分猪肉的出口，政府现在正加以安排。估计到明年，猪肉在市场上的供应量可以增加一些，但是还难有很大的缓和。这在今后相当长时期内，还会有一定程度的紧张。我认为还应当尽可能地刺激那些少费粮食的鸡和其他家禽的生产，以补充猪肉供应的不足。

其他日用品的供应也有相当紧张。如毛线呢绒、脚踏车、收音机等等，这是什么道理呢？我们认为与今年增加工资有关。指出一个数目就可以说明了，今年比去年全国增加工资基金有23亿元左右，这是一个很大的数目。

关于市场情况，我要说的主要问题就是这些。

最后说明一下，各地工商联朋友在这次会议中，在座谈会中提出了许多问题，我不能一一答复。将请全国工商联汇总后，交给政府各有关部门研究处理。

（选自《工商行政通报》第83期，1956年12月31日）

第五章　工商行政管理和调查统计工作

第一节　有关工商行政管理工作的政策措施

一、中央公安部与出版总署对印刷业核准营业的补充规定

（中财委颁行“核准私营企业营业应行注意事项”的指示后，各地主管业务机关如公安、文教及卫生等部门，对发给营业许可证问题，提出疑问与意见，其中主要为重复发证问题，中央工商行政管理局认为应采取逐个解决办法，曾就印刷业的核准营业工作，邀集中央公安部、出版总署及北京市工商局等有关机关商讨，其办法可供各地参考。）

中央公安部与出版总署根据政务院财政经济委员会(52)财经私字第八〇号关于核准私营企业营业应行注意事项的指示，就印刷业的核准营业工作，为了避免重复发证，作了如下的补充规定，联合通知各地遵行：

一、书刊印刷业和制本业(即装订作)，由当地新闻出版行政机关核准营业发给许可证，公安机关不再发证。承印簿册证券、商标等类物品的杂件印刷业和铸字业、制版业等，由当地公安机关核准营业发给许可证，新闻出版行政机关不再发证。

二、杂件印刷业如偶尔兼营书刊印刷业务，应由当地公安机关核准营业发给许可证，但在核发许可证前，应征得当地新闻出版行政机关的同意，并将该业的申请登记表抄送当地新闻出版行政机关一份。书刊印刷业如偶尔兼营杂件印刷业务，应由当地新闻出版行政机关核准营业发给许可证，但在核发许可证前，应征得当地公安机关的同意，并将该业的申请登记表抄送当地公安机关一份。这两种印刷业，其书刊印刷部分或杂件印刷部分，应分别由其主管机关负责管理。

三、按上述一、二两项的规定，不应由公安机关或新闻出版行政机关核发许可证，而在文到以前已发者，暂时不再收回，待将来换证时再依此规定办理；但在文到以前已办理申请手续尚未发证者，应嘱按上列规定的主管机关办理申请核准营业手续。

四、在核发许可证以前，当地公安机关、新闻出版行政机关应与工商行政机关随时交换意见，保持密切联系，并应通知各印刷业持许可证向当地工商行政机关申请登记。

五、除上列规定外，关于印刷业的核准营业工作，概按《印铸刻字业暂行管理规则》及《管理书刊出版业印刷业发行业暂行条例》办理。

（选自《工商行政通报》第10期，1953年6月20日）

二、中央工商行政管理局关于未注册商标管理的指示

（1954年3月9日）

现行《商标注册暂行条例》的精神，是商标注册与否听厂商自便。因之有许多商标未经向我局注册。对未注册的商标除个别城市已进行管理外，大部分城市多放任不管，以致不法厂商投机取巧，或仿冒他人著有信誉的商标，以欺蒙顾客，或使用带有封建、迷信及政治上不严肃的商标，造成对人民群众的不良影响。二三年来，我局不断接到群众反映要求对未注册商标加以管理，兹根据我局办理注册商标的经验及各地工商行政部门的意见，拟就《未注册商标暂行管理办法》，希各地参照执行，并指示如下：

一、北京、上海、天津、沈阳、武汉、广州、重庆、西安、鞍山、抚顺、本溪、旅大、长春、哈尔滨等城市工商行政管理机关应即参照本办法精神结合当地具体情况，草拟管理办法，公布施行，并报我局备查。

二、省辖市及县，由各该省工商行政主管部门参照该办法酌加补充，由省统一公布，选择重点市县施行，并报我局备查。

三、在管理工作开始以前应作充分准备工作，通过工商联作好思想动员，并与当地税务、卫生及

其他有关机关取得密切联系，以期达到配合市场管理和保证税收的目的。执行中如发现有疑难问题(例如对商标是否近似或有无不良政治影响)不能确定时，可由市县经报我局，以便直接答复或在《工商行政通报》汇总解答。

四、在进行登记管理时，应注意下列几个问题：

(1)凡国营、地方国营、公私合营企业及合作社使用的商标，应尽量动员其向中央申请注册，以免私商以相同或近似的商标抢先注册，影响其产品销路。私营企业规模较大、产量较多、且销售范围较广的，亦应动员其向中央申请注册。

(2)成药商品因与广大群众的健康有关，如以科学方法制造而有注册能力的，应动员其向中央申请注册。

(3)凡习惯上不使用商标的商品，不必强迫其使用商标。对一般通用标志或包装用纸上的宣传文字，其性质与商标不同，不必进行登记。

(4)关于商标经登记后应保持产品质量规格，惟由于目前我们技术条件还有困难，这一工作只能结合当地生产条件，通过本厂或地区工会组织的监督来适当掌握，如发现利用商标信誉，降低质量企图暴利，或经检举经查属实的，应予教育或适当行政处分；但仍以说服教育为主。

(5)商标经登记后，如有与已经注册(审定)用于同一类商品的商标相同或近似时，经发现或经利害关系人提出异议后，即予撤销，并收回登记证件。

(6)登记的商标虽无专用权，但为避免市场混乱，于同一地区(市县的行政区域)内，仍不得发生相同、近似。如与临近地区登记使用于同一种商品的商标，发生相同、近似，厂商请求处理时，可动员其申请注册，取得专用权。

(7)商标登记费额，得根据当地情况酌定，但每件最高不得超过5万元。

(8)不符规定的商标经驳回后，凡已包装完毕的商品，应查明其数量准其出厂行销。其所存之商标纸，政治上如无不良影响或影响不大者，可根据具体情况，酌予限期用完(近似的商标则应加盖戳记、说明或涂改。以资识别)，过期即停止其使用，不得转售。至有恶劣影响的商标或恶意仿冒他人注册的商标，应没收其商标纸，不得再行使用。

(9)对从事设计商标的业者，如广告社等，应进行思想教育，提高其设计水平，表达新鲜事物；并促使商标图样趋向简单化。再设计费额，最好也能通过同业公会规定出一般的标准，以免随意索酬，造成不良影响。

(10)严禁厂商经营现货商标买卖，或自由印制商标出售。如印刷商接受委托，代客印制商标应凭当地工商行政机关核准印制的证件；并取具委托书留存备查，不准擅行印制。

以上各点，如有意见，希望随时报局。

(选自《工商行政通报》第24期，1954年4月10日)

三、未注册商标暂行管理办法

第一条 为加强对未经向中央工商行政管理局注册商标的管理，防止滥用、仿冒，特制定本办法。

第二条 凡未注册的商标，应依照本办法向本局申请登记。

第三条 核准登记的商标，并无专用权。如愿取得专用权，仍应向中央工商行政管理局申请注册。

前项登记的商标，不得转让。

第四条 经中央工商行政管理局撤销或驳回的商标，不得申请登记。

第五条 商标所用的文字、图形，有左列情事之一的，不得申请登记：

1、与中华人民共和国国旗、国徽、军旗等及外国国旗、军旗或红十字章相同、近似的；

2、使用五角星、红旗不够严肃的；

3、表现对封建、迷信及政治上有不良影响的；

4、使用外文字或外文译音的；

5、袭用外商商标的；

6、与一般公用标章(如合作社、铁路、电信标志等)相同的；

7、使用他人姓名肖像的，但已得对方承认者不在此限；

8、与他人已经登记使用于同一种商品的商标相同或近似的。

第六条 在商标登记开始后，四个月内申请登记的，如与他人使用于同一种商品的商标，发生相同、近似时，得按使用先后的原则裁定；四个月后则应准申请在先的登记。

第七条 登记的商标，应刊明商标名称、厂名、地名，但不得印有“注册商标”字样。

第八条 申请登记时，应填具申请书一份，并附商标图样五张及登记费　　元。

第九条　用于成药商品的商标申请登记应缴验当地卫生行政机关的许可证件。

第十条　核准登记的商标,发给登记证件。

商标停止使用时,应缴销登记证件,报请撤销。

第十一条　凡产制应税的商品,其商标经登记后,应由登记人持同证件向当地税务机关进行登记,否则不予核税。

第十二条　核准登记的商标,如发现与他人已经中央工商行政管理局审定或注册使用于同一类商品的商标相同或近似时,应予撤销登记,并通知当地税务机关。

第十三条　核准登记的商标,应保持产品质量,并不得借更换商标投机取巧。

第十四条　外商商标,不适用本办法的规定。

附:条文说明

一、第四条所谓撤销的商标不得申请登记,系指违背商标注册暂行条例的规定或因异议而被撤销的而言。至厂商因歇业、转业或放弃使用而自请撤销的,不在此限。

二、第五条第二款所谓使用五角星、红旗不够严肃的,例如在五角星、红旗内刊印动物之类。

三、第五条第三款所谓表现封建、迷信的,例如:二十四孝、财神、招财进宝、发财、荣华富贵、状元及第、万宝聚来……名称图形的皆是;所谓对政治上有不良影响的,例如:童子军、新生活、四维、银洋……反动事物,以及宣传崇美崇帝思想的如:白宫、金镑、爵士及外国人像等事物形象的皆是。其他依此类推。

四、第五条第四款,除使用外国文字或外文译音的以外,并包括不得滥用外国人名、地名或其他名词。如:夏威夷、好莱坞、巴黎、华盛顿……。

五、第五条第五款,不得袭用外商商标的规定,是为了肃清殖民地思想在人民群众中的影响。各地工商行政机关发觉时,应予取缔。

六、第五条第八款及第六条所称的“他人”,系指同一登记地区的厂商而言。至所规定的“同一种”商品与商标注册的“同一类”商品,两者有所不同。因为商标注册暂行条例施行细则所附的商品分类表内规定的同一类商品,例如:牙粉、牙膏是一类;皮鞋粉、皮鞋油是一类;膏药、眼药是一类。凡是一类的商品,其商标与他人注册商标即不得有所相同或近似。而在地方登记,其对象一般当为手工业户,为了便于商标的使用而按同一种商品办理,则牙粉与牙膏、膏药与眼药,虽商标发生相同、近似,亦可分别核准。这样在办理登记时,亦容易掌握。但同属一类的多种产品,如搪瓷制品:盆、锅、碗等,可作为同一种商品办理;钢精制品:盆、锅、碗等亦同。而搪瓷与钢精的制品,两者虽形状、用途相同,但不能当作同一种商品办理。其他可依此类推。

七、第八条规定申请登记时,须附送商标图样五张,一张作为粘贴证件之用,一张应按商品种别装订成册,作为审查商标相同、近似之用。其余备存。

八、第十二条的规定,应予撤销登记的商标,可根据商标·发明公报公告办理。

（选自《工商行政通报》第24期,1954年4月10日）

四、天津市管理奶品质量规格和商标说明文字工作的经验

解放后随着国家经济建设事业的恢复与发展,城乡人民的生活逐渐改善,需要奶品的数量日渐增多。目前天津市奶品工业共计12户（内手工业1户),职工137人,其中制造奶粉4户,制造炼乳8户。1949年产奶粉6．896打,到1953年产25．212打,增加3倍多,炼乳1949年产4．188打,到1953年产93．032打,增加达20多倍,已超过历史上最高年产量。虽然产量历年增加,但还是供不应求。在这种情况下,资本家为了盲目追逐高额利润,即粗制滥造,不顾人民的身体健康,并在商标上进行虚伪宣传欺骗人民。大部分是翻印过去资本主义国家进口货商标的说明,如交通、狮马、农民等商标所用文字说明内容类多相似,大都写着“用科学方法低温真空炼制”“成年人服用补身益寿,老年人食用却病延年”“代替母乳”等,而实际则是用高温汽锅人工炼制,一般均系脱脂或半脱脂的炼乳,对人身体缺乏营养价值,并非实事求是的作风。天津市工商局根据以上情况,特配合卫生防疫站等有关单位组织了对该业的产品质量和商标进行了全面检查。

在进行工作中,首先针对资本家的思想情况,

结合国家总路线进行了教育，解决资本家的思想顾虑。如有的资本家怕更换新商标，影响销售，有的工厂旧存商标很多，可能用到四五个月，换新商标损失大；有的怕新商标规定的内容、质量、标准，实际制造时有困难等思想情况。因此必须教育批评。其次是通过虚伪宣传的具体事实，作为典型当场揭发，使他们认识到商标虚伪宣传对人民身体健康的危害性。如钟婴牌炼乳写的是“最高全脂”而发到西安后发现炼乳已成浆糊，糖已凝成块，消费者不满，来信反映。还有的商标上写的是“科学方法制造慎重消毒”，而实际是用小煤火炉子炼制，根本没有消毒设备。并有的写“全国各埠小儿医师公认最佳奶粉”“各国名医无不给予证书”，实际都是虚妄。经过这次教育，大部分资本家认识虚伪夸大宣传是不对的。第三，通过管理商标，明确新商标的内容，对今后生产，更便于工人的监督，因商标内容已规定了“产品质量、产品重量、原料成分”等，从而克服了资本家的唯利是图，粗制滥造思想。第四，通过商标的处理，基本上做到实事求是，统一了规格，提高了质量，并把该业注册与未注册的商标一律加以管理，把过去带有虚伪宣传的标记一律取消，并把旧存商标限期一律作废，确定新商标的内容(制造方法、规格质量、保藏期限、食用方法、用量、其他及出厂日期等七个项目)。通过这一工作，不但具体贯彻了国家对私营企业利用、限制、改造政策，更便于工人和广大群众的监督，在食用时，亦保障了消费者的利益。

(选自《工商行政通报》第27期,1954年6月10日)

五、中央财政部税务总局关于工商管理部门所领导的交易所、市场纳税问题的通知

关于由地方工商管理部门领导的或国营企业、合作社与工商管理部门共同组织的交易所、市场纳税的问题,中央财政部税务总局7月3日以(54)政一字第七五七号通知各大区税务管理局,河北、山西省、北京、天津市税务局,内容如下:

一、纯系为管理市场交易或配合国营商业及合作社收购而设立的交易所、市场,所收市场管理费,仍依总局(54)政一字第六号通知规定,免纳营业税与所得税。

二、前项交易所、市场经营介绍成交业务,于收取规定的市场管理费外,另收的介绍成交手续费以及在经营介绍成交业务外兼营代购代销业务或其他信托业务所收取的手续费,均按营业税分业税率表丙项牙纪业税率交纳营业税,盈余全部上交国库或地方财库者,可不征所得税,否则,照征所得税。

以上规定自文到月份起执行,以前规定与此规定抵触者,均以本规定为准。

以上希各地工商行政部门配合办理。

(选自《工商行政通报》第30期,1954年8月10日)

六、中央工商行政管理局、中国人民银行关于加强发行新币期间市场行政管理等工作的指示

国务院已决定自3月1日发行新币,为保证这一重大经济措施的胜利完成,各地工商行政部门应会同当地人民银行加强市场管理,加强对私营工商业的监督和抓紧进行宣传教育工作。特提出以下各点,希研究执行:

(一)配合国营、合作社商业加强价格管理,确保市场物价稳定。工商行政部门必须密切注意市场变化情况,防止私商乘机抬价。对于私营商业、饮食业、服务业等的价格,应自接到指示之日起维持在原来的基础上,在一定时期内不许提高,其需要重行议价或调整者,也要等5月1日以后再行调整,但如有某些价格需要调低时,可在发行新币命令公布后即进行调整。发行新币命令公布后,应即组织工商联和同业公会力量,督促私商自3月1日起,将各种价格,一律按国家规定折合为新币,并明码标价。为避免引起市场波动,分以下各位小数,均暂不准上入下舍(可参照当地国营、合作社商业的折算办法统一办理),在与顾客算账找零时,可采用实物找零办法。

(二)必须注意防止私商趁机囤积、拒售,以及借口清账停止售货,或提早打烊等扰乱市场的行为。工商行政部门应会同当地人民银行,妥善地配合国营、合作社商业,安排私商货源,对国营不经营或少经营的商品,以及饮食业服务业等,更需加强管理,保证供应。所有企业内部结账、折算、标价

等工作,应在做好宣传教育工作的前提下,通过职工,督促资方在晚间和其他时间进行,做好不停止或缩短营业时间。

(三)在国务院发行新币命令公布前后，所有加工订货等成本、工缴、货价等的核算,均应掌握暂不调整,只按规定折算新币。其必须调整及以后开始调整的时间,均须报请当地党、政领导批准后再办。

(四）为防止资本家乘机抽逃、转移资金，发行新币命令公布后，各地工商行政部门应联系税务部门，对于具有一定规模的私营企业，应即规定并督促它们在一定限期内做好以下准备：（1）3月1日前所有的资产负债各方账户余额，全部按照新旧币值比价折为新币，过入新账或以原账簿的次页加盖新币字样戳记后使用；（2）3月1日前的各种契约亦必须按新币折合；（3）3月1日后的一切凭证（发票、借据等）均必须加盖新币字样戳记，以识区别；(4）各企业在2月25日前必须与银行核对清楚存放款往来账，如银行有草错不论多算或少算给企业，企业均应认真逐笔订正，不得隐瞒。这是一项亟为复杂细致的工作，必须严密防止资本家浑水摸鱼，造成企业财务会计上的混乱，要使他们保证做到折算正确，手续清楚，没有遗漏。工商行政部门和税务部门可做重点抽查，如发现错误，应即追查原因，及时地进行公开处理，加强对资本家的教育。其原账簿、凭证等并应规定一定的保留期间，以便查核。

(五)人民银行自2月26日至2月28日停止办公3天,关于私营企业在此期间对银行应行结算的款项及私营企业日常开支的必需现金储备,当地工商行政部门应事先与银行商定解决办法,以免发生混乱。

(六)各地工商行政部门,应在当地党、政统一领导部署下,加强对私营工商业者的宣传教育和解释,并推动工商联做好这一工作,提高私营工商业者对发行新币的认识,组织动员他们以实际行动来支持新币。

以上各点,各地工商行政部门应会同当地人民银行充分准备,在新币命令公布前必须绝对保密,不准泄露此项消息。至于具体办法可与有关部门商讨,报党、政领导批准后执行。

(选自《工商行政通报》第43期,1955年3月10日)

七、中央工商行政管理局关于企业证照旧币折合新币办法的通知

国务院关于发行新的人民币和收回现行的人民币的命令规定,自1955年3月1日起新币应成为唯一的计算单位。在3月1日前中央和地方颁发的公私合营、私营企业证照内资本额一栏,为了节省手续起见,均由各地工商行政机关加盖“按万分之一折合新币”戳记,不必换发证照及办理变更登记,亦不收费。至于企业的章程、契约以及股票和股东名簿,应转知各企业自行将原来的旧币折成新币。希各地工商行政机关查照办理并由省级转知市县遵照。

(选自《工商行政通报》第43期,1955年3月10日)

八、国务院转发中央工商行政管理局关于加强对私营企业开歇业管理等问题的报告

中央工商行政管理局3月17日报告阅悉,国务院原则同意报告中关于加强对私营企业开业和歇业管理、改善工商登记和商标管理的各项意见,特转发各地和中央各有关部门参照执行。

对私营企业的开业和歇业管理工作是一个牵涉方面很广的复杂的任务,不应看成是单纯的执行批准手续。批准私营企业开业或者歇业,必须根据国家改造资本主义工商业的方针,结合该行业的供产销情况,并照顾到有利于解决社会就业问题。因此,一方面要严格限制盲目开业,以防造成新的不平衡和新的困难,另一方面又要区别不同对象,不能限制过死。各省、市人民委员会应责成各地工商行政管理部门及时反映情况,总结经验,并加强对这方面工作的领导。

工商登记是国家及时了解各种经济类型的开歇业情况,掌握私营工商业动态的不可缺少的工作,有助于国家对市场的统一安排。中央和地方工业管理部门应督促所属厂矿企业遵守国家的统一规定,履行登记手续,过去有些部门不经批准,乱设

门市部的现象是错误的,应加纠正。

各地在执行中发生的问题和困难,希及时上报国务院第八办公室。

附:关于加强对私营企业的开歇业管理、工商登记和商标管理的意见的报告

根据陈云副总理关于统筹安排私营工商业指示的精神,为了加强对私营工商业开业和歇业的管理,限制其盲目发展,我局于1月份召开了工商登记及商标工作专业会议,参加的有北京、天津、沈阳、上海、武汉、广州、重庆、西安、济南、汕头、郑州及河北省工商行政机关代表21人。并邀请中央有关11个部门参加。主要讨论:私营企业的开业和歇业管理、工商登记工作和商标管理,如何与管理产品质量相结合等问题。

(一)关于私营企业的开业和歇业管理

自1954年以来,私营工商业的开业和歇业发生了很大变化,总的情况是资本主义工商业开少歇多,实有户数逐季减少,改变了过去几年来开多歇少的情况。在个体手工业与摊贩方面则开多歇少,并有增加的趋势。

目前各地工商行政机关对私营企业的开业,一般掌握了严格限制精神,但在具体执行上方针尚不够明确。对歇业的掌握,存在着两种偏向:一种是见歇就批;另一种是束手束脚,长期拖延,以致企业坐吃山空,甚至业主弃业逃亡。

各地加强限制开业后,出现了排队申请开设摊贩和手工业的现象,有的扶老携幼终日纠缠,甚至威胁或殴打工商局干部;汕头市未被批准的摊贩集体写信给公安局说:"工商局不准开业,我们生活无着,准备集体去做小偷",有的失业工人说:"在工人阶级翻了身的今天,饿死的倒是我们工人",也有因申请开业不准而自杀的,有的就擅自经营成为黑户。申请开业的主要是失业职工和流入城市的农民及农村的小商小贩,也有一部分家庭妇女、复员军人,此外还有破产的资本家以及地痞流氓等。从它的实质来看,基本上是社会劳动就业问题,这种情况是国家在过渡时期不可避免的现象,必须在社会主义工业化和社会主义改造过程中逐步加以解决。同时在工商行政工作方面,也必须结合国家对私营工商业的统筹安排,加强对私营企业开歇业的管理。因此,我们认为:

在开业方面:必须结合社会主义改造、供产销平衡和社会就业三方面的要求来考虑。从社会主义改造看,开得越少越好;从供产销平衡看,原料销路有问题的不准其增设,如原料销路无问题而又为社会所需要的可酌予考虑;从劳动就业看,对这部分人应加以区别,适当地照顾他们的生活,不能完全"封口",限制过死。同时由于各地情况不同,又必须掌握因地制宜的原则(但规定应报由中央主管业务部门核准者仍由地方机关加具意见转报)。

对工业的掌握,凡供产销平衡有问题的或足以打乱国家计划的应不准再开。对不影响供产销平衡和国家计划的,可根据社会需要照顾劳动就业,酌准开设。

对商业的掌握,已经统购统销或全业已实行安排的行业,不准再开。目前虽尚未实行全业安排,但货源基本上已由国家掌握的,在开业上,必须严加限制。有些商品对市场影响不大,国家并未控制货源,自销又有可能的,为了照顾劳动就业可酌准开设。

至于服务业和饮食业目前有的地区不足,有的地区过剩,已经过剩的地区对开业应严加控制,必要时可由省、市人民委员会与需要的地区洽商作有计划的迁移。

转业今后不应作为方向来提倡,因为工商业都要逐行逐业地进行改造,不宜转入转出增加安排上的困难。应该把各种行业有计划地逐步地纳入各种不同形式的国家资本主义。

对私营工商业除了有害于国计民生应行淘汰者外,一般应根据统筹兼顾,统一安排的原则维持其生产经营并对它们进行改造。对实在不能维持的企业只要对职工生活有适当的安置应及时批准其歇业,不要使资本家拖得一无所有,对职工既不利,也使我们被动。但如资本家企图抽逃资金或为了抗拒改造搞垮企业,则必须分别情况加以制裁。对国家有计划前进一行改造一行的企业也必须妥善安排其从业人员。

此外,对于黑户、逃亡户以及行商摊贩的处理:

对黑户(包括"地下工厂、无照摊贩"等)应加强管理,对于已有的应实事求是,视其有无存在条件并照顾到职工的安排,分别情况准其补办登记;或暂准维持不登记发照;或予取缔。

对逃亡户无职工者,可作为歇业处理。有职工的,应由工商行政机关会同工会及劳动部门予以安排。

对行商须严格限制开业,已有的行商应从经营范围和地区加以限制和管理。

摊贩情况较为复杂,数量多且分散,在社会就业未全部解决前,将是一个较长时期存在的问题,但目前必须加强限制和管理。我局拟于1955年会同商业部召开管理摊贩专业会议进一步研究解决办法。

(二)关于工商登记工作

工商登记是工商行政管理工作中的一个部分,几年来中央与地方办理登记工作是有一定的成绩的,但目前还存在着一些问题有待解决:

1.加强各种经济类型企业的登记工作

依照前中财委(51)财经私字第三十六号及五十八号指示规定国营、地方国营、公私合营企业,均应办理登记手续。几年来不少国营、地方国营企业对登记不够重视,不按照规定办理,甚至有不少机关未经批准就在城市乱设门市部等现象,致使登记机关不能及时掌握各种经济类型的开歇业情况,影响了统计资料的准确性,增加了市场安排的困难,我们认为这是不妥当的,今后各种经济类型的企业仍应按照规定办理登记(财政部税务总局亦坚持这一意见)。合作社及手工业可由各该主管部门自行办理登记,但应于登记后将副本转送当地工商行政机关。至尚未设置手工业管理机构的地区,由工商行政机关办理登记。

2.关于中央与地方登记工作的分工

由于过去中央与地方分工办理,公司组织的私营企业因报中央核准登记,手续层转需时,致与地方掌握开歇业的工作不能密切配合,有脱离实际情况,经征得各地同意并经会议讨论,今后国营、地方国营、公私合营和私营企业的登记工作应统一交由地方工商行政机关办理,并径行发给执照,各地未设置工商管理局(科),而分别设置工业和商业局(科)者,工业、建筑业由工业局办理,商业和其他各业以及行商、摊贩等归商业局办理。登记费作为地方财政收入,各地工商行政机关,除依照规定于登记时收费外不得另有收费的规定。至我局今后在工商登记方面,主要是负综合、指导、督促、检查的责任。

3.简化登记手续

依照现行私营企业暂行条例施行办法的规定,登记手续按企业不同的组织形式分别规定,殊嫌繁杂,影响工作效率,拟由我局根据简化原则另行拟订登记办法。

(三)关于商标管理工作

现行商标注册暂行条例的精神是:商标注册与否听其自便,且偏重于保护“专用权”。因而市场上有很多商标未经注册,亦未进行管理,存在着混乱现象。其中不少具有严重的封建、迷信和政治上有不良影响的色彩。我们认为:今后商标工作应加强管理,并通过商标注册或商标登记配合管理产品质量。

1.加强商标管理

目前市场上未注册的商标,大部分使用于手工业制品,种类繁多,产量不大,销售地区不广,如实行全面注册尚无必要。为了逐渐肃清市场上商标的混乱现象,我局曾于1954年3月发布了“关于未注册商标管理的指示”,指定重点城市进行登记管理。惟国营、地方国营和合作社营企业的商标也有许多未注册的,其产品商标往往成为市场标价的依据,且又起到核税的有效凭证作用。因此,我们认为国营、地方国营和省级及较大城市合作社(包括生产合作社)营企业的商标,必须注册;公私合营企业产品的商标也应一律注册。至私营企业的产品其产销规模较大者,应动员其进行商标注册;不注册者必须向地方进行登记,以便加强管理。同时,商标数量的繁多,也增加管理上的困难,应在照顾生产和群众消费习惯的情况下,对一个生产部门同品种同质量的产品而使用多种商标的,应逐步限制使其减少或通过加工、订货、包销,引导各厂逐步统一使用商标。

又现行条例规定厂商直接向中央申请商标注册,致使地方上不能直接掌握情况,为了加强管理,避免上下脱节,今后凡申请注册,一律改由市县工商管理局(科)审核后径转我局,未设置工商管理局(科)的,由工业或商业局(科)办理。至于在地方登记的商标,在当地加以管理,不必上报。

2.通过商标注册或商标登记配合管理产品质量

为了保护消费者的利益,商标注册不能满足于单纯地保护专用权,必须与改造资本主义工商业相结合。今后应通过商标注册或商标登记,配合管理产品质量。我们意见:凡申请商标注册或商标登记,应附填质量规格表,如国家已统一规定有质量规格者,按国家规定的填报;未规定者,可由各行业议定;不能议定的由各厂自行订定,均报请当地工商行政机关备查。如发现偷工减料降低质量经调查属实者,即撤销其商标或予以处分。但由于目前技术条件不够,检验机构不健全、不普遍,各地工商行政机关可根据现有条件,配合有关部门采取"先易后难、分批进行、逐步开展"的方式,先选择某些重点行业试办,俟取得经验后再逐步推行。

以上是这次召开专业会议研究的问题,特报请核示。如认为可行,拟请批转各省、市人民委员会及各有关部门依照办理。一面由我局着手修正或另订有关条例及办法。

(选自《工商行政通报》第46期,1955年4月30日)

九、国务院转发中央工商行政管理局"关于工商行政部门的机构与任务问题的报告"的批示

国务院基本同意中央工商行政管理局5月5日"关于工商行政部门的机构与任务问题的报告"。兹将该报告转发给你们,希结合当地具体情况适当调整工商行政管理部门的工作,并加强对工商行政管理部门的领导。

各级工商行政管理部门是各级人民委员会下统一管理私营工商业的国家行政机关。它的基本职责是根据国家的政策法令,通过行政管理工作,禁止资本家危害公共利益,扰乱社会经济秩序、破坏国家经济计划的一切非法行为。加强对私营工商业的行政管理是实现国家资本主义工商业利用、限制和改造政策的一个重要方面。对私营工商业的全业安排和按业改造中,一面必须坚决贯彻中央已定的按业由业务主管机关归口管理的方针,以加强国营经济的业务领导。同时必须调整和加强(不是放松)统一的工商行政管理,以协助各个业务部门更好地对私营工商业进行安排和改造的工作,贯彻国家统筹兼顾的方针。因此,在大城市或私营工商业比重很大的中等城市,工商行政管理局仍有保留的必要,但机构则应尽量精简。有些大城市(如重庆、沈阳)已经将工商行政管理局撤销,如果决定不恢复这一机构,则对于工商行政管理工作应有妥善的安排。

中央工商行政管理局的工作,在国务院内部分工是由第八办公室(国家资本主义办公室)指导。凡是各地人民委员会设有国家资本主义办公室的,工商行政管理部门的工作,也以由这个办公室指导为宜。

附:关于工商行政部门的机构与任务问题的报告

4月中旬我局召开了北京、天津、上海、武汉、广州、西安6大城市工商局长会议(重庆、沈阳的工商管理局已撤销),会期15天,汇报了上述城市安排私营工商业的情况(另有报告),交流了工作经验,并着重讨论了今后工商行政部门的机构与任务问题。

会议首先对几年来的工商行政工作作了检查,认为:过去工商行政部门在党和政府的领导下,协助有关部门对恢复国民经济,进行社会主义建设,和贯彻国家对资本主义工商业利用、限制、改造的政策,是有一定成绩的。主要是:执行国家对私营工商业的行政管理,打击投机,处理违法,限制资本主义的盲目性;辅导私营工商业改进生产经营,发挥有利于国计民生的积极作用;推动资本主义工商业纳入国家资本主义的轨道;指导工商业联合会对资本家进行教育、改造等。但我们的工作还落后于客观形势发展的要求,尚存在着不少的缺点,主要的缺点是:对私营工商业管理的工作同对于资本主义工商业逐步实现社会主义改造工作结合得不够紧密,具体业务做得多,及时总结经验少,特别是提高到政策水平上来处理工作不够;反映一般情况多,发掘问题,研究问题不够深透,解决问题不及时等。

随着社会主义改造工作的深入,对私营工商业采取了按行业归口方针之后,改变了过去工商行政部门一揽子管理私营工商业的状况,有些地方的工商行政部门的机构和任务已有相应的改变,但有些地方,则撤销了这个机构。经过会议反复研究,大家认为工商行政部门的工作应随着客观情况的变化而有所改变,但机构尚须继续存在:因为国家行政机关的管理是贯彻对资本主义工商业利用、限

制、改造政策的一个重要手段;就资产阶级与资本主义工商业作为社会主义改造的对象来说,是一个整体,尤其在行业归口业务部门分工愈细而阶级斗争日益复杂、尖锐的情况下,愈需有一个统一的行政管理机构通过行政管理来制止资本家的危害公共利益、扰乱社会经济秩序、破坏国家经济计划等反限制行为。并利用其在社会主义改造过程中的积极作用。同时,工商业的各种经济类型按行业由业务部门统一安排之后,工商行政部门有必要从行政管理这一方面,来综合情况,研究问题,提供意见,以便在党委和政府统一领导下,协助业务部门来更好地对私营工商业进行社会主义改造,协调公私关系,这就有利于全面贯彻统筹兼顾的方针。

根据上述的对于工商行政部门的基本任务的认识,大家提出工商行政部门今后的主要工作如下:

一、进行对私营工商业的行政管理,在行政管理工作的范围内处理投机违法,推动它们接受社会主义改造。

二、根据国家政策法令,监督、检查私营工商业盈余分配情况和加工订货、经销、代销等公私合同的执行情况,并仲裁纠纷;协助有关部门处理公私合营企业有关公私关系的重大问题,如人事安排、清产定股、盈余分配等。

三、进行市场行政管理:(1)管理交易所和交易市场;(2)取缔投机,改革陋规恶习;(3)对国家未经营或经营比重小的商品,配合有关部门进行价格管理;(4)协助国营、合作社商业组织私商活跃城乡物资交流。

四、掌握私营工商业的开业和歇业,办理工商登记,进行商标管理。

五、通过各项行政管理工作对私营工商业进行调查、统计,综合私营工商业的基本情况,主要是:(1)私营工商业一定时期的变化情况;(2)私营工商业在社会主义改造过程中的重大问题,在国家重要政策措施的执行中和执行后私营工商业所发生的问题;(3)资产阶级的动态,协助党委对资产阶级人物做调查了解工作。

六、代表政府指导工商联、同业公会的工作,协助业务主管机关,通过工商联作好下列工作:(1)推动私营工商业者改善经营管理,改进产品质量,节约原材料,降低成本,对私营工业进行生产改组,为公私合营创造条件;(2)对资产阶级分子进行政治教育和思想改造工作;(3)培养工商界的骨干分子,推动他们带动资本家接受社会主义改造。

以上是工商行政部门的主要工作,由于各地情况不同,当地党委和人民委员会还可以因地制宜,适当调整。

各地工商局长在讨论上述工作任务之后,并研究了中央和地方工商行政部门1955年的几项重要工作。

(一)协助有关部门贯彻安排和改造资本主义工商业的措施,并总结工作经验;

(二)选择若干重点行业,对其收支盈亏情况进行调查研究,为处理私营企业不合理开支和调整税负、公债准备意见;

(三)有重点地检查加工订货合同执行中的问题,并总结经验;中央工商行政管理局准备召开会议,研究制订公私合同纠纷仲裁办法;

(四)审查、修正或废止已颁布之各项市场管理法规;中央工商行政管理局会同有关部门研究改进初级市场管理工作;

(五)根据国务院关于加强私营企业开歇业管理问题的批示,加强开业、歇业管理,整顿工商登记工作;

(六)指导工商联研究调整工商联和同业公会的组织问题,研究工商行政部门对工商联指导工作的方法与经验。有重点地建立人物调查工作,建立制度和人物档案;

(七)协助有关部门研究和进行对城市摊贩、服务等业的管理和改造工作,并由中央工商行政管理局协助商业部召开重点城市管理和改造摊贩的会议;

(八)中央工商行政管理局会同有关部门修改"私营企业暂行条例""商标注册暂行条例""保障发明权与专利权的暂行条例",草拟"公私合营企业清产定股办法",会同国家统计局整理10人以上的资本主义工业的调查资料,并总结私营工业调查经验。

为了作好以上各项工作,建议省会所在市以及人口在50万以上私营工商业户数较多的市,仍需有工商行政管理机构。省已设置工商管理局者或在省工商厅内所设置的处、科,仍应保留,负责工商行政工作。上述机构在工作上,除受当地人民委员会的领导外,受我局指导,并建立请示报告制度。目前有些城市为了适应归口要求已将原有工商行政部门的干部分别抽调到新设的各个工业局和商业局工作，这是必要的，但为了便于各地工商行政部门进行工作，建议各地党委与人民委员会，在精简机构的原则下，工商行政部门仍应保持一定数量的骨干，使能适应工作的要求，设区的大城市，区级工商管理机构，仍宜保留。

以上意见，请审查指示，如属可行，并请批转各省、市、自治区人民委员会。

（选自《工商行政通报》第49期，1955年6月15日）

十、中央工商行政管理局关于各地工商行政管理部门请示报告制度的规定

为了及时了解各地对私营工商业政策的执行情况，密切工作上的联系，根据"国务院关于各省、自治区、直辖市人民委员会工作报告制度的规定"第七项规定，结合目前各地工商行政机构变化的情况和过去执行请示报告制度的经验，作如下规定，希研究执行。

一、工作总结与工作计划：各地工商行政管理局或工商局，应报送工商行政工作的总结报告，内容包括私营工商业基本情况变化的分析，工商行政工作方面的政策、方针的执行情况和工作中的经验教训，并提出下一期的工作计划。总结报告可视各地具体情况，半年或一年报送一次。总结与计划亦可分别报送。

二、专题报告：为便于集中反映情况，研究问题，及时交流经验，省、直辖市、省会所在市及重庆、青岛、无锡等市工商行政部门（不单独设立工商行政管理机关者，省为工业厅及商业厅，其他市为当地人民委员会指定担任工商行政工作的部门——下同）应着重对专业工作如私营工商业安排和改造的经验、加工订货和经销、代销合同的检查、监督、市场管理、盈余分配、开歇业和工商登记、商标管理、摊贩管理、对工商联和同业公会工作指导的经验、重点行业的调查研究、统计工作以及国家对私营工商业的各种政策措施下达以后的重要情况与问题，可分别报送专题报告。要求有情况、有问题、有意见。

三、综合情况报告：各地工商行政部门对生产、市场情况、公私比重变化、对资本主义工商业改造的情况与问题等，应根据可能，按季或按月编送综合情况报告，或编送不定期的简报。如对当地人民委员会或上级业务领导机关有类似报告者，可将这种报告抄送我局，不必另行编报。

四、各地工商行政部门发布的重要指示、决定、通报，应抄送我局一份。

五、各种报告的递送办法，应分别性质，按照国家规定，由机要交通局或邮局挂号递送，对特别紧要的或有时间性的可用电报报送。报告请送三份。

六、各地工商行政部门的请示：凡有关地方性的政策与工作问题，应分情况，请示当地人民委员会，其中有关中央工商行政管理局职掌范围内的工作，请抄送我局。有关工商行政工作的重要政策问题，应报请当地人民委员会转报国务院，并抄送我局。

七、报告与请示要分开。请示的问题要说明情况、提出意见，以免因情况不明而耽误时日，影响问题的解决。

八、关于私营工商业的统计报表制度，按原规定办理。

九、这个规定自1955年8月起实行，原有请示报告制度作废。

（选自《工商行政通报》第53期，1955年8月31日）

十一、国务院批转中央工商行政管理局关于广州市安排私营工商业工作的调查报告

（1955年）

现在把中央工商行政管理局关于广州市安排私营工商业工作的调查报告发给你们。广州市在安排私营工商业中采用了开展增产节约运动和召开物资交流大会等办法，得到好的效果，这些经验可以供你们参考。

附：中央工商行政管理关于广州市安排私营工商业工作的调查报告

今年第三季度我局曾派员去广州市了解对私

营工商业的生产、经营安排情况，兹简要报告如下：

(一)

私营比重大，工业分散落后，商业数量多，薪资高，政治情况复杂，是广州市私营工商业的基本特点。1954年私营工业的产值，占到各种经济类型工业生产总值的78.51%，这些企业一般设备落后，浪费大、成本高，有些产品因质次价高，商业部门难以扩大加工订货(如炼乳、盐酸、液碱等)。且过去原料和销路大多依靠海外，目前情况改变，在生产改组中困难较多。同时，广州是一个与帝国主义通商最早的口岸，私营商业特别发展，平均每13个市民中就有一个商业从业人员(服务业还不在内)，这些商业户管理费一般偏高，工资(包括其他不必要的开支)大体要占到全部管理费用的70%左右。店员工资一般高于国营企业职工的平均工资水平，如新药业相当于国营医药公司平均工资(55元)的189%。资本家薪水更高，如广元泰茶叶店经理每月薪金230元，比国营茶业公司正副经理工资加起来(215元)还高15元。广州毗邻港澳，政治情况复杂，稍有风吹草动，就很快传播国外；且地处国防前线不是基建重点；失业现象还相当严重。这些复杂的情况，相对地增加了安排工作的困难。

安排前，私营工商业的困难很大。大型工业的产值今年第一季度较1954年第四季度减少10.09%。据今年4月份调查，私营工业中，陷于停工、半停工的即达608户，占全市私营工业总户数(3875户)的15.69%，职工10045人，占全市私营工业职工总数(64330人)的15.63%。在商业，纯商业私营零售比重，由1954年1月的67.94%，减为1955年1月的53.95%，营业额，今年1月亦较去年同期降低26.09%，亏损面扩大，歇业户增多。

私营工商业生产、经营困难的增大，以及代替私营批发商工作的进展，不少资本家错误地认为社会主义要提早实现，情绪不安。在行动上是：消极经营，不理生产，抽逃资金，安排后路；部分上层人物以代表资本家合法利益为名，抓住我们工作中的某些弱点大肆叫嚣。在资本家消极经营下，劳资关系趋向紧张，追逃资、追欠薪、反解雇、反三停(停工、停薪、停伙)等争议日渐增多。有些职工因生活困难并受失业威胁，对政府亦产生不满情绪；资本家则利用这种不满情绪，从中挑拨。

广州市委根据中央“统筹兼顾、全面安排”的方针，作出“一切围绕渡过淡季”的决定，初步要求通过安排工商业达到稳定企业生产、经营，尽量维持职工生活的目的。安排的具体措施：工业方面，在全市进行平衡的基础上，采取了国营让任务、适当扩大加工订货、或提前分配任务、有计划的扩大出口等办法；为了解决原料不足，采取了清查库存、厉行节约、扩大代用品、提前使用原料、组织下乡采购、适当增加进口等办法；对棉布、卷烟等计划减产的，采取了补贴办法；对无法维持生产的则由工会临时救济，由劳动局安排工人、组织以工代赈。在商业方面，对零售商采取撤点、撤品种、拉平国、合价格，并增加批发机构、降低批发起点、贷款及控制过肥户等办法进行安排。同时对工商业中若干突出的公私关系问题，如罚款不当、税收剔除过严等作了适当处理，采取了退回罚款和退税的办法。此外，华南区物资交流大会的召开，对私营工商业的安排也起了一定的作用。

在安排的同时，改组改造工作也有所发展。工业方面，上半年已有71户实行了公私合营，其中15户单独合营，13户分别并入原有公私合营工厂，余43户，依据相互依存和协作关系合并为14户并进行公私合营，这就为今后中小厂纳入公私合营形式提供了一些经验。同时，通过以大带小(成药业)、裁、并(汽水业)等改组工作，也收到了一定成效。商业方面，国家资本主义的形式也有所发展，今年1至5月，经销从1623户发展到3168户，代销从357户发展到376户。

通过上述措施，工业方面上半年已安排了28个自然行业2556户，职工43240人，占全市私营工业总户数的65.96%，占职工总数的67.22%。安排后有23个自然行业1994户，36844个职工得以维持生活。商业方面经安排后，私商营业额4月比3月上升5.99%，5月比4月又升6.39%，已经扭转了安排前歇业户不断增加的趋势。据26个行业自报材料，4月份盈余面为40.8%，5月则为50.4%(私商亏损面虽仍很大，但亏损户中绝大部分是无账可查的无劳资关系小户，他们害怕被当作盈余户而受控制，其自报材料是不够可靠的)。经过安排，首先使职工生活得到维持，生产情绪已大体稳定，从而增进了工人阶级的团结，加强了监督力量，并减少了资本家挑拨工人与政府关系的空隙；其次，由于生产经营情况的好转，及公私间存在的若干问题的解决，公私关系有所缓和；再次，促使资本家的经营态度由安排前的普遍消极，部分开始转向积极，增加了靠拢政府的信心。所有这些，都使安排后阶级关系紧张的局势有所缓和，并为今后的安排、改造工作，提供了有利条件。

但是由于任务不足，原料供应紧张，销路不畅，广州市私营工业生产仍存在不少困难。1955 年广州市的私营工业生产计划中，不少主要的、占工业生产比重较大的计划产品，一般都低于 1954 年的水平，如棉布比 1954 年生产实绩下降 17.13%，卷烟下降 13.6%。同时，为了渡过淡季，有些产品的任务(如罐头、自来水笔、油漆)已提前分配，部分原料(牛皮)已提前使用，这样，二季度的工业生产虽得以维持，却增加了三四季度安排工作的困难。据市工业办公室统计，在三季度，经计委初步平衡的 82 种主要产品中，由于原料不足，任务不足，即有 40 种不能达到二季度的生产水平，私营的 61 种计划产品中，不能满足最低维持量的竟达 35 种。因此，将有 14 个行业，13740 人受到较为严重的影响，其中问题十分严重、困难很大、无法维持的即有 12 个行业，4000 余名工人。在零售商方面，尚有很多商户没有安排。

(二)

安排私营工商业中的几个具体做法：

一、在全业安排的前提下，进一步开展了增产节约。广州市私营工业中的主要问题是，任务少，原料不足，或有原料，但因产品质量次价格高而销不掉。广州市根据这个情况，在私营工业中，结合生产安排，开展了以“降低次品率，提高质量，降低成本，保证按时、按质、按量完成国家加工、订货任务为中心”的增产节约运动，并以织染、针织、卷烟、制革等行业为重点，根据各该行业的不同特点及主要问题，进行技术交流，订出改进生产的具体指标，在企业中成立增产节约委员会，发动职工检查浪费的关键问题，研究改进，并推动资方改善经营管理。通过这些工作，半年来取得了很大成绩。在原料方面，以代用、少用、不用(禁止制造)、再用(废料)等办法，使卷烟、制革、机织、针织、橡胶等十几个行业在保证产品质量的基础上增加了生产。如卷烟上半年节约烟叶 198666 市斤，增产了 1698 大箱香烟，占第二季度生产任务的 8.7%，制革业全年任务仅及最低维持量的 52.22%，进行猪皮制革后，日产达 550 张，基本维持了该业生产；有的还试制了新产品(如硝化棉、人造松香)，也部分地解决了制漆厂的原料供应问题。在提高产品质量方面，也有显著成就，各业的次、副品率均在不同程度上有所降低，如机织业去年的次品率平均达 30%以上，今年上半年已降至 6%以下，针织、电筒、制钉等业的次品率亦均有降低。由于生产改进，特别是原料的节约和新产品试制的逐步推动，对私营工业生产的安排起到了一定的作用。

二、结合生产安排，进行了行业的改组、改革工作。广州市对若干产、供、销有困难的行业，以裁并、改组或以大带小的办法，使困难得以消除或减轻，并推进了对企业的改造。如汽水业共 5 家，因产品质次价高，销路困难，就将无利用条件和无改造前途的 2 家厂使之转业(即原来经营糖果的使其专营糖果；其汽水部分的工人连同设备由国营工厂根据发展生产的需要，予以吸收)；对条件较好的 3 家，则由国营在技术上给予援助，经过统盘安排以后，基本维持了这个行业的生产。又如成药业的特点是：大厂技术较好，牌子响，生产正常，小厂是技术水平差，销路困难。针对这个具体情况，有领导地推动私私协商，对大、小厂技术水平相差不远的，由小厂代大厂加工；对技术条件较差的小厂，由小厂代大厂加工半成品；对技术条件过差的小厂则采取由大厂临时吸收小厂职工，增加一些大厂的生产任务，以减轻小厂职工生活的困难。广州市体会“以大带小”的方法有三个好处：第一、解决了名牌与非名牌的矛盾，维持了中、小厂的生产，安定了职工生活，在原行业中安排了职工。第二、促使中小厂改进生产管理，提高技术水平。第三、职工和资本家受到了直接的教育，密切了政府与工人群众的关系。要做好“以大带小”的工作还必须注意：选好带头厂，了解其带动能力，以防止大、小齐垮；做好思想工作，纠正大厂怕把自己带垮，小厂想丢包袱，工人怕麻烦的思想；明确大、小厂的关系与责任，加强检查；并要积极推动小厂改进技术，改善经营管理。

三、召开物资交流大会。广州市在第二季度召开的华南区物资交流大会，对安排私营工商业的生产经营起了积极作用。通过交流不仅解决了广州市部分行业的货源、原料、销路问题，也使其他地区的困难相对的得到解决。如广州销出手工业产品 570 万元，使小五金、棉织品、小百货、文具等行业今年的生产全部或部分的得到安排；成药业小厂产品虽仅销出 15 万元，但维持面有 30 多家；酿酒业购进土茯苓 120 多万斤，解决了目前停工待料的困难。山货、碱杂、凉果、海味等行业购入了不少原来奇缺的商品,解决了货源。大会并为外地解决了不少问题,粤中区销出滞销土产435000元,可维持13万人一个月的生活,支援了灾区生产渡荒;兴宁县卖出毛笔50万枝,使2000多手工业者的生活得以维持。事实证明:物资交流大会虽然成交金额不大(52987729元)但若与生产安排结合起来,对解决大通小塞,解决部分私营工商业的困难是有着积极作用的。

根据广州市的经验,为了配合全面安排,交流会中,国营、合作社商业必须积极进行领导,主动地带动私商:(1)联购分销;(2)以国营的名牌货带动私商的非名牌货;(3)对缺乏资金的私商,可先由国营在会内购入,会后再委托私商代销;(4)某些商品国营与私商都有积压,私商困难大的可让私商先卖,私商急需的货源,根据商品情况,先让私商购进;(5)利用私营进出口商的经验,搜集和发现货源,由国营先行收购,以后委托其出口。

四、批发商外调。在安排私营批发商的从业人员方面,广州市采用了就地安排与有计划的向外输送相结合的办法。2月中旬广州市尚有批发商(包括一部分批零兼营商)1892户从业人员11403人,其中约有2/3以上的企业业务已被代替,因从业人员过多,单靠市级国营批发机购吸收,不可能解决这些人员的出路问题,经华南分局决定,在上半年内,从市内抽调批发商从业人员5000人送省安排。到6月底止共训练了3批有5390人(内资方1523人,劳方3867人),其中已送省分配工作的1800人,还在训练中的1700人,自谋出路的1800人。批发商外调,不仅解决了广州批发商安排不下的困难,而且在政治影响上也是好的,资本家因前途有望,缓和了过去惶惶不安的紧张情绪,如有的资本家说:"将来我们也可以当干部了",有些归国的华侨资本家说:"劳、资都有安置,共产党的气魄真伟大"。

批发商对外调的主要思想顾虑是:怕离家太远,怕收入不够生活,怕成分不好将来会被洗刷等等。所以在训练中,除了反复交待国家对私营批发商的政策外,还须着重的解决他们的思想顾虑,鼓励他们的积极性,尤其对薪给降低更要反复解释(该市试用3个月期间,每人每月130工资分,试用期满后定薪,一般按25级待遇,外调还要低于这个标准),这样就可使不愿接受训练或调出又回来的比例缩小,以减轻社会失业现象。

此外,就外调工作来看,接收单位对接受外调人员的条件要求过高,如一般只要年轻的、有技术的,且不愿接收不"对口"的行业的人员,也使外调工作增加了一些困难。实际上,外调的批发商有70多个自然行业,能够与接收单位"对口"的仅40个,同时,外调人员的条件也必然是参差不齐的,因此,完全要求"对口",并强调各种条件是有困难的。这是在批发商外调工作中,今后应该研究解决的一个问题。

五、召开消费者代表会议。这是督使私商达到预定营业额的一个办法,同时也可发挥群众对私商监督作用。私营零售商业经过安排后,营业情况有好转,但据5月份统计,私营零售商业上升的部分,远不如国营商业退让的多,安排的营业额约有60%仍回流到国营商业公司。这种情况的形成,主要是由过去私商经营作风不老实"臭了牌子";同时,消费者对安排私商的政策不够了解也是一个原因。为了改善这种情况,广州市在几个主要地区、街道召开了消费者代表会议,会议以消费者代表为主,同时也吸收私商代表参加。会上交待了全面安排市场的政策,并强调指出消费者对监督、检举私商违法行为的责任,会议收到良好效果,一方面私商经营作风有了改进,一方面使安排的比重达到预期的水平。

(选自《工商行政通报》第57期·1955年11月1日)

十二、中央工商行政管理局局长许涤新在13个省市工商局长会议上的总结报告

(1955年12月27日)

一、新形势与新措施

目前,资本主义工商业的社会主义改造已进入了一个新的阶段。从加工订货、经销代销和个别公私合营推进到在各个地区在一切重要行业中实行全部或大部分的公私合营。为什么会有这个变化呢?可以从二方面来看:

一方面,国家社会主义工业化发展了,我们可以在四年半内完成五年计划,国家工业化速度的加快,需要私营工业特别是机电工业来配合,但有些产品私营不能做,它们能做的,国家不需要。上海、天津、沈阳的情况都是如此。要解决这个矛盾就必须改变生产关系,改变私营工业的所有制,改变旧

的经营管理方法。其次,农业合作化的高潮已经到来,农民要我们供应大量的农具和日用品,如果再停留在加工订货的阶段就无法保证。不改变这种情况,就不能降低成本、增加产量,保证供应。因此,只有改变资本主义所有制才能生产更多的产品来满足国家的需要。社会主义工业化、农业合作化的发展都要求资本主义工商业的改造前进一步。

另一方面,资本主义工商业的社会主义改造本身也要求推进一步。目前,加工订货的比重虽占到80%—90%,资本主义的盲目性已受到限制,但由于所有制没有改变,剥削关系仍然存在,资本主义的盲目性始终无法解决;商业方面也是如此,经销、代销限制了盲目发展,纳入了计划,但资本家还可以剥削职工,社会主义领导还不能达到企业内部,而合理调整商业网更难于进行。为了进一步改造资本主义工商业,必须进行全业合营。在新阶段党和政府采取什么新措施呢?陈云副总理曾提出六项措施:

(一)继续贯彻国家对工商业的统筹、安排的方针。

(二)要做好统筹必须进行经济改组,因为中小企业生产经营落后,不改组、不提高技术,国家的原料和资金浪费了,结果还解决不了问题。

(三)要在安排生产、改组合并的基础上进行全业公私合营。以上三者是统一的。全业公私合营的优点有:(1)更有利于贯彻统筹安排的方针;(2)扩大了社会主义成分的领导作用,在全行业中树立了领导地位;(3)人力物力可以进行统一调配、合理使用;(4)解决了国家干部的困难;除了生产需要的资金外,可以节省国家对合营企业的投资;(5)对资改造的速度加快了,预计1956、1957两年内90%左右的私营企业可以完成公私合营。

(四)推行定息。推行定息的好处,首先是解决了"四马分肥"所发生的矛盾。四马分肥,资方得25%左右,这是百分比,基数愈大收入愈多,合营后生产提高,利润增大,资本家也拿得更多,工人有意见。要解决这个矛盾,就要实行定息。定息是以私股资本为基数,给以一定股息,这样,资本家的利润有了限制,生产愈高,国家收入愈多,增加了国家的社会主义积累,同时企业的生产关系也有了变化,资本家对企业的生产资料所有权,已越来越隔离了。资本家参加工作,不是以资本家的身份,而是以国家工作人员的身份出现,剥削关系也只有在支付利息时才能体现,到有一天条件成熟就可以停止付息。这样定息就为国有化准备了条件,到那时候,问题就简单了。

(五)要安排生产、全业合营、实行定息就必须有组织保证。专业公司是为了实现以上任务而建立的。它的性质基本上是业务机关(企业公司);但亦带有行政管理的作用。它的具体任务是:加工订货的分配,改组合并,全业合营以及改进技术;同时还要教育资本家。所以它是经济机构,同时也是政治机构。

(六)全面规划。主要包括生产规划、改造规划、教育工作的规划。

对资产阶级分子的改造问题,有人还怀疑它的可能性。要知道,"五反"以前,资本主义经济的比重还大,还有宽广的自由市场,资本家气焰嚣张,他们曾经对国家和工人阶级猖狂进攻。因此,我们进行了"五反"斗争。"五反"以后,情况变化了,资本家信誉扫地,灰溜溜的,同时社会主义成分的力量强大了,他们不能不向我们低头,因此我们就可以采取宣传教育、办训练班、听报告、组织学习、协商等办法来教育改造他们。我们改造资产阶级分子是有客观条件的:(1)人民民主政权的巩固;(2)工人群众的社会主义觉悟与组织力量的增强;(3)农民与工人结成巩固同盟,农业生产合作化在农村堵住了资本主义的后路;(4)国营经济力量的不断壮大;(5)资产阶级内部的分化,进步的越来越多;(6)苏联支援我国社会主义建设,社会主义民主和平阵营的力量日益强大。

有两个问题需要进一步明确认识:

第一,对改造资本主义工商业是一场尖锐深刻的阶级斗争问题,有的同志说:阶级斗争是尖锐的,那么今后只会越来越尖锐,最后是短兵相接,这个结论是与党的和平改造的政策相违背的。对这个问题,我们应该从三方面来看:(一)从性质上说,改变资本主义所有制,消灭资产阶级确是一场尖锐的、激烈的斗争。(二)从方式上看,斗争的方式是复杂的、多样的。(三)同时从发展的趋势看,资本主义的比重越来越小,资产阶级内部越来越分化,因此,激烈的程度不是越来越厉害,而是越来越有利于和平改造。只有正确的认识这个道理,才能正确进行工商行政工作。

第二,在对资产阶级进行阶级斗争中,我们必须讲究策略,分主次,分宽紧。当我们在主要方面或主要环节上进展得较大较快的时候,在次要方面和次要问题上,就不妨有意识地放宽、放慢一点。我们对于资本主义剥削制度,要逐步予以消灭,这是主要方面,是不能让步的。但对资产阶级个人的处理则应予以宽大。阶级消灭,个人要有出路,因为阶级与人不是完全统一的。如果四面不通风,他们就会躺倒,这样对社会主义改造是不利的。工商行政工作同志要注意这个策略,即主要的方面,要抓得紧,具体做法可以松则松。什么都放松是右倾机会主义;什么都抓紧是"左"倾机会主义。这都是不符合政策要求的。

二、新情况下的工商行政工作

(一)为了顺利地对资本主义工商业进行改造,"工商行政"还是不可缺少的。上次工商局长会议上所提出的工商行政需要存在的根据今天也仍适合,最基本的根据是:(1)资产阶级还是一个整体,按业归口愈来愈细,分工愈细,愈需要有一个统一的行政机关来协助党委和人民委员会进行综合工作,以便从全面去对资本主义工商业进行改造。今后成立专业公司,分工归口是愈加细了,如果分工之后各搞各的,对资产阶级的斗争是不利的,所以需要有综合。地方党委、对资改造办公室都要抓综合工作,但它们不可能担负具体的综合管理工作,因此必须有一个出面的行政机关来帮助进行。我想这个理由是有说服力的。(2)国营、合作社营、私营的比重虽在扩大,但市场还是整体的,全面掌握统一的行政管理还有必要。

新情况出现以后,工商行政的工作面是缩小了,因为业务工作已经归口,如加工订货,工商行政部门已无什么文章可做。在建立专业公司和推行定息的条件下,加工订货中的一些问题已变成内部公公关系的问题了。但是,从社会主义改造的发展要求来说,我们的工作却是愈来愈深入,只有深入钻研,多用脑筋,才能做好工作。

(二)在新情况下,工商行政的基本任务是在原来的"协助领导、综合情况,从掌握政策和利用工商行政的武器去推动资本主义工商业的社会主义改造"的基础上加重对资产阶级的教育工作。我们不但要管,而且要教,管与教不是对立而是统一的,就是要通过行政管理来教育资本家,通过公私关系的处理来推动社会主义改造,这是今天工商行政管理在新情况下总的任务。

1.在全业改组合营的条件下,根据初步研究,工商行政部门可以进行如下工作:

(1)配合业务部门,订出全业改组合营的规划,参加规划的筹备工作。我们参加这一工作的好处是:可以从全面看问题,以便帮助主管部门更周到地来制定改造规划。北京、天津的工商局已参加了这个工作。

(2)协助主管部门、专业公司进行合并改组,处理淘汰户的职工及资方实职人员。特别是有协作性的工业间的改组合并和商业间的改组合并,有工商局帮助就可以做得更适当些。

(3)参加各行业的清产定股、人事安排工作。我们建议:清产定股由主管部门负责,会同工商行政部门召集工会、工商联成立清理估价委员会。工商行政部门参加这个工作对于贯彻实事求是、公平合理的原则是有好处的,对人事安排亦然。

(4)在改组改造过程中进行登记、统计、综合情况。改组改造的情况变化得很快,需要我们通过登记、统计工作,来综合情况。在全业合营、成立专业公司的条件下,登记仅具有统计的作用,但对于未全业合营的厂店、无照摊贩和地下工厂的登记,还有管理、控制的作用。

(5)在全业改组改造过程中,资本家乘机抽逃资金、抗拒改组改造;以及私营企业在进行合营时债权债务的协商和资金倒挂户的处理等问题,有时还需要工商行政部门出面来处理。

2.对专业公司的工作,我们还未很好研究,初步觉得,专业公司基本上是由主管业务部门领导;但它还带有行政管理工作,如厂店合并的登记,协助八办推动专业公司对资本家的政治工作,以及综合地研究专业公司的发展情况等等。

在全业合营与定息条件下,专业公司对于加工订货的分配,从业务到行政都包下来了,有关行政处理问题已成为内部关系,因此工商行政部门在这方面的作用已大大降低。但对未全业合营、未成立专业公司的行业的加工订货还有行政管理工作,如偷工减料、延期罚款以及商业方面经销代销的违法违约问题,尚须工商行政部门进行处理。

3.盈余分配与定息问题:对私营企业的盈余仍按"四马分肥"分配,工商行政部门应进行监督、检查。对公私合营企业的定息工作,工商行政部门要掌握全面材料,提供意见。由于各行业的定息并不相同,并在执行过程中,可能采取逐步下降的原则,因此,工商行政部门要协助人民委员会对资改造办公室全面地考虑当地各行业间定息的息率和调整问题。

4.对工商联及对资本家的教育工作:

(1)代表人民委员会,在八办领导下指导工商联的工作,就是执行八办的方针与规划,并进行行政指导,如审查编制与开支。

(2)过去与工商联有关系的头太多,谁都抓它,使工商联的工作不好办,今后建议归工商局的口,有事要通过工商局安排,工商局要帮助工商联解决困难。

(3)协助工商联组织对资本家的政治思想教育工作。对资本家的一般政治思想教育上,宣传部和统战部是负责方针政策及规划,工商局则要在统战部、八办的领导下做好组织工作,如组织报告会、学习班等,并进行督促检查。

(4)通过处理违法,在一个地方,全面地对资本家进行教育。

(5)协助工商联总结经验,推动先进经验。特别是区工商联、同业公会过去做了不少工作,要帮助他们进行总结经验,介绍推广。

(6)帮助抗战部、八办掌握资本家思想情况。

(7)培养工商界核心分子。这个工作由民建会和工商联负责,但工商行政部门要从工商行政角度帮助统战部、八办发现核心分子,加以培养。

5.市场是整体的,目前自产自销未能立即完全消灭,如在上海尚有10%—15%的自由市场,广州还有20%左右,今后哪怕只有5%,也需要进行议价核价的管理。对摊贩亦需会同商业部门加强管理。

(三)以上是工商行政部门的基本工作,由于各地具体情况不同,当地党委和人民委员会可以因地制宜,适当调整。要外加一些工作,我们不反对,但有工商行政部门的地方,上述主要工作必须重视,并要求把工作做的更深入一步。

(四)省工商局的工作与市的工作基本上相同,但因面对城市,不直接与企业接触,在工作方法上,则与中央工商行政管理局的情况相接近,主要是掌握情况,介绍经验,帮助省委推动社会主义改造。

现在先提出一个工作方向,希望大家回去后进行研究,提出规划,报告我们。

三、如何进行工作

(一)根据初步的看法,1955年各地工商行政部门做了如下工作:(1)向领导上提供工商业的综合情况、反映问题;(2)有些城市的工商局参加了全业的合并、合营的规划;(3)协助有关部门,推进了改组改造;(4)市场管理,整顿摊贩做了不少工作;(5)有些城市对审核加工订货合同,处理有关公私关系问题做了一些工作;(6)通过行政管理对资本家进行爱国守法的教育;(7)通过登记限制资本主义工商业的盲目发展;(8)对私营企业特别是工业,做了统计工作。

(二)我们的缺点和工作上思想上存在的问题是:(1)工作不深入,浮在水面上,有如蜻蜓点水,不深不透。(2)善于抓具体,抓业务,不善于抓政策。看到小的看不到大的,把政治问题当做具体事务来处理,不会从具体事务中体现政策。(3)还不能更好地及时地反映情况与问题,中央工商局对各地解决问题也不及时,拖的很久。及时反映问题是很重要的,如这次工商联执委会后,济南市工商局及时反映了资本家的动向和业务部门的偏向,对全国很有帮助。(4)公私关系发生矛盾时或某些部门有了偏向时,工商行政部门不能理直气壮地提意见。(5)不少同志看到社会主义高潮到来,认为工商局的任务即将结束,发生了转业的思想,这是错误的,因为这只从个人出发,不从党的总路线来考虑我们的任务。这种转业思想会阻碍了我们的工作,必须坚决克服。

为了做好工作,我们必须抓住下列几点:

(1)抓住统计、登记和调查工作,充分掌握情况,综合情况。要看出社会主义改造工作发展的趋势,发觉问题先走一步,以便及时反映。

(2)提意见要符合政策要求,要从全面的、长远的角度去研究,从阶级关系(公私关系)、从社会主义改造利益来考虑问题,因此,要求大家加强政策学习。

(3)要抓工商联,要善于运用工商行政管理的武器,来推动资本家接受改造。

(4)主动积极的去争取工作,发掘问题。

(选自《工商行政通报》第61期,1956年1月15日)

十三、轻工业部、卫生部、商业部、地方工业部、中央工商行政管理局关于严禁冒用私营厂药品名牌的通报

轻工业部、卫生部、商业部、地方工业部、中央工商行政管理局最近发出了关于严禁冒用私营厂

药品名牌的通报，全文如下：

接上海市第三商业局来电反映："目前有部分国营及地方国营药厂（如国营东北制药总厂、地方国营沈阳与松江两制药厂等），冒用上海及天津私营药厂商标（产品牌号）并完全仿做其包装图式（如复方胃舒平片、正痛片）；中国医药公司监制之索密痛片、纽绿丰片等，亦为冒用名牌……"。并附有包装实样。上述情况经查属实。其中，关于中国医药公司监制产品，国营药厂在接受订货时，对这种冒用私营药厂商标（产品牌号）的资本主义经营方式，未予拒绝，放弃了国营企业的应有立场，其结果，不仅替资本主义生产作了宣传，同时，在政治上造成了不良影响，殊属错误。而国营药厂直接冒用私营药厂商标（产品牌号）其错误更为严重。为纠正上述错误行为，希各单位在接此通报后，应即进行深入检查为避免国家资财遭受损失，除符合标准的仿制品种可将现有库存售完为止外，应即停止制造冒牌品种。如目前尚存有该种包装材料，必须立即停止使用；并保证今后不得有任何冒用他厂商标（产品牌号）之情事发生。今后各单位（包括国营、地方国营、合作社营、公私合营）所使用的商标，尚有未经注册的，希尽速向中央工商行政管理局申请注册；如有另行设计的新商标、仍应先经中央工商行政管理局核准后再行使用。特此通报。

（选自《工商行政通报》第62期，1956年1月31日）

十四、对外贸易部、中央工商行政管理局发出对出口商标应注意事项的联合通知

中华人民共和国对外贸易部、中央工商行政管理局最近联合发出了关于出口商标应注意事项的通知，全文如下：

随着我国经济建设的发展和开展对外贸易的需要，我国产品特别是工业制品的出口，将日益扩大。为了防止国外不肖商人，用仿冒、伪造、影射商标等方法来破坏我出口商品的信誉，对外贸易部曾经在1956年2月13日以（56）出办密字第35号指示各进出口公司：利用资本主义市场商标注册专用的手段来巩固、扩大我国产品的出口，并须有领导、有步骤地去进行。但由于我国的出口商品，过去对使用商标不够重视；有的图样设计不好；有的和外商商标发生雷同；有的完全使用外国文字，或者使用中国文字，而附译不正确的外文，为了避免或减少这些现象的发生，所有出口商标，均应先向中央工商行政管理局申请注册。另一方面，在外国申请商标注册，按照一般的国际惯例，要提送已在本国注册的证件，也应作好准备工作。为此，特联合通知如下：

（1）出口的工业产品，必须使用商标。各产制单位，除已经向中央工商行政管理局注册的以外，没有注册的，都必须由各中国进出口公司先在国内办好注册手续。

（2）原由各产制单位在国内注册的商标，根据出口需要，须向国外申请注册时，为了使出口商标在国内外的注册人名义一致，各该产制单位原在国内注册的商标，可经协商转让给有关的中国进出口公司，并向中央工商行政管理局变更注册人名义后，再向国外办理手续。但某些已经在国际市场树立相当信誉的商标（如中华牌、双喜牌纸烟等等），也可用各该产制单位的名义在国外注册，中国进出口公司作为它的代理人。

（3）原在国内注册的出口商标，如果改变图形（包括颜色、排列），须先送中央工商行政管理局审核决定或另外申请注册。

（4）原在国内注册的内销商标改作外销，或将原注册的出口商标全部改作内销时，都须事前报告中央工商行政管理局批准。

（5）出口商标所用的文字，应该以中国文字为主；但可以附加外国文字（如商标名称、厂号名称、产地、说明文字等）。内销部分，在商标纸上不得使用外国文字，并应刊明产制单位的名称。

（6）各中国进出口公司在国外办好商标注册后应将申请人名义、商标名称、使用商品、注册的国名、注册号码和专用年限，分别报告中央工商行政管理局和对外贸易部出口局。

（选自《工商行政通报》第66期，1956年4月25日）

十五、商业部、纺织工业部、化学工业部、食品工业部、轻工业部、对外贸易部、中央手工业管理局、供销合作总社、中央工商行政管理局关于对工业、手工业产品原则上停止使用国营商业专用商标及监制字样的联合通知

（1956年12月6日）

几年来，国营商业在加工订货中，对若干工业、

手工业商品,采取使用商业公司专用商标或加注商业公司监制的字样,以代替工业、自用商标。这种做法,在统一规格质量、简化厂牌、便利经营管理,以及配合加工订货,统购包销,督促工业提高商品质量及在群众中建立商品信誉等方面,均起过一定作用。但另一方面,由于对某些产品统一使用商业公司商标的结果,也使某些工厂积极关心自己产品质量及创立商品信誉受到一定影响;同时,还使某些为部分消费者喜好的名牌产品,在市场上消失,消费者有意见。

目前资本主义工商业已实现了全行业合营,为鼓励生产单位积极提高商品质量,创立自己产品的商标信誉,经有关部门研究,决定原则上停止使用商业商标和监制字样,并提出以下意见,希研究贯彻执行:

(一) 各种加工订货、统购包销的工业及手工业产品,今后原则上应停止使用商业公司专用商标及监制字样,由生产单位根据市场需要恢复原有的商标或另制新商标,并在商标纸或包装上尽可能注明生产(或加工)企业的名称和地址。

(二) 某些商业公司专用商标在市场上已树立很好信誉,并为广大消费者所熟悉者,可以让给一个生产单位继续使用;在同一类型的生产单位间,如能保证产品质量一致,也可以允许一个地区工业专业公司统一使用(如医药公司的"保健"牌、化工公司的"放羊"牌商标等属全国性的商标,在转让给工业部门时,可由各商业总公司与中央有关工业部门协商确定)。已注册的商标转让时,让受双方应依法向中央工商行政管理局申请变更注册人名义,原有商标上的国营商业公司监制字样亦应取消。生产单位已自行决定并使用的商标,为对消费者负责,应尽可能固定,不要随意改换。同一生产企业内生产的质量、规格相同的产品,一般不要使用几个不同的商标。

(三) 某些手工业工厂继续为商业加工的成品,并习惯使用商业商标(如盛锡福帽店),这种关系已有多年历史传统,其商业商标经工商双方协商同意,仍可继续使用。某些商业公司自有的加工厂(如中国化工公司、食品公司的加工厂等),其商业商标如因业务需要也可继续使用。对商业公司收购成品而自行分装为小包装的商品,如需标贴商标时,除注明原生产企业商标、厂名外,并应注明某某公司分装字样。

(四) 对供应出口的特定(或专用)商标,在国外已有一定销路的某些商标的商品和外贸部门已经在国外办理注册或正在办理注册,或已与国外签订委托经销、代销合同的商品,均不作变动,仍按原来商标继续供应出口。

(五) 在商业公司专用商标及监制字样停止使用的同时,除上列(三)、(四)所述情况外,对国营商业在商品上使用的"经销""加工"订货"等字样,今后亦一律停止使用。公司或工厂原存包装材料印有商业商标及监制、经销等字样者,为了节约,不应废弃,可继续使用,但以用完为止。

(六) 今后所有商品使用的商标,均应向中央工商行政管理局申请注册,现在尚未注册及工商双方拟转让的商标,限于1957年6月30日前完成申请注册手续,各地工商行政管理部门对商标必须加强管理,期满以后,禁止使用未注册商标的商品在市场上流通;为保持商标的信誉,保证商品质量,今后无论工商企业部门对使用同一商标而质量不同的产品(如不合规格但可供销售的残、次、副品)应加注显著的"次品""副品"字样,以资识别。

(七) 在进行取消与改换商业专用商标和监制字样工作中,各地工商部门应充分研究,作好准备与衔接,并尽可能作好宣传解释工作(如在标贴上作必要的说明等)避免造成脱节与混乱,做到便利群众购买又不影响生产与经营。在执行时间上,由于各地情况、商品性质不同,原包装用纸存量多少不一,并须进行一系列的准备工作,因此,不作统一规定,各地可根据具体条件有计划、有步骤的施行。

(选自《工商行政通报》第83期,1956年12月31日)

十六、中央工商行政管理局、对外贸易部关于出口商品商标文字问题的通知

(1956年12月30日)

关于出口商品所用文字,原则上应当按照中央工商行政管理局和对外贸易部今年3月24日联合通知的规定执行(见本刊第63期),但考虑到出口业务的实际需要,不使因为商标文字的变动而影响出口工作,特对商标文字作如下补充规定:

(一)凡是已经在国外注册的出口商品商标,如

采用英文或其他外文，为了维护自己的利益，同意继续使用，不必改用中文。

（二）凡是原商标（外文）已在国外市场树立信誉，商标文字更改可能影响出口业务者，可以继续使用；但如果改用以中文为主的商标不会影响出口者，可适当更改。如果销售对象以华侨为主者，商标应当加注中文。

（三）正在试销的商品如已用外文商标者，为了不影响试销工作的进行，可以暂准使用；在国外销路巩固以后是否加注或改用中文，按以上两项规定考虑确定。

（四）凡完全使用外国文字的商标，应当在商标或包装上明显地表示出是中国产品和企业的名称、地址。

请各地即按此执行。

（选自《工商行政通报》第84期，1957年1月25日）

第二节　私营工商业的调查统计工作

一、国家统计局局长薛暮桥关于私营工商业的调查统计工作在全国工商行政会议上的报告

（1953年3月）

（一）计划经济与私营工商业

国家大规模的、有计划的经济建设开始了！在经济建设中，经济的计划必须一天天加强，盲目性逐渐减少。今后不但国营经济应该严格遵守国家经济计划，私营企业的重要部分也应该逐渐纳入国家计划，国营经济是整个的，我们的市场也是整个的，国营有计划，私营没有计划，国营经济的计划就会被冲破。私营资本主义经济要求自由发展，而国家经济则要求有计划发展，私营资本主义经济与计划经济是有矛盾的，要私营经济服从国营经济的领导是需要经过斗争的。三年来我们采取了有团结有斗争的政策，进行了一系列的措施，我们一方面扶植他们克服困难，使他们按照国家需要得到发展；另一方面也巩固了国营经济的领导地位。毫无疑问，私营经济是逐渐接受国营经济的领导了，特别在“三反”、“五反”后，反抗国营经济领导的倾向一天天缩小，由于国家的大力扶持，反过来依赖国家的程度却一天天扩大，他们要求更多的加工订货，从加工订货中得到更多的利润。从解放到现在，私营经济从不愿接受国营经济的领导而逐渐过渡到愿意和依赖国营经济，这种变化是相当显著的。

在自由竞争的条件下，私营资本主义的生产是受价值法则和剩余价值法则，以及平均利润来调节的。在新民主主义建设中随着国营经济领导力量的加强，国家计划逐渐限制了资本主义经济法则的作用，通过加工订货逐渐调节某些私营工业的生产，通过价格政策逐渐调节某些工商业的利润，从而影响其生产与经营，这样使私营经济逐渐接受国家计划的领导。

国家计划对国营经济与对私营经济是不同的。国营经济可以无条件的接受国家计划，因为它不是为了追求利润，只要是国家所迫切需要，就是不赚钱仍然可以在国家支持下得到大量的发展。私营资本主义却不同，它的目的是为了追求利润，没有利润就不能积极生产。所以只有在保证其合理利润的条件下，才能接受国家计划。去年在全国工商联筹备代表会议中，工商业者要求加工订货给以一定的利润，陈主任指出利润的标准是：10%；20%；30%上下，因为各种工业发展不同，有的工业我们要给予多一点的利润以鼓励其生产，有的则少给利润加以限制。特别对个体经济，我们主要只能利用价格政策来调剂生产，因此对私营经济的计划只能是间接计划，不能直接分配生产任务，只能通过加工订货、通过价格政策，以及金融政策、税收政策等方式来实现国家计划。

私营经济在一定的条件下愿意接受国营经济的领导，愿意接受国家的经济计划，这样就为国家实行计划经济准备了必要的条件，这是三年来摸索得到的经验。现在我国的棉纺业已通过加工订货全部按照国家计划生产了，其他主要工业也逐渐纳入国家计划内，可是这样还只解决了问题的一半。国营经济力量壮大，控制了市场，使私营经济服从国营经济的领导；但今后如何领导私营经济，如何使私营经济按照国家计划来调整其生产与经营，这问题还没有切实解决。领导私营经济除需要有正确的政策外，还需要有正确的，适合于实际情况的计划，非此不能解决工作中的许多具体问题。

但现在我们对于私营经济及整个社会的产销状况还缺乏完全的、确实的调查统计,没有统计就不能订出正确的计划来,就是订了计划也不能适合实际情况。计划离开了实际情况,执行就有困难。去年对私营工业的加工订货收购工作中带着很大的盲目性,因此大量资金积压,影响国家经济建设。今后我们的加工订货必须减少盲目性,加强计划性。目前许多主要工业多已接受国家的加工订货,自由市场相对缩小,因此这些主要工业就必须按照国家的加工订货计划来订自己的生产计划,否则产销就有可能脱节。这就发生两个问题:第一、要有符合实际情况的正确的加工订货计划,就必须对各种主要工业的产销状况有完全的、确实的调查统计。第二、要使私营经济的生产状况适合于国家计划,亦即适合于社会需要,而不是盲目生产,这亦需要加强调查统计工作。必须掌握产销关系、公私关系,及时提出调整私营工商业的具体政策。过去私营工商业的调查统计数字十分混乱,准确性很差,而且很不完全。如果根据这些数字来决定政策制订计划,那就非常困难,今后必须加强调查统计工作,这是实行计划经济的极重要的条件。

(二)调查统计工作需要解决什么问题

我们的调查统计工作不同于资本主义国家。我们是为国家计划服务的,是为领导机关提供决定政策制订计划的统计资料,并通过统计资料来检查计划的完成情况,因之我们的统计必须要求正确。因为统计工作是计划的基础,必须有正确的统计才能订出符合实际的计划,统计不但要正确,而且要全面、要及时。对于私营工商业的统计,基本上也是为了计划,当然不能要求得像国营经济一样严格,但90%以上的正确性是必要的。关于私营工商业的统计,主要的有以下各项:

(一)对国家订有生产计划的重要产品,必须有比较完全的经常的统计制度,没有统计就无法制订计划和检查计划的完成情况。凡是有生产计划的产品都要建立经常的统计制度。今年要求在主要城市主要行业建立生产月报,以后要扩展到次要城市,次要行业。

(二)为国家加工订货的工业,也必须有调查统计制度,以便制订国家加工订货计划,但加工订货的范围较大,我们必须选择重点行业,在必要与可能的条件下建立定期报表制度,或用典型调查等类方法搜集材料估计推算。要利用统计资料来经常研究和检查我们的加工订货计划与私营工业实际生产情况有无矛盾。

(三)对有关人民生活的各种重要物资的销售数量及有关经济建设的各种重要原材料的消耗数量,如粮食、纱布、以及煤炭、橡胶等也要有经常的调查统计,中央商业部规定七十多种,今后必须根据调查统计制订国家的贸易计划及物资供应计划,目前从大城市大行业开始,逐渐推广。

(四)应该了解私营工业的生产设备和劳动力量,研究其潜在的生产能力,根据调查来制订私营工业的增产计划及利用潜在力量。私营工业在今后还有发展的余地,因为国家集中力量搞重工业,如钢铁、机器、有色金属等基本工业,轻工业搞得少,许多日用品生产还要让私营去发展,还需要发挥私营工业的设备利用率及按需要建立新厂。

(五)对私营工商业的全部情况必须有概略的调查统计,如各行业的生产总值、交易总额,每季每半年或一年作一次调查,以便研究公私经济比重及私营工商业的发展趋势,以便决定对私营工商业的政策,调整公私关系。除建立主要工商业的调查统计外,在可能的条件下应考虑进行手工业的调查。

在国家经济建设中,我们需要了解私营工商业本身的发展和变化,了解公私比重的变化情况,同时了解国家资本主义经济的发展。对于国家资本主义经济问题,我们过去研究很少,但在新民主主义的经济建设中,这是引导资本主义经济服从国家经济的一个重要的方式,希望研究一下公私合营企业和加工订货的发展,以及所占比重的变化,研究联营及其他有关问题。

以上只是私营工商业调查统计工作中的最主要部分,当然还不可能满足有关各部门的要求,特别是业务部门的要求,但估计到我们现在调查统计力量有限,因此我们只能掌握重点,先从有关国家经济建设的最重要的部分做起,保证这些统计工作的确实完成,过去已做过的统计工作确为国家建设所需要,且已有了相当基础的,仍可考虑保留,但以不妨碍基本统计工作为限,重复者应坚决取消,我们准备逐步整理各机关的调查统计报表,以避免重复和浪费。

(三)怎样进行调查统计工作

过去各大城市都做了许多工商业的调查统计

工作,各省亦有一些调查统计资料,但这些材料是由各地各自调查的。调查范围不同,表格指标不同,分类方法不同,计算方法不同,因而各地区的统计资料不可能在全国范围综合和互相比较,形成只见树木不见森林的情况。计划是全国性的,地区性的材料无法满足国家计划的要求,也不可能成为制订全国计划的根据。因此为了使我们的统计资料能在全国范围综合和比较,统计工作必须统一领导,颁发全国统一的报表,与计划部分完全一致。去年全国统计会议已有决定。今后工商行政工作同志必须注意以下各项:

(一)统一私营工商业的行业分类办法,目前划分为八大类,每大类再分项目,以往各地区及各业务部门的分类办法必须改变,严格遵守国家统一颁发的行业分类办法。

(二)颁发统一的统计报表制度。去年年底曾颁发1952年私营工商业年度总结统计报表,预计今年3月可以报来,1953年起拟建立私营工商业的定期报表,工商业报表草案已经拟好请大家仔细研究,提出修改意见。

(三)私营工商业的调查统计主要应由工商局来负责,它应收集各方面的资料,综合后报统计局再作公私经济的全面综合,目前为着减轻工商局的负担,可以由工商局、税务局、统计局三方面分工合作。综合的材料互相交换。省市工商机关所综合的统计资料一面上报大区及中央工商行政管理局,一面报当地的统计局。由税务局负责综合的某些基本统计资料也应按照规定报送工商局及统计局。工商行政机关对统计资料的确实性和及时性,应负检查督促责任,但在统计方法上可由统计机构统一指导。

最后应注意下列各项:

(一)必须建立并健全调查统计机构,调配和培养能胜任调查统计工作的干部,俾能切实完成繁重的调查统计任务。

(二)必须建立经常的统计制度,过去没有整个计划,要材料临时乱抓。必须认识,临时乱抓的材料是不可能正确的。今后应制订经常的工作计划,尽可能避免临时突击,以免妨碍经常的统计工作。

(三)必须采用科学的统计方法,要求全国统一。改变各地原来的统计制度和方法,这样必然会引起很多意见,因各地原来的统计制度和方法已经习惯了多少年,要改变一定有困难,但不能不改,不改就不能全国统一。

领导机关必须了解情况决定政策,如果情况了解不够,政策就很难决定,搞好调查统计是管理私营工商业的一件重要准备工作。

今天我所说的是站在统计工作的角度上提出的,工商行政工作当然不止这些,更重要的是要帮助领导机关决定政策,和把政策贯彻执行。但在国家大规模的、有计划的经济建设刚刚开始的今天,必须特别重视计划统计工作。由于计划统计工作在我国还是一件新的工作,大家还缺乏经验,因此必须以更大的力量,共同来完成国家交给我们的光荣任务!

(选自《工商行政通报》第5期,1953年3月20日)

二、国家统计局薛暮桥局长在私营工商业统计工作会议上的讲话

(1953年11月)

私营工商业统计工作会议已经开了一星期了,在这次会议中大家提出了很多问题。但这些问题还没有经过好好的研究,还需要大家来共同讨论,现在只能提出个人的初步意见,供大家参考。今天主要讲五个问题:

(一)私营工商业统计的目前情况

1. 就国家统计局来讲,私营工商业统计在各种统计中是比较薄弱的,因为过去主要是搞国营,国营中以工业为重点,其次是基本建设,再次是贸易、农业等;私营工商业统计工作是今年才开始的。年报、定期报表虽然已搞了将近一年,但由于缺乏经验,目前尚在摸索阶段。就全国来讲,则各地区、各省市已经搞了几年,已有若干经验,且已积累了相当多的资料,但由于没有全国性的调查统计计划及制度,各搞各的,资料很多,但综合不起来。此外税务局也有好些资料,但因口径不一致,应用还有困难。去年年底,我们颁发了私营工商业年报报表,今年春又布置了定期报表,才开始了全国的数字。但各地上报还不及时,而且正确性也有问题。

2. 在布置年报和定期报表后,根据我们的了解,各地对私营工商业的调查统计,一般都超过了国家统计局的要求。过去我们怕布置范围太广,要求过高,执行不通。但事实上极大多数地区比我们

要求还高,布置还广。当然各地区的发展是不平衡的,中央要照顾全面,不可按先进地区的要求来制定报表。某些地区如有力量,可以适当补充。可是有些地区要求过高,不但远超过了国家统计局的要求,甚至超过了国营企业的报表。国营小型工业过去是季报,今年改为年报,在苏联也仅一年调查一次。而私营小型工业却大多数布置了月报或年报,有的甚至连个体手工业也布置了月报。在商业方面亦是如此,有的连摊贩亦布置了月报。

3. 是否我们有些保守,要求太低了?我们布置的报表,虽然指标不多,并且只限于大中城市,但大部地区尚不能及时上报,6月份的资料在8月份还未报齐,直到9月份才勉强综合起来,还不够全面。国营工业月报大致可以按时上报,电报快报15天可以把全国数字综合起来,用处很大。私营工商业则还差得很远。

明年比今年要提高一些,要求多一些,不能进得太快,必须稳步地、逐步地提高。首先必须提高质量,做到及时上报,这样用处会更大些。今天仍有很多地区连最起码的资料亦不能及时上报,所以我们很怀疑,各地发了这样多的报表,是否能够按时收集和综合起来。目前各地区、各部门所布置的报表,很多不能按时上报;或报上来了,没有力量综合;或综合起来了,而正确性太差,没有用处,这样就是很大的浪费。反不如少布置些报表,掌握重点,上报及时,数字正确,用处还大一点。

4. 各业务部门对私营工商业各自布置报表,各自为政的现象还是相当严重。五月统计工作会议后好了一些,但你搞你的,我搞我的,报表既多又乱,重复浪费,这种分散主义状态基本上还没有克服。国营企业对非法报表常常拒绝填报,私营工商业则不敢拒绝填报,而用造假报告的消极办法来应付。因此私营工商业的统计报表还是很乱,如何统一领导,分工合作,反对分散主义和克服无政府状态,还待我们好好研究解决。

根据上面这些情况,目前如何搞好私营工商业统计工作的基本问题,是了解各地区、各部门调查统计工作的具体情况和工作经验,来研究统一领导、分工合作的具体办法,要根据国家建设的需要,在"减少数量,提高质量,掌握重点,稳步前进"的方针下,来建立切合实际、简单易行的调查统计制度。只有如此,才能合理地使用现有的统计力量,把我们的统计工作提高一步。

(二)私营工商业统计的具体任务

1. 首先要认识清楚过渡时期的总路线和总任务。关于过渡时期的总路线,毛主席作了如下的指示:"从中华人民共和国成立,到社会主义改造基本完成,这是一个过渡时期。在这个过渡时期的总路线和总任务,是要在一个相当长的时期内,逐步实现国家的社会主义工业化,并逐步实现国家对农业、对手工业和对私营工商业的社会主义改造。这条总路线是照耀我们各项工作的灯塔,各项工作离开它,就要犯右倾或左倾的错误。"国家计划就是实现总路线的具体方案,统计工作要提供正确的统计资料来作为编制计划的根据并及时检查计划执行情况。为着正确利用资本主义工商业积极的一面,限制其消极的一面,并对资本主义工商业逐步地进行社会主义改造,我们就必须加强私营工商业的调查统计工作。

2. 私营工商业调查统计的主要任务,是提供决定政策、制订计划所需要的统计资料,并以此来检查计划的执行情况。私营工商业虽只有间接计划,但为计算各种主要产品的产销平衡和公私经济比重,没有私营工商业的资料是不行的。因此就需要了解私营工商业的生产情况、商品流转情况,研究产销关系和公私比重等等。同时为着把私营工商业逐渐引导到国家资本主义,对加工订货的统计就有着相当重要的意义。过去年报和定期报表上已经有了这些指标,今后要引起更大的注意。必须研究如何把我们的私营工商业统计搞得更好一点,以满足党政领导机关对我们的要求。

3. 根据前述要求,私营工商业统计的主要指标计有:

(1)私营工业总产值:这是研究私营工业的发展趋势及计算公私比重的重要指标。计算方法可以比国营简单些,但内容范围要取得一致。

(2)主要产品产量:我们不单是计算总产值的公私比重,而且还要计算主要产品的公私比重及其增长情况。我们还需要用这个指标来计算各种主要产品的产销平衡,因为只有国营产量而无私营产量便不可能编制平衡计划。

(3)国家及合作社的加工订货、统购包销、收购及企业自销数量:这是制订贸易计划及研究国家资本主义的重要指标。去年私营大型工业主要产品中有70%上下是加工订货和国家收购,今年增长多少,就可以从统计数字表现出来。

(4)私营商业营业额:其中再要分出批发额与零售额。这个指标等于工业中的总产值,是研究私营商业的发展趋势以及计算公私商业比重的重要指标。

(5)主要商品销售数量:单有营业额还不够,还需要有这个指标,以计算主要商品的公私比重,并参考它来制订国家的贸易计划。取得这项资料是较困难的,因此可以把要求降低一些,少搞几个地区,少搞几种商品。

(6)重要原材料消耗数量:为着计算原材料的平衡,需要这个指标。今年我们准备通过国家的供应机关来进行调查,而且只调查国家供应的部分。但为照顾地方需要,准备在定期报表中附一原材料的简表,是否调查可由各地自行考虑决定。

(7)私营工业的生产设备及其利用状况:由于各种行业的生产设备各不相同,而且生产设备的利用率的计算方法尚未统一解决,所以目前除年报上已布置了一个简表以外,如要更详细的资料,只能由各地抓住几个重点行业自己进行调查。

(8)私营工商业的一般情况:如户数、资本额、利润额、职工人数、开歇业、经济类型的改变等,其中,工业户要列出大小型,商业户要列出座商、行商及摊贩。资本额过去所报与实际情况相差太远,正确性还不到50%,必须使其正确性达到80%以上。职工人数大型的有了,小型的还没有数字,希望能估算一下。利润额较资本额更困难,但可根据税务局资料估计,有80%的正确性也行。开歇业的情况和经济类型的改变,工商局与税务局都掌握了些资料,必须好好地加以整理利用。除上述指标外,各地还会提出若干要求,有些要求不能单靠统计部门,主要依靠业务部门。此外,还可能要求作点特殊调查,专题研究,如有的要求调查机械制造工业,有的要求调查进出口业,现在还提不出来,但这些用不着布置定期报表,根据现有材料,收集整理略加补充,即可完成任务。

为了研究国家资本主义问题,各地党政机关要求对十人以上的私营工厂进行一次普查,这项调查是重要的,繁重的,应由党委或财委调配有关各机关的力量,在大中城市的重要行业逐步进行。

(三)私营工商业统计的方法问题

1. 上面所说主要指标虽不很多,但要收集起来亦不容易。如总产值,看起来似很简单,但有大型工业、小型工业、个体手工业等区别,有的是靠定期报表,有的要靠估计推算,方法相当复杂。私营企业比国营企业分散复杂,因此比国营困难得多。如企业单位,私营大型工业有17000户,比国营多一倍以上,私营小型工业根据各地报来的资料有二十几万户,比国营多一百余倍,国营统计尚有困难,私营统计自然困难更大。私营工业不但分散复杂,并且不愿给国家做真实报告。根据我们检查,许多私营企业所报统计数字是假造的,与实际情况相差很远。如何鉴别真伪、反映真实情况,这是私营工商业统计所必须解决的困难问题。在私营工业的统计中,小型比大型困难,个体又比小型困难;在私营商业中,摊贩比座商困难;这是一方面。但反过来从重要性及需要方面来说,国营企业比私营企业重要;私营工业中,大型工业比小型工业重要,小型工业又比个体手工业重要。对重要的应多花一点力量,对次要的应少花一点力量,我们不能平均主义,不能花了许多力量去搞小型和个体,轻重不分甚至轻重倒置。假使这样,就是方针上的错误。

2. 根据以上情况,在私营工商业统计中需要与可能恰恰相反,如何解决这个问题,必须从方法上来解决。对各种大小不同的企业,必须采取不同的方法,提出不同的要求:

(1)布置定期统计报表。定期报表是国营工业统计中的主要方法,但对私营来说,一般只适合于城市中的大型工业。其他大型工业可否全部布置定期报表,还要考虑。私营大型工业一般要求大城市布置月报,中等城市布置季报,已经布置月报且能按期报送的可考虑保留。如果不能普遍布置定期报表,可以先从重点行业开始。

(2)每年进行一次普查。一般适用于大中城市的小型工业,并须在当地党政领导机关认为需要与可能的条件下进行。过去有些城市对小型工业中的主要行业(加工订货部分)已经布置了定期报表,如果党政领导机关认为需要,而且确实能够按期报送,可考虑保留。我们只要求每年进行一次普查,不能普查的可典型调查,或用税务局材料估算。为着编制控制数字,可能要求对私营小型工业也作半年的估计,但这应该利用税务局及其他已有的资料来推算,不必进行普查。

(3)典型调查估计推算。对个体手工业主要采取这个方法,因为其户数多又分散,普查困难,可在主要行业中选出典型，进行调查，估计推算全面情况，一年一次就够了。一般来讲个体手工业每年普查一次是困难的，但有些大城市如确有需要并有力量进行普查，亦不反对。

中央对个体手工业很注意，考虑明年要进行一次全国范围的手工业调查。不仅要将总产值搞得比较确实一点，而且要调查若干种重要行业，研究其历年的增减情况，什么原因？哪些行业能够维持？哪些行业可以发展？哪些行业应该进行改造？这样的调查便不能依靠发统计表叫人家填报，而要派人到各行各业中去访问，还要访问若干有名的手工业城市，调查若干种特别重要的手工业，研究其盛衰变迁，这样才有意义，才能真正对手工业起指导作用。

(4)利用已有资料进行估算。如利用税务局和各有关部门的资料进行估算。私营商业的营业总额，主要依靠税务局资料。有些主要产品，小型工业或个体手工业也有生产，如糖、食油、食盐等我们需要全面资料，但小型及个体不能布置定期报表，不能全面调查，可利用税务局的资料进行估算。主要商品销售数量，大的商店可以布置报表，但商店是一年一次大盘存，根据发票查账也有困难，我们可利用交易所等的资料来估算。要采用多种多样的方法取得资料，不能完全依靠报表，更不能滥发报表。

3. 分别轻重，重点要重，轻点要轻，反对平均主义：

(1)在全国范围讲，首先掌握十几个大城市按月报告。仅上海的私营大型工业即占全国私营大型工业总产值的48%。十几个大城市则约占70%以上，这对中央来讲已经够了。其次掌握五六十个中等城市，按季报告就可以了。省的资料不能要求太高，半年或一年进行一次估算就够了。

(2)在一个城市来讲，首先要掌握大型工业，特别是要掌握其中若干主要行业。对大型工业，如有力量可以全部布置报表。对小型工业只能掌握重点行业，首先调查加工订货部分。小型工业的加工订货，往往订立集体合同，可以合同单位作为基层统计单位。

(3)在省来讲，首先掌握省辖市与专区辖市。对各县全面布置定期报表恐有困难，有力量时可以考虑进行一次普查。有些同志可能感到这样好像范围很小，地方上的要求恐怕不能满足。其实一般领导上的要求是及时和具体，要及时和具体就不能不管大小进行全面调查，因此面要缩小，必须掌握重点。如果需要全面资料，可以利用各种资料来估计推算，或者利用典型资料来说明问题。要采用各种灵活的办法来满足领导上的要求，不能完全依靠定期报表。

4. 几个争论的问题：

(1)如何保证小型工业和个体手工业资料的正确性？我们对小型工业特别是个体手工业不要求有高度的正确性，亦不要求经常检查。而且普查不一定比典型调查正确，因为普查只能靠业主自已填报，私营企业不愿意向国家报告真实情况，如不认真检查，必然普遍少报，与实际情况可能相差几倍，而认真检查又非力所能及。相反地典型调查户数少，我们可以搞得仔细一点，会得到较好的结果。因此户数少的可能普查好，但户数多的肯定典型调查较好。

(2)如何进行典型调查？有些同志认为没有基础数字，估计推算有困难；有的认为无法选择典型，靠典型户推算不可靠。应该说基础数字是有的，在税务局和工商局都有这一类的数字，虽然不很正确，但经研究调整仍然可以利用。选择典型要利用分组法，每组中间选择几个不胖不瘦的，有代表性的典型。税务局民主评议便采用典型调查方法，有许多经验，在农业调查统计中，典型调查的方法也是采用得很多的。典型调查不仅对中国有用，苏联的家计调查也只调查了二万多户(约占万分之五六)，以此作为典型来推算全面，并以此材料来计算国民经济平衡。中国的农业统计也历来就采用典型调查方法，证明它是可以帮助我们了解实际情况的。毛主席的农村调查，总共只调查了很少农户，经过分析研究，根据它来决定中国的土地政策，指导中国革命走向胜利，这是很好的范例。这证明典型调查是很有用处的，户数虽少，但可解决问题。典型调查是否有困难呢？是有的。典型调查人员要有比较多的经济知识和调查统计工作经验，水平要高一点，要多花脑筋，进行分析研究。从这方面来讲，比普查要困难一点(但可节省很多人力物力，收效亦快)，这是许多同志不愿进行典型调查之一重要原因。

(3)能不能利用税务局资料？税务局资料比较工商联资料可靠是肯定的，因为税务局是国家机关，对私营企业户报送的资料作了审查，汇总也比较负责。当然税务局资料是根据税务上的要求,不完全适合我们的要求,而工商联的资料是由我们自己布置的,更适合我们的胃口。但税务局的资料肯定是可用的,口径不一致的地方可以研究统一;但也不能完全一致,因为税务统计必须首先照顾税务上的需要,只能在不妨碍税务需要的条件下求得口径一致。只要我们知道什么地方不一致,不一致的范围有多大,便可以设法调整,利用税务局的资料来估计推算。事实上,有些数字不估算是不可能的。如批发额和零售额连国营商业也不能按照我们的定义来划分,如有些同志向批发公司合购一匹布或几十斤水果,不经转售直接消费,批发公司决不可能一一调查清楚。对私营工商业不可能完全依靠自己调查,应该善于利用已有的资料来进行估算。马克思写"资本论"、列宁写"俄国资本主义底发展"和"帝国主义论",自己并未进行调查统计,都是利用人家的统计资料,而且是资产阶级的统计资料,问题是如何利用。税务局的资料总还是我们自己的资料,大体上可以按照统一的方法来计算。所以税务局等有关部门的资料是应该利用,而且是可以利用的。

(4)统计资料是否允许估计?在周总理和李富春副主席的报告里常提到统计加估计,有些同志听了很刺耳,认为把统计局降低为估计局了,这完全是教条主义思想。在中国五种经济并存的情况下,不估计是不可能的。统计与会计不同,会计要算细账,统计要算大账,抓西瓜不抓芝麻,要在大的问题上下功夫,在大的方面必须算得细一点,在小的方面就不能不算得粗一点。国营工业要检查计划完成情况,必须算细一点;私营工业只有间接计划,个体手工业连间接计划都没有,可以算粗一点。我们要分别轻重,小型及个体必须准许估计。

(四)统计局、工商局、税务局的分工合作问题

1. 为了作好统计工作,必须统一领导,分工合作,反对分散主义。目前私营工商业资料的来源主要有两个系统:一是工商局和工商联,一是税务局。统计机关必须很好利用这两个系统的资料。此外,贸易机关、银行、劳动局也有一些资料可以利用。

2. 统计局的任务是统一掌握调查统计的方法制度,组织有关各机关的分工合作,代替政府审批统计报表。资料主要依靠业务部门供给,统计局主要是作各种资料(国营和私营)的综合和分析研究工作。业务部门有责任供给统计局所需要的资料,反过来统计局也应该供给业务部门所需要的资料。

3. 工商局是私营工商业的行政领导机关,对私营工商业统计应负主要责任;如工商局力量不够可与统计部门合作。私营工商业统计报表可通过工商局布置(税务报表则由税务局布置),这样统计报表才更有保证。当然工商局通过工商联和同业公会布置下去是可以的。工商局利用报表资料及税务局资料,向统计局及上级工商局报送综合资料。重点行业的资料要靠报表,全面资料则主要靠税务局。

4. 税务局亦有供给统计资料的责任,同时又有权利向工商局及统计局索取自己所需要的统计资料。税务局的统计资料,除首先满足税务工作需要外,应尽可能适合统计部门的需要。因此在不过分增重其负担的情况下,在分类方法及计算方法上,应尽可能与统计部门取得一致,这是可以作到的。这次会议上提出的问题很多,能解决的迅速解决,不能解决的会后再研究,逐步解决。

5. 省工业厅、商业厅及大区地方工业局、商业管理局应负责管理私营工商业和对私营工商业的调查统计,在未建立专管机构以前,亦可考虑暂由省统计局帮同着来综合若干省辖市的资料,大区统计局帮同着来综合所省辖市资料,如力量不够,可请求财委帮助。

6. 关于工商联的利用问题,这个问题需要详细研究。目前私营工商业的报表主要是通过工商联及同业公会来布置及综合;工商联及同业公会与私营工商业有密切关系,这方面的力量是可以而且应该利用的;但应予以必要的指导和监督,适当调整统计工作干部,在我们的指导与监督下来进行综合,以避免造假和泄密。如何利用工商联及利用到什么程度,这是政策问题,不是统计方法问题,各地可以请示党委决定,因地制宜,我们还提不出成熟的办法来。

(五)几个具体问题

1. 计划与统计问题。计划与统计不一致的地方现正在研究解决中,但有些问题,还需要一个时间(如城乡划分)才能解决,产品目录和计量单位现已求得一致。计划与统计部门所报送的年度预计

数字和统计数字应该互相核对,尽可能求得一致然后上报。

2. 中央要求与地方要求问题应该认识基本上是一致的,但地方领导机关对地方情况的了解,要求比中央高一点,要求更具体,更及时,这是应该的,因此应该准许因地制宜,作必要的补充,并作一些临时性的调查。但也有一定的范围,即不能与中央的规定有抵触,不能妨碍全国资料的综合工作。同时地方要求多,要求快,也要根据需要和可能来决定,要快就只能掌握重点,要多就不能单靠报表,要善于利用已有资料或典型资料来满足要求。统计机关有责任满足党政领导机关需要,为着满足需要,就应该采取各种灵活的方法合理使用现有的调查统计力量。

3. 清理现有统计报表。要用大力来作清理报表工作,认识到不把主观主义、分散主义的报表消灭,统计工作便永不可能走上正轨。滥发报表最严重的是农村,其次是私营工商业。现在农村反"五多"已有效果,私营工商业的清理报表尚未充分注意,必须坚决反对滥发报表,严格遵守报表审批制度,减少重复浪费,这与农村中的反"五多"有同等重要意义。

业务部门滥发统计报表必须克服。业务报表审批是一件很繁重的工作,既不能一概批准,也不能一概拒绝。要与业务部门反复商量,分别具体情况适当处理,如有困难,请求财委解决。

4. 机构干部问题。对这问题大家反映很多,应有一定的干部来专管私营工商业的统计工作,这是肯定的。但是否成立私营工商业科,或工业科兼管私营工业,贸易科兼管私营商业,都是可以的。两者究竟分开好还是合并好,国家统计局还没有定论,公重于私的原则是对的,但管公不管私是不对的,因为这样会使我们的工作被动。根据精简节约的精神,明年不可能要求扩大编制。因此只能:

(1)减少数量、提高质量、精简报表、研究切合实际、简单易行的办法。

(2)与有关部门密切结合,实行分工合作,减少重复浪费,克服各搞一套的孤立主义、分散主义的做法。

(3)教育培养干部,提高干部质量,发掘尚未被充分利用的潜力,这是一件大事情。私营工商业的统计要有政策思想,必须加强政策学习,很好地学习过渡时期的总路线,学习党的政策,这样才能把我们的工作做得更好些。

我的意见很不成熟,一定会有不妥当或讲得不够明白的地方,希望同志们研究讨论,作出必要的补充和修正。

(选自《工商行政通报》第 19 期,1953 年 12 月 20 日)

三、财政部税务总局局长李予昂在私营工商业统计工作会议上的讲话

(1953 年 11 月)

这次会议是在中央国家统计局领导下召开的,各大区和重点省、市的统计部门、工商行政管理部门和税务部门的统计工作代表同志都来京参加。这是三支统计工作力量的第一次汇合,对统一步调、配合工作方面是有很重要的意义的。我们三个部门向私营工商业要资料的内容,许多是相同的,今后应合理的分工,有效的结合,在现有基础上,根据需要与可能,组织各单位力量互相配合,取长补短,减少重复,这是十分必要的。税务局统计工作同志们完全赞同这次会议所提三个部门合理分工、密切合作的方针。今天我想就以下几点谈一下税务部门统计工作的概况,同时,也是向国家统计局的一次汇报。

(一)税务统计工作概况

1. 税收计划概况:解放四年来,税收是随着国家经济的恢复发展而逐年上升的,以 1950 年为 100,1951 年增为 200.57,比 1950 年上升了 100.57,这并不是表示国民经济在一年内即上升了一倍,主要是我们对税源情况还不摸底,计划定得不准确。这是我们在 1949 年 11 月首届全国税务会议上所编制的第一次全国税收计划。当时财政上赤字很大,物价也不稳定,有些地区还未解放,全国情况既难估计,税收工作又少经验,而是在没有资料的条件下,大部出于估计的。从 1950 年 1 月起才开始公布税法,建立制度,建设机构,配备干部力量,直到 1951 年上半年,工作才逐渐走上轨道。其次,1952 年税收比 1950 年增为 266.69,1953 年预计完成数比 1950 年增为 368.99。当然生产的发展、物资交流的扩大,以及人民生活改善,购买力的提高是重

要因素,但上升得这么多,主要是我们逐步摸到了税源规律,工作上控制加强,而且堵塞了一大部分偷漏。至于工商各税(不包括关税、临税)的环比是:1951年比1950年为200.57,1952年比1951年为132.67,1953年比1952年为138.36,这反映出计划逐步接近实际征收情况。1953年的计划与实绩估计将不会超过5%(1951年计划与实绩相差53%)。

2. 统计情况概况:1950年10月召开了第一次全国税收计划工作(包括统计)会议,对税务统计工作才有了一个草创的制度。税务统计分为税收、税源、税政三类,包括了许多指标,而这些指标表现出不同的内容。税收、税源、税政统计方面的指标,大体上说,是如下各种:

(1)税收统计的指标,包括:①税种的(如商品流通税、货物税、工商业税……等);②地区的(大区、省、市);③时序的(年度、季度、月份);④课税对象的(即向谁征收的)等。

(2)税源统计的指标,除税种、地区、时序等指标外,还包括:①商品的(商品流通税应税商品22项,货物税应税货物36项下再分品目);②行业的,原来是按营业税分业税率表的104个行业统计,今年起并照中财委公布私营企业分类办法分八大部统计,中央直辖市并分部门及重点行业统计;③经济成份的,分国营(明年拟增地方国营)、合作社、公私合营、私营四种经济成份统计;④历史比较的;⑤征收业务所需的指标,包括数量、产值、营业额、所得额(营业额是工商业税的税基,现行税法课征所得税并不是与资本额比较,而是由营业额减去开支求出所得额的)、四率(在所得税征收上需要的资金周转率、纯益率、开支率、税率)等等。

(3)税政统计的指标,包括:①法令变迁;②机构变动;③人员增加变动;④费用增减;⑤违章、偷漏;⑥申诉;⑦罚金、没收等。

各级税局在计划单位内设有专业统计人员,全国税务机关的计划、统计干部人数约占总人数的7%左右。业务人员在征税过程中,每届月终,通过完税凭证汇总单和纳税情况报告表来检查稽征工作上有无错误,并进行票证检查;同时,亦为统计部门初步整理了统计所需要的原始资料。这些资料就成为统计人员做统计的主要依据。

3. 统计工作中存在的问题:税务机关的统计工作,在这3、4年来做了许多工作,也走了不少弯路。第一次全国税务计划工作会议,曾规定了格式统一、数字准确、报送及时的工作原则,各级税务机关基本上已经贯彻这些要求。但就目前来看,统计工作中还存在着一些问题。如格式指标虽已趋于统一,但单位含量、计算标准、计算方法都还未能统一起来,因此,资料口径不一致,引用及比较均感困难。报送的及时性很差,远远赶不上工作的需要,大家还苦于“材料到,时间过”。我们深深体验到税务统计工作是逐步在发展中,逐步向前改进。我们过去没有管理国家工作的经验,所以也不可能先有一整套的统计方法和制度。统计是为税政服务的,在税法、税率有变更时,统计方法亦不得不随之变动。其次,主观方面,设计表格,原来就不够恰当,这也是多变的原因,还存在着报表颁发过迟、指标重复,也都增加了工作干部的困难。还有由于上面表式订得太简单,下级单位因为不能满足需要而逐步增加起来,过去又未定有严格审批制度,亦是形成混乱的原因。其次,在统计重点上,我们所发表式是城市嫌简,县镇嫌繁。经过检查和研究,我们税源的重点在城市,全国五十几个省辖市以上的城市的税收,即占税收总额的70%以上,其余二千多县镇约占30%。因此,乃采用“以繁就简”的原则,整理表格的指标,以适应各地工作条件、工作需要不同的情况。

(二)税务统计的目的和国家统计的关系

税务统计主要的是为税收计划和税务工作服务。分以下三个方面:

1. 提供有关编订税收计划的历史的现状的实际资料。因此,统计愈及时,参考价值愈大。

2. 考核税收进度,观察税源变化发展。现在依靠日报(57个城市每日以电报报告当日税收数字)、旬报(每10日可以看到全国各省税收数字)来综合情况,对提供领导了解税收情况和调度财政上有很大帮助。各地尚有书面的月份、季度和年度的“分析简报”及各种有关的统计,都是检阅税收进度、观察研究税源变化情况的重要依据。

3. 提供有关检查税收政策、决定税收政策的数字依据,如税率定得适当与否,通过统计可以从数字中反映出来。

至于税务统计与国家统计的关系。税务统计是国家统计一个特定的组成部分。有它的共同的和特殊的两个方面：共同的方面是国家统计与税务统计都可适用的指标，特殊的方面是其中有些指标国家统计不需要而是专为满足税政业务需要来规定的税务统计指标，为国家统计所允许的专门指标。今后在国家过渡时期总路线的要求下，税务统计和国家统计的关系将更加密切，国家统计为了计算国民经济平衡和公私经济比重，为了把私营工商业逐步纳入国家资本主义的轨道而对私营工商业的生产情况、商品流转情况、产销关系以及加工、订货、收购、包销等资料进行统计，这在税务统计工作上也是十分需要的。

(三)国家税源与国民经济国民收入的关系及税源统计分析方法

工农业产品的生产、流转、交换、加工订货、购销形式、借贷关系，以及交通运输等，都是国民经济诸种活动的结果，都可构成国家税源。但是国家税源，并不等于国民经济活动的全部内容，如劳动人民的工资收入是国民经济的一部分，因为国家还没有征收个人所得税，所以它在目前还不是直接的税源。国家税源，亦不等于国民收入的全部内容，如国家企业的产品不投于流通过程中的自用部分，或劳动人民自产自给部分，均没有成为课税的对象和依据。其次，在过渡时期的国家税源，还是由各种经济成份组成的，因此，税务机关的税源统计，规定了“先阶级分析而后业务分析”的原则，首先是要通过类型、分组、分经济性质来观察社会主义成分不断增长，资本主义成分不断削弱的变化过程。因此，就必须用类型分组法来解剖这些情况，才能深入问题的本质，发现矛盾，寻出规律。列宁同志指示我们，这样做，才能暴露事物的真相。过去我们经验不足，只是部分的应用(营业税、所得税分经济性质)，现在根据国家过渡时期的总路线对私营工商业进行社会主义改造的要求，在税务统计方面，更应反映出阶级变化与其过程。从1954年起拟将阶级关系所反映在各种税收、税源统计数字上的情况，来加以分析研究。至于有关征收方法等方面的分析，是具有满足税收业务需要的特殊功能的，因此，税务统计中是必须有详细的记录与汇编来进行业务动态的分析。

(四)几点意见

过去税务机关为了对私营工商业进行征税，各地对工作中所必需的资料，都会有若干积累。今天国家在过渡时期的总路线更加明确地提出要逐步地对私营工商业进行社会主义改造，税务部门应当很好的在总路线灯塔照耀下做好工作。因此，税务统计工作方面，亦应当更好提供资料，以满足税收业务的要求；同时，更要适应国家统计的要求。个人对这次会议，由于有其他会议，未能多来参加。谨提出以下几点不成熟的意见，请作参考。

1. 经过这次会议，在国家统计局领导下，三个部门很好分工合作，把对私营工商业的统计工作作好，坚决执行“在可能结合的指标上尽量结合，在不能结合和结合有困难的指标上也不必强求一致”的原则。建议三个部门共同审查一下对私营工商业现用表格及指标，来一次站队工作，分析其重复的有哪些？应补充的有哪些？由哪个单位主管更为合适？然后将每个指标的目的性、内容解释、资料来源、计算方法以及主办部门等，都予以明确的规定。

2. 根据合理的分工和有效的结合的精神，在省辖市以上城市中，三个部门建立定期的联席会议制度，研究这次会议所规定的分工合作事项，如何具体执行，并使联席会议成为互相交流经验的机构，以增强三方面的统计力量。

3. 今年税务总局与中央工商行政管理局共同研究了工商业登记表式，我们争取早日下达。建议大家考虑，明年是否可以对私营工商户举行一次普查，以适应明年公私合营、加工订货增长后，国民经济中所必然要发生的变化情况的掌握。希望在国家统计局、工商行政管理局的领导下，税务机关以大力配合进行。

4. 如何才能很好地利用外部统计力量，并去领导这些力量的问题。全国及各地工商联对税收工作是进行了协助的，在统计上如何利用这个力量，加强领导与教育，要很好地安排，统一合理使用，避免大家都去抓，亦希望能有一个规定。

(选自《工商行政通报》第19期，1953年12月20日)

四、中财委关于对私营十人以上工业调查工作组织推动的通知

中财委准备于1954年第四季度召开一次公私合营工业计划会议研究并决定：(甲)将有10个工人以上的资本主义工业基本上纳入公私合营的方

案;(乙)1955年至1957年扩展公私合营的三年计划;(丙)1955年扩展公私合营工业的计划。因此,必须抓紧时间对资本主义工业进行一次系统的、确实的调查。根据此一要求,中央人民政府国家统计局与中央工商行政管理局制订了关于私营10人以上工业企业调查方案,并已分发各级统计部门和工商行政部门执行。由于这次调查范围很广,情况复杂,工作相当繁重和艰巨。为了保证顺利地和及时地完成这一工作任务,希各地财委在党委领导下负责指导、推动此项调查工作,以统计部门和工商行政部门为主,组织银行、税局等有关部门的力量,协力进行,务于8月20日以前完成此项工作为要。

(选自《工商行政通报》第26期,1954年5月20日)

五、关于私营十人以上工业企业调查的几项规定

(一)为实现"依据国家的需要和可能,有步骤、有计划、有区别地首先将有利于国计民生的资本主义工业经过各种形式基本上(不是全部)纳入国家资本主义轨道"的方针,我们必须对已具一定生产规模的全部职工人数在10人以上的私营工业企业进行较深入的调查,掌握各项基本情况,以便据此编制过渡时期国家对资本主义工业进行社会主义改造的具体方案。

(二)调查范围:凡在1954年4月底全部职工人数在10人以上(包括10人)的私营工业企业,不论有无机械动力设备的、现代工业或工场手工业均应调查,并在全国范围内实施。

上述作为标准的全部职工人数,是指固定性的全部职工。不包括在工厂行政上行使三权的企业负责人,如经理、副经理、厂长、副厂长及掌握人事的主管人员。

此次调查主要为适应对私营工业进行社会主义改造的需要,而对不固定性的厂外家庭工人暂不调查。因此,确定调查范围的10人标准中不包括不固定性的厂外家庭工人。

外侨经营的工业企业不在此次调查范围内。

注明:对大小型企业的确定,一般可根据1953年私营大型工业年报所划分的大型企业范围,并参照截至1954年4月份止的开、转、歇业情况加以修正即可。但地方认为须全面地重新调整者,从地方规定。

(三)这次调查是一件复杂而繁重的工作,各省市必须在党委和财委领导下,以统计部门及工商行政部门为主,组织税务局、银行、总工会等有关部门的力量,共同进行。并组成私营工厂调查办公室,掌握调查工作的进行及全部资料的汇总工作。

(四)本调查方案包括三个部分:

1. 基层企业调查方案,仅印发供各地参考,中央不作统一规定,各地可根据当地党政领导的要求加以增补,制定适合本地具体情况的调查方案。

2.10人以上工厂调查综合方案(包括文字说明部分),各地必须依照方案的规定编报,不得删减,但地方所附加的部分,亦可一并上报。

3. 为求了解上半年私营工业生产的基本情况,并提供编制1955年计划的必要统计资料,特规定本年私营工业(包括全部大小型企业)上半年预计半年报与这次10人以上工厂调查工作结合进行。因此,各地调查办公室应依预计半年报的综合表式,一并编制上报。

基层企业调查方案中有关产值、产品、产销量等指标所列有1至4月的数字,原为便于推算半年报的需要,如某省市调查工作稍加推迟,亦可改以1至5月的数字为准。

(五)调查方法:这次调查是对私营工业主要企业的摸底工作,宜采取多种多样的方法审慎进行。一般可采取企业填报、搜集现有资料、直接访查三者相结合的方式。

1.企业填报:属于一般情况的指标,且为政府未掌握资料者,可由企业直接填报。

2.搜集现有资料:凡易引起资本家顾虑,且能由政府部门内部取得资料的指标,如五反退赃、累欠税款、纯利润额等,应尽可能从财委、税务部门、银行以及其他有关财经部门的现有资料中取得之。

此外,凡可从年报或定期月报中取得数字,且比较正确者,各地皆可考虑使用现有资料,不必重复布置。

3.各省市并应选派相当数量的政治可靠的干部,通过企业的党团组织、工会或企业的增产节约委员会,了解企业的某些内部情况,如党、团员的数目,资本家对公私合营的态度和在加工、订货及完税中有无违法行为,资本家与职工的关系,企业资产和利润分配的实际情况,妨碍设备充分利用的主要原因,以及某些重要企业对将来公私合营存在的

有利条件和不利条件等。各省市应本上述各点,制定具体的调查提纲,并须严格注意保密。

(六)各省市基层企业调查工作应于本年6月底以前完成,各地如有条件,可适当提前。

(选自《工商行政通报》第26期,1954年5月20日)

六、私营十人以上工业企业调查综合方案

一、为在全国范围内全面地和正确地了解私营十人以上工业企业生产、资金、职工人数等基本情况,适当地满足各级党政机关规划对私营工业社会主义改造的需要。国家统计局与中央工商行政管理局特制定《私营十人以上工业企业调查综合方案》,颁发实行。

为使这次调查与本年私营工业上半年预计半年报结合进行,特随此附发私营工业预计半年报二个综合表,并规定一并编制上报。

二、本综合方案分为二部分。第一部综合表格,系以汇总统计数字为主;第二部是文字说明。并具体规定如下:

(一)第一部调查表格种类包括有:

1. 私营大型工业企业基本情况。

2. 私工调综01私营工业各工业部门主要指标。

3. 私工调综02总产值。

4. 私工调综03主要产品产销情况。

5. 私工调综04从业人数。

6. 私工调综05主要生产设备。

7. 私工调综06主要原材料燃料收入与耗用。

8. 私工大(小)预计综01私营大(小)型工业各工业部门主要指标。

9. 私工大(小)预计综02主要产品产销情况。

(二)第二部文字说明。应根据调查时所掌握的情况,加以分析研究,编出文字报告,并着重地说明下列各点:

1. 私营十人以上工业企业的基本情况:包括户数、职工人数、产值、资产等一般情况;

2. 这些企业有什么特点:包括生产技术水平,相互间分工协作情况,某些产品显著的优点,技术人员的工资水平及福利上存在的某些特殊问题;

3. 某些重要企业资金运用与盈余分配以及扩大再生产等情况,并力求对某些重要行业估计出盈余户、亏损户及维持户各占的比重;

4. 某些重要企业设备利用怎样,不能利用的主要原因;

5. 对某些重要企业将来公私合营宜采用哪几种方式(例如:(1)公股"插进去"进行公私合营;(2)和私营工厂"合拢来"进行公私合营。即以国营、公私合营工厂为核心,将私营合进来的公私合营;(3)私私联合、公股插进去的公私合营等)。

对编写文字说明,最好根据当地条件的可能和需要,分别按各专业编写(如按机器制造业、棉纺业、棉织业、针织业、橡胶业、火柴业、面粉业、油脂业、卷烟业等等)。

三、本综合方案和文字说明有关对大区级及中央级报送的份数及时间规定如下:

各省市私营10人工厂调查资料和私营工业预计半年报应于本年7月底以前报送大区统计局、大区工商行政管理部门、国家统计局及中央工商行政管理局各一份。但其中有关私营大型工业企业基本情况一表,暂规定只报送大区统计局与国家统计局。

各大区统计局与工商行政管理部门应在大区财委和党委的组织与领导下,协同其他有关财经部门对省市所报资料进行全区性的汇总,并于本年8月20日以前将全区性的资料和文字说明报送国家统计局和中央工商行政管理局各一份。

四、本综合方案应采用的各种目录,除《主要原材料综合目录》应依附发的目录外,《主要产品综合目录》仍沿用1954年定期报表的目录规定,《主要设备综合目录》以1953年年报用的《私营工业主要生产设备简要目录》为准。

(各表从略)

(选自《工商行政通报》第26期,1954年5月20日)

七、私营工业企业调查方案

甲、总 则

一、为全面的和确实地了解私营工业企业的生产、资金、职工人数及生产设备等基本情况,以便各级党政机关加强对私营工业生产的领导,国家统计局与中央工商行政管理局特制定《私营工业企业调查方案》。

二、本方案以企业为基层调查单位。所谓基层调查单位,系指凡具有独立经营功能,在生产上形成一个完整的技术过程的企业。如某些母子企业,总厂下辖有若干分厂,不论其在同一地区或分散于不同市、县,总厂与分厂都各成为基层调查单位。某些厂矿设有总公司或总管理机构者,总公司及总管理机构亦单独成为填报单位,并须将本公司系统的全面情况详细编报。

三、本调查方案的内容分为两部分:第一部调查表格,系以填报统计数字为主;第二部企业基本情况,系以简单说明为主。并分别具体规定如下:

(一)第一部:调查表格,分为大型企业调查表及小型企业调查表两种。

大型企业调查表包括:(1)企业概况;(2)资产情况;(3)总产值;(4)主要产品产销情况;(5)从业人员及工资总数;(6)主要原材燃料消费情况;(7)主要生产设备。

小型调查企业表包括:(1)企业概况;(2)资产情况;(3)总产值;(4)从业人数;(5)主要产品产销情况;(6)主要生产设备。

(二)第二部:基本情况,应根据下列提纲,以扼要的文字加以说明,并规定大型企业必须填写,其他不作统一要求。

1.企业的简单历史沿革:包括创设以来有无拆迁转移、扩充情况,历史上曾达到的最高产量及最高职工人数。

2.企业生产性质:包括本厂目前及历史上的主要生产或作业是什么(如是机器制造厂,写明能否生产整套机械装备),产品技术优点及产量如何。

3.经常接受国家哪些经济部门的加工、订货、包销、收购,经常与哪些厂子分工合作,或进行有机的联合生产。

4.企业原料供应来源有无困难,产品销售地区,畅销还是滞销,并说明其原因。

四、本调查方案报出的日期、报送机关及份数,均由省市调查机构自行规定。

五、本调查方案的编制,就是私营企业提供政府最正确的和反映全面生产活动的总结报告。因此,各私营企业必须在当地人民政府指导监督下,依照调查方案的格式和说明书忠实填报,不得拒报、谎报及漏报。

六、各企业编报本调查方案时,应注意下列各点:

1.依照企业基本情况的文字说明提纲,认真地和扼要地编写,其有主要问题为提纲所未有的,亦可写上。

2.严格依照编制说明的指标涵义、计算方法及各种有关目录准确填写。因此,各企业应组织有关业务部门的工程技术人员、会计员、统计员以及记录员对调查方案进行学习,以期正确了解。

3.企业负责人除指定一专职人员对全部数字正确性负完全责任外,其本人亦应对国家的报告制度忠实负责。

因此,报表报出前应反复检查和校核,并加盖企业的图章。

4.填写数字一律用阿拉伯字,四位以上数字采用三位分撇制,如 10,000;1,000,000。分位数(,)与小数点(.)务须分清。记数一般列至各表规定的单位为止,其有必须列小数者,最多列至小数后二位,其后应四舍五入。

乙、分表说明

七、凡各表中的指标有与 1953 年私营大型工业年报和 1954 年私营大型工业定期报表相同者,这部分指标的涵义与计算方法,可详见该项报表编制说明的规定。

第一表　企业概况

八、"全厂占地面积数"系指企业的厂房所在地的全厂占地面积数。包括厂房所在地的办公室、宿舍、仓库、空地等。(非厂房所在地的面积均不包括在内),但采矿(如煤矿)工业企业,暂只填报地面上已建筑的面积数,地下面积及空地面积免填。在填报全厂面积数时,不论是企业自有或租赁的统通包括。

凡厂房是在楼上无占地面积者,免填本栏。

九、"车间面积"系指作为工业生产技术操作过程的全部工作场所的面积数。其中包括与车间一起的"车间办公室"的面积数在内。

十、"可建筑的空地面积数"系指企业车间所在地除已建筑物外尚可作为扩建楼房的空地面积数,至于原有楼房间所应有的间隔的露天面积,不包括在内。如无空地者,免填本栏。

面积以平方公尺为计算单位。(长×宽=面积)有楼房建筑的。应以每层面积加总之和为依据。

第二表 资产情况

十一、"资本额"系指1953年底以前,最后经工商行政管理机关申请获得核准该企业投入生产经营的全部资本额为准。如在1954年内有重新换证登记或正在申请登记者,以重新核准或申请资本额填列。

凡有政府投资的企业应填列其中"公股"数额。

凡有公私合营企业(包括投资公司、公私合营银行、合营企业等)投资的企业,应填列其中"合营股"。

凡有政府代管的股份填列"政府代管股"。

凡未确定的股份填入"未确定股"。

十二、"全部资产"系以截至1953年底经结算分配后的数字填报。并包括固定资产、流动资产、递延资产以及其他资产等的全部资产总额(不减去负债)。

"固定资产"凡为本企业所有的生产用、非生产用、已使用、未使用,或已出租的机器设备、房屋及设备、工具及生产用器具、运输设备、土地等均属之。

"流动资产"包括现金、银行存款、应收未收、预付、贷出、暂付款项以及存货等。

注:"递延资产"即待摊费用。如预付租金、预付各项税款、广告费、保险费等均须在今后各时期中摊分之数额。"其他资产"包括公积金、折旧准备总数、存出保证金、冻结外汇、公债、企业投资、暂派盈余等。

十三、"资产净值"系指1953年底全部资产减去对外负债(固定负债、流动负债),即为资产净值。

注:"固定负债"包括银行修建借款、股东修建垫款、其他修建借款、存入保证金等。"流动负债"包括对公欠款、银行借款、应付未付款项、定货预付款项、加工预支工缴费用、股职垫款、应付未付之税款等。

十四、"公租金"凡企业于年度决算后,依法自盈余中提存至1953年底公积金总数及依法重估财产后,自增值额中转来的公积均属之。

第三表 从业人员及工资总数

十五、"最高工资"应填1954年4月底各种人员中工资收入在4月份全月最高者的工资数。

十六、"最低工资"应填1954年4月底各种人员中工资收入在4月份全月最低者的工资数。(各表从略)

(选自《工商行政通报》第26期,1954年5月20日)

八、中财委关于《私营企业统计分类办法》的通知

(1954年5月24日)

中财委于1954年5月24日为《私营企业统计分类办法》特通知各大区、省市财委如下:

为了贯彻国家对资本主义工商业利用、限制和改造的政策,加强对私营企业的调查统计工作是十分必要的。我国私营企业的情况甚为复杂,为了正确地进行统计、综合全面情况,需有统一的私营企业分类标准。根据这样的要求,国家统计局曾于1952年拟定了《私营企业统一分类办法草案》,并由中财委通知各地试行。一年多来,各地对私营企业的统计工作都初步地打下了基础,并取得了一些经验。但原草案把它的使用目的放在"为便于对私营企业进行组织、管理、调查、统计",是不完全确切的,有些地方根据这一草案进行划分行业,改组同业工会,有的甚至机械的根据它划定私营企业的营业范围,造成了一些混乱。再则,原草案也有若干分类上不明确和不妥当的地方。在1953年11月召开的私营企业统计工作会议上,曾对这一草案进行了讨论。会后,由国家统计局、中央工商行政管理局、中央财政部税务总局共同研究,加以修改,名称也已改为《私营企业统计分类办法》,并即由它们联合下达地方有关部门,作为对私营企业统计和综合资料工作中进行分类的依据。

中财委原则上同意这一办法,兹转给你们,请对此项办法的执行加以组织领导,并根据过去经验和具体情况进行研究。如有意见,盼随时告知,以便今后作进一步的修订。

(选自《工商行政通报》第27期,1954年6月10日)

九、国家统计局、中央工商行政管理局、中央税务总局关于《私营企业统计分类办法》颁发施行的通知

(1954年)

为贯彻国家在过渡时期总路线,实行对资本主义工商业的社会主义改造,并逐渐使其纳入国家计划的轨道,必须加强对私营工商业及手工业的调查统计工作,及时提供资料 ,以供决定政策、制订计划的参考。过去全国各地对私营工商业的分类缺乏统一标准,以致统计资料口径不一致,难以进行全国性的综合。为此,我们特根据政务院财政经济委员会1952年12月14日颁发的《私营企业统一分

类办法草案》并奉政务院财政经济委员会核准，修订为《私营企业统计分类办法》公布实行，作为全国各有关统计部门进行私营企业统计工作中分类的依据。

本办法专供统计综合之用，各地对私营工商业进行组织管理、行业排队、划定业务范围时，可作为参考，但是否进行这些工作，应另作研究，办法中关于个体手工业的规定，不作为划分阶级的依靠。

特此通知。

（选自《工商行政通报》第27期，1954年6月10日）

十、私营企业统计分类办法

第一章　总　则

第一条　为了配合国家计划经济的需要，便于对私营企业的调查统计，特制定本办法。

第二条　私营企业依其在国民经济中所起的不同作用分为八大部：

1.工业之部　凡从事于自然财富的开发采集，开采品及农产品的加工制造以及制造品的复制与修理者属之；

2.商业之部　凡从事于工业产品与农业产品的贩卖者属之；

3.饮食业之部　凡从事于食品的烹饪、调制并直接零售供居民饮食者属之；

4.建筑业之部　凡从事建筑、设计、营造及安装工程者属之；

5.运输业之部　凡从事货物运输、仓储以及为货物运输服务者属之；

6.服务业之部　凡以劳动直接服务于居民之需要者属之；

7.金融业之部　凡经营银行、保险、证券买卖及投资业务者属之；

8.农业之部　凡以资本主义经营方式从事植物栽培或动物饲养者属之（个体农业不作企业论）。

第三条　同一企业兼营几种业务者，原则上依其主要业务进行分类。现就若干不易判别之点规定如下：

1.企业的主要业务系指企业开业时经主管业务部门核准之主营业务；但如在开设后所营业务起了显著变化，非主要业务的经营比重已超过其原核准之主营业务时，则应重新予以分类。

2.工业企业设立的批发或零售门市部，其所售商品限于本厂产品，或虽附带经售他厂产品但并不占主要地位者，作为工业企业之一部分，不单独作为商业企业论；但名为门市部，实际以经售他厂产品为主者，不作为工业企业的一部分，应另作商业企业论。工业企业所设立的批发或零售门市部，即使以经售本厂产品为主，但其地点不在工厂所在城市者，应另作商业企业论。

3.企业的分支机构（除本条第二项所指作为工业企业一部分的门市部外）如经营业务性质与总机构不同，依各该分支机构本身的业务性质分类。

4.企业单独设立之管理机构不属于各大部之内，不必进行分类，亦不必分大小型，统计时可单列一项管理机构。

5.个体手工业虽零售其所生产的产品，或附带经售一部分非自己生产的产品，仍列为个体手工业户。

6.以贩卖机器设备及建筑器材等为主，附带进行安装或修理工作者，仍列为商业户。

7.企业以贩卖商品为主，附带进行包装、整理、干燥、挑选及修理工作者，（例如国药商的切制药材、钟表商的修理钟表）仍列为商业户。

8.农业企业为出售其产品而设立之门市部，列为农业企业之一部分，不列为商业企业，但农业企业另设之饮食部直接零售供居民饮食者（如牧场设立牛奶店等），应作为独立企业，列为饮食业户。

9.以手工业生产为副业的个体农业户，仍列为农业户（不适用本办法），但以手工业生产为主，附带经营一部分农业的个体经济，应列为个体手工业。

10.凡以伐木、捕鱼、采集野生植物、捕猎野生动物为副业的农业户，仍列为农业户（不适用本办法），但个体经济性质的捕鱼及伐木，并以此为业者，则列为个体手工业。凡以资本主义经营方式进行捕鱼及伐木等则列为工业企业。

11.以车船载运货物或兼运客货者，属运输业；载运旅客及行李者，属服务业。

第四条　私营企业依主管业务部门核准的业务范围，由工商行政部门于其设立登记、变更登记或换领登记证时，定其所属部别；并按工、商业分类目录，规定该业所属的门、类、目及编号。

个体手工业得根据需要由工商行政部门会同统计部门参照同一目录进行分类。

第五条 凡以企业或业户为单位的一切统计报告或登记资料，均应于企业或业户名称之下注明由工商行政机构所规定的分类号码，作为保管、整理与综合时的指引号码。

第二章 工 业

第六条 私营工业企业依其规模分为大型企业和小型企业，其标准如下：

1.大型企业

(1)有机械动力设备（蒸汽机、发电机、电动机或内燃机）、职工人数在16人以上者，或无机械动力设备、职工人数在31人以上者。

(2)独立发电厂发电机容量在15千瓦以上者，不论职工人数多少，均属大型企业。

(3)具有5对以上磨辊的磨粉机或3台以上回磨机的独立磨房，不论职工人数多少均属大型企业。

2.小型企业

有机械动力设备、职工人数不足16人者，或无机械动力设备、职工人数不足31人者。

此处作为标准的职工人数，以进行分类时的实际人数为准，不包括代表资方执行业务的经理人、厂长等人员。有季节性的企业则以旺季时平均人数为准，新设立的企业，依其设备的规模比照当地同类企业进行大小规模的分类。企业因增人、减人或增、减设备而致大、小型有变动时，每年调整一次。

第七条 私营工业企业依其生产技术机械化程度分为现代工业和工场手工业，其区别如下：

1.现代工业 业主占有生产资料，雇佣工人从事生产，有机械动力设备，且其主要作业过程利用机器进行者。

无动力设备而使用电热者，以及利用电解槽与蒸馏设备而进行生产者，如化工厂等应列入现代工业。

2.工场手工业 业主占有生产资料，雇佣工人从事生产，不论有无机械动力设备，如其主要作业过程利用手工工具进行者（包括未机械化的窑业、伐木业、采矿业）。

工场手工业，因主要作业过程之改变符合本条对于现代工业的规定而升为现代工业时，每年调整一次。

第八条 业主占有少量手工工具（可有简单的机械动力设备）、作坊、原料等生产资料，业主或其家庭成员参加主要劳动，不雇佣工人与学徒或虽雇佣而不超过3人的小商品生产者，列为个体手工业，雇佣工人与学徒超过3人者一般应列为工场手工业。

1.接受工厂所供给的原料，在家庭内为工厂制造半制品者，属于厂外工人，不列为个体手工业，为包买商制造成品者仍列为个体手工业。

2.不属于同一家庭的几个业主合伙经营工业生产，业主参加主要生产劳动（得就合伙人中指定1人兼办必要的经营管理），仍列为个体手工业，但雇佣工人与学徒超过3人者，应列为私营工业户。

第九条 私营工业企业依《工业部门标准分类目录》（附录一）进行分类；兼营几种生产的单位，依其主要生产进行分类。

第十条 各大行政区、省（市）财委、工商行政机关及其他有关部门为适应当地的需要，得对标准目录作适当补充或类目的合并。如各地对标准目录需要补充者，可自行增加并规定编号（于部门号后加新类目的顺序编号），但不属于同一部门的类目不得合并，以上补充或合并类目均应报经上一级财委、国家统计局及中央工商行政管理局备案。

第三章 商 业

第十一条 私营商业依其型式分为座商、行商及摊贩：

1.座商 据有（租用或己产）固定的建筑物为营业场所，从事商品之贩卖者；

2.行商 无固定营业场所，从事城乡埠际间的商品贩卖者；

3.摊贩 不据有固定的建筑物而租用、占用或流动于公共场所，设摊从事商品贩卖者。

行商、摊贩统计时可不必划分门、类、目。

凡从事商业经营不雇佣职工或雇佣学徒不超过1人者，可列为家庭商店。

第十二条 私营座商以批发为主者列为批发座商，以零售为主者列为零售座商。

凡以商品批售给批发商或零售商或经常以生产资料成批出售给厂矿者，列为批发座商。

第十三条 私营商业的型式，由工商行政部门于开业登记、变更登记或换领登记证时，按照上述规定确定之。

第十四条 私营座商依其主要经营的商品种

类的不同，按《商业标准分类目录》（附录二），分为14个部门。如各地对标准目录中各部门所包括的范围需要补充者可自行增加，但应报请上一级财委、国家统计局及中央工商行政管理局备案。

第四章　其他各业

第十五条　下列各业不作统一分类（各业内有摊贩者应加以区别）仅规定其范围如下：

1.饮食业　包括范围：(1)中西餐馆、食堂；(2)包饭作；(3)各种小食铺（如烧饼、馄饨、熟面、包饺、元宵、油炸煎品等）；(4)酒馆；(5)冷饮咖啡馆；(6)茶馆。

2.建筑业　包括范围：(1)建筑设计；(2)营造；(3)安装；(4)凿井工程、灌溉排水工程；(5)泥水瓦木油漆作。

3.运输业　包括范围：(1)载货汽车；(2)轮船；(3)拖驳木船；(4)码头；(5)仓库堆栈；(6)转运；(7)畜运；(8)大车；(9)打捞。

4.服务业　包括范围：(1)公共汽车、电车、轮渡；(2)旅行服务社、旅馆、公寓、大车店；(3)娱乐场所（如戏院、剧场、游艇等）；(4)浴室、理发；(5)刻字缮写；(6)代客打字油印；(7)洗染织补；(8)出版社；(9)广告社；(10)出租车船、器具、家具等；(11)照像画像；(12)裱糊；(13)生水、熟水；(14)镶牙补眼；(15)喜庆殡葬服务棚彩乐队。

5.金融业　包括范围：(1)银行；(2)保险；(3)证券买卖；(4)房地产及各种投资公司；(5)典当。

6.农业企业　包括范围：(1)垦殖公司；(2)农场；(3)牧场；(4)牛奶场；(5)养蜂场；(6)育蚕制种场；(7)家禽场；(8)菜园花圃。

附录一：工业部门标准分类目录

一、电力部门；二、燃料采掘部门；三、铁矿及锰矿部门；四、化学矿开采部门；五、其他非金属矿开采及加工部门；六、森林采伐部门；七、燃料加工部门；八、钢铁冶炼部门；九、有色金属开采冶炼部门；十、金属加工部门；十一、化学加工部门；十二、建筑材料部门；十三、玻璃工业部门；十四、陶瓷工业部门；十五、橡胶加工部门；十六、木材加工部门；十七、火柴工业部门；十八、造纸工业部门；十九、纺织工业部门；二十、缝纫部门；二十一、皮革及皮毛部门；二十二、油脂肥皂香料化妆品部门；二十三、食品工业部门；二十四、食盐部门；二十五、印刷部门；二十六、文化教育科学艺术用品部门；二十七、自来水部门；二十八、其他工业生产。

[注]详细分类及编号，见国家统计局编《工业部门标准分类目录》。

附录二：商业标准分类目录

一、粮食部门　01　1.米面杂粮。

二、其他食品部门　02　1.猪肉；2.牛羊肉；3.鸡鸭鱼蛋；4.干鲜蔬菜；5.干鲜果品；6.糕点饼干糖果罐头；7.油盐酱醋糖；8.茶；9.烟；10.酒；11.清凉饮料；12.食品杂货。

三、燃料部门　03　1.煤炭柴薪，液体燃料。

四、纺织品部门　04　1.绸布呢绒※；2.棉花；3.生丝；4.人造丝；5.麻织品（如麻袋）；6.地毯毛毡。

五、文教艺术用品部门　05　1.文具纸张※；2.科学仪器※；3.体育用品；4.书籍；5.计算机，打字机；6.中西乐器；7.书画雕塑品；8.照相器材；9.戏装道具；10.玩具；11.图章。

六、日用百货部门　06　1.一般百货业※；2.日用陶瓷制品；3.金属器皿；4.钟表眼镜；5.箱匣皮件，皮张皮革；6.苫席雨具；7.皂烛火柴；8.梳篦化妆品；9.刀剪锁把；10.中西服装；11.皮裘；12.鞋帽；13.蚊帐被褥；14.花边刺绣；15.帘幕，旗帜；16.绒绢纸花；17.木器家具；18.铜铁家具；19.竹籐棕草制品；20.保险箱柜；21.沙发。

七、建筑器材部门　07　1.木材；2.砖瓦，石灰，麻刀，砂石※；3.水泥；4.平面玻璃；5.水暖卫生设备；6.石棉制品；7.其他建筑器材。

八、五金机械部门　08　1.五金器材※；2.机器工具及零件；3.洋白杂铁制品；4.度量衡器；5.消防器材；6.农具。

九、交通电器部门　09　1.电工器材※；2.无线电器材；3.工业用橡胶制品；4.自行车及零件；5.汽车及零件；6.车胎；7.大车、三轮车、人力车及零件。

十、化工原料部门　10　1.化工原料※；2.油漆涂料颜料染料；3.矿物油蜡。

十一、医药用品部门　11　1.国药※；2.新药※；3.医用器材。

十二、进出口贸易部门　12　直接对国外办理进出口贸易者（以经各地对外贸易管理局批准者为限）。

十三、代理商部门　13　1.代理购销商品;2.牙行经纪;3.委托拍卖;4.猪牛羊栈。

十四、杂商部门　14　1.鸟兽、昆虫、金鱼;2.迷信品;3.寿衣寿器;4.鞭炮;5.珠宝玉器古玩;6.金银饰品;7.肥料、饲料、种籽;8.其他不属于上述各部门者。

注:有"※"号者系重点类,分类时不得混淆,其他各类均可根据各地具体情况合并或分列。

(选自《工商行政通报》第27期,1954年6月10日)

十一、中央工商行政管理局关于私营大型工业产值电报报告制度的通知

为及时了解八大城市的私营大型工业产值及加工、订货、包销、收购价值情况,以便提供领导决定政策的参考,特制定《私营大型工业产值电报报告制度》(已向国家统计局备案),自1954年二季度起实行,其具体规定如下:

私营大型工业产值电报报告制度

一、内容:

(一)每季私营大型工业总产值(报告时可代以"总"字),较上季增减百分比;去年同季总产值(报告时可代以"去总"),较去年同季增减百分比。

(二)每季总产值中(亦需分别列出:较上季增减百分比;去年同季价值,较去年同季增减百分比):

1.由于国家及合作社加工而生产的成品价值(报告时可代以"加"字);

2.由于国家及合作社订货而生产的成品价值(报告时可代以"订"字);

3.由于国家贸易系统统购、专卖、包销而生产的成品价值(报告时可代以"包"字);

4.由于国家贸易系统收购、经销而生产的成品价值(报告时可代以"收"字)。

金额单位:百万元。

二、资料来源:可根据私营大型工业定期报表内有关数字编报(每季最后一个月份应尽量争取用实际数字,如确有困难,亦可用估计数字。用估计数时应予注明)。

三、报送时期及方式:每一季度终了后15日内以电报(天津、北京两市以密件寄送)报送本局。

四、如有突出情况须附简要文字分析。

五、以电报报送上项资料时可按下列顺序排列:

总××××,较上季增减××%;去总×××,较去年同期增减××%,其中:

加(同　　右),去加(同　　右)

订(同　　右),去订(同　　右)

包(同　　右),去包(同　　右)

收(同　　右),去收(同　　右)

以上希即遵照执行。(注:原文为坚排,"同右"即为"同上")

(选自《工商行政通报》第27期,1954年6月10日)

十二、国家统计局、中央工商行政管理局关于颁发"私营转变经济类型经常统计报告制度"的联合通知

为了满足国家计划工作和国家对资本主义工业社会主义改造工作的需要,国家统计局与中央工商行政管理局已于1954年12月15日联合颁发了1954年私营工业年报及1955年私营工业定期统计报表,最近又联合颁发了"私营转变经济类型经常统计报告制度"(这个制度已另发各地),为了及时掌握私营工业在改造中变动的情况,希望各地有关部门支持这个工作。兹将联合通知刊载于后:

"1955年是完成国民经济第一个五年计划关键的一年,是国家经济建设工作紧张的一年,亦是国家对资本主义工业的社会主义改造较迅速发展的一年,显然的,国家对公私合营工业的扩展工作,将从主要行业发展到次要行业,从大城市发展到中小城市。由此可知,今后的公私合营工业的户数将是逐年增多,而厂子规模较小。因此,公私合营工作的任务将越加复杂和繁重,公私合营的厂子将每季、每月都在变化,公私合营工业的统计工作必须及时地反映这种情况,建立经常的统计制度,藉随时掌握合营企业的扩展进度和检查扩展公私合营计划的完成情况。

目前存在一个较普遍和较严重的问题,就是资本主义企业已转变了经济类型,而我们的统计工作却往往反映得很迟缓或残缺不全。今后必须纠正这个缺点。兹具体规定如下:

(一)建立私营工业企业转变经济类型的经常统计制度。即当资本主义工业企业转变为其他经济类型的企业时就需作一次调查统计,依照国家统计局和中央工商行政管理局共同制订的表格颁由企业编报,并按该项制度内规定的时间报出。

(二)私营工业企业转变经济类型的统计采取"地区布置"的方法。即凡在本省、市(直辖市)辖区内的由私营转变为其他经济类型的全部企业,不论其转变后的隶属关系是中央级的,或省、市级的(包括工厂设于本省、市辖区,而其主管系统是属旁的省、市者)统由企业所在地的省、市统计局通过合营后的企业的业务主管机关或自己直接布置(如对中央级的合营企业可由省、市统计局直接布置),并一般采取由省市统计局依据企业基本报表直接汇总的方法,借以减少综合层次,做到及时报送(个别省、市如因每月合营户数甚多,在不影响上报时间的原则下,亦可改由省、市业务机关作一级综合,省市统计局作二级综合)。

(三)私营企业转变为公私合营的时间应以公私双方签定的协议书所规定的合营时间(即新账开始日期)为准。某些并无签定协议书即作合营的企业,一般以向厂内群众宣布的日期为合营时间。同时,企业转变经济类型的统计表格应在政府批准合营之后与公私双方签定协议书之前即行布置,使企业有较充裕的时间做好编报的准备工作。为此,各省市统计局必须经常主动地与主管公私合营工业的业务机关取得联系,及时掌握已批准的公私合营的名单。

(四)为便于统计资料的保管和递送,企业填报的表格应由省市印发硬纸卡片(两面印)应用。如当地印刷条件不好,亦可改印发一般纸张的报表。

(五)本制度自1955年1月份起实行。并望在实施过程中积累的经验和发现的问题随时告诉我们。

(选自《工商行政通报》第40期,1955年1月20日)

十三、商业部、国家统计局、中央工商行政管理局关于私营工商业统计工作的几项通知

(一)工商管理机构变动中执行私营工业定期报表的意见

私营工业进行社会主义改造,采取按行业归口以后,工商管理机关在组织机构上有些省、市已有变动;为了使机构变动新旧交替阶段不致影响报表报送起见,国家统计局,中央工商行政管理局暂作如下规定:

一、私营工业定期报表和产销报告等资料,如原由工商行政管理机构综合上报,现因组织机构变动,该项工作已划归其他工业厅、局办理者,仍应按照制度报送。

二、原工商管理机关组织机构业已确定缩小者,希尽可能保留一定人员负责统计编报工作,若确有困难,亦应认真办好交接工作,不要影响报表的综合上报。

三、当地统计部门应加强和以上这些部门的联系,作好统计工作。

(二)"城市私营商业变动情况报表"的补充规定

商业部、国家统计局、中央工商行政管理局联合颁发的私营商业变动情况报表,需加补充及修正各点如下:

一、随着国家对私营商业进行社会主义改造工作的逐步深入,目前私营商业合并经营的情况日渐增多,为了及时的掌握这些情况,今后凡有私自并店者,除在私商变一号表之"本月增加"或"本月减少"之合计栏中分别表示外,尚应将其数字及所属行业在表末之附注内加以详细注明。如在各部门总计栏中有××户并为××户,其中××部门合计栏有××户并为××户。

二、从事手工业的摊贩一般多为个体手工业者,而对个体手工业者的改造已明确走合作化的道路,故应按手工业办理登记给照,并按"个体手工业"进行统计。因此,在私商变三号表之"摊贩"项内,不再包括这一部分"手工业摊贩"的数字在内,原规定的"手工业"一项应予取消。

本表自2月颁发试行以来,上报省市不多,有的地区尚未布置,希望各地从速布置执行,并将编制过程中所遇到的困难和对报表的意见,以及不能按时上报的原因,告诉我们,以便改进。

(三)私商定期报表应一律改用新币"元"为金额单位

从各地最近报送我们的私营商业定期报表及私营零售商变动情况报表来看,各地报表中所使用的货币单位互不一致。同时由于私营商业的资本额与销售额一般不大,尤其是中小城市数字更小,

如用新币“千元”为计算单位，则某些城市中的商业部门及重点行业即可能因不满千元而不列入报表，如果使用小数点来计算，又容易发生错误。为了便于综合统计，减少错误及统一单位起见，现决定将以上两种报表及私商改造表（即私商综字号表、私商变字号表及私商改字号表）金额单位一律改用新币“元”并自编制5月报表时起，由综合机关统一实行。

（选自《工商行政通报》第48期，1955年5月31日

十四、国务院关于进行全国私营商业及饮食业普查工作的指示

为适应国家对私营商业和饮食业进行安排、改造的需要，国务院决定由国家统计局、商业部、全国供销合作总社、财政部税务总局、中央工商行政管理局、粮食部、外贸部、人民银行总行并会同全国店员工会共同组织力量，于本年9月份起在全国范围内开始进行一次私营商业及饮食业基本情况的普查工作，并要求于本年底基本完成。此项工作已由国家统计局、商业部等五个部门联合召开了全国普查工作会议，确定了普查工作方案，具体安排了进行步骤。国家统计局、商业部等五个部门关于这次会议的报告中所提各项意见，国务院基本上同意，特转发你们研究执行。

几年来，中央各有关部门及各地区对私营商业的情况，虽已作了一些调查统计工作，掌握了一部分资料，但总的说来，这些资料还是很不全面，很不可靠的。目前就连全国的私营商业到底有多少户多少人等这类最基本的数字，也还没有弄清楚，已有的各种数字之间，不但互相矛盾，而且相差很大。这样就使我们在研究、拟定对私营商业、饮食业的长远的全面的安排、改造计划时缺乏真实可靠的依据，这种状况必须设法加以改变。这次普查工作的目的，就是要将全国的私营商业及饮食业的基本情况比较彻底的调查清楚，便于决定政策，制定较长期的安排、改造计划。必须认识，这次的普查工作，是我国过渡时期中对私营商业及饮食业进行社会主义改造工作中的一项重大的措施，必须做好，不许做坏。

进行这样大规模的私营商业及饮食业普查工作，在我国历史上还是第一次，我们没有经验，加以这一工作相当艰巨、复杂，牵连面广，既牵连到几百万小商小贩，也牵连到与资产阶级的关系问题，搞得不好，就会出乱子。因之必须加强对这一工作的领导，各省市应在人民委员会的统一领导下，由人民委员会的财粮贸办公室会同国家资本主义办公室负责组织领导工作，并组织统计局（处）、商业厅（局）、供销合作社、税务局、工商局、粮食厅（局）、外贸局、人民银行等部门会同店员工会共同抽调干部组成省（市）的私商普查办公室，负责办理日常具体工作。省市的私商普查办公室，应有厅局长一级的干部一人担任主任。省市以下各级单位的组织领导问题，请各省市参照国家统计局、商业部等五个部门报告中所提意见并结合本地的具体情况加以具体规定，并迅速下达执行。但鉴于第三季度即进入市场旺季，各地正集中精力于统购统销和农业合作化运动，因而各方面的工作是十分紧张的，要求各地在密切结合各项中心工作的原则下，妥善安排，按期完成。

为保证这一工作的顺利进行和按期完成，各地在工作进行中，首先必须加强对这一工作的思想领导，做好宣传动员工作，并在调查工作开始之前，切实做好调查干部人员的训练工作，把这次普查的意义和目的彻底交待清楚，以免引起小商小贩和商业资本家的疑虑和不安，造成不应有的紧张。

这次私营商业、饮食业普查工作，就其规模、工作量来讲，仅次于1953年的全国人口普查，而就其涉及的方面和复杂性来讲，则又有超过。因之普查的指标，必须简单明确，不能复杂，除了国家统计局等报告中所提的五个指标外，原则上不准再增加。各省市如确有需要且又有足够的调查力量，必须增加一两个指标者，则应报全国私商普查办公室批准。

国家统计局、商业部等五个部门的报告中，以及普查方案中所规定的商业与工业、农业等的划分标准，只作为这次普查中的统计分类之用，至于各地目前收税中的分类，则仍暂按原规定执行，以免引起税收工作上的混乱。但各地应考虑经过这次普查分类后，应将过去不合理和不统一的部分，采取适当措施，使各业务部门和统计部门今后的分类逐步取得一致，克服目前各部门的数字不统一、口径不一致等混乱现象。

各地接到这一指示后，希即加研究，具体布置执行。至于国家统计局制定的“全国私营商业

及饮食业普查方案”，将另由国家统计局印发各省市。

（选自《工商行政通报》第53期，1955年8月31日）

十五、关于全国私营商业及饮食业普查工作会议的报告

根据国务院（五办、八办）的指示，我们五个部门于7月12日至21日召开了全国私营商业及饮食业普查工作会议，出席这次会议的各省、市（包括部分省辖市及县）及中央各有关部门的代表共165人。会议期间，到会代表除了比较深入细致的讨论了普查方案（草案）中的各项原则和具体问题，听了广东、广西两省代表所作的经验介绍，听了我们5个部门负责同志和苏联贸易统计专家的报告外，五办会由郭主任亦亲到大会作了重要指示。

这次会议的任务，主要是讨论修改普查方案，并布置这一工作。在八天的会议讨论中，到会代表除一致认为提交大会讨论的普查方案（草案）基本上可行外，同时亦提出了许多问题和意见，这些问题在李先念副总理和五办、八办的及时指示下，经过会议反复研究，基本上都获得了解决，其中一些重要问题，在薛暮桥同志所作的会议总结中已作了说明。这次会议在五办、八办的直接领导下，开得比较好，各地代表都很满意。兹特将会议中所讨论确定的有关普查工作中的几个重要问题报告如下：

（一）普查的范围问题

只限于（1）全国的私营商业及饮食业。城市与乡村中各种国家资本主义形式（包括公私合营）及由小商小贩组织起来的商业及饮食业，亦包括在内一并进行普查，但须将这部分数字单独汇总出来。至于外国侨民在我国设立的商业及饮食业，这次则不进行普查，各地区如需要这部分资料，可通过当地的外事机关或税务机关取得。（2）服务性的行业，只要求在北京、天津、上海、武汉、广州、重庆、西安、沈阳8大城市中对理发、洗澡、旅馆、照相4个行业进行调查，其他地区，其他行业则不调查。但各省市如确有需要，并确有足够的调查力量，在不影响全国普查任务完成的原则下，亦可适当增加几个省辖市或增加几个行业（如洗染业），但须报全国私商普查办公室批准。

普查的地区范围，确定除西藏、昌都地区不进行外，其余各省市及内蒙古自治区不论城镇或乡村均应进行。但某些少数民族地区及偏僻地区，如普查确有困难，则可不普查。至于究竟哪些自治州或自治县不进行普查，可由各省自行决定。

在会议讨论中，各地代表提出对未经批准而自行开业的“黑户”，即没有营业执照的私营商业、饮食业是否进行普查的问题，经大家研究，一致认为应予列入普查范围之内。因为这次普查的目的，就是要将全国的私营商业及饮食业的户数、人数等基本情况普查清楚，如不包括“黑户”，则普查所取得的资料，仍是不全面，不准确的。但同时我们也指出了：对“黑户”进行普查，与是否即承认他们为合法，这是两个问题，将他们普查清楚，不等于即承认他们为合法。至于今后是否发给他们营业执照，准许其继续经营，或考虑措施逐步分别加以取缔，这是一个工商行政管理问题，应由当地的工商行政管理部门提出意见，报请省市人民委员会研究处理。

（二）普查内容问题

基层普查表的项目确定为：（1）户数，（2）从业人员及其中雇佣职工人数，（3）资本额，（4）1954年全年及1955年上半年的商品销售额（进出口商应加报进口及出口额），并列出其中：代销额；1955年8月份的商品销售额及其中代销额、经销额（因经销额资料取得有困难，故确定仅调查8月份的数字，并据此进行分组整理），（5）1954年全年及1955年上半年的收益额等五个指标。综合时应将普查资料按下列规定进行分组，以便研究分析各项主要问题。

第一、私营商业除应分别国内商业与进出口商业以外，国内商业还应分别按下列项目进行分级：

1. 批发商与零售商。

2. 座商、行商、摊贩。

3. 各种行业。

4. 雇佣职工人数，共分：（1）未雇佣职工者，（2）雇佣职工1人者，（3）雇佣职工2人者，（4）雇佣职工3人者，（5）雇佣职工4至8人者，（6）雇佣职工9至15人者，（7）雇佣职工16人以上者等7组。在资料运用时，我们的意见即将未雇佣职工及雇佣职工1人者基本上作为小商小贩（批发商、行商及进出口商例外），雇佣职工2人以上者，作为资本主义商业（可改为商业资本家，因小商小贩也是属于资本主

义范筹的——国务院注)。如分别大、中、小商业观察,则将第(1)至(4)组看作为小商业。

十六、国务院第五办公室副主任曾山在全国私营商业及饮食业普查工作会议上的报告

(1955年7月19日)

这次国家统计局、商业部、合作总社、税务总局、工商行政管理局联合召开的全国私营商业及饮食业普查工作会议,具有很大的意义。我们对私营商业及饮食业的安排和改造工作是有计划、有步骤进行的。为了要达到这个要求,就必须首先将私营商业及饮食业的基本情况,如户数、人数等了解清楚,而我们现在各部门所掌握的资料,是不能很好解决这一个任务的。因之决定今年要进行一次全国性的普查工作,并召开这一个会议。关于普查工作如何作法,苏联已有很丰富的经验,并将请苏联专家向大家作报告。现在我和大家谈以下几个问题:

(一)对私营商业进行社会主义改造的政策方针

第一,为什么要对私营商业进行社会主义改造。

(一)资本主义商业,是资本家所有制的剥削人民的商业,他们的经营方法主要是靠投机取巧,欺骗人民,他们的经营目的是唯利是图,只要是有利可图,他们什么都干,什么方法都用,如囤积居奇,掺假掺杂,大秤入小秤出,收购农民的产品压价,出售时又抬价,等等。资本主义商业,本质上是为巩固和发展资本主义制度服务的,它同我国要发展和建成社会主义社会是不相容的。广大的小商小贩,是属于劳动人民的范畴之内的,但由于他们经营的是个人所有的分散的独立小商业,他们染有很深的资本主义思想,如让其自发地发展下去,则也是走资本主义的道路——少数小商小贩发展为资本家,大多数小商小贩则陷于贫困破产的境地。因之为了要在我国建成社会主义社会,在过渡时期中我们就必须对私营商业采取利用、限制和改造的政策,即利用其有利于国计民生的一面,限制其不利于国计民生的一面,使他们循规蹈矩地在一定的时期内继续维持经营,并积极对他们进行社会主义改造,决不允许资本主义商业长期地和社会主义商业并存下去。

过渡时期中,我们对资本主义商业,实行利用、限制、改造的政策,这是一场很复杂、很尖锐的阶级斗争,最后必须把资本主义商业改造成为社会主义商业。1954年我国的社会主义商业,在批发方面已占到89%,在零售方面已占到58%。由于1954年我们在零售方面前进的步子稍微快了一点,所以1955年又退让了一点,但我们依然保持着绝对优势,足以保证市场的稳定。而且与此同时,我们在私商中扩大了代销、经销的比重。所以这种退让的本质,还是为了前进,是为了更有效地安排改造私营商业。

(二)大家知道,社会主义社会是要消灭阶级剥削,消灭人剥削人的制度的,因此社会主义社会里只允许有全民所有制的国营商业、劳动人民集体所有制的供销合作社商业以及农民贸易(农民自己生产的产品除一部分自己消费和交售给国家外,将剩余的产品在国家组织领导的市场上出售,类似苏联现在的集体农庄贸易)。这几种商业是不剥削任何人的,它们的基本任务是为工农业生产服务,为消费者服务,在国家的计划领导下,通过不断扩大商品供应、流转,来达到改善人民生活,实现社会主义按劳取酬的分配原则。

但在过渡时期中,由于多种经济成分同时存在,还有大量的私营商户和从业人员,他们还担负着一定的城乡商品流转、分配的任务,他们还要生活下去。因此社会主义商业除一方面要壮大自己,掌握商品货源,保证取得市场的坚固领导地位,同时还应有计划、有分别(分别批发与零售、分别资本主义商业与小商小贩)、有步骤地对私营商业进行利用、限制和改造。

目前我国除有社会主义的国营商业和供销合作社商业,以及劳动农民自己的贸易以外,还有私营商业,有各种各样的国家资本主义形式的商业,农村还有在供销合作社领导计划下的各式各样的由小商小贩组织起来的合作形式的商业。对所有还未彻底改造的商业,都要在过渡时期中逐步加以彻底改造。据我个人的推测,在第二个五年计划内可能基本上改造好。当然这要靠我们社会主义商业本身的积极努力。

综合以上所述,不难了解,要建成社会主义社会,在过渡时期中我们就必须对资本主义商业和小

商小贩进行彻底的改造，否则不仅不利于工农业生产的发展，不利于广大消费者，更不利于社会主义社会的建设。

第二、对私营商业改造的政策方针、方法、步骤以及第一个五年计划中所要达到的要求。

（一）对批发商改造的问题。

对私营商业如何进行改造，经过了几年来的摸索实践，我们已取得了一些经验，其中最主要的一条是：为要有效地对私营商业进行改造，我们必须首先掌握批发环节，充分掌握商品货源。只有如此，我们才能在经济上制服他们，使他们在国营商业的领导下，服从国家的计划和价格政策，进行有利于国计民生的商业活动。如1953年上半年，由于我们商业工作中发生了一些严重缺点，结果批发商大活跃，要与国营商业争夺市场的领导权并使市场和物价一度发生了一些问题。但自1953年下半年开始，我们克服了工作中的缺点，扩大了加工、订货、包销等业务，实行了对粮食油料的计划收购、计划供应政策，进一步掌握了商品货源，扩大了批发阵地，其情况就大大不同了。因之对批发商的改造，是凡能代替的坚决代替，被排挤的批发商的从业人员，除有严重的政治嫌疑者外，一律由社会主义商业将其职工包下来分配工作，进行思想改造，利用他们的技术、经验，使其为国家、为人民服务。资方的从业人员，经过训练后也应安置他们的工作。

凡社会主义商业还未全部掌握货源者，或不需要立即代替者，仍可继续允许其经营，并加强对他们的管理、监督。应该看到，这些小批发商在一定时期内的存在，对解决城乡物资交流中的“大通小塞”问题，是有好处的。另外有些小批发商也还可以利用他们进行代批发，即供应其一定的货源，并按照国家的计划、价格等规定，代社会主义商业进行批发业务。

（二）对资本主义零售商的改造问题。

(1)对资本主义零售商，目前基本上是维持它，改造它，鉴于零售商人数众多，在社会商品零售总额中还占有相当的比重，因之不仅从维持他们的生活方面考虑，须要加以维持，就是从分发商品方面考虑，也有充分利用他们积极作用的一面的必要。当然，也还必须严格防止和克服他们投机取巧、囤积居奇等消极的一面。

(2)要达到利用其有利的一面，就必须进行企业改造和人员的改造。如果他们的企业经营管理不改善，开支不减少，思想不改造，而是一味地依靠国家安排，躺在我们身上，自己一点办法不想，那我们是难以维持他们的，我们必须对他们的企业和人员同时进行改造。

(3)在改造工作中，要充分发动企业中的职工，提高其阶级觉悟，依靠职工来推动、监督企业的改造，积极改善经营管理工作。

(4)不能让资本主义商业的营业额过多地扩大，只要是在基本上能维持他们的一般生活水平就够了（当然过少了也不甚妥当），否则他们又会盲目发展，扩大人员。这是改造私商中的一个重要策略。过去我们说维持私商吃稀饭，基本精神就是不让其再发展，不让其再增加人员，并不是一定要他们吃稀饭。

(5)积极推进资本主义商业走上国家资本主义轨道。根据五年计划的规定，到1957年应把资本主义商业中的50%以上改造为国家资本主义商业。这一任务要坚决保证完成。

在对资本主义零售商的改造中，现在江西省南昌市鸿泰百货代销店，是国家资本主义形式中的一个好的典型。该店的货源全部购自国营公司，并按国家规定的价格明码出售商品，售货现款当日缴到人民银行入国营百货公司往来的账户，内部的经营管理工作亦和国营公司差不多。估计其他地区这类商店也可能有一些。

（三）对城乡小商小贩的改造问题。

(1)城市中小商小贩的改造，主要应采取各种经销、代销等形式进行改造，把他们组织起来。在城市中可否将主要靠自产兼自销或主要向私人小生产者购进零星商品的这部分小商贩组织成合作商业，进行改造，我们还没有经验，各地可以试办一下。但一般的小商贩，他们经营的商品多数已为国营商业或供销合作社掌握，并主要靠向国营商业、供销合作社进货者，均应采取通过经销、代销形式来进行改造。

(2)乡村小商小贩的改造，应在供销合作社的领导计划下，通过合作道路进行改造。改造的具体步骤和方法，供销合作总社的负责同志将会给大家讲，我这里就不谈了。

（四）对资本主义进出口商的改造问题。

我们的对外贸易政策，是采取国家垄断制，由对外贸易部统一掌握管理。对苏联及各人民民主国家的贸易，是由对外贸易部统一经营的。对资本主义国家的贸易，则有所区别，虽然目前国营亦占了绝大的比重,但允许私商经营一部分。私营进出口商只要服从国家政策,经营国家需要的商品,有利于促进国际贸易和国际和平事业的发展,则在对外贸易部门的直接领导管理下,还允许其继续经营一部分进出口业务。对私营进出口商的改造可采取代出、代进等办法。现在一般地说进出口商是紧缩的,不能维持的商户的从业人员要由外贸或内贸或其他部门来加以吸收录用,其中资方的从业人员,由于他们过去的生活水准很高,改造这一部分人员须要费大力才能生效。

(二)当前私营商业改造工作进行的情况及其中存在的问题

(一)私营批发商大部分已为国营商业和合作社商业所代替,社会商品批发总额中,社会主义商业已占89%,批发商的人员也大部分被我们所吸收录用,其余的一部分批发商,有的已转为批发兼零售或全转为零售,有的则经营小批发,也有为国营公司经营"二批发"的。目前最重要的问题,就是怎样更好地利用他们的人力、技术和经验。既要利用他们,又要很好地改造他们。

对于一部分小批发商,由于小手工业的存在,他们还能自己抓到一部分价格便宜物品粗糙的商品,这一部分商品是适合购买力低的阶层人民需要的,而社会主义商业,又不能也不必要很快代替他们,对这一部分小批发商,应让他们继续经营,以利解决城乡物资交流中的"小塞"问题。但必须加强管理,严防他们盲目发展和投机取巧、欺骗购买者等不正当行为。对这一部分小批发商的管理、改造,北京市东晓市场是一个好的典型,我认为别的大城市也可以仿照创造此种市场,因为它既有利于我们的管理,有利于对他们进行改造,也有利于一部分小商品的下乡。

(二)城乡零售商的问题还很多。从去年下半年开始,总的是贯彻踏步,城市和乡村都进行安排,凡安排有困难的行业,我们已采取了社会主义商业适当退让的办法来解决,到今年5月止,城市的零售商已基本上可以全部维持了,不能再退让了。目前最主要的问题,应是着重企业的改造和人员的改造,这是当前及今后一个必须作好的重大任务。当前这一工作中存在的主要问题是:(1)已经归口的私商,比较清楚;大户较好,小户还有不少困难。(2)无口可归的行业还有不少,其中存在的问题也比较多,有待进一步研究解决。(3)近两年来随着社会主义商业的不断向前发展,市场的改组,原有私营商业变化很大,特别是自1954年下半年起,私商究竟减少了多少?新增加了多少?座商转摊贩,摊贩升到座商有多少?各行业之间变化有多大等情况,摸不清,可以说现在心中还是没有数,这种状况也就给我们的安排改造工作带来了很多困难。

(三)认真作好这次普查工作

同志们:上面我已就对私营商业改造的政策方针及当前存在的主要问题作了扼要的说明。为了很好地贯彻党和政府对私营工商业进行社会主义改造的政策方针,我们必须首先将它们的基本情况调查了解清楚。"没有调查研究,就没有发言权",更谈不上如何拟订计划进行工作了。那么我们现在这方面的工作情况又是怎样呢?应该说,几年来是有一定的成绩的,已掌握了一些统计资料。但必须指出,这与我在上面所说的当前工作要求相比较,还差得很远。现在中央各部门所掌握的私营商业统计资料,不但极不全面,而且准确性也很差,就连全国私商究竟有多少户、多少从业人员等这类最基本的数字,也还没有掌握起来,正如我上面所说的,还是心中无数。昨天薛暮桥局长告诉我,全国私营商业的职工人数,1953年原来的一个数字是×××万人,而后又改为×××万人,二者相差40万人之多;1954年第一个数字是近×××万人,而第二个数字则不到×××万人,相差30万人,比1953年少了××万人。显然这些数字是极不可靠的,是不能使用的。至于其他各部门的情况,也同样是今天一个数,明天一个数,而且前后口径不统一,相差很大。显然,这种状况是不能继续下去的。要对私营商业和饮食业进行全面安排改造,就必须将它们的基本情况了解清楚,掌握起来,否则就无法定出具体安排、改造计划和步骤。正因为如此,所以决定今年要在全国范围内进行一次私营商业及饮食业的普查工作,以求将它们的户数、人数、资金、商品销售额及收益额等基本情况彻底调查清楚。

这次普查工作的范围是相当广泛的,既牵连到几百万个小商小贩,也牵连到与资产阶级的关系问题,因之调查的指标必须简单,不能复杂。我认为调查方案中所规定的五个指标,已经可以大体上满足当前工作的需要,不宜再增加。我听说各地代表在会议中提出了不少增加指标的意见,这些意见是好的,但要估计一下力量是否能办到,我认为是困难的。大家提出的要求,可以考虑通过重点调查或抽样调查来解决,不必在普查表中增加。因为一次普查不能要求解决所有问题,否则,如指标过多,则不但会拖长完成工作的时间,而且势必会给这一工作带来更多的困难,达不到预期的效果。

同志们:进行这样全国性的大规模的私营商业及饮食业普查工作,在我国历史上还是第一次,这是我国过渡时期中对私营商业及饮食业进行社会主义改造工作中的一项重大措施,是极其重要的,它不仅是一件繁重的统计调查工作,而且是一件很重大的政治任务。这一工作相当艰巨、复杂,工作量很大,不是任何一个部门如统计局或商业部所能单独完成的,因之必须在各级党政的统一领导下,由财、粮、贸办公室会同国家资本主义办公室负责具体领导,并将统计、商业、税务、合作社、工商局、粮食、外贸、银行等有关部门的力量组织起来,共同进行。只有如此,才能很好地完成这一艰巨任务。在这一工作中,各级商业行政部门和公司,都应抽调相当的干部积极参加。

最后,我希望各地代表同志回去后,很好地将这次会议中所讨论决定的问题,向当地党政领导汇报并请他们给予指示,迅速向下传达布置,订出本地区的具体工作计划和步骤,以期按时胜利完成这一任务。

十七、国务院批转中央工商行政管理局关于整理改造私营工商业历史资料工作的报告

(1956 年 10 月 12 日)

我们同意中央工商行政管理局《关于整理改造私营工商业历史资料工作的报告》。我们认为,把对私营工商业改造的历史资料,很好的搜集、保管起来,并且系统的加以整理、研究,为进一步总结我国在过渡时期改造私营工商业的经验作好准备,是一项很重要的工作。根据我们了解,有些地方对这部分资料是重视不够的,有任其散失或烧毁的情况。为了很好的保管、整理这一部分资料并为今后总结对私营改造工作的历史经验打下基础,各地对私改造办公室应该把这一工作给予适当的重视,如条件可能时,应当指定专门机构来进行整理。有些地区没有对私改造办公室的,可由当地人民委员会根据情况,酌予指定部门办理。

在整理对私改造资料工作中的问题和意见,可与中央工商行政管理局取得联系。

附:关于整理改造私营工商业历史资料工作的报告

目前私营工商业的社会主义改造工作已经获得了决定性的胜利,再经过几年的工作,我国原来的资本主义工商业就将转变为社会主义的工商业。为了系统地整理资料和总结改造私营工商业的历史经验,我局最近组织了一部分干部,成立调查研究机构专门负责这项工作,准备分别工业、商业、交通运输、外国资本及资产阶级等五个方面收集和整理资料,另外,并设立统计组和图书资料室(我们目前的工作主要是收集和整理有关私营工商业社会主义改造的各项资料,以后还打算整理一部分关于我国资本主义和资产阶级发生和发展过程的历史资料)。初步规划,准备在 1957 年底以前整理出综合性的和行业改造的资料十余种,典型行业和典型企业的历史资料近十种,社会主义改造的统计资料十种,并配合改造工作的需要,进行一些专题研究。在可能条件下,我们准备编印各种资料性的丛刊,供领导上及有关部门参考。

整理我国私营工商业社会主义改造的资料是一种很艰巨的工作,这些资料分散在各个地区和各个业务部门。要很好地完成这项任务,有赖于各级党政领导机关的重视、积极支持和各有关方面的协助和合作。解放以来,各地工商行政部门积累了不少有关私营工商业的历史资料和改造工作经验。据我们了解,有若干地方已开始或正在打算进行这些资料的整理和研究工作。为此,我们建议各地的对私改造办公室把这一工作抓起来,在北京、天津、上海、广州、武汉、西安、成都、济南、青岛、哈尔滨等工商业比较集中的城市,以工商行政部门为主,组织一定的干部力量来进行整理和研究工作是必要的。其余没有工商行政专管部门的地方,如重庆、沈阳等市,或者没有对私改造办公室的地方,当地人民委员会可以根据具体情况,指定部门或者组织一定力量来进行这一工作。各地整理研究的工作,希望能与我局取得联系,以便交流经验,互相配合。

各有关业务部门也掌握了许多有关私营工商

业的各项资料如专业改造的经验。各地整理研究资料的工作,应当在当地对私改造办公室的统一领导下,与各有关部门密切配合,取得协助和合作。同时各地负责改造私营工商业的归口部门和专业公司,对所属较大私营厂、店及其他有关组织的历史档案、资料、账册等,要妥为保管,防止分散遗失;整理研究工作上需用该项资料时,希尽量给予便利。

以上意见,如属可行,拟请批转各省(市)、自治区人民委员会。

(选自《工商行政通报》第80期,1956年10月31日)

第十四编　1949—1956年私营工商业统计资料摘编

摘编说明

一、该部分统计资料系国家工商行政管理局收集整理工商行政管理史料小组于1989年组织摘编。其资料来源如下：

1. 中国科学院经济研究所、中央工商行政管理局资本主义经济改造研究室编辑的《私营工商业社会主义改造统计提要(1949—1957)》(1958年10月印行)；

2. 中央工商行政管理局编辑的《公私合营企业定息户清产发息情况(1956年8月)》(1957年3月印行)；

3. 国家统计局编辑的《1955年全国私营商业及饮食业普查资料汇编提要》(1956年3月印行)；

4. 中央工商行政管理局编辑的《全国资本主义工商业历年利润分配情况》(1956年8月印行)。

二、关于《私营工商业社会主义改造统计提要(1949—1957)》的说明。

1. 本资料范围包括私营工业、商业、饮食业、服务业、交通运输业五大部门，以私营工业和私营商业为重点。

2. 表列工业总产值均系按1952年不变价格计算。

3. 表列私营商业数字包括国内商业与进出口贸易商业，如标明国内商业者则不包括进出口贸易商业。

4. 几种划分标准的说明：

(1)“私营工业”：私人经营的工业企业，雇佣工人与学徒超过三人者，在统计上当时一般列入私营工业；不雇佣工人与学徒或虽雇佣而不超过三人者，列入个体手工业。

(2)“大型工业”与“小型工业”：有机械动力设备，职工人数在16人以上，或无机械动力设备，职工人数在31人以上者，为大型工业企业。有机械动力设备，职工人数不足16人者，或无机械动力设备，职工人数在31人以上者，为大型工业企业。有机械动力设备，职工人数不足16人者，或无机械动力设备，职工人数不足31人者(个体手工业除外)，为小型工业企业。此外，发电机容量在15瓦以上的独立发电厂及具有3台回磨机或5对以上磨辊的磨粉机的独立磨房，不论其职工人数多少，均属大型工业企业。

(3)“现代工业”与“工场手工业”：有机械动力设备，且其主要作业过程利用机器者，或无动力设备而使用电热者，以及利用电介槽与蒸馏设备进行生产者，都为现代工业。反之，不论有无机械动力设备，如其主要作业过程利用手工工具进行者，为工场手工业。

(4)“私营商业”及“资本主义商业”：凡私人经营的商业为私营商业。资本主义商业在统计上当时系指雇佣职工2人及2人以上的私营商业企业。

(5)“批发商”与“零售商”：专门以商品售予其他商户用作转卖，以及售予生产部门用于生产者为批发商。专门以商品直接售予居民及机关团体用于生活消费以及售予农民用作生产资料者为零售商。兼营批发与零售者，则视该业户批发与零售那一种业务为主，以批发为主者列为批发商，以零售为主者列为零售商。行商一律列入批发商。

(6)“全社会商品零售额”与“纯商业机械零售额”：全社会商品零售额包括商业、工业、饮食业、服务业以及农民的直接零售额，而纯商业机构零售额仅指商业机构的商品零售额。

(7)“私营饮食业”及“资本主义饮食业”：凡私人经营的饮食业为私营饮食业。资本主义饮食业在统计上当时是指雇佣职工3人及3人以上的私营饮食业企业。

三、关于《公私合营企业定息户清产发息情况(1956年8月)》的说明。

1. 本资料系根据各省、市统计局所报的“公私合营工业清产发息情况”与“公私合营商业、饮食业、五个服务性行业(指理发、照相、澡塘、旅馆、洗染五业)及公私合营运输业的清产发息情况”调查报表资料编制而成。全融业则系中国人民银行、中国银行与交通银行资料。

2. 商业、饮食业、服务业、交通运输业定息超过五厘的原报数字偏大(可能因有的地方对报表领会错误，将五厘的也包括在内)，国家统计局对商业、饮食业、服务业已做了一次调整(主要是把超过五厘的户数与全部定息户相同的划去)，本表又根据股息与私股资本比例调整了一次，但结果仍有偏大的可能。

四、关于《1955年全国私营商业及饮食业普查资料汇编提要》的说明：

1. 资料系根据全国27个省、市、自治区包括2177个市(包括中央直辖市及省辖市)、县、旗的普查资料汇编而成(缺新疆维吾尔自治区37个县的资料)。

全国私营服务业的数字系根据部分城市的普查资料结合1954年全国私营服务业统计年报数字估算的。

2. 表中户数、从业人员、雇佣职工系指1955年8月31日实际营业的商户的户数、从业人员及雇佣职工数字；资本额、销售额及收益额也是1955年8月31日实际营业的商户的数字，不包括1955年8月31日以前的停业、转业及歇业商户的资本额、销售额及收益额数字。

3. 私营商业、饮食业及服务业的数字均包括纳入代销、经销、批购零销与合作商店(小组)等改造形式的数字，但不包括公私合营商业、饮食业及服务业的数字。

4. 私营服务业的数字只包括理发、旅店、澡塘、照相四个服务性行业，不包括其他服务性行业。

5. 各种划分标准的说明：

(1)“商业”：指专门从事于工农业产品转卖业务者而言，它是通过买卖方式将工农业生产品从生产者手中转移分配到消费者手中的流通部门，它并不直接生产任何产品，而只是从生产者或其他商业购进商品，然后又将该商品转卖给消费者、生产者或其他商业单位。

(2)“饮食业”：指专门从事于食品的烹饪、调制并直接零售供居民饮食者而言，它的特点是一方面从事食品烹饪调制而具有生产的职能，一方面又将产品直接零售给消费者而具有商业的职能，而且这两种职能是结合在一起同时进行。饮食业的范围包括饭店、食堂、西餐馆、各种小食铺(如烧饼、馄饨、熟面、包饺、元宵、油炸煎品等)、酒馆、咖啡馆、及茶馆等。

(3)“座商、行商与摊贩”：座商系指据有固定的建筑物为营业场所从事于商品贩卖者；行商系指无固定营业场所，从事城乡埠际间的商品贩卖者；摊贩系指不据有固定的建筑物而租用、占有公共场所设摊或流动于城市各街道间、农村各村庄、集镇之间从事商品贩卖者。

(4)“城镇与乡村”：a、凡合于下列条件之一者划归城镇：设置市人民委员会的地区及县(旗)以上人民委员会所在地(游牧区行政领导机关流动者除外)；

常住人口在2000人以上居民50%以上为非农业人口的居民区。

b、工矿企业、铁路站、工商中心、交通要口、中等以上学校、科学研究机关的所在地及职工住宅区等常住人口虽不足2000人，但在1000人以上，且非农业人口超过75%，为城镇型居民区。具有疗养区，亦得划为城镇型居民区。

c、上列城镇及城镇型居民区以外的地区为乡村。

6. 主要指标解释：

(1)“全部从业人员”：指参加业务活动的全部人员，包括经常参加业务活动的业主与家属及雇佣的职工等，但临时性的人员不包括在内。业主的家属经常参加业务活动不从事于其他社会职业者，列入从业人员中；业主的家属不是经常的参加业务活动，则不列入从业人员中。

(2)“雇佣职工”：指雇佣的劳方一切人员。

(3)“资本额”：指业主投入营业的全部资本额，包括固定资本与流动资本，此次普查是以业主向当地工商行政管理机关申请登记核准的最近数字为准。

(4)“销售额”指以现金或赊账方法在国内销售商品的金额，包括自销商品及代销商品的金额，不包括向国外出口的商品金额，也不包括收益额及代购商品的交付额。座商、行商及摊贩的商品销售额，均以户为准计算，即不论其商品系在本埠销售或派员到外埠销售均须包括，但不包括在外地设立的分支机构的销售额。

(5)“收益额”：指为他人提供劳务所得的报酬或信用委托所取得的收益。如代国营公司、供销合作社或其他单位、个人购销货物所取得的手续费即属之。再如钟表店代人修理钟表所取得的手工费等亦属之。

(6)“代销”：指私营商业接受国营商业或供销合作社的委托，订立代销合同，缴存一定的保证金，按照国营商业、供销合作社的牌价，代国营商业或供销合作社销售商品，在销售以后，根据合同的规定，取得一定的手续费而言。

(7)“经销”：指私营商业与国营商业或供销合作社订立经销合同，按期编制要货计划，经国营商业或供销合作社审核批准，以现款购买商品并按照国营商业、供销合作社核定的价格销售，并从进货与销货中获得进销差价而言。

(8)"批购零销"：其性质与经销相似，即指私营商业与国营商业或供销合作社订立批购零销合同，按期编要货计划，经国营商业或供销合作社审核批准。以现款购买商品，并按照国家牌价或国营商业、供销合作社核定的价格销售，并从进货与销货中获得进销差价而言。

(9)"服务业的营业额"：包括以劳务为消费者服务所得的报酬金额及销售商品所得的金额(如照相馆兼售照相器材的金额)。

五、关于《全国资本主义工商业历年利润分配情况》的说明。

1. 资料来源系根据各省、市所报的"公私合营工业及私营工业资产、利润及投资情况调查估算综合方案"及"资本主义商业、饮食业及服务业历年盈余分配情况调查估算办法"报表资料编制而成。各市报表材料除整理现有材料外，不足部分是进行全面调查或典型调查然后推算取得的……

2. 资料内容及各指标含义说明：

(1)公私合营工业包括全部公私合营工业。私营工业系指雇佣职工4人以上的工业企业。私营商业、饮食业及服务业系指雇佣职工1人及1人以上的企业而言。

(2)盈余分配部分：

a、利润合计，系指企业获得的纯利总额，工业系采取企业账面利润(一般以税局核定利润乘典型材料账面利润的比例)加上税局核定的不合理开支中的资方所得部分，只上海完全为账面利润。商业方面各地填报情况很不一致，有的包括不合理开支，有的不包括，但多数地区主要是以税局定利润为基础，参照私商自报的账面利润，调整其编高偏低的部分。

b、所得税：大部分地区按历年实征数字填列，有少数地区由于实征数字不够全面，系以各年平均所得税率乘利润而得。

c、在职资本家，资本家代理人及小业主从利润中所得部分，系指由企业利润中取得的全部收入，包括股息红利，董监事酬劳金，车马费及从利润中资方所得的其他部分等。

d、股息红利，对私营工业股息红利的估算很多地区系以资方实际分到的股息红利填列，部分地区以典型户实际分配的股息红利与利润的比例来推算全面，1955年大部分地区尚未分配，乃是根据当地所拟的盈余分配方案填列。对于私营商业股息红利的估算，大部分地区都以典型户股息红利与资本额的比例来推算全面。

e、其他栏，系指由利润中提取的公积金，职工所得(主要是职工福利金)及其他由利润中开支的项目(商业规定有以利润购买的公债，以利润支付的五反退补)。工业报表并未规定此项指标，系以利润减去所得税，资方所得及未分配盈余三项求得，可能偏小(因所得系按税局核定利润征收)。

f、未分配盈余，指尚未进行分配的利润额及分配后余下来的利润尾数。

(3)利润率、息率、实得部分。

a、资产净值：公私合营工业即为私股资本额。私营工业为资产净值。商业、饮食业、服务业开资产净值材料，仍填列资本额数字。

b、资本额：公私合营及私营工业均有1950年至1955年的历年数字。……商业无历年资本数字，1950年资本额系根据当年登记资本额填列……1955年资本额一般都根据1955年私商普查数字填列；1951年至1954年商业资本额系本局估算数字……饮食业及服务业6年平均资本额系1950年及1955年两年平均数。

c、计算利润占资本额比重的利润总额，公私合营工业以资本额中私股资本额的比例去乘公私合营工业的全部利润来作为属于私股的利润。

(4)在职资方各项收入比重部分：

a、公私合营工业及私营工业无全面实际数字，各地只报典型户调查材料，商业、饮食业、服务业则为全面材料。因此，工商业合计无法列出绝对数，只能列出各项收入所占的比重。

b、资本家从利润中取得的收入：工业原报为股息红利部分，与薪金及其他收入相加恰好等于资本家的全部收入，因之，估计其内容为资本家从利润中取得的全部收入。

c、薪金：工业为典型户材料，商业大部分地区以典型户资本家及小业主的平均薪金乘全省资本家及小业的人数而得……

d、其他收入：工业包括资方人员所得的酬劳金，车马费，设备及房屋租金，资方长支等。但不包括属于非从占有生产资料而得的一些收入(如公债利息，儿女寄回的生活补助费等)。商业包括在职资方福利费，交际费，未归还的借支及从企业中抽逃的资金等。

e、在职资方人数：工业无明确规定，商业包括资方，资方代理人，小业主及小业主的家属中参加业务活动的人员。

一、总 类

表 1 国民收入中各经济类型比重

	1952 年	1953 年	1954 年	1955 年	1956 年	1957 年
总计	100.0	100.0	100.0	100.0	100.0	100.0
国营经济	19.1	23.9	26.8	28.0	32.2	33.2
合作社经济	1.5	2.5	4.8	14.1	56.4	56.4
公私合营经济	0.7	0.9	2.1	2.8	7.3	7.6
资本主义经济	6.9	7.9	5.3	3.5	……	……
个体经济	71.8	64.8	61.0	51.6	4.1	2.8

编者注:本表抄自中央工商行政管理局:《私营工商业社会主义改造统计提要(1949—1957)》第 2 页。

表 2 国家财政收入的来源比重

	1950 年	1951 年	1952 年	1953 年	1954 年	1955 年	1956 年	1957 年
总计	100.0	100.0	100.0	100.0	100.0	100.0	100.0	100.0
国营经济缴纳	} 34.1	} 49.4	58.0	62.9	65.2	71.1	73.5	70.6
合作社缴纳			1.1	2.5	3.7	4.4	5.5	7.1
公私合营企业缴纳	……	……	1.0	1.2	1.7	2.2	5.5	9.2
农业社及个体农民缴纳	29.6	18.2	16.0	13.4	14.2	13.2	11.2	10.4
私营工商业缴纳	32.9	28.7	21.2	16.9	13.3	7.7	2.8	1.1
其他方面缴纳	3.4	3.7	2.7	3.1	1.9	1.4	1.5	1.6

编者注:本表抄自中央工商行政管理局:《私营工商业社会主义改造统计提要(1949—1957)》第 3 页。

表 3 全国公私合营企业上缴利润

年份	金额(万元)
1952 年	1105
1953 年	2012
1954 年	1800
1955 年	2708
1956 年	17229
1957 年	44015

编者注:本表抄自中央工商行政管理局:《私营工商业社会主义改造统计提要(1949—1957)》第 5 页。

二、资本家、资本

表4 全国公私合营工业、商业、饮食业、服务业、交通运输业在职资方人数及投资情况

(1956年8月)

部别	投资人数(人)	占总计%	投资额(千元)	占总计%	平均每人投资额(千元)	其中:在职资方人数(人)		
						人数	占全部投资人数%	占总计%
总计	847122	100.00	2197427.9	100.00	2.59	402131	49.25	100.00
工业	533690	63.00	1715123.7	78.05	3.21	146262	27.41	36.37
商业	212363	25.07	352638.0	16.06	1.66	233000	96.67	57.94
饮食业	28673	3.38	18555.0	0.84	0.65			
服务业	30648	3.62	36316.0	1.65	1.18	–	–	–
交通运输业	41748	4.93	74795.2	3.40	1.79	22869	54.78	5.69

原注:1. 服务业缺在职资方材料;2. 商业、饮食业在职资方材料系国家统计局估算的。

编者注:1. 本表抄自中央工商行政管理局:《公私合营企业定息清产发息情况(1956年8月)》第9页。

2. 中央办公厅1981年9月21日转发中共中央统战部、国家计委、国家经委、商业部、轻工业部、全国总工会《关于把原工商业者中的劳动者区别出来的工作总结报告》指出:"根据一九五六年估算,社会主义改造高潮期间和以前参加国营、公私合营的原工商业者,全国共有76万人。这次列入区别范围的(包括1957年至1958年合营扫尾,以及部分参加合作组织而后转到国营、合营企业的原私营工商业者),计86万人,区别出劳动者70万人,约占81%;属于原资本家、资本家代理人的16万人,约占19%。"

表5 全国公私合营工业、商业、饮食业、服务业投资不足2元人数、比重

(1956年8月)

部别	全部投资人数(人)	其中:投资2000以下者	占全部人数%
总计	805374	656213	81.48
工业	533690	436087	81.71
商业	212363	168908	79.54
饮食业	28673	28057	97.85
服务业	30648	23161	75.57

编者注:本表抄自中央工商行政管理局:《公私合营企业定息户清产发息情况(1956年3月)》第12页。

三、私营工业、公私合营工业

表6　全国私营工业基本情况

	绝对数									比重(%)					
	1949年	1950年	1951年	1952年	1953年	1954年	1955年	1956年	1957年	1952年为1949年的%	定基指数(1952年=100)				
											1953年	1954年	1955年	1956年	1957年
企业单位数(个)	123165	133018	149650	149571	150275	134278	88809	869	99.3	121.4	100.5	89.8	59.4	0.6	0.7
职工人数(千人)	1644	1816	2023	2056	2231	1796	1310	14	12.6	125.1	108.5	87.4	63.7	0.7	0.6
其中:生产工人	1232	1366	1517	1547	1671	1432	1056	13.8	12.4	125.6	108.0	92.6	68.3	0.9	0.8
总产值(百万元)	6828	7279	10119	10526	13109	10341	7266	29	42	154.2	124.5	98.2	69.0	0.3	0.4

编者注:本表抄自中央工商行政管理局:《私营工商业社会主义改造统计提要(1949—1957)》第36、37页。

表7　全国私营工业按职工人数分组

职工人数:千人
总产值:百万元

	绝对数						比重(%)					
	1953年			1955年			1953年			1955年		
	户数	职工人数	总产值	户数	职工人数	总产值	户数	职工人数	总产值	户数	职工人数	总产值
总计	150275	2231	13109	88809	1310	7266	100.0	100.0	100.0	100.0	100.0	100.0
10人以上工业	45499	1537	10406	35572	996	5942	30.3	68.9	79.4	40.1	76.0	81.8
大型工业	18283	1141	8922	14466	696	4668	12.2	51.2	68.1	16.3	53.1	64.3
500人以上	164	199	1589	36	25	112	0.1	8.9	12.1	0.04	1.9	1.5
100—499人	1884	347	3055	1125	198	1444	1.3	15.6	23.3	1.3	15.1	19.9
50—99人	3570	241	1547	2735	184	1086	2.4	10.8	11.8	3.1	14.1	15.0
不足50人大型工业	12665	354	2731	10570	289	2026	8.4	15.9	20.9	11.9	22.0	27.9
10人以上小型工业	27216	396	1484	21106	300	1274	18.1	17.7	11.3	23.8	22.9	17.5
10人以下小型工业	104776	694	2703	53237	314	1324	69.7	31.1	20.6	59.9	24.0	18.2

编者注:本表抄自中央工商行政管理局:《私营工商业社会主义改造统计提要(1949—1957)》第40、41页。

表8 全国公私营工业企业单位数

单位:个

	1952年	1953年	1954年	1955年	1956年	1957年
总计	167403	176405	167626	125474	60665	57992
国营工业	10671	12295	13666	15190	16226	19034
合作社营工业	6164	12799	17938	18282	10166	8367
公私合营工业	997	1036	1744	3193	33404	29598
私营工业	149571	150275	134278	88809	869	993

原注:1. 本表不包括个体手工业及手工业生产合作社数字。

2. 合作社营工业系指合作社的加工工厂;地方公私合营中包括合作社合营数字。

3.1956年企业单位数减少原因:(1)某些省市新增公私合营企业是以核心厂为填报单位,包括了各围心厂数字。(2)部分私营企业合营后进行了联、并、转、淘等改组工作。(3)某些省、市对合作社营企业是以县或联社为填报单位(包括县和联社以下各级合作社加工工厂的数字),因此数字不完全可比。

编者注:本表抄自中央工商行政管理局:《私营工商业社会主义改造统计提要(1949—1957)》第10页。

表9 全国公私合营工业基本情况

职工人数:千人
总产值:百万元

	绝对数									指数					
	1949年	1950年	1951年	1952年	1953年	1954年	1955年	1956年	1957年	1952年为1949年的%	定基指数(1952年=100) 1953年	1954年	1955年	1956年	1957年
实有公私合营工业															
户数	193	294	706	997	1036	1744	3193	33404	29598	516.6	103.9	174.9	320.3	33倍	29倍
职工人数	105	131	166	248	270	533	785	2430	2397	236.2	108.8	214.9	316.5	9倍	8.7倍
其中:生产工人	78	96	124	174	194	386	561	2267	2243	223.1	111.5	221.8	322.4	12倍	11.9倍
总产值	220	414	806	1367	2013	5086	7188	19108	20630	622.5	147.3	372.2	525.8	14倍	13.7倍
新增公私合营工业															
户数	/	111	447	322	183	793	1545	30459							
总产值	/	156	262	301	259	2560	1954	8930							

原注:1957年缺新增公私合营工业数字。

编者注:本表抄自中央工商行政管理局《私营工商业社会主义改造统计提要(1949—1957)》第48、49页。

表10　全国公私合营工业企业职工人数

单位:千人

	1949年	1952年	1953年	1954年	1955年	1956年	1957年
总计	3059	5263	6127	6286	5986	7480	7907
国营工业	1295	2781	3401	3635	3586	4776	5197
合作社营工业	15	178	225	322	305	260	300
公私合营工业	105	248	270	533	785	2430	2397
私营工业	1644	2056	2231	1796	1310	14	13

原注:1.本表所列数字为年末职工人数。2.本表不包括个体手工业及手工业生产合作社所雇佣的职工在内。

编者注:本表抄自中央工商行政管理局:《私营工商业社会主义改造统计提要(1949—1957)》第11页。

表11　全国工业总产值公私比重(包括手工业)

	1949年	1952年	1953年	1954年	1955年	1956年	1957年
一、绝对数(百万元)	14018	34258	44696	51975	54871	70363	78386
国营工业	3683	14258	19239	24488	28142	38383	42152
合作社工业	65	1118	1722	2768	4168	12016	14917
公私合营工业	220	1367	2013	5086	7188	19108	20530
私营工业	6828	10526	13109	10341	7266	29	42
个体手工业	3222	7057	8613	9292	8107	827	645
二、比重(%)	100.0	100.0	100.0	100.0	100.0	100.0	100.0
国营工业	26.3	41.5	43.1	47.1	51.3	54.5	53.8
合作社工业	0.4	3.3	3.9	5.3	7.6	17.1	19.0
公私合营工业	1.6	4.0	4.5	9.8	13.1	27.2	26.4
私营工业	48.7	30.7	29.3	19.9	13.2	0.04	0.05
个体手工业	23.0	20.5	19.2	17.9	14.8	1.2	0.8

原注:1.合作社工业产值包括供销、消费合作社加工工厂、手工业生产合作社、手工业供销生产社及生产小组。

2.1957年合作社数字中有农业生产合作社兼营商品性手工业3873百万元。

编者注:本表抄自中央工商行政管理局:《私营工商业社会主义改造统计提要(1949—1957)》第6、7页。

表12　全国高级及初级国家资本主义工业总产值

	1949年	1950年	1951年	1952年	1953年	1954年	1955年
一、绝对数(百万元)							
公私合营及私营工业	7048	7692	10924	11893	15122	15427	14454
公私合营工业	220	414	806	1367	2013	5086	7188
私营工业加工、订货、包销、收购部分	811	2098	4321	5898	8107	8121	5935
私营工业自产自销部分	6017	5180	5797	4628	5002	2220	1331
二、比重(%)							
公私合营及私营工业	100.0	100.0	100.0	100.0	100.0	100.0	100.0
公私合营工业	3.1	5.4	7.4	11.5	13.3	33.0	49.7
私营工业加工、订货、包销、收购部分	11.5	27.3	39.6	49.6	53.6	52.6	41.1
私营工业自产自销部分	85.4	67.3	53.0	38.9	33.1	14.4	9.2

编者注:本表抄自中央工商行政管理局:《私营工商业社会主义改造统计提要(1949—1957)》第47页。

表 13　1956 年私营工业改造情况

	户数(千户)	职工人数(千人)	总产值(百万元)
1955 年底原有私营工业	88.80	1310	7266
1956 年内已经改造的私营工业	87.93	1296	7237
1. 批准合营的	70.73	1141	6853
其中:变为公私合营工业	64.23	1075	6545
转入地方国营工业	1.00	23	98
转为商业	5.50	43	210
2. 划归手工业改造	15.60	117	299
3. 其他(淘汰等)	1.60	38	85
改造面(%)	99.00	98.9	99.6
1956 年底尚未改造的私营工业	0.87	14	29
1956 年内由手工业转为公私合营工业	48.20	126	171
1956 年内合营的工业合计	112.43	1201	6,716

编者注:本表抄自中央工商行政管理局:《私营工商业社会主义改造统计提要(1949—1957)》第 46 页。

四、私营商业、公私合营商业、合作商店

表14　全社会商业及饮食业从业人员

单位:千人

	1950年	1951年	1952年	1953年	1954年	1955年	1956年	1957年
总计	8255.4	9539.9	9615.7	90090	8063.5	7788.9	8140.3	7839.4
国营商业饮食业合计	231.6	355.4	577.0	664.6	918.7	1316.8	2355.7	2307.4
合作社商业饮食业合计	203.8	404.5	820.7	956.3	1330.8	1205.5	1649.0	1420.9
公私合营及合作商业								
饮食业合计	/	/	/	/	/	399.3	3514.8	3505.4
公私合营及合作商业	/	/	/	/	/	267.1	2574.2	2592.1
公私合营及合作饮食业	/	/	/	/	/	132.2	940.6	913.3
私营商业饮食业合计	7820.0	8800.0	8218.0	7389.0	5814.0	4867.3	620.8	605.7
私营商业	6620.0	7400.0	6768.0	6079.0	4464.0	3642.0	494.0	467.1
私营饮食业	1200.0	1400.0	1450.0	1310.0	1350.0	1225.3	126.8	138.6
其中:资本主义商业								
饮食业	1074.0	1123.0	1053.0	897.0	599.0	442.0	/	/
资本主义商业	994.0	1030.0	957.0	810.0	509.0	365.0	/	/
资本主义饮食业	80.0	93.0	96.0	87.0	90.0	77.0	/	/

编者注:本表抄自中央工商行政管理局:《私营工商业社会主义改造统计提要(1949—1957)》第24、25页。

表15　全国私营及公私合营商业、饮食业、服务业基本情况总表(1955年8月31日)

项目	户数(个)	从业人员(人)		资本额(百元)	销售额(服务业为收益额)	
		合计	其中:雇佣职工		1954年全年	1955年上半年
一、私营	4029119	5726887	530715	11650699	113759791	58073894
1. 私营商业小计	2953704	3900861	315052	10095318	93448947	48185866
私营国内商业	2952621	3890867	307540	9596007	92817336	48115496
私营进出口商	1083	9994	7512	499311	631611	70370
2. 私营饮食业	860011	1355660	121590	1046620	16962644	8788875
3. 私营服务业	215404	470366	94073	508761	2348200	1099153
二、公私合营	545	10067		198564	931829	493790
1. 公私合营商业	440	8047		184818	895342	463683
2. 公私合营饮食业	105	2022		13746	36487	30107

编者注:本表抄自国家统计局:《1955年全国私营商业及饮食业普查资料汇编提要》第1页。

表16　全国私营商业基本情况

	单位	绝对数									指数(%)				
		1950年	1951年	1952年	1953年	1954年	1955年	1956年	1957年	1952年为1950年的%	定基指数(1952年=100)				
											1953年	1954年	1955年	1956年	1957年
私营商业															
户数	万户	402	450	430	414	314	227.24	43.2	41.3	106.97	96.28	73.02	64.47	10.05	9.60
从业人员	万人	662	740	676.8	607.9	446.4	364.20	49.4	46.7	102.24	89.82	65.96	53.81	7.30	6.90
其中:职工	万人	96.7	116.7	91.7	76.6	43.7	31.50	/	0.2	94.83	83.53	47.66	34.35	/	0.22
销售额	万元	182.10	237.6	189.6	218.3	109.0	69.90	16.40	11.21	104.12	115.14	57.49	36.87	8.65	5.91
资本主义商业															
户数	万户	13.27	13.57	12.98	11.80	7.80	5.55	/	/	97.81	90.91	60.09	42.76	/	/
从业人员	万人	99.40	103.00	95.70	81.00	50.90	36.50	/	/	96.28	84.64	53.19	38.14	/	/
其中:职工	万人	68.88	71.79	69.87	57.52	35.38	22.03	/	/	101.44	82.32	50.64	31.53	/	/

原注:1956年缺职工数字。

编者注:本表抄自中央工商行政管理局:《私营工商业社会主义改造统计提要(1949—1957)》第54、55页。

表17　全国私营商业分座商、行商、摊贩变化情况

类型	项目	单位	绝对数					指数			
			1950年	1951年	1952年	1953年	1954年	定基指数(以1950年为100)			
								1951年	1952年	1953年	1954年
座商	户数	万户	185	222	182	150	113	120.00	98.38	81.08	61.08
	从业人员	万人	423.7	484.2	401.2	316.1	226.1	114.28	94.69	74.60	53.36
	其中:职工	万人	96.2	116.0	91.1	75.9	43.1	120.58	94.70	78.90	44.80
	资本额	亿元	18.5	20.3	18.6	17.5	13.0	109.73	100.54	94.59	70.27
行商	户数	万户	20	22	30	27	13	110.00	150.00	135.00	65.00
	从业人员	万人	22	24.1	32.9	29.2	14.4	109.55	149.55	132.73	65.45
	其中:职工	万人	0.1	0.2	0.2	0.2	0.1	200.00	200.00	200.00	100.00
	资本额	亿元	0.5	0.7	0.8	0.7	0.4	140.00	160.00	140.00	80.00
摊贩	户数	万户	197	206	218	237	188	104.57	110.66	120.30	95.43
	从业人员	万人	216.3	231.7	242.7	262.6	205.9	107.12	112.21	121.41	95.19
	其中:职工	万人	0.4	0.5	0.4	0.5	0.5	125.00	100.00	125.50	125.00
	资本额	亿元	0.9	1.0	0.8	1.0	0.8	111.11	88.89	111.11	88.89

编者注:本表抄自中央工商行政管理局:《私营工商业社会主义改造统计提要(1949—1957)》第56、57页。

表18　全国私营国内商业按商业类型分组表

（1955年8月31日）

项目		户数（个）	占合计%	从业人员（人）	占合计%	资本额（百元）	占合计%	1954年全年销售额（百元）	占合计%	平均每户全年销售额（百元）	平均每一从业人员全年销售额（百元）	平均每户资本额（百元）
总计	合计	2952621	100	3890867	100	9596007	100	92817336	100	31	24	3
	座商	854355	（28.9）	1624633	（41.8）	8293916	（86.4）	66394505	（71.5）	78	41	10
	行商	66514	（2.3）	75125	（1.9）	236934	（2.5）	1653802	（1.8）	25	22	4
	摊贩	2031752	（68.8）	2191109	（56.3）	1065157	（11.1）	24769029	（26.7）	12	11	0.5
城镇	合计	1800534	61.0	2519001	64.7	7821316	81.5	75298405	81.1	42	30	4
	座商	512612	（28.5）	1116095	（44.3）	7017904	（89.7）	55996288	（74.4）	109	50	14
	行商	36820	（2.0）	42.423	（1.7）	143827	（1.8）	1201879	（1.6）	33	28	4
	摊贩	1251102	（69.5）	1360483	（54.0）	659585	（8.5）	18100238	（24.0）	14	13	0.5
乡村	合计	1152087	39.0	1371866	35.3	1774691	18.5	17518931	18.9	15	13	2
	座商	341743	（29.7）	508538	（37.1）	1276012	（71.9）	10398217	（59.3）	30	20	4
	行商	29694	（2.6）	32702	（2.4）	93107	（5.2）	451923	（2.6）	15	14	3
	摊贩	780650	（67.7）	830626	（60.5）	405572	（22.9）	6668791	（38.1）	9	8	0.5

原注：表中（　）内的百分数，系指座商、行商与摊贩各占座商、行商与摊贩三项之和的百分数。

编者注：本表抄自国家统计局：《1955年全国私营商业及饮食业普查资料汇编提要》，第2页。

表19　城镇私营国内商业按城镇类型分组表

（1955年8月31日）

项目		户数（个）	从业人员（人）		资本额（百元）	销售额（百元）	
			合计	其中：雇佣职工		1954年全年	1955年上半年
总计	合计	1800534	2519001	279079	7821316	75298405	37738940
	座商	512612	1116095	275799	7017904	55996288	27349545
	行商	36820	42423	105	143827	1201879	525457
	摊贩	1251102	1360483	3175	659585	18100238	9863938
中央直辖市及省辖市	合计	1036896	1466403	200885	5285790	51798999	25878363
	座商	249106	614416	198160	4793683	38267495	18768673
	行商	17952	21312	44	88350	608659	286773
	摊贩	769838	830675	2681	403757	12922845	6822917
县城	合计	508591	690960	50957	1736445	15894838	7859333
	座商	169034	320427	50610	1511747	11877377	5629008
	行商	12569	13584	33	43898	482153	181905
	摊贩	326988	356949	314	180800	3535308	2048420
2万人以上的城镇	合计	18925	26915	1955	60621	711090	330765
	座商	5133	10929	1905	53831	519936	230932
	行商	704	1031	4	1456	14908	6852
	摊贩	13088	14955	46	5334	176246	92981
其他城镇	合计	236122	334723	25282	738460	6893478	3670479
	座商	89339	170323	25124	658643	5331480	2720932
	行商	5595	6496	24	10123	96159	49927
	摊贩	141188	157904	134	69694	1465839	899620

编者注：本表抄自国家统计局：《1955年全国私营商业及饮食业普查资料汇编提要》第23页。

表20 全国私营国内商业按经营性质分组表

（1955年8月31日）

项目	户数(个)	占总计%	从业人员(人)				资本额(百元)	占合计%	1954年全年销售额(百元)	占合计%	平均每户全年销售额(百元)	平均每一从业人员全年销售额(百元)	平均每户资本额(百元)
			合计	占合计%	其中:雇佣职工	占合计%							
总计	2952621	100	3890867	100	307540	100	9596007	100	92817336	100	31	24	3
批发商	125230	4.2	235460	6.1	52787	17.2	1767838	18.4	11944565	12.9	95	51	14
座商	41898	(33.5)	139354	(59.2)	51955	(98.4)	1498753	(84.8)	9547084	(79.9)	228	69	36
行商	66514	(53.1)	75125	(31.9)	501	(1.0)	236934	(13.4)	1653802	(13.9)	25	22	4
摊贩	16818	(13.4)	20981	(8.9)	331	(0.6)	32151	(1.8)	743679	(6.2)	44	35	2
零售商	2827391	95.8	3655407	93.9	254753	82.8	7828169	81.6	80872771	87.1	29	22	3
座商	812457	(28.7)	1485279	(40.6)	251525	(98.7)	6795163	(86.8)	56847421	(70.3)	70	38	8
摊贩	2014934	(71.3)	2170128	(59.4)	3228	(1.3)	1033006	(13.2)	24025350	(29.7)	12	11	0.5

原注：本表（ ）内的百分数，系指座商、行商与摊贩各占批发商的百分数，以及座商与摊贩各占零售商的百分数。

编者注：本表抄自国家统计局《1955年全国私营商业及饮食业普查资料汇编提要》第3页。

表21 城镇私营国内商业按经营性质分组表

（1955年8月31日）

项目	户数(个)	占合计%	从业人员(人)				资本额(百元)	占合计%	1954年全年销售额(百元)	占合计%	平均每户全年销售额(百元)	平均每一从业人员全年销售额(百元)	平均每户资本额(百元)
			合计	占合计%	其中:雇佣职工	占合计%							
总计	1800534	100	2519001	100	279079	100	7821316	100	75298405	100	42	30	4
批发商	87166	4.8	184747	7.3	51054	18.3	1633905	20.9	11089820	14.7	127	60	19
座商	35689	(41.0)	123809	(67.0)	50621	(99.2)	1459573	(89.3)	9166396	(82.7)	257	74	41
行商	36820	(42.2)	42423	(23.0)	105	(0.2)	143827	(8.8)	1201879	(10.8)	33	28	4
摊贩	14657	(16.8)	18515	(10.0)	328	(0.6)	30505	(1.9)	721545	(6.5)	49	39	2
零售商	1713368	95.2	2334254	(92.7)	228025	81.7	6187411	79.1	64208585	85.3	37	28	4
座商	476923	(27.8)	992286	(42.5)	225178	(98.8)	5558331	(89.8)	46829892	72.9	98	47	12
摊贩	1236445	(72.2)	1341968	(57.5)	2847	(1.2)	629080	(10.2)	17378693	(27.1)	14	13	0.5

原注：表中（ ）内的百分数，系指座商、行商与摊贩各占批发商的百分数，以及座商与摊贩各占零售商的百分数。

编者注：本表抄自国家统计局：《1955年全国私营商业及饮食业普查资料汇编提要》第4页。

表 22　乡村私营国内商业按经营性质分组表

(1955 年 8 月 31 日)

项目	户数(个)	占合计%	从业人员(人)				资本额(百元)	占合计%	1954 年全年销售额(百元)	平均每户全年销售额(百元)	平均每一从业人员全年销售额(百元)	平均每户资本额(百元)
			合计	占合计%	其中:雇佣职工	占合计%						
总计	1152087	100	1371866	100	28461	100	1774691	100	17518931	15	13	2
批发商	38064	3.3	50713	3.7	1733	6.1	133933	7.5	854745	22	17	4
座商	6209	(16.3)	15545	(30.7)	1334	(77.1)	39180	(29.3)	380688	61	24	6
行商	29694	(78.0)	32702	(64.5)	396	(22.9)	93107	(69.5)	451923	15	14	3
摊贩	2161	(5.7)	2466	(4.8)	3	/	1646	(1.2)	22134	10	9	0.8
零售商	1114023	96.7	1321153	96.3	26728	93.9	1640758	92.5	16664186	15	13	1
座商	335534	(30.1)	492993	(37.3)	26347	(98.6)	1236832	(75.4)	10017529	30	20	4
摊贩	778489	(69.9)	828160	(62.7)	381	(1.4)	403926	(24.6)	6646657	9	8	0.5

原注:表中(　)内的百分数,系指座商、行商与摊贩各占批发商的百分数,以及座商与摊贩各占零售商的百分数。

编者注:本表抄自国家统计局:《1955 年全国私营商业及饮食业普查资料汇编提要》第 5 页。

表 23　全国私营国内商业按行业分组表

(1955 年 8 月 31 日)

项目	户数(个)			从业人员(人)						资本额(百元)		
	小计	城镇	乡村	合计			其中:雇佣职工			小计	城镇	乡村
				小计	城镇	乡村	小计	城镇	乡村			
合计	2952621	1800534	1152087	3890867	2519001	1371866	307540	279079	28461	9596007	7821316	1774691
一、粮食部门	11865	10067	1798	36513	33245	3268	8462	8242	220	67551	64221	3330
二、其他食品部门	1819542	1092724	726818	2249107	1398501	850606	97954	88073	9881	2728564	1994572	733992
其中:猪牛羊肉	95914	47825	48089	163010	89582	73428	9205	8105	1100	169965	116205	53760
水产家禽	163960	94604	69356	213652	128941	84711	4851	4345	506	133090	88789	44301
副食杂货	270343	122740	147603	388492	198234	190258	37406	32403	5003	1033373	751432	281941
干鲜果品蔬菜	554968	455981	98987	628549	521128	107421	16184	15498	686	370435	314697	55738
糕点糖果	111734	71868	39866	143483	98354	45129	13902	13173	729	240297	199415	40882
茶叶	9535	5920	3615	18226	14126	4100	5668	5605	63	110055	102893	7162
三、燃料部门	66935	57843	9092	101585	89385	12200	9272	9077	195	167015	153435	13580
其中:煤炭	16682	15315	1367	32448	30412	2036	6324	6241	83	82828	79519	3309
四、纺织部门	77203	42915	34288	148165	97190	50975	26991	24243	2748	1070998	877509	193489
其中:棉布绸缎呢绒	69585	37055	32530	136137	87285	48852	25299	22588	2711	942332	756068	186264
五、文教艺术用品部门	53452	35690	17761	82145	61780	20365	14049	13682	367	495544	465175	30369
其中:文具纸张	44373	27265	17108	67755	48137	19618	10990	10638	352	383900	354720	29180
书籍	3845	3492	353	6048	5646	402	1210	1202	8	36508	35915	593
六、日用百货部门	441709	259197	182512	576496	368841	207645	45173	43468	1705	979725	1692633	/
其中:一般百货	261056	133767	127289	326863	181307	145556	15672	14712	960	954257	748355	/
中西服装	11587	10896	691	17540	16700	840	3147	3139		104162	102579	/

表23　全国私营国内商业按行业分组表(续)

(1955年8月31日)

项目	户数(个)			从业人员(人)						资本额(百元)		
	小计	城镇	乡村	合计			其中:雇佣职工			小计	城镇	乡村
				小计	城镇	乡村	小计	城镇	乡村			
鞋帽	9606	8577	1029	16191	15036	1155	4224	4214	10	123469	121400	2069
陶瓷制品	36322	21604	14718	49036	32215	16821	3623	3404	219	166533	145427	21106
七、建筑器材部门	23673	18400	5273	43839	36243	7596	8808	8390	418	243957	216591	27366
其中:砖瓦石灰砂石	9347	7337	2010	16698	14023	2675	3325	3198	127	68661	58834	9827
木材	6154	4674	1480	12660	10109	2551	2599	2461	138	96078	86219	9859
八、五金机械部门	23635	18423	5212	40976	34877	6099	9958	9830	128	484610	472788	11822
其中:五金器材	11764	9942	1822	23483	21324	2159	7113	7077	36	365443	360766	4677
九、交通电器部门	9372	8822	550	19243	18543	700	6024	6006	18	276768	275296	1472
其中:交通器材	5287	4854	433	9839	9284	555	2670	2653	17	167130	165939	1191
电工及无线电器材	3474	3457	17	8320	8300	20	3076	3076	/	100477	100457	20
十、化工原料部门	18548	5993	12555	26287	12919	13368	4315	4180	135	200735	176078	24657
其中:化工原料	1265	942	323	2670	2291	379	945	928	17	42256	41126	1130
油漆涂料、颜料染料	17044	4877	12167	23193	10287	12906	3256	3138	118	151546	128126	23420
十一、医药用品部门	123261	49618	73643	228334	122453	105881	62435	50670	11765	1292332	950310	342022
其中:国药	105693	39697	65996	200181	103141	97040	56441	44874	11567	1069454	740623	328831
新药及医疗器材	16272	9128	7144	26586	18355	8231	5948	5760	188	220570	208081	12489
十二:杂商部门	285426	200841	82585	338187	245024	93163	14099	13218	881	588208	482708	105500

编者注:本表根据国家统计局:《1955年全国私营商业及饮食业普查汇编提要》中:《全国私营国内商业按行业分组长》、《城镇私营国内商业按行业分组表》、《乡村私营国内商业按行业分组表》3种表综合制成。其中省略了“销售额”一栏。详见“汇编提要”第6、7;8、9;10、11页。

表24　全国私营国内商业按雇佣职工人数分组表

(1955年8月31日)

项目	户数(个)	占合计%	从业人员(人)	占合计%	雇佣职工(人)	占合计%	资本额(百元)	占合计%	1954年全年销售额(百元)	占合计%
合计	2952621	100	3890867	100	307540	100	9596007	100	92817336	100
未雇佣职工者	2835986	96.0	3364311	86.5	/	/	4497528	46.9	59607198	64.2
雇佣职工1人者	57569	2.0	158964	4.1	57569	18.7	899611	9.4	8396050	9.0
雇佣职工2人者	23875	0.8	90388	2.3	47750	15.5	695104	7.2	5508536	5.9
雇佣职工3人者	12317	0.4	59682	1.5	36951	12.0	531819	5.6	3869199	4.2
雇佣职工4—8人者	18236	0.6	132328	3.4	94988	30.9	1498597	15.6	9227134	10.0
雇佣职工9—15人者	3457	0.2	47678	1.2	38137	12.4	759905	7.9	3396266	3.7
雇佣职工16人以上者	1181	/	37516	1.0	32145	10.5	713443	7.4	2812953	3.0

编者注:本表抄自国家统计局:《1955年全国私营商业及饮食业普查资料汇编提要》第17页。

表25　城镇私营国内商业按雇佣职工人数分组表

(1955年8月31日)

项目	户数(个)	占合计%	从业人员(人)	占合计%	雇佣职工(人)	占合计%	资本额(百元)	占合计%	1954年全年销售额(百元)	占合计%
合计	1800534	100	2519001	100	279079	100	7821316	100	75298405	100
未雇佣职工者	1701531	94.5	2048503	81.3	/	/	3057876	39.1	43780861	58.1
雇佣职工1人者	45658	2.5	128751	5.1	45658	16.4	759548	9.7	7537599	10.0
雇佣职工2人者	20543	1.2	78077	3.1	41086	14.7	623717	8.0	5149037	6.8
雇佣职工3人者	11086	0.6	54078	2.1	33258	11.9	482962	6.2	3677905	4.9
雇佣职工4—8人者	17173	1.0	125184	5.0	89866	32.2	1436899	18.4	8993150	11.9
雇佣职工9—15人者	3367	0.2	46454	1.9	37186	13.3	747335	9.6	3350425	4.5
雇佣职工16人以上者	1176	/	37354	1.5	32025	11.5	712979	9.0	2809428	3.8

编者注：本表抄自国家统计局：《1955年全国私营商业及饮食业普查资料汇编提要》第18页。

表26　乡村私营国内商业按雇佣职工人数分组表

(1955年8月31日)

项目	户数(个)	占合计%	从业人员(人)	占合计%	雇佣职工(人)	占合计%	资本额(百元)	占合计%	1954年全年销售额(百元)	占合计%
合计	1152087	100	1371866	100	28461	100	1774691	100	17518931	100
未雇佣职工者	1134455	98.5	1315808	95.9	/	/	1439652	81.1	15826337	90.3
雇佣职工1人者	11911	1.0	30213	2.2	11911	41.9	140063	7.9	858451	4.9
雇佣职工2人者	3332	0.3	11711	0.9	6664	23.4	71387	4.0	359499	2.1
雇佣职工3人者	1231	0.1	5604	0.4	3693	13.0	48857	2.8	191294	1.1
雇佣职工4—8人者	1063	0.1	7144	0.5	5122	18.0	61698	3.5	233984	1.3
雇佣职工9—15人者	90	/	1224	0.1	951	3.3	12570	0.7	45841	0.3
雇佣职工16人以上者	5	/	162	/	120	0.4	464	/	3525	/

编者注：本表抄自国家统计局：《1955年全国私营商业及饮食业普查资料汇编提要》第19页。

表27　全国纯商业机构批发额公私比重

(1950年—1957年)

	1950年	1951年	1952年	1953年	1954年	1955年	1956年	1957年
一、绝对数(百万元)	10544	16666	18969	26449	27842	27847	32594	32319
国营商业	2448	5564	11469	17543	23347	22884	26732	23117
合作社商业	58	167	516	772	1528	3521	4947	7688
国家资本主义及合作化商业	12	35	102	119	134	226	876	1481
私营商业	8026	10900	6882	8015	2833	1216	39	33
二、比重%	100.0	100.0	100.0	100.0	100.0	100.0	100.0	100.0
国营商业	23.2	33.4	60.5	66.3	83.8	82.2	82.0	71.5
合作社商业	0.6	1.0	2.7	2.9	5.5	12.6	15.2	23.8
国家资本主义及合作化商业	0.1	0.2	0.5	0.5	0.5	0.8	2.7	4.6
私营商业	76.1	65.4	36.5	30.3	10.2	4.4	0.1	0.1

编者注：本表抄自中央工商行政管理局：《私营商业社会主义改造统计提要(1949—1957)》第20、21页。原表标题为《历年全国纯商业机构批发额与零售额公私比重》。

表 28　全社会商品零售额公私比重

(1950 年—1957 年)

	1950 年	1951 年	1952 年	1953 年	1954 年	1955 年	1956 年	1957 年
一、绝对数(百万元)	17056	23432	27675	34808	38110	39222	46102	47419
国营经济	1168	2683	4499	6070	7981	11036	15692	17632
合作社经济	800	1768	5027	8438	14720	12130	13870	11801
国家资本主义及合作化经济	21	48	108	187	1717	4644	13020	15139
私营经济(包括农民贸易)	15067	18933	18041	20113	13692	11412	3520	2847
二、比重(%)	100.0	100.0	100.0	100.0	100.0	100.0	100.0	100.0
国营经济	6.9	11.5	16.2	17.4	21.0	28.1	34.0	37.2
合作社经济	4.7	7.5	18.2	24.3	38.6	30.9	30.1	24.9
国家资本主义及合作化经济	0.1	0.2	0.4	0.5	4.5	11.9	28.3	31.9
私营经济(包括农民贸易)	88.3	80.8	65.2	57.8	35.9	29.1	7.6	6.0

编者注:本表抄自中央工商行政管理局:《私营工商业社会主义改造统计提要(1949—1957 年)》第 18、19 页。

表 29　全国纯商业机构零售额公私比重

(1950 年—1957 年)

	1950 年	1951 年	1952 年	1953 年	1954 年	1955 年	1956 年	1957 年
一、绝对数(百万元)	11978	17035	21130	27722	31506	32323	38431	39945
国营商业	994	2402	4040	5522	7369	10300	14728	16639
合作社商业	789	1749	4963	8265	14379	11535	11528	9578
国家资本主义及合作化商业	11	27	51	116	1690	4718	10574	12640
私营商业	10184	12857	12076	13819	8068	5770	1601	1088
二、比重(%)	100.0	100.0	100.0	100.0	100.0	100.0	100.0	100.0
国营商业	8.3	14.1	19.1	19.9	23.4	31.9	38.3	41.7
合作社商业	6.6	10.3	23.5	29.8	45.6	35.7	30.0	24.0
国家资本主义及合作化商业	0.1	0.1	0.2	0.4	5.4	14.6	27.5	31.6
私营商业	85.0	75.5	57.2	49.9	25.6	17.8	4.2	2.7

编者注:本表抄自中央工商行政管理局:《私营工商业社会主义改造统计提要(1949—1957 年)》第 20、21 页。原来标题为《历年全国纯商业机构批发额与零售额公私比重》。

表30　全国私营国内商业社会主义改造情况表

（1955年8月31日）

项目		户数（个）	从业人员（人）	雇佣职工（人）	资本额（百元）	1954年全年销售额（百元）	1955年上半年销售额（百元）
总计	代销、经销及批购零销商	701322	1064704	138359	3692657	40608727	23122193
	其中：代销、经销及批购零销额60%以上者	600760	897673	105729	2779423	/	/
	合作小组（商店）	8629	56405	/	105852	1594249	941395
城镇	代销、经销及批购零销商	364920	657877	129308	3143347	34178976	18849364
	其中：代销、经销及批购零销额60%以上者	306541	543980	98886	2338465	/	/
	合作小组（商店）	3327	27190	/	50718	873747	511403
乡村	代销、经销及批购零销商	336402	406827	9041	549310	6429751	4272829
	其中：代销、经销及批购零销额60%以上者	294219	353693	6843	440958	/	/
	合作小组（商店）	5302	29215	/	55134	720502	429992

编者注：本表抄自国家统计局：《1955年全国私营商业及饮食业普查资料汇编提要》，第22页。

表31　1955年私营商业社会主义改造情况

	绝对数		比重（%）	
	户数（个）	从业人员（人）	户数	从业人员
总计	2954144	3908908	100.0	100.0
已改造部分	181718	266867	6.2	6.8
公私合营	13276	63114	0.5	1.6
合作化商业	168442	203753	5.7	5.2
未改造的私营	2772426	3642041	93.8	93.2

编者注：本表抄自中央工商行政管理局：《私营工商业社会主义改造统计提要（1949—1957）》第65页。

表32　截至1956年底私营商业社会主义改造情况

	绝对数			比重（%）		
	户数（千户）	从业人员（千人）	资本额（百万元）	户数	从业人员	资本额
总计	2423	3318	841	100.0	100.0	100.0
1. 已改造部分	1991	2824	785	82.2	85.1	93.3
转为国营、合作社者	147	224	–	6.1	6.8	–
公私合营	401	877	601	16.5	26.4	71.5
其中：实行定息者	281	706	554	11.6	21.3	65.9
合作化商业	1443	1723	184	59.6	51.9	21.8
其中：合作商店	581	722	104	24.0	21.8	12.4
2. 未改造的私营	432	494	56	17.8	14.9	6.7

编者注：本表抄自中央工商行政管理局：《私营工商业社会主义改造统计提要（1949—1957）》第66页。

表 33　截至 1957 年底私营商业社会主义改造情况

	绝对数		比重(%)	
	户数(千户)	从业人员(千人)	户数	从业人员
总　计	2302.9	3220.9	100.0	100.0
一、已改造部分	1889.4	2753.8	82.0	85.5
转为国营、合作社营者	113.1	185.8	4.9	5.8
转为公私合营	368.4	831.4	16.0	25.8
其中:实行定息者	281.1	709.4	12.2	22.0
未实行定息者	87.3	122.0	3.8	3.8
已组织合作商店、小组者	1407.9	1736.6	61.1	53.9
其中:合作商店	584.8	758.8	25.4	23.6
合作小组	823.1	977.8	35.7	30.3
二、年末实有私营	413.5	467.1	18.0	14.5

原注:截至 1957 年底已改造数字较 1956 年减少的原因,是由于部分商业转入其他部门,部分商业合并改组的结果。

编者注:本表抄自中央工商行政管理局:《私营工商业社会主义改造统计提要(1949—1957)》第 67 页。

表 34　全国公私合营及合作化商业基本情况

	1956 年		1957 年			1957 年为 1956 年的%	
	户数(个)	从业人员(人)	户数(个)	从业人员(人)	销售额(千元)	户数	从业人员
公私合营合计	243056	893183	187166	842222	7739991	77.01	94.29
其中:实行定息者	131813	698846	131345	754243	7251915	99.64	107.93
未实行定息者	111243	194337	55821	87979	488076	50.18	45.27
合化作合计	976183	1681035	1018849	1749895	6381233	104.37	104.10
其中:合作商店	248573	705235	264469	777707	3738453	106.39	110.28
合作小组	727610	975800	754380	972188	2642780	103.68	99.63

原注:1955 年有公私合营商业 13276 户,从业人员 63114 人;合作化商业 168442 户,从业人员 203753 人。

编者注:1. 本表数字是"公私合营及合作化商业"的统计数字。"1956 年底及 1957 年底私营商业社会主义改造"的统计,是私营商业的统计数字。其中户数、人数不尽相同,这是"由于部分商业转入其他部门、部分商业合并改组的结果"。

2. 本表抄自中央工商行政管理局:《私营工商业社会主义改造统计提要(1949—1957)》第 68 页。

表 35　全社会饮食业网

单位:个

	1950 年	1952 年	1953 年	1954 年	1955 年	1956 年	1957 年
总计	750142	850310	840440	860569	863098	476007	469831
国营饮食业	142	310	440	569	625	2326	907
合作社营饮食业	/	/	/	/	2357	11226	7216
公私合营及合作食堂	/	/	/	/	91356	356833	343695
私营饮食业	750000	850000	840000	860000	768760	105622	118013

原注:1957 年国营数字中城市服务部系用 1956 年末数字代替。

编者注:本表抄自中央工商行政管理局:《私营工商业社会主义改造统计提要(1949—1957)》第 23 页。

表36　全国私营饮食业基本情况

	单位	绝对数								指数					
		1950年	1951年	1952年	1953年	1954年	1955年	1956年	1957年	1952年为1950年%	定基指数(1952年=100) 1953年	1954年	1955年	1956年	1957年
私营饮食业															
户数	万户	75	83	85	84	86	76.9	10.6	118	113.33	98.82	101.18	90.47	12.47	13.88
从业人员	万人	120	140	145	131	135	122.5	12.7	13.9	120.83	90.34	93.10	84.48	8.76	9.60
其中:职工	万人	7.2	12.6	12.5	11.2	12	12.2	/	0.2	173.61	89.60	96.00	97.60	/	1.60
销售额	亿元	9.8	13.5	13.6	15.1	17	19.5	1.8	3.3	138.78	111.03	125.00	143.38	13.24	24.26
资本主义饮食业															
户数	万户	0.96	1.06	1.09	1.07	1.10	1.00	/	/	113.54	98.17	100.92	91.74	/	/
从业人员	万人	8.00	9.30	9.60	8.70	9.00	7.70	/	/	120.00	90.63	93.75	80.21	/	/
其中:职工	万人	5.98	7.07	7.50	6.63	6.80	6.50	/	/	125.42	88.40	90.67	86.67	/	/
销售额	亿元	1.60	2.20	2.20	2.50	2.80	3.00	/	/	137.50	113.64	127.27	136.36	/	/

编者注:本表抄自中央工商行政管理局:《私营工商业社会主义改造统计提要(1949—1957)》第73、74页。

表37　全国私营饮食业按类型分组表

(1955年8月31日)

项目		户数(个)	占合计%	从业人员(人)	占合计%	资本额(百元)	占合计%	1954年全年销售额(百元)	占合计%	平均每户全年销售额(百元)	平均每一从业人员全年销售额(百元)	平均每户资本额(百元)
总计	合计	860011	100	1355660	100	1046620	100	16962644	100	20	13	1
	座商	401511	(46.7)	773085	(57.0)	880370	(84.1)	12252832	(72.2)	31	16	2
	摊贩	458500	(53.3)	582575	(43.0)	166250	(15.9)	4709812	(27.8)	10	8	0.4
城镇	合计	465912	54.2	786711	58.0	697393	66.6	12749436	75.2	27	16	1
	座商	187860	(40.3)	433323	(55.1)	590863	(84.7)	9128474	(71.6)	49	21	3
	摊贩	278052	(59.7)	353388	(44.9)	106530	(15.3)	3620962	(28.4)	13	10	0.4
乡村	合计	394099	45.8	568949	42.0	349227	33.4	4213208	24.8	11	7	0.9
	座商	213651	(54.2)	339762	(59.7)	289507	(82.9)	3124358	(74.2)	15	9	1
	摊贩	180448	(45.8)	229187	(40.3)	59720	(17.1)	1088850	(25.8)	6	5	0.3

原注:表中(　)内的百分数,系指座商与摊贩各占座商与摊贩二项之和的百分数。

编者注:本表抄自国家统计局:《1955年全国私营商业及饮食业普查资料汇编提要》第34页。

表 38　城镇私营饮食业按城镇类型分组表

(1955 年 8 月 31 日)

项目		户数(个)	从业人员(人)		资本额(百元)	销售额(百元)	
			合计	其中:雇佣职工		1954 年全年	1955 年上半年
总计	合计	465912	786711	106171	697393	12749436	6304264
	座商	187860	433323	98446	590863	9128474	4353596
	摊贩	278052	353388	7725	10530	3620962	1950668
中央直辖市及各省辖市	合计	213825	389435	74543	371777	7939470	3754533
	座商	78559	212292	6728	319143	5595292	2546656
	摊贩	135266	177143	6815	52634	2344178	1207877
县城	合计	172332	271890	21545	219696	3329006	1781800
	座商	69406	144702	20861	179584	2378737	1225840
	摊贩	102926	127188	684	40112	950269	555960
二万人以上的集镇	合计	4309	7578	983	7172	127253	58306
	座商	1661	4081	951	644	94268	40673
	摊贩	2648	3497	32	928	32985	17633
其它城镇	合计	75446	117808	9100	98748	1353707	709625
	座商	338234	72248	8906	85892	1060177	540427
	摊贩	37212	45560	194	12856	293530	169198

编者注:本表抄自国家统计局:《1955 年全国私营商业及饮食业普查资料汇编提要》第 41 页。

表 39　全国私营饮食业按雇佣职工人数分组表

(1955 年 8 月 31 日)

项目	户数(个)	占合计%	从业人员(人)	占合计%	雇佣职工(人)	占合计%	资本额(百元)	占合计%	1954 年全年销售额(百元)	占合计%
合计	860011	100	1355660	100	121590	100	1046620	100	16962644	100
未雇佣职工者	805971	93.7	1137552	83.9	/	/	733104	70.0	11270985	66.4
雇佣职工 1 人者	31861	3.7	87043	6.4	31861	26.2	103906	9.9	1831483	10.8
雇佣职工 2 人者	10800	1.3	40965	3.0	21600	17.8	50578	4.8	1001580	5.9
雇佣职工 3 人者	4443	0.5	21578	1.6	13329	11.0	28063	2.7	582535	3.4
雇佣职工 4—8 人者	5286	0.6	37343	2.8	27144	22.3	55120	5.3	1146297	6.8
雇佣职工 9—15 人者	1061	0.2	14059	1.0	11877	9.7	24759	2.4	501945	3.0
雇佣职工 16 人以上者	589	/	17120	1.3	15779	13.0	51090	4.9	627819	3.7

编者注:本表抄自国家统计局:《1955 年全国私营商业及饮食业普查资料汇编提要》第 38 页。

表 40　城镇私营饮食业按雇佣职工人数分组表

（1955 年 8 月 31 日）

项目	户数(个)	占合计%	从业人员(人)	占合计%	雇佣职工(人)	占合计%	资本额(百元)	占合计%	1954 年全年销售额(百元)	占合计%
合计	465912	100	786711	100	106171	100	697393	100	12749436	100
未雇佣职工者	422321	90.6	602056	76.5	/	/	418429	60.0	7610144	59.7
雇佣职工 1 人者	24081	5.2	66544	8.5	24081	22.7	83262	11.9	1535822	12.0
雇佣职工 2 人者	9128	2.0	34342	4.4	18256	17.2	43883	6.3	891119	7.0
雇佣职工 3 人者	3961	0.9	19114	2.4	11883	11.2	25493	3.7	535242	4.2
雇佣职工 4—8 人者	4815	1.0	34069	4.3	24783	23.3	51057	7.3	1060909	8.3
雇佣职工 9—15 人者	1021	0.2	13545	1.7	11463	10.8	24262	3.5	490481	3.9
雇佣职工 16 人以上者	585	0.1	17041	2.2	15705	14.8	51007	7.3	625719	4.9

编者注：本表抄自国家统计局：《1955 年全国私营商业及饮食业普查资料汇编提要》第 39 页。

表 41　乡村私营饮食业按雇佣职工人数分组表

（1955 年 8 月 31 日）

项目	户数(个)	占合计%	从业人员(人)	占合计%	雇佣职工(人)	占合计%	资本额(百元)	占合计%	1954 年全年销售额(百元)	占合计%
合计	394099	100	568949	100	15419	100	349227	100	4213208	100
未雇佣职工者	383650	97.3	535496	94.1	/	/	314675	90.1	3660841	86.9
雇佣职工 1 人者	7780	2.0	20499	3.6	7780	50.5	20644	5.9	295661	7.0
雇佣职工 2 人者	1672	0.4	6623	1.2	3344	21.7	6695	1.9	110461	2.6
雇佣职工 3 人者	482	0.1	2464	0.4	1446	9.4	2570	0.7	47293	1.1
雇佣职工 4—8 人者	471	0.1	3274	0.6	2361	15.3	4063	1.3	85388	2.0
雇佣职工 9—15 人者	40	/	514	0.1	414	2.7	497	0.1	11464	0.3
雇佣职工 16 人以上者	4	/	79	/	74	0.4	83	/	2100	0.1

编者注：本表抄自国家统计局：《1955 年全国私营商业及饮食业普查资料汇编提要》第 40 页。

表 42　1955 年私营饮食业社会主义改造情况

	绝对数		比重(%)	
	户数(个)	从业人员(人)	户数	从业人员
总计	860,116	1357682	100.0	100.0
已改造部分	91356	132399	10.6	9.8
公私合营	1250	5783	0.1	0.5
合作化商业	90106	126616	10.5	9.3
未改造的私营	768760	1225283	89.4	90.2

编者注：本表抄自中央工商行政管理局：《私营工商业社会主义改造统计提要（1949—1957）》第 79 页。

表 43 截至 1956 年底私营饮食业社会主义改造情况

	绝对数			比重(%)		
	户数 (千户)	从业人员 (千人)	资本额 (百万元)	户数	从业人员	资本额
总计	757	1142	87	100.0	100.0	100.0
一、已改造部分	651	1,015	79	86.0	88.9	90.8
转为国营、合作社者	60	84	/	7.9	7.4	/
公私合营	84	210	37	11.1	18.4	42.5
其中:实行定息者	55	154	32	7.2	13.5	36.7
合作化饮食业	507	721	42	67.0	63.1	48.3
其中:合作饭店	214	317	22	28.4	27.8	25.3
二、未改造的私营	106	127	8	14.00	11.1	9.2

编者注:本表抄自中央工商行政管理局:《私营工商业社会主义改造统计提要(1949-1957)》第 80 页。

表 44 截至 1957 年底私营饮食业社会主义改造情况

	绝对数		比重(%)	
	户数 (千户)	从业人员 (千人)	户数	从业人员
合 计	733.6	1083.4	100.0	100.
一、已改造部分	615.6	944.8	83.9	87.2
转为国营、合作社营者	47.2	60.2	6.4	5.6
转为公私合营	76.8	197.0	10.5	18.2
其中:实行定息者	62.1	170.9	8.5	15.8
未实行定息者	14.7	26.1	2.0	2.4
已组织合作商店、小组者	491.6	687.6	67.0	63.4
其中:合作商店	210.9	300.6	28.7	27.7
合作小组	280.7	387.0	38.3	35.7
二、年末实有私营	118.0	138.6	16.1	12.8

编者注:本表抄自中央工商行政管理局:《私营工商业社会主义改造统计提要(1949—1957)》第 81 页。

表 45 全国公私合营及合作化饮食业基本情况

	1956 年		1957 年			1957 年为 1956 年的%	
	户数(个)	从业人员 (人)	户数 (个)	从业人员 (人)	销售额 (千元)	户数	从业人员
公私合营合计	40649	220326	32210	217898	754800	79.24	98.90
其中:实行定息者	21989	175663	21248	193120	707570	96.63	109.93
未实行定息者	18660	44663	10962	24778	47230	58.74	55.48
合作化合计	316184	720251	311485	695352	1145027	98.51	96.54
其中:合作饭店	58943	311778	57768	305051	611082	98.01	97.84
合作小组	257241	408473	253717	390301	533945	98.63	95.55

编者注:本表抄自中央工商行政管理局:《私营工商业社会主义改造统计提要(1949—1957)》第 82 页。

表46　截至1957年底全国私营服务业社会主义改造情况

	绝对数		比重(%)	
	户数(千户)	从业人员(千人)	户数	从业人员
总　　计	327.7	573.5	100.0	100.0
一、已改造部分	254.4	475.6	77.6	82.9
转为国营合作社营者	6.4	14.6	2.0	2.5
转为公私合营	48.5	163.3	14.8	28.5
其中:实行定息者	36.1	140.4	11.0	24.5
未实行定息者	12.4	22.9	3.8	4.0
已组织合作商店、小组者	199.5	297.7	60.8	51.9
其中:合作商店	83.6	133.5	25.5	23.3
合作小组	115.9	164.2	35.3	28.6
二、年末实有私营	73.3	97.9	22.4	17.1

编者注:本表抄自中央工商行政管理局:《私营工商业社会主义改造统计提要(1949—1957)》第84页。

表47　1957年全国公私合营及合作化服务业基本情况

	户数(个)	从业人员(人)	收益额(千元)
公私合营合计	27186	168989	242474
其中:实行定息者	19104	149808	222311
未实行定息者	8082	19181	20163
合作化合计	123014	305537	180001
其中:合作商店	29129	136906	94131
合作小组	93885	168631	85870

编者注:本表抄自中央工商行政管理局:《私营工商业社会主义改造统计提要(1949—1957)》,第85页。

五、交通运输业

表48　全国营业汽车公私比重(货车)

	1950年	1951年	1952年	1953年	1954年	1955年	1956年	1957年
一、绝对数(吨)	76154	77393	82683	87653	101469	114954	128504	138035
地方国营	17874	21800	32653	42053	55026	71326	106002	125012
公私合营	57	157	544	878	3196	8015	22417	12939
运输合作社	/	/	/	/	/	1406	74	79
私营	58223	55436	49486	44722	43247	34207	11	5
二、比重(%)	100.0	100.0	100.0	100.0	100.0	100.0	100.0	100.0
地方国营	23.47	28.17	39.49	47.98	54.23	62.06	82.49	90.57
公私合营	0.07	0.20	0.66	1.00	3.15	6.86	17.44	9.37
运输合作社	/	/	/	/	/	1.32	0.06	0.06
私营	76.46	71.63	59.85	51.02	42.62	29.76	0.01	/

编者注：本表抄自中央工商行政管理局：《私营工商业社会主义改造统计提要(1949—1957)》第32、33页。

表49　全国公路汽车客货周转量公私比重(货运)

	1950年	1951年	1952年	1953年	1954年	1955年	1956年	1957年
一、绝对数(千吨公里)	380358	568510	767147	1296142	1942611	2519687	3488565	3942801
地方国营	75473	123921	255889	603641	1095485	1601882	2527015	3207006
组织机关	20476	97833	160040	154551	281366	360321	506754	543039
公私合营	343	1807	3674	10634	36312	101816	428602	192218
运输合作社	/	/	/	/	/	5530	3532	512
私营	284066	344949	347544	527316	529448	450138	22662	26
二、比重(%)								
货运合计	100.0	100.0	100.0	100.0	100.0	100.0	100.0	100.0
地方国营	19.8	21.8	33.4	46.6	56.4	63.6	72.4	81.3
组织机关	5.4	17.2	20.8	11.9	14.5	14.3	14.5	13.8
公私合营	0.1	0.3	0.5	0.8	1.9	4.0	12.3	4.9
运输合作社	/	/	/	/	/	0.2	0.1	/
私营	74.7	60.7	45.3	40.7	27.2	17.9	0.7	/

编者注：本表抄自中央工商行政管理局：《私营工商业社会主义改造统计提要(1949—1957)》第28、29页。

表50　全国营业汽车公私比重(客车)

	1950年	1951年	1952年	1953年	1954年	1955年	1956年	1957年
一、绝对数(座位)	85187	93960	101532	114107	124915	129456	157449	172133
地方国营	39578	52336	69200	85151	99027	107406	148912	168669
公私合营	1424	2945	8570	11945	12395	11611	7878	2943
运输合作社	/	/	/	/	/	10	659	521
私营	44185	38679	23762	17011	13493	10429	/	/
二、比重(%)	100.0	100.0	100.0	100.0	100.0	100.0	100.0	100.0
地方国营	46.46	55.70	67.17	74.62	79.28	82.97	94.58	97.99
公私合营	1.67	3.13	9.43	10.47	9.92	8.97	5.00	1.71
运输合作社	/	/	/	/	/	/	0.42	0.30
私营	51.87	41.17	23.40	14.91	10.80	8.06	/	/

编者注:本表抄自中央工商行政管理局:《私营工商业社会主义改造统计提要(1949—1957)》第32、33页。

表51　全国公路汽车客货周转量公私比重(客运)

	1950年	1951年	1952年	1953年	1954年	1955年	1956年	1957年
一、绝对数(千人公里)	1274511	1719018	2263772	3381936	4133287	5026124	7820895	8807085
地方国营	482513	811105	1428696	2586144	3393160	4344668	7215362	8552132
组织机关	165119	75508	172725	92206	128428	116073	28111	31953
公私合营	18299	40966	56860	172456	202166	215536	538863	204844
运输合作社	/	/	/	/	/	2379	11495	18156
私营	608580	791439	605491	531130	409533	347468	27064	/
二、比重(%)	100.0	100.0	100.0	100.0	100.0	100.0	100.0	100.0
地方国营	37.9	47.2	63.1	76.5	82.1	86.5	92.3	97.1
组织机关	12.9	4.4	7.6	2.7	3.1	2.3	0.4	0.4
公私合营	1.4	2.4	2.5	5.1	4.9	4.3	6.9	0.3
运输合作社	/	/	/	/	/	/	0.1	0.2
私营	47.8	46.0	26.8	15.7	9.9	6.9	0.3	/

编者注:本表抄自中央工商行政管理局:《私营工商业社会主义改造统计提要(1949—1957)》第28、29页。

表52　全国水运货物周转量公私比重(轮驳船)

	1950年	1951年	1952年	1953年	1954年	1955年	1956年	1957年
一、绝对数(千吨公里)	2900517	7205789	10606924	13574446	18640837	24444722	28213743	34390222
国营	1181992	4396640	7946676	10183989	13881815	18566379	27505191	34069131
公私合营	261	12219	494017	1236199	3425482	5560436	680980	318350
运输合作社	/	/	/	/	/		111	2440
私营	1718264	2796930	2166231	2154258	1333540	317907	25549	/
组织副业	/	/	/	/	/	/	1912	301
二、比重(%)	100.0	100.0	100.0	100.0	100.0	100.0	100.0	100.0
国营	40.8	61.0	74.9	75.0	74.5	76.0	97.5	99.1
公私合营	/	0.2	4.7	9.1	18.4	22.7	2.4	0.9
运输合作社	/	/	/	/	/	/	/	/
私营	59.2	38.8	20.4	15.9	7.1	1.3	0.1	/
组织副业	/	/	/	/	/	/	/	/

编者注:本表抄自中央工商行政管理局:《私营工商业社会主义统计提要(1949—1957)》第26、27页。

表 53　全国轮驳船公私比重

	1950 年	1951 年	1952 年	1953 年	1954 年	1955 年	1956 年	1957 年
一、绝对数(吨)	399891	488700	538824	592256	677296	783395	989192	1129651
国营	170251	264001	315001	365370	436161	540744	954256	1108450
公私合营	101	1313	37893	81719	180628	213845	33942	20542
运输合作社	/	/	/	/	/	/	98	659
私营	229539	223386	185930	145167	60507	28806	896	/
二、比重(%)	100.0	100.0	100.0	100.0	100.0	100.0	100.0	100.0
国营	42.6	54.0	58.5	61.7	64.4	69.0	96.5	98.1
公私合营	/	0.3	7.0	13.8	26.7	27.3	3.4	1.8
运输合作社	/	/	/	/	/	/	/	0.1
私营	57.4	45.7	34.5	24.5	8.9	3.7	0.1	/

编者注:本表摘自中央工商行政管理局:《私营工商业社会主义统计提要(1949—1957)》第 30、31 页。其中:“船舶马力”的公私比重略。

表 54　全国水运货物周转量公私比重(木帆船)

	1950 年	1951 年	1952 年	1953 年	1954 年	1955 年	1956 年	1957 年
一、绝对数(千吨公里)	2230520	3145562	3967983	4989833	5532128	5952875	6149780	7348689
国营	29006	45641	71895	92228	67130	68060	75087	94359
公私合营	/	/	/	/	/	/	314619	329683
运输合作社	/	/	/	/	94	58084	4319875	6562882
私营	2201514	3099921	3896088	4897605	5464904	5826731	1323395	159256
组织副业	/	/	/	/	/	/	116804	202509
二、比重(%)	100.0	100.0	100.0	100.0	100.0	100.0	100.0	100.0
国营	1.3	1.5	1.8	1.8	1.2	1.1	1.2	1.3
公私合营	/	/	/	/	/	/	5.1	4.5
运辋输合作社	/	/	/	/	/	1.0	70.3	89.3
私营	98.7	98.5	98.2	98.2	98.8	97.9	21.5	2.2
组织副业	/	/	/	/	/	/	1.9	2.7

编者注:本表抄自中央工商行政管理局:《私营工商业社会主义改造统计提要(1949—1957)》第 26、27 页。

表 55　全国木帆船公私比重

	1950 年	1951 年	1952 年	1953 年	1954 年	1955 年	1956 年	1957 年
一、绝对数(吨)	3131409	3240026	3173696	3256003	3274083	3242253	2948879	3107388
国营	17417	16533	41411	27432	23612	23345	190581	192312
公私合营	/	/	/	/	/	/	180848	201627
运输合作社	/	/	/	/	157	48315	2440009	2647458
私营	3113992	3223493	3132285	3228571	3250314	3170593	137441	65993
二、比重(%)	100.0	100.0	100.0	100.0	100.0	100.0	100.0	100.0
国营	0.6	0.5	1.3	0.8	0.7	0.7	6.5	6.2
公私合营	/	/	/	/	/	/	6.1	6.5
运输合作社	/	/	/	/	/	1.5	82.7	85.2
私营	99.4	99.5	98.7	99.2	99.3	97.8	4.7	2.1

编者注:本表抄自中央工商行政管理局:《私营工商业社会主义改造统计提要(1949—1957)》第 34 页。

六、私营及公私合营企业的利润及利润分配

表56　全国公私合营工业及私营工业、商业、饮食业、服务业实得情况

（1950年——1955年）

单位：千元

部别	六年平均资产净值	六年平均资本额	六年利润中资方全部所得合计	六年私股股息红利合计	资方全部所得占平均资产净值%	资方全部所得占平均资本额%	私股股息红利占平均资产净值%	私股股息红利占平均资本额%
工、商、饮食、服务业合计	3571354	2679619	1499074	876466	41.69	55.90	24.54	32.67
其中：工商业合计	3496194	2604459	1321955	797133	37.81	50.33	22.80	30.60
工业	2640868	1749133	679915	460439	25.75	38.83	17.44	26.32
商业	855326	855326	642040	336694	75.06	75.06	39.36	39.36
饮食业	29082	29082	102816	45450	319.14	319.14	156.24	156.24
服务业	46078	46078	74303	33883	161.25	161.25	73.53	73.53

编者注：本表抄自中央工商行政管理局：《全国资本主义工商业历年利润分配情况》第66页。

表57　全国私营工业、商业、饮食业、服务业利润分配情况

（1950年—1955年）

年份	绝对数（千元）						比重（%）					
	利润合计	所得税	资本家及小业主所得		其他	未分配盈余	利润合计	所得税	资本家及小业主所		其他	未分配盈余
			小计	其中：股息红利					小计	其中：股息红利		
六年合计	6164025	2220082	1409831	787222	1068686	1465426	100	36.02	22.87	12.77	17.34	23.77
三年小计	3252533	1094831	884104	517104	480979	792619	100	33.66	27.18	15.90	14.79	24.37
1950年	831216	220541	262198	168609	119885	228592	100	26.53	31.54	20.28	14.42	27.51
1951年	1641142	599008	395748	226571	234960	411426	100	36.50	24.11	13.81	14.32	25.07
1952年	780175	275282	226158	121924	126134	152601	100	35.28	28.99	15.63	16.17	19.56
三年小计	2911492	1125251	525727	270118	587707	672807	100	38.65	18.06	9.28	20.19	23.10
1953年	1697691	676785	279821	153307	352741	388344	100	39.87	16.48	9.03	20.78	22.87
1954年	742385	282178	145942	68317	141508	172757	100	38.01	19.66	9.20	19.06	23.27
1955年	471416	166288	99964	48494	93458	111706	100	35.27	21.21	10.29	19.82	23.70

编者注：本表抄自中央工商行政管理局：《全国资本主义工商业历年利润分配情况》第2、3页。

表 58　全国工业、商业、饮食业、服务业在职资方股息红利、薪金及其他收入比重变化情况

年份	全年全部所得合计%	股息红利部分占全部所得%	薪金部分占全部所得%	其他收入占全部所得%
合计	100	32.77	57.69	9.54
1950 年	100	36.42	54.60	8.98
1951 年	100	41.01	48.16	10.83
1952 年	100	30.22	59.99	9.79
1953 年	100	33.82	56.23	9.95
1954 年	100	24.97	66.47	8.56
1955 年	100	22.37	69.71	7.92

编者注：本表抄自中央工商行政管理局：《全国资本主义工商业历年利润分配情况》第 77 页。

表 59　全国公私合营工业及私营工商业资本家历年利润收入占资本额变化情况

（1950 年—1955 年）

单位：千元

年份	工商业合计					工业					商业		
	资产净值	资本额	资本家从利润中取得的收入	利润中收入占资产净值%	利润中收入占资本额%	资产净值	资本额	资本家从利润中取得的收入	利润中收入占资产净值%	利润中收入占资本额%	资本额	资本家小业主利润收入	利润收入占资本额%
六年合计			1321955	6.30	8.46			679915	4.29	6.48		642.040	12.51
三年小计			812590	7.49	10.14			385173	4.89	7.63		427417	14.40
1950 年	3082909	2328428	237184	7.69	10.19	2166250	1411769	109037	5.03	7.72	916659	128147	13.97
1951 年	4004401	2869135	366687	9.16	12.78	2935201	1799935	174354	5.94	9.69	1069200	192333	17.99
1952 年	3761075	2820014	208719	5.55	7.40	2779355	1838294	101782	3.66	5.54	981720	106937	10.89
三年小计			509365	5.03	6.69			294742	3.70	5.41		214623	9.92
1953 年	4074010	2817023	258235	6.34	9.17	3140890	1883903	129451	4.12	6.87	933120	128784	13.80
1954 年	3290377	2511929	140666	4.28	5.60	2600257	1821809	87062	3.35	4.78	690120	53604	7.76
1955 年	2764393	2280228	110464	4.00	4.84	2223255	1739090	78229	3.52	4.50	541138	32235	5.95

编者注：本表抄自中央工商行政管理局：《全国资本主义工商业历年利润分配情况》第 46、47 页。

表60　全国私营工商业历年利润占资本额变化情况

（1950年—1955年）

单位:千元

年份	工商业合计					工业					商业		
	资产净值	资本额	利润合计	利润占资产净值%	利润占资本额%	资产净值	资本额	利润合计	利润占资产净值%	利润占资本额%	资本额	利润合计	利润占资本额%
六年合计			5720400	30.33	42.35			3107623	22.64	37.10		2612777	50.91
三年小计			3057765	29.09	39.82			1534271	20.34	32.56		1523494	51.34
1950年	3028095	2273614	777109	25.66	34.18	2111436	1356955	348730	16.52	25.70	916659	428379	46.73
1951年	3902949	2767683	1561915	40.02	56.43	2833749	1698483	816634	28.82	48.08	1069200	745281	69.70
1952年	3579516	2638455	718741	20.08	27.24	2597796	1656735	368907	14.20	22.27	981720	349834	35.62
三年小计			2662635	31.90	45.69			1573352	25.44	42.94		1089283	50.33
1953年	3863533	2606547	1602275	41.47	61.47	2930413	1673427	912652	31.14	54.54	933120	689623	73.89
1954年	2650263	1871755	659950	24.90	35.26	1960083	1181635	418967	21.37	35.46	690120	240983	34.74
1955年	1834084	1349919	400410	21.83	29.66	1292946	808781	241733	18.20	29.89	541138	158677	29.30

编者注:本表抄自中央工商行政管理局:《全国资本主义工商业历年利润分配情况》第50、51页。

表61　全国私营工商业资本家历年利润收入占资本额变化情况

（1950年—1955年）

单位:千元

年份	工商业合计					工业					商业		
	资产净值	资本额	资本家在利润中取得的收入	利润中收入占资产净值%	利润中收入占资本额%	资产净值	资本额	资本家从利润中取得的收入	利润中收入占资产净值%	利润中收入占资本额%	资本额	资本家小业主利润收入	利润收入占资本额%
六年合计			1232710	6.54	9.13			590670	4.30	7.05		642040	12.51
三年小计			795913	7.57	10.36			368496	4.89	7.82		427417	14.40
1950年	3028095	2273614	234956	7.76	10.33	2111436	1356955	106809	5.06	7.87	916659	128147	13.97
1951年	3902949	2767683	361588	9.26	13.06	2833749	1698483	169255	5.97	9.97	1069200	192333	17.99
1952年	3579516	2638455	199369	5.57	7.56	2597796	1656735	92432	3.56	5.58	981720	106937	10.89
三年小计			436797	5.23	7.49			222174	3.59	6.06		214623	9.92
1953年	3863533	2606547	246239	6.37	9.45	2930413	1673427	117455	4.01	7.02	933120	128774	13.80
1954年	2650203	1871755	115843	4.37	6.19	1960083	1181635	62239	3.18	5.27	690120	53604	7.76
1955年	1834084	1349919	74715	4.07	5.53	1292946	808781	42480	3.29	5.25	541138	32235	5.95

编者注:本表抄自中央工商行政管理局:《全国资本主义工商业历年利润分配情况》第52、53页。

表 62　全国私营工商业历年息率变化情况

（1950 年—1955 年）

单位：千元

年份	工商业合计					工业					商业		
	资产净值	资本额	股息红利	股息红利占资产净值%	股息红利占资本额%	资产净值	资本额	股息红利	股息红利占资产净值%	股息红利占资本额%	资本额	股息红利	股息红利占资本额%
六年合计			707889	3.75	5.24			371195	2.70	4.43		336694	6.56
三年小计			478755	4.55	6.23			246378	3.27	5.23		232377	7.83
1950 年	3028095	2273614	155680	5.14	6.85	2111436	1356955	81952	3.88	6.04	916659	73728	8.04
1951 年	3902949	2767683	212794	5.45	7.69	2833749	1698483	111482	2.94	6.56	1069200	101312	9.47
1952 年	3579516	2638455	110281	3.08	4.18	2597796	1656735	52944	2.04	3.20	981720	57337	5.84
三年小计			229134	2.74	3.93			124817	2.02	3.41		104317	4.82
1953 年	3863533	2606547	137418	3.57	5.27	2930413	1673427	71611	2.44	4.28	933120	65807	7.05
1954 年	2650203	1871755	54417	2.05	2.91	1960083	1181635	30066	1.53	2.54	690120	24351	3.52
1955 年	1834084	1349919	37299	2.02	2.76	1292946	808781	23140	1.79	2.86	541138	14159	2.51

编者注：本表抄自中央工商行政管理局：《全国资本主义工商业历年利润分配情况》第 54、55 页。

表 63　全国工业、商业在职资方所得比较情况

（1955 年）

单位：千元

	工　业	商　业	工业超过商业%
每人每年平均全部所得	1.34	0.77	+74.03
每人每年平均股息红利	0.25	0.16	+56.25
每人每年平均薪金	1.01	0.54	+87.04

编者注：本表抄自中央工商行政管理局：《全国资本主义工商业历年利润分配情况》第 85 页。

表64　全国私营工业利润分配情况

（1950年—1955年）

单位：千元

年份	绝对数						比重（%）					
	利润合计	所得税	资本家及小业主所得		其他	未分配盈余	利润合计	所得税	资本家及小业主所得		其他	未分配盈余
			小计	其中：股息红利					小计	其中：股息红利		
六年合计	3107623	1113077	590672	371195	571666	832208	100	35.82	19.01	11.95	18.39	26.78
三年小计	1534271	503975	368497	246378	239422	422377	100	32.85	24.02	16.06	15.60	27.58
1950年	348730	93334	106809	81952	53470	95117	100	26.76	30.63	23.50	15.33	27.28
1951年	816634	274659	169256	111482	132974	239745	100	33.63	20.73	13.65	16.28	29.36
1952年	368907	135982	92432	52914	52978	87515	100	36.86	25.06	14.35	14.36	23.72
三年小计	1573352	609102	222175	124817	332244	409831	100	38.71	14.12	7.93	21.12	26.05
1953年	912652	357336	117456	71611	187671	250189	100	39.16	12.87	7.85	20.56	27.41
1954年	418967	164245	62239	30066	87280	105203	100	39.20	14.86	7.18	20.83	25.11
1955年	241733	87521	42480	23140	57293	54439	100	36.21	17.57	9.57	23.70	22.52

编者注：本表抄自中央工商行政管理局：《全国资本主义工商业历年利润分配情况》第67页。

表65　全国公私合营及私营工业中按投资额分组的在职资方全年收入情况

（1955年）

金额单位：千元

按每人投资额分组	在职资方人数		在职资方全年收入总计												
			合计		平均每人全年收入	股息红利		平均每人全年股息红利收入	薪金		平均每人全年薪金收入	其他收入		平均每人每年其他收入
	人数	各组占合计%	金额	各组占合计%		金额	占全年收入总计%		金额	占全年收入总计%		金额	占全年收入总计%	
各组合计	62159	100.00	95064	100.00	1.53	23980	25.22	0.39	66531	69.99	1.07	4,553	4.79	0.07
500万及500万元以上	2	/	394	0.41	197.00	378	95.94	189.00	15	3.81	7.50	1	0.25	0.50
100万—不足500万元	45	0.07	2798	2.94	62.18	2523	90.17	56.07	183	6.54	4.07	92	3.29	2.04
10万—不足100万元	749	1.21	8228	8.66	10.99	5,177	62.92	6.91	2581	31.37	3.45	470	5.31	0.63
5万—不足10万元	1117	1.80	5491	5.78	4.92	2233	40.67	2.00	2981	54.29	2.67	277	5.04	0.25
1万—不足5万元	9987	16.06	22777	23.96	2.28	6521	28.63	0.65	15022	65.95	1.50	1234	5.42	0.12
5000—不足1万元	9645	15.52	14124	14.86	1.46	2547	18.03	0.26	10791	76.40	1.12	786	5.57	0.08
1千—不足5000元	40614	65.34	41252	43.39	1.02	4601	11.15	0.11	34958	84.74	0.86	1,693	4.11	0.40

编者注：本表抄自中央工商行政管理局：《全国资本主义工商业历年利润分配情况》第89页。

表 66　全国公私合营工业资方投资金额及收入情况(按投资额分组)

(1956 年 8 月)

金额单位:千元

按投资额分组	资方投资人数	占总计%	投资总额	占总计%	平均每人投资额	在第二栏中在职资方人员									
						投资人数	占总投资人数%	投资总额	1956 年上半年收入						
									合计	股息	占合计%	薪金	占合计%	其他	占合计%
总计	533690	100.00	1715123.7	100.00	3.21	146262	27.41	964041.8	93449.8	19205.0	20.55	71228.4	76.22	3016.4	3.23
500 万元及 500 万元以上的	7	0.001	64282.8	3.75	9183.26	2	28.57	25536.3	1065.6	638.4	59.91	9.2	0.86	418.0	39.23
100 万—不足 500 万元的	82	0.02	145233.5	8.47	1771.14	39	47.56	65306.1	1871.6	1662.7	88.84	127.1	6.79	81.8	4.37
50 万—不足 100 万元的	123	0.03	82809.2	4.83	673.25	58	47.15	39112.6	1238.6	1051.8	84.92	146.4	11.82	40.4	3.26
10 万—不足 50 万元的	1501	0.28	278288.5	16.22	185.40	787	52.43	152718.0	5627.3	3811.4	67.73	1287.2	22.87	528.7	9.40
5 万—不足 10 万元的	2835	0.53	199070.9	11.61	70.22	1257	44.34	85039.2	3833.7	2134.2	55.67	1529.0	39.88	170.5	4.45
1 万—不足 5 万元的	22787	4.27	454091.4	26.47	19.93	10269	45.07	201542.7	17764.5	5005.0	28.18	12133.5	68.30	626.0	3.52
5000—不足 1 万元的	23073	4.32	158648.1	9.25	6.88	10095	43.75	68207.9	8214.5	1699.2	20.69	6225.3	75.78	290.0	3.53
2000 元以上—不足 5000 元的	47195	8.84	149488.9	8.72	3.17	20072	42.53	62040.0	18328.1	1543.4	8.42	16496.0	90.00	288.7	1.58
2000 元及 2000 以下的	436087	81.71	183210.4	10.68	0.42	103683	23.78	64539.0	85505.9	1658.9	4.67	33274.7	93.72	572.3	1.61

原注:小业主投资人数 10184 人,投资总额 4827 千元,其中:在职人员 7921 人,投资金额 4199 千元。

编者注:本表抄自中央工商行政管理局:《公私合营企业定息户清产发息情况(1957 年 3 月)》第 24、25 页。

表 67　全国私营大型工业分行业利润分配情况

（1950 年—1955 年）

单位：千元

业别	资产净值	利润总额	利润分配绝对数			利润占净值%	利润总额	利润分配比重%		
			所得税	资方所得部分				所得税	资方所得部分	
				小计	股息红利				小计	股息红利
煤炭开采	38704	16232	5342	6076	2549	41.94	100	32.91	37.43	15.70
钢铁冶炼	111520	31171	12621	2672	1566	27.95	100	40.49	8.57	5.02
机器制造	715653	203959	76166	19721	7948	28.50	100	37.34	9.67	3.89
其中：蒸气锅炉及原动机制造	30959	11218	5517	1035	609	36.24	100	49.18	9.23	5.43
电力机械制造	89841	26331	8459	1504	747	29.31	100	32.13	5.71	2.84
农业机械制造	8254	2116	1321	287	163	25.64	100	62.43	13.56	7.70
金属品制造	672478	209712	74975	22158	15544	31.18	100	35.75	10.57	7.41
其中：电线制造	72071	25351	8845	2690	1884	35.18	100	34.89	10.61	7.43
搪瓷制品	57164	15207	4666	519	314	26.60	100	30.68	3.41	2.06
有色金属开采及冶炼	1144383	51281	15678	9739	7996	44.83	100	30.57	18.99	15.59
化学工业	772140	175172	61011	23286	16889	22.68	100	34.84	13.30	9.64
其中：基本化学产品	201532	20997	7845	3572	2522	10.42	100	37.36	17.01	12.01
农药	93	4	1	/	/	4.30	100	25.00	/	/
橡胶	274560	88151	29252	7674	4566	32.11	100	33.18	8.71	5.18
木材加工	88860	32846	12525	4475	2561	36.96	100	38.14	13.63	7.80
火柴工业	81620	9938	3442	1688	1137	12.18	100	34.63	16.99	11.44
造纸工业	230163	46546	18534	4802	3126	20.22	100	39.82	10.32	6.72
纺织工业	4636073	553715	218292	60125	39244	11.94	100	39.42	10.86	7.09
其中：棉纺	2412.580	213831	85978	20269	14789	8.86	100	40.21	11.08	6.92
棉织	629844	109361	47001	12332	6705	17.36	100	42.98	11.28	6.13
印染	750134	115521	43211	12832	8182	15.40	100	37.41	11.10	7.08
针织品	237503	51566	17981	6141	3845	21.71	100	34.87	11.91	7.46
缝纫工业	16945	5285	1427	1324	769	31.19	100	27.00	25.05	14.55
制革	48637	10613	3392	1358	448	21.82	100	31.96	12.80	4.22
食品工业	940116	119833	50735	22414	12582	12.75	100	42.35	18.70	10.50
其中：碾米	86538	17191	8881	3484	1142	19.87	100	51.66	20.27	6.64
磨粉	277978	16481	6341	3870	2369	5.93	100	38.47	23.48	14.37
食用油脂	111827	9770	4951	2361	1490	8.74	100	50.68	24.17	15.25
烟草制造	213776	24047	10123	3690	2404	11.25	100	42.10	15.34	9.99
食盐	32788	10451	4020	3045	806	31.87	100	38.47	29.14	7.71

编者注：本表抄自中央工商行政管理局：《全国资本主义工商业历年利润分配情况》第 38—41 页。

表 68　全国私营大型工业分行业实得情况

(1950 年—1955 年)

单位:千元

行业	六年平均资产净值	六年利润中资方全部所得合计	六年股息红利合计	资方全部所得占平均资产净值%	私股股息红利占平均资产净值%
煤炭开采	6451	6076	2549	94.19	39.51
钢铁冶炼	18587	2672	1566	14.38	8.43
机器制造	119275	19721	7948	16.53	6.66
其中:蒸气锅炉及原动机制造	5160	1035	609	20.06	11.80
电力机械制造	14974	1504	747	10.04	4.99
农业机械制造	1376	287	163	20.86	11.85
金属品制造	112080	22158	15544	19.77	13.87
其中:电线制造	12012	2690	1884	22.39	15.68
搪瓷制品	9527	519	314	5.45	3.30
有色金属开采及冶炼	19064	9739	7996	51.09	41.94
化学工业	128690	23286	16889	18.09	13.12
其中:基本化学产品	33589	3572	22522	10.63	7.51
农药	16	/	/	/	/
橡胶工业	45760	7674	4566	14.80	9.98
木材加工	14810	4475	2561	30.22	17.29
火柴工业	13603	1688	1137	12.41	8.36
造纸工业	38360	4802	3126	12.52	8.15
纺织工业	772679	60125	39244	7.78	5.08
其中:棉纺	402097	20269	14789	5.04	3.86
棉织	104974	12332	6705	11.75	6.39
印染	125022	12832	8182	10.26	6.54
针织品	39584	6141	3845	15.51	9.71
缝纫工业	2824	1324	769	46.88	27.23
制革	8106	1358	448	16.75	5.53
食品工业	156686	22414	12582	14.31	8.03
其中:碾米	14423	3484	1142	24.16	7.92
磨粉	46230	3870	2369	8.35	5.11
食用油脂	18638	2361	1490	12.67	7.99
烟草制造	35629	3690	2404	10.36	6.75
食盐	5465	3045	806	55.72	14.75

编者注:本表抄自中央工商行政管理局:《全国资本主义工商业历年利润分配情况》第 73、74 页。

表 69　全国公私合营工业与私营工业历年息率比较

(1950 年—1955 年)

单位:千元

年份	私股资产净值		私股资本额		私股股息红利		股息红利占资产净值%		股息红利占资本额%	
	公私合营	私营	公私合营	私营	公私合营	私营	公私合营	私营	公私合营	私营
六年平均	353131	2287737	353131	1396003	14871	61866	4.21	2.70	4.21	4.43
三年平均	112608	2514327	112608	1570724	5559	82126	4.94	4.27	4.94	5.23
1950 年	54814	2111436	54814	1356955	2228	81952	4.06	3.88	4.06	6.04
1951 年	101452	2833749	101452	1698483	5098	111482	5.03	2.94	5.03	6.56
1952 年	181559	2597796	181559	1656735	9350	52944	5.15	2.04	5.15	3.20
三年平均	593653	2061147	593653	1221281	24183	41606	4.07	2.02	4.07	3.41
1953 年	210476	2930413	210476	1673427	11996	71611	5.70	7.44	5.70	4.28
1954 年	640174	1960083	640174	1181635	24803	30066	3.87	1.53	3.87	2.54
1955 年	930309	1292946	930309	808781	35749	23140	3.84	1.79	3.84	2.86

编者注:本表抄自中央工商行政管理局:《全国资本主义工商业历年利润分配情况》第 56、57 页。

表 70　全国私营大型工业分行业息率

(1950 年—1955 年)

单位:千元

业别	资产净值	利润中资方全部所得	股息红利	资方全部所得占资产净值%	股息红利占资产净值%
煤炭开采	38704	6076	2549	15.70	6.59
钢铁冶炼	111520	2672	1566	2.40	1.40
机器制造	715653	19721	7948	2.76	1.11
其中:蒸气锅炉及原动机制造	30955	1035	609	3.34	1.97
电力机械制造	89841	1504	747	1.67	0.83
农业机械制造	8254	287	163	3.48	1.97
金属品制造	672478	22158	15544	3.29	2.31
其中:电线制造	72071	2690	1884	3.73	2.61
搪瓷制造	57164	519	314	0.91	0.55
有色金属开采及冶炼	114383	9739	7996	8.51	6.99
化学工业	772140	23289	16889	3.02	2.19
其中:基本化学产品	201532	3572	2522	1.77	1.25
农药	93	/	/	/	/
橡胶工业	274560	7674	4566	2.79	1.66
木材加工	88860	4475	2561	5.04	2.88
火柴工业	81620	1688	1137	2.07	1.39
造纸工业	230163	4802	3126	2.09	1.36
纺织工业	4636073	60125	39244	1.29	0.85
其中:棉纺	2412580	20769	14789	0.84	0.61
棉织	629844	12332	6705	1.96	1.06
印染	750134	12832	8182	1.71	1.09
针织品	237503	6141	3845	2.59	1.62
缝纫工业	16945	1324	769	7.81	4.54
制革	48637	1358	448	2.79	0.92
食品工业	940116	22414	12582	2.38	1.34
其中:碾米	86538	3484	1142	4.03	1.32
磨粉	277978	3870	2369	1.39	0.85
食用油脂	111827	2361	1490	2.11	1.33
烟草制造	213776	3690	2404	1.73	1.12
食盐	32788	3045	806	9.29	2.46

编者注:本表抄自中央工商行政管理局:《全国资本主义工商业历年利润分配情况》第 71、72 页。

表 71　全国公私合营工业定息户私股金额及发息情况

(1956 年 8 月)

金额单位:千元

	户数	占总计%	私股金额	占总计%	平均每户私股金额	1956 年上半年私股可得股息	
						应发股息	实发股息
总计	43687	100.00	1782649	100.00	40.81	44535	37780
在总计中:中央公私合营工业	2461	5.63	442243	24.81	179.70	11067	8712
地方公私合营工业	41226	94.37	1296769	72.74	31.46	32379	28141
并入国营、地方国营的私股	—	—	43637	2.45	—	1.089	927
在总计中:年息在五厘以上的	92	0.21	6223	0.35	67.64	188	185
年息在五厘的	43595	99.79	1776426	99.65	40.75	44347	37595

原注:不实行定息的公私合营户数 4383 户,资方人员 8502 人,私股 4829 千元。

编者注:本表抄自中央工商行政管理局:《全国资本主义工商业历年利润分配情况(1956 年 8 月)》第 15 页。

表 72　全国公私合营企业定息户分部别私股金额及发息情况

（1956 年 8 月）

金额单位：千元

部别	实行定息的户数(个)	占各部合计%	私股金额	占各部合计%	平均每户私股金额	1956 年上半年应发股息	1956 年上半年实发股息	实发股息占应发股息%	其中：定息超过 5 厘的								
									实行定息的户数(个)	占全部定息户%	占各部合计%	私股金额	占各部合计%	1956 年上半年应发股息	1956 年上半年实发股息	实发股息占应发股息%	平均年息率%
各部合计	190902	100.00	2307202.1	100.00	12.09	57576.1	50214.3	87.21	4368	2.29	100.00	22726	100.00	722.4	683.2	95.50	6.36
工业	43687	22.88	1782648.5	77.27	40.81	44534.9	37179.9	84.83	92	0.21	2.11	6223	27.38	188.1	185.2	98.46	6.01
商业	97235	50.94	352638.0	15.29	3.63	8810.0	8406.0	95.41	2185	2.25	50.02	2707	11.91	85.0	59.0	69.41	6.28
饮食业	14408	7.55	18555.0	0.80	1.29	449.0	420.0	93.54	18	0.13	0.41	18	0.08	0.7	0.5	71.43	7.78
服务业	12741	6.67	36316.0	1.57	2.85	910.0	864.0	94.95	91	0.71	2.08	2476	10.90	74.0	74.0	100.00	5.98
交通运输业	22828	11.96	74795.2	3.24	3.28	1743.2	1615.4	92.67	1980	8.67	45.33	4052	17.83	120.6	110.5	91.63	5.95
金融业	3	……	42250.0	1.83	14083.33	1129.0	1129.0	100.00	2	66.67	0.05	7250	31.90	254.0	254.0	100.00	7.00

编者注：本表抄自中央工商行政管理局：《公私合营企业定息户清产发息情况(1956 年 8 月)》第 2、3 页。

表 73　全国私营商业利润分配情况

（1950 年—1955 年）

年份	绝对数（千元）						比重（%）					
	利润合计	所得税	资本家及小业主所得		其他	未分配盈余	利润合计	所得税	资本家及小业主所得		其他	未分配盈余
			小计	其中：股息红利					小计	其中：股息红利		
六年合计	2612777	975386	642040	336694	439768	555583	100	37.33	24.57	12.89	16.83	21.27
三年合计	1523494	540613	427417	232377	216936	338528	100	35.48	28.06	15.25	14.24	22.22
1950 年	428379	116130	128147	73728	60813	123289	100	27.11	29.91	17.21	14.20	28.78
1951 年	745281	302099	192333	101312	90914	159935	100	40.54	25.81	13.59	12.19	21.46
1952 年	349834	122384	106937	57337	65209	55304	100	34.98	30.57	16.39	18.64	15.81
三年合计	1089283	434773	214623	104317	222032	217055	100	39.91	19.70	9.58	20.46	19.93
1953 年	689623	289073	128784	65807	152706	119060	100	41.91	18.68	9.54	22.15	17.26
1954 年	240983	90345	53604	24351	42711	54323	100	37.49	22.24	10.11	17.72	22.55
1955 年	158677	55355	32235	14159	27415	43672	100	34.89	20.31	8.92	17.28	27.52

编者注：本表抄自中央工商行政管理局：《全国资本主义工商业历年利润分配情况》第 8、9 页。

表74 全国私营商业分行业利润分配情况

（1950年—1955年）

业别	1955年资本额	绝对数（千元）						利润占资本额%	比重（%）					
		利润合计	所得税	资本家及小业主所得		其他	未分配盈余		利润合计	所得税	资本家及小业主所得		其他	未分配盈余
				小计	其中：股息红利						小计	其中：股息红利		
总计	541138	2612777	975386	642386	336694	439768	555583	482.82	100	37.33	24.57	12.89	16.83	21.27
糕点糖果业	12137	67266	23365	22311	7254	8589	13001	554.22	100	34.74	33.17	10.01	12.77	19.32
棉布绸缎呢绒业	61748	221510	92368	61863	24753	30548	36731	358.73	100	41.70	27.93	11.22	13.79	16.58
文具纸张业	24786	100554	38594	25088	11882	14864	22008	405.69	100	38.38	24.95	11.82	14.78	21.89
一般百货业	45029	149837	54755	44748	21318	25635	24699	332.76	100	36.55	29.86	14.25	17.11	16.48
五金器材业	36144	193014	77033	31452	21354	30653	53876	534.01	100	39.91	16.30	11.04	15.88	27.91
化学原材业	11730	56220	21034	12817	10193	11336	11033	479.28	100	37.42	22.80	18.13	20.16	19.62
国药业	61295	246177	98148	67797	32968	39114	41118	401.63	100	39.87	27.54	13.79	15.89	16.70
新药及医疗器材业	29587	87930	35573	21659	12416	14145	16553	297.19	100	40.46	24.63	14.12	16.09	18.82
进出口业	50614	242759	98396	49765	46028	61809	32789	479.63	100	40.53	20.51	18.96	25.46	13.50

编者注：本表抄自中央工商行政管理局《全国资本主义工商业历年利润分配情况》第42、43页。

表 75 全国商业分行业实得情况

（1950—1955 年）

单位：千元

业别	1955 年资本额	利润中资方全部所得合计	六年股息红利合计	六年资方全部所得占资本额%	六年股息红利占资本额%
总计	541138	642040	336694	118.62	62.22
糕点糖果业	12137	22311	7254	183.83	59.77
棉布绸缎呢绒业	61748	61863	24753	100.02	40.09
文具纸张业	24786	25088	11882	101.22	47.94
一般百货业	45029	44748	21318	99.38	47.34
五金器材业	36144	31452	21354	87.02	59.08
化工原料业	11730	12817	10193	109.27	86.89
国药业	61295	67797	32968	110.61	53.78
新药及医疗器材业	29587	21659	12416	73.20	41.96
进出口业	50614	49765	46028	98.32	90.94

编者注：本表抄自中央工商行政管理局：《全国资本主义工商业历年利润分配情况》第 75 页。

表 76 全国公私合营商业、饮食业与五个服务性行业清产发息情况

（1956 年 8 月）

单位：千元

业别	定息发息情况					清产核资情况				
	实行定息的户数	私方投资人数	私股金额	1956 年上半年私股可得股息金额		截至 8 月底止已进行清产核资者			截至 8 月底止尚未进行清产核资者	
				应发股息	实发股息	户数	核资前私股金额	核资后私股金额	户数	私股金额
总计	124384	271684	407509	10169	9690	125093	438524	402893	8324	5400
商业	97235	212363	352638	8810	8406	96456	382939	348020	5466	4096
饮食业	14408	28673	18555	449	420	15473	17259	18345	1993	449
五个服务性行业	12741	30648	36316	910	864	13164	38326	36528	865	855

原注：1. 在商业中并入国营商业及供销合作社实行定息的私股金额 10734 千元，1956 年上半年应发股息 275 千元，实发股息 261 千元，私方投资人数 13308 人。

2. 在饮食业中并入国营及合作社饮食业实行定息的私股金额 224 千元，1956 年上半年应发股息 6 千元，实发股息 6 千元，私方投资人数 742 人。

3. 在服务业中并入国营服务业实行定息的私股金额 535 千元，1956 年上半年应发股息 21 千元，实发股息 14 千元，私方投资人数 325 人。

4. 在全部定息户中投资在 2 千元及 2 千元以下的资方人数，商业有 168908 人，饮食业有 28057 人，五个服务性行业有 23161 人。

编者注：本表抄自中央工商行政管理局：《公法合营企业定息户清产发息情况（1956 年 8 月）》第 47 页。

表 77 全国私营饮食业利润分配情况(1950 年—1955 年)

年份	绝对数(千元)						比重(%)					
	利润合计	所得税	资本家及小业主所得		其他	未分配盈余	利润合计	所得税	资本家及小业主所得		其他	未分配盈余
			小计	其中:股息红利					小计	其中:股息红利		
六年合计	249878	76050	102816	45450	31453	39559	100	30.43	41.15	18.19	12.59	15.83
三年小计	111214	29820	50312	21346	14874	16208	100	26.81	45.24	19.19	13.37	14.58
1950 年	30829	6469	15092	7731	3317	5951	100	20.98	48.96	25.08	10.76	19.30
1951 年	46035	13599	19521	7214	7752	5163	100	29.54	42.41	15.67	16.84	11.21
1952 年	34350	9752	15699	6401	3805	5094	100	28.39	45.70	18.63	11.08	14.83
三年小计	138664	46230	52504	24104	16579	23351	100	33.34	37.86	17.38	11.96	16.84
1953 年	52694	16802	19575	9315	6446	9871	100	31.88	37.15	17.68	12.23	18.74
1954 年	46088	15854	17834	8206	5746	6654	100	34.40	38.70	17.81	12.47	14.43
1955 年	39882	13574	15095	6583	4387	6826	100	34.04	37.85	16.51	10.99	17.12

编者注:本表抄自中央工商行政管理局:《全国资本主义工商业历年利润分配情况》第 10、11 页。

表 78 全国私营服务业盈余分配情况

(1950 年—1955 年)

年份	绝对数(千元)						比重(%)					
	利润合计	所得税	资本家及小业主所得		其他	未分配盈余	利润合计	所得税	资本家及小业主所得		其他	未分配盈余
			小计	其中:股息红利					小计	其中:股息红利		
六年合计	193747	55569	74303	33883	25799	38076	100	28.68	38.35	17.49	13.32	19.56
三年小计	83554	20423	37878	17003	9747	15506	100	24.44	45.34	20.35	11.66	18.56
1950 年	23278	4608	12150	5198	2285	44235	100	19.80	52.19	22.33	9.82	18.19
1951 年	33192	8651	14638	6563	3320	6583	100	26.06	44.10	19.77	10.00	19.84
1952 年	27084	7164	11090	5242	4142	4688	100	26.45	40.95	19.35	15.29	17.31
三年小计	110193	35146	36425	16880	16052	22570	100	31.89	33.06	15.32	14.57	20.48
1953 年	42722	13574	14006	6574	5918	9224	100	31.77	32.78	15.39	13.85	21.60
1954 年	36347	11734	12265	5694	5771	6577	100	32.28	33.74	15.67	15.88	18.10
1955 年	31124	9838	10154	4612	4363	6769	100	31.61	32.63	14.82	14.02	21.74

编者注:本表抄自中央工商行政管理局:《全国资本主义工商业历年利润分配情况》第 12、13 页。

表 79 全国公私合营运输业分行业清产发息情况

(1956 年 8 月)

业别	定息发息情况												截至 8 月底止已进行清产核资的私股资产情况			
	实行定息的户数(个)	占总计%	运输工具数(车:量数;船:艘数)	私方投资人数(人)							1956 年上半年私股可得股息金额(千元)		户数(个)	核资前私股金额(千元)	核资后私股金额(千元)	占合计%
				合计	占合计%	其中:在职私方人员					应发股息	实发股息				
						薪金(千元)	人员数									
							小计	占合计%	其中:投资在 2000 元以下者	占小计%						
总计	22828	100.00	19695	41748	100.00	4410.3	22869	54.78	10160	44.43	1743.2	1615.4	22601	76407.4	74795.2	100.00
轮驳船运输业	911	3.99	1525	5593	13.40	233.6	1795	32.09	1396	77.77	320.4	294.5	701	12169.1	9598.0	12.84
汽车运输业	17176	75.24	13417	26534	63.56	3904.8	13482	50.81	5787	42.92	1277.2	1215.3	17162	54886.9	54737.7	73.18
木帆船运输业	4522	19.81	4.470	9315	22.31	224.2	7389	79.32	2944	39.84	134.5	96.9	4519	9213.6	10321.7	13.80
兽力车运输业	219	0.96	283	306	0.73	47.7	203	66.34	33	16.26	11.1	8.7	219	137.8	137.8	0.18

编者注:本表抄自中央工商行政管理局:《公私合营企业定息清产发息情况(1956 年 8 月)》第 56、57 页。

表80 全国新增公私合营工业、商业、饮食业、交通运输业分部别清产核资情况

（1956年8月）

部别	截至1956年8月底止已进行清产核资的企业						截至1956年8月底止尚未进行清产核资的企业			
	户数(个)	占全部户数%	核资前私股金额（千元）	占全部户数%	核资后私股金额（千元）	较核资前增减%	户数(个)	占全部户数%	私股金额（千元）	占全部户数%
各部合计	198286	93.79	1562050.0	98.41	1354526.1	-13.29	13133	6.21	25220.6	1.59
工业	50376	91.29	1045055.2	98.14	876837.9	-16.10	4809	8.71	19820.6	1.86
商业	96456	94.64	382939.0	98.94	348020.0	-9.12	5466	5.36	4096.0	1.06
饮食业	15473	88.59	17259.0	97.40	18345.0	+6.29	1993	11.41	449.0	2.60
服务业	13164	93.83	38326.0	97.77	36528.0	-4.69	865	6.17	855.0	2.23
交通运输业	22817	-	78470.8	-	74795.2	-4.68	-	-	-	-

原注：核资前私股金额工业系指资产净值，其他各业一般指账面资本额。

编者注：本表抄自中央工商行政管理局：《公私合营企业定息户清产发息情况（1956年8月）》第6页。

第十五编　社会主义改造基本完成后的工商行政管理（上）

（1957 年～1960 年）

概　述

1956年,中国对生产资料私有制的社会主义改造在绝大部分地区基本完成,从而使社会经济的所有制结构发生了根本性的变化,由国民经济恢复时期的五种经济成分,转变为基本上单一的社会主义公有制结构。从1949年到社会主义改造基本完成,工商行政管理部门的任务主要是贯彻国家对资本主义工商业的利用、限制、改造的政策和对个体工商业进行教育、管理和改造。社会主义改造基本完成后,工作对象基本消失,一些遗留问题,由各归口管理部门研究解决。在开始全面建设社会主义的时期,工商行政管理部门应承担什么新的任务,发挥什么新的作用,由于缺乏经验,又无可借鉴,只能是在长期的工作实践中探索。这是1957年到1965年工商行政管理工作的基本特点。

在这一时期的经济工作中"左"的思想逐步发展,工商行政管理部门作为国家的行政管理职能部门之一,在工作中必然执行"左"的政策,走上了一条徘徊、曲折的路程。这一时期可分为两个阶段:第一阶段是从1957年到1961年提出"调整、巩固、充实、提高"八字方针以前,工商行政管理工作基本上是处于徘徊反复状态。第二阶段是从贯彻"八字方针"到1966年以前,在此期间初步认识到在新的历史条件下工商行政管理工作所具有的地位、职能和作用。但是,由于"左"的错误指导思想并未得到纠正,工商行政管理部门被视为无产阶级专政的工具,各项工作都要"以阶级斗争为纲",致使工商行政管理工作在前进中受到很大限制。

(一)

1956年社会主义改造基本完成以后,由于对社会主义历史阶段还需要发展商品生产,还需要市场调节,在所有制结构上还需要多形式、多层次,以及在社会主义统一市场上还需要多种交换形式、多条流通渠道等特点认识不足,对集市贸易时而肯定其积极作用,承认它和利用它;时而强调其消极作用,又严加限制甚至加以关闭,从而,造成了十年来城乡集市贸易的几起几落。

1956年到1958年,出现第一个起伏。不少地区限制、取缔集市贸易,给农副业生产和社员生活带来了很多困难。这种状况很快被国务院发现,及时提出了开放国家领导下的自由市场的意见。1957年1月,中央工商行政管理局召开的12个省市工商行政管理局长会议,对市场管理要求做到"管活不管死"。1958年1月,国务院又把"管活不管死"发展为"管而不死,活而不乱"。这个原则对促进农村集市贸易的发展起了积极作用。1957年9月国务院发出《关于由国家计划收购(统购)和统一收购的农产品和其它物资不准进入自由市场的规定》,具体地规定了集市贸易实行上市商品分类管理的办法,并公布了上市商品分类目录。

1958年"大跃进"到1961年1月中共中央提出国民经济实行"调整、巩固、充实、提高"的八字方针,又是一个起伏。1958年提出了总路线、大跃进、人民公社。同时在所有制上片面强调一大二公,追求单一的公有制。在此影响下,认为农村集市贸易已失去存在的条件,提出了把国内市场改造成为"完全的社会主义市场"的设想,助长了各地区对农村集市贸易"左"的倾向发展,出现了形形色色的取缔、限制、关闭集市贸易的措施。针对渠道堵塞、生产减少、供应紧张的状况,中共中央、国务院于1959年9月23日发出了《关于组织农村集市贸易的指示》,规定一、二类物资以及国家规定某些有交售任务的三类物资,在完成交售任务以后,剩余部分可以拿到集市进行交易,从而农村集市贸易有所好转。1960年11月中共中央发出了《关于农村人民公社当前政策问题的紧急指示信》(即十二条),明确了自留地的政策长期不变,允许和鼓励社员发展家庭副业,有领导地有计划地组织集市贸易。据此,中央工商行政管理局会同商业部于1961年1月在武汉市联合召开了农村集市贸易汀泗桥现场会议,提出对集市贸易要"大胆地放,认真地管","活字当头,管在其中",从而推动了集市贸易的恢复和发展。

城市自由市场也经历了几个反复。城市自由市场主要是指那些大中城市以小商贩和农村社员为主组成的农副产品市场以及有国营、集体商业参加的属于批发性质的专业市场和综合性市场。城乡间、地区间商品流通渠道，基本上成为国营商业和供销合作社的一统天下。但是，社会需求是复杂的，特别是一些工业小商品、农副土特产品，国营商业和供销合作社是无力全部包下来的，因而出现了"大通小塞"的现象。

为了疏理商品流通渠道，1956年，有些大中城市开放了国家领导下的自由市场。1957年2月国务院批转了中央工商行政管理局《关于城市市场管理的意见的通知》，提出要恢复和建立一些贸易货栈、交易所和农民贸易市场。《通知》中提出的这些意见，适应发展农副业生产和城市人民生活的需要，因而城市自由市场很快活跃起来。但是，在当时的历史条件下，对城市自由市场的作用和存在的必然性，尚未被人们所认识，在开放的过程中出现了一些问题。所以开放不久就逐步严加管理，进行收缩。到了1958年"大跃进"、"人民公社化"以后，在农副业生产上受瞎指挥的影响，生产下降，引起市场供应紧张，价格上涨。有的人把城市自由市场的存在，视为影响市场物价稳定的一种消极因素，对它的管理和限制更加严格。

(二)

由于1958年"大跃进"，物资供应出现紧张，而计划工作又不够完善，提倡找米下锅，致使计划外采购日益增多，涌向大中城市采购工农业生产资料和农副产品。其中有一部分人从事违法活动，市场秩序混乱。1959年上半年中共中央发出《必须立即制止目前采购工作中的混乱现象》的指示，强调生产和流通主要依靠计划而不能依靠盲目的自由采购，要求在市场管理上建立和加强管理制度，使各种购销活动纳入国家计划轨道。据此，中央工商行政管理局提出：对那些进行盲目购销的人员，坚决动员他们转回原地和原机关；对于那些进行正常购销活动的人员，进行登记，加强政治思想教育和业务辅导。此后，各地都认真地进行了整顿，计划外的采购急剧减少。1960年城乡集市贸易活跃，各大中城市恢复了贸易行栈，计划外采购活动也相应急剧增加，人员迅速增多。其中有些人员不择手段，进行违法活动。1960年6月，中共中央再次发出通知，要求认真整顿采购机构和采购人员，交易秩序有了好转。但是，在具体贯彻执行中，有的大中城市管理偏严，不准直接向生产单位采购，不准向集贸市场采购，不准搞协作。有的采取了管人、管采购物资品种、管价格、管运输、管采购资金等等。此外，还有办采购员学习班，集中整风，对采购活动中发生的一些问题无限上纲，混淆两类矛盾，从而使计划外的采购活动愈管愈死。

(三)

1956年社会主义改造基本完成，绝大部分个体商贩纳入了各种改造形式，残存的个体商贩已寥寥无几。这年5月，中共中央、国务院召开了全国私营工商业改造汇报会议，比较全面的解决了有关残存的个体商贩的货源、资金、税负和走社会主义道路的问题。10月国务院发出《关于放宽农村市场管理问题的指示》以后，各地相继开放了国家领导下的自由市场。随着这一客观形势的变化，出现了一些无照经营的个体商贩。这一时期，对已经进入合作商店(小组)的小商小贩，和有证的、无证的小商小贩，进行了两次改造。

第一次改造是1958年在"大跃进"的影响下进行的。1958年4月，中共中央发出了《关于继续加强对残存的私营工业、个体手工业和小商小贩进行社会主义改造的指示》，第一次把对待资本主义工商业的政策运用到个体经济上来，提出了对个体商贩要采取利用、限制、改造的方针，要求积极地对他们进行改造，适当控制个体商贩的全年收入水平。

1958年5月，中共八届二中全会提出了总路线、"大跃进"和人民公社化运动。"大跃进"就是要高速度，人民公社化就是改变所有制，向"一大二公"发展。这些精神贯彻到对个体商贩的管理工作上，就是要加速改变个体商贩的所有制形式。在这一形势下，1958年6月中央工商行政管理局发出通知，要求抓紧有利形势，迅速完成对残存私营经济的社会主义改造。同年9月在天津市召开了会议，要求消灭单干户和进一步改造现有的合作小组，组织股金不分红利、国营商业派干部参加领导为特征的高级合作商店或直接过渡为国营商业，或组织个体商贩转业，参加工农业生产。

第二次改造是从1959年下半年开始，以城市小商小贩为重点进行的。工商行政管理工作本着以"三个万岁"为纲的精神，把改变个体商贩的所有制，"彻底消灭产生资本主义自发势力的根源"，作为中心任务。1960年1月在全国工商行政管理局长会议上提出，合作商店(小组)和个体商贩，有的可以过渡到国营商业,有的也可以放到街道安排。1960 年又召开了小商小贩改造工作座谈会,把小商小贩一分为二,一是把一部分够条件的合作商店过渡为国营商业,二是把合作小组和个体商贩并入群众代销店。

两次对残存的个体商贩的改造,和对合作商店、合作小组的"升级、过渡",共历时两年半左右,造成了严重的恶果。一是商业人员减少了。截至 1960 年底,离开商业战线的合作商店(小组)的成员和个体商贩达 90 万人,占总人数的四分之一。二是商业网点减少了。以天津市为例,饮食业网点砍掉了原有的 80%。三是过渡到国营商业和供销合作社的小商小贩,工作积极性降低了,服务质量下降了。

(四)

新中国建立之初,就开始了商标注册管理工作。1950 年 7 月颁布了《商标注册暂行条例》,规定按照自愿注册原则办理商标注册,注册后保护商标专用权。1954 年中央工商行政管理局又发出了《未注册商标暂行管理办法》,要求各地对未注册商标进行登记,全面加强了管理。

1956 年社会主义改造基本完成以后,工业企业不直接和市场发生关系,只和商业和物资部门进行供、产、销联系,因而企业不重视市场,同时也就不重视商标了。加以当时商品供应紧张,"皇帝女儿不愁嫁",没有商标也卖得出去,因而申请商标注册的大大减少。当时工商行政管理部门内部也有商标管理工作可有可无的说法,一度放松了管理。这些就造成了市场上商标混乱的状况。为了纠正这种混乱现象,1957 年 1 月国务院发出指示,要求全面清理商标,实行全面注册。1958 年中央工商行政管理局在广州召开了会议,统一思想认识,进一步推动了商标注册工作,情况开始有所好转,基本上制止了假冒、伪造、滥印、乱用商标的行为。但是随着人民公社化运动的出现,商业上提出了大购大销,工业生产什么,商业就收购什么,商标可有可无的思想又有发展。在此期间有的地区或部门虽然也不断清理整顿商标,但收效不大。对外贸易部门对商标是比较重视的,也进行了两次大规模的清理整顿,发现了不少的问题。如有些名牌产品的商标,未在销售国办理注册,而被仿冒。同一品种使用商标过多,在国外自相排挤。模仿外国商标图案。商标设计不美观,影响推销。甚至有的没有商标,销售困难。这些现象一直延续到 1963 年公布了《商标管理条例》才基本扭转。

商品质量是商标信誉的基础,把监督商品质量制止欺骗消费者的行为,作为商标管理工作的一项任务,这是一个探索,取得了一定成效。上海市工商行政管理部门配合有关业务主管部门,于 1959 年 4 月对纺织工业、轻工业通过商标管理进行质量检查,摸清了质量下降的状况,分析了质量下降的原因,督促各生产企业采取措施,提高质量。中央工商行政管理局在上海市召开会议,肯定了上海市的做法,交流了经验。

第一章　工商行政管理工作任务和概况

一、中央工商行政管理局局长许涤新在十二省市工商局长会议上的总结报告(摘要)

(1957年1月5日)

由于各地同志的认真讨论,由于中央有关部门负责同志的支持,我们这个会议开得很好。这次会议的收获有三点:首先,是对当前的新情况有了比较全面、深刻的了解;其次,交流了情况和经验,互相得到启发和鼓励(包括中央工商行政管理局在内);最后,在上述基础上,轮廓地确定了工商行政管理局今后的工作范围和1957年的工作任务。

现在,我准备谈五个问题:

一、对当前市场情况的初步看法和工商行政部门在市场管理工作方面的任务。

二、关于一般工商行政工作问题。

三、关于对资改造工作问题。

四、关于对资改造的历史资料整理和研究工作。

五、关于今后如何改善工作方法的问题。

(一)关于市场情况与市场管理

去年秋天,各地相继开放了一部分小土产和副食品的市场,收到了一定的积极效果:推动和扩大了物资交流,活跃了城乡经济;刺激了小土产和部分工业品的生产;暴露了国营商业、合作社商业在经营管理上周转环节多,费用大等缺点,从而有利于国营、合作社商业对于经营管理的改进。应当肯定,这是基本的方面。

另一方面,市场情况是相当紧张的,也存在着不少问题。部分商品(如小百货、小土产、副食品)的价格上涨了,有些地方,部分商品脱销;有些小商贩、单干户的营业好,收入多,使部分已经参加公私合营或合作社的小业主的思想受到影响而有所波动,要求单干;中间商、掮客大肆活动,推波逐浪,从中牟取非法利益;投机违法活动增多;等等。

这些紧张情况的存在,不能认为是自由市场开放的结果。主要是物资供应和购买力之间还不能平衡,同时地区间有些业务部门的相互抢购,也增加了市场的紧张程度。

应该认识,这些问题是前进过程中的问题,是整个国民经济向前发展过程中的问题。在今年,由于下列因素:增产节约运动的大力开展;淡季即将到来;公债推销工作的开展;等等,市场情况可能会有所变化。但是,今年的物资供应和需要之间不平衡状况,还不能一下子转变过来,这是一个根本问题。因此,上述因素,只能适当地缓和紧张情况,而不能根本清除紧张状况。

我们要正确估计市场管理的作用。解决市场问题的根本关键在于物资力量,只有采取釜底抽薪的办法,增加生产,力求物资供应和购买力之间的平衡,才能从根本上消除市场的紧张状况。当然,市场管理对于防止对市场的冲击,减轻对市场的压力也有一定积极作用,但是,市场管理只能起辅助作用,而不能代替物资供应的力量。因此,只强调物资供应而忽视市场管理的作用,是不全面的;反之,把市场管理的作用估计过高,也是不切合实际的。

市场管理的方针是什么呢?简单地说,是"管活不管死"。就是要通过市场管理有利于生产,有利于交流,有利于消费;要保护国家市场和自由市场的正常交易不受损害;要取缔投机违法活动,协助国营经济稳定市场。今天的市场与改造高潮以前是不同了。今天参加市场活动的虽然仍旧有资本主义成分,但主要的是社会主义成分。开放自由市场后,带来了一些副作用,但主要是积极作用。这就是今天的市场的二重性:有资本主义,也有社会主义;有积极的一面,也有消极的一面。针对这种新情况,必须采用新的管理方法。如果还是将过去的老办法原封不动地用之于今天的市场管理工作上,不仅行不通,而且会犯错误。我们要求工商行政部门的同志必须注意把市场管活,就是采取因势利导,管理与辅导相结合的原则,至于具体如何管,如何辅导,需要大家在实践中创造经验。

工商行政部门在市场管理方面的工作任务是什么?大体可以归纳成六个方面:

第一,通过行政管理、协助业务部门,指导交易所、交易市场的工作。这里所指的交易市场,只是现在已经存在的,而不是要求新建或重新恢复。目前,交易所、交易市场大体可分成二种类型。一种是有业务部门的口可归的专业性的交易所、交易市场,应该以业务部门为主进行领导和管理,我们从行政管理方面加以协助;一种是自发形成而又无口可归的综合性的交易所、交易市场(如上海的茶楼),工商局应该多做一些工作,但也必须加强同有关业务部门的联系。总之,不论是哪一种类型的交易所、交易市场,工商局与业务部门之间都应该有分工,有合作。物资供应和物价管理工作必须明确,要以业务部门为主,工商局只能通过行政管理和辅导工作方面,进行协助,在必要时可以会同业务部门和买、卖双方,进行协商议价。

第二,在市场管理范围内,协调公公(工商、地区)关系和公私关系。工商局对于调整公公关系的工作,必须在当地人民委员会的指示下进行。主要任务有二:在市场管理范围内掌握和研究公公关系的情况,提出意见,协助人民委员会调整公公关系;其次是协调地区关系,这就要对外地采购人员进行教育辅导和管理。但是,由于各地具体条件不同任务也可以有大小,有条件的可以多做一些,条件较差的可以少做一些。

第三,要加强对中间人、掮客、行商的组织、教育、管理和辅导。做好这项工作,对于管好市场有很大作用。这一工作完全要求业务部门管起来是有困难的,应该由工商行政部门负责,以减少业务部门的困难,减轻对市场的人为的压力。进行这项工作,单靠管理是不行的,还要进行组织、辅导和教育工作。

第四,监督、检查国家政策法令的执行,加强对政策法令的宣传教育工作,处理投机违法行为。这个工作的范围比较广泛。工作对象不仅包括私营小工商业和资本家,还包括国营、公私合营企业、合作社。工商局应该善于进行这项工作。

第五,在人民委员会的指导下,制订、修改或审核有关市场管理的情况、制度或办法。

第六,在上述五项工作的基础上,综合研究和反映市场重大变化情况,发现市场管理中的新问题,提出意见。

根据上述工作范围在 1957 年应该以完成以下四项工作为中心:

第一,加强对现有的交易所、交易市场的行政管理工作。对于专业性的交易所、交易市场,应该督促并协助有关业务部门加强辅导和管理工作;对于综合性的交易所、交易市场,我们应该联系有关业务部门,及时地加强领导和管理,并进行必要的组织、整顿工作,加强辅导。

第二,在人民委员会领导下,重新审查过去原有的市场管理办法,加以研究提出意见,或者废除,或者进行必要的修改,或者重新制订新的办法。

第三,完成对中间人、掮客的登记和组织工作,对他们进行经常的教育、辅导工作。

第四,协助有关部门,做好对外地采购单位(人员)的行政管理和辅导工作。有的城市已经进行的应该继续下去,并注意要做好辅导工作;有的城市也可以会同有关部门联合建立办公室负责这项工作;或者同业务部门进行适当分工。

(二)关于一般工商行政工作问题

社会主义改造高潮以后,很多城市又出现了许多个体手工业户和资本主义性质的手工业作坊,根据北京、上海、天津、青岛、广州、西安、武汉等 7 个城市很不完整的统计,仅私营小手工业就有 18000 多户,3 万多人。其中有一部分是高潮时遗留下来的,一部分是高潮后新发展的。这些企业中的绝大部分是个体手工业,小部分已经发展成资本主义性质的企业了。如天津市的建华工业社从 1955 年的两个人发展到去年年底已达 960 多人。这些小户的存在和发展的原因是多方面的,但主要的是由于客观需要。这些小户的存在,对于弥补国营经济的不足,适当满足市场供应,刺激社会主义企业积极改善经营管理,解决一部分失业人口,有一定的积极作用。从目前的情况看,这样的小户,今后还是会有所发展的。当然,它们也存在消极破坏作用的一面。如抢购原料,冲击计划市场;粗制滥造,以次货顶好货;抬高废品价格,损害消费者的利益;以经济利益引诱和挖走合营企业、合作社的小业主、工人和社员,影响部分合营企业和合作社的巩固。

最近毛主席指示,资本家可以用定息再投资,开办新企业;这样,有些大、中城市可能会发展一些规模较大的资本主义企业。这些情况都表明,中小型资本主义企业将在一个时期内存在着,但是它们的存在,决不可能动摇社会主义经济的基础。

此外,随着对外贸易的发展,工业品出口比重逐年扩大,因此,注意产品的商标问题就有政治意义;就国内范围来说,商标代表着一种商品的品质规格。因此,商标问题也已经日益成为我们所必须注意的一个重要问题。

从上述客观情况出发,我们有五个方面的工作:

第一,管理和辅导高潮后遗留下来的或新发展的小型工商业户,并逐步协助,组织归口,按条条进行管理。对这些户,我的初步意见,仍应该采取利用、限制、改造的政策,但不应马上实行公私合营或合作化,而要加强管理与辅导。应该让他们在一个相当长的时期内(三五年)存在着,或者采取加工订货,或者让他们自产自销。对这些户,采取归口管理是完全必要的,目的是使业务部门能够注意到对它们的生产安排。工商行政部门主要是进行辅导、管理、教育和处理违法的工作,并及时地综合研究,反映它们的发生、发展的情况和问题。至于个体手工业应该由手工业部门来负责。

第二,联系业务部门辅导和管理资本家的新投资,并对新投资所发生的问题,会同有关部门进行研究,提出处理意见。

第三,做好工商登记工作。这里有三种不同情况,新发展的或遗留下来的资本主义户,根据区别对待的精神,由工商局负责办理全面登记;个体和家庭手工业户应该由手工业管理局负责,但是我们要取得材料,以便掌握情况;至于国营和公私合营企业,是否办理工商登记,可以因地制宜,由地方党委决定。

第四,从工商行政角度处理投机违法活动。

此外,在有些地区,还应该做好对华侨投资、外商企业、外商联络员和外商广告的辅导和登记工作。

1957 年,在一般工商行政工作方面,有两项具体要求:

第一、会同有关部门(包括工商联、同业公会)根据区别对待的原则,完成对新发展的、高潮中遗留下来的私营工商企业的清理登记工作,并加强对它们的辅导、管理和教育工作。

第二、在今年上半年内,在做好宣传、动员、督促、辅导工作的基础上,完成未注册商标(包括国营企业)的全面检查、注册工作。

(三)关于对资改造工作问题

高潮以后,私营工商业已经纳入公私合营或合作化的轨道,资本主义的生产关系起了根本变化。资本家的生产资料所有权,只是表现为取得定息的一种权利。在企业里,资本家兼有剥削者和国家工作人员的两重身分;他们同职工和公方之间同时存在着阶级关系和工作关系。在这种条件下,工人阶级同资产阶级之间仍然存在着矛盾,但已经不是对抗性的矛盾了。同时资产阶级分子仍然具有两重性,它的消极性同社会主义建设是有矛盾的,但这不是对抗性的矛盾。克服这种矛盾的方法是教育,是在工商界中提倡爱国主义,展开批评和自我批评。这次工商联代表大会接受陈云副总理的号召而制订的工商界五项守则,就是要他们努力克服消极作用,也是今后进一步改造资产阶级分子的基本要求。

应该看到,在中央明确定息 7 年,并允许小资本家在一定条件下可以摘去"帽子"以后,客观上将会发生以下情况:

第一,资产阶级将在相当长的时期内存在着,这个阶级的较长时期的存在,对于社会主义建设,加强国内团结和国际共产主义运动都是有利的。思想改造是不能用粗暴的办法求得解决的,因此,这个阶级较长时期的存在,也有利于深刻地对他们进行思想教育工作;

第二,小资本家在企业有劳保、能够被接纳参加工会的条件下,将有一部分人,分散地逐步地摘去帽子;

第三,个体经济的存在和发展,有的逐步自发地上升为资本主义,资本家的定息还可以投资,这就增加了社会主义改造工作的内容和它的复杂性;

第四,工商联不但以代表大资本家为任务,而且还要照顾小资本家以至小业主的利益,同时在将来也可以成为第二工会,因此,工商联明显地是长期存在的。

工商行政部门应当在当地人民委员会对私改造办公室的领导下,协助有关部门,做好对资改造工作。在这方面,工商局可以考虑做四方面的工作:

第一,协助有关部门,搞好公私共事关系。今后,共事关系的关键在于搞好私方和职工的关系,应该研究并协助有关部门搞好这种关系。同时,要帮助有关部门搞好民主管理委员会,在这方面,工商局主要应当考虑如何通过民主管理委员会来发挥私方人员的积极作用。

第二,调查了解资本家的定息收入、生活情况、认购公债和工商界互助金等方面的问题,并进行综合、研究。

第三,代表人民委员会指导工商联的工作,并在人民委员会对私改造办公室的领导下,从各方面支持工商联的工作。

第四,在人民委员会对私改造办公室领导下研究处理对资改造方面的问题,督促检查对资改造政策的执行情况。

1957年的任务是:

第一,积极支持工商联做好工商界生活互助金的工作。应当协助工商联研究并实事求是地解决存在的问题,要防止小资本家挤大资本家的情况发生。

第二,要指导并协助当地工商联做好全国工商界先进工作者会议的准备工作。

第三,选择典型行业,进行对资本家的定息收入、生活和认购公债的调查研究工作,发现问题,提出意见。

第四,协助人民委员会对私改造办公室调查公私合营企业中建立民主管理委员会的问题,并就如何通过民主管理委员会发挥私方人员的积极作用等方面总结经验。

(四)做好对资改造的历史资料的整理和研究工作

在我国对资本主义工商业的社会主义改造工作已经基本完成。几年来大家做了不少工作,做了工作,就需要把材料整理出来,把经验总结出来。这对于提高自己的政策理论水平,对于国外,对于吸收过去工作中的有用经验、辅导和管理改造高潮后的私营工商业都有重要意义。

工商行政管理部门的同志都参加了对资改造工作,而且比较全面地掌握了工商业的资料;同时还有工商联和同业公会可以作为自己的助手。这是工作的有利条件。为了做好这项工作,我们要求各地至少要配备三五个具有一定水平的干部,专职负责这项工作。

对这项工作的基本要求有三个方面:第一、整理历史资料,整理历史资料工作决不是简单的材料编排和堆积,必须有分析,要有正确的立场和观点。第二、总结经验,要把很多专门问题如收购、经销、代销、加工订货、统购包销、公私合营、市场管理甚至私私联营等等专题,有计划地加以总结,找出工作中的优点和缺点,总结成功的和失败的经验。第三、在整理材料和总结经验的基础上,进行理论研究,把对资改造工作,提高到马列主义水平上来。目前,我们应该首先着重在整理资料与总结经验两个方面,理论研究工作,应该根据具体条件来决定,能够做当然很好,做不到也不必勉强。

1957年的具体任务有三项:第一、要尽可能地发掘和搜集各方面的有关材料,并通过工商联、同业公会推动有代表性的老工商业者把他们的发家情况和当地私营工商业的发展过程写下来。第二、完成5个到7个重点行业的历史资料整理工作。第三、完成2个到4个专题问题的经验总结。为了更好地完成上述任务,我们要求各地在今年2月底以前,将完成上述任务的具体规划报告我们,以便召开专业会议,具体进行研究。

(五)关于今后如何改善工作方法的问题

工商行政管理部门的工作,概括地说是:综合情况,行政管理,督促检查,调整关系。我们的工作有困难的方面,也有有利的方面。只有积极地改进我们的工作方法,才能适应当前的新情况。应该从哪些方面来改进我们的工作方法呢?我看有六个方面:

第一,要学会全面掌握和分析情况,发现矛盾,提出主张,及时反映。必须克服以主观主义的态度来对待问题的工作方法,克服片面性。只有材料充分,观点全面,才能取得领导上的支持。

第二,要学会协商办事。在社会主义内部更需要充分协商。决不能事前不同人家商量,又不考虑后果就自己决定问题。协商是按政策办事,不是迁就。对于违背政策的做法,要据理力争,进行必要的斗争。

第三,要"批发"与"零售"相结合。过去我们强调"批发"并不是意味着要完全脱离具体业务。做好具体业务,才能做好"批发"业务;做具体业务正是为了"批发"业务。这两方面的工作,不是对立而是结合起来的。

第四,既要有管理,还要有辅导,应该使管理工作和辅导工作紧密结合起来。

第五,要学会开座谈会,善于搞典型调查。座谈是为了掌握"面";典型调查是为了深入。把全面情况和典型调查结合起来,就能够发现问题,使我们的工作不陷入主观主义。

第六,必须充分运用有关部门的力量,特别要适当的运用工商联、同业公会的力量。

我今天只是概括地谈了一下工商局的工作范围和1957年的具体要求,而市场管理问题要等1月7日国务院会议以后才能最后决定。对于其他工作,则可根据当地情况,因地制宜,可以加以增减,不要强求一律。党委要我们多做的,可以多做一些;条件不够,党委要我们少做的,可以少做。

这次会议提出了个题目,工作要在以后做,希望大家在当地党委和人民委员会的领导下,积极做好工作,完成党所交给我们的任务。

(选自《工商行政通报》第84期,1957年1月25日)

二、国务院转发中央工商行政管理局关于工商行政部门1957年主要工作安排的报告

(1957年2月28日)

国务院基本同意中央工商行政管理局《关于工商行政部门1957年主要工作安排的报告》。现转发给你们,请根据当地具体情况,参照办理。

附:关于工商行政部门1957年主要工作安排的报告

我局在1956年年底召开了北京、天津、上海、广州、武汉、西安、济南、青岛、哈尔滨和河北、四川等十几个省市的工商局长会议,着重讨论了对城市市场管理工作以及对新发展的个体工商业户和资本主义户的行政管理问题(另有报告)。同时,并对1957年的工商行政工作大体上进行了安排。现简要报告如下:

在全行业公私合营之后,资本主义工商业的社会主义改造,已经基本上完成。但由于市场的供求紧张情况,手工业和小商贩有了显著的增加,有的并发展成为资本主义企业;市场上不断出现抢购、套购和小商贩、掮客、行商等投机违法的活动,另一方面,各地采购人员争夺货源的情况也相当严重。因此,加强对城市市场的行政管理,仍是十分必要的。同时,中央确定7年内不取消资产阶级的定息,并允许他们把定息再投资,这说明了对资本主义工商业和资产阶级分子的改造并不是一项短期、简单的工作。

各地对上述情况,一般已引起了注意,并相应采取了一些措施。经过会议讨论,我们对1957年的工作作了如下的大体安排:

一、在开放部分农副产品的自由市场以后,对市场管理工作,总的要求应该是需要管理,但是不要管死,在做法上要求:(1)根据新的情况,协助领导上重新审查原有的市场管理办法,提出废除、修改或重新制订新办法的意见,并加强对市场管理政策、法令的宣传教育工作;(2)会同有关部门对交易所、交易市场,进行辅导和管理,并作必要的整顿;根据实际需要逐步地恢复和建立一些贸易货栈和农民贸易市场,以便于农民进城贸易;(3)加强对掮客、行商、小商贩的辅导、管理和教育工作,并会同业务部门对外地来的采购人员,进行必要的辅导和管理;(4)注意市场上发生的新情况和新问题,及时综合研究,提出意见。

二、对新开业的或高潮后遗留下来的个体户和资本主义户,进行登记管理;对新申请开业的个体户和资本主义户,应会同有关业务部门进行审查,只要供产销问题不大而又为社会上所需要的,可以允许登记。对上述企业,我们考虑仍应贯彻利用、限制和改造的政策,不宜急于对它们进行公私合营或者合作化。

三、对私改造工作,工商行政部门在当地人民委员会领导下做好下列主要工作:(1)了解和研究中小型公私合营企业建立企业管理委员会的经验和私方人员的作用问题;(2)代表当地人民委员会指导工商联的工作,并且协助他们开好工商界先进生产(工作)者会议和做好工商界举办互助金的工作;(3)选择若干重点行业,对资本家的定息收入和生活情况进行典型调查,以便研究处理资本家在认购公债和工商界互助金使用等方面的问题;(4)协助人民委员会对私改造办公室,督促检查对私改造政策的执行情况,特别要注意调查研究中小企业在改组改造方面的情况和问题。

四、在商标工作上,应加强对商标注册工作的宣传和检查,特别是对出口商标注册的管理工作,

促使企业注意自己产品的质量,以维护我国商标在国际市场上的信誉和权益。切实督促有关企业对未注册的商标进行注册。

五、在整理对私改造的历史资料和经验方面,大家认为工商行政部门目前抓紧这项工作是必要的。今年要求做到:(1)结合当地实际情况和可能条件,就改造私营工商业、交通运输业以及资本家方面的历史资料,选择2-4个专题(如公私合营、加工订货、市场管理、零售商改造等),加以搜集整理并总结经验。(2)整理5-7个重点工商行业的发展、改造过程的历史资料。对上述资料的整理,应有必要的专职人员,并很好协同有关业务部门和工商业联合会来配合进行。

经过讨论,大家认为工商行政部门今后应该根据当前新的情况,在当地党、政领导下,切实地从综合情况、行政管理、协调关系、检查督促等方面,更好地发挥作用。在进行工作时,应该加强调查研究工作,及时掌握工作中的变化情况,发掘和研究新的问题,防止和克服工作中的主观主义和官僚主义。

鉴于各地工商行政部门的情况不尽相同,因此在制订1957年的工作规划时,可以根据以上各项工作的要求,因地制宜,适当调整。

以上意见,请审查,如认为可行,请批转各省、自治区、市人民委员会参照办理。

(选自《工商行政通报》第87期,1957年3月20日)

三、河北省人委批转河北省工商局关于省工商局和各级市场物价管理委员会工商行政工作任务范围和有关部门工作关系的意见的通知

(1957年6月29日)

兹将《河北省工商行政管理局关于省工商行政管理局和各级市场物价管理委员会工商行政工作任务范围和有关部门工作关系的意见》,发给你们,希参照执行。凡已建立市场物价管理委员会的地区,即由市场物价管理委员会统一掌管工商行政和物价工作;已经建立但不健全的地区,应该迅速地健全起来。市场物价管理委员会的具体工作内容以及和各业务部门的业务分工,由各地人民委员会根据市场物价管理委员会的力量大小具体确定,一般业务性工作由业务主管部门负责,市场物价管理委员会着重进行综合研究和督促检查,推动业务部门完成工作任务。至于对私改造工作,如果市场物价管理委员会现在接管有困难,可以暂时维持现状,仍由原来负担这项工作的部门管理。

省物价管理委员会同省级有关部门的工作关系,与省工商行政管理局同省级有关部门的工作关系相同。

附:河北省工商局关于省工商局和各级市场物价管理委员会工作任务范围和有关部门工作关系的意见

为了便于各地市场物价管理委员会执行工商行政工作任务,兹根据中央工商行政管理局今年1月召开的省市工商局长会议的精神和中共河北省委、河北省人民委员会关于加强市场管理的指示,对于各级市场物价管理委员会的工商行政工作任务范围和有关部门的关系,提出以下意见:

各级市场物价管理委员会和省工商行政管理局,都是各级人民委员会的一个职能机构,是综合性的行政管理机构。对内是在市场物价的管理和对资改造工作上,综合情况,研究政策,督促检查,调整关系;对外是代表同级人民委员会的工商行政管理机构。工商行政工作的任务范围是:

(一)市场管理工作:督促和检查国家政策法令的执行,加强国家政策法令的宣传,在工商行政范围内处理投机违法事件;综合研究市场情况的重大变化,发现与研究解决市场管理中的问题;会同业务部门指导交易所、交易市场的工作,对交易员、行商、小贩以及外地国、合商业采购人员进行组织、教育、管理和辅导;在市场管理范围内,协调公公(工商、地区间)关系,公私关系和私私关系。

(二)一般工商行政工作:管理公私工商业企业登记发证和证照换发,掌握私营工商业的开、转、歇业工作;管理公私企业的商标注册;贯彻对私营工商业的利用、限制、改造的政策,组织归口改造;辅导和管理资本家的新投资,解决投资中发生的问题。

(三)对私改造工作:督促检查有关部门对私营工商业、交通运输业和城市房产资本家改造政策的贯彻执行,掌握公私合营企业、合作商店的经济

改组、企业的改造和小商小贩的安排改造工作；掌握资产阶级分子的思想动向、人物变化，进行改造教育工作，以及人事安排，公私合营企业的公私共事关系、民主管理等工作；调查研究私方人员的定息收入、生活情况、认购公债和工商界互助金等问题；代表人民委员会指导工商联合会的工作；组织有关部门进行对资改造的历史资料的整理和研究工作。

关于省工商行政管理局和各级市场物价管理委员会同有关部门的关系问题。专、市、县市场物价管理委员会除受同级政府直接领导外，属于工商行政、对资改造方面的工作受省工商行政管理局领导；属于物价方面的工作受省物价委员会领导。专署市场物价管理委员会对所属市、县市场物价管理委员会，市、县市场物价管理委员会对所属区、镇市场管理委员会或集市委员会，均属领导关系。省工商行政管理局和各级市场物价管理委员会，对同级的工业、商业、手工业、粮食、交通、文化、建筑、房屋、供销合作社有关部门，在市场管理和对资改造工作上为指导关系，代表同级政府组织与推动有关部门进行工作，并综合情况，研究政策。至于必要的工作制度，待与有关部门协商制定。

(选自《工商行政通报》第95期，1957年7月30日)

四、现场会议的成果——记工商局长上海会议

(1958年5月)

在鼓足干劲、力争上游、多快好省地建设社会主义总路线的鼓舞下，中央工商行政管理局在上海召开了有7个地区的工商局长参加的现场会议。会议自5月22日开始，开了7天。2天现场参观，5天讨论。

会议是在中央工商行政管理局管大同副局长的主持下进行的。会上首先讨论了工商行政管理部门如何贯彻社会主义建设总路线的问题，并着重地讨论了改进市场管理工作，积极为工农业生产大跃进服务，和加速对残存的私营工业、个体手工业、小商小贩进行社会主义改造等两个问题。

参观现场　边看边谈

5月22日到23日参观了上海市工商局直接领导的3个交易市场和公私合营群力机器厂、手工艺品合作小组，以及上海工商局与水产学院合办的勤工机器厂。另外，还参观了邑庙区私营工业户的交心展览会、手工业产品陈列所和大达码头的农副产品交易所。在现场上边看、边问、边讨论，对大家有很大启发。

旧五金、废旧原料、手工业日用百货3个交易市场，有一个共同的特点，它们都是在利用、改造旧茶楼的基础上建立起来的。过去，这里是行商、居间人聚集、从事投机买卖的场所，现在，有的被取缔，有的人员已被改造成为市场的工作人员。这些市场已经改变成为生产为购销服务的交易市场。这几个交易市场的成立，对于协助外地单位购销、挖掘物资潜力、推销当地产品都起了显著作用。在外地购销单位云集的情况下，采取了集中成交、实行统一发票、国营与行政管理在市场摆“一条龙”的办法，不仅稳定了市场价格，缓和了市场供应，而且有力地支援了生产建设。

在4个由残存的私营工业、个体手工业改造的试点厂和产品陈列所，看到了形形色色、大大小小的产品，有农业用的铁犁，有精密的仪器，有利用废品旧料制造成的各种日用品，有近40家集中起来的中型工厂，有8个人组成的合作小组，有根据勤工俭学的需要结合改造私营工业而建立起来的机器厂。大家感到，在残存的私营工业和个体手工业中，确实有一些技术力量，有一些好产品，改造以后，就可以更好地为我们所利用。当大家在交心展览会中看到这些业主的反动言行和严重的偷工减料、粗制滥造的行为后，又深深体会到进行整风、同资本主义自发势力作斗争的必要性。大家说，现场参观，等于上了一课。

统一思想　明确方向

24日开始，会议首先讨论了市场管理工作今后的方针问题。大家认为，以工农业生产为中心的社会主义全面大跃进，正在使市场面貌发生深刻的变化。

① 生产大跃进，要求提供大量的农田水利器械、各种生产设备及其他生产资料和原材料；很多地区和单位，在国家计划调拨供应以外，还要通过市场直接采购来满足需要。另一方面，生产跃进了，产品的数量、品种大大增加了，国营商业虽然大力扩大购销，但还有一些需要通过市场直接销售。

此外,生产单位通过当地市场的自销也有增加。

② 在国家领导下的小土特产品自由市场中,参加交易的成员也有很大变化,已经主要是社会主义各经济单位。残存的私营工业、个体手工业和小商小贩正在或者将要被改造,个体经营逐渐为集体经营所代替;同时,国营商业贯彻"大买大卖"以后,对开放自由市场的商品,从过去的"插手经营"变为大量经营,在经营比重上占了压倒优势。

③ 农村市场也有很大的变化,集市的作用降低。农业生产大跃进,商业部门送货下乡挨户收购,赶集的人减少很多。今后,农村的"三社合一"和商业部门与农业社直接挂勾的进一步发展,集市的作用将继续发生变化。

面对当前新形势,大家认为,市场管理工作的指导思想必须树立明确的生产观点,必须贯彻为工农业生产大跃进服务的方针。要求做到:关心生产,支持生产,想尽一切办法提供更多的便利购销的条件;组织地区间、部门间、单位间在市场购销活动中的大协作,合理安排市场交易。

在结束对这个问题讨论的时候,管副局长强调指出:明确市场管理工作为工农业生产大跃进服务的方针,是市场管理工作在指导思想上的一个转折点。他说,过去在我们一部分市场管理干部中,单纯强调管理的思想是存在的。今天,我们必须看到工农业生产大跃进后的新情况,看到管理对象正在发生变化,现在,虽然还有一些小商小贩、小手工业,但比重已经很少了,如果再用过去的一套办法,过多地强调管理的一面,特别是那种单纯的管理观点,显然已经不合时宜了。应该根据为工农业生产大跃进服务的方针,认真检查过去的市场管理规章制度,破旧立新。接着,管副局长还指出:强调市场管理工作要贯彻为工农业生产大跃进服务的方针,并不等于取消国家的行政管理。应该看到,市场上两条道路的斗争还没有完全解决,资产阶级还存在,市场上的资本主义经营作风以及投机违法活动还会继续出现,因此,放弃必要的管理也是错误的。

新型市场　可以提倡

讨论转到了如何提供各种各样的丰富多彩的交易形式来为工农业生产服务的问题上。大家感到,像上海手工业日用百货等交易市场的形式,是一种值得提倡的交易形式。对此,管副局长概括地刻划了上海的旧五金、废旧原料、和手工业日用品等3个交易市场的特点。他说,这是一种新型的交易市场。所谓新,并不是场地新,而是因为有了新的内容。第一,集中交易,方式灵活,有购有销,有现货买卖,也有看样成交,有新产品,也有冷背货;第二,"一条龙"的管理办法,国营商业、银行、税收部门和行政管理部门都派人在市场内办公,办业务,核价格,处理投机活动,彼此配合,互相协作,行政管理和经济力量结合起来了;第三,国营设服务部,国合企业摆柜台,直接参加市场交易,既领导了市场,又了解了市场的需要,也为外地购销单位解决了购销活动中的困难问题;第四,实行统一发票、盖章成交,统一核价,防止了投机活动,稳定了市场价格;第五,参加交易的还有一部分小商小贩、小手工业者,通过市场,限制他们的资本主义自发倾向,也有利于贯彻利用、限制、改造的政策。管副局长还进一步指出,这种交易形式,事实上是小型物资交流会的经常化和固定化。他建议,各地可结合具体情况,发挥创造性,发展多种多样的交易形式,千方百计地为工农业生产大跃进服务。

六条经验　一个要求

26日下午,各地汇报了贯彻执行中央关于《继续加强对残存的私营工业、个体手工业和对小商小贩进行社会主义改造》的指示的情况。汇报的情况说明,各地在同资本主义自发势力的斗争中,已经取得了决定性的胜利。目前,各地正在整风和清理整顿的基础上,根据中央的指示,开始对残存的私营工业、个体手工业和小商小贩进行社会主义改造。

会议认为,随着社会主义建设事业的全面跃进,经过同资本主义自发势力的反复斗争,资本主义自发势力必将是越来越受到限制。但是在一定的时期、一定的条件下,出现一些新的无证工商户的可能性仍然是存在的。因此,同资本主义自发势力的斗争还是一个相当长期的、复杂的任务。

接着,大家讨论了同资本主义自发势力作斗争的经验。这些具体经验,大体是:一、采取区别对待的方针;二、不断地清理整顿;三、反复进行社会主义教育;四、加强经济措施;五、依靠群众,加强群众监督;六、严肃处理投机违法。

对残存的私营工业、个体手工业和小商小贩的改造,大家认为应该加速进行。因为,工农业生产大跃进的新形势,迫切要求迅速改变残存的私营工业和小商小贩的私人经济性质,以适应各个经济部门全面跃进的需要。同时,整风反右以后,大部分业主也有了接受改造的要求。根据这些情况,大家认为,根据多、快、好、省的方针,应该很快地把残存的私营工业、个体手工业和小商小贩纳入各种各样的改造形式。

此外,对改造工作中若干具体政策问题,也交换了意见。

工商行政管理部门要积极贯彻建设社会主义总路线

大家讨论了工商行政管理部门如何贯彻社会主义建设的总路线问题。

管副局长发言中提出:工商行政部门必须坚决贯彻多快好省地建设社会主义的总路线。今后,工商行政部门必须大大务"虚",力争务"实",以"虚"代"实";并且要"破空立实",反对脱离实际的空谈。因此,他认为,工商行政部门仍然应该从做好对私改造、市场管理(包括价格管理)、一般行政管理、私改资料研究等四个方面,来贯彻多快好省地建设社会主义的总路线。他又说:当然,在可能条件下,分工做一些与工商行政有关的经济业务,也是可以的,必要的。

他指出,为了贯彻社会主义建设总路线,工商行政管理工作必须明确树立生产观点、阶级观点和群众观点。

最后,管副局长要求大家,要善于及时总结经验,要发挥工作主动性、积极性和创造性。要敢于创造,敢于提出矛盾,解决矛盾。总之要用充沛的精神来对待工作,做出更多更好的成绩来,使工商行政管理部门成为党的有力助手,在社会主义建设总路线的光辉照耀下,奋勇前进!

(选自《工商行政通报》第119期,1958年6月30日)

五、中央工商行政管理局副局长管大同在天津市场管理和对私改造工作现场会上的总结发言

(1958年9月13日)

(中央工商行政管理局于8月26日至9月13日在天津市召开了市场管理和对私改造工作的现场会议。参加会议的有各省、市、自治区商业厅、(局)、工商局、市场物价管理委员会的工作同志,国务院五办、八办、中央商业部也派人参加了会议。会议期间,参观了天津市的市场管理和私改工作现场,交流了经验,研究了新形势下的市场管理和对私改造工作的方针、任务。最后,由管大同副局长作了总结。)

当前的形势和我们总的任务

当前国际形势虽是比较紧张的,但是由于东风压倒了西风,社会主义国家的力量空前强大,因此国际形势对我们是极其有利的。在国内社会主义建设正在全面大跃进。农业生产方面今年粮食的产量预计可达到7000亿—8000亿斤,棉花可达到8000万担。比去年的产品增加60%—90%。这样的增长速度是古今中外所未有过的,这就使我国粮食问题基本得到解决。粮食问题的基本解决,就把我国6亿人口推进到一个新的历史阶段。

农业生产的大跃进,带动了工业生产的大跃进。今年工业生产预计比上年度可以增长60%以上。当前的中心任务,是迅速的完成1070万吨的钢生产任务。第二个五年计划工农业生产总的目标是:基本上建成社会主义经济基础,基本上实现工业现代化、农业现代化,并把经济基础和意识形态结合起来,准备向共产主义过渡。这是我们的远景,我们一切工作都要结合这个远景抓住新的形势跟上去,否则就会掉队。在商业工作方面,当前的任务是坚决贯彻大购大销的方针,尽可能地将各方面的商品流通纳入计划,反对无组织无纪律,反对本位主义,停止市场上以货易货和乱采购的现象。

自从党中央关于建立人民公社的决议公布后,在农村中已掀起了人民公社化运动的高潮,有些省已基本上完成了,全国农村很快就可以公社化。徐水县的同志在报告中所指出的远景,也就是全国农村的远景。城市人民公社运动现在还正试点。城市情况比较复杂,但是很快也会搞起来的。事实上,许多中小城市已组织搞了,有的也已经全部公社化了,大城市如北京、天津市郊区也已组织了公社。我们应该积极参加人民公社化的运动,研究与公社有关的问题。

公社的特点是:工农商学兵一体,政社合一。公社是个生产单位,应该以生产为纲。公社是在生产大跃进的基础上发展起来的,生产力的发展,要求进一步改变生产关系,改变上层建筑,"政社合一"就是上层建筑的改变。现在的公社,还是集体

所有制,其中也包括一部分全民所有的财产。公社的分配原则是"按劳取酬",而不是"各取所需";因为公社还只是共产主义的萌芽,而不是共产主义。

上述就是我们国家当前的新形势。在这新形势下,我们的新任务大体可以分为两个方面:

(1) 我们要大力支持全民办工业,全民炼钢、铜、铝,积极地参加人民公社运动,根据全党的这些中心任务,来加强对私改造工作,将一切残存的个体户(包括小商贩、个体手工业户)根据各地不同情况将他们纳入社会主义的各种改造形式,并加强对资产阶级分子的改造。

(2) 根据新形势下的市场变化,加强市场管理工作,积极地为工农业生产大跃进服务,为消费者服务,保证国家计划的完成,消灭资本主义经济残余,将全国城乡某些分散的市场完全改造成为有组织有计划的市场。

市场问题

1. 新形势下的市场变化

当前工农业生产的大发展,人民公社化高潮的到来,市场发生很大的变化,出现了不少新问题。生产的发展,使产品大量增加,商品的流通大大的扩大,市场大大的活跃起来,商业工作采取了大购大销的方针来适应生产发展和人民生活的需要。商业上的大购大销,把很多商品流通,纳入了国家的商品流转计划,使有计划的商品流通扩大,非计划的商品流通缩小。

人民公社发展了,农村市场发生很大的变化。农村人民公社的供销系统将是有组织有计划市场的主体,农村商品流转将纳入农村人民公社供销系统之内,零星的购销活动还会有,但是数量不多了,因为个体农民,个体手工业者,小商小贩及社员的自留地将不存在了。但是有些山区还有些不知名的小土产,供销部不能预为收购,这些产品还需通过市场来出售,所以,今后在农村中,还是会有一些为数不多的不能纳入计划的商品。

农业发展了,粮食棉花等大增产,实行粮食供给制的公社,粮食变成直接分配的物资;不通过市场分配了,将来还有一些产品要通过计划来直接分配的。这就是说计划调拨和直接分配将会逐步代替市场购销。

集市的作用已大大降低,有些集市已不需要,但还不是说集市一点作用都没有了。农村政治经济文化中心的集镇还需要有集市。但是,由于商品大部分是供销部的。或国营商店出售的,都是纳入了当地购销计划的,所以这种集市已不是非计划产品的市场,它已是有组织有计划的市场的一部分。

从城市看。有组织有计划的零售市场早就形成,例如国、合营商店、综合商场、专业市场如菜市等,这都是计划市场范围以内的,城市零售的非计划产品市场,很少了,因为自产自销的个体经济基本上不存在了。民办工业的产品也将逐步纳入国家的购销计划。城市的批发市场,包括国营的批发站(采购供应站),这是属于计划市场范围内;还有综合的或专业的交易市场和货栈,主要进行第三类物资、新产品、试验品、旧货、废品等的交易。国营商业通过有组织的商业活动,把这些非计划的商品纳入计划之内。目前城市还没有普遍地成立人民公社,但必须预见到城市公社化以后的变化,商品流转的形式、产品的分配都要适应公社化的要求,随公社化而起变化。

当前市场总的形势,可以说是计划市场日益扩大,没有纳入计划的产品,日益缩小。我们应该根据这种客观形势的变化来确定我们市场管理的任务。

2. 市场管理工作的方针和任务

市场管理工作过去八九年来在对私营工商业改造、稳定物价、维护市场秩序和巩固社会主义经济阵地等方面起过重要的作用。市场管理是无产阶级专政在市场工作上的工具。目前资本主义经济基础已不存在,市场管理的对象变了,但市场管理工作的任务不是完全结束了,既有市场,就需要有市场管理工作。

市场管理是上层建筑,是为经济基础服务的。过去市场上主要是两条道路的斗争,阶级斗争;管理的目的是打击投机,稳定市场,保护和发展社会主义阵地。今后主要应该是保护和发展生产力,进一步为工农业生产的发展、为消费服务。

当前,市场管理的方针、任务是:在党的统一领导下,鼓足干劲,力争上游,把全国城乡某些分散的市场改造成为有组织有计划的市场,保证国家计划的执行,反对一切非法的商业行为,为促进工农业生产的发展和扩大市场正当交易服务。

从目前来看,反映在市场上的主要矛盾是:

(1) 全民所有制和集体所有制的矛盾。表现在国营商业与人民公社之间的矛盾,大公、小公之间的矛盾。例如,在价格上就会遇到,特别是民办工业的价格、产品质量等等。

(2) 局部和整体之间的矛盾。表现在地区之间、部门之间、单位之间的关系上。例如本位主义和乱采购、抢购以及以货易货的现象。

(3) 先进和落后之间的矛盾;表现在产销关系上,例如,在产品推销上,特别在外地推销上,质量、价格方面也会反映出很多问题。

各种关系,如工商关系、地区关系、城乡关系、各部门之间的关系都反映这种或那种矛盾。这些矛盾都是社会主义内部的矛盾,是前进中的矛盾,要具体分析,正确处理,协商解决。

此外,市场上也还有残存的阶级矛盾,甚至是敌我矛盾。破坏市场、破坏国家计划、走私、造谣等事也还会发生。因此,继续稳定物价、打击投机、保证国家计划完成的工作,这还是不应该放松的。

从上面所讲的情况来看,当前市场管理工作的具体任务,大体有以下几个方面:

(1) 保证国家购销计划的贯彻,扩大计划购销。为此,就要反对本位主义、反对抢购、反对一切资本主义的经营作风。并且继续和残存的资本主义自发倾向作斗争,同一切投机违法、造谣破坏分子作斗争。

(2) 组织协作,通过市场购销,协调各方面的关系,遇有双方争执不决时,应在当地党政的领导下,本着有利于生产和互相支援的原则来解决。

(3) 便利购销为消费者服务。市场管理要尽可能地更多地提供服务性的工作。如组织新型市场、改组货栈,清理、整顿和美化商场,举办交流会、展览会,农村中举办为农民服务的夜市,改造集市,充实文娱活动等等。

(4) 掌握市场物价情况。配合物价管理部门贯彻国家的物价政策、方针,保证市场物价的继续稳定,对某些不合理的价格经过调查研究后,反映给有关方面,统一平衡调整。通过稳定物价,以促进生产的发展,逐步提高人民生活,适当增加国家积累。

同时,在当前市场管理上还有几个问题需要很好解决:

(1) 外地采购问题。应尽量纳入计划轨道,强调统一,反对本位主义,制止乱采购和抢购的现象。采购和交换,由省、市统一起来。

(2) 外地推销问题。要通过一定部门的批准,纳入购销计划,有矛盾协商解决。

(3) 坚决制止以货易货的作法,单位之间可以进行加工订货,特殊情况下经过批准,才允许以有换无。

(4) 某些单位有随意撕毁合同和不执行合同的现象,这很不好。合同订了要执行,有问题协商解决,局部要服从整体。

市场管理工作既是要把某些分散的无组织无计划的市场改造成为有组织有计划的市场,管理就要和改造相结合、管理和辅导相结合、管理和服务相结合,这就是我们市场管理的方针。

改造问题

今年上半年,在整风胜利的基础上,残存的私营工商业户大部分已经纳入了各种不同的社会主义改造形式,这是很大的成绩。在当前工农业生产大跃进的形势下,很有利于进一步的社会主义改造工作。我们目前的任务,就是要结合人民公社运动和工农业生产大跃进,积极地加速对残存的私营工商业的社会主义改造,消灭单干户,进一步改造现有的合作小组,并加强对资产阶级分子的思想改造。

人民公社运动对于社会主义改造是一个极大的推动力量。这个运动,不仅使生产关系进一步改变,而且也改变着人们的精神面貌、家庭和生活方式。加强对残存私营工商业的改造和对资产阶级分子的思想改造,就是为了使他们跟上形势,适应形势发展的需要。从各地情况看,在人民公社运动中,也有着两条道路的斗争;同时,即使在人民公社成立以后,由于阶级还存在,阶级斗争也仍会存在。我们不能放松改造,产生麻痹情绪,否则,会给工作带来损失。

1. 结合中心任务加强改造工作

对残存私营工商业的改造和对资产阶级分子的思想改造,不能脱离当前的中心任务,必须结合起来进行,要求做到:(1)结合全民办工业的生产高潮;(2)结合市场的整顿和商业网的调整;(3)结合劳动力的统一调配,支援工农业生产;(4)结合各种群众运动,特别是人民公社运动。改造的形式:在有利于生产、有利于经营和有利于改造的前提下,结合当前中心任务,根据各地具体情况,可以采取多种多样的形式。

(1)一部分小商小贩、个体手工业可以为国营吸收。公私合营企业实质上是社会主义性质的企业,如果确有实际需要,经过领导批准,有的也可以改国营;但是,不应该单纯为了改招牌而转国营。

(2)组织高级合作商店或者合作工厂。组织取消股金分红的高级合作商店应该根据自愿。

(3)参加人民公社和民办工业或其它民办事业。

(4)参加工农业生产。

2. 几个政策问题

(1)定息问题。应该贯彻中央"定息五厘、七年不变"的方针,这样做政治上对我们有利,也有利于改造。

(2)资本家加入人民公社问题。我个人的看法,可以允许资产阶级分子参加人民公社,这样就把他们置于社员监督、全民监督之下,对他们的改造很有好处。但这个问题,大家还可以进一步研究。对资本家和对地富反坏分子,应当有所区别。资本家如果参加人民公社后,也可以作为社员。但是,他们和劳动人民之间仍然有着阶级界限,他们参加人民公社后,仍然是具有资本家和社员的双重身份。以上问题。只是个人的不成熟的看法,在试点中还需要由各地党委考虑,服从中央的统一规定。

(3)无论成立公社或者不成立公社,无论是纳入国营或者保留合营、合作,都必须加强对私方人员的政治思想改造工作。这个工作不要放松,要有人管,特别是各级党组织要抓这个工作,要有规划,有检查,有总结。

对私方人员的改造,目的是要把他们改造成为真正的劳动者,通过工作实践、劳动、学习,破资立社,对他们应该有团结、有斗争,有鼓励、有批评。社会主义改造已经取得了决定性的胜利,但是,应该看到,要最后完成这个任务,还必须经过相当长时间的艰巨的努力。阶级斗争在一定条件下也还可能有反复的。

民办工业问题

民办工业,在这里主要是指街道居民办的工业,它们目前大部分是集体所有制。民办工业是在总路线号召下全民动员建设社会主义积极性的表现,我们应当积极帮助、支持、推动和参加这项工作。民办工业有十大作用:

(1)可以发挥全民建设社会主义的积极性,补充国营经济之不足,增加生产,增加国民收入。

(2)可以解放妇女劳动力,动员老弱半劳动力,解决劳力不足问题,腾出部分强劳力参加更重要的生产。

(3)动员广大居民的物质潜力(资金、房屋、设备、废品、旧品等),化无用为有用,增大社会生产基金。如在这次工业抗旱中,增加了很多财富,解决了很大问题。

(4)可以改变社会关系,使邻里关系变成生产劳动中的同志关系,可以在群众中树立互助工作的共产主义风格。树立共产主义人生观。做到"能文则文,能武则武"、"敬老扶幼,夫妻和睦"。

(5)居民生活集体化,打破了几千年来家庭的小圈子。食堂、托儿所、缝纫站等必然随着发展起来。

(6)提高生活水平,解决社会救济问题。过去民政部门每年拿出很多钱搞救济,现在为瞎子、瘸子等安排了适当工作,减少了国家开支。

(7)可以办民校,办业余学校,可以学技术,便于开展文化革命和技术革命。

(8)有利于对残存私营工商业的改造,使地下变地上,私营变民营,个体变集体。

(9)部分合作商店、合作小组、小商贩、手工业、乃至部分合营企业和市场管理工作可以交给居民管理。武清县经验证明,发动群众管好市场是一个很好的工作方法,我们可以叫街道居民担任一定的市场管理工作。

(10)使地富反坏分子有监督劳动的场所,他们中一些人有一定技术,可以在群众监督下发挥其作用,化消极因素为积极因素。

总之,以上这一切都是变消极为积极,化无用为有用,为建立人民公社创造了条件。

1. 民办工业中的问题

民办工业基本上是小集体所有制。目前主要是搞好生产,但应看到其中的成分很复杂,地、富、反、坏、反社会主义改造的分子都有,所以我们一定要掌握领导权,加强领导,又要贯彻民主办企业的方针。另外,它的主要成员工作经验还不多,我们要进行帮助指导。如产品分配、原料供应、工资福利等等。要在党的领导下,逐步帮助它们解决。

民办工业与市场和国营经济单位有密切的关系,也会发生矛盾,必须帮助民办工业把产供销逐步纳入计划轨道。如原料、销路、价格、技术人员以至商标管理等等都是新问题,对这些新问题,都应引起我们重视,协助党委进行研究处理,不要不管不问。现在已经发现一些民办工业有抢购原料、粗制滥造等情况,必须很好地协助解决。也应当看到在民办工业中不但有先进与落后的斗争,也还会有两条道路的斗争。

2. 如何对待民办工业

民办工业是个过渡形式,我们应当采取支持和帮助的态度,要协助党委加强对它们的辅导工作。

(1) 逐步促使他们的产销纳入计划,目前对一些加工或制造的民办工业主要抓加工订货。

(2)掌握他们的价格和质量。通过合同和市场交易来进行,可以协商议价,检查质量。

(3) 防止和处理投机违法行为。对他们的资本主义经营思想和资本主义经营作风要经常进行教育,违法活动也要严肃处理。

至于民办工业登记问题,哈尔滨市已这样办了,可供各地参考。

关于工作方法问题

我们工商行政工作,是政治工作,也有经济工作,牵涉面很广,中心是改造问题,我们必须贯彻总路线的精神,跟上形势的发展,鼓足干劲,力争上游。

一、必须依靠党的领导,政治挂帅,采取群众运动的工作方法。要掌握阶级关系的变化情况。资本家的思想动态,贯彻党的和平改造的政策。

二、贯彻群众路线。一切工作不发动群众是做不好的。这是一条根本的工作方法。

三、加强协作。必须与有关部门密切配合,主动地和各方面联系,把协作关系搞好。

四、加强调查研究,掌握情况变化,及时总结交流经验,发扬工作中的主动性和创造性,要敢想、敢说、敢做,反对华而不实、浮而不深的工作作风。总之,只要积极地干,结合每个时期中心工作,就可以在工作岗位上,做出成绩来的。

(选自《工商行政通报》第 127－128 期,1958 年 10 月 15 日)

六、中央工商行政管理局局长许涤新在工商局长会议上的讲话(记录)

(1959 年 1 月)

这个会开得很好,大家汇报了工作,总结了经验,研究了 1959 年的工作。今天,我来讲四个问题:对 1958 年工商行政工作的估价,工商行政工作的性质,对 1959 年工作的建议和工作方法。

(一)对 1958 年工商行政工作的估价

1958 年的工商行政部门和其他部门一样,在各级党委的领导下,通过整风、反右和劳动锻炼等等,在政治思想和工作作风上,有着显著的提高和进步,从而,在业务工作上,取得了不少的成绩。

1. 在私改工作方面。1958 年基本上消灭了残存的私营工商业、个体手工业和个体小商贩,把他们纳入了各种改造形式,或者转入了工农业生产。这是对残余私有制的一次扫荡战。这是党继 1956 年社会主义改造高潮后,在解决生产资料私有制方面又一次伟大胜利。

1956 年改造高潮的时候,有一部分遗留的私营工业、个体手工业和小商小贩,未能纳入改造的轨道。在 1957 年第四季,据 16 个大中城市的调查,在这些大中城市中又自发地出现了近 15 万小商贩,近 6 万户私营工业和个体手工业。这就说明,对私营工商业的改造,不是一下子可以完成的,而是有着一定的反复性的。

1957 年 10 月 9 日邓小平同志在党的三中全会所作的整风报告中指出,“地下工厂要禁止,要变成地上的,以便加以管理、监督和改造”。党中央在去年 4 月 2 日发出了“关于继续加强对残存的私营工业、个体手工业和个体小商小贩进行社会主义改造的指示”。各地经过 1958 年一年的工作,基本上消灭了残存的私营工商业户。根据对北京、上海、天津、沈阳、武汉、广州、重庆、西安、兰州、昆明、哈尔滨 11 个大中城市的估计,在 40 万小商贩中(包括高潮遗留户),有 20%转入了工农业生产,4%转入国营、合营企业,48%组成了合作商店,9%组成合作小组,12%被取缔,残存的单干小商贩只有 7%左右了。残存的私营工业也很少了。去年如果不是消灭了这些残存户,在市场供应那样紧张的情况下,它们必然会对国民经济和人民生活起很大的破坏作用。

消灭残存私营工商业户的工作,工商行政部门是在各级党委统一领导下进行的。一般的情况是工商行政部门提出全面的规划或意见,经党委批准后,会同各方,共同去办。这说明工商行政部门在工作上必须在党委的统一领导下,善于与有关部门配合合作。

消灭残存私营工商业户的工作,并不是单纯地作为行政工作去处理,而是在整风运动,即在社会主义教育运动的基础上进行的。通过社会主义教育运动,小型工商业者的政治觉悟、思想水平普遍有所提高,在这个基础上对它们进行了清理、整顿和改造。没有社会主义教育的运动,对他们的改造工作就不可能这样的顺利和彻底。

在农村和部分中小城市中,对残存户的改造是在社会主义教育运动的基础上结合公社化运动进行的。公社结合工农业生产大跃进的需要,全面的改造了残存的私营工商业户。由于公社化运动对于社会结构的变革所引起的深刻变化,农村中残存私营工商业户的改造,比之城市中更加彻底。

在1958年度,各地工商行政部门都在党委的统一领导下,参加了对小型工商业者的社会主义教育运动,有的以工商行政部门为主,有的是配合有关部门进行的。有些地区的工商行政部门,例如河北、武汉、重庆、广州、成都等地还在党委的领导下参加了对工商界的整风工作,协助党委对工商联组织进行了整顿改组,这些在1958年度中都是党和政府的重要工作,都是有历史意义的重大工作,各地工商行政部门在党的领导下,做了不少的工作,并获得了一定的成绩。

2. 在市场管理工作方面。去年国内市场发生了根本的变化,自由市场基本不存在了。解放初期,资本主义成分在国内市场曾经占着优势,到了1956年,经济战线上社会主义革命虽然取得决定性胜利,但是还有自由市场,而到1958年,国内市场就成为完全的社会主义市场了。市场的变化过程同国家对资本主义工商业的改造过程的发展是统一的。1956年社会主义改造高潮以后,由于当时私有经济没有全部消灭,因此,还有自由市场。但是,到1958年下半年,由于全民整风的胜利,由于残存私营工商户的消灭,由于农村实现了人民公社化,自由市场存在的条件就告消失了。在市场管理工作上,各地工商行政部门也做了不少工作,首先是:严格贯彻了中央关于加强市场管理、限制第一、二类物资流入自由市场的规定,严格打击了市场的投机违法活动,制止了市场上的混乱现象,执行了国务院批转中央工商局关于加强市场管理若干问题的意见,在基本上克服市场上的混乱现象,促进小商贩和个体手工业户接受改造,并推动了集体贸易的发展和国家收购任务的完成。如广州市去年8月行栈交易所中,个体经济在出售额中,只占6.9%,在收购总额中,只占3.62%,重庆市农民贸易1958年比1957年减少了90.28%。其次,整顿改组了行栈、交易所、交易市场。有些地区成立了新的集中交易市场,如天津建立了工业品交易市场,广州建立了日用工业品交易所,上海建立了旧五金、废旧料和手工业日用品等交易市场,天津、重庆改造了摊贩市场,很多地区还组织了物资交流。同时,基本消灭了行商。第三,各地对外地采购人员进行了管理和教育工作,这个问题在各地都很严重,尤其是大城市,上海、天津、广州、哈尔滨4市采购人员就有7万多人,全国有50万~70万人。中央北戴河会议指示采购人员都要回去。各地工商行政部门在这方面也做了不少工作。但由于生产的发展赶不上需要的增长,供求不平衡,加上所有的产品还不可能全部纳入计划,管理工作虽然取得了效果,这一问题,还需要继续加以解决。第四,在工作方法上,贯彻了群众路线,发动群众来管理市场。河北和其他很多地区都做得比较突出。

3. 商标管理工作方面。去年,积极地开展了商标全面注册。一年来,申请注册的已有2万余件,同时,结合商标注册,开展了产品质量的检查,沈阳、天津业已进行了试点,并取得了成就。对出口商标的情况和存在问题,也进行了了解,并与外贸部发了联合通知,开始对政治上有不良影响的商标进行处理。去年12月份的广州现场会,交流了经验、统一了认识,对推动商标管理工作起了一定的作用。

4. 对私改造资料整理工作方面。1958年拟订了资料整理和研究的规划,制订了地区协作方案,许多地方推动和组织有关方面进行了资料整理工作,如上海市有30多个单位参加。在各地加强协作的基础上,基本完成了私营工业、商业、运输、资产阶级改造和外资等5部资料约200万字的初稿,还基本上完成了卷烟、棉布和进出口等行业的资料整理工作。在实践中培养了一批干部。

上述成绩的获得主要是由于党中央和各地党委、人委的正确领导,也由于有关部门的协作和各级工商行政部门(工商局和商业厅、局)全体同志的努力。

我们的工作是有缺点的。总的说,在全面大跃进中,工商行政部门还没有更好地跟上形势的发展,做出更多的成绩来,如在市场管理方面,没有更好地支持社会主义经济的发展,在私改工作中,残存的私营工业和个体户转入国营、公私合营、合作商店以后,对他们的情况掌握不够,对他们的政治思想教育工作抓的还不够紧。从中央工商局来说,对问题抓得不深、不透,对地方工商行政部门领导不具体,经常地向中央反映情况和问题也做得较差。工商行政通报有成就,也发挥了积极作用,但质量不高,有时甚至有错误。

(二)工商行政工作的性质

工商行政属于上层建筑的一部分,它的对象是管理流通过程和生产过程中的相互关系。在当前主要是流通过程中的相互关系。在流通过程中,这种经济成分和那种经济成分之间,这个部门和那个部门之间,以及这个地区和那个地区之间,都会相互发生关系。工商行政部门的任务就是通过对"物"的管理,来调整和处理这种相互关系的。这是处理人民内部矛盾的一个方面。

在不同的时期,工商行政管理的内容也不相同,在1956年社会主义改造高潮以前,工商行政管理是在流通过程中处理社会主义经济成分和资本主义经济成分之间的相互关系。在这个相互关系中,社会主义是矛盾的主导方面,工商行政管理,是为社会主义服务的,它在处理社会主义和资本主义两种经济成分之间的相互关系的时候,对资本主义经济成分贯彻了利用、限制、改造的方针。例如对加工订货的管理和对市场的管理等,都是通过对商品流通的管理来处理社会主义经济成分和资本主义经济成分的关系,来利用资本主义经济对国计民生的积极作用和限制它对国计民生的消极作用,来支持社会主义经济的发展,来保护消费者的利益。

1956年社会主义改造高潮以后,资本主义经济不存在了,这时,工商行政工作,就是通过流通过程来处理社会主义内部之间的相互关系,例如全民所有制和集体所有制之间的关系,生产者和消费者之间的关系等等。这就是说,工商行政工作是通过协调各方面的关系来为社会主义建设服务的。分别来说:市场管理是处理国家和公社之间、公社和公社之间以及地区和地区之间的相互关系,商标管理是处理社会主义工业和社会主义商业之间、社会主义企业和消费者之间的相互关系,商标的管理要和监督商品质量结合起来,也是为了调整社会主义企业与消费者之间的关系;此外,对私改造也是对相互关系的处理,例如调整公私共事关系和进行思想改造等等,目的是为了兴无灭资。工商行政部门在处理社会主义内部的相互关系时,应该着重于辅导和支持,但是也不能没有管理。为了社会主义的整体利益,必须同资本主义自发倾向、资本主义经营思想和本位主义现象作斗争。

正确处理流通过程中的相互关系,是为了社会主义的整体利益,是为社会主义建设的总路线服务的。这就要求我们必须树立"全国一盘棋"的观点。工商行政管理部门的任务,就是在党委领导下,协助党委和人委,贯彻"全国一盘棋"的方针。工商行政工作的指导思想,就是全局观点,政治挂帅。

由于工商行政工作在当前主要是处理流通过程中的相互关系,所以,它的内容包括:政策、教育和行政手段。政策、教育、行政手段,都是处理相互关系时所需要的。但是也要看到,当资本主义经济已经被消灭以后,行政手段将逐渐地减少,教育和辅导将日益成为我们工作的主要内容。

(三)1959年的工作安排

今年国民经济会比去年有更大的跃进,要保证钢铁、煤、粮、棉任务的完成,农村要发展多种经济生产,其他部门也要按比例发展,国家计划要进一步加强。生产发展了需要也就会增加,就需要更多的原材料、副食品和日用品。在日用品和副食品方面,估计从第三季度起将逐渐缓和,但原材料的供应可能仍有紧张现象。供求的矛盾会通过市场集中地反映出来。这就是说供求的矛盾可能是社会主义经济发展过程的一个长期存在的矛盾。因此,1959年度工商行政部门的工作应该以市场管理为重点。以市场管理为重点,既能适应客观形势发展的要求,也能带动商标工作,推动对城市街道工业的行政管理和促进对私改造工作的进行。

1. 市场管理

今年市场管理工作的中心任务,提议尽可能地把计划外的购销活动纳入国家计划轨道。具体要求是:

(1)协同有关部门,通过合同或其他形式,积极搞好地区协作,活跃物资交流。

(2)继续整顿行栈、交易所和交易市场。旧有的可以进行合并改组,变专业性为综合性,推广信托服务部的组织形式,把它们作为推动社会主义生产的工具。加强对外地采购的管理,严格限制盲目采购,做好对采购人员的管理、教育工作,对盲目外出采购人员要坚决动员他们回去。

(3)关于民办工业。同志们提议各地工商行政部门要通过市场管理,严格取缔投机违法行为,并在可能的条件下,加强对它们的产品质量的检查,进行对它们的加工订货合同、原材料采购、自销产品的销售和价格的管理。我认为这几个工作,都有积极意义。各地可根据具体情况,提出意见,经党委核准后进行工作。当然,各地情况不同,对民办工业的行政管理的要求也不强求一致。但是对民办工业进行调查,研究有关政策方针问题是必要的。

(4)对农村市场必须坚决贯彻李先念副总理的指示,即:“人民公社对于统购、统一收购的物资和其他重要物资,需要出卖的应当卖给上级商业机构,需要购买的应当向上级商业机构购买,不得在公社之间自行交易,也不得到远地进行交易,人民公社不得从社外购买物资转卖给国家,也不得把国家商业机构买来的物资转卖给社外,不能转手经营,人民公社需要出售一些次要产品和零星产品,需要购买一些特殊商品,上级商业机构不能收购和供应的,可以在上级商业机构的领导下,同其他公社订立合同进行交流。也可以经过批准,到适当的地方去采购和推销。”市场管理工作,要贯彻国家的收购计划,辅导管理人民公社之间的交换活动。

(5)继续稳定物价。会同有关部门,进行价格检查,根据中央的方针,价格上涨的要降低到原来的水平。

2. 对私改造

(1)中心工作是抓政治思想教育。工商行政部门重点是抓小型工商业者。即要对参加国营、合营企业、各种合作组织的小型工商业者和个体户,加强政治思想教育。小型工商业者一般是资金少,工资低,生活水平不高,参加劳动,和资本家有所不同,但是从他们的意识形态来看,也有与资本家是相同的一面。对他们还不能放松两条道路问题的教育。在推动他们更好地为社会主义服务的条件下,并向他们进行社会主义和共产主义的教育。有些地方的工商行政部门,是负责对私改造工作的,那就要根据党的方针政策,继续做好这一方面的工作。

(2)结合农村整社工作,对小型工商业者的教育改造工作进行调查研究,创造、总结经验,提出问题和意见。有重点地参加城市人民公社试点工作,摸索在城市人民公社运动中对私改造的经验,进行总结。各地应该组织调查小组进行这项工作。

(3)继续进行对个体、小商小贩和合作组织的改造。在党委领导下各地可以根据国家需要和具体条件,将一部分合作组织过渡为国营,对于扫除残存个体户,也应根据具体情况组织为合作商店或转入国营企业,或者组织他们转业参加工农业生产。

(4)代表当地人民委员会,指导工商联的工作,并协助它们进行改组。

3. 商标工作

(1)商标工作应该以“通过商标管理,监督商品质量”为中心。要求沈阳、天津、上海、广州、武汉、重庆、西安等市,会同各地有关部门进行重点检查,总结经验,逐步推广。中央工商局也找二、三个市总结一些经验。

(2)对商标使用情况进行一次检查,督促未注册商标进行注册。要求各地在上半年提出商标使用情况和检查报告。

(3)会同外贸部及有关部门,整顿出口商标。

(4)加强对商标印刷工作的管理,制止市场上商标混乱现象,会同有关部门加强对商标、广告设计人员的教育改造工作。

4. 调研工作

调研工作必须与行政工作密切结合,为行政工作服务;加强地区协作同充分利用各地有利条件结合。要求各地完成下面工作:

(1)在一季度完成私改典型经验100篇。

(2)总结建国以来市场管理的经验。

(3)研究当前商品生产和价值规律的有关问题。

(4)对当前资改工作中若干思想问题的批判。

(5)根据地区特点,整理专题资料(如广州市整理侨批局,昆明市整理少数民族工商业改造,上海、哈尔滨市整理外侨工商业的改造等)。

(6)整理棉纺、卷烟、火柴、棉布4个重点行业的资料。

5. 今年打算就农村和城市人民公社中的私改工作、民办工业、市场管理、商标工作和调研工作问题,分别召开几个专业会议和现场会议,时间和地点另行安排。希望大家积极进行准备,创造经验。

(四)工作方法

1. 争取党委和人委的领导、支持。工商行政工作,既然是处理相互关系,就经常会遇到一些大问题,处理这些问题,不取得领导的重视和支持,就会寸步难行的。因此,工商行政部门必须经常地、及时地向领导反映情况,下毛毛雨,加强请示报告。

2. 工商行政部门的工作,必须坚持全局观点,支持中心任务,把自己的工作同中心任务结合起来。为此,必须抓政治思想,抓客观情况,善于分析矛盾,掌握时机,利用中心任务推动本身的工作。

3. 加强协作,互相支持。要善于同有关部门协作,只有支持人家,才能取得人家的支持。要做到同有关部门多联系、多通气、多宣传、多请教,这样才能加强协作。

4. 坚持整体利益。我们的工作一定要从坚持社会主义的整体利益出发,要同破坏整体利益的本位主义、资本主义经营思想和作风作斗争,对违犯整体利益的不良倾向,及时提出意见,报告党委进行纠正。

5. 既要有冲天干劲,又要有科学分析,即是:有冷有热,冷热结合。在日常工作中,要克服事务主义,经常分析问题,提高自己的思想政策水平。要抓试验田,创造经验。

6. 中央工商局今后的工作方法,主要是协助地方创造、总结经验,通过批转报告、现场会议等方法,介绍、推广经验。为此,必须加强同各地的联系和协作,希望各地工商行政部门的同志,要支持我们,要经常给予我们以批评,使我们的工作能尽量减少错误。

(选自《工商行政通报》第135期,1959年2月26日)

七、中央工商行政管理局副局长管大同关于小商贩改造、城市民办工业和市场管理工作在工商局长会议上的讲话(记录)

(1959年1月)

这次会议开得很好,交流了经验,分析了形势,研究了当前的工作。关于小商小贩的改造问题、城市民办工业问题以及农村市场和城市市场问题,在会议上都进行了专题讨论,现在,根据大家的意见分别就这些问题发表一些看法。

(一)有关小商贩改造的一些问题

去年一年,对小商贩和其他个体户的改造,成绩很大,残存的私营工商业户基本上消灭了。农村实现了人民公社化以后,个体户已经参加了公社,城市中残存的个体手工业和小商贩也基本上都组织起来。估计在城市的200万左右的小商贩中,绝大部分已经转入国营、合营或者支援工业、农业和交通运输业,或者组织合作商店、合作小组。此外,大约还有10万左右老弱病残仍然保留单干形式。除了经济上的变化以外,一年多来,经过反右整风运动和社会主义教育,小商贩在政治思想上也有了很大的提高。

对于小商贩的改造,在会议上大家争论对他们的改造形式和改造速度,我看这些问题已经在实践中解决了,今后主要是如何加强对小商贩的政治思想教育的问题。因此,对他们进一步地深入进行两条道路和为社会主义服务的教育,是今后对他们改造工作的中心任务。当然,在小商贩当中,还有一部分反革命分子和坏分子,对这些人应该严肃地处理,还有不少的人有着贪污、盗窃的活动,应该进行检查和处理。在有些地方和有些单位中,还需要对他们进行反贪污、反盗窃的斗争和爱护国家资财的教育。

对于合作商店(小组)进一步改造的方向,是向全民所有制过渡。今后,根据国家统一安排市场,统一调配劳动力和统一调整商业网的需要,需要向国营过渡的就应该过渡,工业、农业和交通运输业需要的,也可以把小商贩转送到这些部门去。对一时不能过渡和转业的,应该继续加强领导和教育,不断进行整顿和提高。

目前仍然保持单干的小商贩,主要是老弱病残,如果过渡到国营以后安排工作有困难,也不一定要过渡,仍可保留下来。能够成立合作小组或者合作商店的,可以把他们组织起来。部分单干户适应于街道办工业需要的,也可以转到街道办的工业中去。

对小商贩的改造工作中,几个具体政策问题,大家讨论的意见如下:

1. 资金处理问题。小商贩的资金,原则上不退还本人。个别资金很少、生活有困难并已转业的,以及由于某些特殊情况经当地党委同意的,可以酌情发还一部或者全部。农村小商贩不论是否安排到公社供销部,其资金都由供销部使用,资金是否计息,与农民对公社的投资的处理原则相同。城市小商贩过渡国营企业以后,可以采取计息或者定息的办法，领不领听其自便。

2. 公积金、公益金和奖励金的处理问题。公积金作为国家资金，不能分掉。公益金和奖励金，参加农村公社的原则上交公社处理或者由商业部门和公社协商处理，城市中过渡国营的，由主管部门掌握使用。

3. 工资福利问题。小商贩过渡国营以后，工资福利可以与本企业职工享受同样待遇。对于他们，不必去解决摘帽子的问题。但是，除了组织他们和职工一起学习以外，还应该针对他们的特点经常地进行教育。

4. 对于新冒出来的自发户，必须继续贯彻严格限制、严格管理和加强改造的方针。

(二)关于城市民办工业的一些问题

城市民办工业的范围，大体上包括三类：(1)机关、团体、学校办的工业；(2)民政部门办的生产自救性质的工业；(3)街道办的工业。前两类属于全民所有的性质，在行政管理方面一般地可以不管，而只是要从市场管理的角度来管理。从工商行政管理来说，重点是街道工业。

过去一年中，在全民办工业的方针之下，城市民办工业发展得很快。根据这次会议上哈尔滨、天津、武汉、广州、西安、昆明、兰州7个市的汇报材料，民办工业有13849户，31万多人。一年来民办工业发展的成绩必须肯定。民办工业的发展，体现着党在发展工业方面的两条腿走路的方针，调动了社会上的人力、物力和财力，增加了物资生产，增加了居民的收入，尤其重要的是把街道居民从生产上和生活上逐步组织起来了，为今后在城市建立人民公社准备了条件。当然，民办工业中也存在着一些问题，但是要看到它是有前途的，不应该抱怀疑的态度。目前，民办工业存在的问题主要有两个：一是没有计划，现在连民办工业到底有多少，产值有多大都没有搞清楚，这种无计划的状况必然同计划经济发生矛盾；二是没有统一的管理，有了困难不好解决，缺点不能及时纠正。

从工商行政部门来说，对于民办工业应该采取积极的态度，应该同有关部门配合起来，加强对他们的领导和管理，以及积极进行社会主义教育工作。工商行政部门对民办工业的管理，总的说是从市场管理方面来进行。对有关的政策方针也要加以研究。

街道办工业应该是自力更生、就地取材、群众自办和国家帮助相结合，以自办为主。由于原料供应比较紧张，城市街道办工业主要地应该是搞加工、服务、修理等方面的业务，有条件的也可以成为国营工厂的一个生产车间。工商行政部门应该从供销环节上来加强对民办工业的管理和辅导，帮助它们与国营工厂建立加工关系，或者与商业部门挂钩，逐步地把它们纳入国家计划的轨道。街道办工业在生产经营上有着两条道路的斗争，即为利润生产还是为社会需要而生产。因此，必须加强对他们的社会主义教育，制止它们经营商业和盲目追逐利润的行为以及在市场上抢购、套购、抬价等投机违法活动。

街道办的工业，一般应该属于集体所有的性质，因为是群众集资办起来的，将来当然要逐步向全民所有制过渡，但是一开始就改为全民所有，对国家并不见得有利。群众的投资，不要搞捐献或者挖浮财，原则上应该是在企业有了公共积累以后，分期、分批地发还。关于这个问题以及其他有关积累和分配的问题，是很复杂的，应该先摸摸情况，向党委汇报，党委批准后再办。

现在看来，在今年上半年内，对现有民办工业进行一次全面地清理和整顿，是很有必要的。通过清理整顿，应该巩固地树立社会主义的领导，把五类分子从领导职位上撤换下来，结合当地的需要和具体条件，对民办工业实行必要的经济改组，帮助它们改革不合理的规章制度，建立简易可行的制度。同时，还可以摸清情况，研究问题，总结经验。整顿的目的是为了民办工业的巩固和提高，并且更好地领导它们健康地发展。

对于民办工业，需要有一个统一管理的机构。究竟由哪一个部门来统一管理民办工业，由各地党委决定。无论是由哪一个部门来管，工商行政部门都应该与主管部门很好地配合协作，从市场管理的角度，做好对城市街道工业的管理工作和辅导工作。

(三)有关市场管理的一些问题

关于1959年的市场统一安排，牛珮琮副主任和宋乃德副部长的报告已经讲得很清楚。大家回去以后，应该按照他们报告中的精神去进行工作。我在这里只谈几个问题。

首先，谈谈当前市场的特点。在分析当前市场

特点的时候,必须看到以下三种情况:

第一,1958年工农业生产有很大的发展,但是,自从三、四季度以来,市场供应特别是生产资料、副食品和日用工业品的供应很紧张。供应和需求之间的矛盾,是当前市场上的主要问题,也是社会主义建设时期将长期存在的矛盾,这个矛盾,要求国民经济更好地有计划按比例地发展,加强计划性。解决供求矛盾主要有两个办法:一是有计划地发展生产,这是根本的办法;二是有计划地进行分配,什么东西供应紧张,就实行计划分配。

第二,农村实现人民公社化以后,以小商品经济为基础的自由市场不存在了,市场关系发生了变化。目前,国家统购统销、统一收购以及工商之间有组织的加工订货,已经是商品流通的主要形式。计划市场扩大了,计划性也加强了,国家的计划和公社的计划,也通过合同形式统一起来。改进农村财贸体制,实行两放、三统、一包以后,人民公社的供销部既是国营商业的基层单位,又是公社的组成部分,国家计划可以一直通到公社。因此,今后的市场关系,已经是社会主义内部的关系,是国家和公社之间、公社和公社之间、工商之间、地区之间等方面的关系。

第三,人民公社开展多种经营、发展商品生产以后,除了公社自给部分以及国家统购和统一收购的部分以外,估计还会有一部分零星的商品需要通过市场自行分配。这一部分的数量会有多大,现在还不摸底,看趋势,这种交易形式的存在还是必要的。目前上市的东西还不多,主要是因为人民公社的商品生产才开始搞起来。

总的说来,在我国,统一的社会主义市场是更加巩固了。但是,应该看到,社会主义内部也存在着矛盾,例如,去年以来,市场上就出现了外地采购混乱、抢购套购等现象。对于这些问题如果不加管理,就会破坏国家政策和国家计划,所以,还必须有市场管理。但是,客观形势变了,市场管理的对象和内容也变了。1956年改造高潮以前,市场管理主要是处理社会主义经济和资本主义经济之间的矛盾,高潮以后的一段时期内,主要是处理计划市场和自由市场之间的矛盾,而现在,则是处理社会主义内部的矛盾和问题。市场管理,过去是阶级斗争的工具,现在则是贯彻计划和协调关系的工具。

今后,商品流通的形式将有三种,即:国家计划调拨和统购统销;合同购销;在市场上的零星交易。根据这种情况,市场管理的任务有四个方面:(1)保证国家计划,把购销活动纳入计划轨道;(2)稳定市场,贯彻价格政策;(3)协调关系,组织协作,活跃交流;(4)与改造相结合,制止资本主义的自发倾向和打击投机违法活动。

面对着市场管理的新任务,需要我们改进工作方法:第一,要树立"全国一盘棋"的观点和为工农业生产服务的观点,要保证国家的钢、粮、棉、煤的生产计划的完成,提倡协作精神,反对本位主义;第二,解决社会主义内部的矛盾,要着重于政策宣传和说服教育;第三,要加强调查研究工作,在实践中创造经验,加以总结和推广。

(四)几个具体问题

1. 对外地采购的管理。现在,全国外地采购人员有50万~70万人,资金有7、8亿元,引起了市场的混乱,应该加强管理。有的应该动员回去,对于合理的采购活动,应该进行管理和登记,把它们纳入计划轨道之内。

2. 对行栈、交易所要加强领导,通过它们来了解市场采购活动的情况,并且可以为购销双方提供信托服务。

3. 物资交流会,各地可以根据当地的需要和条件来组织,专业性的或者综合性的,定期的或者不定期的都可以。通过物资交流会,既是为了活跃物资交流,也是为了把购销活动纳入国家计划。

4. 价格管理必须加强,保证国家价格政策的贯彻,对于擅自上涨的商品价格,应该调整恢复原来的水平。

5. 农村集市问题。有些地方已经取消了集市,有的地方取消后由于需要又恢复了。现在看来,没有必要把过去的集市全部都恢复起来,但是,如果用行政办法,全部取消,也不符合客观的要求。集市对于活跃农村经济生活和文化生活有好处,不能完全否定,应该有重点地保留。同时,集市应该与农村休息日期相结合,并举办一些文娱活动,使集市既成为交易的场所,又是文化娱乐的场所。看来,这种做法是好的,也是可行的。

以上这些问题,还需要报告和请示中央,因此,大家在进行工作时,对有关政策问题,必须请示党委核准后再办。

(选自《工商行政通报》第135期,1959年2月

26日）

八、辽宁省商业厅关于1959年工商行政工作的意见

今年是我国工农业生产更大跃进的一年。在这一年中，我省和全国一样，不仅要保证钢、煤、粮、棉4大指标的实现，同时要促进农村人民公社多种经济的发展。由于生产的发展，要求供应更多的原材料和产品，人民购买力也将随之提高。因此，今年的市场必将出现一个更加活跃繁荣的局面。但是，生产的发展，一时还跟不上需要的增长，某些物资供应紧张的情况，还会继续存在，这种供求矛盾，必然通过市场集中地反映出来。解决这个问题，除了积极发展生产外，必须加强有计划的购销活动，使物资合理分配使用。因而今年工商行政工作，应以市场管理为重点；同时，促进对私改造，带动商标工作。

（一）市场管理方面

今年市场管理工作，中心任务是：坚决贯彻"全国一盘棋"的方针和统筹安排，保证重点，照顾一般的原则，协调供求关系，组织地区协作，活跃物资交流，把各种购销活动，纳入计划轨道；制止盲目采购、以货易货的行为，打击投机违法活动，保证在"六一"前扭转市场混乱局面。为此，必须做好以下工作：

1. 坚决贯彻"全国一盘棋"的方针和省委指示精神，加强对外地采购人员的管理，严格制止盲目采购，做好对正当采购人员的辅导教育工作。与此同时，积极贯彻国家购销计划，协同有关部门，通过合同、协议、物资交流会等形式，搞好地区协作，活跃物资交流。

2. 认真整顿货栈和交易市场，根据需要，进行改组、合并，或者扩大、增设。因地制宜地推广信托服务部（处）和城乡服务队的组织形式，充分发挥它们的"拾遗补缺"的作用。

目前农村人民公社正在实行分组管理，分级核算，各计盈亏的管理制度，原来公社内部自行调配的产品，现在改为交换形式，这就必然给市场带来新的内容。各地应注意这种新情况，加强对市场的领导和管理，适当建立新型集市，充实集市内容，从而促进生产的发展，方便群众购销。

3. 积极配合有关部门，加强对民办工业的整顿和管理。帮助他们安排生产，建立领导机构，整顿组织，制订可行的管理制度。通过市场管理，加强对他们的社会主义教育，制止他们经营商业和盲目追求利润；取缔他们在市场上抢购、套购、抬价等投机违法的行为。从供销环节上，加强对他们的产品质量、加工订货合同、原材料采购、产品销售和价格的管理。管理的重点是街办工业。经过整顿和管理，使他们正确执行"自力更生，就地取材，群众自办为主和国家帮助相结合"的方针，充分发挥其应有作用。

4. 必须贯彻中央关于改进农村财政、贸易体制的决定，保证"两放、三统、一包"政策的实现。督促人民公社对于统购和统一收购等重要物资，要坚决卖给国家，需要物资应到商业部门购买，不得自行到外地乱行采购和推销。根据人民公社的组织形式，结合整社，把基层市场管理机构和管理制度建立起来。

5. 加强价格管理。根据国家的价格政策，会同有关部门，进行价格检查。对不合理的价格，应迅速研究解决。

6. 坚决打击投机违法。采取各种形式，加强宣传教育，搞好部门协作，充分发动群众，与不法行为作斗争。取缔黑市交易，打击投机违法活动，对个别不服从管理，屡教不改的分子，应依法惩处。

（二）对私改造方面

1. 我省工商业者经过反右斗争和整风运动及社会主义教育，政治思想有了一定提高；但是，大多数人还处于中间状态，两面性依然存在，两条道路的斗争还没有完全解决。当前较普遍地存在着"厌倦改造"或"改造到顶"的思想。因此，今年私改工作，中心是政治思想教育，我们教育的重点是小型工商业者。各地要在党委领导下，配合有关部门，根据"以政治思想改造为统帅，以劳动和实践为基础，以企业和其他工作岗位为基地"三结合的方针，采取各种形式，加强思想教育，逐步把他们改造成为自食其力的劳动者和社会主义新商人，并达到毛主席指示的六项政治标准。

2. 认真贯彻中央关于改进农村财政、贸易体制的决定，将合营、合作的小商贩下放到人民公社，由公社统一管理与改造，并结合农村整社工作，根据

中央有关对私改造的方针和省委指示,对他们下放改造中的一些重要问题,认真研究处理,总结经验。

配合有关部门,在城市人民公社进行试点,摸索出在城市人民公社中对私改造的经验。

3. 继续对残存小商贩进行改造,分别情况,纳入各种改造形式,或者组织他们参加各种生产劳动。在党委领导下,根据国家需要和具体条件,扩大部分合营、合作组织的集体所有制和全民所有制。

4. 把"改造与服务"密切结合起来,积极领导工商业者开展竞赛运动,改善经营管理,提高服务质量,充分发挥他们为生产、为消费服务的作用。从实际出发,建立必要的管理制度,杜绝贪污现象。

(三)商标工作方面

1. 举办商标展览会,以市为中心巡回展出,深入贯彻中央工商行政管理局商标专业会议的精神。

2. 通过商标管理,监督商品质量,是商标工作的中心。各地应会同有关部门,对重点行业进行检查,总结经验,逐步推广。

3. 对商标使用情况,进行一次全面的检查,摸清情况,建立档案材料,同时督促未注册的商标限期注册。这项工作要求在6月份结束,并把检查的问题和处理结果报省。

4. 加强对商标印制工作的管理,制订管理办法,制止乱印商标的现象。

5. 实行初审制度。市级工商行政部门要配备专职干部,管理商标工作。今后企业申请商标注册,由工商行政部门核转中央工商行政管理局,并负责办理商标注销和变更名义等事宜;对商标较多的县份,生产企业申请商标注册,是否由县核转,由各县自定。

(选自《工商行政通报》第140期,1959年4月27日)

九、中央工商行政管理局工商局长座谈会纪要

(1959年5月)

从5月11日到18日,中央工商行政管理局在广州召开了几个地区的工商局长座谈会。参加这次会议的,有广州、武汉、天津、重庆等地的工商局长,以及河北省财贸委员会、广东省商业厅、佛山专区和中山县商业局的同志等。

会议由中央工商行政管理局管大同副局长主持。各地同志简要地汇报了今年1月工商局长会议以后的工作情况和存在的问题。会议对当前市场上的某些物资供应紧张情况交换了意见,并着重地研究了活跃第三类物资的交流,积极组织、利用农村集市贸易,价格、质量的管理,城市街道生产、服务事业的管理和对私改造等工作,以及今年下半年应当抓哪几项主要工作等问题。

在讨论市场问题的时候,大家认为,部分产品供应紧张,仍然是当前市场上的一个重要问题,应当引起重视,抓紧摸清这方面问题和研究解决办法,应该从各方面坚决贯彻中央关于增产节约的方针。从市场管理部门的工作来看,有几个问题要注意加以解决。在城乡关系上,加强市场管理以后,混乱现象逐步克服了,但是,有些地方也出现了管理过死的情况,应该引起注意。在人民公社改变管理体制、大力发展多种经营以后,一些公社和社员还有一些零星商品需要进行交换、调剂;但是不少地方取消了农村集市和交易市场,影响正常的交换活动,造成了"明的没有暗中来"的不正常现象。物价基本是稳定的,但自去年下半年以来,出现了价格局部上涨的情况,有的幅度很大,而且有不少是人为的主观因素所造成,不少商品质次价高,造成了不好的影响。

会议认为,第三类物资交流,主要的当然是通过合同纳入国家计划,或者逐级召开物资交流会。但是,要把为数众多的零星小商品一律纳入这二种形式,是不可能的,需要通过其他适当形式,例如利用城市的固定交易市场和农村的集市,来进行交流、调剂。在市场管理上,要贯彻物资分类分级管理和对统购、统一收购物资管理规定,纠正那种不区别品种一律管死的做法。既要督促履行购销合同,保证国家收购任务的完成,还必须使一部分合同以外的数量很大、常年生产的第三类物资能货畅其流,克服人为的妨碍交流的现象。利用农村集市,来组织第三类物资的交流,促进公社多种经营、发展商品生产、密切城乡联系,显然也是一种可以利用的形式。大家认为,广东省汕头专区组织的公社贸易市场,使一部分第三类物资的交流用市场的形式固定下来,发展了原有农村集市的优点,有利于公社以至国家可

以更有计划地经常地组织群众经济生活，效果很好。会议认为，在国家领导下积极地有计划地利用原有的农村集市，组织定期的公社贸易市场，对活跃农村经济生活是有利的。这种市场的地点，应当与农村的政治经济中心结合起来；交易的日期，最好选择公社的休假日；有条件的地方，还可以增加一些文娱活动。但是，必须加强对公社贸易市场的领导，加强对农民的政治思想工作，防止发生不完成国家合同、不遵守物资分类管理规定以及弃农经商等倾向；在价格管理上，必须保持在一个合理的水平。对于城市中产品的价格质量，大家一致认为，这不仅是一个经济问题，也是一个政治问题，必须坚决管理。要层层宣传和贯彻党的物价政策，规定产品的规格、质量和合理利润，加强对产品质量的检查，充分发动群众进行监督。反对那种单纯追求产值（或营业额）、利润的思想和做法。

会议对城市街道生产、服务事业中的有关问题进行了讨论。大家认为，街道生产、服务事业，在支援工农业生产、补充人民日用小商品的不足、组织居民的生产和经济生活等方面，都有一定的积极作用。但是，由于街道生产、服务事业发展的时间短、速度快，领导管理缺乏经验，存在的问题也不少，必须积极加以整顿和提高。整顿和提高现有的街道工业、服务事业，必须以生产为中心，并且同增产节约运动密切结合起来。它的发展方向，应该是为大工业和居民日常生活服务。生产范围，主要应该搞加工、修理和服务性的生产，同时，在市和区的统一安排下，搞一些为居民日常生活所迫切需要而又用料不多(或者可以利用废、旧料)的小商品生产。坚决反对盲目贪大、贪洋和单纯追求产值、利润的倾向。有些企业，在生产和原材料供应上同大工业的矛盾很大，应该组织转产，或者停止生产；如果少数企业基础好、利润大、产品为国家需要的，也可以考虑改为国营企业或大工厂的附属车间。总之，街道工厂必须为大工业“让路”，分庭抗礼的做法要坚决制止。街道工厂要尽可能地多搞分散生产的，不要过分强调集中、正规，以保持其灵活性，使成员既能参加生产，又能适当兼顾家务劳动，做到有活就干、无活就停，放下这样、拾起那样。会议着重指出，城市中，组织劳动的门路很多，例如补袜修鞋、清洁卫生、当保姆，以及其他为居民生活服务的劳动，只要大家动脑筋，可干的活是很多的。不要只是在组织工业生产上打主意。大家一致认为，必须切实加强街道工业的供、销、质、价这四个环节的管理，制止投机违法活动。会议认为街道工业和服务事业的性质是集体所有制，并进一步就街道工业的管理体制、分配原则、工资形式、举办集体福利等问题，交流了经验，交换了意见。此外，会议对在整顿工作中，要调整领导成分、贯彻阶级路线、加强领导、健全必要的制度、改善经营管理、加强政治思想工作等问题，也进行了讨论，统一了认识。

在对私改造工作方面，主要讨论了近一步改造小商小贩的问题。会议在分析了当前的客观形势和小商贩的思想状况之后，指出继续加强政治思想工作，仍然是当前进一步改造小商贩的中心环节。要把推动他们为社会主义建设服务，同加强对他们的思想教育工作统一起来。在讨论中，各地反映：在处理私方人员和小商贩贪污、挪用公款、公私不分、贪小便宜的行为的时候，出现了一些偏向。大家认为：私方人员贪污舞弊的行为应当制止；制止私方人员的贪污舞弊行为，除了加强对企业的领导管理，建立必要的制度，定期检查，以防止贪污行为的发生并严肃处理个别情节严重、屡教不改的分子以外，根本的办法，是加强对私方人员的政治思想教育，积极地帮助他们在参加社会主义建设的工作中加强自我教育和自我改造。大家认为，在经过整风反右以后，阶级关系基本趋向缓和的今天，采取大规模的群众性的反贪污运动的做法，是不适宜的，是不利于当前社会主义建设大跃进的形势的。

接着，会议充分讨论了今年下半年的工作。最后，管大同副局长根据大家的意见，作了简单的归结，他说：今年下半年，工商行政部门主要抓五个方面的工作。第一，是抓价格、质量。这个问题经过上半年全面的检查处理，情况会逐步好转，要再加一把劲，同有关部门，切实地把价格、质量管好。第二，是抓第三类物资的交流。市场要管理，但不要把市场管死了。要采取各种措施，使市场稳定，秩序正常，货畅其流。要积极利用公社贸易市场，加强对市场交易的领导。第三，是抓整顿提高。整顿提高的一个方面，是城市的街道工业和服务事业，另一个方面，是各种合作组织。第四，是抓竞赛评比。应该动员并切实帮助企业的私方人员同职工群众一起，在生产经营中作出贡献，并积极地在企业党组织的统一领导下，组织私方人员参加先进生产者的评比竞赛。第五，是抓宣传、教育。就是要抓紧做好对人民群众的政策宣传和解释工作,例如当前市场供应问题等,要做好对私方人员、小商小贩的政治思想教育工作。管副局长还指出,这只是一些主要项目,各地还应根据具体情况,再作具体安排。在工作方法上,管副局长强调指出,要抓典型,解剖麻雀;并且使中心工作同一般工作很好结合起来。

(选自《工商行政通报》,第 144 期,1959 年 6 月 30 日)

十、中央工商行政管理局副局长管大同在市场和街道民办工业哈尔滨现场会议上的总结发言

(1959 年 8 月 22 日)

(中央工商行政管理局于 8 月 10 日至 22 日在哈尔滨市召开了市场和街道工业现场会议。出席这次会议的 17 个省(市)33 个市、县 92 个单位的代表 137 人。中央内务部、公安部、轻工业部、全国手工业合作总社、国务院宗教事务管理局也派人参加了会议。这次会议的内容,主要是研究城市街道民办工业、街办服务事业以及有关商品流通和市场管理方面的问题。会议期间,参观了哈尔滨市的市场和街道民办工业,听取了哈尔滨市、黑龙江省以及其他地区的代表介绍经验,通过讨论,交流了经验,统一了认识,明确了有关上述问题的方针、政策。最后,由管大同副局长作了总结。)

(一)

会议开了十几天,现在把会议上大家讨论的一些问题集中起来谈一谈,因为时间仓促,谈的不一定全面和妥当,请大家指正。

这次会议是现场会议,研究现场的经验,同时也交流各地的经验。应该说,这次会议在这方面是成功的。我们的会议主要有两个内容:一是研究城市街道民办工业和服务事业的有关问题;二是研究有关商品流通和市场管理方面的一些问题。现在看来,召开这样一个会议是很有必要的。

城市街道民办工业和服务事业,是在去年大跃进的形势下发展起来的,而且发展得比较快。对于它们,应当怎样去认识和评价?怎样进一步领导和提高?在社会主义建设中怎样来正确地发挥它们的作用?这些,都需要我们很好地加以研究,并且采取正确的态度来对待。过去一年来,毫无疑问,各地在这方面积累了不少经验,这次会议交流了这些经验,研究有关问题,这是很大的收获。市场方面,今年上半年出现的供应紧张情况,在中央和各地都采取了有力措施以后,已经逐步趋向缓和,并且将会有更大的好转。过去一个时期,各地在整顿、管理市场和组织物资交流上都做了不少的工作,是有很大成绩的。在这次会议上,我们交流了市场工作中的经验,研究了一些有关的问题,也取得了重大的收获。

哈尔滨市在组织、整顿街道民办工业和服务事业方面以及在整顿、活跃市场方面都有些好的经验。例如:端正街道民办工业的生产方向,正确处理"高精大"和"低粗小"之间的关系,积极组织手工业产品的生产,街道大办服务事业以及在整顿市场方面"五结合"的做法等等,都是很好的。中共哈尔滨市委张洪树同志、王农同志和省人委关舟同志等分别向大会作了介绍,丰富了我们会议的内容。

我认为,这次会议开得很好,收获也很大。经过会议讨论,基本上统一了认识,这就为今后工作的进一步开展打下了思想基础。

(二)

这次会议可以说是一个大会,但集中谈的是一个"小"字。"大力发展小商品生产,活跃市场,更好地为组织人民经济生活服务",是个大题目,我们今天只能在这个大题目下做点小文章。也就是说,主要研究工农业大生产中的小商品生产,手工业生产中的城市街道居民生产,国家大计划中的"小自由",商品流通中的补充市场。

这些问题重不重要呢?应该说是重要的。这些问题,也是城乡人民经济生活中的重大问题,是党和群众关系的一个重要方面。是一个经济问题,又是一个政治问题。忽视这些问题,就会出现经济生活的某些失调现象,这已经为去年的经验所证明了。

1959 年,是我国国民经济在 1958 年取得伟大成就的基础上继续大跃进的一年。从几种主要的工业产品的生产来看,今年上半年比去年同期有了很大的增长:生铁增长了 1.5 倍以上,钢增长了 66%,煤增长了将近 1 倍,发电量增长了 55%,机床增长了 1 倍多。农业方面,尽管今年许多地区遭受到自然灾害,但夏收的情况仍是好的,目前许多地

区正在党委的领导下大力向自然灾害作斗争。关于粮食问题，中央已决定继续实行定产、定购、定销的“三定”政策，增产部分国家只增购40%，农民得60%，3年不变，这将更有利于鼓励农民的生产积极性；猪的生产也有了发展，在今后几年内，各地将会达到两三个人一口猪，一人一口猪，甚至一亩地一口猪；农村的多种经营也有了很大的发展。事实证明，我们现在正处在一个继续跃进的局面。由于我们强调了计划落实，强调了产品的品种和质量，注意了国民经济的综合平衡工作，就一定可以跃进得更好。但是，有些人看到市场上某些物资供应的一时紧张，看到我们国家在大前进大变化中碰到的一些难以避免的缺点和困难，就被吓倒了，产生了消极悲观情绪，这是一种片面的、右倾思想的反映。为了继续跃进，必须坚决扫除这种右倾思想的障碍。现在大家已经看到，经过中央和地方半年来的积极努力，市场情况已经有了很大的改变。目前，虽然还有一部分商品，例如一部分副食品、一部分日用工业品和某些工业原料的供应仍然相当紧张，但是应当看到，这些商品的供应也一定会在全党全民的努力下逐步得到解决的。大家都知道，在社会主义制度下，生产的发展总是跟不上人民生活不断增长的需要，在一个相当长的时间内，这将是国民经济发展过程中的一个重要矛盾。因此，个别商品甚至部分商品供应紧张的局面，在今后还是有可能发生的，对这一点必须有充分的估计。

社会主义的基本经济规律，是最大限度地满足人民日益增长的物质生活和文化生活的需要。为了更好地组织城乡人民的经济生活，激发广大工农群众的生产热情，中央指出，必须大力发展日用工业品、手工业品和副食品的生产，这是一项非常重要的措施。人民生活中的吃、穿、用问题，是经常需要我们重视的一个问题。这就要求有计划按比例地发展国民经济，正确地处理生产资料生产和消费资料生产两大部类之间的比例关系，正确地处理工业和农业之间、重工业和轻工业之间、重点和一般之间、“高精大”和“低粗小”之间、棉粮生产和多种经营之间等等各方面的比例关系。坚决贯彻党的社会主义建设总路线和一整套“两条腿走路”的方针，再接再厉，继续跃进。

（三）

中央指出，必须迅速恢复和发展日用工业品的生产和手工业品的生产，以供应生产的需要和人民生活的需要，这是非常及时的、正确的措施。我们必须大力加以贯彻执行，而街道民办工业的生产，正是在这方面的一个不可忽视的力量。

一年来街道民办工业的迅速发展，证明了党中央提出的“全党全民办工业”和一整套“两条腿走路”的方针，是完全正确的。

街道民办工业是社会主义建设事业大跃进中的一个新生事物，对它有一个正确的估价，是完全必要的。在这个问题上，我们既要看到它的经济意义，也要看到它的政治意义。

街道民办工业，是一支新生的社会生产力量，它已经成为社会主义全民所有制经济的一个补充和助手。一年来，各地街道民办工业生产的小商品有上千种。从各地的材料看，这些小商品的产值，大约要占街道民办工业总产值的60%左右。街道民办工业的发展，对大工业也是一个有力的支援，在街道民办工业中，为国营、地方国营工业加工部件、修理工具的产值，大约占到街道民办工业总产值的30%左右。可见，街道民办工业的发展，是符合国民经济有计划按比例发展规律的要求的。它在一定程度上补长了轻工业的“短腿”，增加了人民生活需要的供应，相对地缓和了市场小商品供应紧张的局面。随着街道民办工业的发展，进一步调动了城市的积极因素，使分散在街道中的“闲人”、“废物”为社会主义服务，既增加了社会财富，也增加了居民的收入，改善了人民生活，促进了社会福利事业的发展。

街道民办工业和服务事业的兴起，对改变城市面貌和人们的精神面貌也有着积极作用。通过生产劳动，把人们从生产上和生活上组织起来以后，就有利于进一步对他们进行社会主义和共产主义教育，提高觉悟，培养集体主义精神。一年多来，家庭团结、邻里和睦的社会新风气正在逐渐形成，人们的精神面貌也正在逐步改变。生产事业的发展，使城市街道工作出现了以生产为纲，全面跃进的局面。消费街道逐步转化为生产街道，并大大地推进了民政、卫生、教育、妇女和公安等方面的工作。例如通过组织生产的办法减少了救济户；普遍开展文化技术学习；并且把一部分分散在街道中的五类分子，置于有组织的群众的监督之下，通过生产劳动，对他们进行改造。街道民办工业的发展，也促进了对残存私营工商业、个体手工业和小商贩的社会主义改造,使“地下工厂”变为地上的,限制了城市资本主义自发势力的滋长。

可以这样说,街道民办工业和服务事业的发展,不仅有利于更好地组织和指导城市人民的经济生活,而且是彻底改变旧城市面貌的良好途径,使街道工作有了新的内容,找到了组织、教育分散在街道中的各阶层居民的有效方式。应当说,这是城市基层工作的一种质的飞跃。

街道民办工业在发展过程中,也曾经出现过一些问题。例如,缺乏全面规划和安排,行业重复,争夺原料;部分企业领导成分不纯,一些五类分子窃据了企业的领导职务,投机违法,胡作非为;有些干部片面地追求产值,从利润上着眼,忽视了小商品生产和产品质量的提高;一些企业生产管理比较混乱,劳动组织不合理,产品成本高;甚至也出现某些铺张浪费、贪污盗窃的现象。所以产生这些问题,主要是由于街道民办工业是一项新的工作,时间还短,我们还缺乏经验。但是,这些问题,同成绩相比,仅仅是九个指头和一个指头的关系,而且,在各地党委的领导下,经过大力整顿,有的已经基本解决,有的正在解决。有些同志对街道民办工业的作用和缺点的估计,是不够全面的。有的同志认为街道民办工业是“小玩意儿”,“经济价值”不大,对于它的政治意义也表示怀疑;有的同志虽然承认街道民办工业有积极作用,但是把它在发展过程中一些不可避免的缺点,不恰当地夸大了,甚至全盘否定了街道民办工业的成就。显然,这也是一种右倾思想的反映,对于街道民办工业的进一步巩固、提高是不利的。

现在,谈一谈街道民办工业的发展方针、生产方向和任务问题。这是当前的一个重要问题。街道民办工业中的大多数,从生产方式和技术水平等方面来看,属于手工业的范围。它是地方国营工业的“配角”。因此,一般地说,它应当积极地从“低粗小”方面作文章,不应当盲目地去追求“高精大”。

经过会议的讨论,大家认为,对于街道民办工业,应该采取积极领导的态度,而不是采取消极取消的态度。要根据统筹兼顾、全面安排的精神,贯彻整顿、巩固、提高和稳步发展相结合的方针。这也就是在不断巩固、提高的基础上,稳步发展,在发展中不断巩固、提高的方针。街道民办工业的生产方向,应该是从组织人民经济生活、拾遗补缺的要求出发,更好地为工农业生产、为人民生活服务。

第一,什么该办,什么不该办?是不是可以来个“五办”、“二不办”。先谈“五办”:

(1)大力恢复和发展多种多样、价廉物美的小商品生产,如现代工业生产尚不能满足需要的小百货、小五金等等,把原来手工业生产合作社的一部分生产任务担负起来;

(2)大力开展为居民日常生活服务的修、补、缝、织等服务业务,根据需要和便利居民的原则,在方式上,要有适当数量的固定服务网点,也可以组织一些游街串巷的修理、服务人员;

(3)为国营、地方国营工业加工、修配部件和半成品;

(4)修理一些力所能及的农业机械、工具;

(5)根据不同地区的条件和特点,也可以搞一些出口手工艺品或者原料的生产。

有二项不要办:

(1)现代工业的产品已经能够代替而又能满足社会需要的,不要办。已经办的,如果同现代工业的产品销售矛盾不大,可以维持;矛盾很大的,要组织转业。

(2)同现代工业争原料的,不要办。已办的,要向现代工业“让路”。

第二,街道民办工业的生产,不能只追求产值,更主要的是不断扩大品种和提高质量。过去有些街道民办工厂片面地追求产值、追求利润而使品种减少、质量下降的现象,必须改变。

第三,企业组织形式,应该各式各样,不要千篇一律地搞集中生产。我们要大力组织家庭妇女参加生产劳动,这是一件好事;但是如果在企业组织上强调集中,忽视家庭妇女的特点,使家务劳动和生产劳动发生矛盾,那就会使家庭妇女参加生产发生一些困难。因此,街道民办工业的组织形式,应当从有利于生产出发,结合产品的技术要求和家庭妇女多的特点来确定。有的可以集中生产,有的可以统一领导、分散生产,有的也可以采取分散生产和集中生产二种形式相结合的办法。集中生产的企业,在生产时间上,也应当根据实际情况,规定得灵活一些,不要一律规定为八小时。这样做,可以使更多的人兼顾家务劳动和生产劳动。

第四,要合理安排工业布局,统一安排生产力。在全市范围内,对街道民办工业应当通盘规划,全面平衡,防止生产上的盲目性。同时,也不宜强调小并大。对过去由小并大的企业,凡是能够按照社会需要，恢复原有的品种和数量，便利人民的，可以不再分散；并得不当的，要适当划小。

第五，要加强供销和产品价格的管理，逐步加强生产的计划性。

(1)街道民办工业的产品，应当在保证产品质量的条件下，尽可能由国营商业部门通过加工订货的方式进行包销，纳入计划；原来自销的，可以继续维持，但自销的范围不宜再扩大，自销的产品，应当服从市场管理和价格管理。与大工厂有加工协作关系的企业，也应当尽可能地把这种关系固定下来。

(2)原料供应上仍然应当充分利用废品旧料、边角小料。在来源上，要贯彻自力更生同国家辅助相结合的原则。有关部门在考虑废旧原料统一分配的时候，对街道民办工业所需要的原材料，应当尽可能予以照顾；在统一计划下，可以让街道民办工业同国营工厂直接挂钩，取得废旧原料；在服从国家政策法令和市场管理的原则下，也可以允许街道民办工业组织采购、自购自用。

民政部门办的社会福利生产的供、产、销，国家计委和内务部已经下达了指示，可以按照这个指示的精神办理。

(3)产品的价格，要贯彻“优质优价、分等论价”的原则，建议商业部门在收购产品的时候，要根据产品质量和合理成本，给以合理的价格，使生产部门有合理利润。修理服务行业的收费标准，也要力求合理。

第六，加强对企业的生产管理。

(1)要大力贯彻勤俭办企业的原则。反对铺张浪费，加强经济核算，不断提高劳动生产率，降低成本，提高产品质量。

(2)建立和健全制度。哈尔滨市提出的“简单易行，群众易懂，缺了不可”的原则，可以作为制订制度的出发点。还可以再加八个字：“实事求是、不要硬套”，就是不要把国营企业的一套办法生硬地搬到街道民办工业中去。

(3)采取各种有效办法，不断地培养和提高街道民办工业管理人员的业务能力和技术水平。

(4)根据需要和可能，在街道民办工厂中，建立民主管理机构(如民主管理小组等形式)。

第七，既要注意经济工作，又要加强政治工作。只注意生产不注意政治的倾向，必须坚决克服。要加强对干部和职工家属的政治思想教育工作，使他们懂得搞街道民办工业的生产，也是光荣的，不要嫌小、怕麻烦，不要妄自菲薄；要通过教育，提高他们的生产积极性，更好地为人民服务。对于吸收到街道民办工业中来的小资本家、小业主，要加强对他们的团结、教育、改造工作；对有技术和业务能力的人，要充分地发挥他们的专长，帮助他们在为社会主义建设服务中加强自我教育和自我改造。

第八，保证党对街道民办工业的领导。除了要建立和健全企业的党、团组织，加强党的建设工作以外，重要的问题，就是要把街道民办工厂的领导权，切实地掌握在党员、团员和可靠的积极分子的手里；依靠广大的干部和职工家属来搞好企业生产，这是党的阶级路线。对于现在依然窃据着企业领导职务的五类分子，应该把他们撤换下来，但绝不是清洗出去，还要留在生产劳动中改造他们。对于五类分子，在政治上要严格划清敌我界限，加强对他们的监督、改造，在经济上则要“按劳付酬”。

现在再来谈一谈街道服务事业的问题。街道服务事业的迅速发展，补充了国营商业、服务业和机关、团体、企业单位在这方面的不足，既为群众服务，又为工业生产服务；它是教育和组织群众自己动手安排生活、进行自我服务的一种有效形式。参加街道服务事业，既能增加收入，又能兼顾家务劳动，因此，它为进一步解放城市的妇女劳动力，为组织她们参加社会劳动，开辟了一条更为广阔的途径。还要看到，城市居民主要是职工家属，城市服务对象基本上是企业职工，发动广大居民参加社会服务，实际上就是做好企业的后勤工作，使职工能够无牵无挂、心情舒畅地从事生产。因此，应该在党委的全面规划、统一安排下，根据社会需要，积极地去发展。街道服务事业的主要职责，是为居民为职工群众服务，帮助他们把生活安排好，因此，服务的项目和方法应当灵活多样，例如，修修补补、整洁房屋、打扫街道，以至代运物件、代购物品、代雇保姆、护理病人，等等。总之，要根据实事求是的精神，力争做到：群众需要什么就办什么，能够办多少，就办多少，缺哪项就补哪项，丰富多彩，以适应群众多种多样的要求。今后，在检查街道服务事业的时候，应该以服务项目和服务质量作为主要标准。组织这些服务事业，是为了方便职工和居民，不是为了利润。他们当前能够做到自给自足或稍有积累，就算很好了。服务人员的工资福利，也要防止硬搬工厂的一套办法。

下面谈一谈街道民办工业的经济性质、盈余分配、管理体制等有关问题。大家对这个问题讨论的比较多,根据会议的讨论,提出意见如下:

街道民办工业的经济性质,基本上是社会主义的集体所有制。道理很清楚:街道民办工业资金基本上是群众集资,即使后来在发展中,有一部分企业是动用其他企业的积累举办起来的,但它仍然不是国家的投资;企业的产品,国家不实行调拨;企业的盈余,除应当缴给国家的部分以外,也是集体所有。但是,还应当补充说明一点:街道民办工业中,有一些机器、工具是国营工厂无偿支援的,因此,集体所有制性质的街道民办工业中,也有若干全民所有制的成分。有的同志提出,在群众集资退还以后,企业性质有没有变化?这要从两个方面来看,一方面,这部分钱,不是国库支出,而是以企业的积累来偿还的,同时,企业的产品国家也不实行调拨;另一方面,集体所有制的企业向全民所有制过渡,还应该取决于生产发展的水平和群众觉悟的水平。所以,并不能只从集资是否已经退还,来决定企业所有制的性质。看来,在一个相当长的时期内,保持街道民办工业的集体所有制的性质是有好处的,这是有利于调动群众的积极性为社会主义服务的。

企业盈余的分配和管理体制,应该取决于所有制的性质。在这两个问题上,由于各地条件和情况不同,只能提出一些原则,具体办法可以因地制宜。

企业盈余,应该本着下列原则进行分配:

第一,有利于扩大再生产;

第二,有利于调动生产者的积极性;

第三,要根据不同企业的具体情况和利润的大小,区别对待;

第四,市、区如果需要提成,比例不宜过大。

街道民办工业的管理体制和核算原则,应当根据不同企业的具体条件,逐步实行"统一领导,分级管理,厂为基础,单独核算,各负盈亏,适当积累,合理调剂"的方法。有些地方采取企业分别核算、街道统一计算盈亏的办法,根据当地实际需要,也可以保留;但是,在实行这个办法的时候,街道不要统得过多过死,可以考虑在街道的统一领导下,把部分财权下放给企业。

对于工资福利,大家讨论的意见是:

第一,坚决贯彻按劳分配的原则。

第二,由于街道民办工业的劳动生产率还很低,生产成员的工资水平,必须低于地方国营工业。生产成员的工资标准高于同类型的地方国营同工种同等技术水平的职工工资的,应当逐步加以调整。调整工资时,也要注意纠正高低悬殊和平均主义的倾向。

第三,工资的形式,应当根据企业生产的特点,采取多种多样的形式,可以有计时、计件、计月工资,也可以采取固定工资加奖励的办法。至于游街串巷的修理、服务人员,还可以采取利润分成或者自负盈亏的办法。

第四,生产成员的福利待遇应当在生产发展的基础上逐步举办。经过一年多的时间,现在再不办一些迫切需要的福利事业,生产成员是会有意见的。当然,举办福利事业的时候,应该贯彻先急需后一般、先集体后个人的原则。可以根据企业利润的大小提取一定比例,作为举办企业集体福利和对职工的奖励。在这一点上,各企业之间要允许有所不同,以激发生产成员的生产积极性,但是差别不宜过大,更不宜超过地方国营。

对于群众集资,可以考虑不分生产资料或者是生活资料,不分集资对象,原则上都根据生产发展的情况,分期分批地退还,不愿领取者听便。

最后,谈一谈关于街道民办工业的领导关系问题。街道民办工业是在区、街的领导下发展起来的,它同街道工作、街道生活有着十分密切的联系。因此,在确定街道民办工业的领导关系时,应当充分考虑到这种情况,对街道民办工业采取条条和块块相结合的领导办法,即街道民办工业受市的一个主管业务部门和街道办事处的双重领导。主管业务部门根据统筹安排的原则,负责计划平衡,加强业务和技术领导;企业的经营管理和政治思想工作由街道负责。至于少数规模较大的企业,如果国家确实需要,也可以划归市、区主管业务部门直接领导。至于把街道民办工厂全部脱离街道的领导,或者在转移领导关系中,只要企业不要人,以及把老、弱、病、残等留给街道的做法,都会影响街道工作的全面安排和影响对各式各样的劳动力的合理使用,这是不妥当的。

街道民办工业同公安、教育、卫生、妇女、民政、工商行政等部门的工作都有密切联系,必须加强各部门之间的配合、协作,以利于把街道民办工业领导好,发挥它应有的积极作用,并使街道的其他工作得到全面发展。

（四）

在市场方面，当前的中心问题，是如何使市场更加活跃起来。大家知道，生产是流通的基础，流通是生产的继续。生产发展了，可以扩大流通，搞好流通又可以促进生产的发展。最近，在发展生产方面，中央已经采取了一系列的重大措施，为商品生产的发展开辟了广阔的途径。现在看来，进一步活跃市场的问题就更加突出了。这个问题，关系到党和群众的关系问题，特别是和5亿多农民的关系问题。

在市场流通方面，实行“大计划、小自由”，是活跃市场的一个不可忽视的方面。所谓“大计划、小自由”，就是在国家计划购销之外，也允许一部分零星小商品的自由购销。现在国营商业还不可能把所有大大小小的商品全部经营起来；对于国营商业不经营和不能全部经营的商品，允许有一定的“小自由”，对促进这些商品的生产和流通都有好处。计划购销是商品流通的主要渠道，这是没有疑问的，因此，必须保证商品流通计划性的不断加强。允许“小自由”，正是为了集中力量加强“大计划”。

现在，谈一谈大家在会议上讨论的几个问题。

1. 关于农村初级市场问题

最近各地虽然逐级召开了第三类物资的交流会，但是，仍然不能充分满足公社与公社之间、生产队与生产队之间、社员与社员之间经常的、零星的交换需要。为了活跃市场，便利群众，促进多种经营的发展，扩大商品生产，根据客观需要，有领导有计划地恢复和建立一些农村初级市场（农村集市），看来是必要的。这种农村初级市场，是社会主义统一市场的组成部分，可以补充国家计划市场的不足，它是在国家领导之下、建立在全民所有制和集体所有制的基础之上的社会主义性质的市场。

要不要农村初级市场，大家有争论，有些同志还有些顾虑。比如：怕影响农业生产，怕自发势力抬头，怕引起价格混乱，怕影响国家购销计划的完成等等。这些顾虑不是没有道理的。但是，只要我们加强领导，及时采取措施，坚决贯彻群众路线的工作方法，这些问题是可以防止和克服的。目前，不少地区已经恢复或建立了一些农村初级市场，从实践的经验来看，它在促进生产、活跃交流和便利群众等方面，确实发挥了一定的作用，并为公社、生产队和公社社员所欢迎。关于这方面的情况，各地在会上已经介绍了很多，我就不多谈了。

事实上，由于两种所有制和农民自留地的存在，农村多种经营的发展，人民公社采取了自给性生产和商品性生产同时并举、集体经营和个人生产同时并举的方针，在这种条件下，商品交换必然会扩大，价值规律必然会发生作用，从而，农村初级市场的存在就是不可避免的。如果我们不积极去加以领导和管理，那么，就会出现黑市交易，价值规律就会自发地发生作用。所以，根据各地条件和需要，适当恢复和建立农村初级市场，就可以把市场的交易置于我们的领导和管理之下，正确地利用价值规律的作用，使它为促进生产服务。

那么，我们对农村初级市场应该怎样来领导和管理呢？

第一，恢复和建立农村初级市场，应该因地制宜，根据实际需要，有领导有步骤地进行，不能“一哄而起”，以免造成混乱。初级市场的地点、集期和时间，应该根据便利群众和不影响农业生产的原则，全面规划，妥善安排。有些地区群众过去没有赶集习惯的，也可以先利用召开小型物资交流会的办法，逐步把它固定化，成为一种初级市场形式。

第二，参加交易市场的商品，原则上限于国家规定的第三类物资。其中属于国营商业有收购任务和订有产销合同的商品，公社、生产队在保证完成国家收购计划和完成合同规定任务的条件下，才可以参加市场交易。

国家规定的第一类物资，一律不准进入市场交易。第二类物资，原则上也不准进入市场交易，但是某些二类物资，经过省的批准，公社、生产队在完成国家收购任务以后的剩余部分，可以通过市场互通有无；社员在屋前房后的土地上生产的第二类物资，可以允许在市场上交易。

第三，参加初级市场的对象，包括：

（1）人民公社、生产队和社员。这是参加初级市场的主要对象。

（2）当地的国营商业在市场上，应当通过购销活动，实现国家对市场交易的经济领导。

（3）经过批准的小商贩，允许他们按照批准的经营范围和地区，赶集串乡。对于无证商贩，原则上加以取缔，但对从事修理服务或季节性贩运，确实为市场所需要的，也可以个别地批准发证，参加市场交易。

（4）当地手工业生产单位，可以通过初级市场购买属于第三类物资的原材料,以及推销商业部门包销外的产品。

(5)外地的采购、推销人员,经过当地县级领导部门的同意,才允许到市场上成交。

第四,生产队和社员的自产自销,一般应该限于在当地或邻近地区,通过初级市场,互通有无,调剂余缺。生产队自产的较大宗的物资,国营不收购或者收购不完,当地又不好销售,确实需要远途自销的,应经县或专署主管部门的审查批准。

对于生产队、社员的经商行为,应该注意教育纠正。

第五,在可能条件下,应该尽量加强初级市场中的服务工作,改善服务设备,同时还可以适当开展一些文娱活动。

随着客观形势的发展,农村初级市场的情况也会发生变化。我们应当密切注意掌握情况,及时研究和解决所发生的问题。

2. 关于城市的信托服务行栈和零星商品交易市场问题

在农村中,可以恢复和建立一些初级市场。那么,在城市怎么办呢?

城市和农村是不同的。在城市里,占绝对统治地位的是全民所有制成分,工业集中,人口集中,国营商业又有着比较健全的商业网,因而在商品分配上主要是依靠国营商业的计划购销,特别是随着城市副食品基地和原料基地的开始建立,在城市中有计划地组织商品供应就更加有了保证。

在城市是不是需要一些零星小产品的市场呢?看来,建立一些零星小产品的交易市场(或者叫做"小市"),是有好处的。它可以补充国营之不足,产销直接见面,便利对居民的供应。同时,在城市里,手工业和街道民办工业也有一些自产自销的小产品。在集中市场成交,就可以便于我们管理,制止投机非法活动。

在城市中,也可以根据实际需要恢复一些信托服务行栈,以达到便利购销、促进交流的目的。这种信托服务行栈,实际上是经常化和固定化的一种物资交流会。允许进入行栈的商品范围,在农副产品方面,应该是县级商业部门在完成上调任务以后的第三类物资,生产队和社员自产的第三类物资;对于某些第二类物资,经过省级主管部门批准,并持有证明文件的,可以通过行栈进行交易。当地国营商业部门也可以通过行栈进行收购。在工业品方面,应该是国营商业部门不能包下来、允许生产单位自销的部分工业产品。

市场管理部门应该加强对行栈和交易市场的领导,督促它们服从市场管理和价格管理,加强服务工作,提高服务质量。

组织街道服务站,是便利群众、便于分配商品的一种好的形式。哈尔滨市和其他地区的经验证明,通过服务站组织商品供应为群众服务,是商业工作贯彻群众路线的一个重要方面。

第一,是国营商业的一个助手,有利于国营商业了解群众的需要;

第二,对若干供应紧张的商品,可以进行合理分配,减少拥挤排队现象;

第三,可以有效地组织和安排人民的经济生活。

我们应该重视这项工作,在党委的统一领导下,积极地协助国营商业部门把这项工作做好。

3. 关于市场管理工作的任务问题

市场管理是一项很复杂的工作。一方面,要为促进生产、活跃交流服务;另一方面,又要为保证国家计划稳定物价和组织人民经济生活服务。

市场管理工作,要从有利于生产的发展、有利于人民公社的巩固、有利于商品的流通出发,既要管理市场,又要活跃市场。有些商品需要管死,有些商品又要搞活。

市场管理工作必须贯彻群众路线的工作方法,大力进行有关政策的宣传教育工作,充分发动群众,把市场管理工作建立在群众的基础之上,动员群众自觉地遵守国家政策法令和市场管理的规定,并协助政府监督市场上的投机违法活动。在这方面,各地已有很多经验,我们必须继续运用这些经验。

地区之间应该继续贯彻互相协作、互相支援的精神,不要任意限制物资外流,相互封锁。特别对那些小商品,要尽量保证地区间的交流通畅。目前,有些公社、生产队滥行管理,乱扣乱卡,这是不妥当的,应该教育纠正。

物资分类管理和价格管理,是市场管理工作中的两项大事。

目前,有些地区对市场管理的物资分类,采用国务院批转商业部等六部关于商品分级管理办法中的规定。

我的理解,商品分级管理办法是解决商业系统内部的分工问题,这与市场管理中的物资分类管理是两回事。

市场管理中的物资分类,应该根据1957年8月9日国务院关于由国家计划收购(统购)和统一收购的农副产品和其他物资不准进入自由市场的规定的精神,由各省、市、自治区结合当前情况研究拟订具体管理办法。大家反映,有些地区,在物资分类管理上,列入第二类的物资多了一些,是否需要加以调整,请各地研究。

物资分类管理的精神,应该是第一类物资从严,第二类物资有严有宽,第三类物资可以从宽。有些第二类物资,经过省(市、自治区)批准,公社、生产队在完成交售任务以后,可以通过市场互通有无。为了便于确定完成交售任务的界限,黑龙江省采取的"定量交底"的办法,可以研究采用。

此外,在规定第二类物资时,对集中产区和分散产区应该区别对待,有些物资在分散产区也可以不作二类管理。

市场价格,是正确处理国家、集体和个人之间关系的一个重要方面。保证市场物价的继续稳定,是国家的重大政策问题。

在价格管理上,应该从有利于发展生产和保证市场物价的稳定,兼顾国家、集体和个人三方面的利益来考虑,分别不同情况,区别掌握。

(1)第一、二类物资,必须严格执行国家牌价。对准许进入市场的某些第二类物资,也应该按照国家的收购牌价进行交易。如果是社员少量出售,而且是直接卖给消费者,可以允许在国家购销牌价之间自由议价,但不要超过国家的零售牌价。

(2)第三类物资中的若干主要商品,可以按国家规定牌价进行交易,也可以根据价格管理权限的规定,由主管部门分别不同商品,比照牌价制订内部掌握的幅度,允许在规定幅度内,稍高或稍低于国家牌价。

(3)第三类物资中的一些次要的零星商品,可以由购销双方自行议价成交,如果某些商品一时求过于供,价格上涨过高时,可以有领导地进行议价,加以控制。

目前,有些地区若干第三类物资的价格上涨过多的,应该采取一些必要的措施,拉回到合理的水平,坚决制止那些任意涨价的现象。

市场管理方面的这些问题,牵涉面很广,也很复杂。在处理这些问题的时候,一定要在当地党委领导下,慎重进行。并且应该加强调查研究工作,随时向领导上反映情况。

(五)

鼓足干劲,力争上游,多快好省地建设社会主义的总路线,是我们社会主义建设的一条根本路线,我们必须调动一切积极因素,从各方面的工作中坚决贯彻。坚决反对右倾机会主义分子的诽谤和破坏行为。

我们在工作上,不论观察什么事物,处理什么问题,都必须具有正确的对立统一的辩证观点。没有这个观点,我们的工作就免不了会发生偏差和错误。一切事物本来都是矛盾的统一体,都有矛盾着的两个方面,如果我们只是看到一面,就会产生片面性。成绩和缺点,主观和客观,有利条件和困难因素,本来都是既对立又统一的。我们无论做什么工作,尽管取得了巨大的成就,也不会一点缺点也没有;有有利条件,也会遇到一些困难;既要充分估计客观的各种条件,又要加强主观的努力。

中央指出,目前在一部分干部中滋长着的右倾机会主义思想是我们工作中的主要危险。我们必须引起足够的警惕,向一切右倾情绪、右倾思想、右倾活动展开坚决的斗争。坚决贯彻社会主义建设的总路线和一整套"两条腿走路"的方针,坚持政治挂帅和大搞群众运动,在过去工作成就的基础上,鼓足干劲,继续跃进。应该从全局出发,把自己的工作和中心工作更好地结合起来。在各地党委的领导下,积极投入增产节约运动;在大力组织小商品生产和活跃城乡物资交流等方面做出更大的成绩,来迎接伟大的国庆十周年。

以上我所谈的这些意见只供各地参考。希望大家回去后把这个会议所研究的问题向党委汇报,按照中央的有关政策和党委的统一部署来进行。

(选自《工商行政通报》第149期,1959年9月12日)

十一、中央工商行政管理局局长许涤新在全国工商行政工作会议上的总结讲话(纪要)

(1960年1月23日)

(中央工商行政管理局于1月6日至23日在北京召开了全国工商行政工作会议。参加这次会议的有各省(自治区)、市工商行政管理局、商业厅、市场物价委员会以及中央各有关部门等72个单位的代表118人。在这次会议上,总结了1959年的工商行政工作;批判了业务工作中的右倾情绪和右倾思想;明确了工商行政工作必须贯彻执行党的总路线,更好地为国民经济高速度的发展服务;交流了工作经验,研究了有关的政策问题,安排了1960年的工作。会议由许涤新局长作了总结。)

(一)对会议的估价

这次会议开得相当好。收获相当大。

会议期间,听了李先念副总理、牛佩琮副主任等同志的报告。这些报告使我们对国内的经济形势、财贸工作和日用品工业生产的方针任务,有了一个全面的、正确的认识,使我们明确了方向,提高了认识。

会议讨论并且肯定了1959年的工作成就;交流了各地的经验;对工商行政工作的各个方面的问题,敞开思想,展开讨论,研究了有关政策,统一了认识;批判了右倾情绪和右倾思想,进一步明确了工商行政工作在社会主义建议时期的作用。在这个基础上,安排了1960年的工作。

这次会议,是在党的八届八中全会以后全党开展了反右倾、鼓干劲的整风运动的基础上召开的。这是工商行政部门具有重要意义的一次会议,是工商行政部门在业务路线上的一次整风会议,是工商行政系统反右倾、鼓干劲,进一步贯彻执行总路线的誓师大会。

通过这次会议的讨论,明确地树立了工商行政工作必须为"三个万岁"服务的指导思想。工商行政部门的工作,要同"三个万岁"挂钩,为"三个万岁"服务,这是今后工商行政工作的出发点,是工商行政工作继续跃进的思想基础和物质力量。

(二)当前的阶级关系(略)

(三)工商行政工作的"纲"

在讨论中,大家提出,工商行政部门应当以什么为"纲",这个问题提得很好。从整个国家来说,全党、全民都是为"三个万岁"服务的。工商行政工作也必须以"三个万岁"为纲,为"三个万岁"服务。这个思想如不树立,就会犯错误。"三个万岁"是社会主义在中国的具体化,工商行政工作明确以"三个万岁"为总纲,就会得到党的重视,就会得到有关部门的协作和群众的支持,工作就会生动活泼,轰轰烈烈,打开局面,继续跃进。

工商行政的各项工作是能够与"三个万岁"密切挂钩的。管好市场物价,就可以更好地为促进国民经济高速度按比例地发展服务;通过商标管理监督产品质量,就可以促进商品质量的提高,实现多、快、好、省的要求;组织城市街道生产服务事业,可以为城市建立人民公社打基础;对资本家、小商贩和他们的家属的政治思想工作,是要把社会主义革命进行到底;调查研究,总结社会主义改造的经验,同总路线的要求也是结合的。

工商行政工作与"三个万岁"挂钩、为"三个万岁"服务,必须成为指导我们工作的根本思想,决不能有所动摇。各地工商行政工作的具体安排,应当按照各地党委的统一部署来进行。各地党委的工作是根据当地的具体情况,并以"三个万岁"为前提的,工商行政部门必须在党委的统一领导和安排下进行工作,不能自搞一套。

从工商行政工作本身来说,应该以市场物价管理工作为中心。在流通过程中,生产和消费之间的矛盾,全民所有制经济和集体所有制经济之间的矛盾,以及地区之间的矛盾等等,都比较集中地反映在市场物价方面,因此市场物价的管理是在流通过程中正确处理人民内部矛盾的一个重要手段。利用这个手段,就能够更好地实现与"三个万岁"挂钩,并且可以带动其他各项工商行政工作。例如,商标问题也就是在流通过程中表现出来的;对街道生产服务事业也可从市场上加以指导管理;私改工作和政治思想虽然不完全是流通过程中的问题,但是,在流通过程中也有许多政治思想工作,如对国家政策的宣传和对违法活动的管理教育等等。

市场物价管理虽是当前行政部门的中心工作,但是我们不能把中心工作孤立,而必须与其他各项工作有机地结合起来。

工商行政是上层建筑的一部分,是为社会主义经济基础服务的。工商行政部门的重要任务是在党委领导下,协助党委处理和协调流通过程中不同经济成分、不同部门、不同地区之间的相互关系。协调和处理这些关系,首先,应当政治挂帅,树立生产观点、群众观点、政治观点,它是经济中的政治工作。行政管理不是单纯的消极管理(如制止投机、处理违法等等);它还包含着丰富的内容,如调整关系、组织协作、教育辅导、改造工作等等。

(四)1960年工作要点

1. 市场物价管理方面:

(1)继续贯彻中共中央、国务院关于组织农村集市贸易的指示,总结组织农村集市贸易的经验。整顿农村集市,主要是:制止第一、二类物资在完成国家交售任务以前盲目上市;清理无证商贩;纠正某些第三类物资价格偏高的现象;积极开展代购、代销、代存等服务业务;加强对交易人员的政策思想教育,有条件的地区可以分期分批进行轮训。

(2)协同有关部门,组织各种形式(主要是中、小型的)的物资交流会(主要是第三类物资和手工业中的小产品);继续加强对外地采购的管理,积极辅导正当采购业务,制止盲目采购,加强对采购人员的政治思想教育;积极帮助生产单位解决原材料供应(主要是第三类农副产品和废旧物资)问题;充分发挥信托服务行栈的"拾遗补缺"作用,为组织协作、组织交流服务。

(3)加强对市场价格的管理,继续贯彻稳定物价的方针,有重点地组织或配合有关部门对手工业产品、饮食修理服务行业的价格进行检查;对于某些不合理的价格,提出意见,请示党委调整处理。

(4)协助有关部门做好工矿区的市场供应;防止厂矿企业单位盲目采购(主要是某些原材料和副食品);制止投机分子的活动。

(5)坚决维护全国一盘棋的方针,要同违犯国家政策、法令、破坏国家计划的行为进行斗争。要反对本位主义和分散主义;要与自发的资本主义倾向作斗争。对市场投机违法活动,根据"教育为主、处罚为辅"的原则,区别不同对象,严肃处理,对投机集团中的首要分子应加重惩处。

(6)加强调查研究,培养典型,树立标兵,在1960年,把市场物价管理工作提高一步。

2. 私改工作方面:

(1)继续推动私方人员积极为社会主义建设服务。加强对他们的政治思想工作;指导各级工商联贯彻执行第三届会员代表大会的决议;推动资本家和小型工商业者积极参加增产节约运动。

(2)对国营企业(包括由手工业社、合作商店转入国营的)中有关私改方面的问题,进行调查研究,提出意见。

(3)经常了解工商界的生活情况和思想动态,并且要及时向党委反映。

(4)在小商贩中继续开展以总路线为中心的社会主义教育运动,提高他们的社会主义觉悟,划清两条道路的界限,坚定他们走社会主义道路的决心。

(5)研究解决小商贩改造工作中的有关政策问题。

(6)对残存户和无照户要进行清理,并把他们组织起来进行改造。

3. 街道工业和服务事业方面:

(1)贯彻积极发展和巩固提高同时并举的方针,会同有关部门帮助街道积极进行组织生产和组织生活的工作;帮助街道工作、服务事业与国营经济挂钩,建立正常的协作关系;研究、解决街道工业的供、产、销问题;积极帮助提高服务事业的质量。

(2)在党委统一领导下,积极做好对街道工业和服务事业中手工业者、小商贩、资本家及其家属的政治思想教育工作。

(3)调查研究在发展、整顿街道工业、服务事业中的有关政策问题。总结典型经验。必要时可以对街道工业和服务事业进行登记。

4. 商标工作方面:

(1)继续进行清理整顿,实现商标全面注册。

(2)开展通过商标监督和检查商品质量的工作。

(3)配合新的"商标管理条例"的公布,做好宣传工作。深入群众、深入企业,宣传商标为社会主义建设服务的作用。

(4)加强对出口商品商标的管理,贯彻国务院1959年对有关出口商品商标的两次通知,并督促未在国外注册的商标办理注册;加强对印刷商标和广告的管理和对商标设计人员的管理、教育工作。

5. 调研工作方面:

(1)整理私营工、商行业、企业的历史和改造资料。

要求各地将19个重点行业(包括典型企业)的资料收集完毕;其中,棉纺、火柴、卷烟、进出口4个行业分别综合全国性资料;搪瓷、造纸、面粉、制药、绸布、百货、粮食、五金器材8个行业综合为行业史料汇编,由各地组成编辑委员会,协作进行。

(2)对当前问题进行调查研究。

调查研究农村集市贸易、街道工业与服务事

业、小商小贩改造3个专题。调查研究结果汇编成论文集。新疆、青海、甘肃、内蒙等少数民族地区，对少数民族的农牧业、手工业的发展和改造，进行调查研究。

各地还可以根据当地要求，因地制宜地进行其他专题的研究。

(3)国民经济史的研究。

中央工商行政管理局开始收集国民经济恢复时期的资料，并编写出提要，希望各地收集总结十年建设的有关资料，支持这一工作。如果党委同意，各地可以进行地方经济史、经济志、经济年鉴的编写和研究。

(4)加强理论学习，提高干部的辩证唯物主义观点。

以上各项工作，还要向国务院请示。现在提出来，作为大家安排工作的参考，请大家向党委、人委请示后，具体安排。

(五)工商行政工作要坚持政治挂帅

为了做好工商行政工作，必须坚持党的统一领导，坚持政治挂帅，坚持群众路线。

1. 积极争取党委的领导和支持，关键在于我们自己。只要我们积极工作，做出成绩来，主动向党委请示汇报，反映情况，就能够争取党委的积极领导和支持。

各地工商行政部门的机构设置情况很不相同，这是由于各地具体条件不同。对工商行政工作设不设工商局，如何设置，由当地党委决定。有些地方把市场物价管理机构同工商行政管理局的牌子挂在一起，这个办法也很好。总之，工商行政工作需要有相应的部门负责。

2. 走群众路线，搞群众运动。我们的工作必须依靠群众，同样也要采取群众运动的工作方法。要深入群众、深入实际、深入生产斗争，做好调查研究工作。

3. 要搞好同有关部门的协作。必须与其他部门加强联系和协作，唱"独角戏"是要失败的。要懂得帮助别人就是帮助自己的道理；反对只顾自己不管别人的思想。

4. 上下通气，密切联系。上下通气对于推动工作有重要作用，应当加强这方面的工作。通气的方式可以有多种多样：开会，下去调查，上来汇报，打电话，送材料，通信等等。希望今后各地主动地加强同我们的联系。

最后，1960年的形势是很好的，经过1958年和1959年两年连续大跃进，第二个五年计划已经提前完成。1960年仍然是一个继续大跃进的形势。今年国民经济的发展，中央提出，要贯彻优先发展重工业和迅速发展农业密切结合的方针。工商行政部门的同志，要很好地认识并贯彻这个方针，通过市场物价工作，积极支持农村"四化"。农村人民公社经过整顿巩固，优越性将进一步显示出来，在以粮为纲的方针下，多种经营也将有进一步的发展。城市人民公社也要在街道工业和服务事业迅速发展的基础上逐步发展起来。客观形势的发展，对于工商行政工作的开展是十分有利的。

经过反右倾、鼓干劲的整风运动以后，干部总的思想水平和政治水平有了很大的提高。那种认为"工商行政工作可有可无"、"改造工作已经完成"的右倾思想受到了批评。政治观点、生产观点和群众观点进一步树立起来了。两年来，工商行政部门也积累了不少为工农业生产大跃进服务的经验。不少地方建立或恢复了工商行政管理机构。我们相信，在各级党委的领导和同志们的努力下，1960年工商行政工作，一定能够取得更大的成绩，把我们的工作大大地向前推进一步。

(选自《工商行政通报》第159期，1960年2月14日)

十二、中央工商行政管理局副局长管大同关于市场管理、街道工业、对私改造等问题在全国工商行政会议上的讲话(纪要)

(1960年1月21日)

这次会议交流了很多经验，大家讨论了不少的问题。现在，我把大家讨论的几个问题，集中来谈一下。

(一)关于市场物价管理工作的几个问题

1. 对1960年市场形势的一些看法

现在，我主要从市场管理角度来谈一些对1960年市场形势的看法。应该看到这样三点：

(1)1960年,是继续大跃进的形势。生产大发展,市场将更加繁荣。但要看到某些原材料的供应还是会紧张的。城市街道工业、人民公社工业、农村水利事业都要大发展;这些方面所需要的某些原材料供应将是一个突出的问题。目前已有采购人员到处跑的情况。

(2)生产发展,产品增多,特别是地区粮食、副食品提倡自给,许多日用工业品在地方工业大发展的情况下也要自给,使物价稳定的基础更加巩固了。但也要看到,在某一时间,某一地区,某些第三类物资(特别是某些材料)的价格就会可能出现一些不合理的情况。

(3)社会商品分配的计划性将日益加强,但是,还要看到某些商品供应不足的情况,会仍然存在。在城市中组织人民经济生活、指导计划消费,在农村人民公社中商品分配也将更加有计划。这对于市场的繁荣稳定,是一个极为有利的因素。但是还要看到,人们的需要是不断增长的,而且是不断变化的,从今年来看,农村的需要将比城市有更大的增长。有些商品今天够、明天不够,这里够、那里不够的情况,是会长期存在的。我们应该经常地了解市场变化情况,协同有关方面采取积极措施,来指导人民有计划地消费,不断平衡生产与消费的关系。对于某些商品一时供不应求的现象,不要大惊小怪,不要只看到个别现象,而看不到主流。

2.市场物价管理工作的任务

市场物价管理工作,必须坚决贯彻党的总路线,支持工农业生产大跃进,支持人民公社的巩固与发展,为高速度地建设社会主义服务。这是市场物价管理工作的中心任务。总路线、高速度(大跃进)和人民公社是社会主义建设的三大法宝,市场工作必须为"三个万岁"服务,把为"三个万岁"服务作为我们的根本指导思想。

市场物价管理工作为高速度地建设社会主义服务,具体体现在以下五个方面,这也就是市场管理工作的要求:

(1)保证:要保证国家计划的顺利完成和实现,保证贯彻"全国一盘棋"的原则。反对只顾自己、不顾全局的本位主义、分散主义。

(2)稳定:要继续稳定市场物价,这是建设社会主义的重要方针。市场物价稳定,人民就可以生活得更好,国民经济按比例发展的关系也就会更好。但并非物价绝对不动,对某些品种价格不合理的,应该提出意见,由国家统一调整,不应当由各单位随便自行变价。

(3)活跃:所谓活跃,就是让商品按照国家计划的要求,按照正常的流通渠道来流通,而不是乱流。这样,就可以使商品合理分配,使城乡关系、工商关系更加密切。所以,活跃是有要求的。对于不符合国家计划要求、不按照正常流通渠道的流通,应该从市场管理方面做工作,去防止和制止。

(4)指导:即更好地会同有关部门去指导商品的分配和交换,指导有计划的消费。不要等着乱了才管,而应采取积极措施,指导商品流通,加强调查研究和宣传教育,更好地组织人民的经济生活,变被动为主动。

(5)制止:应该制止破坏国家计划、破坏价格政策、破坏商品合理分配的行为,反对抢购套购等不利于市场物价稳定的活动。

什么是"管"呢?有些同志把"管"简单化了,好像只是下命令才是"管",这是不对的。"管"的要求,不同时期,有不同的内容,不能老一套。现在看来,可以归结为:

①组织:组织协作,组织交流,组织分配;

②辅导:辅导商品的合理分配和计划消费;

③教育:按照每一个时期的要求,加强政策宣传教育;

④服务:要为工农业生产、为物资交流和为群众生活提供更便利的服务条件。

我们要做好人民的服务员,就要同群众在一起,坚决走群众路线。

3."活而不乱、管而不死"方针的争论

会上对这个问题讨论很多。这个方针,主要适用于农村集市贸易。"活而不乱、管而不死"的方针是群众的创造,经过集中以后提出来的。它的两方面,不能割裂开来,是辩证统一的;那种"管就死"、"活就乱"的看法是形而上学的理解。"管"的目的是使商品按照国家计划渠道流通,不能死,也不能乱。当然,也有管死的商品,如统购统销商品。这个方针主要是指第三类物资讲的,是指大计划中的小自由。"乱"是指破坏国家政策,破坏物价政策。我们要求商品分配按计划的要求流通。我们要求活,反对乱,不要把小商品管死,这也就是按照国家政策办事,使商品分配符合计划流通渠道。目的还是为发展生产和供应人民需要服务。

4."协作"和"易货"有没有区别

这是这次会上争论的另一问题。有人说协作好,反对易货。协作就是互相支援,协作其实也包括了易货。协作与易货不要只从名词上争论,根本问题在于这些交易是符合国家政策要求的还是破坏国家计划的。搞好协作,就是要"敞开前门,堵塞后门",互相支援,发扬共产主义风格。我们的态度应该是:

(1)协作要提倡,要支持。社会主义就要大协作。

(2)贯彻全国一盘棋,树立全局观点。促使小局服从大局,小集体服从大集体。

(3)不正当的"开后门"的交易,不论是否叫易货,都要教育制止。

5.外地采购还要不要管理

管理外地采购人员,各地根据中央的指示,去年做了不少工作,有了比较多的经验。最近采购人员又有增加的情况。生产大发展,完全杜绝外地采购是不可能的。我们坚决反对"采购人员满天飞"的现象。但也不应当造成地区之间的互相封锁。必须使之有领导、有计划地采购,对采购人员要进行登记,进行一系列的组织、管理、教育和指导工作,使他们自觉地遵守国家政策,服从市场物价管理。要本着全国一盘棋的精神,做到内地支援边远地区,条件好的支援条件差的,物资多的支援物资少的,协助他们解决困难,使物资得到合理分配。反对本位主义和资本主义经营作风。

6.工业品管理问题

工业品管理,是老问题,又是新问题。过去我们就一直在管理,但现在生产大跃进,城市街道居民、农村人民公社都大办工业,产品增多,原材料需要也增加,因而工业品市场上又出现了许多新问题。市场物价管理部门,应该注意加强这一方面的工作。

(1)工业品管理,应该贯彻执行统一计划、统一管理、统一价格的原则。

(2)工业产品自销问题。对不同的产品,要区别对待。对于统一分配的物资和集中管理的商品,生产单位不能自销;其余商品,应由商业部门尽量包销或收购;至于一些商业部门不收购和收购剩余的商品,也可以允许自销。但是必须贯彻上面所说的三个"统一"的原则,应该从价格和质量方面加以管理。

(3)工业品的销售价格,应该贯彻按质论价、优质优价的原则。要监督检查工业品的质量,对质次价高的商品,要监督生产单位提高质量,降低价格。

(4)工业品生产需要的原材料,要加强组织和管理。很多废旧物资,今天已经变为宝贵的东西,要使之合理供应工业生产需要。分配中要有主有次、有先有后、有一般有重点,同时还必须防止抬价抢购、套购等不遵守国家政策法令的行为。

7.城市信托服务行栈和部分农副产品零售市场问题

(1)城市信托服务行栈,是一种批发性的交易市场,从武汉、重庆等地的经验看,它对密切地区和城乡关系、活跃交流、满足消费以及加强市场管理等方面都有好处,可以起到拾遗补缺的作用,是国营商业的助手。对这种交易形式应该加以利用,很好地总结经验。

(2)城市农副产品零售市场是否需要设立,应该根据各地的具体条件来决定。各地情况不同,不一定一律都搞,或者一律去否定。但现在已经存在的,要加强领导。

8.同资本主义自发倾向的斗争问题

我们国家地区辽阔、人口众多,特别是阶级还未消灭,资产阶级思想作风和两条道路的斗争就不可避免的会在市场上反映出来。要充分看到这一点。

这些矛盾,也反映地区、单位、工农之间的关系问题,如本位主义、分散主义或因不了解情况违反规定等。这是属于社会主义内部的矛盾,如果打击面大了,是不利于正确处理人民内部矛盾的。

对市场上各种矛盾的处理,要具体分析,区别对待,有严有宽。处理的方针是以教育为主,惩罚为辅。一定要防止简单化的做法。

(二)关于进一步组织街道生产和服务性事业的问题

1.发展城市街道工业和服务性事业的意义

城市街道生产事业和服务性事业,是在大跃进形势下出现的新生事物。对于它的意义和作用,应该有充分的认识。

(1)它调动了城市街道中的积极因素来加速社会主义建设,补充国营大工业生产的某些不足,成为轻工业生产中的不可忽视的力量。1959年年底,据23个城市的不完全统计,街道生产单位近3万个,从业人员有87万余人,1959年产值在18亿元左右。从几个城市的情况来看,郑州市社办工业1959年的产值已经占到地方轻化工业产值的35.45%;南京市街道工业去年12月份的产值(7700万元)就大大超过了1949年全年全市的工业总产值(5078万元);哈尔滨市去年街道工业的产值(11400万元)已经相当于该市1949年全部工业总产值(16500万元)的2/3。

(2)街道生产和服务性事业是组织居民生产和组织居民生活的很好形式,它有利于社会主义教育运动深入地开展,使街道居民的政治面貌和精神面貌发生变化。同时,也有利于对街道居民当中的资本家和他们的家属进行社会主义改造,有利于加强对五类分子的监督和改造。

(3)生产服务事业的发展,使街道基层工作找到了一条以生产为纲的新途径。在城市中,一种政治和经济相结合的社会基层组织正在形成,将成为改造旧城市建设新城市的有力工具,为城市建设人民公社准备了条件。

我们对街道生产和服务性事业,要看到它的经济意义,更要看到它的政治意义,看到它的前途。这个新生事物的发展,将使城市面貌发生巨大的变化,会牵涉到许多方面的工作。因此,我们不仅要重视和支持,同时,在其他工作(如市场管理、对私改造等)中也要考虑到这个形势所带来的变化和要求,使我们的工作适应于形势的发展。

2. 方针

对街道生产和服务性事业的方针,是积极发展和整顿巩固并举。这两个方面是互相结合的。有了积极发展,才有整顿巩固;而整顿巩固的目的,又是为了更好地发展和提高。

积极发展是社会主义建设的要求和街道居民的愿望。从各城市的情况来看,还有许多闲散人口尚未组织起来,发展的潜力仍然很大。据反映北京还有41%,天津还有38%,南京市闲散人口基本上组织起来了,但也还有12%。有人认为,潜力已经挖得差不多了,看来,还不能得出这样的结论。还有人认为,现在劳动力很紧张,不应再发展街道生产和服务性事业,其实,劳动力越是紧张,就越是要求把街道中的一切可以调动的劳动力、半劳动力都组织起来。在1960年内,应该争取把尚未组织起来的街道闲散居民全部或者基本上组织起来,参加社会劳动;并逐步地实现主要家务劳动的社会化。应该看到,这是一件好事。

任何一个新生事物发展起来不可能就尽善尽美,要经过整顿才能巩固和提高。发展——整顿——再发展,是事物发展的规律。整顿的主要内容是:

(1)供产销逐步纳入国家计划的轨道,但原料供应不能完全依赖国家,要以自力更生为主,国家供应为辅;生产任务能固定的固定下来;对它们的产品国营商业要组织收购或者包销;自销的也要加强管理。

(2)进行必要的改组,有必要又有条件集中的可以适当集中,但不宜过分强调集中,可以采取集中和分散相结合的办法。

(3)积极开展技术革新和技术革命,努力提高劳动生产率;根据不同地区的条件和现有基础,逐步提高半机械化和机械化的程度。

(4)建立合理的分配制度。工资制度应该贯彻按劳分配的原则,工资形式可以多种多样,工资水平不要超过同类地方国营企业。利润的分配原则,应该是既有利于街道统筹安排和发展街道生产事业和生活福利事业,又有利于鼓励企业的生产经营积极性。

(5)建立简易可行的经营管理制度,逐步加强经济核算,但不要盲目强调正规化。

(6)加强党的领导,纯洁企业领导成分。

3. 与全民所有制经济的关系

街道生产和服务性事业,必须为国营经济服务,当好助手。街道工业要为国营工业生产和人民生活服务,街道服务事业要做好生产的后勤工作,协助国营商业来组织人民的经济生活。

在这方面,我只谈几个主要问题:

(1)“升”和“放”的问题

哪些街道工业可以“升级”?哪些地方国营工业下放给街道?应该由各地党委统一安排。在街道工业中,少数确实有必要又有条件的,可以“上升”为地方国营或者并入地方国营;但是,应该防止那种大批“上升”、脱离街道的做法，更要反对那种把大部分好厂大厂都“上升”而把少数条件不好的企业留给街道的做法。

有些地方国营工业有必要的，也可以下放给街道领导，发挥骨干作用，这样有好处。为了更好地组织街道居民的生活，重庆市将地区性的一些合作商店下放到街道领导，这样做很有好处。可以先试点，摸经验。对于街道生产服务事业的指导，一方面，在一个城市中，需要有主管业务部门在供产销方面统筹规划，在技术上加强指导；另一方面，必须加强街道对它的领导，更好地与基层工作结合起来。有的地方采取双重领导的方法，条条和块块结合，以块块为主，看来，这样做是必要的。

(2)“送”和“包”的问题

国营企业需要劳动力，街道应该根据条件和可能来输送支援；对于国营企业裁减下来的职工和退休、退职人员，街道也应该采取包下来的办法，安排他们的生产和生活。这个问题，应该由当地党委来统一安排。

(3)“收”和“改”的问题

对于城市中一部分个体经营的小商贩、手工业者和一些非在职的资本家、五类分子等，国营经济不能吸收的，街道可以吸收进来，加以组织安排。同时，对他们进行教育和改造工作。

(4)协作问题

在国营经济和街道事业之间，应该建立起密切协作的关系。在这方面，除了街道事业要为国营经济提供加工、修理和服务以外，国营经济对街道事业也应该在原料、任务、设备、技术和贷款等方面给予支持和帮助。哈尔滨、南京采取国营工厂和街道工业大协作的办法很好。南京市委书记亲自出马，召开流动协作会，这对街道工业是很大的支持，他们说：“大厂库门开，工厂办起来，大厂是废料，小厂是好材。”有了国营企业的支持帮助，街道事业就得到了迅速的发展，反过来也大大支援了国营企业。

4. 组织人民经济生活

组织人民经济生活，是一项非常重要的工作。当街道居民走出家庭参加社会劳动以后，必然也就会带来组织生活的问题。所以，在大抓生产的同时，必须大抓生活。

在组织人民经济生活的时候，主要应该做好以下几个工作：

(1)合理分配商品。这个工作很重要，在目前某些商品的供应还不是十分充足的时候，就尤其重要。合理分配商品，应该“保证重点，照顾特殊，优先集体，安排一般”的原则，采取国家计划供应与依靠群众合理分配相结合的办法。在这次会议上，重庆市委财贸部的同志向我们介绍了重庆的做法和经验，对我们启发很大。

(2)积极发展街道服务性事业。1959 年底，据 11 个城市的不完全统计，街道举办的服务性事业已经有 12608 个单位，服务人员有 13 万多人，发展是很快的。今后，还应该积极发展，发展街道工业和发展街道服务性事业要同时并举。这就需要在人力、物力和财力等方面统一规划安排，不要因发展生产事业而挤掉了服务性事业。

(3)办好街道集体福利事业，如食堂、托儿所、文化馆、保健站等等。举办街道集体福利事业，应该采取自力更生与国家帮助相结合的办法。

5. 社会主义教育和改造

应该通过组织街道居民的生产和生活，加强对他们的社会主义教育，主要的是党的总路线的教育、集体主义教育、劳动实践的教育。此外，根据需要和可能，还可以举办一些文化班、技术训练班，提高他们的文化技术知识。这些工作，需要和其他有关部门(如工业部门、文化部门、卫生部门等)加强配合协作，积极支持。

街道居民当中，成员比较复杂。据天津、武汉、广州、西安、济南等五个城市对 1679 户街道工业的 52755 人的典型调查，其中党团员占 3.2%，街道积极分子占 11.3%，职工家属占 62.2%，小业主占9.2%，资本家和家属占 1.3%，伪军政人员占2.1%，五类分子占 3.1%，其他占 7.5%。街道基层组织不仅担负着组织居民生产和生活的责任，同时还担负着社会主义改造的责任。

对于资本家、小业主和他们的家属，应该通过组织他们参加劳动推动他们为社会主义事业服务，并且加强对他们的教育和改造工作。

至于五类分子，也应该把他们组织起来，置于群众监督之中，生活上安排出路。但是，要注意加强对他们的监督和改造，不要让他们担任企业的领导职务，也不要把他们安排到食堂、托儿所等部门工作。总之,经济上要按劳付酬,政治上必须划清界限。

6.与基层工作结合问题

街道生产和服务性事业发展起来以后,已经使城市基层工作找到了一条新的途径。组织街道居民的生产和生活,已经成为基层工作的中心内容。从发展趋势来看,城市基层组织,应该逐步地成为生产、交换,分配和人民生活福利的统一组织者,这样的基层组织,就是建设新城市的有力工具。

因此,发展街道生产和服务性事业,应该和街道基层工作密切结合起来。现在,街道基层工作的内容充实了,任务加重了,所以需要加强基层组织的力量,使它能够很好地担负起新的任务。有的城市已经建立了街道党委和街道人委,有些城市也加强和扩大了街道办事处。看来,这是适应于客观形势的要求的。经济基础变化了,上层建筑也就要相应的变化。

有的城市(如沈阳、郑州、石家庄等)已经挂了人民公社的牌子,通过组织街道居民的生产和生活,可以不断地充实公社的内容,现在不要急于公开宣传,不要急于挂公社的牌子,而着重于创造条件,作好准备。把街道居民从生产上和生活上加以组织,加强社会主义教育,充实基层组织的力量,这就为建立城市街道人民公社创造了条件。

工商行政部门对于街道生产和服务事业,必须采取积极支持的态度,当促进派。工商行政部门应该做些什么工作,可以根据各地情况,统一安排。我考虑,至少有以下几项工作可以做:

(1)参加到这个运动中去熟悉和掌握发展变化情况。参加了,情况熟悉了,才能够支持和辅导。

(2)研究有关政策问题,及时提出意见,提供领导考虑解决。

(3)与有关部门密切协作,帮助街道做好组织生产和组织生活的工作。

(4)从市场管理方面加强辅导,帮助街道工业与国营经济建立供产销等方面的协作关系,推动企业提高产品质量,降低生产成本。

(5)帮助街道组织,作好对资本家、家属、小业主等教育改造工作。

(6)配合有关部门,帮助街道训练人员,办好生产企业和集体福利事业。

(7)对街道上的企业也可考虑进行登记,弄清情况,并进行指导、管理。更重要的是,一定要做些典型调查研究。

(三)关于小商贩改造的几个问题

1.小商贩的情况和分析

(1)小商贩的数字经常在变动,据初步估计,全国小商贩除了有60万人已经转入工农业生产以外,仍然从事商业活动的大约有274万人。其中,转入国营企业的约150万人,占54%(农村和小城市转的多,大城市转的少);在公私合营企业的约36万人,占13%(公私合营企业的私方人员中约有70%是小商贩);在合作商店(合作小组)的约78万人,占29%;单干的约10万人,占4%。

(2)小商贩的成员,大部分是劳动人民出身。据八大城市调查,长期为小商贩的和由工人、店员、学生出身的大体占75%左右;资本家约占5%;五类分子和政治严重不纯的约占20%左右。经过去年的整顿,五类分子处理了一批,比重有所减小。现在,在全国小商贩中,约有80%以上是属于个体劳动者。

(3)小商贩的资金,据1955年国家统计局的统计,每人平均是147元。根据这个数字估算,全国小商贩的资金总数大约是4.9亿元。

(4)小商贩占全部商业人员的35%。合作商店(合作小组)和单干小商贩的零售额,占社会商品零售额的8.8%。这个比重虽不大,但他们所经营的大多是零星小商品,对供应人民生活的需要有相当重要的作用。

十年来,经过历次社会政治运动和社会主义教育,小商贩在政治上也大有进步,为社会主义服务的积极性逐步提高。有许多人已加入工会为会员或者变成了农民,但对他们之中的多数人继续加强政治思想工作还是很必要的。

2.关于向国营过渡的问题

小商贩的改造要在当地党委的统一领导下,根据有利于商品分配、有利于进一步改造的原则,进行统一的安排。有的可以过渡到国营商业;随着街道生产服务事业的开展,有一部分合作形式的商店和个体商贩可以放到街道统一安排,为国营商业代销商品。

少数合作商店需要保留的，也要加强对它们的领导、管理。

3．小商贩过渡国营以后的几个具体政策问题

(1)资金处理问题：总的精神是，不无偿剥夺劳动人民的财产。具体办法，我认为不外两种，一计息，二退还，由各地党委根据具体情况决定。小商贩不愿领计息的听便。

(2)工资福利：按过去国务院的决定可以与国营企业职工同样对待。

(3)教育改造问题：可以与职工一起学习，但要继续加强对他们的社会主义教育。

(4)加入工会问题：根据工会章程的规定，够条件的也可吸收入工会。这样，也有利于调动他们的积极性为社会主义服务。

4．继续开展社会主义教育

(1)对小商贩要开展以总路线为中心的社会主义教育，帮助他们划清两条道路的界限，树立和巩固走社会主义道路的信心和决心，克服资本主义的自发倾向。

(2)教育的方法应当以正面教育为主，摆事实，讲道理，提高他们的觉悟。对个别严重违法的要予以严肃处理。

(四)研究工作

调研工作专业组，讨论了很多问题，是有收获的。我再补充几点意见：

1．调研工作和实际结合问题

调查研究的根本目的是为政治研究工作服务。脱离政治就一事无成。要善于识别方向，了解当前政治要求。关门写作、关门研究是脱离实际的工作方法。为政治服务即要政治挂帅。政治挂了帅，才能做好调研工作，更好地为社会主义革命和社会主义建设服务。

(1)做调研工作的同志先要承认自己还不行，毛主席教导我们要虚心，写文章的人往往认为很了不起，这样会栽跟头。另一方面，又要承认自己行，不要把科学研究神秘化。我们的革命实践总结起来，加以提高，不就是理论吗？要解放思想，破除迷信，敢想敢说敢做，认识客观条件加上自己主观努力，就可以做好工作。客观条件就是党的领导、社会主义政治经济发展的大好形势，再加上自己的刻苦努力，就可以由不懂到懂，由不会到会，由不好到好。

(2)要看到新鲜事物。新生东西开始时总不易为人所理解，调研工作要跟上形势的发展，看到新生事物的成长，否则就是政治嗅觉迟钝。反对“一本书、一间房”的脱离实际，脱离群众的作法。不与群众结合起来，就发现不了新问题。调研工作也要大搞群众运动。

(3)红与专问题。红就是政治挂帅，有的说要红很难，我看下了决心也是容易的。听党的话，服从党的领导，参加到群众运动中去，就可以红起来。不要为个人服务，搞个人主义，否则，今天出了名，明天也会掉队的。这种教训已经很多，“白、专”的道路是走不通的。研究工作如果不与群众结合也不可能写出好东西来。

(4)工商行政工作一定要与调研工作结合；调研工作也一定要为工商行政工作服务。有了调查才能了解实际情况，发现问题，专门等上级指示、下级报告的作法不好，那不是很被动吗？做调研工作的，也要为行政工作服务，不能与实际脱离，要与当前工作结合起来，总结经验，加以提高，才能对今后工作有推动作用，而使领导同志感到调研部门有必要而不是累赘，每个行政工作人员也都要注意调查研究，我们已经有了不少经验，条件也是很好的。不要以为这只是少数人的事。

2．资料整理与总结经验

(1)资料即材料，即客观存在的事实，做科学研究工作的同志不注意整理资料，是不重视客观的表现，这也是起码的工作。整理资料，要有目的性，要为政治服务，要搜集与我们工作结合的材料。但不能只从现在看，也要从长远看，有的材料现在不需要，将来有需要，要注意积累资料。

(2)工作总是要有经验总结的。总结经验就是实际和理论的结合。把我们的工作经过总结，与马列主义结合起来，提升一步，就是理论。资产阶级的研究方法，只搬书本，无产阶级的方法只靠书本不行。我们进行科学研究必须与实际相结合，必须有目的性、思想性。对总结经验、理论研究要看到容易，又要看到困难。容易因工作实践中已经创造出许多经验；说难，在于分析提高。因此，不读书，不下苦功是不行的，决不能取巧。

(3)要求有分析、有目的。大家做工作有许多经验，平日就应当注意积累，一个月之内，有一、二天时间总结一下工作，是可以办到的。通过这个工作可以帮助我们逐步提高思想。资料搜集起来了，经验也总结起来了，再与马克思主义的理论相结合，加上自己努力读书，学习毛泽东思想，不是慢慢就可以成为内行了吗？希望工商行政部门每年能写出几篇有内容、有思想的经验出来。

3. 提倡做典型调查工作

专门做调研工作的同志今年应该有好的典型调查报告出来。做行政工作的同志也要注意典型调查。毛主席早就讲解剖麻雀的方法。了解一条街、一个合作商店、一个企业、一个行业、一个资本家、一个小商贩的情况都很有好处。这不仅有利于科学研究工作，对行政工作也是必要的。

选择典型，要与我们工作结合，选择代表性的。过去搞调查，下去很多人，很多天没搞好，因为不会走群众路线。如果走群众路线，多利用群众力量；多搞协作，人少也能搞好调研工作。各地调研工作不可能配备很多干部，人少就需要善于利用群众力量，走群众路线。

4. 培养干部扩大理论队伍

这是党的要求。要不断扩大工商行政部门的理论队伍，培养出既有实际经验，又有理论修养的又红又专的专家（或者“秀才”）。要培养出善于研究材料、善于研究客观规律、善于总结经验的干部。工商行政部门配备几个人专搞调研工作是有好处的，不仅对工商行政工作有帮助，也可借此培养一些理论干部。要下决心从1960年开始有计划地逐步培养，逐步扩大，逐步提高。培养干部不能只靠脱产，向上面要，主要要靠自己在工作实践中培养。

加紧学习马克思列宁主义和毛泽东著作是1960年非常重要的任务。工商行政部门特别是搞调研工作的干部尤其要很好地学习毛泽东思想。理论与客观实际结合起来，就产生出力量。做调研工作，如果不掌握马列主义的观点，就不能为无产阶级的政治服务，即使写出很多书来也没有用。

（选自《工商行政通报》第159期，1960年2月14日）

十三、中央工商行政管理局关于积极参加组织城市人民生产和生活的群众运动并报送有关材料的通知

中央工商行政管理局于3月15日向部分地区工商局、市场物价管理局、市场物价委员会发出了通知，要求他们积极参加组织城市人民生产和生活的群众运动，并及时报送有关材料。通知全文如下：

全面组织城市人民的生产和生活，是当前我国社会主义建设中的一件大事。目前，组织城市人民生产和生活的群众运动，已经日益广泛深入地开展起来。为了使工商行政工作更好地为党的中心工作服务，带动工商行政工作的全面跃进，希望你们适当组织力量，积极参加组织城市人民生产和生活的群众运动，并且会同有关部门，掌握和了解情况，研究政策，协助解决问题，总结经验。

工商行政部门在参加组织城市人民生产和生活的工作中，要注意掌握和研究以下几个方面的情况和问题：

一、街道工业、服务事业和集体福利事业的发展变化情况（包括户数、人数、产品、产值、服务内容、方式和做法等）；

二、组织人民经济生活中，以国营经济为中心，如何与群众性的自我服务运动相结合；

三、资本家和他们的家属，小业主、小商贩和各阶层居民的思想动向，以及市场关系的变化情况和问题。

四、当地在城市人民公社试点中的情况和经验。

以上各点，请注意搜集材料，定期进行综合研究，并及时向我们反映。

（选自《工商行政通报》第162期，1960年3月29日）

十四、中央轻工业部、国家统计局、中央工商行政管理局联合发出通知，了解当前街道民办工业的情况

为了了解当前城市街道民办工业的发展变化情况，中央轻工业部、国家统计局、中央工商行政管理局最近联合发出通知，要求各省（市）、自治区将所属专辖市以上城市第一季度的街道民办工业的情况（从业人数、产值、生产类型、现有资金、工资水平及盈余分配办法等），在4月底以前报送中央工商行政管理局，一式3份。

（选自《工商行政通报》第162期，1960年3月29日）

十五、国务院批转中央工商行政管理局《关于1960年工商行政工作安排的报告》的通知

(1960年4月14日)

各省、自治区、直辖市人民委员会:

国务院同意中央工商行政管理局关于1960年工商行政工作安排的报告,现在将这个报告发给你们,请参照执行。

目前,我国对资本主义工商业的社会主义改造,虽然已经取得了决定性的胜利,但是,资本主义的残余势力仍然存在。为了取得社会主义革命的彻底胜利,必须继续对他们进行深入的社会主义改造。各省、自治区、直辖市人民委员会,应当结合当前农村的整社工作和城市人民公社化运动,继续推动资本家及其家属进行自我改造,广泛地开展对小商贩、小业主的社会主义教育运动;彻底地清理和改造残余的个体工商业户,消灭一切“地下工厂”;同时,坚决地打击城乡一切资本主义投机违法活动,以保证市场更加繁荣和稳定,促进整个国民经济的继续大跃进。

附:关于1960年工商行政工作安排的报告

最近,我们召开了全国工商行政工作会议,参加会议的有各省、市、自治区工商局(包括部分地区的市场物价委员会)和商业厅的同志共有120多人。会议以整风的精神,总结了1959年的工商行政工作,交流了经验,批判了工作中的右倾思想;进一步明确了工商行政工作必须为总路线、大跃进、人民公社服务,必须在党委的绝对领导下,坚持政治挂帅,坚持全局观点,坚持群众路线,围绕党的中心任务,更好地开展工作。在统一思想认识的基础上,会议对1960年工作进行了讨论和安排,现简要报告于后:

1960年,国民经济将是一个继续全面跃进的局面,市场将更加繁荣和活跃,商品的交换和分配的计划性将进一步加强,各部门之间共产主义协作之风更加发扬,社会主义改造工作也将更加深入。在这个新的形势下,经济工作必须越做越细致,工商行政工作也必须越做越细致。做工商行政工作的同志应当积极参加到组织生产、组织购销、组织协作、组织生活等经济活动中去,而不应当站在运动之外“指手画脚”,必须主动地与各方协作,深入基层,了解和掌握情况,贯彻政策,解决问题。

工商行政部门是党和政府进行阶级斗争的工具之一,应当主动地积极地为彻底完成社会主义革命和高速度、按比例地发展国民经济服务,1960年的工商行政工作,主要有以下几个方面:

(一)市场管理工作方面

市场管理必须为促进工农业生产的发展和组织人民经济生活服务。特别要千方百计地支持农业机械化、水利化、电气化运动,促进农业的技术改造。必须大搞群众运动,搞好协作。通过协调市场购销关系,支持生产,帮助安排人民经济生活。同时,坚决地同资本主义自发倾向和资本主义经营作斗争。

(1)继续加强对外出购销人员的辅导、教育和管理,协助正当的购销业务,制止抢购、套购的非法活动。

(2)加强对信托服务行栈的领导和管理,组织购销协作,促进物资交流;协同各方大力组织和挖掘货源。

(3)加强对农村集市的领导和管理,开展便利购销的服务业务,发挥集市贸易在促进多种经营、组织人民经济生活等方面的积极作用。

(4)积极参与组织人民经济生活的工作,加强对某些供应比较紧张的副食品、日用工业品的市场管理,协助国营商业部门组织商品的合理分配,组织计划消费。

(5)做好对国家经济政策和市场管理的宣传教育工作,动员广大群众自觉地遵守国家政策、法令,严肃处理破坏国家计划、破坏国家价格政策和违反市场管理的投机违法行为。

(二)城市人民公社工业、街道工业和服务事业方面

全国各城市正在大办人民公社,大办人民公社工业和街道工业,大办公共福利和服务事业,并且已经有了很大发展。随着城市人民公社的大发展,应该进一步开展组织城市人民公社工业、街道工业和公共福利、服务事业的群众运动,把城市中的闲散居民基本上都组织起来;对已经组织起来的要不断地进行整顿和提高,使它们在发展社会生产、安

排人民经济生活和对居民进行社会主义、共产主义教育等方面发挥更大的作用。

工商行政部门应该在党委的统一领导下,与有关部门密切协作,做好以下几项工作:

(1)指导城市人民公社工业、街道工业和服务事业按照国家计划进行生产和工作,促使人民公社工业、街道工业的产供销逐步纳入国家计划轨道。

(2)加强对城市人民公社工业、街道工业和服务事业的领导和管理。帮助它们建立必要的经营管理制度,不断提高城市人民公社工业、街道工业、服务行业的机械化、半机械化和自动化、半自动化的程度,提高产品质量,服务质量,扩大产品品种,降低成本费用。

(3)调查研究城市人民公社工业、街道工业、服务事业中的有关问题(如生产方向、积累分配、领导管理等问题),提出意见,协助处理。

(4)大力开展社会主义教育,加强政治思想工作,特别要加强对街道工业和服务行业中的小业主、小商贩和资本家家属的教育改造工作。

(三)对私改造工作方面

对工商业者的改造,必须继续贯彻执行以企业为基地,生产劳动实践、社会实践和政治教育、思想教育相结合的方针。指导各级工商联贯彻执行第三届会员代表大会的精神,推动工商业者开展一个积极为社会主义服务和努力自我改造的高潮。

(1)会同有关部门,继续推动私方人员积极参加增产节约运动,参加各项政治运动,采取各种方式,如开办工商界训练班,组织学习、评比、参观、交流改造经验等,加强对他们的政治思想工作,推动他们努力进行自我改造。

(2)在小商贩和小业主中继续开展以总路线、大跃进、人民公社为中心的社会主义教育运动,进一步提高他们的社会主义觉悟。

(3)检查对私改造既定政策的执行情况;调查、研究和处理对私改造工作中有关问题。

(4)会同各地商业部门推动对合作商店和合作小组的进一步的改造工作;彻底地清理、整顿和改造残存的个体工商业户(包括“地下工厂”)。

(四)商标管理工作方面

随着国营工业、公社工业、街道工业的迅速发展,新产品将大量增加,商标管理工作必须跟上形势,做好以下工作:

(1)进一步加强对商标的管理,继续进行商标的清理整顿工作,实现商标全面注册。

(2)积极开展通过商标监督商品质量的工作,根据需要与可能,会同有关部门,举办产品质量的展览和评比;认真总结经验。

(3)加强对出口商品的商标管理。

(4)加强对商标设计人员的政治思想工作,不断提高商标设计的水平。

(五)调查研究工作方面

对资改造的调研工作已基本完成了各项改造综合资料,并初步总结了改造经验。1960年要在这个基础上前进一步,要求:

(1)会同有关部门,大搞协作,继续整理私营工商业的历史和改造资料,并进行若干理论研究。

(2)结合中心工作,对当前问题进行调查和专题研究。

(3)关于中华人民共和国国民经济史的研究工作,按照中国科学院经济研究所的规划进行,有条件的地方,可以进行地方经济史的研究或参与地方经济志、经济年鉴的编纂。

最后,各级工商行政部门,必须组织全体干部,特别是领导干部,认真地、系统地学习毛主席的著作,学习毛主席关于阶级斗争的理论,关于正确处理人民内部矛盾的理论,关于建设社会主义的理论等,不断提高政治理论水平,提高工作能力,改进工作方法。

以上报告,如认为可行,请批转各省、市、自治区人民委员会参照办理。

(选自《工商行政通报》第164期,1960年4月27日)

十六、各地工商行政部门支援农业的做法

今年以来,各地工商行政部门在“以农业为基础”的思想指导下,通过加强市场、物价的管理,组织物资交流,以及派出一定的人力,深入农村直接投入抗旱和组织力量,帮助生产队修理农具等工作,积极支持农业生产。

重庆市工商行政管理局在党委的统一领导下,一面发动群众,开展市场、物价大检查,打击资本主义自发势力,进一步稳定市场物价;一面在全市工

商行政系统中,抽调干部93人,会同有关部门,深入到农村,帮助穷队赶富队。(1)从生产入手,帮助农村制订规划,发展多种经营;(2)组织供应,及时解决农民所需生产资料和生活资料;(3)协助办好公共食堂,合理分配商品;(4)根据市场需要,及时指导农民出售各种农副土特产品,增加社员收入。上海市工商行政管理局从活跃农村市场入手,组织、推动县镇工商行政部门成立各种交易市场和农民服务所,开展"五代、三借"业务。即:代称秤、代买卖、代保管、代开发票、代兑换小票和借秤、借用具、借凳子等,便利农民购销。武汉市工商管理局会同农业机械、电工、化工、农业等局,开展对农业机械、排灌设备、农药、化肥等农业生产资料的质量检查。要求通过检查,选出一批已赶上或超过全国先进水平的产品,作为后进工厂的学习标兵;帮助落后厂开展技术革命和技术革新,克服薄弱环节;结合质量检查,调查研究上述几种产品的出厂价格,同时对商标注册和使用情况进行一次清理、整顿,使企业职工认识到:通过商标监督产品质量,是支援农业的一个不可忽视的方面。石家庄市场管理委员会运用信托公司的组织形式,积极开展城乡物资交流。通过代购、代销、代运等业务,一方面为农业组织化肥、竹木器等生产资料;一方面组织挂钩协作,为农村人民公社推销农副产品;并且抽调大批干部,到市属各县,协助建立了农民服务部。四川省忠县干井区市场管理委员会配合供销社、手工业管理部门,成立生产领导小组,深入农村人民公社组织社办工厂、管理区副业小组和社员,大量生产斗笠、棕衣、草鞋、竹木器等农业用具。在这项工作中,市场管理委员会根据自己的业务特点,配合公社进行了以下几项工作:(1)提供市场情况,参与制订生产规划;(2)根椐"按质论价"原则,帮助制订价格幅度;(3)按照生产、经营情况,帮助制订收益、分配方法。福建省建阳县工商行政管理局召开工、农、商、交协作会议,衔接产、供、销计划,促进各部门按照计划,及时下调支援农业的各种生产资料和生活资料;并且具体帮助组织开展群众性的"大送"运动。仅今年第一季度,为92个生产队运送了农具、肥料、种子等生产资料价值达80余万元。河北省吴桥县市场物价委员会,最近召开全县市场、物价干部大会,评论、研究了市场物价部门如何支援农业的问题。根据该县具体情况,提出了具体支援农业生产的工作要点:(1)根据市场需要,帮助生产队制订多种经营生产规划;(2)帮助人民公社、生产队采购生产所需物资,及推销农副产品;(3)帮助社办工厂解决生产设备,以及组织原材料供应;(4)帮助穷队赶富队,协助解决生产上的所需资金及生产资料;(5)组织力量,帮助生产队修理农业机器及一般农具;(6)召开各种不同形式的物资交流会,组织社、队之间互通有无;(7)严格取缔无证商贩,并帮助人民公社对农民进行社会主义教育,使他们安心农业生产。根据上述要点,这个县的市场、物价干部,正采取各种措施,全面开展支援农业的工作。

(选自《工商行政通报》第172期,1960年8月27日)

第二章 城乡市场管理

第一节 工商业管理体制的调整

一、国务院关于改进工业管理体制的规定

（全国人民代表大会常务委员会1957年11月14日第84次会议原则批准，国务院1957年11月15日公布 自1958年起施行）

我国是社会主义的国家，我国的建设是有计划的建设，全国各地区各企业的生产和建设工作都必须服从国家的统一计划，决不可以违反国家的统一计划。我们现行的工业管理体制基本上是符合这种要求的。但是，从目前情况看来，现行工业管理体制存在着两个主要的缺点：一个是有些企业适宜于交给地方管理的，现在还由中央工业部门直接管理；同时地方行政机关对于工业管理中的物资分配、财务管理、人事管理等等方面的职权太小。另一个是企业主管人员对于本企业的管理权限太小，工业行政部门对于企业小的业务管得过多。这两个主要缺点限制了地方行政机关和企业主管人员在工作方面的主动性和积极性。在国家的统一计划以内，给地方政府和企业以一定程度的因地制宜的权力，是完全必要的。这种国家统一计划范围内的地方政府和企业的一定程度的机动权力，正是为了因地制宜地完成国家的统一计划，这是国家统一计划所必需的。为了适当地扩大地方政府在工业管理方面的权限和企业主管人员对企业内部的管理权限，国务院现作下列的规定。

第一，适当扩大省、自治区、直辖市管理工业的权限

一、调整现有企业的隶属关系，把目前由中央直接管理的一部分企业，下放给省、自治区、直辖市领导，作为地方企业。

现在属于轻工业部和食品工业部的企业，除了若干企业必须由中央管理的以外，大部分企业都下放给省、自治区、直辖市管理。纺织工业先下放一小部分，以后根据具体情况，再定大部分下放的步骤。

重工业各部门所属的企业，凡是属于大型矿山、大型冶金企业、大型化工企业、重要煤炭基地、大电力网、大电站、石油采炼企业、大型和精密的机器、电机和仪表工厂、军事工业以及其他技术复杂的工业，仍旧归中央各工业部门管理。除此以外，其他工厂凡属可以下放的，都应该根据情况，逐步下放。

森林工业部所属的企业，除个别单位需要由部直接管理的以外，其余全部下放。

交通部管理的一部分港口和企业下放。

建筑企业中的土建部分，在许多地区应该逐步下放，由地方统一管理。

中央各有关的工业、交通部门，应该根据上述原则，同地方政府协商，提出下放企业的名单，报告国务院批准以后，实行下放。

一切仍归中央各部管辖的企业，都实行以中央各部为主的中央和地方的双重领导，加强地方对中央各部所属企业的领导和监督。

二、增加各省、自治区、直辖市人民委员会在物资分配方面的权限。

中央各部所属企业、地方所属企业（包括地方所属的公私合营企业）和商业系统这三个方面所需要的物资，不论是国家经济委员会所管的全国统一分配的物资（以下简称统配物资）或者是中央各部所管的统一分配物资（以下简称部管物资），仍旧各按原来系统申请和分配。地方国营、地方公私合营企业所需要的物资由省、自治区、直辖市统一申请和分配。但是，省、自治区、直辖市人民委员会，对于在省、自治区、直辖市范围以内的中央企业、地方企业和地方商业机关为本企业生产经营所申请分配的物资，在保证完成国家计划的条件下，有权根据当地的情况和需要的缓急，在各个企业之间进行数量、品种和使用时间方面的调剂；各个系统的企业，都要服从这种调剂。

中央各部所有的供应全国需要的物资，不论是存放在某地企业内的或者是仓库中的，当地省、自

治区、直辖市一般不能调动使用。如果当地政府要求调用,必须取得中央主管部门的同意。军用产品所用的特殊原材料,地方政府要求调用的时候,也必须取得中央主管部门的同意。

各省、自治区、直辖市管理的企业所生产的统配物资和部管物资,如果生产数量超过了国家计划规定数量,超过计划的部分,当地政府可以按照一定比例提成,自行支配使用,但是原定的品种计划不能改变。中央各部所属企业的超过计划的产品,除了中央指定的少数企业和少数产品品种以外,地方政府也可以按照中央批准的比例分成。

各省、自治区、直辖市要求中央各部所属机械制造企业超额生产时,为了避免盲目增产,其超额生产的品种,如果属于国家经济委员会统一分配或者在部管范围内的,需要得到中央各有关机械工业部门的同意。

三、原来属于中央各部管理现在下放给地方政府管理的企业,全部利润的20%归地方所得,80%归中央所得。

凡是属于第二机械工业部、邮电部、铁道部、对外贸易部外销部分和民航局等部门的企业和大型矿山、大型冶金、大型化工、大型煤矿、大电力网、石油采炼、大型机器和电机的制造等企业以及长江、沿海跨省经营的航运企业,地方政府不参与利润分成;除此以外,所有仍旧属于中央各部管理的其他企业,例如纺织企业,地方与政府也可以分得全部利润的20%。

所有地方政府参与利润分成的企业,上述规定的二八分成的比例,三年不变。

凡是属于原来由地方管理的企业,其全部利润,仍旧归地方政府所得。

四、在人事管理方面,增加地方的管理权限。凡是属于中央各部下放给地方政府管理的企业,在人事管理方面,都按照地方企业办理。各省、自治区、直辖市对仍归中央各部管辖的企业的所有干部,在不削弱主要厂矿的条件下,可以进行适当地调整。但是,国务院管理范围的干部,地方要求调动的时候,应该报请国务院批准。各主管工业部门管理范围的干部,地方调动的时候,应该同主管部门协商。在调动干部尤其是调动高级技术人员的时候,应该注意干部原来的专业,照顾到某些干部在他的工作岗位上要有一定期间的稳定性。

中央各部所属的企业和分驻各地的管理机构,有关编制定员工作,应该受当地人民委员会的领导和监督。

第二,适当扩大企业主管人员对企业内部的管理权限

一、在计划管理方面减少指令性的指标,扩大企业主管人员对计划管理的职责。

在生产计划方面,原来由国务院规定的非经国务院批准不得改变的指令性的指标共有十二个,即:总产值、主要产品产量、新种类产品试制、重要的技术经济定额、成本降低率、成本降低额、职工总数、年底工人到达数、工资总额、平均工资、劳动生产率、利润。现在把国务院指令性的指标减为四个,即:(一)主要产品产量,(二)职工总数,(三)工资总额,(四)利润。其余八个指标,在一般情况下,都作为非指令性的指标。这些非指令性的指标,在下达计划和上报计划的时候,仍旧和四个指令性指标一样,全部列入计划,作为计算根据,但是,企业在执行中可以依据实际情况进行修改。对于非指令性指标的修改以后的方案,应该报告有关部、局备案。

除了国务院规定的四个指令性的指标以外,各工业部可以根据企业的特殊需要,增加个别指令性的指标,例如,新种类产品试制、重要技术经济定额、成本降低率等等。各省、自治区、直辖市人民委员会也可以根据当地需要,对自己所属企业增加个别指令性的指标,例如规定在省、自治区、直辖市范围内平衡的某种产品的产量。在基本建设计划方面,国务院1957年规定的指令性指标是四个,即:(一)总投资额,(二)限额以上项目,(三)动用生产能力,(四)建筑安装工作量。今后仍旧按照这四个指令性指标执行。建筑安装部门的劳动工资指标,仍旧按照过去规定办理。各省、自治区、直辖市对于地方基本建设投资的使用,在保证完成上述指令性指标的条件下,在国务院核定的地方投资总额以内,可以对建设项目、建设进度等等方面进行调剂。

国家计划只规定年度计划关于季度、月度计划,哪些企业应该由主管的部、局规定,哪些企业应该由企业自行制定,都由各主管部门根据具体情况,作出决定。

简化计划编制程序。由现行的两次下达、两次上报的编制过程改为两次下达、一次上报,就是先由上而下的颁发控制数字,然后由下而上的编制计划草案,最后由上而下的下达计划。年度计划力求

在年前11月份大致确定,计划下达以后,一般不再修改。坚决精简现行报表。

二、国家和企业实行利润分成,改进企业的财务管理制度。企业的利润,由国家和企业实行全额分成。分成的基数根据各工业部门第一个五年计划期间领取的四项费用(技术组织措施费用、新种类产品试制费用、劳动保护费用、零星购置费用),加上企业奖励基金,再加上40%的超计划利润,把各部所领取的这三笔收入与工业部门在同一时期所实现的全部上缴利润,以部为单位,分别算出比例。例如,各工业部所领取的三笔收入共占各该工业部上缴利润的百分之几,就把这个比例分别作为各工业部的固定分成比例。以后年度预算中,国家不再拨付四项费用和企业奖励基金,所有这些费用,统由利润固定分成中解决。分成比例确定以后,三年不变。每年根据实现的利润,计算分成数额。各工业部对于所属企业根据上述原则和具体情况,分别确定各个不同的分成比例,实现国家和企业在利润方面的分成。但是,各工业部可以在自己直属各企业的全部分成所得中集中一部分作为企业间调剂之用。各省、自治区、直辖市的工业管理部门也可以在它直属企业(包括中央下放企业)所得的利润分成中,抽出一部分,作为当地各企业间调剂之用。

国防企业中新种类产品试制费用,以及其他企业的特殊重要的新种类产品的试制费用,如果超过本企业的负担能力,由主管部门另行拨付。

因为公私合营企业过去对四项费用、企业奖励基金、超计划利润分成等等没有像国营企业那样的规定,而且公私合营企业中以中小型企业为多,因此在实行企业的利润分成的时候,应该对公私合营企业的分成基数和分成办法,进行专门研究,定出适宜的办法。

企业在使用分成所得的时候,必须把其中的大部分用于生产事业方面,同时,适当地照顾到职工福利方面。

取消现行的某些不合理的规定,例如大修理不准"变形"、"增值"等规定。企业的事业费在保证完成计划的条件下,可以由企业在事业费总额内的项目之间调剂使用。企业的固定资产在上级规定的权限内,可以由企业增减或者报废。

三、改进企业的人事管理制度,除企业主管负责人员(厂长、副厂长、经理、副经理等)、主要技术人员以外,其他一切职工均由企业负责管理。

企业有权在不增加职工总数的条件下,自行调整机构和人员。

(选自《工商行政通报》第104期,1957年12月16日)

二、国务院关于改进商业管理体制的规定

(全国人民代表大会常务委员会1957年11月14日第84次会议原则批准,国务院1957年11月15日公布　自1958年起施行)

第一,地方(省、自治区、市、县)商业机构的设置,由各省、自治区、直辖市人民委员会根据地方的具体情况决定。当着两个或两个以上的商业行政机构合并设置的时候,在财务上可以不实行原来各系统的独立核算,而实行统一核算;但是,在业务方针政策上仍旧分别接受原来所属主管商业部门的指导。地方商业行政机构和企业管理机构,原则上实行合并。例如,把各商业机构改变为行政与企业管理合一的组织形式,取消地方上原有的商业专业公司,合并到商业行政机构内。有些大城市或某些地区,经过研究认为不能合并的,也可以不合并。

第二,中央各商业部门设在生产集中的城市或者口岸的采购供应站(一级批发站、大型冷藏库、仓库),实行以中央各商业部门领导为主、地方领导为辅的双重领导。省、自治区、直辖市商业行政机构设置的采购供应站(二级批发站),实行由省、自治区、直辖市的商业行政机构领导为主、所在地政府领导为辅的双重领导。

第三,中央各商业部门所属加工企业,除了某些大型企业,地方认为管理有困难的以外,其余全部移交给地方,由地方商业部门直接管理。这些下放的加工企业,有关生产任务的规定、产品的规格标准、生产设备能力的调整和加工工缴费用的规定,仍旧由中央各商业部门统一管理,以便平衡全国生产。

第四,商业计划指标,国务院每年只颁发四个指标,即:(一)收购计划,(二)销售计划,(三)职工总数,(四)利润指标;同时允许地方在收购计划和销售计划总额的执行中有5%的上或下的机动幅度。但是,对于中央各商业部门控制的计划商品的

数字的变动,必须经过中央各主管商业部门的批准。对于地方工业生产的超计划的产品,如果要求商业部门收购的时候,经过上级主管商业部门的批准,可以超计划收购。对于全国计划收购的粮食、油脂、棉花的购销数字的变动,必须经过国务院的批准。如果省、自治区、直辖市人民委员会在特殊情况下认为必要的时候,可以先行变动,再报国务院备案。今后对利润指标拟逐渐只下达到省、自治区、直辖市掌握,不再下达到各基层企业,以免基层商店为了勉强完成利润指标而作违反商业政策的活动。但是,中央各商业部门应该规定办法,保证各基层企业的利润不能自行降低。因为利润指标只下达到省、自治区、直辖市掌握,不再下达到基层企业的这样一种措施是一项重大的变动,不宜在全国立即全部实行,必须由中央各商业部门先在一两个省、区内试行,试行有效后,再行推广。

第五,中央各商业部门的企业利润,实行与地方全额分成。粮食经营和对外贸易的外销部分的利润,省、自治区、直辖市不参与分成,但是对外贸易的内销部分仍旧和省、自治区、直辖市分成。供销合作社仍旧实行社员分红、提取公积金和其他基金的办法。现在归地方收入的饮食、服务性行业,仍归地方不变。除了上述几项以外,中央各商业部门的企业利润,都和地方实行二八分成,就是以利润中的20%归地方,80%归中央。

为了生产救灾而要商业部门进行有亏损的收购或者销售的时候,授权省、自治区、直辖市人民委员会责成地方商业部门办理,如有亏损,可列入企业亏损,由商业利润抵补。

第六,商品价格管理的分工。在农、副产品方面,凡是属于计划收购(统购)和统一收购的物资的收购价格和销售价格,由中央各商业部门统一规定,但是在非主要产区则委托地方政府根据中央各商业部门规定的价格水平来管理,统一收购的废铜、废锡、废钢铁的收购价格也照此办理;对第三类物资的价格和由地方确定为本地统一收购的物资的价格,由地方政府管理,但是应该参照中央各商业部门掌握的价格水平,并且每年由中央规定一次价格升降的幅度。在工业品方面,国家经济委员会统一调拨的物资的收购价格,或者各工业部门所管的统一分配的物资的收购价格,都按照国家规定的调拨价格办理,除此以外,所有其他工业品的收购价格,按照中央各商业部门规定的原则由省、自治区、直辖市管理;工业品在市场的销售价格,主要市场和主要商品由中央各商业部门规定价格,次要市场和次要商品由省、自治区、直辖市根据中央各商业部门规定的订价原则内自行订价,并且注意同毗邻地区协商。中央和地方设立统一的各级物价管理机构,中央每年召开物价会议一次,制定全年的物价水平。

第七,实行外汇分成。为了鼓励地方积极完成国家的出口计划和争取若干工农业产品超额出口,中央将所得外汇,分别给地方一定比例的提成。办法另行通知。

(选自《工商行政通报》第104期,1957年12月16日)

三、国务院关于公私合营厂矿和手工业生产合作社所需要的国家统配、部管原材料改用调拨价格的规定

(1957年11月15日国务院全体会议第62次会议通过)

1955年年底以前,只有国营厂矿和少数老公私合营厂矿以及少数手工业生产合作社所需要的国家统配和部管原材料是按照调拨价格供应的,为数众多的私营厂矿和个体手工业都是按照市场牌价购买统配和部管原材料的。当时这样做,由于实行调拨价格的单位比较少,因价格高低差异所影响的企业经营还比较小。

经过1956年上半年的社会主义改造的高潮,全国的私营厂矿基本上已经实现了公私合营,手工业基本上已经实现了合作化,工业生产的计划性大大增强,国家调拨产品的产量逐渐增加,国家供应的统配和部管原材料,不少新的公私合营厂矿也已经按照调拨价格供应,但是,也有的仍然按照市场牌价供应。新老手工业生产合作社也存在类似情况。由于国家统配和部管原材料的供应价格不一致,使新老公私合营厂矿之间,新老手工业生产合作社之间,在生产经营上发生了很大矛盾。这些矛盾主要表现在:同一城市、同一种调拨产品,原材料进价低的,产品售价就低些,原材料进价高的,产品售价势必要高些。这不仅增加了对产品价格管理的困难,也不利于国营工业、公私合营厂矿和手工

业生产合作社之间的生产协作关系。

为了便于各地统一安排国营工业、公私合营厂矿和手工业生产合作社的生产，统一调度原材料；为了保持和发展国营工业、公私合营工业和手工业生产合作社之间的生产协作关系；为了减少价格核算方面的人员和手续，现在对于公私合营厂矿和手工业生产合作社所需要的国家统配和部管原材料价格，作如下规定：

（一）自1958年1月1日起，公私合营厂矿和手工业生产合作社所需要的国家统配和部管原材料，按照国家调拨价格供应。国营和地方国营厂矿如果还没有实行调拨价格的，也要同时实行。没有定息的公私合营厂矿、个体手工业户和自负盈亏的生产小组以及各负盈亏的供销生产合作社所需要的统配和部管原材料，仍然照市场牌价供应。

（二）手工业生产合作社所需要的煤炭，如果是用于生产统配和部管产品的，可以按照调拨价格供应；如果是用于生产地方订价的产品、不按调拨价供应就要发生亏损的，也可以按调拨价格供应；如果是用于生产一般出售的产品，就应该按照市场牌价供应。鉴于一个手工业生产合作社往往生产上述几类产品，难以截然分开，各地对手工业生产合作社供应煤炭的价格，由省（市）、自治区人民委员会参照上述原则自行规定。

（三）公私合营厂矿和手工业生产合作社所需要的统配和部管原材料实行调拨价格之后，各地人民委员会的物价机关和工业管理部门，应当加强工业产品价格的管理工作，防止滞销季节随便降价的现象。严格禁止倒卖统配和部管原材料的投机行为。

（四）公私合营厂矿和手工业生产合作社应当加强企业管理工作，特别是加强财务管理工作，坚持勤俭办社的方针，减少脱离生产人员，降低管理费用，发动群众经常监督和反对一切贪污浪费现象。手工业生产合作社社员的工资（包括劳动分红）一般不得高于当地同等技术条件的国营工厂工人；在小城市和农村应当照顾原来手工业者和农民历史上收入的比例水平，不应高出农民太多。

（五）为了调节手工业生产合作社的合理利润，对那些利润较高的手工业生产合作社，可以适当地提高所得税税率。责成国务院财政部会同有关部门根据有利于生产、有利于改造的原则，拟出改进手工业生产合作社的所得税累进征收办法。

（六）公私合营厂矿手工业生产合作社所需要的统配和部管原材料，应当事先提出计划，由地方统一申请和分配，中央直辖的公私合营企业由中央主管部申请和分配。各省市人民委员会在保证完成计划的条件下，有权在品种、数量和供应时间等方面进行调剂。

为了继续发挥手工业利用废料和就地取材的特长，对于手工业生产合作社所需要的原材料，只能是部分的分配给国家统配和部管原材料。

在中小城市手工业生产合作社所需要的国家统配和部管原材料，必须通过商业部门供应的，由商业部门在调拨价格上加收一定的手续费。

以上各项规定，中央各有关部门、各省（市）、自治区人民委员会应即研究贯彻执行，并且将执行过程中发生的问题随时上报。

（选自《工商行政通报》第104期，1957年12月16日）

四、中共中央、国务院关于物价管理权限和有关商业管理体制的几项规定

（1958年4月11日）

商业工作的任务，是作好生产和消费的媒介，来促进生产的发展和人民生活的改善。生产是整个经济生活的根本，生产的发展决定着商业的发展。但是生产品既然要通过商业按照一定的价格在社会上进行交换，那么，商业工作和物价管理工作的好坏，也就是说，交换范围的大小，流通过程的快慢，物价是否正确地反映了不同的生产品的成本和供需状况，是否正确地调节流通过程，当然就不能不反过来对生产的发展起着促进、限制或者妨碍的作用。我们的经济是有计划的，商业工作和物价管理工作的一定范围内的全国统一领导是必要的，但是为了使这两方面的工作更加切合各地生产的实际，从而更好地为生产的发展服务，必须把更多的管理权限下放到地方。在党的三中全会通过改进商业体制以后，继续发现了现行的物价管理状况需要有进一步的改进。现行的物价管理工作的缺点，是由中央统一定价的商品过多，价格计算公式不完全符合实际情况，各省、自治区、直辖市党委和人民委员会又无权根据当地的实际情况调整价格，因而就不利于某些工农业生产的发展。同时，在

省、自治区、直辖市党委和人民委员会处理商业问题的权限上，也还有必要作若干具体规定，为了进一步扩大各省、自治区、直辖市党委和人民委员会对商业工作领导的权限，以促进工农业生产的发展，现作以下几项规定：

(一)关于物价管理权限

(1) 在工业品价格方面：

棉纱、棉布、呢绒、食盐、食糖、煤炭、石油(包括煤油、汽油、柴油、润滑油)等关系人民生活和市场物价稳定较为重大的商品，以及其他由国外进口的商品，由中央统一规定全国各主要市场的价格。除了以上这些商品以外，其他一切工业品现在所定的市场价格，如果省、自治区、直辖市党委和人民委员会认为有不适当的，各省、自治区、直辖市党委和人民委员会都有权加以调整。

(2) 在农产品价格方面：

第一类农产品(国家计划收购的商品)和第二类农产品(国家统一收购的商品)的价格，由中央召开各省、自治区、直辖市联席会议共同议定。第三类农产品的价格，仍旧同过去一样，由各省、自治区、直辖市党委和人民委员会规定。为了下放一部分农产品价格管理的权限，应当把原来规定的一部分第二类农产品的价格交由各省、自治区、直辖市党委和人民委员会管理。此外，一切农产品在省、自治区、直辖市内部的地区差价，如果有不合理的地方，省、自治区、直辖市党委和人民委员会都可以加以调整，并且在调整以后报告中央。

(3) 各省、自治区、直辖市党委和人民委员会在调整价格的时候，应当注意到与毗邻地区的相互联系；在调整幅度较大的时候，应当与有关地区事先协商；在接壤地区因为价格相差太大而需要调整的时候，应当事先由有关省、自治区、直辖市自行协商解决，或者在协作区内协议解决。必须注意，不要因为地区间价格悬殊过大而刺激私营商贩的往来贩运，并且注意尽可能不要减少财政收入。

(二) 关于商业体制

(1) 各省、自治区、直辖市设立几个商业厅、局，设置多少商业机构，编制多少商业人员，都由省、自治区、直辖市党委和人民委员会自行决定。

(2) 一切工农业产品，包括数量，品种和规格在内，各省、自治区、直辖市党委和人民委员会都有权决定，由当地商业部门保证收购。商业部门以为有问题的时候，应当提出意见，以供党委决定时参考。人民银行应当充分供应商业收购的流动资金。

(3) 凡是由商业部门包销的工厂所生产的残次品，只要能够在市场销售，商业部门应当加以收购，在作价的时候，应当根据按质论价的原则，适当减低收购价。

(4) 商业部门库存中的一切冷背、残损商品须要降价出售的时候，其销售价格概由当地党委和人民委员会决定。

(5) 凡是归划商业部收购的工业品其超计划生产部分，本省、自治区、直辖市有权分成；凡是超计划收购的农产品，其超计划收购部分，本省、自治区、直辖市有权分成。分成的比例另定。凡是分成所得的商品，一律不在各省市原定计划所应得的数目内扣除。各省、自治区、直辖市党委和人民委员会认为不需要分成的时候，也可以不分成。

(6) 划归商业部管理的生产资料，在市场供应紧张的时候，各省、自治区、直辖市党委和人民委员会有权根据需要的缓急和先后，统筹分配。

(7) 凡是中央拨给地方的商业基本建设款项和商业部门的一切分成收入，都应当由省、自治区、直辖市党委和人民委员会统一管理，确定用途。

(8) 在同一地区，商业各部门所有的仓库，原则上应当统一使用。必要的时候，地方可以组织商业仓库公司统一经营管理。在组织商业仓库公司的地方，商业各部门每年用于新建仓库的投资，包括国家拨给的部分和企业留成收入中用于修建仓库的部分，一般也应当交由仓库公司统一修建。

(9) 商业部门对任何新产品都有积极试销的责任。

(10) 工业利润和商业利润的分配，暂时维持现状。如果现行的利润分配办法有个别不合理的地方，并因此而妨碍生产发展的时候，由各省、自治区、直辖市党委和人民委员会加以调整。应当对工业部门和商业部门说明，工业利润和商业利润都是国家积累的一部分，不论由哪一个部门上缴都是一样的，目前有部分利润由商业部门上缴，是国家交给商业部门的任务，因此不应当对这个问题有所争执。

（选自《工商行政通报》第115期，1958年5月8日）

五、中共中央、国务院关于市场物价分级管理的规定

（1958年10月18日）

中共中央、国务院曾于1958年4月11日公布了《关于物价管理权限和有关商业管理体制的几项规定》，现在对市场物价分级管理的具体办法，再作如下规定：

一、国务院每年召开全国物价会议，根据中央规定的方针政策，议定物价总水平和主要工农业产品的价格以及工农业产品的地区差价和农产品的购销差价的原则。

二、粮食、棉花、油料、桐油、黄麻、苎麻、茶叶、烤烟、生猪、木材等商品的收购价格，分别由中央各主管部具体管理。

三、粮食、食油、猪肉、木材、棉纱、棉布、呢绒、食盐、食糖、煤炭、石油、化学肥料、手表等商品在主要市场上的销售价格，分别由中央各主管部具体管理，这些商品在其他市场上的销售价格由地方管理。

四、除前两项规定的商品以外，其他工农业产品的价格都由地方管理。国营、地方国营、公私合营工业部门和手工业生产合作社自产自销的产品的价格，也由地方管理。

五、中央各主管部所管理的工业品的销售价格，各主管部只规定标准规格品的价格；至于其他规格的价格，由地方根据按质论价的原则自行规定。

六、中央各主管部所管理的农产品的收购价格和销售价格，各主管部也只是规定标准规格品的价格；至于其他规格等级的价格，由地方根据统一的分级标准自行规定。

七、中央各主管部所管理的工农业产品的销售价格中，凡是没有规定零售价格的，都由地方规定。

八、各省、自治区、直辖市接壤地区的价格衔接问题，由各有关省、自治区、直辖市自行协商解决。

九、各省、自治区、直辖市人民委员会在调整自己所管理的商品的价格时，应该抄报国务院和中央各主管部。

十、各省、自治区、直辖市人民委员会可以根据本规定制定本地区的市场物价管理办法。

十一、市场物价的统计报告工作，仍由国家统计局负责。国家统计局应当根据实行市场物价分级管理规定后的新情况，进一步改进和加强市场物价的统计报告工作。

十二、中央各主管部在实行市场物价分级管理的规定以后，对于全国市场物价的调整，仍负有全面平衡的责任，并且应该加强对于市场物价的调查研究工作。属于中央管理的商品，如果在价格上需要作全面调整的时候，应当及时提出方案，征求地方意见后，报国务院审批。对于地方管理的商品价格，中央主管部门也应当进行研究，如果遇有重大问题，应当及时向国务院报告，并采取必要的措施。

十三、中央各有关部管理价格的商品和市场目录，由各有关部和地方协商后下达。

（选自《工商行政通报》第129期，1958年11月8日）

六、国务院关于农副产品、食品、畜产品、丝绸等商品分级管理办法的规定

（财商贸周字第97号）

（1958年11月19日）

为了进一步体现统一领导、分级管理的原则，充分发挥地方积极性，便于各级加强对商业工作的领导，根据体制改变的精神，并且照顾到我国生产分布和商品供应的具体情况，对农副产品、畜产品、丝绸、食品（不包括粮食油脂）等商品的分级管理，规定如下办法：

一、对农副产品、畜产品、丝绸、食品等商品的管理，拟分为中央集中管理的重要商品，中央实行差额调拨的一般商品和地方自行管理必要时由商业部组织交流的商品三类。

第一类，中央集中管理的重要商品，系指关系国计民生及生产集中，消费分散的重要商品以及外销的某些重要商品，包括棉花（棉短绒在内）、烤烟、黄洋麻、绒麻，苎麻、茶叶、生猪、牛肉、羊肉、禽、蛋、耕畜、食糖、楠竹、棕片、杂铜、猪鬃、肠衣、羊毛、羊绒、羽毛、牛皮、山羊皮、绵羊皮、干茧、人造纤维等。按照这些商品的具体情况采取以下不同的管理办

法:

(一)棉花、烤烟、食糖:所有收购、销售、调拨、进口、出口等指标,完全由中央商业部集中管理,超计划收购的烤烟,地方要求增加外调数量的,可以由商业部负责多调,或者由商业部接收后委托地方代管。地方如要求增减棉花、食糖和烤烟的出口任务时,须要经过国务院批准。

(二)黄洋麻、大麻、苎麻、茶叶、楠竹、棕片:由商业部管理调拨、出口两个指标;收购和销售计划,由地方自行负责安排。地方如要求对这些商品增减出口任务时,须要经国务院批准。茶叶根据各地区的具体产销情况,分出红茶、绿茶、花茶、紧压茶、乌龙茶五个品种进行全国平衡;详细的花色品种,由商业部召开专业会议安排。安排时,要特别注意提高出口茶叶的品质规格。

(三)生猪、牛肉、羊肉、禽、蛋:内销部分,由商业部管理从各地区调出供应北京、上海、辽宁部分的调出指标;其余均由省、区、市及协作区负责安排。生猪、活牛、冻猪肉、冻牛肉的出口指标,由商业部会同外贸部管理,地方如要求对这些商品增减出口任务时,须经国务院批准。冻家禽、鲜蛋、冰蛋、干蛋、湿蛋的出口,由商业部会同对外贸易部及其他有关部门,进行具体安排,在不影响外调及中央确定的出口任务条件下,各地可以同对外贸易部直接联系,增加出口。

(四)耕畜:进口耕畜及内蒙、新疆、甘肃、青海、云南、贵州外调的耕畜,由商业部负责统一分配;其余各省、区内部的调剂,由各省、区及协作区负责安排。

(五)杂铜:收购指标由商业部管理,调拨分配由冶金工业部负责管理。

(六)猪鬃、肠衣、羊毛、羊绒、羽毛、牛皮、山羊皮、绵羊皮、干茧、丝、绸、人造纤维等商品的收购、销售、调拨、出口等指标,由外贸部集中管理,负责安排内外销售。

第二类,中央实行差额调拨商品,系指一部分生产集中,供应面广,或者生产分散须要保证重点地区供应,或者必须保证特殊需要的商品,包括苹果、柑橘、黄花菜、黑木耳、榨菜、笋干、花椒、八角、大白菜、土豆、生姜、咖啡、味精、八大名酒、奶粉、罐头、胡麻(熟)、罗布麻、棉杆皮、龙舌兰麻、生漆,土纸等。此类商品的调拨指标由商业部召开专业会议负责安排。苹果、柑橘、榨菜、八大名酒、奶粉、罐头、生漆等商品供应出口的指标,亦在召开的专业会议上由商业部会同对外贸易部等有关部门,加以安排。

第三类,地方自行管理,必要时由商业部组织交流的商品,系指上述商品以外的各种农副产品和食品等商品;其中某些商品根据具体条件,必要时中央可列入第二类或第一类进行管理。

二、以上品种是根据目前情况划分的,为了促进地区经济的发展,减少工作环节,今后对于调出调入的商品,凡是可以固定供销关系的,将尽量采取固定数量(如甲地最低限度每年要调拨乙地多少)或者固定任务(如甲地的供应由乙地负责保证)等办法,由双方直接挂钩办理,在可能的时候商业部也可根据具体的情况,减少中央管理的商品品种。在年度计划执行中,如有临时的特殊需要,商业部可以同各有关省、区、市商议,临时抽调支援,或者增加中央集中管理的品种。

三、对于第一、第二两类商品,为了便于综合平衡,各省、区、市应该按照具体商品品种,向中央有关部门报送和提供有关生产、收购、调拨、销售、接收进口、供应出口等平衡资料;商业部或外贸部应该会同有关部门,按照应由商业部或对外贸易部管理的指标,规定各省、区、市的任务(有些重要商品要经过国务院批准);各协作区在不影响调往外区及出口的条件下,可以在本协作区内对商业部或对外贸易部规定的指标作必要的调整。

(选自《工商行政通报》第 131 - 132 期,1958 年 12 月 31 日)

第二节　农村集市贸易的起伏

一、财政部税务总局关于自由市场税收管征工作的指示

自从国家领导下的自由市场开放以来,市场出现了物资交流、经济活跃的新现象,但反映在税收管征工作上也出现若干新的情况和问题:

1. 商品流转线路和流转环节发生了变化,不少的土特产、手工业品、农副业产品往往不通过国营、合作社营企业,而直接与零售商或消费者见面。

2. 农民贸易活跃,农民经商的情况也有发展,农商不易划分清楚,有的行商和小商小贩还套用农

民自产自销证明,企图偷漏应纳税款。

3. 市场上增加了一批未登记的行商和小商小贩,部分城市出现了不少的无证工业户,在乡村也有一些手工业者从农业社退出来独立经营。

目前各地工商管理部门对自由市场已积极进行管理,组织交易市场、交易所、行栈和货栈,协助组织货源和领导农民交易,划定准许经营的品种,对国家统购物资和统一收购物资实行严格的有效的控制,对一般物资实行挂参考牌价或议价等管理办法。这些措施对于税收管理工作提供了有利条件。今年2月全国财政厅局长和税务局长会议对此进行了讨论,并经财政部指示各级税务机关对于参加自由市场的管理是正确处理人民内部矛盾的一项重要内容,应当遵守以下原则,贯彻既要对正当的交易予以保护又要对非法投机的商贩加以管理的政策精神,作好工作。这些原则是:

1. 税收管理必须是在有利于自由市场正常发展的前提下适当加以管理,不能妨碍物资交流;

2.必须在市场管理委员会统一领导下来参加管理,税务机关不要另外建立一套管理机构和办法;

3. 手续应该尽量简化,并适当从宽掌握;

4. 和邻区要保持密切联系,相互配合。

自由市场的税收管理重点,主要应该放在对专业行商、无证临商和无证工商业户上,以防止投机商人套用农民自产自销证明或利用小商小贩名义偷漏税收。

在税收管理方法上,由于各地自由市场开放先后不同,采取的措施也不尽一致,尚不宜规定全国统一的办法,兹提出下列意见供各地在布置此项工作的时候参考:

1. 加强与国营、合作社营、公私合营等的交易所、行栈、货栈的联系,以掌握市场发展变化情况,控制税源。对应纳商品流通税、货物税的产品,由于简化了照证更加需要加强控制,除了对企业的产、销、纳税情况应该经常监督检查以外,并应加强集中起运点的查验工作。

2. 根据市场管理组织所规定的市场管理制度,加强对市场交易员的税收业务和税收政策教育,帮助他们熟悉税法,运用他们的力量教育鼓励他们发扬爱国守法精神,维护国家税收。

3.做好税收宣传工作,要求所有在自由市场进行交易的企业、商贩遵守纳税规定和明了纳税手续。

4.对于行商的检查一般应着重在落货地检查行商登记证和行商货物运销单,不准拦路检查。行商登记地的税务机关还应该对于在当地登记的行商进行适当的组织和检查,加强销地和住地的配合,以防止行商偷税漏税。

5.对于无证商贩和无证工业户必须严格要求他们照章纳税。税务机关并应联系工商行政管理部门和归口改造的商业部门,加强对这些业户的控制管理。

6. 对于农民贸易,应经常地联系乡人民委员会及农业社,要求他们认真做好农民自产自销证和农业社外销证的开发工作,以利区别应征与应免并防止错开冒领。对农业社社员和个体农民兼营临时商业的,不得开给自产自销证明,税收上应按照行商进行管理征税,但应掌握以教育、辅导为主的精神,防止强迫命令。

7.对于流入自由市场的应纳商品流通税、货物税的产品,除了还暂时保留照证的品目如烟丝、焚化品、鞭炮等,在最低分运量以上的,仍须查验完税照或分运照(规定每小件应贴查验证的,虽在最低分运量以下,仍应查验查验证)。此外,对于废除照证的应税产品或者尚保留照证而不及最低分运量以上的应税产品,各地可根据具休情况考虑采用在投入市场以前先报验原发货票的办法。对于流入自由市场的应纳商品流通税、货物税的农、林、渔、牧产品,除了数量较大由国营企业收购的应由收购单位纳税以外,其余农民自销的,原则上也应进行管理。至于具体做法,可由各省、自治区、直辖市税务局根据当地市场情况,结合前述的管理原则自行掌握。

8. 对于在自由市场出售应纳屠宰税牲肉,应该查验屠宰税完税证或肉上的验戳。

随着自由市场情况的发展变化,税收管理方面也应与新的情况适应,各级税务机关应当教育和鼓动基层税收干部领会管理自由市场的政策和原则,善于根据市场的实际情况,创造新的管征方法,及时总结经验并报告总局,以便进一步推广介绍,做好自由市场的税收管理工作。

(选自《工商行政通报》第96期,1957年8月15日)

二、中央工商行政管理局、财政部税务总局关于整顿农民自产自销证明加强管理检查工作的联合通知

(1958年3月6日)

随着农业生产的发展,农民销售自产品的日有

增加。但自从各地自由市场开放以后，出现部分投机商贩及少数农民弃农经商、冒充农民自产自销、进行违法倒卖的活动，致使为了保护农民利益的自产自销证明在使用方面伪造、涂改、转让、转售、顶替、套购证明和使用白条等各种流弊，各地均普遍发生，甚至有的利用农民自产自销证明私行运销国家计划收购和统一收购物资。这不仅使农民自产自销证明没有真正起到鉴别是农民自产自销或者是商人贩运，确定征免临时商业税的凭证作用，而且影响到国家收购任务的完成，增加了市场管理的困难，反成为偷漏国家税收的一种手段。为了保护正当的农民自产自销，并有效地克服上述混乱现象，经我两局研究，认为有必要将全国各地农民自产自销证明的填发和使用办法加以整顿，为此特作如下规定：

一、为了防止滥发和使用假的证明，并便于市场管理部门的鉴别，农民自产自销证明规定全国适用的统一格式，并由各省、自治区、直辖市税务局依式印制，分发使用。

二、农民自产自销证明的填发单位，原则上确定为基层税务机关和乡人民委员会，乡人民委员会亦可指定高级农业生产合作社负责填发。

三、农民自产自销证明的使用范围：

1.产品范围：限于运销国家准许进入自由市场的农、林、渔、牧、狩猎和采集等的自产品，对于国家计划收购物资和国务院规定不准进入自由市场的统一收购物资，一律不发给证明；

2.地区范围：持用农民自产自销证明限于下列地区：

(1)本省、自治区、直辖市境内；

(2)毗邻的直辖市和市县；

(3)邻省、自治区的毗邻市县；

(4)经省、自治区、直辖市规定的习惯市场。

至于农业社所在地和农民住地附近的初级市场，是否发给证明，由当地自行掌握。

直辖市和一般城市对郊区农业社、社员和个体农民经常销售自产品的，可以考虑发给附有照片(有困难的可以不附)的长期证明，以简化领证手续。

四、领用证明注意事项：

1. 农业社的社员和个体农民申请领用证明，每次以一张为限，对农业社可按其分销地区发给证明。

2. 农业社、社员和个体农民于产品销售后，应报请销地市场管理部门或税务机关及其委托的行栈审核盖戳注销，并带回向原填发单位缴销。

五、填发单位注意事项：

1. 填发单位应指定专人办理或兼办填发证明工作，并负责保管不得遗失；

2. 在收回领用人缴销的证明时，应即粘附在原存根联上，以备查考，并应于每本证明全部缴销后，缴回原发的税务机关核销；

3. 为了便于统计，可以对农业社领用的和社员及个体农民领用的分开两本填发。

六、工本费问题：自产自销证明的填发，原则上暂不收取工本费，此项印制费在税务费内开支，但对以往有收取工本费习惯或目前收取没有困难的，亦可收取。

七、管理检查：

1. 税务机关印制本证应订本编号；发交填发单位应注册登记；

2. 税务机关的专责人员应经常巡回检查填发、领用证明的执行情况，在实行初期，应加强辅导工作。

3.销地市场管理部门和税务机关对使用白条和不合规定的证明，应严格取缔，并可以联系原填发单位查核；对使用人进行教育，如发现投机违法活动应依法处理。

八、违反自产自销证使用规定的处理办法。对伪造、涂改、转让、转售、顶替、重用本证的，除原证明无效外，还应分别情况给予批评教育，或根据《临时商业税稽征办法》第十一条的规定，除追交应纳税款外，并处以所漏税额五倍以下的罚金，情节严重的送人民法院处理，填发人员如有违法失职、徇私舞弊等情事，亦应联系其主管单位进行处理。

九、实行日期：自1958年5月1日起，全国各地应一律使用统一格式的农民自产自销证明。各省、自治区、直辖市未用完的自定格式的证明，可以盖代用戳记，继续使用，直至用完为止，以免浪费。

必须认识，做好农民自产自销证明的填发领用管理、检查等工作，是一项关系到广大农民的切身利益和加强对自由市场管理以及维护国家税收的重要工作。各地市场管理部门和税务机关应在当地党和政府的领导下，对乡干、社干、社员和个体农民进行一次广泛的宣传教育，使他们懂得规定的精神和填发领用的手续。市场管理部门的人员和税务专责人员还必须相互加强联系,对农民自产自销证明经常注意管理、检查,认真做好这一工作。

各省、自治区、直辖市的市场管理部门和税务机关在接到本通知后,应即会同研究,布置执行。并将执行情况和存在问题及时向我们两局反映和提出解决意见。过去凡与本通知有抵触的规定,自实行统一格式证明的日期起,应一律废止。

(选自《工商行政通报》第 112 期,1958 年 3 月 27 日)

三、国务院批转第二商业部关于加强牲畜经营的报告

(1958 年 3 月 10 日)

国务院同意第二商业部《关于加强牲畜经营的报告》。现将原报告转发各地,希研究执行。并请注意以下几点:

一、由于牲畜的繁殖和成长较慢,必须从 1958 年起,抓紧繁殖配种工作,特别要抓紧春季配种这一环节。对于各地的习惯配种季节,也应该加以注意。切实做到保配、保胎、保成活,并要及时检查繁殖指标完成的情况,及时研究解决繁殖发展中的问题。争取达到和超过 1958 年牲畜增殖计划指标。

二、要千方百计解决牲畜饲草饲料不足的困难,大量利用空隙地种植饲草、饲料;积极推广青贮饲草,尤其是玉米的青贮工作,要利用夏收和秋收后的空闲地,争取种一次青贮玉米。切实做好牲畜饲草的储备工作。

三、注意研究各地牲畜疫病。农业部门和有关商业部门要密切结合,大力进行防治工作。

四、各地也应注意羊的发展,因羊的发展条件较好,繁殖快,成活率、配种率高,经济价值相当大。每一农户要争取做到养一到三只羊。牧区要争取在一二年内成倍发展。

附:第二商业部关于加强牲畜经营的报告

(一)

根据去年 12 月畜牧会议总结和国务院关于耕畜、肉畜由城市服务部统一经营的批示,我们于 1 月 24 日至 2 月 3 日召开了有各省、区、市服务厅、局长参加的全国牲畜经营会议。经过交换情况,交流经验,分析研究,鸣放争辩之后,与会同志一致认为,为了支援农、牧业生产的大跃进,必须鼓起干劲,力争上游,决心完成并认为有条件完成下列三项任务:

(1) 大力加强繁殖工作,在三年之内,做到每百头适龄母畜每年繁殖成活幼畜数,平原农业区达到 50 头至 60 头,牧业区和山区达到 60 头至 80 头的要求;

(2) 力争在二年之内,消灭耕畜严重不足地区的人拉犁现象;

(3) 在五年之内,基本解决耕畜不足问题。

(二)

提出上述任务所根据的情况是:(1)解放后我国的牲畜在国民经济恢复时期发展很快,到 1952 年全国牲畜总头数达 7617 万头,已超过战前(1935 年)466 万头。可是牲畜纯增殖率自 1953 年即开始下降了,1956 年不但没有增产,有的地区还有减产;1957 年又比 1956 年减少了。减产严重的是农业区,据 12 个省的统计,1957 年比 1954 年减少 523 万头。不仅数量减少,而且质量不高,母畜空怀现象严重,如河北省现有牲畜中,老残劣畜占 31%,而幼畜仅 6%。许多地区的母畜空怀率都在 60%—70%以上。有的地区牲畜负役的耕地面积也大大增加。由于牲畜不足和瘦弱,加以负荷过重,影响农业生产不能多耕,不能深耕,也不能及时春种秋收。如果按全国平均合理负担面积每头 30 亩计算,全国共缺畜约 1000 万头。

(2)目前耕畜严重不足的地区,全国有一百五六十个县,除陕西北部的少数县外,主要是河北的中部和南部,山东的西南部,河南的东部和江苏、安徽的北部。这些地区,不仅每头耕畜平均负担耕地面积过大,并且较普遍的或多或少的存在着人拉犁的现象。除其他原因外,这些地区都曾先后遭受严重的自然灾害使牲畜受到了相当的损失。另外,全国还有 300 来个县是一般缺乏牲畜地区,主要是河北、山东、河南、安徽、江苏、湖南、黑龙江、辽宁、吉林等省的平原农业区。这些地区占全国总县数的比例虽不大,但人口稠密(约有 1 亿人口),而且是粮食(产粮约 920 多亿斤)、棉花(产量占全国 55%)的主要产区,牲畜不足带来的后果是严重的。

(3) 随着农田水利的增多,耕作制度的改变,

今后牲畜需要量还会增加。虽然可以用机器代替和补充一部分畜力,但在相当长的时期内,牲畜仍然是农业生产上的重要动力。同时,牛肉是我国对亚非国家出口的重要物资,牛肉在国际市场上的销路比猪肉更为广泛。畜产品又是重要的轻工业原料。

完成上述任务所依恃的条件是:

(1) 各级党、政对牲畜问题都非常重视和关怀,农、牧业生产合作社已日益巩固,牲畜问题,在各级党、政和农、牧业社的工作日程上都可以排上队了。

(2) 全国牲畜总头数比历史上增加很多,内蒙、甘肃、青海、新疆、云南、贵州等牧区和山区的牲畜总头数是增加的,群众又有出售的要求,有条件支援缺畜地区。内蒙、云南、贵州都表示决心克服困难,大力支援。缺乏牲畜省份县与县之间的牲畜也不平衡,也可以进行调剂。

(3) 全国现有母畜数量不小,繁殖的潜力还很大,有条件加速繁殖。同时,在全面跃进中,工业生产掀起了新的高潮,有可能更广泛地更多地用机器来代替和补充一部分畜力。

(4) 对牲畜经营,各地已积累了一些经验(如山东从新疆赶运马匹的经验;北京、天津同农业社结合寄养牛羊,降低了饲养保管费用;黑龙江将基层收购站和基层防疫站合并,统一了力量,加强了协作等经验),培养了一定的干部和技术人员,实行耕畜、肉畜统一经营后,经营力量加强,扩大经营和调剂有了基础。

(三)

通过摆情况、提困难、找办法、互相启发、热烈争辩以后,明确了方向,统一了认识。一致认为:实现上述任务,必须从加强牲畜饲养管理、加速牲畜繁殖、扩大牲畜调剂三方面同时并进。加强饲养管理和加速牲畜繁殖,是解决耕畜不足问题的治本办法;而扩大牲畜调剂,不仅可以促进繁殖,而且是解决当前耕畜不足问题的最现实的办法。

会议中还检查批判了当前工作中存在的右倾保守思想:在生产上看不见牲畜繁殖的巨大潜力,满足于现有水平,不去积极提高繁殖率,而单纯追求总头数,并把总头数的增加和保持寄托在禁运上。在调剂上看不见牲畜有余地区群众出售的要求,低估缺畜地区群众购买牲畜的能力,不了解调剂在促进繁殖和以余补缺方面的重要性,不去鼓励流通,而是层层封锁,处处禁运。在经营上只考虑肉禽供应,对耕、肉畜缺乏统一安排,怕困难,怕麻烦,只看到经营活畜困难的一面,看不见有利的一面,或者只看见经营失败的部分,看不见成功的先例,对经营缺乏信心。这些右倾保守思想,既不利于繁殖,也不利于调剂;既不利于平原农业区,也不利于牧区和山区;不仅影响了农业的增产,也阻碍了牲畜的发展。

(四)

会议认为,今后经营牲畜的方针应该是:积极促进牲畜繁殖与改良,开展耕畜调剂,支援农、牧业生产大跃进,逐步改善肉食供应。为了正确贯彻这一方针和实现上述三项任务,必须采取以下措施和办法:

1. 服务部门必须在各级党政统一领导下,配合有关部门,大力宣传繁殖牲畜的重要意义;根据农业社"自繁自养"的方针和"全面安排,逐社规划"的原则,帮助农业社制订繁殖、饲养、淘汰、出售和购进牲畜的计划,安排饲草、饲料的生产,推广增加饲草、饲料的方法;并帮助农业社建立当地可行的有利于繁殖、饲养和使役的奖励制度。

2. 经营部门必须配合有关部门,积极设法利用活牛的副产品,以增加农、牧民的收入,提高我们繁殖和饲养牲畜的积极性。有些地区母牛下犊后,除养小牛外,每天可剩余二三斤奶,在有条件的地区可以组织收购,或者帮助农业社利用小型简易机器加工奶粉。有些牧区和山区,过去有将牛出租给邻近地区耕地的习惯,现在这种关系中断,有些可以利用的牛也闲置起来了,有条件的,应予恢复。畜粪是很好的肥料,也是牧区燃料的重要来源,如牧区所剩余的畜粪,有可能的,可以组织外运(集二铁路两侧二三百里地内已有此卖粪情况)。此外,每头牛一年可产1斤多牛毛,应组织群众抓毛,加以利用。

3. 配合畜牧部门,加强牲畜疫病防治工作。各地服务部门在配合畜牧部门加强生猪疫病防治工作方面已取得了一些成绩,对于牲畜也应该这样做。经营部门的基层工作人员,应该分年分批学会畜牧兽医知识和技术,加强畜牧兽医力量。对经营中的牲畜,要做好卫生检疫工作,以防止疫病传播。黑龙江省为加强畜牧部门和经营部门的协作配合,已将服务部门的基层牧购站同农业部门的基层防疫站合并,共同负责生产指导、防疫和收购工作,既便于统一使用力量,又利于相互学习。我们认为这一做法是有利于生产发展的。

4. 配合畜牧部门，做好牲畜品种改良工作。除指导牧区、山区进行公母分群牧放，避免野交乱配，防止品种退化外，必须本着就地选优的原则，尽量在本省本区内选择培养。对于现有良种(如秦川、南阳、延边、鲁西、晋南等地的黄牛，三河的奶牛，滨湖的水牛，关中、绥米、泌阳，德州的驴，新疆的伊犁、焉耆，甘肃的河曲和内蒙三河的马等）产地应该有计划地培养成良种基地，并帮助这些地区做好规划，规定繁殖和调出种畜的任务，督促实现。同时，经营部门应该适当经营一部分种畜，以便调剂给需要种畜的农业社饲养。

5. 加强牲畜市场的领导管理。管理牲畜市场的目的和要求是:既要便于国家统一领导,防止抬价抢购,防止乱屠乱宰;又要便于活跃市场,发挥群众调剂的积极性,减少经营环节。因此,第一,必须对全部牲畜商贩进行社会主义改造,把正当的畜贩组成公私合营小组或合作小组,在国营商业领导下进行业务活动,并将其经营计划纳入国营计划之内。第二,除重点产区的良种牲畜和肉畜以及各地(牧区和信仰伊斯兰教的民族聚居区除外)经过乡、社批准淘汰出售的老残劣畜,由国营商业部门统一收购、统一调剂之外,其余均可在国家领导下的牲畜市场上自由买卖成交,不得限制。第三,省与省之间远距离的调剂,由国营商业通过计划进行安排,各地国营商业不得盲目采购。在总的调剂计划之内,可以由国营商业或组织经过改造的畜贩小组购销;也可以将计划分配到乡、社,组织群众到产地直接采购(到少数民族的草原地区采购,须经当地政府允许),以减少环节。省内和邻省之间的习惯性的牲畜调剂,应该允许农业社和农民在国家领导下的牲畜市场上自由交换,但不得从事贩运,并且不准私商经管。严格取缔地区之间的封锁和禁运,各地现行有碍流转的规定,必须废除,以利牲畜交流。第四,牲畜价格应根据“有利于繁殖,有利于调剂,有利于保护”的原则进行掌握。收购价首先应保证生产者的合理利润,并应贯彻按质论价的原则;在集中产区的一定范围内,可实行一个收购价格,以利交通不便地区牲畜的发展;为保护耕畜,鼓励农民饲养,收购价格应有适当的季节差价;耕、肉畜之间也应该有合理差价。地区差价以首先保证生产者有利,并兼顾调剂者不致赔累为原则。这次会议,因缺乏材料,对具体价格未能研究。会后由各地进行调查研究,并参照生猪价格的原则,提出方案上报,再通盘研究解决。

6. 做好牲畜收购工作。各级服务部门必须在当地党政的统一领导下,会同畜牧部门共同拟订关于牲畜的繁殖、淘汰、外调和留用(役用和肉用)的计划指标,经党委批准后,共同贯彻执行。经营部门根据计划指标,可直接联系农、牧业社进行收购,并同时通过市场进行收购。凡是群众需要出售的牲畜,除积极帮助和组织农业社和农民进行有无调剂之外,不分种类和品种,不分老残劣畜、壮畜或幼畜,一年四季都可以收购。但必须教育干部做好保畜、养畜的工作,并协助农业社做好牲畜规划,掌握好季节差价,以防止在秋后发生不应有的大量出售牲畜的现象。大中城市和奶牛产区,有宰杀小奶公牛的情况,今后应收购调剂。收购进来的牲畜凡是可以使役的,应尽速调剂,销售给农业社或农民使用。销售方法,可同农业社建立合同,有计划的组织供应,或通过市场销售;也可以采取同农业社或农民进行以壮换老,以牛换猪等办法销售。暂时调剂不出去的,除积极寻找销路外,应妥善饲养保管。鉴于几年来的幼牛价格一直偏低,群众繁殖和饲养幼畜的积极性不高,因此,必须通过收购工作,刺激群众繁殖和饲养幼畜的积极性。收购进来的幼畜应尽可能调剂给有饲养幼畜习惯的农业社边养、边教,剩余部分可转移到附近饲草多的地区保管饲养。老、残畜和劣畜可作肉畜处理,但在调运过程和保管期间,应随时就近组织农业社挑选作为役用,确无人选购的,可以宰杀或育肥后宰杀。老、残、劣畜中的骡、马、驴、骆驼等,当地没有作肉食习惯的,除了应该通过价格政策来培养消费习惯外,还可外调到有消费习惯的地区处理。

7. 调剂耕畜是牲畜经营工作的首要目的。今年调剂耕畜的数量和范围都比过去扩大,去年省际之间通过计划安排调剂的耕畜(北方主要是马和骡,南方主要是牛)共 6.1 万头。今年的调剂计划为 40.6 万头。因此,牲畜有余地区,应尽量挖掘潜力,支援缺畜地区,这次会议安排的调剂计 40.6 万头,要求各级人民委员会大力支持,督促经营部门保证完成并帮助其解决工作中的困难。在调剂中应大力组织赶运,减少经营环节,降低流转费用。在耕畜不足问题未解决之前,出口方面,应尽量压缩牛肉出口数量,降低牛肉出口规格,以减少出口与耕畜不足的矛盾。内销方面,农村(除牧区和信仰伊斯兰教的民族聚居区外)老残劣畜的宰杀必须管理。老残劣畜由乡、社批准可以淘汰出售,并由国营商业部门统一收购;屠宰数量必须由县人委控制,批准屠宰权由当地经营部门掌握;同时应加强城市屠宰商的限制和改造。城市中的牛肉供应应该加以控制,并可实行凭证(或票)的供应办法。

8. 必须依靠职工,依靠群众,做好饲养保管工作,并应该有计划地设置一部分牲畜饲养场和牲畜站。经营过程中的牲畜,凡是一时不能销售出去的,应该在互利的原则下尽可能委托有条件的农、牧业社短期寄养(代牧),以降低饲养保管费用,并应根据市场需要随时收回出售或外调。设置牧畜饲养场、站应本勤俭办事、精简机构和不与民争地、争草、争水的原则,在牧区和山区选择水草充足的地区设置饲养场,在农业区设置牲畜站。饲养场和牲畜站所需棚棚,可以用畜粪和畜力同群众换工、换料,或利用牲畜毛、粪收入解决。还可由职工义务劳动修建,力争做到国家不投资或少投资修建。

牲畜在流通保管过程中,需要的少量饲料和设置饲养场、站需要的草地、牧场、土地等,请各级人民委员会大力支持解决。

(五)

根据以上办法进行经营,有三个好处:有利于补充缺畜地区的耕畜,支援农业生产大跃进;有利于促进牲畜繁殖,配合畜牧业生产大跃进;还有利于把缺畜地区现有的大量老残劣畜替换出来,扩大出口和改善市场肉食供应。有一个问题:就是经营数量将比过去大大增加,耕畜调剂的距离较远,又是大量赶运,难免发生一部分死亡损失和一部分赔累。但从整个国民经济大账来看,仍然是合算的。同时,这样大量收购调剂,今后国家掌握的老残劣畜可能逐渐增多,只要做好肉畜经营和副产品处理,就可能做到以赚补赔。至于死亡损失,根据经营生猪的经验,只要经营一段时期取得经验后,就会大大减少的。

以上报告,如认为可行,请即批转各省、自治区、直辖市人民委员会执行。

(选自《工商行政通报》第112期,1958年3月27日)

四、国务院第五办公室批转第二商业部关于烟酒零售点减少情况和解决意见的报告

(1958年3月31日)

国务院五办同意第二商业部关于烟酒零售点减少情况和解决意见的报告,现转发各地,希研究执行。

烟酒是广大人民的一种消费品,又是国家财政收入的一项重要来源,如果烟酒供应工作做得不好,不仅直接影响群众日常消费的需要,而且影响国家财政收入,这对于人民消费和国家经济建设都是不利的。因此,必须切实做好烟酒的推销工作。

烟酒消费比较零星分散,要做到便利群众购买,才能多销。各地人民委员会应该督促商业部门,配合农业生产大跃进,积极地加强烟酒的推销工作,改进供应方法(如送货到田间、工地),努力做到群众方便满意。

附:第二商业部《关于烟酒零售点减少情况和解决意见的报告》

烟酒是群众性的零星消耗品,必须贯彻执行"便购多销"的方针,大力推销烟酒对于扩大货币回笼、积累国家资金、平衡社会购买力都起着重要的作用。

1957年烟酒销售情况总的说是好的,但自进入第四季度以后,许多地区销量下降,据估计,烟比1956年第四季度要少销5万箱,酒要少销1.2万吨。销量下降的原因,除了因自由市场管理加强、流动人口减少、干部下放和深入贯彻勤俭建国、勤俭持家等因素外(这些都是正确的),主要是工作上还存在着一些问题,如推销工作上没有适应干部上山下乡的情况,将烟酒销售业务也跟上去;在销售机构上,不仅没有发展零售点,反而不适当地撤并了一些零售点,有的地区对自负盈亏的合作小组和单干小摊贩采取了撤并零售点和控制货源等办法,

限制其经营,以致有些地区又出现了白点村。如北京丰台区,全区原有自负盈亏的烟酒小商贩161户,被取消了64户,占40%;山东省高唐、博兴等县6个区原有632个零售点,三季度以来,已有68户停业,占11%。

产生上述撤并零售点和控制经营的原因,一方面,由于有的小商贩违法乱纪、投机取巧、非法经营或者有政治上的问题,在整风大辩论过程中,被限制或停止经营(这是正确的、必要的);另一方面,有的地区在对小商贩进行整顿和加强管理过程中,不适当地限制和过多地撤并了一些零售点,特别是烟酒零售商和过去在农村发展的"五保户",大部分没有发证或只发给临时营业证,在这次整顿和加强管理过程中,许多地区作为无证商贩被取消了,这是烟酒零售点减少的一个重要原因。

由于烟酒零售点的减少,不仅直接影响烟酒销售计划的完成,而且引起群众的不满。如北京市右安门外三条五巷大车工人郝兆春说:"买烟酒就得方便,现在政府不给酒只好不喝";老农民赵青海说:"喝酒没处买,要买得跑二里地,干脆不喝了!"

为了改变上述情况,继续贯彻执行烟酒"便购多销"的方针,对于防止烟酒零售点减少提出以下意见:

一、对于成分不好,政治上有问题或一贯非法经营,在群众中影响很坏的烟酒零售商贩,经过整风大辩论,停止其经营是正确的。但是在停止这些人经营以后,必须另找一些人来代替,不要减少零售点。在农村,除了找"五保户"、小商贩代销烟酒外,还可以利用那些人口多、劳动力少、生活困难又不够"五保"条件的农业社员代销烟酒;在城市,可以委托一部分有条件的职工家属代销烟酒。

二、为了防止资本主义逆流,进一步改造私营商业,对于自负盈亏的烟酒零售商中的过肥户和冒尖户,除了对他们加强社会主义思想教育,提高其觉悟以外,还可以通过降低代销手续费或征收所得税等办法来加以限制,一般不要从货源供应上加以限制,以免影响消费者的需要和减少国家资金的积累。对于因过肥、冒尖而已被撤销的零售点,在当地找不到适当人选代替,本人又愿意继续经营的情况下,可以通过村乡干部会议讨论审查,恢复其经营;但必须采取上述办法加以限制,不能任其吃得过肥。

三、在贯彻执行"村村有酒(烟)卖"的措施中发展的"五保户"代销户和发给临时牌照的烟酒零售商,应该按照"村村有酒(烟)卖"的精神,结合市场供应的需要予以保留(对"五保户"仍不作归口改造安排)。

四、配合农业生产的大跃进,要组织农村烟酒零售商上山和带货到工地或集中生产的地方去推销。对于50户以上没有供应点的村庄,应该设立烟酒供应点。

五、为了扩大烟酒推销,满足消费者的需要,应该允许并提倡烟酒小商贩附带经营烧鸡、咸鸭、酱猪、牛肉、兔肉、熏鱼、炸蟹、炸虾和各种头蹄杂碎等下酒菜;并要开展机关、企业的职工宿舍或集体伙食单位代卖烟酒,以便利职工购买,扩大烟酒推销。

六、为了大力开展烟酒推销,贯彻执行"村村有酒(烟)卖"的措施,烟酒的批发机构必须适应零售机构发展的需要,因此,各地要检查一下批发机构的业务情况,有问题要及时研究解决,以保证上述措施的实现。

上述意见如认为可行,请批转各省、自治区、直辖市人民委员会研究执行。

(选自《工商行政通报》第115期,1958年5月8日)

五、中央工商行政管理局对制止迷信品生产和销售问题的意见

近一时期来,国务院交我局处理的各地整风办公室转来的"鸣放"意见中,不少干部、职工、教员要求制止迷信品的生产和销售。我们认为,破除一部分群众的迷信习惯,需要通过较长时期的政治教育工作;在群众觉悟提高的基础上逐步求得解决,目前还不宜硬性地禁止,但适当加以控制是必要的。为此,在迷信品的生产方面,除保证出口任务的需要外,可以有控制地逐步压缩;在销售方面,不要硬性禁止销售,要使经营者服从市场管理,不准抬价暴利。

(选自《工商行政通报》第155期,1958年5月8日)

六、财政部关于提高临时商业税税率的通知

(1958年5月12日)

为了从税收上加强对行商的经营利润的限制,经报请国务院五办批准,将临时商业税的税率由

8%提高到10%,自文到之日起执行。

(选自《工商行政通报》第117期,1958年6月6日)

七、财政部关于临时商业经营交纳商品流通税商品和已纳屠宰税的牲肉的税率以及代扣代交税款提给手续费的比例问题的通知

(1958年5月20日)

关于临时商业税的税率修订问题,我部已于1958年5月12日通知各地执行。现将经营交纳商品流通税的商品和已纳屠宰税的牲肉的临时商业,应该如何适用税率及代扣代交临时商业税提给手续费的比例问题,补充规定如下:

一、临时商业经营交纳商品流通税的商品和已纳屠宰税的牲肉,都一律按照10%的税率交纳临时商业税。对于经营某些商品的临商如果按10%交税有困难,需要给予照顾的,可以由各地确定给予减税照顾。

二、《临时商业税稽征办法》第十条关于税务机关可以在代扣的税款内,提给代扣代交税款义务人1%手续费的规定,修改为代扣代交临时商业税的手续费,可以在不超过代扣税款3%的范围内,由各地根据当地城市、农村和山区代征的具体情况灵活掌握,自行规定执行。

(选自《工商行政通报》第117期,1958年6月6日)

八、广东省关于组织农村商贩转向生产及合理调整改造形式与商业网设置的意见

为了适应工农业生产为主的社会主义建设大跃进的新形势,商业工作也要来个大跃进。广东省第二商业厅结合当前农村市场存在的私商过多,人浮于事,安排困难,劳动潜力不能发挥以及商业网的设置不尽合理等问题,提出了组织农村商贩转向生产及合理调整改造形式与商业网设置的意见。

(一)组织商贩转向劳动生产

1.通盘考虑,全面规划

组织商贩转向劳动生产应根据平原、山区等不同情况以及商贩人员多少,市场需要,商业网的合理设置,从各种改造形式(包括单干户)进行全盘考虑,作出全面规划。要求既能大大精简商业人员,充分发挥商贩的潜力,又要保证方便群众购买,不减少商品花色为原则。在制订规划时,要注意下列几个问题:(1)对合营、合作商店留店的人员及行业(商店)的保留,应从国家利益,商业需要出发,要考虑具备将来过渡为全民所有制的基本条件。在人员上应有劳动力,身体健康,在行业上要有市场容量,有发展前途,企业要有资金,有经营能力。(2)下放的小商贩中应有10%—20%的骨干作依靠,人员过剩和前途不大的行业以及业务水平低的人员应下放大部或全部。对地主富农经商以及反、坏分子必须下放劳动改造。资本家也可在自愿的原则下下放参加劳动生产,彻底改造思想。对单干户除根据市场需要适当留下部分外,有劳动力的,应尽量动员参加生产,以利市场管理和加强对他们的改造。单干户中老弱残疾,有家有依靠者尽量动员回家,无依靠者,尽可能予以安排照顾,维持其最低生活。(3)商贩下放转向生产的办法,主要有二:一是参加农业社生产;二是搞集体生产。为了加强对生产的领导,可由国营、供销社派出干部,带领他们下放劳动生产。对下放的地、富、反、坏分子,全部安排在农业社,在群众监督下劳动改造。单干户一般多下放农业社。合营、合作商店店员也应有一定人数下放农业社,一部分搞集体生产。对资本家一般应下放到场为宜。(4)在研究人员去留时,应根据上述原则要求,将所有合营、合作商店及单干商贩人员进行全面排队,应留多少,留哪些人,须下放劳动生产多少,下放哪些人,要逐行、逐店、逐人具体研究确定,该下放的应通过整风定期分批下放。

2.做好思想发动工作和组织工作

组织商贩下放转向劳动生产,首先要做好思想发动工作和组织工作,这是组织商贩下放的一个重大关键。在做法上可采取大鸣大放,大辩论,摆事实,算细账等,亦可召开代表会议,注意培养骨干,抓两头、带中间的办法。骨干带头,自动报名,民主评议,领导批准,做到去者愿意,留者欢喜,家属满意,防止强迫命令。

3.制订生产规划

在制订生产规划时,应根据国家需要与各地有利条件,做好调查研究,因地制宜,采取多种多样办

法,可以搞猪场、牛场、羊场各种生产基地等。搞的形式要多种多样,即合营性质、合作性质等。但为了使生产单位能迅速扩大生产和解决费用开支,应采取以短养长的办法,即生产一些短时期内能有收成的东西,特别是在生产刚开始,更应生产易收成的东西。同时,生产规划不但要有当年的规划,而且要有长远的规划。使大家看到奋斗目标和美好的远景,鼓舞生产热情。

4. 几个具体问题的意见:

(1) 关于合营、合作商店店员下放农业社及单干户的资金处理:合营、合作店员下放农业社,其股金(除资本家)在200元以下者,除用作必要的生活补助及旅费外,其余全部通过银行转给农业社作生产资金。股金在200元以上的,用于上述三方面以不超过200元为限,留下部分继续用于企业周转,给予定息、分红,公积金不能带到农业社。

单干商贩无论下放农业社或场,其原有资金均应随人带到生产单位作生产资金,不得浪费用掉。

此外,对于下放生产的私商过渡人员,如下放前已转正,其资金不退还,可继续给予定息。尚未转正者,其资金可转作生产资金。

(2) 关于搞集体生产的资金解决办法:以自筹自用为原则:

a.动员合营合作商店人员和自负盈亏的商贩,在自愿原则下节约开支,借款支持生产。

b.可以借用合作商店的公积金,抽部分或全部(原企业需要资金周转,可向银行贷款)。

c.可以借用合营、合作商店现存(未用完的)奖励金和福利金。

d.各部门可与工商联协商,借用工商联现有的多余存款。

合营企业利润已上交国家,不应动用。个别地区如资金十分困难,可在留给当地掌握的幅度内使用(纯商业30%,饮食服务业90%),由当地党委决定。

搞集体生产,要贯彻多快好省,勤俭办场的方针。一切采用穷办法,一切从俭,节约开支,反对铺张浪费。并可在不影响店内业务的原则下,动员留店商贩,经常分批支援生产。

(3) 下放人员的待遇问题:下放到场的合营、合作商店人员和已转正的过渡人员,第一年带薪参加劳动,工薪由原企业负责。单干户及未转正的过渡人员,可由场发给维持最低生活的工薪。待生产单位能自给时,全部人员应按劳取酬支付工资,下放农业社参加生产的商贩人员工资由农业社评定(可考虑第一年给予适当照顾,以相当当地中农收入水平发给,以后按劳自给)。

(二)改造形式的调整、商业网的设置

改造形式的调整、商业网的设置必须适应新的情况,采取新的措施,不能墨守成规。为了合理设置商业网,应结合商贩下放,对商贩人员,改造形式,门市部设置,营业额等,要慎重研究,通盘规划。在保证国营、供销社领导的原则下,合理调整改造形式,重新布置农村集镇门市部与供应点。可以打破行业界限,打破国营、供销社和合营、合作商店的界限,不要受原来各种改造形式及旧有商业网的限制,以便从根本上加以改革。

1. 对商业网的调整原则:大大精简机构,发挥劳动潜力,保证市场供应,保持商品特点,便利群众买卖,消灭排队现象,有利商业管理,加强商贩改造。在调整工作要求上:人员精简到最大限度,劳动效率要提高,以方便群众购买;总营业额要增加;花色品种齐全,能保证正常供应;资金周转加快,周转天数减少;费用水平降低,财务制度不混乱,真正贯彻勤俭办企业的方针。

2. 改造形式的调整,应本着上述原则要求,对同行业不同改造形式,以及同行业同改造形式的,如果有条件可以适当合并。但不同改造形式合并后,采取什么形式,可根据具体情况而定。有些企业只留下个别人员,不宜保持原有商店者以及单干大户有条件的,可合并到同行业的合营或合作商店。个别合营或合作商店如条件较好,有必要时也可考虑与国营、供销社合并,采取企业过渡,人员暂不过渡的办法,以利业务的开展与扩大。对市场留下的一般单干户(除老弱残废)应全部组织成各负盈亏的合作小组,以利管理和加强改造。

对于农村集镇以下分布在乡村的商贩(包括合营、合作商店的下伸点人员及单干户)为使其经营更好地结合生产、促进生产以及进一步接受社员群众的监督,有利于加强管理加速改造,可全部转到农业社,参加劳动生产,其中一部分变成农业社的供销部。

商贩下放,商业网调整后,市场营业额的安排:对合营、合作商店的营业额,一般不需要限制,要求三个人的营业额两个人做,充分发挥他们的经营积极性,扩大公共积累。但对单干户应加以限制,不能让他们过肥,一般以使其能维持生活为原则。

(三)加强领导加速改造

对于农村商贩下放劳动生产以及商业网调整等工作,必须在各级党委统一领导下,全面规划,统一安排。各主管部门应采取抓试点,吸取经验,及时总结,召开现场会议、参观、学习、总结、推广,有计划地分批铺开,加强监督检查,贯彻评比,促进工作的开展。

在组织商贩下放劳动生产的同时,进一步加强商贩改造是一个很重要的工作,必须充分发挥他们的经营积极性,采取包营业额、包损耗、包资金周转、包市场供应等办法,把商贩的个人利益与企业利益紧密结合起来,刺激其积极性,便其充分发挥潜力。另外要求做到:政治思想好,支援生产好,服务态度好,经营管理好,团结互助好,清洁卫生好,以达到满足群众购销要求,促进生产。

对下放的商贩,要加强政治思想领导教育。经常开展比先进、比劳动、比干劲、比艰苦的社会主义大竞赛与经常性的批评与自我批评。采取抓两头带中间的办法,发挥他们的生产积极性,以推动生产大跃进和思想改造。

(选自《工商行政通报》第 119 期,1958 年 6 月 30 日)

九、中共中央、国务院关于进一步加强蔬菜生产和供应工作的指示

(1958 年 12 月 29 日)

蔬菜是同广大人民生活关系非常密切的一项副食品,做好蔬菜的生产和供应工作,是农业和商业部门在副食品生产和供应方面的一项重要任务。目前有不少地方蔬菜供应情况是紧张的。不少城市、工矿区和建设工地的蔬菜供应数量不够,而且品种少,质量差;农村中不少人民公社的公共食堂也感到蔬菜不足,有的甚至到城镇来买菜。这个问题必须迅速抓紧解决。

今年 7 月,中共中央和国务院曾经发布了《关于加强蔬菜生产和供应工作的领导,适时地做好秋菜播种工作的指示》。凡是根据这个指示做了具体布置的地方,蔬菜的生产和供应都获得了显著的改进,有些城市每人每天可以吃到蔬菜一斤或者两斤以上。但是还有不少地方,蔬菜的生产和供应问题还没有得到完满的解决。这是由于:(1)蔬菜的播种面积不足。不少地方蔬菜的播种面积较少,生产的蔬菜不能满足当地的需要。有的地方在安排生产时,没有把可能发生的灾情估计进去事先多种一些菜,以致一遇到自然灾害,就不能保证必要的供应。此外,蔬菜种子准备不足,也影响了播种面积的扩大。(2)在今年秋季生产大跃进当中,农村任务繁重,劳动力紧张,秋菜的田间管理工作有些放松,没有及时做好移栽、浇水、施肥和锄草等工作,影响了蔬菜的增产。还有些地方遭受了严重的病虫害,减产 30% ~ 50%。根据历来的经验,如果加强田间管理,受灾程度是可以减轻的。(3)在人民公社成立以后,吃饭食堂化,作为社员种菜的自留地归公社所有了,但是许多人民公社没有适应新的情况,及时安排好集体种菜。(4)商业部门对今年蔬菜的收购调运抓得也迟了一点。所有这些,都是造成目前有些地区蔬菜供应不足的原因。

为了解决目前某些地区蔬菜供应的紧张情况,进一步加强蔬菜生产和供应工作,中共中央和国务院要求各地党委和人民委员会,根据既要搞好生产又必须十分关心人民生活的精神,把蔬菜生产和供应工作作为当前的一项重要工作来安排。

蔬菜的特点是:需要量大,要求鲜嫩,不宜于远途运输,各个地区都有条件进行生产。因此蔬菜生产和供应的方针,应当是:就地生产,就地供应,划片包干,保证自给,必要时还能支援外地。要求做到数量充足,品种多样化,供应方便及时。为了实现上述方针和要求,必须采取以下措施:

(一)从现在起,将蔬菜生产列入地方的农业生产计划,根据充分满足需要的原则,按照人口多少,产量高低,播种足够的面积。各地都要研究当地一亩菜地能供给多少人吃菜。要摸清情况,找出规律,作为制定计划的主要根据。确定种菜面积时,必须把可能发生的灾情估计进去,在一般地区以多种 30% 为宜。在城市郊区和集中的蔬菜产区,应当专门拨给一部分化学肥料作为种菜之用。

(二)每一个人民公社,都应当做到蔬菜自给,保证本社社员有足够的菜吃,改善伙食,增加营养。一部分人民公社还应当根据国家的计划,种植一定数量的商品蔬菜,供应城市和工矿区的需要,并且通过商品交换,增加社员的现金收入。人民公社除了应当划出一定数量的适合于种菜的土地,调配一批适宜于专门从事蔬菜生产的劳动力,组织专业生产队(组),实行种菜专业化外,每个人民公社的食堂还应当就近种植蔬菜,由社里统一安排,指定专

人负责生产，以保证食堂的蔬菜供应。

（三）蔬菜的种植，应当注意加强田间管理，努力提高单位面积产量，并对不同品种的合理措施；凡是可以排开时间，分批播种的，都应当实以分批播种，陆续采摘，使人民能够经常吃到新鲜的蔬菜。北方各大中城市和工矿区的郊区人民公社，应当尽可能多建立一些阳畦和暖室，以便在冬季生产蔬菜。今后除了基本上依靠人民公社集体种菜外，还应当允许机关、学校以及城乡居民在不妨碍集体劳动的原则下，利用宅旁、院内或其他空地种植一些蔬菜，以补充菜源。

（四）切实解决蔬菜种子不足的困难，认真贯彻执行以自育、自选、自留、自用为主，外地调剂为辅的原则。要建立种子基地，每个人民公社都要留下自用的种子和必要的种子储备。在种子不足或在品种之间需要互相调剂的地方，要及早与产区订立合同。

（五）商业部门必须积极促进蔬菜生产，做好收购与供应工作。特别是城市和工矿区的商业部门，必须经常研究蔬菜的产、供、销情况，在当地党委和政府的领导下，积极协助农业部门解决蔬菜生产上的困难问题。凡是人民公社根据国家计划种植的商品蔬菜，商业部门都应该订立合同，加以收购。蔬菜在丰产的时候，发生一时过多的现象，是难免的，商业部门对于超产部分，也应当加以收购。在蔬菜有余的时候，应当发动人民公社、机关、团体、工厂、学校、公共食堂和城乡居民，大量晒制干菜，腌制咸菜，尽可能加工储藏一部分蔬菜；同时商业部门也应当加工储藏一部分蔬菜。有些储藏不了的蔬菜，还可以用作饲料。这样，才能保证蔬菜的充分供应。

在目前蔬菜供应十分困难的地方，除了积极组织铁路、航运、公社、商业等部门做好调剂工作，从外地调进一些蔬菜以外，还要尽可能加工一些豆腐、豆芽之类的豆制品供应市场的需要。现在正值冬季，北方各省应当及时收集种子、准备蔬菜的播种，争取提前下秧。同时有条件的地方，应当采取各种办法（如用席子挡住风霜，多修建一些不烧煤的温室），尽可能播种一些冬菜等，促使明年春菜提早上市。南方各省市要立即动手播种冬菜，争取两三个月内做到不论城市乡村，都能满足供应。各地区还应当积极腌制一些红薯，加工一些干菜、萝卜干、干咸菜，以供应当前的需要。

（选自《工商行政通报》第131－132期，1958年12月31日）

十、副食品和日用工业品供应紧张的原因及采取的措施

（根据中央工商行政管理局1959年1月下旬召开的工商局长会议的资料整理而成）

去年第一季度到第三季度，副食品和日用品工业的市场供应情况一般是正常的，至第四季度才开始紧张起来。供应紧张是不是由于生产减少了呢？不是的。去年工农业生产的大跃进，产品的确是增多了，国家收购的物资从来没有这样多过，如粮食、棉花等仓库里都放不下了，轻工业品增加的比例也不小。市场供应也相应增多，如食糖、肥皂、胶鞋、机制纸等，销售量比1957年上升10%到60%。但是，消费却增加的更多更快，生产的增长还远远落后于消费的需要，这就形成了市场供应的紧张形势。

具体来说，副食品供应紧张的原因，主要的可以归纳为以下三点：

第一，人民公社化以后，农民的需要量提高了。

据商业部的调查，仅江苏泰兴县去年1～10月分宰猪头数较1957年增加一倍多，湖北麻城五四人民公社一个中队去年生猪生产较1957年增加23%，而自食量则平均每人增加100%。农民紧张地劳动了一年，多吃一点是应该的，为了巩固公社食堂，消费水平提高一些也是可以的。为了支持人民公社，城市可以少吃一些。但由于农民吃的过多了一些，对城市供应是受到了一定的影响。

第二，购买力提高了。去年全国就业人数增加近1000万人，社会购买力增加了13亿元左右。这还不包括公社办工业、交通及参加生产的家庭妇女等劳力在内。购买力增加了，计划供应物资如粮、布等不能多买，于是冲击到副食品。就业人数增加是一件好事，是今年生产更大跃进的有利条件，但也应该承认，购买力增加了，影响到副食品市场的紧张，这也是难免的。

第三，从副食品具体品种分析，又有三种不同情况：1.生产增加了，但还有问题；如为了发展生猪生产，母猪、种猪要留得多；去年生猪销售头数虽增加了，但折合肉量则与1957年差不多，原因是，为了供应市场，宰杀了一部分小猪。既要发展生产，

又要供应市场需要,这里还有矛盾。2.生产减少,供应量也减少。这主要是蔬菜。减产原因一方面是自然灾害,一方面是有的农村忙于炼铁和深翻土地等劳动,劳力不足,影响到蔬菜田间的管理,抗灾力也因之减弱。3.公社化以后对有些副食品生产缺乏安排。如在大炼钢铁中用鸡毛做风箱杀了一些鸡,劳力紧张,无人喂养,也使鸡减少了很多。

日用工业品供应紧张的原因,除了购买力增加,副食品不足,购买力转向日用工业品外,还有:

第一,公社化以后,很多工业品由过去全家合用变为现在每人一套。如口杯、面盆等。有些产品的需要量也有增多,如医药用品等增加几倍以至几十倍。

第二,原材料供应不上,生产不足。如制肥皂缺少植物油和松香,制电池缺乏锌皮和二氧化锰,搪瓷原料黑铁皮、火柴原料赤磷等均感不足。

除了上述原因外,还有人为的紧张。如有些人存在着紧张心理,往往不知道卖什么东西就去排队抢购。各地采购人员(全国估计约50万到70万人)到处要货,你买我的,我买你的,形成麻雀满天飞,也增加了紧张。

当前的市场问题是农副产品和轻工业产品的问题。轻工业的原料80%是农副产品,因此,市场问题实质上就是农副产品问题。今年我们要力争在第二季度解决副食品问题。轻工业品已经逐一安排了14种商品,第一季度商业库存还可以供应,第二季度开始,新的商品就可以生产出来。

目前,各有关部门对改善市场供应已经采取了许多措施,归纳起来有以下几项:

1.结合整顿人民公社,从增加生产、增加收入出发,发展多种经济,巩固公社,并增加农副产品的货源。

2.发展社办工业,就地取材,就地销售,以减少城市工业品市场的压力。

3.生产归队。如生产汽车零件的不再做汽车制造,原来生产螺丝钉的,仍恢复生产螺丝钉。

4.提倡使用代用品。

5.在分配环节上加强管理,供应紧张的商品计划分配。

6.全国强调一盘棋,工、商、交通、物资、基建等由国家计划统一安排,不准自由易货。

7.对副食品价格采取坚决稳定的方针,凡是涨价的一律要降到原来的水平。

8.在商品管理上,对第一类全国统一调配的商品,较体制下放以后要扩大一些;第二类差额调拨商品,除中央调拨的以外,仍归地方管理;第三类商品,即除上述两类以外的,可以有计划地有组织地搞物资交流会,或利用旧有的骡马大会的形式进行交流。

9.人民公社的商品首先应满足国家需要,卖给国家。

(选自《工商行政通报》第136期,1959年2月28日)

十一、国务院发出通知要求各地加强鲜蛋生产和旺季收购工作

国务院于4月18日向各省、自治区、直辖市人民委员会发出了《关于加强鲜蛋生产旺季收购工作的通知》,要求各地立即采取措施贯彻执行。现将通知内容摘要如下:

鲜蛋生产自进入旺季以来,上市量日渐增多,国家的收购量也逐步上升。如湖北省三月中旬平均日收14万斤,下旬日收量上升至24万斤。湖南、安徽等省的收购量也有很大的增长。但目前还有不少地区商业部门只看到去年家禽减产不利的一面,对于今年春暖较早,产蛋季节提前,去年虽然家禽减产,但留下来的大部分是产蛋的母禽等有利条件估计不足,因此,没有采取必要的措施,及早安排和抓紧鲜蛋的收购工作,以致全国收购情况至今还没有显著好转,严重地影响出口和调拨计划的完成,同时,有些地区在鲜蛋上市量不断增加的情况下,国家收购工作和市场管理工作没有相应地跟上去,小商贩就乘机活动,进行黑市买卖,引起蛋价混乱,从而影响国家收购鲜蛋工作的正常进行。

为了保证出口和国内市场最低需要,必须保证完成今年的收购计划。由于第一季度收购情况不好,因而加重了目前旺季的收购任务。根据初步概算,第二季度全国平均日收量要保持在300万斤左右,才能确保今年收购计划的实现,但目前日收量仅在100万斤左右。以上情况,必须引起各级人民委员会的重视,并采取必要措施,迅速加以改变。为此,特作如下指示:

一、各级人民委员会必须加强领导,组织各方面的力量,抓紧当前鲜蛋上市旺季,大力开展收购工作。各级商业部门,特别是基层商业部门,必须有专责机构或指定专人来抓鲜蛋收购工作,按旬、按月、按季进行督促检查。为使鲜蛋收购得到可靠

的保证,商业部门与人民公社签订的交售合同,应落实到生产队,并及时检查合同执行情况,积极促其实现。同时还应该组织各方面的力量,深入农村,采取"登门串户"、"委托代购"等多种多样的方式进行收购,以便争取更多货源并满足公社、社员的出售要求。如湖南省采取的五员(食堂管理员、理发员、邮递员、保健员、保疫员)代购制,安徽省采用的人民公社食堂代购制,河南省采用在物资交流会上大力组织收购鲜蛋,以及有些地区组织商业职工、妇女、教职员、学生等深入农村,广泛宣传,动员群众少吃多卖,组织货郎担结合供应进行巡回收购等方式都很有成效。湖南省今年第一季度收购鲜蛋比去年同期还增长27%,可见多想一些办法,是有可能增加收购数量的。各地应根据当地情况,吸取其他地区的先进经验,创造各种有效方法,把突击性的收购和经常性的收购结合起来,力争今年收购任务的完成和超额完成。

二、适当安排商品蛋和孵化用蛋的比例,保证完成出口任务。鉴于今年无精蛋较多,在孵化前必须经过检验,有精蛋则孵,无精蛋则不孵;对于孵不成的蛋,应该挑选出来加工成全蛋粉或冰蛋。组织出口和外调,以免浪费货源。

三、加强市场和价格的管理。各地工商行政部门必须加强鲜蛋的市场管理,机关、团体、学校伙食单位及外地采购人员,都不得在市场上进行高价收购;小商小贩只允许为国家代购,不允许自由采购和贩运,严格取缔抬价抢购和投机违法等行为。

四、做好鲜蛋的包装运输工作。为了及时把鲜蛋运到城市或加工厂,避免腐臭变质的损失,各地应积极筹措包装物料和组织运输力量,以保证出口和外调任务的顺利完成。

目前正是完成全年收购鲜蛋计划的关键时期,各地必须认真抓紧收购工作,并对冰蛋、干蛋、湿蛋等加工工作进行全面安排。

(选自《工商行政通报》第141期,1959年5月15日)

十二、国务院关于立即加强生猪、蛋品收购工作保证完成出口任务的指示

国务院于4月21日发出指示,要求各省、自治区、直辖市人民委员会和商业部、外贸部,立即组织足够力量,加强对生猪、蛋品的收购工作,以保证完成出口任务。

指示中首先指出:今年第一季度生猪、鲜蛋的收购和出口情况非常不好,严重地影响了国家对外贸易信誉和进出口计划安排,以及国内的特殊供应。因此,各地人委必须立即组织足够的力量,加强生猪、蛋品的收购,搞好生猪育肥,坚决地完成第二季度冻猪肉(包括活猪、罐头、肉制品)的出口计划,对第一季度出口任务未完成部分,亦必须保证在本季度内全部完成。鲜蛋(包括冰蛋、干蛋和湿蛋)的出口计划,在4~7月的旺产季节内,应当基本上完成计划,即最少要完成80%以上。各地应坚决地立即将现有的"卫星猪",无论是人民公社、商业系统、国营农场、劳改农场、工厂、部队、机关、学校、群众团体等部门的,经过政治动员之后,大量收购起来,加工出口。

其次要求:各级商业部门,必须迅速健全收购机构,彻底扭转没有专人收购和收购力量不足的状况。各级人委和人民公社、管理区应成立专门办公室或小组,负责督促检查生猪、蛋品的收购、调运和出口等工作。各省、自治区、直辖市人委应将安排情况,于最近期间向国务院(五办)作一次报告。

国务院1959年3月3日(五程字第32号),3月18日(国五念字68号),4月12日(五牛字第60号)的指示,仍应认真贯彻执行,其中如与本指示有抵触者,可按此指示执行。

(选自《工商行政通报》第141期,1959年5月15日)

十三、甘肃省工商行政管理局关于对农村集市的设置和管理工作的意见

(目前,很多地区恢复了农村集市。从已经恢复了的集市情况来看,农村集市对于活跃农村经济和丰富社员群众的文化生活均有显著作用。但是,也还存在不少问题,必须加强整顿和领导。甘肃省工商行政管理局所提对农村集市领导管理的意见,可供各地参考。现摘要刊载如后。各地对于领导管理农村集市的措施和经验,亦希随时寄送我们,以便组织交流。)

甘肃省泾川县原有农村集市23个,逢集日期

2、3、5 天不等，赶集人数多至 1 万人，少至 2000 人左右，是农村物资交流的主要场所。1958 年下半年该县为了适应人民公社化的新形势，对原有集市进行了整顿，调整了逢集时间，改为每月 2～3 次，同时撤销了 3 个较小的集市。

今年 5 月，我们对该县高平公社窑店镇和十字公社西屯镇集市交易情况进行了调查。这两个集市总的情况是：市场活跃，赶集的人很多。以窑店镇为例，每集有 4000 人左右，其中本公社的约占 70%，邻社的约占 10%，邻县的(长武县)约占 20%。上市物资达 79 种，价值 2200 元，其中一类物资占 13%，二类物资占 23%，三类物资占 64%。成交金额 1700 余元，占上市量总额的 80%；其中属于国家收购的占 22.8%，公社、生产队交易的占 11.2%，个人相互交易的占 66%。国营商店的销售额较平时增加 5 倍左右。交易形式：除国家收购部分按规定的牌价外，一般采取自行议价，现款交易。并划定了交易市场，由专人负责管理。其中，对克郎猪、仔猪的交易进行登记，抽取 1% 的手续费，作为管理人员的费用开支。

从以上两个集市的调查情况看，农村集市有如下几个作用：

一、国家可以通过集市收购社员零星的一、二类物资和三类物资的主要品种；二、公社与公社、队与队、社员与社员之间可以通过集市对三类物资互通有无，调剂余缺；三、利用集市可以对部分商品起到短途集运的作用；四、通过集市便于贯彻国家政策，加强市场管理，消灭黑市。

目前，农村集市存在以下几个问题：一、价格较混乱，不少商品高出国家规定的牌价。如西屯镇克郎猪交易价格每头 20 元，高出牌价 50%；白菜籽每斤 4.8 元，高出牌价 240%；辣椒每斤 1.6 元，高出牌价 1 倍。二、交易范围不明确，某些国家规定收购的一、二类物资也在市场上买卖。如窑店镇的社员将烟叶、洋芋、鸡、蛋、苇席等物资在市场上出售。三、市管会对某些物资还控制过严，在一定程度上，影响了互通有无。此外，有的基层商店集日的组织工作做得不够，在购销工作中显得紊乱。

根据上述情况，对农村集市的设置和管理工作，我们提出如下意见：

一、集市设置：由于农村经济的发展，原有集市和逢集日期已不能适应目前新的情况，必须根据交通条件、商品流转方向和社员休假时间，予以规划。一般在 20～30 里周围设一集市比较适当，过密的可适当合并，不足的可适当恢复。

二、交易范围：凡属零星上市的一、二类物资，必须按照国家规定价格，卖给国家。某些二类商品如种畜、种禽等，在不影响国家收购任务完成的情况下，当地人民公社、生产队和社员因生产需要，在国营商业部门的领导下，可允许适当调剂，但必须服从国家牌价。在三类物资中，与国家签订合同的产品，应首先保证合同任务，在完成合同任务后多余的部分，人民公社、生产队和社员之间可以互通有无，但不得远途运销。

三、交易价格：一般应执行国家牌价，对于某些零星品种或规格质量差异的品种，可根据分等论价的原则，规定适当幅度，允许在一定范围内自行议价。

四、集市管理：本着"活而不乱，管而不死"的精神，集市管理必须有利于生产、有利于流通。对执行国家政策、服从市场管理的交易，应当加以指导和帮助；对捣乱市场和违反国家政策的，应予适当处理。

为了有组织、有领导的管好农村市场，开展物资交流，各集市应在公社党委领导下，组成市场管理委员会，吸收商业、银行、税务、公安等有关部门参加。具体业务由基层商店办理，必要时可设置不脱产的专业人员，以加强市场管理工作；对部分剩市的商品，所在地基层商店可办理代存或代销业务；有条件的地区，可开展文娱活动，并增设一些熟食供应，使农村集市成为群众性的经济活动和文化娱乐的场所。

(选自《工商行政通报》第 146 期，1959 年 7 月 30 日)

十四、中共中央同意中共北京市委关于禁止机关、企业、事业单位和部队下乡私购肥猪的意见

最近，中共北京市委就市副食品商业局党组关于加强管理机关、企业、事业单位和部队购买生猪意见的报告，向中共中央请示，中央业已同意北京市委对该报告的批语，转发各有关部门遵照执行。

北京市副食品商业局党组的报告中提出，本市很多机关、团体、企业、事业单位和部队为了改善伙食开展养猪以来，曾发现不少单位借买仔猪为名，变相高价私购肥猪，因而造成市场价格混乱，影响

国家统一收购任务的完成。为此，规定各机关、团体、企业、事业单位和部队只准购买30斤以下的仔猪，除经畜牧管理部门批准外，须经过当地商业部门，不得直接向公社、队、户购买；凡以往在公社、队、户购买的50斤以上的生猪，现存的由所在地商业部门按牌价收购，或者抵消其今后供应量。

北京市委同意上述管理意见，并在批语中指出：生猪是国家统一收购物资，各单位擅自到人民公社高价采购是违反政策、扰乱市场的行为，在目前市场供应紧张的情况下，更是绝对不能容许的。当然，各单位为了饲养生猪，在郊区采购仔猪是可以的，但必须严格限制在30斤以下，并且必须事先经过商业主管部门批准，到指定地点购买。除此以外，各单位均不得直接到人民公社采购生猪，各人民公社、生产大队、小队也不得擅自出售生猪给机关、企业、事业单位。其他国家统一收购的物资，如鸡、鸡蛋、蔬菜等，也应该严格按照这个规定执行。市委要求各单位必须根据这个指示向采购人员和人民公社的生产队、生产小队的干部充分进行传达和教育，认真贯彻执行。今后对于任何违反这个规定的行为，必须严肃处理，不得姑息。

中共中央同意北京市委的上述批语。中央指示：机关、团体、学校、部队、厂矿、企业等集体伙食单位养猪，应当实行自繁自养的方针。一时还不能做到自繁自养的单位，如果必须在市场上采购一部分仔猪，一定要服从当地的市场管理，而且只准采购仔猪，不准采购肥猪。对于各单位需要的仔猪，北京市委应当责成农业、商业部门有计划地组织生产和供应。

（选自《工商行政通报》第147期，1959年8月15日）

十五、中共中央、国务院关于组织农村集市贸易的指示

（1959年9月23日）

随着工农业生产的不断跃进和社会购买力的提高，城乡人民对日用生活品的需求日益增长。为适应生产发展和生活提高的要求，商业部门除了大力组织收购、供应，召开各级物资交流会以外，还必须积极组织和指导农村集市贸易，便利人民公社社员交换和调剂商品，沟通城乡物资交流，促进人民公社多种经济的发展，活跃农村经济。

领导和组织农村集市贸易的原则，应当是活而不乱、管而不死。为了正确贯彻执行这一原则，必须在干部和群众中进行经济政策的宣传工作，让基层干部懂得农村集市贸易是社会主义统一市场的一个组成部分。开展农村集市贸易，有利于促进农、副业、手工业生产的发展，便于组织短途运输，便于管理市场价格，便于人民公社、生产队、社员之间进行商品的变换和调剂，同时也便于为商业部门开辟货源。人民公社、生产队对农村集市贸易要给以必要的支持，并向社员进行有关经济政策的教育，使他们在参加集市贸易当中，作到买卖公平、不抬价、不抢购、不贩运、不弃农经商。

在开展农村集市贸易之初，为了积累经验，避免发生混乱，应该对集市贸易的商品范围、价格等方面作出规定，以利于稳步前进，健全发展。

现将有关组织农村集市贸易的几个主要问题，作如下规定：

（一）参加集市贸易的商品范围

第一类物资（国家计划收购和计划供应的物资）和第二类物资（国家统一收购的物资），人民公社、生产队应该首先保证完成国家规定的交售任务；在完成国家规定的交售任务以后，剩余的部分，可以到农村集市进行交易，如果国家需要，应该尽先卖给国营商业部门。至于哪些品种、在什么时间、在哪些集市交易等，可以由省、自治区、直辖市人民委员会自行规定。第三类物资（一、二两类以外的其他物资），凡是国家规定有交售任务，或者人民公社、生产队、社员同国家签订有合同的，人民公社、生产队、社员一定要保证完成规定的交售任务；在完成规定的交售任务以后，剩余的部分，可以到农村集市进行交易，凡是没有同国家签订合同的零星品种，人民公社、生产队可以在集市出售。

人民公社社员家庭和个人生产的副业产品、手工业品，不论属于第一类、第二类或者第三类物资，都可以在集市出售。但是，第一、第二类物资中的某些品种如生猪等，各省、自治区、直辖市人民委员全可以根据市场情况和国家的需要，规定人民公社社员一定的交售任务，人民公社社员应该保证完成国家规定的交售任务。

（二）集市市场内的价格问题

集市的交易价格，应该本着有利于多种经济的

发展和稳定市场物价的精神,根据集中领导、分级管理的原则,加强管理。对于不同商品的价格,应该按照以下的规定管理和掌握:

1. 人民公社、生产队、社员出售第一、第二类物资的时候,必须一律执行国家的收购牌价。

2. 人民公社、生产队、社员在市场上出售第三类物资的时候,必须服从市场物价的管理。国家对于第三类物资市场价格的管理,应该分别品种采取不同的方针。第三类物资中的主要商品,一般地应该按照国家规定的牌价进行交易;有些品种也可以根据物价管理权限,由主管部门规定最高和最低的限价。对于那些零星细小的商品,可以在市场管理委员会的指导下,由交易双方公平议价。

市场价格是集体所有制经济与全民所有制经济之间分配关系的具体表现之一,关系着国家建设和人民生活。因此,市场物价必须保持稳定。在全国农村实现人民公社化以前,第三类物资的价格一般是合理的,如果没有充分的根据,不宜轻易变动。如果第三类物资中有的品种由于一时求过于供,市价超过了合理程度的时候,必须加以管理,制止抢购,实行议价,分配货源。对于在短期内供过于求的商品,如果价格过低,以致影响生产的时候,可以由主管商业部门以适当的价格收购起来。

(三)农村集市贸易市场的形式

农村集市贸易市场的形式,应该以有利于生产、满足社员购销要求、节省社员时间为原则;并且应该根据公社化以后农村经济生活的变化情况,因地制宜地采取多种多样的形式。定期集市,应该结合社员的公休、节日和历史习惯来规定。不定期的小型物资交流会和庙会,以及经常性的交易所、货栈、农民服务部等形式,也都可以继续采取。

(四)参加集市贸易的对象

参加集市贸易的,主要是公社、生产队和社员,以及当地的国营商业部门。公社、生产队和社员,都不得进行商品贩运和开设店铺。

公社所属的生产企业和手工业生产合作社(组)所需要的原料、材料和生产的产品,属于第一、第二类商品的,由国家指定的商业部门统一供应和收购,不得在市场上自行采购或销售。经过市场管理部门同意,允许他们在市场上直接进行收购某些原料、材料和销售某些产品的时候,必须按照国家规定的牌价收购和销售。

外地的厂矿、企业、机关、团体、部队等采购人员,须持有原地县以上工商行政主管部门的介绍信件,并经当地市场管理机构的批准,才能进入市场交易。本地和邻近地区的上述采购人员,可以持本单位的介绍信经过市场管理机构的同意参加集市贸易。以上各种采购人员,都必须服从当地的市场管理。

经过国营商业组织起来的小商贩,按照批准的经营范围,可以赶集串乡,进行贩运,通过地区差价取得合理的收入。但是不准远途贩运,也不准在同一集市作转手买卖,投机取利,并且要严格遵守市场管理。

(五)加强农村集市贸易市场的领导与管理

为了加强集市市场的领导和管理,在交易上,应该把人民公社的物资交流会同市场贸易结合起来进行。在组织上,应该在县委镇委公社党委领导下设立县、集镇市场管理委员会,已经设有市场管理委员会的地区,应该加强领导。没有建立市场管理委员会的地区,应该建立。市场管理委员会由商业、粮食、银行、税务、工业、农业等有关部门组成。市场管理委员会应该有专人负责日常工作,以便更好地组织集市贸易。

市场管理委员会的任务是:贯彻执行国家政策和市场管理办法;监督价格政策的执行,保障合法贸易,指导市场交易;组织各种形式的物资交流会;领导交易所和服务部;取缔市场上一切违法活动;处理和解决市场上发生的一些问题。

(选自《工商行政通报》第 151 期,1959 年 10 月 12 日)

十六、国务院关于农村集市贸易价格问题的说明

(1959 年 9 月 30 日)

各省、自治区、直辖市人民委员会:

关于农村集市贸易的价格问题,在 1959 年 9 月 23 日中共中央、国务院关于组织农村集市贸易指示中,已经作了明确规定。为了便于各地贯彻执行,需要作如下说明:

按照中共中央、国务院的指示,人民公社、生产队、社员出售第一、二类物资的时候,必须一律执行国家的

收购牌价。这主要是指人民公社、生产队、社员按照国家规定的收购任务向国家出售时而言。在完成国家规定的交售任务以后，多余的部分在农村集市出售的时候，如果有必要各地可以分别不同品种，在高于国家收购牌价5%，至多不高于10%的幅度内，规定交易价格。

（选自《工商行政通报》第152期，1959年10月27日）

十七、商业部关于处理商品性土化肥、土农药在经营中的遗留问题的通知

（1959年11月10日）

去年大跃进以来，全国各地为了支援农业大增产，在各级党委领导下掀起了大搞土化肥、土农药的运动，生产了大量的土化肥、土农药，这对于1958年农业生产的大跃进起到了促进作用。在生产技术和产品质量上也难免产生过一些问题。有一些商业部门由于验收不严和实行按质论价不够，致使有些人民公社和县联社曾要求退货退款。现在各地对土化肥和土农药的生产已经作了整顿，生产技术有了很大的改进，各地商业部门一般也注意检验质量规格，情况已经好转。但是原来生产、供应和积存的质次价高产品，现在各地还有一部分未很好处理。各地商业部门还存有一批原来购进的存货未售出去。据7月底统计，12个省、区（辽宁、河北、山东、河南、浙江、湖南、四川、广东、贵州、内蒙、甘肃、云南）尚积压细菌肥料9万吨，土化肥16万吨，土农药约3.8万吨，植物刺激素及微量元素约9000余吨，共占压资金3.37亿元，据各地报告的将亏损2.68亿元，使某些商业企业单位的资金周转发生困难。

为了继续大力支援农业生产的发展，各地对遗留的问题可以根据下列原则适当加以处理：

一、凡是去年以来商业部门出售给人民公社的土化肥、土农药因价格太高，增加了人民公社的经济负担，应该本着按质论价原则进行退款，商业部门因按质论价卖给人民公社土化肥、土农药而发生的亏损，可由当地商业部门负担。工业和商业、商业内部各地区各部门不再相互索赔。各级商业部门因经营土化肥、土农药而发生的亏损，一般由专县解决，专县解决有困难时，可报省统一处理。省处理确有困难部分，再报商业部处理。

二、对于商业部门目前尚未鉴定的存货，在出售时应经过化验鉴定，按质论价供应，亏损也由当地商业部门负担。

三、今后商业部门收购土化肥、土农药一定要进行化验鉴定，按质论价。

四、今后生产这些商品，其品种、数量应纳入地方生产计划，其产品规格质量须经主管部门鉴定，不合标准的不生产。商业部门在出售这些商品时，必须制订合理价格。牌价的制定根据物价掌握权限报请当地省、区人委核批。同时这些产品原则上不作远距离调运，应就地销售，如确有必要进行省际间调剂时，应由产销两地的省、市、区商业厅、局进行洽商，省以下商业机构不得自行到省外采购。

对于玻璃肥料、微量元素肥料等存有类似问题的，亦可照上述原则精神处理。

（选自《工商行政通报》第155期，1959年12月14日）

十八、国务院财贸办公室转发山东省人民委员会关于加强仔猪、克郎猪市场管理的意见

（1959年12月3日）

河北、河南、江苏省人民委员会并山东省人民委员会：

兹将山东省人民委员会《关于加强仔猪、克郎猪市场管理的意见》转给你们，其中提到省际接壤地区之间的市场问题，请你省研究并相互协商共同做好市场管理工作。

附：山东省人民委员会关于加强仔猪、克郎猪市场管理的意见

为了发展生猪的饲养和繁殖，各地都引起了足够重视，生猪存养量有了很大的发展。在这种形势下，猪源不足是必然现象，因而有些地区发生越区越省进行高价收购，这不仅会妨碍正常的繁殖和流通，影响生产的发展，更会造成猪源乱流，影响市场的管理，并给投机贩卖者以可乘之机。根据商业部最近规定：每斤仔猪收购价格相当于一斤猪肉的零售价格，一斤克郎猪的收购价格相当于一斤四等猪的收购价格。这个规定是符合于历史习惯比价的。但据了解，有些地区的仔猪收购价格大大超出这个比价，特别表现在省际之间更为突出。如据

反映：河北省沿山东各县，仔猪价格高达8角~1元，克郎猪高达1.4元~1.8元，大量向河北邻县流出。又如接近江苏各县的仔猪价格，也因外省高价收购(每斤高于我省2角)，出现不正常的乱流现象，仅据苍山4个公社一夜的检查，即外流仔猪600余头，猪贩运出1头猪，只要越过省界即可获利2元~3元。山东菏泽专署的一部分县，也有到河南采购仔猪的类似情况，我们已经检查制止。为此，我们建议：省内外地区之间，都应贯彻自繁自养为主、调剂为辅的方针，对于省内习惯上的正常流通是必要的，但必须从价格上严加管理，不得超出当地行政部门规定的收购价格。省际之间，我们意见加强市场管理，不准以高价套购，双方认为有必要进行调剂时，必须由省级主管机关批准。至于无证的商贩投机活动，必须严加管理。

以上除请各地遵照执行，立即采取措施，保证贯彻以猪为纲六畜兴旺的畜牧生产正常开展，并加强市场管理，取缔非法贩运，迅速布置到各公社、队外，并请国务院财贸办公室考虑转告河北、河南、江苏等省协助我们执行。

(选自《工商行政通报》第156期，1959年12月27日)

十九、部分省、市恢复农村集市的情况

地区	原有集市数	现有集市数	占原有集市%
山东省	4173	3910	93.7
河南省	3365	3075	91.4
河北省	2600	2335	90
陕西省	526	550	104.5
辽宁省	390	456	110.7
贵州省	2422	2115	87
江西省	1850	1600	85
湖北省	3000	2277	75.9
北京市	52	13	25
天津市	821	678	82.5
广州市	45	36	80
重庆市	190	170	90
济南市	474	473	99
青岛市	164	162	98

注：以上数字是在这次全国工商行政工作会议上，根据各地不完全的统计，时间截至1959年10、11月。个别省还包括一些新建的集市。

(选自《工商行政通报》第159期，1960年2月14日)

二十、商业部、中央工商行政管理局转发《湖北省咸宁县汀泗人民公社开展集市贸易的情况》

（1960年12月2日）

各省、市、自治区商业厅（局）、市场物价委员会、工商行政管理局：

湖北省咸宁县汀泗人民公社开展集市贸易的效果很好。现转发给你们参考。并希望你们将恢复农村集市的措施和恢复以后的情况，及时报告我们。

附：湖北省咸宁县汀泗人民公社开展集市贸易的情况

湖北省咸宁县汀泗人民公社根据中央和省委恢复农村集市的指示，在县委的领导下，积极开展农村集市贸易，取得了很好的效果。

市场活跃　购销方便

汀泗桥镇自最近恢复集市以来，上市的商品品种、数量迅速增多。11月15日的集日，赶集的有6000余人，上市商品品种有220余种，其中蔬菜60800斤、木柴106000斤、黄荆条64200斤、水杂竹55300斤、野生淀粉、野生油料及其他代食品（蒿芭）等共达44000余斤。过去很少上市或根本未上过市的一些东西，如鸡、鸭、蛋、兔、笋壳、鸡糖梨（药材）、浮炭、烟籽等60余种，现在也上市了。市场交易总额达71350元；其中生产队、小队、社员相互之间调剂13100余元，占18.4%；国营商业收购额30545元，占42.81%；供应额27679元，占38.79%。

这一天，赶集的群众几乎都带着自己的产品上市出售，并买回了他们需要的商品。例如，甘棠管理区星火生产队的一个社员，卖了黄荆籽、水竹、高粱杆、废品等7种物资，购买了生产和生活需要的柴刀、藕铲子、棉花、毛巾、袜子等9种商品。有一个老太婆将存放多年的4.5斤瓜蒌皮拿到集市上卖了十几块钱，买了棉絮，还买了一条乌鱼，给老伴治病。社员普遍反映“买卖方便，日用零钱也不犯愁了”。

群众生产情绪高副业生产发展快

很多生产队和小队积极开展副业经营，社员也利用休假和空闲时间，上山、下湖大搞小秋收和家庭副业。种菜、养猪、养鸡、养鸭、打柴、砍竹、编竹器、摘野板栗、割黄荆条、挖藕、采蒿芭、捞鱼虾等副业生产迅速开展起来，出现了“男女老少齐动手、多种经营大发展”的新局面。汀泗管理区联盟生产队第二小队和该队社员，上市出售的副业产品就达733元，其中，洋姜、苍耳籽600斤、水竹900斤、高粱秆1900斤、小鱼150斤、野藕200斤、萝卜、白菜等2430斤、松子70斤、黄荆条300斤。仅社员周哲涛一户，即生产了洋姜250斤、白菜130斤、黄荆条98斤、水竹64斤、苍耳籽30斤。先锋农场有一个70多岁的邹老头，同6个社员一起，编出精细竹篮10余种，到集市上出售。彭碑管理区红星二队食堂有20亩菜地，因缺钱买种子和工具，未能下种，恢复集市以后，他们搞了副业，一天就收入100余元，买了种子和工具，种上了菜地。

集市贸易的活跃，也使某些工业生产单位的原料得到了解决。如已停工3个月的草鞋厂，买到笋壳300余斤，可制草鞋600余双；汀泗竹器厂，在一个集日上购买的水竹达2万余斤，不仅解决了原料问题，而且还节约了1000余根楠竹，支援国家建设。

国营商业购销金额扩大
短途运输压力减轻

恢复集市贸易以前，汀泗商店的收购计划完成得不好，10月份仅完成了收购计划的41%。恢复集市以后，两个集日的收购额即达51363元，完成11月份收购计划的41%，占第四季度计划的20%。15日的一个集日，收购黄荆条64200斤，水杂竹55300斤，木柴9万斤，分别占第四季度计划的14%、28%、36%，收购最多的是野生淀粉，共达32300斤，超过了第四季度计划的15%。有些生产队、社员将长时间存放的物资也拿到集市上出售。如甘棠管理区红星生产队将存放一年多的苎麻2500斤卖给了国家。国营商业的销售计划也有很大增长，如日用杂品门市部，过去每月销售计划3000元左右，经常完不成，而11月份销售计划扩大为4500元，两个集日的销售额即达1819元，占月计划的40%。

解决短途运输，也是当前农副产品收购方面的一项重要工作。过去汀泗桥公社的农副土特产品，一般是集中在距汀泗桥火车站10华里~20华里的彭碑、甘棠两个集镇，物资运输困难，常常受到损失。如去年冬季彭碑镇收购黄荆条20多万斤，由于不能很快集中到车站外运，大部丢失烂掉，仅剩几万斤。而在开展集市贸易以后，仅两个集日，群众运到汀泗桥的木柴、水杂竹、黄荆条、蔬菜等就达

40多万斤。这些物资如果雇佣劳动力运送,需要2000多人,以每100斤0.6元计算运费,则可节约2400余元。

由于国营商业积极地参加了集市的购销活动,不仅有利于发挥它对市场的领导作用,同时,也开始改变了收购少、供不上,运不出的情况。

黑市活动基本绝迹
市场价格开始回落

一年来,由于集市交易陷于停顿,以致黑市交易活动增加,村头、桥下、车站、河边等地,都成为黑市交易所,价格高出国营牌价2倍~3倍以上。如木柴牌价每担1.35元,黑市价3元~4元;白菜牌价每斤5分,黑市价0.1元~0.12元,蒿芭牌价每斤5分,黑市价3角左右。恢复集市后,群众产销直接见面,公开交易,黑市也基本上没有了;同时,由于商品上市逐步增多,价格也随之下降。如木柴每担已降为1.5元~2元,白菜每斤降为6分~8分,蒿芭每斤降为8分,已经接近国营牌价,其他如蔬菜、鸡、鸭、野味等,也有所下降。

汀泗人民公社集市贸易恢复得早,活跃得快,主要是由于他们执行政策坚决,行动迅速,发动群众比较充分,同时,把恢复集市与组织群众大搞副业生产密切地结合起来,具体做法是:

第一,学习政策,统一思想认识。公社党委组织各级干部,认真学习了中央和省委有关农村人民公社政策问题的指示,针对怕影响农业生产、怕影响国家收购任务、怕发展资本主义、怕市场价格波动、怕物资外流等思想顾虑,进行辩论,提高了干部认识,划清了大集体下的小自由和资本主义自发势力的界限。明确了必须贯彻"以粮为纲,农、林、牧、副、渔同时并举,才能发展生产,改善生活"的思想。在统一干部思想以后,又组织了专门力量,深入到生产小队、食堂进行宣传、贯彻。让广大社员认清政策,积极行动起来。

第二,全面组织和安排副业生产。为了大力发展副业和手工业生产,公社向生产队、社员提出了"靠山吃山、靠水吃水"的口号,贯彻了生产资料、生活资料并举;大宗商品、小宗商品并举;家生、野生动植物并举;集体经营、社员个人经营并举的原则。公社和管理区的干部深入到生产队,积极协助安排生产,帮助开辟生产门路,研究解决收益分配、劳动力安排和劳动时间等问题。在组织副业生产中,还注意安排了小型生产工具和生活日用小商品的生产,来满足社员生产和生活上的需要。如日用杂货门市部,就组织了锅炉、火剪、藕镰、柴刀、竹篮、竹椅、水桶、小凳、饭盆、小火炉等48种小手工业产品。各企业也进行了清仓;挖掘有用物资,积极地支援农业生产。

第三,书记挂帅,领导上阵,干部带头。为了深入贯彻执行政策,公社提出:三级书记(公社、管理区、生产队)挂帅,三长(社长、管理区主任、生产队长)上阵,三级书记抓全面,三长办重点,三天一碰头,五天一检查。要求内外发动,上下一条心,各方齐动手,全面安排,抓紧农闲有利时机,开展集市贸易。同时,要求社、队干部带头寻找副业门路,上山下湖,大搞副业生产,积极上市出售副业产品。由于干部带头,就很快地解决了某些社员的思想顾虑,掀起了副业生产的高潮,活跃了集市贸易。

第四,加强对集市贸易的组织领导。以公社党委第一书记为首,建立了集市贸易办公室,下设市场管理、宣传、安全、购销、运输等5个组,具体负责集市的管理工作。根据"活而不乱、管而不死"的原则,明确规定了上市商品的范围,除去粮食、油料、棉花等重要农产品不许上市外,其他物资在完成国家交售任务以后,都可以上市;严禁商贩投机贩运,不准生产队、社员转手买卖;机关、团体、企业未经批准,不得在集市上采购物资。市场交易价格,由买卖双方自行议订。对某些剩市的物资,根据群众自愿由国营商业按照牌价进行收购。

(选自《工商行政通报》第179期,1960年12月12日)

第三节　城市市场的管理和限制

一、国务院批转中央工商行政管理局关于城市市场管理的意见的通知

(1957年2月28日)

国务院同意中央工商行政管理局关于当前城市市场管理工作的意见。对市场须要管理但又不要管死,请各地根据新的情况审查和修订市场管理办法,并加强这一方面工作的领导。工商管理局的报告附发给你们参照办理。

附:中央工商行政管理局关于城市市场管理工作的意见

我局在1956年12月下旬召开了北京、天津、上海、广州、武汉、西安、济南、青岛、哈尔滨、河北、四川等十几个省市的工商局长座谈会,除了布置1957年的工作外,着重对当前城市市场管理工作进行了讨论。

会议认为:目前市场上供求紧张的基本原因是由于物资供应和货币购买力之间存在着相当的距离,解决的办法必须从增加生产、节约消费和改进调运等方面着手,但行政管理仍是一个重要的辅助力量。同时,目前农村市场已陆续开放,这对刺激生产、活跃交流和促使社会主义商业改进经营管理等方面起了很大的作用,但同时也出现了一些新的问题,其中有许多问题是需要在市场管理工作方面来注意的。

当前城市市场管理方面主要出现了这样一些问题:

一、摊贩、行商、手工业户有显著的发展,中间人和投机交易活跃起来。据天津、上海、广州、济南、成都、西安、哈尔滨等7个市的不完全统计,社会主义改造高潮后新发展的手工业有1.8万多户,2万余人。其中有小部分已发展为资本主义企业,如天津建华工业社1955年11月间只有2人,1956年9月增为189人,到12月已达到960人,业务由油漆粉刷发展到盖大楼了。但这种情况是个别的。上海一个区统计这些户中发展为资本主义企业的约占20%。摊贩的发展更快更普遍,其中也有发展为资本主义经营的倾向,如天津一个木器摊贩经常雇佣35个临时工,自己不再劳动。行商也逐渐活跃,许多歇业多年的又重操旧业,他们活动的范围也扩大了。

这些手工业户和摊贩、行商大都适应市场需要而发展起来的,对补充社会主义经济之不足、满足人民要求有积极的作用。但各地还只是把他们看成"地下户"、"黑户",缺乏必要的辅导和组织管理。他们常常采取掺杂使假、粗制滥造、抬价等方法欺骗顾客,牟取暴利。并有些人经常用不正当方法抢购、套购原料和其它商品,特别是在钢铁、废五金、木材以及某些副食品市场,情况相当严重。同时在许多商品供不应求的情况下,掮客、黄牛等中间人发展起来,许多茶楼、旅舍又变成了交易市场。有些已回乡的中间人又回到城市,有些已改造的中间人白天是国营公司职工,晚上当掮客。上海有一批掮客竟控制了土纱市场,压价收购高价出卖,每人每月收入达2000元左右。

二、市场上公公之间、地区之间存在着不少争执和矛盾,特别是各地国营、合作社、公私合营企业和机关单位派员在市场上争夺货源的情况十分突出。例如,上海市9月份统计各地来的采购人员达17万人次之多,山西阳泉市仅铁器生产社派到天津采购原料的就有50人,荆州专区部门派出去的采购人员竟达130人。有不少采购人员为了急于完成任务不论质量、不计较价格、见货就抓,甚至有些人通过掮客、小贩、儿童在零售市场上套购。由于盲目采购,就出现了同一商品在两地之间往返流转的现象,并有许多次品和不能使用的工具、零件被滥竽充数。

三、随着农村自由市场的开放,城市的农民贸易活跃起来,副食品和小土产的供应情况改善,居民基本上是满意的。但由于对农民贸易组织和辅导不够,原有的一些为他们服务的货栈、大车店、代理行和交易市场又大多在社会主义改造中转业或被淘汰了,农民进城有时候找不到适当的交易场所,要购买农村产品的人也不易进行购选,并不利于商品的保管、检验和价格的掌握。到夜晚和风雨天,许多农民无安身之处,流浪在街头巷尾。某些城市虽然已有一些农民招待所和自发形成的农民贸易市场,但设备过于简陋或根本没有什么服务设备。交易场所不完备也使得不少城市出现投机商贩敲诈农民的现象。另一方面,也有许多农业社和农民超出自产自销范围,长期驻在城市经商或者把应该由国家统购的物资也大量运入城市高价出售。例如,在北京和天津即有河北雄县(半灾区)永明农业社组织的420人的"副业生产大队"长驻在城中,据说该社主任曾说过"只要不偷不摸干什么都行"。不少地区曾发生农民在完成统购任务前大量出售统购物资的情况,特别是花生、芝麻等油料作物。国营和委托供销社统一收购的猪肉、烟、麻等物资,农民不履行合同、自行高价出售的情况也为数不少。

以上情况,使若干地区的市场产生了一些不正常的现象。某些副食品、小土产和建筑材料、工业原料等价格猛涨,并使国家掌握的某些物资出现黑市。上海生铁去年年初每吨180元,11月份已升为570元,北京苎麻市价超过国家收购价一倍半到两倍。同时市场上投机风气又开始滋长。在投机利润刺激下许多手工业和小商贩不愿接受改造,并有的要求退社退组。影响所及,有些居民,乃至个别机关干部也进行买卖,甚至发现有的地方国营和公私合营工厂偷卖国家配给的原料,牟取厚利。

现在这些现象虽然有的已经停止,有的正在停止,但并未完全停止,如果不在市场管理方面加以注意,不但会人为地助长市场供不应求的紧张情况,还可能使社会购买力冲击到国家掌握的重要物资,影响生产建设。因此,大家认为明确市场管理的方针任务、管理的范围和方法,是十分必要的。

大家认为,当前市场管理的方针,总的说来应当是需要管理,但又不要管死,一切措施和办法都要有利于生产,有利于流通。要善于组织和动员市场上一切积极力量来畅通物资交流,促进生产;同时又必须贯彻国家统购统销政策和价格政策,取缔投机违法活动,协助国家经济稳定市场。因此在具体执行中必须改变过去的管理办法,根据新的情况,采取新的工作方法,既要反对管理过严过死,又要反对放任自流。对于农民贸易、小商小贩和手工业者购销,要采取领导与管理相结合的方法;对于外地来的采购人员,一方面要协助他们解决在采购中的困难,另一方面要对他们进行必要的管理和教育,防止抢购套购;对于市场中的投机违法行为,应该区别情况,分别对待,一般应着重采取说服教育的方法来解决,对个别情节严重的投机违法分子,则给予行政处罚或者转送司法机关处理。

对于城市市场管理工作的范围,提出如下的建议:

(1) 根据需要管理、但又不管死的精神和当前市场新的情况,市场管理部门应该审查、修订或拟定新的市场管理办法,报省、自治区、市人民委员会批准实行;加强对市场管理政策、法令、办法的宣传教育工作;处理市场上的投机违法事件。

(2) 会同有关部门领导和管理交易所和交易市场,并负责对交易员和其他市场行政工作人员的教育和管理;恢复和建立一些贸易货栈、交易所和农民贸易市场,提供必要的便利和服务设备(如保管、运输、食宿、度量衡器、检验、卫生等)。

(3) 管理个体手工业户和其他自产自销工业户的市场购销活动;加强对摊贩、行商、中间人的教育、辅导和管理工作;协助有关业务部门组织和安排他们的业务。

(4) 会同各业务部门对外地采购人员进行登记、辅导和教育管理。

(5) 协助各业务部门贯彻执行国家的物价政策;指导市场上对需要议价的商品的议价工作。

(6)综合、研究市场的变化情况和问题,提出意见。

目前对各类商业采取的按行业归口管理的原则,还应该继续贯彻。但在市场管理上,根据若干城市的经验,仍以由一个部门统一管理为好。这是鉴于各业务部门都有本身业务的分工,而且任务繁重,难免顾此失彼,同时较大城市往往有几个商业机构和十几个乃至几十个专业公司,需要彼此协调步调。目前天津、武汉、广州、济南、青岛、哈尔滨等市的党政领导已经指定由各市的工商行政管理局负责市场的行政管理工作,大家认为工商局负担这一工作从过去的经验来看是比较适宜的。由于工商局是个综合性的行政机构,本身没有具体购销任务,也容易协调各方面的意见。鉴于市场管理涉及的面很广,各地人民委员会必须加强领导,以保证国家对市场管理政策的正确执行。

以上意见如认为可行,请批转各省、自治区、市人民委员会参照办理。

(选自《工商行政通报》第91期,1957年5月18日)

二、商业部、中央工商行政管理局、全国供销合作总社严格防止买卖布票和加强土布市场的管理的意见

由于今年棉布供应不足,在棉布市场上不少地区反映有以下情况:

一、小商贩买卖布票套购棉布高价出售。如天津市南开市场制服裤每条进价3.2元,现售4.8元,山东寿光县在集上一天即查获贩卖布票者5人,诸城县法院查获一商人贩卖布票2600余尺,上海、辽宁、福建、河南、江西、四川等地都发现有类似情况。

二、私营商贩贩运土布免票高价出售甚为活跃。如江苏南通、浙江黄岩等地商贩和农民贩运土布到上海销售;河北保定查获两名商贩贩运土布免票高价出售;陕西、河南等地也有类似情况。

三、由以上原因,各地发现贩卖棉布及布制品不收布票的自由市场。如据反映山西太原4个自由市场有棉布小商贩82户,出售棉布及成品不收布票,白细布价格高于规定价26.36%;河北定县市庄村有贩运棉布者20余人,共贩运棉被1000余条。

棉布系国家统购统销商品,上述情况都影响国家政策的贯彻,为此特提出以下意见请研究办理。

一、严格禁止布票买卖和对棉布与棉制品的抬价套购投机,除国营、合作社、公私合营商业以及有照小商贩应按规定凭证供应外,任何商贩不得倒卖棉布及布制品。

二、自由市场上如有土布交易,应加强管理,上市土布除允许生产与消费者可小量互通有无外,其余部分应由当地国营公司或供销社负责收购,收购后除凭票供应市场外,供销社收购的土布除当地销售外,(废花土布可免票)其剩余部分统由国营公司负责调剂外区。

(选自《工商行政通报》第93期,1957年6月20日)

三、民族事务委员会关于对维吾尔族、回族行商在广州市非法倒卖洋货的处理意见

(1957年6月21日)

同意广州市人民委员会(57)工商字第373号函中对维吾尔族、回族行商在该市非法倒卖洋货问题处理意见。但在处理这类问题时,对维吾尔族、回族的生活习惯应加以适当照顾。今后对于一切已经进行了社会主义改造地区的少数民族商人的走私问题俱应同此办理,只对个别尚未进行民主改革和社会主义改造的地区的少数民族商人(如藏族商人),应依情况作较宽的处理。请新疆维吾尔自治区、青海省人民委员会对该省、区的少数民族行商进行教育,以利取缔外货走私的工作。

附:广州市人民委员会《关于对少数民族行商非法倒卖洋货的处理问题的报告》(摘要)

我市自去年6月采取了一系列的具体措施,取缔了洋货市场的买卖,并加强对走私、贩私活动的检查以后,公开的倒卖洋货活动已大大的减少了。但最近,发现不少少数民族的行商,在我市非法倒卖洋货,他们多是青海的回族和新疆的维吾尔族的同胞,一贯以经商为业,大多领有原籍政府发给的营业证,来往于广州、汉口、上海、天津、沈阳等地作地区之间的贩运,甚少返回原籍。去年10月仅10余人,其买进的商品,一般是进口日用百货、衣服等,每宗货值亦不过数百元,但由于利润丰厚以及互相带引之下,目前进行黑市倒卖洋货的少数民族已增至60余人,搜购的商品,也转为切削合金(俗称锋钢)手表和工业钻石等高价而且又有高额利润的走私货品,每宗货值已比过去大几倍以至十几倍。这些人大多数是明知故犯的,经查获后,则以欺骗和抵赖办法进行抵抗,由于能获取厚利,生活非常腐化,影响很坏。

根据我市公布关于取缔洋货市场法令,对非法买卖的洋货是应该全部没收的,但考虑涉及少数民族关系,因此以较宽的尺度来处理,按"归还本钱"的原则分别采取了两个不同的处理办法:(1)没收小部分,发还大部分;(2)由国营公司按其在黑市进货价格进行收购(对某些重要物资是采取后一种办法)。此外,并着其具结今后不再重犯,否则从严处理。

目前,少数民族的行商在我市倒卖走私洋货已越来越多,而且资金很大,倒买的货品都是比较大批的,如不恰当处理,予以有效的制止,势必给走私和贩私分子以可乘之隙,且易造成群众不满,给我们今后取缔洋货贩私活动的工作,将带来更大的困难。我们考虑少数民族在执行国家法令政策上(尤其是地方性的法令),应该和对其他民族一样看待,违法者亦应该按法令处理,不能特殊。因此,除请你会通饬各少数民族自治区人民委员会加强对该区的行商管理和教育外,特提出对今后来我市倒卖洋货的少数民族行商的违法处理原则:(1)对初次来市进行倒买活动,而事前确属不明法令,且违法情节不太严重的,予以按国营公司牌价收购全部违法货物(牌价比黑市价低,须亏点本);(2)对重犯者,除按国营牌价收购全部违法货外,并予适当罚金;(3)经查明确系屡犯不改者,则予没收全部违法货物,如没收后有实际困难,则酌情给回适当的款项,情节严重者则送司法机关依法办理。

(选自《工商行政通报》第95期,1957年7月30日)

四、武汉市关于加强自由市场的领导和管理的暂行办法

(1957年7月20日)

(一)总 则

1. 为了巩固社会主义的统一市场,充分发挥国

家领导下的自由市场对国家市场的补充作用，限制其不利于国计民生的消极作用，以促进工农业生产的发展，维护市场物价的继续稳定，兹根据国务院及湖北省人民委员会的指示精神，特制定本暂行办法。

2. 凡在本市从事生产和经营自由购销业务的国营、地方国营、公私合营、合作社营、私营企业、小商小贩以及个体手工业等(包括外来推销和采购的单位或个人)，均以本办法管理之。

3. 全市的市场管理工作，责成市工商管理局统一领导，各有关部门主动配合。在市工商管理局和各区人民委员会的领导下，成立区市场管理委员会，负责领导全区的市场管理工作，区工商科作为它的办事机构。

各区在市场管理委员会的领导下，凡集中的固定市场，一律成立市场管理委员会，负责统一领导和管理；街头摊贩应根据其分布情况，按地区恢复和成立摊贩管理委员会，负责协助政府对摊贩进行管理和教育。

以上各级市场管理委员会、摊贩管理委员会的组织和任务，由有关部门分别另订之。

(二)关于农副产品交易的管理

4. 凡属于湖北省人民委员会规定的国家统购和统一收购的物资，除国家指定的经营单位或其委托的代销单位外，其他部门及私人一律不准进行自由收购。

5. 凡来本市出售的自由购销物资，属于批发交易者，必须进交易市场(所)、行栈或指定地点进行交易；属于零售交易者，亦须进指定市场或地区内进行交易，并均须服从场内价格管理有关规定，未经允许，不准在场外成交。

凡农业社社员和个体农民来本市出售自产自销的自由购销物资，均须持有当地乡人民委员会的证明；城乡贩运商贩须持有当地合法的营业证。

上述人员均不得在本市从事转手贩卖活动。

(三) 关于市场物价的管理

6. 统购和统一收购的物资，一律由主管国营公司或供销社按规定的收购牌价进行收购。

7. 自由购销物资的批发交易，凡国营公司有牌价者，应参照牌价，国营无牌价者，应参照场内议价，由买卖双方按质分等论价成交。如有的商品因一时供求失调，价格涨落超过合理程度，影响生产者或消费者的正当利益时，市场管理部门可采取议价、限价或用分配货源的办法进行管理。

自由购销物资的零售交易，凡国营公司有牌价者，一律按牌价出售；国营公司无牌价者，一律按场内议价出售，并应明码实价，以备检查。

8. 工业和手工业出售自产自销产品的价格，不论批发与零售，国营公司有牌价者，不得高于牌价出售；国营公司无牌价者，按市人民委员会审查批准的价格或同行业议定的价格出售。

外来的推销单位、商贩和本市行商运来本市出售的工业和手工业产品的价格，亦应按照上项规定出售。

9. 修理、服务性行业的收费标准，凡国营或同业有规定者，应按规定的标准收费；如原定标准需要调整，须报经主管部门批准。

(四) 关于摊贩的管理

10. 市内所有的零售摊贩(包括由摊贩组织起来的合作社、组、商店、食堂等，下同)均须按照工商行政部门核准的营业范围，指定的营业地点和划定的摊位从事经营，并须接受市场管理部门的领导和管理，未经批准不得随意扩大、变动和流动。

11. 摊贩在本市向有关部门进货，必须凭摊贩证或归口部门发给的购货证。凡属于集中交易的物资，必须进场采购，不得在场外私自购买。

12. 摊贩一般应在本市批购零销，如须赴外地采购时，得报经区工商科批准。

当前为了安排市场，掌握货源，稳定物价，暂时规定市内的个体菜贩、鱼贩均不得直接到郊区采购；郊区的农业社、渔业社和个体农民、渔民亦不得直接售给。但各国营交易市场(所)可以有计划地组织介绍到郊区采购。

13. 摊贩必须按章纳税，遵守交通秩序，在营业时不得以变相赌博和其他欺骗方式招揽顾客。

14. 摊贩在营业时必须随身携带营业证。对经纪人和就地转手的二道批发，予以取缔。

15. 摊贩领取营业证后，在3个月内不进行营业者，即作为放弃营业论，并撤销其营业证，如有特殊情况，得事先陈明理由，申请核准延期。

(五) 关于行商的管理

16. 行商购买或出售商品，必须是有一头在本市，并且不得在本市进行转手买卖；在购销商品时，必须随身携带行商的营业证、行商货物运销单和购货单据，以备有关机关查验。

17. 行商不得向零售部门以零售价格套购商品，也不得兼作经纪人。

18. 行商每次外出时间最多不得超过3个月，如超过3个月或3个月未进行营业者，均作为放弃营业论，由工商行政部门撤销其营业证；如有特殊情况，得陈明理由，申请批准延期。

(六)关于外来采购单位的管理

19. 凡外来采购单位到本市采购商品时，必须持有原单位的介绍信，并分别到下列单位进行报到登记：1.属于商业部系统者，到本市第一商业局报到登记；2.属于城市服务部系统者，到本市第二商业局报到登记；3.其他部门及行商等，均到本市工商管理局报到登记，然后再介绍到指定的部门采购。凡未经报到登记单位介绍者，各业务部门均不得售给。

20. 外来采购单位必须按照本市规定的合法价格进行采购，不得在零售部门收购；设有交易市场、行栈者，不得在场外采购。

21. 外来采购单位在采购中如与供应单位发生争议时，可先向其主管局申请处理；经处理不服时，再向工商管理局申请仲裁。

22. 为了保证本市人民的需要，在必要时对某些商品得实行凭证运输，交通运输部门对无证者应予拒运，并交工商行政部门处理。

(七)关于市场行政管理

23. 凡拟在本市开业的国营、地方国营、公私合营、合作社营、私营企业、小商小贩以及个体手工业(包括外埠长期驻汉机关)均须事先报经市、区有关行政管理部门核准，发给证照，无证者不得营业。其停业、歇业、转业、合并以及其他变更登记事项，亦须报经上述有关部门核准。

24. 申请登记事项必须据实填报，不许分散抽走资金和伪造、买卖、转借、涂改营业证照；未经允许不准超出营业范围。

25. 任何企业不得擅自招雇农民，挖雇在职的职工、私方人员和社员等；亦不得引诱其他企业人员来从事加班生产。

26. 私营工业承揽加工订货时，其加工费总额在100元以上或订货总值在300元以上者，甲乙双方必须签订合同或协议书，并报经工商行政管理部门审查批准后方为有效。

27. 私营企业的年终盈余，须经劳资双方协商同意报经市、区工商行政部门审查批准后，始得分配。

28. 从事生产的企业，除原有历史习惯经工商行政部门批准者外，不得贩卖工业原料，亦不得偷工减料及使用其他手段降低产品质量。

29. 凡商品须用商标，必须事先申请注册，在未注册前不得使用；已经注册的商标，禁止伪造、仿造、买卖和盗用。

30严禁任何企业、小商小贩和个体手工业等，有短秤少量、抬价、压价、不执行牌价、议价、限价、明码实价和套买套卖、买空卖空、转手批发、抢购、掺杂掺假、以劣充优、以假充真以及伪造、涂改、转借、买卖证明文件等投机倒把行为。

31. 任何企业、小商小贩和个体手工业等，不得使用、贩卖未经检定和不合标准的度量衡器，或暗自加磅、加秤，大进小出欺骗买主或卖主。

32. 任何企业、小商小贩均应做好环境卫生工作。市场上禁止出售卫生部门认为有碍卫生的商品和荒诞、淫秽等影响身心健康的物品。

(八)关于奖惩事项

33. 如有违反本办法以上各项规定者，全市广大人民均有监督、检举之权，如因检举查明属实者，市场管理部门得给予表扬或一定的物资奖励。

34. 对于公私企业的购销人员、小商小贩以及个体手工业等，工商行政管理部门应不断加强遵守国家政策法令的教育，如有违反本办法以上各项规定者，工商行政管理部门及其委托进行行政管理的单位，得视情节轻重，分别给以批评、监督出售、作价收购、冻结和扣留货款、罚款、没收商品一部或全部、临时停业和撤销营业证照等行政处分。

35. 所有市场管理工作人员在执行任务时，如遇有侵犯人权或其他情节严重者，由公安、司法等机关依法处理。

(九)附　则

36. 本办法自公布之日起试行，如与本市以前所颁发的各项有关市场管理办法或规定有抵触时，均按本办法执行。

附:武汉市关于加强自由市场的领导和管理的暂行办法的几点说明(摘要)

一、办法中所规定的商品管理范围,主要是偏重于农副产品方面。至于工业和手工业的产品,因国务院规定1957年内"关于商业部门和公私合营工业以及和某些国营工业、合作社工业之间原有的加工、订货、统购、包销的关系,一律按现行办法,暂不变更",故其中除对工业、手工业自产自销产品的价格作一些原则规定外,其余均未作任何规定。

二、办法第三项中规定:

1."全市的市场管理工作,责成市工商管理局统一领导,各有关部门主动配合"。这里所称的:(1)"市工商管理局统一领导"系指工商局对全市的市场管理工作负责进行综合研究、制定办法、统一布置、督促检查。(2)各有关部门主动配合系指一商、二商、供销社、工业、手工业、公安、税务、银行、交通运输等部门,除负有特别的指定任务外,一般均应通过本身业务活动,对市场管理工作规定的有关办法和措施,要主动地予以配合贯彻执行。各部门所属基层单位现在配备的所有市场管理人员,一律不许减少或撤销。

2."凡集中的固定市场,一律成立市场管理委员会"。所谓"集中的固定市场"系指交易市场、农民贸易市场、菜市场、旧货市场、百货市场等而言。至于行栈,因不需要成立市场管理委员会,故不包括在内。各固定市场管理委员会,均具有下列两种性质:一方面,是政府对市场进行行政管理的组织;另一方面,是场内各经济单位内部的管理组织。各固定市场管理委员会除组织进场交易和管理场内一切交易活动外,并负责检查、取缔场外成交。各固定市场管理委员会受区市场管理委员会的领导,并由区市场管理委员会调派专职干部驻场领导工作。

3."街头摊贩应根据其分布情况,按地区恢复和成立摊贩管理委员会"。这里所称的街头摊贩,系指不属于以上各固定市场管理委员会的管理范围者均属之。街头摊贩一般均应以行政街为单位,恢复和成立摊贩管理委员会,并根据摊贩的分布情况,按地区或行业分设若干大组和小组。摊贩管理委员会系摊贩内部的管理组织,受各区摊贩联合会的领导和区市场管理委员会的指导,协助政府对摊贩进行管理和教育,并由摊联会调派干部经常辅导其工作。

三、办法第四、五两项中所称的"国家统购"(按:根据国务院8月9日的规定应改称国家计划收购物资——下同)、"统一收购"和"自由购销"等三种物资的范围,系指湖北省人民委员会1956年12月2日颁发的《关于开放国家领导下的自由市场若干问题的指示(草案)》中所规定的和省人民委员会1957年5月21日颁发的《关于加强市场管理的几项规定》中调整的部分,兹分别归纳如下:

1.国家统购的物资:(略)

2.统一收购的物资:牛皮、杉木、松木(包括松、杉木半成品——筒、板等,不包括松柴)、废铜、废铅、废锡、桐油、土布、土纱、蚕丝、残牛、杂皮(羊皮、狐皮、豹皮、鹿皮、水獭皮、虎皮、黄狼皮、獾皮、貉皮、狗皮、狸子皮、家猫皮、家兔皮、野兔皮、香狸皮、屑子皮)、皮油、木油、梓油、土糖、土纸、废钢、生铁(包括废铁)、硫磺、生漆、棓子、楠竹(竹乜、竹片、竹板)、棕片(棕绳、棕丝)、木耳、莲子、核桃仁、黄连、茯苓、麝香、天麻、半夏、木瓜、大力子、吴芋、猪鬃、肠衣、鸭毛、建绒、绉纱、龙须草、岗柴、桑树皮、构树皮等44种。

3.自由购销的物资:小猪(包括糙子猪,并均在60斤以下者)、羊、木柴、木炭、蔬菜、瓜果、鸡、鸭、蛋品、菱芡、鱼、杂木、芦席、土靛、黄蜡、土硝、红根、橡碗、橡子、花椒、芦花、樟脑油、樟脑粉、山棉皮、苍耳子、芋角、荸荠、甘蔗、板栗、橘子、桃子、李子、柚子、柑子、柿饼、红枣、蜂蜜、香蕈、黄花、柴胡、桔梗、苍术、杜仲、菜药、香附子、续断、独活、废纸、旧棉絮、破布……

上述三种物资,如有遗漏、错误,以省颁发者为准。

四、办法第四项中规定"凡属于湖北省人民委员会规定的国家统购和统一收购的物资,除国家指定的经营单位或其委托的代购单位外,其他部门及私人一律不准进行自由收购"。对统购和统一收购的物资,所以一律采取管死的办法,其理由如下:

1.本市是一个大城市,郊区小,不仅生产统购和统一收购物资的品种极少,而且平时出售完成统购和统一收购任务后的剩余产品也非常有限。因此,不需要另开放这方面的自由市场。

2.在规定的统购和统一收购的物资中,95%以上不为本市出产,对完成统购和统一收购任务后的剩余产品,我们认为应在当地就近出售,不必远道进城。同时,对进城后的剩余产品,一方面,它是否为完成收购任务后的产品,不易辨别;另一方面,在出售价格上,虽允许高于统购和统一收购价,但一般地最高不应超过国家规定的统销价和统一销售牌价,因此,不管死也无好处。

五、办法第五项中规定:

1.“凡来本市出售的自由购销物资,……属于零售交易者,亦须进指定市场或地区内进行交易”。但有下列情形之一者,应允许不进场交易或自动离场出售:

(1) 某些鲜、活产品,如菜、鱼等,正当旺产季节,大批上市,市场上已出现供过于求者。

(2) 自产自销的农业社社员或个体农民出售少许产品,如几只鸡、一篮蛋……

(3) 菜市场在早市九十点钟以后未卖完的商品。

2.“凡农业社社员和个体农民来本市出售自产自销的自由购销物资,均须持有当地乡人民委员会的证明”。这里所以规定向农业社社员或个体农民索取证明,主要是为了防止农民弃农从商和便于确定纳税与免税等工作。

六、办法第七项中规定:对自由购销物资的价格管理办法,其基本原则有二:第一、批发与零售两个环节都管;第二、在批发环节上管的活,在零售环节上管的死。制定这个原则的基本出发点如下:

1.如只管批发价格不管零售价格,这样对某些一时缺销物资:(1)容易引导生产者或贩运者,化整为零,高价求售;(2)市内零售商贩容易勾引生产者或贩运者在场外高买高卖,影响市场物价的稳定。如果采取两头一齐都管的办法,上述现象可以完全避免。

2.在批发环节上如给予一定的灵活性,这样对刺激农、副产品的大量生产和上市,扩大本市货源以及对满足城市消费需要等方面,都有其一定的积极作用。

3.在零售环节上采取管死的办法,这样对零售商贩,因给其一定程度的批零差,使其有利可图,并无害处。

对自由购销物资在批发环节上给予一定的灵活性。各交易市场、行栈在具体掌握上,仍应制定一个内部掌握价格幅度,经主管商业部门审核批准后,作为指导交易的依据,但不应对外公开。场内成交价,如在掌握幅度之内活动,一般不予管理;如因供求失调超过掌握幅度,而国营公司又未掌握货源,无力进行吞吐工作时,场内市场管理部门可出面用通过分配货源或议价、限价的方式进行管理。

各交易市场、行栈的市场管理部门在领导议价时,应由各有关国营公司参照现行牌价、过去历史比价、友邻地区牌市价以及当时的供求情况等提出议价方案,经场内市场管理部门研究讨论决定后执行,并报区市场管理部门和主管国营公司核备。

各零售市场的市场管理部门在领导议价时,应由场内有关国营公司零售部门或供销社,根据市场批发价与合理的批零差率提出议价方案,经场内市场管理部门研究讨论决定后执行,并报区市场管理部门与主管国营公司核备。

七、办法第十三项中规定“摊贩……营业时不得以变相赌博和其他欺骗方式招揽顾客”。这里所称“变相赌博”包括摸彩、打彩、丢圈、掷骨等行为;其他“欺骗方式”系指采取虚伪的夸大宣传,或以变魔术、耍武术、唱戏曲等方式兜售商品的行为。

八、办法第十四项中规定“对经纪人和就地转手的二道批发,予以取缔”。这里所以对其采取坚决予以取缔的态度,主要因为他们投机性大,对市场毫无有利作用。但在取缔后为了照顾他们的出路和生活,应允许转为零售商贩或其他职业。

九、办法第十六项中规定“行商购买或出售商品,必须有一头在本市”。这主要是为了:(一)防止行商在领到本市行商营业证后,专在外地进行投机买卖活动,逃避本市的行政管理。(二)促使行商多为本市的生产和消费服务。

十、办法第廿三项中规定:“凡拟在本市开业的国营、地方国营、公私合营、合作社营……,均须事先报经市、区有关行政管理部门核准”。所称“市、区有关行政管理部门”系指市工商管理局、区工商科和市手工业局、区手工业科两个系统而言。其分工为:凡商业、饮食业、服务业、运输业、农业的国营、地方国营、公私合营、合作商店(组)、私营的全部、工业、建筑业的国营、地方国营、公私合营及雇佣职工、学徒超过3人或雇佣职工、学徒未超过3人,但其主要生产过程是使用机器动力设备而有雇佣关系的私营户,其登记管理工作,由市工商管理局及区工商科办理;凡本人参加劳动的个体手工业和手工业合伙户佣工人、学徒未超过3人及劳动生产过程主要使用机器动力未雇佣工人、学徒的个体户或合伙户以及从事手工业生产劳动或修理而无固定场所的流动手工业工人和已组织起来的生产合作社的登记管理工作,由市手工业局及区手工业科办理。

十一、办法第廿九项中规定:“凡商品须用商标,必须事先申请注册,在未注册前不得使用”。这里所指的商标,并不是所有的商品都要使用商标,如生产单位自己愿意使用商标,就必须事先向中央工商行政管理局申请注册,否则不得使用,但不使用商标的商品不受本项的限制。

(选自《工商行政通报》第 98 期,1957 年 9 月 2 日)

五、国务院批转中央工商行政管理局关于当前城市市场管理工作若干问题的报告

(1957 年 10 月 3 日)

国务院同意中央工商行政管理局关于当前城市市场管理工作若干问题的报告,特将该报告转发你们,请各地参照执行。

附:关于当前城市市场管理工作若干问题的报告

我局于 7 月 22 日至 8 月 1 日召开了有河北、四川、北京、上海、天津、广州、武汉、西安、济南、青岛、哈尔滨、重庆、成都等 13 省、市工商局参加的市场管理工作汇报会议,现在根据各地的汇报和讨论的几个问题以及国务院《关于国家计划收购和统一收购的农副产品和其他物资不准进入自由市场的规定》的精神提出意见如下:

一、关于商品的管理问题

关于商品的分类管理,是巩固国家市场、正确执行开放自由市场政策的重要一环。因此,各地在领导和管理自由市场的工作中,必须首先注意加强对商品的分类管理:

(一) 对农、副业产品,各省(市)应按国务院今年 8 月 9 日《关于由国家计划收购和统一收购的农副产品和其他物资不准进入自由市场的规定》,具体划分类别,公布执行。

对允许开放自由市场的小土特产品,农业社、农民运入城市销售时,也可规定必须持有自产自销证明。以便识别农业社、农民自产自销,一方面可以作为自产自销免税的证明,便于对正当的农民贸易进行辅导和管理,另一方面也可以限制农民经商和小商贩冒充农民逃避国家税收。自产自销证的内容和使用手续可以由各省(市)自行规定。

(二) 对于工业品和手工业品,由于主要工业品供不应求的情况在短时期内还不能改变,在这种情况下,工业品基本上仍应由商业部门继续采取统购、包销、定货的方式。某些允许国营、合作社商业和工业单位选购自销的小商品,小商贩必须持有政府主管部门发给的营业执照或由批发部门发给的购货证进行采购。

(三) 关于旧品、废料商品的管理,除国家规定统一收购的以外,各省(市)可以根据本地具体情况,在适当照顾手工业生产单位需要的原则下,自行规定管理办法。

二、对外地采购的管理问题

目前一些大、中城市仍然存在着外地采购人员用抬价和在零售市场套购的办法抢购某些工业品、工业原料、农副产品中缺俏货的现象。这对于稳定市场物价是十分不利的。今后必须加强这方面的管理。总的来说,各地区间应该互相支援,互助配合,本地应该尽量照顾外地采购单位的需要,外地采购单位也必须遵守国家的政策法令,服从当地的市场管理。为了便于掌握,可以作如下的规定:

(一) 国营企业、公私合营企业、供销社、手工业生产合作社的采购人员,到另一地区采购商品时,必须持有本单位的证明或介绍信,并经向当地主管部门登记许可之后,方准进行采购业务。

(二) 凡属国家计划收购和统一收购的农副产品,以及国家统购包销和由国营商业部门加工订货的工业品、手工业品,一律不许自由采购。

(三) 对准许自由采购的商品,外地采购人员应向当地国营公司批发部门进行采购。如果批发部门不能满足供应时,经公司介绍或当地市场领导机关批准,也可以向生产单位或集中的交易市场进行采购,严禁直接或者委托小商贩在零售市场采购,并应切实遵守国家的政策法令,服从当地对价格和品种的管理。

（四）在工商业集中的大城市，可以考虑允许某些省、市设立采购业务办事处，统一领导安排本地区的采购业务，并协助当地稳定市场以及对本地采购人员进行教育和管理。

三、对小商贩、行商和经纪人的管理问题

开放自由市场以来，城市中的无证商贩迅速增多，目前仍存在着发展的趋势。据北京、上海、天津、广州、武汉、济南、青岛、哈尔滨、西安、成都、重庆等11个城市估计，现有无证商贩约在13万人左右。他们的存在，有些固然有适合社会需要的一面，但如果放松了对它们的行政管理，就会助长他们的盲目性。这不仅影响原有商贩的安排和改造，而且也会造成市场秩序的某些混乱和投机违法行为的滋长。因此，加强对小商贩的管理是做好对自由市场领导和管理工作的一个重要方面。今后除了继续加强对已组织起来的小商贩的管理、教育和改造工作以外，现有无证商贩应该及时进行清理整顿，并应适当控制其发展。

（一）对现有无证商贩首先要在加强经济领导的同时进行清理整顿，根据不同情况分别处理。对在城市中有正式户口、确实依靠经营商贩维持生活、货源无问题的，一般应该准许他们继续经营，各地可以根据本地情况对他们进行登记发证，或者只登记暂不发证；对不依靠经营商贩维持生活的家属，应说服教育他们停止经营；对已参加供销社、合作商店的小业主、公私合营企业的私方人员或其他在职人员，则应动员他们停止经营；对流入城市经商的农民，应坚决动员他们回乡生产；对一贯倒买倒卖的投机分子，除通过经济控制外，在行政管理方面，应该坚决予以取缔。同时，对那些准许继续经营的无证商贩，原则上要让他们自行维持经营，生活发生严重困难的可由社会救济中解决，国营公司目前一般不采取吸收安排他们工作的办法。

（二）对小商贩的经营业务范围应该加以适当的限制，以防止他们啥俏干啥专门突击缺俏商品。一般说，除对一些主要的或者较大的行业可以专行专业外；对从事小行业或季节性较大的行业中的小商贩，应该适当照顾他们的经营习惯，准许兼营。但在经营业务范围一经规定以后，即不得任意串行串业；需要改变经营范围时，应事先报经政府主管部门批准。

（三）零售商贩在经营方式上，一般应限于整进零出，不经批准不许从事批发贸易。为了促进城乡物资交流，经主管单位批准可允许少数商贩继续从事某些小土产城乡贩运业务；但对在同一城市倒买倒卖进行投机活动的二道贩子，则应坚决取缔。

（四）为了加强对小商贩的组织、管理和教育，有关部门应指定干部负责这一工作，同时并要有组织有领导地利用小商贩本身的组织力量。过去许多城市都有推动摊贩进行自我管理教育的经验，今后可以继续采用这些办法，利用摊贩联合会和民主管理小组的组织，推动对小商贩的组织、管理和教育工作。

另外，行商在开放自由市场以后，人数也有增加，经营活动也较前活跃，他们对促进物资交流虽然尚有一定作用，但投机性较大。因此，今后对行商的发展应该从严掌握，对现有的也要进行清理整顿，适当限制他们的业务范围，并加强对他们的管理教育和改造。对行商的经营地区可以继续采取“拴住一头”的办法，即买和卖的业务活动必须有一头是在登记的城市，以限制他们满天乱飞。

有些城市目前还存在着一些经纪人，对他们也要进行清理整顿，并加强管理、教育和改造工作，同时对于他们的业务活动范围和代客佣金的标准，也可做适当规定。必要时，在某些商品市场上，可以对经纪人加以取缔，对其中业务比较熟练的人，可以安排到行栈或交易市场中去工作。对国家计划收购和统一收购的商品，应严禁经纪人的活动。

四、关于自发工业户的管理问题

自从去年社会主义改造高潮以后，在一些大、中城市中发展了不少自发工业户，据上海、北京、天津等9个大中城市今年年初不完全统计，有自发工业户3万多户，从业人员5.7万多人，其中小部分已发展为资本主义企业。半年来情况续有发展，目前上海市已发展到9000余户，3万余人；武汉市有2062户；广州市有3075户。其中有些是高潮后的遗留户，有相当大的一部分是在开放自由市场以后发展起来的，它们一般是利用废品旧料作为原料，生产某些为人民需要的小产品，但是它们的生产经营带有很大的盲目性，粗制滥造、投机欺骗等情况也很严重。因此，对它们应该利用其积极作用，限制其消极作用，并在具备了一定条件的情况下，逐步地将它们纳入社会主义改造的轨道。但出于自发工业户是一个复杂的社会问题，在目前不可能采

取完全包下来的办法,也不宜急于对他们实行公私合营或者合作化,目前主要应该是做好对他们的管理、教育和辅导工作。

(一)对现有的自发工业户应该分别情况进行清理登记,只要原料和产品销路问题不大,具有一定设备条件的,原则上应该登记发给执照;但对那些公私合营企业的私方人员和已参加手工业合作社的小业主私设工厂作坊、挖雇在业工人、白天搞社会主义晚上搞资本主义的非法行为,应该进行教育批判,坚决加以制止,其中情节严重恶劣的,应依法惩办;对那些生产技术设备条件很差、产品品质低劣或者供产销困难很大的,可以动员他们停止生产而不应发给执照。

(二)对自发工业户必须加强管理和辅导。首先,有关工商业务部门应该加强对自发工业户的生产、经营业务的指导,并根据需要和可能同他们建立加工、订货或购销关系,同时督促辅导他们改善经营管理,提高产品质量;当他们的生产经营发生困难的时候,在可能范围内进行适当安排、协助解决。对于他们投机违法行为,必须分别情节轻重,进行严肃处理。此外,还应该根据国家有关政策法令加强对他们采购原料和产品销售的管理,以防止和减少其盲目性。

(三)对今后新开业的工业户,事先必须报经政府主管部门审查批准,方准进行生产经营。原有自发工业户如因扩大生产需要增雇工人时,也需事先取得主管部门和劳动部门的同意。对于他们的产品售价、利润和利润分配,有关部门也应该加以指导和管理。

五、关于行栈和交易市场问题

许多城市已陆续恢复和建立了一些国营、公私合营的行栈和集中的交易市场。对便利农民客商的购销活动、扩大物资交流、调剂供求等方面都起了很好的作用,同时也在一定程度上限制了市场中的投机活动,有利于稳定物价和对某些供应不足的商品实行议价和分配货源;因而行栈和交易市场不仅是提供服务、便利交易的经济组织,同时也是我们领导和管理自由市场的重要工具之一。目前在行栈工作中存在的主要问题一般是:设备太差;收购标准偏高;工作人员的政策水平较低;经营作风上存在着某些资本主义倾向和单纯的业务观点。另外,专业性、综合性的行栈、交易市场在业务分工和组织领导上也有问题,有些地方发生互抢交易的现象,都需要加以改进。

(一)工商行政部门和业务部门在领导和管理行栈、交易市场工作中应该密切配合协作。同时应该根据各地方具体情况,明确有一个部门为主。这样,一方面可以统一思想认识和工作步调,另一方面也可以使经济领导和行政管理相辅相成,更好地发挥行栈和交易市场的积极作用。由于行栈、交易市场是组织物资交流、稳定物价、贯彻国家有关市场的政策法令最直接的一个环节,有关部门应加强对行栈和交易市场工作人员的政策思想教育,必要时应派一些得力干部到行栈和交易市场里去,以充实和加强领导力量。原来长期经营行栈已安排改行的人也应该尽量调回行栈工作,以便发扬他们的专长。

(二)专业性的行栈和综合性的行栈,都是客观所需要的,它们在业务分工上应该大体上划分一个界限。一般说,综合性的可以经营较多的品种,起到集零为整的作用;专业性的基本上应该限于本业的范围,一般不宜再经营其他品种。同一类型的行栈中,在联系的客、货路线等方面,也应该有自己的特点。同时各个行栈还应加强联系配合,互通行情,坚决纠正互相封锁、拦路争夺客货和利用抬价办法引诱客商的行为。有些行栈和交易市场设在一起的,可以在业务上作适当划分,或者将两个组织合并起来。

(三)行栈、交易市场基本上是服务性的经济组织,它的主要任务在于组织物资交流、稳定市场、调节供求,因此它不仅要服务周到,手续简便,而且要尽量做到取费低廉。目前收费标准偏高的应该适当降低,各地可以根据不同情况,分别规定收费标准。在收取的对象方面,可以收买方的,可以收卖方的,也可以收买卖双方的。至于手续费的用途,除了必要的工资、办公费用开支外,应该积累起来集中使用,以逐步地提高服务设备,如修建堆栈、仓库、客房以及改进环境卫生等,并可作为调剂客人临时的急需用款。在目前除自营部分的利润外,一般地不宜作为上缴利润来处理。

六、关于开放商品的市场价格管理问题

最近许多城市中,有不少开放的商品价格上涨过高,影响人民群众的生活。这些商品价格上涨的原因是多方面的,除了生产和供应之间有一定差额等客观因素以外,也因为在我们的经济工作和行政管理工作上还存在着若干缺点。当然,自由市场

上若干商品价格的变动是不可避免的，其中有些是合理的，但有些是不合理的，如果听任自流，就会不利于市场物价的稳定。因此，必须积极地采取经济方法和行政方法，加强对自由市场商品价格的领导和管理，避免价格摆动过大的情况，为此提出如下的建议：

（一）为了调剂市场供应、稳定物价，国营商业和供销社对于开放的物资必须插手或扩大经营（特别是对那些价格不稳定的商品），积极改善经营管理，学会和小商贩进行经济上的竞争；向产地采购某些商品时可以允许在一定范围内随行就市，必要时可以不要利润或者一时的一地的亏本出售。但在经营的比重上，原则上以能够稳定市场的价格为限，以免分散对主要商品的经营力量和影响对小商贩的安排。同时，对内销与外销，本地供应与外地调剂的数量（包括外地采购）以及产区、销区、毗邻区的价格掌握方面，都应该通过领导机关或双方加强联系进行适当安排；此外，国、合商业在组织货源、调节供求、掌握购销价格工作中也必须密切配合协作，并要防止互相抬价、互相封锁的不良倾向。

（二）为了更好地领导和控制自由市场商品价格的变动，各地有关部门应经常注意市场供、产、销情况，进行商品（按品种）排队，研究一定时期内价格变化的可能情况，作为市场价格管理的依据，以便于通过经济和行政措施来指导生产、调节供求和控制市场价格。在具体管理上，对于供应紧张、生产期限较长、价格上涨后短期内不能刺激生产增加供应的一些商品，价格管理上应该从严，必要时应采取议价和分配货源的办法；对生产期限较短，价格上涨后短期内可以达到刺激生产增加供应的一些商品，除影响人民生活较大的应加强管理以外，其余的小产品不要管得太死。

（选自《工商行政通报》第101期，1957年10月23日）

六、国务院第五办公室转发城市服务部关于城市服务业管理工作的报告

（1957年11月1日）

城市服务行业的情况比较复杂，又密切关系人民生活，因此，各地人民委员会应该加强对这些行业的领导，在工作中逐渐创造并积累经验。现将城市服务部《关于城市服务业管理工作的报告》发给你们，希参考执行。

附：关于城市服务业管理工作的报告

我部在今年分两批召开了5个省、15个市和4个县的服务业座谈会。兹将会上汇报和讨论的有关城市服务业的几个重要问题，报告如下：

一、1956年下半年，大小城市旅店、理发、浴室、照相和洗染等5个服务行业的营业额普遍上升，同时也出现了在数量上和质量上严重不能满足群众需要的情况。从1957年春季以来，一方面由于国家压缩了基建投资，并在全国范围内开展了增产节约运动，机关、团体的行政费用缩减，流动人口减少；另一方面也由于各地服务部门采取了增设店铺、提高设备使用率、改进经营方式和劳动组织等办法，因而减轻了对服务业的压力，使服务业总的供应情况比去年有所缓和。但在不同地区、不同行业，又有下述不同的情况：(1)新兴城市和工矿区，服务业仍感缺乏。这主要是由于在建设部署的时候，忽视了对服务业的统一安排，以致不论在基建投资、建筑材料、施工力量或建设用地等方面都存在很大困难。(2)部分大、中城市和交通要道上的城镇旅店不足。解放后几年来，有不少设备好、规模大的旅店，改作了机关、企业等的办公楼、招待所或宿舍（如上海、武汉二市旅店的房间，均比解放初期减少了一半左右）。此外，北方有些城市大车店也很缺乏。(3)由于社会就业增加，消费规律变化，也给供应上带来了一些新的困难。在大、中城市，一般都出现了节日、假日和下班后的时间拥挤排队，平时较空，大店忙、小店闲，手艺高的技工缺乏，部分小店和流动摊贩还有过剩等现象。(4)在服务质量上，一般说技术水平仍比较低，服务比较草率，卫生条件很差，设备、用具等都很破旧，还有不少危险房屋需要修理。很多地区反映设备、器材和用料等补充困难，如浴室业有不少锅炉已超过使用年限，无法更换，有的不得不停止营业。此外，部分中小城市并店、撤店过多，有些经营制度也不便利顾客（如不准大车店卖草料、卖饭等），也影响了供应。

下半年是服务业的旺季，社会需要将有增加，

上述问题如不及时解决,势必影响正确处理和解决服务业同广大消费者的矛盾。

二、城市服务业和广大居民的日常生活密切关连。随着国家大规模经济建设的发展,人民群众对这方面的需要也正在日趋增长,因此必须相应地发展服务业,改善现有的服务事业。忽视对服务事业的统筹安排,将会引起群众的不满,但是如果要求过高,希望国家目前就大量投资于服务事业,也是不恰当的。必须坚决根据增产节约和勤俭办企业的原则,来改善当前服务业的状况。

首先是合理安排和使用现有的服务业。根据消费者的需要,妥善地安排营业时间,合理地组织劳动力,适当调整服务网。同时保养好旧有房屋尽量提高设备利用率,对已改作其他用途的原服务业用房(如旅店和澡堂等),经当地人民委员会批准后可收回一部分恢复营业。

其次,必需适当地发展新兴城市和工矿区的服务业。各地服务业的发展计划,今后应一概列入当地的统一规划,在地方计划、财政和建筑力量内作统一安排,在增设新企业时,一定要贯彻少花钱、多办事的原则,多建简易平房,逐步由小而大。不少地区前一时期盖大楼、讲排场和盲目追求高级化的倾向必须纠正。

第三、在服务业严重不足的地区,除由国家根据财力的可能投资兴建服务业外,主要是应该组织和利用多方面的力量来改善供需情况。如鼓励厂矿、企业等自办生活福利性的设施;组织家属洗衣;允许居民开设小店;组织从外地流入的服务业人员经营业务;并且在条件许可时,也可以集中群众闲置的资金,或与工厂等协商,动用一部分企业奖励基金兴办一些旅馆、理发店等福利性质的事业。服务业的从业人员,今后基本上依靠就地培训,只有少数技术较高的人员,在当地解决不了时,才从外地抽调,并已一般先在本省内调剂解决,省内解决不了时,再从外地调入。过去实行全国统一调配、企业全套搬家的办法,现在看来问题很多,不适宜普遍采用。

第四、服务行业应该保持一定的利润,以便改善和扩建新的企业。部分地区把服务业看成是一种纯福利性的事业,认为不应该有利润是不对的。应该了解,服务业的扩大和改善主要依靠本身的积累,否则从长期来看,对人民生活的改善是不利的。

服务业价格掌握的原则应该是:优质优价,分等论价,技术高的价高,技术低的价低,既要维持服务行业合理利润,也要照顾到消费者的利益和负担能力。目前服务业价格水平,一般可不动,但对突出不合理的部分(如价格低于成本,企业无法维持;或者大小店差距过小者),应该加以适当调整,以求逐步趋向合理。

第五、服务行业在经营上必须贯彻为消费者服务的思想,有步骤地在设备、技术、卫生、经营方式和服务态度等方面,不断提高服务质量。同时也注意保持和发扬私营店原有为群众喜爱的经营特点。对公私合营后所增添的各种手续制度,凡是不便利群众的,必须坚决纠正。借口开展增产节约而降低质量的现象必须防止。为了改善业务经营,还必须吸收消费者的合理意见。今后凡服务网的设置、营业手续制度的变更、服务项目的增减、营业时间和等级的订定,一般都应以便利消费者的需要为原则。

服务业的职工轻视本行业劳动的思想还很严重,因此,必须大力加强政治思想工作,使他们热爱服务事业,热心为消费者服务。

三、对以下几个问题的意见:

1. 管理范围:服务业的情况比较复杂,对他们的特点还需要作进一步的了解和研究。因此,目前各级服务部门的管理范围,主要应放在大、中城市和交通要道上城镇的旅店、照相、洗染、理发和浴室等5个行业,其余行业各地认为有必要管的,由当地人民委员会根据需要与可能的情况自行确定。

由于理发、浴室、洗染等服务业小户多,从业人员文化低,营业额小、季节性大和经营上要求分散灵活。因此在管理上不宜过于强调集中,市行政机构应当尽量精简,职权可以适当下放一些,各种制度要适应本行业的情况,力求简便易行,基层店一般应采取独立核算,条件较差的也要做到简易核算。

2. 服务业的社会主义改造:据10个城市的统计,5个行业中已经公私合营和共负盈亏的合作服务店的户数占总户数的30%,人数占总人数的70%(如包括分散经营自负盈亏的合作小组户数约占80%,人数约占90%)。目前应着重巩固已有的成果。为了巩固合作店和公私合营户,各级服务部门要对他们加强领导,帮助他们建立与健全必要的制度,改善经营管理,帮助他们合理地处理内部的分配问题。对单干户,要充分利用其分散经营便利群众的特点,对少数获得高利的过肥户,应适当限制其利润收入。对已经组织起来的服务业,因羡慕单干户而要求单干者,要加强思想教育,一般说服不要退出。

3. 工资制度:服务业主要是通过职工的劳动来为人民服务的,大、小店的情况又千差万别,为了鼓励工人的积极性,必须使职工的收入和企业经营的成果密切结合起来。因此服务业的工资制度一般以保留提成制(如在依靠手工操作的理发业和浴室的部分工种中)或采取固定工资加提成奖励(如旅店业等)为宜。目前有些地区国营店的工资制度从提成工资改为固定工资,结果是助长了工人"干不干二斤半"的思想,纷纷要求缩短工时,实行8小时制,对工作很不利。因此对原来私营店的某些合理的规定,不要轻率加以否定。至于那些过分不合理和已经影响到企业经营和职工积极性的,则在当地党政领导下,对职工进行充分的教育与说服后,即行适当调整。

职工的工时和公休制度,应该根据淡旺季的规律,企业规模大小和劳动保护等政策的要求来确定,不能不分情况地机械实行8小时工作制,有些行业(如旅店)劳动强度不大,可以保留较长的工时。具体时间由企业行政和工会组织协商后报当地人民委员会确定。对共负盈亏和自负盈亏的企业户,则均由企业和工会协商后决定。

(选自《工商行政通报》第103期,1957年11月19日)

七、天津市市场管理暂行办法

(天津市市场管理暂行办法,国务院已于1957年11月21日批复同意,并准于备案。)

第一章 总 则

第一条 为了巩固社会主义的统一市场,适当利用国家领导下的自由市场的补充作用,限制其不利于国计民生的消极作用,以支持工农业生产的发展和保证市场物价的继续稳定,根据国务院指示精神,特制订本办法。

第二条 无论本市或外地的国营、公私合营、私营工商业、手工业、小商小贩、机关、团体、部队、学校、农业合作社以及个人等,均应遵守本办法的各项规定。

第二章 国家统购统销物资的管理

第三条 粮食(包括甘薯)、油料、棉花为国家统购统销物资,国家向农业社和个体农民分派的统购任务,农业社和个体农民必须保证完成。统购统销工作由国家指定的单位负责办理,其他任何企业和个人一律不准采购和贩运。

第四条 凡属国家统购统销物资,本市一律不开放自由市场。流入本市之统购统销物资,均应由国家指定的单位,按照国家统购牌价,予以收购,严禁任何企业或个人进行交易。本市郊区所产的统购物资,农业社和个体农民在完成国家统购任务后,自己留用的部分如要出售时,也必须卖给国家,不准私自出售。郊区粮食品种的调剂,国家粮食部门应尽可能的协助解决,农业社亦可组织社员在本村内互相调剂。

第五条 粮食(包括粮食制品)、油料、棉花除自食自用外,一律不准携带出市。国家指定的检查单位如发现有携带出市者,可予扣留,并转工商行政部门进行处理。

第三章 国家统一收购物资的管理

第六条 烤烟、黄洋麻、苎麻、大麻、甘蔗、家蚕茧(包括土丝)、茶叶、土糖、土纸、楠竹、棕片、桐油、生漆、生猪、羊毛(绒)、牛皮及其他重要皮张、柑橘、苹果、核桃、核桃仁、杏仁、黑瓜子、白瓜子、栗子、木材、废铜、废锡、废钢、废铅、38种中药材等系属国务院规定的国家统一收购物资,本市一律不开放自由市场。遇有上述物资运入本市销售者,均应由国家指定的部门,按照国家收购牌价予以收购,严禁自行交易。

第七条 青麻、稻草、苇子、苇席、香蕉、大白菜、土豆、洋葱、汗萝卜等本市亦列为国家统一收购物资。本市农业生产社和农民所产上述物资,除留适当部分自用外,一律由国家委托国营商业或供销合作社统一收购,其他企业和个人均不得进行采购和贩运。外地运入的或农民自己留用的部分如要出售时,也必须卖给国家委托的收购单位,不得私自出售。

第八条 本市生产的10种主要海产经济鱼类及其腌干品,除渔民自食自用部分外,一律由国家指定的部门统一收购。外地运入本市的海产品需委托国营商业在国家指定的市场上代销。

第九条 本市生产和出口所需上述国家统一收购物资,均由业务主管部门,根据市场情况,按计划供应。

第十条 上列国家统一收购物资,除自食自用外,未经工商行政部门批准,一律不准贩运出市。本市铁路、公路、航运等公私运输部门承运上列物资时,业务主管部门应凭本单位证明办理托运,其他单位和个人非持有工商行政部门的准运证明不得承运。

第四章　对国家计划平衡商品的管理

第十一条　在工业品(包括手工业品)中凡属于全国计划平衡分配的商品(品种另行公布),均应由各指定的国营专业公司(站)统一向工业加工或收购。对上项商品各地经营单位只许通过系统内调拨调剂,一律不得向工业生产单位自行采购,更不能与无照厂店建立产销联系。

第十二条　外地采购单位到津采购上项商品时,应先到工商行政部门登记,然后到主管专业公司联系办理。本市铁路、公路、航运等公私运输部门承运全国计划平衡分配的商品时,业务主管部门应凭本单位证明办理托运,其他单位和个人非持有工商行政部门的准运证明,不得承运。

第五章　对国家领导下的自由市场物资的管理

第十三条　除本办法第二、三、四章规定的物资外,如鸡鸭蛋品、调味品及竹柳编器、竹木制品等以及非统一收购的水产品、蔬菜、中药材、干鲜果、杂皮等农副产品,均属国家领导下的自由市场的物资,允许持有自产自销证的农业社和农民自产自销,持有正式执照的商贩也可进行经营。

第十四条　属于上条所列物资均应通过货栈、交易所及农民贸易市场进行成交。成交价格一般的应由买卖双方自由议价,但对供不应求的物资,价格上涨过多,超过刺激生产的限度时,工商行政部门应采取议价和分配货源的办法,加以掌握,防止抬价抢购。

第十五条　上述开放自由市场的物资中,某些商品市场供应紧张,经市人民委员会批准得列入统一收购的物资,按照本办法第三章规定进行管理。

第六章　对小商小贩和外地采购的管理

第十六条　本市小商小贩应服从工商行政部门的行政领导和管理。按照规定的经营范围,从事业务经营,不得任意扩大经营范围,进行横线交易,倒买倒卖,哄抬价格,扰乱市场等投机违法活动。

第十七条　外地任何单位的采购人员来津采购商品时,必须持有领导机关的证明或介绍信,向本市工商行政部门进行登记,经批准方得进行采购。外地采购人员应受本市工商行政部门的领导与管理,并服从本市各项管理办法。

第十八条　外地采购人员只准在津采购属于国家领导下的自由市场的物资,并应通过本市有关货栈、交易所或农民贸易市场进行采购,严禁直接或间接向生产单位采购,或利用小商小贩在零售市场套购。如采购本市自产自销的工业品时亦应经过业务主管部门同意方准采购。

第七章　货栈交易所和农民市场的设置

第十九条　为了畅通物资交流,便利群众交易,并加强国家对自由市场的领导和管理,各主管部门应根据市场需要情况,设置综合性的或专业性的货栈、交易所及小型的农民市场。

第二十条　货栈、交易所与农民市场均系交易的集中场所和服务组织,其业务应以代客买卖,介绍成交,供给行情,代纳税款等为主。有条件的货栈可增加招待食宿、存栈转运等业务,但不得自营买卖业务。

第二十一条　本市各货栈、交易所和农民市场内,应设置标准度量衡器及其他必要设备,并配备一定数量的交易员,负责日常工作。各项费用的收取,应做到"服务周到,取费低廉"。

第二十二条　货栈、交易所和农民市场除要作好便利群众的交易工作外,应接受工商行政部门的领导,负有贯彻执行国家的市场管理办法,保证国家有关政策的执行,保障合法贸易,防止投机违法活动及解决市场上发生的交易纠纷问题等任务。

第八章　市场管理的组织领导和违法处理

第二十三条　为了加强市场的领导和管理,在市人民委员会领导下,由工商行政部门具体负责全市的市场管理工作。各区人民委员会亦应加强市场管理工作。

第二十四条　凡违犯本办法者,应视情节轻重,由工商行政部门给予警告、贬价收购、没收、罚款、停业、吊销执照等处分，情节严重者由司法机关处理。

第九章 附 则

第二十五条 本办法自公布之日起执行。市人民委员会及其所属有关单位以前颁发的各项市场管理规定，凡与本办法有抵触者，按本办法执行。

（选自《工商行政通报》第 105 期，1957 年 12 月 30 日）

八、中央工商行政管理局关于开展勤工俭学在市场上引起的一些问题的意见

最近，有些地区反映，有的学校在开展勤工俭学中经营商业或者从事服务业，在市场上引起了一些问题。例如：西安医学院与陕西省西安针织批发站签订合同，代销残次针织袜子、毛巾、围巾等数十种商品，在校内设供销社和设摊营业，并在课余时间到机关、团体、企业、街巷去推销，赚取 7%的手续费；有的甚至串街溜巷拉车卖菜，赚取批零差价；也有的将自已生产的鞋、袜、信封、笔记本等向外直接零售，或者开设自行车修理铺对外营业。青岛市的大、中、小学校有 80%都组织学生搞理发，价格由 5 分到 1 角，赚钱后学生与学校分成，有的已发展到半营业性质，招徕顾客或出去流动理发；此外他们还到校外收揽衣服洗，这些活动都影响了当地服务业的业务。

开展勤工俭学是在教学改革中体现教育与生产结合、体力劳动与脑力劳动结合、理论与实际结合的原则的一项根本措施。其主要目的是：使青年学生受到劳动锻炼，培养他们热爱劳动、热爱工农劳动人民的品质，同时在劳动中获得生产知识与生产技能，把青年培养成为共产主义的新人。所以说，开展勤工俭学主要是从政治上来着眼的，而不是单从经济上着眼，经济收入只能是勤工俭学的副产物，不能做为主要目的。因此，我们认为，开展勤工俭学：(1)不宜从事以营利为目的的商业活动；(2)可以允许从事服务业活动，但不能对外营业；(3)从事工农业生产劳动，如果需要在市场采购原料和销售产品时，应当遵守当地市场管理的有关规定，有关产、供、销的问题，要服从当地市场的统一安排。各地市场管理部门如果遇到这个问题，可以请示当地党委和人委，并联系教育行政部门共同研究解决。

（选自《工商行政通报》第 116 期，1958 年 5 月 21 日）

九、西安市人委批转市工商局《关于目前民办工业违犯市场管理问题和处理意见的报告》

本市民办工业正在蓬勃发展，群众大办工业的积极性正在高涨，这种情况是很好的，应该继续给予合理支持和发扬，但必须注意，在群众积极行动起来的情况下，应当重视服从国家计划和市场管理的制度，更应该严格制止只从民办工业着想，不顾全局，不顾大工业，而在市场抬价抢购国家统购和统一收购物资，致发生民办工业和国家工业争夺原料的现象，市工商行政管理局关于本市目前民办工业违犯市场管理问题和处理意见的报告，本会同意，现随文转发，希即研究贯彻执行。另外，根据当前本市冶金工业和机械工业所需原料的紧张情况，为了防止街巷工业和一些大中型的厂社争原料的现象继续发生，街巷工业应不再兴办以钢铁为原料的金属制造或加工工业，已经办起来的这类厂子，而原料无法解决，生产很不正常的，可改作其他生产或将劳动力转入同类型的大中厂社与这些厂社合并，今后街巷工业的发展方向，应是大量的发展为现有大中型的厂社加工的形式，这种形式既可解决民办工业的原料供给，产品销路问题，也可解决现有大中厂的劳动力不足问题，使街巷工业和现有大中厂社的产，供、销方面结合起来，而不是相矛盾，望各区在整顿与巩固街巷工业工作中，对此问题一并加以研究执行。

附：关于目前民办工业违犯市场管理问题和处理意见的报告（摘要）

目前本市民办工业、民办商店正在飞跃发展，根据约略统计，截至目前为止，仅新城、碑林两区组织起来的民办工厂，生产合作组、社就有 2000 多个，参加的成员主要是吸收街巷居民，还有部分有

证小商小贩,及个别行商等,他们的业务活动主要是手工金属制品修理,废品加工,还有商业性质的杂货百货商店。对促进社会主义建设事业的发展,补足人民生活的需要等方面都起着一定的积极作用。但也出现了一些新问题,据市废品商店反映,有部分民办工厂,生产合作组、社私自在市场上收买钢、铁、杂铜、铝、锡、废橡胶等国家统一收购物资,违犯市场管理,破坏国家经济秩序,如新城区东二路废品加工生产合作社,于8月9日非经允许就去南郊工业大学以每斤1.5角(牌价1角)高出国营收购牌价50%,抢购废铁700余斤。东新市场购销加工有色金属冶炼生产合作社,以每斤1.90元超出国家收购牌价135%,收购废锡。东一路废品加工组以每斤0.04元,高出国家收购牌价300%收购铁刨屑。安民里交通器材加工社,在石油勘察队以每条80元收买汽车轮胎30条,高出国营牌价30%左右。由于他们非法经营,造成目前废品市场极为混乱,严重地影响国家对废铜、铅、锡、铁、橡胶等物资的收购与管理工作。如,自8月4日市人委指示由市商业局8月份在本市收购废钢、铁5万吨后,但截至8月19日只完成收购任务的8.62%,时间过了大半而任务还差得很远。

这些问题的产生,除因原料缺乏,不能适应新的生产力发展需要外,其主要原因由于:

一、少部分国家机关单位对市场管理政策精神认识不够,片面地从民办工业的需要着想,不考虑或少考虑国家的需要,个别人竟认为“你们(指废品商店)能统一收购的物资,别人为什么不能经营呢?”甚至将贯彻国务院1957年8月9日关于一、二类物资统一由国家收购的命令认为是守旧……不少民办工厂、生产合作组、社趁机收购倒贩国家统一收购物资,严重地影响国家对一、二类物资的收购和破坏市场秩序。

二、部分较大的旧货业户在民办工业高潮时转为民办工业,形式上挂着民办工业招牌,但内容未变,仍然继续进行自购自销废品活动,混淆工商界线,借民办工业牌子,不遵守国家政策法令,大肆进行投机活动。其中不少是属于资本主义性质的企业,抽逃资金一变而为民办工业,或者给民办工业投少量资金,进行工商兼营,企图逃避改造。而民办工业因需要资金,对申请加入者一律欢迎,办事处亦不审查即批准。

三、工商管理单位对新兴的民办工业、商业、如何进行管理与辅导,思想上不明确,致使问题发生后,感到束手束脚,难以下手,无形中放弃了自己的职责。

根据1957年8月9日“国务院关于由国家计划收购和统一收购的农产品和其他物资不准进入自由市场的规定”精神,结合本市目前市场的具体情况提出管理意见如下:

一、统一各单位的思想认识,建议市区党政领导,进一步强调贯彻执行市场管理的政策法令的重要意义,指示有关方面加强国家统购和统一收购物资管理的领导,对于国家规定的收购和统一收购的物资,仍应坚决贯彻国务院1957年8月9日的指示精神,和西安市市场管理暂行办法第三条的规定。凡目前本市各生产单位,企业或个人私自进行收购的一、二类物资,应由市废品商店按照国家规定牌价进行收购,并讲清今后再不能投机违法私自收购的道理,对个别违法情节严重,性质恶劣的,亦可考虑采取没收存货、罚款,或给予其他处分。

今后本市各生产单位,需要的国家统购和统一收购物资,应申请有关部门(市计委)统一研究调拨解决。

二、各区应加强对民办工业的管理与领导,既要防止他们的投机行为,又要发挥他们对社会建设事业所起的积极作用。在整个民办工业中,如发现有抬价、抢购、倒贩国家一、二类物资行为,应通过具体事例对民办工业人员进行政策教育,切实遵守国家法令,克服本位主义和资本主义经营思想。

三、对企图逃避社会主义改造,抽逃资金,混入民办工业中的资本主义性质企业,应严格审查区别对待,对资本主义户应按国家政策,从经济上、政治上加以改造,其中有些原属商业方面的资本主义户,是否转回商业局改造,由各区党政领导根据具体情况研究决定。

四、废旧业参加工业后大多冠以“废品收购加工组、社”等名称,他们借此投机抢购一、二类物资,因此建议各区改变这类名称,以“成品”命名。即生产或修理什么产品,就叫什么组、社,应该名副其实,眉目清晰。对他们的原料的供应,成品销售都应由有关方面统一安排。在目前工业大发展原料供应紧张的情况下,对工业原料和某些产品的生产应严加控制,维持市场秩序,保证国家急需,力争把重要物资用到急需要的方面去。市商业局领导的废品商店应迅速克服目前废品收购和处理方面的混乱现象，通过自购委托的方法统一收购废品，收回之废品应分类排队分别处理。对于国家统一收购的一、二类物资和各种旧机械及国家工业急需的物资，应随时报请领导上通过计划调拨折价处理，不应擅自出售以达到支援工业生产的目的。对于国家统购和急需的物资，本着积极支持辅导民办工业的精神，对废品加工生产的厂、社应有计划分配给他们所需原料，克服自收自用和分配不合理的现象。

（选自《工商行政通报》第129期，1958年11月8日）

十、郑州市人民委员会关于批转市场管理委员会当前市场情况及今后管理意见报告的通知

（1958年11月15日）

本会基本同意市场管理委员会《关于当前市场情况变化及今后管理意见的报告》。从报告反映的情况可以看出，随着以钢铁为中心的工农业生产的飞跃发展和全市公社化的迅速实现，不仅使市场经济出现了空前繁荣景象，同时，也给商业市场带来了许多新的变化。这些变化大都是跃进形势的必然结果，是有利于工农业生产进一步发展，有利于公社化进一步巩固的，我们必须给以应有的珍视并继续促其发展。但是，对于那些不顾国家政策，在市场上乱抓商品以及趁机抬价的现象，则必须加以行政管理，有些人认为"公社化后市场管理不要了"的右倾思想应引起警惕，并随时加以批判。现将市场管理委员会原报告随文印发，希各局区（社）及有关单位认真研究贯彻执行。

附：郑州市市场管理委员会关于当前市场情况变化及今后管理意见的报告（摘要）

全民公社化，生产力大解放，农业大丰收和群众性的大办钢铁，大办工业等大跃进的形势，给市场带来了一片繁荣的景象。社会商品零售总额，逐月增涨，8月份较9月份上升5.5%，10月份又较9月份上升23.37%，较8月份上升30.1%。伴随着处处炉群，遍地火花和已经开始的"组织军事化，行动战斗化，生活集体化"的生产、生活方式的出现，加之近来供给制的重点试行及广泛酝酿，影响到市场经济动态的新变化，提出了新的问题。

（一）市场情况出现了三多六少。销货对象是集体购买的多了，个人购买的少了。国棉三厂蔬菜门市部7月份销货额17275元，集体购买占30.7%，个人购买占69.3%，10月份销货额34724元，集体购买占80.4%，个人购买占19.6%。交易数量是大宗的多了，小宗的少了。花园路土产杂货门市部，5月上旬370起的交易，营业额2872元，9月上旬5687元的营业额，只做了18宗交易。买的多卖的少，全市采购登记8月份800余起，10月份增加到1400起。推销登记9月份只两起，10月份一起也没有。另外农民贸易减少，去年的现在农民到市区内卖菜、卖柿、卖枣的每天不下800人~1000人，现在基本没有了；随着农民贸易的减少，农民集散的市场的营业也减少了，南北菜市由过去拥挤不堪，现在闲了半条街；行店的营业额大大减少，如予兴隆药行1957年9月成交额14.8万元，今年9月成交额1.5万元。

（二）商品销售是两紧两正常，一个大变化。（1）大商品紧张，小商品正常，7月份大笼、大锅没有销什么，10月份大笼销了3024格，大锅销了310口。小锅7月份销4168口，10月份销479口，小笼7月份销877格，10月份就没有销。（2）高级消费品紧张，一般消费品正常。呢绒8月份销1498公尺，9月份销3991公尺，10月份销8692公尺。手表8月份销427支，9月份销739支，10月份由于货源不足，仅销335支，月终库存只剩26支。牙膏9月份销6400盒，10月份销7391盒，毛巾9月份销1.4万打，10月份销1.5万打，增涨不多，是正常上升。所谓一大变化是产品的商品化变化很大。据了解郊区人民公社，对铁钯、铁叉、木锨、木耧等小型农具基本上是自制自用，不再向市场采购，产品的商品化缩小了。另一方面产品生产也有扩大。如妇女参加劳动后，鞋袜的自制自用减少，买着穿的人增多了，8月份共销售鞋子1.5万双，9月份销量上升到27815双，10月份又升到3.2万双。

（三）外地采购人员非法套购，自由市场上的小商品漫天要价。根据9月20日到10月10日的统计，施展多种手段套购工业器材和交通器材等物资的就有36起，有的冒充本市厂矿，如商邱铁工厂采

购员马仁玺冒充本市第二技工学校的名义,在福兴五金店套购铁壳开关2个(本市仅存8个)。不少小宗商品价格上涨,煤土过去每车一般是6角、8角,最多1元,现在最低1元5角,最高2元。土碱泥过去市内价格每斤3分,现在东郊取货每斤2角2分送到市内则要2角5分。其他如旧手表,价格一般上升30%;牛奶规定价每斤3角1分,有的则卖3角5分。

以上情况大部分是正常的,也是合理的。例如蔬菜、大枣、瓜子等农副产品,过去国家公司要和分散的农民或农业社打交道,有些要通过行店代购,有些直接卖给消费者;现在郊区五个公社(还正在变),国家和公社接洽,事情好办了,几天或几个小时内,就可以完成一宗商品的收购任务。从商品流转上讲,国营公司与公社直接打交道,减少了环节、降低了费用、节约了劳动力,控制了物资,保证了供应,这是有利于社会主义建设的。另如大宗交易多了,小宗交易少了,生产资料供应紧张,大件商品供应不足的情况,正是大生产大跃进、生活方式大改变后的正常现象与必然趋势。

但是从市场交易的情况来看,也有两种思想和两条道路的斗争。如高级消费品手表、呢绒的销量大增,银行的存款大量支取,国棉一厂储蓄所10月16日一天,定期储蓄提取了30笔,其中22笔是不到期提前支取的,最多的一笔提取了2000元。这些情况说明,少数干部对实行供给制还有一定的错误认识。部分单位不顾国家政策,不管别人需要,只顾自己方便,抬价、套购,影响市场的正常秩序。

为此,在市场管理上,还必须提高警惕,克服麻痹,批判"全民公社化后市场管理不要了"的消极思想;进一步加强全体职工与广大群众的共产主义教育,提高他们的政治觉悟,树立共产主义风格;相应地调整市场管理组织,集中力量做好购销管理,有效地打击残存的小商品经济的自发势力和残余的资本主义经营作风。本着教育为主、处罚为辅的精神,进行管理。

(一)加强地区间购销的统一管理,确保钢铁生产与河网化的物资不受袭击,维护正常的物资交流,凡外来购销人员应由市场管理委员会结合信托服务部进行统一登记,以便统一管理。并通知本市各机关、企业等单位,一律不得为外地采购单位开具为本市采购的证明。各业务单位,推销一、二类物资及部管统配物资以及供应紧张的商品时,对本市单位应凭采购单位的证明供应,对外市单位应凭本市市管会证明才准采购。

(二)小商小贩参加人民公社后,已成为人民公社的社员,各人民公社必须根据他们既是劳动者也是私有者的特点,加强政治思想教育,特别是共产主义教育,以提高其共产主义觉悟。在业务上要加强领导,加强监督,防止资本主义的自发势力在人民公社内部蔓延,防止一切投机经营活动在人民公社内发生。

(三)加强对小宗商品的市场检查,对生活必需供应不足的小宗商品,要加强价格管理,不准随意涨价。对一切紧张商品的代用品,要根据其使用效果和可以刺激生产的精神,进行价格管理和质量管理。

(四)由于小商小贩参加人民公社为社员,农民市场的缩小,农民贸易的减少,原建立的碧河岗、南北菜市、益民市场、行政区等重点的市场管理委员会可以撤销,但区(公社)市场管理委员会必须同时加强领导,把这些工作直接抓起来。

(五)在目前的共产主义教育运动中,要提高广大职工对供给制的正确认识,以防止出现人为的市场紧张局面。

(选自《工商行政通报》第130期,1958年12月10日)

十一、中央商业部、中央工商行政管理局转发黑龙江省商业厅关于在哈尔滨市道外区整顿市场工作情况的报告

(1958年12月12日)

现在将黑龙江省商业厅关于在哈尔滨市道外区整顿市场工作情况的报告转发给你们。我们同意他们的意见(报告略有删改)。这个报告中反映的问题,值得各地重视。它说明在我国基本实现人民公社化以后,仍然需要继续加强对市场的领导和管理;同时也说明小商贩、手工业者以及资产阶级分子和其他分子的根本改造是一项长期的、艰巨的、复杂的任务,因此,在他们参加人民公社和民办工业以后,要继续加强对他们的政治思想工作。那种认为在人民公社化以后,资本主义

自发倾向和投机违法行为已经不会在市场上出现，从而可以放松市场管理和对私改造的想法，都是错误的。各地市场管理部门，应在当地开展社会主义教育和共产主义教育的同时，对市场进行一次必要的检查和整顿，既要保证国家计划的贯彻执行，又要使小土产、小百货和某些副食品能够有组织地进行交流，以便更好地为促进工农业生产的大跃进服务。

附:黑龙江省商业厅关于呈报在哈尔滨市道外区整顿市场工作初步情况的报告

(1958 年 11 月 19 日)

现将关于在哈尔滨市道外区整顿市场工作初步情况的报告报送给你们。目前由于生产资料供应不足,有些坏分子和资产阶级分子钻进民办工业,进行投机违法活动,资本主义自发势力又有抬头。另一方面某些单位以片面的任务观点,不择手段达到采购的目的,违反市场管理规定的现象也有所增加。这种情况不仅在哈尔滨,也是我省其他城市的普遍现象,县城以下的市场上也有不同程度的存在着。请中央工商行政管理局和商业部采取适当措施,制止各地某些采购人员乱采购的现象。

关于在哈尔滨市道外区整顿市场工作情况的报告

为了使市场工作适应工农业生产大发展和人民公社化的新形势需要,我们配合哈尔滨市人委组织联合工作组,以民办工业为重点,在道外区检查了当前市场情况,并在全区范围内进行了整顿工作。现将检查当中发现的主要问题和整顿工作意见,报告如下:

工农业生产大发展和人民公社化高潮的到来,给市场带来很大变化。从道外区市场看,市场变化的主要特点是:一方面由于私人所有制残余进一步被消灭,生产劳动进一步集体化,因而以国营商业开展的大购大销,大宗的集体交易成为市场购销活动的主体,商品流通中的计划性大大增强,有组织有计划的市场空前扩大;另一方面,市场上生产资料供应紧张,行政管理工作也存在缺点,自发的资本主义倾向和市场上的投机违法活动又有滋长,两条道路的斗争仍很尖锐。当前市场上的主要问题是:

一、仍存在着尖锐的阶级矛盾,有的甚至是敌我矛盾。五类分子和资产阶级分子在工农业生产大发展的新形势下,乘生产资料供应紧张之机,大肆进行投机倒把,贪污盗窃国家财产,破坏市场,破坏生产和国家计划,通过市场进行各种危害社会主义的活动。当前这种矛盾突出地反映在某些民办工业上,他们利用民办工业高潮的时机,钻进社会主义内部,进行破坏活动,其危害性甚至比过去从外部进攻更为严重。表现在:

第一,一部分民办工业被坏分子窃取领导,操纵经营,成为商业投机和各种违法活动的据点。道外区混进民办工业的地、富、反、坏、右和刑事犯约有 460 人(不包括资产阶级分子),占其从业人员总数 14600 人的 3.14%,窃取车间主任以上领导职位的有 320 人,则占此类分子总人数的 75.6%,全区民办工业(包括区街办工业)共有 658 个,其中 45.5%(280 个厂)的厂子被上述分子窃取领导操纵经营。他们以"地方国营"、"区街办工业"、"社会福利"等社会主义外衣掩护非法活动,假借工业,采取明工暗商和亦工亦商的办法进行商业投机。

第二,套用国家资金和利用社会主义企业来损公利己,破坏国计民生。上述坏分子和资产阶级分子,利用民办工业,在代购或修配的幌子下,与各地国家企业部门的采购人员签订空头买卖合同,以预付货款为名,骗取国家资金,尚未返回的约有 190 多万元。建东汽车修配厂一方面与湖北、浙江、河北省等关内各地商业部门私自签订拖拉机、发电机、汽车、电动机、农业机械、耐火砖等物资的卖空合同 7 起,先后骗取预付款 320350 元,现在仍占用 20 多万元;另方面与哈市工业器材公司采购员张鸣、张林凤(女)等人勾结,以预付包销货款为名骗取资金 16 万多元,共骗取国家资金 48 万多元。商业投机所获暴利的分赃办法有二:一是二马分肥。即一部分利润公开下账交予企业,作为挡箭牌,而另一部分则暗地分赃;二是虚假积累,分赃利润。另外还采取支出高薪和额外差旅费等方法。总之,他们现在的投机活动是利用社会主义来反抗社会主义,这就是与过去活动方法不同的特点。

第三,严重扰乱市场物价。由于商业投机采取明工暗商或亦工亦商的办法,既玩弄技术虚报修配费用,偷工减料,又附加非法商业利润,从两头揩油。他们投机的物资多是生产发展所必需,又是市场供应不足的生产资料和基建器材,因此苛价暴利极为严重。如崇俭街汽车修配厂仅倒卖5台内燃机获利达30600元,其中以800元收买的万国牌内燃机略加修理后以1万元出卖。胜利街自行车压胎厂以每台200元收买的旧手推车492台,不仅以320元—330元出售,而且从每副车轮滚珠的24粒珠子中拿出12粒珠子。建东汽车修配厂每斤以35元收买的瓷钢以85元卖给南岗区华侨机械厂,华侨机械厂又以每斤90元卖给吉林省商业部门。建东厂还以每台2750元套买飞机头2台,企图以每台40万元卖给湖北省商业部门(检查中被揭发未能成交)。另外,一部分工厂还采取以货易货办法,如胜利街金属制造厂用这种手段在4个月当中获利达15万元。上述不法分子的非法活动,范围广,牵线多,不仅在内部组成投机集团,而且与内外各地混进社会主义企业内部的坏分子和地下黑商形成了走私集团。

第四,利用民办工业财政制度尚不健全的机会,故意混乱财政手续,大肆进行贪污盗窃,用白条子报账虚报价格和涂改单据现象普遍盛行,盗卖库存物资也相当严重。建东汽车修配厂两个采购员的一笔贪污额巨达14934元之多,该厂9名行政管理人员中已发现贪污盗卖分子7名,其他不少民办工业也有贪污情况。

第五,为了蒙蔽和取消群众监督,进行政治欺骗和压制民主。建东汽车修配厂厂长赵桐林冒充1932年参加革命的老干部,李砚田冒充共产党员和曾任哈市公安局刑警科长,骗取工人和外来采购人员的盲目信任和崇拜。这两个人任意指定该厂的团员小组长,并指派流氓分子李春山经常参加团员会议,甚至主持会议。团员经赵桐林批准方得参加上级团委召开的会议和其他团内活动;工人非经赵的批准不准向上级机关或任何国家干部反映厂内情况,工人必须无条件地服从赵的领导,否则,视为违抗党和国家的领导。这些非法纪律称之为"工厂军事化",并自称为是由党和国家委派的,代表党和国家的领导。

二、整体和局部之间的矛盾,大公和小公之间的矛盾。目前在市场上突出地表现在外来采购人员违反国家政策和市场管理规定,滥行抬价抢购。某些部门任务紧,需要急,采购人员存在片面任务观点,不择手段用种种方式达到购买的目的,地区、单位之间互相争购,侵犯整体和大局利益的现象相当严重。目前常驻哈尔滨市的各地采购人员1718人,加上流动采购人员,每天平均有2500人左右。常驻人员来自21个省,两个自治区,60个市,135个县。除青海、西藏、海南岛外,各地都派来采购人员驻在哈市。这些人员从今年3月至9月从哈市运出的各种物资,约有2500吨,其中主要是农业机械、动力及其他机电器材、车辆、五金、水暖器材和建筑材料等物资。哈市对这些物资的铁路运输实行管理办法以后,他们就由公路运输到郡县车站,再由铁路托运。其采购手段,多数是依托民办工业和合营、合作商店,以高价代购;其次是在市场上抬价抢购;一部分是向国家零售部门购买;少数人还深入居民区直接索买闲散在群众中的物资。这些情况,一方面不利于市场稳定,另一方面,也使不法分子有机可乘,并且被他们诱骗,使国家受到了不应有的损失。

三、市场管理松弛。有些干部在思想认识上产生了新的右倾情绪,认为人民公社化以后市场上的矛盾已完全转化为社会主义内部的矛盾。对残余资本主义自发势力和市场投机违法活动目前又有滋长的情况认识不足,形成对坏分子和资产阶级分子利用民办工业进行的猖狂活动,熟视无睹,置之不理。少数基层干部认为"白手起家打家底子,难免投机",放任他们的非法行为。有的国家机关怕挫伤民办工业的积极性,盲目给他们开介绍信,使之利用国家名义,到处撞骗,营私舞弊,明目张胆进行投机违法活动。由于不法分子的活动披着社会主义外衣,加之我们向群众没有及时揭发和教育,因此,使群众分不清是非,放松了群众管理市场和群众性的反投机违法斗争。

根据上述情况,我们认为:为了维护市场的正常秩序,进一步为工农业生产和人民公社服务,当前要全面深入地,以民办工业为中心,进行一次整顿市场,打击不法分子和投机违法活动,以保证国家购销计划的贯彻和民办工业的健康发展。我们准备在下一步工作中采取以下措施:

1.在全区范围内的民办工业和古铁、五金、橡胶、旧物等行业的合营、合作商店及小商贩中发动群众,开展大鸣大放大辩论,以整风的方法,开展群众性的反投机违法活动。通过这次运动要基本上达到:四无(无投机倒把,无黑工黑商,无贪污盗窃,无走私漏税),一不乱(不乱采购),四协作(工农协作,城乡协作,地区协作,部门协作),四服务(为生产服务,为消费服务,为人民公社化服务,为扩大社会主义购销服务)的市场。在政治思想上要辨明是非,拔白旗插红旗。首先要着重解决民办工业的领导权问题。五类坏分子,只允许参加劳动,不得窃取领导;进步的资产阶级分子,可安排适当的领导职务。同时端正民办工业的发展方向和合营、合作商店的经营思想和作风。根据有利于发展生产的原则,对现有的民办工业分类排队,将一部分组织转业,民办工业一律不准进行商业活动,除了市场影响不大的生活用品可自销外,其他主要物资不得自销,一律要通过商业部门销售。

2.严格取缔各种投机违法行为。对严重违法乱纪分子已依法逮捕了几个,并有计划地依法惩处一批,以此大张旗鼓进行教育。

3.对外来采购人员,进行教育和管理。召集常驻哈市的全体外来采购人员大会,进行政策教育,并宣布他们应遵守的管理制度和办法。建议市商业局,指定一个部门负责对外采购人员的登记,统一安排住宿、管理购销活动等工作。建议银行部门,建立对外来采购人员的货款管理制度,凡未经过商业局指定之管理部门准许的货款,不予支付。在实行统一安排住宿以后,由市商业局负责,定期组织政策学习。

4.在交易市场、街道、民办工业及合营、合作商店中,建立群众监督岗,依靠群众管理市场,制止投机违法行为。

5.对各类机器、五金、交电器材,除国、合营企业和规定经营这类物资的合作商店外,其他任何企业、机关、商店和私人均不得从事贩卖、收购、寄售、居间介绍等商业行为,对于私人存放的闲散的机器设备,应进行登记管理。

6.对残存未改造的私营工、商业户,进行全面改造,消灭单干户,使其为工农业生产和扩大社会主义的购销服务,并对现有的合营、合作商店,具备条件的过渡为国营的一部分,或改造高级合作商店一部分。

(选自《工商行政通报》第131-132期,1958年12月31日)

十二、国务院批转商业部、粮食部、对外贸易部、卫生部、水产部、轻工业部关于商品分级管理办法的报告的通知

(1959年2月12日)

各省、自治区、直辖市人民委员会:

国务院同意商业部、粮食部、对外贸易部、卫生部、水产部、轻工业部《关于商品分级管理办法的报告》。

国务院认为,把商品分为三类进行管理是适当的。各省、市、自治区管理商品的机构,应该尽可能同中央主管商品的部门对口。如果上下不能对口时,下级部门应该服从中央主管部门的管理。

现将这个报告转给你们,希即参照执行。

附:关于商品分级管理办法的报告

在中共中央1月25日召开的省、市委书记会议上,李富春、李先念、薄一波三同志作了《关于市场情况和轻工业生产问题的报告》。在这个报告中提出了"要在商业体制方面贯彻全国一盘棋的原则,全国商品应当分为三类"进行管理的意见。我们根据这个报告的精神,草拟了对各类商品管理的具体办法和目录。现在报告如下:

第一类:这一类商品系指关系国计民生十分重大的商品,所有收购、销售、调拨、进口、出口、库存等指标,均由国务院集中管理。

粮食部主管的粮食和食用植物油仍照现行的管理办法不变。

这类商品共计38种。

第二类:这一类商品系指一部分生产集中,供应面宽,或生产分散,需要保证重点地区供应,或出口需要的重要商品。这类商品由国务院确定商品政策,统一平衡安排,实行差额调拨(包括出口)。但是有些商品,除管理差额调拨外,还需要管理其他个别指标,管理哪些具体指标,由各主管部自行下达;有些商品,国务院只管主要产区和供应区的调拨,具体管理的地区,亦由各主管部规定自行下达。

这类商品共计293种,除黄洋麻、茶叶、生猪、牛肉、羊肉、禽、蛋、毛竹、机制纸、呢绒、鞋、青霉素、油制青霉素、链霉素、力车外胎、自行车、卷烟、化学肥料,化学农药等20种商品由国务院管理外,其余商品拟请国务院授权主管部管理。

第三类:除了一、二类所列商品和统配部管物资以及另有明文规定的某些商品外,其余都属于这一类。这类商品品种繁多,变动性大,拟分别不同情况,采取不同的管理办法。商业部和卫生部系统主管的商品中,有些品种由主管部结合有关部召开专

业会议平衡安排,在会议上将商品政策和具体商品品种统一安排后,供需双方签订合同,按照合同执行。

对外贸易部主管的商品中,有些品种在商得地方同意后,实行差额调拨。

为了便于综合平衡,以上一、二、三类商品,省、区、市应按照具体商品品种向主管部提供生产、收购、销售、调拨、进出口、库存等全面资料。

以上请国务院审查,如同意,请批转各地遵照执行。

商品分级管理目录

第一类:中央集中管理的重大商品38种。

粮食部经营的商品:

粮食、食用植物油(包括油料);

商业部经营的商品:

棉花(应分列出:棉短绒)、棉纱、棉布、烤烟、食糖、汽油(应分列出:#120溶剂汽油、#200溶剂汽油)、煤油、柴油(应分列出:轻柴油)、燃料油、润滑油(应分列出:车用机油、柴油机油、机械油,透平油、变压器油)、润滑脂、杂铜;

对外贸易部经营的商品:

牛皮(应分列出:黄牛皮、水牛皮、牦牛皮、牛犊皮)、羊皮(应分列出:山羊皮、绵羊皮、羔皮、猾皮、小湖羊皮)、羊毛(应分列出:绵羊毛、山羊毛)、羊绒、猪鬃、肠衣(应分列山:猪肠衣、绵羊肠衣、山羊肠衣、牛肠衣)、羽毛、地毯(应分列出:男工地毯、女工地毯)、蚕茧(包括桑蚕茧、柞蚕茧、蓖麻茧、废茧)、蚕丝(包括厂丝、土丝、柞蚕丝、绢丝、废丝)、绸缎、人造纤维(包括人造丝、人造棉、合成纤维);

水银、硃砂、硫化汞、锑品(应分列出:纯锑、氧化锑、硫化锑)、钨砂、钢砂;

轻工业部经营的商品:

食盐;

卫生部经营的商品:

园参、黄连、甘草、党参、鹿茸。

第二类:中央实行差额调拨的商品共293种。

商业部经营的商品:

黄麻、大麻、苎麻、茴麻、胡麻、龙舌兰麻、罗布麻、棉杆皮;

耕畜、活猪、冻猪肉、腊肉、猪油、肉制品、菜牛、菜羊、冻牛肉、冻羊肉、家禽、冻家禽、鲜蛋、冰蛋、干蛋、湿蛋、罐头;

卷烟、酒类(应分列出:啤酒、八大名酒)、奶粉、奶油、炼乳;

铁丝、元钉、电焊条、机罗丝、木罗丝、合页、锉刀、活搬手、钢锯条、钢丝钳、马铁零件、铜零件、平型胶带、自行车、力车外胎、力车内胎、汽车配件(42种)、收音机、电子管、花线、胶质线、电灯泡、低压灯泡、日光灯管、镇流器、胶木制品、黑胶布、黄腊布带、聚氯乙烯、电木粉、氯酸钾、石蜡、锰粉、硫化元、硫化蓝、硫化碱、士林蓝RSN、凡拉明蓝盐B、喷漆、(注:商业部经营的化工染料商品如何同化工部经营的化工染料商品进行分工,尚需进一步研究确定,故品种列的较少。)化学肥料(应分列出:氮肥、磷肥、钾肥)、化学农药(应分列出:666原粉、DDT原粉、赛力散、硫酸铜、1605、1059、敌百虫、鱼藤精);

毛巾、袜子、汗衫、背心、棉毛衫裤、卫生衫裤、床单、木纱团、棉毯、呢绒、毛毯、毛线、皮鞋、胶鞋(应分列出:全胶鞋)、火柴、肥皂、香皂、牙膏、暖水瓶、缝纫机、钢精锅、搪瓷口杯、搪瓷面盆、手表、钟、手电筒、手电池、机制纸(应分列出:版纸)、金笔、钢笔、铅笔、照相机、印相纸、胶片、胶卷,篮排足球;

青霉素、油制青霉素、链霉素、合(氯)霉素丸、金霉素粉、磺胺、噻唑片、磺胺咪片、复方阿斯匹林、磺胺嘧啶、氨基匹林、人用注射器、人用注射针头、人用体温计、兽用金属注射器;

茶叶(应分列出:红茶、绿茶、花茶、紧压茶、乌龙茶)、咖啡;

毛竹、棕片、生漆、五棓子、松香、明矾、硫磺、松节油、芳香油(应分列出:薄荷原油、樟脑原油、芳樟油、天然黄樟油、藿香油、香茅油、枫茅油、山苍子油、桂油、茴油、留兰香油、橘子油、废锡铅、废铝、废锌、废棉、破布、破鞋底、废麻及麻制品、废橡胶、苇席、草席、烤胶、野生纤维、野生淀粉、野生油料、野生烤胶、龙须草、蜂蜜、蜂蜡、土碱、土纸、雨伞、陶瓷器;

苹果、柑橘、梨、香焦、菠萝、甜杏仁、苦杏仁、核桃仁、核桃、乌枣、红枣、桂元干、桂元肉、荔枝干、栗子、莲子、黄花、榨菜、味精、粉丝、八角、木耳、笋干、玉兰片、冬笋、花椒、鲜姜、萝卜、大蒜、土豆、大白菜、洋葱、大葱;

粮食部经营的商品:

桐油、蓖麻油、柏油、木油、漆油、梓油;

对外贸易部经营的商品:

兔毛、驼毛、杂毛(包括活畜抓毛、加工下脚毛)、马尾(包括马鬃)、黄狼皮(包括元皮)、兔皮(应分列出:家兔皮、草兔皮、改良种兔皮)、猪皮、旱獭皮、獾皮、麂皮、马驹皮、香鼠皮、灰鼠皮、艾虎皮、杂皮;

熔炼石英、锑砂、石墨(包括鳞牛石墨、结晶石

墨、无定型石墨)、软锰砂(包括软锰粉)、滑石(包括滑石块、滑石粉);

水产部经营的商品:

海带、紫菜、冻粉、鱼翅、鱼肚、海参、干贝、海米、大黄鱼、小黄鱼、带鱼、墨鱼、对虾、虾皮、鱿鱼、青鱼、草鱼、鲢鱼、鳙鱼、鲤鱼;

卫生部经营的商品:

当归、川芎、生地、白术、大黄、白芍、茯苓、麦冬、黄芪、贝母、枸杞、泽泻、银花、枣仁、山药、附子、麝香、牛黄、三七、全虫、枳壳、槟榔、芋肉、红花、菊花、牛夕、白芷、玉金、君子、云木香、元胡、玄参、北沙参、吴芋、天麻、细辛、五味子、陈皮、厚朴、黄柏、杜仲、牛夏、冬花、枝子、木瓜、巴豆、益智仁、蛤蚧、姜蚕、大力子、霍香、蜈蚣、马前子、大芸、虎骨、龙骨、猪苓、川练子、黄芩、沙仁。

(选自《工商行政通报》第136期,1959年2月28日)

十三、武汉市工商管理局关于物价检查情况和处理意见的报告

(这个报告已经武汉市人民委员会批准执行,现摘要刊载,供各地参考。)

(一)建立与健全各级物价机构

成立"武汉市物价委员会",在市委、市人委领导下,负责全市物价管理工作。除了工厂的出厂价仍归市计委管理外,其余则由委员会的办公室具体管理。市工商局作为委员会的办事机构,将工商局现有的物价科扩大,成为委员会的办公室。办公室下设工业、商业、农业、综合四个组,掌管物价的日常工作。

市区各业务主管部门,凡有必要而尚未设立物价机构或专管人员的,应迅速设立;已设有物价部门或专管人员,但机构、人员薄弱的应予充实加强。在物价管理方面,首先要抓住薄弱环节,过去没有人管理的,现在必须管起来。

(二)物价工作的分工权限:(今后工业品出厂价仍由计委统一管理,市场物价由工商局管理。)

(甲)市物价委员会:

(1)贯彻中央和省的物价方针政策,负责安排全市物价工作;(2)研究全市物价总的变化趋势、掌握全市价格总水平;(3)审批各类重要商品的地区差价、批零差价、季节差价、进销差价等的幅度及掌握原则;(4)制定市管工业产品、农业产品的价格;(5)布置下达中央及省的调价方案,审查各局的调价方案及一些重大问题的解决;(6)检查各方面对物价政策执行的情况。

(乙)区市场物价管理委员会:

(1)检查督促区属各部门认真贯彻执行中央、省、市物价委员会和各局的价格规定;(2)定期综合分析本区物价变化情况,提出意见,向市物价委员会作报告;(3)定期或不定期组织力量对所在的商店、摊贩、工厂进行物价检查;(4)处理本区各商店、工厂抬价乱价的案件;(5)根据市物价委员会授权规定,制定本区内部分不宜统一的次要零星商品的价格。

(三)对拉回部分不合理价格的作法:

1.审价原则:(1)调整物价,按省的指示执行,有重点的分期分批的审查处理;首先要对人民群众必需的生活日用品价格进行审查,把偏高的应该调低的部分拉下来;然后再处理其他商品的价格问题。(2)对那些原料少,产量少,供应范围小的商品,其价格可以高一点,不一律要求降低。(3)凡未经分管权限批准而自发涨价的部分,都应经过研究逐步调整到原来水平。在作法上,应根据先易后难、先拉后调,逐步做到价格合理的精神,不论是拉价或调价都必须分批的有领导、有计划地进行。

2.几个行业的作价原则与利润标准:

(1)蔬菜价格:目前重点是放在扩大生产上,在价格方面,首先解决按质论价,第四季度的销价水平拟维持去年同期水平,争取逐步作到省指示的主要品种加权平均一斤菜价相当于半斤谷价左右。目前主要是稳定现价不要上涨,尽量改变质次价高的局面,待有条件后再逐步的把蔬菜价格降到省规定的水平,与粮食保持合理比价。

(2)饮食业和糖果糕点毛利标准(按销价计算):应遵照省规定恢复至1958年9月前正常合理的毛利率水平。饮食业和糖果糕点的毛利率最高不超过40%,饮食业并可根据商品质量、设备条件分等划分毛利率。目前暂按第二商业局现行规定,早晚点、客饭及一般菜肴的毛利率掌握在25%~35%,综合平均不超过33%左右,高级菜肴及筵席掌握35%~40%,综合平均不超过38%,以后考虑根据具体情况逐步降低,少数特种风味品种可另定临时价格;糕点、糖果价格应根据1958年8月前价格水平审查调整,依质论价,其毛利率不能高于

1958年8月前的幅度,饮食业和糖果糕点凡采取代用品的要依质论价,毛利率要低一些。

(3)修理业价格问题:

应迅速执行省人委的指示,归口管理,由手工业局领导起来,采取同行议价和上级审核相结合的办法。凡是在1958年8月以前制定(不论市或区)有统一收费标准的,经审核后,分别恢复原收费标准。有些修理业因原材料价格上涨而增大了成本的,应合理的调整收费标准,采取边审查、边调价的办法,对因原材料进价不合理(黑市抢购)而提价的,要坚决恢复原价。为保持价格的合理,修理业的职工工资,原则上不应高于去年8月份的水平。并要尽量做到明码实价,以便群众监督。

(4)商业部门不论在外地或本市因高价收购的商品,必须按省人委精神,坚决照原牌价出售,亏损由企业负担;地方工业产品质次价高部分应贯彻按质论价,把不合理(黑市抢购原料、不正当的福利、工资和管理费)部分拉回来,对合理的亏损采取商业或财政补贴办法解决,并限期改进,否则不予补贴。

(5)手工业产品价格:

凡是手工业合理购进的原料,其价格上涨部分应予承认,利润率必须执行省人委的规定,即一般控制在3%-7%,不超过10%,按此精神,由手工业局边审边降,分批地把不该提价的部分产品价格拉回来。

(6)对部分偏高不合理的地方工业产品的降价问题:

首先要考虑调整原料价格,其次是重点审查一部分地方国营及街道工厂自发涨价产品的价格,坚决贯彻按质分等论价原则,如原料价格合理上涨,可重新制定产品的出厂价,但对抬价购进的原料进价和因企业管理不善,或因增大福利而增大成本部分,不应列入成本。

(选自《工商行政通报》第156期,1959年12月27日)

十四、中央工商行政管理局副局长管大同在新疆维吾尔自治区市场物价会议上的讲话(记录要点)

(1959年11月25日)

自治区市场物价会议辛副主席、李局长作了报告,组织了讨论,明确了许多问题。会议开得很好。我从会议上学习了很多东西。很多问题大家都已讲了,我主要是和大家见见面,顺便谈一谈。我准备谈以下几个问题:

第一,市场物价工作要为发展国民经济服务

在社会主义制度下,由于有商品生产存在,因此就有市场、有物价。商品生产存在对目前发展生产有利,这是我国现在社会主义全民所有制和集体所有制的经济基础和其他因素所决定的。过去有一个时期,有人认为商品生产不需要了,市场也不需要了,显然,这是不正确的。要知道商品生产的存在还有一个相当长的时期。有些人认为市场物价工作很单调,其实不然,这项工作政策性很强、牵涉面很广,如工农关系,城乡关系,国家、集体和个人的关系,生产、积累和消费的关系等,物价工作都要考虑到这些方面。现在,新疆的物价表现的还不那么突出,如果铁路修通了,交通方便了,价格的高低就会影响很大。如果处理不好会影响生产,或者影响国家积累和群众的生活,引起城乡之间、工农之间的矛盾,对社会主义建设不利。所以,我们的物价工作必须建筑在发展生产和照顾人民生活的基础之上。我们必须坚决贯彻中央稳定物价的方针。物价工作是经济工作,又是政治工作。在工作上必须服从国家有计划地进行经济建设的要求,在确定物价水平和比价时,要考虑到各方面的关系,不要简单化。

市场就是商品流通。市场和物价一样也牵连到各方面的关系。我们知道,很多重要物资是由国家有计划地统一调拨和分配的,但也有许多物资要通过市场分配。能不能把市场价格和内部调拨价格统一起来呢?这个问题很大,需要进一步研究。因为这个问题也牵连到所有制的关系问题,是很复杂的。市场价格除一部分农村副业产品外,都是由国家规定的,保证国家价格政策的贯彻执行,是市场管理工作的一项重要内容。

现在阶级还存在。三大改造基本胜利,但还没有完全胜利,社会主义和资本主义两条道路的斗争,还要从市场上反映出来,因此,必须加强市场管理,认为当前的市场关系只是社会主义内部的关系,可以不要市场管理了,这是不对的。当然,在市场管理工作上,对于社会主义内部的本位主义、个人主义的思想以及破坏市场和物价的行为,也都必

须进行教育、批判和严肃的斗争。因此,市场物价工作是当前发展国民经济建设所十分需要的。有些人对这项工作抱轻视的态度,那是不正确的。

市场物价工作一定要服务于生产,服务于国家的积累,服务于满足人民生活的需要,服务于阶级斗争的要求,要及时研究、分析生产情况和市场情况,又要有阶级分析的观点。这样,来保证国家计划和价格政策的正确执行,更好地为高速度、按比例地发展社会主义经济建设服务。

第二,关于组织农村集市贸易的一些问题

为什么叫农村集市贸易?这是历史上留下来的名称,新疆就叫巴札。农民从历史上就有赶集市的习惯。我想名称问题不大,要认识到在性质上,它和过去的集市根本不同了。因为,人民公社化以后,集体所有制更加发展和巩固了,在这个基础上的集市贸易,实质上是公社和公社、生产队和生产队、社员和社员之间小商品的调剂余缺。国营商业也参加这个市场,发挥领导作用。我们不是要两条腿走路吗?要把千千万万种商品都通过我们国营商业分配,一时还做不到,也不必要。群众需要的商品,有些我们没有考虑到,而通过集市就便于调剂,特别是一部分副食品和副业小产品。这样看来,也是国家组织分配某些零星商品的一种形式。它主要是:(1)便于公社、生产队、社员之间调剂余缺、互通有无;(2)便于国家收购。根据当前了解的一些情况,组织农村集市后,国家的收购是扩大了。因为农民可以买卖,国家也可以收购。同时,通过市场便于我们掌握生产情况,也便于扩大国营商业的收购活动,更重要的是促进农村多种经营的发展,鼓励生产者的积极性,使农民感到便利和好处,增加了收入。

中共中央和国务院9月份颁布了指示,我们必须认真地加以贯彻。实际上有些地区早已开展了,执行结果是好处很多,对供应人民需要、增加商品上市量都有显著的作用。过去一个时期有些小商品价格上涨很高,开展农村集市贸易后,价格回落了。当然,主要是由于生产发展了。据四川反映,一些第三类物资的价格,9月份与7月份比较,价格下降了15%—20%;另外市场投机活动减少。这是由于各地贯彻了“六一”指示,加强了市场管理的结果。有些地方根据需要情况也归并了一些集市;照顾公社社员假日,不使影响生产劳动。看来,只要我们组织和管理得好、领导得好,就有助于农村生产的发展和物价的稳定。同时,对组织起来的农村集市贸易,也应该适当地增设一些群众需要的饮食、服务业,如修理农具、鞋等,这也是为群众所欢迎的。

第一、二类物资国家必须掌握,第三类物资中的某些需要商品也要签订合同。首先要保证国家收购任务的完成,这是一条原则。通过集市贸易交换的主要是第三类物资。农村集市贸易是国家的补充市场。要看到如果管理不好,抬高价格的情况就会出现,市场不是说没有矛盾,矛盾是有的,但不能怕矛盾,问题是要求我们认真地去解决这些矛盾。因此,应该加强宣传教育和管理工作,特别是要更好地协助国营商业部门很好地组织收购。在市场管理方面要真正做到:“管而不死,活而不乱”。这就是我们的方针。关于这个问题,李局长谈得很多,我对新疆情况不熟悉,现在就不多谈了。根据大家的反映,在新疆组织农村集市贸易也很有必要,我看先试点,再逐步推广,是个好办法。

第三,关于组织城市居民生产和服务性事业的问题

在城市里,基本上都是全民所有制,但还有很大一部分职工家属和闲散的居民。贯彻党的总路线,调动一切积极因素为建设社会主义服务,这是城市中街道基层工作的一个重要问题。现在,根据不完全的统计,全国22个城市已经组织起来参加生产服务事业的有75万人,1959年上半年产值达6亿多元。这项工作搞起来以后,不仅增加了社会财富,对改变城市人们的精神面貌也有很大帮助。把城市街道居民从生产上、生活上组织起来之后,对于我们开展社会主义和共产主义教育就更为有利。这件事情,在城市里同大家都有关系,不是单纯哪一个部门的事,应该人人关心,人人支持。党和政府的很多工作都要贯彻到街道居民中去。自然这同市场物价也有关系。我们要稳定物价和进行市场管理,就不能不注意到他们的生产和消费。街道生产运动大搞起来以后,很多手工业产品增多了,这些产品都要到市场上来,我们对街道居民的生产要采取鼓励、扶持的态度,但也要进行管理。以生产为纲,街道居民组织了多种多样的自我服务形式,显然,这也是很需要的。这更有助于我们安排市场和安排消费。这项工作应该在党委统一领导下,把有关方面的力量组织起来,全面加以安排。听说乌鲁木齐市街道居民组织起来,有的家庭妇女

参加了生产、服务劳动以后,每一个人每月就收入50元~60元,这很好。有的地区组织以后,社会救济大大减少了,甚至没有了。此外,还为国家积累了资金,这是一件很好的事情,不予重视是不妥当的。我们在哈尔滨开过一次现场会议,大家听了传达和看了文件、材料,人民日报评论员在11月18日发表的那篇专题评论,大家也可以参阅。我在这里不多谈了。

第四,关于对私改造和工商行政工作问题

改造问题是阶级斗争的问题。改造任务完成了没有呢?没有彻底完成。三大改造在生产资料所有制方面取得了社会主义革命的决定性的胜利,但还没有取得完全胜利。1957年开展的整风、反右运动,在政治思想革命方面取得了伟大的胜利,但还有不少人的政治立场还没有得到彻底解决,资产阶级的思想和小资产阶级的思想还有着广泛的影响。阶级斗争的规律是高一阵、低一阵,再高一阵、再低一阵,一直到资产阶级这个阶级完全消灭和资产阶级、小资产阶级思想影响消灭时为止。当前,我国还存在着阶级,资本家还拿定息。定息五厘,七年不变。这是党和国家规定的政策。到1962年,如果有少数资本家不愿意放弃定息,也还可以留个尾巴。因此,有人认为对私改造任务已经完成了,实质是否认了阶级的存在,否认了阶级斗争,这是错误的。定息存在,标志着资产阶级在经济上也还是作为一个阶级而存在的,每年国家付出一亿多元的定息,有利于和平改造。现在我们的任务是既要高速度地发展社会主义建设,又要把社会主义革命进行到底。只有把社会主义的革命任务彻底完成,才更有利于高速度地建设社会主义,这是相辅相成的。在干部中,如果思想上不健康,革命干劲就鼓不起来,你们这里有个标语说得好:"没有干劲,查思想"。思想问题解决了,干劲就有了,而且越来越大。因此,不仅在干部中,也要在广大群众中不断地进行教育。我们是不断革命论者,必须是跃进再跃进。

政治思想的革命是一项复杂的任务。这次开展反右倾、鼓干劲、厉行增产节约运动,也是思想革命的一个方面。反右倾、鼓干劲以后,生产就有了迅速的提高。那么,对资产阶级分子和小资产阶级分子怎么能够不再去进行改造了呢?我们做经济工作,如果不抓政治思想这一条,就是没有政治挂帅,也不可能把工作做好。

高一阵、低一阵是阶级斗争的规律,在不同时期阶级斗争的方式和方法也有所不同。这个时期对资产阶级分子的改造是和风细雨,1952年的"三反"、"五反",1956年的社会主义改造高潮,1957年的整风反右是大规模的,这次反右倾思想主要是内部,对社会人士则是采取正面教育。阶级斗争的发展有时紧张,有时缓和;有时以团结为主,有时则以斗争为主。

我们必须看到资产阶级在接受社会主义改造过程中的反复性。1956年改造高潮,资产阶级口头上拥护共产党,走社会主义道路,但立场问题并没有解决,所以,1957年又出现了大批右派。转国营后他们不是一心一意地为社会主义建设事业服务,而是三心二意,半心半意。现在,全国大约有30%左右的公私合营企业的私方人员转到了国营,大约有130万小商贩被吸收到国营企业。对这些人,不能看成天下一家、没有区别,小商小贩虽然大多数是劳动人民,但也还需要进行教育、改造工作,不看到这一点就要上当。有的地区把私营企业转为国营后,不少私方人员不是工作不积极、甚至故意捣鬼、降低产品质量、影响生产的提高、而且贪污盗窃的现象时常发生吗?因此,对私方人员抓紧教育改造工作,是非常必要的。不仅要看到企业性质的改变,更重要的还要看人的思想的改造如何。当然有些人转入国营后,积极工作,为社会主义建设贡献了力量,有了进步,这也是事实。但是,还有不少有厌倦改造,不愿意听继续改造的话。私方人员厌倦改造就是两面性的表现,正说明了需要继续接受改造。要教育他们在为社会主义积极服务的工作实践和劳动实践中,继续进行自我教育和自我改造。

小商贩是否可以加入工会呢?从各地的情况看,有的加入了,多数还没有加入,还要看具体人的具体情况而定。个体小商贩属于劳动人民范围,不存在摘帽子的问题,但是,也不是不需要对他们进行教育了,抓紧对他们进行政治思想教育,还是非常必要的。小商小贩中间还有旧军政人员、反革命,这就必须区别对待。转国营后的资金处理,有的退了一部分,有的没有退,有的仍然采取计息的办法。看来,仍以计息办法为好。但有的转业的,他们的资金也可根据情况酌退一部或全部。在改造过程中,要区别资本家和小商小贩,要根据具体情况、具体分析,这样,才更有利于调动积极因素为社会主义服

务,才更有利于对私方人员的教育、改造。

工商行政是国家政权的一部分,它是体现无产阶级专政的工具之一。它是上层建筑,为经济基础服务。它的任务,过去是贯彻对私改造政策,管理私营工商业接受社会主义改造。三大改造取得决定性的胜利以后,它的任务也有变化。当前,总的是通过市场管理、对私改造,协调关系,为彻底完成社会主义革命和为高速度地发展社会主义建设服务。具体说来,就是管市场、管价格、管改造、管商标;协调工商、工农、农商之间,地区之间,国家、集体和个人之间的关系;综合情况、发现问题、研究问题,提请领导考虑解决和统一安排。这也是经济工作,又是政治工作。要做好工商行政工作,必须政治挂帅、依靠群众、协作各方,及时综合和研究情况、掌握政策。

情况不断在变化,我们的思想必须跟上去,以适应工作的要求,不要以老办法,对待新问题。我们必须学习毛泽东思想,以毛泽东思想来武装我们的头脑。这样,我们就能做出更大、更好的成绩来。

(选自《工商行政通报》第157期,1960年1月14日)

十五、商业部、中央工商行政管理局批转武汉市工商管理局《关于组织交易市场的情况和经验的报告》

(1960年7月14日)

各省、自治区、直辖市商业厅(局)、工商行政管理局、市场物价委员会(局):

现将武汉市工商管理局《关于组织交易市场的情况和经验的报告》转发给你们参考。

一、一年多来,逐级召开物资交流会已经形成制度。第三类物资在地区之间的调剂问题基本上可以解决。但是由于工农业生产全面跃进的形势,生产和需要的情况复杂、变化多,定期的物资交流会还不能完全满足各地区的购销要求,因此,在保证完满地实现各级物资交流会合同协议的前提下,开展交易市场的活动,有助于地区之间的调剂交换,使成为物资交流会的一种补充形式。

二、武汉市将原有的行栈合并改组为交易市场;把组织成交、代客服务和市场管理结合起来。不仅便于地区之间的调剂,正确发挥行栈信托业务"拾遗补缺"的作用,而且也有利于加强对购销人员的管理和教育,有领导地组织市场交易活动,防止非法交易行为,稳定市场物价。建议各省、市、自治区组织省、自治区范围内两三个大中城市有关的商业行政部门和工商行政部门派少数干部去武汉市看看,吸取他们某些好的经验。并把他们的经验带回去,向党委汇报,结合当地的具体情况进行试点。

三、交易市场成交商品的范围,主要应该是第三类物资。国家统一分配物资和部管物资不得入场成交;第二类物资在未完成计划以前也不应进入市场;各级物资交流会签订了合同、协议的第三类物资,在完成合同、协议以后始可入场交易。

四、必须加强对交易市场的领导和管理,依靠党的领导,坚持政治挂帅,坚决进行反贪污、反投机的斗争。此次"三反"运动,在市场购销人员中间揭发出不少问题,因此必须对他们经常进行教育,加强市场管理。交易市场通过组织成交、代客服务,固然可以把交易活动纳入有领导、有组织的轨道,便于加强市场管理,但是如果放松领导和管理,就会对国家计划起破坏作用。只有在党的领导下,坚持政治挂帅,贯彻全国一盘棋的方针和国家的物价政策以及物资分类管理的规定,经常在市场购销人员中间进行政策教育,才能使交易市场循着正确的途径发展。

附:武汉市工商管理局《关于组织交易市场的情况和经验的报告》

在工农业生产连续大跃进的新形势下,商品生产和商品交换有很大的发展。为了更好地协调流通过程中各个方面相互之间的关系,贯彻执行"全国一盘棋"的方针,保证国家对第一、二类物资的计划生产、计划收购和计划供应,并配合召开各级物资交流会,使第三类物资在国家计划的指导下,按照正常的渠道流通,我们于1959年春季将原有的13个行栈合并改组成为"武汉市交易市场"和8个区交易市场。市交易市场主要是管理和组织辅导地区之间的第三类物资的交流,内部除职能科室外,设有工业品、土特产、储运3个部和1个招待所。区交易市场主要是管理和组织辅导本区和近郊进城的第三类物资的购销。交易市场经营的业务包括有:代购、代销、代储、代运以及函电委托、加工整理、组织传授技术和解决外地购销人员的食宿等。

交易市场既是市场管理机构,又是经常性的物资交流场所。它在商品流通领域内,对于那些不顾国家整体利益、违犯政策法令规定的行为进行监督管理;而对于正常的物资交流则加以积极的组织和辅导。由于坚决贯彻执行了"管好市场,支持生产,促进生产,保证供应"的方针,它在支持和促进工农业生产、活跃物资交流以及稳定市场物价等方面,都起到了一定的积极作用。

第一,支持和促进了工农业生产。在市场中组织工业与商业、工业与农业、工业与工业之间的协作,大力支持工农业生产的发展,是交易市场的主要任务。这个任务主要是采取以下四种办法来完成的:(1)组织物资交流,仅市交易市场今年第一季度,即为工业组织各种机器设备、原材料以及为工业推销各种滞销品、次品、副产品等共值5994万元;为农业组织各种物资共值3170多万元,其中属于农业三化方面需要的农具、农械、农药等有688万元。这些物资,解决了很多地区(单位)生产上的迫切要求。如沈阳的新产品"核黄素"(过去进口),因长期推销不出,不敢投入生产,通过交易市场与武汉、重庆、广州、南昌等地签订了20吨的合同,安排了4个月的生产任务。(2)通过组织辅导,加强各方面的购销协作关系。如宜都专区销给广东新会县石膏2000吨,其中有852吨在武汉,黄石市华新水泥厂因缺石膏而停工待料,经交易市场联系,新会县将这批石膏支援了黄石市华新水泥厂,使该厂能够继续生产。(3)为产销双方当参谋,策划适用和适销商品。例如本市工厂以土帆布做的垫肩、脚盖销不出,交易市场建议用来生产马车棚销给河南;河南兴修水利需用大量绳子,他们利用废麻绳头加工,拉力不足,而且数量不够,交易市场介绍向本市购进棉干皮混合加工,解决了质量和数量问题。(4)开展"办好事"运动,支援工农业的技术革新和技术革命。据武昌、硚口、江汉等3个区交易市场的统计,今年第一季度内共为工农业生产办了15250件好事(包括物资供应)。仅武昌交易市场就帮助318个工厂和15个人民公社解决了生产中的一些困难,如为保安街制绳等三个厂当参谋,革新技术5项,提高工效两倍以上,同时组织南湖等4个人民公社同机电局4个工厂签订了技术协作合同。

第二,定期和经常地组织物资交流,发挥"拾遗补缺"的作用,调剂地区之间的有无,活跃了市场。组织物资交流的形式,主要有以下四种:(1)以交易市场为集中场所,办理经常性的零星交易业务;(2)定期(大体上一季一次)组织地区间的综合性的交流会;(3)不定期的召集外地驻汉办事处和本市工、商部门的负责人举行座谈,进行小型交流,互通有无,补充定期物资交流会的不足;(4)对于一些供应比较紧张的商品,综合性交流会不能解决的,则召开专业性的小型物资交流会,经购销双方协商同意之后,由市场组织平衡。通过组织成交,适应了各地区在全国第三类物资交流大会闭会期间的购销要求,活跃了市场。据市交易市场统计,1959年第二季度成交金额1885万元,第三季度增为3360万元,第四季度再增为16158万元;今年第一季度又增加到22270万元,其中,属于本地与外地成交的,占60%,外地与外地的,占40%。现货占总成交笔数的82%。成交的商品中,不少是属于此处长期积压、彼处长期购买不到的物资。如湖北宜都县有房型帐篷,积压了三年,而青海省甚为需要,到处买不到,经交易市场组织成交了30床;陕西省土产局的水担钩,也积压三四年,山东潍坊市长时间买不到,也通过交易市场成交了50万对。

第三,实行集中交易,加强了市场管理,稳定了市场物价。据市场第一季度统计,通过检查而纳入场内成交的有224起,成交金额469万元。通过交易市场的管理,不少商品的成交价格经审查而调低;也有一些经过审查,发现是本市限制外流的商品,制止了外流。如襄阳县来本市卖给广西镇压器400台,每台要价755元,经交易市场组织买卖双方协商,每台调为715元成交。有的外地采购单位,直接向市内零售商店套购计划管理物资,一次就达几万元甚至十余万元,察觉后都及时加以制止。

在一年来的实践中,我们的主要经验是:

(一)必须加强党的领导,坚持政治挂帅,大搞群众运动。去年交易市场成立初期,不少干部存在着右倾情绪和右倾思想,有的人主张撤销交易市场,说什么"国家计划加强了,商业部门全包了,还要交易市场干什么?"认为交易市场没有"前途";另一部分同志则强调多做"交易额",而忽视了对市场的管理。其原因,主要是他们对市场上的两条道路、两种思想作风斗争的长期性认识不足。经过学习党的八届八中全会决议,全体职工同志的思想觉悟有了较大的提高,对交易市场的作用也有了比较正确的认识,使干部增强了信心,鼓足了干劲。一方面广泛宣传,发动群众来管理市场,大大限制了市场上投机违法活动;另一方面又积极组织第三类物资交流,千方百计地支持工农业生产。这样,就使交易市场的业务活动,得到迅速、健康的发展。

(二)必须坚持为生产、为党的中心工作服务的方针。在去年的抗旱斗争中,交易市场在市计委的统一领导下,千方百计地代农村购买和组织了不少的煤气机、水泵及其他抗旱物资,支援了抗旱斗争。在大力发展副食品生产中,不仅组织了大量的菜种、小猪上市,而且还从河北省组织了大批绵羊,并帮助饲养单位解决了绵羊的防病、免疫、剪毛等技术问题。在支持工农业生产中,主动与地方工厂、农村人民公社挂钩,上门了解需要,配合计划部门召开物资协作调剂会,代工厂、人民公社寻找急需的旧电动机、轴承和板车等物资,并帮助工厂招贤揭榜解决技术问题。此外,在帮助街办工厂解决设备、动力、原料材料和产品的推销方面,基本上做到工厂需要什么就帮助调剂什么。

(三)认真贯彻"辅导和管理"相结合的方针。(1)管理市场与组织交流相结合。我们去年年初在加强市场管理、整顿外地采购单位和采购人员、建立与健全外地驻汉办事处的同时,抓紧了组织物资交流的工作。在组织物资交流的过程中,坚持贯彻了物资分类管理和物价管理政策,以及登记审查、合同审批、凭证外运、支票管理等制度,保证了正常的交易秩序。(2)市内与市外相结合。在组织地区之间的物资交流中,本市需要交流的物资,由各业务主管局组织,外地需要交流的物资,由各外地驻汉办事处组织。由于需要交流的物资统统组织起来,就可以变黑市交易为公开的交易,防止以物易物、盲目购销。在交流过程中,首先由各省驻汉办事处组织所属购销人员,在内部进行平衡,解决不了的再提到交易市场去参加地区之间的物资交流。这样不仅沟通了本市与外地的关系,而且也沟通了外地与外地的关系。(3)定期交流与经常性相结合。定期的小型物资交流会和经常的交流,实际上是全国物资交流会闭幕期间的补充形式,可以达到沟通情况多,商品流转快,执行政策好,人力物力省。

(四)政治思想教育和行政措施相结合,是不断地向资本主义的经营思想和作风展开斗争的有效方法。由于有些购销人员的思想觉悟较低,甚至存在着比较严重的资本主义经营思想和作风,并且常常在交易活动中反映出来,这与正常的商品流转和高速度按比例地发展社会主义经济的原则是有矛盾的。因此,我们一方面经常地通过外省驻汉办事处加强对购销人员的政策思想教育,另一方面,还采取了"五管"措施来同资本主义经营思想和作风进行斗争。"五管"是:(1)管价,凡有牌价的按交货地区批发牌价;无牌价的由购销双方参照类似商品的牌价,按质分等论价,报市场审查转工商局审批;购销双方都是商业部门的,按系统内部规定的调拨价;卖方是生产单位的,按出厂价作价,但不得超过交货地的批发牌价。(2)管人,外地采购人员来本市采购商品,必须到市场管理联合办公室办理登记,在汉设有省(市)专办事处的由办事处介绍,没有设办事处的地区,凭省厅局的介绍信办理登记手续。(3)管钱,采购人员所带的资金一律在指定银行开户,使用时要经市场管理部门签字。(4)管货,允许采购的商品,必须集中在场内成交。(5)管运,除积极配合水陆交通运输部门监督管理外运商品之外,交易市场本身还开展了代储代运业务。此外,交易市场还加强了对购销合同的鉴证工作,监督合同的执行。合同经过鉴证以后,如果无故违约,违约方负责赔偿对方提出的合理损失,在双方发生争执时,由交易市场组织协商解决。

一年来,我们虽然摸索了一些初步的经验,但工作中还有不少缺点,跟不上形势发展的要求,有待于进一步改进和提高。

(选自《工商行政通报》第171期,1960年8月14日)

十六、轻工业部、中央工商行政管理局批转《关于沈阳市城市人民公社组织联合企业试点情况的调查报告》

(1960年8月23日)

各省、自治区、直辖市、省辖市人民委员会办公厅、轻工业厅(局)、公社工业局、手工业管理局、工商行政管理局:

现将中央工商行政管理局沈阳工作组《关于沈阳市城市人民公社组织联合企业试点情况的调查报告》发给你们参考。

沈阳市在城市人民公社组织联合企业的做法,

对于进一步促进生产的发展和更好地发挥城市公社统一组织生产的作用,初步显示了它的优越性。当前生产力的大发展,要求城市人民公社进一步组织和发展国营工业和公社工业之间以及大中小企业之间的生产协作。在这方面,目前各地已经创造了不少好的经验和有效的组织形式。联合企业,是其中的一种形式。当然,由于各地城市人民公社的组织形式有所不同,生产的需要和原材料供应等具体条件也各有不同,因此,组织生产协作的形式也不宜强求一致,各地应该按照有利于生产的发展、有利于城市人民公社的巩固和发展的原则,结合当地具体条件,采取多种多样的形式来组织生产协作,继续不断地创造经验,总结经验。

报告中提出的几个问题,是值得各地注意的,尤其是国营工业原材料的"专材专用"问题和公社工业发展小商品问题,更应该极端重视。国家计划分配的原材料,必须保证按国家计划使用,公社工业应该继续开展利用废旧物资,不要占用或者挪用分配给国营工业的原材料。国营工业支援公社工业的设备和其他物资,必须经过上级主管部门批准。在发展小商品生产方面,公社工业是一支重要力量,大力增产小商品,以满足人民生活的日益增长的需求,是公社工业一项重要而光荣的任务。随着公社工业和国营工业生产协作关系的加强,进一步开辟了大搞综合利用和多种经营的门路,推动了技术革新和技术革命运动的开展,这就为公社工业进一步发展小商品的生产创造了更有利的条件。因此,不管采取什么形式来组织生产协作,都必须采取有效措施,推动公社工业生产更多更好的小商品,并且不断地增加品种,提高质量。对于公社工业的生产,主要应该以产品的品种、数量和质量作为指标,而不要以产值作为主要指标。必须防止和纠正那种单纯追求产值、只愿生产产值大的产品、不愿生产小商品或者只求数量、不重质量的现象。

希望各地将这方面工作中的情况、问题和经验,随时告诉我们。

附:关于沈阳市城市人民公社组织联合企业试点情况的调查报告

最近,我们对沈阳市正在试点的城市人民公社组织联合企业的工作,做了一些调查。现汇报如下:

沈阳市组织联合企业的试点工作,是今年5月中旬在兴顺、万泉、红旗3个公社开始进行的。做法是:在公社范围内,以国营大厂为主体,按照"以全民带集体、以大带小、大中小结合"的原则,把生产相近的国营工厂和公社工厂组织在一起,成立联合企业,联合企业党委会由各厂党委负责同志组成。主体厂党委书记兼任联合企业的党委书记,联合企业党委各部与主体厂党委各部也基本合一;联合企业管理委员会由各厂行政负责同志组成,经理由主体厂厂长兼任,主体厂的职能科室就是联合企业的职能科室,有的还另外增设生产协作办公室。联合企业的各厂之间,在财务上则采取分别核算各计盈亏的办法。

沈阳市组织联合企业的时间虽然还不长,但是,这种生产组织形式已经显示了显著的优越性:

1. 联合企业能够全面规划,统筹安排,进一步实现了国营工业和公社工业之间、大中小企业之间的密切结合,大大促进了生产的高速度发展,无论国营工业和公社工业,在组织联合企业以后,生产都有很大的增长。如万泉人民公社范围内的工厂(包括国营和社营),5月上中两旬只完成全月生产计划的40%,成立联合企业后,下旬就完成了全月生产计划的60%,本来认为完不成的生产任务完成了,5月份的产值比4月份增加60%,而6月份又比5月份增加90%。成立联合企业以前,今年全社工业计划产值是2.1亿元,成立联合企业后,预计可增加到4.1亿元,比去年增加2倍,其中,国营增加将近1.5倍,公社工业翻13番。兴顺人民公社成立联合企业后,今年计划产值比去年可增加4倍,其中,国营增加3倍多,公社工业增加89倍。

2. 联合企业更有利于大搞多种经营和综合利用,使边角废料和废渣、废液、废气得到更充分的利用,开辟了广阔的生产门路。兴顺人民公社组织联合企业以后,几天内就办起了43个综合利用的工厂,利用边角废料和废弃物资生产出的新产品就有162种,小商品的品种增加了20%。红旗人民公社组织联合企业不到1个月,公社工业的产品就从269种增加到360种。

3. 联合企业可以更好地挖掘人力、物力的潜力。国营工厂经常组织技术支援队到公社工厂进行技术指导,公社工厂也经常组织服务队到国营工厂服务,充分挖掘了劳动潜力。国营轻工机械三厂今年原计划要增加250个劳动力,建立联合企业后不但不再需要增加人,还可以抽出45名技术工人支援别的单位。联合企业还进一步挖掘了设备的潜力。万泉人民公社组织联合企业后,已经把195台闲置设备投入了生产。联合企业还把各厂的一些分散使用的辅助性的零星生产设备集中起来,建立综合性的为各厂服务的工厂,如将各厂的汽车修配设备集中起来建立汽车修造厂,把印刷设备集中起来建立印刷厂,提高了设备的利用率。

4. 联合企业能够根据各厂的设备、技术情况,组织合理分工,使公社工厂在国营工厂的帮助下承担起一部分国营工厂下放的生产任务,而国营工厂能够腾出手来向高、大、精、尖、新进军。仅据红旗人民公社13个国营工厂的统计,下放公社工厂生产的就已经有146种产品,国营工厂得以腾出手来发展211种高级新产品。万泉人民公社成立联合企业后,高级新产品由原来的124种增加到224种,其中,国营工厂增加了83种,公社工厂增加了17种。

5. 通过联合企业这种组织形式,进一步加强了国营工业对公社工业的扶持和帮助,促进了公社工业的巩固和发展。在万泉人民公社,国营工厂已经抽调116名干部和技工下放到公社工厂(其中有一部分准备在帮助公社工厂培训好干部以后再抽调回来),充实了公社工业的领导力量,提高了公社工业的经营管理水平。同时,在国营工厂的积极帮助下,公社工业加速了技术改造。国营轻工机械三厂在组织联合企业后大力帮助公社工业革新技术,仅十几天的时间,就使公社工业的机械化程度由35%提高到56%。

根据沈阳市的初步经验和意见,当前在组织联合企业的工作中,应该注意以下几个问题:

(一)联合企业的组织形式可以多种多样。沈阳市目前组织的联合企业,大体有三种类型:一是以地区为主,在公社范围内把生产性质相近的工厂分别组成若干个联合企业;二是以行业为主,把全市范围内生产性质相同和连续性生产的工厂组织起来,建立联合企业;三是在现代化国营工厂大力开展综合利用和多种经营的情况下,根据需要建立一些为主体厂服务的中小型工厂,使之逐步发展成为联合企业。

没有大工厂的公社能不能组织联合企业?沈阳市的经验证明,以中小型工厂为中心,同样可以组织联合企业。如万泉人民公社日用品工业联合企业,是以一个50人的区属国营工厂为中心建立的,组织联合企业以后1个月内,生产产值和产品品种都增长了1倍,同样地发挥了生产联合化的优越性。

联合企业的规模,在目前开始试点组织的时候,一般不宜搞得过大。等经验多了,再根据实际需要,逐步地由小到大地发展。

(二)国营企业参加联合企业以后,不要忙着改变原来的隶属关系。这些国营企业,除了受联合企业的领导以外,同时仍受上级主管部门的领导。上级主管部门下达的生产计划、产品调拨计划和利润上缴计划必须保证完成,国家计划分配的原材料必须坚决贯彻"专材专用"的原则。

联合企业负有监督和保证所属各国营工厂完成国家计划的责任。在确保完成国家计划的前提下,如果各厂还有多余生产能力,联合企业可以规定一定的生产附加指标。对于边角废料和废弃物资,首先必须完成国家上调指标,剩余部分可以由联合企业统一分配使用。

联合企业所属各厂,有国营工厂,也有公社工厂;国营工厂中又有中央管、省管、市管、区管等不同情况。因此,在财务上应当采取分别核算、互不混淆的办法。在国营工厂和公社工厂之间,应当按照积极支持、等价交换的原则来处理有关财务问题。

(三)成立联合企业以后,对主体厂说,应该提倡发扬先进带后进的共产主义风格,尽力所能及,关心小厂,帮助小厂,但是,对公社工厂来说,仍然应当贯彻自力更生、利用废旧、因陋就简、土洋结合、勤俭办企业的方针,不要什么都依靠国营工业,什么都贪大求洋;树雄心,立大志,消除依赖思想,反对本位主义。

公社工业生产,应该全面贯彻为国营工业服务和为市场需要服务的方针。组织联合企业以后,日用工业品的生产只应增加不应减少,并要不断地增加花色品种,提高产品质量,降低成本费用。要防止单纯追求产值、忽视小商品生产的现象。

组织联合企业以后,公社工业应该进一步大搞综合利用,大搞原料生产,扩大原料来源,开辟生产门路。而不要与国营工业争原料,或者在市场上抢购套购原料。

(四)联合企业应当继续加强与各方面的协作,进一步发扬共产主义协作之风。联合企业所属各厂原有的对外协作关系,在组织联合企业的时候,应注意不要打乱。需要调整的,应当在双方协商的基础上逐步地进行调整,以免造成对生产不利的影响。

(五)联合企业把国营工业和公社工业组织在一起,扩大了公社工业的全民所有制因素。但是,目前公社工业在生产发展水平和从业人员的政治思想觉悟水平等方面与国营工业仍然存在着较大的差别,在工资福利等方面也还不可能与国营工业一样,在这种条件下,不要急于把它们改为国营。对于公社工业的某些人员企图在组织联合企业以后就"一步登天"的思想要进行说服教育。

(六)联合企业不应只抓生产,而忽视政治思想工作。公社工业的从业人员,大多数是职工家属和家庭妇女。她们参加工作的时间不长,过去受教育的机会也较少,要加强对她们的政治教育和文化教育。

公社工作中有一些小业主、小手工业者和小商贩,他们一般有一定的生产技能,不少的人在党的多年教育下有了进步,在城市公社工业和街道工业的发展中,出了一些力量。但是,他们的旧习气较深,受了资本主义经营思想和作风的不良影响,因此,对他们的教育改造,还是比较长期的任务。尤其是他们当中还有一些长期不肯接受社会主义改造的分子、退厂退店分子以及搞地下工厂和黑户活动的分子,其中也有五类分子,对他们要加强群众监督,不要让他们窃据公社工业的领导职位。

联合企业可以根据需要和条件,采取国营工厂下放干部或者帮助公社工业培训干部的办法,来充实公社工业的领导力量,保证党的领导权的巩固。

联合企业是一个新生事物,是城市公社组织生产的新形式之一。随着这种新的生产组织的出现,也带来了一些新问题,例如:联合企业中全民所有制和集体所有制的关系问题,工业管理体制问题,等等。关于这些问题,沈阳市正在继续进行研究,总结经验。

(选自《工商行政通报》第173期,1960年9月14日)

第四节　整顿计划外采购活动

一、卫生部关于药材市场领导与管理的规定

(1957年7月26日)

国务院7月10日批转《全国中药材经理会议的报告》中指示"必须加强对中药材市场的领导,为了发展生产和合理分配货源,各省、自治区、直辖市对38种重要中药材(具体品种由卫生部另行下达),都应当由药材公司或者委托供销合作社统一收购"。根据上述精神,对中药材自由市场的领导与管理问题,特作如下几项规定:

(一)中药材管理范围:经国务院批准列为国家统一收购的38种中药材为:大黄、甘草、当归、川芎、白芍、茯苓、麦冬、生地、黄连、黄芪、贝母、枸杞、泽泻、白术、银花、党参、附子、枣仁、山药、园参、牛黄、麝香、鹿茸、全虫、枳壳、槟榔、萸肉、红花、药菊、牛夕、白芷、三七、玉金、君子、云木香、元胡、玄参、北沙参。凡属以上品种在全国范围内,不分主要产区或次要产区,均由产地药材公司(包括暂未移交卫生部门的药材经营单位)或委托供销合作社,按国家计划统一收购,并按商品流转计划或会议平衡签订合同,调拨供应全国各地。其他国营、供销合作社、联合诊所、公私合营药店、药厂以及商贩等一律不得采购或贩运。

其他品种应坚决开放,允许自由收购和贩运。各地药材公司也必须积极经营。

(二)价格管理:凡属国家统一收购的38种药材,在收购价格掌握上,应该大体上保持全国平衡的水平,为此主要产区与次要产区之间,必须密切配合。如有统一收购的品种,由产地流到销区时,统一由所在地之药材公司或直接委托之单位,按照产地收购牌价加合理费用作价收购,其他单位或个人均不得收购。

(三)各级卫生行政部门与当地工商行政部门结合,加强对药材行栈和交易所的领导。属于开放品种的价格,一般应采取买卖双方自由成交,为了领导市场价格,在必要时,药材公司可通过行栈、交

易所挂出参考价格，供不应求的品种，如果市价上涨超过了有利于刺激生产的限度时，应采取议价或分配货源的办法加以掌握调剂。一时上市过多的药材，价格如下降到不利于发展生产或保护生产时，药材公司应根据维护生产的原则，按照适当价格予以收购。

(四)各单位必须根据国务院的指示，加强对采购人员(包括公私合营人员)的教育。使其执行国家有关市场管理的各项政策。

(五)目前正值药材产销旺季，各地必须在加强自由市场管理的同时，加强收购工作的领导。并对系统内的调拨计划或合同，应严肃认真的执行，及时调拨，以利销区市场供应。

上述精神，请各省、自治区、直辖市卫生厅、局接此通知后可在人民委员会的领导下，结合有关部门，迅速贯彻执行，并将执行情况随时报我部，抄送中国药材公司。

(选自《工商行政通报》第97期，1957年8月24日)

二、国务院关于由国家计划收购(统购)和统一收购的农产品和其他物资不准进入自由市场的规定

(1957年8月9日国务院全体会议第56次会议通过)

1953年以来，政府陆续规定粮食、油料、棉花为国家计划收购(统购)物资，由国家实行计划收购。计划收购任务完成以后，才允许农民把自己留用的粮食、油料、棉花在国家粮食市场和国家领导的其他市场上出卖。对于烤烟、黄洋麻、苎麻、大麻、甘蔗、家蚕茧、茶叶、生猪、羊毛、牛皮、土糖、土纸、桐油、废铜、废锡、废铅、集中产区的重要木材、若干种中药材、供应出口的苹果、柑橘、若干产鱼区供应出口和大城市的水产品等等，政府列为国家统一收购的物资，即由国家委托国营商业和供销合作社统一收购。统一收购的办法是国家规定由国家收购的比例(例如收购当地产量的百分之几十)。国家收购数量完成以后，其余部分允许在市场上出售。上述两种办法，即计划收购和统一收购的办法，都是为了保证这些重要农产品和其他物资在全国范围内得到统一合理的分配。

实行重要农产品和其他物资的计划收购和统一收购以后，城乡重要物资的交流是畅通的；但是也出现过农村中一部分小土产无人收购，城市的一部分手工业品无人贩运下乡，因而发生城乡交流中“大通小塞”的现象。为了克服这种城乡交流中的阻滞现象，1956年下半年政府决定对农村小土产开放自由市场。农村小土产自由市场开放以后，过去无人收购和滞销的小土产都得到了畅销，刺激了农民在这一方面的生产，这是有利于城乡人民的。但是，因为在开放农村自由市场以前没有预先规定哪些农产品允许进入自由市场哪些农产品不准进入自由市场，因此，在开放农村自由市场的时候，许多属于计划收购的农产品进入了自由市杨。又因为统一收购的农产品和其他物资，国家只规定收购一定的比例，其余部分允许在市场上出售，因此许多属于统一收购的农产品和其他物资也在国家收购任务完成以前，即已无限制地进入了自由市场。这样就妨碍了国家对于重要农产品和其他物资的计划收购和统一收购，妨碍了对于这些农产品和其他物资的统一合理的分配。这是不利于国家建设，也不利于农民的。

为了切实执行重要农产品和其他物资的计划收购和统一收购的方针，国务院对于重要农产品和其他物资进入自由市场问题，现作如下规定：

一、凡属国家规定计划收购的农产品，如粮食、油料、棉花，一律不开放自由市场，全部由国家计划收购。国家计划收购任务完成以后，农民自己留用的部分，如果要出卖的时候，不准在市场上出售，必须卖给国家的收购商店。不是国家委托收购的商店和商贩，一律不准收购。

如果某些省区由于当地粮食供求情况比较缓和，认为可以开放国家领导下的粮食市场的时候，经过省人民委员会的批准，可以开放当地国家领导下的粮食市场。

凡是决定取消国家粮食市场的地方，当地粮食部门应当尽可能帮助群众解决粮食品种调剂方面的困难。

二、规定下列各种农产品和其他物资属于国家统一收购的物资：烤烟、黄洋麻、苎麻、大麻、甘蔗、家蚕茧(包括土丝)、茶叶、生猪、羊毛(包括羊绒)、牛皮及其他重要皮张、土糖、土纸、桐油、楠竹、棕片、生漆、核桃仁、杏仁、黑瓜子、白瓜子、栗子、集中产区的重要木材、38种重要药材(具体品种，另由卫生部通知)、供应出口的苹果和柑橘、若干产鱼区供应出口和大城市的水产品、废铜、废锡、废铅、废钢。这些统一收购的物资都由国家委托国营商业和供

销合作社统一收购。不是国家委托的商店和商贩，一律不准收购。农民自己留用部分如果要出卖的时候，不准在市场上出售，必须卖给国家委托的收购商店，这些商店必须负责收购。

对于手工业合作社需要的原料，由有关部门按计划供应，或者由省人民委员会指定地区、限定数量、按照国家牌价由手工业合作社自行收购。

三、不属于以上计划收购和统一收购两类的物资，如鸡、鸭、鹅、鲜蛋、调味品、分散产区的水产品、非集中产区的干果和鲜果、不属于统一收购的中药材等等，仍然开放国家领导的自由市场Z。

如果上述商品中的某些商品，在当地供应紧张的时候，省人民委员会可以命令规定为当地统一收购的物资，按照统一收购物资的规定办理。

凡属允许进入国家领导的自由市场的商品，国营商业和供销合作社也必须根据需要情况，经营一定的比重。当地人民委员会对于国家领导的自由市场应当实行必要的管理。凡属不准进入自由市场的商品，一律不准在自由市场买卖。对于违反这一规定的企业和个人，一般地将其商品按国家牌价予以收购，情节严重的，送人民法院处理。

四、对于国家规定计划收购和统一收购的两类物资，国家只委托一定的国营商业部门和供销合作社执行收购任务。其他不是由国家指定担任收购任务的企业、机关和团体，都不准进行收购。既不准派人到农村去收购，也不准在城市中收购私人贩运进城的计划收购和统一收购的物资。对于违反这一规定的企业机关和团体，当地人民委员会应当给以严格的处分。

(选自《工商行政通报》第98期，1957年9月2日)

三、国务院关于禁止在城市套购计划商品的通知

(1957年8月21日)

在商业部门经营的工业品中，有两类商品，一类是计划商品，由商业部和各总公司按地区平衡分配，各地不得向产地自行采购，一类是非计划商品，各地可以向产地自行采购。由于今年下半年工业品供应比较紧张，近来发现有些地方的商业部门，派人到其他地区去采购计划商品，在零售商店中进行套购，甚至委托公私合营商店、小商贩代为套购，其中到上海、天津等大城市去的人，为数最多，套购的商品，主要是毛线、针织品、布胶鞋等供应十分紧张的商品。这种情况如果发展下去，势必打乱原定的分配计划，影响产地的人民需要，加重市场的紧张状态，这是一种只顾一个地方的局部利益而不利于其他地区，不利于全国市场稳定的错误行为，必须坚决纠正。请各省市和自治区人民委员会对于所属的商业部门(包括国营商店、合作社、公私合营商店、合作商店)进行检查，如果发现已经派出了采购这类计划商品的人员，应当坚决召回。对于采购非计划商品的人员，应当通知他们不许采购计划商品。上海、天津、广州等大城市的人民委员会应当加强市场管理工作，制止各地派去的采购工业品的人员在市场上投机、套购商品，如果其中有些人不服从管理，可以扣留他们所采购的商品，要他们限期回去，并通知他们所属的人民委员会给以必要的处分。

(选自《工商行政通报》第99期，1957年9月17日)

四、国务院第四、五办公室转发全国供销合作社，全国手工业合作社联合总社筹委会关于废品废料的收购和利用的意见

(1957年10月7日)

废品废料的收购和利用，对于贯彻增产节约、发挥物资潜力、支持工业和手工业生产有着重要作用。全国供销合作总社、全国手工业合作社联合总社筹委会《关于加强废品废料的收购和利用的意见》，我们认为基本是正确的。现将他们的报告转发你们，请根据你省(市)、自治区的具体情况研究执行，并请加强对这一工作的领导。

附：关于加强废品废料的收购和利用的意见

几年来供销合作社对于废品废料的收购和供应工作，手工业合作社对于废品废料的利用和自行收购工作，都取得了一定的成绩。

但是废品废料的来源分散，品种繁多，用途很广。而且，在一个地区有几个单位进行收购的时候，在步调上和价格上有的不够一致，甚至有的发生抬价抢购的现象。还有的把原来合理的收售和协作关系打乱了。在分配和供应当中，手工业需要同大工业需要之间，供销合作社收购同手工业就地

利用之间,以及地区与地区之间,都存在着一定的矛盾。今后为了进一步扩大和加强废品废料的收购,合理地组织分配和利用,特提出如下意见:

1. 除废铜、废锡、废铅、废钢已由国家规定统一收购的以外,由于废铁为生产中之重要物资,应加强管理,使供销间平衡衔接。建议地方可以根据需要将废铁并入废钢中作为废钢铁一项,按统一收购物资管理。

2. 废橡胶及废轮胎为制造再生胶和手工业生产的重要原料,特别是废轮胎需要的面广,资源较少,为了更好地组织供应,建议地方可以列入统一收购物资管理。

3. 其他废品废料,品种还很多,有的品种是否列为统一收购的物资,可由省(市)人民委员会根据具体情况确定。未列入统一收购的物资,在服从当地市场管理的原则下,供销社可以收购,手工业合作社也可以自收自用。

4. 为使废品废料合理地进行分配和逐步作到有计划地组织供应,提出下列原则:

(1) 凡地方上将废铁规定统一收购时,对于收购的废钢废铁除以一定数量供应炼钢需要外,在地方平衡分配时,主要是供应手工业生产的需要。

(2) 废轮胎在省(市)范围内统一安排分配时,对于整只的稍加修补即可用作车胎的应当供给马车使用,其余应当首先供给生产资料(如轧花轴等)生产的需要,其次供给生活资料(如鞋底等)生产的需要。对省(市)有多余或不足时,由全国供销总社负责统一调剂。

(3) 破布、废纸、废棉等,应该区别品种,按照大工业和手工业的需要分别供应。属于造纸原料的部分除供应大工业外,同时也应照顾手工业需要。

(4) 废品废料的供应,除废铜、废锡、废铅等以外,在省(市)范围内,一般地应该先供当地、而后外调。各种废品废料在收购后,要尽量作到分类管理,以便使物尽其用。在组织供应中应当尽量减少环节。

(5) 废品废料的供应价格,除列入统一收购的物资国家(包括省、市)已有统一规定外,其他品种,供销社经营的利润一般不得超过中央有关部门规定的综合指标(特别材料如不锈钢等可依质论价,不受此限制)。各省(市)主管部门按照当地具体情况,对价格和利润需要调整时,可以报省(市)人民委员会审查确定。在一个地区内,价格尽量求其统一,对邻区的差价不应悬殊太大。

5. 废品废料中国家规定统一收购的物资,手工业合作社所需部分按照国务院1957年8月9日通过的关于国家计划收购和统一收购的农产品和其他物资不准进入自由市场的规定:“由有关部门按计划供应或者由省人民委员会指定地区、限定数量、按照国家牌价由手工业合作社自行收购”。对于未列入国家统一收购物资的其他废品废料,供销合作社收购时必须注意保持手工业合作社原来的合理的收购关系和协作关系。

(选自《工商行政通报》第102期,1957年11月4日)

五、国务院关于将核桃列入统一收购物资的通知

(1957年10月26日)

近据陕西安康等地反映,自国务院将核桃仁列为统一收购物资以来,有不少商贩抬价套购核桃,影响了国家对核桃仁货源的掌握。查核桃主要是用来砸核桃仁,国务院原规定统一收购的核桃仁,应包括核桃在内,希各地对核桃亦按国家统一收购办法进行管理。

(选自《工商行政通报》第104期,1957年12月16日)

六、郑州市规定国家统一收购物资名称

根据郑州市市场管理办法第五条规定,对下列各项物资,由国家统一收购:烤烟、黄洋麻、苎麻、大麻、青麻(包括麻绳、麻线、麻经子)、甘蔗、家蚕茧(包括土丝)、茶叶、生猪(70市斤以上)、羊毛(包括羊绒)、牛皮、羊皮、马皮、骡皮、驴皮、黄狼皮、狐皮、水獭皮、貉子皮、土糖、土纸、桐油、楠竹、棕片、生漆、核桃仁、杏仁、黑瓜子、白瓜子、栗子、建筑规格木材、菜牛、活羊、土布、土纱、土羊毛线、红薯干、粉条、粉皮、粉面、蜂蜜、草帽辫、黄花菜、木耳、桑杈、农场(包括园艺场)苹果、柿饼、晒烟、柑橘、大枣、废铜、废钢、废锡、废熟铁、废铝等56种物资和大黄、甘草、当归、川芎、白芍、麦冬、生地、黄连、黄芪、贝

母、枸杞、白术、茯苓、党参、泽泻、牛黄、木香、红花、银花、牛夕、菊花、山药、山萸肉、白芷、附子、枣仁、全虫、圆参、麝香、鹿茸、枳壳、槟榔、三七、玉金、君子、元胡、玄参、北沙参、天花粉、冬花、菖蒲、辛荑、土元等43种重要中药材。

以上物资除国家指定的经营收购单位或其委托代购的单位以外,其他单位及个人,一律不准进行自由收购。农民自己留用部分,如果要出卖的时候,也必须卖给国家指定的收购部门或其委托代购的单位,不准在市场上自由出售。

(选自《工商行政通报》第105期,1957年12月30日)

七、国务院第五办公室、国家经济委员会关于提高杂铜收购价格和调拨价格的通知

(1958年4月24日)

目前我国铜源不足。矿铜的生产在短期内不能满足需要,杂铜的收购量自1956年下半年起也逐渐下降;而需要量却逐年增长。铜源的不足,影响着国内机械工业的发展。

为增加杂铜的收购量,缓和供需之间的矛盾,除请各地加强收购工作外,并决定适当地提高杂铜的收购价格和调拨价格。自5月10日起执行。

一、收购价格:

一般农村基层供销合作社的收购价格,在现有水平上各种杂铜平均提高24.18%;其中特种紫杂铜提高15.69%,一般紫杂铜提高18.18%,弹壳铜提高10.21%,一般黄杂铜提高28.58%。

责成第二商业部会同冶金工业部拟订具体价格方案布置执行。

二、调拨价格:

为节约杂铜的使用,在收购价格提高的基础上,相应提高杂铜的调拨价格:特种紫杂铜由每吨3156元提高为3529元,提高11.82%;一般紫杂铜为每吨2725元提高为3105元,提高13.94%;弹壳铜由每吨2365元提高为2540元,提高7.4%;一般黄杂铜由每吨1900元提高为2329元,提高22.58%。

调拨价格提高后,冶金工业部供应用货部门时不再加收手续费。

至于第二商业部和冶金工业部的交接货结算价格,请两部自行协商解决。

三、1958年电解铜的出厂价格不再变动,请财政部重新核定冶炼厂在杂铜调拨价格提高后的成本利润和上缴任务,或者在年终考核时考虑这一因素。

四、据了解目前少数地区还存在着杂铜黑市和争购的现象,请各地加强市场管理并严格取缔黑市。

八、大同市物价委员会计划委员会关于当前市场情况变化和违犯市场管理规定的处理意见的报告(摘要)

山西省大同市人民委员会最近批转了该市物价委员会和计划委员会关于当前市场情况变化和违犯市场管理规定的处理意见的报告。现摘要刊载如下,供各地参考。

1958年以来,随着工农业生产大跃进和农村人民公社化的迅速实现,市场上发生了很大变化。生产的发展使商品流通大大扩大,市场空前繁荣;公社化以后自由购销活动大大减少,计划市场日益扩大,未纳入计划的产品日益缩小。但是,与此同时,市场上也出现了许多物资供应紧张的情况,并发生了一些非法的商业活动。

1. 外地采购人员增多,在市场上乱抓物资。自中央决定加强对计划物资的管理以后,大城市和集中产区的市场管理工作加强了,以往投奔大城市的采购人员现在转向了中小城市。我市近来外地采购人员逐渐增多,有的不进行登记,私自深入到居民、农村和零售单位套购物资。如山东省济河县商业局采购员私自向居民高价收购缝纫机15架;内蒙采购员以零售价套购半高腰雨鞋22双,并向造纸厂套购土纸33件。

2. 有些单位以货易货或到外地套购物资。如公私合营大华车行与上海某公私合营企业签订以货易货合同,以5000条平车实心带换自行车零件2500件。矿务局三处采购员冒充张家口市铁路段、华北工程二处等18个部门的名义,在该市十余个零售单位套购建筑器材及五金商品总值达13700余元,后被扣留处分。

3. 个别单位私自收购统一收购物资,违反国

家政策。如12月21日市第二人民医院以高出国家收购价80%的价格，向农民收购生猪5头。大同皮毛厂以高出国家统购价83.6%的价格，私自收购粗制淀粉1万余斤，作伙食之用。

4.不少街道居民的福利生产单位低价收购、高价出售，有的甚至不上缴代购的统一收购物资，并就地贩卖。如城区福利社以200元收购的磨米机出售1200元，以2元~3元收购的闹钟稍经加工后出售8元。他们为了取得高额利润，不愿与当地国营挂钩，愿意自销，更愿意高价出售给外地，成为外地采购员寻找废旧物资的对象。又如大北街福利社收购废锡时，竟压低价格。国家规定的废锡最低收购价为每市斤0.8元，该社则以0.6元收购。工业抗旱时，该社还将收购的废钢铁摆摊子出售，几角钱买的破铁水壶卖1.2元，1角钱收购的小铁锤卖1元，造成废品市场的混乱。

为了保证国家计划的执行，促进工农业发展和扩大市场的正当交易，稳定市场，打击投机，特提出以下几点意见：

第一，对于国家规定的统购和统一收购物资，仍应坚决贯彻原市场管理暂行办法的规定，即除国家指定的机关、企业统一收购外，不准其他组织、企业或个人收购。各人民公社、厂矿、企业出售上述物资时，必须卖给国家委托的收购单位。目前某些单位、企业私自收购的上述物资，应由国家指定的机关企业按照国家规定的牌价收购，并讲清今后再不能投机违法私自收购的道理。对个别违法严重、性质恶劣的，依法处理。

各废品代购站、各居民福利社、各人民公社以及其他为国家代购统一收购物资(杂铜、废钢铁、废铅、废锡)的单位，均应清点库存，上缴废品公司。今后本市各生产单位需要上述物资，应申请计委批准，不应擅自销售或顶原材料使用。

第二，对于物资的分配和供应，已订有合同、协议的，按如下原则处理：(1)属于国家分配的调拨物资和加工订货，经计委审核坚决执行合同协议；(2)属于地区协作经市主管机关批准的加工订货和互相支援的物资应积极执行。以上两项执行确有困难时，报市主管机关解决；(3)直接交易属于正当往来，对本市生产供应影响不大，又非国家和本市的管理物资，原则上按照合同协议执行；(4)以上三项外，一律停止供应。

第三，人民公社对于国家需要的产品，在完成国家统购和收购任务以后所剩余的部分，需要向外出售时，应根据国务院1958年12月20日公布的《关于改进农村财政贸易管理体制的决定》，凡是国家需要的，应当仍然卖给国家，不得在公社之间自行调剂，也不得另行推销。人民公社从国营机构批发的商品，不得向社外转售。

第四，对民办企业(主要指街道居民福利社)各区应加强领导与管理：(1)要逐步促使他们把产销纳入计划轨道，组织国营经济与民办企业挂钩，目前主要是通过合同，对一些加工或制造的民办工业采取加工订货，对一些废品代购的企业抓一些回收工作；(2)掌握他们出售商品的价格和质量，通过协商议价，逐步做到按质论价，加强检查产品质量，防止粗制滥造；(3)对民办企业的工资福利，要协助民政部门研究解决；(4)防止和处理投机违法行为，经常进行思想教育；(5)协同民政部门对民办企业进行一次登记、整顿，但不发给营业证照。

第五，加强采购员的管理。凡外来采购人员，必须持有行政部门的介绍信，经市或区市场管理部门批准，方可在市场进行交易活动；凡出外采购人员，要带有行政部门的介绍信，并服从当地党政统一领导和市场管理规定；本市厂矿、企业采购管理物资时，必须持有本单位证明信。友邻地区厂矿、企业来我市采购物资时，应经有关部门批准(物价委员会、物资分配局)，否则销售单位拒售。

第六，加强价格管理。凡是有牌价的商品，任何部门不得抬价出售、高价收购；没有牌价的商品，不应私自订价，须经区市场管理部门审核批准。委托拍卖行的价格也要审查，不合理的应该纠正。

第七，加强对营业证照、设摊、占用门市部的管理。所有国营、合营、合作经济的工业、商业、运输业、手工业以及厂矿、企业的福利单位和民办企业开业、合并等事项，均依照规定向所在区市场管理部门登记，由区签注意见，报市批准；设摊、占用门市部一律由区市场管理部门按规划批准。

第八，铁路、汽车运输部门，代客行栈、托运栈等，对所有物资外运，生产资料须持有计委或物资分配局批准手续，生活资料须持有物价委员会批准手续，否则不得承运。

第九，对违法行为应本教育为主，处理为辅的方针，视情节轻重，分别性质进行处理。凡给予批评、教育、公开检讨、印贴悔过书、通报、限价出售、收购、依法完税等，以及价值较小的罚款、勒令停业、没收商品等处罚,均由区处理。案件较大者报市批准处理。

第十,各区应在党委统一领导下,加强市场管理工作,提高警惕,克服麻痹,坚决反对违法现象,同时要把市场管理工作尽可能做到管理与辅导相结合,管理与服务相结合。

(选自《工商行政通报》第134期,1959年2月17日)

九、国务院批转商业部关于逐级召开物资交流会进一步做好城乡物资交流的报告的通知

(1959年3月18日)

各省、自治区、直辖市人民委员会:

为了更有组织地发展商品流通,国务院于2月12日批转了商业部等六个部《关于商品分级管理办法》的报告,实行这个办法,将使进一步加强第一、二类商品的调拨和分配的计划性的问题,得到了适当的解决。目前需要解决的另一个问题,是要把国家还不可能直接纳入计划的第三类商品的流通组织得更好。为了使第三类商品的流通也能更有组织有计划地进行,使生产建设和人民生活中各种各样的需要,尽可能得到合理的供应,使人民公社的多种经济能够更有计划地发展,逐级召开物资交流会是一种较好的形式。国务院同意商业部《关于逐级召开物资交流会进一步做好城乡物资交流的报告》,并转发给你们,希组织执行,并将执行情况和取得的经验随时上报。

附:关于逐级召开物资交流会进一步做好城乡物资交流的报告

最近国务院批转了商业部等六个部的商品分级管理办法,规定属于集中管理的第一类商品38种,统一安排平衡实行差额调拨(包括出口)的第二类商品293种,把这些关系国计民生的最主要的商品作进一步有计划地调拨和分配。这些措施,无疑地对解决目前市场上某些混乱现象,使城乡物资交流进一步畅通,使社会主义市场更加巩固和健康,将起着极为重要的作用。

但是,商品品类繁多,能够直接纳入商品流转计划的品种总是少数。如何把庞杂的第三类商品(上述第一、第二类以外的)的流通组织得好,一方面使生产部门能够有计划地安排生产(特别是人民公社能够更好地发展多种经济),另一方面在制止滥行采购之后,避免发生某些商品流通停滞现象,我们认为用逐级召开物资交流会,通过供需之间签订合同的形式,把第三类物资的供应和需求衔接起来,以补充国家计划的不足,是一种较好的方法。

物资交流会过去就是我们在组织商品流通方面行之有效的办法。现在要求召开的物资交流会,是吸取以往的经验,通过生产、流通和消费三个方面参加的会议形式,签订双边的或多边的产、销结合合同(协议),把有关方面的计划衔接起来。这样,人民公社就可以根据合同规划生产、安排劳动力,发展多种经济,同时对生产和生活所需的物资,也可以有计划地安排。工业和手工业部门在原料供应上可以取得更为可靠的保证,据以安排常年生产和销售,也可以有更稳定的市场;商业部门可以有计划地组织三类物资的收购、调拨和合理分配,安排市场,使各种各样的需要,能够得到供应。

国家集中管理的第一类物资,不得参加交流,以免打乱国家计划;国家实行差额调拨的第二类物资,在确保外调和出口任务完成的前提下,如尚有超产或节约下来的部分,也可以参加交流。在进行物资交流时,必须贯彻全国一盘棋的精神,保证重点和照顾原有的协作关系。

物资交流会,可由中央、协作区、省(区)、专、县逐级召开,以便上下结合。县以上的各级交流会,主要是协商各种商品购销指标,签订地区间的总合同;而县级的交流会,则是具体的把这些指标落实。因此,县的物资交流会,应有各公社、生产队领导干部参加,把省(区)、专会议签订的合同任务,具体落实;同时帮助各个公社做好生产规划和劳力安排(包括运输力的安排),这样不仅省(区)、专区级交流会议所订的合同有了可靠的保证,同时也把人民公社的副业生产纳入国家计划的轨道。

各级物资交流会,每年最好分别召开两次。春季一次,主要是通过合同规定供销数字,以安排生产;秋季一次,主要是检查上半年合同执行情况和补充修订合同,进一步保证合同的全部实现。目前为了争取在上半年把市场安排好,我们认为各省、市(区)和专、县最好在三、四两月间都分别召开一

次物资交流会，以安排生产，组织供应。

逐级召开物资交流会，是开展和活跃城乡物资交流，支持国家建设，进一步加强地区和部门协作，贯彻全国一盘棋的方针的一个重要方面。因此，这项工作必须在各级党委的统一领导下，请人民委员会主持进行。参加交流会的，除商业部门外，还应当有工业、农业、手工业、人民公社和有协作关系的地区代表参加。为了保证合同的实现，还可邀请交通部门和监察部门派代表参加。具体组织工作，可由商业部门担负。

以上报告，如无不当，请批转各地参照执行。

（选自《工商行政通报》第139期，1959年4月13日）

十、国务院转发人民银行总行关于加强采购资金管理问题的报告的通知

（1959年3月20日）

各省、自治区、直辖市人民委员会，国务院各财经部门：

国务院同意人民银行总行《关于加强采购资金管理问题的报告》。现在转发给你们，请即认真研究执行。

附：关于加强采购资金管理问题的报告

根据中央1959年2月18日关于立即采取措施制止目前采购工作中混乱现象的指示，并且适应各地加强市场管理的要求，保证市场物资能够有秩序而正常地运转，特就有关资金管理方面存在的问题和应采取的措施，报告如下：

一年以来，各地银行先后改进了信贷资金的供应办法，这对保证工商企业采购原料充实库存的资金需要，便利采购款项的及时划拨，起了很大的作用。但是也存在不少问题，主要是由于领导思想的片面性，对银行工作既要加强服务又要适当监督的原则认识不足。因此，在资金供应上，重视了如何满足企业的资金需要，而忽视了信贷资金的计划管理，企业需款就贷，要多少就贷多少，哪里要就哪里贷；在采购汇款制度上，破除了机械繁杂的旧制度，但是没有根据新的情况，建立机动灵活而又有适当监督的新制度，企业有款就汇，要汇哪里就汇哪里；在现金使用上，强调了为企业服务，便利客户，但是放松了必要的管理和控制，企业存款可以任意提取现金，不愿汇款也可以大量携带现金。由于银行资金管理存在着上述缺点，这就为采购人员盲目采购开了方便之门，在一定程度上助长了市场的混乱现象。

为了贯彻执行中央指示，除了加强信贷和现金的管理以外，现在就有关采购资金的管理提出以下几项措施：

第一，企业所需要的采购资金，应当编入信贷计划，并且，只能在当地银行申请贷款。企业去外地采购，不得将信贷指标移转外地，要求外地银行贷款。

第二，企业在计划以内同外地进行的商品交易和物资调拨，应当统一通过银行按“托收承付”（即委托银行收款）的结算方式办理结算。计划以外到外地临时采购或零星采购，除了按照现金管理的规定可以携带小额现金以外，其余款项必须通过银行汇兑。

第三，采购款项汇到采购地区以后，必须开立专户存入当地银行，不能作为储蓄存款或转存于其他单位账户。采购地银行应当结合当地市场管理部门的要求，切实监督采购款项的合理使用。非经市场管理部门或银行的审查同意，采购款项不得支取现金。

第四，为了便于管理，办理采购汇款时，汇出地银行应在汇款凭证上（或电报上）说明汇款用途并加注“采购”字样。采购地银行发给采购户的各种支款凭证也必须注明“采购”字样，以便于及时了解采购户存款的动向，适当地进行监督。

第五，机关、团体及人民公社派人到外地采购，同样要遵守上述有关规定。各地可以根据当地情况，拟订简便可行的具体办法，认真执行。

各地银行应当根据中央指示的精神和上述规定配合有关部门，对采购资金进行一次检查和清理，并且在经常工作中加强对市场情况的了解和研究。发现问题及时向当地党委和人民委员会反映。

加强采购资金管理，是为了贯彻全国一盘棋的方针，便利生产和商品流转，各地银行在贯彻执行采购资金管理措施的同时，还要教育干部深刻体会党的方针政策，加强服务，方便企业，绝不能把加强

采购资金的管理简单地了解为恢复过去的某些机械繁杂的规章制度。

以上报告如属可行,请即批转各省、市、自治区人民委员会及有关部门研究执行。

(选自《工商行政通报》第139期,1959年4月13日)

十一、商业部、轻工业部、中华全国手工业合作总社关于解决当前手工业供销问题的联合通知

(1959年8月30日)

几个月来,各地商业部门、轻工业部门及手工业部门在贯彻执行中央对恢复与发展手工业生产的指示中,发扬了密切协作、互相支援的精神,有力地促进了手工业生产,供应了市场需要。但是,在供销工作上也还存在一些缺点和问题。表现在有的地区对组织原料、材料供应工作抓的不紧,对某些地方原料和废品废料统筹安排不够,有的原料、材料价格上涨,影响了生产;有些产品由于成本核算和产品价格没有定下来,不能及时与消费者见面;有的单位私自提高产品价格;有的产品质量有所下降。这些缺点和问题迫切需要解决。现根据8月5日中共中央关于迅速恢复和进一步发展手工业生产的指示的精神,特作如下具体规定,各地商业部门和手工业部门,应当结合当地情况认真贯彻执行。

(一)原料、材料供应方面

1. 手工业生产所需国家统一分配的物资,目前有的由国家计委直接分配给各省、市、自治区;有的经由商业部门供应;有的经由全国手工业合作总社分配到各地。除请地方计委对于手工业所需原料、材料的供应工作加以督促检查外,要求各级商业部门和手工业部门抓紧组织原料、材料的供应,按照手工业生产的实际需要,迅速组织下达,保证专料专用;商业部门供应市场的原料、材料,也应当按照手工业生产的实际需要,积极组织供应。同时,在组织原料、材料供应时,还应当从数量和品种上作必要的调整,务使供应计划落实。并且尽量采取直线调运,减少中间环节。

2. 手工业所需要农村生产的原料、材料,主要依靠商业部门统一收购,统一分配,各地商业部门应当加强对这些原料的收购和供应工作。对于国家规定的第三类物资,特别是商业部门暂时不经营的物资(如蛇皮、小杂木等等),当地手工业社、厂可以按照需要提出计划,经过当地人民委员会批准后,在服从价格管理的原则下,到产地自购自用。

3. 废品废料基本上由商业部门统一收购,在可能的条件下,应当优先供应手工业使用。其中手工业所需属于统一分配的物资,由国家计委或地方计委统筹分配。大工厂的下脚料,在统一计划下,手工业部门可以和大工厂直接挂钩,按照统一价格,自收自用。在有传统习惯的条件下,手工业合作社、厂可以通过修理服务的业务,收购某些废品废料(如修配铁木农具的收购废钢铁)。

4. 各部门(包括商业部门)的清仓物资和呆滞物资,建议国家计委和地方计委,按照手工业生产的需要,分配给一定的数量。手工业部门应积极组织所属单位,充分利用这些物资。

各地手工业部门还应当充分利用土钢土铁。凡因使用土钢土铁,生产成本加大,而引起生产单位亏损的,由商业部门在商业利润中进行调剂,商业部门可以不赚钱或少赔钱。

5. 为使原料、材料的供应工作能够满足生产的需要,商业部门应当积极地恢复或帮助手工业部门恢复旧有的原料供应渠道,建立新的原料供应渠道。手工业部门还应当千方百计地开源节流,节约原料、材料,以及利用代用品。

(二)产品销售和产品储备方面

1. 手工业应当根据市场需要制订积极可行的生产计划。检查计划时,要以检查产品品种、数量、质量为标准。产值只是参考数字,不作为检查计划的主要标准。片面地追求产值,追求利润而使品种减少、质量下降的现象,必须改变。

2. 根据商业部门负责安排市场、工业部门负责安排生产的产销分工原则,今后手工业产品仍然基本上由商业部门包销。手工业部门或生产单位现有自销产品,在服从计划管理和价格管理的原则下,仍然可以自销,但不能自行扩大自销范围。哪些产品包销,哪些产品自销,请各地人民委员会根据中央8月5日指示的精神,结合当地情况具体规定。由商业部门包销的产品,应当制定

产品目录，衔接产销计划，由商业部门的当地收购机构，按季（按月）提出产品的品种、规格、质量、数量，订立产销合同，双方严格执行。商业部门没有包销或者包销不了的部分，经过当地人民委员会批准后，也允许手工业部门自销。

3. 手工业的产品储备,原则上是:属于包销的产品,由商业部门负责储备;属于自销的产品,由生产单位、或其上级联社供销机构进行合理储备。

4. 不论是产品的销售方式(包销或自销),或者是产品的储备关系,手工业部门和商业部门任何一方都不得单独变更。需要变更时,须经双方或一方提出方案,报请当地人民委员会批准。

(三)产品价格方面

1. 手工业产品的市场价格原则上不能上涨。必须调整价格时,按照中央规定,由县(市)以上人民委员会审查批准。

2. 手工业产品的收购价格,应当继续贯彻"按质论价、优质优价"的原则,进行等价交换。

3. 商业部门收购手工业产品时,应当根据产品质量和合理成本,给予合理价格。手工业部门和商业部门之间利润的大体比例,由各地人民委员会根据具体情况,加以规定或调整。

4. 包销产品与自销产品的零售价应当基本上一致。生产单位或联社供销机构不得随便提高或降低产品的零售价格。

5. 凡是由于原料、材料价格的合理上涨或者由于试制新产品,而引起产品成本提高的,商业部门在收购时,要保证生产单位不赔钱,并且稍有赢利。收购价提高部分,在销售价格不提高的时候,由商业部门在商业利润中进行调剂。凡原料、材料价格上涨不合理的,各地应及时检查纠正。

6. 凡是由于经营管理不善而使产品成本提高的,生产单位必须大力改善经营管理,厉行节约,降低成本,扭转赔本局面。

(四)公社管理和街道管理的手工业商品性生产,也可以参照上述原则,结合当地情况,研究具体办法,经县(市)以上人民委员会审查批准后实行

大力恢复与发展手工业生产是当前工业和商业战线上的一项紧要任务,是经济问题,也是政治问题。各地商业部门、轻工业部门及手工业部门,应当根据上述规定,本着"全国一盘棋"的精神,作一次认真检查,对存在的一些问题迅速加以处理,并采取各种有效措施,克服右倾情绪,厉行增产节约,同心同德,鼓足干劲大战八九月,争取手工业生产的更大跃进,以适应社会生产和人民生活日益增长的需要。

(选自《工商行政通报》第150期,1959年9月27日)

十二、国务院财贸办公室批转中央工商行政管理局关于当前物资采购情况的报告

(1960年6月29日)

中央工商行政管理局《关于当前物资采购情况的报告》中所反映的问题值得注意。现将这一报告发给你们参考。

附:关于当前物资采购情况的报告

最近,我们对几个大中城市的采购工作做了些调查,并约集了一部分地区的同志进行了座谈,现将情况简要报告如下:

入春以来,随着国民经济的继续跃进和技术革新、技术革命运动的蓬勃开展,各地需要的物资大大增加,反映在采购工作中,也出现了一些新的情况。表现在:

一、采购人员不断增加。例如,天津市的外地采购人员较去年第四季度增加约2倍;上海市黄浦区各旅馆调查,1月份有采购人员1万人,2月份增为1.2万人,3月份续增为1.4万人。第一季度末不完全统计,上海、北京、天津、沈阳、重庆、武汉、南京、石家庄8个城市共有外地采购人员4万多人。

二、采购的数量大,品种集中。例如,上海市人民银行统计,第一季度外地汇沪采购款达6.2亿元,较去年同期增加1倍;广西一个地区交给上海工具商店的采购计划长达52页,仅各种钻头就要8.5万元;北京科学技术大学一个单位即要求在上海采购各种仪器、器材总值在300万元以上。据上海、天津、重庆、武汉等几个城市的调查,外地单位采购的品种,集中在五金工具、交电器材、农药农械以及各种设备等生产资料方

面,一般都占采购总值的80%以上。

三、在采购人员中,来自基层单位的多,来自工业单位的多。例如,天津市对4840个外地采购人员的调查,来自县以下基层单位的占64.7%。其中公社、生产大队、小队派出的就有1074人,占22%。西安市今年派出的603个采购员中,属于工业系统的有425人,占70%。

现在国家不可能对所有的商品都通过计划进行分配。而且,已经纳入计划分配的某些商品,也会因为生产跃进而突破原定指标,在技术革新中,又常需要一些原计划所没有的器材设备。这样,通过采购来弥补国家计划的不足,就成为客观上必然产生的一种流通形式。它对于调剂余缺、支援生产上的某些需要,起着一定的积极作用。但是,目前在采购工作中也还在存在着一些不容忽视的问题,主要是:

第一,某些单位派出的采购人员过多,有很大的盲目性,人为地造成市场物资供应的某些紧张。如甘肃省兰州化工厂第一季度就派出了53个采购工作组;安徽省合肥工业大学十几个系,每一个系都派出了采购人员;辽宁省营口化学耐火材料厂,仅采购6个品种,就计划走8个省。有些采购人员到处乱跑,但并不一定能够买到需要的东西,常常徒劳往返,浪费人力、物力。上海市估计,空手回去的外地采购员约占20%;旅大市3月份派出人数较2月份增加2.8倍,而采购金额却比2月份还低。

第二,假"协作"之名私自以货易货的现象,也很普遍。这种私自易货方式多种多样,有相互易货、三角易货以至连锁式的易货。例如,河北省武清县廊坊电机厂在天津的一个采购小组(3人),由春节到现在,就通过28个人和45个企业单位发生直接的和连锁的易货关系,其中包括各种铁、矽钢片、钢材、冲床、漆包线、黑铁皮等许多国家计划管理物资。南京汽车制造厂私自以8辆汽车与哈尔滨阿城糖厂和江西省遂安县换白糖500公斤,松香200公斤,硝安60吨,木材800立方米。值得注意的是,不少易货是通过黑经纪来进行的,如天津市最近发现由黑经纪组织的"易货黑市"就有3处,经常有几十个采购员来来往往。

第三,少数采购人员违法乱纪行为相当严重,有的已发展到腐化堕落、贪污盗窃的地步,如苏州建筑公司采购员袁耀庭,冒充共产党员,在上海套购五金、交电器材达41万元,并把部分物资转卖给"地下工厂"从中贪污。河北省束鹿县张古庄公社采购员宋玉琨(原重工业部驻津办事处主任,三反中被判刑两年,刑满释放)在天津招摇撞骗,勾结资本家、小业主和一些社会渣滓30多人,并拉拢贿赂物资局两个干部,初步查出套购柴油机34台,水泵28台,钢丝、铁丝105吨,自行车20辆,手表20多只和2万多元的自行车零件。有些采购员,还互相勾结,组成盗窃集团。如上海市发现南京、扬州、安徽等地几个工厂的9个采购员,合伙从冶金局仓库盗卖生铁达24吨。

这些问题,虽然只是当前市场上十个指头中的一个指头,甚至不到一个指头,但如果听任自流,不仅会给社会主义经济造成不应有的损失,而且,也会烂掉一批干部。分析产生这些问题的原因,主要是:(1)某些单位存在比较严重的本位主义和资本主义经营思想,缺乏全国一盘棋的精神,只顾本身,不顾大局。(2)采购队伍不纯。一些资产阶级分子和五类分子掺杂其中。如上海市对常州、苏州两地区的107个采购员的调查,就有私方人员、小业主、小商贩、居间人以及五类分子和刑满释放分子28人,占26%;该市最近对70起情节严重的违法案件的审查,涉及采购员88人,有50人是上述各种分子。(3)在地方工业,尤其是人民公社工业飞跃发展的情况下,有一些主要产品还没有纳入计划。如武清县廊坊电机厂月产电动机100多台,基本上自销;廊坊机械厂第一季度生产6尺车床47台,龙门刨、牛头刨24台,电动切草机101台等各种设备,全部自销。

目前,采购工作中的这些问题,已经引起各地党政的重视,不少大中城市如上海、天津、北京等,已经根据中央4月5日批转广东省委报告的精神,采取整风运动的方法,开展了对采购机构和采购人员的清理整顿工作。有些地区提出,今后必须重视派出采购人员的政治质量,扩大党、团员在采购人员中的比重;所有五类分子、不法资产阶级分子和一贯投机违法分子,一律不准派出做采购工作,派出私方人员采购,必须经过严格审查,一定要政治可靠,手脚干净。

对于物资采购的管理,各地过去都积累了一些经验。总的说来,必须从生产出发,合理地组织市场购销,促进物资交流,来支持工农业生产持续大跃进的需要;同时,必须贯彻全国一盘棋的方针,坚决维护国家计划,发扬互助协作风格,反对本位主义和资本主义经营思想作风,让采购工作有领导、有计划地进行。在具体管理措施上,各地较好的做法是:

一、实行统一领导,集中采购,即按照"一省一头”的精神，按地区、或者按系统建立采购办事处，把采购人员编成辫子，由办事处集中管理他们的采购业务。例如，沈阳市的办法是：(1)中央直属厂、矿的，以部为头；(2)外省的，以省为头；(3)辽宁省内的，以市为头；(4)市属各县的，以县为头；(5)省属大型厂矿的，以厅、局为头；(6)个别特大厂矿和部队，以单位为头；(7)在沈阳未设办事处无口可归的，均以市信托公司为头。这样做的好处是：当地市场管理部门有头可抓，便于统一领导，而且也可以更好地辅导和管理采购人员的业务活动。

二、当地市场管理部门，在管理采购人员业务活动的同时，把他们的生活、学习、思想教育、劳动锻炼、社会活动等全面管理起来；采购人员的党、团关系，也由当地党委切实管理起来。这样，就可以经常地对采购人员进行政策思想教育，让他们了解和遵守国家法令，防止违法活动。目前，有些城市，如上海、武汉、重庆、沈阳、哈尔滨等，正在筹办各地采购人员的办事处，采购人员在办事处内集中食宿，集中学习，集中办公，以便于管理和领导。

三、根据国家物资分类管理的原则，结合当地实际情况，拟定具体的物资管理办法，并把它贯彻到采购工作中去。对于国家统一分配和计划管理的物资，必须坚决服从国家统一调动，保证完成国家计划；完成国家计划以后，需要进行相互协作的，一定要经过省、市、自治区物资主管部门的批准。

四、实行集中交易，开展信托服务。有些城市如重庆、武汉，把物资采购活动以及厂、矿、企业单位的一切计划以外的购销活动，尽量集中到一个或者几个指定的交易市场。一方面，通过业务辅导，组织采购人员入场交易，把暗地里的购销活动，变成为公开交易；另一方面开展代购、代销、代存、代运等信托业务，为采购人员服务，把服务与管理结合起来，节约人力、物力。此外，由于在交易市场中对计划以外的购销活动，实行集中管理，市场管理部门就有可能根据情况，合理地组织这一部分物资的调剂和协作，有利于支持生产的发展。

上面这些做法，是取得了积极效果的，应当继续加以提高，很好地总结经验，把物资采购管理工作提高一步，并纳入国家计划轨道之内。

以上报告，请予审查、指示。

（选自《工商行政通报》第 169－170 期，1960 年 7 月 15 日）

第三章　对资本主义经济的社会主义改造

第一节　对资本主义工商业的进一步改造

一、国务院答复江苏省人民委员会关于资方代表性人物参加国家机关工作后的工资问题

(1957年1月24日)

国务院1957年1月24日答复江苏省人民委员会人事局提出的公私合营企业资方代表性人物,参加国家机关工作的工资问题,兹转录如下:

一、公私合营企业中的私方代表人物,调到国家机关工作以后,可以按照国家机关工作人员工资标准评定工资级别,其中仍兼任企业职务的,如果他们的原工资高于新评工资的,由企业按原工资发给。原工资低于新评工资的,可以按照国家机关工作人员工资标准执行,并且由他们所在机关发给工资,他们原在企业的工资停发。其中不兼任企业职务的,如果他们原在企业的工资高于新评工资的,原工资高出的部分由所在机关以生活补贴形式发给。

二、资方代表人物调到国家机关工作以后,他们仍兼任企业的董事长、董事、监事等职务所领取的车马费,仍由企业单位继续发给,如果该企业已经撤销,或者他们自行辞退上述职务,他们原享受的车马费,应予停发。

(选自《工商行政通报》第85期,1957年2月15日)

二、国务院关于对投资公司今后方针的指示

(1957年1月24日)

各地投资公司过去发挥了积极作用,自全行业公私合营后,除华侨投资公司外,一般投资公司业务较前减少,如果保留原有的组织机构,不合节约原则。同时,自全面实行定息后,一般投资公司均有亏损,原因是投资收入息率低、支付股东息率高,因而息差的亏损及行政费用无法弥补,有的依靠地方财政调剂,有的直接消耗本金。为了解决以上问题,提出如下处理办法:

(1) 除华侨投资公司外,一般投资公司应该采取收缩的方针,撤销行政机构,业务交交通银行兼管,继续吸收社会游资,对外仍以投资公司名义进行工作。所属企业按业务性质分别归口管理。

(2) 投资公司的定息,统一由交通银行收支,息率差额的亏损,由公股上交利润中弥补。

(3) 由于投资公司历来就是采用定息办法,因此亏损不应由私股负担,仍按原来股值定息。

(4)投资公司的人员由交通银行统一安排。

(5) 投资公司原来办理华侨投资的人员、股权和业务,应交华侨投资公司接办。

(6) 华侨投资公司今后业务方针,由华侨事务委员会研究,另行规定。

(7) 各省、市接此指示后,希即指定有关部门和当地交通银行办理交接手续。

(选自《工商行政通报》第86期,1957年3月5日)

三、国务院(第八办公室)关于公私合营企业改变经济类型的规定

(1957年2月28日)

各地在经济改组中有些公私合营企业被并入国营企业,改为车间、分厂。其中一部分是可并可不并的,少数是不应该合并的。这些可并可不并和不应该合并而合并的原因,主要是基层干部急躁情绪和领导干部掌握不够所致。为了今后正确处理这一问题,现提出以下建议:

(一) 公私合营企业,一般不宜过早地改为国营。因为公私合营企业实行定息后,资本家对企业生产资料的所有权已基本改变。为了便于对资产阶级分子的团结教育改造,并为了照顾国际国内政治影响,公私合营企业的名义应该保留相当长的一个时期。因此,今后对改变公私合营企业为国营企业,必须认真掌握慎重审批。

(二) 如果有特殊原因,必须将公私合营企业与国营企业合并改为车间(门市部)或分厂(分店),应掌握下列原则:(1)保证在合并后不减少品种,不影响协作关系。(2)原企业资方实职人员由合并单位包下来,不得降低工资和职位,并不得影响他们原有的社会活动。(3)原有董事会应该保留下来,董事会开支(包括董事薪金车马费)由合并单位负担。(4)由合并单位支发定息。(5)合并后对外仍挂公私合营企业的牌子,内部可编为国营企业的车间(门市部)分厂(分店),并按照国营企业管理制度管理。(6)按照上列原则处理,属于地方领导的企业由省、自治区、直辖市人民委员会批准报国务院备案;属于国务院各部领导的企业,由各部批准,报国务院备案。

(选自《工商行政通报》第87期,1957年3月20日)

四、商业部副部长姚依林就私营商业(工业品部分)改造问题在第七届商业厅局长会议上的发言

(1957年2月28日)

在去年11月全国工商联会议以后,由于一方面规定了定息七年的期限,使大、中资本家的情绪较为安定,另一方面小业主和小资本家“摘帽子”的工作,一时也还不会迅速展开,因此今年的对私商改造工作,估计一般不会有繁重的突击任务,但工作中仍然有很多问题,我们应当根据国务院去年既定的方针政策,去进行更加深入细致的工作。

在公私合营商业方面,今年的中心任务,是逐步建立企业的民主管理,开展增产节约运动和有计划的总结私营商业经营管理的历史经验。在企业民主管理方面,现在有些城市已经开始进行试点,有些城市尚未开始试点,我们要求全国各大城市和各省市商业厅局。在今年上半年选择几个大小不同类型的企业在当地党政领导下进行试点,并将过去在这方面已经做过的工作与今年的试点在6月底以前,做出初步的总结,以便提交下次厅、局长会议讨论。在试点过程中应当注意的问题是:既要正确地发挥广大职工群众参与企业民主管理的积极性,又要不断反复宣传赎买政策,团结、教育和改造私方人员。对于私方人员的工作安排(公私共事关系)问题,应当在试点过程中一并加以正确的解决。在进行试点和总结经验时,应当注意研究在商业企业内民主管理机构的职权范围和民主管理机构与企业各部门之间的分工关系,注意研究发挥企业党组织对企业民主管理机构的领导作用,找出正确的工作方法的界限。

一切公私合营企业应当无例外地参加增产节约运动,其目标和任务与国营零售企业相同。在运动中,除了注意发扬职工群众的积极性外,还应充分注意发扬私方人员的积极性,使他们能发挥长处,为改进企业经营和商品流转服务。目前,在公私合营企业中仍有些贪污和挥霍浪费现象,应当利用开展增产节约运动的机会,在职工和私方人员中进行一次普遍的廉洁奉公爱护国家财产的教育,提倡勤俭建国、勤俭办企业。教育的方式应当以正面的提高觉悟为主,不要发动反贪污的坦白运动和群众检举。对于已经发现的贪污案件,应当进行恰当的处理,其中少数情节严重的可以报请当地人民委员会批准给予必要的处分,并在全体人员中公开地进行教育。在公私合营企业中开展增产节约运动时,要特别注意加强对全体人员的政策教育,使他们懂得增产节约和执行政策是一致的,必须在执行政策的条件下通过企业内部的节约来为国家积累资金,而决不可以采用欺骗消费者和克扣生产者的资本主义经营方法来增大积累,不可以违反国家的计划供应政策和价格政策。

去年有些地方公私合营商店进行了合并,有些是恰当的,但有不少合并得不恰当,使消费者购买不便。在增产节约运动中,应当进行一次检查,合并得不恰当的应当恢复,并应防止在运动中继续发生由于片面地强调领导管理方便和经济核算而盲目合并的偏向。公私合营商店的领导机构(区店)目前一般过多、过大,这在去年改造高潮时期是必要的,但现在已经不必要了,可以适当地精简,合并。公私合营商店的贷款,去年增加很多,这也是必要的,今年一般不应当再增加,并应总结去年经

验,规定每个公私合营商店的库存定额、贷款指标和周转次数。

在小商小贩方面,今年的中心任务是巩固已经组织起来了的合作商店和合作小组和提高他们的社会主义觉悟。有少数地方还有相当数量的小商小贩没有组织起来,应当继续加以组织(只组织过去在城市中长期以小商小贩为职业的或以小商小贩为辅助职业的人,不组织暂时流入城市当小贩的灾区农民和暂时当小贩的季节性临时工)。首先,要注意到今年春、夏可能有相当长的淡季,同时某些商品货源不足,因此要着重负责安排小商贩的营业额和他们的生活。去年国务院在这方面的一切规定,今年仍然适用。安排的标准也和去年相同。其次,去年旺季由于许多商品供不应求,在一部分小商小贩中,资本主义思想曾经有所发展,有少数合作商店成员曾经企图脱离合作商店去单干,有些合作小组不起作用。现在这种情况已经变化了,由于淡季来临,这部分人又将回过来要求国家扶助。除了提倡以旺养淡外,我们还应当对他们扶助,但应当利用这个时机对他们以及全体小商贩通过小商贩代表会议或其他适当形式进行一次深入的社会主义教育,使他们了解不依靠国营经济领导去单干是没有出路的,他们去年旺季时在市场上投机倒把、追逐高利是对国家建设和稳定人民生活不利的。第三,由于去年旺季的经验,使我们看出在商品供不应求时投机倒把发大财的,主要是尚未公私合营的小批发商和倒卖生产资料的行商,其中有些人赚钱很多。我们又看到有些城市由于已经把他们纳入公私合营了(例如北京东晓市、上海城隍庙),因而就基本上避免了少数人发大财的情况。但在另一方面,我们又看到尚未公私合营的小批发商和经营生产资料的行商以及由小批发商、行商组成的合作商店在活跃物资交流上有一定的积极作用,特别在物资基本平衡或某些商品暂时供不应求的条件下,其作用可能更大。因此,我们建议有关城市对这个问题进行一次全面研究,暂时不要把尚未公私合营的小批发商、行商一律组织定股定息的公私合营商店。第四,从合作小组成员中提取互助合作基金以补助小组成员公共福利的办法已有不少地区试办,这种办法为多数小组成员所拥护,只有少数收入较多的人不大愿意,证明是可行的。我们建议各地在1957年中继续稳步地推广。应当把这种办法看作巩固合作小组、发展合作小组的社会主义性质的重要方法之一。第五,继续加强中心店工作。合作小组既是长期存在的一种商业组织形式,领导合作小组的中心店也应当是一种长期性的组织设置。中心店的设置原则应当是便于安排、改造小商贩同时又节省费用开支,凡是不符合这个原则的,经研究后加以适当调整。商业工作第六期(2月7日)有篇《怎样设置领导合作小组的中心店》的专论可供参考。中心店在加强对合作小组业务领导的同时,还要注意经常地对他们进行社会主义教育。

今年我们有可能抽出一部分力量来总结我国私营商业在经营管理上的历史经验。上海已经选择了十几个企业作为研究对象,发动全体职工与私方人员对这些企业历史上的经营方法和内部管理制度进行全面的总结。建议各地也进行这项工作。商业部准备抽出一部分人力,随时汇总整理与出版各地送来的资料。这是我们批判地接受我国历史上商业遗产的重要方法之一。

(选自《工商行政通报》第87期,1957年3月20日)

五、国务院关于新公私合营企业的领导干部工资问题的通知

(1957年3月20日)

近来许多省、市询问,新公私合营企业的领导干部增加工资过低要求照顾,并提出是否可以从1956年4月起补发工资等问题。兹综合答复如下:

领导干部工资增长的控制问题,党中央和国务院早已作过决定,各省、市必须认真贯彻,有些省、市对此自行作了决定,显然是不对的。

新公私合营工业企业的正副厂长、脱产的党支部书记和工会主席,商业企业中区店及总店(中心店)正副经理、脱产的党支部书记和工会主席,他们的增资幅度,应该按照企业平均工资增长的幅度计算,如果企业平均工资增长的幅度超过13%,企业领导干部增资的幅度最高也不得超过本人原工资的13%;如果该企业职工不增加工资或增加很少,企业领导干部就不增加或少增加。对私方人员不再额外照顾。小厂小店的经理或厂长,他们的工资增长应该与职工一样,即职工加多少,他们也加多少。公方代表或由国营、老合营企业及国家机关调入新公私合营的职工,此次

增加的工资一律从 1956 年 7 月 1 日补发，不得提前。以上各点，希各地遵照执行。

（选自《工商行政通报》，第 89 期，1957 年 4 月 20 日）

六、国务院关于修改私方人员病假期间工资支付办法的通知

（1957 年 4 月 17 日）

各省、自治区、直辖市人民委员会：

关于本人股金在 2000 元以下的私方人员病假期间工资待遇办法，1956 年 11 月 24 日《关于私方人员的疾病医疗和病假期间的工资待遇问题的意见》中已有规定，根据实际情况，因工龄问题和非工会会员问题，病假工资不能解决他们病假期间的生活问题，为此，特重作如下规定：

计算私方人员病假期间工资时，可根据生活困难情况或病假的时间长短，按照本人工资发给 50% 至 70%，不必按工龄和非工会会员的标准计算。

此项办法，自本年 4 月起实行。

七、国务院为贯彻私方人员病假期间工资支付办法的通知的函

（1957 年 5 月 31 日）

各省、自治区、直辖市：

4 月 17 日资云字第 5 号"关于本人股金在 2000 元以下的私方人员病假期间工资待遇，可根据生活困难情况或者病假的时间长短，按照本人工资发给 50% 至 70%，不必按工龄和非工会会员的标准计算"的通知，据反映，有一些地方尚未实行。为解决私方人员病假期间的生活问题，望加以贯彻执行。

关于本人股金在 2000 元以上的私方人员病假期间工资，只要确有困难，也可以参照上述的支付办法办理。

八、国务院颁发《关于公私合营企业私方人员死亡待遇的试行办法》的通知

（1957 年 9 月 6 日）

现将 1957 年 9 月 4 日国务院常务会议通过的《国务院关于公私合营企业私方人员死亡待遇的试行办法》发给你们，请即依照施行。

附件：关于公私合营企业私方人员死亡待遇的试行办法

一、私方人员因公（工）死亡后，其丧葬和抚恤费用，给以和本企业职工相同的待遇，由企业行政费用开支。

二、私方人员非因公（工）死亡后，可按其家庭经济情况发给 1 个月左右的企业平均工资作为丧葬补助费用；如果家庭生活确有困难者，酌情给以救济，一次付给，最多不得超过死者本人工资 3 个月。以上均由企业行政费用开支。

三、（略）

九、国务院第四办公室副主任周光春关于公私合营工业改组改造工作在全国工商联召开的省、自治区、市工商联秘书长会议上的发言

关于公私合营工业改组改造中的工作，我想说明以下几个问题：

（一）一年来可以看出公私合营工业有很大的优越性

1. 生产关系的基本改变已经产生了很大的力量。我们参观一些公私合营工厂，由于生产关系的改变，职工情绪有很大的提高，劳资问题大大减少。职工主人翁的感觉表现很明显，公私合营后，私方人员工作条件比从前好了，经过党的教育，职工对私方人员的行政权力一般是尊重的，使他们有职有权，发挥了他们的积极性。

2. 合营一年来，工厂的生产状况有很大改变。除了少数企业以外，产量提高很多。据估计一般提高 30% 以上。这虽然不能完全归因于公私合营，但生产关系的改变是一个很重要的条件。公私合营工业生产的提高，适应了市场需要，支援了轻工业、农业和出口的需要。同时，也为国家积累了资金。

3. 一年来，公私合营工厂在提高质量方面，做了不少工作。从工作中看，质量有规划的与质量没有规划的效果不同。在合营工厂技术力量缺乏的情况下，要提高产品质量，就需要进行一些工作，有的地区把一个行业的技术人员组织起来，有事"群

医会诊”,无事各回生产岗位。按专业成立小组,研究关键性问题,取长补短,解决困难。天津有的针织厂质量提高很多。上海有一家很小的袜厂,生产尼龙袜,质量比香港货要好。这家厂的私方人员对袜子很有兴趣,经常研究。有一个印染厂的技术人员用很长时间,收集了一千多种印花布的样本,每种都有详细的配方。这许多人都有强烈的事业心,肯刻苦钻研,都是国家的财富。把他们组织起来以后,起了很大作用。

4. 在经营管理方面,有不少合营厂是做得比较好的。如天津有一锅炉厂有30人,只有3个脱产干部,管理得不错。其他如有些布厂、针织厂,厂很小,管理得还紧凑。有的私营时期长期赔累、业不抵债的,在合营后已转为盈余。

5. 绝大多数工厂在不同程度上改善了职工劳动条件。过去停工、停薪、停伙的情况,是一去不复返了。私营时间拖欠职工工资的企业,合营时划归企业归还的,绝大部分归还了。少数困难行业,也还了一部分。

此外,还提拔了工人积极分子,对私方人员,根据能力作了适当安排。

从以上几方面看,公私合营的优越性,是无可怀疑的,这是改组改造工作的主要方面。不能因为在改组改造工作中有缺点,就说公私合营没有优越性;也不能因为工作有成就,而忽略了工作中的缺点和问题。

(二)目前公私合营工业存在哪些问题以及如何解决

1. 经济改组工作。通过一年多的实践,现在看来经济改组的中心问题在于大厂和小厂的安排。我国是否只需要大厂,不需要小厂?或者是应有大厂,同时又有小厂?有的同志认为要搞社会主义,就要搞大厂。因此设想把现有的小厂并成大厂。他们这些想法是有原因的,第一,在解放后到高潮以前,我国中央国营工厂都是大厂,地方国营和老公私合营工厂也不小,所以在思想中认为社会主义工厂应该是大厂;第二,要搞机械化;第三,从职工福利出发,只有搞大厂才能造大的集体宿舍、托儿所等等。还有一个重大的原因,是高潮之初我们曾经介绍了一些裁、并、组、合的经验,但对小厂的特点强调不够全面。当时搞大厂是深入人心的,我曾先后找了40多个厂座谈,听取意见。不论从工人方面、干部方面和私方人员方面,都喜欢搞大厂。如果当时投票的话,估计有90%的人是赞成搞大厂的。

如果把全国的小厂都并成大工厂,全国11万户的公私合营工厂并成大厂不过2500户(每厂平均500人左右)。大厂就要产品专一化,那么成千成万种商品,就没有人生产了,买不到的东西,就多了,不能满足人民的需要。从这一意义上讲搞大厂不要小厂是不对的,必须大厂小厂同时并存。

自动化、机械化也是好的。但是我国有6亿人口,每人平均土地很少。如果农村都用拖拉机耕地,工厂很快地都机械化、自动化了,劳动就业问题就很大,从国家财力、物力看,也不能这样快。所以在我国条件下,机械化要看是哪些产业部门,钢铁、机器制造、化工等行业要机械化以至自动化,日用品行业,服务性行业就不忙于机械化、自动化。

至于多搞些福利,灯光球场、喷泉、假山,也都是好事,但要从6万万人出发,现在生活困难的还不少,这些事情应当逐步做。我们最近参观一些工厂,感觉有些福利并不是工人最迫切的要求。福利一下子搞的太多,对工人教育并不好。不但老厂不能这样做,新厂现在也不能这样做。工人与农民之间,产业工人与手工业之间,虽然不能平均,但也不要悬殊太大。所以福利问题,既要随着生产的提高而逐步提高,也要和全国人民生活逐步上升相适应。

我们认为:现在的大厂是需要的,小厂也需要的,小大由之,不要勉强,这种情况不是几年所能改变的。

在经济改组工作中,大体上有以下几种做法:

第一种是把小厂并成为大厂。并厂在某些情况下是必要的,私营时期的设厂,由于受私有制的限制有很多是不合理的,是应该并的,花费不大,收获不小。如天津南开区在一个厂房里有2家小布厂,背靠背,中间只隔一道墙,据了解这两家布厂本来是一个厂,后来兄弟分家,才打起一道墙,这是受私有制的约束。只要把墙拆除,就并成一个厂了。也有些小厂,工序相连,并起来可以提高质量降低成本。如有的漂染工厂,漂白的纱要用地排车拉到布厂去,一刮风白纱上染上一些灰土,影响质量,这样就可以并入布厂,成为一个车间(如果这个漂染厂只为那个布厂加工的话)。有的小翻砂厂只为一个厂加工,也可以并。全国11万家合营工厂经过一年来调整改组,现在并成了5万~6万个生产点。

合并了一半。检查起来其中如上面所说的有很多是并得对的。也有一部分并得不对,其中有的是由于并厂的条件没具备就并了,使职工在生产和生活上感到非常不便;如有一翻砂厂合并后厂房过于拥挤,连一条走道都没有,走路不小心,就会烫伤了脚。有的200多人的工厂,小便池只有一个人的位置。另外,还有小部分厂是不应该并的,如把二、三十个弹棉花的并在一起,把许多铁匠炉并在一起,生产设备和劳动组织都没有改变,这样集中生产和分散生产并没有多大差别,反而增加了困难。有些不同的产品也并在一起,如把做复写纸的和做粉笔的并在一起,都没有什么道理。这些并得不对的,应适当分散。

第二种是把一个厂作为厂部,其他很多厂都变成了这个厂的车间,实行统一核算盈亏。这样在生产上没有什么改进,但是在经营方式上出现许多缺点:首先小厂成为车间就不能对外,厂部叫它做什么,就做什么,小厂的积极性受到影响。有的同志认为,合营之后,小厂无所谓积极性了,这样看法也是不全面的,从私方人员来说,私营时期,私方有利可图,有资本主义的经营积极性,合营之后,不像私营时期了,但是,合营工厂如由他负责,厂办得好他有功劳,办不好也有责任。再加上以后可能要建立一些奖励制度,在政治上经济上私方人员还是有积极性的。对职工来说,统一核算盈亏之后,大家认为好与不好还不是拉平,积极性也会下降。其次在统一核算盈亏后,把原有的各种业务联系切断了,这样问题就大了。据说马连良到沈阳唱戏,要按照过去情况,第二天就可印出戏报来。但是现在戏院原有联系的印刷厂变成了别厂的一个车间,对外不能承接业务,到厂部印戏报要经过供销、计划、成本、生产等科,办很多手续,结果半个月才能印出来。第三,厂部统一供应原材料,不切实用,形成人力物力浪费。供销科只有2、3人,不可能对所有各个车间的用料都很熟悉,结果弄得原料规格不对路,供应不及时,采购人员很忙,车间却停工待料。这种以一个厂为厂部另外的厂作车间的办法,除极少数工序相连者外,好处不多,应当有准备地分散。

第三种是厂名不变,分散生产、统一核算盈亏。这种情况实质上和第二种相同。

如果我们很好地研究一下各地工业形成的历史,对经济改组确属有益的。譬如说,有的城市有些行业比较集中,如天津纺织业集中在南开区,小五金工厂集中在三条石、南竹园村,上海汽车零件行业集中在威海卫路,广州的小五金业集中在同福路。为什么是这样的呢?工业的集中同这个城市的发展历史有关系,和周围的需要有关系。所以,各地工厂的分布,一般说来有它的一定的历史原因和客观需要。我们曾经参观过一个铁工厂,字号匾额上画着30多种产品的图样,另外还写着“代客修理装配零件”等字样。我们参观的时候,这个厂的牌匾仍在,但实际上已经改为只做锉刀毛坯的车间了。门口写上“本厂已改为车间,对外概不营业”,这里可看出对顾客感到不便,不知有多少顾客跑了冤枉路;劳动力使用不合理,原来会做许多活的现在只做一种活了;在厂房使用等方面也有不合理的现象。

经济改组中问题很多,有些问题,过去我自己就很不明确,去年我曾赞成统一核算盈亏,理由是合营了,对统一核算盈亏的后果估计不足。根据现有材料,开始有些线索。现在看来,小厂分散独立活动还是好的。但是到现在为止,经验很少。高潮初期,各地曾经采取各小厂分散生产,各计盈亏,另设一个小的领导机构的做法,有的叫中心厂,有的叫基点厂。后来并大了才把小厂变成了车间。我们认为原来这样做法还不错,请大家研究。

2.企业管理问题。公私合营工厂应该怎样管?这是一个问题。广州有的私方人员反映:公私合营工厂有三多:就是报表多、会议多、人员多。我们过去也了解一些情况,但是不具体。

(1)报表多。我们曾花了一个多月的时间,专门摸了一下报表问题。全行业公私合营后,新合营工厂归工业部门管理。工业部门同时还管老公私合营工厂和国营工厂,当时还来不及区分新合营工厂怎样管。原来私营工厂报表有多、有少、极不一致。中央有关部门还来不及制定新公私合营工厂的报表,为了适应管理要求,于是工业部门对新合营工厂报表只能采取“参照执行”的办法(意指参照国营、老合营厂)。这样一来,参照执行程度有大、有小,报表就有多、有少。有的已参照得差不多了,个别的还有超过。有一个三、五十人的小厂,就有三、五十种报表,平均每人有一种报表。申新纱厂共有900多种报表。报表多表现在三个方面。第一,报表种类多。如劳动、财务、计划等等。其中又分明细表、综合表和分析表等。第二,报表内容多。分项、科、目、小计,“四世同堂”。有的一张报表有

225个指标。第三,要表的单位多。银行、税务、区委、区人委、卫生部门等都要,有的还要全部报表。一个工厂问区工业科长,我们报表要精简了,你们要哪几种报表?回答是你们有什么报表全要,实际他们只有3个人,都是专家,也来不及看。此外,一次性的调查也很多,有的单位据说是为了避免滥发报表,发了一些调查提纲,但内容很复杂,限期很迫促,只得加夜班。现在财政部、国家统计局已发出简化报表的通知,约比现有的报表减少一半以上。

(2) 会议多。北京有一个厂长,在一个月内开了24次会。一个厂长一度不知道本厂的生产计划完成得怎样,因为他在那半个月中到外面开了13天会(除了星期,是天天在开会)。会议为什么这样多?主要是由于领导多头。如果来一个中心工作,如增产节约、工资改革等等,就要连续开好多次会。市人民委员会要开会布置,工业局要开会,工业专业公司也要开会;区委或区人委要开会,区工会也要开会。如果每次会听了报告后还要讨论,那会议的次数就更多了。假使这个厂长又是人民代表、政协委员和民建、工商联的领导人,那么会议就更多。如果厂里出了一个劳动模范,创造发明了新的东西,或出了重大事故,那就更难于应付。难怪有的工厂反映:“红白喜事做不起”。如何减少会议?我们同各地研究,要各有关单位派人“把口”。例如工业专业公司指定专人统一安排会议,每星期找厂长开会争取做到不超过1次。区级机关由区委指定专人“把口”。市级机关由市委或市人委指定专人“把口”。那么大概厂长一个月有6次会就差不多了。再加上机动2次,每月大约8个半天,实在不能再多了。还有过去什么事都找公股代表开会,有的地区已经按公私方厂长的分工参加会议。

(3) 手续多。有一位私方人员说,要办一件事,“过五关、斩六将”不能形容其麻烦。有一小工厂,饭堂屋顶年久失修,打报告给专业公司,回答说:不能在行政费开支,要在福利费开支。打报告给区工会,工会说:福利费只能开支一部分,另一部分要在行政费开支。又打回给专业公司,不能决定,请示工业局,局长批示还要在福利费开支。等到这个问题往返几次解决了,但买不到材料,找不到承包单位,几个回合就碰到了年终冻结,结果还是向职工检讨了事。有一个500人的针织厂,厂长说:现在我们能有1600元就好了,因为该厂出品汗衫缺少120公分的尺寸,要改进设备,要化1600元。而厂长的权限只限于200元以内的开支,公司经理也没有权,要层层请示。

现在有关方面正在研究,目前工厂权力太小,需要放大些,办事手续也要简化些。

(4) 机构大、人员多。有很多原因,如安排私方人员,提拔工人,上下对口,报表多,手续烦等等,都是编制大、人员多的原因。这个问题要釜底抽薪。把报表减少了,会议减少了,人浮于事,会闹情绪,那就要精简。可以把科里的人减少,也可以把科改为股(组)。精简后这些人到哪里去?干部中原来参加生产的工人和私方人员,在自愿原则下,可以回到生产岗位。有的工人原是五、六级技工,提拔为行政管理人员后,工资增长受到了限制。有的私方人员有一、二十年的生产经验,有相当技术。对生产工作熟悉,对行政工作不熟悉。这些人要求回到生产岗位。必要时仍保留他们原来的副厂长等职务。讨论大事的时候,因为他们是副厂长,一定要请他参加。同时,他们又是工人,平时受车间组长领导。从工人中提拔的干部,如果都脱离生产,坐在办公室里搞文件,他们感到很生疏;也会慢慢地脱离群众。采取不脱产或半脱产的办法就更能反映工人的意见,代表工人利益。但是这个办法只能慢慢来,不能一阵风。要让在提拔的干部中最有威信的工人干部先回去。私方人员中也要先让进步的、技术高的人先回去。否则别人会怀疑他回去是因为不称职。

企业管理方面发生的这些问题的根源,也是与大厂、小厂问题分不开的。去年七、八月间我们只是抽象的提出管理小厂不能用大厂办法。但是公私合营的七、八个人的小厂和四、五十人的小厂,究竟怎么管?要设什么机构,建立什么制度?还是待解决的问题,建议把小厂的经验总结一下。

我曾听一个小厂汇报,听出一经验。“缴旧换新”,就是领器材——如梭子、纱管、手套等,要把用旧了的东西交回才能换领新的东西,领用很节约。公私合营后把这条无形取消了,变成有求必应,器材消耗增加了很多。有的厂每月发给工人手套二副,口罩一个,结果用不完,供给全家人用。还有一个厂原来有一下班就关电灯的规定,合营后,也无形取消了。这许多不成文的制度被无形取消,是由于有些工厂在否定旧的生产关系的同时,把旧的管理制度也一概否定了。我们认为对待私营时期的一些管理制度,应采取批判态度,好的应该保留下来。

(三)政治思想工作问题

1. 对合营工厂的优越性,要讲明白。公私合营工厂有没有优越性?这一问题在有些私方人员中间没有解决,有的职工也有疑问。

2. 在职工中继续进行赎买政策的教育。这不是很短时期所能完全解决的问题。这个理论性问题,今天在合营工厂中,已成为现实问题了。要从6亿人的利益出发,要通过具体事例来进行教育。

3. 通过工资改革,在工人中进行个人同国家的关系、工人与农民的关系、今天与长远的关系的教育。社会是一个整体,社会生活是互相制约的。如果只有一部分职业的工资、福利上升很快,别的事情就没有人干了,这是不可设想的。青年工人多花钱,老年工人也有意见。只有做好这个工作,才能使大家树立主人翁的态度。

4. 加强勤俭办厂的教育。从国营工厂调到合营厂去工作的同志,都能体验到公私合营厂的艰苦朴素的精神。我们看了很多50人以下的合营工厂,只有一个药厂有沙发。有的接待我们坐在厂长的床上。但是个别的还有浪费。有一个小厂的厕所,造价每平方公尺100多元,比该厂的办公房和宿舍还漂亮。生产方面的煤、电、原料等也是有浪费的。

(四)对私改造问题

当前工商界的主要问题,正如全国工商联在增产节约的指示中所指出的有松劲情绪。有人反映:定息七年以后,有五年睡觉、二年改造的说法。有的人早上逛公园、中午上馆子、晚上进澡堂,不能按时上班。这样的人虽是少数,但是反映出对前进奋斗目标不明确。机关干部也是这样。有奋斗目标的,工作、学习、生活都很正常。如果没有奋斗目标,必然会松懈。私方人员当然也不能例外,得过且过是不对的。工商联要帮助他们订出自己的工作,学习奋斗目标,定期检查。以企业为基地,与公方一起学习,来解决这一问题。

公私共事关系正在趋向正常。但是目前还存在着“相敬如宾、相对无言、相安无事”的消极情况。贾拓夫主任在国务院四办、五办、八办召开的工商座谈会上要求做到“互相尊重、互相协商、互相批评”。这样,就把消极变为积极。

对私方人员的管理问题。过去干部工作中,对私方人员管理很不健全。关于私方人员的培养、教育、调动、提升,应当由工业局、工业专业公司、工厂分级管起来。属于代表性人物,协助有关方面管理。

今后在工作中,希望工商联、同业公会多开些交流经验的座谈会。如果要求公方参加,公方要尽量参加。特别是搞增产节约运动,职工和私方人员在私营时期,克服困难有很多经验,在生产经营管理方面,也有很丰富的经验,需要大家共同努力。

最近想研究私营时期和公私合营以后的经验。把一点一滴的经验积累起来,慢慢就形成一套管理小厂的经验。

上海普陀区委有一个很好经验——开小型座谈会交流经验的经验。他们取得这个经验,有一个过程,是很生动的。开始时,他们开的是大型座谈会,由纸厂厂长介绍经验,其他工厂厂长听了不感兴趣。后来他们改为开小型座谈会,介绍纸厂厂长的经验,只是邀请纸厂厂长参加。介绍炊事员的经验,不是炊事员就不必参加。这样就开得很成功。

总结小厂管理经验的座谈会,也要开小型的。有些具体的经验,只能是一个行业、甚至一种产品的范围内交流。这些经验,可以用消息报导、座谈纪要、经验介绍等形式,送请新华社、人民日报、大公报等方面发表。

(选自《工商行政通报》第92期,1957年6月3日)

十、国务院批转国务院第四办公室、纺织工业部、轻工业部、食品工业部关于召开全国公私合营工业座谈会的报告

(1957年8月6日)

国务院同意第四办公室、纺织工业部、轻工业部、食品工业部《关于召开全国公私合营工业座谈会的报告》,现转发各地。希望各省市注意研究公私合营工业,特别是小厂的生产和管理工作,逐步摸索出一些好的经验;中央各有关部门要及时加以总结和推广。

附:关于召开全国公私合营工业座谈会的报告

今年3月间,由国务院第四办公室会同轻工、纺织、

食品三部，召开了公私合营工业座谈会。一年来，各地在加强公私合营工业的生产领导和改组改造方面做了许多工作，取得了显著的成绩，这是情况的主要方面。同时，由于去年社会主义改造的高潮来势很猛，我们在这方面又缺少经验，因此，工作中也还存在着不少缺点和问题，需要逐步加以解决。

这次会议着重研究了加强公私合营工厂的管理工作，这是目前办好公私合营工厂的中心问题，会议认为应当从以下几个方面着手改进。

(一)加强公私合营工厂的政治思想工作，切实贯彻群众路线和勤俭办厂的方针。为此，必须继续对职工进行赎买政策的教育，注意团结、教育和改造私方人员；通过合营前后的对比，对职工讲清楚国家建设和个人生活改善的关系，以及目前利益必须和长远利益相结合的道理，发扬艰苦朴素的作风。必须教育干部，加强内部团结，正确执行统一战线政策，克服某些官僚主义、宗派主义和主观主义的倾向。

为了进一步扩大企业管理的民主范围，加强群众监督，会议认为应该在公私合营工厂中建立包括职工代表、公方代表和私方代表在内的工厂管理委员会；各地应该对此进行试点，及时总结经验，逐步推行。中心厂所属的小厂没有公方代表，应当以小厂为单位成立包括职工代表、工会干部和私方代表在内的工厂管理小组，负责协助与监督行政搞好生产。

(二)工业管理部门应当根据公私合营工厂规模的大小，结合现在的管理基础、技术设备条件、产品品种繁简、从事制造还是修理、经营方式、生产集中还是分散等条件，提出不同的要求，分类进行管理。公私合营工厂绝大部分是小厂。这些工厂虽然在生产和管理方面一般地有落后和不合理的一面，但是，它们又都是生产经营灵活，产品多种多样，选料取材方便，协作服务面广，能够便利群众和适应社会多方面的需要。根据这些特点，对它们的管理要求和管理办法，应该比国营大厂简便灵活，不能离开这些具体情况而生搬硬套国营大厂的办法。

大中城市公私合营工厂较多，除了一部分由工业局或工业专业公司直接管理以外，对地区相邻，行业相近的小厂，可以在各计盈亏的基础上，按片联管，由公方代表、私方代表和少数职能干部组成几个人的短小精干的联管机构(又名中心厂或基点厂)，负责监督和检查所属各厂生产和财务情况，组织经验交流，配合党委加强政治思想工作，帮助解决各厂提出要求解决问题。这个机构虽然是一级管理组织，但主要负责督促检查，不要对所属各厂提出过多的管理要求；上级机构也不要对联营机构作过高的要求。联管机构的负责人一般不宜兼任所属工厂的厂长。还有一些不便联管的定息户以及自负盈亏的小厂，如果说它们不需要在全市范围内按行业统筹安排生产，则可以交给区级机关管理。

专区、自治州、县的工业管理部门对所属小厂，也可以只监督和检查生产财务情况，组织经验交流，配合党委加强政治思想工作，帮助解决工厂要求解决的问题；不要自上而下的提出过多过高的要求。

(三)报表多、会议多是目前多数公私合营工厂管理工作中突出的问题，必须认真加以精简。有关公私合营工业会计、生产、劳动、物资的定期报表，已由财政部和国家统计局下达简化报表的通知。其他报表，尚希中央和地方各有关部门研究加以精简。为了改变厂外会议多的现象，建议由大中城市的市级机关、区级机关和工业管理部门分别指定部门“把口”，统一安排所属单位要召开的会议。此外，合营工厂的公方和私方厂长应该适当减少厂外兼职，要有明确分工，不必事事要公方厂长出面。工厂内销也应统一规划，各方面的活动要加强配合，不必要的会议，要认真精简。

(四)公私合营工厂的管理机构和非生产人员一般都比合营以前增多。人员增加的原因，一方面是合营之后，安排了私方人员，提拔了工人干部并派公方代表进厂；另一方面是有些工厂为了适应有关部门的要求或机械搬用国营大厂的一套组织形式。为了逐步改变这些现象，上级各有关部门对公私合营工厂，特别是小厂，不应该强调组织机构的上下对口，必须根据工厂的生产需要和可能条件，灵活规定，不能作机械的统一规定。应该允许工厂对现有职能机构，根据实际情况，作必要的合并或调整；职能人员可以一个人兼管几项工作。规模较小的厂，一般可以不设车间，由厂长直接领导生产小组；规模较大的厂，可以只设车间，不设工段。管理人员(包括车间主任、工段长)应当尽可能地不脱离生产或半脱离生产。有技术的工人提拔为脱离生产干部和原来参加生产的私方人员安排为管理人员,如果本人愿意回到生产岗位去,可以在不减少其现在工资收入的条件下,让他们回到生产岗位,或者一部分时间参加生产。

(五)各地对公私合营工厂的权限,一般还没有做出明确的规定,因此,会议对公私合营工厂的财权和人权提出如下建议,做为暂时的过渡办法:

1.基本建设投资可以允许工厂在批准的本年投资总额内,有10%以内的变动项目的机动权,但总数不得超过1000元至3000元。至于各厂的具体限额由省市根据工厂性质及规模大小加以规定。此项资金不得挪用非基本建设开支。

2.四项费用(零星基建、技术组织措施,安全技术措施,新产品试制)的开支,在上级核定的计划限额内,可以由省市根据工厂性质及规模大小做出规定允许工厂在本年四项费用总额内有20%-50%的机动权,由工厂自行开支,但不得挪作非四项费用开支。

3.大修理基金的提取和开支,由地方自行决定,工厂根据规定执行。

4.企业奖励基金的开支,由工厂自行决定。

5.超额利润的30%上缴财政;70%留交工业部门,给工厂留多少,由各省(市)工业厅(局)决定,留给工厂的部分,其开支由工厂自行决定,可用于流动资金、组织技术措施、福利设施等方面。超额利润提成部分年终结余不冻结,可以结转下年度继续使用。

6.凡招收新生产工人和其他非生产人员,应该严格按照上级的指示办理,不得自行招收。

7.副厂长以上的干部和工程师的调动、任命和处分经上级决定;正副科(股)长、正副车间主任以及一般技术人员的厂内调动,由本厂决定,但需报上级备案;其他干部的厂内调动,均由本厂决定。

8.对职工规定新的奖励制度或重大处分,如开除、降职、降薪应该报上级批准;一般性的处分如记过、警告等可以由工厂自行决定。

9.厂长请事假3天以上,应该报上级批准,其他干部请假,由工厂自行批准。

以上有关报表、机构、权限的意见,只适用于省市工业厅、局或专业公司的直属厂和联管机构。联管机构所管的小厂和专区、县所管的小厂则由各地工业管理部门另行规定。

会议研究分析了各地去年改组并厂的情况,认为去年并厂中,有一部分是并对了的,也有一小部分是并错了的,还有一部分目前还看不清楚是对还是错的。不少工厂,通过改组,提高了生产,改进了产品质量,保持和增加了花色品种,降低了成本。有的工厂在改组以后能够便利用户,适应消费者的需要。这些工厂一般都初步的改善了职工的生活福利和劳动条件,发挥了职工和私方人员的积极作用。

但是,在1956年改组工作中,也存在着不少问题和缺点。有些不应该集中的集中了,有些虽然可以并厂但当时条件还不具备就进行并厂,尤其是将那些分散单独生产商品的工厂,当作基点厂的车间,或者是虽然没有当作车间,但是也采取了统一计算盈亏的办法,以致一度引起了生产或经营方面的困难。

会议认为目前改组工作,需要继续加以整理。对改组后尚有问题需要解决的,应该积极设法解决;对不应该合并而合并了的,如果有条件分散,应该有计划、有步骤地适当分散;特别是对那些统一计算盈亏不妥的或者不应该作为车间、工段的,就需要尽可能地改为独立生产、各自计算盈亏。这些工作应该慎重研究,充分准备并经过省市工业厅局批准后进行,以免发生新的混乱。今年一般不再并厂;采取联管形式的,一般不再实行统一计算盈亏。某些地区的少数工厂实在必须并厂或联管起来统一计算盈亏的,应该事先经过省(市)人民委员会审查批准。

为了加强对私方人员的团结教育和改造工作,在公私共事方面,应该强调"互相尊重、互相协商、互相批评",而不是"相敬如宾、相对无言、相安无事"。关心和推动私方人员参加社会主义劳动竞赛和政治理论学习,继续放手使用私方人员,使他们在自己的工作岗位上有职有权,同时督促和帮助他们守职尽责。对他们的缺点和错误,应该进行适当的教育和批评;违法和严重失职的,应该适当处理。各级工业管理部门,对私方实职人员应当按照人事管理的分工,分别加以管理。

公私合营工厂在充分发动职工开展增产节约运动时,应该运用新合营厂的特点和私营时期克服困难的经验,积极设法节约原材料,寻找新的生产门路,从事多样性生产,恢复或扩大修理服务业务。在增产节约运动中,必须切实保证产品质量,重视生产安全。在招揽任务和寻找原材料时,应该从整体出发,互相照顾,克服本位主义。商业部门对于这些工厂加工订货和收购的办法,也应该照顾到发挥工厂克服困难的积极性。

对所有上述这些问题和工作,要求在1957年内做出更大的成绩来。希望各地工业管理部门的对私改造机构经常督促检查,反映情况,注意总结和交流经验。

(选自《工商行政通报》第97期,1957年8月24日)

十一、华侨投资于国营华侨投资公司的优待办法

(1957年8月1日全国人民代表大会常务委员会第78次会议批准)

第一条　为了适应华侨投资参加祖国建设的愿望和保障华侨投资的利益,制定本办法。

第二条　华侨汇款投资于国营华侨投资公司可以享受下列优待:

(1)华侨投资于国营华侨投资公司的股金,到社会主义建成后,仍为投资人所有,凡投资满12年的,可以收回股金,以人民币支付。

(2)华侨投资于国营华侨投资公司的股息定为年息八厘,以人民币支付。

(3)华侨投资于国营华侨投资公司所得的股息,经过外汇主管机关批准后,可以汇往国外,但是不得超过本年股息的50%。

(4)投资于国营华侨投资公司的投资人,如果要求工作,可以根据公司有关企业的需要和投资人的具体情况,优先录用。

第三条　本办法适用于港澳同胞汇款投资于国营华侨投资公司。

第四条　本办法自公布日起施行。

(选自《工商行政通报》第98期,1957年9月2日)

十二、国务院批转中央工商行政管理局对公私合营企业清产核资遗留问题的处理意见

(1957年8月23日)

国务院同意中央工商行政管理局对公私合营企业清产核资遗留问题的处理意见,请你们(按:指各省、市、自治区人民委员会)参照执行。

附:对公私合营企业清产核资遗留问题的处理意见

自全行业合营高潮到现在,全国各地合营企业的清产核资工作,基本上已经结束,但在各城市中有部分合营企业,尚有个别问题未曾处理,或者未能根据“宽了”精神适当处理。这些问题主要是:极少数老合营企业,清产核资时存在偏松偏紧现象;有的从原企业的资产中提出了较大比例的公积金,归合营企业所有,未转作股本。实行定息以后,资本家要求按照全业合营时对原企业公积金作股定息的原则处理,希图提高股金,多拿定息。(2)清产核资时,从原企业的资产中提取了一部分准备金,作为偿付未了债务等之用。高潮至今,已经历时一年半,有的未了事项已经解决,有的根本没有发生需要支付的事情,私方要求将未用的准备金转作股金。(3)有的私营企业的对公欠款,超过资产,合营后,至今尚未根据“宽了”精神予以减免。(4)合营企业的待处理财产,有些可以处理的,至今尚未处理完毕。中共中央统战部召开的工商界座谈会专门问题研究小组会议上,资本家提出了上述这些问题,希望党和政府妥善处理。现就上述问题,提出处理意见如下:

(一)对老合营企业清产核资偏松偏紧与公积金问题的处理,根据1956年2月11日国务院颁布的《关于私营企业实行公私合营的时候对财产清理估价几项主要问题的规定》第十二条的规定,这类老合营企业,不论清估是否偏紧偏松,提取公积金是否过大,其清估结果不应再作变动。如个别企业因种种原因,必须予以照顾的,可由当地有关部门与私方代表协商,适当提高定息息率,以资照顾。增加的息率自1956年1月1日起计算。

(二)对未用准备金的处理,可以转作原企业私方的股本(如企业原来有公股的,按原私股比重转作私方的股本)。增加的定息自1956年1月1日起计算。如因数字过小,无法分摊给各个股东,或有其他原因不宜于采取上述处理办法时,亦可由公私协商,采取其他办法处理。

(三)对私方无力偿还的对公欠款,有关部门应根据“宽了”精神予以减免。

(四)企业合营时的待处理财产,除了已经明确一时无法处理的财产如冻结外汇等外,其他待处理财产,有关部门应积极加以处理、了结。

以上意见,如果可行,请批转各地参照执行。

(选自《工商行政通报》第99期,1957年9月17日)

十三、国务院关于公私合营企业董事会、业务(生产)改进委员会问题的通知

(1957 年 8 月 27 日)

在全行业公私合营高潮期间，曾经提出过成立行业董事会和业务改进委员会。一年以来，根据各省、市的材料反映，商业系统正在试行业务改进委员会的办法，工业系统则在专业公司内设立了一些技术小组、生产小组，组织技术人员解决行政业务内的一些技术问题。至于行业董事会，由于它的作用和任务与业务改进委员会、同业公会的作用和任务有重复，各地成立行业董事会的极少。对于原有企业董事会董事的薪金和车马费，除个别地区外，都已按照 1956 年 10 月 12 日国务院关于新公私合营企业工资改革中若干问题规定办理。根据以上情况，并考虑到这次中共中央统战部召开的工商座谈会中工商界人士在这方面提出的意见，特就有关公私合营企业董事会和业务改进委员会的问题提出如下几点，希依照执行。

一、除某些有特别需要必须成立行业董事会的行业以外，一般行业不必普遍成立行业董事会。行业董事会成立以后，企业原有的董事会一般仍可以继续存在。它们之间没有领导与被领导的关系。原有企业董事会董事的薪金和车马费，应当根据国务院关于新公私合营企业工资改革中若干问题的规定办理。

二、工业系统已在专业公司内成立了技术小组或生产小组的，可以在小组基础上逐步扩展成为生产改进委员会，集中一些技术人员(包括有技术的资本家)研究与解决行业内的有关生产、技术问题。已经成立行业性生产改进委员会的，各地工业厅、局应加强领导，充分发挥其作用。还没有成立行业性生产改进委员会的，可以根据需要逐步成立。

三、商业系统按专业公司成立业务改进委员会的办法正在试行，可以由商业部将试点经验总结以后，再逐步推广。

四、不成立行业董事会的行业，董事会的任务，可以由同业公会和业务(生产)改进委员会分别担当。

五、原来准备安排为行业董事会的董事长、董事，由于没有成立行业董事会而没有安排的行业代表人物，可以在整风、反右派斗争告一段落以后，根据具体情况和他们在运动中的表现另作适当安排。

六、行业董事会和业务(生产)改进委员会专职成员的工薪办公费等由专业公司或者主管部门开支。

七、有关成立业务(生产)改进委员会的具体问题，可以由各主管部另作具体部署。

(选自《工商行政通报》第 99 期，1957 年 9 月 17 日)关于副食品价格问题和对私改造工作(摘要)

十四、城市服务部副部长刘卓甫关于副食品价格问题和对私改造工作在第二次全国服务厅、局长会议上的发言

副食品价格问题

(一)副食品价格基本情况

1. 解放以来，副食品价格的变化情况：

主要副食品收购价格指数，1955 年较 1950 年上升 32.59%。同一时期，粮价上升 15.7%，经济作物上升 2.34%。预计 1957 年副食品收购价格将比 1950 年上升 50%左右。

主要副食品销售价格指数，据八大城市统计，1956 年较 1952 年上升 20%。同一时期八大城市零售价格总指数上升 5.8%，职工生活费指数上升了 7.1%。

主要副食品同粮食比价，绝大部分超过抗战前。

主要副食品的产量，目前都超过抗战前最高年产量。

2. 1957 年副食品价格的变动情况：

收购价格的变动。为了促进生产，提价的计有：猪价提高 14.26%，菜牛价提高 22.7%，奶粉价提高 30%左右。开放自由市场价格上升的计有：蔬菜价上半年 29 个城市约涨 31%，三季度下降一些，估计全年蔬菜和鸡蛋价格将比去年上升 20%左右。为了统一规格而提价的为苹果，山东上升 3.9%，辽宁上升 7.4%。

销售价格。因购价上升而提销价的：计猪肉价上升 7.89%，牛肉价部分地区上提 6.4%，自由市场收购价格上升，销价也上升的为蛋、菜，幅度大致与收购价幅度相同。为了平衡购买力，提高了高级烟的销售价格，影响卷烟价总水平上升 0.89%。

3. 副食品各种差价的情况：

(1) 当地收购当地销售的购销差价(从收购到零售)：

目前购销差价大体合理的有：猪肉(60%左右)、大部分地区的牛肉、部分地区的蔬菜(一般为40%至50%)、产区的水果等。鲜活商品价值低、损耗大，购销差价适当地大于工业品是合理的。目前也有购销差价偏大的商品，如：土糖(95%—105%)。

购销差价主要体现国民收入的分配，应根据政策要求分别商品不同对待。一般来说，对广大人民生活影响重大的商品，差价要小一些；对广大人民生活影响不大而供求紧张的商品，差价可以稍大一些；普遍生产普遍消费的商品差价要小一些；产地集中的商品，产地进销差要打紧一些，销地可以宽一些。

有些商品供不应求，目前还必须保持较大的购销差价(如苹果)。

(2) 季节差价：

购销均已没有季节差价的有猪、糖、干菜、干果等。

收购没有季节差价，销售仍保留季节差价的有水果。

购销都有季节差价的有菜、蛋等。

当前季节差价中的问题是：有的由于取消季节差价而使购销差价过大，或经营赔钱，如糖等。

副食品多数是季节生产，常年消费，一般损耗多，费用大，因之除生猪、糖、干菜等可不要季节差价外，一般鲜活商品大多数应保持季节差价为宜。

(3) 地区差价：

目前副食品大体都有地区差价，有些差价还不小，如苹果、香蕉等。水果收购价已经稍高，销价又不能下降，所以除产区附近在收购时地区差价可稍紧外，一般销价大一些是必要的。

山区情况很复杂，需要区别不同情况，安排价格。部分品种在山区的收购价由于机械执行地区差价的计算公式，一般掌握偏低，应贯彻党的八次代表大会精神，按照有利于增产的原则安排山区价格。有些地区运费过大，可以在通盘安排价格时加以考虑，必要时国家可以适当贴补。

(4) 品质差价：

许多副食品是分等论价的。有些副食品或其原料如甜菜、甘蔗等是好坏同价收购。肉类销售除上海等少数地区外，一般未实行分等定价出售，群众意见不多。我们认为水果、蔬菜等副食品价格应有条件地逐步地实行分等论价。

(二)稳定食品价格问题

从许多副食品影响人民生活的重要程度来看，从国家社会主义建设的要求来看，副食品的价格需要保持基本稳定的形势。虽然许多副食品在较长时期内，存在着供不应求的形势，价值规律的作用又不能完全被控制，但是，从国家有计划的建设安排看，从整个物价稳定的形势看，从今后几年购买力增长的幅度小于副食品生产的增长幅度看，副食品价格保持基本稳定也是可能的。

一年来副食品价格上升的情况，有些是合理的，如提高猪价、牛价等。提价后，生产者才有合理收入，乐于增产。这种提价就是必要的。提高蛋价，对生产也起了有益的作用。价格稳定，必须稳定在可以增产的基础上。有的商品涨价虽有客观原因，但工作上的缺点也有影响，部里物价工作的主要缺点就是对开放自由市场商品的价格，研究不够，没有一套办法。比如菜价上升，有自然灾害影响，有去年种的不够的影响，市场管理上、价格掌握上也有缺点。如果工作做好，便可做到菜价少涨或者稳定。当然也不能把稳定理解为完全不动。由于副食品供不应求，自然灾害又很难完全避免，产销情况变动快，今后就是尽量克服工作缺点也只能做到基本稳定。部分副食品，虽然水平不大动，但必须允许季节差价和地区差价，许多蔬菜的价格要允许早晚价格可以不同，不可能也不应该机械地把价格固定下来。

当前对于副食品的价格，包括购价和销价，总的说来，必须力求保持稳定。统一收购商品的价格变动，必须报经国务院批准。第三类商品的价格，各地也必须按照国务院和部里规定的价格水平或掌握原则恰当掌握。现在看来，对生猪、菜牛、苹果、柑橘、核桃仁、甜杏仁、苦杏仁、黑瓜子、黄花菜、黑木耳和榨菜等的收购价格，在一段时间内可维持现行价格水平。鸡蛋今年价格提高，热季又未停收，对生产发展是有利的，但价格上涨多了一些，1958年由于生产发展，我们初步考虑收购价格的掌握可略低于1957年，稍高于1956年水平。鲜菜的销售价格1957年特别是一、二季度上涨过多，对广大城市居民生活有一定的影响，少数城市影响较大。应在提高单位面积产量，扩大种植面积，平衡供求的基础上，大力争取今冬明春的的销价适当地低于去冬今春同期的水平。1958年的销售价格要比1957年降低一些，争取降到接近于或者稍高于1955年水平。蔬菜收购价格过高地区也可适当下降至正常水平。其他品种的销售价格，在最近一段时间内不拟作大的变动。

系统内部的调拨作价，本来是兄弟单位之间的结算价格，但处理得不好，有时也会影响生产和供应。目前由部里核定调拨价格，或者规定调拨折扣率的商品，有猪、糖、奶粉、酒、烟等。规定作价原则的商品，有牛、羊、干鲜果和蔬菜等。调拨作价的办法，多系沿用过去的办法，而且下达的不够及时，加以有些单位产销双方互相协作互相支持不够，因此，目前在调拨作价方面，有些单位之间的扯皮是不少的。总起来是两方面的问题：有的销地赚钱多，产地赔本；有的产地赚钱多，销地赔本。这样造成的后果：1. 产地的一些单位不积极收购，对生产不利；2. 销地的一些单位不积极进货，对消费者不利；3. 利润过大了，经营单位往往就不积极想办法降低费用，掩盖了经营管理中的缺点。这个问题，主要应当从思想上解决问题，加强整体观念，克服本位主义，加强政策观点，克服单纯利润观点。也应当加强商品的调拨的组织管理工作。凡是纳入计划或者订了调拨合同的商品，都应当按照计划和合同的规定进行调拨。不要以货易货，不要在快销货中搭配滞销货，产销双方互相支持。在调拨价制度上也应当加以改进，初步考虑，今后除工业品作价办法可按现行原则掌握外，关于农业生产的副食品调拨作价，提出以下原则：1. 按照商品流转规律，尽量实行分区调拨，就近调拨。2. 减少经营中转环节，尽量由产、销单位直接交易。3. 凡是一宗商品的产地价和销地价中间，除了必要的费用以外，还有利润时，产销双方都不应赔本。在利润分配上，产地可大于销地。4. 由于销地需要，实行长途调拨，而使商品调拨赔钱时，这项赔钱由销地负担，产地保本。5. 某些商品发生一时一地的供过于求现象时，销地应积极支持产地加工储存或扩大销售，作价原则应使销地保本或微利。6. 产地调到销地的商品的成本如果低于销地的收购价，在这种情况下，即使产地利润较大一些，也是可以的。7. 调拨价格中的费用应力求核实，并根据实际情况定期修正。关于调拨作价，现在还模得不透。以上只是根据有利于促进生产的精神，提出几条初步意见，请大家共同研究，提出改进办法。

（三）通过收购价格促进副食品生产问题

副食品价格合理，是促进生产的杠杆之一，生产发展才从根本上有利于价格稳定。安排副食品价格，首先必须使之有利于增产。但是，从根本上来说，企图通过提价来增加农民收入是不现实的。因为如果提高全部商品的价格，只能使货币贬值，如果提高部分地区的部分商品的价格，实际上是用一部分人增加支出的办法，增加了一部分人的收入。只要价格合理，便应从增加产量提高质量来增加收入。不应靠提价来增加收入。

我们所经营的商品都是需要发展生产的。从价格上看：除少数地区，个别品种的价格对生产者无利或利不够大以外，一般都是有利的。在物价与生产的关系中应当了解：一般的情况下，提价可以促进生产，这在某种商品价格偏低时提价所起的作用特别显著；但是如果不能发展生产的真实原因不是价格造成的，提价也不能促使生产发展，因为发展生产的因素是多方面的。例如，目前各项副食品发展生产的主要问题：猪是饲料、病疫；羊是草、水和收购；鸡、鸭、蛋是收购、加工和保管；水果是肥料、病虫害、苗木、资金（新区）；蔬菜是土地、肥料、保管；糖是开辟新产区；酒、糕点、豆制品等是原料（粮）。集中起来说是：饲料、肥料、原料、水、土地、冷库、病害、资金、组织领导、计划安排等问题。价格虽然是促进生产发展的重要因素，但它不是唯一因素。如发展果树很多地方有投资、肥料、病虫害等困难，把当年的果价再提高一些，也没有解决这种困难。又如某些商品的收购价格，虽然是适当的，如果我们不收或收购量过少，市场价格必然会低于牌价，这样，规定的牌价，实际上仍然起不了促进生产的作用。还有一种情况，就是价格太高了并不利于生产，甚至还会破坏生产，比如：湖南生姜今年生产成本每担4元，收购牌价8.5元至10元，开放自由市场后市价高达40元至60元，有些农民把姜种都卖了，影响生产。

价格的高低，在我国的社会制度下只能在一定范围内起一种影响生产要素分配的作用。价格适当了可以组织潜在能力，如鼓舞劳动者的积极性，利用休闲的劳动力等，这是一方面；也有同其他商品争夺现有生产要素的作用，比如某种商品价格过高了，便会同另一些商品争土地，争资金，争肥料，争劳动力，争饲料等等。因之在规定价格时，必须考虑到商品本身的价格,也要考虑到国民经济计划对这项商品的增产要求,还要统筹兼顾,考虑到商品之间的影响,促使商品生产能够有计划按比例地发展。防止价格低了,组织不来必要的生产要素,因而不能按照计划增产(在生产的其他方面的条件正常的情况下)。也要防止价格过高了,组织过多的生产要素,妨碍了有关商品的增产,同时,往往也会破坏本身的生产。过去安排价格往往只着重生产者有利无利,实际上一种商品的价格使生产者生产有利还不够,必须能够促使这种商品按计划增产,并且要照顾有关商品的安排。当然,这是在计划合理和影响计划实现的条件也都正常的情况下,这样考虑的。所谓足以促进生产的价格标准,应当根据以上原则分别商品、分别地区摸出一个适合于当时当地的具体标准来。比如生猪的价格,中央指示规定了使生产者纯收入相当于180斤到230斤原粮,这就是个大体适合于目前生猪生产的价格标准。其他商品也应仿照这个做法,摸出当地的具体情况的农民收益标准,以后再随着条件变化研究修正。

在研究规定各项商品的定价标准时,应该分别商品注意以下各点:

(1) 对于植物类的副食品或以植物为原料的副食品,一部分并且是与粮食争地的副食品,如蔬菜、苹果、柑橘、甘蔗等,定价应注意与粮食或与对抗作物维持合理比价(如甘蔗与粮食);对于多年生的作物价格可以略高;对于不与粮食争地的作物如竹笋、木耳等可以较高价格刺激生产,但也要注意与对抗作物维持合理的比价(如竹笋与竹子),没有对抗作物的(如莲米),可以根据销路以较高的价格刺激生产。

(2) 对于动物类的副食品,应保证生产者有相当的收益,并照顾相互间的比价。

(3) 对于以粮食为原料的副食品,如豆制品、粉丝、糕点、酒等,不能高价刺激生产,使生产者有适当利润即可。

(4) 对于开放自由市场物资的价格,也要加强领导管理,对于部分商品,内部应掌握最高价、最低价,超过这个界限,应当采取商品干涉和行政管理。

(四)当前副食品价格中需要研究的几个问题

1.农业合作化以后,副食品价格的生产成本和价格构成起了哪些变化,正在起着哪些变化,需要采取什么措施来适应这些变化?

2. 在社会主义改造获得决定性的胜利的情况下,副食品价格措施如何支持和巩固社会主义经济制度,消除资本主义经济的影响,促使社会主义制度的最终胜利。

3. 对开放自由市场的商品,在价格掌握上取得了哪些经验教训?比如牌价如何掌握?自由市场的价格应如何管理?当开放自由市场商品的价格影响到统一收购物资的价格时,应如何解决等?

4. 山区和边远地区情况复杂,自然条件、资源情况、生产方法、交通情况、劳动力多少以及当地物价水平等均有不同,价格如何掌握?希望各地选择重点摸出目前存在的问题,并提出改进意见。

5.副食品规格复杂,问题很多,特别是收购方面关系到生产,关系到国家和农民的关系,国务院(五办)准备在明年把统购和统一收购的农产品的等级规格和等级差逐步地进行审查研究。因此,请各地立即对猪、牛、羊的收购规格等级差价进行研究,提出意见。

6. 目前反映副食品购销差价偏大的意见很多,购销差价应根据什么原则掌握?目前哪些商品的购销差是不应大而大了的?哪些虽然大一些也是合理的?哪些是有条件缩小的,缩小后对国家财政和商品供求的影响如何?对于收购季节比较集中的商品,在购、销季节可否掌握不同的购销差率?

7. 副食品价格水平的统计方法应当研究,规定能以最大限度地表示价格变动真实情况的计算价格指数的方法,不然就像目前的蔬菜价,究竟涨了多少,选10个品种是一个涨价百分比,选20个品种又是一个涨价百分比,选市场价是一个百分比,选公司价又是一个百分比,应当规定一套办法,正确反映事实,统一口径。

对副食品商业、饮食业、服务业的社会主义改造工作

在1956年我国基本实现了社会主义改造的胜利基础上,一年多以来,对私营商业的改造工作,又取得了很大的成绩。我部所主管的一些私营副食品行业、饮食业和服务业也是如此。成绩的取得首先是由于党和政府对私改造方针的正确,教育和影响了广大的私营商业人员进一步接受社会主义改造。这些成绩表现在以下几个方面:

1. 绝大部分私营商业经过社会主义改造以后,在改善业务经营、提高服务质量方面有比较显著的成绩。一些企业从长期亏累的局面逐步转变

成为有一定盈利的情况。1956年全国公私合营商店、合作商店及合作小组的零售营业额,比1955年增加了15%(包括了日用工业品部分,缺服务业数字)。这对为生产、为消费服务和为国家积累资金起了一定的作用。

2. 由于所有制的改变,国家能够对这些私营商业按照全社会的利益加以合理的调整,分别组成合营商店、合作商店、合作小组及维持分散经营,使之符合国民经济发展的需要,从而进一步增强国家建设的计划性。当然,这一工作是艰巨复杂的,虽然已经做了不少工作,但还有许多工作尚待逐步进行。各地对副食品行业的人员和商业网都进行了适当的调整,以补助国营企业的不足,解决市场供求的矛盾。上海、广州、天津等大城市先后抽调了二、三万服务业及饮食业的人员支援新工矿区,对支援国家工业建设起了一定的作用。

3. 国家在合营企业确立了领导权,建立了公方代表制度。经过社会主义教育,广大职工思想觉悟都有不同程度的提高,这是改善企业经营管理,促使私方人员发挥积极性,接受改造的主要力量。职工中涌现不少先进人物,兰州市1956年饮食业及福利公司共产生先进工作者144人,占职工总数的13%。并提拔了许多优秀职工担任企业领导。职工的工资福利都比社会主义改造前大有改进。

4. 属于劳动人民范围的为数众多的小商小贩,绝大多数已经组织起来走社主义道路。其中有好几十万人被国营企业、供销合作社吸收参加定股定息商店。除此以外,1956年有267万人左右,即占现有小商贩总数的五分之四,分别接受了合作商店、合作小组以及经销、代销等不同形式的社会主义改造,受到国家统筹兼顾的安排,逐步提高了生活水平。

以上事实表明党和政府对私营商业改造的政策是完全正确和有效的,这种铁的事实是绝对不能为右派分子所抹煞和歪曲的。

但是,也应当看到在对私改造中还存在一些问题。首先,由于历史和阶级的原因,许多原来的私营商业人员,尤其是合营商店的私方人员,在思想上还存在消极的一面,保守的一面,不少人还留恋资本主义。最近一段时期,许多地方出现一股资本主义逆流,投机倒把,损害国家利益,触犯国家法纪。甚至在政治上公开进行反党、反人民、反社会主义的罪恶活动。所有制的问题虽然已经胜利解决了,而政治上、思想上的社会主义革命还没有完全解决,反映在对私改造上是很清楚的。这是应该引起我们严重警惕的。这些事实,主要表现在以下几方面:

1. 公开表示要走资本主义道路,反对改造。有的叫嚣:“合营是走错了路”。有的人多方恶意抵毁合作商店。还有一些人抱着与政府对立的态度,说什么:“淡季要人管,旺季管不着”,处处想占国家便宜,躺在政府身上。

2. 部分私方人员的资产阶级享乐腐化思想又有些抬头,涂改账册发票、私收账款、挪用公款,弄虚作假,在许多地方都有发生。一些地方的服务业供应紧张,自负盈亏的户卖钱额大、利润多,把赚来的钱挥霍浪费。有的还跑到合营户门前去说:“我不够资格合营,但手表、自行车都买了。”

3. 部分私方人员以小恩小惠,拉拢腐蚀工人,企图离间工人同公方代表的关系;或者利用职权,打击工人,有意排斥公方代表,拒绝合作。其中,少数右派分子还煽动职工闹事,如长沙市照相业30名临时工人被坏分子煽动集体请愿,要求提前转正,否则不干,威胁政府。

我们必须看到今天无论合营、合作商业或个体小商业均是受国营经济领导的,但这些商业中政治上的左派还是少数,处于中间状态的人是不少的,尤其是一些暂时还坚持资产阶级立场的人,他们是不会像这些企业中的绝大部分职工那样诚心诚意,拥护社会主义改造,而会抱着半推半就,三心二意的态度,犹豫动摇,有的还会做出一些越出常轨的事来,这是完全可以理解的,根据党的政策,应该帮助他们纠正错误,改造思想,平稳地过社会主义关。当然对其中的右派分子就应当坚决斗争。我们必须认识如果政治思想上和经济上资产阶级右派分子的破坏得逞的时候,就会影响中间分子向右派靠拢,引起资本主义复辟的念头。因此,哪怕是很微小反社会主义改造的破坏捣乱行为,以及各种可能被坏分子利用的漏洞,都必须坚决予以击溃和堵塞。因此,打垮资产阶级右派分子的进攻,击退经济上出现的资本主义逆流是当前对私改造工作最严重的任务,其次继续进行统筹安排,帮助提高经营水平,使之更加适应国民经济发展的需要,也是当前应做的工作。

今后进一步改造的意见:

一、对公私合营企业的改造问题

首先,在全国反右派斗争和社会主义教育高潮中,应当使公私合营商店中的全体人员积极参加批判资产阶级右派分子的反动言行的斗争和使小商贩受到一次大规模的社会主义教育。关于这方面,李维汉同志 8 月 27 日发表的谈话,作了明确的指示。部里不作单独布置,各地服务部门根据当地党委对工商界整风的统一领导积极布置。

其次,应该有步骤的在基层企业中试办在党委领导下的民主管理和职工代表会制度,以发挥职工积极性,改善经营管理,开展增产节约。对私方人员要加强守职尽责,努力工作的教育(可考虑每个行业定奉公守法制度和服务公约),使他们正确认识:以企业为基地,通过工作的实践,是改造自己的主要方法。私方人员必须服从公方代表的领导,积极靠拢职工群众,从进一步改善公私共事关系中来改造自己,将来争取成为名副其实的劳动者。

目前有部分私方人员,经营黑市业务,进行资本主义剥削,严重破坏国家法纪,应坚决予以取缔,要把各种可能利用来投机倒把的漏洞,予以堵塞。并对私方人员,进一步进行接受改造的教育。

二、对合作商店、合作小组及个体小商业的领导管理问题

1.应当以省和直辖市为单位,研究总结现有的合作商店、合作小组的章程的执行情况,试行草拟合作商店、合作小组示范章程草案。选择几个地方,进行试点。部里也准备搜集一些章程,加以比较研究。

2.应当掌握合作商店和合作小组成员的收入水平。这个水平按全年计算一般不宜超过同一地区、同一行业的国营商店职工工资的水平,一般的应略低于国营的水平。如在有相当数量的人达到或超过这个水平的时候,考虑采取如下措施加以调节:

甲、用税收调节;乙、用货源或经营品种调节;丙、适当调节批零差价或代销手续费;丁、用公积金调节(只对合作商店);戊、调整商业网;巳、在不掌握货源的行业,可在必要时,选择一部分进行公私合营。

3.合作商店提取公积金、公益金的办法必须坚持。合作小组提取互助合作基金办法应进一步推广。没有实行地区可选点试行。公积金和互助合作基金不能分掉,应根据商业网及企业经营的需要,用于增设营业单位,扩大营业场所,以及改善营业设备。在合作商店公积金较多的地方,可以考虑在现有公积金中提取一部分作为联合公积金,以便作为解决个别合作商店无力解决的较大的基本建设。

4.居民监督是管理合营商店、合作小组的一种良好的形式。可以推广北京、天津、武汉等地实行居民监督的经验。

5.积极巩固已经组织起来的商店、合作小组、帮助他们建立和健全必要的制度,组织劳动竞赛,开展增产节约,以改善经营管理;尚未组织起来的个体小商业,如果条件许可,可以逐步采取不同形式——合作商店、合作小组,加以组织改造;条件不够的,可以组成互助小组,以便于进行管理和教育。无照摊贩不予组织。一般小合作商店,大部分合作小组和许多个体小商业会继续存在一个相当长的时期,这是因为他们一般是分散经营,流动供应,便于组织零星货源,利用家属辅助劳动和城乡消费者购买,好处是很多的,同时也便于容纳部分失业或尚未就业人员,调节市场淡旺季对商业网的需要。

副食品行业小贩最多,因此做好对小贩的改造工作是我们特别重要的任务,应在社会展开大辩论时,使他们受到一次深刻而现实的社会主义教育。

进行方法,主要应采取就专题展开辩论。题目除各地工商界整风已提出的外,还可以着重讨论以下两个问题:

第一题:究竟是组织起来走社会主义道路好?还是单干好?

辩论的目的:在于使小商贩认识组织起来走社会主义道路,不论对国家、对自己都比单干好。更进一步的使小商贩认识到作为社会主义商业劳动者,应当爱国守法,支持社会主义建设,同时必须认识一切企图摆脱国营经济的领导,不遵守国家的物价政策,不服从市场管理法令,进行投机倒把,偷漏税,就是企图走资本主义的道路,因而是完全错误的。

第二题:国家、集体和个人的关系

辩论的目的:在于使小商贩认识到国家对小商贩采取"统筹兼顾,适当安排"政策的正确性;使他们认识到必须兼顾国家和集体的利益。批判只顾多分红,多得工资,不愿留公积金、公益金、互助合作基金,企图把这些基金分掉,不愿把公积金的一部分统筹联合使用于基本建设等本位主义思想和个人主义思想;批判那种投机取巧,欺骗顾客,要求退出,想走回头路的资本主义思想。

在于使小商贩认识到他们所以能够达到今天的生活水平，是由于国家执行统筹兼顾政策的结果。小商贩收入水平，一般不超过同地区、同行业国营供销合作社和公私合营商店店员的收入水平。过高的要求是错误的。

通过什么组织形式进行教育，由各地服务厅、局根据当地具体情况决定。如结合行业情况和问题的不同，分别组织业余学习，召开小商贩代表会，举办业余职工学校等，都是可以考虑的组织形式。

三、各地服务部门应协同工商行政管理部门，加强市场管理，组织领导合营商店、合作商店、合作小组及各种小商贩有秩序地参加自由市场进行购销活动，更多地发挥积极作用，以补助国营经济不足，把自由市场的消极作用限制到最小程度。需要注意，不仅要管好本地的市场，取缔投机倒把、囤积居奇、欺骗生产者消费者的违法行为，还要注意防止本地的商贩到外地去进行投机破坏活动，更不应该错误地利用商贩去套购物资增加本地供应。毗邻地区间应密切配合，才能管理好市场。

我部负责经营的副食品绝大部分是开放自由市场的商品，对自由市场也要采取利用、限制、改造的政策，供应宽裕的物资，搞自由市场可以提高质量，改进供应；不足的物资搞自由市场只能起破坏作用。自由市场只有在开放范围适当、领导和管理加强的情况下，才能起有利于国计民生的积极作用。因此对自由市场不积极领导，任其放任自流，固然不对；企图将各种小宗品种也包揽起来，不积极组织商贩经营，以活跃市场，也是不对的。这里的政策界限是既要发挥各类型商贩的经营积极性，又要防止他们不利于国民经济的破坏性。要组织各种商贩在国家统筹安排的范围，服从国家计划指导的条件下，发挥经营积极性，但由于国家的计划指导绝大部分只能通过国营经济的业务活动体现出来，给商贩以影响，很难避免完全不发生盲目性。我们的任务就是要尽量减少盲目性，防止其扩大，以免打乱国家的计划安排。为了稳定市场，必须加强对市场的领导和管理，国务院及各省、市已明令公布不准进入自由市场的副食品，坚决不准许进入自由市场；服务系统经营的许多列入自由市场的副食品，一般是供不应求的，关系国计民生较大，应当根据需要与可能适当扩大经营比重，尤其是在各类副食品的上市旺季。这对于扶植生产，满足供应有好处。在淡季，为了安排商贩，我们可以少经营一些。对某些供不应求的物资，必要时可报请党政，列为区域性统一收购物资。

对自由市场的价格进行必要的干预很为重要。应该允许自由市场的价格随着供求关系的变化而在一定范围内涨落，但应严禁与取缔投机操纵，以免发生暴跌暴涨。管理价格实质上是正确运用价值规律的作用的问题，要十分慎重，防止草率从事。国营商业对开放自由市场诸商品的牌价也应灵活一些，尽可能下放给地方掌握，并给予基层单位一定机动范围。

目前对私改造工作已经进入巩固提高的阶段，但仍然存在社会主义与资本主义两条道路斗争的问题，在经济上、政治上也会出现抗拒社会主义改造，企图资本主义复辟的种种破坏活动，这会给国家造成损失，如果不在刚萌芽的时候就予以制止纠正，损失就会更大，其严重性就在于此。所以当前对私改造工作是更细致了，更艰巨了，我部系统各单位都要重视这一工作。首先，要积极钻研党的政策，提高认识，正确地理解当前斗争形势，才能妥善处理工作中的问题。也就是说，我们必须首先改造好我们的主观思想，才能作好工作。为了加强这一工作，各地都要根据精简节约原则适当配备一定的专职工作人员，负担经常具体工作。希望各省、市服务厅、局都能在年底前将归口行业的改造工作向部里作一次报告。

（选自《工商行政通报》第104期，1957年12月16日）

十五、财政部转发上海市财政局关于处理公私合营企业间相互投资的通知

（1958年6月25日）

据部分地区和中央各主管部反映，自私营工商业全行业实行公私合营和推行定息办法以后，对公私合营企业相互间的投资已无必要继续领发股息。因为合营企业相互之间领发的股息，一方是增加利润上交，一方是减少利润上交，对资金积累并无实际意义，相反地增加一些领发股息的手续。因此，建议将合营企业相互间的投资股份予以转销，作为增加或减少公股处理。

上海市对公私合营企业相互间的投资股息问

题已作了处理,我们认为可以作为各地参考。

另外,各地区如果对公私合营企业间相互投资问题进行处理时,对于中国银行、交通银行和公私合营银行与公私合营企业相互间的投资,已经过我们和三行总管理处联系同意可按照对其他合营企业相互间的投资一样处理;华侨投资公司虽然也带有公私合营性质,但与别的公私合营企业有所不同,故尚不宜按照其他公私合营企业一样处理,仍应按规定照旧领发股息;各地的投资公司与合营企业相互间的投资如何处理,还有全国地区之间和地方企业与中央企业之间的相互投资如何处理,可由有关双方直接联系解决。现将上海市财政局关于处理公私合营企业间相互投资的通知转发,以供参考。

附:上海市财政局关于处理公私合营企业间相互投资的通知

全行业合营后,企业原有相互间的投资,不仅虚增企业账面股金数额,而且增加了发付定息等工作量,并且是项股金既不涉及私股股权,也不影响私股定息,为了简化财务手续,兹决定对地方公私合营企业相互之间的投资,采用转移资金的办法,按下列原则办理:

一、凡已实行定息的市属地方公私合营企业(包括市属机电、化工、轻工、纺织、出版、建工、农业、公用、交通、文化、屋地产及服务业12个局所属地方合营企业)之间及与地方国营企业之间(指大合营时并入厂的对外投资)的相互投资,可根据会计账面余额的数字作增(接受投资企业)减(投资企业),“股份基金的调整”处理,自1958年1月1日起这部分就不再发付定息,转账办法首先由接受投资企业填具“上海市公私合营企业相互投资资金转移申请书”一式四份(双方同属一个专业公司者只需一式三份)送投资企业核对盖章,再报经双方主管专业公司(无专业公司者报主管局,下同)批准后进行转账。转账时的账务处理手续(略)。

二、中国银行、交通银行及交通银行代管的股份、公私合营银行等与地方公私合营企业之间的相互投资,暂不进行转移,仍按原规定股权管理办法管理,按季照发定息。

三、公私合营企业在合营清产定股时核定的债权债务,如果迄今尚未获得解决,且债务厂确实无力偿付者,经双方协商同意,报经双方主管专业公司批准后,得比照相互投资转移资金的办法处理之,转移申请书可适用相互投资转移申请书的格式。转账时的账务处理手续(略)。

四、本市地方公私合营企业与外地合营企业及中央合营企业(包括中央各部、对外贸易部、商业等系统所属企业)之间的相互投资,暂不进行转移,仍按原规定股权管理办法管理照发定息。但请各主管局转知所属将相互之间的投资,先行编造“合营企业投资外地、中央合营企业清单”及“合营企业接受外地、中央合营企业投资清单”,由主管局加以汇总,送由交通银行,经专案报请财政部批准并与有关部门联系后另行处理。

(选自《工商行政通报》第122期,1958年7月31日)

十六、北京市对私方人员在支援工业中拿出的各类物资的处理办法

今年7月间,中共北京市委和市人民委员会发布了《关于开展群众性的支援工业大跃进运动月》的决定。接着各区都先后向工商界作了动员,许多工商业者积极响应这一号召。据市工商联截至8月7日初步统计:全市私方人员拿出支援工业的物资计有:钢、铁、铜、锡、铅、铝、锌等共407吨,机器、动力401件,工具及零件1.17万余件,黄金517两,白银3834两,银元1.79万余枚,还有许多的原材料及商品等。

这项工作,目前,市区民建会、工商联在党委领导下,正在积极配合活动,召开现场会议,举办展览会(将拿出物资展览)深入宣传动员,继续号召工商界“献宝”。

在工作进行中,资本家有这样一些思想反映:①在拿出的物资中,有些本来是企业的;有些是企业的还是个人的很难划分,他们顾虑这些东西今天拿出来会不会被算旧账,说是抽逃资金受处分。②有些东西,在“深思苦挖”的交心运动中都没有交出来,今天才拿出来,领导上会不会说落后。③在作价上会不会吃亏,等等。针对这些问题,该市主管部门在继续做好思想动员工作的前提下,本着鼓励资本家积极支援工业的精神,对工商界拿出的各类物资提出了如下的处理办法:

一、生产资料,如新旧机器、动力、新旧工具和原材料等。凡属资本家在企业公私合营时或

合营以前由企业抽走的物资，这次坦白拿出后，一律不究已往，予以定股定息；凡属在公私合营高潮前企业垮台、或个人存有的物资，一般可以合理作价收购，如收购金额较大，可以动员他们在自愿原则下，用全部或一部分买公债，如本人同意定股定息，也可以定股定息（对合营高潮前垮台企业的遗留设备，数量较大的最好动员他们定股定息——编者）。

二、贵金属和稀有金属，如金、银、首饰、镍币等。这类物资中凡属当前工业急需的原料，一般应当作价收购，如果不是当前工业急需的原料（如金银、首饰），可以不必收购，让他们自己到人民银行去兑换，对其中收购、兑换金额较大的，可以动员他们在自愿原则下用全部或一部分买公债。

以上两项物资，如资本家拿出后，要求捐献，不要接受。有的仍坚决要求捐献的应进行说服。

三、家庭用具，如铜盆、钢丝床、铜痰盂、铜火锅等生活资料，如果已经损坏，一般应和市民的一样作价收购。如果没有损坏，如钢丝床和铜火锅等，就不要动员他们勉强出售。铜香炉、锡腊签等迷信供具，可作价收购。

四、废旧铜铁（包括确已没有使用价值的破旧机器），应和市民的一样作价收购。

五、陈设和装饰品，如景泰蓝瓶和用铜做的其他装饰品等。这类东西重量有限，有些在艺术上还有一定价值，一般不要收购（已损坏的除外）。

（选自《工商行政通报》第124期，1958年8月26日）

十七、国营企业对私改造工作中的一些情况和问题

（这是根据中央工商行政管理局工作组在北京调查的材料整理的，着重在反映一些情况和问题。国营企业中私方人员逐年增多的趋势，要求国营企业在搞好生产经营的同时，重视对私改造工作。）

到1958年10月，北京市东城、西城、崇文、宣武和朝阳5个市区3万多私方人员中，参加国营企业工作的已达8700余人，占私方人员总数的25%以上。从调查的一些企业看，私方人员一般占国营企业职工总数的5.43%左右；商业中的比重较大，占16.21%，高的达47.22%，少的也有8.3%；工业中的比重较小，约占4%；多的有8.3%，最少的只有0.87%。

这些私方人员，绝大部分是在1956年社会主义改造高潮以后由于国营企业生产发展，商业网调整和社会劳动力统一调配而陆续进入国营企业的。在23个国营企业1652个私方人员中，1956年以前进入国营企业的只有53人，占私方人员总数的3.21%；1956年转入国营的706人，占42.66%；1957年转入国营的97人，占5.87%；1958年转入国营的达781人，占47.33%。他们当中，来自公私合营企业（改国营或并入国营）的有1110人，占67.19%；由私营企业直接过渡到国营企业的143人，占8.66%；经由社会就业或其他办法参加国营企业工作的402人，占24.15%。私方人员中，80%左右是小业主，资本家只占20%左右；投资在2000元以下的约占私方人员总数的69%，投资在2000元以上的约占总人数12%，本企业没有投资的占总人数19%。

大部分私方人员从原来几个人、几十个人的小厂店，进入几十人、几百人以至几千人的大厂店后，他们的职务一般都有所变动。在国营企业中仍然担任领导职务的约占3%左右，一般管理人员约占7%左右，直接参加生产的则在90%以上。私方人员进入国营企业后，工资一般没有变动。有的企业在按职务评定工资后，低于职务工资标准的作了调整；高于职务工资标准的，保留不动。他们的福利待遇，各个企业不尽一致。工业中，私方人员的理发、洗澡、毛巾和本人疾病医疗费用与职工同样办理。病假工资多数企业按职工待遇，少数企业按合营企业的规定或另订办法处理。商业中，凡由私营直接过渡的或由合营企业个别吸收的，按本店职工办理；随合营企业并入的，按合营企业的原规定办理。

从调查的一些国营企业来看，企业党委已把私改工作列入党委会的议事日程，有规划，有专人负责的是少数；相当数量的企业，私改工作在党委的议事日程中排不进去，一般没有规划，有了规划，也往往流于形式，没有总结检查；也很少注意对干部和工人群众进行统战政策的教育。有些企业中，出现工商联有部署，私方人员就有活动；没有部署，私改工作无形停顿的情况。各企业抓对私改造工作虽然有的好些，有的差些，但有些带有一般性的几个问题值得注意：

第一,有些同志,存在不同程度的忽视阶级关系的倾向。对私方人员工作表现好的看得多,也具体;消极的一面看得少,也很抽象。有的同志还把我们同私方人员的关系简单地看作一般的工会会员和非会员的关系,或一般的党群关系。这些同志只看到企业中私方人员不多,大资本家更少,而且他们一般都有技术才能,并已和职工一道工作和生活,大跃进以来,多数人已不再领取定息,因而,在对待上,注意了一视同仁,忽视了有所不同。有的企业对私方人员不划左、中、右;少数企业把一时表现不错的坏分子吸收进厂工会,有的入了工会还照领定息。有的同志甚至认为只要让私方人员同职工一道工作、学习、生活,他们就可以自发地进行自我改造。

但是,国营企业中的私方人员两面性仍然存在,相当数量的人还处在中间状态,据5个企业155个私方人员调查,右派分子占到7.5%,中间分子占到88%,左派分子才占到4.5%。有的人伪装进步,三通用厂一私方人员,在交心运动中交了1700余条,大家公认是进步分子,区工商联还选他为全市工商界的代表,最近公安部门就从这个人的家里逮捕了一个窝藏很久的反革命分子。有的私方人员仍在不断地散布资产阶级思想影响。个别私方人员对社会主义制度和共产党有仇恨情绪。这些都说明,阶级斗争并没有熄灭,忽视阶级斗争的倾向是不对的。

第二,职工群众还没有自觉地担负起监督改造私方人员的任务。在同一个生产小组里不知道谁是私方人员,是一种常见的现象,在车间里工人不知道谁是私方就更不要说了,一个钢厂的人事干部还弄不清去年新吸收了多少私方人员,他们估计是400人;有些新工人不知道私方是什么意思,听到我们说到资本家的丑恶本质的时候,认为这是"夸大"、"过火",老工人和原企业资本家调开了,监督私方的劲头也不大了;行政、工会、共青团也很少考虑对私改造工作,这就形成党内少数人搞私改工作的局面。

第三,不少企业,往往把生产和私改当成是对立的事情,认为抓了生产,就不能抽出时间来抓私改,抓了私改,就会影响对生产的领导,看不到或者很少看到通过生产跃进,可以带动私改工作;把私改工作做得好一点快一点,可以进一步调动私方人员的积极性,更好地为社会主义服务的互相促进关系。因此,私改工作在国营企业中往往是被忽略了。

第四,工商联推动国营企业中私方人员的自我教育工作,渐有削弱的趋势。一则私方人员普遍厌倦改造,不愿参加工商联的活动;二则私方人员工作调动频繁,加以企业和工商联缺乏直接联系,工商联掌握私方人员的情况有一定困难,因此,工商联对国营企业的私方人员,只能做一些一般的工作,很难针对某个企业私方人员的情况,做切实的思想教育工作。在企业方面,现在多数企业还没有发挥起改造私方人员的基地作用,在这种情况下,对国营企业中私方人员的教育改造工作如何提高一步,也要很好研究。

(选自《工商行政通报》第133期,1959年1月31日)

十八、国务院第五、八办公室关于私方人员参加红旗运动的问题的意见

(1959年5月18日)

各省、市、自治区人民委员会:

目前各地商业系统,根据全国商业厅(局)长会议关于开展"六好"红旗运动的决议,正在陆续进一步开展红旗运动。关于私方人员是否参加这个运动的问题,我们意见:根据1956年5月10日中央批复河北省委关于"确有先进技术贡献,政治上又表现较好的私方人员,可以评选为先进生产者或先进工作者"的批示精神,私方人员应和职工一道参加,如果符合条件同时政治上表现较好的,也可评选为红旗手,以利于调动私方人员的积极性,为社会主义建设服务,并在工作中进行改造。

(选自《工商行政通报》第143期,1959年6月13日)

十九、中央工商行政管理局局长许涤新在上海十个城市对资改造工作内外经验交流会议上的发言纪要

(1960年5月23日)

这几年,特别是近两年来,各地党委在推动资产阶级分子参加劳动和工作实践中进行政治思想

工作,有了显著的成就,积累了不少经验。资产阶级的多数人大有进步。积极为社会主义服务的人逐步增多,他们的政治思想也有不同程度的提高。实践证明,对资产阶级分子进行根本改造,贯彻“以政治思想教育为统帅,以实践和劳动为基础,以企业和工作岗位为基地”的基本措施,是完全正确的,是符合毛泽东思想的。

一、推动私方人员参加劳动和工作实践,推动他们积极投入技术革新、技术革命的过程,同样也就是帮助他们提高认识,在政治上、思想上进行自我改造的过程。实践是认识的基础。毛主席说过:“无论何人要认识什么事物,除了同那个事物接触,即生活于(实践于)那个事物的环境中,是没有法子解决的。”对资产阶级分子进行根本改造,使他们认识社会主义的优越性,认识工人阶级的大公无私,认识党的伟大、正确,就更需要推动他们积极参加劳动和工作实践,并对他们进行社会主义的政治思想教育。在这方面各地采取了如下的措施:

(一)根据企业每一时期的中心任务,大搞群众运动,充分发动职工群众造成形势;同时,对私方人员反复进行思想教育,解决顾虑,调动他们的积极性,促使他们投入运动,要求他们根据企业的具体要求,制订规划和订立实现规划的保证条件。

(二)规划一般是通过社会主义竞赛形式去实现的。竞赛的方式有对手赛、集体赛等等。在竞赛中要推动私方人员(特别是技术人员)投入领导干部、工人、技术人员“三结合”中。“三结合”有工人群众,有党的领导,它是实现“以政治思想教育为统帅,以实践和劳动为基础,以企业和工作岗位为基地”的基本措施的很好的具体形式。

(三)在一定时期(如一季、半年、一年),或者在竞赛告一段落的时候,组织评比,交流经验,座谈收获。竞赛、评比、经验交流是互相联系和相互促进的。评比同职工有合有分。在评比中,要肯定成绩,指出缺点和存在的问题。要分析原因,指出努力的方向;既要谈工作也要谈思想。这样,评比就是检查工作,就是政治思想教育,也就为新的竞赛准备了条件。

(四)针对私方人员的不同情况,进行多种多样的政治思想工作。这不但要针对他们不同的政治态度去进行教育,而且还要针对技术人员、管理人员和直接参加生产的人员的特点去进行教育。从各地的材料看,技术人员中有不少人重洋轻土,迷信书本,看不起职工,把技术当作私有财产。管理人员中有不少人不习惯社会主义经营管理制度,损人利己的资本主义经营作风经常冒出来。直接参加生产的人员中,有不少人满足于自己过去的操作经验,思想保守,认为自己同工人差不多,向工人学习不服气,特别厌倦改造。因此,在总的改造要求下面,必须根据他们的不同特点,采取作报告、组织座谈、参观和个别交谈等多种方式,进行政治思想教育工作。

概括说来,各地推动私方人员积极服务并在劳动和工作实践中对他们进行政治思想教育的经验,可以归纳为:推动(造成形势去推动);带动(以职工的实际行动去带动);帮助(要帮助私方人员在工作中作出成绩);教育(当他们有顾虑时要启发他们,有成绩时要鼓励,有错误或骄傲自满时要及时批评教育);关心(关心他们的思想、工作、学习、生活问题)等几个方面。这都是团结、教育改造私方人员的重要措施。

二、组织私方人员学习,有计划地对他们进行有系统的社会主义教育,帮助他们把理论和实践结合起来,不断地进行自我教育和自我改造。

(一)要帮助私方人员利用业余时间建立定期的学习制度。大力举办以企业为基地的业余政治学习班。每周抽一、二个半天(或利用晚上的时间)有计划地学习马列主义、毛主席著作和时事政策。要使学习同企业生产,同当前的技术革命运动,密切地结合起来。

各地的经验证明:在企业内部,私方人员同职工的学习,有合有分,是一个比较好的办法。有关业务和时事政策等学习,可以同职工一起进行;对于私改方面的问题,可以单独组织他们进行学习。

(二)要积极地大办短期脱产的政治学习班,有计划地把企业里能够抽出来短期脱产学习的人和以社会活动为主的工商界人士以及工商业者家属骨干,在一定时期内轮训一次,系统地学习马列主义、毛泽东思想。

(三)在政协成立学习小组,吸收上层代表人物参加;帮助民建会、工商联组织骨干分子进行学习;举办讲座和报告会;工商界上层人士还可以根据自愿原则组织自学小组进行学习。

总之,组织私方人员进行政治理论学习,必

须采取短期脱产学习同业余学习两条腿走路的方针。

三、对私方人员的改造,不但要以企业为基地,推动他们参加生产斗争和政治理论学习,还要以一定时间组织他们参加社会活动、社会斗争;把生产斗争和社会斗争,把企业内的活动同企业外的活动结合起来。在这方面,需要进行如下的工作:

(一)推动私方人员参加企业外的一些政治活动,如反对帝国主义的爱国运动,民建会、工商联的会议活动等等。最近有些地方把“神仙会”的形式,推行到企业中去。这对于推动私方人员的自我教育、自我改造,对于推动他们积极为社会主义服务,都很有好处。

(二)通过参观访问,用形象化的方式,对私方人员进行具体、生动的社会主义实际教育。参观访问可以使他们扩大眼界,认识社会主义建设的伟大成就和广大劳动人民的冲天干劲,有利于提高他们对社会主义的认识和接受改造的自觉性。

(三)密切同私方人员家属的联系,做好家属工作,通过家属去推动私方人员的改造。

四、必须在加强党的领导依靠和发动工人群众对私方人员进行教育和帮助的同时,培养提高他们的自觉性,推动他们进行自我教育、自我改造。

在我国的条件下,资产阶级分子接受社会主义改造,有被迫的一面,同时还有逐步培养自觉性的一面,两者要统一起来认识。资产阶级的本性是搞资本主义的,他们之接受社会主义改造是在我国的政治、经济和阶级关系的具体条件下,逼出来的。但是,我国民族资产阶级具有两面性,它有接受改造的一面,因而有可能逐步培养他们对于接受社会主义改造的自觉性。不认识他们的接受改造是逼出来的,这当然不对;但是,不承认他们中的多数人有可能逐步培养接受社会主义改造的自觉性,也不符合客观事实。因此,一方面我们要加强领导,依靠工人,造成形势,迫使他们接受改造,逐步前进;另一方面要推动他们开展自我教育,逐步培养提高他们的自觉性。对这方面的工作,各地有如下的做法:

(一)发动工人群众对私方人员做统战工作,这是贯彻党在私改工作方面的群众路线的基本方面。有的地方,以工会小组为单位,包干负责。工人群众同私方人员经常在一道工作,彼此接触的机会多,最了解私方人员的情况,最便于对他们进行政治思想工作,把他们放在工人群众的汪洋大海中,有利于对他们进行根本改造,把他们化过来。

要大摆职工的先进思想、先进事迹去进行教育。通过工人的社会主义思想和大公无私的品德同资产阶级“私字当头”的思想进行对比,使私方人员认识到不改造自己的立场、观点和方法,就不能做好工作,就不能适应新社会的环境,就不能跟着革命不断地前进。

要依靠工人群众做好统战工作,必须不断地加强对工人群众的阶级教育和统战政策教育,提高他们的阶级觉悟、政治思想和政策水平。

(二)各地企业内有私方小组(有些地方,民建会、工商联两会在企业内有基层组织),我们必须加强领导,充分发挥这个组织的积极作用。这是推动私方人员进行自我教育、自我改造的一个重要工具。

(三)在私方人员中,培养典型,树立标兵,抓住典型,带动全面,这是各地推动他们积极投入生产竞赛的经验,同时也是推动私方人员进行自我教育、自我改造的一种方式。

(四)贯彻和风细雨的精神,以利于推动私方人员讲真话,敞开思想,这样才能深入地推动他们进行自我改造。私方人员讲假话,造假象,对于他们的根本改造和我们的工作,都是不利的。私方人员能否讲真话,一方面取决于私方人员对党的态度是否具有靠拢党、相信党的思想觉悟;另方面我们要造成条件使他们敢于讲真话,就必须实事求是,有鼓励、有批评,把鼓励和批评结合起来。不能把改造理解成为只有斗争,或者只有批评;也不能把和风细雨理解成为不要批评,或者否定针锋相对的尖锐批评。

对资产阶级分子进行根本改造,是一项长期、艰巨的工作。企业党委必须在已有成就的基础上,继续加强领导,积极帮助资产阶级分子在参加社会主义建设工作中进行自我教育和自我改造,同时要贯彻党的“包一头”的政策,包改造、包劳动、包政治安排和生活待遇,深入细致地进行政治思想教育工作,使对资改造工作能够适应我国社会主义建设不断跃进的新形势。

(选自《工商行政通报》第171期,1960年8月14日)

第二节 对残存的私营工商业、个体手工业和小商小贩的社会主义改造

一、上海市工商行政管理局对残存私营工商业、个体手工业进行社会主义改造中的若干问题的意见

(一)改造形式

1. 凡雇佣职工4人以上的企业、工厂或虽雇佣职工不满4人,而其资金在2000元以上,符合改造条件的,改造为公私合营工厂(场);自发联合组织的工场或个体手工业户,符合改造条件的,改造为合作工厂、生产合作小组等合作组织。

以资本主义企业、工厂为主,吸并一些个体手工业户的,也可改造为公私合营工厂(场)。

2. 不论改造合营或合作,为发挥其生产的积极性、灵活性,改造后一般在一定时期内,仍保持独立经营、各负盈亏;经过摸清情况,再进行裁并改组。如行业产品相同或有生产协作关系的,从有利于生产和改造出发,在工资、工时以及在生产场所等能妥善解决的情况下,可以实行统一经营、统一计算盈亏。

(二)工资福利

1. 资方、业主、职工的工薪如已按照规定经常实际支付,有账可据者,或虽无账可据,但并无显著不合理的,一般仍暂予维持原有收入水平,个别工薪过高,群众有意见的,可根据实际情况推动其自觉提出,经过协商,适当调整;原来没有固定工薪,采取暂支办法的应确定临时工资,原则上不应影响原有生活水平,根据其原来向企业支取生活费的情况,参照同业合营单位的水平予以确定,对其中技术好,能力强的,应适当照顾,使其收入略高于一般人员。

2. 伙食标准暂维持原状,但企业需要合并或集中生产的应适当解决,可先找出一个"中等"标准,经过协商,加以统一。在调整工资时,伙食折现并入工资部分计算。凡与生产有关的职工福利如毛巾、纱布、口罩等,按原惯例办理,在合并或集中生产时,根据福利服从生产的原则,并照顾并入单位的现状,经过协商,决定去留。

(三)人员安排

1. 从业人员的核定,原则上应根据原来向区工商科办理登记的名单并参照实际变动情况处理,不得任意安插私人,现有人员超过原登记人数或已雇有临时工从事生产者,如确有技术,又确有需要,经过一定期间的试用和考查后可以录用或仍作为临时工处理。

2. 对家厂不分的资方或业主家属,凡经常以全部或主要时间参加工厂(场)工作者,仍应继续让其工作;原来参加辅助劳动的业主家属,应根据改造后需要可吸收他们参加辅助劳动或根据具体情况采用厂外加工、做临时工等办法加以照顾;以前偶尔协助工厂工作的私方人员家属以及雇用的劳动大姐等均不得列为从业人员或辅助劳动,一般只给生活费用。

(四)财产清估

1. 资本主义性质的工厂(场)由资方自点、自估,职工协助、监督,民主管理小组评议;对组织生产合作工厂、合作小组的个体手工业者,如只有一般工具和少量设备可以只清点,不估价。

2. 私营小型工业、个体手工业户的机器、工具、设备,都极陈旧、超龄、受损,可参照国营牌价,就其新旧程度,使用的实际情况酌情估价;租用的机器设备,经查明确系付给租金的,仍照付,不估价;与厂外人合购的机器区别不同情况,或动员其入股,或酌付资金,或作价偿还。住房用具等由于家厂(场)不分,难以划分,一般可不清点,不估价。

(五)财务处理方面

1.各企业、手工业者之间日常业务上的往来借贷关系,原有习惯性的赊购、赊销、借料、寄售等业务关系还应该允许他们继续维持,以免影响业务,一般的借贷关系及业务上的正常往来应有借有还。

2. 对公债务如税款、司法罚款、行政罚款等,

在不影响生产经营的原则下,应以现金偿还,如以现金偿还后影响工厂(场)的生产经营者,可征得主管部门同意暂缓偿还或于核定资金时转为公股股份。

3. 对私债务要注意防止假造债权,抽逃等情况,零星小额欠款一般可以现金偿还;对大额债务,原则上由原企业偿还。

4. 资方宕账、职工借支,如实际上为工薪收入性质及因生活困难借支者经民主管理小组核实后可减还或免还,不属以上性质者应归还,无力归还者可酌情减免。

5. 积欠职工工资。职工原工资较低,生活确实有困难,工厂有支付能力者应根据财务情况尽可能归还;惯例规定淡季欠薪需旺季补发的可按工厂条件照惯例办理;停工减产所欠工资,曾规定预补发者,经劳资协商可以少还或不还,但属于工厂业务困难发不出工资的不予补发。

(选自《工商行政通报》第 119 期,1958 年 6 月 30 日)

二、广州市对残存私营商业、小商小贩社会主义改造的规划(摘要)

(一)改造工作的要求

1. 对私营商业的改造

对于高潮遗留和新发展的经过审查登记的私营商业及其他行业,应区别不同情况和特点,加以改造。凡属商品归国家掌握或在自由市场的商品供应上有作用,或者是资金大,其人员政治情况好又有劳动力的,一般可以实行公私合营,或带进合营。残存的私营商业及其他业除去特殊行业可以保留单干之外,其他的逐步予以排挤和淘汰。

2. 对小商(夫妻店)、小贩的改造

甲、改造的具体要求

(1) 对于还没有组织起来的小商贩(包括无牌小商贩经整顿审查后允许存在的),除了要淘汰的行业外,应该采取积极的态度,以原合作组织为基地,进一步分别带进合作组织或新组织合作商店。

(2) 对于各负盈亏的合作小组,要求进一步加以改造,尤其是集中在市场(集)的及在主要马路的小商贩,凡具备条件的,都应上升为共负盈亏的合作商店(组)。

(3) 对于原有的共负盈亏的合作组织,要求进一步加以整顿巩固,增强企业内部的社会主义因素。

乙、改造的具体形式和条件:

(1)组织合作商店(组),条件是:(甲)货源为国营控制。(乙)营业地点较集中,合作后能保持原来的经营特点和供应品种,便于供应市民。(丙)有一定的领导骨干。(丁)合作后有利于控制其收入水平,而又能发挥其积极性者。同时,为要充分发挥合作商店的优越性,克服资本主义经营思想,必须增强合作商店内的社会主义因素,要求:(甲)由国营派出(或选拔)驻店干部,充实合作商店的领导(其条件是能胜任的)。驻店干部的工资在一年内仍由国营负担,一年后评定,工资自给。(乙)盈余分配的原则:股金分红一般不应该超过银行定期存款利息;福利金不应超过国、合营职工福利金的标准;奖励金不宜多过福利金比例,最多不超过全组工资总额 5% 为宜。除以上“三金”和所得税以外的余额作为公积金,分两部分处理,一部分拨为店的公积金;大部分作为集中使用,其比重可掌握在 50% 以上。留店(组)的公积金应专款专用,动用时应经归口单位批准。(丙)工资:对收入可以保证正常生活的,一般可采取基本工资加奖励金,行业特殊的仍可采取其他的工资形式;但不论采取哪一种工资形式,原则上工资加股红的全年收入应相当于或低于国、合营企业全年工资的总水平。

(2) 合作小组。凡不具备组织共负盈亏的合作商店(组)的,都可以根据自愿的要求,把营业地点比较集中和有利于集体互助的小商贩组织为合作小组。对合作小组的合作内容,除在进货、销货、资金、劳动力、学习、技术交流等方面建立制度加强互助外,还应大力建立互助基金的提存,作为控制小商贩收入水平的办法,并按行业将一部分互助基金集中使用。其次,归口基层单位可以组织流动会计,帮助小商贩健全财会制度,并加强对小商贩财务上的监督和指导,有条件的可派干部直接指导。

(3) 合营定息。凡是国营零售供应点在零售市场比较薄弱的,有必要扩大增设供应点的,可以考虑在有条件的小商贩中吸收合营定息。其条件是:(甲)经营商品全部为国营掌握或经营生产资料;(乙)有劳动能力,家店能分开,便于管理;(丙)营业稳定,便于供应居民,合营后不增加国家负担。这应该是少数。

丙、对小商贩的整顿和改造工作,必须与当前国、合营商业机构的调整商业网与摊贩供应点的调整、并店和商业工作的大跃进互相联系，密切结合进行。

3．对行商的改造

对于现有行商(包括无牌行商经审查允许经营的)应根据其特点，分别进行改造：(1)吸收合营，条件是经营商品与国计民生较密切，资金较大，政治情况较好，业务能力较强的少数行商。(2)组织共负盈亏的合作贩运、商店，条件是有相当的资金和业务能力，有一定的骨干，组成后有利于发挥其有益的作用和限制其资本主义的发展的，这种组织的原则可参考合作商店的规定。(3)组织各负盈亏的合作贩运小组，在归口公司领导下，联合购销或成为国营商业的代购代销人员，这一类组织对象是不属于上述两类而又不具备单干“条件”的行商。(4)少数将被排挤和淘汰的行商，可让其继续单干，但要归行栈的“口”加强管理。

4．对特殊行业企业的改造

对于有特殊信誉、技术而又不适合于合营或组织合作的行业、企业，在一定时期内一般保留其私营单干。如侨汇业、少数民族或华侨集资兴办的小型企业以及其他情况特殊的企业等。但对这些企业应加强监督、管理和辅导工作。

(二)做法、步骤

1．在市委、市人委领导下，财贸战线成立对私营商业和小商贩改造的领导小组，有关部门的负责同志参加组成，负责领导这项工作，市对私改造办公室负责督促检查，综合情况，研究有关问题。各业务主管局根据市的统一规划，必须就所属归口行业进行调查排队，订出整顿改造的具体规划，报送各区区委进行安排改造，并送市人委对私改造办公室一份。工作进行中并负责处理所属归口行业的有关问题。改造的具体工作则分区包干，在区委领导下，由区人委以各区小商贩整风工作队干部或区的下放干部集中一部分为基础，并视工作的需要，再抽调各公司区店、区管理部、中心店的力量，组织工作队进行。工会、共青团、工商联、摊联会、妇联等有关单位大力配合，认真做好所辖系统成员的思想发动工作。

2．步骤上应与小商贩整风紧密结合进行，作为整改的一部分，不必搞改造高潮，工作的安排应先做好清查整顿工作。至于组织动员下乡、上山转向生产的工作，应与组织改造结合进行。在全面铺开改造之前，应先做好试点工作。为了做好充分的思想发动，必须根据整风的精神，采取大辩论的办法，让小商贩自愿提出改造的要求，由区人委批准组织。对组织合作的还应由小商贩自行建成小组，以组的名义申请，以便批准后有辫子可抓。

(三)由于改造的对象和改造的形式有所不同，在具体做法上应分别安排，由各区人委做好工作计划

1．关于合营工作。必须顺序进行下列工作：①通过辩论，发动职工群众，交代政策，明确做法；②清产核资，由资方负责自查、自报，同业评议，工作组复核，区人委审批；③人事安排，根据“量材使用，适当照顾”的原则，对企业实职人员全部予以安排；④建立必要的管理制度。

2．关于组织合作商店的工作。必须顺序进行下列工作：①通过大辩论发动群众，交代具体要求和做法；②以组为单位选出组织合作的领导人员，办理手续；③财产核算，折价入股，办法是自报公议，工作组复核，区人委审批；④安排营业地点；⑤订立组织章程，建立必要的制度。

关于组织合作小组的组织工作，除了不进行财产核算、折价入股和安排营业等，其他做法与组织合作商店基本相同。

以上各单位在进行工作时，必须充分认识到这项工作的艰巨性和复杂性，坚决贯彻多快好省的方针，力求做好准备，依靠群众，多深入实际，鼓足干劲，认真慎重地进行，只许做好，不许做坏，并要保证改造与业务两不误，时间还必须力争提前完成。

(四)若干问题的处理意见

1．关于合营工作中的财产处理、定息发息、人事安排、工资、福利待遇等方面的具体问题，一般可以参照1956年合营高潮时的规定处理，各单位在实际工作中遇有不能解决的问题，可上报市私改办公室研究统一解决。

2．组织合作商店(组)的工作方面：

(1)关于从业人员安排问题。必须本着营业需要和安排的可能情况进行处理：①凡营业登记证有名，而又参加实际劳动的，原则上全部安排；②营业登记证无名，但实际上长期参加主要劳动的家属从业人员，原则上亦应吸收；③营业登记虽有名，但没有参加实际劳动

或只做些辅助劳动的,一般不予安排;④实际从业人员如因年老体弱或有严重疾病,从事劳动有困难,提出以家属代替的,原则上可吸收其家属入组;⑤无户籍的临时工,或虽有户籍但系非法雇用者,虽长期从事主要劳动,亦不予吸收。

(2) 关于资金入股问题。小商贩参加合作商店,应将原有的全部实际资金投入经营,小商贩不应取回或转卖资财;如有的资本是借来的,还款后便没有资本或现有资产尚不足抵偿债务的,由店内组员议定股金数额,分期从工资中扣缴。

(3) 关于合作小组、合作商店组员的多与少的问题。应根据具体情况而定:在市场(集)或小商贩较密集的马路,归口公司可派出驻店干部和有坚强的领导的,组织的户数可以多些;一般控制在10户、20户、30户左右为宜,有条件的也可以适当的大一些,防止贪多图大,以免造成改造与管理上的困难。

(4) 关于合作小组"前进"为合作商店的,对过去互助合作基金的处理,如资金缺少的,可以转为合作商店的资金,如资金较充裕的,可以转为福利金,不得分掉或花光。

3.资本主义商业和个体商业的划分,主要根据业主是否参加劳动或虽参加劳动但是否主要靠雇工剥削而定。凡商业雇工2人以上、饮食服务业雇工3人以上的,可搞合营;或虽无雇工剥削,但资本额在2000元以上,营业额在3万元以上,经常获取高额利润,有时也雇用临时工的,仍可搞合营。业主参加劳动、无雇工,或商业雇工1人以下、饮食服务业雇工2人以下的,视为个体商业户,组织合作商店。鉴于1956年私改高潮后残存的私营商业及个体商业,资金与人员均较少,因此在掌握划分上,划为资本主义企业的应注意避免过宽,但另方面对于确实具有资本主义性质的企业,亦应注意不要错划为个体户。

4.私营商业、小商贩、行商当前吃光了资金,停了业的,原则上不合营和组织合作,收回牌照,动员其转向生产。

(选自《工商行政通报》第119期,1958年6月30日)

三、上海市对居间人进行整顿改造

上海市有712个居间人,他们的成分复杂,7%是刑满释放分子,6%是曾为国营公司吸收后又走"回头路"的,抬价、欺诈、投机违法等行为时有发生。但是他们中间也有一些人具有一定的业务经验,熟悉商品和市场情况,善于发掘社会潜在物资和推销商品。为发挥他们的有利因素,革掉他们的不良作风,上海市拟通过改造、吸收、淘汰等办法,准备在半年之内将全市居间人整顿改造完毕。他们的做法是:

(一)对少数具有较高业务能力,表现积极的居间人,根据交易市场的需要,成立互助合作组织,改造成为交易市场的业务介绍员。

(二)根据专业部门的需要,对部分经营钢铁、铜锡、铁皮、糖果糕点以及介绍运输等业务的居间人,分别归口改造,加以处理或吸收为临时工或筹组工场。

(三) 经营房地产等业务的居间人,随着私房的加强管理和改造、居间业务的消失,逐步加以淘汰。

(四) 对年老力衰、家庭生活有依靠、农业人口以及经营居间业务不久或半年以上已无业务,和另有生活出路不以居间收入维持生活的居间人,动员他们放弃居间业务。

(五) 对一切渣滓、管制分子、交保假释分子以及走"回头路"分子,予以取缔,撤销其登记。违法分子依法移交司法部门惩处。

(六) 对尚有业务经营,一时还无其他出路,又不合淘汰、取缔的居间人,暂准其在政府编组管理掌握之下,继续经营一定时间,创造条件加以淘汰、取缔或改造。

(选自《工商行政通报》第119期,1958年6月30日)

四、广州市工商局对残存的私营工业改造工作中存在问题的意见

全市残存私营工业有797户,4234人。其中属资本主义性质的230户,2208人,属手工业性质的567户,2026人。至6月下旬已改造的504户,占总户数的63.22%,占总人数的74%。其中,带进合营厂的有478户,2776人,合并合营的24户,288人,单独合营的2户,69人,现正在进行清产核资。当前在改造工作中的主要问题是:

一方面,业主逃避与抗拒改造,另方面,我们改造工作又不够彻底,表现在:(1)大部分企业都有

不同程度的逃资，没有把资金全部带进合营，有的户根本就没有一分现款带进厂。中区抽查了10户，就逃走资金11.4万元；(2)机器设备有的未全部带进厂，尤以工具和半成品以及原材料的逃避为甚，如鸿英记半成品及原材料大约价值在8900元都未带进厂。中区在清查中已经追回有车床1部，马达2个；(3)合营后有的人至今还未到职，有技术人员，也有资本家(有的去逛长江大桥和西湖等)；(4)从我们看，对这些户一方面因过去少人管，究竟多少户不太摸底；另一方面，有关单位当前对一般工业行业的改造没有对五金行业的改造劲头大，虽有了规划，但有的则迟迟未动，有漏掉的可能。上述问题不但反映了资本家逃避与抗拒改造，使我们在经济上受到损失，尤其严重的是给自发势力留下了毒根，因此，必须采取措施予以解决。

其次，在改造中，还有不少的遗留问题，没有很好的解决，有些问题虽然有了原则规定，但从今天的情况看也有补充的必要。为此，我们提出以下意见：

第一，必须坚决贯彻中央指示，对资本主义性质的企业原则上不允许继续存在。该合营的合营，对可以代替的予以排挤和淘汰，对逃避资金、机器设备和原材料的应该从严处理，对破坏改造的严重违法户应予以严格制裁。为达此目的，可采取以下办法：(1)召开业主会议，交代政策，组织学习，动员他们积极接受改造，自觉地交出已逃避的东西，否则按抗拒改造论处；(2)召开工人会议，讲清情况说明道理，发动工人检举，协助政府把改造工作作好；(3)积极的进行清产核资，认真核对，追查逃资的界限，应该着重在这次改造合营中的逃资。对于过去的(1956年、1957年)逃资，应该从宽处理，能归者归还，不能归还者着其承认错误后，不必逼迫。对破坏改造严重的应予以法律制裁，以资惩前毖后；(4)采取经济措施，根据市人委(58)会工商字第709号《关于今后加强对自发工业户管理工作问题的决定》，从原料供应与加工订货方面加以控制，切断其后路，促使其接受改造；(5)凡是合营了的厂或者是厂设置的车间，都应挂出标志，以资检查和发动群众检举黑户。

第二，对改造中若干问题的处理原则，原方案已有规定，根据当前实际情况再提出如下补充规定：

1. 个体手工业户入了合营厂和资本主义户入了生产社的资产及待遇的处理问题。为了划清政策界限分别对待，对个体户入了合营厂的应按对手工业的改造办法进行清产折价存厂付息。对小业主待遇可采取既不同于工人，也与资本家有区别的办法处理，不称为资本家，其福利待遇按职工待遇处理。对资本主义户入了生产社的，按对资本家的政策予以清产核资，定股定息，不应按个体手工业入社的办法办理，以资区别。

2. 机器租赁问题。目前私营工业企业确有租赁的，但也有假租赁的，情况十分复杂，尤其是有些资本家和小业主在改造中鱼目混珠，把企业所有的机器转移为向外租赁的关系，为此，必须慎重处理。出租机器的情况也各有不同，有的是资本家为了剥削出租机器的；有的是歇业后以出租机器为业的；有的是小本经营买旧翻新而出租的；也有的靠出租一部马达为生的老太婆。对这问题的解决，应本着使其直接投入生产或储蓄，而不使其经营出租机器为原则。具体办法是：(1)动员他们投资入厂，特别是在职私方或以出租过着剥削生活的，必须与企业改造的同时予以改造，对投资入厂的予以定息；(2)对属劳动人民不愿投资的，可以继续租赁，但是必须办理合法手续，并改变不合理的租金。租金的标准大致可按其机器现在的价值予以相等于银行存款定息的租金，如修理费属于业主的可加上修理费；(3)属于劳动人民范畴出租的小量机器，既不愿投资，也不愿出租而要拿去出卖者，可按交易所规定出卖，合营企业有优先权收买，款项可分期付款。

3. 生产资料与生活资料的划分问题。原则上可参考高潮时的处理原则，并参照《关于加速对高潮后遗留和新发展的私营工业改造的规划》办理。但鉴于当前私营工业是小户多，家店难分又多数没有完整的账簿，在划分上有困难。因此，为使其不太勉强的接受改造和有利于生产，应从宽掌握处理，但应严格地与抽逃资金、机器分开来，不得混淆，在清产中应着重于机器设备、生产工具和原材料与半成品。至于非直接用于生产的零星用具自行车以及桌椅板凳等难以划分的可不划。

4. 对定股发息时间、公积金的处理和批准清产核资、发股息问题。原规划规定发息从1958年1月1日算起，现在看来，由于不少企业没有完整的账目，而且当前改造工作进行情况各有不同，所以采取一律的办法是不够妥当的，可改为：(1)凡有账可查有盈余且又能较彻底地合营了的，仍按原规划规定办理;(2)不愿从1958年1月1日起定息而愿进行盈余分配的也可进行分配,其办法可按1957年盈余分配办法办理;(3)既无账簿又无盈余的,经清产核资后从1958年6月1日起计算。从现在情况看来,多数适用第三种办法。至于公积金的处理,可适当分出一部分作为工人的集体福利金,但最高不超过15%,其余都清核入股。资产清核后应报由各工业局办理审批手续。清产定股后的股息凭证,按高潮时的办法办理。

5.工资福利问题。这次合营的企业多数没有健全的账簿,故在贯彻原方案规定时发生不少困难。解决的办法是:(1)工人工资有高于老合营厂的,也有低于老合营厂的,但高的仍居多数,这是私营企业在三大改造高潮后,以高额工资办法雇用工人为其生产的结果。为了合理解决,可按合营厂的工资标准在合营后的适当时机进行评定,不保留工资,在未评定前,原则上应保证其原来劳动收入,有明确工资的应按原工资支付,无明确工资的应经同行业评定,临时性的工资,以后再按其所负担职务评定。(2)对资本家的高薪,除高潮前后一直有固定支付的而又有完整账簿的,可以考虑照支外,其余可按现职进行评定,在未评定前可按对待无明确工资的工人的办法处理。以上所述不包括临时工和投资的股东。

6.对临时工的处理问题。这次合营的临时工的情况,有的有技术,有的无技术,时间有长短,成分也很复杂,且数量占了相当比重,据西区反映大约占总人数25%,中区对40多户的调查占43%。为此,必须严格审查,区别对待,不能都包下来:(1)对有技术而我们又需要的一般可以吸收进来,继续维持临时工关系;(2)对应动员其回乡的即动员回乡、下乡,参加农业生产;(3)对在厂时间久而属一般生产人员的或者是时间短而有一般生产知识的,可从严吸收,对最近才雇用的临时工一律不予安排;(4)凡是合营了的厂有临时工的都必须分别订立合同,办理合法手续,方为有效;(5)其工资待遇可按老合营厂的临时工待遇办理。

7.对公债务与对私债务的处理。企业的对公债务由原企业进行清理偿还,偿还有困难的,如属资不抵债户,按破产清理,可以适当予以减免;企业的对私债务原则上由原企业进行清理偿还,偿还有困难,而债权人愿意将债款转为投资的,可以鼓励他们投资,否则转为合营企业的负债。对有些没有设备而又没有什么技术、账簿又不全的资不抵债户,可不予合营,采取经济措施予以排挤和淘汰。

(选自《工商行政通报》第123期,1958年8月14日)

五、天津市工商局对小商贩、个体手工业、残存的资本主义工商业进一步进行社会主义改造的经验

我市在第二季度末,通过宣传总路线及查整风查跃进的双查工作,对全市的小商贩、个体手工业及残存的资本主义工商业进一步地进行社会主义改造,从而在全市范围内消灭了单干,消灭了资本主义经济,又一次获得了经济战线上的胜利。

根据特点分别纳入各种改造形式

截至今年4月底全市小商贩、个体手工业、残存的资本主义工商业共为55300人,其中残存的资本主义工商业371户,3967人,个体手工业12289人,已纳入社会主义改造和残存的贩摊共有39044人。在小商贩39044人中,有7011人组成了601个合作商店;21942人组成了3203个合作小组;其余10092人是个体经营。他们的基本特点是:(1)规模很小,资金不多,3万多户小商贩的平均资金仅为100元左右,371户资本主义工商业平均资金为500元。(2)他们的生产经营,在工业户中多系加工修理性质;在商业户中多集中在废品及副食品行业。(3)成员成分复杂,据和平区的调查,地、富、反、坏分子占20%左右,个别行业如木柴业高级合作商店占50%。该区对1214个无照摊贩的调查,其中弃农经商的农民占55%,逃避改造走回头路的中小资本家及农村的地富约占14.3%。(4)投机违法行为严重。今年在整风运动中的统计,仅在小商贩中就暴露投机违法行为计20万件。

针对上述情况,根据中央关于"继续加强对残存的私营工商业、个体手工业和对小商贩进行社会主义改造"的指示精神,结合对原有合作商店,合作小组的进一步改造,市区有关部门在6月下旬经过七昼夜的奋战,终于6月30日全部地将残存的资本主义工商业、小商贩、个体手工业分别纳入各种改造形式。即:

残存的资本主义工商业被取缔的有71户,437人;与手工业合作社或民办工业合并的225户,1601

人;改为房屋修缮和打包装卸服务队的923人;由主管公司合营与合作商店合并的50户,89人。

小商贩转国营的2533人(占7.04%);组成高级合作商店的10618人(占29.52%);组成初级合作商店的13513人(占37.56%);组成合作小组5031人(占13.98%);转业的(工厂、汽车司机、农牧场)3363人(占9.36%);并自办工厂65个,811人。

个体手工业为国营工业及手工业合作社吸收的3527人(占36%);转街办工业和郊区工厂的358人(占3.6%);组成合作工厂、共负盈亏的合作小组3211人(占33.25%);组成各负盈亏的互助组2455人(占25%);此外尚有165人因无下落尚待清理。

至此,天津市消灭了残存的资本主义经济及个体经济。

全面规划、区别对待、先粗后细、先改后整

对小商贩、个体手工业及残存的资本主义工商业进一步的进行社会主义改造是在整风运动获得伟大胜利的基础上,根据多快好省的方针进行的。

在社会主义大辩论中,经过摆事实、讲道理、新旧对比、算细账、实地参观等办法,使他们弄清了"组织起来好、还是单干好"、"工资收入是否合理"、"生活提高了没有"等几个基本问题,这样就提高了他们的思想觉悟,树立了新的是、非、善、恶的标准,社会主义同资本主义道路的斗争,取得了决定性的胜利。

在反违法斗争的运动中,又集中的揭发和批判了他们的投机违法行为,一些严重的投机违法受到了法律制裁,广大人民更积极监督检举投机违法,因此形成"违法可耻"的政治气氛,这样就坚定了他们走社会主义道路从事正当的生产经营的决心。

在全国大跃进形势的推动下,他们也掀起了大跃进,开始树立新的经营观点、作风,广大市民对于这种转变给予表扬,鼓舞了他们进一步破资立社。

通过上述三个政治、思想改造的过程,给进一步的改造其所有制提供了极为有利的基础。这就有可能运用运动的形式加快速度完成。

改造工作是本着全面规划,区别对待,先粗后细,先改后整的办法,抓住以下三个环节进行的。

第一,贯彻总路线,进行双查,拔掉白旗插上红旗。双查的具体内容,主要是政治上的兴无灭资,改造的好和快及查经营作风的改变。双查的方法仍然是从政治思想着手,发动群众大鸣大放,边放边改,缺什么补什么。由于小商贩和个体手工业经过了整风和大跃进,政治思想上有了提高,因而双查运动伊始,就纷纷鸣放,要求改造,据统计南开区的鸣放意见有60%,河西区有80%是属于这一类的。

从他们要求改造的态度和动机分析:一般的说来中小户迫切的要求改造,但较严重的存在着依赖思想,所谓"先吃大户,后吃政府"、"光脚的不怕穿鞋的"。一些大户则怕受连累,主张在组织时挑肥舍瘦;一些业务好的不愿带业务坏的;家庭人口多的,则怕降低收入,影响生活;有技术不愿带没技术的。还有的怕制度严不自由;个别的怕暴露贪污问题和历史问题等等。

为了澄清思想,统一认识,明辨是非,鼓起干劲,接着组织了大辩论,重点地批判了大户挑肥舍瘦及中小户的依赖思想。通过辩论,大家的信心十足,从而为改造工作奠定了良好的思想基础。

第二,全面规划。对残存户的改造及原有的合作商店、合作小组的进一步改造同时进行。组织有关部门制定规划,确定改造形式,根据"四利"原则进行,即:有利于调动小商贩的资金和人力;有利于进一步安排改造;有利于领导与管理;有利于调整商业网。方式上可以单独组成合作组店,也可以并入原有形式。同时从经营品种、保留特点、个人收入和居民关系、骨干力量的配备、加工协作等六方面来考虑,使改造和改组工作同时进行。

第三,改造工作中的两个结合:

第一个结合是将小商贩的改造工作和处理多余人员结合起来。天津市的摊贩基本上是过剩的,这种过剩的情况一方面是有些行业(如废旧五金)在合营高潮后依靠违法经营发展起来的,当各地相继加强市场管理取缔投机违法之后,就显得业务不能维持,从业人员过剩。另一方面,是由于资本主义和个体经济的经营和分布极不合理,因之在改造、改组以后,必然出现过剩。随着商业网的调整及民办商业的发展,这种过剩情况将更显突出。对于多余人员的处理和安排是本着"人尽其材"的精神,在不影响商业网合理分布、不影响市场供应、不影响生产需要和协作的原则下,采取多种多样的办法积极安排。我们的办法是:(1)由过剩行业的合作商店中抽出一定力量,集体创办农牧场,开办费由公积金项下开支,参加人员的工资福利,仍由各

合作商店负担。(2)支援工业。把一些年青力壮、有培养前途或有技术能力的,输送到国营工业和交通运输业中去。(3)有条件的行业,发动他们搞加工和修理工厂。例如天明市场的废品合作商店抽出253人办了25个工厂;估衣合作商店抽出212人办了7个加工厂。

第二个结合是将改造工作和支持民办工业结合起来。结合的方法有的是组织一些适合民办工业需要的摊贩和个体手工业者转业。例如新市场摊贩、手工业和街道居民共同组成了钢凿厂。

第四,抓紧改造后的整顿工作巩固改造成果。

由于此次改造工作是以运动的方式出现,有关工资、福利问题都未能妥善处理,必要的规章制度来不及建立或健全,少数人的思想问题也没有彻底解决。其中:有些转国营的产生了改造到顶,工作态度消极;有些高级合作商店的成员,因未批准转国营而情绪不安,个别的还留恋单干,甚至发生贪污、盗窃等不法行为。因此,抓紧改造后的整顿工作是巩固改造成果的一个关键。

整顿工作的主要内容是:整顿思想,解决分配问题,调整领导成分,建立和健全必要的规章制度等。整顿工作中心是解决改造后所出现的一些新矛盾,有些问题也带有两条道路斗争的性质。整顿工作同样也要发动群众,大鸣大放,暴露问题,然后分类排队选择主要问题进行大争大辩。从而争取多数群众,暴露和孤立坏人坏事。

解决他们的工资福利等具体问题,除根据中央既定的政策界限发动群众共同想办法,分析是非外,同时应注意防止,要求过高脱离实际或卡得过紧的两种偏向。一般的应该根据既算政治账,也算经济账的精神,达到合理解决。所谓算政治账就是:①算是否符合政策;②算是否能刺激他们的积极性;③算我们是否主动。

只有这样,通过整顿既解决了存在的问题,同时建立了各店的领导核心,提高了全体成员的思想觉悟,实际上是又一次的自我教育运动。整顿工作告一段落后要立即掀起业务竞赛,以便把群众的热情引导到生产经营的改革上去。

高级合作商店是一种好形式

在此次改造工作中,除了采取公私合营、组织生产合作社、合作商店、合作小组等形式外,对小商贩的改造,还采取了以下的形式:

第一,直接转为国营。具体情况有三:一种是国营需要,如废品、干货、糖果的加工或兼营二批发的摊贩,由国营吸收,统一安排。一种是选择一些资金较大、收入过肥的零售户转为国营,如棉布、百货。一种是为了便于管理,如河西区则将谦德庄市场全部摊贩转为国营。转国营时,小商贩要求把资金上缴给主管的国营公司,目前尚未最后处理。从当前情况看,把小商贩大量地直接过渡国营还有问题:

首先,小商贩的成分很复杂,肃反工作尚未深入进行,大量的纳入国营后,会影响国营商业人员队伍的纯洁。

其次,小商贩的资本主义思想根深蒂固,通过伟大的整风运动虽有了很大的变化,但资产阶级思想的改造却是今后长时期的事情。他们普遍要求过渡到国营是企图在政治上不经过艰苦的思想改造,获得工人阶级称号。在经济上享受较好的福利待遇。认为"改造到顶"、"终身有靠",产生依赖思想,不积极经营。

根据上述情况,我们认为:小商贩尚不宜大量的过渡为国营,只能是根据国家需要和形势的发展,在十分必要时,适当的吸收。同时对于那些确系有条件过渡为国营的小商贩,在组织过渡时应作好准备工作,从城厢区糕点干货加工二批发过渡为国营的经验来看:①过渡前要把工资、福利标准及老弱病残的安排等问题,由他们自己进行妥善的解决和安排,并以此作为升入国营的条件。这样可避免过渡后解决上述问题的被动局面。②过渡后迅速的将小商贩的热情引到生产经营上去,并继续开展新的思想改造运动,趁热打铁、不断革命。

第二,组织高级合作商店,这个形式有两个特点:一是资金为集体所有,不再付股息;二是国营企业派干部参与领导。组成高级合作商店的条件是:个人自愿,政府批准。

从一个多月的情况来看,这一形式的优点:①由于资金集体所有,不再分红,就割断了他们和私有制的联系,培养其集体观念。②由于高级合作商店是由各类摊贩组成的,其思想情况和特点基本上是一致的。因此,这种形式便于对他们进一步的进行思想改造。③由于企业是集体所有因而他们的实际收入和企业的业务经营还是有一定的联系,从而更有利于调动他们在市场供应工作中的积极作用。④国家派干部参加管理,完全有可能按照社会主义的经营原则管理和改造企业。

对高级合作商店的领导方法,根据和平区的试点来看,适于采取按行业(亦可扩大为按区)成立管理委员会的办法,委员会管若干商店,委员的产生是用选举的方法,主管国营公司亦派干部参加,这样既贯彻了民主办店的方针也加强了国营商业对高级合作商店的领导。管理委员会的职权和任务是:1. 贯彻执行公司及有关部门的指示和政策措施。2. 统一使用各高级合作商店的资金、公积金、公益金。3. 调配或调整店与店之间的劳动力。4. 研究审查批准所属各店的一切重大问题,如工资评定、奖惩、任免等事项。为了保持各店在经营方面能以机动灵活适应当地的消费需要,管理委员会在业务方面(尤其是采购方面)应下放一部分权限。和平区百货高级合作商店管理委员会是采取一般商品统一进货,特殊商品单独采购的办法,效果很好。

总的说来,高级合作商店这一改造形式,无论在生产经营和对小业主的改造,目前看来都是十分有利的,我们也主动,因此可以大量发展。

几个政策性问题的处理:

第一,对资金处理问题:1. 摊贩不论其为初级或高级合作商店或为国营商业吸收的,对其资金处理原则上不采取退还其个人的办法,这是因为小商贩资金退给每个人为数不多,应该集中地使用到社会主义建设事业上去。如果采取退还办法就涉及到划阶级,则问题更多。所以属于为国营吸收的可以计息或定息。属于初级合作商店的资金每年可以分取一定的红利,但红利率最高不得超过银行定期一年的存款息率。高级合作商店的资金属于集体所有,不分红。2. 组织起来的个体手工业(不包括手工业联社吸收的户),其资金的处理暂不返还,付以利息(息率与小商贩同)。3. 经政府组织安排到国合营工业或交通运输业为临时工或长期工的摊贩,其资金不应带走。如被安排摊贩原为高级合作商店的成员则其资金仍由高级合作商店使用,也不付息。如原为初级合作商店成员,则其资金由该店共同使用或提出投入政府指定的工厂,按年付给一定的股息。4. 经政府组织其集体开办工厂或农场的摊贩,其资金可以带走,转入新办企业作为资金。5. 转入民办工业的按民办工业的处理办法处理。6. 公积金、公益金原为集体所有,不得带走或分掉。

第二,工资福利问题:总的精神应根据中央指示“一般的不得高于同行业国、合营企业职工的平均工资水平”为原则,区别对待:1. 改为国营门市部的,其工资、福利可以按国营职工的标准办理。2. 高级合作商店的工资水平,可参照同行业国、合营企业职工的水平,福利一般的应参照合营企业职工的福利标准。3. 初级合作商店的工资水平应按同行业合营企业职工的工资水平,其福利标准应稍低于合营企业职工的福利标准。4. 合作工厂的工资水平,一般的应按同行业的生产合作社的社员工资标准。其福利也大体上按生产合作社的标准办理。工资形式不求一致,但要控制上述水平,如个别的店(厂)的某些人因经营努力,获得奖金较多,其实际收入超过上述水平不多的,也不必强行压低,以刺激其积极性。工资水平和福利标准,亦视企业经营的情况而定。店与店间不应强求一致。营业不好的店(厂)可以低于上述水平和标准。为了慎重的解决小商贩及个体手工业者的工资和福利问题,各区对新评定的工资应进行测算,如某一行业下降幅度过大时,应报市研究确定。

第三,派干部的问题:高级合作商店、合作工厂或规模较大的初级合作商店,各主管公司要派干部参加管理和领导。这些派出干部的工资、福利仍按原待遇由公积金项下开支。

趁热打铁,掀起技术、文化革命

目前各区的整顿工作基本上已告一段落。在整顿工作的基础上,应迅速的掀起改善生产经营、提高服务质量、大搞文化革命和技术革命的新高潮,并以开展全市红旗竞赛的办法来引导和推动这一高潮。

对他们的思想改造是今后长时期的工作,与开展红旗竞赛的同时,还必须进一步地加强政治思想领导工作,根据不同时期不同类型的思想问题及时掌握了解加以解决,把树立先进,带动落后,发动群众大鸣大放大辩论作为经常的解决人民内部矛盾和思想改造的主要方法。

为了彻底完成改造工作,随着商业下放及民办事业的发展,对小商贩和手工业的进一步的改造问题,亦应统筹规划妥善安排,经过试点总结经验,然后推广。

(选自《工商行政通报》第126期,1958年9月20日)

六、中央工商行政管理局小商贩改造工作座谈会纪要

(彻底完成对小商贩和残存个体手工业的社会主义改造,是当前城市人民公社化运动的新形势所提出来的要求。它们的所有制形式和经营方式已与目前商品供应和服务上的新变化发生矛盾,需要改变。从各地的情况来看,可以考虑把合作商店改成为地区综合商店的门市部,其中大一些的也可以改为区一级领导的专业商店;合作小组、个体小商贩和个体手工业一般可以并到群众代销店和服务站中去。对小商贩和个体手工业者进一步进行改造后,并不等于两条道路的斗争问题解决了,还应当继续加强对他们的政治思想工作,推动他们进行自我改造。)

中央工商行政管理局最近邀集河北、黑龙江和北京、天津、上海等16个省、市工商行政部门的私改工作同志,座谈了小商贩的情况并交换了进一步安排改造的意见。

大家认为,当前合作商店、合作小组和个体小商贩的组织形式已日益与城市人民公社化运动深入开展的新形势不相适应:(1)不便于国家商业统一安排市场、调配劳动力和调整商业网,难以发挥潜力和承担组织人民经济生活的任务。(2)居民群众自办的代销店和服务站,将逐步代替小商贩的业务。(3)部分小商贩的资本主义经营思想、作风和小私有者的习气与共产主义风格很不相容。

不少地方已在结合组织人民经济生活的工作,着手对小商贩进行全面地安排和改造。从各地的做法和初步意见来看,大体有三种不同的作法:(1)把小商贩全部过渡为国营企业,如重庆市区。(2)对小商贩采取两极分化的办法:一部分过渡为国营商业;一部分交给人民公社(街道)安排工作。具体作法又有两种:

1.一般过渡为国营;少数过渡国营之后作用不大,而公社又有需要的,则交由公社统一安排。

2.把主要街道的门市部及经营生产资料、委托、饭店等技术性较强的行业过渡为国营;将边远地区的门市部和与人民经济生活关系密切的行业,如大车店、副食、理发等服务性行业交给公社安排,如唐山市。

3.基本上把小商贩交给人民公社,成为公社的一级商业。武汉市初步打算这样做。

大家认为,在彻底完成对小商贩的社会主义改造要求下,各地做法可以有所不同,但是从过去的试验来看,采取两极分化的办法,原则上由国营商业包下来,一般地过渡为国营商业较为有利,矛盾较少。

会议对安排、改造小商贩后的若干具体政策问题交换了意见。在资金处理上,由于小商贩中大部分是劳动人民,一般资金较少,多数同志主张退还(天津市已决定先退还百元以下的),有的也认为可以暂时计息,以后再作处理。在人员安排上,大家认为主要是对老弱病残的处理问题,对这些人应该包下来,包到底。少数完全丧失劳动能力而家庭生活确有依靠的,如果自愿,也可以允许退职,发给一定数额的退职金。这一工作必须视为一项政治任务,慎重进行。此外,对工资福利、政治待遇和思想教育等问题也提出了一些意见。

会议还讨论了残存个体手工业和其他个体经营(如禽畜饲养、医卜星相和出借图书等)的安排改造问题。大家认为,对个体手工业者也应当同时进行,全面地安排和改造;对其他个体经营户,工商行政部门要主动与有关部门联系,进行清理和改造。此外,各地还有一些无照黑户,对他们要随时发现、随时改造,就地发现、就地改造,坚决加以取缔,今后不再办理登记。

(选自《工商行政通报》第167期,1960年6月12日)

第三节　对工商联工作的监督与指导

一、中央工商行政管理局批复中华全国工商业联合会关于工商界生活互助金暂行方案

中央工商行政管理局批:

关于你会所拟《工商界生活互助金暂行方案》我们意见可暂由各地试行,由于这是一项新的工作,缺乏经验,希望你会及时了解各地试行情况,并具体进行指导和检查,俟得经验以后,再加修正。

附:工商界生活互助金暂行方案

为了帮助少数工商业者解决目前生活上暂时

的困难，使他们能够更好地发挥积极性与创造性，更好地搞好生产经营，各地工商业联合会应该经常关心和了解工商业者的生活情况，对生活有困难的工商业者及时联系有关部门适当地进行解决；同时，工商业者也应该发扬团结互助的精神，共同解决少数工商业者目前生活上的某些困难。各地工商业联合会，可根据当地的具体情况和可能的条件，经过广泛宣传和充分协商后，在自愿量力、逐步开展的原则下，举办工商界生活互助金，方案如下：

一、互助的对象

以下列几个方面为主要对象，但各地可以根据具体情况，作不同的规定。

（一）公私合营企业私方在职人员及尚未就业的私股股东；

（二）公私合营的经销、代销户和自营户的资方实职人员；

（三）未参加合作小组或合作商店的小商小贩及未参加合作社的个体手工业者。

二、互助金的筹集

（一）公私合营企业定息户的在职私方人员，按他的工资收入的1%和定息收入的10%认交互助金。

（二）公私合营企业定息户不在职的私股股东，按他的定息收入的10%认交互助金。

（三）公私合营的经销、代销户和自营户的资方实职人员、未参加合作小组或合作商店的小商小贩和未参加合作社的个体手工业者，按他的相当于工资收入的1%认交互助金。

如按照上项标准认交互助金确有困难的，可以少交或不交。

如按照上项标准认交后，自愿赠送的，也可以接受。

工商界生活互助金，主要应由工商业者本着团结互助的精神，力求自己解决，必要时，也可以商请政府酌情予以协助。

三、互助金的使用

（一）互助金的使用，可分为补助和借贷两种，各地可根据具体情况，举办一种或两种。

凡实际收入不能维持家庭生活，以致经常发生困难或临时发生困难的，予以补助。

凡实际收入可以维持家庭生活，但临时发生困难的，予以借贷或适当地予以补助。

凡政府已给予一定的补助或在企业内已享有一定的福利待遇，如尚有特殊困难，也可以适当地予以补助或借贷。

（二）补助和借贷的标准，由各地工商业联合会根据当地工商界生活水平，并参照当地职工、机关干部补助和借贷办法拟订。

（三）各地工商业联合会在互助金实际收到的数额内，就地掌握使用。

（四）各省、自治区工商业联合会可根据需要与可能，进行省、区内地区间的调剂。全国工商业联合会可根据需要与可能，进行省、自治区、直辖市地区间的调剂。

四、互助金的掌管

（一）凡举办工商界生活互助金的地区，工商业联合会应成立专门管理委员会，在国家行政机关主管部门的指导与监督下负责收款、保管、审核、批准、使用等事宜；

（二）各地可根据实际需要，按行业或地区成立基层组织，在专门管理委员会领导下进行工作；

（三）关于收款、保管、审核、批准、使用等手续，各地应拟订详细办法。

五、各地暂行实施办法的拟订

各地工商业联合会应根据当地的具体情况和可能的条件，拟订暂行实施办法，经过会员代表大会或会员代表会议或执行委员会通过后施行，并报上级工商业联合会备案。

六、本方案经本会第二届会员代表大会通过并报请政府主管机关批准后施行

本方案的修订，授权本会第二届执行委员会常务委员会办理。

（选自《工商行政通报》第85期，1957年2月15日）

二、国务院关于工商业联合会机关干部的评级、医疗、福利、学习和工商业联合会经费问题的通知

（1957年1月30日）

一、目前全国各级工商业联合会（包括同业公会）机关干部和勤杂人员，根据全国工商业联合会的材料，约有4万人。几年来，他们的政治觉悟一般有所提高，在党政领导下做了不少工作，对社会主义事业起了积极作用。但是到目前为止，大部分地区（特别是县、镇）工商业联合会机关干部，在政治待遇和物质待遇上，还存在着一些不正常的现

象:有的不能参加有关的会议;有的得不到应有的学习机会;有的尚未评定工资级别,工资从未调整,甚至调到其他部门工作要经过考试或降职降薪;医疗、福利等问题也未得到解决。这些不正常的现象,对于进一步提高工商业联合会机关干部工作的积极性,是不利的,需要加以解决。

应当认识,工商业联合会机关干部,是国家干部的一部分,对他们的政治待遇和物质待遇应当同国家干部一视同仁。为此,特对工商业联合会机关干部有关评定工资级别、医疗、福利和学习等问题通知如下:

(一) 关于评定工资级别问题

1. 凡未进行评级的,均须在当地工资改革委员会统一领导下,参照国务院关于颁发《国家机关工作人员工资方案的通知》,根据当地工商业联合会机关干部本身情况,参照其他同级人民团体干部的级别,进行评定。

2. 已经评级的,在这次工资改革中,应当参照《国务院关于工资改革中若干具体问题的规定》中关于升级问题的规定办理。

(二) 关于医疗、福利问题

1. 各级工商业联合会机关工作人员的医疗问题,应当按照卫生部1956年1月30日(56)卫医字第552号通知办法办理。

所需的医疗费用,列入各级工商业联合会经费内开支。

2. 由各级工商业联合会行政费中,按各该级工商业联合会机关全体工作人员工资总额拨出3%作为福利费,以解决工商业联合会机关工作人员的生活困难以及其他必要的福利费用。

关于县级以下工商联合会工作人员的福利费,为了适当地解决他们的困难,应当按照1956年9月14日国务院人事局(56)国人事字第2772号通知由所在地的县人民委员会统一掌管,合并使用。

(三) 关于学习问题

各级工商业联合会机关干部应当同国家干部一样享有同等的学习政治理论和文化的机会。对于他们的学习,各地有关主管部门应当负责加以指导。

对于工商业联合会机关勤杂人员的评定工资级别、医疗、福利和学习等问题,也应当参照上述原则适当处理。

二、目前有些地区工商业联合会在征收会费上有困难,尤其县工商业联合会的困难更大。为改变这种情况,根据1955年5月5日国务院关于工商业联合会经费负担办法的若干规定的通知,各地国营企业和合作社所负担该地工商业联合会经费三分之一(或三分之一以上)的原则不予改变;原规定由私营企业和公私合营企业所负担的其余部分,在全行业合营以后,除个别尚系私营的企业仍旧继续自行缴纳会费外,便应当由公私合营企业负担;有专业公司的行业,由该专业公司统一缴纳,没有专业公司的行业,由各企业直接向工商业联合会缴纳。各类企业必须照规定按时缴纳会费,以保证工商业联合会的经费开支。

至于它们对工商业联合会经费所负担的具体比例,请各级人民委员会统一掌握。

(选自《工商行政通报》第86期,1957年3月5日)

三、国务院第四、五、八办公室召开工商座谈会纪要

3月22日、23日国务院第四、五、八办公室联合召开了座谈会。在座谈会上,工商界人士反映了增产节约运动、私方人员参加社会主义劳动竞赛、工商业者的工作安排、生活福利、学习以及公私共事等各方面的情况和问题,并对工商业工作提出了意见和批评。国务院第四办公室主任贾拓夫、第五办公室副主任程子华、第八办公室副主任许涤新以及商业部、对外贸易部、纺织工业部、交通部、交通银行和中华全国总工会等部门负责同志分别就工商界人士提出的问题作了发言。现将部分发言摘要刊登,供各地参考。

国务院第四办公室主任贾拓夫的发言(摘要)

(一)这次会议开得很好。提出了当前许多迫切的问题和重要的意见。有的已做了解决,有的已做了解释和说明,其余所有问题分别由各主管机关或有关地区加以考虑和解决,并且以后应该有交代。会议是一个桥梁,思想动态、工作情况、具体问题,都可以在这里集中反映,因此,这样的会议,应该定期、经常开。各地区多数开过了,开过的要继续开,未开过的必须开。希望省市同志注意这点。最少一年两次到四次,开一两天或两三天,准备好。这样的会议有没有必要?有必要。工商界感到有必要,对各有关部门,它的必要性也不下于工商界。

在短短的时期内，可以集中许多情况、问题，到各地了解也要花很多时间，有时还不如这样集中。这种会议，对政府工作来说，是受到了监督，可以减少官僚主义，希望各地注意、重视这个工作，不要怕开，不要看成是形式或负担。

(二)全行业合营一年来的基本估计：

一年来，合营工业企业生产有很大提高，一般产值比1955年提高30%以上，劳动生产率提高20%－30%，多数产品有改进。许多原来不能生产的产品，经过试制投入了生产。在满足需要、支援建设、发展农业生产、改善农民生活方面，起了很大作用。同时，在财力、物力许可范围内，办了一些必要的福利设施，改善了劳动条件。私营时期拖欠职工工资、税款，大多归还了。职工也有因生产增加而增加了工资收入。广大职工劳动热情提高了，私方人员积极性一般也有所发挥。这些，说明合营有优越性，用不着怀疑。当然，一件新的事情，不可能把所有问题一下统统解决，问题和缺点很多，要搞好，也许还得几年，还有更多的工作要做。

(三)增产节约：

增产节约，在任何时候都是重要的，今年更有特殊的意义。工业方面，遇到原料供应的困难，这是因为农业歉收，不能完成收购计划，如棉花、油料。因为这样，出口减少了，也影响到进口，如化工原料。统配物资方面，如钢、铁、木材，虽然尽可能设法，首先照顾生产需要，但还是有困难。库存物资也减少了。

今年工业增长的速度，不能不降低一些。去年比前年增27%以上，今年比去年增长5%左右，轻工业是1.5%。重工业方面，机械制造，因需要降低，只能比去年略有增加，钢、铁、煤、油、木材，因生产能力所限，满足需要还有困难。

因此，必须大力开展增产节约，潜力还是有的，特别是合营企业。希望工商界多想办法，有经验出经验，有技术出技术，挖潜力。许多企业在私营时期，遇到过困难，有克服困难的经验。

受到需要限制的，如五金、机械，要大力节约钢铁，多做修配任务。

受生产能力限制的，要研究增产措施，大力增产。

受原料限制的，也可研究：在保证质量前提下，降低原材料消耗定额，推广先进经验。根据需要与可能试制用料不多费工较多的优质产品。利用当地现有原料资源改变生产对象。修改不合理的产品设计和配方。采用可以代用的原料。减少煤、电、水和机物料的消耗。缝纫业，可以多做修补。

在增产节约中，必须注意不降低质量。不要因节约而降低质量，结果造成更大的浪费。1955年的经验教训应当记取。

需要密切工商部门的关系。努力争取作到按时、按数、按质供应原料。统筹兼顾，合理安排生产。要注意到手工业的困难，在原料方面尽可能予以照顾。

有人提议召开专业会议讨论增产节约，公方、职工、私方均参加，这个办法很好。建议各省、市根据中央关于增产节约的指示，召开这样的会议，好好讨论，不同行业，不同地区采取不同的办法。吸取过去渡过困难的经验。私方有很多经验，在这方面，公方代表应该承认，在某些方面，不如私方人员，要向私方人员学习。

(四)经济改组：

全行业合营后，许多地方在相当范围内进行了企业改组：一种是并；一种是统一计算盈亏；一种是统一领导，各自计算盈亏。现在看来，凡是改组得正确的，都收到了显著的效果。经过改组，不少企业采取了统一调剂资金，集中使用技术力量，平衡设备，衔接工序，合理调整劳动组织等措施，不仅解决了生产经营上的困难而且改进了产品质量，增加了花色品种，减少了浪费，提高了劳动效率，保证了生产任务的完成。有些工厂在改组中还合理地调整了生产布局，改革了落后的工艺，扶植了名牌厂、名牌货和特种产品，照顾了少数民族地区的特点；便利了用户，适应了需要，也改革了某些厂过于落后和危险的部分设施；劳动条件、生活福利也有改进，党团工会工作也加强了。

但是，也发生了一些问题。由于工作量大，要求过急，缺乏经验，也产生了一些缺点：

注意了主要的大宗产品，对次要的小宗产品忽略了。

注意了制造，对厂外修配协作注意不够，发生品种减少协作中断，修理服务不便。

有些工厂，事先准备不够，产生了厂房拥挤，电力不足，职工吃、住、行不方便。

也有不应该并的也并了。废弃了一些不易搬移的，只能在当地利用的设备；或投资较大而收效较慢；或出现了一时生产混乱、质量下降、成本加大、工人不团结等现象。

这些缺点与问题已引起各地注意和改进。

统一计算盈亏,也值得研究,这往往与基层企业的积极性与主动性有关。要分别对待。有许多采取联管的形式,特别是各自计算盈亏的办法是必要的。这方面的经验也应当加以总结。

请大家研究:

① 对已并的企业,研究其经验教训。分出:对的,不应再动的,非动不可的。后者可加调整。

② 未并的,今年一般不并,从长研究,与长远规划结合考虑,逐步进行改进。

③ 统一计算盈亏的,好的可继续,有问题的可研究改变。

(五) 企业管理:

这次合营的都是小而分散的,有多少万户。过去作了许多工作:划片定点,派工作组,按行业管理等。开展了以提高质量为中心的劳动竞赛与先进生产者运动。整顿了企业的组织机构,注意了技术工作,改进了管理制度,初步建立了生产秩序,使管理水平有了一定提高。一般说在大变动中还是比较正常。可是也有许多缺点。

① 公股代表进厂后抓生产是对的,但对发动和依靠群众工作还不够。过去工会工作在有些厂薄弱松懈。所以,目前首要的要加强民主管理。去年已经提出成立工厂管理委员会或小组,也可试办职工代表大会。国营厂正在试行,合营厂如何办可以研究。企业中党、工、政(包括公私两方面),在民主集中制与党的统一领导下如何协同动作,如何贯彻群众路线与统一战线,这些都要研究。私方应有代表参加工厂管理委员会,可由私方推举代表。

② 三多:机构多,报表多,会议多。这些,需要研究改进。对小厂特点照顾不够,搬用国营大厂一套。

机构多,安排人员多;人员多了,也使机构多、大。人员有三个来源:安排私方,提拔工人,派去干部。要精简人员,目前可以在参加生产方面想些办法,将来结合新建工厂进行调剂。

表报要尽量精简,分清必要与不必要。现在研究,不必要的,可以去一半。

会议要控制;不能开得太多,以致影响管理和生产。

③建立与加强简而易行的制度,特别是财务制度。有些企业特别是有些小企业,制度混乱,借支、挪用、贪污、乱批条子等必须大力整顿。同时,也要整顿劳动纪律。

④发挥私方人员积极性。否定资本主义的生产关系是对的,全盘否定经营管理方法,就不对。合理的,要保留;不合理的,要去掉。

⑤ 企业的自主性,目前是存在问题的。现在打算在计划、财务、人事三方面,研究适当提高企业的权限。结合调整中央与地方关系逐步解决。计划性、集中性,与分散性、灵活性的矛盾如何统一?要有大计划,也要一点小自由(资本主义是大自由,小计划)。

⑥ 刘靖基先生提出,可否在党委领导下,职工监督下,有条件的加强私方人员的责任,不派公方代表。我们认为公方代表这个制度在目前阶段是好的,有成效的。现在很多中、小厂没有派公方代表,私方人员也有做得很好的。整个说来,不派公方代表,工作是有困难的。但也可以选择个别厂试验一下,不派公方代表,让私方人员负责管理,重点试办。

(六)公私共事关系:

大半年来有进步。去年7月工商座谈会以后,四办与商业部分头召开了座谈会,各地也开了这样的会,研究改进办法,全总开过会后,各地进行了赎买政策的教育;工商联、民建会也进行了许多工作。看来有收获。情况逐步在改进,开始趋向正常。去年估计公私共事关系是"两头小,中间大",今年好的一头增多,坏的一头减少。现在的"相对无言,相安无事,相敬如宾"的情况,比过去"互相歧视,互相疑惧,互相埋怨"的情况进了一步,但有消极性,证明历史的阶级界限还有。承认界限,缩小界限,消灭界限,需要一个过程。今后应该做到"互相尊重,互相协商,互相批评"。办法是三方面继续进行工作:干部整风,私方改造,工人教育。三方面都能做到主动就好了。

对私方的教育,陈叔老讲了三条:①私方学习问题,专业公司应负责,工商联也负责,相辅而行,各有好处,逐步过渡到以企业为主,结合实际;②工人俱乐部,私方人员可以参加,工会已发了通知,有的地方已经实行。③私方人员列席支部会议问题,在支部讨论与生产业务有关的时候,支部可以考虑,邀请私方人员列席,事实上现在已经有列席的。但这个问题要由各地党组织考虑,目前还不宜做统一规定。

(七)社会主义竞赛:

私方人员参加劳动竞赛,得到锻炼,有许多人评为先进生产者或者得到表扬和奖励,这是很好的。当然也有不积极或者不能持久的。正如有的先生提出的评奖中曾经有要求偏高或者偏低勉强凑数的。但是多数还是正常的。今后,私方评奖,应当和职工同等劳动同等评奖,不应有所歧视。

竞赛应该由工会统一掌握与主持,建议市工会在研究和布置竞赛时,可以吸收工商联、民建会的代表参加。工厂企业在研究或者布置竞赛时,应当吸收私方代表参加,并且应当欢迎工商联、民建会派人协助企业鼓励私方人员参加竞赛。

(八)人事安排:

按照全部包下来的政策,各地已经贯彻执行。现在还有一些过去遗留的问题:

① 未安排者,如1954年一小部分批发商、部分辅助劳动。批发商的安排可以用多种方式如准许经营摊贩等。今年全部安排有困难,以后应该设法逐步安排。

② 安排不适当的,是极少数,如果确实安排不合理,有可能调整的,应当加以调整。

③ 精简问题,应该注意平衡,不能对私方人员歧视。总之,这方面问题政府与工商联民建会共同设法,本人也想法子,求得适当解决。

(九)生活福利问题,政府已经做了很大努力,照顾了私方人员的生活,一般是安定了,满意的。但是也要承认一部分人还有困难。当然这些困难,也不是特殊的,工人当中也有。

① 对2000元以下的私方人员医疗待遇问题,上次提出参照劳保待遇,结果因工龄问题和非会员问题,病假工资只能发30%,这是不能解决问题的。现在考虑向国务院建议订一临时办法:私方人员病假工资,根据生活困难情况或病假的时间长短,按照本人工资发给50%-70%。

② 调整工资基数问题。这个问题的复杂情况,已由工会同志做了详细说明。请大家回去向有关私方人员解释,今年国家困难较大,特别是这个问题牵涉面广;暂时不好解决。忍耐一下,将来在适当机会逐步会得到解决。

③ 退休养老问题。政府正在研究草拟条例。应该有一个制度,解决职工也包括私方人员的退休养老问题。

总之,这些困难,显然是部分的暂时的性质,只要国家、工商联、民建会和私方人员大家都注意想办法,困难是可以克服的。

国务院第八办公室副主任
许涤新的发言(摘要)

(一)关于工商界的思想改造问题

首先要谈工商界的思想动态,一年来,工商界的进步,表现如下:

一、合营以来,不少工商业者积极地完成其所负担的工作,根据几个城市的估计,能够积极完成工作的人数比重在增加。现在达到35%-40%左右。

二、公私共事关系,这一年颇有进步。较好的公私关系所占比重,从20%发展到35%左右。这是双方努力的结果。在这里,私方的改进工作态度,靠拢公方和职工,是有作用的。

三、工商业者积极参加社会主义竞赛。根据8大城市和河北等20个省的不完全统计,去年第三季度参加竞赛的私方约65万人,被选为先进工作者或获得物质奖的达9.7万人。

四、在政治理论学习方面,全国有5万多个工商业者学完了短期讲习班,接受了“破资本主义立社会主义”的启蒙教育。参加各种业余政治理论学习的,不完全统计有120多万人。他们中大多数人回到企业,在不同程度上,有了积极表现。

工商业者的这种进步,有利于企业的生产经营,但是,不健康的现象还存在着。这表现在:

(1)有一些工商业者对工作缺乏热情,呈现松劲情绪。这种情况,有的是由于客观的缘故,如有职无权、工作得不到支持;有的是由于工商业者的思想认识,没有跟着客观形势的发展而前进。他们说“再多干些,也仍是照数发钱,何必枉费心机?”这种作客思想和喝“门前酒”的态度,它的思想根源,是资本主义的,是同国家对他们的要求不适应的。这种情况说明他们还没有把个人和国家结合起来。

(2)对自己来说,有一些工商业者只看见积极的一面,只看到自己是财富,而忽视消极的一面。对两面性的认识,还需要我们深入地去做工作。因为只看见积极的一面,结果,有一些人就骄傲自满起来了。他们说,“讲生产经营,公方代表不如我,论文化技术,工人亦不如我。”因此,就有“今天不是谁领导谁的问题,而是老师带徒弟的问题。”骄傲使人落后,工商界的这种情况是值得注意的。

(3)有些人,不但不关心企业的财产,反而做了一些不正当的行为来。这就是:盗卖企业财产、造假账、开假发票、私收账款、收取回佣以及借支、宕账贪污等行为。这种做法,损害国家财产,妨害国家积累,与工人阶级的要求是矛盾的。

这些情况,证明阶级关系的存在,证明了阶级矛盾的存在。当然,这种矛盾已不同于过去的矛盾,这是人民内部的矛盾,因为资产阶级已经把生产资料的支配权交给国家,资产阶级分子的总趋势是在工人阶级领导下走向社会主义,资产阶级和工人阶级的斗争,(基本上)是在宪法的范围内进行的。而在另一方面,矛盾的主要方面是在工人阶级这方面,工人阶级对资产阶级继续贯彻和平改造的政策,又团结又斗争的政策。这样,斗争就不会发展到冲突的地步,因而它是没有对抗性的矛盾。但是,我们断不能因为它没有对抗性,就不重视它。因为阶级间的距离虽然逐步在缩短,但要取消这种距离,还是一件极其艰巨的工作,不是一下子可以达到的,需要大家共同努力。提议各地的民建会、工商联要协助政府,抓紧这一项工作。明确有阶级关系和阶级矛盾之存在,正视这个矛盾,是为了妥善地处理这个矛盾。因此不承认这个矛盾,是不符合于事实的,也是不利于资产阶级分子的改造的。去年工商联全国代表大会所通过的五项守则,是以提倡爱国主义作为核心的。听说有人认为五项守则是老生常谈,听不进去,有的在七年定息后,认为可以休息五年,这就是毛病。要结合工商界当前的思想想情况,从正面,从反面,从理论,从具体事例去进行教育。

对资方人员的改造,或者如朋友们所说,要使资方人员能积极起来,需要从各方面(包括经济的、政治的)来推动,但在这里,思想教育、政治工作,是十分重要的。

(二)关于学习的问题

短期讲习班,已有"总结"。今后还要继续办下去,并不断改进教学工作。

短期班毕业以后怎么办,是一个大问题。方针是:以企业为基地根据私方人员的自愿,同公方、职工一起学习。好处是容易和企业工作实践相结合;在公方、职工直接影响下,将更有利于思想改造;缩短彼此间的距离。但目前有些资方在思想上还存在着一定的顾虑(不易敞开思想),还有水平跟不上的困难。专业公司和企业的公方目前忙于业务,还照顾不过来;中小企业中领导这方面工作的力量也还比较薄弱。因此,和公方、职工一起学习,又必须采取逐步开展,分批扩大的办法。目前有的地区(如天津)已经这样做了,经验要总结;还没有开始做的地区,从现在起,就可以吸收一批本人自愿而条件具备的资方参加和公方、职工一起学习,以取得经验,然后有计划地逐步开展。

对于目前还不能参加企业中学习的资方,仍由政协、工商联、民建会组织他们学习(夜大学、学习小组、业余学校、讲座、报告会等)。开设适合的课程、选用适合的教材。这方面的任务,仍然是很艰巨、而且也还是比较长期的。要加强这方面工作,不能放松。

必须结合资方当前存在的主要思想问题,有计划地开展宣传教育工作。方式有种种:例如通过工商联会议的传达、按现有的学习组织或者按专业公司系统组织报告和讨论等。江苏等省已经开始做了,希望其他地区也做起来。并且使它成为经常性的工作。对于工商联会议的传达工作,各地有关部门应当给以支持和帮助。

教材是一个大问题。学习内容重复的问题要适当解决。短期班毕业后参加业余学习,在可能的情况下,同企业的干部和职工采用同样的读物,或者选编适当的教材,此外,还打算针对当前的思想情况编写一些教材。也希望各地都积极想办法,提供意见,解决这个问题。

请工商界知识分子做老师的建议,是可以采用的。有的地方已经采用了。因为他们了解工商界的思想情况,有好处。但他们自己也需要经过一番学习,自己有"破、立"的基础,才能做人家的老师。

有些具体问题,例如海口市学习的问题(入学条件、学习时间)等,作为具体问题来调查处理。

(三)关于社会活动与企业工作的问题

工商界代表人物的社会活动,是为国家服务的。工商联的工作、民建会的工作都是国家所需要的工作。把企业工作同社会活动对立起来,甚至于扣除参加社会活动的工商业者的工资,是错误的。

现在社会活动较多的人,是工商界的上层人物;多数私方人员的工作,主要是在企业中。上层人物的兼差太多,实在是苦事。"蜻蜓点水,疲于奔命。"社会活动同企业工作的安排,去年工商座谈会只谈了原则,实际上各地还没有去抓。可否先从上层做起,由本人提出意见,由民建或工商联会同统战部及有关业务部门协商处理。这种"自报公议"

的办法,不妨试试看。

工商界中下层人物,主要岗位在企业,但社会活动不能完全没有。但要少开一些会。

(四)关于工商联

工商联是以私方工商业者为主体的、各类工商业者联合组织起来的人民团体,它应该受到各级人民委员会的指导。由人民委员会指定一个部门——工商行政部门或工业部门、商业部门——指导工商联;统战部是党的组织,它只管政策。

"有的地方,工商联经费开支,放任自流;有的地方却又卡得太紧。"这种情况是有的,"买几十元的书也要经商业局批准"的做法是不妥当的。工商联的收支预算,有关部门要知道,在这个范围内,要让它自主。

全国总工会工资部部长 王榕的发言(摘要)

(一)工资改革推迟问题

去年8月6日开新合营企业工资改革会议。10月12日国务院通过了新合营企业工资改革决定,决定中指出:"一般在年前完成。"现在看来,多数省市要到今年5月,少数到6月,个别到8月才能完成。原因是各地制定的方案有问题,主要是:1.工资增长指标普遍偏高;2.生搬硬套国营企业的工资制度,未结合新合营企业工资制度的具体情况(新合营企业原来工资制度很多是可行的)。要重新编制方案,时间拖长了。但不管怎样拖延,工资仍从1956年7月补发。

(二)关于私方人员工资问题

国务院决定中明确规定,按职工同样原则处理。

1. 合营前降低了工资的怎么办?

去年8月新合营企业工资会议上对此问题曾详细讨论过。1954年、1955年降低工资情况是很普遍的,减低原因是:

① 为了克服困难,减工资,打折扣,或取消变相工资,私方人员和职工都减了;

② 部分工资过高又不合理的减少了;

③ 工资改革中降了工资的;

④ 少数企业为迎接合营减了工资,甚至在合营后降了的。

一般说在私营时期为了克服困难,为了改进工资制度,过高的减低一些是必要的,但有的减多了些,有的不该减的也减了,这是工作中很大的一个缺点。但如果采取恢复办法就会造成更大混乱,账无法计算。因此确定合营前减工资的一律不恢复,工人、私方人员均如此。同时对此种情况可在工资改革中作适当照顾,即分配指标可以多一点。全国各地基本上执行了这个决定,个别企业有恢复的。但个别恢复的不能再扩大。

合营以后工资标准降低的,特别是2月8日半年不动决定公布后降低的应恢复;但2月8日后变相工资降低的,一般不恢复,因账很难算。

计件工人合营后,因为生产任务正常,工资也增加了,这原是多劳多得;有的计件工资不合理,单价太低,也要合理调整计件单价。去年夏、秋,上海、北京、天津等地对过低的工资提高了一点。这两种情况都不是恢复,也不是调整。

2. 合营后暂支借支问题。

暂支、借支情况复杂,有高有低。多数根据私方人员自报,有报高的有报低的。报高的是否拉下,由工商联考虑,报低的在7月1日后增加。

3. 13%的控制问题。

合营企业的工资水平,沿海的水平较国营高,上海在此次工资改革中做了很大努力才有45%的人增加工资,这说明55%的人是高于国营的。内地地区80%－90%低于国营。这次工资改革增加钱数不多,因此对企业领导人员(包括担任企业领导职务的私方人员)不得不加控制,否则要脱离群众。这是从政治上考虑,工人增加少,少数领导人员增加多,领导就会脱离群众,工作就很难办,所以,原则上规定领导干部工资增加数不应超过工人增加数,最高不超过本人原工资的13%,这是照顾与国营的关系根据国营来的,大中型合营企业的工资一般并不低,对合营还是宽的。这种限制,下面干部有抵触,会上也有反映,必须大力进行思想教育工作,思想通了,问题才好解决。以前决定国营调合营的干部这次工资改革增加的工资从4月1日补起,现在要和工人一样改为7月1日补起,这和工资改革决定的原则并不违背。

商业部、对外贸易部等有关部门负责同志的发言(摘要)

关于原料供应和私方商业人员的安排问题。

商业部吴雪之副部长说:目前原料供应不足,主要是1956年用的多了,这是生产发展中的困难。第二季度仍然是紧张的。但目前我们已看到不少好转的情况和克服困难的办法,如各地大力节约原料,基本建设生产资料可能省一些下来供应市场。同时发展国产化工原料代替国外原料的办法也要鼓励。这种暂时困难,半年、一年内可能解决。去年扩大了生产,未看到原料供应的情况,应引为教训。今后应有合理库存,工厂也要略有后备力量。困难是在克服过程中,重要的是我们要接受教训,提高工作。至于人事安排问题,去年国家吸收的职工人数超过了指标,1957年冻结一下是完全必要的。商业部门暂时停止吸收人员也是必要的。对批发商目前改变冻结决定有困难,因为工人就业问题尚未完全解决,从通盘考虑,就需要停一下。对真正生活有困难的批发商,个别的可给他点商品,做小买卖。

关于进口原料,出口成品问题。对外贸易部副部长雷任民说:对进口原料,出口成品问题,我们过去也这样作。现在地方出口也可以这样作,以解决地方外汇。现在只是试办,办得好,还可以作得更大一些。进口原料出口成品应该有个原则,即能增加外汇。如果进来出去把外汇搞得没有了,就不能作,属于计划商品的进口出口,应经国务院批准。同时,要注意进口原料的作用,例如以100万美金买回棉花,解决不了多大问题。如果进口化工原料,马口铁,可能作用更大些。

关于资方实职人员加入工会和参加工会俱乐部以及工会举办的各种文化体育活动问题。中华全国总工会组织部张立之副部长说:资方文职人员加入工会问题,比较复杂,还不可能在全国范围内做出统一规定。现在,只能按照实际情况逐步解决。即,凡是具备加入工会条件——取消了定息、摘掉了资本家帽子、取得职工群众赞成,经过会员大会通过的,可以加入工会。他还提到,欢迎资方实职人员参加工会的俱乐部、文化宫和工会举办的文化体育活动。这样不但可以活跃资方人员的文化生活,而且通过这些活动,可以加强资方人员同职工群众的团结,改变资方人员在职工群众中的观感;同时,职工群众也可以向资方人员学习文化技术和经验,提高职工群众的文化技术水平和业务能力。这个问题,总工会已在去年10月通知各地工会。

(选自《工商行政通报》第89期,1957年4月20日)

四、国务院转发中央工商行政管理局有关对工商联的指导工作和经费开支问题的报告

(1957年6月12日)

同意中央工商行政管理局有关对工商联的指导工作和经费开支问题的报告意见。特转发各地参照执行。

附:有关对工商联的指导工作和经费开支问题的报告

工商联是以各类工商业者联合组成的人民团体。各级人民委员会有责任对同级工商联的工作进行监督与指导。根据反映,在对工商联的指导方面,有的地方人民委员会所属的工业、商业、财政等部门为了完成本部门的业务工作,不进行协商,而直接向工商联作布置,或是任意抽调该会的干部长期地帮助自己部门的工作,这就形成了工商联的"多头指导"或者是"办差机构"的现象。而工商联遇有向有关部门要求解决他们的问题时,却又互相推诿,无人负责。因此,使得工商联本身的工作受到一定的影响。在对工商联的经费开支方面,有的人民委员会管得太紧,把该会的一切费用开支都要经过审查批准。我们认为上述这种做法,在今天仍然不注意纠正是很不妥当的。因此,提出以下三点意见:

1. 为了认真地帮助工商联做好工作,各地人民委员会应该指定一个部门(工商行政、工业或商业部门)负责指导工商联的工作。其他各有关部门如需要该会协助进行工作时,应事先与负责指导的部门取得联系,并且与该会采取协商的办法统一安排办理。

2. 工商联的经费是独立的,按工商联章程的规定,该会的财务收支,由各级工商联会员代表大会审查通过。因此,各级人民委员会对它的经费开支,不必再经过审查批准的手续,对该会征收会费遇有困难时,亦应协助它们解决。

3．各级人民委员会及其所属部门，召开对工商联工作上有关的会议时，可以邀请工商联合会的有关同志参加；发出对工商联有关的文件时，可以抄送工商联。

上述意见，请批转各省、市、自治区人民委员会，按照执行。

（选自《工商行政通报》第93期，1957年6月20日）

五、李维汉在全国工商界座谈会上作总结发言希望工商界坚决走社会主义道路

现在，我们的座谈会要结束了，我谨向积极参加座谈会的朋友们致谢，向民建会和全国工商联的领导者致谢。

这个座谈会有它的特点：第一，从5月15日起到今天举行了25次座谈，讲了话的有108位，可以说：会开得相当热烈，话讲得相当充分。第二，参加座谈会的包含了各方面的朋友，有大、中、小各个类型和妇女、青年、资方代理人等等工商业者，有工商联，民建会地方组织的负责干部，有全国工商联和民建会中央的常务委员，这就使得这个座谈会上提出的问题、批评和意见比较广泛比较能够反映各方面的情况。第三，座谈会在某些带根本性的问题上展开了热烈的辩论，对明辨是非起了重要作用。

这个座谈会应当说是开得好的，对于我们党的整风有很大帮助，对于继续贯彻工商业者的社会主义改造也有很大帮助。

座谈会上提出和接触到的批评和意见，大多数是正确的，是善意的；有一部分是错误的；其中一部分错误的性质是严重的。

对于正确的批评和意见，我们愿意认真接受，努力克服主观主义、官僚主义、宗派主义的毛病，改进工作。

座谈会上谈到了有关中小工商业者和资方代理人的问题。这两类问题都很重要，应当寻求适当的处理办法。由于它们关涉到的方面很多，中小工商业者问题的情况尤为复杂，处理起来会遇到许多的实际困难，需要很好地加以研究。在这次座谈会上，还不可能求得一致的意见和具体的答案，我们已请专门小组仔细加以研究，希望他们能够提出合理的、行得通的建议提请政府有关部门考虑处理。在政府做出决定以前，会像过去一样，同民建会和全国工商联的领导人员交换意见。

座谈会上提到社会主义的改造高潮以后工商联的工作问题、工商联和民建会间的分工合作问题以及工商联同中共统战部的工作关系问题。这些问题，也交请专门小组加以研究，希望能够总结经验，提出适当的建议。根据座谈会上许多朋友的希望，我在这里作个声明：现在在工商联担任正副秘书长或者其他领导职务的共产党员，凡属他们所在的工商联组织要求 他们留在里面工作的，除特殊情况外，都要继续留在里面工作下去，个别不适当的可以调换；统战部应当同时和非党的正副秘书长和其他非党的领导干部密切联系，并对他们采取积极帮助的态度。至于中共同民建会的关系问题，我在各民主党派、无党派民主人士座谈会上一般地已经谈过，这里不加重复了。

座谈会上的发言差不多都讲到了合营企业的公私共事关系问题。的确，这是合营企业中的关键问题。这种关系，大多数是在高潮以后才建立起来的，是一种历时不久的新的关系，加以其中有工作关系，又有阶级关系，因此不仅是新，而且比较复杂，要处理得好，确实是不容易的。这种关系有它的发生、发展和消灭的过程，从私营企业的劳资对立的关系，经过这种两重性关系，逐步过渡到完全的合作互助关系。这个变化过程需要相当长的时间，需要公私双方的共同努力，才能实现。现在，合营企业的公私共事关系确实存在着不少问题，同时也如同许多朋友讲过的多数是在逐渐进步。我们认为今后还会继续进步，这一方面是因为私方人员一般是爱国的，不少人是愿意为社会主义服务的；另一方面，一部分公方人员在认识上和作风上的缺点、错误，经过整风，一定会有所改进，而党和政府的有关领导部门当然要更多地努力来改进这方面的工作。合营企业的公方代表制度是一项根本的制度，它的任务是保证企业的社会主义方向和国家的领导，而要实现这个任务，公方人员就必须负责搞好公私共事关系。公方人员对于高潮以来私方人员的变化和进步，应当有足够的认识和估计。对于一切爱国的愿意为社会主义服务的私方人员，应当充分给以信任，使他们有职有权有责，支持和帮助他们做好工作。有技术专长的，应当尽可能使他们在技术岗位上发挥所长，并且继续提高。

对他们的合理化建议,必须充分给以支持。对他们要有鼓励有批评:他们有成绩和进步,应当适当鼓励;他们有缺点和错误,应当从团结的愿望出发,适当批评,启发他们自觉地加以改正。要认真地学习他们的长处,认真地帮助他们解决一切需要解决的问题。

座谈会上就这方面所提出的问题和意见,已交请专门小组进行研究。希望他们能够总结经验,拟出一些关于搞好公私共事关系的办法来。自然,关于公私共事关系的问题,我们还必须邀请公方人员和职工代表交换意见,这是需要向大家声明的。

对于私方人员,我们希望他们下定决心在企业工作中扎下根来。有了这个决心,就会从自己这一方面去努力改进公私共事关系和努力搞好企业里的工作。在他们面前,摆着参加社会主义建设和自我改造的双重任务,而要完成这双重任务,他们必须以企业为基地,在劳动实践中,在同职工一道工作中,发挥自己的积极作用,同时改造自己的思想和作风。

高潮以后,我国的城乡生产关系发生了根本变化,资本家同企业里的生产资料开始分离,从而为资产阶级分子的进一步改造创造了极为有利的条件,但是资本家所有制还没有完全改变,剥削还存在,资产阶级还存在。大规模的群众性的阶级斗争虽然已经结束,但是工人阶级和资产阶级间的矛盾还存在,阶级斗争也还存在,在一定条件下,还会表现得相当激烈。由于资产阶级还存在,资产阶级分子正处在由剥削者改变为劳动者的过程中,资产阶级和资产阶级分子的两面性也就还存在,当然两面性的面貌已经有所改变,已经和过去有所不同。为了按照处理人民内部矛盾的原则正确地处理工人阶级和资产阶级之间的阶级矛盾(远的不说,建国以来,大家应当很熟悉我们一直是把工人阶级和民族资产阶级间的矛盾当作人民内部矛盾来处理的),为了促进资产阶级分子向劳动人民的转化,我认为朋友们主张加强对资产阶级分子的思想改造工作,是完全必要的。当然,在思想改造工作中,必须肯定资产阶级分子的积极一面,鼓励他们继续前进;而对他们的消极一面,必须坚持"团结——批评——团结"的方法,积极帮助他们改正,但是不要采取粗暴的态度。

有人反对思想改造,断言:资产阶级分子已经没有剥削,他们拿定息也不是剥削;资产阶级分子和工人之间已经没有本质的区别,就是说已经没有了阶级区别;资产阶级已经没有了阶级两面性,如同工人阶级一样,只有先进和落后的两面性;资产阶级分子不经过改造也能爱社会主义;资产阶级分子决不需要"脱胎换骨"的本质的改造;等等。这些人把同自己的论调相反的观点和思想,都当作教条主义、形而上学、唯成分论,加以攻击。这种论调是在给工商界"帮倒忙",是对工商界很不利的。在我们的座谈会上,这种论调受到不少朋友的批驳,不是偶然的。这种论调和攻击,是在反教条主义的幌子下,进行以修正主义攻击马列主义、以资产阶级思想反对工人阶级思想的斗争,这实际上就是社会主义和资本主义之间的两条道路的斗争。

我们很高兴地看到,经过几年来的教育改造,工商界有很大的进步,他们中的进步分子逐渐增多起来,处于中间和落后状态的人们,大多数也在逐渐向进步的方向变化。进步分子必须继续求进步,经得起考验;同时,很好地团结中间分子一道前进,并且同他们一道去向落后分子进行工作。工商界的进步分子要能够这样地发挥带头、骨干作用,就需要努力克服脱离多数的宗派主义的毛病。在帮助工商界团结和进步的工作上,我们曾经贡献过一点力量,今后仍然要同工商联、民建会一道,进一步做好这一方面的工作。我们希望并且愿意帮助工商界平平稳稳走过过渡时期,变成社会主义社会的光荣的劳动者。

坚决地走社会主义道路吧,朋友们!

(选自《工商行政通报》第93期,1957年6月20日)

六、李维汉同志谈工商界整风的重大意义和部署

中共中央统一战线工作部部长、国务院第八办公室主任李维汉,就工商界全面开展整风运动的问题,发表谈话如下:

我国现在正在进行一次政治战线上和思想战线上的伟大的社会主义革命运动。这次革命运动是以全民性的大辩论的形式进行的,中心的问题是辨明资本主义和社会主义两条道路谁劣谁优,何去何从。现在运动正在推广到每个阶级和阶层中去。工商界的反右派斗争,已经进行了一段时间,最近上海和天津的工商界领导人员都同意我们的建议,

正在准备开展全面的整风运动。民主建国会中央委员会和全国工商业联合会执行委员会即将召开联席会议,讨论全国工商界整风的问题。我们认为:在全国工商界全面开展一次包括反右派斗争在内的整风运动,是十分必要的,意义是十分重大的。

工商界的左中右三派:左派分子站稳了社会主义立场;右派分子企图使资本主义复辟;人数最多的中间分子具有不同程度的两面性。

1956年的社会主义改造高潮到来以后,资本主义工商业实行了全行业公私合营,基本上实现了从生产资料的资本主义所有制到社会主义所有制的变革。这就使得资产阶级分子的社会经济地位开始由剥削者向劳动者转化,使得他们在接受社会主义改造的道路上跨进了重要的一步。但是,工商界中除了少数左派分子在政治上已经站稳社会主义立场即工人阶级立场,坚决拥护共产党的领导,坚决走社会主义的道路以外,多数人并没有随着社会经济地位的改变对他们自己的政治立场和思想进行必要的改造,其中一小部分人至今抗拒改造,坚持资本主义立场,企图使资本主义复辟。这一小部分抗拒改造、坚持资本主义立场的人,就是右派分子。他们反对共产党的领导,反对走社会主义的道路。其中的极右分子野心很大,不仅有反动言论,而且向党向人民向社会主义猖狂进攻。工商界人数最多的一部分是中间分子,他们的特点是在政治立场上具有不同程度的两面性。他们一方面在不同程度上倾向于接受共产党的领导而走社会主义的道路,但是另一方面,又基本上还没有抛弃资本主义立场,对于交出企业,对社全主义,对工人阶级和共产党的领导,并不甘心和心服,对资本主义还有留恋。我们说中间分子具有不同程度的两面性,是因为这个阶层的政治态度又有几种不同的情况:一小部分人比较接近左派,一部分人比较接近右派,另一部分人动摇于两者之间。中间分子的两面性,使得他们不时地摇摆于左右两派的影响之间。从他们在不同程度上倾向于接受社会主义道路和共产党领导一面说来,中间派已经在从资本主义立场到社会主义立场的长途中跨进了第一步,可能在共产党领导之下,继续接受和完成社会主义改造。但是另一方面,他们还在不同程度上保持着资本主义立场的一面,是通向右派的,这就使得中间分子自身成为右派分子争取和笼络的对象,使得右派分子还能够在工商界保持他们的政治影响。前些时候,由于右派分子的猖狂进攻还没有遇到反击,相当多的中间分子特别是中间偏右分子,在右派分子的蒙蔽和煽惑之下,政治态度曾经发生显著的动摇和右倾。反右派斗争开展以后,他们才逐步清醒过来,许多人并且随着斗争的发展和深入而逐步向左转化,但是,就到目前,还有一部分人没有从右派的影响下解脱出来。

在这里,必须指出,资本主义经济在我国社会主义革命以前和以后的地位具有本质的区别。在社会主义革命以前,资本主义经济具有有利于国计民生的积极性一面和不利于国计民生的消极性一面。因此,人民政府对待资本主义的政策,是利用它的积极性,限制它的消极性,逐步把它改造成为社会主义经济。在这一改造已经基本上完成以后,在社会主义革命已经在生产资料所有制方面取得了决定性的胜利以后,资本主义经济就不再具有积极性了。在这种情况下,人们如果继续坚持资本主义立场,企图恢复资本主义经济,那就是企图使历史倒退,那就是一种反动的立场。

目前在我国还有相当数量的个体手工业和个体小商业,但是这些经济成分一般地是受社会主义经济领导的,并不属于资本主义范围。我国的自由市场也是在国家管理之下,它是社会主义的有组织的市场的一种补充。在特殊条件下,如果政府认为必要,也可以允许某些完全遵守政府法令的零星的小型的资本主义性质的企业存在,但是这是一种例外,需要个别的审查批准。至于不法资本家和其他投机分子违反政府法令、私自招收工人,用欺骗盗窃方法攫取原料、组织地下工厂、组织黑市、进行投机买卖等破坏社会主义经济的活动,政府就要严格地加以取缔。

两条道路何去何从?在政治上和思想上,工商界面前还摆着资本主义和社会主义两条道路何去何从的严重问题。或者是跟着右派走到反革命的绝路;或者是一心一意跟着共产党走社会主义的道路。

在今天的社会条件下,资本主义立场不仅是反社会主义的,而且是同爱国主义的立场不相容的;有人以为今天站在资本主义立场上是爱国的,这是十足的谬论。我们的国家现在已经成为社会主义国家,并且在社会主义建设的道路上蒸蒸日上,日益改变着原来经济和文化落后的情况,这是任何爱国者都感到欢欣鼓舞的。爱这样的国,就必然要爱社会主义,接受工人阶级和共产党的领导,就必然要否定资本主义立场。因为坚持资本主义立场就是要在我国实现资本主义复辟,反对社会主义,反对共产党,把中国拖回到殖民地道路上去。坚持这样反动立场的人还会爱社会主义的祖国么?当然是绝对不可能的。在今天的条件下,任何人只要真正爱国,就必须否定资本主义立场,站到社会主义立场上来。

由此可见,从政治上思想上说来,在工商界的面前还摆着一个资本主义和社会主义两条道路何去何从的严重问题。或者是跟着右派走,被右派带引到反革命的绝路上去,全国人民决不允许也决不希望工商业者走上这条绝路;或者是一心一意地而不是三心二意地跟着共产党走,走社会主义的道路,继续前进,获得光明的前途。这就必须同右派分子坚决进行斗争,必须努力改变自己的政治立场,真正转到社会主义这一边来。为了这个目的,工商界就必须全面开展一个以反对右派、破资本主义立场、立社会主义立场为教育内容的整风运动。

辩论的中心题目:社会主义制度的优越性;资本主义经济和资本主义立场的反动性;当前资产阶级的两面性;继续接受社会主义改造;接受共产党领导;同工人的关系;公方代表制度。

为了使工商界的整风运动成为在广大工商业者中进行一次生动的和深刻的社会主义教育,必须就有关两条道路的大是大非进行辩论。根据毛主席在《关于正确处理人民内部矛盾的问题》中所提出的六条标准,结合现时工商界的特点,我们认为可以把下列问题作为辩论的中心题目:第一、社会主义制度的优越性问题;第二、资本主义经济和资本主义立场的反动性问题;第三、当前资产阶级的两面性问题;第四、继续接受社会主义改造问题;第五、接受共产党领导问题;第六、同工人的关系问题;第七、公私合营企业的公方代表制度问题等等。各地可以根据当地情况提出必须辩论的问题。

今后工商界的反右派斗争需要注意什么?这要看斗争的发展情况。一般地说,要打垮右派就必须下决心,就必须反得彻底。要下决心,就首先要克服右倾观点和温情主义,不使右派分子获得避风港。所谓反得彻底,就是要坚持摆事实、讲道理的方法,对右派分子的反动言行进行彻底的揭露和深入的批判。这样,右派分子就孤立了;他们孤立了的时候,就有再接受改造的可能。在揭发右派分子的时候,为弄清楚他们的反动言行的来龙去脉,就会追查到他们的历史根源。这并不意味着一般要追查人们的历史,而只是因为右派分子向党向社会主义猖狂进攻,同时又好耍两面手法,把自己描绘成出污泥而不染的莲花,人们为了弄清真相,才不得不翻出这些右派分子的老底。在斗争右派分子的时候,应当防止和改正粗暴简单的方式方法,因为这对于打垮右派、教育群众都不利。要允许右派分子参加辩论,因为这样更有利于分清是非、敌我,更有利于揭穿右派分子的反动面貌。

整风运动的部署:在骨干分子中彻底进行反右派斗争,然后进行整风;在一般资本家中,反右派斗争要分别不同情况处理;在小型工商业者中,立即进行社会主义教育;少数民族地区已实行社会主义改造的工商业者,可按具体情况进行整风。

各地工商界的整风运动怎样部署?原则上,要根据工商业者的不同情况采取不同的要求和方式。(一)在工商界骨干分子中(包括全体民建会员、各级工商联委员、同业公会委员、民建会和工商联的机关工作干部),应当进行彻底的反右派斗争,然后在反右派斗争胜利的基础上进行一般的整风。一般的整风要根据毛主席所提出的六条标准,结合上述几个中心题目和反右派斗争的经验,进行深入的学习和批评、自我批评。要本着团结——批评——团结的公式,采用和风细雨的方法,自由辩论,互相帮助,共同进步,而不要采用人人检讨过关的方法。(二)在工商界骨干分子以外的资本家和资本家代理人中,原则上也应当进行反右派斗争,但是可以按照城市大小、人数多少,分别不同情况去处理。城市较小、人数较少的,可以同上述骨干分子一起进行反右派斗争。大城市人数过多,一般资本家和资本家代理人不可能同上述骨干分子一起进行反右派斗争,在这种情况下,上海、天津拟先在上述骨干分子中开展和深入反右派斗争,然后再决定是否在他们中间进行反右派斗争,但是,反右派斗争教育现在就应当进行。上海、天津的这种部署,可以供其他大城市参考。(三)小型工商业者中一般可以不进行反右派斗争,但是必须向他们反复多次地进行通俗的反对右派、破资本主义立场、立社会主义立场的教育,做到家喻户晓。这种教育要立即动手进行。希望各地参酌全国和当地反右派斗争的情况和经验,编写通俗的宣传材料,并且培养、训练能作通俗报告的宣传员。(四)少数民族地区的工商业者已经实行社会主义改造的,可以进行整风运动,整风运动的部署、步骤和方法以及是否进行反右派斗争,可以按照各自治地方和民族地区的具体情况处理。

工商界的整风运动,在党的领导下,可以由民建会(在有民建会组织的地方)和工商联联合进行。这是工商界具有历史意义的规模宏大的自我改造工作,也是民建会和工商联当前极其光荣的任务。希望民建会和工商联在党的领导和帮助下,胜利地完成这个光荣的任务。

现在,工商界的整风运动虽然还待进一步开展和深入,但是随着反右派斗争的开展,工商界的右派开始瓦解,而占多数地位的中间分子的态度日渐增多地向左转过来。如果我们能够使这个伟大的运动顺利地普及和深入于工商界,我们就能够达到巩固、扩大左派,争取、教育中间派,打击、孤立、分化右派的目的。特别是中间分子,经过这次深刻的教育,除了有些停止不前以至向右转化的分子外,多数人可能向左转一大步,为今后继续在政治上、思想上接受社会主义改造打下有利的基础。工商界中,除掉别有用心的右派分子以外,还有谁不想平平稳稳地完成社会主义改造呢?但是,要达到这个目的,事实摆明,必须在改变了生产资料的资本主义所有制以后,进一步解决政治立场问题和思想问题。对于去年敲锣打鼓迎接企业公私合营的大多数工商业者,我们没有理由不相信他们能够再前进一步,以同样积极的态度投入当前这一场有历史意义的整风运动。我们相信:他们只要积极地参加这个运动,坚决地批判和打垮右派,认真地改造自己的政治立场,就一定能够在政治上过好社会主义革命这一关,平平稳稳地向着改造成为劳动者的目标前进。

全国工商业者们!为迎接在政治上、思想上进行社会主义改造的新的高潮,为真正实践你们的"听毛主席的话,跟共产党走,走社会主义道路"的响亮言词而努力吧!

(选自《工商行政通报》第99期,1957年9月17日)

七、国务院第八办公室邀请出席民建中央委员会和全国工商联执行委员会联席会议全体人员举行座谈会的纪要

1957年9月13日国务院第八办公室邀请出席民建中央委员会和全国工商联执行委员会联席会议的全体人员举行座谈会,向他们报告政府对工商界人士提出的意见的处理情况和改进办法。会议由国务院第八办公室副主任孙起孟主持。他说,今年5月,中共中央统战部和国务院第八办公室联合邀请工商界人士举行座谈会,征求他们对党和政府工作的意见,会上除少数别有用心的右派分子恶毒地向党进攻并已遭到广大工商业者的回击外,大多数的正确的批评和意见,都作了深入的研究,现在有的问题已经解决,有的正在研究。接着国务院第四办公室周光春副主任、商业部吴雪之副部长、劳动部刘子久副部长、国务院第八办公室许涤新副主任分别就公私合营工业的情况及改进意见、小商小贩的社会主义教育问题、公私合营企业的工资改革问题和有关对私改造工作中若干问题的处理意见发表了谈话。

周光春副主任提出了关于公私合营工业的情况、问题及改进意见

他首先指出:一年多来公私合营工业的改造工作获得了很大成就,显示了合营企业的优越性。这些成就主要表现在以下五个方面:

第一,公私合营以后给企业带来了很大的力量。合营以后,职工的生产情绪比合营以前大大高涨,私营时期的劳资纠纷大为缩减。私方人员的工作条件也比合营以前好了。合营以前的私方人员只是作为工厂的老板;合营以后,他们既是私方人员,又是国家工作人员,工作条件比合营以前好得多了,他们的职权一般是受到尊重的,是有职有权的。我们看到很多工厂,接触到很多私方人员,召开了很多次私方人员座谈会,在座谈会上都有这样的反映。私方人员的积极性也有所发挥。各方面的积极性都发挥了。

第二,公私合营工厂的生产都有所提高。合营以后比合营以前一般增长了30%以上,有的增长了40%,个别的到100%左右。提高生产的因素很多,市场的需要也是很重要的。所有的因素当中,基本的因素是生产关系的改变。职工的劳动热情的增长和生产关系的改变有很大的关系。由于生产提高,对满足国内市场需要、国外出口和支援重工业建设、农业生产等方面,都起了一定的作用。

第三,公私合营工厂在产品质量方面也有所提高。合营之后,按行业规划产品质量,这在合营以前是不可设想的。合营以前的技术力量分散在各个工厂;合营以后,按行业集中起来,在技术上发现

了关键问题,就能把各厂的技术人员集中起来共同研究。例如,天津的针织业和上海的印染业,集中了现有的技术力量,比起分散工作的时候效果大得多。

第四,工业经营管理方面也有很多改进。有很多公私合营工厂在私营时期是亏本的,合营以后,经过广大职工的努力、公方代表和私方人员想办法,把亏本的工厂变成了盈余的工厂。

第五,公私合营工厂比起私营时期的劳动条件和职工福利都有了不同程度的改进。在私营时期,经常发生三停(停工、停薪、停火)现象,只要一停工就停薪了。过去的劳资纠纷,三停是原因之一。合营以后,情况不同了。有时因原材料困难也发生过停工,但是这种停工并不意味着停火、停薪,停火、停薪已经是一去不复返了,这是在合营以前难以办到的。现在,有条件实行劳动保险的已经实行了劳动保险,没有条件的也实行了劳保合同,职工的生、老、病、死都有了一定的保证。还有过去拖欠工资的,经过合营以后,划归企业的归还部分,基本上已经归还了。此外,在工厂里还提拔了工人当干部,安排了私方人员,经过社会主义教育,思想觉悟都有不同程度的提高。

这些收获,是私营工业经过社会主义改造之后的主要情况。

他接着说:大鸣大放以来,有些资产阶级右派分子对公私合营工业的优越性置若罔闻,公开发表谬论。这种谬论只能说明他们戴着有色眼镜,站在资产阶级的立场来看问题。这种看法是极其错误的,是我们不能同意的。公私合营企业的优越性是主要方面,这是不可否认的。当然,说公私合营工业在改造之后基本上取得成就,并不排除目前在合营企业中还存在的缺点和问题。丝毫不能忽视这些缺点和问题,应该努力加以改正。目前在公私合营工业方面存在的问题主要是:①政治思想教育工作还需要加强,有许多工厂思想教育工作还很薄弱。②表现在企业管理上有些一般化,没有很好地区别不同情况进行不同的管理。③合营工厂的报表多、会议多,其中,有些报表是必要的,有些现在看起来可以不要,有些会议是必要的,有些现在看来是可以减少的。④有不少合营工厂的管理机构和非生产人员比以前有所增加。⑤公私合营工厂的权限究竟有多大?如财务管理权限、人事调配权限,过去没有明确的规定。

最后,周光春副主任就全国公私合营工业座谈会上研究并经国务院批准的关于加强对公私合营工厂的政治思想教育和改进企业管理的意见作了介绍。

吴雪之副部长就加强小商小贩的社会主义教育、改造以及合营商店的一些具体问题发表了意见

他说:一、关于对小商小贩进行社会主义教育问题,商业部认为对小商小贩进行社会主义教育的形式,可以采取在小商小贩中间开展大辩论的形式。辩论的主要题目除了工商界整风辩论的题目加以学习和讨论外,大体上可以着重以下两个问题:①究竟是组织起来走社会主义道路好还是单干好;②正确地认识国家、集体和个人之间的关系。辩论第一个题目的目的:在于帮助广大小商贩认识组织起来走社会主义道路(包括参加公私合营商店、合作商店、合作小组),不论对国家、对自己,都比单干好。使小商小贩认识到作为一个商业劳动者,应当爱国守法,服从国营经济的领导。那些企图摆脱国营经济领导,不遵守国家的价格政策,不服从市场管理法令,进行投机倒把、偷税漏税的行为,都是企图脱离社会主义道路,回到资本主义道路,因而完全是错误的。把大是大非弄清楚,从教育出发,把两条道路的问题讲清楚,使小商小贩提高思想认识。辩论第二个题目的目的:在于帮助小商小贩认识到国家对小商贩进行统筹兼顾、适当安排的正确性;使他们认识到必须兼顾国家、集体和个人的利益,个人利益必须服从国家和集体的利益。应当通过这次学习,使他们认识到现在的生活稳定了。以前在旧社会里虽然有个别的小商小贩可能在一天之内发横财,赚几百元,但终究是靠不住的;那时,绝大多数的小商贩都是过着贫穷、痛苦的生活,很多人饿死在街头,或被警察打死。今不如昔的错误思想要加以澄清。批判那些只顾多分红、多得工资,而不愿留公益金、公积金、互助合作基金,不愿把公积金的一部分统筹联合使用于较大范围的基本建设,甚至企图把以上这些基金分掉的错误思想。应当帮助小商贩认识,他们之所以能够达到今天的生活水平,是由于国家正确地执行统筹兼顾,适当安排政策的结果。小商贩的收入水平,一般不应超过同地区、同行业的国营商店、供销合作社和公私合营商店人员的收入水平,过高的要求

是错误的。

在对小商小贩进行教育的时候,需要注意防止不恰当地改变现有的组织形式(如合作小组不顾条件改组为合作商店、合作商店改组为公私合营商店等)。应当认识到现有的合作小组、合作商店和公私合营商店的形式,基本上是适合今天我国经济条件下商品流通需要的,一般不宜改变。如果有些单干的小商小贩在社会主义觉悟提高的基础上,要求组织起来,同时他们具备组织起来的条件的,一般可以允许他们组织分散经营各负盈亏的合作小组。

二、关于对小商小贩进一步改造中的一些问题,他指出:①合作商店、合作小组成员的收入水平,应按全年计算,一般不宜超过同一地区、同一行业的国营商店职工工资的水平,一般应略低于国营商店职工工资的水平。在有相当数量的人达到和超过这个水平的时候,或者有相当数量的人低于这个水平生活发生困难的(全年计算),应当采取办法,加以调节。②合作商店提取公积金、公益金的办法必须坚持。合作小组提取互助合作基金的办法要进一步推广。公积金、公益金和互助合作基金是集体所有,是巩固合作商店、合作小组组织的经济基础,不能分掉。在合作商店公积金较多的地方,可以考虑在现有公积金中提出一部分,作为联合公积金,以便作为解决个别合作商店无力解决的较大规模的基本建设。③合作商店和合作小组应当服从国家的计划领导,所有的小商贩都应当遵守国家的价格政策,服从市场管理法令。④应当帮助合作商店和合作小组进一步加强内部民主管理,开展增产节约运动。贯彻勤俭办企业、勤俭持家的优良作风。⑤各地商业行政部门或专业公司要有专人领导管理小商贩工作,逐步推广居民监督的经验。⑥对无照摊贩要继续根据不同情况加以限制管理。

三、关于公私合营企业董事会和业务改进委员会问题,吴雪之副部长指出:合营企业原有的董事会一般仍可以继续存在,至于行业董事会,因它的作用和任务同业务改进委员全、同业公会的作用和任务重复,今后只有某些特别需要的行业才能成立全业性的董事会。

关于业务改进委员会,商业部确定按专业公司系统成立。并在去年 10 月发出一个组织简则草案,一部分地区如北京、广州、长沙、青岛等地在今年上半年已进行试点,准备将各地的试点经验加以总结以后,再行逐步推广。

四、关于大城市商业局、专业公司与市辖区的区委、区人民委员会对基层店的领导分工问题,他说:公私合营商业的市区分工涉及到大城市市区体制问题,问题比较复杂,我们认为公私合营商店的市区分工,需要根据行业的不同特点和户数的多少、企业规模的大小等条件加以考虑。研究哪些行业和户主要归市领导,哪些要由区领导。他建议各大城市在市委领导下,依据当地具体情况,考虑方案并试行。

五、关于歇业批发商资方人员的安排问题。他说:自 1954 年至 1955 年底,歇业批发商的从业人员,包括资方实职人员在内,绝大部分已经得到安排。目前还没有安排的资方人员,其中一小部分是当地归口公司没有来得及安排,也有相当一部分是在按行业处理改造的当时另有生活出路、不愿参加国营商业工作和转业以后又歇业的。对于吸收批发商参加工作,因目前人员冻结,决定继续有效是不可能的,从全国就业的情况出发,通盘考虑,也需要暂停一下。对真正生活困难的批发商,个别的可以供应他们一些商品做小买卖,由归口公司根据具体情况考虑,在业务上进行适当安排。

凡于 1964 年 1 月 1 日以后由国营公司吸收录用的歇业批发商的资方人员,没有按照他们的专业和专长给以适当安置的,应当就地按专业并根据他们的专长可以逐步进行必要的和适当的调整。

刘子久副部长关于公私合营企业私方人员的工资福利问题发表了意见

他说:在工资福利问题上确实还有些不大合理的地方,需要调整。但由于现在条件不具备,不能马上解决。因为这个问题,一动百动,影响面大:第一,是影响工私关系,如果光解决私方的问题,工人与公方代表也存在这个问题,企业和其他企业也存在这个问题,牵涉面太广。第二,是牵涉到城乡关系,这个问题更大。我们国家是以工人阶级为领导、以工农联盟为基础的国家。现在城乡关系,基本上是适当的。但是有一点必须注意,即是工农收入之间的差距,今后不应是向着扩大的方向发展,而是应向着缩小的方向发展。现在看来,去年工资改革增加工资的幅度,超过了农业生产增长的幅度。生活水平提高要从整个社会生产的发展来看,不能单看一个企业、一个人怎样。从去年工资改革提高的幅度来看,同国家生产发展的水平比不能算低。有人提怎么国营企业高呢?现在看起来应该说去年国营企业的工资增长指标是高了些。产生这种情况有很多原因,最主要的是我们对于主席一再告诉我们的:我们中国有六亿人口,经济还很落后,这一突出情况认识不足。它的直接原因,就是去年国营企业的工资改革增长指标是在1955年大丰收的基础上确定的,而合营企业的工资改革的方案和增长指标的研究则在去年八、九月间,当时水灾台风等灾象已经确定。由此可见,农业收成的丰歉和职工生活的改善是密切的关联着。现在看来,合营企业的指标还是适当的。1955年国务院颁发的工资改革有两个控制数字,一个叫"一步走";一个叫"两步走"。所谓"两步走"就是因为1956年的标准规定的高了,留下一部分等到1957年实行。现在已经决定1957这一步不走了,而且1958年也不一定能走。这是由于标准提高了,后面的力量跟不上;如果勉强走,也只是名义上上去,实质上还是上不去,因为超过了生活资料供应的可能。这个问题牵涉工私关系、城乡关系,所以不能随便动。第三,是牵涉到生产与生活的关系。工资福利问题,在社会主义制度下,它的基本法则就是在生产发展的基础上逐步改善人民的生活。但生产发展不能单从一时一地一企业来看,要从整个来看,并且前后左右都要照顾到。在私营时期,职工的工资福利常常波动很大,有时高得很,有时低得很,甚至根本不能发工资。有暴发户,也有朝不保夕的。那是资本主义生产的无政府状态所决定的,社会主义计划经济是统筹兼顾,适当安排。譬如粮食统购统销就是全面安排。不然丰收的年月和地区就吃的很饱,闹灾荒的年月和地区就要饿肚子。

他说:公私企业的工资福利在中国生产条件下,工资标准总的说来并不算低。解放以来工资增长的速度不能算慢。这就是说党和政府在这一方面是作了最大的努力的。

对于过高工资的处理问题,刘子久副部长说,有些私营企业人员的工资高于国营的情况,是不正常的现象。如去年工资改革以前,天津南市的一个小帆布厂,在抗美援朝时,工人工资提高得很快,平均在120元左右,他们的工资在帆布成本中的比重,比天津国营纺织厂高好几倍。这种不正常的情况,减少一些是合理的,要求恢复反而不合理。

关于去年工资改革时13% - 20%的控制问题,他说,这种控制造成工资和自己的职位不相适应,有的科长比厂长工资高,甚至有的科员的工资比厂长还高。这种现象将来要逐渐加以改进。但现在看,这种控制是完全正确的,如这次整风运动中,在各厂的大字报上没有一条攻击厂长去年工资改革时增加工资过多了,就证明了它的政治效果很显著。因此有些问题既要从经济方面看,也要从政治方面看。

刘子久副部长还指出,合营后私方人员已是国家工作人员,除去国家规定的定息外,工资应该跟职工一视同仁,不应该突出,如果工资太特殊,对大家都不利。职工对于不久前公布的私方的病假工资,有不少意见,尤其是没有实行劳保条例的企业。所以应该要统筹兼顾,全面安排。大家应注意搞好私方人员和广大职工群众的关系。生产搞好,是经济问题;和职工关系搞好,是政治问题。如果只搞好了生产,在工资问题上和职工关系搞不好,大家还是有意见的。在整风时要注意怎样搞好思想改造,这是一项重要的政治任务,生产搞好了政治思想工作搞好了和广大职工关系搞好了,将来什么事情都好办。

对于工资水平能不能提高的问题,他说,在工资水平不提高的限度内,个人多少之间内部可以作合理的调整。水平不能动,制度可以有一定的灵活性。但要采用民主形式协商解决。

关于某些辅助劳动转正等问题,他说,今年所有的临时工都不能转正,还有的因精简机构,不但不转,还辞退了。在这种情况下,就不可能也不应该叫私方人员的家属转为正式职工。

刘子久副部长最后指出,增加工资福利改善职工生活的关键是发展生产,生产不发展,生活就无法改善。

一切要为生产发展而努力,全国人民,工人、农民、国营、合营大家都需要共同努力。

许涤新副主任就政府对工商界提出的有关对私改造问题的处理情况和意见作了说明

他说:今年五、六月间工商界座谈会上大家提出的意见共归纳成24个问题,目前已解决和处理的除上面几位同志已经报告的以外,还有以下几个问题:

一、关于工商联同各有关业务部门的关系和

经费开支问题。

工商界座谈会上有些人提出:有的地方工业、商业和财政等部门,为了完成本部门的业务工作,不经协商就直接向工商联布置工作或抽调干部,但是,当工商联在工作上遇到困难,要求协助解决时则有关部门互相推诿,无人负责。有些地方人民委员会的工商科对工商联的经费管得太紧,一切开支都要经过审查批准。对上述问题,中央工商行政管理局提出了处理办法,已报经国务院批准下达。

二、关于公私合营企业清产核资遗留问题。

在工商界座谈会上有些人提出:极少数老合营企业的清产核资有偏松偏紧现象;有的老合营企业在清产核资时从原企业的资产中提出了较大比例的公积金归合营企业所有,高潮以后,资本家要求把这部分公积金作股定息;有些地方(如上海、天津)的老合营企业,在清产核资时从原企业的资产中提取了一部分“准备金”,作为偿付未了债务之用,高潮以来有的未了事项已经解决,有的并没有发生需要支付的事,私方人员要求将未用的“准备金”转作股金;有的私营企业的对公欠款越过资产,合营后没有根据“宽了”精神予以减免,这笔债务应如何处理?还有的合营企业有些可以处理的待处理财产,至今尚未处理完毕。这些问题,中央工商行政管理局也提出了处理办法,并经国务院批准下达(见本刊第99期国务院批转中央工商行政管理局《对公私合营企业清产核资遗留问题的处理意见》)。

三、关于工会同工商联的工作关系问题。

不少人在工商界座谈会上提出要加强工商联同工会之间的工作联系与配合问题,经与全国总工会研究,确定如下办法:①凡是对两会有关的问题,两会市级机关可以根据当地具体情况,定期或不定期地互相交流情况,适当解决一些问题。②有条件的地区可以联合举办文娱活动。③两会基层组织在企业党组织的领导下,也可以协商解决一些具体问题。④工会与工商联也可以举办一些专门问题的会议。

四、关于女私方人员在生育期间的工资待遇问题。

国务院第八办公室于1956年11月已发了通知,规定:不论女私方人员的股金多少,一律按照她们所在企业的女职工同等待遇。

五、关于私方人员死亡待遇问题。

工商界提出的关于私方人员因公和非因公死亡以后的丧葬和抚恤费用问题,经我们研究有以下意见:①私方人员因公(工)死亡后,其丧葬和抚恤费用,给以和本企业职工相同的待遇,由企业行政费中开支。②私方人员非因公(工)死亡后,可按其家庭经济情况发给一个月左右的企业平均工资作为丧葬补助费用,如果家庭生活确有困难者,酌情给以救济,一次发给最多不得超过死亡者本人工资三个月。以上均由企业行政费用开支。③私方人员因公(工)死亡后,其直系亲属可以比照对待职工家属的办法,根据企业需要和本人的工作能力,尽先录用。

最后,许涤新副主任说:关于华侨投资企业的裁并问题,私营企业的文书材料、账册等资料的处理问题,中央工商行政管理局和有关部门已经提出了意见,已报请国务院批准下达。工商界座谈会提出的问题中,还有有关公私共事方面的问题,关于私方人员的工龄问题,沿海城市厂、店内迁中存在的问题,私方人员年老退休问题,关于代管股问题,合营企业私方人员的生活福利与工商联生活互助会的界限问题等等。有的因为问题比较复杂,牵涉的面很广,正由有关部门进行研究,有些问题条件还不成熟,目前很难考虑(如私方人员年老退休问题)。

(选自《工商行政通报》第100期,1957年10月3日)

八、统战部部长李维汉在各民主党派全国整风工作会议和民建会中央委员会、全国工商联执行委员会联席会议上的讲话

各民主党派和全国工商联都在开会讨论整风运动,这是很重要的会议。我们祝贺会议开得成功。大家要我讲点意见,推辞不得,现在就讲一点,供各位参考。

我们的国家正处在社会主义革命的新的高潮之中。

现在,我们大家都明白,我国社会主义革命的完成,不但要有一个经济战线上的革命,而且要有一个政治战线上和一个思想战线上的革命。1956年的社会主义改造高潮具有伟大的历史意义,基本上完成了经济战线上的社会主义革命,使我国政治

形势发生了根本的变化,向全国人民提出了进一步在政治战线上和思想战线上完成社会主义革命的历史任务。如果我们不能使社会主义在政治战线上和思想战线上最后战胜资本主义,那么,已经取得的经济战线上的社会主义基础,就还不是巩固的,资本主义复辟的危险就还是存在的。我们必须进一步在政治上和思想上彻底解决走社会主义道路的问题。

目前,中国共产党领导的全国人民的自我整风和批判资产阶级右派的斗争,是一次政治上和思想上的伟大社会主义革命运动。

资产阶级分子和资产阶级知识分子,都要在政治上和思想上接受社会主义改造。接受社会主义改造,这就是要革自己的命。在经济上接受社会主义改造,就是要改变自己的剥削阶级的社会地位或者经济地位。在政治上和思想上接受社会主义改造,就是要在政治上和思想上改变自己的阶级立场和阶级本质,用"脱胎换骨"这句话来形容这种改造,是很恰当的。当然,资产阶级知识分子是同资产阶级分子有区别的,在某种意义上,这种区别还是重要的;但是他们在本质上,是同一阶级——资产阶级的两个部分。资产阶级知识分子原来是附着于资本主义经济基础之上并为它服务的,他们的政治立场,他们的宇宙观,他们的思想意识,他们的生活方式,都是资产阶级的,所以称为资产阶级知识分子。资产阶级知识分子中有大部分人的社会地位,几年以来早有改变,有许多人已经加入了工会。同时,他们中间有一部分人已经脱离资产阶级立场,站到工人阶级方面来,因而不再属于资产阶级知识分子的范围了。但是,他们的多数人的政治立场和思想本质都还没有根本改变,相反的,整个说来,他们的政治立场和思想状态同他们的社会地位还不相称,或者远不相称,有些人甚至是背道而驰。应当说,他们迫切需要接受社会主义改造。说加入工会了,成了工人阶级一部分,不需要改造了,是同实际不符合的。

共产党和我们的国家对资产阶级一贯坚持和平改造的政策,对它们的生产资料实行赎买,对资产阶级分子和资产阶级知识分子实行团结、教育和改造,争取他们为社会主义服务,帮助他们逐步工人阶级化。由于我国历史和现实的条件,资产阶级分子和资产阶级知识分子的大多数是能够接受和平改造的政策的。但是,这必然是一场深刻的、激烈的阶级斗争,不可能不遇到许多人的抵触和不满,也不可能没有一部分人要坚决反抗。过去几年,在资产阶级分子和资产阶级知识分子中,就有许多人对于社会主义改造、社会主义工业化、镇压反革命分子、一边倒的外交政策等等表示不满,阶级斗争一直就进行着。1956 年生产资料所有制的变革,在敲锣打鼓的背后,实际上进行着一场深刻而激烈的阶级斗争。由于几年来我国阶级力量对比的变化,党和国家的正确政策,以及团结、教育和改造工作的效果,资产阶级分子和资产阶级知识分子的大多数基本上没有进行反抗。生产资料所有制改造的基本完成,使大规模的阶级斗争基本结束了,但是没有使阶级斗争熄灭或者停滞不前,而是使它转到更深刻更全面的发展。资本主义和社会主义两条道路之间的阶级斗争,进一步在政治战线上和思想战线上全面而深刻地反映出来,迫使资产阶级分子和资产阶级知识分子表明立场,作出抉择。这种形势促进了资产阶级分子和资产阶级知识分子中的新的政治分野和左、中、右三种势力的重新改组。坚持资本主义立场的资产阶级右派决心起来反抗,要同工人阶级、贫苦农民、革命知识分子和共产党进行一场政治较量。

反击和批判资产阶级右派的伟大的阶级斗争,向资产阶级分子和资产阶级知识分子提出了在政治上和思想上接受社会主义改造的迫切任务,首先要求他们在政治上抛弃资本主义立场,转到社会主义的即工人阶级的立场上来,过好社会主义这一关。同样也向各民主党派提出进行根本改造的迫切任务,要求它们过社会主义这一关,由资产阶级性的政党转化成真正为社会主义服务的政治力量。

各民主党派,从它们的总的面貌说来。过去和现在都是资产阶级性的政党。它们的社会基础,主要是资产阶级分子和资产阶级知识分子。它们的政治要求和政治实践,在民主革命时期,总的说来属于资产阶级自由派(此外有为数不多的革命知识分子),长期地标榜中间路线。直到 1948 年至 1949 年间,在人民革命势力已经对反革命势力取得决定性的胜利以后,经过斗争和分化,它们才逐步转到共产党领导的新民主主义革命即人民民主革命方面来,在共产党领导之下,过了人民民主革命关。这一关,多数人是过得好的,一小部分人过得很好,但是也有一小部分人过得很勉强,有些人甚至是混过关来的。

中华人民共和国成立以后,各民主党派接受了共产党领导和共同纲领,以后又接受了过渡时期总路线,参加制定中华人民共和国宪法,并在团结资产阶级分子和资产阶级知识分子接受社会主义改造、参加社会主义建设方面,做了一定的工作。它们的成员和社会基础,正在经历着由资产阶级到工人阶级的社会主义改造。从这方面说来,过去几年,各民主党派基本上执行了共产党领导的革命路线,已经不同于一般的资产阶级政党。但是,各民主党派的社会基础仍然没有改变,它们的成员和领导成分,它们所联系和代表的资产阶级分子和资产阶级知识分子,大多数还没有在政治上和思想上获得必要的改造。这就使得各民主党派虽然已经具有了倾向于转化为社会主义政党的某些过渡特征,但是直到现在,总的说来,仍然是资产阶级性的政党,仍然需要过社会主义关。

1956年社会主义改造高潮到来以后,资产阶级分子和资产阶级知识分子的新的政治分野,左、中、右三种势力的重新改组,集中地在各民主党派内部反映出来。按照毛主席指出的六条标准来衡量,一小部分人是左派,另一小部分人是右派,中间派占大多数。

各民主党派内占多数的中间派,集中地反映了资产阶级和他们的知识分子的基本队伍的基本情况。这个中间派,不论是资产阶级分子和资产阶级知识分子,在政治上都具有两面性。一方面,他们已经在接受社会主义改造的道路上前进了第一步,总的说来,他们是不反对社会主义、不反对共产党的,是可能在共产党领导之下,继续接受改造,从资本主义立场转到社会主义立场上来的,而且已经有一部分人接近左派。但是,直到现在,他们的政治立场基本上还没有真正转到社会主义这一边来。对于他们的多数说来,大势所趋,不得不走社会主义道路,不得不接受社会主义改造,但不是一心一意,而是三心两意。他们对工人阶级的领导还不心服,或者不完全心服,还有许多不满和抵触,有些人甚至有敌对情绪。他们中的一部分人是资本主义工商业者。国家对资本主义工商业者的生产资料付出了很大的赎买金,在生产资料所有制改变的过程中,又全面地安排了他们的职业,并且相当提高了他们的政治地位。这些都足以鼓励和推动他们继续接受社会主义改造。但是,他们的个人改造远远地落后于国家政治形势的发展。许多人仍然留恋资本主义,不是真心诚意为社会主义企业服务,不愿再听人说他们有两面性和需要社会主义改造的话,不愿向工人学习。有一些人在企业合营以后,自以为有了了不起的贡献,而在政治上神气起来。中间派的另一部分人是资产阶级知识分子。他们许多人早已在国家机关和国家的经济、文化事业中工作,共产党和人民政府一贯重视他们,为他们创造了空前未有的发展知识和发挥才能的条件,并力求使他们变为红色知识分子。而他们中间,也确有不少人表现了要求进步的愿望。但是,他们中也有一部分人自恃“知识拿不去,工人阶级少不了我们”,要求“礼贤下士”、“三顾茅庐”,不愿接受共产党的领导,不愿为工农服务;有许多人向往资本主义,回避社会主义改造,不承认自己是资产阶级知识分子,不承认有两面性和有改造的必要。中间派还有一部分是从反动统治阶级分化出来的,带有资本主义色彩的人。他们不但基本上没有抛弃资本主义立场,同时还对反动统治的政制、法律有许多留恋,对劳动人民翻身坐天下看不顺眼,有些人甚至对反动阶级的消灭感到切肤之痛。

中间派的这种两面性,前进的方面是通向左派的,因此他们有向左转的可能;落后的方面则是同右派相通的,因此他们又有向右转的危险。这是一种过渡状态,中间派的这种过渡状态不可能固定不变。在社会主义革命浪潮中,他们不是向左转,逐步转到社会主义和共产党方面来,就是向右转,靠拢右派,以致变成右派。整个的政治形势有利于推动他们向左转,但是他们的资本主义立场总是拉着他们向右摆。当他们从资本主义立场到社会主义立场基本上没有转过弯子来的时候,向右摆的危险是很大的。右派分子所以能够在一段时间内兴风作浪,正是因为他们的反动货色在中间分子中有市场。事实上,在反击右派分子以前,有不少处于中间状态的人曾经把右派分子看作“知心者”和“代言人”,有一些人甚至充当了右派的同盟者的角色。直到右派的罪恶被揭发之后,他们才大吃一惊,开始清醒过来,要同右派分子划清界限,许多人随着斗争的深入而逐步向左转。这个深刻的政治教训告诉人们,在社会主义革命浪潮中,要“明哲保身”,“安于现状”,脚踏两只船,不但是错误的而且是不可能的。出路只有一条,就是积极接受社会主义改造。

反映着资产阶级分子、资产阶级知识分子和民主党派的前进方面,各民主党派内部已经形成了一个左派。他们是共产党领导的革命路线的积极拥护者,对于各民主党派接受和执行共产党领导的革命路线,起了重要的作用。他们当中的许多人是民主革命时期的左派发展过来的,有些人是从中间分子转化过来的,也有个别的人是从过去的右派分子转化过来的。今天的左派是坚决拥护社会主义和共产党领导的一部分人。他们的标准是根据社会主义革命发展的需要,比以前提高了。左派必须具备这样的标准,才能成为各民主党派内部坚持社会主义道路的可以倚靠的骨干。真正合乎这个标准的左派分子,在政治上已经是工人阶级的一部分,就政治立场说来,基本上没有两面性了。但是他们必须继续改造思想,努力提高,思想提高了,立场才能巩固,否则就会后退。同时,他们必须密切联系中间分子带动中间分子进行自我改造。目前,各民主党派的左派在数量上还很小,但是随着中间分子向左转化,左派队伍必然会逐渐扩大起来。

现在,我要讲到资产阶级右派。

1956年社会主义改造高潮到来以后,反映着一部分资产阶级的坚决反抗,在资产阶级分子和资产阶级知识分子中,在各民主党派内部,逐渐形成了一个反共反社会主义的势力,即资产阶级右派。同共产党领导的社会主义革命路线针锋相对,他们代表着一条反共反社会主义的反革命路线。在一段时间内,主要由于中间派的严重动摇,并由于左派的相当孤立,右派分子曾经在各民主党派中央和地方的许多领导机关攫取了实权。右派路线在一部分民主党派内,就整体而不是局部说来,曾经占了上风;在其他民主党派内,则在一部分组织中占了上风。这种情况,在许多民主党派内部并没有及时受到有力的反对和制止,右派分子因而得以利用民主党派的许多组织作为向共产党、向人民、向社会主义进行猖狂进攻的合法工具。各民主党派内部的右派分子不但同社会上的右派分子息息相通,而且由于人民给予他们的政治地位,他们在全国资产阶级右派的猖狂进攻中起了骨干作用。不少人,如章罗联盟的成员等等,有纲领、有计划、有组织地准备和发动了这个猖狂进攻。

各民主党派内部存在着左派和右派间的斗争,实际上就是反映着资本主义和社会主义两条道路的两条政治路线的斗争。右派所代表的就是反共反人民反社会主义的反动路线,左派所代表的是共产党领导的社会主义革命路线。斗争主要集中在三个问题上,就是:要不要走社会主义道路,如何代表资产阶级分子和资产阶级知识分子的利益,要不要共产党领导。第一,右派分子曾经幻想“新民主主义万岁”,幻想“长期保持资本主义和社会主义各得其所”;当资本主义所有制基本消灭,这种幻想破灭了以后,他们就起来向社会主义进攻,抹煞社会主义革命和社会主义建设的成绩,反对社会主义的经济、政治制度和社会主义的文化,反对国家的发展社会主义事业的基本政策,企图使资本主义复辟。这一切,现在已经大白于天下,不需要多说了。第二,各民主党派既然是资产阶级分子和资产阶级知识分子的政治团体,当然应当代表他们的利益。问题在于代表他们的什么利益和怎样代表他们的利益。在社会主义革命时期,各民主党派应当遵循历史发展的规律,代表资产阶级分子和资产阶级知识分子同社会主义革命发展相适应的利益和要求。首先要代表他们的根本的长远的利益,帮助他们完成社会主义的自我改造,能够掌握自己的命运,获得光明的前途。同时,我们也一向赞同各民主党派代表资产阶级分子和资产阶级知识分子的眼前的具体的利益,只要这种利益在当前条件下是合理、合法的,有利于帮助他们进行自我改造的。任何阶级、阶层的眼前的具体利益的合理性,是随着革命的发展而发生变化的,必须是代表当前条件下合理的利益,才有利于促进自我改造。事实证明,各民主党派凡是能够把资产阶级分子和资产阶级知识分子的眼前的具体利益同长远的根本利益适当地结合起来,使前者服从于后者,就能帮助自己的成员和所联系的群众掌握自己的命运,使自己的活动符合于正确的革命路线的要求。与此相反,右派分子却或明或暗地迎合和支持民主党派成员和所联系的群众的落后方面,代表他们的资本主义的倾向和要求,反对帮助他们进行改造。在资产阶级分子和资产阶级知识分子的错误受到必要的批评的时候,右派分子就要民主党派出来“打抱不平”,“发救兵”,“摘帽子”。右派分子在这里,是阴谋利用资产阶级分子和资产知识分子队伍中广大中间分子的落后、消极一面,把他们拉下反共反社会主义的陷坑,以实现自己的反动目的。乍看是代表中间派的利益,实际是给中间派帮倒忙。第三,是不是真心诚意地接受共产党领导,这是各民主党派能不能走社会主义道路,取得人民信任,实现长期共存的根本条件。右派分子看清楚这一点,所以集中地反对共产党的领导,要另搞“政治设计院”,要各民主党派同共产党分庭抗礼,“平起平坐”,争夺领导权。他们要民主党派垄断工商界和知识分子的工作,要民主党派的基层组织不接受共产党党委的领导,另搞一套,包办业务,以致要把共产党党委赶出机关和学校。他们利用我们提出的尊重各民主党派在宪法范围内的独立、平等、自由,背地里进行违反宪法和摆脱共产党领导的反共反社会主义的活动。他们曲解互相监督为民主党派片面监督共产党,曲解“唱对台戏”为以资本主义反对社会主义,向共产党进攻。他们幻想“你不行我上台”,取而代之,恢复资本主义。右派分子口里有时也说要共产党领导,但是,实际上,这不过是他们的一种两面手法。右派分子口里高喊长期共存、互相监督,但是,按照他们的路线走去,就只有短期共存,不要监督。

总之,右派的政治路线是要把民主党派拖到反革命泥坑里去。现在,看看他们的组织路线。

过去几年,各民主党派曾经在共产党领导和帮助之下,制定了同革命的政治路线相应的组织工作的方针和政策。1949年以来,各民主党派根据它们的社会基础和政治任务,先后协商确定了社会活动范围的重点分工,并各自在自己的活动范围内以中、上层人士为发展党员的主要对象,以大、中城市为建立和发展组织的重点;在发展党员方面,采取了巩固和发展相结合的方针,以进步为骨干,着重吸收中间分子,适当容纳落后分子,拒绝政治面貌不清的分子,清除反革命分子。这些方针和政策的制定和执行,在过去几年就有过许多斗争,就有些人进行反对和阻挠,就有人千方百计地排斥和打击左派分子,在民建会内还有人曲解中、上为主的方针,要由大资本家操纵、把持民建会和工商联。但是,在1956年社会主义改造高潮到来以前,各民主党派基本上执行了这些适当的方针和政策。1956年夏季,有许多人提出要修改这些方针和政策,认为它们限制了民主党派的发展,妨碍了长期共存、互相监督。我们因为活动范围的重点分工是关系国家政治生活的重大问题,当时郑重表示:如果需要修改,必须经过慎重的考虑和协商(后来协商的结果,多数主张保持原来的协议,但是实际上的在好多地方,这个协议是被破坏了)。关于中、上层为主,大中城市为主,巩固和发展相结合,以及对发展组织采取严肃的态度这一些方针和政策,我们一直没有认为有什么不好。但是当时既然有民主党派的一些领导人员主张修改,并且表现得相当坚决,我们根据尊重各民主党派组织独立性的原则,建议由各民主党派中央加以讨论和决定。现在看来,当时倡议和坚持打破上述方针和政策的人,有许多是右派骨干分子。他们利用许多人的附和和缄默,得以避开民主党派内部的讨论和党派间的协商,实际上实现了他们的卑鄙企图。在这段时间内,右派骨干分子用尽一切恶劣的手段,在民主党派内部团结、扩大右派,煽惑、拉拢中间派,排斥、打击左派,以篡夺民主党派的领导机关。在这段时间内,右派分子大肆招兵买马,特别搜罗各种各式对社会主义和共产党心怀不满的分子、反动分子和其他坏分子入党,以扩大自己的组织基础。

上面这些情况说明了,各民主党派的成员和领导人员以及所联系的群众中,只有一小部分人(即左派)一心一意走社会主义道路;大多数人(即中间派)是三心二意,动摇于资本主义道路和社会主义道路之间,而且基本上没有脱离资本主义立场;还有一小部分人(即右派)则一心一意坚持资本主义道路。坚持资本主义道路的少数右派分子,在一段时间内所以敢于肆无忌惮,他们的政治、组织方面的反动路线和活动在民主党派内部所以得逞,主要是利用了占多数地位的中间分子基本上没有抛弃资本主义立场,特别是某些有地位的中间偏右分子的支持;其次也利用了一部分左派分子的软弱无力。右派分子使尽两面手法,迷惑了许多中间分子,也蒙蔽了一些左派分子。

既然多数以至大多数的成员和领导人员基本上没有抛弃资本主义立场,既然右派路线在民主党派的许多组织和领导机关中一度占了上风,在政治上和组织上给民主党派造成了严重的局面,所以我们有充分的理由这样指出:各民主党派迄今还是资产阶级性的政党,它们的政治面貌和组织面貌迫切需要革新,它们迫切需要进行根本的自我改造。

任何政党本身都不是目的,而是为一定经济基础服务的手段。在社会主义革命时期,特别是在1956年社会主义改造高潮使我国基本上建立了社会主义制度以后,各民主党派作为资产阶级政党的经济基础——资本主义经济已经基本上被消灭,“皮之不存,毛将焉附”,如同资产阶级分子和资产阶级知识分子只有唯一的一条出路一样,各民主党派也只有唯一的一条出路,这条唯一的出路就是对自己进行根本的社会主义改造,彻底改变自己的阶级本质,从资产阶级性政党转化为社会主义政党。

各民主党派的根本改造,首先要端正自己的政治路线和组织路线,以改变自己的政治面貌和组织面貌,在政治上,要坚决采取在实际上而不是在名义上真正为社会主义服务,真正接受共产党领导的路线,并且教育和督促自己的成员和所联系的群众执行这条路线,在组织上要采取正确的方针政策,以保证正确的政治路线的实行。总的说来,需要积极巩固、扩大左派分子,团结、教育中间分子,孤立、分化右派分子,并且在各级组织中建立站稳社会主义立场即工人阶级立场的领导核心。对于右派路线在组织上造成的恶果,应当加以清理和整顿,今后应当坚决拒绝资产阶级右派分子、政治面貌不清的分子和其他坏分子入党。对于其他属于方针政策性的问题,可以根据社会主义改造的需要和整风、反右派的经验,进一步加以研究和考虑。

各民主党派根本改造的基础工作,则是要对广大成员包括领导人员在内的政治立场进行社会主义的根本改造。

为什么现在提出改造立场的问题?我们知道,中华人民共和国的成立标志着我国社会主义革命阶段的开始。自此以后,国家逐步展开了社会主义改造和社会主义建设,以便逐步发展社会主义,消灭资本主义。但是,直到1956年社会主义改造高潮到来以前,资本主义和社会主义并存的局面没有根本改变。当时的现实条件,一般说来,还不适宜向资产阶级分子和资产阶级知识分子提出在政治上转到工人阶级立场上来的要求,同样不能向民主党派提出这种要求。我们当时提出的是按照共同纲领(前一时期)和宪法(后一时期)办事,同时要求确立"接受工人阶级和共产党领导"的思想。我们认为,只要资产阶级分子、资产阶级知识分子和民主党派真正接受工人阶级和共产党的领导,就有可能在政治上从资本主义立场即资产阶级立场逐步转到社会主义立场即工人阶级立场上来。当时民主党派有些人提出要以马列主义作为民主党派的指导思想,以工人阶级立场作为共同的准则,我们没有同意,因为这不切合当时多数人的情况,如果肯定下来,就会出现许多假象,而且把现实的迫切任务回避了。1956年社会主义改造高潮的历史跃进,使五种经济成分并存的局面让位给社会主义经济独占。资本主义所有制已经基本消灭,资本主义经济丧失了存在的条件和积极作用,资本主义立场也就成了反动立场。资产阶级分子和资产阶级知识分子丧失了原来的经济基础,只有依附于社会主义经济,依附于工人阶级,抛弃资本主义立场即资产阶级立场,转到社会主义立场即工人阶级立场上来。唯有这样,他们在政治上才能同新的经济基础相适应,而不是相冲突;他们的知识和技能,才能在社会主义事业中得到发挥和发展,真正成为国家一项有用的财富(知识和技能如果不是用来为社会主义为工农服务,而是用来反共反社会主义,那就成了毒害而不是财富),他们的心情也才会舒畅和愉快。而一切不愿抛弃和改变资本主义立场即资产阶级立场的人,就很难免要陷入反共反社会主义的泥坑。所以,在当前的条件下,各民主党派在政治上必须以工人阶级的立场作为改造成员包括领导人员在内的要求和标准。

资产阶级右派坚持反动的资本主义立场,他们的资本主义立场是完全的、坚决的,所以他们是反动派。中间派基本上没有抛弃资本主义的反动立场,这是很危险的;所以他们必须努力改造自己的立场,但是,他们的资本主义立场是不完全的、不坚决的,他们有两面性,有倾向于接受共产党领导和社会主义的一面。这种倾向,程度深浅不同,有人多些,有人少些。只要有了这种倾向,并且向前开步走,积极接受改造,就大有希望从资本主义立场转到工人阶级立场上来。所以不能说中间派是反动派,应该很好地团结、教育他们,帮助他们积极接受社会主义改造,首先改造政治立场。

改造政治立场难不难?我说,在我国的条件下又难又不难。说难因为是要改造阶级立场,问题属于阶级本质的改造。但是,在我国现时资本主义制度已经基本消灭,社会主义制度已经基本建立起来,要抛弃资本主义,走社会主义道路,环境和条件不都现成吗?环境和条件完全有利于人们的立场的改造,而且中间派经过几年来的思想改造有了前进的可能,问题只是在于自己能不能下一个决心,能不能决心跟着共产党走社会主义道路,抛弃资本主义。有了这个决心,就可以从资本主义立场到工人阶级立场转过一个大弯子来。真正转过了这个大弯子,再往前进,政治立场的改造就比较容易了。只要真正跟共产党走,走社会主义道路,不再是三心二意,而是一心一意,并且坚决不改变,政治立场就基本端正了。所以只要真正下了这个决心,改进政治立场并不难。当然，政治立场基本端正了，还要继续进行思想改造，使思想感情逐步工人阶级化。毫无疑义，这是一个艰巨的过程。但是，政治立场端正了、站稳了，思想改造就有了基础和前提，可以在比较长的时间内从容地逐步地来进行。

上面所说的，各民主党派在政治上和组织上需要进行的改造，在我看来，是各民主党派由资产阶级性政党转化为社会主义政党的根本性的改造。实现了这种根本性的社会主义改造，就过好了社会主义关，就为民主党派同共产党长期共存、互相监督奠定了政治基础。我们相信，在我国的具体条件下，这是可能的，是可以由我们的愿望变成现实的。

现在，一个全民性的整风运动正在全国展开，几万万的知识界、工商界、农民、工人正在逐步投入到运动中来。这个运动包括批判资产阶级右派和人民内部整风两种不同性质的内容，而在人民内部，对于资产阶级分子和资产阶级知识分子是要使他们继续接受社会主义改造，对于小资产阶级也是接受社会主义改造的问题，对于工人阶级和共产党的基本队伍，则是整顿作风的问题。整风的基本方法是通过大鸣大放和大字报，实行摆事实、讲道理的大辩论。由于批判右派同人民内部的整风性质不同，大辩论的性质和目的也不同。在人民内部，是根据团结——批评——团结的原则，进行自我教育和自我改造，同批判右派有原则的区别，不应当混同起来。人民同资产阶级右派间的矛盾是对抗性的不可调和的你死我活的矛盾，对于右派分子的反动言行必须彻底加以揭露和驳倒，使之体无完肤。右派分子的反动面貌完全暴露了，陷于众叛亲离的孤立地位，就会发生分化，会有一部分转过来重新接受改造。这是可能的，也是我们所希望的，我们并不希望右派分子走绝路。

这个整风运动是一个政治战线上和思想战线上的伟大社会主义革命运动，具有伟大的历史意义，对于各民主党派说来，是一次严重考验，是根本改造的转折点。各民主党派有必要普遍深入地进行整风运动，胜利地通过这个考验，为自己的根本改造树立重大的里程碑。

根据各民主党派现时的阶级基础、政治面貌和组织状况，各民主党派整风运动的基本内容，按照毛主席指出的六条标准，主要有三个方面，即：1. 批判右派分子；2. 帮助成员包括领导人员在内进行自我教育，改造政治立场；3. 整顿和改造组织。目的是：揭露、孤立、分化右派，争取、教育、团结中间派向左跨进一大步，巩固、提高、扩大左派，真正接受共产党领导，真正成为为社会主义服务的政治力量。

各民主党派在整风运动中需要展开关于资本主义和社会主义两条道路的大辩论，从大辩论中，辨明全国人民两条道路何去何从的问题，并且辨明各民主党派两条道路何去何从的问题。除了辩论全国人民共同的大是大非外，我们还建议把以下的问题作为辩论题目：

1.各民主党派的阶级基础和两面性的问题；

2.各民主党派的政治路线问题；

3.各民主党派的组织路线问题；

4.各民主党派在国家事务管理中的地位和作用问题；

5.各民主党派的基层组织在机关、学校、企业和社会活动方面的地位和作用问题；

6.各民主党派社会活动范围的重点分工问题；

7.各民主党派同共产党长期共存、互相监督问题；

8.各民主党派接受共产党领导问题。

这些是各民主党派共同的辩论题目。此外，各个以知识分子为主要成员的民主党派，还可以辩论同知识分子有关的问题，例如：

1.资产阶级知识分子的两面性问题；

2.知识分子改造问题；

3.知识分子为工农服务问题；

4.知识分子学习马列主义问题；

5.共产党能不能领导知识分子问题。

民建会还可以辩论同工商界有关的问题，例如：

1.社会主义制度的优越性问题；

2.资本主义经济和资本主义立场的反动性问题；

3. 当前资产阶级的两面性问题；

4. 工商界继续接受社会主义改造问题；

5. 工商界接受共产党领导问题；

6. 公私合营企业公方代表制度问题；

7. 私方人员同工人的关系问题。

在整个整风运动中，反右派斗争是主要关键和决定性步骤。各民主党派需要把反右派斗争深入各级组织，深入基层，贯彻到底，取得胜利，然后在反右派斗争胜利的基础上进行一般的整风。现在各民主党派反右派的斗争已经在许多中央和地方领导机关以及一部分基层组织展开，揭露了章罗联盟和其他右派集团和一大批右派分子。右派开始崩溃，广大中间派日渐向左转，许多中央和地方领导机关以及一部分基层组织已经形成了比较坚定的整风领导核心，并经过斗争锻炼，取得了经验。凡是已经坚决展开和深入了反右派斗争的领导机关和基层组织，开始扭转了自己的政治方向，开始革新了自己的政治面貌。这些都是值得欢迎的成就。但是，斗争的发展还不平衡，还需要继续扩大战场，还需要力求深入。在前一段时间内，各民主党派反右派斗争的重点放在中央和地方领导机关，是完全必要和正确的。因为这里对于各民主党派的政治方向、政治路线起着决定的作用，又是右派头面人物集中发号施令的地方。今后，这方面还需要继续展开，大力深入。但是，各民主党派除了少数领导人员和干部在领导机关参加反右派斗争以外，绝大多数成员聚集在基层组织中，他们是各民主党派的基础，一般都属于资产阶级的中上层，有许多人就是这个阶级的骨干，直接联系着这个阶级的群众。此外，右派分子网罗入党的反动分子和其他坏分子，也主要是散布在基层组织中。必须使反右派斗争深入一切基层组织，并彻底搞透，才能在各民主党派全体成员中充分揭发和批判右派分子，有效地教育多数，澄清和改造自己的组织基础，取得在共产党领导下影响、带动知识界和工商界接受社会主义改造的条件。因此，各民主党派整风运动的当前迫切任务，就是要在中央地方领导机关继续展开和深入反右派斗争的同时，积极地和有步骤地把斗争深入到一切基层组织去。在各级领导机关和一切基层组织中，都必须普遍地发掘右派分子，而不要被少数顽固不化的死硬分子拖住手脚。鉴定人们是否右派分子，要根据人们过社会主义这一关的政治态度，看他是否反共反社会主义。不要漏掉右派分子，又要防止错划和错斗。批判右派分子，要坚持辩论方式，摆事实、讲道理。在一个时候，需要着重于揭露，或者需要着重于批判，但是二者不可以有所偏废，不可以只有揭露或者只有批判，并且一定要使揭露和批判都做得彻底，同时防止和纠正简单粗暴的方式。我们希望各民主党派的基层组织按照当地共产党党委对整风运动的部署，在共产党基层党委领导和帮助下，积极展开这一场斗争，取得胜利。

反右派斗争是关系着社会主义胜败的大事，也是关系着各民主党派存亡的大事，并且对每个人都是过社会主义关的一个决定性的考验和锻炼。各民主党派内一切真正爱国的、愿意争取民主党派长期存在和希望掌握自己命运的人们，都必须挺身而出，积极参加斗争，改造自己的政治立场，争取过好社会主义革命这一关。隔岸观火，置身事外，或者对右派分子温情脉脉，难分难舍，对于国家，对于民主党派，对于自己，都是不利的。有一些中间分子在大鸣大放中有过错误言行，是需要改正的。改正的办法，首先和主要的就是积极参加斗争，从斗争中认识和改正错误，提高觉悟。其次，应当进行适当的和必要的批评和自我批评，吸取教训，争取主动(如果有错误而不愿承认和检讨，就会陷于被动，越陷越深)。为了广泛地吸收中间分子参加斗争，一方面，要求一切政治上处于中间状态的朋友们，努力克服自己在运动面前的消极被动态度，积极投入战斗。另一方面，要求各民主党派内负责领导整风工作的朋友特别是左派朋友多同他们接触，多同他们沟通政策思想，帮助他们消除顾虑，端正政治方向，经常向他们说明斗争的情况，同他们商量办事，一道研究斗争的政策和分析右派分子的反动言行，积极争取他们参加工作，参加批判右派的辩论。左派朋友和我们统战部门过去在这方面都是有缺点的。中央统战部曾经强调同左派分子一道向中间分子进行工作，但是，实际上做得很少。今年夏季以来，我们在这方面已经有所改进，但是还很不够，今后还当继续改进。

各民主党派反右派斗争能否展开和深入，不论在领导机关和基层组织，关键都在于是否有坚强的整风领导。批判右派分子，是你死我活的阶级斗争，领导上必须首先有坚定的立场，防止和克服温情主义和其他右倾情绪。温情主义是右派分子的防空洞，是反右派斗争的最大障碍，而在各民主党派内却有它的阶级根源，所以需要注意批判温情主义。各民主党派内出了一批右派分子，严重地影响了自己的政治面貌和组织面貌，这自然是一件很大的坏事，但是，各民主党派只要坚决地彻底地进行反右派斗争，多数成员就会在斗争中受到教育，提高觉悟，多数组织就会澄清面貌；并锻炼出自己的骨干。这样，各民主党派就能在政治上走向进步，在组织上走向巩固，坏事就转化为好事。对右派分子揭发批判得愈充分愈彻底，坏事就愈加转化为好事。某些领导人认为家丑不可外扬，对右派分子不惜姑息养奸,或者因为要保护自己的党派而把右派分子也掩护起来。这样做,于自己、于党派,最后除了自食其果,不会有什么好处。所以要赶快帮助他们改正过来。

在反右派斗争取得基本胜利的地方,可以转入一般的整风。继续学习毛主席关于处理人民内部矛盾问题的报告,继续研究重要社论、论文和文件,继续就有关的题目进行深入的辩论,结合右派分子的有关言论,进行进一步的分析和批判。前面说过,一般的整风运动同反右派斗争有原则的区别,属于人民内部矛盾,应当本着团结——批评——团结的公式,用和风细雨的方法来进行。可以而且应当适当地结合着批评和自我批评、提高自我教育、互相教育的效果,但是不要勉强进行,不要检查历史、不要采取"人人过关"的方式。各民主党派头一次进行一般的整风,过去没有经验,可能遇到许多困难。希望大家谨慎行事,多商量,多研究,注意总结经验,同心协力,把这件事做好,做到大多数参加整风的人们,觉得整风对他们有好处,是一个进行自我教育和自我改造的好方法。

我们相信,经过这次包括反右派斗争的整风运动,会使各民主党派的自我改造获得重大的成就,使大多数资产阶级分子和资产阶级知识分子的政治立场向左转一个大弯子,向工人阶级立场前进一大步,使以中国共产党为领导的人民民主统一战线在社会主义基础上进一步巩固起来。

(归国华侨方面、宗教界方面、少数民族方面的整风问题,可找主管部门的同志另行商讨,这里不讲了。)

(选自《工商行政通报》第103期,1957年11月19日)

九、中央工商行政管理局同意中华全国工商业联合会关于解决资方代理人酬劳金问题的意见

(1957年11月28日)

中央工商行政管理局批:

你会关于解决资方代理人酬劳金的问题,我局同意你会意见。

附:关于解决资方代理人酬劳金问题的意见

一、今年5月间,中共中央统一战线工作部、国务院第八办公室召开的工商座谈会上曾提出关于资方代理人的酬劳金问题。会议责成由我会研究。由于这一问题,主要是上海工商界所存在的问题,因此,即曾函请上海市工商业联合会进一步搜集有关材料,进行研究,提出解决的意见。

二、兹接该会10月19日联商字(57)第11044号函称:关于资方代理人酬劳金问题,本会在征求主要行业和部分委员意见后,一致认为这是一个资方与代理人之间的私私问题。在全行业公私合营后,资方代理人在企业中的地位和企业中工作的性质已经起了根本变化,同时又处在逐步向劳动者改造的过程中,今后不再是为了资方利益,帮助剥削,而应是为社会主义事业服务,因此很多资方代理人,不愿再分享资方定息,所以资方代理人酬劳金问题已经不是一个普遍性问题,为此本会提供以下几点意见,请为参考。

1.有些资方代理人由于生活问题,过去也是由酬劳金之收入来弥补生活困难的,可以由资方代理人主动向资方提出,进行私私协商。

2.私私协商如有困难,可提请同业公会或各级工商联协助调解。

3.经私私协商同意提拨之资方代理人酬劳金,应由资方自行解决,不应由合营企业支付。

4.由于这问题不是一个普遍问题,因此不宜作统一规定执行,此项处理意见仅能作为同业公会及市、区工商联内部掌握之参考,不作下达,也不广为宣传,以免引起资方代理人之思想紊乱。

三、对于上海市工商联所提意见,我们认为是恰当的,拟予同意。报请批核。

(选自《工商行政通报》第104期,1957年12月16日)

十、国务院批准中央工商行政管理局关于全国各级工商业联合会的经费列入国家行政预算,工作人员列入国家行政编制的意见

关于今后全国各级工商业联合会的经费问题,中央工商行政管理局于去年秋季根据全国工商业联合会的报告,认为目前全国各级工商联的经费,已有2/3以上由国营企业、公私合营企业、供销合作社负担,而许多手工业合作社、合作商店、合作小组和其他个体手工业者在全国人民公社化运动中,

参加了人民公社,人员也作了统一安排,他们原来担负的工商联经费,也已不能收取,因此,向国务院提出今后各级工商联经费,可改由国家财政支出。国务院业已同意,于1958年12月26日批复各地:全国各级工商业联合会自1959年1月起,停止收取会费,其经费纳入国家行政预算,其人员编制列入行政编制。

(选自《工商行政通报》第133期,1959年1月3日)

十一、中央工商行政管理局局长许涤新在民建、全国工商联两会常委联席扩大会议上的讲话纪要

(1959年5月5日)

(一)工商界当前的概况

根据各地最近的情况来说,工商界从年初两会中执委会议后,继续有着好的表现,多数人在工作方面比过去来得积极,工作态度比过去来得诚恳;他们和党的关系也比过去来得接近。事实证明:反右整风取得胜利以后贯彻更加和风细雨的方针,是完全正确的。

但是,工商界在政治思想上还存在着一些问题:第一,不少人对"两条道路基本尚未解决"不服气,他们单从客观情况、从经济制度去看问题,而没有从自己的政治思想方面去看问题。因此,认为"轮船已开,码头已拆,掌舵的又是工人阶级,为什么还说两条道路基本尚未解决?"第二,不少人对大跃进有怀疑,他们不相信去年工农生产的伟大成绩,也怀疑今年能够继续跃进,采取隔岸观火的态度;第三,有些"上了马"参加了技术革新的人,顾虑重重,"前怕狼后怕虎";第四,有些人急于摘去帽子,他们认为早摘帽子有利于改造,但是在实质上,这是逃避改造的一种办法。

工商界有进步,但进步中还有问题。这说明工商界根本改造的长期性、复杂性和反复性。

(二)关于调动工商界积极性为社会主义服务与根本改造的提法

在传达了年初两会中执委会议之后,各地工商界都在谈更加和风细雨,这是在反右整风取得胜利之后,十分必要的一件事。我在这里要提出的是:更加和风细雨是手段,不是目的。更加和风细雨的目的,是为了调动工商界的积极因素为社会主义服务;是为了更深入更细致地进行改造工作。离开了服务和改造,更加和风细雨就失去了目的,就会庸俗化。

工商界中有人担心更加和风细雨是钓鱼。我认为这种担心,大可不必。如果一定要把"钓鱼"作为比方的话,那么,鱼已经钓过了。工商界在去年交心的时候,不是已经交出几十万条么?现在如果还要"钓鱼",那是在"钓"工商界为社会主义服务的积极性的"鱼"。

工商界的积极服务和继续改造应该怎样摆?周总理在第二届全国人民代表大会第一次会议上所作的"政府工作报告"中指示得很清楚。总理说,要"积极地帮助他们在参加社会义建设的工作中继续进行自我教育和自我改造"。我对于总理这个指示的体会是:服务和改造是统一的,而不是对立的。但是在今天的条件下,要以服务作为改造的前提。在积极服务中来继续改造,而不是离开服务来谈改造。离开服务来谈改造,改造就是空的。1957年以至1958年上半年,不能强调服务,因为那时右派在向党和社会主义进攻,中间分子的多数人还在动摇,斗争很尖锐。如果那时强调服务,而不谈根本改造,那就要在政治上犯大错误。经过反右整风之后,右派分子被打垮了,中间分子大多数人认识了"共产党反不得,右派当不得,资本主义道路走不得",大多数人承认自己还存在着两面性,需要继续接受改造,在这种情况之下,强调积极服务就成为可能和必要的了。

(一)对工商界进行根本改造的目的,是要把他们改造成为自食其力的劳动者,成为工人阶级的成员,是要他们参加社会主义建设,为社会主义服务。

(二)1958年我国工农业生产出现了大跃进,1959年继续在跃进,全国人民都在干劲冲天地劳动着,正在增产节约运动中贡献力量。在这种情况下,工商界能够站在旁边作观潮派吗?我认为是不可能的,工商界自已旁观不下去,群众也不答应他们在旁观。

(三)通过反右整风,工商界多数人在大是大非问题上受到了教育,认识了"三不得",他们的两面性中社会主义的一面,他们的积极服务和自我改造的自觉性,有着不同程度的提高。

(四)工商界多数人都在企业中工作,他们都

有一个社会主义建设服务的工作岗位。

由于上述理由,今天有必要也有可能强调工商界积极为社会主义服务,积极投入增产节约运动中。

但是,强调服务并不等于不要改造。有人说服务就是改造,他们用服务去代替改造,这是一种不全面的,因而也是不正确的提法。周总理的指示,是要工商界在服务中改造,而不是用服务去取消改造。服务是改造的前提,服务能够提高工商界接受改造的信心;反过来,改造得更好,服务也就能够做得更好。当然,孤立地强调改造也是不正确的。孤立地强调改造就会得出等改造好了再服务的错误结论。

(三)有关调动工商界的积极性为社会主义服务的几个问题

第一,在这次会议中,有人提出服务的动力问题来。这是一个老问题。在私营时期,追求利润就是工商界的动力。这叫做钞票挂帅。合营高潮以后,这种钞票挂帅的动力不存在了。对工商界来说,要他们积极为社会主义服务的动力,首先应当是树立社会主义的政治立场。只有否定了资产阶级的立场和个人主义,只有把自己当成劳动人民的一分子,把个人利益和社会主义的全体利益结合起来,只有把眼前利益和长远利益结合起来,只有认识到社会主义利益中有自己一份,只有这样,服务的劲头才能大起来。反过来说,如果政治立场的问题不解决,如果对社会主义还是两条心,那就不可能积极服务。

解决政治立场的问题是调动工商界积极为社会主义服务的前提,同时,还要有精神上和物质上的鼓励。最近各地发给去年跃进奖金,有成绩的工商界,也得到了应有的一份。这是物资奖励的例子。奖励是必要的。一方面使工商界体会到社会主义利益中有他们一份,同时也照顾到目前的生活水平和思想水平。

要工商界积极服务,首先是政治挂帅,其次是物质和精神上的鼓励。单靠物质奖励是不行的,光谈长远利益也不行,二者结合起来,动力就大了。提倡鼓励是不是只要鼓励不要批评呢?我认为,这不应从孤立的观点来看问题。鼓励和批评不是对立的东西,我们应该实事求事地把鼓励和批评结合起来。必要的鼓励,对工商界的积极性有推动作用;必要的批评、和风细雨的批评,对工商界的积极性也有推动作用。

第二,工商界中,有人把接受党的领导和大胆负责对立起来,这种看法是不对的。在合营以前,经理、厂长说什么就是什么,自己对自己负责,当然很大胆。这是以生产资料的资本家所有制作为基础的。现在,所有制已经发生了变化,经济基础已经发生了变化,过去那一套上层建筑当然也要起变化。现在的公私合营企业,实质上是社会主义企业,经营管理的方针要由党委决定,由集体来领导。这样就不能像过去一样,私方一句话就算数。私方人员如果抱住过去的一套想法,必然同现在现实发生矛盾。私方人员过去的威信,是建筑在资本家的生产资料私有制的基础上的。现在生产关系已经发生了变化,私方人员只有在工作中做出成绩,通过这种成绩来建立新的威信。打个比方,生产资料所有制是“皮”,经营管理的方式、个人的权力和威信是“毛”,“皮之不存,毛将焉附?”现在要解决这个矛盾,只有使毛去适应皮,而不是要皮去适应毛。只有使上层建筑去适应经济基础,而不是开倒车,改变经济基础去适应上层建筑。

上海工商界之所谓“职责相称”,我认为这只能指“分工负责”的“责”。事实上,只有在党委的领导下分工负责,才能做好工作。担任厂长、副厂长、经理、副经理的人,如果要回到合营以前那无所不管的情况,那是不可思议的了。

第三,评比对调动工商界积极为社会主义服务,是有好处的。根据某些地方的经验:私方人员的评比,必须以企业为基地,在企业党委的领导下,和职工一道进行。这对私方人员教育意义很大,对政治思想改造规划,也可以企业为基地,在企业党委的领导下,定期在私方人员之间进行检查,在检查的基础上评比,总结交流自我改造的经验。对于私方人员在企业党委领导下,同职工一道进行业务上生产上的评比和定期在私方人员间检查改造规划的经验,还需要各地去总结。生产评比一般是一个季度评一次,改造规划的检查要多长时间搞一次,也需要大家来研究,因为时间太长或太短都不好。

有人认为,更加和风细雨就不要搞改造规划了。这是不对的。更加和风细雨不是无风无雨,更不是要取消规划,客观情况要求两会和它们的基层组织,还要帮助成员制订和检查规划。规划中有关业务的部分要结合企业的生产任务;改造的部分要根据各人具体情况去制订。制订和检查规划的时候,要贯彻更加和风细雨的精神。

第四，骨干分子的工作也是调动积级因素的一个条件。社会主义改造越深入，骨干分子的工作也就越提高，因而也就越难做，这是客观规律。高潮以前，带头买公债、接受加工订货和实现公私合营，比较好办；现在，要贯彻更加和风细雨的精神，要以企业为基地，在帮助工商界积极参加社会主义建设中继续进行自我教育和自我改造，那就不是简单的事情，因而，他们感到困难，是可以理解的。

工商界骨干分子,按照他们现在的工作岗位来看,大致可以分为三类:(1)参加生产技术工作的;(2)从事企业经营管理工作的;(3)脱离企业专门搞社会活动的。前两类人占大多数;第三类人的人数很少。

上述各类骨干分子,在参加社会主义建设和增产节约运动中，都能在工商界中起着骨干带头作用。懂生产技术的骨干,在增产节约运动中可以直接在技术革新、发明创造等方面起带头作用;有经营管理能力的骨干,也可以在改善经营管理、降低产品成本等方面做出贡献,发挥带头作用。上述两类骨干分子,在企业内部除了技术、业务方面起带头作用外,要注意提高自己的政治思想和在这方面对一般私方人员进行帮助。

专门从事社会活动的骨干分子,他们中的多数人,主要在民建、工商联两会工作。社会活动是改造工作不可缺少的一个方面。在参加社会主义建设和增产节约运动中,这类骨干的作用不是直接表现在企业的生产、经营方面,而是通过政治思想工作,帮助党和政府去推动私方人员。他们可以经常了解企业私方人员在参加增产节约运动中的思想情况和存在的问题,及时向企业党委和有关部门反映,并帮助党和政府对私方人员进行教育工作。为了做好上述工作,今后搞社会活动的骨干分子,要经常到企业去了解生产经营的情况,有条件定期劳动的,可以定期下企业参加劳动,使自己有更多的机会接近工人群众和联系企业的私方人员。参加社会活动的骨干分子,必须把对私方人员进行政治思想工作,看作参加生产大跃进和增产节约运动的一个部分,积极起骨干推动作用。

(选自《工商行政通报》第143期,1959年6月13日)

十二、中央工商行政管理局局长许涤新关于工商界改造中政治立场与观点方法在民建、工商联全国代表大会预备会议上的发言(纪要)

(1960年2月10日)

我们的大会已经开了将近2个月了。这次会议开得很好,有政治、有思想、有感情,生动活泼,细致深入。通过会议,大家在思想认识上都有所提高,对党和社会主义的感情也有了一些变化。

今天我主要谈谈关于思想方法的问题。讲以下几点:

一、思想方法同政治立场的关系。思想方法是指人们看问题、处理问题的观点和方法。立场、观点、方法是互相密切联系着的,不能把观点、方法同立场分割、对立起来。政治立场改变了,看问题的观点和处理问题的方法也跟着改变。陈叔老在这次会议中写了一副对子:一心记住六亿人口,两眼看清九个指头,这个对子写得很好,观点是正确的。“一心记住六亿人口”是政治立场问题，这就是说，要端正自己的立场,站在无产阶级集体主义的立场上来;“两眼看清九个指头”是观点、方法问题,这是指在看问题时要看多数、看主流、看本质。如果不是“一心记住六亿人口”而是“一心记住个人自己”,一天到晚从个人打算出发,那就不可能看到大局,不可能看清九个指头,只能看到一个指头的问题。因此,如果不是一心记住六亿人口,就不可能两眼看清九个指头。这说明,在立场、观点、方法的相互关系中,立场是根本性的,决定性的东西,如果立场站不稳,观点、方法也就很难会正确。但是观点和方法也是很重要的,观点、方法的改变,能推动政治立场的改造。听说盛丕老在北京饭店门口跌了一跤,盛丕老说:“这是因为眼睛把台阶看成平地,这一跤过失不在脚而在眼,因为眼睛向头脑作了错误的汇报。”这句话有一定的道理,说明认识是可以影响立场的。但是,如果脚跟站稳了,眼睛即使一时看不清楚,也不一定会跌跤。脚跟站稳是立场问题。眼睛看清是认识问题。我同意丕老在发言中所说“立场与认识是分不开的,既要站稳立场,还要提高认识”这句话,但还应该说清楚站稳立场是主要的、根本性的。对工商界来说更是如此,工商界的资本主义立场是长期的、根本的问题,应该首先把立场转变过来，同时，还要提高思想认识。

还要谈谈叔老的对子。“一心记住六亿人口”，这是指无产阶级的集体主义，是大多数人的利益，这同资产阶级的个人主义是对立的。对于党、对于社会主义道路，如果不从六亿人口出发，而从个人主义出发，那就必然会发生疑虑戒备，怀疑动摇，时冷时热，缺乏干劲的情况。这就是说，在对党的疑虑戒备中，在对“三个万岁”的怀疑动摇中，在对社会主义事业的时冷时热中，都存在着个人主义问题。资产阶级个人主义同资产阶级立场在本质上是一个东西。资产阶级立场在一个工商业者身上表现出来是个人主义，个人主义是立场问题同时又是思想问题。因此，不能把个人主义同立场分开对待。工商界在改造立场中，同时要注意个人主义问题，这是很重要的。黄任老在他的“自我教育三基点”中曾提到“绝对不许自私——个人主义，自大——个人英雄主义，只有尽可能深入群众，参加劳动，一心一意地为人民服务。”这句话说得很好，对工商界的自我教育、自我改造很有帮助。个人主义同个人利益二者有区别。我们说要克服个人主义，并不是完全否定个人应有的利益，也不是要大家马上放弃定息，而是要求当国家、集体利益同个人利益发生矛盾的时候，个人利益要服从国家的整体的利益。工商界的个人利益同劳动人民的个人利益有相同的一面，但有区别的一面，因为工商界还有剥削。个人利益是包含在集体利益之中的。如果整天为国家和人民打算，在当时可能个人吃些小亏，将来会占大便宜；反之，如果整天为个人打算，当时可能占小便宜，将来要吃大亏，个人利益会落空。

总之，对工商界来说，立场是决定性和根本性的问题，立场变了，思想意识，看问题的观点方法也就会改变，但是，思想认识的提高，观点、方法改变了，也可以推动立场的改造。毛主席提出的六项标准，主要是政治立场问题，同时也是思想认识的问题。政治立场同思想是联系着的，立场中就带有思想认识问题。因为，今天提出在改造立场的同时还要提高思想认识，并不是改造要求的加码。工商界中改造的情况是不一样的。左派分子的政治立场是解决了，但需要巩固，思想认识还要提高，否则就会掉队；对那些立场已经基本解决的人，还要继续解决立场问题；那些立场基本上没有解决的人，更要改造政治立场；对半社会主义、半资本主义立场的人，立场改造的程度是不同的。所谓“二个半”(指半社会主义、半资本主义立场)是相对的，不能机械地理解成为是五对五，只是说明他们的两面性是不同程度的，很难说是那一面为主，必须进行具体的分析。他们的社会主义一面有多有少，资本主义一面也有多有少，但多数人还有资本主义的一面。因此，对工商界的多数人来说，政治立场的改造还是一个根本性的问题，但思想认识也很重要，必须把立场和思想的改造同时并举。

二、关于思想方法的问题。实际是在讲唯物辩证法。这问题很大，我今天只是讲其中的几点。

(一)唯物辩证法首先告诉我们在处理问题的时候必须从客观实际出发。中国现在的客观实际是：社会主义制度已经建立；工人阶级领导的国家政权日益巩固和强大；社会主义经济日益壮大和发展。工商界必须从这个客观实际出发去处理问题。1956年全行业公私合营高潮以后，资本主义企业实质上已变成社会主义企业。这就是说国家的政权是社会主义的，国家的经济基本也是社会主义的，但是工商界的政治立场、思想认识并不完全是这样，主观认识同客观实际发生了矛盾。如果从实际出发，就必须使自己的政治立场、思想、感情去适应中国客观实际的变化，使主观同客观统一起来。毛主席在1955年曾指示“工商界要掌握自己的命运”。我看只有从客观实际出发，才能掌握自己的命运。反过来，如果不从客观实际出发，自己的立场、思想、感情还是老一套，又不接受改造，最后的出路只能是当右派。客观实际不断在变，你不变，对周围一切东西都看不顺眼，即使没有戴上右派帽子，也是很苦恼的。

(二)世界上一切东西都在变，山、水、树木在变，猪也在变。天下没有不变的东西，没有不变的事情，变是正常的，不变是不正常的。人是一定要变的，不变不行。蒋介石是不变的，他的哲学是“以不变应万变”，他坚持反动的独裁政治，坚持中国走半殖民地的道路，结果只能跑到台湾去。因此，不变是可怕的事情，谁要不变，谁就倒霉。

从工商界来说，十年来在党的领导教育下，经过自己主观的努力，大多数的人也在变，是不同程度、不同速度地向进步的方面转变。当然，也有一些不变和变坏的，那是极少数以至是个别的。因此，留恋过去，“想当年”，吊古悲伤的情调是没落的、不健康的，也是最没有出路的。我们希望工商界要有决心否定过去(指剥削),肯定现在(接受社会改造、拥护社会主义制度),勇敢地迎接将来(从社会主义到共产主义)。社会主义和共产主义的到来是必然的,没有任何力量可以阻挡,因此我们要勇敢地变,高高兴兴地向进步方面变。只有弄清了这个道理,才能更好地掌握自己的命运。

站在资产阶级的立场上,那是怕变的,因为一变就会否定了这个阶级,否定了剥削制度,否定了少数人的利益。站在劳动人民特别是工人阶级的立场上,不但不怕变,而且还要积极地促进变,不但要变革旧社会、旧制度而且还要从社会主义到共产主义。因为社会主义和共产主义的利益就是无产阶级的利益,广大人民的最大利益。如果不变,就不能实现社会主义和共产主义,无产阶级也就不能彻底解放。客观实际在不断变化,对工商界来说,不变也得变,不变就会掉队。在中国的条件下工商界只能变成工人阶级、劳动人民,不可能变为地主和买办等等。因此,变是好事,变为工人阶级是光荣的,是最有前途的。好事变坏事,坏事变好事,也是变。工商界中有一部分人的工作,从不积极到积极,服务中做出成绩当了先进生产者,这是好事,但有些人因此而骄傲自满,翘尾巴,结果好事变成坏事。有些人犯了错误,这是坏事,但经过批评教育改正过来,坏事就变成好事。我们希望工商界的极大多数人向进步方面转变。一年胜似一年,而不是如王小二过年那样"一年不如一年"。

(三)一切东西为什么会变。一切东西所以会变,是因为一切东西的本身存在着矛盾。矛盾用通俗的话来说,就是"不是冤家不对头"。矛盾是客观存在,不是主观想出来的。有人说,共产党天天讲矛盾,矛盾是党制造出来的。这不对。共产党只是将客观存在的矛盾指点出来,要你们采取正确的方法去处理,并不是无中生有地制造矛盾。中国民族资产阶级的本身就充满着矛盾:(1)资产阶级同无产阶级的矛盾。资产阶级和工人阶级是一对"双生子",有了资产阶级就有工人阶级,因为资本家开工厂,就一定要找剥削对象——工人阶级。资产阶级同工人阶级是剥削同被剥削的关系,矛盾很尖锐,也是长期就存在着的。(2)解放以后,我国建立了工人阶级领导的国家政权和社会主义的国营经济。国营经济是全民所有制,没有剥削,是有计划按比例的发展,资本主义经济有剥削是无计划的盲目发展,因此资本主义经济同社会主义经济是对立的、矛盾的。1956年全行公私合营高潮以后,资本主义企业实质上已变为社会主义企业,两种生产资料所有制的矛盾基本解决了,经济战争上的革命大体完成。但是,工商界的政治立场,思想、感情和社会主义的经济基础存在矛盾,这就是两条道路的斗争。(3)在工商界内部进步、中间、落后、大、中、小、上、中、下之间都存在着矛盾,其中较多的表现为进步、中间、落后的矛盾。在进步与进步间,落后与落后间,以至中间分子内部也存在着矛盾。(4)工商界家庭内部夫妇之间、子女同父母之间、兄弟姐妹之间,由于对待社会主义的态度不同,也存在着各种矛盾。(5)对整个工商界来说,积极一面同消极一面就有矛盾,没有这个矛盾,工商界就不可能变。

总之,这些矛盾都是客观存在着的,是无法掩盖和逃避的,只有正视它,把矛盾揭露出来,采取正确的态度来对待。在上述工商界的许多矛盾中,主要是两条道路的矛盾,是走资本主义道路还是走社会主义道路的问题。矛盾的主导方面是社会主义是工人阶级。客观实际很明白,东风已经压倒西风,在中国从社会主义到共产主义的道路是谁也动摇不了的。因此,在两条道路的斗争中,工商界只有站在工人阶级的立场来同自己原来的立场和思想意识作斗争,要使自己的立场、思想、感情同社会主义的客观实际相适应。说句老实话,所谓"自我教育,自我改造",就是指工商界在接受党和工人阶级的领导和社会主义教育的条件下自己向自己作斗争。有矛盾就必然会有斗争,矛盾的发展过程就是新生事物战胜旧东西的过程。工商界的自我改造也就是"兴无灭资"的过程,本身就有斗争。因此,工商界必须看清矛盾的主导方面和发展的方向,下决心在党的领导下,进行自我教育和自我改造,这是掌握命运的关键。

(四)各种矛盾的性质并不是完全相同的,对不同性质的矛盾,只能用不同性质的方法去处理。我们对待民族资产阶级同对待官僚资产阶级的方法是不同的。中国人民同官僚资产阶级的矛盾是敌我矛盾,因而采取没收剥夺的方法。中国民族资产阶级具有两面性,他们同工人阶级不但在民主革命时期有过联盟,而且在社会主义革命时期还愿意继续保持联盟的关系。它同工人阶级的矛盾除了有对抗性的一面(指剥削)外,还有非对抗性的一面(指能接受社会主义改造和为社会主义服务)。因此，这个阶级矛盾是作为人民内部矛盾，采取和平改造的方法来处理的。对民族资产阶级进行和平改造，由于情况不同处理的方法也就有区别。例如：1952年资产阶级五毒泛滥，向党猖狂进攻，那时就开展“五反”斗争，采取群众运动的方法；1957年右派进攻就进行反右斗争；采取暴风骤雨的方法。现在开神仙会议，是因为工商界在为社会主义服务及政治思想上都“大有进步”，故而采取和风细雨的方法。

（五）不断革命论同革命发展阶段论是客观矛盾发展过程的反映。客观事物的发展过程是有阶段性的，不同的阶段，矛盾表现的情况是有区别的。在我国对资改造过程中就有如下几个时期：(1)国民经济恢复时期。这个时期，我们对资本主义工商业发扬它有利于国计民生的一面，限制和克服不利于国计民生的一面，这中间就有斗争。例如1949年冬到1950年春的稳定市场斗争，及1952年的五反斗争等等。(2)1953年过渡时期总路线宣布到全行业公私合营高潮。在这期间，明确提出对资本主义企业实行公私合营，借以改变资本主义的生产关系。(3)1956年全行业公私合营高潮到反右整风。合营高潮以后，生产资料的资本主义所有制改变了，接着是进行政治立场的改造。在反右整风时，突出的是政治立场问题，其中也包括思想认识问题。(4)1958年大跃进以来，是调动资产阶级分子积极为社会主义服务，推动他们在参加社会主义建设工作中继续进行自我教育和自我改造。由于每个时期的阶级矛盾表现的形态不同，因此，对矛盾的处理也有区别。我们不可能设想在解放时期，就对资本主义企业实行公私合营，更不可能要求工商界在那个时候就改变政治立场，如果这样做就会超越了阶段，是行不通的。

所谓阶段，是指整个发展过程中的一个环节，一个组成部分。每个阶段不是孤立地存在，而是同其他的环节相互联系着的，这个阶段的工作做完后，必须进行下个阶段的工作，不应在某个阶段上永远停顿下来。一个阶段，只解决当时存在的矛盾，并为下一阶段作准备。如上所述，对资改造的几个时期是继续不断地进行的。一个阶段接着一个阶段，这叫做不断革命。不断革命同革命论发展阶段论，两者是统一的，在这里，不断革命是主导的一面，发展阶段是服从不断革命的要求，因此，决不能用革命发展阶段论同不断革命论相对立，用来反对不断革命。中国的革命和社会主义建设是在毛泽东同志不断革命论的指导思想下进行的。工商界只有掌握了不断革命的理论，才能跟着党和工人阶级前进，才能掌握自己的命运。

（六）工商界的改造过程是资本主义的立场、思想、感情逐步减少，社会主义的立场、思想、感情逐步增长的过程。资产阶级原来只有资本主义的东西，现在已在不同程度上有了社会主义的东西，这是量变，同时也是“小的质变”。量变的本身不可能没有质变，因为所谓量，是以某种质（如社会主义立场）的量作为内容的。因此，把量变看成完全抽象的东西，不承认工商界在改造过程社会主义的质在逐步增长，资本主义的质在逐步减少，这是不合乎事实的。当然，这种量变中的质变同整个新质的出现（如资产阶级分子最后改造成为工人）是有区别的。有人把这种量变当成完全的质变，把“大有进步”看成是“改造差不多了”甚至认为是“改造的完成”这也是不合乎事实的。

资产阶级分子最后是要改造为劳动者，这是走向自己的反面。破资本主义立社会主义，这是否定旧的质，树立新的质，经过量变的过程，最后达到质变，改造成为符合六项标准的名副其实的劳动者。这种根本的改造，这种走向自己反面的改造过程中不可能不是长期的，不可能没有动摇。在进步中动摇，在动摇中进步，是资产阶级分子改造过程中的客观规律。

（七）工商界的改造过程，体现了客观条件同主观努力是对立的统一。中国的客观条件是：党和工人阶级的领导、社会主义制度、工人阶级领导的国家政权以及强大、发展的社会主义经济。对工商界的改造来说，客观条件是起着决定性的作用。如果离开了党的领导和中国的客观实际，工商界要走社会主义道路是不可能的。工商界要走社会主义道路，就只能跟党走，向工人阶级学习，积极为社会主义服务。

但是，我们并不否认主观努力的重要性。客观条件相同，由于主观努力的程度不同，因此结果也不相同。例如，鲁迅与周作人是胞兄弟，同在日本读书，同一客观环境，由于主观努力不同，就走了两条不同的道路：鲁迅是伟大的共产主义者，周作人当了汉奸。片面地强调客观条件，以客观条件去代替主观努力是不正确的。我们国家今后十年、八年将有更大的发展和变化，这对工商界改造是极为有利的客观条件。但不能机械地把十年、八年看成是改造的期限。客观形势很好,主观如不努力跟上去,也会落空。左派分子如果不积极努力,也会掉队的,因此主观努力必须同客观条件相适应。主观同客观是对立的统一,不能绝对化。如果片面的强调客观,就会放弃主观努力;反过来,如果片面地强调主观努力,就会忽视党的领导作用,对靠拢党就会发生动摇,甚至不满,在政治上就会犯严重的错误。

(八)服务同改造也是对立的统一。服务是指劳动实践、社会实践;改造是政治思想教育工作。劳动实践和政治思想教育是不可分割的两个方面,劳动实践中就包含有政治思想教育,而政治思想的提高又推动劳动实践。两者之中,为社会主义服务的实践一面是主要的。工商界两年来在为企业服务,在服务中做出了成绩,通过实践对党和工人群众的关系有所改善;思想认识有所提高;对于社会主义和企业也开始发生了感情。这条路是走对了的,还要继续走下去。但不能绝对化,认为只要服务就够了,就可以不需要政治思想工作了,如这样,是不对的。我们说服务是改造中的主要一面,但并不否定政治思想工作的重要性。在继续积极服务的同时,要继续进行政治思想教育工作,这样可以使工商界改造得更好更快些。反之,如果只是搞服务,不想提高政治思想认识,不去进行立场的改造,那么,改造就会搞得差些,时间就会拖长。有些人认为服务同改造无关,也是不正确的。离开实践的政治思想工作会变成说空话,不参加实践是不对的。总之,对改造工作要全面掌握,要两条腿走路,不应抓了一边,放弃另一边。

在服务中,大家还遇到多快好省的问题,有人认为"多快不能好省","好省就不能多快",这是不对的,这是和总路线的精神相违背的。多快好省是对立的统一,应全面地掌握,不能绝对化片面强调一个方面。

(九)工商界在服务中如何改善同工人群众的相互关系,是一个很重要的问题。生产关系有三个方面:生产资料所有制、生产过程中人与人之间的相互关系以及分配关系。现在,所有制问题已经基本解决,分配关系的问题也基本解决,只剩下五厘定息。比较突出的问题是:在劳动过程中私方人员同工人群众的相互关系问题。企业合营以前私方人员同工人是剥削和被剥削、压迫和被压迫的关系。1956 年全业合营高潮后,生产资料所有制改变了,1958 年大跃进以来,私方人员参加了劳动,他们同工人群众的相互关系起了变化,有了进步,但矛盾还存在着。对这个问题该怎么办呢?有些人认为事情不好办,工人群众遇到事情都不同自己商量,有牢骚。这证明自己没有看清自己同工人群众的相互关系,还没有适应经济基础的变化,因而没有把矛盾处理得好。要想想过去怎样?现在又怎样?是否变化得已经很好了?这也是主观适应客观的问题,也是从客观实际出发正确处理矛盾的问题。这次会上有的代表发言中讲得很好,要采取积极的态度,多发挥主观能动性,多同工人群众接近,向他们请教,帮助他们做好工作。这样,矛盾就比较容易得到解决,相互关系就会得到改善。反过来如果仍采取过去那样的态度,则矛盾会越来越尖锐。所以问题在于你站在什么立场,采取什么观点和方法。如果站在工人阶级立场,就会主动同工人群众打成一片,积极工作,就可以改变工人群众对你的观感。客观有条件可改变这种关系,主观就应该发挥能动性,积极推动这种关系的改变。

(十)辩证法教导我们看问题要分清主流与次流,多数与少数,现象与本质。对于社会主义事业来说,九个指头是主流,是多数。去年一个短时期内市场上某些商品的缺少是次流,是现象而不是本质。

对工商界的估价,也要掌握这个原则。十年来,特别是近二年来,工商界的多数人在服务以至思想认识上都是"大有进步",这是主流,是多数。但不应忽视还有消极的一面。不能因而就说工商界对"三个万岁"没有动摇、抵触,对党的关系已经完全解决了,这是不符合事实的。不可能把大有进步看成工商界已经没有两面性了。消极的一面,现在不是主流,但是,如果不注意,骄傲自满、翘尾巴,那消极的一面就会变成主流。对工商界的估价我们是抓主流、抓多数的;如果反过来把次流当主流,把少数当成多数,那么,神仙会是不可能开的。

这个原则告诉我们对问题要有分析,有区别,不要胡子眉毛一把抓。总的来说工商界是大进步,但在工商界内部则是不同程度的进步,有的人进步多些,有的少些,有人没有进步,还有倒退的。有人把"大有进步"理解为工商界的大多数人已经基本上站在社会主义立场。这是绝对化,缺乏分析的看法,因而是不正确的。

唯物主义的观点和辩证的方法就是：从客观实际出发，抓住事物的矛盾，用全面的、联系的、发展的观点，区别主流与次流，多数和少数，现象同本质。反过来，如果片面，静止地看问题、只看到问题的一面，攻其一点不及其余，那就是主观主义的、形式逻辑的方法。

三、关于工作方法及两会领导机关和骨干分子的工作问题。

（一）思想方法与工作方法是统一的。立场、思想改过来了，工作方法也会随着改变。工作方法不外是抓矛盾的主要方面；正确处理主客观矛盾及区别主流、次流、现象、本质的关系等等。

（二）两会领导机关和工商界骨干分子在反右整风运动中做得对，在推动工商界积极为社会主义服务中，工作是做得好的。缺点当然也有，但要看清两会的成绩是主要的，缺点是次要的，不能攻其一点而不及其余。

我们国家的前途无限光明。国家的前途是光明的，大家的前途也是光明的。经过2个月的会议，大家都有提高，我相信各位代表回去后，在各级党委的领导下，在工商界中一定能掀起一个比去年更大的服务和政治学习的高潮。

（选自《工商行政通报》第160期，1960年2月29日）

第四节　对资改造的资料整理和调查研究工作

一、中共中央宣传部转发中央工商行政管理局党组关于整理对资改造资料工作的报告

（1957年6月20日）

现将中央工商行政管理局党组关于整理对资本主义工商业的社会主义改造资料工作的报告转给你们。我们同意报告中提出的建议，请参照办理。

附：关于整理对资改造资料工作的报告

去年你部提出对我国资本主义工商业社会主义改造问题要进行资料整理，总结经验和科学研究。在去年8月间，中央工商行政管理局组织了三十几个干部，按照“整理资料，总结经验，研究理论”的步骤，制定了初步规划。第一阶段以整理资料为主，目前已完成了10种统计资料和一些概括性的资料，正在进行专题和各行业资料的收集整理，预计到1959年可以基本完成。组织方面，正与中国科学院进行联系，将改编为该院经济研究所的一个研究室，仍由中央工商局领导工作。（编者按：已经科学院哲学社会科学部同意）

我们在去年10月向国务院提出《关于整理改造私营工商业历史资料工作的报告》请各地配合进行，经国务院第八办公室批转各地人民委员会。目前已有上海、天津、广州、武汉等十几个大中城市开始了这一工作，并已取得一定成绩。为了统一步调，交流经验，我们在今年4月召开了一个11城市的整理对资改造资料工作座谈会。会上统一了对这个工作的认识，确定了工作规划，进行了经验交流和资料交换，大家情绪都很高涨。但也反映了在这个工作中还存在着一些问题，其中主要是统一领导问题和干部培养与配备问题。

各地整理资料的工作除工商行政管理局外，还有各业务部门分工进行。上海经济研究所、天津南开经济研究所、广州哲学社会科学研究所也参加了这一工作。各部门的要求不尽一致，工作关系也存在着若干问题，极需加强统一领导。在国务院批转中央工商局的报告中，提出请各地对私改造办公室领导这一工作，但最近有些地方的对私改造办公室已经撤销或者准备撤销，有些地方的党政领导对这工作还重视不够。在干部问题上，一方面他们多半对研究工作还有兴趣，另方面顾虑脱离原岗位的工作后在考绩上会受影响，担心机构变动时究竟做什么好，缺乏方向。

为此，我们建议：

（一）各地党委的宣传部门把这项工作抓起来，在当地人民委员会有对私改造办公室统一领导这一工作的地区，请当地党委宣传部门加强督促检查，没有对私改造办公室或对私改造办公室兼顾这项工作有困难的地方，请当地党委与人民委员会联系，另行指定部门统一领导。

（二）对私改造资料的整理和研究是一项比较长期的工作，各地应配备一定的专职干部，并请当地党委支持，稳定他们的工作情绪，提高研究水平。

如果他们工作有成绩，应尽可能培养成为科学研究工作的干部，不要因原机构的变动而影响工作。

以上意见，如属可行，拟请批转各有关省(市)自治区党委宣传部门参照办理。

(选自《工商行政通报》第94期，1957年7月10日)

二、中央工商行政管理局通知各地工商行政管理部门注意收集整理工商界反右派斗争的资料

工商界即将全面开展整风和反右派斗争的运动。为了全面地整理总结我国对资改造工作的经验，充实对资改造资料的内容，最近，中央工商行政管理局发出通知，建议各地工商行政部门，注意收集和整理这一运动的资料。

通知中指出：全国工商界即将全面展开一个以反右派分子和破资本主义立场，立社会主义立场为内容的整风运动。这一运动是继全业合营高潮后一个新的社会主义改造高潮，也是当前全国人民在政治战线上和思想战线上所进行的伟大的社会主义革命的重要组成部分。对全国人民来说，这是消灭资产阶级过程中的最重要的一次战役，对巩固我国社会主义事业有伟大的意义；对资产阶级分子来说，这是教育他们破除资本主义政治立场，建立社会主义政治立场的一场重大的斗争。可以肯定，斗争是非常尖锐复杂，内容也是异常丰富的。收集和整理这一运动的资料，对总结国际共产主义运动中和平进行社会主义革命、和平消灭资产阶级的经验，对丰富和发展马克思、列宁主义关于阶级斗争的理论，有十分重要的意义。

为了作好这一工作，通知中建议各地工商行政部门将收集整理工商界反右派斗争资料作为今后半年内整理资改历史资料的中心工作，结合原订计划，妥善地加以安排。为了及时进行这一工作，如人力不足，对原定行业、企业调查和专题资料整理的任务，可适当推迟。已经着手进行的行业、企业调查，应增加收集反右派斗争资料的任务。更重要的是组织一定的干部具体参加到工商界的整风运动中去，取得对这一运动的系统的感性知识，在斗争中提高政治思想认识，这也是培养和教育干部的一个很好的方式，对整理其他改造资料也是有益的。

在资料要求和做法上，通知中要求：(1)除了整理一个当地工商界反右斗争的综合资料外，要选择一、二个典型区或行业深入下去，从实际工作中，从头到尾进行整理(包括运动开展的过程，方式方法，资产阶级分子左、中、右派的政治思想变化，运动的收获和经验等)。省的工商行政部门，可以选择一二个城市或地区，进行整理。有力量的省，最好整理一个全省的综合资料。(2)要求每个地区都选择几个当地有代表性的右派分子的资料，进行系统地整理(包括该右派分子历史上和现在的反党反社会主义的言行，斗争的具体过程、斗争方式方法、思想变化等)。(3)有条件的地方，还可以对反右斗争中的若干问题进行研究，整理一些专题资料和经验总结，如小集团组织、对中小企业反右派斗争教育工作、争取中间分子工作等等。此外，对工商界人士在反右斗争中的重要言论和右派分子的反动言论，也可加以择要收集，汇集成编。

通知最后指出：要很好地完成这项工作，任务是相当繁重的，而且必须及时地抓紧进行，以免时过境迁，资料分散之后，再从头来搞就更加困难了，但也应估计到，许多党政领导部门和工商联、民建会已大力投入这一运动，也都在进行资料的调查研究。因此，各地应争取当地党委、统战部门的领导，在统战部门的指导之下，会同有关部门制定全面的工作规划，有计划、有组织、有领导地进行。并建议各地工商行政部门将这一工作列入近半年的工作计划之内，定期地进行检查和督促。某些地方，还应该考虑临时配备一些得力干部和领导骨干，以利工作的进行。

(选自《工商行政通报》第99期，1957年9月17日)

三、国务院批转中央工商行政管理局、国家档案局关于前私营工商业的文书材料、账册的保管、处理意见

(1957年9月5日)

国务院同意中央工商行政管理局和国家档案局关于前私营工商业的文书材料、账册的保管、处理意见，现在转发给你们参考执行。

附：关于前私营工商业的文书材料、账册的保管、处理意见

据各地反映，公私合营企业在私营时期积存

下来的文书材料、账册等(以下简称工商档案)的保管状况很不划一,其中有些有历史价值和实际价值的工商档案任意销毁了;有些企业将其玉石不分地堆在一起,由于对其重要性认识不足和缺乏适当的处理方法,听其自然霉烂;有些企业则在经济改组中把成套的有系统的档案任意分散了。此外,已经歇业的企业和已停业的会计师、律师及个人保管的工商档案,也亟待有一个处理办法。我们认为,这些工商档案中,较大的部分在一定年限之后,是可以销毁的,有一部分反映着私营工商业生产、经营上的经验及科学研究上有用的经济、历史资料,是国家的文化财产。为了利用这些有用的资料,需要有领导地加以整理、保管。我们建议:

一、各行业中有代表性的企业,规模大或历史较长(例如30年以上)的企业,他们目前还存在的工商档案,应全部保留下来,由合营企业负责(少数已经并入国营的企业,由国营企业负责。下同)单独保管和整理,并准备在国家规定的期间将应该永久保存的部分转交中央的或地方的国家档案馆。

二、其他企业的工商档案,都由公私合营企业单独保管和整理,对于与生产、经营及与私方人员权益有关的材料,如合营时清产核资材料;企业未了的债权债务及与“待处理财产”有关的文件、账册、企业投资人的材料、固定资产的契约、蓝图、生产技术资料等等,应该妥善保管起来。其他没有保存价值的,经鉴定后编制销毁清册,报请企业主管机关批准后送造纸厂作造纸原料或销毁。

三、已歇业的企业,原资方人员还保存的工商档案,已停业的会计师、律师及个人保存的工商档案,请当地人民委员会指定一个机关与上述有关人士协商,他们愿意交出来的工商档案统交这个指定的机关集中整理。

四、工商档案的具体整理和管理方法,由各省、自治区、直辖市人民委员会办公厅档案管理处会同有关工商主管部门拟制,经人民委员会批准后,送中央工商行政管理局和国家档案局备查。

以上意见如属可行,请转发国务院各部、委、直属机构,各省、自治区、直辖市人民委员会参照办理。

(选自《工商行政通报》第100期,1957年10月3日)

四、中央工商行政管理局、中国科学院经济研究所联合召开“对私改造调研工作座谈会”纪要

(1958年4月)

中央工商行政管理局和中国科学院经济研究所联合召开了对私改造调研工作座谈会,会议在思想跃进的基础上,拟订了《资本主义经济社会主义改造研究工作五年规划(草案)》。

会议是在4月21日至28日在北京召开的。参加的有北京、上海、天津、广州、武汉、西安、重庆、成都、昆明、哈尔滨、青岛、济南和河北省工商局,无锡工商管理委员会,福建省委对私改造办公室,厦门市对私改造办公室,上海经济研究所,武汉哲学社会科学研究所,天津南开经济研究所,厦门大学,人民大学,人民银行金融研究所,民建中央和全国工商联,共23个单位。中央宣传部亦派代表出席指导。

敞开思想　先虚后实

中央工商局管大同副局长在会议开幕时作了报告。他回顾了过去一年来的对私改造调研工作,认为是有成绩的。第一,这项工作已引起了各方面的重视,并且在许多地方设置了机构和专职人员;第二,收集和整理了一些资料,取得了一些经验;第三,在各方面已有不少人从事对私改造的理论研究工作,对许多重要问题,如定息问题、自由市场问题、资产阶级的两面性和阶级矛盾的性质问题等,开展了热烈的讨论。但是,管副局长指出,我们在工作中的缺点也很多,主要是:(1)有不少同志对这一工作的方针任务还不明确,对我们所提的“整理资料、总结经验、研究理论”这个要求在认识上还不一致。(2)对整理资料的目的性不够明确,有为资料而资料的倾向;整理资料虽有规划,但缺少实现规划的具体措施。(3)结合实际的问题还没有解决,大家在这方面提出很多疑问。(4)无论在各地区之间,在一地各单位之间,乃至在一单位干部之间,协作配合都很不够。

管副局长着重说明了这次会议的要求是解决两方面的问题。一是思想问题,要求通过会议的辩

论,树立工作信心,鼓足干劲。一是规划问题,要求明确方针任务,确定五年规划,组织协作,使工作来个大跃进。他说会议要先务虚、后务实。首先要求以整风的精神,开展批评与自我批评。要求同志们开动脑筋,敞开思想,有什么说什么;把思想上工作上的问题都摆出来,用大辩论的方法解决。然后他对同志们思想上可能存在的一些问题作了指示,他要求大家扫清思想障碍,首先树立政治统帅,在思想跃进的基础上,来个工作大跃进。

接着,经济研究所副所长严中平在会上讲了话。他首先说明了对私改造研究工作的现实意义和理论意义。他说,就在当前政治思想战线的斗争上,也需要进行这一研究,特别青年人需要知道我们的社会是怎样来的,剥削是怎样经过阶级斗争才消灭的。针对有些人对科学研究工作的顾虑,他说只要根据边干边学的方针去做,没有克服不了的困难。他又根据经济研究所同志过去搞资料中的一些思想问题进行了分析,并介绍了他们的经验。他说,做资料工作首先必须解决立场问题,否则就有作资产阶级俘虏的危险。最后他谈了如何选典型、找问题以及整理资料中的一些技术问题。

在若干地区代表作了综合发言并介绍一年来工作经验以后,会议从4月22日起进入小组讨论。第一个阶段的讨论集中在对方针任务的看法、工作的方向和前途、整理资料为谁服务、地方干部能不能做研究工作等几个思想问题上。小组中突出地暴露了过去许多同志思想上的临时任务观点。例如,有的认为一、二年资料搞完了,工作就完了;有的认为只是中央要什么资料就给收集什么资料,在整风中有人给调研科贴大字报,说他们是中央的派出所。比较普遍的想法是,地方只能搞资料,至于总结经验、研究理论是中央的事、领导同志的事、科学家们的事。他们也提出了在地方搞研究工作的一些困难。讨论中提出的另一系列问题是如何结合实际、如何协作配合以及各方面的关系等问题。大家比较普遍地感觉资料工作和现实工作有距离,顾此失彼;由于对结合实际没有在思想上解决问题,在工作方法上也出现不少毛病。例如,有的地方花很大功夫去考证一个企业命名的由来,有些材料把过多的力量放在历史上,个别地方曾一度在一个右派教授指导下追求原始资料卡片,走了弯路。有许多地方,在组织各单位力量上是作得较好的,但往往分工多,合作少;有些地方协作关系还没搞好。

经过讨论,大家认为在思想上解决了不少问题。首先是对方针任务有了比较明确的看法,对研究私改的意义和目的性有了进一步的认识,明确这是一个长期性的工作。其次,对科学研究工作也有了新的看法,特别是看到在思想大跃进的形势下许多省、市都在开展理论工作、培养研究人员,鼓舞了大家边干边学、向科学进军的勇气,大家也充分估计了自身的有利条件。对于结合实际问题,小组从检查思想谈起,最后并订出了以既要参与现实工作又要保证规划任务为中心的具体条文。对于协作问题,最后订出了协作方案。

明确方向　打破神秘

4月24日科学院经济研究所孙冶方代所长在会上作了报告,着重谈了私改研究工作的方向前途问题和打破对科学神秘化的看法问题,对同志们解决上述思想问题有很大启发。

他说,从研究工作角度来看,我们的任务有很多内容。第一,我们整理资料、研究理论就是要为当前私改工作服务。当前有许多问题,不仅是改造政策问题,也是经济理论问题,我们应把研究当前问题作为中心的、首要的任务。这方面问题很多,大有可为。第二,是整理改造资料。这工作不是简单的剪贴,而需要精细的加工,不是短期内可以作完的。第三,是解放前历史资料的收集、整理和分析,这是一辈子都作不完的工作。第四,是理论研究,包括历史上的理论问题和改造中的理论问题,重点是后者,这是我们同志义不容辞的工作。

孙代所长说:目前苏联和东欧国家科学界都非常注意我国私改工作,要我们派人去讲学,他们代表团也来找我们科学家谈这个问题,而我们现在还很缺少这方面的专家。他们注意我们的私改问题,绝不是因为好奇。对于马列主义的过渡时期理论,我们有极丰富的实践经验,而且是在现代条件下实现的。世界上还有三分之二的人未解放,他们都会遇到过渡的问题,他们当然要参考中国的经验,不能光依靠19世纪和20世纪初期一些国家革命的经验。他还指出,我们研究工作的另一任务,就是用中国活生生的经验,来批判对过渡时期理论的修正主义的曲解。

孙代所长鼓励大家下苦功夫,希望我们在这门科学上,出些出色的研究过渡时期理论的专家。

在对科学看法的问题上,孙代所长说:科学家就是在收集、分析资料中成长起来的。自古没有研究改造的专家,这门学者要我们自己创造。一定要把科学神秘化的思想打掉,特别是青年同志,斗争精神要更旺盛,不要被旧科学家吓倒。学科学如攀登高山,只要有决心,是可以爬上去的。青年同志不要因为文化水平低没有做过科学研究就怕;我们共产党闹革命、成大事都是青年时代做的。我国的和平改造经验需要研究、需要总结,我们这一代不总结,叫后人来考古就不合适了。否定科学神秘化,思想上的压力消除了,信心就来了。

孙代所长还谈了厚今薄古问题、分工协作、组织力量等问题。他说厚今薄古不是不研究历史,主要是如何研究历史。为说明今天的问题而去找历史资料,这是研究历史的方法。所以对历史资料、改造资料与当前资料的收集和人力分配,要有一定比例。最后他总结说:首先是要把思想解放,不要把这工作看成是临时工作,也不要单是为了服从分配,勉强搞。这是个有意义的事业,中央重视它,我们搞出的东西对发展马列主义学说有很大用处,不要糟蹋机会和光阴。他勉励大家一心一意好好地干,打破迷信,鼓起勇气,做出些成绩来。

思想跃进　规划跃进

在思想跃进的基础上,会议讨论了进入规划的具体项目和指标。大家对于5年内要整理出5部改造专题资料,19个行业和若干企业、集团、资本家资料,整理民族资本、官僚资本、帝国主义在华资本3部历史资料,完成20个左右的研究项目等,觉得是个先进的指标,并觉得有信心可以完成。个别地方开展工作较晚,或还没有配备好干部,觉得问题较多,但经过讨论和估计了客观条件和主观力量之后,也表示可以完成。

规划中讨论得最多的是地方规划。大家批判了原拟地方规划要点太笼统,不全面,并且有保守思想。同时也批判了那种认为中央已搞过的题目地方就毋须再搞的想法。经过讨论,大家认为地方规划的基本任务应该与总规划是一致的;除完成总规划中有关本地区完成的任务外,主要应结合当地特点,整理地区性的改造专题资料和行业企业等资料;并根据地区特点选择研究项目,其中又应着重研究现实问题。除了地区性的资料外,有些地方还应按分工协作的原则,负责一部分全国性资料的综合和编写工作。

在讨论中,许多地方还提出了准备整理当地行业、企业、资本集团等具体项目。

根据讨论的结果,重新写了规划中"地方规划要点"一章,对地方规划的基本要求、资料工作、研究工作等都有了明确的规定。地方规划的充实,使整个规划有了坚实的基础;因为总规划中所列的项目,它的资料主要是来自地方的。

典型经验　总结百篇

规划中的另一个大跃进是总结典型经验100篇的倡议。这倡议是管大同副局长首先提出的,立即得到全体会议同志的拥护,并展开了热烈的讨论。这倡议要求,在明年10月1日以前,把我国在对私改造战线上各种各样的生动活泼的典型经验,总结出至少100篇文章,汇集出版,作为对国庆十周年的献礼。总结的对象,可以是一个企业、一个资本家、一个小商贩,也可以是一项工作、一种措施、一种关系,范围是广阔的。高潮前后,大体可各占半数,或者高潮后的更多一些。文章体裁和字数不限,但要求准确、鲜明、生动,观点和材料统一,有说服力。

大家对这个倡议都很感兴趣,表示一定在当地进行宣传和组织工作,尽早把文章交上来,有些地方,已经设想了不少题目。上海、天津等较大城市表示要组织15篇以上,乃至30篇;其余城市表示至少要组织5篇。

这一倡议,经讨论后列入了规划,成为研究工作的一个重要项目。

组织措施　集体协作

会议讨论的最后一阶段,集中在组织措施和集体协作问题上。

组织措施方面,大家提出了机构问题、关系问题、领导问题和干部培养问题。大家认为,各地工商行政部门原则上应根据当地情况的需要,酌设调研机构或指派专职人员,负责这一工作。但更重要的是组织各有关方面力量,共同进行。在关系方面,主要是有些城市的工商行政部门与科学研究机关应该在规划上互相配合,在工作上互相协作,在力量上互相支援。其次是同工商联的关系,全国工商联代表表示将大力支持这一工作,并准备召开会议,研究各地工商联资料工作的任务。领导方面,前年国务院八办批转中央工商局的通知中曾要求各地对私改造办公室抓这一工作,现在许多地方的私改办公室已撤销,大家希望各地统战部能来领导这个工作。干部培养方面,会议讨论了加强政治锻炼、提高政策和业务水平的办法;还研究了学习问题,认为首先应该学习毛主席的著作,并学习一些马、恩、列、斯的经典著作。这些意见,大部分已列入规划,一部分还待另行解决。

集体协作方面,会议讨论的结果,首先是在规划中列了三个专条:一是关于在工作中克服个人突出的单干思想、发扬集体主义精神,要求同志间作到互相帮助、互相学习,先进带落后,师傅带徒弟;二是关于中央与地方之间、各单位之间及各地区之间协作的原则;三是在地方规划中规定了应与各有关单位联系配合、分工协作的原则。其次是根据自报公议的办法,制定了一个编写全国性资料的协作方案。方案中规定了三种协作方式,即(1)分工包写(一个单位包写一章或几章);(2)组织协作小组编写;(3)相互支援供给编写单位材料。然后就五部改造专题资料、行业资料和资本集团分别进行了具体规定。例如工业改造资料中,上海负责编写第三篇第五章、第七章,天津负责编写第二篇第四章,并与中央合写第五章等。行业资料的全国性综合工作,由上海、天津、广州、青岛等与中央工商局分工,各负责一个或几个行业。资本集团资料则确定以地为主,有关地区协作。

现场参观　上了一课

与会代表在4月26日,到天津参观工商界交心展览会,共参观了红桥区、劝业场和机电工业三个展览场。虽然时间急促,不免走马观花,但展出的大量活生生的材料深深吸引了每个人。私方人员田文友在并厂前夕边泣边写的"祭厂文"生动地说明了一个资本家怎样留恋他过去的资本主义日子;从振联印染厂私方人员在交心中的曲折过程中看出了党、公方、职工乃至炊事员同志怎样帮助一个资本家转变立场;在机电业的展览会上,又看到私方人员交心后在生产、技术上大跃进的姿态。展览会所提供的是现实,也是历史,大家都感觉到它也给我们做研究工作的上了一课。

交换资料　三百万言

这次各单位在会上提出交换的已整理完成的资料初稿有31种,共近300万字。其中上海提出的有加工订货、卷烟业和协大祥资料共123万字;哈尔滨提出的有制油业、双合盛制粉厂、同记商场等32万字;青岛提出的有公私合营工业、火柴业、瑞蚨祥等16万字;广州提出的有南洋烟厂、工商界反右斗争等18万字;西安提出的有火柴业、棉布业等15万字;武汉提出的有火柴业、航运业、谦祥益等15万字;济南提出的有卷烟业10万字;成都提出的有工商界整风资料3万字;福建省提出的有大事记4万字;无锡提出的有世泰盛绸布店10万字;中央工商局调研处提出的有生产改组、轮船业、瑞蚨祥等38万字。大家都感到这次会议真是满载而归。

鼓足革命干劲　发扬创造精神
更好地完成这项历史任务

4月28日,会议的最后一天,中央工商行政管理局管大同副局长作了总结发言。

管副局长在发言的第一部分中,他首先根据马克思主义不断革命论的观点就当前对私改造的形势作了分析。接着他着重说明我们作研究工作者必须使思想跟上客观形势的发展,必须面对现实;这也就是结合实际的中心意义,结合实际也就是结合现实的斗争,参与和生活在现实的斗争之中。他说,我国过渡时期对资本主义经济的和平改造是阶段斗争的一种新形式或者说特殊形式,也就是毛主席所指示的,一般地属于人民内部的阶级斗争,而不能理解为取消阶级斗争。在我国的社会历史和无产阶级专政条件下的国家资本主义是为了改造资本主义经济为社会主义经济,消灭阶级,这同资本主义国家的国家资本主义有着根本性质的不同。他说,我们必须认清阶级矛盾仍是过渡时期的主要矛盾,要求大家在整理和研究对私改造的资料和经验的时候,必须切实掌握马克思列宁主义的观点,同现代修正主义和教条主义作斗争。

管副局长发言的第二部分对会议上辩论的几个思想问题作了综合分析。他说,首先要明确我们的工作是为社会主义革命的现实服务的,是为当前的改造任务服务,为科学的社会主义理论服务,并且也是为世界革命事业和为我们的后代服务的。认识这一意义,认识它并不是什么个人事业或几个人的事业,就会给我们的工作带来庄严感和热情。其次他谈到怎样对待科学研究工作。他说中心问题是打破迷信,边干边学。科学是研究客观规律的,客观规律是可以认识的,是在群众斗争中被逐步认识和掌握的。科学知识的根源来自群众的实践;而科学的神秘感是资产阶级科学家造成的,是科学脱离实践的结果。所以打破迷信,实际是一个兴无灭资的问题,我们要长无产阶级的志气、灭资产阶级的威风。边干边学,则是使科学返回实践,也是我们研究科学和培养科学干部的根本方法,实事求是的方法。在这方面,我们有着比较有利的条件,搞私改的研究工作应该结合工商行政工作来进行。

在谈到结合实际、集体协作和工作方法上的一些问题的时候,管副局长着重提出必须使观点与材料统一,要使资料整理和研究工作都以政治为统帅。他还批判了某些人迷信原始资料,而对政府部门的总结和报告材料反抱怀疑态度,以及一些资产阶级学院式的钻牛角尖的研究方法。他说要使收集的资料有用,说明问题,防止资料泛滥成灾,而这也必须树立正确的政治观点,使观点和材料统一,才能办到。

在总结发言的第三部分中,管副局长对这次修改的规划作了综合说明。他说,几天来大家的讨论有极大的收获,无论在思想问题上或是在具体问题上,而其中精华部分,都已纳入规划了。但这个规划,仍然是个草案,它将在实践中不断地修正。规划中的地方规划,大家讨论得很详细,但在文字上不能过于具体,必须要既有统一性、又要能适应各地不同的特点和要求。大家对于规划要有整体观念,整个规划是集体行动的指南,是要靠集体力量完成的。

管副局长指出,这次会议中拟订的协作方案和典型经验总结一百篇的倡议,都是我们思想跃进的具体体现。协作办法是初创的,可以试行,将来再不断修正,或分地区、分专题开协作会议。一百篇的倡议希望大家回去认真推动,多作宣传,但要多下毛毛雨,不要一阵风。

最后,管副局长结束他的发言说:“对资改造的资料整理和研究工作是党交给我们的光荣任务。让我们在党的领导下,鼓足革命干劲,发扬主动、创造精神,来更好地完成这项历史任务吧!”

(选自《工商行政通报》第116期,1958年5月21日)

五、中央宣传部、中央统战部转发中央工商行政管理局党组关于对资本主义经济社会主义改造调查研究工作座谈会的报告

(1958年6月17日)

我们原则上同意中央工商行政管理局党组关于对资本主义经济社会主义改造调查研究工作座谈会的情况和建议的报告。现将这个报告,以及他们所拟的研究工作五年计划(草案),转发给你们参考。希望结合各地实际情况,加强对此工作的支持和督促。

附件一:中央工商行政管理局党组关于对资本主义经济社会主义改造调查研究工作座谈会的报告

我局和中国科学院经济研究所在4月21日至28日联合召开了一次对资本主义经济社会主义改造(以下简称“对资改造”)调查研究工作座谈会,会上拟订了研究我国《资本主义经济社会主义改造的五年工作规划(草案)》。

我们组织对资改造的资料整理和研究工作,是在1956年冬天,根据中宣部的指示开始的。当年10月和去年6月,国务院和中宣部分别批转了我局的报告,各主要城市就先后动起来。到目前,已设立机构或专职人员开始这个工作的有上海、天津、广州、武汉、西安、重庆、成都、哈尔滨、济南、青岛、无锡及河北省的工商局和福建省各市的私改办公室。上海、天津、广州的科学研究机关也参加了这个工作。在我局,则与科学院经济研究所共同组织了资本主义经济改造研究室。去年一年,主要是整理资料,在这次会议上,各单位提出已完成初稿的资料共31种,近300万字,看来还是有成绩的。

这次会议有16个省市的24个单位代表参加。我们采取了先务虚、后务实的办法,首先用辩论方式揭露和批判了工作中的若干错误观点,如对研究工作的临时任务观点、对科学研究的“神秘感”,以及在整理资料和研究工作中脱离实际、厚古薄今、繁琐主义的倾向等。经过讨论,对这一工作的意义有了进一步的认识,解决了“为谁服务”的问题。

在思想跃进的基础上,会议讨论了研究我国

《资本主义经济社会主义改造的五年规划(草案)》,提出这一工作的基本任务是:整理中国资本主义和资产阶级发生、发展和灭亡的历史资料,并研究其变化过程;研究和总结党和国家对资本主义工商业和对民族资产阶级分子社会主义改造的经验;进行资本主义经济过渡为社会主义经济的理论研究。第一个五年中,是以整理资料和研究社会主义改造中的若干问题为主。五年内要求:(1)整理出私营工业、商业、运输业的改造和关于民族资产阶级以及处理外资等5部改造专题资料。(2)整理出12个工业行业、7个商业行业、若干典型企业、若干资本集团和资本家代表人物的历史和改造资料。(3)整理出关于民族资本、官僚资本、帝国主义资本3部历史资料。(4)编辑对资改造典型经验总结100篇。(5)完成有关对资改造、民族资产阶级和帝国主义投资等方面的研究项目15个左右并写成论文或专著。(6)完成有关改造的当前问题和批判资产阶级经济理论的论文或专著若干种。(7)编制对资改造统计提要等。

会议规定了1958年的跃进指标。要求年内完成5部改造专题资料,和一个行业(卷烟工业)、一个典型(瑞蚨祥)以及统计资料等共约200万字。地方上还要完成4个重点行业和若干典型企业的资料。要求在明年10月1日以前完成并出版对资改造典型经验100篇和10年来我国资本主义工商业的变化,作为国庆十周年的献礼。

为保证规划的实现,会议讨论了工作方法、组织措施并拟订了各单位间的协作方案。

总的看,大家是有热情、有信心的。

但是,工作中也存在着一些问题。如地方上参加这一工作的,有工商局、各业务局、经济研究部门、工商联等各个系统,缺乏统一领导,不能统一步调;各地工商局虽大都已配备了一些专职干部,但一般还未能稳定下来。

为此,我们建议:

(一)各地党委的宣传部和统战部能够对这项工作加以督促,并请当地党委考虑指定一个机构,统一领导这个工作。

(二)对资改造的研究是一项比较长期的工作,各地工商行政部门,有条件的,应设置调查研究机构或配备专职干部,希望各地党委给以支持,尽可能使他们稳定下来,提高其政治思想和业务水平。有条件的,培养他们成为又红又专的科学研究人员。

(三)关于对资产阶级分子历史和改造资料的收集、整理工作,以及准备在明年国庆节以前出版的对资改造典型经验的编写工作(具体办法拟另通知),请各地宣传部、统战部加强领导,给予支持和帮助。

以上意见,如属可行,拟请批转各省(市)、自治区党委宣传部、统战部结合当地具体情况,参照办理。

附:《资本主义经济社会主义改造研究工作五年规划(草案)》一份。

附件二:资本主义经济社会主义改造研究工作五年规划(草案)

(1958年-1962年)

一、方针任务

(一)基本任务　研究资本主义经济社会主义改造的基本任务是:整理中国资本主义和资产阶级发生、发展和灭亡的历史资料,并研究其变化过程;总结党和国家对资本主义工商业和对民族资产阶级分子社会主义改造的经验;进行资本主义经济过渡为社会主义经济的理论研究。

第一个五年中是以整理资料和研究社会主义改造中的若干专题为主。

(二)工作方针　整理资料和研究工作应该采取"结合实际、边干边学、集体协作、多快好省"的工作方针,使资料和研究工作为社会主义革命的现实服务,在工作实践中培养又红又专的科学研究干部,组织各方面集体协作的力量,积极地完成规划任务。

二、五年规划的基本指标和要求

(一)基本指标　五年内要求完成:

(1)整理出私营工业、商业、运输业的社会主义改造和关于民族资产阶级以及肃清帝国主义经济势力的5部改造专题资料。

(2)整理出12个工业行业、7个商业行业、若干典型企业、若干资本集团和资本家代表人物的历史和改造资料。

(3)整理出关于民族资本、官僚资本、帝国主义在华资本3部历史资料。

(4)编辑资本主义工商业社会主义改造典型经验总结100篇。

(5) 完成有关对资改造、民族资产阶级和帝国主义投资等方面的研究项目15个左右,并写成论文或专著。

(6) 完成有关对资改造的当前经济问题和批判资产阶级经济理论的论文或专著若干种。

(7) 编辑对资改造统计资料,历年对资改造大事记和资料索引。

工作部署,1958年以资料工作为主,1959—1962年资料和研究工作并重。

(二) 基本要求

(甲) 改造专题资料　目的是介绍我国改造资本主义工商业的经过并供总结和平改造经验和研究资本主义经济过渡为社会主义经济理论之用。一般要求:(1)有系统的情况、具体事实和数字,并尽可能地对其准确性有估计或说明;(2)有综合分析,并力求观点正确;(3)有具体工作的经验介绍。

(乙) 行业、企业、资本集团和资本家资料　目的是供研究我国资本主义发生、发展和社会主义改造之用。一般要求:有系统的情况、具体事实和数字,并尽可能地对其准确性有估计或说明;有些部分(如资本家回忆录、企业本身记录等)也可采取资料汇编形式,只加简单说明或按语。

(丙) 民族资本等3部历史资料　目的是供研究我国国民经济史之用。一般要求:有系统的情况,有具体事实和数字,有综合分析,并能反映各个时期的阶级动态。

(丁) 论文和专著　一般要求:(1)有正确的立场、观点;(2)有明确的论点;(3)有思想性和新颖性。

三、1958年规划

(一) 资料工作1958年要求完成:

(甲) 改造专题资料5部,约160万字左右

(1) 资本主义工业的社会主义改造　包括加工订货、公私合营,约45万字。

(2) 私营商业的社会主义改造　包括市场、批发商、零售商、进出口商、饮食服务业等约45万字。

(3) 私营运输业的社会主义改造　包括轮船、汽车、木帆船,约20万字。

(4) 过渡时期我国民族资产阶级的变化　包括改造高潮前、改造高潮后、整风反右三个阶段,约30万字。

(5) 肃清帝国主义在中国残余经济势力的经过　包括总论、分论两部分,约20万字。

(乙)行业资料

私营卷烟工业的发展及其社会主义改造　包括历史和改造部分,约15万字。

(丙)典型企业资料北京瑞蚨祥　包括历史和改造部分,约12万字。

(丁)其他资料

(1) 资本主义工商业社会主义改造统计提要。

(2) 资本主义工商业社会主义改造大事记(1957年)。

(3) 资本主义工商业社会主义改造报刊资料索引(1957年)。

(二) 研究工作　1958年主要是结合当前对资改造和工商行政工作的需要,作一些调查研究;有条件的时候,也可参照后列项目,开始部分的科学研究工作。

四、五年规划要点

(一) 资料工作　除1958年项目外,要求(大部分在1961年以前)完成。

(甲)改造专题资料

(1) 资本主义工商业的社会主义改造(续编)。

(2) 过渡时期我国民族资产阶级的变化(续编)。

(3) 十年来我国资本主义工商业的变化(1959年完成)。

注:"续编"指1958年以后之资料。

(乙)行业企业及资本家资料　这项资料在地方的由地方来作。全国性的资料,由我室与各地分工协作综合。

(1) 11个工业行业　机器、水泥、棉纺、毛纺、缫丝、面粉、火柴、造纸、制药、橡胶、搪瓷。

(2) 7个商业行业　棉布、百货、国药、新药、粮食、五金器材、进出口。

(3) 典型企业及资本集团　永利、久大、启新、华新、申新(包括福新、茂新)、裕大华、刘鸿生、同仁堂。

(永利、久大、同仁堂系本室自作试验田性质的调查)

(4) 资本家代表人物(各地自行选定)。

(5) 典型外资企业(另订)。

(丙)历史资料

(1) 民族资本。

(2) 官僚资本。

(3) 帝国主义在华资本。

(丁)其他资料

(1) 资本主义工商业社会主义改造统计提要(续编)。

(2)历年资本主义工商业社会主义改造大事记。

以上系大体项目,今后可根据情况发展适当调整或者增加新的项目。

(二) 研究工作　要求 1962 年以前,就下列各方面选择专题进行研究,并写出论文或专著,资本主义工商业社会主义改造典型经验总结 100 篇,要求在 1959 年完成。

(甲)中国资本主义发生、发展和灭亡的研究

(1) 毛泽东同志的过渡时期和平改造理论的研究。

(2) 无产阶级专政和资本主义经济的和平过渡。

(3) 过渡时期的国家资本主义。

(4) 关于赎买政策理论的研究。

(5) 经济规律在资本主义经济社会主义改造中的作用和变化。

(6) 过渡时期的市场斗争。

(7) 中国民族资产阶级的特点、分化过程和改造资产阶级分子的经验。

(8) 我国过渡时期的阶级斗争。

(9) 中小工业的改造和管理问题。

(10) 公私合营工业生产改组的研究。

(11) 小商小贩改造形式的研究。

(12) 过渡时期工商业联合会的性质和作用。

(乙)帝国主义在中国投资的发展和灭亡的研究

(1) 帝国主义在中国投资的估价。

(2) 帝国主义在中国投资的研究。

(丙)批判有关过渡时期的修正主义理论

(丁)社会主义建设中重要问题的研究

(1) 国家领导下的自由市场的性质及其在国民经济中的作用。

(2) 社会主义改造基本完成后同资本主义自发势力的斗争。

(戊)资本主义工商业社会主义改造典型经验的总结 100 篇

推动各地组织有关方面力量写出资改典型经验的论文至少 100 篇。

五、工作方法

(一) 提高政治思想　克服资产阶级个人主义,加强政治学习,开展批评与自我批评,积极参加劳动锻炼,改造立场观点。贯彻兴无灭资的思想工作路线,做到又红又专。

(二) 结合实际　研究工作要结合实际、深入实际。每年要有一定时间参加资改工作和调查工作,深入现场;对当前改造中重大问题组织讨论;阅读有关报告,参加有关会议;选择典型,种试验田。

(三) 厚今薄古、边干边学　反对资产阶级学院式的研究观点,整理资料和研究工作要根据厚今薄古、边干边学的方针,采取先近后远、先易后难的工作方法,要使历史资料为现实服务,要在工作实践中培养干部。

(四) 发扬集体主义　发扬互助合作的集体主义精神,克服个人突出的单干思想,有计划地进行资料整理和研究工作,做到互相帮助、互相学习,提倡先进带落后,师傅带徒弟的工作方法。

(五) 加强联系、组织协作

(1)争取党的宣传部、统战部和对资改造办公室、科学研究机构的领导和支持。

(2)密切联系各有关部门,积极组织各方面力量,协作完成规划任务。

(3)中央与地方之间的工作规划要互相配合,干部力量要组织协作,工作要互相督促检查。

(4)各地区之间要交流经验,交换资料,互相帮助,分工协作。

(六)展开竞赛　定期举行评比,比红、比专、比多快好省。鼓足干劲,刻苦钻研,挖掘潜力;发挥主动性、创造性;提倡学先进、赶先进、共同跃进。

(七) 明确目的　整理资料要有明确的目的性,要使观点和材料统一,并要掌握重点,要做到去伪存真、去粗取精;避免重复繁琐、钻牛角尖;防止为资料而资料的倾向。

(八) 编写方法　编写资料和论文,要求写得概念准确、主题鲜明,并力求文字生动、简练。反对概念化、公式化。

(九) 加强学习　学党的政策,学马列主义,学毛泽东著作,学国内外时事,学语法。要虚心,不自满。充分利用业余时间,养成读书习惯。政治加业务,钻劲加恒心,既要有重点,又要学全面。

(十) 领导方法　改进领导方法,加强集体领导和思想领导。领导工作要抓重点,照顾一般;深入基层,种试验田;学会抓两头带中间的工作方法。

六、干部培养

(一) 干部力量　五年内对资改造研究室的研

究人员和辅助研究人员增加到50人。新增加的人员一部分可由各地方单位从事这一工作的干部中调充。争取调进一些高级研究人员和培养一部分高、中级研究人员，使高级、中级、初级研究人员的比例达到1:3:6。聘请有关部门研究对资改造问题的人员若干人为特约研究员。

（二）干部锻炼　培养又红又专的科学研究队伍，加强干部的政治锻炼和劳动锻炼。五年内争取有1/2到3/4的干部轮流下放参加体力劳动；争取有80%以上的人员成为左派。

七、地方五年规划要点

（一）基本要求

地方对资改造研究工作五年规划，应根据总规划要求结合当地情况制订。基本要求是：

(1) 完成总规划中有关本地区应完成的任务。

(2) 根据当地需要，整理和研究有关地方上对资改造工作或特殊性的改造问题（如少数民族工商业、华侨投资等）。

(3) 结合当地需要，对当前若干现实问题进行调查研究。

（二）资料工作

（甲）改造专题资料

(1) 完成总规划中五部资料的协作任务。

(2) 结合当地条件，整理地区性的五部改造专题资料，或选择其中某些项目整理。

(3) 根据当地的特点，选择专题，进行整理（如少数民族工商改造、华侨投资等）。

（乙）行业资料

(1) 根据总规划的规定，完成19个重点行业的资料。

(2) 结合当地特点，选择若干行业的资料进行整理。

(3) 时间安排：

1958年完成卷烟工业、火柴工业、棉布商业及进出口业4个行业资料的整理，并对机器工业、棉纺工业、百货商业资料着手布置。

1959年完成机器、棉纺、毛纺、制药工业及粮食、百货、五金器材商业等7个行业资料的整理。

1960年完成造纸、橡胶、水泥、面粉、搪瓷、缫丝工业及国药、新药商业等8个行业资料的整理。

每个行业的地方资料基本完成后，立即进行全国综合工作。

（丙）典型企业、资本集团、资本家代表人物资料

(1) 典型企业

由地方自行选定，报本室平衡（目前各地已选定的有：民生公司、南洋烟草公司、华成烟厂、恒丰纱厂、大隆机器厂、瑞蚨祥、协大祥、永裕盐业公司、华新纺织公司）。一个企业涉及两个以上地区的，应由有关地区协作整理。

(2) 资本集团

由地方自行选定，报本室平衡［目前各地已选定的有：申新系统（包括福新、茂新）、永安、刘鸿生、吴温初、大生、永利、裕大华、启新等］。集团涉及两个以上地区的，应由有关地区协作整理。

(3) 资本家代表人物

在上海、天津、广州、武汉可选5～10人，其他地区可选3～5人。各地可根据当地情况适当增加人数，选定后报我室平衡。

以上资料，地方准备单独出版的资料，由地方领导部门审查决定。不准备单独出版的资料，可将初稿送我室或其他负责综合的单位综合，也可将资料素材送来，但要求①对资料的准确性有说明；②对当地改造的具体工作总结经验和教训。

（三）研究工作

(1) 各地可参照总规划中所列研究项目，选择若干专题进行研究，并可根据当地特点，另拟研究专题。

(2) 研究对资改造的典型经验。可以一个厂、一个店、一个资本家、一项措施、一个运动等为研究对象。全国各地在1959年上半年以前共同完成至少100篇介绍典型经验的文章。

各地应组织多方面力量来共同进行，或集体写作。文章内容要求具体、准确、鲜明，文字要生动简练，字数不限。

(3) 结合当地现实问题进行专题调查研究。

（四）组织措施

（甲）组织领导

为了完成以上工作任务，各地必须在当地党和政府统一领导下，组织各方面力量共同进行。各地工商行政部门，一般地应根据当地情况的需要，设立调研机构或指派专职人员负责这一工作。

（乙）加强协作

对资改造资料整理，涉及有关单位工作的，应与各主管部门及工商联分工合作，共同整理，并请各主管部门负责审稿。对资产阶级分子改造的专

题资料(包括其代表人物资料),应争取在当地党委统战部门的支持和领导下进行。各地工商行政部门应联系科学研究机关、大专学校协作配合。

(丙)干部培养

加强调查研究干部的政治锻炼,提高政策思想与业务水平,培养又红又专干部。

(1) 结合当前资改和行政工作的需要,轮流参加现实工作和调查研究工作,但应妥善安排,适当掌握时间,以免影响整理对资改造资料规划任务的完成。

(2) 要经常学习马列主义理论和有关政策、指示文件,阅读有关部门的计划、总结报告,参加有关会议,或对当前有关政策理论问题组织讨论。

(3) 从事调研工作的干部,做到稳定和提高,在可能的条件下,培养成又红又专的科学研究干部。

(选自《工商行政通报》第120期,1958年7月7日)

六、中央工商行政管理局副局长管大同在对资改造调研工作会议上的讲话要点

(1959年3月10日)

这次对资改造调研工作会议从3月2日到10日开了8天,大家交流了1958年的工作经验,研究了1959年工作规划,会议开得很好。

1958年全年完成了1200万字的各项资料,整理资料工作是有成绩的。1958年规定的任务,基本上是完成了。同时还积累了不少经验和培养了干部。这是大家在党的领导下,共同努力的结果。因此,今后我们在这一个基础上继续努力,就更有了条件。

当前摆在我们面前的问题是:第一,如何在过去已经取得的成就的基础上提高资料质量和研究水平的问题。我们虽然搞了11954200万字,但公开出版和群众见面的还很少,很多资料还只能说是一些初步的材料。这就更需要我们认真地下功夫,去粗取精,去伪存真;结合党的政策,反复地分析研究,统一观点。第二,如何跟上客观形势,结合中心工作,研究当前的新的事物和新的问题。人民公社化后出现了很多新的问题,同我们工作有关的,如市场管理、对私改造、城市民办工业等等。如果我们不去注意搜集这方面的材料和研究这方面的问题,就会使我们脱离实际。第三,根据资改资料整理、研究规划的要求,还有很多项目和专题需要我们去抓紧完成,特别是一些典型行业和典型企业以及少数民族地区的社会主义改造专题等等。因此,我们的任务还是很繁重的,不应放松。必须继续鼓足干劲、力争上游。

在这次会上大家提出了以下的一些问题:

第一,大家提出,怎样结合实际?今年1月工商局长会议,提出调研工作要为工商行政工作服务,大家有不同看法。我认为,所谓"调研工作为工商行政工作服务",实质上就是结合现实问题,就是结合中心工作,为中心工作服务的问题。这是去年讨论过的老问题,今年所以再度提出来,一则因为去年我们在结合上,做得还不够好;二则是为了更好地贯彻全局观点,贯彻全国一盘棋的精神。一方面,调研工作是整个工商行政部门工作任务的组成部分,它就必须为整个局的任务服务,也只有这样,才能取得领导的重视与支持。另一方面,我们必须参与工商行政工作,取得业务知识和经验,才能做好调研工作,并且今天的业务活动,也就是明天的资料和经验总结。

在这里,与当前行政业务相结合,亦即对当前实际问题进行调查研究,例如:1959年我们可以就人民公社中的商品生产、积累分配、对私改造、价值规律等方面,哪怕是摸一个问题也好。我们做调研工作,还有着按照工作规划进行整理资料、总结经验、研究理论的任务。调研工作既要结合实际又要完成整理资料的任务,这似乎有矛盾。但这是可以解决的,主要是如何分工和统一安排的问题。调研工作是整个工商行政工作的一部分,当然要服从每个机关的中心工作。但另一方面,调研工作还必须有本身的规划。每个地方可以在不同时期,选定不同项目为纲。我们在工作中要有纲,就是要以某一项工作为某一时期的工作中心。有了中心工作,就便于对其他工作作合理的安排。这样,有重有轻、有主有从,有的优先行车,有的要停车让路。这种有秩序的合理安排,才能使调研工作和实际工作更好地结合起来。

1959年工作规划已经初步拟订,但这个规划只是总的要点,要根据各地具体情况进行补充,我们应当抓重点,每个行业企业资料都搞没有必要,可

搞些典型行业和典型企业,研究它们的发生、发展和改造过程。五部改造资料是全面性的资料,完成是必要的,搞几个完整的行业企业也是必要的,但不要每个地区每个行业都搞,那样就是浪费。典型行业企业各地可以根据自己当地的特点来选择,少数民族改造、侨批业、外侨企业等资料有些地方是应当专门来搞的。除完成上述重点任务外,还要对当前的问题进行调查研究,首先要结合当地工商局的中心任务,研究工商局重点安排的问题。

第二,关于提高质量问题。去年一年内,我们完成了1200多万字的资料,数量是不算小的。也正是由于数量大,质量问题就更为突出出来了。换句话讲,就是质量的提高跟不上数量的发展。所以,这时提出质量问题,引起我们大家的注意是非常必要的。

所谓提高质量,也要区别具体情况。在这里,一方面是根据不同的材料(或作品)提出不同的质量要求。例如一篇带有理论性的论文和一篇资料的质量要求就不相同,不仅要求程度上不同,要求的内容也不一样。去年4月对资改造调研工作座谈会上我们曾把整理的资料分为甲、乙、丙三类,这种区别看来还是需要的。但是,我们总的要求是提高质量,工作的面不要铺得太大。因为我们人力很少,一个地方只有三、五个人,因此既要注意质量的提高,又要实事求是。提高质量首先要求资料的数字和内容正确,第二是政策观点正确,第三要注意文字的组织结构和逻辑。

如何来提高质量?大体讲来,可注意以下几点:

1.加强集体讨论,发挥群众智慧。这也就是通过讨论、修改,再讨论、再修改的实践过程来提高质量的办法。各地可从已整理出的资料中选出一两件,或者从一件资料中选出一、二章来进行深入讨论,以树立质量上的标兵,作为衡量我们所编其他资料的质量水平。这里的关键是不断地实践和努力学习理论。

2.加强学习,并应结合现实去学习政策、学习理论。

3.多联系有关方面,争取更多的人来审查这些资料。有关业务部门,对于某些问题或某一些问题的某些部分的政策、情况都非常熟悉,我们争取他们来审查和提出意见,这样,求得各方面的帮助,就会有助于质量的提高。

4.地区之间相互交换资料,交流经验。对别地区整理出来的资料,互相提出意见,也可以达到互相帮助,共同提高的目的。

5.写点短篇论文。结合资料整理,结合现实问题的研究,试写一些短篇论文,可以锻炼我们的逻辑和表现方法,锻炼判断与推理的能力。

总之,只要我们认真努力,虚心学习,就会有进步。今年工作数量不要求多,但要求精,不要铺的摊子太大。资料要有价值有意义,今年要在去年1200万字的基础上提高质量,因此,我们必须努力学习,抓紧时间,搞好协作。

第三,关于资料工作与研究工作的结合问题。资料工作和研究工作之间没有一条鸿沟,资料工作本身是研究工作的开始,掌握了资料才能研究。从我们的任务来看,不仅理论研究是研究工作,总结经验也是研究工作,典型经验100篇,各地都在搞的“十年来”以及规划所列的十年市场管理,都是研究工作。少数民族、华侨投资等问题,要收集资料,也可以把它当研究工作来处理。一部资料,把它进一步分析,也是研究工作。事实上,大家所写的“资料书”中,就包含有研究的部分,就包含有研究工作。从中抽出一部分,又可以成为独立的研究工作,例如,武汉在整理裕大华的资料中,写出了加工订货中阶级斗争的文章。上海提出我们研究商品生产也应从市场管理的方面入手,例如,研究某些小商品的生产脱节问题。总之,我们做研究工作,主要应该结合资料整理,结合本身业务来做。

目前应当以总结经验为主要内容,当然,有条件时,也可以进行一些专题理论的研究。

今年资料工作任务也还相当繁重,条件不具备的地区可以少做一些,但重点资料必须完成。资料工作本身也包含着研究,研究它是否反映了党的政策,是否反映了客观规律。资料要加工,去粗取精,去伪存真,使资料正确反映党的政策。人力有限,又搞资料又搞研究,怎么办?大家提到协作。分工合作,走群众路线,依靠集体力量,及时总结经验,这是去年的好经验。今年应当做得更好。

第四,关于破除迷信,实事求是。1958年对资改造调研工作座谈会提出解放思想,破除迷信,当时大家经过辩论,打破了科学神秘化的看法,本着多快好省的精神,订立了跃进的规划,使工作取得很大成绩。今年应该继续破除迷信,相信群众,在党的领导下努力的干,来打破和克服我们这次会上反映出的“质量赶不上数量”的问题。另一方面要实事求是,要根据自己条件、自己力量来研究问题,不要空喊空叫,好大喜空。好大喜功是好的,好大喜空则不好。要实事求是的干,要苦干、踏踏实实的干。学问不能偷巧,要下苦功,提高质量,写文章、搞资料都是如此。我们反对大而空的计划,一切工作都要放在落实的基础上,但可能干的就坚决去干,而且要干得好。钢要成材,材要成器,我们的资料工作,研究工作,也要成材、成器。

第五,关于1959年工作规划。这个规划是个草案,仅供大家参考,要根据各地情况修改补充。今年的规划,从项目看,似乎比去年各地开展的项目少了一些。以综合全国性的行业资料说,今年只提出了5个,除去年已开始进行的外只有3个,其中1个还准备明年完成。但从各项目内容看,则今年的工作比之去年,我认为不是少,而是加重了。或者说,在量的要求方面似乎少了一点,而在质的要求方面却提高了。由此看来,1959年规划要求在1958年的基础上“提高一步”。需要我们继续付出辛勤的劳动,并且需要努力改进工作方法,苦干加巧干才能完成任务。今年规划的中心是:

1. 继续完成重点行业、企业、专题等资料。

2. 对现有资料进行加工提高,注意其正确性、科学性和逻辑性。

3. 总结现实问题的一些经验。典型经验100篇要认真地搞。十年来市场管理的资料,各地可结合当地具体情况来完成,不一定全部都搞,可总结某一个方面,如反对投机、物资交流、交易市场等。要实事求是,有条件搞哪方面的问题就搞哪方面的,如果有力量也可以搞全面的。

4. 结合本部门或有关方面研究当前问题。特别是人民公社化运动后的商品生产、价值规律、市场问题和私改问题等。

总的精神是结合各地情况注意这四个方面,中央地方密切合作。今年要在落实的基础上继续跃进,但不要随意讲放“卫星”,要实事求是地做一些工作,反对浮夸作风。不要盲目追求数量,争取在今年搞好几件像样的成品出来。同志们,努力吧。

(选自《工商行政通报》第138期,1959年3月31日)

七、中央工商行政管理局1959年对资改造调研工作规划要点(草案)

过去一年,在党的领导下,在全民整风和全国全面大跃进形势的推动下,我们在对资改造资料的整理和研究方面是有成绩的。基本上完成了“五年规划”(草案)所规定的1958年的任务,编写的资料有1200万字左右,有的已经出版。经过一年来的努力,摸索了一些经验,培养了干部。但是,去年一年只是完成了各项资料的初稿,还需要大力修改、补充,提高质量。1959年,要在去年的基础上,把对资改造调研工作提高一步,鼓足干劲,争取做出更好的成绩。本年除了继续完成上年度的未了工作外,根据“五年规划”的要求,应当是研究工作与资料整理工作相结合。研究工作必须与工商行政工作密切结合,为当前中心工作服务;并以总结各项工作的经验为主,适当的进行一些理论研究,特别是对当前人民公社的一些问题的调查研究。资料整理工作则大体可以按照“五年规划”原订项目进行,今年以行业、企业为主。

工作中,在贯彻全国一盘棋的精神下,应加强地区协作,并充分发挥各地有利条件。全国性的综合资料和研究项目需要大家动手,保证完成,但各地仍应按照当地工商行政工作的需要,利用当地的有利条件,组织各方面力量,完成自己的规划任务。有些资料和研究项目,可以地方为主,由地方出版。

加强干部的政治理论学习。除了机关布置的学习以外,从事调研工作的干部还应有计划、有重点地读一些马列主义经典著作和毛泽东同志的著作。

在一切工作中,都必须争取党和行政的领导,贯彻结合实际、厚今薄古的方针,做到观点正确,资料确实。

1959年工作规划要点如下:

甲、调查研究工作

(1)《私营工商业的社会主义改造》。这是准备国庆十周年献礼的任务,由对资改造研究室编写,必须集中力量,保证完成。

(2)《对私改造典型经验100篇》(论文集)。争取在6月底以前完成。

(3)总结建国以来市场管理和市场斗争的经验,包括十年来市场的变化(尤其是市场关系的变化和反映在市场上的阶级力量对比的变化）、市场斗争、市场管理的经过，着重总结在这些工作中的经验。具体要求另行布置。

（4）调查和研究当前商品生产和价值规律有关问题，各地可结合当前工作，选择对象，进行调查，做成调查报告或研究报告，于6月底以前完成一批。准备选择一部分报告，汇集出版。

（5）结合各地特点，进行专题调查研究，包括资料整理和工作经验总结：1. 少数民族地区的工商业改造问题（昆明、西安）。2. 华侨投资问题（福建）。3. 侨批业的改造（广州、福建）。4. 兄弟国家外侨工商业的改造（哈尔滨、昆明）。

（6）学习毛泽东同志关于过渡时期和平改造的理论。结合对毛主席著作的学习，研究对私改造的理论问题。有条件的地区，可以选择一些专题，撰写论文。准备选择一部分论文，以论文集的形式出版，或在杂志发表。

（7）研究当前资产阶级分子在改造中若干思想问题，结合当前业务，收集资产阶级分子的思想动态，进行分析研究。

乙、资料整理工作

（1）专题资料

对资改造研究室应在去年工作的基础上，完成5部专题资料，争取在国庆十周年前后出版，即：1. 私营工业的社会主义改造。2. 私营商业的社会主义改造。3. 私营运输业的社会主义改造。4. 过渡时期民族资产阶级的变化。5. 肃清帝国主义残余经济侵略势力的经过。

（2）行业资料

今年各地应完成棉纺、面粉、造纸、制药、卷烟、火柴6个工业行业和棉布、百货、粮食、进出口4个商业行业的资料整理工作（包括去年已开始的行业）。“五年规划”所列其他行业及当地有代表性的行业，可酌量进行。

今年准备综合的全国性行业资料：1. 卷烟工业（对资改造研究室综合）。2. 火柴工业（青岛综合，各地于4月底前送稿）。3. 棉纺工业（对资改造研究室和上海综合，各地于9月底前送稿）。4. 棉布商业（对资改造研究室综合，各地于5月底前送稿）。5. 进出口商业（上海、广州及对资改造研究室综合）。

（3）典型企业的资料，由各地自行选定。有条件的地区，还可进行整理一些资本家集团或家族的资料。

丙、于今年下半年召开一次讨论资料内容的专业会议，以便交流经验，共同提高编写质量。

（选自《工商行政通报》第138期，1959年3月31日）

八、中央工商行政管理局1960年对资改造调查研究工作规划（草案）

1959年，在党的建设社会主义总路线的光辉照耀下，对资改造的调查研究工作是跃进的。尤其是中共八届八中全会以后，经过反右倾、鼓干劲的学习，思想进一步解放，工作质量有所提高，数量有了增加，协作逐步加强。一年来，初步总结了私改经验，基本完成了四部资改综合资料的整理，开展了行业、企业资料工作，进行了若干专题的研究。这一年的主要经验是：政治挂帅，党的领导与大搞群众运动相结合，资料整理与理论研究相结合，抓住重点工作带动全面。1960年要继续发挥这些有益的经验，明确调研工作为总路线、大跃进、人民公社服务的方针，把调研工作和党的中心任务同工商行政工作密切结合起来。历史资料的整理和对当前问题的调查研究并举，资料整理、理论研究与业务工作结合，同时加强对马克思列宁主义和毛泽东著作的学习。

1960年的基本要求是：

甲、对资改造资料的整理

1. 对资改造资料的整理工作已进行了两年，几部综合资料已基本完成。今年的中心任务是完成“资本主义经济社会主义改造研究工作五年规划”所定的19个私营重点行业资料的整理工作。其中解放前历史部分和解放后改造部分并重。

各地收集和整理的资料，分期分批集中到中国科学院经济研究所和中央工商行政管理局联合设立的资本主义经济改造研究室，或其他指定的单位，综合成全国性的行业资料。其中棉缫工业、卷烟工业、火柴工业、进出口商业分别编写出资料书；其余行业汇集成多卷本的私营工商行业史料汇编。1960年汇编出搪瓷、造纸、制药、橡胶4个工业和绸布、百货、粮食、五金器材4个商业；其余机器、水泥、毛纺、缫丝、面粉5个工业和国药、新药2个商业，可以在明年汇编。编写资料书和行业史料汇编的工作，由各单位协商协作运行，或分工进行。各地仍可选择有代表性的行业，单独整理出版。

2. 除以上19个行业外，各地还可以根据地方特点，收集整理当地有代表性的或有特点的私营行业资料。这些资料除由当地出版外，也应集中选编入前项行业史料汇编中。

3. 各地应根据当地情况，选择若干典型私营企业或资本集团，进行系统的资料整理。这就是通过解剖麻雀的方法，深入研究资本主义的发生、发展和死亡过程。这项资料，除由当地出版外，也应集中选编入行业史料汇编。

4. 有些地方，在当地党委统战部的领导下，可以选择若干有代表性的资产阶级人物（代表大、中、小或进步、中间、落后），收集整理他们接受社会主义改造的资料，也可以包括他们办企业的经历。

乙、对当前问题的调查和专题研究

1. 对当前问题的调查和专题研究是调研工作的一个重点部分，也是密切结合党的中心工作为工商行政工作服务的一个重要方面，今年应当大力开展这一工作。调查研究项目，除根据当地党委和当地工作的要求自行拟定外，1960年要组织若干地区的力量，分别开展以下三个项目：（1）城市街道工业和服务事业的调查；（2）农村集市贸易的研究；（3）总结小商小贩社会主义改造的经验。前两项分别写成调查报告或研究报告，汇成论文集；后一项写成论文或专著。

2. 此外，少数民族地区可以就十年来少数民族的经济改造进行研究。侨乡地区如广东、福建等地可就华侨投资和侨批业进行研究。有些地方，可在当地党委统战部的领导下，选择有代表性的资本家，总结对资产阶级分子改造的典型经验。

丙、中华人民共和国国民经济史的研究

1. 资本主义经济改造研究室今年开始准备中华人民共和国国民经济史的研究工作，今后，这工作将成为该室的主要任务之一。今年首先培养这方面的干部，并收集国民经济恢复时期的史料，写出国民经济恢复时期的提要，以便征求有关部门的意见。

2. 各地对于这一工作要给予支持。各地调研部门如果征得当地党委同意，也可以进行地方经济史的研究，或参加地方经济志、经济年鉴等的编写工作。

丁、理论学习

加强学习马克思列宁主义和毛泽东著作是1960年的一项重要任务。调研工作干部除了认真学好当地党委布置的各种政治理论学习外，还要安排一定的时间，学习毛泽东同志的《实践论》、《矛盾论》、《关于正确处理人民内部矛盾的问题》和刘少奇同志的《马克思列宁主义在中国的胜利》4篇重要著作；并以此为中心，学习毛泽东选集的其他著作。通过学习，提高干部的辩证唯物主义观点，以毛泽东思想武装头脑，开展工作。

为了保证上述工作的完成，必须继续提高干部的思想水平，改进工作方法。反右倾斗争的经验告诉我们，没有无产阶级的世界观，就不能坚持贯彻党的总路线。我们决不能因为反右倾斗争的伟大胜利而放松了政治思想战线上的斗争，坚持无产阶级的立场、观点、方法，加强党的领导，是我们工作继续跃进的保证。

为了保证上述工作的完成，必须继续贯彻群众路线和集体协作的工作方法。在地区间、部门间、个人与集体之间都要自觉地密切关系，密切协作。这种协作可以创造出新的更大的生产力，也只有这样，才能解决资料整理和专题研究所需要的巨大工作量的问题，也才能继续扩大和提高科学研究工作的干部队伍。

（选自《工商行政通报》第159期，1960年2月14日）

九、中央工商行政管理局1960年对资改造调研工作概况

根据“资本主义经济社会主义改造研究工作五年规划”的规定和2月间对资改造调研工作会议的布置，1960年各个城市的资改调研工作继续蓬勃开展。各地坚持了依靠党的领导，走群众路线，大兴协作之风的办法。如武汉市由工商局和有关业务部门、大专学校共同组成全市资改资料协作指导小组，除业务部门抽调干部外，参加协作的大专学校师生有66人。广州市先后和各业务

部门、工会、工商联及中山大学、广东师范学院、暨南大学等20多个单位协作。上海由各协作单位抽调了40多人，分别在工商局和工商联办公。青岛市工商局和业务局建立协作关系，参与工作的干部有20人。重庆市工商局也和档案馆、工商联、各大专院校建立协作关系，集中了8个干部。一年来，各地在推动各协作单位积极开展资料工作中还创造了不少新方法。如武汉市将全年工作分为三个战役，订出指标；并召开现场会议，在各单位，个人之间展开"对口赛"、"对手赛"，坚持评比检查；又派员到外埠吸取经验；资料整理后集中干部集体审稿。

总起来说，这一年的成就有如下四个方面：

（一）行业、企业资料方面

上海——（1）完成的有卷烟、火柴、棉纺工业和棉布、进出口商业。（2）已有初稿，本年度修改、补充的有面粉、造纸、橡胶、搪瓷工业和国药、五金、粮食、新药、百货商业。（3）新整理的有机器、毛纺、缫丝、制药、制笔工业和大生、永安两个集团资料。

广州——（1）完成的有机器、搪瓷、橡胶工业和五金商业、广东省侨汇业。（2）已有初稿，本年度修改、补充的有棉纺工业和棉布、进出口商业。（3）将近完成初稿和着手整理的有国药、新药商业。

武汉——（1）已有初稿，本年度修改、补充的有制药、棉纺、肥皂、造纸、印刷、榨油、火柴、卷烟工业，五金、百货、杂粮、批发商业和饮食业、服务业、私房改造，以及南洋烟厂、汪玉霞食品厂、民生轮船公司、叶开太药店4个企业资料。（2）新整理的有面粉、搪瓷、碾米工业，粮食、新药、国药、绸布（解放前部分）商业和裕大华集团资料。

青岛——（1）已完成面粉、织布、印染工业和百货、五金、粮食、新药、国药商业。（2）尚未完成的有机器工业。

重庆——已完成面粉、制药、橡胶、钢铁机器工业和百货商业。

此外，西安市已完成粮食商业；成都市已完成卷烟工业和中药商业；厦门市已完成卷烟工业；甘肃省已完成天水的火柴、雕漆工业；内蒙已完成乌兰浩特市的百货商业，呼和浩特市的绸布商业，伊克昭盟的边商，多伦县的旅蒙商，海拉尔的旅蒙商和皮毛业，包头市的皮毛、棉布百货、旅蒙商业和毛纺工业。

全国工商业联合会截至最近收到的计有福州的制漆、长沙的刺绣等20个行业资料和安徽胡开文、贵州茅台酒厂、杭州胡庆余堂等14个企业资料。各地工商联的资料工作，除继续整理行业资料外，上海已着手收集的有洋行买办、交易所和旧商会的资料。

（二）专著方面

中央工商局资改研究室编写了《中国资本主义工商业的社会主义改造》约12万字，已两印三改，现正集中力量进行修改提高。上海经济研究所编写的《上海资本主义工商业的社会主义改造》也在进行修改。此外，广州市工商局编写了《广州市十年来资本主义工商业社会主义改造的伟大胜利》，武汉市工商局编写了《武汉资改十年》，内蒙自治区对私改造调研室编写了《私营工商业的社会主义改造（1949～1959）》，新疆工商局编写了《新疆资本主义工商业的社会主义改造》，延安县对资改造资料编委会编写了《陕西延安县工商业改造资料汇编（1935～1959）》，都在讨论修改中。

（三）现实调查研究方面

上海市对农村集市贸易、组织人民经济生活、里弄工业等问题，都做了一些资料搜集和综合工作，广州市结合城市人民公社化运动，完成了广州市大塘人民公社调查报告；以及结合教学和业务部门的需要，作了广州市工业品价格形成问题的初步调查。武汉市参加了小商贩改造，整顿社办工业、集市贸易和"武汉市喷漆厂对资产阶级分子改造的经验"等现实问题的调查。重庆市除对城市人民公社小商品生产、三小一属的改造作了调查报告外，还搜集了市场大检查、反商品走后门和农村集市贸易等现实情况的资料。

（四）对外协作方面

广州市工商局参加了《广州市志》的编写工作。中央工商局资改研究室参加了《中国历史》、《社会主义经济论大纲》、《历史唯物主义读本》等书的编写工作，同时还和外交部协作编写《肃清帝国主义在华势力的斗争》一书。

中央工商局资改研究室综合编写出《资本主义工业的社会主义改造》已出版，《资本主义商业的社会主义改造》已交出版社；《棉纺工业》由中央工商局资改研究室和上海工商局、上海纺管局、武汉纺管局等6个单位协作，已写出大部分初稿。此外，中央工商局资改研究室还对绸布、国药、粮食3个行业的资料进行了全国性的综合，有的已经完成，有的还在继续整理中。

（选自《工商行政通报》第186期，1961年3月27日）

附：对资改造的部分统计资料

一、全国公私合营企业定息户资方投资人数及投资情况

（1956年12月）

金额单位：百万元

	资方投资人数	投资总额	在职资方			
			人数	占投资人数%	投资额	占投资总额的%
总计	1141864	2418.64	710277	62.20	1396.06	53.12
工业	533710	1693.45	146244	27.40	736.90	43.50
商业、饮食业	521184	586.39	503829	96.67	566.81	96.66
服务业	30648	36.32	29116	95.00	34.50	94.99
交通运输业	56322	10248	31088	55.20	57.85	56.45

（选自《工商行政通报》第150期，1959年9月27日）

二、历年全国私营工业企业单位和职工人数的变化

（1949年－1957年）

	1949年	1950年	1951年	1952年	1953年	1954年	1955年	1956年	1957年
企业单位数	123165	133018	147650	149.571	150275	134278	88809	869	993
职工人数（千人）	1644	1816	2023	2056	2231	1796	1310	14	12.6
其中：生产工人	1232	1366	1517	1547	1671	1432	1056	13.8	12.4
总产值（百万元）	6928	7279	10119	10526	13109	10341	7266	29	42

（选自《工商行政通报》第151期，1959年10月12日）

三、历年全国私营商业企业单位和从业人数的变化

(1950 年－1957 年)

	计算单位	1950 年	1951 年	1952 年	1953 年	1954 年	1955 年	1956 年	1957 年
私营商业									
户数	万户	402	450	430	414	314	277.24	43.2	41.3
从业人员	万人	662	740	676.8	607.9	446.4	364.20	49.4	46.7
其中：职工	万人	96.7	116.7	91.7	76.6	43.7	31.50	—	0.2
销售额	亿元	182.10	237.6	189.6	218.3	109.0	69.90	16.40	11.21
资本主义商业									
户数	万户	13.27	13.57	12.98	11.80	7.80	5.55	—	—
从业人员	万人	99.40	103.00	95.70	81.00	50.90	36.50	—	—
其中：职工	万人	68.88	71.79	69.87	57.52	35.38	22.03	—	—

注：1956 年缺职工数字。

（选自《工商行政通报》第 151 期，1959 年 10 月 12 日）

四、历年全社会商品零售额增长速度

年份	增长速度
1950	100.00
1951	137.38
1952	162.26
1953	204.08
1954	223.44
1955	229.96
1956	220.30
1957	278.02
1958	321.29

（选自《工商行政通报》第 151 期，1959 年 10 月 12 日）

五、我国历年农业合作化的情况

	参加互助合作组织的农户占全国总农户的比重	农业生产合作社			农业生产互助组
		合计	高级社	初级社	
1950 年	10．7	……	……	……	10．7
1951 年	19．2	……	……	……	19．2
1952 年	40．0	0．1	……	0．1	39．9
1953 年	39．5	0．2	……	0．2	39．3
1954 年	60．3	2．0	……	2．0	58．3
1955 年	64．9	14．2	……	14．2	50．7
1956 年	96．3	96．3	87．8	8．5	—

(选自《工商行政通报》第 152 期，1959 年 10 月 27 日)

六、我国历年手工业合作化的情况

	从 业 人 员			比　重　(%) 以从业人员总数为 100	
	总　数	合作化手工业	个体手工业	合作化手工业	个体手工业
1952 年	736．4	22．8	713．6	3．1	96．9
1953 年	778．9	30．1	748．8	3．9	96．1
1954 年	891．0	121．3	769．7	13．6	86．4
1955 年	820．2	220．6	599．6	26．9	73．1
1956 年	658．3	603．9	54．4	91．7	8．3

注：1．1955 年、1956 年手工业从业人员减少，是由于在合作化过程中一部分城市手工业者被吸收入国营工厂，一部分农村手工业者加入了农业生产合作社。

2．1956 年合作化手工业从业人员数，包括渔业、盐业合作化手工业从业人员 100 多万人。

(选自《工商行政通报》第 152 期，1959 年 10 月 27 日)

七、社会主义经济在国民经济中占据统治地位

以国民收入总计为100　　%

	国营经济	合作社经济	公私合营经济	资本主义经济	个体经济
1952年	19．1	1．5	0．7	6．9	71．8
1953年	23．9	2．5	0．9	7．9	64．8
1954年	26．8	4．8	2．1	5．3	61．0
1955年	28．0	14．1	2．8	3．5	51．6
1956年	32．2	53．4	7．3	—	7．1
1957年	33．2	56．4	7．6	—	2．8

注：摘自国家统计局编印的《伟大的十年》一书。

（选自《工商行政通报》第153期，1959年11月12日）

八、我国国民收入历年增长情况

%

	以1949年为100	以1952年为100	以上年为100
1950年	118．6	—	118．6
1951年	138．8	—	117．0
1952年	169．7	100．0	122．3
1953年	193．4	114．0	114．0
1954年	204．4	120．4	105．7
1955年	217．8	128．3	106．5
1956年	248．3	146．3	114．0
1957年	259．7	153．0	104．6
1958年	348．0	205．0	134．0

注：1.1958年是初步计算数字。

2.摘自国家统计局编印的《伟大的十年》一书。

（选自《工商行政通报》第153期，1959年11月12日）

九、我国农民收入迅速增长情况

指数（以1952年为100）　　%

年份	指数
1953年	106.9
1954年	110.7
1955年	120.7
1956年	124.3
1957年	127.9
1958年	142.9

注：摘自国家统计局编印的《伟大的十年》一书

（选自《工商行政通报》第154期，1959年11月27日）

十、我国职工历年平均工资的增加情况

	年平均工资（元）	指　数　（%）	
		以 1952 年为 100	以上年为 100
1952 年	446	100	—
1953 年	496	111．2	111．2
1954 年	519	116．4	104．6
1955 年	534	119．7	102．9
1956 年	610	136．8	114．2
1957 年	637	142．8	104．4
1958 年	656	147．1	103．0

注：1. 本表 1958 年数字是按原有职工（不包括当年新增职工）计算的年平均工资。

2. 摘自国家统计局编印的《伟大的十年》一书。

（选自《工商行政通报》第 154 期，1959 年 11 月 27 日）

第四章　商标注册与管理

第一节　清理整顿商标，实行全面注册

一、国务院转发中央工商行政管理局关于实行商标全面注册的意见的通知

（1957 年 1 月 17 日）

国务院同意中央工商行政管理局关于实行商标全面注册的意见，现转发你们，希即下达试行，在试行中有何经验和意见，及时总结报告我们。

附：中央工商行政管理局关于实行商标全面注册的意见

目前某些工业产品质量不高和品种不多，已成为工业生产中的一个重要的问题。除有关部门正在采取提高产品质量和增加品种的措施外，我们认为，通过商标管理也是有助于督促企业注意改进产品质量的一个办法。因为市场上凡是品质优良享有盛誉的商品，消费者往往指认商标要求供应，这就很清楚地看出商标是代表商品质量的一种标志。

1950 年政府颁布了《商标注册暂行条例》。几年来通过商标注册，减少了商标在市场上的相同、近似和伪造、仿冒等现象，保护了注册商标的专用权，维护了消费者的利益，同时也取缔了带有封建迷信以及政治上有不良影响的商标图文，肃清了反映在商标上的殖民地思想残余。虽然我们在这些方面取得了一定成绩，但当时制定条例的立法精神是采取了注册与否听其自便的方针，并偏重于对专用权的保护，因此市场上有很多商标未经注册，依然存在着某些混乱现象。根据这种情况，1954 年我们发布了《关于未注册商标管理的指示》，指定重点城市进行登记管理，但还没有引起各企业单位的注意，做到通过商标注册或登记来促使企业关心产品质量。1955 年 3 月又建议：（一）国营、地方国营、公私合营和省级及较大城市合作社（包括生产合作社）企业的商标，必须注册；私营企业的商标，不注册的必须向地方工商行政机关进行登记；（二）通过商标注册或登记，选择某些重点行业，试行填报产品质量规格表。并经国务院批转各地和中央有关部门参照执行，这样做的目的是，使商标管理工作在促进工业生产、保证产品质量方面起到一定的作用。但是一年多来市场上未注册或未登记的商标，仍然为数不少。这是由于：①有些企业的负责人对商标的作用、意义认识不足，特别是某些国营企业的干部不了解商标虽然是资本主义经济的产物，但是可以被利用为社会主义服务（苏联和有些兄弟国家规定商标都必须注册）。②有些企业借商标来投机取巧，在开始创立商标的时候，还能保持一定的质量，等到打开销路便降低质量，有的甚至不固定使用商标，经常更换商标来欺骗消费群众。③近几年来为了对资本主义工商业进行社会主义改造，企业原来使用的代表各种各样花色品种的不同商标，在加工、订货、统购、包销等措施下有的改换使用商业公司的商标或者用专业公司“监制”、“包销”的字样以代替企业原来的商标。这种做法也助长了企业不去关心积极提高自己产品的质量和商标在市场上的信誉的倾向。

现在资本主义工商业已经全部公私合营，个体手工业基本上实现了合作化，企业经济性质起了根本变化，工商业间的购销关系也有了新的改变。最近商业部会同我局和对外贸易部、轻工业部、食品工业部、纺织工业部、化学工业部、中央手工业管理局、中华全国供销合作总社等 9 个部门发出联合通知，主要精神是：①停止使用商业公司的商标，改由生产企业自定或者恢复原来的商标；②各生产企业的商标必须申请注册；③现在尚未注册的商标限于 1957 年 6 月 30 日前完成申请注册手续，期满以后，禁止未注册商标的工业手工业产品在市场上流通。为了配合这一措施，促使生产企业保证和不断提高产品质量，并便于消费者选择和国家检查，今后商标管理工作应该进一步加强改进。为此，提出建议

如下：

(一)各企业(不分经济性质)、合作社产制商品使用的商标,必须注册。现在还没有注册的,统限于1957年6月30日以前完成申请手续,嗣后未经核准注册的商标不能使用。

(二)为了贯彻商标全面注册,照顾一般小型企业、手工业合作社的负担能力,今后商标注册费一律减为每件20元,移转注册费减为每件10元,补证费减为每件5元(现行商标注册条例规定注册费每件50元,移转注册费30元,补证费为10元)。

(三)各企业、合作社应当积极提高产品质量,巩固自己商标在市场的信誉,除产制新品种的商品外,一个企业产制同品种同质量的商品,不准随意增添或者改换商标。至于过去因适应地区销售情况,同一质量的商品已经使用不同商标的,仍可保留。

(四)各企业、合作社申请商标注册应当按照规定的质量标准,填报商品质量规格表(还没有规定的由企业自行订定),并经它的业务主管部门盖章证明。目前还不能订定或者无法填报质量规格的商品,可以附送样品。核准注册后,提高质量的商品,应当按照提高后的质量标准补报。如果发现或者经人检举降低质量,应当送交主管工业部门进行检查处理。至商业部门退回和企业自销的次品,必须在商标上加盖“次品”字样以示区别,才能出售。已经核准注册的商标,应当在1957年6月30日以前补报商品质量规格表。

(五)为了明确产品质量责任,便于消费者的监督,应当根据需要和可能,在某些商品的包装上或者包装内部附加商品的质量、规格、性能和使用保管方法的说明。

(六)为了便于外国企业办理申请商标注册手续和联系,已商得中国国际贸易促进委员会同意为外国企业申请商标注册的代理人。今后外国企业申请商标注册须一律通过该委员会办理。

(七)目前各地对商标管理工作有的归工商行政管理局,有的归工业局,但多数归商业局(科)办理。我们认为,为便于推动这一工作,今后应由工商行政管理局、未设工商行政管理局的城市由商业局(科)设置专职干部负责办理;较大城市未设工商行政管理局而设两个以上商业局的,由市人民委员会指定一个商业局统一办理。主要任务是:监督商品质量,限制随意改换商标,检查和督促来注册的商标进行注册,并反映情况提出意见。现行申请商标注册由地方核转的办法,改为由企业向中央工商行政管理局直接申请,并向当地工商行政管理局或者商业局(科)报请备案。中央工商行政管理局批复案件及核准注册,也都抄致当地工商行政管理局或者商业局(科)。

以上意见,如认为可行,拟请批转各省市人民委员会及中央有关部门贯彻执行,一方面由我局根据上述意见,修正现行的商标注册条例。

(选自《工商行政通报》第85期,1957年2月15日)

二、中央工商行政管理局关于延长商标全面注册限期的通知

(1957年6月18日)

国务院1月17日转发我局关于实行商标全面注册的意见的通知以后,各省、自治区、直辖市先后布置了这一工作,各企业未经注册的商标,正在积极申请注册。但是,由于某些省、市布置较晚,企业按原规定在6月30日以前完成申请注册手续还有困难,要求展期。根据上述情况,现在还没有注册的商标申请注册的;限期延至本年12月底;逾期未进行注册的商标不能使用。除报请国务院备案外,即希转知所属,督促各企业尽早办理。

(选自《工商行政通报》第94期,1957年7月10日)

三、中央工商行政管理局关于《商标注册暂行条例》中“同一类商品”改按“同一类中的相同或者类似的商品”办理的通知

(1957年8月8日)

现行《商标注册暂行条例》第4条第3款规定:“在同一类商品上所使用的商标,与他人已经申请审定或已经核准注册的商标相同或近似的”,不得作为商标申请注册。又第10条规定:“二人以上用相同或近似的商标,使用于同一类商品之上,分别申请注册时,应准最先申请的注册;如于同日申请,

即准使用在先的注册”。

上述条文中的“同一类”，是以商标注册暂行条例施行细则所附商品分类表的“类”为准。商品分类表共有二百多类，大多数的类包括的商品比较单纯，如香皂类、火柴类、手巾类、袜子类、毛笔类、墨水类、卷烟类等等，实际上是一种相同的商品。但有些类包括的商品比较多，有的商品用途并不类似，例如第7项打压物类的商品有钢精器皿、拉链、折页、拉手、钥匙链等等；第51项运动游戏器具类的商品有篮球、足球、羽毛球、双杠、标枪、滑冰刀、铁亚铃、各种球拍、扑克牌、象棋等等。以上所举的同类商品——钢精器皿和拉链、篮球和扑克牌、双杠和象棋等等，如果分别使用相同或者近似的商标，在市场上不会发生混淆，消费者也不会误购。但是，由于现行条例的限制，有些商标就不能核准。

在实行商标全面注册以后，申请注册的商标数量大增，为了解决现行条例和当前实际情况的矛盾，兹将《商标注册暂行条例》第4条第3款和第10条中的“同一类”，改按“同一类中的相同或者类似的商品”办理。除商品单纯的类仍作为相同的商品处理外，对商品复杂的类，两个企业以相同或者近似的商标分别申请注册，只要双方使用的商品不同也不类似，即予核准。今后企业申请商标注册，必须详细列出具体商品名称。如果使用的商品不属于一类，仍须按照现行条例施行细则第5条“同一申请人以一种商标，使用于不同类的商品，须按类分别缴纳费件，申请注册”的规定办理。

这一办法，除报请国务院备案外，希即转知所属向企业宣传解释并指导它们申请商标注册。

（选自《工商行政通报》第97期，1957年8月24日）

四、中央工商行政管理局、对外贸易部关于修正出口商标注意事项的联合通知

（1957年11月18日）

关于出口商品的商标注册问题，中央工商行政管理局、外贸易部曾于1956年3月24日发出联合通知，请各地遵照办理。一年多来，由于情况的发展，原来的规定已不能适应当前的实际情况。为了有利于对外贸易的发展，经研究，再作如下联合通知：

（一）出口的工业产品应使用商标，此项商标应由产制单位在国内办好注册手续。

但为便于外销，出口商品除不准用外国制造字样或应买方要求冒用国外他人商标出口外，对不贴商标或应买方要求贴用该商自己注册的商标商品，仍可继续生产和出口，此项商标可不在国内办理商标注册。

（二）各产制单位在国内注册的商标，根据出口需要，须向国外申请注册时，应用产制单位的名义去申请注册，还是以各中国进、出口公司名义去申请，可由各中国进、出口公司根据具体情况确定。如需用产制单位名义到国外申请商标注册时，各产制单位应根据需要出具委托书，由各中国进、出口公司向国外办理商标注册。

（三）新设计的出口商品商标，应先向中央工商行政管理局申请注册；原注册的商标如有修改，须报送中央工商行政管理局，经同意后，可以先行出口。

（四）原在国内注册专为出口的商标，如因国外销售情况变化暂时改供内销时，可不必再经中央工商行政管理局批准。

（五）出口商标所用的文字，中外文可以并用，应尽可能适合国外消费者的使用习惯。

（六）在国外办理商标注册的一切费用，由各中国进、出口公司负担。

（七）各中国进、出口公司在国外办好商标注册后，应将申请人名义、商品、商标名称、注册的国名，注册号码和专用年限，分别报告中央工商行政管理局和对外贸易部。

自本文到达之日起，前发之（1956年3月24日发出）联合通知即行作废，以上通知希即遵照办理。

（选自《工商行政通报》第104期，1957年12月16日）

五、中央工商行政管理局关于废止商标审定程序的决定

商标注册暂行条例第13条、第14条规定，商标注册核准的程序是：1.先予审定公告并发给审定书；2.俟四个月期满，再列表公告并发给注册证。核准一个商标，需公告两次，发两个证件（一审定书，一注册证）。

为了简化手续，节约人力、物力，提高工作效率，决定自1958年5月1日起，废止商标的审定程序，申请注册的商标，一经核准，即予公告注册，并发给注册证。1958年5月1日以前已经审定而未公告期满注册的商标，一律提前予以注册公告（刊第10期商标公告），并发给注册证。

废止审定程序以后，申请人对驳回的商标，如果有意见时，仍可依照商标条例第15条规定，请求再审查；商标注册人如果认为别人注册的商标与自己注册在先的商标相同或近似时，也可依照商标条例第25条规定提出异议。

（选自《工商行政通报》第114期，1958年4月22日）

六、中央工商行政管理局副局长千家驹在商标工作天津现场会议上的报告

（一）

商标就是商品的牌子，是代表产品质量的标志。商品上一般都有牌子，有的商标和包装是分不开的，如卷烟包装的整个图样就是商标；有的是可以分开的，如糖果的包装纸上面的小图形才是商标（表示品种的各种水果形状不是商标）。商标一般地除了名称之外，还有图形，但是也有单纯使用文字的。

在资本主义国家或者是社会主义国家，都有商标注册的管理机关。资本主义国家的企业对商标注册非常重视，大的企业都有专人来负责商标的事情。在资本主义国家商标注册的目的，主要是保障商标的专用权，也就是保护资本家的利益，并作为商品在市场上竞争的一种手段。

在社会主义国家，由于社会性质不同，生产是为了满足人民物质和文化生活的日益增长的需要，商标应为生产和消费服务。在社会主义国家商标不是互相竞争的一种手段，而是代表商品质量的一种标志，生产者应向消费者负责。商标注册是为了巩固商标信誉，便于消费者监督。

随着对外贸易的发展，我出口商品的质量不断提高，不少商标在国际市场上已树立了信誉。在资本主义市场，商标是经济斗争的一种武器，在国际市场上这方面的斗争是很激烈的。我们必须利用这一武器，使它有助于开辟国际市场。

因此，商标在我们的国家不仅为生产者和消费者服务，同时也应该为对外贸易服务。

（二）

解放以后，我国于1950年开始办理商标注册，根据当时的客观情况，采取了“注册与否听企业自便”的方针，并对过去带有封建、迷信、殖民地色彩和其他政治上有坏影响的商标加以整理，进行取缔，使商标工作走向健康的道路，同时肃清了国民党反动统治时代商标极端混乱的现象。

以后，随着国家经济的日益发展，在商标管理上也逐渐加强了。1954年确定国营、地方国营、合作社营、公私合营企业使用的商标必须注册，私营企业不注册的商标必须在地方工商行政机关进行登记，这对巩固国营企业商标的信誉、整顿市场，都起了一定作用。

由于过去商业部门对加工、订货、包销的商品，统一使用商业商标，不但产品质量发生问题时不好检查，同时由于大家使用共同的商标，不能促使企业关心商标信誉，重视自己产品的质量，因此，我们同商业部等有关部门联合通知废止商业商标，改为由生产企业使用自己的商标。

1956年全行业公私合营以后，企业经济性质起了根本变化，资本主义工商业基本消灭，同时由于对外贸易的日益发展，我出口商品的商标在国际市场的重要性日益增加，为了适应这种新的形势，1957年1月17日，国务院转发了我局《关于实行商标全面注册的意见》的通知，规定所有企业，不分经济性质，凡使用商标必须一律申请注册，改变了以前“注册与否，听其自便”的规定，并限期于1957年6月30日以前完成注册手续（以后延期到1957年年底）。注册费也从过去的50元降低为20元。

同时，改变了过去单纯保护商标专用权的办法，即企业申请商标注册要按照规定的质量标准，填报质量规格表格（经业务主管部门审核盖章证明），主管商标部门除进行一般行政管理外，还要对商品质量进行检查。另外，又规定，各省、市设有工商局的统由工商局办理；未设工商局的由商业局（科）设专职干部负责办理；较大城市未设工商局而设有两个以上商业局的，由市人民委员会指定一个商业局统一办理。

在国务院通知下达以后，各省、市、自治区先后

都布置了这一工作。我们在1957年受理申请注册的有2万余件。但是有的省市布置较晚，或因其他中心工作关系，在布置之后还没有进行一次全面检查，因之有些商标还没有依照国务院通知进行注册。根据广州市工商行政管理局今年5月的典型调查，推算全市约有30%未注册的商标。又据天津了解，有的在1953年已经批驳的商标，现在还在继续使用。据估计全国未依法进行注册、或不合商标注册规定的商标还是不少的。

各地为了有效地督促未注册商标进行注册，除了进行检查外，并加强了对印制商标的管理，如天津、广州、西安、武汉、上海的工商局都公布了印制商标管理办法。这对督促未注册商标进行注册和避免企业因印制未注册商标而造成市场混乱和浪费都起了积极作用。

最近，沈阳市商业局为了贯彻国务院关于实行商标全面注册的通知中"商标注册结合管理产品质量"的精神，会同工业局、手工业局对几种主要食品进行了一次试点的质量检查，通过这次检查，取得了初步成效。

(1)了解了各企业本身检查商品质量的制度和方法；(2)引起了各生产单位对商品质量的重视；(3)手工业系统过去没有产品质量指标，这次手工业局对全市各食品手工业社的同一品种，制定了统一的指标。这不仅给今后检查商品质量打下了基础，而且也促使生产企业进一步重视了商品质量。有的厂长说：这样做确实能帮助生产单位提高商品质量，改变了过去认为商标注册以后就"万事大吉"的错误看法。

沈阳市进行商品质量检查的经验证明，通过商标管理商品质量是可能的，必要的。

根据我们在天津初步了解的商品质量情况看，这方面问题还不少。如三羊牌炼乳、奶粉，群众反映变质，冲后沉淀，吃了泻肚；市联社所属厂生产的代乳粉，不合规定的质量标准，曾受过卫生部门的罚款，斌茂隆的斌字牌代乳糕，除了大米面和糖以外，再无其他成分，根本不能代乳，但在包装上夸大宣传为："营养丰富，可以代替母乳"，欺骗群众，儿童医院认为长期给儿童做为主食，易得软骨病；仁立食品厂的奶糕所含的营养成分和规定的食量，不适合儿童食用的标准；袜子尺码不足，后跟瘦穿不上脚，缩水率大，洗后不能再穿；其他如热水瓶不保暖、爆炸等现象，也经常发生。可以证明，商品质量还是有问题的，从商标注册的角度来加以管理是有必要的。

（三）

我国对外贸易日益发展，现在和我国有贸易关系的已将近一百个国家。如上所述，我出口商品质量不断提高，品种不断增多，在国际市场博得好评。商标在对外贸易斗争开辟国际市场上起了一定作用。譬如名牌"跳鲤"细布在香港信誉很高，打垮了日本的"2003"细布，完全占据市场；我飞轮木纱团在印度尼西亚一年销十几万罗，客户指牌要货，供不应求。还有百余种名牌商品在国外市场上都树立了信誉，受到顾客的欢迎。

但由于过去有些生产企业和外贸部门对商标工作不够重视，因而在国外市场上也遭受了一些损失：

1.商标遭受仿冒、破坏。我有些名牌商品在国外市场上已树立了信誉，因未及时向输销国进行商标注册，被人仿冒。例如盛销香港的"麻雀"被单，被当地新华公司抢先注册；已在英国打开销路的"火炬"打火机，被瑞士商人在伦敦注册，使我不能再运销英国；"303大东牌"金笔行销东南亚一带，日本即以"303大众牌"仿冒。又如香港不法商人买进我"金星牌"酒，竟掺进40%土酒，假冒出售。

2.一部分商品商标数量太多，在国外市场自相排挤。据了解仅在香港市场，金笔有20多个商标，钢笔有30多个商标，肥皂有17个商标，牙膏有22个商标，各企业竞销出口，同时质量下降，致使多年的名牌"固齿灵"、"长白山"牙膏退出市场。同时，由于商标种类多，在进行商标注册或广告宣传上难以选择重点。

3.由于商标的设计和装潢不够美观、大方，影响销售。在广州今春的出口商品交易会上，河南省外贸局带了很多种酒的样品准备推销，客户认为质量不错，但商标设计和装潢难看，难以打开销路，因之未能成交。"竹叶青"酒质量很好，也因装潢不美观，代理商要求改善。超过派克的北京牌墨水（新产品），因商标、装潢不够漂亮，客户不愿订货，在广州另行设计新商标后，随即成交。

4.有些商品，因没有商标，推销困难。例如哈尔滨新产品半导体发电器，没有商标，印尼商人竟提出使用他们的商标，这才促使我们设计"神灯"商标；天津出口的白蜡，因无商标，未能成交；去年哈尔滨的八折尺质量很好，客户要大量订货，因无商标，不愿成交，后来设计了商标才打开销路。

为使商标进一步为对外贸易服务，在国际市场斗争中必须重视商标工作，并应该加强领导，统一步调。我们现在正与对外贸易部研究具体措施，拟发共同指示。

(四)

最后，提出几个问题请大家研究：

1.商标工作是否要下放，能否下放，这是一个值得讨论的问题。商标注册是要避免市场上牌子的混乱，使全国同一种商品没有相同或近似的商标，以便于购买者的选购。如果分散到地方注册，只能做到一个省区或一个市区之内没有相同近似的商标，在全国之内就不可避免地要发生混乱。因为商品在市场上总是要碰头的，它不可能受省区的限制，所以商标注册无论在解放以前或解放以后，在资本主义国家或社会主义国家，都是集中在中央注册的。但另一方面，我国地区广大，商标数量很多，将来民办工业发展之后，商标还要大大增加，在这种情况下，有无可能下放一部分？

2.结合商标注册管理商品质量问题。通过商标注册管理商品质量，我们过去还没有经验，有的地方（如沈阳）虽然摸了一下，经验也还不很多。究竟如何结合商标注册管理商品质量，要不要结合，如何结合？

3. 如何加强商标管理问题。商标必须管理，这是没有疑义的，问题是今后如何加强管理工作。对未注册的商标要督促它们注册；不合注册规定的要加强检查；对印制商标的工厂要加强管理，不许他们印制未经注册的商标纸，等等。对于严重违反商标注册规定的，必须加以严肃处理。

4.如何使商标管理工作适应目前我国新的形势。现在民办工业风起云涌，新产品日新月异，使用商标的不是减少而是增加，商标管理工作必须适应这一新的形势。其次，人民公社普遍建成后，工农商学兵一体，情况又会有新的变化，商标工作怎么做，我们还不摸底，这个问题也要好好研究一下。

总之，商标工作是工商行政工作的一部分，在社会主义制度下，商标注册的性质和任务与资本主义国家不同，这一工作是为社会主义建设服务的，为生产者和消费者服务的，也是为对外贸易服务的。可以肯定的是商标工作在社会主义制度下不会消灭，而且还将加强，如何做好这一工作，有待于我们大家的努力。

（选自《工商行政通报》第 127－128 期，1958 年 10 月 15 日）

七、中央工商行政管理局、中国文字改革委员会关于在商标图样和商品包装上加注汉语拼音字母的联合通知

（1958 年 9 月 30 日）

积极地推行汉语拼音字母，辅助语文教学和推广普通话，以适应文化革命和技术革命的需要，这是当前文字改革的首要任务。目前汉语拼音字母已在全国中小学校普遍教学，山东、河北等省并用来作为巩固扫盲成果的辅助工具，这就为在全国范围内广泛推行汉语拼音字母造成了有利的条件。商标和商品包装是广大人民日常接触的东西，在商标和商品包装上加注汉语拼音字母可以使这套字母深入群众，家喻户晓。这对我国文字改革工作，将起很大的推动作用。为此，我们就加注汉语拼音的若干具体问题作如下的规定，希各地参照执行：

（一）新设计的商标，必须尽可能在图样和商品包装上的汉字下面加注汉语拼音字母。

（二）已经注册的商标，再印制图样和商品包装时，也应当在汉字下面加注汉语拼音字母。

（三）如果商标图样很小，全部加注汉语拼音字母有困难时，可以只在商标名称上加注拼音字母。

（四）加注汉语拼音字母应一律以普通话语音，即北京语音为准；拼法必须正确（可查商务印书馆出版的 1958 年版《同音字典》），遇有疑难，可就近请各省市自治区教育厅、局普通话推广科协助解决。

（五）出口商品的商标图样和包装，不论是否印上外文，也应该加注汉语拼音字母。

（选自《工商行政通报》第 129 期，1958 年 11 月 8 日）

八、对外贸易部、中央工商行政管理局关于出口商品的商标问题的联合通知

（1958 年 10 月 9 日）

今年 4 月，在广州中国出口商品交易会期间，

各出口公司反映了关于出口商品商标的一些情况。从反映的情况证明,商标在对外贸易斗争中,对开辟和巩固销售市场起了一定的作用;从而,对于宣传我国社会主义建设的伟大成绩,也起着一定的作用。

但由于过去我们对这一工作不够重视,也使我们在国外市场上遭受了一些损失。如:

1.部分商标遭受仿冒、破坏。有些商品在国外市场上树立信誉后,因未及时向输销国进行注册,被人仿制或抢先注册。例如我盛销香港的"麻雀"被单,被当地新华公司抢先注册;已在英国打开销路的"火炬"打火机,被瑞士商人在伦敦注册,使我不能再运销英国;我"303 大东牌"金笔行销东南亚一带,日本即以"303 大众牌"仿冒。又如香港不法商人买进我"金星牌"五加皮酒,竟掺杂 40%土酒,假冒出售。

2.同一质量商品商标太多,在国外市场形成自相排挤。据了解仅在香港市场,金笔有 20 多个商标,钢笔有 30 多个商标,肥皂有 17 个商标,牙膏有 22 个商标,各口岸竞销出口,加以质量下降,致使多年的名牌"固齿灵"、"长白山"牙膏退出市场。此外由于商标种类多,在进行商标注册或广告宣传上难以选择重点。

3.由于商标的设计和装潢不够美观,大方,影响销售。在此次出口商品交易会上,河南省外贸局带来了很多种酒的样品准备推销,客户认为质量不错,惟商标设计和装潢难看,难以打开销路,因之未能成交。"竹叶青"酒质量很好,但也是装潢不美观,新产品北京牌墨水,因商标、装潢不够漂亮,客户不愿订货,而在广州另行设计新商标后,随即达成交易。

4. 有些商品,因没有商标,推销困难。例如哈尔滨新产品半导体发电器,没有商标,印尼商人提出使用他们的商标,才促使我们设计"神灯"商标;天津出口的白蜡,因无商标,未能成交;去年哈尔滨的八折尺质量很好,客户要大量订货,因无商标,不愿成交,后来设计了商标才打开销路。

此外,还有些企业原在国外设分支机构(如上海天厨味精厂、天津东亚毛纺厂、广州二天堂药厂,等等),与国内使用同一商标,这些大都是名牌。国外分支机构的不法资本家抢先注册后,诬蔑我出口商品为"冒牌"。甚至贿买海关人员窥伺我货上岸,进行密报,加以扣留。又如雷允上六神丸闻名中外,而上海雷允上诵芬堂一个资本家"五反"后逃亡香港设厂制造并注册了商标,大肆宣传,抵制我国国内制造的六神丸出口。诸如此类,不胜枚举。

我们认为,随着对外贸易业务的开展,在国际市场斗争中必须重视商标工作。为使商标进一步为对出口贸易服务,应该加强政策领导,统一步调。兹提出以下几点办法:

(一)各进、出口公司出口商品现在使用的商标,应统一清理一次,如尚未在国外注册者,应当分别不同情况向经销国进行注册。向国外注册中,有关政策问题,统一由各总公司向对外贸易部和中央工商行政管理局请示解决;技术问题,可与驻在国商务参赞处联系,研究解决。

(二)出口商品所使用的商标,无论在国内或向国外注册时,统一由各总公司掌握办理。这样既便于集中对外,也有利于发现和解决商标中有关问题。

(三)解放后逃亡资本家在国外注册的商标(与我现出口使用相同的),各进、出口公司应根据具体情况与有关单位研究处理办法,最好争取逃亡资本家放弃这种商标使用权。如果争取不可能时,就决心放弃,改换新商标,扩大宣传,打开销路。

(四)向输销国进行出口商品商标注册时,究竟用产制单位的名义申请注册,还是用各进、出口公司名义去申请注册,应根据具体情况(有的国家只限生产单位可以申请注册商标,有的国家不加限制)决定。

(五)我出口的新产品,以及商标形式应该有自己的"造型",不要仿造外国商品。过去模仿外国商品造型,应根据生产条件,加以改变。

(六)向国外进行商标注册时,对已建交国家可委托驻在国商务参赞处办理;未建交的国家应物色可靠的代理商处理。

(七)同一商标由不同生产单位使用的问题,由各总公司根据国外市场情况,联系生产单位的主管部门,研究解决。原则应服从出口需要。为了分清责任,商标上可加印批号,但必须保证商品质量和包装的统一。

(八)各进、出口公司和生产单位,应积极协作提高商标、装潢的设计水平,商标不仅要美观、大方,并应具有政治性、思想性、艺术性和表现民族特点。特别要注意食品商标、装潢的设计,商标上的文字,可以使用中文或中外文并用,但应尽量避免完全使用外文。为了避免因商标问题影响商品推销,今后设计商标时,应考虑到输销国的情况(如在中东国家不要用与猪形相似的熊猫、印度不要用佛像、瑞典不要用蓝色作为商标),对某些资本主义国家输销的商品,最好避免使用劳动、火炬、东方红等政治色彩过于显著的商标。

(九)各企业专用于内销商品的注册商标,兼用于外销商品时,应报中央工商行政管理局备案。

(十)各进、出口总公司应根据业务情况,设置专职或兼职干部,搜集出口商品商标情况和问题。同时,在国外办好商标注册后,应将外国发给的商标注册证摄成照片,并将注册简要情况报告中央工商行政管理局。

1957年11月18日中央工商行政管理局、对外贸易部《关于修正出口商标注册事项的联合通知》应即作废。

(选自《工商行政通报》第129期,1958年11月8日)

九、轻工业部、商业部、中央工商行政管理局、全国体育运动委员会关于迎接第一届全国运动会在轻工业品及其他商品上制作体育图样的通知

(1958年11月11日)

中华人民共和国第一届运动会经党中央和国务院批准,定于明年9月13日至10月2日在北京举行,这是我国历史上规模空前的一次运动会。党中央批示:为庆祝建国十周年举行的第一次全国运动会,将推动我国体育运动进一步发展,对国际上也有很大意义,因此必须开好。

为了胜利地开好这次全运会,掀起一个群众性体育运动的高潮,开展全民体育运动,并鼓舞我国运动员在较短时间内,在主要运动项目上赶上世界水平,必须大张旗鼓地进行宣传工作,除运用各种文字、图片、电影、广播等工具外,我们商定:在各种轻工业产品及其他商品上(包括塑胶制作的日用品、玻璃陶瓷器皿、手工艺品、体育用品等),印制或制作体育图样。通过这些商品的发售,广泛宣传第一届全运会和体育运动,使之家喻户晓,也为全运会增添丰富、热烈的色彩。这种图样新颖的商品,也必然受到广大群众的欢迎。

为此,我们要求:

(一)地方工业局、商业局、工商局、体委会同其他有关部门共同商讨在本地区内,在哪些商品上可以制作体育图样,做出具体计划(包括品种、数量、出品日期),迅速进行设计、生产,并把情况汇报轻工业部、商业部、中央工商行政管理局、国家体委。商品中使用商标的,可以根据具体情况加印体育图样。如商标的图案两面相同的,可以用一面改印体育图样;如包装纸上,除商标外,说明文字部分,也可以加印体育图样(体育图样不专用)。已经注册的商标,在改印、加印后,由原注册单位检送10张,报中央工商行政管理局备案。

(二)应有一部分商品在印制体育图样时,加上"1959年第一届全国运动会"字样。

(三)商品生产以后,商业部门可立即发售并运销全国。一部分新商品(包括印有全运会字样的商品),由商业部门在明年9月全运会举行期间在北京普遍销售。

(四)此类商品应当保证质量,体育图样也应当表现健康、有力和美观。

(五)地方体委应尽可能协助轻工业部门及其他有关部门解决图样设计问题,提供有关资料和意见。

(六)中央轻工业部如设计出图样将寄给各地方工业局。

(七)附轻工业品及其他商品品种名单一份,供各地参考,不受此限制,可尽量多搞。

品种名单

一、日用品(印制或刺绣体育图样)

火柴盒、头巾、手帕、手提包、旅行包、草提篮、毛巾、袜子、扇子、伞、围巾、玻璃器皿、搪瓷器皿(如脸盆、口杯、小食盘)、各种漆器日用品、塑料日用品(如水杯、食盘等)、花布、台布、窗帘布,以及各种新产品。

二、纪念品

陶瓷雕琢陈设品、玻璃雕琢陈设品、料器小工艺品、别针、纪念章、剪纸、景泰蓝。

三、文化用品

日记本、纪念册、信封、信纸、明信片、书签。

四、体育用品

球拍、球类及运动服装。

五、包装纸

糖果、面包及其他食品包装纸。

(烟、酒等带有刺激性的商品,不宜制作体育商标和图样)。

(选自《工商行政通报》第130期,1958年12月10日)

十、中央轻工业部关于出口商标采用外文及外国指定商标有半个国民党党徽问题的报告

(1958年12月23日)

[中央轻工业部给国家技术委员会和监察部的报告中,指出中国杂品出口公司采用外文及外国指定商标有半个国民党党徽(按:这一商标根本未报中央工商行政管理局审查和注册)。我们认为,这是一个政治性的原则错误,应该引起业务部门的重视,希望各地主管商标部门对出口商品的商标使用情况进行一次检查,并把结果报告我们。——中央工商行政管理局]

国家技术委员会、监察部:

兹根据国家计委刘副主任指示,将金属制品出口商标上用外文而不用中文,和有国民党党徽的问题报告如下:

外贸部杂品出口公司(给各厂下有明文指示)出口产品的商标要采用英文商标和外国指定的图案。我部许久以来曾多次与出口公司及上海有关部门交涉,不同意采用外文商标,但出口公司、上海贸易局坚持采用英文商标。理由是便于宣传,消费者容易认牌号。其实用外文最便于贩卖商冒充国货,而且用汉文宣传效果最大。因为汉文和世界任何文字不同,不识字的人一看便知是中国货,即使不识中国文字也可以识商标画。是否易销,主要是产品质量问题。我国国际地位日益提高,产品质量也提高了,用汉文作商标不仅可以扩大我国商品在国际市场上的地位,更可以扩大我国在国际上的政治影响。

用外文商标在职工中已造成很坏的影响,有的人公开质问:"我们是中国人,中国制造的产品为什么用外国文作商标?当亡国奴没有当够吗?"

出口公司和上海外贸局认为只要能出口,不管什么商标不商标,甚至提出"用中文商标,完不成外汇任务谁负责"。我们曾建议至少要暂以汉文和英文并用作为过渡。外贸部负责同志口头已同意,但出口公司和上海外贸局依然坚持己见。

最近,上海出口公司以定牌订货委托缝纫机厂生产出口到印度尼西亚的缝纫机,在指定的商标上,不仅全是外国文字,而且在商标的图案中,有国民党半个党徽,连厂名地名也没有,上海缝纫机工业公司认为商标图案不妥,拒绝接受该项商标,他们说:"我们国家制造的产品,而用外国指定的商标,就看不出是我国制造的,对外贸易,不能不要国"。但上海杂品出口公司仍要上海缝纫机公司使用此商标。此项带有国民党党徽的产品已运销国外1000余台,并另安排天津厂生产此类商标的出口缝纫机1万台。

我们认为这是政治上的原则错误,尤其正当美帝国主义制造两个中国阴谋的时候,这种错误更为严重。为避免今后发生同类问题,一切出口产品商标,必须采用我国自己设计的汉文商标。在向欧美出口的产品上则暂时以中外文并用的商标,作为过渡,出口到其他地区则一律用汉文商标。说明书采用中外对照或外文的,外贸部门对厂只能要求质量,不能直接命令生产厂制定商标,凡带有政策原则性问题,应通过我部。

特将此情况上报你委,并请有关部门进行查处。

(选自《工商行政通报》第133期,1959年1月31日)

十一、中央对外贸易部指示各地严肃检查出口商品的商标

1958年12月31日中央对外贸易部急电各省市外贸局严肃检查出口商品的商标情况。

电报中指出,中央轻工业部1958年12月23日向国家计委和监察部报告反映:今年9、10月份上海杂品出口公司以定牌订货委托上海缝纫

机厂生产出口到印度尼西亚的缝纫机，在指定的商标上，不仅全是外国文字，而且在商标的图案中，有国民党的半个党徽。轻工业部认为，这是政治上的原则错误。此事对外贸易部正在检查中。

今年1月间，天津果菜公司曾贴用香港商号义丰涌寄来带有国民党党徽的飞机商标出口冬菜1500包，经天津外贸局发觉后予以制止。类似这种情况，还有其他发现。

以上事实说明，有的单位忽视政治和麻痹大意的情况十分严重，必须立即检查改正。为此，要求各领导同志亲自动手和发动群众，严肃地、全面地作一次深入检查，必须仔细地审查每个商标图案，并应将商标上的外文准确地翻译成中文，以鉴定有无反动的政治色彩；对于商标的图案或文字带有反动的政治性问题，在没有改正前，该项商品一律停止出口。

（选自《工商行政通报》第133期，1959年1月31日）

十二、国务院关于在出口商品的装潢和商标上使用文字的通知

（1959年3月5日）

我国出口的商品，在装潢和商标上，至今还有不用本国文字只用外国文字或者主要是外国文字的现象。为此，特作如下规定：

一、凡我国出口商品的装潢、商标，一律以中国文字为主，加外国文字注解，不准单用外国文字，并且要书明“中华人民共和国制造”的字样。

二、商标图案的采用，应当由省、自治区、直辖市的工业部门与外贸部门共同商定，并且向中央工商行政管理局申请注册。

（选自《工商行政通报》第138期，1959年3月31日）

十三、国务院关于出口商品的装潢和商标问题的补充通知

（1959年4月25日）

各省、自治区、直辖市人民委员会，各部、委，国务院各直属机构：

关于出口商品的装潢和商标问题，国务院已于3月5日以直秘齐字47号通知作了原则规定，除应继续贯彻执行外，现在根据不同的具体情况，再作如下补充规定：

（一）现行出口商品的装潢和商标问题，凡在政治上发现有害影响的，经各有关省、自治区、直辖市的工商行政管理部门和对外贸易部门审核提出意见，报中央工商行政管理局审定后，立即停止使用。

（二）凡制定新的商品装潢、商标和改变商品的原装潢、商标时，一般地应该以中国文字为主加外国文字注解，并且标明“中华人民共和国制造”，“中国制造”，“中国某地”或者“中国某企业”等字样。

（三）凡我国商品已在国外注册的商标，经中央工商行政管理局和对外贸易部审查，在政治上对我没有有害影响的，可以不予变更。

（四）凡对外已经成交或者即将成交的商品，以及已经生产或者正在生产中的出口商品，其装潢和商标虽然不完全符合第二条规定，只要在政治上对我没有有害影响，仍可使用原有商品装潢和商标，暂不修改。

（五）凡外国政府商业机构、外商向我国订货时要求使用指定商品的装潢和商标（包括商标图案和文字），或者要求不使用商标时，必须经省、自治区、直辖市对外贸易局、商业厅批准。

（六）凡对港澳地区和东南亚国家华侨销售的商品，其装潢和商标原系国内外通用并经国内注册的，可以继续使用。

以上各项，望即研究执行。

（选自《工商行政通报》第141期，1959年5月15日）

十四、中央工商行政管理局发出各地核转商标注册工作应注意事项

（一）审核申请手续

1.申请商标注册。每一个商标应向当地商标管理机关交送申请书2份，商品质量规格表2份，图样25张和注册费20元。

2.申请书按照规定的格式填写。其中使用商品一栏,按照商品分类表所定类别详细填明。如果不能确定,可说明性质、用途和主要原料,由当地商标管理机关提出初步意见,以供参考。

3.图样须用光洁耐用的纸张印制。已印好的,送25张。

新设计的商标,可先送画样三张(其中二张可用照片代替,彩色图样须用涂色照片),经审查可用后,再补送印制图样(25张)。印的必须和画的相符(包括颜色)。

不用纸印的商标图样(例如机器上或压刻在金属制品上的),可以用晒蓝图纸或照片代替。一个商标用在不同类的商品上,每一类须附送照片2张。

4.商品质量规格表应据实填报,并先送业务主管部门盖章证明(表的格式没有统一规定)。

5.当地商标管理机关接到申请书、件后应先进行初步审查。审查时应注意是否符合商标注册暂行条例第4条各款规定;有无封建、迷信、色情或其他政治上不良影响;手续是否完备,等等。审查后即在申请书上加盖印章,注明受理日期,已收注册费字样。其中申请书1份,商品质量规格表1份和图样20张(新设计的商标画的图样3张,包括照片2张)应报送中央工商行政管理局。其余的书件留地方存查。

6.申请注册的日期,以地方商标管理机关受理的日期为准。但有些市、县由于商标数量不多或没有条件办理承转手续的,可由企业直接向中央工商行政管理局申请(受理日期以当地邮戳为准),同时向地方行政机关备案。

7.当地商标管理机关对受理案件,应随时核转,不要积压。注册费可以每5天汇寄一次,最迟不得超过7天。

对申请手续不完备的、商标图样文字不妥的,应及时指导令其改正。其受理日期以手续完成之日计算。

8.申请注册的商标,中央工商行政管理局通知限期补正手续的,当地商标管理机关应督促在限期内办理。过期就对所申请商标作自愿放弃论,不予保留。

9.当地商标管理机关接到中央发给的注册证、核驳通知及其他有关文件时,应随接随转给申请人。

10.对驳回的商标,企业应依照通知事项,改换商标另行申请,但如果有不同意见,可以在接到通知后40天内请求再审查,送当地商标管理机关核转。

驳回的商标,如果名称可用,须另改换图形的,应赶快先画草图1张(附照片2张)送来审查。如果图形可用须改换名称的,最好先查对"全国商标名称"目录,再多拟几个名称报来。

(二)变更和撤销

1.已注册的商标,如果企业名称变更、经济性质改变或企业间相互转让,应随时将商标注册证送当地商标管理机关申请变更注册人名义,由地方查明后,在原证上注明新企业名称和年月日,并加盖戳记发还。地方商标管理机关应于每月终列表汇报中央工商行政管理局。表内分为原企业名称、注册号数、商标名称、使用商品、新企业名称和备注等项(如商品有增减,在备注栏内注明)。

2.已注册的商标,如果增加商品和原注册时所指定的商品不属于一类(例如注册时用于袜子,属第38项袜子类,以后增加卫生衣、棉毛衫裤,属同项针织衣服类),应按新商标申请注册,另交注册费和申请书、件。

3.已注册的商标,不得随意变更图形。如果变更,应转报中央工商行政管理局审查,经核准可用,再作为新商标申请,并将原注册证缴销。

4.已注册商标如因企业合并改组而放弃使用时,应交回注册证,由当地商标管理机关及时转中央工商行政管理局申请撤销。停止使用已满一年的,也应申请撤销。但因原材料关系或其他特殊原因,可以声明理由,经当地主管机关核准后得暂时保留。

5.当地商标管理机关对注册商标的使用情况,应于每6个月检查一次,并将检查结果转报中央工商行政管理局。

(三)其他

1.已注册的商标,应在商标或商品包装上刊明企业名称、地址和“注册商标”字样，并应在汉字下边加注汉语拼音字母，图样过小的，可只在商标名称下边加注。

2. 出口商品的商标，应以中文为主，加外文注解，不能单用外文。内销商品不得使用有外文的商标。

3. 商标注册证遗失或毁损，应申请补发，交补证费5元和图样5张。

（选自《工商行政通报》第141期，1959年5月15日）

十五、各省（自治区）、市商标注册统计表

（截至1960年12月31日止）

单位：件

地　区	商标注册件数	占商标注册总数%	地　区	商标注册件数	占商标注册总数%
合　计	21212	100	江苏省	1299	6.12
			南京市	354	
北京市	827	3.89	安徽省	592	2.79
上海市	5915	27.89	合肥市	124	
河北省	1904	8.98	浙江省	523	2.47
天津市	1423		杭州市	175	
山西省	230	1.08	福建省	477	2.25
太原市	113		福州市	107	
内蒙古自治区	87	0.41	厦门市	139	
呼和浩特市	33		河南省	756	3.56
辽宁省	1129	5.32	郑州市	137	
沈阳市	403		湖北省	749	3.53
吉林省	396	1.87	武汉市	613	
长春市	162		湖南省	276	1.30
黑龙江省	806	3.80	长沙市	122	
哈尔滨市	490		江西省	166	0.78
陕西省	318	1.50	南昌市	108	
西安市	213		广东省	2142	10.10
甘肃省	134	0.63	广州市	1374	
兰州市	96		汕头市	324	
宁夏回族自治区	26	0.13	广西壮族自治区	132	0.63

续表

地　区	商标注册件数		占商标注册总数%	地　区	商标注册件数		占商标注册总数%
银川市		18		南宁市		20	
青海省	24		0.11	四川省	772		3.64
西宁市		23		成都市		152	
新疆维吾尔自治区	40		0.19	重庆市		309	
乌鲁木齐市		37		贵州省	188		0.88
山东省	1122		5.29	贵阳市		150	
济南市		291		云南省	182		0.86
青岛市		435		昆明市		158	

注：自1950年7月开始办理商标注册工作以来，截至1960年12月31日止，商标注册总数37215件。除去外国商标1728件和陆续撤销的商标14275件以外，现有国内商标21212件。

（选自《工商行政通报》第203—204期，1961年12月27日）

第二节　通过商标管理，监督产品质量

一、中央工商行政管理局副局长千家驹在商标工作专业会议上的讲话

（1958年12月13日）

（中央工商行政管理局于1958年12月4日至13日在广州举行了商标工作专业会议。参加会议的有山东、河北、河南、湖南、湖北、江苏、安徽、浙江、辽宁、宁夏、广东、甘肃、黑龙江等13个省的商业厅和北京、天津、上海、广州、武汉、重庆、西安、沈阳、旅大、吉林、青岛、济南、兰州、抚顺、汕头、哈尔滨等16市的商业局、工商局的代表；有轻工业部、商业部、对外贸易部的代表；山东、天津、上海、福建、广东外贸局和中国食品出口公司、中国杂品出口公司广州市工业产品检验所、广州市美术公司的代表也参加了会议，共计有44个单位，54位代表。会议期间，通过务虚辩论，统一认识，进一步明确了商标管理的目的和作用。同时交流了经验。对商标注册条例修改草案也作了讨论。最后，由千家驹副局长作了总结。）

（一）

这次会议从务虚开始，大家敞开思想，展开争论，从虚到实，虚实并举，从而统一认识，提高思想，明确了商标管理的目的和作用，对一些方针性问题，大家有了共同的认识，就为推动今后商标工作创造了有利的条件。

这次会议是有收获的，最重要的收获，就是通过了这次会议，大家在思想认识上有很大的提高。不少代表反映他们在开会之前对于商标工作的重要性是认识不足的，有的认为在人民公社化之后，产品将实行分配，市场会大大缩小，商标工作可有可无；也有的甚至对这次中央工商局召开商标专业会议最初也感到意外，认为商标还有什么可谈的呢？就是比较重视商标工作的地区，对于为什么要对商标进行管理的目的性也不够明确，把商标注册看成单纯的事务性工作，和社会主义建设事业无关。在会议中，同志们大都批判了自己这种错误的看法，开始认识到社会主义国家管理商标和资本主义国家有本质的不同，认识到商标管理应该为生产企业和消费者服务，为对外贸易服务，为政治宣传服务的道理。这就是说，开始认识到商标工作的必要性和重要性。大家表示一定要把会议的精神带回去，向领导上汇报，并且决心要把商标工作做好，这是会议最大的收获。

会议的第二个收获是在大会中交流了各地商标工作的经验,互相学习。例如通过商标注册管理商品质量,有的地区在没有商品检验的机构、设备和技术人员的条件之下,做出了成绩。有的地区对商标注册进行了宣传、动员和全面检查,取得了经验,有的地区对印制商标和买卖商标进行了管理,对商标注册起了有力的配合。这种经验交流对于推动今后商标管理工作将起着有益的作用。

会议的第三个收获是讨论了修改的商标注册条例草案。现行商标注册暂行条例是在1950年公布的,其中许多规定早已不适合当前我国形势发展的要求,几年以来在执行中已经作了大部分的修改,这次我局草拟了一个新条例的草案,经过了同志们的讨论,提出了许多很好的意见,对修改条例的工作有很大的帮助。

(二)

做好商标工作,要政治挂帅。

做好商标工作,首先要求我们政治挂帅,商标工作不是单纯的事务性工作,它要为社会主义建设服务,为社会主义生产和广大消费者服务。商标虽然是资本主义的产物,但它在社会主义社会仍有它积极的作用。正如银行与货币之为资本主义和前资本主义的产物,但它们掌握在无产阶级的手里,就可以用来发展和巩固社会主义经济一样。有了发达了的商品生产,就有了商标,有了商标就必须进行管理,管理商标不仅在国内市场有此需要,在对外贸易上,特别是对资本主义国家进行经济斗争上,更有此需要。因此,所有社会主义国家,对商标都设有专管机构进行管理。

当然,社会主义国家管理商标的目的和资本主义国家是不同的。在资本主义国家,管理商标的目的主要是保护商标的专用权,也就是保护使用商标的资本家的利益。同时,资本家也常常利用商标来投机取巧,仿冒影射或利用名牌来垄断市场,追求厚利。在社会主义国家,商标不是互相竞争的手段,而是代表商品一定质量和规格的标志。生产企业的产品通过商标向消费者负责,商标注册的目的,不是单纯为了保护"专用权",而是为了促使生产企业保证和提高商品质量,避免商品在市场上的混淆,便于消费者的选购,群众的监督和国家的检查。同时,商标的文字和图形反映一个国家或民族的思想意识。国民党反动统治时代那种封建的、迷信的、色情的五花八门的商标,正是当时旧中国的半殖民地半封建社会的反映。新中国的商标也应该反映我们国家经济建设蓬勃发展和人民生活丰富多彩的新气象。商标随着商品流通的深入,而和千百万人民群众相接触,所以我们还可以利用商标来进行政治宣传。此外,商标在对外贸易上还有它特殊的对资本主义国家进行经济斗争的作用。过去由于我们对出口商品的商标重视不够,在这方面吃了不少亏,今后必须重视起来,要建立我国出口商品商标在国际市场上的信誉,并向输入国进行注册,以利于我国开展对外贸易。

从以上所说的看来,社会主义国家的商标注册,决不仅仅是保护专用权,更重要的是因为商标代表商品一定的质量规格,它可以促使企业保证和提高商品质量,为生产者服务;避免商品在市场上的混淆,便于消费者的选购,为消费者服务;建立商标在国际市场上的信誉,为对外贸易服务;同时利用商标来配合政治宣传,还可以起宣传教育的作用。由此可见,在我国商标注册也是为无产阶级政治服务的;商标工作也是一种政治性的工作。如果我们对商标放任不管的话,那结果将是怎么样呢?不难想像,那时市场上将出现几十种或甚至几百种相同、近似、仿冒的牌子,谁也不知道哪种牌子的商品好,哪种牌子坏;市场上将发生很大的混淆,使购买者无从选择,生产企业将不再重视自己牌子的好坏,质量的提高,因为商标已失掉了代表商品质量的意义。为了向市场推销,争取顾客,他们就可能利用虚伪宣传,夸大商品作用。一些带有资本主义腐朽思想和政治上不良影响的商标,也可能出现于市场。这样人民群众会不会满意呢?当然不会满意。市场上这种混乱现象对社会主义建设有没有好处呢?当然没有好处。我们的商标在国内市场上搞乱了,在国际市场上当然也没有信誉。外商也不知买什么牌子的货好,这对我国开展对外贸易将形成极为不利的结果。如果我们的商标在国外市场上和外国商标发生相同或近似,更要引起纠纷,或被禁止行销。由此可见,大家不要看管理商标是小事情,如果放手不管,不仅造成市场混乱,而且会带来经济上、政治上的损失,这对社会主义建设不利。

有人问,人民公社化以后,商标的作用会不会削弱或消失呢?也是不会的。因为人民公社还将继续发展商品生产,扩大商品的交换范围。目前我国还存在着两种所有制,全民所有制与集体所有制(人民公社基本上是集体所有制,但已包含有全民所有制的因素)。这两种所有制之间,也就是国家产品与公社产品之间的交换,非通过商品形式不可;同时公社与公社之间产品的交换,也需要通过商品的形式。人民公社不仅应该发展自给性的生产,同时还应该发展商品性生产,通过商品交换来促进公社生产的发展,一方面可以增加产品品种,提高社员生活,为过渡到全民所有制创造物质条件;同时商品生产扩大之后,还可以增加公社的积累,保证不断地扩大再生产,沟通各地区的物资交流,互相支援,互通有无;可以促进公社各种经济组织的经济核算,节约开支,降低成本,提高产品质量,改善经营管理。一句话说,发展商品生产就是利用价值规律来促进我国建设社会主义,为社会主义服务。

既然在人民公社化以后,商品生产不但不会缩小,还会继续扩大。那么商标工作也就不应该是削弱而还要加强。我们必须使商标工作适应新形势发展的要求,更好地为生产和消费者服务,为商品流转服务,为对外贸易服务,为政治宣传服务,也就是为我们祖国伟大的社会主义建设事业服务。

这就是我们商标工作者的任务,也就是商标工作必须政治挂帅才能做好的理由。

(三)

几个主要问题的讨论。

这次会议中,我们提出了商标工作中几个主要问题请同志们讨论,通过了小组讨论,大会发言,基本上取得了一致的意见。现在分别说明如下:

1. 关于商标工作是否下放的问题

大家一致认为商标管理工作有一部分是可以下放,而且事实上也必须下放的(例如通过商标管理商品质量)。但是商标的注册,却必须由中央集中统一审查,统一注册。这是因为商标有它的特殊性,必须统一,不统一就会搞乱。商标的特殊性是什么呢?就是它的专用性或独占性。商标不能在市场上相同、近似,否则就失去使用商标的意义。我国商标注册的目的,虽然不是为着保护专用权,但事实上仍起保护专用的作用,这种保护是必要的。如果注册之后,还允许别人商标相同、近似和仿冒,那么注册就失去意义了。商品在市场上要碰头的,一碰头之后,假如有两个或者两个以上相同、近似的商标,就会引起混淆,使购买者无所选择。在国内市场如此,在国际市场上也是如此,我国出口商品商标如果仿冒别国的,或者别国的商标仿冒我国的,在国外市场上碰头了,也就会发生纠纷,这时就要打官司,看哪一国的商标已经在输入国注册,已经注册的就取得专用权;未注册的被禁止使用。所以商标不仅在国内不能相同、近似,在国际市场上也不能相同、近似。国与国间如订有商标互惠协定,商标在对方进行注册之后,就要保护它在注册国的专用权。不仅本国商品不得仿冒对方已在本国注册的商标,即第三国也不得仿冒。所以商标的专用性或独占性,还不限于国内市场,同时还扩大到国际市场(如果这种商品行销世界的话)。

既然这样,商标的注册必须由中央统一办理,这在世界各国多是如此,否则就无法避免相同、近似或仿冒。

在会议中也有人提出:以中国幅员之大,产品种类之多,有许多地产地销的商品,腿不长,最多行销邻近市、县,出不了省,都要集中到中央注册,费时费事,是否可以下放到省、市注册或登记呢?绝大多数同志不同意这种意见,大家认为商品在市场上不碰头的情况,虽然是存在的,但要划条杠子则有困难。冰棒似乎是腿短最好的例子,但据上海反映,上海制造的冰棒即行销较远地区;浆糊似乎是地产地销又一个好例子,但天津的浆糊即远销华北五省。究竟哪些商品在地方注册,肯定在市场上不会碰头,即碰头也不会引起混乱,要具体划分就有困难了。而且同志们还指出,即令你的商品腿短,别人的商品可能腿长,会跑到你的地区来,这样腿短的和腿长的还是会碰头。所以绝大多数同志意见认为商标核准注册权必须由中央统一掌握,下放到地方是不适当的。

但是这样是不是所有产品都必须有商标,并且必须向中央注册呢?不是如此。有些商品产量有限,行销不广,可以不必使用商标,只要在产品或包装上注明产制地名、企业名称即可,这种小商品不用商标也决不妨碍它的推销;一旦销路打开,市场扩大,那时再设计商标进行注册,也不为迟。至于习惯上不使用商标的农副产品或手工艺品,那就更不需要商标。所谓全面注册的意义,是指凡使用商标的而言,不使用商标的就无需注册了。

除了核准注册,发给注册证,应由中央统一办理以外,商标管理工作中有一部分是可以下放的,至于哪些工作可以下放,这一问题留待下面中央与地方的工作关系中来谈。

2. 中央与地方的工作关系

关于中央与地方的工作关系,目前有三种办法,一是申请商标注册,一律由当地主管机关核转中央工商局,中央工商局批复文件也交地方转发;二是申请注册由企业直接寄送中央工商局,中央批复文件交由地方转发;三是申请注册直接寄送中央工商局,向地方备案,中央批复文件也直接寄给申请人,重要的抄致地方主管机关。经过讨论,大多数代表认为第一种办法较好,即企业申请注册,一律由地方工商行政机关(工商局、无工商局者,由人民委员会所指定的商业局或工业局)核转中央工商局,中央工商局批复文件也交由地方转发。这样地方上便可以及时进行辅导,掌握情况,监督检查。当地工商行政机关接受企业申请时,可以进行初审,初审时应该注意:申请手续是否完备(填报申请书、商品质量规格表、图样、注册费等等);商标的文字、图形有无违反《商标注册暂行条例》第四条的各款规定,有无封建、迷信、色情或其他政治上不良的影响等等。这里面比较难以掌握的是和别人同一类商品中已注册的商标相同或近似的问题,因为地方上没有全国已注册商标的档案,无从查考。为此,中央工商局拟编印一套全国已注册商标的名称目录,发给各地,以供各地备查。至于商标图形,因印刷费钱、费时,目前还不可能印发。

上面我们所说的,当地工商行政机关,主要是指市一级主管商标的工商局、商业局或工业局而言。至于县一级,一般说来一个县内商标寥寥无几,甚至根本没有,要县一级配备商标专职干部,既非必要,也不可能。况且由于工作量少,干部又不具备商标知识,即令勉强设置,也会形同虚设。所以县一级的商标注册,可以采取三种办法:(1)由企业单位直接向中央申请,抄致省;(2)由县委托邻近的市工商局进行初审;(3)由县向省申请,由省进行初审后转报中央工商局。这三种办法各有利弊,但我们考虑还是以采取第一种办法较好。因为由县委托邻近的市工商局代为初审,县与市是平行关系,县不一定愿意,市又徒增加了一重负担,且由县到市,由市到中央,不过增加了一道手续。如果有些县距离市较远的,反而辗转费时。何况初审之后还要转到中央作最后审查;初审认为不合退回企业,因不在同一市区之内,从而不如由中央直接批复较为简便。至于由县向省申请,由省进行初审,似乎顺理成章,但因省一级目前尚无商标专职干部,如果认真办理,有的省一、二个人还干不了,照转了事,又失去了省初审的意义。其次,市一级既不通过省,省仍不能掌握全省商标相同近似情况,市一级如也要通过省,则省非设置商标专管机构不可。这在目前也不可能。因此县的商标送省或委托市初审,徒然增加了企业申请注册的手续。所以我们认为不如由企业直接向中央申请,向省备案。这样,省的主管机关仍可以掌握情况,又可以避免工作上的重复。

既然县一级的商标直接向中央申请,市一级的商标由企业向市主管机关核转中央,那么省做些什么呢?我们认为省也是有工作可做的,省的工作有:(1)组织市、县管理商标工作干部学习商标的政策法令和业务知识;(2)组织各市、县汇报工作,交流经验,并进行评比,以推动工作;(3)检查所属各市、县商标工作情况:(4)组织力量重点检查商品质量。这几项工作如果做好,这个省的商标工作,也就推动起来了。

除了进行初审以外,市一级的工商行政机关,对商标工作还应该做:(1)对企业进行宣传并辅导其注册;(2)取缔仿冒,未注册商标以及商标违法行为的处理;(3)对印刷商标的印刷厂,和商标设计人员进行管理;(4)办理商标变更登记,定期报告中央;(5)组织力量定期对商品的质量进行检查或抽查;(6)调查了解本地区商标使用情况(包括出口商品的商标),研究问题,及时反映。

县一级如果商标较多的,或者主观力量有条件的,也可以按市一级初审办法,同样办理。

以上这些意见,各地还可以根据上述原则因地制宜,做出当地加强商标管理工作的规划和具体措施,报请中央工商局备案。

3. 关于通过商标注册管理商品质量问题

代表们一致认为通过商标注册管理商品质量是有必要的,这正是社会主义国家商标注册不同于资本主义国家的优越性的表现。我国工农业生产全面大跃进以后,新品种不断出现。产品质量不断提高,这是主要的方面,应该肯定。但是不能否认,在某些企业中,还存在着程度不同的资本主义经营思想,也就是说,在生产企业中还存在着两条路线的斗争,有的企业为了赶任务或追求上缴利润,不惜粗制滥造,偷工减料,降低产品质量,甚至个别的还以坏充好,利用商标虚伪宣传,欺蒙购买者。商业部门在收购时虽有检查,但往往时松时紧,当市场供应紧张时,验收就应付了事,次品也当好品收下来。为了促使企业关心产品质量、降低成本,一方面要运用价值规律,扩大商品生产,但通过商标注册来管理,也是一个可以采用的有效办法。关于商品质量问题,工业部门与商业部门出于角度不同有时不免是有矛盾的,工商行政部门插足其间,还可以调整工业部门与商业部门之间的关系。所以商业部门对我们通过商标管理质量固然欢迎,工业部门也不会反对。天津和沈阳经验都说明这一点。其次,通过商品质量检查还可以对商标注册情况进行了解,可以加强商标的管理工作。所以大家一致认为检查商品质量是十分必要的。问题是对商品质量如何管理。工商行政部门一般都没有检验机构,没有技术人员和检验设备,商品的种类繁多,质量规格复杂,对商品质量管得了,管不了?在这次大会中,天津介绍了他们检查商品质量的经验,当初他们的思想上也是存在着顾虑的,认为工商行政部门一没有设备,二没有技术,怎么能检查商品质量呢?要检查必须依靠工业主管部门的配合和支持,但它们是否愿意配合呢?实践证明他们这种顾虑是没有根据的。他们做出成绩来了,而且得到了领导上的重视。天津的经验也证明要做好检查工作,必须政治挂帅,首先要工商行政部门干部解放思想,树立信心,就一定可以取得各方面的协作,可以做好这一工作。

应该认识,提高商品质量,降低成本,这种经常性的工作是工业部门的事,工商行政部门只能起配合作用。但为了结合商标注册进行产品质量检查,或者重点抽查,工商行政部门也可以唱主角,所谓唱主角自然不是唱独角戏。而是与有关部门配合起来进行检查。对质量检查,天津、沈阳都有一些经验,可以参考。重庆、青岛市代表也提出了一些具体做法。各地经验归纳起来是:(1)首先由工商行政部门邀请各有关部门举行座谈,说明通过商标管理检查产品质量的意义和作用,打通思想,取得他们的合作;(2)通过零售公司售货员,广泛地征求消费群众对各种商品质量的意见,选择重点,把质量问题最严重的,与人民日常生活最密切的(如食用品、卫生用品、纺织工业品),作为检查的重点;(3)成立检查小组,组织有技术和有设备的单位为检查工作服务,使这项工作和他们原来的岗位工作结合起来;(4)依靠企业党组织,发动生产企业的职工,征求他们的意见,取得他们的支持,这里也要对他们做政治动员,使他们充分认识到这项工作不是挑企业的毛病,而是帮助他们改进工作,提高质量,树立信誉。职工群众对产品质量的毛病最清楚,只要把他们发动起来,事情就好办了;(5)检查出质量规格不符规定的产品,应抓住典型,及时通报或登报,进行宣传教育;情节特别严重的,应由业务部门进行处理,对提高质量或及时改进的,予以表扬和鼓励;(6)召开各种不同类型的座谈会,广泛宣传,发动群众进行监督;(7)企业申请商标注册时所填报的质量规格表,详略不同。有的可作为主要依据,有的只能作为参考,还应与有关资料相结合,多征求职工和技术人员的意见;(8)检查之后,应分别情况定出改进办法。总之,质量检查工作,只要我们发挥主观能动性,组织有关部门大力协作,即使我们没有检验设备和技术条件,也是可以做得好的。只要我们做起来,就会获得广大人民群众的拥护,有关部门的领导上也就会重视起来。

4. 有关出口商品的商标问题

商标对出口贸易有它一定的作用,过去外贸部门对这方面是重视不够的,在国际市场上遭受了一些损失,近年来他们已经开始重视起来,对外贸易部曾经和中央工商局两次发出联合通知。最近一次联合通知是1958年10月9日发出的,提出了十项具体措施,基本上还是适用的。总起来说,出口商品的商标,今后应注意下列各点:(1)各出口商品现在使用的商标,应统一清理一次,如果尚未在国外注册的,应当分别不同情况向输销国进行注册;向国外注册中有关政策性问题,统一由总公司向外贸部和中央工商局请示解决;(2)出口商品所使用的商标,无论在国内或国外注册,统一由总公司掌握办理,这样既便于集中对外,也有利于发现和解决商标中有关问题;(3)各进、出口公司和生产单位,应积极提高商标设计水平,以美观大方、便于识别、便于记忆为主。要具有思想性、艺术性和表现民族特点。特别要注意食品商标装潢的美观。设计商标要有独创性,不要去模仿外国。在造型上也应该自己创造,不要仿造外国商品的造型;(4)出口商标应使用中文或中外文并用,但不应当完全使用外文不加中文;(5)关于同一商标由不同单位使用的问题,这里面生产单位与外贸部门有矛盾。原则上应服从出口需要,但必须保证商品质量的统一,否则牌子坏了,对出口贸易亦不利;(6)对资本主义国家出口商品的商标,应考虑到输销国的情况,避免使用政治色彩过于显著的商标,否则不易入口。

以上几项,在联合通知中多已有所规定,我再提出来说一说是希望外贸部门加以重视。我们希望外贸部门对出口商品商标,有一个总的归口,专人负责,统一掌握,及时反映情况,提出问题,与中央工商局联系,以便统一步调,对资本主义国家进行斗争,以利于对外贸易的开展。

5. 关于商标设计问题和其他

商标设计对生产企业来说是最头痛的问题。商标设计人员不多,艺术水平不高,政治思想性差,而且供不应求,设计一个商标动须旬日或经月之久。商标设计出来之后,送到中央工商局申请注册,又往往因相同或近似遭到批驳。这些设计人员过去多为自由职业者,资本主义思想意识极为严重,索价甚高,而设计出来的商标不一定合用。这一问题我们正在力求解决,总的方针是培养新干部自力更生,提高政治思想水平和艺术水平。我们希望各地工商行政部门对原有设计人员加以教育、改造,也要兴无灭资,政治挂帅,使他们更好地为社会主义服务。

商标设计必须注重政治性、思想性,同时力求艺术性;采用科学方面事物(如卫星、火箭),要具有一点科学知识,不要非驴非马。新中国的商标应有新中国的风格,能表现祖国建设蓬勃发展和人民丰富多彩的物质和文化生活;要具有民族特点,使人一看到就知道是新中国的商标。商标随着商品流通而与人民日常生活相接触,健康的商标可以起鼓舞教育的作用,坏的商标则起相反的作用。要把商标设计看成对人民群众进行政治教育工作的有力武器。模仿外商商标是殖民地思想的反映,必须坚决肃清。商标设计要发扬大胆的共产主义风格,富于独创性,要能反映新中国的培养规划,希望工艺美术学校和各地美术公司同志加以注意。

对商标设计人员应有长远的培养规划,希望工艺美术学校和各地美术公司同志加以注意。

广告也要进行管理,广告设计与商标是有密切联系的,新中国的广告也要表现新中国的风格,在社会主义国家,广告不是夸大宣传的工具,而应该是政治宣传的武器;各地工商行政部门具有条件的应把广告也管理起来。

(四)

第四部分,我们谈谈商标注册条例的修改问题。

现行的商标注册暂行条例是在1950年公布的。当时由于国民经济正处在恢复时期,私营企业在国民经济中还占有很大比重,条例的精神偏重于保护专用权,并且采取“注册与否,听其自便”的原则,这是符合当时客观形势要求的。几年来,随着社会主义经济的发展,随着对资本主义工商业改造工作的深入,特别是1956年三大改造完成以后,资本主义工商业基本上消灭,企业经济性质起了根本性的变化,为了适应这种新形势的发展,我们逐步采取了一些具体措施;经中央工商局报请国务院批准施行,原条例的基本精神,事实上已经大部分改变。其中最主要的有下列几点:

第一,从“注册与否,听其自便”改为“全面注册”的方针,即凡使用商标的必须注册。

第二,从单纯的保护“专用权”改为通过商标注册管理商品质量,并以此作为管理商标的主要要求之一。

第三,注册费从每件50元减为每件20元。

第四,简化审定商标手续,原条例规定申请商标核准后,先审定公告4个月,无人提出异议再注册公告,发给注册证件。现在改为商标核准后,即予注册,别人如有意见,仍可于注册公告后提出,大大简化了手续。

第五,原条例规定外商商标需具备已与我国建立外交关系和订立商约两个条件,才能向我国申请注册;现在我们只要与我国有外交关系,订有商标互惠协定的即可注册,商约并不是一个必要的条件。

第六,原条例的商品专用范围,只是限于“同一类”的商品,现已按“同一类中的相同或类似的商品”办理。

以上几点,都是事实上的改变。我们根据几年来商标工作的经验,草拟一个新条例草案,其中有一部分不过把已经改变了的办法，用法律条文写下来，同时增加了一点新的内容，大家在讨论中对条例草案提出了许多宝贵意见，对我们的修订条例工作有很大的帮助。不过条例的颁布须经国务院通过，最后还要经人大常委会批准，大家提出的意见，只能供参考。

有人担心新条例既不可能很快公布，是否会影响商标工作的进行呢？不会的，因为我们的商标工作有国务院历次批转我局的通知，可以作为法令依据，既不受原条例的约束，也不至因新条例未公布而无所适从。当然将来的新例还可能有新的改变，但这并不妨碍商标管理工作的正常运行。

（五）

第五个问题，我想谈一下今后的工作任务。

这次会议开得很好，大家情绪都很高，表示回去之后要把商标工作好好抓一下，究竟抓什么，我提出以下六点意见供参考：

第一，希望同志们回去之后，将会议精神向领导汇报，争取领导上的重视与支持，并且将商标工作的重要性广泛地向社会宣传，特别是向使用商标的生产企业和工业部门宣传。

第二，对商标使用情况进行一次全面检查，摸一摸底，究竟本地区有多少商标？多少已依法注册，多少还没有注册？未注册商标，应动员赶快注册。已注册的使用情况如何，有变更注册的应即办变更注册手续；久不使用的商标，应令其撤销（外贸部门备用的商标另案办理）。如果有不依规定注册和滥用商标的，先进行说服教育，情节严重的应予以适当的行政处分。省一级如果全省进行全面检查有困难，可选择重点城市进行试点检查。

第三，在半年之内，选取重点行业进行商品质量检查，选择典型，先易后难，待取得经验后再逐步推广。进行时应取得各有关部门的合作，要批判干部无检验设备，无技术人员不能检查的思想。重点检查的经验和总结要报告中央工商局。

第四，对印刷商标的企业进行管理，凡未注册的商标绝对禁止印制，违法者严肃处理。试销商品的商标，其印制数量应严加控制管理。各地区对印制商标的行业，必须统一地管起来，否则这里管，那里不管，易被投机者钻空子。

第五，凡未进行初审的地区，应即建立初审制度，派定专职或兼职干部负责初审，初审应切实执行，不要照转了事，当收发工作。

第六，省、市一级应有一定的商标专职干部，商标是一种专门知识，商标干部不宜常常调动，要固定下来。县一级最好也要有兼职的干部。

以上几点，是我们对各地区商标管理的要求，各地区还可结合地方实际和过去办理商标工作的情况做出规划，加以增减。

（六）

第六个问题，我想谈一谈关于工作方法的问题。

工作方法有三条。第一条是争取党委的领导与支持，第二条是走群众路线，第三条是与有关部门密切协作。

第一，争取当地党委的领导与支持，是做好一切工作的关键。由于党委的中心工作很多，过去我们的宣传工作又做得不够，商标工作未被重视，这是很可理解的。而且商标工作究竟不比农业生产、工业生产，我们是为工农业生产、为消费者服务的，不应该也不可能把商标工作摆在前面。但随着形势的发展，商品生产的扩大，新产品日新月异，使用商标的还要增加，外贸也要继续发展，商标管理工作会逐渐被重视起来。我们要主动争取党委的领导与支持，要经常向党委汇报宣传，不仅是口头宣传，更主要的是通过我们的工作，在工作中做出成绩来，证明这项工作的确对发展生产和商品流转有利，对广大人民群众有利，党委是一定会支持我们的。

其次是走群众路线。群众路线的方法是党和毛主席一再指示我们的工作方法，商标管理要走群众路线。首先要在群众中广泛宣传商标注册的意义和商标管理在社会主义国家的重要性。对使用商标的生产单位，尤其要做到家喻户晓。未依法注册的，投机倒卖商标纸的，利用商标来虚伪宣传欺骗顾客的，要发动广大人民群众和企业的职工来监督。近年以来，人民群众的政治觉悟大大提高，对于市场上出现封建、迷信、侮辱女性、歪曲工农形象的商标，不断向报纸和我局反映，对我们工作帮助甚大。但对于通过商标注册来管理商品质量还没有这种认识，要我们大力宣传。只要群众认识到了，他们就会主动来帮助我们做这一工作。群众对检查商品质量工作最拥护，同时他们对商品质量提出的意见是最宝贵的也是最可靠的。因为广大群众是商品的使用者,使用者对商品质量的鉴定往往是最正确的。其次检查商品质量也必须走群众路线,要发动生产单位的职工,广泛听取他们的意见,他们对产品的配料、工序、质量、规格了解得最清楚,我们只要紧紧依靠他们,即令缺少检验设备、不懂技术也可以把这一工作做好。

第三,要与各有关部门密切联系,取得他们的大力协助。无论是商标注册也好,质量检查也好,都关系到各个方面,特别是与轻工业部门、食品工业部门、纺织工业部门、卫生部门、对外贸易部门有密切关系。一定要同他们通力协作争取他们的大力支援。只要我们把道理讲深讲透,我们的工作对他们有利,对社会主义事业有利,各有关部门是没有不乐于协助的。

最后,中央工商局过去对商际工作是有缺点的,我们的宣传工作不够,抓得不够紧,会开得很少(自我局成立以后只开过两次商标专业会议),督促检查不及时,等等。同志们对我们提出了许多宝贵意见,我们衷心地感谢和接受,今后我们准备每年至少召开一次全国性的商标工作会议,并且将派视察组或工作组到各地去督促检查工作。1959年还打算筹备一个规模较大的商标展览会。我们今后一定要多做宣传。还准备开短期训练班。这都在我们的规划之中。希望各地也来检查我们的工作,督促和鞭策我们,大家鼓足干劲、力争上游、多快好省地来做好商标工作。

(选自《工商行政通报》第133期,1959年1月31日)

二、对外贸易部广州特派员严亦峻在商标专业会议上谈商标在外贸中的作用

(一)

对外贸易是国家对外活动的一部分,从表面看来,外贸不过是做买卖,但是,它不完全是为了赚钱,它和外交有着密切的关系,可以说既是外交的先锋,又是外交的后盾。不少资本主义国家和我们先有贸易关系,后来才建立外交关系,如埃及和我们就是这样。目前和我们有贸易往来的国家、地区共有94个,签订贸易协定的有26个,有些国家和我们有贸易往来,但没有签订贸易协定。

外贸还有在国际上宣传的作用,出口商品本身就会起宣传新中国的作用。例如出口到锡兰的大米,大米里面并没有共产主义,但是人们吃米的时候会这样想:为什么中国过去不能出口,而解放后几年的时间就由进口变成出口呢?这就不能不想到共产主义的好处。我国出口的机器虽不多,但到处引起了很大震动,很多民族主义国家看到新中国生产进展很快,由此认识到他们是受了殖民主义者的压迫,生产才发展不起来。这就促使他们反对殖民主义。我们的精密机器初到香港时,也惊动了不少人,白天黑夜都有人参观,有些外国人用手电筒、仪表仔细地看,还当场试验,看过后吸口冷气,说中国真了不起。我们的解放牌、红旗牌汽车出来了,华侨非常欢迎,我国历史上从来没有生产过汽车,出口汽车会起很好的宣传作用。这说明出口不但能获得实际利益,而且有助于宣传,显示力量,从而提高我国的国际地位。外国人到了中国,或者看了我们的产品,直接、间接地看到中国变了,便认识到再不能小看中国了。亚洲和世界大事少了中国不能解决问题。

对国内来说,外贸是为工农业生产服务,为国家经济建设服务,无论在解放后的国民经济恢复时期、第一个五年计划时期,现在以至将来都是如此的。我国工业底子差,现在烟囱多了,工业发展了,这和外贸很有关系。外贸出口是为了进口,进口是为了建设。我们拿出土特产,换回外汇,买我们需要的东西如优质钢、农药等等;而把土特产收进来卖出去,对土特产的生产也有扶植发展的作用。

(二)

我国建设是以自力更生为主,外援为辅。我们生产的东西,主要是为了满足国内市场需要,为了提高国内人民的生活,而不是像资本主义国家那样为了剥削人民,追求利润。自力更生,才能够给国家建设打下可靠的基础,国外能进口时固然搞建设,不能进口时也照样搞建设,如果要依赖外援,就不可靠。我们以外援为辅,主要指社会主义国家的援助而言,只有兄弟国家的援助是可靠的,如果把外援寄托于资本主义国家,那将是不堪想象的。为了求得经济文化的共同高涨,我们的外贸主要是和苏新国家进行的贸易,资本主义国家占比重很小。我们和印度、锡兰、印尼、

柬埔寨等民族主义国家进行贸易，是依据平等互利的原则。这些国家才独立不久，工业并不发达，必要时还要加以适当照顾，使他们过下去。我们援助他们，他们就会倾向我们。我们要算账，要算政治账，把这些国家团结在我们一边，使中立地区扩大，美帝国主义便会陷于孤立，不敢发动战争，这对世界人民是有好处的。帮助民族主义国家独立自主，实际上是削弱了帝国主义。

我们和资本主义国家贸易，也是在平等互利的基础上进行，但这与我们同民族主义国家之间的贸易情况不同。和资本主义国家进行贸易，一定要在政治上和经济上都对我有利。仅经济上有利而政治不利，我们也不干。中日贸易就是这样地断绝了关系的；英国侵略了约旦，我们从经济上来配合政治，中英贸易往来也疏远了一些。因此，对资本主义国家贸易，要区别对待，外贸政策也要政治挂帅，不能单纯做买卖，否则要犯错误。

外贸政策必须统一。只有这样才能够加强和社会主义国家之间的协作，争取民族主义国家，削弱帝国主义。如果不统一，没有计划，各口岸分别和国外进行交易，就会造成混乱。我们和苏联进行贸易时，如果自己没有计划，不仅自己不好办，还会打乱人家的计划，不能做好协作；对民族主义国家贸易也要统一政策，卖给谁，卖多少，该照顾多少等，必须有计划地统一办理。我们在国际市场上要打击帝国主义，不能打击友好国家；对资本主义国家贸易，斗争非常复杂，需要根据具体情况区别对待。要取得胜利，也必须统一政策。

另外，出口之后进口什么，也须作全面规划。各个部门要求很多，但出口换回来的外汇数量是有一定的，要分别轻重缓急，排排队，必须把钱用在最迫切急需的方面。

（三）

我们和兄弟国家之间的贸易方式是，每年签订一次合同，必要时再补充一次合同，便于解决问题。和资本主义国家贸易是签订贸易协定，对没有订立贸易协定的则采取交易会的方式。交易会从1956年开始举办，最初由中国国际贸易促进委员会主办，现在是由各进、出口公司联合举办，已经办了五次，规模一年比一年大，交易一年比一年多。交易会是综合性的，买和卖都有，当面看货，当面成交，比函电往来方便，能吸引人。有买有卖是个好办法，只卖不买，人家兴趣不大。过去有的商品因为亟需，派人出国去买，资本主义国家故意抬价、拖延，不愿成交。今天是请客上门来买，而且各国客户很多，卖方只有我们，他们之间相互竞争，对我们有好处。

（四）

商标与对外贸易有密切关系，工业品一般都用商标，商标具有代表商品质量、规格的作用。商标会给人一定的印象，如飞鸽牌、永久牌自行车，看过一次，以后提出牌子就知道它的质量规格情况，不必每次交易都要看货样。商标使人容易记忆，便于贸易往来。

要维护商标在国际市场的信誉，必须保证和提高商品质量，如果商品质量降低了，客户就会不要这个商标的商品。广州市出口的钻石牌车胎，原来质量很好，后来采用了旧钢丝圈来做原料，没有过去那样耐用，商标的信誉也降低了，我们把这批货全部收回，才维护了这个商标的信誉。

目前出口商品的商标存在着以下几个问题：(1) 相互仿冒。国外有百花油，我们有万花油，商标图样大致相同；我们有“303大东牌”金笔，而日本出了“303大众牌”来仿冒我们（日本仿冒我在国际市场有信誉的商标，已习以为常）。我们的英雄牌金笔和英国的派克牌式样相似，美国在香港提出意见后，我们只得在商品的外面加上了笔套，法律问题不存在了，但拿开笔套，笔身还是一样；(2) 同一种商品的商标太多，结果形成自相竞价，影响不好；(3) 有些出口商品的商标只有外文，没有中文，国际朋友向我们提过意见，认为中国出品的商标应该印有中文；另外，外销和内销商品所使用的商标设计，应有区别，在国内用红旗牌、东风牌都很好，在国外便不宜采用，有些资本主义国家看见红色都害怕，有些还会借词刁难我们。带有动物图形商标的商品，如五羊牌啤酒、牙膏等，在信仰佛教的国家（如印度、缅甸）不愿意购买。这些都应加以注意。

（五）

根据上述情况，对出口商品的商标提出几点意见请参考：(1) 商标设计除了美观大方以外，还要“便于识别，便于记忆”。我们出口到新加坡的拖拉机牌火柴，因为当地没有拖拉机，消费者不熟悉，不便于记忆，后来改为汽车牌；（2）不要仿冒外国商标和商品造型。要发挥自己的创造性，把商标装潢和商品的造型设计好，并不断提高商品质量，商标树立信誉开辟市场；（3）商标上的文字，应以中文为主，商品的包装上应加印关于商品的使用方法和质量、规格的说明；（4）带有毒素的图形如封建、迷信、色情等事物，不要作为商标；（5）出口用的商品，最好避免使用政治色彩过于浓厚的商标，为了适应输销国情况，可以采用一般事物，但应提高艺术水平；（6）出口的商标一定要向输销国注册，防止别人仿冒，破坏我商标信誉；（7）生产企业要爱护商标的信誉，保证和不断提高商品的质量，否则，在国际市场丧失信誉，不仅在经济上，在政治上也遭受损失。

关于出口商品使用商标问题，外贸部要和中央工商行政管理局共同研究，妥善处理。要通过商标管理监督商品质量，使商标更好地发挥作用，为对外贸易，为国家社会主义建设服务。

（选自《工商行政通报》第133期，1959年1月31日）

三、上海市1959年商标清理与商品质量检查工作规划（摘要）

上海市工商行政管理局根据1958年1月全国商标专业会议精神，制订了1959年商标全面检查、清理和注册商标的商品质量检查以及其他商标管理工作的规划。

（一）任务和要求

（一）对本市工厂、商店所有的商标进行一次全面检查与清理。

1.对未注册商标，限期责成向中央工商局申请注册；对故意仿冒、伪造商标的，视情节轻重，由市、区工商行政部门加以处理。2.注册使用的商标，如系因并厂等原因，致使厂名与原商标注册的事项不符，未向中央工商局办理变更的，专业公司须将注册证及变更事项汇总报工商局办理变更手续，督促企业在商标上加注汉语拼音字母；出口商品的商标应以中文为主加外文注解；带有封建、迷信、黄色以及政治上影响不良的商标要限期改进或立即停止使用。3.已注册而不使用的商标，除因一时暂不使用的可予保留外，均须由专业公司汇总向市工商局办理撤销手续。4.清理后的注册商标，由专业局与专业公司按系统将工厂或商店商标名称、图样等汇编成册，送市工商局以便查核和筹办商标展览会。区办工厂、民办工业、商店等使用的商标由区汇编。

（二）对注册商标的商品质量检查，各工业主管部门，可选择重点行业、重点产品同商业部门采购站，市、区工商行政管理部门共同进行检查。检查的范围，暂以同人民日常生活关系密切和目前质量问题较为突出的商品为主（具体商品名单另由工业局、商业一局和工商行政管理局研究决定）。检查的依据，以工、商部门共同制订的质量规格标准为依据，适当参考商标注册时的质量规格表。对产品质量不符合规定（降低质量规格的）或问题严重的，应分别情况，适当处理；有条件改进的，督促工厂采取措施加以改进。

（三）加强对印刷商标企业的管理。区工商科和有关主管专业公司对本市印刷、制版、刻字、制罐、软管制造、织造商标、胶木制品、玻璃制品等厂，以及广告绘制、电影院等进行检查，对违犯本市印刷商标管理规定的工厂、商店，按其情节由区工商科予以处理。

（四）对申请商标注册或变更商标进行初审。各业务主管局或专业公司负责审定产品是否需用商标，图案文字在政治上有无不良影响或其他不健康情况。区工商科负责初审有关申请手续是否完备，有无违反商标注册暂行条例规定，以及办理其他日常有关商标注册变更等事项。

（五）加强管理商标的设计工作。商标设计必须注意政治性、思想性，力求艺术性，应有新中国的风格。业务主管部门对设计人员应加强教育、改造和培养新生力量；对未归口的所谓自由职业者应加强管理，限制其收费过高，并进行改造。

（六）举行商标展览会。选择本市工商业和外贸出口等商标举行展览，以提高商标质量，更好为生产、消费、外贸服务，并通过注册商标质量的发展来促进生产。具体工作由工业局、商业局、外贸局、工商局会同研究。

（二）组织领导和分工

全面检查清理和商品质量检查工作在市经委

领导下,由工商局会同轻工业局、纺织工业局、化工局、外贸局、商业一局共同组成"上海市商标清理与商品质量检查工作组",统一步调,负责推动和部署全市商标清理与商品质量检查的工作。以工商局为主,其他局指定负责同志经常参与讨论研究以开展工作。

各专业局成立一个工作组或指定若干人员负责组织推动布置和督促检查所属专业公司及其工厂商店的工作。专业公司根据市局布置,结合具体情况适当配备专职干部进行具体工作。不属专业公司主管的下放工厂、民办工业、商店以及其他使用商标的单位,由区工商科负责会同有关部门全面部署和清理检查。

注册商标的商品质量检查工作,根据选择的行业和商品另按业务系统组织专门小组进行检查,参加成员为主管的工业局、工业公司、商业一局、采购站、生产企业和所在区工商科。重点厂市工商局参加,有出口产品的外贸局参加。

本市商标全面清理检查的具体工作包括清理后补办变更和申请注册等手续和初审等由主管业务公司负责处理,市工商局指导,区工商科配合,督促检查推动其进行清理和注册。对违反规定的按不同情节由市、区工商行政部门予以处理。

(三)工作方法

争取党委的领导与支持,走群众路线。依靠基层职工和听取消费者意见,结合红旗竞赛,做好商品质量的检查工作,对基层干部和职工要讲清道理、消除顾虑,在主管部门的领导下以企业自查为主,业内对口互查为辅进行检查。必要时主管部门作重点抽查。

(选自《工商行政通报》第 139 期,1959 年 4 月 13 日)

四、中央工商行政管理局副局长千家驹在全国商标工作现场会议上的总结发言

(1959 年 6 月 5 日)

全国商标工作现场会议,5 月 25 日在上海举行,6 月 5 日即将结束。在会议中我们听取了上海市工商行政管理局关于"上海市商标全面清理工作情况的汇报",上海市纺织工业局、化学工业局、轻工业局、上海电讯电器工业公司关于纺织工业品、化学工业品、轻工业品、电讯器材质量检查的报告;听取了天津、辽宁、重庆、广州、武汉、沈阳、江苏、哈尔滨、汕头、西安、北京等地商标管理工作的汇报,参观了上海市工商局所主办的"商标与商品质量展览会"。进行了分组讨论、专题讨论和大会发言。这些报告、讨论和发言,结合着展览会的现场参观,给了同志们以很大的教育和鼓舞,大家交流经验,互相学习,提高信心,鼓足干劲,对做好今后商标工作有很大的帮助。我们深信,通过了这次会议,我们的商标工作得以在现有的基础上大大地提高一步。

这次会议本不准备做总结。不过,经过了这几天的大会汇报和小组讨论,我想就广州会议以后商标工作的一些问题,经过领导小组的讨论,提出来作为同志们的参考。

我准备分五个问题来谈:(一)广州会议以后各地商标工作的概况;(二)怎样加强商标的全面管理工作;(三)怎样结合商标管理监督产品质量;(四)关于出口商品的商标问题;(五)今后的工作安排意见。

(一)广州会议以后各地商标工作的概况

去年的广州商标工作专业会议,基本上解决了商标工作要不要的问题,树立了商标应该为生产企业、为消费群众、为对外贸易、为政治宣传服务的正确思想。广州会议后,各地的商标工作在党委的统一领导下,大多抓起来了。根据这次大会汇报和各地送来的书面材料,大部分省、市加强了商标管理工作,其中有辽宁、河南、江苏、湖北、上海、武汉、汕头等 9 个省和 31 个市召开了商标专业会议;有辽宁、上海等 20 个省市举办了商标展览会;有 17 个省包括 77 个市、县对商标进行了全面清理与整顿(包括上海、天津、重庆、广州、武汉、汕头等地);有广州、天津、武汉、西安等 23 个省区包括 97 个市、县开始办理初审和核转手续;有 36 个市对印刷厂进行了全面管理;有 14 个市对设计人员进行了管理。关于通过商标监督产品质量方面,也有上海、广州等 24 个市进行了产品质量的重点或试点检查。这说明了自广州会议以后,在短短的五个月内,我国的商标工作在党政领导的重视下,已大大迈进了一步。虽然各地区发展的情况是很不平衡

的，有的把全面清理、质量检查、初审核转等工作都抓起来了；有的还举办了地方性的商标专业会议和商标展览会；有的已做了全面清理和初审核转工作，但对产品质量检查还没有进行；也有的举办了商标展览会，但没有进行商标的全面清理。对于广州会议的精神，一般都进行了传达，有的还在工业部门、生产企业单位进行了广泛的宣传。各地区的工作都取得了显著的成绩，尤其是参加了广州会议的省、市，除极个别的例外，都已改变了商标工作的面貌；没有参加广州会议的地区，也由于读到了工商行政通报上广州会议的总结，对商标工作做了布置，做出了成绩。这些成绩的取得，是和党的领导以及同志们的努力分不开的。

从上半年各地商标工作的情况来看，对于商标的全面管理各地基本上是抓起来了；但对于通过商标监督产品质量，一般的还是做得比较少，有的信心不足，有的办法不多。这次会议，通过了现场参观和上海有关部门及各地的汇报，同志们的信心大大地提高了。上海是全国轻工业最发达的城市，不但使用的商标数量最多，而且产品种类繁多，在全国也占据首位。这次上海市工商局和各工业局，在上海市委统一领导下，一方面进行了商标的全面清理工作，同时还对纺织工业品、化学工业品、轻工业品、电讯电器四个方面进行产品质量的重点检查，直接间接参加检查的超过1万人次以上。在党及时提出高产必须优质的号召下，由领导亲自动手，发动群众，发现问题，提出改进意见，采取了措施，在质量的改进上，已取得了成效。这证明通过商标监督产品质量，不但是必要的，而且是可能的。通过了这次现场会议无疑会对今后的商标工作起着巨大的促进作用。

（二）怎样加强商标的全面管理工作

今年上半年许多地区都进行了商标的全面清理，取得了很大的成绩。虽然商标的全面清理不是我们的目的，管好商标才是我们的目的。但是，不通过全面清理，不摸清家底，就不可能加强管理工作。以上海市为例，在3754个实际使用的商标中，就有1608个未依法注册，占使用商标总数42%以上。从各地的材料可以看出，未注册商标的比例是相当大的。例如据南京市商业局材料，他们估计南京使用的商标至少有80%以上还没有依法注册。重庆125个工厂使用的362个商标中，注册的只有172个，未注册的有190个。这些恐怕还不是个别的例子。自然也有些地区情况是比较好的，例如武汉市经检查仅有8个商标未依法注册，其中还有3个已停止不用。其他地区也有已基本上消灭未注册商标的。一般地说，过去商标工作抓得紧的，未注册的商标就少些，过去没有抓或抓得不紧的，未注册商标情况就严重些。对于一些未经过清理整顿的地区，对商标进行一次全面深入的清理，是完全有必要的。清理之后，就可以摸清家底。究竟本地区总共使用了多少商标，多少已依法注册，多少未注册？在已注册的商标中，多少久不使用应该撤销，多少应变更登记。基本情况摸清之后，才能建立起一套比较完整的档案制度，为今后管好商标打下基础。

要做好清理工作，必须政治挂帅，思想先行，这是上海和各地清理工作中一条重要的经验。所谓政治挂帅，就是要使大家彻底认识到商标管理工作的重要意义，认识到社会主义国家为什么必须管理商标和商标为生产企业、消费群众、对外贸易、政治宣传服务的道理，必须使工业部门、生产企业、职工群众都懂得这个道理，才能使清理工作做得多快好省，又深又透。其次，就是要发动群众，走群众路线。因为这几年来，经过资本主义工商业的社会主义改造与经济改组，企业的变化是很大的，一些商标，往往因原企业已经合并、迁移或改组，加以人事的变动，究竟有无注册，注册后使用情况如何，情况是很复杂的。只有发动群众，通过座谈回忆，访问老年职工或私方人员才能搞清楚。各地清理的结果证明：未依法注册的商标固然不少，虽已注册久已不用亦未撤销的商标为数也多。这些未撤销而又不使用的商标，长期保留在中央工商局的档案中，这就妨碍了其他企业的使用，由此所造成商标设计上和中央工商局人力物力上的浪费是无法估计的。同时对生产企业也是不利的。但要把这些商标全部清查出来，却比清理现在继续使用的商标还要困难得多，特别是在使用商标数量较多的大中城市。只有通过群众来参加清理工作，再和中央工商局的档案结合起来，才能彻底搞清楚。

清理的具体做法，在商标使用较多的地区，可采用上海的条条块块相结合的办法。所谓“条条”即通过工业专管局对所属企业单位进行清理；所谓“块块”即按地区清理。条块结合就不容易漏掉。对于商标使用较少的城市，则武汉的“分区、按街、按户"的清理办法,也是可以采取的。总之,要防止粗糙、简单化的方法。重点检查虽较省事,但一定免不了有所遗漏。应该说,像上海这样一个使用商标最复杂的大城市都可以进行一次全面大清理,别的地区应该更容易做到了。

清理之后,就要整顿,所谓整顿,即督促未依法注册的商标注册;应撤销的撤销;应变更登记的变更登记;对现在继续使用的商标加以整理。上海经过这次清理之后,发现有仿冒外国商标的,有的文字图形不恰当的,甚至还有个别政治上有不良影响的。经过审查确定不应继续使用的就有 74 个之多。这就是清理的巨大收获。在步骤上,天津把清理与整顿工作结合起来,验证之后,立即辅导其办理申请注册、申请撤销和变更登记手续,这对商标数量不多的地区是一个好办法。上海也是采取边清理边整顿的办法,但因上海未注册和应撤销的商标数量很大,在时间上清理和整顿不能不有所先后。清理和整顿本是一个工作的两个方面,有清理而无整顿,清理的工作就不能巩固,商标的混乱现象也就将继续出现。

清理整顿之后,就要建立起一套比较完整的档案制度。档案在商标工作中占重要的地位,没有档案就无法做好今后的管理工作。根据广州会议的精神,商标工作一部分下放到地方,市应该做好商标的初审和核转工作,在这方面,广州市是做得比较好的。许多地区从印制业、广告业、设计人员以及使用商标的企业各方面来加强商标的管理,武汉、广州、西安都有较好的经验。对于印制业的管理,尤其重要。商标必须经过印刷,才能使用,这是一个重要的口子,只要把这个口子把住了,商标的混乱现象基本上就可以消灭,但是必须全国各地都管起来。

在初审和核转工作中,各地应该注意申请商标是否符合商标注册暂行条例第四条各款的规定,有无封建、迷信、黄色或其他政治上不良影响;手续是否完备等等。审查后即在申请书上加盖印章,注明受理日期,"已收到注册费"字样。其中申请书 1 份,商品质量规格表 1 份和图样 20 张,(新设计的商标画的图样 3 张,其中 2 张可用照片代替)报送中央工商局。其余的留地方存查。对于申请手续不完备的,商标图形文字不妥当的,应及时指导改正;其受理日期以手续完成之日计算。受理案件,要随到随转,不要积压(因商标条例规定"二人以上相同或近似的商标,使用于同一类商品上,应准最先申请的注册"。积压会影响到商标申请人的优先权)。注册费可以每 5 天汇寄一次。最多不要超过 7 天。以上这些是核转机关应该注意的事项。

对于不依法注册的或者不服从管理的印制企业,我们主要的应该是说服教育,但必要时也要有典型处理,以教育一般。西安市代表汇报中举出他们典型地处理一家不服从管理的印刷厂,并且通报批评之后,教育了其他印刷企业,现在都自觉地遵守印刷商标的管理,这是很生动的一个事例。

(三)怎样结合商标管理监督产品质量

通过商标管理监督产品质量,这是我们社会主义国家商标管理工作优越性的一种表现,也是国务院 1957 年 1 月批转中央工商局通知的主要精神,我们应该坚决贯彻执行。

关于应不应该通过商标管理监督产品质量,同志们已经没有争论,问题是怎样贯彻?这里,我们认为根本的问题还是一个思想问题。即对于通过商标管理监督产品质量究竟应该如何认识的问题。

首先,应该指出,我们的商标管理如果不和监督产品质量结合起来,则商标工作除了对于商标设计的图样文字进行审查、避免相同近似和政治上不良影响等等以外,其他作用就很少了。我们的商标管理之所以和资本主义国家有本质上的不同,即因为在我们的国家里,商标注册除了避免商标的相同近似,保护专用权以外,主要的还是要通过商标监督产品质量,使商标工作为生产企业和消费群众服务。

社会主义国家为什么要通过商标监督产品质量呢?是不是说社会主义国家的产品质量反而不如资本主义国家呢?当然不是,社会主义国家是为满足人民日益增长的物质和文化生活的需要而生产的,它的产品丰富多彩,精美优良,与资本主义国家的唯利是图,粗制滥造根本不同。然而这不等于说在社会主义国家里就不会生产出某些少数不符合质量规格的产品来。我们的国家是要对人民负责的,经常关心产品质量的提高,正是社会主义制度优越性的一种表现。正如我国去年工农业生产的大跃进,试制和生产了许许多多赶上国际水平的新产品,这是基本的主要的方面,必须首先加以肯定。然而也有少数产品发生质量下降的现象,这虽然是九个指头与一个指头的问题,但对于这一个指头我们也要解决。所以党及时提出了“高产”必须“优质”的号召。通过商标监督产品质量,不但符合党的高产优质的精神,同时也正是体现了社会主义总路线多快好省的方针。

第二,那么,保证和提高产品质量是不是单靠通过商标管理工作来做呢?不是的。应该认识,不断提高产品质量是工业部门应有的任务。社会主义的工业不是为了利润而是为了满足人民的需要而生产的,因此,社会主义的企业首先有责任不断提高产品的质量,降低成本,以满足人们日益增长的要求。另一方面社会主义的商业是沟通产品的生产和分配同消费之间必要的中间环节,它有验收制度来保证一定质量的消费品到达消费者手里。但是,由于社会主义国家经常发生人民购买力的增长速度超过生活资料生产的速度,因而在市场上出现这一种物资或那一种物资供不应求的现象,是难以完全避免的。当市场供应紧张时,生产企业为了尽可能地满足市场需要,有时单纯追求产量指标而忽视质量指标;而商业部门当商品供不应求时,有时也会不严格执行验收制度,把企业生产不合格的产品也拿到市场上来。但对消费者来说,人们花钱买东西,总是希望买到质量合乎要求的东西,质量不合乎要求,消费者就不欢迎。商标既然是代表产品质量规格的标志,生产企业用了一个商标就有责任巩固产品的质量,保证它对消费者一定的使用价值,这才算真正对消费者负责。滥用商标或利用商标已有的信誉降低质量以蒙混消费者,这是一种资本主义的经营作风,与社会主义制度是不相容的。因而,工商行政部门通过商标监督产品质量正是促使生产企业重视产品质量的一个有效办法,这不但和工业部门应该把不断提高产品质量作为它自己的任务不相矛盾,而且,还可以对企业改进生产起督促和鞭策的作用,这是两条腿走路的方针,应该为工业部门所欢迎。

第三,对于产品的质量,由于工业部门和商业部门的角度不同,看法有时是有矛盾的。工业部门对于产品有它自己的质量规格指标(包括物理性能、感官等等)。商业部门由于与广大消费群众相接触,最易反映消费者的意见。应该说,消费者(包括生产消费和个人消费)对一件产品使用价值的评价往往是最正确的评价。因为产品是供消费者使用的,如果消费者有意见,产品质量就一定有问题。上海纺织局的检查质量报告中指出,产品质量不应仅仅以仪器为标准,还应该以消费者意见为标准,这是正确的。社会主义商业应该经常反映消费者的意见给生产部门,作为他们改进工作提高质量的参考。例如上海市44个棉纺厂,其中30家质量报表标准品率都达以100%,但用户仍有意见,实际存在着一些问题,商业部门反映了情况,对他们帮助甚大。但这方面我们过去是做得很不够的。通过商标监督产品质量,就可以把生产企业和消费群众的关系正确地结合起来。一方面,企业在商标注册时要填报商品质量规格表,并经它的业务主管部门盖章证明,这种质量规格表一般就是企业检验产品的质量指标。另一方面,通过商标检查产品质量,还要根据消费群众的反映。我们一般是通过商业部门、外贸部门、百货站、零售公司售货员征求用户意见,这是最能够广泛地反映消费者的要求的。把两者结合起来,对于生产部门改进和提高产品质量无疑地有极大的帮助,所以,通过商标监督产品质量,可以密切工业部门和商业部门的联系,可以沟通生产者和消费者之间的关系,这是正确处理人民内部矛盾的一个好办法。

第四,有的同志说:工商行政部门没有检验设备,没有技术人员,怎么能对产品质量进行检查呢?其实,工商行政部门通过商标管理产品质量,决不是抛开工业部门而另搞一套,它是通过工业部门,特别是通过生产企业的检验设备、检验人员以及广大职工群众来进行检查的,工商行政部门主要是起组织、督促、推动的作用。如果认为必须有检验设备和技术人员才能对产品质量进行检查,则不但工商行政部门不可能具备这个条件,任何工业主管部门也不可能具备这个条件。因为就某一工业主管部门来说,它固然是一个专业,同时又不过是一个大的类别,例如以轻工业部门来说,大的品种就有几百种,小的不下几万种。轻工业部门决不可能拥有无所不包的轻工业品的检验仪器,无所不能的技术人员。同为轻工业产品,卷烟的检验设备和技术人员不适用于检验金笔。不依靠发动职工群众,利用企业自己的检验和技术人员,工业部门又有什么办法对它所属的企业的产品进行检验呢?自然除了企业自己的检验设备外,我们还可以尽量利用其他的检验机构和技术人员(如外贸部门的商品检验局等等),认为必须自己有检验设备和技术人员才能对产品进行质量检查,这是一种片面性的看法。

第五,检查产品质量应该根据什么做标准,是否根据企业所填报的质量规格表呢？按理说，企业所填报的质量规格表，应该作为我们检查时的标准，但是由于目前我国工业生产的具体条件，特别是原料、材料供应的不够正常，质量规格表不能作为唯一的标准。何况我们的工作是通过企业来进行的，只要把群众发动起来，通过职工群众和工程技术人员来进行检查，职工群众会提出在当前的具体条件下，产品质量经过了努力所应该达到的水平。这里，我认为消费群众所反映的意见倒更值得我们重视的。一种商品如果不能适合消费者的使用，这种商品就是一种废品或半废品。钢笔漏水，钟走得不准，不管它们的物理性能怎么样，这都是不合格的产品，生产企业非设法改进不可。

第六，有的同志说，现在原材料供应困难，我们不能对产品质量要求太严。毫无疑问，这种看法是带有极大片面性的。不可否认，产品的质量在很大程度上取决于原材料的质量，但不能说这是决定产品质量的唯一因素。这里面还要看人们的主观努力如何，如果人们的主观努力不够，有了好原材料，也往往生产不出好的产品；反之，如果努力采取各种措施，用较次的原材料也可以生产出比较好的产品来，这种生动的例子是很多的。根据这次上海检查纺织工业品、化学工业品、轻工业品、电讯器材的事实证明，一些产品质量不稳定或下降主要的原因还不是原材料的问题而是由于主观因素，例如企业领导思想上重量而不重质，有产量指标而无质量指标，放松检验制度，不遵守工艺操作规程，乱用代用品或片面节约观点等等，而原材料问题仅占很小一部分，但不是主要的。这些主观因素是完全可以人为的努力克服的。上海经过了这次检查之后，若干产品的下降趋势基本上已经停止。这就证明，认为材料困难就不应该要求提高产品质量是完全错误的。

第七，商品质量检查是全面开花好，还是重点检查好。这应该看具体条件而定，如果条件成熟的话（如党委决定要全面检查），全面开花当然最好；否则，我认为还是重点检查好。这次上海的检查工作包括纺织工业、化学工业、轻工业、电讯器材四个部门，都不是全面开花的。纺织工业包括的面较广，但亦只检查了55个品种，495个工厂，轻工业局检查的也只有217种主要品种。化工局只检查了4个品种，电讯电器工业公司检查了5个品种。所以上海这次也是重点检查，不是全面开花。至于品种选择多少，这决定于客观情况和主观条件。主要应由工业部门来决定，但我们可以根据消费者的反映提供意见给工业部门参考。选几种质量问题较突出的重点产品，作深入细致的检查，也许比选大批产品作粗枝大叶的检查，效果还要好些。

关于如何选择重点产品的问题，最好是通过商业部门、外贸部门（如有出口商品的话）、百货站、零售公司广泛地征求消费群众对各种商品质量的意见，凡是质量显著下降，与人民日常生活关系最密切，或影响外销严重的商品，应该作为检查重点。

同志们提出没有商标的商品，是否可作为检查对象？当然可以。应该认识到，我们不是为商标而商标，如果某种产品质量显著下降，群众意见很大，通过检查可以促进企业改进工作，提高产品质量，这是对人民大有益的事情，即使这种产品没有商标，我们也应该大力支持，组织力量进行检查。

第八，商标全面清理和质量检查工作分开进行好，还是同时进行好？我认为，还是分开进行好，但如果主观条件具备则齐头并进亦无不可。上海这次是同时进行的，在上海工商局的清理总结中指出："既抓清理，又抓质量检查，两面作战，力量分散。"可见这是不得已的办法。在全面清理和质量检查两者之间，并无必然的联系，分开进行，可以把力量集中，收效更好。

第九，检查以后，如发现质量规格不符合规定，应该如何处理？有些同志提出撤销商标的问题，我认为不是唯一的办法，更不是一个最好的办法。对于产品质量规格不符合规定，我们应当作具体分析：哪些是属于主观的因素，哪些是属于客观的因素，哪些是主客观因素兼而有之。然后，根据不同情况提出改进意见：凡属经过主观努力可以克服的，必须努力克服；凡属客观因素的（如原材料问题），也分别情况提出改进办法，其中有些通过技术革新，发扬职工群众敢说敢想敢做的精神，也不是完全无能为力的。至于对消费者有严重危害性（如食用品、医药用品）而一时又无条件改进的则应坚决停止生产。如果确属市场需要而质量降低后对人民生活影响不大的，则可更换商标，按质论价。总之，我们的目的是要通过检查提高质量，改进工作，巩固和维护商标在市场上的信誉。

第十，有的同志提出：质量检查究竟是商标管理部门经常性的工作还是突击性的工作？我们的回答是，既是经常性的工作，又是突击性的工作。

为什么说它是经常性的工作呢？因为质量问题总是长期存在的，不要说在原材料供应紧张，技术条件不稳定的过渡时期是如此，将来也是如此，质量的提高是无止境的，即令到了共产主义社会，企业也还有落后与先进的差别。我们不可能设想有一天产品质量已尽善尽美，不需要再提高，那将意味着社会生产力的停滞不前。所以通过商标监督产品质量是一种经常性的工作。但因这一工作不一定每个月每季度都要进行，我们可以根据当地的具体情况每年搞一次或两次的质量检查，就这一意义来说，这又是一种突击性的工作。

第十一，谈一谈关于工作方法问题。上海和各地的经验都证明：依靠党的领导，政治挂帅，群众路线，是我们做好这一工作的关键，这也是放之四海而皆准的马克思主义的工作方法。在具体进行上，首先广泛搜集消费群众对产品质量的意见(事实证明，凡是消费者有意见的产品质量一定有问题)，选取若干产品作为检查重点。先向党委汇报，并征求工业部门的意见，在党委领导下会同有关部门（商业部门、工业部门、外贸部门)组织领导小组，统一领导，分工负责。思想动员工作一定要做深做透，使工业部门和生产企业都认识到检查的目的是为了帮助他们提高产品质量、改进工作，巩固和维护商标在市场上的信誉，而不是挑毛病，找岔子。要多开动员会、座谈会，使检查质量工作成为生产企业职工群众自己的要求，领导小组也可以派员下厂帮助工作，但主要是要起组织、督促、推动的作用。

有的同志怕领导上不支持，我认为问题不在于领导，而在于我们对于通过商标监督产品质量的道理有没有讲清楚，领导的支持与否关键不在领导而在我们的工作。只要我们的工作确实对人民群众有利，对社会主义建设有利，对贯彻社会主义多快好省的总路线有利，领导是不会不支持的。

(四)关于出口商品的商标问题

出口商品商标(下简称出口商标)中包括几个问题：(一) 使用外文问题；(二) 接受“定牌”或“无牌”问题；(三)出口商标的注册问题；(四)几个厂共同使用统一商标问题；其他等等。

(一)关于使用外文问题。国务院在1959年3月5日和4月23日两次发出指示，已有原则性规定，我们应该贯彻执行。根据上海外贸局清理出口商标的结果，在上海出口商品使用的1528个商标中，完全使用外文的有825个，包括国外定牌626个，其中有问题的60多个，在国外办理注册仅有35个。这种情况不能不说是比较严重的。过去中央工商局和对外贸易部曾发过通知，出口商标应以中文为主或中外文并用，但应尽量避免单独使用外文。现在出口商标中单独使用外文的竟占一半以上，这说明出口部门过去对于这一工作是重视不够的。但自广州会议以后，外贸部门对出口商标已经给予应有的重视，并且作了全面的清理，采取具体措施，逐步改变这种情况，这是很好的。关于出口商品单独使用外文商标，工业部门和生产企业的职工同志对此是有意见的。国务院因此发出了1959年3月5日的通知，规定“凡我国出口商品的装潢、商标，一律以中国文字为主，加外国文字注解，不准单用外国文字，并且要书明‘中华人民共和国制造’的字样”。4月2日国务院又发了补充指示，在补充指示第二条中：“凡制定新的商品装潢、商标和改变商品的原装潢、商标时，一般地应该以中国文字为主加外国文字注解，并且标明‘中华人民共和国制造’、‘中国制造’、‘中国某地’或者‘中国某企业’等字样”。这就是说，一般地应以中国文字为主，其中允许有例外。又在第四条中规定：“凡对外已经成交或者即将成交的商品。以及已经生产或者正在生产中的商品，其装潢和商标虽然不完全符合第二条规定，只要在政治上对我没有有害影响，可使用原有商品装潢和商标，暂不修改。”这就是例外的规定。这里，国务院一方面规定出口装潢、商标一般地要以中国文字为主，同时又规定在某些条件下可以用没有中国文字的装潢、商标，暂不修改。这就是原则性与灵活性相结合，既有原则，又适当照顾到外贸部门的具体情况。既是“暂不修改”，意味着这一灵活性还有过渡性的意义在内。我们体会到国务院两个指示的精神，第一个指示是我们努力的方向，应该作为我们的奋斗目标；第二个指示是过渡时期的办法，它是第一个指示的补充。今后的出口商标必须逐步改变过去以外文为主的不合理现象，采取具体的措施，减少完全使用外文的商标。

(二)关于接受“定牌”或“无牌”的问题。所谓“定牌”就是外国客户向我订货时要求使用其所指定的牌子，这种牌子当然是没有中国文字的，有的甚至可能是外国已经使用多年的名牌。所谓“无牌”就是外国客户订货时要求不使用牌子，这不是说不要牌子而是说待商品出口后由他们自己去贴牌子，这两种情况发生的原因是多方面的，有的是由于有些输销国和我国没有外交或贸易关系，市场一直在帝国主义控制之下，如果用我们自己的商标，就打不进去；也有的是为了适应当地的消费习惯；也有的是便于转口；也有的是为了适应资本主义国家市场的特点，如写明"中国制造"就要加税；也有的只要是中国货物就不许进口(如菲律宾)。总之，外贸部门为了和资本主义国家作斗争，打开海外市场，增加外汇收入，采取各种各样灵活性的办法，我们认为是必要的。但是必须考虑到政治影响，即既要算经济账，也要算政治账，在接受"定牌"或"无牌"时，要有政策界限，我们的意见是：(1)凡政治上有不良影响的应坚决拒绝；(2)在销售市场上已有我国相同近似的品种规格的出口商品的，不宜接受定牌；(3)在销售地区已有我国有牌子的同类商品销售的，应拒绝接受无牌；(4)这种"定牌"如果是完全仿冒或者是近似外国的名牌，或者发现其他地区或其他客户订购的同类商品中已使用相同或近似的商标的，也不宜接受。最后外贸部门对"定牌"或"无牌"最好要从严掌握，尽可能争取使用我们自己设计的商标。

(三)出口商标的注册，包括着两个问题，一个是出口商标向输销国注册的问题，一个是国内注册的问题。过去外贸部门对出口商标向输销国注册重视不够，有些牌子花了许多广告费，在国外市场建立了信誉，结果被外商仿冒注册，我们的商品反被禁止行销。这样的例子是不少的。在上海清理出来的1528个商标中只有35个是在国外注了册的。通过这次会议，希望引起外贸部门的重视，凡有条件向输销国注册的，应尽可能争取在国外注册，以保障我国出口商品在国外的利益。

关于出口商标在国内注册，应该由什么单位负责申请尚不明确。经过讨论，大家意见：国内注册由总公司、分公司或工厂直接办理，可根据具体情况由外贸部门与工业部门协商决定。由总公司统一办理国内注册时，可以不经过地方初审核转手续；由分公司或工厂直接办理，应经过当地工商行政部门核转。一般是凡各口岸共同使用的商标最好由总公司申请，其余的由口岸的分公司办理为好。由口岸分公司办理一方面可以掌握当地的具体情况；同时又避免过于分散的缺点。请外贸部门考虑。

(四)关于几个厂共同使用统一的商标问题。几个企业单位共同使用统一的商标，这种情况，在内销产品和出口商品中都存在，但在出口商品中尤为突出。例如梅林罐头食品，原为上海名牌，现在由上海、重庆好几家食品加工厂生产，都使用"梅林"这个牌子。在内销产品中，例如"飞马牌"、"敦煌牌"香烟，由2个厂共同使用；"友好牌"皮件由2个厂共同使用；"钻石牌"电钟和闹钟由3个厂共同使用；金笔钢笔，有2个厂共同使用"永生牌"，3个厂共同使用"大东牌"等等。这种情况所以造成，原因是很复杂的：有的是由于有些厂原来是一家的分支机构，全行业合营后，经济改组，各归当地领导，独立经营，但谁也不愿放弃老的牌子；也有的因为市场上指牌要货，1个厂的生产不能满足供应，就由几个厂分别生产共同使用一个牌子(在外贸方面特别如此)；也有的是为了品种类似，便于成套出卖(如盒装金笔与铅笔)；也有的是为了统一牌价(如兰风牌棉纱，19个厂共同生产)。但是由于各厂操作技术、生产设备、管理水平各有不同，产品质量上难求一致。于是就发生了同一牌子同样价格的产品，而质量好坏不等，不但消费群众有意见，即对生产企业来说，不仅失去了商标是代表产品一定质量的意义，而且由于责任不明，也不能起鼓励先进、鞭策落后的作用。但如果不允许共同使用统一商标，则会影响市场的供货计划，在外贸上还会影响出口计划。

这一问题，我们的意见是：在外贸上，为了满足出口市场的需要，几个厂共同使用统一的商标是可以暂时允许的，但必须经过严格的检查，保证质量规格的一致。在质量鉴定上，特别要与名牌厂密切联系，能由名牌厂的工程技术人员参加检查更好。如果不能保证质量规格的一致时，质量差的宁愿另创牌子，调整价格，也不要用原来的名牌，因为把名牌搞垮了，最后算起账来，对出口贸易也是不利的。至于在内销市场上，为了供货计划的方便，在基本保证质量规格的统一时，虽也不妨使用统一的商标，但最好是各创各的牌子，以分清责任，应该认识到：商标的物质基础是产品的质量，而不是靠老招牌，只要质量好，新商标同样可以在消费者中建立信誉。

关于有关的"成套"商品使用共同商标的问题。这种情况在高档化妆品上较多(包括外销和内销)，例如上海市印有百花、蝴蝶、玉叶、白玉、幸福等牌号，各使用在香脂、头蜡、唇膏、香水、香粉、香皂等成套化妆品上,这些商品并不由一个工厂生产,而是由不同的工厂生产,它们为了便于推销,共同使用一个商标,消费者可以成套购买,也可以认牌零买。这和第一种情况形式相似而实质不同。前一种情况是不同的生产企业在同一商品上使用统一的商标,这里是不同的生产企业把统一的商标用在成套的商品上。前者是同一产品,质量不能保证完全一致,生产者和消费者都有意见;后者由于产品品种不同,不发生质量是否完全一致问题,只要大体上保证质量(例如都是高档货或中档货),还可以对企业起相互督促的作用。过去我国对同种产品的商标使用过多,(特别在化妆用品上)造成在国外市场上互相竞销,如能成套产品使用一个商标,就可以简化商标数量,便利于向国外推销,这对于企业推销成品、消费者选购、简化商标三方面都有好处。问题是:这个商标所有权究竟为谁所有,除使用在一致协议的成套产品上以外,是否还可以用在其他商品上,这样做是否与商标注册条例相抵触,可否作为今后发展的方向?

这一问题,我们的意见是:成套商品共同使用统一的商标可以简化商标数量,便于管理,便于向国外进行宣传,对各生产企业可以起相互督促的作用。对于这种商标,应该作为各企业共同所有,各企业除用于成套商品上以外,不得随意滥用在其他商品上。至于商标注册条例的商品分类表问题,可以考虑修改。

(五)今后的工作安排意见

各地区对于商标工作大多做出了成绩,或者已经按照规划进行了工作。但正如上面所说,各地的商标工作是做得不平衡的。这里,我们提出几点初步意见,请各地考虑执行:

第一,将这次上海现场会议的精神向党、政领导上详细汇报,取得党政的重视与支持。特别是商标的管理工作比较薄弱的省、市要赶快进行补课。

第二,已进行全面清理、整顿的地区,应该建立必要的档案制度,做好初审和核转工作,要加强商标的辅导与管理,不要使商标混乱的现象,再度出现。管理商标应有专职干部,商标是一门专门的知识,商标工作干部应固定下来,不宜时常调动。

第三,未进行全面清理或仅进行重点检查的地区,应该进行一次全面的清理,摸清基本情况。所谓基本情况是:本地区实际使用的商标共有若干,已依法注册的若干,未依法注册的若干。在已注册的商标中,有多少是现在继续使用的;有多少是久不使用应该撤销注册的;还有多少是应该变更登记的。

第四,全面清理之后,应即进行整顿,即未依法注册的督促其申请注册;久不使用的应令其撤销;应变更登记事项的办理变更登记手续。对于实际使用的商标中,凡有封建、迷信或政治上不良影响的,应动员其更换商标图样、文字。对于新设计的商标,审查标准应该是政治性第一,艺术性第二。对有的商标能否使用,自己不能决定时,可提出意见,向中央工商局请示决定。

第五,对产品的质量检查,凡已经进行过产品质量检查的,应写出总结(总结可以由工业主管部门做,也可以由工商行政部门做),报送当地党委和中央工商局。今后应经常了解产品质量变化情况,搜集商业部门、消费者对产品质量的意见,发现问题,及时反映给党委和工业部门,必要时,推动工业部门对某些产品进行重点检查,每隔半年或者一年进行一次。

第六,对于还没有进行产品质量检查的地区,应即作出规划,根据这次上海和各地的经验,选择典型,进行试点检查,待取得经验后,再逐步推广。要解决干部的思想问题,克服畏难情绪,批判那种认为没有检验设备和技术人员就不能监督质量的错误看法,解放思想,大力争取领导支持,密切与有关部门的协作。

第七,加强对印刷业、广告业和设计人员的管理。对于未经注册的商标,一律不许印制和做广告宣传。新产品的商标,应动员其事先注册,如已在市场试销,其印刷数量应严加控制。应加强对设计人员的政治思想教育,对未组织起来的单干户要归口管理,归文化部门管还是工商行政部门管,由当地党委因地制宜,自行决定,但原则上应该把他们管起来,进行教育、改造。

第八,省一级的商标管理工作,应该做些什么?我在上次广州会议上已经谈过。现在再加以补充:(1)定期召开有重点市、县参加的地区性的商标专业工作会议,统一布置工作;(2)在可能条件下举办商标展览会,必要时亦可结合产品质量同时举行,以扩大商标管理的宣传、教育;(3)督促、检查所属市、县的商标管理工作;(4)在全省范围内进行一次商标的全面清理、整顿;(5)组织各市、县汇报工作,交流经验,必要时举行现场会议,进行评比,推动工作;(6)组织、督促所属重点市、县进行产品质量检查;(7)组织重点市、县管理商标工作干部学习商标的政策法令和业务知识。

以上各项可根据各省、自治区的具体情况，因地制宜，适当增减。但每一省、自治区都应该定出加强商标管理的工作规划，经省人委批准后报中央工商局备查。

这次会议的收获总起来说，有以下几点：

（一）通过，同志们认识到商标工作不是单纯的事务性工作，它还有政治的影响。如果不加以管理，不仅会造成市场上商标的混乱现象，对生产者和消费者不利，而且如听任一些有政治错误的商标流通于市场（如展览会上所陈列绘有类似国民党党徽的，绘有不包括台湾和海南岛在内的地图图形的，以及写有"中华民国万岁"字样的商标），在政治上会造成多么恶劣的影响，这是不难想象的。

（二）通过了上海各工业部门关于产品质量检查的报告，同志们更进一步认识到商标和产品质量的关系，认识到通过商标监督产品质量不仅是必要的，而且是可能的，因而大大提高了同志们的信心。

（三）几年来各地在商标管理上都摸索了一些经验，创造了一些办法，有的地区在这方面做得好，有的在那方面办法多，通过了各地的工作汇报，交流经验，互相学习，就可以使今后的商标工作大大地提高一步。

（四）摸清了全国的商标管理工作情况，为我们今后在全国范围内管好商标打下了基础。在出口商标上，通过了专题研究，不仅方向明确了，而且统一了外贸部门和工业部门的认识，密切了他们的关系。

（五）许多过去没有抓商标工作的省区，通过了这次会议，进行了一次具体生动的现场教育，为消除商标工作的薄弱环节创造了条件。

我们希望，通过这次会议之后，先进的工作地区会更先进，落后的地区会赶上去，随着全国大跃进的形势，我国的商标工作也来一个大的跃进。

（选自《工商行政通报》第145期，1959年7月14日）

五、轻工业部、纺织工业部、商业部、中央工商行政管理局转发上海市工商行政管理局关于上海市清理商标检查商品质量情况的报告

（1959年7月21日）

各省、市、自治区商业厅（局）、工业厅（局）、轻工业厅（局）、纺织工业厅（局）、市场物价委员会、工商局，省辖市人民委员会：

上海市工商行政管理局这个报告很好。商标是代表产品质量规格的标志，通过商标监督产品质量可以促进工业部门更加重视产品质量，加强工业部门和商业部门的联系，密切生产者和消费者之间的关系。上海市的经验也证明，由工商行政部门协同工业部门对产品质量进行定期的重点检查，对改进和提高产品质量是有帮助的。现将上海市工商局的报告转发给你们，以供参考。

附：关于上海市清理商标检查商品质量情况的报告

我局在上海市委统一领导和中央工商局上海工作组的具体帮助下，自3月开始对全市使用的商标情况进行了全面清理。在清理商标的同时，并会同上海市纺织工业局、轻工业局、化学工业局、电机局对纺织工业品、轻工业品、化学工业品和电讯器材进行了产品质量的重点检查。商品全面清理的结果是：全市共有商标6250个，其中依法注册的4642个，占74.27%；未依法注册的1608个，占25.73%。在已注册的商标中，有1698个已久不使用应该撤销；在未注册的商标中，经发现有不少商标的文字图形设计不恰当，甚至还有个别是在政治上有不良影响的，例如使用在硫化钙上面的"中美牌"，使用在内销商品雪茄烟上的"色白尔斯牌"（完全用西班牙文字并用金镑皇冠作为图形），都表现了浓厚的崇拜外国的殖民地思想。又如使用在电木制品上面的"国图牌"，把蒙古人民共和国也划入我国版图之内，而漏列台湾，也有的商标图样把中国和日本版图画成一色，把台湾、海南岛和朝鲜画成一色，这都是严重的政治性错误。又如有的还沿用清朝政府所发执照，写着什么"钦命二品顶戴江南分巡苏松太兵备道袁"、"光绪二十八年九月初七日"、"本号自民国三十五年起改为运机，特此声明"等等文字，其他仿冒外国名牌的（如亨生地龙、老头牌刀架、人头牌铁纱布、蓝衣人香水），仿冒影射他人的（如张沅大、裕庆永两家仿冒庄沅大绿豆烧商标），以及崇洋、拜金、封建、迷信的商标（如"金元牌"、"洋房牌"、"公爵牌"、"太太牌"等等）也有一些。像这样图形或文字不妥当的商标共有200多个，其中经过审查确定不应继续再用的有74个，都

已分别作了处理。由此可见,商标的全面清理工作是十分必要的;如果不加以清理的话,这些在政治上有不良影响的商标就会继续在市面上流通。我局除正在全面清理的基础上进行整顿工作,即继续督促未注册的商标依法注册,该撤销的申请撤销,应行变更登记的办理变更以外,将进一步会同有关部门加强对商标设计的审查,对商标印制的管理和对商标设计人员的教育改进。

其次，关于通过商标监督产品质量，这是一项新的工作。自去年大跃进以来，本市工业生产有了飞跃发展，取得了辉煌成就。在新产品方面，试制和创制了不少新产品，有的已赶上或接近国际水平，这是主要的方面，但也出现了少数产品质量下降的现象。在市委召开工业会议，全市展开红旗竞赛的生产运动中，有些单位不仅做到大大增加了产量，而且也提高了质量，但在另一些单位却没有做到高产优质，甚至使产品质量下降了。根据市委“高产必须优质”的指示，结合商标管理监督产品质量的要求，我们在各级党委的领导下，在中央工商局工作组的具体帮助下，会同了有关商业、外贸、卫生等部门，协助和配合本市各工业部门对一部分产品质量进行了检查，计纺织工业品检查了 495 个工厂的 24 大类 55 个品种，轻工业产品检查了 217 种主要产品，化学工业检查了 4 个品种，电讯电器检查了 5 个主要品种，现在检查工作已初步告一段落。为进一步提高产品质量，加强生产管理取得了一定经验，有的还有待于深入。通过这次质量检查，我们有如下的几点认识：1. 各工业部门都指出在检查之前他们虽也感到产品质量有些问题，但究竟下降的具体情况如何，是了解得很不够的。通过检查，摸清了质量下降的具体情况，如纺织工业检查的 24 大类产品中，有 21 种产品下降。较严重的有 7 种，质量稳定的 3 种。轻工业 217 种主要品种中，今年比去年提高和保持稳定的有 107 种，下降和有波动的 110 种。电工器材 123 种产品中，比 1958 年上升和保持稳定的有 63 种，性能不稳定的 26 种，下降的 34 种。化学工业较严重的有 80 个品种。认识到主要问题所在，并找到了适当的解决办法。国营上海针织厂厂长说：“通过这次检查，质量问题具体化了，方向找到了，措施也跟着来了”。通过检查，大家的思想认识大大地提高了，知道产品质量不好是最大的浪费，并初步树立了高产必须优质的正确观点。2. 各工业部门报告都指出产品质量下降的原因主要是主观方面的，客观条件是次要的。归根到底是领导思想问题，即由于领导上对多快好省的总路线精神体会不足，单纯追求多快而忽视好省。有产量指标而无质量指标。放松了检查制度，规章制度一般是有破无立。检查下放车间、小组，实际上等于取消。甚至个别的认为提出质量指标就是促退派，完成数量是“名利双收”，完成质量是“名利双丢”，不遵守工艺操作规程，只要能完成数量不必经过领导同意和批准可随意变更应有的工序，以及片面的节约观点，等等。至于原材料的困难，虽然也是影响质量的因素之一，但不是主要的。3. 正由于质量下降是主观因素大于客观因素，即就客观因素来说，也不是完全不能以人为努力克服的。因此，通过了检查之后，采取了相应的措施，企业领导和职工群众一般都重视了质量，情况立刻有显著的改进，自 5 月份起下降趋势基本已经停止，少数质量显著下降的产品，也开始有了好转。例如轻工业品在质量下降的 110 种产品中，截至 5 月下旬为止，已有 27 种恢复了原来的质量水平，57 种基本好转，12 种虽已好转但尚不稳定，14 种为了保持原来商标的信誉，已经停止生产或改产其他同类产品。纺织、化工、电讯器材也有不同程度的改进。4. 产量和质量的关系问题，过去只看到对立的一面，通过了检查，认识到这两者是统一的。高产而产品质量低劣，对整个社会来说是一种浪费，对企业本身来说也不一定能达到高产的目的。例如电讯电器公司的报告中指出，电阻焊头，以前日产 1 万只，实际上合格的只有 5000 只，经检查后改进工作日产 8000 千只，合格的有 7000 千只，表面上似乎少产了 2000 只，而实际上合格品增加了 2000 只。5. 这次检查是采取边检查边改进的办法，检查出毛病来之后，除客观因素一时不能克服的以外，一般都立即采取相应的措施，加以改进，因此次品率已开始下降，例如上海广播器材厂的 131 收音机原来产量很低，返工率达 110%左右（有的要返工二次），经检查发动职工鸣放，召开会议，提出措施，现在不但返工率下降到 20%，而且质量比过去提高 20%。再如白炽灯泡报废率从 3 月份的 10%下降为 5 月份的6.5%。因此检查工作得到了企业职工群众和商业部门普遍的支持与欢迎。

第三,这些质量检查工作是结合商标监督产品质量来进行的。商标是代表产品质量规格的标志,通过商标监督产品质量是我们社会主义国家商标管理工作优越性的一种表现,也是国务院1957年1月批转中央工商局通知的主要精神。通过了这次检查,使我们深深地体会到国务院的方针是完全正确的,而且也是可行的。因为商标由工商行政部门管理,与消费者的关系比较密切。消费者认牌子买东西,如果买到质量不合乎要求的东西,他们是会有意见的;同时生产企业使用一个商标就有责任巩固产品的质量,保证它对消费者一定的使用价值,这才真正对消费者负责。对于产品质量,工业部门和商业部门在看法上有时是有矛盾的。工业部门对于产品有它自己的质量规格指标(有的属物理性能的,有的属感官的)。商业部门由于与广大消费者相接触,最易于反映消费者的意见。而消费者(包括生产消费和个人消费)对于一种产品使用价值的评价往往是正确的。纺织局的检查报告中指出:"这次商业、工商行政部门配合检查,反映了一些意见,作用不小。因为他们接近市场,对市场上群众反映了解得多,他们反映的情况恰恰是我们不大注意的问题。上海市44个棉纺厂,其中有30家质量报表标准品率都达到100%,但实际存在很多问题。商业部门反映了意见,就帮助很大。又如国棉二厂产品质量标准品率月月都是100%,但是用户仍有许多意见。厂领导非常重视这个问题,组织访问使用他们产品的工厂100多家,了解了他们产品的实际情况,采取了倒流水的检查方法,一个工序、一个工序地追查上去,所以检查得比较好。这里可以看出工商间密切结合,对扭转质量、改进质量是甚为必要的。"电讯器材的检查报告中也指出了:"通过商标和商品质量的检查,基本上改善了工商之间关于产品质量所存在的矛盾关系问题,同时进一步密切了工商部门之间的关系问题。"本市这次工作的经验证明,由工商行政部门根据商标应代表产品一定规格质量这样一个角度来督促、推动工业部门重视产品质量,并定期组织检查,不但不会搞坏工业部门和商业部门之间的关系,反而可以促进生产部门更加重视产品质量,密切工商部门之间的关系,沟通生产者与消费者之间的联系,对于生产部门改进和提高产品质量有很大的帮助。这也是正确处理人民内部矛盾的一个具体方法。今后我们将经常收集消费者、国营商店、采购站等方面对产品质量下降的意见,必要时推动工业部门进行重点检查,以满足人民要求。

至于检查的工作方法主要是在党委领导下,充分发动群众,大鸣大放,政治挂帅,思想动员,使企业领导和职工群众充分认识到检查质量的目的不是找岔子、挑毛病,而是帮助他们改进工作,提高质量。无数事例证明:凡是政治思想工作做得好,群众发动得彻底的,检查工作就做得又深又透,又快又好,改进起来也事半功倍,这是这次检查工作中一条普遍的经验。

此外我局曾将商标全面清理和产品质量检查中发现的情况和问题举办了一个小型的"商标与商品质量展览会"(内部展出),组织本市有关部门的干部和部分企业的职工参观,又招待参加全国商标工作现场会议的代表和出席全国第三类物资交流会的代表去参观,他们一致认为展览会有很大的教育意义。这种展览会形式,也是教育干部重视商标和产品质量问题的一个可以采取的方式。

(选自《工商行政通报》第147期,1959年8月15日)

六、国务院转发中央工商行政管理局《关于全国商标工作现场会议的报告》的通知

(1959年10月20日)

各省、自治区、直辖市人民委员会:

国务院同意中央工商行政管理局《关于全国商标工作现场会议的报告》,现将这个报告转发各地,希参照办理。

商标管理工作,是市场管理工作的一部分,它不仅能够防止市场上出现若干相同的或近似的商标,造成混乱现象,而且有助于监督商品的生产质量,防止粗制滥造。在国际贸易上,商标还标志着我们国家出口商品的技术水平,代表国家的信誉。因此,各地人民委员会必须加强对商标的全面管理,使商标管理工作更好地为社会主义建设服务。

附:关于全国商标工作现场会议的报告

我局在上海召开全国商标工作现场会议,出席

会议的有各省、市、自治区商业厅(局),工商局、市场物价委员会负责管理商标工作的同志和中央各有关部门的代表90余人。这次会议,主要是介绍上海市商标全面清理和通过商标管理监督商品质量的经验,汇报各地商标管理工作的情况,互相学习,使商标工作提高一步。

开会之前,我局于3月间派工作组到上海,在上海市委统一领导下,帮助上海市工商局对上海市使用的商标进行了全面清理,并推动上海市纺织工业局、轻工业局、化工局、电机局进行产品质量的重点检查。上海市工商局曾将商标全面清理和产品质量检查的情况和发现的问题举办了一个小型的"商标与商品质量展览会",组织了出席全国三类物资交流会和商标工作会议的代表前往参观。

全国未注册的商标还占着相当大的比重。例如上海市共有商标6250个,其中依法注册的仅4642个,未依法注册的有1608个;占25.73%。重庆市125家工厂使用的362个商标中,注册的只有172个,未注册的190个,占一半以上。在未依法注册商标中,存在着相当混乱的情况:有的互相仿冒,有的模仿外商商标,有的商标在政治上有不良影响。例如上海清理出来的商标中,有的商标图形把中国和日本版图画成一色,把台湾、海南岛和朝鲜画成另一色;有的商标叫"中美牌";有的商标纸上写着"法租界"字样;有的商标完全使用外文。在上海出口商品使用的1528个商标中,完全使用外文的有825个(包括国外定牌626个),在国外已注册的35个。其中也有不少商标的图样、文字设计不当。如国图牌商标图形竟把蒙古人民共和国列入我国版图之内,而漏列台湾。上海经过这次清理之后,在政治上有不良影响经过审查不应继续使用的有134个(包括出口商品的商标60个)。由此可见,各地对商标进行一次全面清理是完全有必要的。

其次,通过商标监督产品质量,这一方针虽然在1957年1月国务院批转我局的通知中即已确定下来,但由于我们在这方面经验不多,除个别地区进行过试点以外,一般的都没有展开。这次上海市工商局在市委统一领导下,结合商标管理对产品质量的监督,会同各有关工业部门对一部分产品进行了重点检查。上海自去年大跃进以来,工业生产有了飞跃的发展,新产品的试制和创造有很大成绩,但是也有一些企业忽视了商品质量。经过了检查之后,工业部门采取了积极的措施,自5月份起商品质量大有好转。例如轻工业品在质量下降的110种产品中,截至5月下旬为止,已有27种恢复了原来的质量水平,57种基本好转,质量不够稳定的只有12种。至6、7月中,商品质量更有很大的提高。广州、天津、武汉、沙市、哈尔滨等市也通过了商标管理重点检查商品质量,对生产企业改进和提高产品质量起了一定的促进作用。

上海市这次检查产品质量取得成绩,主要是依靠各级党委的领导,充分发动群众,大鸣大放,政治挂帅,做好思想动员工作,使企业职工群众认识到通过商标管理监督产品质量的目的不是找岔子,挑毛病,而是帮助生产部门改进工作,提高质量,维护自己商标在市场上的信誉。检查时,在政治挂帅,作好思想工作的原则下先抓重点,摸清情况,然后普遍推开。各厂在进行自查之后,又在这个基础上进行互查,这叫做自查与互查相结合。互查是生产同品种的企业对口检查,是内行查内行,容易发现问题,找出原因,研究改进。

会议期间大家讨论,一致认为,商标管理工作的经验证明:(1)商标工作不是单纯的事务性工作,它要为社会主义建设服务,为社会主义生产和广大消费者服务。在对外贸易上,特别是对资本主义国家进行经济斗争上,商标有助于开辟国外市场,也为对外贸易服务。商标随着商品流通面广,文字图形可以反映国家建设蓬勃发展,又为当前政治宣传服务。因而商标工作必须政治挂帅。(2)随着人民文化物质生活水平的日益提高,商品生产的大大发展,商标数量逐渐增多,我们如不加强管理,不仅市场上会出现若干相同近似的商标,造成市场混乱现象,对生产者和消费者不利,而且还会出现一些政治上有不良影响的商标。在出口商品上,更会造成经济上和政治上的一些损失,因之今后必须加强商标的全面管理。(3)商标管理必须结合管理商品质量。商标是代表某一企业所生产的商品的质量规格的标志。生产企业使用某个商标,就有责任对消费者保证这个商标所代表的质量。工商行政部门通过商标管理,定期组织检查,可以促进生产部门更加重视产品的质量和商标的信誉,密切工业与商业部门之间的关系,沟通生产者和消费者之间的联系。这对于生产部门的改进、提高产品质量,是有一定帮助的。

此外,我国目前商标设计工作一般是设计水平不高，而费用高昂；设计时间很长，致影响生产；同时所设计的商标又时因相同近似不能使用，造成浪费。为此，我局现已开始筹组了"商标美术设计公司"作为我局附属事业单位，专司商标设计的绘画工作，一切费用由商标设计费内自给，不增加国家开支。现已有设计人员9人，以后视工作开展情况，逐步扩大。

（选自《工商行政通报》第153期，1959年11月12日）

七、轻工业部、商业部、中央工商行政管理局请注意纠正罐头商品漏贴商标的联合通知

（1959年10月26日）

安徽、四川、广东、内蒙轻工业厅(局)、商业厅(局)：

在国庆节前后，市场出售的罐头中，有一部分出厂时未贴商标(如安徽蚌埠肉食厂、符离集烧鸡厂、四川达县、万县、宜宾等罐头厂、内蒙海拉尔肉厂及汕头罐头厂等)，其中绝大多数虽然事后已补寄商标，但由于某些销售单位也未及时补贴就在市场上销售，造成消费者对质量的怀疑；而且有的因在中途外包装破损，使品种混杂无法区别，难以出售。

因此，特提请各地今后引起注意。应充分认识到商标是代表商品的品名、规格、质量的标志，便利消费者选购及销售；避免商品在市场上发生混乱，维护商品信誉；同时还能起监督产品质量、促使不断提高质量的作用。除应责成工厂今后在商品出厂时，必须贴好商标外，希望各地认真检查现在漏贴商标的情况，并立即进行补贴。凡不贴商标的罐头，一律不得在市场出售。此外，企业使用的商标，必须依照规定向中央工商行政管理局申请注册。

（选自《工商行政通报》第154期，1959年11月27日）

八、中央工商行政管理局副局长千家驹在河北省商标管理工作现场会议上的讲话

（1959年11月16日）

这一次河北省商标工作现场会议开得很好，也很及时。这次会议是在全国商标工作上海现场会议的基础上，为了开展河北省的商标工作而召开的第一次全省性的会议。出席会议的都是市、专署、重点县管理工业、商业以及市场物价工作的负责同志，可见河北省对商标管理工作的重视。根据国务院最近转发中央工商局《关于全国商标工作现场会议报告》的批示，国务院指出："商标管理工作是市场管理工作的一部分，它不仅能够防止市场上出现若干相同或近似的商标，造成混乱现象，而且有助于监督商品的生产质量，防止粗制滥造。在国际贸易上，商标还标志着我们国家出口商品的技术水平，代表国家的信誉。因此，各地人民委员会必须加强对商标的全面管理，使商标管理工作更好地为社会主义建设服务。"国务院的指示已由大会印发。我现在根据国务院的精神，趁此机会谈一谈怎样做好省、市的商标管理工作。

新中国成立以后，中央即对商标进行管理。1950年7月前政务院颁发《商标注册暂行条例》，以中央私营企业局(即现在的中央工商行政管理局)为商标注册的主管机关。十年以来我们在商标管理方面已取得了一定的成绩。但是还有些同志对商标工作的意义认识不足，甚至以为可有可无。自经1958年12月我局在广州召开一部分省、市参加的商标工作专业会议和今年5月间在上海召开全国商标工作上海现场会议以后，大家对商标工作的认识有所提高，过去没有抓商标工作的现在抓起来了，过去管得不够的现在加强管理了。天津市对于通过商标监督产品质量，有比较好的经验，这一次天津市又在过去工作的基础上，对商标进行了清理和质量检查，并举办了商标与商品质量的展览会。我这次听了天津百货采购供应站《关于通过商业环节促进工业继续不断提高产品质量，进一步扩大商标信誉，维护消费者利益》的报告，以及其他有关部门的报告，觉得很好，这些经验不仅在河北省可以推广，对其他地区也会是有用的。因此，中央工商局热烈支持这次河北省商标工作现场会议的召开，并且要我来出席会议，谈谈怎样贯彻国务院指示精神，管好商标工作，我想分三个问题来谈：

(一)商标管理工作的重要意义

商标是老事物，同时又是新事物。管理商标是一项老工作，又是新工作。为什么说它是老事物呢？因为商标是资本主义社会的产物，有了资本主义的商品生产，才有商标的产生。在单纯商品生产时代，商品的流通范围很狭小，甚至为订货而进行

生产,那时是不需要商标管理的。自从资本主义商品生产发达之后、商品流通扩大,花色品种增多,为了区别各企业生产的产品,便于消费者的选购,就有牌号(商标),以为标记,使购物者一看而知为某一企业之产品。就我国来说,办理商标注册自 1904 年(光绪三十年)即已开始。说起来很有意思,商标注册是帝国主义在不平等条约中明文规定的(初见于中英续订商约,1902 年),也就是说是帝国主义强加于我们的,可见商标是资本主义社会的产物,随着资本主义而输入我国。以后北洋军阀政府、国民党反动政府继续举办,他们都设有商标专管机构,并颁发有商标法令。但是资本主义国家管理商标的目的和我们社会主义国家是根本不同的。资本主义国家管理商标的目的主要是为了保护商标使用人的专用权,也就是说为了保护资本家的利益;而社会主义国家,由于我们已经消灭了资本主义的生产资料所有制,保护专用权已不是我们主要的目的。虽然我们的商标注册仍有保护专用权的意义(商标经注册后不得相同或近似),但其目的也不是单纯为了保护使用人的利益,而是为了防止市场上发生混淆,为广大消费群众服务。同时,我们还要通过商标监督产品质量,防止粗制滥造,使商标能起保证和提高产品质量的作用。在对外贸易上,商标标志着我国出口商品的技术水平,代表国家的信誉,一个设计优美大方而又便于记忆的商标,不仅表示商品质量优良,还可以吸引群众的购买,使人一见而知为新中国的产品,促进对外贸易。商标在输销国注册之后,可以防止他人的仿冒,保障出口者的利益。所以商标又是为对外贸易服务的。商标通过商品的流通而与广大消费者接触,可以配合政治宣传(如推广汉语拼音、体育运动、除四害等等),不但反映新事物的商标如东方红、火箭、卫星、长江大桥等等,可以起政治宣传作用(但当对资本主义国家出口时,应避免政治色彩浓厚的商标);就是其他各式各样的商标,也可以从各方面来反映我国社会主义建设蓬勃发展和广大人民丰富多彩的物质和文化生活,反映伟大祖国的新气象,这也是为政治宣传服务。因此,社会主义国家的商标管理工作不是单纯的事务性工作,它是要为生产企业、为消费群众、为对外贸易、为政治宣传服务的。一句话说,就是要为社会主义建设服务。就这一意义来说,商标管理又完全是一项新的工作,我们对此还没有很好的经验,资本主义国家那一套办法显然是不适用了,特别是通过商标监督产品质量,我国正在各地试点。希望各地创造经验,摸索出一套办法来。今年 4 月间上海举行的全国性的现场会议和这一次天津的现场会议,无疑地对我们的工作会有帮助的。

(二)商标管理工作的几个阶段

自解放以后,1950 年 7 月前政务院颁布《商标注册暂行条例》后,即由中央私营企业局开始办理注册;当初由于资本主义工商业在我国仍占相当比重,所以我们对商标注册采取“注册与否,听其自便”的方针。从 1950 年—1953 年,我们通过了商标注册,不仅减少了在市场上的相同、近似和仿造、仿冒的商标,同时还取缔了国民党反动统治时代遗留下的反映封建、迷信、黄色、殖民地色彩以及在政治上有不良影响的商标,基本上肃清了商标在市场上的混乱现象。但由于当时条例的精神是注册与否,听其自便,所以许多商标未经注册,对监督产品质量亦未提出要求。自 1953 年国民经济有计划建设时期开始以后,1954 年我们发布了《关于未注册商标管理的指示》,指定重点城市对未注册商标进行登记。1955 年 3 月,中央工商局又提出:“(一)国营、地方国营、公私合营和省级及较大城市合作社(包括生产合作社)营企业的商标,必须注册;私营企业的商标,不注册的必须向地方工商行政机关进行登记;(二)通过商标注册或登记,选择某种重点行业,试行填报产品质量规格表。”这一通知曾经国务院批转各地和中央有关部门,但是由于当时有些企业的负责人对商标的作用、意义认识不足,特别是某些国营企业干部不了解商标虽然是资本主义经济的产物,但是可以利用来为社会主义服务的道理;有个别企业还甚至假借商标来投机取巧,在开始创立商标时,还能保持一定的质量,等到打开销路,便降低质量;有的甚至经常更换商标来欺骗消费者。另一方面,当时为了对资本主义工业进行加工订货,曾经一度取消企业原来的商标而统一使用商业公司的商标或者用专业公司“监制”、“包销”的字样,这种做法也助长了企业不关心产品质量和商标在市场上信誉的倾向。

1956 年,资本主义工商业全行业公私合营以后,企业经济性质起了根本性的变化,工商业间的购销关系也有了新的改变,这时如果继续实行“注册与否,听其自便”,那就不适当了。所以自 1957

年起,中央决定对商标实行“全面注册”的方针,1957年1月17日国务院批转中央工商局《关于实行商标全面注册的通知》,内容要点是:“(一)各企业(不分经济性质)、合作社产制商品使用的商标,必须注册;现在还没有注册的,统限于1957年6月底以前(后展期于1957年12月底)申请注册;(二)为了贯彻全面注册的方针,照顾一般中小企业,注册费从原规定的每件50元减为20元;(三)各企业、合作社应当积极提高产品质量,巩固自己商标的信誉;在申请商标注册时填报商品质量规格表,如果发现或者经人检举降低质量,应当报送主管工业部门进行检查处理。”所谓全面注册,就是指凡使用商标的必须注册;当然,如果习惯上不使用商标的,是不必注册的。自这一通知发出后,许多地区都对商标进行全面清理,并且加强了对商标的管理。但仍有部分地区没有贯彻执行全面注册的方针,更没有认识到商标与质量的密切关系,因而还有不少地区还没有把商标管起来。据估计,目前全国还有一部分商标没有注册。这是商标管理工作的第二阶段。

1958年12月中央工商局在广州召开一部分省、市参加的全国商标工作专业会议,那次会议主要地是解决商标工作要不要和商标注册能不能下放的问题。1958年下半年,在人民公社化以后,在一个短时期内,曾经有多数人产生商品生产将要缩小或很快就要消失的混乱思想,这种混乱看法,在党的八届六中全会公报发表后得到了澄清。广州商标会议上我们对商品生产将继续扩大的趋势作了分析,指出在整个过渡时期商品生产将继续发展,而只要商品生产存在一天,商标就必须进行管理,不管理就会造成市场上的混乱状态,对生产者和消费者都有不利。其次,是商标注册能不能下放的问题,经过讨论,大家一致认为商标管理工作有一部分是可以下放,而且事实上也必须下放的(例如通过商标管理商品质量)。但是商标的注册,却必须由中央集中统一审查,统一注册。这是因为商标有它的特殊性。必须统一,不统一就会搞乱。商标的特殊性是什么呢?就是它的专用性或独占性。商标不能在市场上相同、近似,否则就失去使用商标的意义。我国商标注册的目的,虽然不是为着保护专用权,但事实上仍起保护专用的作用,这种保护是必要的。如果注册之后,还允许别人商标相同、近似和仿冒,那么注册不注册有什么不同呢?商品在市场上是要碰头的,一碰头之后,假如有两个或者两个以上相同、近似的商标,就会引起混淆,使购买者无所选择。在国内市场如此,在国际市场上也是如此,我国出口商品商标如果仿冒别国的,或者别国的商标仿冒我国的,在国外市场上碰头了,也就会发生谁真谁假的问题,这时就要打官司,看哪一国的商标已经在输入国注册。已经注册的就取得专用权,未注册的被禁止使用。所以商标不仅在国内不能相同、近似,在国际市场上也不能相同、近似。国与国间如订有商标互惠协定,商标在对方进行注册之后,就要保护它在注册国的专用权。不仅本国商品不得仿冒对方已在本国注册的商标,即第三国也不得仿冒。既然这样,商标的注册必须由中央统一办理,这在世界各国多是如此,否则就无法避免相同、近似或仿冒。

在广州会议上也明确了商标为生产企业、为消费群众、为对外贸易、为政治宣传服务的思想,并且把商标管理与质量检查结合起来,但对于通过商标监督产品质量,大家还是信心不大,办法不多,而且还有人认为产品质量是工业部门的事,工商行政部门或商业部门管不了,管不好。这一问题是直到今年五月间在上海召开的全国商标工作专业会议上才基本解决了的。今年三、四月间上海市工商行政管理局会同轻工业局、纺织工业局、化工局、电讯器材公司等有关单位对217种轻工业品,55种纺织工业品,4种化学工业品,5种电讯器材进行了质量检查。经过了检查,大大提高了产品质量,贯彻中央高产必须优质的精神,维护了商标在群众中的信誉。经验证明,通过商标监督产品质量,不但可以促使生产企业更加重视产品质量,而且加强商业部门与工业部门的联系,密切消费者与生产者之间的关系。这次天津百货采购供应站的报告,也证明了这一点。“高产优质,多品种,低成本”即为工业上“多快好省”方针的具体体现,也是总路线的贯彻。在高速度发展生产的同时,保证和不断提高产品质量是社会主义企业不可动摇的方针。因此,通过商标管理监督产品质量,不断提高产品质量,维护商标信誉,保护消费者的利益,是工商行政部门的一项重要职责。这样可以搞好工商之间的关系,发扬共产主义大协作的精神,对生产者有利,对消费者有利,对社会主义建设有利。

广州会议与上海会议以后,标志着商标管理工作第三阶段的开始,标志着我们的商标全面管理的加强与深入。今后的商标工作必须与市场管理与质量检查密切结合起来。国务院关于“各地人民委员会必须加强对商标的全面管理,使商标管理工作更好地为社会主义建设服务”的指示,我们一定要贯彻执行。

(三)怎样做好省、市的商标管理工作

在广州会议和上海会议的总结发言上我都谈过省、市的商标工作,已作为大会文件发给代表们参考。这里,我想再补充几点:

第一,要做好商标工作,必须政治挂帅,争取党委的领导与支持。即必须认识到商标工作不是单纯的事务性工作,必须明确商标为社会主义建设服务的思想。过去我们对宣传工作做得不够,以致有些同志至今还不明白商标是什么和为什么要管理商标。事实证明,只要我们把道理讲深讲透,使大家彻底认识商标工作对社会主义生产有利,对人民群众有利,各地党委是无有不予支持的。

第二,必须摸清商标的基本情况。省、市、县必须搞清楚本省、本市或本县之内,总共使用多少个商标,有多少已经注册,有多少尚未依法注册;未注册的必须令其注册,已注册的使用情况如何,有变更注册的应即办理变更注册手续(如企业名称改变);注册而久不使用的,令其办理撤销。如果有不依规定注册和滥用商标的,先进行说服教育,情节特别严重的应有典型处理,以教育一般。

关于商标的基本使用情况,省和市、县情况不同。省不直接管理商标,省必须要市、县搞清楚之后,才能知道省的商标基本情况。所以商标清理必须以市、县为基础来进行。省的任务主要是督促、检查所属市、县的商标管理工作,推动所属市、县对产品质量进行检查。像这次河北省召开这样一个现场会议,就会对全省商标工作起很大的促进作用。

市、县是直接管理商标的,但市与县的情况又有所不同。市一般是工商业较集中的城市,使用的商标较多,而县一般商标较少。因此,在广州会议上我们决定:市要办理商标初审和核转工作。初审时应该注意:申请手续是否完备,商标的图形文字是否违反商标注册条例第四条的各款规定,在本市内有无相同近似。全国的相同、近似,市是无法掌握的,但为供各地参考起见,中央工商局编印一套全国已注册商标的名称目录,已发给各地,如果名称相同或近似的,查对后即可令其更易,所以我们要求市把商标管起来,要有专职或兼职干部办理初审工作。县的情况不同,有的县商标使用较多而又具备条件的可以参照市办理。如果商标很少,而干部配备也有困难的,我们意见可以由企业直接向中央工商局申请注册,不必办理初审。但仍要随时注意商标的使用情况,并对当地产品的质量进行必要的检查。

第三,对商标的全面管理,除了督促企业对使用商标申请注册外,还应该从印制、广告(街头和报纸的广告)、设计等各方面都管理起来,特别对印制厂要加强管理,凡未经批准注册的商标不准印制,亦不许作广告宣传。印制业是管理商标重要的一个环节,这一环节如果管好,商标不注册的现象便可以根本肃清了。

对于新制品使用的商标,应动员其事先注册,新制品决不会一个晚上做出来的,只要它们重视商标注册,在创制新产品时即设计商标申请注册是完全可能的。

对于街道办或民办企业,如果产品销量有限,或者是试销性质的,暂时可以不用商标,而只要在产品或包装上注明产制企业的地名、企业名称即可;等到产品销路打开之后,需用商标时再设计商标申请注册。

第四,对于商品质量检查,各地可以根据具体条件,选择重点来进行,上海和天津的经验是值得参考的。重要的是要使工业部门了解通过商标监督产品质量,并不是撇开工业部门而另搞一套,更不是找生产企业的岔子,而是促进工业部门重视产品质量,维护商标的信誉,是为了生产企业的利益,也是为了消费者的利益,这是社会主义优越性的一种表现,是共产主义大协作精神的发展。因为社会主义生产的基本经济规律是在先进技术基础上使生产不断发展和不断完善,以满足人民日益增长的要求。保证和提高产品质量是社会主义生产不可动摇的方针,我们必须把商标工作贯彻为生产、为消费、为社会主义建设服务的原则。

(选自《工商行政通报》第155期,1959年12月14日)

九、中央工商行政管理局副局长千家驹在陕西省和山东省商标工作会议上的讲话(摘要)

(一)商标的意义和作用

商标是资本主义经济的产物,但可以利用它来为社会主义服务。在资本主义社会,商标注册主要是为了保护商标的专用权,资本家常利用商标作虚

伪宣传,投机图利。社会主义国家已经消灭了资本主义生产资料所有制,因而保护商标专用权已经不是主要目的。但是,社会主义企业也是独立计算盈亏,进行经济核算的。企业的产品仍有必要使用商标,用以区别商品的产制单位,质量规格,使购买者易于识别;同时商标的信誉,对商品的销售起着重大的作用。社会主义企业之间,商标发生相同、近似,仍然难以完全避免。从市场管理角度出发,对商标进行管理,是完全有必要的。所以商标注册,对生产企业来说,仍有保护商标专用的意义在内。

社会主义生产的目的,是为了最充分地满足人民日益增长的物质和文化生活的需要。随着人民生活水平不断提高,对产品质量的要求也不断提高。商标是代表商品质量、规格的标志,生产单位在产品上使用商标,应当对这个产品的质量负责。某一商标在消费群众中树立了信誉之后,在消费者的观念中就形成了具体化的商品质量形象。人们选择商品时,指牌买货,正是由于这个商标的商品适合他的消费习惯、购买能力和要求。如果商品降低质量,时好时坏,就不能满足人民日益增长的需要,也就不符合社会主义生产的原则。我们通过商标管理监督商品质量,防止粗制滥造,正是为了保护广大消费者的利益。

社会主义国家还有对国外的商业关系。在国际贸易上,商标还标志着一个国家出口商品的技术水平、代表着国家的信誉;对资本主义国家来说,商标还有保护本国企业对资本主义经济作战的作用。国与国之间的商品交易,一般是指牌要货,不必在每次交易中都看样品,商标在外贸上具有很重要的作用。我们对出口商品的商标进行管理并给予必要的辅导,就是为了对外贸易服务。

随着商品的流通,商标与广大消费群众相接触。商标所采用的文字图形,可以配合政治宣传,对人民群众起宣传教育的作用。商标的图形文字又反映一个社会的经济基础及意识形态。例如解放前的商标,具有浓厚的封建、迷信、黄色、崇外色彩,充分反映了当时我国半封建、半殖民地社会的性质。而现在的商标采用了伟大祖国的新事物,其中不少是设计优美,富有政治性、思想性和民族风格的,这也反映了我国社会主义建设飞跃发展和人民群众丰富多彩的生活。

由此可见,社会主义国家的商标管理工作,不是单纯的事务性的工作,它是为无产阶级政治服务的。它通过为生产企业、为消费群众、为对外贸易、为政治宣传四个方面来为社会主义建设服务。随着我国工农业生产大跃进,新产品日新月异,今后商标数量势必逐日增多。商标管理工作如果跟不上客观形势的发展,不仅会造成市场上的商标混乱现象,而且还会在政治上、经济上造成损失。

(二)解放后商标管理工作的几个阶段

自1950年7月前政务院公布《商标注册暂行条例》后,我们即开始对商标进行管理,大体上可以分为三个阶段:

(1)从1950年—1956年三大改造完成前是第一阶段。解放初期,资本主义工商业在国民经济中尚占相当比重,当时我们对商标注册采取"注册与否,听其自便"的方针,对通过商标监督产品质量未提出要求,主要是保护商标的专用权。在国民经济恢复时期,基本上取缔了国民党反动统治时期遗留下来的表现反动的、封建迷信、黄色和殖民地色彩的商标。自国民经济有计划地建设开始后,1954年我局发出《未注册商标管理的指示》,要求国营、地方国营、公私合营、合作社营和较大私营企业的商标必须申请注册,一般小型私营企业、手工业的商标,不注册的必须向当地工商行政机关登记,以便全面管理。1955年规定申请商标注册的企业,应填报商品质量规格表。

(2) 1957年—1958年是第二阶段。自三大改造完成以后,企业经济性质改变,工商关系也有了变化。1957年1月国务院批转中央工商行政管理局《关于实行商标全面注册的意见》,开始实行商标的全面注册。为了树立和巩固商标的信誉,一律填报商品质量规格表,对降低质量的应由工业主管部门进行处理。但是,由于有些企业对商标的重要意义认识不足,全面注册的方针还没有很好地贯彻;同时,对通过商标监督产品质量还缺乏经验。

(3)1958年12月,中央工商行政管理局在广州召开了一部分省、市参加的商标工业专业会议。在思想上进一步明确了商标为生产、消费、外贸、宣传服务的观点,批判了商标可有可无,商标可管可不管的错误思想,明确了商标工作必须政治挂帅和走群众路线。1959年5月又在上海召开全国商标工作上海现场会议,根据上海市的经验,证明通过商标监督商品质量,不但是必要的,而且是完全可能的。结合党提出的高产必须优质的号召,通过商标管理不但保证和提高了产品的质量,而且还密切了工业与商业之间、生产者与消费者之间的关系。1959 年 10 月 20 日国务院批转中央工商行政管理局上海现场会议的报告,指示"各地人民委员会必须加强对商标的全面管理,使它更好地为社会主义建设服务"。

商标管理工作从自由注册列全面注册,由保护专用权列监督商品质量,这是符合我国经济客观发展规律的。它随着我国社会主义革命和社会主义建设的深入而逐步深入和提高。

(三)关于监督产品质量问题

通过商标监督产品质量是社会主义商标工作优越性的一种表现,应该作为我们商标工作的纲,以此带动一切。这样,就可以使这一工作直接和总路线结合起来,为"三个万岁"服务。总路线要求多快好省,对工业产品来说,就是要"高产、优质、多品种、低成本"。工商行政部门通过商标环节来抓产品质量,可以充分发挥我们的主观能动性,结合高产优质,为总路线服务。我们在监督产品质量上,应抓工业和商业两个环节。从工业部门来讲,对产品质量的提高,负有直接的责任;在流通过程中,产品质量的好坏对商品的销售,具有很大的影响。因此,商业部门亦有验收人员,防止残次产品流入市场。商业部门因为和广大消费群众相接触,消费者对产品质量的意见首先,反映到商业部门。从上海、天津和各地经验来看,任何商品使用价值如果不能令消费者满意,商品的质量一定有问题。例如去年上海市 44 个棉纺厂,其中 30 家质量报表标准品率都为 100%,但用纱户有意见。上海纺织管理局从使用部门了解质量情况来进行检查,发现了问题,提高了质量。其次,商业部门集中了不同地区、不同企业的产品,经过消费群众的鉴定,知道哪种牌子的货色好,最受消费者欢迎,优点何在,这种意见提供给生产企业参考,对改进产品质量是大有好处的。商业部门本有检验人员,过去检验单纯为了防止残次品流入市场。去年天津日用品百货站大搞工商协作,商业部门的检验人员下厂检验,不仅检验成品,而且还检验半成品和原物料。这样,有问题就立即改进,这是很好的经验。最后,通过检验产品质量,工商行政部门还可以直接参加到工业生产的技术革新运动中去,组织工厂技术交流,帮助工业部门解决原材料、工具及设备的困难。

工商行政部门抓住商标这一环节,组织工商大协作,发挥共产主义的协作精神,可以密切生产企业与消费群众的关系,而且可以促进企业改进和提高产品质量。

第一,随着社会主义生产的发展,人民对产品质量的要求也是不断提高的。我们不仅要保证产品质量不下降,而且还应该促使企业在产品质量原有的基础上不断地提高。事实证明,有些产品质量虽未降低,但由于技术革新日新月异,后来者居上,以致原来先进的落后了。这说明维护商标的信誉,不能以维持原有的质量水平为满足,还应该不断提高,不断改进。其次,质量问题不仅是指物理性能和化学性能(当然这是最主要的),它同时包括外观改善、花色品种的增加,造型的美观,包装、装潢的改进等等。

第二,商标工作为什么要以监督产品质量为纲来带动一切?

(1)由于质量问题是与总路线直接相结合的,"高产、优质"在任何时期都是社会主义的生产方针。这样商标工作就可与中心工作相结合,不致于挤不进去。

(2)通过质量检查,可以促进企业对商标作用的认识,推动商标的全面管理。

(3)通过质量监督,可以推动技术革新和技术革命。

第三,监督产品质量必须走群众路线,搞社会主义竞赛。这是各地搞质量检查的一条主要经验。工商行政部门一般是没有技术人员和设备的,它主要是抓住商标这个环节,组织、督促、推动工业和商业部门来进行。但光靠工业、商业部门的技术人员也是不够的,还必须发动职工群众,并且还要广泛地征求消费者的意见。这就是监督产品质量的群众路线。群众路线与政治挂帅是分不开的,要发动群众,就必须广泛展开宣传商标与质量的密切关系、商标管理的重要意义。同时我们还要使质量检查与质量评比竞赛结合起来,所谓"学、比、赶、帮"就工业产品来说,就是学名牌、比名牌、赶名牌、帮非名牌。

第四,检查质量可以采取自查与互查相结合,重点检查与普遍检查相结合的方法。自查是各厂自行检查,互查是同性质的企业对口检查,内行检查内行。自查是经常性的工作,互相可以定期举行。有的地区在企业中设有商标管理员(兼职的)同时又是质量检查员,一方面对企业负责,同进又对工商行政部门负责。这是很好的经验,可以推广。

质量检查还可以采取抓两头、带动一般的办法,即抓名牌货(保名牌,使其质量不下降而且逐步提高),抓质量特别差次的货(通过广泛征求消费群众意见)进行检查,提出改进意见。两头一抓,质量工作就带动起来了。

(四)几个具体问题的意见

(1)使用商标的界限问题。

商标全面注册管理,是指凡使用商标的必须注册,如果不使用商标的,当然不必注册。哪些商品可以不用商标,这一界限很难明确规定。大体上是:(甲)习惯上不使用商标的,可以不用。例如农副产品、矿产品、食用油、煤炭、旧式家具、土纸、布鞋等等;也就是说,消费者购买商品时,一般不是指牌要货的。(乙)不通过流通过程,由国家统一调动的物资,如大型机器、军工生产物资、尖端产品等等。但某些出口机器自愿使用商标,亦可听便。(丙)地产地销、生产不正常的商品,可以暂时不用商标,但在包装或产品上应该注明企业名称、地址,以便向消费者负责。如果使用商标的,就必须注册。

总之,我们管理的对象,主要是轻工、化工、纺织和电工器材等等,即与人民生活关系密切的生活资料和一部分生产资料,其余的可以根据具体情况确定。

(2)对未注册商标的处理宽严的问题。

现在还有一些产品使用商标尚未依法注册,这主要是由于我们对商标工作宣传不够。对未注册商标应以教育为主,动员其依法注册,必要时可以下厂帮助他们办理,只要我们把道理讲清讲透,社会主义的企业是不会不遵守政府的法令的。如果有个别企业经动员后,还是坚决不肯注册,工商行政部门是有权处理的。有同志提出现在街道生产、社办工业风起云涌,产品种类繁多,在商标管理上,是否发生一些困难。对这一问题,我们意见是:对街道工业生产的产品,如生产尚不正常,地产地销,暂时可以允许不用商标。待生产相当稳定,销路推广后,再设计商标申请注册。至于新产品使用商标的问题,我们认为创制新产品,总要有一段准备过程。只要我们商标宣传工作做得深透,在新产品正式投入生产之前,事先设计好商标申请注册,只会对生产有利。如果已经在市场行销,就动员企业办理注册手续。对于质量问题,即使不使用商标的,也应进行管理,以防止粗制滥造,投机取巧。

(3)商标管理工作的分工问题。

由于商标经注册后,即不允许他人在同一商品或同一类中的类似商品上使用相同或者近似的商标,以防止在市场上发生混淆(在国际市场上也是如此,一个商标在输销国注册之后,即不允许任何国家的同一商品或同一类中类似商品使用相同或近似的商标流通市场)。因此,商标注册工作,无论是社会主义或者资本主义国家都必须集中到中央统一办理。但是除注册应由中央统一办理以外,其他一些管理工作是必须也可能由各地方具体执行的。

地方管些什么?

地方管理商标机关是指省、专署、市、县各级工商行政管理部门(有工商局的由工商局管,未设工商局的,一般由省、市人民委员会指定商业厅、局管)、其中省、专署一级和市、县性质不同。省与专署正和中央一样,本身没有商标,同时又不办理注册,但不是没有事情可做,至于市、县是直接管理商标的。因此,它们之间的分工如下:

(甲)省与专署应做的事:1.宣传商标管理的政策、法令;2.定期召开有重点市、县参加的商标工作会议,统一布置工作;3.举办全省的商标展览会;4.督促、检查所属市、县的商标管理工作;5.在全省范围内进行一次商标的全面清理整顿工作;6.组织各市、县汇报工作,交流工作经验,召开现场会议,进行评比,推动全省工作;7.组织、督促所属重点市、县进行商品质量检查;8.组织重点市、县商标管理工作干部学习商标工作的政策、法令和有关的业务知识。

(乙)市和县应做的事:1.宣传商标管理的政策、法令;2.对当地的商标进行全面清理整顿;3.进行初审,建立商标档案制度;4.举办商标展览会;5.进行商品质量检查;6.对印制商标、广告、设计等行业进行管理;7.对商标设计人员进行政治思想教育。

总之,省、专署的工作主要是组织、督促、检查本省(专区)范围内的商标管理工作。市、县主要是对本市(县)的商标进行清理、整顿、初审、核准、质量检查工作。至于商标很少的县，可以不必办理初审，但对商品的质量，可以配合当地党委的中心工作进行检查。

(4)在工作中依靠党委领导是做好一切工作的关键。

这一问题主要在于我们如何去争取。过去我们对商标宣传工作做得不够，决不应埋怨领导不重视，只要我们把道理讲透，工作做好，党委是不会不重视的。应随时向党委请示、汇报，各位开完会后，回去向党委宣传，商标不是单纯的标志，而是有关政治影响的问题。在商品质量方面，我们要通过商标协助工业部门改进和提高商品质量，搞好工商协作关系，沟通消费者与生产者之间的联系，发扬共产主义大协作的精神，使工业部门和生产单位认识到这一工作对生产有利，对人民有利，总之，只要我们在工作中做出成绩来，领导上自然会重视和大力支持的。

（选自《工商行政通报》第 162 期，1960 年 3 月 29 日）

十、向中央工商行政管理局申请商标注册，七天内就能批复

中央工商行政管理局商标管理处于 3 月间大搞商标注册工作的“技术革新”运动，目前已经收到显著效果。申请商标注册的审批时间，从去年 12 月已经减到 1 个月的基础上，现在又进一步缩短为 7 天，更好的实现了多快好省的工作要求。

商标管理处这一“技术革新”运动，是在党的领导和全局工作跃进新高潮的推动下，经过群众运动——大鸣大放搞起来的。“革新”的要求是，加强商标注册工作的政治观点、生产观点和群众观点，在思想革命的基础上，大破大立，尽一切可能促使企业及早地注册使用商标。经过全处同志献计献策，在收发、审查、办文、会计以至档案各个环节都采取了革新的措施，重新组织了干部力量，制定工作定额，进行检查评比，领导上自始自终都抓紧思想教育工作，因而达到了预期的要求。目前，商标管理处正加强毛主席著作的学习，大家深信在毛泽东思想武装下，还可以挖掘潜力，争取进一步提高工作效率，使商标工作更好地为生产服务。

（选自《工商行政通报》第 163 期，1960 年 4 月 13 日）

十一、中央工商行政管理局发出在商标上使用体育图形和在出口商品的商标上使用简化汉字的问题的通知

最近中央工商行政管理局分别和中华人民共和国体育运动委员会、中国文字改革委员会，对于在商标上使用体育图形和在出口商品的商标上，使用简化汉字问题进行了研究，现通知如下：

1.体育图形可以用作商标，但图形表现必须力求健康、有力和美观。在烟、酒商品上，不适宜用体育图形作为商标。运动员个人的像也不宜用作商标。

2.在出口商品的商标上，暂可不必一律要求使用简化汉字，根据商品销售地区的具体情况，也可以暂时使用繁体字。

（选自《工商行政通报》第 179 期，1960 年 12 月 12 日）

第十六编　社会主义改造基本完成后的工商行政管理（下）

（1961 年～1966 年）

概　　述

综观这一时期的工商行政管理工作，虽然取得了一定的成绩，积累了一些有益的经验和教训，但是，由于受"左"的错误指导思想的影响和制约，致使在前进中出现曲折，未能充分发挥社会主义建设时期工商行政管理部门应有的作用。

这一曲折的出现是历史所决定的。根本原因在于把计划经济和商品经济对立起来，企图把各种经济活动全部纳入国家计划，忽视市场调节和价值规律的作用。特别是大跃进以来，更进一步地排斥多种所有制形式和多种流通渠道，社会经济愈搞愈死，致使具有维护国家计划、发挥市场调节职能作用的工商行政管理部门的工作难以开展。

在社会主义改造以前，工商行政管理部门主要是管理私营工商业的。社会主义改造基本完成以后，在新的历史条件下，没有及时赋予新的任务，仍按旧的观念，把它的任务局限于管理小商小贩、集市贸易等，大大地削弱它应有的职能作用。尤其是当工商行政管理工作不适当地强调"以阶级斗争为纲"以后，就偏离了为发展生产、活跃流通服务的正确方向，只能随着当时的政治形势的起伏而起伏，而其机构也就随着这种起伏而存废。

（一）

在这一时期，对社会主义统一市场的理解，有很大的片面性，错误地认为，社会主义统一市场是统一于社会主义公有制，过分强调计划市场的一面，忽视了市场调节的作用，从而对城乡集市贸易的态度摇摆不定。在经济发生困难，商品供应紧张时，则强调城乡集市贸易的积极作用，要求把它搞活，以利改善市场供应。当经济情况有所好转时，则百般加以限制和取缔。特别是在政策规定上，始终把长途贩运视为投机倒把，予以取缔和打击。只允许产销直接见面和农民间互通有无、调剂余缺，不允许农民个人从事商业经营，否则，就视为两个阶级、两条道路斗争的反映。这些"左"的政策不仅没有得到纠正，而且步步升级。所以这一时期的集市贸易，长期处于萧条的状况，而繁荣只是短暂的。

1962年到"文化大革命"以前，城乡集市贸易又由活跃走向萧条。1962年9月，中共八届十中全会通过了《关于进一步巩固人民公社集体经济，发展农业生产的决定》和中共中央《关于商业工作问题的决定》，都明确提出"正确地发挥集市贸易的作用"，"集市贸易是国营商业和供销合作社的必要补充"。但是，这次会议把社会主义社会中一定范围内存在的阶级斗争扩大化和绝对化。工商行政管理部门在1963年的工商行政管理工作会议上，对于农村集市贸易的分析和认识，进一步"左"摆，认为继续巩固社会主义计划市场，还是放任集市贸易自由泛滥，是市场上的两条道路斗争的问题；认为当时的集市贸易已经超出了农民相互之间调剂余缺的范围。据此，提出了"对农村集市贸易应当结合对农民的社会主义教育，加强领导管理"。同年，又对集市贸易的上市商品范围，作了严格规定。例如晒烟，即使在非集中产区，没有派购任务，也要等到毗邻集中产区的烤烟晒烟完成任务后才能上市。在工商行政管理工作安排中，提出了"在社会主义时期，资本主义复辟活动，往往以市场为突破口"，工商行政管理工作要"以阶级斗争为纲"，"以社会主义和资本主义两条道路斗争为纲"。要把农村集市贸易限制在规定的范围以内，甚至提出对一些三类小土特产品，也要协助有关部门加强收购，以扩大计划市场阵地。随着上述精神的贯彻，有些地区不顾农民需要，关闭了粮食市场；有的减少集日，统一集期；有些地区出现了地区封锁，划地为牢的作法，用行政命令强行割断毗邻地区间的经济联系和商品流通。致使刚刚繁荣起来的集市贸易，再次出现萧条。据广州市的统计，1964年集市贸易成交额比1963年下降了22.3%，1965年又比1964年下降了21.4%。1963年全国农村集市共有38468个，成交额105亿元，比1962年减少59亿元；1964年农村集市减少到38082个，成交额下降为78亿元，比1963年减少27亿元；1965年农村集市又减少到37000个，比1964年减少1000个，成交额下降为68亿元，比1964年又减少10亿元。

1959年到1961年国民经济发生了严重困难，国家和人民遭到重大损失。1961年1月中共中央提出

"调整、巩固、充实、提高"的八字方针时,大、中城市商品供应十分紧张。在此情况下,中央工商行政管理局虽然一再提出"不主张开放大中城市的自由市场",但是各地自发形成的自由市场,发展很快,规模很大。武汉市1960年10月下旬起到12月10日止,不足两个月时间,在市内就有农贸市场72处。沈阳市由1962年8月形成了9个摊贩市场,仅三个月就成交了1300万元,购销两旺,一片繁荣景象。与此同时,大、中城市的贸易行栈也进一步恢复和活跃起来。据1961年底的统计,仅北京、上海、天津、武汉、广州等13个城市,共有货栈140多个。

1962年中共八届十中全会以后,城市自由市场被视为两个阶级、两条道路、两条路线斗争的一个反映。当经济困难已经渡过,市场商品供应好转的时候,不少城市接着采取了措施,对自由市场多方加以限制,进而加以取缔。1963年3月中共中央发出《关于严格管理大中城市集市贸易和坚决打击投机倒把的指示》,《指示》提出:"城市集市贸易开得大了,就会给投机商贩以可乘之机,贩卖主要农副产品,套购工业品,倒卖金银票证,内外勾结,城乡串连,腐蚀职工,败坏风气,助长资本主义势力的发展,给计划市场带来严重的危害"。因此,提出了"加强管理、缩小范围、逐步代替、区别对待、因地制宜"的二十字方针。要求凡是可以由国营商业和供销合作社代替的,应积极采取措施,逐步加以代替。二十字方针的核心是代替,实质是取缔,是关闭大中城市的自由市场。1964年12月中央工商行政管理局发出了《关于配合"四清"、"五反"运动加强市场管理工作的通知》,要求大、中城市和县城集镇,必须根据中共中央指示,协同有关部门做好代替私商工作,不断地巩固和扩大社会主义阵地。只能前进,不能后退。为了贯彻这一方针,各地工商行政管理部门都建立了相应的组织,会同有关部门集中力量代替私商,取缔自由市场,因而城市自由市场很快被关闭。

(二)

在这一时期的大部分年份里,物资供应比较紧张。特别是三年困难时期,工农业生产连年下降,社会购买力和商品可供量之间,出现了严重的不平衡,甚至人民必需的消费品,也不能保证供应,国民经济面临严重困难的局面。这时就有一些人大搞投机倒把活动。有的倒买倒卖重要工业生产资料和供应紧张的消费品;有的大量倒卖各种供应票证,倒卖金银文物;有的走私贩私;有的转手承包,雇工剥削等等。同时,无证的个体工商户也大量增加,到1962年底估计有300万人以上,其中从事投机违法活动的占10%,非法所得在千元以上的约占5%。投机倒把活动加剧了当时的经济困难,损害了广大人民的利益,引起国营、集体企业职工的思想混乱。武汉市1963年初查获的33起重大案件,内外勾结的共涉及59个国家部门,94个国家工作人员。面临这一严重局面,中共中央和国务院于1963年3月发出了《关于严格管理大中城市集市贸易和坚决打击投机倒把的指示》。工商行政管理部门运用行政手段,该打击的打击,该取缔的取缔,收到了显著效果。同年,国务院颁发了《关于打击投机倒把和取缔私商长途贩运的几个政策界限的暂行规定》,比较明确地规定了正当交易和投机倒把之间的界限,进一步推动了工作的开展。不少城市的票证黑市被摧毁,并且查处了一批大案要案,对维护社会经济秩序起到了积极作用。但是,对投机倒把在认识上有偏差,在政策上和工作上也有失误。认为小商小贩、个体手工业、社员家庭副业,都是产生资本主义自发势力的根源,甚至有时把参加自由市场活动的农民、小商小贩、单干户、中间人等都划在资本主义自发势力范围之内,从而混淆了合法与违法的界限,混淆了社会主义和资本主义和界限,混淆了两类不同性质的矛盾。在工作中宁"左"勿右、宁严勿宽。把一些不属于阶级斗争的问题,按阶级斗争处理了;把一些违反一般市场管理规定的行为,当作投机倒把处理了;把一些应该鼓励支持的正当经营活动,加以限制和取缔了。例如对生产队和社员的正当交易活动,只允许在县的范围内,或者在市与县、县与县的毗邻地区进行,超出上述地区范围就属于长途贩运,而长途贩运就是投机倒把。对于探亲访友携带少量物品,也规定了严格的限额,粮食只限15斤,花生仁限3斤,食油限2斤,而且它的总值按国营零售牌价计算,不得超过10元,如果超过限量和总值一倍的,也属于长途贩运性质,按投机倒把处理。这些规定在贯彻执行以后,形成了严重的地区封锁,阻碍了群众之间的正常往来,限制了一些正当的交易活动,引起群众的反感,影响很坏。

(三)

随着"调整、巩固、充实、提高"八字方针的深入贯彻,对小商小贩的所有制形式的调整势在必行。1961

年6月商业部和中央工商行政管理局召开了小商小贩问题座谈会,着着讨论了恢复合作商店和合作小组的步骤方法和有关政策问题。会议认为,把小商小贩过渡到国营商业和供销合作社,不利于调动他们的积极性,不利于活跃商品流通,不适应生产和人民生活需要。应当将他们调整出来,重新组织合作商店、合作小组。调整工作进度很快,截至1962年,从国营商业和供销合作社共调整出小商小贩75万人,约占过渡国营商业和供销合作社小商小贩的37.5%。

把小商小贩调整出来,重新恢复合作商店、合作小组,调动了小商小贩的经营积极性。有些经营特点开始恢复,方便了人民群众。有的增加了营业网点和经营品种,营业额逐步增加。沈阳市从国营、公私合营商业中调整出小商小贩共15208人,组成了642个合作商店和1564个合作小组,1963年的营业额为9352万元,占全市商业、饮食业、服务业营业总额的17.5%,对便利人民生活,补充国营商业的不足,起了一定的作用。

但是在调整工作中,强调了调整出来的小商小贩,一般的不得恢复为个体商贩。对于合作商店的工资福利,仍保留一些不必要的控制,这对进一步提高小贩小贩的经营积极性带来不利的影响。

1962年中共八届十中全会提出阶级、阶级矛盾、阶级斗争,继之在农村开展"四清"运动。在这以后,对小商小贩的政策又开始"左"摆,再次提出把他们过渡到国营商业和供销合作社。1965年,全国财贸工作会议重申对个体商贩贯彻利用、限制、改造政策。同年9月商业部、中华全国供销合作总社、中央工商行政管理局下达了《加强小商小贩社会主义改造若干问题的意见》的联合通知,指出在小商小贩中两条道路的斗争相当严重,要对合作商店、合作小组和个体商贩的人数严格控制,只能减少,不能增加;要限制他们的经营,不能任意扩大经营范围;要限制收入等等。同时,有条件的可以过渡为国营商业和供销合作社。所有这些,实质上都是为了达到逐步消灭个体和集体的小商小贩的目的。

(四)

1956年社会主义改造基本完成以后,资本主义工商业基本上被改造,个体工商业基本上纳入了各种形式的合作组织,公有制经济在国民经济中占绝大比重。对各种经营形式的公有制经济实行了按行业归口管理,由业务主管部门管起来了。当时认为对工商企业进行登记管理是可有可无的,从而登记管理工作从全国范围来说基本上处于停顿状态。

随着"调整、巩固、充实、提高"八字方针的深入贯彻,开始认识到,即使在以公有制为基础的社会主义社会,利用登记管理的手段,实现国家对工商企业的监督,还是必要的。1962年12月30日国务院发布了《工商企业登记管理试行办法》(以下简称试行办法),并要求在1963年9月以前完成对已经开业的城乡工商企业的普查和登记。从此,对工商企业登记管理,经过6年的停顿又重新恢复。

《试行办法》从一些基本方面明确了社会主义建设时期企业登记管理的目的,是为了制止工商企业在开业、歇业、转业、合并、迁移、改组、撤销网点、改变经济性质等方面的盲目性,保护合法经营,取缔非法经营,维护社会主义经济秩序,以巩固调整经济的成果,防止在国家经济建设上出现比例失调。《试行办法》中明确了登记范围,除国防工业、国营交通运输业和公用副业外,工业、手工业、运输业、建筑业、商业、饮食业、服务业,未经核准一律不准开业。明确了登记主管机关在中央是中央工商行政管理局;在地方是省、市、自治区和县、市工商行政管理局。从此工商企业登记管理工作被赋予了新的内容。这是企业登记管理工作的转折点,经过曲折后的一个前进。

《试行办法》公布后,接着对全国工商企业进行了一次全面普查、登记、发证工作。这次普查登记取得了显著效果:

第一、促进了调整方针的落实,巩固了调整成果。"大跃进"、人民公社化运动期间,工商企业盲目发展,不仅工商行政管理部门对企业的发展变化心中无数,各业务主管部门也是底数不清。通过普查登记,摸清了企业的基本情况,为进一步控制调整方案提供了比较可靠的依据。例如旅大市停办了565个企业,天津市对于分布不合理的网点进行了调整。在普查登记以后,对准予继续经营的工商企业,都发给了营业执照,无照不准经营,从而又巩固了调整的成果。

第二、取缔了非法经营。唐山市通过普查登记工作,发现在一些城市街办企业中存在着违法经营,有的倒卖发货票,有的套购重要工农业产品,都作了处理。西安市对106户严重违法经营的社队企业,限期整顿或吊销营业执照。

第三、清理了一批自发的个体工商户。通过审查,承认一批,取缔一批。对被承认的发给营业执照。经过清理,无照经营户减少了,1963年的无证商贩比1962年减少了70%。

第四、为经常性的登记管理工作打下了基础。全面普查登记发证,是工商行政管理部门一项基本建设性的工作。通过经常性登记管理,促使企业按照国家宏观计划的要求,进行生产经营活动。不少地区在全面普查登记以后建立了企业档案,开始办理变更登记,定期抽查证照,还有的建立了有关登记业务的手续制度以及主管业务部门的工作联系制度,进行了资料整理汇编等等,加强了对企业经常性的登记管理。

(五)

1950年颁布的《商标注册暂行条例》明确规定:商标注册后保护商标专用权。但是1957年间认为商标是资本主义社会的产物,是商品在市场上竞争的一种手段,保护商标专用权,是资本主义社会商标注册所独具的目的,是资产阶级法权,是保护资本家利益的。这一论点,反映在1963年颁布的《商标管理条例》上,是取消了保护商标专用权的条款。保护商标专用权是商标注册的首要目的,是商标管理工作的起点。不保护商标专用权,商标注册就没有实际意义,就无法制止侵权行为;不保护商标专用权,就意味着办理商标注册只是企业的义务,而无应得的权利,就促使企业更不关心商标信誉。同时,离开了保护商标专用权,对制止仿冒、伪造、倒卖商标,甚至监督产品质量都失去依据。事实上自从《商标管理条例》公布后,对商标专用权一直处于既不承认,又无法回避的局面。时而说"注册商标不是单纯为了保护专用权","注册商标除了保护专用权以外,主要是监督产品质量"。时而说:"商标注册,对生产企业来说,仍有保护商标专用的意义在内",又承认了商标注册是为了保护商标专用权。

1963年国务院公布的《商标管理条例》中,对商标使用的文字和图形,都有明确具体的政策规定。但是随着"左"倾思想的发展,动辄把商标管理工作和阶级斗争联系起来,无限上纲,对商标设计进行了不适当的干预。1964年中央工商行政管理局通知,不准使用"龙"的图案做商标,继而不少地区自行作了一些不恰当的规定,一些传统的著名商标被停止使用。如将"凤凰"、"敦煌"、"飞天"、"嫦娥奔月"等商标,视为带有封建迷信色彩;将"双妹"、"夜来香"等商标视为资产阶级情调;"和平鸽"、"白鸽"的图案被认为是和平主义,甚至有的地区对某些商标随意扣上封建主义、资本主义、和平主义、大国沙文主义等帽子。1965年中央工商行政管理局又提出,"商标工作不仅是个商品标记的问题,也是一个政治上、意识形态上的问题;是一个重要的政治思想斗争的阵地,这个阵地社会主义不去占领,资本主义、封建主义就会去占领"等等。在当时"左"的思想影响下,把许多本来不属于阶级斗争范畴的内容,扩大为思想政治问题,使商标注册管理工作处于更加困难的境地,商标设计也难以正常开展。

第一章　工商行政管理工作任务和概况

一、中央工商行政管理局副局长管大同在全国工商行政工作会议上的总结报告

(1961年3月21日)

(1961年3月15日至21日中央工商行政管理局召开了全国工商行政工作会议。参加会议的有各省、自治区、直辖市的工商局、商业厅〈市场物价委员会〉和省辖市的工商局代表80余人。会议对农村集市贸易、第三类物资交流、发展小商品生产、商标管理与产品质量的监督检查、对私改造等等问题,逐项进行了讨论。根据中共八届九中全会的精神,安排了1961年的工商行政工作。)

我们这次会议,是一次安排工作的会议,也是交流情况、研究问题的会议,在这次会议上,涉及的问题很多,不可能所有的问题都通过一次会议来解决。有的问题材料掌握得比较充分,研究得也比较深透;有的问题目前情况掌握得还不多,经验还不足,有待于今后进一步研究,我今天主要是把大家讨论的意见集中起来综合地谈一下,作为我们这次会议的成果。

我今天谈四个问题:(1)农村集市贸易问题;(2)第三类物资交流问题;(3)发展小商品生产问题;(4)1961年的工作问题。

第一部分　加强对农村集市贸易的领导,活跃农村经济

一、情况

目前,全国农村集市已经基本上恢复起来了。据全国(西藏除外)27个省、自治区、直辖市初步统计,截至今年2月底,共有农村集市39443个,相当于公社化以前原有集市的62.9%。在恢复过程中,有些地区对某些集市的设置做了必要的调整,有的还根据需要新设了一些集市。现在,农村集市贸易总的情况是好的,大体可以分为三种类型:

第一类集市:政策贯彻比较全面;赶集人数、上市商品的品种和数量、成交金额显著增多;市场购销活跃,交易秩序较好;价格变化趋向合理。这一类集市约占30%左右。

第二类集市:贯彻政策还不够全面;赶集人数、上市商品的品种和数量有所增加;市场购销比较活跃,但交易秩序还有些乱,价格波动也比较大。这一类集市约占50%~60%。

第三类集市:政策贯彻不力,干部和群众的疑虑多;集市虽然在形式上恢复了,但赶集人数、上市商品的品种和数量都很少;市场购销不活跃,黑市投机活动还相当多。这一类集市约占10%~20%。

此外,还有少数集市没有恢复起来。有的是因为客观经济情况变化,原来的集市确已失去作用;有的是因为干部思想未通,不敢开放。

三个月来,农村集市贸易的发展变化,大体可以概括为以下几点:

(一)赶集人数,由少到多,逐渐稳定。在恢复集市初期,赶集的还比较少,到春节以前,有些集市赶集人数已经达到了历年冬季的水平。有些地区(南方)春耕开始后,赶集人数减少了一些,这是正常的。从多数集市看,目前赶集人数中以出售个人产品的社员最多,约占80%左右。

(二)上市商品的品种、数量,从无到有,从少到多。不同品种虽因季节变化各有增减,但总的趋势是增加的。目前也有一些商品已经由供不应求变为有剩市。上市商品的变化,反映了集市贸易适应农业季节性的特点。春节前后,冬季副业产品上市较多;目前,许多为春耕生产所需要的种籽、菜苗、小农具等,上市量逐渐增多了。南方一些地区,春菜已经开始大量上市。

(三)成交金额随着上市商品的增多,也逐渐上升。目前,从各地情况看,大型集市平均成交额大约1万元左右,多的达几万元;中型集市大约5、6千元左右;小型集市大约1、2千元左右。在集市成交金额中,产销直接见面的交易额所占比重,各地情况有所不同,一般约占60%~70%左右。

(四)集市价格因季节变化和供求关系,有起有伏。市价与牌价的距离仍较大,总的来看,吃的大约高3、4倍,用的大约高10%到1倍。一般是南方较低,北方较高;山区较低,平原较高;农村较低,城市郊区和交通沿线较高。根据对河北、浙江、安徽、江西、湖北、广东、陕西、吉林、黑龙江9个省14个典型集市的调查,3月上旬与2月份比较,吃的东西如白菜、萝卜、鸡、鱼、蛋品等,有升有降,幅度一般在20%左右,基本持平;用的东西如扫帚、竹篮等,价格一般下降10%~40%。在有些集市上,已有少数商品略低于牌价。

上述情况表明,农村集市贸易在党和国营经济的领导下是沿着健康的方向发展的,情况基本上是好的。

3个多月以来,农村集市贸易的积极作用,已经为客观事实所证明。在取得的效果中,促进农副业生产的发展,增加农民的收入,以及调剂农民之间的余缺、补充国营商业的不足是3个最基本的方面。

第一,集市贸易为农村人民公社发展商品性生产提供了广阔的出路,促进了农村副业、手工业生产。副业、手工业产品品种减少、数量下降的局面,已经开始扭转了。以河北省蓟县马伸桥公社为例,今年1、2月份副业生产总值达62万余元,较去年同期增加48.9%,副业生产项目由去年11月的81项,增加到今年3月份的120项,新增加的副业产品,有水壶、火盆、板凳、饭桌、镐把、木锨、菜板、袜底板等30多个品种。浙江省钱塘县调查,在两个月的时间内,社员在14239亩自留地上全部种上了豆、麦、蔬菜;扩种、套种和开垦了“十边”地23833亩;私养生猪由7182头增加到14575头;该县上泗公社家庭副业生产的竹篮,每月产量达9000余只。山西省闻喜县夏镇恢复集市后,有一个赵振生老汉,年已81岁,还生产了木梳、杆杖、玩具等小木制品800余件。集市贸易不仅促进了农村副业、手工业的发展,而且丰富了社员生活,鼓舞了生产干劲;同时,上市物资增多后,若干工业原料得到解决,也直接支持了当地工业发展小商品生产。

发展副业、手工业生产的作用究竟有多大呢?根据4个省的6个生产队的材料,今年1、2月份副业产值比去年同期增加自40%到2.8倍,其中有3个队是增加2倍半以上。6个队1、2月份副业产值共75712元,平均每队为12618元。这个产值中,有很大部分是按集市市价计算的,因而偏高;这6个队,大约又都是副业搞得较好的队,一般水平不会这样高。如果我们打个折扣,只按1/3计算,每队平均为4206元,全国有466000个生产队,1、2月份副业总产值就会是19.5亿余元。如果比去年同期增加按1倍计算,即增加了10亿元左右。这种增加当然不都是由于开放集市贸易而来,但集市贸易无疑是个重要因素。

第二,由于集市贸易的活跃和副业生产的发展,农民的收入增加了。这对于安排广大社员的生活、稳定和鼓舞他们的生产情绪,有着重要的作用。据河北、陕西、四川、广西、上海等5个省(市)8个生产队的典型调查,今年1、2月份的副业收入共计为84549元,每个生产队平均达到10569元。许多公社、生产队利用副业收入,做到了月月发工资,社员户户有收入,解决了生活上和生产上的困难。山东省临清市金郝庄公社在恢复集市后两个月的时间内,副业纯收入达58900余元,基本上解决了全社37000余人购买统销口粮的用款问题。河北省蓟县孔庄子生产队是个穷队,过去开不出工资,经过恢复集市后大搞副业,不但发出了工资,还买了3头耕牛。辽宁省盖平县朱甸子生产队社员高俊才,因为家里人口多,生活困难,恢复集市后全家动手编条筐,收入190余元。过去,农村中有些社员羡慕城市收入高,生活好,不安心农业生产。现在,这种情况已经开始转变。这一点,对于调整城乡关系、固定农业生产上的劳动力,无疑是有利的。

第三,集市贸易挖掘了物资潜力,调剂了余缺,扩大了市场货源,在商品流通中起到了补充作用。根据匡算,今年1、2月份,通过集市产销直接见面的交易额约为16.4亿元,大体上相当于社会商品零售总额的18%(1、2月份全国商品零售额是90.5亿元)。集市交易主要是一些分散、零星的第三类物资和一些细小商品,其中许多是国营商业不能全部经营或者根本不经营的。以河南省荥阳县崔庙2月10日一个集日为例,上市商品除去大宗的蔬菜外,还有砂锅、荆篮、粪筐、盆罐、木瓢、木勺、泥炉以及炊事用具等260余种。河北省巨鹿县统计,截至2月上旬,上市交易的木梳、柳编、土盆等各种小商品达69000余件。过去,由于集市贸易停滞,许多当地可以自己生产的日用生活品,如木勺、砂锅、陶碗等,停止了生产,都向国营商业伸手要铁锅、铝勺、搪瓷碗,很难满足供应。现在,这些商品上市增多,调剂了余缺,大大地减轻了供应压力,补充了国营商业之不足。

此外,集市使许多商品由分散到集中,调动了群众的运输力量,起到了短途集运的作用。从各地看,每集集中的物资,一般都有几万斤,多的十几万斤,还有几十万斤的,这就缓和了商品流转中短途运输的压力。集市上有买有卖,有吃有喝,还可以会亲友、看电影,有利于贯彻劳逸结合、丰富社员生活。

所有这一切,都证明了中央关于开展农村集市贸易的政策是正确的和必要的。它对于贯彻国民经济以农业为基础的方针,对于正确处理国家和五亿农民的关系,对于调动农民的积极性、大办农业、大办粮食,对于巩固和发展人民公社、巩固工农联盟,都起着重要的作用。在开放集市贸易后,也带来了一些消极因素。如在某些地区弃农经商的现象有所增加;投机贩运有所增多;某些商品价格过高,影响某些工业生产成本;某些社员热中于家庭副业,影响集体生产;以及国营商业对某些产品的收购暂时减少等。这些现象,有的是本来就存在,开放集市后集中暴露出来;有的是暂时的现象,或者由于措施和工作没有及时跟上而发生的;但我们必须重视这些现象。只要我们加强领导,深入工作,是可以克服的。

二、经验

三个多月以来农村集市开展的情况,给我们提出一些什么经验呢?

第一,上面所说集市贸易的种种作用和效果,归根到底,集中一点,就是调动了农民的生产积极性。增加收入也好,补充国营商业不足也好,活跃第三类物资交流也好,总之,都要以生产发展为基础。只有生产增加,交易才能活跃,而交易活跃,又反过来促进生产。由此,我们可以得出一条基本经验,即集市搞得好不好,关键在于生产是否增加了,在于它是否调动了公社、生产大队、生产队和社员个人的生产积极性。这就是衡量集市搞得好坏的标准,也是开展集市贸易的目的。

如何才能使社员个人生产不妨碍集体生产,而有利于集体生产;才能使副业生产不妨碍农业生产,而有利于农业生产;才能使某种商品的生产不妨碍别种商品的生产,而有利于多种经营?在这些方面我们还需要继续总结经验。总之,必须贯彻在大办农业、大办粮食的前提下,积极发展经济作物的生产和副业生产以及手工业生产。只要安排得当,是可以做得到的。

第二,要搞好集市贸易,必须正确处理大集体和小自由的关系。处理得好,互相促进;处理不好,互相牵制。集市贸易是流通中的小自由,它又是适应生产上的小自由而存在的。无论在生产上、在流通上,都有大集体和小自由的关系问题。

在生产上,关键在于正确处理集体生产和个人生产的关系,在于正确对待社员的家庭副业。应当在保证集体生产的前提下,鼓励个人生产。为了保证家庭副业的开展并防止它影响集体副业,有必要在经营范围、劳动时间、分配奖励制度等方面,合理地做一些规定,对于一些分散、零星的副业生产,要鼓励社员积极经营。

在流通上,关键在于正确处理国营商业和集市贸易的关系。国营商业的计划购销必须保证,对于第一类物资的统购和对于第二类物资的派购必须坚持;同时,也要允许完成派购任务后的第二类物资上市。对第三类物资,必须允许自由购销,但也要进行合同收购,并在必要时进行市场吞吐。总之,集市贸易只有在大计划之下,即在国营商业领导之下,才能发挥作用。这里,重要的问题是第二类物资的购留比例是否合理,第三类物资的合同收购议价是否恰当。举例说,对社员自养的鸡过去收蛋没有底,愈多愈好,结果派购任务迟迟不能完成,现在每户改派1、2斤,反而超额完成原定收购计划,有的农民一次交足,因为交足后就好上市了。

第三,要搞好集市贸易,必须管好集市交易价格。但管价格,不是乱限价,而是要正确利用价值规律的作用。

3个多月以来,不少地方经验证明,用行政命令限制集市价格,是限不住的,而且一限就会把集市交易限死,或转入黑市,结果对生产不利。当然,任凭价格上涨,不闻不问,也不利于生产。如有的地方种籽价过高,生产队把分得的种籽卖了,春播无着。

就目前集市贸易的价格说,在很大程度上是受供求关系的支配。连续两年的灾害,物资少,需要多,又是造成目前集市价格高的主要原因。在这种情况下,价格较高,能促进生产;生产增加,价格就会回落。浙江省钱塘县塘栖公社恢复集市后,由于蔬菜价格高,社员在自留地和屋前屋后土地上都种上了蔬菜,到了3月份,蔬菜上市量增加1倍,价格迅速回落。湖北省应山县的白菜价格已经落到1角钱7斤,低于国营牌价。这种例子很多。价值规律的作用是通过市场供求关系实现的。我们要利用它,不能只从管理价格入手,而应当从管理供求入手。例如,多多组织生产,或动员农民将产品上市,"供"增加了,价格就会趋平。这一条需经过一段时间。另一方面,从"求"的方面管理,限制机关、团体等大量购买,坚决取缔投机贩运。这样,就可以使某种物资在全国说虽供不应求,但就一个集市说可以达到供求基本适应,价格也会趋平。有时价格过低,影响生产了,国营就要收购,运销外地,使价格保持合理。

第四,搞好集市贸易,必须大胆地"放"、认真地"管",把"管"和"放"结合起来。有放才有管。"放"和"管",实质上是如何正确对待农村集市贸易的积极因素和消极因素的问题。集市贸易对于促进农副业生产、安排农民生活、补充国营商业不足有积极的作用。要充分发挥这些积极作用,就必须大胆地放。但是,由于集市贸易可以自由议价,也会引起投机转卖、弃农经商等消极因素。对于这些消极因素,必须认真地管。管了这些消极因素,才能调动积极因素,使集市贸易沿着正常、健康的道路发展。害怕消极因素,不放,是不对的;看不到消极因素,不管,也是不对的。

正确处理"放"和"管"的关系,关键在于划清小自由与资本主义自发势力的界限,在于划清合法交易与非法交易的界限。这也就是怎样去区别集市贸易的积极因素和消极因素的问题。这里的小自由是在大集体之下的,它不能妨碍集体,它的发展不是妨碍国家计划,而是计划的补充,它与自发势力是有着显著区别的。在开展集市贸易中,一定要坚持国家计划的指导作用,坚持统购、派购政策,反对破坏计划违反政策的行为;坚决取缔二道商贩,制止弃农经商,不准机关、团体乱采购。另一方面,又要坚持在规定品种范围内、在指定集市上,允许公社、生产大队、生产队、社员相互间自由议价、自由成交。只要政策界限明确,"放""管"结合恰当,集市贸易就能达到"活而不乱、管而不死"。

以上四点,即调动农民生产积极性问题、正确处理大集体和小自由的关系问题、正确利用价值规律问题、管和放的问题,归根到底,是正确贯彻党的政策问题。1956年到现在,农村集市贸易经过了几起几落,放一阵,关一阵,甚至在最近还有一些地方是开了又封,封了又开。原因究竟何在?最根本的一条是有些干部对集市贸易的性质、作用,对它存在的客观必然性缺乏正确的认识,没有正确贯彻执行党的政策。因此,必须坚持政策、加强对干部的思想教育,这是开展集市贸易的重要关键。

三、问题

目前,在进一步开展农村集市贸易的工作中,还存在以下几个需要解决的问题。

(一)农忙季节对集市贸易的安排问题。春耕开始以后,农业劳动日益繁忙,集市贸易发生一些变化,交易减少一些,是必然的。但必须防止集市起而复落。这不仅关系着集市贸易的进一步开展,更重要是影响党的政策在群众中的兑现问题。

这里,有思想问题,也有实际问题。一方面,要坚决贯彻政策,加强政治思想工作,消除农忙一定会挤掉集市的思想;另一方面,也要实事求是地解决具体问题。看来,关键在于如何合理安排。要把集期和假日很好地结合起来,坚持劳逸结合,坚持休假制度,同时加强劳动管理,集市贸易是不会影响农业生产的。集市贸易的形式可以灵活多样一些,如组织早市、夜市,也可以举办小型物资交流会。总之,要节省农民的时间。同时,组织农忙集市活动,必须注意做好与生产有关的小型农具、秧苗、原料等的调剂工作,增添修理项目,使集市贸易与农忙季节紧密结合起来,更好地为农业生产服务。

(二)农村集市的地区范围问题。对这个问题,有不同意见。有的认为,应当限于三、四十里地或者一天往返的路程以内;有的认为应当限于当地公社。

集市贸易的地区范围不宜过宽,一般以当地公社为基础,允许邻近公社互相赶集,同时应当照顾历史习惯和特殊产品的流转规律。所谓"指定集市",就是指在规定范围内的集市而言。但对于山区,只要是自产自销的,也可以适当放宽一些。生产大队、生产队和社员一般不要超出这个范围去长途运销。大、中城市的消费者个人,也不要硬性限制他们到郊区集市上赶集。

(三)集市上出售第一类物资复制品和日用工业品的问题。目前,在有些集市,特别是在灾区的集市上,贩卖粮食复制品的较多。甘肃省庆阳县西峰集上出售的熟食,占上市物资总值的38%。为了防止变相出售第一类物资,对于这种现象,原则上应当禁止。国营商店或者公社可以在集市上组织饮食供应来代替它。在灾区可以根据具体情况适当加以掌握。至于有些集市发现日用工业品上市,主要是投机商贩套购贩运来的,必须严格取缔。

(四)关于弃农经商问题。有些地区反映,集市开放以后,弃农经商的现象有一些增加。对这种情况,不要单纯在市场上管,更重要的是依靠公社、生产大队加强政治思想工作,健全生产管理和劳动管理制度。

(五)如何保证国家的收购任务问题。这是一个重要问题。目前看来,许多地方农副产品收购任务完成得不好,有的地方有些产品的收购比去年同期下降较大,有的地方收购总额也比去年同期下降;但也有的地方,开放集市后,国家收购增加了。

对这种情况,必须具体分析。第二类物资收购情况不够好,据各地反映,除了受灾害影响外,目前主要是因为派购和自留比例尚未落实。中共中央1月15日的指示到达基层不久,有的省第二类物资的范围尚未确定。至于开展集市贸易对派购的影响,好的坏的都有。看来只要作好政治思想工作,购留比例合理,层层落实,政策兑现,农民心中有数,是愿意完成交售任务,以便把余额上市的。例如,河北省蓟县马伸桥派购合同签订以后,一天半时间就收购了鸡蛋80多斤,上市量也大大增加,3月上半月上市的鸡蛋就有150多斤。

第三类物资目前收购较少,主要由于收购的办法没有肯定,收购的价格没有明确,特别是国营按自然形成的价格收购后,按什么价格调拨和出售的问题没有解决,部分基层干部存在畏难情绪,等待观望;另一方面,在集市价高的情况下,也有些生产队远途运销,或化整为零分给社员,不愿卖给国家。对第三类物资,必须坚持不派购和协商协议收购的原则。目前说,在集市上的收购,一般应限于供过于求的商品,或价格下降较大影响生产的商品,和原来主要是外销的商品。至于随行就市收购后,调拨和出售价格问题,也要区别对待,有的可由上级商业部门负担差额,有的可由使用这些物资的生产企业负担,有的也可以高价出售给消费者,不应当让收购的基层商店赔钱。

(六)集市建立农民服务部或信托货栈问题。有些地方建立了这种组织,为农民代销、代购、代储、代运,对便利农民交易很有好处。它的任务是:支持生产、活跃交流、便利群众、热心服务。也可以接受国营商业的委托,代国营收购部分商品,或与城市的信托货栈挂钩,沟通城乡交流。并且可以在国营商业和市场管理部门的领导下,协助管理集市,和对农民进行政策、法令的宣传教育。这种组织比较普遍以后,可以补充集市贸易腿短之不足,又可互通情况,成为活跃第三类物资交流的一种力量。

第二部分　进一步活跃第三类物资交流,密切城乡、地区关系

一、情况和问题

大家在会上反映,目前第三类物资在城乡、地区间的交流是不够畅通的,这对促进生产、活跃市场是不利的。这种现象与连续两年农业受灾、某些工业原料减产是有密切关系的,但我们也绝不能忽视某些人为的因素。

去年我们反对了乱搞协作、乱搞易货,对采购人员进行了整风,这是完全对的。目前,各地对外地采购工作,一般都已经按"一省一头"的原则统一管理起来,采购人员大大减少了(根据上海、北京、武汉、广州、沈阳、太原等15个大中城市统计,现有采购人员比去年整风前减少了71%)。但是,有些地区对采购业务统得过死,将采购人员采购到的物资统一分配。采购人员反映:"办事处管人不办事,管得麻雀不下蛋"。这样,有许多正当的协作关系也中断了,对某些工业生产带来了不良的影响。北京市民族乐器厂等4个工厂,依靠外地供应的24种原材料中,目前只能买到两种。宫灯社因采购不到织穗子针,已有一个车间和一个加工厂,共40多人,停止了生产。也有工厂因外销不畅,产品积压。据调查,去年下半年杭州市有18个工厂积压各种产品达43种,约200余万元。

去年以来,在小商品生产上贯彻了"就地取材、就地生产、就地销售"的"三就"方针。这方针对发展小商品生产是有积极作用的。但是,有些地方忽视了必要的地区协作,忽视了传统的地区间供销关系,甚至一些有历史性的名牌商品也停止供应外地。据天津市百货公司反映,过去由上海、广州等地供应的小百货中,就有200种停止或减少了供应,不得不由当地自行安排生产。内蒙呼和浩特、包头等城市,70%以上的小商品是依靠外地供应,去年自给比重虽然提高到32%~35%,但满足不了当地需要,去年某些商品调进减少,库存吃光,造成一些商品的整类断档。不少小商品地区交流中断

后,群众生活极感不便,浙江手纸、广州锁、唐山饭碗、上海玻璃制品及文教用品等,不是脱销,就是供应紧张。

在管理上有些地区掌握过紧,层层设卡,互相封锁,有的甚至将中转物资也给扣留了。管理是为了防止投机贩卖,但不能互相封锁。物资不外流,也就没有内流、没有交流。会议上反映,广西龙津等县大量生产蕨根,当地收不下来,又不准外地单位采购,致使蕨根大量腐烂;福州市社办工业过去用下脚废料生产的烧碱,当地既不收购,又不准外销,造成工厂积压。

总之,第三类物资交流不畅的原因很多。但是,除了自然灾害、东西少了这一客观原因外,主要是我们在工作中,新的措施没有及时跟上,对流通中的一些新问题,没有很好地解决。封闭了后门,没开好前门;实行了"三就",没搞好协作;有了"破",没很好的"立"。

社会主义是计划经济,社会主义的商品流通是计划的流通、计划的分配。但是计划流通还必须辅以协作,要注意两条腿走路。为了进一步活跃第三类物资的交流,除商品流通的计划渠道以外,还需要有辅助的商品流通渠道,需要有一些适合当前情况的交流形式。

二、交流形式

究竟应当采取哪些形式呢?这方面我们经验还不多,许多地方正在试点,有待于进一步总结。但目前看来,试验的形式不妨多一些,有些原有的渠道,或传统的形式,仍然可以利用。会议上提出讨论的,有这样一些:

(一)逐级召开物资交流会。几年以来,广泛召开了各级物资交流会,对于有计划有领导地组织第三类物资交流,起了良好的作用。应当把逐级召开第三类物资交流会,形成一种制度,继续发挥它的作用。

但是,物资交流会也有不足的地方。物资交流会,特别是大型物资交流会,往往人数多、规模大,筹备需时,不可能经常地举办。而且,通过物资交流会交易的物资,大多是比较大宗的,着重有计划地在地区之间进行平衡。因此,物资交流会的形式,还不能完全满足地区之间、城乡之间第三类物资交流的需要,也不可能把所有分散、零星的物资都包括进来。

(二)信托服务货栈和交易市场(或称交易所)。这几年,有些地方,如武汉、重庆等,对原有行栈进行了整顿,合并改组为交易市场。对于组织第三类物资交流,起了一定的作用。以武汉市交易市场为例,由1958年至1960年,交易额共达5.5亿元,1959年较1958年增加49.83%,1960年又较1959年增加34.69%。这个交易市场1960年成交的商品中,手工业产品占56.39%,农副土特产品占31.59%,副食品占6.52%,农业生产资料占4.87%,建筑材料占0.63%。

信托服务货栈或交易市场的主要任务应当是:一、通过办理代购、代销、代储、代运等信托服务业务,合理组织物资交流,沟通产销之间、地区之间的关系;二、对于供不应求的商品,在组织交易中进行合理分配,稳定市场;三、对第三类物资的产、供、销情况,进行调查研究;四、宣传和贯彻执行国家经济政策、法令,协助市场管理。在交易价格上,应当贯彻有领导的议价。购销业务,最好以现货交易为主,签订短期合同为辅。同时,把经常交流和定期交流密切结合起来,既有经常交易,也可以定期地在货栈或交易市场中,举办小型的物资交流会,更好地为组织交流服务。

(三)农民进城出售产品问题。恢复农村集市以后,不少城市都出现了一些农民进入城区出售农副产品的现象,自发地形成了一些市场。对于这种农副产品市场,有些城市采取加强固定场所辅导管理的办法,有的城市则进行了取缔。现在看来,在大中城市中,不搞集市贸易是对的。这主要是因为城市与农村不同,在农村中开展集市贸易是为了适应现阶段农村人民公社的三级所有制,便利农民相互之间调剂余缺,促进农副业生产的发展;而在城市中,国营工、商企业和机关、团体比较集中,全民所有制占主要地位,商品的交换和分配主要依靠国营商业有组织有计划地进行。但是,在大中城市不搞集市,并不等于一律禁止农民进城出售自产品。事实上,农民进城出售产品,有历史习惯,对于活跃城乡之间的物资交流,有着一定作用,问题在于如何加强组织辅导和管理,采取什么形式,自销什么东西。看来,在商品范围上应当比农村集市小一些,主要是第三类农副产品。出售的对象,原则上限于城市郊区的公社、生产大队、生产队和社员;有些品种,如季节性的瓜果梨桃等,根据历史习惯,也可以允许较远地区的农民进城自销。进城出售农副产品的农民,必须携带公社发给的自产自销证。初步设想,在交易上可以考虑两种形式:一是在接近郊区的地方设立货栈,规定公社、生产大队、生产队进城出售较大宗农副产品时,必须进栈交易,由货栈代销,集体单位也可以进栈购买,价格可以由买卖双方协商议价。这种货栈还可以同农村集市的农民服务部或信托货栈挂钩,沟通城乡交流。一是在适当地点设立零售市场,规定社员个人进城出售的瓜果梨桃等自产品,必须入场交易,不准沿途叫卖。但这些办法,我们还没有经验,各地经过领导同意之后,可以试点,同时要深入调查研究,总结经验。此外,还可以设想其他形式。各地在做法上有些什么好的经验和问题,请随时报告我们。

第三部分　大力支持日用小商品生产的发展

一、情况

目前,小商品生产总的形势是好的。自从去年秋冬中央提出大抓小商品以后,各地党委对这项工作都非常重视。采取了一系列的措施,对当今小商品的生产作了紧急安排,不少地区充实了小商品生产的队伍,并逐步推广"五定"的办法,在干部和职工当中,那种重大轻小的倾向也有所扭转。由于党委的重视和有关方面的努力,某些市场急需的小商品生产比过去增加了,部分小商品的市场供应情况也逐步有了好转。在农村中,由于中央关于农村人民公社十二条紧急指示信的贯彻和集市贸易的发展,大大促进了公社、生产队和社员发展副业生产的积极性,农民拿到集市上出售的小商品,像芦席、簸箕、菜刀、扫帚、竹篮、木桶等等,也日益增多了。这些都说明,小商品生产的趋势是逐步上升的。

但是小商品的生产与市场需要比较,矛盾仍然很大,供求之间还是不相适应。据哈尔滨、南昌、贵阳、昆明、呼和浩特等地的统计,目前小商品能够基本满足市场需要的品种一般只占30%~40%,供应时断时续的品种占40%—50%,严重脱销的品种大约占10%~30%。在农村,据武汉、青岛、自贡等地的农村调查,小商品的供应只能满足需要的10%~30%。

为什么小商品的供求矛盾现在还是这样突出?看起来原因是双方面的:一方面是市场需要量大大增加了。以哈尔滨为例,1960年职工人数比1957年增加了40万,社会购买力增加了70%,市场持币量比1956年增加了一倍。农村情况也是如此,据我们对吉林舒兰县调查,去年年底农民手持现金为320万元,平均每人11元4角,到2月底就已增加到590万元,平均每人21元。人民生活水平提高,对商品的需要量自然增多,而目前吃的和穿的商品还不能充分供应,主要商品大多是凭票或者凭证购买,市场上能够自由购买的基本上都是小商品。同时,某些商品压缩供应以后,对小商品的需求量也随之增多。譬如布票减少,缝缝补补的需要增多,对剪刀、针、线的需求量就大了。这样购买力就越来越多地转向小商品。天津市百货、针线、文化用品3个公司统计,小商品在销货额中所占的比重,去年一季度是41.4%,二季度46.3%,三季度是58.6%,四季度更达到63%。北京市百货公司统计,去年四季度棉毛衫裤、卫生衫裤由于实行凭票供应,销售量比前年同期减少了70%以上,而能够自由购买的热水瓶、面盆等销售量却增长将近一倍。市场对小商品需要量的大大增加,是目前小商品供应紧张的主要原因。另一方面,则是生产上的原因。最近一个时期来,各地在发展小商品生产方面虽然已经采取了许多措施,并且成效比较显著,但是一般说来,大都是临时性的措施多,长远性的措施比较少,小商品生产中的一些重要问题,如生产队伍、原材料供应、价格利润等等,还没有从根本上加以解决。所以,有些小商品的生产仍然上不来,有些小商品生产上来了也不稳定,还是有时起时落的现象。

党的八届九中全会提出:"要求各有关部门迅速采取措施,帮助轻工业、城乡手工业、家庭副业和郊区农业的发展。"各级工商行政部门应当积极响应这个号召,在自己的工作中把帮助小商品生产的发展作为一项重要任务。

二、纳入计划

小商品东西虽小,但非常重要。"小商品,大问题"。社会生产离不开它,人民生活更离不开它;现在需要小商品,将来也需要小商品;发展小商品生产是一个经济问题,也是一个政治问题。

在我国的社会主义制度下人民生活的水平是逐步提高的,生活的内容是日益丰富多彩的。小商品正是反映了这种日益增长的、多种多样的需要。使这种需要得到更好的满足,是安排人民经济生活的一项重要内容,也是体现社会主义经济优越性的一个重要方面。从当前情况来说,农业生产由于连续两年严重自然灾害而歉收,农副产品和以农产品为原料的主要轻工业品的供应一时还不可能那么充分,在这种情况下,大力增产小商品就尤其有着重要的意义。所以,对于小商品的意义和作用应当有足够的认识,决不要因为它“小”就有所忽视。过去两三年来,小商品所以会出现生产下降的情况,固然有客观原因,思想上轻视它也是一个重要因素。目前,那种片面重大轻小、弃小就大的倾向虽然已经有所扭转,但是还不能说已经完全克服了,在实际工作中这种倾向还会时常表现出来。因此,我们要注意继续加强宣传教育工作,向有关的干部和职工反复宣传政策,讲清道理。

小商品既然重要,那么,在国民经济中就应当把它摆在一个应有的地位。所谓摆在应有的地位,一是在国家计划和地方计划中要给小商品开立户头,二是要有人管理,有人安排。我们国家的经济是计划经济,过去两三年的经验说明,如果小商品在计划中没有户头,没有人管理,生产就会得不到安排,就容易被漏掉或者挤掉,生产中的一些问题就不好解决。所以,小商品应当逐步纳入计划,实行分级管理。但是,这也不是说,小商品生产的所有问题都需要由国家计划来加以安排。小商品种类极多,情况复杂,有些是有名有姓,有些则是无名无姓,不可能全部都依靠国家计划来安排,而是必须把加强计划性与充分发挥各方面的积极性结合起来。按照这个原则办事,小商品生产中的各种问题才能够得到比较妥善的解决。

发展小商品的生产必须与整个国民经济的发展水平相适应,土洋并举,大家动手。目前我国国民经济的发展水平还不是很高的,不少小商品的增产在原材料和设备技术方面还受到一定限制。拿搪瓷盆这种商品来说,就要取决于钢铁工业的发展水平。要使小商品的生产更好地适应市场上日益增长的需要,就不仅要积极增产“洋”产品,也要设法恢复和发展原有的许多“土”产品,要多生产搪瓷盆,也要多生产瓦盆。像瓦盆这类“土”产品,原料问题不大,而且经济适用,现在这类“土”产品少了,什么都要用“洋”的,当然供应就紧张了。所以,发展小商品生产应当是土洋并举,群策群力,两条腿走路,把各方面的积极因素都调动起来,广开生产门路。

为了更好地适应需要,不仅要发展小商品的生产,也要加强小商品的修理。修修补补,可以解决很大的问题,群众既满意,又可以减轻对商品购买的压力,一定要重视这项工作。对于生产小商品的工厂和经营小商品的商店,也应当提倡生产什么修理什么,卖什么修什么,专营和兼营结合,把修理力量充实起来。在原材料、劳动力等方面,要按照先维修、后制造的原则,照顾到修理行业的需要。加强修理工作,应当注意发挥公社服务站的作用,对它加强领导,充实力量。发挥服务站的作用,是组织群众自己安排自己生活的一个重要方面,什么事都单纯依靠国家来安排是办不好的。

三、队伍

发展小商品生产依靠什么力量?从我国现时的经济条件来看,应当是以国营工业为骨干,以城乡公社工业为主要力量,以家庭手工业为助手。

国营经济是我国社会经济的主体,发展小商品生产,当然应该以国营经济为骨干力量。尤其是一些技术设备比较复杂的产品和一些比较重要的产品,由国营工业把这些生产任务担负起来是必要的;同时,有国营工业作为骨干力量,也有利于帮助和指导城乡公社工业提高技术,改善经营。但是,小商品品种零星分散,需要的设备一般比较简单,生产技术也比较容易掌握,国营工业不必要也不可能把小商品的生产任务全部担负起来,而是应当更多地利用小工业的力量。在1958年以前,小商品生产任务主要是由原来的手工业企业担负的,这几年来,情况发生了很大的变化,原来的手工业企业有很大一部分已经改产转业了。手工业企业改产转业存在不少问题,有些不该转的也转了,有些在转业时对后继力量没有安排好,结果使某些小商品减产甚至断种。现在看来,转得不恰当的应当组织归队,特别是某些传统产品由于生产企业或人员改产转业而断种或者将要断种的,更要坚决组织归队。但是,是不是所有改产转业的都要归队?依我看,这要分别不同情况处理。长春市过去没有炼钢厂,大办钢铁以来,出钢最早、质量最好的一个炼钢厂,就是由原来手工业企业转业的。像这种情况,就不应当再强调非转回来不可。

在组织小商品生产队伍的时候,我们必须重视城乡公社工业这支新生的工业力量。目前,城乡公社工业大约有900万人,其中从事为人民生活服务的生产的大约有400万人,城市公社工业中这部分的比例更大一些。经过去年下半年的整顿调整,城市公社工业一般都已经把为人民生活服务的生产作为自己的中心任务,这方面的力量大大加强了。

从一些城市的情况看,目前城市公社工业已经担负了小商品生产任务的40%~70%。这就可以看出,城市公社工业在小商品生产方面是一支重要力量,应该把这支力量充分调动起来。至于农村公社工业,主要应当为农业生产服务,在这个前提下,也可以组织它们根据需要和条件,因地制宜地生产一些小商品。有些小商品不适合于家庭副业生产的,就应当由公社、生产队组织集体生产。

家庭手工业在发展小商品生产方面的作用,我们也不应当忽视。不少小商品长时期以来就是家庭手工业生产,或者是由家庭手工业提供加工性的劳动。家庭手工业在这方面有着它的独特的便利条件,可以就地取材,可以充分利用剩余时间和利用辅助劳动力,生产灵活,成本低廉。家庭手工业的这种作用在长时期内都是我们应当加以利用的。过去我们有些同志往往把家庭手工业看作是资本主义自发势力,划不清这两者之间的界限。家庭手工业是一种从属性的经济,它的性质是由整个社会制度的性质所决定的。我国现时条件下的家庭手工业,已经不再是资本主义经济的附庸,而是社会主义经济的补充和助手。我们要加强对它们的领导,把这一部分力量也广泛地调动起来。

近几年来的经验证明,小商品生产必须要有一支固定的队伍。不然,生产就不能稳定。目前,各地正在推广的“五定”办法,就是为了使小商品生产不断发展并趋向稳定的一个重要措施。工商行政部门可以参与这个工作,并且可以结合“五定”,对生产小商品的企业实行登记管理,限制它们随便改产转业。有的地方(如重庆)已经打算这么做,我认为很好。这是工商行政部门参与生产、管理生产的一种方式。

四、辅导生产

中央提出,工业生产应当是“质量第一,品种第一,规格第一”。从当前小商品生产的情况来看,不少企业、不少产品与“三个第一”的要求还不相适应。有些产品质量低劣,造成浪费,有些产品花色规格越来越简单,不适应市场的需要。尤其是公社工业,由于办起来的时间比较短,设备比较简陋,技术水平比较低,经营管理的漏洞也比较多,问题就更严重一些。有的地方反映,小商品生产是“三高”(原料价格高、消耗定额高、管理费用高)、“两低”(质量低、工效低)。看来,加强对生产的辅导,很有必要。

目前,在某些生产人员,存在着只求数量、不顾质量的倾向,这样既造成了物资的浪费,也引起消费者的不满。产品质量问题,是关联到社会主义经济信誉的一个重要问题,对这个问题,必须十分重视。要加强行政管理和监督,名牌商品要保持固有特色,质量只能提高,不能降低,已经降低的要力争恢复提高;其他小商品也要注意质量问题,凡是能够使用商标的都要督促生产单位使用商标,关心产品信誉。举办产品评比会是个好形式,便于生产单位互相学习,和消费者对产品质量进行监督。对于公社工业,要指导它们改善经营,健全制度,改进生产技术,提高劳动生产率,迅速改变某些产品质次价高的现象。

加强对小商品生产的辅导,还应当注意督促生产企业恢复和发扬固有的经营特点和优良传统。例如,小商品生产企业的规模原来一般是比较小的,生产灵活便利,同样一种产品往往有好几家企业生产,花色、规格彼此不同,各有各的特色。而近几年来,由于有的地方只图管理方便,片面强调集中,结果企业规模越变越大,品种、花色、规格越来越简单,产品的特点也就逐渐消失,都成了大路货,消费者没有选择的余地。过去还有不少小商品生产企业是制造与修理结合,既做新的,也修旧的,可以买现成的,也可以加工订做,群众感到很方便,现在这种经营特点大多也没有了。小商品与人民生活关系密切,生产应当从便利群众出发,原有的这些便利群众的优良传统,能够恢复的应当尽可能恢复,一切好的东西总是应当继承下来,决不要轻易丢掉。

安排小商品生产的时候,还应当注意地区关系问题,注意重点安排和一般安排的关系问题。过去,不少小商品是少数地区生产供应全国多数地区需要的,现在,群众对小商品的需要大大增加,很难依赖少数地区的生产来满足了。所以,要强调就地取材、就地生产、就地供应,要强调自力更生。但是,这并不是说要压缩原有生产基地的生产,要割断地区间的原有的供销关系。在经济生活中,地区之间本来就是有着密切的关系的,任何地区都不可能万事不求人,总是要求互相协作,互相支援。支持别人,也方便自己。原有的生产基地基础比较好,在小商品生产中就应当更多地担负一些任务,不仅要考虑本地的需要,也应当把历史上供应外地的需要估计进去。这样,两个方面结合起来,就可以争取多增产小商品,既可以更好地满足国内市场的需要,也可以争取多出口一些。

五、组织供销

先谈谈原材料供应问题。小商品生产所需的原材料,有一部分属于一、二类物资,这部分原材料应当纳入计划,统一平衡分配。但是,在小商品生产所需的原材料当中,一、二类物资只是一小部分,大量的是第三类物资和边材废料。苏州市手工业需要的4000种原料中,国家计划分配的物资只有196种,其余都是第三类物资;湖南省统计,日用小商品所需的原材料,第三类物资占70%。过去一个时期,小商品生产的原材料所以发生困难,一、二类物资没有纳入计划固然是一个重要原因,第三类物资交流不畅、地区传统协作关系大多中断更是主要原因。所以,解决小商品的原材料问题,不但要解决一、二类物资纳入计划的问题,同时要解决第三类物资的交流问题。在这方面,有许多工作需要我们去做。市场管理工作,不能单纯考虑"管",首先应当考虑"活",在活的基础上才有管的问题;也不能只考虑分配,而是应当从生产着眼,分配必须起到促进生产的作用。我们应当深入了解生产的需要,积极组织第三类物资的交流。地区之间合理的、传统的原材料供应关系,应当尽可能固定下来,不要轻易中断,已经中断的要设法恢复。有些小商品所需的特殊原材料,应当允许生产单位自购自用,并且积极给予帮助。帮助小商品生产企业解决原材料的问题,首先应当帮助那些生产技术好、成本低、用料少的企业,使原材料得到更充分的利用,这也可以督促那些生产水平较低的企业不断改进生产。

小商品的销售,主要应当由商业部门统一收购,这是肯定的。现在需要研究的是能不能有一部分小商品由生产企业自产自销?看来,允许某些小商品按照历史习惯进行自销也是可以的。这样可以使产消直接见面,减少中间环节,有利于鼓励生产企业的积极性,也有助于恢复某些小商品生产的制造、销售、修理相结合的特点。自销的形式大体上有两种:一是设立小商品的交易市场(如沈阳、广州),大部分自销产品,看来都应当采取这种形式:另一种是生产企业自设门市部。这种形式比较适合于制造与修理相结合的企业和产品。允许生产企业对某些产品进行自销,同时也必须加强管理。

要管好小商品的价格。目前,有不少小商品的生产和经营是无利或者赔本的。造成这种现象主要有三种原因:一是原材料的价格高了;二是不少生产企业劳动生产率低,费用开支大;三是商业零售价自1957年来一般没有动,有的与目前条件已经不适应了。生产经营没有合理的利润可得,或者还要赔钱,这对小商品生产的发展和稳定是不利的。

原材料价格高的原因非常复杂,有客观因素,也有人为因素,希望大家回去以后对这方面的情况深入调查一下,加以分析,研究解决办法。此外,对于大厂出售边角下料的价格,有必要加强管理。大厂的边角下料是小商品生产原材料的一个重要来源,根据我们对一些城市的调查,大厂随便提高边角下料价格的现象相当普遍,有的大大超过了国家调拨新料的价格,这是不合理的。

有些小商品生产企业劳动生产率低,费用大,应当督促它们提高技术,改善经营;特别是对城市公社工业,更要多帮助,多辅导,帮助它们健全财务制度,加强经济核算。城市公社工业生产小商品的比重扩大以后,收入比过去减少了,有的公社还出现了入不敷出的情况,这对于城市公社的巩固和发展是不利的。所以,一方面要督促城市公社贯彻勤俭办社的方针,坚决反对浪费;另一方面,国营单位与城市公社单位之间,必须按照等价交换的原则办事,不应当由公社负担的费用,就不要再由公社负担。

小商品市场零售价格确实过低的能不能提高一些?在中央批转国务院财贸办公室的报告中提到过这个问题,现在是需要根据这个精神作再进一步的研究,划一些杠子。看起来,有的产品很小,价格本来很便宜,提一点价不会增加消费者什么负担,也不会影响整个物价水平;而有的产品如锅、碗、布鞋等,与人民生活关系密切,市场需要量大,就不能轻易提高零售价格。哪些商品可以提价?提多少?哪些不可以提价?需要各地好好研究,按物价管理权限的规定办理,更要注意纠正随便提价的现象。

第四部分　1961年的工作要求

关于1961年的工作安排,会议期间已经印发了一个参考文件,在讨论中,大家也提出了一些很好的意见,根据大家意见修改之后再上报批准。现在谈谈以下几个问题。

一、形势

当前形势如何？应当说是春暖花开、形势大好。连续三年大跃进为国民经济继续高速度发展打下了良好的基础；中央提出的“调整、巩固、充实、提高”的方针，指明了进一步前进的方向；关于农村人民公社十二条紧急指示信，对于一系列根本性的政策问题作出了明确的规定。现在，整风整社运动正在分批分期地进行，生产战线、特别是农业生产战线上已经出现了蓬蓬勃勃的新气象，调查研究之风正在大大发扬，干部的工作作风也有了很大的改进。这些，就是当前形势的基本方面。认清了当前形势，我们就可以相信，我们的事业是欣欣向荣的，今后的工作可以比过去做得更好、更踏实。

困难有没有？当然有，存在的问题还不少。当前市场上还有一些暂时性的困难，商品供应与社会购买力还不平衡，市场供应还相当紧张，有不少同志已经听了姚部长的报告，他已讲得很清楚。在这里我们要认清大好形势，也要正视困难。正视困难是为了努力克服它，解决它，而绝不应当是在困难面前垂头丧气，缩手缩脚。我们一定要发奋图强，力争上游。事在人为，人定胜天，要反对一切畏难松劲情绪。我们的工作必须踏踏实实，实事求是，深入实际，深入群众。

二、当前工作的特点和要求

当前的形势对我们的工作提出了一些什么要求呢？我看主要有四点：

首先，当前的形势要求我们的工作必须更好地为农业生产服务，必须与大办农业、大办粮食结合起来。大办农业、大办粮食，是全党的中心任务，一切工作都必须为这项工作服务。毛主席屡次指示，做工作要“集中力量、保证重点”，农业和粮食就是当前重点中的重点，中心中的中心。与这个中心任务结合得如何，服务得好不好，是检查我们工作的基本标准。当然，中心工作也不能脱离一般工作，为中心工作服务并不是要把中心工作孤立起来去做，而是说各个部门都应当从各个方面和不同的角度来支持中心工作，为中心工作服务。从工商行政部门来说，就是要通过活跃交流、市场管理等工作来促进农业生产，在工作中明确地树立为农业生产服务的思想。

其次，我们的工作还必须与安排市场、安排生活相结合。市场问题，是当前一个重要问题。特别是市场管理工作与安排市场、组织生活更有着直接的关系，必须更好地为安排市场和组织生活服务。安排市场、组织生活，最根本的一条是要发展生产，所以，要把我们的工作与安排市场、组织生活结合起来，最重要的就是要求我们进一步明确树立为生产服务的观点，除了要大力支援农业生产以外，还应当关心和支持日用小商品的生产。生产是分配的基础，也是生活的基础。抓市扬、抓生活，就必须抓生产，从各个方面支持生产的发展。

第三，我们在工作中应当贯彻“两条腿走路”的方针，善于把各方面的积极因素调动起来。我们国家是这样大，事情是这样多，情况又是这样复杂，不管做什么工作，要想把工作做好，都必须是加强集中领导与贯彻群众路线相结合，加强计划性与发挥各方面的积极性相结合。发展小商品生产既要国家安排，也要发动群众动手；物资交流既需要国家计划渠道，也需要各式各样的补充渠道；人民生活要靠国家去安排，也要组织群众自己管理自己。这就要求我们在工作中不仅要保证国家计划的实现和加强，同时还要善于充分调动各方面的积极因素，补充国家计划的不足，为发展生产和安排生活服务。

第四，要抓政策，抓调查，提高我们工作的质量。政策是党的生命，是我们一切工作的指南。工作做不做得好，要看政策制定得是不是正确，是不是符合客观实际，同时也决定于正确的政策是不是能够得到正确的贯彻。我们在工作中必须研究政策，贯彻政策，认真检查执行政策的情况，做好党委的助手。制定正确的政策必须是从实际中来，贯彻党的政策必须是深入实际中去，所以，抓政策就要抓调查研究，就要深入实际，这是今后提高我们工作质量的关键所在。

三、几项主要工作

根据当前形势的要求，工商行政部门主要应当做好以下几项工作：

1.坚决贯彻中央关于恢复农村集市贸易的指示，把应当恢复的农村集市恢复起来，并且在农村集市上试办农民服务部，开展信托业务，更好地为活跃农村经济、促进农业生产服务。同时要加强领导，深入地宣传政策，及时研究恢复集市以后出现的新问题，及时总结经验。

2.组织地区间、城乡间的物资交流和购销协作，健全或试办信托服务货栈或交易市场，做好对物资购销人员的组织、辅导工作，进一步活跃物资交流，密切地区、城乡关系。

3.积极支持小商品生产的发展，提供多种形式来组织第三类物资原材料的供应和工厂间、工商间、地区间的协作，根据需要和可能建立小商品的集中交易市场，组织某些自销产品进场交易，并加强对这些自销产品的价格管理。

4.加强对公社工业、服务事业和家庭副业的领导和管理，协助党委研究有关政策问题。对城市公社工业可以根据需要和可能进行登记，控制改产转业。对家庭副业应当帮助它们与国营经济建立加工、订货等关系。

5.加强对私方人员的政治思想教育工作，深入调查私方人员的政治思想状况，检查对私改造政策的执行情况，协助党委研究私改工作中遗留下来的政策问题，推动私方人员积极为社会主义事业服务。同时，也要加强对社办工业和服务行业中的小业主、小商贩、资本家家属和家庭手工业者的政治思想教育工作。

6.加强对商品质量的监督、检查和管理。对出口商品、名牌商品要加强检查；促使企业保证质量，并精益求精。对与人民生活关系密切、质量次、群众意见多的商品，要及时督促企业改进和提高。在商标管理上，要督促企业将没有注册的商标进行注册，没有使用商标的商品使用商标，或者注明厂名、地址，加强群众监督，防止粗制滥造。

7.部分地区，还有整理私改资料、总结改造经验、研究中国资本主义经济发生、发展、灭亡的历史的任务。对这项工作也要继续努力，完成资改研究工作五年规划的要求。前几天已经开了专业座谈会，拟定了今后两年的工作部署。各地要加强对这项工作的领导，注意提高质量，固定专业队伍，争取各方面协作，并把历史资料的整理和对当前问题的调查研究工作很好地结合起来。

由于各地的情况不同，上面谈的这几项工作不一定完全适应于每一个地区的情况，但可以供大家参考，各地还可以因地制宜，请示当地党委决定以后，来具体地安排自己的工作。

四、工作作风

主要是谈谈大兴调查研究之风的问题。无论做什么工作，都离不开调查工作。毛主席早就说过，不调查就没有发言权。要做好工作，就要先做调查。

怎样做好调查工作？最重要的有四条：

第一，亲自动手，深入实际。我们不是为调查而调查，调查的目的是为了正确认识客观事物，掌握客观规律，解决事物发展中存在的问题。所以，调查工作必须从实际出发。高高在上，脱离实际，就谈不到做好调查工作。我们的工作要为生产服务，就必须参与生产实践，熟悉生产情况，了解生产需要。不要浮在表面，满足于走马看花，道听途说，亲自动手、深入实际的作风，是中央和毛主席历来所提倡的。

第二，客观态度，科学分析。调查工作应当如实地反映客观现实，一定要有一个正确、客观态度，要全面观察，在大量占有材料的基础上，进行具体分析，得出正确、科学的结论。绝对不能抱有成见，不能事先主观地设想一套，只找合乎自己想象的材料，不合自己意见的材料就听不进去。客观态度，就是忠诚老实的态度。调查的材料向领导反映的时候，应当是有喜报喜，有忧报忧，决不容许弄虚作假，歪曲事实真相。

第三，眼睛向下，实事求是。所谓眼睛向下，就是要面对基层，深入群众；要虚心向群众学习，向内行请教。客观事物非常复杂，切忌不懂装懂，或者是但知其一，不知其二。要相信群众的智慧，甘心当群众的小学生。这也就是毛主席所再三教导的，一切工作都应当是从群众中来，到群众中去，要当好群众的先生，首先要当好群众的学生。

第四，认真学习毛主席的有关著作，不断提高调查研究工作的水平。毛主席从来就非常重视调查研究工作，对于调查研究的方法和态度，曾经作了许多指示，并且亲自做了许多调查，写了不少精辟深透的调查报告。我们必须认真地学习毛主席的有关著作，学习毛主席的立场、观点和方法，边学边做，不断提高调查研究的质量和水平。

大兴调查研究，应当成为我们今后工作中的基本方法，成为一种风气。希望大家回去以后，切实地把调查研究工作开展起来，制订调查计划，拟定调查研究的题目。在会上我们也印发了一个文件，提供大家参考。调查一定要搞深搞透，并且希望能够写出一些精彩的调查报告来。

五、联系

最后，讲一下联系问题。工商行政工作牵涉面比较广，工作中必须加强与各有关部门的联系和协作。联系得好不好，配合得密切不密切，是关系到我们的工作是否能够更好地开展的一个重要方面。应当多与有关部门联系,工作中多和大家商量,互相帮助。

今后,中央工商行政管理局要密切同各地的联系,希望各地也加强与我们联系。工作中的新情况、新问题和好坏典型,经常向我们反映,做到上下情况沟通,就好办事了。

今天我所谈的,主要是综合和集中会议讨论的一些意见,有很多问题还需要继续研究,有些政策问题,会后要报告中央和国务院批准。各地在处理以上政策问题的时候,应当先请示当地党委。

(选自《工商行政通报》第187-188期,1961年4月20日)

二、1961~1962年工商行政部门调查研究工作规划

1958年以来,许多地方工商行政部门根据中央批转的"资本主义经济社会主义改造研究工作五年规划"的要求,在当地党委领导下,与有关方面密切协作,整理了3000多万字的对资改造和行业、企业历史资料,并写出一些专著与论文,取得了一定的成绩。为了更好地完成这个五年规划的要求,今后两年应该在已有数量的基础上,着重提高资料的质量;同时,积极贯彻中央"大兴调查研究之风"的指示,加强对当前业务和理论问题的调查研究,使工商行政部门的调查研究工作更好地为社会主义事业服务。根据上述要求,对1961年~1962年的工作提出如下意见:

(一)行业、企业史料的整理

行业、企业史料的收集已有相当数量,今后两年,要抓住重点、集中力量,充实薄弱环节,补充缺欠部分,努力提高资料的政治水平和科学水平。

五年规划中所规定的19个主要行业资料,除已经整理的外,其余可根据鼓足干劲,实事求是的精神,适当地进行调整,对在本地区无代表性的行业,可以适当地削减,对19个行业以外的、但在当地有代表性的个别行业,也可以补充列入。

各地所整理的行业、企业资料,一部分经过充实修改以后,争取在地方出版。其余集中编辑多卷本《中国资本主义工商行业史料》,完成时间,大体安排如下:

1961年底完成卷烟工业、火柴工业、绸布商业、粮食商业、国药商业的编辑。

1962年上半年完成机器工业、面粉工业、造纸工业、制药工业、橡胶工业、进出口商业、百货商业、新药商业的编辑。

1962年下半年完成棉纺工业、毛纺工业、缫丝工业、搪瓷工业、煤矿工业、五金商业和其他行业、企业、资本集团资料的编辑。

各地整理的行业、企业资料,应照上述时间提早半年集中到中央工商行政管理局,以便综合编辑。

(二)专题史料的调查整理

专题史料主要是行业史料没有包括或包括较少的一些方面,如有关官僚资本、买办资本、帝国主义资本的资料;革命根据地的工商业资料,抗日战争时期国民党统治区、敌伪占领区的工商业资料;有关少数民族地区和华侨工商业的资料,有关城乡关系、资本主义与手工业关系的资料;资本积累的资料;市场、交易所、经纪人的资料等。各地可根据当地情况,拟定有关这些方面的一些具体题目,进行资料收集和整理。这个工作可在1962年开始进行。没有行业、企业资料任务或任务较少的地方,今年就可以进行。

(三)当前业务、理论问题的调查研究

调研工作要和当前党的中心工作和工商行政工作结合起来,加强对当前业务和理论问题的调查研究。现实问题的调查研究主要是采取解剖麻雀的方法,即选择典型,进行深入的系统的调查和分析,总结经验,发现问题,提出意见,以帮助贯彻政策,并研究其发展的规律性。

现实问题调查项目由各地根据情况确定。目前看来,主要有如下几方面的问题:农村集市、城市市场管理、三类物资交流、城乡公社工业与小商品生产、城乡家庭副业与手工业、修理服务行业的整顿与分布、小商小贩和资本家的改造等。选点不宜多,以便集中力量。调查的结果写成调查报告或论文,并以二份送中央工商行政管理局。

(四)情况反映和工作总结

各地应随时将各项工作中执行政策的好的典型、坏的典型和新发现的问题报告中央工商行政管

理局，由中央工商行政管理局汇编成"情况反映"上报或分转有关部门。这种情况反映一般是着重在政策性的问题，应简单扼要，文字宜短不宜长，更要准确、及时。

对每项工作，应该在一定阶段进行总结，或每季或半年对各项工作进行总结。

（五）调研工作干部应认真学习马克思列宁主义、毛泽东著作

通过学习，提高自己的政治思想水平与理论业务水平，更好地完成工作任务。

为了更好地开展工作，各地应加强和固定调研工作的专业队伍，继续贯彻群众路线和集体协作的工作方法，与业务部门、工商业联合会、社会科学研究部门、大专学校密切协作。

各地工商行政部门应该参考这个工作规划，提出自己的两年规划。对行业企业资料，要提出主要内容（或者重点补充）的提要，对现实问题的调查要拟出具体项目和完成时间，在4月份内报送中央工商行政管理局，以便综合和做必要的调整。

（选自《工商行政通报》第187－188期，1961年4月20日）

三、中央工商行政管理局局长许涤新谈社会主义经济的几个理论问题

（一）关于集体所有制的问题

对生产资料集体所有制的认识是当前社会主义公有制的一个主要问题。

生产资料公有制是社会主义生产关系的基础。社会主义公有制有两种形式，其一是全民所有制的国营企业；其二是集体所有制的农村人民公社和手工业生产合作社等。

全民所有制的国营经济是社会主义国家的国民经济的领导力量，是国家实现社会主义改造的物质基础，是将来过渡到共产主义的唯一的公有制。为了建成社会主义并过渡到共产主义，大力巩固并发展全民所有制的国营经济，那是没有疑义的。现在需要我们进一步去认识的是集体所有制的问题。

按经济性质来说，全民所有和集体所有两种公有制是同一类型的：（一）它们都以社会主义公有化的生产资料和集体劳动作为基础；（二）它们都不存在着人剥削人的剥削关系；（三）它们都为人民的需要而进行有计划的生产经营；（四）它们都实行按劳分配的原则。

但是，这两种公有制是有差别的。它们的基本差别是公有化的程度不同。国营经济的一切生产资料都属于全民所有，而集体经济的生产资料则仅为各个集体所有，这种公有制只限于某一个集体，某一个劳动者的联合组织。因此，国营企业的产品属于全民所有，国家能够统一调拨，而集体所有的公社或合作社的产品，国家不能直接调拨。由于公有化程度不同，劳动者报酬的支付形式也不相同。国营企业工人的报酬形式是工资，而农村人民公社社员的报酬形式是计算劳动工分。对于全民所有制来说，集体所有制是公有化较低的社会主义公有制。当然，集体所有制不是固定不变的。跟着生产力的发展和人民政治觉悟的提高，集体所有制将来必然转化为全民所有制。在社会主义的后期，当集体所有制过渡为全民所有制以后，全民所有制将成为社会主义生产资料公有制的惟一形式。因此，那种把集体所有制绝对化的观点，那种认为两种公有制贯彻整个社会主义时代的观点，是值得研究的。但是，我们不能因此就看不见集体所有制长期存在的必然性。

实现了土地改革之后，广大农民摆脱了封建地主的剥削，但是，他们是分散的个体经济。这种分散的个体经济同社会主义的工业化是矛盾的。社会主义不能建立在社会主义大工业和分散、落后的小农经济的基础上。无产阶级对于劳动农民不能采取剥夺的办法，只能在自愿的原则下，领导他们实现集体化。因为对农民如果采取剥夺的办法，就会破坏工农联盟，破坏了工农联盟就不能建设社会主义，"就会把农民长久抛掷到无产阶级敌人的阵营中"。

从个体转化为集体，是独立劳动者的生产资料所有制的一个大变革。这个变革，解决了社会主义大工业同落后散漫的小农经济的矛盾；解决了个体经济对于生产力发展的局限性的矛盾。生产关系要适应生产力是一个客观规律。在社会主义制度的一个长的时期内，集体所有制是适合生产力的发展水平和社员群众的觉悟水平的；同时又是最有利于进一步发展生产力和提高群众的觉悟水平的。在这个相当长的时期内，承认两种公

有制的并存，是正确处理工农联盟的根本问题。两种公有制的同时并存反映了工人阶级和农民在建设社会主义和过渡到共产主义过程中的特点。在这个时期内，让集体所有制有一个相对的稳定，对于生产力的发展是极其有利的。因此，过早否定集体所有制（如把手工业合作社过渡为国营），并不利于发挥劳动群众（指原属集体组织的劳动群众）增产节约的积极性。有人认为早一点把集体所有制改变为全民所有制，没有什么关系，只要解决工资制度，只要使劳动者能多劳多得，就可以发挥劳动者的积极性，无须去考虑生产资料的所有制问题。这种看法，没有看到当前生产力发展的水平，更没有考虑到生产关系要适应生产力发展的水平。解决工资制度固然很重要，但是单单解决工资问题并不能解决他们关心降低成本、关心企业的经济核算制的问题。要使他们关心企业的经济核算，生产资料所有制的形式是一个根本性的问题，有些同志之急于“过渡”，就是因为他们对集体所有制的必然性和长期性认识不足。

客观事物的发展是有阶段性的。我们不但不可能忽视集体所有制同全民所有制间的阶段性，而且也不可能忽视集体所有制本身的阶段性。农村人民公社的整个发展过程要分为社会主义和共产主义两个大阶段；在社会主义阶段，要分为社会主义的集体所有制和社会主义的全民所有制两个阶段；在集体所有制的时候，还要分为生产大队基本所有制和公社基本所有制阶段。现阶段的人民公社不但不能实现全民所有制，而且也不能实现基本公社所有制。现阶段的人民公社只能实现以生产大队为基础的三级所有制。这证明集体所有制本身的阶段性不以人们的主观意志为转移。

对于农业和手工业来说，从个体到集体，从小集体到大集体，又从大集体到全民所有制，乃是历史发展的客观规律。集体所有制是从个体所有制到全民所有制间的过渡形式，是从个体所有制到全民所有制整个发展过程中的一个阶段，我们不能离开整个过程而孤立地去掌握集体所有制，也不能忽视集体所有制在一个长时期内存在的必然性。承认集体所有制在一个长时期内存在，承认这个所有制有一个相对的稳定时期，同不断革命论的观点并不是对立的。马克思列宁主义教导我们，不断革命论同革命发展阶段论是密切结合的；教导我们，要认识阶段之间的区别和衔接，要认识前一阶段任务的实现，就为过渡到下一阶段准备条件。毛主席说：“两篇文章，上篇与下篇，只有上篇做好，下篇才能做好。”正确地处理集体所有制的问题，有利于发展社会生产力，有利于下一阶段实现全民所有制。这不是违反不断革命论，而是更好地贯彻不断革命论。

农村人民公社社员的自留地和家庭副业，带有个体的性质（至于独立劳动的个体手工业，那是个体经济），但它是集体经济的附属，而不是独立的个体经济，因为它的主体是集体农民而不是独立于集体之外的个体农民。集体经济的收入，是社员收入的主要部分；自留地和家庭副业在收入中只占补助地位。随着集体经济的发展，自留地和家庭副业在社员的收入中所占的比重将越来越小。让农民有自留地和搞家庭副业不是要他们搞资本主义，而是要他们在集体经济的前提下，发挥对集体经济的补充作用。当然，我们要看到自留地和家庭副业如果搞得不好，就会发生同集体经济争劳动力，争肥料，争劳动时间的矛盾；农村集市如果搞得过头，就会发生农民从集市贸易的收入过多，农民弃农经商的问题。对于这些问题，我们要在思想上有充分的准备，对它们要采取利用、限制、改造的办法。

（二）国民经济的高速度与按比例的发展

高速度发展是社会主义制度的客观规律，因为社会主义的生产关系，特别是它的生产资料公有制，解决了资本主义制度下，生产社会性同资本主义占有之间的对抗性矛盾。但是，社会主义的“国民经济的发展速度，不可能每年都是一样。有的年份较高，有的年份较低，这是正常的现象”（刘少奇同志），因为事物发展在达到一定程度之后，需要稳定；因为国民经济各个部门在发展了一个时期之后，会出现新的不平衡，需要进行调整；因为作为国民经济基础的农业，它的收获的好坏，现在主要还取决于自然，而不是人类。

社会主义公有制消灭了资本主义生产无政府状态和自发性，并使生产的发展服从于全体人民一致的目的和利益。这就使我们能够通过国家计划，预先估计社会的全部需要和生产资源，自觉地安排国民经济各部门间的必要比例，使生产能够高速度发展。

但是，人们不能随便规定任何比例，国民经

济各部门间的比例关系是客观存在的。斯大林说：国民经济按比例的可能同现实不是一回事。这就要求我们的计划工作，要反映这个规律的要求。

国民经济各部门间的比例关系，最主要的问题是农业、轻工业和重工业间的发展关系。这个发展关系反映了积累与消费间的比例关系，反映了国家、集体和个人间的相互关系。因此，国民经济有计划、按比例规律不仅反映了生产资料在一定的生产力发展水平下，在各部门间进行分配的比例关系的必然性，而且反映了国家、集体和个人彼此间的相互关系。就是说，这个规律不仅反映了物的关系，而且反映了人与人间的关系。毛主席说："对于国家的税收、合作社的积累、农民的个人收入这三方面的关系，必须处理适当，经常注意调节其中的矛盾。"

高速度同按比例的结合是社会主义经济客观的可能，要实现这种可能并不是一件简单的事情。高速度同按比例是对立的统一。高速度如果超过一定程度，积累在国民收入的分配中所占的比重如果占得过多，则人民的消费就会受到影响，农业和轻工业的生产也会受到影响。某个生产部门如果跑得太快，自己孤立地跑在前面，同其他部门失掉联系，整个国民经济就出现不平衡，比例关系就会受到破坏。刘少奇同志说："我们的要求是：又要有高速度，又要有综合平衡。这样做是不容易的，在高速度发展中有较多的可能出现某些不平衡现象。"这就要求我们经常去调整。党的"调整、巩固、充实、提高"方针，就是针对大跃进中出现的新的不平衡而提出的。

党的社会主义建设总路线，反映了生产关系要适应生产力发展和国民经济高速度按比例发展等客观规律，要求我们在客观规律许可的范围内，充分发挥主观能动性。那种把总路线单单理解为充分发挥主观能动性，而忽视客观必然性的观点，是不完全正确的。刘少奇同志说："我们党的总路线正是要求在高速度发展国民经济的时候，把客观可能性和主观能动性统一起来，注意各种比例关系，遵从客观经济规律。"

国民经济的计划化，不可能全部一下子实现。社会主义改造和社会主义建设，为国民经济有计划、按比例的发展规律，提供了物质条件。

在社会主义社会的一个相当长的时期，"在生产计划性方面，全国工农业生产品的主要部分是按照计划生产的，但是同时有一部分产品是按市场变化而在国家计划许可范围内自由生产的，计划生产是工农业生产的主体，按照市场变化而在国家计划许可范围内的自由生产是计划生产的补充"（陈云同志）。现在农村人民公社中，社员的自留地、家庭副业，和生产队对大队包产以外的生产，农村独立劳动的个体手工业、手工业合作社的一部分生产，都属于自由生产这一类。按物资分类说，第三类物资、第二类物资的一部分，也属于自由生产这一类。经验证明，如果没有自由生产作为补充，人民需要的一些小商品，就难以得到满足。主体与补充是对立的统一，前者是矛盾的主导方面，但不能因此就否定后者。否定了"补充"，那就无所谓"主导"了。

（三）社会主义的商品流通

在社会主义时期，当农民还未转化为工人阶级的时候，当工人农民还存在着差别的时候，巩固工农联盟是一个重大的历史任务。实现农村公社化以后，工农联盟的基础是巩固人民公社并实现农业的技术改造。但是，通过社会主义商业，做好国营工业和农村人民公社的经济联系，是巩固工农联盟的一个伟大的历史任务。

社会主义商业的作用范围，不仅是国营经济与农村人民公社的经济联系，不仅是工业与农业、城市与农村的联系，而且是生产与消费的联系。但是，社会主义商业在社会主义时期的首要任务是实现全民所有制同集体所有制之间的经济联系。这就是说，两种公有制的并存，是现阶段商品关系存在的最重要原因。有一个时期我们有些同志认为集体所有制很快就要向全民所有制过渡，因而产生了商品形式存在不久的看法，现在看来这个看法是不对的。斯大林说："只要还存在着两种基本生产部门的时候，商品生产和商品流通便应当作为国民经济体系中必要的和极其有用的因素而仍然保存着。"因为在这个阶段，"除了经过商品的联系，除了通过买卖的交换以外，与城市的其他经济联系，都是集体农庄所不接受的。"社会主义商业决不是只在做生意，而是负担着重大的历史任务——巩固工农联盟。这不是很明显的吗？

社会主义商业是把消费品分配给社会成员、满足社会成员个人需要的基本形式，它把社会主义生产同人民消费连接起来，一方面把工业品和农产品带给消费者；另一方面又把居民的需要带给社会主义生产。但是，这种消费品的分配，是通过商品的形式去进行的，定量分配的生活必需品，还是商品，而不是产品的直接分配。定量分配保证了社会成员应得的最低量。为什么不是产品的直接分配而是商品买卖呢？那是因为：

1. 农产品来自农村公社和社员。公社和社员只愿以商品的形式才把自己的产品转让出来。国家从农民购进农产品（指粮、棉、油和其他一部分重要农作物），自然要以商品的形式卖给消费者。只有这样，社会主义商业才能继续下去，才能发挥其推动社会再生产的作用。对于手工业合作社的产品，也有相同情况。

2. 为了经济核算，社会主义的工业用商品的形式，把它们卖给社会主义商业，国营商业和合作商业对居民供应消费品的时候，必然通过商品的形式，只有这样，社会主义工业才能不断地实现扩大的再生产。

3. 商品形式适合按劳分配多劳多得的原则，适合居民多种多样的消费需要。直接分配的产品（如公社给社员的粮食）在现阶段不是不可能存在，但是它的比重，不能很快扩大。

流通过程是生产过程的延长，也是生产关系的反映。现阶段我国的商品流通要有三个渠道，即国营商业、供销合作社商业和集市贸易。这一件事，反映了全民所有制和集体所有制的并存，反映了现阶段农村人民公社的根本制度是以生产大队为基础的三级所有制，反映了社员有自留地及家庭副业，反映了手工业不但存在着集体所有制，而且还有独立劳动的个体手工业（在农村）的事实。三个渠道是现阶段生产资料公有制具体情况的反映，决不是人们主观愿望。流通过程不仅是物与物间的相互关系，而且是人与人间的相互关系，是国家、集体与个人间的相互关系。

如果只有一个渠道，只有国营商业，它不但不能反映我国现阶段生产资料公有制的客观现实，而且阻碍生产过程的延长，影响社会主义扩大再生产，因为国营商业只能经营大宗商品，如果只有这个渠道，势必放弃许多品种的经营，势必影响生产大队、生产队以及社员的一些产品，影响了他们生产的积极性。生产资料所有制既然不是单一的全民所有，生产的品种又是那么复杂而众多，如果都要经过一个渠道，那就会形成负责流通的国营商业不能适应工业和农业发展的矛盾，形成国营商业同广大消费者的矛盾，形成工人阶级同广大农民的矛盾。这对于巩固工农联盟，对于调动一切积极因素，来建设社会主义，是极其不利的。

商品流通的三个渠道是不可能不存在着矛盾的。矛盾可能表现在：（一）国营商业的采购计划，可能受到供销合作社和农村集市的影响，而难于完成；（二）合作商店、合作小组如果经营的更好，就会使国营零售业的卖钱额受到影响；（三）物价因为农村集市的冲击而不能平平稳稳；（四）资本主义自发势力，有可能滋长。前二种情况迫使国营商业改善经营管理；第三种情况需要我们做好市场管理和物资供应；第四种情况要求我们不放松对资本主义自发势力的注意。它不让我们睡大觉，并不是坏事。

社会主义的商品流通，是全国一盘棋的。党的“发展生产，繁荣经济，城乡互助，内外交流”的方针要求我们有全局观点。城乡如果不互助，内外如果不交流，就是说，社会主义的商品，塞而不通。城乡之间、地区之间历史上形成的经济联系，是一种客观存在。这种客观存在可以逐步改变，但不能一下子改变。根据行政区划硬性地割断这种经济联系，是一种不从实际出发的主观主义作法。地区封锁同社会主义经济的性质是互相矛盾的。按照行政区划去安排商品流通，有些地方是适应地区间历史形成的联系；有些地方并不适应这种联系，而只能增加商品流转的环节，增加运输压力，增加流通费用，甚至增加商品的损耗。

集中经营同分散经营是结合的。私营时期商业的布点并不合理。合营高潮后使我们有可能进行裁并改合，调整商业网。但是，撤点过多，只搞集中经营，不搞分散经营，那就不正确。太集中了，就不利于居民，修理服务行业的过分集中，不但不利于居民，而且增加了企业开支，失去对原来家庭辅助劳动力的作用。只有集中而没有分散，同社会主义的商品流通是矛盾的。

（四）价值规律

商品关系的原则是等价交换，是遵守价值规律。价值规律是商品——资本主义社会遗留下来的规律，但是，这个规律在社会主义社会还有其重要的作用。承认价值规律的存在，同承认社会主义的两种公有制同时并存，承认社员有自留地、家庭副业等事实，是一致的；否认集体所有制的存在，否认社员自留地和副业必然会否认国家同农民的经济联系，需要实现等价交换。看不见它的作用，或者夸大它的作用都是不对的。

在社会主义时期，国家有可能自觉地运用价值规律，但在制定计划价格的时候，不能无视价格规律，不承认价格规律，它就会从反面来表示态度：①收购任务完不成；②出现黑市。社会主义国家对于生产的安排，并不由价值规律盲目地调节，但是，“有一部分产品是按照市场变化而在国家计划许可范围内自由生产”。（陈云同志）这一部分商品是受到价值规律所调节的。

等价交换是正确处理工农业产品比价所遵循的一个重要原则。农产品价格是否合适，关系到农产品的劳动消耗能否得到合理补偿，关系到公社和生产大队能否扩大再生产，以及社员生活能否得到改善。农产品价格如果低于它的价值，国家虽然可以增加收入，但公社和社员的收入都要减少，就会影响他们生产积极性。农产品价格如果高于价值，公社和社员固然可以增加收入，但加重了国家和城市居民的负担，减少国家的社会主义积累，影响工业的发展。在这里，可以看见，等价交换是遵重两种公有制的必要条件。

等价交换不能理解为所有商品的价格和价值完全一致。在某些时候，某些商品的价格和价值间存在着不同程度的差距。如为了支援农业，可以把某些农具、农业机械等的价格定得低于其价值；又如为了限制（保证）供应，需要把某些商品（如现在的高级糖果）的价格定得高于价值。但是，这些商品的价格（低于价值和高于价值）是不能长期如此的，并且只能是一部分。大多数的商品价格，从总的趋势来看，基本上接近价值的。

工农业产品的比价，需要不断调整，重要原因之一是工业的劳动生产率增长较快，而农业较缓。近两年的自然灾害，受灾地区的农业劳动生产率还有所下降，工农业产品比价出现某些新的不平衡。这就需要调整。

不能把价值规律同国民经济按比例发展规律完全对立起来，两者间的矛盾是有的，如按比例规律要求的是整体利益同局部利益的结合，价值规律要求的是各单位的眼前利益；如按比例发展规律要求的是计划性，而价值规律会带来自发性。这些矛盾是存在的。但是，利用价值规律去贯彻经济核算制和在各部门间贯彻等价交换，是有利于国民经济的有计划、按比例发展的。

（五）关于按劳分配的原则

按劳分配原则在社会主义时期，有着存在的必然性。

1．社会生产力还未达到那样高的发展水平，能够提供丰富的产品来满足全体人民一般的生活需要，而必须让人们根据自己的收入去安排自己的生活。

2．生产还没有实现完全机械化和自动化以前，劳动时间还比较长，劳动在人们的心目中还是沉重的负担，还未成为生活上的需要。

3．熟练劳动和简单劳动之间，还有显著的差别。

4．人们的思想意识还保留着旧社会的残余，在劳动上，态度不同。

这样，按劳分配原则就不是一个临时措施，而是整个社会主义时期在分配劳动产品方面客观要求的必然性。如果我们不贯彻这个原则，磨洋工的现象就会发生，劳动者就不积极地劳动。这就证明这个原则是一个客观规律。

按劳分配这个原则的实质，也是等价交换。就是说，按劳分配是价值规律在分配领域的延长。在社会主义制度下，劳动者所生产的全部产品，在扣除作为社会基金的部分外，社会根据劳动者的劳动数量和质量，进行分配。多劳多得，少劳少得，不劳不得。这不是等价交换吗？在资本主义社会，不存在按劳分配的原则，因为那时的原则是按资分配。劳动者所生产的剩余价值，被资本家按资本大小进行分割。出卖劳动力给资本家的劳动者，只取得劳动力的价格，谈不到按劳分配。说按劳分配是资产阶级法权残余，就是因为它的实质是等价交换。这个事实是不能看不见的。但是，社会主义社会是共产主义的低级阶段，从历史的观点来说，资产阶级法权残余在这个时期还起着作用，是一种必然性。我们自觉地去利用它，对于建设社会主义并过渡到共产主义是有利的。在现阶段去利用它正是为了在下一阶段去消灭它。条件未成熟而否定按劳分配的原则，就会妨害人们劳动的积极性，就不利于生产的发展，不利于社会产品的增加，也就不利于促进共产主义的实现。党的八届六中全会的决议，说得很明白。

农村公社中现在不实行供给制，就是因为在现阶段这种制度同按劳分配的原则有矛盾。

工资制度的形式，有的比较适合按劳分配的原则；有的则不大适合于这个原则。劳动生产率提高了，但定额不调整，在这种情况下的计件制，不利于工人间的团结，助长经济主义。但是，只有固定工资而不加奖励，也不能体现多劳多得的原则。小商贩进入国营商店之后实行固定工资的经验，是值得我们记取的。

平均主义同按劳分配原则是完全对立的。平均主义是小资产阶级的反动思想。斯大林说："马克思主义所理解的平等，并不是个人需要和日常生活方面的平均，而是阶级的消灭。这就是说：第一，在推翻和剥夺资本家后，一切劳动者都平等地摆脱剥削而得到解放；第二，在生产资料转归全社会公有以后，对于大家都是平等地废除一切生产资料的私有制；第三，大家都有按各人的能力劳动的平等义务；一切劳动者都有按各人劳动领取劳动报酬的平等权利（社会主义社会）；第四，大家都有按各人能力劳动的平等义务，一切劳动者都有按各人需要领取劳动报酬的平等权利（共产主义）"（见《列宁主义问题》624页）。在社会主义时期，搞平均分配，抹杀劳动者所支出的劳动的质和量的差异，抹杀劳动者间劳动成果的差异，这只能为懒汉开方便之门，对于发展社会主义生产，会带来极大的害处。

平均主义否定按劳分配，"一平二调"否定等价交换，它们都否定现阶段社会主义公有制的根本制度。反对平均主义和"一平二调"的共产风，就是为了保护社会主义制度，发展社会主义的生产力。

（六）关于政治挂帅

经济是政治的基础，而政治是经济的集中。经济工作是不能同政治工作割离的。资产阶级的经济，不能说没有政治挂帅。资产阶级的政治挂帅就是为了巩固资本主义的生产关系，为了巩固对于劳动人民的剥削，为了巩固垄断资本的统治。为了建成社会主义并过渡到共产主义，社会主义的经济工作，如果离开政治挂帅，那是不可思议的。社会主义的经济工作，如果没有政治挂帅，就会发展经济主义，使人们只看到个人的眼前利益，失却了远大的前途。

为了建设社会主义并过渡到共产主义，我们必须把局部利益同整体利益结合起来，把眼前利益同长远利益结合起来。这就是政治挂帅的基本内容。这就要求我们在经济工作中要掌握党的政策。党的政策界线就是以客观规律作为根据的。这由此可见，政治挂帅并不是要求我们否定客观存在的经济规律，而是要我们在正确地处理整体利益和局部利益结合的时候，在处理眼前利益和长远利益结合的时候，要遵从客观规律，要考虑到物质利益的原则。

按劳分配、等价交换都是物质利益的原则。遵守这些物质利益的原则，有利于调动人民的生产积极性，促进他们为"各尽所能"而努力。"各尽所能"就是政治挂帅。这种情况，极有利于逐步提高人民的政治觉悟，极有利于提高人民为建成社会主义和过渡到共产主义的信心和决心。

平均主义否定了按劳分配和等价交换的原则，破坏了社会生产力，破坏了整体利益和局部利益、眼前利益同长远利益的结合，从而，影响了人民的社会主义觉悟的提高，破坏了人民对于建成社会主义和过渡到共产主义的信心。平均主义否定了物质利益的原则，也否定了政治挂帅。为了发展社会主义的生产力，为了建设社会主义，我们必须反对平均主义，必须善于运用经济规律，做好政治思想工作，不断地提高人民的政治觉悟水平，使广大人民在客观可能的范围内，充分发挥主观能动性和创造性。

（选自《工商行政通报》第192－193期，1961年7月12日）

四、中央工商行政管理局局长许涤新在全国工商行政工作会议上的讲话（提纲）

（1962年1月5日）

第一部分　国内经济形势

当前国内经济形势总的说是：形势好，成绩

大，问题多，任务重。

不论从工业和农业，都可以看出形势好，成绩大。

（一）工业方面主要有

1. 第二个五年计划17种主要产品指标中有12种提前两年，于1960年完成了和超额完成了计划。

2. 基本工业（如采煤、炼钢、石油开采和现代化机床等）的设备能力，四年来有了成倍的增长。

3. 技术力量有了迅速增长。

4. 建立了一些新工业部门，如农业机械工业、重型机械工业、精密机床工业、仪表工业、有机合成工业、航空工业等。同时，还增添了一些新的产品，初步改变了过去工业不能独立的落后局面。

5. 工业地区分布比过去合理，除沿海地区的工业外，在内地兴办的工业多起来了。

6. 对地质资源进行了规模巨大的勘探工作，对矿产资源的蕴藏情况，有了更多的了解。

7. 工业技术水平显著提高，具有一定规模的生产企业的设计、施工，已能自己担负起来。许多大型工业设备已能自己制造。

8. 科学研究方面有了巨大的进步。

9. 进一步加强了党对工业的领导，各级党委开始学会和积累了一些领导工业的经验。

10. 运用群众运动办工业取得很大成绩，职工的政治觉悟有了显著提高。

（二）农业方面主要有

1. 农田基本建设，特别是水利建设，有了很大的成绩，过去农业机械极少，现在已经有了相当数量。

2. 农村人民公社的建立，把农民更好地组织起来了。这对我国社会主义建设具有伟大意义。

这些建设，在抵抗连续三年的自然灾害上发挥了巨大的威力，减轻了自然灾害对农业生产的破坏作用。

工农业方面所取得的伟大成就，证明三面红旗是完全正确的。三面红旗不仅是我国建设社会主义整个历史时期的旗帜，而且是将来由社会主义逐渐过渡到共产主义的旗帜。它的伟大意义要从社会主义建设整个历史时期来观察。现在它已发挥了巨大作用，今后还将发挥更大的威力。

但是，不能说我们没有困难。三面红旗是新事物，我们还没有足够的经验，在工作安排上还有缺点，如重工业和基本建设战线拉得太长，而农业和轻工业的发展跟不上去；加以三年自然灾害，粮食、棉花减产，使工农业生产和人民生活受到影响。在中央的英明领导下，经过各级党委和人委的努力，现在，最困难的时期已经过去了，首先在农业方面，接着是工业战线，都已经开始了好转。

1. 农村方面，中央的“十二条”、“六十条”下达以后，农民生产积极性提高了；加上1000多万城市劳动力下乡，土地的利用比过去合理了；猪畜头数上升；小型开荒和种植面积有了增加。1961年全国的粮食收成比1960年好，但棉花和其他经济作物较差。总的说，农村经过困难，经过考验，除个别重灾区外，已经好转了。

2. 工业方面，在庐山会议之后，产量稳定了。钢的产量在1961年11月已经超过庐山会议调整的指标。基建战线缩短后，集中力量打歼灭战，成绩很大。地方工业调整合并后，一部分企业的管理工作有了进步。现在又有一万多个大型企业，正在着手整顿，进行“五定五保”。经过整顿，规章制度、经济核算、责任制等将更健全。企业管理水平提高，职工生产情绪稳定，生产一定会很快上升。

3. 干部思想觉悟提高，工作方法也有进步。认识了农、轻、重的安排秩序，认识了调整、巩固、充实、提高八字方针的重要性，开始认识了社会主义建设的客观规律，注意调查研究，总结了丰富的经验，这是一桩好事。目前，广大群众、广大干部，在党的领导和教育下，发奋图强、自力更生的社会主义觉悟大大提高了。他们经住了困难的考验，更加认识到必须继续鼓足干劲，必须把鼓足干劲和实事求是相结合。

问题多，任务重是指什么呢？

1. 农村最困难的时期已经过去，但是，农村的困难还未完全过去。粮食还未过关，去年的棉花、油料和其他经济作物因灾减产。粮食和其他农产品的收购任务很重。

2. 由于棉花和其他经济作物歉收，今年那些以农副产品为原料的工业生产将会降低。纱布、糖、卷烟、植物油等可能比去年还要减少。煤炭生产受到种种条件的限制，大量增加生产有困难；

其他工业生产，也不会增加很多。

3. 今年的市场供应可能还是紧张的，因为社会购买力同商品供应量还有差额。这就要求我们进一步压缩城市人口，控制购买力，特别是集团购买力。

为了巩固已经取得的成绩，为了克服当前存在的困难，党和国家要求我们继续鼓足干劲，实现综合调整、精兵简政、增产节约、稳定市场的任务。这个任务不是简单的，而是繁重的。

第二部分　几个理论问题

(一) 生产关系与生产力间的辩证关系

生产关系要适应生产力的发展水平，是一个普遍规律。生产关系中最根本的是生产资料所有制。全国解放后，由于实行土地改革，废除了封建的土地所有制；由于没收官僚资本，否定了垄断资本所有制；1956年的社会主义改造高潮，基本上解决了资本家所有制和个体所有制。此后，我国基本上存在两种社会主义公有制，即全民所有制和集体所有制。我国的社会主义两种公有制是适应生产力的发展，并且推动生产力的进一步发展的。

全民所有制是指国营工业、国营农场、国营交通运输业和国营商业等。现在的公私合营企业，基本上也是全民所有制的企业，因为资本家的所有制，只是表现在领取定息上，而且支付定息的时间不长。

集体所有制的具体形式包括农村人民公社、手工业生产合作社、供销合作社等。它的前身是个体劳动人民。个体劳动人民是劳动者又是私有者，对他们不能剥夺，不能一下子实行国有化，只能实现集体化。集体化就是承认他们的集体所有权。他们的生产资料，不是全民所有，而是他们这个集体的所有。

集体所有制是从个体到全民所有制的过渡形式。从集体所有制过渡到全民所有制，需要相当长的时间。过渡的长期性，必然形成几个阶段；而每个阶段又有它相对的稳定性。把集体所有制绝对化，把它看作一成不变的东西，同马克思列宁主义是违背的。但是，我们不能因此就看不见它的过渡性、长期性、阶段性和相对稳定性。如果忽视这些特点，而急于“过渡”，就会影响生产力的继续发展。生产关系要适应生产力发展的规律，就会从各方面出来表示它的态度。

今天农村人民公社的三级所有制是以生产队为基础（少数可能以大队为基础）。这是因为：第一，生产是以队为单位包干，如果分配以大队为基础，生产同分配脱节，就很难避免平均主义。第二，“四固定”把土地、牲畜、工具、劳力定在生产队上，但核算仍以大队为基础，所有权仍握在大队手里，这样使用权和所有权之间也有矛盾。这些矛盾，在过去高级社时并未很好解决。现在明确以生产队为基础是解决高级社时期没来得及解决的问题。以生产队为基础，在规模上，是比过去以大队为基础小了一些，但不能说是倒退到初级社。因为：(1) 初级社的土地、牲畜、工具折价入股分红，现在的生产队是按劳分配，社员原来的生产资料不分红。(2) 公社除生产队外，还有大队和公社的部分所有制，这是初级社所没有的。(3) 初级社是一个单纯的经济组织，生产队则是以经济为主的公社的基层组织，而公社是政社合一的。是否倒退，决定于生产力是不是发展。以生产队所有制为基础能促进生产力上升，就不能说是倒退。

目前，我国还有一些个体经济。农民自留地、家庭副业，是集体经济的附庸，和过去的个体农民不同。城乡个体手工业者的独立性较大一些，但也是受公有制经济领导和受国家管理的，数量很小。这些个体经济的存在，决不是偶然的，因为它与当前的生产力发展水平有关。我们还没有达到高度机械化的水平，许多生产还不能集中起来。但也要认识它们有消极的一面，认识它们同集体经济、同社会主义有矛盾。

(二) 商品流通的问题

1. 商品关系的必要性

流通过程是生产过程的延长。资本主义社会是如此；社会主义社会也如此。但是，商品流通的根据，社会主义同资本主义是不相同的。资本主义的商品流通是为了实现资本家在生产过程中所剥削的剩余价值；而社会主义则否定了剩余价值的剥削。社会主义商品流通的根据：(1) 全民所有制和集体所有制之间因为公有化的程度有区别，需要商品流通作为经济联系。(2) 集体所有制之间（队与大队和公社、队与队、公社与公社之间），因为生产资料属于各自的集体，也需要商品流通作为经济联系。(3) 全民所有制各企业之间为了核算，需要商品关系的形式去处理彼此间的经济往来。(4) 个体经济的产品是属于个人自己的，它们和集体经济、国营经济之间，都需要有商品流通，才能继续它们的再生产。(5) 社会主义以按劳付酬作为分配的原则，而商品形式便于实行按劳分配这个原则。

2. 流通形式和流通渠道

流通形式决定于生产资料所有制。目前我国有三种流通形式：(1) 国营商业是全民所有制的商业，是我国社会主义商业的主要形式。公私合营商业基本上同于国营商业。城市货栈也是全民所有的。(2) 供销合作社、消费合作社是集体所有制的商业，但带有全民所有制的成分。在基层，它是人民公社的一部分；在县联社，则资金主要是全民所有。合作商店也是集体所有制；各负盈亏的合作小组，确切地说，是有组织的个体。(3) 集市贸易，它是以大小集体和社员家庭副业、手工业者的生产作为基础的，但是，它是受到国家的管理的，国营商业参加并起了领导作用。

流通形式决定商品流通渠道。国营商业（连同附属于它的公私合营商业）是我国商品流通的主要渠道。次要渠道是供销合作社、消费合作社商业，以及合作商店、合作小组的代购、代销部分。这两个渠道都是计划性的流通。此外，还有补充渠道，即集市贸易、货栈贸易、合作商店和合作小组的自销部分，以及农民进城销售自产品、外地采购员的购销等。

三种流通渠道是和我国生产力发展水平相适应的。经验证明，只有一个国营商业渠道不能适应当前生产资料所有制情况和工业、农业间的经济联系，不能适应工农业生产发展的需要，因而，会影响工农联盟的进一步巩固。但是，计划流通渠道和非计划流通渠道之间，也是有矛盾的。矛盾表现在：非计划渠道可以影响国家收购计划；打乱计划流通，特别是主要渠道的流通；影响物价稳定；使资本主义自发势力有活动和发展的场所；等等。又相适应，又相矛盾，这是当前非计划渠道同计划渠道间的客观情况。总的说，非计划流通渠道对于计划流通渠道，补充作用是主要的。它们之间，矛盾的主要方面是计划流通渠道。因此，必须保证以粮、棉、油为中心的国家收购计划，保证大部分乃至绝大部分产品由计划渠道包起来；同时，让非计划流通能够活跃。大的有了保证，小的才能自由。

3. 计划价格与自由价格

国营商业的市场零售价格有两种：一是一般商品的牌价；一是高价，如高级糖果、高级糕点、高级饮食业等价格。前者有保证和限制的意义（限制指凭证定量供应）；后者也有限制的意义，因为这种办法是通过高价去限制需要的。两者都是计划价格，它们都是以商品的价值量或者生产耗费量为基础的。"以价值量为基础"，并不等于同价值量相等，而是考虑到供求情况，规定每种商品价格离开其实际价值的程度。这是如何利用价值规律的问题。从实际出发，利用价格与价值的适当差距，来稳定市场，来处理供求关系，对于社会主义建设是必要的。

集市贸易的价格是非计划价格。价值规律以其供求的市场形态在这里起作用。现在集市价格比较高，其根本原因是供求不平衡。农产品因三年的连续自然灾害，生产力下降，每个单位产品的社会必要劳动量增加，价值也就跟着增加；而社会需要并未减少。同时，城市就业人数增加过急，农村货币投放增加较多，购买力增大，而日用工业品的供应跟不上。所以，集市价格高是客观的必然，是生产和供求的反映。有些商品因为生产和供应增加，价格即趋回落，这就是这个客观真理的证明。

集市自由价格在一定程度和范围内，有刺激生产、吸引产品上市的作用。从活跃农村经济来说，它对计划价格起着补充作用。但是，它同计划价格是有矛盾的，如不加控制，就会冲击计划价格。集市价格过高会影响国家对于二类物资的收购，会影响某些以农副产品为原料的轻工业生产的计划价格，会影响职工生活费开支，并给投机倒卖提供条件。市场价格的管理，要做到自由价格不冲击计划价格而又能起推动农民生产积极性的作用。既不能放任，又不能管死；放任是右，管死是"左"。

集市贸易应当实行有领导的议价，即有领导地组织买卖双方协商，在协商的基础上，市管会加以考虑、批准。有的地方采取挂牌的办法，实际是限价，不是议价。议价是以承认买卖双方、承认供求矛盾为前提；解决这个矛盾，主要也是从调整供求关系上入手。这是不容易的事，须要从政治教育、经济活动、行政管理各方面入手，掌握商品上市的范围和数量，控制参加购销的对象，取缔投机活动，限制集体消费单位争购，使市场价格大体上同当时当地的供求情况相适应。经过努力，这是可以办到的。

4．货币流通量的问题

近年来流通过程中的货币量有所增加。一方面，生产发展，货币量随之增加，这是商品流通的需要和支付的需要决定的。但是就支付来说，城市中基本建设搞多了一些，企业招收职工多了一些，工资支付增加，超过了生产必需的程度。去年起精简职工，压缩城市人口，这矛盾已逐步解决。另一方面，货币量增加较多的是农村，这是由于：(1) 农贷，(2) 救灾优抚，(3) 支援穷队，(4) 退赔，(5) 小型农林水利建设投资，(6) 部分农副产品调高收购价，(7) 减低农业税（直接减少国家收入，间接地增加了国家支出)。看来，货币量增加主要不是由于开放自由市场。国家在集市上高于牌价收购一部分农产品，也增加货币投放，但数量并不大。

由于货币量的增加，较多是在农村。这就发生工农业产品的交换问题。有的同志主张再缩小工农产品的价格剪刀差，即提高农产品价格，同时增加农业税（因为农业税在农村公社收入中占极小的比重；而国营企业的工人拿了工资和集体福利以外，企业利润都上交给国家)。看来，这种做法不适宜。一面增加农产品价格；同时，另一方面又增加农业税收，农民是会有意见的，而且如果增加农民的货币收入而没有相应的工业品去供应，农民更会有意见。总之，这个办法是一个被动的办法。对农民的支援，主要不在提价，而在于农业技术改造，在于大量支援农民以农业机具和化肥等，在于帮助他们多生产农副产品。

综合换购是目前在比较大的程度上体现等价交换和按劳分配的较好办法，它将刺激农民向国家多售农产品。资本主义制度下，农民穷困，不得不把自己吃的东西拿来出售。合作化后，农民生活提高了，他们把过去出卖的农产品，多半留下来自己消费。这样，要农民拿出更多的东西来是一个难题。政治挂帅是一条，但还需要经济措施。综合换购即有此作用。综合换购的购货券，保证农民由于交售给国家的农产品而得的一部分货币，取得工业品；但有一部分货币是不伴随着购货券的。这是保证一部分，限制一部分。综合换购是一个新问题，在实行过程中将会出现一些我们现在还没认识到的矛盾。希望大家在工作中，调查研究，发现问题，提出处理的意见。

（三）再生产过程中的问题

再生产不单是生产的问题，而是生产、流通、分配、消费的统一。要正确地处理再生产的问题，必须有全局观点。再生产不仅是物质资料的生产和分配，而且是人们的相互关系，在社会主义制度下，是国家、集体、个人之间的相互关系问题，这个问题表现在积累和消费的比例关系问题上。要正确处理这个问题，也需要有全局观点。再生产中的一个重要问题是生产两大部类和各部门间的比例关系，比例不协调，再生产就要受阻碍。当前的城乡关系、地区关系、工商关系，就都反映了再生产中的一些矛盾。

1．城乡关系

城乡关系反映再生产过程中第二部类中农业与轻工业的矛盾，反映农业同第一部类生产资料生产的矛盾。农产品，特别是粮食，满足不了工业发展的需要，而日用品和农业用生产资料的生产又满足不了农民和农业发展的要求。为了巩固工人阶级同农民的阶级联盟，我们必须重视这个问题，必须合理地解决这个问题。

这种矛盾，根本上要从发展生产、协调两大部类的比例关系来解决。中央的农村公社“六十条”和工业企业“七十条”，都是处理这个问题的。但目前矛盾突出地在流通过程中反映出来，即反映在工农业产品的交换上。生产决定了流通，但是流通中的矛盾处理好，反过来也能够促进生产的发展。综合换购就是处理这个矛盾的好办法，此外，集市贸易、货栈贸易等，也是补充的办法。

2．地区关系

从再生产的观点来说，地区关系首先是流通过程的问题；但是，这不仅仅是流通问题，因为流通是以生产为基础的。当前一个现象是地区封锁，大家都怕物资外流。这种在流通过程中的矛盾，反映了地区间自然条件和经济发展水平的差别，也反映了局部同全局的矛盾。这里还有本位主义和分散主义的问题。基建指标和生产指标的层层加码，再加上地区互相封锁，就妨碍了国家计划的实施，妨碍了国民经济有计划按比例规律的作用。解决这个矛盾，必须强调集中统一，全国一盘棋。只有这样，才能使块块间的关系，不妨碍条条间的按比例的关系，才有利于再生产的顺利发展。除了集中领导、统一调拨之外，处理好地区间的非计划流通，如地区协作、采购员的活动等，也是必要的。

3．工商关系

当前工商之间的矛盾主要表现在价格、原材料供应和产品质量问题上。某些工业生产成本增加，要求提高出厂价，商业部门因销价不能调整，要求以厂为单位综合计算利润，全年统计亏损的，才限期补贴。补贴了，商业部门收购起来又不积极。原材料上，商业部门不能满足工业（特别是手工业）的需要，工业部门就要求自销，或多留少购，因自销可以通过协作换取原材料和副食品。这样，又会影响商业部门的市场安排。现在不少工业企业还在追求产值，不注意质量。产品质量下降，首先受到消费者责难的是商业部门，因为商业是同消费者直接发生关系的。

只有通过流通过程，才能继续进行再生产。工商之间的矛盾反映生产与流通的矛盾，由于供求不相适应，这种矛盾也更明显。为了大局，工业品基本上应由商业包销，手工业品大部分包销，才能统一安排市场，保证综合换购，保证必需的供应。价格上，工业要保本，并要有适当积累，扩大再生产；商业部门对工业的补贴，在一定条件下是必要的，但不能损害国家的收入。成本高、质量低、长期亏本的企业，对国家和人民说来，是一个包袱。社会主义的工商企业，双方都要严格执行合同，贯彻合同规定的任务。有人认为合同只适用于国营和资本主义企业之间，这种看法是不对的。对资本主义的合同是阶级斗争的一种形式，这是大家都明白的。对社会主义企业的合同，可以促使它们厉行经济核算制，可以保证国家安排市场的计划。商业部门要尽可能满足工业方面原材料的需要，支持再生产。质量问题上，我们要支持商业部门加强质量检查。粗制滥造，破坏了使用价值。是对人力物力的浪费，是对国家、对人民不负责任的表现。此外，还要从计划外的流通上来协调工商关系，如管理手工业的自销，组织正当的协作等。

（四）阶级关系与资本主义自发势力问题

小商品生产产生资本主义。农民自留地、家庭副业是集体经济的附庸，但是，农民在公社实现全民所有制以前，在社会主义的道路上总还有一定的两面性。他们的两面性是在社会主义和资本主义之间摇摆，在一定的条件下，还会倾向于资本主义，如只愿搞自留地家庭副业生产而不愿搞集体生产、弃农经商等。手工业者也有这个特点，手工业生产合作社的自产自销部分有可能带有自发性。现在有的地方又出现地下工厂，如果它们不雇工人那是一种自发势力，如果雇了工人，就会成为资本主义。

在流通过程中，也出现了自发势力。合作商店、合作小组为国营商业代购代销，只赚取合法手续费或差价，在规定的范围内，采购一些国营、供销社商业不便经营或很少经营以及货源暂时不足的第三类商品，不能称为自发势力。他们不受国营领导，自己进货自销，就有产生资本主义的可能。合作商店、合作小组的小商小贩今年可能增加到200万人，此外，还有大量的无证商贩。最近据12个省市的估计，有50万人左右。小商小贩就其性质来说，是半无产阶级，其地位和贫农不相上下；在思想上，则同资产阶级一脉相通。他们是半劳动者，又是小私有者。论成分，有80%来自劳动人民，其余的有一部分是资本家出身，大部分是社会渣滓，有五类分子，有伪军政人员。实现合作化的，基本上走上了社会主义道路，但他们还未彻底改造。新出现的小商小贩，又有新的成分，如下马企业的职工、未升学的学生、农民、复员军人等。他们不一定是资本主义，但却成为自发势力。

资产阶级还没有消灭。它的经济基础，大体上是解决了。但在政治思想上，这个阶级还是存在的。他们在逐步地转化，在接受改造上由资本主义逐步转向社会主义。他们中相当多的人，现在对党的态度是：“信中有疑，靠而不紧”。去年，他们对国际问题“信多于疑”；对国内问题“疑多于信”。今年，对国内问题“信多于疑”，而对国际问题却又“疑多于信”了。这清楚地说明了他们的两面性、动摇性。但是，从历史发展的观点来看，这些问题是前进中的问题，“信”“靠”都表明前进了，但其中还有问题。

资本主义的影响，在思想领域中还是相当大的。在经济战线上，两条道路的斗争也并未停止。一些商店中的“走后门”，就其性质来说是资本主义的，反对商品“走后门”，是两条道路的斗争在经济战线上的继续。有“走后门”行为的，主要是一些小商小贩、中小资本家和某 些职工。但是从社会根源来说,走后门这笔账,要算在资本主义道路的头上,它是资本主义影响的结果。

资产阶级和小资产阶级的习惯势力,都是产生资本主义的社会根源。在经济上、政治上、思想上,两条道路的斗争都是长期的。消灭阶级,不仅要消灭资产阶级,而且要改造小商品生产者。这是列宁早就说过的。消灭小商品生产者,改造他们的思想,是一件更为复杂、更为艰巨、更为长期的工作。列宁又说:"改造小农,改造他们的整个心理和习惯的事业,是好几代的事业。"为了把社会主义革命进行到底,我们要有长期斗争的思想准备,要下决心做好这一工作。

第三部分　工商行政部门的任务和1962年的工作安排

(一)工商行政部门的任务

工商行政工作是上层建筑,是为经济基础服务的。在1956年三大改造高潮以前,工商行政工作的主要对象是资本主义工商业。通过行政管理,去推动资本主义企业接受社会主义改造。三大改造高潮以后,资本主义工商业基本上属于全民所有制性质的企业。但是,资产阶级并未消灭,阶级关系还存在,同时,资本主义自发势力更是长期地存在。在这方面的工商行政工作,仍是很重的。另一方面,社会主义经济也是存在着内部矛盾的,反映在城乡间、地区间、工商间的商品流通关系上,特别是反映在非计划流通上的许多问题,都是需要有行政管理的。最近一年来,不少地方之充实或重新建立工商行政机构,这反映了客观的这种需要。

总的说,现阶段工商行政工作的主要任务是:在党委和人委的统一领导下,会同有关部门,协调商品流通中各经济单位相互关系的一些问题;维护国家计划,管理非计划流通,活跃交流;继续贯彻党对资产阶级分子和小商小贩的教育、改造政策;限制和管理资本主义自发势力,打击投机违法,保护合法贸易。

它的具体工作有:管理城乡市场;继续进行对私改造;监督、管理工商合同;进行商标管理;办理企业登记;指导工商联和小商小贩联合会;进行资料整理和研究等。各地情况和条件不同,工商行政机构的设置和分工也不同,是不是都有这些工作,或者还有其他一些工作,是由当地党委和人委来决定。

(二)1962年的工作安排

根据中央的调整、巩固、充实、提高并以调整为中心的方针和当前的国内经济形势,1962年的工商行政工作,仍以市场为中心。现在,对1962年的工作,提出一些要求。

1. 继续加强对农村集市贸易的领导和管理。根据国家政策,指导和管理集市的购销活动,研究实行综合换购后市场上出现的问题。

研究和处理城乡、地区间物资交流中的问题。辅导和管理城乡货栈贸易;加强对农民进城出售零星农副产品和手工业自产自销的行政管理;辅导外地采购业务,管理和教育采购人员。

打击投机违法活动,取缔票证买卖,限制资本主义自发势力。

2. 贯彻执行国家的价格政策,管理集市贸易、货栈贸易和手工业自销产品的价格,正确处理计划价格和自由价格的关系,继续贯彻稳定物价的方针。

3. 会同有关部门做好恢复合作商店、合作小组的工作。研究和处理恢复工作和业务安排中的有关政策问题,帮助合作商店、合作小组逐步建立和健全必要的经营管理制度。指导小商小贩成立自我教育、自我改造的群众性组织。结合反对商品走后门的群众运动,对小商小贩进行爱国守法、反对资本主义经营的社会主义教育。

会同有关部门,调查和处理公私共事关系和中、小资本家生活、福利待遇等方面存在的问题。

4. 研究和管理工商之间的加工、订货、包销合同,监督检查合同执行情况,调解或仲裁合同中的争议。

5. 清理和整顿无证商贩。根据需要,办理工商企业的登记。

6. 检查企业使用商标的情况,逐步纠正滥用商标、随意更换商标的现象。推动工业企业结合定品种、保质量的工作,固定产品使用的商标。

7. 继续进行私改资料的整理工作,并选择重点,开始进行关于我国社会主义市场问题的资料整理和理论研究工作。

以上这些要求,只能作为建议,具体工作安排,要请示当地党委和人委决定。

第四部分　工作方法

工商行政工作要处理很多方面的经济关系,必须学会一套工作方法。

1. 争取各地党委和人委的重视与支持,这就要求多反映工作中的情况和问题,并且提出处理意见,积极帮助党委和人委解决一些问题。这是争取领导上重视与支持的一个关键。

2. 搞好与有关部门的协作。工商行政工作有些要会同有关部门来做,有些要协助和配合有关部门来做,因此要善于协作。这不仅是工作方法问题,也反映了我们工作的性质。如市场管理工作,不但要同商业部门很好地协作,而且要同公安、司法部门很好地协作。商标管理工作就要同工业部门很好地配合。

3.重视调查研究。不仅要及时地掌握材料,还要学会分析问题。只有材料而不会分析,并不能帮助领导解决问题。

4.坚持全局观点,正确掌握党的政策。在工作中要注意抓住矛盾,协调各方面的关系,支持正确的一方。为了支持社会主义经济的发展,不但要限制资本主义自发势力,而且要反对社会主义企业的资本主义经营作风。这样做,一定会遇到困难。但是,只要我们学习鲁迅的精神,作韧性的斗争,长期坚持不懈,终会把困难克服的。

5.学会总结经验。不会总结经验,工作就不能提高,而会成为事务主义。省级工商行政部门要多注意帮助市、县工商行政部门总结经验,并且及时组织交流。

6.加强干部教育。多组织干部学习政策和理论,使他们懂得在工作中什么该做,什么不该做,同时懂得为什么要这样做,而不那样做。有的地方准备办干部训练班,训练工商行政干部。这是有益的。只要你们这么办,我们一定支持。

7.中央工商行政管理局要加强同地方的联系。过去我们同各地联系不够,帮助不够,今后要加强联系,互相帮助,共同把工作做好。"工商行政通报"是加强中央与地方联系的一个工具,希望各地大力支持,共同办好这个刊物。

(选自《工商行政通报》第205-206期,1962年1月31日)

五、中央工商行政管理局副局长管大同在全国工商行政工作会议上的讲话(记录稿)

(1962年1月5日)

这次会议主要有三个内容:(1)总结工作,交流经验;(2)对中央有关的政策统一认识,在工商行政工作方面更好地贯彻中央的政策;(3)研究安排1962年的工作。一年来,大家在各地党委领导下做了很多工作,这次会议上交流了工作经验,讨论了很多问题。现在我把会议讨论的几个主要问题集中谈一下。准备讲四个问题:(1)对于市场问题的一些看法;(2)对1961年农村集市贸易的一些看法;(3)恢复合作商店、合作小组的一些问题;(4)有关市场管理的几个问题。

第一个问题 对于市场问题的一些看法

市场问题是当前国民经济中一个十分突出的问题,既重要,又复杂。市场直接关系到每个人的生活,是群众目前最关心的问题,是党和群众关系中的一个重要问题。市场供求是否平衡,物价是否稳定,是国民经济是否调整好的一个重要标志,是社会主义建设继续跃进的一个必要前提。同时,市场问题非常复杂,牵涉到各个方面的关系,如农轻重关系、城乡关系、地区关系、工商关系等等。因此,必须贯彻中央的指示,重视市场,全党抓市场,大抓煤炭、木材、粮食、棉花,抓吃穿用。努力做到增加生产,厉行节约,逐步改善市场供应。

1962年继续贯彻调整、巩固、充实、提高的方针,而以调整为中心。这是一个极端复杂而艰巨的任务。过去一年,我们已经积累了不少经验,农轻重关系正在逐步协调,国民经济日益活跃。"十二条"、"六十条"贯彻以后,农民的积极性大为提高,国家和农民的关系进一步改善,农村的经济情况和政治情况都是好的。在农村,最困难的时期过去了。过去一年,全党抓市场,轻工业和手工业都有了发展。这些都是有利的条件。当然,也要看到还有困难,连续三年遭受严重自然灾害,市场供应状况,还不可能很快改善,城市职工的生活还有困难。总的说来是:形势好,成绩大,有困难,有办法。要求我们认清形势,坚定信心,正视困难,努力工作。

1962年对市场的方针是"当年平衡,略有回笼"。市场物价要争取在发展工农业生产的基础上稳定下来。不平衡是当前困难所在,一定要鼓足干劲,实事求是,踏踏实实地做好工作。坚决贯彻中央规定的一切重要措施。要进一步贯彻执行农村的各项政策,更好地调动农民的积极性,大力发展农业生产,要千方百计地发展轻工业和手工业生产，要厉行节约，压缩开支，继续压缩城市人口，坚决压缩社会购买力。

做好农产品收购工作，是稳定市场物价、保证市场供应的必要前提。对农产品收购今年要实行包干制度和综合换购。收购任务需要适当扩大，国家要多拿一些，要定任务，实行包干。包干制度是正确处理国家、集体、个人的关系的好办法。一方面可以保证国家的利益，保证国家对农产品的必不可少的需要；另一方面，任务包定了，农民心中有底，有利于调动他们的积极性。收购的办法是统购、派购和议购，并且实行综合换购。1962年是综合换购试点的一年，要注意研究这方面的新情况和新问题。

为了安排好市场，国家不仅需要多掌握一些农产品，同时要全面掌握轻工业品和大部分手工业品。否则，就不能实行综合换购，不能多拿一些农产品。因此，安排市场，要求工商双方密切协作，工业部门要为市场服务，商业部门要为生产服务，共同平衡产销，衔接计划，根据市场的需要安排生产，安排原材料供应和商品收购，密切协作，互相支援。

做好市场工作，要贯彻统筹兼顾、全面安排的精神，贯彻统一政策、统一计划、集中领导。要加强对市场的领导和管理，维护全国一盘棋，保证国家统一计划的实现。在目前物资困难的条件下，要强调集中统一，不集中统一就不利于克服困难。在中央集中统一领导下，坚决反对分散主义。城乡之间要发展物资交流，地区之间要加强协作，使物资交流“通而不塞”。同时，我们要认识到，市场上两条道路的斗争还是长期的、复杂的，行政管理不能放松。对于市场上的矛盾，要区别两条道路的矛盾和人民内部的矛盾，管理与教育相结合。

以上谈的这些，为了便于记忆，可以归纳为五个字：包(农产品包购，工业品包销)，保(保重点，保人民生活必需，保重要工业原料，保出口)，统(统一政策，统一思想，统一计划，统一领导)，通(畅通物资交流，加强联系协作)，管(管好市场，打击投机，限制自发势力，维护国家计划)。在行政管理方面处理市场关系的时候，应当以中央的这些政策精神作为我们的指导思想。

第二个问题　1961年农村集市贸易的初步总结

对农村集市贸易一年来的估价，基本经验是什么，今后应当怎样做法，等等问题，大家进行了比较热烈的讨论，现在我把讨论的意见，归结一下。

第一，一年来的一些基本情况

自中央关于农村人民公社十二条政策指示下达以后，农村集市贸易迅速地恢复起来。到1961年底，全国共有农村集市41437个，相当于公社化以前原有集市41765个的99.2%。这些集市的分布情况大体是：城市郊区和工矿区1243个，占3%；交通沿线地区7873个，占19%；平原地区17818，占43%；山区14503个，占35%。

一年来农村集市贸易是逐步恢复和发展起来的，一般是正常的、活跃的。它是同农村生产的发展分不开的。集市贸易的成交额在三季度以前是逐季增加的，四季度加强对农产品收购和集市管理后减少了一些，但仍高于二季度的水平。据各地统计或者估算，1961年全国集市贸易的成交额大约为137亿元。其中一季度23亿元，二季度34亿元，三季度42亿元，四季度38亿元。

一年来农村集市贸易的恢复，看来，主要是社员出售个人产品的形式。集市上市的商品，社员个人部分约占63%左右，集体部分约占37%左右。从交易对象来看，集市贸易主要是农民互相之间的交换和余缺调剂。在全国集市成交额137亿元中，农民互相调剂大约为93亿元，占68%；城镇单位、居民购买约有30亿元，占22%；商业部门收购约有14亿元，占10%。在全部成交额137亿元中，除去农民互相调剂的93亿元，农民从集市上的收入约有44亿元。如果计算高价部分(全年集市价格水平大约高出牌价2.2倍)，农民通过集市贸易从价格上就多收入30亿元左右。

集市成交的商品主要是农副产品。在成交额137亿元中，农副产品约115亿元，占84%；工业品和手工业品8亿元，占6%；废旧物品13亿元，占9%；其他(包括饮食、修理、服务等)1亿元，占1%。在农副产品115亿元中，一类物资2亿元，占2%；二类物资22亿元，占19%；三类物资91亿元，占79%。

恢复集市贸易，正值农村连续遭受严重自然灾害的时期，受供求关系的影响，集市的价格还相当高，全年平均大约比国家牌价高出2.2倍，即相当于牌价的320%。一年来，集市的价格，随着生产的发展和管理的加强，已逐步下降，目前与恢复初期比较，大约降低了18%。其中蔬菜类降低45%，干鲜果类降低12%,肉食禽蛋类降低6%,土产杂品类降低12%。

以上,是一些基本数字,我们进一步研究这些数字,核正这些数字,对于研究今后对集市贸易的政策是很有必要的。

第二,我们对集市贸易怎样估价?

根据一年来的情况,对农村集市贸易的估价总的说来,我看有两点:第一,有必要;第二,有两面性。

恢复农村集市贸易是党在现阶段对农村人民公社各项政策的一个必要的组成部分,是与调整公社的所有制关系、贯彻按劳分配和等价交换的原则、发展商品生产和家庭副业等重要政策措施相适应的。客观经济条件决定了农村集市贸易的必要性。一年来的情况说明,集市贸易有积极的作用,而且是主要的;但是,也产生了一些消极作用,有两面性。

集市贸易的积极作用,主要表现在哪些方面呢?

(1)有利于密切国家与农民的关系,调动农民的积极性,进一步巩固工农联盟。

(2)有利于促进农副业生产的发展,特别是家庭副业的发展,活跃农村经济。

(3)由于副业生产增加,农民收入增加,并且可以通过集市贸易互相调剂余缺,这就有助于农民安排生活,特别是帮助农民度过1960年冬到1961年秋这一段最困难的时期,减轻他们对国家的依赖,集市贸易也是起了一定作用的。

(4)集市贸易主要是农民之间的贸易,但也有利于密切城乡联系,补充一部分城市供应,城镇单位和居民直接在集市上购买的商品全年大约有30亿元左右。

一年来,农村副业生产到底发展了多少?从一些典型材料来看,少的一般增长50%—100%,多的增加三、四倍,甚至到十几倍。各地这方面的材料很多,在这里举几个例子:

第一个例子:浙江省余姚公社近江生产大队第一生产队,1957年以前原有的搓草绳棕绳、打草鞋、编金丝草帽、养猪、养家禽、捉鳝、种瓜菜等9项副业生产,1961年全部恢复。余杭县乔司公社1961年11月底与1960年同期比较,生猪增加22.7%,湖羊增加90.5%,家禽增加94.6%,家兔增加63.5%。社员从事副业生产的特点是,愈是市场缺,愈是多生产。

第二个例子:湖北省咸宁县汀泗桥,1961年10月与1960年年底比较,全区生猪增长1倍多,家禽增长6倍多,烧柴、水竹、木炭、野生淀粉等也都有大幅度增长,手工业小商品已恢复到210多种,过去几年市场上少见的窑货、鸡鸭、鲜蛋、中药材等,现在生产上都有了增长。

第三个例子:吉林省恢复集市以后,过去在农村几乎无人生产的木饭勺、木水瓢、笊篱、筛子等土产编织品,现在都有人生产了。九台县上河湾镇的集市上,草鞋、篮子、筐子、席子、簸箕等大量上市,已经大体可以满足当地的需要。

第四个例子:安徽省定远县八一公社马园大队,在集市恢复以前,平均五户只有一头猪,集市恢复后迅速发展,现在几乎每户都有一头猪;原来全大队只有几只羊,现在平均每户一只羊;过去这里没有养鸡的习惯,现在平均每户养了二只鸡。

第五个例子:山西省闻喜县许多土特产品和社员家庭副业产品,目前大量生产。苇席、席箔、柳筐、簸箕、风箱、木锨等年产达400多万件。东镇社员个人养鸡比1960年增加25%,羊增加1倍以上,兔增加3.6倍。

第六个例子:汕头市据下蓬、鮀浦、金矿3个公社统计,从恢复集市到1961年6月底,集体和社员个人增养生猪4416头,鸡、鸭、鹅10万余只,兔8630只,开荒2304亩;1961年8月贯彻省人委关于进一步开放集市贸易的七项规定以后,仅一个多月时间,下蓬公社的生猪又增加25%,鸡、鸭、鹅增加53%。

第七个例子:黑龙江省五常、望奎、巴彦、庆安等4个县13个公社,1961年社员个人养的猪比1960年增加40%,家禽增加3倍。

第八个例子:兰州市在贯彻了“十二条”和恢复集市后,恢复了许多过去停产的副业生产项目,社员饲养的家禽家畜增多。坪城公社1961年养猪比1960年增加11.5倍,养鸡增加12倍,养兔增加4倍。

农民生产积极性的提高和农村副业生产的发展,当然不完全由于恢复集市,但也不能否认集市在这方面所起的作用。这些事实说明,流通要与生产相适应,交换形式要与所有制形式相适应。恢复集市贸易使农民感到有了处理自己产品的权利和交换一些零星产品的便利场所,这是促进多种多样的副业产品生产发展的一个重要因素。

集市贸易在现阶段的积极作用应当肯定,另一方面也要认识它的消极作用。从一年来的情况看,消极作用主要表现是:

(1)集市价格高,对国家收购农产品产生了一些不利的影响。有些农民愿意将自己的产品在集市上卖高价,不愿意卖给国家;或者是好货上市场,次货交任务。当然收购完成得不好,还应当具体分析其他原因,例如购留比例是否恰当,工业品的供应是否跟上,收购工作抓紧了没有,对农民的政治思想教育工作做得如何,"放"和"管"的界限划清了没有。原因分析清楚了,才有助于我们改进工作。

(2)有的地方在农民的收入中,通过集市出售个人产品的收入所占比重过大。如四川省对彭县的一个生产队调查,社员从事家庭副业的收入占到77%,集体生产的收入只占23%,以至部分农民搞个人生产的积极性大,参加集体劳动的劲头小。同时,在集市高价的吸引下,有些农民弃农经商,自发势力有所滋长。这些,都需要我们引起注意。

(3)通过集市贸易,农民从价格上多拿了30亿元,还出现了一些"暴发户"。例如,黑龙江省五常县新光大队第二生产队51户社员中,持现金1000元以上的有4户,500元~800元的10户。第十生产队一社员仅在集市上卖黄烟一项就收入1100元。庆安县五一大队一社员,卖菜籽和蔬菜就收入3000多元。广东省台山县斗山公社一个社员,11月一个月就收入670元。青海省乐都县一个社员仅出卖杏子一项就收入5000多元。有些地方农村中还有"万元户"。农民的高价所得尽管有多种原因,但不完全是合理的。有人说这是"不义之财",是有道理的。对农村集市贸易合理征税是必要的。

农村集市贸易的消极作用,有客观因素(如小商品生产的特性和价值规律的自发性等),也有主观因素。要具体分析,特别要注意工作上的问题,加强领导管理,克服工作上存在的缺点和漏洞。对于集市贸易,既要利用它,又要限制它。我们应当不断总结管理集市的经验,以有助于克服集市贸易的消极作用。

第三,关于国家收购和集市贸易的关系、管和放的关系问题

一年来的情况说明,利用集市贸易的积极作用,限制它的消极作用,关键在于正确处理国家收购和集市贸易的关系,正确划清放和管的界限。这几年来,集市贸易经过了几开几关。1956年秋季开放了国家领导下的自由市场,后来各地关了;1959年开了一下,又关了;1960年"十二条"贯彻以后,又恢复起来。从这几开几关当中,看来,可以得出以下几条经验:

(一)在社会主义经济的条件下,有计划的商品分配和商品交换,是社会主义商品流通的根本制度。一定要坚持计划市场,保证国家收购,否则就不能顺利地进行社会主义建设,不能有效地保证人民的生活供应。

(二)在现阶段,有计划的商品流通还不可能是无所不包,一些小商品的生产和分配以及一些分散零星的交换,不可能完全纳入计划。因此,在坚持计划市场的同时,客观上还需要有集市贸易,作为国营商业和供销社的补充。这是为发展商品生产和适应人们多种多样的需要所要求的。

(三)计划市场和集市贸易的关系,是主体和补充的关系,国营商业是领导力量,供销合作社是国营商业的助手,集市贸易是国、合商业的必要补充。集市贸易不能管得过死,也不能放得过宽。过死了会妨碍小商品和农民家庭副业的发展,过宽了就会影响计划市场,影响工农业的正常生产。放和管一定要控制得恰当,符合客观要求。集市贸易只能是在计划市场的领导和控制之下进行活动。

因此,对于农村集市贸易,必须继续利用它来促进小商品和家庭副业生产的发展,活跃城乡经济;同时对它的范围要适当控制。从1961年情况看,在农村农副产品流通量中,国家收购大约占83%,集市贸易大约占17%。有些地方,集市贸易的范围稍为大了一些(特别是在一些交通要道和铁路沿线的一些集市),国家收购少了一些。这里主要有两方面的原因:一是二类物资的品种少了一些;二是有些一、二类物资本来不应当上市的也上市了。1962年国家要通过统购、派购、议购和综合换购,多掌握一些农产品,要适当扩大二类物资的一些品种,适当压缩一下集市贸易的范围,放得过宽的地方要加强管理。

为了保证国家收购,对于农村集市贸易一定要划清放和管的界限。1961年上半年以前强调放,是必要的;现在强调管,也是必要的。重要的问题在于强调放的时候,必须以保证计划为根本前提;强调管的时候,要注意到不挫伤农民的生产积极性。

根据政策的要求,该放的放,该管的管,做到活而不乱,管而不死。至于哪些该放,哪些该管,根据一年来的经验,主要应当划清以下几条具体政策界限:

(一)一类物资和未完成任务的二类物资不准上市,三类物资和完成任务后准许上市的二类物资可以放。

(二)计划供应的工业品、手工业品要管,一部分允许自产自销的手工业品和家庭手工业品可以放。

(三)转手买卖的要管,自产自销和自购自用的可以放。

(四)长途运销的要管,就地调剂的可以放。

(五)集体采购单位要管(要经过集市管理委员会批准),消费者个人购买可以放。

(六)无证商贩要管,合作商店、合作小组可以放,允许他们根据批准的经营业务范围和地区范围参加集市贸易。

以上这个问题,各地可以根据地区的不同情况,加以具体分析,具体研究,不要笼统对待。

第四,集市的价格问题

价格问题是集市贸易的一个中心问题。对价值规律的作用,既要利用它来为促进生产、调剂供求服务,又要限制它盲目泛滥。1961年集市价格水平大体高出牌价2.2倍,差距相当大,这是当前集市贸易的一个突出问题。

集市价格为什么高?主要原因是东西少、票子多,供求之间差距大。有些农民有高价思想,投机商贩搞转手买卖和投机活动,也是集市价高的原因。集市价格高是事实,同时,也需要具体分析。在比较两种价格的时候,还应当考虑到,集市有些商品的质量比较好,国营商业有些商品(如蔬菜)的零售价格是有国家补贴的,有些商品是用工业品换购来的。必须对集市价格进行具体分析,弄清楚哪些是合理的、哪些是不合理的。通过做好各方面的工作,来克服不合理的因素。

目前,市场上有两种价格,这是客观存在,应当承认它。重要的问题在于把集市价格控制在一定范围内,坚持计划价格的阵地,控制不合理的价格因素,在发展生产的基础上,力争集市价格稳住,并逐步回落,使集市价格和牌价的差距缩小。根据一年来的经验,对于集市贸易的价格,既不能采取行政办法硬性限制,也不能放任自流。应当加强领导,实行议价。

有领导的议价具体怎么做法?一年来,很多地方有成功的经验,也有失败的经验。这主要应当从两点来衡量:一是价格稳住了没有?二是东西还有没有?对于集市价格的管理应当是:既要有利于生产的发展,又要有利于物价的稳定。

现在各地对集市议价大体有三种不同的做法,效果也不同。

第一种:硬性规定执行牌价,个别地区采取这种办法,结果东西没有了。

第二种:以牌价为基础,规定掌握幅度。如浙江省萧山县对44种商品规定议价幅度不超过牌价20%~50%,结果这些商品上市量大大减少,价格反而上升。毛鸡本来卖3.2元1斤,涨到4.8元到6元,许多商品转成场外黑市。由于这个办法行不通,现在改为除国家收购的几种商品以外,其余的都不规定幅度限制了。余杭县也采用过类似的办法,结果集市冷冷清清,黑市又自发形成,实行了三天又不实行了。黑龙江省有的地区也按牌价规定幅度,结果集市价格是下来了,但上市人数减少55%,上市品种减少54.8%,交易额下降47%。

第三种:根据集市价格的水平,规定掌握幅度,或者不规定掌握幅度,就低不就高。如四川长寿县规定以低于集市价格20%~30%的幅度掌握议价,实行以后,8种蔬菜有6种价格回落,平均下降15%,最多的降低50%,几种小生产工具的价格平均也降低15.5%,对集市上市量和成交额影响不大。江西省有些地区组织集市交易员参与议价,按市价就低不就高,农民可以接受,集市价格也逐步回落。

一年来,管理集市价格集中起来有如下几点经验:

(一)选择主要品种或者大宗交易进行议价,用主要品种影响次要品种,大宗的影响零星的,集体的影响个人的。

(二)区别不同商品,不同对象,不同季节,不同地区,有宽有紧。大体是:重要物资紧一些,次要物资适当宽一些;集体的紧一些,个人的适当宽一些;合作商店、手工业和集体单位紧一些,农民互相调剂适当宽一些;收购季节紧一些,非收购季节适当宽一些;集中产区紧一些,分散产区适当宽一些。

(三)利用集市农民服务部调节供求,稳定物价。农民服务部在吞吐物资时,要根据集市供求情况,并低于集市价格。

(四)不能单纯地就价格管价格,要调剂供求,管理供求,控制集体消费单位购买,制止投机倒把活动。

(五)加强对农民的政治思想教育,反对他们的高价思想和弃农就商。

第五,领导管理

正确利用农村集市贸易的积极作用,限制它的消极作用,必须加强领导管理。在 1961 年三季度以前,有些地区(主要是城市郊区和交通沿线地区)由于领导管理工作没有跟上去,集市贸易发生了一些比较混乱的情况,投机违法活动增多,无证商贩增加,私自买卖粮食、工业品和票证的现象很严重。扰乱市场秩序,妨碍国家计划。四季度加强领导管理以后,基本上制止了某些集市的这种混乱现象。这说明,对市场的行政管理不能放松,要建立或者健全集市管理机构,要有专管人员,保护合法交易,打击投机活动。

把集市贸易切实管好,单纯依靠行政管理还不够,各地的经验是,管好集市必须是行政管理与政治教育、组织生产、经济措施四结合。

政治教育首先是教育农民,要他们兼顾国家、集体、个人利益,认清国家利益第一,整体利益第一,反对重个人生产、轻集体生产;反对高价思想,教育他们积极完成收购任务。对集市管理人员也要加强教育,要他们坚持政策、贯彻政策,奉公守法,不违法乱纪。

要参与生产,组织生产,对农民的家庭副业要关心和支持,帮助他们解决生产中的困难。生产是根本的,生产发展了,国家可以多收购一些,集市也可以正常起来。

经济措施主要是国、合商业通过做好农产品收购工作和对农民的供应工作发挥对集市贸易的领导作用。并根据集市供求情况适当吞吐物资,调剂供求,平抑物价。也可以通过农民服务部做好信托服务工作。使集市贸易在计划市场的领导和控制之下正确地发挥作用。

在这方面,各地的具体经验不少,可以好好总结一下,我现在就不多谈了。

第三个问题　关于恢复合作商店、合作小组的一些问题

对于这个问题,大家讨论的很好,介绍了好多有益的经验。大家对我们和商业部共同草拟的 25 条规定,也提出了一些修改意见,我们当根据大家的意见再进行修改,然后上报中央和国务院批准执行。

小商小贩的问题很复杂,它是有关市场和经济的问题,又是有关社会和政治的问题。目前,各地正在结合精简国营商业队伍,调整小商小贩的所有制,恢复合作商店、合作小组。这项工作牵涉到许多方面,我们应当认真对待。通过合作商店、合作小组的形式,对小商小贩进行社会主义改造,是适应现阶段我国生产发展水平、群众消费需要和小商小贩的思想觉悟水平的。为了正确发挥小商小贩的积极作用,适当限制他们的消极作用,使他们更好地为市场、生产和消费服务。必须在调整小商小贩所有制的同时,做好业务安排,加强管理教育工作。现在谈以下五个问题。

第一,谈几个情况

(一)小商小贩队伍 1955 年全国小商小贩约有 500 万人左右。几年来,这个队伍的变化很大。据 1961 年上半年统计,已经脱离商业战线的(包括老弱退职、死亡和转工农业生产等)约 220 多万人。

仍留在商业战线上的有 276 万人,其中进入国营、公私合营商业和供销合作社的 158 万人(1958 年以前进来的 45 万人,1958 年以后进来的 113 万人);在合作商店、合作小组及从事个体经营的,约有 118 万人。

以上 276 万小商小贩中,在城市的约 190 多万人,在农村的约 80 多万人。

据典型调查,小商小贩中,劳动人民出身的约占总人数的 80% 左右;地、富、反、坏、伪军政人员和资本家出身的约占 20% 左右。小商小贩中,年老体弱的约占总人数的 25%,已丧失劳动能力的约占 8%。

(二)新成员增加情况

据河北、上海等 12 个省市估计,无证商贩目前约有 50 多万人。有些地方的无证商贩占到当地人口总数的 5‰。各地在清理整顿中,安排批准了一批新的商贩。有的地方登记发证占到无证商贩总数的 1/3 以上,有的地方登记发证的新商贩比从国营商业中退出的小商小贩总数还要多。

合作商店、合作小组还吸收了一批新的成员。其中有:新招收的徒工,家庭辅助劳动力,子女顶替的家属,以及由当地安置的“下马”工人、未升学

学生、复员军人等。这部分人的数字也不小,有的地方一次安插到合作商店的就有几千人,占到当地小商贩总数的10%以上。

(三)1961年调整情况

自1961年6月中央《关于改进商业工作的指示(试行草案)》40条下达之后,各地相继开展了恢复合作商店、合作小组的试点工作,不少省市已经全面铺开,进行较快的地方,如武汉、广州等市已经基本结束。

1961年12月份统计,半年来全国从国营商业、供销合作社退出的小商小贩共有54万人,占原在国营商业、供销合作社中小商小贩158万人的34%,占1958年后进入国营商业、供销合作社113万人的48%。

恢复合作商店、合作小组后,已初步收到了一些好的效果:商业网点增加,小商小贩积极性提高,经营特点逐步恢复,消费者称便。

当前调整工作的一个特点是:各地工作进展很不平衡,调整幅度大小的差别很大。有的省市调整出来的人数已占到1958年后进入国营商业、供销合作社小商小贩总人数的80%以上,有的省市尚不足10%。

第二,有关调整的一些问题

(一)调整的方针

把小商小贩从国营商业(包括公私合营商业)、供销合作社中调整出去,是精简调整财贸职工队伍的一个重要方面。调整工作要贯彻精简调整财贸队伍的"四结合"方针。这就是:精简调整财贸队伍与"教育、补充、招收、清洗、惩办"的指示结合进行;与国营商业纯洁内部、提高质量结合进行;与调整所有制,恢复合作商店、合作小组结合进行;与压缩城市人口结合进行。调整工作任务重、工作量大,要求"决心大,行动快,工作细,步子稳"。

(二)调整的原则

根据上述方针,对调整小商小贩的工作,提出以下几项原则:

1.1958年以前进入国营商业、供销合作社的基本不动;1958年以后进来的大部分调整出去,恢复合作商店、合作小组,国家不再发工资。

2.对年老体弱、丧失劳动能力的要另作妥善安置。

3.在反对商品"走后门"运动中,对中央提出的四种人(即严重多买多卖,严重滥用职权、挥霍浪费,严重投机倒把,严重贪污盗窃)中不适于继续留在国营商业工作的,开除出去,可以安置在合作商店、合作小组,或另作其他社会安置。

4.不要把资本家调整出去。

(三)调整的人数和比例

1.1958年以前进来的45万人,调整10%左右(包括退职、开除及自愿要求退出的),共约4万人左右。

2.1958年以后进来的113万人,大体可以按照80%的比例进行调整,共约90万人(包括退职、开除及自愿退出的)。

根据上述原则和要求,各省市在党委领导下,制定具体的调整方案。

(四)调整哪些行业

各地可以根据不同行业的具体情况,因地制宜。根据某些地方试点经验,大体上应当是:

1.某些与人民生活关系重大而货源又缺乏的行业(粮食、棉布、大百货),可不组织合作商店、合作小组,但其中的某些人员,可以根据需要调整出去转其他行业。

2.经营某些零星细小、主要是三类商品的行业,如小、土、杂行业,只要调整出去能恢复一些经营特点的,都可根据市场需要和货源情况进行调整。

3.某些货源问题不大的行业(如理发、修补),以及国营商业不经营或少经营的行业(如凉茶、鲜花等),可以多调整出去一些。

第三,对合作商店、合作小组要做好业务安排

恢复后的合作商店、合作小组,有无货源是涉及到精简、调整财贸职工方针能否贯彻执行的一个重要问题。货源有无、多少,决定于我们的安排。各地经验证明,只要把小商小贩看作是商业战线上一支可用力量,而不是当作"包袱"推出了事,安排他们业务的办法是很多的。

(一)代购、代销、经销。根据"统筹兼顾,适当安排"的原则,由国营批发商业适当分配货源,或允许代购某些商品。

(二)允许自己组织货源。对某些国营商业货源不足的商品,合作商店、合作小组自己能够采购的,应当允许他们按照规定的品种、地区范围,从货栈、手工业厂社、集市贸易服务部进货,按进价加合理利润后出售。通过这种办法,既可以补助国营商业经营的不足,也可以维持合作商店、合作小组的正常经营。

(三)允许兼营,必要时也可以组织他们转到其他行业。国营货源不足、小商小贩又无法自己组织货源的行业,可以采取这种办法。

(四)亦商亦工,亦商亦农,亦运亦销。在城市有的可以采取亦商亦工的办法;在农村有的行业(如季节性强的)和人员可以恢复和采取亦商亦农、兼运兼销的办法,既可密切配合农业生产、帮助解决短途运输问题,也可以全面安排小商小贩的业务和生活。据1953年的调查资料,农村小商小贩中约有60%-70%兼事农副业生产;另据山东109个县(市)2万多户的典型调查,兼事农业生产的户数占小商小贩总户数的92.6%,其中农闲经商、农忙务农的季节性小商小贩占22%。

关于小商小贩的经营比重问题。由于各个地区和各个行业小商小贩在整个商业人员中所占的比重不同,不宜在他们经营比重上规定一个死的比例。在安排业务的时候,要掌握既能维持他们的生活,又要能够调动他们的积极性。

第四,会议上讨论的几个具体政策问题

(一)原有公积金的处理

对这个问题的处理,要考虑以下几个因素:①原有公积金在不少地方已经动用,而且使用情况很复杂,有的用于小商小贩本身,也有的用于社会建设投资;②现在恢复的合作商店很多不是原摊原人;③有些地方的合作商店,虽然挂着合作商店的牌子,但实行国营商业的一套经营管理制度,或与国营商业统一核算,不论企业盈亏,个人的工资福利均有保证。这种复杂情况,就决定了对原有公积金的处理,不能简单地决定全部退还或者一律不退还。

根据过去对公积金"专户储存、使用批准"的精神,考虑到新恢复的合作商店存在着资金不足的困难,对原有公积金的处理,会议讨论有以下意见:第一,各地应对原有公积金的使用、保管情况,进行一次清理;第二,区别不同情况,分别进行处理;第三,合作商店经营资金有困难的,可以动用一部分予以支持,但不能退给个人。各地对这个问题进行处理的时候,要请示党委办理。

(二)小商小贩的工资收入

小商小贩的工资收入,大家讨论,认为应当贯彻按劳分配、多劳多得的原则。他们的工资收入水平,内部掌握,按行业计算,大体上以相当于当地同行业国营商业、供销合作社职工的工资水平为宜。店与店、人与人之间的收入,可以有多有少,承认差别,不要一律拉平。

合作商店、合作小组,由于延长营业时间,增添辅助劳动力,改善经营管理,提高劳动效率,以及以旺养淡等原因,他们的工资收入按行业计算,也可以比当地国营商业、供销合作社职工的工资水平略高一些。高出多少为宜?目前不少地方规定为20%或30%,我们认为各地可以在既不影响国营商业职工,又不妨害小商小贩积极性的原则下,适当加以规定。

(三)合作商店、合作小组吸收新成员问题

会议讨论,认为对待这个问题,现在要极端慎重。

某些商业人员不足的地区或行业,在合作商店、合作小组中,吸收新成员时,应当严格加以控制:

1.除某些带有技术性行业之外,一般地不允许招收新徒工或以子女顶替,更不准从农村招人。

2.从社会上吸收新的成员,应当加以限制,按批准手续办理。

3.对已吸收的成员,应当按照他们的不同政治条件和身份,有区别地对待。

(四)清理整顿无证商贩

会议上,在这方面各地介绍了不少经验。

无证商贩成份复杂,他们的活动对市场危害很大,也影响社会治安。

为了保护合法经营、取缔投机违法,稳定商业队伍,对无证商贩,应区别不同情况,进行清理整顿。

1.对一贯投机倒把的,坚决予以制止或者取缔;

2.对有正当职业的农民、职工、学生等,动员他们停止经营;

3.登记发证,要严加控制。少数市场确有需要,本人一贯从事正当商业活动,无其他生活出路,在当地有正式户口的,经过严格审查,才可以个别批准发给证照或临时证照,并把他们组织到合作商店或者合作小组中去。

第五,要继续加强对小商小贩的管理、教育工作

小商小贩从国营商业和供销合作社退出之后,再加上其他一些人员被吸收或安插在合作商店、合作小组,这样,合作商店、合作小组的人数将大量增加，成份将更为复杂，这就加重了管理、教育的任务。

(一)小商小贩从国营商业、供销合作社中调整出去之后，应当以组织合作商店为主，某些适于分散经营的行业，也可以多组织一些合作小组，但不要搞单干。合作商店规模不宜过大，集中合并过大的，要适当划小、划细。

(二)对小商小贩，要继续贯彻利用、限制、管理、教育的政策，利用他们的积极作用，限制他们的消极作用，加强管理、教育，不断提高他们的思想觉悟。

(三)对合作商店、合作小组可以实行按行业归口管理的办法。业务主管部门应健全管理机构，配备专管人员。

(四)建立和健全地区的或行业的小商小贩自我教育的群众组织，如合作商店、合作小组的代表会，小商小贩联合会等。

(五)工商行政部门要配合业务主管部门研究有关合作商店、合作小组的政策，并加强对他们的行政管理，保护合法经营，取缔投机活动。

希望各地同志们在这方面好好总结经验，并向我们及时反映新发生的情况。

第四个问题　有关市场管理的几个问题

加强对市场的行政管理，是正确处理市场问题的一个重要方面。行政管理和经济措施是相辅相成的。市场管理工作的任务，就是要通过行政管理，保证国家有关市场的各项经济政策的贯彻执行，维护国家计划，稳定市场物价，活跃物资交流，取缔投机活动，为社会主义市场的繁荣服务，为促进生产发展和安排好人民生活服务。

市场管理是一项长期的任务。目前，资本主义经济在我国已经不存在了，但是，资产阶级还没有消灭，他们的思想意识的影响，更不是短期所能消除的。资本主义同社会主义两条道路的斗争是复杂的，它不可避免地要通过各种形式反映到市场上来。资本主义自发势力的滋长，是它在社会主义企业外部的表现；某些单位的资本主义经营作风，则是它在社会主义企业内部的表现。这些情况，对于社会主义计划经济，都是不利的。市场管理要坚持同自发势力的斗争，反对某些企业单位的资本主义经营作风，坚决取缔投机活动，这是保证国家计划、稳定市场物价所必须的。在当前物资不足的情况下，这一点尤为重要。

另一方面，在社会主义统一市场中，不同地区、不同部门、不同单位相互交换，市场关系十分复杂。城乡之间、地区之间、工商之间有许多问题都会通过市场反映出来。如果没有必要的市场管理来协调各个方面的关系，听任自流，不仅不利于保证国家统一计划，而且也不利于加强联系协作。市场管理要在保证国家统一计划的前提下，作为协调市场关系的工具，密切城乡、地区、工商关系，加强协作，相互支援。

做好市场管理工作，必须坚持政策，坚持从全局出发，贯彻集中统一的精神，保护合法交易，制止破坏计划和违犯国家市场物价政策的行为。

市场管理方面大家讨论了很多问题，今天只谈以下几个问题。

第一，关于郊区农民进城出售零星产品的问题

允不允许郊区农民进城在指定地点出售一些零星的农副产品？在大中城市要不要恢复传统的农副产品小市场？在讨论中有不同的意见。一种意见认为，允许郊区农民进城出售零星产品，利多弊少，恢复传统的小市场是必要的。另一种意见认为，弊多利少，不需要恢复这种小市场。看来，城市大小不同，南方北方不同，对这个问题可以由各地根据需要，因地制宜，继续研究、试点、总结经验。

允许郊区农民进城出售零星产品，把传统的小市场恢复起来，对城市供应也有补充作用。但是要看到，城市购买力集中，商品供应主要靠计划分配，小市场不能搞大了，搞大了就会影响国家计划收购和计划分配，“大管小放”是必要的，对投机活动要严加管理。允许交易的品种，主要是鲜嫩蔬菜、小土产、小水产、小水果等零星商品和鲜活商品。参加交易的对象，主要是郊区的农民和城市的消费者，以产销直接见面为主，不允许转手买卖。交易的场所，要指定适当的地点，不要在车站、码头和繁华市区，不允许到处乱摆摊，应当实行议价，加强管理。

不恢复这种小市场的地方，对于一些国营商业包不了的鲜嫩商品和零星的土副产品，也要想办法解决这些东西的进城问题，例如，采取货栈的形式或者其他形式。

第二，关于货栈的问题

关于货栈贸易问题，我们曾和商业部开过一次座谈会，在这次会议上，大家又进行了讨论，现在把对这个问题的一些意见再来谈一下。

据26个省、市、自治区统计，共有货栈(包括农村集市上的农民服务部)12000个左右。其中:大中城市的货栈有400多个，县城约1600个,农村集镇约1万个左右。从恢复货栈到现在,货栈交易额大约13亿~14亿元,城市、县城、农村集镇约各占交易金额的1/3左右。

货栈对于密切城乡、地区之间的经济联系，补充计划购销，还有一定的补充作用。应当继续利用货栈这个传统的形式，来为沟通城乡、地区之间的物资交流服务。问题在于正确贯彻政策，加强对货栈的领导和管理。有些货栈经营方针不明确，经营商品范围过广，自营比重太大，忽视代理服务，有的甚至高价吸引商品。这些问题都需要加以解决。

货栈的经营方针,应当是拾遗补缺,服务购销,代理为主。在必要的情况下,货栈也可以适当经营一部分自营业务,更好地组织物资调剂。县城以下的货栈自营比重可以略大一些;城市货栈自营比重要小一些。

进栈交易的商品,以第三类农副产品为主;允许自销的手工业品以及完成派购任务以后的第二类农副产品,也可以进栈交易。第一类农产品和未完成派购任务的第二类农副产品以及计划分配的工业品,不允许进栈交易。

城市货栈的交易对象,主要应当是工商企业、供销社和农村货栈。城市邻近地区的公社、生产大队、生产队和社员,也可以根据历史供销关系到城市货栈出售允许上市的商品,他们要持有自产自销证明,出售第二类农副产品并要持有收购部门完成派购任务的证明。工业和手工业单位,可以委托货栈购买原材料和销售允许自销的商品,经过批准,也可以用允许自销的商品通过货栈交换原材料。合作商店和合作小组,可以从货栈进货,但不许高价争购。货栈应当通过分配货源,协助有关部门加强对他们的监督和管理。

货栈要贯彻稳定物价的方针,实行有领导的议价,反对高价思想,但也不要硬性执行牌价。要分别不同商品和不同情况,灵活掌握。重要商品可以紧一些;规定内部掌握的价格幅度;次要商品可以适当宽一些。收购季节可以紧一些,收购季节过去以后,可以适当宽一些。同时,要按质论价,要有合理的季节差价和地区差价。

市场管理部门要加强对货栈的管理,保证国家政策的贯彻,有领导地活跃物资交流,制止违犯政策和破坏计划的行为。由于货栈贸易开展的时间还不久,希望各地同志继续对这项工作,加强调查研究,很好总结经验。

第三,关于地区之间的协作、换货

地区间的协作换货,必须遵守国家的商品分配体制,国家统一计划调拨的商品,不允许随意以协作名义来换货。要反对分散主义,一定要按政策和计划办事。

有些企业单位为了本身的需要,私自用工业品去向农民交换副食品,更是不对的,要加以制止。工业和手工业生产单位在经过批准的情况下,才可以用计划以外的产品,去交换一些原材料,但不允许交换副食品。此外,工业上有关生产技术和产品配套的传统协作关系要保持,互相调剂不同规格的一些原材料,经过批准的可以不加干涉。

对采购机构和采购人员的管理,还不应放松,建议各地要精简采购机构,管好采购人员,辅导他们进行正当的采购业务活动,不要再形成“麻雀满天飞”。

第四,关于合同、价格、质量问题

协调工商关系,共同保证计划供应和计划分配,是市场上的一个重要问题。市场管理部门可以在党委统一领导下,协助有关方面做好对合同、价格、质量的监督、检查和管理工作。

为了保证计划供应和计划分配以及对农产品实行综合换购,国家需要掌握全部轻工业品和大部分手工业品,通过商业部门组织分配。这就要求保证工商之间的加工、包销合同的顺利执行。合同是社会主义经济活动的一种契约形式,具有法律效力,合同又是计划经济的重要组成部分,合同能不能顺利执行,关系到国家计划能不能得到保证。但是,近一个时期以来,不少单位对于合同的重要性认识不足,不重视合同制度,订了合同随便不履行,这对于加强社会主义经济的计划性和各个方面的协作,是十分不利的。我们要从市场管理方面加强对合同的监督和检查,维护合同的严肃性。有些地方如武汉,对工商之间的产销合同加强了管理,进行合同鉴证、仲裁。这是有利于密切工商关系和贯彻合同制度的,希望继续总结经验。

工商之间的争议,往往表现在价格和质量上。在这方面,我们要坚持稳定物价的方针,坚决反对一些工厂乱提价。现在,有些商品随便换个牌子,算是"新产品",就提高价格;还有的任意加上"高级"字样来提高售价,巧立名目,乱换牌子,任意提价,这都是不对的。如果确实是生产成本提高,工业亏本,需要调整收购价格的,必须根据物价管理权限的规定,由物价主管机关批准。至于手工业单位出售允许自销的商品,有的要执行国营商业的销售牌价;有的也可以同行议价,同行议价要经过物价主管机关审查批准,既要稳定物价,又要照顾生产者有合理利润可得。

对商品质量要加强检查和管理,反对降低质量,变相提价。目前,有些商品质量下降是一个严重的问题,它不仅会增加物资供应紧张,而且造成社会上极大的浪费。因此,必须协助工、商部门健全商品检验责任制度,不断提高商品质量,制止偷工减料、粗制滥造的现象。

第五,关于取缔投机活动的问题

去年,市场投机活动有所发展,有些城市的市场秩序比较乱。因此,进行一次对市场秩序的整顿是很有必要的。

取缔投机,是市场管理工作的一项经常性的任务。对于国家实行计划分配的商品,要坚决制止套购贩运和倒买倒卖。健全票证管理制度,严禁买卖票证。第一类农产品和未完成派购任务的第二类农副产品,不准农民进城出售。群众之间相互调剂估衣旧货,要尽可能地纳入委托寄卖商店,不许倒买倒卖。

取缔投机,一定要依靠群众,与开展群众性的社会主义教育相结合,教育群众艰苦奋斗,克服困难,遵守政策,监督投机分子的活动。

以上所谈的,是在这次会议上大家讨论的结果。在执行中属于政策性的问题,要以中央正式文件为准。

(选自《工商行政通报》第205—206期,1962年1月31日)

六、内蒙古自治区人民委员会转发工商行政工作座谈会纪要

最近,内蒙古自治区召开了有各盟、市和自治区有关部门参加的工商行政工作座谈会。这次会议传达了今年1月全国工商行政工作会议的精神,着重研究讨论了有关城乡市场管理、农村集市贸易、货栈贸易、物资采购和输出的管理等问题,对小商小贩的管理和改造工作,也交换了意见。会议最后还将研究的几个重要问题上报自治区人民委员会,并经人委批发各盟、旗、县(市)人委执行。兹将会议讨论的几个问题摘刊如下:

一、关于农村集市贸易问题

根据过去一年多的经验,会议对加强领导和管理农村集市贸易的意见是:

1. 需要根据地区条件和群众的习惯,对农村集市贸易进行一次整顿。在农业区和半农业牧区,凡是群众有赶集习惯的地方,应当积极开展集市贸易;没有习惯的地方,已经建立而且能够巩固的集市,应当总结经验,加强领导,继续办好;没有条件建立集市的,就不要勉强建立。在牧业区和在城镇、工矿林区、口岸市场一律不建立集市。为了照顾近郊区农民进城出售自产品和购买生产、生活用品的习惯,某些城镇,也可以考虑有组织有领导地建立城镇交易市场(所)或农民服务部。

2. 明确管和放的界限,该放的要坚决地放,该管的要认真地管。真正做到"活而不乱,管而不死",发挥集市贸易的积极作用,限制它的消极作用。

(1)管第一类物资和没有完成派购任务的第二类物资,不准进入集市;放第三类物资和已经完成派购任务的第二类物资。所谓完成任务,应当按照国营商业或供销合作社规定派购任务的单位(公社、生产队或社员)计算,完成派购任务以后应当持有收购部门的证明,方可上市。

(2)管国家掌握的工业品和手工业品,不准私人进行买卖;放允许自销的手工业产品和社员家庭副业生产的小手工业品。

(3)管废铜、废锡、废铝、废铅,一律由国家收购,不准在集市上买卖,管旧自行车、旧手表、旧缝纫机、旧收音机以及价格较大的估衣、家具(如果需要出卖,应当委托寄卖商店代售,不准拿到集市上买卖);放其他价值较低的零星的废旧物品。

(4)管转手买卖,长途贩运,弃农、弃职、弃学经商;放公社生产队和社员自产自销的合法交易。

(5)管机关团体、厂矿企业等集体消费单位在集市上的非法采购;放城镇消费者个人在集市上的正当交易。

(6)管无证商贩和一切投机违法活动;放经过批准的有组织的合作商店(小组)和手工业生产单

位,允许他们按照指定的地区和经营范围,参加集市交易。

(7)管集体的大宗产品的交易价格,实行有组织有领导的议价;放个人的零星产品的交易价格,由买卖双方协商议价。

(8)旺季收购时,要管紧一些,淡季可放松一些。

3. 切实加强对农村集市贸易的领导和管理,在有农村集市贸易的地方和设立交易市场(所)的城镇,都应当建立和健全集市(交易市场)管理委员会,并配备专人进行工作。为了便于加强领导和管理,农村集市和城镇交易市场(所)的具体组织和领导工作,由供销合作社或国营商业部门负责。工商行政管理部门,主要负责行政管理,监督检查有关政策的贯彻执行,打击投机违法活动,保障合法交易。

(二)关于对小商小贩、手工业、私人运输业的改造和管理问题

根据当前的情况,应当加强对合作商店(小组)、小商小贩、手工业、私人运输业的管理和改造工作。工商行政管理部门应当监督检查有关政策执行情况,根据上级的指示,研究处理有关的政策问题。通过各归口部门和工商联合会、小商小贩联合会,加强对小商小贩、手工业、私人运输业者的社会主义教育、爱国守法教育和时事政策教育,使他们遵守政府政策法令,服从市场管理,克服各种资本主义经营思想和作风,处理他们的投机违法活动。同时,根据统筹兼顾全面安排的精神,有必要对合作商店、合作小组、手工业单位和私人运输业进行一次全面登记,经过审查批准发给营业证照。登记和发照工作,也可以采取由归口的商业部门、手工业管理部门和交通运输部门,分别审查,报当地工商行政管理部门批准,分口发给营业证照的办法。

(三)关于商标管理和产品质量监督问题

为了促进生产企业不断地改进和提高产品质量,必须继续加强对商标的管理。通过商标管理和工商合同的管理,协同工业和商业部门加强对企业产品特别是对某些人民生活必需品的质量监督和检查工作,制止粗制滥造和变相提价的现象,保障消费者的利益。对于劣质的产品,应当给予降价处理或限制出厂。

(四)关于改进和加强工商行政管理工作问题

各级工商行政管理部门,必须明确地树立政治观点、生产观点和群众观点,在集中统一的思想指导下,紧密联系群众,广泛深入地宣传政策,引导群众进行正常的经济活动,从而促进生产的发展,沟通城乡、地区间的物资流通,建立和健全市场的正常秩序。

处理各种违反市场管理活动,必须经过调查研究,从实际情况出发,根据不同情节,贯彻"教育为主,惩罚为辅,打击少数,教育多数"的原则。既要严肃处理,又要防止乱罚乱扣。根据当前的情况,处理违反市场管理的权限,需要适当集中。凡有没收物资、罚款等处罚,必须经旗县工商行政管理部门批准,不得下放给人民公社、生产队。对重大案件的处理,应当报请当地党委或上一级工商行政管理部门批准。处理地区之间的有关问题时,两地的工商行政管理部门,应当事先联系协商,按照政策,合理处理。

(选自《工商行政通报》第 215 期,1962 年 6 月 12 日)

七、中央工商行政管理局副局长管大同在 1963 年全国工商行政工作会议上的讲话(摘要)

(1963 年 4 月 2 日)

(中央工商行政管理局于 1963 年 3 月 12 日至 4 月 2 日召开了全国工商行政工作会议。参加会议的,有各省、市、自治区和部分省属市、县主管工商行政工作的单位 110 个,连同大区中央局财办的同志和其他有关单位的代表共 155 人。会议讨论了大中城市集市贸易和农村集市贸易的管理问题,清理自发工商业户和工商企业全面登记问题,商标管理问题,并着重安排了 1963 年的工商行政工作。)

我们这次会议,是一次学习政策、统一思想、交流经验、安排工作的会议。在这次会议上,大家学习了《中共中央、国务院关于严格管理大中城市集市贸易和坚决打击投机倒把的指示》、《全国财贸工作会议关于大中城市集市贸易问题的讨论纪要》、《国务院关于打击投机倒把和取缔私商长途贩运的

几个政策界限的暂行规定》等文件,提高了认识,统一了思想,明确了方向,并且交流了工作的情况和经验,在这个基础上安排了1963年的工商行政工作。

今天我讲三个问题:(一)当前市场上两条道路的斗争和工商行政部门的任务;(二)当前的几项重要工作;(三)关于工商行政部门的机构和干部问题。

一、当前市场上两条道路的斗争和工商行政部门的任务

(一)当前市场上两条道路之间的尖锐斗争

国内的政治经济形势很好,市场情况也越来越好。另一方面,在市场上,我们正面临着一场严重的阶级斗争。

最近两年来,市场上投机倒把分子的活动非常猖獗。他们大搞长途贩运,转手批发,投机倒把,贩卖统购和派购的农产品、计划分配的工业品以及金银、票证等,有的组织投机集团,有的私设地下厂店行栈,雇工包工,从事剥削。在各地的投机倒把分子中,出现了一批暴发户,这些暴发户牟取大量暴利,有的一千元、几千元,多的达几万元甚至几十万元。

投机私商侵占了一部分市场阵地,去年下半年,有的地区私商在某些行业中占领的阵地还相当大。例如,河南漯河市去年三季度私商经营的比重,在饮食业占到66%,烟酒糖果业占到36%,甚至凭证供应的大百货私商也占到49%。

投机倒把分子还勾结机关、企业内部的蜕化变质分子,盗窃国家资财。许多比较大的投机案件,都是内外勾结起来进行的。武汉市最近破获的45起大投机案件中,内外勾结的有33件,占73%。

投机倒把分子的活动,严重地腐蚀人们的思想,影响到一部分职工、干部私自离职经商。特别值得警惕的是,有的投机倒把分子已经发展成为反革命分子,有的反革命分子与投机倒把分子勾结起来进行反革命活动。

这些情况表明,目前已经出现了一批新的资产阶级分子,他们利用我们经济上的暂时困难,从事资本主义的复辟活动。

两年来,自发的资本主义势力也有发展,市场上自发工商业户增多。去年冬天我们估计,全国的自发工商业户约有300万人,其中约有10%是一贯投机倒把的。当前的市场斗争,不仅是打击投机倒把分子,还有反对自发的资本主义势力问题。

在反对资本主义自发势力的斗争中,需要特别注意的是农民问题,在这个问题上必须十分慎重。农民在党的领导下,走上了社会主义道路,但在许多人中间,仍然有自发的资本主义倾向,在一些富裕农民中,这种倾向还很严重。在农民中,两条道路的斗争是一个长期的斗争过程。这个斗争也会反映到市场上来。在市场上,农民弃农经商、生产队做买卖的情况一度很严重。湖北孝感县朋兴区10个生产大队,经商的农民占总户数的18%。河南许昌县3000多个生产队,投机活动比较严重的有160个,占5%。个别地方,农民做买卖的竟占总户数的一半以上。在市场斗争中,我们既要依靠广大农民群众,又要同农民的资本主义自发倾向做斗争;既要保护他们正当的自产自销,又要制止农民长途贩运和弃农经商。

(二)当前市场上阶级斗争的特点

当前市场上的阶级斗争,同1957年以前我们同资产阶级在市场上进行的斗争比较起来,有新的特点。

第一,1957年以前,同我们在市场上较量的主要是老的资产阶级分子,这一次则又有一批新资产阶级分子。这批新产生的资产阶级分子是出现在资本主义工商业所有制改造基本完成之后,他们的活动严重地危害着社会主义经济和计划市场,应当坚决地打击他们。

第二,过去资产阶级有企业、有经济阵地,当时的斗争,是我们要改造他们的企业,扩大社会主义的阵地,而他们进行不同程度的、各种形式的抗拒,从性质上说,是限制与反限制,改造与反改造的斗争。现在,投机倒把分子是在市场上侵占社会主义的阵地,我们要通过斗争把他们侵占的市场阵地夺回来。

第三,这些投机倒把分子,不仅是在市场上蚕食我们的阵地,不仅是雇工包工,进行资本主义剥削,而且内外勾结,腐蚀职工,拉干部下水,从内部来进攻我们的堡垒,挖社会主义墙脚。有些商店、有些工厂、有些生产队,也确实曾被投机分子篡夺了领导权,变了质。

因此,当前市场上的阶级斗争,是一次坚决打击新生的资产阶级分子和粉碎资本主义势力进攻的社会主义革命斗争。这次市场斗争,是当前厉行增产节约和反对贪污盗窃、反对投机倒把、反对铺

张浪费、反对分散主义和反对官僚主义运动的一个重要内容。

(三)工商行政部门的任务

工商行政部门是无产阶级专政的一个工具。适应当前国内经济形势和阶级斗争的要求,工商行政部门的中心任务应当是:坚决打击投机倒把活动,反对自发的资本主义势力,全面整顿城乡市场秩序,加强对工商企业的登记管理,以促进全民所有制经济和集体所有制经济的巩固,促进农业生产和工业生产的发展。各地工商行政部门应当围绕这个中心任务来安排各项具体工作。

当前我们与投机倒把分子的斗争,是在全国经济情况好转,工业、商业正在大抓改善经营管理的情况下进行的,是在全国正深入开展五反运动和社会主义教育运动的情况下进行的。投机分子毕竟是少数,他们在群众中是孤立的。这是当前我们的有利条件。我们应当充分利用这些有利条件。

但是,另一方面,还应当充分估计到当前市场斗争的复杂性。当前投机倒把分子的活动十分分散、隐蔽,并且与市场上农民正当的自产自销和商贩正当的经营混杂在一起。如果掌握不好,就会影响市场上正当的购销活动。同时,市场情况虽已好转,但有些物资还不那么充分,城市职工生活还有一些困难,有些精减下放人员还没有完全安排好,这些也增加了市场斗争的复杂性。

工商行政部门怎样才能担负起这个有历史意义的斗争任务,做好党委和人委的助手呢?看来,应当强调以下三条:

(1)要紧紧地依靠党委的领导,正确贯彻执行党的政策,严格掌握政策界限。区别哪些合法,哪些不合法;该保护的保护,该禁止的禁止,该打击的坚决打击。这样就能够团结广大群众,取得群众的拥护,使投机倒把分子陷于孤立。这是我们工作中的一个关键问题。

(2)要强调三结合,即行政管理要同经济措施、思想教育工作结合起来,不能孤立地靠行政手段办事。体现在具体工作上,就是说,必须与各有关部门密切联系,密切配合。这实际上是工商行政工作的一个特点,如果不掌握这个特点,不愿意与有关部门配合协作,工作是做不好的。打击投机倒把,打退资本主义复辟的这一股逆流,是全党的任务,我们一定要加强与各有关部门的合作,与商业部门的经济措施结合起来,与税务部门的罚款、补税工作结合起来,与政法、公安部门的工作结合起来,与城乡社会主义教育运动结合起来。

(3)要加强调查研究。当前市场斗争的情况十分复杂,形势变化很快。工商行政部门要正确地贯彻执行党的政策,协助党委研究处理工作中的一些政策问题,必须做好调查研究工作。要抓住新情况和新问题,注意执行政策中好的典型和坏的偏向,掌握具体材料;要抓统计,抓数字,抓典型材料;及时综合分析,向党委反映。我们在城市市场、农村市场、工商登记等工作方面,布置了一些简要的报表,都是经过国家统计局批准以后布置下去的,请各地认真执行。

二、当前的几项重要工作

(一)关于积极开展打击投机倒把斗争的问题

打击私商长途贩运、转手批发、雇工包工剥削、内外勾结、盗窃国家资财和其他投机倒把活动,是当前整顿城乡市场秩序的一项重要工作。各级工商行政部门都应当在党委统一领导下,会同有关部门,根据中共中央和国务院的指示,积极开展反对投机倒把的斗争。

这次打击投机倒把的斗争,是尖锐的、复杂的,我们必须严肃对待,步子要稳,打得要准。在斗争中,一定要按照中共中央和国务院规定的政策界限办事,对投机倒把活动要坚决打击,对违反市场管理的行为要严格禁止,对农民正当的自产自销和有证工商业者的正当经营要加以保护。

在这次打击投机倒把的斗争中,要通过罚款、补税,把投机分子获得的暴利拿回来。工商行政部门要和税务部门密切合作,把这项工作做好。

这次罚款、补税收入,列入国家预算,统一解交国库。入库科目、方法,财政部另有规定。

同志们在讨论中,提出了一些具体问题。

有些同志提出,对投机分子的积蓄暴利,应当由何时算起?我们认为可以考虑从恢复集市贸易时算起,这就是说,一般从1961年算起。

有些同志提出,许多投机分子把非法所得挥霍掉了,应当如何办?《中共中央、国务院关于严格管理大中城市集市贸易和坚决打击投机倒把的指示》中指出:“积蓄暴利虽然在1000元或500元以下,但情节十分恶劣的,也可以处以罚款,甚至法办”。因此,有严重投机倒把行为的投机分子,虽然把非法所得挥霍掉了,按照中央这个指示,仍然应当根据情节，处以罚款，甚至法办。

有些同志提出，有的个体的零售商贩（包括有证和无证），没有什么投机倒把行为，但积累利润达1000元以上，是否按暴利处理？根据中央的指示，这次罚款补税工作，主要是针对过去从事长途贩运，转手批发，以及其他投机倒把活动，获得暴利的商贩。如果有些零售商贩确实没有投机倒把活动，积蓄利润达1000元以上，可以不按暴利处理。应当根据不同情况，通过平抑价格、调整批零差价和国家税收等，来调节他们过高的收入。

（二）关于贯彻执行中央对大中城市集市贸易的方针问题

对大中城市集市贸易，必须贯彻执行中央和国务院指示的“加强管理，缩小范围，逐步代替，区别对待，因地制宜”的方针，严格控制上市的商品范围，整顿市场秩序，加强市场管理，巩固和发展社会主义市场阵地。我们在会议上集中了55个城市的材料。这些城市今年1月份集市贸易的成交额，按商品量计算（即按牌价换算），占社会商品零售总额的2.3%，2月份下降为1.9%。其中100万人口以上的城市，1月份占1.3%，2月份占0.9%；100万人以下、30万人以上的城市，1月份占3.4%，2月份占2.4%；30万人以下的城市，1月份占4.6%，2月份占3.2%；趋势是下降的。3月份根据一些城市的情况来看，仍然是继续下降的趋势。

会上大家提出计算城市集市贸易所占比重应当统一口径。我们认为，除了中央和国务院指示已明确规定的以外，农民和城市消费者在交易所直接对手成交的交易额，应当包括在内。城市耕畜市场和单独设立的旧货市场的交易额，不包括在内。城市郊区的集市贸易，如果是以农民互相调剂为主的，也不包括在内。

根据会议材料，在100万人口以上的大城市和其他省会城市，大都已作了一些代替集市贸易的工作，1、2月份，粮、油、肉一般已代替了60%左右。代替工作开展以后，群众反映很好，价格下降了，不少商贩停止经营。但是，私商同我们的斗争还是很尖锐的，有的晚上砸我们的锅，扔我们的板凳；有的仍在观望，伺机而动；有的转移阵地。

逐步代替私商，是社会主义经济要从私商手中夺回市场阵地，是一场针锋相对、短兵相接的斗争。这不是一件简单的事，必须精神积极，步伐稳当，做好准备，逐步前进。

在这个工作中，必须使行政管理与经济措施紧密结合起来。认为有了经济措施，行政管理就可以放松，是不对的。工商行政管理部门在这方面的工作是很繁重的，以下几项工作，一定要办好。

(1)坚决打击投机倒把，为夺回市场阵地扫清道路。

(2)清理整顿无证商贩，积极协助有关部门安排好被清理、代替的人员。清理整顿无证商贩应当掌握：投机倒把的坚决取缔；弃农、弃工、弃职、弃学经商的，以及在职在业人员经商的，要严禁经营。在批准一些当地有户口和有技术能力的人暂时从事商贩经营的时候，一定要根据市场需要，从严掌握，不要单从救济观点出发。同时，要加强市场管理，防止被取缔和代替的人员化整为零，由明转暗，转移阵地，搞黑市投机。

安排好闲散人员，是清理无证商贩的关键问题。对城市一些闲散人员的安排，首要出路应当是上山下乡，参加农副业生产。国家已经拨出专款，组织农场、林场、牧场、渔场等，大批的劳动力要安排到这些方面去。这是百年大计，应当配合有关方面把这项工作做好。但还有一些人需要从多方面加以安置，主要是从劳动生产方面安置。让他们去搞生产，搞修理、服务。个人行医、教书，以及搞家庭副业，做临时工，都是可以容许的。问题是要加强对他们的教育、管理，制止他们投机倒把。

(3)协助国营商业、供销合作社安排好零售网点。同时，加强对经销、代销议购商品的合作商店、合作小组的监督和管理。要对他们进行爱国守法教育，让他们遵守规定的销售价格和供应方法，改善服务态度。禁止他们掺杂使假、以次充好短秤少两等投机取巧行为。

(4)对农民进城自销允许上市的商品，加强辅导和管理，保护正当的交易活动。协助供销合作社办好货栈，引导农民进栈交易，切断农民同商贩的联系。

(5)做好政策宣传教育工作。

（三）关于进一步管好农村集市贸易问题

今年第一季度，集市贸易的成交额大约为40亿元左右，与去年同期大体相等；但由于价格下降，实际商品成交量是增加的。到今年3月底，集市价格水平比去年12月底平均降低了18%，目前平均比牌价高出90%左右。

农村集市贸易与大中城市的集市贸易不同。

在农村,集体之间、社员之间,需要利用集市贸易来调剂余缺。对农村集市贸易,要从正确地处理国家与农民的关系和促进农业生产、巩固集体经济来考虑,正确地利用它的积极作用,限制它的消极作用。

对于农村集市贸易,应当结合对农民的社会主义教育,加强管理,整顿市场秩序,打击投机倒把活动,制止弃农经商。要积极地协助供销合作社开展换购、议购工作,打破地区封锁,活跃物资交流。总之,要保证国家收购任务,平抑集市价格,加强社会主义经济的领导。

在农村,特别要注意掌握政策界限,在打击投机、禁止农民经商的同时,保护农民正当的自产自销活动和政策允许的经营鲜活商品等活动,并对这些活动进行辅导和管理。会上,大家讨论了实行自产自销证制度问题。为了区别合法与非法,加强对市场的管理,实行这个制度是有好处的。实行自产自销证的商品范围、地区范围、发证手续等,希望各地结合具体情况研究办理。

随着农业生产的发展,社会主义教育的深入,以及开展换购、议购工作等,农村集市的情况可能发生变化。必须抓调查研究,使心中有数,才能把工作做好。要通过深入调查,分析研究当前农村集市贸易有哪些新的情况和特点?存在一些什么问题?大中城市开展代替私商的工作以后对农村有什么影响?要调查农民的需要,了解他们需要卖什么和买什么?他们手里有多少东西需要出售?应当采取什么措施?

为了密切上下联系,及时沟通情况,反映情况,希望各省都建立几个联系点。建议这次参加会议的19个县,今后作为我局的联系点。即:河北蓟县、定县,山西闻喜,辽宁海城,吉林海龙,陕西宝鸡、安康,甘肃庆阳,浙江衢县,江苏昆山,山东益都,安徽肥西,江西余干,福建莆田,湖北监利,湖南岳阳,河南博爱,四川三台,贵州安顺。希望多搞典型调查,一事一报,要求情况真实,反映及时。

(四)关于开展工商企业全面登记工作的问题

国务院于去年年底发布了《工商企业登记管理试行办法》,并要求各地在今年第三季度以前完成全面登记工作。这是工商行政部门的一项重要任务。加强对企业开、歇、转、并的登记管理,掌握变化情况,有利于进一步贯彻中央调整、巩固、充实、提高的方针,加强社会主义经济的计划性。同时,通过登记管理、清理整顿无证工商业户,对于制止自发的资本主义势力、维护社会主义生产和市场秩序,有着重要的意义。决不要把这件工作,看作是一般性的事务工作。一定要采取认真的态度,积极做好。

会上,讨论最多的是登记范围和审查原则问题。关于登记范围,除国务院发布的《试行办法》已明确规定的以外,还有林业、畜牧业、水产业、文化娱乐业等是否办理登记?这可以视需要和可能,请各省、市、自治区决定。农村人民公社、生产大队、生产队办的农副产品加工作坊、手工业生产和修理、服务单位,情况比较复杂:有常年经营的,有临时或季节性经营的;有只对内营业的,也有既对内、又对外营业的;有单独核算的,也有不单独核算的;有的又和家庭副业分不清。是否一律登记,可先进行试点,调查了解,提出意见。看来,对农副产品的加工作坊办理登记,对于掌握情况,贯彻政策,也是有好处的。

关于审查和核准登记的原则,在掌握上需要区别不同对象,分别对待。

(1)中央和省、市、自治区直接管理的工业企业,都是按照国家计划开设的。这些企业,经过业务主管部门的同意,即可办理登记。

专、市、县管理的工业企业,在核准登记的时候,要注意掌握这些企业是否已纳入国家计划。凡不属于计划定点的企业应报请上一级计划部门进行处理。

(2)国营商业、供销合作社和手工业合作社、运输业合作社、合作商店等,主要应当由有关业务主管部门审查,在核准登记的时候,按照国家的政策规定办事。

(3)农村人民公社、生产大队、生产队和城市人民公社、街道办的企业,以及机关、团体、学校、部队办的企业,应当通过登记进行清理。中央和省、市、自治区对这些单位举办企业,哪些该办,哪些不该办,大都已有指示或规定。业务主管部门和登记主管机关,在审查和核准的时候,应当对它们进行排队,按照中央和省、市、自治区的有关指示和规定,该核准的核准,该请示处理的请示处理,该移交业务部门管理的移交业务部门管理,该停业的停业。

(4)对无证工商业户要进行清理,需要批准的,必须从严审核。为了便于掌握,各县、市登记主管机关可以会同有关业务主管部门,根据中央政策,制订具体的审查核准原则,报省、市、自治区人民委员会批准后执行。

(5)业务主管部门和登记主管机关在审查和核准的时候,要进行协商,取得一致的意见;意见不一致时,报请当地人民委员会决定。

全面登记工作,涉及面广,工作量大。要抓紧时间,做好安排。这项工作会遇到许多政策问题,因此,要加强领导,把力量组织好,准备工作做好,有计划、有步骤地进行。建议各地在人民委员会的领导下,成立领导小组,制定全面规划,研究和处理有关问题。必要时,也可以以登记主管机关为主,会同有关部门的人员,设立联合办公机构,处理日常工作。

全面登记工作,可以考虑分两步进行。首先,结合整顿市场、打击投机倒把,集中力量做好对无证工商业户的清理整顿和登记发证工作。然后再办理其他各种经济类型的工商企业的登记发证。有些地方已经办理过登记的,也要进行一次复查,不符合政策需要重新处理的,要重新处理。

在工商企业较多的大城市,全面登记工作确实按期结束不了的,可以考虑将一部分国营企业放在第三季度以后进行登记,力争在今年年底以前完成。

(五)关于小商小贩的管理和改造问题

对小商小贩应当加强领导管理,继续利用他们的积极作用,限制他们的消极作用,逐步进行社会主义改造。应当结合社会主义教育,会同业务部门对合作商店、合作小组进行一次全面的整顿。整顿的重点有三方面:(1)整顿组织,特别要纯洁和加强领导力量,对坏分子和投机违法分子,要进行严肃处理。(2)整顿思想,制止退店、单干的资本主义自发倾向,纠正资本主义经营作风。(3)整顿制度,建立和健全财务、购销、分配等必要的制度。

在加强教育和整顿的同时,也要协同业务部门做好对它们的业务安排。在大中城市逐步代替私商的工作中,对有条件的,安排它们经销、代销一部分换购、议购来的商品,并加强监督检查。

对新批准经营的个体商贩,更要加强教育管理。现在个体商贩的情况很复杂,有的是属于临时安排的,随着市场情况的进一步好转,还要淘汰一批。为了便于教育和管理,可以考虑按行业或地区编组,对他们加强政治思想教育和评议税收等工作。少数确实具备条件的,经过合作商店、合作小组的同意,也可以个别吸收到合作商店、合作小组中来。对批准经营的个体商贩应当适当规定他们的经营范围和地区活动范围,经常检查他们的经营作风,取缔投机活动。要结合税收控制他们的收入,制止他们非法牟取暴利的各种行为。

当前,工商行政部门的许多工作,如整顿市场、打击投机、清理无证、管理市场等工作,都是复杂的阶级斗争,是反对资本主义的社会主义革命的斗争。在进行这些工作时,要注意掌握资产阶级的政治思想动态,并协同有关部门和工商业联合会做好对资产阶级工商业者的教育改造工作,推动他们积极参加增产节约运动。对于手工业者、个体运输业者,也要加强管理和改造。

《商标管理条例》已经全国人民代表大会常务委员会第九十一次会议批准通过。各地应当按照这个条例的要求,积极开展工作。

以上所谈的,是一些主要工作。有些地方还办有其他工作,如工商合同的管理,商品质量检验,等等,各地应当根据具体情况,一并做好安排。

三、关于工商行政部门的机构和干部问题

去年以来,有不少省和大中城市恢复和新建立了工商行政管理局。有些地方正在准备建立。地方工商行政管理机构是比过去加强了。干部队伍总的情况也还是好的。但是,还存在着政治思想工作薄弱、市场管理队伍不纯和机构不健全的问题。这种情况在县以下尤为突出。许多县虽然设有市场管理委员会,但没有专职干部。在农村集镇,很多地方没有基层市场管理机构,或者没有管理人员,实际上处于无人管理的状态。有的地方甚至以工商联或小商小贩管市场。许多地方基层市场管理人员的政治思想教育无人过问,他们看不到有关的政策文件,听不到有关的报告,不能正确地贯彻执行政策。一些不在国家编制的人员,没有一定的工资福利制度,甚至靠罚款和没收款维持开支。某些地方市场管理人员中,投机倒把、违法乱纪的情况也相当严重。

这种情况，是同当前加强工商行政工作的要求不相适应的。有必要加强地方工商行政管理机构，特别是有必要进行整顿队伍、加强政治思想教育工作。经过会议讨论，提出如下建议，请各地党委和人委考虑，结合具体情况加以解决。

1.各级工商行政部门应当结合五反运动和社会主义教育运动，对所有的干部，特别是基层的市场管理人员，加强社会主义教育、阶级教育和政策教育，帮助他们提高思想水平和政策水平，整顿思想作风，正确地贯彻执行党和国家的政策。同时，清理队伍，把不适宜做工商行政工作和市场管理工作的人员调整出去另作安排，对于违法乱纪的人员进行严肃处理，坏分子必须清除，情节严重的应依法惩办。

2.省、自治区和大中城市的工商行政工作以有一个专管机构为宜。未设立工商行政管理机构的省、自治区和大中城市，可以根据精简原则，适当配备必要的干部，建立工商行政管理局。县可以设立工商局，也可以同物价管理机构联合办公，一个机构，两个牌子。县以下的较大集镇，也有必要设立市场管理机构，根据具体情况，配备专职干部。

各级工商行政管理机构的干部，应当在不另增加编制的原则下，在省、市、自治区的总编制内调剂解决。对不能列入编制的人员，可以从市场交易费中解决他们的工资福利问题。工资福利标准可以参照国家机关编制人员的标准适当规定。农村集市上需要的交易员、服务员，应当尽可能不脱离生产。他们工作的报酬也可以从市场交易服务费中解决。

目前各地市场收费的办法很不一致，有必要加以整顿。由于各地具体情况不同，建议各省、市、自治区规定统一的办法。统一收费标准，简化收费手续，制止贪污浪费。

对于1963年工商行政部门的工作任务和工商行政机构问题，我们把大家讨论的意见写了一个纪要，拟报国务院批准后再下达。各地党委和人委是重视工商行政工作的。希望大家回去把这次会议的意见向当地党委和人委汇报，取得领导的支持和帮助，结合当地具体情况，把今年的工作安排好，并把工作情况及时报告我们。

(选自《工商行政通报》第236期，1963年4月30日)

八、全国物价委员会主任薛暮桥在1963年全国工商行政工作会议上的讲话摘要

(1963年3月29日)

一、经济形势

目前形势，不论国内或国际、政治或经济，都是很好的。国际方面，我们反对帝国主义和反动势力、反对现代修正主义的斗争，都在胜利发展。反对帝国主义的人民正在一天天多起来(特别是亚、非、拉美)，在国际共产主义运动中，反对现代修正主义的马克思列宁主义者也在一天天多起来。帝国主义的日子不好过，现代修正主义者的日子也不好过。他们都是心怯理亏，色厉内荏，实际上是纸老虎。

国内方面，总的来说情况也是一年比一年好。三年大跃进的成就是十分巨大的，但是另一方面，由于连续三年自然灾害，农业减产，重工业的发展速度太高，基本建设战线太长，因此，出现了相当严重的困难。现在经过两年多的调整，已经取得了很大的成就。

农业方面：粮食产量两年来稳步上升，农村情况已经有了很大的好转。今年除继续增产粮食以外，还要逐步恢复和发展经济作物。

工业方面：1961年除缩短基本建设战线以外，主动调整工业生产指标，1962年又有计划地缩短工业生产战线。1962年工业生产也在稳步上升。但是，要把工业内部的关系调整到比较合理，还需要花相当的时间。

在调整中，精减职工、压缩城镇人口的工作也取得了显著的成就。第一是减少工资总额，第二是大大减少了粮食销量。这对加速发展农业生产，改进市场供应情况起了很大的作用。去年在财政金融方面，实现了中央“当年平衡、略有回笼”的方针，物价基本稳定，集市贸易价格开始大幅度地下降。农民生活显著改善，城市人民生活也开始有所改善。

但是，由于目前国民经济恢复和调整的工作还没有全部完成，因此，还有许多困难，要在今后几年内逐步克服。主要是：主要消费品(粮、油、布)的供应仍然不足，集市价格还成倍地高于计划价格，市场投机活动相当活跃，社会主义和资本主义两条道路

的斗争又趋紧张。所以，我们在继续大力支援农业、巩固集体经济，继续调整工业生产，把工业转移到以农业为基础的轨道上来的同时，即进行经济建设的同时，还必须进行一场激烈的阶级斗争，打击市场投机活动，清除资产阶级腐朽势力对我们党员和职工的影响。经济建设和阶级斗争必须双管齐下，同时进行，这样，才能保证社会主义建设的胜利前进。

二、社会主义和资本主义两条道路的斗争

整个社会主义、共产主义建设时期，是无产阶级和资产阶级、社会主义和资本主义进行激烈斗争的时期。在社会主义改造完成以前，存在着无产阶级和资产阶级两个阶级的斗争，社会主义经济和资本主义经济两种经济制度的斗争。社会主义改造完成以后，还有没有阶级斗争呢？这个问题是有争论的。我们认为社会主义建成以后，阶级斗争还是存在的。原因是：

(1)国际上还存在着帝国主义。现在许多经济上最发达的国家还没有取得社会主义革命的胜利，帝国主义国家正在千方百计地向社会主义国家人民散布资本主义思想，进行各种引诱和威胁，他们还通过现代修正主义来扩大他们的影响，有许多帝国主义国家的生产水平和物质生活还超过社会主义国家，这就不能不对社会主义国家一部分落后的人民产生一定的影响。

(2)在我国还存在着大量的资产阶级残余分子，还存在着地主、富农和城乡的反革命分子、坏分子、右派分子，还存在着更加广泛的没有彻底改造的小资产阶级分子。在我国，社会主义、共产主义思想，不但要同资本主义思想进行斗争，而且要同残留的封建思想进行斗争。在农业生产中占统治地位的是集体所有制经济，但是，同时还存在着一部分作为集体经济补充的家庭副业经营；在流通领域中占统治地位的是计划市场，但同时还存在着一部分作为计划市场补充的集市贸易。在这些资本主义的残余成分中间，都在不断地滋长资本主义和新的资产阶级分子。

(3)社会主义经济是共产主义的低级阶段，它基本上是属于共产主义性质，但还部分地保留着资本主义的痕迹。在社会主义时期，等价交换和按劳分配还是两个不能不采取的重要的原则。在等价交换和按劳分配中，还部分地容纳着资产阶级法权的残余。等价交换和按劳分配就要在一定程度上承认贫富差别，就要容许有富裕农民和高薪阶层。是否可以这样说，社会主义国家人民内部的矛盾，实质上反映着共产主义制度同资产阶级法权残余之间的矛盾。高薪阶层和富裕农民是拥护资产阶级法权的残余的，他们不愿意向共产主义前进。如果代表这些阶级利益的人取得政治上的领导地位，就有可能抛弃马克思列宁主义，走向修正主义的道路。

由于上述原因，阶级斗争不但在目前仍然是激烈的，在将来相当长时期内仍将继续存在，几十年、上百年，紧一阵、松一阵，或者以这种形式出现，或者以那种形式出现。如果我们不加警惕，听凭资产阶级思想泛滥，就不但有可能产生修正主义，而且有可能导致社会主义经济的蜕化变质，也就是资本主义仍然有可能复辟。

因此，在整个过渡时期（整个社会主义、共产主义建设时期），经济建设同阶级斗争必须相辅而行。只有阶级斗争的不断胜利，才能保证经济建设肯定地朝着社会主义、共产主义的方向发展。

目前的阶级斗争，在国外有反对帝国主义和现代修正主义的斗争，在国内，除无产阶级同资产阶级长期的政治思想斗争外，在目前主要有：

(1)农民中的两条道路斗争——继续巩固社会主义集体经济，还是通过包产到户回到单干？去年十中全会以后，一度刮起的单干风基本上平下去了，但彻底消灭单干风要靠巩固集体经济，这就需要继续进行长期的、艰苦的工作，不能认为已经万事大吉。

(2)市场上的两条道路斗争——继续巩固社会主义计划市场，还是放任集市贸易自由泛滥？让有计划按比例发展的规律来支配我们的市场商业活动，还是让价值规律来支配我们的商业活动？这一场斗争，现在正在激烈地进行着。

(3)在国家机关和国营企业内部，进行反对贪污盗窃、反对投机倒把、反对铺张浪费、反对分散主义、反对官僚主义的斗争，也就是反对资本主义腐朽势力腐蚀我们自己队伍的两条道路斗争。

三、市场上的两条道路斗争

在农业、手工业生产主要还是集体所有制、特别是在还存在着作为集体经济补充的家庭副业经营（包括自留地生产）的条件下，集市贸易的存在有着客观的必要性。

目前的集市贸易，已经超出了农民互相之间调

剂余缺的范围,因为还有地区之间、城乡之间的余缺调剂和某些产品的季节性的调剂。这些调剂如果国营商业和供销社不来经营,私商就要来经营。这个市场阵地如果社会主义不来占领,就一定要被私商占领。在目前这样许多种主要商品供不应求、集市价格和国家的计划价格差距很大的条件下,我们不能让价值规律来支配市场价格,因此要采取计划供应政策,保证主要生活资料的平价供应和合理分配。但另一方面,又不得不利用价值规律来同私商进行斗争,因此,目前供销合作社必须采取一系列的灵活政策。供销合作社的政策一方面要有灵活性(例如在价格政策上不但有低对低,而且有高对高);另一方面,更重要的是必须有明确的原则性,要巩固计划市场,打击私商的投机活动,引导集市价格逐步接近计划价格。如果供销合作社也跟着私商跑,它就决不能巩固社会主义计划市场,相反的会起破坏作用。这点必须特别注意。

一年来供销合作社的活动,对巩固社会主义计划市场,打击私商投机活动是起了相当大的作用的。但是问题仍然很多。当前应当注意的是:

第一,要增强计划性,克服盲目性。供销合作社的代购代销业务是国家计划的一部分,是有高度计划性的。计划外的自营业务就不能用严格的国家计划来控制,必须要有一定的灵活性,否则,就不能适应当时当地的实际情况,不利于同私商进行斗争。但是,如果自营业务毫无计划,想干什么就干什么,就不可能起巩固计划市场的作用。计划性要靠上级来加强,不能责备基层单位。不但全国供销合作总社、省供销合作社要制订统一的作战计划,加强对下级社的业务领导,各级党委也要制订国营商业和供销合作社的统一作战计划,进行联合作战。这次对大中城市集市贸易的斗争,就是这种联合作战的一个重要的开端。

第二,要加强集中性,克服分散性。没有集中统一就没有计划性。现在各地区互相封锁的现象还没有完全打破,在互相交换物资时价钱要得高,东西要得多,这种现象是不利于有计划地组织地区之间、城乡之间的物资交流,不利于组织自己的力量来同私商进行斗争的。这种人为的障碍只能束缚住我们自己的手脚,客观上为私商的投机活动创造有利条件。

第三,要改进经营管理,减少流转环节。目前层层调拨,层层加价的办法,使供销合作社在同私商斗争的时候处于不利地位。供销合作社的售价往往高于私商,而且还要亏本,这怎么能战胜私商的投机活动呢?因此,要尽可能地组织直接挂钩,减少不必要的流转环节。看来要代替私商,还必须在经营管理工作方面作很大努力。

加强计划性、集中性,实质上就是充分发挥社会主义经济的优越性。供销合作社的自营业务与国营商业不同,在加强计划性的时候,还要有一定的灵活性,在加强集中统一的时候,要有分级负责(地区范围的余缺调剂要由当地的供销合作社自己负责,基层社要组织产销双方直接交易)。但目前的主要偏向是计划性不够,集中性不够。怎样领导供销合作社的自营业务,我们的经验还不多。为着很快、很好地解决这个问题,除供销合作社同志自己努力外,还需要全党、特别是领导机关的共同努力。我们要从阶级斗争的观点来看待这个问题,否则,就有可能无意之中助长了私商的投机活动。

四、集市贸易的价格问题

社会主义市场的主体是计划市场、计划价格,集市贸易和集市价格是必要的补充。集市价格与计划价格不同,基本上是受价值规律影响的,但是,在国营商业和供销合作社巩固地占有市场上的领导地位和物资供求正常的情况下,集市价格同时又在相当大的程度上受计划市场、计划价格的影响。在这种情况下,集市价格与计划价格稍差一点,对于调剂国家计划外的商品交流有好处,特别是有利于第三类物资的生产和流通。但是,如果供求失调,集市价格成倍的高于国家的计划价格,就会冲击计划市场和计划价格,起相当大的破坏作用。

目前集市贸易价格的破坏作用,主要表现在:

(1)相当严重地影响农产品的收购。集市价格愈高,农产品收购的困难就愈大,结果计划收购、计划供应的商品会减少,集市贸易所占比重会增加,国家对市场物价的控制就更加困难。

(2)国家议购农副产品的开支增加。国家除了不得不提高议购价格外,对计划收购物资也不得不增加奖售物资,实际上也等于提高收购价格。

(3)在一定程度上影响职工生活,特别是中小城市职工的生活。集市贸易价格愈高,农民的额外收入愈多,职工的额外开支也愈多。

(4)集市价格和计划价格的差距愈大,集市价格的地区差价愈大,私商的投机利润就愈大。这不但助长私商投机活动,而且引起农民弃农经商。

因此,打击私商投机活动,单靠行政管理是不够的,更重要的是经济措施。即:供销合作社开展自营业务,通过自营业务控制集市价格;有计划、有步骤地平抑集市价格;缩小集市价格的地区差额(这种地区差价同地区封锁有关,封锁愈严,差额愈大,投机商人获利愈多,因此投机商人欢迎地区封锁)。过去的经验证明,调整地区差价,对控制私商投机活动是一个很有效的措施。地区差价缩小到使私商无利可图的时候,他们就自然不愿长途贩运了。

如何平抑集市价格,根本办法第一是发展农业生产、轻工业生产和手工业生产。第二是控制农村货币流通数额。这要依靠全党全国共同努力。第三是改进市场供应工作,开展供销合作社的自营业务,进行价格斗争。第四是加强市场管理。

工商局负责市场行政管理,行政管理必须同经济斗争相辅而行,互相结合,否则不能彻底解决问题。当然,加强市场行政管理也很重要。行政管理就是发挥无产阶级专政的作用,要善于利用这个专政的工具。关于管理机构问题,我在全国物价会议上曾说,县级最好设立市场物价管理委员会,因为县级管物价,主要是管第三类物资的价格,同工商局的市场管理工作分不开。现在有几个省已经这样办了。省一级的工商局和物价委员会也应当密切合作,全国物价委员会也要同中央工商行政管理局建立密切的工作联系。在管理集市贸易价格方面,希望各地工商行政管理局的同志要把这项工作认真地抓起来。

(选自《工商行政通报》第236期,1963年4月30日)

九、中央手工业管理总局局长邓洁在1963年全国工商行政工作会议上的讲话摘要

(1963年4月4日)

今天,我把手工业的恢复发展和贯彻执行国家对手工业的政策方针情况向同志们作一个汇报。

(一)手工业的社会主义改造以及恢复和发展的情况

在1949年到1952年国民经济恢复时期,国家已开始对手工业进行改造工作,重点试办手工业生产合作社。从1953年到1957年第一个五年计划时期,手工业社会主义改造取得了伟大的成绩,实现了全面合作化。从个体到集体,组织起来,生产关系的变革促进了生产力的发展。手工业全面合作化以后,从1956年到1958年,产品增多、质量提高、价格下降。手工业在所有制改造的同时也进行了技术改造,若干行业实行了机械化、半机械化。

十多年来,我国手工业合作化的历史发展过程,取得了丰富的经验和宝贵的教训。1957—1958年有一小部分发展历史较长,经济基础、技术条件较好,社员政治觉悟较高的手工业合作社,转为手工业联社经营的合作工厂或全民所有制的国营工厂,这一部分手工业合作社的转厂过渡是适当的。它们成为以后发展地方国营工业的良好基础。

但在1958年下半年以后,在所有制的改造上,手工业合作社成批地由集体所有制转为全民所有制,当时在生产力的发展技术设备等条件都还不够成熟。因而,把原来的手工业产品挤掉了,特别是把城乡广大居民迫切需要的许多日用小商品挤掉了,市场供应不足,群众很不方便。1959年中央已有指示,要求各地迅速恢复和进一步发展手工业生产。1961年在党的以调整为中心的"调整、巩固、充实、提高"的方针指导下,中共中央颁布了《关于城乡手工业若干政策问题的规定(试行草案)》,两年多来全国各地贯彻执行中央的规定指示,进行了手工业的恢复和发展工作,并且取得了很大成绩。

首先是生产的恢复和发展,有的产品产量还超过了过去历史上最高水平。主要是从抓产品目录入手。每个省、市、自治区都编制了本省、市、自治区的产品目录,原来生产某种产品的工厂仍然要生产过去所有的产品,产品品种只能增多,不能减少。安排每一种产品的生产都要落实到生产单位,要有名有姓有地点;产品安排以后还要看市场供应上东西多不多。经过两年恢复发展工作后,手工业产品已大量增加。许多手工业产品已经在市场上敞开供应。1962年手工业生产的主要产品有铁制农具4亿件,竹、木制农具3亿多件,铁锅8000万口,缝衣针90亿根,雨伞2350万把,菜刀2900万把,剪刀2300万把,铝制品以重量计算为15000吨,制造镜子使用玻璃40万箱,民用锁1500万把,鞋钉40万箱,草席1950万条,棕藤编制品3亿多件,木器2亿多件,土纸15万吨,布鞋1.4亿双,等等。除恢复发展手工业产品外,还抓了产品质量。产品质量,

只准提高,不许降低。恢复有历史传统的各种名牌货,每种产品都有一定规格标准,不够质量标准的不许出厂,并把河北省遵化县铁锅厂的包修、包退、包换的保险锅制度推广到各个手工业行业里去。许多手工业产品的恢复生产和提高质量,已经基本上可以满足城乡居民生产、生活需要。

手工业的队伍也大部恢复了,目前手工业合作组织从业人员有330万人,这是专业手工业的主要组织形式和骨干力量;手工业部门管理的全民所有制企业有30万人。此外,公社工业还有57万人,个体手工业者估计可能有100万人,为数更多的兼业手工业还不在内。对个体手工业必须加强管理,否则,他们就一定要冲击社会主义集体所有制的手工业合作社。手工业的企业单位现有10万个左右。其中手工业合作组织96000多个,全民所有制3800个。

1962年手工业的产值共有130.7亿元,其中手工业合作组织为73亿元。手工业合作组织的资金情况:自有资金1958年时约有30亿元,现在有24亿元以上。设备情况:据22个省市不完全统计共有动力86万匹马力,切削机床78000台,锻压设备34000台,还有各种专用设备62000台。这些都是保证今后发展手工业生产的重要技术条件和物质基础。

(二)几点基本经验

1. 在手工业的恢复发展过程中,更加明确地认识到手工业产品在国民经济中的重要地位和作用。因为广大人民的经济文化生活需要是不同的,不同民族有不同的生活习惯,不仅花色品种要求多种多样,还要适应地区和季节性的不同,生产不同的产品。手工业的产品虽小,但它是大工业的重要补充,也是大工业的得力助手,不是可有可无的,而是没有了不行的。如果不重视手工业产品,就会给人民生活带来极大的不方便。同时,手工业发展也是地方工业发展的良好基础。手工业今后发展的方向是:为农业服务,为市场需要服务,为大工业建设服务和为出口服务。

2. 手工业的改造必须走合作化道路。从个体到集体,所有制的改造,是生产关系的改造。从手工业所有制的改造来看,应该以集体所有制为主。因为手工业的特点是地区分散、行业繁多、品种复杂,在原料供应和生产安排上以用集体所有制经济进行组织起来比较合理有利。集体所有制是适应当前手工业者的政治思想觉悟和生产力发展水平的。如果长期停留在个体私有制,那种生产关系在技术改革和生产安排上都不能满足社会需要。至于转为全民所有制的国营工业是集体经济将来的发展方向,现在条件还不够完备,不能过快、过多地转为国营工业。否则,由于手工业合作社生产力发展和社员的觉悟水平关系,过早过多地转为全民所有制,反而对发展生产不利。

3. 手工业的技术改造。技术改造,其目的是求得生产力的不断提高发展。生产方式的发展规律是由手工作业到简单生产协作,再到半机械化、机械化和现代自动化。不是原封不动,长期停留在手工业生产方式上。手工业机械化要根据手工业的特点,要有一个发展过程,要在手工业基础上具体进行。"行行出状元"。要帮助有技术的各行各业的老师傅总结经验,在过去优良的传统基础上结合现有的物质技术条件,不断改进,逐步提高,向前发展。

4. 人的改造。手工业需要有三个改造。所有制改造和技术改造已如上述。更重要的是人的改造——人的思想改造。手工业合作社是群众性的集体经济组织,也是教育手工业劳动者的学校。对组织起来的手工业合作社社员必须加强社会主义教育。手工业者带有旧社会的思想习气,每时每刻都有资本主义自发倾向。对手工业合作社社员进行思想改造,实际上就是进行两条道路的斗争,也就是阶级斗争。对现有的个体手工业者必须进行严格管理,不能采取自流态度。使个体手工业逐步走合作化道路,继续完成社会主义改造工作,这是巩固社会主义集体经济的一项重要措施。

(三)办好手工业合作社的几项要求

1. 手工业生产合作社是手工业的主要组织形式和主要生产力量,必须集中力量把它办好。今后要集中主要精力办好手工业合作社,更好地为农业生产和市场需要服务。手工业与农业有着不可分割的联系。手工业要面向农村,以农村为主要市场,生产更多更好的中小农具和农民群众所迫切需要的家庭用具和生活用品。同时,要努力增产适合城市人民经济文化生活需要的日常生活用品。

2. 加强组织建设和思想建设,整顿巩固手工业合作社。目前,一类社占30%左右,一般的社占50%左右,有20%的社是办得不好的。整社的要求是:好社再提高一步,一般社向好社看齐,着重把坏的社整好。好的社还要作重点示范,推广先进经验。整顿手工业合作社,一方面要加强领导,同时还要与个体手工业者的投机倒把做斗争,也要与挂合作社牌子搞资本主义经营的假合作社做斗争,要求工商行政管理部门和我们密切配合,加强对个体手工业的管理工作,进行清理整顿。在整社中,我们对手工业合作社搞资本主义经营的要进行严肃处理,开展两条道路斗争,坚决反对资本主义经营的思想和作风。在整社中,还要减少非生产人员的比重。但关键问题要解决合理的工资问题。有些地方的手工业工资过高。工资过高必然提高成本,把积累分光了,国家收不到税,合作社本身连维持简单再生产也会有困难。制造行业搞分成工资是个错误,必须停止。分成工资只能适用于无法计件或计时的修修补补的修理行业。手工业各个主要行业,凡是能实行计件工资的都可以实行计件工资;能实行计时工资的就实行计时工资。实行计件工资必须有合理的产量定额、原材料消耗标准和质量标准。手工业合作社还要按民主办社原则召开社员大会,选举理事会和监事会,建立规章制度,按社章办事。

3. 对手工业的供产销计划,要做好安排。手工业需要的原料,数量多,而且品种规格很复杂,国家不能完全供应。手工业的原料来源有六个方面,即:1. 国家调拨的和部管的物资;2. 地方平衡的物资;3. 来料加工;4. 自己生产一部分原料;5. 利用废旧物资边角下料;6. 用手工业品换取原料;等等。除了国家调拨主要材料以外,地方物资由当地计委平衡安排。有些手工业产品由商业部门包销或选购的,应该与商业部门密切结合起来。根据市场需要安排生产。在产品销售上,除了商业部门包销选购以外手工业生产单位可以进行自产自销。自产自销主要是指减少流转环节,由基层商店和基层批发部直接到手工业生产单位进货,实际上还是销给商业部门和供销社。有些地产地销手工业产品或中小农具可以直接销售给人民公社生产队,至于一般的手工业产品经过门市部直接销售给消费者的数量是不多的。这样就能够加强工商之间的协作,互相帮助,克服困难,同心协力,更好地为生产需要和市场供应服务。

4. 为了更好地支援农业,必须在集镇上把手工业合作社巩固起来。在农村的手工业应该是集中与分散相结合,合理地进行网点布局。除了分散在村里的手工业外,集镇上都要有专业化的手工业为农业服务。目前,有的地区,由于商品粮安排问题,把集镇的专业手工业合作社下放到生产大队去了;结果,满足不了农村需要,生产大队忙于领导农业生产,无法管理专业的手工业合作组织,这就给单干的个体手工业一个投机倒把、违法乱纪的可乘之隙。因此,要重视建立集镇专业手工业的工作。"集镇建社",就是在集镇建立专业的手工业合作组织,这是农村建设的一个重要组成部分。这样办,不仅有利于支援农业生产和为农民生活服务,也有利于与个体手工业的资本主义自发趋势做斗争;将来则可以同农业机械化配合起来,进行合理布局,为临时小型修配服务。

(选自《工商行政通报》第236期,1963年4月30日)

十、各省、市1963年上半年设置工商局的情况

1963年初,各地加强了工商行政工作。截至今年4月底止,全国设立工商局的省、市已有97个。

新设立工商局计41个。省、自治区是河北省、辽宁省、河南省、湖北省、贵州省和宁夏回族自治区;省直辖市和专署所辖城市新设立工商局的有辽宁省的本溪、抚顺、旅大、鞍山、安东、锦州、营口、阜新8个市,河北省的石家庄、保定、张家口、承德、唐山、秦皇岛6个市,吉林省的四平、通化、辽源3个市,河南省的郑州、新乡、安阳、洛阳、漯河等10个市以及黑龙江省的齐齐哈尔市,宁夏回族自治区的银川市,江西省的南昌市,湖北省的沙市市,湖南省的株洲、衡阳2个市,广西省的柳州市,贵州省的遵义市等。

目前,尚有不少省、市准备成立工商局。

(选自《工商行政通报》第237期,1963年5月15日)

十一、中央工商行政管理局颁发关于1963年3月全国工商行政工作会议纪要的通知

(1963年5月31日)

1963年《全国工商行政工作会议纪要》,国务院财贸办公室批由我局下达。现在发给你们,请参照

执行。

关于健全和建立地方工商行政管理机构的问题，请你们根据当地具体情况。在不增加地方总编制的前提下，请示省、市、自治区人民委员会解决。

附：全国工商行政工作会议纪要

中央工商行政管理局于3月12日至4月5日召开了1963年全国工商行政工作会议，参加会议的有大区中央局财办的同志以及各省、市、自治区和部分省属市、县主管工商行政工作单位的同志，共155人。

会议学习和讨论了《中共中央、国务院关于严格管理大中城市集市贸易和坚决打击投机倒把的指示》、《全国财贸工作会议关于大中城市集市贸易问题的讨论纪要》、《国务院关于打击投机倒把和取缔私商长途贩运的几个政策界限的暂行规定》等文件，交流了工作经验，并着重研究了大中城市集市贸易和农村集市贸易的管理问题，清理自发工商业户和工商企业进行全面登记问题，安排了1963年的工商行政工作。

(一)

经过学习和讨论文件，大家提高了政治认识，统一了政策思想，明确了工作方向。会议认为，当前城乡市场情况正在进一步好转，另一方面，市场上社会主义与资本主义两条道路的斗争十分尖锐。投机私商长途贩运、转手批发、雇工包工、内外勾结、盗窃国家资财，牟取暴利，侵占社会主义市场阵地，进行资本主义复辟活动。同时，自发工商业户一度大量增加，职工弃职经商和农民弃农经商的情况，一度相当严重。当前市场上正面临着一场打击新生的资产阶级分子和粉碎资本主义势力进攻的社会主义革命斗争。这次市场斗争，是厉行增产节约和反对贪污盗窃、反对投机倒把、反对铺张浪费、反对分散主义和反对官僚主义运动的一个重要内容。适应这一形势的要求，工商行政部门1963年的中心任务应当是：坚决打击投机倒把活动，反对自发的资本主义势力，全面整顿城乡市场秩序，加强工商企业的登记管理，活跃城乡物资交流，以促进社会主义全民所有制和集体所有制的巩固，促进农业生产和工业生产的发展。

(二)

会议认为，1963年工商行政部门应当围绕上述中心任务，积极做好以下的几项重要工作。

1. 坚决打击投机倒把活动

打击私商长途贩运、转手批发、雇工包工、内外勾结、盗窃国家资财等投机倒把活动，彻底粉碎这一股资本主义逆流，是当前整顿城乡市场秩序的首要工作。工商行政部门应当在党委统一领导下，会同有关部门，贯彻执行中共中央和国务院的指示，结合社会主义教育和国家经济措施，积极开展打击投机倒把的斗争。

在斗争中，应当按照中央"走稳、打准"的指示，根据城乡不同的特点，具体作出行动规划，确定斗争的策略和方法，加强调查研究，认真处理斗争中出现的问题。应当切实掌握政策界限，对投机倒把的活动坚决打击，对违反市场管理的行为严格禁止，对农民正当的自产自销和有证工商业者的正当经营加以保护。

在这次斗争中，工商行政部门应当与税务部门密切合作，认真做好对投机商贩的罚款、补税工作。

2. 清理整顿自发工商业户

去冬今春，各地先后对自发工商业户进行了清理。根据一些地区的调查，城市无证商贩已减少约1/3，农村整社和开展社会主义教育以后，弃农经商的现象已大大减少，无证商贩也减少很多。

自发工商业户的活动，冲击国家计划市场，影响社会主义全民所有制和集体所有制的巩固。应当会同有关部门，结合打击投机倒把、社会主义教育和经济措施，对自发工商业户进行全面的清理整顿。坚决取缔地下厂店、地下运输、地下包工和黑市经纪；严格禁止在职的职工和干部、弃农经商的农民和其他私自离职人员，从事工商业经营；动员城市精减下乡人员及盲目流入城市的人员停业回农村。在批准一些人暂时从事个体工商业经营的时候，应当根据市场需要，严格掌握，反对单纯救济观点。清理以后，要坚决取缔无证经营。

妥善安置社会闲散人员，是做好清理自发工商业户工作的一个关键。工商行政部门应当积极协助有关部门做好安置工作。社会闲散人员的主要出路应当是上山下乡，参加农副业生产。不适宜于上山下乡的，也要通过组织其他生产劳动和服务工作，从多方面进行安置，并加强对他们的教育和管理。

3. **严格管理大中城市集市贸易**

今年以来，各地逐步加强了对大中城市集市贸易的管理。据参加会议的55个大中城市的材料，集市贸易的成交额占社会商品零售总额的比重，折合牌价计算，1月份平均为2.3%，2月份降为1.9%，3月份继续下降。在一些大城市，国营商业、供销社合作社已开始了代替私商的工作，据26个100万人口以上城市和省会城市的材料，到4月上旬，原来由集市贸易供应的粮、油、肉3种商品，已被代替了73%。

对于大中城市的集市贸易，必须贯彻执行中共中央、国务院指示的“加强管理、缩小范围、逐步代替、区别对待、因地制宜”的方针，严格控制上市的商品范围，整顿市场秩序，加强对农民进城自销产品的辅导管理。并协助国营商业和供销合作社积极地、逐步地开展代替私商的工作，研究代替的形式和步骤，安排好网点和人员，加强对经销、代销议价商品的合作商店、合作小组的监督和管理，研究和处理代替工作中的有关政策问题。

工商行政部门应当加强调查研究，及时掌握城市集市上的购销活动、经营比重和价格变化等情况以及逐步代替私商工作的开展情况，注意做好政策宣传工作。

4. **管好农村集市贸易**

第一季度，集市贸易的成交额大约为40亿元左右，与去年同期大体相同；但由于价格下降，实际商品成交量增加。到今年3月底，集市价格水平比去年12月底平均降低了17%，平均比牌价高出90%左右。

农村集市贸易与大中城市集市贸易不同。对于农村集市贸易，要从正确地处理国家与农民的关系和促进农业生产、巩固集体经济来考虑，贯彻执行管而不死、活而不乱的方针，正确地利用它的积极作用，限制它的消极作用。

对于农村集市贸易，应当结合对农民的社会主义教育，加强领导管理，取缔投机倒把活动，制止弃农经商，保证国家的计划收购任务。要积极协助供销合作社开展换购、议购工作，加强经济领导，平抑集市价格。同时要掌握政策界限，保护农民正当的自产自销，建立和改进自产自销证的制度。在毗邻地区，要加强协作，密切配合，统一市场管理步调。

随着农村经济的进一步好转，随着国家在大中城市逐步代替私商工作的开展，农村集市贸易将会继续发生新的变化。应当做好调查研究工作，及时掌握农村集市贸易的新情况和新问题，认真改进工作。

5. **开展工商企业的全面登记工作**

贯彻执行国务院发布的《工商企业登记管理试行办法》，开展城乡工商企业的全面登记工作，加强对工商企业开、歇、转、并的登记管理，是加强社会主义经济计划性、巩固国民经济调整成果和反对自发的资本主义势力、维护社会主义生产和市场秩序的一项重要措施。一定要采取严肃认真的态度，积极做好。

目前，机关、团体、学校，城市人民公社和街道组织，农村人民公社、生产大队、生产队设立的企业，情况还比较乱，有的甚至内外勾结，从事投机倒把活动。在全面登记中，对于这些企业，应当会同有关部门，根据中央和省、市、自治区人民委员会的有关规定，进行清理，分别情况，该核准的核准，该请示上级处理的请示上级处理，该移交有关业务部门管理的移交业务部门管理，该停业的停业。今后，对违反国家政策乱设厂店的行为，应当坚决制止。

全面登记工作，涉及面广，工作量大。要抓紧时间，加强领导，组织好力量，有计划有步骤地进行。建议各地在人民委员会的领导下，成立领导小组，制定全面规划，研究和处理有关政策问题，并以登记主管机关为主，设立联合办公机构。整个工作，可以考虑分两步进行。首先结合整顿城乡市场、打击投机倒把，做好对自发工商业户的清理工作；然后再办理其他各种经济类型的工商企业的登记发证，已经办理过全面登记的地方，也要进行一次复查，不符合国家政策的要重新处理。

6. **加强对小商小贩的管理和改造工作**

针对当前合作商店、合作小组投机违法活动比较普遍、经营管理制度比较混乱的情况，必须对它们进行一次全面整顿。严肃处理投机违法分子，纯洁和加强领导力量，健全管理制度，制止退店单干的资本主义自发倾向，纠正资本主义经营作风。

对新批准的个体商贩要加强教育管理。现在有一部分个体商贩是暂时批准经营的，将来还要逐步淘汰一批。因此，可以先按行业或地区编组进行管理，不要急于搞合作组织。至于少数确实具备条件的，则可个别吸收到合作商店、合作小组中去。对批准的个体商贩要规定经营范围和地区活动范围，注意检查他们的经营作风，取缔投机违法活动。

为了进一步加强对小商小贩的政治思想教育

工作,有的地方提出了由有关部门按行业或按地区指派政治指导员的办法。这个办法可以先进行试点,总结经验。同时,对小商小贩要积极开展社会主义教育,利用小商小贩联合会的组织,推动他们加强自我改造。

7. 加强商标管理

贯彻执行《商标管理条例》,做好商标全面注册和监督管理商品质量的工作。对于应当使用而未使用商标的商品,督促企业使用商标;对于不使用商标的商品,根据必要和可能,在商品或者商品的装潢上载明企业名称、地址。结合商标管理,督促企业按照规定的产品技术标准保证产品质量,制止利用变换商标降低质量、提高价格。严肃处理仿冒、伪造商标的违法行为。

在做好上述各项工作的时候,对其他工商行政工作,如对个体手工业者、个体运输业者的管理和改造,工商合同管理,等等,也应当根据各地的具体情况,做好安排。

会议认为,当前市场上阶级斗争十分复杂,情况不断变化,工商行政部门应当特别注意调查研究,掌握情况,并了解资产阶级的思想动态,及时反映。在当地党委统一领导下,加强与有关部门的联系协作,使行政管理同政治教育、经济措施紧密结合。同时,认真改进工作,活跃城乡交流,密切地区协作,更好地为促进国民经济的发展服务。

(三)

会议最后讨论了加强政治思想工作、整顿市场管理队伍和加强地方工商行政机构的问题,去年以来,有些省和大中城市恢复和新建立了工商行政管理局,地方工商行政管理机构比过去是加强了。干部队伍总的情况是好的。但是,也还存在着政治思想工作薄弱、市场管理队伍不纯和机构不够健全的问题。这种情况在县以下尤为突出。许多县虽设有市场管理委员会,但没有专职干部。在农村集镇,很多地方没有基层市场管理机构,或者没有管理人员,实际上处于无人管理的状态。有的地方甚至以工商联或小商小贩管市场。许多地方基层市场管理人员的政治思想教育无人过问,他们不能正确地贯彻执行政策。有些地方的市场管理人员中,投机倒把、违法乱纪的情况相当严重。

鉴于上述情况,会议经过讨论,提出如下建议,请各地党委和人委考虑解决。

1.工商行政部门应当结合五反运动和社会主义教育运动,对所有的干部,特别是基层的市场管理人员,加强社会主义教育、阶级教育和政策教育,帮助他们提高思想水平和政策水平,整顿思想作风,正确地贯彻执行党和国家的政策。同时,清理队伍,把不适宜做工商行政工作和市场管理工作的人员调整出去另作安排;对于违法乱纪的人员进行严肃处理,坏分子必须清除,情节严重的依法惩办。

2.省、自治区和大中城市的工商行政工作以有专管机构为宜。在未设立工商行政管理机构的省、自治区和大中城市,可以根据精简原则,适当配备必要的干部,建立工商行政管理局。县可以设立工商局,也可以同物价管理机构联合办公,一个机构,两个牌子。县以下的较大集镇,应当建立市场管理委员会,配备一定的专职干部。

各级工商行政管理机构的干部,应当在不另增加编制的原则下,在省、市、自治区的总编制内调剂解决。对不能列入编制的人员,可以从市场交易费中解决他们的工资福利问题。工资福利标准可以参照国家机关编制人员的标准适当规定。农村集市上需要的交易员、服务员,应当尽可能不脱离生产。他们工作的报酬也可以从市场交易费中解决。

目前各地市场收费的办法很不一致,有必要加以整顿。由于各地具体情况不同,建议各省、市、自治区规定统一的办法,统一收费标准,简化收费手续,制止贪污浪费。

(选自《工商行政通报》第239期,1963年6月14日)

十二、中央工商行政管理局关于报告制度的暂行规定

(1963年10月12日)

为了加强上下联系,及时反映情况,以有利于交流经验、推动工作,对各省、自治区、直辖市以及省会所在地的省辖市(包括重庆市)的工商行政管理部门规定报告制度如下:

一、每个季度向我局作一次综合报告或者专题报告。报告的文字希力求简练,要求做到有材料、有分析。季度报告在下一季度第一个月上旬报送。每次报告请送两份。

二、年终作一次工作总结和下年度的工作安排报告。工作总结应当着重写工作的进行情况、成绩

和缺点以及经验教训，同时提出今后的工作方针和工作安排。年终总结在下一年的一月份中旬以前报送。每次报告请送两份。

三、情况反映。及时反映工作中的情况，对于互通情报、掌握动向、推动工作是有一定意义的。情况反映的取材可以广泛一点，着重抓萌芽性的问题，抓当地有代表性的情况和问题，抓工作中带有政策性的新情况，以及其他典型调查材料。情况反映的文字要明白简练，材料要确实。情况反映可以一事一报，希每月能有一次。

这个办法，先作试行。

（选自《工商行政通报》第 248 期，1963 年 10 月 31 日）

十三、国务院批转中央工商行政管理局关于工商行政管理机构和编制问题的报告

（1964 年 4 月 11 日）

各省、自治区、直辖市人民委员会：

现将中央工商行政管理局《关于工商行政管理机构和编制问题的报告》转发给你们，请研究办理。

工商行政管理部门在对资本主义势力做斗争方面担负着重要任务，工商行政管理工作，应当继续加强，不能削弱。各地应根据实际工作需要，逐步建立与健全工商行政管理机构，充实和配备必要的人员编制；不建立工商机构的，也应指定有关部门兼管此项业务，并配备专职干部。各地要进一步加强对工商行政管理部门的领导，加强干部的政治思想教育，提高干部的质量。要妥善解决没有列入国家行政编制的人员的工资、福利待遇和政治待遇等问题。认真地把基层市场管好，切实改变某些基层市场无人管理的状况。

附：中央工商行政管理局关于工商行政管理机构和编制问题的报告

近两年来，城乡阶级斗争十分尖锐，打击投机倒把、清理整顿自发工商业户以及其他工商行政管理工作都较繁重，各级党委、人委加强了对工商行政工作的领导，许多地方陆续恢复或新建立了工商行政管理机构。到 1963 年底，全国已设立工商局的省、自治区、直辖市 21 个，省辖市和专区辖市 130 个，县约 500 个（有的县是工商行政管理科）。他们做了不少工作，特别是在打击城乡资本主义势力猖狂进攻的斗争中，取得了一定成绩，有利于支援农业生产，有利于维护社会主义经济秩序。但据各地反映，目前在机构和人员方面还存在着一些问题。主要是：

……（略）

工商行政管理是无产阶级专政的武器之一。目前市场情况已有显著好转，城乡经济秩序正在逐步正常化。但是，社会主义和资本主义两条道路的矛盾还没有解决，投机倒把和资本主义自发势力还常有反复，阶级斗争还相当尖锐。同时，在经济秩序比较正常化以后，经常性的行政管理工作更要及时跟上去，一步放松，就会出毛病，过去我们就在这个问题上吃过亏。

为此，我们提出如下几点意见。

一、针对着阶级斗争的长期性，对于现有的工商行政管理机构，要加强领导，巩固下来。目前应当着重加强对干部的政治思想工作，鼓舞他们的革命干劲。在各地党委、人委的领导下，做好五反运动和农村市场管理人员的社会主义教育运动，通过运动，清理整顿队伍。有些不适于做工商行政工作的人员，也应当调整出去，另作安排。同时，根据精简原则，补充必要的骨干力量。

二、省、自治区、直辖市及省辖市、专辖市应当设立工商行政管理局。

县和大中城市的区，应当设立工商局（科），在设有市场管理委员会的地方，可以与市场管理委员会合署办公。人口少（10 万人以下）、集市不多的县，也可以不设工商局（科），由当地人委指定一个部门兼管工商行政工作，并配备专职人员。

专区可以根据需要设立工商行政管理局（科）。

城市交易集中的地区及农村较大的集镇，应当设立工商行政管理所或市场管理所；不设立工商行政管理所或市场管理所的地方，应当设置专职干部管理市场。

三、省、市、专、县工商行政管理机构的干部，应当在不另增加编制总名额的原则下，列入地方行政编制。

四、对于没有列入地方行政编制的工商行政管理机构的干部和市场管理所必需的人员，他们的工

资、福利和办公费等应当由市场管理费、罚没款等收入中开支，并列入地方劳动工资计划。对这些干部和市场管理人员，应当明确他们的职责，加强对他们的政治思想教育，并妥善地解决他们的政治待遇和福利问题。

市场雇佣的交易员、服务员，要尽可能不脱离生产或半脱离生产，他们的工资、福利等费用也由市场管理费收入中开支。

市场管理费、罚没款等收入，除上述开支外，有余的上交地方财政收入，不足开支的由地方财政补贴。

以上意见，如无不当，请批转各省、自治区、直辖市人民委员会参照执行。

（选自《工商行政通报》第 259－260 期，1964 年 4 月 30 日）

十四、中央工商行政管理局局长许涤新在1964年全国工商行政工作会议上的报告(节选)

(1964 年 3 月 14 日－17 日)

我要讲的有如下四个问题：一、国内外形势；二、三年来的工商行政工作；三、工商行政的基本任务；四、学习解放军、学习大庆油田的经验，实现干部思想革命化和机关工作革命化。

一、国内外形势

国民经济在 1963 年已经开始全面好转，总的情况是：农业全面增产，工业生产全面超计划完成；在增加品种提高质量和降低成本等方面，取得了新的成绩；市场商品供应显著增加；物价稳定，并且稍有下降。

(一)农业方面

1963 年农业生产有了显著的增长，粮食总产量比 1962 年有所增加；棉、麻、烟、糖等主要经济作物的产量，增加更大；家畜、家禽也增加很多。这些成绩，是在同严重的水旱灾害作斗争中取得的。在这一场严重的抗灾考验中，出现了不少"旱涝保收、高产稳产"的典型，这给予我们以很大的鼓励，并且使我们认识到：有可能、有必要在全国范围内，有计划地建设更多更大的旱涝保收、高产稳产的农田。农业生产的发展，对国民经济的发展将日益起着重大的作用。农村人民公社集体经济的优越性，也更加显示出来，这表现在：农业集体生产发展了；大多数人民公社的工分值提高了；在抗灾中起了巨大的作用。

(二)工业方面

第二个五年计划工业总产值比第一个五年计划增加 1.2 倍。1963 年，列入国家计划的 81 种主要工业产品，有 70 种超额完成计划。冶金、石油、一机、化工四个部，全部试制成功的民用新产品共 1500 多种。全国工业产品，有 2/3 质量稳定上升，原材料消耗下降。我们自力更生有很大的成绩，现代修正主义并没难倒我们。第一个五年计划时，我国自己设计和提供设备、全部或部分建成投入生产的大中型工业项目只有 413 个；第二个五年计划增至 1013 个。新安江水电站、上海吴泾化工厂、大庆油田就是突出的例子。我们已能自己设计、制造、安装产量 100 多万吨的钢铁厂、煤矿和炼油厂，容量 60 万千瓦的水电站，年产氮肥 10 万吨的化工厂。

增加品种，提高质量，发展自己的设计、制造、安装能力，对于建立一个完整、独立的现代化工业体系，具有重大的意义。

(三)市场方面

市场好转表现在：

1. 商品供应的数量增加，品种增多，质量提高。

2. 平价商品销售量增加，高价商品销售量减少；敞开供应的商品增加，凭证凭票供应的商品减少。

3. 主要农副产品的收购，大大超过计划，并且比 1962 年有较大幅度的增长。

4. 集市价格继续回落，计划价格基本稳定，而且略有下降。1963 年全年平均，平价比 1962 年下降 0.8%，高价下降 44.2%，集市价格下降 53.7%。集市价格与计划价格的差距，1962 年高出 1.7 倍，1963 年只高出 40%左右。

5. 集市贸易逐步趋向正常。成交商品逐年增加，剔除价格下降因素，1963 年农村集市贸易成交额比 1962 年增加 40%。在集市成交额中，除去农民相互调剂是主要部分以外，国合商业在集市上的收购所占比重增加，1961 年占 10%，1962 年占 11%，1963 年占 12%，城镇居民购买所占比重减少，1961 年为 22%，1962 年为 16.5%，1963 年为 14%。

6. 投机倒把活动和自发的资本主义势力受到严重的打击。经过代替私商,大中城市的集市贸易范围逐步缩小,社会主义商业阵地进一步巩固和扩大。

7. 货币回笼取得了显著成绩,城乡人民的储蓄有了很大的增加。

1963年国民经济已经开始全面好转。在这个基础上,党中央和毛主席号召全国人民,进一步发愤图强,学习人民解放军、学习大庆的革命干劲。比学赶帮的浪潮,正在工农业生产和其他方面展开。一个新的、全面的、更好的大跃进,不久就会到来。这个新的大跃进,不仅是产品数量的增长,而且是品种、质量方面的跃进。

二、三年来的工商行政工作

(一)三年来的主要工作

三年来,特别是去年以来,工商行政部门以市场斗争为中心,在打击投机倒把、反对资本主义自发势力、整顿城乡市场秩序、工商企业登记、教育管理小商小贩以及商标管理等方面,做了不少工作,取得了一定成绩。

1. 打击投机倒把,清理整顿自发工商业户

打击投机倒把,是在党委领导下,集中各部门的力量进行的。打击的重点是私商的长途贩运、转手批发、内外勾结等严重的投机倒把活动。对投机倒把分子进行了罚款补税工作。1963年全国查出的投机倒把分子中,积蓄暴利在万元以上的约占0.3%,千元以上不到万元的约占10%,500元以上不到千元的约占30%。这些人中,有80%左右已经定案处理,其中法办的不到2%,其余的罚了款,补了税,有些经过教育免予处分。经过这次打击,投机活动显著减少,市场秩序好转。这个斗争,对于巩固社会主义经济,对于教育群众、提高群众的社会主义觉悟、改变社会风气,都起到了作用。不少地区查获的投机案件,半数以上是经过群众检举揭发或提供线索破案的。

结合打击投机、整顿市场和工商登记,对自发工商业户集中地进行了一次清理。到1963年底,无证商贩比1962年减少了70%。减少的人员中,有一部分被取缔或作了其他安置,有一部分批准临时经营。自发的个体手工业户、运输业户也有所减少。地下工厂、地下运输队等雇工、包工剥削的资本主义组织,大部分被打垮了。职工离职经商的已基本制止;农民弃农经商的也大大减少了。

2. 恢复和管理农村集市贸易

三年来,农村集市贸易由恢复到发展,由比较混乱到逐步趋向正常。两个市场、两种价格的矛盾在一段时间以内,十分尖锐。到1963年下半年,这个矛盾逐渐趋向和缓。农村集市贸易的变化,是同国民经济特别是农业生产的好转分不开的;同开展五反运动和农村社会主义教育运动分不开的;同时,也证明了中央对于农村集市贸易的一套方针政策是正确的。

各地工商行政部门,几年来对恢复和管理农村集市贸易做了不少工作。中央下达"十二条"以后,我们和商业部在1961年初联合召开了汀泗桥现场会议,推动了农村集市贸易的恢复与发展。各地根据中央指示的"管而不死、活而不乱"的方针,逐步加强了对集市贸易的管理,按照规定的商品范围,管理上市商品,重点是管理第一、二类物资,保证国家收购。在管理交易对象方面,坚决打击投机分子,取缔私商贩运,限制城市集团购买力在集市上抢购,制止社、队的经商活动;同时,保护农民正当的自产自销。在价格方面,贯彻协商议价的原则,同时通过控制集市供求和必要的经济措施,来平抑集市价格。农村集市贸易的统计制度也逐步建立和健全起来,能够及时反映集市变化情况,对于中央决定政策提供了一些参考资料。

3. 严格管理城市集市贸易,协助国合商业代替私商

三年来,大中城市集市贸易问题有过不少的争论,不少地方开了又关,关了又开,几次反复。1963年初,中央规定了"加强管理、缩小范围、逐步代替、区别对待、因地制宜"的二十字方针,这个问题才明确下来。根据中央规定的方针,各地工商行政部门加强了对城市集市贸易的管理,并会同有关部门以熟食、肉食两个行业为重点开展了代替私商工作。这一工作先是在29个大中城市开展,逐步扩展到147个城市。这项工作的效果是显著的。它巩固和扩大了社会主义商业阵地,缩小城市集市贸易范围。据28个大中城市统计,城市集市贸易成交金额,1963年12月比1962年同期减少86%;占社会商品零售总额的比重,按商品量计算,1962年12月为2.02%,1963年12月已降为0.56%。被私商侵占的市场阵地,已基本上由社会主义商业重新

占领。

4. 加强对小商小贩的教育、管理和改造

1961年下半年开始调整所有制，到1963年初基本结束，共调整出来几十万人，占过渡到国营、供销社小商小贩总人数的81%，恢复了合作商店、合作小组。还下放了一批小商小贩到农村参加生产，安置了一批老弱残人员"包养"和退职。

恢复合作商店、合作小组以后，不少地区充实了对私改造机构，对他们进行了整顿，加强了教育、管理和改造，反对自发倾向和资本主义经营作风。合作商店中的单干风一度很严重。在1962年，退店单干的约占5%至10%，到1963年上半年，退店单干的约占1%至2%；下半年基本上被制止了。

1963年下半年起，广东、湖南、江苏、四川、辽宁、黑龙江、福建、浙江等省的一些市、县，在合作商店中开展社会主义教育运动的试点工作，已经取得了初步经验。这就为今后团结、教育、管理和改造小商小贩提供了有利的条件。

5. 开展工商企业的全面登记管理

各地根据国务院发布的办法，建立了领导机构，集中了力量，开展了工商企业的全面登记管理工作。到今年2月底，全国27个省、自治区、直辖市的2197个市、县中，已经完成的有1012个，46%；基本完成的有504个，23%；正在进行的有466个，占22%；尚未进行的有215个，占9%。

通过全面登记，对工商企业进行一次大摸底，是一项很大的基本建设。全面登记也是一次大整顿，去年主要整顿了自发工商业户；同时，也开始整顿城市公社、街道办的企业，机关、团体、学校办的企业，农村社队办的企业，以及民政部门办的企业等。这次全面登记，打击了地下工厂、地下商店、地下运输队、地下修缮队等，这是主要的一方面；另一方面，也限制了社会主义经济内部某些缺乏计划性的现象的发展，维护了国家的统一计划。

6. 商标管理

在总结十年商标管理工作的基础上，拟定了商标管理条例，经人大常委批准公布。这个条例，明确了商标管理工作的基本方向，克服了资本主义的残余影响，使商标管理工作能够更好地为社会主义建设服务。

配合国家调整工业生产和质量第一的方针，有重点地开展了通过商标管理监督产品质量的工作。检查整顿了某些企业商标注册以后不能保证产品质量，或者为了掩盖质量下降任意改换商标的情况。对一些没有标记、不便查明生产单位的产品，督促企业根据条件使用商标或者注明厂名、简单记号。另外，还结合市场管理和打击投机，取缔地下工厂非法使用商标、仿冒伪造社会主义企业名牌商标等破坏活动。

除以上六个方面以外，许多地方的工商行政部门，还做了其他一些工作，如管理采购人员，管理工商合同，管理手工业者、运输业者，管理度量衡器和广告等。有几个地方整理历史资料和研究工作也有成绩。

三年来工商行政工作取得的成绩，是贯彻主席关于阶级、阶级矛盾、阶级斗争的思想的结果；是由于各级党委和人委的领导；是由于各有关部门的支持、协作；也是由于各地工商行政部门全体同志的努力。特别是基层市场管理的同志，他们做了许多辛勤的工作，我在这里表扬他们的辛勤！

(二)工作中的缺点

工作有成绩，缺点也不少。从中央工商行政管理局来说，主要有以下几个问题：

1. 在政策思想上，对主席关于过渡时期阶级、阶级矛盾和阶级斗争的思想，学习得不好，领会得不深，因而有一段时间对于阶级斗争的长期性认识不足。社会主义改造完成以后，特别是公社化以后，对阶级斗争的认识比较模糊。对于工商行政管理作为专政的工具的作用，也认识不足。没有清晰地认识它是阶级斗争的一个方面，是无产阶级专政的一个职能。表现在：

(1)有一个时期，对于工商行政工作应该抓什么，显得心中无数。在1959年到1960年一段时间，我们对市场管理工作抓得不够，对私改工作也抓得不够。对于当时能抓的工商行政管理工作，没有提到阶级斗争的水平来看，因而看不出它的重要性。

(2)有一个时期，我们对城市集市贸易的看法有片面性。在中央规定大中城市集市贸易的二十个字方针以前，我们对城市集市贸易的客观性强调得多了一些，对它的补充作用也强调得多了一些，而对于它的破坏作用比农村集市贸易大得多这一点认识不足，对城乡联系的一面强调得多了一些，而对城市与农村的不同(城市主要是全民所有制的国营经济，而农村主要是集体所有制经济)则认识不够。

(3)在1962年调整所有制、恢复合作商店、合作小组后,我们对当时资本主义势力猖狂进攻的形势,认识不清,对小商小贩的认识,有片面性。当时比较注意了发挥合作商店、合作小组对于国营商业、供销合作社的补充作用,而对于他们的资本主义自发倾向估计不够,未能在注意解决一些具体政策问题的同时,更多地注意对他们加强教育和改造、制止投机活动、反对单干的这一面。

2. 在机关工作上,缺乏雷厉风行的作风,没有很好地抓两头,把上面指示和下面工作更好地结合起来,存在比较严重的官僚主义作风。例如:对于下达的一些指示、文件,缺乏检查督促,对于执行中有些什么新情况、新问题,抓得不及时。在调查研究中,材料抓得不深,不够系统化,不是深入蹲点,而是浮在水面。抓到材料,分析不够,有调查,缺研究。对一些问题的看法,也就不深不透,若明若暗。

3. 在为地方工商行政部门服务方面,没有很好地抓政治思想工作,没有很好地抓基层工作。用人民解放军、大庆照镜子,差距很大。具体表现在:向地方要东西多,给东西少。对于基层市场管理机构、编制以及管理人员的工资福利待遇和政治待遇问题,没有及时解决。我们对地方,主要靠会议、文件,没有认真下去蹲点,具体帮助地方做工作;没有抓活的经验、活的典型去推广。《工商行政通报》在交流经验方面,起了一些作用,这显然是很不够的。

三、工商行政的基本任务

工商行政是无产阶级专政的职能之一,是经济战线上进行阶级斗争的手段之一。

要明确工商行政的基本任务,必须从阶级斗争的观点,从社会主义革命和社会主义建设的要求和利益去着眼。如果根据这样的观点,则作为过渡时期阶级斗争的一个方面的工商行政的基本任务,可以归纳为如下几句话:"工人阶级在两条道路斗争中,通过无产阶级专政的国家政权,通过行政管理的方式,去维护社会主义经济,维护国家的统一计划和统一市场,支持和促进正常的城乡交流,管理和改造城乡工商业者,特别是小型工商业者,制止和取缔资本主义自发势力,打击投机倒把及其他破坏社会主义的经济活动,为促进社会主义工农业生产的发展服务。"

我们的任务有维护的一面,有打击的一面。既有肯定,又有否定。这个提法,把市场管理、对私改造、工商登记、商标管理都包括在内了。这里,有三点需要加以解释:

(一)"维护国家的统一计划和统一市场",是否提得过大,特别是国家的统一计划。但是,这提法有个前提,这就是"通过行政管理的方式"。如工商登记,不允许在国家计划外搞工业企业,就起了维护国家的统一计划的作用。又如管好城乡集市贸易,活跃物资交流,保护正当交易,就起到了维护统一市场的作用。

(二)关于管理和改造城乡工商业者,我们着重小型的,具体是指个体经济(小私有者)、合作小组和合作商店。对资产阶级工商业者的团结、教育、改造工作是由统战部负责的。但是,工商行政部门不可能不接触。如政府对工商联的指导,是规定由各级工商行政部门出面的。

(三)关于打击投机倒把及其他破坏社会主义的经济活动。这里所指的破坏活动,不是反革命活动,而是经济方面的破坏活动,如开地下工厂,挖走国营企业的工人,等等。

如果上述的提法可以成立的话,我们的同志有必要从政治上和理论上弄清以下几个问题:

1. 不可以把工商行政看成是没有中心的、打杂的工作,而应该学会把它提高到毛主席的过渡时期存在着阶级、阶级矛盾、阶级斗争的学说的水平,去看待这个问题。在过渡时期,不但阶级斗争具有长期性,而且要警惕资本主义复辟的危险性。这种危险性由于:

(1)被推翻的剥削者总是千方百计想变天,要复辟。

(2)自发势力经常产生新资产阶级分子。他们发展了,就要搞复辟。

(3)在工人阶级队伍中,在国家机关职员中,由于资产阶级的影响和小资产阶级自发势力的包围和腐蚀作用,也会产生一些蜕化变质分子、新的资产阶级分子。

资产阶级"后代"有三个,而不是一个。资产阶级的子女中,一部分人由于接受改造会改变阶级成分,另一部分人会继承资产阶级的传统(资产阶级子女中还有一部分是动摇于工人阶级与资产阶级之间的,他们会不断地向两边分化)。第二个"后代"是自发势力产生的新资产资级分子。第三个"后代"是职工和干部中的蜕化分子。

(4)还有国际方面的因素。当帝国主义和修正主义还存在的时候,它们的活动是会影响到国内斗争的。

托洛茨基认为一个国家不可能建设社会主义,资本主义一定会复辟,因而对于社会主义革命悲观失望,成为取消派。赫鲁晓夫不承认社会主义社会有复辟的问题,因为他自己在搞资本主义复辟。这两者都是反动的观点。毛主席指示我们,社会主义社会存在资本主义复辟的危险性,但是,只要我们做好工作,把社会主义革命进行到底,就能够避免这种复辟。

在中央和毛主席的领导下,全党全国都在坚持社会主义革命,进行阶级斗争。工商行政只是其中的一个方面——即在经济战线方面,通过行政管理的方式去进行阶级斗争。虽然只是一个方面,但责任是重大的。如果说这是打杂,显然是不正确的。

2. 不可以认为工商行政是短期工作,认为阶级斗争一缓和就无事可干。的确,阶级斗争的发展规律是高一阵、低一阵,但不可以因为有时处于“低一阵”,就看不到它的长期性和反复性。经过去年的战斗,市场情况有了变化,但不可以因此就认为工商行政可以轻视了。事实上投机倒把并未打击完,投机活动更隐蔽了,斗争更深入了。有些集体经济单位为了收“管理费”,包庇投机倒把分子以至投机集团,放高利贷的活动最近又有发现,城市集市贸易只有两个行业基本被代替,对代替私商的工作还要进行。对于中小城市一时不能代替的私商,还要管理、教育,在合作商店、合作小组中要开展社会主义教育,要做的事还多得很。

过去有些地方的工商局被撤销,一方面是因为其他方面工作较紧,领导上要调人;另一方面是有些干部自己不安心,想走。当领导向他征求意见的时候,他不坚持这一工作的长期性和艰巨性,而说无事可干。因此,我在这里要求同志们下定决心把工商行政工作做到底。有人认为做工商局工作是“路走对了,门敲错了”,这种看法是错误的。

3. 不可以认为工商行政只管资本主义,管小私有者,而不管社会主义经济成分。工商企业的登记管理就管社会主义经济成分,商标管理主要是管社会主义经济成分。有的地方还管工商合同,这也是对社会主义经济的。社会主义企业如果有投机违法行为,我们就不能不管。

4. 不可以认为工商行政是两袖清风,抓不到具体的东西,发言权不大,因而感到不过瘾。这是没有把工商行政管理提高到阶级斗争的水平上来看问题的缘故。发言权大不大,不取决于是否掌管钱财物资,而取决于我们能否贯彻党和国家的方针政策,取决于我们能否正确地在有关问题上体现了中央的指示。

5. 还有另一个“不过瘾”。有人认为我们只抓次要商品(三类物资),地方小市场(集市贸易),小商小贩、小手工业者。不是小,就是次。我认为并不这样。第一,上面已经谈过,社会主义企业在某些方面,我们要管。第二,允许到集市出售的是次要商品,但对于第一、二类物资,有管紧、管死的问题。不允许上市,不就是管吗?第三,为了把社会主义革命进行到底,为了消灭私有制的残余,我们主要管次的、小的,有什么不过瘾呢?做一个在经济战线方面社会主义革命的战士,我认为应该是过瘾的。

要做好工商行政工作,要使我们的工作能正确地体现无产阶级专政在经济行政工作方面的要求,根据这几年的经验,有如下的几点体会:

1. 要好好学习党中央和毛主席关于过渡时期阶级、阶级矛盾、阶级斗争的理论,学习党中央有关的文件、八届十中全会公报、二个农村工作十条,学习毛主席的《矛盾论》、《实践论》、《关于正确处理人民内部矛盾的问题》,等等。在学习时,要领导带头,要把学的东西贯彻到自己的思想中去,要时时刻刻从阶级分析的观点去考虑工商行政工作中的重大问题,这样才能既见物又见人。

2. 要学习党和国家的发展国民经济的总方针和有关的具体政策,学习党和国家发展国民经济的计划和重大措施。只有这样,我们才能知道如何去维护社会主义经济的发展,如何去维护国家的统一计划和统一市场,才能更好地去对资本主义势力进行斗争。

3. 要熟悉工商行政工作的对象。工商行政是搞阶级斗争的,不了解阶级关系、市场情况,就没法做好工作。因此,必须下工夫去摸底,必须用马列主义的科学方法去进行调查研究,系统地掌握第一手资料。没有资料就没有发言权,就没法提出适应客观的意见来。在这里,调查必须与研究相结合,掌握资料必须与分析资料相结合。没有资料,固然没法提出正确的意见,如果只有调查,只有资料而不下工夫去分析,也没法提出正确的意见。分析资料的武器是辩证法。辩证法要求我们从对立统一、一分为二的思想方法去看问题,去抓矛盾。工商行政既然是无产阶级改造客观世界的工具之一,为了在工作中不犯错误,就必须以唯物主义去代替唯心主义,以辩证法去代替形而上学。只有掌握了正确的思想方法,才能消化、分析调查所得的材料。

4.要取得领导的支持。最好的办法是鼓起革命干劲,把革命干劲同客观必然性结合起来,及时发现问题,提供丰富材料,正确地提出意见。如果能做到这样,就会得到领导的重视,就会得到领导的支持。

5.要同有关部门搞好协作,彼此互相协助。对商业、供销社、工业、税务、银行等部门,都要有很好的联系。帮助人家解决问题,就会获得人家的支援。

6.要坚持群众路线。工商行政既然是阶级斗争的一个方面,为了做好工作,如果不依靠群众,那是走不通的。要管好市场,要打击投机倒把,不能离开群众;要做好对私改造,要管好商标工作,同样也不能离开群众。

7.要经常总结经验并搞好经验交流。经验交流能够使各地工商行政部门在工作上得到比较,找到差距,较快地改进自己的工作。办好《工商行政通报》是一个环节,有计划地组织经验交流和参观是更重要的环节。

8.要培养骨干力量。条件是站稳政治立场、熟悉政策和业务,并且有写作能力。这是需要时间的,因此,要求各地工商行政部门的干部稳定下来。经常调动并不利于培养骨干,并不利于开展工作。

四、学习解放军,学习大庆油田经验,实现干部思想革命化和机关工作革命化

现在一个新的更好的大跃进,快要到来,全国各地的比、学、赶、帮运动的高潮,正在开展。大家都在学习解放军,学习大庆。我们必须及时跟上去,高举毛泽东思想红旗,充分发扬革命精神,实现干部思想革命化和机关工作革命化,把高度的革命精神和严格的科学态度结合起来。

学习解放军,学习大庆,要大抓政治思想工作,大抓基层。要把政治思想工作做活,同我们的工作结合起来,落实到我们工作上。因此,提出如下几点建议:

(一)学习解放军、大庆油田做人的工作经验。从今年起,大抓政治思想工作,坚持"四个第一",逐步建立一支又红又专的工商行政干部队伍。

近两年来,工商行政干部队伍有很大增长。我们估计专职干部大约有六七万人(包括基层市场管理人员),这个队伍如果把它整顿好、培养好,提高他们的思想,是一支不小的力量,对社会主义革命和社会主义建设将会起不小的作用。为此,要求:

1.彻底搞透五反运动和农村市场管理人员的社会主义教育运动。通过运动,清理整顿队伍。对干部思想情况,做一次全面了解,针对问题,研究措施。

2.领导干部带头,大学毛主席著作。学习毛主席著作,要有计划地学,要带着问题学,活学活用,要少而精,联系实际,对不同对象,要有不同要求。

3.开展一个"五好干部"运动,树立标兵。五好是:政治思想好,执行政策完成任务好,团结互助联系群众好,工作作风好,经常学习好。各省、市、县都要树立几个标兵,参加财贸系统的评比。

4.训练干部,特别是加强对基层干部的训练。各省、自治区、直辖市可以根据条件,举办短期训练班,也可以采取交流经验形式。内容主要是讲政治、讲形势、讲政策、讲工作方法。中央工商局应该在这方面起带头作用。

(二)大抓机关工作作风,以"三八作风"为标准,培养一个好作风。

1.要提倡雷厉风行的风气,抓好两头,克服官僚主义。雷厉风行就是要严格,要及时,不马虎,不拖拉。抓两头,就是抓上头的政策指示,及时下达,抓下头的实际情况、思想动态、存在问题,及时反映。

2.要有意识地去培养好作风,领导带头,以身作则,身教言传,上行下效。

3.建议这次会后,对机关作风作一次整顿。表扬好人好事好的作风。由省主持,总结一个好的市、县基层市场管理所,大力宣传推广。

4.组织互相学习,开展比学赶帮。要向本地区先进单位学习,向别地区先进单位学习,把眼光打开,从学习中找差距,赶上去。对后进单位要进行帮助。

《工商行政通报》组织专栏,介绍好人好事好作风;要依靠各地供给材料。

(三)大抓调查研究,大抓第一手材料。革命干劲必须与科学态度结合起来,调查研究的重要性及方法上面已讲了。调查研究以蹲点为主要环节,结合及时反映动态和有计划地作面的调查。

1.蹲点,是基本的。这就是到基层中去掌握材

料。下去蹲点要同当地同志一起工作,一起解决问题。时间可以长一点。

2. 面的调查要有计划进行。可以有几个不同的点,可以几个点在一起,从点扩大到面。

3. 及时反映情况,用一句俗话,这就是"通风报信"。及时反映情况相当于气象报告。不应把及时反映情况同蹲点对立,但是,有时蹲点和面的调查不能很快地把情况抓起来,因此,需要各地搞点《快报》。国民经济在急速发展,情况的变化很快,如不及时反映,就会坐失时机。这几年,经常挂电话向各地要材料,你们很辛苦,我在这里感谢你们!但是,今后还要辛苦你们。

调查研究,要坚持科学态度,避免主观主义。回去后,根据人员情况,要求做出蹲点的规划。使调查研究成风,就能把我们的工作逐步建立在科学的基础上,工作就会起着革命性的变化。

4. 倡议大搞三年总结。

集市贸易恢复已 3 年,小商贩调整也快 3 年。3 年来自发势力嚣张,阶级斗争尖锐,工商行政工作受到严格的考验。建议大搞 3 年工作总结,这不仅是向历史作交代,而且是向前看,提高自己,因为经过总结就可以知道哪些做得对,哪些做错了,为什么对,为什么错。这样就会提高自己的政策理论水平,使我们对于今后工作能做得更好。建议分别对市场管理、对私改造、工商登记、商标管理四个方面的工作,进行总结。时间不一定都是 3 年,如工商登记可从去年起,商标管理可从 1957 年起。其中市场管理、工商登记工作由省级工商局掌握,对私改造、商标管理由中央工商局掌握,各选重点地区,规划布置。市场管理和商标管理工作的总结,争取在今年完成,对私改造和工商登记工作的总结,争取在 1965 年完成。

各地在总结时,都要进行典型调查,综合全面情况,找出主要矛盾,掌握规律性,总结经验教训,分析当前存在问题,提出改进意见。

总结时,还要提出若干专题,进行系统的资料整理,深入研究。例如,对小商小贩的经济地位、出身成分、政治态度、思想状况,对新资产阶级分子的"发家史",作出全面分析。又如市场管理,应当根据大量材料,对集市贸易的两面性作出具体分析,详细研究影响集市价格变化的各项因素,找出变化规律,等等。

总结好三年历史经验,就可以使我们今后在工作中,不犯或少犯主观主义和官僚主义。

(选自《工商行政通报》第 259 – 260 期,1964 年 4 月 30 日)

十五、薛暮桥同志在 1964 年全国工商行政工作会议上的报告(摘要)

(1964 年 3 月 27 日)

今天我讲两个问题:第一,过去几年市场物价的变化;第二,我们的物价政策。

(一)过去几年市场物价的变化

过去几年,由于连续自然灾害,农业减产,轻工业减产,现代修正主义撤退专家,撕毁合同,给我们造成很大困难。当时,农业减产同重工业大发展碰在一起。反映在市场上购买力很大,而商品供应量减少,困难是相当严重的。我们采取了一系列的政策来恢复和发展生产,贯彻执行了调整、巩固、充实、提高的方针,实行了缩短基本建设战线,精减职工,压缩城市人口等各项措施。到 1962 年,已经见到效果。农业生产中,粮食在 1962 年开始增产,1963 年更加好转,其他经济作物也很好。轻工业、重工业,经过两年调整,开始稳步上升,质量提高,成本下降,许多产品的质量超过过去水平。全面好转仅是开始,调整工作尚未全部完成,今后在稳步前进中还有一些问题需要解决。

国民经济开始全面好转,市场物价也相应地发生了显著的变化。市场上的商品多了,质量提高了,物价也开始下降。前几年,集市贸易价格比牌价高几倍,但自 1962 年下半年已开始下降,去年又继续下降了 50%。平价商品、大商品国家控制住了,小商品价格上升了一些,1963 年开始下降,高价议价商品也下降了。平价、高价、议价、集市价合在一起,去年整个物价下降了 9.2%。群众对物价由看涨变为看跌。市场确实好转起来了。过去几年在市场物价工作中最突出的问题,即"两个市场、两种价格"互相对立的问题,目前正在逐步解决。

市场物价好转是怎样得来的呢?前几年的困难主要是因为农业、轻工业减产,消费品供应减少,而另一方面购买力却大大增长。职工增加一倍,工资总额增加了,农产品收购价格比 1957 年有所增加,加上集市价格高,农民从这里多拿了一些钱,国家对穷社穷队的投资和农贷增加了,集团购买力也增加了。这就造成了市场供求的困难，货币多，商品少。

用什么办法来解决这个问题呢？根本办法是发展生产，特别是农业生产。在物价工作方面，一种办法是货币贬值，提高物价，用价值规律来调整供求。但这样做，势必增加工资，货币会更多，物价提高，集市价格还会更高，计划价格的提价跟不上集市贸易价格的上涨，并不能解决问题。我们没有采取这个办法，我们的办法是：一方面发展生产，一方面压缩购买力。这样，1962 年职工的工资总额、农村信贷投放和集团购买力都显著减少，货币大量回笼，集市价格开始下降。1963 年农业、轻工业、重工业都不同程度的增长，工资总额基本上保持了上年的水平，农村信贷投放增加不多，商品继续增加，货币继续回笼，集市价格继续下降，计划价格也由稳定微涨转为稳定微落。我们在原来基础上，把物价降下来，使市场、货币、商品基本上恢复正常状态，是一件了不起的事情。

前几年，曾出现涨价风。我们认为，物价上涨对生产和生活都不利。物价一涨，商品供应会更紧张。涨价对生产也不利。许多小商品质次价高。去年整顿了一下，质量提高了，成本降低了，由亏本变赚钱了。物价纷纷下降好不好呢？也不好。集市价格下降是好的，因它现在还比计划价格高出很多。计划价格下降多了，对生产不利，对国家财政更不利。去年四五月间，市场情况有变化，三类农副产品收进来卖不出去，因之供销社少收或不收，农民有意见，影响他们的生产积极性。还有一些小工业品，质次价高，卖不掉，也被迫降价。过去在物价上涨时呈现虚假紧张，物价下降又呈现虚假过剩。发现这个问题以后，中央及时指出，要积极收购。去年五六月间，我们开了会，说明虚假过剩的情况，反对降价风。这个风被制止了，但农业和工业受到了一些影响，财政收入减少。去年有些亏本的大商品(肥皂、糖、纸烟)提了点价，但还是降价多于提价，平价商品升降相抵，大约净降了 4 亿元，城乡人民可以减少一部分支出，平均每一职工大约少花了 7 元钱。高价和议价商品降价更多。物价政策要考虑人民生活，也要考虑到国家积累。

对于市场物价，既要加强计划管理，又要利用价值规律，应当如何安排？要以计划管理为主，计划价格也要利用价值规律，根据价值来规定价格。价值规律在供求平衡时没有什么问题，在供求不平衡时，就会冲击计划市场。前几年，集市价格成倍上涨，不是补充计划价格，而是与计划价格分庭抗礼。集市价格压不下来，封闭集市又不行，我们的办法是加强统购、派购，实行换购、奖售，实行凭票、凭证计划供应。这样做是起了作用的，维护了计划价格的基本稳定，保证了市场供应。当然，这只是临时的办法。

市场好转以后，派购的品种减少，奖售减少，凭票、凭证供应的商品减少，敞开供应的商品增多，问题又来了。高价、议价与平价商品价格悬殊，过去靠票证来区分，票证少了，许多高价商品只能退出高价，许多小商品的价格与主要商品的价格不平衡，卖不出去了，也要降价，这都是不可抗拒的。有些供不应求的亏本的商品，需要提一些价，但也要考虑职工生活。去年的物价变化，是符合客观规律的。物价变化要照顾职工，算总账要使职工占到便宜，但也不可能每个变化都如此。国民经济正在好转，今后要逐步把物价调整得更合理一些。

(二)我们的物价政策

社会主义国家的物价政策，根据中央的历次指示，可以归纳为下列三个方面：

1. 要有利于促进生产发展，便利商品流通，保证市场供求的平衡。也就是说，要贯彻执行“发展经济、保障供给”的总方针。为着做到这一点，我们的物价就应当使农民在按照国家计划生产和交售各种农产品时，都能够得到合理的收益，工商企业在按照国家计划正常生产、合理经营的条件下，都能得到适当的利润。这就应当使各种商品的价格大体上符合它们的价值。社会主义国家的经济核算还必须通过价格来进行，价格符合价值是正确地进行经济核算的重要保证，只有如此才能鼓励节约，避免浪费，才能鼓励各经济单位认真地进行经济核算。社会主义国家的工农业生产是按照国家计划进行的，但价格对生产还有一定的影响，价格如果不适当，也可能影响工农业生产，特别是农业生产的有计划按比例发展。

为了便利商品流通，各种商品还必须有合理的地区差价、批零差价、质量差价，某些鲜活商品还需要有一定的季节差价。地区、批零差价过小会妨碍商品流通，过大会出现投机倒把。

社会主义国家的计划价格基本上不受供求关系影响，但国家在制订计划价格的时候，必须适当利用价值规律，来调节某些消费品的销售数量，以保证供求的平衡。物价的重大调整还必须保证购买力同商品供应量的平衡。

2. 要有利于保证国民收入的合理分配，对职工、农民生活和国家积累进行合理的安排。

国家同农民的关系，从价格方面来说是等价交换，既不能从价格上来剥夺农民，也不能损害国家积累来补贴农民。我国农产品的价格是基本上合理的，符合于等价交换的原则的。统购、派购是主要的，奖售、换购、议购只是为着克服困难所采取的临时办法。

国家对职工是按照按劳分配的原则发付工资，职工用工资购买消费品也是等价交换。国家通过物价来补贴职工只是暂时的措施，从长远来看，改善职工生活应当从增加工资来解决。增加工资可以更好地体现按劳分配的原则。

国家的财政收入，主要是利润和税收，这都需要依靠物价来保证。增加积累，靠增产节约，不能用涨价的办法，但降价时也必须考虑国家积累，所以只能进行有升有降的调整，使物价大体上保持原来的水平。

3. 要有利于巩固社会主义经济、巩固计划市场和计划价格，同投机商贩和资本主义自发势力进行斗争。

价格是社会主义和资本主义两条道路斗争中的一个重要工具。1950年稳定物价的斗争，实质上是无产阶级同资产阶级争夺市场领导权的斗争。斗争的胜利，严重地打击了资产阶级的投机活动，确定了社会主义经济在市场上的领导地位，并把私营工商业开始纳入国家资本主义的轨道。在社会主义改造过程中，我们通过价格政策来限制资本家的利润，促进对资本主义工商业的改造。最近几年在市场物价方面的阶级斗争，体现为“两个市场、两种价格”的斗争；集市贸易和集市价格原来是计划市场和计划价格的补充，但在市场供应困难的情况下，集市贸易的发展特别是集市价格的发展，已经突破了补充的范围，在一定程度上冲击计划市场和计划价格，“鼓励”私商投机倒把和长途贩运，两条道路和两个阶级的斗争又尖锐起来。但集市价格的上涨有客观原因，单靠行政管理解决不了问题，必须政治、经济双管齐下，从经济上来解决根本问题。

过去两年，我们各方面的工作配合得很好，集市贸易范围缩小了，集市价格大幅度下降了，在两条道路、两个阶级的斗争中，我们又打了一次漂亮仗，取得了决定性的胜利。但是，生产还没有恢复到原来水平，集市贸易还没有完全恢复正常状态，集市价格比计划价格还高40%上下，特别是粮食等主要物资仍比牌价高两倍上下，我们的代替业务力量还不够雄厚，阵地还不够巩固，议购议销业务中还有不少问题，市场管理工作还不够强，投机商贩仍有空子可钻，没有死心改行。我们必须更好地组织力量，乘胜前进，取得这一斗争的彻底胜利。

(选自《工商行政通报》第259－260期，1964年4月30日)

十六、黄玠然同志在1964年全国工商行政工作会议上的报告(摘要)

(1964年4月6日)

这次会议开得很好。讲几点意见。

(一)工商行政管理工作的形势

当前国内外的形势是大好的。我们工商行政管理工作的形势也是大好的！

(一)整个国民经济正在进一步全面好转，社会主义制度越来越表现出它的威力和优越性，资本主义势力越来越受到打击和削弱。(二)与“五反”“四清”密切结合的城乡社会主义教育运动，是一次伟大的社会主义革命运动。通过这一运动，在社会主义和资本主义两条道路的斗争中，社会主义又一次取得了决定性的胜利，全国人民更加巩固地团结在党中央和毛主席的周围，生气勃勃，斗志昂扬。(三)工商行政管理工作在各级党委的重视和加强领导下，在有关部门的支持配合下，做出了一定成绩，机构和队伍有了加强。(四)在过去几年严重的阶级斗争中，我们的队伍受到了锻炼，涌现出一批坚强的战士和先进人物。他们的工作是很辛劳的，斗争是很艰苦的。我代表中央工商行政管理局，再一次向这些为党、为国家、为人民利益而奋斗的同志们表示敬意。在大学解放军、大学大庆、大学毛主席著作的运动中，工作同志的政治水平和政策水平还会进一步提高。(五)通过这次会议，学习了领导同志的指示，总结和交流了工作经验，明确了基本任务和1964年工作安排，我们的工作也会更提高一步。

但是,我们工作中还存在着不少问题。总的说来是:思想认识落后于客观形势;主观努力赶不上客观要求。表现在:

(一)阶级斗争的长期性和有些同志对工商行政管理工作思想认识上的短期性相矛盾。党中央和毛主席一再教导我们,要充分认识阶级斗争的长期性。但有些同志却认为工商行政管理工作是短期的。有的同志认为,1961 年到 1963 年打击投机倒把差不多了,最多到 1965 年就没有什么工作可做了。有的不安于工商行政管理工作,乃至认为是个"包袱"。这是不对的。大家都知道,两条道路的斗争在整个过渡时期都是不可避免的。工商行政管理是阶级斗争的一个工具,只要有阶级、阶级斗争存在,工商行政管理工作就要与之共始终。我们应该有这种认识,把这一战斗工作进行到底。

(二)我们的工作作风、工作方法与客观形势的要求也存在着矛盾。我们还缺乏雷厉风行的作风,还没有学会吃透两头的工作方法,领导上还存在着不同程度的官僚主义。我们面向基层,深入基层不够,缺乏第一性的调查研究资料,对情况若明若暗,反映不及时。这不仅同进行尖锐复杂的阶级斗争任务不相适应,而且在当前国民经济迅速发展、斗争形势不断变化的情况下,也不能很好地起到作为党的一个助手的作用。

(三)我们新建立的机构还缺乏经验,我们的队伍还不够巩固,不够稳定。

这就要求我们,必须狠抓政治思想工作,下苦工夫做人的工作,切实改进工作方法、工作作风,克服主客观的矛盾,使思想跟上形势,做好工作,成为党的有力工具。这次会议开了二十几天,用了十天左右时间讨论形势和政治思想工作问题,讨论阶级斗争和工商行政管理工作的基本任务问题,这是必要的。我认为大家回去开会部署工作,也应当这样做。一定要在政治工作上打一个大胜仗。用政治工作带动业务工作,把业务工作作为政治工作的落脚点,使政治工作的成果,在工商行政管理工作中表现出来。

二、工作安排中的若干问题

(一)工作的中心问题

一个时期的中心工作,决定于这一个时期客观形势的要求和党的政策。这次会议,大家都同意,把"深入开展反对资本主义势力的斗争、管好城乡市场、活跃物资交流",列为今年的中心任务,这是针对当前国民经济进一步好转、社会主义革命继续深入的要求,在去年工作的基础上提出来的。

所有工商行政管理工作都是以阶级斗争为纲。今年的中心工作,也必须从阶级斗争上来了解。继续打击投机倒把和反对资本主义自发势力仍然是今年的一项重要任务,并且要注意到一些集体经济单位中资本主义势力的活动。拿出力量来参与合作商店、合作小组的社会主义教育运动。

管好市场,活跃物资交流,是针对当前市场变化的情况提出的。由于农业生产的发展,农民手里的东西多了,这是一件好事。但是如果市场管理工作跟不上去,给投机倒把分子钻了空子,那么,好事也会变成坏事。所以,一方面要管好市场、活跃交流,一方面要结合社会主义教育运动深入地同资本主义势力作斗争。从政治上和经济上把资本主义势力搞臭,从思想上挖它的根子。这两个方面是互相联系,互相促进的。

党的政策是统一的,是适应客观形势的要求的。但是,各地具体条件不同,工作措施也有先后。例如,打击投机倒把和罚款补税工作,有的地方已告一段落,有的地方还在开展,各地部署可能在时间上不一致,但搞深搞透的要求是统一的。又如,合作商店、合作小组的社会主义教育,有的地方刚试点,有的地方已经铺开,进度不能完全一致,但不漏不乱的要求是统一的。从全国工商行政工作要求看,既要有一个统一的中心,又必须根据各地不同情况,按照当地党委的部署,具体安排,集中力量,做好每个时期的重点工作。

(二)管不管社会主义经济内部的资本主义势力活动的问题

从政府各部门分工来说,我们重点是打击市场上的投机倒把、制止资本主义自发势力。这是对的,但不能说,社会主义内部的资本主义势力,我们就不必去管,不应过问。在这个问题上,我们有"把口"的责任,管不管,提高看是个革命责任感问题。但处理的时候,要注意到方式方法。社会主义经济的成员在市场上搞投机倒把,我们抓到了,也要处理,但在方式方法上要和对待私商有所不同。具体处理时,要注意与有关部门联系,或者提出建议交由有关部门去处理。管不管的问题,不能简单地从是否由我们单独去处理作考虑。我们是党的助手,有些事情,我们不去处理,但可以向党委反映情况,只要情况了解是真实的,我们就应如实反映,起到了"把口"的作用。

目前来看,协助有关部门在集体经济的企业中反对资本主义势力是一项重要工作。这一工作怎样进行,我们还没有经验。希望各地在试点中创造经验,尽快地集中上来,互相交流。

还有农村中社队办的企业、城市公社和街道办的企业,机关生产性质的企业、生产自救的企业,需要清理整顿,这也是一项重要工作。这些企业是集体所有制乃至是全民所有制的,但是它们在经营上也有不同程度的盲目性和资本主义倾向。这说明,社会主义经济也不是完全没有问题的,如果认为是社会主义的企业了,就太平无事,那就忽视两条道路斗争的存在,就会产生修正主义。毛主席教导我们,对社会主义生产关系也要不断使之完善。这也就是不断革命。要把问题提高到这个角度来看。当然,这些企业的清理整顿,主要是由有关部门去做,但是我们要结合企业登记管理工作,进行调查研究,提出意见,报告给党委、人委。工商企业的全面登记,要求今年6月底以前基本完成,这些企业的登记,可以放在后一步进行。

(三)市场的统一管理问题

市场管理应当统一。现在存在着"九龙治水""八仙过海"的复杂情况,一方面给投机分子钻空子,另一方面使农民无所适从。影响我们同农民的关系,这是不好的。至于有的市场无人管理,那更不好。

怎样理解统一管理呢?我认为统一管理,主要在于政策统一,步调统一。要做到这种统一,工商局有一份责任。因为我们是综合部门,应当通过调查研究,提出意见,协调各部门力量,做到市场管理的政策、步调一致,不给投机分子钻空子,不使农民无所适从。很多地方都有市场管理委员会的组织,我们可以把统一市场管理的意见,提到会上去讨论,经过商讨,以达到管理的统一。如果党委决定交给工商局统一管,那也就义不容辞。

在我们这样一个大国,如何管好社会主义统一市场是个新课题。我们在工作中要很好地进行调查研究,总结经验。

(四)私商代替到什么程度问题

管理城市集市贸易的二十字方针,即"加强管理、缩小范围、逐步代替、区别对待、因地制宜",仍然不变。代替私商的程度,首先要根据国营商业、供销合作社的力量,其次,运用可以和应该运用的力量,如合作商店和比较好的合作小组,但是必须加强对它们的领导和管理。去年中央的指示中已明确规定,"有些小农副产品、小土特产品、小手工业品,如小鱼小虾、小水果、零星蔬菜、筐篓扫把、花鸟鱼虫等,国营商业和供销合作社不便经营的,可以允许上市出售"。这就是说,首先应该把与国计民生有重要关系的东西掌握起来,其他的就根据情况,逐步代替,区别对待,不是完全管死。大家都知道,社会主义不去占领市场阵地,资本主义就要去占领,我们同私商的斗争是"我不干,他就干",因此,凡是与国计民生有关的东西,我们应该坚决不准私商插手。但也有些小东西,不必一定去代替或管死。在这里要区别对待,对农民的自产自销可以允许,也可以批准一些有证商贩去经营。

如何正确运用合作商店、合作小组来代替私商?去年有些地方运用它们的力量多了一些,经营比重大了一些。利用它们是可以的,但只利用而不加教育管理,就会出现短斤少两,欺骗顾客,这就不可能把代替工作搞好。有的地方,把合作商店、合作小组当作代替对象,这也是不对的。合作商店、合作小组的经营比重到底占多大才适宜,请各地搞一些典型调查研究。有的同志提出,目前,有些小城市集市贸易的比重压到2%以下有困难,怎么办?这个问题,可以因地制宜,实事求是。

(五)合作商店,合作小组的社会主义教育运动由谁搞的问题

这应当由当地党委来决定,但我们要采取积极的态度。去年不少地方进行了试点,工商局都参加了领导小组,有些并担负了办公室的工作。这办法很好。如果党委不叫我们担负办公室工作,我们也要积极参加,了解情况,研究问题,提出意见。小商小贩有几百万人,又是产生资本主义自发势力的一个根源,如何搞好对他们的社会主义教育运动,是有关社会主义革命的一件大事,我们一定要积极、主动地参加工作。

(六)关于反对"五多"的问题

最近中央提出要坚决反对"五多",我们工作中也存在"五多"。"五多"不除,就会变成五毒,必须坚决反对。"五多"的主要原因,是工作不深入,因此就靠会议、表报、公文来作官僚主义的"了解"。要反对五多,就必须面向基层,深入基层,做到上级工作为基层服务。

这次会议在讨论工作安排的时候,有些同志反映了这样一种情绪:既怕工作不落实,又怕管得太多嫌麻烦。要求把工作明确起来,这是积极的、好的,但明确了又怕麻烦,那是不对的。搞革命没有不麻烦的,怕麻烦就不要革命。我们工商行政管理工作,就是搞阶级斗争,是革命工作。我们既然在阶级斗争的第一线,就应该战斗地迎上去,不应该避开它。政治斗争哪怕是小事情,只要看到苗头,就应该引起注意和警惕,这是革命者的责任。这并不是说一切我们都要去包办。而是凡是需要我们参加的,我们都应该采取积极态度。至于担负哪些具体工作,应服从党委分配。此外,我们还要起党委的耳目作用,要及时调查研究,反映情况,提出建议。

三、关于思想革命化,工作革命化的若干问题

(一)如何正确认识工商行政管理工作问题

这次会议,明确了工商行政管理工作的基本任务,这是很大的收获。但是,文字上的明确,并不等于认识上的明确,要经过实践不断反复,才能真正明确。

如何来正确认识工商行政管理工作呢?第一,要从阶级斗争出发来认识它;第二,要从党性出发来认识它,作为国家干部要从组织性、纪律性出发来认识它;第三,要从为人民服务出发来认识它。

第一,从阶级斗争出发来认识它。这次会议,我们把工商行政管理工作,提到阶级斗争的水平来研究,大家认为这是很大的提高,这是对的。我们的工作条例(草案)中说明,工商行政管理工作是无产阶级专政的职能之一,是阶级斗争的一个手段。如果说,作为国家机器的一部分,而不认识这个机器就是无产阶级专政的一部分,就是离开了阶级斗争观点。从阶级斗争出发,才能认识工商行政管理工作的政治意义,认识我们的责任,认识我们是担负着在阶级斗争中去消灭阶级的政治任务。

阶级斗争是长期的、复杂的、曲折的,因而工商行政管理工作也是长期、复杂、曲折的。在整个过渡时期中,阶级斗争贯穿始终,对工商行政管理工作也必须这样认识。做工商行政管理工作,没有长期性、复杂性、曲折性的思想认识是不行的。

讨论中大家谈到如何理解阶级斗争高一阵、低一阵的问题。有的同志提出,从市场上来看,目前斗争的顶峰已不如以前那么高,但不等于不尖锐了,目前斗争的形式是由明转暗。我同意这个看法。高一阵、低一阵是斗争的表现形式,就是低一阵来了,阶级斗争还是存在,直到阶级消灭,阶级斗争才会结束。对立的统一是相对的、暂时的、过渡的,而对立的斗争则是绝对的。所以在低一阵的时候,斗争仍在进行,不少的时候,低一阵是高一阵的准备。在高一阵时,我们必须进行坚决的斗争,就是在低一阵时,也决不能松劲。

我们工商行政管理工作既是阶级斗争的手段,就必须从阶级斗争的实质上来认识,而不能为一时的现象所蒙蔽,特别要在低一阵的时候不能放松警惕。

第二,从党性出发,从组织性、纪律性出发。每个人被分配到一个部门工作,首先要树立这样的思想:一切工作都是党和人民的事业。工商行政管理工作有它的特点,要同资本主义势力打交道,同自发势力打交道。有些同志在分配到这个岗位上来的时候思想上有顾虑。也有的同志觉得这个工作比较“空”,不如管钱管物具体,不安心搞下去。这些问题,都要从党性、从组织性、纪律性出发来看待工作问题。工商行政管理是经济战线上的政治工作,是党在消灭阶级这一历史任务中的一部分工作,党分配我们担任这个工作,就不应有什么个人考虑的余地,就没有什么理由不坚持下去,一定把它做好。时常从党性、从组织性、纪律性出发来考虑各项应做的工作,就会时刻警惕自己,提高我们的革命责任感,坚定我们的工作信心。

第三,从为人民服务出发。工商行政管理工作有一部分是处理敌我矛盾,但是大部分是处理人民内部矛盾。通过正确处理两类矛盾,来促进生产,活跃交流。因此,无论从哪方面出发,都必须端正如何为人民服务的态度,做好人民的勤务员。决不能因为它是政权机关,错误地认为是在当官,当老爷。无产阶级专政的机构是为人民服务的。我们的队伍是好的,但也有人在思想上作风上不那么健康的。一定要有当人民勤务员的正确认识,有劳动人民的思想感情,处理好和人民群众的关系,才能做好工作。要时刻警惕自己的思想和人民有距离所带来的危险性。

(二)扎扎实实地工作和与有关部门协作问题

工作要扎实,过得硬,这是学大庆的基本要求。阶级斗争不能取巧,来不得半点虚假,既不能夸大,也不能缩小;既不能犯“左”的错误,也不能犯“右”的错误。阶级斗争是一个细致严肃的工作,要抓得

准、抓得狠,不能走弯路、出偏差,要扎实、牢靠,一步一个脚印。

要把工商行政管理工作扎扎实实地做好,要抓基础工作,要练基本功。例如工商企业登记和商标管理工作要有经常工作制度,要立档案。管理市场、处理投机违法也要有工作制度,对投机分子也要分户立档案,这就是基础工作。有了基础工作,还要有学习党的方针政策,深入地调查研究,熟悉具体业务的基本功。要有革命责任感,首要的必须抓政治思想工作,否则就不能扎实。解放军的工作为什么好?就因为经常工作做得好。石油工业部工作好,也是经常工作做得扎实。

与有关部门的协作,是一个重要问题。毛主席曾说:“一部分同志只看见局部利益,看不见全部利益,他们总是不适当地特别强调他们自己所管的局部利益,总希望使全体利益去服从他们的局部利益。”这是明显地批评那些凡事以我为主、不重协作的思想。

工商行政管理是综合性的工作,工商业都是归口管理,而阶级斗争总是涉及各方面,因此需要有综合部门。其他部门业务忙,管钱又管物,我们既不管钱,又不管物,可以帮助别人这是有利条件。有人认为无钱无物腰杆子不硬,有钱有物,就有力量。究竟怎么认识这个问题?我们是无钱无物,但更有条件可以和人家协作,发挥作用。“会同”“协作”不能看做我们的工作缺乏重要性,相反,正是给我们工作的一种有利因素。事实上我们不与有关部门“会同”“协作”,也很难单枪匹马工作,市场管理、对私改造是如此,企业登记、商标管理,也是如此。凡是共同有关的工作,需要开会的,争取与有关部门联合召开会议,需要上报或者下达的,争取与有关部门联合上报或者联合下达,这就更有利于我们工作的顺利进行,这是我们长期以来的一条工作经验。国家是整体,我们是整体的一部分。整体和局部如何统一起来,这个问题我们有些同志还解决得不够好。要看到,这是关系到能否做好工作的问题,也是一个认识问题。必须依靠协作,会同有关部门来做好工作。

(三)严肃要求自己的问题

学习解放军、学习大庆经验,大学毛主席著作,重要问题是怎么严肃要求自己。学习不是学形式,是要学实质。

学四个为主,以表扬为主,不是说只能表扬,不能批评。表扬是为了找差距,鞭策落后。毛主席教导我们凡事都要“一分为二”,都要实事求是。表扬了百分之九十的好,目的是找出百分之十的差,表扬先进的这一面,同时也就是批评落后的那一面。中央要求我们克服故步自封、骄傲自满,开展批评与自我批评,这是督促我们要更加前进,不要停滞不前、满足现状。我的体会,表扬先进,主要是对群众说的,对一般干部说的。批评与自我批评,主要是对领导干部说的,也就是要求领导干部首先要严肃对待自己。

我们不只要对敌人进行斗争,而且要对自己的非无产阶级思想进行斗争。我们自己头脑中有许多旧社会的东西,如资产阶级思想的影响,特别是个人主义等,如果不严格要求自己进行自我斗争,就会成为产生修正主义的根子。毛主席教导我们:要用马克思主义的积极精神,克服消极的自由主义。要我们无论何时何地,坚持正确的原则,同一切不正确的思想和行为作不疲倦的斗争。这就是严以律己,改造自己,经常学马列主义和毛主席思想,在改造客观世界的同时,不断地改造自己的主观世界。不能要求人家是马克思主义,要求自己是自由主义。

学大庆,强调领导带头,实际上是严格要求自己,这一点,希望作为我们共同的要求,并努力做好。

(四)依靠群众,把工作生根到群众中去的问题

我们的工作,一定要依靠群众。我们是处于阶级斗争的第一线,在工作中既有敌我矛盾,又有大量的人民内部矛盾。不依靠群众是不行的。工商行政管理的队伍全国只有几万人,光靠这几万人,显然是不可能把工作都管理起来的。只有走群众路线,把政策宣传到群众中去,依靠群众力量,才能在这样大的国家里把这一工作做好。上海组织了2800人兼职市管员的经验,并密切联系群众,因而把工作深入到群众中去的经验,不是证明比增加若干编制力量要大得多吗?可见,依靠群众,把政策交给群众,就能把精神变为物质力量。

(五)积累资料总结经验的问题

上一条是如何把精神变为物质的问题,这一条是如何把物质变为精神的问题。

许涤新同志提出:大搞三年经验总结,这是我们提高自己的工作,也是总结社会主义经验所必须的工作。希望各地根据具体情况,积累资料,把这一工作做好。做了工作就要总结经验,免得急来抱佛脚。

中央现在抓资料,抓具体经验,抓得很紧,要我们一个季度写一个报告,就是为了鞭策我们总结工作,不总结就不能提高。我们也不能不要求各地总结经验。这不是秀才的事,是领导同志的事,也是全体工作同志的事。只有自上而下,自下而上地都积累资料,总结经验,做到领导带头,大家努力,这个工作才能做好。自然我们要有秀才,但必须大家在实际工作中去努力做好这一工作,才会在我们队伍中出秀才,才会使更多干部成为秀才。

(六)机构问题

大家对机构问题讨论热烈,这种心情也是可以理解的。不少人批评我们有官僚主义,抓得晚了一些,我们接受这个批评。这个问题已向国务院写了报告,在这里,我要说明一下我们对机构的看法。我们认为有了工作就会有机构,不是先有了机构才去工作。这是区别与旧社会因人设事的一个界限。也就是说,机构的建立与健全的尺度,首先表现在我们做了多少工作。如果工作做得很好,那么机构也必然允许建立与健全。反之,就只是架空机构。所以,我们首先要多做工作,做好工作,领导上一定会支持和加强我们的机构,加强对我们工作的领导。

国内外形势越来越好,越来越要求我们把工商行政工作做得更好。在党中央和毛主席的领导下,在各级党委、人委的领导下,我们相信大家一定会把工作做得更好。

以上意见,错误之处,请批评指正。

(选自《工商行政通报》第259-260期,1964年4月30日)

十七、国务院批转中央工商行政管理局关于全国工商行政工作会议的报告

(1964年5月20日)

现将中央工商行政管理局《关于全国工商行政工作会议的报告》转发给你们。国务院同意报告中关于加强工商行政管理部门的政治思想工作和对于1964年主要工作安排的意见,请参照办理。

工商行政管理是过渡时期同资本主义势力进行斗争的一个方面,各项工作都应当以阶级斗争为纲,报告中所提的工商行政管理工作的基本任务是可行的。目前国内政治、经济形势正在进一步全面好转,但是市场上两条道路的斗争仍然相当尖锐,打击投机倒把和制止资本主义自发势力的工作决不能放松,而应当继续深入。同时,应当大力管好城乡市场,活跃物资交流,以促进农业和工业生产的进一步发展。

附:中央工商行政管理局关于全国工商行政工作会议的报告

我们在3月13日到4月6日召开了1964年全国工商行政工作会议。参加会议的有各地工商行政管理局及有关部门的同志160余人。会议研究了工商行政管理部门的政治思想工作问题,安排了1964年的主要工作,并讨论了《工商行政管理工作试行条例(草案)》,组织交流了各地先进经验。现将会议讨论的主要问题报告如下:

一

会议学习了中央有关文件,着重讨论了当前政治、经济形势和市场阶级斗争的形势。结合学习解放军和大庆的经验,回顾了三年来的工商行政管理工作。大家认为,这三年来,在各级党委、人委的领导和有关部门的协作支持下,工商行政管理部门在打击投机倒把、清理整顿自发工商业户方面,在管理城乡市场和协助国营商业、供销合作社代替私商方面,在教育、管理和改造小商小贩方面,在开展工商企业登记和商标管理等方面,做了不少工作,取得了一定成绩。但是也有不少缺点。主要是:在政策思想上,对于毛主席关于过渡时期阶级、阶级矛盾、阶级斗争的思想,领会不深。在党的八届十中全会以前的一个时期,对阶级斗争的长期性、复杂性认识比较模糊。在一个较长的时期内,对于工商行政管理工作的基本任务缺乏明确的理解,对于它作为无产阶级专政的工具的作用认识不足,部分同志对这一工作在思想上有"短期性"的打算。同时,我们工作中还存在着相当严重的官僚主义,存在着故步自封、骄傲自满和"差不多了"的思想,工作不深入,对基层工作抓得不狠。同解放军、大庆比较起来,差距是很大的。

会议认为,工商行政管理是我国人民民主专政的职能之一,是经济战线上进行阶级斗争的一个不

可缺少的手段。它的基本任务应当是:根据党和国家的总路线、方针、政策,通过无产阶级专政的国家职权,通过行政管理的方式,维护社会主义经济,维护国家的统一计划和统一市场,支持和促进正常的城乡物资交流,管理和改造城乡工商业者,特别是小型工商业者,制止和取缔资本主义自发势力,打击投机倒把及其他破坏社会主义的经济活动,为促进社会主义工农业生产的发展服务。工商行政管理部门的各项具体工作,都必须以阶级斗争为纲,都必须提高到这个基本任务所要求的水平去进行。

当前越来越好的政治、经济形势,要求把工商行政管理工作大大提高一步。会议认为,目前我们的主要矛盾是思想认识落后于客观形势,根本关键在于没有狠抓政治思想工作,没有下苦工夫做人的工作。因此,各级工商行政管理部门,都应当把大抓政治思想工作、实现干部思想革命化和机关工作革命化作为当前的首要任务。要从上到下下决心在政治工作上打一个大胜仗。

(一)掀起一个大学毛主席著作的高潮。要领导带头,带着问题学,活学活用。结合学习,在干部和市场管理人员中大力进行阶级教育和形势任务教育,帮助他们提高对过渡时期阶级斗争长期性、复杂性、曲折性的认识,把毛主席关于阶级、阶级矛盾、阶级斗争的思想贯彻到每一项工商行政管理工作中去。

(二)彻底搞深搞透工商行政管理部门的五反运动和农村市场管理人员的社会主义教育运动。在这个基础上,整顿干部队伍,加强干部管理,加强政治思想教育工作,坚持干部参加劳动锻炼的制度,提高干部的阶级觉悟,鼓舞革命干劲。

(三)加强互相学习,克服故步自封、骄傲自满的思想。各级工商行政管理部门的领导干部,必须认真开展批评和自我批评,认真检查工作和思想,学会运用“一分为二”的辩证方法,正确地分析成绩与缺点,纠正错误,改进工作。

(四)以三八作风为标准,大力整顿机关作风。特别是要提倡雷厉风行,反对官僚主义,反对主观主义,要大抓两头,即抓上面的方针政策,抓下面的实际情况,把这两方面结合起来,做到及时发现问题,弄清情况,正确解决问题。

(五)开展比学赶帮运动,评选五好单位和五好干部。五好单位的标准是:政治思想工作好,执行政策完成任务好,协作配合好,工作作风好,生活管理好。五好干部的标准是:政治思想好,执行政策完成任务好,团结互助联系群众好,工作作风好,经常学习好。

(六)面向基层,加强对基层工商行政管理工作的领导,充实基层市场管理的力量。领导干部要深入基层,调查研究,发现问题,帮助基层解决问题。

二

会议认为,根据当前政治、经济形势发展的要求,结合增产节约运动、五反运动、社会主义教育运动的发展,1964年工商行政管理工作的中心任务应当是:深入开展反对资本主义势力的斗争,管好城乡市场,活跃物资交流,为促进国民经济的进一步全面好转服务。主要工作安排如下:

(一)继续深入打击投机倒把,清理整顿自发工商业户。

经过一年来的市场斗争,资本主义势力的猖狂进攻已经受到严重的打击,但是,两条道路的斗争仍然相当尖锐。不少投机分子的活动转向隐蔽,有些集体经济单位内部的资本主义势力还没有受到应有的打击,投机倒把活动和资本主义自发势力还有反复。必须防止和克服松劲麻痹的思想,坚决把斗争进行到底。

针对当前投机倒把活动更加隐蔽的特点,应当改进斗争策略和工作方法,加强部门、地区之间的配合协作,进一步依靠广大群众,把那些隐蔽的投机倒把分子挖掘出来,给以有力的打击。

在当地党委统一领导下,结合五反运动和社会主义教育运动,逐步在合作商店(组)、手工业社(组)、运输业社(组)以及城市公社、街道办的企业和生产自救企业中开展反对资本主义势力的斗争。对这些单位中的投机倒把活动,要进行调查研究,区别单位和个人,区别情节,会同有关部门严肃处理。

对于农村社会主义教育运动和四清工作中清查出来的投机倒把活动和高利贷活动,也要区别情况,会同有关部门进行处理。

在对投机倒把进行集中打击和罚款补税工作已经基本告一段落的地方,应当会同有关部门妥善处理遗留问题,并把经常性的管理工作跟上去,建立和健全管理制度,掌握投机倒把分子的动向,坚决打击现行的投机倒把活动。同时,深入宣传党和国家管理市场的方针政策,使反对投机倒把、维护社会主义市场秩序的思想在群众中生根,发挥群众监督的力量。

对自发工商业户要经常进行清理整顿，在今年市场旺季到来以前，要集中进行一次全面清理。同时，要协助有关部门，对那些需要安置的人，从多方面设法安置。

(二)管好农村集市贸易，支持生产，活跃交流。

加强对农村市场的统一管理。在当地党委统一领导下，协调各有关部门的力量，认真贯彻政策，统一工作步调。

结合农村社会主义教育运动，广泛宣传党对农村集市贸易的各项政策，使群众明确放、管界限，自觉遵守。

根据中央和省、自治区、直辖市的规定，加强对粮、棉、油、烟、麻等重要物资的管理，把集市贸易控制在国家政策允许的范围以内，保证国家对重要农产品收购任务的完成。同时，配合有关部门，继续平抑集市贸易价格，特别是粮、油等重要物资的集市价格，争取早日使集市贸易价格基本上接近正常的水平。

辅导农民正当的自产自销，会同有关部门加强对农村货栈、交易所、服务部的领导和管理，把耕畜、小农具等生产资料的调剂工作组织好，把国家不可能全部收购的一些产品的交流工作组织好，为支持农业生产服务。

(三)加强对城市集市贸易的管理，协助有关部门进一步开展代替私商工作。

对于城市集市贸易，应当继续贯彻加强管理、缩小范围、逐步代替、区别对待、因地制宜的方针，坚决取缔私商长途贩运、转手买卖活动，制止无证经营。对农民在政策允许范围内到城市集市上自销产品，应当加强辅导和管理。

代替私商工作，应当巩固阵地，并在行业上、地区上继续前进。把应当代替的行业，首先是私商活动比较多、两种价格差距比较大的行业，全部或者基本上由国营商业、供销合作社代替下来。县城、集镇，要在各省、自治区、直辖市统筹安排之下，积极地有步骤地把代替私商工作开展起来。在代替工作中，要适当利用合作商店、合作小组的力量。某些国合商业不便全部经营的小品种，可以批准一些有证商贩经营。

代替私商工作，是在市场上同资本主义势力进行的一场针锋相对的斗争。工商行政管理部门应当从行政管理方面积极支持国合商业做好这一工作，经常注意市场变化和私商动态，综合情况，研究政策，协调关系，反映问题。

对计划外的采购、推销进行辅导和管理，协助有关部门管好城市货栈，畅通物资交流。加强对工业品、手工业品自产自销的管理，加强对各种交易市场的管理，维护正常的市场秩序。

(四)开展合作商店、合作小组的社会主义教育运动，加强对小商小贩的管理和改造。

在合作商店、合作小组中开展社会主义教育运动，是整个城乡社会主义教育运动的一个组成部分。应当在党委的统一领导下，会同有关部门，制定规划，进行试点，分期分批推开，做到又深又透、不漏不乱。对有关政策问题，要及时进行研究，提出处理意见。

在当地党委统一领导下，协助有关部门，分期分批地建立合作商店、合作小组的政治工作制度，并帮助政治指导员熟悉私改和市场管理等政策，开展工作。

协助有关部门改善合作商店、合作小组的经营管理。对于长期亏损、成员收入过低的，进行具体分析，研究处理，对于成员收入过高的，适当加以控制。

对个体有证商贩，应当进行清理，不适宜经营的，要收回证照。清理后，对继续经营的，要加强教育和管理，促使他们守法经营。目前，不急于把他们组成合作商店或合作小组。

(五)完成工商企业的全面登记，加强经常性的登记管理。

对合法的工商业户，在尚未完成工商企业全面登记的地区，应当集中力量，在1964年6月底以前基本完成。全面登记结束的地方，应当分批进行一次全面复查，做到不漏不错。

加强经常性的登记管理工作。建立和健全登记管理的工作制度以及与有关部门的联系协作制度，全面掌握工商企业开、歇、转、并的情况，及时发现和处理问题。

对农村社队办的企业，城市公社和街道办的企业，机关生产性质的企业和生产自救的企业，应当有步骤地进行清理整顿。对于这些企业的清理整顿，除中央有关部门已有规定的应遵照执行外，在没有统一的审核原则以前，各地应当进行调查研究，先做试点，提出处理意见，报请县、市党委和人委批准后办理。准予开设的，办理登记，发给临时证照，将来如与统一的审核原则有抵触，可以再作调整。

(六)加强商标管理。

贯彻执行商标管理条例,大抓政策宣传和监督企业保证产品质量的工作,清理乱用、滥用的商标,严肃处理仿冒、伪造商标的违法行为。

商标工作已有一定基础的地方,要求进一步做到:市场上的商品凡应该使用商标的都使用商标,不便使用商标的,尽可能刊明厂名地址或者简单记号。对使用不当的商标,逐步进行整顿。推动工业部门和生产企业结合本身业务把商标管理好,要求他们有负责管理商标的人员,有健全的商标档案和管理商标的必要制度。

商标工作基础比较薄弱的地方,要加强调查研究,摸清当地商标基本情况,做好商标注册核转工作,制订管理商标印制、使用办法,加强与有关部门的联系,整顿处理未注册商标。

以上各项工作,由各地工商行政管理部门,根据当地党委、人委的部署,具体安排,集中力量,做好每个时期的重点工作。

三

会议认为,工商行政管理工作的任务是繁重的,为了很好地完成任务,必须在大抓政治思想工作的基础上,下决心改进工作方法,认真做好基础工作,大力培训干部,健全组织机构。

(一)要大兴调查研究之风。彻底改变我们工作中对客观情况一知半解、若明若暗的现象。以蹲点调查为主,深入基层,狠抓第一手材料,同时做好面的调查和及时反映情况,使我们的工作逐步建立在严格的科学基础上。

(二)系统地总结经验,首先是过去三年严重阶级斗争中各项工商行政管理工作的经验与教训,提高认识。在这个基础上,修订工商行政管理工作条例,规定管理市场和处理投机违法的职权守则,建立投机倒把分子和自发工商户的分户档案,以及其他工作制度,使我们的工作做得扎扎实实,有根有据。

(三)大力培训干部,特别是基层干部和市场管理人员,组织他们学习基本理论、基本政策和各项工商行政管理工作的基本知识。各级工商行政管理部门应当对此作出规划。

(四)健全组织机构。这个问题,我们已另有报告。

以上报告,如无不妥,建议批转各省、自治区、直辖市人委参照办理。

(选自《工商行政通报》第 262 期,1964 年 5 月 30 日)

十八、辽宁省工商行政管理所工作试行条例

(1964 年 5 月 22 日)

第一章　总　则

第一条　工商行政管理所是市(区)、县工商行政管理部门的派出机构,受派出部门和当地(区、公社)党、政领导。

第二条　工商行政管理所的工作任务是:(1)打击投机倒把活动,及其他破坏社会主义的经济活动;(2)取缔违法经营,限制资本主义自发势力;(3)管理城乡集市贸易和个体工商业;(4)宣传党的方针政策和国家法令;(5)进行集市贸易的统计调查研究;(6)完成上级工商行政管理部门部署的其他工作。通过上述工作,同破坏国家计划流通、计划价格的一切违反经济政策、经济纪律的行为作斗争,同时,维护市场秩序,保护正当交易,活跃物资交流,为促进工农业生产的发展服务。

第二章　工作方法

第三条　工商行政管理所的工作政策性强、涉及面广,因此,必须积极主动争取当地党委领导,主动与有关部门密切配合,认真执行群众路线的工作方法,经常抓好市场管理的基础工作,组织好群众性的市场管理网,做好调查研究。其要求是:

(一)要经常向当地党委反映市场和阶级斗争的变化情况。对一些主要问题,要及时提出意见,请示报告。做好党的助手。

(二)要主动联系有关部门,经常互通情况,交换意见,做到密切配合。

(三)要经常抓好市场管理的基础工作。经常深入到街道的居民和生产队的社员中去,作好人的思想教育。首先,要密切配合街道和生产队的工作,见缝插针,宣传市场管理方面的政策法令,使群众知道哪些是违法的,哪些是合法的,自觉遵守,并发挥群众对投机违法活动的监督作用。其次,对群众中有投机违法行为的人,要按户、按人进行掌握,经常了解他们的活动情况,进行思想教育,及时

制止他们的违法活动。

（四）要广泛地组织好市场管理网。在街道的居民中，生产队的社员中，商店、寄卖店、旅店、饭馆等行业的从业人员中以及邮局、汽车站、火车站等有关单位的工作人员中，吸收一些政治可靠、愿意协助政府管理市场的人，担任义务协管员，经常向他们交待政策、布置任务、保持联系，发挥他们对投机违法活动的监督作用。对他们表现积极的要进行奖励，消极的要随时加以调整。

对集市贸易，要按上市物资的种类划分地段，按地段安排各行业的经营地点，组织民主管理小组，选出负责人，帮助他们实行自我管理。并在各地段的行业中，选择一些积极分子，向他们布置任务，组织他们维持市场秩序，监督市场上的违法活动。

对街头巷尾的有证商贩，要按指定的区域组织行政管理小组，选出组长，实行民主管理。并经常通过小组进行爱国守法教育，发挥他们对投机违法活动的监督作用。对无证商贩，要经常进行清理整顿，对其中需要安置的，要主动协同有关部门设法安置。

（五）要经常作好集市贸易变化情况的调查研究。对参加集市贸易的成员、物资、价格，要进行综合分析，对市场上出现的新情况和新问题，要进行典型调查，并及时向党委、人委和上级工商行政管理部门如实反映。

第四条 对各种违法活动的检查和处理，要认真区别两类不同性质的矛盾，按照政策规定，实事求是地加以处理。

（一）对投机倒把分子，要摸准情况，及时查获，交待政策，进行教育，经过取证、落实案情以后，按规定的审批手续进行处理。

（二）对违法经营的有证个体工商业者，要通过他们的组织进行批评教育，或做必要的处理。

（三）对违反市场管理规定出售自产品或自用品的社员和居民，在一般情况下，要采取说服教育的方法放行，有的要采取"记账"的办法，通过他们居住的生产队和街道，进行批评教育或做必要的处理，对外地的，要及时把情况介绍给兄弟工商行政管理所处理。

（四）对违法经营的集体单位及其推销和采购人员，要协同他们的主管部门进行检查，落实情况以后，提出处理意见，报请当地党委和上级工商行政管理部门批准后处理。

第三章 工作人员守则

第五条 工商行政管理所的工作人员，除了认真执行党政干部三大纪律、八项注意以外，要认真遵守以下守则：

（一）坚定无产阶级立场，不占私商便宜，不贪污受贿，不投机倒把。

（二）大公无私，不讲私情，不私分、动用和购买对违法处理的物资。

（三）按国家政策原则办事，在检查、处理违法案件时，不用感情代替政策。

（四）坚持说服教育的工作方法，不乱扣乱罚，不粗暴，以理服人。

（五）艰苦奋斗，坚持斗争，热爱本岗位工作，不计较待遇，不怕吃苦，不受投机倒把分子利诱，不怕投机倒把分子报复。

第四章 工作与学习制度

第六条 工商行政管理所的工作与学习，要坚持制度化。每月要根据具体情况规定，不少于32个小时的学习，其中一半时间学习毛主席著作，另一半时间学习政策法令。其余的时间，除了安排好市场上的各项工作和内部勤务、会议以外，要着重安排好市场管理的基础工作。

第五章 政治思想工作

第七条 工商行政管理所的政治思想工作，要认真学习解放军，坚持"四个第一"，发扬"三八"作风。

（一）大学毛主席著作，人人学，坚持学，带着问题学，活学活用，学用结合。以毛泽东思想为指针，使人的思想革命化，机关革命化。

（二）经常开展批评和自我批评，提倡同志之间、领导与被领导之间的谈心，思想见面，互相帮助，共同提高。

（三）通过经常地组织学习和谈心活动，不断提高干部的政治思想水平。

（四）积极开展比学赶帮运动，定期评选五好干部，评选标准是：政治思想好，执行政策完成任务好，团结互助联系群众好，工作作风好，经常学习好。

（五）要关心干部生活，积极办好集体福利事业，实行劳逸结合。

第六章　附　则

第八条　本条例的解释权与修改权均属于辽宁省工商行政管理局。

第九条　本条例自下达之日起执行。各地在执行中,可依据本条例和当地具体情况,制订工作细则,并向省工商行政管理局备案。

(选自《工商行政通报》第266期,1964年7月30日)

十九、上海市市场管理所工作条例试行草案

第一章　总　则

第一条　市场管理所是工商行政管理部门的基层组织,是区工商行政管理科的派出机构。

第二条　市场管理所的基本任务是:根据党和政府的政策、法令,以阶级斗争为纲,运用行政管理手段,制止和取缔资本主义自发势力,打击投机倒把及其他破坏社会主义的经济活动,巩固和发展社会主义经济,为社会主义生产、商品流通和人民正常的经济生活服务。

第三条　市场管理所必须以毛泽东思想为指针,根据党和政府的方针、政策、上级的指示和管辖地区实际情况,开展市场管理工作,不断提高工作效率。

第二章　主要工作

第四条　掌握市场动态,反映市场情况。市场管理所站在市场斗争的最前哨,要正确开展社会主义与资本主义两条道路的斗争,必须经常掌握市场上活动动态,分析研究资本主义自发势力的趋势,以及私商投机活动的规律,及时反映活动情况,制止和取缔资本主义自发势力,打击投机倒把破坏社会主义的经济活动。

掌握市场动态的主要方法是深入的调查研究。

定点调查,定期分析投机商贩购、销、运和落脚点是一个必经过程。市场管理所应当建立若干个调查基点,确定若干经济指标,积累数据,定期分析,掌握投机违法活动的一般规律。

带着问题、出门调查。投机活动不限于一时一地,市场管理所应当根据各个时期市场斗争中出现的新问题、新情况,组织力量,出门调查,直接取得第一手资料,分析商贩活动规律,制订斗争策略。

在办案中,积累资料。对违法案件要善于运用阶级观点进行对比分析。掌握投机分子在各个时期的不同特点和动向,研究对策。

调查取得的材料,要进行认真的综合分析,提出问题和建议,向领导和有关部门汇报。把调查研究与解决问题、推动工作结合起来。

第五条　市场管理扎根于里弄,做好宣传教育工作。街道里弄是居民生活的场所。投机倒把分子在公开的活动场所被打击以后,他们退却到里弄,和资本主义自发势力结合在一起,或者用某些居民住家为落脚点,继续进行活动。因此市场管理必须扎根于里弄,运用行政管理手段,同资本主义势力进行针锋相对的斗争。这是一场兴无灭资的斗争,又是一项艰巨的政治思想工作。深入里弄工作必须树立为里弄服务的观点,围绕党委的中心工作,开展反对资本主义活动的斗争。从市场管理的要求出发,下里弄的主要任务是:

(一)向里弄干部和居民宣传每一时期的政治经济形势、党的政策和市场管理法令,把政策交给群众,变为他们的自觉行动。进行兴无灭资,移风易俗的教育,普遍提高广大居民的社会主义觉悟。

宣传教育要围绕里弄中心工作,结合市场管理内容。见缝插针,方法灵活多样,集中的群众性教育与经常读报宣传相结合,政策宣传与实例教育相结合,会议宣传与墙报宣传相结合等,总之,在地区党委领导下,加强各个方面协作,通过里弄宣传阵地,把市场管理的政策做到家喻户晓。

(二)摸清投机倒把和资本主义自发势力的对象及其活动规律,根据政策,分别情况,及时处理。

调查处理要实事求是,把思想教育与行政管理、处理与安排很好结合起来,对处理对象,给予进一步教育、改造。

(三)经常了解居民群众的思想情况、对市场供应和管理的意见,尤其在贯彻重大政治、经济措施以后的各种反映。

居民的思想情况,要综合分析,及时向区委、里弄支部和有关部门汇报反映。根据群众对市场管理的意见与要求,认真研究,及时解决,改进工作。

(四)掌握里弄的基层情况,了解居民的经济生活情况、过去投机违法的对象、现行投机贩卖、无证

商贩、家庭副业和闲散人口等基本情况及其变化的动态。

(五)对里弄的市场管理组织和群众性队伍,进行经常性的政策业务辅导工作,充分发挥他们的积极性,通过他们带动周围群众,监督和检举投机倒把分子,劝止无证经营。

第六条 控制所辖区的投机倒把和资本主义自发势力的活动,及时破获投机违法案件。打击投机倒把,是过渡时期阶段斗争的一个重要方面,是市场管理的一个长期任务。市场管理所应该把投机商贩经常出没的商店、茶楼、旅馆、车站码头和公共场所控制起来,深入调查研究,及时取缔非法活动,破获投机案件。取缔非法活动,要发动群众,把专职管理和群众的监督结合起来。

第七条 正确处理经济违法案件。处理投机违法案件,是市场管理所运用行政手段打击投机倒把的重要环节,直接体现党的政策和政府的法令。因此必须"吃透两头":一是熟悉和严格掌握政策和法令,二是对违法案件的情况弄得清清楚楚。这是正确处理违法案件的关键。

对投机违法案件的处理,要用阶级分析方法,对具体案件,进行具体分析,严格区别两类不同性质的矛盾,对于投机倒把分子的打击,要稳、准、狠。对于人民内部矛盾的处理,要贯彻以教育为主、惩罚为辅的方针,坚持说服教育的原则。

为了弄清案情,正确贯彻政策,在具体办案中要抓住问、辨、教、查、议、定的几个要素:

问:就是要问清投机分子的真实姓名、身份、住址或落脚点,问清违法商品、票证的来龙去脉,问清集团成员和合伙人。

辨:对问得的情况,加以辨别,去伪存真,综合分析。尤其对经常编造假姓名、假地址、假情节的惯犯,更要冷静分析,不能轻信。

教:对投机违法人员进行政策教育。投机违法者的阶级出身各不相同,搞贩卖的原因也各不一样,政策教育必须针对对象特点,对症下药,讲深讲透,促使彻底交代,承认错误,保证不干。

查:调查核实案情,是正确定案处理的依据,所有案件必须经过调查。采取边问边核,或先问后核,核了再问的方法,做到既不冤枉一个好人,也不放过一个投机惯犯。

议:集体议论。对重大、疑难案件,采取集体讨论与专人负责相结合,组织有关同志共同分析疑难案件的矛盾和线索,研究对策,攻其薄弱环节,突破全案。对复杂案件,根据调查线索,与有关部门分工协作,查清查透,达到拔钉挖根的目的。

定:定案处理。在处理时要根据违法情节的轻重,作出处理决定。在决定时要区别严重投机倒把与一般违法、一贯投机贩卖与偶尔贩卖、投机倒把牟取暴利与见钱眼红贪图小利、以投机为生与贴补生活等情节,进行综合分析,肯定案件的性质,分别情节,给予教育、收购、没收、罚款,或者移请公安部门法办。

问、辨、教、查、议、定是处理违法案中彼此互相联系的工作方法。在问、辨、教、查、议的过程中所取得的材料,要实事求是,全面分析,以达到弄清案情、正确处理案件的目的,切忌主观、片面、感情用事。

第八条 对市区边沿地带设立的集市贸易应当贯彻加强管理、缩小范围、逐步代替、区别对待、因地制宜的方针。严格管理上市商品范围、交易对象,经常检查自产自销等证件,把它控制约束在很小的范围之内,并应根据需要,协助国营、供销社逐步代替。

第三章 机构设置

第九条 市场管理所的设置原则,根据市场斗争的需要设立。各区根据实际情况,由区人民委员会批准决定。区工商行政管理科把区决定设立市场管理所的情况,报送市工商行政管理局。

第四章 工作制度

第十条 市场管理所应当认真执行请示报告制度。

市场管理所定期向区工商行政管理科作工作计划和经验总结报告,及时反映新情况和新问题。

市场管理所应当定期或不定期综合市场动态,向区工商科报告,有关里弄情况同时向地区党委反映。

违法案件处理中,凡属管理所决定处理的案件,由所长决定。凡属区工商科决定处理的案件,由管理所查明案情,提出处理意见,经所长签署后报区工商科审批。

有关政策问题和重大事故,必须事先请示区工商科后办理,如因特殊原因一时未能及时请示的,管理所可根据政策规定,先行临时处理,事后迅速报告区工商科请示。

市场管理所对工作中的问题,一般应按组织系统向区工商科请示。

第十一条　正确处理人民来信来访和申诉案件,是密切党和广大群众之间的关系,检查贯彻执行党的政策情况的一项重要工作。市场管理所对人民来信来访和申诉案件,必须指定专人负责,要根据对党负责和对群众负责一致的原则,正确对待。及时地认真地进行调查处理。对群众提出的意见和要求,凡是合理的,应该及时解决;凡是不合理的,应当耐心地进行解释和说服教育,对无理取闹的,既要坚持原则,又要耐心说服和严肃处理。处理要分别轻重缓急,做到件件有交代,案案有着落。

市场管理所应该建立人民来信的收发登记制度和人民来访的记录单制度,规定来信来访案件的结案归档期限,定期催办、检查。要定期综合分析来信来访中反映的带有政策性、倾向性的重要问题,研究群众的反映和要求,提出处理意见。

第十二条　保守国家机密,是每一个工作人员必须遵守的法律。市场管理所干部对未公布的市场供应和行政管理的新措施,不能有丝毫泄露。对重大投机倒把案件,应当控制在一定范围内调查研究,凡自己不需要知道的,不应到处打听,有关内部掌握的政策规定,不得泄密,反对小广播和自由主义。对违法案件的档案材料要有严密的保管和调阅制度。必须提高政治警惕,严守国家机密,防止坏分子和反革命分子的破坏活动。

第十三条　市场管理所必须严格遵守国家财务制度、现金管理制度和物资保管制度。

暂存和没收的现金、商品、票证的进出,必须建立账册,当日逐笔记载清楚,妥善保管,做到账实相符。

罚没的现金、票证应当解交银行,专款专用,私人不得挪用。没收的商品在结案后必须及时处理完毕。

没收的票证(除需上交的)应即盖“作废”章注销,并将废票贴在谈话记录单后备查。

第十四条　市场管理所必须认真贯彻民主集中制。

加强党对市场管理所的领导,充分发挥党组织的领导作用。

发扬政治民主,任何人都有对违反政策、违反制度的行为提出批评的权利,对改进工作提出建议的权利。发扬经济民主,反对生活特殊化。

在市场管理所,建立领导核心,实行集体领导,分工负责制度。

(所长和干部的分工,略)

第五章　工作关系

第十五条　加强部门联系,协作配合。市场管理工作,涉及面广,情况复杂,而且投机商无孔不入、无机不乘。市场管理所应该主动地与公安、商业、供销、税务、邮局、交通等有关部门,搞好协作。要加强整体观念,树立为有关部门服务的思想,经常互通情况,交换意见,密切配合。

第十六条　密切地区之间协作,建立情报网。投机商贩利用地区之间物资分布不平衡,物价差距和供应措施不一等情况,进行投机贩运、倒卖,市场管理所应该与邻近地区市场管理部门,建立通讯联系制度,互递消息,统一管理口径,配合管理,重大投机案件相互协作和支援。

第十七条　管理所之间搞好协作,投机商贩利用区与区、县与县、区与县的接壤地带,进行投机活动,管理所之间,必须经常交换情报,统一步调,联合作战。

第六章　工作方法

第十八条　市场管理所应当根据党和政府的方针政策和上级指示,结合地区实际情况,制定本单位的工作计划。对于每个时期的工作,要抓住主要矛盾,以中心工作带动一般工作。要学会打歼灭战的方法,集中力量,做好中心工作。

制订工作计划时,要长计划与短安排相结合,计划要切实可靠,措施要具体落实,一般应实行“定人、定事、定完成时期”制度。经常检查计划执行情况。工作告一段落后,要做好总结。对工作既要有始有终,负责到底,又能不断地提高干部政策水平和业务水平。

第十九条　经济战线上的阶级斗争错综复杂、变化多,政策性强,市场管理所必须加强调查研究。掌握管辖地区的工商业、手工业,特别是各类零售商店、茶楼、旅馆、车站码头、邮局、里弄和商贩出没的公共场所的基本情况。了解投机私商的活动规律。这样才能工作主动,有的放矢地进行管理。

第二十条　市场管理工作与人民生活关系密切,是广大群众所关心的,投机活动虽然手法多样,但总要与群众接触,逃不出群众的眼睛。因此市场管理所必须认真贯彻群众路线的工作方法,建立和健全群众性的市场管理组织和队伍,加强对他们的思想教育和政策业务辅导，调动他们的积极性。使市场斗争中专职队伍和兼职的“群众队伍”相结合，密切配合，相互补充，共同反对资本主义势力。

第七章　政治工作

第二十一条　市场管理所政治思想工作的任务，是高举毛泽东思想红旗，坚持“四个第一”，贯彻“三八作风”，经常对干部进行阶级斗争形势、党的方针政策和上级指示的教育，加强政治思想工作，活学活用毛主席著作，促使人的思想革命化、机关工作革命化，这是正确贯彻执行党的政策、完成各项任务的根本保证。

在一切工作中都要掌握“四个第一”的原则：在处理物和人的关系中，把人的因素放在第一位，在处理各种工作和政治工作的关系中，把政治工作放在第一位，在政治工作中把思想工作放在第一位，在思想工作中把抓活的思想放在第一位。

第二十二条　大学毛主席著作。要带着问题学，学用结合。学习和运用毛主席的立场、观点和方法，来观察和处理问题，联系工作实际、思想实际，总结经验，改进工作，改造思想。

第二十三条　市场管理所应该随时抓住活教材，表扬先进人物、先进事迹，树立标兵。积极认真开展比学赶帮运动，定期评选五好单位和六好职工。五好单位的标准是：政治工作好，执行政策完成任务好，互相协作群众路线好，执行制度好，干部作风好。六好职工标准是：政治思想好，执行政策好，完成任务好，维护法纪好，团结互助好，工作作风好。

第二十四条　思想工作要有主动性，经常分析干部的思想动向，善于抓干部的思想苗头，善于发现干部的思想问题，把思想工作做到前面，防微杜渐。定期开好民主生活会，联系工作，检查思想，开展批评与自我批评。提倡同志之间、领导与被领导之间，有事谈事，无事谈心，思想见面。要从党内到党外，组织和发动全所干部做思想工作，提倡串门访问、促膝谈心、相互帮助、共同提高。

第二十五条　市场管理所要把思想工作做到日常业务工作中去。根据市场斗争形势，随时发现干部思想问题，从日常业务工作中，以实论虚，以虚带实，在业务工作中抓活的思想教育，推动工作。

(一)随着市场上阶级斗争时起时伏的变化，投机案件时多时少，干部思想落后于形势是常有的，在斗争尖锐时，往往怕紧张、艰苦，怕挨打和得罪人，在斗争趋向缓和时，又认为投机私商不多了，无事可干了，思想麻痹，放松警惕。因此必须善于抓住形势变化与思想认识的矛盾，进行阶级斗争的形势、规律的教育，解决思想问题。

(二)当市场管理措施变动时，也会产生执行政策宽与严的思想矛盾，要及时掌握，通过学习政策，统一思想。

(三)在投机活动转向隐蔽、工作方法跟不上、投机私商难以破获时，也会引起干部的畏难思想，就要组织干部深入基层，依靠群众，调查研究，掌握投机私商活动规律和手法，学会打隐蔽仗。

(四)在处理违法案件中，领导必须深入实际，发现问题，组织干部集体讨论，研究工作方法，尽快查清，或与公安部门商量，明确界线，配合协作，做到严格执行政策，顺利完成任务。

第二十六条　要把“三八作风”贯彻到每个干部中去。坚定正确的政治方向，艰苦朴素的工作作风，灵活机动的战略战术，团结、紧张、严肃、活泼的作风，是一切行动的准则。一切工作都要雷厉风行，反对拖拉、疲沓、松垮的懒散作风。

每个干部都要充分发扬革命精神，意气风发，力戒因循守旧、故步自封、骄傲自满、自以为是的错误作风。

每个干部都要实事求是，严肃负责，踏踏实实地工作，当老实人，说老实话，做老实事。

每个干部都要严格要求自己，严格遵守政策法令，严格遵守机关工作制度和工作纪律。

每个干部都要保持艰苦朴素的作风，关心集体，关心同志，反对铺张浪费。

第二十七条　坚持干部参加劳动锻炼的制度，改造干部的思想意识和工作作风。

第二十八条　要关心干部生活，帮助解决实际困难。开展文娱体育活动，做好卫生保健工作，注意劳逸结合，鼓舞工作干劲。

(选自《工商行政通报》第272－273期，1964年11月15日)

二十、中央工商行政管理局局长许涤新在1965年全国工商行政工作会议上的报告

(1965年2月15日)

1965年全国工商行政工作会议2月15日在北

京开会,中央工商行政管理局局长许涤新同志在会上作了报告。

他的报告共分四个部分:第一部分是1964年的工商行政工作;第二部分是工作中的右倾思想和其他缺点;第三部分是一年来的工商行政工作的经验;第四部分是1965年的工作安排。

1964年的工商行政工作

许涤新同志说,1964年,我国的政治经济都是一片大好形势,无论在政治战线、经济战线、思想文化战线和军事战线上,都取得了辉煌的成绩。他说,在这一年里,工商行政和市场管理工作,也比前年有了进步,获得了一定的成绩。这是由于城乡社会主义教育运动深入发展;党中央对市场斗争及时作了英明的指示,各级党委加强了对工商行政工作的领导;同时,许多工商行政部门的机构和队伍也比过去加强了,各地的同志们学习主席著作和学习解放军、大庆、大寨后鼓起了革命干劲,在工作上发挥了积极性。

许涤新同志说,去年工商行政工作的成绩,表现在:(1)打击投机倒把和在经济战线上反对资本主义势力的斗争,深入了一步,工作提高了一步;(2)在工农业生产发展和市场供应好转的情况下,经过加强市场管理,促进集市贸易趋向正常;(3)对合作商店、合作小组的清理整顿开始了试点;(4)基本上完成了工商企业的全面登记工作;(5)商标管理工作在各省市普遍有了开展;(6)对工商行政工作的认识,有所提高,并逐步积累了一些经验。

许涤新同志就这几方面分别作了概括地论述。

一、打击投机倒把和反对资本主义势力

许涤新同志说,去年上半年,主要是继续开展1963年开始的打击投机倒把罚款补税工作。这一工作,到6月底基本告一段落。他说,经过这一段工作,市场上投机违法案件和无证商贩的数目都比1963年同期有所减少。

他接着说,但是,市场上的阶级斗争仍然很尖锐,特别是进入农产品收购旺季以后,投机倒把活动又嚣张起来。进行投机倒把的,主要是四类分子、新老资产阶级分子、惯犯和集团。他们行动诡秘,投机物品集中在棉、粮、油等主要产品贩卖上。

许涤新同志说,党中央和各地领导及时对这种情况作了分析,部署工作。11月,党中央、国务院发出《关于加强市场管理、严厉打击投机倒把活动的通知》,随即在全国掀起了一个打击投机倒把的高潮,声势巨大,前所未有。许多地区都召开了群众公审大会,大张旗鼓地处理了重大案件。这个斗争,提高了群众的政治认识和革命积极性,有力地促进了农产品的收购工作和维护了旺季市场秩序。

他说,清理整顿自发工商业户的工作也有了进展,无论在城市和农村,无证商贩的人数都大为减少。

许涤新同志说,总的看,打击投机倒把反对资本主义势力和制止自发势力的工作,比过去有所提高,表现在以下三个方面:

第一,在贯彻党的群众路线上,有显著的进步。哪里群众发动得好,哪里打击投机倒把就有成绩,这个实践,深刻教育了干部;另一方面,投机倒把活动之转向隐蔽,也迫使我们非依靠群众不可,象把布票蒸在馒头及其他食品里这种情况,只有依靠群众才能查出来。一年来处理的案件,除车站、码头检查站公开查出来的占较大比重外,根据群众检举破案的约占1/3以上。各地都出现了一批检举、追捕投机犯的积极分子,其中有老大娘,也有小学生。

在群众中组织积极分子,建立市场协管员,把市场管理工作扎根到企业、街道、生产队中去,这个办法是1964年推广的。做得较好的地方,已经形成了一个群众监督网,同专业队伍密切配合,收效很大。

召开群众大会、大张旗鼓地处理严重投机惯犯,是一个比较好的办法,这个办法不仅克服了过去那种缩手缩脚、脱离群众的毛病,而且对群众广泛地起了教育作用,调动了群众的积极性。西安市召开群众大会后一个月内,接到群众检举案,就超过过去一年的总数。

第二,工作比过去深入、细致了。1963年主要是打了浮在面上的投机倒把分子,1964年则是以社会上隐蔽较深的和潜伏在社会主义经济内部的为主要对象。各地在斗争方式上,也有了发展,这就是说,去年的打击投机不是零敲碎打,孤立地去处理案子,而是由小及大,由浅入深,拔根子、挖窝子,顺藤摸瓜,一挖一窝。在处理上,也力求改变过去看赃定罪、就事论事的作法,一般注意了调查研究,由此及彼,核实定案,不使狡猾者占便宜。

第三,逐步建立了工作制度,加强基础工作。在部门之间和地区之间的协作上,检查和处理权限上,以及罚没手续和财务管理上,都初步建立了一

些制度。特别是相邻地区间的协作比过去密切多了,使投机倒把分子不易逃脱。出现了不少练就一身同投机倒把分子作斗争的基本功的干部,他们与群众的联系密切,业务较熟悉,有的甚至能在报案人讲出投机倒把分子的音容面貌后,立即找到他们的姓名、地址。

二、加强管理城乡集市贸易

许涤新同志说,1964年,城乡集市贸易发生了较大的变化:

第一,集市贸易的范围有所缩小,而国营商业供销合作社营商业,阵地则在扩大。农村集市贸易的农产品成交额占农民出售农产品总量的比重逐步下降,这种情况是在农副业生产发展、上市商品增加的情况下出现的。城市集市贸易占社会商品零售总额的比重,也下降很多。

第二,前几年,一、二类物资在农村集市贸易农产品交易额中还占一定比重,1964年,一、二类物资的交易比重又有下降。

第三,集市价格继续下降,与计划价格的差距,比1963年又有缩小。

第四,代替私商工作普遍开展。全国167个城市中除6个边远地区的城市外,都已开展代替工作,并已扩展到部分县城集镇。

这些情况表明,城乡集市贸易逐步趋向正常。

但是,1964年农产品收购旺季中,不少地方集市上,不应上市的物资一度大量上市。各地根据中央指示,进一步加强了管理,情况已有扭转。但现在有些地方棉、粮、油等主要农产品流入集市的仍然相当严重,还需要进一步严格管理。

许涤新同志说,随着社会主义革命的深入,文化思想战线上的阶级斗争也在市场上反映出来。1964年,工商行政部门会同有关部门作了三件事:一是制止印售门神、灶马等迷信印刷品;二是严格管理神香、锡箔等迷信焚化品;三是加强对印售人物照片和歌曲照片的管理。这三项工作涉及的面都相当大,同时它表明,工商行政工作同意识形态方面的阶级斗争是分不开的。随着社会主义革命的深入,今后,这方面的任务还会增加。

三、关于合作商店、合作小组和个体商贩的管理

许涤新同志说,去年工商行政会议曾把清理整顿合作商店、合作小组作为一项重要任务。1964年,差不多每个省都选择了一些地方进行了试点,同时加强了调查研究。年末,我们根据国务院财办的指示召开了部分地区私改同志的座谈会,对小商小贩的改造问题进行了讨论。总的说,1964年这方面的主要收获是,通过清理试点和调查研究,我们对合作店、组有了进一步的了解,认识有所提高。

第一,许多材料证明,合作商店虽然组织形式上是集体所有制,因而可以说是半社会主义的,但是,它们的很大一部分,实际上是资本主义的,这里存在着形式与内容的矛盾。从外部关系说,合作商店可以对社会主义商业起补充作用,但在当前市场上两条道路的斗争中,它们在相当多场合上是站在资本主义方面,同国、合商业唱对台戏。应该承认,合作商店的集体所有制,较诸个体商贩,是进了一步的,但是,我们不能因此就忽视合作店、组同国、合商业之间的矛盾,不能因此就看不见合作店、组的资本主义自发性。我们必须根据具体实际,透过组织形式,从两条道路斗争的角度,看到合作商店的本质。

第二,对于合作商店的成员和领导权问题,有了进一步了解。一些材料表明,四类分子和有政治历史问题或政治历史问题没有弄清的人混在合作商店中,甚至有的还占据了领导地位。这种情况,要求我们不应该只是看到合作商店中一般的人民内部矛盾,而且还要注意到这些地方还有对抗性矛盾。

第三,几年来合作店、组的经营比重不断增长。有些地方,有些行业,国、合商业没有去占领阵地,小商小贩的阵地就越来越扩大,县镇饮食业中,这种情况尤为突出。这种情况,由于国务院财办的指示,去年冬季才引起我们的警惕。

第四,对合作商店的公积金,去年初步弄清楚它的性质,认识到这种公积金主要是国家积累中转让的一部分。虽然,饮食、服务行业小商贩的劳动创造了一部分价值,但是,他们所需要的原材料,主要是由国、合商业供应的,一般较零售价格为低,这里就有价值让渡的问题;其次,饮食服务的业务是国营和供销社让出阵地的结果,也即是国营和供销社让出营业额、让出利润的结果,而且饮食服务行业的小商贩所创造的价值的大部分,作为工资,被他们拿走了。合作商店的公积金,既然是以国家积累的转让作为主要的源泉,国家就有理由、有根据来掌握合作商店的这笔公积金的使用。为了解决合作商店中老弱病残问题,把一小部分公积金用来救济他们,看来是有必要的。

四、登记工作

许涤新同志说,工商企业全面登记工作,在1964年基本完成。许多地区通过登记,建立了企业档案和统计制度,掌握了工商企业的基本情况,限制了企业盲目的开、歇、转、并。今后的任务,是在这个基础上,建立和加强经常的管理制度。

登记工作的作用有:

(一)对全民所有制企业,按照国家计划进行登记。对符合国家计划的企业,核发证照;对按照计划应当调整的企业,该撤的、该并的、该缩小规模的都根据国家计划,在登记时作了调整。许多地方结合登记工作,调整了商业网点;纠正了有些企业未经批准就改变企业经济性质的做法。

(二)对集体所有制企业,通过登记,核定了它们的生产经营范围、生产经营方式和生产经营地点,对跨行跨业、批零不分、工商不分的现象有所纠正。

(三)通过工商登记,发现和取缔了一些黑工厂、黑商店、黑运输队和建筑队。严肃处理其中有严重投机违法活动的企业。

对个体工商业户,根据市场有无需要、本人有没有其他生活出路和生产经营能力,进行清理,有的批准其经营,有的取缔或作了其他安置。核准经营的个体工商业户,大都指定他们的营业地点,划定生产、经营范围,编组管理。有的并实行归口领导,加强管理。

(四)清理出一些漏改的资本主义企业,这种企业虽然不多,但是,应该引起我们的注意,堵塞这个漏洞。

许涤新同志说,在工商登记中,有些地方对在职资本家重新作了统计,发现现在掌握的数字比原来的数字小得多,应当联系有关部门进行调查。

这次全面登记中,对"四办"企业,即公社、街道、生产队办的企业,生产自救性质的企业,机关生产性质的企业,学校办的和半工半读的企业,由于还没有一套比较全面的审核原则,多数未进行登记。这应作为1965年登记工作的一个重点。实行半工半读的教育制度,是逐步消灭脑力劳动和体力劳动的差别的一项重大的政治措施,意义至为深远,我们必须在登记工作中加以支持。

五、商标工作

许涤新同志说,1964年,商标工作普遍引起了各地的重视。过去抓商标工作的主要是一些工业城市,1964年许多省级机关和中小城市都布置了商标工作,有些并制定了当地商标管理办法。

他指出,商标工作受到重视的原因是,1963年国务院颁布的商标管理条例明确了商标的性质和作用,在国务院颁布商标管理条例以后,我们和各地同志作了一些宣传。贯彻这个条例在社会主义革命和建设中的重要性,越来越被大家所认识。一年来,许多地区对商标进行了清理整顿,处理了使用商标不注册、任意改变图形、乱用滥用商标等问题;督促企业在产品上使用商标、厂名或简单记号,以便群众监督产品质量;制止非法买卖商标纸、仿冒伪造商标;有些地方,开始了商标换证的试点工作。

商标工作受到重视的另一个原因是,随着社会主义教育运动地深入开展,群众对一些商标的图形、文字提出大量意见。在群众的推动下,许多地方对商标的设计思想进行了检查,发现了不少宣传封建迷信、资本主义和殖民地思想的商标,有的甚至被利用来为反革命宣传,性质很严重。在群众推动下,有些地方又从商标管理扩展到商品装潢的管理,以至厂店牌号和广告的管理。这就把我们工商行政工作推进了一步,使我们认识到,商标不仅是个商品标记的问题,也是一个政治上、意识形态上的问题;并且由于它是群众吃、穿、用日常生活上天天接触到的东西,是个重要的政治思想斗争的阵地。这个阵地社会主义不去占领,资本主义、封建主义就要去占领。也使我们认识到,工商行政工作不仅是经济战线上的阶级斗争,也是思想文化战线上的阶级斗争。这是过渡时期阶级斗争的复杂性决定的,我们不去做,就对社会主义不利,群众也不答应。

六、资本主义工商业资料整理工作

许涤新同志说,为了消灭资本主义,彻底揭露中国资产阶级的面貌是很必要的,因此资料工作是有现实意义的。去年,在思想文化战线上,展开了对"合二而一"的批判和对写中间人物,《早春二月》、《北国江南》的批判,现在,还要进行对《林家铺子》、《不夜城》的批判。为什么有这些问题呢?原因很多,其中有一点是:不少人缺乏对于社会主义革命的思想准备。民主革命(旧民主革命与新民主革命)经过一百多年,人们对于推翻三座大山是有认识的,有思想准备的;但对于消灭资产阶级,有些人却没有思想准备，还用民主革命的一套来对待社会主义革命，这就不能不犯错误了。暴露资产阶级的庐山真面目，认识他们是怎样剥削工人群众怎样发家的，这是彻底消灭资本主义，把社会主义革命进行到底所必需的工作。现在，在社会主义教育运动中，工厂的政治指导员和学校的教员都感到缺乏这方面的材料。中宣部、报纸和出版社正在抓这一工作。这方面的材料，中央工商行政管理局掌握较多，应当好好利用它。八大城市的工商局也都有这种条件，希望积极参加这个工作。我们整理资料，写行业史，下一步还要写资本主义发展史。这都不是闭门搞古董，而是利用这些材料，通过科学研究，搞出成果，来参加兴无灭资的社会主义革命的斗争。

工作中的右倾思想和其他缺点

许涤新同志说，1964 年的工商行政工作取得了成绩。同时，也存在着不少右倾思想和缺点。他指出，这些右倾思想和缺点，总的说，仍然是对于主席关于过渡时期阶级、阶级矛盾、阶级斗争的思想，学习不够、领会不深，对阶级斗争的长期性、复杂性、反复性认识不足。同时，调查研究不够，脱离群众、脱离实际，也是使我们在工作上发生缺点、发生错误的原因。

许涤新同志分别从以下几个方面检查了工作中的右倾思想和其他缺点。

第一，在打击投机倒把的斗争中，在前一段时间内，对于投机倒把活动的资本主义复辟性质，一般只有表面的认识。因而措施不够有力，打击不狠，并且没有充分发动群众，主要打了浮在面上的投机倒把分子。1964 年的夏季，我们感觉到有问题，但还没有真正认识。因而一方面许多地方已提出要把工作扎根到群众中去，要拔根子，挖窝子，打击隐蔽的投机惯犯；另一方面，我们又对前一阶段已有的成绩，估价偏高。这实际是一种故步自封、骄傲自满的表现。而在有些干部中出现了“三了”思想，认为市场供应好转了，打击投机倒把胜利了，市场上没有什么问题了。在个别地方甚至出现了“投机倒把已经消灭”的说法，在个别干部中出现“阶级斗争是长期的、市场斗争是短期的”的说法。这样，对于打击资本主义和限制、取缔自发势力，就放松了警惕。这种认识，显然是错误的。当资产阶级和它的影响还存在的时候，当农村人民公社的社员还保有自留地和家庭副业的时候，当城乡还有一些个体经济的时候，当地主和富农分子还未改造好的时候，当富裕中农还具有相当严重的资本主义倾向的时候，资本主义和自发势力是不可能在短期内消灭的。我们从各方面去打击他们，削弱他们，这是十分必要的，但是，决不可以认为打击了一、二阵就可以奏凯歌。资本主义经济现在还未彻底消灭；而自发势力则是多头蛇，自发势力同资本主义经济是有区别而又有联系的。资本主义利用自发势力，去壮大其力量；自发势力发展下去，就会成为资本主义经济。在打击投机倒把斗争中，我们的主要火力是对准资本主义，但不能因此就放松对自发势力的限制和取缔。对自发势力的斗争，比对资本主义的斗争，时间还要来得长，问题还要来得复杂。

许涤新同志说，由于大学毛主席著作，由于城乡社会主义教育运动的发展，并鉴于 1964 年秋收旺季时投机倒把活动再度猖獗，我们的认识有所提高。但是，直到党中央、国务院发出《关于加强市场管理、严厉打击投机倒把活动的通知》以后，这些右倾思想才逐步扭转过来。

他指出，目前，有些地方仍然存在着对这一斗争的长期性认识不足的情况，希望在几个月内基本解决战斗。有些干部还有“涉及社会主义内部难搞”和“等运动”的思想，不是点面结合，不是做好面的工作去支持点，而是等待点（四清）的铺开。这种思想，对工作是很有害的。

他说，市场斗争中的缺点，主要是右倾，但是也有“左”的偏向。如在市场管理和打击投机中，有的地方存在着打击面过宽、乱扣乱罚、处理偏严以至于斗错贫下中农等情况。这会影响国家同农民的关系，需要加以克服。

第二，在私改工作上，长期以来，我们对小商小贩缺少认真的调查研究和具体的阶级分析。因而：

（1）只是从形式上、表面上去理解合作商店是集体所有制，而没有从实质上认识这种集体组织的特点。对合作商店的成员，缺乏阶级分析的观点，也没有注意看它的领导权掌握在谁的手里。

（2）对小商贩片面地强调了他们劳动者的一面，而忽视了资本主义自发的一面。没有把小商贩的集体所有制同农业、手工业的集体所有制区别开来。农民中的富裕中农和一部分手工业者，也有相当严重的资本主义倾向，但是，农民和手工业者创造使用价值和价值；而小商贩不创造使用价值和价值。既然忽视他们的资本主义的自发性,必然会放松对他们的教育改造,必然会在实践中,使工作流于形式,满足于一般号召,缺乏具体分析,以至于过多地强调他们的自我教育。

(3)由于对合作店、组的性质认识不清楚,我们的注意力就放在业务方面,强调了对他们的业务安排,重视了解决他们亏损户问题,而对于他们经营比重不断增长,侵占国营商业、供销合作社营商业的阵地,没有引起应有的注意。

(4)对合作商店的公积金也缺乏明确的认识,看不出把公积金集中在国家手中的根据和必要性。因而对于公积金的掌握理不直,气不壮。

(5)没有正确地处理利用与管理、改造的关系,而孤立地强调他们的补充作用。殊不知这种补充作用不是自发的,而是在国家的管理与改造的条件下才有的,并且是以社会主义国民经济的发展,作为前提的。离开了社会主义工农业生产的发展,小商小贩的补充作用,也就谈不到。这几年,我们对合作商店、合作小组的业务安排,强调得多一点,而对它们的行政管理,无形中是放松了的。

许涤新同志说,以上几条表明,我们在小商小贩问题上,形而上学的观点是严重的。片面地、孤立地看问题,不区别条件,不研究事物的本质,这都是没有认真学习毛主席著作,没有认真总结实践经验,没有认真进行调查研究的结果。

他说,去年工商行政工作会议的时候,中央工商局曾经提出一个关于合作商店、合作小组的管理条例草案"四十五条"。上述各种思想,在这个"四十五条"中都有所反映。这个草案,后来我们发现不妥,虽然未曾下达,但是,由于在大会上提出讨论,已经产生了不好的影响。有的地方,还曾根据它办事。我们应进行检讨,并宣布那个草案不能算数。我们要在认真调查研究之后,进行彻底地修改或重写。

第三,在商标工作上,我们主要的缺点是,长期以来有重业务轻政治的偏向,把商标仅看成是代表商品一定质量的标志,没有注意这个天天为群众生活所接触的形象,在思想文化革命中所起的作用。过去虽提出过政治性、思想性、艺术性"三性"口号,但理解是很抽象的,特别是没有抓住政治性这一中心。有的地方,在商标设计上还曾出现单纯追求"艺术美"的偏向。1963 年商标工作会议注意到了商标方面两条道路的斗争,提出商标工作要以阶级斗争为纲,但当时主要是注意了反对利用商标进行投机倒把以及仿冒、伪造商标等问题。1964 年,随着社会主义革命的深入,群众对商标形象提出了不少意见,我们进一步认识到资本主义、封建主义以至修正主义正在争夺商标这个方寸之间的阵地,认识在商标设计思想上进行社会主义革命的必要性。

许涤新同志说,我们对商标工作是一边做、一边摸,认识逐步提高的。看来现在已抓对了方向,但实际执行上,还有过松过紧的现象。最近一段时间群众对商标提出大量意见以后,有些地方没有很好地加以分析,处理过严。有的产品因为商标设计不够好,禁止在市场销售,甚至不准产品出厂。这种情况,必须引起我们重视。我们对商标加强管理是必要的,但要注意避免妨碍生产、妨碍商品流通,避免在经济上造成不必要的损失。

第四,在工商业资料整理方面,有两个主要缺点:

(1)相当多的行业材料是资本家提供的,或者是由他们写作的。利用资本家的材料是必要的。但必须注意到资产阶级会利用这个机会,为自己、为自己的企业、为自己的阶级吹嘘。对这些材料,如果不进行阶级分析,不批判地利用,就会被资本家牵着鼻子走。事实上,我们有些同志,片面地强调所谓第一手材料,就没有进行分析,囫囵吞枣,成为资产阶级的义务宣传员。

(2)资本主义工商业的资料主要是民主革命时期的,这时期,人民同三大敌人的矛盾是主要矛盾,我们的同志对这问题注意较多。但对资产阶级同工人阶级的矛盾,却注意不够。这个矛盾是剥削与被剥削的矛盾,而剥削与被剥削的矛盾是对抗性的矛盾。在工人阶级同民族资产阶级间的这个矛盾,早在民主革命时期就存在着。对这个矛盾认识不清,不但不可能正确地处理民主革命时期民族资本的问题,更不可能利用历史资料为社会主义革命服务。

第五,工商行政工作是直接地或间接地同民族资产阶级发生关系的。在打击投机倒把和市场斗争中,我们同这个阶级的一部分人发生关系(不但有这个阶级的中下层而且有中上层人物);在工商登记和商标工作中,都要同这个阶级的人们打交道;在整理历史资料中,这个阶级是研究的对象。

许涤新同志说,对于民族资产阶级在社会主义革命阶段中的两面性,周总理在这次人大会议的政府工作报告中,明确地指出:“既有被迫接受社会主义改造的可能性,又有强烈要求发展资本主义的反动性。”有人认为这种提法同过去不同。我认为总理的提法,是以毛主席《关于正确处理人民内部矛盾的问题》和刘主席1956年八大政治报告中对于资产阶级两面性的提法为根据的,同时,又有所发展。这个发展,是以近几年来阶级斗争的实践为根据的。1959年到1962年,资产阶级中的一些人,在企业中篡夺领导权,贪污盗窃、投机倒把,对社会主义经济进行了破坏;还有一些人提出了“三和一少”、“三自一包”的反动纲领,向社会主义和无产阶级专政进攻,从各方面去支持资本主义复辟活动。这说明前几年资产阶级人们所表现的进步有了大的反复,或者存在着假象。因此,这种情况使我们明确认识到这个阶级接受社会主义改造,是被迫的,是一种可能性;认识到这个阶级的本性是强烈要求发展资本主义,是反动的。对于民族资产阶级两面性的这种提法,是科学的、马列主义的、毛泽东思想的。

他说,资产阶级人们总不承认他们的阶级本性,硬说接受改造是他们的内因,对于“被迫接受社会主义改造的可能性”,感到十分恼火。这种严重的抵触,是这个阶级的阶级本性的反映。否认被迫接受改造,在实质上就是说他们走社会主义道路,是自觉的、自动的;在实质上就是否认工人阶级和中国共产党对他们的领导、教育和改造。我们推动资产阶级的人们进行自我改造,但是,这种自我改造,是以接受党和工人阶级对他们的领导、教育和改造作为前提的。否则,资产阶级的自我改造,便成为不可思议的事情。

在党和工人阶级的领导和教育之下,资产阶级中大多数人是能够跟着走的。但是,所谓跟,并不意味他们同工人阶级、同社会主义没有矛盾,没有斗争。实践证明,他们在跟的过程中,还是充满着矛盾和斗争的,这就是“跟中有反”。有的“跟多于反”,有的“反多于跟”。他们的“反”仍将表现在:(1)用资产阶级的世界观和生活方式,去腐蚀干部和群众,特别是青年一代,同工人阶级争夺后代;(2)从各方面篡夺和把持机关、企业、学校以及社、队的领导权;(3)在经济方面,搞投机倒把,搞贪污盗窃,搞资本主义复辟;(4)同新资产阶级分子和党内那些走资本主义道路的当权派结合起来,向社会主义进攻,等等方面。因此,阶级斗争是长期的、复杂的、反复的。

许涤新同志说,工商行政部门的同志对于民族资产阶级的问题,不能不懂。不懂,就要在工作上犯错误。事实上,工商行政部门的同志对于资产阶级问题的研究,看来是很不够的。因之,往往在处理同民族资产阶级有密切关系的问题中,看不见这个阶级的作用和影响。只见物,不见人;或者只看见人而忘记了阶级。这不仅是形而上学的思想方法上的问题,而且是政治立场问题。

第六,在思想方法上,在处理问题的时候,我们存在着不少的形而上学。我们的形而上学主要表现在孤立地、静止地和片面地去对待有关的工作,而不是从联系的观点,从发展变化的观点,从一分为二的观点,去认识问题,去处理问题。例如在市场斗争中,去年有一度曾满足于打击浮在面上的投机分子的成绩,而忽视隐藏的、集团性的投机活动,特别是忽视旺季到来之后的投机活动;例如只在形式上去看待小商贩的集体组织,只看到小商贩的劳动者一方面,而看轻了他们的资本主义自发性的一方面;例如资料整理中,只看到人民对三大敌人的矛盾,忽视了工人阶级同资产阶级的矛盾;在处理一些同民族资产阶级有关的问题的时候,只看到现象形态,而看漏了资产阶级的影响和作用,等等。形而上学是违反唯物辩证法的,违反马列主义、毛泽东思想的。脑子里有那么多的形而上学,就不可能从联系的、发展的、全面的观点去掌握处理问题,就不可能学通主席的著作,就不可能改进我们的工作。

许涤新同志说,上面这些缺点说明,我们还没有真正把毛泽东思想学到手,对阶级斗争的长期性、复杂性、反复性理解不深,主观片面、脱离实际、脱离群众,这就不能不犯右的错误和“左”的倾向。归根到底,是我们没有把政治思想工作摆在首要地位,“四个第一”没有落实,对党的方针政策深入钻研不够,深入基层调查研究不够。政治还没有真正把业务统率起来,重业务,轻政治,这就必然要出偏差和错误。同时,雷厉风行的战斗作风还很差,贯彻执行党的方针政策不够坚决有力。“五多”反得不彻底,在干部队伍中,部分干部“四不清”的情况相当严重,还没有认真进行教育和整顿。因此,应当把大抓、狠抓政治思想工作,加强对干部的政治思想教育,实现思想革命化、工作革命化、机关革命化,作为当前的首要任务。这也是使我们工作避免错误、反掉右倾思想，纠正缺点的最根本的途径。

关于工商行政工作的经验

在谈到一年来的工作经验时，许涤新同志说，总的说来，在1964年的实践中更加明确了如下的经验：

1. 永远不要忘记阶级和阶级斗争，是做好工商行政工作的首要指导思想。

他说，毛主席一再指示我们，在由资本主义到共产主义的整个过渡时期，贯穿着两个阶级和两条道路的斗争。只有以阶级斗争为纲。在打击投机倒把的工作中，在对待合作商店、合作小组的工作中，在商标管理工作中，在工商企业登记工作中，在整理资本主义工商业的资料工作中，才能正确地执行党中央和国务院的方针和政策。

2. 必须发动群众，依靠群众，贯彻群众路线。

1963年打击投机倒把，主要还是依靠专业队伍的力量。1964年，是在发动群众、培养和保护群众中的积极分子、选择和组织义务市场管理人员的条件下，把群众力量同专业队伍结合而取得了成绩的。商标管理、工商登记以及其他工作所以取得成绩，也都是因为走了群众路线。

3. 紧密依靠党委的领导，加强部门之间的协作。

工商行政工作所遇到的问题，一般是政策性比较强，牵涉面比较广，必须紧密依靠党委的领导，否则我们就一事无成。问题在于我们能否认真调查研究，抓住关键，把问题反映给党委。

同有关部门之间的协作，是做好工作的重要条件，对于市场斗争，对于工商登记，对于小商贩的管理，对于商标工作，无一不是如此。这里有矛盾统一的问题。各级有关部门都是为了社会主义而工作的，但是，工作岗位不同，看问题的角度就有可能不同，就不免有差别、有矛盾。但这种矛盾是可以解决的，协作就是矛盾的解决。以整体利益为前提，才能搞好协作，解决矛盾。

4. 认真调查研究，克服形而上学，有计划蹲点，并且要点面结合。

去年一年，蹲点调查，有些地方取得了很好的经验。通过领导蹲点，不仅改变了基层市场管理单位的工作面貌，而且连多年未能查获的投机倒把集团，也挖掘出来了；对于过去处理偏轻或者不当的一些案件，也经过研究重新做了处理，帮助基层正确贯彻执行了政策。蹲点解剖了麻雀，使我们有感性知识，接近实际，接近群众。这是工商行政工作中的主要方面，在这方面中央工商局是赶不上各地同志们的。强调蹲点，并不否认面上的工作的重要性。中央多次指示：必须两者结合。实践所证明的，正是如此。没有点，不能深入；只有点，没有面，不但面上的工作抓不起来，而且对问题的认识和处理上，会陷于片面性。

5. 认真学习毛泽东思想，是做好一切工作的根本保证。

政治挂帅，就是毛泽东思想挂帅。任何工作要做好，都必须首先加强政治思想工作，大抓毛主席著作的学习。各地工商行政部门的同志去年在各地党委领导下，普遍开展了对毛主席著作的学习。中央工商局学得差一点。有些地方是学得较好的。凡是学得好的单位，工作就有进步，就有成绩，这条经验是屡试不爽的。学习毛主席著作同学习解放军、学大庆、学大寨，是为了动起来，动得好，动得高。但象徐寅生和李素文的水平，我们还差得远。因此要领导带头大力推动工商行政部门的同志学习毛主席思想。决不能走过场，必须认真地学习，从自己工作的实践中，总结经验，提高认识，掌握辩证唯物主义。

许涤新同志说，以上是总的、概括的提法，工商行政部门的同志，如果没有这几条，就没法做好工作。为了易于掌握，他还从各个具体方面谈了一些体会。

第一，在市场管理与打击投机的斗争中，初步有如下的经验：

1. 市场管理与打击投机是两个阶级、两条道路斗争的一个方面。我们要使集市贸易为社会主义服务；而投机分子则要使集市贸易为发展资本主义和资本主义自发势力服务。因此，在市场斗争中，我们的火力要对准资本主义势力。资本主义势力不可能一下子消灭，但是，我们必须从各方面尽可能削弱它，打击它，促使它消灭。认为打一下就可以结束它，认为市场管理是"短期的"，实质上这是一种右的思想，因为这种思想会使我们放松警惕，放松工作，在客观上助长资本主义势力的发展。从各方面管住、管死资本主义势力，是为了社会主义经济的活跃，是为了支援社会主义农业，是为了国家能胜利地收购农产品。在市场斗争中，要时时刻刻记住两条道路的斗争，在管住、堵塞资本主义势力的斗争中,要时时刻刻考虑到社会主义经济是不是活跃起来。这就是说,不能把市场斗争,看成是单纯的业务,而必须从政治上,把它提高到社会主义和资本主义两条道路斗争的水平上来。

2. 在我国,生产资料和生活资料的主要部分,是掌握在社会主义公有制手里,特别是全民所有制手里。集团性的投机一般是以破坏全民所有制作为前提的,或者是利用社会主义招牌去进行的。而在社会主义企业中,还存在着某些蜕化变质的干部,还存在着资本主义经营作风,这就为社会上的投机分子开了方便之门。对于国营企业和集体企业的正常活动,工商行政部门是不管的;但是,在这些企业同社会上投机分子发生关系的时候,在这些企业搞资本主义经营的时候,在这些企业违反了党和国家的政策的时候,就不能不管。因此,打击投机,不能只把眼睛看着市场,必须注意有关的企业单位,注意它们的经营是不是社会主义的。经验证明,对于集团性的投机活动,只要追查,就有可能把藏在社会主义企业内的投机倒把分子挖出来。这对于企业的四清,是很有帮助的。

3. 要经常研究与投机倒把有关的条件,要研究资本主义势力在市场斗争中活动的规律(借用军事上的术语,这就是研究敌情)。交界的地区、缺货的商品以及季节的变化(如旺季快到来),都是有利于投机活动的条件。如果不注意这些方面,如果不掌握敌情的变化,就不可能打胜仗。对于粮棉上市的季节,在旺季来临以前,必须做好思想准备和组织准备,才能在斗争中掌握主动权。

4. 经过几次的打击,投机活动更趋向隐蔽。对付这种隐蔽的斗争,必须是而且更需要专业队伍同群众相结合。某些地方的三方面的结合(即企业、街道、生产队是一方面;车站、码头和旅馆是一方面;集市市场是一方面),就是在充分动员群众的基础上,发挥专业队伍的作用。在这里,在城市依靠工人群众,在农村依靠贫下中农,这就是我们在市场斗争中的群众路线的实质。在市场斗争中,依靠谁的问题,如果不解决,就没法把工作做好。为了更好地发动群众,必须做好宣传教育、政治思想工作。召开处理投机倒把分子的群众大会是一个很重要的形式,但要适当掌握。要有充分准备,案情要核实,旗帜要鲜明,力求做到打准、打狠、打稳。在这里,打准是一个中心问题,是一个阶级路线的问题。把投机倒把分子从政治上搞臭,从经济上搞垮。政治上不搞臭,他们还有活动余地;经济上不打垮,他们还有活动的本钱。

第二,关于工商企业登记初步经验:

1. 要做好工商登记工作,必须善于在党委领导下与有关部门协作,必须避免两种偏向:一是工商行政部门干部,不依靠或不相信业务部门,自己单干;二是把登记管理工作,完全推给业务部门,你审查,我发证,不去发掘问题,更不去研究问题。

2. 全面工商登记是突击性的工作,必须辅之以经常性的开、歇、转业的管理和检查、换证工作。检查换证当然不是对全民所有制的国营企业而言,这主要是对个体户和集体企业而言。经常检查和换证,对于维护计划经济,对于打击资本主义势力,有着重要的作用。工商企业的经常管理,重点要放在个体户和集体所有的企业单位上,当然,对于国营企业,也不是可以完全置之不理的。完全置之不理,有时就会出问题,就会给予隐藏在国营企业里的投机分子以钻空子的机会。

3. 在加强对自发户的管理的同时,要做好经济代替的工作。对于被代替的小商贩的生活出路,必须加以考虑,并且要对他们进行政治思想工作。对社会上一些急需就业的劳动力,要进行适当的安置。不设法代替,让自发户发展,是错误的;不设法安置,单在市场上取缔,是解决不了问题的。

对个体商贩在旺季前必须进行清理整顿。这是做好市场管理的一个重要方面。

第三,对于管理合作商店、合作小组的初步经验:

1. 合作商店、合作小组是小商小贩的集体组织。小商小贩有两面性,有劳动人民的一面,又有资本主义自发性的一面。但他们的两面性同民族资产阶级的两面性是有区别的。小商小贩的集体经济,在国民经济中的作用,同农村人民公社和手工业生产合作社,并不相同。他们的收入,一般是国营商业和供销合作社转让给他们的价值。他们同国营商业和供销合作社的关系是经销、代销或代购的关系。但是,还要看到他们还有一定的补充作用,要正确地利用他们的零星购销、上山下乡、游街串户等便利群众的经营长处。对小商小贩的两面性如果掌握得不好,就要犯错误。如果片面地强调他们的劳动人民一面,片面强调他们的补充作用,片面强调调动他们的积极性,就会放松对他们的教育改造,就会在业务上使他们吃肥,这是“右”。但是,我们不可因此就不给他们饭吃。

2.业务安排必须与管理教育相结合。业务部门忙于业务的时候,往往就来不及抓教育,工商行政部门必须主动地支持业务部门。在对合作商店、合作小组进行行政管理的时候,要进行必要的教育工作。这就是通过具体事例,进行批判或表扬,提高他们的认识,要求他们爱国守法,跟着走社会主义道路。

第四,关于商标工作的初步经验:

1.在表面上看,商标工作是技术性的,但是,技术必须以政治为前提,为政治服务,为社会主义服务。实践证明,商标工作是政治思想斗争的一个方面。阶级敌人已经利用这个武器向社会主义进攻了,不抓政治,就会迷失方向,就会犯严重错误。

2.商标是商品质量的标志,同时也是一种美术。必须一手抓商品的质量的监督检查工作;一手抓商标设计的辅导和改造工作,使商标工作更好地为社会主义生产、为人民的消费服务。为生产和消费服务,是为政治服务的一个重要内容。但是,不能因此就孤立地把为生产和消费服务,同阶级斗争脱离。

现在群众对商标的监督,已成为风气,这是一种很好的力量。我们必须加以欢迎、重视。但是,群众所提的问题,要加以分析,逐步处理,不能接受的,要加以说明。同时,还要把群众的热情,引导到通过商标监督产品的质量上去。

第五,关于资料整理工作的初步经验:

整理资本主义经济历史资料的根本问题是政治立场问题。资料是过去的,但可以利用来为现在的阶级斗争服务。要正确地处理和掌握资料,离开工人阶级的立场是不可能的。只有站在无产阶级立场,才能掌握阶级分析观点,才能参加反对资本主义的论战,也只有这样,才能做好资料整理工作。

第六,关于编辑《工商行政通报》的初步经验:

编辑通报的一条基本经验是要吃透两头,一头是党和国家在一定时期财经工作的中心任务;一头是国民经济的客观发展情况和基层干部的活思想。不懂得基层干部的活思想,通报的编辑工作,就会成为无的放矢。

许涤新同志特别说明,这些经验是不成熟的,有的看来不像经验。而且有很多方面,我们还没有知识,还谈不到经验。例如,突击工作与经常工作如何结合,合作商店中如何通过群众进行监督,如何在店内树立可靠力量,从四类分子手中夺取领导权,如何在合作商店和合作小组开展政治工作,以及农村“四坊”学校办企业等问题。希望大家能对这些问题的工作经验,加以总结。对上面已提到的几个方面的经验,也希望讨论、修改、提高。

矛盾不断解决,又不断发生。我们必须在矛盾发展过程中,不断地总结经验,揭露矛盾,解决矛盾。

1965年的工作安排

关于今年的工作安排,许涤新同志说,周总理在第三届人大第一次会议上的政府工作报告中指出:“1965年发展国民经济的主要任务,就是要在更加深入、更加广泛地开展农村和城市的社会主义教育运动的基础上,大力组织工农业生产的新高潮,加强内地工业和交通运输的建设,迎接第三个五年计划期间国民经济的新发展。”在全国范围内,工农业生产的新高潮,正在展开。为了迎接和推动这个生产的新高潮,为了保证国家在这个新高潮中顺利地收购农产品和向农民推销工业品,为了维护和巩固社会主义的统一市场,工商行政部门的同志,必须鼓足干劲,积极地投入这个迎接新高潮和推动新高潮的斗争中去。

他说,1965年的工商行政工作,仍应以市场斗争为中心,而市场斗争的中心则是打击投机倒把。他指出市场斗争、打击投机倒把是社会主义和资本主义两条道路斗争的一个重要方面。要在各项工作中贯彻毛泽东思想,结合社会主义教育运动,抓好阶级斗争这条纲,抓好两条道路斗争这条纲。为此,必须整顿队伍,健全机构。分别说来,今年的工作,有如下几项:

一、深入打击投机倒把、限制和取缔资本主义自发势力,进一步管好城乡集市贸易。目前的市场情况很好,在发展生产的基础上,商品供应增加,物价稳定,社会主义商业阵地进一步巩固。但是,我们不可因此就看不到投机活动在有些方面、有些地区还比较严重;看不到隐蔽的集团性投机活动的严重性。现在,春耕已经到了,必须使市场斗争同生产结合,支援生产,而不是影响生产。要在1964年工作成绩的基础上,继续发挥专业队伍同群众结合的作用。要进一步开展打击投机的斗争。

对粮食市场的管理,除了农民相互间正当的粮食调剂以外,粮食的转手买卖,只许国家经营,不准私人经营。市场管理的同志们,要配合粮食部门的议购议销,逐步平抑集市粮价,要做到在今年青黄不接时基本稳定;在夏收和秋收以后,逐步下降。对于集团性的投机活动,要给予严厉地打击,追根挖底,不使狡猾的占便宜。

二、在党委领导下,会同有关部门有计划有步骤地清理整顿合作商店、合作小组和个体小商小贩,加强对它们的管理和社会主义改造。合作商店、合作小组经营比重过大的,应逐步压下来,而国营商业和供销合作社的经营比重应该适当前进。经过清理整顿以后,对于少数条件较好的合作商店,能够升级的,可以改变为国营商业或供销合作社商业。在做法上要稳当,要经过试点,经过省、市、自治区的批准。工商行政部门不但要支持国营商业和供销合作社的适当前进,而且要对合作商店、合作小组进行严格的管理。不准它们经营批发业务;不准超过规定的经营范围;不准超过规定的活动地区;不准任意增加网点;不准任意增加人员;不准违反国家的价格政策;非经批准,不准在集市上和到外地采购。工商行政部门要协助有关商业部门,处理人员过多的合作商店、合作小组,安排那些压缩下来的人员,并研究如何利用一部分公积金,去处理店里那些老弱病残失去劳动能力的人员。工商行政部门要协同有关部门有计划、有步骤地对合作商店、合作小组和个体商贩进行清理整顿。合作商店、合作小组的领导权操纵在敌对阶级分子手里的,要坚决把领导权夺过来。在进行四清的地方,工商行政部门要支持社教工作组,做好合作商店、合作小组的四清工作。

三、工商登记要建立经常的登记管理制度。要做好检查换证的工作。对于有证商贩要认真整顿,人员要逐步减少;对无证商贩要坚决取缔。在执行这项工作的过程中,必须做好调查研究,并对他们进行政治思想工作,决不可以一哄而起,使党和国家处于被动的地位。除了做好对个体户和其他非计划管理的企业单位(即集体所有制企业)的经常检查换证工作之外,还要检查漏改的资本主义企业,调查资本家的情况。

四、商标工作方面,今年要检查和整顿企业现有商标的设计,有步骤地撤换反映封建迷信、资本主义和殖民地思想的商标,辅导企业设计新的商标,大力宣传商标为无产阶级政治服务、为工农兵服务的设计方向,协同有关部门,加强对美工人员的教育改造,开展对商标装潢设计的监督检查工作。在检查清理商标的基础上,对企业在《商标管理条例》施行以前注册的商标,办理一次换发商标注册证工作。通过换证,贯彻商标注册证管理各项规定,督促企业保证产品质量。

五、工商行政部门的队伍,大部分是好的,但也存在着“四不清”的情况,少数人还相当严重。希望各地在今年进行一次整顿队伍的工作。这不能来一阵风,在做法上力求稳当,有计划、有步骤地进行。要用一分为二的方法来看待干部。对于犯错误的干部,要认真分析,实事求是,区别情况,分别对待。要记住毛主席“惩前毖后”、“治病救人”的教导,除了那些不可救药的分子以外,应当根据“二十三条”中有关规定,对他们采取严肃、积极、热情的态度,加以教育,而不是抛弃他们。对干部的政治思想工作,今年要大抓,抓下去,抓到底。为了加强对干部的政治思想工作,各地工商行政管理部门,具备条件的经当地党委批准可以建立政治机构。没有建立政治机构的地方也必需加强政治工作。

六、根据财贸工作座谈会的意见,认真清理我们的“小钱柜”、“小家当”。不仅不合规定的要清理上交;合法所得但长期不用的钱财,也要清理上交。工商行政部门不是清水衙门,“小钱柜”、“小家当”是有的,请各地认真清理一下。

七、生产资料的资本家所有制基本上已经解决,但是,经济战线上两个阶级、两条道路的斗争,还在继续。各地(特别是八大城市)要利用其所掌握的历史资料,写写文章,揭穿中国民族资本的阶级面貌,参加反对资本主义的论战。

八、大学毛主席著作,深入蹲点调查研究,是做好工作的保证。要象徐寅生同志那样,活学活用毛主席的思想。这一点,我们是做得比较差的,必须改变过去那种形式主义的学习方法。中央工作会议讨论纪要《农村社会主义教育运动中目前提出的一些问题》是一个具有伟大历史意义的文件,对于武装我们的思想,正确认清形势,坚持唯物辩证法,克服形而上学观点,增强政治观点、生产观点和群众观点,有深刻意义,是做好工商行政工作的强大动力。要认真学习这个文件,在这个基础上,改革我们的工作作风,雷厉风行,实现革命化。

许涤新同志最后说,为了适应当前国内外大好形势,工商行政部门的同志,要鼓足干劲,要动起来,力求工作的质量好,力求工作的质量高。

(选自《工商行政通报》第281期,1965年3月30日)

二十一、中央工商行政管理局关于发送《1965年全国工商行政工作会议纪要》的通知

(1965年3月25日)

各省、自治区、直辖市工商行政管理局,天津、沈阳、西安、武汉、广州、重庆市工商行政管理局:

《1965年全国工商行政工作会议纪要》,国务院财贸办公室批由我局下达。现在发给你们,请参照执行。

1965年全国工商行政工作会议纪要

一、工商行政工作的形势

目前工商行政工作面临着全国一片大好形势。城乡社会主义教育运动深入开展,人民群众的觉悟大大提高。工农业生产的新高潮正在组织和形成,一个新的国民经济发展时期正在到来。市场上商品供应增加,物价稳定,反对资本主义势力的斗争进一步开展,社会主义阵地进一步巩固,农村集市贸易趋向正常,这是做好1965年工商行政工作的有利形势。

当前市场上两条道路的斗争仍然很尖锐。社会上隐蔽较深的和潜藏在社会主义经济内部的投机倒把分子还有许多没有挖掘出来。有些地方,浮在面上的投机倒把活动也很严重。合作商店、手工业合作社等集体组织中的资本主义势力和资本主义自发势力还没有受到应有的打击和限制。社会主义革命和社会主义建设的形势要求我们的工作做得更高更好,工商行政工作的任务并没有减轻。

一年来,工商行政工作取得了一定成绩,政治思想工作有所加强,干部的精神面貌有所改变。但是,工作开展不平衡,在许多方面还赶不上形势的要求。我们对毛主席关于过渡时期阶级、阶级矛盾、阶级斗争的思想学习不够、领会不深。对社会主义革命的深入和国民经济的迅速发展,思想上准备不足。在各项工作中,"四个第一"还没有落实,重业务、轻政治的倾向还相当严重。这是我们前进道路上的主要障碍,必须大力克服。

二、高举毛泽东思想红旗,大抓政治思想工作

会议认为,当前我们工作中最紧要、最根本的问题,是要大抓政治思想工作,实现思想革命化。必须明确认识,政治是统帅,是灵魂,政治思想工作是一切工作的生命线,是全盘工作的基础。一定要突出政治,高举毛泽东思想红旗,以阶级斗争为纲,以社会主义和资本主义两条道路的斗争为纲,落实"四个第一",大学毛主席著作,整顿干部队伍,改进工作作风,要求在1965年内,把工商行政工作大大提高一步。

(一)狠抓"四个第一"落实。要进一步学习解放军,真正把"四个第一"落实到工作中去

任何工作都要首先做好人的工作,抓政治,抓思想,抓活思想。在布置工作、检查工作、召开会议、总结经验、评比成绩的时候,都要首先抓政治,抓活思想。

我们干部的活思想是大量地反映在日常业务工作中。解决现实思想问题是落实"四个第一"的首要环节。目前要认真解决干部重业务轻政治的思想,安于现状、不求上进的思想,解决部分干部的畏难情绪和不安心工作的思想。在解决思想问题的时候,对于一些实际问题也要注意解决。

要落实"四个第一"、抓好思想,首先是各级领导干部抓,第一把手抓。领导干部以自己的行动推动人人做思想工作,才能出现生动活泼的政治局面。

"四个第一"是否落实,要看:是否把政治思想工作摆在一切工作的首要地位;是否在一切工作中,以毛泽东思想为指针,认真贯彻党中央的各项方针、政策和指示;是否人人参加做政治思想工作。

(二)大学毛主席著作

要把学习毛主席著作作为全体干部最根本的必修课,保证每周两个半天的学习时间。各级领导干部要下苦功夫学好毛主席的四篇哲学著作,学会用"一分为二"的唯物辩证法去观察、分析、研究和处理问题。其他干部,由各地根据具体情况指定几篇文章作为学习重点。所有干部,都要认真学习毛主席关于过渡时期阶级、阶级矛盾、阶级斗争的理论,结合实践,不断提高干部对过渡时期阶级斗争长期性、复杂性、反复性的认识。

要认真学习中央工作会议讨论纪要的《二十三条》。这是一个具有伟大历史意义的文件。要用这个文件来武装我们的思想,把文件的精神贯彻到各

项工作中去,增强政治观点、生产观点和群众观点,坚持唯物辩证法,反对形而上学。

各级领导干部要以身作则,带头学,学得好。

(三)积极开展四清运动,整顿干部队伍

工商行政管理干部队伍,大部分是好的和比较好的,但有部分干部"四不清"的情况相当严重。各级工商行政部门,已列入四清规划的,应积极开展四清运动。今年未列入的,应当在党委统一领导下,有步骤地认真地进行整顿队伍的工作。对犯错误的干部,要分别情况,按照中央工作会议讨论纪要的《二十三条》规定的原则处理。

(四)认真改进工作作风

提倡艰苦奋斗,扎实工作,发扬"三八"作风。坚决反对官僚主义,反对拖拉,克服"五多"。

要正确处理上下关系。上级要面向基层,为基层服务,反对坐在办公室当"老爷"。下面要及时地向上反映情况,有什么问题就如实反映什么问题,好的要反映,坏的也要反映。

发扬民主作风。认真开展批评与自我批评。要倾听别人的意见,特别是要耐心倾听反对的意见。要坚持干部参加劳动。在基层,继续评选"五好单位"和"五好市管员"。

(五)为了加强政治思想工作,各地工商行政部门,可以根据条件,报请当地党委批准,建立政治机构

没有设立政治机构的地方,也要指定专人,负责抓政治思想工作。

三、1965年的工作安排

会议认为,1965年的工商行政工作,应当以阶级斗争为纲,以市场斗争为中心,继续打击投机倒把,进一步管好城乡集市贸易,加强对合作商店、合作小组和个体商贩的管理和改造,为巩固和发展社会主义市场、促进工农业生产新的高潮服务。

(一)继续深入打击投机倒把活动,限制和取缔资本主义自发势力

1. 在群众已经发动起来的地方,要进一步把打击投机倒把的斗争,引向拔根子、挖窝子;对于涉及社会主义经济单位的投机倒把案件,要深入追查处理。发动群众不够的地方,要深入展开政策宣传教育,继续发动群众。

2. 打击的对象,主要是从事投机倒把活动的四类分子、不法资产阶级分子和屡教不改的惯犯。必须把他们从政治上搞臭,经济上打垮。同时,要正确掌握政策界限,防止乱扣乱罚。打错了的要纠正,罚错了的要退还。

3. 建立和健全群众性的市场管理组织,推广把市场管理扎根到企业职工、街道居民和生产队社员中去的经验,依靠职工和贫下中农,加强群众对投机倒把分子的监督。加强部门之间、地区之间的协作。加强在交界地区和季节变化时期的管理工作,特别要在农产品收购季节到来以前,做好准备,严厉打击投机倒把活动,确保国家的农产品收购任务。

4. 坚决取缔无证商贩和其他自发工商业户,制止某些集体经济单位中的资本主义自发倾向。

(二)进一步管好城乡集市贸易

1. 根据1965年1月财贸工作座谈会纪要《关于当前在市场上反对资本主义的斗争和其他几个问题》中的规定,会同有关部门,管好粮食市场,平抑集市粮价。限制土纺土织,协助供销合作社做好统一经营土纱、土布的工作;取缔棉花、土纱、土布黑市。要严格禁止不允许上市的物资上市,把农村集市贸易限制在规定的范围以内。

2. 在加强管理农村集市贸易的同时,要保护正当的交易活动,便利农民之间的余缺调剂,管好耕畜市场。对一些三类小土特产品,要协助有关部门,加强收购,组织交流,支持生产,活跃农村经济。

3. 继续加强对城市集市贸易的管理。有些大城市,在市场供应好转以后,市区的集市贸易已经失去作用的,经过当地党委批准,可以取消。

4. 协助有关部门,在城市和重要集镇继续开展代替私商的工作,只能前进,不能后退。利用合作商店搞代替私商业务时,必须对他们进行严格地检查和管理。

(三)加强对合作商店、合作小组和个体商贩的管理和改造

1. 根据1965年1月财贸工作座谈会纪要提出的要求,加强对合作商店、合作小组和个体商贩的管理。不准它们经营批发业务;不准超过规定的范围;不准超过规定的活动地区;不准任意增加网点;不准任意增加人员;不准违犯国家的价格政策;非经批准,不准在集市上和到外地采购。

协助有关部门,拟定控制合作商店、合作小组营业额和人员的规划。做法上要稳重,要让他们有饭吃,但不要吃得过多。

2. 协助国营商业和供销合作社,在中小县城和集镇,有计划地组织一些合作商店、合作小组和小

商小贩上山下乡,为国营商业和供销合作社代购小土特产品,代销经销小工业品,以活跃城乡经济,便利群众。

3. 在党委统一领导下,会同有关部门,对合作商店、合作小组和个体商贩进行清理整顿。已经开展四清运动的地区和行业,要把他们列入规划,不要漏掉。尚未开展四清运动的地区和行业,适当地进行面上的清理整顿。制止资本主义经营作风;发现合作商店、合作小组的领导权操纵在敌对阶级分子手中的,要坚决把领导权夺回来;对于已揭发出来的投机倒把、贪污盗窃等案件,要严肃处理。

4. 会同有关部门,加强对合作商店、合作小组和个体商贩的政治思想教育和改造工作。已经在合作商店建立政治指导员制度的地方,要总结经验;尚未建立的地方,要进行试点。

5. 会同有关部门,拟定合作商店公积金的提取、上交和保管、使用办法;有计划有步骤地对合作商店的老弱病人员进行处理和安置,所需费用由公积金中开支。

(四)加强商标管理,换发商标注册证

1. 要加强商标的管理工作。现有商标中,发现有政治上明显反动内容的,要坚决取缔;已经生产出来的产品,要进行改装或改制,然后出售。对于历史上沿用已久的名牌,或者群众已经习惯了的商标,基本上不要改动。有些需要改革的商标,要会同主管生产部门研究,制定方案,有领导有步骤地进行整理,不要随意改动,避免影响商品的生产和流通。出口商品的商标,应当适应国外市场的需要,各地不准随意变动。撤销商标要经过中央工商行政管理局批准。

2. 对企业在《商标管理条例》施行以前注册的商标,有步骤地换发商标注册证;通过换证,贯彻《条例》的规定,督促企业合理使用商标、保证产品质量。

(五)建立经常性的工商企业登记管理制度

1. 已完成全面登记工作的地区,应当加强经常性的登记管理工作,加强开、歇、转业的管理,建立和健全档案制度,会同有关部门,积极处理全面登记工作中发现的问题。同时,对集体组织的工商业户,根据需要与可能,有重点地进行检查。对发证的个体工商业户,复查换证,进行整顿。尚未完成全面登记的地区,应迅速完成。

2. 对农村社队办的企业、城市街道办的企业、机关生产性质的企业和生产自救组织,各省、自治区,直辖市工商行政部门应会同有关部门,进行调查,提出登记管理的意见,报人民委员会批准后,选择重点地区试行。

(六)整理资料工作

在大城市,应选择一些有典型性的资本家和行业、企业,整理他们剥削、发家、压迫工人的资料,为社会主义教育提供材料。

以上各项工作,各地工商行政部门应当根据当地党委的统一部署,具体安排。

为了做好工作,必须继续发动群众,依靠群众,把党的群众路线贯彻到每项工作中去。领导干部要下去蹲点,点面结合,做好调查研究。要认真总结经验,做一段工作,就要总结这一段工作的经验,肯定成绩,揭露矛盾,解决矛盾。这次会议初步总结了最近一、二年的工作经验,看来还很不成熟,要在这个基础上提高一步。只有通过实践,不断总结经验,逐步掌握规律,才能取得工作的胜利。

根据现阶段市场阶级斗争的需要,工商行政管理机构只能加强,不能削弱。工商行政管理机构不健全或者未建立的地方,应当根据国务院1964年4月批转中央工商行政管理局《关于工商行政管理机构和编制问题的报告》,把机构特别是基层工商行政管理机构建立和健全起来,改变无人管理市场的现象。

1965年工商行政工作的任务是繁重的。各个单位,都必须紧密依靠党委的领导,加强与有关部门的协作,努力工作。每个干部,都要政治挂帅,振奋革命精神,鼓足革命干劲,行动起来,把敢想敢说敢干的革命胆略同实事求是的科学态度紧密地结合起来,为胜利完成1965年的工商行政工作任务而奋斗!

(选自《工商行政通报》第282期,1965年4月15日)

二十二、中央工商行政管理局副局长管大同在1966年全国工商行政工作会议上的讲话(节选)

这次会议开得很好,是突出政治的会议,交流经验的会议;大学毛泽东思想,促进思想革命化、工作革命化的会议;是一次有历史意义的革命的会议。这次会议我们邀请了一些基层的同志参加，讲了他们的实际经验，会议的内容更加生动更加丰富了。

一、关于1966年工作的几个问题

我们1966年的中心任务，是贯彻执行中央批转的《关于当前反对资本主义势力的斗争和加强市场管理的报告》。报告中提出的五项意见，大体概括了我们今年的主要工作。经过会议讨论，大家统一了认识。各地应当结合当地情况，在党委领导下，具体安排，认真贯彻执行。

下面谈一下会议中大家提到的几个问题。

（一）打击投机倒把问题

报告中提出，今后打击投机倒把工作，应当是争取改造多数，打击少数，抓大案，打尖子，挖窝子，打准打狠。这实际是打击投机倒把工作的方针。什么是大案呢？要从犯案的物资数量，暴利多少，性质严重程度和对社会主义的危害性各方面来考虑。不能因为没抓到老虎，就把猴子当老虎打。惯犯，一般是指一贯从事投机倒把活动危害性较大的，要和“小捣腾”区别开来，不要把经常捣腾二斤花生的也作为惯犯。总之，具体情况，具体分析。要打准、打狠，打错了的要坚决纠正。抓大案、打尖子、挖窝子的方针，是根据“二十三条”精神和当前市场阶级斗争形势提出的，是指打击的重点。不是说只打大的，小的就不管了；小的不管，就会逐渐变成大的。

目前打击投机倒把，正如报告所说，是挖投机势力的核心部分，是打硬仗，办难案，必须做好艰苦细致的调查工作，要切实掌握政策，紧紧依靠群众，研究投机倒把活动的规律，主动地与有关部门协作配合，加强地区之间的联系，建立“联防”，避免工作简单化的毛病，像柳州市工商局所介绍的当归案那样，既要追根究底，又要实事求是。

现在，许多投机倒把分子转向倒卖战备物资、短线物资，应当引起我们足够的注意，加强管理。

打击投机倒把要同安置人员的工作结合起来。投机倒把分子经处理后，要给生活出路，要有人管，能改造。这样，才能更好地解决问题，打击投机倒把才算有了全套的办法。有些地方已开始这样做了，还需要努力创造更多的经验。我看，与有关部门协商，抽一部分罚没款组织劳动场所，或者连人交给有关部门劳动教养进行改造的办法，是可行的。

有些地方，举办了打击投机倒把展览会，宣传政策，教育群众，效果很好。有条件的地方，都可以举办。各地查获的重要罪证，如假公章、假证明、假票证以及其他实物等要有选择的保存，不要毁掉，这是进行阶级斗争教育的活教材。

（二）检查处理国营企业、集体企业的投机违法问题

国营企业、集体企业的投机违法活动，我们要不要管？这样做是不是“管宽了”？我认为是要管的。难道在市场上有资本主义活动能不管吗？投机倒把分子内外勾结、钻入国营企业、集体企业顶“大红伞”，我们就不能不管。某些国营企业、集体企业违反市场管理、损害群众利益，群众有意见，检举了，能不管吗？应当看到，在我们国家里国营企业、集体企业，绝大部分是好的，但上述情况也是存在的，有的还很严重。在我们国家，物资、钱财大部分是在国营企业、集体企业手里，稍有疏忽，有了口子，就会养活一大批投机倒把分子。为了保卫社会主义，防止企业变质，我们应当对革命负责，而不能“难”字当头。报告中已规定：对国营企业和集体企业的投机违法活动，也要坚持原则，认真检查处理。不少地方已开始做了，去年哈尔滨处理了三百多家，长沙检查、处理了四百多家，上海、南京、重庆、沈阳、杭州、青岛等城市都处理了一批，其中较大量的是合作商店、街道和社队办的企业、手工业合作社等。但是，不能因为检查处理国营企业、集体企业的投机违法活动，就放松了打击社会上的投机倒把。打击社会上的投机倒把仍然是我们工作的重点。

对于国营企业、集体企业，不是一般地去进行检查。我们检查处理的，主要是属于内外勾结的，通过市场购销的和群众检举的投机违法活动。进行时，要与企业的主管部门密切配合，要特别强调调查研究工作，材料落实，坚持政策。要强调生产观点，支持生产。总之，要采取积极而又慎重的态度，抓典型，集中力量，收到处理好一个就能警惕一片的效果。

（三）统一市场管理问题

会议提出许多地方基层市场管理不统一，政出多门，遇事推诿，交易所多，收费多，有的收购什么，就管什么，不收购就不管了，农民意见很大，这是很不好的。山东省的同志介绍了统一管理各种交易

市场、交易所的经验,另外河北、辽宁、内蒙、四川等省也已经统一或者大体上统一管理了。统一管理,有利于贯彻政策,防止单纯业务观点;有利于堵塞投机倒把活动的漏洞;也可以节省人力。目前有些省正在进行解决这个问题,看来是必要的。

还有的省,城乡市场分管,政策不易迅速下达,下面的情况也不易迅速集中上来。这种情况应当改变,这同商业经营上的城乡分工是两回事。

(四)集市贸易的管理问题

集市贸易几年来发生很大变化。城市集市贸易已大大缩小,有些大中城市已经被代替,农村集市贸易迭经整顿,集市价格与计划价格逐步接近,这都是大好事。集市贸易是市场斗争的一个重要方面,今后仍应加强管理。凡是不准进入集市的重要农产品,一律不准流入集市,制止黑市活动。目前,不少地方交易所的设置比较乱,成员复杂,陋规恶习很多,并有争夺交易以至"吃好汉股"的现象。应当对各种交易所进行一次整顿,坚决取缔旧牙行、经纪人;会同有关部门认真检查和整顿乱收费的情况,交易手续费率过高的应当降下来。

大小三线的建设,农村副业生产的发展,会使集市贸易发生某些新的情况。特别是藏粮于民、藏富于民政策的执行情况,农村副业的发展方向,会敏感地在集市上反映出来。我们要像气象站注意天气那样,注意集市贸易的动态,注意抓苗头,发现问题,解决问题。

(五)企业登记管理问题

企业登记管理的目的在于:保障合法经营,取缔非法活动,维护社会主义计划经济,反对盲目性。工作重点应放在集体企业和个体工商业户。对国营企业的登记应当大大简化手续,只登记开业和办理歇业、改变经营范围、地址迁移的变更登记。

对无证工商业户要坚决取缔。对有证个体工商业户继续进行清理整顿,严格控制,不再发展,积极辅导他们转向街道生产或农业生产劳动。

随着国家经济建设的发展,农村社队办的企业、城市街道办的企业、半工半读学校办的企业,有了很大发展,这是一件好事。对这些企业,第一,要采取积极促进、大力支持的态度;第二,要坚持社会主义方向,贯彻政策,防止它们与国营经济争原料、争市场,制止从事商业活动,防止敌对阶级分子篡夺领导权。

目前有的地方限制过严,这也不准,那也不准,也有些同志认为现在是放的时候,还不宜于管,办起来再说。这都是不对的。管不只是限制,要积极地管,不是消极地管,辅导、帮助以至出谋划策,也都是管的内容,这次会上有的同志就介绍了不少好的经验。

这些企业地方性很强,哪些准办,哪些不准办,可联系有关部门,进行调查研究,提出方案,报请当地人委批准后执行。核准办的,根据情况,可以登记不发证,也可以登记发证。发证之后,发现有问题的,可建议有关部门进行清理整顿,问题严重的,可以限期停业或收回证照。

企业登记工作,要反对形式主义和繁琐哲学,不能把工作只停留在办手续上。要提倡走出办公室,深入实际,调查研究,解决问题。

(六)对小商小贩的改造问题

几年来小商小贩的变化很大,人数大大减少了,今后小商小贩的队伍不能再发展。合作商店的人员,除调整和补充必要骨干外,应当封口。继续安置老弱病残人员。对个体有证商贩,也要逐步压缩。

继续整顿合作商店,一定要搞好四清。要大抓政治思想教育,组织学习毛主席著作,逐步建立政治指导员制度。这次会上济南作了介绍,他们整顿了合作商店,加强了政治指导员的工作,工作做得很好。

农村中生产大队、生产队设置亦工亦农的代购代销点,应当选择贫下中农和革命知识青年来担任代购代销员,不要小商小贩当代购代销员。

关于改造小商小贩的一些具体政策问题,已在去年九月商业部、供销合作总社和我局的联合通知中作了规定。目前在新情况下又发生了一些新的问题,这次会议来不及更多地讨论,我们准备做些调查,希望各地同志也摸一下这方面的情况,将来另开专业会议研究解决。

此外,商标注册办法的改革,已在几个城市试点。这种改革有利于简化手续和便于监督产品质量,看来是必要的。关于管理工商合同的工作,有些地方已经做了,其他地方,如果当地人委交办,就应当管起来。

二、面向基层、扎根群众

(一)面向基层

会上着重研究了面向基层的问题。搞好基层,是我们今后工作的一个重点。井冈山时代毛主席就提出“支部建在连上”;解放军搞四好连队运动,就是个建军路线问题。工商管理所、市场管理所(基层市管会),都是我们的基层,是我们在市场上的尖兵,斗争的前哨,并直接联系着广大的群众。突出政治,要落实到基层才算数。政策措施,要落实到基层才能生效。

基层的任务是什么?归纳会上的讨论,主要是:(一)宣传政策,调查研究;(二)管理市场,打击投机倒把,反对自发势力;(三)结合管理工作,服务生产;(四)管理、改造小商小贩;(五)领导教育义务市管员。以上工作都应当结合当地党的中心工作来做。

基层的管理工作,应当与生产结合,与服务结合。例如通过产销挂钩促进农村副业和街道企业的发展,或为他们解决原材料问题,或为某些小土特产品解决销路问题,或为群众解决余缺调剂问题等,都是基层的服务工作。但服务工作不能妨碍管理,而且应当有利于管理。服务工作要在工商行政管理的岗位上进行,不是去做生意。

要使基层干部做到思想过硬、政策过硬、作风过硬,必须狠抓政治思想工作,狠抓学习毛主席著作,突出政治。基层的政治工作一定要有人管。要搞好基层的四清,不可漏掉,不可走过场。还没有进行四清的地区,也应拟定步骤,进行整顿。要狠抓政策教育。目前我们基层干部中不懂政策、政策界限不清的人,还是不少的。除加强教育外,要解决他们看文件、听报告、参加会议等具体问题。要关心基层干部的生活,解决他们工作中的一些实际问题。对那些违法乱纪的人,要分别情节,严肃处理。

我们的基层机构,有的地方较好,有的很不健全,有的地方还没有。有机构的,要加强领导;不健全的,要充实骨干;没有的,要逐步建立。人员要少而精,对市管员,一般要选择政治较好、作风正派、能联系群众的人担任。

临时工问题:根据条件,适当转正一部分。但根本问题是要加强思想教育,为革命而工作,反对临时雇佣观点。现在工厂招收工人,三年五年,回去仍当农民。有的地方提出“服役工作制”,吸收一批青年当几年干部,回去仍当农民。市管人员也可采取社来社去办法,当几年干部,回去仍当社员。希望大家在这方面创造经验。

交易服务员问题:方针是亦工亦农。首先也是抓思想,学毛主席著作。会上内黄县井店的介绍就是好例子。像井店工商行政管理所培养的这27个人,既是交易员,又是市管员,又都在生产队劳动,都是贫下中农,大部分是党团员,这样,工作就好做了。

(二)扎根群众

扎根群众,这是工作方法,也是路线问题。这是主席的人民战争思想在市场管理方面的体现。我们已有了一些扎根生产队、扎根街道里弄的经验,但经验还不多。看来不这样做是不行的。“浮头鱼”少了,要打隐蔽惯犯,打尖挖窝,不依靠群众就不好办。农村中大量的是自发势力问题,自发势力往往发生在社队办的企业、家庭副业、记工分外出干活的人那里,不扎根群众,就看不见。

扎根群众不要只是孤立地抓投机倒把,首先是抓政策宣传,思想教育,启发群众的积极性。还要了解群众的生产、生活情况,群众的要求和意见,帮助群众解决问题,和群众打成一片。毛主席说:“群众生产,群众利益,群众经验,群众情绪,这些都是领导干部们应时刻注意的。”我们也应当很好体会这个指示,这样去办。只有根据这个教导来办事,才能管好市场,才能做好服务生产的工作。

扎根还要发动群众,组织群众,发展义务市管员,建立群众监督网。义务市管员要在斗争中建立,在斗争中巩固,不要一哄而起,不要形式主义。对他们要加强领导,加强政治思想教育,有适当的表扬和奖励。会上重庆市工商局作了介绍,建网以后“耳目多了,情况明了,说话有人听,做事有人帮,斗争有实力,备战有后方”。

扎根的方式可以多种多样。但是,第一,必须贯彻阶级路线,依靠工人、贫下中农。第二,要真正扎下去,同吃同住,参加生产劳动,关心群众生活,交上知心朋友,建立经常联系。

搞好基层,扎根群众,真正有了一支过硬的干部队伍,又有了广大群众的“铜墙铁壁”,在任何情况下,我们就能顶得住,干得好。

三、深入实际、培养典型、树立样板

这是改进我们工作方法、领导方法的重大问题。深入实际,首先就是做好调查研究,再就是总结实践经验。毛主席告诉我们:“没有调查就没有发言权。”我们是搞阶级斗争的,如果不认真做好调查研究,进行阶级分析,就不能做好工作,当好党委的助手。

调查研究,首先是各级领导干部的事情。我们是否存在着那种对情况只有粗枝大叶、漫画式的了解,对事情抱着自以为是态度的现象呢?我看是存在的。党中央关于调查研究的决定早就指出:“粗枝大叶、自以为是的主观主义作风,就是党性不纯的第一个表现。”这应当引起我们足够的警惕。

“吃别人嚼过的馍没味道”,我们应当像毛主席的好学生焦裕禄同志那样,亲自去“掂一掂”我们周围工作的分量,去认识一下我们还没有认识的必然王国。毛主席说:“调查就是解决问题。”一个问题,真正调查清楚了,基本上也就解决了,在主观世界里解决了,就可以提出意见,提出办法。哈尔滨的同志调查了鸡蛋问题,调查了酸果问题,也就解决了鸡蛋、酸果问题。不就是这样吗?

我想提出“两个一”的建议。我们领导干部,在一个时期,只要认真调查一个问题,解决这个问题,认真总结一项工作,提出这项工作的经验。大家都这样做了,我们整个工作就会发生变化,就会打破老框框,就会不断有所发现,有所前进。

培养典型,树立样板,也是主席关于领导方法的一个重要思想。主席说:“任何领导人员,凡不从下级个别单位的个别人员、个别事件取得具体经验者,必不能向一切单位作普遍的领导。”主席这话说得很早,但我们动得很慢。这几年大寨、大庆所产生的伟大样板作用,使我们惊醒,不这样做是不行的。

这次我们会上有几个典型发言,有哈尔滨市工商局,柳州市工商局,内黄县井店工商管理所赵怀堂同志,上海市静安区北京西路市管所刘亚美同志,石家庄市长安区工商局关玉娥同志,武汉市江岸区工商局王爱珍同志的发言,都起了很好的作用。哈尔滨市工商局尼秀云、王文成、李祥忠、白桂琴等同志在会上表演了吃透两头的基本功,也给会议增加了声色。应当说明,各地可能还有很多好的典型事例我们没有发现,这说明了我们的工作还不够深入。

典型要有目的地去培养,即主席所谓“深入实际,突破一点,取得经验”。最好像农业样板田那样,选择问题较多,条件较差的地方,每省抓两三个点,每县抓一两个点,就有很大作用,我看有一年功夫就会见效。

真正培养了典型,树立了样板,并很好地总结了经验,我们的全部工作就会带动起来,就会出现朝气蓬勃的局面。

最后,这次会议的精神,希望同志们回去很好地向党委汇报,争取党委的指示和支持,一定要紧紧依靠党委的领导,这是政治挂帅的重要一条。为了适应阶级斗争的需要,做好工作,工商行政管理机构应当加强,但人员要精干。

(选自《工商行政通报》第304－305期,1966年3月25日)

第二章　城乡市场管理

第一节　恢复、发展集市贸易，活跃物资交流

一、商业部转发中共广东省商业厅分党组关于恢复农村集市贸易情况的报告

（1961年1月16日）

各省、市、自治区商业厅(局)：

兹将广东省商业厅关于恢复农村集市贸易情况报告转发给你们参考，并请你们也像广东一样，将恢复农村集市贸易的情况随时报部。

附：广东省恢复农村集市贸易的情况报告(摘要)

（一）

自去年11月25日省委电话会议指示在十天内全面恢复农村集市贸易市场之后，立即就在全省各地形成一个声势浩大的运动。由于行动迅速，执行坚决，到11月底全省已经恢复农村集市1321个。农村集市恢复后，农民自食、自用的现象立即扭转，商品上市显著增加，市场呈现一片繁荣景象，交易十分活跃。社员出售产品的摊档极多，有各种家禽、种苗、各类蔬菜种子、还有小农具。许多社员先购买种苗、种籽，然后出售自己的产品，调剂了社员之间的余缺，有利于发展家庭副业生产。肉食类不但上市品种齐，而且上市数量多。三鸟(鸡、鸭、鹅)一圩上市有多至9000只，最少的也有6、7百只，一般上市量有1、2千只。小杂鱼一圩上市量有个别点多至13万斤，最少也有1、2百斤，一般上市量1、2千斤。蔬菜上市量更多，最多一圩上市量有14万斤，最少也有3、4千斤，一般上市量有1万斤左右。长期绝市的生姜、大蒜，大部分市场都有上市。有些圩场产品因上市量多而卖不完挑回家去。有些圩场的生姜、蛋品、蔬菜、木柴、竹、木制品卖不完，自愿按牌价卖给国营收购站，大大缓和了当前副食品供应紧张的情况。上市的产品，据两阳县统计，集体生产单位占80%，社员占20%。上市人数也显著增多，一般6、7千人，有多至3万人的，从天亮开始一直到下午3时左右才散圩。

上市价格已全部降低，从全省范围来看，鸡每斤价1～6元，一般3元左右。鹅每斤价0.94元，一般2元左右，肉兔每斤价2元至4元，一般2.8元左右，鸡蛋每只价0.15～0.4元，一般0.25元左右。白菜每斤价0.03～0.2元，一般0.06元左右，萝卜每斤价0.05～0.2元，一般0.1元左右。小杂鱼每斤价0.8～2元，一般1元左右。木柴每百斤价1.5元～7.5元，一般3元左右。其他产品价格都有所下降，有些降到低于国营零售价格。从地区来看，主产区市场价格下降幅度大，已接近国营零售价格水平。大、中城市的郊区市场价格下降幅度小，仍高于国营零售价4倍左右，从品种方面来看，青菜、肉鹅属产期，上市量多，降价幅度较大，产区市场价格已下降到合理水平。种苗、种籽社员需求最多，人人争购，市场价格没有多大变动。看来，在生产未有充分发展之前，市场价格不会再大幅度地下降，再过不久，还可能稍为上涨。总之，农村集市贸易市场价格受供求的影响，高一阵，低一阵，这将是市场价格变化的规律。

市场购销两旺，大队、社员自愿完成三鸟、蛋品派购任务。汕头郊区商业局所属外砂等5个商店统计，集市恢复后11月下旬收购三鸟13086只，比中旬收购1549只增加7.45倍。蛋品收购16担，比中旬收购11担增加45.45%。普宁县11月下旬收购达34万元，比中旬增加100%，收购三鸟15300头，增加100%，蛋品49担，增加67%，青菜19875担，增加52%，农具17000件，增加29%。各地收购都有不同程度的增长，过去很多小宗产品收购不上的，现在都收购上来了，不少大队、社员主动完成派购任务。

随着收购增加，商业销售也扩大，集市所在地

圩日国营商业零售额比过去增加很大,尤其是日用百货、布匹和饮食业的销售额增加更为显著。如从化街口,恢复集市之前的圩日,百货、杂货、副食三个行业的零售额是8000元左右,但11月29、30日两天集市,国营的零售总额达到39800元,增加4倍多。两阳县春城27日圩期布匹销售了4101元,比恢复集市前一圩期的销售额增加2倍半。广州市郊区三元里公社龙归市场,11月26日圩期那天,食堂营业额增加1倍。

(二)

恢复农村集市贸易带来好处很多,但也存在不少问题,值得我们进一步研究解决的。这些问题是:

1.有些生产单位追逐初级市场高价,不履行合同任务,不愿签订新的合同,不留足明年生产的种子,突出的是果菜类。有的社、队将果蔗分给社员化整为零在市场出售。有的坚持高于往年3倍多的价钱才愿签订合同。有的大队拔了留种的小白菜上市出售,对继续生产会带来困难。

2.有些生产队宰杀猪、牛上市,高价出售,自设摊档,经营饮食业。

3.工业品、外货也有流入市场零星出售。工业品以香烟、烟丝比较多,肥皂也有在市场出售,价格很高。澄海县隆都公社有人出售可爱香烟,每枝烟0.1元,即每包2元(国营零售价每包0.15元),有的地区还发现有些洋货在市场出售。

4.饮食服务业、集体伙食单位插手在市场收购产品。如南海县大沥市场,国营饮食业在圩日收购三鸟、狗、猫、兔制成烧腊、卤味、炖品供应,按照市场交易价高价购进,加上毛利率25%左右,再高价出售。有的机关、团体、工厂等集体伙食单位也在市场采购产品。

5.有的社员弃农经商,转手买卖。如广四南街公社永清大队有8个社员天天不出勤而去捕捞鱼虾上市出售,海丰县海城公社恢复集市后每天都发现有投机分子以米票换蕃茨。类似情况其他地区也有发现。

6.有的国营商业偏重于饮食业供应。一些基层商店对集市组织供应工作偏重于组织供应吃的东西多,用的东西少,甚至有的需要凭证或凭票供应的东西也取消了凭证和凭票供应。如两阳县大沟市场,在11月27日圩期把计划分配和凭证供应的咸鱼、牛肉、香烟和凭票供应的粉皮,一律改为不凭证供应,引起群众争购,市场秩序很乱。南海县大沥市场11月28日圩期,国营饮食业用蕃茨瓜菜混合少量米面制成各式各样糕点16万件在市场供应。

(三)

上述问题刚刚露头,而不是普遍发生的问题。再看一个时间,观察一下情况的发展,看看这些问题是否还会继续发生,然后采取措施解决。因此初步提出以下几点意见:

1.凡是国营商业与公社、大队在开放市场之前,已签订有合同的产品,生产单位必须严格执行合同,不得取消,先完成合同后上市场,最低限度也要一面上市,一面交售;凡是历史上有调出任务的产品,生产单位应接受国营商业的合同任务,交售一部分产品给国家,不得借端推却;虽然没有历史习惯调出的产品,如国家确实需要掌握一部分货源,调剂大中城市及出口的需要,可协商收购一部分;不论旧订、新订合同,任务一定要落实,必要时可商定一个比例交售数量,不订死数字,某些产品过去合同订价确实有些过低,可以考虑适当补贴一部分,但合同规定的任务,一律按国家规定收购价格执行。生产单位不应要求照初级市场价格结算。公社党委、大队总支应该以组织保证实现国家的收购计划。把产品化整为零分给社员上市的做法,追逐市场高价,不留菜种的杀鸡取卵做法,都是十分错误的,应即纠正停止,建议公社党委大队总支认真进行一次检查,把检查结果向县委汇报一次。

2.生产队、社员都不能私自屠宰生猪、残牛上市出售,或者摆设摊档搞饮食供应。这种做法,实际上是弃农经商的行为,不是合法的贸易。商业部门在做好宣传解释的同时,应加强管理,及时制止。如继续发现这种情况,应及时报告党委。各级党委必须严肃对待,不能置之不理。对个别社员弃农经商,贩运图利,不事农业生产,大队应加强说服教育工作。屡教不改者,应提出处理意见报请县委同意后,作必要的处理。

3.工业品,严禁个人在集市市场出售,因为这是农村集市贸易,只准出售自己生产的产品,买进自己需要的商品,工业品流入市场,显然是转手贩运投机图利。商业部门应加强管理,一经发现,可以分别按情节轻重,采取照价收购或没收。

4.饮食服务业和一切事业企业单位、部队的食堂,暂时不应插手集市市场采购副食品中的肉食品。因为这些单位消费大,插手采购,势必形成与群众争购,在生产还未充分发展和还不能大量提供商品量的当前,市场价格必然有升无降,对稳定市场物价、调剂消费都不利。一切事业企业单位、部队,应向本单位伙食管理人员宣布。

5.国营商业在集市日期,要切实做好全面的供应工作,多设零售摊档,避免购买拥挤。当前特别应着重做好小农具供应工作,组织大队社员种苗、种子上市,调剂互相之间的有无,以适应当前小自由的生产需要。饮食业供应工作要适当,不要过分强调,过分屠宰猪、牛、三鸟,一圩做一、二十万件糕点供应,都不是恰当的供应方法,不但会造成浪费肉食、粮食,而且把集市贸易引导到吃的方面去,既不能持久,也不能领导农村集市贸易健康发展。

(选自《工商行政通报》第183期,1961年2月12日)

二、中央工商行政管理局副局长管大同在农村集市贸易汀泗桥现场会议上的总结报告(摘要)

(1961年2月6日)

(1月29日到2月6日,中央商业部和中央工商行政管理局在武汉市联合召开了农村集市贸易汀泗桥现场会议。参加会议的有20个省、市、自治区商业厅(局)、市场物价委员会(局)、工商行政管理局及20个县主管市场管理工作的同志,中共中央中南局、西南局、西北局和中央国家机关有关单位也派人参加了会议。会议期间,听取了汀泗人民公社、咸定县人民委员会、武汉市财贸办公室和湖北省商业厅负责同志介绍开展农村集市贸易的情况和经验;参观了汀泗桥集市;学习了中央关于恢复农村集市、活跃农村经济的指示;研究了开展农村集市贸易的有关政策问题。)

第一个问题　关于这次会议

这次在武汉市召开的农村集市贸易汀泗桥现场会议,是贯彻政策、参观现场、了解情况、交流经验、进行调查研究的会议。经过学习中央指示、现场参观和大家的讨论,统一了认识,提高了思想,交流了经验,对今后进一步贯彻中央关于农村集市贸易的各项政策,推动农村集市贸易的迅速开展,活跃农村经济,提供了有利的条件。

汀泗桥的农村集市贸易开展得比较好,原因主要有以下几点:

第一,抓得早。根据中央和省、市指示,从去年10月就开始行动,11月集市贸易就开展起来了。经过3个多月的实践,丰富了经验,坚定了信心。

第二,决心大。从公社到生产队,党委亲自领导,书记挂帅,统一了干部的认识,消除了思想障碍。同时,还深入生产小队、食堂,向社员进行宣传,交代政策,解除群众的顾虑。贯彻"大胆地放,认真地管",使集市贸易活跃起来。

第三,从生产入手。全面安排了副业生产和手工业生产,除去组织了捕鱼、烧炭等41个专业队以外,还合理安排了生产队、生产小队和社员个人的副业。对集体的副业生产,采取了"三包一奖"的办法,包品种、包数量、包金额,超额部分30%记工分,30%付现金,40%付实物,鼓励了社员生产的积极性。

第四,经济工作跟得紧。国营商店积极参加集市贸易,发挥了领导作用。除去积极在集市上开展购销活动以外,还合理调整了修配服务网点,组织"四匠"(补锅、补鞋、铲刀磨剪、理发)上街,为群众服务;饮食业利用瓜菜和野生淀粉等制作各种食品,组织集日供应,让赶集的群众有饭吃。

在抓紧经济工作的同时,对市场管理工作方面的问题,也作了相应的规定,划清了大集体之下的小自由与资本主义自发势力的界限,保证了集市贸易的健康发展。

汀泗桥开展农村集市贸易的效果是显著的:

第一,上市人数逐渐增多,商品的品种、数量和成交金额不断增加。上市人数11月1日第一集3500人,2月1日就增加到7200人,上市商品品种由183种增加到225种,7个集日商品上市量共计200多万斤,市场交易总额达28万多元。

第二,促进了生产,活跃了物资交流。彭碑管理区红星二队过去出工打半天铃,出工的人还是不多,现在天一亮就自动出工,收工打半天铃,无人回家吃饭;竹篮生产长期中断,现在也已恢复并扩大了生产。甘棠管理区一个生产队在6个集日共出售蔬菜、鱼、藕、黄荆条等10万多斤，买回了小型农具和热水瓶、毛巾等日用品1900多件。

第三，增加了生产队、生产小队和社员个人的副业收入。恢复集市后两个月的副业收入比恢复前两个月增加了3倍。

第四，扩大了国营商业的购销业务，减轻了短途运输的困难。开放集市后11、12两个月国营商业的收购额比1959年同期增加37%，销售额比1959年同期增加31%。7个集日运来物资200多万斤，大大地减轻了组织短途运输的力量。

第五，丰富了社员的生活。社员在集市上能买能卖，有吃有喝，还有电影和戏看，他们心情舒畅，实现了劳逸结合。

此外，集市贸易开放后，黑市交易和投机违法活动，也大为减少。

这些事实说明，中央关于有领导有计划地恢复农村集市贸易的政策是正确的，是受广大社员群众欢迎的。恢复农村集市贸易，对安排市场、安排生活，活跃农村经济，巩固工农联盟，有着重要的作用。毫无疑问，这一措施在现阶段不仅有重要的经济意义，也有着重要的政治意义。

第二个问题　关于当前恢复农村集市贸易的一些情况和干部思想

自从贯彻中央关于"有领导有计划地恢复农村集市，活跃农村经济"的指示以来，各地恢复农村集市的情况基本上是好的、正常的。目前全国农村集市大部分已经恢复起来。如湖北省2500多个集市，已经全部开展起来；广东省现有2244个集，不但恢复了原有的集市，还根据需要新建立了一部分集市；湖南省的农村集市也恢复到93%左右。

从全国来看，恢复的农村集市，目前大致有三种情况：

(1)比较活跃的：表现为"四升一落"，即赶集人数上升，上市商品品种、数量上升，集市成交额上升，国营商业购销额上升。某些商品的市场价格也有所回落。

(2)表面较热闹的：表现为"三多三少"即人多，东西少；买的多，卖的少；国营商业销售多，收购少。

(3)不活跃的：表现为"三少一多"，即人少、上市商品少、成交少，市场上存在的问题多。

第一种情况是主要的，第二种情况占相当比重，第三种情况是少数。后两种情况，主要是由于思想放不开，管得太死，限制过多所造成的。只要坚决贯彻政策，这种情况会起变化的。

对于贯彻开展农村集市贸易政策，有些干部还有思想障碍，主要是：(1)决心不大，有顾虑，不敢放手，怕出乱子，强调管理；(2)犹疑动摇，看到恢复集市后出现的一些暂时性的问题，就对集市贸易的作用产生了怀疑，怕发展资本主义，怕农民手里有了钱不好办；(3)认为恢复农村集市贸易是临时性的措施。这些思想归根到底是对农村集市贸易的性质、作用和它的必要性、长期性认识不足。

农村集市贸易究竟是什么性质？这要看它依附于什么样的所有制，服从于什么性质的经济，从"日中为市"开始，集市贸易已有几千年的历史了，但是，在不同社会制度下，它有着不同的性质和作用。在封建主义制度下，它是地主经济的附庸，是为地主阶级所控制而剥削农民的；在资本主义制度下，它是资本主义经济的附庸，是为资本家所控制而剥削广大工农群众的。但是，现在的农村集市贸易就完全不同了，它依附于社会主义所有制，是社会主义经济的附庸，为劳动群众的生产和生活服务。在现阶段，它是社会主义统一市场不可缺少的组成部分，不是资本主义的自由市场。

开展农村集市贸易，实质上是从分配和交换上正确处理党和5亿农民的关系问题；照顾农民的物质利益；进一步巩固工农联盟。只要把农民的生产积极性充分调动起来，农业才能迅速发展，工业化所需要的粗粮食、原料、市场、资金、劳动力才能得到顺利解决。所以，不要怕农民手中有钱，5亿农民都有了钱，是好事情，不是坏事。

开展农村集市贸易，不决定于主观愿望，而决定于客观实际，在农村人民公社实行"队为基础，三级所有"，实行按劳分配、等价交换的条件下，公社、生产队、生产小队和社员都有自己的产品要出售，农村集市贸易的存在，就是由这种客观需要所决定的。农村集市贸易是适应现阶段农村人民公社的三级所有的生产关系，是体现在社会主义经济生活中的大集体之下的小自由，贯彻在商品流通中的两条腿走路的方针所需要的。

农村集市贸易是与所有制密切相联的，即使在将来三级所有制有所改变，而社员保留小量自留地的时间还是相当长的，商品生产也是相当长的时间存在的。农村集市贸易这种商品交换形式是长时期存在的。因此，开展农村集市贸易绝不是一个短期的或者临时性的措施。而是在相当长的时期内的一项重要政策。

第三个问题　关于农村集市贸易的几个政策界限

坚决恢复农村集市贸易是中央既定的方针。过去，在农产品采购工作中，任务大、管得紧、购得多、留得少，以致在商品流通中，形成一条腿走路，不少地区的农村集市陷于停顿状态。现阶段，这对于发展农副业生产和调动农民的生产积极性是不利的。现在，中央对于农产品采购工作已经采取了新的措施，其目的是为了调整与农民的关系，调动他们的生产积极性，促进农业生产和农村副业、手工业生产的迅速发展。

在中央关于目前农产品收购工作中几个政策问题的规定中，对农村集市贸易的政策界限有：

一、参加农村集市贸易的商品范围

第一类，统购统销物资：即粮食、棉花、油料。对于这类物资，不准进入集市贸易。生产队、社员留用或社员自留地上生产的产品，可以自己处理。如果出卖，也必须卖给国家指定的商业部门。在油料作物生产分散的地区，不实行统购统销，鼓励缺油地区生产食油自给。野生油料和零星小油料不统购，允许在农村集市上自由出售。

第二类，通过合同进行派购的物资。实行派购的品种，各省、市、自治区可以根据中央规定，结合当地具体情况有所增减，在目前情况下品种应当少一些，不宜太多。对于这类物资，在完成派购任务后，允许公社、生产队、生产小队将超产部分或派购后多余部分到指定集市上出售，社员留用的或自己生产的也允许在集市上自由出售。在派购中，要给生产者合理安排购留比例。购留比例的安排，要从实际出发，留有余地，要把政策和任务很好地统一起来。应当把派购任务向群众交底，层层落实，按季、按月或按一定生产季节规定完成派购任务的期限，以鼓励生产队、生产小队和社员的生产、交售的积极性。

统购统销和派购的政策必须坚持，这是保证国家有计划地进行社会主义生产和社会主义分配的重要方面，是发展生产、安排生活、稳定市场的物质保证。

第三类，自由购销物资。国家不规定派购任务，允许公社、生产队、生产小队和社员个人在指定的集市上自由出售。国营商业需要进行收购时，应当通过与生产队、生产小队和社员协商议价，在双方同意的基础上订立合同。第三类物资不同于第二类物资，不需要等到完成合同以后，才允许上市，可以边执行合同、边允许上市。

二、对于完成派购任务的第二类物资和自由购销的第三类物资，在集市上出售时可以由出售者自己决定出售价格，可以买卖双方自由议价，不加限制。

三、参加集市的成员，主要是国营商业、公社、生产队、生产小队、社员个人和附近城镇的消费者。机关、工厂、学校、部队、工矿企业和国营农场不准参与农村集市的购销活动。必要时，市场管理部门可以根据上市物资情况和这些单位的需要情况，经过批准，允许他们到集市上直接采购一部分原料、材料，或者由国营商业代购。集市上的饮食业为了解决集日供应，经过批准，也可以在集市上采购一些加工副食品的原料。

四、禁止转手买卖，从中赚钱，不许社员弃农经商，长途远销。

这些政策界限，我们应当很好地学习，认真加以贯彻，同时，更要广泛和深入地向群众做好宣传工作，使他们充分了解和遵守国家的政策。

在贯彻政策中，必须正确地认识和处理生产和流通的关系，计划购销与自由购销的关系，国家价格与自由价格的关系。

第一，生产和流通的关系

生产是基础，它决定分配、交换和消费；反过来，分配、交换和消费也影响着生产。这是马克思主义政治经济学的基本原理。集市贸易是流通形式，开展集市贸易的根本目的就是利用这样一种为农民所熟悉的商品交换的形式，来影响和促进生产。但是，流通毕竟还是由生产决定的，只有生产发展了，集市贸易才能活跃起来。由于生产和流通的这种关系，在贯彻执行开展农村集市贸易政策的时候，必须从组织生产入手。这是活跃农村集市贸易的物质基础。汀泗桥的经验也充分证明了这一点。

怎样去从组织生产入手呢？这里应当注意的是：首先要贯彻“以粮为纲”的方针，保证农业生产；其次，在保证农业生产的前提下，充分发动群众，大搞多种经营，不同地区可以因地制宜，靠山吃山，靠水吃水，把副业生产很好地开展起来；同时，在组织副业生产中，要正确地处理集体与个人的关系。这里要特别指出，对副业生产，集体不要包得太多，不要过于集中，应当鼓励社员搞家庭副业，多养家禽、家畜。必须认识,允许社员搞小规模的家庭副业,是一项长期的政策。家庭副业不是资本主义自发势力,而是社会主义的附庸、补充和助手,是活跃农村经济长期需要的。

第二,计划购销和自由购销的关系

在社会主义商品流通中,国营商业的计划购销是主要渠道;农村集市贸易的自由购销是商品流通中的辅助渠道。计划购销与自由购销,都是社会主义统一市场的组成都分,但是,它们的地位不同,作用也不同:计划购销是主体,自由购销是附庸;计划购销起领导作用,自由购销只起补充作用。

在社会主义统一市场中,允许有一定范围的自由购销,有没有危险呢?这是大家所关心的。首先,计划购销物资,是关系国计民生的主要商品,占农产品总值的80%至85%左右,这是保证生产和安排生活的物质力量。其次,自由购销的物资,大多是第三类物资,只占农产品总值的15%至20%左右,不可能对市场起决定性的作用。当然,在自由购销活动中,会出现一些问题,但是,只要我们心中有数,做好工作,加强领导和管理,就可以使它符合于国家计划经济的要求。

计划购销与自由购销的这种关系,决定了在贯彻开展农村集市贸易政策的时候,必须加强国营商业对农村集市的经济领导,在开展农村集市贸易中,怎样发挥国营商业的领导作用呢?主要有四个方面:

一、做好收购工作。在中央关于农产品采购工作的几项规定贯彻以后,允许在集市上出售的商品,将有很大的增加,国营商业应当利用集市贸易积极开展收购工作,把这项工作做好,既领导了集市贸易,也扩大了收购业务。

二、做好供应工作。集市贸易开展后,群众收入增加了,需要购买的工业品也必然增多。国营商业必须根据货源情况,积极地组织供应,凡是农村需要的工业品,应当积极组织供应农村;凡是农民需要的地产地销的小商品,应该积极安排生产,组织供应。

三、妥善安排修理服务行业,满足群众需要,教育修理服务人员,提高服务质量,收费标准合理。

四、根据条件,尽可能地利用瓜菜或其他代食品,适当组织饮食业供应,让赶集的群众吃饱吃好。

第三,国家价格和自由价格的关系

对农村集市贸易实行自由议价办法以后,正确处理国家价格和自由价格的关系,是一个重要的问题。这里必须明确,是我们用国家价格去支配自由价格,而不是听任自由价格冲击国家价格。国家价格是决定整个物价稳定的根本保证,是根据有计划按比例发展的经济规律制订的,它考虑到价值规律的作用,但不受价值规律支配。自由价格则不同,价值规律起着较大的作用,供求变化常常引起价格的波动。但是,由于国家价格的存在,有计划按比例的规律,在整个市场物价中起着主导作用,也限制着价值规律的盲目性。

目前,集市上的自由价格较高,这是不可怕的。因为占农产品总值80%到85%左右的主要农产品,是执行国家价格的,物价稳定的大局是有保证的。现在有些商品的价格较高,超过它本身的价值,但是按照价值规律的作用,价格与价值这种较大的背离,是不会持久的。只要生产发展了,东西多了,价格就会降下来,略高略低于它的价值。某些商品的价格,暂时高一些,有利于促进生产。我们对集市贸易采取自由议价办法,就是自觉地利用价值规律的作用。在目前不要去乱加限价,或者硬性地规定价格幅度。

对在集市上挂不挂参考牌价的问题,有不同意见,这要从两方面看:第一,如果某些商品当地消费不多,绝大部分由国营收购,例如,汀泗桥的水竹竹,是可以挂收购牌价的。第二,还要看参考牌价是否能起指导作用,如果符合客观实际,能起指导作用,就可以挂;如果主观规定,不符合实际,就起不到指导作用,反而会影响农民出售物资。看来,在恢复集市初期以不挂参考牌价为好。

农村集市上的饮食业,为了更好地组织集市的供应,对某些副食品可以高买高卖,但应贯彻以服务为主,不赔少赚的原则。

农村集市贸易实行自由议价以后,也会带来一些新的问题,例如:自由价格与统购、派购价格之间关系问题;农产品价格与工业品价格之间的关系问题;国营商业收购价格与销售价格之间的关系问题等等。这些问题是比较复杂的,我们现在要很好地进行调查研究,至于调整国家价格问题,必须全国一盘棋,按照物价分级管理的原则办事,不要随意乱提价。

第四个问题　关于对集市贸易的管理

对农村集市贸易,必须“大胆地放,认真地管”。目前主要是“放”,同时要与“管”很好地结合。“放”和“管”是辩证的统一,目的都是为了使集市贸易迅速活跃起来。

管理农村集市贸易的原则是"活而不乱，管而不死"，这两句话也是辩证的统一。活是目的，管是手段，管是正确地贯彻政策，是为了防止"乱"，以便更好地"活"，而不是为了把市场管"死"。管得好不好，就是看市场活不活。允许上市物资的品种、数量增多；成交额上升；国营商业购销业务扩大；投机违法减少；价格一般也比较稳定，而不是暴涨暴落。这就是"活"的标准。

怎样做到"活而不乱，管而不死"呢？首先，必须划清大集体之下的小自由与资本主义自发势力的界限。这个界限主要是：在生产上，是不是妨碍集体的生产；在流通上，是不是影响统购、派购任务的完成。所谓小自由，主要是在生产上允许社员个人经营少量自留地和小规模的家庭副业；在流通上允许把完成派购任务以后的第二类物资与第三类物资，拿到指定的农村集市上自由出售等。所谓自发势力，主要是在生产上只顾搞个人生产，不顾集体生产；在流通上不顾统购、派购政策，任意出售第一、二类物资，长途运销、弃农经商、转手买卖、投机倒把等等。必须保护大集体之下的小自由，反对资本主义自发倾向和自发势力。其次，必须根据政策，区别合法交易和非法交易，保护合法交易，取缔非法交易。生产队、生产小队和社员，到指定集市上出售允许上市的自产品，购买自用品；机关、团体、工厂、学校等单位经过批准后，在集市上采购原材料和副食品，都是合法的，必须保护。出售第一类物资和未完成派购任务的第二类物资；不在指定集市上出售允许上市的物资，从事远途运销；不顾农业生产，弃农经商，转手买卖、投机贩运等活动，这是不允许的，要坚决取缔的。

对于投机非法交易的处理，必须贯彻阶级观点和群众路线，坚决依靠贫雇农和下中农，孤立地、富分子。必须正确掌握政策，分清矛盾性质，区别对待。对人民内部矛循，主要采取批评教育的方法；同时，要分别情节轻重，屡犯和偶犯，对农民偶然贩运或者出售不允许上市的物资，要教育劝阻；对一贯投机倒把的二道商贩，必须坚决取缔，严肃处理。必须明确规定处理权限。没收、罚款等较重处分，应由县级人民委员会决定，公社、生产队和其他部门，不得乱行处分。坚决反对乱扣、乱罚、乱没收。有的地方发动民兵站岗、放哨，管理市场，任意扣人押人，这是不对的，民兵是对付敌人的，不能随意用来处理人民内部矛盾。

为了做好对农村集市的领导管理工作，必须健全市场管理机构，由商业、税务、银行等有关部门，和集市所在地的社、队负责人，组成市场管理委员会。市场管理委员会的任务主要是：宣传和贯彻执行国家政策法令，活跃农村集市，支持农副业生产的发展，取缔和处理市场投机违法行为。农村集市的地点应当合理地安排，一般是在一个公社范围内加以安排，便于领导。但也要照顾到历史、经济条件、群众习惯、距离远近，允许邻近公社之间相互赶集，扩大调剂余缺的作用，也是有好处的。集期也最好与公休假日结合起来。

应当加强对交易所(农民服务部)的领导，开展代购、代销、代存等信托服务工作，教育交易人员，让他们好好地为群众购销服务。

第五个问题　关于大中城市搞不搞集市贸易

大中城市搞不搞集市贸易，要考虑远郊、近郊、城区的不同情况，区别对待。

现在城市扩大，有不少县并入城市行政区划，做为远郊区。这些郊区事实上就是农村。因此，大中城市的远郊区，必须根据中央指示积极地把集市贸易恢复起来。

近郊区距离城区近，情况与农村不完全相同。从生产基础看，近郊区人民公社也是以队为基础的三级所有制，这是与农村相同的，可以有重点地恢复一些集市贸易；但从交换关系看，比农村复杂，因此，在搞集市贸易的时候，要很好地规划，加强领导和管理。

至于大城市的城区，由于生产基础和交换关系都与农村不同，搞集市贸易，容易滋长投机贩运活动，害多利少，我们不主张在城区搞集市贸易。但为照顾到农民进城出售自产品的历史习惯，可以在城区的适当地点设立一些信托货栈，允许近郊区的生产队、生产小队和社员个人进城出售自产商品，这些商品一般应限于一些新鲜蔬菜、柴草和一些季节性的瓜菜等。可由国营商业收购或者由货栈代销，也可以指定他们到国营商业领导的集中交易市场销售。对于二道商贩和投机倒把分子必须坚决取缔。

最后，希望同志们重视对农村集市贸易的调查研究工作。目前在恢复农村集市的工作中，会不断出现一些新的问题，必须做好调查研究工作，了解实际情况，才能正确贯彻政策。要求各地都选择一、二个典型的集市，用解剖麻雀的方法和阶级分析的方法，深入地、全面地、系统地进行调查分析。

对于农副业生产的变化和集市交易的变化、价格变化,以至农村经济情况的变化,农民收入、分配和购留比例等问题,都需要认真地进行调查研究,及时总结经验。

(选自《工商行政通报》第184期,1961年2月27日)

三、全国各省、自治区、直辖市农村集市统计表

地区	原有集市数(1958年公社化以前)	1959年年底集市数	现有集市数(1961年2月底)	现有集市占原有集市%	现有集市占1959年底集市%
总计	42479	35367	39443	92.85	111.8
华北	3177	2962	2972	93.5	100.3
北京市	56	(41)	41	73.2	
河北省	(2335)	2335	2106		90.2
山西省	631	484	530	84.0	109.5
内蒙古自治区	155	102	295	190.0	289.0
东北	1347	1297	1425	105.7	109.8
辽宁省	(594)	594	541	91.0	
吉林省	253	203	383	151.3	188.7
黑龙江省	(500)	(500)	501	100.0	
华东	13307	12410	12851	96.6	103.5
上海市	211	111	239	113.3	215.3
山东省	4500	4000	4200	93.3	105.0
江苏省	2336	2216	2250	96.7	101.9
安徽省	(2004)	(2004)	2004	100.0	
江西省	(1850)	1850	1850	100.0	
浙江省	(1306)	(1306)	1306	100.0	
福建省	1100	923	993	90.3	107.6
中南	12076	9722	11608	96.1	119.2
河南省	3401	(3083)	3083	90.6	
湖北省	3000	2277	2500	83.3	109.8
湖南省	2458	1200	2344	95.0	195.3
广东省	2013	(2013)	2301	114.3	
广西壮族自治区	1204	1140	1.880	114.6	120.1
西南	10.450	7381	8449	80.78	114.47
四川省	52387	3247	4780	91.3	147.2
云南省	2800	2019	1840	65.7	91.1
贵州省	2422	2115	1829	75.5	86.5
西北	2113	1595	2138	101.2	134.0
陕西省	1080	741	1096	101.4	147.9
甘肃省	720	596	557	77.4	93.4
新疆维吾尔自治区	175	146	235	134.3	160.9
宁夏回族自治区	110	(101)	101	91.8	
青海省	28	11	149	532.2	1354.5

注:括号内数字,因当地无此项材料,系用现有集市数或1959年底集市数代替的数字。

(选自《工商行政通报》第187－188期,1961年4月20日)

四、甘肃省关于进一步开展农村集市贸易的意见

甘肃省商业厅为了正确贯彻党的政策，把农村集市贸易有领导有计划地活跃起来，真正做到“活而不乱，管而不死”，提出了进一步开展农村集市贸易的意见，并经人民委员会基本同意，转发各地参照执行。

（一）关于恢复和开放问题

1.原有集市一般都应迅速恢复，集与集之间相距太远者，应在适当地点建立新的集市。对偏远山区的集市也不应因集小而有所忽视。

集期，应结合公社放假制度适当确定。各县市可以根据需要，在适宜的季节和适当的集镇，有组织有计划地举办庙会或物资交流会，开展较大范围的三类物资交流，组织附近社队直接签订合同，进行余缺调剂。

省辖市郊区原有集市应积极恢复。市区，也可以设立蔬菜、瓜果、柴草市场，允许近郊区生产队和社员在完成派购与合同任务后，到市场出售自己生产的蔬菜、瓜果、禽、蛋、猪、羊、柴草和小手工业品；由消费者向出售者直接购买。商业部门也可设立货栈，收购下市剩余商品。

2.上市的商品范围：第一类物资不准进入集市。二类物资，在完成派购任务以后，允许公社、生产大队、生产队将超产部分或派购后多余部分拿到指定集市上自由出售；社员留用的或自己生产的也允许在集市上自由出售。三类物资，都允许公社、生产大队、生产队和社员在指定的集市上自由出售。如与商业部门订有收购合同的，应保证完成合同任务。

3.参加集市的成员：主要是国营商业、公社、生产大队、生产队、社员个人和附近城镇的消费者。机关、工厂、学校、部队、工矿企业一般不准在农村集市进行采购。确实必要时，经市场管理部门批准，可到指定的集市上，按照批准的品种、数量进行采购或者由国营商业、信托货栈代购。

为了解决集日饭食供应，集市上的饮食业经过批准，可以在集市上采购一些燃料、蔬菜、调料等辅料。

（二）关于发展生产问题

商业部门应当根据当地生产条件和市场需要，协助公社、生产队进行副业生产。凡产量大、价值高、技术性较强、便于集中生产的产品，积极组织社、队进行生产。对于价值不大、产量分散零星的产品，在不妨碍集体生产的原则下，鼓励社员利用休息、假日生产。在组织生产的基础上，商业部门可与生产大队、生产队和社员协商，订立供销合同，但不能强迫签订，也不得因不签订合同而放弃指导生产之责。合同价格按照自愿两利的原则，可以通过协商明确规定，也可以只规定品种和数量，暂不规定价格，在交货时按较市价略低的价格作价。合同签订以后，仍应积极帮助生产队生产，解决生产中的具体困难，保证按时、按质、按量完成合同交售任务。

（三）国营商业参加集市活动问题

国营商业应积极参加集市贸易活动，从经济上加强领导。

1.积极组织收购。凡上市商品，应先尽群众自行交易，商业部门不可与之争购。下市剩余商品，应以积极态度组组收购，进行调剂，以促进生产，满足国家和市场需要。

2.做好供应工作。加强职工思想教育，克服怕套购、怕排队、怕脱销而产生的消极畏难情绪和惜售思想，要从积极方面想办法，扩大货源，组织供应。对农民普遍需要的食盐、火柴、煤油、针、线等商品，要组织合理分配，保证最低需要。高价糖果、儿童玩具、化妆品、文具、小农具等，逢集增设货摊，扩大推销，便利购买，增加回笼。

3.农忙季节商业部门可以组织货郎担，携带农具、籽种和生活日用必需品，转村串食堂，开展“食堂集市”或“夜市”、“早市”，一面收购，一面供应。

（四）价格问题

对于允许在集市上自由出售的商品，都应坚持由出售者自己决定价格，或由买卖双方自由议价；市场管理人员可以指导交易，协助议价，但不得乱加限价或强迫出售。商业部门现行的三类商品收购价格，应认真进行调查研究，不合理的，按照规定权限进行调整。对于当前集市上供过于求或价格下降较大影响生产的商品，商业部门应按照合理的价格积极收购，以保护生产者合理利益。

对于国家和城市工矿区人民生活急需的三类商品，基层收购单位可以随行就市以略低于零售的

价格进行收购;并按照“高价进、高价出”的原则,以进货价格加上合理费用,进行调拨和供应。实行这种作价办法后影响调入单位利润或使用单位增加成本开支时,按下列原则处理:1.属于供应外贸出口的物资,由外贸部门补贴。2.属于工矿企业和基本建设单位自用的用料、物料,由工矿企业和基本建设单位自行负担。3.属于工业(包括手工业)原料或辅助材料,因原料或辅料涨价而影响某些工业品成本时,其中对人民生活影响不大的、或是占生活消费的比例很小的、或是少数人消费的产品,经过调查研究,按照物价审批权限,可以分期分批地适当提高出厂价格,同时提高销售价,某些关系国计民生较大的、目前又不能提价的产品,可采取工业保本,商业贴补的办法。4.属于商业部门直接供应市场的生活消费品,一般是按进货价加合理费用进行供应;其中某些关系人民生活较大的品种,可仍按原来销售价格出售,由此而影响商业企业利润时,则在商业企业利润中扣除。

(五)关于集市建立信托货栈和农民服务部问题

商业部门应在较大的或集散中心的集镇建立各种专业的或综合的信托货栈和农民服务部。信托货栈或农民服务部应从服务生产与活跃城乡物资交流出发,支持生产,活跃交流,便利群众,热心服务。其任务:在国营商业和市场管理部门领导下,为农民代销、代购、代储、代运;可以接受国营商业委托,代国家收购部分商品,或与城市的信托货栈挂勾,代买代卖,勾通城乡交流;也可以自营。还要协助管理集市,对农民进行政策、法令的宣传教育。

(六)开展修补服务业务

重点是把当前群众迫切需要的修理小农具、钉锅、钉碗、绱鞋补鞋、磨刀磨剪子、理发和为集市贸易服务的客店、茶水店等项目,先恢复起来,其他根据需要逐步开展。人员可以从三方面解决:(1)商业部门原有这方面的人员调到其他岗位去的,组织其归队;(2)由生产队组织有这方面技术的人员参加,作为生产队的副业生产;(3)允许有技术的社员利用假日赶集搞副业。结合修补业务的开展,大力组织废品收购,收购的废品首先供应修补所需要的材料。在可能情况下,仍可以组织一些文娱活动,以活跃农村人民文化生活。

(七)关于管理问题

必须教育干部迅速克服放任自流和不敢管的错误思想,按照政策,认真地加强领导和管理。管的范围:(1)禁止倒卖各种票证;(2)一类物资不准上市;(3)禁止套购倒卖工业品(自产自销的手工业产品应准予出售);(4)禁止贩运和转手倒卖;(5)有派购任务的二类商品,应首先完成派购任务;(6)机关、企业、团体不得私自上市或到社、队采购商品。而重点应当放在取缔私商贩运和投机倒卖上面。

加强管理应本着教育为主、行政管理为辅,灾区从宽、一般地区从严,对群众从宽、对商贩从严,初犯从宽、屡犯从严的精神区别对待。

公社、生产大队和生产队一律不得从事商业活动,也不得给社员分配商业任务,违者应通过组织给以教育,责令改正。对弃农经商的社员要耐心地说服教育,促其改正。

教育广大社、队干部和社员认识向国家交售产品是自己应尽的光荣义务,积极地按时、按质、按量履行派购和合同任务。商业驻队员应经常进行检查,并帮助所在社、队按期完成任务。对社员的交售情况,可以采取张榜公布的办法,以表扬先进,又利于群众互相监督。

(八)加强领导

各级商业部门和工商管理部门应在当地党委的领导下,密切联系有关部门,通力合作,加强农村市场的领导。设立必要的机构或专职干部,组织宣传和贯彻党的政策,经常进行调查研究,发现问题,总结经验,使集市贸易迅速健康地开展起来。

(选自《工商行政通报》第 191 期,1961 年 6 月 12 日)

五、中央工商行政管理局副局长管大同在山东省物资交流大会上的报告(纪要)

(1961 年 9 月 18 日)

这次到山东来,正遇你们召开全省物资交流大会,李予昂副省长要我来谈谈,但是,由于情况了解不多,只好简单谈一下对市场问题的一些看法,供大家研究。

一、开好物资交流会

省里召开这次物资交流会很重要,物资交流会是活跃商品流通、加强地区协作的一个好形式,是在国家计划指导下有组织的商品交流。在目前,地区之间、城乡之间的商品交换,还不可能完全通过国家计划调拨来满足。国家计划调拨的商品,一般是主要的、大宗的,至于一些次要的商品,还需要利用其他形式来调剂。因此,物资交流会这种形式,在客观上是长期需要的。我们应该看到物资交流会对于促进生产、活跃经济的作用,特别是在今天市场供应比较紧的情况下,搞好物资交流更有重要的意义。

物资交流会是有领导、有组织的交换,它和农村集市贸易是有区别的。但是,它与国家计划调拨也有所不同,它有很大的灵活性,形式多种多样,范围可大可小。所以物资交流会既要接受国家计划的指导,又要发挥它的灵活性。计划性与灵活性结合,是物资交流会的重要特点。

怎么样才能开好物资交流会呢?首要的关键是政治挂帅,要有全局的观念。地区之间、城乡之间在物资交流中,必须在国家的计划指导下,根据自愿互利的原则,互相协作,互相支援,既要政治,又要经济,既要政治挂帅,又要等价交换。

目前,由于近两三年来农业上遭受到严重的自然灾害,以及我们在工作上还存在着一些缺点和错误,各地都出现了一些困难,但也都有一些物资力量。同时,各地区又都有自己特殊的产品,也都有自己特殊的需要。所以,离开了互相支持是不行的。中国有句古话说:"互让就有余,互争就不足"。越是在东西比较少、困难比较多的时候,就越应该提倡互相帮助、互相支援,这样才能够克服困难。在这次物资交流会,有的地区提出"先予之,后取之",也有的地区提出"要先供货,供好货,然后协商进货","要'一本账'不留后手",这种态度都是好的。特别是今年山东还有3个专区遭受了比较严重的水灾,对于受灾地区更应该采取积极的大力支援的态度。支援灾区是我们现在一项严肃的政治任务。

在物资交流中,既要有全局观点,又要照顾不同地区的需要。要互相支援,也要等价交换,买卖公平。这是正确处理地区之间、城乡之间商品交换关系的重要原则。这样才能互助互利,对于买卖双方都有好处,不能一方占便宜,另一方吃亏。这里牵涉到一个价格问题。物资交流会上的成交价,总的应当是"协商议订,自愿两利",但是议价应当以计划价格为主,又要适当的有些灵活性,要照顾到实际情况。在物资交流会上应该掌握等价交换的原则,也要区别不同的情况。例如支援灾区是政治任务,就不能强调等价交换;同时即使不是灾区,也是应当既要贯彻等价交换的原则,又要发扬互相支援的精神。

物资交流会还有一个合同的问题。在过去常常发生这种情况:合同签订了不少,可是会后履行的不多。这种现象如果不改变,就不能很好地发挥物资交流的作用。在物资交流会上,合同成交的比重很大,一定要维护合同的严肃和信誉,保证合同的实现。不能今天签订了合同,明天就任意撕毁。这样,物资交流会就搞不下去了。合同既然是双方协商同意签订的,双方就都有履行义务和维护合同的责任。任意违约是不行的。

二、管好集市贸易,保证国家收购

恢复农村集市贸易,是当前的生产条件所决定的。它对于促进生产、调剂余缺、活跃经济、便利群众,都有积极的作用。这种流通形式在长时期内是客观上所需要的。目前,我国农村集市大约有4万个,在农村商品零售总额中还占着比较大的比重。对于农村集市贸易,不能高兴就开放,不高兴时就封闭,想起来就管死,不管死就放任自流。

有人说:"一管就死,要活就乱",怎么办?这个问题,关键是在区别不同情况,划清放和管的界限。要区别国家计划购销的和自由购销的,集体和个人的。划清合法交易与非法交易的界限。放和管并不是互不相容的,应当正确地结合起来。当然,在不同时期,不同情况下,可以有所侧重,但不能偏废。既要放好,又要管好。如果不根据政策,不区别界限,管起来就乱管、乱查、乱扣、乱罚,不管就听之任之,放任自流,当然不是把市场管死,就是把市场搞乱。只有该放的坚决放,该管的坚决管,放得开,管得好,集市贸易才能够健康地发展。前一个时期,强调放多一些,这是必要的;现在看来,就需要考虑如何加强管的问题。

怎样才能把集市贸易管好呢?在这里,一方面对于农民的合法贸易要保护;另一方面对于投机违法活动就必须坚决取缔。例如在集市贸易上,公社、生产队、社员个人出售第三类物资和已经完成定购任务的第二类物资以及社员家庭手工业产品等,都应该加以保护;但是对于出售第一类物资和未完成定购任务的第二类物资,就必须制止。至于投机商贩进行倒买倒卖工业品和票证等非法活动,一定要严格取缔,不严格就会带来不利因素,影响集市贸易的正常发展。其次,对于集市贸易的购销活动也要加以管理。参加集市贸易的对象主要应该是公社各级组织和社员个人,严厉制止投机商贩的活动。公社所属的生产企业和手工业生产合作单位,经过市场管理部门同意,可以在集市上采购自用的原材料,出售允许自销的产品。至于城市的机关、团体、企业单位,在集市上购买商品,必须有领导、有组织地统一安排,通过市场管理部门或农民服务部代购,不能在集市上自己随便采购。如果这些单位都到集市上乱插手,势必会把市场搞乱,不利于贯彻稳定物价的方针。集市上的市场管理机构也应当加强,要及时掌握市场情况,研究市场变化,加强对集市贸易的领导与管理。国营商业和供销社商业在集市上要进行经济活动,加强对集市贸易的经济领导。

当前突出的问题是集市价格比较高,对国家收购有一些影响。国家收购计划必须保证,不然怎么搞计划经济,搞社会主义建设呢?现在我们有些同志在收购农产品问题上,有些缩手缩脚,腰杆子不硬,这是不对的。我们既要强调安排好生活,更要保证国家收购任务。一定要加强对农民的社会主义教育,反复说明必须兼顾国家、集体、个人三方面利益的道理和必须支援城市的道理。国家工业化要靠城市,农业现代化也要靠城市,城市工业的发展,是农民的根本利益所在。对于农民的高价思想、弃农经商等思想一定要进行教育。例如,有些生产队将头等东西上市场,二等东西搞协作,三等东西交任务,这显然是错误的,应当很好地教育农民。使广大农民认识到:首先完成国家交售任务是一项光荣的任务。我们要看到农民落后的一面,但是也要看到农民好的一面。社会主义建设和农民的根本利益是一致的,因此,绝大多数农民是拥护社会主义的,只要道理讲清楚了,工作做好了,农民会认真履行合同,积极完成计划收购任务的。但也要尽可能地挤出一部分工业品供应农村,把政治挂帅和物质鼓励结合起来,同时要区别不同产品,把留购比例定得恰当。这样才能更好地完成农产品的收购任务。

三、反对互相封锁,
活跃城乡、地区交流

当前市场上一个突出的矛盾是货币流通量大于商品可供量,钞票多了,东西少了。部分物价有些上涨,吃的、穿的、用的供应上都有些紧张。当然要解决上述困难,根本的办法是增加生产,特别是增加农业和轻工业的生产,因此,中央决定加强农业和轻工业战线,争取迅速扭转市场供应紧张的局面。可见市场问题从根本上说是生产问题。但是,生产和流通是互相依赖、互相联系的,做好市场工作,活跃物资交流,对于促进生产发展是有着重要的意义的。近几年来,商品流通搞的死了一些,统得过多,管得过严,只有国营商业一条渠道。在市场管理方面,步步设点,层层封锁,割断了传统历史关系,对生产产生了不利的影响。在这次物资交流会上,有些同志也谈到过去地区之间互相封锁,使城市和农村都吃到了苦头。因此,必须坚决反对地区之间互相封锁的现象,恢复传统的合理的流通渠道,按照客观规律组织物资交流,使商品流通活跃起来。

在恢复历史传统流通渠道的时候,应当重视货栈贸易这个形式。在历史上,城乡、地区之间的物资交流,很多是通过货栈进行的,我们应该继续利用货栈贸易的这种作用,来活跃商品流通,加强城乡、地区之间合理的经济联系。货栈贸易是社会主义商品流通的补充渠道,所以在经营业务上应该是拾遗补缺,补充国家计划购销的不足,它经营的商品范围,主要是第三类物资和按照规定可以自销的手工业产品。此外,公社、生产队、社员完成定购合同及基层商业单位完成上调任务以后,剩余的二类物资,也可以进栈成交。在经营方式上应以代理业务为主,主要是代购、代销、代存、代运。但在不影响代理业务的前提下,也可以适当搞一点自营业务。总之要发挥货栈经营灵活的特点,为便利购销和畅通物资交流服务。为了更好地促进物资交流,货栈的组织形式可以多种多样,不必强求一致,有综合性的,也可以有专业性的,但是不论何种形式,国家都必须加强对他们的领导和管理。由于我们对于运用货栈贸易这个形式的经验还不足,更要随时总结经验。

目前市场上计划价格和自由价格还有较大的差距。自由价格超过国家牌价很多,不少职工生活受到影响,这是一个很重要的问题。我们必须坚

持稳定物价的方针，对于国家计划收购和销售的第一、二类农产品和工业品，一定要坚持计划价格，保证广大职工生活必需品价格的稳定。对于其他次要的产品，虽然可以允许其价格自由涨落，不要硬性加以限制，但也不能放任自流，而是要积极地加以领导，管理供求，组织生产，有领导地议价，逐步使自由价格回落；要使自由价格跟着计划价格走，通过发展生产，使它逐渐接近计划价格。

现在市场供应仍然紧张，要看到这是暂时性的困难。经过半年多来的努力，今年的形势比去年好。在农村中，由于整风、整社以及十二条、六十条的贯彻，广大农民的生产积极性大大提高了，在城市中，"八字"方针的继续贯彻，也已经开始收到了积极的效果。

我们既要重视困难，更要看到我们完全有办法克服这些暂时性的困难。我们一定要增强信心，很好学习党中央的各项政策，认真贯彻党的方针、政策，改正缺点，克服错误，在党的三面红旗的指引下，继续前进。最后，祝这次物资交流会成功。

（选自《工商行政通报》第200期，1961年10月27日）

六、中央工商行政管理局副局长管大同在货栈贸易座谈会上的讲话（摘要）

（1961年12月5日）

（1961年11月27日到12月5日，商业部和中央工商行政管理局在北京联合召开了货栈贸易座谈会。参加会议的有北京、上海、天津、武汉、广州、西安、济南、南昌、太原、唐山、蓟县（河北）、滕县（山东）、隆昌（四川）等13个市、县的工商局、商业局的干部和有些市县货栈的负责同志。会议汇报了货栈贸易情况，交流了工作经验，研究了有关的政策问题。）

这次座谈会，各地介绍了开展货栈贸易的情况，交流了工作经验，研究了有关的政策问题，会议开得很好。因为这项工作，开展起来还不久，经验还不多，有些问题还需要继续研究。

现在我把这次座谈会的讨论，归结来谈一下：

货栈贸易大体是今年2、3季度恢复起来的。从参加这次座谈会的13个市、县来看，10个城市共有货栈140个，其中综合性的58个，专业性的82个；3个县共有货栈（包括集市上的农民服务部）41个，都是综合性的。全国估计，城市货栈大约有400左右，县以下的货栈大约有7、8千个，已经初步形成了一个货栈贸易网。

货栈贸易恢复以后，业务发展得相当快。据参加这次座谈会的上海、北京、天津、武汉、广州、西安、济南、南昌、太原、唐山、蓟县、滕县、隆昌等13个市、县统计，从恢复到10月份止，货栈的成交金额大约为1.8亿余元。在货栈中成交的商品，主要是第三类物资，第二类物资很少，占不到5%；从商品品种看，以干鲜水果、土产山货、禽蛋、水产等农副产品最多，少数地方的货栈也经营一部分计划以外的工业品、手工业品和一些废旧物品。货栈价格，总的趋势是比较稳的，但各类商品情况不同，土产杂品价格一般比较稳定，蔬菜、水果开始上市时价格很高，大量上市后下降得比较快，禽蛋肉食类的价格则一直比较高。根据一些地区的典型材料计算，货栈价格大体比集市价格低10%到30%左右，比国营商业牌价高1倍到2倍左右。这里也要考虑到货栈中的有些商品质量比较好、上市及时等因素。

从这一个时期的情况看，货栈贸易在国营商业和供销合作社的领导下，对于沟通物资交流、密切城乡之间和地区之间的经济联系、补充国家计划购销之不足，是起了一定的作用的。但是，由于经验不够，在货栈贸易中还存在一些问题。有的货栈经营方向不明确，经营范围大了一些，自营业务搞得多了一些，同国家对农产品的收购配合不够，有的甚至高价吸引商品，对稳定物价和国家收购产生了一些不好的影响。目前加强农产品收购和对农村集市的领导管理以来，管得紧一些也是必要的。但不能管死，使货栈业务陷于停顿。看来，对货栈贸易这个形式，还需要继续利用，加强领导。

现在，谈谈会议讨论的几个问题。

（一）为什么现在还要利用货栈贸易这个形式

现在，我们在生产上有全民所有制，有集体所有制，还有一部分家庭副业和个体手工业。生产上的这种所有制关系，要求流通形式与它相适应。城乡、地区间的商品流通很复杂，过去的经验证明，完全靠国营商业包下来是行不通的。目前，我国商品流通有三条渠道，国营商业和供销合作社是主要的渠道，农村集市贸易是补充渠道。农村集市贸易，主要是解决农民之间互相调剂交换的问题，还不能完全解决城乡和地区间的流通问题。对于一些还不可能都纳入计划的商品，还需要利用货栈这种辅助形式来活跃城乡交流和地区交流，这是当前客观经济条件所需要的。

货栈贸易是一种传统的流通形式，农民、手工业者、小商小贩对它都很熟悉。继续利用这种形式，可以把那些分散的购销活动组织起来，纳入计划轨道，有利于维护国家计划和稳定市场物价。我们继续利用货栈，并不是说要恢复它过去在城乡、地区交流中的地位。历史上，货栈曾经是城乡、地区间物资交流的重要形式。但是，在目前条件下，它只是国营商业和供销合作社商业的补充、助手。在商品流通中，货栈贸易只是居于补充地位。我们既不能完全否定货栈的作用，也不能片面夸大它的作用。

(二)货栈贸易的性质和特点

现在的货栈是在国营商业和供销合作社领导下的社会主义性质的商业。货栈贸易与国营商业、供销合作社不同，它没有计划指标，主要是经营计划以外的商品，经营上以代理服务为主，经营方式灵活。货栈贸易也不同于农村集市贸易，农村集市贸易主要是农民之间的贸易，是农村市场的补充渠道，而货栈贸易是城乡、地区交流的一种补充形式。货栈贸易是批发性的交易，主要搞代理服务，是购销双方的中间媒介，它有联系面广、耳目灵通、经营灵活、服务周到的特点。同时它又负担着协助管理市场、稳定物价的任务。

城市货栈和农村货栈有所不同。农村货栈主要是为集市贸易服务，在当地市场上组织商品余缺调剂，协助集市管理委员会管好集市贸易，稳定集市价格，同时，组织那些国营商业和供销合作社不便收购或者不能全部收购的剩市商品进城。城市货栈主要是为活跃城乡、地区物资交流服务，协助国营商业组织计划外的商品流通，组织供应给合作商店、合作小组一部分货源，为工业、手工业单位组织一部分原材料，推销计划以外的自销产品，并且配合市场管理，制止投机倒把活动。至于货栈的形式，可以不求一致，有综合性的货栈，也可以有专业性的货栈，各地条件不同，可以根据需要因地制宜。

(三)关于货栈贸易的几个政策界限

为了使货栈贸易正确地发挥补充作用，有力地配合国家的收购任务，更好地为促进生产、安排市场和组织物资交流服务，明确几条政策界限是必要的。这次座谈会讨论的几条意见，可以先试行，继续总结经验。

第一，允许进入货栈交易的商品，应当主要是第三类农副产品，特别是干鲜水果、小土产、杂货等商品，完成派购任务以后的第二类农副产品和允许自销的手工业品也可以进栈交易。第一类农副产品和计划分配的工业品不准进入货栈成交。为了保证国家收购，对农民进栈出售第二类农副产品，应当有当地收购部门的完成派购任务的证明，货栈在组织购销的时候，不要乱抓货源。

第二，农民参加货栈贸易，需要有适当的地区范围的限制，但也要照顾传统的供销关系，不能限得太死。对农村货栈来说，参加对象主要是公社、生产大队、生产队和社员；城市货栈则主要是县和县以下的商业单位以及县镇货栈，农民需要到城市货栈出售的产品，一般应当通过供销社或农村货栈加以组织，但对鲜果、一部分鲜嫩蔬菜、小土产等鲜活商品和零星商品，也可以准许城市邻近地区的农民，直接到城市货栈出售，以减少流通环节。同时。要教育农民不要远途运销。

第三，国营商业和供销合作社要加强对货栈贸易的经济领导，统一安排市场。进入货栈的商品，国营商业和供销合作社商业安排市场急需的，可以由它们优先购买，但要避免形成压价收购。货栈也可以接受国营商业和供销合作社的委托，为它们代购、代销商品。

第四，工业、手工业生产单位，可以委托货栈代购属于第三类物资的原材料，代销计划以外的允许自销的产品；但是，不允许它们在货栈以计划产品乱搞协作。

第五，合作商店、合作小组可以从货栈进货，但要服从货栈的货源分配，不允许高价抢购。货栈要通过分配货源，协助国营商业、供销合作社和市场管理部门加强对他们的监督、管理。

第六，机关、团体等集体消费单位在货栈购买商品，要经过当地市场管理部门批准，委托货栈代购，不允许自行高价争购，也不允许在货栈里乱搞协作。

第七，国营商业经过批准，可以根据需要和条件，通过货栈用一部分工业品与农民交换农副产品；工业和手工业单位，经过批准也可以与农民或其他地区的有关单位，用计划以外的产品交换原材料。这种交换，要有领导有计划地进行，工业品要执行销售牌价，农产品要执行收购牌价或议定合理价格，不允许乱易货，不允许乱搞计划产品的交换。

第八，货栈之间要建立联系，互通行情，组织交流，发挥货栈网的作用。基层的农村货栈与城市货栈要密切挂钩，组织集市上剩市的商品进城，但对集市上供不应求的商品，要先考虑当地农民相互调剂的需要，不要乱抓货源，以免引起集市价格的波动。

第九，货栈主要是搞代理服务，也可以根据需要有条件地搞一点自营，但必须以不妨碍代理业务为前提，不要与国营商业和供销合作社争业务。农村货栈的货源比较零星，为了更好地组织物资调剂、平抑物价、活跃城乡交流，自营比重比城市货栈适当大一些是可以的。

(四)关于货栈贸易的价格

价格问题，是货栈贸易的中心问题，货栈能不能搞活，能不能发挥补充作用，主要看价格掌握得是否恰当。我们要贯彻稳定物价的方针，又要使货栈价格在国家计划指导下有点灵活性。

对货栈价格要加强领导，但也不要一下子管得过紧，要争取逐步降低。货栈在组织成交中，要实行有领导的议价，不能硬性执行牌价，但必须反对高价思想。总的来说，货栈价格要比集市价格低一些，比国营牌价可以高一些；至于低多少或者高多少，不能笼统地一律对待，要区别不同商品和不同情况。一般说，主要物资要紧一些，次要物资可以适当宽一些；收购季节紧一些，收购完成以后可以适当宽一些；全民所有制与集体所有制之间的交换紧一些，集体所有制与集体所有制之间的交换可以适当宽一些。对于二类物资和重要的三类物资，可以规定内部掌握的议价幅度，这个幅度由各地物价部门根据物价分级管理权限来掌握。掌握货栈价格，必须贯彻按质论价的原则，同时要有合理的地区差价和季节差价，总之，要正确地利用价值规律，加强调查研究。各地货栈要密切配合，互通行情，共同把货栈价格稳定下来，切实避免互相抬价、互争货源的现象。

(五)货栈的组织领导问题

目前，各地货栈的组织领导很不一致，往往同一地区不同货栈领导不统一，贯彻执行政策不一致，甚至相互争业务，这是一个需要解决的问题。货栈贸易需要统一领导，可以由各地党委根据当地情况指定一个部门统一负责研究和贯彻有关开展货栈贸易的方针、政策。农村货栈可以由供销合作社领导；市场管理部门也要加强对农村货栈的管理，保证国家政策法令的贯彻执行。城市货栈专业的比较多，在业务上可以由国营商业各归口业务公司领导，以利更好地进行吞吐购销活动，安排市场；市场管理部门要加强对城市货栈的监督和管理，检查方针、政策的贯彻执行，掌握货栈购销活动情况和价格变化情况，协调货栈相互之间的关系，统一步调，保证物资交流的活跃和市场物价的稳定。

在货栈中，要配备必要的骨干，同时，要充分利用原来货栈人员的业务经验，调动他们的积极性。必须加强政治思想工作，教育货栈工作人员克服旧的经营作风，勤勤恳恳地为便利购销、活跃交流服务。货栈要建立必要的经营管理制度，根据条件办好提供食宿、运输、储存等服务业务，树立货栈信誉，做好国营商业和供销合作社的助手。货栈应当独立核算，勤俭办事，经营上不以营利为目的，不规定上缴利润任务。各项服务业务收费要低廉，多余的收入可以用于增加服务设备，逐步改善服务条件。

货栈贸易是城乡之间、地区之间的贸易，要把它办好，必须提倡全国一盘棋的整体观念，克服本位主义，特别要反对那种相互封锁、妨碍物资正常交流的做法。商品流通要照顾经济上的需要和传统关系，不能受行政区划的限制，划地为牢。现在，货栈业务开展时间还短，经验还不多，要在实践中认真总结经验、交流经验，不断地提高货栈工作的水平，正确地发挥货栈贸易在商品流通中的补充作用。

以上意见，供同志们参考、研究。

(选自《工商行政通报》第 203 – 204 期，1961 年 12 月 27 日)

七、中央工商行政管理局副局长管大同在市场管理工作会议上的报告(纪要)

(1962年10月)

(中央工商行政管理局与商业部、供销合作总社于10月下旬联合召开了市场工作会议。参加会议的有部分省、市、县的同志70多人。会议是在党的八届十中全会决议的指导下进行的,首先学习了中央《关于商业工作问题的决定》,接着讨论了当前市场管理工作的若干问题;加强对合作商店、合作小组的领导问题;清理整顿自发工商业户、加强登记管理工作等问题。)

这次会议是由商业部、全国供销合作总社和中央工商行政管理局三个单位联合召开的。在会议上我们学习了党的八届十中全会的各项决议,特别着重学习了中央《关于商业工作问题的决定》,听了李先念副总理和姚依林部长及其他负责同志的报告,同时,交流了各地的情况和经验,讨论了若干具体政策问题,统一了思想认识。会议开得很好,很及时。

现在我把会议讨论的一些问题集中起来谈一下。准备谈七个问题:一、关于商品流通的三条渠道问题;二、两年来集市贸易的基本情况;三、为巩固人民公社集体经济和支援农业生产服务问题;四、为完成国家对农产品的收购服务的问题;五、关于加强城市市场管理问题;六、加强对私商的斗争、调整自发工商业户和加强对合作商店、合作小组的领导管理问题;七、关于整顿和加强基层市场管理机构问题。

第一个问题　关于商品流通的三条渠道问题

为什么我国社会主义统一市场还需要三条流通渠道呢?这是由于生产资料所有制的关系所决定的。国营商业是国家经营的商业,是全民所有制的。国营商业的领导地位,是由它的性质所确定的。社会主义经济是计划经济,国内市场是统一的社会主义市场。国营商业要根据国家计划负责对全国市场的统一安排,在国家计划指导下组织全国商品流通。供销合作社商业是国营商业的有力的助手,它的性质是集体的,主要任务有三:第一,接受国家委托的购销业务。第二,在保证完成国家委托任务的前提下,积极地适当地开展自营业务,主要是经营第三类物资,对第一、第二类物资农民完成国家交售任务的多余部分也要经营,但要纳入国家计划。第三,对集市贸易的经济领导和对私商的经济斗争。

国营商业和供销合作社商业是商品流通中的两条主要渠道,它反映了我国社会主义全民所有制和集体所有制这两种基本的生产资料公有制形式对商品流通的要求。这是计划市场,有计划的商品流通。另外,还有一条渠道是集市贸易,是国家计划市场的补充。集市贸易也是不以人们意志为转移的客观需要。现在应该反对两种倾向:一种是看不到它的作用,认为可有可无,否认客观的需要和它的补充作用,这是不对的。在我国现在的条件下,它是相当长时期内所需要的。在农业还是集体经济和社员还有少量自留地和家庭副业的情况下,这个补充渠道就是必要的。另一种倾向也是我们要反对的。那就是把口子放得很大,变"小自由"为"大自由",这就很有危险。要知道,在国内统一的社会主义市场中,它只能是补充。社会主义市场主要是受有计划按比例发展规律支配的。集市贸易放得太大了,就会冲击国家计划。这一点,一定要注意。三条渠道的关系,是领导、助手、补充的关系,少了哪一个也不行,但三者的地位一定要摆得恰当。生产决定流通,流通也影响生产,流通在某些条件下也起决定作用,因此,流通工作搞不好,也会给生产带来不利的影响。

三条渠道有没有矛盾?有矛盾。第一、二条渠道的矛盾可由计划来解决,计划中如有不恰当的,可以调整。但第三条渠道的矛盾性质不同,它是反映两种市场的矛盾,是计划与自由的矛盾,又集中反映在价格上。价格决定于市场物资的多少和货币流通的多少。今年市场物价有所回落,是由于生产发展,东西增多了,同时,国家对回笼货币也采取了有力措施。总的看来,集市价格比去年下降40%左右。自由市场价格能不能与国家牌价一致?我看是可以一致的,1957年以前就是大体一致。集市贸易的东西不一定所有的价格都高,应该说,有的东西高,有的东西低,有时高一点,有时低一点,这是正常的现象。关键在于生产的发展。这是需要有一个生产发展过程的。不能只靠行政命令硬性限价,要从经济上采取措施,使两种价格逐步趋向接近,减少两种价格差距大而带来的不利因素。因此,经济工作和行政工作都需要安排好、结合好。

对待集市贸易的矛盾,有的要采取经济办法,有的要采取行政办法,缺一不可。经济办法主要是供销合作社参加集市贸易,开展自营业务,有计划地吞吐商品,平抑物价。自营业务要受计划指导,要与投机活动作斗争。行政工作一定要按照党和国家的政策办事,为国家计划服务。离开国家的政策和计划,行政工作就毫无力量,变成空的;另一方面,也还要积极做好对农民的社会主义教育工作。两种价格带来的矛盾很复杂,处理时要具体分析,区别对待。

中央在《关于商业工作问题的决定》中指出,商业工作要以"发展经济,保障供给"为基本出发点。我看这也是适合于市场管理工作的。市场管理工作一定要为巩固人民公社集体经济、为巩固全民所有制经济服务,为促进生产、促进流通服务,一定要保护合法的正当贸易,坚决打击投机分子,防止自发势力的发展。反对片面的管理观点,不调查、不分析,把不该扣、罚的,扣了、罚了,并且还私分吃掉,这是很不得人心的,违犯中央的政策的。市场管理干部一定要认真树立政治观点、生产观点、群众观点,为社会主义建设事业更好地服务。这就是我们这次会议的一个基本要求。

第二个问题　两年来集市贸易的基本情况

一、基本情况

(1)集市贸易在商品流通中占多大比重?据初步估算,集市贸易成交额(不包括国、合商业在集市上的收购额),1961 年为 123 亿元,其中,农产品成交额约 101 亿元,统一按牌价折算,占农村农副产品流通量的 17.3%。今年集市贸易成交额预计在 146 亿元左右,其中农产品成交额大约 119 亿元,可能占农村农副产品商品流通量的 23%左右。再看看过去的情况,1953 年国、合采购农副产品金额 81.3 亿元,占 53.4%;自由市场成交额70.9亿元,占 46.6%。1957 年国、合采购金额 142 亿元,占 73%;自由市场成交金额 52.8 亿元,占 27%。看起来近两年集市贸易的比重比 1953 年和 1957 年要小一些。但是,目前社会主义建设的规模、条件和计划性要求等方面都与过去不同了,看来,不能要求把集市贸易的比重一定要恢复到 1957 年的水平。同时,还应当看到 1957 年的比重,是在牌价和市价基本接近的情况下,按成交金额计算的;而 1961 年和 1962 年的比重,则是在牌市价差距很大的情况下,把集市贸易的成交额按牌价折合以后计算的。如果也按自由价格计算,则 1961 年集市贸易成交额占 38.3%,1962 年要占 42%。今后在生产发展的基础上,集市贸易成交的商品数量,再增加一些,是有可能的,但是,从比重上看,应当说今年已经很高了,应当控制在不超过今年的水平。社会主义商业一定要积极地稳步前进。

(2)集市贸易的几个特点:

从所有制看,在集市上交换的商品,社员个人的商品占大部分。1961 年社员个人占 63%,生产队占 37%;1962 年大体是社员个人占 66%,生产队占 34%。

从农产品分类看,第三类物资是主要的,但第一类物资(主要是粮食)所占比重有所扩大。1961 年,在农产品的集市成交额中,一类物资占 2%,二类物资占 19%,三类物资占 79%;今年前三个季度是一类占 8%,二类占 20%,三类占 72%。

从交易对象看,农民相互调剂是主要的,城镇单位和居民购买的比重是下降的。1961 年农民互相调剂占集市成交额 68%,城镇单位和居民购买占 22%,其他还有商业部门收购占 10%,1962 年前三个季度,农民互相调剂占 60%,城镇单位和居民购买占 15%,其他还有商业部门收购占 9%,合作商店、合作小组采购占 7%,手工业单位采购占 2%,其他占 7%。

从商品的用途看,生活资料占大部分,但生产资料(包括耕畜、小农具、幼禽幼畜、菜籽秧苗)所占比重有所扩大。1961 年生产资料在集市成交额中占的比重还很小,1962 年上半年已经占到 30%左右,第三季度又增加到近 40%。

(3)集市贸易的价格,两年来逐步趋向回落。尤其是今年五、六月份以来下降很快。目前与集市恢复初期比较,集市价格水平平均降低 56%左右。其中:粮食类降低 82%,蔬菜类降低 82%,肉食禽蛋类降低 55%,幼禽幼畜类降低 46%,干鲜果类降低 52%,日用杂品类降低 36%,耕畜降低 58%,烧柴降低 46%。集市价格与计划价格的差距,在集市恢复初期,平均高出牌价 2.8 倍,今年第三季度已缩小到 1.3 倍。其中,差距最大的仍然是粮食,大约高出 7 倍左右;肉食禽蛋类大约高出 1.5 倍到 2 倍;其他一般在 1 倍左右;蔬菜类相差最小,平均高出50%,许多地区大路菜已经接近牌价,少数还低于牌价。

二、两年来的集市贸易说明了什么?

第一,两年来集市贸易的发展是逐步趋向正常的,它对于促进农副业生产的发展、安排农民的生活和活跃农村经济起了积极作用。这说明中央恢复集市贸易的政策是正确的。

第二,集市贸易有两重性。把它管死了不行,口子大了也不行。过去强调放开一些,放管并举,这是必要的。现在已经放开了,就应当强调加强领导管理,管中有放。要使集市贸易为国民经济的发展服务,绝不能放任自流。

第三,"管而不死、活而不乱"的方针是正确的。"管管松松、松松管管"是符合客观要求的。对集市的管理要服从整个国民经济的需要,要兼顾国家和农民的利益。不照顾农民的利益固然不对,但如果片面地从农民的利益来考虑,不考虑国家的利益也是错误的。当然,所谓"管管松松、松松管管",不能理解为对集市贸易可以想开就开,想关就关,而是要根据国民经济的需要,区别不同商品,不同对象,不同地区,不同季节,在管理上有松有紧,有宽有严。至于哪些松、哪些紧,根据过去经验,大体应当是一、二类物资应当紧一些,三类物资可以松一些;集体的、大宗的应当紧一些,个人的、零星的可以松一些;收购季节应当紧一些,非收购季节可以松一些;城市应当紧一些,农村可以松一些。我们应当继续贯彻"管而不死、活而不乱"的方针,不能一律管死,也不能放任自流,并且不断总结这方面的经验。

第三个问题　为巩固人民公社集体经济和支援农业生产服务问题

进一步巩固人民公社集体经济和支援农业生产问题,这是全党的任务,从市场管理方面如何为这一任务服务,大家提出了不少问题。这次会议上研究,先做好以下几项工作,看来是必要的。

一、反对自发的资本主义倾向

近一个时期以来,自发的资本主义倾向有所滋长。公社社员、生产队从事商业活动的增多。会议上反映,山东滕县东沙河生产大队400户中,有330户从事商业活动;汶山县南站公社北队七小队有70多个劳动力,但赶集时出勤的只有三四人,还有不少生产队做买卖、开饭铺,支书、队长热衷于做生意,以致出现荒地、误耕、误种的情况。广西的报告中提到,玉林县庆丰公社材村大队124户中,经常从事贩卖的有94户。河南省反映,生产队经常搞贩卖的也很多,有些生产队竟有一半以上的农户从事商业贩卖活动,影响集体生产。显然,这种情况,对集体经济的巩固和农业生产的发展都是不利的。

对自发的资本主义倾向,一定要进行教育、批评和斗争。这个斗争是长期的、复杂的,不能采取简单的办法,也不能单纯地依靠行政办法。自发的资本主义势力的产生有它的社会根源、思想根源,应当积极做好经济工作和思想工作。工作中必须贯彻政策,实事求是,具体分析,区别对待。

二、对集体和个人在市场管理上的宽严问题

有些同志提出,在市场管理上,目前一般是对集体管得严一些,对个人管得宽一些,这对集体生产的发展和集体经济的巩固不利。应当怎样看待这个问题呢?我看,凡是属于计划收购任务以内的产品,不管是集体的或个人的,都应当按照计划办事。集体生产的、计划以外的、大宗的产品,计划性也应当强一些,对重要物资可以由供销合作社组织议购,但也应当允许他们到集市出售。对个人的副业产品如果管得太死,他就不生产了,这是不利于鼓励社员发展家庭副业的。所以,对集体产品管得严一些,个人的零星产品宽一些,这是实事求是的。但在具体掌握上,也应当区别情况,例如,对某些集体的副业生产,如果管得过严,阻碍了集体生产的发展,这也是不行的。

三、打破地区封锁

社会主义经济的发展要求有一个大统一的国内市场。市场管理工作要维护市场的统一,加强地区之间的经济联系,注意恢复地区间的合理的传统的经济联系,与割裂市场的现象作斗争。目前,不少地方互相封锁、画地为牢的情况仍然存在。在会议上,大家反映了这样一些突出的例子。河南漯河市每天上市仔猪500多头,当地卖不出去,而湖北省一些地区很需要,但有关部门不让出境。漯河市耕畜也很多,卖不出去,市里准备召开一次耕畜交流会,让缺少耕畜的地区来买,但受到阻止,认为这样做是"亏本的事",竟把交流会取消了。广东海南岛琼山县有的地方仔猪很多,供销社因运输困难,停止收购,农民要求自己外销,有关部门不同意,结果农民烤小猪卖,而缺乏仔猪的地方却买不到。甘肃定西县产洋芋,兰州市去采购,当地不许外流,结果不少洋芋在当地烂掉了。我们要反对地区封锁。本位主义和分散主义是和社会主义的原则不相容的。地区封锁会使资本主义自发势力有机可乘。

四、制止乱扣乱罚

去年以来,乱扣乱罚的现象很严重。今年6月,国务院下达《关于制止市场管理工作中违法乱纪行为的指示》后,这种情况有所好转,但目前有的地方还没有完全纠正过来。许多生产队反映,他们因生产上的需要,到外地购买耕畜和其他生产资料,在当地或者在半路上被扣留,有的被没收了,有的被压价收购,往往要损失几千元、几万元,对这些生产队的生产造成严重的损害。这种状况是应当加以纠正的。市场管理工作必须明确地树立为生产、为群众服务的思想,关心生产、关心群众利益。市场管理办法和各项制度要从促进生产出发,要为群众服务着想,正确地处理国家、集体和个人三者的关系。决不能单从管理方便着想,简单从事。

五、有计划地有领导地恢复耕畜市场

不少地区已恢复了耕畜市场,会议上,大家讨论,认为这是当前所需要的,这对于耕畜的调剂和繁殖都有好处。耕畜是当前农业生产中不可缺少的动力。近几年耕畜减少很多,对农业生产影响很大。为了支援生产的需要,促进耕畜的繁殖,凡是农业地区没有恢复耕畜市场的地方,应当积极恢复起来。耕畜的交流,要照顾传统的流转规律,不受省、专、县、社界的限制。在领导管理耕畜市场的工作中要注意牧业区和农业区之间、毗邻地区之间的关系,加强双方的联系合作,保证计划调剂。对农民购买耕畜,要加以帮助,做好服务工作。不能乱加限制,任意扣留。希望各地对过去处理的耕畜案件进行一次检查,原来处理不当,使生产队受到不应有的损失的,应尽可能地加以纠正。但对于牲畜贩子投机倒把的行为,应当坚决地加以制止和打击。

第四个问题　为完成国家对农产品的收购服务的问题

当前正是农产品集中收购的季节,管好市场,保证国家收购计划的完成,是当前市场管理方面必须抓紧的一项重要工作。

一、要树立城乡兼顾,国家、集体、个人兼顾的思想

对农产品的收购,一定要兼顾城乡,兼顾国家、集体和个人,要有适当的购留比例,只购不留、收购过头是不对的;先留后购、留够留足,也是不恰当的。农产品收购,关系到工业生产、城乡供应和出口需要。如果重要的农产品特别是那些重要的工业原料收购不上来,就会影响工业生产的发展,因而,也就势必影响工业对农业生产的支援。很明显,做农产品收购工作,对于实现城乡互助,进一步巩固工农联盟,更好地贯彻执行"农业为基础、工业为主导"的方针,有着十分重要的意义。

在两种价格差距仍然比较大、供应农民的工业品还不充分的情况下,收购农产品的工作相当艰巨,不强调完成国家任务是不行的,要强调政治挂帅,要对农民进行社会主义、集体主义和爱国主义的教育。同时要注意,在收购时期内,不能用换购代替统购,不能用议购顶统购。供销社自营第一、二类农产品,一定要在完成国家收购计划任务之后才能进行。在收购季节,工厂以成品换原料也要停止下来。

二、保证粮、棉、油、烟、麻的收购

粮、棉、油、烟、麻是关系国计民生最重要的农产品,必须千方百计地保证对这些农产品的收购计划的完成。在市场管理方面,要积极协助收购,并加强对集市贸易的管理,严格防止这些物资在完成国家收购计划以前流入自由市场。

棉花现在不宜开放市场,不允许随便上市,对土纺土织也要加强管理,制止其盲目发展。开放粮食市场的地区要加强领导管理。在统购任务完成以前,不应当允许粮食上市。油料可以参照对粮食的管理办法执行。至于烟、麻等重要经济作物,也要加强管理,保证派购任务的完成。

三、对农民自产自销要加以辅导和管理

对农民自产自销的管理,既要照顾农民的传统习惯,便利集体、个人相互之间的余缺调剂,又要有利于巩固集体经济和保证国家的计划收购。农民自产自销的商品范围,应当主要是第三类物资,第一、二类物资在完成统购、派购任务以后,也可以允许他们到集市上出售。

完成国家统购派购任务以什么范围来确定?看来,第一类物资可以由各省、市、自治区根据当地收购情况,适当规定。第二类物资则以按任务下达的单位为范围较好,派购到生产队的按队,派购到户的按户,先完成任务的就可以先允许上市,这样做,可以鼓励农民完成派购任务的积极性。至于某些国家特殊需要的第二类物资,在一定的时期内不准上市也是可以的。第三类物资,没有统购、派购任务,对这类物资的议购,主要应当依靠经济措施和政治教育来完成,不宜用行政办法硬加限制。

农民自产自销的地区范围怎样规定?地区之间远距离的物资交流,主要应当通过国、合商业来进行,对农民长途运销不应当提倡。对于盲目运销、追求厚利的行为,要加以限制;但对当地国、合商业不经营或不能全部经营的一些鲜活商品,应当允许农民按照历史习惯到外地运销。在规定农民自产自销的地区范围的时候,要研究地区之间合理的商品流向和传统的经济联系,不要以行政区划硬性限制,也不要机械地规定距离。

怎样划分农民自产自销与弃农经商?自产自销是指农民出售自己生产的产品;弃农经商是指农民不务生产,从事商品贩卖活动,至于农民根据传统习惯,在农闲时期临时性地从事某些商品的肩挑贩卖和加工、修理、服务等活动,不要作为弃农经商处理。但应当通过生产队来加以组织安排,避免影响农业生产,必要时可以发给临时证明。

农民自产自销要不要证明?现在看来,有证明比无证明好一些。可以区别自产自销和投机贩卖,也有利于国家收购任务的完成。但是,为了避免手续过于繁杂和流于形式,可以根据不同的物资和地区范围有区别地加以掌握。农民自销完成统购、派购任务以后的第一、二类物资,或者出县自销第三类物资,应持有自产自销证明,至于在县内和县际毗邻地区自销第三类物资,是否需要证明,可以由各省、市、自治区根据具体情况决定。

第五个问题　关于加强城市市场管理问题

一、据这次到会地区的30个城市统计,共有集市市场668个。看来,对城市集市贸易不加分析地完全管死不好,口子开大了也不行。城市和农村的条件不同,城市主要靠有计划的供应,只是群众的需要千差万别,有些零星产品,国营商业和供销社一时包不了,也可以由集市补充一些,但范围要有限制,并加强管理。其次,农民有进城的习惯,卖点农副产品、买点小商品是很自然的习惯,也是合情合理的。至于城市集市贸易开多大的口,要根据各个城市不同的条件,例如大中小城市不同,新老城市不同,物资供应情况不同,交通条件不同,等等。

二、工业品管理。工业品应当实行有计划的分配,但是,今年以来工业品在集市上上市的有所增加。这是在物资不足条件下出现的一种复杂情况,也有因我们工作中的漏洞而产生的。应当弄清楚上市工业品的来龙去脉,区别情况处理。对套购、盗窃和投机倒卖等要坚决制止。对票证买卖要坚决取缔,但是处理时要具体分析,不能简单地笼统对待。

三、旧货管理。群众之间旧货的调剂应当允许。可以采取多种形式,比如:1.办好寄卖商店,允许自行标价;2.批准一部分合作商店、合作小组经营;3.建立旧货市场。在市场上要制止转手买卖。

四、管好小手工业品批发市场。恢复或者建立城市中传统的小手工业品批发市场,如上海的城隍庙、沈阳的手工业品批发市场等,很有必要。这种市场可以:1.解决一部分手工业产品自销的问题;2.解决合作商店、合作小组的一部分货源问题;3.解决一些零售店直接进货的问题;4.解决一些农民进城出卖农产品以后的回头货问题;5.也便利外地采购和地区间的调剂。

总之,搞好城市市场,主要是依靠国营商业、供销社改善经营管理,更好地适应生产和生活的需要。市场阵地,社会主义不去占领,资本主义就会去占领。开放了城市集市贸易的地方,一定要加强领导管理,制止投机违法活动。

第六个问题　加强对私商的斗争,整顿自发工商业户和加强对合作商店、合作小组的领导管理问题

一、加强对私商和投机倒把分子的斗争是面临的一项重要任务。

有的同志提出,什么叫私商?我看现在的私商,就是自发的无证商贩,主要是指那些搞长途贩运的投机倒把分子和退厂、退店搞资本主义经营活动的分子。今年以来,各地自发工商业户增加很快,人数很多。据估计,去年年底全国约有100万人,目前已增至300万人,其中手工业者100万人,商贩200万人,相当于有组织的手工业者和小商小贩总人数的70%左右。自发工商业户为什么发展得这样快?看来有这几方面的原因:

(1)城市资本主义自发势力有所滋长。自发工商业户中,有一部分是生活并不困难的居民和自动离厂离店的手工业者,小商小贩,资本家和职工。也有一些是弃农经商的农民,甚至还有生产队的干部。据武汉、南京、济南等12个大中城市的调查,城市自发工商业户中,在职及自动离职人员占

5%左右；湖北、浙江、山东、河南等10个省91个县的调查，农村自发工商业户中，弃农经商的占30%左右。尤其值得注意的是，在自发户中，约有10%左右的人严重投机违法，如长途贩运，买空卖空，开设地下工厂、雇工剥削，腐蚀干部、盗窃国家资财，组织投机集团、到处贩运撞骗，等等，有的已成为暴发户和新的资产阶级分子。上海自发手工业户中有雇工剥削的已有150户，占总人数的3%。雇工一般二三人，最多的达十几人，半年来，收入多数在千元以上，也有高达一万或几万元的。湖南南县武圣公社一个投机分子今年以来转手贩卖耕牛获利8000余元，除上交大队3000元外，还送给每个大队干部手表1块，钱100元。安徽省合肥市一个居民今年6月份开始贩卖粮食，3个月赚了3000余元，买了两间房子、一辆自行车、一块手表，还请了两个木匠在家做家具。南京在今年9月份曾破获5个贩卖化肥的投机集团，共47人，其中一个投机集团买空卖空即骗得现金18000余元。该市另有一个国营食品厂中的盗窃集团，曾先后盗卖企业库存大米、大麦、麦芽等共8400余斤，麻袋119条，盐50斤。这些例子很多，不能一一列举。可以看出，这些投机分子遍及城乡，成分复杂，活动方式也是多种多样的。

(2)精减职工后，就业面缩小，生活困难增多。据武汉、南京、济南等12个大中城市的调查，自发工商业户中，精减下来未及时得到安排的职工占38%左右；另据上海、武汉、镇江等地的了解，自发工商业户中，生活困难的一般占到70%～80%。

(3)有客观存在的条件。如目前市场商品供应还不能满足需要，地区交流不畅，集市贸易价格和计划价格还有较大距离，等等，这都给自发工商业户以可乘之机。

由此看来，自发工商业户的大量增加，既有两条道路斗争的问题，也有就业和生活问题，必须清理整顿，不能任其继续发展。在清理整顿中，应当进行具体分析，分别不同情况，区别对待。

(1)投机分子要坚决打击，10%是我们反对和打击的对象。但各地具体情况不同，有的地区可能多一些，有的地区可能少一些。在这些人中，有的是惯犯和投机集团性质的，这是最恶劣的，也有一些偶然性的和一般的投机分子。这也需要把他们加以区别。

(2)退厂、退店和弃农经商要通过教育加以制止。

(3)其他的人，需要大家动手，多方安置。根据市场需要和本人条件也可以批准一批，登记发证。但掌握要从严，不能批准太多。登记发证后，要把他们编起组来，加强管理。

总的来说，要从三方面着手：在经济上，供销合作社积极地、稳步地开展自营业务；在行政管理上，加强市场管理，同时，进行清理整顿和加强登记管理工作；在税收上，提高征收行商税，使投机私商无利可图。

二、加强对合作商店、合作小组的领导，也是当前需要抓紧的一个问题。有的同志提出，合作商店、合作小组是什么性质？我认为，合作商店、合作小组是对小商小贩进行社会主义改造的一种形式，是一种过渡的商业组织形式。这种形式在一个相当长的时期内，是国营商业和供销合作社商业的一个必要补充。就其经济性质来说，合作商店是集体经济，合作小组是以个体为基础的，但也带有集体经济的因素。小商小贩有两面性，所以要继续对他们贯彻“利用、限制、改造”的政策。

会议上，大家反映了不少有关合作商店、合作小组的问题。总起来有两方面，一是在管理上对它们扣得太紧，一是它们中资本主义自发倾向有抬头，哪一方面是主要的？看来地区不同，行业不同，有扣得紧的一面，也有放任的一面。现在自发的工商业户增多，挤了有证户。我们的方针应当是巩固合作商店、合作小组，保护它们的合法经营，以有证户来代替无证户。退店单干的必须坚决制止。

要发挥合作商店、合作小组的经营积极性，应当合理分配货源，不要硬性搭配；国家货源不足，可以允许它们按照规定采购，不要限制过多。对合作商店的工资，适当加以控制是必要的，但应考虑到小商小贩一般工作时间较长，福利少，又有淡旺季，在某种情况下收入多一点也是合理的，不要死框国营职工的工资水平。合作商店要实行民主办店的原则，我们不要事事干涉，一切包办。如果有必要派干部到合作商店中去，也要通过民主的方式，协商办理。有的地方提出合作商店过渡国营时的公积金，在恢复合作商店后是否全部退还？这个问题很复杂，因为有一部分已经动用了，退还有困难，有的连账也查不清了。我看，应当实事求是地进行清理，原则上可以作为行业或地区的联合公积金，也可以拿出一部分退给合作商店作为经营资金,但不退给本人。

针对当前小商小贩的思想情况,有必要在今冬或明春开展一次深入的社会主义教育和爱国守法教育,反对各种投机违法行为和自发的资本主义倾向。广州提出,今冬对他们举办训练班轮训教育,这个办法很好,有条件的地方也可以这样做,并总结一下经验。

第七个问题　关于整顿和加强基层市场管理机构问题

现在,不少地区的基层市场管理机构比较薄弱。有的地方只有一块牌子,没有专职干部,市场管理人员多是兼职的或者临时抽调的,甚至还有的雇人代管市场或者让小商小贩管市场;也有的地方根本没有市场管理机构,各部门有时都管,有时都不管。很明显,这种情况与当前市场管理工作的任务是不相适应的。看来,基层市场管理机构需要加强,各地要在党委统一领导下,由有关部门组织市场管理委员会,并且按照精简节约的原则,配备必要的市场管理人员,改变那种无人管市场或者大家乱管市场的现象。

基层市场管理工作直接牵涉到国家与群众的关系,市场管理队伍中一定要有骨干力量。目前有的地方市场管理队伍复杂,甚至为坏分子所把持,这是不能容许的。应当整顿队伍,充实骨干,把不适宜做市场管理工作的人员调整出去另作安排,坏分子要坚决清除出去。

有些地方市场管理人员的政治、思想、工资福利等问题无人过问,这种情况应当加以改变。凡是在国家编制以内的市场管理人员,都应当按照国务院有关国家工作人员的工资福利的规定办理;有些没有列入编制的,可以在合理收取的交易服务费中开支。收取交易服务费的办法,可以由各省、市、自治区规定。收费的标准要从低,手续要简便,不要搞得太多、太杂。对于基层市场管理人员,要经常进行政治思想教育和政策教育,关心他们的学习、生活等方面的问题,教育他们正确执行政策,把工作做好。

最后,顺便谈一下集市贸易的卫生管理问题。现在不少集市的卫生情况很差,有些地区甚至发生食物中毒以及传染肠道疾病的情况,影响了劳动群众的身体健康。对这个问题必须引起重视。要把卫生管理纳入集市管理工作中去,市场管理委员会要吸收当地卫生部门参加,加强卫生宣传教育,禁止出卖腐烂变质的食物。

总的来看,这次会议的召开,有利于把党的八届十中全会的精神贯彻到我们的具体工作中去。概括起来,我们这次会议就是要求做到:管好市场,保证收购,巩固全民经济和集体经济,支援农业生产和工业生产,打破地区封锁,促进物资交流,打击投机倒把分子,清理整顿自发工商业户,加强对合作商店和合作小组的领导,对小商小贩开展一次深入的爱国守法教育和社会主义教育,并且要同增产节约运动结合起来。

以上这些工作,都要在各地党委的统一领导下,并且积极主动地和有关部门密切配合协作,才能做好。

(选自《工商行政通报》第227期,1962年12月14日)

八、农业部、财政部、中央工商行政管理局、中华全国供销合作总社关于贯彻《关于发展大牲畜的几项规定》中有关开放牲畜交易市场的联合指示

(1962年12月28日)

最近中共中央、国务院发出了《关于发展大牲畜的几项规定》。规定中指示:“有计划地、有领导地开放牲畜交易市场,恢复历史上传统的交流关系和流转规律。打开省、专、县、社的界限,互通有无,调剂余缺,价格由买卖双方自行议定”。为正确贯彻执行上述规定,现对农业区耕畜市场的开放和管理作如下指示:

一、耕畜是现阶段我国农业生产的主要动力。由于各地自然条件和经济条件不同,对耕畜的饲养、使役也有各种各样的不同要求。在生产队之间,不仅余缺方面需要调剂,而且在种类上(牛、马、骡、驴)、规格上(公母、大小、口老、口轻)也有调换的要求,因此,各地必须根据群众的这种客观要求,有计划地、有领导地开放耕畜交易市场,恢复历史上传统的交流关系和流转规律,打开省、专、县、社的界限,互通有无,调剂余缺。

二、人民公社、生产大队、生产队、社员个人以及机关、团体、企业、事业等单位都可以根据自己的需要,单独或联合起来到县外、省外、耕畜市场出售

和买进耕畜，任何地区、单位和个人都不得封锁、限制。

三、耕畜交易市场，只准自养自销和自购自用，不准商贩参加，不准从事投机倒把等非法购销活动。为了防止投机和贩运活动，有领导的组织耕畜交易，人民公社、生产大队、生产队和社员个人买卖耕畜必须持有公社、或生产大队、生产队的证明。机关、部队、团体、企业、事业等单位买卖耕畜须持有单位证明，并经当地市场管理部门同意后，才能入场参加交易。

四、耕畜市场的交易价格，应当实行买卖双方自行议价。耕畜市场不得强行规定交易价格和限制成交。

五、供销合作社应当在当地市场管理委员会的统一领导下，加强对耕畜市场的管理工作。各地供销合作社可以根据耕畜上市量的大小，单独建立耕畜交易所（或叫耕畜服务部）或由农村集市贸易的交易所管理，并配备适当的管理人员和交易人员。耕畜交易所的主要任务是：1.贯彻执行国家对耕畜市场的各项政策，组织耕畜交易，活跃交流；2.取缔投机贩运和黑市活动；3.帮助买卖双方鉴别耕畜质量，协助议价，稳定价格；4.办理代理买卖、代办运输以及人吃马喂等服务性业务。

耕畜市场的管理人员及交易员的工资开支、办公费用等，应当本着“以集养集，以集建集和以旺养淡”的原则筹备，向买卖双方共收取畜价1%左右的手续费。具体收取办法，由省、市、自治区工商行政、财政、供销合作社等部门共同商定。各地按照这个办法收取手续费以后，不再按照1955年商业部、财政部、中央工商行政管理局、供销合作总社的联合指示，在牲畜交易税税款内提取组织成交手续费。

六、为了防止疫病传播，各地畜牧兽医站要加强耕畜市场的检疫工作。有传染病症状的耕畜，不得入场参加交易。买卖双方交易后，开始检疫证明。

七、为了防止滥宰耕畜，各省、市、自治区有关部门应当根据当地的习惯和当前耕畜余缺情况，合理制定老残耕畜的淘汰标准和屠宰批准手续，并确定专门部门管理。不经批准不得屠宰。

八、供销合作社要积极地、适当地开展耕畜的经营业务。根据各地区耕畜的流转习惯，凡是生产队能自行调剂的，应尽量组织生产队自行调剂，供销合作社不要插手经营；生产队自行调剂有困难或远距离的余缺调剂，供销合作社应当积极经营。在经营中，要注意购买的合用和经济核算。供销合作社在耕畜市场采购耕畜，亦不受省、县行政区划的限制。为了防止采购工作上的盲目性，供销合作社到外地耕畜市场上购买耕畜，要持有县级供销合作社的证明。耕畜市场所在地的工商行政部门、供销合作社应当积极协助采购。

以上各项，只适用于农业区。内蒙、新疆、青海、甘肃和西藏等牧区情况不同，可根据中共中央和国务院指示精神，结合当地具体情况，由自治区（省）党委、人委自行确定。

（选自《工商行政通报》第229期，1963年1月16日）

九、国务院批转李先念同志在商业各部门专业会议上关于坚决执行中央关于商业工作的决定，大力改善经营管理的报告

（1963年1月16日）

现在把李先念同志在商业各部门专业会议上所作的《坚决执行中央关于商业工作的决定，大力改善经营管理的报告》转发给你们，请立即研究执行。

认真改善企业的经营管理，降低费用，大力扭转亏损，增加盈利，是1963年经济战线上一项重大任务。各级人民委员会应当在党的领导下，具体组织这一任务的实现。从最近的情况看，还有不少地区商业部门改善经营管理的工作，行动不够迅速，措施不够有力，这种情况必须立即改变。必须指出，改善企业经营管理，扭转亏损，增加盈利，不仅是1963年财政信贷收支能否平衡的关键性问题，而且是关系到今后建设资金的积累和生产建设事业进一步发展的重大问题，是关系到劳动效率进一步提高和社会主义制度优越性进一步发挥的重大问题。任何忽视这一问题的观点，都是不对的。

国务院要求各省、自治区、直辖市人民委员会根据李先念同志的报告和中央各商业部门有关的规定，领导和督促全国各地的商业部门，立即行动起来，开展一个既轰轰烈烈又扎扎实实的改善经营管理的运动，务必在1963年上半年做出显著的成

绩。

附:坚决执行中央关于商业工作的决定,大力改善经营管理的报告

——李先念同志 1962 年 11 月 11 日全国商业厅局长会议、供销合作社主任主议、对外贸易管理局局长会议、工商行政管理局市场管理工作会议、民族贸易会议、商业计划会议联合举办的报告会上的讲话(摘要)

这次各商业部门召开的专业会议,要根据主席的指示和八届十中全会的决定,肯定成绩,总结经验,检查缺点错误,鼓干劲,想办法,制定 1963 年的计划,为今后进一步做好商业工作作一个良好的开端。这次会议,应当是贯彻执行八届十中全会关于商业工作决定的大会,是改经营管理的大会。

"发展经济,保障供给",是我们经济工作和财政工作的总方针,是商业工作的基本出发点。在促进经济的发展当中,最重要的是促进农业生产的发展,促进集体经济的巩固。我们应当把支援农业、支援集体经济放在商业工作的第一位。同时,要大力支援工业生产,大力做好城乡人民消费品的供应工作。怎样贯彻执行十中全会关于商业工作的决定?这里有方针问题,有政策问题,有经营管理问题,有组织领导问题,有充实和提高商业队伍问题。我着重讲一讲经营管理问题。

(一)

经营管理,本来是每个企业、每个做经济工作的同志的日常工作。为什么现在突出地提出这个问题呢?这是因为目前商业部门、供销合作社、粮食部门、对外贸易部门,在经营管理上都存在着许多严重的问题。近来有一些改进,但是成绩还不大,距离党对我们的要求还远得很。主席批评我们见事迟,动手慢,抓得晚,这是完全正确的。我们既然已经抓晚了,就要迅速地抓,狠狠地抓,大抓特抓。一定要在几个月、半年以内,大见成效。

对待经营管理的地位和作用,有两种不同的认识和态度:一种人认为这是一个重大问题,搞好了经营管理才能保证方针政策的贯彻执行。一种人认为是琐碎的事务性的问题,无关大体。政策错了,不得了;经营管理搞不好,没关系。死了几条猪,不过是批评一下,反正我不犯方针政策错误。前一种是对党对人民负责的态度,后一种是对党对人民不负责的态度。

毛主席提出的勤俭建国、勤俭办企业、勤俭办社、勤俭办一切事业的方针,必须通过良好的经营管理,才能圆地实现。商业工作为农业生产和工业生产服务,为人民生活服务的任务,也必须通过购、销、调、存等具体的业务工作,即通过经营管理工作来实现。经营管理工作是实现方针政策的一个重要保证。没有良好的经营管理,方针政策就不能充分地贯彻执行。社会主义商业的经营管理如何,在国内贸易方面,关系到促进生产发展,供应人民消费,巩固集体经济,同投机分子作斗争的问题,搞不好,就不能胜利地完成社会主义商业的任务。在对外贸易方面,关系到同资本主义国家进行竞争的问题,搞不好,就不能在国际贸易斗争中取得胜利。

对待经营管理工作中的缺点错误,也可以有两种态度,一种是着重从主观上检查和改进自己的工作,另一种是强调客观原因,甚至存在一些怨气。我们应当采取前一种态度,不应当采取后一种态度。目前商业部门经营管理上存在的问题,虽然各单位程度不同,虽然确有不少客观原因,但是,我们必须对本身工作作深刻的检查,决不能以商品不足来掩盖自己工作中的缺点错误,决不能以前几年体制下放来掩盖自己工作中的缺点错误,决不能以经营管理问题涉及其他许多部门而掩盖自己工作中的缺点错误。必须首先反求诸己,积极克服工作中的缺点错误,千方百计地同困难作斗争,才是革命的进取的态度,才是一个共产党员应有的态度。

商业工作受到各方面的监督,受到 6.5 亿人民的监督。这是一件好事,是推动我们工作前进的一个动力。我们对待这些批评的态度,应当是:首先好好地倾听,以"打破沙锅璺(问)到底"的精神,去深入检查,改进自己的工作,然后再对那些由于客观原因造成的问题、本身不能解决的问题,提请各级党委解决,或者同有关部门协商解决。不要一听到批评,照例地解释一通,甚至马上顶回去,然后丢在脑后,马马虎虎就算过去了。现在有这样一些同志,听到别人的意见,往往认为是个别问题,要等研究好了再作全面的解决,这种想法在有些情况下是对的,但是,往往把那些能够及时解决的也拖延下来。毛主席指示我们,不能让问题成了堆之后再去解决。如果能通过个别问题的解决去推动全面问题的解决,岂不更好吗?

我们要充分地认识和运用当前的有利条件,坚

定信心,鼓足干劲。目前改善经营管理,困难固然不少,但有利条件很多:第一,主席和中央抓商业,十中全会作了决定,各级党委更加重视,这是最根本的一条。党的坚强领导是一切工作胜利的保证。第二,整个国民经济形势正在好转,十中全会将推动国民经济进一步好转。农业六十条、以生产队为基本核算单位的制度调动了广大农民的积极性。粮食、蔬菜、猪、鸡、蛋品的生产正在增加,许多工业品正在增加,市场上过多的货币有所回笼,集市贸易价格有所下降,缩短基本建设战线和调整工业以后,城乡劳动力、运输力、包装材料和若干物资的分配比较松动一些,这些对于扩大货源,增加供应,稳定物价,改善保管,简化手续,减少亏损,都是有利的。第三,从商业工作本身说,十多年来,积累了较多的经验。近一年来,初步改善了商业队伍的情况;实行了商业资金的统一管理,正在恢复和加强专业公司,正在进行清仓核资,正在恢复和建立若干制度,等等。这些有利条件是客观存在的,形势是很好的,只要主观上切实努力,就可以收到应有的效果。

在最近商业部门的几个会议上,大家对于贯彻执行中央关于商业工作问题的决定,对于切实改善经营管理,都抱着严肃认真的态度。绝大多数同志都在积极地想办法,没有胃难情绪,没有怨气,这种态度是好的,这种思想情绪是健康的。希望大家能把这种思想和态度带到全国各个商业单位中去,使全国几百万工作人员统一思想,统一认识,鼓足干劲,把商业工作大大提高一步。

(二)

在经营管理工作中应当抓什么的问题

改善商业企业的经营管理,应当以降低商品流通费用、提高服务质量为中心。商品流通费用有许多指标,包括运费、损耗、装卸费、保管费、挑选整理包装费、管理费、利息、工资,等等。这些指标反映着商品从生产部门到消费者手中所消耗的人力、物力和财力,涉及商业企业经营管理的各个方面,是经营管理工作做得好与不好的一个主要标志。只有切实降低商品流通费用,才能实现减少亏损、增加盈利的要求,为社会主义建设积累更多的资金。只有切实降低商品流通费用,才能为降低商品的销售价格创造有利条件,使农业部门和工业部门买到更便宜的生产资料,使消费者买到更便宜的商品,更好地为农业生产,为工业生产,为人民生活服务。

目前商业各部门的商品流通费用水平,比过去的正常水平高出很多,值得严重注意。必须采取领导和群众相结合的方法,认真动员群众,对每一项费用指标,进行具体分析,研究费用水平提高的原因,找出降低费用的方法,并且根据1963年的商品流通计划和财务收支计划,制定出一个积极的,接近过去正常水平的1963年商品流通费用计划,作为改善经营管理的奋斗目标。应当采取由上而下地提出具体要求,由下而上地提出具体计划的办法,把降低费用的指标,具体落实到每一个批发企业和零售企业的基层单位,动员广大职工群众,为实现降低费用的计划指标,为全面改善经营管理而奋斗。

在具体工作上,当前最重要的是要紧紧地抓住以下五个问题:

第一,要抓减少经营环节问题。要减少经营环节,改进购销关系,逐步恢复和建立合理的经济联系。要特别注意解决日用百货、小商品、小土特产品、副食品这几个方面的问题。

(1)应当把批发单位的包销和零售单位的直接选购很好地结合起来,并且认真改进商品调拨和商品运输方法。总是说必须强调计划,但是还要有必要的灵活性。对关乎国计民生的大宗商品,由国营批发商业统一包销、再由批发单位转给零售单位是必要的;但是,对一些品种繁多的小商品,就不应当都由批发公司包销再转手给零售单位了。目前的问题,是包销的范围大了一些,流转环节过多了一些。包销范围过大,使零售商店不能根据消费者的需要直接向工厂订货进货,商品品种就越来越少了,工厂也觉得反正不愁销路,对于产品质量不像选购时那样关心了。今后应当逐步地适当地缩小包销的范围,适当地扩大选购范围,组织零售商店在计划的指导下直接向工厂订货进货。

(2)应当逐步恢复零售商店的多种进货来源。为了减少转运的环节,节省运输费用,可以由批发站与零售店商定;商业与工业商定,对一部分商品和原料实行就厂直拨,就车站直拨,就码头直拨,就仓库直拨,就产地到销地直拨的办法。

(3)应当合理地安排地区之间、各个商业部门之间的商品流转。目前许多地方按行政区划而不按经济区划组织商品流转,形成商品倒流。今后应当按照经济区划组织商品流转和设置商业经营机构,恢复合理的"跨区供应"办法,恢复过去各个地区之间合理的经济联系。各级批发站要根据经济核算的原则组织商品的直达运输,避免迂回运输。对于日用工业品,应当逐步改变各省、市、自治区“差额调拨”的办法,实行统一调拨。在这里提出了这样一个问题,二级批发站,中央商业部门应当考虑收回一些才好。

第二,要抓改善商品保管,减少霉烂损失。

商业部门国家的委托,为人民经营和保管着大量的宝贵财产,其中有几百亿斤粮食,有几百亿元各式各样的商品。这些都是人民辛勤劳动的成果,“一楼一粟,来之不易”。我们有责任把这批巨大的物资保管好,经营好,不亏短,不丢失,不霉烂,不损失。我们必须以对党对人民负责的态度,以我们应有的党性,严肃认真地对待这个问题。目前要特别注意改善鲜活易腐商品(肉类、鱼类、蛋类、蔬菜、水果类)、古巴糖和针棉织品的保管。

改善保管包括一系列复杂细致的工作。任何一种商品,包括消费品、农业生产资料和工业原料,从收购开始,如何严格检验质量,如何搞好包装,如何减少装卸运输过程中的损失,如何做好仓储管理,一直到经过零售商店最后交到消费者和使用单位手中,每一个环节都要仔细研究,制定出必要的制度和科学的管理办法,并培养这方面的专门人才。对商业人员特别是技术人员决不能随意调动,便于他们熟悉情况,钻研业务,“熟能生巧”。前几年人员调动过分。使工作受到了很大损失。这个教训,再不能重复了。

保管商品是一门科学。商业部门要对所有重要商品进行检查和测定,把各种商品在一定条件下的自然损耗,逐步地定出限额来。实际损耗超过自然损耗的限额,必须找出原因,加以改进。要做到责任分明,有奖有罚,坚决消灭无人负责的自流和混乱现象。

农产品收购工作,不仅要进度快,而且要做得细致,符合改善经营管理的要求。进度快和工作细致之间存在着矛盾,但是只要安排得好,这个矛盾是可以解决的。收购粮食要注意晒干扬净。收购棉、麻、烟等经济作物,要注意分等验级。不论粮食和经济作物,都要做到过秤准确,手续清楚,并且尽量减少过秤、装卸、转运、入库中的抛撒损失。

第三,要抓收购和分配商品对路。

前几年商业部门由于盲目收购工业品,不注意检验商品质量和其他一些原因,给国家造成严重损失。这一深刻教训,必须牢牢记取。这笔损失,从损失的环节来分析,主要集中于二、三级批发站,今后必须特别注意加强二、三级站的工作,把好进货的口子。

1961年底以前的有问题的商品,经过清仓核资,已经进行了清理。1962年初以来,盲目采购的现象比过去大大减少了,但是还没有消灭。在大力降低流通费用的同时,还必须防止盲目采购,防止造成新的积压损失。

盲目采购是不对的;缩手缩脚,该购不购也是不对的。这里的问题,在于正确制定采购计划,订好收购合同,坚持按计划、按合同办事。

分配商品,也要防止盲目性。城市和乡村的需要不同;同是城市,或同是乡村,各个地区需要不同,各个季节需要不同。要很好地调查研究,了解消费者的需要,把每一种商品分配到最需要的地方去。过去由于盲目分配而加大运输和保管费用,造成积压损失的教训是不少的。

第四,要抓提高服务质量,尽可能便利群众。

现在不少商业单位服务质量不高,服务态度不好,群众意见很多。

服务质量所以不好,是因为有些同志存在着不正确的思想:一种是从商业部门本身的方便考虑多,从群众的方便考虑少;一种是认为目前某些商品不足,没有办法提高服务质量;还有一种,是认为某些商品横直就这么多,服务态度差一些照样能把商品卖掉,完成任务。这些都是群众观点薄弱的表现。社会主义商业是为群众服务的商业。一切办法要首先从群众的要求出发。农产品收购,应当便利于出售农产品的农民;消费品的供应,应当便利于广大的消费者。这一条是我们要时刻谨记的。

提高服务质量,应当针对当地存在的实际问题,加以解决。例如,零售点设置太少的,要适当增设零售点;流动售货太少不能适应群众需要的,要适当增设货郎担、售货车,游街串乡,营业时间不便利群众的,要适当调整营业时间;服务态度不好的,要改善服务态度;等等。国营零售商店定期开消费者代表会议、职工代表会议,供销合作社定期开理事会、监事会、社员代表会议,“三参一改”制度(干部参加劳动、职工参加管理、居民参加监督,改善经营管理),这些都是过去行之有效的经验,应当迅速加以恢复和健全。

一般零售商店要提高服务质量,理发、洗澡、旅店等服务行业工作。要对这些人进行教育,同时更要注意提高服务行业人员的社会地位。

对于若干重要商品，实行凭票证供应的办法。在目前供应不足的情况下是必要的。以后应当随着生产的发展和商品的增加，逐步缩小凭票凭证供应的范围，尽可能地简化票证手续，以便利消费者，减少商业部门的工作量。

第五，要抓经济核算，有亏损的单位大力扭转亏损，没有亏损的单位努力增加合理的利润。

社会主义商业工作人员必须有明确的经济核算思想，必须力求降低流转费用，为市场提供比较便宜的商品，为国家提供更多的积累。只注意完成购销任务，不问费用高低，不问赔钱赚钱，大手大脚，对于商品损耗无动于衷，这是对国家对人民不负责任的表现。经济核算要全面地检查和提高企业经营的成果。前面所说的减少流转环节、改善商品保管、减少商品损耗，收购和分配商品要对路以及提高服务质量，等等，都是同经济核算密切联系的。

1962 年预计，粮食部系统、商业部系统、供销合作社、外贸系统等，都有些亏损，商业各部门的亏损，特别是粮食部门的亏损，大部分是由于国家在价格政策上，为了保证广大人民生活的基本需要，在购价提高以后没有提高销价而造成的，但是，也有相当大的一部分是由于经营管理不善而造成的。各个商业部门应当作一次认真的分析：整个亏损中有多少是政策性亏损，有多少是经营性亏损，划清两者之间的界限。决不能拿政策性亏损来掩盖经营性亏损。属于经营性亏损的，属于经营性亏损的，要查明具体原因，提出有效措施，限期加以扭转。

根据中央的要求，经营性亏损，1962 年四季度就要扭转一批：1963 年第一季度扭转一批；剩下的最迟要在 1963 年第二季度扭转。现在应当立即动手；一抓到底，贯彻始终。中央扭转亏损小组，中央各个商业部门，已经提出 1963 年减少亏损的指标，要迅速落实，保证实现，只许超过，不许减少。

各商业部门要对商业亏损和经营情况进行分析排队：地区排队、行业排队、单位排队、商品排队。从商品排队来看，目前商业部经营的商品中，赔钱最多的是肉食、禽蛋、煤炭、蔬菜、食盐等几种商品。对这些重点亏损商品，应当逐项摸清问题，逐项具体解决。

为了有效地加强经济核算，目前经济核算单位过大的，应当适当划小。同时，要很好地把专业核算同群众核算结合起来。把专业人员的积极性同广大职工的积极性结合起来，共同努力，精打细算，增产节约。

财政银行部门要加强对商业部门的财政监督和信贷监督。1962 年中共中央、国务院关于财政工作和银行工作的两个“六条决定”，应当继续坚持执行。这是促进企业加强经济核算的一个重要条件。

总起来说，以降低商品流通费用、提高服务质量为中心，一要抓经营环节，二要抓运输保管，三要抓收购和分配对路，四要抓服务质量，五要抓经济核算。这五项是目前经营管理中迫切的重要的问题，要紧紧地抓，好好地抓。当然，降低流通费用和改善经营管理的具体措施，必须服务于农业生产，促进工业生产、促进全民所有制和集体所有制经济的巩固、促进人民生活逐步改善的任务，必须以执行国家政策、完成国家计划为前提。任何违犯国家、违犯国家计划、任意加重其他部门和群众的负担、片面追求利润的做法，都是不能允许的。

扭转亏损、增加盈利，除了商业部门本身问题应当自己解决以外，还有涉及其他方面和其他部门的问题。对于这些问题，应当主动地提出意见，商同有关部门或报请党委和主管机关批准后解决。这些问题当中，有价格问题、商业补贴问题、轻工业企业和手工业合作社的经营规模问题、交通运输问题等。

关于价格问题，应当进一步加强物价的集中管理，具体划分级物价委员会的管理权限，防止和克服物价管理中某些不适当的分散和紊乱现象。工业品的出厂价格，应当继续执行“合理经营，中等标准，鼓励先进，推动落后”和“按质论价，优质优价”的原则。各地应当认真执行中共中央、国务院十月二十六日批转全国物价委员会关于提高部分商品销售价格的报告。有些国家不应当赔钱的小商品如儿童玩具、扑克、象棋、香粉之类，现在仍然赔钱的，应当按照中央和国务院 1962 年 5 月 23 日批转财贸办公室《关地调整北京市某些主销农村小商品价格的报告》加以调整，以减少不应有的亏损。

关于商业对工业产品的补贴问题，应当说这种做法掩盖了某些工业产品质次价高、成本过高的问题，实质上开了财政补贴的“后门”，使国家无法进行财政监督，不利于工业生产的改善和商业的经济核算。今后对于所有国营工业企业，应当坚决执行中共中同、国务院《关于当前城市工作若干问题的指示》中的规定。工业亏损由财政按核准的数字给予补贴,商业补贴应当逐步停止,国家经季和国务院财贸办公室应当组织专门力量,进行试点,划清政策界限,规定具体办法,逐步推行。那些质量低劣、没有销路而又赔钱的产品,应当坚决停止生产。至于某些集体所有制企业的一部分手工业产品,确实需要补贴而又不便于由财政补贴的,经省人民委员会核准,全国物价委员会同意可以继续由商业部门给予必要的补贴;但手工业品的补贴,严格限于人民生活必需的18类商品范围以内,凡是不属于18类的商品,一律不予补贴。

关于手工业的经营规模问题,几年来有不少手工业单位由小厂不适当地并为大厂。并厂以后,有些产品的品种减少,式样单一,质量下降。他们的产品都由国营商业包销;而国营商业包销的结果,反转来又助长了手工业产品单一化的倾向。这是目前小百货、小手工业产品和许多副食品品种减少、质量下降的重要原因之一。中央手工业三十五条下达以后,情况有了一些改变,但是问题还没有解决。传统的合理的做法要恢复,但也不应当完全恢复老样子。这就需要在各级党委的领导下,由商业部门协同工业部门和手工业部门一起,很好地调查研究,一个行业一个行业地弄清过去的历史情况,结合现在的新条件,提出具体方案,逐步地加以解决。

关于交通运输方面的问题,例如铁路运输和汽车运输中防止商品亏短损失问题、适当增加零担运输问题、及时发运减少积压问题,等等,都需要同有关部门很好的协商,逐步解决。今年铁道部专门用直达快事运输对港澳出口的鲜活商品,效果很好。原来从武汉到深圳需要一百四十四个小时,改用直达快车只需五十二个小时。速度快了,损耗就大大减少了。这是一条很好的经验。

(三)

前面谈了对改善经营管理的认识问题,谈了抓什么的问题,现在谈谈怎样抓的问题。

在商业部、供销合作总社、粮食部、对外贸易部各部系统的一切单位中,都要开展一个改善经营管理的群众运动。这个运动既要轰轰烈烈,又要扎扎实实,既要广泛地发动群众,又有坚强的集中领导。商业部门有几百万职工,把他们发动起来,会想出很多好力法来,同时还要主动征求城乡消费者和各有关单位的意见。要把各方面的意见集中起来加以研究分析,分别轻重缓急,抓住重点,寻根求源,找出实际解决问题的具体办法,有领导、有步骤地解决问题。我们的商业领导部门,必须下决心克服工作不深入的弱点。有了广泛的群众运动,又有了深入细致的工作,就能收到更大的实效。

商业企业的改善经营管理运动,一般可以采取过去商业职工已经习惯的“五好运动”的方式。目前商业部门开展“五好运动”的具体要求应当是:(一)降低商品流转费用;(二)减少商业经营环节;(三)消灭商品的不合理损耗;(四)收购和分配商品对路;(五)提高服务质量,改善服务态度。当然,以上这五项具体要求,都必须从“发展经济,保障供给”的总方针出发;都必须以贯彻执行促进农业生产和工业生产的发展、巩固农村人民公社集体经济、做好对城乡人民的商品供应工作和坚决同投机倒把作斗争等项商业基本政策为前提。在对外贸易部门,还必须注意到在对资本主义国际市场的斗争中取得胜利。

通过这次运动,要对过去商业经营管理的经验进行一次清理和总结。1958年以前,我们有许多好的经验,也有一些缺点;1958年以后,我们有许多好的经验,也有一些缺点。现在应当通过领导与群众相结合的办法,把各个时期好的经验加以总结和提高,以便结合当前具体条件加以运用,解放以前旧商业的经验中有益于人民的部分,也应当加以吸收和发扬。对于过去的红旗单位和红旗手,也应当进行一次鉴定。好的,要高高举起;一部分好一部分有缺点的,加以整顿提高;虚假不实的,进行妥善处理。在这个基础上,进一步开展群众性的“五好”运动。

各个商业部门都要认真地建立和健全各项规章制度,把开展群众运动同健全规章制度结合起来。规章制度中,有一个部门的统一的制度,有分行业的制度;有批发的制度,有零售的制度;有全国性的制度,有本地区的本单位的制度。这些制度都要逐步订立和健全起来。任何规章制度,都有一定的约束和限制作用,同时,也有一定的促进作用。不限制浪费,就不能促进节约。规章制度建立和健全以后,有些同志可能感到“不自由”、“不舒服”,他们可能有意见。我们应当准备同这种忽视规章制度的思想做斗争,合理的意见要听取,不合理的意见，要顶住。

（四）

要进一步做好商业工作，要改善商业的经营管理，还必须解决商业队伍的充实和提高问题。

我们的商业队伍总的说来是一支好队伍。绝大多数同志都是为发展社会主义商业勤勤恳恳地工作的。去年以来，在中央和各级党委的领导下，对于商业队伍进行的精简和调整工作是有成绩的。但是，正如十中全会商业文件所指出的，当前许多地方的国营商业单位和供销合作社，仍然存在着机构弱、骨干少的问题，同目前商业工作的任务不相适应。

目前队伍的问题究竟是数量不足还是提高质量的问题呢？决不是数量不足的问题，而是如何提高质量的问题。现在有这样一种思想动态，甚至每天都可以听到这样的说法，工作要搞好或者要进一步做好工作，每一钱不够，要给钱，第二人手不足，要加人，甚至有意或无意地讲减人过多。这种思想是不对的，应当注意。否则，一个时候又要出现人浮于事的情况。过去的教训应当牢牢记住，不能再反复了。是的，有些地方、有些行业、有些业务部门人少了一些。但是从整个商业队伍看，人员仍然是多了。

当前国营商业和供销合作社商业队伍的根本问题是质量问题。所谓质量问题，大体上缺少三种人：第一，是领导骨干，政治骨干；熟悉业务的老商业职工，科学技术人员，财务会计人员；第三，是青年，新生力量。

迅速配备和培训财务会计人员，是一个十分重要的任务。现在不只商业部门缺乏会计人员，工业部门、交通部门和其他部门也很缺乏。这种现象大大地妨碍着经济核算的加强。希望各地党委和财贸部门，尽可能开办一些会计人员学校或者训练班，为各部门培训会计人员。这是加强企业管理、整顿经济秩序的一个重要条件。

怎样提高商业队伍的质量？

第一，继续进行精简和调整。商业、粮食、外贸部门所属的工业，职工精简计划还未完成的，要努力完成，企业应当调整裁并的，要调整裁并。

第二，进一步纯洁内部组织。

第三，请各级党委从其他方面调配和尽可能实行“归队”。十中全会商业文件中规定，各地要补充一批有一定的政治水平和实际工作锻炼的干部，去担任各级国营商业和供销合作社的领导工作。同时，有计划地选调一批知识青年和复员军官到商业部门，加以培养。

加强商业队伍，主要的应当是更好地发挥现有人员的积极性。在这方面还有很大的潜力。

怎样更好地发挥现有人员的力量呢？

第一，要政治挂帅，加强政治思想工作。现在有些商业人员政治情绪不饱满，干劲不足，呀作不负责任，少数人沾染了资产阶级的思想作风，在个人利益上打圈子，“走后门”，占便宜，热衷于个人“副业”，甚至内外勾结，发生贪污盗窃行为。必须加强社会主义的政策教育，通过对十中全会商业文件的学习，加强党的方针政策教育，开展批评与自我批评。情节严重的，要给以应得的处分。

第二，学习业务知识，是一个迫切的任务。现在社会上对我们有一个尖锐的批评，就是“卖什么不懂什么”，卖瓜的不懂瓜，卖肉的不懂肉。商业人员，包括领导人员和一般职工，不仅要从社会科学方面研究商品问题（政策、制度等），而且要从自然科学方面研究商品问题（商品的性能、保管、使用、修理等），研究“商品学”。对外贸易部门要加强对国际市场情况的调查研究，熟悉国际贸易动态。从旧社会来的老的商业职工，在长期的实践中，积累了许多商品学的知识。新的科学技术人员、工程师、技师等，也有许多这方面的知识。对于这些老的和新的人员，应当很好地发挥他们的专长，虚心向他们学习知识，帮助他们克服缺点。不要只看到他们的某些缺点，不要害怕他们，甚至加以排挤。现在商业部门中有经验的老职工和专门技术人员，比过去少得多了，这是一个很大的缺点。应当逐步增加。同时，应当鼓励所有商业职工刻苦钻研业务，要锻炼出更多的社会主义商业工作的专家，要实事求是地制定出商业系统技术人员的级别制度。

第三，学习文化，对于商业职工中大多数文化水平不高的职工来说，也是一件很重要的事。社会主义的商业应当是有文化的商业。学政治、学业务，是离不开文化的。对外贸易部要学习外文。

第四，要在可能范围内解决职工的工资和福利问题。目前有些职工工资该调整的长期没有调整，有些职工家庭生活很困难。这些都影响到职工的积极性。1963年，在国家经济还有困难的情况下，这些问题还不可能全面解决。但是根据中央关于城市工作的指示,1963年可以对一部分职工的升级、转正问题适当地加以解决。对于生活十分困难的职工应当按照国家规定发给一些补助费。这方面可用的钱不多,各级商业部门和单位,要很好地使用这笔钱,把它用得合理,使那些最迫切的问题得到解决。职工的工资制度,应当逐步加以改进。一般可以实行基本工资加奖励的办,有的可以实行计件工资的办法,以调动职工的积极性。此外。职工的健康和劳动保护问题,也必须加以注意。

第五,要改进企业利润留成的办法和职工奖金制度。目前许多地方,企业利润留成,完全集中在各级商业局,由商业局统一使用,基层商业单位的利润百分之百上缴。这样,虽然对于集中财力、防止浪费有一定好处,但是不利于提高各个公司、各个企业单位改善经营管理、降低流通费用的积极性,不能把国家、企业单位和职工群众的利益结合起来。因此,今后应当酌量给各个企业单位留用一部分,他们可以用这些钱来作职工福利、奖励先进工作者和改善经营设备的开支。当然,各个行业的留成比例,应当分别规定,这是一个细致的工作,要经过调查研究,逐步推行。职工的奖金,许多地方采取平均主义的办法,起不到鼓励积极性的作用,也应当逐步加以改进。

(五)

进一步做好商业工作,改善经营管理,充实商业队伍,所有这些,不仅要依靠中央各商业部门的努力,更重要的是依靠各地党委、地方党委的坚强领导,是做好商业工作的根本保证。

在经营管理问题上,中央各商业部门应录做好四件事:

(一)在认真调查研究的基础上,订立各项规章制度;

(二)做好重要商品的调拨计划和资金的统一管理工作;

(三)总结先进经验,并加以介绍和推广;

(四)经常进行督促检查,反映情况,提出改进办法。

中央各商业部门,如果做不好这四件事,就是没有尽到自己的责任。

商业工作的特点,一方面它集中的,如重要商品的统一调拨,资金的统一管理,等等;另一方面又是分散的,全国几十万个商业单位和门市部,分布在城市、乡村,一直到偏远的角落。要全面地改善经营管理,要把分散在全国的几十万个商业单位和门市部的经营管理都管好,光靠制度是不行的,主要是依靠地方党委的具体领导。经营管理是一项复杂细致的工作,许多具体问题必须依靠地方党委就地处理,就地解决。对外贸易工作,也要依靠各地党委和各有关部门。希望各地党委特别抓紧出口货源的组和收购工作。

事实证明,只要地方党委认真注意,工作就能够做得好。这里可以举出北京市委的例子。北京市委首先抓住同广大人民生活关系十分密切的蔬菜问题,解决了蔬菜生产和供应中许多具体问题,供应数量充足,品种增加,质量改善,得到了广大群众的好评。市委最近又改变市内的商业管理体制,把过去下放的零售系统集中于市一级来领导,同时在减少经营环节、增加零售网点、提高服务质量方面,也正在积极地进行工作。所有这些,主 是依靠市委的力量,单靠商业部门是做不到的。其他地区,像北京市这样的例子还有不少。希望各地党委都能够像北京市委这样认真地抓商业工作。

我们十分欢迎各地党委经常地对中央各个商业部门提出批评和建议,同时,也要求各地党委负起责任来。只有依靠各地党委的坚强领导,同时各个业务部门认真发挥自己应有的作用,两个方面共同努力,才能实现大大改善商业经营管理的要求。

(选自《工商行政通报》第231期,1963年2月16日)

十、中华全国供销合作总社发出指示积极开展自营业务活跃物资交流

(1963年5月20日)

入春以来,全国农村市场情况比预计好转得更快、更好一些。各地农副产品,特别是粮、油、猪、禽、蛋等主要农副产品的上市量普遍增多,供销合作社第一季度的购销计划完成得较好,比去年同期有所增加,集市贸易价格节节下降,城乡商品供应的紧张情况显著缓和。如果今年有一个较好年景,夏收以后,特别是秋收以后,各种农副产品的上市量还会增加很多,集市贸易价格还会继续下跌。应当肯定,总的形势是大好的。这是两年多以来贯彻

执行党的以农业为基础以工业为主导的总方针和一系列重要政策措施的结果，是国民经济进一步好转的重要标志。

但是，另一方面也应该看到，目前农副产品的生产还没有恢复到1957年的水平，还不能适应国民经济的发展需要。无论从全国或从一个地区来看，物资决不是多了，而是不足；各种农副产品的集市价格，除个别地区个别品种外，还高出牌价很多，特别是粮食和油料高出更多。下半年是收购旺季，货币投放增加，商品消费需要量将有很大的增长。对当前这种形势及其可能变化，必须有足够的估计。

在市场供应由紧张趋向缓和，货币流通量由过多趋向正常，物价节节下落的情况下，社会上重物轻币的心理起了变化，生产者急于出售，消费者等待观望，是自然的、合乎规律的现象。但是，另一方面，许多农副产品，特别是粮、油、肉等主要农副产品在地区之间的余缺情况极不平衡，集市贸易价格悬殊很大，产区农民迫切要求出售，市价一跌再跌，仍然卖不出去；销区价格还很高，平抑不下来，销售不畅；城乡和地区之间物资交流不活跃，许多地区农村市场有呆滞现象。这种情况不能认为是正常的；农村钱紧，城市职工购买力低，固然有一定影响。但更重要的，值得我们严重注意的问题是：地区封锁现象依然存在，有的地区甚至采取控制价格的办法，人为的阻塞物资交流；许多地区供销社库存过大，既不肯降价推销，又不愿积极收购，销区也不愿进货；不少地区的自营业务已经陷于半停顿甚至完全停顿的状态；今年一季度以来，供销社自营业务占集市成交总额的比重逐月下降，由13%降到9%。

这种情况，显然不利于生产，不利于平抑物价，不利于逐步代替私商和打击投机倒把。如果我们听其继续发展，不立即采取措施，进行有效的调节和平衡工作，把农村市场的呆滞局面搞活，使物资在全国范围内畅通起来，就会在政治上犯错误。为此，特作如下指示，希认真贯彻执行。

（一）各地供销合作社必须在保证完成计划任务的同时，立即把自营业务开展起来，把物资交流搞活，彻底扭转不从政治上考虑，不从整体利益和长远利益出发，只顾眼前和局部利益，单纯在盈亏上打圈子的经营思想和经营作风。供销合作社是社会主义商业，是党在农村商业战线上的主要工具，其工作好坏的标志，首先在于是否通过购销活动有力地支持了生产，巩固了人民公社的集体经济，平抑了物价和打击了投机倒把分子；它的一切业务活动必须以此为前提和依据。

为了迅速地扭转目前市场的呆滞局面，各地供销合作社对于农民需要出售的农副产品，凡是有用的、经过积极努力可以找到销路的，都必须坚决及时地收购起来。对于目前销路不畅的产品，应加强指导，提高产品质量，降低生产成本，有计划地组织收购。对于收购进来的物资，能够就地销售的，要就地销售。需要储备的，县以上社应当注意保持合理储备。需要外调的，上级社要及时组织，调剂到需要这些物资和价格较高的地方去。对于现有库存的议价商品，无论就地推销或上调，凡是应该降价销售的，必须坚决降价销售。在就地销售和上调以后还有多余的物资，县以上各级供销合作社应当根据本地区内农副产品的余缺情况迅速召开各级物资交流会，进行余缺调剂。全国总社准备在6月左右，召开全国性的物资交流会议，组织各省、区之间的物资交流。请各地早作准备。

在目前各地集市贸易价格不平衡，两种价格的差距还很大的情况之下，我们必须善于利用商品流转的自然规律，有计划地组织余缺调剂，将物资从价格低的地方买进来，调到价格高的地方去卖，才能真正有效地平抑物价，使物价过高的地方逐步下降，使物价偏低的地方不致下降过猛；也只有这样做，才能做到总的有利不赔，才能真正有利于生产，有利于打击投机倒把和代替私商，扩大社会主义商业阵地。那种人为地控制价格和地区之间相互封锁的做法，都是不对的，是违反商品流转的客观规律的，结果只会有利于投机倒把活动。

按照上述办法，上下级社之间、城乡与地区之间密切协作，相互支援，步调一致，行动一致，在国营商业领导和支持之下，把全国供销合作社系统的自营业务搞活，无论从整体看或从一个较长时期来看，经营结果完全有可能做到有利不赔。即使一时一地、一项商品经营发生亏损，只要是符合上述原则，并实现了以上要求，在经营中又努力做到了减少环节和降低流转费用，也应该是允许的，是正确的。因为在经营中，特别是在物价节节下降的情况下，总是要有赔有赚，这里赔那里赚，总的做到有利不赔。反之，单纯从一时一地和本身利益考虑，该收购的不愿收购，该销售的不肯销售，该上调的又不服从上调,因而把市场搞死,影响了生产,损害了群众利益和国家利益,给投机私商以可乘之机,即使在经营上没有亏损,甚至有盈利,也是错误的,应当受到批评。

至于库存积压物资,由于过去进价高,现在降价推销,因而发生了亏损,那是不可避免的;在物价继续下落的情况下,越是待价惜售,赔钱越多。需要削价处理的"三清物资",也应本此精神积极进行处理,不能为了保持账面上暂时不表现亏损的假象,而招致以后更大的亏损。

(二)各地供销合作社开展自营业务所需要的流动资金,首先应当从积极处理库存积压,扩大购销业务,勤进快销,加速资金周转中去解决,尽可能减少贷款需要。

各地供销合作社根据扩大自营业务需要,流动资金确实不敷的,可依照全国总社与中国人民银行总行4月30日的联合指示,实事求是地申请增加贷款。至于有些供销合作社由于过去盲目高价收购,库存超过合理贮备需要,目前又仍在待价惜售,不愿积极推销,以致占压资金过多,周转不灵,因而缺乏流动资金的,根据上述指示精神,不应再增加贷款指标。还有些供销合作社怕物价下落经营赔钱,虽有贷款指标,也不愿用来开展议价购销业务,也是错误的,应当纠正。

(三)目前全国各地正在积极开展增产节约和改善经营管理运动,有些地区县以上供销社的"五反"运动也开始进行。为了有效地加强对自营业务的领导,各级供销合作社应当根据运动、业务两不误的要求,指定理事会主任或副主任一人专职负责,并组织一定力量,在党委、理事会的统一领导下,把所属地区的自营业务积极地有计划地开展起来。

关于各地区间物资的余缺调剂,上级社对下级社必须实行集中领导,统一计划和统一调度。按照目前计划商品分级管理权限的规定,属于哪一级管理的商品,自营业务原则上也应由哪一级负责管理。属于中央管理的一、二类物资(包括供销合作社系统内和系统外的商品),各省(市、自治区)供销合作社的自营业务计划,全国总社今后要加强管理;其省际之间调拨部分,由全国总社组织调拨或直接经营;这些商品的收购和调拨计划,由全国总社统一掌握,盈亏也由全国总社负责。关于计划管理、统一调度和作价等若干具体办法另行下达。

目前市场正处在迅速转变的过程中,供求情况和价格情况变化较大,各级供销合作社必须加强调查研究,经常了解各种农副产品的生产情况,商品量、上市量、生产和消费需要、市场价格变化以及私商活动等情况,认真掌握农村市场的发展变化规律。

(选自《工商行政通报》第239期,1963年6月14日)

十一、中华全国供销合作总社关于主要三类和计划外二类农副产品统一安排统一调度试行方案

中华全国供销合作总社最近制定了关于主要三类和计划外二类农副产品统一安排统一调度的试行方案,内容摘要如下:

今年上半年,全国农副产品的购销情况,在工农业生产进一步发展的基础上,农村市场形势显著好转,并且正在进一步好转。但同时也出现了一些值得注意的新问题。突出的是:推销不力,某些商品积压,渠道不畅,影响生产。为了迅速有效地改变这种状况,必须改善与扩大三类农副产品的经营,使这些物资在全国城乡、地区之间货畅其流,以便有效地在全国范围内平抑集市贸易价格,打击投机倒把,巩固社会主义商业阵地,更好地支援工业生产和出口贸易,以及有效地处理某些呆滞农副产品,以进一步促进农副业生产的发展,进一步巩固人民公社集体经济。为此,各级供销社必须大抓以阶级斗争为中心的社会主义教育,不断提高全体职工的政治思想水平,克服单纯商业观点和资本主义经营思想,使他们充分认识做好三类农副产品的购销业务的经济意义和政治意义。在业务经营中,必须适当地集中统一,加强计划性。上级社必须采取有效措施,帮助下级社解决经营中的实际困难。为了大力加强收购,充实市场货源,积极克服某些商品的滞销和积压现象,活跃城乡之间和地区之间的交流,以便更好地支援农业生产和工业生产,改善市场供应,全国总社决定:在目前情况下,对若干主要的三类农副产品和计划外二类农副产品在全国范围实行统一安排和统一调度。进一步做好三类农副产品的收购和推销工作,为争取市场情况和国

民经济更大的好转而努力。

一、三类农副产品品种繁多,零星分散,规格复杂,季节性强,地区性大。因此,在经营管理上必须根据不同产品的产、销情况进行细致的分类排队。上级社对若干品种实行统一安排、统一调度,必须同充分发挥下级社的经营积极性相结合,贯彻上级社为下级社服务,下级社服从上级社统一调度的原则。

基层社负责农副产品的直接收购,其主要任务应当是深入人民公社、生产队,充分了解农村各种土副产品的生产情况与出售要求,根据以农为主、以副养农、综合经营的方针,帮助人民公社和生产队安排好集体副业和社员家庭副业生产;而主要的是扶持社队的集体副业生产的发展,并根据上级社批准的计划或合同规定,积极进行收购。地产地销产品,要组织产销直接见面,有条件时基层社也可经营一部分。行销范围较广的大宗产品,上级社应采取委托基层社代购或差价包干的办法,使基层社在合理经营的条件下做到有利不赔。上级社对于基层社根据计划或合同收购的产品,必须全部及时接收;推销、储备和盈亏责任由上级社全部负担,不能让基层社背包袱。对于未列入计划或合同的产品,基层社销售有困难时,上级社也应积极协助解决。其他委托基层社收购农副产品的部门,对于基层社根据计划或合同收购的产品,必须全部及时接收起来,以利于生产。在收购中,基层社必须认真改善经营管理,严格按照合同或协议规定的规格、质量和价格进行收购,防止盲目收购。

县社既是基层社收购工作的直接领导者和组织者,又是推销农副产品的重要环节。因此,县社必须经常了解基层社农副产品的收购情况,加强对基层社收购工作的指导,及时帮助他们解决工作中的困难和问题;保证他们能够正确地贯彻执行党与国家的收购政策和上级社的指示决定。对于基层社收购的农副产品,无论计划内的或计划外的,只要符合规格和质量的要求,可以找到销路的,就应当积极接收,并大力组织推销。上级社有计划调拨任务或订有合同的,应当按照计划或合同规定及时上调。未列入计划或合同的部分,县社自己推销有困难时,也应及时报请上级社协助解决。为了保证本县的供应需要,县社应有合理库存。

省、市、区社应当努力做好本省、市、区范围的农副产品的交流工作。组织省、市、区内地区之间的余缺调剂,并根据全省、市、区城乡生产和消费需要,必须有合理的库存。对于县社当前已经积压的商品或推销有困难的农副产品,只要规格质量基本上合乎要求,暂时没有销路,经过努力可以打开销路的,都应当收购起来,积极进行处理,帮助县社解决困难。

省、市、区社处理有困难,可以在全国范围内调剂以及需要全国范围内统筹安排的农副产品,由全国总社负责经营或组织交流或进行储备。

二、本方案由全国总社和省、市、区社两级负责执行。凡在省、市、区范围内统一安排、统一调度的农副产品,下级社根据省、市、区社下达的计划和价格所收购的三类农副产品以及二类农副产品,盈亏由省、市、区社负责。在全国范围内统一安排、统一调度的农副产品,盈亏由全国总社负责。由省、市、区社统一安排、统一调度的农副产品,全国总社认为有必要在全国范围内进行调剂时,全国总社可以调度。对于各省、市、区超计划收购的畅销或行销的若干三类主要农副产品和计划外的二类农副产品,应本着全面安排,省、市、区内外兼顾的原则,由全国总社调拨一部分,以利全面平衡。属于一时滞销的,但可以在全国范围内交流的产品,应全部收购起来,除省、区内需要部分外,其余由全国总社负责调拨和储备。省、市、区社和全国总社统一安排、统一调度的农副产品,无论是直接经营或组织调拨,都应当减少经营环节,节约流转费用。

全国总社统一安排、统一调度的农副产品范围如下:

1.少数地区生产,全国或多数地区需要的;

2. 供应军需、援外、防汛、出口等特需物资和重要的工业原料;

3. 目前各省、市、区积压的农副产品,省内调剂有困难,可以在全国范围内调剂的;

4. 规格质量基本上符合要求,暂时无销路,今后有销路的。

属于下列情况之一者,不在统一安排、统一调度之内:

1.质量过于低劣或霉烂变质,无法销售的;

2.属于地产地销,不适合长途调运的;

3."三清"物资。

按照以上范围,全国总社统一安排、统一调度的三类农副产品和计划外二类农副产品,暂订为82种。

三、计划管理和经营办法：

1.计划管理

全国总社统一安排、统一调度的三类农副产品，应由各省、市、区社上报收购品种、数量、价格和要求总社推销的计划，全国总社根据各省、市、区社上报计划和全国范围的调剂需要，下达调拨计划。

全国总社统一安排、统一调度的计划外二类农副产品，各省、市、区应依照现行计划制度按时将收购的品种、价格、数量和省、市、区内销售以及上调计划报全国总社批准或备案。各省、市、区对全国总社统一安排、统一调度的部分，必须按质按量按时上调。

全国总社统一安排、统一调度的计划统计制度另行规定。

2. 经营办法

凡属全国总社统一安排、统一调度的农副产品，分别由全国总社各业务局归口经营。省、市、区社根据全国总社的调拨计划与全国总社各业务局直接联系办理。

具体经营办法有三种形式：第一，全国总社直接经营；第二，全国总社委托省、市、区社经营；第三，全国总社组织调剂。

各省、市、区事先未列入计划，省、市、区内推销有困难，需要全国总社协助解决的农副产品，可向全国总社各业务局或经与全国总社货栈接洽。凡是规格质量基本符合要求，可以在全国范围内找到销路，全国总社各业务局和货栈必须积极帮助解决，需要全国总社收购或储备的，应予收购或储备。

四、作价原则和价格管理办法：

1.作价原则

全国总社和省、市、区社统一安排、统一调度的农副产品，无论收购价、调拨价、销售价的制订，都必须坚决贯彻有利于生产，有利于消费，有利于平抑物价，打击投机倒把的原则。

2.价格管理办法

(1)全国总社统一安排、统一调度的农副产品的收购价格，凡按牌价收购的，要依照物价管理权限，由有关部门规定。凡按议价收购的，由省、市、区规定议价收购水平或最高限价，报全国总社备案。

(2)全国总社统一安排、统一调度的农副产品的调拨价格，属于全国总社管理的由全国总社规定，属于省、市、区管理的由省、市、区规定。调拨价格的规定，应当根据上述总的原则，使产、销两地经营都能有利或保本，产地利润一般大于销地利润，差额亏损由全国总社负担。

产区的调拨价格，按实际收购价格加合理费用和利润计算。产区经营环节一般按基层代购，一级经营，一级组织计算。个别商品必须经过集中以后调运的，按基层代购、两级经营计算。

按照国家牌价收购的农副产品，按照计划内的调拨价格作价。如现行调拨价格不合理，可以作合理调整，利润偏高影响销售的商品，适当降低利润。议价收购的农副产品，除税金、利息、损耗按合理费率计算外，其他费用和利润按相同商品计划内调拨价格的费用和利润金额计算。

总社调给销区的商品，一般按照产区的调拨价格作价，销区经营利润较大的商品，可按产区调拨价格加适当的储备费用作价。销区经营赔钱的商品，可以适当低于产区的调拨价格调拨，使销区经营保本或有微利。

(3)销区的销售价格，按照物价分工管理权限的有关部门规定的价格执行。必要时总社可以提出平衡意见。

(4)全国总社委托省、市、区社代管商品，由全国总社付给代管单位不超过0.5%的手续费。代管期间的保管费、翻仓费和损耗，按全国总社规定的定额计算，此项费用由委托方负担。

五、全国总社和省、市、区社实行统一安排、统一调度，对下级社价格补贴所需要的资金，先由全国总社用自有资金支付，到年终决算时，再用扩大调剂基金办法加以解决。

此项资金由全国总社和省、市、区社两级掌握使用。拨给各省、市、区社的补贴款由各省、市、区社自行掌握使用，补贴办法力求简便。提取、上交和使用具体办法，另行规定。

六、各省、市、区社可根据本方案精神，规定在全省、市、区范围内统一安排、统一调度的商品目录，并报全国总社备案。

供销合作社系统历来实行的管理体制，是“统一领导、统一计划、分级管理、各负盈亏”。现在，为了适应当前形势和今后工作发展的需要，对下级经营若干三类和计划外二类农副产品采取这种统一安排、统一调度的措施，是完全必要的。这个方案能否有效地顺利实行，其决定性的关键还在于各级供销社干部，特别是领导干部必须坚定阶级立场,分清资本主义经营和社会主义经营的思想界限,树立坚强的全局观点。坚决反对本位主义和分散主义的思想作风,反对单纯商业观点,把供销合作社的一切业务活动纳入社会主义计划经济的轨道上来。

(选自《工商行政通报》第 247 期,1963 年 10 月 18 日)

十二、国务院批转商业部、全国手工业合作总社关于改进三类日用工业品经营方针和流通形式的意见

(1964 年 6 月 26 日)

国务院同意商业部、全国手工业合作总社《关于改进三类日用工业品经营方针和流通形式的意见》,现在转发给你们,请结合本地区具体情况参照执行。

三类日用工业品的生产和供应,是关系到城乡人民群众日常生活需要的重大问题,是关系到几百万职工和手工业者的生产和生活的重大问题。各级政府必须加强对三类日用工业品的生产和供应工作的领导,每年都应当好好地抓几次。那种只抓大产品而轻视小产品的思想和做法是不对的。对于小商品的生产和经营,也要同其他工作一样,必须认真地自上而下地做好政治思想工作,坚持政治挂帅,否则,即使有了好的办法,也不能收到应有的效果。同时,各地在执行过程中,还应当注意继续总结经验,发现问题,及时解决,不断地提高三类日用工业品的生产和经营水平。

附:商业部、全国手工业合作总社关于改进三类日用工业品经营方针和流通形式的意见(摘要)

李先念副总理在全国财贸系统改善经营管理会议上指出:要研究商品的特点和规律,总结和改进商品的经营方针和经营方法,大商品要一个一个地研究,小商品要一类一类地研究。根据这一指示,商业部派出了工作组到长沙蹲点,对三类百货、文化商品(以下简称小商品)进行了调查研究。商业部和全国手工业合作总社于 5 月 13 日至 23 日在长沙召开了六省七市三类百货、文化商品座谈会,总结、交流了经验,分析了当前市场形势和经营中存在的问题,提出了今后的改进意见。

建国以来,日用工业品的主要流通形式是国营商业按照国家计划,在商业系统内部组织调拨,向市场供应。这种做法,对于统盘安排市场、稳定市场物价、促进生产发展、保障人民生活需要,起了重要的作用。这种流通形式对一、二类工业品是适宜的;对小商品来说,有一部分也是适宜的,但是,有相当一部分小商品由于它的生产与消费特点不同,完全采用这种流通形式,是不适宜的。

小商品的流通形式必须适应它的生产与消费的特点。在目前条件下,必须改变前几年商品供应紧张时期的大量包销,层层调拨的做法,应当按照不同情况,分别采取包销、订购、选购、工业自销的经营方法。并采取多种流通形式,组织商品流转。

目前市场形势已经全面好转。随着各地小商品生产的发展,在市场稳定、价格回落的情况下,先进地区产品与后进地区产品的矛盾日益显著,在流通方面,小商品按一、二类商品流转的流通形式不能适应生产和消费特点的问题,需要进一步加以解决。

在新的形势下,小商品生产,应当继续贯彻执行调整、巩固、充实、提高的方针。工业部门要努力降低成本、提高质量、增加花色品种,力求做到产品适销对路、物美价廉,以适应市场变化的需要。小商品的经营,应当采取薄利多销的方针。商业部门精简环节、降低费用、减少损耗,并加强推销工作,努力扩大流通。

一年来,各地已有一部分小商品由包销改为订购或选购,手工业部门加强了供销经理部、联合推销服务部的工作,上海、杭州、广州、沈阳等地还建立了小商品批发市场,取得了初步成绩。但从全国来说,对于小商品的经营,在如何正确采用包销、订购、选购、自销等购销方式方面,在减少流通环节、降低费用方面,在经营机构设置方面,在价格管理和作价方法方面,在原材料供应方面,目前还存在不少问题需要解决。以下从七个方面提出我们的改进意见。

一、关于实行包销订购、选购、自销问题

要改进小商品的经营,首先必须改变过去大包大揽的做法,根据不同地区、不同商品采取不同的经营方式。

(一)凡是生产比较集中,销售面广,质量比较稳定,品种花色变化不大,工商双方已基本上掌握了产销规律,有条件按计划安排产销的产品,可以实行包销。对包销产品,工业部门按计划生产,商业部门按计划收购,工业不自销。工业内部协作配套的产品,应当尽可能按计划实行厂厂挂钩。为了及时了解消费者的需要,以利于改进生产,有的产品,工业部门可设零售门市部,在统一的计划内留出一定的数量进行自销。

(二)生产也比较集中,销售面也比较广,但品种规格变化较大,工商双方对产销规律还掌握不准的产品,可以实行订购。工业部门基本上按计划生产,商业部门按生产计划确定比例订购。

(三)生产分散,花色品种复杂,消费需要多变,时令性强,部分在当地销售、部分销往外地,或基本上是地产地销的,不适于多环节流转的产品,实行商业选购。

(四)地产地销产品,品种规格特殊、适于依样定制的专用商品,历史上工业自产自销并且有经营特色的商品,适于厂店挂钩的商品和厂厂挂钩的生产配套用的零配件,由工业自销。商业部门也可以根据市场需要,向工业部门进行临时的不定量的选购。

由于各地的生产情况不尽相同,加以同一品种在不同地区流通渠道的长短不同,因此,各地的包销、订购、选购、自销商品目录可以有所不同;包销、订购、选购所占的比重也可以有所不同。各地的商品目录,按各级计划管理权限,由有关的工商双方协商,报当地人民委员会批准执行。商品目录商定后一年不变。各地的商品目录,应报上级工、商行政部门备案。

小商品的经营方式是由它的生产、消费特点和商品本身的特性所决定的,而不是畅销货、利润大就包销,反之就实行订购、选购或自销。这种用利润大小来决定包销与否的观点是错误的,必须加以纠正。

二、关于计划管理问题

小商品在计划管理上,应当比一、二类大商品有更多的灵活性。

(一)包销产品。在省、市计委统一领导下,一年制订一次生产计划和收购计划。增产增收,减产减收,在10%幅度以内的,由工商双方协商调整,超过这个幅度时,报原批准单位审查批准。年度生产和收购计划的制订,也可以由工商双方协商一致后报计委批准或备案。

(二)订购产品。工商双方协商一年订一次生产和收购计划,并商定订购比例(60%以上),报计划部门批准或备案。增加或减少生产、收购数量时,在上下15%的幅度以内,由工商双方协商决定,超过这个幅度,报原批准单位批准或备案。

(三)选购产品。工业部门在年初要有一个大体的生产规划数,商业部门以上季度收购实际作为本季度的起点。除季节性产品外,季度之间的选购数量增减不得超过20%。

(四)自销产品。工业部门在年初也要有一个大体规划,可随着市场销售的变化,增加或减少生产和销售。商业部门应该帮助工业部门做好挂钩推销工作。

不少小商品的消费,随着购买力和价格、质量、花色品种的变化有很大的伸缩性,因此,对小商品的生产和收购,不能死卡计划数。商业部门增加或减少收购时,应当给工业部门一个准备时间。以便根据市场需要变化情况组织增产、减产或停产(主要是品种)。这种既有计划性,又有灵活性的做法,就可以避免过去那种猛升猛降的现象再度发生,从而有利于生产和流通。

在充分发挥灵活性的同时,国营商业部门对包销、订购和选购的产品,要注意做好合理库存和季节性商品的季节储备工作。工业部门对自销产品和订购、选购多余的产品,要注意季节性的调剂。

三、关于调整机构、减少环节和采取多种流通形式问题

为了加强小商品的经营,克服重大轻小思想,避免顾此失彼,掩盖小商品经营管理不善的状况,做到品种对路、销售及时、减少损失、降低费用,国营商业各级批发企业,应当根据需要,对大、小商品适当分设专业机构,独立核算,单独经营。二级站和市公司的小商品批发部分可以合并经营,成立国营小商品批发公司,以减少环节,统一收购和协调工商关系,进一步加强工业品的下乡工作。同时根据小商品的生产特点和流通规律,采取多种流通形式。

(一)国营批发公司,经营当地包销、订购、选购产品和经营外地产品。

(二)小商品批发市场和手工业供销经理部、联

合推销服务部,主要是经销工业自销、选购和订购多余的产品。

(三)前店后厂批零兼营商店,主要是经营有传统自销习惯、某些特定的订制产品和某些零星的小商品。

采取以上多种流通形式后,不少产品可以减少一道至二道流通环节。所谓工业自销,实质上也是减少环节,因为绝大部分自销产品,还是要通过国营三级批发商店和商业零售部门销售的。

在工业生产和手工业生产不多的城市,不需要建立小商品批发市场。但国营三级批发商店应当根据需要,大小商品分开经营,单独设立专营小商品的批零兼营商店、批发部或者专柜。三级批发商店可根据商品流通规律到外地国营小商品批发公司、小商品批发市场、手工业供销经理部、联合推销服务部进行选购,并建立固定协作关系,经常利用函购、电购的办法组织进货,使小商品得以顺畅地下乡。

在加强市场管理和统一市场价格的条件下,采取多种流通形式,不仅可以减少环节、降低费用,同时可以做到花色品种增加、品种适销对路、便利消费。

各地采取的流通形式,可以根据具体情况,因地制宜自行决定。

四、关于建立小商品批发市场问题

为了便于工业部门推销自销产品和商业选购、订购多余的产品,给小商品开辟一个宽广的、适当的流通场所,要在大中城市建立小商品批发市场。

小商品批发市场牵涉面广,交易复杂,应在市人委领导下成立小商品市场管理委员会。这个市场管理委员会由工商行政管理局、手工业联社(局)、商业局、轻工业局、税务局、人民银行、供销合作社等单位组成,负责领导小商品批发市场。在市场管理委员会领导下,由工业或手工业部门为主负责主持日常管理工作和业务工作。

小商品批发市场由国营商业、轻工、手工业、供销合作社、公私合营商店、合作商店、合作小组参加交易。它是社会主义性质的,不允许无证投机商贩参加,必须坚持政治挂帅。办好小商品批发市场,还必须以下面四个条件为保证:

(一)必须有一套市场管理和价格管理办法,执行统一的价格。

(二)实行现金管理办法,以利于资金管理,并防止贪污盗窃、投机倒把。

(三)按对象实行卡片供应。入场采购的单位必须持有当地工商行政部门或本单位的介绍信,凭此发给入场交易卡片,以后凭卡片进行交易,无须每次申请,但是应当有一定的使用期限,坚决制止倒卖或出租卡片。

(四)合作商店、合作小组以及经过批准的有证商贩只能在当地(包括跨区进货地区)的批发部门或小商品批发市场进货,并实行金额控制,凭卡记录,在核定的总金额范围内供货,不允许他们到外地的小商品批发市场进货。

在统一价格的条件下,各地二级站、三级批发商店、大型的国营零售商店,可按照合理流转方向,根据经济合理的原则到外地的国营小商品批发公司、小商品批发市场、手工业供销经理部、联合推销服务部进货。国营零售商店、公私合营商店、基层供销社,可以向当地的国营小商品批发公司或小商品批发市场、手工业供销经理部、联合推销服务部选购,不能限制一定要向哪个单位进货。这样,有几个单位供货,可以比一比谁的服务态度好、发货快、包装好、费用低,促使提高服务质量、改善经营管理。

五、关于调整价格、改变作价方法问题

小商品的经营,必须采取薄利多销的方针和按质论价、比质比价的原则,正确地利用价值规律的作用。

市场形势全面好转后,消费者购买商品的挑选性增强了,先进地区和落后地区,好的商品和次的商品,价格的矛盾进一步暴露了。为了使商品得以正常流通,在销售市场上必须实行比质比价、按质论价,就要联系到调整进销差价、地区差价、批发价和零售价,有的要调整出厂价。目前,有的地区已经调整,但很多地区还没有调整。没有调整的地区,要在当地物委的统一领导下,及时地进行调整。这样很多地区小商品的价格水平将略有下降。

目前小商品的作价办法,不能适应小商品的流通特点,必须加以改变。

(一)地区差价。商业部原规定的大中城市之间的地区综合差率为3%到5%。目前,有的地区已经作了改进,如武汉小商品的综合差率平均已调整为5.61%(上海至武汉),最高的是玻璃杯

9.15%,最低的是铝背水壶3.28%;苏州的地区综合差率平均为1.19%(上海至苏州),最高的是讲义夹2.74%,最低的是尼龙牙刷0.92%;长沙的地区综合差率平均为5.65%(上海至长沙),最高的是马灯(上海产品质量高、快销)14.85%,最低的是圆珠笔芯2.34%;重庆地区综合差率平均为5.8%(上海至重庆),最高的是玻璃奶瓶7%,最低的是大头针5%;沈阳地区综合差率平均为5%,最高的是篦子9%(常州到沈阳),最低的是锁头3%。这种做法基本是适宜的。但地区差价也不能放得过大,过大了会引起三级批发商店和基层供销社到处乱跑。今后小商品地区差价的综合差率,可以由地方物委根据价格政策,利用价值规律的作用自行掌握。

(二)当地产品与外地产品比价。在制定当地产品批发牌价时,应当与先进产地、中心产地的先进产品的批发牌价进行比价:条件具备的可以同价,即硬比;条件不具备的可以加地区差价,即软比。但有的产品不完全适用软比或硬比的公式。例如煤油灯罩,各地都有生产,主要是就地供应,各地订价时应当照顾左邻右舍衔接价格,不必机械地进行硬比或软比,又如苏州的绣花童帽,杭州的西湖绸伞,对别人影响不大,价格可以更灵活些。总之,订价时,必须符合社会主义企业相互促进、相互支持的精神,而不要搞竞争价格。

(三)进销差价。为了有利于当地产品的生产和销售,必须使当地产品和外地产品的销售价格比质比价,对进销差价必须区别不同地区、不同品种来制定,不能一个公式。在工业利润大于商业利润的条件下,商业进销差大一些也是可以的;工业利润小或保本、亏本时,为了支持地方工业生产,商业利润应该小一些,以至没有利润。商业利润应区别不同品种不同情况,掌握大、中、小、无的原则。商业进销差缩到2%就是“无”。这种无利的进销差价,待工业生产成本降低时,可以调整。

(四)花色差价。有的小商品花色品种多变,时令性强,损耗大,在能补偿损耗与冷背滞销的折价损失和保有合理利润的原则下,一般的可以用提高新花色货零售价的办法扩大花色差价,随着市场销售的变化,应及时地将过时货折价出售。这是一项新的工作,各地要抓紧进行试点,并在试点过程中进行测算,取得经验后全面推广。

(五)小商品的倒扣作价。商业部规定不分大小商品,对二级站倒扣6%,对三级批发商店倒扣4%。沈阳建议对选购的小商品掌握2%到10%的机动幅度,根据不同的商品、不同的季节(淡旺季)、不同的销售范围,确定不同的倒扣率,但在同一行业、同一品种,在同一城市和同一时期,必须执行同一的倒扣率。我们认为这个做法,有利于小商品的流通,建议各地经当地物委同意后,可进行试点。

六、关于价格管理问题

在小商品采取多种流通形式、建立小商品批发市场的情况下,必须健全物价管理制度,在省、市物价委员会的统一领导下,实行集中领导、分级管理、工商分工负责的制度。可以根据各地的具体情况,有的品种由省物价委员会管理;有的品种由市物价委员会管理;有的品种可由省商业厅和省手工业管理局协商定价,报省物委备案;有的品种由市商业局和市手工业管理局协商定价,报市物委备案;有些零星细小的商品,可授权商业批发企业与工业企业双方协商议价,并规定一个幅度,议定后,报主管单位备案,在执行过程中,可以在规定的幅度内上下变动。

关于工商分工问题,一般的说,包销、订购产品,由商业方面准备资料提出意见,经工商协商定价。选购、自销产品,由工业方面准备资料提出意见,经工商协商定价。根据当地的规定,该报物委备案的报物委备案,该报物委审批的报物委审批。至于具体的小商品物价分级管理制度,由各地物委因地制宜自行规定。按照物价分级管理权限批准的价格,商业、工业和小商品批发市场必须共同遵守。

先进产地与中心产地的小商品价格调整,影响到全国物价水平的上升和下降,因而有些重要产品,当地物委在调整价格时,事先要与全国物价委员会或商业部进行协商。

为了沟通全国小商品的市场情况,便于正确地及时地调整价格,商业部和全国手工业合作总社要发行小商品行情公报或分析小商品行情的通报。

七、关于手工业产品的原材料供应问题

有的原材料供应价与市场价悬殊很大,影响一部分工业企业产品成本的降低。建议全国物价委员会对供应价和市场价研究制定出一个差距的最高幅度,全国进行一次检查调整。手工业产品的原材料,一部分是通过计划供应的,大部分是通过

市场供应的，随着原材料生产的增长，对手工业产品计划分配的原材料品种和分配的比例，应逐步增加，以利于缩小先进地区与后进地区产品的成本差距。

在退出包销改为订购、选购、工业自销以后，各有关单位要注意保持原有的原材料供应关系，继续供应。

附表一：长沙市三类百货、文化商品包销、订购、选购、自销目录（略）。

附表二：1964年长沙市三类百货、文化产品生产收购安排总值表（略）。

（选自《工商行政通报》第266期，1964年7月30日）

十三、国务院批转河北省人民委员会关于制止有关部门对农村副业滥行收费的通知

（1965年8月6日）

各省、自治区、直辖市人民委员会：

现在把河北省人民委员会关于制止各有关部门对农村副业滥行收费的通知转发给你们参阅。某些部门对农村副业滥行收取各种费用，妨碍农村副业的发展，造成资金的浪费，流弊很多。此事应引起各省、自治区、直辖市人民委员会注意。如有同样情况，也应切实加以整顿，该制止的，坚决制止。

附：河北省人民委员会批转省生产救灾办公室《关于各有关部门对农村副业滥行提费问题的报告》的通知

天津市人民委员会、各专员公署，各市、县人民委员会：

省人民委员会同意省生产救灾办公室《关于各有关部门对农村副业滥行提费问题的报告》。报告中反映的滥行提费的情况是严重的，不仅在一定程度上限制了农村副业生产的发展，而且在政治上造成了不良影响。各地区各有关部门对此必须提起严重注意，并迅速加以检查纠正。报告中所提具体改进意见是可行的，望即认真研究执行。

在我省农业生产新高潮正在形成和发展的形势下，各地区各有关部门都要本着以农为主、以副养农的精神，既要大力支援农业，又要大力支援副业。取消对农村副业不合理的收费，正是为了扶持和发展农村副业。各有关部门不能因为取消了不合理的收费，而削弱对农村副业的管理和支援。

在取消和改进对农村副业的提费办法的同时，要解决以下几个具体问题：（一）手工业管理部门从1963年以来对农村副业提取的“行政管理费”要加以清理，上缴财政，用于支持农村副业。（二）物资部门提取的服务费不能作为机动费就地开支，省物资厅要规定使用办法。（三）物价委员会要对建筑用砂、石价格进行调查研究，价格高的要降下来。（四）交通运输部门组织群众运输的人员应该大大精减，组织群众运输的范围要适当收缩调整，重点应放在物资集散地区（具体调整方案由省经委下达），一般县城和县城以下工商企业以及分散在农村施工的单位，都可与生产队直接联系运输业务，运输部门不得干涉，也不得收取服务手续费。通过运输部门组织的群众运输，提取服务手续费不得超过1%。

附：河北省生产救灾办公室关于各有关部门对农村副业滥行提费问题的报告

近两年来，在副业生产有很大发展的情况下，由于缺乏统一规定，出现了各有关部门向农村副业滥行提费的现象，加大了生产队的经济负担，影响了副业生产的发展。

各部门对副业提取费用的名目甚多。邯郸、石家庄两个专区，生产队办副业要向手工业部门缴纳0.5%到1.5%的“行政管理费”。石家庄专署手工业局仅1964年从生产队提取的行政管理费就有25万多元。灵寿县生产队修制农具买木材时，木材公司规定，需归口由手工业局开证明信，该县手工业局则规定，生产队每买一立方米木材缴纳7元5角的管理费。对生产队组织的盖房班也征收“行政管理费”。邯郸专区魏县还对农村副业发“手工业经营许可证”，每证收费高达2元。运输部门组织农村运力参加短途运输，按规定要提取手续费，但有的地区运输部门为了多提手续费，不准生产队使用自己的马车运送自己的物资。据了解，1964年全省雇用了1200人管理运输事项，共提取手续费210万元，除全部开支外，还节余40万元。公路管理部门

规定,生产队运送副业原料和产品,要缴纳3.5%的公路养路费。束鹿县摇头大队,到辛集拉煤,为避免上公路,从城外绕行,但到煤厂门口,还得走一小段公路,公路管理部门就到煤厂去等着征收“养路费”。生产队生产的砖、瓦、灰、石、砂等建筑材料,物资部门征收了“三类物资管理费”。生产队到集市出售产品,市场管理部门要收1%的市场管理费。有的地方还要交卫生费、绿化费,等等。这些苛捐杂费,加在一起,有的竟占去生产队副业收入的10%,甚至20%以上。如正定县太平庄公社郭庄生产队,自挖砂子出售,每立方米收入3元3角6分,手工业部门提取行政管理费1%,交通运输部门征收手续费和养路费各3.5%,物资部门提取三类物资管理费5.4%,四项合计为13.4%。赞皇县西龙门公社,今年4月份办起一个木业小组,共收入120元,缴纳各种捐费达33元7角,占收入总额的27.5%。行唐县王家庄第二生产队,到灵寿赶庙会卖扁担,本县手工业部门征收行政管理费2元,到灵寿又征收4元。威县灾区社员带着免税证到灵寿铸犁铧,手工业局发现后,硬要去管理费40元。获鹿县韩庄公社7个生产大队,与石市农药厂签订了供应干子土的合同,每吨货价9元,县运输站竟提出“生产队不能自己运送”,要由运输站派车,每吨运费7元5角,致使生产队收入无几。

这些苛捐杂费是怎样产生的呢?据我们了解,多是各部门、各地区自行规定的。如:(一)手工业部门征收的行政管理费,省手工业局没有文字规定。但在1962年一次财务会议上曾说过属于手工业管理的行业,应该征收一定的管理费。石家庄、邯郸专署手工业局,据此即于1963年,分别报经专署批准下达了对农村手工业征收管理费的通知,于是对生产队办的副业开始征收管理费。(二)物资部门征收的三类物资管理费,按国家经委规定,物资总局所属供销企业,向外供应的物资,“建筑材料收费3%”,“煤炭(民用煤除外)和砖、瓦、灰、砂、石等地方建筑材料,以及物资总局未统一规定的其他产品,其收费率由省、市、自治区物资厅(局)提出收取管理费方案,报同级物委批准执行”。这些规定,均系指物资部门所属企业的内部收费办法,而各地在贯彻执行中扩大到生产队去了。(三)运输手续费,是在1956年以前的一次全省运输会议上,确定运输“三统”(统一组织、统一货源、统一运价),从那时运输部门对农村运输实行统一管理,提取手续费3.5%,至今未变。公路养路费,1960年经省人委核准,由省交通厅颁发的《河北省公路养路费征收实施细则》规定:人民公社车辆运出自产自销物品和运入生活生产必需品而不计运价者免征养路费。由此看来,生产队自运副业原料和产品,适合于此项规定。但运输部门认为,这也是“计运价者”,因而也照样征收了养路费。(四)市场管理费,按省财政厅、工商管理局1965年4月联合通知的规定,“在集市摆摊售货的合作商店(组)、手工业合作社(组)、个体商贩和手工业者,按营业额收取不超过0.5%的市场管理费”。这里没有明确规定包括队办副业,而各地在执行中都把队办副业包括进去了。此外,卫生费、绿化费、地摊费等,都是各地自行规定的。收费时,当面议、当面收,收费后作何使用,无一定章程,流弊很多。

为了有利于农村副业生产的发展,我们认为,这些问题必须加以解决。具体意见如下:

一、手工业管理部门,对农村副业,既不管计划,又不管购销,提取“行政管理费”在道理上是说不通的,应予取消。并建议由财政部门对手工业管理部门1963年以来向农村副业提取的“行政管理费”进行检查清理,缴归财政,用于扶持农村副业生产。

二、为减少环节,有利生产,国、合商业部门,物资部门,供应副业生产的原料,不必再经过手工业部门开具证明、收取费用,应由国、合商业部门,物资部门直接进行供应。

三、生产队生产的砖、瓦、灰、砂、石等建筑材料,物资部门收购、经营时,可按物资部门的规定办理,即向用货单位提取一定费用,不得转嫁给生产队负担。物资部门代替生产队推销产品,可与生产队协商,提取一定的服务费,最高不应超过0.5%。物资部门负责产销平衡,组织定点协作、产销直接挂钩,签订合同协议,办理要车皮手续的,一律不应提取任何费用。

四、农村运力参加运输,由运输部门统一组织的,可提取一定数量的服务手续费,但最高不应超过1%。县和县以下的工商企业以及分散在农村施工的单位,可直接与生产队联系运输业务,运输部门不应干涉,不应收取手续费。公路管理部门对生产队搞运输的马车,征收养路费的标准,最高不应超过3.5%。生产队用自有马车,运送本队的副业原料、产品及生产生活物资,应当免征养路费。生产队运输人员自装自卸货物，搬运部门不能干涉，不能索取费用。

五、生产队到集市出售副业产品时，应免征市场管理费；经过集市交易员组织成交的产品，可征收一定数量的服务手续费，但最多不得超过售货总额的1%。卫生费、绿化费、地摊费，以及其他各种捐费等，应一律取缔。

六、对农村副业一般的都不必颁发证照。对于那些赶集串乡出售产品和修配服务性的副业，可由公社开给证明，以便识别。

以上意见当否，请批示。

（选自《工商行政通报》第290期，1965年8月31日）

十四、中共中央、国务院关于大力发展农村副业生产的指示

（1965年9月5日）

一、自从1962年11月中共中央和国务院发出《关于发展农村副业生产的决定》以来，农村副业有了恢复和发展。但是，同国民经济其他部门比较，农村副业还是一个薄弱的环节。目前，我国粮食和主要经济作物生产已经接近达到或者超过建国以来的最高水平；而副业生产还低于1957年的水平。据估算，1964年农村副业生产比1957年低10%左右；如果把发展较快的猪、禽、蛋除外，其他各项副业比1957年低25%左右；若干多年生的品种和许多零星的小产品比1957年低得更多。其结果，许多产品供不应求，影响到生产、建设、市场、出口各方面的需要；同时，许多生产队资金缺乏，社员手中钱少，不利于集体经济的进一步巩固。

中共中央和国务院认为：在当前政治和经济的大好形势下，各级党委和政府有必要也有可能进一步贯彻执行“以农为主，以副养农，综合经营”的方针，在继续大抓粮食和主要经济作物生产的同时，大抓副业生产，大力发展农村副业，以促进整个国民经济的不断高涨。

二、发展农村副业生产的关键，在于各级党政领导的重视。重视了，就能够迅速发展；不重视，就会发展缓慢，迟滞不前。发展农村副业，能够综合利用农村的人力物力，为社会增加财富，为集体增加资金和积累，为社员增加收入。这是一个关系到进一步发展农业生产，巩固集体经济的问题；是一个关系到进一步扩大城乡商品交换，巩固工农联盟的问题；是一个关系到满足生产和人民生活多方面的需要，加速社会主义建设的问题；归根结蒂，是一个关系到进一步贯彻执行党的建设社会主义总路线的问题。认为农村副业可有可无、无足轻重的思想，只重视大宗产品，看不起小宗产品的思想，有灾才搞副业，没灾就放松的思想，是不对的。只说生产队和社员钱少，单纯要求提高农产品收购价格和增加贷款投资，而不从发展多种经营中去增加收入的思想，也是不对的。

毛主席早在1956年就说过：“社会主义不仅从旧社会解放了劳动者和生产资料，也解放了旧社会所无法利用的广大的自然界。人民群众有无限的创造力。他们可以组织起来，向一切可以发挥自己力量的地方和部门进军，向生产的深度和广度进军，替自己创造日益增多的福利事业。”一定要全面地领会毛主席这一具有深远意义的指示，更好地贯彻执行。

三、发展农村副业，首先要大力发展集体副业；同时也要积极地指导和帮助社员发展家庭副业。必须充分发挥人民公社制度的优越性，积极地有计划地增加集体副业在整个副业生产中的比重，巩固和壮大集体经济，这是党的坚定不移的方针。凡是资源集中，使用劳动力较多，投资较大，需要一定设备或者需要占用集体土地，集体经营比分散经营更有利于发展生产的项目，应当由集体经营。集体副业应当以生产队（包括以大队为核算单位的大队）经营为主。一个生产队无力举办的，可以由几个生产队联合经营；在不“平调”生产队的人力物力财力的前提下，也可以由生产大队直接兴办。

社员的家庭副业，是社会主义经济的必要的补充部分。从农村副业说，社员家庭副业在长时期内还将占一定的地位。凡属于《农村人民公社工作条例修正草案》规定的家庭副业项目，都应当允许和鼓励社员经营。社员家庭副业，只要不投机倒把和弃农经商，不影响集体生产和集体劳动，不损害公共利益，不破坏国家资源，就应当看作是正当的，不要乱加干涉和限制。

农村副业的情况很复杂。有些项目，应当以集体经营为主，有些项目，应当以社员家庭经营为主。同一种副业，可能在这个地区应当以集体经营为主，在另一个地区应当以社员家庭经营为主。处理这个问题，应当从不同行业、不同地区的具体情况出发，不能千篇一律。集体副业有广阔的发展天地。社员家庭副业也大有发展的余地。生产队在

发展集体副业中,除了某些确实不应当由社员经营的项目以外,决不能采取把社员家庭副业集中起来的办法,来建立集体副业。

四、发展农村副业,必须以阶级斗争为纲,以社会主义同资本主义两条道路的斗争为纲。集体副业必须树立贫下中农的优势,将领导权紧紧地掌握在坚决走社会主义道路的人手里。必须加强群众监督,实行民主管理,勤俭经营,财务公开,合理分配。集体副业的收入应当纳入农副业总收入中,统一分配,从事副业生产人员的报酬,要适当合理。必须坚决反对资本主义倾向,反对投机倒把、贪污盗窃、多吃多占、铺张浪费。为企业、机关和建设单位提供劳务,应当由生产队统一组织,严禁"包工头"、居间剥削。

对于社员家庭副业,应当加强领导和帮助。要加强社员的政策教育。要通过适当的经济措施,力求把社员家庭副业同国营经济、集体经济联系起来。要积极扶助贫下中农发展家庭副业,帮助他们解决发展副业中的困难,同时也不要害怕中农和其他群众发展正当的家庭副业。当然,对于那些违犯国家政策,偷税漏税,投机倒把以及剥削他人劳动等资本主义行为,必须坚决反对。

五、加强农村副业生产的计划指导。各地应当从实际情况出发,制定当年的和长期的副业生产规划。对于不同地区的重点副业项目,特别是多年生的品种,要有合理的布局和适当的部署。对于农业和副业所需要的土地、劳力、资金,要恰当地加以安排,力求做到人尽其能,地尽其利,物尽其用。

在山区、丘陵区和平原地区,都要适当地积极地发展林业,发展用材林、薪柴林、木本油粮和其他经济林木。

农村副业生产,应当因时因地制宜,既要发展大宗产品,又要发展小宗产品。既要发展季节性临时性的副业,又要发展稳定性经常性的副业。既要发展当年有收益的副业,又要注意培养和保护资源,发展长远性的副业。

农村副业生产,不要经营商业,不要从事长途贩运,不要同国营工业和城市中原有的手工业争原料,不要单纯追求利润。

所有的生产队和社员,应当在国家政策和计划的指导下,因地制宜,就地取材,广开门路,灵活多样地发展副业生产。

农村副业生产,必须贯彻执行"好字当头"的精神。必须强调品种规格对路,保证和提高产品质量,降低生产成本。反对单纯追求数量。收购副业产品,要实行按质论价、优质优价的原则。当然,也要反对压级压价。

六、加强农村副业产品的购销工作。农村副业生产大部分是商品生产。副业产品能否及时收购起来,销售出去,对于发展副业生产起着重要的甚至决定性的作用。各级党政领导,特别是县委和县人民委员会,应当在抓好农副业生产的同时,切实抓好商业工作。

供销合作社和其他经营副业产品的部门,包括商业、外贸的有关公司,林业、水产、轻工业、手工业的供销部门,必须面向农村,面向生产,结合购销,积极地组织生产,扶持生产,进行技术指导。必须在国家计划指导下,实行"及时收购,积极推销,生意做活,活而不乱"的原则。必须根据农村特点,改进经营方式,凡是适于购销结合的,应当实行购销结合,又买又卖,便利群众,促进生产。必须反对有利就干,无利不干,不从群众需要和生产需要出发的资本主义经营思想。

副业产品大多数是小产品,很难完全纳入统一的国家计划,国家对于副业生产的计划指导,在很大程度上需要通过购销活动来实现。各有关部门应当按照国家计划的总要求、生产和需要的情况,对千百种副业产品进行排队,区别哪些是供不应求、需要大力发展的产品,哪些是供求大体平衡、需要按计划生产的产品,哪些是供过于求、需要按销定产的产品。分类排队要从促进生产、打开销路的积极精神出发。排队的结果要告诉生产队和社员群众,使他们根据需要来安排生产。收购部门应当同生产队订立结合合同,把国家的需要同农民的生产联系起来。

供销合作社和其他经营副业产品的部门,应当努力扩大推销,打开销路。货源充足的产品应该实行薄利多销。购销差价过大的要合理调整。经营环节过多的要坚决精简,要尽可能组织产销直接见面。要坚决按照经济区域组织商品流通,要切实取缔和打击投机倒把活动。工业、手工业等部门在生产中,应当积极扩大副业产品使用的范围,能使用副业产品的要尽量使用。适宜于下放到农村的农副产品加工,应当坚决地有计划有步骤地下放到农村。副业产品加工改制的技术有待提高的,有关部门应当积极研究提高。

供销合作社和国营商业都要坚决精简上层,充实农村第一线。各地党委和政府,尽可能不要抽调基层购销人员去做别的工作。

七、加强对农村副业生产的经济支援。各有关部门应当根据必要和可能，积极帮助生产队和社员，首先是穷队和贫下中农困难户，解决技术、原料、材料、籽种、秧苗、工具、设备等方面的问题。农业银行和信用合作社，应当适当地发放农村副业生产贷款，帮助他们解决资金的困难。林业部门应当在加强森林抚育采伐的工作中，取得更多的小材小料，以适应发展副业和市场供应的需要。副业产品价格不合理的，应当适当调整，省与省、县与县毗邻地区的价格应当协商衔接。对深山区和边远地区的某些产品，可以实行必要的价外补贴。公路和水运路线不合理的应当调整，运费偏高的应当降低。税收中某些对发展副业不利的规定、特别是对发展集体副业不利的规定应当改变。起征点和累进率要区别个体和集体的不同，分别加以规定。

八、各级党委和政府必须切实加强农村副业生产的领导，特别是专、县每年要检查和讨论几次副业生产。在布置、检查和总结农业生产的时候，也要布置、检查和总结副业生产。各省(市、自治区)、专、县可以根据需要成立副业生产领导小组。副业生产领导小组应当由党委的一个负责人亲自主持，吸收各有关部门的负责人参加。人民公社、生产大队、生产队应当有一名副社长、副队长专门负责领导副业生产。

各级党委和政府在领导副业生产中，要充分调动广大群众的积极性，大鼓革命干劲，发扬大寨精神，坚持自力更生，充分发挥群众中自大的潜在力量。同时，要坚持实事求是的科学态度，有步骤地扎实细致地进行工作。农村副业生产，一定要在最近一两年内作出显著的成绩来，并且坚持下去，不断前进。

(选自《工商行政通报》第 294 - 295 期，1965 年 10 月 15 日)

十五、中共中央批转国务院财贸办公室、国家经济委员会关于财政贸易和手工业方面若干政策问题的报告

(1966 年 9 月 24 日)

各中央局、各省、市、自治区党委，中央各部委、国家机关各党委、党组，军委总政治部：

中央原则同意国务院财贸办公室和国家经济委员会关于财政贸易和手工业方面若干政策问题的报告，现在作为试行草案发给你们。请你们一面执行，一面进行仔细调查研究，就执行中的问题提出意见，以便补充修改。

这个文件发到县、团级党委和工交、基建、财贸、文教各系统的基层单位，并且向红卫兵和广大群众进行传达，同时，和他们进行商讨，欢迎他们提出新的倡议。目前这些问题不要登报。在传达时，要由负责干部亲自讲解说明，组织群众讨论。

附件：国务院财贸办公室、国家经济委员会关于财政贸易和手工业方面若干政策问题的报告

主席、中央：

最近在无产阶级文化大革命中，各地红卫兵和革命群众，在有关财政贸易和手工业方面，提了许多倡议。这些倡议，许多是可行的，应该采纳办理。也有些目前还不能实行的，需要对他们进行耐心的解释和说服。现在把有关财政贸易和手工业方面若干政策问题的意见，报告如下：

(一)关于改换旧商店的招牌、扫除服务行业中陈规陋习的倡议，各地已经在实行，应当继续积极地有领导地执行。

(二)公私合营企业应当改为国营企业，资本家的定息一律取消。资方代表一律撤消，资方人员的工作另行安排。关于取消定息，将由国务院提请全国人民代表大会或人大常委会讨论通过后实行。在未通过前，暂停支付。

(三)大型合作商店有条件有步骤地转为国营商店。有的也可以不转，照旧营业。转为国营的，人员要经过甄别清理，没有改造好的地、富、反、坏、右分子另作安排。小型的合作商店，不转为国营商店，不要停业。小商小贩，现在还起着社会商品流通的作用，为群众所需要，应当让他们存在。但必须接受国家的管理和群众的监督，不许搞投机倒把。大量的小商小贩应当为国营商店代购代销。商业网、点的设置要便利群众。

(四)集体所有制的手工业合作组织，是社会主义所有制的一种形式，生产比较灵活，品种多样，又便利群众需要，目前一般不要改变。

(五)独立劳动者，包括个体手工业者，个体服务业和修理业人员，个体三轮车工人，以及家庭服务人员(例如保姆等)，应当允许继续存在，以利于安排社会就

业和满足社会某些方面的需要。同时,对于这些人,应当积极加强管理,加强教育和改造。凡是有条件组织起来的,应当组织合作小组或吸收他们参加合作社。

(六)银行和信用合作社的储蓄存款,继续执行存款自愿、取款自由的原则,利息照付。侨汇存款的优待利率应适当降低。拟于明年1月作出规定。反革命分子的储蓄存款应当没收的,依法办理。

(七)公债已经归还了绝大部分,剩下的很小一部分,应当按原定办法还本付息。

(八)出口商品,包括工艺美术品,在商标、图案、造型等方面,有明显反动政治内容的,必须立即改变,一般的目前暂不变动,以后要坚决改革,推陈出新,表现我国人民高尚朴素的民族风格,也要适当考虑国外不同市场的需要。仓库里已经生产出来的商品,应当继续出口。已经签订的出口合同,应当履行,恪守信用。国外市场需要的出口商品,包括工艺美术品,应当继续生产。

(九)国内市场的商品,在商标、图案、造型等方面,应当坚决地有领导地进行改革,改革的步子要快一些。现在已经生产出来的商品,应当继续销售。其中商标、图案有浓厚的封建或资本主义毒素的,应当经过改制以后出售。呢绒、绸缎、烟、酒以及劳动人民和舞台、银幕需用的化妆品,还要继续生产和出售。商品的品种不要轻易取消。口红、脂粉、香水这类的高级化妆品,不要在国内销售。

(十)城乡非农业人口的粮食供应定量标准,目前不要提高。要继续严格控制吃商品粮的人数,如农村半农半读学校、民办中学、农业中学的学生,自带口粮进入半工半读学校的农村学生,农村医务人员、兽医人员等,不要转为非农业人口,吃商品粮。要严格控制粮食销售,注意节约粮食。

以上意见如属可行,请批转各地执行。

1966年9月23日

第二节　城乡市场的管理

一、陕西省人民委员会关于农村集市贸易管理工作的几项规定

(1961年10月23日)

我省农村集市已经全面恢复,交易日益活跃,对于发展生产,活跃农村经济,便利群众购销,扩大城乡物资交流,都起了积极作用。但是,由于市场管理工作没有及时跟上去,有些市场秩序比较混乱,许多统购统销物资、工业品以及粮票、布票等都进入了集市交易,出现了一些投机商贩进行违法活动,有些生产队、社员弃农经商,远途运销,在一定程度上影响了国家对农产品的收购和市场供应工作,影响了集市贸易的正常发展。为了使农村集市贸易健康地发展,特作如下规定:

一、国家统购统销物资(即一类物资):粮食、棉花、油料,绝对不准进入集市。粮食、棉花、油脂的复制品(如馍、饼、面条、包子、米饭、油糕、土布、土纱等)也不准上市出售。

国家定购物资(即二类物资):按照定购合同规定,在未完成交售任务以前,不论集体的或个人的,都不准进入集市,在收购季节要有意识地管紧;完成交售任务以后,准许凭证上市交易。

其他非统购、定购物资(即三类物资):允许进入集市自由交易,但也需进行适当管理。

二、工业产品,除国营工厂、供销社、合营、合作商店(组)和有营业执照的小商小贩按照国家规定价格经营外,凡未经批准的单位和个人,不得经营。

小工业品、手工业品,按照国家规定,准许工业、手工业部门和工业、手工业企业自产自销的部分,可以按照合理价格上市出售,也可以按照国家规定在集市上采购原料。

旧衣旧料以及其它废旧物品,准许进入集市但必须服从市场管理。

三、生产大队、生产队和社员个人,只许在住地附近指定的一个或几个集市上出售产品,不准长途运销。但对鲜活产品和零星的农副土特产品、手工业产品,经过当地市场管理部门批准,可以运往有历史供销关系的地区出售。

合作商店(组)以及有营业执照的个体工商户,可以按照批准的经营范围参加集市贸易,进行合法的购销活动。

市镇及其附近的职工、居民,只能到集市上购买自己需要的商品,不准转手倒卖,从中取利。

四、机关、团体、企业、学校等集体单位,必须采购的物资,应经当地县人委批准,由市场管理部门协助采购。非经批准,一律不得进入集市或农村采购。也不得用挂钩、协作名义,用工厂的产品去同公社、生产大队、生产队交换农产品。

五、加强工商行政管理。所有工、商企业、手工业、小商小贩，开、转、歇业、变更经营等事项，均须按照规定，申请登记。凡没有取得营业执照的，一律不得经营。

凡生产企业的产品，所使用的商标，必须依法申请注册，严禁伪造、假冒商标。对于习惯不使用商标的产品，应当刊明企业名称和地址。每个生产企业，必须保证产品质量的不断提高，不合格的产品不准出厂。

生产和使用的度量衡器，必须符合国家计量部门规定的标准。不合格的，一律禁止销售和使用。

严格禁止出售有碍卫生的商品、变质药品和荒诞、淫秽影响人民身心健康的书刊。禁止以变相赌博或其他方式招揽欺骗群众的行为。

六、所有铁路、公路、航运以及其他公、私运输部门承运属于国家统购统销和定购物资时，机关、团体、企业、学校、部队以及公社、生产队等集体单位，必须持国家指定的主管经营部门的证明，无证明者，一律拒运。

七、坚决取缔违法交易，保障合法贸易。对于转手买卖，套购倒贩、囤积居奇、哄抬物价、黑市活动、掺假作伪、以次顶好、以假冒真、短尺少秤、偷工减料，以及买卖、伪造、涂改票证等投机违法分子，本着"坚决取缔，区别对待"的方针，严肃处理。对屡教不改情节严重的，分别采取按价收购、没收其一部或全部商品或资金以及罚款等处分。对性质恶劣，情节严重的，送交司法部门依法处理。

八、加强农村集市贸易的税收工作。健全税收制度，改进工作方法，杜绝偷税漏税，增加国家收入。

九、加强国营经济对集市贸易的领导。(1)改进商品供应方法，做好供应工作；(2)积极开展购销活动，做好物资吞吐工作，调节供求；(3)大力增产日用工业品和手工业产品，供应市场需要；(4)继续开展修补业务，弥补商品供应不足；(5)加强废旧物资的经营管理工作；(6)增设饮食摊担，适应群众生活需要。

集市贸易要实行议价，在大中城市和物资集散的较大集镇，建立国营或者供销合作社营的货栈或交易所，开展代购、代销、代储、代运、代管等业务，加强领导，不能放任自流。

充分发挥各种古会、庙会和牲畜交易市场以及物资交流会的作用，迅速恢复商品固有的流通渠道和供销关系。

十、加强农村集市贸易的领导。做好政策宣传工作，使广大干部和群众了解集市贸易的有关政策，自觉地遵守市场管理规定。并按行业组织群众自行管理。应当以工商行政管理部门为主，吸收粮食、税收、银行、民政、公安等有关部门参加，健全市场管理机构，配备必要的专职干部，加强调查研究，该管的必须管死，该放的继续开放，切实做到活而不乱，管而不死，以保障农村集市贸易健康地发展。

（选自《工商行政通报》第201期，1961年11月12日）

二、浙江省农村集市市场管理委员会工作简则

（1961年11月6日）

（一）为了加强农村集市贸易的领导和管理，农村集市均应设立市场管理委员会。市场管理委员会受所在地镇人民委员会或公社管理委员会的领导，并受县（市）工商行政部门的指导。

（二）市场管理委员会由集市所在地镇或公社的负责干部以及国营商业、供销合作社、粮食、税务、银行、公安等有关部门的负责干部共同组成。

市场管理委员会可以根据业务繁简，配备具有一定政治水平的专职人员办理日常工作。

（三）市场管理委员会在"发展生产、繁荣经济、城乡互助、内外交流"的方针下，担负下列工作任务：

1.执行国家有关的经济政策和市场管理法令；2.保障合法交易，取缔投机活动，维护市场正常秩序；3.监督国家价格政策的执行，组织生产、经营、消费等有关方面实行议价；4.会同有关部门领导农村集市贸易服务部，努力改善市场设施，积极搞好生活服务工作；5.调查研究、宣传政策，了解市场上商品的供需和流向情况，经常向有关领导机关反映市场情况和问题。

（四）市场管理委员会行使下列职权：1.审批对外地采购单位和机关、团体、部队、企业、事业等集体单位集市采购商品的申请；2.监督和检查不正当的交易行为；3.对违犯市场管理法令的行为，分别情节轻重，予以批评、警告、停止收购或销售、作价收购商品。严重的违法案件，需要吊

销营业执照的,报县(市)工商行政管理部门处理;需要没收商品、罚款和刑事处分的,报司法机关处理。

(五)市场管理委员会在管理市场工作中,必须根据国家规定的政策法令严格区别合法交易与投机和各种违法活动的界限。对于合法交易,应该坚决保护;对于投机和各种违法活动,应该坚决取缔。投机和各种违法活动,主要是指:1.伪造、买卖、涂改各种票证;2.套购商品,转手倒卖;3.买空卖空;4.哄抬物价;5.偷漏国家税收;6.以伪充真、缺秤短尺,掺假掺杂、欺骗群众;7.出售危害人民身体健康的商品;8.买卖黄金、白银,扰乱金融市场;9.其他违犯市场管理法令的行为。市场管理委员会在处理投机和各种违法活动时,应当进行充分的调查研究,弄清事实,查明真相,按照国家政策法令,实事求是地进行处理,不得专横武断,违法乱纪。

(六)市场管理委员会应该经常向人民群众宣传国家有关市场管理的政策法令,充分发动群众检举和监督投机分子的违法活动,依靠群众共同管好集市贸易。

(七)市场管理委员会应当在当地党委统一领导下,定期进行整风学习,检查政策执行情况,总结经验,改进工作。市场管理工作人员必须经过严格审查,小商贩、小业主和资产阶级分子,不得担负市场管理的领导工作,严防地、富、反、坏分子乘机混入。

(八)市场管理工作人员,必须遵守以下纪律:1.依法办事,不得乱查、乱扣、乱罚;2.办事公正,不得贪污受贿,假公济私,私分商品;3.立场坚定,不得包庇纵容坏人坏事;4.平等待人,不得打人、骂人、侵犯人身自由。对于违反上述纪律的人员,要区别情节,分清责任,给以适当处理。

(选自《工商行政通报》第202期,1961年11月27日)

三、广州市公布关于加强市场管理的几项规定

(1961年10月27日)

广州市市场物价管理委员会、广州市工商行政管理局为了保障合法贸易,取缔违法活动、活跃市场,于10月27日公布了《关于加强市场管理的几项规定》,主要内容如下:

一、凡在市场交易及开设厂、社、店、组、摊档经营的一切企业单位、小商贩及个人,均应切实遵守市场物价管理的各项规定,积极维护市场秩序,不得从事任何投机活动和破坏社会主义经济利益的行为。

二、凡开业经营的一切企业单位、手工业、小商贩和个人,必须经过登记批准,并领有广州市工商行政管理局发给的营业执照,始得营业,所有无照商贩、地下工业户,一律取缔。

三、任何营业的企业单位、手工业、小商贩,必须按照核准的经营地点、人员、方式及商品范围进行经营,不得擅自变更经营地点、经营范围,不得擅自增加从业人员。人民公社、生产大队、生产队及社员个人自产自销的农副产品,必须进入货栈(信托部)或在指定的农副产品贸易市场进行交易,不得场外交易或随处摆卖。

四、所有各种商品的交易、买卖,必须切实遵守市场物价管理的各项规定,实行按质论价和明码实价。凡属国家供应的商品,必须按牌价或主管业务部门规定的价格出卖;向货栈(信托部)、农贸市场、生产单位及向外地采购的商品,均应按照规定的购销差率、毛利率进行定价,或按行业议价和规定的价格出售,不得擅自抬价或提高购销差率和毛利率。

五、在市场的各种交易买卖活动,必须公平合理,发扬社会主义的经营道德。不得故意降低质量,以次充好、掺假掺什、浸水发潮、混级混价、短秤少尺、巧立名目、弄虚作假;不得故意违反商品供应规定;不得徇私舞弊、私分商品、硬性搭配;不得贩卖有害市民健康的腐烂、变质及卫生部门禁卖的商品。

六、任何单位及个人,均不得从事黑市买卖、套购炒卖、转手倒卖、买卖赃物,黑市经纪等非法经营。严禁买卖、租赁、伪造、涂改营业证照及商品供应票(证);严禁以各种手段骗取国家分配物资及在市场买空卖空的投机违法行为。

七、各地采购单位、人员均需遵守本省、本市有关物资采购的有关规定,并禁止任何单位将未经允许自销或自行处理的商品进行非法协作。

八、凡违反以上各项规定者,各级市场物价管理部门和工商行政管理部门,得按其违法的性质及

情节轻重,分别给予批评教育、责令检讨、收购或没收违法商品,罚款、停业、吊销营业执照等处分;严重破坏市场经济秩序者,送人民法院或公安部门依法惩处。

九、对各种市场投机违法活动,任何市民群众均有权进行监督、检举、揭发,可将违法分子和商品带交市场物价部门处理,也可检举密告,经查证属实,将根据其贡献大小,分别给予表扬或物质奖励。

(选自《工商行政通报》第202期,1961年11月27日)

四、商业部、中央工商行政管理局、国家统计局关于1962年农村集市贸易定期定点调查报告制度的通知

(1961年12月7日)

自1961年3月22日我们联合布置农村集市贸易定期定点调查报告制度以来,多数地区执行情况良好,对及时了解集市贸易的发展变化情况和研究有关政策问题有一定的作用。根据这一时期执行的情况和进一步加强对农村集市领导管理工作的要求,现对1962年农村集市贸易定期定点调查报告制度作如下规定,请各地参照原通知,研究布置执行。

(一)集市调查点仍然是每省选择指定4个,北京、上海各指定2个。为了通过这些调查点了解集市的全面情况,要求各地选择的调查点必须具有代表性,既要照顾到四种不同的地区条件(即市郊区或工矿区,经济作物区或粮食作物区,交通沿线地区,交通比较不便的地区或山区),也要照顾到集市的大、中、小的不同类型。目前有些省指定的调查点,地区条件虽然不同,但规模大小都差不多,一般是大型集市多,中小型集市少,代表性不够全面,请按照上述要求对原来的调查点加以调整。同时,为了使这个调查与国家统计局关于零售市场商品价格的调查结合起来,各地选择的调查点,最好将国家统计局编制县及农村零售商品的物价指数的集市点包括在内。请各地在1962年1月10日前将确定后的调查点的地区条件和规模大小告诉我们。

(二)1962年农村集市定期定点调查的内容:(1)集市贸易基本情况表;(2)集市贸易主要商品交易情况表。

(三)报送时间,集市贸易基本情况表和集市贸易主要商品交易情况表每月报送一次。由集市管理委员会在次月5日以前报出。

(四)为了更好地通过这些调查点了解集市贸易的发展变化,请在报送上述两表的同时,将本月内集市上市商品和成交额的增减、价格的涨落,以及其他情况等,附送简要文字说明,直接报送中央工商行政管理局1份,商业部计划局、组织技术局各1份,并报当地统计部门1份。

(五)本农村集市贸易定期定点调查报告制度,自1962年1月开始执行。

请各地工商行政部门、商业部门和统计部门共同协商研究布置,并加强对这一调查报告制度执行情况的检查。执行中有何问题和意见,请及时与我们联系。

附:集贸1号、2号表格式各1份。

(必报商品目录从略)

集市贸易基本情况表

表号:集贸1号

填报单位:　　　　　　　　年　　月份　　　　　　　　填报日期:　　年　　月　　日

项目	单位	本月最末一个集日数	本月累计数
甲	乙	1	2
1. 集市贸易参加人数	人		
2. 上市商品品种数	种		
3. 上市商品总值	元		
其中:(1)公社、生产大队、生产队上市的	元		
(2)社员上市的	元		
(3)手工业单位上市的	元		
(4)合作商店(小组)上市的	元		
4. 成交的商品总额	元		
其中:(1)公社、生产大队、生产队、社员购买的	元		
(2)手工业单位购买的	元		
(3)合作商店(小组)购买的	元		
(4)国营、代销合作社商业收购的	元		
(5)机关、团体购买的	元		
(6)职工、城镇居民购买的	元		
(7)其他	元		

集市贸易主要商品交易情况表

表号:集贸2号

填报单位:　　　　　　　　年　　月份　　　　　　　　填报日期:　　年　　月　　日

商品名称	单位	上市量	集市成交量	集市成交价格(元)					国营、供销合作社商业价格(元)	
				商品规格	上旬	中旬	下旬	平均	在集市收购价	零售价
甲	乙	1	2	3	4	5	6	7	8	9
一、肉食禽蛋类										
二、蔬菜类										
三、干鲜果类										
四、日用杂品类										
五、生产资料类										
六、其他										

(选自《工商行政通报》第203-204期,1961年12月27日)

五、国务院财贸办公室关于商业部门收购各级国家机关、党派、人民团体、学校、部队和企业、事业单位清仓处理物资的暂行办法

(1962年4月13日)

(这个暂行办法和《关于商业部门收购全民所有制生产企业、建设单位清仓处理的产品和原材料的暂行办法》由国务院"财贸口"清仓核资领导小组1962年4月6日讨论通过)

根据中共中央和国务院《关于彻底清仓核资,充分发挥物资潜力的指示》,在全国物资清查中,各级国家机关、党派、人民团体、学校、部队和企业、事业单位(以下简称各部门、各单位),清理出来应当处理的物资(不包括生产企业、建设单位的产品和原材料),凡属于商业部门经营范围内的,同时市场又有销路的,商业部门应当积极组织收购。现将收购的办法暂行规定如下:

(一)收购范围

1. 凡是县及县以上各级国家机关、党派、人民团体、学校、全民所有制的企业、事业单位及其附属单位(包括交际处、招待所、疗养所、托儿所、医务所、印刷厂、出版社、副食品生产基地等),在清查仓库中,对清理出来的物资,除根据本部门、本单位核实的消费定额,经主管部门批准,留下必要的备用部分外,多余的确有使用价值的物资,凡属于商业部门经营范围内的,同时市场又有销路的,都应当交由商业部门收购处理(没有销路或者长期销不出去的,商业部门不收购),一般不准各部门、各单位之间互相调剂使用。但是对于经国家领导机关批准新成立的单位和个别单位必需添置的某些家具和其他非生产性设备,经主管口清仓核资领导小组批准,也可以在各部门、各单位清理出来的物资中进行调剂。

科学研究、文教、卫生等事业单位使用的某些专用设备,如科学仪器、医疗器械、文教体育用品等,可以经主管部门批准,在本地区、本行业范围内调剂使用。调剂以后多余的部分,市场有销路的,由商业部门收购,没有销路或者长期销不出去的,商业部门不予收购。军队系统清仓处理的物资,由军队系统自行调剂,调剂以后多余出来的物资,属于商业部门经营范围内,市场有销路的,由商业部门组织收购。

2. 各部门、各单位清仓处理的消费资料,属于商业部门经营范围内的、确有销路的物资,各主管商业部门应当予以收购,没有销路的物资,由原清理单位自行处理。

各部门、各单位积存的粮食、食油,商业部门只收购虚报冒领"打埋伏"的部分;属于各单位职工食堂在定量标准以内节余下来的和本单位职工自己劳动生产的粮食、食油,由本单位自行支配,商业部门不予收购。

3. 各部门、各单位清理出来需要处理的某些生产资料,如工具、手推车、农业机具和按国家物资部门规定不够起购点的少量原材料,凡是有销路的,商业部门应该予以收购。

(二)收购工作的组织与分工

各部门、各单位清仓处理的物资,按照商业各部门的经营分工,分别由当地商业、粮食、外贸、林业、农机和供销合作社等主管部门指定的收购单位组织收购。某些残次、陈旧的物资,可以交由信托公司或者废品公司收购处理。

(三)分配与处理

1. 商业部门收购的清仓处理物资,应当根据商品供应政策,迅速加以分配和处理,以迅速发挥清仓物资的效能,增加市场和出口物资供应,支援农业、工业生产。凡属于地方管理的物资,由地方分配处理;属于中央管理的物资,除了棉纱、棉布、棉针织品和毛纺织品必须由中央统一分配外,其余物资中央委托各省、市、自治区人民委员会进行分配和处理。分配处理的原则是:凡是适合出口需要的,应当尽先供应出口;不适合出口需要的,应当迅速投入市场供应。凡是需要进行修理、加工、改制、配套以后才能供应市场和出口的,应当积极组织力量,进行修理、加工、改制和配套;凡是不适合当地销售和此地积压、彼地脱销的商品,商业部门应当迅速进行调剂,把死商品变为活商品。

2. 商业各部门收购各部门、各单位清仓处理的各类物资,应当列表逐级上报,统计报表式样,由国家统计局制定颁发。

(四)作价原则

清仓处理物资的收购价格,必须贯彻按质论价

的原则。凡是新的完全合格的商品,一律按当地批发牌价作价;残次、陈旧的商品,比照当地同类标准商品的批发牌价,依质论价,协商议定。粮食、食油,按当地统销价格作价。属于国家统一分配的、合乎规格质量的原材料,一律按统一调拨价格作价。

(五)收购资金和财务处理

商业部门收购各部门、各单位清仓处理物资所需资金,由人民银行拨付。各级国家机关、党派、人民团体、学校、部队和事业单位,清仓处理物资所得的价款,应当专户存储,未经财政部门批准,任何单位、任何人都不准动用。

(六)收购物资的运输和保管

商业部门收购各部门、各单位清仓处理的物资,凡是零星分散的,由各处理单位直接运交指定的商业收购单位,也可以由商业部门分配给零售单位直接取运。凡是大宗的、集中的物资,在办好交接手续以后,可以暂时存放在原处,由原处理单位妥善保管;某些需要集中到商业仓库储存的物资,由商业收购单位取运,运杂费由商业部门开支。某些定量或定额供应的物资(如粮、油、煤等),可以储存在原处理单位抵作该单位今后的供应指标。

(七)各级商业部门,应当有专人负责,同各部门、各单位联系收购事项,并督促有关业务经营单位,做好清仓处理物资的收购工作。

(选自《工商行政通报》第214期,1962年5月28日)

六、国务院财贸办公室关于商业部门收购全民所有制生产企业建设单位清仓处理的产品和原材料的暂行办法

(1962年4月13日)

根据中共中央、国务院“关于彻底清仓核资、充分发挥物资潜力的指示”中“商业部门经营的物资,由商业部门负责收购处理”的规定,对商业部门收购全民所有制生产企业、建设单位清仓处理的产品和原材料的办法,暂行规定如下:

(一)收购范围

1. 县及县以上全民所有制的生产企业积压下来清仓后需要处理的产品,凡是属于商业部门经营范围内的、又适合当前市场需要的,商业部门应当积极组织收购。某些产品,目前市场需要少、或者不需要,但是必须通过市场进行处理的,工商双方应当从市场需要出发,首先研究减产、停产或改产,然后再协商现存产品的收购和处理。某些属于全国性的产品,当地处理有困难的时候,应当报请商业部各专业总公司研究处理。

各生产企业1962年计划以内生产的产品,一律按正常的收购制度执行,不属于清仓处理物资收购范围之内。

2. 各生产企业和建设单位,为完成1962年国家计划所必需的原料、材料、设备,应当留给原单位使用;核实消耗定额以后多余的部分,凡属于商业部门经营范围以内的,又适合市场销售的,由商业部门负责收购。关闭的企业和停建、缓建的建设单位所积存的原料、材料、设备等,凡属于商业部门经营范围以内的,又适合市场销售的,应当由商业部门组织收购。需要处理的粮食、油脂,必须登记造册,报送当地清仓核资领导小组和粮食管理部门,听候处理。

3. 凡是需要整修、配套、加工改制以后,才能适合市场需要的产品,应当由原单位负责整修、配套、加工改制以后,再由商业部门收购。整修配套、加工改制的费用,由原单位负担。商业部门应当协助这些单位进行工作。

4. 凡是没有使用价值的物资和不能直接供应市场的半成品,一律由原单位负责处理。报废的物资,属于商业部门废品经营范围以内的,由废品经营单位负责收购处理。

5. 商业部门收购的物资,应当按照规定的表格进行统计,报表式样由国家统计局制定颁发。

(二)收购工作的组织与分工

1. 生产企业和建设单位清查出来应当由商业部门收购的物资,按照商业各部门经营分工的规定,分别由各地主管的商业部门组织收购。

2. 属于物资部门、工业部门与商业部门交叉经

营管理的物资,应当按照1962年3月23日国家经委关于物资清查中收购机电产品等暂行办法的规定,由物资主管部门组织收购。

(三)分配和处理

商业部门收购生产企业的产品,应当按照商品分级管理权限的规定,凡属中央管理的商品,由中央主管部门分配处理;属于地方管理的商品,由省、市、自治区主管部门分配处理。商业部门收购的原料、材料、设备等,首先在各省、市、自治区内调剂使用,本省、市、自治区内不能调剂使用的,应当迅速上报中央主管部调剂,以充分发挥清仓处理物资的效用,积极支援轻工、手工业生产,尽多尽快地增产一些市场需要的商品。

(四)作价原则

清仓处理物资的收购价格,必须贯彻按质论价的原则。凡属中央统一分配的合格产品,一律按照国家的统一调拨价格(包括中央各部订的价格和各省、市、自治区计委订的价格)收购。不属于中央统一分配的产品,按省、市、自治区物价主管部门规定的出厂价格收购,作价原则,应当使商业部门能够保本并有合理利润,不应当使商业部门亏损;没有规定出厂价格的,应当按照国营商业批发牌价打一定折扣收购;质量差但是可以销售的产品,应当比照同类产品,按质论价,协商议定。粮、油按原单位购进价格收购。

(五)收购资金及其他

1.商业部门收购清仓处理物资所需要的资金和生产企业、建设单位所得价款的财务处理,按照财政部的有关规定办理。

2.商业部门收购的物资,除零星分散的部分可以集中到商业仓库外,对于大宗、集中的物资,在清点落实、检验质量、办好交接手续以后,一般仍可以存放在原单位仓库,由原单位负责保管和保养,商业部门可付给一定的保养费,费用标准,由双方协商议定。以免因商品“搬家”而增大损失。

3.各级商业行政部门,要切实加强领导,指定专人负责与有关部门联系,并督促有关业务单位做好收购工作。

(选自《工商行政通报》第214期,1962年5月28日)

七、交通部关于民间运输业若干政策问题的规定(试行草案)

(1962年5月20日)

(一)关于所有制

1.民间运输业是指以经营木帆船、畜力车、人力车、驮畜、排筏等民间运输工具为主的各种运输业,以及为这些运输工具服务的修造行业。它们在我国国家建设现代化的目标实现以前,在今后相当长的时期内,仍将是短途运输中的重要力量,因此,对它们必须采取保护、整顿、恢复并适当发展的方针。

2.在整个社会主义阶段,民间运输业应该有三种所有制:全民所有制、集体所有制和社会主义经济领导下的个体所有制。在这三种所有制当中,集体所有制是主要的。因为它最能适应民间运输业生产力的发展水平,有利于调动从业人员的生产积极性。急于向全民所有制过渡,对发展运输生产反而不利。因此,目前是集体所有制的企业,应积极办好,稳定下来,不要过渡为全民所有制。已经挂了国营牌子,实质上仍为集体所有制的企业,应当实事求是地向群众解释清楚,明确宣布仍为集体所有制。

3.过去已经转为全民所有制的民间运输企业,应该区别不同情况,进行适当调整。

凡由于条件不成熟,以致不利于调动从业人员的积极性、不利于发展运输生产而群众意见很多的,应该有领导、有步骤地、妥善地转回为集体所有制。为了不致削弱企业的领导力量,国家已派的干部不要抽回,其工资福利仍按国家干部待遇。

凡是能够适应社会需要、管理制度比较健全、原有生产力得以保持或者有所发展、社员工具折价款项已经偿还、原来的社员绝大多数真正赞同转为国营的,可以不再变更所有制,但应按照“国营工业企业工作条例(草案)”切实进行整顿,进一步提高经营管理水平。

4.由全民所有制转回为集体所有制的,应该及时清理财产和账目。国营期间,企业所发生的盈亏和债权债务,应由运输合作社负责。在这期间,企业上缴的利润和基本折旧,与国家拨付的基建投资和按运输合作社应征收的税金相抵后,多退少补。应由财政部门退还的款项,从历年地方财政结余款中归还,地方财政没有结余款的,可上报中央财政解决。国营以前的公积金、公益金仍归原运输合作社所有,如被调用,应予退还。原则上,上缴给谁,谁清算;谁调用,谁退还。所有应退应补款项,如不能一次付清,可以分期偿还,但应保证运输合作社当前必需的生产资金。具体清办法,应在各省、市、自治区党委和人民委员会领导下,由各地交通部门和财政部门协商决定。

国家退还运输合作社的款项,作为运输合作社的公共积累,专户存入银行。用款要有计划,开支要有预算,防止乱花钱、乱购置。

5. 集体所有制的民间运输业,可以采取多种组织形式,因地制宜地组织运输(搬运)合作社、运输(搬运)队,也可以组织运输(搬运)公司(简称运输合作社)。它们的规模,应以利于运输生产、利于经营管理、利于从业人员的互助团结和便利人民需要为原则。运输工具少的,可一县一社、一港一社;运输工具多的,可以设立若干个社,并可成立县(市)、港口或水系联社。运输合作社一般应由县(市)交通部门直接领导。

6. 户籍在城镇的散车、散船等个体民间运输业,根据当地需要,可以允许他们流动服务,自揽自运零星物资,以便利群众。当地交通主管部门应会同公安和税务部门,对它们加强管理,以免影响运输秩序。

7.1958 年以后由农村流入城市的民间运输工具、牲畜和劳动力,不论已否参加运输合作社,都应坚决动员返回农村,从事农业生产。但 1958 年以前原在城镇从事专业运输的民间运输力量,一般不应下放农村。

(二)关于社员入社财产

1. 运输合作社建设时,劳动者入社生产资料的折价款,超过股金的多余部分,必须偿还。偿还办法,各地区、各企业可根据不同的情况,与社员商定。偿还时,应自入社之日起,按银行存款年息利率计付利息。如在初级社时期,是实行工具分红的,则应从转高级社之日起计息;转为国营的,并应将社员的股金退还本人,未按期付还的,应自国营之日起计付利息。所有需要偿还的生产资料折价款,都应以入社时的折价为准。

2. 运输业小资本家参加了运输合作社的,对他们超过股金定额以外的多余部分折价款,实行定息。过去应付未付的欠息,应当逐步清付。转为国营的,应从国营时起连同股金部分一并实行定息。

3. 为了便于贯彻办社的阶级路线和处理社员的入社财产,对于尚未分清是小资本家还是独立劳动者的,应当加以区分。过去划错了的,应予纠正;不明确的,应予澄清告知本人。

(三)关于退赔工作

1. 凡 1958 年以来,运输合作社违背等价交换的原则,以各种名义无偿占用社员的房屋、材料、工具、家具、金银首饰等财物,以及扣发社员的工资,或无偿占用其他单位的土地、房屋等一切财物,都必须认真清理,逐项核对,坚决退赔。

各级党政机关、企业和人民公社向运输合作社无偿调用的现金、运输工具、劳动力、牲畜、工具修造厂,以及所有应付未付的运费等等,也必须彻底清算退赔。

2. 退赔应以实物为主,凡有原物的,应该退还原物;原物损坏的,应予修好;如已无原物,则应折价赔现。调用的运输工具和房屋,还应补付调用期间的租金。退赔的物资和价款,都必须保证归还给原主,不准挪用,不准克扣。

3. 退赔工作要分批、分期、有计划、有步骤地进行。谁平调的谁退赔。从哪里平调的退赔给哪里。原平调单位已经撤销了的,应由其主管部门负责清算退赔;原平调单位划分为几个单位的,由这几个单位共同负责清算退赔。财物折价必须公平合理,由双方共同协商,不许由平调单位片面决定。首先应彻底算清平调账,并且把一切可能解决的和群众迫切需要解决的问题,立即兑现。其他一次不能退赔完的,可以采取分期分批、逐步偿还的办法。对于因被平调以致生产、生活发生困难的单位或个人,应该首先退赔。

4. 各地交通主管部门,应在当地党委领导下,吸收运输合作社和有关部门,共同成立退赔处理委员会或小组,遵照中共中央"关于坚决纠正平调错误、彻底退赔的规定",确定退赔办法,负责清算和退赔工作。什么时候处理完毕,什么时候结束工作。

(四)关于收益分配和生活福利

1. 运输合作社的收益分配,应从有利于运输生产、有利于调动社员的生产积极性出发,把国家、集体和个人三方面的利益紧密地结合起来。

运输合作社提取的公积金、公益金不宜过高。

具体比例，由各省、市、自治区酌情自订。凡收入较少、经济情况较差，或在运输淡季，不能保证正常收入时，应尽量少提或不提；收入较多、经济情况较好，或在运输旺季时，应适当地多提一些。

2. 从事运输生产的社员，具有劳动强度较高、流动性较大、花费较多的特点，他们的收入水平，一般应相当于当地国营运输企业同工种或同等劳动条件的工人的工资水平。

3. 运输合作社的分配制度，必须贯彻执行"各尽所能，按劳分配，多劳多得"的原则，克服和防止分配中的平均主义。可以采取计件或底薪加计件，也可以实行基本工资加奖励等分配形式。采取计件分配形式，要保证社员在生产不正常时有一定的生活费用。不论实行哪种分配形式，都要注意防止在生产中单纯追求数量，忽视质量的倾向。

木帆船运输合作社社员参加自装自卸的收入，除由社提取一定比例，用以增添自装自卸的工具外，大部分应归个人所得。

对于体力衰退的老年社员，应当根据他们的工龄和在社的历史情况，酌情发给工资补贴，并在工作安排上予以适当照顾。

4. 运输合作社应积极举办福利事业。企业办得好的，福利应该多一些；企业办得差的，福利可以少一些。对生活没有依靠的老、弱、残疾的社员，应该给以照顾，保障他们的生活。

5. 必须认真执行劳动保护政策。做好防寒、防冻、防火、防毒、防暑降温等工作。在水上，还应特别注意做好水上救生工作，确保安全生产。

必须根据民间运输业的生产特点，对从业人员采取忙时少休、闲时多休、组织轮休等办法，认真贯彻劳逸结合的方针。

6. 运输合作社社员家属在农村的，应积极参加农业劳动，与当地人民公社社员享受同等待遇。

（五）关于企业的经营管理

1. 必须贯彻民主办社的方针，实行民主管理。运输合作社的权力机关是社员代表大会或社员大会；管理机关是社务管理委员会；监察机关是监察委员会。社员代表大会的代表，和社务管理委员会、监察委员会的成员，都必须经过选举产生。

社员代表大会的代表，应具有广泛的代表性。各个不同工种的人员、老工人、技术人员、管理干部、青年、妇女和少数民族等，都要有适当数量的代表。

运输合作社的生产、财务、分配、福利等重大事项，都必须通过社员代表大会或社员大会讨论决定。

2. 必须厉行增产节约，实行精兵简政，贯彻勤俭办社的方针。加强经济核算和财务管理，认真控制一切非生产性开支，尽量减少非生产人员，努力降低成本，不断提高劳动生产率。

3. 运输合作社实行统一领导，分级管理。凡是综合性的社，或行驶于几条线路、运输工具数量较多的社，可以实行社、大队、队三级管理。凡是运输工具数量较少、行驶于几条线路，或运输工具数量虽多、但行驶在一条线路上的社，可以实行社、队两级管理。无论实行几级管理，都必须充分发挥队的积极性。

由于运输业流动性较大，调度集中，一般应以社为独立核算单位。但较大的社，也可以实行社、大队二级核算。联社不作为一般核算单位，只负责举办为一个社所无力举办的事项，并为基层单位服务。

4. 必须加强计划管理，建立严格的责任制度。要制订劳动定额和年、季、月度生产计划和作业计划，并把定额和计划下达到队、到车、到船、到人，实行定人员、定车船、定牲畜、定工属具，包任务、包保养（饲养）、包安全质量、包成本和生产奖励等制度。

5. 必须加强技术管理，建立与健全各项技术管理制度，严格执行各项安全规定和技术操作规程。按照规定及时地进行工具设备的保养维修，纠正那种该保养不保养、该修理不修理的吃老本的现象，把现有的运输工具和设备认真地维护好、管理好。

根据需要和可能，因地制宜地、逐步地对现有运输工具进行技术改造。推广那些经过鉴定，载量大、速度快、造价低、容易保修、使用方便的优良车型和船型。

6. 必须加强牲畜饲养管理和繁殖工作，制定爱畜、保畜办法和饲养繁殖奖励制度。爱畜、保畜、繁殖工作有成绩的，应予奖励。因使用和喂养看管不当，造成死亡或掉驹等事故的，必须查明责任，作出适当处理。

（六）关于组织领导和物资供应

1. 各级地方交通部门，都必须加强对民间运输业的领导和管理。各地过去原有的管理机构，已经撤销或与国营企业合并，因而影响运输管理的，应予恢复。

各地国营运输企业，应该对运输合作社加强业务指导，并从货源分配和运输安排上，给予照顾。运输合作社应保证完成交通运输部门下达的运输计划。

2. 各地交通主管部门应主动与劳动部门联系，对运输合作社所需要的后备劳动力，进行统筹安排，逐步纳入劳动计划。社员子弟，应优先录用。

3. 运输合作社是担负国家运输任务，实行计划运输，执行国家统一运价政策的企业，对它们进行生产、保养维修、劳动保护所需的物资和扩大再生产所需要的牲畜、材料和设备等，同样应该按照国家统一规定，实行计划供应。属于国家统配的和商业部门经营的一、二类物资，应由县级交通主管部门专项申请，纳入省、市、自治区的物资供应计划，统一供应；属于商业部门经营的三类物资，由商业部门组织生产，负责供应。

原来为民间运输业服务的制造修理行业，1958年以来转了业的，原则上应该归队；但如归队确有困难，应由当地作合理的调整或拨出一定的力量，为民间运输业服务。

4. 运输合作社社员的口粮和食油标准，应与当地国营运输企业同工种或同等劳动条件的工人相同。纤工、手工装卸工、人力车工等应按特重体力劳动的标准供应。在一个省(区)内，同水系的船员粮油标准应该大体相同。具体供应办法，由省、市、自治区交通主管部门主动与粮食、商业部门联系，共同规定，贯彻执行。

水上运输人员的口粮和食油、副食品，由当地和沿线港口的粮食、商业部门，保证供应。有条件的应该成立水上供应商店。粮、油最低应一次供足一个航次用量。平时和节日的副食品供应，应与当地国营运输业企业同工种或同等劳动条件的职工享受同等待遇，由运输合作社按月或分期领足，分发给社员，但必须防止虚报冒领。

5. 运输合作社所需的牲畜饲料，应由省级交通部门主动与粮食部门联系，根据运输生产需要，规定合理标准，并由各级粮食部门保证供应。对孕畜和幼畜，还应给以饲料补助。所需饲草，由商业部门负责收购，保证供应(如现在由粮食部门征购供应的，仍应由粮食部门继续供应)。在有条件的地区，民间运输企业要积极建立饲草基地，争取部分自给。

为便利运输，各地交通主管部门应主动与商业、卫生部门联系，根据需要，在运输沿线适当地点，设立车马店、草料店和医疗站、兽医站等。

6. 必须加强对民间运输业的运价管理。民间运输业的运价，必须继续贯彻执行保持物价稳定的方针。对目前亏本赔钱的企业，应区别不同情况，分别处理：由于经营不善的，应积极改进经营管理，提高效率，降低成本，扭转亏本局面；由于某些物资价格的提高加大了运输成本而在短期内还不能解决的，可采取临时实物补贴或加成的办法，使其能够保本并稍有盈余。

7. 交通主管部门、国营运输企业代运输合作社组织货源、进行船舶检查等，所收的管理费或业务手续费，要由省、市、自治区交通厅(局)统一规定。项目不宜过多，费率不宜过高，以保证社的正常收入。

运输合作社应当按照国家规定缴纳税金。

(七)关于政治工作

1. 在一切民间运输企业中，都应加强党的领导，建立党的领导核心，发展党的组织。企业的党组织，必须根据党的方针政策，加强领导，检查、督促对上级交通管理机关指示的贯彻执行，定期讨论和检查社员代表大会或社员大会的决议执行情况，但不要包办行政事务。

在党的力量薄弱和没有党员的单位，应该有计划地培养和吸收一些优秀分子入党。有青年的单位，还应加强对共青团组织的领导工作。

在党的周围，应逐步建立起一支由工人和贫苦独立劳动者组成的积极分子队伍，以团结广大群众，搞好运输生产。

2. 在一切民间运输企业中，都要加强思想政治工作。企业的党组织要采取适当方式，经常向职工和社员进行毛泽东思想和党的各项方针政策的教育，树立爱车、爱船、爱牲畜、爱货物、爱护国家财产和关心旅客的思想。

3. 运输合作社是劳动者自愿联合的生产组织，不必成立工会。过去曾经建立了工会的，应予撤销，但可保留社员的工会会籍。

(选自《工商行政通报》第215期，1962年6月12日)

八、国务院关于制止市场管理工作中违法乱纪行为的指示

(1962年6月21日)

最近一个时期，在市场管理方面乱扣乱罚等违

法乱纪的现象，相当严重。某些市场管理人员、社队干部以及一些有关部门的干部，不按政策办事，滥行没收、罚款，私分商品、贪污受贿；有的对待群众态度粗暴，甚至打人、骂人、扣人，严重地损害了党和群众的关系。应当指出，在当前商品不足的情况下，加强市场管理，严格取缔投机活动，是十分必要的。但是，不顾政策、违法乱纪的行为，也是不能容许的。为此，现作指示如下：

（一）市场管理工作必须贯彻活跃交流、稳定市场物价的方针，保护合法交易，取缔投机活动。对于正当的物资交流，应当支持，不能乱加干涉。对于投机活动要具体分析，分清情节，区别对象，教育多数，处罚少数。坚决打击的只能是一些职业性的投机分子和投机集团的首要分子。对于某些贪图小利、偶然从事投机贩卖的劳动人民，应当着重说服教育，不要轻易给予经济处分。

目前，灾区群众以物换粮、购粮自食，可以酌情允许；他们为恢复农副业生产，采购某些生产资料和出售生产自救产品，应在可能范围内适当予以协助。

（二）市场管理部门处理投机案件的权限，应当适当集中。属于批评教育、警告、平价收购某些少量违法商品等较轻的处分，可以由基层市场管理单位处理；属于没收、罚款、平价收购比较大量的违法商品等较重的处分，基层市场管理单位无权决定，只能提出意见，报请县级或相当于县级的市场管理部门批准以后，才能执行。

对市场投机违法行为的处理，必须统一由市场管理部门负责；情节严重需要给予法律处分的，应由市场管理部门送交司法部门依法判处。其他部门在配合市场管理的工作中，只能协助、检举，不能进行处理。

（三）对于查获案件的处理，一定要认真调查研究，实事求是，不能主观臆断，感情用事。同时，要建立必要的制度，做到手续清楚，有案可查。

市场管理部门没收的物资，应由商业部门收购。所得价款以及处理投机的罚款，均应上缴县级或相当于县级的财政部门。对于没收、平价收购的商品以及罚款、没收款，任何单位和个人，都不准私分私用。

（四）加强对市场管理干部的政治思想教育，帮助他们提高政策业务水平。所有市场管理人员，都必须严格遵守“党政干部三大纪律、八项注意”。对于有违法乱纪行为的人员，应当根据过去从宽、今后从严的精神，分清责任，严肃处理。冒充市场管理人员敲诈勒索、为非作歹的，要从严惩处。

各地要认真做好宣传教育工作，使市场管理政策与群众见面，加强群众对市场管理工作的监督。

（五）市场管理是处理国家、集体、个人关系的一个重要方面，各地人民委员会必须加强对这项工作的领导。商业、税务、公安部门和工商行政管理部门应当密切配合，保证市场管理政策的正确贯彻。没有市场管理机构的地区，应当统由商业机构负责管理。

（选自《工商行政通报》第 217 期，1962 年 7 月 12 日）

九、国务院关于进一步深入进行财贸系统清仓核资工作的指示

（1962 年 6 月 26 日）

财贸系统各部门的清仓核资工作，目前已经在全面展开。全国商业、粮食、外贸、供销合作社、人民银行 5 个系统大约有 20 万个基层单位，大部分清查完毕进入复查。进度较快的地区和进度较快的部门，复查已经完毕，正在进行抽查、互查和验收工作。

这一期间财贸系统各部门的清仓核资工作，在各级党和政府领导下，经过广大职工的努力，一般说来，是获得了不小效果的。清查复查工作做得好的单位，已经基本上核实了财产，摸清了家底，初步建立和健全了经营管理制度。并且经过清查复查，清理出一批积压呆滞的商品物资，投入国内外市场，增加了供应和出口货源，支援了工农业生产。通过清查复查，还发现和处理了一些隐瞒库存、内部私分、贪污盗窃案件，严肃了法纪，提高了广大职工的政治觉悟。这些都是成绩。此外，商业部门还配合各部门、各单位的清仓核资工作，收购了一批处理物资，充实了市场供应。

但是，根据财贸办公室反映，财贸系统各部门的清仓核资工作，在许多地方，进度是比较缓慢的，发动群众的声势是不足的。各地区、各部门之间，工作是不平衡的。有不少地区、不少单位清查复查工作做得不彻底，不全面，至今家底不清，情况不明。甚至个别单位至今没有清查或者刚开始清查。有些单位查了内部仓库，未查外部仓库；有的查了

库存商品,未查在途和加工中商品;有的查了积压商品,未进行必要的处理;还有不少单位没有结合清查复查,建立必要的经营管理制度,以致前清后乱,清了又乱。不少地区商业部门收购清仓核资物资的工作,也进行得比较迟缓。此外,还有一些单位在清查中弄虚作假,以多报少,不少单位对需要处理的商品,任意报废,任意削价,少数的甚至发生削价私分、贪污盗窃等违法乱纪行为,使国家财产受到不应有的损失。

财贸系统各部门清仓核资工作所以进行得缓慢和发展不平衡,主要是由于某些部门和单位的负责同志对清仓核资工作重视不够,有些同志对清仓核资工作存有厌倦松劲情绪。他们错误地认为清仓核资"年年老一套,无所谓";或者认为"反正年年清,年年乱,家大业大,难免有问题";而比较多的想法是:"从去年起就搞三清,搞了一年多,现在是处理问题了。"因而他们不认真地对待这个工作,不积极发动群众,进行清查复查。国务院认为,这种想法和做法是完全错误的,财贸系统清仓核资工作进度缓慢的情况,必须很快改变过来,工作必须进一步深入下去,"差不多了"的思想必须克服,清仓核资工作必须进行得既全面又彻底,必须搞到清清楚楚,有条不紊,切实解决问题。

为了进一步深入细致地做好财贸部门的清仓核资工作,国务院特作如下指示:

(一)财贸系统的清仓核资工作,是整个清仓核资工作的一个重要方面,各级人民委员会必须进一步加强对这一工作的领导,经常督促检查,推广好的经验,批评坏的事例,对于那些清查复查不彻底的,必须责成他们重新清查复查,保证质量完好。对于进度迟缓或者迟迟未动的地区和单位,必须立即采取措施,重点帮助,限期展开,使之迎头赶上,保证清仓核资工作能够及时地全面彻底地完成。

(二)进一步深入发动群众,是做好清查复查工作,保证清仓核资工作全面彻底完成的关键。事情是要群众做的,群众的眼睛是亮的。只要把道理向群众说清楚,让他们了解清仓核资的重要意义,依靠群众的智慧、积极性和责任心,没用的东西可以改制为有用的东西,丢失的东西可以找到线索,不清楚的悬案可以搞清楚,这是许多具体事例已经证明了的。把清仓核资工作,只当作单纯的业务工作,只交给少数业务人员,冷冷清清地去搞,而不认真发动群众,这种做法是错误的。专业人员认真仔细地查点登记,肯定是完全必要的;但仅仅这一点还很不够。必须把清仓核资工作向全体职工群众反复交代,必须在这个工作的整个过程中,都贯穿着发动群众,必须做到业务工作同群众运动相结合,专业人员的清查复查同广大群众的清查复查相结合。这一条非常重要。

(三)对目前已经查完上报的单位,必须及时进行一次检查验收工作。检查验收的标准,以全面彻底为原则,只有确实把货、账、钱、粮、票证(如粮票、布票等)全面查清,逐项落实,才算合格。不合格的单位必须限期补课复查,直到彻底查清,合乎标准为止。检查验收工作要力争普遍深入,不漏掉一个单位,不放松一个角落。验收工作必须由群众通过,必须由经手人和负责人签字盖章,由当地有关清仓核资领导小组批准。验收合格的,可以由一定的领导部门发给合格凭证。此项检查验收工作和清查复查结束的时间,请各省、自治区、直辖市清仓核资领导机关根据中央总的要求和当地的具体情况,具体安排,组织进行。目前离农产品收购旺季,还有一段时间,各地必须抓紧这一有利时机,加速进行工作。总的要求是:既要抓紧时间,又要彻底搞清楚。在抓紧工作的原则下,什么时候搞彻底,什么时候才算清查、复查完毕,绝不草率收兵。

(四)为了迅速发挥清仓核资工作的实际效果,及时解决清仓核资工作中发现的问题,清查复查中发现需要处理的商品,应当采取边清查、边处理,查清一批、处理一批的办法。凡属需要加工、改制和配套的商品,要迅速组织加工改制和配套;并且按照国家的供应政策,迅速地组织出口或者投入市场,以支援生产,回笼货币,缓和当前市场供应紧张的情况。削价处理商品,应当掌握削价分寸,不必削价过低可以出售的,不要削价过低。能够改制利用的,不要随便报废。清仓核资工作中清查出来的财产损失,应当按照规定的程序,边清理,边审查,边上报;查清一批,上报一批,核销一批。所有丢失短少、资金悬案等财产损失,都必须依靠群众,彻底查明情况,弄清原因,逐项核实,做到笔笔有交代,件件有着落。整个财产损失,能审查清楚多少,先报销多少;一时审查不清的部分,留待查清后再报销。此项审查核销工作,必须严肃认真,力求将国家财产的损失,减少到最低限度。必须指出,这次清查复查,是否能够最大限度地挽回国家财产的损失,应当成为衡量清仓核资工作的重要标志之一。

(五)结合清查复查,还应当认真地总结过去的经验教训,建立与健全各项经营管理制度。仓库的出库入库、计量登账、分类保管,营业单位的盘存点货、核对账款等所有各种必要的制度,都必须结合清查复查,立即建立起来。要做到查过一个单位,使这个单位成为家底清楚、制度健全的单位,货、账、钱、粮、票证不重不漏,不错不乱,不再发生新的混乱。今后人员调动,必须办好交接手续,没有交代清楚以前不得离职。精兵简政当中更要注意这点。在彻底查清全部财产以后,必须抓紧搞好核定资金的工作。核定资金的方法,由中央各商业部门会同财政部、银行研究制定,下达执行。为了吸取经验,各地可以指定一定的地方和部门,进行核资试点,给全面核资做好准备。制度的建设和资金的核定工作,是加强企业经济核算、改善企业经营管理的重要保证。在清仓核资工作的后期,特别要十分注意建立制度和核定资金这两个环节,以巩固整个清仓核资工作的成果。

(六)商业部门要配合其他部门的清仓核资,做好处理物资的收购工作。目前许多部门清理出来的积压物资,已经开始处理,各部门将要提出需要处理的货单。在商业部门经营范围以内市场有销路的,商业部门应当积极组织收购。对于生产企业清理出来一时没有销路、将来可以有销路的产品,也应当收购,但是,如果商业部门仓库中此项商品有大量积压的,生产部门根据商业部门提出的要求,停止或者减少此项商品的生产,商业部门就可以收购;不停止或者减少此项商品的生产,商业部门有权拒绝收购。对于基本建设"下马"单位和机关、团体、事业单位等清理出来,可以转到市场销售的商品,不论库存有无积压,商业部门应当积极收购。各清仓部门需要处理的物资中,属于残次废旧物资,商业部门不宜收购的,允许各清仓部门委托信托公司代为销售,或者由废品公司收购处理。商业部门应当根据需要,积极设立必要的收购站和信托机构,或者协同有关部门组织处理清仓物资的专门市场,以满足清仓部门迅速处理的要求。在收购中,价格如有争议,可以先把货收起来,然后报由当地物价领导部门核定价格。商业各部门应当立即做好收购的组织工作,积极地、主动地联系各方,及时收购和调拨,及时将这批物资组织出口或者投入市场。商业部门因为经营清仓物资,多占压的资金和多支付的利息,可以在将来核定资金中适当安排。

(七)切实加强政治思想领导,反对错误思想,严肃对待违法乱纪行为。目前干部中存在着的松劲厌倦情绪,必须给予批评教育,使他们积极起来,进一步做好这项工作。对于少数在清仓核资过程中,隐瞒仓库、弄虚作假的行为,对于少数滥用职权、营私舞弊、削价私分、贪污盗窃的行为,必须查明事实,分别情况,加强经济纪律,严肃处理。在清仓核资过程中贪污私分的必须坚决追赃,一次退不出的,分次退出,或者在今后工资中陆续扣回。必须整顿作风,教育职工,保证清仓核资工作的健康进行。

(选自《工商行政通报》第 218 期,1962 年 7 月 29 日)

十、交通部、中央工商行政管理局关于民间运输业中地、富、反、坏分子财产处理问题的通知

(1962 年 9 月 10 日)

几年来,对于民间运输业中地、富、反、坏分子的生产资料折价款只是记了一笔账,没有明确如何处理。目前,各地民间运输企业正在进行调整和整顿,要求作出统一规定。现提出如下意见:

(一)民间运输业中地、富、反、坏分子的生产资料折价款除依法由人民法院判决没收的以外,应当按照对待民间运输业中的资本家和独立劳动者的原则,分别进行处理。

(二)运输合作社的上述人员中,如已死亡或离社的,其财产应尽先处理。属于独立劳动者成分的,应将其股金及超过股金的多余部分全部退还本人或家属;资本家成分的,应自死亡或离社之日起,对其股金及超过股金的多余部分,一并实行定息。

(选自《工商行政通报》第 222 期,1962 年 9 月 28 日)

十一、中央工商行政管理局、全国供销合作总社、国家统计局关于1963 年集市贸易定期调查报告制度的通知

(1962 年 12 月 15 日)

1962 年集市贸易定期调查报告制度执行情况

很好。根据一年来集市贸易的变化情况和工作的需要，我们对报表的内容作了一些修改，并且把调查的范围扩大到大中城市。修改后的1963年集市贸易定期调查报告制度已报国务院审批，为了便于各地贯彻，现先将1963年集市贸易定期调查报告制度发给你们，请即研究布置，于1963年1月开始执行。国务院批准后，如有修改，再另行通知。

(一)1963年农村集市调查点仍是每省指定四个,北京、上海各指定两个。为了便于系统地研究集市贸易的发展变化情况和进行前后对比,1962年原来指定的集市调查点一般不要变动。如果有些省、市、自治区原来指定的集市调查点代表性不够全面,可以增添一两个其他类型的集市调查点,原有的集市调查点不必取消。各省、市、自治区如果增加新的集市调查点,请在1963年1月10日以前将这些集市的地区条件、规模大小告诉我们。

大中城市集市贸易定期调查报告制度,请按制度中指定的城市布置下达。

(二)集市贸易定期调查报告的内容包括以下三个报表：(1)集市贸易基本情况表(附粮食市场交易基本情况表)；(2)集市贸易主要商品价格表；(3)国、合商业零售额和集市成交额月报表。其中,前两个表由集市调查点的集市管理委员会填报,第三个表由集市调查点所在县的工商行政部门和统计部门提供必要资料,县供销合作社负责综合上报。大中城市只填报集贸1号、2号两表,由市场管理部门填报。

在填送报表的同时,请将本月内集市成交额增减和价格涨落的原因以及其他情况等，附送简要的文字说明。

(三) 以上三个报表每月报送一次。为了报送迅速及时，集贸1号、2号表填报时间以上月26日至本月25日为一个月，由填报单位在当月27日以前填好寄出（例如，1963年1月份的报表，填报1962年12月26日至1月25日这一个月的情况，在1月27日以前寄出)。集贸3号表填报时间仍以本月1日至30日（或31日）为一个月，由县供销合作社在次月5日前填好寄出。各地必须按时填报寄送。

(四)农村集市定期调查报表,直接报送中央工商行政管理局一份,中华全国供销合作总社计划局、基层贸易局各一份,国家统计局财贸司一份,并报送当地统计部门一份。

大中城市集市报表,直接报送中央工商行政管理局一份,国家统计局财贸司一份，商业部组织技术局一份,全国供销合作总社一份,并报当地统计部门一份。

为了提高集市贸易调查报告工作的质量,请各省、市、自治区工商行政部门、供销合作社和统计局加强对这一制度执行情况的检查,以保证报送资料的准确及时。

附件:(略)

(选自《工商行政通报》第228期,1962年12月28日)

十二、卫生部、中央工商行政管理局、商业部、全国供销合作总社关于加强集市卫生管理的联合通知

(1962年12月7日)

目前,许多地区集市卫生情况不好,传播疾病的情况相当严重。例如,今年河南荥阳县汜水区后村集市上有人把患肺喘病死亡的牛加工成熟肉出售,结果使5个公社、18个大队、378人发生严重中毒,经百般抢救仍有死亡。某些地区有一种严重的肠道疾病,也有通过集市而发生传播的现象。城市集市上卫生不好的情况也很严重。如安徽合肥市卫生部门对东门大桥小花园内饮食摊贩作了一次检查,在饮料和食品中检查出大肠菌、痢疾杆菌、副伤寒杆菌、溶血性金黄色葡萄球菌等多种,有的小贩还滥用有害颜料配制食品,严重地损害人民身体健康。对这个问题,有的地区已经引起注意,卫生部门与市场管理部门互相配合,采取了一些卫生管理措施,有的还制订了集市卫生管理办法。但是不少地区对这个工作还不够重视,集市卫生工作亟待改进。

加强集市的卫生管理工作,是关系到保护人民健康、保护劳动力和支援农业生产的一个重要问题,各地必须重视和加强这一工作,不断改善集市的卫生条件。现提出以下几点,请研究执行:

(一)集市的卫生管理工作应当列入市场管理工作的内容。集市管理委员会应吸收当地卫生部门参加,有条件的地方,并应结合具体情况,制订切

实可行的卫生管理办法。

(二)禁止出售霉烂变质的食物和病死牲畜肉类以及有害健康的其他食品。在集市上出售禽畜肉类,应当经过当地卫生部门的检查,始准上市。在饮料和食品中,不准使用国家规定以外的合成染料和其他有害的附加剂。对市场的卫生管理方面,会同各方,订立制度,据此督促执行。

(三)市场管理部门和卫生部门应当经常对经营饮食业的商贩进行检查,凡患有严重传染病和皮肤病者不得经营。同时,经营饮食业的小商小贩,应当具有一定的防尘、防蝇设备,并教育他们保持用具清洁,讲究个人卫生。

(四)在集市上应当根据需要设立饮水站、公共厕所,并且加强对群众的卫生教育,共同把市场环境卫生搞好。

(五)一旦发生烈性传染病,必须即时向领导汇报,采取有效措施,严防通过集市传播。

(选自《工商行政通报》第228期,1962年12月28日)

十三、中华全国供销合作总社关于大力改进耕畜经营业务的通知

(1963年4月30日)

去冬以来,各地供销合作社在有计划有领导地开放农村耕畜交易市场,积极组织生产队之间耕畜调剂交流的同时,还积极地开展了耕畜的经营业务。据统计,到2月底各地供销合作社已供应给生产队各种耕畜10万多头,这对支援农业生产,巩固人民公社集体经济起了一定作用。但是,在当前耕畜的经营中,也存在着一些问题。有些地区不从实际需要出发,不做具体的调查研究,不问品种、规格是否对路,价格是否合理,就盲目采购,造成积压、亏损;有些地区在经营单位之间做转手买卖,从中牟利;甚至有的地区违反政策,向生产队强行推销或进行赊销,等等。所有这些,既不利于支援农业生产,也不利于改善经营管理,应当切实加以改进。为此,提出如下意见:

(一)耕畜的调剂工作,必须贯彻执行以"组织群众调剂为主,供销合作社经营为辅"的方针。供销合作社开展耕畜业务的首要任务是在当地党委的领导下,管理好农村耕畜交易市场,有领导地发展群众性的直接交换。凡是人民公社、生产队能够自行调剂的,供销合作社就不要插手经营;对于人民公社、生产队自行调剂有困难,需要供销合作社插手经营的,应当积极地有计划地有领导地经营。要切实防止不分情况,不分条件"大包大揽"的盲目做法。

(二)耕畜是活商品,而且规格复杂,价值较高,选择性大,在经营中一定要加强计划性。采购之前,应当做好调查研究,摸清生产队需要耕畜的品种、数量、规格、时间和价格水平等。并尽可能地通过预售合同或协议的办法,事先把供应对象大体固定下来,然后再按照历史上传统的交流关系和流转规律,与货源地取得联系,有计划地进行购销活动。对于派出的采购人员,必须选择责任心强,懂得耕畜业务的人员,并且要加强对他们的政策教育,服从当地市场管理,不得在市场上与生产队争购、抢购。在销售时,必须坚持由生产队选购的原则,不得强迫推销,也不得赊销。

(三)农业区供销合作社议价采购耕畜,必须直接购自自产自养者,并且只能直接卖给生产队使役,不准在各经营单位间做转手买卖。对于国家计划分配,计划调拨的耕畜,在经营中,也要尽量减少经营环节,能采取产销两地两级(产地为一级,销地为一级)直接经营的,其他环节就不要插手经营,做组织业务,以求减少流转费用,降低销售价格。

(四)耕畜的购销价格,应当贯彻执行国家稳定物价的方针,应有利于农牧业生产,有利于打击投机倒把和平抑耕畜交易市场价格。耕畜购进价格,在国家规定计划收购价格的牧区,按照全国和省、自治区物价委员会批准的价格,进行收购和调拨;农业区议价收购的耕畜,议价的标准,是在农村耕畜市场的正常情况下,低于当地当时耕畜市场的交易价格,农民能接受,收得进销得出为原则。耕畜的销售价格,总的要求按照微利或保本的原则掌握,依质论价,但应低于当地当时耕畜市场的价格销售。

(五)目前正是农村需要补充和调剂耕畜的旺季,各级供销合作社应当在当地党政领导部门的统一领导下,充分发挥各方面的调剂力量,利用当地习惯的各种调剂形式,加强产销地区之间的密切联系,迅速把耕畜调剂工作开展起来,为今年农业生产调剂更多的畜力。

(选自《工商行政通报》第238期,1963年5月30日)

十四、福州市人委颁发各项罚没款收支管理的暂行办法

福州市根据国务院关于制止市场管理工作中违法乱纪行为的指示精神,结合有关财务、物资管理制度,将罚没收支的有关问题作如下规定:

一、各项罚没收入应全部解交市财政局。至于各单位提奖部分应按月编制预算表一式三份,随附银行缴款单,送市财政局,由该局按规定比例核拨。

二、各单位没收的物资,应会同市财政局送交商业部门收购,一律不得自行处理,也不得作为对检举人的奖励。商业部门应按规定的价格收购,并参照同类商品供应办法统一处理。不得高价委托行栈出售。对容易腐烂的食品,经罚没单位领导批准,可委托合作商店代销,给予3%—5%手续费。

三、对没收的无价票证,如粮票、油票、烟票、工资券等,应按月列册全部解交粮食、商业部门,不得用于本单位职工会餐和夜餐补贴等。

四、凡发现违法者丢下物资私自潜逃的,应认真清点其物资,逐项登记,并由发现人写出旁证材料,开出无主货款收据。按本办法第二条的规定处理。

五、对违法案件中未处理的暂扣物资,必须开好正式收据,将物资保管好,任何人不得动用。对于已经结案决定发还违法者的物资,如违法者逾期不来领回,其物资可由有关部门收购,货款存银行,并应记入账户。满6个月仍不来领者,可按无主货款上交财政部门。

六、对未处理物资和没收物资、票证等。应指定专人妥善保管,建立账户和仓管制度,进出仓都应当有凭证。各单位现有物资应进行清仓登记入账,凡处理违法所使用的各种收据,应由财务部门保管、编号,由经办人员与财务部门办理领用结算手续。

七、罚没提奖应专款专用,其开支范围规定为:1.群众检举违章案件,应视案情大小,结合检举人所占用时间和积极程度,酌情给予精神奖励或10%以内的奖金或其他物资奖励。2.用于破获案件的费用,以出差费、临时雇用基干、协管员的补贴费,评奖大会等费用为限。

八、罚没提奖开支标准:1.差旅费按国家行政经费开支标准执行。2.对群众协助破案,没有发给奖金的,可以发给补贴。3.各单位每年可报支1—2次协管员积极分子会议费。4.职工困难借款,应由单位组织互助会,由互助金解决。5.各项开支报销时,应有原始凭证,并有经办人验收人签章。

九、对未处理案件暂扣款和暂扣物资不得挪用和使用,现金应存入银行并登记入账。

十、对各种罚没、收购的物资、现金、票证应及时处理,不得积压拖拉。各单位用款时应编制计划,经市财政局审批后,银行才能拨付。并在月度终了时,编制收支执行情况表二份,上报市财政局。

(选自《工商行政通报》第239期,1963年6月14日)

十五、商业部关于办好国营旧货商店开展寄售业务的意见

(1963年6月4日)

中共中央、国务院《关于严格管理大中城市集市贸易和坚决打击投机倒把的指示》规定,对于计划分配的工业品和手工业品,必须严格禁止上市。在严禁这些工业品上市的同时,为了便于群众相互调剂,中央指示中提出,必须“办好国营旧货商店,开展寄售业务”。国营旧货商店在城市开展寄售业务,挖掘社会物资潜力,调剂余缺,是适合群众需要、打击投机私商、取缔工业品和票券黑市交易的一项重要经济措施。各地国营旧货商店应当配合行政管理工作,积极地把寄售业务开展起来。现据中央指示的精神,对国营旧货商店在城市开展寄售业务的有关问题,提出以下意见:

(一)经营方针和经营范围

1.国营旧货商店(包括公私合营,下同)经营的商品,仍然以旧货为主。这些旧货包括衣着、家具、日用工业品以及手表、自行车、缝纫机、照相机等。为了适应顾客需要,打击投机倒把,也可以接受顾客要求,寄售或收购一些新工业

品。

2. 国营旧货商店的业务经营，应当以寄售业务为主。为了领导市场、平抑价格，满足一部分顾客急于用钱的要求，在不赔钱、不积压的前提下，也可以根据市场供求情况，适当地收购一部分。

3. 寄售商品的价格，应当依据市场上的供求情况，由委托人自定；旧货商店可以提供定价意见，但不要硬性限价。在存有两个市场、两种价格的情况下，应当允许旧货的寄售价格高于新货的零售牌价，新货的寄售价格也可以高于同类商品的国营零售牌价。

国营旧货商店出售的商品不收票券。

4. 寄售手续费的费率，一般可以维持各地现有的水平。如果现行费率较高，不利于同私商的经济斗争，应该在企业微利不赔的原则下，适当降低。为了限制委托人定价过高，对于寄售的商品可以规定一个寄存期限，过期没有销出去的，按照寄售价格收取一定比例的寄存费。

5. 为了沟通地区之间的物资交流，代替私商的远途贩运，各地旧货商店之间应当加强业务联系。当地销售有余的商品特别是大宗商品如估衣等，应当卖给有传统购销关系的其他城市的旧货商店；农村需要的，要尽先卖给市、县供销合作社下乡推销，或者用以换购国家计划收购任务以外的农副产品。

(二)服务对象和商品来源

6. 国营旧货商店的服务对象。主要是城市的职工、居民和郊区的农民。来店寄售或出售商品的职工、居民和农民，必须持有户口簿或本人的身份证件。旧货商店应将其姓名、住址等加以登记。来店购买商品的人，可以任意选购，不需任何凭证。

7. 国营旧货商店的商品来源，主要由顾客提供。国营专业公司不收购的国营企业需要处理的物资和司法、公安、海关、市场管理等部门没收的物资以及车站、码头、邮寄的无主物资，要求旧货商店收购或寄售时，须经当地商业局批准，由上级公司或指定的旧货商店统一联系办理，各旧货商店不得自行承受。

机关、团体、学校等集体单位要求收购或寄售处理物资时，也要经过一定的批准手续，由谁批准，各地可自行确定。

外国驻华大使馆、领事馆要求出售的物品，由上级公司或指定的旧货商店统一收购。

向上述单位购进的商品，一般可参照批发牌价依据新旧、残损情况按质论价。

8. 华侨、港澳同胞带回国内的商品和邮寄进口的商品，由指定的国营商业部门统一收购，各寄售商店不予寄售或收购。

(三)组织领导和市场管理

9. 城市的旧货商店，应当是国营的、公私合营的。现有的估衣、旧货合作商店，可以继续保留，今后不再发展。这些合作商店，应该按照原来的经营范围进行经营，不得扩大经营范围。不许它们经营手表、照相机等高档旧货和新工业品。对于这些合作商店，必须加强领导和管理，防止违法投机行为。

10. 大中城市的国营、公私合营旧货商店和估衣、旧货合作商店，由国营信托公司或者指定一个其他国营公司归口领导。

11. 对于旧货和废品，应该有一个大体上的划分。不属于旧货商店经营的废旧物品，由废品公司和它归口改造的合作商店、合作小组经营。

12. 凡是属于旧货商店经营的商品，都应交由旧货商店寄售或收购，不允许在市场上成交。一些零星的废旧物品，允许有证的小商小贩在传统的旧货市场上进行经营。对于这个市场，必须加强领导和管理。

13. 本市寄售商店之间，不得转手倒卖，群众迫切需要的商品，一般只卖给个人，不卖给机关、学校等集体单位。必要时，经过批准也可购买。

14. 国营旧货商店一般应该是综合的，大城市有些行业也可搞些专业的，特别是估衣行业，要适当恢复。

15. 旧货商店属于特种管理行业，现在又有同私商进行经济斗争的任务，经营情况复杂，政策性也比较强，因此，要选派较强的干部担任国营旧货商店的领导职务，加强对职工的政治思想教育和政策教育。要注意培养熟练的营业人员，对于调离旧货行业从事其他售货工作的一些老营业员，可以采取新旧人员对调的办法使其归队。旧货商店不足的城市，可以根据当地具体情况适当增设。要帮助并督促国营旧货商店建立和健全必要的规章制度,提高服务质量,加强商品养护工作,改善经营管理。

16.国营旧货商店要注意掌握市场情况和私商动态,并且要主动地与公安部门、市场管理部门密切配合,严密防范盗窃分子销赃,坚决打击投机倒把活动。

(选自《工商行政通报》第240期,1963年6月30日)

十六、国务院关于纠正把国营商业企业改为合作商店,把县商业局合并到供销合作社的通知

(1963年7月31日)

(一)据商业部反映,有些城市为了精简国营商业职工,将一部分国营商业企业、公私合营商业企业,连同职工一起改变为合作商店,有些城市不恰当地缩小国营商业企业、公私合营商业企业的经营范围。国务院认为,这种削弱国营商业阵地,变全民所有制的国营商业企业为合作商店的做法是错误的。

精简商业职工,应当按照1962年3月19日和1963年1月27日中共中央批转国务院财贸办公室《关于财贸职工精简调整问题的报告》和《关于整顿商业队伍会议纪要》中所规定的做法进行。凡是为了精简商业职工,而把国营商业企业、公私合营商业企业改变为合作商店的,应当立即纠正。

(二)有些地方为了精简职工,还把县商业局合并到县供销合作社,把县城市场全部交给供销合作社负责,取消国营商业。这种做法,同中共中央、国务院《关于国营商业和供销合作社分工的决定》的精神不相符合。除了个别县,由于国营商业的业务极少,在过去就没有设立国营商业机构的,可以由县供销合作社继续负责县城的商业工作以外,凡是把县商业局合并到供销合作社的,应当按照中共中央、国务院的决定,恢复县商业局和国营商业的企业机构,保持社会主义国营商业和供销合作社商业两条流通渠道。至于少数边远地区,人口少,商业经营任务小的县份,国营商业的企业机构可以设得粗一些,只设立一个县贸易公司,同县商业局合署办公。

(选自《工商行政通报》第244-245期,1963年9月14日)

十七、国家计划委员会、国家经济委员会等部门提出改进废金属回收管理工作的意见

(1963年9月25日)

1963年9月25日国务院批转了国家计划委员会、国家经济委员会等部门关于改进废金属回收管理工作的报告,报告称,近几年来,有些厂矿企业屡有资财被盗窃的事件发生。盗窃分子利用废品收购部门的组织不纯、制度不严,内外勾结进行非法活动,已使国家财产受到损失。为了改进废金属的回收管理工作,经有关部门共同研究,提出了如下意见。

(一)供销合作社系统要在各级党委统一领导下,充分利用当前增产节约和五反运动的有利形势,密切联系重点厂矿企业,把废品收购站的"五反"运动认真地、彻底地搞深搞透。把隐藏着的贪污、盗窃分子和投机倒把分子,彻底揭发出来,给予坚决的打击。通过运动,对广大干部和职工进行一次严肃的阶级教育,提高他们的社会主义觉悟,整顿和纯洁队伍,加强领导。

(二)目前废品收购工作中,废旧金属的收购问题较为突出,急需解决。从长远看,各厂矿企业的废金属应该由物资管理部门统一管理、调拨和收购,这样做,对于合理利用物资,促进企业改进经营管理,都有好处。但目前物资管理部门的回收机构还不健全,需要采取过渡办法。因此,对加强废旧金属的回收管理工作,划清废金属收购范围,改进废金属收购方法,提出如下原则:

1.全国废旧金属的回收和利用工作,由国家物资管理总局金属回收管理局统一管理,各部门、各地区应当指定一定的单位统一管理这项工作。

2.第一机械工业部、第二机械工业部、第三机械工业部、第四机械工业部、冶金工业部、煤炭工业部、水利电力部、铁道部、农业机械部和中国人民解放军总后勤部等十个部门的直属企业、事业单位、建设单位和部队、学校等的废旧金属,由金属回收管理局统一组织调拨或收购,如果有些企业

事业单位、建设单位的废旧金属数量有限，或者金属回收管理局在当地没有回收机构，废旧有色金属可以委托当地供销合作社代收，废钢由当地省、自治区、直辖市人民委员会指定的管理机构和收购单位统一管理和收购。

3.上述中央十个部以外的其他中央部门和省、自治区、直辖市所属的企业事业单位、建设单位、机关、团体和学校的废旧有色金属，由各地供销合作社负责统一收购，废钢铁由各省、自治区、直辖市人民委员会指定的管理机构和收购单位统一管理、调拨和收购。

4.除金属回收管理局，供销合作社和省、自治区、直辖市人民委员会指定的收购部门外，其他部门一律不准经营废金属的收购工作。

5.供销合作社的废品收购部门一律不准从个人手中收购生产性的废旧金属器材(例如废旧设备部件、边角料和新旧的金属块、末渣等)；收购个人的废旧金属，只限于生活用的废旧器皿、装饰品和迷信品。

6.企业事业单位、建设单位、机关、团体和学校向供销合作社出售废旧金属器材时，凭介绍信，由供销合作社的废品公司或所属的收购站直接收购，不准小商小贩收购。

7. 鉴于厂矿企业清除在厂外的垃圾中仍有一些可以利用的金属器材，厂矿企业如果不能组织力量拣拾，垃圾场附近的人民公社或者居民委员会得到厂矿企业的同意，可以组织居民集体拣拾，拣拾的物资，凭人民公社或者居民委员会的介绍信，到废品收购站出售，不准小商小贩收购。

中央十个部的废旧金属由金属回收管理局收购的办法，准备从1964年起施行，供销合作社改进收购工作的措施，则从现在起，即应着手进行。关于废旧有色金属和废钢铁回收管理办法已另有具体规定。

(选自《工商行政通报》第250期，1963年11月30日)

十八、国务院关于换购自留棉的通知

(1963年11月30日)

根据1963年10月9日中央、国务院《关于力争超额完成1963年度棉花收购任务的指示》，现在对换购社员自留棉的问题，作如下通知：

(一)收购棉花，必须掌握多统购、少换购的精神。对于国家规定的自留棉以外的棉花，应该全部统购起来，同时，也要把应该换购的自留棉及时换购到手。换购自留棉原则上以生产队为单位进行。各地换购的时候，要贯彻鼓励先进、鞭策落后的精神，对于先进的生产队，他们交售了全部统购棉花以后，就应该及时组织换购；对于落后的生产队，在他们没有把全部统购棉花交售出来之前，不要同他们换购，以免影响统购工作的进行。各地在确定换购时间的时候，要照顾到左邻右舍，以免影响其他地区棉花统购任务的完成。

(二)换购的标准，以省、自治区、直辖市为单位平均计算，每换购一市斤皮棉，发给五市尺布票。换购标准可以根据棉花的质量确定，质量好的可以多于五市尺，质量次的可以少于五市尺。生产队得到的布票，必须合理分配给社员，严格禁止干部多占多分。

(三)社员在自留地、小片荒地上生产的棉花，可以按照换购自留棉的标准，向国家换购棉布。脱产干部特别是县以上干部个人生产的棉花，除了自己适当留用一些以外，其余的应该自觉地卖给国家；他们自己留用的部分，可以向国家换购棉布，但是为了顾及政治影响，换购的标准应该比农民低一些。具体办法由各省、自治区、直辖市自行规定。

(四)换购自留棉，应该通过生产队有组织地进行，不要在集市贸易上进行换购，以免引起市场紊乱。

(五)各地换购的自留棉，由全国供销合作总社统一调度。换购自留棉所需要的布票，由商业部拨付。换购的棉花要单独立账、单独统计，十天一报，以便安排调运和生产。

(选自《工商行政通报》第252期，1963年12月31日)

十九、国务院批转文化部等六个部门关于制止印制和销售门神、灶马等迷信印刷品的报告

(1963年12月21日)

国务院同意文化部等六个部门《关于制止印制

和销售门神、灶马等迷信印刷品的报告》,现转发给你们,请组织有关部门根据实际情况贯彻执行。

国务院认为,处理门神、灶马等迷信印刷品是一项比较复杂细致的工作,它涉及的面既广,又是巩固农村社会主义阵地、打击和粉碎资本主义势力和封建势力猖狂进攻的一个重要方面。各级人民委员会在处理这类迷信印刷品的过程中,应当结合社会主义教育运动,注意从正面积极加强破除迷信的宣传教育工作,提高干部和群众的阶级觉悟,使他们认识它的欺骗性和危害性,从而自觉地停止和抵制这类活动,并在做好思想工作的基础上,努力加强各方面的管理工作,坚决堵塞其来源,禁止印制,禁止贩运。同时,还应当督促有关部门大力加强有教育意义的、为群众喜爱的新年画、新门画、新灶画的出版发行工作,特别是要加强价钱便宜、版面又适合群众需要的民间传统形式的新木刻年画、门画、灶画的出版发行工作,以排挤和代替迷信印刷品。在处理过程中,上述三方面的工作必须紧密结合,协调一致。

关于专供出口的这类迷信印刷品,可由有关省、自治区的外贸部门会同有关单位,按照国家制订的供应出口计划统一安排,指定若干国营工厂进行生产,专门供应出口,绝对不许转作内销。

各省、自治区、直辖市人民委员会应责成所属文化局(厅)会同有关部门于1964年4月前将处理门神、灶马等迷信印刷品的情况,直接向文化部作一次书面报告。

附:文化部、中央工商行政管理局、商业部、中央手工业管理总局、全国供销合作总社、农业部关于制止印制和销售门神、灶马等迷信印刷品的报告

近两年来,随着城乡资本主义势力和封建势力的猖狂进攻,各地印制和销售门神、灶马等迷信印刷品的活动十分猖獗。根据各地反映,河北、河南、山西、辽宁、吉林、浙江、福建、江西、山东、湖南、四川、贵州、云南等地,都曾发现这类迷信印刷品在市场上流通。1962年春节期间,山东全省有34个市、县印制门神、灶马、天马、神马、财神等迷信印刷品,印制总数约达600万张以上。1962年辽宁全省印制和从外地购进的门神、灶马、财神、全神、童子等迷信印刷品,达560余万张。1962年河北省武强县、天津市杨柳青镇印制的迷信印刷品,有门神、灶马、天地、玉皇、财神、土地、大全神、小全神、南海观音等20多种,向本省广大农村行销,甚至还批售到东北、西北等地区。为了贪图暴利,印制和销售这类迷信印刷品的,不仅有反、坏分子和投机商贩,而且有不少人民公社生产队和社员个人也以此作为副业经营,甚至还有一些手工业合作社、供销合作社和少数国营印刷厂、书店等也参与这类活动。个别地方的商业管理部门和手工业管理部门,不仅不加以制止,甚至还鼓励印制,协助推销,影响很坏。

大量印制和销售这类迷信印刷品,不仅助长了农村的封建迷信活动和群众的迷信落后思想,对巩固人民公社集体经济、发展农业生产极为不利,而且易于为地、富、反、坏分子所利用,以进行破坏活动。

对于上述现象,有些地方已采取措施,进行处理,有些地方正在研究处理,有的地方则还没有加以注意。1964年春节即将到来,据反映,现在许多地方又在开始印制和销售这类迷信印刷品。对于这个问题,我们认为应该严肃处理,经会同研究,提出以下意见:

门神、灶马、天地、财神这类迷信印刷品,原则上应该坚决取缔。但由于情况比较复杂,涉及的面也较广,因此在处理方式和步骤上必须注意稳妥,并且主要应该从印制和销售两个环节着手,来加以取缔。在处理过程中,必须首先注意从正面积极加强破除迷信的宣传教育工作,使群众认识它的欺骗性和危害性,从而自觉地停止和抵制这类活动。对已经散播在城乡居民中的成品,可不予处理,以免引起群众的不满。对印制和销售这类迷信印刷品的反、坏分子和投机私商同以此作为副业的一般农民,要加以区别,这类迷信印刷品同传统的旧木刻年画,也要加以区别。并且还应当督促所属出版社和新华书店大力加强有教育意义的、为群众喜爱的新年画、新门画、新灶画的出版发行工作,特别是要加强价钱便宜、版面又适合群众需要的民间传统形式的新木刻年画、门画、灶画的出版发行工作,以排挤和代替迷信印刷品。对于印刷这类迷信印刷品的木板,也要一并收回处理。

根据上述原则,我们提出如下的具体处理意

见：

（一）任何单位或个人一律不得擅自印制和销售门神、灶马等迷信印刷品。对经营此项业务的国营企业或合作社性质的企业（如印刷厂、书店、手工业合作社、供销合作社等），除了少数由有关省、自治区外贸部门指定的负有出口任务的国营企业可以继续经营外，都应分别由工商行政管理部门、文化行政部门和各主管业务部门责令它们停止经营，以后如仍经营者，应该酌情给予处分。对以此作为副业的人民公社生产队或社员个人，应该由县人民委员会或公社组织，结合当前社会主义教育运动，对他们进行政治思想教育，劝令他们不再经营。对印制和大量贩卖这类迷信印刷品的反、坏分子和投机私商，应该坚决取缔，情节严重者还应当给予必要的法律制裁。

对购买迷信印刷品的一般群众，行政机关不要进行干涉和指责。

（二）经营这类迷信印刷品的国营企业、合作社企业、人民公社生产队和社员个人已经印制和已经购进的门神、灶马等迷信印刷品，由各主管部门没收销毁。某些人民公社生产队或社员个人由于上述处理而生活发生困难者，当地主管部门应该帮助他们改营其他副业生产。投机私商已经印制的迷信印刷品，由工商行政管理部门没收销毁已经批销给小贩的迷信印刷品，由工商行政管理部门予以没收；但领有营业执照的正当小贩，可以由原批销的国营企业、合作社企业或私商按原价退回货款。

印制这类迷信印刷品的木板，也应该一并收回，并经省、自治区、直辖市文化行政部门会同有关单位鉴定：除确有艺术价值或参考价值而需要保留的外，其余一律予以销毁。

（三）各地文化行政部门，应该督促所属出版社和新华书店加强有教育意义的、为群众喜爱的新年画、新门画、新灶画等的出版和发行工作。并应有计划地组织一些美术工作者和有经验的民间艺人，用民间传统形式创作一些内容健康的新门画、新灶画等，向农村发行，以排挤和代替迷信印刷品。

（四）各地文化行政部门和手工业管理部门应该加强对木版年画印制户的领导管理工作，根据推陈出新、改造提高的原则，帮助他们改革旧的画面，增加新内容、新品种，并严格禁止他们印制迷信印刷品和其他有反动、淫秽、荒诞内容的印刷品。

（五）各地工商行政管理部门应该加强对市场的检查和管理，发现有擅自印制或销售门神、灶马等迷信印刷品的，应该严格加以取缔；内容上难以判定是否为迷信印刷品的，可以由文化行政部门协助鉴别和审查。某些加印了新口号的门神、灶马，仍应作为迷信印刷品处理。

（六）各地商业部门和供销合作社，应该和新华书店建立联系，积极采购和销售国营出版社出版的新年画、新门画、新灶画。各地商业部门对迷信印刷品的印制户所需要的纸张和颜料，一律不予供应。

（七）对通过印制和贩卖迷信印刷品进行罪恶活动的地、富、反、坏分子和屡教不改的投机私商，各地政法部门应该依法处理。

（八）处理这类迷信印刷品的工作，应该在各地人民委员会的领导下，由文化行政部门、工商行政管理部门、商业部门、手工业管理部门、供销合作部门、农业部门等互相配合，协作进行。

以上意见，如无不妥，请国务院批转各省、市、自治区、直辖市人民委员会参照执行。

（选自《工商行政通报》第253期，1964年1月18日）

二十、水产部、商业部、中央工商行政管理局关于渔网用纱必须严格执行专项专用原则的几项规定

（1964年6月10日）

为了保证渔业生产用纱的需要，在国家计划内列有专项指标。这种办法，对于支持渔业生产起了很大作用。但是，目前有些地方管理不严，浪费很大，甚至挪作他用，以致棉纱流入市场，严重违反了国家统购统销政策。

为了贯彻执行渔网用纱专项专用的原则，加强管理，特作如下规定：

（一）对渔网用纱指标，必须贯彻专项专用原则。渔网用纱只能供给织网、补网以及制作部分网具上的网纲或钓线之用，除此以外，一律不准挪作其他用途。

（二）供应给集体渔业用的棉纱，各级供应部

门,应该从有利于生产的原则出发,建立和健全管理制度,严格审批手续。对违反统购统销政策流入市场的棉纱,各地工商行政管理部门应当加强管理,予以制止。

(三)各省、市、自治区的渔需物资供应部门,对现存不合格的棉纱网,应首先在省内调剂使用;省内不能使用的,可调剂给省外水产部门使用;确实无法调剂使用的,可拆成网线用作补网;如仍有多余,则一律交给当地主管纺织品的国营商业部门统一收购。收购价格由双方协商规定,原则上可按棉纱原价扣除损耗及渔网拆工费计算。亏损由调出单位负责。今后严禁将棉纱网出售给上述国营商业以外的其他任何单位。

以上规定,请你省、市、自治区具体研究,订出补充办法,通知所属单位贯彻执行。并希将布置情况于7月15日以前上报。

(选自《工商行政通报》第266期,1964年7月30日)

二十一、中央工商行政管理局、文化部、商业部、新华通讯社关于加强对各种人物照片和歌曲照片印制、出售管理的联合通知

(1964年7月22日)

据不少地区反映,近年来在市场上又出现了一些图片社、照相馆以及某些自发工商业户滥行印制和出售革命领袖照片和演员、歌曲照片等现象。

有些革命领袖照片洗印粗糙,任意涂色,很不严肃,已经引起群众的不满。

演员照片中,很多是私人生活照片,有一些是香港"女明星"照片。歌曲照片中有不少是充满小资产阶级情调的歌曲,有的还在相角加印不健康的形象。这些演员、歌曲照片印数很大,流传很广,对社会造成不良影响,尤其是在青少年中起了腐蚀思想、麻痹革命斗志的消极作用。

上述情况的存在,对于提高群众的政治思想觉悟,发扬良好的社会风尚,都是十分不利的。认真加强对照片印制、出售的审查和管理,坚决制止不严肃、不健康照片的流传,是政治思想方面的一项重要工作,必须严肃对待。为此,联合通知如下:

一、为了保证革命领袖照片的印制质量,今后由新华社统一印制,新华书店发行。图片社、照相馆以及其他单位和个人一律不准印制。

二、国内演员照片,由各省、自治区、直辖市的文化和商业行政部门共同指定的企业、单位印制,其他任何企业、单位和个人一律不准印制。这类照片应当限于艺术剧照和演员介绍,不要印制演员私人生活照片;印什么人和什么照片,应事先征求当地中国电影发行公司等有关单位意见,并经省、自治区、直辖市一级文化行政部门审查同意。至于香港和国外"明星"、演员照片一律不得印制、复制和出售。

三、歌曲照片一律禁止图片社、照相馆以及其他单位和个人印制、出售。为了发扬革命精神、正确反映新社会风尚,各地文化行政部门应当督促出版单位有计划地出版印刷一些小型的革命歌片或歌本,以丰富人民的文化生活并代替那些不健康的歌曲照片。

四、各种人物照片的销售,今后一律由各地商业部门指定的企业、单位和有证商贩经营,不得抬价牟利。在向外地批售或进货时,都要经过业务主管部门批准。非经指定的企业、单位和商贩不准经营。对于自发工商业户应当坚决取缔。

五、对于一些企业、单位和商贩现存的各种人物、歌曲照片,有关主管部门应当进行一次检查,属于内容不健康和印制粗糙的,应当立即停止销售,登记销毁;对于影响不大的,可以限期售完。

六、各地文化、商业和工商行政管理等有关部门,必须密切配合,做好对上述照片的审查和管理工作,坚决制止滥行印制、出售的现象。对印制和出售照片的企业、单位和商贩,商业部门和工商行政管理部门要进行一次清理整顿,并加强对有关从业人员的政治思想教育工作,使他们自觉地遵守国家政策。

以上各点,请结合当地情况认真研究执行,并于本年年底以前将处理结果向中央工商行政管理局作一次书面汇报。

(选自《工商行政通报》第267期,1964年8月15日)

二十二、昆明市小商品批发市场管理办法

昆明市为了沟通城乡地区间物资交流，组织三类小商品产销直接见面，积极扶植地方工业、手工业产品，发展生产，活跃市场。最近设立了“小商品批发市场”，并制定了试行管理办法。主要内容如下：

入场交易对象

一、本省、市生产三类小商品的工业、手工业厂(社)都可以进入市场销售自已的产品。

二、省、市国营公司、供销社经理部都可以进入市场销售自己经营的三类小商品。

三、本市国营公司、公私合营企业、供销社系统、合作商店(组)、有证商贩均可进入市场采购自己经营范围内的商品，个人也可以入场购买自己要的商品。

四、专县、省外的工商企业符合规定，经过批准也可以进入市场销售和采购。

入场手续

一、已经上级批准进入市场长期设立固定销售点的单位，经市场管理委员会(以下称场管会)审核后可免发“入场交易证”。

二、本市有关批零单位入场采购，由主管公司介绍，并由“场管会”发给“采购证”。

三、专县、省外有关单位，凭其上级主管部门证明，“场管会”审核后，发给“临时交易证”。

四、合作商店(组)及有证个体商贩凭主管公司核发的购货证或手册，经“场管会”验证签章后，始得入场采购。

入场交易商品范围

一、进场交易的商品原则上只限于三类小商品，但经过有关部门批准的少数第一、二类商品也可入场交易。

二、工业、手工业厂(社)自产自销产品及商业部门“选购产品”中剩余部分和商业部门包销产品中的二类超产而不收购部分。

三、工业、手工业部门生产试制的“选购”产品和自产自销两个类型的新产品，也可以进入市场试销。

四、国营商业、供销合作社经营的小商品及经过批准的少数一、二类商品也可以入场销售。

交易方式

一、进场设点单位，主要是经营批发业务，但也可兼代零售业务，现款现货为主，短期协议合同为辅。

二、也可开展“委托”、“函购”、“邮运”、“托运”等业务。

三、入场单位在场内联系接洽的业务都必须在场内进行交易，并使用场内统一印制的发票，禁止场内挂钩，场外交易的不正常的经营活动。

四、入场单位必须陈列样品，统一标签，标明批零价格，实行看样选购，不定批发起点。

五、在必要和适当的时候由“场管会”统一组织各销售单位参加外地物资交流会。

销售价格

一、各销售单位都必须严格执行价格政策，贯彻优质优价，劣质劣价，分等论价的原则，销售商品一律实行明码标价。

二、凡是国营商业经营有牌价的商品，应一律按国营商业现行批零牌价出售。

三、凡是国营商业“选购商品”和手工业部门“自产自销”的商品，应按物价分管权限批准的批零价格出售，或可由买卖双方议价后报请主管部门或上级批准。

四、销售商品对直接消费者实行零售价格，对零售单位及有证商贩按批发价格执行。

五、对市区三级批发商店，供销合作社经理部负责安排生产的按厂价结算，对二级批发站按批发价倒扣6%，对本市二级站进货则按出厂价格执行。对郊区和专、县三级批发商店，按批发价倒扣4%。

六、各单位新订价格商品入场销售时必须根据物价分管权限审批后连同批文及样品送交“场管会”登记。

七、入场单位的削价调价，应根据物价分管权限报请上级主管部门批准后执行，一律不得擅自作价。

组织领导和管理

一、为加强对小商品批发市场的领导和管理，在市人委财办统一领导下，由市第一商业局、市手

管局、市工商局、市轻工局、省百货公司、市百货公司、市供销社、市供销社土产经理部等八个单位负责人组成“昆明市小商品批发市场管理委员会”,主要负责对本市场的行政管理和业务指导。

二、管理委员会下设办公室负责处理以下日常工作:

(一)审查进场产品范围及检查入场销售产品质量;(二)根据顾客对产品所提意见和要求,转知有关单位,并督促改进;(三)统一接待外来代表,并负责介绍成交;(四)受工商局委托,负责合同鉴证,并督促执行;(五)协办委托、函购、邮寄、托运等业务的开展;(六)管好市场,严格取缔套购、倒卖等投机违法活动;(七)办理入场单位的审发证工作;(八)对进场商品价格进行检查督促;(九)组织场内工作人员对有关共同性业务和方针政策的学习,提高服务质量,改善服务态度,加强经营管理;(十)负责场内的保卫、消防、卫生及宣传等工作;(十一)对进场单位安排地点,按月收取各入场单位应分摊的有关费用(按各单位每月销售总额提5‰作为管理干部的工资、福利、办公费及公共设备与维修等用),掌握市场内的有关经费开支。

(选自《工商行政通报》第269期,1964年9月15日)

二十三、山东省工商行政管理局、商业厅、粮食厅关于没收的粮票、布票处理办法的联合通知

(1964年8月11日)

目前各地市管理部门,没收的粮票、料票、油票和布票(以下简称各种票证)处理办法极不一致:有的分别交粮食部门或商业部门;有的自行销毁;有的长期存放在市场管理部门不作处理。由于处理办法不一,又加没有严格的手续制度,因而贪污、盗窃事件不断发生。为了建立与健全手续制度,杜绝贪污浪费,特作如下通知:

(一)各市场管理所经批准没收的各种票证,应定期的(具体时间由县有关部门规定,时间不宜太长)解缴县工商行政管理部门,经清点无讹后,开给市场管理所正式收据。市场管理所凭以记账备查。

(二)县工商行政管理部门对没收的各种票证,应设专账有专人经管,并随时将粮票、料票、油票解缴县粮食局,布票解缴县商业局。

(三)县商业局收到县工商行政管理部门缴来的布票后,应开具三联单(注明省内、外布票),一联存查记账,一联交工商行政管理部门,一联上报专区商业局。县商业局应按季向专区商业局汇报,并随联单解缴没收的布票。专区商业局应按季汇总向省汇报(径送省纺织品公司),布票随报告上缴。

(四)县粮食局收到工商行政管理部门缴来的粮票、油票、料票,经清点无讹后开具收据。这种粮、料票记入其他项目栏;油票摘要说明记入收入栏。每月终了,在编制“粮(料)票收支存月报表”和“油票收付存月报表”时,分别加注说明,逐级上报。

(五)除上述票证外的其他票证如购货券、烟票等,亦参照上述办法处理。

(选自《工商行政通报》第271期,1964年10月15日)

二十四、财政部、中央工商行政管理局关于市场管理费、市场罚没款收支管理规定的联合通知

(1964年12月12日)

根据1964年4月国务院批转中央工商行政管理局《关于工商行政管理机构和编制问题的报告》的规定,对于没有列入地方编制的工商行政管理机构的干部和必需的市场管理人员,他们的工资、福利和办公费等,由市场管理费、罚没款等收入中开支,有余的上交地方财政,不足的由地方财政补贴。为了严格收支管理,建立和健全管理制度,现在联合通知如下:

(一)收入的项目和原则

1.市场管理费(或服务手续费):工商行政管理部门,对于市场上的购销活动,在组织成交、提供服务和辅导管理中,可以收取一定比例的市场管理费。市场管理费的收取办法,应当根据合情合理、手续从简、费率从低的原则,由各省、自治区、直辖市自行规定。

2.市场罚没款:是指按照规定由工商行政管理部门处理的投机倒把案件中的罚款、没收的现金和

没收物资的变价款。罚款、没收,必须严格按照党和国家的政策规定办事,坚决防止为了增加收入乱扣乱罚的现象。

(二)开支的范围和标准

1.工资:包括没有列入地方行政编制的工商行政管理机构的干部和必需的市场管理人员(以下简称未列入编制人员)的工资和临时雇佣人员的工资(或补贴)。

未列入编制人员和临时雇佣人员的人数,应当报请当地人民委员会审查批准,并将这些人员和工资列入地方劳动工资计划。未列入编制人员的工资标准,应当按照列入地方行政编制的同级干部的标准执行。

2.福利费:包括未列入编制人员的医药卫生费、福利补助费等。福利费的标准,应当参照列入地方行政编制的同级干部的标准执行。

3.办公费和业务费等:原则上比照当地行政机关的开支范围和开支标准办理。由各省、自治区、直辖市根据当地情况作具体规定。

4.奖励金:包括对工作有成绩的未列入编制人员和义务市场管理人员的奖励、对群众检举揭发投机倒把活动的奖励等。应当根据政治鼓励为主、物质奖励为辅的原则,对奖励金额,要严格掌握,标准不宜过高,一般不要一事一奖。

(三)收支管理制度

1. 工商行政管理部门对市场管理费、罚没款的使用,应当根据艰苦奋斗、勤俭节约的精神,用于必需的开支,一切按制度办事,不准任意挪用,不准铺张浪费。收支的具体管理,以市、县为单位,由市、县工商行政管理部门统一平衡、统筹调剂,当地财政部门应当加强监督和指导。

2. 市、县工商行政管理部门和基层工商行政管理所或市场管理所,都应当指定专人负责财务管理工作,严格执行国家的财务管理缺席,做到账册完整、制度健全、手续清楚。收入的现金,要开立专户,存入银行,遵守国家的现金管理规定。

3. 各项收支,应当按季度编制计划,送请当地财政部门审核,并报告上一级工商行政管理部门备案。同时,要按年度进行结算,有余时以国家预算“其他收入”科目上交当地财政部门,不足部分也由当地财政部门从“其他收入”科目的罚没收入中退库补助。平时收入有结余,由市、县工商行政管理部门暂存,用于淡旺季调剂;收入不敷支出,由当地财政部门暂借,待年度终了进行结算的时候,统一算账。

4. 各省、自治区、直辖市和专区工商行政管理部门和财政部门,对市、县工商行政管理部门各项费用的收支管理,应当掌握情况,及时发现问题加以解决,并且经常进行检查,防止违反政策乱收乱用和贪污浪费现象。

(四)有些地方,对市场管理费、罚没款的收支管理,已经采取由当地财政部门统收统支的办法,即工商行政管理部门把收入的市场管理费、罚没款全部交给当地财政部门,必需的开支也由当地财政部门统一支付,这个办法可以继续执行,并注意总结经验。

(五)各省、自治区、直辖市工商行政管理部门和财政部门应当参照这个通知,对市、县工商行政管理部门特别是基层市场管理单位的各项费用收支情况,进行一次认真的检查和整顿,坚决制止违反财经纪律、滥收滥用、挥霍浪费和贪污自服的现象。同时,在检查整顿的基础上结合当地具体情况,拟订收支的具体管理办法,报请省、自治区、直辖市人民委员会批准施行,并报财政部和中央工商行政管理局备案。

(选自《工商行政通报》第 276 期,1964 年 12 月 30 日)

二十五、中央工商行政管理局关于进一步做好农村市场管理工作的通知

(1965 年 6 月 28 日)

最近,中共中央批转的 5 月全国财贸工作会议纪要中指出,应当把支援农业、支援集体经济、抓好农村市场问题放在商业工作的首位;要大力组织农村副业生产,积极做好收购和供应工作,此外,还要正确利用集市贸易、庙会和小型物资交流会等形式,活跃农村市场。各地工商行政管理部门,必须认真贯彻中央指示,进一步把农村市场管理工作做好。为此,作如下通知:

一、各地工商行政管理部门,必须以政治为统帅,加强对干部的政治思想工作,教育干部认真贯彻执行“发展经济、保障供给”的总方针,加

强政治观点、生产观点和群众观点,为工农业生产服务,为人民生活服务。要根据财贸工作会议纪要的指示,组织干部认真地反复地学习毛主席关于农民问题和农村市场问题的理论,明确树立农业是发展国民经济的基础的指导思想。市场管理要面向农村,深入到群众中去,要用革命精神把工作扎根在农村社队,积极地支援农业生产、支援集体经济。

二、对农村市场的管理,必须认真贯彻执行"管而不死、活而不乱"的方针,同加强农村商业工作,活跃农村市场的要求结合起来。一方面,要积极配合农村社会主义教育运动,严厉打击投机倒把活动,坚决制止资本主义自发势力;另一方面,要按照政策,切实保护正当的交易活动,正确利用集市贸易、庙会、小型物资交流会等形式,活跃农村市场。市场管理的各项措施,应当有利于发展农村副业生产,开展多种经营;有利于小土特产品进城和工业品(特别是小商品)下乡;有利于开展城乡之间,地区之间的物资交流。目前有些地区若干小商品交流不畅,有些可以上市的物资,也受到了不适当的限制,这种情况应当引起注意。

三、积极地配合有关部门,组织和促进农村副业生产、增加农民收入,巩固集体经济;同时,协助商业部门,做好收购和供应工作。对于农村中那些小土副特产品,要帮助供销合作社尽量收购起来。收购不了的,应当加强地区之间的联系,互通声气,积极设法组织交流,代农民寻找销路,做到货畅其流。工商行政管理部门的干部,特别是农村基层市场的管理人员,必须克服单纯管理观点,明确做好市场管理工作是为了促进生产和保证供应;生产发展了,商品增多了,收购和供应工作做好了,市场也就好管了。

四、加强对农村合作商店、合作小组和个体商贩的教育、管理工作,把他们的投机倒把活动同合法经营区别开来,利用他们的补充作用,限制他们的消极作用。协助业务归口单位,从经营比重、活动范围、货源、收入等各方面,加强对他们的管理,教育他们遵守国家的政策法令,服从市场管理规定,使他们在商业部门的领导下,上山下乡,便利群众,为收购和供应服务。

五、加强对农村市场的调查研究工作。各级工商行政管理部门,都应当面向基层,经常组织力量,深入农村市场进行调查研究,及时了解农村市场情况,了解农村社队特别是贫下中农的要求,发现问题,及时向当地党委和有关部门反映,并且积极提出意见,研究需要采取的措施。要注意总结工作中的经验教训,帮助基层把农村市场管理的水平提高一步。

以上通知,希向当地党委、人委汇报,研究执行,并请你们将有关这方面的情况、问题和采取的措施等材料,随时报送我局。

(选自《工商行政通报》第 286 - 287 期,1965 年 7 月 20 日)

二十六、中央工商行政管理局、中华全国供销合作总社关于加强耕畜市场管理、搞好耕畜调剂的联合通知

(1965 年 7 月 13 日)

自恢复耕畜市场以来,许多地区都根据中央的有关指示,加强了对耕畜市场的领导和管理,对于便利耕畜余缺调剂、促进耕畜繁殖和支持农业生产,都起到积极的作用。但是,有些地区对管理工作抓得不紧,耕畜市场上的阶级斗争和两条道路斗争还很尖锐,倒卖耕畜的投机倒把活动比较严重,许多耕畜市场陋规恶习还没有改革,有些地方黑牙纪到处活动。另一方面,有些地方,对耕畜的正当调剂限制过多,任意封锁,有的甚至把正当的调剂当作投机倒把处理。

目前,耕畜还是我国农业生产的主要动力。管好耕畜市场,搞好耕畜调剂,是促进农业生产的一项重要工作。对耕畜市场的管理,必须以阶级斗争为纲,打击投机倒把,保护正当调剂,为发展农业生产、巩固集体经济服务。

一、坚决贯彻中共中央、国务院《关于发展大牲畜的几项规定》,打开省、专、县、社的界限,恢复历史上传统的交流关系和流转规律。各地工商行政管理部门和供销合作社,对生产队调剂自养自用的耕畜,要积极支持和帮助,不得以任何借口加以阻挠;同时,要加强辅导,防止盲目性。

二、加强对生产队干部和社员的政治思想教育和政策教育,帮助他们提高认识,划清投机倒把和正当调剂的界限,自觉地遵守国家政策和市场管理规定。对于某些有投机倒卖耕畜行为的生产队和社员,应当着重批评教育,情节严重的应当给以适当处理。

生产队和社员在本公社和毗邻公社的习惯市

场内相互调剂耕畜，可以不要证明。在省内和省际毗邻地区，应有生产大队的证明；需要出省的，应有公社的证明。生产队、社员采购或出售耕畜，凡超过本公社范围的，都必须在当地市场管理部门指定的场所进行，不准自行到队到户成交。

三、严厉打击投机倒把活动，对那些倒卖耕畜的投机倒把分子，以及挖牙做口、残害耕畜的分子，必须给以有力地打击。

黑牛行、黑经纪必须坚决取缔。

四、认真整顿耕畜交易市场(交易所)。对现有的管理人员和交易员，要进行清理整顿，投机倒把、贪污盗窃、营私受贿、屡教不改的，必须给以必要的处理。要从贫下中农中培养交易服务人员，逐步提高交易服务人员的质量。要建立和健全各项交易制度，坚决废除一切陋规恶习，要有领导地进行议价，组织成交。介绍交易，必须明讲明议，不准袖筒摸价，暗语成交。耕畜价格高的地方，要逐步平抑下来。交易手续费，应当尽量从低，最高不得超过1%，由买卖双方共同负担。

五、各地工商行政管理部门和供销合作社，应当密切配合协作，管好耕畜市场。耕畜交易市场(交易所)统一由工商行政管理部门领导管理，供销合作社要积极地在耕畜调剂、平抑价格等方面协助；没有建立工商行政管理机构的地方，由供销合作社领导管理。在管理工作中，必须依靠群众，并且把政治教育、经济措施和行政管理密切结合起来，不断总结经验，改进工作。

以上通知，希即研究执行。1962年12月28日农业部、财政部、中央工商行政管理局、中华全国供销合作总社《关于贯彻〈关于发展大牲畜的几项规定〉中有关开放牲畜交易市场的联合指示》中的规定，与本通知有抵触的，按本通知办理；与本通知没有抵触的，应继续依照执行。

(选自《工商行政通报》第288－289期，1965年8月20日)

二十七、中央工商行政管理局济南市场管理工作经验座谈会纪要

(1965年7月)

最近，中央工商行政管理局在济南召开了市场管理工作经验座谈会。参加会议的有山东、河南两省一部分专、市、县工商局和基层市场管理所的同志四十多人，河北、江苏两省工商局也派人参加了会议。

会议开了11天。有28个地区的同志在会议上介绍市场管理各项工作的情况、做法和经验，还有16个地区的同志作了书面发言。各地同志在会议上介绍的经验，主要包括以下四个方面：

(一)加强政治思想工作，大学毛主席著作

近年来，工商行政部门的政治思想工作有所加强。参加会议的单位在这方面都做了不少工作，主要是大抓毛主席著作的学习，带着问题学，活学活用，立竿见影；配备专职的政治工作干部，落实“四个第一”，大兴“三八”作风；举办市场管理干部的集训，提高思想觉悟，提高政策水平；开展比学赶帮运动，开展五好评比竞赛。许多地区的同志介绍，加强政治思想工作以来，市场管理人员的思想觉悟有很大提高，对市场管理工作的光荣感和责任心增强了，不安心工作的现象有很大改变。烟台市的市场管理干部原来很多人不安心工作，加强政治思想工作以后，这种情况基本扭转了。洛阳市洛北区的市场管理人员，过去严重地存在着怕这怕那(怕吃力不讨好，怕犯错误，怕受批评，等等)、“两嫌”(嫌工资福利少，嫌整天乱哄哄)的思想，想跳行转业，另谋出路。通过学习毛主席著作，绝大多数人解决了思想问题，认识到做市场管理工作是站在阶级斗争前线的一个光荣岗位。由于干部的思想觉悟提高，干劲足了，办法多了，工作效率高了，各地工作上普遍出现了新的气象。泰安汶口市场管理所的同志学习主席著作以后，处理案件的质量明显提高，今年1月与去年7月比较，在处理的投机违法案件中，处理正确的比重由77%增到90%，处理偏轻或偏重的由6%降到4%，处理不当的由17%降到6%。

(二)面向生产，面向农村，为农副业生产和农民生活服务

为了进一步提高市场管理工作的水平，更好地适应工农业生产新高潮的需要，许多地区在支援农副业生产方面做了不少工作。新郑县市场管理干部通过学习毛主席著作，明确了为农业生产服务的重要性，扭转了那种认为市场管理部门一无钱、二无物，不能支援农

业生产的错误思想,加强了生产观点,从多方面采取措施来支持农业生产,并且把为生产服务列为比学赶帮运动评比的一项重要内容。一年多来,做了不少工作,取得了一定的成绩。平度县白埠市场管理所的同志,在当地下雹子砸毁了庄稼以后,立即主动深入各受灾生产队,帮队干部出主意,想办法,帮助生产队外出购买地瓜秧子,补种地瓜一千多亩。过去他们在市场上发现农民出卖布票和其他不准上市的物资时,只是单纯地强调管理,实际上管不住,群众还有意见;现在他们依靠群众主动深入生产队调查,对那些因生活困难准备上市出卖棉花、口粮等物资和布票的,就帮助生产队安排好这些困难户的生活,使他们不再上市出售这些东西。这样,既为社员生活服务,又管好了市场。

(三)依靠群众制止投机违法活动,打击投机倒把分子

近一个时期来,许多地区的市场管理部门在工作中贯彻了群众路线,与群众的关系密切了,从而使市场管理工作得到了广大群众的积极支持,改变了过去的孤军作战的局面,使投机倒把分子陷于孤立。信阳专区在打击投机倒把运动中,群众检举揭发的人和检举的材料,占的比重很大。南阳市自1964年以来,群众协助破获的投机违法案件,占全部案件的50%以上。洛阳市洛北区在各行各业中发展了义务市场管理员430多人,一年来所处理的案件,群众检举查获的占到一半。烟台市在10个重点居民委员会组织了70多名市场管理积极分子,在农村生产队建立了80多个市场管理小组,破获的重大案件中,群众协助的占70%以上。平度县古岘市场管理所在71个生产队普遍建立了市场管理小组,去年一年群众检举的大小案件达600多起。河南汝南和山东宁阳、新泰、平度等地还依靠群众对投机倒把分子进行监督、管理和改造,取得了良好的效果。

(四)发动群众,整顿集市贸易,管好市场

一年多来,许多地区发动群众,对集市贸易进行了整顿,市场秩序大大好转。定陶县马集过去市场秩序十分混乱,无证商贩多,粮食、油料、棉花、土布和票证等到处成交,在集上搞投机、当经纪的人占当地劳动力一半以上。过去市场管理所虽然做了一些工作,但由于方法简单,缺乏群众基础,效果不大。通过学习毛主席著作,他们检查了过去的工作,找出了市场混乱的原因,研究了整顿市场的办法,充分发动群众,扭转了过去的混乱局面,使市场秩序大大改观。青岛市延安路估衣旧货市场,过去成了资本主义势力的孳生地,成为投机倒把分子、贪污盗窃分子和其他牛鬼蛇神的活动场所,1962年以来,虽然不断加强整顿,试图把它撤销,但始终没有成功。1964年10月下旬开始,由于各有关部门在党委领导下密切合作,依靠群众,采取宣传教育、行政管理和经济代替三管齐下的办法,经过两个月的斗争,终于把这个藏污纳垢的市场取缔了。诸城县城关的耕畜交易市场,过去一度被黑经纪操纵,这些人欺骗敲诈,买空卖空,甚至采取钻牙、作口、砸角、钉腿、烧毛等手段残害耕畜,胡作非为。市场管理所在开展宣传教育、发动群众与黑经纪进行斗争的同时,组织由干部、交易员、兽医和社员参加的议价小组,实行明码议价,便利了群众,有力地打击了投机倒把,使黑经纪无空可钻,全部取缔了黑经纪。

此外,会议还分析了当前市场斗争的形势和特点,并且讨论了市场管理工作的一些问题,主要是市场管理工作如何面向农村、支持农副业生产问题,耕畜交易市场的管理问题,以及打击投机倒把的一些具体政策问题。

参加会议的同志认为,近一年来,各地市场管理部门加强了政治思想工作,在各项工作中取得了一些成绩,积累了一些经验。在这个时候召开这样一个会来交流经验、互相学习,是必要的。

大家认为,许多地方的市场管理部门加强了政治思想工作,学习毛主席著作的风气初步形成。这是一件十分可喜的事情。各地在这方面做了不少工作,初步尝到了甜头,取得了不小的收获,出现了许多新气象。这证明,不管做什么工作,都必须善于学习和运用毛泽东思想,都必须以政治来统率业务。凡是这样做的地方,工作就做得好,成绩就大,生动活泼,朝气蓬勃。反之,不这样做的地方,问题就多,工作上暮气沉沉。虽然这是一个好的开端,但市场管理部门的政治工作基础比较薄弱,学习主席著作联系实际不够,仍然是当前的主要问题。因此,决不能自满松劲,要继续加强政治思想工作。

市场管理工作处于阶级斗争前线,政策性强,牵涉面广,工作对象复杂,在学习主席著作时,不仅要运用毛泽东思想来解决市场管理人员的思想问题,而且要活学活用毛泽东思想来解决我们工作中的问题,才能提高市场管理工作的水平,更好地完

成工作任务。

大家认为,做好市场管理工作,一方面要制止资本主义自发势力的发展,打击投机倒把活动,维护市场秩序;另一方面,又必须保护正当的交易活动,促进物资交流,积极地为工农业生产服务。这两个方面是密切联系、互相结合的,不能只注重前一个方面,忽视后一个方面。市场管理干部必须认真贯彻"发展经济、保障供给"的经济工作的总方针,巩固树立政治观点、生产观点和群众观点,以阶级斗争为纲,认真依靠群众,发动群众,在打击投机倒把、制止资本主义自发活动的同时,面向生产,面向农村,把支援农副业生产、巩固集体经济放在市场管理工作的首要地位。只有明确地树立了三大观点,并且落实到工作中去,市场管理工作的路子,就会越走越宽,越做越活。

关于打击投机倒把工作,大家认为,从去年11月以来,声势大,行动快,措施有力,效果显著,成绩很大。从当前来看,市场上投机倒把活动比过去减少了,但不少投机倒把分子的活动由明转暗,斗争更复杂了。不少地区投机倒把活动又有所增加,方式更加隐蔽。这就要求我们把工作做得更好、更细、更深入。要认识到这是一个长期的斗争,不要当作一项临时任务。在这个工作中,应当认真地贯彻政策,正确处理两类矛盾,应当把抓大案子和日常的教育管理结合起来,把发动群众和专业队伍结合起来,把行政手段和经济措施结合起来,把取缔和安置工作结合起来。同时,要认真进行调查研究,加强对市场形势的全面分析,要随时注意研究市场的特点、变化和问题,及时反映和解决。

与会的同志都表示,回去后,要结合本地的实际情况,很好地总结和推广先进经验,让好经验开花结果,不断提高市场管理工作水平,更好地为工农业生产服务。

(选自《工商行政通报》第288-289期,1965年8月20日)

二十八、国务院转发全国供销合作总社有关棉花收购问题的两份材料

(1965年11月14日)

现将全国供销合作总社编印的《供销合作简报》上刊登的两份材料,《市场管理不严,影响棉花收购》和《仁寿县棉花收购后期出现的问题》,发给你们一阅。

近来粮、棉等主要农产品收购进度减慢,特别是有些地区的领导干部想把农民自留棉扩大多留,这是不对的。目前黑市和土纺土织也有所发展,必须引起注意。请各省、自治区、直辖市对农产品收购工作、精收细打和保管工作,对集市贸易的管理工作,严格加以检查。

附:有关棉花收购问题的两份材料

市场管理不严,影响棉花收购

新棉上市以来,部分地区由于对市场管理不严,棉花、土纱、土布不断进入集市贸易,影响收购。例如,湖北省应城县郑洞公社和云梦县护镇交界处有一个两不管的自由市场,群众称为"小上海"、"百货大楼",上市人数一般在1000人以上,上市品种大部分是统购物资。据国务院棉花工作组10月12日调查,上市的土布有300余匹,棉花90余斤,棉条80余斤,土纱180余斤,还有布票等。成交价格,土布每尺一角七八分,土纱每斤2元3角,棉条每斤1元2角,布票每尺3角多。陕西省仅咸阳市和泾阳县,截至9月20日,共查获贩运棉花、土布案件47起,计棉花529斤,土布400余尺。

有的生产队发生了抢劫棉花事件。河北省宁晋县贾口公社管楼大队第一生产队,一天黑夜,有20多人手持铁杈,威胁看库人员,抢走棉花900余斤。

仁寿县棉花收购后期出现的问题

四川省仁寿县到10月21日,已收购皮棉23万担,完成计划96%。但在收购后期出现了浪费棉花的现象。

一、部分生产队对棉花保管不善,不及时晾晒,使棉花高温变质。如满井公社第五大队第十四生产队的保管室中,有1000多斤籽棉温度达摄氏50度以上。影响棉花品级下降,棉籽也不能出芽。

二、不爱惜棉花的现象相当普遍,由于今年棉花增产幅度较大,许多生产队不注意收干拣净,朵絮还家。据检查,生产队拣完以后的落地棉,每亩还有半斤到1斤,多的达3斤,眼睫毛每亩还有3

斤左右。初步匡算,收干拣净以后全县可多收皮棉5000多担。少数生产队将带有棉桃的棉秆分配到户。如禾加区中农公社石围大队第一生产队,将带桃棉秆分给每人50斤。农民将棉秆和棉桃一起烧掉。

三、粮棉劳力安排出现了矛盾。目前正值抢种小春作物,部分生产队对棉花采摘、加工等方面的劳力,未作适当安排,拔了棉秆以后爆开的棉桃无人采摘,已采摘的籽棉无人加工、交售。如满井区大约每亩还能采摘三四斤籽棉,棉秆上爆开的棉桃最多达12个,很多生产队都将这些棉秆丢在一边,无人采摘。

这种现象已引起有关部门注意,正采取措施加以纠正。

(选自《工商行政通报》第299期,1965年12月20日)

二十九、中央工商行政管理局副局长管大同在市场管理工作座谈会上的讲话

(1965年11月26日)

这次座谈会,重点研究了市场管理方面的问题,并对明年的工商行政工作交换了意见。经过讨论,统一了认识,明确了方向,有些具体工作问题,还需要继续作些调查研究,在全国工商行政工作会议上再议。现在,我只就市场管理工作方面的几个问题来谈一下。

当前市场的阶级斗争形势

目前,国际国内都是大好形势。全世界人民反帝反修的斗争取得了新的胜利。在国际阶级斗争日益深入的情况下,世界局势正在经历着大动荡、大分化、大改组。帝国主义、现代修正主义和各国反动派的日子越来越不好过。国内,工农业生产迅速发展,商品供应增加,市场物价稳定,财政收支平衡,人民生活改善。今年的经济情况是建国以来最好的一年。我国第三个五年计划从明年开始执行,社会主义建设即将进入一个新的发展时期。城乡社会主义教育运动,已经在全国广大地区内取得胜利,并将继续广泛深入地开展,人们的精神面貌大大改变。全国人民的革命精神将变为巨大的物质力量,进一步推动工农业生产高潮前进。

几年来,随着工农业生产的发展和社会主义教育运动的深入,市场阶级斗争取得了巨大的胜利。(一)资本主义势力的气焰被打下去了。市场上的投机倒把活动有了显著的减少。今年上半年,查获的投机违法案件比去年同期又减少了24%,其中比较严重的投机倒把案件减少了40%。(二)在资本主义自发势力方面,无证工商业户大大减少,弃农经商基本制止,整顿了社、队办的商业,城乡集体经济更加巩固了。1962年无证商贩最多的时候达到200多万人,今年6月底统计只有20多万人了,比1962年减少90%,比去年同期减少43%。(三)农村集市贸易趋向正常,集市价格同计划价格的差距大大缩小。集市上的一、二类物资减少,三类物资增加。牌市价差距,由1961年的3倍左右陆续下降为今年三季度的29%,除粮、油等少数物资外,其他商品牌市价已基本接近。(四)城市集市贸易的范围大大缩小了。今年三季度,城市集市贸易成交额占社会商品零售额的比重只有0.55%。很多城市的集市贸易已经被代替了。(五)巩固和扩大了社会主义市场阵地。农民出售农副产品的总额中,国家收购的比重不断上升,集市成交部分的比重逐渐下降。集市成交部分的比重,就全年来说,大约占百分之十几,与过去几年的情况比较,有了很大的变化。

同国内政治经济的大好形势一样,市场斗争也是大好形势,这是主流。

但是,市场上的阶级斗争并没有结束。当前的市场投机倒把活动,呈现一些什么特点呢?(一)现在搞投机倒把活动的,主要是惯犯,其中不少是地富反坏分子和不法资产阶级分子。他们搞的多是大案,多是集团性活动。(二)投机倒把分子的活动更隐蔽、手段更狡猾了,花样层出不穷。许多人与国营企业里的蜕化变质分子内外勾结,或者打进集体经济内部,披着合法外衣,同我们作斗争。(三)倒卖的物资;除粮、棉、布等仍是重要对象外,有从生活资料转向生产资料的趋势。倒卖有色金属、工业器材、五金交电材料、耕畜、化肥、竹木的有所增加。有些投机分子还利用备战,招摇撞骗,倒卖黄金、白银等物资。

市场阶级斗争是长期的,反复的。今年市场进入旺季之后,不少地区的投机倒把活动又有抬头。有些社会主义教育运动已经结束的地区,投机倒把

分子又有活动。

我们应该特别看到,我国是一个人口众多的大国,工农业生产发展了,东西增多了,但是,总的说来还是不足的,物资还不能完全适应需要。随着国家经济建设的发展,工农业生产高潮的发展,农村副业生产的发展,城市街道生产服务事业的发展,以及人民生活需要的增加,生产与需要之间是会有新的矛盾的,在一些时候某些物资还可能出现紧张的情况,这是很自然的。加以,在地区之间,生产发展不平衡,物资摆布也有不平衡的情况,有些物资还存在着较大的地区差价。所有这些,都有投机倒把分子可乘之隙。在新的经济建设和加强战备工作的时候,投机倒把分子会利用我们在计划建设上的薄弱环节和工作上的漏洞,除了搞重要的生活资料以外,又搞掌握在社会主义经济手中的生产资料,千方百计地打进来,拉出去,大搞内外勾结,对国家计划、对社会主义经济的破坏性是严重的。同样是一个"万元户"的投机分子,与前几年的比较起来,其危害性就更大。

在城乡各项生产事业的发展中,在某些物资供应紧张的时候,在市场上可能会出现国家计划与分散主义的矛盾,如国营和集体企业的采购人员"满天飞",乱搞协作、抢购套购,变计划物资为计划外物资;社队副业生产和街道生产中也可能会出现资本主义自发倾向,以及城乡经济联系的新问题,这都是很值得我们去注意的。

市场阵地,社会主义不去占领,资本主义就会去占领。我们应当深刻领会毛主席关于阶级、阶级矛盾、阶级斗争的思想,站得高,看得远,对市场阶级斗争的形势与趋势,要有充分的估计,千万不要忘记阶级斗争,千万不要麻痹大意。

认清形势,坚持斗争,贯彻政策,加强工作

近几年来,表现在市场上的这一场阶级斗争已经取得了重大的胜利。这是全国人民高举毛泽东思想红旗,贯彻执行社会主义建设总路线和发展国民经济总方针,大力发展工农业生产的伟大成果,是城乡社会主义教育运动广泛开展的伟大成果。工商行政部门在各级党委领导下,参与了这一方面的斗争,作了许多具体工作,毫无疑问,也是有积极贡献的。

但是,我们要用一分为二的观点来看待我们的工作。对于国内政治经济的新形势,我们的市场管理工作是不是适应呢?我认为,我们在思想上、工作上和组织上,还有许多不适应的地方。其中最突出的是干部思想认识和政策水平问题。应当说,有许多干部对当前的新形势是缺乏思想准备的,认识是不够的。有些人甚至还存在着所谓"三了"、"三行"思想,他们认为"形势大好了,投机倒把没有了,工作任务完成了","工作多做也行,少做也行,不做也行"。这种想法,不是革命到底的思想,是革命到头的思想。

在社会主义时期,阶级斗争是长期的。资本主义势力复辟活动往往以市场为"突破口",市场阶级斗争也是长期的。新的五年计划,是关系国家命运的伟大建设事业。坚持革命的阶级斗争,是促进生产发展的巨大动力,是实现社会主义,防止资本主义复辟,反修防修的大问题。坚持与不坚持革命的阶级斗争是真假马克思主义的分水岭。在全国人民迎接新的伟大革命任务的时候,市场管理工作应当在维护和巩固社会主义统一市场方面,在维护国家计划、支援和促进工农业生产方面,有所作为,有所发现,有所创造,有所前进,在自己的岗位上作出新的贡献。无所作为的观点和取消市场斗争的观点,都是不对的。

在会上,同志们提到在市场管理工作中的"宽与严"、"死与活"的问题。我认为,"宽与严"、"死与活"是市场管理工作中两个根本的政策界限。"宽与严"是市场管理工作中,贯彻党的阶级路线,正确处理两类矛盾,对什么人宽,对什么人严的问题。在这里存在着一个如何对待农民的问题。对于投机倒把分子和资本主义势力应当坚决打击,这是毫无疑问的。但是,一定要把正当交易同投机违法活动区别开来,把一般违反市场管理同投机倒把行为区别开来,把偶尔有投机倒把行为同投机倒把惯犯区别开来。对人民内部的问题,对农民的问题,要着重批评教育。总之,要具体分析情况,区别对待。对投机倒把分子也有一个分化、瓦解、孤立少数的问题。对矛盾性质一时搞不清楚的,可以先按人民内部矛盾处理。有些地方、有些同志,在市场管理工作中,对阶级敌人打得不准、打得不狠、挖得不深,而对农民基本群众却管得过多,对他们正当的自产自销活动,要这个证,要那个证,收这种费,收那种费,甚至有乱扣、乱罚、乱没收的情况,这就会侵犯农民的利益,使我们的工作脱离群众。

市场管理工作中把什么管活、把什么管死,是

一个保证商品流通按社会主义原则进行,活跃交流,促进生产的大问题。总的说来,社会主义经济一定要搞活,资本主义活动一定要管死。没有资本主义的死,社会主义经济的活就受到影响。具体地讲,在市场管理工作中,对社会主义商业的活动要积极支持。对集市贸易滋长投机倒把、冲击计划市场的一面,要加强管理,不能放任;对它活跃农村经济、促进农副业生产的一面要很好地加以辅导。凡是政策允许的正当交易活动,应当支持。对于允许进入集市的物资,主要是第三类物资,特别是那些小土特产品、小手工业品,要搞活一些,把城乡之间、地区之间的交流畅通起来,而对那些一、二类物资,一定要管紧,规定不允许上市的,坚决不许上市。

政策是党的生命。不分性质,不分轻重,不分主次,不作具体阶级分析,不分别情况区别对待,就是没有政策。千篇一律,简单化,绝对化,就是形而上学,不是唯物辩证法。这些东西害死人,会带来严重的政治、经济后果,也是我们从来所反对的。

因此,当前在市场管理干部中要提倡兴无产阶级思想,灭资产阶级思想;兴唯物辩证法,反形而上学,以便更好地以阶级斗争为纲,贯彻执行"发展经济,保障供给"的总方针,明确树立政治观点、生产观点、群众观点,把行政管理同政治教育、经济措施、社会安排、发动群众紧密结合起来,作好市场管理工作,为发展工农业生产服务,为人民生活服务。

1966年,是我国第三个五年计划的第一年,这是我国社会主义建设事业的一个重要转折点。在全国范围内,将开展一个群众性的增产节约运动。各个战线做好明年的工作,对于整个五年计划的顺利实现,具有重大的意义。在这里,市场管理工作,就存在这样一个紧紧跟上形势的问题。我们一定要适应政治经济形势的发展,从政治经济的全面情况出发,预见生产建设发展和市场斗争变化的趋势,把我们的思想认识、政策观点、工作措施紧紧地跟上来,及时有力地打击资本主义势力,反对资本主义自发倾向,进一步改造小商小贩,活跃物资交流,促进工农业生产,巩固社会主义经济。

以革命促生产,以阶级斗争促生产

市场管理作为经济战线上阶级斗争的一个方面,必须贯彻毛主席备战、备荒、为人民的指示,以革命促生产,以阶级斗争促生产,保证整个国民经济建设计划的顺利实现。

(一)要以阶级斗争和两条道路斗争为纲,配合城乡社会主义教育运动,继续深入开展打击投机倒把的斗争

在打击投机倒把斗争中,打击的重点是惯犯、四类分子、不法资本家和集团首要分子这四种人。要集中力量抓大案子,拔根子、挖窝子、打尖子。要认识到,在投机分子的后面还有着一个资产阶级。这是他们的老根子,资产阶级的存在是长期的。社会主义与资本主义两条道路的斗争是长期的,市场斗争也是长期的。我们一定要有"宜将剩勇追穷寇,不可沽名学霸王"的彻底革命精神,把那些在市场上坚决走资本主义道路的人揪出来,绝不能松劲。

要有政治观点,不要有片面的经济观点。在斗争中要充分贯彻"二十三条"的精神,利用矛盾,争取多数,反对少数,各个击破;对打击对象,要善于分化他们,区别对待,把最坏的人,最大限度地孤立起来。不要单纯地用没收罚款和处理案件的多少来衡量工作的成绩。

要充分贯彻群众路线。农村要扎根到生产队,城市要扎根到街道里弄。向广大群众做好政策宣传教育工作,把他们充分动员起来,把他们中的积极分子组织成为群众监督网,监督、检举市场投机违法活动。

要积极支持点上的社会主义教育运动。例如,广东省佛山市在这一方面作了许多工作,积极向工作团、队提供材料,协助工作团集训社会上的投机倒把分子,接受遗留大案,为工作团、队打扫战场,等等。各地要根据具体情况,尽力来作好。

资本主义无孔不入。有人说,我们要有一把"铁笊篱",哪里出现资本主义活动,就到哪里"捞",来个针锋相对。我们要有这种革命精神。对于渗透到国营企业和集体企业的资本主义势力也要认真检查处理。

(二)加强对战备物资和生产建设重要物资的管理,制止抢购、套购、乱搞协作等破坏国家计划的活动

加强物资管理,保证国家计划建设和战备工作需要,这是新的五年计划期间市场管理工作的一个重要方面。对于铜、铅、铝等有色金属,重要工业器材,五金交电器材以及其他重要工农业生产资料,一定要在市场上管住,防止投机倒把分子插手倒卖。

对于计划外的采购推销活动,也要加强辅导管理,支持正当的购销协作。防止再出现采购人员“满天飞”的现象。要作好对采购人员的教育管理工作,使他们自觉地遵守政策法令,不抢购、套购、不乱搞协作,不把计划物资变为计划外物资。

(三)加强对重要农产品的管理,保证国家收购计划

加强对重要农产品的管理,保证国家收购计划的完成,对于国家建设和战备工作都具有重要意义。粮、棉(包括土纱、土布)、油、烟、麻等重要农产品一定要管紧。凡规定不许上市的,如棉花、土纱、土布、烤烟、黄麻等坚决不准进入集市。

目前我国的口粮还偏紧。粮食市场上的阶级斗争将是长期的。任何时间都不要放松管理。

(四)巩固计划价格,继续平抑集市价格

物价稳定是国家计划建设的重要经济条件。巩固国家计划价格,平抑集市价格,是一场严重的阶级斗争。

目前平抑集市价格的关键是平抑粮食价格。应当积极协助粮食部门在确实有余粮的地方进行议购,做好议价粮食地区之间的调剂工作,并且在议购议销活动中,正确地、灵活地掌握价格,制止投机分子插手。

(五)管好合作店、组,整顿个体工商业户,清理无证工商业户

管好合作店、组,清理整顿个体工商业户,安置好城市闲散劳动力。这是维护社会主义统一市场的一个重要方面,作好了,有利于备战,有利于建设社会主义新城市。

对合作店、组要积极建立政治指导员制度,加强政治思想工作,制止他们的投机违法活动,克服资本主义经营思想作风,调动它们的积极性,让他们在社会主义商业的领导和安排下,代购代销,上山下乡,为社会主义服务。

要加强对个体工商业户的管理教育,不断清理整顿无证工商业户。

要参与对城市闲散人员的安置工作。对不同的人员要作不同的安置,多方设法,广辟门路。有的可以半工半读,有的可以上山下乡,有的可以参加街道生产和劳动服务,有的可以做临时工、合同工。做到大家都有饭吃、有活干、有人管、能改造,问题就少了。这是管好市场的一个“釜底抽薪”办法。各地在这方面要注意创造经验。

面向农村,促进农副业生产的发展

市场管理工作要以阶级斗争促生产,要面向农村,大力支援农副业生产的发展,不能只是“管”字当头。农业是国民经济的基础,农村是国内市场的主体。面向农村,是一个具有重大意义的战略方针。市场管理工作必须面向农村,为促进农副业生产服务,为五亿农民服务。

(一)活跃农村市场,管好农村集市贸易

要大力支持农村社会主义商业的发展,扩大计划市场的阵地。对于农村集市贸易,要以辩证观点来分析,不要采取一成不变的形而上学的看法。它的补充作用要以计划流通的发展和要求为转移,一定要把它管好。不许上市的,坚决不许进入集市。我们要不断总结管理集市贸易的经验,使它在社会主义经济的领导下,正确发挥补充作用。

目前,在商品流通方面还有地区封锁的现象;按经济区划组织商品流通是个重大问题,而市场管理是按行政区划来管的;有些毗邻地区,市场管理规定不一致,很不协调。这些都不利于活跃农村市场,也不利于管好农村市场,需要积极采取措施加以解决。

(二)积极支持农村副业生产,发展多种经营

发展副业生产,是发展农村经济的一件大事。市场管理部门要把大力支持农村副业生产作为一项重要工作。

在这里,我想讲一下有些同志提出来的管理与服务的问题。市场管理的根本目的,是为工农业生产服务,是为人民服务,这是无庸置疑的。现在的问题是,市场管理部门,在做好管理工作的同时,要不要做一些直接为正当交易和工农业生产服务的工作。我认为是必要的。这两方面的工作是互相联系、互相促进的。管好市场,打击资本主义势力,制止自发势力,就有利于保护正当交易,促进工农业生产。而作好为正当交易和工农业生产的服务工作,扩大了社会主义商品流通,又有利于加强对投机违法活动的管理。农村扎根生产队,城市扎根街道里弄,为生产、为群众生活服务,这是密切联系群众,搞好市场管理工作的一个重要方法。具体作法,要因地制宜。

在发展农村副业生产方面,基层市场管理单位,要积极利用我们对生产、流通、价格、市场等各方面了解的情况,深入生产队,帮助规划副业生产,广辟副业门路,活跃交流。要协助商业部门作好副业产品的收购工作,办好集市上的交易服务所,组织购销挂钩,协助解决原料、销路等问题,为发展副业生产更好地服务。河南省安阳专区几个县的基层市场管理部门,在这一方面作了许多工作,得到党委重视,群众欢迎,这就很好嘛。

市场管理部门又要及时调查了解副业生产的发展情况,加强辅导管理工作,坚持社会主义方向,克服发展中的盲目性。对于集体副业和正当的家庭副业都要坚决保护和扶持;对那些违犯国家政策、损害集体利益、弃农经商、剥削他人的资本主义行为,必须坚决反对。对于副业生产发展中产生的城乡关系问题,要及时了解,会同有关部门研究解决。

(三)管好耕畜市场

耕畜还是当前农业生产的主要动力。管好耕畜市场,搞好耕畜调剂,对于支援农业生产有着重要作用。

管好耕畜市场,必须坚决贯彻中央指示,打开省、专、县、社的界限,打破地区封锁,便利耕畜调剂。同时,又要坚决打击倒卖耕畜的投机倒把活动,取缔黑牛行、黑经纪。现有的耕畜交易所、交易市场,要很好地进行整顿,改革陋规恶习,树立社会主义新风尚,更好地为耕畜调剂服务。

为了防止耕畜调剂中的盲目性,堵塞投机倒把的漏洞,对于长距离的调剂,应当配合供销合作社很好地加以组织。

(四)检查改进市场管理的规章制度

在前几年,国民经济出现暂时困难的时候,曾经制定过一些市场管理办法,现在形势变化了,需要根据新的情况,认真作一次检查。凡是不利于活跃流通、不利于发展生产的,都要进行检查、清理,总结经验,克服缺点,该改进的要研究改进。

思想革命化,工作革命化

(一)大学毛主席著作,注意培养和推广先进典型

要贯彻全国财贸政治工作会议的精神,坚持政治挂帅,落实"四个第一",大兴"三八作风"。大学毛主席著作,要提倡领导带头学,带着问题学,活学活用,学用结合,在用字上狠下功夫。要注意培养活学活用毛主席著作、改造思想、改进工作的先进人物和先进单位,把旗帜树起来,加以推广。这种先进人物和先进单位,各地都有,并且是不少的。问题是我们还没有认真地去抓这个工作。培养典型推动一般,这是一个重要的工作方法。做得好,会大大推进我们的工作。

第三次全国财贸政治工作会议决定在今后半年内对政治思想工作进行一次大检查、大评比、大总结,我们一定要重视,积极准备,认真作好。在"三大"的基础上,把政治思想工作提高一步。

(二)面向基层,加强基层工作,推行亦工亦农的新的劳动制度

领导机关要面向基层,整顿和充实基层市场管理机构,加强基层工作。这项工作,明年应该狠抓一下。市场上的交易服务人员,可以实行亦工亦农的劳动制度,集日上市服务,平日回队生产。已经作了的地方要总结经验,没有作的地方要积极试办。

(三)深入实际,加强调查研究,提倡"五敢"精神

要深入到实际中去,及时抓住新问题,扎扎实实地做一些调查,把情况摸得透透的,进行分析研究,提出办法,向党委反映,当好助手。我们是宣传队,要很好地向群众宣传党的政策;又是工作队,要学会善于发现问题,及时解决问题。我们要敢于对党、对人民负责,敢于揭露矛盾,敢于实事求是,敢于坚持原则,敢于斗争。有了"五敢"精神,就能打破老框框,能够创新,能够有所作为。

(四)整顿队伍,整顿作风

市场管理队伍,要切实加以整顿,不适宜作市场管理工作的,要调整出去,另作安排。要坚决制止市场管理人员中的乱扣、乱罚、乱没收等违法乱纪现象。对这种坏的思想作风,应当切实地进行一次检查,认真地加以整顿。

最后,关于市场上出现的新情况和新问题,以及你们的典型调查和经验总结,希望随时报送我们。

(选自《工商行政通报》第300期,1965年12月30日)

三十、交通部对向民间运输业提取管理费的规定

目前各地民间运输管理部门,大多向民间运输

业提取一定数量的管理费,但提取情况各不相同,存在一些问题。如费目不统一;有的地方费率过高;有的地方几个单位同时向民间运输单位提取;有的地方使用不恰当等等。造成民间运输业负担过重,管理部门结余过多,甚至产生了浪费或其他流弊。为了解决上述问题,堵塞漏洞,交通部最近对民间运输管理费的费目、费率、收费对象、收费单及其使用范围等问题作了规定。

(一)统一名称

各地民间运输管理单位向民间运输业提取的管理费用,名目繁多,有运输管理费、航运管理费、联社管理费、服务费、手续费、代理业务费等各种名称。为了统一名称,便于提取,今后一律称为民间运输管理费。

(二)统一费率

民间运输管理费的费率,以够民间运输管理机构开支为原则,一般可占营运总收入的2%左右,最高不得超过3%。目前费率过高的应当降低,具体标准由省、自治区、直辖市交通(航运)厅、局统一制订。

(三)提取对象、提取单位

民间运输管理费可向集体所有制运输企业、个体运输业者,以及城乡人民公社和厂矿运输队参加流通过程运输的车船提取。向他们提取管理费的费率应当相同。但为支援灾区生产自救,对灾区农民进行生产自救的副业运输队,可以减收或免收民间运输管理费。

民间运输管理费由交通运输管理站或航运管理站提取。已成立运输合作联社的地方,参加了联社的基层社的民间运输管理费由联社统一提取,交通运输管理站或航运管理站不再重提。交通运输管理站、航运管理站和联社提取的管理费由县交通主管部门调剂使用,也可根据需要由专区或省交通主管部门调剂使用。

国营运输公司为运输合作社代办业务手续,可以提取代办营运收入0.5%的手续费,交通运输管理站、航运管理站或联社在向已交过手续费的基层社提取民间运输管理费时,应将手续费部分扣除。

(四)明确使用范围

民间运输管理费用于交通运输管理站、航运管理站和运输合作联社的经费开支。经省交通主管部门批准,也可用于其他民间运输管理部门的经费开支。民间运输管理费有结余时,应降低费率,结余部分除留一部分周转金外,其余应上缴地方财政,但地方财政不得规定上缴指标。

(选自《工商行政通报》第300期,1965年12月30日)

三十一、国务院财贸办公室转发中央工商行政管理局关于整顿农村集市交易所和统一市场管理的报告

(1966年4月26日)

各省、自治区、直辖市人民委员会,各中央局财办(财委),中央工商行政管理局,商业部,粮食部,全国供销合作总社,水产部,林业部,财政部,人民银行:

国务院财贸办公室同意中央工商行政管理局关于整顿农村集市交易所和统一市场管理的报告。请各地参照执行。

附:中央工商行政管理局关于整顿农村集市交易所和统一市场管理的报告

近几年来,在农村集镇上设立了不少交易所。这些交易所在方便农民购销,协助国家收购等方面起了一些作用。但是,在这次农村社会主义教育运动中,揭露了不少地方乱设交易所,乱收杂费,乱管市场的情况。现简要报告如下:

目前,在农村集市上的交易所,有粮食、供销、水产、食品、木材等业务部门为开展计划外收购和组织余缺调剂设立的;有市场管理部门为方便农民购销和加强市场管理设立的;有社队、集镇街道为了"找外快"和安置闲散人员设立的。南方一些地方在社会主义改造过程中,把旧牙行、旧货栈以至集市上的旧牙纪也改组成了一批交易所。由于多头乱设,不少地方交易所林立,如安徽省肥东县就有各种交易所222个。

许多交易所,人员臃肿,养活了一大批应该参加农业生产而吃集市饭的人。河南省濮阳县交易

所人员经过两次整顿还有860多人。在交易人员中,混杂着不少坏人。江苏省泰兴县黄桥镇70个交易人员中,就有旧牙纪、资本家20人,国民党、三青团、伪军警11人。安徽省全椒县的29个交易所都是旧牙行、旧牙纪改组成的。该县古河镇17个交易人员中,四类分子3人,刑满释放犯1人,吸毒贩毒犯3人,伪军警3人,土匪头子1人,旧行商2人。有些地方还有一批无人管理的旧牙纪逢集上市,敲诈群众。

不少地方的交易所,为了弄钱,不仅收费的名目多,费率高,甚至欺行霸市,吃好汉股,不管商品卖掉了没有,不管服务了没有,都要收费。安徽省六安县木厂镇农民在集市上买了一头仔猪,被交易所发现后,不但逼着要交易费,还借口没有进所成交,罚款20多元。江苏省泰兴县黄桥镇农民上市卖鸡,供销社和合作商店设立的交易所都派人强拉农民进所成交,像“老鹰抓小鸡”一样,谁揪住了,就是谁的。有的还怕农民成交后走了,拿不到钱,先扣押实物,形成见果拿果,见蛋拿蛋,见菜拿菜。农民对这种情况很有意见,说这不是“支农”,而是“吃农”。

多头设立交易所,各自为政,乱管市场。有的地方的基层业务单位分管市场,往往利用交易所办事,收购什么就管什么,不收购就不管了,有的地方连允许上市的三类物资如菱角、西瓜也不准上市,强行收购。有的甚至借口农民不进所成交,定罪违反市场管理,擅自没收物资。另一方面,许多交易所只管收费,不管交易是否正当,使投机倒把分子也钻了空子。湖南省嘉禾县一个集镇,去年冬每集上市高粱有三、四百挑,其中许多是投机倒卖,粮食交易所却不闻不问。许多旧牙纪和敌对阶级分子,还利用交易所的合法地位,混水摸鱼,相互勾结,大搞投机倒把活动。

上述情况的存在,对于统一管理市场,反对资本主义势力的斗争极为不利。不仅影响了党的政策的正确贯彻执行,而且损害了党和农民的关系。交易所这种形式是旧社会的残余,应当逐步代替,不应加以提倡。许多交易所实际是把旧社会的一些中间剥削改头换面地保留下来。这实质上是两种思想、两种作风、两条道路斗争的反映。说明我们在这个环节上还没有突出政治,毛泽东思想还没有真正挂帅,必须以革命的精神彻底加以整顿。最近,我们邀集了一些县和基层的同志进行了座谈讨论,具体意见是:

一、全面整顿交易所。方针是：砍掉一批，裁并一批，精减人员，统一管理。社队、集镇街道办的交易所和旧牙行、旧牙纪组成的交易所坚决砍掉，业务部门和市场管理部门设立的交易所应当裁并，大力精减人员，根据需要，在较大的集镇统一设立综合性的农民服务部，由工商行政管理部门统一领导管理。河南省内黄、清丰、范县这样做了，精减了50%以上的人员，统一了市场管理，也方便了群众。

农民服务部的任务是:为农民交易提供服务,组织余缺调剂;协助国营商业和供销合作社在集市上收购某些农副产品,宣传政策,协助市场管理,监督投机违法活动。不准自己做买卖。

对于集市农民服务部的人员,应当根据精简原则,挑选一批成分好、思想进步、有一定工作能力的人担任。根据河北、山东、河南等若干地方的经验,这些人员大部分可以实行亦工亦农,逢集上市服务,背集回生产队参加生产。一定要加强对他们的管理教育,突出政治,学好毛主席著作,以阶级斗争和两条道路斗争为纲,坚持三大观点,积极为农业生产服务,为农民生活服务。使他们做到既是服务员,又是政策宣传员和市场协管员。

对于被精减的原有交易所的人员,要妥善安置,一般可让他们回到农村社队参加劳动生产。对于那些有严重贪污盗窃,投机倒把活动的人,应当严肃处理。

二、坚决贯彻执行1966年4月10日中共中央、国务院批转华东局《关于清理整顿杂费的请示报告》的指示,以革命的精神整顿不合理的收费。凡农民产销直接见面成交的零星商品,一律不准收取交易手续费。按规定允许上市的某些重要商品,如大牲畜、猪、羊、粮食、油料以及其他大宗成交的商品,应当指定集中的场所,分行就市,加强管理。按照服务收费、不服务不收费的原则,可以适当收取少量的服务费。费率根据不同商品有高有低,大牲畜不得超过1%,其他商品不得超过2%,并应规定一定的收费起点。

收取的服务费,用于服务员和少数编外市场管理人员的报酬、添置必要的设备、修缮市场和政策宣传费用等开支。厉行节约,不准铺张浪费。

三、农村市场的管理应当统一。改变多头分管、各自为政的情况,以利于贯彻政策,统一对敌。

目前,山东、河北、四川、贵州、辽宁等省都实行了统一管理市场,取得了比较好的效果。应当看到,农村市场的阶级斗争是长期的,反复的,特别农村集市是阶级斗争比较剧烈的场所,绝不可以放任自流,各自为政,无人管理。

以上意见如属可行,请批转各地参照执行。

(选自《工商行政通报》第310-311期,1966年6月5日)

第三节　物价政策

一、国务院关于物价管理的规定

(1963年4月13日)

物价问题是关系国家建设和人民生活的一个重大问题。物价的制订和调整,对于生产、分配、交换、消费,都有重大的影响,必须综合平衡,瞻前顾后、统筹安排。物价的管理,必须贯彻执行统一领导、分级管理的原则,既要集中统一、全面安排,又要因地制宜、因时制宜,根据这一原则,对物价管理体制,作如下规定。

(一)全国物价委员会在国务院的领导下,负责全国物价的统一管理和综合平衡工作。全国物价水平和各类商品比价的安排,农产品收购价格、工业品出厂价格、各种商品销售价格和运输价格的重大调整,各种商品的地区差价、购销差价、批零差价、规格质量差价、季节差价和调拨、供应价格的原则的确定,都由全国物价委员会根据中共中央和国务院规定的方针政策,会同国务院有关部门和各地区共同研究,提出方案,报国务院批准下达。

(二)全国物价委员会会同国务院各有关部门,负责管理下列价格:

1.国家统一分配的和国务院各主管部门统一分配的工业产品的出厂价格和供应价格;

2.一类农产品和全国统一规定的二类农产品的收购价格;

3.对国计民生有重大影响的消费品和主要农业生产资料的销售价格;

4.铁路运价、航空运价、水路主要干线的运价和邮电资费;

5.其他必须由全国统一管理、统一安排的价格。

(三)前条各项价格,凡属全面的重大的调整方案,由全国物价委员会会同主管部门提出,报国务院批准下达。凡属个别品种或个别地区的价格调整方案,其影响较大的,由主管部门或地方提出,经全国物价委员会审查后,报国务院批准下达;影响较小或已有原则规定需要作具体安排的,由全国物价委员会批准下达。凡属国务院各部门对直属企业的部管产品价格的调整和市场商品个别规格、个别地点价格的调整,由各主管部门决定,报全国物价委员会备案。

(四)各大区负责监督本地区各省、自治区、直辖市贯彻执行中央的物价方针政策,检查价格的执行情况,衔接本地区各省、自治区、直辖市之间的价格,调查研究本地区物价中的重要问题,总结和交流物价工作的经验。

(五)各省、自治区、直辖市物价委员会在同级人民委员会的领导下,负责全省、自治区、直辖市物价的统一管理和综合平衡工作,会同有关部门,管理下列价格:

1.由省、自治区、直辖市统一安排生产并统一分配的工业产品的出厂价格和供应价格;

2.由省、自治区、直辖市规定的二类农产品的收购价格;

3.中央管理以外的消费品和农业生产资料的销售价格;

4.省、自治区、直辖市统一管理的水路、公路、地方铁路的运输价格和短途运输价格;

5.省、自治区、直辖市内主要的文化、教育、医药卫生事业、服务行业的收费标准和饮食业的毛利率;

6.其他必须由省、自治区、直辖市统一管理的价格。

上列各项价格的调整,都应当报全国物价委员会和国务院有关部门备案。

专区、省(自治区)辖市和县(市)的物价管理权限,由各省、自治区、直辖市人民委员会规定。

城市市区的各种价格,一律由市一级集中管理。

(六)国务院各有关部门和省、自治区、直辖市物价委员会对于列为二类物资的鲜活商品,如蔬菜、水果、鱼虾等,除了必须由省、自治区、直辖市具体规定价格的以外,一般只管收购价格水平、销售价格水平以及季节差价、质量差价的控制幅度和掌握原则。具体价格的安排，属于调整季节差价的，由县(市)人民委员会决定(大城市可以由主管的业务部门决定)；属于调整质量差价的，由基层业务部门根据上级规定的控制幅度，灵活掌握。

(七)某些零星产品和小商品，如果主管物价的部门未曾规定价格，可以由供需双方协商，议定出厂价格和销售价格，报主管物价的部门批准执行。

(八)国务院各部门对归口范围的各种产品的价格，负有全国平衡的责任；对于地方管理的价格，认为需要调整的，可以提出意见，报请全国物价委员会或有关地区的物价委员会研究调整。

各大区，各省、自治区、直辖市物价委员会和有关部门，对于全国物价委员会会同国务院各有关部门管理的价格，认为需要调整的，可以向全国物价委员会和有关部门提出意见。

各地区、各部门在研究调整属于自己管理价格的时候，应当同有关地区、部门联系，征求意见，经过协商以后，再作调整。调整以后，应当通知有关地区和部门。

(九)各地区、各部门、各企业都必须认真贯彻执行上级规定的各种价格，不得自行变动；一切价格的制订和调整，都必须按照规定的权限和程序办理，不得越权决定；执行价格，必须准确、及时，坚持原则，不许借故拖延、不许采取乱改牌号、提级压级以及采取其他变相提价、降价的作法。

执行价格中发生的争议，属于部门之间的，由同级物价委员会仲裁解决；属于地区之间的，由上级物价委员会仲裁解决；属于企业之间的，由有关企业主管部门仲裁或协商解决。

(十)集市贸易的商品价格，由县(市)市场物价管理委员会根据上级规定的政策，进行管理。

(十一)全国物价管理的具体办法和全国物价委员会会同国务院各有关部门管理价格的商品目录，由全国物价委员会会同有关部门根据本规定的精神制定。

各省、自治区、直辖市的物价管理办法、价格审批权限和管理价格的商品目录，由各省、自治区、直辖市人民委员会规定，报全国物价委员会和国务院有关部门备案。

(十二)过去有关物价管理的规定，凡是同本规定有抵触的，按照本规定执行。

(选自《工商行政通报》第237期，1963年5月15日)

二、全国物价委员会、中华全国供销合作总社关于三类农副产品购销价格的调整意见

(1963年9月18日)

最近几年，特别是1960年下半年以来，三类农副产品的购销价格提高了很多。全国平均的收购价格，1962年大约比1957年提高60%—70%，超过全国粮食收购价格的提高幅度约一倍，有些品种的收购价格甚至比1957年高一二倍。过去几年提高三类农副产品的收购价格，对发展生产和增加市场供应曾经起了一定作用；目前，三类农副产品的生产有所恢复和发展，市场情况开始全面好转，集市贸易价格大幅度下降，三类农副产品的收购价格就显得偏高。今年上半年，大部分省、市、自治区已经调低了部分品种的收购价格。降价以后，全国平均水平仍比1957年高40%—50%(算术平均)，还大于粮食的提价幅度，价格水平仍然偏高。这是当前部分三类农副产品滞销和积压的一个重要原因，这个问题如果不及时解决，就会影响这些产品的销路，影响商业部门经营的积极性，反过来，也就会打击生产。

但是，总的来讲，三类农副产品的供应仍然是不足的，部分商品出现积压，除因为价格偏高或质次价高外，有的是由于没有积极扩大销路和敞开供应，有的是由于工农业生产的发展，销售情况发生变化，使用量减少。因此，在调整价格时，必须认真做好调查研究，摸清情况，逐步地、慎重地进行，既要防止该降不降，又要防止盲目降价或降价过多过猛等偏向。

从“发展经济、保障供给”的总方针出发，调整三类农副产品价格的原则应该是：有利于发展生产，有利于巩固集体经济，有利于活跃城乡物资交流，有利于调整、巩固、充实、提高方针的进一步贯彻，有利于商业部门改善经营管理，有利于人民生活的逐步改善。

调整三类农副产品收购价格，一般的应以粮价为中心，与粮食保持合理比价；保证生产者有合理收益；同时考虑到每个品种当前的产销和供求情况。

一般说来，由于1957年的产销情况比较正常，

可以参考1957年与粮食的比价。但是1957年三类农副产品价格也有偏高或偏低的情况，1957年以来，各省粮价提高幅度也有多有少，有的省修了铁路，运输条件起了变化，因此，也不能机械地运用1957年的比价。

在一般情况下，三类农副产品的生产收益，应该相当于粮食生产的收益。有些生产简便、不占用整劳动力的产品，收益可以适当低于粮食，花劳力大、技术性强、生产比较复杂、供求紧张的产品，收益也可以稍高于粮食。

三类农副产品品种很多，生产条件差别很大，有的品种地产地销，有的品种外销全省、全国。因此，对于产销、供求状况，必须进行具体分析，逐个排队，要瞻前顾后，全面考虑。特别是对于目前滞销和积压的商品，要区别是暂时现象，还是长远的发展趋势，是一时一地的状况，还是全国普遍现象，是真正的供过于求，还是由于某些不正常因素所造成的假象；同时还要考虑生产恢复的难易，以便分别对待慎重调整。

目前各地对三类农副产品的价格管理办法也很不同，有的实行议价收购，有的按照计划价格收购；按照计划价格收购的品种，有的有奖售物资，有的没有奖售物资。我们考虑，按不包括奖售物资的计划收购价格计算，三类农副产品收购价格总水平大体上可以掌握比在1957年高20%上下、30%上下、40%上下。供不应求的产品可以高一点（与1957年比，也可以高于40%），供过于求的产品可以略低一点（与1957年比，可以低于20%），有些地方有些品种1957年的收购价格过高，也可以掌握在相当于或稍低于1957年的水平。由于目前在集市价格下降中还存在着品种之间和地区之间的不平衡，集市价格还高于计划价格，三类农副产品在降价的时候，可以逐步下降，不一定一次就降到上面的水平。在集市价格较高的地区，应当降慢一点。具体掌握意见如下：

1.生产未恢复到1957年水平，供应比较紧张和供求虽然基本平衡，还需要大力发展生产大量收购的商品，目前的收购价格可以少降或不降，个别商品价格偏低，对生产不利，可以适当提高。

2.目前生产没有恢复到1957年水平，供求基本平衡或暂时稍有积压，今后仍能扩大销售，收购价格偏高的应该降下来。

3.在确实属于供过于求、积压滞销的商品中，有的需要积极打开销路的（如橡豌、葛根），收购价格暂时可以多降一点。有些是因为销售情况发生变化，使用量减少，并且今后还有减少趋势的（如草织的手提包逐渐为塑料提包和人造革提包所代替），供销合作社应该向农民进行宣传教育，适当减少生产，同时，可以采取以销定产和以销定购的措施，但是收购价格不要降得太多，应当使生产者保持合理的收益。

4.多年生作物，生产恢复不易，调整价格要特别慎重，现行收购价格可以暂时不降或少降的应该不降或少降；有些产品价格确实偏高必须调低的，应该逐步地、适当地降价，不宜一次猛降下来。

5.三类农副产品的销售价格，根据收购价格的变化和市场供求情况，在正常合理经营的前提下，保持合理利润，适当地、逐步地加以调整。有些供过于求、需要扩大推销的商品，应该薄利多销或保本多销，在特殊情况下，有的商品也允许赔钱销售，但是要注意，不能乱降价乱削价。

6.购销价格都应当贯彻执行按质论价、优质优价、低质低价的原则。不分等级、混等收购、混等销售，以及不适当地缩小等级差价的作法，都是不对的，应该纠正。

7.调整三类农副产品价格时，应当从有利于生产出发，按照合理流转方向掌握适当的地区差价，以利商品流转。一般地说，次产区的价格应当服从主产区的价格，主产区在安排价格时也要适当照顾次产区的情况。毗邻地区价格应衔接好，合理摆平，偏高的地区应主动地及时地加以调整。

有些商品必须掌握合理的季节差价。已经取消的，应当恢复。

为了合理调整三类农副产品的购销价格，以利生产发展和扩大购销业务，各地应当加强对三类农副产品价格的管理和领导，主要商品的价格调整，应经过省、市、自治区物价委员会和供销合作社审查和批准，报全国物价委员会和全国供销合作总社备案；各省、市、自治区社每年至少召集一次会议，对三类农副产品的价格进行调整和平衡。

（选自《工商行政通报》第248期，1963年10月31日）

三、全国物价委员会颁发《基层商业企业物价管理试行办法》

（1964年5月28日）

为了加强基层企业的物价管理工作，进一步整顿好物价秩序,根据第二次全国物价会议讨论的意见,特颁发《基层商业企业物价管理试行办法》。并就在执行中应注意的问题提出如下意见,请研究执行。

一、组织执行这个办法是建立正常物价秩序的基础,各地区在组织执行这个办法时,应当结合今年的审价工作来进行。审价工作开展得早的地区,可以放在审价工作的建设阶段布置,审价工作开展得晚一些的地区,也可以先布置所属企业执行,待审价工作开展以后,进一步巩固、提高。

二、这个办法涉及的面相当广泛。除了商业部门以外,还有工业、手工业、交通运输部门和文化、卫生部门;除了国营和供销合作社的基层企业以外,还有基层手工业合作社、合作商店和小商小贩;除了基层收购、零售企业外,还涉及批发企业和上一级的管理部门。因此,各省、自治区、直辖市在布置执行这个办法时,应当指示各县物价委员会和有关部门必须取得当地党政的领导,依靠各部门的力量,结合中心工作来布置执行。工作中要做认真的细致的组织工作,首先是县市的物委主任、商业局局长、供销社主任和其他有关部门的领导同志以及各部门的物价干部,要认真学习这个办法,掌握这个办法的基本精神和主要内容。在向基层企业和事业单位布置执行时,应当首先引起企业和事业单位领导的重视,使他们了解贯彻执行这个办法的意义,依靠他们来贯彻执行。当然也还要注意不同企业和事业的特点,以便工作中有所侧重,避免强求一律。

三、基层企业的物价工作不能孤立地进行,需要企业的主管部门和物价部门以及批发企业给予具体的帮助,尽一切可能为基层收购企业和零售企业正确地执行价格提供便利的条件。企业的主管部门和物价部门,应当经常深入基层企业进行具体的帮助和指导,开展物价工作的比学赶帮运动,插红旗、树标兵,及时总结和推广先进经验;在发送调价通知书时,应当准确、及时,避免差错。为了保证零售价格执行的准确,批发企业应当科学地进行商品的统一编号,并根据批零差价、地区差价的计算规定,把商品的零售价格计算准确;发货票上的各项内容,应当填写清楚。

四、这个办法只是对基层企业的一般要求。为了使这个办法更好地得到贯彻,各省、自治区、直辖市还应当根据这个办法的基本精神,结合本地区的具体情况作适当补充。地方的补充规定,应当尽量由省、自治区、直辖市一级制订。

五、这个办法的内容还是不够完备的。希望各省、自治区、直辖市在试行一个阶段以后,于今年年底以前进行一次小结,并将情况报告我们,以使作必要的修改。

附:基层商业企业物价管理试行办法

第一章　总　则

一、基层商业企业是执行国家规定商品收购价格和零售价格的基层单位。为了保证国家的物价方针政策在基层商业企业贯彻执行,特制订本试行办法。

二、凡国营商业、供销合作社、公私合营商业和国营工业的门市部、零售店、分销店、收购店、购销店,以及饮食、照相、洗染、缝纫、理发、洗澡、旅店、修配等服务性行业的营业单位都应当执行本试行办法的有关规定。

本试行办法,同样适用于手工业的门市部和合作商店。手工业的门市部和合作商店的物价工作,应当分别在手工业管理部门和归口的国营商业或供销合作社的领导下进行。

本试行办法也基本适用于医药卫生、文化娱乐、交通运输等企业、事业单位。

三、基层商业企业物价工作的基本任务是:

(1)正确执行上级规定的价格。

(2)按照上级规定的幅度调整由本企业掌握的鲜活商品的质量差价。

(3)及时提出上级没有规定价格的商品的订价意见和本企业需要削价处理的商品价格的意见,报主管部门审批。

(4)如实向上级主管部门反映价格执行的情况,以及有关方面对价格的意见和建议,提供本企业购销、费用、盈亏及其他有关商品价格方面的材料。

(5)按照领导部门的指示,向生产者和消费者宣传国家的物价方针政策,解答生产者和消费者提出的价格问题。

第二章　明码标价

四、为了正确贯彻执行国家规定的价格,基层商业企业必须实行明码标价制度。

本企业经营的一切商品和服务项目,必须按照上级规定的收购价格、零售价格和收费标准标价;如果是向批发单位进货的零售商品,应当按照批发单位发货票上所注明的商品货号、等级、规格和零售价格标价。

五、各基层商业企业可以根据本企业的特点,采取以下几种标价形式:

(1)农副产品的价格,应当张贴或挂牌公布价格目录,并详细注明品名、品号、规格、等级、单位、单价等。凡能够实行样品陈列的,应当把价格标签与收购样品一并陈列。

(2)工业品的出售,应当实行商品标价签制度。凡是本企业出售的一切工业品,必须做到有货有价,一价一签。商品的价格标签应当注明编号、品名、品号、商标、产地、规格、等级、单价等。价格标签应当与标价的商品同位陈列。

(3)水果、蔬菜、鱼肉、蛋品、饭菜和其他熟食品以及农具、炊具、家具等商品的出售,如果不便实行价格标签办法的,可以采取挂牌的办法明码标价。

(4)照相、洗染、缝纫、理发、洗澡、旅店、修配等企业,可以采用张贴价目表的形式明码标价。

(5)不能采取上述办法的,也必须采取其他简便醒目的形式明码标价。

六、企业出售的残损商品,也应当实行明码标价。凡是能够注明削价处理字样的,应当注明削价处理字样。

七、商品的价格标签和价目表(牌),必须统一管理。新标签的填制和旧标签的销毁,以及价目表(牌)的更换,都必须由物价人员(或企业领导指定的专人)统一负责。

商品价格标签填写以后,应当由主管物价人员审查盖章。

第三章　价格的调整

八、一切基层商业企业,对于商品价格的变动,必须以上级下达的调价通知书为依据(如果时间紧急,可以先根据上级的电话执行),严格地按照调价通知书所规定的品名、品级、规格、质量、价格和时间执行,不得擅自更改。鲜活商品的品质差价,可以根据上级规定的掌握原则和实际情况自行灵活掌握,机动调整。

自行采购和自行加工上级没有规定价格的商品,必须按照上级规定的程序报请主管部门审查批准后执行,不得擅自决定。

对于残损变质和冷背积压商品的削价,必须按照上级规定的权限办理。企业在调整价格以后,应当及时向上级主管部门报告。

九、为了准确地执行各种商品的价格,一切基层商业企业都必须建立商品价格的登记制度。凡是企业经营的一切商品都必须按上级的统一规定编号(上级没有统一编号的,应自行编号),记载价格登记卡或商品价格台账。每次价格的变动,都必须即时登记。

十、一切基层商业企业在调整价格时,必须严格保守机密。上级下达的调价文件,必须由指定的收件人签收(或企业领导指定的物价人员签收)。调整的价格在执行以前,不得泄露。

十一、基层商业企业接到上级主管部门的调价通知书以后,应当进行以下几项工作:

(1)依据调价通知书的规定,查对商品,核对价格,以便正确执行,并防止错通知错执行的现象发生。

(2)按照财务管理制度的规定,在价格执行前一天营业终了时,盘点调价商品的库存。核实增值或减值金额。

(3)办妥执行以前的一切准备工作,如换填价格标签,研究如何解释群众可能提出的问题等。

第四章　价格执行的检查

十二、为了及时发现和纠正价格执行中发生的差错,一切基层商业企业都必须建立价格检查制度。

对于调价商品,企业负责人和物价员应当在调价的当时进行检查。

对于新经营的商品和新调价的商品的价格执行情况,应当每月进行一次检查。

对于一般商品的价格执行情况,应当定期(如三个月、半年、节日之前)组织企业所有人员进行一次普查。

十三、价格执行情况的检查,除了在企业内部进行外,还应当深入群众调查、访问或召开座谈会,组织和动员群众对物价工作实行监督。

第五章　物价机构和人员的职责

十四、基层商业企业负责人在价格管理方面的职责是：

(1)向职工传达和讲解上级下达的有关物价工作的文件和物价政策，教育职工正确执行上级规定的价格。

(2)领导和布置本企业商品调价的执行工作。

(3)审查与决定按上级规定由本企业掌握的某些鲜活商品的品质差价，和按上级规定的权限由本企业削价处理的商品价格。

(4)审查与决定本企业上报给主管部门审批的价格意见。

(5)组织本企业商品价格执行情况的检查。

(6)表扬和奖励物价执行的好人好事，批评和处理物价执行中的失职人员。

十五、负责本企业全盘物价工作的专职机构和专职、兼职人员的职责是：

(1)组织执行商品的调价工作，帮助与监督各营业单位正确执行价格，及时纠正价格执行中的差错。

(2)按照上级规定的平均零售价格与最高限价，提出由本企业掌握品质差价的鲜活商品价格和按照规定的权限提出可以由本企业削价处理的商品价格意见，报企业领导审查决定。

(3)提出上级没有规定价格的商品的订价意见和应当由上级主管部门批准的削价商品的价格意见，经过企业领导审查后，上报主管部门审批。

(4)统一管理本企业商品的价格账卡、价格标签或价目表(牌)。

(5)在企业负责人领导之下，向职工和群众进行物价政策的宣传解释工作。

(6)统计、积累和整理物价资料。

(7)及时向本企业领导和上级业务部门、物价部门汇报本企业价格执行情况和提供价格资料，以及反映群众对商品价格的意见。

十六、基层商业企业一切专职或兼职的物价人员，应当努力学习政策和业务，在企业负责人的领导下，依靠本企业职工，认真执行本试行办法第三条所规定的任务。同时，要坚持原则向违犯价格纪律的现象作斗争。对于任何人员不按照上级规定，擅自变更价格的行为，或其他违法乱纪行为，有权越级反映。

第六章　物价纪律和奖惩

十七、一切基层企业及其职工，必须遵守下列纪律：

(1)切实执行上级规定的价格，不得擅自变动。

(2)认真执行上级的调价规定，不得早调、迟调、多调、少调或不调。

(3)严格按照规定的程序和权限制订和调整价格，不得越权决定。

(4)切实实行明码实价，不得有提级提价、压级压价、掺杂掺假、少尺短秤等变相涨价、变相降价的违法乱纪行为，或其他欺骗群众的行为。

(5)严格保守物价机密，在调价之前，不得泄露，也不得对准备调价的商品进行非正常的收购和销售活动。

(6)准确计算价格方案和物价资料，如实反映情况，不得弄虚作假，谎报材料。

十八、应当严肃认真地执行上级规定的价格，模范遵守物价纪律，长期不出差错，正确地向群众宣传解释物价政策，作为评比“五好”企业和“六好”职工的一项内容。

十九、对于物价执行中发生的事故，应当分别情况，给有关人员进行批评教育和其他适当处理。

第七章　附　则

二十、一切基层商业企业，可以根据本试行办法和上级主管部门所作的具体规定，制定本企业物价工作实施细则，并报上级主管部门备案。

(选自《工商行政通报》第264期，1964年6月30日)

四、国务院批转全国物价委员会关于国营工商企业商品作价的规定

(1964年9月2日)

国务院同意全国物价委员会《关于国营工商企业商品作价的规定》，现发给你们，希研究执行。

国务院认为：认真贯彻执行这一规定，对于解决工商双方市场商品作价中的矛盾是有好处的，但是根本关键，还在于工商双方坚持政治挂帅，贯彻全局观点，开诚布公，协商办事。只有这样，才有利于发展生产和保证人民的物资供应。

附：全国物价委员会关于国营工商企业商品作价的规定

近几年来，由于贯彻执行了中央关于“调整、巩

固、充实、提高”的方针,工业部门和商业部门的工作,都有显著改进,工商协作关系,也在不断改善。但在商品作价方面,还有一些问题,需要进一步调整解决。要正确地解决这些问题,工商双方必须坚持政治挂帅,加强全局观点,互相支援,互相督促,开诚布公,协商办事。现在根据过去几年的经验和当前工作的需要,对于国营工商企业商品作价,作如下规定:

(一)订价原则

工业品价格的制订和调整,必须贯彻执行“发展经济,保障供给”的总方针,在国家的统一计划下,正确运用价值规律,以有利于促进生产发展,扩大商品流通,安定人民生活,保证国家积累,改善企业经营管理,并有利于同投机倒把作斗争。

工业品价格的制订和调整,必须贯彻执行稳定物价的方针,对于价格中的不合理部分,应该分批分期地慎重地进行调整。

工业品价格的制订和调整,必须尽可能使工商企业在正常生产、合理经营的条件下,都能够收回成本,并得到一定的利润。

工业品价格的制订和调整,必须贯彻执行按质论价的原则,各类和各种商品的价格,应保持合理的比价。

(二)工业生产成本与商品流通费用

核定工业生产成本及商品流通费用,应当按照国家的有关规定办理。对于列入国家计划的大宗商品,原则上应按品种逐一计算生产成本和流通费用。对于三类工业品,可以按小类或以企业为单位计算生产成本和流通费用。

工商企业的主管部门应当主动地、如实地相互提供并向物价部门提供有关生产成本和流通费用的资料。

工商企业主管部门应当会同物价部门、计划部门和财政部门,逐步研究规定工业生产成本及商品流通费用的计算项目、计算方法和各项中等标准,作为核价根据,以促进工商企业改进经营管理。

(三)原材料价格

原材料价格是构成工业品出厂价格的重要因素,必须贯彻执行按质论价的原则,尽量减少经营环节,降低经营费用,逐步做到全国统一订价,或者在地区之间保持合理的差价。

目前原材料价格中的不合理部分,物价部门应当会同有关部门大力整顿,力求在今后两年内调整到基本合理。

(四)出厂价格

工业品的出厂价格,应当根据正常生产、合理经营的中等成本加应纳税金和合理利润,按照物价管理权限分级核定。一般应使先进企业有较多的利润,中等企业有合理的利润,后进企业有较少的利润、无利或者亏损,以鼓励先进,带动后进,既要承认差别,又要缩小差距。

工业品出厂价格的质量差价,应当根据工业品的质量标准来规定。工业品的质量标准,应以国家正式颁布的质量标准(包括国家标准、部颁标准和省、市、自治区批准的标准)为准。国家没有规定质量标准的,工商双方应当共同议定一个标准。在制定质量标准时,应当尽量采纳商业部门反映的消费者对于商品的要求。属于国家包销的工业消费品,按照国家计划生产,有的虽然略低于质量标准,但是有使用价值而且基本上适合市场需要的,应当由商业部门根据按质论价的原则收购、出售。同时,工业部门必须努力提高商品的质量,力争在一定时间内,达到规定的质量标准。

后进企业生产的商品,如果暂时成本较高,但是国家急需而且有发展前途,出厂价格可以略高一些。但应有个限度,并要限期改进。

后进工业地区生产当地市场需要的商品,如果暂时成本较高,可以在基本符合按质论价并同毗邻地区的价格大致衔接的前提下,按照主要调出地区商品的批发价格加上运至当地的合理地区差价,再扣去当地商业部门的进销差价,规定出厂价格。按照这个办法工厂还有困难的,可以经过工商双方协商采取商业保本无利的办法订价。需要调往外地的商品,若价格较高而又为外地所接受,也可以采取上述办法订价。如外地不能接受,而国家计划必须调出的,可由产地批发公司按合理调拨价调出。其亏损部分,由调出公司负担。如果采取上述办法工厂还有亏损,可按照物价管理分工权限,由分工主管价格的部门报请同级人民委员会批准,分别不同情况处理:或者给予财政补贴,或者停产整顿。

新产品在试制时发生的亏损,应按规定从新产品试制费用中解决。对于成批生产的新产品,应当根据正式投入生产的计划成本,参照同类商品的比价,按照保本的原则,制定试行出厂价格。如果根据这个原则制定的价格过高,不利于商品推销,应当按照同类商品的比价制订合理的出厂价格,因此产生的亏损部分,按计划亏损处理。如果商品供不应求,价格订高一点也销得出,也可按照微利订价,但在成本降低或其他条件改善时应当逐步将价格降至合理水平。

商业选购、工业自销互相交叉的商品的出厂价格,由工业方面提出意见,经工商双方协商确定后,按照物价管理权限,报各级物价委员会审批或备案。

工业品出厂应带包装。规定出厂价格时应当明确规定商品的包装条件。商品包装不同,出厂价格也应当不同。由于包装问题而引起的出厂价格的争议,由工商双方协商解决。如果协商达不成协议,由地方有关领导部门(包括物价委员会,下同)仲裁解决。

工业品的出厂价格,一般是工厂交货的价格。目前各地有的是工厂送货,有的是商业提货,有的是车站码头交货,可以按现行办法和出厂价格继续执行。关于运货或提货的争议,应当由工商双方根据有利于工业生产和商业经营、有利于社会节约的原则,协商解决。不能解决时,由地方有关领导部门仲裁解决。

(五)市场销售价格

工业品的市场销售价格,应当根据国家规定的价格政策及订价办法,按照物价管理权限分级核定。商业部门的各种差价,应分别按照国家的规定执行。工业品市场销售价格的质量差价,可以与出厂价格的质量差价有所不同。

地方有关部门根据中央有关部门规定的主要产地价格安排和调整本地产品的价格时,应当与主要产地价格衔接。几个地区都大量生产的商品,有一地(特别是主要产地)需要调整价格时,应当主动与其他产地联系,必要时可由中央主管部门作适当平衡,以免地区间价格脱节,几个地区生产的同类商品如果质量不同,应当根据按质论价原则进行适当的调整。

商业选购、工业自销互相交叉的商品,如果质量、规格相同,工商双方在同一市场上的零售价格必须一致。

(六)利润分配与亏损处理

工商企业之间的利润分配,一般仍应执行“工大于商”的原则。利润分配的计算,应当从生产环节算至批发环节,工业利润为出厂价格扣除成本和税金的余额。商业利润为批发价格扣除进货价格和批发站、店费用的余额。某些商品,生产成本较低,利润较大,而原料缺乏,为了控制产量,出厂价格不宜订高;为了限制消费,市场销售价格又不宜订低。对于这类商品以及一个时期内利润特大的某些商品,利润分配也可以“商大于工”,或者由国家提高税率。

工商双方都有利,但是利润分配不够合理或者由于生产成本、包装条件、交货地点、商业费用和税收的变动,引起工业或商业利润增减的商品,只要工商双方仍有利润,可不因此调整出厂价格,待变动市场销售价格时,一并研究调整。

工商双方一方有利一方亏损的商品,在销售价格不宜变动的情况下,可以通过适当调整出厂价格的办法来解决,原则上一年调整一次。但是属于经营管理不善而造成的亏损,不应采取调整出厂价格的办法,应由工厂或商业企业积极改善经营管理来解决。

某些商品,由于原材料、半成品、协作、加工、调拨等环节利润过大而造成的亏损,当尽可能从调剂有关环节的利润来解决,一般不要变动该商品的价格。

工商企业发生政策性亏损,按照中央规定,由财政部门审核后给予补贴。

(七)价格管理

工业品出厂价格的制订和调整,首先由工业部门与商业部门及其他有关部门商量,提出方案及有关资料,然后按照物价管理权限审核确定。工业品销售价格的制订和调整,首先由商业部门与工业部门及其他有关部门商量,提出方案及有关资料,然后按照物价管理权限审核确定。

物价部门在制订或调整某项商品价格的时候,对于该商品直接联系的各个环节的价格,原则上应当统筹兼顾,全面安排。如果调整某种商品的原料收购价格,对于这种原料的供应价格、商品的出厂价格、商业批发价格和零售价格,都应当通盘考虑,统一安排。

工商双方发生价格纠纷,应当首先由工商双方协商解决。如果协商不好,应报请双方的主管部门协商解决。如果双方主管部门仍然协商不好,可报请有关领导部门仲裁。在仲裁过程中,对于原来有价格的商品,应当仍按原价执行,原来没有价格的,可由工业部门参照与同类商品的比价确定暂定价,先按暂定价执行,仲裁以后再按仲裁决定的价格结算。

(八)物价纪律

严肃对待物价纪律,是工商双方应有的责任,双方均应按照分级制定或调整的价格执行。如有意见,应按组织原则,一面执行,一面报告。

(选自《工商行政通报》第 271 期,1964 年 10 月 15 日)

五、国务院批转全国物价委员会关于审价工作基本情况和有关政策界限问题的报告

(1965 年 8 月 7 日)

国务院同意全国物价委员会《关于审价工作基本情况和有关政策界限问题的报告》,希望各部门、各地区,把审价工作当做城乡社会主义教育运动和企业改善经营管理运动的一项重要工作。各级人委和国务院有关部门,应加强对物价工作的领导,并且经常抓好物价工作。

附:全国物价委员会关于审价工作基本情况和有关政策界限问题的报告

去年 5 月国务院批转全国物价委员会《关于全面开展审价工作的报告》后,审查价格的工作已经在全国范围内全面展开。为了总结和交流经验,进一步搞好今后的审价工作,今年 6 月上旬,我们在北京召开了一次审价工作座谈会。根据会议反映的情况一年来审价工作已经取得了很大成绩,收到了显著效果。经过审价的企业和事业单位,发现和纠正了大量的价格差错,建立了必要的物价管理制度,价格错乱情况已经有了很大好转,许多企业和事业单位的物价工作已经出现了新的面貌。在审价中,也揭开了物价领域中阶级斗争的盖子,打击了投机倒把和贪污盗窃分子利用价格进行的破坏活动;批判了资本主义的经营思想和作风;发动了职工群众,使广大职工受到了一次实际的物价政策教育和阶级教育;引起了各级领导同志对物价工作的重视。目前的问题是,审价的进展还不平衡,有些地区、有些部门、有些企业的领导对审价工作还不够重视。

从一年来审价工作的情况看,各行各业在物价上是作了很多工作的,是基本上贯彻了党的物价政策的,并且发现了一批长期价格无差错的先进企业。但是,也揭发出了不少问题。在许多基层企业和事业单位中,价格差错现象十分普遍,少的百分之几,一般在 10% 左右,多的达到百分之三、四十,有的则在 80% 以上,比我们原来估计的情况要严重得多。这些差错,有的是属于工作上的差错,执行规定价格不及时、不准确、迟调、早调、错调、漏调,或者价货不符,多收少要;有的则是存在资本主义经营思想,故意违反纪律,擅自变动价格,或者拒不执行上级规定,弄虚作假、压级压价、提级提价、掺杂掺假、短秤少尺、变相提价。企业内外的投机倒把分子、贪污盗窃分子从中搞鬼,更加重了价格上的混乱。事实说明,两种经营思想、两条道路的斗争,目前在物价领域中也是普遍存在的,而且是相当严重的。通过审价的实践,到会的同志深深体会到,去年国务院关于“审价工作不仅是一项经济工作,而且是一项影响重大的政治工作”的批示是正确的。大家一致认为,审价工作必须以阶级斗争为纲,各地区、各部门必须继续认真贯彻执行去年 5 月国务院的批示精神,把审价工作搞好。

到会的同志还特别提出,目前在卫生、物资、手工业、交通运输等部门的价格和收费中,问题也相当严重,尤其是许多医疗卫生单位,相当普遍地提高药品的零售价格,增重病人的负担;有些医疗单位的资本主义经营作风相当严重,这不仅是经济问题,而且是关系到人民健康的政治问题,因此也需要像供销社和商业部那样,全面地开展审价,认真地进行整顿。为了正确贯彻执行党的物价政策,克服混乱现象,我们建议上述各有关中央主管部门,采取具体措施,认真地抓一抓审价工作。

在这次座谈会上,除了交流了审价工作经验外,大家还讨论了在审价工作中的有关政策界限问

题。

关于审价的范围,在这次座谈会上,经过讨论,统一了对以下几个问题的认识。

关于审价同"四清"的关系,会上有些同志提出,审价与"四清"有密切联系,在审价中应当同时解决与"四清"有关的问题,才能把审价搞深搞好,才能巩固审价成果。经过讨论,大家认为,审价工作与"四清"工作有联系,又有分工。审价可以为"四清"运动提供线索和资料,但审价不能代替"四清"。在正在进行"四清"的企业、事业单位,应当在当地党委的统一部署下,把审价作为"四清"的一个内容,结合起来进行。在尚未进行"四清"的企业、事业单位,审价也应当充分发动职工群众,积极揭露、批判物价工作中的资本主义思想作风和贪污盗窃、投机倒把活动,借以提高职工群众的政策水平和阶级觉悟。但是在处理问题时,审价应当以纠正价格执行中的差错和违反物价纪律的现象为主,对于审价中发现的有关"四清"问题,则应当将材料或线索加以整理,转交"四清"工作队或有关部门处理。

审价与企业的改善经营管理运动,也是有联系有区别的。通过审价,纠正价格错乱现象,实际上也就解决了企业经营管理中的一个重要问题。同时通过审价,还可以发现企业经营管理中的一些问题,如成本高、质量次、费用大、环节多等等,为企业改善经营管理提供条件。但是,企业的改善经营管理运动,牵涉的问题比审价要广泛得多,复杂得多。根据这次审价的范围和要求,审价工作不能代替企业改善经营管理运动,不能直接去进行改善经营管理工作,而应当把审价中发现的经营管理问题,转请有关方面去研究解决。

如何处理审价中发现的不合理的价格和不合理的规定?经过讨论,大家认为,这次审价主要是发现和纠正价格执行中的错乱现象和违反物价纪律的现象。在审价中如果发现上级规定的价格或者作价办法不合理,应当积极地慎重地进行研究,并按照物价管理权限,提请主管部门解决。凡是地方管理的价格,尽可能由地方物委及时解决;一时解决不了的可以留在审价以后继续研究解决。凡是中央统一管理的价格,仍须报请全国物委和国务院主管部门解决,以免地方分别修改引起地区间的矛盾。价格是否合理,是一个比较复杂的问题,需要考虑它对各方面的影响,慎重处理,不能由审价工作队来单独决定。但是,审价工作队如果发现上级规定确有不合理的地方,也应当积极提出意见,报请上级及时处理。

关于审价中的退赔问题,过去各地做法不一,有的掌握较严,有的掌握较宽,个别地区的个别企业退赔搞得很乱。在这次会上,有的同志提出,由于价格差错得到的不合理的收入,应当退赔,不退赔不足以刹住歪风邪气。经过讨论,大家认为,这次审价应当贯彻惩前毖后的精神,以教育为主。造成价格差错的原因很复杂,有主观原因,也有客观原因,有差进,也有差出,所以应当贯彻批判从严、处理从宽的原则,一般不进行退赔。对于违反价格纪律的现象,思想批判必须搞深搞透,不能姑息迁就。但退赔必须严格掌握,慎重处理。对过去由于价格差错而多收或少收的货款,一般可不进行退补,只对个别情节特别严重、政治影响恶劣、有退赔对象而确实需要退赔的,经省、自治区、直辖市物价委员会报请省、自治区、直辖市党委或人委批准,可以退赔。目前退赔掌握偏宽的应当加以控制。

自负盈亏的合作商店、联合诊所以及其他集体和个体的企业、事业单位,利用价格进行投机倒把、牟取非法利润的,则应当协同工商行政部门按政府法令严肃处理。

(选自《工商行政通报》第291期,1965年9月15日)

第四节　税收政策

一、财政部关于农村集市贸易扩大征税试点工作的意见

近几个月来,各地区陆续加强了农村集市贸易的征税工作。但过去税法中有关农村集市征税的规定,大都是在1957年以前规定的,征税的品种很少,与当前集市贸易情况不相适应。财政部最近在广西壮族自治区玉林县和湖南祁东、祁阳县,就扩大集市贸易征税范围问题进行了试点,征税面一般由过去占市场成交额的13%～26%扩大到50%左右。所采取的作法是:

1.除了原来征收工商统一税的商品仍然按照原规定继续征税外,对于扩大征税的部分,统称"集

市交易税”。

2.征税的商品,根据商品的不同性质,加以区别对待。对于那些同农业生产和农民生活关系较大的商品,如种子、小农具、饲料、幼苗、幼畜、柴草、蔬菜等,仍然不征税;其他商品如家禽、肉类、禽类、蛋类、干鲜果、饮食品、手工业品以及其他大宗上市的土特产品等,都征收“集市交易税”。

3.集市交易税的税率根据商品的不同情况分别规定。对于国家需要掌握的物资如肉类、禽类、蛋类、干鲜果等,税率定为10%;对于当地生产当地销售的手工业品,税率定为5%。

4.集市交易税的起征点定为10元,即交易额在10元以下的不征税,以照顾农民之间互通有无性质的小额交易。

5.为了配合国营商业收购农副产品,农民把农副产品卖给国家,一律免征集市交易税。

6.农民和商贩区别对待。对商贩除征收集市交易税外,并按照现行税法的规定,征收临时商业税,必要时加成征收。

在试行前,做了充分的宣传准备工作和组织训练干部工作。扩大征税范围后,上市商品,除少数因生产季节性关系略有减少外,一般仍继续增加,集市价格也是平稳的。试点结果证明,适当扩大征税范围,对于限制投机商贩活动、加强市场管理很有好处;也有利于商业部门的收购和增加国家收入,回笼货币。

为了做好集市贸易的征税工作,财政部提出如下几点意见:

(1)进一步扩大试点,然后总结各地经验,修改征税办法,过渡到全面实行。要求每一个省、市、自治区至少选一个或者二、三个县,甚至更多的县进行扩大征税的试点。试点时必须在党委的统一领导下,派强有力的干部领导此项工作。

(2)建议各省、市、自治区试点时,参照广西、湖南试点的经验,要防止因扩大征税可能引起的市场交易额和市场价格的波动。因此,试点工作必须在当地党政的领导和部署下进行,并且要在事前充分做好宣传教育等项准备工作,在试点过程中,必须加强领导和督促检查,发现问题及时解决。

(3)要加强集市贸易的征税力量。要求各地区根据实际需要,增加一些农村税收干部的编制,并且把干部迅速配齐。此外,还可以通过委托代征的办法,补助征管力量的不足。

上述情况与意见,财政部已于10月30日转发各地,要求各省、市、自治区财政厅(局),将关于农村集市贸易扩大征税的工作向省、市、区人民委员会汇报后,进行扩大试点,研究试行。对于没有试点的地区,仍应继续按照现行税法规定,加强集市贸易的征收管理,不能有所放松。

(选自《工商行政通报》 第202期,1961年11月27日)

二、财政部关于全面开征集市交易税的意见

(财政部在1961年12月召开了全国财政厅(局)长会议。会议根据各地对农村集市贸易扩大征税的试点情况,研究了对农村集市贸易的征税原则和工作方法。会议决定各省、市、自治区要在今年第一季度内全面开征集市交易税。)

有关制定征税办法的几个原则问题

各地集市贸易的情况不同,为了更多地取得经验,暂不制定全国统一的征税办法。由省、市、自治区根据当地的经济情况自行制定办法。但是,为了地区间大体一致,在几个主要问题上提出下列原则:

1.集市交易税主要是对在集市上出售农副产品的单位或个人征收,但是为了有利于商业部门收购,对于售给国营商业、供销合作社的,可以不征税。

2.集市交易税的征税范围,从全国考虑,征税产品(包括征收工商统一税的产品)应占上市产品总成交额的50%左右。但是,由于各地情况不同,哪些该征,哪些不该征,应当根据当地实际情况规定,不应受这个杠子的局限。根据试点经验,家畜、家禽、牲肉、蛋品、干鲜果等五类产品,原则上都应当征税;其余产品,由省、市、自治区根据具体情况列举品名征税。但对仔畜、雏禽、种苗、饲料、柴草等,可以不征税。

蔬菜一般不征税,但是对某些细菜(如黄花菜、生姜、大蒜等)价高利大的,也可以考虑征税。

3.集市交易税的税率应当根据不同的产品分别规定。对家畜、家禽、牲肉、蛋品、干鲜果等主要产品,一般规定为10%比较合适;对手工编制品、竹

木柳藤制品,以及其他国家不需要掌握的某些产品,可以规定为5%;对个别售价过高,收入特多的产品,也可以规定为15%。

4.集市交易税应该有个起征点。为了照顾农民之间的零售交易,不使征税面过宽,便于管理,一般规定为5元至10元比较合适,在这个幅度内,由省、市、自治区根据实际情况确定。

5.对商贩应该严加管理。对于工商行政管理部门批准在当地经营的商贩,可以按摊贩征税,不征集市交易税;对于批准在地区间贩运的商贩,应当征收集市交易税和临时商业税,并适当加成征税;对于还没进行清理整顿的无证商贩,除了征收集市交易税和临 商税外,加成征税时,在掌握上可适当从严。对于投机商贩,应当配合市场管理部门严加取缔。对他们倒卖的商品,如果由有关部门没收或收购的,可以不征税;否则仍应征收集市交易税和临时商业税,并在应纳税额5倍以下的范围内,加成征税。

对农民弃农经商从事贩卖活动的,应当教育制止,在税收上也要给予适当的限制,除了征收集市交 易税以外,也可以征收临时商业税,但一般不再加成征税。

6.在集市上不要对一种产品同时征收几种税,属于征收工商统一税的产品或土特产税的产品,一般不要再征集市交易税。但是对于征收工商统一税税率较低的产品,为了平衡负担,也可以把工商统一税和集市交易税合并,规定一个税率征收,对外统称集市交易税。

开征集市交易税以后,原来征收工商各税的仍应按照现行税法规定征税,不应互相代替,以免造成执行上的混乱。

会议指出,开征集市交易税是一项新的工作,面向五亿多农民,政策性很强,过去又没有经验,所以应当慎重从事。开征工作必须在党政的统一领导下进行,并选派强有力的干部来掌握,认真做好以下几项工作:

1.要在试点基础上,认真总结经验,充分做好准备工作,有步骤、有计划地全面铺开。

2.配备好征管力量,训练好干部。各地应当根据工作需要,请示当地党政领导适当增加一些编制,尽快配齐干部,并且组织他们学习,明确政策界限,熟悉征管业务。此外,还可以采取委托代征的办法,以补助征管力量的不足。

3.做好内外宣传动员工作。从试点情况来看,开征集市交易税在部分干部和群众当中还有一些思想阻力。各地在全面开征以前,应当针对这些问题编写宣传资料,利用各种形式,做好宣传动员工作。帮助干部提高思想认识,解除顾虑;使群众懂得为什么要纳税和怎样纳税,并在此基础上组织群众协税护税。

4.注意工作作风和工作方法。教育税务干部在工作中要严格按照政策办事,多采取说服教育的方法,搞好和农民的征纳关系,不准滥征、滥罚、乱扣货款。

(选自《工商行政通报》第205－206期,1962年1月31日)

三、财政部关于集市交易税的试行规定

(1962年4月16日)

(财政部关于集市交易税的试行规定已经国务院于1962年4月16日批准,并发至各省、自治区、直辖市人民委员会,要求各地结合本地区情况具体研究执行。)

农村集市贸易恢复以后,在工商税收上需要相应地解决三个问题:一是集市交易价格一般偏高,农民收入多,需要从税收上加以调节;二是集市上出售的农副产品,一般不征税,而城市国营商业、供销合作社出售的农副产品都在征税,需要调整平衡;三是少数投机商贩乘机活动,需要在税收方面采取措施,配合市场管理部门严加取缔,保护农民的合法交易。为此,决定开征集市交易税,并作如下规定:

一、征收集市交易税,应该根据集市贸易"活而不乱,管而不死"的方针,从有利于发展农副业生产、有利于集市贸易的正常发展、有利于配合国家对农副产品的收购政策出发,贯彻区别对待,有宽有严的政策精神。集市交易税征税的原则是:对国家不需要掌握的产品从宽,对国家需要掌握的产品从严;对售价低的产品从宽,对售价高的产品从严;对农民出售自产品的从宽,对从事贩卖的从严。

二、在集市上出售农副产品的单位或个人,除税法另有规定的以外,都应该依照本规定,按产品的实际销售价格计算,交纳集市交易税。

三、征收集市交易税的产品，原则上规定为家畜、家禽、肉类、蛋品、干鲜果、土特产品和家庭手工业产品等7类，由各省、自治区、直辖市人民委员会根据当地情况列举品名征税。7类以外的产品是否征税，由省、自治区、直辖市人民委员会确定，并报财政部备案。

对于幼畜、幼禽、各种作物的种子、种苗、饲料、柴、草、小农具等产品，可以不征收集市交易税。

四、集市交易税的税率，应该对不同产品分别规定。一般可以规定为10%；少数价格特高的产品，可以规定为15%；家庭手工业产品和国家不需要掌握的产品，可以规定为5%。

五、为了照顾农民之间的零星交易，各省、自治区、直辖市人民委员会可以在7元至10元的幅度内，规定一个起征点。没有达到起征点的，不征收集市交易税。

六、对于商贩应当按照不同情况征税：

1. 凡是工商行政管理部门已经登记、发证的商贩，在规定的集市和规定的业务范围内从事经营的，应该按照税法对他们征收工商统一税和所得税，不征收集市交易税。

2. 对于工商行政管理部门尚未进行清理登记的商贩，除征收集市交易税外，还应该征收临时商业税。必要时可以根据应征的临时商业税税额，适当加成征税。

3. 对于投机商贩，应该配合市场管理部门严加取缔。他们倒卖的商品，如果市场管理部门予以没收或者强制收购的，可以不再征税；否则，应该征收集市交易税和临时商业税，并且应该根据应征临时商业税的税额，在5倍以下的范围内，加成征税。

七、对于社员弃农经商从事贩卖活动的，应该配合公社、生产大队、生产队和市场管理部门进行教育劝阻。对他们贩卖的商品，应当征收集市交易税和临时商业税。

八、对于在集市上出售的应该征收工商统一税的产品，不再征收集市交易税。

九、为了配合国家收购农副产品，对于农民以低于集市上的价格出售给国营商业、供销合作社的产品，可以给予减税或者免税照顾。对于公社各级生产单位和社员通过贸易货栈、农民服务部出售的产品，也可以在不超过应征税额30%的范围内，给予减税优待。

十、凡属国营商业、供销合作社、手工业生产合作社（组）、城乡人民公社企业、合作商店（组）以及批准经营的个体手工业户，对他们在集市上出售的商品，应该征收工商统一税，不征收集市交易税。

十一、城乡贸易货栈、农民服务部办理农副产品收购和代购、代销业务，应该负责代扣代交集市交易税。

十二、对于集市交易税的偷税、漏税案件，应该根据不同对象和情节轻重，分别加以处理。农民偷税、漏税的，一般只给予批评教育，照章补税，不予处罚；商贩偷税、漏税的，除了追补税款和加成征收临时商业税以外，可以根据情节轻重给予批评教育或者按偷漏的税额处以5倍以下的罚金。情节特别恶劣的，还可以送人民法院处理。

十三、集市交易税的具体征税办法，由各省、自治区、直辖市人民委员会根据本规定结合地区情况制定，并报财政部备案。各地在制定征税办法时，应当与毗邻地区加强联系，大体取得一致。

（选自《工商行政通报》第215期，1962年6月12日）

四、财政部税务总局关于贯彻执行“集市交易税的试行规定”的指示

（1962年4月24日）

《集市交易税试行规定》业经国务院于1962年4月16日批转各省、自治区、直辖市人民委员会试行。这是贯彻财政金融工作“当年平衡，略有回笼”的方针和配合加强市场管理的一项重要措施。为了便于各地执行，特作如下指示：

一、集市交易税是向集市上出售农副产品的单位或个人征收的。但是，为了防止逃避市场管理，偷漏国家税收，场内和场外应当结合管理。对于有意逃避纳税，在场外进行交易的，也应该征税。对于农民之间在农村互通有无，调剂余缺的，应当从宽掌握，一般不征税。

二、《集市交易税试行规定》中列举征税的7类产品，各地原则上都应当征税。但是，也有的省、自治区、直辖市由于某类产品上市量过少，确实没有征税必要的，除了蛋品，应当报经省、自治区、直辖市人民委员会批准，可以暂不征税外，其余产品，如果某一类需要暂不征税的，应当报经财政部批准。

三、列举征收集市交易税的7类产品，各省、自治区、直辖市应当结合当地情况，根据市场管理的需要，照顾农民的负担和国家财政收入，参考毗邻地区征收集市交易税的办法，规定具体征税品目，各专、县（市）如果认为需要增列或减少征税产品时，应当报经省、自治区、直辖市人民委员会批准。

蔬菜一般不要征税，但是对某些细菜（如黄花菜、生姜、大蒜等），售价高，收入多，需要征税的，可以列举品名征税。

群众在集市上出售自用的估衣、旧货，不征集市交易税。但是，对于旧自行车、旧钟表，由于现在国家对自行车、钟表采取高价销售措施，为了配合加强管理，经请示领导同意（编者按：即国务院），各省、自治区、直辖市应当征收集市交易税。

列举征税的肉、禽、蛋，包括用该项产品加工复制的生熟食品。

四、征收工商统一税的产品，不再征收集市交易税。但是，对于税率较低的水产品、鲜牛羊奶，为了平衡负担，简化征纳手续，可以把工商统一税和集市交易税合并为一个税率征收，对外称为集市交易税。对于售给国营商业、供销合作社的水产品、鲜牛羊奶，应当由收购单位按照规定交纳工商统一税，不再征收集市交易税。

五、农民自养自宰的牲畜，除了在屠宰后按照规定征收屠宰税以外，对于在集市上出售的牲畜肉，应按照实际销售收入征收集市交易税。

六、对于上市的牛、马、驴、骡、骆驼等牲畜，仍应按照规定征收牲畜交易税。不征收集市交易税。但是，过去没有开征牲畜交易税的地区，可以列为集市交易税的征税品目，向卖方征收集市交易税。

七、集市交易税在灾区可以暂不开征。全面开征集市交易税以后，对于发生灾情的地区，各省、自治区、直辖市应当根据具体情况，给予一定时期的减税或免税。对于少数民族地区应当慎重掌握，条件不成熟的，不要急于开征；确实具备了开征条件的，在征税上也应当从宽。

八、集市交易税的征税范围、税率、起征点、减税、免税以及对商贩征税等政策原则，都应当由省、自治区、直辖市人民委员会具体规定，各专、县（市）必须按照规定执行，不得任意修改。各省、自治区、直辖市制定的征税办法和有关政策性较大的问题，应当及时报告各中央局财办和财政部备查。

九、税务机关和委托代扣、代征的单位收到税款后，应即开给纳税人完税凭证，严禁用白条子收税。

集市交易税（包括与工商统一税合并征收部分）应以集市交易税的科目入库。在集市上征收的其他工商各税，仍应以原预算科目分别入库。

十、税务机关应当积极参加农村集市贸易的管理工作。与有关部门加强协作，建立工作联系制度，交换情况，相互配合。同时，应当在加强专业管理的基础上，组织有关行业的职工和集镇上的积极分子，建立群众性的协税护税组织。发动群众劝导入市交易，检举投机商贩，密报偷税漏税。

十一、在税务干部力量不足，自己征收确有困难的地区，集市交易税可以委托市场管理部门、贸易货栈和农民服务部等单位代征，并且可以选用一部分可靠人员，在不脱离生产的原则下，代征税款。对代征单位和代征人员要建立必要的代征制度，加强对他们的政策、业务教育和督促检查，防止不按规定办事和贪污、挪用、积压税款。并应当按照规定提给代征手续费。提支手续费必须专款专用，实报实销，结余入库，不得多提少支，滥支乱用。

十二、为了便于区别农民和商贩，配合市场管理，保护农民的合法交易，对公社、生产大队、生产队和社员出售自产品，可以根据地区情况，采用凭“自产自销手册”销售的办法。手册的格式、填开范围、领用缴销制度等，由省、自治区、直辖市税务局制定。

十三、改进工作作风和工作方法。征收集市交易税，涉及到国家与广大农民的关系。应当教育干部在工作中严格按照政策办事，坚持说服教育，倾听群众意见，搞好征纳关系。不得强迫命令，不得滥征滥罚。

十四、全面开征集市交易税以后，各地税务机关应当抓好以下几项工作：

1. 领导干部应当掌握全面工作的进度，深入第一线，加强督促检查。抓典型，抓问题，抓反映，推动工作。

2. 注意观察市场的发展变化情况，与开征前进行分析对比，广泛听取反映，及时研究解决存在的问题。

3. 及时总结征收集市交易税的工作经验，交流推广。

4. 密切上下之间的联系，系统地综合征收情况，积累资料。对工作中新的情况和新的问题，及时进行调查研究，向党政领导和上级税务部门请示汇报。

（选自《工商行政通报》第215期，1962年6月12日）

五、财政部关于贸易货栈、农民服务部等单位纳税问题的通知

（1962年6月13日）

关于商业部门、供销合作社及其他部门领导的贸易货栈、农民服务部的纳税问题，经与有关部门研究，暂作如下规定：

一、贸易货栈、农民服务部的各项业务收入，应当按照税法规定征收工商统一税。

二、供销合作社系统所属的贸易货栈、农民服务部的利润，作为供销社利润总额的一个组成部分，按规定税率一并计算交纳所得税。1962年县以上供销社由于仍执行利润上交的办法，因此，县以上各级供销社所属的贸易货栈和农民服务部的利润，亦一并上交国库，不纳所得税。

三、农村人民公社、市场管理部门领导的贸易货栈、农民服务部的利润，可以比照合作商店征收所得税的办法办理。

四、国营商业部门所属的贸易货栈，不交纳所得税，按国营商业利润上交办法解交国库。

本规定自1962年1月1日起执行，下达前企业欠交的税金和利润，各级财政机关和税务机关应督促企业按本规定办理补交。

（选自《工商行政通报》第217期，1962年7月12日）

六、国务院关于对华侨、港澳同胞和入境旅客携带和邮递进口的钟、表、自行车提高关税、工商统一税税率和加强管理问题的通知

（1962年6月1日）

为了配合提高钟、表和自行车销售价格的措施，对华侨、港澳同胞和入境旅客携带和邮递进口的钟、表、自行车的征收关税、工商税和有关管理问题，规定如下：

（一）提高钟、表、自行车及其零件的进口关税和工商统一税税率。钟、表、自行车的关税税率，由100%提高到180%。工商统一税的税率：钟由25%提高到50%；表由35%提高到50%；钟、表的零件由5%提高到50%；自行车及其零件，由13%提高到40%。关税的计税价格以到岸价格为准；工商统一税的计税价格，按照国营商业公司零售牌价计算，为了简化手续，改用加成办法组成计税价格。组成价格的公式：（到岸价格＋关税×1＋加成率），加成率定为300%。

（二）加强海关管理。根据1962年5月14日国务院关于加强对归国华侨及港澳同胞携带和邮寄进口物品的管理指示的规定，对华侨携带和邮递进口的钟、表、自行车，凡是在自用、家用范围以内的，可以免税或者是征税放行，超出自用、家用范围的，可以收购或者退运。对港澳同胞携带进口的钟、表、自行车，每人各不超过一件，征税放行，超出的限期退运。对入境旅客携带和邮递进口的钟、表、自行车，凡是在自用、家用范围以内的，可以免税或者是征税放行，超出自用、家用范围的，限期退运。

进口的钟、表、自行车，不准私自出售，需要出售的时候，必须售给国营商业部门。否则，按走私处理。

（三）加强市场管理。钟、表和自行车提高销售价格以后，转手倒卖的情况可能增多。在广东、福建省等沿海地区，这种情况可能更为

突出。必须加强市场管理，必须通过征税办法加以限制。

1. 对于在集市上出售旧钟、旧表、旧自行车，一律征收集市交易税。税率定为15%。对于投机商贩转手倒卖的，根据1962年4月16日国务院批准的《集市交易税试行规定》第六条的规定，除了征收集市交易税外，还应当征收临时商业的工商统一税，并且可以加成征收。

2. 在城镇和农村没有开征自行车使用牌照税的地区，应当一律开征。

3. 归国华侨和侨眷凭侨汇证购买的平价自行车，如果以高价出售的，应当向当地商业部门补交平价与高价的差额价款。没有补交差额价款的，税务机关应当在办理自行车转移手续时，通知商业部门追补。

(四) 国营商业部门收购的进口钟、表、自行车及其零件，也按照本规定纳税。

以上规定自1962年6月10日起实行。

(选自《工商行政通报》第218期，1962年7月29日)

七、财政部对钟、表、自行车征收工商税收的几项具体规定

(1962年6月25日)

关于对华侨、港澳同胞和入境旅客携带和邮递进口的钟、表、自行车提高关税、工商统一税税率和加强管理问题，业经国务院于1962年6月1日通知各省、自治区、直辖市人民委员会从今年6月10日起实行。为了便于各地税务机关更好地贯彻执行国务院的这个通知，现对工商税收方面的几个需要明确的问题，再作具体规定如下：

一、对于在集市上自行出售的旧钟、旧表、旧自行车，应当按照实际成交价格征收集市交易税；通过寄售商店代售或者售给寄售商店的，可以在不超过应征税额30%的范围内，给予减税优待；对于在集市外进行场外交易的，也应该加强管理，予以征税。

二、对职工干部和城乡居民因为家庭生活困难，出售自用的旧钟、旧表、旧自行车，需要给予照顾的，可由本人所在单位或居民委员会、生产大队出具证明，经查明属实，给予减免集市交易税的照顾。

三、对国营商业部门收购华侨、港澳同胞和入境旅客携带和邮递进口的钟、表、自行车，不征收集市交易税。

四、在城镇和农村应当一律开征自行车使用牌照税。并应建立、健全自行车登记管理制度，加强管理。

1. 购买新自行车的，应当由使用人持商业部门开给的发货票，向所在地税务机关申请登记、纳税，领取使用牌照。税务机关在登记发给牌照后，应在发货票背面批注，加盖验戳，以防止重用。

2. 购买旧自行车的，应由买卖双方向税务机关申请过户登记。经税务机关核准后，发给车辆过户证明，交由买方收执。对于归国华侨或侨眷出售凭侨汇证购买的平价自行车，应当查验国营商业部门的补价证明后，办理过户登记；没有国营商业部门补价证明的，应当移请商业部门补价后，始得办理过户登记。

3. 用新旧自行车零件装配成整车的，应由使用人持所在单位或居民委员会、生产大队证明向税务机关申请登记。交纳车船使用牌照税，领取使用牌照。

(选自《工商行政通报》第218期，1962年7月29日)

八、国务院关于调整旧钟、旧表、旧自行车集市交易税税率的通知

(1962年9月11日)

为了配合提高钟、表、自行车销售价格的措施，国务院曾规定自6月10日起在集市上出售的旧钟、旧表、旧自行车一律按15%的税率征收集市交易税。最近，钟已恢复平价供应，自行车的售价也已较大幅度的调低，因此有的地区反映，对集市上出售的旧钟、旧表、旧自行车仍照15%的税率征税，税负过重，要求相应的加以调整。经研究：旧钟可以不再征收集市交易税；旧表、旧自行车也可以适当调低集市交易税的税率，具体调整到多少，可由各省、自治区、直辖市人民委员会根据当地情况加以确定。

(选自《工商行政通报》第222期，1962年9月28日)

九、国务院批转财政部关于改进对供销社征税和酒类征税问题的报告

（1962年10月9日）

国务院同意财政部《关于改进对供销社征税和酒类征税问题的报告》，现在转发给你们，请依照执行。在执行中，并请注意以下各点：

（一）供销合作社应当把完成国家委托的购销任务放在第一位，同时适当地有计划地开展自营业务。不能因为开展自营业务，影响国家委托的购销任务的及时完成。

（二）为了限制投机商贩的非法活动，要区分农民自产自销和商贩转手买卖，各地工商行政部门制定和印发农民自产自销证明，并且适当规定农民自产自销的范围。

（三）利用猪饲料粮酿酒，必须以不影响饲养为原则，防止浪费粮食，影响饲养，以及借饲料粮酿酒为名，盲目发展粮食酿酒的现象。

（四）这个问题很复杂，各地在执行中，随时总结经验，报告财政部，如果发现不对的地方，随时由中央财政部加以修改。

附：关于改进对供销社征税和酒类征税问题的报告

8月下旬，我部和全国供销合作总社共同召集部分省（市）的税务局长和供销社财务处长开了一次座谈会，讨论了工商税收如何促进供销社适当开展自营业务的问题和对酒的征税问题，现将讨论的情况和意见报告如下：

（一）关于供销社自营业务的征税问题

到会的同志反映，目前各地供销社的自营业务正在逐步开展，这对于活跃城乡经济，发展生产，加强对农村集市贸易的领导，平抑物价，打击投机商贩，将发挥良好的作用。在税收上需要解决的主要问题，一是对供销社从农村集市上高价买进的农副产品，按什么价格征税。如果按实际收购价格征税，则税收负担过重，不利于供销社开展收购业务。二是对供销社加工的产品（例如收购豆子，加工成豆腐出售，等等）如何征税。如果仍然根据现行税法的规定，从收购、加工到销售，各征一道税，则有的产品税收负担较重，会影响供销社自营业务的开展。三是在税收上如何鼓励农民和商贩把产品卖给供销社，如何配合加强市场管理等问题。

会议对上述问题作了讨论。大家认为，随着供销社自营业务的开展，在工商税收方面必须采取相应的措施，以利于供销社占领农村市场的阵地。原则是：既要有利于促进供销社适当开展自营业务，也要适当兼顾国家的财政收入，并且要注意供销社同手工业社、国营企业之间的税负平衡。具体意见如下：

第一，为了鼓励供销社在完成国家委托的购销任务以后，积极收购农副产品，适当地开展自营业务，对供销社高价买进的农副产品和土糖、土纸，一律改按国家规定的收购牌价征税。例如：收购一斤烟叶，按收购牌价征税，只征二三角钱，如果按高价征税，则征一元多，供销社要多负担税额七八角钱。

目前有些农村集市已经开放粮食交易的，供销社高价销售的粮食，在销售时按统销牌价征税。至于其他高价销售的产品，仍按实际销售价格征税。

第二，为了鼓励供销社积极开展加工业务，供销社收购粮食加工成品出售，对原料不征税，只就成品按实际销售价格征税。例如收购豆子加工成豆腐，收购绿豆加工成粉条，对豆子、绿豆都不征税，只就豆腐、粉条征税。

农民拿原料向供销社交换成品的，原料也不征税，只就成品由供销社按实际售价纳税。供销社接受农民委托加工，只就供销社收取的加工费征税。

第三，基层供销社内部各单位（指同一理事会所属各单位）相互调拨自己生产的产品，根据现行税法的规定，须由生产单位纳一道税，零售以后再由零售单位纳一道税。为了减轻供销社的税负，凡属税率在5%以下的产品，今后不再纳两道税，只在最后销售时征一道税。至于酒、植物油等少数税率在5%以上的产品，如果也改为只征一道税，会影响国营企业和供销社之间以及手工业社同供销社之间的税负平衡，同时，对国家财政收入的影响也比较大，因此，仍须按原来的规定纳税。

第四，为了鼓励农民和商贩把产品卖给供销社，今后对他们出售给供销社的产品，免征集市交易税。对商贩征收的临时商业税，仍然照旧征税。按照税法的规定，原来对商贩征收的临时商业税，必要时可以加成征收（例如税额100元，如果加成1倍，即征收200元），今后对于商贩把产品卖给供销社，一律不加成征税。

第五，为了照顾供销社目前资金周转上的困难，对供销社收购的农副产品和土糖、土纸，可以适当延长纳税期限，改为一月交纳一次。

第六，供销社所得税的税率，由现在的全国平均累进税率55%，一律改为比例税率39%。基层供销社从今年起实行新的比例税率；县以上的供销社从明年起由上交利润的办法，改为按新的比例税率征收所得税。

第七，为了保护供销社开展自营业务，必须在税收方面限制投机商贩的非法活动。要做到这一点，首先就要严格区别农民和商贩，才能按照税法的规定，对农民自产自销的要从宽征税，对商贩贩卖活动要从严征税。因此，各地同志一致要求各地工商行政管理部门制定和印发农民自产自销证明，以利于正确地贯彻执行税收政策。此外，会议对农民自产自销的范围问题，也交换了一些意见。大家认为，解决这个问题，既要从有利于农业生产出发，限制农民长途贩运弃农经商，又要照顾省与省、县与县交界地区农民相互交易的历史传统习惯，有利于物资的交流。这个问题建议当地工商行政管理部门和供销合作社研究，规定适当的办法。税务部门应当根据他们确定的办法，在税收工作中积极配合。

（二）关于对酒类征税问题

近年来，有不少地区充分利用饲料粮、薯类、糠麸、稗子和水果酿酒，增加了酒的生产。利用这类原料生产的酒，按现行税法征税，税率高了一些，需要给予减税的照顾。经大家讨论，在税收上准备采取下列措施：

第一，稗子和糠麸酿酒，因为出酒率低，税率由原来的60%减为30%。

第二，薯类酿酒，因为质量比一般粮食酿酒差，售价比较低，税率由原来的60%减为42%。在减征以后，个别企业仍然有困难的，还可以报请财政部批准，再予照顾。利用烂红薯酿酒，可以适当减免，给予照顾。

第三，猪饲料粮酿酒，为了鼓励饲养场开展综合利用，增加酒的生产，税率由原来60%减为48%。这样改变，既可以奖励饲养场用饲料酿酒。发展综合利用，又不致因为饲料酿酒的税率比粮食酿酒的税率低得过多，出现以饲料酿酒为名，盲目发展粮食酿酒；或者影响牲畜饲养的现象。

第四，果木酿酒和复制酒生产比较简单，酒度低，利润也少。为了更多的利用果木增加酒的生产，税率由原来的30%减为25%。

以上意见如属可行，拟请批转各省、市、自治区人民委员会执行。

（选自《工商行政通报》第224期，1962年10月29日）

十、国务院关于调整工商所得税负担和改进征收办法的试行规定

（1963年4月13日）

为了改变个体经济的负担轻于集体经济，合作商业的负担轻于其他集体经济的不合理状况，正确地贯彻执行合理负担政策，限制个体经济，巩固集体经济，特就调整工商所得税负担和改进征收办法作如下规定。

（一）税率

1. 个体经济（包括小商小贩、个体手工业者、个体运输业者、个体艺匠，下同）的所得税，实行十四级全额累进的征收办法。最低一级，全年所得额在120元以下的，税率为7%；最高一级，全年所得额在1320元以上的，税率为62%。个体经济所得税税率表见附表一。

由小组成员自负盈亏的合作小组的所得税，按个体经济的征收办法，向小组成员征收。

2. 合作商店（包括由小组成员共负盈亏的合作小组，下同）的所得税，实行九级超额累进的征收办法。最低一级，全年所得额在250元以下的，税率为7%；最高一级，全年所得额超过2万元的部分，税率为60%。合作商店所得税税率表见附表二。

3. 供销合作社的所得税，暂时仍按39%的比例税率征收。

4. 手工业合作社、交通运输合作社（包括由小组成员共负盈亏的手工业合作小组、运输合作小组，下同）的所得税，实行八级超额累进的征收办法。最低一级，全年所得额在300元以下的，税率为7%；最高一级，全年所得额超过8万元的部分，税率为55%。手工业合作社、交通运输合作社所得税税率表见附表三。

（二）加成

5. 个体经济全年所得额在1800元以上未满2500元的，按应征所得税额加征一成；2500元以上未满3500元的，加征二成；3500元以上未满5000元的，加征三成；5000元以上的，加征四成。

6. 合作商店全年所得额超过5万元的，超过的部分按应征所得税额，加征一成；超过7万元的，超过的部分加征二成；超过10万元的，超过的部分加征三成；超过15万元的，超过的部分加征四成。

7. 各省、自治区、直辖市人民委员会必要时可以根据当地实际情况，对上述加成征税的所得额幅度作适当调整，具体加成办法应当报财政部备案。

（三）计算方法

8. 所得税应当根据个体经济和集体经济的所得额，按照规定的税率计算征收。所得额是指一定经营期间的收入总额，扣除成本、费用、工资、损失以后的余额。

9. 个体经济的所得额，由纳税人提出报告，税务机关加以核定。税务机关在核定所得额的时候，应当合理地扣除成本、费用和工资。扣除的月工资，一般要控制在30元左右，物价水平高的地区，可以稍高一些，物价水平低的地区，可以稍低一些。

10. 集体经济的所得额，原则上应当根据主管部门制定的统一会计制度和财务制度加以计算。主管部门在制定会计制度和财务制度或者对这些制度作较大修改的时候，都必须事前征得同级财政、税务机关的同意。

（四）减税和免税

11. 为了有利于交通运输合作社更新设备，增加运输能力，在征收所得税的时候，可以给予减税照顾。减征的税款，可以占应纳税款的百分之20%—30%。

12. 为了鼓励个体手工业者、个体运输业者组织起来，对新成立的手工业合作社、交通运输合作社，自开始生产经营的月份算起，可以给予一年为期的减税或者免税的优待。

13. 为了使个体手工业者和个体运输业者的所得税负担，低于个体商贩的负担，对个体手工业者、个体运输业者，可以根据具体情况，给予减税照顾。减征的税款，以不超过应纳税款的10%为限。

14. 各省、自治区、直辖市人民委员会应当根据当地实际情况，按照上述标准，规定具体的减税和免税办法。

（五）征收管理

15. 对个体经济征收所得税，可以采取按季核定、分月征收的办法。为了便于税务机关核定税款，纳税人应当在每季度终了后10日内，向税务机关报告营业和利润情况。

16. 对集体经济征收所得税，采取按季预征、年终汇算清交、多退少补的办法。纳税单位应当在每一季度终了后15日内，将本季度的财务结算和纳税报表，报送当地税务机关。在年度终了后1个月内，纳税单位应当将年度财务决算报送当地税务机关，经过税务机关审查核定以后，办理汇算清交工作，该补的补，该退的退。

17. 个体经济和集体经济应纳税款的交库期限，由各省、自治区、直辖市税务机关加以规定。

（六）违章处理

18. 纳税人和纳税单位不按照规定的期限报送营业情况和利润情况的，可以酌情处以100元以下的罚金。

19. 纳税人和纳税单位不按照规定的期限交纳所得税税款的，除限期追交以外，并按日处以欠交税款的5‰的滞纳金。

20. 纳税人和纳税单位偷漏所得税税款的，除限期追补偷漏的税款以外，并酌情处以所偷漏税款的1倍至5倍的罚金；情节严重的，交人民法院处理。

（七）附则

21. 有关执行本规定的具体事项，由财政部另行规定。

22. 本规定从1963年3月起试行。过去有关征收所得税的规定与本规定抵触的，一律作废。

附表一

个体经济所得税税率表

（十四级全额累进）

级数	所　得　额　级　距	税率%
1	全年所得额未满120元的	7
2	全年所得额在120元以上未满180元的	8
3	全年所得额在180元以上未满240元的	10
4	全年所得额在240元以上未满300元的	12
5	全年所得额在300元以上未满360元的	15
6	全年所得额在360元以上未满420元的	20
7	全年所得额在420元以上未满480元的	25
8	全年所得额在480元以上未满600元的	30
9	全年所得额在600元以上未满720元的	35
10	全年所得额在720元以上未满840元的	40
11	全年所得额在840元以上未满960元的	45
12	全年所得额在960元以上未满1140元的	50
13	全年所得额在1140元以上未满1320元的	56
14	全年所得额在1320元以上的	62

注：全额累进计算公式：所得额×税率＝应纳税款

附表二

合作商店所得税税率表

（九级超额累进）

级数	所　得　额　级　距	税率%	速算扣除数（元）
1	全年所得额在250元以下的	7	0
2	全年所得额超过250元至500元的部分	10	7．5
3	全年所得额超过500元至1000元的部分	20	57.5
4	全年所得额超过1000元至2000元的部分	30	157.5
5	全年所得额超过2000元至3000元的部分	40	357.5
6	全年所得额超过3000元至5000元的部分	45	507.5
7	全年所得额超过5000元至10000元的部分	50	757.5
8	全年所得额超过10000元至20000元的部分	55	1257.5
9	全年所得额超过20000元的部分	60	2257.5

注：超额累进计算公式：所得额×税率－速算扣除数＝应纳税款

附表三

手工业合作社、交通运输合作社所得税税率表

（八级超额累进）

级数	所 得 额 级 距	税率%	速算扣除数（元）
1	全年所得额在300元以下的	7	0
2	全年所得额超过300元至600元的部分	10	9
3	全年所得额超过600元至1000元的部分	20	69
4	全年所得额超过1000元至2500元的部分	30	169
5	全年所得额超过2500元至10000元的部分	35	294
6	全年所得额超过10000元至30000元的部分	40	794
7	全年所得额超过30000元至80000元的部分	50	3794
8	全年所得额超过80000元的部分	55	7794

注：超额累进计算公式：所得额×税率－速算扣除数＝应纳税款

（选自《工商行政通报》第237期，1963年5月15日）

十一、财政部关于调整工商所得税负担和改进征收办法的试行规定（草案）的说明

（1963年4月13日）

由于经济情况的变化，目前在工商所得税负担和征税办法上，存在着一些问题需要解决。为了解决这些问题，我部商同中央各有关部门，拟定了初步改进方案，在最近召开的全国税务会议上，进行了讨论修改，并已征得最近参加全国财贸工作会议的各省、自治区、直辖市负责同志的同意。现在，将我们草拟的《关于调整工商所得税负担和改进征收办法的试行规定（草案）》简要说明如下：

（一）工商所得税负担的基本情况和存在的问题

目前，集体经济和个体经济的所得税负担，按全国平均计算，情况如下：1. 手工业合作社（包括合作小组，下同），全国平均负担率（注一）为38%左右。2. 交通运输合作社（包括合作小组，下同），全国平均负担率为29%左右。3. 供销合作社，全国平均负担率为39%。4. 合作商店（包括合作小组，下同），全国平均负担率为40%左右。5. 个体经济（包括小商小贩、个体手工业者、个体运输业者，下同），全国平均负担率为20%左右。

从以上情况可以看出，在所得税负担上存在着以下两个问题：第一，在集体经济和个体经济之间，个体经济的所得税负担，轻于集体经济的所得税负担。这是目前比较突出的一个问题。第二，在集体经济之间，合作商店的所得税负担率，虽然稍高于供销合作社和手工业生产合作社，但是，他们不像供销合作社和手工业合作社那样，上级社还要提取调剂基金、建设基金和教育基金，因此，比较起来，他们的收入仍然较多，负担仍然显得偏低。交通运输合作社和手工业合作社的负担，也有不平衡的情况。

在所得税负担上所以出现个体经济轻于集体经济的问题，在集体经济之间所以出现某些不平衡的问题，主要是因为经济情况变了，负担没有及时作相应的调整。在这个问题上，我们见事迟，动手慢，政治敏感不够，是有缺点的。

工商所得税是按集体经济（包括手工业合作社、供销合作社、合作商店、交通运输合作社等在内）和个体经济（包括小商小贩、个体手工业者、个体运输业者等在内）的所得额（注二）征收的一种税收。工商所得税的税率，在1956年以前都是实行二十一级全额累进税率，即所得额大

的，税率高；所得额小的，税率低。税率最高为34．5%，最低为5．75%。1957年以后，根据纳税人和纳税单位的不同情况，曾报经国务院批准，对所得税的税率和征收办法，陆续作了一些调整。调整的主要情况是：

1．手工业生产合作社，仍按二十一级全额累进税率征收。少数利润过大的，1958年规定，可以适当加成征收（例如应纳所得税款10元，如果加两成征收，即加征2元，共征收12元）。加成多少，由各省、自治区、直辖市人民委员会具体规定。以后，因为各地加成不一致，手工业合作社有些反映，1962年作了统一规定，所得额在3万元以上的，开始加成征税，最高加到四成。

2．交通运输合作社，从1961年起，改为按比例税率征收，税率为20%到30%，由各省、自治区、直辖市人民委员会在这个幅度内具体规定。

3．供销合作社，1957年曾由原来的二十一级全额累进税率改为五级全额累进税率，最高税率由原来的34．5%，提高到70%，最低税率由原来的5．75%，提高到30%。1958年供销合作社并入国营商业，利润上交国家，不再交纳所得税。1961年，供销合作社又从国营商业分出来，考虑到供销合作社在恢复过程中需要国家给以扶植，当时确定都按39%的比例税率征税。

4．合作商店，仍按二十一级全额累进税率征税。对于少数利润大的，1958年规定，可以适当加成征收，加成多少，由各省、自治区、直辖市人民委员会具体规定。目前各地区一般的做法是，对全年利润在5000元左右的开始加成征税，最高加到五成。

5．个体经济，也按二十一级全额累进税率征税。对于利润较大的，1958年规定，可以加征一成到五成。加成多少，由各省、自治区、直辖市人民委员会在这个幅度内具体规定。1962年，集市贸易开放以后，个体经济的利润增大，又改为加征一成到十成，个别利润特大的，还可以超过这个加成的幅度。目前各地区的一般做法是，全年所得额在400元左右的开始加成，1500元左右的加征十成。

以上是几年来工商所得税调整的主要情况。现在看来，当时的这些调整，贯彻了集体经济和个体经济区别对待的原则，支持了集体经济的巩固和发展，是做得对的。现在的问题是：手工业合作社、合作商店和个体经济，都采用一个二十一级的全额累进办法，集体经济利润额大，适用的税率就高，个体经济利润额小，适用的税率就低。过去国家对个体经济能够从货源和价格方面加以限制，使他们获利不多。但是自从集市贸易开放以后，小商小贩和个体手工业者获利很大。虽然按照现行税法的规定，对他们可以加成征税，但是由于征税办法没有根本改变，他们在交纳税款以后留下来的收入仍然很多，不能解决个体经济负担轻于集体经济的问题。在集体经济之间，有的上级单位提取调剂基金、建设基金和教育基金，有的不提（如合作商店）；有的采用比例税率，有的采用累进税率。这就难免出现某些不平衡的情况。

（二）调整工商所得税负担的具体意见

为了解决以上这些问题，限制个体经济，巩固集体经济，正确地贯彻执行合理负担政策，必须对于个体经济和集体经济的所得税负担作适当的调整。调整的原则是：个体经济要重于集体经济；合作商业要稍重于手工业合作社、交通运输合作社及其他集体经济，集体经济之间负担要大体平衡。具体调整意见如下：

1．提高个体经济的所得税负担

个体经济的所得税平均负担率，拟由现在的20%左右，提高到50%左右（注三），收入多的多加，收入少的少加，使他们在交纳所得税以后，一般的收入相当于合作组织成员的收入水平。

合作小组中不是共负盈亏，而是由小组成员自负盈亏的，按个体经济的征税办法，向小组成员征收所得税。

个体经济提高所得税负担以后，留给他们每月的收入，大体是40多元到70多元（所得额低的，按全年120元计算，每月所得额是10元，按8%税率征税以后，还余9元2角，加上计算所得额时扣除的工资30元左右，每月收入共约40元。所得额高的，按全年1320元计算，每月所得额110元，按62%税率征税以后，还余40多元，加上扣除的工资30元，每月收入共为70元左右）。目前集体经济成员的工资，平均每月为40元左右，加上劳保福利等，每月平均约50元左右。个体户的收入，虽然还稍多于合作组织成员的收入，但是，考虑到他们劳动和营业时间一般较长，家庭成员有的也参加辅助劳动，有些人还具有一定的技术专长等因素，所以，他们的收入并不算高。

2. 适当调整集体经济之间的所得税负担

供销合作社的所得税负担，目前暂仍维持39%的负担率，不作变动。但有两个问题需要考虑：一个问题是，由于国家某些经济措施，国营企业和供销合作社之间有一部分利润相互转移，总的说，国营企业转移到供销合作社的利润多一些。为了不减少国家的财政收入，我们认为应当用提高所得税税率的办法，把转移的利润收回来。另一个问题是，基层供销合作社的所得税，目前按39%的比例税率征收，同手工业合作社按累进税率征收比较，负担有的高一些，有的低一些，有些手工业合作社对此有意见。这两个问题，拟同全国供销合作总社商定解决办法，另报国务院批准。

合作商店的所得税负担适当提高，平均负担率拟由现在的40%左右，提高到45%左右。

手工业合作社的所得税的负担，目前平均负担率为38%，各方面认为比较合适，基本不作调整。

交通运输合作社的所得税负担，目前低于手工业合作社，应当适当提高，经与交通部研究，平均负担率拟由现在的29%左右，提高到32%左右。

（三）改进所得税征收办法

根据以上原则，我们打算分别不同情况，对集体经济和个体经济采取不同的征税办法，分别设计税率。对个体经济仍然采取全额累进办法，对集体经济除了供销合作社暂时仍按比例税率的办法征收以外，都采取超额累进办法。因为全额累进办法，在利润增加的时候，对全部利润都要提高税率征税，税款增加很多，有的甚至发生这样的情况：一个纳税企业，全年利润为9999元，现在的税率为32.2%，应交税款为3219元；如果全年的所得额达到了1万元，就要提高一级税率，全部所得额须按34.5%的税率征税，应交税款为3450元。这就是说，所得额增加1元，税款却增加了231元。这个办法对个体经济可以起限制作用，但是不利于促进集体经济，改善经营管理，增加盈利。今后采取超额累进的办法，只对增加的所得额提高税率征收，负担比较合理，不会发生增加的税款超过增加的所得额的情况。

新拟订的征收办法的主要内容如下：

1. 对个体经济，仍然采取全额累进办法征税，税率由原来的二十一级简化为十四级。最低一级，全年所得额在120元以下的，税率定为7%；最高一级，全年所得额在1320元以上的，税率定为62%。所得额多的，还可以按应征的税额加成征收。加成征收的标准是：全年所得额在1800元以上未满2500元的，按应征所得税额，加征一成；全年所得额在2500元以上未满3500元的，加征二成；全年所得额在3500元以上未满5000元的，加征三成；全年所得额在5000元以上的，加征四成。加成以后的最高负担率将达到86.8%。例如：全年所得额达到5000元的，税率是62%，应征税款为3100元，再按应征税额加征四成，即加征1240元，两项合计应征税款总额为4340元，占所得额5000元的86.8%。

为了使个体手工业者和个体运输业者的所得税负担低于个体商贩的负担，对个体手工业者和个体运输业者可以给予减税照顾。减征的税款，以不超过应该交纳税款的10%为限。

2. 对合作商店，由现行的二十一级全额累进办法，改为九级超额累进办法。新设计的税率，最低一级，全年所得额在250元以下的，税率定为7%，最高一级，全年所得额超过2万元的部分，税率定为60%。所得额大的，还可以按应征的税额加成征收。加成征收的标准是：全年所得额超过5万元的，对超过的部分，按应征所得税额，加征一成，全年所得额超过7万元的，对超过的部分加征二成；全年所得额超过10万元的，对超过的部分加征三成；全年所得额超过15万元的，对超过的部分加征四成。

3. 对手工业合作社，由现行的二十一级全额累进办法，改为八级超额累进办法。新设计的税率，最低一级，全年所得额在300元以下的，税率定为7%；最高一级，全年所得额超过8万元的部分，税率定为55%。为了鼓励个体手工业者组织起来，对新成立的手工业合作社，自开工的月份算起，给予一年为期的减税或者免税的优待。

4. 对交通运输合作社，也采取上述八级超额累进办法。为了有利于交通运输合作社更新设备，增加运输能力，在征收所得税的时候，应该给予减税照顾。减征的税款,可以占应该交纳税款的20%到30%。为了鼓励个体运输业者组织起来,对新成立的运输合作社,自开始经营的月份起,给予一年为期的减税或者免税的优待。

由于各地区经济情况不同,各省、自治区、直辖市人民委员会在必要时,可以根据当地具体情况,对上述规定加成征税的所得额幅度,作适当调整,并将加成征税的具体办法,报财政部备案。至于减税和免税的问题,各省、自治区、直辖市人民委员会应当在规定的标准范围内,制定具体的减税和免税办法。

拿新拟订的办法同现行的办法作比较,个体经济的负担增加了。全年所得额180元的,原来负担5.75%,新办法负担10%;全年所得额840元的,原来负担20.24%,新办法负担45%。合作商店的负担也增加了。全年所得额3000元的,原来负担27.83%,新办法负担28.08%;全年所得额10万元的,原来负担51.75%,新办法负担57.74%,如果包括加成,则负担为62.54%(全年所得额2000元以下的,负担没有增加)。手工业合作社的负担总的负担率没有变动,只是在不同所得额之间作了必要的调整,总的看来,全年所得额在15000元到2万元的和全年所得额在12万元以上的,负担略有增加,其余部分,负担都略有减少。

以上调整所得税负担和改进征收办法,体现了个体经济的负担重于集体经济的负担,合作商业的负担稍重于手工业合作社、交通运输合作社和其他集体经济负担的政策。我们认为这样做,有利于限制个体经济,巩固集体经济,促进生产的发展。当然,由于全国的情况很复杂,新拟订的征税办法还可能有不周到的地方。为了稳妥起见,可以先作为一个试行规定发给各地试行。待试行一个时期以后,再拟定正式的税法。

关于调整工商所得税负担和改进征收办法的试行规定(草案),如认为可行,请将这个说明作为附件,发给各地参考。

注一:负担率是指交纳的所得税税款占纳税单位全部利润收入的比例。这里的全国平均负担率是按每一种经济成分全国交纳的所得税总额平均占他们全部所得额的比例计算的。

注二:所得额是指一定经营期间的收入总额,扣除成本、费用、工资、损失以后的余额。(一)对集体经济来说,从收入总额中扣除成本(工业企业的成本包括原材料和辅助材料的价款,固定资产折旧,工资等项)、各项费用(其中包括已交纳的工商统一税,管理费用,销货费用等项)和营业外损失(指坏账损失,停工损失和由于自然灾害所发生的损失等项)以后,即为所得额。(二)对个体经济来说,从收入总额中扣除成本、各项费用及损失以后,须再扣除一笔工资(因为他们的成本中没有包括工资),剩余的部分才是所得额。扣除的工资数额,大体上按照当地同行业集体经济职工的工资水平计算(实际执行中各地一般是按每月30元扣除)。

注三:平均负担率50%左右是按现在个体经济的收入情况计算的。经过打击投机倒把,加强市场管理以后,他们的收入可能除低,平均负担率也可能低于50%。

(选自《工商行政通报》第237期,1963年5月15日)

十二、财政部关于改进临时商业税征税办法的通知

(1963年4月20日)

根据国务院1963年3月25日颁发的《关于打击投机倒把和取缔私商长途贩运的几个政策界限的暂行规定》,对于临时商业税的征税办法,补充规定如下:

一、对于农民利用农余时间,从事一些季节性的零星鲜活商品的短距离运销,应当征收临时商业税,但是可以不加成征收。

二、对于经过登记领有特许营业证照批准从事比较远距离的贩运的商贩,应当照征临时商业税,获利大的,可以适当加成征收。

三、属于暂行规定第一部分中(二)、(三)两项投机违法活动,税务机关应当积极配合有关部门进行检查,查获以后,送市场管理部门处理。凡属市场管理部门采取批评教育和平价收购商品办法处理的,应当按照税法规定征税;采取没收、罚款、法办等办法处理的,不再征收临时商业税和其他工商税收。

四、临时商业税的加成征收规定,由原来最高不超过应征税款的1倍,改为一般不超过应征税款的3倍,个别获利特大的,可以提高到不超过应征

税款的5倍。

（选自《工商行政通报》第237期，1963年5月15日）

十三、财政部关于适当降低工商统一税和集市交易税的征税起征点的规定

（1963年4月27日）

目前，工商统一税的个体经济起征点有些偏高，若干应当征税的没有征税；集市交易税，社员个人和生产队使用同一个起征点，负担不合理。为了解决上述问题，现在对工商统一税和集市交易税的起征点规定如下：

（一）降低工商统一税中个体经济的起征点。

(1)销货收入的起征点，由原来的每月90元到150元，降低为每月80元到120元。

(2)劳务收益的起征点，由原来的每月60元到100元，降低为每月40元到60元。

以上两项起征点，均由各省、市、自治区在规定的幅度内，根据具体情况自行确定。个别物价水平较高的地区，经财政部批准，可以适当提高。

（二）调整集市交易税的起征点，对生产队给予减税照顾。

(1)集市交易税的起征点，由原来的7元到10元，改为5元到10元。个别物价特高的地区，经财政部批准，也可以超过10元。

(2)生产队完成国家统购、派购任务，履行议购合同以后，出售自己的产品，直接卖给国营商业和供销社的，仍然不征集市交易税；通过贸易货栈出售的，可以在不超过应征税额50%的范围内，给予减税照顾；在集市上出售的，可以在不超过应征税额30%的范围内，给予减税照顾。有的地区认为生产队在集市出售产品不需要给予照顾的，也可以不照顾。

以上集市交易税的起征点和对生产队的减税照顾，由各省、市、自治区在上述规定的幅度内，根据具体情况自行确定。

（选自《工商行政通报》第239期，1963年6月14日）

十四、财政部贯彻执行《国务院关于调整工商所得税负担和改进征收办法的试行规定》若干问题的通知

（1963年5月15日）

国务院关于调整工商所得税负担和改进征收办法的试行规定，已于1963年4月13日国务院全体会议第一百三十次会议通过，从1963年4月起执行。这个规定，是我国工商所得税制度的一项重大改进，是正确贯彻合理负担政策，限制个体经济，巩固集体经济的一个重要措施。各地财政、税务机关必须组织干部深入学习，领会政策精神，并对纳税单位和纳税人作好宣传解释工作，认真地贯彻执行。同时，还应当注意试行中的新情况和新问题，及时向税务总局反映。

现将贯彻执行《国务院关于调整工商所得税负担和改进征收办法的试行规定》（以下简称试行规定）的若干问题通知如下：

（一）关于征税和减税免税界限的几项具体规定

1. 城市人民公社企业（包括街道企业）属于工业和交通运输业性质的，按照手工业合作社、交通运输合作社的税率征收所得税；属于商业和服务业性质的，按照合作商店的税率征收所得税。

2. 农村人民公社企业（包括公社、生产队企业）所得税的征税、免税界限，在没有新的规定以前，仍按现行规定办理。对应当征收所得税的企业，从《试行规定》试行的月份起，改按超额累进税率征收。属于工业、交通运输业性质的，按照手工业合作社、交通运输合作社的税率征收所得税；属于商业、服务业性质的，按照合作商店的税率征收所得税。

3. 对于民政部门领导的生产单位，根据规定应当征收所得税的，可以按照手工业合作社、交通运输合作社的税率征收。

国营企业、事业单位，根据1962年12月全国财政厅、局长会议关于整顿预算外资金的精神，都必须纳入预算。在整顿清理以后，如果有一些国营企业、事业单位，经批准暂时不纳入国家预算的；对这些单位应当征收所得税，属于工业、交通运输业性质的，按照手工业合作社、交通运输合作社的税率

征收;属于商业、服务业性质的,按照合作商店的税率和加成办法征收。

4. 文化娱乐企业,如剧场、电影院等,不要因为改进征收办法增加它们的负担。对于按照规定应当征收所得税的文化娱乐企业,从《试行规定》试行的月份起,比照合作商店的超额累进税率征收,但不加成。

对文化娱乐企业按照上述规定征收所得税以后,各省、市、自治区人民委员会可以根据基本维持原税负的原则给予减税照顾。

5. 关于外国人在我国境内经营的工商业(包括企业、公司、银行以及个体小商小贩)征收所得税问题,请你们会同外事部门调查一下目前这些外商的生活水平和获利情况,并研提处理意见报来,我们再做考虑。在未做出新的规定以前,仍按原工商业税暂行条例规定的税率和税收管理体制的有关规定商同外事部门办理。

(二)关于《试行规定》中若干具体问题的解释

6.《试行规定》第十一项规定,对交通运输合作社在应交纳的税款20%到30%的幅度内,给予减税照顾,是指各种交通运输合作社而言。至于具体减征办法,由各省、市、自治区人民委员会根据实际情况自行规定。

7.《试行规定》第十二项规定,对新成立的手工业合作社、运输合作社,自开始生产、经营的月份起,给予一年减税或者免税的优待,这只限于由个体手工业者、个体运输业者新组织起来的合作社。对于调整所有制中恢复起来的合作社或者由城乡人民公社企业转为合作社的,不再给予此项优待。

8.《试行规定》第八项所说的“一定经营期间”的所得额,是指纳税单位或纳税人在一年或几个月的实际经营期间的所得额。营业期间不足一年的,应当换算为全年所得额,按照规定的税率,计算征收所得税。

9.《试行规定》第十五项所说,对个体经济征收所得税,按季核定,分月征收,是指在评议的征收办法,可以按月预征,季终评定;也可以季前评定,分月征收。对于少数进销货能够控制,账据比较健全的,可以采取查实征收方法。

10.《试行规定》第十六项所说,对集体经济征收所得税,按季预征,年终汇算清交,仍然包括半年结算的办法在内。即在征收半年所得税的时候,也要进行一次结算,多退少补。

对个体经济征收所得税,年终不再进行汇算清交。对少数查实征收的,各地也可以根据实际情况准予汇算清交。

11.《试行规定》从1963年4月起试行。1963年第一季度的所得税,仍按照原来的征税办法办理。年终汇算清交的具体计算问题,由税务总局另行通知。

(三)关于所得税的具体计算方法

12. 按超额累进办法征收所得税的计算方法。

超额累进办法与全额累进办法的计算方法不同。在所得额增加,需要提高一级税率的时候,全额累进办法是对全部所得额都提高一级税率征税;超额累进办法是只对所得额增加的部分,提高一级税率征税。

在实际征税时,可以用下列计算公式来计算出应征的所得税额:

所得额×税率-速算扣除数=应征税额

例如:某手工业合作社全年所得额5000元,采取超额累进税率的计算方法是:5000元×35%-294元=1456元。

税率表上的速算扣除数,是按全额累进办法计算的税额与按超额累进办法计算的税额相减以后的差数。即:全额累进税额(5000元×35%=1750元)减去超额累进税额(1456元)即为速算扣除数(294元),在税率表上每一个级距里有一个速算扣除数,这个速算扣除数是固定不变的。

13. 对集体经济预征季度所得税的计算方法。

实行超额累进办法,在预征季度应纳所得税额时,应先将季度所得额换算为全年所得额。换算的方法是:第一季度按季度所得额乘4,第二季度按上半年所得额乘2,第三季度按三个季度的所得额除3乘4。然后再根据换算的全年所得额,依照超额累进计算公式,计算全年所得税。最后,再将全年所得税额除以季度占年度的比例(第一季度除4,第二季度除2,第三季度除4乘3,并减去以前季度已经交纳的税款,即得出本季度应纳的所得额)。

(计算方法的举例,略)

14. 按超额累进办法加成征收所得税的计算方法。

按照《试行规定》第六项规定，对合作商店加成征收的所得额幅度，加成征收的计算方法举例如下：

某合作商店全年所得额为9万元，按照试行规定，对超过5万元的部分，加征一成，对超过7万元的部分，加征二成。加成征收所得税的计算方法是：

（“比较复杂”的计算方法，略）

上述计算方法比较复杂，在实际征税时，可以采取下面的简化计算方法：

(1)直接就60%的税率进行加成，并求出其速算扣除数。即：全年所得额超过7万元到10万元的，就60%的税率加两成后，为72%，其速算扣除数为9457.5元；

(2)按照超额累进计算公式，就可以计算出加成后应征的所得税额。

仍以上述合作商店为例，计算方法如下：

90000元×72%－9457.5元＝55342.5元。

如果对加成征收的所得额幅度，进行了调整，则需根据调整的所得额幅度，求出速算扣除数，然后，依照超额累进计算公式，计算出加成后应征的所得税额。

（选自《工商行政通报》第241期，1963年7月5日）

十五、财政部税务总局答复广西壮族自治区税务局关于农民利用农余时间从事季节性的零星鲜活商品的短距离运销的征税问题

（1963年6月3日）

财政部税务总局于1963年6月3日，就农民利用农余时间，从事季节性的零星鲜活商品的短距离运销征税问题，答复广西壮族自治区财政厅税务局，内容如下：

1963年4月20日《财政部关于改进临时商业税征税办法的通知》（按：参阅本刊1963年第9期）中第一项所规定的：“对于农民利用农余时间，从事一些季节性的零星鲜活商品的短距离运销应当征收临时商业税，但是可以不加成征收。”这是指农民以购进的零星鲜活商品，从事短距离运销（即贩运）而言。在规定地区范围内运销自产的农副产品，仍应按照规定不征临时商业税。但是，对于农民未经市场管理部门批准，超出规定的地区范围远途运销自产品，税务机关查获以后，应当送市场管理部门处理，如果市场管理部门采取批评教育和平价收购商品办法处理的，也应当按照规定征收临时商业税。

（选自《工商行政通报》第241期，1963年7月5日）

十六、财政部关于加强个体经济税收征收管理工作的意见

财政部为了有利于限制个体经济，巩固集体经济，正确的贯彻合理负担政策，于今年5月间提出了关于加强对个体经济税收征收管理工作的意见，通知各地研究执行：

（一）全面进行纳税登记

目前，各地正在进行整顿市场、清理无证商贩的工作，税务机关应当积极参与，并且要结合这一工作，对个体工商业户进行一次纳税登记。凡是工商行政管理部门登记发证的和暂时准许经营的个体工商业户，都应该办理纳税登记，并编成纳税小组加以管理。今后，个体工商业户如果有开业、转业、歇业、停业和迁移营业地址的，除向工商行政管理部门登记外，还应当向当地税务机关报告，办理纳税登记、变更或注销纳税登记的手续。不按照规定办理上项登记手续的，经市、县税务机关批准，可以酌情处以100元以下的罚金。

（二）整顿纳税秩序，严格纳税报告制度

1.为了便于掌握个体工商业户的生产、经营和纳税情况，个体工商业户应当保存有关业务凭证；有记账能力的，还应当建立简易账簿。

2.个体工商业户应当建立纳税报告制度，不按照规定报送营业情况和利润情况的，经市、县税务机关批准，可以酌情处以100元以下的罚金。

3.个体工商业户不按照规定期限交纳工商各税税款的，除限期追缴以外，并按日加收5‰的滞纳金。

(三)改进征收办法

1. 恢复民主评议的征收方法:民主评议是过去税收上对私斗争的有效方法,今后应当全面恢复起来。具体做法,可以按月预征,季终评定;也可以季前评定,分月征收(即定期定额)。评议的具体方法是:"业户自报,小组审查,民主评议,税局核定"。税额核定以后,如果营业情况发生变化,营业额的升降幅度比较大的,应当及时调整定额。基层税务机关可以会同有关部门成立评议组织。在评议时还应注意掌握政策,既要防止评议流于形式,又要防止简单粗糙的做法。

对于极少数进销货能够控制、账据比较健全的个体工商业户,可以采取查实征收的方法。

2.适当恢复出厂征收和查定征收的方法。个体手工业户生产的产品,凡是税率比较高,不好控制管理的,可以在产品出厂(坊)的时候,征收工商统一税,不再采用在收到货款以后征税的办法,有的也可以根据他们的生产设备、原材料和生产销售情况,按期(或按次)核定产品数量和应征税额。对于某些不易控制的产品,还可以恢复出厂(坊)时加盖验戳的控制办法。

为了防止个体手工业户偷税漏税,在征税的时候,当地税务机关可以商同有关部门核定交纳工商统一税的计税价格。

(四)加强对行商的控制管理

为了配合有关部门加强市场管理,取缔长途贩运,各地税务机关应当积极参加有关部门在交通要道、车站、码头设置的检查站。税务机关还应当同市场管理部门统一组织力量,加强检查。在检查的时候,应当依照国务院《关于打击投机倒把和取缔私商长途贩运的几个政策界限的暂行规定》,区别农民和商贩、区别自产自销和长途贩运、区别正当交易和非法活动,对于农民在批准范围内的自产自销、商贩的正当交易和探亲访友携带的少量物品,要区别于投机倒把分子的违法活动,应当由市场管理部门处理。

(五)加强对集市贸易和农村税收的征收管理工作

1.应当妥善安排集市税收的征收力量。较大集市,要设置税务征收组,较小集市,也要指定专人办理征收工作。不论是设组或者指定专人征税,都应当在集市挂牌办公,设点征税。

2.集市税收征收力量确实不足的,经市、县人民委员会批准,可以在城镇有正式户口的闲散人员中,雇用一些政治可靠、有一定文化水平的人,作为税收助征人员,税务机关对于助征人员应当加强思想政治和业务知识的教育,不断提高他们的工作水平。

3.加强农村税收的征收管理,防止无人收税。农村税收可以实行代征办法,但是税务机关对于代征单位和代征人员,必须建立代征制度,加强督促检查,彻底杜绝贪污,严禁挪用和积压税款。

为了做好上述工作,财政部要求各地在执行中注意以下几点:

一、征收管理工作必须贯彻公私区别对待、繁简不同的原则。不能由于对个体经济加强了征收管理,而增加国营经济和集体经济的征收管理手续。对国营经济和集体经济征收工商各税,一般仍应按照他们的财务制度办理。

二、为了加强对个体经济的征收管理,各地在研究恢复对私改造时期的一些有效的征收管理办法的时候,必须结合当地的具体条件,贯彻因地制宜的原则,凡是同邻近地区有关系的一些问题,要事先联系,在做法上大体取得一致。

三、在加强对个体经济的征收管理工作当中,各地要及时总结经验,把执行中存在的问题和解决意见,以及一些好的征收管理经验告诉财政部税务总局。

(选自《工商行政通报》第 242 期,1963 年 7 月 29 日)

十七、中央工商行政管理局转发财政部税务总局关于烟叶征税问题的通知

(1963 年 9 月 27 日)

中央工商行政管理局 1963 年 9 月 27 日转发了财政部税务总局《关于烟叶税问题的通知》。关于税收问题,明确如下:

一、按照国务院的规定,烤烟一律不许进入集市贸易出售,各级税务部门在集市上如果发现出售烤烟的,仍应当送交市场管理部门处理。

二、非晒烟集中产区工商行政管理部门允许农民为了调剂余缺在当地集市上出售的晒烟,应当按

照实际销售价格征收工商统一税。

三、在集市上发现投机商贩贩运烟叶,应当送交市场管理部门处理。对市场管理部门采取批评教育和平价收购商品办法处理的,应当照章征收工商统一税和临商税。

以上几点,希联系工商管理部门贯彻执行。

(选自《工商行政通报》第247期,1963年10月18日)

十八、国务院关于恢复华侨、港澳同胞和入境旅客携带和邮递进口的钟、表、自行车原来征税办法的通知

(1965年4月26日)

为了使税收措施符合当前的实际情况,对华侨、港澳同胞和入境旅客携带和个人邮递进口的钟、表、自行车及其零件所征收的关税、工商统一税和有关管理问题,现在改按以下规定办理:

一、对华侨、港澳同胞和入境旅客携带和个人邮递进口的钟、表、自行车及其零件的关税和工商统一税,一律恢复1962年6月10日以前的税率、计税办法征税。国营商业部门收购的上述物品,也照此办理。

二、对华侨、入境旅客携带和个人邮递进口的钟、表、自行车的管理,仍按现行有关规定办理。对港澳同胞携带和邮递进口的手表、自行车等重点物品,应当加强管理,除经海关特准放行的以外,不准进口。凡是经海关放行的物品,事后如需出售,只准卖给指定的国营收购单位,不准私自出售。违者,由工商行政管理部门按违反市场管理规定处理。

三、其他有关问题:

1. 对于集市上出售旧钟,各地已停征集市交易税。旧表、旧自行车是否继续征收集市交易税,由各省、自治区、直辖市人民委员会确定。

2. 在城镇和农村是否要继续开征自行车使用牌照税,由各省、自治区、直辖市人民委员会根据当地情况确定。

3. 因目前自行车已经退出高价范围,归国华侨和侨眷凭侨汇证购买的自行车,事后如需出售,当地国营商业部门亦不再追补差额价款。

以上规定自1965年5月10日起实行。

(选自《工商行政通报》第284-285期,1965年6月20日)

十九、财政部关于减征屠宰税和免征猪肉集市交易税的通知

(1965年4月1日)

4月1日财政部发出《关于减征农村生猪屠宰税和免征猪肉集市交易税的通知》。通知中说,随着农业生产新高潮的到来,养猪事业将继续大发展。据有关部门反映,在春节期间交售生猪的数量比平日多,国营商业收购压力较大,在饲养、调运等方面存在一定困难。为了促进生产、促进收购、促进销售,支持养猪事业的发展,适当解决在春节期间国营商业收购上的困难,通知中规定,对农民在春节前40天左右宰杀的生猪,屠宰税可以给予减征40%到50%的照顾。

通知中还规定,如果有的地区国营商业在平日收购上有压力,希望农民多宰些猪,经省、直辖市、自治区人民委员会审批后,平日的农村屠宰税也可以减征20%到30%。国营商业在降价处理猪肉的时候,屠宰税也可以减征20%到30%。

对农民在集市上出售的猪肉,不论节日或平日都可以免征集市交易税。

通知中要求,各省、自治区财政厅,直辖市税务局根据上述精神,同商业部门进行研究,制定具体减税免税办法,报省、直辖市、自治区人民委员会批准后执行。

(选自《工商行政通报》第284-285期,1965年6月20日)

二十、国务院批转财政部关于修订农村社队工商税征收办法的报告

(1965年8月5日)

各省、自治区、直辖市人民委员会:

国务院同意财政部《关于修订农村社、队工商税征收办法的报告》。现在转发给你们,请研究执行。

附:财政部关于修订农村社、队工商税征收办法的报告

1964年1月,国务院批转了我部《关于改进农村人民公社、生产大队、生产队工商税征收办法的规定》。这个规定,基本上适应了1962年以后农村公社管理体制调整的情况。近来不少地区反映,有些非基本核算单位的生产大队,经当地党委同意办了一些企业,在税收上,对基本核算单位和非基本核算单位的生产大队的征税办法不一致,负担不合理,要求适当解决。例如:对基本核算单位办的企业生产的产品作价分配给社员的,只就几种产品征收工商统一税;对非基本核算单位的生产大队办的企业生产的产品作价分配给社员的,一般都征收工商统一税。对基本核算单位办的企业一般不征所得税;对非基本核算单位的生产大队办的企业则征收所得税。为了解决这个问题,我们经过调查研究,提出了改进意见,并经全国财政厅(局)长会议和全国税务局长会议讨论同意。现将改进意见报告如下:

(一)有关工商统一税方面

1. 对非基本核算单位的生产大队,把自己生产的工业、手工业产品和应纳税的农产品,在本大队范围以内,公用或出售给社员的收入,以及社队所办的加工、修配、运输、服务等企业所得的收入,都改按对基本核算单位的征税规定办理。

2. 为了鼓励公社兴修农田水利,对公社企业生产的砖瓦、石灰、砂石、水泥制品、原木、原竹等,在本社范围以内,用于小型农田水利建设和修桥、修路的,可以不征税。对社办小型电站生产的电力,在本社范围以内用于生产和社员照明,纳税有困难的,也可以免税。

3. 对社、队新办的企业,如果按照规定征税有困难,需要给予扶植和鼓励的,可以由省、自治区、直辖市确定,给予一年的减税或者免税照顾。

(二)有关所得税方面

为了支持社、队企业发展生产,在近几年内,对下列企业,可以给予减税或者免税照顾。

1. 公社、生产大队和生产队所办的直接为农业生产服务的企业(如化肥、农药、兽药、小农具的修造和农业车船修造等),可以不征收所得税。

2. 生产大队和生产队办的,基本上以自己的农副产品为原料进行加工、为社员生活服务的企业(如豆腐坊、粉坊、油坊、酱醋坊、粮棉加工厂等等)以及运输装卸、理发、缝纫等服务企业,可以由各省、自治区、直辖市确定,给予定期的减税或者免税照顾。但是,对于设在城镇的企业,在减税、免税后对专业合作组织的企业有影响时,仍然应当征收所得税。

3. 按照以上有关所得税的规定执行,有些企业纳税还有困难的,可以比照现行对个体经济户的起征点的办法,予以照顾。即凡社、队企业每月所得收入,减去原材料成本和费用以后,余下部分不足支付从业人员工资的,可以给予减税免税照顾。具体办法由各省、自治区、直辖市研究确定。

以上意见如无不妥,请批转各省、自治区、直辖市研究执行。

(选自《工商行政通报》第290期,1965年8月31日)

第三章　查处投机违法活动

第一节　打击投机倒把，取缔私商长途贩运

一、国务院关于制止某些卷烟厂进行换烟活动的通知

（1962年10月27日）

最近收到两封群众来信，向国务院反映山东等地许多商贩贩运烟叶，到张家口、石家庄、郑州、潼关等地卷烟厂大量换购纸烟，从中牟取暴利，特别是张家口制烟厂还设立了招待所专门招待烟贩，换购烟叶。这就严重地影响了国家收购计划的完成。请山东省人民委员会迅即查明，教育干部群众不要这样做；并请河北省人民委员会迅速对张家口制烟厂的非法行为进行检查，并将核查结果报告国务院。同时，国务院要求各地：

一、坚决执行中共中央、国务院10月18日《关于抓紧当前农产品的收购工作的紧急通知》中"在统购、派购期间，工厂不要以自己的产品直接向生产队和社员换取粮、棉、油、烟、麻作原料"的规定。

二、教育社员不要做投机生意。

三、在各铁路、交通沿线和集市贸易中，认真检查制止投机倒把活动，严格按照政策进行处理。

（选自《工商行政通报》第227期，1962年12月14日）

二、商业部关于制止在职商业人员私搞贩卖活动的通知

（1962年10月26日）

近来，城市集市贸易扩大，投机贩运活动增多，国营商业、公私合营商业有一些私方人员和职工也在自由市场上参加了贩卖活动。他们在业余时间自己搞买卖，或是利用自己的技术，为无证商贩加工熟食、杀猪宰羊。例如上海市四川饭店一个职工和艺徒在八仙桥设摊卖肉丝春卷；合肥市食品公司、肉类联合加工厂、种猪场有21个私方人员包杀包卖农民和贩子赶来的生猪。还有一些私方人员擅自离职，经营私人生意，例如合肥市百货大楼私方人员孙必甲，自动离职，在农村雇了9个人，开设饭馆。此外，有些私方人员和职工乘外出采购之便，"公私兼顾"，从事远途贩运；个别人竟与社会上的投机分子勾结起来，"合公营私"，套购畅销商品，以至盗卖商品、票证。至于合作商店成员，白天在集体、晚上搞单干的更是大有人在，有些合作商店竟因此散伙。据开封市饮食服务公司统计，全市饮食业共有1130个小商小贩，已经退出单干的37人，占总人数3.72%；白天在店，晚上另外单干的266人，占20%。武汉市武昌区保安街41个合作商店，已有15个正式关门。这些情况虽然不是普遍的，但是不少城市都陆续有所发现，而且似有继续发展的趋势。对此，不能不引起注意。

所以出现这一现象，主要是由于国营商业队伍里有一些还没有改造好的私方人员，他们一有机会，就企图离开社会主义的道路，走资本主义的道路。一些思想不健康的职工被沾染，也误入歧途。他们从事贩卖活动，情况不同，动机不一。有些人大搞投机，想发横财；多数人是在下班以后，做点小买卖，打算借此弥补家用。处于前一种情况的，人所共知，是违法乱纪行为；属于后一种情况的，有些人认为利用业余时间搞点"副业"，似乎情有可原，无可厚非。殊不知，即使做点小买卖，一经"下水"，便会越陷越深，不能自拔，终于会走向资本主义发展的道路。由此可见，不论是哪种情况，什么动机，尽管情节不同，其危害性都是十分严重的。如果任其发展下去，不仅贻害本人，腐蚀商业队伍，而且还会在企业里产生许多弊端，破坏社会主义商业经济。至于合作商店，有可能因此而陷入解体状态。这就说明，在职商业人员从事贩卖活动，不单纯是一个纪律问题，而且是社会主义和资本主义这两条道路何去何从的问题，是两条道路的斗争在商业企业内部的具体表现。对于这个问题不能漠然

处之,放任不管。为此,特提出以下意见:

(一)国营商业、公私合营商业职工和私方人员一律不许在自由市场上私搞贩卖活动,也不许利用自己的技术私为农民和无证商贩服务,收取加工费。

(二)对于从事贩卖活动的职工和私方人员,应该本着以教育为主的精神,区别不同的情节,分别处理。对于内外勾结、套购畅销商品、盗卖票证、从事投机活动的个别人员,应当按其情节轻重,严肃处理,给以应得的处分。处分的目的,是为了挽救本人,教育大家。对于从事一般贩卖活动的,应当进行批评教育,给他们指出前途,说明利害,使他们明辨是非,认识错误,翻然悔改,一般不予处分。但是,经过这次检查处理之后,如果再犯,都要从严处理,特别是对于职工,更要从严。

(三)合作商店成员也一律不许私搞贩卖活动。对于合作商店、合作小组应该加强领导,经常向全体成员进行社会主义教育。某些行业如果经营困难,收入减少,有关归口单位应当在资源供应、分配制度等方面妥善地加以安排。通过教育和安排,务使大部分成员能够安心工作,热爱集体,坚持走社会主义的道路。

(四)各地商业行政部门和商业企业单位应与当地工商行政管理部门、工商业联合会密切配合,迅速进行检查处理,以期及早地制止在职商业人员的各种贩卖活动。

(选自《工商行政通报》第 227 期,1962 年 12 月 14 日)

三、国务院颁发关于打击投机倒把和取缔私商长途贩运的几个政策界限的暂行规定的通知

(1963 年 3 月 25 日)

国务院关于打击投机倒把和取缔私商长途贩运的几个政策界限的暂行规定,已经 1963 年 3 月 23 日国务院全体会议第 128 次会议通过,现在颁发试行,并将试行中应注意的事项通知如下:

(一)本规定不登报,只作为内部文件试行。各地应将试行中的问题和经验报告国务院,以便将来再作补充修改。

(二)本规定中凡是要群众遵守的,应当通过适当方式,向群众宣布,使群众知道哪些是允许做的,哪些是不允许做的,哪些是合法的,哪些是非法的。

(三)本规定发至县级,并且传达到农村人民公社、生产大队、生产队以及机关、团体、企业、事业单位的一切有关人员和职工群众。

(选自《工商行政通报》第 235 期,1963 年 4 月 22 日)

四、轻工业部决定烟草工业实行统一管理、集中生产

轻工业部与有关部门洽商后,提出了《关于烟草工业集中管理方案》。这个方案已经中共中央在 3 月中旬批准。

方案指出,全国卷烟工厂集中于上海、天津、青岛、郑州、武汉、沈阳、昆明等 20 个大中城市,占到全国卷烟加工能力的极大部分。由于过去几年业务归口不统一,企业下放过多,烟草工业多头领导、分散经营的情况非常突出。目前,除了轻工业部门有烟厂外,基层商业、供销社也办了一些卷烟厂。近年来,手工卷烟又到处发展。另有烤烟厂、雪茄烟厂、大型烟丝厂几十个,小型烟丝厂店,几乎每县都有,这些工厂又分别由轻工、手工、商业、供销社交叉管理。这就产生了:首先各地对中央关于调整企业、精减职工的指示不能认真贯彻,该关的工厂关不掉,保留的工厂吃不饱。其次,原料不能集中到"五好"工厂使用,各类卷烟的生产配方不能控制。当前上等烤烟原料很少,而绝大多数的卷烟厂都要生产甲级卷烟,以致卷烟质量不能保证,造成原料使用上的很大浪费。第三,在原料收购上,大多数地区修改或打乱了国家规定的烤烟分级验收标准,混等、混级十分严重,增加了工厂生产的困难。第四,有些工厂为了争取烟叶,违反政策、不择手段地换取烟叶,助长了投机倒把等资本主义活动,腐蚀了干部;许多地区地下卷烟厂发展起来了,走私漏税的现象也很严重,破坏了国家计划。

方案指出,烟草工业的方针任务应当是:"归口管理,集中生产,统一分配,照顾产区,使有限的原料能够集中合理使用,提高产品质量,扩大国家商品货源,增加国家积累。"

方案提出了全国烟草工业的管理范围与分工意见。

一、全国烟草工业统一由轻工业部归口管理。

根据调整企业的"五好"要求和合理布局的原则,并能照顾少数民族和西北等偏远地区的需要,将现在由地方轻工、商业、供销合作社等部门管理的卷烟厂和卷烟系统原有的机械、印刷厂,一律由轻工业部收回直接管理。其余雪茄烟、烟丝等烟草制品工厂全部交给地方轻工业部门管理,并由轻工业部统一安排生产计划,统一分配原料;其余任何系统的卷烟厂一律关闭。关闭的卷烟厂的全部资产,必须由原主管部门妥善保存,其所存可用设备,统由轻工业部进行调拨,设法加以利用,多余人员由地方负责处理。关于接管、关闭企业与资产调拨的财务处理办法,由轻工业部会同财政部另订。

各地自发的"地下工厂"、手工卷烟一律由当地党政部门严加取缔,这些工厂(坊、摊)的原料和产品,由供销合作社和商业部门分别收购或处理。

二、统一收购原料。不论烤烟和晒烟的收购工作,一律由供销合作社根据国家或地方规定的分级标准负责进行。收购计划完成以外的烟叶,除农民留烟自吸外,严禁进入集市贸易出售,由供销合作社以工业品进行平价换购。计划内外收购的全部烟叶,一律交给轻工业部分配。

出口及进口烟叶,由轻工业部按照国家批准的进出口计划统一供应和分配。

三、卷烟产品由商业部门统一包销,合理分配并照顾原料产区。

轻工业部门生产的卷烟,全部由商业部门根据轻工业部颁布的技术标准验收、分配和销售。产品收购,由工厂和商业收购批发站根据生产计划和分配计划,随时收购,直接结算。

商业部门在平衡分配产品时,要适当增加原料产区的分配数量。

方案还提到轻工业部将成立中国烟草工业总公司和四个分公司,具体管理生产、计划、供销、劳动……等全面的具体业务。在烟叶集中产区将设立烟叶调拨站,受中国烟草工业总公司领导。

(选自《工商行政通报》第238期,1963年5月30日)

五、交通部关于打击投机倒把、取缔私商长途贩运的指示

(1963年4月28日)

中共中央、国务院关于严格管理大中城市集市贸易和坚决打击投机倒把的指示,各级交通运输部门必须认真研究学习,制定有效措施,严格贯彻执行。首先,要彻底整顿内部,杜绝利用运输工具自行贩运倒把,同时积极参加取缔私商长途贩运和打击投机倒把的斗争。为了更好地贯彻中央的指示,现根据国务院关于打击投机倒把和取缔私商长途贩运的几个政策界限的暂行规定,作如下指示:

一、严格限制私商利用公共交通运输从事长途贩运。

1.凡私人托运按国家或地方规定禁止私商长途贩运的物资,应检验其合法证件,并通过审查计划和办理托运手续,加以严格控制。如发现有进行投机倒把活动的嫌疑,应即报告税务或市场管理部门查处。

2.旅客随身携带物品,应按1962年5月1日部颁的《直属企业轮船旅客行李和包裹运输规则》和《公路汽车旅客行李和包裹运输规则》规定的限额办理,各地、各企业均不得任意放宽和修改。如发现托运的行李、包裹或随身携带物品,有违反市场管理规定或投机倒把嫌疑者,应不予放行,并报请市场管理部门查处。

3.在旅客候车(船)室和有条件的运输工具上,应根据实际情况,采用适当方式,对旅客进行反对投机倒把的宣传教育。

二、组织有关干部和职工认真学习中央和地方有关反对投机倒把的指示、规定,并坚决贯彻执行。国务院关于打击投机倒把和取缔私商长途贩运的几个政策界限的暂行规定,应传达到一切有关人员和职工群众,使人人知道哪些是允许做的,哪些是不允许做的,哪些是合法的,哪些是不合法的;划清正当交易和投机倒把之间的界限、当地进行商业活动和长途贩运之间的界限、探亲访友携带少量物品和长途贩运投机倒把之间的界限,从而自觉遵守、互相监督、坚决贯彻。

三、加强对广大运输职工的教育,绝对不允许利用交通运输工作的方便条件,自行投机倒把;或与投机倒把分子内外勾结,徇私受贿,进行投机倒把、贪污盗窃;对于过去发生的投机倒把、贪污盗窃、敲诈勒索等事件,应结合"五反"运动认真检查和处理。

四、加强对个体运输业的管理工作。各级交通运输管理部门,应积极配合公安、税务、工商行政管理等有关部门,加强对个体运输业的登记、管理和

教育等工作,切实从货源、运价等方面进行严格控制和监督。

(选自《工商行政通报》第239期,1963年6月14日)

六、大中城市代替私商工作的做法

今年4月份开始,29个100万人口以上的城市和省会城市,根据中共中央、国务院《关于严格管理大中城市集市贸易和坚决打击投机倒把的指示》和全国财贸工作会议的安排,先后在熟食、肉食两个行业以及其他一些行业开展了代替私商的工作。其他中等城市有些也陆续开展了这项工作。各地在进行工作时主要采取了以下几个做法:

一、实行统一领导,有关部门密切配合,把政治教育、经济措施和行政管理紧密结合起来。各城市一般都是在党委统一领导下,市委负责同志挂帅,组成领导小组,商业、供销社、粮食、工商行政、公安、税务、民政、卫生等部门密切配合。并成立办公室,具体负责日常工作。国营商业负责代替私商工作的零售业务;国营商业、供销合作社、粮食部门负责组织货源;工商行政、税务、公安、卫生等部门负责加强市场的行政管理和税收管理;机关、企业、居民委员会负责对职工和居民进行社会主义教育。各地工商行政部门在配合这项工作中,一般都进一步加强了对无证商贩的清理整顿工作,对熟食、肉食两个行业的有证个体商贩进行了严格的管理,打击投机倒把、取缔长途贩运,加强对农民进城出售农副产品的管理,切断私商和农民的联系。

各市还大力开展了宣传教育工作。郑州市是从三方面进行的:第一,向国营商业职工讲明这一场阶级斗争的意义和国家的政策,说明工作的复杂性和长期性,纠正放不下架子、怕吃苦、怕得罪人的思想,防止临时观点;第二,向个体商贩讲明政策,指出前途,使他们明确不能走资本主义道路;第三,通过街道办事处、机关、团体,向群众宣传代替私商的政策,发动群众协助政府搞好代替工作,并教育职工和家属不要私人经商。

二、进行调查研究,做好充分准备。首先是摸清私商的户数、人数、经营品种、营业额、活动地点、经营方式和销售价格等。其次,根据国营商业和合作商店(组)情况,组织力量,安排网点。多数城市是由国营商业统一安排,并且在国营领导下利用了合作商店(组)的力量。各市对代替私商所需的物资都作了周密的准备。在代替工作开展初期,一般先由国家库存拨出一部垫底物资,同时,许多地区,还积极开展了议购工作。

三、分清主次、先后,有计划有步骤地前进。一般是根据熟食、肉食的经营特点,按照一定步骤,同私商进行针锋相对的斗争。在品种上,先代替大宗的、主要的,后代替次要的,一些技术性较强,占比重不大的小杂品种,暂不代替;在代替地区上,先搞集中市场,再搞街头巷尾;营业时间有早,有晚,有整天、轮班、串班经营;营业地点尽量做到便利群众,哪里需要,就在哪里设摊,私商集中设摊的地方,我们也在那里设摊,步步为营,稳扎稳打,量力而行,逐步代替。不少城市对熟食行业准备留一点“小尾巴”,允许有证的个体商贩继续经营某些零星细巧的品种;对肉食业原则上全部代替。有些城市根据熟食、肉食两个行业商贩的经营方式,分三条路线开展代替,一条是成立专业队伍,参与集市贸易市场;一条是组织摊车,采取划片包干、定时定点的方法,沿街叫卖;一条是以门市为基地,广泛兼营,做到品种多、质量好、经济实惠、购买方便。

四、销售价格,各市遵照中央指示的三条原则即:第一,要有利于打击投机,第二,不能赔钱,要有合理利润,第三,要能够长期供应,不能脱销,灵活的进行掌握。如太原市安排代替的销售价格低于集市价格10%到20%,在此幅度内灵活掌握,并且实行优质优价、分等论价。吉林市开始时代替价格掌握在略低于私商3%到5%。目前与私商价格持平,但质量做得比私商好。

五、对搞代替工作的职工贯彻政治教育和物质鼓励相结合的原则,充分调动他们的积极性。很多城市对搞代替工作的人员加强了政治思想教育工作,同时,对搞代替业务的职工在福利待遇方面也给予必要的照顾,如哈尔滨市根据气候冷和营业时间长的情况,及时解决了必要的防寒用品和防雨、防尘等简易设备,并给予适当伙食补助。

六、对私商小贩进行代替和安排工作相结合。郑州市是先打垮,后安排;自谋生路为主,协助解决为辅;社会安排为主,商业安排为辅。济南市对切实守法经营的商贩准备经过审查,由工商行政部门批准后,换发证照,组成合作小组,由国营商业和供销社供应货源,指定经营品种,规定质量标准、销售价格和毛利率,安排到指定地点经营。哈尔滨市除将保留下来经营熟食品的个体商贩组成合作商店(组)外,还采取利用他们的房屋、设备,由合作商店拨出资金,吸收他们参加经营的安排办法。武汉市准备保留的熟食业临时商贩有四种人:一种是经营细巧品种的,如烤红薯、芝麻糊等;一种是提篮叫卖,游街串巷的;一种是深夜或通宵供应的;一种是没有别的收入,又无劳动力,生活水平在10元以下的。

各市在开展代替工作以后,群众满意,普遍认为:措施对头,购买方便,同声称赞政府做得好,积极拥护国家的这项措施。具体效果大体表现在以下几方面:

(一)扩大了社会主义市场阵地,私商人数和营业额都大大减少。如郑州市饮食业个体商贩已由3月底的1061人,减少到5月中旬的668人,减少了37%。日平均营业额由3月底的10554元,比重占38.81%,下降到5月中旬的2758元,占10.8%。国合商业(包括国营、供销合作社、合作商店(组),下同)日平均营业额比重已经占到89.2%。肉食个体商贩由3月底的205人,减少到131人,减少了36%。日平均营业额由2245元,占47.38%,下降到5月中旬的836元,占8.71%,国合商业日平均营业额比重由52.62%上升到91.29%。吉林省8个市私商人数,到4月底,较代替前减少了53%,卖钱额减少了32%,国合商业熟食业比重已占到90.6%。上海市无证熟食商贩由代替前的7000多人,减少到代替后的3000人,营业额由日平均6.6万元,减少到2万元。

(二)平抑了物价,活跃了市场。由于社会主义商业扩大了市场阵地,掌握主动,熟食、肉食两个行业私商的价格已置于我们的控制之下。郑州市以5月中的价格与3月底比较,蒸馍下降22%、油条下降15.2%、猪肉下降7.7%、羊肉下降21.4%。南京市整个市场价格普遍下降了20%左右,猪肉每斤由1元8角降为1元5角,油条每根由9分降为7分、酥烧饼每块由1角降为7分5。由于国营商业增设了网点,增加了花色品种,调整了营业时间,改善了服务态度,方便了群众,市场比代替前活跃了。

(三)有利于制止资本主义自发势力的滋长,巩固集体经济。各市普遍开展整顿市场、打击投机倒把以及逐步开展代替私商工作以后,许多城市的单干风被遏止了,合作商店(组)中闹退店、散伙单干的停止了,动摇的稳定了,已经退出去的也要求回来。如郑州市顺城合作饭店商贩一直有意识地想把生意搞垮,散伙单干,致3月份每人收入仅18元,代替私商工作开展后,看到单干道路走不通,就转变过来,齐心合力积极经营,4月份每人收入增加到42元。过去有不少退厂工人、退社农民到各区工商科要求发证经商,现在这种现象已基本上没有了。许多职工受到一次社会主义教育,坚定了走社会主义道路的信心,弃职、弃学经商的大大减少。

(选自《工商行政通报》第239期,1963年6月14日)

七、财政部、商业部、中央工商行政管理局、中华全国供销合作总社关于农民出售自己产品使用自产自销证明的联合通知

(1963年6月6日)

为了贯彻《国务院关于打击投机倒把和取缔私商长途贩运的几个政策界限的暂行规定》,区分农民自产自销和商贩转手买卖,现对农民出售自己产品使用自产自销证明的办法联合通知如下:

一、生产队和社员按照中央和省、市、自治区的规定,出售完成统购、派购任务以后剩余的第一、二类农副产品,或者销售自己生产的第三类农副产品,如果需要出县时,都应当持有自产自销证明。在县内和县际毗邻地区自销第三类农副产品,一般可以不要自产自销证明,自销第一、二类农副产品,是否需要自产自销证明,哪些需要,哪些不需要,由各省、市、自治区规定。

二、自产自销证明的内容,应当包括:出售者的姓名(队名)、住址,出售商品的名称、数量、运销地点,有效日期和填发单位。属于第一、二类农副产品,并应当写明统购、派购任务的数量和完成任务的数量。

三、自产自销证明,可以采用单页证明形式,一次有效,也可以采取手册或卡片形式。自产自销证明的格式,由各省、市、自治区统一规定,发给各县(市),由县(市)人民委员会指定的部门统一印制。

四、自产自销证明,由公社或公社一级的市场管理部门填发。属于有统购、派购任务的农副产品,应当根据收购单位的证明签发。在县内和县际

毗邻地区使用自产自销证明的,填发单位由各省、市、自治区规定。

填发单位和经办人员填写自产自销证明时,应当认真负责,据实填写,不准徇私舞弊。对出售第一、二类农副产品的,必须核实是否已经完成统购、派购任务,没有完成统购、派购任务的,不许生产队和社员自销。

五、做好宣传工作,让农民了解使用自产自销证明的意义和方法。同时,对自产自销证明的填发使用情况,要加强检查,防止流弊。对伪造、涂改、租借、出售自产自销证明的行为,应当分别情节严肃处理。各省、市、自治区工商行政部门、税务部门、商业部门和供销合作社,应当按照上述通知,结合当地情况,制定具体办法报请省、市、自治区人民委员会批准执行。

(选自《工商行政通报》第240期,1963年6月30日)

八、交通部、中央工商行政管理局关于加强城镇个体运输业管理工作的意见的联合通知

(1963年6月18日)

1961年以来,自发的个体运输业者大量增加,据北京、上海、天津、广州、沈阳、西安、郑州、昆明等16个城市的不完全统计,大约有10万人。全国估算,约在50万人以上。自发的个体运输业者来自各方,成分复杂,投机违法活动相当严重。哄抬运价,雇工剥削,长途贩运,偷税漏税,并且出现新的“黄牛行”和“把头”,扰乱了城镇运输市场的秩序,影响了运输合作社集体经济的巩固。因此,必须结合社会主义教育运动,进行一次彻底整顿,打击取缔投机违法活动,加强对批准经营的个体运输业者的领导管理和改造,正确发挥他们在短途运输中的补充作用。鉴于个体运输业者工具简单,谋生容易,今后还会不断出现,必须及时地进行清理整顿,以限制他们的盲目发展。现提出如下意见:

一、清理整顿自发的个体运输业者。应当根据不同情况,区别对待,并且有意识地淘汰一批。

1.对于“黄牛行”、“把头”和从事雇工剥削、一贯投机倒把分子,坚决予以取缔,情节严重的依法处理。

2.对于在职职工、运输合作社社员及其他私自离职人员,应当制止他们从事个体运输,经原所在单位同意,可以回到原单位工作。

3.对于精减压缩回乡和下放农村的人员,应当限期停业,动员回到农村;对盲目流入城市的人员,应当停止营业,遣返原籍。

4.对于户籍在城镇,以运输为生活主要来源,经营正当的个体运输业者,可以根据当地社会运输的需要,批准他们从事个体运输业务,并发给开业证或临时开业证照。

对过去已经核准登记的个体运输业者,也应当根据上述原则重新审查,分别处理。

二、做好登记发照工作。个体运输业者必须经县、市交通管理部门审查同意,并经县、市登记主管机关核准登记,发给开业证照或临时开业证照以后,才能从事运输业务。未经核准登记的,一律不准从事运输。

三、有领导地逐步地进行社会主义改造。目前,个体运输业者中,一部分是长期以此为生的,也有不少是临时谋生的,随着社会主义运输力量的不断壮大和税收政策的进一步贯彻执行,有一部分人将逐步被淘汰,因此,应当分别不同情况,逐步加以组织。对那些家庭久居城镇,以及以从事运输业务为生活主要来源的人,可以根据社会运输的需要和本人的自愿,组织或者吸收他们参加运输合作社。对于那些年老体弱或政治情况复杂的个体运输业者,以及季节性参加运输的人员,目前一般不要吸收他们参加运输合作社。但应当按地区编组、编队,以便管理。

四、加强领导管理,取缔投机违法活动。

1.核准登记的个体运输业者,主要应从事零担货物的短途运输。必须执行统一运价,使用交通、税务部门所制定的统一票据。机关、团体、学校和工商企业,凡经个体运输业者承运而没有统一票据的,在财务上不准列支。

2.交通、工商行政管理部门应当会同公安、税务、银行和劳动等有关部门,加强对个体运输业者的领导管理和教育工作,并对他们执行统一运价和统一票据的情况及时进行检查,取缔投机违法活动。

3.在运输枢纽的较大集镇及大中城市,应当恢

复、建立和加强交通管理站,水网地区应建立、健全航运管理站,切实把个体运输业者管理起来。

五、积极扩大社会主义的运输业务,组织好社会运力。各地国营运输企业和运输合作社,应当积极扩大运输业务,增设站点,改善服务态度,便利物资部门的零担运输,占领运输阵地。同时,交通运输部门可以和城镇居民委员会、农村人民公社和机关企业运输组织签订运输合同,在运输旺季运力不足时,组织他们参加社会运输。

(选自《工商行政通报》第241期,1963年7月5日)

九、中央手工业管理总局、中央工商行政管理局转发安徽省手工业管理局关于手工业单干户勾结机关企业干部进行投机倒把等非法活动的报告

(1963年7月6日)

安徽省手工业管理局《关于手工业单干户勾结机关企业干部进行贪污盗窃、投机倒把、牟取暴利的情况报告》,突出地反映了个体手工业户资本主义势力向社会主义的进攻十分猖狂。某些机关、企业单位找个体户干活,给个体户打开了投机违法的方便之门。有的甚至内外勾结,给国家和集体经济带来极大危害。各地应当采取有力措施,认真贯彻执行国务院批转的《中央手工业管理总局、中央工商行政管理局关于加强城镇个体手工业管理和改造工作的报告》,坚决打击投机倒把和其他非法经营活动,制止个体户的盲目发展。同时,要向国家机关、企业、事业、团体、学校等单位说明个体手工业资本主义势力泛滥的危害性,如有加工修理等活时,应当尽先找手工业合作社而不要随便叫个体户来干。原材料也要尽先供应合作社,支持合作社的业务。对于经营管理不善、价格高、质量不好的合作社,应当结合当前整社、五反和社会主义教育运动,迅速扭转改进,以便有效地同个体手工业户进行斗争,巩固集体经济。

这个报告中提出的四点意见,是正确的,可供各地加强个体手工业管理和改造工作的参考。各地工商行政管理部门、手工业管理部门应该在当地党委的统一领导下,会同有关部门,把这一工作做好。

附:关于手工业单干户勾结机关企业干部进行贪污盗窃、投机倒把、牟取暴利的情况报告(摘要)

在最近召开的省手工业合作社第三届社员代表大会上,讨论关于当前阶级和阶级斗争问题时,有8个市和34个县的代表反映了当地国家机关、企事业、群众团体等集体单位找个体手工业者加工产品、修建房屋、购置个体手工业者的制成品等方面的情况。据反映,这种情况,今年来有些地方已发展到十分严重的地步:有的单位找个体户长期加工大批产品;有的把造价达数千元的修建任务包给个体户,而大部分个体户的加工修建费用,都比合作社高。这种做法,不仅支持了单干,助长了资本主义势力的发展,使单干户获得暴利,不利于集体经济的巩固,而且由于个体户以请客、送礼、行贿等手段拉拢勾结这些单位的经办人员,也腐蚀了干部,危害很大。

找个体户加工产品、修建房屋、维修设备和购买个体户制成品、支持个体户原材料的事例很多,如:淮南市大通煤矿器材供应科,今年来数次向田家庵区个体铁工潘少勤、李文中等人加工道钉,每次加工数量,都在一吨左右。芜湖市水产公司从去年4月份起经常找单干木工做鱼桶,最多时有十五六人,现在仍有五六个人。今年2月芜湖市第四木器社发现这一情况后,即去水产公司交涉,并愿以较低的加工费承接这笔业务,未获结果。太湖县百货公司把34000尺小商品用布发给干部家属和私人加工,不给手工业合作社生产。青阳县某地质队找包工头盖房子,包工包料,金额达18000元,以后又包给他草房换洋瓦的工程,包价5500元。仅这两项工程,包工头就获暴利9000元。凤台县今年来找个体户修建房屋的,仅县城内就有新华书店、县供销社、城关供销社、汽车站、鞋帽厂、面粉厂、水产公司、食品公司、服务公司、电影院、苗圃、兵役局、农林局、水利局、公安局、看守所等二十多个单位。芜湖市自来水厂油漆水管、电表、电箱等工程,第一和第三中学寒暑假期间的油漆、修理工程,向来都是由油漆社承包的,今年却找个体户做了。蚌埠市钢铁厂有一项维修工程,已与白铁社签订了合同,后来又改包给个体户。有的单位不仅向个体户购买成品,还供给他们重要原料,而手工业社反而缺乏原料。

机关、企业单位找个体户干活，除了贪图方便、对当前市场上阶级斗争形势认识不足外，大多数都是有不法分子以请客、送礼、行贿等手段拉拢机关、企业内部人员而承揽的，有的甚至把已与手工业社谈妥的任务，又用非法手段挖了去。有些个体户承揽任务后，自己做不了，雇工来做，或转包给别人，或拉手工业社社员来搞。如无为县水电局将水库的一项工程包给个体户查贵兴，查不懂钢筋混凝土技术，又到建筑社引诱两个社员出来帮他干。青阳县人委找个体户唐荣和修建房屋，唐干不了，又纠合了二十多个单干户来做。

上述情况表明，机关企业单位支持单干户的情况是极为严重的，应当迅速纠正。为了巩固集体经济，使个体手工业户正确地发挥他们在社会主义经济领导下对社会需要的一定的补充作用，坚决打击投机倒把和其他非法经营活动，制止个体手工业的盲目发展，提出如下意见：

一、根据省人委批转的《安徽省个体手工业管理试行办法》，各地应加强对个体手工业者的管理。个体手工业者只允许经营零星手工业修理、加工任务，不准经营成批加工修理业务，不准私自雇工，转包业务，投机倒把，从中剥削。

二、国家机关、企事业、群众团体等集体单位，除零星修理及合作社干不了的加工修理业务外，其余一律不得找个体户加工产品，修建房屋、设备。

三、要求各地银行、地方财政部门、单位财务部门严格执行财务制度，除零星修理加工外，一律不得以个体户的“白条子”作报销凭证。

四、各地手工业管理部门要加强对合作组织，特别是房屋修缮和工业性修理行业的领导，各生产单位要积极改善经营管理，提高质量，降低成本，改善服务态度，做到加工修缮讲究质量，价格合理、及时方便。

（选自《工商行政通报》第242期，1963年7月29日）

十、中央工商行政管理局、财政部、轻工业部、商业部、中华全国供销合作总社关于严格取缔和禁止手工卷烟生产销售的联合通知

（1963年8月16日）

近两年来，手工卷烟又逐渐大量发展。目前，卷制和出售手工卷烟的地区，已从农村、小城镇蔓延到上海、南京、武汉等大中城市，制造手工卷烟工具及代客加工切制烟丝的也逐渐增多。根据今年5月份的调查，南京市经营手工卷烟的有1800户，零售人员有2000人，牟利在1000元以上的暴发户达160家。经营手工卷烟的人员中有下放职工、居民、商贩、失学学生，也有在职职工，甚至还有雇用工人经营的。湖北省沙市目前有420人从事手工卷烟生产，其中集体生产的有一个针织品生产合作社，一个烟丝生产合作社，5个由街道失业人员组成的生产小组和207个单干户。某些地区也有类似情况。生产手工卷烟所需的烟叶多半是来自集市贸易，也有烟贩送货上门的。盘纸来源，有的从纸厂托运途中盗窃，有的是从烟厂盗窃，有的是送纸厂销毁的废品被纸厂处理流出的，也有通过华侨关系从国外带回来的。手工卷烟质次价高，任其蔓延，既影响原料的合理利用，又容易偷漏税收，助长投机倒把的资本主义活动。一些城市的小商小贩将捡来的烟头，未经消毒处理，就制造卷烟出售，还危害人民的健康。同时，不少地方还出现了冒牌烟和假烟，这更是手工卷烟存在的直接后果。

手工卷烟早在我国经济恢复时期国家就已明令取缔。最近，中央批转轻工业部党组《关于烟草工业集中管理方案》报告中也明确指示：“各地自发的‘地下工厂’、手工卷烟一律由当地党政部门严加取缔，这些工厂（坊、摊）的原料和产品，由供销社和商业部门分别收购或处理。”为了更好地贯彻执行中央的这个指示，现作如下补充规定：

（1）根据中央决定，卷烟只能由轻工业部所属烟厂生产，禁止其他任何单位和个人生产机制或手工卷烟。现在生产手工卷烟的厂、店、社、组，必须立即停止，严加取缔。现存的手工卷烟一律由当地商业部门收购。其他任何单位和个人均不得经营手工卷烟。从事手工卷烟生产的单位所存的烤晒烟，按照收购牌价，县城及县城以上的由国营商业收购，县城以下的由供销社收购，会同轻工业厅（局）分配供应当地或附近烟厂使用。积存的盘纸一律由各省、市、自治区轻工业厅（局）代收交当地或附近烟厂使用，不能使用的一律送纸厂监督销毁。

（2）禁止制造、出售手工卷烟生产工具。各地生产、销售单位现存的手工卷烟工具，由当地工商行政管理部门监督处理或者销毁；现存的切烟机，

可以由专、县、市保留的烟丝厂作价收购使用(并造具清册报轻工业部备案),多余的由当地工商行政管理部门监督处理或者销毁。

(3)对于从事生产、贩卖手工卷烟工具和手工卷烟的无证工商户,应当根据《国务院关于打击投机倒把和取缔私商长途贩运的几个政策界限的暂行规定》,严肃处理。

(4)机制卷烟必须使用经中央工商行政管理局批准注册的商标,并印有生产厂名。除现在已生产出来的以外,今后严禁无商标的白纸包装或所谓"加工"、"试销"牌等卷烟的生产和销售。对冒牌烟和假烟,必须严加取缔。

(5)卷烟纸一律不准进入集市贸易自由买卖或作为清仓物资转让。纸厂不得以卷烟纸(包括废次品的盘纸与平版纸)换原料。南方有自卷烟丝吸用习惯的地区,只准随卷吸烟丝的供应搭配最低需要量的平版小裁卷烟纸,并应直接供应给消费者。严禁以卷烟纸作为奖售协作物资,以防流入市场,给手工卷烟生产者以可乘之机。卷烟厂应加强对废卷烟纸的管理,严格防止卷烟纸、小盒纸、铝纸、封签纸流出厂外。

以上规定,请各省、市,自治区人民委员会研究,布置各地有关部门在当地党政领导下迅速采取行动,认真贯彻执行。

(选自《工商行政通报》第244-245期,1963年9月14日)

十一、国务院关于加强酒类专卖管理工作的通知

(1963年8月22日)

酒类专卖,是我国建国以来一贯实行的方针。实行这条方针,对于节约粮食,保证酒类的正常生产和供应,积累建设资金,打击投机活动等方面,起了很大的作用。近几年来,有些地区,由于放松了酒类专卖工作,出现了私酿私卖、投机倒把、偷税漏税等非法活动,浪费了粮食,扰乱了市场,助长了资本主义自发势力的发展。这种情况不利于集体经济的巩固,也不利于国家资金的积累。为了改变这种情况,今后必须继续贯彻执行酒类专卖的方针,加强酒类专卖的管理工作。为此,特作如下通知:

一、在酒的生产方面,应当按照国家计划委员会批准的生产指标,由轻工业部门归口统一安排生产,其他任何单位和部门,不经省、自治区、直辖市人民委员会批准,一律不得自行酿造。社、队自办的小酒厂和非工业部门办的酒厂,应当按照1962年12月30日国务院发布的《工商企业登记管理试行办法》进行登记。根据归口管理、统一规划的原则,各地对现有酿酒厂要进行整顿。所有酒厂生产的酒,都必须交当地糖业烟酒公司收购。

二、酒类销售和酒类行政管理工作,由各级商业部门领导,具体日常工作由糖业烟酒公司负责。在酒的销售方面,批发由糖业烟酒公司经营;零售由国营商店、供销合作社以及经过批准的城乡合作商店、合作小组和其他代销点经营,除此以外其他任何单位或个人,一律不得私自销售。为了加强酒类专卖的管理,各地应当继续建立与充实糖业烟酒公司的机构,并成立各级专卖事业管理局。这两个机构,可以采取一套机构两块牌子的办法,既负责行政管理,又负责企业经营。各地还应当组织一部分已经转业的、熟悉酒类专卖工作的领导骨干归队,使之能胜任专卖工作的要求。以上所需人员,在商业部系统调剂解决,不另增加编制。

三、一切个人都不得私酿私卖酒类,但是,有些地区,群众历史上有自酿自饮习惯的(如南方的糯米酒),应当准许群众自酿自饮。有些地区,农民有以粮换酒自饮习惯的,在完成国家粮食征购任务、生活已经安排好、确实还有余粮的,也可以准许农民以粮换酒自饮。具体办法由省、自治区、直辖市人民委员会自行规定。

四、各省、自治区、直辖市在实行酒类专卖工作的时候,可以根据本地区目前的具体情况,对于专卖的范围、方法、步骤,因地制宜地作出规定,目前暂时不作全国性统一的具体规定。再过一个时期,等全国粮食生产情况进一步好转以后,再作全国统一的具体规定。

五、酒类专卖利润收入和分成办法,按1963年1月25日《国务院关于1963年预算管理制度的几项规定》执行,规定划归中央的仍归中央,规定划归地方的仍归地方,规定中央与地方分成的,仍按规定比例实行分成。

六、有关酒类专卖的具体办法,请各省、自

治区、直辖市人民委员会,根据本通知的精神,研究制定,贯彻执行,并与商业部取得密切联系。

(选自《工商行政通报》第 244 - 245 期,1963 年 9 月 14 日)

十二、商业部、中华全国供销合作总社关于贯彻执行国营商业统一经营高价卷烟的通知

(1963 年 9 月 11 日)

为了贯彻执行国营商业统一经营高价卷烟、全面安排城乡市场的要求,从 10 月份起,各地供销合作社不再自营卷烟业务,也不再自行组织货源;对于现存的高价卷烟,可以在原地按原办法继续销售;原供销合作社与商业部门、轻工业部门共同安排的卷烟生产计划尚未完成的部分,仍继续生产并按供销合作社分配计划调拨销售。销完后,再向国营商业进货;各级供销社应当积极开展销售,勤进快销。国营商业和供销社必须相互密切结合,使敞开供应的高价烟在城乡市场得到全面安排,特别是在价格上要衔接好,以便更有效地打击投机,稳定市场,增加货币回笼。

(选自《工商行政通报》第 246 期,1963 年 9 月 30 日)

十三、商业部关于销售高价国产卷烟的通知

(1963 年 9 月 12 日)

销售国产高价卷烟,国务院曾在今年 4 月通知,由供销社在农村敞开供应,到现在已经销了四五个月。对打击投机、稳定市场、回笼货币、补充消费者需要起了有效的作用。为了更有力地打击投机、稳定市场,根据国务院财贸办公室批复全国供销合作社、商业部关于国营商业统一经营高价卷烟报告的规定,从 10 月份起,各级高价卷烟的销售业务由国营商业归口统一经营,城乡市场统一安排。各省、市、区商业厅、局应该加强领导,并在当地党政领导下,在作好平价定量计划供应工作的同时,积极地开展此项工作。

一、销售地区:城市和乡村均可开展此项业务。如果有些省、市、区不愿销售高价烟,也可以不销售,但应由商业厅、局报商业部备案。

销售货源,由商业部统一安排。

二、销售办法:采取敞开供应、自由选购的供应办法,应当主要依靠国营商业、基层供销社、公私合营商店销售,在国营、供销社机构薄弱、供应点不足的地方,经过批准,也可组织合作商店(小组)、有证商贩销售,但要注意不要使商贩获利过大。无论谁销售高价烟,均应与计划供应的平价烟分柜台销售。

三、价格:1.销售价格:本着敞得开、销得出,高于牌价、略低于集市贸易价的原则,由商业部统一规定各等级的最低价格。按照目前货源和集市价格情况,定价宜高不宜低,兹确定:乙二级每盒零售价最低起点(下同)不得低于 0.50 元,丙级每盒不得低于 0.30 元,丁级烟每盒不得低于 0.20 元。各省、市、区商业厅、局在不低于以上最低价格的要求下,区别不同等级和不同牌号的质量情况自行具体安排,并上报商业部备案。

一个省、区内的具体销售价格,统一由省、市、区商业厅、局掌握,并注意省内地区间和与省外接壤地区的价格衔接,以免商贩投机倒运。

2.调拨作价:省际之间和二级站与三级批发商店的调拨价均按平价调拨作价办法办理。高价利润实现在三级批发商店。三级商店的费用定额为占批发价 4%。其余利润全部上缴国库。降价的差额退补与其他高价商品退库办法相同。

3.地区差价:原则上要掌握地区差价,具体幅度由省根据具体情况自行确定。

4.批零差价:各地在有利于促进零售单位经营积极性,又要有适当控制的前提下,在规定的 8% ~ 12% 幅度内自行确定,我们意见规定在 10% 比较适宜。

四、市场管理:国营商业对城乡市场统一安排,货源统一分配,价格统一管理,城乡零售单位必须统一执行国营牌价(包括高价与平价的牌价);并配合工商、税务部门加强市场管理,严禁投机商贩倒运贩卖和个人私卖,抬高价格牟取暴利。

五、销售国产高价卷烟是一项细致的工作,各省、市、区必须及时掌握销售情况,交流经验,指导工作,解决存在问题。

(选自《工商行政通报》第 246 期,1963 年 9 月 30 日)

十四、国务院关于非集中产区的晒烟市场管理问题的批复

(1963年9月14日)

8月10日报告收悉,关于非集中产区的晒烟市场管理问题,批复如下:对于没有派购任务的非集中产区的晒烟,可以允许农民在当地集市上进行余缺调剂,但是,必须严格禁止私商的投机贩运活动。

对于烤烟产区和邻近烤烟产区的没有派购任务的非集中晒烟产区,所生产的晒烟,在烤烟收购期间,不准进入集市贸易,以免影响烤烟收购,烤烟收购任务完成以后,经过同邻区的省、县协商同意,可以允许晒烟进入集市,在当地进行余缺调剂,但不准私商投机贩运。

(选自《工商行政通报》第246期,1963年9月30日)

十五、中央工商行政管理局、铁道部、交通部、中国民用航空总局关于在打击投机倒把工作中加强配合协作的联合通知

(1963年9月26日)

为了贯彻中共中央、国务院《关于严格管理大中城市集市贸易和坚决打击投机倒把的指示》,制止私商利用国家的运输工具从事长途贩运,铁道部、交通部、民用航空总局已经先后通知各地所属单位加强与工商行政管理部门的工作联系,共同开展反对投机倒把的斗争。

现对配合协作中的一些有关问题,联合通知如下:

一、铁道、交通、民航部门在受理托运业务的时候,对中央管理物资的运输限制界限,应按国务院《关于物资运输限制暂行办法》办理,对地方性的物资运输限制界限应按各省、直辖市、自治区人民委员会的规定办理。凡是限制运输的物资,均应凭规定的证件方准承运。

二、为了防止投机分子冒充旅客进行投机活动,对群众乘坐火车、轮船、长途汽车、飞机时,随身携带的物品,除执行铁道、交通、民航部门规定的重量限额以外,对少数重要农产品(粮食、棉花、油料等),还应当贯彻执行各省、直辖市、自治区人民委员会关于群众探亲访友或自食自用携带少量实物的限额规定。铁道、交通、民航部门如果发现旅客中有投机贩运嫌疑的,应当通知当地市场管理部门进行检查处理。

三、在车站、码头、机场加强市场管理工作,是防止和制止私商长途贩运的一个重要环节。铁道、交通、民航部门应当同市场管理部门密切协作。市场管理部门可以根据需要在客货运量较大的车站、码头,派出常驻或临时的工作组(也可以吸收车站、码头单位的人员参加,办公地点应设在站外),其任务主要是负责接受和处理车站、码头等单位检举揭发的投机违法案件。市场管理人员不要进入货场、站台和车、船、飞机进行检查。站台和车、船、飞机内的检查,主要应当由铁道、交通、民航部门负责,必要时可以要求市场管理部门予以协助。发现投机分子或有显著投机嫌疑的分子,应当交由市场管理部门或其派驻车站、码头的工作组认真进行处理。

四、市场管理人员在车站、码头、机场进行工作的时候,应当切实遵守铁道、交通、民航部门的有关规定,并要随身携带当地人民委员会统一制发的检查袖章或证明。在工作中,必须坚决按照政策办事,注意改进工作方法。对于已经掌握线索的投机分子和发现有显著投机嫌疑的分子,应当说服他们到市场管理工作组办公室或适当场所,个别地进行询问处理,不要当众盘查,避免引起不良影响。各地工商行政管理部门必须加强对市场管理干部的教育,坚决制止不顾政策、不分对象地乱盘查、乱扣留东西的现象。

五、铁道、交通、民航部门应当对有关干部、职工加强政策宣传教育,组织他们认真学习中央和各省、自治区、直辖市有关打击投机倒把和加强市场管理的指示和规定,提高政策认识,积极参加反对投机倒把的斗争。严禁利用工作职务的便利从事投机贩运,或者与投机分子相互勾结,徇私受贿。对于有这类违法行为的人,应当结合"五反"运动,认真地检查处理。

铁道、交通、民航部门的职工、干部家属,在车站、码头、机场及其附近地区经营商业活动,必须经过当地工商行政管理部门批准,并且要他们服从市场管理的规定。工商行政管理部门在清理整顿无证商贩的时候,对于他们也应按照政策统一办理。

为了维护社会主义市场的正常秩序,有效地打

击投机倒把活动,各地工商行政管理部门与铁道、交通、民航部门应当加强合作,建立联系制度,相互交换有关情况,定期总结工作经验,认真地分析投机分子的活动和趋向,加强对投机倒把分子的斗争,巩固社会主义市场阵地。

(选自《工商行政通报》第 247 期,1963 年 10 月 18 日)

十六、国务院批转河北省供销合作社关于清苑县武安镇大量棉花、土布、土线进入集市贸易的通报

(1963 年 10 月 17 日)

现将《河北省供销合作社关于清苑县武安镇大量棉花、土布、土线进入集市贸易的通报》转发给你们。

国务院认为,武安镇有关部门开放熟棉、籽棉、土布、土线的集市贸易,并设置交易人员负责成交、收取手续费的做法,是极端错误的,严重地违反了中央、国务院关于棉花、土纱、土布任何时候都不准进入集市贸易的指示。这样作,不仅直接地影响了农业生产和棉花收购工作,而且助长了私商和投机倒把分子的破坏活动。这是两条道路的斗争在商业工作上的反映,必须充分认识这个问题的严重性与危害性。国务院责成河北省人民委员会立即进行认真的检查,纠正这种错误的做法,并对有关人员给以必要的处理。

据了解,清苑县武安镇的这种错误做法,不是个别的,在其他一些地区也有这种现象,甚至有个别县的领导竟公然支持这种错误的行为。因此,国务院要求各地对棉花、土纱、土布有无进入集市贸易的情况,普遍地认真地进行一次检查,凡是有类似上述情况的,都必须坚决纠正。各地工商行政、公安、税务、国营商业、供销合作社和交通运输等有关部门,应当在各级人民委员会的统一领导下,密切配合,依靠广大群众,加强市场管理,严格禁止棉花、土纱、土布进入集市贸易。对黑市交易,必须严格取缔,对投机倒把分子,必须予以坚决打击。

附:清苑县武安镇大量棉花、土布、土线进入集市贸易的通报

根据保定专区供销社棉花办公室汇报:清苑县武安镇位于清苑、博野、安国、望都四县交界的地方,是一个较大的集市。有关部门不仅不加强对棉花市场的管理,而且设有熟棉、籽棉、土布、土线四个市,并有交易员负责成交,收取手续费,大量的棉花、土布、土线进入集市贸易,投机倒把分子乘机大肆活动。

9 月 20 日,熟花市,上熟花 13 份,约 200 多斤,大包的 30 斤左右,小包的五、六斤,每斤 4 元至 4 元 6 角,交易员成交每斤收取手续费 2 角。籽棉市,上籽棉 67 份,约 1000 多斤,每斤 1 元至 1 元 4 角。土布市,上土布 100 多匹,每匹 13 元至 15 元,交易员成交,每匹收手续费 5 元。土线市,上土线约 200 斤左右,每斤 6 元至 7 元。卖者大部分是博野、安国、望都、清苑一带的,有当地一般群众,也有当地与外地来的投机倒把分子。

由于对棉花市场不加管理,大量棉花、土布、土线进入集市贸易,对附近生产队农民影响很大,私分私轧棉花和偷摘棉花的情况不断发生。

这个问题是十分严重的,它不仅影响国家收购任务的完成,而且是阶级斗争在棉花收购工作中的反映,必须充分认识它的严重性。请保定专区供销社、清苑县供销社立即派专人进行检查,并报专署和县人委严肃处理,并将处理结果报告省社。

现在棉花已经大量上市,正是收购旺季,各地必须根据国务院和省人委关于对棉花市场管理的规定,采取具体措施加强对棉花市场管理,及时检查,及时处理,加强对棉农的社会主义教育,坚决打击投机倒把分子,坚决把棉花市场管死,以维护国家统购政策,以保证棉花收购任务的完成。

(选自《工商行政通报》第 249 期,1963 年 11 月 15 日)

十七、国务院批转中央工商行政管理局关于河北省灾民到内蒙古销售土布的处理问题的报告

(1963 年 11 月 23 日)

现将中央工商行政管理局《关于河北省灾民到内蒙古销售土布的处理问题的报告》转发给你们参考。

近来,不少地方商品性的土纺土织有所发展,土布大量流入集市贸易,这对保证棉花收购任务的完成和棉花的合理使用,都是十分不利的。必须通

过宣传教育和行政管理工作，坚决取缔土布的黑市交易。对于一贯转手买卖和长途贩运土布的投机倒把分子，必须从严处理。

附：关于河北省灾民到内蒙古销售土布的处理问题的报告

据内蒙古自治区工商行政管理局反映，最近河北省灾区的农民到该区销售土布的不断增加。呼和浩特市每天上市的土布有时达七八千尺。销售土布的，多数是老头、老太婆、小姑娘。其中约有70%来自河北省邢台专区，其余的多数来自保定专区。他们携带的土布，多的每人有500余尺，少的也有100余尺。并且多数持有生产大队或公社发给的灾民自救证明。这些人在被查获以后，往往以灾民和有证明为借口，不服从市场管理，有的哭哭啼啼、要求照顾，如果按照平价把他们的土布收购下来，有些也确实不够往返的路费，在处理上感到很困难。

我们认为，对于土布的管理，必须坚决贯彻1963年10月9日《中共中央、国务院关于力争超额完成1963年度棉花收购任务的指示》中的规定，即：无论城市或农村，无论集中产区和分散产区，棉花、土纱、土布在任何时候都不准进入集市贸易。对于商品性的土纺土织，应当一律禁止，灾区也不例外。各地都应当根据这个精神，认真地进行一次检查，加强对生产队干部和社员的教育，要他们遵守党和国家的政策。今后人民公社和生产队一律不要给社员开证明去外地出售土布。

对于灾民已经运到内蒙古的土布，为了照顾他们的实际困难，只要持有生产大队或公社证明，确实不是投机贩运的，可以由当地商业部门以适当的价格议价收购下来，就地出售，并且要对他们进行教育，说明只能照顾一次，下不为例。对于投机倒卖和长途贩运土布的投机倒把分子，则必须坚决地给予打击。这个意见，如属可行，请批转各地参照办理。

（选自《工商行政通报》第251期，1963年12月18日）

十八、中央工商行政管理局关于配合社会主义教育运动加强市场管理工作的通知

最近，中共中央、国务院在批转财政部党组和中央工商行政管理局党组《关于打击投机倒把、罚款补税工作的请示报告》中指出：打击投机倒把是一场坚持社会主义道路的政治斗争，必须搞深搞透，今后应当在当地党委或者社会主义教育运动工作队的领导下，通过社会主义教育运动去进行。为了更好地贯彻这个指示，加强市场管理，严厉打击投机倒把活动，中央工商行政管理局于1964年12月15日发出了关于配合社会主义教育运动加强市场管理工作的通知。这个通知的主要内容如下：

一、在社会主义教育运动已经开展的地区，工商行政管理部门应当在当地党委和社会主义教育运动工作队的领导下，进一步深入开展打击投机倒把的斗争。

（一）对于罚款补税工作中尚未结案的投机倒把案件，要会同税务部门积极处理，善始善终。其中情节复杂或者涉及企业和机关内部问题，需要进一步追查的，应当会同税务部门整理好现有的材料，移交社会主义教育运动工作队继续追查处理。对于前几年曾经从事投机倒把活动，开展打击投机倒把罚款补税工作以后，已经不再干的，一般可以采取批评教育的办法，免予处罚；但是，暴利较多、群众意见较大的，也要把已经掌握的线索，提供给工作队进行追查处理，或者由工商行政管理部门会同有关部门共同进行查处。在处理这类案件的时候，可以不再采取计算积蓄暴利的办法。

（二）对于市场上现行的投机倒把活动，必须坚决打击。其中：涉及企业和机关内部问题的，工商行政管理部门要把材料整理好，转由社会主义教育运动工作队处理，如果涉及的单位暂时还没有开展社会主义教育运动，应当把整理好的材料报送当地党委，待运动开展时再做处理，情况已经搞清楚的，工商行政管理部门也可以报请当地党委先行处理。对于社会上的投机违法活动，不涉及企业和机关内部问题的，仍由工商行政管理部门会同有关部门进行处理，如果案情复杂，也可以请示当地党委，联合有关部门，共同进行调查处理。

（三）工商行政管理部门移交给社会主义教育运动工作队追查处理的投机倒把案件，需要工商行政管理部门参与研究，提供意见，或者出面办理处理手续的，应当积极协助办理。并随时把当前市场斗争动态、投机倒把分子的活动情况，报告当地党委或社会主义教育运动工作队。

(四)社会主义教育运动告一段落后,工商行政管理部门应当利用运动的有利形势,加强经常性的市场管理和对投机违法活动的检查处理工作,加强已经处理过的投机倒把分子的监督改造工作,并建立和健全必要的制度,时刻警惕资本主义势力和自发势力的反复。

二、在社会主义教育运动还没有开展的地区,工商行政管理部门应当在党委的统一领导下,与有关部门密切协作,严厉打击投机倒把活动,决不能姑息。

(一)积极做好经常性的检查和处理投机违法活动的工作,坚决打击投机倒把活动。遇有涉及内部问题的案件,情节比较简单的,应当及时处理,一般不要等待社会主义教育运动;情节复杂,问题较大,一时不能查清或者不适宜由工商行政管理部门处理的,可以整理好材料,报请当地党委组织各有关方面的力量进行调查处理。

(二)改进工作方法,注意斗争策略。针对当前投机倒把活动越来越隐蔽的特点,要进一步发动群众、依靠群众,把工作深入到街道、里弄和生产队中去。广泛深入地进行政策宣传教育,提高群众觉悟,并在这个基础上,建立和健全群众性的义务市场管理队伍,对投机倒把分子,采取"拔根子""挖窝子"的办法,把他们挖出来,坚决给以打击。

(三)加强有关部门之间、地区之间的联系,充分依靠各有关方面的力量,密切配合,一致对敌;部门之间要步调一致,加强协作,地区之间要互通声气,实行联防。发现投机倒把分子一定要追查到底,除恶务尽。

(四)加强调查研究,经常研究分析投机倒把分子的活动规律,掌握他们的动向,同时,利用他们内部的矛盾,进行分化瓦解,对于分化出来的,要继续加强教育,使他们改邪归正,重新做人,对于那些坚决与社会主义为敌的投机倒把惯犯和投机倒把集团的首要分子,必须狠狠打击,情节严重的,应当送交政法部门依法惩办。

三、无论在社会主义教育运动已经开展的地区,或者在尚未开展的地区,都必须以阶级斗争为纲,做好经常性的市场管理工作。

(一)对于农村集市贸易,应当继续加强领导和管理,根据政策,把它限制在规定的范围以内。特别在农产品收购旺季,必须从保证国家计划收购出发,严格禁止不允许上市或者在统购期间不允许上市的物资流入集市,坚决取缔黑市交易,制止资本主义自发倾向和弃农经商活动。对于正当的交易活动,必须给予保护,以利活跃农村经济,促进农副业生产的发展。

(二)对于城市集市贸易,应当继续贯彻"加强管理、缩小范围、逐步代替、因地制宜、区别对待"的方针。有的大城市,在市场供应好转以后,只保留市郊边沿区集市贸易,取消了市中心区的集市贸易,在这种情况下,也必须继续加强管理,制止投机倒把活动,但对附近农民进城出售自产零星小土特产品和小水产、蔬菜等鲜活商品的,应当进行说服教育,动员他们不要进城出售,已经运进城内的,可以由指定的国合商业收购或者代销。

(三)要经常清理整顿自发工商业户。对自发工商业户,每年都要清理整顿一二次,出现一批,清理一批。在清理整顿中,应当把政治教育、经济措施、行政管理和社会安排就业结合起来。

(四)在大中城市和县城集镇,必须根据中央指示,协同有关部门,继续做好代替私商的工作,不断地巩固和扩大社会主义市场阵地,只能前进,不能后退。

加强市场管理,打击投机倒把,是我们的一项长期的任务,必须结合社会主义教育运动,加强对干部的政治思想教育,提高他们对阶级斗争长期性、复杂性和反复性的认识,坚决批判和克服右倾麻痹思想,时刻警惕资本主义势力在市场上的活动,时刻不忘阶级斗争,把社会主义革命进行到底。

(选自《工商行政通报》第276期,1964年12月30日)

十九、商业部、中央工商行政管理局、卫生部、全国供销合作总社关于加强中药材市场管理的通知

(1964年11月28日)

1963年4月24日国务院文教办公室、财贸办公室批转卫生部《关于当前中药材市场情况和今后管理办法的报告》和1963年10月12日商业部、卫生部、全国供销合作总社《关于贯彻中药材市场管理办法的通知》下达以后,各地对重要中药材的市场管理还是比较注意的,不少地区都把取缔中药材的贩运活动,作为当前打击投机倒把的一个方面。

但是，由于目前还有一部分主要药材和进口药材尚不能满足市场需要，因而不少中药材经营和使用单位不顾国家对市场管理的政策法令，还高价购买供应紧张的药材，给投机倒把分子造成可乘之机。

当前中药材市场管理方面的问题主要是：

(一)投机倒把活动还很严重。投机倒把分子由四川、浙江、甘肃等地长途倒运川芎、玄胡、当归、党参、茯苓等中央规定由产地药材公司统一收购的中药材到郑州出售；有些投机倒把分子又从郑州倒运广州、东北等地出售，倒卖的价格一般均高于当地牌价一两倍到八九倍；广州市东山检查站1至8月份查获长途贩运当归案108起，2219市斤，占该站查获案件总数的六分之一；郑州市今年头四个月中查获投机倒把分子贩运的贵重中药材就有6000多斤；上海、苏州、长沙、广州等许多地区都查获了不少搞中药材的投机贩运集团。

(二)有些卫生院(所)联合诊所等医疗单位和药厂，特别是公社、生产队办的一些药厂，高价买进投机倒把分子贩运的药材，再高价出售或制造中成药高价出售。有的还包庇、勾结投机倒把分子大搞投机活动。如：河北省定县大王镳药厂，今年1至8月份向投机倒把分子购进牛黄、麝香、广角、当归、珍珠等27种药材，计119次，价值58000多元；河北省安平县东、西长堤药厂用每斤11元5角和10元的高价购买四川等省投机倒把分子运来的川芎、玄胡，又以每斤18元卖出，从中牟取暴利。这些公社、生产队办的药厂都是未经卫生行政部门批准，自行设立的；生产的中药成药粗制滥造、质量低劣，危害人民身体健康。

(三)有些地区的货栈违反中药材市场管理的规定，高价成交由产地药材公司统一收购的55种中药材；在药材经营部门内部，有的地区为了多购进一点供应紧张品种，也在市场上或者通过货栈高价收购某些中药材。如：河南省郑州市供销社贸易货栈，今年5月至7月违反中药材市场管理的规定，成交当归、贝母、玄胡、党参、细辛、芋肉、人参、杜仲等十余种由产地药材公司统一收购的药材，参加交易的有河北、山西、广东、山东、陕西、广西、湖北等省区的许多市、县药材公司和齐齐哈尔黑龙药厂、广东潮安宏兴制药厂、新疆建设兵团商业处等。

我们认为，以上情况是阶级斗争在中药材市场上的反映，是资产阶级分子向无产阶级进攻的一种表现。尤其严重的是，我们有些市、县的药材公司、贸易货栈，很多地区的医疗单位和药厂，这些社会主义的单位，不对投机倒把分子作斗争，还从他们手中高价买东西，这种错误是十分严重的，必须切实纠正。为此，根据1963年4月国务院文教办公室、财贸办公室批转卫生部《关于当前中药材市场情况和今后管理办法的报告》和卫生部有关药政管理的规定，联合通知如下：

一、为了比较彻底地消灭中药材市场的投机倒把活动，各地商业和卫生部门应该积极地结合农业部门，在当地党政统一领导下，根据防病治病的需要，切实安排好供应不足的药材的生产，使这些品种的生产尽快地发展，以满足医疗需要。切实地研究改进主要品种的收购方法，并教育农民将所生产的药材就地全都卖给国家。凡是应该收购的药材产地药材公司应当及时地全部收购进来。

二、各省、市、自治区工商行政管理局，卫生、商业厅、局，供销合作社，应当会同有关部门，结合社会主义教育运动，坚决打击投机倒把分子贩运中药材的活动。对于药厂，市、县药材公司(包括经营中药材的医药公司、供销合作社，以下同)，贸易货栈等违反中药材市场管理规定的情况，也必须认真地进行一次检查处理，并将检查处理情况报告我们。

三、对于按照规定由产地药材公司统一收购的55种中药材，(以下简称55种主要药材)各产区有关部门，必须密切配合，加强管理，防止生产单位和农民不按规定售给当地药材公司或者外流。产地供销合作社只能代药材公司收购，不能搞自营业务。各地贸易货栈不得成交55种主要药材和进口药材。

四、对于由外地运来的中药材，要分别不同对象进行处理。凡能够证明确实是生产队或社员自产自销的国产药材或者居民自存的进口药材和一般贵重药材，应将来货交由当地药材公司按收购牌价或按产地收购牌价加合理费用收购，并教育他们以后不得进行长途运销，如有重犯，要按投机处理。凡是不能证明确是生产者自产自销或居民自存出售药材的投机倒把分子，应该根据市场管理的有关规定，从严惩处。

五、各地医疗单位和中成药厂所需的中药和药材原料，应由当地药材公司负责供应，各药厂不得擅自在市场上和外地进行采购。各地中成药厂所产的成品，应由当地药材公司根据需要进行收购，药厂不得擅自到外地自行推销。如当地药材公司一时不能供应和收购,药厂必须到外地采购和销售时,应征得当地药材公司的同意,持省、自治区、直辖市卫生厅、局的证明,并且服从工商行政管理部门有关采购、推销活动的管理规定。

六、坚决取缔未经省、自治区、直辖市卫生厅、局批准而自行设立的药厂。各级工商行政管理部门应当结合工商登记严格取缔非法自行设立的药厂在市场上进行购销活动。各级药材公司对于未经卫生厅、局批准和工商行政管理部门核准登记的药厂不准供应原料和收购或销售他们的产品,不准到外地采购这类药厂的成药。凡是没有省、自治区、直辖市的证明,在本地或外地推销成药的人员,当地药材公司有责任会同工商行政管理部门、卫生部门和税务部门查清他们的情况,进行严肃处理。

七、各地药材公司,一律不准向外地市场或货栈采购55种主要药材和进口药材。对于本单位有多余的市场供应紧张的药材,应该在内部交流会上按规定进行余缺调剂,不准到市场上或者通过货栈进行交易。

各地药厂、药材公司对以上五、六两项的规定,如有违反,工商行政管理部门可以没收其成交药材,并及时通知其上级主管部门进行处理。

以上规定,请各地迅速贯彻到有关的基层单位,并严格按照执行。

(选自《工商行政通报》第277－278期,1965年1月30日)

二十、中华全国供销合作总社、中央工商行政管理局关于加强对土纱、土布管理的几项试行规定

(1965年8月21日)

根据今年1月全国财贸工作会议的指示精神,现对土纱土布的经营和管理作如下规定:

一、对于商品性的土纺土织和土纱土布,必须贯彻加强管理,统一经营;限制发展,逐步缩小,坚决打击投机倒把的方针。各级供销合作社和工商行政管理部门,一定要管严、管紧、管好。

管理范围,包括社员、生产队以及手工业等单位,用自留棉(包括自留地生产的棉花,下同),废旧纤维原料和国家拨给灾区的低级棉、等外棉所生产的土纱土布。

凡属商品性的土纱、土布及其原料,均由供销合作社统一经营,不许任何单位和个人转手买卖,也不许合作商店、合作小组和个体商贩代购代销。

二、对农村中的土纺土织,必须严格管理。在没有纺织习惯的地区,应教育社员和生产队不要再搞土纺土织;已有纺织习惯的地区,应当限制发展,加以压缩,逐步把劳动力组织到农业及其他集体副业生产方面去。

社员的自留棉,只许社员自纺、自织、自用。对自用有余,需要出售的棉花、土纱、土布,一律由供销合作社统一收购,不准在集市上出售,不准卖给私商。同时也不许社员购买原料。

国家拨给灾区加工土布的低级棉、等外棉,统一由供销合作社发放原料,收回成品,付给加工费。基层供销社应会同人民公社组织社员集体生产,不准单干。在安排生产时,要依靠贫下中农,贯彻阶级路线,做好收益分配工作。

三、对于利用废旧原料从事土纺土织的手工业和其他生产单位,必须严加管理,进行整顿,限制发展,逐步缩小。对生产条件较好、转业又确有困难的,经省、自治区、直辖市人民委员会批准,可以暂时保留生产,但严格禁止使用好棉花作原料(包括等外棉、不孕籽棉等)。供销合作社,应当根据原料条件和市场需要,对它们进行委托加工,按照合同规定进行生产,不准它们自购原料,自销成品。

四、各工厂、企业、手工业社和部队后勤等单位,需要处理的布角下料、废棉、废纱、估棉及其他一切可以用于纺织的废旧纤维原料,均由供销合作社统一收购和经营。

商业部门供应棉纱时,要认真审查。用纱部门必须专项专用,多余的原料和棉纱制品,应交回原供应单位,不得自行处理。防止投机分子套购棉纱制品,私自拆线生产。

五、供销合作社经营土纱、土布,必须减少环节,节约费用,以利于打击投机,代替私商。应当由县社经营,基层社代购、代销。省社负责省内平衡计划,安排省内调拨。全国总社根据货源情况,组织省际之间平衡调拨。

收购价格,要使农民保本并有微利,但不能太高,以免刺激土纺土织的发展。作价原则是:要有利于打击投机倒把,有利于棉花统购,有利于农业生产,同时要考虑到毗邻地区的价格水平。价格管理权限是:省供销社拟定价格管理水平,县社制订具体价格,报当地物委批准后执行。

土纱、土布的销售,原则上地产地销,适当照顾省内外灾区、山区及高寒地区的需要。但必须通过计划调拨。基层社不准自行向外地推销和采购。

统一经营土纱、土布是一项政治任务。各省、自治区、直辖市供销合作社,必须以阶级斗争和两条道路斗争为纲,切实加强具体领导。在新棉上市前,要做好准备工作,并应建立专管机构,配备专管人员,搞好经营管理,经常了解情况,总结经验。

六、各级供销社和工商行政管理部门,应当密切配合协作,从政治教育、经济措施、行政管理三个方面入手,共同管好市场。严格禁止棉花、土纱、土布进入集市贸易,取缔各种形式的黑市交易,并要区别对象,分清情节,严肃处理。属于社员出售自己产品的应教育他们卖给供销社;凡是投机倒把、长途贩运的,套购纱制品拆线出售或织布出售的,以及私人开设棉花行、土布行和从事黑经纪活动的,必须坚决取缔。

以上各点,希各地认真研究,结合当地情况贯彻执行,并将发现的问题反映给我们。

(选自《工商行政通报》第291期,1965年9月15日)

二十一、国务院财贸办公室关于积极协助烟草公司做好烟叶收购工作的通知

(1965年9月30日)

中国烟草工业公司成立以后,烟叶收购工作继续有很大的发展。由于烟草托拉斯才开始试办,各方面都还缺乏经验,在工作中,不可避免地会发生一些问题。对于这些问题,财贸部门必须采取积极的态度,大力帮助烟草公司来解决。决不要认为成立了烟草公司,烟叶收购工作已经交出去了,财贸部门就可以不管了。

烟叶是重要的经济作物,做好烟叶收购工作,对支援工农业生产,密切国家同农民的关系,发展和巩固集体经济,都有着重要的意义;同时,对于保证市场供应,支援出口,增加国家财政收入,也有着重要的作用。财贸部门必须从"发展经济,保障供给"的总方针出发,面向农村,面向生产,积极协助烟草公司把工作搞好。

(一)现在正是烟叶收购旺季,财贸部门必须积极协助烟草公司做好烟叶收购工作,特别是烟草公司没有设立收购机构的地区,供销合作社必须积极把烟叶代购工作搞好。除了烟头、烟杈和枯焦黑槽烟以外,凡是有使用价值的烟叶,都应该收购起来,交给烟草公司加工利用。在收购中,必须严格按照党的政策办事,防止压级压价和其他各种克扣农民的事情发生;同时,也要防止片面群众观点,产生提级提价的现象。

(二)商业部门要积极扩大卷烟销售,特别是扩大农村推销,以支持工业生产。同时,协助烟草公司,不断地提高产品质量,降低成本,为广大消费者生产更多价廉物美的卷烟。目前,农民对几分钱一包的"经济烟"是很欢迎的,可以利用低次烟叶多生产一些,这样,一方面可以把农民手中现存的一部分低次烟叶收购起来,增加农民的收入;另一方面,又可以多生产一些经济卷烟,满足农民的需要。

(三)对各地烟草分公司收购供应部门所提出的有关烟叶收购方面的问题,财贸部门都要认真地加以研究,及时地协助他们解决。他们在实际工作中所遇到的一些具体问题如仓库等,也应该尽可能地协助解决。财贸部门有关的会议,要积极邀请烟草公司的同志参加;有关的业务文件,一定要使烟草公司的同志能够看到。总之,要相互主动密切联系,共同搞好烟叶收购和卷烟生产、销售工作。

(选自《工商行政通报》第296期,1965年10月30日)

二十二、国务院关于转发中央工商行政管理局的一份材料的通知

(1965年10月29日)

各省、自治区、直辖市人民委员会:

现将中央工商行政管理局第265期"情况反映"发给你们,请参阅。这份材料所反映的问题如果属实,各地应当给予足够的重视,要像上海、南京那样,集中必要的力量,采取坚决的措施,给投机倒把活动以严厉的打击,对于性质十分严重的投机盗窃分子要进行法办。

附:情况反映

(第265期)

南京市集中力量打击投机贩卖铜的活动

最近,南京市在打击投机贩卖铜的活动中,共查出搞铜的投机分子和盗窃分子400人左右,贩铜总数近50万斤,贩铜在1000斤以上的有109人,其中1万斤以上的11人。还有4个人贩卖镍1800多斤。

他们的投机手法主要有:

一、挂集体企业招牌,搞投机贩卖

一些投机倒把分子,打着淘炼组的招牌,在外招摇撞骗、大搞长途贩运和投机贩卖。如朝天宫冶炼组,全组12人,既无工具,又无场地,仅有一间挂着金属淘炼组招牌的房子。这伙人自1962年以来,从山东、安徽、河南、河北、江西和苏北等地40多个厂矿企业,采取贿赂、欺骗、盗窃等手段弄到的铜、铝、锌、镍等有色金属130多吨。其中大部分是铜,有一些是根本无需提炼的粗电缆。他们把大批有色金属弄到手后,转手卖给其他冶炼组或投机倒把分子,牟取暴利7万多元。

二、冒充干部,招摇撞骗,以收为名,又收又偷

有些投机分子,通过淘炼组,弄到生产资料服务公司的介绍信,冒充干部,甚至吹嘘自己是参加某某战役的"老干部",骗取信任,进行套购活动。有些投机分子挂着集体企业招牌到厂矿收购废金属,见人不在就偷,把一些好的铜原料埋在废金属里盗窃出来。如有两个投机分子到韩桥煤矿,见废电瓶很多,就打着淘炼组的招牌去找该矿书记,诡称他们是政府组织生产的,淘炼出来的有色金属都卖给国家。书记信以为真,同意把废电瓶卖给他们。这伙人就选了一个礼拜日,趁矿上人少去收,到了库房把没有坏的电瓶也都砸碎收了过来。

三、少报出率,多算损耗,以次充好,盗换、偷窃、克扣好料

如双塘冶炼组与第四机床厂签订的冶炼合同出品率订为1%到3.5%,实际上有的出品率高达20%。一次该组为第四机床厂冶炼50吨铜渣,每吨铜渣炼钢100公斤,而该组只给厂里12公斤。红旗淘炼组采取以上手法自1963年1月至今年3月共盗窃铜等有色金属38600多斤,价值54500多元。

四、内外勾结,盗窃收赃

一些废品行业的商贩和社会上的投机分子、工厂内部的盗窃分子勾结起来,大肆盗窃各种工业用铜进行收赃贩运活动。在收废品的商贩和废品合作商店贩卖的铜中,有80%是工业用铜,有铜棍、铜板、凡而,有工业成品、半成品,还有机器上的铜零件。据初步调查,全市工厂企业被大量盗窃的有30多个单位,其中有不少是中央领导的大厂和军工企业。

这些投机分子除直接盗窃外,还采取引诱办法,唆使一些工厂工人和社会青少年进行盗窃。例如下关区中山路废品合作商店外勤收购员张光明(已法办)唆使四五个工厂的工人盗窃工业用铜,由他收购销赃的铜达5800多斤,还唆使一二十个青少年以拾荒为名钻到工厂、学校进行偷窃,有的甚至把军工厂制造手枪的铜模都偷窃出来。下关四所村废品合作商店收购员张子怀(已法办)唆使一个盗窃分子潜入金陵造船厂,将一个700匹马力轮船主机轴承上的铜设备500多斤偷了出来,由张敲碎贩卖,违法所得500多元,而船厂重新装配修理就花了8000多元。

他们偷出来的工业用铜,为了便于贩卖,就采取一锯(大锯小,长锯短)、二烧(新的烧成旧的)、三喷(喷上酱油使铜表面变色)、四锤(成品、半成品、机器零件锤坏)、五调换(用工业铜调换民用铜)等办法,进行倒卖。

广东省一些地区化肥黑市泛滥

据广东省工商行政管理局反映,在用化肥换购农副产品中,由于地区情况不同,有些地方得到的奖售化肥多,大量剩余,而另一些地方得到的少,需要量大,相互之间没有一个正当的调剂办法,再加上有些地方的收购单位奖售化肥时,不分对象,来了就给,因而市场上倒卖化肥的现象很严重,投机倒把分子从中插手,在一些地区,造成化肥黑市泛滥。

一、换得化肥较多的大队、生产队大量高价出售化肥

潮安县江东公社村头木生产队,出售糖、油、麻、杂豆等换得化肥5000多斤,自己用了2000斤,剩余3000多斤;旧湖公社松水大队仅矿产品就换回化肥3万多斤,用了2万斤,还剩余1万多斤。这些化肥都拿到了市场上高价出售,每斤1元,比牌价高好几倍。五华县安流公社一些农民,大量贩运化肥去紫金、揭阳等地出售,10天时间,即被工商

所查出29起,1600余斤。

二、缺肥的生产队,大量购买可以换到化肥的产品,再卖给国合商业部门换取化肥

有些投机倒把分子也采取这个办法,先买进农副产品,再换取化肥,高价出售。潮安县对鹤巢等四个大队调查,从8月5日到13日,共换化肥4732斤,其中有56%是私人到外地套购杂豆、再换进化肥进行投机倒卖。电白县牛贩李祖明,在高州县买进八头老耕牛,准备卖给食品站,换得化肥出售。此外,还有些投机分子购进侨汇证,套购供应侨属的特种商品(如食油),再向商业部门交售,换进化肥,倒卖牟利。

三、有的地方开放了化肥自由市场

化州县开放化肥市场后,每圩上市化肥一二万斤。不少投机分子乘机大量抢购农副产品运往化州换购化肥出售。吴川县一个生产队套购粮食五六千斤,装满两船,运到化州换购化肥,在市场上高价出售。这个县开放化肥自由市场的结果,是化肥市价越来越高,如尿素原来每斤几角钱,现上升为每斤1元1角至1元2角。一些农副产品的市价也上升了,如绿豆市价上升45%,乌豆上升33%,木薯上升46%。

上海市对集体企业的投机违法活动进行严肃处理

上海市最近抽调力量,对集体企业的投机违法活动开展了调查处理工作。目前已经处理和正在调查处理的案件共258起,其中外地的138起,涉及有色金属、仪表电讯器材、胶木塑料橡胶制品、建筑材料、化肥、白铁等行业,初步查明非法所得达700万元,问题相当严重。

一、侵吞、套购、倒卖国家重要原材料

根据对13家街道冶炼工厂的检查,侵吞、倒卖国家的铜、锌、铅、铝等有色金属达1000余吨。这些街道工厂在为国合营企业冶炼过程中,采取虚报损耗、克扣斤两等手法,把重要原料吞下来,再辗转倒卖。延西金属冶炼厂侵吞铜、铝等37吨,转手卖给100多个单位。吴江县农机厂从延西厂买进3吨多铜凡而毛坯,稍加锉光又转手卖给苏州五金公司,从中获取30%的利润。慈溪县泗门综合厂,通过四类分子方植民,拉拢腐蚀沪东造船厂采购员周家财等3人,从造船厂套购铜梗、铜屑、锡等12吨,转手卖给泗门农机站等集体单位,甚至还把纯锡转卖给余姚熔炼社,生产锡箔迷信品。宁波日用五金厂、温州手工业联社开关厂、杭州勤凤揿扣生产合作社、常州奔牛五金厂等4个单位,在上海套购的有色金属就有120吨,用战略物资去生产调匙、揿扣、锁等计划外的小商品。

二、滥接业务,粗制滥造,以次充好

沪南仪器仪表街道工厂,一贯采用废旧漆包线、旧矽钢片、废仪表等处理品充当好料,制造变压器、仪表出售。去年滥接沪东造船厂委托生产2.5 KVA变压器42台,质量极为低劣。这批变压器是支援越南的造船成套设备的配件,结果不符要求,使运到越南的成套设备不能按时投入生产,政治影响极坏。丹阳县东南仪表厂生产的温度计,产品没有检验设备,竟私刻合格印章,冒充合格品出售,卖给人民解放军部队及弹药库使用。上海市交电采购供应站,收购幸福电容器厂、嵩山街道电讯工厂一批电容器,质量低劣,不能使用,一次报废损失18万余元。太仓县双凤橡胶垫片厂替上海油化厂加工出口蕃茄沙司的食品瓶盖、瓶圈、瓶垫质量低劣,有臭味,损害了出口商品的国际信誉。

三、腐蚀干部、内外勾结,盗窃国家物资和经济情报

太仓县西郊民办温度计厂的投机分子陈汉祥,用借钱、请客、美人计等各种手段,腐蚀公社领导、乡长、厂长、国营企业的科长、部队干部等达21人。川沙县幸福电容器厂投机分子卢涤青,通过拉拢、贿赂、安插家属等办法,腐蚀干部21人。反革命分子杨龙、张尧,混入周浦塑料玻璃合作工厂后,骗取领导信任,拉进一批社会渣滓,控制了供、产、销各个要害部门,掌握了业务大权。他们还与国营分析仪器厂供销科负责人姚崇元勾结起来,把姚妻安置在工厂工作,并通过姚大量套购进口玻璃,姚还将市场上氧化铈缺货的情况通知他们,叫他们进行生产,然后再将产品卖给分析仪器厂。

四、关键在于坏人从中作祟

上海市在调查处理集体企业投机违法活动中,发现凡是问题比较严重的单位,企业的供、产、销大权往往是被混入的四类分子、投机倒把分子、资产阶级分子以及政治面目不清的人所把持,企业的供销员、采购员、技术员,甚至车间主任、厂长等职务,都由他们担任,斗争十分尖锐复杂。有些单位,名义上是集体企业,实际上已变成资本主义企业。

(选自《工商行政通报》第298期,1965年11月30日)

二十三、商业部、公安部、中央工商行政管理局、卫生部、供销合作总社关于加强农村医药市场管理的通知(摘要)

(1965 年 12 月 30 日)

商业部、公安部、中央工商行政管理局、卫生部、中华全国供销合作总社于 1965 年 12 月 30 日发出了《关于加强农村医药市场管理的通知》,现摘要如下:

最近不少地区反映,农村还有游医和出卖假药的投机倒把分子的活动,严重危害人民身体健康,扰乱市场秩序,有些人还乘国家大力组织医疗工作队下乡的时机,冒名假充,招摇撞骗,情节极为恶劣。

江湖游医和卖假药的活动,是阶级斗争在农村医药市场中的具体反映,是一个严重的政治问题。各地商业、卫生、公安、工商行政管理和供销社等有关部门,必须密切配合协作,认真加强对农村医药市场的管理,取缔游医,巫婆和高价卖药、出卖假药的投机诈骗活动。为此,联合通知如下:

一、各级商业、卫生、公安、行政管理和供销社部门在党政领导下与公社、生产队密切结合,大力做好普及卫生和用药知识的宣传教育工作。同时,彻底揭发游医、巫婆,以及卖假药等骗人的手段和危害性,利用真人真事启发社员群众不再上当。

二、现有游医、巫婆和卖假药的一律取缔。对于其中假借治病之名,进行反革命或者其他犯罪活动的,要坚决打击。游医中确有治病技术,在群众中有一定威信,比较老实守法的经当地县以上卫生行政部门严格审查合格,可以发给证明,允许继续看病。同时加强对他们的教育改造,限定他们的医疗地区范围,规定收费标准。原来已经准许开业的个体医生,也要进行一次清理整顿。对表现好的和基本上好的个体医生,要允许他们继续行医,吊销执照的面不要过宽。工商行政管理部门对医药市场的投机倒把活动,必须严肃处理,情节特别严重的,一定要依法惩办。

三、加强对公社卫生院和联合诊所等医疗单位的领导管理,制止那种任意提价和不负责的行为。使他们真正树立起为广大社员群众,特别是为贫下中农服务的观点,尽量方便群众,减轻群众负担,增进群众的身心健康。

四、各地药材、医药经营单位和供销合作社,应当认真贯彻卫生部、商业部、化工部、全国供销合作总社 1965 年 8 月 15 日发出联合通知的精神,积极做好成药下乡工作,逐步改变广大贫下中农吃不到药、吃不起药、吃不到好药的状况。这是占领农村社会主义医药阵地的根本办法,也是打击取缔江湖游医、巫婆和卖假药投机倒把行为的有力措施。此外,在业务中对批发对象和起点要进行审查,对零售也要进行监督。

(选自《工商行政通报》第 301 – 302 期,1966 年 1 月 30 日)

二十四、财政部、中国人民银行总行、中央工商行政管理局关于在市场管理工作中加强配合协作打击投机倒把活动问题的联合通知

(1966 年 4 月 15 日)

据一些地区反映,目前在市场管理工作中,税务、银行和工商行政管理部门在配合协作上,在规章制度上,还存在一些漏洞,容易被投机倒把分子钻空子。为了改进工作,加强协作,做好市场管理工作,进一步打击投机倒把活动,特联合通知如下:

一、在市场上反对资本主义势力的斗争,是一项长期的重要的任务。各级工商行政管理部门、税务部门和人民银行,应当把这个斗争当作共同的政治任务,密切配合,加强协作,堵塞漏洞,共同对敌。要教育干部突出政治,以阶级斗争和社会主义与资本主义两条道路的斗争为纲,克服片面的经济观点和单纯的业务观点。

二、对于投机倒把和违犯市场管理规定的案件,应当统一由工商行政管理部门负责处理。对某些尚未设立工商行政管理机构的县城、集镇,应该由当地政府指定一个部门负责处理。凡是工商行政管理部门采取没收、罚款、交政法部门法办处理的,税务部门不再征税。凡是不采取没收、罚款办法而给予批评教育、平价收购商品处理,需要征税的,工商行政管理部门应当及时通知税务部门,按照税法规定征税。

三、对于未经登记的无证自发工商业户,应当坚决取缔。税务部门发现有无证自发工商业户,应

当及时通知工商行政管理部门处理。对他们已经发生的交易行为，凡是工商行政管理部门采取没收、罚款办法处理的，税务部门不再征税。不采取没收、罚款处理的，税务部门应当按规定征税。

四、税务部门对统一发货票的发放，应当严格控制，防止投机倒把分子钻空子。

五、未经登记的工商企业单位，不得在银行开立账户。工商企业和街道、社队企业等集体单位，今后在银行开立账户，应当凭工商行政管理部门发给的营业证照。有些只登记不发证的单位，应当持有当地工商行政管理部门的证明。机关、团体等单位开立账户，也应当有上级主管部门的证明。对于已经在银行开立账户的单位，银行要认真进行一次全面地检查整顿。发现有骗取开户，出租账户等违法行为，应当立即提交工商行政管理部门处理。银行还应当建立账户资料登记制度，根据开户单位的业务经营范围，结合资金收付情况，经常注意监督检查。

六、在检查处理投机倒把案件中，县级以上政法部门或工商行政管理部门，可以对投机倒把集团和个人在银行的往来款项和储蓄存款进行查询。必要时，可以建议银行撤销账户或予以冻结。

对于已经冻结的往来款项和储蓄存款，在结案时，凡是应当按罚款或没收处理，而投机倒把分子又拒不退赃的，县级以上政法部门或工商行政管理部门作出决定，可以向银行提出款项，抵作罚没款，银行应当遵照执行。

七、打击投机倒把是一场极为复杂的阶级斗争。工商行政管理部门、税务部门和人民银行在进行这项工作的时候，必须充分发动群众、依靠群众，教育广大职工、农民和城镇居民，提高认识，划清界限，同投机倒把活动作斗争。

（选自《工商行政通报》第 309 期，1966 年 5 月 20 日）

第二节　投机违法活动处理办法

一、西安市市场管理委员会关于市场投机违法活动处理试行办法（草案）

（1962 年 4 月）

西安市市场管理委员会为了正确贯彻国家有关市场管理的各项政策法令，保护合法交易，取缔投机违法活动，根据“坚决取缔、区别对待”的原则，严肃认真地进行处理，并做到定案正确、手续健全。特制定如下办法：

（一）投机违法处理范围的划分

1. 属下列情况之一者，由工商行政管理部门以投机倒贩论处：

（1）买卖国家规定的一类物资及其复制品和未完成国家派购任务的二类物资者；

（2）倒贩、转手买卖三类物资牟取暴利者；

（3）倒卖工业品、废旧物资者；

（4）未经批准私自开设门面，黑户经营，远途贩运，违犯工商登记管理规定者；

（5）窝藏包庇投机违法分子或从中介绍渔利者；

（6）套购、抢购，拦路截购和囤积居奇，哄抬物价，“黑市”活动，扰乱市场秩序者；

（7）以假冒真、以次顶好、掺杂使假、偷工减料、短尺少秤、欺骗顾主者；

（8）买卖少量粮、油、布票和其他无价证券或以票、证、卡等无价证券换取物资者；

（9）其他违犯市场管理规定者。

2. 属下列情况之一者，连人带物交由公安部门以违法行为论处：

（1）伪造、涂改或大量倒卖粮、油、布票及其他无价证券者；

（2）形成投机倒贩集团以各种手段进行倒贩活动，破坏国家计划，危害工农业生产者；

（3）伪造证件、冒充公职人员、盗窃国家资财、进行投机倒贩或利用职权进行诈骗勒索、破坏市场管理扰乱社会秩序者；

（4）买卖黄金、白银或其他违禁物品者；

（5）一贯从事倒贩活动、屡教不改情节严重者；

（6）偷盗诈骗在市场销赃抗拒管理侵犯人权者；

（7）有其他严重投机违法行为者。

3. 自流人口一律交由民政部门处理。

（二）对投机倒贩处理的原则

根据教育多数、打击少数、以教育为主的方针，本着初犯从宽、屡犯从严，倒贩三类物资从宽、一类和二类物资和工业品从严，个人少量从宽、大量和集团倒贩从严,群众从宽、公职人员倒贩从严的精神,区别对待。按照其情节轻重,分别给予批评教育、检讨悔过、监督出售、作价收购、冻结货款、罚款、没收、停业、吊销证照和依法惩办等处分。

工商行政管理部门在对投机倒贩处理时或处理后,一般应和其当地政府和原单位联系,以便今后加强对他们的管理。

(三)对投机倒贩处理的审批权限

1.凡批评教育、检讨悔过等处分,由各初级市场管理部门执行。

2.凡监督出售、作价收购、冻结货款及没收罚款在200元以下的处分,由区工商行政管理部门批准执行。

3.凡停业、吊销营业证照及没收罚款在200元以上的处分,由区工商行政管理部门提出意见,报市工商行政管理部门批准执行。

(四)处理投机倒贩案件必须按以下手续办理

1.处理投机倒贩时,必须对其案情、违法物资,认真逐项详细地填入案件登记表内,不得粗估冒算。投机倒贩者和承办人并应签名盖章。

2.处理违法案件除本人口述外,并应根据案情大小进行必要的调查研究。做到案情属实,处理正确。

3.凡需要没收、收购的物资和票证等,不论多少,均应给违法者开具违法处分通知书。违法通知书一般四联:第一联留处理单位存查,第二联作为物资部门收购的依据,第三联交工商行政管理部门会计作为记账凭据,第四联交违法本人。

4.所有收购和没收的违法物资,市场管理部门一律不得自行处理。应按照违法处分通知书所列项目,属于工业品的交商业部门,属于废旧物资的交物资部门,属于粮食(包括复制品)油料的交粮食部门;按照规定价格收购,不得压级压价;并参照同类商品供应办法统一处理,不得私分私售;同时,应向原送交的市场管理部门开具回执,市场管理部门对没收物资,应按回执上的金额作为上交财政的依据;对于没收的无价证券也应交有关部门,并领取收据。

5.凡发现投机违法者未经处理而丢下物资私自逃跑不能及时查获者,对其物资应认真清点逐项登记,由发现人写出旁证材料,开给无主货款收据。需要处理时,应按第四项处理手续办理。

6.在处理违法案件中,如一时不能肯定性质需要本人限期提供证明或进行调查研究者,可先将其所带的物资暂时扣存,但必须向本人开写正式收据,妥为保管,任何人不得动用;如本人逾期不到者,可将物资由有关业务部门收购,货款存入市场管理部门银行账户下;6个月不来者,可按无主货款上交财政。

7.凡处理投机违法所使用的各种通知书、登记表和单据,各级市场管理部门应指定专人管理,并建立与健全制发、领取、使用和档案等制度。

(五)所有参加市场管理工作人员应严格遵守以下七条纪律

1.宣传和贯彻党的政策和政府法令;2.立场坚定,工作积极,取缔非法活动,保护合法交易;3.遵守制度,手续健全;4.刻苦耐劳,廉洁奉公;5.态度和蔼,以理服人;6.加强调查研究,如实反映情况;7.努力学习,提高政治业务水平。

(选自《工商行政通报》第214期,1962年5月28日)

二、财政部关于对投机倒把分子进行罚款补税工作若干具体问题的通知

(1963年3月30日)

根据中共中央、国务院《关于严格管理大中城市集市贸易和坚决打击投机倒把的指示》,对过去从事投机倒把活动,获得暴利的商贩,应当分别进行一次罚款或补税的工作。为了做好这项工作,现将若干具体问题的办理意见通知如下:

(一)积蓄暴利是指由暴利取得的现金、存款、货物和用暴利购置的资产。在计算投机倒把分子积蓄暴利的时候,对于用暴利购置的高级消费品,如自行车、手表、收音机、毛呢、衣料以及其他贵重物资都应当计算在内。但是对于用暴利购置的一般生活必需品,可以不计算在内。

(二)在计算投机倒把分子的积蓄暴利时,对于现存的货物和用暴利购置的资产,国、合商业部门有牌价的,应当按照牌价计算,没有牌价的,可以按照集市上的价格计算。用这些货物和资产抵交罚款补税的,也应当按照上述价格计算。

(三)对投机倒把分子,抵交罚款、补税的物资,

应当统一由国营或供销合作社等商业部门收购，或者委托国营商业或供销合作社领导的寄售商店拍卖。变价的款项，必须全部解交国库，任何单位和个人都不得私分占用，违者以贪污论处。

（四）对于群众检举的投机倒把案件，经查实处理以后，必要时对检举人可以酌情给予物质奖励，奖金从罚款、补税收入中提取。在对投机商贩进行罚款或补税工作中，调查核实材料所需的旅差费等，各地应当本着节约的精神，在罚款、补税收入中提支。

上述两项经费可以在罚款、补税收入入库前提支，提支的比例，以不超过收入总额的10%为限。具体办法由各省、自治区、直辖市财政厅（局）自行规定。

（五）对投机倒把分子的没收、罚款、补税收入，要单独统计，并且要以专款解入国库。入库科目定为“投机商贩罚款补税收入”。在1963年国家预算收入科目第二类各项税收类中增列一“款”。科目编号为37款之二，原来37款工商统一税改为37款之一。此项收入作为中央与地方的分成收入。

（选自《工商行政通报》第236期，1963年4月30日）

三、税务总局发出《关于投机倒把分子罚款补税收入会计、统计处理问题的通知》

财政部税务总局根据财政部1963年3月30日关于对投机倒把分子的罚款补税收入入库提奖、费用提支等问题的通知，对有关会计、统计等具体处理问题于4月10日作了如下补充规定：

（一）有关会计处理

1. 凭证的填用：(1)属于罚款及没收收入，可以填用工商行政管理部门的罚款及没收收据，并在原收据上加盖“罚款补税”戳记。(2)属于补税及加成部分的收入，一律填用税务机关普通完税证。为了区别罚款补税收入，应当在完税证上加盖“罚款补税”戳记后使用。完税证上只填开补税和加成的税额总数。原完税证上所列的“数量”、“重量”、“计税总值或营业额”等各栏，均不填写。(3)罚款、补税（包括：没收品和抵交罚款补税的物资变价后的款项）收入，统一由税务机关填开缴款书交入金库。

2. 罚款补税收入，一律以第37款之二“投机商贩罚款补税收入”科目入库。原来以“工商业所得税”科目入库的，应当向金库办理冲转手续，全部转入第37款之二“投机商贩罚款补税收入”科目。

3. 各省、市、自治区税务局在旬电报和月电报中均增列“投机商贩罚款补税收入”一组数字，具体列报方法，仍按照1963年1月16日通知中规定的办法办理。但应将这一组数字包括在“工商税收总数”内，不再包括在“工商业所得税”数字内。

4. 在税收会计账簿上，对此项收入应当单独设置账页登记。登记时，征收数按罚款补税收入全额数字记载（即：解交数＋提支手续费和提奖数），解交数按缴款书入库数字记载，提支手续费和提奖数按提支奖金和费用的收据记载。月终结账后，在税收会计月报表科目栏下的空白栏里单独列出“投机商贩罚款补税收入”科目，报告这部分收入数字。原来包括在“工商业所得税”科目中的数字，在账簿和报表上均应作相应的冲转。

（二）有关统计处理

为了及时了解投机倒把分子获取暴利和处理罚款补税收入情况，积累有关资料，便于分析研究问题，制订“投机商贩罚款补税收入统计表”一种。统计表式已报请国家统计局审批，俟批准后，另行通知。各地先按报表指标要求积累资料。

（三）有关费用管理

1.有关提奖及经费开支，在“投机商贩罚款补税收入”中提支。提支比例不得超过罚款补税收入总额的10%，具体提支比例由省、市、自治区自定。县（市）根据省、市、自治区规定的比例，在“投机商贩罚款补税收入”中提取。提取时，应当填开正式收据，作为记账凭证，并以提取后的净数交入金库。

2.费用的支出，应当本着节约支出的原则，由领导这项工作的办公室指定专人负责，严格控制管理。

3.此项费用，专款专用。各地应设置现金出纳账，按月编制收支报告，连同支出凭证报送当地财政局审查核销。罚款补税工作结束后，结余款项全部以原科目交入金库。各地已经在税务费中垫付的款项，应当如数归垫。

(选自《工商行政通报》第236期,1963年4月30日)

四、各地1963年对投机倒把行为进行处理遇到的问题和解决意见

(自中共中央、国务院《关于严格管理大中城市集市贸易和坚决打击投机倒把的指示》下达以后,各地对从事投机倒把活动获得暴利的商贩,有的地区正在调查、摸底;有的地区已经进入罚款、补税阶段;有的地区对工作中遇到的一些具体问题,提出了初步解决意见。)

(一)罚款、补税的对象问题

山东、湖南省意见:罚款、补税的对象,可以根据国务院《关于打击投机倒把和取缔私商长途贩运的几个政策界限的暂行规定》中,八类必须坚决打击的严惩投机违法行为加以确定。

(二)对积蓄暴利在千元以下的投机倒把分子进行补税时的计算问题

四川、湖南、黑龙江省意见:对积蓄暴利在千元以下的投机倒把分子进行补税时,应当是偷漏什么税就补什么税。但是,为了避免补税后的实际负担率,可能出现超过千元以上的罚款比例的情况,对千元以下的,可以规定一个补税、加成金额占积蓄暴利多少的比例。具体意见是:积蓄暴利在1000元以下,500元以上的,补税、加成的金额一般不能超过积蓄暴利的60%,积蓄暴利在500元以下的,追补的税款一般不能超过积蓄暴利的40%。这样,在计算补税时,也可以用积蓄暴利额直接乘适用的补税比例。

(三)积蓄暴利在500元以下的是否有个最低限额的问题

湖南、江苏省意见:为了集中力量打击大的投机倒把分子,对于城镇居民、农民,过去从事一般性投机倒把活动的,积蓄暴利也很少,可以只给予教育,不再补税。但对情节恶劣,或者是一贯从事投机倒把活动的,仍应补税。

(四)对积蓄暴利在千元以上的投机倒把分子罚款以后,是否再要补税的问题

四川、陕西、吉林省意见:根据中共中央、国务院《关于严格管理大中城市集市贸易和坚决打击投机倒把的指示》,对积蓄暴利在千元以上的投机倒把分子进行罚款以后,即不再补税。

(五)合作商店非法牟取暴利的处理问题

广西壮族自治区、湖南省意见:以合作商店为名,暗中从事投机倒把活动所获的暴利,也应当根据中央指示处理。但是,合作商店的成员,个人搞投机倒把活动所获暴利,应当只就其本人部分处理,不能与合作商店集体经营的混淆起来。

(六)对过去在农村进行社会主义教育时,已经处理过的投机倒把分子,这次应当如何处理的问题

湖南省意见:对过去在农村进行社会主义教育时已经处理过的投机倒把分子,这次一般可以不再追补税款,个别情节严重的,仍可以重新复查,按照中央指示精神处理。

(七)没收投机倒把分子物资的处理问题

内蒙古、广西壮族自治区意见:没收的物资应当交由国营商业部门或者供销合作社收购。如果国营商业部门和供销合作社不愿收购的,也可以委托代销。

(选自《工商行政通报》第241期,1963年7月5日)

五、中央工商行政管理局、邮电部关于对投机分子利用邮包寄递商品具体处理办法的联合通知

(1963年7月3日)

关于防止投机分子利用邮寄包裹进行投机倒把活动问题,邮电部已于今年4月18日以(63)邮业字29号通知各邮电管理局与市场管理部门联系加强管理。现对投机分子利用邮包寄递商品的具体处理办法,联合通知如下:

一、各地邮局收寄包裹,应当继续贯彻国务院1961年7月21日转发邮电部关于邮寄食品和日用品问题的报告中的规定,执行中央有关部门和省、直辖市、自治区确定的邮寄商品限量。省级以下机关不得随意规定邮寄商品限量。邮局在收寄包裹时,要认真验看内件,凡超过规定的邮寄限量或禁寄的商品,不予收寄。

二、邮局在收寄和投递包裹时,如发现数量多、有投机嫌疑,应当立即将寄件人或收件人的姓名、地址及邮寄商品的品种、数量通知当地市场管理部门进行调查了解。调查期间,包裹可以暂留几天,时间由邮局与当地市场管理部门根据包裹内件性质商定。市场管理部门在进行调查了解时,不能开拆邮包。

三、在收寄地点调查中,如无法找到寄件人或超过暂留期限问题尚未查清,不能确定寄件人是否为投机分子,收寄邮局应将包裹发运,并同时以密件通知投递局及时转告所在地区市场管理部门对收件人进行调查处理。

四、经过调查了解,确定寄件人为投机分子时,在包裹尚未发出前,需要在收寄当地处理的,可由原寄邮局作退回处理,通知寄件人领回,按规定退回包裹邮票,并收回相关包裹收据。市场管理部门对此项包裹如何处理,应在包裹办完退回手续后,根据情况决定。上述包裹如系在投递邮局发现的,邮局应按规定手续办理投交,市场管理部门如何处理,也应在邮局办完投交手续后根据情况决定。无论在原寄邮局退回或投递邮局投交时,邮局都须事先通知当地市场管理部门有人在场,但市场管理部门要注意不要在邮局窗口当众马上扣留,以免影响邮局秩序,引起不良影响。

五、经转邮局如发现包裹有投机倒把嫌疑,应当通知投递邮局,同时抄告原寄邮局,由投递邮局与当地市场管理部门联系处理,不要在中途扣留邮包。

六、各地邮电局和市场管理部门应当加强协作,经常交换情况,分析投机活动的规律,堵塞利用邮包进行投机倒把的漏洞。对于重大案件,收寄、投递邮局和市场管理部门,要密切联系配合,以坚决打击集团性的投机倒把活动,保障广大寄件人的正常用邮需要。遇有涉及公安问题的案件,应当与公安部门联系处理。

(选自《工商行政通报》第 242 期,1963 年 7 月 29 日)

六、安徽省人民委员会关于对获得暴利的投机商贩实行罚款补税的规定

为了加强市场管理,打击投机倒把,根据中共中央、国务院《关于严格管理大中城市集市贸易和坚决打击投机倒把的指示》,对过去从事长途贩运、转手批发以及其他投机倒把活动获得暴利的商贩,应分别进行一次罚款或补税。现结合我省情况,作如下具体规定:

(一)罚款补税的界限

1. 凡是过去从事投机倒把活动获得暴利的商贩,都应该按照积蓄暴利的多少,分别按以下规定处理:

(1)积蓄暴利在 1000 元以上的,根据情节轻重,处以 60% 到 80% 的罚款;情节特别严重的,可以全部没收,该法办的还要法办。

(2)积蓄暴利在 1000 元以下,500 元以上的,应当追补偷漏的税款,加成征收临时商业税,一般不罚款。其追补和加成的税款,在积蓄暴利的 40% 至 60% 的幅度内确定。

(3)积蓄暴利在 500 元以下的,应当追补偷漏的税款,一般不加成征收,不罚款。其追补的税款,在积蓄暴利的 30% 至 50% 的幅度内确定。

(4)积蓄暴利虽然在 1000 元或 500 元以下,但情节十分恶劣的,也可以罚款,以至法办。

2. 对于农村人民公社、生产大队、生产队、手工业合作组织、合作商店和合作小组,从事投机倒把活动获得暴利的,也应当按照上述规定办理。

3. 机关、团体和全民所有制企业、事业内部的投机倒把分子,由所属组织审查处理,不采用罚款、补税的办法。

(二)情节轻重的界限

1. 下列情况,可以从轻处理:(1)能够主动坦白,据实交代,并积极检举别人的。(2)并非一贯从事投机倒把活动,而且已经洗手不干的。(3)具有肩挑负贩、加工服务劳动性质的。

2. 下列情况,应当从严处理:(1)转手批发,长途贩运。(2)开设地下厂店行栈,放高利贷,雇工包工剥削。(3)黑市经纪,买空卖空,居间牟利,坐地分赃。(4)组织投机集团,内外勾结,走私行贿,盗卖国家资财。(5)囤积居奇,哄抬物价。(6)投机倒卖耕畜。(7)投机倒卖国家统购、派购物资和计划分配的工业品。(8)倒卖票证,贩卖黄金、白银、毒品。(9)拒不坦白,销毁罪证,分散资财,以及进行各种抵抗破坏活动的。

(三)积蓄暴利的计算方法

1. 积蓄暴利主要是指由暴利取得的现金、存款、货物和用暴利购置的资产。

资产应该包括房屋、生产设备、牲畜和高级消费品,如自行车、手表、收音机、毛呢、衣料以及其他贵重物资。至于用暴利购置的一般生活必需品,可以不计算在内。

2. 计算积蓄暴利,凡是现存的货物和购置的资产,商业部门有牌价的,按牌价计算,没有牌价的,按集市价格计算。用这些货物和资产抵交罚款、补税的,也应当按照上述价格计算。

(四)罚款补税手续和没收法办的程序

1. 对投机倒把分子的罚款和没收案件,必须经市、县人民委员会批准执行,对于法办的案件,一律按照司法机关现行报批程序办理;对于补税加成的,由税务机关办理补税手续。

2. 对投机倒把分子的罚款、补税没收收入,要单独统计,专款解入国库,属于罚款及没收收入,填用工商行政管理部门的罚款及没收收据;属于补税及加成部分的收入,一律填用税务机关工商统一税完税证。

3. 对于投机倒把分子抵交罚款、补税的物资,统一由商业部门收购,或者委托国营寄售商店拍卖。变价的款项,必须全部解交国库,任何单位和个人都不得私分和占用,违者以贪污论处。

(五)应当注意掌握的问题

1. 罚款、补税工作,应当集中力量对付获得非法暴利的投机分子。对于农民自产自销的收入,应当加以保护,即使有偷税漏税行为,这次一般也不予追究,以免扩大打击面。对于获得暴利的商贩,也应当首先集中力量打击那些暴利大、情节恶劣的分子,在掌握上要根据坦白从宽、抗拒从严的原则进行处理。

2. 人民公社、生产大队、生产队所获暴利,如果已经用于集体生产或者集体收益分配的,可以不再补税,手工业合作组织和运输合作组织所获暴利,如果已经用于添置生产设备的,也可以不再补税。但是都必须加强教育,保证以后不再重犯。

(六)组织领导

罚款、补税工作,在各市、县人民委员会领导下,指定一位市、县长亲自掌握,由市场整顿办公室具体负责,结合清理整顿商贩工作,进行排队摸底,调查核实,确定罚款、补税对象;并要广泛开展宣传,充分发动群众,检举揭发,依靠区、公社、街道、居民委员会等基层组织进行调查,把发动群众与专案调查结合起来,从而做到心中有数,走稳打准,保证这个工作的顺利进行。

(选自《工商行政通报》第 242 期,1963 年 7 月 29 日)

七、中央工商行政管理局检发《关于工商行政管理部门检查和处理投机违法活动若干具体问题的规定(试行草案)》的通知

(1964 年 7 月 27 日)

根据国务院财贸办公室指示,现将我局拟订的《关于工商行政管理部门检查和处理投机违法活动若干具体问题的规定(试行草案)》发给你们试行。在试行中,要加强同各有关部门的联系,密切配合协作,同时,组织工商行政管理干部特别是基层市场管理干部认真讨论并贯彻执行。试行中的问题和经验,以及有关部门所提出的意见,请报送我局,以便再做修改和补充。

附:关于工商行政管理部门检查和处理投机违法活动若干具体问题的规定(试行草案)

打击投机倒把活动,制止自发的资本主义势力,是我国过渡时期的一项长期的任务。各级工商行政管理部门,必须在当地党委、人委的统一领导下,坚持市场上两条道路的斗争,正确地贯彻执行党和国家的政策,认真地把检查和处理投机违法活动的工作做好。为此,对有关检查和处理投机违法活动的若干具体问题,作如下规定。

检查和处理投机违法活动的范围和界限

(一)工商行政管理部门是国家使用行政手段管理城乡市场的职能机关。凡是在市场上从事投机违法活动的,工商行政管理部门都应当进行检查和处理。

(二)工商行政管理部门检查和处理投机违法活动,必须认真贯彻执行《国务院关于打击投机倒把和取缔私商长途贩运的几个政策界限的暂行规定》把正当交易行为同投机倒把活动区别开来,把群众探亲访友携带少量物品同私商长途贩运区别开来,把一般群众从事小量贩卖活动以及偶然违犯市场管理规定同投机倒把分子区别开来。做到:该保护的保护,该禁止的禁止,该打击的打击。

(三)对于投机违法案件的处理,应当贯彻教育为主、处罚为辅的原则,运用阶级分析的方法,分清两类不同性质的矛盾,根据不同情节和不同对象,区别对待。要团结教育多数,打击那些严重的一贯投机倒把的分子和投机倒把集团的首要分子。同时,要做到制度健全,手续清楚,案案有据可查。

对投机违法活动的检查

(四)经过县(市)人民委员会的批准,工商行政管理部门可以在车站、码头等交通要道或者其他必要的地方,设立固定的或者临时的检查站,也可以会同有关部门,设立联合检查站。未经批准不许任意设卡盘查。

负责检查工作的市场管理人员,应当带有县(市)人民委员会或者县(市)人民委员会指定机关发给的检查证明。在进行检查的时候,应向被检查人出示检查证。

(五)市场管理人员在工作中发现投机倒把分子或者有投机倒把嫌疑的分子,可以凭检查证进行询问,需要追查处理的,应当带到市场管理所、检查站,动员他们交代投机事实,交出违法物品。除对确知身带违法物品而又拒不交代的个别投机倒把分子以外,一般不要进行人身检查。必须进行人身检查的,应有第三人在场,对妇女人身检查,一定要由女同志进行。对于一时不能查明案情的,可以暂时扣留物品或现金,根据实际情况规定合理的限期,让被扣物、款人提供证明后再行处理。同时,也可以向当事人所住地区或所在单位调查了解,以便及时地进行正确处理。

对于确有投机倒把行为而抗拒检查或者殴打市场管理人员和检举人的,应当送交公安部门根据情节,严肃处理。

(六)工商行政管理部门应当主动加强同公安、税务、商业、粮食、外贸、供销社、银行、工业、手工业和铁道、交通、邮电、民航等有关部门的联系,通过它们的本身业务,防止和检查投机违法分子的活动。

遇有涉及政治性案件和需要侦查破案的重大投机违法案件,应当联系公安机关办理。

冻结、查封和搜查投机倒把分子的财物

(七)对于投机倒把分子的财物,需要冻结或者查封时,应当经过县(市)人民委员会或县(市)人民委员会指定机关的批准,必要时可以会同有关部门共同进行。也可以联系当事人所在工作单位、生产大队或者居民委员会协助配合进行。冻结他们的银行存款,应当根据司法部门的通知办理。为了防止投机倒把分子乘机提款,进行分散隐匿,工商行政管理部门可以会同银行和司法部门共同协商简化通知的手续,或者采取事先联系由司法部门补办通知手续的办法,先停支付。

(八)对个别情节严重,证据确凿,而又拒不交代的投机倒把分子,必须到其家中进行搜查的,应当经过县(市)人民委员会批准,通过公安机关依法进行搜查,工商行政管理部门应当密切配合。

(九)对于投机倒把分子交代出来的家存或者寄存的违法物品和现金,工商行政管理部门可以派人会同必要的见证人,同去现场,着其自行取出,可以不办搜查手续。

处理投机违法案件的权限

(十)对投机违法案件的处理,凡是需要给以批评教育、强制收购商品、没收商品、没收非法所得以及罚款、吊销营业执照的,都应当由工商行政管理部门处理。属于进出口走私案件,由海关处理。属于偷税漏税的案件,由税务部门处理。情节严重需要拘留、劳动教养或者逮捕法办的,应按法定手续送交政法机关处理。其他部门在配合市场管理的时候,只能协助检查,不能进行处理。

(十一)工商行政管理部门处理投机违法案件的权限,应当适当集中。属于批评教育、强制收购少量违法商品等较轻的处分,以及按照省、自治区、直辖市规定由基层市场管理单位处理的处分,可以由基层市场管理单位处理,属于没收、罚款、强制收购比较大量的违法商品、吊销营业执照等较重的处分,应当由基层市场管理单位提出处理意见,报请县级或相当于县级的工商行政管理部门批准以后执行。

(十二)协助市场管理的义务市场管理员和集市上的交易服务员,可以协助检查,进行政策宣传,无权处理投机违法案件。

(十三)对于机关、团体、学校、国营企业单位和集体企业单位的投机违法活动,工商行政管理部门一般应当联系它们的领导单位研究处理,也可以直接处理,或者提出建议,转交有关部门处理。

处理投机违法案件的手续和制度

(十四)经过工商行政管理部门处理的投机违法案件,除去给予批评教育的以外,应当填发由县级或相当于县级工商行政管理部门统一印制的处理决定书。在处理决定书上,应当写明被处理人的违法事实、处理意见,以及没收、处罚违法物品、现金的品种、数量和金额。

(十五)对于一时不便处理的有投机倒把嫌疑的案件,如果需要暂时扣留物品和现金,应当由扣留单位开具由县级或相当于县级工商行政管理部门统一印制的暂时扣留凭证。暂时扣留的物品,除去鲜活商品可以提前变价处理以外,必须妥善保管,防止丢失和损坏。

(十六)处理强制收购的违法物品和没收变价处理的违法物品,都应当由国营商业或供销合作社按照国家牌价或者参照国家牌价按质论价进行收购,收购单位不得任意压级压价或者拒绝收购;国营商业、供销合作社不便经营的商品,可以通过委托商店寄售或者拍卖。

(十七)没收、处罚的现金和没收物资的变价款,应当随时专户存入人民银行,由县级或相当于县级工商行政管理部门统一掌握,按照规定用于必需的开支,任何单位和个人都不准挪用。

(十八)已经定案处理的投机违法案件,如果被处理人对处分不服或者有异议时,允许向上级工商行政管理部门提出申诉,受理申诉的上级工商行政管理部门,应当对申诉的案件认真研究审查,及时作出维持、否定或者改变原处分的决定。

(十九)凡是经过工商行政管理部门定案处理的投机违法案件,处理单位应当建立和健全档案制度,按照一案一档的原则,将有关材料编号立档备查。

对于检举人的奖励

(二十)对于协助检查检举投机违法活动的群众,可以根据情况适当地给予奖励。奖励的原则,应当是以政治鼓励为主,适当结合物质奖励。物质奖励的来源,可以从对投机倒把分子的罚没款中适当解决,奖励标准不宜过高,奖励金额要有一个限额。不能奖给票证,不能奖给没收的商品。具体奖励办法,由各省、自治区、直辖市工商行政管理部门制定,并报人民委员会备案。

地区之间的联系协作

(二十一)各地工商行政管理部门,在检查和处理投机违法活动的工作中,应当加强联系,密切协作,有关毗邻地区要建立固定的联系协作制度。对于外地需要调查了解的案件,应当积极负责,认真协助。

(二十二)在查获外地人员投机违法案件的时候,其违法事实不涉及其他地区,或者案情简单不需要追查的,应当由查获地区处理,并且可以根据需要,将案情和处理决定通知违法人所住地区或所在单位。

对于案情比较严重,牵涉其他地区,需要进一步追查的,如果主要情节发生在查获地区,一般仍由查获地区为主,联系有关地区,共同查明情况,研究处理,主要情节发生在违法人原住地区或者其他地区的,查获地区可以将案件转往违法人原住地区,由原住市、县的工商行政管理部门为主处理,有关地区应当积极配合。

依靠群众、调查研究

(二十三)检查和处理投机违法活动,应当贯彻群众路线的工作方法,依靠群众,接受群众监督,密切同有关部门协作。经常在群众中进行政策宣传教育,使反对投机倒把和维护社会主义统一市场的思想在群众中生根。同时应当在街道、生产队和有关企业、事业单位中挑选一些积极分子,有计划地发展义务市场管理员和兼职市场管理员,在群众中建立一支可靠的市场管理队伍。

(二十四)对于投机违法活动,要做好调查研究工作。应当随时随地注意投机倒把分子的动向,掌握他们的活动规律。对一贯从事投机倒把活动的分子,应当经常了解和记载他们的活动情况。

工作纪律

(二十五)所有市场管理人员,都应当高举毛泽东思想旗帜,树立明确的生产观点、群众观点和阶级观点,发扬革命精神,不断提高政治思想觉悟和政策业务水平,正确地贯彻执行政策。市场管理人员在检查和处理投机违法活动中,除了严格遵守党政干部三大纪律八项注意外,还必须严格遵守市场管理人员的工作纪律:

(1)要站稳立场,坚决同投机倒把分子作斗争,不准徇私舞弊;

(2)要廉洁奉公,不准贪污受贿,私分商品,挪用公款;

(3)要严格按照政策办事,不准乱扣乱罚,打人骂人;

(4)要坚持原则,处理错了的要坚决纠正。

(选自《工商行政通报》第267期,1964年8月15日)

八、财政部关于结合社会主义教育运动打击投机倒把的罚款补税收入使用预算科目问题的通知

(1964年10月20日)

根据中共中央、国务院批转财政部党组、中央工商行政管理局党组关于打击投机倒把罚款补税工作的请示报告的精神,今后打击投机倒把的罚款补税工作要结合社会主义教育运动进行,由各省、自治区、直辖市党委规定具体处理办法。

现在把有关罚款补税收入入库时使用的预算科目通知如下:

一、各省、自治区、直辖市结合社会主义教育运动打击投机倒把分子,由社会主义教育运动工作队负责处理的投机倒把案件的罚款补税,一律以国家预算收入科目第49款"其他收入"入库,由各省、自治区、直辖市自行规定项级科目。

二、原来由税务部门使用的43款"投机商贩罚款补税收入"科目,自文到日起,即行废止。

三、在市场管理工作中查获的投机倒把活动,由工商行政管理部门负责处理的罚没款,按照中央工商行政管理局的有关规定办理。但是有偷税漏税行为应当补税的,由税务部门处理,并将税款以原定各税科目入库。

(选自《工商行政通报》第274期,1964年11月30日)

九、中央工商行政管理局、中国人民银行发出关于冻结投机倒把集团和个人在银行存款的手续问题的联合通知

(1965年9月28日)

关于冻结个人在银行的储蓄存款问题,中共中央1963年批转中国人民银行党组《关于在"五反"运动期间有关单位查询储蓄情况问题的请示报告》中,规定冻结存款人的储蓄存款,须根据司法部门的通知办理。根据这一规定,中央工商行政管理局同最高人民法院、中国人民银行研究后,曾通知各地工商行政管理部门,在检查和处理投机倒把活动中,冻结投机倒把分子的储蓄存款,也应根据上述规定办理;为了防止投机倒把分子乘机提款,进行分散隐匿,工商行政管理部门可以会同银行和司法部门共同协商简化通知的手续,或者采取事先联系先停止支付,然后由司法部门补办通知手续的办法。

执行以来,不少地区碰到了一些问题。有些地区提出,冻结投机倒把分子的银行储蓄存款,由法院办理通知手续,容易流于形式;如果等法院进行调查研究弄清情况后再通知冻结,时间又会拖得太长,可能达不到防止投机倒把分子分散隐匿财产的目的。由于这个问题还没有解决,以致有些投机倒把分子乘机抽逃在银行的储蓄存款,这对于在经济上彻底打垮投机倒把分子显然是不利的,也增加了追赃工作的困难。

此外,还发现一些集体经济单位,地下工厂、商贩,利用在银行开立存款账户,或者租用其他单位的账户,通过银行转账,进行投机倒把活动。我们没有相应提出冻结他们非法存款的措施,不利于打击他们的投机倒把活动。

为了解决上述问题,我们根据国务院(65)国财办字116号批转中国人民银行、中国农业银行《关于四清运动中有关单位查询和处理储蓄存款问题的请示》的精神,共同研究,并商请最高人民法院同意,提出意见如下:

一、凡是送交司法部门审讯处理的重大投机倒把案件,冻结投机倒把集团和个人在银行的往来款项(包括存款和转账款)和储蓄存款,由法院办理通

知手续。由工商行政管理部门负责检查处理的投机倒把案件,需要冻结投机倒把集团和个人在银行的往来款项和储蓄存款时,可以由市、县工商行政管理部门办理通知手续,不再经过司法部门。县级以下的基层工商行政管理单位(包括市场管理所),不能自行办理冻结银行存款的通知手续。

二、工商行政管理部门在决定冻结投机倒把集团和个人在银行的往来款项和储蓄存款时,应当经过慎重研究,由主要负责人亲自审查,力争不出差错。如果发现冻结错了的,应当及时通知人民银行解除冻结;同时,工商行政管理部门应当负责向被冻结存款人进行解释,说明情况。

三、工商行政管理部门在通知人民银行冻结投机倒把集团和个人在银行的往来款项和储蓄存款时,应当说明案件的情况和冻结的理由;如果人民银行认为此项存款不便冻结,也可以提出异议,会同工商行政管理部门再加研究,或者报请市、县人民委员会审查决定。

四、各基层银行要加强开户管理,加强账户的检查,提高政治警惕性,发现问题,及时与工商行政部门取得联系,密切协作,坚决打击投机倒把活动。

(选自《工商行政通报》第296期,1965年10月30日)

第三节　对归国华侨及港澳同胞携带和邮寄进口物品进行管理

一、国务院关于加强对归国华侨及港澳同胞携带和邮寄进口物品的管理的指示

(1962年5月14日)

自从1960年2月2日国务院公布的关于接待和安置归国华侨的指示中规定了“归国华侨带回的一切行李、物品,一律免收关税;归国华侨带回的一切财物,永远归个人所有”,并于同年12月30日在国务院关于华侨及港澳同胞进口粮食、副食品问题的指示中规定了“归国华侨自带、代带和邮寄进口粮食、副食品等一律免税放行”之后,华侨和港澳同胞携带和邮寄进口的粮食、副食品等有了显著增加。这对于照顾归侨、侨眷和港澳同胞眷属的生活需要,团结和争取广大华侨,缓和侨乡市场的物资供应,都起了一定的作用。但是也有少数投机分子趁机携带、托带和邮寄一些国内外差价大的物品进口,在市场上投机牟利,有的甚至借此套取国家侨汇。这就影响了国内市场的管理和国家侨汇收入,也损害了广大华侨、侨眷和港澳同胞眷属的利益。为了更好地照顾归侨、侨眷和港澳同胞眷属的生活需要,维护国家侨汇收入,取缔投机、套汇等不法行为,国务院认为对于华侨及港澳同胞携带和邮寄进口物品有加强管理的必要。现对有关问题规定管理的原则如下:

(一)归国华侨和港澳同胞携带、托带和邮寄进口的粮食、副食品,仍按国务院1960年12月30日关于华侨及港澳同胞进口粮食、副食品问题的指示办理。但是卷烟、酒、糖精、燕窝、银耳、鱼翅、海参、干贝、鲍鱼、鱼唇、鱼肚、茶叶、咖啡、可可、味精、鸡汁、牛肉汁等17种物品,并非生活上所迫切需要,而且国内外差价较大,有可能用来投机牟利,因此不能和一般粮食、副食品同等看待,应该作为粮食、副食品以外的物品处理。华侨委托港澳私商或个人代带进口的粮食、副食品,应征税放行。

(二)归国华侨携带、托带和邮寄进口的粮食、副食品以外的其他物品,仍然分别按照“海关对归国华侨携带行李物品优待办法”和“海关对进出口邮递物品监管办法”的规定办理。但在自用、家用、合理数量的掌握上,对于生活上必需的物品,可以宽一些,对于生活上不很需要的物品,应当紧一些;对于超出自用、家用、合理数量范围的某些物品,为了照顾特殊情况,也可以区别情况征税放行一部分,其余应予收购或者退运。

举家搬回国内的华侨携带进口的物品,仍按国务院1960年2月2日关于接待和安置归国华侨的指示办理。

(三)港澳同胞携带和邮寄进口粮食、副食品以外的其他物品仍按现行有关规定办理。但对现行规定中准予加成征税进口的物品及准予完税进口的超出自用、合理数量的物品和准予完税进口超出限值的中、西药品,均改为限期退运。

(四)对于按照规定应予收购的物品,由商业部制定统一的收购价格,指定收购单位收购。收购价格应该适当、合理,要根据国家需要和国内外差价,

兼顾国家与华侨的利益。对于国家不大需要或者部分损坏变质的物品,国营商业机构可以不予收购,但是如果退运确有困难的,也可以在国家不赔钱的原则下按质论价予以收购。

在口岸或在内地收购的物品,应纳的关税、工商统一税,由收购单位负责扣缴当地海关或主管税务机关。

(五)办理华侨和港澳同胞运寄给他们家属的物品的联运业务,以粮食、副食品为限,由香港中国旅行社和各地华侨旅行服务社统一经管。私商和港澳旅客代理华侨或港澳同胞运寄回国的粮食、副食品到达口岸后,必须交由华侨旅行服务社转发收件人并照收外汇运杂费,或者交由邮局转寄,不准自行内运分发,也不准在口岸或内地私设分发站和专营投邮业务的机构;归侨代带进口的粮食、副食品,在200公斤以上,经查明确系揽收营利的,也应交由华侨旅行服务社内运分发,并照收外汇运杂费。私商和港澳旅客代运、代带进口的粮食、副食品,在完税和投邮时,必须交验边境外汇兑换证明。

(六)各地区和各有关部门应当加强口岸检查工作和对外货的市场管理,取缔走私套汇、黑市买卖和非法采购外货的活动,严格禁止外货进入农村集市,一切机关、企业、部队、公社、团体、学校或者任何个人,一律不准在黑市或者向归国华侨或侨眷或港澳同胞及其亲属购买或套购外货,并且应当制定若干管理办法,对违犯规定者,要分别情节,严肃处理。

(七)为了贯彻执行上述管理原则,以对外贸易部为主,会同华侨事务委员会、商业部、财政部、中国人民银行、中央工商行政管理局等有关部门拟定具体实施办法,下达各地实行,有关地区和部门应当切实注意做好宣传解释工作。

(选自《工商行政通报》第216期,1962年6月29日)

二、中侨委、对外贸易部、财政部、商业部、中国人民银行、中央工商行政管理局关于贯彻执行国务院《关于加强对归国华侨及港澳同胞携带和邮寄进口物品的管理的指示》的联合通知

(1962年6月7日)

为了贯彻执行国务院《关于加强对归国华侨及港澳同胞携带和邮寄进口物品的管理的指示》,我部、委、行、局经会商后,对华侨(包括印尼和其他资本主义国家以及社会主义国家归国华侨、侨批员,下同)、港澳同胞(包括港澳旅客,下同)进口物品的征、免、验放尺度;出售物品的管理;收购价格的确定以及加强口岸检查工作和内地市场的管理等问题,具体规定如下:

一、关于华侨、港澳同胞进口粮食、副食品的管理

华侨、港澳同胞携带、代带和邮寄进口的粮食、副食品,仍按国务院1960年12月30日国侨周字第299号指示办理。对华侨委托香港中国旅行社和华侨旅行服务社联运进口的,以及由国外寄交港澳亲友原包转运进口的,仍予免税。至于华侨委托归侨以外的其他人员代带进口的,以及以货运、捎包等方式进口的,均应征税。

烟草及其制品,均按卷烟作为粮食、副食品以外的其他物品处理。

有关对华侨进口粮食、副食品及其他物品的优待规定,原则上应适用于给其亲属的物品,但在执行时,对送给朋友的也可以同样办理。

二、关于华侨进口粮食、副食品以外的其他物品的管理

(一)携带进口的:

除了从资本主义国家举家或单身搬回国内居住不再出国的华侨,携带进口的行李物品,仍一律免税放行外,其他归国华侨携带进口属于生活上必需的物品,如衣着、棉、麻、人造棉、尼龙衣料,毛线及其制品,中、西药品,家具、日常生活用品等,在自用、家用、合理数量范围以内的,免税放行;为了照顾华侨的需要,对于超出规定合理数量而仍属自用、家用的物品,在一定范围内,可予征税放行;超出免税和征税范围的,应由指定的国营收购单位收购。

重点物品和生活上不很需要的物品,如手表、自来水笔、照相机、收音机、缝纫机、脚踏车以及烟、酒、糖精、火石、呢绒、绸缎、哔叽、刀片、尼龙鱼丝、燕窝、银耳、鱼翅、海参、鱼唇、鱼肚、干贝、鲍鱼、咖啡、可可、味精等,在自用、家用、合理数量范围以内,免税放行;超出的,应由指定的国营收购单位收购。但是,重点物品,超出规定免税限量而仍属自用、家用的,仍予征税放行;对于其他物品,如烟、酒、咖啡、可可等,如有特殊情况需予照顾的,也可以对超出规定合理数量而仍属自用、家用的,在一

定范围内,准予征税放行。

华侨携带进口准予征税放行的物品,关税税额在规定免税优待额以内的,仍予免税放行,超出时,只征超额部分。

一年内回国一次以上的华侨以及由港澳举家搬回内地的侨眷和去港澳会亲并在港澳居住较长时期再返回内地的侨眷携带进口的物品,按对一般进出国境旅客的规定办理。但是,超出准许进口范围的物品,亦可由指定的国营收购单位收购。

在国际航行船舶上工作、具有华侨身份的海员,随船进出国境时携带的物品,仍按对船员携带物品的规定办理。

(二)托带和邮寄进口的:

华侨托归国华侨代带进口的自用物品,数量合理,并且到岸价格在人民币30元以内的(按收件人计),征税放行;邮寄进口的物品,包括华侨从国外寄交港澳亲友原包转运进口的,按《海关对进出口邮递物品监管办法》的规定征税放行。但是,自用、合理数量的旧衣着和中、西药品,均可不受价值的限制,旧衣着并可免予征税。托带或邮寄进口的应税物品,每件关税税额不超过人民币3元的免征,超出时全部征税。超出上述准许进口范围的物品,应由指定的国营收购单位收购。

华侨托其他进出国境人员代带或以货运、捎包等方式进口的物品,应限期退运,退运确有困难的,由指定的国营收购单位收购。但有特殊情况需予照顾的,仍按华侨代带物品办理。

(三)按照规定应予收购的物品,如果华侨或收件人要求退运,应予同意

三、港澳同胞携带和邮寄进口粮食、副食品以外的其他物品的管理

(一)携带进口的:

属于本人旅途必需应用的物品和超出前述范围的、显然陈旧的衣着,在自用、合理数量范围以内的免税放行,但对棉、麻、人造棉、尼龙制的衣着,在陈旧程度上,可以从宽掌握;自用的手表、自来水笔、照相机、收音机、缝纫机、脚踏车,在《海关对进出国境旅客行李物品监管办法》附件(二)规定限量以内,以及其他重点物品,如手风琴、钢琴、电冰箱等,每一家庭各不超过一件,征税放行;其他自用物品,包括中、西药品在内,在规定完税限值以内的,征税放行。对来自和前往港澳的旅客,在内地和港澳居住期间满3个月以上的,完税限值为人民币100元,不满3个月的为50元。超出上述规定范围的物品,应限期退运港澳。

(二)邮寄进口的:

自用、合理数量的中、西药品,征税放行。自用、合理数量的衣着、布料、毛线等,除显然陈旧(掌握的标准同携带进口的)的衣着免税放行外,在到岸价格人民币10元以内的,征税放行。《海关对寄自或者寄往香港、澳门的个人邮递物品监管办法》附件列明的物品(药品除外),在规定限量以内的,仍验凭规定的证件征税放行。其他的零星自用物品,在到岸价格人民币5元以内的,征税放行。但是,每个收件人每月所收的小包原则上应以一次为限。超出上述规定范围的物品,应限期退运港澳。

四、根据规定应予收购或者退运的物品,如有特殊情况需要照顾的,可以由海关特准完税进口。

五、对华侨、港澳同胞进口准予征税放行的物品,以及应由指定的国营收购单位收购的物品,均按《中华人民共和国海关对入境旅客行李物品和个人邮递物品征收进口税办法》的规定计征关税。

对应征关税的物品,其工商统一税亦应代征;对按照规定可以免税放行和经特准减、免税放行的物品,其工商统一税亦一并免征和按比例减征。

六、为了大体上划一各地对华侨、港澳同胞进口物品的征免验放尺度,指定广东省对外贸易局对资本主义国家华侨和港澳同胞进口的物品,北京市对外贸易局对社会主义国家华侨进口的物品,拟订内部掌握的征免验放尺度,在报经省、市党政领导机关同意后,再报对外贸易部批准,转发各地参考执行。

七、华侨、港澳同胞出售经海关放行的进口物品,只准卖给指定的国营商业收购单位。收购单位在收购以后,对经海关免税放行的物品,应当负责扣下应纳的关税和工商统一税,交给当地海关,在没有设置海关的地方交给当地税务局。由税务局将关税汇交附近海关。

华侨、港澳同胞私自出售给海关免税放行的物品,由各地市场管理部门负责检查处理。对依法没收的物品,应当在变价出售时,向当地税务局补交工商统一税;对不没收的物品,应当由市场管理部门责令出售者直接向当地海关补交关税和工商统一税,在没有设置海关的地方,应交当地税务局,由税务局将关税汇交附近海关。

八、对按照规定应予收购的物品以及华侨、港澳同胞事后出售的进口物品,由各省、自治区、直辖

市商业部门指定统一的收购单位收购。非经指定的单位,不准擅自经营收购业务。

收购价格应按中侨委、对外贸易部、中国人民银行、商业部党组 1960 年 4 月 21 日关于对归国华侨携带的零星进口物资的收购和作价问题的通知和商业部 1960 年 11 月 16 日(60)商物字第 1331 号文印发的《关于归侨物资收购价格座谈会报告》中的规定办理。

九、华侨和港澳同胞运寄粮、副食品联运业务,由香港中国旅行社和各地华侨旅行服务社统一经营;华侨旅行服务社应拨出一部分派送业务委托侨批业派送,并给予合理的手续费。

十、关于加强口岸检查工作和内地市场管理问题。

各地海关、工商行政管理、税务等有关部门应当密切配合,采取有效措施,加强口岸检查工作和对外货的市场管理,严格查禁走私、套汇行为,取缔黑市买卖和非法采购外货的活动,禁止外货进入农村集市;重点打击集团性和重大的、惯常的违法活动;对于人民群众中的一般的或偶然的违法行为,应以教育为主从轻处理。对于查获的走私、套汇和非法买卖外货的案件,必须分清情节,区别对象,进行严肃处理。有关市场外货管理的具体分工和对私自买卖外货案件的处理原则,将由外贸、财政、商业部和中央工商行政管理局另行下达联合指示。

各地各有关部门在执行中,应当做好宣传工作,同时有关部门之间还必须加强联系,紧密配合,以正确贯彻政策,完成任务。

以往我部、委、行、局下达的规定,与本通知有抵触的,应予作废。

(选自《工商行政通报》第 216 期,1962 年 6 月 29 日)

三、对外贸易部、财政部、商业部、中央工商行政管理局关于制止走私、贩私和取缔外货黑市的联合指示

(1962 年 6 月 22 日)

为了贯彻执行国务院《关于加强对归国华侨及港澳同胞携带和邮寄进口物品的管理问题的指示》,进一步加强口岸检查和内地市场管理工作,现对有关制止走私、取缔外货黑市,以及对私自买卖外货的处理原则等问题,规定如下:

一、各地海关、工商行政管理等有关部门必须进一步采取有效措施,认真贯彻国务院有关外货管理的规定。海关应当加强口岸检查工作,严格查禁走私、套汇行为;对于走私案件应根据 1958 年国务院财五习字第 59 号文批转对外贸易部(58)密查叶字第 19 号关于贯彻执行"国务院关于严格管理外国货物经由西藏地区和其他边境流入内地的规定"的报告中有关处理走私案件的十项原则,进行严肃处理。工商行政管理部门应当加强市场管理,取缔黑市买卖外货的活动;对于倒卖外货集团和情节严重的、惯常的违法分子,要严厉打击,需要给予刑事处分的,应送请司法部门依法惩办;对于人民群众因贪图小利、偶尔买卖少量外货的,应当着重说服教育,不要轻易给予经济处罚。对于归侨、侨眷以及港澳同胞携带或邮寄进口的自用外货,如需出售时,应当动员他们卖给商业部门指定的外货收购商店,制止私自出售。同时,应加强政策宣传工作,教育群众不买私、不卖私,并且揭发检举走私、套汇和私自买卖外货的活动。

二、对于市场上发现非法倒卖外货的案件,有关外货属于下列情况的,由海关按走私处理:(1)走私进口的;(2)经海关特许免税进口而无权出售的物品(如礼品、过境旅客和入境短期旅客经海关登记须复运出境的物品);(3)外国驻华使领馆及其人员私自出售免税进口的公用和自用物品;(4)用套取国外华侨、港澳同胞或其他人员的外汇而购买的物品。

在没有设海关的地方,由市、县级的税务局根据国务院批准的有关处理走私案件十项原则进行处理。税务局处理有困难的,应当联系海关进行处理。

三、对于市场上发现非法倒卖不属于上项所列的外货(包括来源查不清的)的案件,应由工商行政管理部门按违反市场管理规定,进行处理。对于兼有倒卖走私物品的违反市场管理规定的案件,除了走私物品数量较多的,应由海关和工商行政管理部门根据案情分别处理外,一般的可由工商行政管理部门处理。工商行政管理部门处理的外货案件,如需缴税,应当按照 1962 年 6 月 7 日中侨委、外贸部、财政部、商业部、中国人民银行、中央工商行政管理局《关于贯彻执行国务院〈关于加强对归国华侨及港澳同胞携带和邮寄进口物品的管理的指示〉的联合通知》第七项规定办理。

(选自《工商行政通报》第 216 期,1962 年 6 月 29 日)

四、国务院关于加强对华侨及港澳同胞携带和邮寄进口粮食、副食品的管理的指示

(1963年1月4日)

1962年5月国务院发出《关于加强对归国华侨及港澳同胞携带和邮寄进口物品的管理的指示》对粮食、副食品以外的其他物品的进口加以限制后，归国华侨和港同胞携带和邮寄进口这些物品已经减少。自1962年7月和9月两次提高凭侨汇证供应物资的定量以后，携带和邮寄进口的粮食、副食品也有所减少，侨汇逐月回升。但是目前糖和油等国内外差价较大的副食品仍有大量进口，有的进口后流入市场进行投机牟利。这种活动不仅影响国家侨汇收入和市场管理，而且会腐蚀侨眷。这是同国家照顾归侨、侨眷和港澳同胞眷属正当需要的本意相违背的。目前国内市场从应正在逐步好转，凭侨汇证供应物资的定量已经一再提高，这样可以基本解决侨眷等的主要生活需要。为了保障归侨、侨眷和港澳同胞眷属生活上正当需要，严禁投机套汇等不法行为，维护国家侨汇收入，除了切实做好侨汇物资供应工作以外，对于华侨和港澳同胞携带和邮寄进口粮食、副食品也必须加强口岸管理和内地市场管理。为此，特作如下规定：

一、因受迫害而回国的难侨携带的粮食、副食品以及其他物品，仍一律免税放行。对于其他单程回国(回国后不再出国)和双程回国(回国后还要出国)的华侨以及港澳同胞携带和邮寄进口的粮食、副食品以及其他物品，都应按照既要照顾归侨、侨眷和港澳同胞的正当需要，又要防止投机、套汇活动的原则管理，在自用、家用合理数量以内的，分别予以免税或者征税放行；超过自用、家用合理数量的，不准进口，应该限期退运或者由指定的国营商业机构予以收购。对于华侨以及港澳同胞携带和邮寄进口的粮食、副食品以外的其他物品的自用、家用合理数量，由对外贸易部按照上述原则适当掌握，现对粮食、副食品的具体限额规定如下：

(一)对华侨

单程回国的华侨携带进口的粮食、副食品，免税放行100公斤(其中糖、油各不超过10公斤)，征税放行100公斤(其中糖、油各不超过10公斤)，免税和征税放行总数不得超过200公斤。

双程回国的华侨携带进口的粮食、副食品免税放行50公斤(其中糖、油各不超过5公斤)，征税放行50公斤(其中糖、油各不得超过5公斤)，免税和征税放行总数不得超过100公斤。

回国华侨为其他华侨代带进口的粮食、副食品连同其他物品每包价值不超过人民币30元的(其中糖、油各不得超过2公斤)，可予征税放行。每人代带进口的小包以50件为限。

华侨邮寄进口的粮食、副食品可按《海关对进出口邮递物品监管办法》的规定办理。即在自用合理数量范围以内，并且每次连同其他物品价值不超过人民币50元，全年不超过300元，可予征税放行。

超出以上各项规定限额的，其超过部分应当限期退运或者予以收购。

(二)对港澳同胞

港澳同胞携带进口的粮食、副食品免税放行10公斤(其中糖、油各不超过1公斤)，征税放行10公斤(其中糖、油各不超过1公斤)，免税和征税放行总数不得超过20公斤。

港澳同胞邮寄进口的粮食、副食品和其他物品的小包，每件价值不超过人民币5元，可予征税放行。每一收件人所收的小包，原则上每月以一次为限。

超过以上各项规定限额的，其超过部分应当限期退运。

二、为了适当解决某些侨户的特殊需要，特准华侨旅行服务社继续为华侨和港澳同胞办理粮食、副食品和联动和开办委托代力业务。

华侨旅行服务社代华侨或港澳同胞联运进口的粮食、副食品，一律征税，原则上每人每月限托一次(按收件人计算)，每次限托20公斤(其中糖、油各不得超过2公斤)，全年每人不超过240公斤(其中糖、油各不得超过24公斤)。超过部分予以退运或者收购。私商以及轮船、船员等代运、代带进口的粮食、副食品，一律不准进口，予以退运。

华侨旅行服务社开力委托代办业务的具体办法，由华侨事务委员会会同有关部门拟订试行。

三、华侨和港澳同胞携带、托带、邮寄和联运进口的粮食、副食品和其他物品超过免税、征税限额的，应该严格按照规定，分别予以退运或者收购，但如情况特殊，超出限额不多，并且确系自用，不作买卖活动，海关可酌情照顾，特准征税放行；如果超出限额的数量较大，必须凭省、自治区、直辖市人民委员会侨务部门的书面证明，或者经省、自治区、直辖

市人民委员会批准,才可以特准征税放行,必要时也可以成征税放行。

四、华侨和港澳同胞携带、托带、邮寄、联运和委托代办进口的粮食、副食品和其他物品,不得转手买卖,严禁用来投机倒把。各地区和各有关部门应加强对侨眷、归侨和港澳同胞眷属进行爱国守法教育,要求他们自觉地遵守国家的政策法令,并且协助政府监督和检举投机倒所分子的违法活动。同时要加强市场管理工作,由各省、自治区、直辖市人民委员会根据1962年5月14日国务院《关于加强对归国华侨及港澳同胞携带及邮寄进口物品的管理的指示》中的有关规定,结合各地实际情况制订具体管理办法加强管理,并送中央工商行政管理局备查。

五、以上各项规定于1963年1月20日开始实行,对外贸易部应根据以上规定制订具体实施办法,并将要点在实行前10天由各地海关对外公布。在开始实施的第1个月内,在内部掌握上可以适当从宽,第2个月起应当严格按照新规定执行。各级侨务部门要配合做好宣传解释工作。

(选自《工商行政通报》第231期,1963年2月16日)

第四章　对资本主义经济的社会主义改造

第一节　在精简工作中安置资产阶级工商业者

一、中央工商行政管理局局长许涤新在民建会、工商联十省工作座谈会和十市二省家属工作座谈会上的讲话(纪要)

(1961年7月16日)

今年来民建、工商联两会中央在北京联合召开了两次工作座谈会,对协助党了解“包一头”政策的贯彻执行情况,提供了不少的材料和有益的意见。会议是开得好的。现对下列问题,讲一点个人的看法:

(一)当前的阶级关系和党的政策

当前的阶级关系同去冬两会西安会议时比较,有所缓和,但仍是比较紧张的。表现在以下几个方面:

1. 今年的农业生产,由于受天时的影响,北方旱,南方雨水太多,看来夏收不会好,加上我们在工作上还有不少缺点,因此,国家面临的困难不是在几个月内就可以解决的。在此情况下,工商界普遍感到生活紧张,思想有不同程度的波动。

2. 去年不少地方开展了“新三反”运动。目前各地的企业、学校、机关都在进行整风运动,工商界怕整到自己头上,有“山雨欲来风满楼”的感觉,心情很紧张。

3.1962年将到,工商界(包括家属)中不少人都在考虑定息到期后生活怎么办?担心今后的政治安排和经济照顾等问题,因此,心情也很紧张。

当前阶级关系是紧张的,但对紧张的性质要进行分析。1957年阶级关系的紧张,是因为右派向党猖狂进攻,而中间派严重地向右摇摆。在当前,当国家处在比较困难的形势下,工商界作为一个阶级,新的摇摆和反复是存在的,而这种情况是可以理解的,是必然的,因为工商界正处在改造过程中,还存在两面性。但目前工商界并没有出现1957年那样的情况,大多数人没有起来反对社会主义和共产党,而是摇摇摆摆地跟着走。这证明几年来工商界有很大的进步。

由于目前工商界的大多数人能继续跟着党,因此,党对工商界仍继续贯彻缓和阶级关系的方针,尽可能地减少紧张程度。(1)现在各地企业的整风,主要是整我们自己,对工商界还是贯彻和风细雨、神仙会的精神,进行形势教育。(2)在城市压缩人口的时候,对资产阶级分子及其家属,仍执行中央关于资产阶级及其家属不下放农村安家落户的方针。

工商界中有些人担心自己的前途。其实,工商界的前途是明确的。刘少奇主席在庆祝中国共产党成立四十周年大会上的讲话中指示道:“应该帮助他们,继续进行根本改造,使他们成为自觉的社会主义劳动者”。对刘主席的指示要好好学习。改造成为“自觉的社会主义劳动者”,这就是工商界的前途。工商界要改造成为自食其力的劳动者是不容易的,要成为“自觉的社会主义劳动者”则更不容易。因此,要鼓励大家在政治思想上努力进行自我教育自我改造。在当前形势下,要怎么办?个人提出以下三点请大家考虑:

1. 毛主席提出的政治上六项标准,其中最重要的是走社会主义道路和接受党的领导。工商界要相信党的领导的正确,相信党一定能够克服困难。不论在任何情况下,总是跟着党。只要跟着党走,即使摇摇摆摆,也是好的。

2. 为了国家的社会主义建设,为了克服目前暂时的困难,工商界要积极服务,努力贡献自己的技术和经验,搞好生产和业务。

3. 要努力学习,提高自己的政治认识。

工商界中有人还担心子女前途问题。今年高等学校招生名额比去年减少,因此高中毕业生不可能全部入大学。在招考上,不论工农子女或工商界子女,都以成绩作为录取的条件。工商界子女能考上大学当然好,如考不上的,要妥善安排。只要子女不当"阿飞",他们都是有前途的。青年人只有经过艰苦奋斗,才会有出息。在社会主义的中国,子女的前途,肯定比我们这一辈来得更光明。

(二)阶级路线和统一战线的关系问题

阶级路线就是维护无产阶级最高利益的路线。在社会主义革命时期,在无产阶级(通过共产党)领导下,依靠劳动人民,团结一切可以团结的力量(包括非劳动人民),把社会主义革命进行到底,把中国建设成为现代化的社会主义强国,为将来向共产主义过渡准备条件。

刘少奇主席指出,社会主义建设总路线就是"要充分利用社会主义制度所提供的发展社会生产力的巨大可能性,调动一切积极因素,团结一切可能团结的力量,实行一套两条腿走路的方针,有计划按比例地、高速度地发展我国国民经济,使我国能够比较迅速地从落后的国家变为先进的国家。"(在庆祝中国共产党成立四十周年大会上的讲话)。总路线就是阶级路线,它并没有取消统一战线,而是把"调动一切积极因素,团结一切可能团结的力量"的统一战线,放在很重要的地位上。

在社会主义革命时期同民族资产阶级继续联合,调动他们的积极作用为社会主义服务,这是社会主义建设所需要的,是符合阶级路线的。

毛主席说:"为了改造,先要团结"。团结民族资产阶级,是为了改造。通过统一战线,使民族资产阶级分子参加消灭本阶级的工作。要彻底消灭民族资产阶级,要彻底取得政治、思想战线上社会主义革命的胜利,如果民族资产阶级分子没有自觉性,如果他们不进行自我教育和自我改造,那是不可能的。因此,阶级路线同统一战线是统一的。

既然要团结一切可能团结的人,因此,在政府机关、企业、学校和社会组织中,就不可能清一色。对资产阶级分子的安排使用,是为了使他们参加社会主义革命和社会主义建设。所以,不可以把对资产阶级分子的安排使用同阶级路线对立起来。对某些人职务上的升降和工作岗位的调动,是免不了的。但在调动时需要同本人讲清楚,并作适当的安排。由于各地的具体情况不同,干部的政治水平不一致,因此,在执行政策上不可能不出现一些问题。有些地方或企业对于资产阶级分子的安排使用,考虑得比较周到,处理得比较妥当;有些地方或企业,工作方法比较简单,对某些人的安排使用处理得不妥当,这种情况是存在的。看到了问题,需要及时向当地党委反映,加以解决。不能因某些地方或企业的工作有缺点,就怀疑党对资产阶级分子安排使用的政策。这次座谈会上,有的代表反映了这方面的问题,我们准备派专人下去调查。

(三)关于工商界的骨干分子问题

解放以来,工商界及其家属涌现出一批骨干分子,他们在历次运动中,在推动工商界接受社会主义改造上,做了不少工作,起了很大的作用。

工商界骨干分子的特点是:接受党的领导和联系群众。在这两个前提下,他们具有以下3方面的作用:

1. 模范作用。骨干分子在贯彻执行国家的政策法令上,在为社会主义服务和接受社会主义改造上,起了模范作用。在这里所谓模范作用,是指接受党的领导而言的,同时,也是指联系群众而言的。

2. 带头作用。骨干分子在接受党的领导和执行政策上走在群众的前面,并且要带领群众一道前进。脱离了群众,就不可能起这种作用。

3. 桥梁作用。骨干分子一方面要把党的方针、政策向工商界作宣传,推动他们接受,同时又要把工商界的意见和要求反映给党和政府,这里就有代表工商界合法利益的问题,有如实反映情况的问题,有使工商界敢于讲真话的问题。

工商界的合法利益,是工人阶级为了团结、改造资产阶级,而经过国家规定、许可的利益。这种利益是资产阶级性的。从工人阶级来说,为了本阶级的长远利益,为了社会主义革命的胜利和社会主义建设的成功,需要承认资产阶级的合法利益。因此,贯彻这个政策,是符合工人阶级的阶级路线的。从资产阶级来说应该首先认识这种合法利益是资产阶级本身的利益;其次,这种利益同工人阶级利益并没有矛盾,而是为工人阶级所许可的。因此,代表资产阶级的合法利益并不发生立场问题。有人认为:"代表合法利益,同时又是代表工人阶级的利益"。这样说,我看是不妥当的。资产阶级的合法利益,是不是要等到改造好之后才能代表的呢?不是的。如果都要等到改造好才代表,那就等于说不要去代表,因为到那时,资产阶级消灭了,资产阶级合法利益也就用不着代表了。对工商界的合法利益,不应该,也不可能等到改造好了再代表,早就应该代表。工商界的骨干,这几年,推动接受改造做得多,对代表合法利益做得少。这是值得注意的。

骨干分子要如实反映党的政策贯彻执行情况和工商界的思想情况。是不是如实反映情况,是对党是否忠实的问题。骨干分子只有如实反映情况,才能起模范、带头、桥梁的作用。毛主席强调要大兴调查研究之风,这是因为只有情况明才能下决心,才能找出正确的对策,问题才能得到解决。现在,有些人不从实际出发,而是专摸气候,上面要什么就给什么。这不是实事求是的作风。我们在工作中需要了解领导的意图,但工作一定要从实际出发,材料必须要有事实、根据。

工商界的骨干分子自己要讲真话,同时,也要鼓励人家敢于讲真话。现在骨干分子中有些人不敢代表资产阶级合法利益,主要是怕自己立场有问题,怕领导不信任,怕影响前途。有的认为现在没有什么合法利益可代表了。有的人自己不肯如实反映情况,同时又反对人家如实反映情况。这种人不但丧失了桥梁作用,而且也不能起模范和带头作用了。他们已经成为做好对工商界改造工作的障碍,如不及时改正,对工作,对自己,都是不利的。

还有一些人,对工商界反映的情况和意见采取"推"(推掉)、"顶"(顶回去)、"打"(打棍子)的办法。搞这种做法的人,有些人动机是好的,他们怕出乱子。这种人是属于作风问题,这是资产阶级的作风。还有一种人是投机分子,他们为了表示自己进步,表面上装出一副进步的面孔,表现很"左",实际上,内心想的又是另外一套,表里不一。这种伪装作假,是没有改造好的证明。另外还有极少数人,居心不良,故意乱整乱嚷,把事情搞坏。目前,骨干分子存在的问题相当突出。因此,要大力提倡改变这种不良作风。骨干分子要虚心地放下架子和面子,有错就坚决改正,这样,还是一个好的骨干。如果有错误,自己不承认,也不改正,日积月累,到将来会更被动。

(四)关于工商界的政治思想工作问题

如何对工商界进行政治思想工作问题,着重讲以下几点:

1.要做好政治思想工作,首先必须联系群众。只有和群众同呼吸,了解他们的思想症结所在,才能对症下药,深入细致地进行政治思想工作。

2.要经常进行调查研究,了解工商界的思想情况。在调查时,提议注意以下三点:(1)调查研究必须从实际出发,不能在主观上先有个框框,然后根据框框去找材料。(2)要深入细致了解工商界的思想情况。看来还是用交朋友、个别访问、谈家常的办法好,因为这样才能听到真话,了解各种不同的意见。当然,这并不否定开会。(3)在调查研究过程中,要掌握不同的情况和意见,便于互相比较,这样才能使工作深入一步。

3.要贯彻和风细雨的方针。不论办讲习班、开座谈会还是进行个别谈话,都要坚决贯彻和风细雨的精神。只要不反党、反社会主义,什么话都可以说。还是实行"三不"(不戴帽子、不打棍子、不抓辫子),也不要去挖人家的思想根子,因为这样做,人家就不敢讲话了。

4.要学会分析问题。骨干分子要学会分析问题,同时也要帮助工商界学会分析。这是做好政治思想工作的关键。例如当前搞形势教育,既要说明成绩,也要说明困难和工作中的缺点;要把当前的困难和工作中的缺点,同三面红旗的正确性加以区别。三面红旗是方向,是完全正确的,困难和缺点只是三面红旗在执行过程中出现的问题,并不是三面红旗本身的问题。对于困难也要作具体分析,既要认识目前的困难是暂时的,是一定能够克服的,但同时,也要看到这些困难不是几个月就能够解决的。只有对一个问题的各个方面进行具体的分析,才能把问题弄清楚,才能帮助工商界提高政治认识。

5.去年以来,各地两会在各级党委的领导下,在形势教育方面,做了不少工作,很有成绩。现在要继续大抓这个工作。由于目前国家面临的困难比过去暴露得多了,问题看得更清楚了,而这些困难又不是在几个月之内就可以解决。因此,今天的形势教育工作,比过去更为重要。我们既要讲明困难的情况,又要使工商界坚定信心,逐步地减少摇摆和反复的程度。

各地如果有可能,可以在适当的时候开展理论教育,主要是抓历史唯物主义学习。有的地方,已经开展了这个理论学习，如无碍于形势教育，也可搞下去。历史唯物主义的课本已经发下去，现在来看，其中有些内容还要作修改。

（五）关于家属工作

几年来，工商界家属工作很有成绩。这次家属工作座谈会，大家谈得也比较敞开，是好的。

这次座谈会上，大家对家属工作提出有29个"难"。座谈会把它们归纳为四大类，即思想认识问题；工作能力水平问题；工作方法作风问题；客观上存在的具体问题。我看，不仅家属工作有这些问题，工商业者有这些问题，甚至党员也同样有这些问题。对于主观上存在的困难，只有靠自己努力学习，提高工作能力和思想水平，逐步地加以解决。对于客观存在的困难可以提出来向党和政府反映，逐步取得解决。困难总是存在的。世界上没有不困难的事情。旧的困难解决了，还会产生新的困难，因此要不断地进行工作。工商界家属对此一定要有足够的思想准备。工作中，碰到困难是好事，可以使自己得到磨练和提高，工作经验是在克服困难中产生的，所以大家应有勇气迎接种种困难。

目前工商界家属工作存在不少问题，很难一一回答。我只说其中的几个问题：1. 目前由于原料问题，街道工业要缩短战线，因此，去年动员参加生产的家属中，有一部分人要动员回家。其中有些人参加工作时本来很勉强，现在回家，正合心意，这种人问题不大。但是有些小户家属参加生产是为了贴补家中生活，现在回家生活就有困难了。这确是一个问题。建议两会家属委员会研究一下，是否可根据当地具体情况，对生活有困难的人由当地工商联互助金中帮助解决一点。2. 有些家属骨干要求当干部列入编制，建议两会家属委员会考虑，可否根据工作需要、编制可能和本人自愿等条件，把各地家属工作委员会的正副主委列入编制，作为干部待遇。3. 家属工作委员会委员中，有的要求给名义，有的要求给补贴，建议两会家属工作委员会考虑，可否根据具体情况，有的给以名义，有的可给车马费。

希望各地两会要加强对家属工作的领导。特别是要加强家属骨干学习问题的领导，各级统战部门和妇联对家属工作也要给以大力的支持。

（选自《工商行政通报》第196期，1961年8月27日）

二、国务院批转财政部、中央工商行政管理局关于处理工商界定息和生活互助金问题的意见

（1962年6月8日）

国务院批示：国务院同意财政部、中央工商行政管理局关于处理工商界定息和生活互助金问题的意见，请即按所提意见办理。

附：关于处理工商界的定息和生活互助金问题的意见

兹将有关工商界的定息和生活互助金问题的意见报告如下：

一、关于关厂、停产、亏损企业发放定息的问题。当前，在国民经济的全面调整中，部分企业因关厂、停产，不能继续发放定息；还有一部分企业，因生产安排、原料供应和经营管理等问题，赔钱经营，发不出定息。为了继续贯彻党对民族资产阶级的赎买政策，对于这些问题，我们的意见是：

（一）凡关厂、停产企业的工商业者的定息（包括过去未领的定息在内），应当由原企业的上级业务主管部门如数照发，并通知领息人领取。所需款项，由各有关业务主管部门核实并提出应付定息数额，经同级财政部门同意后，在其他企业的收入中按季退库拨付。

（二）凡国家批准赔钱经营和暂时赔钱经营的企业，在赔钱经营期间，定息可列入亏损额，按照弥补企业亏损办法，由各级财政部门拨补，交原企业发放。

（三）有盈余的企业，因为需要偿还贷款、欠款而影响发放定息的时候，可以先提取应付的定息，再处理各项欠款。

二、关于被借用、挪用的工商界生活互助金的处理问题。据全国工商联反映，1958年以来，仅江苏、浙江、河南、山东、辽宁、宁夏6个省、自治区，借用、挪用互助金的就有44个市、县，近500万元，其中地方财政部门借用、挪用的，大体占总金额的20%。工商界人士对此很有意见；政治影响上也不

好。我们认为,互助金使用,还是要贯彻专款专用的原则。过去被借用、挪用的互助金,应当进行清理,根据具体情况,分别作出处理。凡是由各部门借用的,应当采取“谁用谁还、分期归还”的原则处理;凡是由政协或工商联用互助金办了工厂的,应当由当地政府将工厂折价收回,归工业部门管理;办农场自己生产的,可允许继续使用。

以上意见,如无不妥,请批转各省、自治区、直辖市人民委员会执行。

(选自《工商行政通报》第216期,1962年6月29日)

三、天津市劝业商场处理同私方合作共事关系的意见(修正草稿)

(这篇“修正草稿”已在该场百货、服装、文教、珠宝四个商品部试行。)

(一)关于“量才使用适当照顾”认真贯彻统战政策

对私方人员的工作,不要轻易变动,如因工作需要,必须变动时,要尽可能安排与原来相当的职务并照顾其专长。在调动时,必须履行任免手续:对经理一级的私方人员任免,由上级决定;对商品部主任一级(区科长)私方人员任免经过人事部门研究,党委同意,报上级批准;组长一级私方人员任免,经人事科研究,经理批准。对各级公私方领导,应根据原则安排正职或副职,对副职,也应有名列先后之分,以利于培养帮助和工作。对于工作表现积极,政治上要求进步,有一定工作能力的私方人员,根据工作需要可酌情提拔。

(二)明确分工密切协作

各级公方干部,在工作中必须与同级私方人员明确分工,在分工中既要照顾到他们的业务经验,技术专长,又要让他们分担与同级干部权衡起来比较合理的工作。分工后,通过各种定期的、不定期的会议和个别交谈研究工作等,使其不仅掌握分工范围内的工作情况,而且对全面工作也有所了解。

经常参加社会活动的私方人员,可以少分担些工作,在他们参加社会活动期间,他们的工作由别人代理,但本人回来后,代理人应向其详细介绍工作情况。对不经常参加社会活动的私方人员,应按着正常的分工原则进行分工。

各级公私方领导,因公外出或某些原因不在时,他们的工作应按正副职顺序,交由别人代理。

(三)积极领导放手使用

各级公方干部既要主动帮助私方完成任务,又要不包办代替他们分管的工作,使之有职有权有责。尊重私方人员分工范围内的职权,不论公私方领导都应按照分工召开和主持会议,听取汇报,布置工作,解决问题,参加上级召开的会议,请示汇报工作。

行政业务上的会议,应按职务范围吸收私方人员参加。党委、支部研究讨论行政业务上的重大问题时,可酌情吸收有关私方领导人员列席会议,如不能参加,可在会后向其传达。行政业务上的文件,应按职务范围让私方人员阅读,并根据分工签发和批示。党内文件和他们分工有关的,可向他们做口头传达。

对有业务专长的私方人员,应当注意发挥他们的才能,适当安置,并给予必要的工作条件。

吸收私方人员同职工一道参加季度和年度的先进工作者评比,凡符合条件的,同样给予应得的物质奖励和荣誉称号,他们可以被评为接受社会主义改造为社会主义服务的积极分子,也可以被评为先进工作者。

(四)发扬民主,商量办事,耐心帮助

在企业民主生活中,各级公方领导、党员和职工要充分运用和发扬民主作风:①认真实行“言者无罪,闻者足戒”的原则,要造成活跃民主的气氛。②在日常生活中,要同私方人员保持正常的交往。③在工作中对私方人员要主动团结合作;不要以感情代替政策。④对私方人员的长处,要抱积极学习的态度,不要觉得自己都对,别人都不对,要互相学习,取长补短,共同提高。

在日常工作中必须与私方人员商量办事。处理行政业务上的重大问题,要事先商量,沟通情况,通过商量达到统一思想,解决问题,不要有形无实。企业里开展的政治运动与其有关的问题也需事先同私方上层领导人员阐明政策和做法,听取他们的意见,有问题时,互相研究解决。

在工作中,应经常了解私方人员的问题和困难,帮助他们解决。对他们的帮助,要耐心主动,针

对需要,因人制宜,方法多样,以使他们逐步提高业务能力和管理水平。

(五)团结教育,关心生活

加强对私方人员的政策教育,以及为政治、为生产、为消费者服务的三大观点教育,经常结合企业的中心任务,向他们传达贯彻党的商业政策和措施,有组织、有领导地发动他们学习各项经营管理制度。在各个不同时期,随着国内外形势的发展结合私方人员中存在的思想问题,用"神仙会"的方法进行时事政策教育和形势教育。组织私方人员开展政治理论学习,按照私方人员的不同情况,分别学习毛主席著作,历史唯物主义和政治经济学。在学习中,要贯彻和风细雨的精神,启发他们的学习自觉性。在政治教育中、党员、职工应同私方人员多接触、多谈心,对不同的人采取不同的方法。对担任领导工作的私方人员及骨干分子,要经常同他们个别交谈,交给任务,指出方向,教育他们以身作则,带动一般私方人员共同进步;对有业务专长的私方人员,要经常通过座谈会和个别接触听取他们的意见,重视他们在业务技术上的点滴成绩,不断启发他们贡献专长;对工作、思想表现较差的人要指定专人做他们的工作,对他们的思想问题,采取具体分析的方法,耐心加以帮助,不要简单从事,要善于等待。

关心私方人员的生活,有重点地进行访问和节日的慰问。对于确实有困难的要及时向上级反映,给予适当的解决。对于生活水平较低的私方人员有计划地组织其家属参加自补性的加工生产,增加他们的收入,解决生活困难。

(六)加强对统一战线工作的领导

党委、支部应把统战工作作为一项重要任务列入党的议事日程,党委除书记亲自抓这项工作外,设专职统战干部;各支部除书记亲自抓以外,也应设兼职统战干部一人,负责处理日常工作。党的委员会至少每季进行一次统战工作的全面分析,检查政策贯彻执行情况,定期听取各级组织的统战工作汇报,发现问题即时解决。党委、支部还应定期召开合作共事关系座谈会,并把共事关系列入党的生活会的一项内容,注意不断改进合作共事关系。

发挥各级组织作用,共青团应加强对私方青年的教育和帮助,吸收他们参加团的有关活动,工会应经常结合企业中心运动发动私方人员和职工一道参加各项竞赛活动,贡献技术专长。

定期召开统战工作会议,传达贯彻党的统战政策,在不同时期组织领导干部和统战干部专题学习党的统战政策。向党员和职工进行统战政策教育,把统战政策列入党课教育内容,使党员职工了解党的统战政策,在实际工作中认真贯彻。

加强对私方工作组和民建小组的领导,支持他们的活动,教育他们的成员团结广大私方人员,反映他们的意见和要求,代表合法利益,帮助党搞好共事关系。

(选自《工商行政通报》第217期,1962年7月12日)

四、国务院关于在精简工作中妥善安置资产阶级工商业者的若干具体规定

(1962年7月16日)

为了在精简工作中,贯彻国家对资产阶级工商业者的既定政策,现根据"国务院关于精简职工安置办法的若干规定",作如下的具体规定。

一、对于国营、公私合营企业中在职的资产阶级工商业者(指全面公私合营高潮期间和以前参加公私合营的资本家、资本家代理人以及有定息的其他私方人员,下同)和他们的家属(妻或夫),不下放农村。个别家在农村而又确系自愿申请回乡的,可以同意,但不要动员,更不能强迫。在这次精简中,已经下放农村的,如非本人自愿,应该调回,由原单位另行安排工作。

对于自愿回乡的资产阶级工商业者,应该按照《国务院关于精简职工安置办法的若干规定》,给予各项回乡待遇,资金不退,定息照发。1962年1月1日以来已经回乡的资产阶级工商业者,如果未按上述规定领得回乡待遇的,应该一律补发。

二、对于因企业关闭或被裁并而必须精简下来的资产阶级工商业者,不要下放农村;应该按照《国务院关于精简职工安置办法的若干规定》,积极地、妥善地予以安置,务使每个人都有着落。对于其中有技术能力的或者有业务专长的工商业者,

应该尽早地转入其他企业安排适当工作。对于一时确实不能安置的工商业者，在停止工作、等候安置期间，其工资(包括高薪部分)减发办法和口粮供应标准，和职工一视同仁。

三、凡保留下来的企业，一般不要精简资产阶级工商业者。如果个别企业因为工商业者过分集中，原单位对他们安排确有困难的，当地人民委员会应该负责就地通盘调整，妥善安排。

四、对于安置到其他单位工作的资产阶级工商业者，其原有的工资(包括高薪部分)不变。

五、对于年老、体弱、多病，合乎退休条件的，或者虽然不具备退休条件，但本人完全丧失劳动能力的资产阶级工商业者，按照《国务院关于处理资产阶级工商业者退休问题的补充规定》，分别作退休安置，或者准其请长假，列作编外。

六、对于县和县级以上资产阶级代表人物，不精简，不下放农村。对其中某些人的工作必须加以调整的，应该安排相应的职务。他们原有的政治待遇和生活待遇，一律不要降低。

七、对于生活确有困难的资产阶级工商业者(指生活确有困难的在职的、等候安置的、退休的以及请长假的人员)，分别情况，由工商业联合会或者企业单位酌情给予补助。

(选自《工商行政通报》第 219 期，1962 年 8 月 14 日)

五、国务院关于处理资产阶级工商业者退休问题的补充规定

(1962 年 7 月 16 日)

为了妥善地安置年老、体弱或者多病和完全丧失劳动能力的资产阶级工商业者，根据国家既定政策，对《国务院关于工人、职员退休处理的暂行规定》，作如下补充规定：

一、国营、公私合营企业中在职的资产阶级工商业者(指全面公私合营高潮期间和以前参加公私合营的资本家、资本家代理人和有定息的其他私方人员。下同，并简称工商业者)，男年满 60 周岁，女年满 55 周岁，工作年限满 5 年，体弱或者多病而不宜继续工作的，经本人申请，可以退休。

二、工商业者退休以后，按月发给退休费，直到本人去世的时候为止。退休费的标准，工作年限在 5 年以上不满 15 年的，为本人工资(包括高薪部分，下同)的 60%；工作年限在 15 年以上的，为本人工资的 70%。

三、工商业者因工残废完全丧失劳动能力的，应该退休。退休后的待遇，按照"国务院关于工人、职员退休处理的暂行规定"办理。

四、工商业者不具备退休条件，但因病或非因工残废完全丧失劳动能力的，可以准其请长假，列为编外，并根据生活状况，按月发给相当本人工资 40% 左右的生活费。

五、工商业者的退休和请长假，均需经主管业务部门审查批准，并发给退休或者请长假的证件。证件的式样，由各省、自治区、直辖市人民委员会自行制定。

六、工商业者退休或者请长假的时候，本人及其供养的直系亲属前往居住地点途中所需的车船费、旅馆费、行李搬运费和伙食补助费，均按本单位现行的行政经费开支的规定办理。

七、工商业者退休后的医疗待遇和去世后的丧葬补助费、亲属抚恤费，均按照《国务院关于工人、职员退休处理的暂行规定》办理。

八、工商业者退休或者请长假后的口粮供应标准和生活用工业品供应标准，按照 1962 年 6 月 1 日《国务院关于精简职工安置办法的若干规定》办理。其中有些人原来享受的特需供应不予改变。

九、工商业者的工作年限，自参加国营企业或者公私合营企业工作之日算起。具体计算办法，参照《中华人民共和国劳动保险条例实施细则修正草案》中关于工龄的规定办理，凡疾病或非因工负伤停止工作进行医疗超过 6 个月的，超过期间，不算工作年限。

十、工商业者的退休费和请长假的人的生活费，均由企业行政开支。企业停产、关厂和被裁并的，由主管业务部门开支。

十一、工商业者退休或者请长假后，如果生活确有困难，在困难期内，分别情况，由工商业联合会或者企业单位酌情予以补助。

十二、对于年老、体弱或者多病的工商业者，原来采取"请长假、工资照发"的临时办法处理的，应根据本规定办理正式的退休手续，不再核算工作年限。他们自正式批准退休之日起，享受本规定的各项待遇。

(选自《工商行政通报》第 219 期，1962 年 8 月

14 日)

六、中央统战部、国务院财贸办公室转发天津市委统战部关于三个商业企业中资产阶级工商业者业务经验和技术专长使用情况的调查报告

(1962 年 7 月 19 日)

现将天津市委统战部关于天津市和平区百货公司、糖果糕点公司、劝业商场三个商业企业资产阶级工商业者业务经验和技术专长使用情况的调查报告,转发给你们。

从这个报告可以看出,一些工商业者之所以没有发挥他们技术、业务专长,就我们的思想认识和工作来说,主要原因有二:一是对他们技术、业务能力,采取笼统对待的态度,而没有采取分析的态度。所谓分析的态度,就是对其有利于社会主义建设的一部分,充分加以利用;对其无用的部分,也不要一棍子打死,以便实事求是地继续研究,爬剔其中有无可供利用的积极因素;对其有害的部分,则要分清界限,从反面寻求教益。但是,不少同志不采取这种比较科学的态度,而是全盘否定。二是情况不明,因而,即使懂得道理,在实际安排使用中,还是下不了决心或者出差错。几年来,若干地方在这方面进行了调查研究,提供了不少有益的资料。天津市委统战部的调查报告又一次告诉我们,只有从事这样的调查研究工作,才能帮助我们弄清情况。只有在弄清情况的基础上,才能正确贯彻党对工商业者,安排使用的政策,调动他们的积极作用为社会主义建设服务。

现在,以精简为基本环节的国民经济调整工作正在进行。摸清工商业者技术业务能力的底细,切实改善对他们的安排使用,务使各得其所,人尽其才,这也是一项重要的调整工作。为此要求各地统战部、财贸部门,结合当前精简工作,对工商业者的技术、业务能力情况,有计划、有步骤地展开调查研究工作。对于因企业关闭、裁并而必须精减或者调动工作的工商业者,要进行登记。对其中有技术、业务专长的,尽早安排,用其所长;对原来安排不当,不能发挥所长的,也应在这次企业调整中,通盘筹划,分配适当工作。对退休的和请长假的工商业者中有业务经验技术知识的人,也要采取适当方式(如聘为行业或企业的顾问等)加以联系,使其把技术经验贡献出来。在这些工作中,都应当充分运用民建会和工商联。

各地的做法和经验,望及时告诉我们。

附:天津市三个商业企业中资产阶级工商业者业务经验和技术专长使用情况的调查报告

为了配合当前国民经济调整工作,认真贯彻党的政策,进一步调动私方人员的积极性,充分发挥所长,我们从 4 月初开始,推动私方辅导委员会对和平区百货零售公司、糖果糕点零售公司、劝业商场三个单位资产阶级工商业者经营经验和技术专长的使用情况进行了一次全面调查,兹将调查研究结果报告如下:

(一)

百货零售、糖果糕点、劝业场三个单位原有工商业者 2024 人,1958 年以后调入 36 人,共 2060 人,前后调出 231 人,现有 1829 人。对 2060 人(包括调出的人员在内)的业务能力或技术水平进行排队,大体上可分四类:

第一类:精通本行业务、经验丰富或具有技术特长的 221 人,占总人数的 10.8%。如对字画有较高的鉴别能力,人称“假画王”的王席珍,对瓜果品种质量保管运销具有丰富经验被称为“西瓜刘”的刘完璋,也有对茶叶质量品种有很高的鉴别经验人称“王一口”的王敬之等。

第二类:经营本行业多年,熟悉本行业务,有一定的经验或技术能力的 722 人,占总数的 35.1%。这类人俗称为“内行”,对产品经营、保管、鉴别有一定业务知识和经验,但还达不到第一类的水平。

第三类:具有一般业务经验,粗通本行业的业务知识的 886 人,占总数的 43.1%。

第四类:缺乏业务知识的有 231 人,占总人数的 11%。这类人主要是一些家属、子女或一些过去在私营企业时就没有参与过什么业务所谓“甩手掌柜的”,合营后才参加商业经营的人员。

调查中着重对前两类 943 人(即第一类 221 人,第二类 722 人)的业务经验和技术专长发挥的情况,进行了分析。其结果是:

(1)合营后仍在原行业工作,能够发挥所长的

有590人,占943人的62.6%;虽然调离了原行业、原工种,但目前从事的工作和原行业性质比较接近,或在新的岗位上经过几年锻炼,基本上也能适应的有207人,占943人的21.9%。也就是,能够发挥和大体上能够发挥所长的共计797人,占943人的84.5%。

(2)由于各种原因不能发挥所长的有146人,占943人的15.5%。其中属于第一类的47人,占第一类221人的21.2%,属于第二类的99人,占第二类722人的13.71%。

(二)

上述146人,不能发挥所长的主要原因是:

(1)由于几年来商业体制机构变动,在工作调动时没有考虑到业务能力和专长,工作不适合的有75人,占146人的51.3%。几年来商业人员调动频繁是个比较严重的问题。以和平区糖果糕点公司为例,属于一、二类有经验有技术的295名工商业者中,脱离了原行业的(包括系统外的调出调入,系统内行业之间调动,行业内部工种之间的变动)就有183人,占295人的62%。百货零售公司和劝业场的工商业者,变动了工作的一般也在30%左右。有些调动是必需的,但调动过于频繁则不利于安心工作,安心改造,不利于调动他们的积极性,不利于生产经营。如劝业场的何长蔚,经营古玩旧物多年,对鉴别我国历代古钱及各国的旧币有特长,他能辨别真伪,历述其渊源、年代、出处。又如该场经营古玩珠宝多年的王洪亮,对鉴别旧玉图章、烟草等也有特长,因古玩业务划管文化局领导,该场不再经营此项业务,在扩大食品部时,就将他们二人调去卖糕点。如饮食业魏东轩原经营"石头门坎素菜馆"制作素席,有几十年的经验,颇具声誉,现在糖业公司一个职工食堂做刷碗打杂工作。原华士林做面包有几十年操作经验的律士文,现在副食品店当售货员。原经营棉布多年的高锡英,现调到自行车店售货,而经营自行车的王柏林现在却调到百货部售货。

(2)由于1958年支援运输、煤建等行业,而未考虑业务专长调出不当的有37人,占146人的25.4%。如五金业张瑞京,经营刀剪有多年经验,对刀剪的钢口如断刃、重皮、接钢,一看就能鉴别质量好坏,现在煤建加工厂粉碎车间工作。鞋帽业的张桐轩对制作便鞋的内三作(拉帮、粘面、吊底)外三作(鞘、排、沿口)有全套的操作技术,现在耐火器材厂打砖坯。

(3)由于某些商品货源不足,或由于商业部门经营品种减少,因而发挥不了专长的有25人,占146人的17.1%。如钱连升制作肉松有特长,不但口酥、味美,而且夏季经久存放不变质,在本行很有名望,曾到北京传授技术,由于肉类货源较少,不能经营,现在一品香门市部售货。又如曹大志制作的火腿,林觉制作的牛肉干都有特点,也因货源关系,不能发挥所长。

(4)虽然工作岗位适当,由于领导上对他们的业务经验或技术专长重视不够,没有为他们创造一些能够发挥所长的条件或机会,因而发挥不了作用的有6人,占146人的4.1%。如李星吾原在祥德斋糕点店管理生产,对制作糕点有几十年的丰富经验,合营后曾安排为糕点公司技术顾问,工作认真,后下放到祥德斋糕点厂仍任顾问,但领导上却认为李的经验是"老一套没用了",把他闲置一边,遇到生产问题不找他商量,建议不采纳,技术顾问的办公室撤销了,座位也没有了,一度派他去拣煤核,看栈房,不让他过问生产。原林记稻香村经理黄长明制作南式糕点技术很高,"堆花云片糕""交切糖"是他的拿手活。他做的云片糕,火候好,切片薄,能够卷成卷,是一般技术做不到的,只要增添一些简单设备,就能生产,但现在只叫他做一般糕点。

(5)由于思想工作缺乏具体分析,简单粗暴,以致伤害了一些人的感情,影响积极性的发挥的有3人,占146人的2%,经营茶叶行有几十年的丰富阅历的王敬之,因为1958年公司曾请他和几位内行去鉴别茶叶质量,他们提出同级茶叶比合营前的质量降低了,事后在大会上领导批评他们看不到合营的优越性,是向往资本主义的思想。王从此心存戒备,有些建议就不肯再提出。虽然他现在仍然担任广裕茶庄的经理,而且有些新来的售货员,急需要提高业务水平,但是他也不肯主动地把自己的经验传授给人。最近曾访问过他,他说:"私方人员说话不顶事,提出建议不能采纳,弄不好还受批评,不如叫干什么就干什么,别多管闲事。"

从以上情况可以看出,在146个人当中有112人,即占76.7%的人,是由于体制变动,调行改组和支援外调而不能发挥专长的,领导上对这部分人的业务经验和技术专长考虑不够,工作岗位安排不当,致使他们业务经验和专长不得发挥。他们在现在的工作岗位,大多数人是不够安心,盼望调回原行业,希望发挥经验和专长,愿意作出贡献。

（三）

针对上述问题,我们提出以下几点意见:

一、在这次精简调整财贸队伍时,对原来工作岗位适当,能够发挥专长的私方人员,应力求稳定,或在调动工作时,照顾到他们的专长。对过去因工作调动不当,以致影响发挥所长的私方人员,应该实行调整归队。这些人员的归队应该看成商业调整工作的一项内容,把这些有经验、有技术专长的人员调回本行业工作,不仅有利于发挥他们的积极性,而且对加强商业工作,改进经营管理,改善市场供应,都是有利的。因此有必要对于1958年以后调行改组,行业之间调出调入,经营种类变化等以致"改行"的具有业务经验和专长的人员,进行一次普遍调查登记,根据工作的需要,调回原行业,根据所长,重新安排。对于那些经验丰富确有专长而原行业又急需的,应该尽先调回,目前调回原行业暂时有困难的,也应在今后工作中逐步加以调整。对于那些年老不适于担任煤业运输等体力劳动的,也应该加以调整分配他们力所能及的工作。但对那些经过几年的锻炼已基本适合于现在工作的人,即不再变动。

二、为了使具有特长的工商业者发挥作用,必须要给他们安排适当的工作,而且要尽量为他们提供发挥专长的机会和条件。根据他们本人的业务经验和技术专长和市场供应等具体情况,进行妥善安置。

(1)在可能的范围内要恢复一些具有特殊风味的副食产品,可以增添一些小规模设备,配备一些助手,进行一定数量的生产,以传授技术,培养徒工。

(2)他们中间一些有代表性的人士行政工作和社会活动较多的,应该尽量减少他们这方面的工作,但不要因此降低他们原来的政治待遇和生活待遇,要使他们能有大部分的时间和精力从事钻研业务,发挥他们的专长。

(3)根据条件和可能,在重点行业把有经营管理经验和专长的工商业者组织起来,建立业务(或技术)研究委员会,定期座谈,开展专业性的业务或技术研究,向领导提出改进经营管理的建议和意见。

三、对于工商业者的特殊技术和丰富的业务经验,应当把它当作我国民族遗产的一部分继承下来,使它在社会主义商业中继续发挥积极作用,这些人年龄较大(一般都在60岁以上),有的将要丧失工作能力,可以通过他们带徒弟、讲课、口头传授或帮助他们总结经验,著书立说,以便把一些宝贵业务经验和技术专长保存下来,有些人还可以安排为顾问或技术指导等名誉职称,以利于发挥他们的作用。

四、应该教育干部和职工,尊重私方人员业务经验和技术专长,虚心向他们学习,对他们既要团结使用,使其发挥作用,贡献才能,为社会主义建设服务,又要加强思想教育,帮助他们进行自我改造。对他们的业务经验、技术专长和资产阶级思想,不应混为一谈,而应具体分析,区别对待。不能因为他们正在改造资产阶级思想,而对其业务经验,技术专长都斥之为是资本主义的老一套,或因思想落后而忽视他们有用的经验和技术专长。要进一步教育职工提高阶级觉悟,积极帮助鼓励私方人员贡献才能作出成绩,为社会主义建设服务。

(选自《工商行政通报》第219期,1962年8月14日)

七、中央工商行政管理局局长许涤新在工商界精简工作座谈会上的讲话纪要

(1962年7月7日、21日)

讲话首先分析了当前国民经济形势。针对目前不少工商业者由于国内经济生活中存在困难,因而怀疑三面红旗的正确性的情况,他就三面红旗的认识作了阐明。同时还对一些有关问题作了发言。

(一)当前统战工作的基本任务

指出当前统战工作的基本任务是:调整关系,发扬民主,加强团结,加强教育,充分调动一切积极因素,高举三面红旗,协同一致,克服当前困难,完成调整国民经济的十项任务,争取社会主义建设的新胜利。

为实现这一任务,应当做好以下四项工作:(1)调整关系,大力做好在精简工作中对党外人士的安置工作;(2)充分发扬民主,认真实行互相监

督；(3)切实改善合作共事关系；(4)推动时事、政治理论的学习。

二、对《国务院关于在精简工作中妥善安置资产阶级工商业者的若干具体规定》和《国务院关于处理资产阶级工商业者退休问题的补充规定》的若干说明

讲话首先指出这两个文件的制定有两个前提。首先是根据“有所不同、一视同仁”的原则。有所不同、一视同仁是从阶级关系出发，和职工相比较的。因此，如果孤立地单从工商界一方面的情况来考虑，就不可能全面的看问题。其次是需要同可能的结合。既要照顾到工商界的需要，又要考虑到国家的可能，从当前国民经济的具体情况出发。这样，规定的内容才能落实，才能办得通。我们欢迎工商界充分反映情况，提出意见，以便把工作做好。生硬地把原则框住自己并不利于工作。我对这两个原则的看法，合适不合适，还可请大家考虑。

接着就以下问题作了阐明。

1. 关于政策杠子问题。指出这两个文件适用于国营、公私合营企业中在职的资产阶级工商业者，即全面公私合营高潮期间和以前参加公私合营的资本家、资本家代理人以及有定息的其他私方人员，同时规定他们的家属(妻或夫)不下放农村。划这条杠子的理由是：

(1)既考虑了国家总的精简任务，又照顾到资产阶级的特殊性。全国要减少城镇人口的任务必须保证完成。另一方面，对资产阶级又必须贯彻“包下来，包到底”的政策。因此必须规定一个政策界限，不能笼统地什么都包下来。两个文件规定了在职的资产阶级工商业者及其家属不下放农村，这是党的赎买政策的体现，有利于继续团结和稳定这个阶级，调动他们的积极性为社会主义建设服务。

(2)划这条杠子，比较简便易行，可以不在资产阶级工商业者内部划分阶级，避免了人人过关的紧张形势。

(3)按照这条杠子，把全面公私合营高潮期间带进合营企业的小商小贩、小手工业者即有定息的其他私方人员，也包括在内。这是因为，这些人虽然不是资本家，但他们同样领取定息，而且几年来一直同资产阶级工商业者一样按照赎买政策对待的。

这条杠子划下来以后，还有些具体问题，需要进行个别处理。如原来的批发商、房地产改造户、董事和合营高潮期间安排在企业工作的工商业者家属等等，如何对待，需要进行调查研究。建议各地对上述问题进行调查，提出处理意见。

2. 两个文件都贯彻了有所不同、一视同仁的原则。有些条文，凡是能够参照职工办法的，都和职工一视同仁，按照职工的规定办理。同时，又照顾到资产阶级的特殊性，在某些方面体现有所不同，例如：

在精简安置的文件中，规定：

(1)资产阶级工商业者及其家属(妻或夫)不下放农村；

(2)凡保留下来的企业，一般不要精减资产阶级工商业者；

(3)对于安置到其他单位工作的资产阶级工商业者，其原有的工资(包括高薪部分)不变；

(4)对于县和县级以上的资产阶级代表人物，不精减，不下放农村。对其中某些人的工作必须加以调整的，应当安排相应的职务。他们原有的政治待遇和生活待遇，一律不要降低。

对资产阶级的子女，应当同劳动人民的子女一视同仁。这次精简安置的文件中，不下放农村的对象没有包括子女在内。这是为工商界子女的前途着想。希望工商界家属对子女的爱护，要从长远着眼，鼓励他们服从国家的分配、安置。

在退休文件中，在以下几个问题上，体现了有所不同：

(1)退休的条件。工人、职员的退休条件是：男工人、职员年满60周岁，连续工龄满5年，一般工龄满20年；女工人年满50周岁，女职员年满55周岁，连续工龄满5年，一般工龄满15年的，才能退休。资产阶级工商业者绝大多数人是1956年实行公私合营的，他们的工作年限一般只有6年左右，如果按照职工的工龄条件，是无法享受退休待遇的。为了使年老、体弱或者多病而不能继续工作的工商业者老有所养，能够安度晚年，因此规定了男满60周岁，女满55周岁，工作年限满5年的，经本人申请均可退休。这样规定是考虑到工商界的实际情况，比之职工的工龄条件是从宽的。

(2)退休后的待遇。工人、职员男的一般工龄满20年、女的满15年，连续工龄在5年以上不满10年的，发给本人工资的50%，10年到15年的，发给60%，15年以上的发给70%。

工商业者退休，除了没有一般工龄的规定外，工作年限在5年到15年的均发给60%，15年以上

的为本人工资的70%。工商业者工作不满10年的人,可以享受60%的退休待遇,从这一点说,是比职工优厚的。

(3)关于请长假问题。目前,工商业者中有一部分人因病或非因工而完全丧失劳动能力,但又不具备退休条件(如年龄、工作年限不符退休规定),对这些人需要加以安置。

"退休规定"中对这部分人不采取退职的办法,而是准其请长假,列作编外。根据他们的生活状况,按月发给相当于本人工资40%左右的生活费,一直到死亡为止。对工商业者不搞退职,是件大事,体现了党对工商业者"包下来、包到底"的政策。职工是采取退职办法,一次付给若干个月的工资,以后就同企业无关。由于这部分工商业者不具备退休条件,他们的生活费比退休费低一些,是合理的,如果同职工退职相比,更是从宽多了。

(三)关于民建会、工商联的工作

讲话中对两会工作,提出以下几点建议:

1. 协助政府在精简中做好对资产阶级工商业者的安置工作。这是两会今后一个时期内的中心任务。各地工商精简小组要在当地精简小组领导下,深入调查研究,及时反映情况,提出处理意见,并协助政府做好安置工作。

2. 做好家属工作。家属工作应以精简安置工作为中心。贯彻"双勤方针"必须同精减安置工作相结合。在人民公社所办的企业精简中,很多工商业者家属要精减回家,不少人生活可能发生困难。因此,不但要做好思想教育工作,帮助她们稳定情绪,而且要积极帮助家属安排生活、克服困难。

3. 继续调动积极性,搞好专业活动。推动在职的工商业者对企业的生产经营提意见、出主意帮助改进。对退休的工商业者,两会要进行联系,通过各种方式,让他们把经验贡献出来。

4. 加强宣传教育工作。要配合当前精减安置工作,向工商界说明国家面临的困难,提出克服困难的办法。困难要讲够,成绩要讲透。帮助他们提高认识,鼓舞信心,继续跟着党走。

5. 对资产阶级工商业者的登记工作。为了了解工商业者的专长和做好互助金的工作,各地工商联如有可能,最好进行一次调查登记。工作中必须注意先进典型试验,取得经验,然后逐步推开。同时,切不要搞政治排队和调查存款。这个工作可以分期分批进行,如果能在二年内完成,也是好的。

6. 做好对互助金的分配和使用工作。

7. 小商小贩的情况很复杂,目前中央工商行政管理局对于这方面的政策问题,正在进行研究。希望各地工商联能指定专职干部研究这方面的问题并同当地工商行政部门联系。

(选自《工商行政通报》第220期,1962年8月29日)

八、财政部关于支付企业中资产阶级工商业者退休费和请长假的生活费财务处理的通知

(1962年8月9日)

根据国务院《关于处理资产阶级工商业者退休问题的补充规定》,现对国营、公私合营企业以及停产、关厂、裁并企业发给企业中工商业者退休费和请长假的生活费的开支办法,通知如下:

一、工业生产、交通、商业部门企业支付的工商业者退休费和请长假的生活费,均由企业成本开支,在企业管理费"退职退休金"项目下另设"工商业者退休费及请长假的生活费"项目反映。

二、裁并的企业需支付的上述费用,由并入企业的成本开支,增列项目同上。

三、停产、关厂的企业需支付的上述费用,在清理或保管期间,在企业清理(保管)费用内开支,费用预算及决算报表内单设"工商业者退休费及请长假的生活费"项目反映。清理(保管)工作结束以后由企业主管部门以其他企业上缴的利润支付,办理退库手续,并在汇编企业会计决算时,于"企业营业外支出"项下单列项目反映。

(选自《工商行政通报》第221期,1962年9月14日)

九、国务院编制委员会等部门关于工商业联合会编制人数和经费、业务费开支办法的通知

(1962年10月6日)

10月6日,国务院编制委员会、中华人民共和

国财政部、中央工商行政管理局、中华全国工商业联合会四个单位,就工商业联合会编制人数和经费、业务费开支办法联合发出通知。

通知规定,为了适应工商业联合会的工作需要,确定工商业联合会工作人员编制同各民主党派一样,单独建立一个编制系统,由国务院编制委员会和全国工商业联合会直接掌握,并核定工商业联合会系统全国的工作人员总人数为15000名。在今年7月间全国各省、自治区、直辖市工商业联合会推派负责人,在京参加精简工作座谈会上,本着精简的精神,以不超过15000人名额的原则,对各地编制人数商定了一个分配方案。8月份各地对1961年年底和1962年6月底的实有人数,又进行了一次全面复查核实,现在根据各地实际情况,并经同有关部门反复研究,确定你省(自治区、直辖市)各级工商业联合会工作人员总人数为××名,自今年10月份起实行单独编制。今后你省(自治区、直辖市)各级工商业联合会工作人员的编制,即由你省、自治区、直辖市编制委员会和工商业联合会直接掌握。

关于各级工商业联合会的经费开支问题,按新编制人数在各级行政费预算内开支。工商业联合会的业务费,希即根据1962年9月12日中共中央统一战线工作部、中华人民共和国财政部《复贵州省统战部关于政协业务经费开支问题的请示报告》办理。这一复文请各省、自治区、直辖市财政厅(局)转知。

(选自《工商行政通报》第225–226期,1962年11月14日)

十、国务院批转中华全国供销合作总社、中央工商行政管理局关于在职的资产阶级工商业者参加消费合作社问题的意见

(1962年11月8日)

国务院同意中华全国供销合作总社、中央工商行政管理局《关于在职的资产阶级工商业者参加消费合作社问题的意见》,现在转发给你们,请依照办理。

附:关于在职的资产阶级工商业者参加消费合作社问题的意见

1962年5月18日《中共中央、国务院关于积极开展供销合作社自营业务和组织城市消费合作社的指示》下达以后,有的地方提出:组织城市消费合作社的时候,是否允许在职的资产阶级工商业者参加?要求有一个明确的规定。

我们意见:消费合作社是群众性的经济组织。安排在工矿企业、事业单位、学校、机关中的资产阶级工商业者是这些单位工作人员的一部分。为了更好地团结、教育、改造资产阶级工商业者,应当允许他们参加消费合作社,与职工承担、享受同样的义务和权利;已经组织了消费合作社而尚未吸收在职的资产阶级工商业者参加的地区和单位,应当加以纠正。

(选自《工商行政通报》第227期,1962年12月14日)

十一、劳动部、财政部、中华全国总工会关于私方人员生活困难补助问题的补充规定

1962年10月26日中华人民共和国劳动部、中华人民共和国财政部、中华全国总工会发出《关于做好当前职工生活困难补助工作的通知》以后,有些地方要求明确:对生活困难补助的对象中,是否包括私方人员在内。最近劳动部、财政部、中华全国总工会等部门对这个问题,作了如下补充规定:凡是在国营企业(包括公私合营企业)、事业单位、国家机关和人民团体中工作的私方人员,生活上有较大困难而本人又确实无力解决的,应当和职工一样,给以适当补助;补助标准和职工一视同仁。私方人员生活困难补助所需的经费,应该按照上述通知(二)项中的规定,统一在福利费、企业奖金中提取的生活困难补助费,在财政上拨出一定的金额或者从企业、事业机关的结余经费中解冻的生活困难补助费中去解决。关于具体工作由行政人事部门会同群众福利组织负责。

(选自《工商行政通报》第230期,1963年1月31日)

十二、劳动部、中央工商行政管理局关于资产阶级工商业者退休或请长假后可否由子女顶替工作的意见

（1963年2月9日）

中华人民共和国劳动部、中央工商行政管理局于1963年2月9日发出通知，规定："资产阶级工商业者退休或请长假后，一般不宜由其子女顶替工作，但其中个别生活确很困难的，可以仿照职工办法，允许其子女顶替。"

（选自《工商行政通报》第233期，1963年3月16日）

十三、中央精简小组办公室复关于对资产阶级工商业者中的反革命分子的退休问题

（1963年2月22日）

江西省精简办公室：

你室(62)赣简干字第761号函提出的资产阶级工商业者退休问题，经与有关部研究，简复如下：

资产阶级工商业者中的反革命分子（包括历史反革命分子）及其他坏分子，凡现在被管制、服刑的、被剥夺政治权利的，不能享受退休或请长假待遇；如果服刑期满，被管制或缓刑期满以后参加工作，重新计算工作年限而具备退休、请长假条件的，可以准予退休、请长假。凡不予刑事处分或免予刑事处分而在国营、公私合营企业留用的，如果具备退休、请长假条件，可以准予退休、请长假。

十四、中央工商行政管理局答复有关代销保证金的处理问题

关于社会主义改造高潮以前代销保证金的处理问题，经与商业部研究，我们的意见如下：

1.目前仍在国营、公私合营商业工作的，其代销保证金应转为本人的股金，继续发给定息。

2.在合作商店工作的，原交的代销保证金，应退给所在单位，作为该人的股金；在合作小组的可退给个人作为经营资金。

3.如因精简下放、回乡参加农业生产、退职退休、死亡或调离商业工作，而要求退还保证金时，应区别不同情况，分别处理：如是资产阶级工商业者，其保证金不退，转为本人的股金，定息照发；不属于资产阶级工商业者范围的，保证金可退还给本人或其家属。

（选自《工商行政通报》第238期，1963年5月30日）

十五、中央精简小组办公室复关于资产阶级工商业者中被剥夺政治权利的反、坏、右分子能否享受退休和请长假待遇问题

（1963年6月4日）

中共浙江省委统一战线工作部：

对于在职的资产阶级工商业者中现被剥夺政治权利的反革命分子、其他坏分子以及右派分子，如果现在年老、体弱、多病，不宜继续留在企业工作的，不能享受退休或请长假待遇，可按照1958年3月《国务院关于工人、职员退职处理的暂行规定（草案）》的规定予以退职。至于已经摘掉右派帽子的资产阶级工商业者，可按1962年7月16日《国务院关于处理资产阶级工商业者退休问题的补充规定》处理。

十六、劳动部、中央工商行政管理局关于资产阶级工商业者退休或请长假后可否由子女顶替的一些具体政策问题的答复

（1963年6月）

1963年2月9日劳动部、中央工商行政管理局联合发出《关于资产阶级工商业者退休或请长假后可否由子女顶替工作的意见》的通知下达以后，在执行中有些地方又提出了一些具体政策问题，中央工商行政管理局经与劳动部研究，答复如下：

一、资产阶级工商业者退休、请长假后，一般不宜由子女顶替工作，但其中个别生活确很困难的，可以仿照职工办法，允许其子女顶替。具体办法，可以参照1963年4月1日国务院批转劳动部、内务部、全国总工会《关于安置和处理暂列编外的老、弱、残职工的意见》中第五条规定办理，即："原来

久居城市的老、弱、残职工,如果退休、退职后家庭生活有困难的,原单位可以在编制定员人数以内,吸收他们合乎条件的、居住城市的子女参加工作(矿山井下工人和森林采伐工人的子女,不论居住在城市或者农村,在定员以内,都可以吸收),动员本人退休、退职。”

二、对吸收参加工作的资产阶级工商业者子女应根据其工作能力安置工作和评定工资,不能顶替资产阶级工商业者原有的职务和原有的工资。他们的政治待遇和福利待遇,除本人原来就是资本家外,可与本企业职工同等对待。

对资产阶级工商业者退休后的退休费、医疗待遇、去世后的丧葬补助费,或者请长假后的生活费,均不要因其子女顶替工作而有所改变。

三、资产阶级工商业者死亡后,不宜采取由子女顶替的办法。

(选自《工商行政通报》第241期,1963年7月5日)

十七、财政部关于国营、公私合营商业私方人员福利、医疗待遇开支问题的答复

(1963年7月27日)

据山东、浙江、湖南等省财政厅反映,国营、公私合营的私方人员的福利、医疗待遇,在开支掌握上,还有些问题不大明确。经与中央工商行政管理局研究后,统一答复如下:

一、私方人员的医疗待遇,在国营企业工作的,应按所在企业的职工待遇办理,在公私合营企业工作的,应按国务院的有关规定办理,即:本人股金在2000元以下的私方人员,本人疾病治疗和病假期内的工资支付办法,都按照所在企业职工的待遇处理,本人股金虽然超过了2000元,只要确有困难,也可以参照所在企业职工的待遇办理。现在私方人员已经按照职工待遇办理的,不改变。公私合营企业改为国营企业后,私方人员的医疗待遇能按2000元杠子处理的,亦可暂不改变。

二、安排在国营企业工作的私方人员的家属的医疗待遇,可按所在企业职工家属的待遇办理;公私合营企业转入国营企业,私方人员家属医疗待遇,如未按上述办法处理的,也可以维持原来的办法,暂不改变。

三、国营、公私合营企业中私方人员的福利待遇(如疾病医疗、病假工资、死亡待遇等等)国务院均有单行规定,处理时,应按既定政策办理。至于企业自行举办的职工福利设施(如浴室、托儿所等)私方人员也可以同样享受。如私方人员生活有困难时,可以由企业或工商联(生活互助金)酌情补助。

四、国营、公私合营企业私方人员,可以比照职工提取福利补助金、工会经费、医疗卫生补助金,但不提劳动保险金,按照或参加职工待遇发放属于劳保方面的开支,可以列入直接支付的劳保费用。按规定发放的退休费和请长假生活费,列入企业管理费。

五、企业提取的私方人员各项工资附加费,应当和职工提取的工资附加费合并使用,统一核算,不必单列项目。

十八、国务院关于资产阶级工商业者请长假后的医疗及死亡待遇问题的通知

(1963年10月15日)

1962年7月16日《国务院关于处理资产阶级工商业者退休问题的补充规定》中,对资产阶级工商业者请长假后的医疗及死亡待遇问题,未作规定,现补充规定如下:

一、资产阶级工商业者请长假后的医疗待遇,家庭生活有依靠的,医疗费用自理。家庭生活无依靠的,经本人申请,原企业行政或者企业的主管部门批准,可以享受公费医疗待遇,医疗费用由企业行政开支;停产、关厂和被裁并的企业,由企业的主管部门开支。

二、资产阶级工商业者请长假后的死亡待遇可以参照退休的资产阶级工商业者去世后的丧葬补助费、亲属抚恤费规定处理。

十九、中央精简小组办公室关于答复《关于资产阶级工商业者中被剥夺政治权利的反、坏分子及右派分子能否享受退休和请长假待遇问题》一文的修改和补充

(1963年12月5日)

中共浙江省委统一战线工作部:

对我室1963年6月4日(63)中简字第151号

答复你部的《关于资产阶级工商业者中被剥夺政治权利的反、坏分子及右派分子能否享受退休和请长假待遇问题》一文,为了更加适合现实情况,现作如下修改和补充:

关于尚在工作的资产阶级工商业者中被剥夺了政治权利的反革命分子、其他坏分子,鉴于他们在被剥夺政治权利期间不叙职、也不计算工龄,因此,在他们因年老、体弱、多病不能继续工作,作精减处理时,不能享受退休和请长假的待遇,也不能享受一般职工退职的待遇。但是,所在单位可以发给他们本人和家属回家的车旅费、途中伙食补助费,对于其中生活有困难的还可以酌情发给一定数额的一次性的补助。过去已经处理了的,一般不再变动。对于在职的资产阶级工商业者中的右派分子,因年老、体弱、多病不能继续工作的,仍可以按照我室(63)中简字第151号文的意见处理。

在处理上述人员时,应当与当地公安部门联系,并把他们的档案材料,移交给有关公安部门以便监督。

二十、国务院关于延长定息的通知

(1966年3月6日)

各部、各委员会、国务院各直属机构,中国科学院、全国供销合作总社,各省、自治区、直辖市人民委员会:

为了有利于对工商界进行思想改造和照顾他们当中部分人的生活困难,中共中央决定,从1966年起再把定息延长一些时间,定息息率不变。延长多少时间,将由全国人民代表大会常务委员会作出决定。在未作出决定以前,请你们转知所属部门照发定息。

二十一、第二轻工业部、中央工商行政管理局、中华全国手工业合作总社关于处理轻、手工业集体所有制企业中资本家退休问题的暂行规定

(1966年4月26日)

第二轻工业部、中央工商行政管理局、中华全国手工业合作总社于1966年4月26日联合发出了《关于处理轻、手工业集体所有制企业中资本家退休问题的暂行规定》。现刊载于下:

为了妥善安置轻、手工业中年老体弱、多病和完全丧失劳动能力的资本家(包括一般雇工4至9人的手工业资本家,即俗称手工业小业主),参照国家有关规定,结合集体所有制企业的具体情况,作如下暂行规定。

一、资本家男年满60周岁,女年满55周岁,工作年限满10年,而不宜继续工作的,由所在企业提出,报请市,县轻、手工业管理部门批准后,可以退休。

二、资本家退休以后,按月发给退休费,直至本人去世的时候为止。退休费标准为本人工资的45%到60%。

三、轻、手工业企业中的手工业资本家,在全面公私合营高潮期间和以前曾经参加公私合营的资本家、资本家代理人,其他有定息的私方人员,其资金已在轻、手工业企业中的,退休费由退休统筹基金中开支。

四、资本家因工残废退休、因工死亡和退休后的医疗、死亡等费用,与所在轻、手工业企业职工享受同等待遇。

五、资本家的工作年限,自参加轻、手工业企业或者公私合营企业之日起计算。凡因病或非因工负伤停业工作超过6个月的,超过的时间,不计入工作年限。

六、本暂行规定自下达之日起实行。

(选自《工商行政通报》第309期,1966年5月20日)

第二节 对小商小贩、个体手工业者的进一步改造

一、中央负责同志对小商小贩问题的论述及政府有关规定摘录

一、什么是小商小贩

……小贩不论肩挑叫卖,或街畔摊售,总之本小利微,吃着不够。其地位和贫农不相上下……。

《中国社会各阶级的分析》,《毛泽东选集》第一卷第7页。

农民以外的小资产阶级,包括广大的知识分

子、小商人、手工业者和自由职业者。

……

第二是小商人。他们一般不雇店员,或者只雇少数店员,开设小规模的商店。帝国主义、大资产阶级和高利贷者的剥削,使他们处在破产的威胁中。

《中国革命和中国共产党》,《毛泽东选集》第二卷第635、637页。

……这里所说的上层小资产阶级,是指雇佣工人或店员的小规模的工商业者。此外,还有不雇佣工人或店员的广大的独立的小工商业者,对于这些小工商业者,不待说,是应当坚决地保护的。……

《目前形势和我们的任务》,《毛泽东选集》第四卷第1254页。

小商小贩。没有或只有少量资本,向商人或小生产者购入商品,向消费者出卖,不雇请工人或店员,自己从事商品流通过程中的劳动以为生活之全部或主要来源的人,称为小商。经常流动行走的小商,称为小贩。

政务院《关于划分农村阶级成分的决定》,1950年8月20日。

二、对小商小贩的改造政策

(一)

对于农民的政策,同样适用于其他的新近参加了各种合作组织的手工业者、小商小贩和其他个体劳动者。他们在我国也是一个重要的社会阶层。由于他们的居住和经济活动都比较分散,我们过去在他们中间的工作比较薄弱。现在他们组织起来了,他们需要解决许多迫切的问题。我们必须采取有效的办法加强同他们的联系,使他们的经济利益和政治利益得到应有的重视。

刘少奇:《中国共产党中央委员会向第八次全国代表大会的政治报告》,第14、43页,人民出版社,1956年版。

大家知道,小商店、摊贩、挑贩中的广大部分是散布在居民区中间的,这些分散在居民区中间的小商贩是我国商业中今后长期需要的一种经营服务方式。如果把它们统统收缩起来,合并组成集中的公私合营商店和合作商店,那就不便于居民的消费。如果仍让他们分散经营,而由国家给以固定工资,那就不能保持他们经营的积极性。……因此,安排这些小商贩的正确原则是既要照顾居民消费的方便,又要保持小商贩经营的积极性,使他们获得适当的收入。我们认为政府现在准备采取的办法,就是当前实现这个原则的最好办法,同时,也是今后相当时期内实现小商贩的社会主义要求的合理办法。采取这种办法,可以使广大的分散的小商贩,经过批发店领导合作小组的形式,同社会主义经济密切地联系起来,并且使小商贩从国营商业、供销合作社领取计件工资性质的、代购代销的手续费。这样,就能够使这些小商贩逐步地成为社会主义商业的一个组成部分。

陈云:《关于私营工商业的社会主义改造问题》,1956年6月18日在第一届全国人民代表大会第三次会议上的发言。

国家对独立劳动者性质的私营工商业的改造,是按照它们不同行业的情况,根据自愿的原则,分别地用不同的合作形式把它们逐步地组织起来,经过各种低级的合作形式,逐步地过渡到较高级的合作形式,使他们能够有效地为国家和社会的需要服务。

李富春:《关于发展国民经济的第一个五年计划的报告》,1955年第一届全国人民代表大会第二次会议上的报告。

一、对于小商贩业务安排问题:

第一,对于没有参加定股定息的公私合营商店和合作商店的小商贩,应当在自愿的原则下,根据当地情况,逐步地、分期地、分行分业地把他们组成分散经营、各负盈亏的合作小组。这种合作小组不但适用于商业的各个行业,同时也适用于服务性的行业。

第二,国营商业和供销合作社,应当在国营商店、供销合作社商店、合营商店中指定一个店作为每个合作小组的批发店,在业务上领导合作小组。这个批发店对合作小组的任务是:负责供应货源;代向银行借款,解决资金困难;汇集小组成员的应缴税款,代向税务局交纳。合作小组的税款今后应当实行严格的、一年不变的、定期定额的收税办法。批发店的开支,全部由国营商业和供销合作社负担,不由合作小组负担。

第三,国营商业、供销合作社、合营商店、合作商店之间,在商品的销售上,应当分工。有一些商品,应当主要分配给合作小组。有些商品的批零差价,应当扩大。

第四,国营商业和供销合作社应当负起责任,按照各地小商贩不同的收入情况,区别小商贩中依靠商业为主要收入或者以商业为辅助收入的不同对象，必须负责做到使各地各类小商贩都能获得必需的收入。

国务院《关于对私营工商业、手工业、私营运输业的社会主义改造中若干问题》的指示，1956年7月26日。国务院公报1956年第30号，813页。

改造这些小商小贩的方针，是根据自愿的原则，在供销合作社领导和计划下，通过各种形式加以组织，使它们经过互助合作的道路，分担农村商品流转的任务，并逐步过渡为供销合作社商业。各级地方党委、政府机关、国营商业和合作部门，必须积极领导这项工作，把它当作当前领导农村经济工作、活跃城乡贸易的一件重大的政治的和经济的任务。

……

组织小商小贩互助合作的形式，根据各地试点的经验，目前大体可分以下几种：带有社会主义萌芽性质的经销、经营小组；属于半社会主义性质的合作小组、合作商店，……以及社会主义性质的代购代销（不经营自营业务的）。

《经过互助合作道路，改造农村小商小贩》，1955年2月4日人民日报社论。

在城市中，除了资本家商店外，还有着人数很多的小商小贩。对于他们进行社会主义改造，应当同资本家商店有所不同。

对小商小贩中间的座商，可以分别采取不同的办法进行改造。……在蔬菜、屠牲、饮食等行业中，资本家商店很少，主要是小商小贩，资本一般比较小，对他们的改造，可以采取在国营专业公司的领导下，把几户或更多户数的小商店联合起来，组织成为合作商店的办法，……此外，还可以根据各城市小商小贩中间座商的具体情况，采取其他适宜的形式，进行社会主义改造。

对摊贩的社会主义改造，一般可以通过合作小组的方式把他们组织起来，经过一个时期，过渡为国营商业的店员或国营摊贩。在城市摊贩中，有一部分人适宜于较长期地保留合作小组形式（例如饮食业流动摊贩），也可以较长期地保留，不必急于改造成为国营商店或国营摊贩……

《进一步开展对城市私营商业的社会主义改造工作》，1955年12月14日人民日报社论。

根据农村私商的这些特点和农民群众的这些要求，应该分别不同的性质和类型，对农村私商采取不同的改造方式。分散在农村中经营日用零星商品的连家铺和购销兼营的串乡商贩，适于采取代购、代销、经销的形式，并且可以自营一部分供销社不经营的零星商品。这样，不但可以保持和发挥他们那些适应群众要求的经营特点，并且便于发挥他们家庭中的辅助劳动力。集镇上大部分小商人和一部分固定摊贩，和农村中一部分经营较固定、家铺可分开的小商贩，可以在他们自愿的原则下组织合作商店。有些过于分散、零星的小吃摊和随季节变化的不固定经营的小商贩，同样是国家商品流转计划中不可缺少的一部分。对这些人应该进行登记和管理，在必要的时候，可以按片组成互助小组。

《深入地改造农村私营商贩》，1956年4月14日人民日报社论。

（二）

人民内部的整风，也包含着性质不同的两个社会范畴的问题。资产阶级和资产阶级知识分子是使他们接受社会主义改造的问题，小资产阶级（农民和城乡独立劳动者），特别是富裕中农，也是使他们接受社会主义改造的问题。工人阶级和共产党的基本队伍，则是整顿作风的问题。

……小型工商业者则着重进行社会主义教育，可能的时候也可以组织辩论，略如工人、农民中的整风办法。

邓小平：《关于整风运动的报告》，1957年9月23日。

……小工商业者人数很多，包含着不同的阶层；并且所谓小，各地的尺度也不完全一样，在一些大城市中，许多称为小户的人，实际上属于中等资产阶级。中国民族资产阶级包括中等资产阶级和上层小资产阶级。上层小资产阶级，就是雇佣少数工人的小规模的工商业资本家，或者叫做小业主。他们虽然比较小，但是在阶级本质上和大、中资本家没有什么不同，都是民族资产阶级的不同阶层。他们供的和大老板供的是同一个财神，目的都是要发财。……这些小业主在社会主义革命问题上同大、中资本家具有同样的两面性，同样需要经过由资本主义到社会主义的改造。……在小业主中间，一部分人在不同程度上参加劳动，有一定的劳动习惯和技能，这是他们和一般大、中户不同的一个特点。我们重视这个特点，因为它是有利于他们把自己改造成为劳动者的条件。但是，这也不能拿来作为不需要改造的理由，因为他们过去劳动也是为了发财，为了积累资本，以便雇佣和剥削更多的工人，摆脱劳动，不劳而食，这同今天为人民服务的劳动在性质上是有根本区别的。……至于广大的不雇佣工人的独立的小工商业者，一般说来，是属于劳动人民的范围。在我国，对于这些小工商业者，基本上是经过合作化的道路进行改造的，带到公私合营企业来的只是一小部分。对于这部分跨到公私合营企业来的小工商业者，无疑是应当和资本家区别对待的，事实上国家和工人群众也给了他们不同的对待。那么，这些小工商业者是不是就不需要改造呢？也需要改造，因为他们原来也是私有者，有倾向资本主义的一面。他们许多人过去也是想发财，敬财神的。解放以后，他们不少人也或多或少有过违法行为，有些人在合营以后还有贪污、盗窃等非法活动，有的甚至想走资本主义回头路。所以，独立的小工商业者也要改造，并且不能不改造。不要采取抵触的态度，要好好劳动，好好学习，努力把自己化为真正的工人。……

李维汉：《坚决靠拢共产党，努力自我改造，一心一意为社会主义服务》。第 8—9 页，人民出版社，1960 年版。

(三)保持小商小贩的经营特点，发挥他们的积极作用

为了适应人民需要，对于大部分肩挑小贩现在的经营方式需要长期保留，不要采取把同类肩挑小贩都组成为统一资金的合作经营方式。

《国务院关于目前私营工商业和手工业的社会主义改造中若干事项的决定》，1956 年 2 月 8 日。国务院公报，1956 年第 7 号，144 页。

小商店的经营特点是：分布面很宽，和居民接近；出售商品很零星，没有固定的作息时间；一般有较固定的主顾，对熟悉的消费者还可以赊销和送货；有不少小商店依靠家庭的辅助劳动。对于小商店的改造工作，应当根据他们经营商品的特点和他们在商品流通中的不同作用，区别对待。……要注意继续保持小商店便利消费者的优点。

……

……时时刻刻考虑到在经济改组的过程中保存和发扬一切原有的优良经验，便利人民的购买，满足人民的需要，一切只考虑商业部门经营管理上的便利而忽视营业质量和人民需要的观点是错误的。一切只从概念出发，而不从实际出发，认为“合并集中”一定比“分散经营”好；“统一计算盈亏”一定比“分散计算盈亏”好的观点也是错误的。

《慎重地改造城市小商店》，1956 年 4 月 28 日人民日报社论。

农村中的货郎担子，可由合作社加以组织，在合作社联系、指导和监督下，深入农村，收购零星杂货、小土产，推销零星日用品，这些对活跃城乡物资交流是有利的。

《加强对资本主义商业的社会主义改造》，1954 年 10 日 9 日人民日报社论

为了满足农民的要求，对于分布在农村的私商小贩，不仅不应该进行不适当的合并，而且需要适当地扩大他们的流动范围，增加商品品种。对于农村私商中原有的适合人民需要的经营特点，例如，熟悉群众需要，服务方式灵活、周到，串乡、送货上门等等，都应该加以保留和发扬。

《深入地改造农村私营商贩》，1956 年 4 月 14 日人民日报社论。

(选自《工商行政通报》第 195 期，1961 年 8 月 12 日)

二、广东省商业厅对小商贩改造中几个问题的意见

广东省商业厅最近就各地对已过渡到国营的小商贩改造的几个问题，提出了如下意见：

1. 对擅自离职或者经常旷工的小商贩如何处理？

小商贩擅自离职或经常旷工的行为，实质上是厌倦或对抗改造的表现。这种情况在农村贸易市场开放后很严重。有的活动于农贸市场中，有的已回乡参加生产。对在农贸市场从事活动的应严格对待，尽力说服教育动员其回企业工作。屡教不改者，可作旷职论，并视情节轻重扣发工资。个别坏分子屡教不改者，经当地党委同意，可以送回公社监督生产；少数人由于搞投机活动而犯法的应依法制裁。人已离开企业后确实回乡生产的，如公社或大队同意，企业又无必要留其工作，可以正式通知本人作自动离职，不发遣散费，但应将该商贩情节向公社大队交底，以便继续加强对其改造。因犯贪污逃跑的要设法追回来归案办理。

2. 对犯法期满回来的小商贩如何处理？

对过渡国营后触犯刑律，在服刑期满后回来的小商贩，如本人有要求，工作又需要的，可重新安排回企业工作，但必须加强监督。其工资待遇可视工作表现及生活情况稍低或相当于原来收

入水平。对于属政治性的（如反革命等），或企业过渡国营前已犯法劳改，现在服刑期满回来的小商贩，原则上应由公安或民政部门安排回公社大队参加劳动生产，并加强监督改造，国营企业不再重新安排工作。

3．小商贩家在外地（外省、县、市），家属要其回去，本人亦有要求，可否同意回去？

小商贩家在外省（县、市），因年老体弱多病，现在其家人或本人要求回去，回去后确有依靠，从事正当职业或生产者，可以作自动离职，一般不发遣散费，股息照付。

4．对老弱残病的小商贩如何处理？

可采取三种办法：（一）对年老体弱或患有严重疾病，已完全丧失了劳动能力，家有依靠，本人自愿，主动提出离职的，可以一次发给13个月工资让其回家。

（二）对年老体弱或患有严重疾病，已完全丧失了劳动能力，虽有家可归，但家庭生活很困难，而本人又要求回家的，可以遣返回家，由生产大队按"五保户"包养到底。包养费用，商业部门可酌情负担一部分，一次发给半年左右的工资和一定数量的医疗补助费，原则上拨交公社或大队掌握。对无家可归者，则交民政部门作为社会问题收容包养，包养费用可参照以上办法办理。

（三）年老体弱，有些疾病，但仍有一定工作能力的，应尽量安排力所能及的工作，工资照发。

（选自《工商行政通报》第191期，1961年6月12日）

三、商业部、中央工商行政管理局在京召开小商小贩问题座谈会纪要

（1961年6月7日到21日，商业部和中央工商行政管理局在北京联合召开了小商小贩问题座谈会。参加会议的有河北、辽宁、陕西、江苏、浙江、湖北、广东、四川、北京、上海、天津、沈阳、西安、武汉、广州、重庆、南京等17个省、市商业厅（局）、工商局的同志和中央各有关部门的同志。会议期间，商业部姚依林部长出席讲了话。会议着重对恢复合作商店、合作小组的一些问题进行了讨论）

（一）恢复合作商店、合作小组的必要

1．几年来，随着社会主义改造和社会主义建设的进展，小商小贩的队伍有了很大的变化。到1960年底尚有380多万人，其中，除已转入工农业生产战线90万人左右外，仍然留在商业战线上的还有290万人左右。290万人中，在国营商业、公私合营业的约有200万人，在合作商店、合作小组的有90万人左右（少数农民和城市居民、职工等搞商贩活动的未计算在内）。通过安排、管理和改造，对支援工农业生产事业，供应城乡人民的需要，以及政治思想改造等方面，都取得了很大成绩。

但是，1958年以来，很多地方急于在所有制方面割"尾巴"，在某些行业中过多地把合作商店改为国营商业，对保存下来的合作商店，也大部分集中合并，采取了国营商业的一套经营管理办法，只保留了合作商店的名义。这种作法，实际上否定了集体商业在现阶段的作用。结果把原来翘在裤子外边的"尾巴"藏在裤子里"乱搅"，并不好受。不但出现了营业网点减少，小商小贩原有经营灵活的特点不能保持的情况，小商小贩中也普遍产生"吃官饭、打官鼓、鼓破了、公家补"的消极情绪，服务质量下降，极不方便广大消费群众；而且国营商业、公私合营商业并入小商小贩过多，许多小商小贩在企业内部营私舞弊，甚至违法乱纪，严重增加了国营商业内部的不纯；也使企业管理人员和管理费用增加。

2．农村人民公社十二条和六十条贯彻以后，集体农业和农民家庭副业、城乡手工业等生产均在向前发展。在生产上存在多种所有制形式的条件下，商品流通上也必须有多种所有制形式与之相适应。由小商小贩组织起来的集体商业组织，在目前仍然是社会主义国营商业和供销合作社的补充和助手。为了发挥小商小贩的积极性和纯洁国营商业队伍，为了适应目前改变整个商品流通呆滞情况的需要，都必须在巩固、壮大国营商业、建立供销合作社、开展农村集市贸易的同时，把并入国营、公私合营商业的一部分小商小贩调整出来，恢复合作商店与合作小组，利用他们经营方式灵活多样的特点，适应群众多种多样的需要；通过他们与集市贸易和小手工业挂钩，可以组织零散的货源；有些合作企业还可以充分利用他们的大量辅助劳动力，利用他们的传统方法训练接班人；同时，对那些徒有国营商业之名的企业，摘掉"金字招牌"，也便于群众监督，有利于对他们进行改造。

(二)恢复的步骤和方法

1. 恢复合作商店、合作小组的原则是:有利于调动小商小贩的积极性,提高服务质量;有利于活跃商品流通,适应生产和人民生活的需要。因此,对已经转为国营或公私合营商业的小商小贩,凡是不符合上述原则的,都应该坚决采取适当的步骤,调整出来组织合作商店、合作小组,在国营商业或供销合作社领导之下从事商业活动。

目前继续存在的合作商店,凡是过去按地区、按行业集中合并过大,或者不适当地改变了它们的经营管理制度,不符合上述原则的,也应当划小划细,恢复适合它们的经营管理制度。

经过调整后的合作商店、合作小组,都应该成为独立经营单位,实行独立核算、自负盈亏。实行符合它们集体化程度的经营管理和分配制度。总之应该名副其实。

归商业部门领导的手工业性质的服务性行业(如理发、缝纫、修理行业),也应该根据上述原则进行调整。调整后的组织形式、管理办法等,可按手工业合作社的有关规定办理。

2. 恢复合作商店、合作小组是继续通过合作化道路更好地对小商小贩进行社会主义改造。因此,在国营商业、合营商业把小商小贩调整出来的时候,一般不要恢复个体商业。恢复个体商业,不但容易发展资本主义自发势力,也不利于合作商店、合作小组的巩固。

合作商店是小集体,是社会主义性质的合作经济。合作小组是带有若干社会主义成分和采取个体经营形式的合作经济,也不同于个体商业。夫妻店经营灵活,是一种好形式,应该把它们组织到合作小组中去,不要搞单干。

3. 合作商店、合作小组应当主要为国营商业或供销合作社代购、代销商品,取得代购、代销手续费或批零差价。批零差价的幅度应该大一些,以鼓励他们积极经营,便利群众。代购、代销商品的价格,应该执行牌价,对高进高出的商品,进销差价应该有一个合理的幅度,要管他们的毛利率。

同时,应该允许合作商店、合作小组参加农村集市贸易;参加当地的三类物资交流会;从事城乡贩运;直接向手工业、家庭副业及城乡小商品批发市场自由进货;经过批准,也可以跨业经营。

继续发扬小商小贩的经营特点,在合作商店、合作小组的组织下,恢复货郎担子和流动饮食业,恢复游街、串乡、摆摊、送货上门、夜间售货等多种多样的服务方式,又买又卖,便利群众。

4. 调整工作应该根据各地各行业不同情况,因地制宜,统筹规划,全面安排,在深入调查研究的基础上,有计划、有步骤地进行。

因为各地各行业情况不同,调整应从当地经济需要出发,需要调整什么行业就调整什么行业,需要调整多少就调整多少,不要不切实际地规定一个死框框。同时,应该有长远打算,根据工农业生产特别是小商品生产的发展情况,逐步进行调整。

应该分期分批地一个行业一个行业地进行调整,不要"一哄而起"搞突击运动,也不要"撒胡椒面"星星点点地遍地开花。

搞一个行业就要搞够,使他们有足够的并且是合理分布的网点,真正做到能适应市场需要,或稍超过市场的需要。这样,他们之间才能有所竞争,有利于改进业务、供求适应,也有利于防止他们的投机活动。

要根据统一安排和自愿相结合的原则进行调整。对思想确有进步、不愿意离开国营商业的,对愿意参加合作商店、合作小组的,要在统一安排之下,适当照顾他们的自愿,不要勉强。要在合作商店、合作小组中配备一定的骨干。必须作好思想教育工作,使去者满意,留者安心。同时,防止国营商业和公私合营商业乘机"甩包袱"。

(三)区别小商小贩和资本家,不要把资本家调整到合作组织中去

1. 小商小贩是个体的商业劳动者,目前这一部分人在从事商贩活动的队伍中约占80%左右。合作商店、合作小组是个体商业劳动者的合作组织。在恢复合作商店、合作小组的时候,不要把资本家调整到合作组织中去。在商业的调整过程中,为了便于区分小商小贩和资本家,内部可掌握以下原则:

划分小商小贩应当以有无剥削和剥削程度的大小为主要依据,并参照本人出身成分。凡从事商业经营、没有雇用职工(不包括临时工、学徒),从事饮食、服务行业没有雇用职工或雇用职工一人(不包括临时工、学徒),而他们的经营资金在500元以下的,可划为小商小贩。

北京、上海、天津、广州、武汉、沈阳、重庆、西安等8大城市和一些物价水平较高的地区,经营资金的限额可以适当放宽。凡符合上述雇用职工条件,经营资金在1000元以下的,也可以划为小商小贩。

从事小商小贩经营以前是资本家的,仍划为资本家,不划为小商小贩。原则上也不调整他们到合作组织中去。

对由商业部门管理的手工业性质的服务行业中成员成分的划分,按照手工业规定的办法办理。

2. 为了避免引起资产阶级不必要的震动,在调整小商小贩恢复合作商店和合作小组的时候,不要公开进行划分小商小贩成分的工作,更不要搞运动。

(四)几个具体政策

1. 资金和公积金的处理

根据典型调查,城市小商小贩的资金平均每人约有120元左右;农村平均每人80元左右。根据不能剥夺劳动人民财产的精神,原则上应当退还他们的资金。并分别按以下情况进行处理。

(1)对调整出去组织合作商店、合作小组的小商小贩的资金,应该退给他们作为经营资金。原有的生财、用具,有原物的退给原物,原物已经损坏、丢失而无法退还的,可用适当的生财、用具补偿,也可以退给现金。

(2)对继续留在国营商业、公私合营商业的小商小贩的资金,暂不退还。

(3)对转业搞农业、工矿劳动或退职的小商小贩的资金,应予退还。

在上述三种情况下,小商小贩的资金未退还前均应计息。其息率已有规定的,可以不变。原来没有规定的,可以略高于银行定期存款的息率。过去未发息的,应当补发。

此外,对混杂在小商小贩队伍中的地主、富农、反、坏分子的资金,除司法机关已经判决没收者外,可以根据上述原则分别处理。

合作商店的公积金是社会主义的公共积累,应由企业专户储存,作为扩大经营、调剂淡旺、弥补亏损等之用。合作商店的公积金过去已经上缴的,不再退还。但某些小商小贩这次调整出去资金有困难的,也可以从过去的公积金中提出一部分作为他们的经营资金。

2. 工资和福利待遇

(1)工资:小商小贩的工资应当贯彻按劳分配、多劳多得的原则。合作商店成员的工资,应当大体接近同行业同工种国营、供销社、公私合营商业职工的工资标准。某些人由于服务质量较高,工作时间较长,可以允许他们多劳多得。

合作商店的工资形式,应该从有利于调动小商小贩的经营积极性出发,根据各地区、各行业的历史习惯和特点采取计件工资、基本工资加奖励工资和拆账工资等多样形式,不宜强求一律。实行基本工资加奖励工资的,奖励工资部分不要太小,以促使他们积极经营。

国营、公私合营商业中的小商小贩的工资应与职工同工同酬。辅助劳动的工资应根据他们的劳动时间和工作能力合理评定。

(2)福利待遇:合作商店、合作小组的福利待遇,应根据公益金和互助合作基金的情况逐步兴办,但最高不能超过国营、供销社、公私合营商业的水平。

在恢复合作商店、合作小组时,对他们过去带到国营、公私合营商业的公益金和互助合作基金,除已使用无法退还者外,均应退还给他们,作为举办福利事业的基金。

留在国营、公私合营商业的小商小贩的福利待遇,可按照职工待遇办理。享受某些福利待遇需要计算工龄时,他们的工龄可以从参加合作商店或者参加国营、公私合营商业时算起。

3. 盈余分配

合作商店的盈余,应兼顾国家、集体和个人三方面的利益进行分配。企业盈余按照国家规定交纳所得税外,其余部分在盈余多时多提、盈余少时少提或不提的原则下,提取公益金、奖励金(劳动分红)、资金分红和公积金等。具体比例可以由各地自订。但资金分红部分最多不能超过资金总额的10%。个人所得奖励金至多不能超过本人一个月的平均工资。

4. 老弱残病的处理

小商小贩中老弱残病人员占着相当大的比重。据天津、沈阳、哈尔滨和唐山等市的调查,60岁以上的占25%;已丧失劳动能力的占8%。对他们应当采取积极负责的精神"包下来",妥善地加以安排。

对尚有一定劳动能力的,可以继续留在国营、公私合营商业中从事力所能及的工作。如果他们愿意参加合作商店、合作小组的,也可以允许。

对已丧失劳动能力的,如本人要求退职,家庭有人扶养的，可以允许他们回家休养，退还本人的资金，另发给二至三个月的工资；如无依靠、无家可归的，由商业部门妥善安排生活。

5. 由商业部门领导的手工业性质的服务性行业(如理发、缝纫、修理等)的有关工资、福利待遇，盈余分配等，按照手工业生产合作社的规定办理。

(五)对小商小贩的管理教育

在各级党委的领导下，各有关部门应该密切配合，对小商小贩继续贯彻利用、限制、改造的政策，发挥积极作用，限制消极作用，加强对他们的改造。

1. 国营商业负责管理和改造城市和县城以下重要集镇的小商小贩，供销合作社负责管理和改造一般集镇和农村的小商小贩。对合作商店、合作小组应当按行业归口管理。主管单位应该负责作好业务安排和管理、教育工作。

2. 各地工商行政机关要加强对合作商店、合作小组的行政管理工作。对小商小贩进行登记，加强市场管理，保护正当经营，防止和取缔投机违法活动。

3. 一切合作商店、合作小组都应该坚持民主管理和勤俭办企业的方针，恢复过去行之有效的民主管理制度。要定期公布账目，重大问题要经过全体成员讨论决定。

在群众监督方面应该规定一些简易可行的制度，加强对合作商店、合作小组的群众监督。

4. 加强思想教育工作。要采取适合小商小贩生活情况和政治文化水平的方式，经常向他们进行社会主义教育，进行爱国主义和时事政策教育。帮助他们树立为人民服务的思想和集体主义的思想，帮助他们划清违法与守法的界限、资本主义和社会主义的界限，不断提高思想觉悟，提高服务质量，认真贯彻政策，克服资本主义经营思想和作风。

5. 必要时，可以成立小商小贩群众性的自我教育组织，推动他们的自我教育和改造，反映他们的意见和要求。这个组织也可以参加当地工商联为团体会员。

(选自《工商行政通报》第 192 - 193 期，1961 年 7 月 12 日)

四、历年来全国小商贩人数变化统计

	1955 年人数(万人)	截至 1957 年		截至 1959 年		截至 1960 年	
		人数(万人)	%	人数(万人)	%	人数(万人)	%
合　计	462	418	100.0	385	100.0	381	100.0
转入国、合营商业	-	59	14.1	166	43.1	200	52.5
合营未定息户	-	17	4.1	12	3.1	-	-
合作商店、合作小组	-	272	65.1	130	33.8	94	24.7
个体户	462	70	16.7	17	4.4	-	-
已离开商业战线的	-	-	-	60	15.6	87	22.8
其中:参加工农业生产	-	-	-	60	15.6	73	19.1
由公社统一安排	-	-	-	-	-	14	3.7

资料来源：根据国家统计局、商业部和我局材料估算。

(选自《工商行政通报》第 192 - 193 期，1961 年 7 月 12 日)

五、商业部、中央工商行政管理局发出关于合作商店、合作小组的若干政策问题的通知

（1962年5月5日）

（一）合作商店、合作小组的性质

合作商店、合作小组是在国营商业或者供销合作社的领导管理下，主要由小商小贩组织起来的商业组织，是对小商小贩进行社会主义改造的主要过渡形式。这种形式适应现阶段的生产发展水平、群众消费需要和小商小贩的思想觉悟水平。它是国营商业和供销合作社的补充。

合作商店实行独立核算，共负盈亏。合作小组分散经营、各负盈亏。

（二）恢复合作商店、合作小组

为了发挥小商小贩的经营积极性、适应市场需要、方便群众和整顿国营商业队伍，应当从国营商业（包括公私合营商业，下同）和供销合作社里面，把一部分原来的城乡小商小贩调整出去，分行业组织合作商店、合作小组。

调整工作应当贯彻积极稳妥的精神，按照具体情况，因地制宜地制定调整方案，分期分批，有步骤地进行，不要调得太急太猛。

1957年底以前进入国营商业和供销合作社的小商小贩，可以基本不动；1958年以来进入国营商业、供销合作社的小商小贩，应当调整一部分出去。

调整的时候，对骨干分子，技术力量，要统一安排。对老弱人员要区别不同情况妥善安置；尚有劳动能力的可以参加合作商店、合作小组，安排力所能及的工作；丧失劳动能力的，也可以商同民政部门负责安排，其中，有人赡养的，可以退职。

调整哪些行业，各行业调整出去多少人，各地可以根据不同行业的情况，具体确定。

经营商品与人民生活关系重大的行业，如粮食、棉布、大百货等，可不恢复合作商店和合作小组；但可根据需要，把这些行业的一些小商小贩调整出去，组织或参加其他行业的合作商店、合作小组。

经营零星商品的行业，如小饮食、小百货、小土产、小水产、小水果、零星蔬菜以及日用杂品等，只要调整出去可以恢复一些经营特点的，都可以根据市场需要和货源情况，进行调整。在这些行业中，国营商业或供销合作社需要根据具体情况，保留必要的网点和人员，以保证对零售市场的领导。

不需要安排货源或只需要少量货源的修理服务性行业，如理发、修补等，以及国营商业、供销合作社少经营或不经营的行业，如凉茶、鲜花等，可以多调整出去一些。

调整出去的小商小贩应当以组织合作商店为主。某些适于分散经营的行业，也可以组织一些合作小组，但一般不要搞单干。

合作商店、合作小组的规模不宜过大，集中、合并过大的，要适当划小划细。

归商业部门领导的手工业性质的行业，其组织形式、规模和管理办法等，可参照手工业合作社的有关规定办理。

（三）经营范围和活动范围

合作商店、合作小组必须遵守国家的商品采购政策、供应政策、价格政策和有关部门的规定。

对合作商店、合作小组的经营范围，要按照所属行业的历史习惯和市场具体情况划定。只允许他们在规定的经营范围内进行购销业务。货源不足的行业，经过批准，也可以兼营。

合作商店、合作小组只能经营零售业务，不准转手批发和成批出售。

合作商店、合作小组主要是为国营商业或者供销合作社经销、代销、代购。同时，可以在批准的经营范围内，从当地货栈或通过农村集市贸易服务部在集市上进货，没有货栈或农村集市贸易服务部的地区，经过批准可以在当地集市上直接采购，或者到有历史购销关系的毗邻地区进行采购。也可以向当地手工业生产单位进货。

合作商店、合作小组出售为国营商业、供销合作社经销、代销和国家供应原料加工自销的商品，必须执行当地国营商业的零售牌价。拆零出售的商品，经过批准，其销售价格可以略高于零售牌价。自行组织的商品，允许按照进货价格加合理利润出售，但必须规定合理毛利率，控制利润幅度。

合作商店、合作小组应当继续发扬原有的经营特点，应该根据需要恢复货郎担子和流动摊子，恢复串街串乡、送货上门、摆摊设点、夜间售货等多种多样的服务方式，又买又卖，便利群众。

农村的合作商店、合作小组,应当发扬过去农忙务农、农闲经商和旺季经商、淡季务农以及从事短途运销的传统经营方式。

(四)盈余分配和工资

合作商店的盈余分配应当根据兼顾国家、集体和个人利益,兼顾目前利益和长远利益的原则,在缴纳国家税款之后,合理安排公共积累和个人所得的比例。公共积累的提取,应当按照行业的具体经营情况,确定一个幅度。幅度规定之后,一般不要轻易变动。各个合作商店在本行业规定的幅度内,根据盈余多时多提、盈余少时少提或不提的原则,确定具体的提取比例。

合作商店的公积金主要用于扩大经营、增添设备、装修门面和弥补亏损。公益金主要用于成员的医疗福利事业。

在具备条件的行业中,可以从各合作商店的公积金项内,提取少量的联合公积金,用于本行业的公共建设或不计息的资金贷款,也可以按行业从各合作商店的公益金项内提取少量的联合公益金,作为对无依无靠的老弱残疾人员的补助费用。

合作商店使用公积金、联合公积金、联合公益金的时候,应征得归口领导的业务主管单位的同意。

合作小组可以根据具体情况,从各个成员的营业收入中,酌量提取一些互助合作基金,用以解决他们经营上和生活上的困难,加强小组内部的经济联系,增加社会主义的因素。

合作商店成员的工资,可以根据地区、行业的特点,采取多种多样的形式,但必须贯彻按劳分配、多劳多得的原则。合作商店的工资水平和合作小组成员的收入,应当有一个内部掌握的标准。这个标准应该是在一定时期内,按行业计算,以相当于当地同行业国营商业、供销合作社职工的工资水平为原则。如果合作商店、合作小组由于延长营业时间、增添辅助劳动力、改善经营管理、提高劳动效率以及以旺养淡等原因,其成员的收入比当地同行业国营商业、供销合作社的职工工资水平高一些,也是可以允许的。店与店之间、人与人之间的收入可以有多有少,应当承认差别,不要一律拉平。

合作商店和合作小组成员的收入超过国营商业、供销合作社职工工资水平的时候要加以具体分析区别是合理的还是不合理的,区别是暂时的还是长期的。如果有相当一部分合作商店、合作小组收入过高,应当采取相应的措施加以控制。控制办法,主要应从业务经营方面着手,比如:调整进销差价和毛利率;增设、调整一些零售网点;允许其他行业兼营属于这个行业经营的一些商品;限制它们在自由市场上的经营活动范围等等。必要时,还可以适当控制货源,或者在一定时期以后适当调整公积金的提取比例。不要简单地采取限制个人工资收入的办法。

合作商店和合作小组成员的收入过低时,应当妥善安排货源,帮助他们改善经营管理,使他们获得必要的收入,以维持生活。

(五)股金、公积金、公益金的处理

对调整出去的小商小贩的股金,应当根据不剥夺劳动人民财产的原则,退还给他们,作为经营资金,国营商业和供销合作社应当尽可能地退还给他们在经营上必需的家具和用具,使他们出去以后能够尽快地开展业务活动。

对留在国营商业和供销合作社的小商小贩的股金,仍继续给予计息或定息。

仍留在供销合作社的小商小贩,其股金在国营商业和供销合作社合并期间已并入国营商业的,应由国营商业如数移交给供销合作社。

对转入工农业生产、退职、开除或已死亡的小商小贩的股金,应当退还本人或其家属。

对混杂在小商小贩队伍中的地、富、反、坏分子的股金,除司法机关已经判决没收的以外,可以根据上述原则分别处理。

合作商店成员的股金,可以采取计息或股金分红的办法。息率和分红的比例,由各地自订,最多不能超过股金的10%。

合作商店的公积金,是社会主义公共积累。合作商店过渡为国营商业和供销合作社时,应当上缴国营商业和供销合作社。现在恢复合作商店,但这笔公积金不少地方已经动用,而且现在恢复的合作商店很多不是原摊原人,因此,一般不再退还。如果合作商店缺乏资金可以拨出一部分公积金,由合作商店保管使用,但是不退给个人或转为个人股金。

原来上缴的公积金,经过清理后,凡是其他部门动用的,应该本着谁用谁还的原则,分别交由国营商业和供销合作社保管。

有些合作商店虽然保留合作商店的名义,但

已与国营商业实行统一核算，在统一核算期间上缴的公共积累，不再退还。

合作商店、合作小组过渡为国营商业时上缴的公益金(互助合作基金)，应全部退还。

(六)对合作商店、合作小组的领导管理

应该在各级党委领导下，以商业部门为主，与有关部门密切配合，加强对小商小贩的领导管理，发挥他们的积极作用，限制他们的消极作用，做好对他们的教育、改造工作。

城市和农村的小商小贩，根据国、合分工决定，分别由国营商业和供销合作社负责管理。

国营商业和供销合作社必须建立和健全专管机构和配备必要的领导骨干，对分工管理的小商小贩加强思想领导、政策领导、计划领导和价格管理等工作，并根据“统筹兼顾、适当安排”的原则，负责他们的业务安排。

工商行政部门要会同业务主管部门研究有关合作商店、合作小组的政策，并加强对它们的行政管理，保护合法经营，取缔投机活动，限制资本主义自发势力。对合作商店、合作小组要进行登记，发给证照；对无证商贩，应坚决取缔。少数确为市场需要、本人又一贯从事正当商业活动的，可以发给证照或临时证照。

有关部门应当帮助小商小贩建立和健全地区或行业的自我教育和自我改造的群众组织，如小商小贩联合会、小商小贩代表会等，并应加强对它们的领导。小商小贩联合会也可以参加当地工商业联合会为团体会员。

合作商店、合作小组的经营管理制度，要同它们的所有制形式相符合，任何部门对合作商店、合作小组的劳动力、资财等，不能无偿占用。

在国营商业或供销合作社领导下，合作商店实行民主管理制度，有关它们的内部重要事项，都要由全体成员或店务管理委员会充分讨论。有关部门必须注意发扬民主、贯彻群众路线的工作方法。

要采取适当的方式，经常向小商小贩进行社会主义教育、爱国守法教育和时事政策教育，帮助他们树立为人民服务的思想和集体主义思想，克服各种投机违法、徇私舞弊、商品“走后门”等资本主义思想和作风，不断地提高思想觉悟。

(选自《工商行政通报》第212－213期，1962年5月10日)

六、财政部、中央工商行政管理局关于下放农村小商小贩补发工资问题的通知

(1962年8月31日)

今年3月28日中央批转统战部、国务院财贸办公室《关于下放农村安家落户的小商小贩工资、福利待遇和股金问题的处理意见》中规定：“他们的工资一律发至今年4月为止，过去有些地区在下放以后停发或者减发了他们工资的，应由原企业补发(补发时扣除劳动分配所得部分)”。最近不少地方提出了一些具体问题，要求明确，经与有关部门研究，通知如下：

(一)补发工资的范围，是指1960年以来从国营、公私合营商业和供销合作社下放农村安家落户、工资仍由原企业照发的小商小贩。

(二)补发工资所需费用，由企业列营业外支出，并在会计决算表内单列项目反映。

(三)原企业已经撤并、改组的，由原企业的上级业务主管部门以其他企业的上交利润支付，办理退库手续，并在汇编企业会计决算时，在营业外损失下单列项目反映。

(选自《工商行政通报》第221期，1962年9月14日)

七、国务院批转中央工商行政管理局关于国营商业、公私合营商业、供销合作社、合作商店和合作小组的小商小贩下放农村参加农业生产的意见的报告

(1962年10月4日)

国务院同意中央工商行政管理局《关于国营商业、公私合营商业、供销合作社、合作商店和合作小组的小商小贩下放农村参加农业生产的意见的报告》现转发给你们，在处理这个问题的时候，可参照执行。

附:关于国营商业、公私合营商业、供销合作社、合作商店和合作小组的小商小贩下放农村参加农业生产的意见的报告

在精减职工、减少城镇人口的工作中,对于国营商业、公私合营商业、供销合作社、合作商店和合作小组的小商小贩下放农村参加农业生产,现在主要有三个问题亟待解决:第一,应当掌握什么精神?怎样划几条区别对待的杠子?现在有些地方不敢动,有些地方则不考虑市场需要,不分对象,把业务技术骨干和老弱残也下放了,有的县镇甚至把一些行业的小商小贩全部放光了。第二,下放人员的待遇,按什么标准?钱从哪里出?各地的做法,有不分国营、合作,一律按职工对待的;有一律发一至三个月工资的;少数地方是“扫地出门”,既不发生产补助费,又不退还股金。第三,有的地方做法粗糙,开个会、公布名单、切断供粮关系就算了事,到农村后一些实际问题得不到解决,许多人回来闹安排或者流散成为社会的投机力量。据安徽宿县反映,全县下放413人中,搞投机活动的即占80%左右。

为了做好对小商小贩下放农村的工作,不少地方要求对上述问题明确一些政策界限。现将我们与各地和中央有关部门几次座谈研究的意见报告如下:

(一)对于小商小贩下放农村参加农业生产,应当根据中共中央、国务院关于精减职工、减少城镇人口的有关指示的精神,结合小商小贩的具体情况和市场的需要,分别不同对象,区别对待。

1.1958年以后来自农村和1957年底以前即从事商业经营、家在农村、有参加农业生产能力的,一般应当回乡。但其中少数有专业技能的人员可予保留。

2.家庭长期居住城镇的,一般不下放农村。如果有条件回乡落户,确系自愿申请的可以批准。

3.国营、公私合营商业中,凡属全面公私合营高潮期间和以前参加公私合营有定息的小商小贩,按照1962年7月16日国务院《关于在精简工作中妥善安置资产阶级工商业者的若干具体规定》办理。

4.老弱残人员应当妥善安置,不要下放农村。家在农村、有亲属赡养、确系自愿申请回乡的,也可以批准。

(二)对小商小贩下放农村的待遇:

1.从国营、公私合营商业和供销合作社下放的,与职工同样对待。在计算工龄时,原为合作商店的成员,自参加合作商店时算起;原为合作小组的成员和个体商贩,自参加国营、公私合营商业和供销合作社时算起。

2.从合作商店下放的,应发给生产补助费。具体标准由各省、自治区、直辖市业务主管部门根据不超过国营职工的原则制定,报省、自治区、直辖市人民委员会批准。本人和随行的供养亲属的车旅费、途中伙食补助费,根据本人的经济情况,酌情补助。口粮按回乡的职工对待。补助费用,由合作商店的公积金支付。企业支付有困难的,可以由行业、地区的联合公积金或者由过去上缴国营商业、供销合作社在银行专户储存的公积金支付。

3.合作小组和有证的个体经营的小商小贩,原则上按还乡、下乡的居民对待,所需补助费用由城市减人遣散费支付。但如果是1961年以来从国营、公私合营商业和供销合作社调整出来和从合作商店划分出来的,可以按照合作商店的成员对待,费用由过去上缴国营商业、供销合作社在银行专户储存的公积金支付。

4.1962年1月1日以来已经下放农村的小商小贩,所领退职补助费或生产补助费少于应领数额的,可以酌情补发其差额部分。

(三)下放农村参加农业生产的小商小贩的原有股金,应当退还给本人,但一般不退还实物。

(四)对于下放农村参加农业生产的小商小贩,应当切实做好思想工作,妥善安置他们的生产和生活,制止他们从事投机违法活动。1962年以来个别确实下放不当而本人有意见的,应当由原单位调回,另行安置。

以上意见,如属可行,请批转各省、自治区、直辖市参照执行。

(选自《工商行政通报》第224期,1962年10月29日)

八、国务院批转中央工商行政管理局关于妥善安置国营商业、公私合营商业、供销合作社、合作商店和合作小组中老弱残的小商小贩的意见的报告

(1962年10月5日)

国务院同意中央工商行政管理局《关于妥善安

置国营商业、公私合营商业、供销合作社、合作商店和合作小组中老弱残的小商小贩的意见的报告》,现在发给你们,请参照执行。

附:关于妥善安置国营商业、公私合营商业、供销合作社、合作商店和合作小组中老弱残的小商小贩的意见的报告

全国国营商业、公私合营商业、供销合作社、合作商店和合作小组的276万小商小贩中,据典型调查推算,年满60岁以上的约占20%,即55万人左右;已丧失劳动能力的,约占9%,即25万人左右。大量的老弱残人员留在国营、公私合营商业和供销合作社里面,同企业提高工作效率、加强经济核算的要求有矛盾;合作商店老弱残人员过多,也会增加企业经营上的困难,加重成员的负担。现在有些合作商店在册的人员不少,干活的却不多,有的一个人平均要养两个人;工作的人不积极,被养的人不安心。目前,各地对老弱残小商小贩的处理,办法不一,有的已经把丧失劳动能力而又无依无靠的人推出去搞单干,或者下放农村,在群众中影响很不好。因此,有必要区别不同情况,采取多种多样的办法,妥善地加以安置,使他们能够维持生活,老有所终。我们与各地和中央有关部门进行了几次座谈研究,现提出以下处理意见:

一、国营、公私合营商业中的老弱残的小商小贩,凡属于全面公私合营高潮期间和以前参加公私合营有定息的,应当按照1962年7月16日国务院《关于资产阶级工商业者退休问题的补充规定》办理。

有些地方有一小部分私营企业,延续到1957年才完成全面公私合营,这是属于合营高潮的扫尾性质。对这些企业中在职的有定息的老弱残的小商小贩,也应参照上述规定处理。

除上述范围以外,现在在国营、公私合营商业和供销合作社的,可按以下办法,分别进行处理:

(一)对尚有一定劳动能力的老弱残的小商小贩,属于1957年底以前进来的,除少数自愿要求退出去搞合作商店、合作小组的可以允许以外,其余的原则上不退出去,由原单位安排他们力所能及的工作。

1958年以后进来的老弱残的小商小贩,除了国营、公私合营商业和供销合作社需要留用的以外,可以退出去组织或参加合作商店、合作小组。有些宜于从事个体经营的,也可以允许。国营商业和供销合作社应当采取多种办法,切实做好业务安排,使他们能够维持生活。

(二)对已经丧失劳动能力的小商小贩,今后不要再调整到合作商店、合作小组中去。家庭有人赡养的,可以退职。退职的时候,除退还股金外,按照职工退职办法,发给退职补助费。发补助费时的工龄计算:原为合作商店的成员,自参加合作商店时算起;原为合作小组的成员和个体商贩,自参加国营、公私合营商业和供销合作社时算起。

无人赡养的小商小贩,可以按照对无依无靠的老弱残职工的安置办法进行处理。股金退还。

二、合作商店中的老弱残的小商小贩,按以下办法予以处置:

(一)对尚有一定劳动能力的,应当在合作商店中安排他们力所能及的工作。如果家庭有辅助劳动力,自愿退出去参加合作小组或从事个体经营的,可以允许。

(二)对已丧失劳动能力、家庭有人赡养、本人自愿退职的,可以允许。退职时,除退还股金和发给本人当月工资以外,可根据参加合作商店时间(包括在国营、公私合营商业和供销合作社工作的时间)的长短,另发给本人3至7个月工资的退职补助费。退职补助费由企业公积金中支付。企业支付如有困难,可以由行业、地区的联合公积金或者由过去上缴国营商业、供销合作社的公积金中支付。

(三)对已丧失劳动能力无依无靠的小商小贩,可以参照对无依无靠的老弱残职工的救济费标准,按月发给生活费。生活费由企业的公益金或行业、地区的联合公益金中支付;如不敷用,可以根据实际需要,适当多提一些公益金或者联合公益金。

三、合作小组中已丧失劳动能力无依无靠的小商小贩,可以由合作小组的互助合作基金或者行业、地区的联合公益金中按月支付生活费,也可以商同民政部门按社会救济对象发给救济费。

以上意见,如无不妥,请批转各省、自治区、直辖市人民委员会参照办理。

(选自《工商行政通报》第224期,1962年10月29日)

九、商业部、中央工商行政管理局、全国供销合作总社关于加强小商小贩工作联系点、布置重点地区小商小贩基本情况报表制度的通知

为了系统地掌握小商小贩的动向,研究有关政策,加强改造工作,商业部、中央工商行政管理局、全国供销合作总社于3月7日下达了一套《重点地区小商小贩基本情况月报表》,要求各省、自治区、直辖市商业厅(局)、供销合作社研究布置,并通知如下:

(一)小商小贩工作联系点由省、自治区、直辖市选定。省、自治区选择一至二个市的商业局(包括分设的几个商业局)、一至二个县的商业局和三至四个县的供销合作社为联系点;直辖市选择一个区的商业局(包括分设的几个商业局)、一个县的商业局和一个县的供销合作社为联系点。内蒙古、宁夏、青海、新疆四个省、自治区可少选或者不选联系点。省、自治区过去已经指定的联系点,如工作基础较好、能够按期报送材料的,可予保留;否则应当重新选定。选定的联系点,请于3月20日前分别报告商业部、中央工商行政管理局和全国供销合作总社。

(二)小商小贩工作联系点应经常报送有关报告和调查资料,并指定一个重点区、镇国营商业部门和供销合作社负责填报《重点地区小商小贩基本情况月报表》。直辖市和专辖市(均不包括市属县)如能按照报表规定的指标,对全市的情况进行统计的,可由市商业局(包括分设的几个商业局)的对私改造部门负责汇总,不再另行指定一个区负责填报。

在填送报表的时候,应当附送文字说明和必要的分析。

(三)报表下达后,各重点地区请补报1、2月份的报表,如果统计有困难的,请搜集有关资料进行估算。

(四)报表和有关材料的报送:国营商业系统,直接报送商业部和中央工商行政管理局各一份;供销合作社系统,直接报送全国供销合作总社和中央工商行政管理局各一份。

(五)为了提高小商小贩基本情况月报表的质量,请各小商小贩工作联系点加强对这一制度执行情况的检查,以保证报表及时报送,力求准确。

(选自《工商行政通报》第234期,1963年3月28日)

十、湖南省人民委员会发出关于迅速调整合作商店规模问题的通知

(1963年4月17日)

1963年4月17日湖南省人民委员会发出通知。通知中指出,关于合作商店的规模问题,省人民委员会曾经多次强调不宜过大,近据各地反映,有的地区的合作商店规模仍然过大,机构重迭,人员集中过多的现象也很严重。如湘潭市东风南杂合作商店,除总店外,下设11个分店,4个基层点,成员71人。湘阴县沅潭前进合作商店,下设南杂门市部7个,百货、文具、陶瓷门市部各2个,果杂门市部1个,并伸到附近的农业生产大队购销点5个。

实践证明,合作商店实行大核算后,出现的问题是:(1)资金多,投机性大,不利于小商小贩的改造;(2)摊子大,成员复杂,不便于领导管理;(3)成员容易产生吃大锅饭的思想,不利于发挥其经营积极性;(4)不利于合作商店原有经营灵活特点的发挥;(5)机构重迭,费用增加,不利于改善经营管理。

为了进一步加强对小商小贩的社会主义改造,正确地发挥其经营积极性,以便使他们在国营商业和供销合作社的领导下,更好地为市场服务,现对合作商店的规模问题,作如下规定:

1.合作商店的规模应以一个门市部为一个商店,为一个核算单位,在一个单位内实行共负盈亏。不应设立总店、分店、供应点等机构,过去已设有的,应迅速纠正。

2.合作商店的人员不宜过多,一般应以5—10人为宜,最多不超过15人,但应根据行业情况的不同具体确定。过去集中、合并过多的,应迅速进行合理调整。

3.合作商店的经营范围,应合理规定,一经规定,原则上不准跨业经营。但根据历史习惯或者某些行业的货源不足,经归口部门批准,可以把业务相近的或季节性差别较大的某些行业,并为一个行业相互兼营,也可以允许某一行业兼营另一行业的一部分商品,但一般不成立综合性的合作商店。

（选自《工商行政通报》第 238 期，1963 年 5 月 30 日）

十一、国务院批转中央手工业管理总局、中央工商行政管理局关于加强城镇个体手工业管理和改造工作的报告

（1963 年 4 月 17 日）

国务院同意中央手工业管理总局、中央工商行政管理局《关于加强城镇个体手工业管理和改造工作的报告》，现在转发给你们，请结合具体情况研究执行。

加强对个体手工业的管理和改造工作，是关系到整顿市场、加强社会主义阵地，巩固手工业集体经济的一项重要措施。各级手工业管理部门、工商行政部门、税务部门以及其他有关部门应该密切配合，继续贯彻执行对个体手工业者的团结、教育、改造的方针。既要正确发挥他们在社会主义经济领导下对社会需要的一定的补充作用，又要坚决打击投机倒把和其他非法经营活动，制止盲目发展。当前的重点，应当更多地注意打击投机活动。对于自发的个体手工业者，应当分别不同情况，进行一次全面的清理整顿，根据《工商企业登记管理试行办法》，做好登记管理工作。

个体手工业者的根本出路是组织起来走合作化道路。因此，在清理整顿的基础上，应该根据需要和可能逐步地加以组织，进行社会主义改造。

附：关于加强城镇个体手工业管理和改造工作的报告

去年以来，个体手工业者大量增加。据初步估算，现在全国将近有 100 万人，比 1961 年底 30 万人增加两倍多。随着个体手工业者的大量增加，资本主义的自发倾向有所滋长，粗制滥造、哄抬价格、偷税漏税、雇工剥削、投机倒把等违反国家政策的行为不断发生，直接冲击了手工业集体经济，并且影响到社会主义的正常生产和市场秩序。因此，在正确发挥个体手工业对社会主义经济的补充作用的同时，还必须切实加强对它们的领导管理和改造，现在将我们对加强城镇个体手工业管理和改造问题的意见，报告如下：

（一）清理整顿自发的个体手工业户。这一工作，必须同安置社会闲散劳动力，整顿市场，取缔投机活动相结合，根据不同人员、不同行业的情况，区别对待，并且有意识地淘汰一批。

1.对于从事雇工、包工剥削和一贯进行投机倒把活动的，坚决取缔。

2.对于在职职工、手工业合作社社员、在学学生和一切私自离职人员，应当坚决制止他们从事个体手工业经营。在私自离职人员中没有严重投机违法行为并确有悔改表现的，经原单位的同意，可以允许回到原单位工作。

3.对于已经确定精减压缩回乡和下放农村的人员及盲目流入城市的人员，凡是从事手工业经营的，应当限期停业，动员回农村。

4.除了应该动员回农村的人员以外，对于大中城市中的闲散劳动力，应该根据中共中央、国务院《关于当前城市工作若干问题的指示》，由劳动部门、民政部门和市、区街道组织，尽可能组织他们参加临时性的生产和服务性的工作，或者进行家庭副业生产。至于少数生活困难又无其他出路的社会闲散劳动力，也可以根据市场需要，批准一些当地有户口、本人具有一定技术能力的人从事个体手工业经营。小城市中的闲散劳动力，也可以结合当地具体情况参照上述精神办理。

在批准的时候，掌握上要有宽有严，在一般的情况下，修理服务行业可以适当从宽，制造性行业应当从严；利用废品、旧料的可以适当从宽，同工厂、手工业社争原料的应当从严；手工业生产力量不足的地方可以适当从宽，现有手工业生产力量已经能够满足市场需要的地方应当从严。

对于过去已经核准开业的个体手工业户，也应当根据上述原则，重新审查，分别处理。

对于某些农村中按照传统习惯到城镇从事季节性修理服务的手工业人员，如磨刀磨剪等，可以允许他们串街游巷，为居民服务。

（二）做好登记发照及开业的管理工作。自发的个体手工业户，应当先经手工业管理部门审查同意，并经县、市登记主管机关核准，发给临时开业证照。未经核准开业的，一律予以取缔。今后凡是要求开业的，一律要先办理登记，经核准之后，始得经营。

（三）有领导地逐步地进行社会主义改造。对于个体手工业者的根本方针，是要通过合作化道路把他们组织起来。但是目前个体手工业户的情况

比较复杂,不少是临时谋生的,随着市场的进一步好转和物价、税收等政策的进一步贯彻执行,有一部分将要逐步淘汰。因此对个体手工业者应当分别不同情况,根据社会需要和本人自愿的原则,逐步加以组织。对于那些家庭一向居住城镇、一贯从事手工业生产,或者由工厂精减下来的技术工人,根据手工业生产合作社的需要,尽先吸收入社。少数有条件的个体手工业者,在经过当地手工业部门批准以后,也可以单独组织新的手工业生产合作社、手工业供销生产社或者手工业合作小组。条件不成熟的,不要轻易吸收入社或者组织新的合作社(组)。

(四)加强领导管理和教育工作,取缔投机倒把活动。

1.对于核准开业的个体手工业户,允许他们按照规定的业务范围,在社会主义经济领导下,从事正当经营。国家根据需要和可能,可以适当供应他们一部分原料、材料。不准他们向投机商贩购买原料、材料,不准转手批发,倒买倒卖。

2.个体手工业者原则上不准合伙经营;一律不准雇工、包工或者其他变相剥削。个别行业经过批准,可以带一两个徒工,但应给予合理报酬。

3.手工业管理部门、工商行政管理部门和税务、物价等有关部门要密切配合,对他们的经营作风、价格、产品质量等及时进行检查,不许粗制滥造,防止偷税漏税,严禁哄抬价格非法暴利,取缔投机活动。

4.对个体手工业者应该按行业、按地区编成小组,以便于加强管理,加强社会主义教育和爱国守法教育,进行同行议价、民主评税等活动。

个体手工业者的情况很复杂,建议各地在进行清理整顿工作的时候,切实注意总结经验,并且结合当地实际情况,制订具体的管理办法。

(选自《工商行政通报》第 238 期,1963 年 5 月 30 日)

十二、黑龙江有关单位发出制止游散药商贩卖药品的通知

黑龙江省有关单位发现,近 1、2 年来,有些不法药贩到处流窜私自倒贩药品,直接向群众销售。这些非法药贩身份不明,药品来源不清,卖药过程中夸大宣传药品效能,欺骗群众,牟取暴利,给人民群众造成经济上的损失,延误了疾病的治疗。更严重的是:有些药贩还倒卖“麻黄素”、“安那加”等限制性毒剧药品,损害了群众的身体健康。

为了维护社会秩序,保证人民生命财产的安全,该省卫生厅、公安厅、商业厅、市场物价管理局、供销合作社最近联合发出了如下通知:

一、除国营专业公司、医药公司和指定的商业和供销部门可以直接向群众销售中西药或成药外,其他任何单位或个人均不准直接向群众销售中西药品或成药。

二、对不论外地流入的非本地的游散药商(贩),不论有无证件,一律不准直接向群众销售药品或成药。各有关部门均不得批准其贩卖,应严加取缔。

三、对游散药商(贩)倒运或贩卖的药品,应严加审查,追究来源。如药品质量好,当地又需要的品种,可由当地医药、药材经营部门按当地进货价格收购;如当地不需要的品种,可准其带走;伪劣药品应由当地卫生部门监督就地销毁;对屡教不改的游散药商和从事长途贩运药品的投机分子所贩药品不论质量合格与否,应给予没收。

出售伪劣药品及毒麻药品欺骗群众者,除没收其全部药品外,并应对当事人及所持伪劣药品进行追究,予以严肃处理。情节严重者交司法部门依法惩处。

四、在加强游散药商(贩)管理的同时,各地医药、药材经营部门和供销合作社必须加强药品供应工作,保证广大群众就医用药的需要,为此:

1.各市、县医药、药材公司(商店)和供销社,必须根据本地需要,积极组织货源,合理安排供应网点,加强批零业务。大力开展药品下乡工作,进一步做好对城市、工、矿、林垦区各级有组织医疗单位的供应。严格防止投机、套购,“走后门”和单纯借加速资金周转,扭转亏损,不顾毒麻药品管理规定和药品质量而随意滥卖药品的现象。

2.各级医疗单位必须积极主动地面向人民群众,面向生产,做好医疗工作,并积极指导当地供应单位开展成药经营工作。设在交通不便地区的医疗单位也可不经过挂号诊断按国营商业牌价代售成药。

3.各地卫生和药品经营单位,应积极开展对群众医药卫生和用药知识的宣传工作,不断提高群众医药知识水平,使其正确地就医用药,保护身体健康,以利生产。

五、各级公安、商业、供销、卫生、市场物价管理部门,必须加强联系,紧密合作,结合本部门业务,经常注意掌握上述情况,发现问题,报告有关部门及时处理,以维护国家和人民的利益,更好地支援农业生产和社会主义建设。

(选自《工商行政通报》第239期,1963年6月14日)

十三、内蒙古自治区颁发合作药店药贩管理试行办法

1963年4月19日内蒙古自治区工商行政管理局、内蒙古自治区卫生厅颁发了《内蒙古自治区对合作药店、药贩管理试行办法》,规定如下:

一、为保证人民用药安全与有效,防止不法药商投机倒把牟取暴利,出售毒品及伪劣药品,危害人民健康,特制定本办法。

二、凡经营中西蒙药品之合作药店及摊贩,如当地需要时,必须经县以上卫生行政部门审查同意和工商行政部门批准发给营业执照,方准营业。如系摊贩,必须在指定的经营地点经营,不得随意流动。

三、凡未经卫生行政部门审查同意和工商行政部门批准的私自出售中西蒙药品的游散药商、药贩(包括区外流入的)应一律取缔。如经查获,可将其药品由当地国营医药供应部门按批发价格予以收购;若有抗拒管理或屡教不改者,工商行政部门可将其药品没收,并将没收药品交卫生行政部门处理。但对其中有以假充真等投机违法行为者,应送交有关部门,依法处理。

四、经营药品的合作药店,不得经营麻醉药品(除麻醉药品经营点外其他国营医药供应部门也不准经营),化学药品,特种药品。摊贩以经营一般中西成药为限,不得经营原料药品,毒、麻、限制性剧药及其制剂(品名从略)。

五、凡经卫生行政部门批准开业的个体医生,一般不得经营药品(凭自己处方调配者例外)。如需要经营药品时,必须经卫生行政部门审查同意和工商行政部门批准,发给营业证照,方准经营。并且一般不得供应麻醉药品;毒药、限制性剧药亦应以常用者为限。

六、所经营的药品,应由地方国营医药经营部门进货,应按规定价格出售,不得自行变动价格。

七、经营药品的合作药店、摊贩不得私自配制中西蒙成药,印制方单,夸大宣传药品疗效或自行分装。

八、凡经营中西蒙药品之合作药店及摊贩,必须掌握所经营药品的知识,如发现质量有疑的药品,应主动送药检部门检验(检验费自己负责),并立即停止出售,否则,如经工商行政部门和卫生行政部门检查发现,有以假充真,贩卖伪劣、过期、失效、霉蛀变质的药品,则根据情节轻重,依法惩处。

九、严禁在市场上以“耍武术” “变戏法” “保治保好”等方式,夸大成药效果的宣传,迷惑群众,以高价出售成药、假药,牟取暴利。

十、凡经批准之合作药店及摊贩,应服从国营医药经营部门的领导和管理(包括思想领导、政策领导和价格管理、业务安排等),并且接受工商行政部门和卫生行政部门的检查,以及群众监督。

十一、违反以上规定之一者,根据情节,给予批评教育,公开检讨,罚款,没收经营实物,限期停业,撤销营业执照,情节严重者应送交司法部门依法处理。

十二、本规定自公布之日起实行。

(选自《工商行政通报》第239期,1963年6月14日)

十四、商业部对确定升级(转为国营)合作商店资财处理的意见

(1965年9月3日)

根据中央财贸工作会议纪要的精神,部分地区准备将少数具备条件的合作商店经过清理整顿以后,升级为国营商业。为了正确处理升级合作商店的资财,保证做到不错不乱,兹对升级为国营商业的合作商店的资财处理,提出以下意见:

一、确定升级为国营商业的合作商店的全部固定资产、流动资产和留存本店的公积金应随企业转交给国营商业部门。在转交时,应将全部固定资产、流动资产和留存在本店的公积金进行全面彻底清查盘点,做到有物有账,账实相符,不得隐瞒、遗漏和弄虚作假。在清查盘点后,应按实有财产造出清册。有账无物的,在清查落实后,应作报损处理。

二、对于商品,除清查盘点数量外,并应按照质量

认真落实价值:对于好商品,进货价未变的,可按账面价值计算;进货价已调整的,应按调整后的进货价落实。对于质次价高和残损变质商品,应当按质论价落实库存价值;已无使用价值的,应当经过鉴定,进行报废处理。总的应当实事求是,既要防止不分好坏由国营商业部门包揽,给国家造成损失,也要注意合情合理。对固定资产和低值易耗品,应该按减除应提折旧和应计摊销以后的净值计算。

三、对于债权债务和一切资金、账务悬案,在升级前应当进行彻底清理:该收的收回,该偿还的偿还,该报销呆账损失的,在取得合法证明后应当报销;合作商店的个人欠款,应当查清落实,原则上都应由个人归还。其中确有因生活困难,或医疗费用等花费较多,以致拖欠归还不了的,经过群众讨论,主管部门批准,可以从合作商店公益金中列支销账;属于挥霍浪费拖欠的,必须由个人归还,不得从公益金中处理。在合作商店升级为国营时,原则上要求对于一切债权债务、资金、账务悬案,都应处理清楚,不留尾巴。

四、所有以上清查盘点损失,落实商品价值损失,和处理呆账、资金悬案损失,都以冲销升级合作商店的公积金处理。

五、确定"升级"的合作商店如果经营亏损,应首先用企业积累(包括公积金,公益金)弥补;企业积累不足以弥补或者没有积累的,可以用股金弥补,按成员股金数额,比例分摊,不再留尾巴。

六、升级合作商店的公益金,应按已经确定的人员升、留比例,分别转交给国营商业和调入的合作商店。转入国营企业人员的股金,属于职工、青年学生的,可以退还;属于其他成员的,可以转交给国营商业暂存计息。调到其他合作商店的人员的股金,随人转移。

七、在清理完毕,应当作出升级合作商店的新的资产负债表,连同实有财产清册,经过审查批准,作为随企业转交国营商业部门的依据。

八、合作商店在升级为国营商业企业以后,其所有的经营管理制度(包括财务会计制度),除另有规定的以外,都应按照国营商业的规定办理。合作商店在升级为国营商业企业后实行独立核算的,应当根据升级的新的资产负债表和实有财产清册,按照国营商品的会计制度规定建立新账,将所有流动资产和固定资产记入新账的各资产科目内;将未退还的股金,列入"代管合作商店股金"科目;将公积金收作国家流动资金,列入"拨入流动资金"科目;将公益金,并入"医药福利基金"科目;如有修建基金,即列入"固定资产复置及更新资金"科目。如果合作商店在升级后作为国营商业企业的门市部实行报账制不独立核算的,应由独立核算的国营商业企业按照上述规定办理,并与转为国营企业的门市部建立报账制度。

九、升级合作商店的档案文件、印信、合同、契约等,应当随同企业转交国营商业部门,按照国营商业部门的规定办理。销毁时,应当经过批准。

以上意见供各地国营商业部门与工商行政部门研究确定合作商店升级有关资财处理的参考。

(选自《工商行政通报》第292期,1965年9月20日)

十五、中央工商行政管理局、中华全国供销合作总社印发《农村小商小贩改造工作座谈会纪要》

(1965年9月17日)

现将《农村小商小贩改造工作座谈会纪要》发给你们,希参照执行,并请将执行中的情况、经验和问题,随时报给我们。

附:农村小商小贩改造工作座谈会纪要

为了适应商业工作面向农村、活跃农村市场的要求,进一步加强对农村小商小贩的利用、限制、改造,使他们对社会主义商业起补充作用,我们于8月上旬,邀集河北、辽宁、陕西、安徽、江苏、浙江、河南、湖北、广东、四川、贵州等11个省和6个县的同志,进行了座谈,纪要如下。

(一)正确贯彻利用、限制、改造政策

据1964年底统计,全国由供销合作社归口改造的小商小贩共有113万人,其中:合作商店73.3万人,合作小组11.7万人,个体商贩28万人。地区分布是不平衡的,北方少,南方多。仅四川、江苏、浙江、安徽、广东五个省就占全国农村小商小贩的60%,比这些省的农村基层供销合作社职工人数多一倍以上。

近几年来,农村小商小贩队伍变化很大,出去了一批,也进来了一批,现有人数比1957年有所减少,但比1962年有所增加。据若干典型调查材料,

合作商店中，小商小贩约占67%，职工和青年学生约占15%，地富反坏分子约占3%，伪军政人员、社会渣滓和其他剥削阶级分子约占15%。总的看来，劳动人民还是占大多数，但队伍的情况是复杂的。

农村小商小贩人数众多，零星购销，游街串巷，短途运输，有方便群众的经营长处，是农村商业中一个不可忽视的补充力量。但是他们过去从事个体商业经营，受资本主义的影响较深，有自发的资本主义倾向，社会主义和资本主义两条道路的斗争相当严重。应当正确利用他们的补充作用，严格限制他们的消极作用，加强对他们进行社会主义改造。

近几年来，对农村小商小贩的改造工作是有成绩的。但是，在工作中，有些地区，有些时候，注意了利用，往往忽视改造；注意了改造，又往往忽视利用，政治思想教育工作则一直是薄弱的。当前加强农村商业工作，国营商业和供销合作社的任务十分繁重。对农村小商小贩，要加强思想政治工作，正确地利用他们，认真改造他们，在开展小土特产品和小工业品购销工作中，注意调动他们的经营积极性，正确地发挥他们的补充作用。任何片面的做法和忽视改造的单纯业务观点都是不对的。

（二）搞好四清运动

应当根据中央《二十三条》和《中央财贸政治部关于财贸部门四清运动几点意见的报告》的精神，把合作商店、合作小组的四清运动搞好。千万不要漏掉，千万不要走过场。

已经进行四清的地区和行业，把它们漏掉了或者走了过场的，应当请示当地党委，组织力量，进行补课。

尚未进行四清的地区和行业，应当进行清理整顿，加强社会主义教育。

（三）建立政治指导员制度

建立政治指导员制度，是落实合作商店、合作小组政治思想工作的一个重要环节，要尽快建立起来。

政治指导员的任务是：以毛泽东思想为统帅，以阶级斗争和两条道路斗争为纲，加强社会主义教育和爱国守法教育，兴无灭资，不断提高小商小贩的社会主义觉悟；贯彻党和国家对小商小贩的利用、限制、改造政策；督促合作商店、合作小组遵守政策法令，民主办店，勤俭办店，同资本主义自发倾向做斗争，同一切损害国家、集体和群众利益的行为做斗争、依靠群众，监督改造坏人。

政治指导员在工作中要依靠合作商店、合作小组中政治思想比较好、坚持走社会主义道路的职工、小贩和贫苦小商，并注意把他们当中的积极分子选拔到领导岗位上来，建立好的领导核心。

政治指导员，应当选择政治上比较强、有一定工作能力的共产党员充任，列入供销合作社的企业编制，工资由供销合作社开支，受基层供销合作社党支部的领导。

建议各地财贸政治部门把小商小贩的政治思想工作切实管起来，定期布置任务，加强检查督促。

（四）适当安排小商小贩的业务

活跃农村市场，主要是依靠社会主义商业的力量，而不是依靠小商小贩。要保证社会主义商业对农村零售市场的领导。但是对于小商小贩的业务也应当统筹兼顾，适当安排。使他们有饭吃，又不能吃得过多。既要正确利用小商小贩的补充作用，方便群众购买，又要严格防止他们滋长资本主义自发势力。

在货源供应上要按具体情况区别对待。对合作小组、个体商贩，和对工资、公积金还没有管起来的合作商店，都要控制得严一些；对能把工资、公积金管起来的合作商店，可以宽一些。紧张商品要从严控制；需要推销的商品可以放宽。棉布、针棉织品等大商品，不准小商小贩经营；小工业品和小土特产品，应鼓励他们积极经营。销量大的日用必需品，按市场需要、方便群众购买和小商小贩的经营情况，控制安排。

今年上半年农村小商小贩所占的经营比重，从24个县的典型材料看，比去年同期大约减少了3%。目前，与供销合作社比较，大约为2:8。但在地区和行业之间是不平衡的。北方各省一般不到10%，南方的省有达30%～40%的。分行业看，纯商业、小商小贩的经营比重约占18%，其中还包括为国营商业、供销合作社的代销营业额；饮食业、服务业，约占60%。现在全国大约还有30%的主要集镇没有国营商业、供销合作社的饮食网点。一些地区和行业小商小贩经营比重过大，是和他们的人员过多分不开的，也有的是因为我们力量不足，有意识地让他们多经营了一些，还有的是一部分小商小贩违反政策,任意扩大经营。

对小商小贩的经营比重应当合理控制,比重过大的要逐步压下来。但在具体掌握上,必须从实际出发,具体分析,区别对待。

对一些与国计民生关系密切的主要行业,小商小贩经营比重过大的,应当清理压缩小商小贩的人员,增设供销合作社网点,把条件好的合作商店改变为供销合作社的门市部,逐步缩小他们的经营比重。采取上述措施后,比重仍然较大的,可以适当扩大代销商品的范围,把公积金和工资收入切实管起来。这样,他们的比重暂时大一些是可以允许的。不要单纯为压缩比重简单地抽商品,卡货源,影响市场供应,不便群众购买,挤得他们没有事做,没有饭吃,也不利于改造。

对于一些与国计民生关系不大的次要行业,在我们力量不足的情况下,只要加强管理,把公积金和工资收入控制住,可以允许他们适当地多经营一些。

(五)组织小商小贩上山下乡

在供销合作社的领导下,组织小商小贩上山下乡,既有利于推销一些小商品和收购一些零星小土特产品,也有利于对小商小贩的改造。可以在供销合作社的带领或统一安排下,串乡串户,又购又销,实行定人、定点、定时间、定任务,逐步做到经常化;也可以选择条件较好的下放为生产队的代购代销员。也可以让集镇上的合作商店,下伸农村设点。

对上山下乡的小商小贩,要做好政治思想工作,帮助他们解决经营上、生活上的一些实际困难。要建立严密的管理制度,依靠生产队、贫下中农协会对他们进行监督,防止他们搞资本主义。上山下乡劳动强度较大的,可使他们的收入比集镇上坐店经营的高一些;需要一揽子经营和流动性较大的,对经营范围和经营地区的掌握也要灵活一些。

(六)把一部分条件好的合作商店改为供销合作社的网点

把一部分条件好的合作商店改为供销合作社的网点,是为了供销合作社在某些阵地上前进,特别是集镇的饮食店、照相馆、交通要道的旅馆等。

改合作商店为供销合作社网点要从严掌握。必须经过四清或整顿,必须报经省、市、自治区批准。改变时,一般应原店原人转移。为了保持供销合作社队伍的纯洁,对其原有人员,必须进行严格审查,不要把一些不合格的人员也转移进来,使国家背包袱,更不要把一些地富反坏分子吸收进来。对不吸收的人员,要另外妥善安置。改变时,企业的公积金随店转移,公益金按人员升留比例,分别转供销合作社或调入合作商店。股金,属于职工和青年学生的发还,属于其他成员的,转到供销合作社暂存计息。吸收人员的工资,暂时维持原来水平,福利待遇按职工对待。

(七)控制小商小贩的人数

对合作商店、合作小组、个体商贩的人数要严加控制,只能减少,不能增加。

任何部门、任何人都不得在合作商店中随意安插人员,更不许挂名领薪。严禁合作商店私招乱雇。合作商店需要增加会计以及理发、饮食等技术性行业需要增加学徒时,应报县、市人民委员会批准。

目前人员过多的地区和行业,应区别不同情况,在做好思想工作和落实生活出路的基础上,根据可能,采取多种办法,逐步进行清理压缩。可以动员一部分人转入农业或其他生产劳动。合作商店中过去擅自离职的人员,不再吸收回店。

(八)安置合作商店的老弱残人员

合作商店中老弱残人员约占20%左右,已经丧失劳动能力的约占5%到10%。妥善安置这一部分人员,有利于提高合作商店的劳动效率,有利于社会主义建设。因此应当本着积极慎重的精神,妥善安置。

安置老弱残人员应当实事求是,不要硬定指标,规定任务。凡是能做些轻便工作的,应当继续安排适当工作。已经丧失劳动能力的,动员退职,发给退职补助费;对于无依无靠的,按月发给生活费。处理时要注意做好思想工作,特别是家属的思想工作。

(九)加强对小商小贩的管理

贯彻按行业归口的原则。国营商业、供销合作社归口管理的单位,既要负责对小商小贩的业务领导,又要负责对他们的政治思想教育工作。工商行政部门要协同国营商业、供销合作社加强对合作商店、合作小组和个体商贩的教育、管理和改造工作。

继续贯彻今年1月中央财贸工作座谈会纪要中关于“七不准”的规定。结合农村特点，因地因时制宜，规定什么是准许的，什么是不准许的。在加强管理时，要把打击小商小贩的投机倒把活动和正确利用他们的补充作用区别开来，把制止违法经营和组织正当经营区别开来。

对合作商店、合作小组和个体商贩每年要进行一次清理整顿，打击歪风邪气，整顿队伍，加强社会主义教育，不断同资本主义自发势力做斗争。

（选自《工商行政通报》第294－295期，1965年10月15日）

十六、商业部、中华全国供销合作总社、中央工商行政管理局下达《加强小商小贩社会主义改造若干问题的意见》的联合通知

（1965年9月28日）

为了进一步贯彻1965年1月财贸工作座谈会纪要和5月全国财贸工作会议纪要的有关规定，正确贯彻对小商小贩的利用、限制、改造政策，我们起草了《加强小商小贩社会主义改造若干问题的意见》，国务院财贸办公室批由我们联合下达。现在发给你们，希研究执行。执行中有什么经验和问题，请随时报给我们。

附：加强小商小贩社会主义改造若干问题的意见

全国小商小贩约有247万人，占商业、饮食业、服务业零售人员的一半以上。其中，国营商业归口管理的134万人，供销合作社归口管理的113万人；合作商店占68%，合作小组占9%，个体商贩占23%。合作商店、合作小组是对小商小贩进行社会主义改造的过渡形式。合作商店是半社会主义性质的集体经济。

小商小贩中大部分是劳动人民。他们有走社会主义道路的可能性，又有自发的资本主义倾向，队伍中还混杂着一部分地、富、反、坏分子、伪军政人员、社会渣滓和其他剥削阶级分子，阶级斗争和两条道路的斗争相当严重。因此，必须正确贯彻利用、限制、改造的政策。只有加强了改造，该限制的限制了，才能正确发挥他们的补充作用；也只有正确地利用了他们，才有利于更好地进行改造。

现根据1965年1月财贸工作座谈会纪要和5月全国财贸工作会议纪要的有关规定，以及当前贯彻执行中的问题，对加强小商小贩社会主义改造的一些问题，提出以下意见。

（一）加强政治思想工作

1. 对小商小贩的管理教育，要以阶级斗争为纲，以两条道路斗争为纲，把政治思想工作放在第一位。坚决反对单纯业务观点，反对只重视安排、不重视改造、忽视政治工作的倾向。

要组织小商小贩学习毛主席著作，对他们经常进行社会主义、集体主义、国际主义和爱国守法的教育，提高他们的社会主义觉悟，走社会主义道路，遵守国家政策法令，服从国营商业、供销合作社的领导，接受群众监督，为生产服务，为群众服务。对合作商店成员还要加强民主办店、勤俭办店的教育。

2. 根据中央《二十三条》和《中央财贸政治部关于财贸部门四清运动几点意见的报告》，把合作商店、合作小组的四清运动搞好。尚未进行四清的地区和行业，应当进行清理整顿。

3. 办好合作商店，应当依靠政治思想比较好、坚持走社会主义道路的职工、小贩和贫苦小商，并且把他们组织起来，加强教育。要注意把他们当中的积极分子选拔到领导岗位上来。

4. 经过四清或者清理整顿的合作商店，可以根据条件领导他们开展比、学、赶、帮、超的评比竞赛活动。具体内容和做法，可由各地财贸政治部门根据实际情况规定。

5. 为了落实合作商店、合作小组的政治思想工作，各地应当把政治指导员制度尽快建立起来。政治指导员的派遣，可以因地区、因行业和小商小贩人数多少来决定，少则50人左右派一个；多则100人左右派一个；可以几个店、组派一个，或者一个行业派一个，小商小贩人数少的，也可以分片或者以基层供销合作社为范围来派。

政治指导员应当选择政治上比较强、有一定工作能力的共产党员充任，列入国营商业、供销合作社的企业编制，工资由国营商业、供销合作社支付，受国营商业的归口单位、基层供销合作社党支部的领导。

(二)适当安排小商小贩的业务

1. 活跃城乡市场主要是依靠社会主义商业的力量,要保证社会主义商业对零售市场的领导。但是对于小商小贩的业务也应当统筹兼顾,适当安排,既要正确利用小商小贩的补充作用,方便群众购买,又要严格防止他们滋长资本主义自发势力;既要调动他们的经营积极性,使他们取得合理收益,有必要的福利和适当积累,又要限制个人收入过高。

在货源供应上,要分别合作商店还是合作小组、个体商贩,合作商店的公积金和工资是否已经管了起来,是需要推销的商品还是紧张商品,是小商品还是大商品等不同情况,区别对待,有宽有严。

2. 继续贯彻今年1月财贸工作座谈会纪要中关于"七不准"的规定。执行中要把打击投机倒把活动和正确利用区别开来,把违法经营和正当经营区别开来。

经营范围:不准小商小贩超过规定的经营范围,经过批准,可以允许兼营。只准他们经营零售业务,不准经营批发。他们应以经营零星小商品为主(包括小成药、小五金、小针棉织品在内),不许经营棉布、针棉织品、医药、五金等大商品。照相馆和城镇、交通要道的旅馆,一般不宜由他们经营。现在经营的,应当逐步转业,或者有选择地逐步改变为国营商业或者供销合作社企业。

活动地区:小商小贩的业务活动,不得超越规定的地区范围。不准长途贩运。历史上有流动服务习惯的行业,可批准他们继续游街串巷,流动服务。

对农村集镇的小商小贩,可以有领导、有计划地组织他们上山下乡,为国营商业、供销合作社代购一些零星小土特产品,经销、代销小工业品,方便群众。

进货:小商小贩主要应该为国营商业、供销合作社经销、代销、代购商品,从当地国营商业、供销合作社、手工业供销经理部或小商品批发市场进货。经过批准,也可以在集市上和到外地采购,对合作小组和个体商贩,各地可以根据需要,恢复进货手册办法,掌握其进货情况。

供应对象:小商小贩的供应对象,应以个体消费者为主。但机关团体购买的零星商品和国营商业、供销合作社不经营的商品,也可允许他们供应。

价格:小商小贩必须遵守国家的价格政策。为国营商业、供销合作社经销、代销和国家供应原料加工自销的商品,必须执行国家的零售牌价,明码标价。自行采购的商品,当地有牌价的,应按牌价出售;没有牌价的,应提出初步定价意见,报经当地主管部门批准后执行。

网点:小商小贩的经营网点,应由县、市商业局、供销合作社统一安排,并由工商行政管理部门办理登记。非经批准,不得增设、迁移。

3. 对小商小贩的经营比重应当合理控制,比重过大的要逐步压下来,但在具体掌握上,必须从实际出发,具体分析,区别对待。要区别是主要行业还是次要行业,是我们有意识地利用还是他们违反政策,任意扩大经营,以及小商小贩的人数多少等不同情况,采取正确的措施。对于一些与国计民生关系密切的主要行业,在采取措施后,小商小贩经营比重仍然较大的,可以适当扩大代销商品范围,把公积金和工资切实管起来,这样,他们的比重暂时大一些,是可以允许的。

为了合理控制小商小贩的经营比重,各县、市商业局、供销合作社可会同工商行政管理部门共同拟定本地区的小商小贩年度经营比重轮廓计划数,以便分季分月地合理安排他们的营业额,但是要防止单纯为了控制或压缩小商小贩的经营比重而硬卡货源的做法。

国营商业、供销合作社要不断改善经营管理,提高服务质量,适当增设网点,扩大经营,以缩小小商小贩过大的经营比重,巩固并扩大社会主义市场阵地。

4. 可以把一部分条件好的合作商店改变为国营商业、供销合作社的门市部。但是在掌握上要从严,做法上要稳当。应当经过四清或者清理整顿,并且报经省、自治区、直辖市批准。

(三)控制小商小贩的人数

1. 对合作商店、合作小组和个体商贩的人数要严加控制,只能减少,不能增加。对现有的小商小贩要进行清理,目前人员过多的地区和行业,应按照市场需要,区别不同人员的情况,根据可能,在做好思想工作和落实生活出路的基础上,逐步进行压缩。

2. 任何部门、任何人都不得在合作商店中随意安插人员,更不许挂名领薪,不准合作商店私招乱雇。合作商店需要增加会计以及理发、饮食等技术性行业需要增加学徒时,应报县、市人民委员会批准。

1961年恢复合作商店以来,私人安插和合作商店私招乱雇的人员,家庭生活不困难的,应当清理出去,一般不发退职补助费;生活确有困难、企业也有需要的,可以继续留用。挂名领薪的人员,应当除名。

3. 安置在合作商店的青年、学生,除已成为合作商店骨干的以外,国营商业、供销合作社可以根据需要有选择地吸收一部分。

4. 对于合作商店中已丧失劳动能力的老弱残人员,动员退职。

5. 合作商店中过去擅自离职的人员,不再吸收回店。

6. 合作小组成员和有证个体商贩中,凡是持证长期不经营的,确有生活依靠的,以及下放农村的对象,应当收回证照。

干部家属、职工家属不应当从事个体商贩活动,持有证照的,原则上应该收回。

严禁个体商贩一证多摊。坚决取缔无证商贩。

7. 县城、集镇和农村小商小贩中表现坏的地、富、反、坏分子,应当送回农村,参加生产劳动。大中城市小商小贩中表现坏的地、富、反、坏分子,家在农村的,应当尽可能送回农村,不能回农村的,可组织他们到当地农场参加生产劳动。

8. 小商小贩人员过多的地区和行业,可以动员一部分有条件的人转入农业或其他生产劳动,也可以调剂一部分人到其他行业去。下放农村参加农业生产劳动的,按规定发给生产补助费。

(四)工资福利

1. 在合作商店中要贯彻按劳分配、多劳多得、同工同酬的原则。要加强政治思想教育,反对片面物质刺激。成员工资,一般以采用基本工资加奖励工资的形式为宜。某些服务行业和加工生产企业,也可采用计件、分成等工资形式。

2. 合作商店成员的实际收入,应大体相当或者略低于当地同行业国营商业或供销合作社零售单位职工的工资水平。一切巧立名目的额外补贴,要坚决取消。

合作小组和个体商贩的实际收入,一般应相当或略低于合作商店成员的收入水平。

合作商店、合作小组和个体商贩,在城镇中坐店经营的,收入应当少一点;上山下乡、劳动强度较大的,收入应当多一点。

3. 合作商店成员的福利待遇,应当根据企业的经营情况,适当确定。目前,可以尽先办理本人的疾病医疗补助、生活困难补助、丧葬补助以及产假、病假工资等必需的项目,或者先办其中的几项。各项福利待遇,都不得超过国营商业或者供销合作社职工的标准。具体办法,可由各县、市有关部门拟定,报人民委员会批准后执行,同时报省的主管部门备案。

4. 合作商店成员的福利待遇所需费用,由公益金中开支。已实行提取附加工资办法的,也可暂不变动。公益金从企业盈余中按一定比例提取。各县、市可以提取联合公益金。用于行业、地区之间的调剂。

(五)股金

1. 安置在合作商店的职工、青年学生,不交纳股金。已经入股的,可以逐步退还。

2. 合作商店成员中的小商小贩,在退职、转业或死亡时,应将他们的股金退还给本人或其家属;戴着帽子的地、富、反、坏分子,以及本人成分一时难以确定的,股金暂不退还,股息照发。资本家的股金不退还。

合作商店擅自离职人员的股金,按照上述原则处理。

3. 合作商店成员的股金,采取分红或计息的办法。分红比例或息率,最高不要超过股金的6%,均在当年盈余中列支。

(六)领导管理

对小商小贩要贯彻按行业归口管理改造的原则。国营商业、供销合作社、工商行政管理部门应配备一定数量的专职人员,以加强对小商小贩的领导管理和教育改造工作。小商小贩管理机构重叠和层次过多的,根据精简原则,适当加以撤并。

国营商业、供销合作社、工商行政管理部门在工作中应当加强协作,密切配合,贯彻党的政策,把思想教育、经济措施和行政管理很好地结合起来,加强对小商小贩的社会主义改造,并定期总结经验。

(选自《工商行政通报》第294-295期,1965年

10月15日)

十七、国务院财贸办公室批转中央工商行政管理局《关于加强合作商店公积金管理的报告》

(1965年11月26日)

各省、自治区、直辖市人民委员会财贸办公室(财贸委员会):

国务院财贸办公室同意中央工商行政管理局《关于加强合作商店公积金管理的报告》,现在把这个报告转发给你们,请参照办理。

附:关于加强合作商店公积金管理的报告

这几年来,合作商店积累了一定数量的公积金。但是,由于管理不严,保管、使用的情况相当混乱。有的用来任意扩大经营;有的被有关部门调用或被合作商店成员借支挪用;还有一部分去向弄不清楚。这种情况,既不利于公积金的合理使用,也不利于对小商小贩的社会主义改造。各地迫切要求对合作商店公积金的提取、保管和使用范围作出明确规定。

合作商店的公积金是国家转让给他们的一部分社会主义积累,必须加强管理,合理使用。现根据中央批转1965年1月财贸工作座谈会纪要的规定精神,提出以下意见:

一、合作商店的公积金,必须按照规定的范围合理使用。任何部门、任何人都不准超出使用范围,随意动用;也不准合作商店任意用于扩大经营。

二、对1964年底以前提取的公积金以及行业和地区的联合公积金(包括1961年以前过渡国营商业、供销合作社时上交的公积金),应当本着实事求是的精神进行清理、集中。

(一)被合作商店成员借支、挪用的,应当限期归还;被各部门调用的,也应清理归还,确实无法归还的,经省、自治区、直辖市人民委员会批准,也可以不再归还。今后,不论是哪一个部门、哪一个人,都不准随意动用此项公积金,随意动用的,必须一律归还。

(二)被合作商店占用的公积金,要从实际出发,妥善处理。应当按照合作商店正常经营的需要,参照国营商业、供销合作社零售企业的核资办法,核定合作商店的资金定额。所需资金,首先用合作商店成员的股金解决,不够的部分,可以用公积金补足。在核资时,对于库存残次、变质和质次价高商品,应落实其价格(要实事求是,防止弄虚作假),落实库存商品价格所产生的损失,也可以用公积金弥补。

(三)合作商店在落实库存商品价格和核定资金定额以后所多余的公积金,除留一小部分在企业外,其余部分都应当以联合公积金的形式集中上交。

集中上交的联合公积金,一部分留在县、市,大部分上交到省、自治区、直辖市。这部分联合公积金的上交比例,由省、自治区、直辖市人民委员会规定。有些县、市如果集中的联合公积金数额不大,而当地需要安置老弱残人员又比较多的,是否上交,上交多少,由省、自治区、直辖市人1民委员会根据具体情况决定。

三、1965年1月1日以后,合作商店公积金的分配,原则上应当小部分留企业、大部分以联合公积金的形式集中在县、市。至于是否上交到省、自治区、直辖市,上交的比例多大,可视县、市联合公积金的积累和使用情况,由省、自治区、直辖市人民委员会自行决定。

各县、市的联合公积金的积累和使用情况,应定期向省、自治区、直辖市的有关部门汇报;省、自治区、直辖市的有关部门应经常进行检查。

四、应当加强对公积金、联合公积金的保管,明确规定使用范围和审批权限。

(一)集中在县、市的联合公积金,按照归口管理的原则,分别由县、市商业局、供销合作社保管;上交到省、自治区、直辖市的公积金,分别由省、自治区、直辖市商业厅(局)、供销合作社保管。

(二)留在企业的公积金,主要用于修理营业用房、增添必要的设备、弥补正当的亏损等。使用时,必须经过归口企业单位批准;数额较大的,应报县、市商业局,供销合作社批准。

(三)集中在县、市的联合公积金,主要用于合作商店老弱残和退职人员的处理安置费用,训练合作商店骨干,召开地区性或行业性的小商小贩会议的经费,先进单位的奖励金。合作商店周转使用时(不计利息),由县、市有关部门提出计划,报县、市人民委员会批准。

部分大中城市,确因调整、增设网点的需要,在保证上述各项经费开支的前提下,经过有关部门的严格审查和省、自治区、直辖市人民委员会的批准,可以在结余的联合公积金中酌提一部分用于修建简易的合作商店营业用房。

(四)上交到省、自治区,直辖市的1964年底以前的联合公积金,经人民委员会财贸办公室的批准,可以根据勤俭办企业的精神用于省内"三线"地区的一些必要的、简易的商业基本建设。超出这个使用范围的,应提出具体计划,报国务院财贸办公室批准。

五、留在合作商店的公积金和上交到县、市和省、自治区、直辖市的联合公积金,都应专户存储(按归口公司开户还是按核算单位开户,由省、市、自治区人民银行分行同有关部门商量决定)。使用时,应当由归口管理部门批准,人民银行进行监督。

六、各省、自治区、直辖市应根据上述原则,结合当地具体情况,制定合作商店公积金、联合公积金的提取,保管,使用的具体办法。

以上意见,如可行,请批转各省、自治区、直辖市人民委员会研究执行。

(选自《工商行政通报》第300期,1965年12月30日)

十八、关于小商小贩入党后可否退还股金问题

(1965年12月21日)

中央工商行政管理局最近向中共中央财贸政治部请示关于小商小贩入党后可否退还股金问题。中共中央财贸政治部经与中央组织部研究后,于1965年12月21日答复如下:为了区分党员同小商小贩的界线,对原来是小商小贩成分的党员,不论他们现在在国营商业、供销合作社或者合作商店工作,可以一次或分期把股金还给他们。今后吸收符合党员条件的小商小贩入党时,应当把股金先退给他们。

(选自《工商行政通报》第301-302期,1966年1月30日)

第三节 对私有出租房屋的社会主义改造

一、北京市改造私人出租房屋的做法

北京市的私房改造工作,从6月初开始,到6月底已基本上结束。这项工作由市委书记挂帅,抓住了当前宣传、贯彻社会主义建设总路线的有利时机,充分地运用群众力量,因而进展很快。

(一)整个改造过程大体分为四个阶段

1. 准备阶段。

主要有四项工作,即(1)制定方案。通过试点找出基本规律,拟订具体政策问题的处理办法和工作的进行步骤。(2)各区分别调查摸底。摸清户数底、房屋底、经济底和职业成分底。(3)建立组织、训练干部。市和区分别成立领导小组(办公室设在房管局、处),各街道办事处负责具体工作。(4)组织房主学习。学习社会主义建设总路线,讨论如何适应当前国内外的形势,积极地接受改造。

2. 发动申请阶段。

利用报纸、广播电台、街道居民会议等展开宣传,并召开动员大会,在动员会中讲清政策,展开组与组之间的挑战和应战,造成声势。大会动员后紧跟着开小组会,边讨论边申请,对积极申请的人及时表扬,对不表示态度房主作会后访问,或者由积极的房主进行动员,在大部分房主已提出申请少数犹疑徘徊、个别落后的人公开抵触的情况下,适当的组织一些辩论会,通过积极房主批落后、顽固思想,以促进申请。

3. 评议固定租金阶段。

要进一步摸清房主的家庭经济情况和思想情况,加强政治教育,端正他们的态度。评议定租采取"本人自报、小组评议、政府批准"的办法。开始时,可先评"大的、易的、生活较高"的,然后难易相间,交叉评议。评议定租须实事求是,对自报租率过高的运用群众力量拉下来;对自报过低的、生活困难的,主动加以调整;对虽已申请但经租后还达不到最低生活标准的,不再评议租金(暂不改造)。

4. 审批接受阶段。

要注意做好给房主留房的工作。留房问题解决后,应迅速批准经租。在审批中如发现改造起点、租率、自留房等还有问题,即及时研究处理。接受房屋时,对房主房客关系中一些问题(如押租、欠租)的处理办法,当时交代清楚,以免造成不必要的麻烦。在审批接管阶段,总的作法是边留房、边审批、边接管,交叉快速进行,以便早日抢修危险房屋,保证雨季居住安全。

(二)几个政策性问题的处理原则

1. 改造起点的计算

(1)整所出租房屋中原计租的走廊、门道、厕所或其他公共使用的房屋,均计入出租面积;对部分自住、部分出租房屋中公共使用的门道、厕所等可不计入出租面积内。

(2)房主原出租(指解放后出租过的)的整所房屋,现在出借或空闲的或现仅出租一部分又出借或空闲一部分的,其出借或空闲部分按出租计算,都予改造。

(3)房主仅有一所房屋,自住一部分,出租一部分,出租部分达到改造起点的,予以改造。如出租部分不够改造起点,但连同原出租现在出借或空闲的房屋达到改造起点的,也予改造。

(4)房屋产权证件虽然分开,实际上为一户所有,或几个人共同经营的共有产,均按一户计算。

改造前以一人名义登记的房地产,但确已分居并分别经营,经查属实的,可以分户计算。

2. 给房主留房问题

(1)房主和房主的直系亲属及有供养关系的人口,现住用的房屋,一般维持现状留给自住;房主出借给非直系亲属的房屋(指与房主同住一院内的),可根据具体情况酌予照顾。

原自住房较少,房主要求多留的,可根据其家庭人口、老少辈数等,适当照顾。

(2)房主不在本市,要求留房自住的,可根据其家庭人口、职业等,留下适当数量的房屋,但房主在外市另有住宅的,一般即不再留房。

(3)合于改造条件的、较大的整体建筑,少部分自住,大部分出租,在房屋结构上不能分割的,可说服房主另给调换房屋,作为自留房,但不宜强迫。

3. 典权问题

典当的房屋在典期内,产权视为原业主所有。承典的房屋如符合改造条件,以承典人为改造对象进行改造。固定租金由承典人领取,房主回赎后,由房主领取。

4 固定租金问题

(1)付给房主的租金,按改造前一个月与房客协定租金计算;如租金偏高,按租金标准计算。

(2)房屋接管后,执行私房租金标准。租金过低的在改造过程中暂时不动,将来逐步调整。

(3)房地分属二人所有,如果过去地皮主向房主收租的,仍由房主固定租金中分一部分,如过去不收租的,可不给。

5. 出租土地的处理问题

(1)被改造房屋院内另有出租的空地,原则上按私有土地出租的地租标准评定租额、固定租金。

(2)公地上私人建筑的房屋被改造后,可在租金内扣除地租,以其余额作为固定租金。

(选自《工商行政通报》第121期,1958年7月14日)

二、1959年各地私房改造情况

现在大部分市和少数县属城镇,已经对私有出租房屋,进行了社会主义改造。有些省、自治区正在推动未进行私房改造的市和县属城镇开展私房改造工作。

各地私房改造工作是根据先大后小的原则,从1956年开始的。在对资本主义工商业实行全行业公私合营的时候,少数城市就进行了这项工作。1957年东北三个省大部分市、县都进行了私房改造。而多数城市的私房改造是在1958年进行的。

根据1959年的统计,全国已经有158个市(包括直辖市),即85%的市和约1/3左右的县(旗)进行了私房改造。仅就上海等87个城市统计,纳入改造的房主有19.5万户,占私有出租房主总户数的32%,纳入改造的房产5519万平方米(建筑面积,下同),占私有出租房产总面积的66%。

改造形式,普遍采用的是"国家经租、以租定租"(少数是公私合营、五厘定息)。定租率,一般的占应收租金的20%—40%,平均为30%左右。改造起点,除河南省各市县将私有出租房产全部进行了改造外,其余城市均规定了改造起点,即对出租房产达一定数量以上的才进行改造。改造起点,一般的大城市为出租房屋150平方米,中等城市为100平方米,小城市为50平方米。改造的房主,各个阶层都有,据长沙市调查:资本家占36.5%,地主富农占7.6%,专业房主占10%,职工占21%,手工业者占11%,小商贩占5.1%,农民占2.7%,无固定职业者占0.4%,其他占5.7%。对人员安排,凡需要安排而又有就业条件的房主,全部在政府帮助下,由社会解决就业;为房主经营房产的管理人员,一般的都由房产部门吸收参加了房产管理工作。

在已进行私房改造的城市里,基本上改变了2/3以上出租房产的私人所有制,而代之以社会主义所有制。这些房产由于国家直接经营管理,因而在保养修理、调整使用、分配出租、调整租金标准等各方面,都纳入了国家统一计划、统一安排的轨道。从根本上改变了过去的房屋倒塌破漏、租赁关系混乱、房屋畸高畸低等不正常情况,受到了广大群众的热烈欢迎。

(选自《工商行政通报》第160期,1960年2月29日)

三、中央工商行政管理局、商业部关于加速城市私人出租房屋社会主义改造工作的联合通知

中央工商行政管理局和商业部在5月13日发出了关于加速城市私人出租房屋社会主义改造工作的联合通知,内容摘要如下:

一、对于城市私人出租房产的社会主义改造工作,自1958年全国第一次房产工作会议以来,有很大进展,也取得了很大的成绩。但是根据现有的资料估计,到1960年底为止,在全国范围内还有14%的市和2/3左右的县未进行或者没有完成改造工作。这种情况是与当前社会主义改造的形势不相适应的。为此,要求各省(市、区)通过检查与总结私房改造工作来加强对这项工作的领导与重视,对所属尚未进行私房改造的市、县应积极督促他们按照既定的方针政策进行。同时,对已进行改造工作的市、县,除积极协助当地处理缓改及漏改等遗留问题外,应该检查一下政策执行的情况,有无偏差,并抓紧对改造房主的思想教育工作。

二、城市私人出租房产的社会主义改造工作,是城市全面社会主义改造工作的组成部分之一。在完成对起点以上的私房改造工作后,整个私房改造工作并未结束,如对改造起点以下的私人出租房产是否改造,如何改造的问题;已改造房主的定租或定息在国家取消工商业资本家定息时怎么处理的问题;对城市私人占有的土地中央在1956年批转的中央书记处二办报告中曾指出:"一切私人占有的城市空地,街基等地产经过适当办法一律收归国有"的问题如何解决等等,这些都是私房改造中带有较大的方针政策性的问题。要求各省(市)应即动手调查研究,根据中央既定的方针、政策提出私改处理方案,在报请当地党委批准后抓紧进行改造工作。

通知并要求在6月底以前将私房改造工作总结、调查研究资料、处理方案及进行情况报送商业部和中央工商行政管理局。

(选自《工商行政通报》第191期,1961年6月12日)

四、国务院批转国家房产管理局关于私有出租房屋社会主义改造问题的报告

(1964年1月13日)

国务院原则同意国家房产管理局《关于私有出租房屋社会主义改造问题的报告》中所提的各项意见,现在转发给你们,请参照执行。

对私有出租房屋进行社会主义改造是我国社会主义革命的一部分。同时,私房管理工作与广大人民的生活密切相关。因此,做好对私有出租房屋社会主义改造和私房管理工作,是当前城市工作中的一项重要任务。现在,实际工作中存在的问题很多,也很复杂,望各地组织一定的力量,进行调查研究和试点工作,有计划地,分期分批地加以解决,以巩固私房改造工作的成果,加强对私房的维修和管理工作,充分利用这一笔巨大的社会财富,为社会主义建设服务。

附:国家房产管理局关于私有出租房屋社会主义改造问题的报告

(一)

对私有出租房屋进行社会主义改造(以下简称私房改造)的工作,是根据1956年中央批转中央书记处第二办公室《关于目前城市私有房产基本情况及进行社会主义改造的意见》和1958年人民日报刊登的《中央主管机关负责人就私有出租房屋的社会主义改造问题对新华社记者发表的谈话》先后开展起来的。私房改造的形式,除少数大城市对私营房产公司和一些大房主实行公私合营以外,绝大多数是实行国

家经租。经租的办法是,凡房主出租房屋的数量达到改造起点的,即将其出租房屋全部由国家统一经营,在一定时期内付给房主原房租20%至40%的固定租金。改造起点的规定,大城市一般是建筑面积150平方米(约合10间房),中等城市一般是100平方米(约合六七间房),小城市(包括镇)一般是50到100平方米之间(约合3至6间房)。按照上述办法,全国各城市和1/3的镇进行了私房改造工作。纳入改造的私房共约有1亿平方米,这对于充分利用城市已有的房屋为社会主义建设事业服务,起了积极作用,取得了很大成绩。

目前,私房改造工作中还存在着一些问题:

一、有些房主认为房屋由国家经租还没有过渡到全民所有制,仍然属于个人所有,往往以人口增加,自住房不够为理由,要求退还已由国家经租的房屋,或者以生活困难为理由,要求增加定租,有的甚至强收房租,逼迫住户搬家,强占房屋,破坏房屋。这些情况,反映了私房改造工作中存在着尖锐的两条道路的斗争。同时,我们工作中也存在一些缺点,主要是:有些地方改造起点过低,把总共只占有几间房屋的工人和贫下中农出租的少量房屋也纳入了改造。有些地方取消了改造起点,只要有出租房屋就实行经租;有的地方还将房主一部分自住房也实行了经租;不少地方没有给房主留够自住房,给房主的固定租金也有低于原房租20%的。

二、没有进行私房改造的镇和已进行私房改造的地方,对改造起点以下的小量出租房屋,是否还实行国家经租,没有明确规定。特别是许多地方为了防止房主逃避改造,规定私房一律不准买卖,房主顾虑很大。多数房主只收租,不修房,房屋失修情况很严重。也有不少房主千方百计撵房客搬家,有的房主甚至拆房卖料,企图逃避改造。

(二)

为了巩固私房改造工作的成果,加强对私房的维修和管理,利用私房这一笔巨大的社会财富,为社会主义建设服务,我们提出以下几点意见:

一、巩固私房改造的成果,进一步明确国家经租房屋的性质。

根据1956年中央对中央书记处第二办公室《关于目前城市私有房产基本情况及进行社会主义改造的意见》的批示,国家经租房屋是"对城市房屋占有者用类似赎买的办法,即在一定时期内给以固定的租金,来逐步地改变他们的所有制"。因此,凡是由国家经租的房屋,除了过去改造起点订得不合理、给房主自住房留得不够和另有规定的以外,房主只能领取固定租金,不能收回已由国家经租的房屋。符合私房改造的规定而过去漏改的房屋,应当补改。给房主的固定租金额,只要符合规定,一般应当稳定不变,低于原房租20%的,应当按规定调整。国家经租的房屋,因国家建设而被拆除或因修缮管理不善等人为事故而损毁,应当继续付给房主应得的固定租金;如果因水灾、地震等人力不可抗拒的自然灾害而损毁,应当停止付给房主固定租金,对生活有困难的房主,可以酌情给予一次性的补助。对于有反攻倒算行为的房主,应当按照不同情况区别对待,情节轻微的,进行批评、教育,有严重违法行为、造成损失、民愤很大的,应当经过法院给以必要的制裁。各地在今后工作中,对于一些依靠房租为主要生活来源的房主,应当继续加强教育和改造,使他们逐渐地由剥削者改造成为自食其力的劳动者。

二、合理地调整改造起点,实事求是地解决工作中的遗留问题。

在现阶段还不能全部消灭房屋私人占有制的情况下,私房改造的起点是一个主要的政策界限。因此,对于过去改造起点订得不适当的,应当进行合理的调整。

(一)大中城市改造起点在100平方米至200平方米之间或者稍多一些的,一般可不再变动。个别地方改造起点达300平方米的,可以经过省、自治区、直辖市人民委员会的批准,适当降低改造起点,继续进行私房改造。

(二)小城市(包括镇)改造起点低于50平方米的,应当按照省、自治区、直辖市的统一规定,提高改造起点,退还不应由国家经租的房屋。

改造起点在50平方米以上、100平方米以下的,有些偏低,但为避免过多地退房,引起新的矛盾,又不宜一律重新调整。我们认为,改造起点低于省、自治区、直辖市统一规定的,一般应当按照省、自治区、直辖市统一规定的改造起点进行调整,退还不应由国家经租的房屋。

(三)对私有出租的厂房、铺面房、仓库、货栈等工商业用房已经实行了无起点改造的,除了与房主自住房相连的小量房屋可以退还以外,一般不再变动。

(四)房主的自住房已经实行国家经租的,一般应当退还。自住房留得少的,应当按照规定调剂给一些房屋。但是已经给予适当调剂的,不能因房主人口增加再退给房屋。房主或房主直系亲属过去在外地,没有留自住房,现在迁回本地的,应当退给一部分房屋。

(五)对于过去因房主生活困难经批准暂缓改造的房屋,应当区别房主现在的家庭经济状况,可以全部补改,也可以部分免改或全部免改。今后不再保留暂缓改造的名义。

按照上述各项规定,需要退还房主的房屋,应当尽可能地退还原来的房屋。如果退还原来房屋有很大困难时,也可以用对等的其他房屋抵还,或给予适当的补偿。房屋退还后,原来的租赁关系,一般应当换约续租,房主不得撵房客搬家。按照上述规定进行调整的时候,房主不愿接受应该退还的房屋,要求继续由国家经租的,应当允许。

以上问题,凡已按省、自治区、直辖市的统一规定进行处理基本符合上述原则的,一律不再变动。

三、区别不同情况,妥善地进行镇的私房改造工作。

工商业和手工业相当集中,绝大多数居民从事这些行业,按照1963年12月7日中央、国务院关于调整市镇建制的规定,设置镇的建制的地方,一般应当进行私房改造工作。为避免触动占有房屋不多的小房主,今后改造起点大体以出租房屋建筑面积100平方米为宜,同时,应当给房主留够自住房。以农业为主,不设置镇的建制,属于农村人民公社的集镇,现在不进行私房改造工作,过去已经进行了私房改造的,也不要撤销。

少数民族地区,设置镇的建制的地方,现在是否进行私房改造,如何改造,由有关省、自治区决定。

四、允许私人出租少量的房屋,加强私房的管理和维修。

对出租房屋较多的房主进行了社会主义改造,大部分私有出租房屋由国家经租以后,允许私人出租少量的房屋,可以调剂余缺,减少私人修房和建房的顾虑,减轻国家建设住宅的负担,但是,也不免会产生抬高租金,进行非法剥削和不注意修房等问题。因此,必须加强对私房的管理和维修。

(一)对于改造起点以下的少量私有出租房屋,可以宣布属于个人所有,允许出租或买卖。如果今后有些房主从自住房中挤出一部分出租,即使超过改造起点,也应当允许。

(二)禁止高租、押租以及其他形式的非法剥削。同时,又要保障房主合理的房租收入。现在租金过高、过低的,允许适当调整。

(三)对于私有房屋的买卖,应当加强管理,禁止投机倒把和以买卖房屋盈利。私房买卖必须向房产管理部门登记,经过审查批准,才能成交。

(四)房主不愿自己直接经营出租房屋,可以委托房管部门代为经营,用房租维修房屋,定期结算,结余部分交给房主。房主不愿继续委托经营时,可以在结清账目以后,将房屋退回房主。

(五)加强对私有出租房屋维修的管理工作,提倡建立房屋修缮基金,从每月房租中提取适当数量储存起来,专门用于维修房屋。对于那些生活并不困难而只收租不修房的房主,房管部门应当督促他们修房,拒不修房的,应当由法院判决,强制他们修房,对于那些严重失修、房主无力继续经营、愿意出卖的房屋,房管部门可以作价收购。

(六)目前,不少房主确实无力修房,建议从城市征收的房地产税中拨出一部分,作为私房修缮的贷款。同时,对于私房修缮所需要的材料和劳力,有关部门也要给予适当的安排。

私房改造和私房管理工作中的问题很复杂,各地的情况又不尽相同,建议各省、自治区、直辖市组织一定的力量,进行调查研究和试点工作,总结经验,在今后一二年内有计划地、分期分批地加以解决。有关华侨出租房屋的改造问题,应当按照1963年4月国务院批转华侨事务委员会、国家房产管理局《关于对华侨出租房屋进行社会主义改造问题的报告》办理。有关教会、庙观的出租房屋的改造问题,应当按照1963年6月中央批转国务院宗教事务局党组《第七次全国宗教工作会议纪要》中有关的规定,由各地宗教事务主管部门会同房管部门提出意见,报经省、自治区、直辖市人民委员会批准后执行。

(选自《工商行政通报》第255期,1964年2月10日)

第四节　对资改造调研工作

一、中央工商行政管理局1961年对资改造调研工作座谈会纪要

中央工商行政管理局在3月2日至8日在北京召开了1961年度对资改造调研工作座谈会。这次是少数地区的座谈会,有上海、广州、武汉、重庆、青岛5市工商局和全国工商联的代表参加。

(一)总结经验,安排两年工作计划

会议除了汇报和交流各地工作情况与经验外,总结了过去一年的工作,讨论了今后两年的工作计划。

1960年各地私改调研工作有很大发展,领导加强了,协作规模较前年扩大,上下联系比较密切,并改进了工作方法。到年底止,上海、武汉、广州3市都已经基本上完成了"五年规划"所规定的19个工、商业行业史资料的收集、整理,大都写出初稿,有的已完成二稿、三稿。重庆着手这一工作较晚,青岛受干部患病影响,但也都完成了若干行业资料。各地在大抓行业资料的同时,还编写出若干企业(如民生轮船公司)、资本集团(裕大华、大生、永安)和专题(如广东侨汇业、武汉房产改造)的资料;并结合现实进行了一些有关人的改造、人民公社、集市贸易、里弄工业情况的专题调查;广州、武汉都编写了十年改造的经验总结。参加会议的5个地区单位和中央工商局资改研究室,1960年共编写出540万字的行业、企业以及专题资料(如包括其他各地报送的资料到1960年共完成1250万字)。专业干部对这工作已摸出一些路数,有的地方反映他们已由无信心到有信心,由有信心到有兴趣了。

但是,大家认为在工作中仍然存在不少问题。例如:在收集、整理资料时,对于去粗取精、去伪存真的功夫做得不够;有时是"看菜吃饭",没有进一步补充缺欠部分;抓典型较少,有些问题是一般概念。反映在资料上,有不够具体、不够全面的缺点。同时,有些资料对于解放前历史情况,有关供、产、销、资本积累、盈余利润、剥削率等经济资料,工人生活、工人运动以及解放后资产阶级分子改造、大跃进以来的情况变化等注意不够。

经过讨论,大家认为应该继续贯彻资改调研工作五年规划(草案)的要求,并进行适当的调整,争取今明两年完成行业史料的编辑,开始若干专题史料的整理;同时根据中央大兴调查研究之风的方针,对若干现实问题进行调查研究。会议提出了1961－1962年的工作安排的意见,主要内容如下:

1.行业、企业史料的整理

各地所整理的行业企业资料,应根据当地行业、企业的特点,进行重点补充。五年规划中所规定的19个主要行业资料,除已经整理的外,其余的行业资料项目,各地可根据鼓足干劲和实事求是的精神,适当地进行调整(削减或补列必要项目)。

各地所整理的行业、企业资料,一部分经过充实修改以后,争取在地方出版。其余集中编辑为多卷本的"中国资本主义工商行业史料",完成时间,大体安排如下:

1961年底完成卷烟工业、火柴工业;绸布商业、粮食商业、国药商业的编辑。

1962年上半年完成机器工业、搪瓷工业、造纸工业、制药工业、橡胶工业;进出口商业、百货商业、新药商业的编辑。

1962年下半年完成五金商业、毛纺工业、缫丝工业、面粉工业和其他行业的编辑。

各地行业资料的整理和修改补充,照上列时间提前半年,以便集中。

2.专题史料的收集

根据各地的条件和力量,在保证行业、企业资料按期完成的前提下,进行专题资料的收集和整理。专题范围不宜大,可根据当地情况,就以下几个方面,拟定一些具体问题:如有关官僚资本、买办资本、帝国主义资本的资料;有关老解放区工商业的资料,抗日战争时期国民党统治区、敌伪占领区的工商业资料;有关少数民族地区和华侨工商业的资料;有关城乡关系、资本主义与手工业关系的资料;资本积累的资料;有关市场、交易所、经纪人的资料等。这个工作可在1962年开始进行,没有行业、企业资料任务或任务较少的地方,今年就可以开始。

3.当前问题的调查研究

调研工作要和当前党的中心工作和工商行政

工作结合起来，加强对当前业务和理论问题的调查研究。主要采取抓典型，解剖麻雀的方法。目前有如下几方面的问题可供考虑：农村集市贸易、三类物资交流、小商品生产、城乡公社工业、修理服务行业、小商小贩和资本家的改造等。

各地除调查研究当前问题外，还应该注意工作中的经验总结和情况反映。

会议要求各地工商局参考上述意见，提出自己的调研工作两年计划，并对行业、企业资料，提出主要内容（或者重点补充）的提要，在4月份内报送中央工商局。

在讨论中，大家还一致认为只有加强对马克思列宁主义、毛泽东著作的学习，提高自己的政治思想与理论业务水平，才能更好地完成这项工作任务。

（二）提高资料质量，大兴调查研究之风

会上根据中央大兴调查研究之风的号召，对过去的工作进行了检查。大家认为，在已有数量的基础上来提高资料的质量，是当前的首要任务。就行业史资料来说，在有些方面还限于一般概念，缺少具体内容，没有突出行业特点。因此，除调整项目（有些可以削减，个别必要的项目应当增加），巩固已有好的工作方法、工作经验，提高编写的政治水平、科学水平以外，应当把主要力量放在充实方面，即充实资料中的薄弱环节和补充缺欠部分，所以对于现有的初稿还不是一般地修修改改，而要着重补充具体材料。但又不能平均使用力量，而是重点补充。从本地区本行业特点出发，确定补充的重点，一个行业只选一、二个重点。首先解决材料问题，第二步才是理论、文字的提高。有许多结构、文字上的问题可留待全国性综合时再去解决。

经过讨论，大家思想上有了提高，认识到精神产品质量的重要性。数量的完成并不等于计划的完成，只有提高质量，使质量和数量统一起来，才算完成任务。特别是数量大发展以后，更有了提高质量的迫切要求，中央所指示的调整、巩固、充实、提高的方针，给我们今后一段工作指出了明确方向。

（三）千家驹副局长的讲话

3月6日，千家驹副局长在会上作了“关于整理资料问题”的讲话。他谈到资料经整理后的成品可粗别为：资料汇编、加工资料和著作三类，并着重讲了整理资料的工作方法。他说，整理资料是为了研究问题。从资料整理中发现问题、解决问题。我们研究的对象是中国资本主义的发生、发展和社会主义改造，研究中国民族资产阶级对总结中国民主主义革命和社会主义革命的经验很重要。中国民族资产阶级的两面性在革命的不同阶段是有变化的。通过国家资本主义各种形式对资本主义工商业进行社会主义改造，是党和毛主席对马克思列宁主义创造性的发展，不仅具有历史意义，而且有世界意义。

他认为我们整理私改资料是有特殊有利条件的。首先有毛泽东思想作指导，有党的方针政策做依据，我们不是在暗中摸索。其次是可以从各方面充分提供真实可靠的材料，不再有所谓资本主义的企业秘密。现在只是怎样去做的问题，也就是工作方法问题。他谈到方法上应注意：(1)要全面占有材料。材料愈丰富愈好，但利用时要精约。我们看材料要客观，客观就是虚心，这是唯物主义；不是客观主义。不要合自己胃口的就要，不合胃口的则不要。中国社会的情况和中国民族资本的情况是很复杂的。民族资产阶级同三大敌人之间、同工人阶级、同农民之间的关系都是错综复杂的，民族资本主义发展的道路也是迂回曲折的，不要以一个简单公式来概括。客观事物总是丰富多彩、生动活泼的，我们要用中国民族资产阶级丰富多彩的材料来说明毛主席思想的正确性，不要把生动活泼的材料写成干燥无味的东西。(2)利用材料要有立场、观点、方法，对材料来源的可靠程度，要有阶级分析。(3)用材料务精不务多。材料只要能说明问题，有代表性就可以了。毛主席在《反对党八股》一文中曾引用鲁迅的话教导我们，写文章要“多看看，不能看到一点就写”。还要竭力将可有可无的字、句、段删去，毫不可惜。初整理材料的同志往往对材料舍不得割爱，不管有用无用，数字一大堆，反而不说明问题。希望多温习毛主席和鲁迅先生的教导。(4)眼高手低问题。有些同志看别人写的东西，觉得也没有什么，自己动手才知道不容易，总也写不好。要提高写稿水平，唯一办法是多实践，多写作。整理材料也是如此，边干边学，逐步提高。(5)要走群众路线。写文章靠个人思考有局限性，大家一讨论就提高了。但也不要过于慎重，要破除迷信，不怕犯错误。急于求成固然不好，过于慎重不敢动手，或不敢把成品拿出来，也是一种偏向。

在介绍了著作与汇编、加工资料的不同之处后,他最后谈到,做好资料整理,提高写作水平也没有什么奥妙之处,只要真是详细占有材料,学习毛主席教导我们对调查研究的工作方法,破除迷信,边干边学,这样就能对资本主义工商业改造的资料整理工作在现有基础上大大提高一步。

(四)管大同副局长的讲话

3月7日,管大同副局长在会上作了"从实际出发,作好调查研究工作"的讲话。他说:这次会议主要是摸情况、交换意见,为即将召开的工商局长会议作一些准备。同时,通过这个小会,把这项工作落实。这次会议开得很好,经过交换意见和交流经验,大家干劲更足了。

1.几年来调研工作的基本经验

贯彻"资本主义经济社会主义改造研究工作五年规划"是从1958年开始的。三年多以来,做了不少工作,有了成绩。我们取得了些什么经验呢?我看,主要有以下五条:

(1)抓资料整理、分析。三年来经验证明,这工作抓对了。去年一年,中央和地方写出了540万字,出版了100万字,工商联系统也写了400万字的资料。三年加起来,已有三千几百万字,主要的材料基本上已经抓到了,掌握了资料,就可以进一步研究、总结私改的经验和理论。要作科学研究工作,就必须抓资料,这是第一条经验。

(2)抓私改经验。现在看,中央工商局写了一本《资本主义工商业的社会主义改造》,还待修改;上海、广州、武汉、新疆、内蒙也都写了私改十年总结的初稿。《私改典型经验一百篇》也基本上收集起来了。此外,在整理资料中也有许多具体工作的经验总结。抓经验很有必要,这样,把零星的、部分的经验系统地加以研究,加以提高,不就可以提升为理论吗?

(3)调研工作和现实工作结合。所谓结合现实,结合中心任务,结合工商行政工作等等,都是一个意思,就是要参与现实工作和现实斗争。不能只坐在屋子里搞资料,写文章,同政治脱节,脱离现实斗争是很危险的。今天开会,明天就是历史,历史有远有近,也不要把历史神秘化。我们要很好学习党的政策,同现实工作结合,又要参与现实斗争。总之,一句话,就是要政治挂帅。我们过去几次开会都强调过这一点,现在看来,也是我们的一条重要经验。

(4)要搞好协作。做这项工作只靠自己搞是不行的。上海、武汉、广州以及其他地方,都是和许多单位挂钩,这是很好的经验。我局的调研处同时又是科学院的研究室,这样做也很有好处。我们还参加好多单位的协作,写《历史唯物主义读本》和《中国历史》。过去是这么做的,今后我们还要这么去做。同有关单位各大专院校、搞历史研究的、搞业务的,适当组织协作配合,这是一种好的办法。互相帮助,互相学习,这样,事情就会好办得多。也可找职工、找私方人员开座谈会、访问,找一些老人来写回忆录,都可以根据条件和可能来做。工商联在这方面也有不小的力量,应当注意继续把他们的力量调动起来。

(5)资料整理和经验总结并举、资料整理和理论研究并举、数量要求和质量要求并举。时期不同,有时偏重资料,有时偏重理论,但不妨碍并举,并举不能认为就是半斤八两,总是有主次之分的。我们不能要求一下子就有很高的水平,这要从实践中锻炼。过去几年偏重数量,质量差一些,这不是浮夸。一切事物都是由无到有、由低到高、由粗到细的。现在已经有了数量的基础,就有可能要求进一步提高质量。当然,数量还是不够,有的还没有作完,但要以质量为主。

以上是几项具体的工作经验。

2.今后的要求

我们这项工作还没有完成,今后还要继续作下去。首先要完成我们五年规划中所列任务。完成行业史料的整理和编辑,开始专题史料的收集。历史资料的工作要贯彻始终。根据情况变化,五年规划应作调整和充实,有些项目可以归并,有些新的项目要列进去。要大兴调查研究之风。现实问题有些不属于私改范围,但也可以适当进行一些调查研究。例如城乡人民公社问题、小商品生产问题、城乡家庭副业问题、集市贸易问题、处理两类不同性质矛盾的经验等问题。研究历史要和现实工作结合,有这么些新问题,如果我们有条件和可能,可以根据各地不同情况,选择一、二个典型,解剖麻雀,很有必要,也很有好处。

对工商联的同志,要求搞行业、人物、特点,过去搞的名产、名牌很好,要更多注意中小城市。要求把现有的资料整理出来,去粗取精,汇编成书。

为完成上述任务,要求固定专业队伍,组织协作。每个地区要求有3～5人,设在办公室也好,附设在业务单位也好。具体任务是:1.完成五年规划(这个规划要重新加以调整);2.搞典型调查,写出象样的调查报告。

其他问题(略)

(五)许涤新局长的讲话

3月8日,许涤新局长就当前的阶级关系问题与编写中国资本主义发展史的问题讲了话。

1.当前阶级关系问题(略)

2.编写中国资本主义发展史问题

写资本主义发展史是中央去年指示的。写这本书有两个意义。一个是对中国资本主义的发生、发展和改造作总结,中国资本主义工商业的社会主义改造已经基本完成,这项工作是向历史作交代。另一个是为了中国化的政治经济学提供条件。现在各地都在写政治经济学,要写一本完整的适合中国情况的政治经济学,没有资本主义发展史的材料是写不好的。

中国资本主义发展史不单是民族资本,当然民族资本是主要的,但必须和外国资本、买办官僚资本联系起来写。行业史也是如此,如卷烟业就遇到英商颐中,棉纺业如不把日商纱厂和抗战后国民党的中纺公司搞清楚,也讲不通。如孤立地讲民族资本,那是形而上学的办法。其次,还要和封建经济联系起来写。我们要编写在半殖民地半封建社会中生长的资本主义经济的历史,必须把上述三方面联系起来,这才是辩证的观点。

官僚资本要从张之洞、盛宣怀谈起,以至北洋系、安福系、交通系等官僚资本。他们的特征是:多半是大官僚在下台之后搞的企业,有的虽在上台时搞,但主要是为罢官后布置出路;其规模不大,资力有限。李鸿章、盛宣怀等的财产以土地较多,工商业只是一部分。后来的北洋军阀如袁世凯、段祺瑞等在下台后钱并不很多。他们比起国民党四大家族来差得远。四大家族是在上台时就大搞经济的。他们是当权派、靠政权聚敛财富,把枪杆、钞票和企业一起搞。形成规模极大的、拥有金融、贸易、工业、交通一整套的国家垄断资本主义。因此,今天讲的官僚资本主要是指四大家族。

民族资本家中有些在国民党政府作过官的。但作官的不多。如刘鸿生是买办出身,同官僚资本也有一些联系。但总的说,他是民族资本。他对党和人民是在摇摆的过程中逐步过来的。他办了火柴、毛纺、码头、煤矿等企业,总的说是搞生产的。这样老资格的资本家,为了在旧社会生存必然与官僚资本、外国资本乃至流氓都有联系。问题看他有没有变化。这些人原是反共反人民的,但被外商、国民党欺侮,在同帝国主义和国民党的矛盾中,逐步变化,最后跟我们走,这种人基本上属民族资本家。民族资本家的特点:(1)搞了民族工商业,特别是民族工业;(2)与帝国主义外资、国民党有矛盾;(3)最后跟我们走,参加了公私合营,把企业交出来。我们要从发展观点看问题,从阶级关系发展看问题,从他们在政治和经济的作用上看问题。

中国资本主义发展史的分期问题。中国资本主义发展史阶段的划分,可以抓两条线:一是殖民地化的程度;二是新民主主义经济的产生和发展。两条结合起来,以第一条为主。初步设想,可以划分为以下几个时期:

(1)从明朝末年到鸦片战争。这个时期的特点是工场手工业已经在中国发生。封建经济中,有了资本主义的萌芽。

(2)1840年鸦片战争开始半殖民地化,到1895年甲午战争订立马关条约,完成了中国的半殖民地化。

(3)从1895年马关条约到第一次世界大战。19世纪70年代,世界的资本主义从自由竞争进入垄断资本主义阶段。马关条约是用条约的形式把资本输入中国固定下来。帝国主义列强在中国开厂开矿,实现中国的殖民地化。但在外资侵入的刺激下,民族资本抬头了。第一次世界大战时期是民族资本的黄金时代,但日本在这个时期在中国的资本发展更快。

(4)1919年～1931年,即第一次世界大战后到九一八事变。日资急速发展,打破了列强过去在中国的均衡,英美日三个帝国主义矛盾尖锐化,民族资本被压迫。革命的苏维埃区建立了,开始有了新民主主义经济。

(5)1931年～1945年。出现三种情况:(1)东北沦陷区,是殖民地经济;(2)国民党统治区,是半殖民地半封建经济;(3)革命根据地,是新民主主义经济。

(6)1945年～1949年,美国代替了日本,国民党区殖民地化。东北、华北解放区新民主主义经济发展。

(7)1949年~1956年,民主革命胜利,人民民主专政政权在全国范围内建立,殖民地经济被否定,封建经济也被否定,资本主义企业的社会主义改造基本完成。

资本主义发展史要写得完整,否则不能反映整个时代。划分阶段要全面看问题,单从殖民地化程度来说,讲不完全,把两条线拧在一起比较好。这个意见还不成熟,大家可以讨论。

行业史是中国资本主义发展史的准备工作,工业、商业、金融、进出口等都要搞进去。矿业还没搞,至少要搞几个大煤矿,如开滦、抚顺、贾汪等。以行业史为基础来写资本主义发展史。

此外还要准备专题资料、专题研究。搞一个时代一个问题,如五四运动前后,可以是几个专题。搞经济史必须搞资产阶级,要写帮口、家族、集团和资本来源等问题。

整理材料是当前的主要任务,没有材料就没有历史。从资本主义发展史看,我们的工作还未开始,准备工作还未作完。搞材料也要有理论分析,保留什么,去掉什么,对问题怎样看法,这就是理论。怎样分析、评价、判断,没有理论是不行的。行业史本身就有理论有逻辑。我们作调研工作要安排时间读理论书,除机关党委布置的政治学习外,要抓政治经济学、辩证唯物主义、历史唯物主义,认真学习毛主席的著作。另外恩格斯的《反杜林论》的第三部分、列宁的《俄国资本主义发展史》也要读。

3. 调查研究

九中全会强调今年大兴调查研究,人民日报社论已讲得很清楚。调查研究是有的放矢,不是为调查而调查。调查不要多,抓几个点解剖麻雀。我们从资本主义发展史角度看,整理19个行业史也是调查研究。调查一个行业是解剖一只大牛,不只是一个麻雀了。一个行业总有几个企业作中心,要抓住它,这是重点。如棉纺要抓申新系统,化工要抓南吴北范,卷烟要抓颐中、南洋、华成。对大企业和集团的材料要具体分析,不要说空话,要源源本本,有历史发展。调查一个公社、市场、工厂、商店也是这样。调查研究不仅讲今天,还要讲昨天。看发展过程才能抓住矛盾的发展,然后才能解决问题,情况才能明了,抓矛盾才能抓到底。

私改工作的调查研究是什么性质的工作?一方面是为了总结私改的历史任务;另一方面为写资本主义发展史做准备,并为写中国政治经济学提供条件。总的说是为提高我国社会主义科学水平服务的。中国是有悠久历史的社会主义大国,要有高的科学水平,自然科学和社会科学都如此。提高科学理论水平是党和毛主席提出的要求。私改调研工作,对国外说,是为反帝的国际统一战线服务,是为现实斗争服务的。讲的材料是过去,作用在今天。现在非洲、拉丁美洲以及中间地带一些国家的今天正是我们的昨天乃至前天。我们过去的东西对他们来讲是很新鲜的,很有用的。拿出我们的昨天来,就使他们看清今天或看到明天。因此,看私改调研工作要从世界的、从历史唯物主义的眼光来看。私改是党和毛主席对马列主义创造性的发展。我们的工作还没有完成,我们还要向后代作交代。对这工作要看得远看得长。我们不是厚古薄今,而是要古为今用。如果认为是过去的东西就没有用,这是一种反历史唯物主义、反马克思主义的观点。

当然这不是鼓励大家搞古董。不能埋头过去,不管当前。今天剥削阶级还存在,阶级关系还在变化,因此要看当前,看全面。我们不能关起门来搞资料,情况在变化,必须认清国际国内形势,随时了解阶级关系的变化,心中有数,才能分析好、整理好历史资料。但也不要为了结合实际就以当前的工作代替历史资料整理工作,这样做实际是否定自己。这与不了解当前情况闭门写材料同样是偏向。对当前情况要知道,要参加调查,听汇报,使脑子不麻木,使自己思想不要落后于实际,但不是用它来代替资料工作。历史与现实,这两方面要很好地结合起来。

各地私改资料工作很有成绩,整理了许多材料,现在的问题在于提高质量。过去搞了不少,有了基础,但要继续提高。领导没有时间改可以自己改,人是会进步的,要耐心修改,改一次,提高一次,不要忙于出版。各地原来有机构的希望保留,地方搞完了,综合全国性行业史料的工作量还是很大的。这项工作要搞到底,我也要对这工作抓到底。

(六)专题讨论

座谈会最后讨论了青岛工商局编写的火柴工业资料中"刘鸿生和大中华火柴公司"一节。这一节和以下两节是以人物为中心来写旧中国火柴工业企图向垄断发展的经过。大家对于资料的取舍,资产阶级两面性的掌握,这个资本集团同帝国主义之间的矛盾和同官僚资本的关系,以及其对工人的剥削和工人运动等方面，都提了很多意见。经过讨论，认为掌握两面性是写好这一部分资料的关键，应当从人物的活动中，表现其前后的变化。在资料中应当写资产阶级，某些部分也可以突出资产阶级代表人物，突出其动摇和转变过程。但是，不能把一个行业或资本集团的发展表现成为某个人活动的结果。旧中国火柴工业之走向兼并和联营的道路，是当时内外各种矛盾的发展决定的，应当着重分析本行业的特点和其所以形成联营的客观条件，以及联营失败，终于同外国资本妥协的原因，也应当表明其积极一面的作用和消极一面的作用。从这一段资料中可以看出，许多资本主义行业的发展是有其特殊的规律性的，但又是和半殖民地半封建条件下资本主义发展的总的道路一致的。

会上还座谈了民族资本的原始积累、资本积累、它和封建主义的关系、民族矛盾和阶级矛盾的关系以及资本主义发展史的分期等问题。

（选自《工商行政通报》第186期，1961年3月27日）

二、中央宣传部转发中央工商行政管理局党组、中国科学院经济研究所领导小组关于对资本主义经济社会主义改造的调查研究工作的报告

（1961年5月23日）

各省、市、自治区党委宣传部：

现将中央工商行政管理局党组、中国科学院经济研究所领导小组《关于对资本主义经济社会主义改造的调查研究工作的报告》转发给你们，请参照办理。

附：关于对资本主义经济社会主义改造的调查研究工作的报告

自1958年6月你部转发我们所拟的《资本主义经济社会主义改造研究工作五年规划（草案）》以来，这项工作有了发展，并取得一定的成绩。除由科学院经济研究所和中央工商行政管理局合设资本主义经济改造研究室外，上海、武汉、广州、重庆、西安、青岛等十几个城市和甘肃、内蒙、新疆等省、自治区的工商行政部门也都设立了调查研究机构。3年来，各单位在党委领导下，与有关业务部门和文教部门协作，并动员职工和私方人员，共整理了3000多万字的资料。五年规划所定的工业、商业、运输业三种社会主义改造资料已编写成书（两种已出版）；19个重点行业和若干典型企业的历史资料也大部分收集起来；征集了私改典型经验200余篇；并编制了一些统计资料。资改研究室编写的《中国资本主义工商业的社会主义改造》一书已经过多次修改。上海、广州、武汉、内蒙、新疆也编写了总结对私改造的专著。此外，还结合现实问题的调查，写出了一些调查报告和论文。各单位从事这项工作的专职干部有50余人，经过几年工作，也积累了一些经验。

今年3月，我们召开了对资改造调查研究工作座谈会，总结工作。认为几年来抓调查、抓资料、抓私改经验，调查研究工作和业务行政工作结合、资料整理和理论研究并举，以及各有关单位分工协作等方法都是正确的。这也证明了经济行政机关设立研究部门，对自己业务进行系统的资料整理和研究是可行的，这对于本身业务和对于科学事业来说，都是有好处的。今后拟继续努力完成五年规划的要求，对原来规定的项目根据鼓足干劲、实事求是的精神进行调整，着重在现有基础上充实内容，提高质量；同时积极贯彻中央大兴调查研究之风的指示，加强对当前业务和理论问题的调查研究。根据上述要求，对1961年～1962年的工作提出如下意见：

一、资本主义工商行业、企业历史资料的收集已有相当数量。今后对在本地区无代表性的项目可适当削减，19个重点行业以外在当地有代表性的个别项目也可增列；抓住重点，集中力量，充实现有资料的薄弱环节，补充缺欠部分，努力提高资料的政治水平和科学水平。各地所整理的行业、企业资料，除一部分经修改充实后由地方出版外，集中编辑为《中国资本主义工商行业史料》，分或若干辑，在1961年、1962年上半年、1962年下半年分批进行。

二、除行业、企业史料外，还需要整理一些专题史料，如有关官僚资本、买办资本、帝国主义资本的资料；有关革命根据地的工商业、抗日战争时期国民党统治区和敌伪占领区的工商业的资料；有关少数民族地区和华侨工商业的资料；资本主义与农业、资本主义与手工业关系的资料；资本积累的资料；市场、交易所的资料等。各单位可根据当地情况和条件，选择有关这些方面的具体题目，进行资

料收集和整理。

三、在行业史料和专题史料的整理达到一定阶段时，我们准备编写一本《中国资本主义发展史》，论述中国资本主义发生、发展和灭亡的历史。在1962年写出提纲。

四、历史资料的工作，要和对当前业务、理论问题的调查研究结合起来。这主要是配合党的中心任务、配合工商行政工作，采取解剖麻雀的方法，进行深入的典型调查和分析。调查的目的是分析情况，发现问题，总结经验，以帮助贯彻政策，并研究其发展的规律性，具体项目由各单位根据当地需要确定，选点不宜多，以免分散力量。

五、调查研究工作干部应认真学习马克思列宁主义、毛泽东著作，不断提高政治思想水平和理论业务水平。为了更好地展开工作，各单位应加强和固定调查研究工作的专业队伍，这个队伍要力求稳定，以利资料的积累和水平的提高。同时要继续贯彻群众路线和集体协作的工作办法，与有关业务部门和文教部门密切合作。

六、建议各地党委的宣传部加强对这项工作的领导，并请党委考虑由当地的科学研究机构或者其它机构，对这项工作经常给与指示和具体帮助。

以上意见，如属可行，请批转各省、市、自治区党委宣传部结合当地情况，参照办理。

(选自《工商行政通报》第191期，1961年6月12日)

三、中央工商行政管理局关于旧中国资本主义发展问题讨论会纪要

中央工商行政管理局于6月25日至7月8日召开了旧中国资本主义发展问题讨论会，到有上海、武汉、广州、重庆及中央工商局从事调研工作的同志二十余人，提出了九篇论文，包括旧中国的资本主义萌芽、中国资本主义工业发展的三阶段、第二次国内革命战争时期民族工商业的破产半破产、抗日战争时期民族资本与官僚资本的矛盾，以及有关旧中国的商业资本、借贷资本、资本积累和联营等问题。有些论文综合了有关材料，多数则是从解剖典型企业或行业进行探讨的。

讨论中，大家本着互相学习、共同提高的精神，发言很热烈。对几篇文章的论题，都试图在历史唯物主义和阶级分析方法的指导下，从分析矛盾入手，探讨内因和外因，找主要矛盾，探索问题的实质。大家还对调研工作任务和近期工作安排，交换了意见。

会议期间，与会同志先后听了中央工商行政管理局副局长千家驹、黄玠然所作的有关当前城乡阶级斗争情况的报告。参观了全国政协举办的山东泰安北集坡人民公社阶级斗争展览会。

管大同副局长在会议上作了关于今后调研工作的任务和方法问题的讲话。他说，我们的调查研究工作一定要有明确的目的性。调查什么？研究什么？要有一个目的，要“有的放矢”。他回顾了这几年来的工作。他说，我们的工作目的是很清楚的，就是整理和总结对私改造的经验。几年来大家编写了不少资料，出版了几部书，水平也有提高，这次开会，大家又写了不少篇文章，工作是有成绩的。写文章也要有个目的。就是说要密切结合国家的政治任务，为我们国家的社会主义建设和社会主义革命服务。毛主席讲过过渡时期的阶级、阶级矛盾和阶级斗争。这个过渡时期可以长达一百年、几百年。因此，在我们搞社会主义建设的同时，一定不要忘记社会主义革命，不要忘记阶级斗争。

接着，管大同同志对今后工作提出两个方面的任务。他说，阶级斗争普遍存在于政治、经济、教育、文化等各个战线，我们需要从经济战线上经常收集市场、城乡工商企业等方面阶级斗争的资料，研究其规律，并不断总结工作中的经验。这就是我们第一方面的任务。这里面情况错综复杂，需要我们研究的问题，毫无疑问是很多的。一定要抓紧时机，亲临战场，不要只坐在办公室里研究。这当然还需要制定一个比较长期的规划，安排具体项目，分工来进行。

管大同同志提出的第二个方面的任务是如何编写中国资本主义发展史的问题。他说，我们要写一本专著，要把中国的资本主义如何发生、发展的过程真实地反映出来。现在同志们已经写了很多资料，这些资料还需要进一步整理。大量的资料还需要继续分工来收集。同时也要进行专题研究。专题不妨多些，但要抓重要问题，不要在枝节问题上纠缠不清。题目要好好安排一下，做出规划。

管大同同志指出，搞调查研究工作，一定要认真读点书。读书也要有目的性。读马列主义经典著作，更要读毛主席的著作。要有重点地读，读为

了用，要活学活用，反对本本主义。

最后，管大同同志谈到队伍问题。他说，各地调研工作，要有必不可少的骨干力量，重点地区最好有调研室，或有专职人员。请同志们回去向领导汇报。同时，还要注意培养青年干部，组成秀才班子，加强学习，加强实践锻炼，一定要下苦工夫，提高水平，跟上形势的要求。

这是工商行政系统第一次召开的带有学术性的讨论会。大家认为是很好的一次学习，要求今后有准备地再开一些这样的会，并希望有更多的地方提出论文，参加讨论，内容也可扩充为当前问题和历史问题两个部分。

（选自《工商行政通报》第 267 期，1964 年 8 月 15 日）

第五章　对工商企业全面普查、登记、发证

一、广州市全面开展工商企业的登记换证工作

广州市工商行政管理局,于去年9月至10月间,对全市的国营、公私合营、合作商店(包括外地分支机构)、私营企业、小商小贩、郊区人民公社社办企业、街办工业和其他民办企业,全面地进行了登记换证。根据"谁归口管理谁登记"的原则,以各区人民委员会为主,由各业务主管单位抽调干部成立换证工作组,在市工商局统一布署下进行工作,整个工作分准备、发证、统计及处理遗留问题三个阶段进行。

在工作开展之前,各区都组织有关干部进行学习,弄清登记换证的目的、意义和具体做法。动员企业申报和受理填报工作,都贯彻了群众路线的工作方法。对户数较多而又复杂的商业行业,一般由商业局各专业科抽调专人,组成工作小组,按条条由联店直接分工包干,受理填报。对各负盈亏合作小组和小商贩的受理填报工作,有的区运用了小商贩联合会的力量来进行,有的区把有一定文化的小商贩集中学习,在小商贩中进行填表互助。为保证填报质量,减少返工浪费,各单位在发表以后,都抓紧了督促检查和具体辅导工作。在审查登记表中,根椐不同的对象确定不同的审查重点,对国营、公私合营企业,着重在填表技术上的审查,看有无错填、漏填及指标划分不清等现象;对各负盈亏的合作小组和私营企业,着重填报内容与实际经营情况的对照和登记项目如增资、增人,扩大经营范围等的审查。在方法上,一般是采取"先易后难、先简后繁",先国、合营、后私营,先审一般户、后审有问题户的办法,按行业(总店)分批审查、办发证照。为了保证工作质量,各区换证工作组,有的采取了重点抽查,及时发现问题,督促企业补充修正;有的由各登记换证单位负责初审后,再由区工作组统一复审和缮证;有的则选择填报问题较多的行业和企业,集中由区工作组进行审查;有的采取发动群众,组织行业积极分子集中协助审查。

通过全面的登记换证工作,进一步摸清了全市工商企业的发展情况;整顿处理了滥用政治名词以及用冗长难记的编号作为企业名称的混乱现象;加强了业务主管部门同工商行政部门的协作与配合,使业务部门全面地了解、掌握了所属企业的基本情况,便于今后的管理工作。在对私改造工作方面,摸清了残存私营户和小商贩的情况,有利于今后的管理和改造工作。

但是,在这次登记换证工作中,也发现了一些问题。1.资本主义自发势力仍有滋长。如这次登记换证,发现一些私营业户擅自增资、增人和变更经营范围,甚至顶替牌照和进行投机违法活动,还有些企业,不经核准擅自开业,或者持失效证照继续经营。这些情况,已引起工商管理部门与业务部门注意,并采取措施加强管理。2.发现归口管理工作还有缺点,有些行业和业户无人管理,甚至在换证当中,还出现相互推诿不愿登记的现象。这些对私改造工作上的空白点,该市工商局已建议各区进行全面排队实行归口管理。

为了经常掌握工商企业的变化情况和限制资本主义自发势力的发展,以利国民经济有计划的发展和社会主义建设事业的继续跃进,对于今后工商企业的登记管理,广州市工商局提出,继续贯彻谁归口谁管理谁登记的原则。对工业、商业、饮食服务业,按直属归口领导关系,分别由市、区工、商业主管局或文化主管部门进行登记;对工业设立商业推销门市部、外地企业在本市设立的分支机构以及机关、团体、学校举办的工商企业,或不属于工、商业局和文化系统归口管理的金融、运输、建筑、农业等,均由区工商科进行登记,民办工业由区手工业局负责登记。

(选自《工商行政通报》第158期,1960年1月

24日)

二、广州市对工商企业登记管理做出若干规定

广州市工商行政管理局为了加强对工商企业进行经常性的登记管理,草拟了《关于工商企业登记管理的若干规定》。这个规定最近已经广州市人民委员会批转执行。现摘要刊载于后,供各地参考。

(一)登记范围

凡属工业、商业、饮食业、服务业、金融业、运输业、建筑业、农业八大部门的下列各类性质的企业,均属登记范围:

1.国营、地方国营、公私合营企业以及在本市设立有对外营业之分支机构,如门市部、批发部等。

2.合作企业及其分支机构(包括八大部门的各类型合作社、高级合作商场、合作商店、共负盈亏合作商店)以及人民公社经营的工商企业。

3. 外地(包括省属)国营、地方国营、公私合营、合作社营企业在本市设立有营业行为之分支机构。

外地驻本市的办事机构,统按省市有关管理规定办理,不作企业登记。

4.各负盈亏的合作组织(包括手工业供销小组、商业、饮食业、服务业的合作小组等)及私营业户(包括手工业个体户、小商和摊贩)。

5.街道工业、商业、饮食业、服务业。

6.机关、团体、学校举办的工商业企业(包括民政部门领导的生产自救企业组织)。

如属试验性的或纯粹加工修理性质,无固定业务,或纯粹对内经营的服务性行业及机关生产单位(如副食品基地)等,不办登记。

(二)审核原则

1. 本市国营、地方国营、公私合营、共负盈亏合作企业的开业、变更或撤销,原则上均由上级主管单位根据生产或经营的需要,审查核准。外地企业在本市设立的分支机构。凭原主管单位证明加以审核。但工业、手工业企业(包括本市和外地)开设商业门市部,应根据以下原则由工商行政部门审查核准。

(1)产品非由商业部门包销的生产企业,原则上可设门市部推销。但由商业门全部包销的,则不应设立门市部。对生产的残次商品,经过工商之间协商,可根据不同情况,由商业部门根据次货适当削价,一并包销,也可由生产企业通过市场交易管理机构,或系统的供销经理部自销。

(2)产品大部分是加工订货的,原则上不应设立门市部,少部分加工订货或包销以外的产品,可委托商业部门代销,如果商业部门不愿代销,可由生产企业通过市场管理机构或本系统的供销经理部自销。

(3)为了不影响市场安排,工业、手工业设立的商业门市部,除了对市场安排影响不大的可以允许经营零星商品的零售业务外,原则上只准经营批发业务。

2. 对私营企业、小商贩、手工业个体户的审核原则:

开业

在社会主义革命已经取得了决定性的胜利和广大农村已实现了人民公社化以后,资本主义经济已失去积极作用,今后对私营企业及个体户的开业必须严格掌握。

(1)资本主义企业(一般按商业雇工1人以上,饮食业服务业雇工在2人以上,或资本额在2000元以上,适当掌握)原则上一律不准开业。属于华侨投资性质者,一般也应动员投资到华侨投资公司,不宜单独开业。

(2)小商及手工业个体户,可采取严格审查、一般不准,个别批准的办法。原则是:(1)在人员方面,限于无生活出路或有特殊技术为社会所需要,而又不适宜以其他办法安排(如动员回乡生产或居住),有本市正式户籍的居民,如华侨、侨眷等;对有生活出路的未经办理正式离职手续的国合营企业、手工业生产社、合作商店的现职人员,已有特定安排的人员(如转业军人等),以及盲流无户籍人员,原则上均不准开业。(2)在企业方面,必须具备一定的经营条件,如资金、技术设备、原料、货源,适当的生产或营业地点等。(3)在行业方面,限于非国家统一经营,为社会所需要而非过剩的行业,如一般未能满足需要的修理性或服务性行业。

(3)摊贩,由于与市容观瞻关系较大,目前马路行人道两旁摊贩已基本进店,原则上不宜再恢复这种设摊经营的形式,因此应继续贯彻“封口”方针,

除另有规定者外,一律不再办理开业登记。属于复业性质的,如归口单位确无法安排或给予其他出路而又靠此为生的,可审查批准,但应严格审查设摊地点,在主要马路及其横街口影响市容观瞻的,原则上不得摆设;如属逃避安排或动员回乡倒流回来者,原则上不应批准。

歇业

(1)资本主义企业有下列情况之一者,可予以批准:①资金亏损过重,经查明确实无能力继续经营者;②虽损亏不大,但业务上确有困难(非临时性)无法克服,不能继续维持者;③资方逃亡或身故,由于无人主持业务致停顿经营者;④具有特殊原因(如法院判处勒令停业、因改组合并而结束等)而歇业者。

企业申请歇业时,应通过劳资协商,企业歇业后的职工,如生活出路有困难的,根据需要,归口单位应考虑尽量给予安排。

(2)手工业个体户和小商小贩,凡已获得正当职业或其他生活出路,经查属实,应予批准;如因业务不能维持而申请歇业但又无法安排其生活出路者,则不宜随便批准,在货源、原料或业务安排等方面尽量予以解决。

变更

(1)负责人:企业负责人因死亡、患病、年老不能继续主持经营的,可变更其经营合法登记的从业人员为负责人。但对无雇工的独资企业,如其家属已有其他生活出路者,原则上不应批准变更,收回企业牌照。

(2)资金:因适应业务需要而增加资金,不属于资本主义自发性质者,或由于股东退股、拆伙等原因而减资者,经查属实,可予批准,但严防资本家借以抽逃资金。

(3)经营范围:原则上应当限制,不能随便增加或变更,但因适应市场需要,支持大中型企业的生产,维持业户的生产与经营等有需要的,酌情准予增加。如增加或变更后须改变企业体制或归口管理等关系者,应先征得有关主管部门的同意,如增加或变更的经营范围系特种营业者(如经营无线电、剧性毒物、旅馆业等)应具公安部门的许可证明。

(4)从业人员:增加或替换从业人员,一般不予以批准;个别确因业务需要,并以此为生,有本市户籍者,可考虑批准增加。

3. 对街道企业的审核原则

(1)凡属纯粹经营委托代销业务或纯服务性的(如代办储蓄、邮电、传呼电话、看自行车、搬运以及街道服务站等),如有业务委托单位的,应取得有委托单位证明;无委托单位的,应先取得街道办事处的同意,方能经营。对这类性质的企业,只须登记备案,不发证。

(2)街道工业,凡是能为工农业生产、为人民生活服务的,都可以举办。

(3)民办饮食业及服务业,在征得商业主管部门同意后,可以设立。民办商业如因需要,经商业主管单位同意,可予批准。

(4)对擅自脱离组织或逃避改造的人员,除经有关部门同意的以外,原则上不吸收入民办企业。

4. 对机关、团体、学校举办的工商企业的审核原则

(1)对外经营的生产性质的工业(或手工业),为便于统筹安排,经本单位的领导机关批准,再征得有关主管部门的同意后,方予批准设立。

(2)属于商品贩卖性质而对外经营的商业和服务业,除有特殊需要,征得业务主管部门同意可发证者外,原则上不应批准。纯对内经营的服务性行业,各单位可根据需要设立;但如需要商业部门供应货源的,应取得有关业务主管单位同意后设立。设立后报请备案,不发证。

(三)分工原则

为了提高工作效率,减少环节,并便于业务主管部门及时掌握所属企业的变化情况,今后工商企业登记管理的原则,应该是在不过分分散的条件下,根据谁归口管理谁登记的办法进行。具体分工是:

1. 本市工业、商业、饮食业、服务业中的国营、地方国营、公私合营、合作企业及其设立对外营业之分支机构以及私营企业(包括手工业个体户、小商贩)应按其直属归口领导关系,分别由市工、商、文化主管局或区工、商业局(分局)、文化科进行登记(包括开业、合并裁撤、增减人员、变更经营范围等,下同)。

2. 机关、团体、学校举办的工商企业,不属于工商业局归口管理的其他金融业、运输业、建筑业、农业等部门的企业,本市国营、地方国营、公私合营工业、农业企业以及人民公社和生产合

作社设立推销自己产品的商业门市部；外地（包括省属）企业在本市设立有营业行为的分支机构，以及街办工业以外的民办企业，均由企业所在区的工商科进行登记。

3. 街办工业由区手工业局负责登记。

（选自《工商行政通报》第160期，1960年2月29日）

三、江苏省关于开展对商业、饮食、服务业换证登记工作的意见

江苏省商业厅为了适应当前商业工作的新情况，保障合法交易，取缔投机活动，维护市场秩序，对全省现有商业、饮食、服务业进行全面换证登记工作，意见如下：

（一）换证范围

1. 凡国营、公私合营、合作社办、民办等各种经济类型的商业、饮食、服务、修补行业和小商小贩，不论已登记或新建的机构，均应办理换证登记。2. 国营、公私合营、合作企业核算单位的分支机构，各工厂附设的对外修补服务门市部（包括零售门市部），机关、团体、学校等附设的供销机构（包括小卖部、理发室等），凡是在今年已进行过换证登记的，可不办理。

（二）登记手续

1. 国营、公私合营企业的登记，由企业负责人按分支机构单位填具企业登记申请书及登记事项表，报市、县商业行政部门核批，换发新证。2. 合作商店的登记，由合作商店的负责人按分支机构单位，填具合作商店、小组登记申请书，报所在地商业行政部门审批发证。3. 合作小组及个体商贩登记证（包括夫妻店）可由小组负责人（统一经营、统一核算）或其本人（统一领导分散经营的）填具申请书报所在地商业行政部门审批发证。4. 机关、团体、学校等附设的供销机构（小卖部，理发室）一律由主管部门填具申请书报当地商业行政部门核批发证。上述登记的对象如有变更，由该企业备文向原核准机关申请换证登记。如属企业负责人调动，可由企业备文向原核准机关备文，不再另行申请换证登记。

（三）登记证种类

为了鉴别企业的经济类型，登记证分下列几种：1.“企业登记证”，用于国营、公私合营以及机关、团体、学校等附设的供销机构；2.“商业登记证”，用于合作商店、合作小组（包括夫妻店）及个体摊贩；3.“临时商业营业证”，用于季节性的临时商贩。

（四）审批原则

1. 国营、公私合营企业，经其上级主管部门证明后发证。2. 各业商贩，对过去有证现仍继续经营的应优先发证，对无证户应分情况处理，属于下列情况者，可以发证：(1)以经营此项业务为生或以此为主要生活来源的；(2)所经营的业务为市场所需要的；(3)有一定的业务、技术经验和劳动能力的；(4)过去有证，但现在已自动停业在半年以上或虽然有证而系私自转让顶替者，均应按照无证户审查处理。3. 属于下列情况者不予发证：(1)家庭有其他收入，不以此维持生活的，所经营业务又不为市场需要者；(2)户口已迁出城市或从外地盲目流入的；(3)已动员回乡参加农业生产，而又倒流回来的；(4)在学学生或有其他职业者；(5)未经办理正当离职手续而擅自离职的；(6)逃避已有工作的安排而自动跳行跳业的。

（五）关于登记证的印制和收费标准

1. 企业登记证的印制，由商业厅统一印发；2. 商业登记证及各类企业申请书等表式由各地自行印制；3. 登记费的收取，一般掌握在：(1)国营企业、公私合营企业登记证每件收取2元。(2)合作商店每件收取1元，合作小组（包括夫妻店）每件收取5角。(3)对季节性的临时摊贩收取3角。

（六）领导分工

全面换证登记工作，牵涉面广，工作量大，必须在当地市、县商业局的统一领导下进行，具体分工如下：1. 国营、公私合营企业的登记：(1)国营企业（包括市、县级机构及其所属的分支机构和下伸机构）和县以上的公私合营企业，一律由当地商业行政部门登记发证。(2)县以下的公私合营企业由当地国营企业或委托供销社办理，提出意见转县局登

记发证。2.对合作商店、合作小组及个体商贩的核准登记:(1)县城以上城镇的企业的核准与登记,由所在地归口国营企业或区商业分局(设区的城市)提出意见,报市、县商业局登记发证。(2)县城以下集镇的企业的核准与登记,由所在地国营企业或委托供销合作社提出初步意见,转县商业行政部门登记发证。

(七)时间与步骤

开展换证登记工作必须紧密结合商业体制调整工作进行,做到边调整、边登记,要充分作好准备工作。全面换证登记工作,要求12月底前完成。步骤上可分批进行,国营、公私合营的企业换证工作可在第二批进行,先搞合作商店、合作小组以及临时商贩。

(八)注意事项

1.企业登记工作是一项细致复杂的工作,时间紧、任务大,政策性强,涉及面广,因此在开展这项工作前,各地商业部门必须对负责此项工作的人员组织学习,弄懂政策,明确要求和具体做法。2.在开展此项业务的同时,对各行各业普遍进行一次爱国守法的教育,树立守法光荣的思想,使他们自觉地遵守国家法令,自觉地监督和检举投机分子的违法活动。明确宣布换证登记以后,一律禁止无证商贩进行商业活动。3.各市、县商业局在全面换证登记工作之后,应建立一套完整的档案资料,严格执行企业、商贩的开业、歇业、变更等事项(包括改换企业的名称、改变经营范围、迁移地址、增减资本、改变经营性质等)事先办理登记手续,制止擅自开歇、变更等混乱现象。4.供销合作社、手工业合作社、组、工厂的登记发证工作,应由其主管部门办理,但各地党委决定委托商业行政部门办理时应参照以上规定办理。5.凡是经过批准登记发证的企业或有固定门面的商贩,均应命名。企业名称与经营范围和业务规模要相称,同一行业的企业名称在同一地区范围内应避免重复或相同。企业名称不要使用号码第一、第二等。不要随便使用政治性名称,严禁使用革命领袖名字做招牌,也不必加上××市县,××区等字样。

(选自《工商行政通报》第202期,1961年11月27日)

四、湖南省商业登记暂行办法

(一)为了加强市场管理,保障合法商业经营,取缔投机倒把,以利于活跃城乡市场,繁荣经济,特制订本办法。

(二)凡在省内城市、集镇或农村从事商业经营或贩运的单位和个人,包括合作商店、合作小组、小商小贩、工业和手工业开设的商业门市部等。不论过去是否办理过商业登记,均须依照本办法的规定,向当地商业行政部门申请办理商业登记。经审查批准,发给营业证照后,方准营业。国营商业、供销合作社、公私合营商业及其所属的批发和零售单位,以及信托行栈、农民服务部可以不办理商业登记手续。

(三)合作商店、合作小组凡符合下列情形之一者,均可申请商业登记:

1.从国营商业、供销合作社商业、公私合营商业调整退出的小商贩组成的合作商店和合作小组;

2.目前以小买小卖为主要生活来源而从事就地贩卖和城乡短途贩运确为当地市场需要、经有关部门证明(城市由派出所,农村由生产大队证明)和有关业务部门同意的无证商贩;

3.过去一贯从事商业经营、未获安排、而目前仍在进行商业活动、其经营商品又符合政策要求的无证小商贩。

合作商店应按店进行登记;合作小组可按户进行登记。

(四)农民利用农闲时间,在不影响集体生产的前提下,从事肩挑负贩,以赚取力资和一部分地区差价为主的短途贩运。如贩运小量木柴、木炭、陶器等,经生产大队审查同意后,可以申请办理临时商业登记,但不作为商业人员进行安排。

(五)合作商店、合作小组申请商业登记,须先经当地归口的国营商业或供销社审查同意;工业和手工业开设的门市部,须先经其上级主管部门审查同意。

(六)凡经营消防器材、无线电讯、电器、中药、西药、饮食、旧货、寄卖、旅馆、饭店等特种行业的合作商店、合作小组和工业、手工业门市部,须经市、县级公安、卫生等有关主管部门许可,发给许可证后,方得申请商业登记。

(七)凡有下列情形之一者,不予登记:

1.一贯从事非法投机经营,倒买倒卖,违反市

场管理者,如向国营商业部门套购转手买卖工业品、副食品,沿街高价贩卖者;

2.在本地无正式户口,或虽有正式户口,但系城市劝返对象,逗留城市逃避还乡者;

3.有工作岗位,擅自离职,或借故旷工搞投机活动者;

4.五类分子或其他受过刑事处分的释放犯,未取得公安部门许可证明者;

5.曾参加国营、供销社、公私合营等企业,不愿接受社会主义改造,擅自退出者;

6.过去未从事商业活动,目前只闲时参加部分商业活动的小商贩家属,只能作为补助劳力,不作为商业人员登记。

(八)申请登记手续和规费收取:

1.按规定表式,填具申请书;

2.在填送申请书时,必须按规定呈交有关证件及企业负责人最近一寸半身免冠相片二张(贴登记证和档案);

3.合作商店缴纳规费1.5元;合作小组按户缴纳0.5元;农民临时登记缴工本费0.5元。

(九)凡经商业登记批准发给营业证照的单位或个人,如需变更牌名、迁移地址、增减营业项目以及撤销、合并或停业、歇业,均须分别办理变更、停业、歇业手续,并缴销或换领证照。

(十)登记证不得转让、涂改,如发生遗失情事,必须登报申明作废,并申请重发。

(十一)登记发证工作统一由市、县商业局负责掌握;农村和城市属供销合作社归口的行业,由商业局统一印发,表格交供销合作社具体办理,由商业局收回实际工本费。

(十二)本办法自即日起施行,在施行中如发现规定不够完善,应一面执行,一面提出修改或补充意见报省商业厅。

(选自《工商行政通报》第202期,1961年11月27日)

五、国务院关于发布工商企业登记管理试行办法的通知

(1962年12月30日)

《工商企业登记管理试行办法》已经1962年12月1日国务院全体会议第123次会议通过,现予发布。各地应当依照本办法的规定,对已经开业的城乡工商企业立即进行一次全面登记,并且要求在1963年9月底以前完成这项工作。已经举办过登记的地区,当地人民委员会认为不必要重办理登记的,也可以不再办理。

当前,对新发展的工商业户,要抓紧时机,根据不同行业,不同人员,区别对待的原则全面进行清理整顿。对于投机倒把的活动,必须坚决予以取缔。

工商企业登记管理试行办法

(1962年12月1日国务院全体会议第123次会议通过)

第一条 为了加强对城乡工商企业的管理,保障合法经营,取缔非法活动,维护社会主义生产和市场秩序,制定本办法。

第二条 下列工业、手工业、交通运输业、建筑业、商业、饮食业、服务业的生产、经营单位(以下统称工商企业),除了国防工业、国营交通运输业和公用事业以外,都应当依照本办法的规定,办理登记:

(一)国营、地方国营、公私合营的工商企业;

(二)合作社营和其他集体所有制的工商企业;

(三)外地的工商企业派驻的推销、采购机构;

(四)工商企业的附属工厂、门市部等;

(五)个体工商业者。

各省、自治区、直辖市人民委员会认为有必要办理登记的其他生产、经营单位,也应当依照本办法的规定办理登记。

第三条 登记主管机关,在中央是中央工商行政管理局,在地方是省、自治区、直辖市和县、市工商行政管理部门。未专设工商行政管理部门的地区,由当地人民委员会指定一个部门为登记主管机关。

工商企业一律在所在县、市的登记主管机关办理登记。

第四条 工商企业应当登记的事项:企业名称,地址,经济性质,负责人姓名,开业日期,主管部门,和平或者经营范围,经营方式,资金数额,职工人数或者从业人数,在职的资产阶级工商业者人数等。

第五条 工商企业开业的时候,要办理开业登记;歇业的时候,要办理歇业登记;登记事项有变动的时候,要办理变更登记。

第六条 工商企业的开业和歇业,应当经过业

务主管部门审查同意,并经县、市登记主管机关核准登记。

核准开业的工商企业,由所在县、市人民委员会或者登记主管机关发给开业证照。但是县、市人民委员会或者登记主管机关认为无需发给开业证照的,核准登记后也可以不发给开业证照。

核准歇业的工商企业,应当向县、市登记主管机关缴销开业证照。

未经核准登记的工商企业,一律不准开业。

第七条　工商企业改变企业名称、经济性质、生产或者经营范围,转业、合并或者迁移,应当先经业务主管部门审查同意,并经县、市登记主管机关核准,办理变更登记。其他登记事项有变动的时候,应当定期报告县、市登记主管机关。

第八条　县、市登记主管机关可以向办理登记的工商企业酌收登记费。

第九条　违反开业、歇业、变更登记规定的工商企业,县、市登记主管机关应当给予批评教育;情节严重的,应当报经县、市人民委员会同意后,通知有关部门停止贷款、停止原料材料和货源供应,或者给予罚款、限期停业、吊销证照等处分。

第十条　机磁、团体、学校、部队经领导部门批准设立的对外营业的工商企业和派驻外地的推销、采购机构,也应当参照本办法的规定办理登记。

第十一条　在工商企业登记管理工作中,登记主管机关、业务主管部门、人民银行、税务部门等有关部门应当相互协作,密切配合。

第十二条　各省、自治区、直辖市人民委员会可以根据本办法的规定,结合当地的情况,制定具体的登记办法,并报国务院备案。

第十三条　本办法自发布之日起施行。

(选自《工商行政通报》第229期,1963年1月16日)

六、中央工商行政管理局关于贯彻执行国务院《工商企业登记管理试行办法》的一些具体问题的说明的通知

(1963年4月12日)

现将关于贯彻执行国务院《工商企业登记管理试行办法》的一些具体问题的说明发给你们,请研究执行,并将执行中的问题和你们的意见告诉我们。

此件请你们转发给县、市登记主管机关。

附:关于贯彻执行国务院《工商企业登记管理试行办法》的一些具体问题的说明

根据国务院发布的《工商企业登记管理试行办法》,现对城乡工商企业进行全面登记管理工作的一些具体问题,说明如下。

(一)关于登记范围

(一)《工商企业登记管理试行办法》(以下简称《办法》)第2条规定的应当办理登记的工商企业,是指直接从事生产、经营的单位。企业管理机构不办理登记。既是企业管理机构,又直接从事生产、经营的,应当办理登记。

(二)《办法》第2条规定的合作社营和其他集体所有制的工商企业是指:

1.供销合作社、手工业生产合作社、运输合作社、合作商店。

2.城市人民公社和街道办的生产和修理、服务单位,修缮队和运输队。

3.农村人民公社、生产大队、生产队办的农副产品加工作坊以及常年经营、单独核算的手工业生产和修理、服务单位。

(三)《办法》第2条规定的个体工商业者包括各负盈亏的合作小组的成员。

(四)《办法》第2条规定的不办理登记的国防工业、国营交通运输业、公用事业包括:

1.从事国防工业生产和专门从事军需生产的企业。

2.中央直接管理的铁路、公路、航空、航运等交通运输企业及其营业所、售票所。

3.邮电、电灯、电话、自来水、煤气、公用交通等企业及其营业所、售票所。

但国营交通运输业、公用事业等单位附属的工商企业,应当办理登记。

(二)关于登记单位

(一)工商企业以厂、店为申请登记的单位。

国营、地方国营工业联合企业,以其总机构为

申请登记的单位。

个体工商业者,由个人申请登记。

(二)工商企业和机关、团体、学校、部队派驻外地的推销、采购机构,以该机构为申请登记的单位。

(三)工商企业设在本县、市内附属的分厂、分店、门市部、营业点,应分别填表,由厂、店统一申请登记,对核准开业的,分别发给证照。

国营、地方国营工业联合企业设在本县、市内的生产单位,可以不再办理登记,也不发给证照。

(四)农村人民公社、生产大队、生产队办的农副产品加工作坊以及常年经营、单独核算的手工业生产和修理、服务单位,应分别填表,由人民公社统一办理申请登记手续,对核准开业的,分别发给证照。

(三)关于登记事项

(一)同一县、市,同一行业的工商企业不得使用相同名称。两个以上同行业的企业使用同一名称的,由当地登记主管机关与业务主管部门商定一个企业使用。

(二)工商企业职工人数或者从业人数(不包括临时工)和资产阶级工商业者人数,应以申请登记时的实有人数为准。

(三)工商企业的资金,规定由国家核定资金的,按核定资金登记。其他的工商企业,以登记时自有的资金(合作企业应当包括股金和现有的公积金)为准。

(四) 工商企业附设的分厂、分店、门市部、营业点,属于独立核算的,其资金、职工人数或者从业人数(不包括临时工)、在职的资产阶级工商业者人数,应分别填报;不独立核算的,由厂、店统一填报。

(四)关于审查和核准

(一)《办法》第6条、第7条、第11条所称业务主管部门,是指各级归口主管部门,即:

1.属于中央直接管理的工商企业,为中央各主管部、委、局;

2.属于省、自治区、直辖市各主管厅、局;

3.属于县、市管理的工商企业,为县、市各主管局、科或县、市人民委员会指定的部门。

(二)某些行业和生产某种产品的工业企业的开业,按照现有规定,必须经中央或者省、自治区、直辖市业务主管部门统一审查同意的,应当按照规定办理。

特种行业和某些涉及几个部门管理的工商企业的申请登记,除按规定经业务主管部门审查同意外,还须经过有关部门的审查同意。

(三)地方国营工业企业,凡是没有列入国家计划委员会计划或者省、自治区、直辖市计划委员会计划的,不予登记,并报请国家计划委员会或者省、自治区、直辖市计划委员会进行处理。

(四)农村人民公社、生产大队、生产队以及城市人民公社、街道和机关、团体、学校、部队办的工商企业,应当根据中央和省、自治区、直辖市人民委员会的有关规定,由各有关业务主管部门或者县、市人民委员会指定的部门进行审查。通过全面登记,进行清理。

(五)工商企业和机关、团体、学校、部队派驻外地的推销、采购机构,应当根据中央和省、自治区、直辖市人民委员会的规定,经有关领导部门的批准,并经驻在地县、市人民委员会的审查同意。

(六)工业、手工业以及城市人民公社和街道办的生产单位设立自销门市部,应经有关工业和商业主管部门的协商同意。

(七)对自发工商业户,应当根据国家政策的规定,区别不同情况、不同对象加以清理,该取缔的坚决取缔,该限期停业的限期停业。批准一些人暂时经营时,应当根据市场需要和本人条件,从严掌握。

(八)业务主管部门和登记主管机关在审查和核准的时候,应当协商取得一致意见;意见不一致时,应当报请当地人民委员会决定。

(五)关于登记费

(一)开业证照费最高不得超过3元。变更登记和换领证照,只收工本费。

(二)登记费用于有关登记的必要开支。

(六)其他

(一)登记主管机关应将核准登记的工商企业的登记表副本,分送有关业务主管部门和当地税务部门。

(二)县、市登记主管机关应定期将工商企业的基本情况和变动情况,综合上报。有关工商企业登记的统计报表制度,另行规定。

(选自《工商行政通报》第236期,1963年4月30日)

七、冶金工业部、中央工商行政管理局关于冶金工业部直属企业登记工作的通知

(1963年5月30日)

全国各地根据国务院发布的《工商企业登记管理试行办法》,已先后开展了工商企业的登记工作。为了更好地如期完成这项工作,要求各直属生产企业,切实遵照所在地区的县、市登记主管机关的规定,办理登记,并请注意以下事项:

一、登记的企业范围是:开工生产的工业企业及各地办事处。不包括独立的基本建设企业、事业单位,也不包括独立的国防尖端企业(但各特殊钢厂、有色加工厂及铁合金厂应进行登记)和停产保管企业。

二、冶金部直属企业(包括双重领导的企业)和办事处的登记,应经冶金部审查;冶金部各直属管理局所属企业,分别由各该直属管理局审查(待所属企业全部登记完毕,应将全部企业名单报冶金部备案)。

具体登记事宜,请各企业、各管理局主动地与当地主管工商企业登记的部门联系。特此通知。

(选自《工商行政通报》第240期,1963年6月30日)

八、内务部、中央工商行政管理局关于民政部门领导管理的工商企业办理登记的几项通知

(1963年6月20日)

目前,各地根据国务院发布的《工商企业登记管理试行办法》,已先后开展了工商企业的全面登记工作。在这一次全面登记的时候,民政部门和工商行政管理部门应当会同有关业务主管部门对民政部门领导管理的工商企业进行整顿和登记。现就有关问题作如下通知:

一、凡属各级民政部门直接领导管理的、以安置烈军属、残废军人、盲聋哑残人员和社会救济户为目的的生产企业,以及为盲、聋、哑、残人员服务的和为某些社会福利事业服务的生产企业,如制造假肢、残废者专用生产工具、助听器、盲人教学用具和火葬机等,经过县、市民政部门和有关业务主管部门的审查同意,可以核准登记,发给开业证照。

二、民政部门不得设立商业、饮食业和服务业(不包括修理服务,下同)企业。至于宗教事务划归民政部门领导的地区,寺庙开设的素食店、茶园(社)等饮食业,经过县、市民政部门和有关业务主管部门的审查同意,可以核准登记。

三、对第一项范围以外的生产企业和已经开设的商业、服务业以及不属于寺庙开设的饮食业企业,应当会同有关部门分别不同情况,进行清理、整顿:

(1)市场有需要的,可以移交业务主管部门领导管理,或转为手工业生产合作社(组)、街道生产单位。在办理移交的时候,原有全部生产人员应随同企业一并移交。某些生产单位,一时不能移交的,也可以暂时继续由民政部门领导管理。在某些县、市,民政部门领导管理的生产单位很少,为了安置烈军属、残废军人、盲聋哑残人员和社会救济户的需要,经过同有关业务主管部门协商同意或者报经当地人民委员会批准,也可以继续由民政部门领导管理。

(2)市场没有需要、也不能改变生产方向的,应当限期停业。对这类企业,民政部门应当对其中的烈军属、残废军人、盲聋哑残人员和社会救济户,加以妥善安置。

经过调整,确定移交有关业务主管部门领导管理或者继续由民政部门领导管理的企业,应按照有关规定分别办理登记。

四、民政部门领导管理的生产企业的经济性质,凡由国家投资(包括救济费等的投资)开设的,属于全民所有制企业;由企业的成员集资开设的,属于集体所有制企业。

民政部门领导管理的属于全民所有制性质的企业,在经营管理、积累分配、工资形式等方面,可以维持原有的办法不变。

五、民政部门要加强对所属生产企业的领导管理,开展增产节约运动,督促企业改善经营管理,争取企业的供产销逐步纳入国家计划,使企业的生产迅速稳定下来。对有亏损的企业,要积极采取措施,尽快地扭转亏损局面。

此外,各县、市登记主管机关应将核准登记的民政部门领导管理的工商企业的登记表副本送当地民政部门;由各县、市民政部门将副本报送各省、自治区民政厅。各省、市、自治区民政厅(局)在登

记工作全部结束以后，应将本地区民政部门领导管理的企业情况，汇总报送内务部。

（选自《工商行政通报》第242期，1963年7月29日）

九、中央工商行政管理局、教育部、劳动部关于学校举办的企业办理登记的通知

（1963年8月20日）

根据国务院《工商企业登记管理试行办法》的有关规定，现将学校举办的企业办理登记的有关问题，作如下通知：

一、学校经主管部门同意举办的为教学和科学研究服务的实习、实验性工厂和为了组织学生参加劳动锻炼而举办的生产单位，不对外营业或者只接受少量加工生产任务的，不办理登记。

二、学校经主管部门或者有关计划部门同意举办的为教学和科学研究服务，同时又接受国家或地方生产任务的生产性工厂（或生产实习工场），培训饮食、服务等专业人员的学校（训练班）附设的对外营业的饮食店、理发店、照相馆等，都应当办理开业登记。

这些单位经学校的主管部门和有关业务主管部门审查同意，登记主管机关可以核准开业，发给证照。

在办理登记的时候，登记事项中的企业从业人数，只填写企业专职人员人数，不填写参加指导的教职员和实习的学生人数。

三、学校不应举办同教学、科学研究无关的对外营业的生产、经营单位，已经办了的，应当区别不同情况，进行处理：

(1)市场没有需要的，限期停办；

(2)市场有需要的，移交有关业务主管部门领导管理，一时不能移交的，可以暂准学校继续经营。这些企业应当办理登记。

四、学校举办的为教职员工和学生生活服务的服务站、理发室、浴室、小卖部等，原则上不得对外营业，也可以不办理登记。某些经营单位经有关业务主管部门批准对外营业的，应当办理登记。

（选自《工商行政通报》第244－245期，1963年9月14日）

十、中央工商行政管理局、财政部关于工商企业登记费收入的掌握和使用问题的通知

（1964年2月8日）

有些地方提出，工商企业登记费收入如何掌握，使用问题，经我们研究后，通知如下：

工商企业登记费收入，应当本着节约的原则，用于有关登记工作的必要开支。此项收入，可以交由县、市财政部门掌握，登记工作所需的费用，实报实销，也可以由县、市登记主管机关掌握，但必须保证专款专用，并接受财政部门的监督。登记费收入，年终如有结余，应当作为地方财政收入。

这次全面登记工作，不少县、市还未完成，有的虽已完成，但也还有些必要的费用需要延到今年开支。因此，允许酌留一部分1963年度的登记费收入，备作1964年使用。

（选自《工商行政通报》第258期，1964年3月29日）

十一、邮电部、中央工商行政管理局关于各级邮电器材公司不进行工商企业登记的通知

（1964年7月27日）

根据国务院《关于工商企业登记管理试行办法》的精神，经研究认为：中国邮电器材公司的各级公司的基本任务是：具体贯彻中央关于在物资工作中实行“集中统一、全面管理；统一领导、分级负责”的方针，从生产出发、为生产服务，起保证生产和促进生产的作用；在对邮电系统内外供应的工作中，按照国家计划实行“计划分配、计划供应”。因而各级公司不设立门市部，不盈利，也无上缴利润的任务。其性质是统一管理国家生产资料的物资管理机构。据此确定中央邮电器材公司的各级公司不办理工商企业登记。

（选自《工商行政通报》第268期，1964年8月30日）

十二、国家物资管理总局、中央工商行政管理局关于木材公司设立门市部办理工商企业登记的通知

(1964年8月14日)

今年2月7日国家物资管理总局、中央工商行政管理局联合发出《关于物资系统的业务机构不进行工商企业登记的通知》中,规定物资部门不设门市部,物资系统的业务机构不办理工商企业登记。但现在由于木材市场和业务归划物资总局领导后,物资系统所属的木材公司原来已有的门市部和经上一级领导机关批准新设立的门市部,均应办理工商企业登记。

(选自《工商行政通报》第268期,1964年8月30日)

十三、天津市对郊区社、队办企业登记及审批的原则

天津市人民委员会最近批转了市工商行政管理局《关于郊区社、队办企业登记及审批原则的意见》。这个审批意见的主要内容是:

近几年来郊区社、队办的企业有很大发展,这对活跃城乡经济、增加社员收入、支持农业生产起了一定作用。但由于市、区对郊区社、队办企业没有一个统一领导管理部门,社、队办企业的发展方向不够明确,加之有些社、队对“以农业为主、以副养农”的精神领会不足,单纯着眼于工业副业的资金周转快、利润大、收入多,而放松了农业生产,不应该办、无条件办的企业也办了起来,如化学工业、大型生产用金属制造,汽车修理等。同时,在农村“四清”和市场管理工作中还发现一些社、队办企业有违反国家政策和投机违法活动。

为了加强对郊区社、队办企业的领导管理,限制资本主义自发势力的发展,维护社会主义生产,巩固集体经济,对郊区社、队办企业必须进行一次清理整顿:

(一)社、队举办下列企业时,必须进行登记管理:

1. 受供销合作社的委托设立的商业代销点。

2. 根据当地社员生活需要,合理布局,在本社、队内开办一些必要的服务行业。如澡塘、理发、水铺、染房、过路客店等。

3. 根据当地社员生活需要,生产队开办为社员自料加工或以成品换原料的磨坊、碾米坊、粉坊、豆腐坊、油坊或与国营、供销合作社营企业签订合同,代为加工豆、粉制品。

4. 为农业生产和社员生活服务的小型工业制造或工业性修理服务行业。如烘炉,小农具制造,修理及缝纫,修理自行车,修、绱鞋等。

5. 在完成国家收购任务和保证履行议购合同的前提下,就地取材,利用农副土特产品或野生植物加工、生产一些竹、柳、苇、棕、草编织品和土纸等。

6. 在服从交通运输主管部门三统政策的管理下,利用本队多余运力,常年从事运输、搬运、打包等。

7. 为城市工商企业或外贸部门生产、加工简易铁制零件、螺丝母、垫圈等捣子活,挑选土特产品、猪鬃肠衣整理、纺石棉、织渔网、打麻绳、绱鞋底等。由工商企业或外贸部门供给原料,全部产品交回供料单位,社、队只收取加工费。

8. 利用非国家计划包销的工业下脚料或由国家指定单位负责分配的废品、废物,生产一些为社会需要的小商品,交售国营商业部门收购或自行销售。

(二)社、队举办上述第一项所定范围内的企业时,必须具备下列条件:

1. 原材料有固定的来源,而且是国家政策许可的。

2. 具有为本企业所生产、加工产品的必要的设备。

3. 具有一定的技术能力,产品不是粗制滥造,能保证产品质量的。

4. 产品有正当的包销合同或正常的销路的。

5. 从业人员必须是本社、本队的人员,不得私招乱雇。

6. 社、队办常年生产性的工业时,必须经区人委确定为地少人多、劳力常年有富余的社、队、并具备上述五个条件的。

7. 社、队办企业,属于特种行业的,必须事先取得有关主管部门的许可。

8. 公社办企业,除具备上述条件外,还须根据《农村人民公社工作条例修正草案》第十三条规定

精神办理。

9. 凡符合上述各条的社、队办常年性企业，经有关主管部门审查同意，郊区人委财办核准后，发给临时证照。属于临时季节性的企业，只登记，不发给证照。

（选自《工商行政通报》第 269 期，1964 年 9 月 15 日）

十四、安徽省关于工商企业日常登记管理的暂行规定

为了加强对城乡工商企业的管理，保障合法经营，取缔非法活动，维护社会主义的生产和市场秩序，巩固国民经济调整的成果，根据国务院颁布的《工商企业登记管理试行办法》，特对工商企业的开业、歇业、转业、合并、迁移等经常性的登记管理，作如下规定：

一、工商企业开业、歇业、增撤网点时，应当先经业务主管部门审查同意，报市、县工商行政管理局或登记主管机关核准。经核准开业或增点的，发给开业证照；经核准歇业或撤点的，应缴销开业证照。未经核准，不得自行开业、歇业或增撤网点。

二、工商企业变更登记事项时，应当办理变更登记。

国营、地方国营、公私合营、合作社营企业，改变企业名称、经济性质、生产或经营范围，或者转业、合并、迁移地址的，应当先经业务主管部门审查同意，向市、县工商行政管理局或登记主管机关办理变更登记。改变企业负责人，改变主管部门，增减资金，增减职工或从业人员等，应当每年两次定期(5 月末和 11 月末)向市、县工商行政管理局或登记主管机关报请备案。

合作企业、其他集体所有制企业和个体工商业户，在原申请登记的事项中如有一项变动时，应当事先向市、县工商行政管理局或登记主管机关办理变更登记。

批准临时生产、经营的工商企业，经业务主管部门同意转为正式生产、经营的企业时，应当办理变更登记。

办理变更登记的工商企业，应当缴销原开业证照，换领新证。

未经核准变更登记的工商企业，不得自行变更。

工商企业合并后，另外成立新的企业，应先分别办理歇业登记，再办理开业登记。

三、特种行业、计量行业或卫生管理行业申请办理登记或变更登记时，除业务主管部门审查同意外，还必须分别经公安、计量、卫生部门审查同意。对于核准开业的，除市、县工商行政管理局或登记主管机关发给开业证照外，公安、计量、卫生部门还必须发给特种营业证或卫生许可证。

四、凡经核准登记或变更登记的工商企业，应凭市、县工商行政管理局或登记主管机关发给的有关证明，向当地税务机关办理税务登记。

五、申请登记的单位为独立核算的工商企业。这些企业附属的生产、经营单位，需要办理开业、歇业、变更登记或报请备案手续的，由独立核算的工商企业统一办理申请。非独立核算的工商企业(如外地派驻的推销采购机构)，在其业务主管部门审查同意和当地人委批准后，也可以单独办理申请手续。

六、核准开业的工商企业，应悬证挂牌经营。开业证照，系依法准予经营的凭证，一律不得涂改、转让、抵押、出售或伪造，如有遗失，应及时登报申明作废，并申请补发。企业的牌匾字号，必须与登记核准的企业名称相符。刻制公章时，必须持有企业登记证明，经公安部门审核批准。个体工商业户一律不准起字号，刻公章。

七、工商企业在生产、经营范围核定以后，非经批准，不得超出范围经营其他业务。如需临时增加业务或流动经营时，应由业务主管部门审查同意，报经市、县工商行政管理局或登记主管机关核准，发给临时证明。

八、工商企业委托报社、电影院、广告社、印刷厂刊登、放映或印制广告，广告上的企业名称和宣传的业务范围，应与登记核准的企业名称和业务范围相符。报社、电影院、广告社、印刷厂应根据开业证照或市、县工商行政管理局或登记主管机关的证明，核对无误后，才予刊登、放映或承制。

九、工商企业的开业登记，每证收取登记费 3 元。变更登记和换证，只收工本费。

十、凡未经核准登记而擅自开业或擅自变更登记事项的工商企业，视为非法企业，各有关部门应当采取相应的有效措施，加以制止和纠正：

市、县工商行政管理局或登记主管机关应当给予批评教育，督促限期办理登记或变更登记手续。

对拒不办理登记或变更登记、情节严重的,在报经市、县人民委员会同意后,由市、县工商行政管理局或登记主管机关分别给予以下处理:(一)对未经核准擅自开业的,坚决取缔,并根据情节轻重处以×千元以下罚款,或没收其全部利润。(二)对于盲目追求利润,擅自跨行跨业,超出规定生产、经营范围的,可将其超出范围的全部利润予以没收。如因此影响市场物价稳定、破坏国家供应计划的,应予加重处理。(三)对于擅自迁移、改组、合并或变更其他事项的,责令书面检讨,并处以×千元以下罚款,或者给予限期停业、吊销证照等处分。(四)对于企业招牌、公章与登记核准的企业名称不符,不标明经济性质,不挂营业证照,或以集体冒充国营企业,招揽顾客,欺骗群众,屡教不改的,责令书面检讨,并处以×百元以下罚款。

公安部门不予批准刻制公章。

银行不予贷款,不予建立账户。对于已在银行建立账户和已经贷款的,由市、县工商行政管理局或登记主管机关通知银行予以撤销账户,收回贷款。

税务部门不予批准印制或卖给发货票。对于已经批准印制或卖给发货票的,由市、县工商行政管理局或登记主管机关通知税务部门予以缴销。

十一、在市、县人民委员会的统一领导下,市、县工商行政管理局或登记主管机关应与银行、税务、公安以及各有关业务主管部门密切配合,对工商企业的开业、歇业、变更事项等情况,至少每季度检查一次。检查中发现有违反登记和变更登记规定的,应当分别情况,及时处理。

市、县工商行政管理局或登记主管机关,还应在档案主管部门的协助下,建立工商企业登记分户档案管理制度。应当利用已有的档案资料,定期进行必要的分析研究,切实掌握工商企业变化和登记管理的全面情况。

(选自《工商行政通报》第272－273期,1964年11月15日)

十五、中央工商行政管理局解答有关《工商企业登记情况统计报表》的问题

《工商企业登记情况统计报表》经精简后,国家统计局同意先以草案布置。新的报表减去了1/3的指标,着重统计合作企业、“四办”企业(注)和个体工商业者的情况。这些统计资料,不仅是了解工商企业登记管理的情况,对于限制资本主义自发势力、加强市场管理和对私改造工作,也都有重要的意义。现将有关填报报表若干问题,解答如下。

一、问:未经核准登记的个体工商业者是指哪些人?

答:即无证经营的个体工商业者。县、市登记主管机关在匡算这项数字时,不要包括:《国务院关于打击投机倒把和取缔私商长途贩运的几个政策界限的暂行规定》中第一项之(三)列为严重投机违法活动、必须坚决打击的人;农民赶集出售自己生产品的和农村中为公社、生产大队、生产队以及本队社员服务亦农亦工的个体艺匠;属于家庭副业性质的编织等。

二、问:怎样区分城乡人民公社企业?设在城市郊区、镇的农村公社、队办企业,乡村集镇街道企业,应怎样统计?

答:应按照企业的性质来区分,不受地区的限制。例如:城市郊区的农村公社、生产大队、生产队办的企业,虽然设在城、镇地区,但应统计在“农村公社、队办企业”各栏内;农村公社领导的集镇,由集镇居民(非农业人口)组成的街道企业,虽然设在乡村地区,但应统计在“城镇公社、街道企业”各栏内。

三、问:“职工人数或者从业人数”中是否包括亦工亦农、半工半读、半农半读等人数?

答:对全民所有制企业的职工的范围问题,应当与劳动、统计部门规定的口径一致,国家统计局于1964年11月25日(64)统劳字第161号文颁发试行的《关于劳动工资统计中几个主要指标的补充解释》中有规定,请与当地统计局联系。关于集体所有制企业的从业人数的范围,目前劳动、统计部门还没有统一规定,这项数字,请按照本组报表的“填表说明”上的解释填报。

四、问:有些地方的合作商店提取公积金,除了弥补亏损以外,全部或部分上交业务主管部门专户储存,作为联合公积金,对联合公积金是否进行统计?如果进行统计,应列在哪里?

答:本组报表,反映合作企业的社会主义公共积累,是它的重要目的之一。因此,哪一种行业的合作企业,凡是提取联合公积金或提取类似联合公

积金性质的基金，均应向有关业务主管部门搜集此项资料，在报表的“文字分析”中分别说明，但不要统计在报表内。

五、问：有些地方，对“四办”企业还未审核发证，1964年度的年报是否进行统计？

答：属于《工商企业登记管理试行办法》第二条规定的工商企业，都要进行统计。但是鉴于工商企业全面登记工作还有一些遗留问题没有解决，对还未审核发证的企业，可以根据这些企业填写的申请书中有关资料，按照本组报表的表式，另纸填报，不要与已经审核发证的工商企业混在一起。对还未审核发证的企业，也没有填写申请书的，可以不填报，但这些企业是什么性质的，属于哪一部门领导，有多少户数等情况，请在“文字分析”中说明。

六、问：“填表说明”中第一项统计范围内，提到的“书场”，是否就是书店？

答：书场，是指民间艺人进行说书或演唱的文娱场所，不是书店。书店是商业企业。

七、问：有少数县、市的工商企业全面登记工作在今年年底以前完成，报送1964年度年报后，是否可以免报“工商企业全面登记数字资料”？

答：“工商企业全面登记数字资料”，是中央工商行政管理局根据当时工商企业全面登记进展的情况和有些地区的要求，并征得国家统计局的同意，于1964年2月25日发出通知，免报1963年度年报，改为报送上述一次性的基础资料。此项资料，以什么时候完成工商企业全面登记工作，就以什么时候的数字为准按照原来布置的报表填报。1964年度的年报，是在原来的报表基础上进行简化和调整、并规定有统一的统计日期的年报资料，两者口径不同，内容也有不同。因此，不能免报“工商企业全面登记数字资料”。

注：“四办”企业是指：农村人民公社、生产大队、生产队办的企业；城市人民公社、街道办的企业；机关、团体、学校、部队和企业、事业单位办的家属生产自救性质的企业；机关、团体、学校、部队和企业、事业单位办的机关生产性质的企业。

（选自《工商行政通报》第277－278期，1965年1月30日）

第六章 通过商标管理监督产品质量

一、国务院批转中央工商行政管理局关于食品罐头上不贴或乱贴商标情况的报告

(1961年4月21日)

国务院同意中央工商行政管理局《关于食品罐头上不贴或乱贴商标情况的报告》中所提出的意见。从这份报告中可以看出我们经济工作做得如何的粗枝大叶,这简直是乱办,是对人民不负责任的一种表现,请各地人民委员会和中央有关部门立即检查、督促有关单位纠正这种不负责任的作风和作法。

附件:中央工商行政管理局关于食品罐头上不贴或乱贴商标情况的报告

我国食品罐头上一般都使用商标,这不仅是为着美观,更重要的是通过商标知道罐头里面装的是什么东西,便于消费者的选购。同时,在商标上一般都载明制造罐头的企业名称、食品的净重,亦有利于保证产品的质量。但自1958年开始出现有不贴商标的食品罐头,1959年国庆节前后大量流入市场。虽然主管部门一再通知纠正,但根据最近调查,不贴商标或乱贴商标的现象仍然存在,并且续有发展。兹将调查情况报告如下:

据北京市食品公司1960年下半年不完全统计,从长沙、重庆、哈尔滨、青岛等地调来的21批肉类罐头,计2041466听中,其中没有商标的有258079听,占12.7%,发货时只附商标纸而未贴的有618997听,占30.3%。北京市糖业果品公司在1960年12月27日至1961年1月17日期间从广东、浙江等地调来水果和鱼罐头121733听,其中没有商标的有36066听,占进货总数的29.6%(其中附有商标纸没有贴的尚未计算在内)。北京市生产的食品罐头也有很多不贴商标的,如北京市食品厂内销的罐头都不贴商标。

在零售商店里,除了一些既无商标又无任何其他标志的白听罐头外,还可以看到:在一堆白听罐头上放一张大标签,或用一些废纸临时贴在罐头上的小标签,上面只写有商品名称,而看不到它的容量和厂名;有的用色粉笔或铅笔在罐头上写上商品名称,别的什么也没有;也有的把一张大商标纸裁成两半分贴在两个罐头上,把印有"清蒸猪肉"字样和猪头、猪背图形的贴在这听罐头上,把猪肚、猪蹄的图形和刊有厂名的贴在另外一听罐头上,残缺不全;有的将大商标纸四边一叠贴在小罐头上,只看到商标的一角,而看不到它的全貌;有的把印有净重560公分的商标纸贴在500公分的罐头上;有的把甲厂的商标纸贴在乙厂的产品上;等等。

在食品罐头上错贴商标的现象也很严重,如北京市食品公司从湖南调来一批罐头,在发货前发现贴的是猪肉商标,听内装的却是水果;后来将这批罐头全部退回。又从哈尔滨罐头厂调来的一批猪肉罐头,其中有20多箱不是猪肉而是西红柿,而且都已腐坏变质,不能食用。

由于食品罐头不贴商标或乱贴商标的混乱现象,在消费者中造成了很不良的影响。据北京国际友人服务部反映,去年广州来的一批菠萝罐头都是白听的,外形大小相同,但其中混有姜芽罐头。汕头来的一批罐头,商标上标明是橘子,里边装的却是菠萝;这些都是在售出后退货时才发现的。另据北京东四人民市场一售货员反映,东郊染整厂的一个职工买了一听没有贴商标的猪肉罐头寄给山东生病的母亲,结果发现是听酸黄瓜,所以又从山东退了回来。据有些批发、仓库、零售单位反映,目前包装用具(木箱、纸箱等)比较紧张,一个包装用具要反复使用多次,这些包装用具上的商品品名已不能代表箱内所装的商品了,如果食品罐头上再不贴商标,就更容易发生差错。

食品罐头不贴商标的原因,主要是某些生产企业对商标不重视,单纯追求生产数量,把贴商标这一工序根本取消了(如北京市食品厂在1957年有32个工人专贴商标,自1958年以后,即把这部分

工人调走了)。也有的认为市场上对食品罐头供不应求，贴不贴反正都有人买。也有的片面强调节约纸张和废物利用，把别人的旧商标纸买来乱贴乱用。也有的是由于纸张、浆糊供应困难，因而干脆不贴。

为了纠正这种混乱现象，我们建议：

(一)今后在食品罐头上一定要贴商标，才准许在市场上出售。各地轻工业部门应会同商业部门进行一次全面检查，凡未贴商标的食品罐头，应一律设法补贴。如果确因印刷纸张、浆糊供应困难，无法贴用商标时，亦必须贴上简单标签，注明商品品名和企业名称地点。

(二)商标一般应由生产单位粘贴，请轻工业部门对罐头食品厂进行一次重视商标的政策教育。应该认识到：食品罐头上贴用商标，不是可有可无的，而是必不可少的。贴用商标就是对消费者负责，对产品质量负责，这一道工序是必不可省的。凡未贴商标的产品不得出厂。更不得以节约或废物利用为名滥贴旧商标。

(三)对于食品罐头商标所使用的纸张及浆糊，有关部门应尽可能保证供应。

以上意见，如认为可行，请批转各有关部门和各省、自治区、直辖市人民委员会贯彻执行。

(选自《工商行政通报》第 189 期，1961 年 5 月 12 日)

二、轻工业部、商业部关于改进罐头商标工作的联合通知

轻工业部、商业部于 1961 年 5 月 19 日发出了关于改进罐头商标工作的联合通知，现摘要如下：

一、各罐头厂和商业批发、零售环节均必须大力开展一次重视商标的政策思想教育工作；工、商部门分工负责共同作好罐头商标工作，以彻底扭转目前的混乱情况。

在生产环节上，所有罐头厂生产的食品罐头，必须做到全部都有商标，在商标上标明：产品的名称、净重和生产日期；厂子的名称和地点。没有商标的坚决不准出厂。

关于罐头商标需用的纸和浆糊，各地应在统筹兼顾的原则下进行安排。

二、各地商业部门在收购罐头厂的食品罐头时，必须商标齐全。同时全国商业各个环节应对现有库存罐头进行一次全面检查，将已进入商业网的罐头所缺少的商标设法补上，做到在市场上出售的食品罐头必须粘贴商标。

(选自《工商行政通报》第 191 期，1961 年 6 月 12 日)

三、轻工业部、中央工商行政管理局关于火柴商标问题的联合通知

(1961 年 8 月 23 日)

近来，有不少地方在火柴盒上刊印了多种多样成套的图案，有的是名胜古迹，有的是鸟兽花卉，有的是体育图形，还有的是关于支援农业、节约用粮、讲究卫生的宣传画等等。这些火柴图样新颖，很受群众欢迎。但各地对这些火柴图样应当怎样办理商标注册，还不够明确。现经我们研究，对火柴的商标管理，作如下几点规定：

1.火柴盒上的图样，可以作为商标，也可以不作为商标。作为商标的应当向中央工商行政管理局申请注册。不作为商标的不注册，图案可以多样翻新，但须注意不要与注册的商标图案混同。

2.火柴不论使用或者不使用商标，都应当在盒上刊明产制单位的名称和地址。

3.出口的火柴，要使用商标，并申请注册。

4.已经注册的火柴商标，仍可继续使用。如果停止使用，应当申请撤销。

(选自《工商行政通报》第 197 期，1961 年 9 月 12 日)

四、中央工商行政管理局就有关出口商品的商标问题的几点意见

(最近中央工商行政管理局对出口商品的商标作了一些调查。在调查中，看到有的出口商品的商标在设计、使用、注册、管理等方面还存在着一些问题。对这些问题，我们初步研究后，提出以下几点意见，供各地工业、外贸、工商行政部门参考。)

问一、在出口商品上是否都要使用商标？

答：在国外市场，尤其是在资本主义国家，人们都有认牌购货的习惯，商标成为推销商品和在国际贸易上与资本主义经济斗争的重要工具，因此，出

口商品一般地都应当使用商标。但是,目前在有一些出口商品中(如拉链、玩具、纸张等)却不用商标。另外有些商品(如机器、仪器、矿产等),在国际市场上一般都有商标,我国却因为国内不使用商标,因而在出口上也就不用了。为了适应外贸的需要,我们认为凡出口商品,除了某些质量不够稳定或者尚未定型的以外,凡是国际市场习惯上用商标的,最好都使用商标。

问二、在出口商品上使用商标多一些好,还是少一些好?

答:这要看具体情况决定。现在我国出口的商品,在同一个地区销售的同一种商品上,有时使用了很多个商标,如同时有二、三十个牌子的毛巾、十几个牌子的电池或者一、二十个牌子的热水瓶在同一国外市场行销,式样大同小异,质量也差不多。自相竞争,哪个商标都不突出,也就不好做重点宣传,这对我们推广业务是不利的。在这种情况下,同一品种的商品的商标不宜过多,应选择其质量较稳定,商标设计较美观的创立名牌,重点宣传,并争取在输销地区注册。

问三、在出口商品上,几个企业可否共同使用一个商标?

答:商标本是代表企业产品质量的标志,在原则上不同的企业单位应使用不同的商标,才能保证质量,提高企业对所生产商品的责任感。但因出口商品情况特殊,有时需要由几个企业共同使用一个商标。例如,国外客户指牌要货,数量很大,一个企业生产完成不了任务,需要由几个企业单位共同生产,因而不能不用一个牌子;又如,在同一销售地区的同一种商品上,使用的商标太多太杂,不便于重点推销,需要取消一些牌子,而商品数量并不能减少,这就要有几家工厂合用一个牌子。这时就发生了商标所有权和使用权的矛盾问题。有时是本企业单位不愿让别的企业单位使用本厂的牌子,怕别人把牌子搞烂;也有的是本企业单位不愿使用别人的牌子等等。这个问题应如何解决,我们认为应当从有利于生产,有利于外贸出发。对于某些大宗出口、品种规格比较简单、生产技术不很复杂的商品,经过外贸部门与工业部门协商,在保证统一质量规格的前提下,由几个企业单位共同使用一个商标,我们认为是可以允许的。但对于一些生产技术比较复杂的商品,如果不能保证统一的质量规格,那就不要勉强不同的企业单位共同使用同一种牌子,因为那样做法的结果会使国外消费者丧失了对原来牌子的信用,也就是搞烂了牌子,这对外贸的长远利益来说,反而是不利的。

问四、商标为什么不宜经常改换?

答:商标一般是越老越好。消费群众熟悉和信任一个商标要有一个过程,养成使用某种牌子的习惯也有个过程,商标如果经常改换,就不能为群众所熟悉,很难在市场上创出牌子来,也就不利于商品的推销。

某些商标经常改换的原因,有的是原来商标美术设计不够好;有的是因为商品的规格、质量发生了变化。所以出口部门或生产企业在设计商标时就应该作长远的打算,力求图样新颖美观。商标使用后,就必须保证并不断地提高商品的质量,努力防止商品质量下降,倒了牌子。另外,牌子创出后,还要充分加以利用,不要轻易换新商标,而把老牌子冲淡,甚至挤掉。

问五、出口商品的商标是否都要在国外注册?

答:出口商品的商标,一般应当尽可能在输销地区注册,以便取得我国商标在该地区的合法保护。但是,由于我国出口商品的商标很多,全部注册既不可能,也无必要,在选择商标注册时,可掌握下列几个条件:(1)出口中一些销路较大的主要商品;(2)出口中较有前途和生产比较稳定的商品;(3)质量比较好,在国内也是名牌的商品;(4)在销售地区竞争性比较强,同时有被仿冒可能性的商品。

自然,只要有可能,出口商品的商标在输销国多注册一些总是有利无害的。

问六、为什么我们有的商标在国外被拒绝注册?

答:我们出口商品的商标有的在国外被拒绝注册,主要有两个原因:一是与他人已注册的商标发生混同,如鸳鸯、蝴蝶、龙虎象兔、牡丹等商标都很容易发生混同的,这主要是在东南亚一些国家和地区。另一个原因是,商标的名称或图形和当地的商标法规定有所抵触。一些资本主义国家对用作商标的图形文字,都有些清规戒律,例如:(1)商品名称或说明商品的性质、功能的文字和图形;(2)地名;(3)缩写字母;(4)企业名称或人名,采用了正楷字体或普通书法的等等,都不准做为商标使用。因此,如用“永久”、“上海”、“CMC”等等作为商标的都被驳斥。这些清规戒律各地不尽相同。所以我们在设计出口商标时,要特别注意。

问七、出口商品的商标,在设计上应该注意些什么?

答:出口商品的商标设计,除应注意上面所说的以外,还应当具有较高的艺术性。设计题材,要能够适应输销国或地区的情况,如在印度、锡兰等佛教国家,不要用佛像作商标,在回教国家不要用猪作商标等。还有商标上的文字,应以中文为主,在商标或者商品装潢上,并要注明中国制造字样。中文字样,应力求显著,使人一看即知为中华人民共和国的产品。另外,附注外文的拼法、文法和意译应力求正确,以免误解。总之,出口商标代表一个国家的商品信誉,设计时应力求慎重。

(选自《工商行政通报》第198期,1961年9月27日)

五、中央工商行政管理局副局长千家驹在全国工商行政工作会议上关于商标管理工作讲话(提要)

(1962年1月4日)

(一)1961年商标工作情况

过去一年我们对商标做了许多工作,对商标政策的宣传教育、监督产品质量、名牌鉴定、商标展览以及调查、清理商标等等。根据我们收到的材料,如北京、广州、上海、武汉、沈阳、青岛、济南、浙江、云南、贵州、山西、黑龙江等地都在这方面做了一些工作,并取得了一定的经验,如北京市的质量检查工作就是一个良好的开端。还纠正了食品罐头上不贴或乱贴商标的现象。去年4月21日国务院批转我局《关于食品罐头上不贴或乱贴商标情况的报告》以后,各地都进行了检查。从上海、天津、北京、武汉、青岛、安徽、浙江、山西、青海、黑龙江、长春、贵阳、包头、苏州、汕头等地方的检查报告来看,很多地方对不贴或乱贴商标的情况进行了处理,有的补贴,有的贴了简单标签,并规定今后不贴商标的罐头,一律不许出厂。同时通过这一工作,对工业企业、商业的批发和零售等有关单位进行了一次商标政策的思想教育。

但另一方面,在工作上也还有一些缺点。如有的企业对商标还不够重视,认为在目前市场供应较紧张的情况下,只要有东西,不怕无人要,有没有商标没有关系。有的是滥用商标,认为反正都是社会主义企业,大家是一家子,用什么商标无所谓。个别企业还有利用更换商标作为降质提价的手段。有的企业在使用商标上还存在着一些混乱现象。如备而不用的商标多;应撤销的没有撤销,应注册的没有注册;有的在质量规格相同的产品上使用许多商标,用商标代替品种;有的自行把商标随便挪用在别的商品上;有的随便更换商标,一个牌子倒了,就另换一个等等。这些现象的存在,引起群众的不满,对于通过商标监督商品质量的工作也是不利的,应当加以注意。

出口商标过去一年外贸部门已加强了管理,但也还有一些问题。如商标设计上不够优美大方;同一产品牌子过多,不利于广告宣传和在国际市场创名牌;对输销国商标法规习惯了解不够,致使商标注册遇到某些困难。今后口岸城市应协助外贸部门搞好这方面工作。

(二)1962年在商标管理方面应当做哪些工作

商标是代表产品质量的标志。经验证明,凡是重视产品质量的企业,一定爱护自己商标的信誉;反之,凡是重视商标信誉的,也一定重视产品质量。

商品使用商标,有利于群众对产品质量的社会监督。群众的社会监督,是促进工业企业提高产品质量的一个重要的方面。商标有助于加强生产单位以至生产人员对产品质量的责任感,而且也便于群众识别。提倡名牌货,就要从建立和健全商标制度入手。应该反对那种在产品上不标明任何标志的做法。

工业企业要实行"五保"。"五保"的第一保即为"保品种、质量、数量",这为我们开展商标工作,以及通过商标管理,促使企业提高产品质量提供了有利条件。

1962年对商标工作要求:

(1)各地根据情况对企业使用的商标进行一次全面的或重点的检查清理。经过清理整顿,要求改正某些企业在商标使用上的混乱情况。应撤销的撤销,应注册的注册;对不使用商标的商品,根据需要与可能,督促企业在商品或包装上载明企业名称和地址。对使用商标较多较乱的企业(如卷烟、化妆品),通过主管部门对新增商标加以控制。

(2)结合产品的定品种、保质量工作,固定产品使用的商标。企业商标最好不要轻易改换,固定使用,以为创名牌创造条件。

(3)有条件进行产品质量检查的地方,可选择重点产品进行检查。

(4)加强对商标设计人员的管理教育,辅导他们提高商标设计水平。

(选自《工商行政通报》第 205 - 206 期,1962 年 1 月 31 日)

六、中央工商行政管理局关于企业申请注册的彩色商标须加送墨色图样的通知

(1962 年 3 月 1 日)

各省、自治区、直辖市工商局、商业厅(局)、市场物价委员会:

我局发行的《商标公告》现已复刊。为了使公告的商标印制得较为清晰美观,兹决定从现在起,各企业申请注册的商标,如是彩色的须另加送墨色图样一张,以便制版。请转告各市县申请商标注册的企业知照。

(选自《工商行政通报》第 209 期,1962 年 3 月 15 日)

七、中央工商行政管理局关于今后不要再用龙作商标的通知

(1962 年 3 月 10 日)

我国现在有不少的商品是用龙的名称或龙的形象作商标的,其中有的还是出口的商品。长时期来,龙是中国封建统治的象征,它的形象很难看,帝国主义常常利用龙的形象和传说中龙的可怕来影射和污蔑我国。用龙作商标,尤其是作为出口商品的商标,在政治上会产生不良的影响。因此,我国各企业今后在设计新商标时,一律不要再采用龙的名称和龙的形象。现在已经用的,如果是内销商品的商标,可一般不动,继续使用;如果是出口商品的商标,其中在国外市场上畅销、已树立信誉的名牌,也可继续使用。其余的应当在不影响出口贸易的情况下,有先有后,逐步改换。

(选自《工商行政通报》第 210 期,1962 年 3 月 29 日)

八、卫生部、中央工商行政管理局关于成药名称和商标使用问题的联合通知

(1962 年 11 月 24 日)

接浙江省卫生厅函。关于成药管理问题,卫生、化工、商业三部曾于 1960 年 2 月 25 日联合通知各地在案,通知中规定:“同一处方的成药,名称可以通用,各厂生产时,仍用自厂的商标并在包装上注明生产厂的地区和厂名……”至于浙江卫生厅来文所称集成痱子粉、黑白癣药水、斑马止痛粉之类的名称,因“集成”、“黑白”、“斑马”等系其他药厂的已注册商标(“集成”又是生产厂名),使用这样的名称就牵涉到商标管理的问题,我们意见:

(1)今后注册商标或厂名不应作为成药名称的组成部分,过去已经这样使用的,除原来的注册企业和本厂以外(如集成痱子粉为上海集成化学制药厂所注册,斑马止痛粉为上海马来药厂所注册),其他企业均应逐步改换。

(2)其他药厂已经使用“集成”、“斑马”等字样的,在改换后,为了便利群众用药,可以在标签上注明“处方成分与集成痱子粉(或斑马止痛粉……)相同”。

(3)成药名称不得作为商标注册,未冠有厂名、商标的名称仍可通用。

(选自《工商行政通报》第 227 期,1962 年 12 月 14 日)

九、国务院关于出口商品在装潢和商标方面使用文字问题的通知

(1963 年 3 月 25 日)

关于出口商品在装潢和商标上所使用的文字问题,国务院曾于 1959 年 3 月《关于在出口商品的装潢和商标上使用文字的通知》和 4 月《关于出口商品的装潢和商标问题的补充通知》中作了规定。按照上述通知规定:我国出口商品的装潢和商标上所用文字应该以中国文字为主,可以加注外文,但

不准单独使用外文，并须标明“中华人民共和国制造”字样。现据对外贸易部和中央工商行政管理局报告，根据几年来执行情况，上述规定对于向社会主义国家和一部分资本主义市场出口的商品是合适的，而且受到海外爱国侨胞的欢迎。但在某些资本主义国家和某些地区，由于政治上、习惯上等原因，对印有中文和标明“中国制造”字样的我国出口商品，有的加以歧视，有的不易销售，在一定程度上影响我国商品的出口。另一方面，也有一些出口商品所用的商标、装潢，由于管理不严，出了一些问题。

为了使我国出口商品适应在资本主义市场的销售和加强对出口商品商标、装潢的管理，现在规定：

（一）出口商品在商标和装潢上所用文字，一般地应该以中国文字为主，可以加注外文，并且标明：“中华人民共和国制造”或者“中国制造”、“中国某地制造”、“中国某企业产品”等字样。

（二）向某些资本主义市场出口的商品，如果按照上述规定办法执行不利于出口时，在政治上不致有不良影响的条件下，可以根据这些市场上的习惯和要求，在商标和装潢上单独使用外文和不标明“中国制造”等字样；也可以用不加任何商标和文字的商品出口；某些出口商品如果需要采用国外买方指定的标记、牌子（包括图案和文字），必须严格审查，在政治上和国际法律上确无问题，才能批准。

（三）所有出口商品所用商标，都应该经过对外贸易部审查批准，并且向中央工商行政管理局申请注册。某些出口商品采用的商标图案和文字如果必须迅速作出决定，对外贸易部可以制订具体审核标准和管理办法，授权省、自治区、直辖市对外贸易局代为核批，但仍需报请对外贸易部备案，并向中央工商行政管理局申请注册。

（四）过去对于出口商品商标、装潢方面的有关规定，如果有同这个规定不符合的地方，应该按照本规定执行。

（选自《工商行政通报》第 235 期，1963 年 4 月 22 日）

十、商标管理条例

（1960 年 4 月 29 日国务院全体会议第 100 次会议通过，并经 1963 年 3 月 30 日第二届全国人民代表大会常务委员会第 91 次会议批准，1963 年 4 月 10 日中华人民共和国国务院命令公布施行）

第一条 为了加强商标的管理，促使企业保证和提高产品的质量，制定本条例。

第二条 企业使用的商标，应当向中央工商行政管理局申请注册。

不使用商标的商品，如果有必要和可能在商品或者商品的装潢上载明企业名称和地址的，应当载明，以便管理。

第三条 商标是代表商品一定质量的标志，工商行政机关应当会同有关部门对商品的质量进行监督和管理。

第四条 商标要有一定的名称，构成商标的文字和图形应当简单明显，便于识别。

第五条 商标不得使用下列文字、图形：

（一）同中华人民共和国的国旗、国徽、军旗、勋章相同或者近似的；

（二）同外国的国旗、国徽、军旗相同或者近似的；

（三）同红十字、红新月标志、名称相同或者近似的；

（四）政治上有不良影响的。

商标不得使用外国文字，但是出口商品的商标可以附注外国文字。

第六条 申请注册的商标，同其他企业已经注册的同一种商品或者相类似的商品的商标，不得混同。

第七条 两个或者两个以上的企业申请商标注册的时候，如果商标相同或者近似，准许最先申请的注册。

第八条 申请注册的商标未被核准，申请人如果不同意，可以自接到通知之日起，在一个月内申请再审查。经再审查后，如果仍未核准，即作为终结。

第九条 商标经核准注册后，由中央工商行政管理局公告，并发给注册证。

第十条 注册商标的使用期限自核准之日起至企业申请撤销时止。

第十一条 商标经核准注册后，有下列情形之一的，中央工商行政管理局予以公告撤销：

（一）粗制滥造降低商品质量的；

（二）自行变更商标名称、图形的；

（三）商标停止使用已满一年未经核准保留的；

（四）人民群众或者机关、团体、企业提出意见要求撤销，经审查认为应当撤销的。

第十二条　外国企业如果申请商标注册，须具备下列两个条件：

（一）申请人的国家和中华人民共和国之间已经达成商标注册互惠协议；

（二）申请注册的商标已经用申请人的名义在他本国注册。

外国企业在我国注册的商标的有效期限，由中央工商行政管理局核定。

第十三条　本条例的施行细则，由中央工商行政管理局制定公布。

省、自治区、直辖市人民委员会可以根据本条例和本条例的施行细则的规定，制定管理商标的具体办法。

第十四条　本条例从公布之日起施行，1950年8月28日政务院公布的商标注册暂行条例同时废止。

（选自《工商行政通报》第237期，1963年5月15日）

十一、商标管理条例施行细则

（中央工商行政管理局1963年4月25日公布施行）

第一条　根据商标管理条例第十三条的规定，制定本细则。

第二条　申请商标注册的企业，应当是核准登记的企业。

第三条　企业申请商标注册，每个商标应当交送申请书1份、商品质量规格表1份、商标图样20张、注册费20元。

申请书应当先送经企业主管部门审查同意。

商品质量规格表应当按照规定的产品技术标准填报，并经企业主管部门审查证明。

第四条　企业申请使用在药品上的商标时，应当附送省、自治区、直辖市卫生厅、局的制药批准证明。

企业申请注册使用在出口商品上的商标时，应当附送对外贸易部门的证明。

第五条　同一企业在不同类的商品上使用同一商标，应当依照商品分类表按类分别申请注册。

第六条　申请商标注册没有核准的，原交注册费退还。

第七条　商标注册后，如果改变商标名称、图形，应当重新申请注册。

第八条　商标注册后，如果需要在同一类的其他商品上使用的，应当报请核准。

第九条　商标注册后，如果变更企业名称、地址，应当在变更后一个月内申请变更。

第十条　商标注册后，如果转让给其他企业，转让人和受让人应当会同申请移转注册，每个商标应当交送移转注册申请书1份、移转注册费20元，并且交回原注册证。

第十一条　注册的商标，如果企业申请撤销或者依照商标管理条例第十一条的规定经公告撤销，企业应当将注册证交回注销。

第十二条　商标注册证如果遗失或者毁损，应当申请补发。申请补发时，应当交送商标图样5张、补证费5元。

第十三条　企业申请商标注册、变更注册事项、移转注册、撤销注册和补发注册证，都应当报所在市、县工商行政机关核转中央工商行政管理局。

申请人应当向核转机关交送申请书和其他有关文件的副本。

第十四条　工商行政机关通知申请人补办注册手续及其他有关事项时，申请人应当在规定的限期内办理。过期没有办理的，作为放弃申请。

第十五条　外国企业申请商标注册，应当委托中国国际贸易促进委员会代为办理。

第十六条　外国企业申请商标注册，除应当交送国籍证明书以外，每个商标应当交送申请书1份、委托书1份、本国注册证的影印本1份、商标图样20张、注册费20元。

第十七条　外国企业注册的商标，如果有效期满要求继续注册，应当在期满前提出申请。每个商标应当交送申请书1份、委托书1份、本国继续注册的注册证影印本1份、商标图样20张、注册费20元，并且交回原注册证。

第十八条　外国企业注册的商标申请变更注册事项时，每个商标应当交送变更注册申请书1份、委托书1份、本国变更注册的证件，并且交回原注册证。

第十九条　外国企业注册的商标申请移转注册，除应当交送受让人的国籍证明书以外，每个商标应当交送移转注册申请书1份、委托书1份、本国移转注册的证件、移转注册费20元,并且交回原注册证。

第二十条 外国企业申请商标注册的文件应当使用中国文字。交送的国籍证明书、本国注册的证件应当附送中文译本。各种证件都应当经过公证、认证手续。

第二十一条 本细则从公布之日起施行。

附:商品分类表

第一类 动力和电站设备。

第二类 农业机械,农具和畜牧业用机器、部件、零件。

第三类 伐木、锯木、木材加工、火柴生产、造纸和印刷工业用机器、部件、零件。

第四类 棉花加工、纺、织、印染和化学纤维工业用机器、部件、零件。

第五类 食品工业用机器、部件、零件。

第六类 皮革、缝纫、制鞋和不属别类的轻工业用机器、部件、零件。

第七类 制药、橡胶、玻璃、塑料和其他化学工业用机器、部件、零件。

第八类 地质勘探、采矿、冶炼、石油和不属别类的重工业用机器、部件、零件。

第九类 通用机器和不属别类的机器、部件、零件。

第十类 工作机械和其附件、零件。

第十一类 焊接设备、器械、工具、器材。

第十二类 研磨工具、器材。

第十三类 刃具,度量衡器和工业用手工具。

第十四类 有线电、无线电设备,收音机,留声机,照相、电影、光学、热工、检验和测量用器械、仪器、材料。

第十五类 电气照明设备和电工器具、器材。

第十六类 计算、分析、办公用机械和其他计算用具。

第十七类 医疗和兽医用器械、仪器。

第十八类 取暖、炊事、冷藏、干燥、通风和给水、卫生设备。

第十九类 航空、船舶,车辆和其他运输工具。

第二十类 刀、剪、针、镊和不属别类的锋刃用品。

第二十一类 金属和不属别类的金属制品。

第二十二类 石,人造石,水泥,沥青,油毡,砖瓦,耐火制品和不属别类的建筑材料。

第二十三类 玻璃,建筑用玻璃制品,石英制品和日用玻璃器皿。

第二十四类 石油,石油产品和工业用油脂。

第二十五类 不属别类的矿物。

第二十六类 化学品。

第二十七类 肥料。

第二十八类 染料,油漆,颜料,涂料,油墨,釉料。

第二十九类 橡胶,橡胶制品和石棉制品。

第三十类 树脂,合成树脂,塑料,增塑剂和不属别类的塑料制品。

第三十一类 药品。

第三十二类 医疗和卫生用品。

第三十三类 肉、蛋、野味、海味及其制品。

第三十四类 乳、乳制品及其代用品。

第三十五类 罐头食品。

第三十六类 酒。

第三十七类 茶,咖啡,可可,汽水,果汁,冰制品和不属别类的饮料。

第三十八类 糖,糖果,蜜和糕点。

第三十九类 鲜果,干果,蜜饯,果酱和其他果制品。

第四十类 食用油,酱油,酱,醋,味精和其他调味品。

第四十一类 酱菜,蔬菜制品。

第四十二类 谷制品和不属别类的食品。

第四十三类 烟草和烟草制品。

第四十四类 蚕种,茧。

第四十五类 丝、丝绵、棉花、麻、毛羽及其仿制品。

第四十六类 纱,线。

第四十七类 棉布。

第四十八类 绸缎。

第四十九类 呢绒。

第五十类 麻布。

第五十一类 缆,绳,网,袋,帐篷,毡子,防水遮布和不属别类的不透水物品,骡马用具。

第五十二类 皮,革,人造革和不属别类的革、人造革制品。

第五十三类　衣服。

第五十四类　帽子，鞋。

第五十五类　袜子，毛巾，围巾，手套，手帕，发网。

第五十六类　纽扣，发夹和金银珠宝饰品。

第五十七类　绣品，花边，绦带，帘，台布，寝具，地毯和不属别类的室内用品。

第五十八类　家具，童车和竹、木、藤、棕、草制品。

第五十九类　纸和纸制品。

第六十类　笔，墨，墨水和绘画、广告、戏剧用油彩。

第六十一类　誊写、油印用品。

第六十二类　绘图仪器、用具和不属别类的文具。

第六十三类　模型，标本，图画，照片，影片，书报杂志。

第六十四类　文娱、体育用品和玩具。

第六十五类　乐器及其附件。

第六十六类　钟，表，计时器。

第六十七类　日用搪瓷，日用铝制品和陶瓷器皿。

第六十八类　牙膏，牙粉。

第六十九类　化妆品。

第七十类　香皂、肥皂和去垢、擦亮用品。

第七十一类　牙刷，刷子，梳，篦和其他清洁用具。

第七十二类　火柴，打火机和烟具。

第七十三类　伞，扇，手杖。

第七十四类　漆器，景泰蓝和不属别类的工艺美术品。

第七十五类　蜡烛，煤油灯和不属别类的照明用具。

第七十六类　熏香，蚊香。

第七十七类　焰火，爆竹。

第七十八类　不属别类的商品。

(选自《工商行政通报》第237期，1963年5月15日)

十二、中央工商行政管理局关于贯彻执行商标管理条例中若干问题的通知

(1963年4月25日)

《商标管理条例》已经国务院1963年4月10日公布施行，《商标管理条例施行细则》亦经我局在1963年4月25日公布。现将有关贯彻执行新条例的若干问题，通知如下：

一、商标注册的申请手续，从1963年5月1日起，按照新的规定办理。

二、过去已注册商标的使用期限和使用商品范围，继续有效。

三、目前尚未完成工商企业登记工作的地区，企业未经核准登记的，经工商行政机关审查同意，可以申请商标注册。

四、省、自治区、直辖市如果根据商标管理条例第十三条规定，制定地方性的管理商标具体办法，应当报送我局备案。

各地工商行政机关应当结合新条例的公布，在企业和广大职工中进行一次商标的政策宣传；要对企业使用未注册的商标进行清理，同时配合当前的增产节约运动，加强对商品质量的监督、检查工作。

(选自《工商行政通报》第237期，1963年5月15日)

十三、中央工商行政管理局检发《商标工作座谈会纪要》的通知

(1964年1月18日)

《商标工作座谈会纪要》经报国务院财贸办公室审查同意，批由我局下达。现在发给你们，请参照执行。

附：商标工作座谈会纪要

中央工商行政管理局于1963年10月28日到11月9日在北京召开了商标工作座谈会。北京、上海、武汉、广州、重庆等19个市工商局和轻工业部、对外贸易部的同志共28人参加了会议。会议主要讨论了根据当前形势和商标管理条例如何进一步加强商标工作的问题。现将会议座谈讨论的情况、问题和意见纪要于下。

(一)

会议开始时，与会同志们首先集中反映了近两年来市场上投机倒把分子利用商标进行破坏活动的情况：有的投机倒把分子伪造注册商标，招摇撞骗；有的以假充真，冒用名牌商标，破坏国家企业

的信誉；有的盗窃国家企业的商标纸进行非法买卖；有的内外勾结，盗用商标，以社会主义掩护资本主义；还有的坏分子利用商标作反动宣传。这些破坏活动，是阶级斗争在商标方面的反映。同志们同时也反映了有些企业乱用、滥用商标的许多事实。如有的利用变换商标的手法，掩护产品的粗制滥造和不合规格，或者借此变相提价，有的甚至影射仿冒别家企业的商标。这种情况在过去的几年里，尤其当着市场物资供应比较紧张的时侯，曾一度发生，目前也还有发现。企业中这种资本主义的经营思想作风，给党和国家在政治上、经济上造成了严重的损失。

同志们通过对上述情况的讨论，认识到：在社会主义社会还存在着阶级斗争和两条道路斗争的形势下，阶级斗争和两条道路斗争也不能不在商标方面有所反映。我们不能把商标管理看成是单纯技术性的工作，而应该是技术与政治相结合，以政治为统帅，技术为政治服务。因此必须以党的八届十中全会公报的精神来检查和进行商标工作。商标工作必须为反对资本主义破坏活动、反对资本主义经营作风，保护社会主义经济、保护社会主义制度的优越性服务。在工作中，要与市场管理相结合，严厉打击利用商标进行投机倒把、破坏社会主义经济、扰乱市场秩序的行为；同时要广泛宣传商标管理的目的和作用。会同有关部门对产品质量进行监督检查，制止企业乱用、滥用商标的资本主义经营作风。通过对这一问题的讨论，进一步明确了商标工作的政治方向。

（二）

会议接着讨论了关于如何通过商标管理监督产品质量的问题。与会同志介绍了各地有关这方面的做法和经验。各地做法不尽相同，大致有：通过商标注册，制止乱用、滥用商标，保护商标专用等各个环节去促使企业保证质量，组织工业部门、商业部门、市场管理人员等各有关方面的力量，广泛吸收消费者意见，并在工业部门设置商标管理员监督产品质量；选择重点商品，定期或不定期地进行质量检查；结合商标注册，辅导企业制订或改进产品质量标准；组织企业的产品质量评比；结合工商企业登记、合同鉴证工作对产品质量进行监督管理等。这许多种做法，对于促使企业保证和提高产品质量，都收到了一定效果。

在座谈工作情况与交流经验中，反映了各地对于这项工作的认识不完全一致。有的认为我们监督产品质量应在商标工作中去进行；有的则认为这是两套工作，监督产品质量不必一定要联系商标管理；有的认为要抓住建立与巩固企业本身的商标管理制度这一环节；有的则强调工商行政机关对产品质量的检查。由于要求和作法不明确，有的感到工作量太大，表现了畏难的情绪，有的感到与工业部门的质量管理区分不清。

经过讨论，基本上取得了一致意见。大家认为，通过商标管理促使企业保证和提高产品质量，是商标管理的目的，是商标管理为发展社会主义经济服务的具体表现。管理商标如果离开了监督产品质量，就没有灵魂，就失去了实际意义。当然，保证和不断提高产品质量，首先是工业生产部门的任务，但各有关方面的协助和促进，也是必需的，而商标管理是其中的一个重要方面。商标是代表商品一定质量的标志，通过商标，可以实现群众对于商品质量的社会监督，做好商标管理，使商标这一作用得到充分发挥，就有助于促使企业保证和提高产品的质量。因此，商标管理和监督产品质量，不是分开的两项工作，而是统一的一项任务。商标管理是手段，促使企业保证和提高产品质量是目的。商标管理的各项政策和措施，都是为了达到这个目的而制订的。比如商标全面注册，这是一项政策。它要求各企业使用的商标都要进行注册，使不同企业在同类产品上分别使用不同的商标，以分清生产责任，便于消费者的监督，从而促使企业重视保证质量，并防止这家企业生产质量较次的产品，同那家企业生产质量较好的产品发生混淆。其他如商标专厂专用、不得借用、共用，商标要合理和固定使用、不得乱用滥用，商标注册时要企业填报商品质量规格表，对粗制滥造、降低产品质量的要撤销商标注册等一系列措施，无一不是围绕着监督产品质量这一中心来进行。因此，监督产品质量的要求，可以从商标管理工作中去实现。认真贯彻了商标管理条例，贯彻了商标管理的各项政策和措施，一般地做到了市场上各种牌子的商品都能保证一定的质量，都可以为消费者所信任，这就达到了通过商标管理，监督产品质量的目的。

至于具体的做法，大家认为这次会议介绍的许多经验，有两点特别值得注意：（一）要根据监督企业合理使用商标的要求，抓住商标注册和商品检查这两个环节做好工作。在商标注册时,即认真审查商品质量规格表,审查申请注册商标的产品质量是否有保障,产品能否正常生产,以及企业申请使用新商标是否确有必要。在商标注册后,要对商标的使用和产品质量情况,根据注册内容进行监督检查。(二)要组织和推动有关部门共同做好商标工作。要求工业主管部门把企业的商标设计、注册和使用从头到尾都管起来。要会同工业部门辅导企业建立与健全厂内的商标制度,并监督这项制度的贯彻。对商业部门,则要求配合商标管理加强监督检查,及时反映有关的问题。

通过商标管理监督产品质量的工作,现在经验还不很成熟,尚有待于各地进一步摸索,继续总结经验。

(三)

会议还讨论了市、县工商行政机关在商标管理上的主要工作任务问题。会议认为,市、县工商行政机关是当地商标的主管机关,商标管理的各项政策、措施,主要依靠地方具体贯彻。市、县工商行政机关在商标管理上的主要工作任务有:

(一)宣传商标管理政策。通过反复宣传,使企业负责人对于社会主义制度下商标的作用、使用商标的意义和要求、商标注册管理各项规定等,都有正确认识。这是做好商标工作的关键。

(二)监督和管理产品质量。组织推动各有关部门,通过商标管理的各个环节,促使企业对使用商标的产品,都能保证质量,使各种牌子的商品都为消费群众所信任,对产品粗制滥造的情况,进行处理。

(三)管理商标注册和使用,办理核转工作。督促企业在应该使用商标的产品上都使用商标,并合理地使用,取缔不注册商标,制止利用商标贬质抬价的资本主义经营作风,坚决打击仿冒伪造商标及其他利用商标破坏社会主义的行为。

(四)对不用商标只刊厂名的商品进行管理。督促企业对不使用商标的产品,根据必要和可能条件,刊明厂名,并监督企业保证产品一定质量。

(五)辅导商标设计,对商标的印制进行管理。要求商标设计简单明显,符合政治性、思想性和艺术性的要求,肃清一切带有资产阶级思想影响和反动宣传内容的商标。管理商标,管理商标的印制,制止滥印。

(六)管理出口商品商标。根据统一对外和有利于生产的原则,会同外贸部门和工业部门具体解决出口商品商标的使用问题;严格掌握全外文商标的使用,检查国外定牌情况,防止产生不良政治影响。

大家认为,各地在工作中,如遇有违犯国家商标管理法令规定的情况,应当进行处理。对企业由于不了解商标政策违犯规定的,应当进行教育;对滥用、乱用商标的资本主义经营作风,要分别情节经重,予以批评或适当处分。对于投机分子利用商标,危害社会主义的行为,属于敌我矛盾性质的,要严加取缔。

(四)

会议最后讨论了关于商标管理工作中的几个具体问题。

(一)使用商标和使用厂名的界限问题。

对这个问题的处理,必须是既有一般原则,又要从实际出发,因地制宜。一般原则是:

1. 应当鼓励企业在产品上使用商标。凡是生产正常、质量固定、经过市场销售,在商品或者商品包装上有可能使用商标的产品,都应当使用商标。

2.有些产品虽然有可能使用商标,但因有某些原因不宜用商标的,应当尽可能刊明厂名。这主要是一次性或临时性生产的产品、未定型的试制性产品等。有些产品如木器家具,习惯上是用厂名不用商标的,仍可继续使用厂名。

使用厂名一般应用全称,如用厂名简称,要注意能使人看得懂。

3.有些产品不便于刊用厂名的可以用简单记号代替。简单记号,只作为厂名的补充,应在最小范围内使用。

4.有些产品,属于价值低廉、生产技术简单、选择性不大的,以及为固定用户加工生产的配件、半成品、包装用品等,可以不用任何标记。

对厂名、简单记号的管理,由各地自行掌握。一般可仅将基本情况登录下来,备作进行质量监督工作的依据。目前有些地方对简单记号订有具体管理办法的,仍可继续试行。

(二)对商标的使用管理问题。

监督企业合理地和固定地使用商标,是通过商标监督产品质量的一个重要途径。对商标使用的要求应该是：

1.企业使用商标的产品，都必须达到商标注册时核定的商品质量规格标准。

商品质量规格标准，是指产品技术标准中关于产品主要原材料、内在主要质量指标、外观主要指标、规格品种等几个方面。企业申请商标注册时，应按照产品的实际质量情况填报。

2.同一企业生产同一种质量规格的产品，一般应当使用一个商标。但因行销不同地区，需适应市场习惯分别使用商标的，仍可使用几个商标。

3.商标只能由注册的企业使用，不许其他企业共用、借用。但出口商品的商标以及历史遗留下来原属总分支机构通用的商标，可以允许共用。

4.商标注册后，应当长期并固定使用，不得借增加商标来表示花色品种的增多，或者以改换商标来掩盖质量下降或抬高售价。

5. 新产品经企业主管部门鉴定、同意正式生产的，才可使用商标。

6.同一企业生产多种产品，按照行业习惯可以通用一个商标，也可以按照高、中、低的档次分别使用不同的商标。

7.副品和残次品应当加以注明，不得冒充正品出售。

(三)使用有政治性含义的词语、事物做商标的掌握原则问题。

用政治性含义的词语、事物作商标的名称、图形，如果使用得当，能在政治宣传上起到良好作用；如果使用不当，就会发生消极作用。对这种商标的使用，应当十分严肃，防止滥用。这种商标大体归纳为三类，具体意见如下：

第一类是以中华、天安门、红旗、东风、和平、工农、二七等词语、事物作商标的，应该有条件地使用，即只准用于质量好而且质量长期稳定的商品上，不准用于迷信用品、质量低劣和质量不稳定的商品以及其他不适当的商品(如用于恭桶、手纸和把“三好”用于卷烟上等)上。过去用得不当的应当撤换。

第二类是以党团旗帜、七一、八一、十一纪念日、地图等作商标题材的，应当一律撤换。

第三类是卫星、火箭、飞船、东方号等事物，目前不宜用作商标。已经用的，一般可以不动，其中图形设计不好，容易引起不良政治影响的，应当撤换。

此外，对于出口商品的商标由外贸单位注册还是由生产单位注册的问题和出口商品的商标共同使用问题等，会议也进行了讨论。这些问题，拟与中央各有关部门进一步研究解决。

(选自《工商行政通报》第254期，1964年1月30日)

十四、中央工商行政管理局通知使用商标注册查询单

(1964年9月10日)

中央工商行政管理局于1964年9月10日发出通知：为了减少商标注册中不必要的公文往返，便利企业设计和申请企业注册商标，决定实行企业申请商标注册使用查询单查询的办法。商标注册查询单的使用说明如下：

一、企业申请注册商标，经当地工商行政管理机关核转中央工商行政管理局以后，有的因为同别家企业注册商标相混同而不能注册，须再经当地工商行政机关通知企业修改或者另行设计商标，当修改、设计以后，又须送经当地工商行政机关再审查转报，有时一个商标辗转多次，拖延很久，才能注册。为了简化手续，减少不必要的公文往返和便利企业设计商标，决定今后企业申请注册商标，实行先用查询单直接向中央工商行政管理局查询的办法。

二、企业填报查询单，每个商标填写一式两份，并各附商标草图一张(其中一张可用照片代替)，直接报送中央工商行政管理局。中央工商行政管理局在企业报来的查询单上加注审查结果，退还企业一份。

三、经过查询，凡是查询的商标同别家企业不相混同的，企业即可按照规定办理申请注册手续，将各项文件并连同中央工商行政管理局退还的查询单一并送交当地工商行政机关审查(审查的要求和过去相同)。当地工商行政机关认为可以申请注册的即可通知企业印制商标(不同意申请注册的，也不必报告中央工商行政管理局)。企业将印制商标，连同申请注册的各项文件一并转送中央工商行政管理局注册。商标注册费由企业直接汇交的，要通知企业同时汇出。

四、经过查询后，如果查询的商标同别家企业的商标相混同，须加修改或者另行设计商标的，

经过修改或另行设计的商标，应该重新填报查询单。

五、中央工商行政管理局在退还的查询单上加注了保留期限,须加修改或者另行设计商标的,经过修定的期限内办理应办的事项,过期不办的,不予保留。

(选自《工商行政通报》第 270 期,1964 年 9 月 30 日)

十五、第一轻工业部、商业部、中央工商行政管理局关于同意中国烟草工业公司继续整顿卷烟商标的通知

(1965 年 5 月 5 日)

中国烟草工业公司成立后,对卷烟商标进行了初步整顿,虽由原来九百多个精简到四百多个,但仍嫌过多,这对企业生产和商品销售都有一定的不便。中国烟草工业公司提出,在今年内分期分批地精简到二百个以下,并逐步在企业之间实行统一牌号、统一配方。我们同意这个意见。望各地工商行政管理局、糖业烟酒公司积极协助中国烟草工业公司所属各分公司(总厂),做好这一工作,现将有关的几个问题通知如下:

第一、卷烟商标统一由中国烟草工业公司归口管理。今后商标注册和注销,一律由该公司负责办理。

第二、对保留或新设计的卷烟商标,于小包商标纸上一律印制"中国烟草工业公司出品"字样(字体形式由该公司另发)。为了便于消费者对产品质量进行监督,在小包封签上印制生产厂名(出口产品不在此限)。已经印制的商标纸用完之后再行更换。

第三、企业之间实行同一牌号、统一配方的产品,在零售价格上应取得一致。为此,对企业之间通用牌号的产品,不宜在生产同一牌号产品的企业所在地进行商品对流,往返调拨销售,以免出现同一牌号不同价格的矛盾。

第四、对保留或精简的商标,由中国烟草工业公司所属各分公司(总厂)与当地工商行政管理部门、糖业烟酒公司就地协商确定后,上报中央工商行政管理局,烟草、糖业两总公司。保留的商标分期分批地转由中国烟草工业公司注册。

(选自《工商行政通报》第 284－285 期,1965 年 6 月 20 日)

十六、中央工商行政管理局发出《关于换发商标注册证工作中一些问题的处理办法》的通知

(1965 年 4 月 13 日)

今年全国工商行政工作会议纪要中提出,对企业在《商标管理条例》施行以前注册的商标有步骤地换发商标注册证。为了便于各地做好这项工作,发去《关于换发商标注册证工作中一些问题的处理办法》,请研究,并转知各市、县工商行政管理部门参照办理。

附:关于换发商标注册证工作中一些问题的处理办法

一、企业在 1963 年 5 月 1 日以前根据《商标注册暂行条例》注册的商标,经过清理整顿后继续使用的,一律换发新的商标注册证。

二、换证的商标,都按照新商品分类表重新归类。同一名称、图形的商标,过去按旧商品分类表分做几个商标注册,现在按新商品分类表作为一个商标的,应合并为一个商标换证,其余的商标撤销。过去按旧商品分类表注册的一个商标,按新商品分类表应当分做几个商标的,其中一个商标换证,其余的商标另行注册。

三、企业将注册商标自行使用在其他商品上的，这些商品，按新商品分类表同原注册的商品如果不同属一类，应当按新商标申请注册；如果属同一类同一组，可按增加使用商品办理换证；如果属同一类不同组，应报中央工商行政管理局审查。

使用注册商标的商品,有一种或几种商品停止使用商标的,在换证时按照实际使用的商品填报。

四、企业自行改变注册商标的图形、颜色或者字体的,如果商标名称不变,可用改变了的图样换证。

五、企业将外销商品的商标自行用于内销商品上,或者将内销商品的商标用于外销商品上,都按照实际使用情况换证。

六、企业之间自行移转注册商标的,可按变更注册人名义办理换证。

七、换证的商标,仍采用原来的注册日期和注册证编号,使用期限改为自核准之日起至企业申请撤销时止。因按新商品分类表重新调整的关系,由两个或者两个以上的商标合并为一个商标的,采用原来最先注册的一个商标的注册日期和注册证编号。

八、企业办理换证,每个商标应当填写换发商标注册证登记单一份,连同商标图样20张和原发注册证,交送当地工商行政管理部门。地方工商行政管理部门汇总并列出撤销商标清单和换发商标注册证清单,一次或分批报送中央工商行政管理局。

九、换发商标注册证,不收换证费。因按新商品分类表调整,原注册的商标须另行注册的,不收注册费。因使用在其他商品上须按新商标申请注册的,仍收注册费。

(选自《工商行政通报》第284-285期,1965年6月20日)

十七、对外贸易部关于加强出口商品商标管理工作的通知

今年3月份,对外贸易部曾举办了一次"出口商品商标展览会"。在这次展览会上,共审查了2600多个商标。总的情况是,现有的商标图案极大部分是好的,有的商标已经成为名牌,在国外市场上树立了良好的信誉,对扩大出口,增加外汇收入都起了一定的作用。但是,有的商标的内容不够好,甚至有明显的政治性错误。在审查中,也发现在商标管理工作上存在着一些问题,在对待商标问题上还有些混乱思想。为了把现有的商标整顿好,并加强对新商标的管理工作,对外贸易部于1965年9月13日发出了《关于加强出口商品商标管理工作的通知》,现刊载如下。

(一)加强对旧有商标的整顿工作

对旧有商标应当加以整顿,原则上是:对有政治性错误的应立即停用,对带有一般性错误和缺点的,应根据销售情况,分别采取停用、修改后使用或者暂时继续使用等办法。具体意见是:

1. 有政治性错误或内容反动的商标,应当立即停止使用。如"CK"牌棉布上印的"TITTO"字样(与"铁托"同音)、用铁链将红五角星四周锁住的"星链"牌,以国民党国庆节"双十"和在美帝操纵下的"奥林匹克"和"世运会"作标记的,表现大国沙文主义的"平南"牌、没有我国疆域台湾和海南岛的"地球"牌、与陈纳德飞虎队同词同意的"FLYING TIGER"牌等。

2. 一般地带有封建和资本主义色彩的旧商标,如果是已经在国外建立信誉,长期为经销商和消费者所熟悉的,在没有新商标代替之前可以继续使用。如"双金锭"棉布、"皇后"毛线、"秦良玉"棉布等。但是对一些不是名牌,如停止使用后对业务影响不大的,可以逐步不用或改进后再用。

3. 有些用资本家的人像或姓名作为商标的,如已为名牌,都可以继续使用。如"王麻子"刀剪、"王老吉"(公孙葫芦标)药茶、"广茂居"醋等。销路不大的或不是名牌应该有计划地逐步更换,另行设计新商标。未打开销路的商品,如"李全和"麦芽糖、"狮象牌"倪三记酱园、"卢畅修堂"安胎丸等可以停止使用。

4. 有些艺术性较差、取材不当或译文不妥当和不正确的商标,可以经过修改后继续使用。如"狮子"牌绢丝商标图案不美观,"利用"牌门锁译为"WHIPPET"是国外一种赛跑的狗名,"月月红"译为ROSE BRAND(玫瑰牌),"鹊桥"译为SPARROW BRIDGE(麻雀桥),"天坛"译为HEAVEN TEMPLE(应为TEMPLE OF HEAVEN)等等。

5. 对外文名称不适应国外习惯的要加以修改。例如GOLDEN COCK(金鸡),COCK在英国俗语中有下流解释,最好不要使用。此外还有些英文名称过长或过于生涩不好记的都应适当修改。

6. 同一商品,不宜有很多商标,以免自相竞争。例如享有盛名的"虎牌"猪鬃,国外都已指牌要货,以后又创了"火炬"、"标准"、"红马"、"鸽球"、"白熊"等多种牌子,自相竞争,造成混乱局面,对巩固名牌极为不利。其他如蚊香有"虎牌"、"狮牌"、"鸡牌"等十多种;钢笔、铅笔、牙膏、自行车零件、炮竹、烟花、茶叶等多的达二十多种商标,同时对外宣传,使经销商和消费者也无所适从。同一种商品究竟应有几个商标,要保留哪些、废除哪些,应由总公司按照具体商品和实际情况严格审查确定。

7. 避免使用含义不确切或者使人难以理解和不便叫唤的汉文简称作商标,如"基建"、"西电"、

“力光”、“中一”等。

8. 不要用输入国家和地区所禁用的商标。如英联邦区域规定，凡国名、地名、山脉、河流作商标都不能注册，例如“上海”牌收音机、“长白山”罐头等就不要在英联邦区使用。

某些商标图案、名称必须注意到对输入国家和地区的宗教信仰和风俗习惯上的忌讳。如佛象“弥勒佛”不能对锡兰作为商标使用，“猪牌”不宜在阿拉伯地区使用。新加坡、马来西亚地区禁止政治性的商标，如“天安门”、“工农”、“解放”等商标的商品进口。

9. 停止使用仿制或者与其他国家同名的商标，如“米老鼠”糖果、“留兰香”牙膏的图案和名称，均与美国已有图案、商标相同。

(二)加强对商标的管理工作

对资本主义国家出口的商品，商标要适应国外的习惯，能为国外消费者所接受，是不同于内销商品的商标的。但我国商标是代表我国的产品，必须执行外贸政策。因此在选择新商标时，必须防止政治性的错误，不要带有黄色和封建的色彩，不要有颓废、落后、庸俗和低级趣味的东西。名称要简练，主题要醒目，图案要新颖突出。总的要求是大方，简明，美观。因此，设计一个新商标，必须十分慎重。为了加强管理，具体意见是：

1. 加强审批制度，今后各口岸对外使用的新商标，必须经过总公司统一审核批准。

2. 建立新商标，必须符合业务上的需要。同一种商品不要搞过多的商标。建立了商标就要努力培养它，维护它，把它变成一个名牌。

3. 新商标必须做好国内注册工作。按照我国现行商标管理条例的规定，出口商品的商标，应先在国内办理商标注册手续。一些不准作为商标的应该停止使用。没有在国内办理注册就用于出口的商标，是不合法的。

4. 加强在国外商标注册的工作。今后商标国外注册工作由总公司统一掌握，确定哪些商标需要在国外注册，具体注册手续可交口岸分公司办理。为了集中力量，统一步调，做好国外注册工作，中国国际贸易促进委员会法律事务部专门成立了商标代理处，各总公司和分公司可以加强和该代理处联系或委托他们办理对外商标注册工作。

5. 对出口商品商标注册的专用所有权，是属于总公司还是属于分公司，可以由各进出口总公司统一掌握决定。

6. 可以继续接受国外定牌或中性商标，但应首先考虑政治上有没有问题。这一项工作必须根据规定由各省、市、自治区外贸局负责审批，不得下放分公司掌握。

7. 各进出口总公司和各地外贸局必须指定专人管理商标工作，切实地把这一工作管起来，建立起商标的管理和档案制度，培养一些熟悉办理商标业务的人员。

8. 各进出口总公司和各地外贸局必须及时总结商标工作的经验，以便改进工作，更好地为社会主义对外贸易服务。

(选自《工商行政通报》第 296 期，1965 年 10 月 30 日)

十八、中央工商行政管理局关于修改商标移转注册和换证手续的通知

(1965 年 12 月 6 日)

中央工商行政管理局于 1965 年 12 月 6 日发出《关于修改商标移转注册和换证手续的通知》，内容如下：

一、今后国内商标移转，一律按照变更注册人名义的手续申报办理，企业不必申请移转注册。

二、在换证工作中，过去按旧商品分类表注册的一个商标，按新商品分类表应当分做几个商标的，除其中一个商标换证外，为了简化手续，其余的商标不再另行办理注册手续，但每个商标必须填写一份换发商标注册证登记单(按照本企业能填写的项目填报)，以便另行编号和发证。

(选自《工商行政通报》第 300 期，1965 年 12 月 30 日)

十九、中央工商行政管理局副局长千家驹在 1966 年全国工商行政工作会议上谈加强商标管理工作(摘要)

这次会议主要是一个突出政治、活学活用毛主席著作，促进思想革命化、工作革命化的会议，不准备讨论具体业务问题。我现在想谈一谈商标工作

如何革命化以及1966年工作安排中的一点意见，供同志们参考。

（一）关于商标工作革命化的问题

商标是商品经济的产物。自资本主义商品经济发展以后，商标被资本家利用来作为夸大宣传、牟取利润的一种手段。社会主义的商标和资本主义的商标有本质的不同。社会主义社会已消灭了资本主义生产资料所有制，商标不再为资本家所有，它已成为全民所有或集体所有。保护商标的专用权，不再是我们管理商标的主要目的。在社会主义社会，商标的基本作用有二：一，区别不同企业产品的标志；二，通过商标监督产品质量。商标管理是工商行政管理的一部分，应该突出政治，用毛泽东思想挂帅，贯彻一个方针（发展经济，保障供给），两个服务（为生产服务，为人民生活服务），三个观点（政治观点，生产观点，群众观点），使它更好地为工业生产服务，为广大消费群众服务。

回顾开国以来，商标管理工作的历史，我们的经验是，商标管理工作必须随着国家政治、经济形势的发展，不断进行改革，不断前进，才能更好地发挥它为生产服务、为人民消费服务的作用。1950年政务院公布《商标注册暂行条例》，通过重新注册，对国民党反动统治时期遗留下来的封建、迷信、殖民地色彩的商标（如一本万利、黄金万两、五子登科、巴黎之夜等等），进行了一次大清理，基本上肃清了商标的混乱现象。同时，在社会主义经济和资本主义经济并存的条件下，采取了保护注册商标专用权的做法，以保护有利于国计民生的生产，特别是社会主义生产，反对资本主义利用商标弄虚作假、投机取巧、扰乱市场的行为。在1956年资本主义工商业社会主义改造基本完成以后，从1957年起，实行商标全面注册，并对产品质量进行监督管理以促进社会主义工业不断提高产品质量。同时由地方核转注册，以加强地方对商标的管理权。1963年《商标管理条例》公布，进一步加强了商标管理。使用商标的要注册，不使用商标的尽可能在产品或产品的包装上加注厂名和记号。修改了商品分类表，促使企业合理使用商标。对政治上有不良影响的商标进一步进行清理整顿。

毛主席指示我们，“人类总得不断地总结经验，有所发现，有所发明，有所创造，有所前进”。商标工作也应该是这样。

目前，商标管理工作上的若干现行制度和规定，与当前的经济形势的发展，是不相适应的，出现了一些矛盾。

1. 中央集中注册与工业生产新高潮的矛盾。由于集中注册，手续繁琐，旷日费时，形成中央工商局的繁琐哲学和官僚主义，与当前工农业生产新高潮不相适应。现在地方工业发展很快，新工艺、新产品大量增加，使用商标的也随之增加。1964年全国注册商标2923个，收发文有18866件；1965年注册商标3666个，收发文也有1万多件。企业申请注册一个商标，须往返公文五、六次，历时3个月以至半年。往往为一些琐细的手续问题，公文往返经年不断。如上海明星家用化学厂，历年来和我们来往公文达600件以上。这势必造成文牍多，档案多，官僚主义，事务主义。不少企业为了早日完成注册手续，便于商品出厂，往往派专人来京办理注册。1964年2至12月，来我局的共达1432人次，1965年全年有1162人次，平均每天3人以上。其实有些问题在当地一个电话便可解决。过去一年，我们曾一再简化手续，尽量缩短时间，但矛盾仍未根本解决。

注册工作同生产形势的不相适应，还表现在许多不必使用商标的产品也使用了商标。如笊篱、布鞋、挂面、烧鸡、木器、家具等，消费者一般不是认牌购货，使用商标作用不大。申请注册时，有时因名称图形与别的地区注册商标相同或混同，不能使用。其实这些产品大多地产地销，产品不致混淆。但因集中注册，遇到这种情况，也要重新设计，再办手续，造成不必要的麻烦。

2. 中央集中注册与合理使用商标，监督产品质量的矛盾。商标注册与监督产品质量，本为一项工作的两个方面，既有区别又有联系。集中中央注册，我们只问它手续是否完备，商标文字图形有无与其他企业相混同、商标设计在政治上有无不良影响。只要这两个条件符合规定即可核准注册。至于使用商标的商品生产是否正常，质量是否稳定，有无滥用商标、投机取巧情事，我们根本无法掌握（广州天光化工厂滥用商标便是一个典型例子）。这是由于注册之权在中央而监督企业合理使用商标和管理产品质量之权在地方，两相脱节，所以才发生这种情况。

3. 商标集中注册不利于调动地方对商标管理的积极性。商标具体管理工作实际由地方负责，而核准注册权在中央，地方只能通过核转提出意见。这是不利于充分发挥地方工作积极性的。

如何解决上述矛盾，我们认为，应当将一部分注册权下放地方。拟提出如下方案：

(1)外销商品商标，外国商标，中央托拉斯商标仍由中央工商局集中注册。

(2)内销商品商标注册权下放地方。凡关于商标的使用、审查、核准、发证、收费、变更、移转，概由地方工商行政部门负责；但为避免商标在市场上发生混同，地方工商局在企业申请商标注册时，先将商标名称、图形报中央工商局查询，经认为可用，再核准注册。

(3)县一级的商标本来不多，如1965年注册商标共3666个，由县一级核转注册的为547个，占六分之一强，多数是些小农具和食用品。不少的县终年也不用一个商标。下放后，如果县和个别小城市因无工商行政机构，办理注册确有困难的，得由企业径报我局，仍由中央办理注册。

内销商标注册工作下放，去年下半年，我们曾在天津、哈尔滨、南京进行试点，初步取得良好效果。据天津、哈尔滨市的经验，商标注册工作下放的好处有三：(一)简化了手续，缩短了时间，过去由我局注册、发证，时间一般要三个月，多者半年。现在据天津市经验，只须两个星期，方便了企业，有利于生产。(二)有利于辅导企业合理使用商标，生产企业感到满意。(三)加强了商标、厂名、简单记号管理，有利于监督产品质量。

注册工作下放后，地方上工作量是否会增加的问题，从天津、哈尔滨的试点情况看，工作量不会增加多少，只要熟习业务，也不需要增加人力。因为一方面地方增加了发证、核准等工作，另一方面减少了向中央上报、核转等繁琐的手续。算起总账来，工作量增加得不多。全国商标都集中在中央，数量显得很多，但分散到各地，则不很多。以1965年注册商标为例：全国商标最多的城市是上海，去年共注册商标170个，每月平均14个。广州注册商标109个，每月平均9个。此外：如哈尔滨市注册商标63个，每月平均5.2个。衡阳市注册商标18个，平均每月1.5个。昆明市注册商标9个，平均每月0.75个。由此可见，下放后对每一城市来说，工作量是不大的。而根本的好处能使我们的商标管理工作更好地面向基层，面向生产。

其次，我们认为，一部分产品可以考虑不使用商标。过去几年，为了加强商标管理，我们强调尽可能使每一商品都要有名有姓，这是正确的。有名有姓不仅是指使用商标，而且包括载明企业名称和地址。有一些商品，习惯上群众不认牌购货，有一些产品由国家内部调拨，不通过市场，无使用商标的必要。为了有利于生产，有利于对注册商标的管理，我们考虑划出一部分产品不使用商标，初步意见是：

(1)国家内部调拨，不通过市场的产品，或者由需用单位直接向生产企业订购的产品(已使用商标的如东风牌汽车、东方红牌拖拉机等，可以继续使用)。

(2)消费群众习惯上不是认牌购货，使用商标作用不大的产品。

(3)产量不大，主要满足本地区需要，习惯上用厂名或简单记号的产品。

(4)价值低廉、质量要求不高或无一定技术标准、选择性不大的产品。

(5)未定型的试制性产品或试销的新产品。

(6)县、镇公社所属企业的产品。

以上几条杠子，考虑极不成熟，仅提供大家参考。各地可因地制宜，灵活掌握。如企业一定要使用商标，也可同意注册。

即令不使用商标的产品，各地仍应加强管理，使产品质量不断巩固、提高。有可能在产品上刊明厂名、地址的，应依照《商标管理条例》规定，鼓励企业尽量刊用，以利于群众监督检查。

(二)1966年商标工作的安排

去年各地在商标管理上做了不少工作，如注册商标换证、清理整顿商标设计图案等，都取得了一定成绩，也创造了不少经验，如哈尔滨的公告优良产品和建立商品质量义务监督员制度，这都是好经验。尤其是白桂琴同志的练基本功，功夫过得硬，值得我们向她学习。上海、广州、旅顺、沈阳、长春、武汉等地办了商标展览会，对商标政策起了宣传教育的作用。1966年需要在肯定成绩，总结经验的基础上，作好如下一些工作。

1. 继续办好商标换证工作。目前全国已有121个市县办完换证工作，共换发了3636个商标注册证，撤销了5038个商标(大多数是企业已经废弃不用的)。从换证中说明，注册商标中有很大一部分是死商标。各地通过换证,对企业使用的商标作了比较彻底的清理,整顿了使用不合理的商标,审查了商标设计,加强了对产品质量的监督,建立和健全了商标管理制度。这一工作今年还要继续进行。已换证的地区,一定要管好,尽可能做到消灭死商标(即注册商标早已不使用的),黑商标(使用商标不注册的)。未换证的,希望能在今年年内基本办完。

2. 继续清理整顿商标设计图案。自社教运动深入开展后,人民群众政治觉悟大大提高,对于注册商标中反映封建迷信以及资产阶级腐朽思想的商标设计,提出了意见,我们曾对几万个注册商标的文字、图形重新审查一遍,撤销了政治上有不良影响的商标共600多个。各地也进行了审查,撤销了一批商标,如"三侠"、"聚宝"、"美女"、"爱神"、"福星"、"三像"(三个恶霸地主的肖像)等商标。去年3月,中共中央《关于勤俭持家和移风易俗宣传教育中的一些问题》的指示下达后,纠正了过去有些地区审查标准过严过紧,以致影响生产的现象。现在人民群众的来信仍然很多。这对我们是极大的支持,应该用积极热情的态度,吸收群众意见,改进我们的商标设计工作。当然他们提出的意见,有些是正确的,有些是可以研究的。应该作具体分析,正确的加以接受,不正确的则耐心解释。

3. 注册商标下放问题,我们准备报请国务院批准后执行。各地可先作一些准备工作。

4. 做好监督产品质量工作。哈尔滨公告优良产品的经验很好,在有条件的地区,可以推广。

5. 逐步改革商标设计,主要使商标设计人员思想革命化。有破还要有立,破除旧的,必须创立反映我国社会主义新风尚、新精神面貌的商标。

我局决定自1966年起,将《商标公告》停刊。拟改出不定期的商标图样集刊,专选择设计图案比较好的,政治性、思想性、艺术性比较强的商标,作为样板,彩色印制,供各地设计人员参考。

最后,做好商标工作,也一定要活学活用毛主席著作,突出政治,要打破旧框框和洋框框,解放思想,创新革新,我国商标管理也应走出自己一条新的道路来。

(选自《工商行政通报》第306期,1966年3月25日)

二十、国务院批转中央工商行政管理局《关于改进商标管理工作的报告》

(1966年4月7日)

各省、自治区、直辖市人民委员会,各部、各委员会,国务院各直属机构,全国手工业合作总社,全国供销合作总社:

国务院原则同意中央工商行政管理局《关于改进商标管理工作的报告》,现在发给你们试行。

附:关于改进商标管理工作的报告

国务院:

《商标管理条例》自1963年国务院公布施行以来,对加强商标管理工作起了很大的推动作用。但是《商标管理条例》的第二条关于企业使用商标一律向中央工商行政管理局申请注册的规定,经过实践证明,不利于商标管理工作面向生产,面向基层,更好地为生产和消费服务。

为了改变这种情况,进一步加强商标管理工作,现提出如下改进意见:

一、属于内销商品的商标,划归直辖市、省辖市(包括委托专署管的市)的工商行政管理部门审定注册。

为了避免商标仿冒混同,各市在办理注册商标的时候,应该先向中央工商行政管理局查明申请注册的商标的名称和图样是否同已注册的商标相混同,然后再决定是否发给注册证。

县城以下企业的商标,目前为数不多,暂时仍由中央工商行政管理局审定注册。

二、出口商品的商标、外商商标、中央托拉斯企业的商标,仍由中央工商行政管理局统一审定注册。

三、对一部分使用商标作用不大的产品,可以不用商标。其原则是:(一)国家内部调拨、不经过市场销售的属于生产资料的产品(但习惯上使用商标的,如汽车、拖拉机等仍继续使用商标);(二)群众消费习惯上不是认商标牌号购买的商品,如布鞋、毛笔、算盘、皮箱等;(三)习惯上使用厂名或简单记号的产品,如纸伞、镰刀、铁锅等。以上原则,可因地制宜,灵活掌握。

内销商品的商标注册工作权限下放一部分给地方,我们曾在天津、哈尔滨、南京三市进行了试点,生产企业反映良好;在我局最近召开的全国工商行政工作会议上,经征询各地的意见,也认为可行。现在我们决定在全国城市试行,试行一个时期后,再总结经验,对《商标管理条例》提出修改建议。特此报请批示。

(选自《工商行政通报》第309期,1966年5月20日)

二十一、中央工商行政管理局关于各市工商行政机关办理内销商品商标注册工作的通知

(1966年4月11日)

我局《关于改进商标管理工作的报告》,国务院已于1966年4月7日批转各地。为便于贯彻执行,现附去《关于各市工商行政机关办理内销商品商标注册的几项规定》,通知如下:

一、地方工商行政机关办理内销商品商标注册工作,分批分期进行。第一批进行的为北京、上海等33个市,在6月底以前开始办理。第二批进行的市,由省、自治区厅、局决定,在9月底以前陆续开始办理。第二批的名单于5月底以前告知我局。

二、市工商行政机关做好准备工作以后,将开始办理的日期告知我局,以便衔接。

三、换发商标注册证工作,按照原来规定办理。尚未完成的地方,要抓紧进行,争取年内完成。

四、其他一些具体问题,另有解答。

各地办理商标注册,应加强为生产服务、为消费服务的观点,简化手续,便利企业。各省,自治区厅、局督促检查,帮助总结经验,以点带面,组织推广。在工作中如有问题和意见,随时与我局联系。

(选自《工商行政通报》第309期,1966年5月20日)

二十二、中央工商行政管理局关于各市工商行政机关办理内销商品商标注册的几项规定

(1966年4月11日)

一、各市企业内销商品的商标,由所在市工商行政机关批准注册,发给商标注册证。空白商标注册证,可向中央工商行政管理局领取使用,也可由各市工商行政机关自行设计印制。

每个商标的注册费20元和补证费5元,列作当地财政收入。

二、各市企业内销商品的商标申请注册,当地工商行政机关应审查商标使用是否合理,设计有无问题,经审查同意后,向中央工商行政管理局查询有无与其他企业已经注册的商标相混同,经中央工商行政管理局答复不相混同后,再注册发证。向中央工商行政管理局查询时,应将商标的名称、图形,所使用的商品名称、用途、主要原料和按照商品分类表规定的类别一一填报。因故没有注册的,必须报中央工商行政管理局注销。

三、商标在当地注册以后,如果图形变动很大,或者扩大使用在商品分类表规定的同一类不同组的商品上,当地工商行政机关应报中央工商行政管理局查询是否可用。商标撤销注册时,应报中央工商行政管理局注销。

四、商标在当地注册以后,如果扩大使用在出口商品上,或者企业迁往县、镇,原来批准注册的工商行政机关应注销商标注册证,同时报由中央工商行政管理局另发商标注册证;如果企业迁往其他市,迁出地的工商行政机关应注销商标注册证,并通知迁入地的工商行政机关另发商标注册证,发证后,报中央工商行政管理局备查。

另发新证,均不收费用。

五、各市企业内销商品的商标,过去由中央工商行政管理局注册发证的,不再换发地方的商标注册证。企业遗失注册证申请补发的,改由当地工商行政机关另行编号发证,按补证收费。

六、各市工商行政机关办理内销商品商标注册的具体办法可自行规定,报当地人民委员会批准后施行。

(选自《工商行政通报》第309期,1966年5月20日)

二十三、关于地方办理内销商品商标注册一些问题的解答

一、市属县企业的商标,由谁办理注册发证?

答:市属县企业的商标,原则上由市工商行政

机关办理注册发证。如果有些市办理注册有实际困难的,也可暂由中央工商行政管理局办理注册发证。

二、中央托拉斯企业的商标,有的是由所属生产厂直接申请注册的,是否也由中央工商行政管理局办理注册发证?

答:用中央托拉斯总公司名义申请注册的商标,由中央工商行政管理局办理注册发证,例如中国烟草工业公司的卷烟商标。用中央托拉斯所属企业的名义申请注册的,由所在市工商行政机关办理注册发证,例如中国橡胶工业公司北京橡胶总厂的商标。

三、在地方办理注册以前,已报经中央工商行政管理局查询同意但因补办手续尚未注册的商标,在地方开始办理注册以后,由谁办理注册发证?

答:这部分商标,都移交所在市工商行政机关办理注册发证。有关的市工商行政机关应先开列商标清单(内容包括:商标名称、企业名称、商品名称、注册费已否汇出),报中央工商行政管理局核对后移交。

四、用旧的查询单或申请书向中央工商行政管理局办理查询,是否可以?

答:查询单格式由各市工商行政机关自行规定。如愿利用旧的查询单或申请书也是可以的。

五、为什么查询后没有注册的商标必须报中央工商行政管理局注销?

答:中央工商行政管理局对查询后认为可以使用的商标,就认为在地方上注了册,其他企业就不能使用与它相混同的商标。因此,查询可用后,如果因故没有在地方注册,必须报中央工商行政管理局注销,以免影响其他企业的使用。

六、商标注册后图形变动很大,是否需要重新申请注册?

答:商标注册后图形变动很大,经报中央工商行政管理局查询结果,同其他企业已注册的商标不相混同的,可由所在市工商行政机关办理变更手续,不须重新申请注册。

七、商标注册后减少所使用的商品,是否都要向中央工商行政管理局申报?

答:如果商标原来注册使用于商品分类表中几个组的商品,现在其中一个组的商品全都停止使用的,应向中央工商行政管理局申报。只减少一二种商品,但在同一组的其他商品上仍使用的,即不须申报。

八、商标注册证上“商品名称”栏,应如何填写?

答:对商标注册证上“商品名称”栏,一般可填写该商标所使用的商品在商品分类表中所属组别的名称,如酒、化工原料、中药成药等。但有些组的名称没有标明或者范围过广,或者仅列出一些商品,不便照填的,也可填写具体商品的名称。

九、在商标注册证上,应当怎样贴商标图样?

答:在商标注册证上,应当只贴属于商标部分的图样;商品装潢部分不属于商标注册的范围,不必贴上。但有的商品整个包装图案都属于商标部分,如卷烟、电池,就可将整个图样都贴上。

(选自《工商行政通报》第 309 期,1966 年 5 月 20 日)

第五部分　建国以来工商行政管理机构演变与大事记

（1949 年 ~ 2002 年）

第十七编　工商行政管理机构演变

（1949年～2001年）

第一章　新中国工商行政管理机构的由来

在中国共产党领导的根据地人民政府设置的机构中，与现在工商行政管理机构名称、职能最接近的机构，出现于1941年9月。当时，中国共产党领导的晋冀鲁豫边区政府，将边区生产贸易管理总局改为边区工商管理总局，同时，在各行署设工商管理局，各专署设边区工商管理总局的分局，形成了较完备的组织体系。并由此带动了其他各根据地和解放区政府的工商行政管理组织建设。这可以说是新中国工商行政管理机构的直接来源。

当时，工商行政管理机构的工作任务是围绕一切为着争取战争胜利的总目标开展的，主要是贯彻执行党和民主政府的各项经济政策，展开对敌经济斗争。在抗日战争和解放战争时期，各根据地和解放区政府工商行政管理部门职能任务基本相同。具体职责有：管理出入口贸易，管理重要物资，严禁走私资敌；配合有关部门进行对敌经济斗争，粉碎敌人对根据地的经济封锁与掠夺；扶持和保护公营企业、合作事业和工商业的发展；管理市场，组织物资交流，平抑物价，打击投机奸商的操纵破坏活动；指导工商业团体工作等。

随着根据地和解放区的日益扩大、经济活动的开展，工商行政管理机构的设置逐渐增多。1942年9月，中共山东分局在财委会中设立工商管理处，各行署、县设立工商管理局。1943年2月，晋察冀边区行政委员会成立工商管理局。1943年3月，苏皖边区盐阜行署各县仿照山东的做法，成立工商管理局。1945年9月，浙东解放区成立工商管理局，并设置了东区、西区两个分局。1946年1月；山东省人民政府正式成立工商管理总局。1946年至1948年，东北全境陆续解放，各大城市相继成立了工商管理局。1948年5月，中共晋绥分局设立工商管理局。1948年9月，华北人民政府成立，成立了工商部。1949年4月，陕甘宁边区政府成立工商厅。1949年5月，上海解放，随即成立了工商局。随着大陆全境的陆续解放，大多数大中城市都建立了工商局，如北京、天津、沈阳、西安、武汉、广州、重庆等城市，工作隶属关系大多在财委或财经委的领导之下。

第二章 新中国工商行政管理机构演变

作为政府职能部门，工商行政管理机关随着国家政治经济形势的变化而变动，从1949年10月到2002年底，经历了从组建到撤并、由恢复到发展的几个历史阶段。

一、中央私营企业局时期（1949年10月至1952年11月）

1949年10月21日，中华人民共和国中央人民政府政务院成立了财政经济委员会，委员会下设有中央私营企业局和中央外资企业局，主要由中央私营企业局承担工商行政管理工作。中央私营企业局局长由政务院财政经济委员会秘书长薛暮桥兼任。内设机构为：秘书室、产权股权处、私营企业处、调查研究处。中央外资企业局局长由冀朝鼎担任，内设机构只有外资企业处。1950年上半年至1952年，两局合署办公。在此期间，商标处从贸易部并入，机构总数共6个处。

1950年10月5日，中央私营企业局编印内部刊物《工商情况通报》。

在这一时期，国家逐步完成了工商行政管理机构的设置，初步形成了从中央到地方的工商行政管理条线。各大中城市普遍设置了工商局。虽然地方不强调单设工商局，但其任务都有负责工商行政管理的部门（多数是商业厅，少数是工业厅）兼管。全国工商行政管理工作的重点，主要在大中城市，不少城市还设置了管理市场的商品交易所。

二、中央工商行政管理局时期（1952年11月至1970年7月）

（一）1952年11月至1956年，是工商行政管理机关任务比较明确、机构比较健全、工作比较正常的时期。在组织关系上，省辖市以上工商行政管理局及兼管工商行政管理的省商业厅、工业厅，除受当地人民政府领导外，有关工商行政管理业务工作，受中央工商行政管理局指导。

1952年11月，中央人民政府国家计划委员会成立后，政务院财政经济委员会的组织机构进行了调整，中央私营企业局与中央外资企业局合并，成立了中央工商行政管理局，作为政务院的直属局。中央工商行政管理局局长由政务院第六办公室副主任、中央统战部副部长许涤新担任。

1952年11月22日，政务院财政经济委员会通知各大行政区及各省市财委（52财经私字第177号），中央私营企业局更名为中央工商行政管理局，省辖市以上工商局及省工业厅、商业厅，除受当地人民政府领导外，有关工商行政管理工作，亦受该局指导，并建立定期的工作请示、报告制度。贸易等工作交由其他部门，更名为工商行政管理局。

1952年12月23日，政务院财政经济委员会发出通知，要求各大行政区及省市财委设置私营企业专管机构。通知同时指出，中央工商行政管理局“为中财委管理私营企业、公私合营企业、外资企业以及工商行政工作之机构。”

1953年1月5日，中央工商行政管理局编印《工商行政通报》。同年，中央工商行政管理局增设度量衡处、矿业处，机构总数增至8个处。

1954年9月，第一届全国人民代表大会第一次会议后，成立国务院，原政务院财政经济委员会相应撤销。

1954年11月25日，第一届全国人民代表大会常务委员会第二次会议批准国务院设立中央工商行政管理局，作为国务院的直属机构，由国务院负责对资本主义工商业进行社会主义改造工作的第八办公室掌管。局长许涤新。核定中央工商行政管理局机构设置为：秘书处、工商行政管理处、商标注册处（后改商标管理处）、调查研究处、合营处、矿业处、度量衡处。1955年，划出度量衡处成立国家计量局。同年，将矿业处划归煤炭工业部；撤销合营处，成立工业处。1956年，又撤销了工业处。

（二）1957年至1959年8月，随着对私改造的完成，工商行政管理部门的管理范围缩小，一些地方开始撤销工商行政管理部门。

1957年至1959年，中央工商行政管理局机构设置为：秘书处、工商行政管理处、商标管理处、调查研究处。

1959年4月至6月，第二届全国人民代表大会第一次会议和第二届全国人民代表大会常务委员会第四、第五次会议决定调整国务院部委和直属机构，撤销国务院第八办公室，中央工商行政管理局改属国务院财贸办公室领导。

（三）1959年9月至1966年底，国民经济实行调整、巩固、充实、提高的方针，中共中央、国务院于1959年9月23日发出了《关于组织农村集市贸易的指示》，指出“应该在县委镇委公社党委领导下设立县、集镇市场管理委员会。已经设立市场管理委员会的地区，应该加强领导。没有建立市场管理委员会的地区，应该建立。市场管理委员会由商业、粮食、银行、税务、工业、农业等有关部门组成。”使得农村集市贸易和城市自由市场有了较快的恢复和发展。

1959年底，北京、青海、新疆、福建、黑龙江等省、市、区恢复建立或新建了工商行政管理局、市场物价管理局。

为加强市场管理，活跃城乡经济，打击资本主义势力，1960年，中央工商行政管理局增设了市场管理处，并将秘书处和调查研究处改为办公室和通报编辑室。

本时期，各地撤并的工商行政管理机构又陆续恢复建立起来，有些地方还新设了工商行政管理机构，但机构名称却不统一，有的称工商行政管理局，而有的则叫市场管理委员会或市场物价管理委员会。出于大量微观和具体管理的需要，各地开始在农村集镇和城市自由市场设置市场管理所。

1963年9月26日，中央工商行政管理局、铁道部、交通部、中国民航总局发出《关于在打击投机倒把工作中加强配合协作的联合通知》，规定“市场管理部门可以根据需要在客货运量较大的车站、码头，派出常驻或临时的工作组，其任务主要是负责接受和处理车站、码头等单位检举揭发的投机违法案件。”

到1963年底，全国各省、自治区、直辖市工商行政管理局已有21个，地级和省辖市工商行政管理局130个，县级（市辖区）工商行政管理局（科）500个。

1964年4月11日，国务院批转中央工商行政管理局《关于工商行政管理机构和编制问题的报告》，指出工商行政管理部门在对资本主义势力作斗争方面担负着重要任务，工商行政管理工作应当继续加强。要求各地应根据实际工作需要，建立健全工商行政管理机构，充实和配备必要的人员编制；不建立工商行政管理机构的，也要指定有关部门兼管此项业务，并配备专职干部。中央工商行政管理局在报告中要求：(1)对于现有的工商行政管理机构，要加强领导，巩固下来。要根据精简原则，补充必要的骨干力量。(2)省、自治区、直辖市及省辖市、专辖市应当设立工商行政管理局。县和大中城市的区，应当设立工商局（科）；专区可以根据需要设立工商行政管理局（科）；城市交易集中的地区及农村较大的集镇，应当设立工商行政管理所或市场管理所。(3)各级工商行政管理机构的干部应当列入地方行政编制。(4)没有列入地方行政编制的工商行政管理干部和市场管理所必需的人员，要妥善解决他们的政治待遇和福利问题。

1964年5月22日，辽宁省工商行政管理局为了加强基层工商行政管理工作，制定了《辽宁省工商行政管理所工作试行条例》，公布试行。

1964年11月，为加强和规范市场管理所工作，上海市工商行政管理局开始试行《上海市市场管理所工作条例试行草案》。

1966年4月26日，国务院财贸办公室转发中央工商行政管理局《关于整顿农村集市交易所和统一市场管理的报告》，要求：(1)全面整顿交易所。社队、集镇街道办的交易所和旧牙行、旧牙纪组成的交易所坚决砍掉，业务部门和市场管理部门设立的交易所应当裁并，大力精简人员。(2)不得乱收费。(3)统一管理农村市场。

（四）1966年6月，文化大革命开始，中央工商行政管理局业务工作陷于停顿。

1966年至1976年的十年文化大革命期间，受极左思想和政策的影响，给工商行政管理部门带来极大的混乱和破坏。运动开始不久，工商行政管理部门受到“造反”群众的冲击。有些群众和一些搞投机倒把受处罚的人，以批判“资产阶级反动路线”为名，聚众围攻、侮辱甚至体罚、殴打工商行政管理干部。有的还查抄了工商行政管理所、市场管理所，抢走投机倒把档案材料和罚没财物，工商行政管理机构全面瘫痪，工作一度被迫停顿。

1967年1月，中央财贸学院学生到中央工商行政管理局进行夺权。

1967年12月，中央工商行政管理局进驻军代表。

1969年9月，工商行政管理部门从中央到地方,机构相继被撤并。中央工商行政管理局虽与商业部、粮食部、供销合作总社合署办公,实际与撤并无异。

1970年7月,中央工商行政管理局、商业部、粮食部、供销合作总社正式合并为商业部,工商行政管理工作由商业部商管组负责,原有人员几乎全部下放辽宁盘锦"五七干校"劳动。各省、自治区、直辖市和各市、地、县工商行政管理局,多数合并到商业局,少数合并到财政局,也有个别地区对外仍保留一块牌子。

1971年9月,林彪反革命集团被粉碎,周恩来总理主持中央日常工作,各方面工作有了转机。一些地方先后恢复了工商行政管理机构,但在"以阶级斗争为纲"的指导思想下,仍然执行"左"的政策,推行"左"的做法。一些地方市场管理所虽然陆续恢复工作,但职能已严重扭曲,市场管理所变成了在市场上打击资本主义势力的"无产阶级专政的工具"。同时,为限制紧缺物资的自由流通,开始在交通要道设置检查站。

1975年5月,商业部成立工商管理局,下设3个处,负责人侯昭炎。

三、工商行政管理总局时期(1978年9月至1982年8月)

1978年9月26日,国务院国发[1978]187号文件决定成立中华人民共和国工商行政管理总局,直属国务院,,上国务院财贸小组代管。局长、党组书记魏今非。地方的工商行政管理工作由总局和地方双重领导,以地方为主。在地方,应设立和充实工商行政管理机构,统一名称。县和县以上各级设工商行政管理局,作为同级革命委员会领导下的一个直属单位。县以下设工商行政管理所。同时设定,为了加强对商品质量的监督检查,大中城市工商行政管理局可以设立商品检验机构。工商行政管理工作进入新的发展时期。

当时,全国29个省、市、自治区中,已有20个省、市、自治区设立了工商行政管理局。

1978年12月,党的十一届三中全会的召开,开创了社会主义中国改革开放的新时代。

1981年8月18日,中央调中共湖北省委副书记任中林任工商行政管理总局局长,魏今非同志改任局顾问。

1981年9月22日,国家编制委员会批准工商行政管理总局机构设置为:办公室、调研室、合同局、市场局、商标局、企业登记局、基层工作处、广告处、人事处。

这一时期,全系统有县以上工商行政管理机关2000多个,基层工商所19700多个。

四、国家工商行政管理局时期(1982年8月至2001年4月)

(一)1982年7月,国务院进行机构改革,8月23日根据五届人大常委会第24次会议《关于批准国务院直属机构改革实施方案的决议》,中华人民共和国工商行政管理总局更名为中华人民共和国国家工商行政管理局。局长任中林。机构设置为:办公室、政策研究室、人事教育司、市场管理司、企业登记司、个体经济司、经济合同司、广告司、商标局、机关党委。

到1985年底,全系统(缺西藏)有地(市)工商局355个,县(市)工商局2746个,工商所(站、队)23579个。

到1987年底,全系统(缺西藏)有地(市)工商局361个,县(市)工商局2772个,工商所(站、队)26167个。

1988年5月4日,国务院批转国家工商行政管理局《关于加强工商行政管理几个问题的报告》(国办发[1988]21号),报告主要内容是:(1)地方各级工商局正、副局长的任免、调动,须征得上一级工商局同意;(2)工商行政管理业务以条条领导为主;(3)基层工商所作为县(区)工商局的派出机构,其人员编制、经费开支、干部管理都由县(区)工商局管理;(4)建议财政部、劳动人事部研究解决工商所人员的工资福利待遇问题;(5)请各级人民政府根据财力可能,分期分批逐步解决工商行政管理部门现代化监督管理手段问题。

1988年6月3日,监察部派驻国家工商行政管理局监察专员办公室成立。

1988年国务院机构改革,7月7日国家机构编制委员会第二次会议审议批准《国家工商行政管理局"三定"方案》(国机编[1988]8号),国家工商行政管理局机构设置为:办公室、人事教育司、机关党委、企业登记司、市场管理司、经济检查司、经济合同司、个体私营经济司、广告司、商标局、政策法规司。另有派驻机构监察部驻国家工商行政管理局监察专员办公室。

到1988年底,全系统有省级工商局30个,地(市)工商局366个,县(市)工商局2807个,工商所(站、队)27477个。

1989年12月22日,国务院任命刘敏学为国家工商行政管理局局长。

到1989年底,全系统有省级工商局30个,地(市)工商局422个,县(市)工商局2809个,工商所(站、队)28207个。

到1990年底,全系统有省级工商局30个,地(市)工商局406个,县(市)工商局2987个,工商所(站、队)29011个,基本形成了覆盖全国的工商行政管理网络。

(二)1991年至1997年随着机构和队伍的扩充,加强机构组织建设、队伍建设,严格工作程序,健全法制,依法行政,成为本时期工作的突出重点。

1991年4月1日,国务院批准颁布《工商行政管理所条例》(国函[1991]19号)(工商行政管理局令第6号,1991年4月22日公布),这是国务院批准的第一个基层行政单位的组织法规范。该《条例》明确规定:工商所是区、县工商行政管理局的派出机构;工商所按经济区域设立;工商所的设立,报区、县人民政府批准。

为贯彻落实《工商行政管理所条例》,国家工商行政管理局于"八五"期间,在全系统开展了工商所规范化建设活动(工商人字[1992]第249号),在机构名称、设置原则、管理体制、人员配置、上岗资格、职责权限、工作程序、工作制度、办事公开、办公条件等十个方面,对全系统基层工商所进行了规范。经验收合格,由国家工商行政管理局发给《工商行政管理所初级规范合格证》,以此作为工商所依法行政的资格证明(工商人字[1992]第138号)。

到1991年底,全系统有省级工商局30个,地(市)工商局476个,县(市)工商局3172个,工商所(站、队)29796个。

到1992年底,全系统有省级工商局30个,地(市)工商局456个,县(市)工商局2993个,工商所(站、队)30890个。

1993年国务院机构改革,根据八届人大一次会议批准的国务院机构改革方案,1994年1月5日,国务院办公厅印发《国家工商行政管理局职能配置、内设机构和人员编制方案》(国办发[1994]4号),机构设置为:办公室、人事司、宣传教育与国际合作司、法制司、公平交易局、企业注册局、商标局、市场监督管理司、个体私营经济监督管理司、广告监督管理司、机关党委。另有派驻机构中共中央纪律检查委员会驻国家工商行政管理局纪检组、监察部驻国家工商行政管理局监察局,老干部服务机构离退休干部办公室。

到1993年底,全系统有省级工商局30个,地(市)工商局386个,县(市)工商局3242个,工商所(站、队)31503个。

1994年5月22日,经国务院批准(国办发[1994]67号),调整全国大中城市工商行政管理体制,规定全国大中城市(设区的市)区工商行政管理局,一律改为市工商行政管理局的分局,作为市局的派出机构,由市局统一领导、统一管理。对于市辖县的工商行政管理,可结合实际情况,进行市局对县局直接领导的试点。

1994年10月22日,中央任命杨培青任国家工商行政管理局党组书记。(组任字[1994]128号)

1994年10月22日,国务院任命王众孚为国家工商行政管理局局长。(国人字[1994]116号)

到1994年底,全系统有省级工商局30个,地(市)工商局386个,县(市)工商局3277个,工商所(站、队)32664个。

1995年1月5日,中共中央组织部批复(干办字[1995]2号)同意工商行政管理系统干部实行双重管理。

1995年7月3日,国务院办公厅转发国家工商行政管理局关于工商行政管理机关与所办市场尽快脱钩意见的通知(国办发[1995]40号),要求按照政企脱钩、政事分开的原则,实施与所办市场脱钩。明确工商行政管理人员一律不得在市场兼职,在财、物关系上必须与市场彻底脱钩;工商行政管理机关与市场中介服务机构必须在职责、财务、人员、编制等方面彻底分开。

1995年12月19日,鉴于对工商行政管理主体组织、职责、权限等规定过于分散,国家工商行政管理局制定发布《工商行政管理暂行规定》(国家工商行政管理局令第45号公布),对工商行政管理组织机构、管理职责、行政处罚权限、执法程序、执法监督等进行了规定。1996年12月17日,国家工商行政管理局令第63号对该规定进行了修订。

到1995年底,全系统有省级工商局30个,地(市)工商局393个,县(市)工商局2677个,工商所

(站、队)33521个。

1996年3月4日，中央机构编制委员会办公室、人事部、国家工商行政管理局在《关于重新核定工商行政管理所人员编制及有关问题的通知》(中编办发[1996]3号)中，重申规范工商所的设置，要对按乡镇设所或一镇(乡)多所的地方，进行必要的调整；要严格工商所建所审批程序，设立工商所需经申报局的上级工商局审核后，由申报局报同级人民政府批准。

1996年4月8日，中央任命王众孚任国家工商行政管理局党组书记。(组任字[1996]13号)

到1996年底，全系统有省级工商局30个，地(市)工商局408个，县(市)工商局2622个，工商所(站、队)35447个。

1997年9月18日，国家工商行政管理局局长王众孚，在中国共产党第十五次全国代表大会上，当选为中央纪律检查委员会委员。

到1997年底，全系统有省级工商局31个，地(市)工商局437个，县(市)工商局2790个，工商所(站、队)36795个。

(三) 1998—2000年，随着机构改革的深入，机关工作人员精简分流、改革省以下工商行政管理体制，成为这一阶段的中心工作。

1998年6月17日，根据九届人大一次会议批准的国务院机构改革方案，国务院办公厅印发《国家工商行政管理局职能配置、内设机构和人员编制规定的通知》(国办发[1998]62号)，机构设置为：办公室、法规司、公平交易司(公平交易局)、消费者权益保护司、市场规范管理司、企业注册司(企业注册局)、广告监管司、个体私营经济监管司、人事教育司、国际交流与合作司、机关党委。派驻机构中共中央纪律检查委员会驻国家工商行政管理局纪检组、监察部驻国家工商行政管理局监察局，老干部服务机构离退休干部办公室。后勤服务机构机关服务局(机关服务中心)。规定原国家工商行政管理局商标局与商标注册中心合并，名称为国家工商行政管理局商标局，使用事业编制，仍承担商标注册与管理监督等行政职能，其干部管理办法不变。设立国家工商行政管理局商标评审委员会，负责处理商标争议事宜。

1998年6月至9月，根据《中央国家机关人员分流安排实施办法》、《中央国家机关人员定编定岗实施办法》(中办发[1998]12号)文件要求，国家工商局完成人员分流和定编定岗工作。

1998年11月24日，国务院批转国家工商行政管理局工商行政管理体制改革方案(国发[1998]41号)，对省(自治区、直辖市)以下工商行政管理系统实行垂直管理。改革内容是：(1)在机构管理上，省(自治区、直辖市)工商行政管理局为同级人民政府的工作部门；地(市)和县(市)工商行政管理局为上一级工商行政管理局的直属机构(市辖区工商行政管理局仍为市工商行政管理局直接管理的分局)；工商行政管理所为县(市、区)工商行政管理局(分局)的派出机构，按经济区域设置；省以下各级工商行政管理局内设机构和工商行政管理所的设置、变更和撤销，由省级工商行政管理局提出意见，省级机构编制管理部门审核报批。(2)在编制管理上，省级工商行政管理局的编制及领导职数，由省级机构编制管理部门核定和管理；地、市、县工商行政管理局的编制及领导职数，由省级机构编制管理部门会同省级工商行政管理局统一核定和管理；人员编制的管理权限上收到省一级。(3)在干部管理上，省级工商行政管理局正、副局长仍按现行办法，实行双重管理，以地方为主；地、市、县工商行政管理局正、副局长(包括同级非领导职务干部)，经征求地方党委意见后，由上一级工商行政管理局做出决定并办理任免手续。(4)在财务经费管理上，省级工商行政管理局按照收支两条线原则，对全省(自治区、直辖市)工商行政管理系统财务经费实行统一管理。计划单列市、副省级市工商行政管理局干部管理、财务经费管理按现行办法不变，所辖县、区工商行政管理局(分局)为其直属机构。

1998年11月30日，中共中央组织部下达《关于工商行政管理体制改革后干部管理有关问题的通知》(组通字[1998]53号)规定：(1)省、自治区、直辖市工商行政管理局领导干部，仍按现行办法实行双重管理，以地方党委为主，国家工商行政管理局党组协助管理；(2)地、市、县工商行政管理局领导干部，以上一级工商行政管理局党组管理为主；(3)各级工商行政管理局设党组，省(自治区、直辖市)工商行政管理局党组成员的任免，由省(自治区、直辖市)党委征求国家工商行政管理局党组意见后审批；地、市、县工商行政管理局党组成员的任免，由上一级工商行政管理局党组征求地方党委意见后审批;(4)副省级市工商行政管理局领导干部的管理,维持现状不变;(5)地、市、县工商行政管理局机关党的关系,实行属地管理。

到1998年底,全系统有省级工商局31个,地(市)工商局463个,县(市)工商局2745个,工商所(站、队)37769个。

到1999年底,全系统有省级工商局31个,地(市)工商局410个,县(市)工商局2643个,工商所(站、队)35704个。

到2000年底,全系统有省级工商局31个,地(市)工商局514个,县(市)工商局3337个,工商所(站、队)34967个。

五、国家工商行政管理总局时期(2001年4月—)

2001年3月29日,中共中央任务王众孚为国家工商行政管理总局党组书记(中委[2001]76号)。

2001年3月31日,国务院决定任命王众孚为国家工商行政管理总局局长(国人字[2001]59号)。

2001年4月30日,国务院决定将中华人民共和国国家工商行政管理局调整为中华人民共和国国家工商行政管理总局,升格为正部级,为国务院直属机构(国发[2001]13号)。

2001年8月7日,国务院办公厅印发《国家工商行政管理总局职能配置、内设机构和人员编制规定的通知》(国办发[2001]57号),将原由国家质量技术监督局承担的流通领域商品质量监督管理的职能,划归国家工商行政管理总局。机构设置为:办公厅、法规司、公平交易局(打击传销办公室)、消费者权益保护局、市场规范管理司、企业注册局、外商投资企业注册局、广告监管司、个体私营经济监管司、人事教育司、外事司、机关党委。派驻机构中共中央纪律检查委员会驻国家工商行政管理总局纪检组、监察部驻国家工商行政管理总局监察局,老干部服务机构国家工商行政管理总局离退休干部办公室。使用事业编制、行使行政职能的机构国家工商行政管理总局商标局,国家工商行政管理总局商标评审委员会处理商标争议事宜。

到2001年底,全系统(不含国家工商总局)有省级工商局31个,地(市)工商局426个,县(市)工商局2473个,工商所(站、队)32555个。

2002年11月14日,在中国共产党第十六次全国代表大会上,国家工商行政管理总局局长王众孚当选为中央委员会委员,副局长李东生当选为中央纪律检查委员会委员。

到2002年底,全系统(不含国家工商总局)有省级工商局31个,地(市)工商局404个,县(市)工商局2389个,工商所(站、队)28862个。

第三章　工商行政管理职能变化情况

一、国民经济恢复时期

1949年至1952年，中华人民共和国成立后，于1949年10月21日成立了中央私营企业局和中央外资企业局，承担着没收官僚买办资本、清查敌伪财产、壮大国营经济；废除帝国主义在华经济特权，保护和管理外商企业；贯彻对资本主义工商业的利用、限制和改造的方针，指导私营企业恢复和发展生产；重新恢复商标注册和企业登记注册；协调公私关系、行业关系；组织物资交流大会，活跃城乡市场；打击投机活动、稳定市场物价；指导工商联的工作，改组同业公会等职能。

1950年7月28日，政务院批准颁布《商标注册暂行条例》。同年9月4日，中央私营企业局开始受理申请商标注册。1952年12月23日，中财委通知大行政区、各省市财委设置私营企业专管机构，指出中央工商行政管理局"在目前其具体任务有关公私关系、工商登记、商标注册、发明审定、矿业管理、度量衡管理、公产公股清理、外资企业之处理、公私合营企业管理、私营企业的情况、开歇业的统计及调查研究等。"

二、社会主义改造时期

1953年，随着恢复国民经济任务的完成。，国家提出了关于发展国民经济的第一个五年计划，中央提出了过渡时期的总路线，在经济领域进行对农业、手工业、资本主义工商业的社会主义改造。工商行政管理部门在这一时期的主要任务是：实施对资本主义工商业的社会主义改造；开展商标注册管理；开展企业登记管理，开展市场整顿，加强市场管理，尤其是对重要生产、生活资料的管理；进行工商合同管理；统筹安排加工订货，协调公私关系；指导工商联和同业公会工作；管理个体摊贩。

1955年6月，国务院转发中央工商行政管理局《关于工商行政管理部门的机构与任务问题的报告》的批示，明确各级工商行政管理部门的"基本职责是根据国家的政策法令，通过行政管理工作，禁止资本家危害公共利益、扰乱社会经济秩序、破坏国家经济计划的一切非法行为。加强对私营工商业的行政管理是实现国家资本主义工商业利用。限制和改造政策的一个重要方面。"

中央工商行政管理局在报告中认为自己的工作主要是："执行国家对私营工商业的行政管理，打击投机，处理违法，限制资本主义的盲目性；辅导私营工商业改进生产经营，发挥有利于国计民生的积极作用；推动资本主义工商业纳入国家资本主义的轨道；指导工商业联合会对资本国家进行教育、改造等。"

三、社会主义建设时期

1957年，社会主义改造完成后，社会经济所有制结构发生了根本性变化，工商行政管理的工作也发生了相应的变化。在开始全面建设社会主义的时期，工商行政管理部门应承担的任务、应发挥的作用等问题，由于缺乏经验，又无借鉴，只能在工作实践的探索中逐步转移。

从1957年到文化大革命开始，工商行政管理进入摸索、徘徊的发展时期。从事的工作主要是：对城乡集贸市场的管理；整顿计划采购活动；查处打击投机倒把活动；继续对私营工业、个体手工业和小商小贩进行社会主义改造；开展工商企业普查、登记、发证；进行商标注册等。

1957年2月28日，国务院批转中央工商行政管理局《关于城市市场管理的意见》的通知，指出工商行政管理部门对城市市场管理工作的范围是：(1)审查、修订或拟订新的市场管理办法；加强对市场管理政策、法令、办的宣传教育工作；处理市场上的投机违法事件。(2)会同有关部门领导和管理交易所和交易市场，负责对交易员和其他市场行政工作人员的教育和管理；恢复和建立一些贸易货栈、所和农民贸易市场，提供必要的便利和服务设备。(3)管理个体手工业户和其他自产自销工业户的市场购销活动；协助有关业务部门组织和安排他们的业务。(4)会同有关业务部门对外地采购人员进行登记、辅导和教育工作。(5)协助务业务部门贯彻执行国家的物价政策;指导市场上对需要议价的商品的议价工作。(6)综合、研究市场的变化情况和问题,提出意见。

1958年1月,国务院批转中央工商行政管理局《关于工商行政管理部门1958年主要工作安排的报告》,确立了对农村集市贸易"管而不死,活而不乱"的管理原则。

1958年4月2日,中共中央发出《关于继续加强对残存的私营工业、个体手工业和小商小贩进行社会主义改造的指示》,提出了对个体商贩要采取利用、限制、改造的方针。

1959年9月23日,中共中央、国务院发出《关于组织农村集市贸易的指示》,使农村集市贸易有所好转,但没有发生根本变化。

1960年11月,中共中央发出《关于农村人民公社当前政策问题的紧急指示信》,明确了自留地的政策长期不变,允许和鼓励社员发展家庭副业,有领导地、有计划地组织集市贸易。

1961年1月,中央工商行政管理局、商业部在武汉召开农村集市贸易汀泗桥现场会议,提出对集市贸易"大胆地放,认真地管"、"活字当头,管在其中"的指导思想。

1962年9月,中国共产党八届十中会全通过了《关于进一步巩固人民公社集体经济,发展农业生产的决定》和中共中央《关于商业工作问题的决定》,明确提出要"正确地发挥集市贸易的作用","集市贸易是国营商业和供销合作社的必要补充"。

1963年3月28日,中共中央发出《关于严格管理大中城市集市贸易和坚决打击投机倒把的指示》,提出了"加强管理、缩小范围、逐步代替、区别对待、因地制宜"的方针,大中城市自由市场逐步关闭。同时,工商行政管理部门运用行政手段打击、取缔黑市交易,查处了一批大案要案。

1964年4月11日,国务院批转中央工商行政管理局关于工商行政管理机构和编制问题的报告,指出"工商行政管理部门在对资本主义势力作斗争方面担负着重要任务,工商行政管理工作,应当继续加强,不能削弱。"

四、文化大革命时期

十年文革期间,工商行政管理陷于瘫痪、半瘫痪状态,工作一度被迫停顿,包括企业登记、商标注册也被迫停止。工商行政管理机构被撤并,大中城市集市贸易被关闭。市场管理和打击投机倒把工作虽然没有停止,但在不少地方也被新成立的"生产指挥部"、"民兵指挥部"、"群众专政指挥部"等取代了工商行政管理部门的职能,把打击投机倒把作为阶级斗争来抓,工作性质发生根本变化。

1971年9月,粉碎了林彪反革命集团,各方面的工作有了转机,一些地方根据实际工作需要,恢复了工商行政管理工作,主要是管理市场、小商小贩,打击投机倒把,有的地方还恢复了企业登记和商标管理工作。但在"以阶级斗争为纲"的指导思想下,仍然执行"左"的政策和做法。

五、改革开放时期

(一)1976年10月,粉碎"四人帮"反革命集团的胜利,使中国进入了新的历史发展时期,各项工作开始走向正常。但从这时到1978年12月中国共产党十一届三中全会召开前,"左"的错误思想还未得到根本纠正。工商行政管理工作在徘徊中前进。

1978年9月25日,国务院发出《关于成立工商行政管理总局的通知》(国发[1978]187号),明确工商行政管理总局的性质是"国家工商行政管理机关,是无产阶级专政的工具之一。"明确其任务是:"保卫社会主义公有制,维持国家计划,保护正当的经济活动,打击资本主义势力,防止资本主义倾向的发展。工商行政管理总局应当坚决贯彻执行党的十一大路线和各项方针、政策,组织和领导各地工商行政管理部门的工作,为实现社会主义的四个现代化服务。"

主要职能是:

(1)打击投机倒把活动,处理投机倒把案件。情节严重应该法办的,送政法部门处理。

(2)管理全民和集体企业的购销合同、加工订货合同,调解仲裁纠纷。管理外地采购、推销人员。

(3)管理集市贸易,保护正当交易,取缔黑市活动。

(4)对工商企业进行登记管理。检查、制止工商企业违反国家政策、法令的行为,取缔无证经营。

(5)管理商标。对本国企业使用的商标统一审查、注册,协助工商部门(注;原文如此)监督检查商品质量。对外国企业向我国申请注册的商标,根据互惠原则办理注册。

(二)1978年12月,中国共产党十一届三中全会的召开,是中国政治经济生活中具有深远意义的伟大历史转折。在确定四项基本原则的基础上,对经济工作也先后作出了一系列符合中国实际情况的重大决策,各项工作全面开展。

工商行政管理机构得到恢复和健全,人员增加,各项工作有序开展。主要工作是:市场管理、工商企业登记管理、经济合同管理、商标注册管理、打击投机倒把、个体工商业管理、广告管理、监督检查商品流通过程中的不正之风。在工作深度上有了很大突破:由管理和维护单一经济成分、单一经营方式,逐步向管理多种经济成分、多种经济形式、多种经营方式延伸;由着重对流通领域的管理,逐步向生产中的某些环节的监督延伸;由着重对城乡集市贸易的管理,逐步向整个社会市场的一些活动的管理延伸;由着重监督纵向经济活动,逐步向横向经济活动的监督延伸;由国营、集体企业的登记管理,向外商投资企业的登记管理延伸。

1979年3月,工商行政管理总局召开全国工商行政管理工作会议,贯彻中国共产党十一届三中全会精神,把工作重点从"以阶级斗争为纲",转移到为"四化"建设服务上来,切实注意划清社会主义集市贸易管理,恢复城市农副产品市场和城镇个体工商业,活跃城乡经济。

(三)1982年8月23日,根据《国务院直属机构改革方案》,工商行政管理总局更名为国家工商行政管理局。确定其任务是:贯彻执行党和国家的经济政策、法律、法令,研究拟定工商行政管理的法律、法令和规定制度,对工商企业实行经济监督,保护合法经营,取缔非法经营,维护社会经济秩序,促进生产,活跃流通,保证国家计划的实现。

主要职能是:

(1)维护城乡市场秩序,对市场交易活动进行监督管理,查处违法经营活动。

(2)组织办理工商企业的登记,中外合资企业、外国企业常驻代表机构的登记,个体工商业户的登记,发放营业执照,建立经济户口,通过登记实行监督管理。

(3)管理经济合同,监督、检查经济合同执行情况;调解与仲裁经济合同纠纷;查处违法经济合同。

(4)管理商标。办理全国商标的统一注册,办理外商申请的商标注册,保护商标专用权。

(5)管理全国广告和外商来华广告,指导广告协商申请的商标注册,保护商标专用权。

(6)管理个体经济,指导个体劳动者协会工作。

(7)打击投机倒把活动。

(8)监督检查机关、团体、企事业单位的经济违法活动。

(四)1988年7月22日,国家机构编制委员会印发《国家工商行政管理局"三定"方案的通知》(国机编[1988]8号),明确其性质是国务院直属机构,是经济监督管理部门,也是行政执法机关。其主要职能是:依法确定各类工商企业和个体工商业的合法地位,监督管理或参与监督管理市场上的各类经济活动,检查处理经济违法违章行为,保护合法经营,取缔非法经营,维护正常的市场秩序,保证社会主义商品经济的健康发展。

主要职责是:

(1)主管工商企业和从事生产经营活动的事业单位,科技性社会团体的登记注册,依法确认其企业法人资格或合法经营地位,核发《企业法人营业执照》或《营业执照》,监督他们的生产经营活动。

根据国务院授权,负责各种公司的审批和核准登记发照。

(2)统一管理城乡集市贸易,依法查处集市交易中违法违章行为;依法监督管理农副产品市场、农副产品批发市场、小商品市场和各种专业市场。

(3) 参与生产资料市场以及资金、劳务、技术、信息、房地产等生产要素市场的监督管理。

(4) 监督检查经济合同的订立和履行,调解、仲裁经济合同和企业承包经营合同、企业租赁经营合同、技术合同纠纷,确认无效经济合同,查处违法经济合同。

(5) 办理城乡个体工商户和个人合伙的登记注册,核发《营业执照》,依法监督管理他们的生产经营活动,保护他们的合法权益。

(6) 办理私营企业的登记注册,核发《企业法人营业执照》或《营业执照》,依法监督管理他们的生产经营活动,鼓励、引导私营经济健康发展。

(7) 办理中外合资经营企业、中外合作经营企业、外资企业和外国企业常驻代表机构、华侨港澳企业常驻代表机构等的登记注册,核发《中华人民共和国营业执照》、《外国企业常驻代表机构登记证》或《华侨、港澳企业常驻代表机构登记证》,监督他们的生产经营或业务活动。

(8) 负责国内商标和外国(地区)商标的统一注册和管理,保护注册商标专用权,查处假冒、侵权行为。

(9) 管理经济广告、社会广告和文化广告,查处广告经营和广告宣传中的违法违章行为。指导广告协会的工作。

(10) 检查处理经济违法违章行为,打击投机倒把、走私贩私活动,对违法的单位和个人执行行政处罚。

(11) 研究工商行政管理的方针政策,拟定有关法规、规章制度。

(12) 承担国务院交办的其他工作。

1991 年 4 月 1 日,国务院批准颁布《工商行政管理所条例》(国函[1991]19 号),规定工商所的基本任务是:依据法律、法规的规定,对辖区内的企业、个体工商户和市场经济活动进行监督管理,保护合法经营,取缔非法经营,维护正常的经济秩序。

工商所的职责包括:

(1) 办理辖区内由区、县工商局登记管理的企业的登记初审和年检、换照的审查手续,并对区、县工商局核准登记的企业进行监督管理。

(2) 管理辖区内的集贸市场,监督集市贸易经济活动。

(3) 监督检查辖区内经济合同的订立及履行,调解经济合同纠纷。

(4) 受理、初审、呈报辖区内个体工商户的开业、变更、歇业的申请事项,对个体工商户的生产经营活动进行监督管理。

(5) 指导辖区内企业事业单位、个体工商户正确申请商标注册,并对其使用商标进行监督管理。

(6) 对辖区内设置、张贴的广告进行监督管理。

(7) 按规定收取、上缴各项工商收费及罚没款物。

(8) 宣传工商行政管理法律、法规和有关政策。

(9) 法律、法规规定的其他工商行政管理职责。

(五) 1994 年 1 月 5 日,国务院办公厅印发《国家工商行政管理局职能配置、内设机构和人员编制方案的通知》(国办发[1994]4 号),明确性质是国务院直属机构,是国务院主管市场监督管理和行政执法的职能部门。按照《中共中央关于建立社会主义市场经济体制若干问题的决定》要求,实现职能转变,完善对市场的监督管理,强化行政执法,建立健全适应社会主义市场经济体制的工商行政管理新机制。职能转变的主要内容是:

(1) 改革企业登记管理制度,将现行的审批设立制度逐步过渡为工商行政管理机关依法核准登记注册制度。

(2) 拓宽监督管理范围,从侧重于监督管理集贸市场和工业品市场,转变为监督管理和参与监督管理各类市场。

(3) 调整行政执法对象,从重点查处投机倒把活动转变为依法规范市场交易行为,保护公平竞争。

(4) 提高管理层次,从侧重于具体业务管理转变为运用法律和行政手段进行宏观监督管理。

要在职能上达到精简、统一、效能以及合理分工与相互制约的目的。

主要职责是:

(1) 研究制订工商行政管理的方针、政策和有关法律、法规,制定、发布工商行政管理的规章、制度。

(2) 主管全国工商企业和从事生产经营活动的事业单位、社会团体、公民个人的登记注册工作,核发有关证照,依法确认其企业法人资格或合法经营地位。依法监督检查登记注册单位的登记注册行为。依法核定登记注册单位的名称。

(3) 依法监督检查市场主体的交易活动,查处垄断和不正当竞争、侵犯消费者权益和其他市场交易违法违章案件,依法或经国务院授权,组织开展全国性的市场监督与行政执法活动。

(4) 依法监督管理经济合同,指导合同仲裁机构的工作。

(5) 依法对国内外商标申请实行统一注册和管理,认定驰名商标,查处商标侵权行为,保护注册商标专用权,认可商标代理机构并指导其工作。依法对商标评审案件作出终局决定或裁定。

(6) 监督管理消费品市场、生产资料市场,参与监督管理金融、劳动力、房地产、技术、信息等生产要素市场和期货市场。参与市场体系的培育、发展,参与论证、规划全国市场布局,开展各类交易市场登记及统计工作。

(7) 依法监督管理个体工商户、个人合伙和私营企业,规范其经营行为,引导个体、私营经济健康发展。

(8) 依法监督管理广告发布与广告经营活动。指导广告业发展。

(9) 完成国务院交办的其他事项。

1994年5月23日,国务院决定调整全国大中城市工商行政管理体制(国办发[1994]67号)。明确全国大中城市(设区的市)区工商行政管理局,一律改为市工商行政管理局的分局,作为市局的派出机构,由市局统一领导、统一管理。

(六) 1995年7月3日,国务院办公厅转发国家工商行政管理局关于工商行政管理机关与所办市场尽快脱钩意见的通知(国办发[1995]40号),要求各级工商行政管理机关必须深化改革,转换职能,与所办市场彻底脱钩,保障监督管理职能到位。

1995年12月5日,国务院办公厅就大中城市工商行政管理分局的执法权限问题复函国家工商行政管理局(国办函[1995]59号),明确大中城市工商行政管理体制调整后,原区(县)工商行政管理局改为市工商行政管理局的分局,不改变其依照有关法律、法规享有的行政管理职权,可以其名义作出具体行政行为。

1995年12月19日,国家工商行政管理局令第45号公布《工商行政管理暂行规定》,对工商行政管理职责、行政处罚权限、执法程序、执法监督等进行规定。

1996年12月17日,国家工商行政管理局令第63号修订《工商行政管理暂行规定》。

(七) 1998年6月17日,国务院办公厅印发《国家工商行政管理局职能配置、内设机构和人员编制规定的通知》(国办发[1998]62号),明确国家工商行政管理局是国务院主管市场监督管理和行政执法工作的直属机构。根据国务院机构改革要求,实行职能调整,调整的职能包括:

(1) 划出的职能。将指导广告业发展的职能交给国家经济贸易委员会。

(2) 转变的职能。

① 取消市场培育建设、全国市场布局规划、开展各类交易市场登记的管理职能。

② 把引导个体、私营经济发展职能交给有关的行业协会。

③ 将机关服务事务交给事业单位承担。

主要职责是:

(1) 研究拟定工商行政管理的方针、政策和有关法规,拟定、发布工商行政管理的规章制度。

(2) 组织管理工商企业和从事经营活动的单位、个人的注册,依法核定注册单位名称,审定、批准、颁发有关证照,实行监督管理。

(3) 组织监督检查市场竞争行为,查处垄断和不正当竞争案件,依照法律、法规打击流通领域的走私贩私行为和经济违法违章行为。

(4) 组织保护消费者合法权益,组织查处侵犯消费者权益案件,组织查处市场管理和商标管理中的经销掺假及假冒产品行为。

(5) 组织实施各类生产经营秩序的规范管理和监督。

(6) 组织管理经纪人、经纪机构。

(7) 组织管理经济合同,组织查处合同欺诈行为,组织管理动产抵押登记,组织监管拍卖行为。

(8) 组织管理商标注册工作,认定驰名商标,组织查处商标侵权行为。

(9) 组织管理广告发布与广告经营活动。

(10) 组织管理个体工商户、个人合伙和私营企业的经营行为。

(11) 领导全国工商行政管理业务工作。

(12)开展工商行政管理方面的国际合作与交流。

(13) 承办国务院交办的其他事项。

商标注册与管理监督等行政职能由国家工商行政管理局商标局(事业单位)承担;商标争议处理事宜由国家工商行政管理局商标评审委员会承担。

此次机构改革,在职能上对有职能交叉的部门职能进行了规范。与国家工商行政管理局相关的规定是:(1) 国家质量技术监督局负责查处生产和流通领域中的产品质量违法行为,需要国家工商行政管理局协助的,应予配合;国家工商行政管理局负责查处市场管理和商标管理中发现的经销掺假及假冒产品等违法行为,需要国家质量技术监督局协助的,应予配合;在打击生产和经销假冒伪劣产品活动中,按照上述分工,两部门应密切配合,同一问题不得重复检查、重复处理。

(2) 国家工商行政管理局在组织实施监管各类市场(包括消费品市场、生产资料市场、生产要素市场、文化市场及其他特殊市场)的经营秩序工作中,要与有关部门相互配合、综合治理;要切实督促各级工商行政管理部门实行市场管、办分开。

（八）2001 年 8 月 7 日，国务院办公厅印发《国家工商行政管理总局职能配置内设机构和人员编制规定的通知》（国办发［2001］57 号），确定国家工商行政管理总局是国务院主管市场监督管理和有关行政执法工作的直属机构。在职能调整上，明确将原由国家质量技术监督局承担的流通领域商品质量监督管理的职能，划归国家工商行政管理总局。调整后国家工商行政管理总局的主要职责是：

(1) 研究拟定工商行政管理的方针、政策，组织起草有关法律、法规草案，制定并发布工商行政管理规章。

(2) 依法组织管理各类企业（包括外商投资企业）和从事经营活动的单位、个人以及外国（地区）企业常驻代表机构的注册，核定注册单位名称，审定、批准、颁发有关证照并实行监督管理。

(3) 依法组织监督市场竞争行为，查处垄断、不正当竞争、走私贩私、传销和变相传销等经济违法行为。

(4) 依法组织监督市场交易行为，组织监督流通领域商品质量，组织查处假冒伪劣等违法行为，保护经营者、消费者合法权益。

(5) 依法对各类市场经营秩序实施规范管理和监督。

(6) 依法组织监管经纪人、经纪机构。

(7) 依法组织实施合同行政监管，组织管理动产抵押物登记，组织监管拍卖行为，查处合同欺诈等违法行为。

(8) 依法对广告进行监督管理，查处违法行为。

(9) 负责商标注册和商标管理工作，保护商标专用权，组织查处商标侵权行为，加强驰名商标的认证和保护。

(10) 依法组织监管个体户、个人合伙和私营企业的经营行为。

(11) 领导全国工商行政管理业务工作。

(12) 开展工商行政管理方面的国际合作与交流。

(13) 承办国务院交办的其他事项。

通知还规定国家工商行政管理总局和国家质量监督检验检疫总局在质量监督方面的职责分工为：国家工商行政管理总局负责流通领域的商品质量监督管理，国家质量监督检验检疫总局负责生产领域的产品质量监督管理。国家工商行政管理总局在实施流通领域商品质量监督管理中查出的属于生产环节引起的产品质量问题，移交国家质量监督检验检疫总局处理。国家工商行政管理总局不再重新组建监测检验机构。按照上述分工，两部门要密切配合，对同一问题不能重复检查、重复处理。

国家工商行政管理总局商标局承担商标注册与管理监督等行政职能。

国家工商行政管理总局商标评审委员会负责处理商标争议事宜。

第四章 工商行政管理编制变化情况

一、政务院及所属单位机构编制审查委员会、全国编制委员会时期(1949年12月至1954年9月)

到1950年7月,中央私营企业局人员100人左右。

到1953年,中央工商行政管理局有人员250人左右。

二、国务院编制(工资)委员会时期(1955年1月至1963年4月)

1955年6月,中央工商行政管理局向国务院提交了《关于工商行政部门的机构与任务问题的报告》,要求“在精简机构的原则下,工商行政部门仍应保持一定数量的骨干”。

1956年至1966年,中央工商行政管理局人员维持在120人左右。

1962年5月,上海市充实工商行政管理机构,各级工商行政管理部门编制共为570人,其编制数大约是现在的十分之一。以此推算,当时全国工商行政管理系统共有人员五万人左右。

三、国家编制委员会时期(1963年5月至1982年4月)

(一)1964年4月11日,国务院批转中央工商行政管理局关于工商行政管理机构和编制问题的报告,要求“各地要进一步加强对工商行政管理部门的领导,加强干部的政治思想教育,提高干部的质量。要妥善解决没有列入国家行政编制的人员的工资、福利待遇和政治待遇等问题。”中央工商行政管理局在报告中要求:(1)根据精简的原则,补充必要的骨干力量;(2)各级工商行政管理部门要配备专职人员;(3)省、市、专、县工商行政管理机构的干部,应当在不另增加编制总额的原则下,列入地方行政编制;(4)没有列入地方行政编制的工商行政管理机构的干部和市场管理所必需的人员,他们的工资、福利和办公费等应当由市场管理费、罚没款等收入中开支,并列入地方劳动工资计划。

(二)1970年10月17日,商业部、财政部联合发出通知(70商管联字第428号、70财企字第86号),将市场管理人员列入国家行政编制,通知要求:认真整顿市场管理队伍;市场管理人员一律列入国家行政编制;市场管理人员的工资、福利和办公费等按行政机关标准,纳入财政预算。各地上报市场管理人员83763人。

各省基层编制数如下:

地区	编制数	地区	编制数	地区	编制数
北京	400	浙江	2700	四川	11051
天津	325	安徽	4500	贵州	4676
河北	4610	福建	1980	云南	1500
山西	2680	江西	3077	陕西	2986
内蒙古	421	山东	6519	甘肃	1140
辽宁	3500	河南	5000	青海	630
吉林	1500	湖北	3200	宁夏	550
黑龙江	2500	湖南	4500	新疆	519
上海	800	广西	2414	西藏	—
江苏	4500	广东	5485	合计	83763

1975年,商业部成立工商管理局,编制25人。

(三)1978年9月6日,商业部、财政部联合发出通知(78商管联字第13号、78财事字第223号)将基层工商行政管理人员(即以前的市场管理人员)83764人,从1979年1月1日起,改列事业编制。通知规定:基层工商行政管理人员改列国家事业编制后,经费开支(含业务费)由“行政支出”改为“其他支出”,开支标准比照行政机关规定执行;基层工商行政管理人员改列国家事业编制后,不准再占用其他企事业单位的编制,不准再雇佣市场管理人员,其他单位也不应占用基层工商行政管理人员的编制;县和城市相当于县的区以上工商行政管理机构的人员,仍由地方在行政编制中统一安排,其经费在行政费内开支。

各省改列基层编制数如下：

地区	编制数	地区	编制数	地区	编制数
北京	710	浙江	3110	四川	8400
天津	320	安徽	3940	贵州	3000
河北	4700	福建	2360	云南	2500
山西	2050	江西	2640	陕西	2340
内蒙古	1430	山东	7050	甘肃	1540
辽宁	3150	河南	5850	青海	350
吉林	1836	湖北	3750	宁夏	332
黑龙江	2662	湖南	4300	新疆	1000
上海	974	广西	2870	西藏	30
江苏	4760	广东	5510	合计	83764

（四）1978年9月25日，国务院国发[1978]187号文件通知，成立中华人民共和国工商行政管理总局。各级工商行政管理局机关人员列入国家行政编制；工商行政管理所人员列入国家事业编制，其工资福利待遇按当地基层税务人员同样对待。

国务院国发[1979]102号文件批准全国基层工商行政管理所增加事业编制3000人。1980年3月，国家劳动总局下达了增人计划。各地增加编制后情况如下：

地区	编制数	地区	编制数	地区	编制数
北京	760	浙江	3240	四川	8650
天津	650	安徽	4090	贵州	3030
河北	4810	福建	2430	云南	2640
山西	2120	江西	2800	陕西	2420
内蒙古	1650	山东	7150	甘肃	1610
辽宁	3170	河南	6050	青海	370
吉林	1906	湖北	3930	宁夏	362
黑龙江	2812	湖南	4450	新疆	1090
上海	1004	广西	2970	西藏	30
江苏	4980	广东	5590	合计	86764

（五）1981年9月22日，国家编制委员会(81)国编字第53号批复工商行政管理总局行政编制270人，工商行政管理总局干校事业编制50人。本时期，全系统县以上工商行政管理机关约20000人，基层工商所86764人。

四、劳动人事部编制局时期（1982年5月至1988年5月）

（一）1982年7月28日，国务院复函国家工商行政管理局，核定编制270人。

（二）1983年8月13日，国务院批准工商行政管理部门增加编制65000人（国发[1983]124号）。10月15日，劳动人事部、国家工商行政管理局、国家计委联合发出通知（劳人计[1983]80号），落实国发124号文件。通知规定：增加的事业编制是为了加强工商行政管理部门的基层工作，要全部用于充实基层工商所（站）不准挪作他用；新增编制中，选调12350人，社会招收52650人，社会招收52650人；新增人员经费，京、津、沪三市由财政部解决，省、自治区由地方财政解决；选调人员主要从军队转业干部和地方现有干部中解决，社会招收录用人员可以从在工商行政管理部门使用的长期临时工中选拔一部分。编制分配如下：

	分配编制	选调	社会招录
总计	6500	12350	52650
北京	1200	200	1000
天津	910	180	730
河北	2800	560	2340
山西	1600	300	1320
内蒙古	1400	250	1150
辽宁	2230	410	1820
吉林	1404	260	1144
黑龙江	2150	400	1750
上海	1486	340	1146
江苏	4000	750	3250
浙江	2780	700	2080
安徽	3000	750	2250
福建	2070	320	1750
江西	2000	300	1700
山东	3600	720	2880
河南	4400	880	3250
湖北	3100	600	2500
湖南	3000	600	2400
广东	4200	800	3400
广西	2500	300	2200
四川	5500	1100	4400
贵州	1400	280	1120
云南	2350	490	1860
西藏	570	—	570
陕西	1830	350	1480
甘肃	1640	220	1240
青海	430	60	370
宁夏	310	30	280
新疆	1300	200	1100

1983年9月1日，经国务院批准，国家工商行政管理局、财政部联合发出关于下达《基层工商行政管理人员制服发放办法》的通知（83工商159号），从1984年1月1日起，工商行政管理部门工作人员按规定范围着装。

1983年12月27日，国家工商行政管理局、财政部联合发出《工商行政管理部门事业编制人员因公负伤致残抚恤问题的若干规定》，规定工商行政管理机关事业编制人员按该规定评残，行政编制人员由地方民政部门依据有关规定执行。

到1984年底，全系统（缺西藏，不含国家工商行政管理局）共有工作人员227613人，其中干部168054人，工人59559人。行政编制实有人数61436人，事业编制实有人数166177人。

（三）1985年10月26日，国务院办公厅国办发[1985]74号文件转发国家工商行政管理局、劳动人事部关于加强东南沿海三省陆上缉私队伍的报告，将广东、福建、浙江三省的陆上缉私人员全部列入基层工商所事业编制；给三省增加1900名事业编制，分配广东1200（原300保留，再增加900）、福建600、浙江400。到1985年底，全国28个省、市、自治区（缺西藏）工商行政管理部门共有工作人员243904人，其中干部179379人，工人64525人。全系统（不含国家工商局）共有编制243904人，其中行政编制实有人数62585人（省、地、县三级工商局机关行政编制60332人），事业编制实有人数181319人（省、地、县三级工商局机关事业编制28273人）。另外，使用的集体工16588人、临时工37709人。

表一：

	增加编制数	1986		1987		1988	
		选调	增加指标	选调	增加指标	选调	增加指标
总计	30000	24000	16000	12000	800	12000	8000
北京	4500	450	300	225	150	225	150
天津	1200	360	240	180	120	180	120
河北	3700	1100	740	555	370	555	370
山西	2000	600	400	300	200	300	200
内蒙古	2000	600	400	300	200	300	200
辽宁	3400	930	620	465	310	465	310
沈阳	450	1350	90	68	45	68	45
大连	400	120	80	60	40	60	40
吉林	1900	570	380	285	190	285	190
黑龙江	3200	960	640	480	320	480	320
哈尔滨	360	108	72	54	36	54	36
上海	1600	480	320	240	160	240	160
江苏	5000	1500	1000	750	500	75	500
浙江	2800	840	560	420	280	420	280
安徽	3600	1080	720	540	360	540	360
福建	2100	630	420	315	210	315	210
江西	2400	720	480	360	240	360	240
山东	5000	1500	1000	750	500	750	500
河南	5000	1500	1000	750	500	750	500
湖北	3800	1140	760	570	380	570	380
武汉	580	147	116	87	58	87	58
湖南	4000	1200	800	600	400	600	400
广东	4000	1200	800	600	400	600	400
广州	550	165	110	83	55	83	55
广西	2800	840	560	420	280	420	280
四川	6500	1950	1300	975	65	975	650
重庆	1000	300	200	450	100	150	100
贵州	2000	600	400	300	200	300	200
云南	2700	810	540	405	270	405	270
西藏	500	150	160	75	50	75	50
陕西	2300	690	460	354	230	345	230
西安	440	132	88	66	44	66	44
甘肃	1700	510	340	255	170	255	170
青海	750	225	150	112	75	112	75
宁夏	650	195	130	98	65	98	65
新疆	220	660	440	330	220	330	220

（四）1986年3月20日，国家工商行政管理局向国务院请示，要求增加国家工商行政管理局机关编制和工商行政管理系统编制。1986年6月2日，国务院批准增加国家工商行政管理局机关编制80人，国家工商行政管理局共有编制350人。7月19日，劳动人事部劳人编[1986]174号文件通知，经国务院批准，同意给全国工商行政管理所增加事业编制80000名，分三年实施，1986年增加40000名，1987年和1988年各增加20000名。分配各地情况如下：（见表一）

1986年4月11日，中央职称改革工作小组转发国家经委《经济专业职务试行条例》和《实施意见》，据此，国家工商行政管理局制定《关于工商行政管理机关经济专业职务设置范围、任职条件和工作任务的意见》，设置经济专业职务。

1987年5月，国家工商行政管理局决定统一印制发放《工商行政管理检查证》。

到1987年底，全系统（不含国家工商局）总人数达到296793人，其中干部207906人，工人88887人。行政编制实有人数71889人，事业编制实有人数224904人。在各层次分配上，省级工商局有行政编制2444人，事业编制959人，有干部3039人，工人364人；地级工商局有行政编制12676人，事业编制7494人，有干部18098人，工人2072人；县级工商局有行政编制53846人，事业编制29697人，有干部67033人，工人16510人；工商所（队、站）有行政编制2919人，事业编制185360人，有干部118627人，工人69652人。

五、国家机构编制委员会时期（1988年6月至1993年底）

1988年7月22日，国家机构编制委员会印发《国家工商行政管理局"三定"方案》（国机编[1988]

8号),核定行政编制450人(含工勤编制35人)。

1988年8月22日,国务院对全国着装范围整顿后,国家工商行政管理局、财政部下达《工商行政管理人员制服管理和发放办法》,制服式样改为目前式样。

到1988年底,全系统(不含国家工商局)总人数335260人,其中干部237732人,工人97528人。行政编制实有人数71779人,事业编制实有人数263481人。在各层次分配上,省级工商局有行政编制2753人,事业编制1510人,有干部3780人,工人483人;地级工商局有行政编制12450人,事业编制9480人,有干部19791人,工人2139人;县级工商局有行政编制53842人,事业编制38599人,有干部74804人,工人17637人;工商所(队、站)有行政编制2721人,事业编制212111人,有干部138051人,工人76781人。

到1989年底,全系统(不含国家工商局)总人数356537人,其中干部250306人,工人106231人。行政编制实有人数74111人,事业编制实有人数282426人。

到1990年底,全系统(不含国家工商局)总人数373741人,其中干部257554人,工人116187人。行政编制51100个,行政编制实有人数76080人,事业编制255840个,事业编制实有人数297661人。

到1991年底,全系统(不含国家工商局)总人数393582人,其中干部267487人,工人126095人。行政编制54190个,行政编制实有人数79686人,事业编制266148个,事业编制实有人数313896人。

到1992年底,全系统(不含国家工商局)总人数420098人,其中干部275926人,工人144172人。行政编制55723个,行政编制实有人数83163人,事业编制273203个,事业编制实有人数336935人。

1993年4月26日,国家工商行政管理局正式向中编办提交了《关于对基层工商所进行核编的报告》。此后与中编办开始进行基层工商所核编调研,先后三次组织联合调查组,到广东、广西、福建、浙江、江苏、辽宁、吉林、黑龙江、山东、青海、新疆、陕西、四川、湖北、山西、河北、安徽等省、区进行调研。选择江苏省作为模型对象,进行重点解剖,为基层工商所科学、合理地核定编制,奠定了基础。

到1993年底,全系统(不含国家工商局)总人数459887人,其中干部292313人,工人167574人。行政编制60512个,行政编制实有人数88289人,事业编制294212个,事业编制实有人数371598人。

六、中央编制委员会时期(1994年至今)

(一)1994年1月5日,国务院办公厅印发《国家工商行政管理局职能配置、内设机构和人员编制方案的通知》(国办发[1994]4号),核定行政编制376人,纪检、监察、后勤、老干部服务机构编制另行核定。

1994年5月9日,中编办核定国家工商行政管理局离退休干部办工室人员编制15名。(中编办[1994]78号)

到1994年底,全系统(不含国家工商局)总人数489948人,其中干部311836人,工人178112人。行政编制68983个,行政编制实有人数98423人,事业编制306761个,事业编制实有人数391525人。

(二)1995年12月22日,国务院批准全国工商行政管理所重新核定编制363338人。

到1995年底,全系统(不含国家工商局)总人数490486人,其中干部311082人,工人179404人。行政编制77740个,事业编制308890个。

1996年3月4日,中央编制委员会办公室、人事部、国家工商行政管理局联合下达《关于重新核定工商行政管理所编制及有关问题的通知》(中编办发[1996]3号),正式下达核编方案,共核定全国工商行政管理所行政编制363338人,除预留5000机动编制外,实际下达各省(区、市)工商所编制358338人。分配情况如下:

地区	编制数	地区	编制数	地区	编制数
北京	4028	安徽	14728	四川	17368
天津	3190	福建	9471	贵州	7876
河北	18481	江西	10860	云南	8971
山西	10106	山东	27515	西藏	1430
内蒙古	8182	河南	27795	陕西	10229
辽宁	16308	湖北	20945	甘肃	6944
吉林	9681	湖南	15706	青海	1392
黑龙江	12376	广东	26927	宁夏	1903
上海	4332	广西	13829	新疆	5337
江苏	18011	海南	4597		
浙江	14083	重庆	5745	合计	358388

通知规定此次核定编制的使用范围是:市、县工商行政管理局派出的工商所、专业管理所、工商缉私队、经济检查队等除工勤人员以外的工作人

员。重新核编后，工商所（队）统一实施国家公务员制度。各地工商行政管理部门不再使用协管员。

1996年3月14日，国家工商行政管理局下达《关于印发〈工商形象建设年实施方案〉的通知》（工商办字[1996]第72号），要求通过工商形象建设年活动，使全国工商行政管理系统队伍的风气有较大转变，面貌有明显改观，素质有新的提高，树立忠于职守、公平公正的执法形象；甘为公仆、廉洁自律的廉政形象；勤政高效、文明礼貌的办事形象；着装整齐、举止端庄的仪表形象。

1996年6月18日，国家工商行政管理局、人事部联合下发《关于印发〈工商行政管理所推行国家公务员制度实施方案〉的通知》，要求用两年左右的时间，在全国工商所初步建立国家公务员制度。

1996年11月19日，人事部函复同意国家工商行政管理局商标注册中心依照国家公务员制度管理。（人函[1996]266号）

到1996年底，全系统（不含国家工商局）总人数520747人，其中干部336633人，工人184114人。行政编制84178个，事业编制320659个。

到1997年底，全系统（不含国家工商局）总人数541511人，其中干部353824人，工人187687人。行政编制129796个，事业编制272601个。

（三）1998年6月17日，国务院办公厅印发《国家工商行政管理局职能配置、内设机构和人员编制规定的通知》（国办发[1998]62号），核定行政编制260人，离退休、后勤服务机构编制另行核定。

到1998年底，全系统（不含国家工商局）总人数550475人，其中干部368514人，工人181961人。行政编制270502个，事业编制166370个。行政编制的增长，说明给基层工商所核定的编制正在落实过程中。

到1999年底，全系统（不含国家工商局）总人数508145人，其中干部350292人，工人157853人。行政编制348046个，事业编制100835个。

到2000年底，全系统（不含国家工商局）总人数487346人，其中干部363814人，工人123532人。行政编制364239个，事业编制87331个。

（四）2001年8月7日，国务院办公厅印发《国家工商行政管理总局职能配置内设机构和人员编制规定的通知》（国办发[2001]57号），核定行政编制272人。国家工商行政管理总局离退休干部办公室工作人员编制及领导职数不变。国家工商行政管理总局商标局使用事业编制。

到2001年底，全系统（不含国家工商总局）总人数447172人，其中干部378749人，工人68423人。行政编制382333个，事业编制59051个。

到2002年底，全系统（不含国家工商总局）总人数405067人，其中干部250820人，工人35662人。行政编制378092个，事业编制41284个。

第五章　历届领导任职情况

中央私营企业局

(1949年10月21日至1952年10月)
局长　薛暮桥(兼)(1949年10月21日)
副局长　千家驹(1949年10月21日)
　　吴羹梅(1949年10月21日)

中央外资企业局

(1949年10月21日至1952年10月)
局长　冀朝鼎(1949年10月21日)

中央工商行政管理局

(1952年11月至1970年7月)
局长　许涤新(1952年8月13日)
　　(1954年10月31日)
　　(1959年8月25日)
副局长　管大同(1954年10月31日)
　　(1959年8月25日)
　　千家驹(1954年10月31日)
　　(1959年8月25日)
　　骆是愚(1954年11月20日)
　　黄介然(1962年12月15日)
党组书记　许涤新

工商行政管理总局

(1978年9月25日至1982年8月23日)
局长　魏今非(1978年8月12日)
　　任中林(1981年8月18日)
副局长　管大同(1978年8月12日)
　　左平(1978年8月12日)
　　史敏(1979年6月6日)
　　王文克(1979年6月6日)
　　夏如爱(1980年5月20日)
　　费开龙(1981年2月9日)
顾问　魏今非(1981年8月18日)
党组书记　魏今非(1978年8月12日)
　　任中林(1981年8月18日)
党组副书记　管大同(1978年8月12日)
　　史敏(1979年6月6日)
党组成员　左平(1978年8月12日)
　　马冠群(1978年8月12日)
　　王文克(1979年6月6日)
　　夏如爱(1980年5月20日)
　　费开龙(1980年5月20日)

国家工商行政管理局

(1982年8月23日至2001年4月30日)
局长　任中林(1982年3月27日)
　　(1983年2月25日)
　　(1988年5月3日)
　　刘敏学(1989年12月22日)
　　王众孚(1994年10月22日)
副局长　费开龙(1982年3月27日)
　　(1983年5月23日)
　　李衍授(1982年3月27日)
　　(1983年5月23日)
　　田树千(1984年10月23日)
　　(1988年7月7日)
　　甘国屏(1985年6月29日)
　　(1988年7月7日)
　　刘敏学(1987年1月7日)
　　曹天玷(1990年5月27日)
　　卞耀武(1990年11月25日)
　　白大华(1991年9月21日)
　　杨培青(1992年1月16日)
　　韩新民(1994年10月22日)
　　惠鲁生(1996年12月5日)
　　李建中(1996年12月5日)
　　杨树德(2001年2月17日)
顾问　史敏(1982年3月27日—1985年6月29

日）

王文克（1982 年 3 月 27 日—1985 年 5 月 13 日）

党组书记　任中林（1982 年 4 月 4 日—1989 年 12 月 22 日）

刘敏学（1989 年 12 月 22 日—1994 年 10 月）

杨培青（1994 年 10 月 22 日）

王众孚（1996 年 4 月 8 日）

党组副书记　李衍授（1982 年 4 月 4 日—1985 年 6 月 29 日）

刘敏学（1987 年 2 月 12 日—1989 年 12 月 22 日）

杨培青（1992 年 9 月 11 日）

王众孚（1994 年 10 月 22 日）

党组成员　费开龙（1982 年—1986 年 9 月 23 日）

田树千（1984 年 10 月 23 日）

甘国屏（1985 年 6 月 29 日）

曹天玷（1990 年 5 月 27 日）

韩新民（1994 年 10 月 22 日）

党组成员、纪检组长　李建中（1994 年 6 月 17 日）

于水生（1997 年 6 月 13 日）

国家工商行政管理总局

（2001 年 4 月 30 日 – ）

局长　王众孚（2001 年 3 月 31 日）

副局长　甘国屏（2001 年 3 月 31 日）

杨树德（2001 年 3 月 31 日）

韩新民（2001 年 3 月 31 日）

李东生（2001 年 12 月 31 日）

党组书记　王众孚（2001 年 3 月 29 日）

党组副书记　甘国屏（2001 年 3 月 29 日）

党组成员　杨树德（2001 年 3 月 29 日）

韩新民（2001 年 3 月 29 日）

李东生（2001 年 12 月 20 日）

惠鲁生（2001 年 3 月 29 日）

李建中（2001 年 3 月 29 日）

党组成员、纪检组长　石见元（2001 年 5 月 25 日）

第六章　国家工商行政管理机构设置情况

中央私营企业局（1949.10～1952.10）

秘书室（1949.10～1952.10）
产权股权处（1949.10～1952.10）
私营企业处（1949.10～1952.10）
调查研究处（1949.10～1952.10）
商标处（1950初转入～1952.10）

中央外资企业局（1949.10～1952.10）

外资企业处（1949.10～1952.10）

中央工商行政管理局（1952.11～1970.7）

1.秘书室（1952.11～1954.10）
产权股权处（1952.11～1954.10）
私营企业处（1952.11～1954.10）
调查研究处（1952.11～1954.10）
商标处（1952.11～1954.10）
外资企业处（1952.11～1954.10）
度量衡处（1953增设～1954.10）
矿业处（1953增设～1954.10）
2.秘书处（1954.11～1956）
工商行政管理处（1954.11～1956）
商标注册处（1954.11～1956）
调查研究处（1954.11～1956）
合营处（1954.11～1955）
矿业处（1954.11～1955）
度量衡处（1954.11～1955）
工业处（1955～1956）
3.秘书处（1957～1959）
工商行政管理处（1957～1959）
商标管理处（1957～1959）
调查研究处（1957～1959）
4.办公室（1960～1970.7）
通报编辑室（1960～1970.7）
市场管理处（1960～1970.7）
工商行政管理处（1960～1970.7）
商标管理处（1960～1970.7）

工商行政管理总局（1978.9～1982.7）

办公室（1978.9～1982.7）
调研室（1978.9～1982.7）
合同局（1978.9～1982.7）
市场局（1978.9～1982.7）
商标局（1978.9～1982.7）
企业登记局（1978.9～1982.7）
广告处（1978.9～1982.7）
基层工作处（1978.9～1982.7）
人事处（1978.9～1982.7）

国家工商行政管理局（1982.8～2001.4）

1.办公室（1982.8～1988.6）
政策研究室（1982.8～1988.6）
人事教育司（1982.8～1988.6）
市场管理司（1982.8～1988.6）
企业登记司（1982.8～1988.6）
个体经济司（1982.8～1988.6）
经济合同司（1982.8～1988.6）
广告司（1982.8～1988.6）
商标局（1982.8～1988.6）
机关党委（1982.8～1988.6）
监察专员办公室（1988.6～1988.6）
2.办公室（1988.7～1993）

人事教育司(1988.7~1993)
企业登记司(1988.7~1993)
市场管理司(1988.7~1993)
经济检查司(1988.7~1993)
经济合同司(1988.7~1993)
个体私营经济司(1988.7~1993)
广告司(1988.7~1993)
商标局(1988.7~1993)
政策法规司(1988.7~1993)
机关党委(1988.7~1993)
监察专员办公室(1988.7~1993)
3.办公室(1994.1~1998.5)
人事司(1994.1~1998.5)
宣传教育与国际合作司(1994.1~1998.5)
法制司(1994.1~1998.5)
公平交易局(1994.1~1998.5)
企业注册局(1994.1~1998.5)
商标局(1994.1~1998.5)
市场监督管理司(1994.1~1998.5)
个体私营经济监督管理司(1994.1~1998.5)
广告监督管理司(1994.1~1998.5)
机关党委(1994.1~1998.5)
纪检组(1994.1~1998.5)
监察局(1994.1~1998.5)
离退休干部办公室(1994.1~1998.5)
4.办公室(1998.6~2001.4)
法规司(1998.6~2001.4)
公平交易局(司)(1998.6~2001.4)
消费者权益保护司(1998.6~2001.4)
市场规范管理司(1998.6~2001.4)
企业注册局(司)(1998.6~2001.4)
广告监管司(1998.6~2001.4)
个体私营经济监管司(1998.6~2001.4)
人事教育司(1998.6~2001.4)
国际交流与合作司(1998.6~2001.4)
商标局(1998.6~2001.4)
商标评审委员会(1998.6~2001.4)
机关党委(1998.6~2001.4)
纪检组(1998.6~2001.4)
监察局(1998.6~2001.4)
离退休干部办公室(1998.6~2001.4)

国家工商行政管理总局
(2001.4~)

办公厅(2001.4~)
法规司(2001.4~)
公平交易局(打击传销办公室)(2001.4~)
消费者权益保护局(2001.4~)
市场规范管理司(2001.4~)
企业注册局(2001.4~)
外商投资企业注册局(2001.4~)
广告监管司(2001.4~)
个体私营经济监管司(2001.4~)
人事教育司(2001.4~)
外事司(2001.4~)
商标局(2001.4~)
商标评审委员会(2001.4~)
机关党委(2001.4~)
纪检组(2001.4~)
监察局(2001.4~)
离退休干部办公室(2001.4~)

第七章　局属企业事业单位、社团设立情况

1979年5月,经国务院财贸小组批准,《工商行政通报》正式复刊。1980年《工商行政通报》更名为《工商行政管理》月刊,1981年改半月刊。

1980年9月17日,国家出版局(80)出版字第664号批准同意建立工商管理出版社。

1981年3月,经国家出版局同意,工商管理出版社改名为工商出版社。

1981年9月22日,中编办批复同意成立工商行政管理总局干校(81国编字第53号)。

1982年12月25日,国家经贸委经财[1982]636号同意设立中国广告协会。

1984年11月9日,国家工商行政管理局决定成立中国广告报、中国广告联合总公司(84工商党字第27号)。

1984年11月16日,中共中央宣传部函复同意创办《中国消费者报》(中宣发函[84]231号)。

1985年1月12日,国务院批复同意成立中国消费者协会(85国函字6号)。

1986年7月19日,国家经济委员会批复同意成立中国个体劳动者协会(经体[1986]425号)。

1987年2月14日,中宣部中宣发函(87)09号同意《中国广告报》改名为《中国工商报》。

1988年11月1日,人事部批复同意成立国家工商行政管理局经济信息中心(人中编发[1988]23号)。

1990年4月14日,人事部批复同意原商标设计研究所改建为中国商标事务所(人中编函[1990]19号)。

1990年9月24日,民政部民社批[1990]88号批复同意成立中国工商行政管理学会。

1991年6月11日,人事部批复同意成立中国工商企业咨询服务中心(人中编函[1991]37号)。

1991年7月9日,根据全国清理整顿公司领导小组《关于对国家工商局所属公司撤并留方案的批复》(清整领审字[1990]049号),中国广告联合总公司成建制划归新华社管理。

1993年2月22日,七届人大常委会30次会议通过《关于修改〈中华人民共和国商标法〉的决定》,据此,国家工商行政管理局依法设置商标评审委员会。

1993年10月17日,中编办批复同意成立通达商标服务中心(中编办[1993]52号)。

1994年7月19日,中华商标协会在民政部注册成立。

1994年12月9日,中编办批准成立国家工商行政管理局机关服务中心,对外可用国家工商行政管理局机关服务局印章(工商人字94第340号)。

1995年5月22日,中编办中编办字[1995]94号,同意国家工商行政管理局干部学校更名为国家工商行政管理局培训中心。

1995年11月29日,中编办批复同意成立国家工商行政管理局市场经济监督管理研究中心(中编办字[1995]180号)。

1995年12月12日,中编办批复同意成立国家工商行政管理局商标注册中心(中编办字[1995]183号)。

1997年1月3日,中编办批复同意成立全中广告监测中心(中编办字[1997]32号)。

1998年6月17日,国务院印发《国家工商行政管理局职能配置、内设机构和人员编制规定》(国办发[1998]62号)。将原商标局与商标注册中心合并,统称为"国家工商行政管理局商标局",使用事业编制,但仍承担商标注册与管理监督等各项职能,干部管理办法不变。

1999年1月2日,根据中共中央办公厅、国务院办公厅《关于中央党政机关与所办经济实体和管理的直属企业脱钩有关问题的通知》(中办发[1998]27号),中共中央办公厅、国务院办公厅发出通知(中办发[1999]1号),国家工商行政管理局所属中国商标事务所交由中央企业工委管理。

1999年3月31日,根据中共中央办公厅、国务院办公厅《关于中央党政机关与所办经济实体和管理的直属企业脱钩有关问题的通知》(中办发[1998]27号),中央党政机关非金融类企业脱钩工

作小组批复(国脱钩组[1999]5号),国家工商行政管理局所属中国工商企业咨询服务中心交由中国发展研究基金会管理。

2001年7月12日,中编办批复(中编办[2001]94号)国家工商行政管理总局所属事业单位更名:国家工商行政管理局机关服务中心(国家工商行政管理局机关服务局)更名为国家工商行政管理总局机关服务中心(国家工商行政管理总局机关服务局);国家工商行政管理局经济信息中心更名为国家工商行政管理总局经济信息中心;国家工商行政管理局市场经济监督管理研究中心更名为国家工商行政管理总局市场经济监督管理研究中心;国家工商行政管理局培训中心更名为国家工商行政管理总局培训中心。2002年9月20日,中编办批复同意(中央编办复字[2002]140号):撤销全中广告监测中心,成立国家工商行政管理总局宣传中心;国家工商行政管理总局培训中心更名为国家工商行政管理总局行政学院。

第十八编　工商行政管理大事记

（1949 年～2002 年）

1949 年

10月21日　中央人民政府政务院财政经济委员会成立,设私营企业局,各大中城市新设立工商局,主要管理私营工商业。

1950 年

5月8日至26日　中财委召开了全国七大城市工商局长会议,着重讨论了调整工商业的公私关系问题。调整公私关系的原则是:五种经济成分统筹兼顾,各得其所,分工合作,一视同仁。

7月28日　政务院公布了《商标注册暂行条例》。《条例》规定:商标实行自愿注册,并保护商标专用权。随后,中财委于9月28日颁发了《商标注册暂行条例施行细则》。

10月5日　《工商情况通报》出版第一期。

11月14日　中央人民政府贸易部发布了《关于取缔投机商业的几项指示》。《指示》规定:超出人民政府批准之业务经营范围,从事其他物资之经营者,以及买空卖空、投机倒把、故意抬高价格、抢购物资等8个方面的非法经营为投机商业活动。

12月31日　政务院颁布了《私营企业暂行条例》。对私营企业的财产、组织形式、核准登记、盈余分配,以及对内对外关系等作了具体规定。

1951 年

3月30日　中财委公布了《私营企业暂行条例施行办法》及《关于公营企业和公私合营企业应进行登记的指示》。

5月4日　中财委发布了《关于公营企业和公私合营企业登记的补充指示》。规定公私合营企业的登记,应依照《私营企业暂行条例》及其《施行办法》办理。

1952 年

11月15日　中共中央发出了《关于调整商业的指示》,决定对公私商业进行调整。对于市场管理,要取消妨碍正当私商畅通城乡交流的各种不适当的限制。

11月　经政务院批准,中央私营企业局与外资企业局合并为中央工商行政管理局,为政务院直属局,主要管理私营企业、公私合营企业、外资企业以及工商行政工作。

1953 年

1月　中央工商行政管理局出版《工商行政通报》。

8月6日　中财委发出了《关于市场管理的意见的指示》。《指示》规定:在各级市场上,对消费者、农民小量的、非投机性的粮食交易不得限制。对代客买卖的粮行,应根据情况,给以一定的手续费,争取他们为国营粮食部门服务。

10月23日至11月12日　中华全国工商业联合会筹委会在北京召开会员代表大会,大会宣布正式成立中华全国工商业联合会。

12月28日　中共中央转发中央宣传部编写的《为动员一切力量把我国建设成为一个伟大的社会主义国家而斗争——关于党在过渡时期总路线的学习和宣传提纲》,发表了毛泽东主席提出的党在过渡时期的总路线。总路线公布后,工商行政管理部门就把总路线的精神贯彻到各项工作之中,把对资本主义工商业的社会主义改造作为工作的重点。

1954 年

7月13日　中共中央发出《关于加强市场管理和改造私营商业的指示》。《指示》提出对私营批发商采取“一面前进、一面安排,前进一行、安排一行”的办法,分别不同行业、不同情况,有计划地代替和安排私营小批发商和私营零售商,把对企业的改造和对人的改造结合起来,把改造和安排结合起来,引导他们转向有利于国计民生的事业。

1955 年

4月12日　中共中央发出《关于进一步加强市场领导,改造私商,改进农村购销工作的指示》。其中对农村私商,除了少数商业资本家可用经销、合营的形式加以改造外,对小商小贩的改造,应根据自愿的原则,通过多种形式加以组织,经过互相合作的道路,分担农村商品流转的任务。

7月16日　国务院批转商业部、供销合作总社、中央工商行政管理局《关于改进初级市场管理工作的报告》。报告指出:必须迅速纠正当前初级市场存在的管理过严过死的现象,加强和改进对初级市场的管理。当前初级市场行政管理的基本任务是:继续稳定市场,活跃城乡交流,严格取缔投机,保证国家购销计划的完成;并通过行政管理,协助国营、合作社商业对私商进行社会主义改造。

1956年

1月　全国大城市和50多个中等城市的资本主义工商业全部公私合营。至一季度末,除西藏等少数民族地区外,全国资本主义工商业基本上实现了全行业公私合营。

9月15日　刘少奇在"中共八大"会上作政治报告,报告中指出:"我们应当改进现行市场管理办法,取消过严过死的限制。"

9月20日　陈云在"中共八大"会上发言,发言中指出:"在工商业生产经营方面,国家经营和集体经营是工商业的主体,但是附有一定数量的个体经营,这种个体经营是国家经营和集体经营的补充。""在社会主义的统一市场里,国家市场是主体,但附有一定范围内国家领导的自由市场,这种自由市场是在国家领导之下,作为国家市场的补充,因此,它是社会主义统一市场的组成部分。"

1957年

1月17日　国务院批转了中央工商行政管理局《关于实行商标全面注册的意见》。《意见》规定:"各企业(不分经济性质)、合作社产制商品使用的商标,必须注册。现有还没有注册的,统限于1957年6月30日以前完成申请手续。嗣后未经核准注册的商标不能使用。"

1958年

1月9日　国务院批转《关于工商行政部门1958年主要工作安排的报告》。《报告》中对市场管理工作提出要贯彻"管而不死,活而不乱"的精神。

8月26日　中央工商行政管理局在天津市召开市场管理和对私改造工作现场会议,会议确定在新形势下工商行政管理的任务是:加强对私改造,将一切残存的个体户纳入社会主义改造的各种形式;要加强市场管理,积极地为工农业生产服务,为消费者服务,保证国家计划的完成,消灭资本主义经济残余,将全国城乡某些分散的市场,完全改造为有组织有计划的市场。

12月4日　中央工商行政管理局在广州市召开商标工作会议,会议提出了商标注册的目的,不是单纯为了保护"专用权",而是为了促使生产企业保证和提高产品质量。

1959年

5月25日　中央工商行政管理局在上海市召开全国商标工作会议,讨论了结合商标管理监督产品质量的问题。随后,国务院转发了会议报告。指出:商标管理工作是市场管理工作的一部分,它不仅能够防止市场上出现若干相同和近似的商标,造成混乱现象,而且有助于监督商品的质量。

9月23日　中共中央、国务院发出《关于组织农村集市贸易的指示》,提出农村集市贸易是社会主义统一市场的一个组成部分,领导和组织农村集市贸易的原则,应当是"活而不乱,管而不死"。

1960年

4月14日　国务院转发了中央工商行政管理局关于全国工商局长会议的报告,指出:要广泛地开展对小商贩、小业主的社会主义教育运动,彻底地清理和改造残存的个体工商业户,同时坚决地打击城乡一切资本主义投机违法活动。为了贯彻国务院这一指示,中央工商行政管理局召开了小商贩改造工作座谈会。

1961年

1月29日至2月6日　中央工商行政管理局会同商业部在武汉市联合召开农村集市贸易汀泗桥现场会议,提出对农村集市贸易要"大胆地放,认真地管","活字当头,管在其中",从而推动了集市贸易的恢复和发展。

1962 年

6 月 21 日　国务院发出《关于制止市场管理工作中违法乱纪行为的指示》，要求加强对市场管理干部的政策教育和政治思想教育。对于有违法乱纪行为的人员，应当根据过去从宽、今后从严的精神，分清责任，严肃处理。

9 月 27 日　中共八届十中全会通过了《中共中央关于商业工作问题的决定》。其中关于集市贸易指出：集市贸易是农民之间互通有无、调剂余缺的场所，是国营商业和合作社商业的必要补充。为此，要有正确的经济措施，又要有正确的行政管理办法。

12 月 30 日　国务院颁布了《工商企业登记管理试行办法》，要求各地依照本办法的规定，对已经开业的城乡工商企业进行一次全面登记。《试行办法》规定，除国防工业、国营交通运输业和公用事业外，所有国营、地方国营、公私合营、合作社营和其他集体所有制、个体工商业者举办的工业、手工业、交通运输业、建筑业、商业、饮食业、服务业的生产经营单位，都要依照规定办理登记。

1963 年

3 月 3 日　中共中央、国务院发出《关于严格管理大中城市集市贸易和坚决打击投机倒把的指示》，指出："今后对大中城市集市贸易，应当采取加强管理、缩小范围、逐步代替、区别对待、因地制宜的方针。"

3 月 25 日　国务院颁布《关于打击投机倒把和取缔私商长途贩运几个政策界限的暂行规定》。《暂行规定》关于投机倒把列举了私商转手批发、长途贩运、开设地下厂店行栈、放高利贷、雇工包工剥削、囤积居奇、哄抬物价、投机倒卖耕畜等 8 个方面的非法行为属于严重投机违法活动，必须坚决打击。

4 月 10 日　国务院颁布《商标管理条例》。《条例》规定："企业使用的商标，应当向中央工商行政管理局申请注册。"也就是商标实行全面注册即强制注册。

1964 年

4 月 11 日　国务院批转中央工商行政管理局《关于工商行政管理机构和编制问题的报告》。指出工商行政管理部门在对资本主义势力作斗争方面担负着重要任务，工商行政管理工作应当继续加强，不能削弱。要求各地根据实际工作需要，逐步建立与健全工商行政管理机构，充实和配备必要的人员编制；不建立工商行政管理机构的，也应当指定有关部门兼管此项业务，并配备专职干部。

7 月 27 日　中央工商行政管理局制定《关于工商行政管理部门检查和处理投机违法活动若干具体问题的规定（试行草案）》，对投机违法案件的处理程序作了具体规定。

11 月 12 日，中共中央、国务院发出《关于加强市场管理，严厉打击投机倒把活动的通知》。《通知》要求对于那些投机倒把活动，要采取严厉措施，退赃退款，或没收其用以投机倒把的财物。

1965 年

3 月 25 日　中央工商行政管理局发出《1965 年全国工商行政管理工作会议纪要》。《纪要》对 1965 年工作作了安排，一是要继续深入打击投机倒把活动，限制和取缔资本主义自发势力。二是进一步管好城乡集市贸易。对一些大城市，在市场供应好转以后，市区的集市贸易已经失去作用的，经过当地党委批准，可以取消。三是协助有关部门，在城市和重要集镇继续开展代替私商的工作，只能前进，不能后退。

6 月 28 日　中央工商行政管理局发出《关于进一步做好农村市场管理的通知》。要求继续认真贯彻"管而不死，活而不乱"的方针，一方面要配合农村社会主义教育运动，严厉打击投机倒把活动，坚决制止资本主义自发势力；另一方面要按照政策，正确利用集市贸易、庙会、小型物资交流会等形式，活跃农村市场。

1966 年

4 月 7 日　国务院批转中央工商行政管理局《关于改进商标管理工作的报告》。

4 月 26 日　国务院财贸办公室转发了中央工商行政管理局《关于整顿农村集市交易所和统一管理市场的报告》。《报告》提出全面整顿交易所。其方针是："砍掉一批，裁并一批，精简人员，统一管理。""对农村市场管理应当统一，改变多头分管、各自为政的情况，以利于贯彻政策。"

1967 年

8 月 18 日　国务院、中央军委转发了上海市革命委员会《关于打击投机倒把加强市场管理的通知》。《通知》指出："公安、政法部门必须协同工商行政管理机关,坚决打击投机倒把活动。""工商行政管理机关是保卫社会主义经济、维护社会主义市场秩序的无产阶级专政机构,市场管理干部必须紧紧依靠革命群众,与资本主义势力坚决开展斗争。"

1969 年

9 月 15 日　中央工商行政管理局与商业部、粮食部、供销合作总社合署办公。

1970 年

2 月 5 日　中共中央发出《关于反对贪污盗窃、投机倒把的指示》。《指示》重申:一、除了国营商业、合作商业和有证商贩外,任何单位和个人,一律不准从事商业活动。二、集市管理必须加强,一切按照规定不许上市的商品,一律不许上市。三、除了经过当地主管部门许可以外,任何单位一律不准到集市和农村社队自行采购物品;不准以协作为名,以物易物;不准走"后门"。四、一切地下工厂、地下商店、地下包工队、地下运输队、地下俱乐部都必须坚决取缔。

7 月 1 日　中央工商行政管理局与商业部、粮食部、供销合作总社正式合并为商业部,工商行政管理工作归商业部商管组负责。

7 月 17 日　商业部、财政部发出《关于将市场管理人员列入国家行政编制的联合通知》。《联合通知》规定:市场管理人员的工资、福利和办公费等按行政机关批准,纳入财政预算,市场的罚没款全部上交财政部门。

1975 年

5 月　商业部成立工商管理局,主管工商行政管理工作。

1978 年

9 月 25 日　国务院发出《关于成立工商行政管理总局的通知》,要求县和县以上各级设工商行政管理局,县以下设立工商行政管理所。同时,还规定工商行政管理部门的主要工作为集市贸易管理、工商企业登记管理、经济合同管理、商标注册管理和打击投机倒把。

11 月 20 日　工商行政管理总局发出《关于清理商标的通知》,要求各地工商行政管理部门对现有商标进行全面清理登记,并逐一审查。

12 月 4 日　工商行政管理总局召开全国集市贸易座谈会。会议就如何正确对待农村集市贸易,有关城乡集市贸易的若干政策,新形势下工商行政管理工作如何适应四个现代化的需求等问题进行了讨论。

12 月 18 日至 23 日　中共十一届三中全会在北京召开。这次会议是新中国成立以来中国共产党的历史上具有深远意义的伟大转折。会议发表了公报,公报肯定了集市贸易的地位和作用,明确指出:"社员自留地、家庭副业和集市贸易,是社会主义经济的必要补充部分,任何人不得乱加干涉。"

1979 年

4 月 9 日　国务院批转了工商行政管理总局于 3 月 12 日至 23 日在北京召开的全国工商行政管理局长会议的报告,指出:"在全党工作着重点转移到社会主义现代化建设上来的新时期,工商行政管理工作更加重要。""各地要加强对工商行政管工作的领导,有关部门要积极支持工商行政管理部门的工作。"并指出,加强工商行政管理工作,必须把行政办法和经济措施密切结合起来。

7 月 1 日　五届全国人大二次会议通过并公布了《中华人民共和国中外合资经营企业法》,规定:"合营企业经批准的,向中华人民共和国工商行政管理总局登记,领取营业执照,开始营业。"

7 月 9 日　工商行政管理总局发出《关于复查投机倒把案件几条意见的通知》,对复查案件的范围、时间和政策依据都作了具体规定。关于复查的时间界限,一般以 1966 年以后处理的案件为重点。

8 月 8 日　工商行政管理总局与国家经济委员会、中国人民银行发布《关于管理经济合同若干问题的联合通知》,对合同管理进行了分工。工商行政管理部门管理不同商业部门之间,工业、农业部门以及机关、团体、部队、事业单位与商业部门之间的经济合同。

9月29日　全国人民代表大会常务委员会委员长叶剑英在庆祝中华人民共和国成立30周年大会上讲话，指出："目前在有限的范围内继续存在的城乡劳动者个体经济，是社会主义公有制经济的附属和补充。"

10月11日　工商行政管理总局发出《关于恢复全国商标统一注册的通知》，决定从1979年11月1日开始，由工商行政管理总局商标局统一办理全国商标注册工作。

12月26日　工商行政管理总局会同国家经济委员会、国家农业委员会联合发出通知，要求各省、自治区、直辖市经委、农委和工商行政管理局，对全民所有制和集体所有制的工业企业进行一次全面登记，为调整国民经济服务。

1980年

1月25日　工商行政管理总局、公安部发出《关于查处投机倒把案件的几个问题的联合通知》。规定："投机倒把案件，主要由工商行政管理部门审查处理，但情节严重和重大投机倒把需要侦查的，交由公安部门办理。"

2月4日　工商行政管理总局与国家进出口委员会、国家经委、外贸部发出《关于出口商品使用商标问题的联合通知》，规定："工业、商业、外贸等各单位出口商品使用商标，都应经所在地工商行政管理局核转工商行政管理总局统一审查注册。"

3月15日　公安部、海关总署、工商行政管理总局发出《关于坚决打击重大走私和投机倒卖进口物资犯罪活动的联合通知》。

5月15日　工商行政管理总局颁发了《关于工商、农商企业经济合同基本条款的试行规定》和《关于工商行政管理部门合同仲裁程序的试行办法》。

6月3日　中国参加世界知识产权组织，正式成为该组织的成员国。

7月26日　国务院颁发了《中外合资经营企业登记管理办法》。《办法》规定：经有关部门批准的中外合资经营企业，应在批准后的一个月内，向中华人民共和国工商行政管理总局登记，发给营业执照；未经登记的企业，不准开业。

7月29日至8月5日　工商行政管理总局在沈阳市召开了全国城市农副产品市场座谈会。这次会议，对于全国开放城市农副产品市场起了很大的推动作用。

8月　工商行政管理总局负责人就恢复和发展城镇个体工商业问题答记者问，明确了发展城镇个体工商业若干具体政策性问题。

10月30日　工商行政管理总局发布《关于颁发〈中华人民共和国营业执照〉和〈中华人民共和国营业证书〉的通知》。

12月8日　工商行政管理总局发出《关于外国企业常驻代表机构办理登记的通知》，规定：为了便于外国企业常驻代表机构或常驻代表就近办理登记手续和便于经常性管理，经国务院批准，总局委托各省、市、自治区工商行政管理局代办登记手续。

1981年

1月7日　国务院发出《关于加强市场管理打击投机倒把和走私活动的指示》。随后，工商行政管理总局于1月10日发出坚决贯彻执行国务院《关于加强市场管理打击投机倒把活动的指示》的通知。

3月　经国家出版局同意，工商管理出版社改名为工商出版社。

3月27日　国务院、中央军委发出《关于坚决打击走私活动的指示》，决定成立国务院打击走私领导小组。同时确定：走私严重的地区，在重点机场、码头、车站设立以工商行政管理部门为主的临时联合检查站，对有走私嫌疑的过往运输工具和人员进行检查。

6月27日　国务院发出《批转工商行政管理总局向国务院汇报提纲的通知》。《通知》指出：工商行政管理部门是综合性的国家经济行政管理机关。发展生产的正确方针，千万不能回到"一放就乱，一统就死"的老路上去。

7月15日　国务院发出《关于制止商品流通中不正之风的通知》，要求各级人民政府的人事部门和工商行政管理部门，必须加强对机关团体、企事业单位、经济单位经济活动的监督和检查，要把经济纪律的监督和检查作为重要工作来抓，并与司法部门和党的纪律检查部门密切配合。

12月13日　五届全国人大四次会议审议通过了《中华人民共和国经济合同法》，从1982年7月1日起施行。

1982 年

2 月 6 日 国务院发布了《广告管理暂行条例》,规定:"广告的管理机关是工商行政管理总局和地方各级工商行政管理局。"

5 月 4 日 国务院批转《国家经委、工商行政管理总局、国务院经济法规研究中心关于对执行经济合同法若干问题的意见的请示的通知》,同意由中央及地方各级工商行政管理部门统一管理经济合同。

6 月 5 日 工商行政管理总局发出了《广告管理暂行条例实施细则》的试行通知和《关于整顿广告工作的意见》。

7 月 国务院在机构改革中,将中华人民共和国工商行政管理总局更名为中华人民共和国国家工商行政管理局,为国务院直属机构。主要任务是对工商企业实行经济监督,保护合法经营,取缔非法经营,维护社会经济秩序,促进生产,活跃流通。

8 月 9 日 国务院颁布了《工商企业登记管理条例》,指出:"工商行政管理部门要通过企业登记,全面建立起工商企业登记档案制度,为社会主义经济建设提供有关准确的数据和资料,并对企业生产经营活动进行有效的监督管理。"

8 月 23 日 五届全国人大常委会二十四次会议通过了《中华人民共和国商标法》,从 1983 年 3 月 1 日起施行。

9 月 1 日 胡耀邦在中共"十二大"上作了《全面开创社会主义现代化建设的新局面》的报告,其中对发展个体经济的方针指出:"在农村和城市,都要鼓励劳动者个体经济,在国家规定的范围内和工商行政管理下适当发展,作为公有制经济的必要的有益的补充。"

10 月 16 日至 27 日 国家工商行政管理局在武汉市召开了全国工业小商品市场现场会。这次会议,推动了全国工业小商品市场的蓬勃发展。

11 月 19 日 五届全国人大常委会二十五次会议通过了《中华人民共和国食品卫生法》(试行),其中规定:"城乡集市贸易食品卫生管理工作和一般食品卫生检查工作,由工商行政管理部门负责。"

11 月 30 日 五届全国人大五次会议上,国务院关于第六个五年计划的报告中指出:"根据多年来的经验,要保证国民经济稳定地协调发展,必须正确贯彻执行计划经济为主、市场调节为辅的原则,把大的方面用计划管住,小的方面放开,主要通过工商行政管理和运用经济杠杆加以制约。"12 月 4 日 五届全国人大五次会议通过了《中华人民共和国宪法》。《宪法》第十一条规定:"在法律规定范围内的城乡劳动者个体经济,是社会主义公有制经济的补充,国家保护个体经济的合法的权利和利益。国家通过行政管理,指导、帮助和监督个体经济。"

1983 年

2 月 5 日 国务院发布了《城乡集市贸易管理办法》。

2 月 17 日 国家工商行政管理局发出《关于复查投机违法案件的通知》,《通知》对过去处理的案件,依据不同情况作出了复查处理的原则规定。

3 月 5 日 国务院批准了国家工商行政管理局制定的《关于外国企业常驻代表机构登记管理办法》,由国家工商行政管理局对外公布施行。

3 月 26 日 国务委员、国家经委主任张劲夫,国务院秘书长田纪云,国家经委副主任王磊等同志听取了全国工商行政管理局长会议的汇报,指出在对外开放、对内搞活的新形势下,工商行政管理工作越来越重要,将来更加重要。要强调人员的素质。

4 月 26 日 国家工商行政管理局、卫生部、国家医药管理局发出《关于药品必须使用注册商标的几个问题的联合通知》,规定:化学药品、新药成药、中药成药和药酒必须使用注册商标。

5 月 20 日 国务院发出《关于加强市场和物价管理的通知》。

5 月 中国正式参加了国际保护工业产权协会,成为会员。

7 月 25 日 国家工商行政管理局发出《关于城镇合作经营组织和个体工商户在登记管理中若干问题的规定》。

7 月 25 日 国家工商行政管理局发出《关于制止乱涨价、乱摊派现象和严格控制基本建设规模的通知》。

8 月 22 日 国务院颁发了《经济合同仲裁条例》,《条例》规定:"经济合同仲裁机关是国家工商行政管理局和地方各级工商行政管理局设立的经济合同仲裁委员会";"仲裁机关在其职权范围内处理经济合同纠纷案件,实行一次裁决制度。"

8月　经国务院批准,工商行政管理部门增加事业编制人员6.5万人。

12月28日至31日　中国广告界在北京召开了第一次全国代表大会,成立了中国广告协会。

1984年

1月1日　中共中央发出《关于1984年农村工作的通知》。关于城市农副产品市场问题指出:"大中城市在继续办好农贸市场的同时,要有计划地建立农副产品批发市场。"

1月1日　工商行政管理部门按规定范围正式着装。

3月19日　商业部、国家工商行政管理局联合发出《关于不准干部、职工从事个人经商的联合通知》。

4月7日　国家工商行政管理局、文化部、教育部、卫生部联合发出《关于文化、教育、卫生社会广告管理的通知》。规定上述各类广告内容的审查单位是对口的行政主管部门,管理单位是各级工商行政管理局。

4月12日　国家工商行政管理局、国家烟草专卖局联合发出《关于卷烟、雪茄烟注册商标问题的通知》,规定所有卷烟、雪茄烟必须使用注册商标,方能生产和在市场上销售。

7月17日　中共中央办公厅、国务院办公厅发出《关于党政机关在职干部不要与群众合办企业的通知》。

8月2日　国务院办公厅转发了国家工商行政管理局《关于做好外资企业登记管理工作的报告的通知》。规定:中外合作经营企业、外国独资企业的登记管理,暂参照《中华人民共和国中外合资经营企业法》等有关法规执行。

11月25日　国务院发出关于批转《东南沿海三省第四次打击走私工作会议纪要》的通知,《纪要》规定:"工商行政管理部门主要是通过市场管理查缉走私贩私活动。在走私严重地区的码头、车站和其他交通要道设立缉私检查站,对有贩运私货嫌疑的交通工具和人员进行检查。"

12月3日　中共中央、国务院发出《关于严禁党政机关和党政干部经商、办企业的决定》。

12月26日　中国消费者协会在北京成立。

1985年

1月1日　中共中央、国务院发出了《关于进一步活跃农村经济的十项政策》,决定改革商品流通体制。粮食、棉花取消统购,改为合同定购;放开生猪、水产品和蔬菜的市场价格;中药材除因保护自然资源必须严格控制的少数品种外,其余全部放开,自由购销。

2月1日　国家工商行政管理局发出《关于检查清理党政机关和党政干部经商、办企业问题的通知》。

3月15日　国务院批准了《关于申请商标注册要求优先权的暂行规定》,由国家工商行政管理局公布实施。

3月19日　中国成为《保护工业产权巴黎公约》成员国,并开始履行相应的国际义务。

4月17日　国家工商行政管理局、广播电视部、文化部联合发出《关于报纸、书刊、电台、电视台经营、刊播广告有关问题的通知》。《通知》规定:不得以新闻记者的名义,招揽所谓"新闻广告";中央和地方的报社、电台、电视台,不得在新闻栏目或其他节目中,以新闻的形式刊播或插播广告;节目进行中,不得中断节目,播出广告。

4月29日　国家工商行政管理局、商业部、国家物资局联合发出《关于禁止就地转手倒卖重要生产资料和紧俏耐用消费品的品种范围的通知》。《通知》根据《国务院关于坚决制止就地转手倒卖活动的通知》的规定,确定品种范围共24种。

4月29日　国家工商行政管理局等3部门联合发出《关于使用未注册商标几点意见的通知》。规定除药品、卷烟必须使用注册商标外,其他商品准许使用未注册商标。依法使用未注册商标的商品,允许生产、销售、出口和参加优质产品的评比。

5月23日　国务院批准了《工商企业名称登记管理暂行规定》,由国家工商行政管理局公布施行。《暂行规定》确定企业申请登记时,企业的名称由工商行政管理机关核定;准予登记后,在规定的范围内享有专用权,受国家法律保护。

8月13日　国家工商行政管理局发出《关于经济合同鉴证的暂行规定》,确定经济合同鉴证实行自愿原则。

8月14日　国务院批准了《公司登记管理暂行规定》,由国家工商行政管理局公布施行。

8月20日　国务院发出《关于进一步清理整顿公司的通知》。

9月4日　国家工商行政管理局发出《关于外国企业、外商投资企业名称登记问题的通知》。

9月5日　国务院办公厅发出《关于中外合资经营企业注册资本与投资总额比例问题的通知》。

10月　经国务院批准，东南沿海3省工商行政管理系统配备1900人的陆上缉私队。

10月23日　国家工商行政管理局、卫生部联合发出了《关于禁止销售进口旧服装的紧急通知》。

11月15日　国务院办公厅发出《加强广告宣传管理的通知》。

1986年

2月4日　中共中央、国务院发出了《关于进一步制止党政机关和党政干部经商、办企业的规定》，对清理整顿党政机关和党政干部经商、办企业的具体政策管理作了规定。明确党政机关包括各级党委机关和国家权力机关。同时这个规定适用于工会、共青团、妇联、文联、科协和各种协会、学会等群众组织，以及这些组织的干部和职工。

3月31日　国家工商行政管理局根据国务院《关于进一步推动横向联合若干问题的规定》，印发了《经济联合组织登记暂行办法》。

4月12日　六届全国人大四次会议通过并公布了《中华人民共和国民法通则》。其中第四十一条规定："在中华人民共和国领域内设立的中外合资经营企业、中外合作经营企业和外资企业，具有法人资格的，依法经工商行政管理机关核准登记，取得中国法人资格。"

6月7日　国家工商行政管理局发出《关于加强政治思想工作，纠正不正之风的通知》。对本系统的全体干部职工提出提高政治思想水平、改进工作作风的具体意见。

8月19日　国家工商行政管理局、林业部联合发出《关于集体林区木材市场管理的暂行规定》，确定集体林区的木材市场由工商行政管理机关领导和管理，除当地林业部门的国营木材经营单位可在集体林区收购外，其他生产、经营单位和个人的木材交易，一律在木材市场进行。

10月28日　国家工商行政管理局、对外经济贸易部、商业部联合发出《关于加强进口商品管理的通知》。

11月27日　国家工商行政管理局发出关于执行《民法通则》对个人合伙登记管理的通知。要求各地工商行政管理部门按照《民法通则》的规定，对现有"合作经营组织"进行分析，予以区别对待，重新进行登记。符合个人合伙和个体工商户条件的，发给个体工商户营业执照；确实符合集体所有制企业条件的，发给工商企业营业执照。

11月　经国务院批准，工商行政管理部门增加8万人编制。

12月3日至5日　全国个体劳动者第一次代表大会暨全国先进个体劳动者表彰大会在北京召开，大会宣布成立中国个体劳动者协会。

1987年

4月13日　田纪云副总理听取全国工商行政管理局长会议情况汇报，要求进一步加强和改善监督管理，大力支持改革、开放、搞活方针的贯彻实施。工商行政管理部门要加强队伍建设，培养训练一支具有较高政治、业务素质的干部队伍，并提出工商行政管理所不宜下放到乡镇和街道。

4月17日　建国以来第一次全国工商行政管理系统先进集体、先进工作者表彰大会在北京召开。全国138个先进集体代表、357名先进工作者，以及各省、自治区、直辖市工商局的负责同志出席了大会。

4月19日　中央领导同志接见了工商行政管理系统先进集体、先进工作者代表。

5月12日　国家工商行政管理局发布《工商行政管理机关检查处理投机倒把违法违章案件程序的规定》。

5月　国家工商行政管理局决定统一印制《工商行政管理检查证》，并向各地工商行政管理机关的有关人员发放。

6月29日　万里、姚依林、田纪云、吴学谦、张劲夫等同志批复国家工商行政管理局和外交部就中国消费者协会加入国际消费者联盟组织一事的请示。

7月1日至7日　国家工商行政管理局召开全国经济合同管理工作会议。会议总结了5年来经济合同管理工作的成功经验，分析了存在的问题和加强管理的意见，讨论了《经济合同法》的修改意见。

7月26日　在《商标法》颁布实施五周年之际，李先念主席题词：值此《商标法》颁布五周年之际，谨向执行《商标法》作出贡献的同志们致意，希望贯彻执行《商标法》，依法严厉打击假冒商标活动，为改革、开放、搞活服务。

7月　经批准，《中国广告报》改为《中国工商报》。

8月5日　国务院发布《城乡个体工商户管理暂行条例》。

8月16日　全国工商行政管理工作会议在北京召开。会议着重研究了整顿市场秩序的问题。

8月19日　国务院发布《关于整顿市场秩序，加强物价管理和通知》。

9月5日　国家工商行政管理局发布《城乡个体工商户管理暂行条例实施细则》。

9月13日至23日　经外交部同意，中国消费者协会一行两人赴马德里出席国际消费者联盟组织第十二届世界大会。会上，中国消费者协会被接纳为国际消费者联盟组织正式会员，并受到各国消费者组织代表的欢迎。

9月17日　国务院发布《投机倒把行政处罚暂行条例》。

9月　国家工商行政管理局决定在全国开展“创建文明集贸市场”活动，并要求各级工商行政管理部门把这一活动作为经常性的工作开展下去。

10月26日　国务院发布《广告管理条例》。

11月24日　国家工商行政管理局发出《关于对〈投机倒把行政处罚暂行条例〉发布前查获的案例如何定性处理问题的答复》。

1988年

1月3日　国务院批准修订的《中华人民共和国商标法实施细则》，并决定由国家工商行政管理局发布施行。

1月9日　国家工商行政管理局发布《广告管理条例施行细则》。

1月13日　国家工商行政管理局发布经国务院批准修订的《中华人民共和国商标法实施细则》。

3月17日　田纪云同志听取全国工商行政管理局长会议汇报，他肯定了近几年工商行政管理工作取得的成绩，并指出：对假冒行为要重处，不仅要从经济上、行政上制裁，严重的还要从法律上制裁；对于党政机关办企业和党政现职干部兼任企业职务的问题，中央、国务院从来没有允许过。官、商不能搞到一起，企业要搞活，政府必须廉洁；要重视防止干部队伍被腐蚀的问题，他再次重申，基层工商所不能下放。

5月4日　国务院办公厅转发国家工商行政管理局《关于加强工商行政管理几个问题的报告》。报告的主要内容是：检查处理经济违章违法行为的工作，应以条条领导为主；基层工商所是县（区）工商局的派出机构；根据工作需要，工商行政管理系统需要加强现代的监督管理手段，请各级人民政府根据财力的可能，分期分批逐步解决。

6月3日　国务院发布《中华人民共和国企业法人登记条例》。

6月25日　国务院发布《中华人民共和国私营企业暂行条例》。《条例》自1988年7月1日起施行。

7月7日　李鹏同志主持召开国家机构编制委员会第二次会议，审议并原则批准《国家工商行政管理局“三定”方案》。

8月25日　国家工商行政管理局发出《对〈关于对查处销售假冒伪商标案件时如何认定当事人行为的投机倒把性质的请示报告〉的答复》。

10月　国家工商行政管理局授予全国427个集贸市场1988年度“全国文明集贸市场”称号，并向这些单位颁发牌匾和奖状。

10月28日　国家工商行政管理局发出《关于贯彻治理环境、整顿秩序、深化改革指导方针的通知》，要求各级工商行政管理机关要把清理整顿公司和查处经济违法案件作为中心任务来抓。

11月1日　国家工商行政管理局决定实行商标注册国际分类。

11月3日　国家工商行政管理局发布《中华人民共和国企业法人登记管理条例施行细则》。

11月4日　国家工商行政管理局经济检查司成立。

1989年

1月16日　国家工商行政管理局发布《中华人民共和国私营企业暂行条例施行办法》。

3月6日　全国工商行政管理局长会议在北京

召开。会议总结了10年来工商行政管理工作取得的主要成绩和基本经验,决定严肃查处经济违法案件,加强对生产资料、生产要素市场的监督管理。

3月9日　李鹏总理、姚依林副总理听取了全国工商行政管理局长会议的汇报,并对工商行政管理工作的重要性给予了充分肯定,同时对清理整顿公司工作和工商行政管理的体制问题作了重要指示。

5月25日　国务院批复国家工商行政管理局《关于加入〈商标国际注册马德里协定〉的请示》,决定我国加入《商标国际注册马德里协定》。

6月24日　因国务院发布的《关于城镇劳动者合作经营的若干规定》、《关于进一步清理和整顿公司的通知》和《关于加强广告宣传管理的通知》以及《关于整顿市场秩序、加强物价管理的通知》适用期已过,自行失效,国家工商行政管理局特报国务院建议废止。

9月28日　国务院授予全国工商行政管理系统郑拔豪、张秀英、徐孝敬、马润海、陈乃东、张保汉、廖能敬、王梓松、靳培莲、邱帮明等10名同志"全国先进工作者"称号。

10月4日　我国加入《商标国际注册马德里协定》申请生效,正式成为马德里联盟成员。

10月18日至21日　全国工商行政管理系统干部教育工作会议在宁波召开。

12月1日　国家工商行政管理局发出《关于立即制止乱设卡、滥罚款、滥收费的通知》。

12月25日　中央组织部通知,恢复国家工商行政管理局党组。

1990年

1月10日　国家工商行政管理局、人事部联合发出通知,要求加强工商行政管理干部岗位培训工作,指出今后凡不具备高中以上学历的人员,不得录用也不宜调入工商行政管理机关;1992年以后,工商行政管理人员将"持证上岗"。

1月17日　国家工商行政管理局向社会公开披露7件商标侵权假冒案件,同时还对虚假广告问题进行了剖析。

2月24日　进入90年代后的第一次全国工商行政管理局长会议在京召开,会议按新的形势提出了当前的主要任务。

2月27日　国家工商行政管理局向国务院递交《关于加强工商行政管理工作的报告》,《报告》提出:进一步依法加强对生产资料市场、国营和集体企业以及个体、私营经济的监督管理,强化合同管理,依法保护注册商标专用权,加强廉政建设,提高队伍素质。

3月18日　国务院转发上述报告,要求各省、自治区、直辖市人民政府,国务院各部委、各直属机构贯彻执行。

5月25日　在国家工商行政管理局生产资料市场监督管理工作座谈会上,国家工商行政管理局强调指出,各级工商行政管理机关要统一认识,从单纯管理集贸市场的模式跳出来,尽快走进大市场。

5月　为保证《中共中央关于加强党同人民群众联系的决定》贯彻落实,国家工商行政管理局党组结合实际制定《实施细则》。

5月28日　李鹏总理为《中国企业法人登记公告》题词:认真做好企业登记工作,保护企业合法地位,维护经济秩序。此前,国家工商行政管理局制定了《企业法人登记公告管理办法》,定于7月1日开始施行。

8月6日　中国商标事务所成立,这标志我国商标事业在由核准制向代理制过渡方面迈出了重要一步。

8月17日　经国务院批准,《投机倒把行政处罚暂行条例施行细则》发布施行。1987年9月17日,国务院发布《投机倒把行政处罚暂行条例》。

10月1日　《行政诉讼法》正式生效。

10月15日　国家工商行政管理局发出通知,决定在全国开展创建先进工商所活动,推动基层工商所的各项工作进一步向制度化、规范化的方向迈进。

12月29日　国家工商行政管理局发出《关于认真开展治理"三乱"工作的通知》。

1991年

3月13日　国家工商行政管理局出台《"八五"时期工商行政管理工作要点》。提出要积极参与培育、建立统一开放、平等竞争、规则健全的社会主义市场体制,继续支持以公有制经济为主体的多种经济成分的协调发展。加强对企业的监督管理;对市场经营活动实行有效的监控;加强法制建设;建立工商行政管理信息系统。

4月22日　国家工商行政管理局举行《工商行政管理所条例》新闻发布会。该条例是经国务院批准的第一个基层执法机关的组织规范,对基层工商行政管理机关产生了深远的影响。

7月9日　中国工商行政管理学会成立。

8月3日　国家工商行政管理局发出通知,要求各地切实加强经济合同管理工作,落实清理"三角债"的措施,为搞活大中型企业服务。

9月1日　《企业名称登记管理规定》开始实施。

10月1日　我国正式推行经济合同示范文本制度。

10月14日至16日　国家工商行政管理局在北京召开支持搞好国有大中型企业座谈会。这样的会议在工商行政管理系统还是第一次。

12月10日　国家工商行政管理局在京召开查假冒、保名牌专项斗争工作会议,决定组织开展一场打击制售假冒名优商品违法活动的专项斗争。

1992年

1月17日　国家工商行政管理局和中国个体劳动者协会联合行文,号召全国个体劳动者向为抢救国家财产和保卫人民生命安全而英勇献身的湖北省潜江市铁匠沟乡青年个体劳动者但召仁同志学习,并追授但召仁同志"全国先进个体劳动者"荣誉称号。

3月2日　国家工商行政管理局在北京人民大会堂举行新闻发布会,公布全国十大专业批发市场。全国十大专业批发市场依次为:浙江省义乌市小商品市场、沈阳市五爱市场、江苏省吴江县东方丝绸市场、河北省石家庄市新华集贸中心、浙江省绍兴县轻纺市场、辽宁省海城市西柳服装市场、河北省石家庄市南三条小商品市场、成都市荷花池市场、北京市海淀区大钟寺农副产品批发市场、山东省寿光县蔬菜批发市场。

3月31日　中国个体劳动者协会和中国青少年发展基金会决定,在全国个体劳动者中开展"献一份爱心,筑希望工程"活动,得到国家工商行政管理局和共青团中央的支持。此项活动历时9个多月,全国有近1000万名个体劳动者参加,共为"希望工程"捐款1225万元。

4月9日　国家工商行政管理局印发了《关于加快培育、发展农副产品批发市场、工业品专业市场和生产资料市场的意见》。

4月15日　国家工商行政管理局和人事部联合在北京召开了全国工商行政管理系统先进集体、先进工作者电话表彰会。大会共表彰先进集体195个,先进工作者70名,先进工商所295个,优秀工商行政管理人员297名。

4月21日至23日　"全国企业登记专业会议"在南京市召开。会议主要研究了运用登记管理职能,支持搞好国有大中型企业、支持农村社会化服务体系发展、促进第三产业加快发展,以及股份制企业、企业集团登记管理等问题。

5月26日　司法部、国家工商行政管理局联合印发了《司法部、国家工商行政管理局关于外国律师事务所在中国境内设立办事处的暂行规定》。

6月1日　国家工商行政管理局、卫生部联合下发《药品广告管理办法》,对药品广告宣传内容作出了明确的规定。

6月20日　国家工商行政管理局印发了《关于改进工商行政管理工作促进改革开放和经济发展的意见》。

7月3日　国家工商行政管理局与全国人大常委会法制工作委员会、最高人民法院、国家体改委、国务院法制局在北京人民大会堂联合召开《经济合同法》实施十周年纪念大会。全国人大常委会副委员长陈慕华、王汉斌出席了会议。

7月20日　国务院经济贸易办公室、国家工商行政管理局、国家技术监督局在北京联合召开电话会议,部署"打假"工作。

7月25日　国家工商行政管理局印发了《关于撤销公路检查站改进经济检查方式的通知》。

7月27日　国家工商行政管理局下发《工商所初级规范(试行)》。

7月28日至31日　全国工商行政管理法制工作座谈会在黑龙江省哈尔滨市召开。会议重点研究了在新形势下如何进一步搞好工商行政管理法制工作,以适应改革开放和改进工商行政管理工作需要等问题。

7月31日　国家工商行政管理局局长刘敏学在局机关副处级以上干部大会上作重要讲话,指出贯彻邓小平同志南巡谈话,工商行政管理系统的干部职工在思想观念上要实现四个转变，并就工商行政管理改革和当前的主要工作讲了意见。

8月3日，国家工商行政管理局工商办字[1992]第258号文件向全系统印发了刘敏学局长的讲话。

7月31日 经国务院批准，中国个体劳动者协会加入了世界中小企业协会。该协会成立于1980年，是国际性的民间组织，组织有68个国家和150多个会员。总部设在印度新德里。

8月15日 国家工商行政管理局发出第10号令，发布《外国（地区）企业在中国境内从事生产经营活动登记管理办法》，自1992年10月1日起施行。

8月22日 国家工商行政管理局与国务院引进国外智力工作领导小组办公室联合发出了《关于加强工商行政管理系统引进国外智力工作的通知》。

9月2日至5日 国家工商行政管理局在陕西省西安市召开了"深入开展'打假'活动，加强经济检查工作会议"。会议总结了"打假"工作经验，研究了进一步加强经济检查工作、推动"打假"深入开展等问题。

9月11日 国家工商行政管理局印发了《关于改进企业登记管理工作，促进改革开放和经济发展的若干意见》。

9月14日至17日 国家工商行政管理局在北京召开了"沿海、沿江、沿边部分城市工商行政管理局长座谈会"。会议深入贯彻邓小平同志视察南方重要谈话和中央、国务院有关决定，研究了"三沿"地区工商政管理机关如何更好地适应深化改革、扩大开放的需要，为促进经济发展服务等问题。

9月22日至24日 国家工商行政管理局在北京召开部分省市工商行政管理机关缉私工作座谈会，会议传达了朱镕基总理关于打击走私工作的指示，研究了打击走私工作中的有关问题，部署了下一阶段的工作。

10月16日 国务院经济贸易办公室、国家工商行政管理局、国家技术监督局联合印发了《关于成立全国打击生产和经销假冒伪劣商品违法行为办公室的通知》。

10月19日 国家工商行政管理局发出《关于命名表彰1991年至1992年度"全国文明集贸市场"的决定》。全国共有652个市场被评为"全国文明集贸市场"。

10月20日 国家统计局、国家工商行政管理局联合印发了《关于经济类型划分的暂行规定》。

11月2日至5日 "全国市场工作会议"在武汉市召开。会议贯彻邓小平同志视察南方重要谈话和党的"十四大"精神，总结了各类市场发展的经验，研究了培育社会主义市场体系问题。刘敏学局长就工商行政管理机关如何转变思想观念，进一步培育和管理大市场问题作了重要讲话。

1993年

1月7日 上海首家管理服务型的经纪人事务所成立。

3月1日 国家工商行政管理局召开《中华人民共和国商标法》实施十周年纪念大会。

3月12日 国家工商行政管理局局长刘敏学会见美国驻华大使芮效俭先生及美国玛代公司总裁帕托扬先生。芮效俭先生对国家工商行政管理局在保护商标专用权方面所做的工作表示赞赏。

同日国家工商行政管理局举行全国工商行政管理机关打击制售假冒伪劣商品违法活动新闻发布会，刘敏学局长、甘国屏副局长就"打假"发表讲话。同时国家工商行政管理局公布6起制售假冒伪劣商品大要案件。

3月29日 国家工商行政管理局印发了《关于当前加强工商行政管理机关干部队伍建设的意见》。

3月30日 深圳市召开施行《深圳市企业登记管理规则》新闻发布会，宣布深圳市改企业设立行政审批制为准则登记制，受到社会各界欢迎，在国内引起较大反响。

4月28日 国家工商行政管理局局长刘敏学发布第11号令，公布《期货经纪公司登记管理暂行办法》。

5月17日 江苏省政府印发了省工商行政管理局等单位制定《关于改革企业登记注册时提交许可证和专项审批办法的意见》，将许可证和专项审批减少到21类。

6月29日 国家工商行政管理局举行"受理服务商标注册申请"新闻发布会。刘敏学局长就实行服务商标的注册、保护制度对社会经济发展的意义发表讲话。

7月10日　国家工商行政管理局印发了《关于加快广告业发展的规划纲要》。

7月15日　国家工商行政管理局印发了《关于在部分城市进行广告代理制和广告发布前审查试点工作的意见》。

7月16日　国家工商行政管理局局长刘敏学发布第13号令，公布《商品市场登记管理暂行办法》。

9月2日　第八届全国人大常委会第三次会议通过《全国人大常委会关于修改〈中华人民共和国经济合同法〉的决定》和《中华人民共和国反不正当竞争法》。

9月14日　中国商标国际注册论坛会在京召开。国家工商行政管理局白大华副局长在开幕式和闭幕式上致辞。世界知识产权总干事鲍格胥及其他官员和法、英等国专家参加会议。

10月31日　第八届全国人大常委会第四次会议通过《中华人民共和国消费者权益保护法》。

12月4日　国家工商行政管理局向中编委报送《国家工商行政管理局职能配置、内设机构和人员编制方案》的报告。

12月7日　国家工商行政管理局印发《企业法人年度检验办法》。

12月11日　国家工商行政管理局公布《工商行政管理机关对走私贩私行为处罚的暂行规定》。

12月24日　国家工商行政管理局公布《工商行政管理机关行政处罚程序规定(试行)》、《关于禁止有奖销售活动中不正当竞争行为的若干规定》和《关于禁止公用企业限制竞争行为的若干规定》。

1994年

1月5日　经国务院批准，国务院办公厅发出《关于印发国家工商行政管理局职能配置、内设机构和人员编制方案的通知》(国办发[1994]4号)。

1月11日至15日　全国工商行政管理工作会议在京召开。会议期间，国务院副总理李岚清在中南海接见了出席会议的代表，并作重要讲话。

3月4日　农业部、国家工商行政管理局在京联合召开加强肥料、农药、种子管理新闻发布会。国家工商行政管理局副局长白大华出席并讲话。

3月13日　中国消费者协会在京举行“3·15国际消费者权益日纪念活动暨中国消费品成果与流行趋势博览会”开幕式。

3月13日至25日　国家工商行政管理局与联合国贸发会议在上海、深圳共同举办了“反不正当竞争法国际研讨会”。

3月28日　国家工商行政管理局发出《关于加强商标印制管理的通知》。

5月5日　国家工商行政管理局、卫生部、轻工总会、国内贸易部和国家技术监督局在京联合举行了我国第一个“防治碘缺乏病日”宣传活动。

5月6日　国家工商行政管理局、共青团中央和中国个体劳动者协会在京联合召开全国先进青年个体劳动者表彰大会。会前，国务院副总理李岚清、全国人大常委会副委员长王丙乾、全国政协副主席万国权等领导同志接见了受表彰的先进青年个体劳动者代表。

5月19日　国家工商行政管理局发出《关于印发各司(局)室职能配置、内设机构和人员编制方案的通知》。

5月23日　经国务院批准，国务院办公厅发出《关于调整大中城市工商行政管理体制的通知》。

6月14日　国家工商行政管理局、全国人大办公厅新闻局、中国产业报协会联合组织的“反不正当竞争神州行”开行式，在北京人民大会堂举行。

6月24日　国务院总理李鹏签署国务院令，发布《中华人民共和国公司登记管理条例》，自1994年7月1日起施行。

7月29日　国务院知识产权办公会议在京召开“加强知识产权保护工作”电话会议。

8月11日　国家工商行政管理局发出《关于印发〈制止多层次传销活动中违法行为的通知〉和〈关于启用公平交易检查证的公告〉的通知》。

9月2日　国家工商行政管理局发出《关于查处多层次传销活动中违法行为的通告》。

9月5日　国家工商行政管理局发出《关于印发〈集贸市场管理规范〉(试行)的通知》。

9月9日　中华商标协会在京成立。

10日9日至11日　全国工商行政管理系统反腐败工作会议在陕西省西安市召开。

10日19日　国家工商行政管理局发出《关于进一步加强药品市场管理的通知》。

10月27日　第八届全国人民代表大会常务委员会第十次会议通过《中华人民共和国广告法》，自1995年2月1日起施行。

11月3日　国家工商行政管理局、对外贸易经济合作部联合发出《关于进一步加强外商投资企业管理和登记管理有关问题的通知》和《关于设立外商投资广告企业的若干规定》。

11日24日至26日　全国工商行政管理系统贯彻《仲裁法》工作会议在武汉召开。

12月26日　国家工商行政管理局、中国消费者协会在人民大会堂举行纪念中国消费者协会成立十周年座谈会。李鹏、乔石、荣毅仁、田纪云、邹家华、王汉斌、薄一波、宋任穷、任建新、倪志福、王光英、卢嘉锡、李沛瑶等领导同志为中国消费者协会成立十周年题词。

12月30日　国家工商行政管理局局长王众孚签署第22号令，发布《集体商标、证明商标注册和管理办法》，自发布之日起施行。

1995年

1月6日　国务院总理李鹏在王众孚同志呈送的《在全国工商行政管理工作会议上的讲话》上批示："工商行政管理工作对于建立和维护社会主义市场经济良好秩序是十分重要的。望全国工商行政管理人员以这次会议为契机，依法行政，严格执法，同时又要做到正人先正己，不断提高队伍的素质，为今年经济发展做出更大贡献。"

1月9日至12日　国家工商行政管理局在京召开全国工商行政管理工作会议，国务院副总理李岚清出席大会并作重要讲话。

2月17日　国务院副总理李岚清在国家工商行政管理局报送的《关于湖北省公安县工商行政管理局范宗平同志在缉私中以身殉职的报告》上批示："(一)向以身殉职的范宗平同志表示哀悼，向家属表示慰问；对范宗平同志的光荣事迹要进一步收集整理给以表扬。(二)对参与缉私的同志们给以表扬和慰问。(三)对此走私案件要迅速追查，并依法从速审处。"

同日，国家工商行政管理局发出《关于启用〈中华人民共和国企业法人营业执照〉等6种新式证照及核定登记事项有关问题的通知》。

2月28日　国家工商行政管理局、国家版权局联合发出《关于严厉打击盗版等侵犯著作权行为的通知》。

3月3日　国家工商行政管理局发布《医疗器械广告审查标准》。

3月17日　国家工商行政管理局发出《关于依法严厉查处利用经济合同进行欺诈的违法行为的通知》和《关于印发〈关于工商行政管理工作人员不准接受可能对公正执行公务有影响的宴请的规定〉等3个规定的通知》。

3月22日　国家工商行政管理局、卫生部联合发布《药品广告审查办法》。

3月23日至25日　国家工商行政管理局在京召开工商行政管理系统援藏工作座谈会。

4月4日　国务院副总理李岚清在王众孚同志关于市场办管脱钩工作报告上批示："总理：工商行政管理部门在历史上主要是管集市贸易和个体经济的，后来发展市场经济过程中，他们又搞了许多批发市场，其历史作用应当肯定。但在社会主义市场经济条件下，它的基本职能是管理市场、规范市场行为的，是国家的执法部门。不能自己又管市场，又办市场(自己管自己)。因此，要求他们尽快脱钩。他们党组抓得较紧。因此事较大，特此报告。"

4月6日　国务院总理李鹏在王众孚同志关于市场办管脱钩工作报告上批示："同意岚清同志意见。执法部门自己不应搞经济实体。"

5月15日　国家工商行政管理局发出《关于在全国工商行政管理系统使用新的行业分类标准与代码的通知》、《关于贯彻执行〈关于党政机关县(处)级以上领导干部廉洁自律补充规定的实施和处理意见〉的通知》。

5月25日　国家工商行政管理局、人事部联合发出《关于追授范宗平同志全国工商行政管理系统"经济执法卫士"荣誉称号和开展向范宗平同志学习的决定》。

7月3日　经国务院同意，国务院办公厅向各省、自治区、直辖市人民政府，国务院各部委、各直属机构转发国家工商行政管理局《关于工商行政管理机关与所办市场尽快脱钩的意见》。

7月3日至6日　国家工商行政管理局在京召开全国工商行政管理局长会议，研究部署工商行政管理机关与所办市场脱钩工作的具体方案和措施，通报上半年集中开展市场整治工作的情况，与人事部联合表彰范宗平同志的先进事迹。7月4日上午，国务院副总理李岚清到会作了重要讲话。会前，李岚清副总理亲切接见了"经济执法卫士"范宗平同志的亲属。

7月6日 国家工商行政管理局发布《关于禁止仿冒知名商品特有的名称、包装、装潢的不正当竞争行为的若干规定》。

7月17日 国务院批复国家工商行政管理局，决定我国加入《〈商标国际注册马德里协定〉有关议定书》。

7月25日至28日 国家工商行政管理局在京举办“市场经济立法与中国工商行政管理”国际研讨会。

8月1日 国家工商行政管理局发布《工商行政管理机关行政赔偿实施办法》。

8月25日至26日 国家经贸委、国家工商行政管理局、国家技术监督局在京召开全国“打假”工作会议，国务院副总理吴邦国到会作了重要讲话。

10月9日至10日 国家工商行政管理局在四川省万县市召开工商行政管理系统对口支援三峡库区移民工作暨援藏工作座谈会。国家工商行政管理局副局长韩新民出席会议并讲话。

10月10日 国家工商行政管理局发出《关于贯彻〈国务院办公厅关于停止发展多层次传销企业的通知〉的通知》和《关于年检工作若干问题的意见》。

10月18日 国家工商行政管理局发布《企业动产抵押物登记管理办法》(国家工商行政管理局令第35号)。

10月26日 国家工商行政管理局发布《经纪人管理办法》。

11月17日 国家工商行政管理局发布《关于查处利用合同进行的违法行为的暂行规定》和《酒类广告管理办法》。

11月23日 国家工商行政管理局发布《工商行政管理机关查处违法案件审批规定》、《关于禁止侵犯商业秘密行为的若干规定》。

12月5日 经国务院批准，国务院办公厅就大中城市工商行政管理分局执法权限问题复函国家工商行政管理局：大中城市区一级工商行政管理局改为市工商行政管理局的分局，属于工商行政管理局机关内部管理关系的调整。原区(县)工商行政管理局改为市工商行政管理局的分局后，不改变其依照有关法律、法规享有的行政管理职权，可以其名义作出具体行政行为。

12月20日 国家工商行政管理局发布《烟草广告管理暂行办法》。

12月21日 国家工商行政管理局发布《企业登记代理机构管理暂行办法》、《关于追授吴志敏同志“模范工商行政管理干部”荣誉称号和开展向吴志敏同志学习的决定》。

12月27日至29日 国家工商行政管理局在京召开全国工商行政管理工作会议，国务院总理李鹏、副总理李岚清出席会议并发表重要讲话。

1996年

1月9日 国家工商行政管理局局长王众孚主持召开局务会议，部署全国工商行政管理系统1996年的主要工作任务。会议研究决定，1996年要紧紧围绕“公平交易执法年”和“工商形象建设年”，重点抓好13项工作。

1月17日至18日 国家工商行政管理局在京举行《中华人民共和国反不正当竞争法》和《中华人民共和国消费者权益保护法》实施两周年座谈会。

3月4日 中央机构编制委员会办公室、人事部、国家工商行政管理局联合发出《关于重新核定工商行政管理所人员编制及有关问题的通知》。

3月15日 国家工商行政管理局发布《欺诈消费者行为处罚办法》、《工商行政管理机关受理消费者申诉暂行办法》。

3月20日 国家工商行政管理局发出《关于印发〈工商形象建设年实施方案〉的通知》。

3月26日 国家工商行政管理局与中央机构编制委员会办公室、人事部在浙江省杭州市联合召开全国工商行政管理所核编工作会议。

4月25日 国家工商行政管理局局长王众孚代表中国政府与俄罗斯驻华大使罗高寿在北京人民大会堂共同签署了中俄两国政府《关于反不正当竞争与反垄断领域合作交流协定》。

5月6日至9日 全国工商行政管理系统基层法制工作经验交流会在辽宁省沈阳市召开。

5月8日 国家工商行政管理局、卫生部、国家医药管理局、国家中医药管理局、国务院纠正行业不正之风办公室联合发出《关于对药品购销中给予、收受回扣等违法行为进行专项检查的工作方案》。

5月26日 国家工商行政管理局发布《商标评估机构管理暂行办法》。

5月31日　国家工商行政管理局、卫生部、国家医药管理局、国家中医药管理局、国务院纠风办联合在北京召开全国整治药品回扣违法行为工作电视电话会议。国务委员彭佩云出席会议作指示。国家工商行政管理局局长王众孚主持会议并发言。

6月18日　国家工商行政管理局、人事部发出《关于印发〈工商行政管理所推行国家公务员制度实施方案〉的通知》。

6月21日　国家工商行政管理局印发《1996—2000年全国工商行政管理系统教育培训规划》。

7月16日　国家工商行政管理局发出《关于认真贯彻江泽民同志“七一”重要讲话，切实加强工商行政管理干部队伍建设的意见》。

7月18日　国家工商行政管理局发布《生产资料市场监督管理暂行办法》。

7月22日　国家工商行政管理局发布《商品交易市场登记管理办法》。

8月14日　国家工商行政管理局发布《驰名商标认定和管理暂行规定》。

8月27日　国家工商行政管理局在天津市召开各省、自治区、直辖市及计划单列市工商行政管理局负责人会议。会上，国家工商行政管理局授予上海市黄浦区南京东路工商所全国工商行政管理系统“模范工商所”荣誉称号。

8月28日　国家工商行政管理局、中共天津市委员会、天津市政府在天津市联合召开授予景志刚同志全国工商行政管理系统“模范工商所长”荣誉称号暨先进事迹报告会。

9月5日　国家工商行政管理局发布《商标印制管理办法》。

9月16日　国家工商行政管理局和上海市政府在上海市联合召开授予南京东路工商所荣誉称号暨先进事迹报告会，国家工商行政管理局副局长韩新民在会上宣读了《国家工商行政管理局关于授予南京东路工商所全国工商行政管理系统“模范工商所”荣誉称号和开展向南京东路工商所学习的决定》并讲话。

9月20日　国家工商行政管理局局长王众孚出席中共中央宣传部、人事部等部门在北京人民大会堂联合举办的“做人民满意的公务员”事迹报告会。人事部在会上授予景志刚等5名同志“人民满意的公务员”荣誉称号。

10月17日　国家工商行政管理局发布《工商行政管理机关行政处罚程序暂行规定》、《工商行政管理机关行政处罚听证暂行规则》。

10月18日　国家工商行政管理局发出《关于认真学习贯彻党的十四届六中全会精神大力加强社会主义精神文明建设的通知》。

11月15日　国家工商行政管理局发布《关于禁止商业贿赂行为的暂行规定》。

12月10日至12日　全国工商行政管理工作会议暨表彰大会在北京召开。会议表彰了全国工商行政管理系统先进集体、先进工作者和先进工商所、优秀工商行政管理人员。11日，李鹏总理等国务院领导同志在北京人民大会堂亲切接见了与会全体代表并作重要指示，李岚清副总理作了重要讲话。

12月25日　国家工商行政管理局发布《〈中华人民共和国企业法人登记管理条例施行细则〉修改意见》、《租赁柜台经营活动管理办法》。

12月27日　国家工商行政管理局发布《印制品广告管理暂行办法》。

1997年

1月10日　国家工商行政管理局以第73号局长令，发布了《传销管理办法》。

2月21日　国家工商行政管理局局长王众孚在京会见了国际消费者联盟组织主席安娜·维特拉女士。

2月27日　国家工商行政管理局党组书记王众孚主持召开局党组会议，学习江泽民同志在邓小平同志追悼大会上致的悼词，深切缅怀邓小平同志。大家表示要化悲痛为力量，在以江泽民同志为核心的党中央领导下，继续努力奋斗，把工商行政管理事业推向前进。

3月4日　国家工商行政管理局发布《关于开展重点地区、重点商品“打假”整治活动的通知》。

3月15日　国家工商行政管理局以第75号局令，发布了《工商行政管理所处理消费者申诉实施办法》。

4月29日　中国消费者协会在人民大会堂召开全国十佳受理消费者投诉工作者表彰大会。全国人大常委会副委员长王汉斌在会前接见了“十佳”代表。

6月18日至20日　国家工商行政管理局在西

安召开了全国工商行政管理系统基层队伍建设工作会议。王众孚局长在会上强调了加强队伍建设的极端重要性和紧迫性，明确了队伍建设的目标和要求，提出了抓组织领导、抓教育培养、抓结构调整、抓管理机制、抓典型示范等进一步加强队伍建设的措施。会议还总结交流了"两年"活动开展以来提高队伍素质的经验，讨论修改了《全国工商行政管理系统基层建设纲要》、《工商行政管理工作人员廉政守则》和《关于加强管理严把进人关不断提高工商行政管理干部队伍素质的通知》，并向全系统31个精神文明建设示范点授牌。

9月12日至18日 中共十五大代表、国家工商行政管理局党组书记、局长王众孚参加了中国共产党第十五次全国代表大会，并当选为中国共产党中央纪律检查委员会委员。

10月20日 首届中国"十杰百优"青年卫士表彰会暨事迹报告会在人民大会堂举行。

11月21日至24日 国家工商行政管理局局长王众孚陪同中共中央政治局常委、国务院副总理李岚清到湖北省考察工作。李岚清在考察期间强调指出，工商行政管理机关在建立和维护社会主义市场经济秩序中具有重要的地位和作用，要充分发挥监管职能。工商行政管理机关市场办管脱钩，决不能明脱暗不脱，藕断丝连。不能既执法又搞经营，不脱钩就脱装，顶着不办甚至上级领导部门下令硬要工商行政管理部门"创收"的，要严肃查处。要加强对传销的监管，坚决取缔非法传销活动。

12月8日至12日 全国工商行政管理系统纠风工作会议在深圳召开。

12月23日 中宣部、中直机关工委、中央国家机关工委、国家工商行政管理局和河南省委联合在京举办"模范工商行政管理干部"强自喜同志事迹报告会。国家工商行政管理局局长王众孚在会上宣读了《关于授予强自喜同志全国工商行政管理系统"模范工商行政管理干部"荣誉称号和开展向强自喜同志学习的决定》，并向强自喜同志颁发荣誉证书。

12月24日 中宣部、国家工商行政管理局召开学习强自喜事迹座谈会，国家工商行政管理局副局长惠鲁生出席了座谈会并讲话。公安部、最高人民检察院、最高人民法院、国家税务总局、海关总署和北京市工商行政管理局的代表在会上发了言。

1998年

1月 山西朔州发生假酒中毒特大恶性案件，假酒夺去27人生命，震惊全国。江泽民总书记多次作出重要指示，明确要求工商行政管理等部门一定要依照国家有关法律法规，加强市场管理和打假力度，保障人民群众的生命安全。

2月7日 国家工商行政管理局发出紧急通知，并派出7个工作组分赴各地。各地工商行政管理机关迅速掀起了一场声势浩大的依法严厉打击制售假酒和其他假冒伪劣商品的行动。

2月12日 国家经贸委、国家工商行政管理局、国家技术监督局召开电视电话会议，要求各有关部门按照江泽民总书记的指示，会同山西省认真处理好山西假酒案。

2月18日 建国以来金额最大的个人索赔案——深圳泰明国贸商场有限公司诉深圳市罗湖区消委会杨剑昌侵权一案开庭，原告向杨索赔17341648.48元，后法院判原告败诉。

2月20日 国家工商行政管理局举办《商标法》实施十五周年座谈会。至此，我国已经建立了具有较高水平的商标法律保护制度，逐步成为世界上保护知识产权有力、有序的国家之一。

4月 国家工商行政管理局发出通知，要求各地在市场监管工作中推行市场巡查制。

4月14日 国有企业下岗职工基本生活保障和再就业工作会议在京召开。江泽民总书记发表重要讲话，随后，国家工商行政管理局发出通知，各地工商行政管理系统充分发挥职能作用，积极开展"为下岗职工排忧解难热心服务"8项活动。

4月21日 鉴于传销经营不符合我国现阶段国情，国务院发出关于禁止传销经营活动的通知。各地工商行政管理机关迅速行动，查禁传销经营。

4月27日至29日 全国粮食流通体制改革工作会议在京召开。按照会议的部署，全国工商行政管理机关克服重重困难，投入了大量的精力管好、管住粮食收购市场，促进了粮食流通体制改革的顺利进行。

6月 国家工商行政管理局发出《关于认真贯彻落实中央、国务院〈关于切实做好国有企业下岗职工基本生活保障和再就业工作的通知〉的通知》。工商行政管理系统在促进下岗职工再就业中发挥了巨大的作用。

6月 国家工商行政管理局与中国互联网信息中心协商,达成一致意见:由中心以CNNIC的名义将国家工商行政管理局商标局认定的驰名商标在域名"COM.CN"下先注册下来,进行预留,以防止其他企业抢注。

6月 对外贸易经济合作部、国家工商行政管理局、国家国内贸易局联合下发通知,明确要求外商投资传销企业都必须转为店铺经营。

7月9日 全国工商行政管理局长会议提出,加强市场监管是衡量工商行政管理工作是否到位的主要标志。

7月 长江、松花江流域发生特大水灾。有关地区工商行政管理部门和当地人民一起奋起抗洪救灾。

7月 国家工商行政管理局发出通知,要求各级工商行政管理机关一定要坚决贯彻落实江泽民同志重要讲话和《中共中央关于在全党深入学习邓小平理论的通知》精神,认真组织广大干部深入学习邓小平理论。

7月15日 全国打击走私工作会议闭幕。此后工商行政管理机关反走私呈现雷霆之势。

10月 贵州省丹寨县工商行政管理局局长唐秀坤(女,苗族)被人事部授予"人民满意的公务员"称号,广西桂平市工商行政管理局被评为"人民满意的公务员集体"。同时工商行政管理系统还有4名同志荣记一等功。

10月 国家工商行政管理局发出通知,决定在全国范围内开展一次集中清理不良文化现象,扫除"文化垃圾"。

12月1日至2日 党中央、国各院决定改革工商行政管理体制,省以下工商行政管理机关实行垂直管理。为贯彻落实这一重要决定,国家工商行政管理局召开了全国工商行政管理体制改革暨工作会议。

1999年

1月27日 国家工商行政管理局长王众孚会见世界知识产权产组织总干事加米尔·伊德里斯。

3月 全国人大九届二次会议通过《中华人民共和国合同法》,同年10月1日起施行。

4月9日 全国工商行政管理系统首批优秀"青少年维权岗"命名大会在上海举行,上海市工商行政管理局卢湾分局检查大队等5个单位被命名为首批"青少年维权岗"。

4月17日 第二届中国杰出(优秀)青年卫士表彰暨事迹报告会在京举行。广东省东莞市工商行政管理局周锦辉获"杰出青年卫士"称号,北京市工商行政管理局东城分局李永图等5人获"优秀青年卫士"称号,工商行政管理系统另有3人获提名奖。

4月 为做好《合同法》的贯彻实施工作,国家工商行政管理局发出通知,要求各地把合同监管作为一项重要工作来抓,充分发挥职能作用。

5月5日 国家工商行政管理局发出通知,组织实施"打假维权"集中行动。与此同时,各地工商行政管理机关与100余家骨干企业建立"打假维权协作网络"。

5月8日 以美国为首的北约悍然用导弹袭击我驻南斯拉夫大使馆。全国工商行政管理系统化义愤为动力,采取各种措施积极做好本职工作,以实际行动促进市场经济健康发展,自觉维护社会稳定。

5月13日 全国粮食流通体制改革工作会议在京召开。朱镕基总理强调要继续深化粮食流体制改革。

6月 陕西省工商行政管理系统基层工商所监管机制改革工作全面完成,全省940个基层工商所全部按照新的监管机制运行。

6月10日 福建全省消费者投诉电话"12315"开通。此后,各省市也相继开通"12315"。

7月13日 国家工商行政管理局召开"三讲"教育动员大会,就局机关深入开展"三讲"教育进行动员和部署。

7月19日 全国工商行政管理系统党风廉政建设工作会议在京召开。

7月22日 中央和国家有关部门公布对"法轮功"定性处理,全国工商行政管理系统在同"法轮功"作斗争的同时,认真清缴与"法轮大法(法轮功)"有关的物品。

9月22日 列席党的十五届四中全会的国家工商行政管理局党组书记、局长王众孚主持召开党组会议和处以上干部大会,迅速传达学习十五届四中全会精神,强调要做好8个方面的工作,充分发挥职能,促进国有企业改革发展。

10月19日 国家工商行政管理局机关召开

“三讲”教育总结大会。国家工商行政管理局党组书记、局长王众孚在总结大会的讲话中要求，要在较好完成“三讲”各项任务的基础上，认真总结经验，巩固和扩大“三讲”教育成果。

10月20日　国家工商行政管理局发出《关于进一步加强粮食收购市场监管工作的通知》。要求全国各级工商行政管理机关集中力量对粮食收购市场进行“一打击，两规范”为重点的清理整顿工作。

10月26日至28日　全国工商行政管理系统第二次基层建设工作会议在西安市召开。会议总结和推广近年来全国工商行政管理系统在基层监管模式改革和提高队伍素质方面的经验。国家工商行政管理局局长王众孚在会上要求各级工商行政管理机关的领导，要进一步增强抓好基层建设的自觉性，努力塑造良好的工商形象，把基层建设提高到新水平。

12月2日　国家工商行政管理局发出第91号令，发布《商标代理管理办法》。

12月8日　国家工商行政管理局发出第92号令，发布《工商行政管理机关执法监督暂行规定》。

同日国家工商行政管理局发出第93号令，发布《企业名称登记管理实施办法》。

12月16日　全国工商行政管理工作会议在北京召开。国务委员吴仪出席了会议并讲话。国家工商行政管理局局长王众孚在讲话中要求各级工商行政管理机关认真做好世纪交替之年的各项工作，以优异的成绩迎接新世纪，开创新局面。

12月21日　国家工商行政管理局发出《开展创建“打假维权、消费者满意街(区)”活动工作的意见》。

2000年

1月13日　国家工商行政管理局发出第94号令，发布《个人独资企业登记管理办法》。

同日国家工商行政管理局发出第95号令，发布《印刷品广告管理办法》。

1月17日　中央社会治安综合治理委员会2000年第一次全体会议在北京召开，国家工商行政管理局局长王众孚出席了会议。

1月31日　国务委员吴仪在国家工商行政管理局局长王众孚的陪同下，看望了北京市基层工商所和商业干部职工，了解农村节日市场供应和农村市场管理情况。

1月31日　《广告法》实施五周年座谈会在北京召开。国家工商行政管理局局长王众孚发表了书面讲话，副局长惠鲁生出席了会议。

2月18日　国家烟草专卖局、公安部、海关总署、国家工商行政管理局发布经国务院批准的《关于严厉打击卷烟走私整顿卷烟市场的通知》。

3月30日　全国工商行政管理系统深入开展创建“打假维权、消费者满意文明一条街”活动现场会在北京召开。会上总结推广了北京王府井商业街“三监督一满意”的创建经验，国家工商行政管理局局长王众孚出席了会议并讲话，副局长甘国屏主持了会议。

4月3日　国家工商行政管理局发出《关于在全国工商行政管理系统集中开展“整顿市场秩序整顿队伍作风”的通知》。

4月7日　国家工商行政管理局发出《关于进一步加强和改进工商行政管理教育培训工作的意见》。

4月12日　国家工商行政管理局在云南省昆明市召开“加强市场主体监管，促进企业改革发展座谈会”。国家工商行政管理局局长王众孚出席了会议并讲话，副局长韩新民出席了会议。

4月24日　国家工商行政管理局在甘肃省兰州市召开了全国工商行政管理系统查禁传销及变相传销工作会议。国家工商行政管理局副局长甘国屏出席了会议。

5月11日　全国广告监管工作座谈会在福建省厦门市召开。国家工商行政管理局副局长惠鲁生出席了会议并讲话。

5月19日　全国工商行政管理系统公平交易执法工作会议在重庆市召开。国家工商行政管理局局长王众孚出席了会议并讲话，副局长甘国屏出席了会议并讲话。

5月24日　至25日国务院召开了全国粮食生产和流通工作会议。国务院总理朱镕基，副总理李岚清、温家宝，国务委员吴仪等国务院领导出席会议。国家工商行政管理局局长王众孚参加了会议，副局长李建中出席了会议。

6月8日　国家工商行政管理局局长王众孚出席了在成都召开的“WIPO亚洲地区商标国际保护

研讨会”并讲话。副局长白大华出席研讨会并发言。

7月11日 国家工商行政管理局召开全国工商行政管理系统信息化工作会议。国家工商行政管理局局长王众孚出席了会议并讲话,副局长白大华出席会议并作工作报告。

7月18日至20日 全国工商行政管理局长会议在北京召开。会议认真贯彻中央思想政治工作会议精神,总结交流前一阶段集中开展“两整顿”的情况,对“两整顿”继续推向深入进行了部署。国家工商行政管理局局长王众孚在会议上讲话。

7月20日 国家工商行政管理局党组发出《关于进一步加强和改进工商行政管理系统思想政治工作的意见》。

7月21日 全国工商行政管理局长研修班在北京举办。国务委员吴仪出席了研修班开班仪式并作重要讲话。国家工商行政管理局局长王众孚出席了开班仪式。

8月13日 国务院办公厅转发国家工商行政管理局、公安部、人民银行《关于严厉打击传销和变相传销等非法经营活动意见的通知》。

8月29日 国务院总理朱镕基主持召开粮食工作座谈会。国家工商行政管理局局长王众孚和副局长李建中出席了会议。

9月24日 国家工商行政管理局在广州召开全国“12315”工作经验交流会。国家工商行政管理局局长王众孚出席了会议并作重要讲话。副局长甘国屏出席了会议并讲话。

11月23日 国务院总理朱镕基主持召开了国务院第33次常务会议,讨论《商标法修正案(草案)》等。国家工商行政管理局局长王众孚出席了会议。

12月3日至14日 国家工商行政管理局局长王众孚率团访问了新西兰、澳大利亚。

12月21日至22日 全国工商行政管理工作暨双先表彰会议在北京举行。国务委员吴仪出席了会议、接见了与会代表并作重要指示。国家工商行政管理局局长王众孚作工作报告。会议表彰了全国工商行政管理系统199个先进集体和79个先进工作者(与人事部联合表彰)、358个先进工商所和478个优秀工商行政管理人员。

12月22日 九届全国人大常委会第十九次会议在北京召开,国家工商行政管理局局长王众孚列席了会议,并受国务院委托作《中华人民共和国商标法(修正案)》说明。

2001年

1月3日 国家工商行政管理局党组书记王众孚主持召开党组会议,传达全国组织部长会议精神,部署市场秩序检查工作。

1月15日 国务委员吴仪主持召开会议,研究我国加入WTO有关对策问题,国家工商行政管理局局长王众孚出席了会议。

2月5日 国务委员吴仪主持召开会议,研究全国整顿市场经济秩序工作会议筹备事宜。国家工商行政管理局局长王众孚、副局长韩新民、惠鲁生、李建中及甘国屏同志出席了会议。

4月2日至4日 全国整顿和规范市场经济秩序工作会议在京召开。国家工商行政管理局局长王众孚出席了会议并代表国家工商行政管理局在大会上发言。

4月5日 国家工商行政管理总局召开全局干部大会,国务委员吴仪到会代表党中央、国务院宣布、国家工商行政管理局更名为国家工商行政管理总局,升格为正部级的国务院直属机构。中央组织部副部长张柏林宣布了总局领导班子的任命。会后,国家工商行政管理总局局长王众孚主持召开了全国工商行政管理局长座谈会,部署工商行政管理系统贯彻落实全国整顿和规范市场经济秩序工作会议精神的具体措施和工作方案。

4月9日 国家工商行政管理总局局长王众孚参加了由国务院副总理李岚清主持召开的全国整顿和规范市场经济秩序工作领导小组第一次全体会议。

4月21日 国务院第303号令公布《关于禁止在市场经济活动中实行地区封锁的规定》。全国工商行政管理机关为贯彻落实这一规定,进一步开放市场、建立和完善全国统一、公平竞争、规范有序的市场体系,不断加大执法力度,使反垄断工作取得了较大的进展。

4月26日 国务委员吴仪主持召开会议,研究部署在全国范围内进一步开展打假联合行动工作。国家工商行政管理总局副局长杨树德出席了会议。

4月27日 国务院发出《关于整顿和规范市场经济秩序的决定》。

5月7日　国务院办公厅发出《关于继续深入开展严厉打击制售假冒伪劣商品违法犯罪活动联合行动的通知》。

6月1日至3日　国务院副总理李岚清检查了天津蓟县非法拆解拼装汽车市场整治情况，国家工商行政管理总局副局长甘国屏陪同检查。

7月24日　国务院副总理李岚清主持召开全国整顿和规范市场经济秩序领导小组第二次全体会议，听取全国整顿和规范市场经济秩序领导小组办公室的工作汇报。国家工商行政管理总局局长王众孚出席了会议并就整顿非法拼装车市场专项整治情况作了专题汇报。

7月27日　国务院总理朱镕基、副总理吴邦国、国务委员吴仪、国务委员王忠禹等国务院领导同志到国家工商行政管理总局考察工作。国务院总理朱镕基充分肯定了近几年来工商行政管理工作取得的成绩，深刻阐述了新时期工商行政管理的重要地位和作用，并对工商行政管理系统强化监管执法、深化体制改革、加强队伍建设提出了明确要求。副总理吴邦国、国务委员吴仪也作了重要讲话。国家工商行政管理总局党组书记、局长王众孚代表总局党组汇报了工作。

7月31日　国务院发布《关于进一步深化棉花流通体制改革的意见》和《关于进一步深化粮食流通体制改革的意见》。

8月7日　经国务院批准，国务院办公厅发出《关于印发国家工商行政管理总局职能配置、内设机构和人员编制规定的通知》。

8月7日至9日　全国工商行政管理局长座谈会在京召开，会议深入学习了江泽民总书记"七一"重要讲话精神，传达了朱镕基总理等国务院领导同志考察国家工商行政管理总局时的重要讲话精神，总结交流了上半年特别是自整顿和规范市场经济秩序工作开展以来的工作情况，研究部署了下半年的工作。国务委员吴仪到会讲话，国家工商行政管理总局局长王众孚作工作报告。中央外事领导小组办公室主任刘华秋、中央党校副校长李君如分别作了形势报告和学习江泽民总书记"七一"重要讲话的报告。

8月13日至17日　国务院总理朱镕基在贵州省视察工作，国家工商行政管理总局局长王众孚陪同进行了视察。

8月22　国家工商行政管理总局召集参加全国粮食工作会议的各省、自治区、直辖市、计划单列市工商局负责人座谈，研究部署贯彻国务院总理朱镕基指示精神，彻底完成市场办管脱钩工作问题。

8月28日　国家工商行政管理总局发出《关于认真贯彻落实〈国务院关于进一步深化粮食流通体制改革的意见〉进一步加强粮食市场管理的通知》。要求各级工商行政管理机关强化粮食市场的监管力度，保护合法粮食购销活动，打击违法收购粮食的行为，深入推进粮食流通体制的改革。

同日国家工商行政管理总局发出《关于贯彻国务院进一步深化棉花流通体制改革精神，切实做好棉花市场管理工作有关问题的通知》。

9月13日　国务院副总理吴邦国主持召开会议，研究关闭整顿小煤矿和煤矿安全生产现场会有关问题。国家工商行政管理总局副局长韩新民出席了会议。

9月21日　国家工商行政管理总局局长王众孚出席全国"严打"整治斗争下一步工作意见电视电话会议。

9月28日　国家工商行政管理总局局长王众孚出席了国家经贸委、监察部、公安部、国家工商行政管理总局联合召开的"贯彻《报废汽车回收管理办法》坚持依法行政电视电话会议"，并代表国家工商行政管理总局作大会发言。

9月29日　国务院副总理李岚清主持召开全国整顿和规范市场经济秩序领导小组第三次会议。国家工商行政管理总局局长王众孚出席了会议。

10月15日　国家工商行政管理总局发出《关于印发〈关于进一步加强市场监督管理加大打击假冒伪劣违法行为的若干措施〉的通知》。按照国务院的统一部署，全国工商行政管理机关将整顿和规范市场经济秩序作为工作的重中之重，开展了一系列打假专项行动。

10月17日至20日　第八届中国广告节在福建省厦门市国际会展中心隆重举行。

10月27日　第九届全国人民代表大会常务委员会第二十四次会议通过《关于修改〈中华人民共和国商标法〉的决定》，对商标法进行了第二次修正。

10月31日　国务院办公厅发出《关于开展严厉打击传销专项整治行动的通知》。为遏制传销和变相传销活动的发展蔓延趋势，落实国务院领导的指示精神，各级工商行政管理机关继续加大力度，严厉打击传销和变相传销活动。

11月3日　国务院办公厅转发了国家工商行政管理总局《关于工商行政管理机关限期与所办市场彻底脱钩有关问题的意见》的通知。

12月21日　国家工商行政管理总局发出《关于执行〈中华人民共和国商标法〉有关问题的通知》。

12月22日　朱镕基总理对国家工商行政管理总局《2001年工作总结和2002年工作安排要点》作了重要批示："工商行政管理部门是市场监管和行政执法的政府职能部门，承担着规范和维护市场秩序的重要职责。就是说，各级工商管理部门要把好市场主体的入门关，当好市场运行的裁判员，做好市场秩序的坚强卫士。所有工商管理人员都要忠于职守，勇于负责，清正廉洁，执法如山，这是建成社会主义市场经济的保证。"

12月31日　国家工商行政管理总局和公安部联合发出《关于整顿和规范公司出资行为的通知》。

2002年

1月1日　国家工商行政管理总局外商投资企业注册局正式对外办公。

1月8日至10日　全国工商行政管理工作会议在北京召开。会议传达了朱镕基总理对工商总局《2001年工作总结和2002年工作安排要点》的重要批示。总结了2001年工作，部署了2002年的任务。表彰了安徽省太和县工商所何付凯同志。1月9日，国务委员吴仪与部分代表亲切座谈并作重要讲话。

1月24日　国务院副总理李岚清主持召开全国整顿和规范市场经济秩序领导小组第四次会议。国家工商行政管理总局局长王众孚出席了会议。

2月6日　国家工商行政管理总局局长王众孚、副局长杨树德、韩新民向国务委员吴仪汇报了整治集贸市场和加油站等有关问题。

3月1日　国家工商行政管理总局局长王众孚会见了我国派驻WTO组织特命全权代表孙振宇一行。

4月12日至19日　国务院副总理李岚清考察了浙江省集贸市场整治工作。国家工商行政管理总局副局长杨树德陪同考察。

4月17日至19日　国家工商行政管理总局召开全国工商行政管理系统党风廉政建设工作会议。国家工商行政管理总局局长王众孚出席会议并作重要讲话。纪检组长石见元作报告。国家工商行政管理总局副局长李东生出席了会议。

4月25日　全国外商投资企业登记管理工作座谈会在上海召开。国家工管行政管理总局局长王众孚出席了会议并作重要讲话。副局长韩新民出席了会议并作报告。

4月30日　全国人大常委会召开了《食品卫生法》执法检查第一次全体会议，李鹏委员长出席会议并听取了卫生部、农业部、工商总局、质检总局贯彻执行《食品卫生法》情况汇报。国家工商行政管理总局局长王众孚代表国家工商总局就工商行政管理系统贯彻执行《食品卫生法》的情况进行了汇报。国家工商行政管理总局副局长杨树德参加了会议。

5月21日　国务院总理朱镕基会见了世界知识产权组织总干事卡米尔·伊德里斯博士一行。国家工商行政管理总局局长王众孚陪同会见。

5月21日　国家工商行政管理总局局长王众孚出席了由国家知识产权局与世界知识产权组织联合举办的中非知识产权论坛开幕式。

5月27日至28日　国家工商行政管理总局局长王众孚出席了中央国家机关党代表大会，并当选为党的十六大代表。

6月24日　全国整顿和规范市场经济秩序领导小组第五次全体会议在北京召开。国家工商行政管理总局局长王众孚出席了会议并代表国家工商总局汇报了集贸市场专项整治工作情况。国家工商行政管理总局副局长杨树德出席了会议。

6月27日　国家工商行政管理总局局长王众孚出席了全国整顿和规范市场经济秩序电视电话会议，并就集贸市场专项整治情况及下一步工作安排发言。国家工商行政管理总局副局长杨树德出席了会议。

7月1日　国家工商行政管理总局党组书记王众孚主持召开党组扩大会议，传达国务院总理朱镕基、国务委员吴仪关于宁夏灵武市工商局磁窑堡工商所所长胡学勤同志因公殉职的重要批示，研究贯彻落实措施。

7月2日至18日　国务委员吴仪出访捷克、波兰、阿尔巴尼亚、保加利亚四国。国家工商行政管理总局局长王众孚陪同出访。

7月29日至31日　全国工商行政管理工作会议在浙江省杭州市召开。会议总结了2002年上半年的工作,安排了2002年下半年的工作,表彰了宁夏灵武市工商局磁窑堡工商所胡学勤同志。国家工商行政管理总局局长王众孚在会议开幕、结束时和追授胡学勤同志"模范公务员"荣誉称号暨先进事迹报告会上讲话。

8月3日　国务院发出第358号令,发布《商标法实施条例》,自2002年9月15日起施行。

8月5日至6日　全国工商行政管理系统信息化建设与应用研讨会在上海召开。国家工商行政管理总局副局长李东生出席了会议并讲话。

8月7日　全国工商行政管理系统法制建设培训班在内蒙古举办。国家工商行政管理总局副局长甘国屏到班并讲话。

8月22日　国家工商行政管理总局局长王众孚会见了到访的马来西亚国内贸易和消费者事务部部长。

8月23日　国家工商行政管理总局局长王众孚会见了到访的俄罗斯反垄断政策与企业扶持部长。

9月9日至15日　全国广告监管工作培训班在成都举办。国家工商行政管理总局副局长韩新民出席了开班仪式并讲话。

9月12日至13日　国家工商行政管理总局局长王众孚出席了全国再就业工作会议,并作题为《充分发挥工商行政管理职能作用,积极推进再就业工作》的书面发言。

9月16日　全国整顿和规范市场经济秩序领导小组第六次全体会议在北京召开,国家工商行政管理总局局长王众孚出席了会议并代表国家工商行政管理总局就集贸市场专项整治工作情况进行了汇报。国家工商行政管理总局副局长杨树德出席了会议。

9月18日　全国消费者权益保护培训班在北京举办。国家工商行政管理总局副局长杨树德出席了开班仪式并讲话。

9月21日至10月3日　国家工商行政管理总局副局长李东生在瑞士出席了世界知识产权组织成员国大会。

9月24日　国家工商行政管理总局举办了学习《江泽民论有中国特色社会主义》(专题摘编)辅导报告会,国家工商行政管理总局局长王众孚主持,中宣部副部长雒树刚作辅导报告。全局处以上干部和专题学习班的学员参加了会议。

10月15日　国家工商行政管理总局党组书记王众孚主持召开党组会议,传达中纪委监察部二室召开的联系单位反腐败抓源头经验交流会精神,并决定成立国家工商行政管理总局抓源头反腐败领导小组。

10月15日　国家工商行政管理总局副局长甘国屏会见法国竞争事务院主席及其所率代表团。

10月29日至30日　全国集贸市场专项整治工作经验交流会在福建省福州市召开。国家工商行政管理总局局长王众孚出席了会议并作报告。副局长杨树德出席了会议并讲话。

11月7日至15日　国家工商行政管理总局局长王众孚出席了中国共产党第十六次全国代表大会,并当选为中国共产党第十六届中央委员会委员。出席了中国共产党第十六届中央委员会第一次全体会议。

11月7日至15日　国家工商行政管理总局副局长李东生列席了中国共产党第十六次全国代表大会,并当选为中纪委委员。出席了中央纪律检查委员会第一次全体会议。

11月18日、20日　国家工商行政管理总局召开全局副处级以上党员干部大会,党组书记、局长王众孚传达了党的十六大精神,部署国家工商行政管理总局学习贯彻党的十六大精神的工作;国家工商行政管理总局副局长李东生、人事教育司司长钟攸平作了中心发言。

12月18日至20日　全国工商行政管理工作会议在北京召开。会议认真贯彻落实党的十六大和中央经济工作会议精神,总结了2002年的工作,安排了2003年的任务。会议期间,国务委员吴仪与参加会议的部分代表座谈并作重要指示。国家工商行政管理总局局长王众孚作工作报告。

12月25日　国家工商行政管理总局制定下发《2001—2005年工商行政管理系统信息化规划纲要》。

12月28日　国家工商行政管理部门制定下发《全国工商行政管理系统法制宣传教育第四个五年规划》。

(国家工商行政管理总局办公厅秘书处整理)